dtv

Lexikon des Mittelalters

II

Bettlerwesen bis Codex von Valencia

Deutscher Taschenbuch Verlag

Band 1: Aachen – Bettelordenskirchen
Band 2: Bettlerwesen – Codex von Valencia
Band 3: Codex Wintoniensis – Erziehungs- und Bildungswesen
Band 4: Erzkanzler – Hiddensee
Band 5: Hiera-Mittel – Lukanien
Band 6: Lukasbilder – Plantagenêt
Band 7: Planudes – Stadt (Rus')
Band 8: Stadt (Byzantinisches Reich) – Werl
Band 9: Werla – Zypresse
Anhang: Stammtafeln, integriertes Großregister

Oktober 2002
Deutscher Taschenbuch Verlag GmbH & Co. KG,
München
www.dtv.de
© Coron Verlag Monika Schoeller & Co., Lachen am Zürichsee
1999
Das Werk ist urheberrechtlich geschützt.
Sämtliche, auch auszugsweise Verwertungen bleiben vorbehalten.
Umschlagkonzept: Balk & Brumshagen
Umschlaggestaltung unter Verwendung eines Ausschnittes aus dem Teppich von Bayeux
(© AKG, Berlin)
Druck und Bindung: Druckerei C. H. Beck, Nördlingen
Gedruckt auf säurefreiem, chlorfrei gebleichtem Papier
Printed in Germany · ISBN 3-423-59057-2

INHALTSVERZEICHNIS

	Seite
Herausgeber und Berater mit ihren Fachbereichen	VII
Redaktion	VIII

	Spalte
Stichwörter von Bettlerwesen bis Codex v. Valencia	1–2210
Mitarbeiter des zweiten Bandes	2213
Übersetzer des zweiten Bandes	2223
Abbildungen	2223

DIE HERAUSGEBER UND BERATER MIT IHREN FACHBEREICHEN IM LEXIKON DES MITTELALTERS

Alphabetische Reihenfolge. Stand: November 1983

BAUTIER, ROBERT-HENRI, Paris: *Französische Geschichte im Spätmittelalter*

BERGHAUS, PETER, Münster (Westf.): *Numismatik*

BEZZOLA, RETO R. †, *Romanische Literaturen und Sprachen*

BIEDERMANN, HERMENEGILD M., OSA, Würzburg: *Geschichte der Ostkirche*

BINDING, GÜNTHER, Köln: *Die mittelalterliche Baukunst in Europa in formaler, typologischer und stilistischer Hinsicht; Ikonographie*

BRIESEMEISTER, DIETRICH, Mainz: *Romanische Literaturen und Sprachen (Teilbereich)*

BRUCKNER, ALBERT, Finkenberg: *Schrift-, Buch- und Bibliothekswesen*

BRÜCKNER, WOLFGANG, Würzburg: *Volkskunde*

BRÜHL, CARLRICHARD, Gießen: *Langobarden; Italien im Hochmittelalter (unter Mitarbeit von* THEO KÖLZER, *Gießen)*

BRUNHÖLZL, FRANZ, München: *Mittellateinische Sprache und Literatur*

BULLOUGH, DONALD A., St. Andrews: *Englische Geschichte im Hochmittelalter*

BYRNE, FRANCIS J., Dublin: *Keltologie*

VAN CAENEGEM, RAOUL, Gent: *Englische Rechtsgeschichte*

CAVANNA, ADRIANO, Milano: *Italienische Rechtsgeschichte*

DILG, PETER, Marburg a. d. Lahn: *Geschichte der Botanik*

DUJČEV, IVAN, Sofija: *Geschichte Südosteuropas*

ELBERN, VICTOR H., Berlin: *Kleinkunst*

ENGELS, ODILO, Köln: *Geschichte der Iberischen Halbinsel*

ENGEMANN, JOSEF, Bonn: *Archäologie der Spätantike und des Frühchristentums*

VAN ESS, JOSEF, Tübingen: *Arabische Welt*

FERLUGA, JADRAN, Münster (Westf.): *Byzantinische Geschichte und Kultur*

FLECKENSTEIN, JOSEF, Göttingen: *Frühmittelalter*

FRANK, KARL SUSO, OFM, Freiburg i. Br.: *Patristik*

GABRIEL, ERICH, Wien: *Belagerungsgeräte, Feuerwaffen*

GAMBER, ORTWIN, Wien: *Waffenkunde, Rüstungswesen*

GERRITSEN, WILLEM P., Utrecht: *Mittelniederländische Literatur*

GRAUS, FRANTIŠEK, Basel: *Geschichte Ostmitteleuropas im Spätmittelalter*

GREIVE, HERMANN, Köln: *Geschichte des Judentums*

GRUBER, JOACHIM, Erlangen-Nürnberg: *Spätantike, Westgoten*

HAMANN, GÜNTHER, Wien: *Geschichte der Geographie und der Reisen im Mittelalter*

HARMUTH, EGON, Wien: *Mechanische Fernwaffen*

HARRIS, JENNIFER, Genf: *Kostümkunde*

HEINZELMANN, MARTIN, Paris: *Hagiographie*

HELLMANN, MANFRED, München: *Geschichte Rußlands, Litauens und der baltischen Ostseeländer*

HENNIG, JOHN, Basel: *Irische Kirchengeschichte, Hagiographie, Liturgie*

HERDE, PETER, Würzburg: *Historische Grundwissenschaften*

HINZ, HERMANN, Kiel: *Archäologie des Mittelalters*

HÖDL, LUDWIG, Bochum: *Philosophie und Theologie des Mittelalters*

HÜNEMÖRDER, CHRISTIAN, Hamburg: *Geschichte der Zoologie*

JUNG, MARC-RENÉ, Zürich: *Romanische Literaturen und Sprachen (Teilbereich)*

JÜTTNER, GUIDO, Berlin: *Geschichte der Mineralogie und Alchemie*

KLEMM, CHRISTIAN, Zürich: *Tafelmalerei*

KORN, HANS-ENNO, Marburg a. d. Lahn: *Heraldik*

KROESCHELL, KARL, Freiburg i. Br.: *Rechtsgeschichte*

KÜHNEL, HARRY, Krems a. d. Donau: *Realienkunde des Mittelalters*

LANGGÄRTNER, GEORG, Würzburg: *Liturgie*

LUDAT, HERBERT, Gießen: *Geschichte Ostmitteleuropas im Hochmittelalter*

MAKSIMOVIĆ, LJUBOMIR, Beograd: *Geschichte Südosteuropas*

MANSELLI, RAOUL, Roma: *Geschichte Italiens im Spätmittelalter; Häresien*

MEINHARDT, HELMUT, Gießen: *Philosophie und Theologie des Mittelalters*

MERTENS, VOLKER, Berlin: *Deutsche Literatur*

MEYER, WERNER, Basel: *Kriegswesen*

MORDEK, HUBERT, Freiburg i. Br.: *Kanonisches Recht*

NEUENSCHWANDER, ERWIN, Zürich: *Geschichte der Mechanik, Mathematik und Astronomie*

NEWTON, STELLA M., London: *Kostümkunde*

ONASCH, KONRAD, Halle (Saale): *Russische Kunst*

OURLIAC, PAUL, Toulouse: *Romanisches Recht (unter Mitarbeit von* DANIELLE ANEX-CABANIS, *Toulouse)*

PATZE, HANS, Göttingen: *Deutsche Geschichte im Spätmittelalter*

PETER, HANS, Zürich: *Römisches und gemeines Recht*

PLOTZEK, JOACHIM M., Köln: *Buch-, Wand- und Glasmalerei; Mosaikkunst*

REINLE, ADOLF, Zürich: *Skulptur*

RICHTER, MICHAEL, Dublin: *Keltologie*

RILEY-SMITH, JONATHAN, London: *Geschichte der Kreuzzüge*

RINGGER, KURT, Mainz: *Romanische Literaturen und Sprachen (Teilbereich)*

ROBBINS, ROSSELL H., Albany: *Altenglische Literatur; Mittelenglische Literatur (unter Mitarbeit von* HANS SAUER, *München)*

RÖSENER, WERNER, Göttingen: *Agrar- und Siedlungsgeschichte*

RÜEGG, WALTER, Bern: *Humanismus; Universitäten, Schulwesen*

SÁEZ, EMILIO, Barcelona: *Geschichte der Iberischen Halbinsel*

SCHIPPERGES, HEINRICH, Heidelberg: *Geschichte der Medizin*
SCHLESINGER, WALTER, Marburg a. d. Lahn: *Verfassungsgeschichte*
SCHMID, HANS, München: *Geschichte der Musik*
SCHMITZ, RUDOLF, Marburg a. d. Lahn: *Geschichte der Pharmazie, Mineralogie, Alchemie, Botanik* (unter Mitarbeit von GUIDO JÜTTNER und PETER DILG)
SCHRAMM, MATTHIAS, Tübingen: *Geschichte der Optik*
SCHULZE, URSULA, Berlin: *Deutsche Literatur*
SCHWENK, SIGRID, Erlangen-Nürnberg: *Jagdwesen*
VON SEE, KLAUS, Frankfurt a. Main: *Skandinavische Literatur; Politische und Rechtsgeschichte Skandinaviens* (unter Mitarbeit von HARALD EHRHARDT, Frankfurt a. Main)

SEMMLER, JOSEF, Düsseldorf: *Mönchtum*
SPRANDEL, ROLF, Würzburg: *Handel, Gewerbe, Verkehr, Bergbau, Bankwesen*
STOOB, HEINZ, Münster (Westf.): *Städtewesen* (unter Mitarbeit von HANS-DIETER HOMANN, Münster)
STOREY, ROBIN L., Nottingham: *Englische Geschichte im Spätmittelalter*
SVEJKOVSKÝ, FRANTIŠEK, Chicago: *Slavische Literaturen*

TIETZE, ANDREAS, Wien: *Geschichte der Osmanen*
TIMM, ALBRECHT †, *Technik und Materielle Kultur*

VERHULST, ADRIAAN, Gent: *Agrar- und Siedlungsgeschichte; Geschichte der Niederlande*

VISMARA, GIULIO, Milano: *Italienische Rechtsgeschichte*
VONES, LUDWIG, Köln: *Geschichte der Iberischen Halbinsel*

WEIMAR, PETER, Zürich: *Römisches und gemeines Recht*
WERNER, KARL F., Paris: *Geschichte Deutschlands und Frankreichs im Hochmittelalter*
WESSEL, KLAUS, München: *Byzantinische Kunstgeschichte*
WOLDAN, ERICH, Wien: *Geschichte der Geographie und der Reisen im Mittelalter*
WOLTER, HANS, SJ, Frankfurt a. Main: *Kirchengeschichte und Kirchenverfassung*

ZAPP, HARTMUT, Freiburg i. Br.: *Kanonisches Recht*

REDAKTION LEXIKON DES MITTELALTERS

Artemis Verlag München

Alphabetische Reihenfolge. Stand: November 1983

AVELLA-WIDHALM, GLORIA
LUTZ, LISELOTTE
MATTEJIET, ROSWITHA
MATTEJIET, ULRICH

B

FORTSETZUNG

Bettlerwesen

I. West-, Mittel- und Nordeuropa – II. Byzanz – III. Judentum – IV. Islamische Welt.

I. WEST-, MITTEL- UND NORDEUROPA: [1] *Definition, Allgemeines:* Als Bettler sind Personen zu bezeichnen, die von anderen die Mittel für den eigenen Lebensunterhalt und gegebenenfalls für die Versorgung ihrer Familien erbitten. Neben religiöser, freiwilliger →Armut ist es erzwungene Armut, die zum Betteln treibt. Nicht jeder »Arme« ist ein Bettler, doch ist der (echte) Bettler tatsächl. bedürftig. Die Formen des B.s, das in den meisten hist. Epochen, soweit wir agrare soziales Gefüge kennen, und in allen Regionen der Erde feststellbar ist, sind vielfältig. Es ist dann als individuelles Phänomen zu betrachten, wenn die Bedürftigkeit aus phys. oder geistiger Schwäche bzw. Behinderung oder aus einer sozialen Außenseiterstellung herrührt oder einer Person die Möglichkeit genommen wird, ihren Lebensunterhalt selbst zu verdienen (z. B. aus Mangel an Arbeit oder an Werkzeugen). Zu einer kollektiven Erscheinung wird das B. dann, wenn sich individuelle Not summiert oder die gleichen Schwierigkeiten bei einer größeren Anzahl von Personen und Familien auftreten. Diese Art von B. und Pauperisierung trat im MA in unterschiedl. Intensität auf entsprechend den Zyklen der wirtschaftl.-demograph. Konjunkturentwicklung, den klimat. Einbrüchen, den Hungersnöten, Epidemien und krieger. Auseinandersetzungen. Als Bettler scheinen zunächst die Vertreter der traditionell hilfsbedürftigen Personengruppen auf; wir finden sie im früheren MA in den Armenmatrikeln der Pfarreien, unter deren Schutz sie stehen: Sieche, Alte, Witwen, ausgehungerte Landbewohner; von ihnen sprechen v. a. auch die hagiograph. Quellen. Vertreter eines anderen Typs, nämlich Gelegenheitsbettler, waren zu Hunderten an den Klosterpforten, wo sie sich eine milde Gabe erhofften, anzutreffen; die Ursachen ihrer Armut lagen etwa in der Vernichtung der Ernte durch Frost, Regen, Trockenheit oder in Getreidemangel aufgrund von Knappheit an Saatgut im Frühjahr.

Schlauer als die übrigen, machten sich die »Saisonbettler«, bei denen es sich schon fast um professionelle Almosenheischer handelt, die Spenden der Pilger bei den großen Wallfahrten streitig. Über die (wechselige) Zahl der Bettler existieren keine einigermaßen genauen Vorstellungen. Um 1100 scheint die Zahl der Bettler, da die Bevölkerung rascher wuchs als die verfügbaren Nahrungsmittel zunahmen, gestiegen zu sein. Ohne Arbeit und Brot, scharten sich die Bettler auf dem Lande um Propheten und Volksprediger wie →Peter den Eremiten, die ihnen den Weg ins »Gelobte Land« wiesen. Ähnliche Tendenzen folgten die Teilnehmer des sog. →Kinderkreuzzuges (1212) und die →Pastorellen (Pâtoureaux), die, von halb irdischen, halb eschatolog. Hoffnungen getrieben, bettelnd durchs Land zogen. Die völlige Verarmung führte zum Exodus, zum Herumirren, zum sozialen Randgruppendasein; die von ihr Betroffenen sind Vereinsamte auf dem Weg nach neuen Kollektivbindungen, die an die Stelle der verlorenen alten sozialen Zugehörigkeit treten sollen. Die Welt der neu- oder wiederentstehenden ma. Städte wird – wie schon die urbanen Zentren der verfallenden antiken Gesellschaft – zum Sammelbecken dieser Bevölkerungsgruppen. Die Bettelei scheint aber im 13. Jh., zumindest im Frankreich Ludwigs d. Hl., zu einem gewissen, wenn auch vorübergehenden Stillstand gekommen zu sein. Doch erfolgte in der anschließenden Periode eine dauerhafte soziale Verschlechterung als Folge der Hungersnot von 1315, der Schwarzen Pest, der krieger. Wirren, der wirtschaftl. und monetären Krisen und als Ausdruck des sozialen Mißverhältnisses. Am Ende des 14. Jh. waren die »Armen« zahlreicher als die Bettler, die man nicht mit den »ehrbaren Armen«, die aus allen sozialen Gruppierungen stammten und denen ihre persönl. Würde das Betteln versagte, gleichsetzen darf. Wenn die bäuerl.-ländl. Solidarität auch den Bitten der »eingesessenen« Bettler die Unterstützung nicht versagte (sie wurden geduldet, weil sie bekannt waren), so galt das nicht für die arbeitslosen Vagabunden. Diese gaben einander Informationen, um von einer Almosenquelle zur anderen zu wandern und bes. beim Tod und Begräbnis wohlhabender Leute in den Genuß der – möglicherweise testamentar. verfügten – Zuwendungen zu gelangen. In der Stadt rekrutierten sich die Bettler bes. aus den durch Verschuldung, Kriegszerstörung usw. ruinierten Bauern sowie den »Gesellen« und angelernten Arbeitskräften, die lange vergebl. ihre Arbeitskraft als →Tagelöhner auf den einschlägigen »Arbeitsmärkten« (in Paris Place de Grève und Pointe St-Eustache) feilgeboten hatten. Sie schliefen in den Höfen der Bürgerhäuser oder auf der Straße und streckten am Morgen den Gläubigen die Hände entgegen – vor den Kirchenportalen und zwar an bestimmten Punkten, die man sogar hat kartograph. erfassen können. Die fiskal. Quellen vermerken diese Bettler als »Leute, die überall leben«, »ihr Brot erbettelnd«, und Johannes Gerson († 1420) beschreibt die Säuglinge, die vor Hunger laut schreiend, von mitleiderheischenden Bettlerinnen demonstrativ den Passanten zur Schau gestellt werden. Die bildl. Quellen, welche die Werke der →Barmherzigkeit zum Gegenstand haben, halten die gewohnten Szenen der Bettelei fest; die moral.-theol. Schriften behandeln das Thema; die Lit. schildert die verschiedenen Bettlertypen; auch die Rechtsquellen und bes. die Gesetzgebung nimmt mit der gebotenen Strenge vom B. Notiz. M. Mollat

[2] *Das Bettlerwesen in der spätmittelalterlichen Stadt:* Hauptkennzeichen der spätma. Armen- und Bettlerpolitik der städt. Obrigkeiten ist die Trennung von 'echten, ehrbaren Armen' und – größtenteils vagierenden – Berufsbettlern, die in den restriktiven Bettlerordnungen (Nürnberg 1387, Eßlingen 1389, Köln 1403 und 1446, Wien 1442 usw.) fixiert wird. Elemente sind: Beschränkung der Aufenthaltsdauer und der Bettlerplätze, Bettlerexamen mit Vergabe von Berechtigungszeichen (im Sinne der Werkgerechtigkeit wurde v. a. die Fähigkeit zum rechten Beten abgeprüft), Arbeitszwang oder Ausweisung für die gesunden Bettler, Strafandrohung für zu aggressiven Appell an das Mitleid und unsittl. Verhalten, Unterstel-

lung der Bettler unter einen Vogt oder Bettlermeister, meist den Henker, Privilegierung der einheimischen Armen und Bettler. Völlig ausschalten ließ sich die Berufsbettelei nicht, man kurierte an den Symptomen, veränderte an den Ursachen nur wenig und verlagerte das Problem durch Ausweisung und Abschieben der Bettler auf die Landstraße. Der gesellschaftl. Druck auf diese Außenseiter förderte die Tendenz zur Gruppenbildung, zu lokalen oder regionalen Zusammenschlüssen, z. T. örtlich verfestigt wie in der Bettlerkolonie auf dem Kohlenberg zu Basel (→ Basel, Abschnitt III) mit eigenem Bettlergericht, das vom 15. bis zum 17.Jh. agierte, oder nach zünftischem Muster organisiert wie in der Bettlergilde von Zülpich, 1454 gegründet. Die prinzipiell wandernden Mitglieder, Krüppel, Blinde und andere arme Leute, waren zu gegenseitiger Hilfeleistung bei Krankheit, Arbeitsunfähigkeit und Not verpflichtet. Die Gründungsurkunde zeigt eine beachtl. Differenzierung innerhalb der Bettlerschicht. F. Irsigler

[3] *Der Bettler und seine Umwelt:* Die Bettelei wurde stets als etwas Gemeines und Verworfenes betrachtet; man verband sie unwillkürl. mit Laster und Verbrechen – Verhaltensweisen, die man nur zu gern einer geheimen und undurchsichtigen »Gegengesellschaft« oder »Subkultur« zuschrieb. Außer in bestimmten Kreisen, wie etwa in Florenz um 1330, hielten es nur wenige Christen für gerechtfertigt, daß etwa Arbeitslose, die Familie hatten, bettelten, während jedoch das Betteln der Kranken und Siechen als normale und unvermeidl. Randerscheinung der Gesellschaft galt (vgl. in diesem Zusammenhang die organisierte Bettelei der Leprosenhäuser, → Aussatz V). Auch Bettelmönche und Beg(h)inen litten ztw. unter den Ressentiments, die sich gegen das Betteln richteten. Demgegenüber wurde der »gesunde« oder »prahlerische« Bettler – die Antithese des ehrenwerten »Armen« – zur Inkarnation der Hauptsünde des Müßigganges. Wie die Begriffe »Bettler« und »Bettelei« und die mit ihnen verbundenen Assoziationen in die Nähe anderer pejorativer Bezeichnungen für Marginalgruppen verschiedener Art gerückt wurden (im Afrz. etwa *truand* 'Gauner', *gueux* 'Bettler', erst 1452 belegt), so wurden die Bettler zu Leuten verdächtiger Herkunft, die man seit dem ausgehenden 15.Jh. zur Arbeit zu zwingen suchte und gegen die man präventiv mit repressiven Maßnahmen und Entzug der Bewegungsfreiheit vorging. Die betrüger. Bettler, die mancherlei Gebrechen simulierten, um die Mildtätigkeit auszunutzen, die professionellen Tagediebe und Vagabunden, die stets zu kleinen Gaunereien bereit waren, u. die Zigeuner (Sinti), die in den Jahren um 1420–30 unvermittelt auftauchten – alle diese Gruppen kompromittierten den »wahren« chr. Armen und die Armut selbst, wenn auch – im Zuge der caritas-Vorstellungen (→ caritas) – der Arme insgesamt weiterhin als Bild des Heilands, der durch sein Leiden die Menschheit erlöst, gelten konnte.

Die Zahl der echten oder falschen Bettler, über die wir bedauerlicherweise keine präzisen Kenntnisse haben, scheint die Toleranzschwelle, die eine Gesellschaft für solche Phänomene besitzt, öfter überschritten zu haben. Der Bettler wird in der Lit. des MA oft verspottet, doch man hatte Angst vor ihm.

Neben genauer Kenntnis der Anzahl der Bettler wäre es bes. wichtig zu wissen, wie die Bettler ihre soziale Rolle und Existenz persönl. erfuhren und durchlebten (z.B. wäre es in diesem Zusammenhang wichtig zu wissen, in welchem Ausmaß Bettler Selbstmord begingen), wie das soziale Verhalten der Bettler und anderen Angehörigen von Randgruppen untereinander beschaffen war (die »Solidaritätsbeziehungen« der Pauperisierten), durch welche Faktoren und Voraussetzungen das Bild der Bettler von ihrer Umwelt und der »Gesamtgesellschaft« geprägt war (Minderwertigkeitsgefühle, Gleichgültigkeit, Ablehnung, Haß?). Zu einer Bewältigung des Problems – oder auch nur zu Lösungsversuchen – war die Gesellschaft, zumindest im MA, nicht fähig: Die Nächstenliebe versuchte, die Folgen der Pauperisierung durch Fürsorge zu mildern; die weltl. Obrigkeit strebte nach einer Neutralisierung (in der Regel durch repressive Maßnahmen). Da die Gesellschaft das B. nicht aus der Welt schaffen konnte, tendierte sie zunehmend dazu, die Bettler zu verstecken. M. Mollat

[4] *Sonderformen des Bettlerwesens in Skandinavien:* In den skand. Landschafts-, Reichs- und Stadtrechten des 12. bis 14.Jh. werden Bettler zwar nur am Rande erwähnt, die Bestimmungen zeigen aber, daß das B. wie in anderen Teilen Europas eine weitverbreitete Erscheinung gewesen sein muß. Allerdings sind die wirtschaftl. und sozialen Voraussetzungen der Bettelei nur schwer greifbar, ebenso wie ihre Verbreitung in den Entwicklungsphasen der einzelnen skand. Länder. Es wird aber deutl., daß Bettelei bereits in verhältnismäßig archaischen bäuerl. Verhältnissen als fester Bestandteil der sozialen Wirklichkeit anzutreffen war.

Die Betteleibestimmungen müssen im Zusammenhang mit der v. a. auf Island, aber auch in Norwegen im Rahmen eines genossenschaftl. Unterstützungssystems eingehend geregelten Armenfürsorge gesehen werden. Meist erhielt der Bedürftige seinen Unterhalt durch Rundführen bei den zu seiner Versorgung verpflichteten Personen (vgl. hierzu →Armut und Armenfürsorge, Abschnitt IV). Dieses gesetzl. geregelte Umherziehen hat nichts mit Bettelei im eigtl. Sinn zu tun. So wird in der *Grágás* (Ib, 3 und 12) unter Androhung der Friedlosigkeit verboten, einen versorgungsberechtigten Verwandten oder einen gesetzl. zugewiesenen Unterhaltsbedürftigen auf Bettelfahrt zu schicken.

Es stimmt zu den Absichten v.a. der isländ. Armenfürsorge, die in erster Linie bestrebt war, soziale Versorgungslasten zu verhindern oder wenigstens anteilig zu verteilen, daß es als illegal angesehen wurde, wenn eine arbeitsfähige erwachsene Person bettelte, ohne sich um eine Arbeitsstelle zu bemühen. Es genügte dabei, trotz Arbeitsfähigkeit einen halben Monat ohne bes. Geschäft herumzuziehen und von Almosen zu leben, um jurist. als (illegaler) Bettler definiert zu werden (Grág. Ia, 139–40, vgl. auch F X, 39, L IV, 28). Dieses Verbot ergibt sich auch aus der für alle geltenden Verpflichtung, einen festen Wohnsitz, resp. eine Arbeits- oder Versorgungsstelle nachzuweisen (Grág. Ia, 128–31), weil ein solcher Nachweis wohl eine der Voraussetzungen war, als vollwertiges Mitglied der Rechtsgemeinschaft angesehen zu werden.

Die illegale Bettelei zog weitgehende Rechtlosigkeit nach sich: So hatte der arbeitsfähige Bettler keinen Bußanspruch bei Körperverletzung (vgl. Grág. Ia, 225) und Diebstahl (Grág. Ib, 14), er konnte bußlos kastriert werden (Grág. Ib, 254), stand außerhalb der Erbfolge (Grág. Ia, 225) und hatte kein Anwesenheitsrecht auf dem →Allthing (Grág. Ib, 14). Kinder bettelnder Leute hatten keinen Versorgungs- und Erbanspruch, es sei denn, sie konnten eine feste Unterbringung für zwei Halbjahre nachweisen (Grág. Ia, 225, Ib, 28). Die Verpflegung von Bettlern war verboten, einer Strafe konnte man sich durch Auspeitschung des Bettlers entziehen (Grág. Ib, 179). Bei widerrechtl. Beilager mit einer Bettlerin bestand Straffreiheit, wenn der Vater das dabei gezeugte Kind übernahm (Grág. Ib, 48f., 242).

Aus einigen Bestimmungen geht indirekt hervor, daß

es neben den illegalen auch legale oder doch geduldete Bettler gab, die »nicht aus niedrigen Beweggründen«, also wohl aus tatsächl. Arbeitsunfähigkeit, bettelten (*eigi fyrir omenzco sacir*, Grág. Ia, 255) und denen daher eine gesetzl. Versorgung (*eldi*) zugesprochen wurde. Allerdings ist nicht auszuschließen, daß die Grenzen zw. gesetzl. Versorgung und geduldeter Bettelei fließend waren. Zumindest scheint es keine grundsätzl. Unterschiede in der Rechtsstellung zw. einem vom Hrepp versorgten Armen und einem im Hrepp umfahrenden lizenzierten Bettler gegeben zu haben: Er hatte Klagerecht und Bußanspruch (Grág. Ib, 48–49), war erbberechtigt (Grág. Ia, 9–11, Ia, 178–179) und hatte Anspruch auf ein kirchl. Begräbnis (Grág. Ia, 9–11).

Verarmung und Zwang zur Bettelei konnten gerade im klimat. und wirtschaftl. unsicheren Island grundsätzl. alle Bevölkerungsteile treffen, bes. gefährdet waren aber die weitgehend besitzlosen Leute, die auf Saison- und Gelegenheitsarbeit bei den Bauern angewiesen waren und offensichtl. eine sehr mobile Bevölkerungsgruppe darstellten (*lausir menn, lausafolk* 'lose Leute'). Zusammen mit anderen Vorschriften zielen auch die Betteleibestimmungen darauf ab, gerade die arbeitsfähigen Besitzlosen zur Annahme von Arbeit zu verpflichten, bes. um die Allgemeinheit von Belastungen zu befreien. Analog zur Armenfürsorge lag auch die Regelung des isländ. Bettelwesens in weltl. Händen und ist weniger vom chr. Caritas-Gedanken als von wirtschaftl. und gesellschaftspolit. Erwägungen geprägt.

In der Regel wird der isländ. Bettler *göngumaðr* ('Fahrender') oder *húsgangsmaðr* ('jemand, der von Haus zu Haus zieht') gen., die Tätigkeit heißt *húsgangr, verðgangr* oder *för* ('Fahrt').

Wie auf Island war auch in Norwegen die Bettelei freier und arbeitsfähiger Leute verboten, wenn auch nur bei einer Strafe von 3 Mark. Wenn die Verwandten des Bettlers eine Auslösungssumme von weiteren 3 Mark nicht bezahlten, konnte der Bettler von dem, der ihn zum Thing führte, zu Arbeitsleistungen herangezogen werden (F X, 39). Solche Bettler hatten dann wieder einen Bußanspruch, wenn sie eine Arbeitsstelle nachweisen konnten. Dabei war es nicht nötig, im Rahmen eines sonst wohl praktizierten rechtssymbol. Aktes, Stab und Beutel (*staf ok skræppa*) auf dem Thing von sich zu werfen (L IV, 28, vgl. auch Bl IV, 28). Es war auch verboten, einen unterhaltspflichtigen Armen auf Bettelfahrt zu schicken (G 70). Die übrigen bedürftigen und damit wohl lizensierten Bettler wurden auf festgelegten Wegen, auf denen auch der Aufgebotsstab herumgereicht wurde, in den Bezirken (*fylkir*) von Hof zu Hof weiterbefördert (*boðburð ok stafkarla færslu*, F II, 23, L VII, 53 und 55). Der Leichnam eines Bettlers mußte auf dem Friedhof begraben werden (F II, 16, Sv 25, Bj 58). In Norwegen versuchte man offensichtl., durch ein geregeltes Rundführen der Bettler, das B. unter Kontrolle zu halten. Auch wenn die Mehrzahl der ansonsten spärl. Betteleibestimmungen in den kirchenrechtl. Abschnitten der norw. Rechts- und Gesetzbücher steht, spiegeln die Vorschriften doch wohl ein seit langem eingeführtes, einheimisches Verfahren zur Regelung der Bettelei wider und nicht das kirchl. Almosensystem, das vornehml. an kirchl. Institutionen geknüpft war und auch zunehmend in den Städten praktiziert wurde.

Die wenigen Betteleibestimmungen in den schwed. Landschaftsrechten geben nur ein undeutliches Bild von der Rechtsstellung des Bettlers. Es sind dabei Andeutungen überliefert, die Bettler und unterhaltsbedürftige Almosenempfänger (*rætter almoso maþer*) gleichsetzen (VgL II ÞB, 14) und von einem »Bezirksbettler« (*hæræþz piækker*) ausgehen (ÖgL Dr. 13). Auch Bettler hatten Anspruch auf geistl. Versorgung (VgL I KkB, 15 u. 33, ÖgL Kr, 12). Ihre Erkennungszeichen waren Stab und Beutel (*piker ok skræppa*), die gängige Bezeichnung *stafkarl*. – Aus Dänemark sind nur wenige verstreute Belege des B.s bekannt, das wohl schon bald eine ausgeprägte Erscheinung der Städte und Märkte um den Öresund war (vgl. zum dän. B. DGL V, 255; DD 2. rk. II nr. 395). H. Ehrhardt

Lit. zu *[I, 1–3]*: V. VON WOIKOWSKI-BIEDAU, Das Armenwesen des ma. Köln [Diss. Breslau 1891] – F. CURSCHMANN, Hungersnöte im MA, 1900, 1–218 – TH. HAMPE, Die fahrenden Leute in der dt. Vergangenheit, 1924[2] – W. RÜGER, Ma. Almosenwesen. Die Almosenordnungen der Reichsstadt Nürnberg, 1932 – B. TIERNEY, Medieval Poor Law. A Sketch of Canonical Theory and its application in England, 1959 – W. DANCKERT, Unehrl. Leute. Die verfemten Berufe, 1963 – E. MASCHKE, Die Unterschichten der ma. Städte Dtl. (Gesellschaftl. Unterschichten in den südwestdt. Städten, Veröff. der Kommission für Geschichtl. Landeskunde in Baden-Württemberg, Reihe B, Forsch. 41, 1967), 1–74 – A Pobreza e a Assistência aos Pobres na Peninsula Ibérica durante a Idade Média, Actas Jornadas... 1972, 2 Bde, 1973 – M. MOLLAT u. a., Études sur l'hist. de la pauvreté (MA–XVIe s.), 1974 – I. BOG, Über Arme und Armenfürsorge in Oberdeutschland und in der Eidgenossenschaft im 15. und 16. Jh., JbfFL 34/35, 1975, 983–1001 – J. L. GOGLIN, Les misérables dans l'Occident médiéval, 1976 – B. GEREMEK, Les marginaux parisiens aux XIVe et XVe s., 1976 [poln. Originalausg. 1971] – N. GONTHIER, Lyon et ses pauvres au MA 1350–1500, 1978 – M. MOLLAT, Les pauvres au MA, 1978 – Pauperismo e Assistenza negli Antichi Stati Italiani (sec. XV–XIX) (Convegno ... Cremona, 1980) [in Vorber.] – Q. und Lit. zu *[I, 4]*: Grágás, ed. FINSEN, 1852 – Sweriges Gamla Lagar, hg. D. H. S. COLLIN-D. C. J. SCHLYTER, 1–2, 1827ff. – Norges Gamle Love, hg. R. KEYSER-P. A. MUNCH, 1–5, 1846ff. – Lit.: HOOPS[2] II, 316 – KL 18, 302–307 – K. MAURER, Island, 1874, 278ff. – DERS., Vorl. über altnord. Rechtsgesch. 5, 1909, 467–487 – Þ. JÓHANNESSON, Die Stellung der freien Arbeiter in Island bis zur Mitte des 16. Jh., 1933, 177–187 – Þ. EYJÓLFSSON, Alþingi og héraðsstjórn, 1952 (Saga Alþingis 5, 1956), 5–13 – L. INGVARSSON, Refsingar á Íslandi á þjóðveldistímanum, 1970, 259ff. – N. SKYUM-NIELSEN, Kvinde og Slave, 1971, 133ff., 193ff.

II. BYZANZ: Im 4. Jh. gibt → Gregor v. Nyssa folgende Beschreibung: »Man erblickt (in Konstantinopel) eine überaus große Zahl von Menschen, die alles entbehren müssen, keinen Herd und keine Wohnstätte haben... Überall sieht man sie die Hände ausstrecken. Das Dach dieser Armen ist der Himmel. Die Säulengänge sind zu Herbergen geworden, und die Straßen sind ebenso leer wie der Markt. Ihre Kleidung sind übereinandergeworfene Lumpen; ihre Speise verdanken sie der Mildtätigkeit der Vorübergehenden; ihren Trank schöpfen sie aus den Brunnen, die als Viehtränke dienen. Ihr Trinkgefäß ist die hohle Hand; als Beutel haben sie nur die Falten ihres Gewandes, wenn es nicht zerrissen ist. Als Tisch dienen ihnen die gebeugten Knie, als Bett die nackte Erde. Sie baden im Wasser der Flüsse und Seen, natürl. Bädern, die Gott geschaffen hat, aber nicht zum Zweck des Bades. Sie leben als Landstreicher und Wilde, sie, die ursprgl. nicht auf diese Weise gelebt hatten, aber durch Elend und Not auf diese Stufe herabgedrückt wurden.« In allen großen Städten des Reiches, Konstantinopel, Alexandria, Antiocheia, Thessalonike, lebten Bettler; diese fanden sich aber ebenso an den Landstraßen, da eine längere Hungersnot den Bauern leicht in einen Bettler zu verwandeln vermochte. Auf eine unzureichende Ernährung, arm an Proteinen, angewiesen, die v. a. Gerstenbrei, Saubohnen und Erbsen umfaßte, ohne jede Hygiene lebend, wurden sie schnell von Krankheiten dahingerafft und hatten eine geringe Lebenserwartung. Gesunden und arbeitsfähigen Männern wurde kein Recht zum Betteln zugebilligt (Cod. Just. XI, XXXVI 1, A. 82). Zumindest in den Städten bildeten die Bettler einen regelrechten und anerkannten »Berufsstand«, dessen Mitglieder unerwünschte Eindringlinge abwehrten oder

verjagten. Jurist. galt derjenige als Bettler, der »keine (gesicherte) Nahrung für einen Tag vor sich hat« (Gregor v. Nazianz); er ist derjenige, der durch Almosen sein Leben fristet. Neben den Witwen, Waisen, den (mittellosen) Reisenden und Fremden, den Trinkern sind die Bettler diejenige Gruppe in der Gesellschaft, die von den normalen sozialen Beziehungen ausgeschlossen ist; sozial gesehen, sind sie ohne Vergebung verdammt: »Mein Kind, gib dich nicht aufs Betteln; es ist besser sterben, denn betteln« (Sir XL, 29 = Joh. Damasc, Hiera, MPG 95, Sp. 1253).
A. Guillou

Lit.: A. Guillou, Le système de vie enseigné au VIIIe s. dans le monde byzantin, in Sett. cent. it., 1973, 369 – Ders., La civilisation byzantine, 1974, 212, 245, 290 – E. Patlagean, Pauvreté économique et pauvreté sociale à Byzance, 4e-7e s., 1977, 55, 132, 191.

III. Judentum: Nach rabbin. Auffassung (→ Barmherzigkeit) hat jeder Arme das Recht, auch ohne betteln zu müssen, unterstützt zu werden. Zu diesem Zweck entwickelte sich in den einzelnen Gemeinden ein Wohlfahrtspflegewesen (→ Armut und Armenfürsorge), das nicht nur Ortsansässigen das Betteln ersparen konnte, das, falls nicht heuchler. geübt, meist geduldet wurde, sondern sich auch – nach Kräften – der Wanderbettler annahm, deren Zahl infolge der Kreuzzüge und der Vertreibungen wuchs. Wanderbettler war auch mancher Talmudschüler. Jüd. Bettlergilden, parallel zu christl., sind im MA nicht bekannt, doch wird durch Bevölkerungswachstum und Niederlassungsrestriktionen mit beginnender NZ die große Klasse der »Betteljuden« (Ende des 17. Jh. in Deutschland auf rund 20 % der jüd. Bevölkerung geschätzt und Gegenstand mancher Polizeiverordnung) hervorgebracht, die die Gemeinden zwar nicht ohne Fürsorge lassen, die sie aber auch, wegen nicht immer nur vermuteter Nähe zum Gaunertum, ambivalent beurteilen.
J. Wachten

Lit.: EJud (engl.) IV, 387-391 – E. E. Urbach, Zion, 16, Nr. 3-4, 1951, 1-27 und I-III – I. Abrahams, Jewish Life in the MA, 1969², 307-339 – R. Glanz, Gesch. des niederen jüd. Volkes in Dtl., 1968 – A. Scheiber (Hagut ivrit be-Eyropa, hg. M. Zohory-A. Tartakover, 1969), 266-275 – T. Marx, Judaism 28, Nr. 1, 1979, 80-89.

IV. Islamische Welt: Als soziales Phänomen in der islam. Gesellschaft trat der Bettler seit ihrem Beginn im frühen 7. Jh. auf. Der neue Glaube schrieb die Vergabe von Almosen vor, die nicht so sehr im Zeichen sozialer Hilfe und Wohlfahrt standen, sondern mehr als Mittel der Selbstreinigung von allzugroßer Liebe zu ird. Reichtum gesehen wurden; so lehrt uns eine dem Propheten zugeschriebene Überlieferung: »Gib einem Bettler, auch wenn er vor Dir auf dem Rücken eines Pferdes erscheint!«, und die entsprechenden Stellen des NT wie »Geben ist seliger denn Nehmen« finden wir in islam. Einkleidung in der arab. Traditionsliteratur (d.h. den ursprgl. mündl. weitergegebenen Aussprüchen des Propheten und seines Kreises) wieder. Der Vergänglichkeit alles ird. Glückes bewußt, war der Muslim stets der Tatsache eingedenk, daß auch er plötzlich zum Bettler werden konnte. Dennoch findet der hartnäckige »Berufsbettler«, der dem ehrenwerten »Armen«, den wirtschaftl. Not zum Betteln zwingt, gegenübergestellt wird, in der islam. jurist. Lit. schärfste Ablehnung, und einige Autoritäten sind der Auffassung, daß der Staat derartige professionelle Almosenheischer durchaus zur Arbeit zwingen dürfe.

Es ist nicht möglich, den Umfang des B.s quantitativ zu erfassen; doch scheinen die polit. Umwälzungen im Zuge der arab. Expansion, die zunehmende Urbanisierung im Nahen Osten (bes. seit dem 8. Jh.), eine starke Wanderungsbewegung ländl. Bevölkerungsteile in die Städte und eine sich erweiternde Geldwirtschaft wichtige Faktoren gewesen zu sein, durch welche sich die Zahl der Armen vergrößerte. Viele dieser Armen suchten, angesichts der religiösen Aura, mit welcher der Islam das Bettlertum umgab, Zuflucht in einem Bettlerdasein als ständiger Existenzform. Diese überall verbreitete Bettelei scheint im allgemeinen auf individueller Basis betrieben worden zu sein; zunftartige Organisationen oder Bruderschaften von Bettlern wie etwa in West- und Mitteleuropa (vgl. Abschnitt I, 2) oder in der ind. und buddhist. Welt scheint es nicht gegeben zu haben.

In der islam. Gesellschaft verschmilzt das Bild des Bettlers mit den verschiedenen Arten von Gaunern, Scharlatanen und Betrügern sowie mit den fahrenden Derwischen oder Sufis, die sich der Kurpfuscherei und den diversen Praktiken der Magie (Zaubersprüche, Amulette usw.) widmeten; daher werden die Bettler in der arab. Lit. wegen ihrer Betrügerei und Heuchelei angeprangert, wobei auch lit. Werke, die speziell die Warnung der Leichtgläubigen vor den Praktiken der Bettler zum Gegenstand hatten, entstanden. Eine Untersuchung der Bezeichnungen für diese Personenkreise zeigt starke nichtarab. Sprachelemente, bes. pers. und kurdische, wobei diese Gauner (im zeitgenöss. Sprachgebrauch »die Söhne des Sāsān« gen.) von den Zigeunern (Sinti) des Nahen Ostens (sie heißen arab. ġaǧar, nawar, ḥalābīṣ usw.) klar abzugrenzen sind. Durch einige obskure lit. Texte ist uns die Existenz arab. Gaunerjargons bekannt, deren sich die »Söhne des Sāsān« bedienten (offensichtl. eine Parallelerscheinung zum Argot, Rotwelsch usw. der europ. Gauner). Elemente davon haben sich bis ins 20. Jh. in islam. Regionen, die so weit voneinander entfernt lagen wie Ägypten und Zentralasien, erhalten; ebenso Spuren einer Organisation des B.s mit Meisterbettlern und Lehrlingen.
C. E. Bosworth

Lit.: M. J. de Goeje, Gaubarī's »Entdeckte Geheimnisse«, ZDMG 20, 1866, 485-510 – F. Schwally, Ein arab. Liber vagatorum, Zs. für Assyriologie 27, 1912, 28-42 – C. E. Bosworth, The mediaeval Islamic underworld. The Banū Sāsān in Arabic society and lit., 1976, 2 Bde.

Beunde, ein wohl vielfach durch Rodung entstandenes und abgegrenztes grundherrl. Reservatland, das nicht in Gemengelage mit dem bäuerl. Besitz und der Allmende mit beliebiger freier Fruchtfolge bebaut wird. Anfangs steht die B. anscheinend in Eigenwirtschaft, an deren Stelle seit etwa dem 12. Jh. die Verpachtung tritt. Damit ergab sich die Möglichkeit eines Übergangs in Gehöferschaften. Bekannt sind die B. v.a. aus dem südwestl. Deutschland und aus Hessen. Die ältesten Belege stammen aus frk. Zeit (biunda, piunda). Sprachl. liegt eine Ableitung von ahd. biwendan, got. biwandja nahe.
W. Metz

Lit.: DtRechtswb II, 238-240 – Grimm, DWB I, 1747 f. – G. Landau, Das Salgut, 1862, 42-55 – G. L. v. Maurer, Gesch. der Dorfverfassung in Dtl. I, 1865, 156-158 – K. Lamprecht, Dt. Wirtschaftsleben im MA I, 1, 1886, 418-453 – K. T. v. Inama Sternegg, Dt. Wirtschaftsgesch. I, 1891, 274-279 – A. Meitzen, Siedlung und Agrarwesen II, 1895 [Neudr. 1963], 586 f. – M. Heyne, Fünf Bücher dt. Altertümer I, 1899, 12 f. – K. S. Bader, Stud. zur Rechtsgesch. des ma. Dorfes I, 1957, 40 f.

Beurkundung, Aufzeichnung einer Willenserklärung über ein Rechtsgeschäft mittels einer → Urkunde. Neben eine jurist. und rechtshist. Betrachtungsweise dieses Vorgangs tritt eine diplomat.: Danach versteht man unter B. die Gesamtheit aller Tätigkeiten, die für das Zustandekommen einer Urkunde erforderl. waren. – Die Auswertung der Quellen für den Gang der B. (graph. Befund, Analyse des Formulars, Kanzleivermerke, hist. Berichte, Gesetzestexte, Formularsammlungen, Kanzleiordnungen, Amtseide, Nachrichten über Kanzleipersonal usw. sowie die innere Logik des Vorgangs) ergibt mehrere meist zeitl. getrennte Akte, deren Reihenfolge und Gesamtzahl sich freil. nach Aussteller, Ort, Zeit, Urkundenart usw. merkl. unterscheiden können.

[1] *Voraussetzung* jeder Beurkundung ist ein (Rechts-)Vorgang, die Handlung (actio). Sie kann entweder in einem bloßen, auf eigene oder fremde Initiative gefaßten Entschluß des Urhebers der Willenserklärung (zumeist mit dem Aussteller identisch!) bestehen oder in einer (Parteien-, Rats-, Gerichts- usw.) Verhandlung, die in der Regel durch ein mündl. oder schriftl. (petitio, supplicatio bei → Papsturkunden) Antrag des Impetranten oder seines Vertreters (procurator) verursacht, eventuell durch Fürbitter (intervenientes) befürwortet und meist vor Zeugen (Handlungszeugen) durchgeführt wurde.

[2] In der B. selbst lassen sich als *Stufen* unterscheiden: a) Der *Beurkundungsbefehl* des Ausstellers, in dem gemäß der Handlung die Anfertigung einer Urkunde angeordnet (....hanc cartam conscribi iussimus) oder erbeten (rogatio etwa bei → Notariatsinstrumenten) wird. Gegebenenfalls wird er von Beauftragten (referendarius, cancellarius, relator, notarius u.a.) der ausführenden Stelle überbracht (ambasciare im FrühMA). - b) Die Abfassung (dictare, notare) des → *Konzepts* (nota, minuta, dicta, scheda u.ä.), das vom Diktator (notarius, scriba, scriptor, abbreviator litterarum apostolicarum u.ä.: Kanzleikonzept), u.U. auch vom Kanzler, nach den Regeln des Briefstils (→ ars dictaminis, ars dictandi, summa dictaminum, → ars notariae im SpätMA u.a.), meistens wohl mit Hilfe einer Gedächtnisstütze (Akt, Vorakt), oft aber auch anhand einer bereits vorliegenden Vorurkunde (z.B. bei Bestätigungen) oder ähnlichen Urkunden (formularium, dictamen, → Formularsammlung, Briefsteller [→ Brief] usw.) oder einer bereits vom Empfänger formulierten Vorlage (Empfängerkonzept) erstellt wird. Eine Korrektur des Konzepts und (nach Vorlage beim Aussteller zur inhaltl. Korrektur) ein gesonderter → *Fertigungsbefehl* können sich anschließen. - c) Die Anfertigung (ingrossare, mundare) einer oder mehrerer → *Reinschriften* (mundum, grossum, Urschrift, weniger gut auch Original gen.), die durch den → Notar oder einen untergeordneten Schreiber (ingrossator, scriptor o.ä.) erfolgte. Nach einer Korrektur durch den Notar oder einen (in der Papstkanzlei seit dem 13.Jh. nachgewiesenen) → *Korrektor* wird die noch unfertige Urkunde dem Aussteller vorgelegt. - d) Die → *Vollziehung* der Reinschrift, welche durch den Aussteller mit Unterschrift, Unterzeichnung, Vollziehungsstrich (monogramma, signum, signaculum u.ä.) vorgenommen oder durch Anführung von Zeugen einer verbalen oder sonstigen Vollziehung (Beurkundungszeugen) bestätigt wird. - e) Die → *Beglaubigung* durch Rekognition (→ Kaiserurkunde) oder Datum-per-manus-Formel (vorwiegend Papsturkunde) des (tatsächl.) Kanzleileiters oder durch den Schlußvermerk des Notars (complevi et absolvi o.ä.). - f) Die *Besiegelung* (→ Siegel) durch den Aussteller oder seinen Vertreter, deren oft in der Corroboratio der Urkunde gedacht wird (impressione sigilli (anuli) nostri firmari iussimus o.ä.). - g) Die *Fertigstellung* der Urkunde durch *Taxierung* (→ Taxen) der Kosten, die seit dem 13.Jh. durch Kanzleivermerke faßbar wird, sowie die *Registrierung* (→ Register; nach der Reinschrift), soweit sie nicht bereits nach dem Konzept erfolgte, schließen sich an. - h) Die *Aushändigung* an den Empfänger oder seinen Vertreter. W. Schlögl

Lit.: J.Ficker, Beitr. zur Urkundenlehre I, 1877-78, 60ff.; II, 1ff. – Breslau II, 62ff.; 225ff. – O.Redlich, Einl. zu W.Erben, Die Kaiser- und Königsurk. des MA in Dtl., Frankreich und Italien (G.Below-F.Meinecke, Hb. der ma. und neueren Gesch. IV, 1, 1907), 25ff. [Nachdr. 1971] – Ders., Die Privaturk. des MA (ebd. IV, 3, 1911), 4ff.; 48ff. – L.Schmitz-Kallenberg, Die Lehre von den Papsturkk. (A.

Meister, Grdr. der Geschichtswiss. I, II, 1913²), 63ff. – R.Heuberger, Allg. Urkundenlehre für Dtl. und Italien (ebd. I, 2a, 1921), 2ff., 12ff. u.ö. – H.Zatschek, Stud. zur ma. Urkundenlehre. Konzept, Register, Briefslg. (Schr. der phil. Fak. der dt. Univ. in Prag 4, 1929) – A. de Boüard, Manuel de diplomatique française et pontificale I, 1929, 61ff. – W.Heupel, Der Sizilische Großhof unter Friedrich II., Schr. der MGH 4, 1940 – G.Tessier, Diplomatique royale française, 1962, 102ff., 268ff. – P.Herde, Beitr. zum päpstl. Kanzlei- und Urkundenwesen, Münchner Hist. Stud., Abt. Gesch. Hilfswiss. 1, 1967², 149ff. [Lit.] – H.Fichtenau, Das Urkundenwesen in Österr. vom 8. bis zum frühen 13.Jh., MIÖG-Erg. 23, 1971, 56ff.

Beutel (frz. *aumonière, gibecière*; engl. *bag*). Da die Kleidung des MA keine eingearbeiteten Taschen aufwies, war sie zur Aufbewahrung kleiner Gegenstände auf am Gürtel hängende B. oder Taschen angewiesen. Der B. ist im Gegensatz zur meist größeren Tasche nicht auf einen festen Rahmen montiert, sondern aus zwei gleichen Stoffteilen zusammengefügt und am oberen Rand mittels einer Schnur zusammengehalten. Die uns erhaltenen B. sind vielfach aus kostbarem Material gefertigt, teils mit Stickereien herald., symbol. oder religiösen Inhalts verziert. Sie sind in ihrer Art kleine Kunstgegenstände. Seit dem frühen MA waren sie in Gebrauch als Anhänger am Gürtel sowohl bei Frauen und Männern, um beim Kirchgang ein Geldopfer zu spenden. Verwendung fanden die B. ebenfalls im kirchl. Bereich als Umhüllungen von Reliquien. Als solche sind uns zahlreiche, teils kostbare Objekte in den Kirchenschätzen erhalten. M. Braun-Ronsdorf

Lit.: V.Gay, Glossaire archéologique I, 1887, 84ff., 776 – J.Braun, Die Reliquiare d. chr. Kultes und ihre Entwicklung, 1940 – M.Beaulieu-J.Baylé, Le Costume en Bourgogne, 1956, 98ff. – M.Davenport, The book of costume, 1962, 191, 207 – B.Schmedding, Ma. Textilien, in Kirchen und Kl. der Schweiz, 1978 – RDK II, 452ff.

Beuve de Hanstone → Bueve de Hanstone

Beverin, Burg → Lettenland

Beverley, Kl. (später Stift) und Stadt in Yorkshire (n. Hull), 700 erfolgte eine erste Klostergründung durch den hl. Johannes (John) v. B. († 721), der sich, nachdem er Bf. v. Hexham und Ebf. v. York gewesen war, dorthin zurückzog. Das Kl. wurde von den Dänen zerstört, um 934 jedoch durch Kg. Æthelstan als Kanonikerstift wiederbegründet.

Der steinerne Sitz des Abtes (→ Hexham) blieb erhalten und war der Ausgangspunkt für B.s Stellung als Freistatt. Das Münster wurde 1230-1420 in den Ausmaßen einer Kathedrale neuerrichtet. Es bestand keine Klausur, das Kapitelhaus ist nicht erhalten; die Kanoniker führten ursprgl. eine vita communis, bezogen aber später eigene Kurien. Der Chor beherbergt das Percy-Grabmal (um 1340), das prachtvollste Grabmonument des engl. MA.

Die Stadt, mit einer Carta des Ebf.s v. York ausgestattet, lag nördl. des Münsters und mit Erdwall und Graben befestigt; von den fünf Stadttoren ist nur eines erhalten (North Bar, in Backsteinbau 1409-10 errichtet). Der Handel mit dem Kontinent, bes. Wollhandel, blühte bis ca. 1500; es gab neben dem Münster zwei Kirchen und zwei Bettelordensklöster. Eine der Kirchen, St. Mary, war die städt. Pfarrkirche. Das Stift wurde 1547 aufgelöst und das Münster dem *borough* übergeben. M.W. Barley

Lit.: K.A.MacMahon, B., 1973.

Bevölkerung
A. Spätantike – B. Nord-, Mittel-, West- und Südeuropa im Mittelalter – C. Osteuropa – D. Byzantinisches Reich und Südosteuropa – E. Islamische Welt

A. Spätantike
Das zentrale Problem bei der Darstellung der spätantiken B. ist die Frage, ob es einen *Bevölkerungsrückgang* gegeben

hat. Mangels hinreichender absoluter Zahlen ist man auf Schlüsse angewiesen; method. Schwierigkeiten ergeben sich bereits für die quellenmäßig besser zugängl. hohe Kaiserzeit: Wieweit sind die Grabinschriften für Lebenserwartung, Altersschichtung, soziale Schichtung (→ Sozialstruktur), Kinderzahl u. a. repräsentativ und auszuwerten? Welche Vorstellungen und prakt. Verhaltensweisen herrschten in bezug auf Ehealter, Kinderzahl, Empfängnisverhütung, Abtreibung, Kindes- (Mädchen-)aussetzung? Wieweit pflanzte sich die Sklavenbevölkerung fort? Welche Wirkungen hatten Bürgerkriege, Barbareneinfälle, Seuchen (→ Pest)? In welchem Ausmaß sind Analogien mit nz. Ländern (und mit welchen?) zulässig?

Die einzige direkte Äußerung aus der Spätantike findet sich bei → Vegetius, Militärschriftsteller des 4. Jh. (I, 5: tunc erat amplior multitudo, et plures militiam sequebantur armatam; necdum enim civilis pars florentiorem abducebat iuventutem). Wie dieser Satz sowohl auf allgemeinen Bevölkerungsrückgang wie auf Verlagerung der Betätigung gemünzt ist, so verhält es sich auch mit den wenigen anderen Anzeichen dafür, wobei oft der Zirkelschluß droht, daß man hypothet. Erklärungen ihrerseits als feststehende Fakten nimmt und aus ihnen auf Bevölkerungsabnahme schließt. Die wichtigsten Indizien für eine solche Abnahme sind einmal die archäolog. festgestellte Schrumpfung der Städte und zum anderen der literarisch, epigraphisch und papyrologisch (Ägypten) belegte Rückgang des bebauten Landes (agri deserti), beides kann aber z. T. auf Strukturänderungen (Stadtflucht und wirtschaftl. Umschichtung auf dem Lande) beruhen (Ägypten). Die Barbarisierung des Heeres ist nicht notwendigerweise Folge von Menschen- (Männer-)mangel (Vegetius, s.o.); möglicherweise führte die drückende Abgabenlast zu einer Verringerung der Kinderzahl. Das Christentum wirkte sowohl in Richtung auf eine Bevölkerungsabnahme (→ Zölibat, → Mönchtum) als auch auf eine Bevölkerungszunahme (Gegnerschaft zur → Empfängnisverhütung, zur → Abtreibung, zur → Kindesaussetzung). – Anhaltspunkte für die Größenordnung der *Bevölkerungszahl* (nach JONES) – im Westen ist wohl ein stärkerer Bevölkerungsrückgang als im Osten anzunehmen: Rom um 325: ½-¾ Mill. Einw.; Konstantinopel um 550: ebensoviel; Alexandria zur selben Zeit: ½ Mill. Einw.; Antiochia um 350: 175 000 Einw.; Ägypten um 85: 7½ Mill. Einw.; die civitas Aeduorum um 325: 2 Mill. Einwohner. W. Schuller

Lit.: A. E. R. BOAK, Manpower Shortage and the Fall of the Roman Empire in the West, 1955 (dazu: Der Untergang des röm. Reiches, hg. K. CHRIST, 1970, 368–395 [M. I. FINLEY]) – DERS., The Population of Roman and Byz. Karanis, Historia 4, 1955, 157–162 – H. BRAUNERT, Die Binnenwanderung, 1964, 310–312, 320–333 – JONES, LRE II, 1040–1045 – A. E. SAMUEL u. a., Death and Taxes, Ostraka in the Royal Ontario Museum I, 1971 – M. CLAUSS, Probleme der Lebensalterstatistiken aufgrund röm. Grabinschriften, Chiron 3, 1973, 395–417 – P. SALMON, Population et dépopulation dans l'Empire romain, 1974, 153–172 – A. H. M. JONES, Census Records of the Later Roman Empire (DERS., The Roman Economy, 1974), 228–256.

B. Nord-, Mittel-, West- und Südeuropa im Mittelalter
I. Ländliche Bevölkerung – II. Städtische Bevölkerung.

I. LÄNDLICHE BEVÖLKERUNG: [1] *Methoden zur Bestimmung der ländlichen Bevölkerung und demographische Faktoren*: Von einigen Ausnahmen abgesehen, lebten mindestens 90% der ma. B. auf dem Lande. Als Grundlage für die Schätzung der ländl. B. können → *Bevölkerungsverzeichnisse* verwandt werden. Karol. Polyptychen geben häufig die Namen aller Haushaltsmitglieder und manchmal auch das Alter der Kinder an. Im engl. → Domesday Book von 1086 erscheinen Personen aus verschiedensten sozialen und wirtschaftl. Gruppen, gewöhnl. als Haushaltsvorstände; einfache Listen von Bauern mit ihren Verpflichtungen sind aus vielen Gebieten überliefert. Schließlich fand die Besteuerung der Herdstätten allgemeine Verbreitung (vgl. z. B. das Verzeichnis von 1328: »Les paroisses et les feuz des baillies et sénéchaussées de France«), die sich häufig zu einer fixen Geldsumme entwickelte. Im 14. Jh. wurden gewöhnl. alle Personen, die älter als 13 oder 14 Jahre waren, mit Kopfsteuern belastet (z. B. 1377 in England). Wenn sie sorgfältig erhoben wurden, umfaßten sie etwa zwei Drittel der Bevölkerung.

Die Listen der Haushaltsvorstände muß man mit der Zahl der Haushaltsmitglieder multiplizieren, um die Gesamtbevölkerung schätzen zu können. Auf diese Weise gelangt man zu dem Ergebnis, daß auf den Bauernstellen der Karolingerzeit im Durchschnitt etwa 3,5 Personen wohnten. Diese Zahl ist wahrscheinl. auch auf die Bauern im Domesday Book und in anderen frühma. Verzeichnissen anwendbar, wobei die Zahl 3,5 die Kernfamilie, aus Eltern und Kindern bestehend, jedoch ohne Großeltern und andere Verwandte, beinhaltet. Für die Haushalte des Hoch- und SpätMA muß man höhere Zahlen annehmen. Bei der Angabe von Namen kann die Zahl der Frauen einen Hinweis auf die *Haushaltsgröße* geben: je größer die Zahl, desto kleiner der Haushalt.

Weitere, aber oft wenig ausgewertete Daten gewinnt man mit Hilfe der *Paläodemographie* und der *Paläopathologie*, die Bestattungen erforschen. So kann die Anordnung der Gräber für das FrühMA anzeigen, zu welcher Jahreszeit die Bestattung erfolgte, da die Gräber nach der Sonne ausgerichtet sind. Dies gibt einen wertvollen Hinweis auf Pestepidemien, weil die Pest eine Sommerkrankheit war und die Gräber in dieser Zeit nach ONO oder NO ausgerichtet wurden. Anthropologisch kann man *Alter* und *Geschlecht* von Skeletten, teilweise selbst bei Leichenbrand, in zunehmendem Maße genauer diagnostizieren. Es ließ sich feststellen, daß offensichtl. viele Kleinkinder nicht auf Friedhöfen begraben wurden. Die Zahl der fehlenden Kinder läßt sich aber schätzen, wenn man davon ausgeht, daß die Frauen durchschnittl. 4,2 Kinder gebaren; diese Schätzung stützt sich auf die durch Geburten verursachten Veränderungen am Schambein. Die besten Altersbestimmungen stammen aus der Altersgruppe zw. 14 und 60 Jahren. Aus der Alterszusammensetzung der Bestatteten und aus archäolog. Fundmaterial (Münzen, Töpferwaren usw.) kann man die Größe der dazugehörigen Siedlungen abschätzen. Da die Skelettreste auch die Einwirkungen von Unfällen und Krankheiten erkennen lassen, läßt sich für die beiden ma. Pestperioden (542–750 und 1348ff.) feststellen, daß sie eine unterschiedl. Bevölkerungstendenz nach Alter und Geschlecht aufweisen; in den pestfreien Perioden (300–542 und 750–1000) zeigt sich ein normaler Trend der Bevölkerungsentwicklung, die aber ein sehr langsames Wachstum aufweist. Die Epoche von 1000 bis 1348 dagegen unterschied sich durch ein starkes Bevölkerungswachstum grundlegend von den übrigen Zeitperioden.

Jede Frau mußte im MA etwa 3,6 Kinder im Durchschnitt gebären, damit der Bevölkerungsstand erhalten blieb. Die tatsächl. *Kinderzahl* wurde dabei durch mehrere Faktoren beeinflußt: Die Zeit des Gebärens begann für die Frauen etwa im Alter von 20 Jahren und endete meist mit 40; die frühe Sterblichkeit von Frauen verringerte diese Gebärphase aber auf 15 Jahre. Die meisten Frauen stillten ihre Kinder selbst, was zusammen mit verschiedenen Fehlgeburten die Fruchtbarkeitsziffer auf etwa ein Kind in drei Jahren senkte. Außerdem heirateten einige Frauen später als mit 20 Jahren, oder der Ehemann starb vor der Frau.

Auch konnten die Männer gewöhnl. erst dann heiraten, wenn sie über genügend Mittel zum Lebensunterhalt verfügten, was in der Regel erst durch eine Bauernstelle gewährleistet war. Unter Berücksichtigung dieser Faktoren kann man annehmen, daß die Zahl der Kinder pro Frau im Durchschnitt etwa 4,2 betrug. Diese Zahl war natürl. höher als zum Ersatz der Eltern notwendig war; der Unterschied verringerte sich aber dadurch, daß man die Zahl der Frauen im Verhältnis zu der der Männer niedrig hielt (im allgemeinen herrschte ein Verhältnis von mindestens 120 Männern zu 100 Frauen). Da sich dieses Zahlenverhältnis auf den Friedhöfen ergibt, wo nur sehr junge Kinder fehlen, müssen viele Mädchen nach der Geburt getötet worden sein. Das trifft wohl bes. für die Mädchen aus größeren Familien zu.

Die *Lebenserwartung* der 20jährigen betrug vor der ersten Pest (542–750) 25 Jahre für Männer und 23 Jahre für Frauen; nach dieser Pestperiode war sie etwas höher: 27 Jahre für Männer und 24 Jahre für Frauen. Im Alter von 40 Jahren hatten sowohl die Männer als auch die Frauen etwa die gleiche Lebenserwartung von 15–17 Jahren. Mit 60 betrug sie etwas weniger als 10 Jahre. Die Lebenserwartung insgesamt, die natürl. von Region zu Region schwankte, läßt sich nicht schwer abschätzen: sie betrug etwa 30–33 Jahre.

[2] *Bevölkerungswachstum und -verluste:* Die Periode des stärksten Bevölkerungswachstums (1000–1348) begann ungefähr nach der Auflösung des Karolingerreiches, als die Herrschaft über die Bauern auf lokale Grundherren übergegangen war, die, um ihre polit. und wirtschaftl. Stellung zu vergrößern, Zahl und Abgaben ihrer Bauern erhöhten. Außerdem entstanden durch Binnenkolonisation und Landesausbau (→ Kolonisation und Landesausbau) neues Siedlungsland und neue Getreideanbauflächen. Ausreichende Möglichkeiten zum Erwerb von Land führten zur Senkung des Heiratsalters und damit zu einem Anstieg der ländl. B. In N-Frankreich, in Teilen Italiens und Zentralenglands läßt sich für diese Periode eine Bevölkerungsdichte von etwa 40 Einw./km² annehmen.

Die Pestperioden (542–750 und 1348 ff.) führten während der Seuchendurchzüge zu Verlusten von etwa 25–50%. Beide Pestperioden erstreckten sich auf den größten Teil Europas und des Mittelmeerraumes. Bis 570 bzw. 1380 war die B. allgemein um etwa 40% gesunken und verringerte sich dann bis 630 bzw. 1440 um weitere 10%. Der Wiederanstieg erfolgte sehr ungleichmäßig, und nur in Italien und in einigen Gebieten Frankreichs stieg die B. rasch an. Die Lebenserwartung sank während der beiden Pestepidemien auf 20–21 Jahre für Männer und 17–18 Jahre für Frauen. Das Geschlechterverhältnis verringerte sich auf die normale Quote von 103–105, da die Kindestötung stark zurückging. Auch die Agrarkrise war ein Faktor für den Bevölkerungsrückgang, in vielen Gebieten wanderte die verarmte ländl. B. in die Städte ab.

Abgesehen von den beiden Pestperioden war die *gesundheitl. Verfassung* im MA im allgemeinen gut. Die Kinder kamen in gesunden Abständen zur Welt und wurden von ihren Müttern gestillt; nur wenige hatten Rachitis. Der allgemein gute Gesundheitszustand, der nach den vorliegenden Forschungsergebnissen den Zeitraum 750–1000 auszeichnet, scheint erst wieder im 18. Jh. erreicht worden zu sein.

Fast alle Bedingungen, welche Zeugung und Fruchtbarkeit betrafen, wurden im MA in freier Wahl geregelt, wobei sogar die Kindestötung als Mittel gegen »Überbevölkerung« Anwendung fand; man kann mit einem gewissen Recht in bezug auf das MA von einer echten, individuellen »Bevölkerungskontrolle« sprechen.

Geschätzte Bevölkerungszahlen (in Millionen) in einzelnen Ländern Europas in Spätantike und MA:

Gebiet im Jahre:	300	600	1000	1340	1440
Iberische Halbinsel	4	3.6	7	9	7
Frankreich	5	3	6	19	12
Italien	4	2.4	5	9.3	7.5
Britische Inseln	0.3	0.8	1.7	5	3
Deutsches Reich und Skandinavien	3.5	2.1	4	11.6	7.5
Insgesamt:	16.8	11.9	23.7	53.9	37.0

Von 300–540, 600–750 und 1440–1480 n. Chr. steigt die B. im allgemeinen leicht an. Die Zahlen beruhen teilweise nur auf Vermutungen. J. C. Russell

Lit.: Hoops² II, 331–361 – E. Keyser, Bevölkerungsgesch. Dtl., 1943³ – J. C. Russell, British Medieval Population, 1948 – G. Ascádi-J. Nemeskéri, Paläodemograph. Probleme, Homo 8, 1957, 113–148 – J. C. Russell, Late Ancient and Medieval Population, 1958 – N.-G. Gejvall, Westerhus, 1960 – E. Baratier, La démographie provençale du XIIIe au XVIe s., 1961 – J. C. Russell, Recent Advances in Medieval Demography, Speculum 40, 1965, 84–101 – Ders., The Population of Medieval Egypt, Journal of the American Research School in Egypt 5, 1966, 69–82 – G. Ascádi-J. Nemeskéri, Hist. of Human Life. Span and Mortality, 1970 – J. C. Russell, Medieval Regions and their Cities, 1972 – G. Cherubini, Signori, contadini, borghesi. Ricerche sulla società italiana del Basso medioevo, 1974 – V. Fumagalli, Terra e società nell'Italia padana. I secoli IX e X, 1976 – R. Comba, La popolazione in Piemonte sul finire del medioevo, Ricerche di demografia storica 1977 – D. Herlihy-C. Klapisch, Les Toscans et leurs familles, 1978 – M. Montanari, L'alimentazione contadina nell'alto Medioevo, 1979 – Medioevo rurale. Sulle tracce della civiltà contadina, hg. V. Fumagalli-G. Rossetti, 1980.

II. Städtische Bevölkerung: Statist. verläßl. Angaben über die Bevölkerungszahl, -dichte, demograph. Strukturen und ihre Veränderungen, Herkunft und Mobilität der Bewohner ma. Städte können aufgrund der Quellenlage (→ *Bevölkerungsverzeichnisse*) von wenigen Ausnahmen abgesehen nur für die spätma. Jahrhunderte gemacht werden.

[1] *Bevölkerungszahl und Stadtgröße:* Verglichen mit den antiken und erst recht mit den nz. Städten waren die ma. Städte relativ klein. Die Großstadtgrenze ist nach H. Ammann bei ca. 10000 Einw. anzusetzen; es empfiehlt sich aber, mit Rücksicht auf die Verhältnisse in Italien und den Niederlanden, den Schwellenwert auf 20000 Einw. hinaufzuschieben und zw. kleineren Mittelstädten (2000 bis 10000 Einw.) und großen Mittelstädten (über 10000 Einw.) zu unterscheiden. Der größte Teil der ma. Städte – von den ca. 3500 dt. Städten etwa 90–95%, von den 200 schweizer. Städten 95% – zählte am Ausgang des MA zu den Klein- (bis 2000 Einw.) und Zwergstädten (bis 500 Einw.). Städte mit mehr als 50000 Einw. dürfen als ma. »Weltstädte« gelten.

Der Niedergang des antiken Städtewesens und der neue Urbanisierungsprozeß seit dem 10. Jh. zeigen regional und zeitl. starke Abweichungen. Die mittel- und nordgall. civitates schrumpften in Spätantike und FrühMA bei z. T. verdichteter Bebauung (Paris, Dijon im 6. Jh.) auf 10–30 ha bebauter Fläche, ausgenommen die Städte der Provence oder etwa Toulouse, das bei 80–90 ha blieb. In Italien reduziert sich die Fläche allgemein weniger stark als in Frankreich, trotz vorübergehender Rückschläge: Bologna z. B. ging von 70 auf 25 ha Stadtfläche zurück, erreichte aber im 11. Jh. schon wieder ca. 100 ha, Trier dagegen, das im 4. Jh. auf 285 ha ca. 60000 Einw. hatte, gelangte im MA nie auf eine Einwohnerzahl von 10000. – Rasches Wachstum kennzeichnet die teils auf antiken Grundlagen basierenden, teils neu entstehenden städt. Zentren des 10./11. Jh.: Mainz und Prag galten im 10. Jh. als volkreiche Plätze, Köln dürfte um 1000, nach der ersten Stadterweiterung, wieder an die 10000 Einw. gehabt haben. Der Handelsplatz Haithabu umfaßte im 9. Jh. 10 ha, im 10. Jh. bereits 24 ha. Relativ sicheren Boden gewinnen wir für England dank des → Domesday Book von 1086 für das ausgehende 11. Jh.: London besaß ca. 12000, York 8000, Norwich und Lincoln 5000 Einw.; Winchester dürfte auf 170 ha ca. 8000 Einw. gehabt haben. Eine absolute Sonderstellung im Okzident nahmen einige Städte des omayyadischen Spanien ein; Córdoba soll im 10. Jh. mehr als 500000 Einw. gezählt haben, auch Sevilla besaß Großstadtcharakter. Die größte europ. Stadt des frühen MA dürfte Byzanz (Konstantinopel) gewesen sein, das im 6. Jh. 500000 Einw. zählte, im 14. Jh. allerdings nur noch 50000, 1477 als Zentrum des Osman. Reiches ca. 70000 Einw.

Die meisten ma. Großstädte entstanden in *Italien*. Neapel wuchs nach der ersten Stadterweiterung im 10. Jh. von ca. 30000 Einw. i. J. 1140 auf 50000 um 1300, Rom hatte um 1250 ca. 35000 Einw., Pavia zählte 1250: 30000 Einw., Mailand 1288 (nach Bonvesin de Riva) wohl schon 100000 Einw., Florenz um 1300: 95000 Einw., Venedig 1338: 90000 Einw. – Bedeutende Großstädte waren im 1300 auch Palermo (44000 Einw.), Messina (27000 Einw.), Lucca, Siena und Pisa (je ca. 20000 Einw.); Bologna erreichte 1370 ca. 40000 Einw. Im 15. Jh. wohnten nach J. HEERS innerhalb der Mauern von Genua (110 ha) 84000 Einw., in Stadt und Vorstädten 97500, innerhalb der Bannmeile (ohne Klerus) etwa 117000 Menschen. Grundsätzl. ist damit zu rechnen, daß die Tagesbevölkerung einer Stadt die Zahl der Wohnbevölkerung erheblich übertraf. – Ma. Großstädte *Spaniens* waren Sevilla mit ca. 24000 Einw. im 13. Jh. und Barcelona mit 35000 Einw. am Ende des 14. Jh. – Nach Italien wiesen die *Niederlande* die höchste Zahl an Großstädten und den stärksten Verstädterungsgrad auf. Gent hatte im 14. Jh. innerhalb des Mauergürtels aus dem 13. Jh. (644 ha) rund 60000 Einw., Brügge auf 430 ha etwa 50000, fast so groß waren Tournai (40000–50000), Löwen (45000 auf 410 ha) und Ypern (40000 Einw.), Brüssel lag bei 30000 Einw. (449 ha). Bes. rasch wuchs Antwerpen von 5000 Einw. 1347 auf 20000 Einw. 1440 und über 80000 Einw. um 1580. Auch Lüttich (fast 40000 Einw.) und Utrecht (ca. 20000 Einw.) erlangten im Spät-MA Großstadtrang. Zu den großen Mittelstädten an der Schwelle zur Großstadt zählten Maastricht und die Ijsselstädte Deventer, Zwolle und Kampen mit 12000–14000 Einwohnern. Die einzige Großstadt des Mosellandes war Metz (ca. 25000 Einw.). – In *Frankreich* war die Zahl der Großstädte insgesamt gering; exzeptionell erscheint die Stellung von Paris, das 1328 wohl 80000 Einw. zählte und spätestens im 15. Jh. die 100000-Grenze überschritt. Die zweitgrößte Stadt war Rouen, das am Ende des 14. Jh. wohl 35000 Einw. besaß; dann folgen Toulouse mit 25000–30000 Einw. und Amiens mit 20000–30000 Einw. um 1400. Zwischen 10000 und 20000 lag die Bevölkerungszahl der großen Landschaftshauptstädte Lyon, Bordeaux, Montpellier und Poitiers; der Aufstieg Lyons zur zweitgrößten Stadt Frankreichs mit ca. 50000 Einw. (1550) erfolgte erst im 16. Jh. Die bedeutendsten Städte des Südens waren Marseille und Avignon, das als Papstresidenz 30000–40000 Einw. erreichte. Ca. 10000 Einw. zählten im 15. Jh. Narbonne, Rodez, Albi, Béziers und Cahors. – Von den *englischen Städten* erreichten neben dem rasch wachsenden London (30000 im 15. Jh.) wohl nur noch York und Bristol Großstadtrang. Der teilweise hohe Urbanisierungsgrad Englands basiert auf einer beträchtl. Zahl von kräftigen Mittelstädten. Die größte Stadt des ma. *Deutschen Reiches* blieb Köln mit knapp über 40000 Einw. auf 401 ha im 15. Jh.; erst im 16. Jh. wurde es von Nürnberg übertroffen, das 1430 noch knapp 23000 Einw. zählte. Weitere Großstädte bzw. bedeutende Mittelstädte waren Straßburg (18000 Einw. seit dem 15. Jh.), Augsburg, Ulm, Würzburg, Erfurt (1493: 18500 Einw.), Breslau (20000 Einw.), Braunschweig, Lüneburg (bis 18000 Einw.). Zu den größten Städten des engeren Hanseraumes gehörten Lübeck (25000 Einw. um 1400), Bremen (20000 Einw.), Hamburg (16000–18000 Einw. Mitte des 15. Jh.), Danzig (30000 bis 1500) und Rostock (über 10000 Einw.). Die Hauptstadtfunktion begünstigte das starke Wachstum von Prag und später Wien (20000 im SpätMA). H. AMMANN schätzte die Zahl der Groß- und Mittelstädte (über 2000 Einw.) im Deutschen Reich um 1500 auf ca. 200.

[2] *Bevölkerungs- und Bebauungsdichte*: Sehr unterschiedl. war die Bebauungsdichte, am höchsten in den it. und südfrz. Städten. Die Bewohnerzahlen pro ha lauten für Genua 545, Toulon 500, Béziers 322, Lübeck 210, Paris 180, Rostock 158, Wismar 150, Nürnberg 142, Toulouse 138, Genf und Köln 100, Straßburg 89, Brügge 81, Brüssel 56. Ähnlich verhält es sich mit den Bewohnerzahlen pro Haus. In vielen nordalpinen Städten wurde der ma. Mauerring der letzten Stadterweiterung erst im 19. Jh. durch Bebauung ausgefüllt; fast überall gab es landwirtschaftl. Nutzflächen (Gärten, Weinberge) innerhalb der Mauern. – Den höchsten Urbanisierungsgrad wies Oberitalien auf (bis 40%), dann folgen die südl. Niederlande, Brabant (32,8% der B.), einige Regionen Englands und S-Frankreich. Insgesamt lag der Anteil der Stadtbevölkerung an der Gesamtbevölkerung Europas im 15. Jh. bei 20–25%.

[3] *Bevölkerungswachstum und -verluste*: Die stärksten Wachstumsimpulse erfuhren Städte mit Hauptstadtcharakter, ferner Seehandelsplätze und Exportgewerbe- und Fernhandelsstädte. – Das rasche Wachstum der städt. B. bis ins 14. Jh. erlitt durch die große europ. Hungersnot von 1316/17 und v. a. durch die Große Pest von 1348–50 und die nachfolgenden, mit beängstigender Regelmäßigkeit auftretenden Pest- und Seuchenwellen empfindliche Rückschläge. Im allgemeinen wurden die Städte durch den Schwarzen Tod stärker betroffen als das flache Land; die Verluste betrugen um die Mitte des 14. Jh. z. B. in einigen Hansestädten (Bremen, Hamburg, Lübeck) über 50%, im Schnitt 25%. Spätestens seit dieser Zeit, aber wahrscheinl. auch schon in den früheren Jahrhunderten, war die Stadtbevölkerung nicht mehr in der Lage, sich selbst zu reproduzieren; die Sterblichkeitsrate lag v. a. auch wegen der hohen Kindersterblichkeit und der unzureichenden Hygiene und Trinkwasserversorgung immer spürbar über der Geburtenrate. Wachstum oder Stabilisierung der B. war nur durch dauernden Zuzug vom Lande, z. T. indirekt über Klein- und Zwergstädte möglich. Im 15. Jh. zeigt sich bei den größeren Städten eine Verschiebung des Zuzugs aus dem Umland auf ein weiteres Hinterland. Mit der Entfernung nimmt auch der Zuzug aus anderen Städten zu. Von den Frankfurter Neubürgern z. B. kamen im 14. Jh. 28,2%, im 15. Jh. 43,9% aus anderen Städten. Der Grad der horizontalen Mobilität der Stadtbevölkerung ist durchwegs als hoch anzusetzen.

[4] *Demographische Faktoren*: Von den klass. demograph. Faktoren lassen sich wegen der vor dem 16. Jh. fast völlig fehlenden Kirchenbücher nur wenige angeben bzw. durch Beispiele illustrieren. Als Normzahl für die *Haushaltsgröße* haben sich die Koeffizienten 4 oder 5 bei Hochrechnungen aufgrund von Herdsteuerlisten *(relevés de feux)* und ähnl. Quellen eingebürgert. Als weitgehend gesichert darf man

eine bis in das 14. Jh. steigende *Lebenserwartung* und einen spürbaren *Frauenüberschuß* in den ma. Städten ansehen, für dessen Erklärung verschiedene Faktoren genannt werden (Überzahl an männl. Zölibatären, Berufsrisiko, Mobilität, höhere Knabensterblichkeit in den ersten Lebensjahren, usw.). Auf 100 männl. Erwachsene kamen z.B. 1383 in Frankfurt 110 Frauen, 1449 in Nürnberg 110–123 (Bürger), 1454 in Basel 125, 1436 in Überlingen 113, 1498 in Boizenburg und Gadebusch, zwei kleinen mecklenburg. Städten, 109 bzw. 112 Frauen. Allerdings schwankte die Rate z.B. in Nürnberg innerhalb von 8 Stadtbezirken zw. 97 und 117 bei der Gesamtbevölkerung bzw. 103 und 129 bei den Vollbürgern. Das Übergewicht an Knabengeburten, z.B. 104–105 auf 100 Mädchengeburten im Florenz der 2. Hälfte des 15. Jh., wurde gewöhnl. bald durch eine überproportionale Sterblichkeit der männl. Kleinkinder ausgeglichen.

Der *Altersaufbau* der B. ma. Städte ist nur sehr schwer zu bestimmen; meist vernachlässigen die bevölkerungsgesch. Quellen von vornherein die Nichterwachsenenbevölkerung, oft ist auch die Kind-Erwachsenengrenze nicht exakt zu bestimmen (häufig auf das 15. Lebensjahr festzulegen). Auch für den *Zivilstand* der Stadtbevölkerung gibt es vor 1500 nur wenige brauchbare Daten. Nach der → Poll-Tax von 1377 für einige engl. Städte waren von je 100 Erwachsenen 63% der Männer und 62% der Frauen verheiratet; in Freiburg/Üechtland betrug 1447/48 das Verhältnis von Unverheirateten/Kindern/Heranwachsenden zu Verheirateten/Verwitweten 50:50, in Nürnberg 1449 in 8 Stadtbezirken 53,7:46,3 mit Schwankungen von 61,3:38,7 bis 48,1:51,9; ähnl. lag das Verhältnis in der Poorterie von Ypern 1506 (53:47). Insgesamt scheint wegen des hohen Anteils geistl. Personen die Zahl der Verheirateten in den Städten etwas niedriger gewesen zu sein als auf dem Lande. – Zur *sozialen und berufl. Schichtung*, Anteil von Bürgern/ Inwohnern, unterbürgerl. und Sondergruppen vgl. → Sozialstruktur, → Stadt, → Bürger, Bürgertum, → Kleriker, Klerus, → Juden.   F. Irsigler

Lit.: R. Höniger, Der Schwarze Tod, 1882 – K. Bücher, Die Frauenfrage im MA, 1909² – E. Keyser, Bevölkerungsgesch. Dtl., 1943³ – Ch. Higounet, Mouvements de population dans le Midi de la France du XIe au XVe s. d'après les noms de personne et de lieu, Annales 8, 1953, 1–24 – H. Reincke, Bevölkerungsverluste der Hansestädte durch den Schwarzen Tod, 1349–50, HGBll 72, 1954, 88–90 – R. Mols, Introduction à la démographie hist. des villes d'Europe du XIVe au XVIIIe s., 3 Bde, 1954–56 – H. Ammann, Wie groß war die ma. Stadt?, Studium Generale 9, 1956, 503–506 – J. Beloch, Bevölkerungsgesch. Italiens, 2 Bde, 1937–39, 1961² – J. Heers, Gênes au XVe s., 1961 – La démographie provençale du XIIIe au XVIe s., E. Baratier, 1961 – J. Glenisson-E. Carpentier, La démographie française au XIVe s. Bilans et Méthodes, Annales 17, 1962, 109–129 – Bevölkerungsgesch. Europas, MA–NZ, hg. C. M. Cipolla-K. Borchardt, 1971 – J. N. Biraben, Les hommes et la peste en France et dans les pays européens et méditerranéens, 2 Bde, 1975/76 – E. Ennen, Die europ. Stadt des MA, 1979³ – DtStb 6c.

C. Osteuropa

I. Ostmitteleuropa – II. Kiever und Moskauer Rus'.

I. Ostmitteleuropa: [1] *Bevölkerungszahl:* Für die ostmitteleurop. Länder gibt es keine unmittelbaren ma. Quellen, die bevölkerungsstatist. ausgewertet werden könnten. Die Angaben der Chronisten über die Anzahl der Einw. einzelner Ortschaften, ebenso wie über Truppenstärken, die manchmal als Stütze der Bevölkerungsschätzung dienen, sind selten zuverlässig. Die Forscher versuchen, die Bevölkerungszahl nach zwei Methoden zu schätzen: Entweder verallgemeinern sie die seltenen Quellenangaben über Bauernstellen in einzelnen Dörfern, indem sie diese Angaben mit der Zahl bekannter Ortschaften (unter Berücksichtigung lokaler Wirtschafts- und Landschaftsverhältnisse) multiplizieren und andere Bevölkerungsgruppen schätzungsweise hinzurechnen, oder sie versuchen, die ungefähre Höchstzahl der B. nach den Bedingungen der Agrarwirtschaft festzustellen. Natürlich bleiben die Ergebnisse in beiden Fällen rein hypothet., selbst wenn beide Methoden ähnliche Zahlen ergeben.

Für *Polen* (einschließl. Schlesien und Pommerellen) bieten die Register des → Peterspfennigs (um 1340) die Möglichkeit, die Gesamtzahl der B. zu errechnen; wegen der Meinungsunterschiede bei der Schätzung der von der Zählung des Peterspfennigs ausgenommenen Bevölkerungsgruppen bleiben die Ergebnisse umstritten. Das betrifft in noch größerem Maße die ung. Versuche, die Bischofszehntregister statist. auszunutzen.

Für die Zeit um 1000 errechnete H. Łowmiański folgende Zahlen der B. der slav. Länder:
Nordwestslaven: 350000 Einw. (5 Einw./km²),
Böhmen-Mähren: 450000 Einw. (6 Einw./km²),
Polen: 1125000 Einw. (4–5 Einw./km²).
Etwas höher schätzte V. Davídek die B. *Böhmens und Mährens* für dieselbe Zeit (650000 Einw.). Nach G. Györffy betrug die Zahl der eingewanderten *Ungarn* um 900 ungefähr 400000; die unterworfene B. (Slaven, Avaren, Bulgaren usw.) schätzt er auf 200000 und kommt so zu dem Ergebnis von ca. 3 Einw./km². Um das Jahr 1000 soll die B. des ung. Reiches 1 Mill. Menschen betragen haben, d.h. durchschnittl. 5 Einw./km². V. Davídek und G. Györffy versuchten auch, die Bevölkerungszahl für das Ende des 12. Jh. zu errechnen. In Ungarn sollen nach G. Györffy 180000 bis 220000 Einw. (8–10 Einw./km²; ohne Kroatien), in Böhmen und Mähren nach V. Davídek 1300000 Leute (17 Einw./km²) gewohnt haben, eine wahrscheinl. zu hohe Zahl.

[2] *Bevölkerungswachstum und -verluste:* In Ungarn erfolgte eine Bevölkerungszunahme durch die Einwanderungen der Petschenegen, Ismaeliten, Jazygen im 9. bis 10. Jh. und durch Deutsche und »Latini« im 12.–13. Jh. Während Polen und Böhmen durch die Kolonisation des 13. Jh. einen starken Bevölkerungszuwachs erhielten, schätzen für Ungarn die ung. Historiker die Verluste, die der Mongoleneinfall 1241 verursachte, auf die Hälfte der Bevölkerung. Daraus ergeben sich folgende Zahlen für das Ende der ersten Hälfte des 14. Jh.:
Böhmen (mit Mähren, Schlesien, Lausitz): 2,8 Mill. Einw. (21 Einw./km²),
Polen (in neuen Grenzen): 2 Mill. Einw. (8,3 Einw./km²),
Ungarn: 3 Mill. Einw. (9 Einw./km²).
Die Schwarze Pest brachte 1348–50 in Ostmitteleuropa keine größeren Verluste, und auch die folgenden Epidemien beeinflußten die Bevölkerungsentwicklung in diesen Gebieten verhältnismäßig wenig. Die Hussitenkriege verringerten jedoch die Einwohnerzahl Böhmens, die für die Zeit um 1500 wie folgt geschätzt wird (Böhmen mit Schlesien und Lausitz 1529 nach F. Palacký; Polen ohne Großfürstentum Litauen nach I. Gieysztorowa; Ungarn nach I. Szabó):
Böhmen: 3,98 Mill. Einw. (30 Einw./km²),
Polen: 3,75 Mill. Einw. (15 Einw./km²),
Ungarn: 3,5–4 Mill. Einw. (10–12 Einw./km²).
    B. Zientara

Lit.: V. Davídek, Středověké sídlení českých Slovanů, Český lid 5, 1950 – H. Łowmiański, Podstawy gospodarcze formowania się państw słowiańskich, Kap. 8, 1953 – T. Ładogórski, Studia nad zaludnieniem Polski XIV wieku, 1958 – G. Györffy, Einwohnerzahl und Bevölkerungsdichte in Ungarn bis zum Anfang des 14. Jh., Studia Historica Academiae Scientiarum Hungaricae 42, 1960 – I. Szabó, Magyarország népessége az 1330-as és 1526-os évekközött (Magyarország történelmi demográfiája), 1963 – I. Gieysztorowa, Recherches sur la démographie hist. et en particulier rurale en Pologne, KHKM 12, 1964 – E. FÜGEDI, Annales 24, 1969 – T. H. HOLLINGSWORTH, Hist. Demography, 1969, 290.

II. KIEVER UND MOSKAUER RUS': [1] Nach unsicheren Schätzungen lebten auf dem Territorium der *Kiever Rus'* im 10. Jh. ca. 3 Mill., um 1200 zw. 5–7,5 Mill. Einwohner. Diese Zahlen haben allerdings einen hochgradig hypothet. Wert, weil sich – wie überall im frühen MA – die auf der Basis schriftl. Quellen arbeitenden Trends hinsichtl. Demographie für genauere Bestimmungen als weitgehend ungeeignet erweisen und die archäolog. Landesaufnahme in der UdSSR nicht so weit gediehen ist, daß man die Stufen der ma. Siedlungs- und Bevölkerungsentwicklung auf breiter räuml. Grundlage verfolgen könnte. Dennoch lassen sich bezügl. der *Bevölkerungsdichte* in einzelnen gut erforschten Regionen allgemeine Trends hinsichtl. der Bevölkerungszunahme auf dem Lande gewinnen (Bevölkerungsverdichtung z.B. in der Nordbukowina im 9./10. Jh. = vier, im 11./13. Jh. = zehn Burgsiedlungen, Zunahme der Dorfsiedlungen im gleichen Zeitraum von acht auf 40; rasche Binnenkolonisation im südöstl. Smolensker Land – 330 Siedlungen vom 8.–10. Jh. –, deren Höhepunkt im 11.–13. Jh. erreicht wurde). Die Anfänge des eigtl. Urbanisierungsprozesses lagen nach gegenwärtigem Forschungsstand um die Mitte des 10. Jh. (am frühesten im dichter besiedelten Laubwaldgürtel und an der zentralen Nord-Süd-Achse, dem »Weg von den Warägern zu den Griechen«). Große Teile der Nordost-Rus' sind von der Urbanisierung erst im 12. Jh. erfaßt worden. Die Urbanisierungsrate betrug um 1200 höchstens 7–8%, der Anteil der Stadt- an der Gesamtbevölkerung wird zu dieser Zeit von einigen Forschern auf etwa 15% geschätzt. Über Einwohnerzahl und Bevölkerungsdichte der altruss. Städte gibt es nur annähernde Werte. Kiev hatte vor dem Mongolensturm 35000–40000 Einw., Novgorod zu Anfang des 11. Jh. 10000–15000, Anfang des 13. Jh. 20000–30000, Pskov seit dem 11. Jh. über 20000, Rjazan' zu Beginn des 13. Jh. 4000–5000. Zu den großen Städten gehörten auch Černigov, Vladimir-Volynskij, Galič, Polock, Smolensk, Rostov, Suzdal', Vladimir, Perejaslavl' Russkij. Frühere Schätzungen, die auf eine Zahl von über 250 Städten für die vormongol. Rus' kamen, sind übertrieben (höchstens 100). Städt. Siedlungen unter Tausend waren die Mehrzahl. Die *Bebauungsdichte* war abhängig vom Umfang und den Ausdehnungsmöglichkeiten des Bezirks. Sie war relativ hoch in den kleinen burgstädt. Siedlungen der späten Kiever Zeit. Die Bevölkerungsdichte in Pskov lag wesentl. über der Novgorods oder Kievs, dessen Suburbium im 11. Jh. mehrere hundert Hektar umfaßte.

Die durch den Mongolensturm verursachten *Bevölkerungsverluste* müssen beträchtl. gewesen sein. Die Bewohner einiger Orte wurden wegen ihres erbitterten Widerstandes allesamt getötet (z.B. die Einw. von Kozel'sk), in der Regel traf dieses Schicksal aber nur die waffentragende Bevölkerung. Ausgrabungen in Kiev haben Spuren von Kämpfen in einzelnen Wohnhäusern und Massengräber zum Vorschein gebracht. → Plano Carpini zählte i. J. 1246 auf seiner Reise nach Qara Qorum in Kiev nicht mehr als 200 Höfe (von ehemals ca. 8000). Unmittelbar betroffen vom Mongolensturm waren die Fsm.er Rjazan', Vladimir-Suzdal', Smolensk, Černigov, Perejaslavl' Kiev, Galič-Volhynien. Bes. die Zahl der städt. B. ging in diesen Gebieten rapide zurück. Allerdings beschleunigte der Mongolensturm nur einen auch schon vorher bestehenden Bevölkerungsabzug aus den gefährdeten südl. Landstrichen nach Norden, Nordosten und Westen. Die südl. Fsm.er (Kiev, Perejaslavl', der südliche Teil Černigovs) wurden

auf lange Zeit menschenleer. Die These, daß 1237/38 in der nordöstl. Rus' nur einige Städte in Mitleidenschaft gezogen worden seien, die B. der Dörfer aber in den Wäldern überlebt habe, steht vereinzelt.

[2] Den Kern des *Moskauer Großfürstentums* bildeten die Länder Vladimir-Suzdal', Novgorod-Pskov, Murom-Rjazan', Smolensk und die Gebiete an der oberen Oka. Die bisher am häufigsten verwendeten Methoden zur Berechnung der *Gesamtbevölkerungszahl* (Rückschlußmethode mit der 1. Kopfsteuerrevision Peters I. 1719 als Ausgangsbasis, Schätzung nach zeitgenöss. Steuerregistern, hist. Analogie, gemischtes Induktivverfahren, das auf der Grundlage von Steuerregistern nur die Bevölkerungsziffern einer quellenmäßig bes. gut abgedeckten Region berechnet und auf dem Wege über den so gewonnenen durchschnittl. Dichtewert die Einwohnersumme des gesamten Staatsgebietes schätzt) führen zu unbefriedigenden Ergebnissen. Die aufgrund eines geogr. differenzierenden Analogieverfahrens gewonnene Gesamtbevölkerungszahl von 5,75–6,5 Mill. um 1550 revidiert ältere, wesentl. höher liegende Zahlen. Die durchschnittl. *Einwohnerdichte* des regulär besiedelten Kerns betrug im 16. Jh. 3,6–4 Einw./km². Es gab kaum Menschen in der Tundrazone, die Bevölkerungsdichte in den nördl. und mittleren Tajga-Gebieten betrug um 1500 0,3 Einw./km², in der südl. Tajga auf Rasenpodsol 1,7, im Mischwald auf Rasenpodsol 3,36 (auf der Grundlage der Novgoroder Inventare). Die Masse der B. wohnte in dem bäuerl. kolonisierten Land zw. Wolga und Oka und im Nordwesten zw. Ladoga-, Peipus- und Ilmensee. Zu Anfang des 16. Jh. gab es ca. 160 Städte. Die größten waren Moskau, Jaroslavl', Kostroma, Vologda, Kazan', Nižnij-Novgorod, Pskov, Ustjug, Galič, Novgorod. Es gab nur 16 Städte mit mehr als 500 Höfen im Suburbium. Die Urbanisierungsrate lag um 1550 bei 6–7,5%. Nur Moskau konnte sich an Größe mit den Metropolen W-Europas messen (um 1500 ca. 80000 bis 100000 Einw.). Die Größe des Raumes und die dünne Besiedlung eröffneten den bequemeren Weg der wirtschaftl. Extensität und der fortdauernden Kolonisation zu Lasten einer Intensivierung der Wirtschaftsweise, einer beschleunigten Entwicklung von Technologien, von Arbeitsteilung und Verstädterung. H. RÜSS

Lit.: A. KAHAN, Quantitative Data for the Study of Russian Hist. (The Dimension of the Past, hg. V. R. LORWIN-J. M. PRICE, 1972), 361–407 – JA. E. VODARSKIJ, Naselenie Rossii za 400 let (XVI-načalo XX vv.), 1973 – V. Z. DROBIŽEV, I. D. KOVAL'ČENKO, A. V. MURAV'EV, Istoričeskaja geografija SSSR, 1973 – C. GOEHRKE, Einwohnerzahl und Bevölkerungsdichte altruss. Städte, FOG 18, 1973, 25–53 – DERS., Zum Problem von Bevölkerungsziffer und Bevölkerungsdichte des Moskauer Reiches im 16. Jh., FOG 24, 1978, 65–85 – L. V. ALEKSEEV, Nekotorye voprosy zaselennosti i razvitie zapadno – russkich zemel' v IX–XIII vv, Drevnjaja Rus' i slavjane, 1978, 23–30 – V. O. DOVŽENOK, Srednee Podneprov'e posle tataro-mongol'skogo našestvija, ebd., 1978, 76–82.

D. Byzantinisches Reich und Südosteuropa

Da sich im Verlaufe des MA die Grenzen des Byz. Reiches beträchtl. änderten, empfiehlt es sich, bei den demograph. Betrachtungen ständig auch die geogr.-polit. Verhältnisse zu berücksichtigen. In den byz. Quellen haben die Forscher keine zuverlässigen Anhaltspunkte für die Schätzungen der *Gesamtbevölkerung* des Reiches gefunden. Sichere Ergebnisse hat man erst neulich in den Praktika der Athosklöster gewinnen können. Es handelt sich hierbei um Verzeichnisse aller Dorfbewohner (auch der kleinen Kinder), einschließl. des Vermögens und der Abgaben, ein Material, das bes. für statist. und demograph. Analysen auswertbar ist. Diese Verzeichnisse haben bes. dadurch einen hohen Wert, daß ein Teil der Dörfer in mehreren Praktika erscheint. Die Angaben der Praktika beschränken sich aber auf die Zeit von 1300–41 und räuml. auf das byz. Mazedonien (Themen Thessalonike und Strymon). Nach verschiedenen Ansätzen in agrargeschichtl. Studien von F. DÖLGER und G. OSTROGORSKY wurde das Material durch D. JACOBY und bes. durch A. LAIOU-TOMADAKIS intensiv ausgewertet. Erfaßt wurden wichtige Merkmale der Bevölkerungsstruktur und ein geringer Bevölkerungsrückgang in der ersten Hälfte des 14. Jh., also schon vor der Pestperiode von 1347–48. Die Ergebnisse sind überzeugend, lassen sich aber nicht ohne weiteres verallgemeinern.

Für die Zeit von 1204 bis 1300 hat man aufgrund allgemeiner Überlegungen einen ständigen *Bevölkerungsrückgang* angenommen, sowohl in bezug auf die byz. Teilstaaten (Epirus, Thessalien, Morea) als auch auf das 1261 erneuerte Reich. In den Staaten, die auf ehem. byz. Boden entstanden sind (Bulgarien, Serbien), soll sich ein *Bevölkerungszuwachs* ergeben haben, wenigstens bis zum Schwarzen Tod (1348), dessen Folgen sich nicht exakt erschließen lassen. Binnenkolonisation, Zunahme der Siedlungszahl und eine fortschreitende Urbanisierung sollen sichtbare Zeichen dieses Bevölkerungszuwachses darstellen. In Kleinasien hatten die territorialen Verluste im 11.–14. Jh. nicht nur einen Verfall des hellen. Elementes, sondern einen allgemeinen Bevölkerungsrückgang zur Folge. S. Ćirković

Lit.: P. CHARANIS, Observations on the Demography of the Byzantine Empire, Thirteenth Internat. Congr. of Byzantine Stud., Main Papers XIV, 1966 [Neudr.: DERS., Stud. on the Demography of the Byzantine Empire, 1972] – D. JACOBY, Phénomènes de démographie rurale à Byzance aux XIIIe, XIVe et XVe s., Études rurales 5–6, 1962, 161–186 [Neudr.: DERS., Société et démographie à Byzance et en Romanie latine, 1975] – A. E. LAIOU-THOMADAKIS, Peasant Society in the Late Byzantine Empire. A Social and Demographic Study, 1977, 223–298.

E. Islamische Welt

[1] *Arabisches Reich:* Angesichts der geringen Anzahl wissenschaftl. Arbeiten zu demograph. Fragestellungen ist festzustellen, daß wir über keinerlei sichere Kenntnisse im Bereich der Bevölkerungsentwicklung des arab. MA verfügen. Die bisherigen Angaben entbehren einer soliden Grundlage. Einzig die Epidemien, bes. die Große Pest und ihre Auswirkungen, wurden näher erforscht (vgl. bes. M. W. DOLS). C. Cahen

Lit.: M.W. DOLS, The Black Death in the MA, 1977.

[2] *Osmanisches Reich:* Das Vorhandensein eines sehr reichl. und detaillierten Quellenmaterials (period. angelegte Steuerlisten seit der 2. Hälfte des 15. Jh. für sehr viele Teilgebiete des Reiches) hat die Forschung in den letzten Jahrzehnten zu einer Reihe von – sich method. allmählich verfeinernden – demograph.-hist. Untersuchungen angeregt. A. Tietze

Lit.: M. A. COOK, Population pressure in rural Anatolia: 1450–1600, 1972 – L. ERDER, The measurement of preindustrial population changes: the Ottoman Empire from the 15th to the 17th century, Middle East Stud. 11, 1975, 284–301 – R. C. JENNINGS, Urban population in the sixteenth century: a study of Kayseri, Karaman, Amasya, Trabzon and Erzurum, IJMES 7, 1976, 21–57 – H.W. LOWRY, The Ottoman tahrir defters as a source for urban demographic hist. The case study of Trabzon, ca. 1486–1583 [Diss. Los Angeles 1977] – W.-D. HÜTTEROTH-K. ABDULFATTAH, Historical geography of Palestine, Transjordan and southern Syria in the late 16th century, 1977 (Erlanger geogr. Arbeiten, Sonderbd. 5).

Bevölkerungsverzeichnisse. Die Auswertung der verschiedenen Typen von bevölkerungsgesch. Quellen steht vor dem grundlegenden Problem, daß diese Quellen nur in Ausnahmefällen eine primär bevölkerungsstatist. Zielsetzung hatten, und vielmehr fiskal., jurist., verwaltungs- und wirtschaftsorganisator. Absichten dienten. Vom Erhebungsmodus und der Datenstruktur hängen Informationsbreite und -genauigkeit ab. Sogar bei Bevölkerungsaufnahmen wie in Padua (1281), Modena (1306) und anderen it. Städten, Freiburg/Üechtland (1444–48), Nürnberg (1449), Nördlingen (1459), Straßburg (1473–77) und Ypern (1412, 1437, 1491, 1506) ist man nicht ganz sicher, ob die versorgungspolit. unbedeutenden Kleinkinder mitaufgenommen wurden. – Die frühesten bevölkerungsstatist. Angaben liefern Güterverzeichnisse verschiedener Struktur (→ Urbare, → Hebergister) wie das berühmte Polyptychon Irminonis von St-Germain-des-Prés bei Paris (kurz vor 829), das vollständige Familien von Grundnutzern einschließl. der Namen der Kinder verzeichnet. Unter den ma. Landesbeschreibungen nimmt die »Descriptio totius Angliae« von 1086, bekannt als → Domesday Book, eine Sonderstellung ein. Vergleichbar ist die frz. Statistik von 1328 → »Les paroisses et les feuz des baillies et sénéchaussées de France«. Wertvoll sind auch die weitverbreiteten, in Frankreich auf *comptes des décimes* (Zehntregister; → Zehnt) des 14. Jh. zurückgehenden Subsidienregister (*pouillés*; → Subsidien). Die Quellengattung der Herdsteuerlisten (*feux*; → Herdsteuer) ist v. a. für Sizilien, Sardinien, Italien, Katalonien, Frankreich, Burgund, Flandern, Brabant und Hennegau gut erschlossen; in Deutschland wurden die Vermögenssteuerlisten (Geschoßlisten, Volleisten, Haussteuerlisten u. ä.) zahlreicher Städte mit Gewinn für die Bevölkerungsgesch. ausgewertet. Fragen der horizontalen Mobilität können mit Hilfe von Bürgerlisten und Bürgeraufnahmebüchern angegangen werden (→ Bürger, Bürgertum). Sehr wichtig sind für die Bevölkerungsgesch. des Dt. Reiches die Register des Gemeinen Pfennigs (Hussiten- und Türkensteuerlisten) zw. 1421 und 1551, v. a. die von 1495 ff. Kirchenbücher (Tauf-, Heirats-, Sterberegister) sind aus der Zeit vor 1500 nur fragmentar. erhalten; das älteste stammt aus Givry in Burgund, 1334–57. → Bevölkerung, → Steuer, -listen. F. Irsigler

Lit.: R. MOLS, Introduction à la démographie hist. des villes d'Europe, 3 Bde, 1954–56 – R.C. VAN CAENEGEM-F. L. GANSHOF, Kurze Quellenkunde des westeurop. MA, 1963, Kap. IV – J. DUPÂQUIER, Introduction à la démographie hist., 1974 – M.-A. ARNOULD, Les relevés de feux (TS, fasc. 18), 1976 – M. FLEURY-L. HENRY, Nouveau manuel de dépouillement et d'exploitation de l'état civil ancien, 1976.

Bewaffnung. Die B. teilt sich in Schutz- und Angriffswaffen. Zu den Schutzwaffen des europ. MA gehören → Helm, → Schild, → Panzer (Ringelpanzer), im SpätMA der Plattenharnisch (→ Harnisch), schließl. der → Waffenrock. Nur die schweren Truppen unter dem meist städt. Fußvolk verfügten über eine mehr oder weniger komplette Schutzbewaffnung, die formal und techn. weitgehend der ritterl. glich. Die Angriffswaffen teilen sich in → Blankwaffen, → Schlagwaffen, → Stangenwaffen und → Fernwaffen. Die hauptsächl. Angriffswaffen des Ritters waren der Reiterspeer (→ Speer) und das → Schwert. → Heer, -wesen. O. Gamber

Bewässerung. Im ma. Mittelmeerraum wurde B. überall dort praktiziert, wo sie durch sommerl. Trockenheit notwendig wurde; sie fand bes. beim Anbau von Nutzpflanzen ind. Herkunft Anwendung (wie Reis, Orangen und Wassermelonen). Daneben war die B. von → Wiesen im nördl. Europa sehr verbreitet, und ländl. Bewässerungssysteme sind z. B. um 1270 im Vispertal in den Walliser Alpen bezeugt. Die hydraul. Einrichtungen, die der B. dienten (z. B. die Noria oder das Pers. Rad: die *qanāt*, der Filtriergang; der Ablenkungsdamm), stellten in der Regel pers. Erfindungen dar und verbreiteten sich vom vorklass. Mittleren Osten bis zu den westlichsten Teilen des röm. Mittelmeerraumes. Die ma. Landwirtschaft, sowohl im islam. wie im chr. Bereich, baute auf diesen Errungenschaften auf.

Wenn auch die Bewässerungskanäle im östl. Kalifat der Abbasiden und Būyiden einer bes. staatl. Verwaltung unterstanden, so war die häufigere Praxis doch die Beaufsichtigung der Bewässerungssysteme entweder durch die Städte (z.B. León und Castellón de la Plana, Spanien) oder durch autonome Genossenschaften, die von den Benutzern der einzelnen Kanäle gebildet wurden (z.B. Valencia sowie Systeme auf stammesmäßiger Grundlage in zahlreichen Gebieten der islam. Welt).

Von den Ländern des chr. Europa waren Spanien und Italien am stärksten mit Bewässerungsanlagen versehen; in den südl. Gebieten dieser Länder (Granada, Murcia, Valencia; Sizilien) gingen sowohl die Technologie als auch die Einrichtungen zur Verteilung des Wassers auf islam. Vorläufer zurück, was sich auch an den zahlreichen Arabismen in der techn. Terminologie ablesen läßt (vgl. z.B. für 'Bewässerungskanal': in Kastilien *acequia*, in Valencia *sequia*, in Sizilien *saia*, abgeleitet von arab. *sāqiya*). Die Vereinbarungen über die Verteilung des genutzten Wassers wurden von der örtl. muslim. Bevölkerung übernommen, in manchen Fällen in Form von Urkunden festgehalten und – in Spanien – durch gildeartige Genossenschaften beaufsichtigt. In vielen mediterranen Bewässerungssystemen erfolgte die Zuteilung des Wassers proportional in Einheiten, die auf der Grundlage des Duodezimalsystems festgelegt wurden (z.B. die *qīrāṭ* in der Ghūṭa v. Damaskus; die *fila* in Valencia), was auf einen, wenn auch vielleicht indirekten, röm. Einfluß hindeutet.

In Kastilien und León, wo es keine unmittelbare islam. Beeinflussung gab, entstanden kleine Bewässerungssysteme, die unter monast. Einfluß standen und durch Rechtsnormen von stark patrimonialem Charakter geprägt waren (10.–12. Jh.). Die Bestimmungen der späteren Gesetzgebungswerke über das Wasserrecht, bes. die entsprechenden Aussagen der →»Siete Partidas«, zeigen das Bestreben der Zentralgewalten, diese private Kontrolle über die Bewässerungsanlagen zurückzudrängen und diejenigen Gewohnheitsrechte, die, wie z.B. die consuetudines v. Valencia, in stärkerer Übereinstimmung mit röm.-rechtl. Normen den öffentl. Charakter des Wassers betonten, zu stärken.

Die Erzeugnisse dieser örtl. Bewässerungsgebiete (*huertas*) in Kastilien-León dienten ausschließl. dem Eigenverbrauch ihrer Besitzer, während die untereinander verbundenen regionalen huertas in Spanien einen Überschuß für den städt. Markt hervorbrachten. In Katalonien und bes. in der Gft. Roussillon entwickelte sich die B. in der gleichen Periode als Nebenergebnis der verstärkten Einführung von → Mühlen. Der subtus rego (Mühlgerinne unterhalb der Mühle) wurde zur B. genutzt. Der durch die intensive B. in Katalonien gewonnene Überschuß kam den Märkten von Barcelona zugute. In N-Italien war B. bes. charakterist. für Piemont, wo im 13. und 14. Jh. neue Anlagen errichtet wurden, sowie für das Hzm. Mailand, wo mehrere der im 13. Jh. errichteten Gräben (*navigli*) urspgl. mehr der B. als der Binnenschiffahrt dienten.

Die → Noria, ein Schöpfwerk, das mit tier. Arbeitskraft, seltener mit Wasserkraft, angetrieben wurde, war in Gegenden, die nicht von einem Fluß mit Wasser versorgt wurden, weit verbreitet. In ihrem Gefolge vollzieht sich in allen Gebieten, in denen sie Anwendung fand, eine wirtschaftl. Umwälzung, da nun eine einzelne Bauernfamilie imstande war, einen Überschuß für den Markt zu erzeugen. Die blühende Agrikultur im Umland der islam. Großstädte Sevilla und Toledo, die eine dichte Bevölkerung versorgte, beruhte auf der Noria. Unabhängig von der Noria war das Schöpfgefäß (kast. *arcaduz*; katal. *catúfol*; siz. *catúsu*: von arab. *qādūs*) als Wasseruhr (Klepsydra) weitverbreitet und diente zur Bemessung des Bewässerungsturnus. Die Formen der Schöpfgefäße, z.B. auf Ibiza, gehen auf syr. Vorbilder zurück, wie die Schöpfräder selbst. Das qanāt-System stand in Verbindung mit der B. in N-Afrika, von wo aus es sich in Süd- und Zentralspanien verbreitete (Crevillente, Madrid). → Wasserrecht. Th. F. Glick

Lit.: EI², s.v. Ḳanāt – O. PETERKA, Das Wasserrecht der Weistümer, 1905 [Ms.] – A. KLOESS, Das Wasserrecht, 1908 – R. METRY, Das Bewässerungsrecht des Kantons Wallis [Diss. Bern 1910] – K. HAFF, Ueber die alten Wassergenossenschaften im Etschtal, ZRGGermAbt 58, 1938 – R. I. BURNS, Irrigation Taxes in Early Mudejar Valencia: The Problem of the Alfarda, Speculum 44, 1969, 560–567 – Th. F. GLICK, Irrigation and Society in Medieval Valencia, 1970 [rev. span. Ausg. 1981] – T. SCHIØLER, Roman and Islamic Water-Lifting Wheels, 1973 – R. I. BURNS, Medieval Colonialism: Postcrusade Exploitation of Islamic Valencia, 1975, 53 ff., 121–137 – J. TORRES FONTES, El ragadio murciano en la primera mitad del siglo XIV, 1975 – F. J. TEIRA VIDAL, El régimen jurídico de agua en el llano de Lérida, 1977 – H. GOBLOT, Les Qanats, 1979.

Beweger, unbewegter. Die Lehre des Aristoteles (Phys. VIII c. 5–9; Metaph. XII c. 6–10), daß alle Bewegung verursachtes Geschehen, die Ursachenreihe nicht unendlich und darum ein erster, nicht von außen bewegter, wohl sich selbst bewegender B. anzusetzen sei, fand bei → Avicenna (gest. 1037) und → Averroës (gest. 1198) eine neuplaton. Weiterbildung: Gott Ursache, nicht Schöpfer der Welt. Nach 1250 haben chr. Denker (→ Albertus Magnus, → Bonaventura, → Thomas v. Aquin: S.c. gent. I c. 13; QD de pot. q 3–5) vom jüd.-chr. Schöpfungsglauben her den »einen u. B.« als den Dreieinigen Gott in seiner Einzigkeit, Unendlichkeit, Unveränderlichkeit und lebendigen Geistigkeit näher bestimmt. 1307 faßten → Johannes Duns Scotus (Über das erste Prinzip) und → Vitalis de Furno (v. Four [Über den Ursprung der Dinge]) diese Lehren in einer philos. Gotteslehre zusammen. → Wilhelm v. Ockham († 1347) lehnte den Schluß von der mannigfaltigen Weltbewegung auf den lebendigen Gott ab. → Nikolaus v. Kues († 1464) setzte an die Stelle der skotist. Unendlichkeit (infinitas) die neuplaton. Unermeßlichkeit (Immensitas), die auf das »Größt-Kleinste« (maximum et minimum) verweist (De docta ign. I c. 4–6). Vgl. auch → Gottesbeweis. J. Auer

Lit.: A.D. SERTILLANGES, Der hl. Thomas v. A., 1928, 195–238; 329–362 – ST. GILSON, Der hl. Bonaventura, 1929, 261–285 – W. KLUXEN, J. Duns Skotus, Abh. über das erste Prinzip, 1974 – PH. BÖHNER, Zu Ockhams Beweis der Existenz Gottes (W. Ockham, Aufsätze, FSt 32, 1950), 50–69 – F. DELORME, Vitalis de Furno, De rerum principio, qq 1–6, Sophia 10, 1942; qq 7–12 (J.D. Scotus, Op. Omn. IV, Paris 1894, 346–493) – R. HAUBST, Das Bild des Einen und Dreieinen Gottes in der Welt des Nikolaus v. Kues, 1952 – H. BLUMENBERG, Die Legitimität der Neuzeit, III, 2: Theol. Absolutismus und humane Selbstbehauptung, 1979.

Bewegliche Feste → Kirchenjahr

Bewegung (gr. κίνησις, lat. motus). Die Bewegungslehre ist im gesamten MA (teilweise bis ins 17. Jh.) weitgehend aristotelisch – wenn auch nicht die des Aristoteles – geblieben und war deshalb nicht auf die Naturphilosophie beschränkt, sondern Bestandteil auch anderer philos. und theol. Erörterungen. Allerdings war Ort und Anlaß für die Darstellung von Teilen der Bewegungslehre (eine Gesamtdarstellung wie in der Barockscholastik fehlt im MA) bis ins 14. Jh. allein die Kommentierung von Schriften des Aristoteles (v.a. Physik, De caelo, De gen. et corr., Meteorologica). Abweichungen, Weiterführungen und schließlich Loslösungen von aristotel. Vorstellungen erklären sich dabei teilweise aus dem Bestreben einer Systematisierung der aristotel. Lehren (Aufhebung von scheinbaren oder tatsächl. Widersprüchen) und ihrer Anpassung an chr. Glaubenssätze.

Als allgemeiner Vorgang der Wandlung des Stadiums des Nichtseins (Andersseins, non esse, privatio) in das Stadium des Seins (Übergang von der Möglichkeit [potentia] zur Wirklichkeit [actus]) ist B. nach Aristoteles die Veränderung (mutatio) der (*nicht* wesensgemäßen: per accidens) Quantität (augmentatio et diminutio), Qualität (alteratio) oder des Ortes (motus localis, latio) eines Körper(teil)s (einer Sache) – indem an ihm als dem Bleibenden (subjectum) Quantität, Qualität oder Ort zw. unbewegten ('ruhenden') Gegensätzen (contraria) in der Zeit kontinuierl. auf ein Ziel hin verschoben werden –, aber auch das Entstehen und Vergehen (generatio [nicht dagegen: creatio] und corruptio) als instantane Wandlung der forma substantialis. Alle diese B.en geschehen entweder naturgemäß und spontan (secundum naturam) – dann befindet sich der Ursprung der B. (agens, motor) in dem Körper selbst (principium intrinsecum) (im Anschluß an Arist. Phys. 2, 1 192^b 13 f. wird als 'natürlicher Körper' derjenige definiert, der das Prinzip der ihm naturgemäßen B. in sich selbst hat) – oder gegen die 'Natur' des Dinges, widernatürlich und gewaltsam (contra naturam) – dann ist die bewegende Ursache außerhalb des bewegten Körpers (extrinsecum), und ein unmittelbarer Kontakt zw. Beweger und Bewegtem ist erforderlich. Eine der vier konstituierenden Ur-Sachen ist stets die (innerliche oder äußerliche) causa movens: »Omne quod movetur (necessarie) ab alio movetur« (Arist., Phys. 7, 1 241^b 34); letztlich ist aber (der Ursprung) alle(r) B. auf den 'Ersten (deshalb: unbewegten) Beweger' (Gott) zurückzuführen. Das Ziel einer 'natürlichen' B. ist die Verwirklichung (actus) der forma substantialis, d.h. die deshalb der B. übergeordnete 'Ruhe' (quies) bei Erreichen dieses Zustandes; Ruhe kann auch wie B. gewaltsam als Unterbrechung der natürlichen B. herbeigeführt werden, die sich nach Beseitigung des Hemmnisses fortsetzt.

Die 'natürlichen' Ortsbewegungen erfolgen geradlinig nach 'unten', zum Weltzentrum hin ('schwere' Körper) oder nach oben, zur Peripherie der sublunaren Sphäre hin ('leichte' Körper) – Ziel und Ruhepunkt sind ihr 'natürlicher Ort' (als causa finalis) – oder kreisförmig um das Weltzentrum herum (Äther) – in diesem Falle gibt es keinen 'Gegensatz' (wie 'oben' und 'unten' bei der geradlinigen B.), von dem her und zu dem hin die Kreisbewegung erfolgen könnte: Die Kreisbewegung um das Weltzentrum ist ewig und unveränderlich (die nach Aristoteles hierzu in den Äthersphären jeweils als Beweger angesetzten intelligentiae wurden im MA häufig mit den Engeln identifiziert). Alle anderen B.en sind gewaltsam oder gemischt; eine geradlinige 'einfache' Bewegung erfolgt gemäß der 'Natur' des überwiegenden Anteils der Elemente in einem Körper.

Bereits in der Spätantike (Hipparchos, Philoponos) führten Schwierigkeiten in der Erklärung des Wurfes als 'gewaltsame' B. des Projektils *nach* Verlassen der Hand des Werfers (sukzessive Übertragung der Bewegungskraft vom Werfer auf das Medium) zu einer Impetustheorie für den Wurf, die im 14. Jh. von → Johannes Buridanus zu einer allgemeineren Bewegungslehre ausgearbeitet wurde, gemäß der ein vom projiciens auf das projectum übertragener Impetus desto größer ist, je mehr Materie das projectum enthält und je schneller es bewegt wird; der übertragene Impetus erlösche jedoch allmählich aufgrund der dagegen wirkenden natürlichen 'Schwere' des Geschosses und des Widerstandes des Mediums (ist also keine Vorstufe der 'quantité de mouvement' R. Descartes, wozu erst der Gegensatz von natürlicher und gewaltsamer B. aufgehoben werden mußte). Da beides jedoch nicht für die Äthersphären zutreffe, bewegten diese sich seit dem ihnen anfangs vom Schöpfer mitgeteilten Drehimpetus unaufhörlich und unveränderlich weiter (Buridanus machte damit die 'intelligentiae' als Beweger überflüssig) – hier liegt der Keim für die dann allerdings 'kräftefreie' kreisförmige Trägheitsbewegung G. Galileis. Die Theorie wurde von Nicole Oresme (→ Nikolaus Oresme), Albert v. Sachsen, → Marsilius v. Inghen u. a. weiter entwickelt und war im 16. Jh. allgemein anerkannt.

Voraussetzung für sie war eine Loslösung der Ortsbewegung von den anderen Bewegungsformen, die sich aus der Diskussion der bei Aristoteles nicht einheitl. erfolgten Zuordnung der Seinsform der B. ergeben hatte. Gegen die Vorstellung, daß B. auf die 'bewegte Sache' (Substanz, Quantität, Qualität, Ort als praedicamentum) zu reduzieren (also das Noch-nicht von etwas anderem) sei und kein separates Sein besitze, hatte bereits → Avicenna B. als ein 'Fließen' (fluxus, pertransitio) aufgefaßt, das nicht dem praedicamentum der bewegten Sache zukomme, sondern die gesonderte Kategorie der 'passio' ausmache; während → Averroës zur Rettung der angegriffenen Lehre B. als sich vom vollendeten (ruhenden) actus nur durch ein Mehr oder Weniger unterscheidendes, aber gleichartiges Sein auffaßte. → Albertus Magnus brachte diese Diskussion auf die in der Scholastik weiterwirkende Formel, ob B. als 'fließende Form' (forma fluens) oder 'Fließen der Form' (fluxus formae) zu verstehen sei – wobei bereits → Thomas v. Aquin, ausgehend von B.en, die vor Erreichen des extremum (z. B. weiß oder schwarz) zur Ruhe kommen (z. B. rot, gelb) und dann keine B.en mehr sind, diese Alternative verwarf und B. selbst als 'unvollendete Wirklichkeit' (actus imperfectus) auffaßte, die actus und potentia ineins ist und stets actio *und* passio (Ursache *und* Wirkung) impliziert, dabei jedoch nicht 'Art' der 'Gattung' Wirklichkeit ist, sondern letzterer nur reduktiv (per reductionem) zugehört. → Wilhelm v. Ockham spricht sich entschieden gegen eine zusätzl. Realität aus, die als kontinuierl. Fließen den Bestimmtheiten das 'Bewegtsein' verleiht und bei Erreichen des ruhenden actus wieder von ihnen weicht, und faßt B. und ähnliche Begriffe als bloße Wortformen ohne eigene 'Natur' (Realität) auf, mit denen lediglich das kontinuierl. und sukzessive Erwerben der Bestimmtheit bezeichnet werde (im Sinne von 'forma fluens') – hierauf wird in der nz. Naturwissenschaft (Galilei) Orts-B. die Reduktion eines Vorganges auf die bloße Abfolge von verschiedenen Zuständen ('Bestimmtheiten'). Buridanus übernimmt diese Auffassung für die anderen Bewegungsformen, fordert jedoch für die Orts-B. eine gesonderte Realität des Fließens; sie sei wie die Farbe im Farbigen ein »inneres Sich-anders-und-anders-Verhalten« ohne Ortsbezug (den es etwa für den 'bewegten' Gesamtkosmos gar nicht gibt), den nur wir benötigen, um B.en als solche (relativ zueinander) zu erkennen. Orts-B. sei eine »res pure successiva« innerhalb (intrinseca) der Körper [Phys. 3, 7, 6]. In diesem Sinne werden von Buridanus und Nikolaus Oresme auch die B.en der Himmel (die Ruhe der Erde) als empirisch oder rational nicht entscheidbare Relativ-B.en deklariert. Veranlaßt wurde diese Loslösung und 'Realisierung' der Orts-B. durch die → Aristotelesverbote von 1277, wonach nicht mehr gelehrt werden durfte, daß Gott den Kosmos nicht geradlinig bewegen könne (dann wäre die ruhende Mitte als Bezugspunkt für die Kreisbewegung des Kosmos weggefallen). Diese hängen ihrerseits mit dem Transsubstantiations-Dogma des IV. Laterankonzils (1215) zusammen; als B. verstanden, bereitete die Transsubstantiation (→ Abendmahl) große Schwierigkeiten, wenn man sich nicht in Widerspruch zu den aristotel. Lehren stellen wollte.

Auch hier wurde von Godfried v. Fontaines (→ Gottfried), Walter → Burleigh (Burley) und anderen bereits von einer sukzessiven Änderung von einander ablösenden 'Formen' unabhängig vom subjectum gesprochen – was Buridanus prakt. für die Orts-B. übernahm. Albert v. Sachsen, Marsilius v. Inghen, → Blasius v. Parma und andere führten diese Gedanken weiter – letzterer sieht dabei in der gradlinigen Orts-B. sogar eine Qualität, die als solche erhalten bliebe, wenn keine äußeren Einflüsse sie zerstörten (die Abstraktion von solchen tatsächl. Einflüssen führte im 17. Jh. zur Vorstellung der Trägheits-B.).

Die Herauslösung des Bewegungsproblems führte zur monograph. Behandlung von Fragen der B., wobei die Traktate »De primo et ultimo instanti« (Walter Burley und andere) und »De incipit et desinit« (im Rahmen der 'Sophismata', etwa von Richard Kilvington und William → Heytesbury) noch ganz in aristotel. Sinne B. als zw. zwei Ruhepunkten stattfindend auffassen und den Wechsel von Ruhe und B. bzw. umgekehrt zur Lösung von teilweise recht komplizierten Sophismen benutzen. Neben dieser log. Behandlung verselbständigt sich im 14. Jh. auch eine math., ausgehend von den Sätzen (Thomas v. Aquin spricht von 'leges') über den Vergleich 'gewaltsamer' B.en bei Aristoteles (Phys. 7, 5), die von Thomas → Bradwardine in seinem 'Tractatus de proportionibus' (1328) auf beliebige Verhältnisse der Proportion 'Kraft:Widerstand' ausgedehnt werden – jedoch als rein math. Spielerei ohne Bezug auf bestimmte Orts-B.en oder andere 'Größen' (Geschwindigkeit, Kraft, Widerstand des Mediums) und ohne daß die Proportion K:W eine bestimmte Größe 'Geschwindigkeit' definiert hätte, so daß in seiner Folge bes. in Oxford von den sog. Calculatores (→ Richard Swineshead, Nikolaus Oresme, Wilhelm v. Heytesbury u. a.) alles mögliche und am wenigsten Orts-B.en für proportionale Vergleiche 'quantifiziert' wurden wie 'Liebe', 'Gnade' usw. Daß später ähnliche Proportionen formelmäßig (richtiger) algebraisch auf bestimmte Bewegungsgrößen angewendet wurden, läßt die Calculatores noch nicht zu Vorläufern nz. Mechanik (→ Dynamik, → Kinematik) werden. Ähnliches gilt für die von Nikolaus Oresme eingeführte geometr. Behandlung der verglichenen Intensitäten ('Grade') von Qualitäten, Quantitäten, 'Formen' usw. (quantitas qualitatis), deren Wert er als 'Funktion' des Ortes (quoad partes: für jeden Punkt eines subjectum) oder bei B.en als 'Funktion' der Zeit (diese jeweils als 'longitudo') senkrecht dazu als 'latitudo' aufträgt, so daß jeweils bestimmte 'Figuren' (figuratio, configuratio) entstehen – wie 'rechteckige Wärme' (ein Körper, der überall die gleiche Temperatur aufweist), 'dreieckige B.' usw., die die dargestellte Qualität messen (mensura) und charakterisieren sollen (→ Latitudines formarum). Später als sinnvoll erwies sich allein die mensura von latitudo-Figuren der Orts-B. mit der Anwendung der Unterscheidung der älteren Calculatores zw. gleichförmiger (uniformis), ungleichförmiger (difformis) und gleichförmig ungleichförmiger (uniformiter difformis, die spätere 'gleichförmig beschleunigte B.') Veränderung für B.en: rechteckige, einseitig durch eine gerade Strecke begrenzte (Kreis, Treppe usw.) bzw. dreieckige Fläche, wobei allein das Maß der Fläche die Länge der zurückgelegten Strecke bestimmt, so daß die geometr. Überführung eines Dreiecks in ein flächengleiches Rechteck über derselben 'longitudo' als 'latitudo' die Größe der 'Durchschnittsgeschwindigkeit' ergibt – ohne daß diese Methode bereits von Oresme oder seinen Nachfolgern (vor Galilei) auf bestimmte Bewegungen oder gar den Freien Fall bezogen worden wäre. Vgl. auch → Dynamik. F. Krafft

Lit.: S. MOSER, Grundbegriffe der Naturphilosophie bei Wilhelm v. Ockham, Philos. und Grenzwiss. 4, 1932, 211–231 – E. MOODY, Galileo and Avempace: The dynamics of the leaning tower experiment, Journal of the Hist. of Ideas 12, 1951, 163–193, 375–422 – H. L. CROSBY, Thomas of Bradwardine, His tractatus de propositionibus: Its significance for the development of mathematical physics, 1955 – M. CLAGETT, The science of mechanics in the MA, 1959 – F. KAULBACH, Der philos. Begriff der B., 1965 – J. A. WEISHEIPL, The principle Omne quod movetur ab alio movetur in medieval physics, Isis 56, 1965, 24–45 – M. CLAGETT, Nicole Oresme and the medieval geometry of qualities and motions, 1968 – S. MOSER, Zwei Grundprobleme der scholast. Naturphilosophie, 1968³ – Science in the MA, ed. D. C. LINDBERG, 1978.

Beweinung Christi. Das Bildthema der B. Ch. ist der frühchr. Kunst des Westens unbekannt. Es ist vielmehr byz. Ursprungs und wohl durch Symeon Metaphrastes (→ Threnos) inspiriert (2. H. 10. Jh.). Die Darstellung der B. Ch. ist zunächst so eng mit den Themen der Kreuzabnahme und der Grabtragung verknüpft, daß oft eine Trennung kaum möglich erscheint. In diesen Bildtypen findet sich erstmals das Motiv der B. des toten Christus durch Maria (Elfenbeinrelief im Louvre, Metzer Schule, um 1000). In Italien ist die Darstellung der B. Ch. seit dem Ende des 13. Jh. weit verbreitet, v. a. durch den »Tractatus de lamentatione Virginis« (früher Bernhard v. Clairvaux zugeschr.) und die »Meditationes Vitae Christi« angeregt. Neben Maria erhalten auch Joseph v. Arimathia und Johannes bes. Bedeutung, innerhalb der Ikonographie der B. Ch. (Duccio, Maestà, Siena, 1308–11). Giotto zitiert in seinem Fresko in der Arena-Kapelle in Padua das Schema mit dem Körper Christi auf den Knien der Madonna und steigert die Klagegesten in pathet. Weise. In der Kunst des Nordens wird die B. Ch. erst seit der Mitte des 14. Jh. häufiger Bildthema. Bis zur Mitte des 15. Jh. ist der Typus der »Pietà« vorherrschend. Vgl. → Andachtsbild. D. Kocks

Lit.: RDK II, 458–475 – LCI I, 278–282 – E. PANOFSKY, Imago Pietatis (Fschr. M. J. FRIEDLÄNDER, 1927), 261–308 – L. RÉAU, Iconographie de l'Art Chrétien, II, 2, 519–521.

Beweis. 1. B. In der → Logik ist ein B. die Ableitung eines Satzes aus wahren Prämissen. Im strengsten Sinne (demonstratio) gilt nur als B. die deduktive Ableitung aus evidenten Prämissen, wie sie in den Anal. Post. des Aristoteles beschrieben wird. In scholast. Disputationen ist aber auch der B. aus allgemein akzeptierten (probabiles) Prämissen üblich (→ Scholast. Methode). Andere B.-Arten sind Induktion und indirekter B. Seit Boethius werden bes. die dialekt. → loci neben dem Syllogismus für die Beweisführung herangezogen. Im 14. Jh. entwickelt sich eine differenzierte Lehre vom B. (De probatione propositionum), die die Reduktion komplizierter sprachl. Aussagen auf basale Sätze durch Analyse (resolutio und expositio) lehrt. Vgl. auch → Schlußmodi. – Zum mathematischen Beweis → Mathematik. J. Pinborg

Lit.: A. MAIERÙ, Terminologia logica della tarda scolastica, 1972, 393–488.

2. B. (Recht)
I. Römisches Recht – II. Kanonisches Recht – III. Deutsches Recht – IV. Französisches Recht.

I. RÖMISCHES RECHT: Der gerichtl. B. (probatio) soll dem Richter die Überzeugung von der Wahrheit einer Parteibehauptung, meist tatsächl. Art, verschaffen. Im röm. Prozeß lange als rein fakt. Vorgang angesehen, wird der B. seit dem 4. Jh. genauer geregelt: Nach justinian. Recht (D. 22, 3–5; C. 4, 19–21) ist es Sache des Richters, Beweisführungen anzuordnen und die von den Parteien beigebrachten B.e zu erheben. Vom Kläger wird meist der B. der Voraussetzungen des Klagebegehrens verlangt, vom Beklagten der B. der Gründe seiner Verteidigung. Auf

Grund einer Vermutung (praesumptio) wird von Rechts wegen von einem bewiesenen Sachverhalt auf einen anderen Sachverhalt oder auf ein Recht geschlossen, ohne daß es eines weiteren B.es bedarf; die Vermutung kann aber durch den B. des Gegenteils widerlegt werden. Als Beweismittel kommen v. a. eidl. und uneidl. Aussagen der Parteien, Urkunden sowie Aussagen von Zeugen unter Eid in Betracht, ferner der Augenschein und Sachverständige, z. B. Feldmesser. Zur Zeugnisleistung ist jedermann verpflichtet, der nicht – wie v. a. Sklaven und Apostaten – zum Zeugnis unfähig oder – wie die höchsten Würdenträger – von der Zeugnispflicht befreit ist. Sklaven werden aber u. U. auf der Folter verhört.

Die Freiheit des Richters zur Würdigung der B.e scheint eingeschränkt worden zu sein: An ein Geständnis des Beklagten und den Inhalt einer eidl. Parteiaussage ist der Richter regelmäßig gebunden. → Urkunden werden gegenüber → Zeugen bevorzugt, wenn sie nicht in einem bes. Straf- oder Zivilprozeß für unecht oder unrichtig erklärt wurden. Niederschriften zuständiger Behörden (acta, gesta) über Gerichtsverhandlungen, Abschlüsse von Rechtsgeschäften (instrumenta publica), amtl. Verfügungen usw. erbringen ohne weiteres vollen B.; Urkunden, die von einem berufl. Urkundenschreiber (tabellio) errichtet wurden (später sog. instrumenta publice confecta), erbringen vollen B., wenn der tabellio ihre Echtheit und die Beurkundung bezeugt; dgl. private Urkunden (cautiones, chirographa), die von mindestens drei Zeugen unterzeichnet sind, nach Bekräftigung durch die Zeugen und Schriftvergleich. Zeugenaussagen können Urkunden nicht entkräften. (Näheres vgl. unter → Beweiskraft der Urkunden.) Bisweilen muß ein B. durch mehrere Zeugen geführt werden: Zum B. der Bezahlung einer durch Urkunden nachgewiesenen Schuld und der Verwandtschaft in Erbschaftsprozessen sind fünf Zeugen erforderlich. Nach Abschluß der Beweiserhebung ergeht das Urteil. → Gerichtsverfahren. P. Weimar

Lit.: M. Kaser, Das röm. Zivilprozeßrecht, 1966, 484-495.

II. Kanonisches Recht: Die Beweiserhebung im kanon. Prozeß lehnte sich wesentl. an das röm. Recht an, konnte sich aber, bes. in der Periode vom 9.–11. Jh., z. T. starken germ. Einflüssen nicht verschließen, »indem die röm.-rechtl. freie richterl. Beweiswürdigung mit dem germ. Beweisformalismus zur Bildung gesetzl. Beweisregeln« geführt hatte (vgl. Abschnitt III). So wurde das, wenn auch kirchl. umgestaltete Gottesurteil (→ Ordal) übernommen, vorwiegend in frk. Gebieten; v. a. bildete sich der → Eid mit Eideshelfern in der Form der purgatio canonica (Reinigungseid) als kanonist. Beweisform aus. Das Purgationsverfahren kennt auch noch das Decretum Gratiani; Wasser- und Eisenprobe allerdings verwirft Gratian, dürfte aber die purgatio durch andere »Gottesbeweise« noch nicht ganz ablehnen (vgl. z. B. C. 2 q. 5; C. 15 q. 5). Fanden Fragen um B., Beweismittel und Beweislast im Dekret – wie der gesamte Prozeß überhaupt – noch eine lückenhafte Darstellung, so änderte sich dies mit den sog. Juristenpäpsten (vgl. z. B. X 2.19: De probationibus; X 2.20: De testibus et attestationibus).

In Verbindung mit dem päpstl. Dekretalenrecht entstand zugleich ein von den Legisten, Dekretisten und frühen Dekretalisten geprägtes neues Prozeßrecht, in dem justinian. und kanonist. Quellenmaterial zum »einheitl. → ordo iudiciarius des sog. röm.-kanon. Prozesses« verarbeitet wurde. In diesen und späteren, v. a. auf die Praxis gerichteten prozessualen Werken (z. B. Tancredus, Duranti) ist auch die Beweislehre, v. a. über den Zeugenbeweis, voll ausgebildet; bes. zu betonen ist dabei die Beziehung zw. Beweislast und Verhandlungsmaxime. Die Bedeutung der Beweislehre für den gelehrten Prozeß dokumentiert sich schon früh durch eigene Spezialdarstellungen zum Beweisrecht, z. B. de probationibus, de testibus, de reprobatione testium. → Zeuge. H. Zapp

Ed.: Sammeled. de testibus, Venedig 1568; Köln 1596; Tract. univ. iur., IV, Venedig 1584 – Lit.: K. Gross, Die Beweistheorie (Beweisverfahren) im canon. Prozeß, 2 Bde, 1867–80 – E. Jacobi, Der Prozeß im Decretum Gratiani, ZRGKanAbt 3, 1913, 223 ff. (hier 294 ff.) – M. Mora, Die Frage des Zivilprozesses und der Beweislast bei Gratian, 1937 – St. Kuttner, Analecta iuridica Vaticana (StT 219), 1962, 424–431 – K. W. Nörr, Zur Stellung des Richters im gelehrten Prozeß, 1967, 16 ff., 62 ff. – H. J. Budischin, Der gelehrte Zivilprozeß in der Praxis, 1974, 183 ff. – Coing, Hdb. I, 383 ff.

III. Deutsches Recht: Im ma. dt. Rechtsgang markiert der B. eine zentrale Prozeßstation. Die formalisierte Beweisaufnahme hat eine durch Leugnung des Angegriffenen (in der Regel des Beklagten) strittig gewordene rechtserhebl. Tatsache oder Behauptung zur Überzeugung des Gerichts als richtig und wahr zu erweisen, um darauf eine rechtl. Entscheidung zu gründen.

Nach ma. Verfahrensrecht verfügt das Gericht den Beweisantritt durch ein hypothet., zweizüngiges Urteil. Als Beweisgebot überbürdete es einer Partei die Beweislast, als vom Gelingen der angeordneten Beweisführung abhängiges Endurteil traf es eine Entscheidung in der Sache selbst. Den Rechtsstreit entschied somit allein der Beweiserfolg. Die Beweiserhebung erfolgte zunächst außerhalb des Verfahrens, unterlag einem strengen Wort- und Formritual (»Gefahr« des Prozeßverlustes) und wurde erst im späten MA zu einem gesonderten Prozeßabschnitt (Beweisverfahren). Die wichtigsten Beweismittel waren Augenschein, Parteieid (→ Eid), eidliches Zeugnis Dritter (Kundschafter, → Zeugen) und seit dem 12./13. Jh. → Urkunden.

Zentrales Problem des ma. Beweisrechts war stets die Frage, welche Partei das Beweisvorrecht haben sollte, das einen Gegenbeweis ausschloß und damit letztlich über den Ausgang des Rechtsstreits entschied. Grundsatz: Gegenüber jedem behaupteten vertragl. oder delikt. Schuldvorwurf war der Angegriffene (in der Regel der Beklagte) »näher zum B.«; er konnte sich, unterstützt durch → Eidhelfer, durch seinen Reinigungseid vom Klagevorwurf freischwören.

Schon in frk. Zeit und vollends während des späten MA wurde das Beweisvorrecht des Beklagten zunehmend eingeschränkt: bei Strafklagen (handhafte Tat) eidl. Überführungsrecht des Klägers (Übersiebnen, in der Regel mit sieben Zeugen), gegenüber dem Reinigungseid des Beklagten die klägere. Forderung nach Zweikampf oder → Gottesurteil, die dann den Rechtsstreit sofort entschieden. Auch der Beklagte hatte das Recht, die Zulassung von Zeugen oder Urkunden förmlich zu »schelten«, um damit den Zweikampf herbeizuführen. Schließlich genoß die Partei den Beweisvorzug, die das bessere Recht glaubhaft machen (z. B. rechte → Gewere – ungestörter Besitz) oder das stärkere Beweismittel anbieten konnte.

Mit der Abkehr von der strengen Einseitigkeit der Beweisrolle wandelte sich das Beweisrecht grundlegend. Während sich ursprgl. die Beweisführung in der formalen Widerlegung des klägers erschöpfte, trat nun an diese Stelle die Erforschung der materiellen Wahrheit, begünstigt durch das Vordringen des → Inquisitionsverfahrens. Zwangsläufig bewirkte diese Wandlung die endgültige Absage an irrationale Beweismittel und die Zurückdrängung von Prozeßformalismen. Im Vordergrund standen nun die verstärkte Bindung des Gerichts an gesetzl. Beweisregeln, die freie richterl. Beweiswürdigung und eine wachsende Technisierung des Prozeßablaufs (z. B. förmliche Eröffnung des Beweisverfahrens durch Beweisinterlokute). Auf diesen neuen Grundlagen baute der Gemeine Zivilprozeß weiter. H. Schlosser

Lit.: HRG I, 401-411 – W. ENDEMANN, Die Beweislehre des Civilprozesses, 1860 – H. SIEGEL, Die Gefahr vor Gericht und im Rechtsgang, SAW 51, 1866 – M. A. v. BETHMANN-HOLLWEG, Der germ.-roman. Civilprozeß im MA, 3 Bde, 1868-74 – P. LABAND, Die vermögensrechtl. Klagen nach den sächs. Rechtsquellen des MA, 1869 – A. v. KRIES, Der Beweis im Strafprocess des MA, 1878 – A. HEUSLER, Die Grundlagen des Beweisrechtes, Archiv für die civilist. Praxis 62, 1879, 209-319 – J. W. PLANCK, Das dt. Gerichtsverfahren im MA, II, 1879 – W. ENDEMANN, Die Entwicklung des Beweisverfahrens im dt. Civilprocess seit 1495, 1895 – U. STUTZ, Die Beweisrolle im altdt. Rechtsgang, ZRGGermAbt 49, 1929, 1ff. – La Preuve II, RecJeanBodin XVII, 1965.

IV. FRANZÖSISCHES RECHT: Das Beweisrecht in Frankreich ist seit dem 12. Jh. durch die fortschreitende Übernahme des röm.-kanon. Beweissystems charakterisiert, das die germ. B.e (Gottesurteil, Schwur, Eideshelfer) ablehnte und eine Beweisrangordnung aufstellte, die auf gesetzl. und rationalen Grundlagen beruhte. V. a. oblag die Beweislast dem Kläger. Der stärkste B., allen anderen B.en überlegen, war die Offenkundigkeit, womit beides, die gerichtsbekannten sowie die öffentl. Tatsachen und das gerichtl. Geständnis, gemeint war. Auf etwas tieferer Stufe standen der B. durch Zeugen, die wenigstens zu zweit auftreten mußten (testis unus, testis nullus), und der B. durch öffentl. und private Urkunden (instrumenta publica et privata). Beide erbrachten vollen B. (probatio plena); der B. durch Zeugen war dem Urkundenbeweis allerdings überlegen (témoins passent lettres). Halben B. (probatio semiplena) erbrachten ein einzelner Zeuge, private Aufzeichnungen und der allgemeine Ruf. Dieses System setzte sich durch, obwohl die Gottesurteile und v. a. der im einzelnen genau geregelte gerichtl. Zweikampf – entgegen allen Verboten, insbes. Kg. Ludwigs d. Hl. (1258) – bis zum Ende des MA überlebten.

Darüber hinaus kannte das ma. frz. Recht ein eigenartiges Verfahren zum B. von Gewohnheitsrecht, die *enquête par turbe*. Die *turbe* bestand aus zehn Geschworenen, die die Aufgabe hatten, sich einstimmig in der Form eines Zeugnisses über das Bestehen einer Rechtsgewohnheit zu äußern; da jede turbe nur eine Stimme hatte, verlangte man folgerichtig zwei turbes. Dieses Verfahren wurde bis zum Ende des 15. Jh. beibehalten. J.-L. Gazzaniga

Lit.: J. PH. LÉVY, La hiérarchie des preuves dans le droit savant du MA, 1939 – M. BOULET-SAUTEL, La preuve dans la France médiévale, RecJeanBodin XVII, 1965 – J. PH. LÉVY, Le problème de la preuve dans les droits savants du MA, ebd. – M. CHABAS, Le duel judiciaire en France (XIIIe-XVIe s.), 1978.

Beweiskraft (der → Urkunden). Die beiden Hauptfunktionen, die die Urkunde im Rechtsleben zu erfüllen hatte, bestanden darin, daß sie einerseits als Beweismittel im Prozeßverfahren herangezogen werden konnte, andererseits Vollziehungsmittel bei Rechtsgeschäften (als konstitutive Urkunde) war. Die (formelle und materielle) B. der Urkunde war an verschiedene Glaubwürdigkeitsmerkmale gebunden, von deren Qualität diese Doppelrolle abhängig war. Gerichtl. Unanfechtbarkeit (Unscheltbarkeit) bis zum Beweis der → Fälschung gewährten zunächst nur die Urkunden der Päpste, Kaiser und Könige (→ Kaiser- und Königsurkunden, → Papsturkunden). Durch das Ansehen und die Macht ihrer Aussteller trugen sie ihre B., die sich in der → Unterfertigung bzw. im → Siegel verkörperte, in sich selbst. Die B. der privatrechtl. Urkunde (→ Privaturkunde) beruhte in der röm. Antike anfangs auf den in der Zeugenurkunde (testatio) angeführten Zeugen. Sie war geringer als die B. der mündl. verhörten Zeugen, weil eine weitere Befragung nicht möglich war. Nachdem sich im ausgehenden röm. Reich die Schriftlichkeit nach hellenist. Vorbild immer stärker als Rechtsprinzip durchgesetzt hatte, wurde die B. aus der wiedererkennbaren und prüfbaren Handschrift (→ chirograph[um]) des Urkundenausstellers oder seines Beauftragten abgeleitet. Dem Zeugenbeweis, der unter Konstantin dem Urkundenbeweis noch gleichgestellt war, wurde unter Justinian ausdrückl. eine schwächere B. als dem durch Urkunde erbrachten Beweis zugebilligt. Durch Eintragung in die Akten (gesta) staatl. und munizipaler Behörden (eine Institution des spätröm. Urkundenwesens, die in Ravenna bis ins späte 6. und beginnende 7. Jh., in Aquitanien und Südgallien noch im 8. Jh. fortlebte) konnte die B. erhöht werden. Die Urkunden waren dann instrumenta publica, nicht zu verwechseln mit den vor einem berufsmäßigen, unter öffentl. Aufsicht stehenden Urkundenschreiber (tabellio) errichteten Urkunden, die instrumenta publice confecta hießen, keine öffentl. Urkunden waren und volle B. erst dadurch erlangten, daß der tabellio ihre Echtheit und die Wahrheit des Beurkundungsvorgangs eidlich bezeugte. Die frühma. Privaturkunde stand in unmittelbarer Tradition der spätröm., doch nahm das Urkundenwesen außerhalb Italiens (wo das Institut des Notariats sich dauernd erhielt) usrpgl. einen anderen Verlauf. Im frk.-dt. Bereich setzte sich wieder die alte Auffassung durch, daß Recht nicht durch Schrift, sondern durch rechtssymbol. Handlung geschaffen werden kann. Dabei konnten auch sakralrechtl. Vorstellungen wirksam werden, indem die Urkunde z. B. durch Handauflegung ihre »Kraft« empfing. Mit dem Verfall des in der Fs., speziell den eigenhändigen Unterschriften des Schreibers bzw. den Signa der Zeugen liegenden Beweiswertes schrumpfte die Privaturkunde in der Karolingerzeit schließlich zur nicht mehr beweiskräftigen Traditionsnotiz zusammen. Ein neues Beglaubigungsmittel wurde im Siegel gefunden. Die nach dem Vorbild der (bereits im 8. Jh. besiegelten) Königsurkunde gestaltete private Siegelurkunde trat seit etwa 1100 neben die älteren Formen schriftl. Rechtssicherung. Unbedingte und unanfechtbare B. kam aber nur den von einem bestimmten Personenkreis geführten »authentischen« Siegeln zu. Eine qualitativ gleichwertige Form der B. bot seit der Dekretale Alexanders III., »Scripta vero authentica« von 1167/69 (JAFFÉ, 13 162), das → Notariatsinstrument, das sich im 13. Jh. über ganz Europa auszubreiten begann. Das Siegel blieb die vorherrschende Form der → Beglaubigung, auch als gegen Ende des MA die Unterschrift wieder stärker in Erscheinung trat. Weitere Formen der die B. sichernden Beglaubigung, die das MA kannte, waren in karol. Zeit die → Polyptycha, seit dem 10. Jh. (in England schon früher) die Chirographierung, im hohen und späten MA die Eintragung in Schreinskarten (→ Schreinswesen) und → Stadtbücher sowie die Vidimierung. A. Gawlik

Lit.: BRESSLAU I, 635ff. – O. REDLICH, Die Privaturkk. des MA, 1911 – H. STEINACKER, Die antiken Grundlagen der frühma. Privaturk., 1927 – A. DE BOÜARD, Manuel de diplomatique française et pontificale II, 1948 – M. KASER, Das röm. Zivilprozeßrecht, 1966, 283f., 488ff. – H. FICHTENAU, Das Urkundenwesen in Österr. vom 8. bis zum frühen 13. Jh., 1971, 56ff. – P. CLASSEN, Kaiserreskript und Königsurk., 1977, 36ff., 172ff.

Bewußtsein. Die gr. und lat. Äquivalente (σύνεσις synesis, συνείδησις syneídēsis, συναίσθησις synaísthēsis, παρακολούθησις parakoloúthēsis [SCHWYZER] – conscientia, sensus interior) begegnen selten in für die jeweilige philos. Thematik fundamentaler argumentativer Funktion. Ob das göttl. »Denken des Denkens« bei Aristoteles (νόησις νοήσεως, nóēsis noḗseōs, z. B. Met. 1074 b 34) mit L. Kla-

GES von der nz. Bewußtseinsidee her verstanden werden darf, ist umstritten (KRÄMER). Zweifelsfrei sind jedoch Bewußtseinsphänomene gemeint, wenn Aristoteles von der Wahrnehmung der Wahrnehmung und von einem Denken des Denkens beim Menschen spricht (EN. 1170 a 29–33; De an. 425 b 12–25). Ebenso Alexander v. Aphrodisias (Quaest. III, 7 BRUNS). Pseudo-Hippokrates (Epid. VI, 8, 10 LITTRÉ) konstatiert bei Kranken gelegentl. eine Art »inneren Sinns« (σύννοια sýnnoia) für die Art und den Verlauf ihres Leidens. Ähnlich Galen (De meth. med. XIII, 1 KÜHN und: Aretaios v. Kappadokien II, 9, 2; IV, 2, 4 HUDE [CMG. II]), auch unter dem Aspekt der Bedeutung bewußten Achtens (παρακολουθεῖν parakoloutheîn) auf körperl. Vorgänge für das Zustandekommen eines Krankheitsgefühls (In Hippocratis Prorrheticum II, 7 DIELS [CMG. V, 9, 2]). Hier scheint ein Zusammenhang mit der stoischen Oikeiosis-Lehre zu bestehen (z. B. Chrysippos bei Diog. Laert. VII, 85 = SVF. 3, fr. 178). Plotin bemerkt (Enn. I, 4, 10), daß Bewußtsein durchaus auch eine Defizienz des Tätigseins bedingen kann. Augustinus diskutiert das Problem unter dem Titel »sensus interior« (De lib. arb. II, 3, 37–4, 38), durch den die Wahrnehmungsakte der fünf Körpersinne wahrgenommen werden. »Sensus interior« ist das lat. Äquivalent zu gr. »synaísthēsis« (= B. im psycholog. Sinne), während »conscientia« dem gr. »syneídēsis« (= moral. B.) entspricht. Erst Thomas v. Aquin verwendet »conscientia« in einem rein psycholog. Sinn (De Verit. q. 17, a. 1 c.; vgl. aber S. th. I, q. 79, a. 13 c.), bestimmt aber dessen spezif. Gegenstand als: ea, quae agimus (actus particularis), so daß sich ein bruchloser Übergang zum moral. B. ergibt (synderesis – conscientia). Das Bewußtsein der Prinzipien des moral. Handelns, die Synderesis (korrupt aus gr. συντήρησις syntérēsis, 'Bewahrung' nach Hieronymus, Comm. in Ez. I, 1 [MPL 25, Sp. 22]), gilt vielen Scholastikern, vor allem aber in der Mystik, als das höchste Seelenvermögen. Bonaventura repräsentiert beide Bereiche, wenn er (Itin. I, 6) den Ausdruck »Funken der Synderesis« (synderei scintilla) synonym für »Seelenspitze« (apex mentis) verwendet. B. wird in der Scholastik hinsichtl. einer Bestimmungsfunktion der Außenwelt gegenüber nicht zum Problem. Diesen Bezug schließt nur der nz. Bewußtseinsbegriff (REINHOLD: »Satz des B.s«) ein, während in der scholast. Theorie der Erkenntnis umgekehrt das Objekt des Erkenntnisvermögens dieses aktuiert und determiniert (→ Bestimmung). H.-J. Oesterle

Lit.: K.WERNER, Psychologie des MA, 1881 [Neudr. 1964] – M. APPEL, Die Lehre der Scholastiker von der Syneteresis, 1891 – B. SNELL, Die Ausdrücke für den Begriff des Wissens in der vorplaton. Philosophie, 1924 – G. JUNG, Syneídēsis, Conscientia, Bewußtsein, Archiv für die gesamte Psychologie 89, 1933, 525–540 – G. KRÜGER, Die Herkunft des philos. Selbstbewußtseins, Logos 22, 1933, 225–272 – O. LOTTIN, Syndérèse et conscience aux XIIe et XIIIe s. (Psychologie et morale aux XIIe et XIIIe s., 2, 1948), 103–349 – J. PETRIN, L'habitus des premiers principes et la syndérèse, Rev. Univ. Ottawa, 1948, 208–216 – L. KLAGES, Vom Wesen des Bewußtseins, 1955⁴ – H.-R. SCHWYZER, »Bewußt« und »unbewußt« bei Plotin, Fondation Hardt, Entretiens sur l'antiquité classique 5, 1957, 343–378 – J. A. G. JUNCEDA, La sindéresis en el pensiamento de s. Tomás (Augustinus, 1961), 429–464 – F. ZUCKER, Syneídēsis-Conscientia (DERS., Semantica, Rhetorica, Ethica, 1963), 96–117 – H. J. KRÄMER, Der Ursprung der Geistmetaphysik, 1964.

Bey → beg

Beyātī → Osmanische Literatur

Bezant → Byzantius

Bèze, St-Pierre de, Abtei OSB in Burgund (Dép. Côte-d'Or), ✝ Petrus, Paulus, Bm. Langres; gegr. kurz vor 634 von dem burg. Hzg. Amalgarius nahe der Quelle des gleichnamigen Flusses für seinen Sohn Waldalenus, der in → Luxeuil zum monast. Leben erzogen worden war. Neben anderem reichen Besitz erhielt B. das Patrimonium der Abtei Bregille, die derselbe Hzg. für seine Tochter Adalsindis gegr. hatte. Von Arabern geplündert und später Objekt der Gütereinziehungen Pippins des Kurzen, wurde das Kl. von Albericus, Bf. v. Langres, wiederhergestellt (830). Bf. Geilo übergab der Abtei Reliquien des hl. Prudens (883). Durch Normannen- und Ungarneinfälle verwüstet, wurde B. von → Wilhelm v. Volpiano reformiert; danach erlangte es seine alte Unabhängigkeit zurück. Abt Stephan (Étienne de Joinville) ließ die Kirche neu errichten (✝ 1107 durch Papst Paschalis II.). Unter Stephans Abbatiat verfaßte der Mönch Johannes sein »Chronicon Besuense«. J. Richard

Q. und Lit.: S. DE MONTENAY, L'abbaye St-Pierre de B., 1960 – Chronique de Bèze (Chronique de l'abb. de St-Bénigne de Dijon suivi de..., 231–503 (Analecta Divionensia IX), éd. E. BOUGAUD-J. GARNIER, 1875 – DHGE VIII, 1340–1343.

Bezelin (Beiname Alebrand), Ebf. v. → Hamburg-Bremen 1035–43, stammte als Geistlicher aus Köln und war kgl. Kapellan. Bei Adam v. Bremen (→ Adam 3.) erfährt er überschwengl. Lobsprüche. Seine Vorbildlichkeit als tatkräftiger Kirchenfürst, der doch voll menschl. Wohlwollen war, wird – wohl im Gegensatz zum großen Adalbert – betont, der auf B. folgte und dessen Bild Adam zwiespältig zeichnete (→ Adalbert 9.). Im Reichsdienst unter Konrad II. und Heinrich III. erscheint B. wenig. Wahrscheinl. war er wegen seiner nord. Missionsaufgaben meist von Reichsdiensten befreit. Jedoch ist von konkreten Maßnahmen in der skand. Kirchenpolitik wenig zu erkennen, ehestens noch in den dän. Diözesen. Bei den abodrit. Slaven herrschte Ruhe; ihre Fs.en Anatrog, Gneus und Ratibor kamen nach Hamburg und leisteten Dienste. Von heftigen Auseinandersetzungen zw. dem Ebm. und den → Billungern ist zur Zeit B.s noch nicht die Rede, doch ist die Spannung in der Bautätigkeit (bes. Errichtung von Befestigungen), die B. in Bremen und Hamburg (dort in unmittelbarer Konkurrenz zur billung. Bautätigkeit) vorwärtstrieb, bereits spürbar. – Schon gleich nach seiner Amtseinführung war an B. das Marktrecht in Bremen mit Zoll und Münze verliehen worden. Adam läßt erkennen, daß der vielgeliebte Mann, Ideal eines Erzbischofs, angesichts seiner Vorhaben (Domneubau) zu früh abberufen wurde. W. Lammers

Q.: Adam v. Bremen, Gesta Hammaburgensis ecclesiae Pontificum, ed. B. SCHMEIDLER (MGH SRG in us. schol. 1917), II, cap. 69–82 – O. H. MAY, Reg. der Ebf.e v. Bremen I, 1937, Nr. 201–219 – Lit.: G. GLAESKE, Die Ebf.e v. Hamburg-Bremen als Reichsfürsten (937–1258), 1962, 46–51.

Beziehung → Relation

Béziers (Baeterrae, Biterrae, Biterrensium civ.), Stadt und Bm. in Frankreich (Languedoc, heut. Dép. Hérault). Der auf einem Bergsporn gelegene ehem. Vorort der Volcae Arecomici kontrollierte den Übergang der Via Domitiana über den Orb. Seit 119 v. Chr. zur Gallia Narbonensis gehörig, seit Caesar Kolonie mit dem Namen Col. V(ictrix?) Julia Septimanorum Baeterrae, wurde die Stadt Ende 3./Anfang 4. Jh. mit einer Mauer von ca. 1570 m umgeben (Fläche ca. 16 ha). An höchster Stelle, dem Schnittpunkt von cardo und decumanus, lag das Forum. Die meisten antiken Großbauten blieben außerhalb der Mauern.

Erster Bf. v. B. soll Aphrodisius gewesen sein, dem die nördl. des castrum gelegene suburbane Coemeterialkirche geweiht war. 356 fand in B. ein Konzil statt, das → Hilarius v. Poitiers verurteilte. Als erster Bf. ist Paulinus (ca. 418) bezeugt. Die Kathedrale St. Nazarius (Patrozinium 889 belegt) hat nach Quellen des 9. Jh. wohl stets innerhalb der Mauern gelegen, wie auch die Marien-, die Michaels- und die Peterskirche, die im 10. Jh. bezeugt sind, während die Aphrodisius- und die Jacobuskirche nördl. bzw. südl. des castrum lagen. Vor 506 (Konzil zu Agde) ist im SO der civitas Biterrensium, d. h. im Mündungsgebiet des Hérault mit seinen wichtigen Salzfeldern, ein eigenes Bm. mit dem Vorort → Agde gebildet worden. Seit ca. 418 gehörte B. zum westgot. Reich, 533 drang der Franke Theudebert I. bis in das Gebiet von B. vor, doch blieb sein Vorstoß ohne Folgen. Die Bf.e v. B. begegnen im 6. und 7. Jh. stets auf den Konzilien zu Toledo. Spätestens im 2. Jahrzehnt des 8. Jh. geriet B. unter sarazen. Herrschaft. 737 hatte Karl Martell bei seinem Zug gegen Narbonne auch die Befestigungen von B. niederlegen lassen. 752 soll der Westgote Ansemund Nîmes, Maguelonne, Agde und B. Pippin dem Kurzen übergeben haben. Auf dem Konzil zu Narbonne (ca. 788) begegnet erstmals wieder seit 693 ein Bf. v. B. Unter Karl d. Großen verwalteten Amtsgrafen den pagus Bitterensis, seit 881 vicecomites. Um 897 vereinigte der Vgf. Boso die Vgft.en B. und Agde und begründete damit die Machtstellung seines Hauses. Seit dem frühen 10. Jh. waren Bischofsamt und Vgft. für ca. zwei Jahrhunderte in der Hand der vizegfl. Familie. Das Bm. ging de facto in das Patrimonium der Vgf.en auf. 990 verfügte Vgf. Wilhelm über »civitas cum episcopatu« zugunsten seiner Tochter. Seit dem Ende des 11. Jh. versuchten die Bf.e sich aus der engen Abhängigkeit von den Vgf.en zu lösen und traten dafür in nähere, durch Fidelitätsbindung gefestigte Beziehungen zu den Gf.en v. → Toulouse: 1084 verzichtete Gf. Raimund zugunsten des Bf.s Matfried v. B. (1022–93) auf sein Spolienrecht, 1131 vermittelte Gf. Alfons im Streit zw. Bf. Bermund und den beiden Vgf.en → Roger und → Raimund Trencavel und setzte zugunsten des Bf.s eine topograph. und grundherrl. Teilung der civitas B. in einen burgus episcopalis und einen burgus vicecomitalis durch. Der Vgf. beanspruchte trotz dieses Vertrages die stadtherrl. Rechte über die Gesamtstadt, wie die Eidesleistung auch der bfl. burgenses und die von ihm abhängigen 1131 erstmals erwähnten consules Bitterenses und ihre Befugnisse bezeugen. Auf das Hochgericht und ihr lehenrechtl. Obereigentum über den episcopatus verzichteten die Vgf.en auch Ende des 12. Jh. noch nicht, auch wenn Bf. und Vgf. gemeinsam die stadtherrl. Verwaltung ausübten bzw. durch den vicarius ausüben ließen. Gestützt auf eine geschickte Lehenspolitik und auf die burgenses in den fünf bfl. und zwei klösterl. burgi (St-Aphrodise und St-Jacques), denen Bf. Gottfried 1185 gewisse Freiheiten gewährt hatte, gelang es diesem Bf., 1194 seine Gleichberechtigung als Stadtherr durch den Vgf. anerkennen zu lassen. Dieser vizgfl.-bfl. Doppelherrschaft machte der Albigenserkrieg (→ Albigenser, Abschnitt II) ein jähes Ende. Bf. Reginald v. Montpeyroux, der selbst eine Namensliste von 222 Häretikern (meist Gewerbetreibenden) angelegt hatte, forderte vergebl. die Bürger auf, diese den Kreuzfahrern auszuliefern. Nach dem Abzug des Vgf.en Raimund Roger und mit ihm der seit dem 11. Jh. in B. sehr zahlreichen Juden aus der Stadt erstürmten die Kreuzfahrer am 22. Juli 1209, dem Magdalenatag, die Stadt und töteten den größten Teil ihrer Bewohner. Die Vgft. übernahm Simon v. → Montfort, später sein Sohn Amaury, der seit 1229 Ludwig VIII. abtrat. 1230 wurden die stadtherrl. Rechte zw. Bf. und Kg. (bzw. seinem *lieutenant*) vertragl. geregelt. 1247 verzichtete Vgf. Raimund Trencavel II. auf alle seine Ansprüche auf B. zugunsten Ludwigs IX. Im 13. Jh. wurden in B. auf mehreren Konzilien Maßnahmen gegen die Katharer und die Juden ergriffen (bes. 1225, 1246, 1255, 1299). Gegen das oligarch. Regiment des Konsulates lehnte sich 1381 das niedere Volk auf. Die v.a. von Webern und Bauern getragene Revolte wurde vom kgl. *viguier* (Amtsträger) niedergeschlagen. In der 2. Hälfte des 14. Jh. wurde das Gebiet v. B. von den Streifzügen des Prinzen v. Wales und der »Kompanien« berührt, wogegen die – häufig in B. zusammengerufenen – Ständeversammlungen zusammen mit den kgl. Beamten den Widerstand zu organisieren suchten. 1419 versammelte der Gf. v. Foix in B. die drei États des Languedoc, die in der Folgezeit häufig hier zusammentraten. 1425 verlegte Karl VII. das Parlament von Toulouse nach B. und erlaubte den Konsuln und den Bürgern, die Stadtmauern wiederaufzubauen.

Die Bf.e des 13. Jh. stammten meist aus dem Languedoc und waren Angehörige des Domkapitels. Zu nennen ist bes. der Kanonist Berengar → Fredol (1294–1305, seit 1305 Kard., 1309 Bf. v. Tusculum), der in B. ein Kanonissenstift zum hl. Geist (1300) und eine Gemeinschaft v. Hospitaliterinnen (1304) gründete. Als Bf.e in B. folgten ihm seine Neffen Berengar (Bf. v. B. 1309, Kard. 1312, Bf. v. Porto 1317–23) und Wilhelm (1313–49). Seit der 2. Hälfte des 14. Jh. wurde der Bischofsstuhl häufig mit Limousinern oder Nordfranzosen besetzt. R. Kaiser

Lit.: DHGE VIII, 1351–1357 – GChr VI – LThK² II, 332 – RE II, 2, 2762f. – A. DUPONT, Les cités de la Narbonnaise première, depuis les invasions germaniques jusqu'à l'apparition du consulat, 1942 – F. LOT, Recherches sur la population et la superficie des cités remontant à la période gallo-romaine I, 1946 – H. VIDAL, Episcopatus et pouvoir épiscopal à B. à la veille de la Croisade albigeoise (1152–1209), 1951 – Fédération hist. du Languedoc méditerranéen et du Roussillon, 43ᵉ congrès, 1970: B. et le Biterrois, 1970 – M. CLAVEL, B. et son territoire dans l'antiquité, 1970 – E. MAGNOU-NORTIER, La société laïque et l'Église dans la province ecclésiastique de Narbonne, 1974 – COING, Hdb. I, 42, 100 [zum Rechtsunterricht in B.].

Bezoar, Bezoarstein (Lapis bezoardicus). Erbsen- bis muskatnußgroße, mehr oder weniger kugelförmige, auf Durchschnitt mehrschichtige, aus verfilzten Haaren, Pflanzenfasern, Harzen und Steinchen gebildete Konkremente aus Pansen der Bezoarziege (Capra hircus aegagrus) für die teurere oriental. oder von Kleinkamelen (Lama species) und Lama (Lama glama) für die billigere okzidental. Sorte. B. aus pers. *bazahar* 'gegen Gift'. Dem B. wurden mag. und entgiftende Wirkungen bei vielen Krankheiten unterstellt. Er wurde als Amulett getragen oder pulverisiert zu Arzneimitteln verarbeitet. W. F. Daems

Lit.: HWDA I, 1206.

Bezpřym (Bezprem, Weszprém), Hzg. v. → Polen, * 986, † 1031; ältester Sohn von Kg. → Bolesław Chrobry aus seiner 2. Ehe mit einer ung. Prinzessin, wahrscheinl. einer Tochter → Gezas. B.s (seltener) Name scheint slav., nicht ung. Herkunft zu sein. Die Quellen schweigen von B.s Schicksal nach der Scheidung seiner Eltern (987); nach einer Hypothese soll er Mönch in Pereum gewesen sein (999), nach einer anderen in Ungarn gelebt haben (Veszprém). Nach dem Tode seines Vaters (1025), der seinen Sohn → Mieszko II. aus seiner dritten Ehe mit → Emnilda zum Nachfolger und Alleinerben bestimmt hatte, nutzte B. die verzweifelte Lage, in die sein Stiefbruder das Kgr. Polen durch Kriege mit allen Nachbarn und durch Konflikte mit der Adelsopposition gebracht hatte, zur Realisierung seiner Erbansprüche aus, zwang 1031 mit Hilfe russ. Truppen und im Bund mit Ks. Konrad II., Kg. Mieszko II. zusammen mit dessen jüngstem Bruder → Otto zur Flucht nach Böhmen. Als Nachfolger Mieszkos II. verzichtete er auf Krone und Kroninsignien, die er an Konrad II. auslieferte. Da B. kurz darauf ermordet wurde, konnte Mieszko II. auf den Thron zurückkehren, mußte sich aber Konrad II. unterwerfen und sich mit der Aufteilung seines Erbes abfinden. J. Dowiat

Lit.: PSB II, 2 – SłowStarSłow I, 110; III, 558f. – J. HERTEL, Imienictwo dynastii piastowskiej we wcześniejszym średniowieczu, 1980, 106–109.

Biagio Pelacani → Blasius v. Parma

Białystok (Bielystok), Adelshof und Dorf am gleichnamigen Fluß (heute Biała gen.) im Gfsm. Litauen (heute NO-Polen), zum ersten Mal zw. 1432–50 erwähnt (als großfsl. Verleihung an Raczko und sein Geschlecht). Im 16. und 17. Jh. zu einer großen Magnatenresidenz (Branicki) geworden; die Stadtanlage hat sich erst seit dem 17./18. Jh. herausgebildet. A. Poppe

Lit.: T. WASILEWSKI. Białystok w XVI–XVII w. (Studia i materiały do dziejów miasta Białegostoku. T. I, 1968), 107–117.

Bianca

1. B. Maria Sforza, röm. Kgn. und Ksn., * 5. April 1472 in Mailand, Tochter des Galeazzo Maria → Sforza und der Bona v. Savoyen, † 31. Dez. 1510 in Innsbruck, ⌐ ebda., ⚭ Ks. Maximilian I. seit 1493. Mit zwei Jahren wurde sie mit Philibert (Filiberto) v. Savoyen verlobt, der jedoch bereits 1482 starb. Seit 1480 stand B. unter der Vormundschaft ihres Onkels → Ludovico il Moro, der sie als Objekt seiner Heirats- und Bündnispolitik betrachtete. Als Bewerber kamen u. a. in Frage: Johann, der unehel. Sohn des Matthias Corvinus, und Wladislaw II., Kg. v. Böhmen und Ungarn. Schließlich kam nach langen Verhandlungen die Ehe mit dem Habsburger Maximilian, röm. Kg. und Prätendent auf die Kaiserkrone, zustande. Die ausbezahlte Mitgift betrug 300000 Dukaten, die Aussteuer der Braut an Juwelen, kostbaren Kleidern und Hausrat wurde auf weitere 70000 Dukaten geschätzt. Dieses Bündnis war für beide Parteien vorteilhaft: für Ludovico il Moro, der danach strebte, vom Ks. mit dem Hzm. Mailand belehnt zu werden, und auch für Maximilian, der Geldmittel für seine polit.-militär. Unternehmen benötigte. Die Hochzeitsfeier fand per procuram am 30. Nov. 1493 in Mailand statt, nachdem die Braut auf alle ihre Rechte zugunsten ihres Onkels verzichtet hatte. Maximilian traf mit seiner Gemahlin erst März 1494 in Innsbruck zusammen. B. war anmutig, aber kränkl. und vermutl. nicht bes. intelligent; sie hatte keinen polit. Einfluß auf ihren Mann, dem sie keine Kinder schenkte, und der sie sehr oft vernachlässigte. Trotz ihrer Antipathie gegen ihren Onkel unterstützte sie ihn jedoch in gewisser Weise durch die Vermittlung von Nachrichten und durch Ratschläge und bemühte sich, ihm 1499 bis 1500 Militärhilfe gegen die Franzosen zu verschaffen.

G. Soldi Rondinini

Q. und Lit.: DBI, s.v. – Arch. di Stato, Milano, Fondo Sforzesco, Potenze sovrane, cart. 1467.

2. B. v. Navarra → Blanca v. Navarra

3. B. Maria Visconti, Hzgn. v. Mailand, * 31. März 1425, wahrscheinl. im Kastell Settimo bei Pavia, unehel. Tochter des Filippo Maria, Hzg. v. Mailand und der Agnese del Maino, † 23. Okt. 1468. Einziges Kind des Visconti, wurde sie 1430 von Ks. Siegmund gegen die Zahlung von 1200 Dukaten legitimiert. B. genoß eine ihrem Rang entsprechende Erziehung. Nach dem Brauch der Zeit wurde sie mehrmals das Objekt der Heirats- und Bündnispolitik ihres Vaters, der ihr die Städte Cremona und Pontremoli zur Mitgift gab. Zw. 1431 und 1432 wurde sie mit Francesco → Sforza verlobt, der als Condottiere der Hzg.s im Krieg gegen Venedig diente, jedoch oft in Kontrast mit seinem Herrn stand. Als später die Beziehungen mit dem Sforza sich völlig abkühlten, gedachte B.s Vater, sie einem Gonzaga von Mantua oder einem Este von Ferrara zur Frau zu geben. Die in polit. und militär. Hinsicht schwierige Situation des Mailänder Hzm.s veranlaßten Filippo Maria dazu, seine Zweifel und sein Mißtrauen gegenüber dem Sforza zu unterdrücken, so daß die Hochzeit von Francesco und B. am 24. Okt. 1441 stattfinden konnte. B. war tüchtig und intelligent und liebte ihren Mann sehr, dem sie sieben Kinder schenkte. Sie stand nach dem Tode ihres Vaters (13. Aug. 1447) auf der polit. Szene oft im Vordergrund: in der schwierigen Frage der Nachfolge auf das Hzm. Mailand vertrat B. energ. ihre Rechte und zog 1450 am Ende der → Ambrosianischen Republik an der Seite ihres Gemahls an der Spitze ihrer Kompanien in die Stadt ein. In der Folge fungierte sie oft als Regentin und kontrollierte mit Klugheit und Voraussicht die großen Mailänder Familien, welche die Führungsschicht bildeten. Nach dem Tode des Sforza (8. März 1466) traf sie alle Maßnahmen, um das Hzm. zu retten und das Erbe für ihren Sohn Galeazzo Maria zu bewahren. Bald geriet sie jedoch mit ihm über Fragen der Innen- und Außenpolitik in Gegensatz, so daß sie den Entschluß faßte, sich in ihr Lehen Cremona zurückzuziehen. Sie starb aber wahrscheinl. während der Reise von Mailand dorthin. Es erhob sich sofort das – allerdings nicht bezeugte – Gerücht, sie sei einem Giftanschlag ihres Sohnes erlegen. Francesco Filelfo und Gerolamo Crivelli hielten die Leichenrede. Durch B.s reichen Briefwechsel mit ihrem Mann und Fürsten der Zeit sind wir über ihre Persönlichkeit gut unterrichtet: B. vereinte die Eigenschaften einer zärtl. Gattin und Mutter mit Bildung und Aufgeschlossenheit für das höf. Leben, v. a. war sie als echte Erbin ihres Großvaters Gian Galeazzo Fürstin und Herzogin im vollen Sinn des Wortes. G. Soldi Rondinini

Q. und Lit.: DBI, s.v. – Arch. di Stato – Milano–Fondo Sforzesco, Potenze Sovrane, cart. 1459–60 – Registri ducali, n. 4, 9, 12, 13, 39, 43, 54 – L. OSIO, Documenti tratti dagli Archivi milanesi, 1864–72, II, 1, n. 109; II, 2, n. 283, 291, 324, 328, 334, 336, 340, 346 – B. CORIO, Istoria di Milano, 1858, II, 614, 635, 654, 682–684 – G. CRIVELLI, Oratio parentalis in laudem Blancae Mariae Sfortiae Vicecomitis, hg. C. CASTIGLIONI, RR. II. SS², 2, 37–54 – G. GIULINI, Memorie spettanti alla storia ... della città e campagna di Milano ne' secoli bassi, 1857 [Neudr. 1975], VI, 575, 582 – F. LITTA, Famiglie celebri di Milano, Taf. V.

Bianchini, Giovanni, einer der bedeutendsten Astronomen des 15. Jh., * nach 1400 in Bologna (?), † nach 1469 in Ferrara. Zu seinen astronom. Schriften gehören ein hs. verbreitetes und mehrfach gedr. (1495, 1526, 1553) Tafelwerk und eine Schrift über Finsternisse. Der ungedr. Traktat »Flores almagesti« (zw. 1446 und 1456) behandelt astronom. Fragen, gibt aber auch teilweise originelle Beiträge zu Algebra und Trigonometrie. Teile des Briefwechsels mit → Regiomontanus (1463–64) sind erhalten. M. Folkerts

Lit.: B. G. Sua vita scritta da Bernardino Baldi, Boll. di Bibliografia e di Storia delle Scienze Matematiche e Fisiche 19, 1886, 602 – G. BOFFITO, Le tavole astronomiche di G. B. da un cod. della coll. Olschki, La Bibliofilia 9, 1907–08, 378–388, 446–460 – L. BIRKENMAJER, Flores Almagesti, Bull. International d'Académie des Sciences de Cracovie, Classe des sciences math. et naturelles, Sér. A, 1911, 268–278 – L. THORNDIKE, G. B. in Paris ms., Scripta mathematica 16, 1950, 5–12, 169–180 – DERS., G. B. in Italian ms., ebd. 19, 1953, 5–17 – DERS., G. B.s astronomical instruments, ebd. 21, 1955, 136f.

Bianco, Andrea, ven. Seefahrer und Kartograph, wirkte zw. 1436 und 1460. Bekannt sind ein aus zwölf Karten bestehender hs. Portolan-Atlas (→ Portulanen) mit einer kreisförmigen und einer ptolemäischen Weltkarte (1436, Venedig, Bibl. Naz. Marciana) sowie eine hs. Portolankarte (1448, Mailand, Bibl. Ambrosiana), eine wichtige kartograph. Quelle über die ptg. Entdeckungsfahrten an der Küste Afrikas bis zum Kap Verde. B. war auch der Zeichner der beiden etwa 1457–60 entstandenen Weltkarten Fra → Mauro's. E. Woldan

Lit.: DBI X, 223–225 – L. BAGROW-R. A. SKELTON, Meister der Kartographie, 1963, 98, 101, 145, 468.

Biandrate, Gf.en v. Wahrscheinl. Nachfahren der Gf.en v. → Pombia, nannte sich das Geschlecht seit dem Ende des 11.Jh. nach der Burg Biandrate. Der im 11.–14.Jh. umfangreiche Besitz befand sich in mindestens 200 Orten, v. a. im heut. Piemont, nördl. und südl. des Po, auch in den Alpentälern (z. B. im Simplontal). Das Geschlecht spielte im HochMA zunächst eine überregionale polit. Rolle, so in Anlehnung an Mailand, dann an die mächtigen Mgf.en v. → Montferrat; im Rahmen der ksl. Italienpolitik von Heinrich V. bis Friedrich II. vertrat es auch die Interessen des Imperiums. *Albert* († 1111/19) war einer der Führer des sog. lombardischen Kreuzzugs (→ Kreuzzug 1.), *Wido* († nach 1167) Legat Friedrich Barbarossas, sein gleichnamiger Sohn wurde Ebf. v. Ravenna, *Ubert* († vor 1237) war Stellvertreter der Mgf.en v. Montferrat im Kgr. Thessalien und sein Bruder, *Gottfried,* wurde im Auftrag Friedrichs II. Gf. in der Romagna.

Die Expansion der Städte Novara, Vercelli und Mailand ins Umland sowie die antikaiserl. Politik der ersten Lombardischen Liga führten 1168 zur Zerstörung der Burg B. Durch diese Ereignisse und die inneren Spaltungen des Geschlechts verloren die Gf.en ihre polit. Bedeutung und gerieten immer mehr in die Abhängigkeit von Novara, Vercelli und Asti und später der Gf.en v. Savoyen. Spätestens in der ersten Hälfte des 14.Jh. bezeichneten sich die Hauptlinien des Geschlechts nach dem Sesiatal, nach Stroppiana, S. Giorgio und dem heute abgegangenen Porcile.

L. Fasola

Lit.: DBI X, 264–282 – A. HAVERKAMP, Friedrich I. und der hohe it. Adel (Beitr. zur Gesch. Italiens im 12.Jh., VuF, Sonderbd. 9), 1971 – G. DE AMBROGIO, Il regesto delle carte di B. dell' Arch. Capitolare di Novara, Boll. Stor. Prov. Novara 65, 1974, 24–30 – H. KELLER, Adelsherrschaft und städt. Gesellschaft in Oberitalien, 1979.

Biarkeyjarréttr, Biærköarætter → Stadtrechte (Skandinavien)

Bíathad, air. Gerundium, zu bíathaid 'ernährt', wird gebraucht: a) für die Gastung, die man einem Mann bestimmten Ranges schuldet; b) für die Zahlung von Naturalabgaben und die Gastung, die ein Klient seinem Herrn geben muß. Jeder freie Besitzer einer Hofstelle, der volljährig war und ererbtes Land besaß, hatte den auf einer Reise befindlichen Personen Gastrecht zu gewähren. Nach einem air. Rechtstraktat war ein Gastgeber jedoch nur verpflichtet, Reisende, deren Rang nicht den eigenen überschritt, aufzunehmen. Es gab jedoch eine Personengruppe, die → briugu, die einen bes. hohen Rechtsstatus besaßen, dafür aber zu unbeschränkter Gastung verpflichtet waren. Ein Klient hatte für seinen Herrn Gastung zu erbringen. Der Rechtstraktat über base clientship sieht eine geringe Zahlung vor, die ledigl. die Beherbergung und Verpflegung einer festgelegten Zahl von Begleitern sicherstellen soll, jedoch nicht die Naturalabgaben, die gegen die übliche Übertragung zu leisten sind. T. Charles-Edwards

Lit.: Críth Gablach, ed. D. A. BINCHY, 1941, 76f., 79.

Bibbiena, eigtl. Bernardo Dovizi da, * 1470 in Bibbiena im Casentino, † 1520 in Rom. It. Diplomat, Kirchenfürst und Dichter.

[1] *Leben:* B. trat als junger Mann in die florent. Kanzlei der Medici ein, mit denen er in guten und schlechten Zeiten verbunden blieb und in deren Dienst er eine glänzende diplomat. Karriere durchlief. 1492 war er Mitglied der florent. Gesandtschaft, die dem neuen Papst Alexander VI. ihre Ergebenheit ausdrücken sollte. 1494 verhandelte er in Neapel über das Bündnis zw. Alfons v. Aragón, Florenz und dem Papst gegen Karl VIII., der mit seinen Truppen nach Italien gezogen war. Später folgte er Piero de' Medici, dem Sohn von Lorenzo bis zu dessen Tode in die Verbannung (1494–1503). Dann trat er in den Dienst dessen Bruders, Kard. Giovanni (des späteren Papstes Leo X.), und setzte sich unablässig für die Rückkehr der Medici nach Florenz ein. Längere Zeit verbrachte er am Hof von Guidobaldo da → Montefeltro und Francesco Maria → Della Rovere in Urbino. 1512 nahm B. als Legat des Papstes Julius II. am Kongreß in Mantua teil. Er spielte eine bedeutende Rolle bei der Wiedereinsetzung der Medici in Florenz und bei der Wahl des Kard. Giovanni auf den päpstl. Stuhl, so daß ihn der neue Papst zum Generalschatzmeister und Protonotar erhob, ihm den Kardinalsrang verlieh und sich seiner weiterhin als Vertrauensmann bediente: 1515 spielte er für das Zustandekommen des Bündnisses von Mailand, Venedig, Österreich, Spanien und der Schweiz gegen Frankreich eine Rolle; 1516 wirkte er gegen die Della Rovere, um Lorenzo de' Medici den Dukat v. Urbino zu verschaffen. 1518 war er in Frankreich (die Bündnisse hatten sich geändert), um zu einem Kreuzzug gegen die Türken aufzurufen. Bei dieser Gelegenheit erhielt B. das Bm. Konstanz, dessen Erträge er Pietro Bembo überließ, mit dem ihn eine Freundschaft verband. Zu seinem Freundeskreis zählten auch Giuliano de' Medici, Ludovico da Canossa, die Brüder Fregoso, Castiglione, der ihn als eleganten und galanten Höfling im »Cortegiano« darstellte und der wahrscheinl. auch der Autor des Prologs des »Calandria« war. Nach seiner Rückkehr nach Italien starb B. in Rom.

[2] *Werke:* Von ihm ist ein hist. bedeutender und lit. wertvoller Briefwechsel erhalten. B. zeigt sich darin als eleganter, wirkungsvoller Prosaschriftsteller und geistreicher Höfling, der höf. Ambiente, Persönlichkeiten und Situationen mit feinsinnigem Humor, scharfer Beobachtungsgabe und lebendigem Erzählstil beschreibt. Reich an Esprit und Intelligenz ist auch sein berühmtestes Werk, die Komödie »Calandria«, die wahrscheinl. zw. 1512 und 1513 abgefaßt und am 6. Febr. 1513 während des Karnevals in Urbino aufgeführt wurde. Später wurde sie bei vielen anderen Gelegenheiten, oft zu Ehren von Herrschern, gespielt. Berühmt ist die Aufführung 1515 in Rom vor Isabella d'Este und Papst Leo X., die in gewisser Weise zum Symbol der Sitten einer Epoche und eines Kreises geworden ist. Es handelt sich dabei um die erste (und sehr erfolgreiche) echte Komödie des 16.Jh.; das Vorbild ihrer intrigenreichen Handlung ist Plautus, der Einfluß Boccaccios wird in den witzigen Streichen und herbeigeführten Mißverständnissen sichtbar. Die Personen werden vor dem Hintergrund des zeitgenöss. Roms porträtiert und vorzügl. charakterisiert. Heidnisch-triumphierendes Lebensgefühl und eine stark sinnlich aufgefaßte Liebe sind der Motor der turbulenten Handlung. G. Busetto

Ed.: Krit. Ausg. in: Commedie del Cinquecento, ed. I. SANESI, 1912 – Epistolario, ed. G. L. MONCALLERO, 2 Bde, 1955–64 – La Calandria, ed. P. FOSSATI, 1967 – La Calandria, ed. GIORGIO PADOAN, 1970 – *Lit.*: DLI I, R 5–27, s. v. Dovizi, Bernardo, detto il Bibbiena – M. SALMI, Bernardo Dovizi e l'arte, Rinascimento, s. II, IX, 1969, 3–50 – F. GAETA, Il Bibbiena diplomatico, ebd. 69–94 – G. L. MONCALLERO, Gli amici del cardinal Bibbiena, Atti e Mem. dell'Accademia Petrarca di Lettere, Arti e Scienze di Arezzo, 1970–72 – A. FONTES-BARATTO, Les fêtes à Urbin en 1513 et la »Calandria« de Bernardo Dovizi da Bibbiena (Formes et significations de la »beffa« dans la litt. italienne de la Renaissance, 1974), 45–79 – F. RUFFINI, Analisi contestuale della »Calandria« nella rappresentazione del 1513: I. Il luogo teatrale, Bibl. teatrale, 15–16, 1976, 70–139 – C. DIONISOTTI, Machiavellerie, 1980, 104ff., 155–172.

Bibel

A. Allgemeiner Sprachgebrauch – B. Bibel in der christlichen Theologie – C. Bibel im Judentum – D. Bibel im Islam

A. Allgemeiner Sprachgebrauch

Die gewöhnl. Bezeichnung für die gesamte Hl. Schrift des AT und NT ist im lat. MA sacra scriptura oder sacra pagina, auch bibliotheca; eine Vollbibel als Buch kann auch pandectes heißen. Ein Femininum biblia scheint erst im 12. Jh. aufzukommen, ist jedenfalls (entgegen anderen Behauptungen) vorher nicht nachgewiesen, sein Ursprung nicht befriedigend geklärt. Zusammenhang mit gr. βίβλος in der Bedeutung 'Buch' ist nicht zu bezweifeln, aber gegen ein Zurückgehen auf gr. βιβλίον oder τὰ βιβλία (das übrigens nicht 'Bibel' bedeutet) spricht der Umstand, daß weder ein Neutrum biblium noch dessen Plural als mittelat. bezeugt, der letztere offenbar erst im Neulat. gebildet worden ist. Ableitung von bibliotheca (O. Prinz vermutungsweise) wäre angesichts der Behandlung anderer griech. Wörter im Abendland nicht undenkbar. F. Brunhölzl

Lit.: P. Lehmann, Ma. Büchertitel, SBA.PPH 1948, 6ff. (Ders., Erforsch. des MA 5, 1962, 3 ff.) – O. Prinz (Fschr. B. Bischoff, 1971), 3.

B. Bibel in der christlichen Theologie
I. Lateinischer Westen – II. Ostkirche – III. Häresien.

I. LATEINISCHER WESTEN: [1] *Biblische Literaturgeschichte:* a) *Bibelhandschriften* (B.): α) *Allgemein*: Es sind etwa 5000 Hss. des griech. NT bekannt, darunter 2000 Lektionare, dazu sehr viele des AT; im Lat. sind es nicht weniger. Diese Hss. stellen keine anonymen, austauschbaren Größen dar. Die Höhe ihrer Zahl beruht nicht nur auf der von Hause aus großen Zahl bibl. Hss., sondern auch auf ihrer künstler. Qualität und ihrer religiösen Bedeutung, die ihre Erhaltung begünstigt haben. Sobald man jede Hs. an ihren Platz innerhalb der Gesamtüberlieferung neben ihresgleichen stellt, tritt durch ihre Varianten, ihre Schreibung, Ausstattung, nichtbibl. Beigaben (Vorreden usw.) ihre gleichsam persönl. Eigenart hervor. Die berühmtesten, die man einer Faksimile-Ausgabe gewürdigt hat, Vaticanus oder Amiatinus, sind nicht die einzigen, die genaueste Beachtung verdienen. Die in diesen Eigenheiten gegebenen Daten und Hinweise sind eine kaum auszuschöpfende Quelle für Kunst- und Kulturgeschichte, die Geschichte der Frömmigkeit, religiöser Strömungen und Reformen und die Lokalgeschichte. Die durch den Zufall geretteten Fragmente, wie Palimpseste, haben eine eigene Bedeutung, denn die natürl. Auslese durch den Geschmack späterer Besitzer hat nach Text und Schreibung abweichende Textformen geopfert, so daß ein falsches Bild dessen, was zu bestimmten Zeiten vorhanden war, entsteht. So scheint auf den ersten Blick der bibl. Inhalt dieser Hss. uninteressant zu sein, und nur ein Kenner kann feststellen, was zu einer bestimmten Zeit eine charakterist. Bedeutung hat.

J. Gribomont

Lit.: gr. NT: K. Aland, Kurzgefaßte Liste der Gr. Hss. des NT, 1963 (Suppl., zuletzt in: Ber. der Stiftung zur Förderung der ntl. Textforsch., 1974) – *AT*: vgl. die Einleitungen zu krit. Ausg. – List of Old Test. Peshitta Mss., hg. Peshitta Institute Leiden, 1961 – *Lat. B*.: Es existiert keine Liste der spätma. B.; für die Zeit vor 800 vgl.: E. A. Lowe, Codices Latini Antiquiores, 1934 [Beschreibung, Bibliogr.] – vgl. ferner: Einleitung zu den Ed. der → Vulgata, 1926, und der Vetus latina, 1949 (Bull. de la Bible latine [mit RevBén verbunden]) – Bull. de crit. text. du NT (regelmäßiges Erscheinen in: Biblica).

β) *Textgeschichtliches: Übersichten:* Der Text der altlat. Übersetzungen (→ Bibelübersetzungen, latein.) ist nur in einzelnen Büchern, Fragmenten und Palimpsesten erhalten (vgl. Vetus latina 11–42). Alle aus der Zeit vor ca. 800 erhaltenen Hss. und Fragmente der Vetus latina und der Vulgata sind in den CLA beschrieben (vgl. CLA Supplement, 74). Die ältesten Textzeugen der Vulgata stammen aus dem 5. und 6. Jh. Eine Liste der für den Text wichtigsten Hss. gibt Biblia sacra, XXV–XXVII.

Geschichte: Nachdem die Ausbildung des Kanons der bibl. Bücher in der 2. Hälfte des 2. Jh. abgeschlossen war, hatte es bereits in der konstantin. Zeit griech. Vollbibeln gegeben. Die meisten B. enthielten jedoch nicht die ganze Bibel, sondern in verschiedener Anordnung einzelne Gruppen, z. B. den Pentateuch (Gen-Dtn), die hist. Bücher, Propheten, Evangelien oder einzelne Bücher, z. B. Psalter, Offb. Die einbändige Vollbibel, »bibliotheca« oder »pandectes« gen., bleibt im frühen MA die Ausnahme. In der Bibliothek von Vivarium befanden sich im 6. Jh. neben einer neunbändigen Bibel, dem 'Normalexemplar' (Fischer, 65; Text: Vetus latina, Cassiodor, Inst. I, 1–9), bereits zwei Pandekten (Cassiodor I 12, 14). Einer davon enthielt die Vulgata, der andere, der 'Codex grandior', den von → Hieronymus nach der Septuaginta überarbeiteten Text. Dessen Anlage und Ausstattung wurde unter → Benedict Biscop am Anfang des 8. Jh. zum Vorbild des Codex Amiatinus (Vulgata), der ältesten erhaltenen Vollbibel. Dieser beeinflußte die Bibel → Alkuins († 804), von der 45 in Tours entstandene Exemplare nachweisbar sind (Bischoff, 261). Die Alkuinbibel lebt ihrerseits in der Pariser Bibel des 13. Jh. weiter. Zur Zeit Alkuins schuf → Theodulf v. Orléans seine Vollbibel, aus dem 9. Jh. stammt der span. Codex Cavensis. Seit dem 11. Jh. wurden, zunächst in Italien, illustrierte 'Riesenbibeln' (Bischoff, 279; A. Friedl, Codex Gigas, 1929) hergestellt, im 13. Jh. Taschenbibeln in Perlschrift auf bes. dünnem Pergament (Bischoff, 173).

Die Pariser Bibel wird schließlich Grundlage für den Text der 42-zeiligen Bibel Gutenbergs, die das Zeitalter des Buchdrucks eröffnet. Vgl. auch → Bibelillustrationen.

G. Bernt

Lit.: *zu [β Ü.]*: Biblia sacra iuxta Latinam Vulgatam versionem... I, 1926 – Biblia sacra rec. R. Weber, I, 1969, Einl. – CLA – H. Quentin, Mémoire sur l'établissement du texte de la Vulgate, Collectanea biblica latina 6, 1922 – Vetus latina, hg. v. der Erzabtei Beuron I, 1949, 11–42 – *zu [β G.]*: B. Bischoff, Paläographie, 1979, 357 »Bibel« – B. Fischer, Codex Amiatinus und Cassiodor, Bibl. Zs. 6, 1962, 57–79 – Die Bibel v. Moutier-Grandval, 1972 (49–98: B. Fischer, Die Alkuin-Bibeln) – R. Weber, Der Text der Gutenberg-Bibel und seine Stellung in der Gesch. der Vulgata (Johannes Gutenbergs zweiundvierzigzeilige Bibel Faks., Kommentarband), 1979, 13–31.

b) *Bibelglossen* (B.): Die frühscholast. Schriftauslegung bediente sich der lit. Form d. Glossen, d.h. der Anmerkungen zu einzelnen Worten und Sätzen mit sprachl. u. sachl. Erklärungen, zusammenfassenden theol. Erörterungen und Aussagen. Sie wurden als Interlinearglossen zw. die Zeilen und als Marginalglossen an den Rand der Bibelhss. geschrieben. Diese Anordnung der B. im Text hat keine quellenkrit. Bedeutung. Die scholast. Theologen in der Schule von → Laon (unter → Anselm und seinem Bruder Radulf) und (davon abhängig) in den Schulen in Poitiers (unter → Gilbert) und Paris (unter → Petrus Lombardus) und anderwärts schöpften diese B. aus den Schriften der Väter (des → Augustinus, → Hieronymus, → Ambrosius [2. A.], → Gregors d. Gr. u. a.) bzw. deren Florilegien und aus den Schriftkommentaren der ags. und karol. Autoren (des → Beda, → Hrabanus Maurus, → Walahfrid Strabo u.a.). Sentenzenhaft zugeschnitten verändern die B. vielfach nicht unerhebl. die ursprgl. Meinung der Väter; oft stehen sie auch unter einem falschen Namen. Das überreiche Quellenmaterial der Vätersentenzen in den exeget. Werken der Schule in Laon, das auch in die »Media glossatura« des Gilbert v. Poitiers eingeflossen ist, hat überdies die »Glossa ordinaria« gespeist, das Standardwerk der B. im MA, Grundlage der »Magna glossatura« des Petrus Lombardus, der »Postilla« des Nikolaus v. Lyra, der scholast. Homilien und Quästionen. Die komplexe hs. Überlieferung der »Glossa ordinaria« in der 1. Hälfte des 12. Jh. muß noch erforscht werden, deren Editionen (v. a. die in MPL 113–114) unzuverlässig sind. Die Anhäufung von B. in den Kommentaren wurde von den dialekt. geschulten Theologen, u. a. von Peter → Abaelard, → Robert v. Melun (Sententie I, Pref. ed. R. M. MARTIN–R. M. GALLET SSL 25, 1952, 4 f.), getadelt, da das Studium der B. den Schrifttext vernachlässigt. Sie lehnten dieses Material nicht ab, sondern waren bestrebt, es unter die Form der bibl. Aussage zu bringen. Um diese zu erörtern und zu begründen, mußten Quästionen in die Auslegung eingefügt werden (vgl. Robert v. Melun, »Questiones (theologice) de epistolis Pauli«, ed. R. M. MARTIN SSL 18, 1938). Da Abaelard aus sprachlogischen Gründen scharf zwischen Wortlaut und begrifflichem Erkennen unterschied, waren die B., die ihn ebenso beschäftigten, nicht mehr das eigentliche und geeignete Mittel der Schriftauslegung. Er legte (methodisch gesehen) den Grund zur wissenschaftlichen Exegese. J. Gribomont/L. Hödl

Lit.: LThK² IV, 968–971 – B. SMALLEY, Gilbertus Universalis. Bishop of London (1128-34) and the Problem of the »Glossa Ordinaria«, RTh 7, 1935, 235–262 – DIES., La Glossa Ordinaria. Quelques prédécesseurs d'Anselme de Laon, ebd. 9, 1937, 365–400 – DIES., The Study of the Bible in the MA, 1964² – E. BERTOLA, RTh 45, 1978, 34–78.

c) *Bibelkommentare* (B.): *Spirituelle Exegese:* Die ma. Christenheit erblickte in der Bibel den Dialog zwischen Gott und dem Menschen; diesen Gedanken entwickelten die Theologen mit Vorliebe ihren Hörern und Lesern. Modellhaft hierfür wurden die »Moralia« → Gregors d. Gr. Diesem Vorbild folgten als erste die Mönche der Karol. Renaissance und – noch ausgeprägter – die monast. Theologen des 12. Jh., → Rupert v. Deutz, → Hugo v. St-Victor, sowie insbes. → Bernhard v. Clairvaux und die zisterziens. Tradition. Sie fanden in der Kommentierung der Hl. Schrift den Ausdruck ihrer tiefen persönl. und doch exemplar. menschl. Erfahrung. In dieser Epoche wandten sich die Theologen einer exeget. Synthese zu, welche die gesamte Bibel zum Evangelium Christi (Allegorie), zur Kirche und ihrem Wirken (Tropologie) und zur eschatolog. Schau in Beziehung setzte: vierfacher Schriftsinn (→ Schriftsinn, vierfacher) in einer tiefen Einheit. Den Schlüssel lieferte die → Liturgie.

Theolog. Tradition: → Isidor v. Sevilla und → Beda Venerabilis übernahmen die spätantike Bildungstradition der → Artes liberales für das Studium der Bibel. In unterschiedl. Weise wurde dieses Kulturerbe weitervermittelt und im Milieu des monast. und klerikalen Lebens neu belebt. Die Vorliebe für das artes-Wissen, nach dem Vorbild des Hieronymus und im Dialog mit der jüd. Exegese mit dem Bibelstudium verbunden, bereitet zwar in gewissem Sinn der → Scholastik den Weg, steht ihr andererseits aber auch krit. gegenüber, weil jedem Humanismus, auch dem bibl.-christl., eine intellektuelle Spitze gegen die Glaubensweisheit und der unvermeidl. Konkurrenzkampf der Schulmeinungen eignen.

Die Universitätstheologie: Trotz des Auftretens von Anhängern einer histor.-prakt. Theologie (z. B. des → Petrus Comestor († 1179) mit seiner »Historia scolastica«) wandten sich die scholast. Gelehrten in der Regel einem Typus von systemat. Theologie zu, der sich vom Text loslöst und sich abstrakteren → Quaestiones öffnet: dem »Sic et non« der unterschiedl. Väterstellen in der Schriftauslegung. Diese Quaestiones gliederten sie bald entsprechend ihrer Struktur in → Sentenzensammlungen und theol. Summen (→ Summa); gleichwohl widmete der Theologe einen größeren Teil seiner Reflexion und Lehre der Schriftauslegung. Als »Baccalaureus biblicus« las und erklärte der Dozent die in der Studienordnung vorgeschriebenen Bücher der Hl. Schrift kursorisch: als Magister kommentierte er sie nach der Methode der (in der Schule verwendeten) Textbücher. Das RBMA bezeugt den immensen wissenschaftl. Aufwand der scholast. Exegese. Außerhalb der zutiefst theol. geprägten B. und der Predigtliteratur wurde auch die geistl. Lit. von der Bibel genährt. Wo sich diese von einer allzu großen Einengung durch eine bestimmte Schulmethode freizuhalten vermochte und im Kontakt mit dem kirchlichen Leben stand, erlangte sie bleibende Bedeutung. Zahlreiche Traktate blieben allerdings ohne größere Resonanz, was nicht für ihre Qualität spricht.

Verfall: Vom 14. Jh. an löste sich die »Sacra pagina« auf; systematische Theologie, Schriftauslegung, Mystik und freigeist. Bewegungen gingen ihre eigenen Wege. Kunst und Frömmigkeit (Brauchtum) zeigen weiterhin den starken Einfluß des bibl. Wortes. J. Gribomont

Lit.: RBMA – C. SPICQ, Esquisse d'une hist. de l'exégèse latine au MA, 1944 – B. SMALLEY, The Study of the Bible in the MA, 1964² – H. DE LUBAC, Exégèse médiévale, 1959–62.

d) *Bibelkatenen* (B.): Die wenig schöpfer. Epoche, die der patrist. Blütezeit folgte, strebte danach, patrist. Tradition in Florilegien zu bewahren. Diese schieden die im engeren Sinne exeget. Elemente aus und kombinierten am Rande des Bibeltextes die besten Elemente bestimmter Kommentare, die sich ergänzten. Schon → Prokopios v. Gaza (um 475–528) benutzte die ersten Katenen. Sie bildeten eine kluge und offene Auswahl, die ohne Vorurteile etwa gegenüber Origenes, Apollinaris v. Laodikeia oder Theodor v. Mopsuestia vorgenommen wurde und präzise Hinweise auf die Quellen bot. Mit der Zeit verkürzte, erweiterte und vermengte man die B. untereinander. Die Editionen patrist. Fragmente beschränkten sich auf zu späte Hss. Die syr., armen., kopt. u. a. Schulen haben die gr. B. nachgeahmt. Im Westen, wo das Niveau der Gelehrsamkeit im FrühMA rudimentärer war, entstanden meist nur kurze Entlehnungen (vgl. Abschnitt b), Bibelglossen, mitunter gelangte man aber auch zu echten Katenen (so die »Catena Aurea« des Thomas v. Aquin). J. Gribomont

Lit.: K. STAAB, Paulus-Komm. aus der gr. Kirche, 1933 – J. REUSS, Matthäus-(Johannes-)komm. aus der gr. Kirche, 1957–66 – BECK, Kirche – E. MÜHLENBERG, Psalmenkomm. aus der Katenenüberl., 1975–78 – F. PETIT, Catenae graec. in Gen. et in Ex., 1977.

e) *Bibelkonkordanzen:* Die altkirchl. Exegese machte in bemerkenswerter Weise Gebrauch von parallelen Textstellen der Bibel; nach und nach wurden die verschiedenen Bedeutungen und Verwendungen der bibl. Stichworte systemat. in Traktaten zusammengestellt und seit dem 12. Jh. in alphabet. geordneten »Distinctiones« herausgegeben (→ Thomas v. Vercelli [Thomas Gallus]; † 1246 aus der Schule von St-Victor), → Robert Grosseteste († 1253), Ps.-Antonius v. Padua (wiederholt neu aufgelegt), → Petrus Cantor (Summa Abel) und → Alanus ab Insulis. Diese »Concordantiae morales« waren mehr Real- als Wortkonkordanzen zur Bibel (und Vätertheologie); sie verleiteten dazu, nicht den Originaltext der Bibel zu lesen. → Hugo v. St-Cher schuf vor 1240 die erste Wortkonkordanz mit Angabe von Kapiteln und Abschnitten der bibl. Bücher. Die sehr ausführl. »Concordantiae maiores« bzw. »anglicanae« (um 1250) führten diese Arbeit fort und zitierten ganze Textstellen. Um 1310 reduzierte → Konrad v. Halberstadt den Umfang des Werkes, indem er nur die wichtigen Worte anführte. Die erste griech. Konkordanz (für das AT und NT) stammt von Eustalios v. Rhodos (um 1300). J. Gribomont

Lit.: C. SPICQ, Esquisse d'une hist. de l'exégèse latine au MA, 1944, 172–178.

f) *Bibelkorrektorien* (B.): Die Theologen des 13. Jh. vereinten d. Lesarten der (lat.) Bibel bei d. (zeitgenöss.) modernen Autoren und die der (klass.) alten, des Alkuin und Theodulf v. Orléans sowie des Hieronymus, Gregors d. Gr. u. a.; sie verglichen (nach Möglichkeit) den gr. und hebr. Text und legten so den Schultext der Bibel fest. Diese ersten krit. Apparate werden als Korrektorien bezeichnet. H. DENIFLE hat 13 solcher B. ermittelt. Die drei wichtigsten sind (für das AT) innerhalb der krit. Vatikan-Ausg. der Vulgata ediert. Es handelt sich um: 1. Hugo v. St-Cher OP, nach 1244; 2. als Reaktion auf dessen Werk: Guillaume de la Mare OFM, der mit Roger Bacon in Verbindung stand; 3. als Synthese das Korrektorium der Dominikaner von S. Jakob in Paris nach 1250. Letzteres findet sich marginal und interlinear in einer monumentalen Bibelhs., deren Text selbst grundlegend korrigiert wurde (Paris, Bibl. nat. Ms. lat. 16719–16722), doch haben – nach einer einheitl. Bearbeitung – spätere Hände weitere Modifikationen am Text, die nicht den Intentionen des eigtl. Redaktors entsprechen, hinzugefügt. Die übrigen B. folgen den vorhergehenden; eines der Korrektorien faßt die Arbeit des Johann v. Köln OFM zusammen. Diese gelehrten Werke haben kaum Einfluß auf die Korrektur der Bibelhss. ausgeübt.   J. Gribomont

Lit.: H. DENIFLE, ALKGMA, 1888.

g) *Bibelkritik* (B.): Ein eindeutiger Begriff von B. übersteigt die theol. Möglichkeiten des MA; wo immer sie in den frühkirchl. Schulen in Angriff genommen wurde, bildete sie jedenfalls nur den Rahmen des Bibelstudiums. Die Schulen v. Alexandria u. Antiochia, soweit überhaupt von solchen die Rede sein kann, erarbeiteten höchstens einen Modellversuch. Die (syr.) Schulen in Edessa und Nisibe, bes. → Paulos v. Nisibe (Nisibis) (in der Übersetzung des Junilius Africanus), hatten aber (auch im Westen) eine bemerkenswerte Wirkungsgeschichte.

Die monast. Schriftlesung und -theologie des Westens stellte die Tradition der lat. Bibel nicht in Frage. Diese erhielt durch den Kirchenlehrer → Hieronymus († 419/420) ihre bleibende klass. Gestalt. Im AT verdrängte seine dem Urtext abgerungene Übersetzung – abgesehen von Ps, Weish, Sir, Bar und 1–2 Makk – im Laufe der Zeit die auf der Septuaginta-Übersetzung beruhende altlat. Bibel. Auch im NT setzte sich die hieronymian. Neufassung, die sich mindestens auf die Evangelien erstreckte, nach und nach durch. Zwischen dem 5.–8. Jh. sind die Verhältnisse undurchsichtig. Alte und neue Übersetzungen wurden nebeneinander verwendet und miteinander vermischt. → Cassiodor († nach 580) bemühte sich um Textverbesserungen, hielt sich aber in seinen Kommentaren an die alten Übersetzungen. Zu einem gewissen Durchbruch des Hieronymus-Textes kam es im 9. Jh. Denn der Text, den → Alkuin († 804) aufgrund seiner hieronymian. geprägten Vorlagen korrigierte und Karl d. Gr. widmete, wurde vielfach abgeschrieben und – obwohl nicht offiziell eingeführt – doch tatsächl. schnell auf relativ breiter Basis wie eine Art Einheitsübersetzung behandelt (s. a. → Bibelübersetzungen, lat.).

Es wird meist angenommen, daß die Alkuin-Bibel auch den Grundstock der Pariser Bibel bildete, an deren Textgestaltung seit dem 12. Jh. gearbeitet wurde und deren Hochform wahrscheinl. die Sorbonne-Bibel von 1270 darstellt. Trotz vieler Bemühungen der → Bibelkorrektorien konnte dieser Normaltext aber nie bis ins letzte fixiert werden. Zur Pariser Textfamilie gehört auch der Text der editio princeps von Johannes → Gutenberg (vgl. auch → Bibeldruck), der von fast allen anderen Frühdrucken übernommen wurde und für einige Jahrzehnte das Feld beherrschte.

Die hieronymian. Tradition hielt in der lat. Theologie Sinn und Gespür für die Quellen der Text- und Auslegungsgeschichte der lat. Bibel wach. Die ir. Mönche widmeten sich dem Griech. und waren auch für die Exegese des → Theodoros v. Mopsuestia empfänglich. Die Begegnung mit den Juden wies die Theologen der Karolingerzeit und der Frühscholastik (unter ihnen bes. → Andreas v. St-Victor und dessen Schüler → Herbert v. Bosham) auf die spezif. Probleme der altl. Überlieferung hin. Insgesamt waren sie bedacht, die Identität des Textes und die Einheit der Heilsgeschichte in der Auslegung zu wahren; der überzogene Einsatz der Dialektik und die Flucht in den geistl. Sinn der Schrift verdeckten aber die eigtl. Probleme der B., zu deren Erforschung Kenntnisse der bibl. Sprachen und der Geschichte notwendig waren. Peter Abaelard († 1142), → Robert Grosseteste († 1253), → Roger Bacon († 1292) und → Nikolaus v. Lyra († 1349) machten den B., wortgetreuen und geschichtl. Sinn der Hl. Schriften geltend; das allgemeine Wissenschaftsverständnis der Schule stand aber einer positiven Exegese im Weg. Weder die bibl. Erneuerungsbewegung der → Bettelorden (bes. der Dominikaner), noch die Unionsbewegung (der Lateiner und Griechen), noch die Frömmigkeitsbewegung (→ devotio moderna) brachten die B. entscheidend voran. Immerhin besaß die span. Ordensprovinz der Dominikaner bereits in der 2. Hälfte des 13. Jh. Sprachstudien für Hebräisch und Arabisch. Auf Anregung des → Raimundus Lullus († 1315/1316) ordnete das Konzil v. → Vienne 1312 Studiengänge für Griech., Hebr., Arab. und Aramäisch am päpstl. Hof (an der Kurienuniversität) und an den Univ. Paris, Oxford, Bologna und Salamanca an. Im 14. Jh. kamen die Sprachstudien nur zögernd und im 15. mit einigem Fortschritt in Gang. Von den Humanisten Lorenzo → Valla († 1457) → Jacobus Faber Stapulensis (Jacques Lefèvre d'Étaples, † 1536), Johannes → Reuchlin († 1522) und → Erasmus († 1536) gingen die entscheidenden Impulse aus, die Vulgata nach dem Urtext zu überprüfen und diesen der Auslegung zugrundezulegen. Mit Erasmus beginnt eine neue Epoche der Bibelkritik.

Als schwere Hypothek übernahm die neuzeitl. B. aus dem MA das unerledigte Problem der Identität und Differenz von bibl. Botschaft und kirchl.-theol. Doktrin. Die krit. Theologen → Marsilius v. Padua, John → Wyclif, Johannes → Hus machten ebenso den »Protest der Bibel« gegen die kirchl. Lehre geltend wie die Theologen der Reformation. Die B. konnte (ohne Gefahr für das Glaubensbewußtsein) nur auf der Grundlage eines krit. Verständnisses der → Inspiration der Schrift vorankommen. Im Anschluß an 2 Tim 3, 16 und 2 Petr 1, 20f. wurde im MA die Inspiration der Bibel als Tatsache festgehalten; Thomas v. Aquin (Quodl. 7 a. 14 ad 5) hat als einer der ersten scholast. Theologen mit dem Begriff der instrumentalen Ursächlichkeit eine krit. Theorie über die Schriftinspiration entworfen: »Deus auctor principalis, homo instrumentum«. Aber auch er konnte noch nicht die notwendigen theol. Konsequenzen ziehen, die erst durch die literarhistorischen Forschungen spruchreif wurden.

J. Gribomont/H. Riedlinger

Lit.: HDG I, 3 b – B. BISCHOFF, Ma. Stud., 1966–67 [zur Kenntnis des Griech. und zur ir. Exegese im MA] – M. THIEL, Grundlagen und Gestalt der Hebräischkenntnisse der frühen MA, 1973.

h) *Vorreden und Kanonfragen*: In den meisten Hss. der Vulgata wurden die bibl. Bücher schon früh mit Vorreden eingeleitet. Die Texte, die als Vorreden verwendet wurden, sind zahlreich und stammen von vielen, oft unbekannten Verfassern. Die am häufigsten zitierten und kommentierten wirkten auch auf die Auslegung ein. So war z. B. in den von → Hieronymus verfaßten Vorreden zum AT zu erkennen, daß er das auf der Septuaginta und der altlat. B.

beruhende Kanonverständnis, das in der lat. Kirche geherrscht hatte, aufgab und sich der von den Juden und der Ostkirche vertretenen Auffassung anschloß, nach der die Bücher Weish, Sir, Jdt, Tob, Bar, 1-2 Makk und die gr. Zusätze zu Est und Dan nicht zu den kanon. Schriften gerechnet wurden. Hieronymus ging auch über den geltenden Sprachgebrauch hinaus, als er in seinem »Prologus galeatus« alle im hebr. Kanon nicht enthaltenen Bücher als »apokryph« bezeichnete. Andererseits zitierte er diese Bücher, übersetzte einige von ihnen (Tob, Jdt) und meinte, die Kirche lese sie zwar nicht zur Bestätigung der Autorität ihrer Dogmen, aber doch zur Erbauung des Volkes (Praef. in libros Salomonis). Im MA schlossen sich einflußreiche Autoren, u.a. → Hugo v. St-Victor († 1141), → Hugo v. St-Cher († 1263) und → Nikolaus v. Lyra († 1349), mit gewissen Nuancen Hieronymus an. Seit der Mitte des 13. Jh. betonten jedoch viele, z. B. → Albertus Magnus († 1180) und → Thomas v. Aquin († 1274), der Tradition der lat. Kirche folgend, daß die von Hieronymus aus dem Kanon ausgeschiedenen Bücher aufgrund der kirchl. Rezeption doch als kanon. zu gelten hätten. So konnte sich auch die von Hieronymus der hebr. B. entnommene Einteilung des AT in Gesetz, Propheten und Hagiographen mit der entsprechenden, im »Prologus galeatus« dargelegten Buchfolge in der lat. B. nicht durchsetzen. In der Pariser B. wurde das AT in gesch., weisheitl. und prophet. Bücher (mit 1-2 Makk) eingeteilt, wobei die »Apokryphen« des Hieronymus ohne jede Diskriminierung eingeordnet waren. → Bonaventura († 1274) hob den Pentateuch von den übrigen hist. Büchern ab und konnte so die gesetzl., gesch., weisheitl. und prophet. Bücher des AT den Evangelien, der Apg, den Apostelbriefen und der Offb des NT genau entsprechen lassen, wie es nach ihm auch Nikolaus v. Lyra tat. Der nicht zu unterschätzende Einfluß der Prologe des Hieronymus blieb also begrenzt.

Ähnliches gilt von den Vorreden zum NT, von denen einige der bekanntesten und in die Glossa eingegangenen aus härt. Kreisen stammen. Die markionit. Prologe zu den Paulusbriefen lassen die Vorstellung eines unversöhnl. Gegensatzes zw. AT und NT durchblicken. Dagegen scheinen die Prologe zu den Paulusbriefen, deren Verfasser heute mit → Pelagius († nach 418) zu identifizieren ist, kaum einen Unterschied zw. Gesetz und Evangelium zu machen. Einen anderen Charakter zeigen die wohl von → Priscillian († 385) oder einem Priscillianisten stammenden Evangelienprologe, die als monarchian. bezeichnet werden, weil sie in Gott jede Unterscheidung von Vater und Sohn auszuschließen scheinen. Bisher ist nicht bekannt, daß ma. Theologen die in diesen Prologen implizierten härt. Vorstellungen bemerkt hätten. Das bedeutet jedoch nicht, daß diese Vorstellungen imstande waren, die gesamte ma. Evangelien- und Paulusauslegung in eine völlig verkehrte Richtung zu lenken.   H. Riedlinger

i) → *Bibeldichtung.*

j) → *Bibelübersetzungen.*

[2] *Geschichte der Auslegung:* a) *Allgemeines:* Die ma. Theologie übernahm von der spätantiken die Aufgabe, die B. als die Urkunde der Offenbarung Gottes auszulegen. Sie unterschied daher zw. dem bezeichnenden Zeugnis und der bezeichneten Wirklichkeit dieser Offenbarung. Als bezeichnendes Zeugnis betrachtete sie jedoch nicht nur die in der B. enthaltenen Sprachzeichen, sondern z.T. auch die durch sie bezeichneten endlichen Sachverhalte. Daher bahnte sich die Theologie zunächst durch die Untersuchung des buchstäbl. oder gesch. Sinns der B. einen Zugang zur Offenbarung. Aber darüber hinaus versuchte sie auch, das von den Sprachzeichen der B. nicht vollständig erfaßte Zeugnis der bibl. Sachverhalte im Zusammenhang zu verstehen, d.h. sich allem zu öffnen, was Gott durch die in der B. dargelegten Ereignisse, Tatsachen und Wirklichkeiten den vom Hl. Geist erfüllten und in der Gemeinschaft der Kirche das Ganze der Heilsgeschichte bedenkenden Gläubigen zu verstehen geben wollte. So kam es zur Unterscheidung und Verbindung einer an der menschl. Sprache orientierten buchstäbl. oder gesch. und einer an der Verweisstruktur und am Zusammenhang der Sachverhalte orientierten geistl. Auslegung.

Anregungen dazu ließen sich schon im AT finden, in dessen späteren Texten Überlieferungen von früheren Ereignissen neu gelesen und ausgelegt wurden (z.B. Dtn 5-26; Jer 31, 31-34; Ez 20; 1-2 Chr; Sir 44-49). Aber v.a. das NT bot zahlreiche Beispiele geistl. Deutungen, indem es, den Methoden jüd. Exegese entsprechend, im AT erzählte Sachverhalte über das unmittelbar Ausgesprochene hinaus als Vorzeichen und Verheißungen des in Jesus Christus erschienenen Heils ausdeutete (z.B. Lk 24, 44; Apg 13, 29; Röm 5, 14; 1 Kor 10, 1-11; Gal 4, 21-31; Hebr; Offb). Der ma. Bibeltheologie war außerdem der Gedanke ihres geistl. Meisters Origenes († 253/254) vertraut, daß die B. nicht nur einen offensichtl., sondern auch einen verborgenen Sinn habe, den nur die mit der Gnade des Hl. Geistes Beschenkten entdecken könnten (De princ., praef. 8). Man wußte auch, daß die seit dem 7.Jh. bes. verehrten vier lat. Kirchenlehrer dieser hermeneut. Grundentscheidung zustimmten: → Ambrosius folgte, bes. in seiner Auslegung des AT, Philon und Origenes. Auch → Hieronymus wich in dieser Hinsicht von Origenes, obwohl er ihn im Alter heftig kritisierte, nicht ab. Sehr tief wirkte → Augustinus durch die hermeneut. Anweisungen seines vielgelesenen Werks »De doctrina christiana« und die Auslegung der Ps und des Joh. Seine Unterscheidung und Verbindung von Zeichen und Sachen, seine Hochschätzung der Sprachzeichen und seine Mahnungen, den im theol. Streitgespräch allein beweiskräftigen Wortsinn der B. mit allen von den sieben freien Künsten (→ Artes liberales) zur Verfügung gestellten Mitteln zu erschließen und den geistl. Sinn nicht in den Worten, sondern in den Ereignissen zu suchen (Epist. 93, 8, 24; 102, 33), wurden oft in Erinnerung gerufen. → Gregor d. Gr., der unmittelbar gegenwärtige Lehrer der frühma. Theologie, wollte in seinen »Moralia in Iob«, dem Lehrbuch der theol. Ethik des MA, mit den »Fundamenten der Geschichte« beginnen und darauf im geistl. Bereich die Erläuterung der »typ. Bedeutung« für das Glaubensverständnis und der »Grazie der Moralität« für das Leben aufbauen (Epist. missoria).

Neben der aus der fundamentalen Zweidimensionalität der Auslegung (littera - spiritus bzw. historia - allegoria) hervorgegangenen und schon bei Origenes begegnenden Dreidimensionalität (historia - allegoria, moralitas), die bei Gregor u. ö. bis ins 12.Jh. erschien, trat die im Blick auf die zukünftige Herrlichkeit weiter ausgefaltete Vierdimensionalität (littera - allegoria, tropologia, anagoge) im Laufe der Zeit stärker hervor. Von ihr wurde schon in den »Collationes patrum« (14, 8) des Johannes → Cassian, dem Lehrbuch des monast. Bibelstudiums, gesprochen. Eine Zeitlang erschien die Vierdimensionalität als ideale Grundstruktur, die es ermöglichte, die Auslegung der B. auf alle Bereiche des Christseins auszuweiten. Darauf deutete der bekannte Merkvers Augustins v. Dänemark († 1285): »Littera gesta docet; quid credas, allegoria; moralis, quid agas; quid speres, anagogia« (Der Buchstabe lehrt, was geschehen; was du glauben sollst, die Allegorie; der moral. Sinn, was du tun sollst; was du hoffen sollst, die Anagogie). Die Empfehlung der vierdimensionalen Auslegung verleitete aber nicht selten zu Mißbräuchen. Man stellte neben eine unzulängl. erörterte buchstäbl. Auslegung eine dreiteilige geistl., die willkürl. ausgearbeitet war. Die Einheit des Verstehens wurde durch die Vielfalt der Assoziationen, das objektive Denken durch das subjektive Fühlen bedroht. Aber das Modell der Vierdimensionalität war ursprgl. nicht auf eine Parzellierung, sondern auf eine geordnete Universalisierung der Hermeneutik angelegt. Die Auslegung des gesch. Wortsinns der B. sollte in ein geistl. Verstehen der ganzen Heilsgeschichte gemäß den drei Dimensionen der Zeit – Herkunft, Gegenwart, Zukunft – übergehen und dadurch die Erkenntnis des Glaubens der Kirche, den Vollzug der Liebe im konkreten Handeln und Leiden jedes einzelnen Gläubigen und die Hoffnung auf die zukünftige Vollendung des Reiches Gottes erneuern. Das Konzept der Zweidimensionalität und der daraus hervorgegangenen Drei- bzw. Vierdimensionalität war allerdings für eine sich mit der Bibelauslegung identifizierende Theologie entworfen. Es geriet in die Krise, als vom Ende des 12. Jh. an Exegese, Theologie und Spiritualität auseinandertraten. In der Exegese blieb es zwar das ganze MA hindurch mehr oder weniger erhalten, aber es verlor allmählich die ursprgl. Überzeugungskraft und wurde in der Theologie und Spiritualität nicht mehr bes. ernstgenommen.

b) *Vom 7. zum 11. Jh.*: Die Bibelauslegung war im Früh-MA nicht nur Zentrum der Theologie, sondern auch aller Bildung und Wissenschaft. Sie entfaltete sich im Umkreis der monast. Liturgie, Predigt und Bibellesung (lectio divina). Wie bei den Vätern, v. a. bei Gregor d. Gr., dessen Denk- und Sprechstil wohl am meisten nachgeahmt wurde, standen allegor. und moral. Auslegungen im Vordergrund. Aber man ließ sich durch Augustinus und Hieronymus auch an die Notwendigkeit der Untersuchung des gesch. Wortsinns erinnern. Viele Kommentare waren Katenen (→ Abschnitt B I [1] d), d. h. Ketten von Väterzitaten mit eigenen Ein- und Überleitungen. Sie konzentrierten sich auf Gen (das grundlegende Buch der B.), Ps (das Gebetbuch), Hld (das Kontemplationsbuch), Mt (das erste Evangelium), die Paulusbriefe (die apostol. Verkündigung) und die Offb (das letzte Buch der B.).

→ Isidor v. Sevilla († 636) sammelte in seinen Etymologien und bibl. Prologen, Kommentaren und Quästionen viele Materialien, die von den ma. Exegeten später ausgiebig benutzt wurden. Eine relativ beachtl. Höhe und Selbständigkeit erreichte die Bibelauslegung im 7. und 8. Jh. auf den brit. Inseln, wo manche die gr. Sprache gut verstanden und auch die auf dem Kontinent weithin vergessene antiochen. Hermeneutik kannten. In diesem Milieu wurde → Beda Venerabilis der im ganzen bedeutendste Bibelausleger des FrühMA. Er stellte Katenen zusammen, legte aber auch seine eigene, ganz von der B. geprägte Theologie in einer gepflegten, feingliedrigen Sprache dar. Während der karol. Renaissance waren die Bedingungen für Auslegungen eigenen Stils zunächst kaum gegeben. Man mußte daher wie Beda gut ausgewählte Texte der Väter in Katenen zugängl. machen. Nach → Alkuin taten dies u. a. → Claudius v. Turin, → Hrabanus Maurus, → Walahfrid Strabo, → Sedulius Scottus, → Angelomus v. Luxeuil und → Florus v. Lyon. Aber schon bei → Haimo und noch mehr bei → Remigius v. Auxerre begann das Textsammeln in ein selbständiges Aneignen und Aussprechen des Traditionellen überzugehen. Unter den übrigen Kommentaren des 9. Jh. ragten der große Mt-Kommentar von → Paschasius Radbertus – »das Meisterwerk der karol. Exegese« (H. DE LUBAC) – und die Auslegung einiger Stellen aus Joh von → Johannes Scotus Eriugena hervor. Im 10. Jh. folgte eine Pause, in der zwar die liturg.-meditative Umgang mit der B. und das Studium der freien Künste, bes. der Grammatik, fortgesetzt wurden, aber, abgesehen von wenigen Schriften wie denen → Odos v. Cluny, nicht viel beachtenswerte bibeltheol. Werke entstanden. In der zweiten Hälfte des 11. Jh. nahm die Produktivität wieder zu. → Petrus Damiani war in seinen Schriften und Predigten so sehr Bibelausleger, daß ein Schüler aus seinen Texten eine fast die ganze B. kommentierende Katene zusammenstellen konnte. Das in den Kathedralschulen neu erwachende exeget. Interesse wurde z. B. in den Kommentaren → Lanfrancs und → Brunos des Kartäusers erkennbar. Manche Autoren betonten die Notwendigkeit einer genauen Untersuchung des Wortsinns. Daß der Einfluß des Hieronymus immer mehr zunahm und der Augustinus' und Gregors des Großen zurückging, ist jedoch nicht zu beweisen.

c) *Das 12. Jh.*: In mehreren Hinsichten ist das 12. Jh. das kreativste Jahrhundert der ma. Bibelauslegung. Große Meister führten die seit langem gepflegte monast. Methode zur Hochform. In einer gewissen Konkurrenz dazu erarbeiteten bedeutende Lehrer an den einflußreicheren Kathedralschulen auf den im FrühMA gelegten Fundamenten eine scholast. Methode der Bibelauslegung, die auf prägnante Feststellung der Schriftsinne, Lösung von Verständnisproblemen und Vermittlung des vom Weltklerus benötigten Wissens ausgerichtet war. Nicht wenige Ausleger, v. a. die CanR, kombinierten beide Methoden auf verschiedene Weisen miteinander. Innerhalb der sich differenzierenden method. Gattungen stieg die Zahl der Kommentare und Predigten sprunghaft an. Zugleich verstärkte sich aber aufgrund der Neubelebung der Philosophie auch die Tendenz, theol. Fragen aus dem Kontext der Kommentare auszugliedern, systemat. zu ordnen und in eigenen Schriften (z. B. Quästionen, Disputationen, Sentenzen, Summen) zu behandeln. Damit begann allmählich die Aufteilung der exeget. und der systemat. Arbeit der Theologie. Aber die Einheit von Bibelauslegung und Theologie blieb erhalten. Die Bezeichnung »Sacra Pagina«, zu Beginn des 12. Jh. nur für die B. gebraucht, schloß bald auch die ganze die B. umgebende Theologie ein. Vom ausgehenden 12. bis ins 14. Jh. hinein wurden daher die Lehrer der Theologie als »Magistri in Sacra Pagina« bezeichnet.

Die bes. von Origenes und Gregor d. Gr. inspirierte monast. Bibelauslegung zeigte in der weithin einheitl. Grundstimmung eine große Vielfalt persönl. Ausprägungen. So waren z. B. → Bruno v. Segni, → Guibert v. Nogent und Hervaeus v. Bourg-Déols († 1149/50) eloquente Vermittler der Tradition. Von geradezu gigant. Kreativität war der vom Geist der Väter durchdrungene, aber nicht auf ihre Worte schwörende, sondern sie an der Autorität der B. messende → Rupert v. Deutz. In seinem Hauptwerk »De Trinitate et operibus eius« gab er der Bibelauslegung die Gestalt einer trinitar. Geschichtstheologie. → Honorius Augustodunensis und → Gerho(c)h v. Reichersberg ließen sich von ihm anregen. Der stärkste Einfluß ging jedoch von dem seine Zeit überragenden Genie → Bernhards v. Clairvaux aus. Sein Ziel war letztl. nicht eine neue Kommentierung der B., sondern eine neue Verbindung von Bibelmeditation und persönl. Erfahrung, so daß sich beides befruchten, gemeinsam wachsen und ins Mystische erheben konnte. Daher war auch sein Meisterwerk, die 86 Predigten zum Hld (1, 1–3, 1), eine von Origenes her frei entworfene Gesamtdarstellung des ganzen von der B. bestimmten Glaubenslebens im Zeichen der Analogie der Eros- und Agape-Erfahrungen. In seinem Einflußbereich suchten Gilbert v. Hoyland († 1172) und Johannes v. Ford († 1214) seinen Predigtstil nachzuahmen. → Wilhelm v. St. Thierry, sein Freund, zeigte dagegen eigene Originalität, während Gottfried v. Auxerre († nach 1188), sein Sekretär, zu konventionelleren Auslegungsweisen zurückkehrte. Ein Außenseiter im Bereich der monast. Bibelauslegung war der wie ein Apokalyptiker auftretende → Joachim v. Fiore. Mit Hilfe eines neu entworfenen »typ. Verständnisses«, das er jedoch nicht als geistl. Verständnis betrachtete, stellte er eine genaue Korrespondenz der sieben Epochen des AT und NT fest und sagte voraus, daß nach den Zeiten des Vaters (AT) und des Sohnes (NT) – den Zeiten des Buchstabens – vom Jahr 1260 an die Zeit des Hl. Geistes und damit der endgültigen geistl. Bibelauslegung anbrechen werde. Mit seinen Schriften (z.B. Concordia, Psalterium, Offb-Kommentar) faszinierte er die Franziskaner-Spiritualen und erzielte auch über das MA hinaus nachhaltige Wirkungen.

Im Bereich der scholast. Bibelauslegung war zunächst → Anselm v. Laon (8. A.) wegweisend, weil sein maßvoll traditioneller Kommentierungsstil eine ausführl. kommunikative und eine knapp informative Version hatte, was der Situation der Kathedralschulen gut entsprach. Er war wohl auch der erste Organisator bei der Herstellung der »Glossa«, einer katenenartigen Auslegung der ganzen B., die am Rand und zw. den Zeilen des Bibeltextes markante Exzerpte aus der alten und frühma. Auslegungsgeschichte und eigene Anmerkungen der Kompilatoren griff bereit anbot, so daß sie schnell zum wichtigsten Arbeitsinstrument der scholast. Exegese wurde. Bei ihrer Zusammenstellung waren außer Anselm sein Bruder Radulf († 1131) und Gilbert v. Auxerre († 1134) und bei ihrer Erweiterung (bes. im Bereich der Ps- und Paulusauslegung) zur »Media Glossatura« und »Magna Glossatura« die berühmten, auch exeget. sehr produktiven Meister → Gilbert v. Poitiers (Porreta) und → Petrus Lombardus beteiligt. Die Endgestalt eines solchen Jahrhundertwerks ließ sich aber nicht fixieren, und so ist auch heute noch nicht völlig geklärt, in welchen Proportionen die Auslegungtraditionen des O und W in die Glossa eingegangen sind. Vieles spricht jedoch dafür, daß die Glossa vom Ende des 12. Jh. an weitgehend die Hauptinhalte und Perspektiven der scholast. Bibelauslegung bestimmte. Die Ausleger hatten bald nicht nur den Bibeltext, sondern auch seinen Glossakontext zu kommentieren. Die Glossa schien daher oft fast dasselbe Ansehen wie die B. selbst zu erlangen.

Im Laufe des 12.Jh. wurde Paris das Zentrum der scholast. Bibelauslegung. Dort verfaßte z. B. Petrus → Abaelard seinen Kommentar zum Röm, der wegen der vielen eingefügten Quästionen Aufsehen erregte. Sein Nachfolger → Robert v. Melun war ebenfalls ein Meister bibeltheol. Quästionen. Der gelehrte → Petrus Comestor schrieb aufgrund bibl. und anderer Quellen die »Historia scholastica«, die erste von der Erschaffung der Welt bis Paulus reichende Darstellung der Menschheitsgeschichte, die bald ein weit über die Theologie hinaus einflußreiches Standardwerk wurde. Ein ähnliches Kompendium und andere exeget. Schriften verfaßte sein Nachfolger → Petrus Pictaviensis. → Petrus Cantor, auf evangel. Einfachheit bedacht (Verbum abbreviatum), stellte seinen Schülern hermeneut. Schriften und ein bibl. Reallexikon (Summa Abel) zur Verfügung, das den Distinctiones des → Alanus ab Insulis ähnlich war. Auf der Basis der Glossa kommentierte er, ohne Originalität anzustreben, die ganze B. mit bes. Betonung des moral. Verständnisses. Ähnlich war die Gesamtausrichtung Stephan → Langtons, von dessen relativ persönl. formulierten Kommentaren und Quästionen zur »Historia scholastica« und zur gesamten B. z.T. divergierende Nachschriften erhalten sind. Die berühmteste metr. B.-Paraphrase war die »Aurora«, die von → Petrus Riga verfaßt und von → Aegidius v. Paris erweitert wurde.

Eigene Wege zw. monast. und scholast. Bibelauslegung gingen u. a. die CanA v. St-Victor in Paris. Ein großes Beispiel lebendiger Einheit von Scholastik und Mystik war → Hugo v. St-Victor. In seinen einflußreichen methodolog. Schriften betonte er im Sinn Augustins, daß in der B. nicht nur die Worte, sondern auch die Sachen etwas bezeichneten und das Bezeichnen der Sachen viel wichtiger sei als das der Worte (Didascalicon 5, 3; De Scripturis, 3 und 14). Daher errichtete er im Sinn Gregors d. Gr. auf dem Fundament der Erforschung des Wortsinns den Bau der allegor. (bzw. anagog.) und tropolog. Meditation des Sachsinns. Aber er warnte vor einer dreifachen Interpretation jeder einzelnen Schriftstelle (Didasc. 5, 2). In seiner Schule war auch Raum für eine durch Gespräche mit jüd. Exegeten vertiefte Spezialisierung auf den gesch. Wortsinn des AT, wie bei → Andreas v. St-Victor (20. A.), der sich in seinen Kommentaren auf Literalexegese beschränkte, selbst wenn er dadurch mit der christl. Auslegungstradition in Konflikt geriet (z. B. Jes 7, 14; 53). Es gab wohl auch Beziehungen zw. Andreas und Herbert v. Bosham († nach 1170), einem Ps-Ausleger mit erstaunl. Kenntnissen der hebr. Sprache und jüd. Exegese. Im ganzen kam aber Hugos Studienideal → Richard v. St-Victor am nächsten. Er stellte das Wissen seiner Zeit in den Dienst einer universalen – das »Judaisieren« seines Mitbruders Andreas ablehnenden – gesch. und geistl. Bibelauslegung (z.B. Exceptiones, Allegoriae, Benjamin minor und maior, Jes-, Ez-, Dan-, Offb-Kommentar), in der sich seine spekulative Genialität voll entfaltete. Auch sein Hauptwerk »De Trinitate«, das sich von der unmittelbaren Bibelauslegung entfernte, verblieb mit seinen Vernunfterwägungen im Raum des bibl. inspirierten Glaubensverständnisses.

d) *Das 13. Jh.:* Das Gesamtbild der Bibelauslegung war im 13. Jh. relativ einheitl., weil der damalige scholast. Auslegungsstil eine hohe Perfektion erreichte und seit etwa 1230 weithin bestimmend wurde. Monast. Auslegungen im Stil des 12.Jh. waren nicht mehr zeitgemäß, und auch den mittleren Weg der CanA wählten nur noch wenige hervorragende Kommentatoren, z. B. der gelehrte → Alexander Neckam (27. A.), dem auch das Hebr. nicht fremd war, und → Thomas v. Vercelli, der große Lehrer der myst. Theologie. Die Hochscholastik setzte natürl. die Traditionen der Frühscholastik fort, erhielt aber in vielem auch ein neues Gepräge. Denn die aus der evangel. Bewegung des ausgehenden 12. und beginnenden 13.Jh. hervorgegangenen → Bettelorden führten eine neue Bibelbegeisterung in die Schultheologie ein. Die Konzentration der besten wiss. Begabungen und Institutionen in den neuen Univ., bes. in Paris und Oxford, regte die Theologen zur Vertiefung der hermeneut. Reflexion und zu größerer Akribie in der Literalexegese an. Die Begegnung mit der aristotel., neuplaton. und arab.-jüd. Philosophie wirkte sich ebenfalls aus: Man übernahm mit der Zeit einige Elemente der philos. Interpretationstechnik, versuchte, die Texte von den vier Ursachen des Aristoteles her tiefer zu verstehen und die Kunst des Distinguierens und Systematisierens voll in die Bibelauslegung einzubringen. Technik, Konventionen und Sachzwänge begrenzten freilich den Spielraum der scholast. Kommentatoren und Prediger. Außerdem verlagerte sich der Schwerpunkt der Theologie von der Bibelauslegung, die zwar noch immer als ihre Hauptaufgabe galt (»sacra scriptura« und »theologia« konnten noch als Synonyme betrachtet werden), de facto oft auf die Sentenzen-Kommentare, die Quaestiones disputatae und v.a. auf die großen theol. Summen.

In den ersten drei Jahrzehnten des 13. Jh. lag die Bibelauslegung an der Univ. Paris in den Händen der Theologen aus dem Weltklerus. →Wilhelm v. Auvergne verfaßte höchst originelle und zeitnahe Kommentare (Spr, Koh, Hld) und Predigten. Auch →Philipp der Kanzler, Odo v. Châteauroux († 1273) und →Robert de Sorbon wurden durch bibl. Predigten bekannt. In Oxford, Cambridge und Lincoln setzte →Robert Grosseteste nicht nur als Kenner der gr. Sprache und Tradition, sondern, weil er die Theologie grundsätzl. als Bibelauslegung verstand, auch als Kommentator v. Hexaëmeron, Ps, Evangelien und Paulus Maßstäbe, die sein Schüler →Roger Bacon, der schärfste Kritiker der Pariser Dissoziierung von B. und Theologie, voll anerkannte.

Die Bibelauslegung des Predigerordens, die an der Univ. Paris mit dem für die Naturwissenschaft aufgeschlossenen →Roland v. Cremona begann, wurde von dessen Schüler →Hugo v. St-Cher außerordentl. gefördert. Unter seiner Leitung entstanden textkrit. Korrektorien, die erste Wortkonkordanz und die »Postillae in universa Biblia secundum quadruplicem sensum«, die Texte aus der Glossa mit solchen aus der Bibeltheologie des 12. und 13. Jh. nach der schon etwas anachronist. werdenden, aber noch allseits verteidigten vierdimensionalen Hermeneutik zusammenstellten. Diese Postillen wurden bald so bekannt, daß fast alle Exegeten von Rang sie zitierten, bes. die Dominikaner – ausgenommen z. B. Simon v. Hinton († nach 1262) –, unter denen Guerricus v. St-Quentin († 1245), Wilhelm v. Alton († um 1265), →Petrus v. Tarentaise und Nikolaus v. Gorran († um 1295) äußerst produktiv waren. →Albertus Magnus überragte als Ausleger Ijobs, der Propheten und Evangelien und auch als Prediger die meisten Zeitgenossen, indem er, der Scholastiker mit der wohl universalsten Natur- und Literaturkenntnis, energ. und krit. an der Feststellung der »Wahrheit des Buchstabens« der B. arbeitete, um für die theol. Argumentation ein solides Fundament zu errichten. →Thomas v. Aquin ging in seiner hermeneut. Reflexion auf den von Augustinus (Ausschluß des geistl. Schriftsinns aus der theol. Argumentation) und Hugo v. St-Victor (Unterscheidung von Sprachzeichen und Sachzeichen als Begründung der Unterscheidung von gesch.-buchstäbl. und geistl. Schriftsinn) gebahnten Wegen weiter, war aber zugleich bestrebt, auf die neuen Fragen, die seine Zeitgenossen an die B. stellten, durch natürl.-vernünftige und übernatürl.-gläubige Erwägungen zu antworten. In seiner Sicht war der geistl. Sinn nicht nur auf den buchstäbl. begründet, sondern enthielt auch nichts für den Glauben Notwendiges, das die B. nicht irgendwo durch den buchstäbl. Sinn offenbarte. Der allegor. Sinn sollte nur die Verweise des AT auf das NT und der tropolog. und anagog. Sinn die Verweise des in Christus Geschehenen auf unser Handeln und auf die zukünftige Herrlichkeit erläutern (S. th. I, 1, 10). Außer der auf Weisung von Papst Urban IV. zusammengestellten Katene zu den Evangelien (später als »Catena aurea« berühmt), die den Texten der Glossa viele andere, v. a. aus der gr. Tradition, hinzufügte, verfaßte er Kommentare zu Ijob, Ps 1–54, Jes, Jer, Klgl, Mt, Joh und Paulus. Obwohl seine eigtl. Größe in der Systematik lag, gelang ihm weithin die beste theol. Bibelauslegung, die auf der Basis des lat. Textes im MA möglich war.

Die franziskan. Bibelauslegung, zunächst repräsentiert durch →Antonius v. Padua (8. A.), begann an der Univ. Paris mit dem Ordenseintritt →Alexanders v. Hales (24. A.), der zwar erstmals die Sentenzen des Petrus Lombardus als theol. Textbuch gebrauchte, aber wohl auch einige bibl. Bücher (Ijob, Evangelien) auslegte. Seine Schüler →Johannes de la Rochelle und →Wilhelm v. Melitona (Middleton) wurden durch zahlreiche, auf die geistl. Auslegung ausgerichtete Kommentare bekannt. In Oxford, wo die Einheit v. Bibelauslegung und Theologie betont wurde, verfaßte →Thomas Good v. Docking entsprechend umfangreiche, theol. stark befrachtete Auslegungen (z. B. Dtn, Jes, Paulus). →Bonaventura betonte in seinen hermeneut. Meditationen zwar die elementare Bedeutung des buchstäbl. Sinns, den die Ausleger nicht verachten dürften, sondern von dem sie selbst ganz erfüllt sein müßten, aber letztl. suchte er »in der Einheit des Buchstabens die Dreiförmigkeit des Verständnisses«, die der Dreipersönlichkeit in der Einheit des Wesens Gottes entsprechen sollte (Breviloquium, Prol. 4). Daher ging es ihm in seinen Kommentaren zu Koh, Weish, Lk und Joh, in seinen Kollationen zum Hexaëmeron und Joh und in seinen Predigten stets darum, die buchstäbl. Auslegung völlig in die geistl., d. h. in das dreieinige Leben des Glaubens, der Hoffnung und der Liebe, hinein aufzuheben (Hexaëmeron 2, 13). Sein bedeutendster Schüler, →Matthäus v. Acquasparta, führte in seinen Kommentaren (Ijob, Ps 1–50, Off b) und Predigten diese Art der theol. Bibelauslegung weiter. Auch die übrigen Franziskaner waren wohl weniger auf Fortschritte in der Erforschung des Buchstabens als auf die Erneuerung des Geistes der Bibeltheologie bedacht. →Wilhelm Brito verfaßte zwar ein Bibelwörterbuch, das sehr populär wurde; aber es zog wegen seiner philol. Unzulänglichkeit die Kritik Roger Bacons auf sich. →Johannes Peckham sammelte bibl. Sentenzen (Collectarium S. Bibliae) und gab in seinen Kommentaren zum Hld, Ez, Lk und Joh der überlieferten geistl. Auslegung breiten Raum. Die Geisterwartung Joachims v. Fiore, der nicht wenige Franziskaner aufgeschlossen gegenüberstanden, wirkte auch auf das Schriftverständnis des großen Volkspredigers →Berthold v. Regensburg und des theol. Hauptes der →Spiritualen, Petrus Johannis →Olivi, ein, der erstaunl. viele bibl. Bücher in der Weise seines Lehrers Bonaventura gesch.-geistl. auslegte und in seiner berühmten »Lectura super Apocalypsim« die Überzeugung aussprach, daß mit Franziskus eine neue Epoche der Kirche begonnen habe, in der die Kirche der Erwählten (d. h. der wahren Franziskaner) von der ecclesia carnalis verfolgt werde und das Ende der Zeiten käme.

e) *Vom 14. zum 15. Jh.:* Die zahlreichen Zeugnisse der Bibelauslegung des 14. und 15. Jh. sind in bedeutend geringerem Umfang als die der vorangegangenen Jahrhunderte gedruckt und erforscht worden. Es gibt daher auch keine ausreichende Übersicht über alle Bewegungen und Bereiche der spätma. Bibelauslegung. So läßt sich zwar über die relativ wenigen Kommentatoren, deren Nachlaß ausreichend untersucht worden ist, Genaueres sagen, aber über das Ganze der spätma. Exegesegeschichte können weithin nur Vermutungen geäußert werden.

Man darf aber wohl sagen, daß ein Zentralproblem der spätma. Bibelauslegung der theol. Pluralismus war. Denn das kirchl. Bildungsmonopol war nicht mehr zu halten. Neben die Univ. Paris traten andere Universitäten. Die hochscholast. Harmonisierung von buchstäbl. und geistl. Bibelauslegung verlor viel von ihrer Überzeugungskraft. Die hermeneut. Grundtendenzen traten wieder auseinander und gerieten nicht selten miteinander in Konflikt. Dies hing damit zusammen, daß die Versöhnung von Glauben und Wissen bzw. von Theologie und Philosophie immer schwieriger wurde, daß die Spannungen zw. Klerikern und Laien, repräsentiert durch Päpste und Könige, sich steigerten und auch innerhalb der Theologie Voluntaristen und Intellektualisten, Nominalisten und Realisten, Verfechter myst. und wiss. Anschauungen einander entgegentraten.

Die Auflösung der Einheit von Bibelauslegung und Theologie, die schon im HochMA begonnen hatte, setzte sich fort, so daß die Zahl der Theologen, die nicht mehr die B., sondern nur noch die Sentenzen kommentierten, immer mehr zunahm. Aber auch die Einheit der B. und der Kirche geriet ins Zwielicht, und angesichts des avignones. Exils der Päpste (1305-76) und des großen → abendländ. Schismas (1378-1417) wurde die Frage immer dringlicher, ob im Zweifelsfall der bibl. oder der kirchl. Lehre die größere Autorität zukomme. Die Vervielfältigung der Probleme führte oft zu Resignation und Stagnation. Aber das SpätMA war für die Bibelauslegung keineswegs nur eine Zeit der Dekadenz, sondern auch eine Zeit intensiver hermeneut. Diskussionen und Erneuerungsversuche. Die buchstäbl. Auslegung des AT wurde durch die Rezeption jüd. Einflüsse, bes. von Spanien her, gefördert. Die humanist. Hochschätzung der gr. Sprache bereitete die Erneuerung der ntl. Exegese vor. Die Mystik erfüllte die geistl. Bibelauslegung mit frischem Leben.

Die Franziskaner traten im ausgehenden 13. Jh. und bes. in der ersten Hälfte des 14. Jh. mit gewichtigen Beiträgen zur buchstäbl. Auslegung der B. hervor. Johannes Marchesinus v. Reggio († vermutl. nach 1300) und Johannes Aegidius (→ Juan Gil) v. Zamora stellten umfangreiche enzyklopäd. Werke bereit. Weit bekannt wurden auch → Petrus Aureoli durch sein Kompendium des buchstäbl. Sinns der gesamten B., → Wilhelm v. Nottingham durch seinen großen Kommentar zu den Evangelien und Bertrand de la Tour († 1332/33) durch seine zahlreichen Predigten. Den Gipfel des Ruhmes erreichte → Nikolaus v. Lyra, der größte Exeget seines Jh., der die Theorie des vierfachen Schriftsinns ähnlich wie Thomas v. Aquin formulierte, prakt. jedoch die in sich selbst abzuschließende buchstäbl. Auslegung stärker gegen die nachfolgende geistl. Auslegung abgrenzte. Er betrachtete es als seine erste Aufgabe, in der »Postilla litteralis« den durch die Überfülle geistl. Deutungen verdunkelten buchstäbl. Sinn der ganzen B. freizulegen, wobei er annahm, daß dieser Sinn im AT bes. an den von Juden und Christen verschieden ausgelegten Stellen ein zweifacher sein könne, und viele Texte z. B. aus Jes, Hld und Offb auf Ereignisse der Kirchengesch. bezog. Erst nachträgl. bot er in der »Postilla moralis« auch eine Auswahl von Auslegungen »secundum sensum mysticum« an. Da er zwar die hebr., nicht aber die gr. Sprache beherrschte, förderte er mit seiner »Postilla litteralis«, die im SpätMA hohes Ansehen erlangte und wohl als erster Bibelkommentar 1471/72 gedruckt wurde, bes. die Exegese und theol. Hochschätzung des AT. Der vom Judentum zum Christentum übergetretene → Paulus v. Burgos betonte zwar mit Thomas v. Aquin den Vorrang der buchstäbl. Auslegung, kritisierte aber in seinen »Additiones 1-1100 ad postillam Nicolai de Lyra«, daß Nikolaus sich zu sehr dem jüd. Exegeten → Raschi († 1105) angeschlossen und zu weit von der christl. Auslegungstradition entfernt habe. Dieser Kritik widersprach Matthias Doering OFM († 1469), aber Paulus v. Burgos verteidigte seinen thomist. Standpunkt und wurde dabei später von Johannes → Schlitpacher v. Weilheim OSB und Didacus de Deza OP († 1523) unterstützt. Im SpätMA fand sich kein Franziskaner mehr, der mit ähnlicher Kompetenz wie Nikolaus v. Lyra die Erforschung des Literalsinns der B. weiterführen konnte. Pontius Carbonelli († 1350) wagte nochmals, die ganze B. zu kommentieren, aber er tat es als unermüdl. Sammler in der altbekannten Form von Katenen. Es gab auch viele franziskan. Auslegungen einzelner bibl. Bücher, aber orginelle Werke größeren Formats, wie der Hld-Kommentar von Leonardus de Giffoni († 1407), waren eher selten. Die Scotistenschule hinterließ weit mehr Sentenzenkommentare und Quästionen als Bibelkommentare. Unter den Vertretern der franziskan. Bibelauslegung des 15. Jh. ragten der große Prediger → Bernardinus v. Siena und Johannes Michaelis (um 1490) hervor. Viele Kommentare verfaßte später auch Petrus Galatinus († 1540), ein Freund und Verteidiger Reuchlins.

Die Reihe der Dominikaner eröffnete der angesehene Thomasschüler → Remigius v. Florenz, der Hld, Röm und 1 Kor im Sinn seines Lehrers auslegte. Meister → Eckhart ging in einsamer Höhe seinen eigenen Weg. Auf die scholast. Theorien von vierfachen Schriftsinn ließ er sich nicht ein, denn für ihn kam alles auf den Durchbruch durch die »Schale des Buchstabens« zum tief verborgenen Kern an, den er gern als »parabol.« Schriftsinn bezeichnete. In diesem der gängigen Forschung entzogenen Kernbereich begegnete ihm Göttliches, Natürliches und Sittliches gemäß den drei Zentraldisziplinen der Philosophie (Metaphysik, Physik, Ethik). Es ging ihm zwar, wie seine lat. Kommentare zu Gen, Ex, Weish, Sir, Joh zeigen, auch um die Darlegung des offenkundigen buchstäbl. Schriftsinns. Aber es war sein bes. Anliegen, die Entzweiung von Hermeneutik und Systematik bzw. Theologie und Philosophie zu überwinden und die Übereinstimmung der Offenbarung Gottes und des menschl. Denkens in der Bibelauslegung neu nachzuweisen. Ziemlich. entgegengesetzt war die Intention des gelehrten → Nikolaus Trivet, der sich von den alten Auslegern distanzierte, die die Schale des buchstäbl. Sinns wegwarfen, weil es ihnen nur um den Kern ging, und seiner Auslegung einiger atl. Bücher (Gen, Ex, Lev, Ps) den hebräischen Urtext zugrundelegte. Die Predigerbrüder brachten jedoch keine dem Werk des Nikolaus v. Lyra vergleichbare buchstäbl. Auslegung der ganzen B. hervor. Dominikus Grima († 1347) kam mit seiner buchstäbl. und myst. Katene, in die viele Texte aus Thomas v. Aquin eingearbeitet waren, anscheinend nur wenig über die hist. Bücher des AT hinaus. Auch die eng an ihn und Hugo v. St-Cher angeschlossene Kompilation von → Petrus de Palude umfaßte wohl nur atl. Bücher. Jakob v. Lausanne († 1322), dessen Kommentare sich fast auf die ganze B. erstreckten, repräsentierte mit Thomas Waleys († 1349/50) und Petrus v. Palma († 1343), die sich mehr auf das AT bzw. NT spezialisierten, eine bei den Predigerbrüdern beliebte Auslegungsweise. Auf der Basis des buchstäbl. Sinns wurde hier bes. der moral. Sinn bilderreich und lebensnah ausgebaut. Ein Höhepunkt dieser Art war der Weish-Kommentar von Robert Holcot, der gewissermaßen als bibl. Fürstenspiegel betrachtet und sehr oft abgeschrieben wurde. Dagegen waren die Kommentare zu den Evangelien, Röm, Gal und Hebr, die der bekannte Inquisitor Nikolaus Eymerich (→ Nicolaus Eymericus) in der zweiten Hälfte des 14. Jh. verfaßte, streng auf die buchstäbl. Auslegung konzentriert. Zu den markanten Gestalten der Dominikanerexegese des 15. Jh. gehörten → Johannes v. Torquemada, der einen Ps-Kommentar und bibl. Meditationen und Disputationen hinterließ, der bekannte Hebraist Petrus Schwarz († 1483) und der humanist. gebildete Jacobus Magdalius († nach 1518), Verfasser eines »Correctorium Bibliae« und eines »Compendium metricum Bibliae«.

Die Bibelauslegung der Augustiner-Eremiten begann in der zweiten Hälfte des 13. Jh. mit → Aegidius Romanus (11. Ae.), für den bes. die hermeneut. Grundsätze seines Lehrers Thomas v. Aquin bestimmend waren. Die produktivsten Kommentatoren des Ordens waren nachher → Augustinus v. Ancona (Triumphus; 3. A.), Michael v. Massa († 1337) und → Augustinus Favaroni (4. A.), die sich alle hauptsächl. mit ntl. Büchern befaßten. Jakob Pérez v.

Valencia († 1490) kommentierte die Ps, das Hld und die übrigen Gesänge des AT und NT, aber er legte alle Ps mit allen Verheißungen und Weissagungen der atl. Patriarchen und Propheten erstmals im buchstäbl. Sinn auf Christus und die Kirche aus. → Aegidius v. Viterbo (13. Ae.) versuchte dagegen, den verborgenen Sinn des AT von seiner Kenntnis der Kabbala her neu aufzuhellen.

Auch die Karmeliten trugen ihren Teil zur spätma. Bibelauslegung bei. Guido Terreni v. Perpignan († 1342) schrieb eine kommentierte Evangelienharmonie, in der er die Bedeutung der Kirche für das Schriftverständnis betonte. Sein Schüler Johannes Baconthorpe († um 1348) erörterte in seinem Mt-Kommentar viele kanonist. Fragen. Michael v. Bologna († 1400), dessen gewaltiger Ps-Kommentar weit bekannt wurde, war, von der Zahl der erhaltenen Schriften her gesehen, einer der produktivsten Exegeten des Karmelitenordens.

Das SpätMA war außerdem eine Blütezeit der Kartäusertheologie, aus der auch große Bibelkommentare hervorgingen. Ein starkes Echo erhielt → Ludolf v. Sachsen, dessen Ps-Kommentar sehr bekannt und dessen »Vita Jesu Christi« eines der meistgelesenen Bücher des 15. Jh. wurde. → Dionysius der Kartäuser verstand es, in seiner monumentalen, die großen Zeugnisse der Überlieferung rezipierenden Kommentierung aller Schriften des AT und NT die Kenntnis der Überlieferung und die kontemplative Erfahrung zusammenzuführen. Auch die zahlreichen, fast die ganze B. vierdimensional auslegenden Schriften des Johannes de Indagine († 1475) und die Kommentare zu den ntl. Briefen von Werner → Rolevinck lassen die Tiefe und Aufgeschlossenheit der damaligen Kartäusermystik erkennen.

Die bibeltheol. Arbeit der Benediktiner, die im 13. und beginnenden 14. Jh. nachgelassen, aber, wie u. a. die Schriften → Engelberts v. Admont zeigen, nie aufgehört hatte, nahm im Lauf des 14. Jh. wieder zu. Petrus Berchorius (→ Bersuire), ein hochgebildeter Freund Petrarcas, stellte gewichtige, der moral. Bibelauslegung dienende Nachschlagewerke »Reductorium morale«, »Reductorium morale super totam Bibliam«, »Repertorium morale« zusammen. Später bezeugten z. B. die versifizierte Predigersumme »Rosarium Bibliae« des Petrus Wiechs v. Rosenheim († 1433) und die exeget. Schriften des Johannes → Schlitpacher v. Weilheim die Lebendigkeit des benediktin. Humanismus. In diesem Zusammenhang kann auch auf die Ps- und Joh-Quästionen des gelehrten → Johannes Trithemius hingewiesen werden.

Die dem Weltklerus angehörenden Kommentatoren brachten in der ersten Hälfte des 14. Jh. nur relativ wenige Werke von Rang hervor. Dazu sind z. B. die myst. Auslegungen (Ijob, Ps, Hld, Offb) des engl. Eremiten Richard → Rolle zu rechnen, dessen Zugehörigkeit zum Weltklerus allerdings nicht sicher feststeht. Erst nach 1350 begann eine neue Phase der Produktivität. John → Wyclif war seit Beginn des 13. Jh. der erste Weltkleriker, der wieder die ganze B. kommentierte. Nach seinem Übergang vom Nominalismus zum Realismus setzte er die nach seiner Ansicht von Gott wörtl. diktierte B. in einem bestimmten Sinn mit Jesus Christus und dem unbedingt geltenden und ausreichenden »Gesetz Gottes« gleich. Es wurde auch immer klarer, daß er wegen des realen Vorrangs der Hl. Schrift, den er erstmals mit aller Entschiedenheit herausstellte, nicht mehr nur als immanenter Kritiker, sondern als radikaler Reformer der Kirche auftreten mußte. Anders der gemäßigte Nominalist → Heinrich Totting v. Oyta, der betonte, daß die Autorität der Kirche genügend in der B. selbst begründet sei und auch verbindl. Äußerungen im Bereich der geistl. Schriftsinne ermögliche. Seine Vorlesungen über Ps 1–50 waren wie die seines Kollegen → Heinrich (Heinbuche) v. Langenstein über Gen 1, 1–3, 19 Zeugnisse eines breit ausladenden, viele aktuelle Fragen einbeziehenden Auslegungsstils. Pierre d' → Ailly, Verfasser von kurzen Schulkommentaren und Meditationen zu bibl. Schriften (u. a. Ps und ntl. Gesänge), verteidigte die Vulgata gegen die »neuen Hebräer« und hob die zw. der Kirche und dem Gesetz Christi für immer bestehende Konformität hervor. Sein Schüler → Johannes Charlier Gerson, von dessen vielen Schriften nur wenige sich direkt mit der Auslegung bibl. Texte (u. a. Ps, Hld, Evangelientexte) befaßten, war überzeugt, daß der buchstäbl. Sinn der B. nicht nach dem Gutdünken irgendwelcher Menschen, sondern gemäß der Bestimmung der vom Hl. Geist inspirierten und geführten Kirche zu beurteilen sei (»De sensu litterali«, Propositio 3), und wies daher alle Versuche, mit der B. gegen die Kirche anzugehen, entschieden zurück. Die Meditation über die Offb prägte das Wirken des Reformpredigers Jan → Milič in entscheidender Weise. In seiner Nachfolge schrieb → Mathias v. Janov sein bedeutendes Werk »Regulae Novi et Veteris Testamenti«. Johannes → Hus († 1415), der u. a. einige Ps und die kanon. Briefe kurz kommentierte, betrachtete in engem Anschluß an John Wyclif die B. als beseeltes, v. sich selbst her sprechendes Wesen und erklärte, daß das evangel. Gesetz für alle Zeiten genüge. Von den übrigen Theologen des 15. Jh. befaßten sich Johannes Müntzinger († 1417), die Wiener Professoren Petrus Czeach v. Pulka († 1425), → Nikolaus Prunczlein v. Dinkelsbühl, Petrus Reicher v. Pirchenwart († 1436) und der Uppsalenser Professor → Ericus Olai in ihren zahlreichen Kommentaren vorwiegend oder ausschließl. mit Büchern des NT (Evangelien, Paulus, Offb). Alfonsus Tostatus de Madrigal († 1455) wollte wie Nikolaus v. Lyra die ganze B. zunächst buchstäbl. und danach moral-myst. auslegen. Dies gelang ihm nicht, aber er hinterließ u. a. »Postillae litterales« von geradezu gigant. Umfang zu den hist. Büchern des AT (Gen–2 Chr) und Mt. Dagegen sah Petrus Rossius v. Siena († 1498) sein exeget. Hauptarbeitsfeld im Bereich des AT, dessen Bücher er fast alle, u. a. mit Zitaten aus Aristoteles, Talmud und Midrasch, kommentierte.

Der Übergang von der ma. zur humanist. Bibelauslegung geschah fließend. Marsilio → Ficino predigte in Fortsetzung der meditativen Bibeltheologie über Röm 1, 1 bis 5, 12. Sein Schüler Giovanni → Pico della Mirandola, dem die Hermeneutik der Kabbala vertraut war, versuchte in sieben Büchern über die bibl. Schöpfungsgeschichte (Gen 1) zu zeigen, daß darin alle Geheimnisse der Natur verborgen seien. → Jacobus Faber Stapulensis († 1536) legte die Ps in einem Sinn, der zugleich buchstäbl. und geistl. war, auf Christus aus und kommentierte später auch die Evangelien und die Paulusbriefe. In England war Johannes Colet († 1519) ein einflußreicher Vertreter der humanist. Exegese (Röm, 1 Kor). → Erasmus, der ihm wichtige Anregungen verdankte, lehnte die Hypertrophie des spätscholast. Auslegungsstils ab, verteidigte jedoch die Unterscheidung von buchstäbl. und geistl. (allegor.-moral.-anagog.) Auslegung. Seine bibl. Paraphrasen, die sich bewußt auf ntl. Schr. (Evangelien, Apg, Briefe) beschränkten, ließen sich vom Vorbild antiker Rhetoren und der Väter (Origenes, Hieronymus) bestimmen. Starke Bindungen an jene Tradition, die lange auch im Zentrum der ma. Bibelauslegung wirksam gewesen war, blieben also auch im humanist. Neuaufbruch erhalten.

H. Riedlinger

f) *Zur Auslegung des AT:* α) *Direkter Einfluß:* Väter und Mönche suchten in der lectio divina der Bibel enzyklopäd. Weisheit. Trotz oder wegen mangelhafter Vorstellungen vom Werdegang des AT identifizierte sich das MA mit der darin bezeugten gläubigen Lebenserfahrung und war geneigt, sie im Hinblick auf das eigene Leben zu verabsolutieren. Vieles am AT war wegen seiner Anschaulichkeit unvergeßlich und beeinflußte das Leben durch seine Einprägsamkeit, zumal nach und nach auch schriftl. volkssprachl. Übersetzungen entstanden (→ Bibelübersetzungen). Predigt, Kult, Liturgie, Kunst und Volkstum hatten eigene Möglichkeiten, das AT mit dem NT und der Kirche in Beziehung zu setzen, mit Effekten, auf die wissenschaftl. Exegese nicht kommt. In den sog. Armenbibeln (→ Biblia pauperum) werden atl. Gestalten, Episoden und Worte mit ntl. Entsprechungen sorgfältig in Reihen opt.-bildl. dargestellt, die wohl nie als begriffl. ausgeschöpft gelten. So können, aufs Lit. übertragen, z. B. die Vorauer Bücher Moses Gott am Sinai bei der Überreichung der Gesetzestafeln (Ex 31, 18; 32, 15–16. 19 und 34, 1–4. 28–29) die Worte Mt 22, 37–40 in den Mund legen. Viele Einflüsse sind hist. noch nicht geklärt, scheinen jedenfalls eher spontan denn geplant. Mit allem Vorbehalt dürfen einige Linien angedeutet werden. Die Grundlage bildeten solche Texte, Gestalten, Ereignisse, Episoden, die ohne, mitunter gegen wissenschaftl. Verdeutlichung, fest in Vorstellung und Bewußtsein verwurzelt waren (z. B. Urgeschichte, Sinai, viele Erzählungen). Inneratl. Verfahren regen zur Nachahmung an. So wirkten die Namensetymologien der Gen und die Darstellung gesch. Details des deuteronomist. Geschichtswerkes auf Hieronymus und über ihn, aber wohl auch direkt, auf das MA. Das ntl. Verfahren, kirchl. Wirklichkeiten rückschauend als Nachgestaltung zu deuten (z. B. Taufe: Röm 6, 4; Eucharistie: Einsetzungsberichte; Opfer und Priestertum: Hebr 7, 27; 9, 26; 10, 11–14; Ehe: Eph 5, 25–33; kirchl. Ämter: 1 Tim 3, 1–13; Tit 1, 5–9), wurde ausgeweitet und so vereinfacht, daß Christus aus der Aufmerksamkeit schwand und schließlich atl. und chr. Einzelheiten unmittelbar in Beziehung gesetzt (z. B. Taufe und Beschneidung), sogar atl. Einrichtungen erneuert wurden, was bes. die vorkarol. und karol. Zeit liebte (vgl. v. a. → Amalarius v. Metz, † um 850): z. B. chr. Sonntag und atl. Sabbat; Feste (bes. Ostern und Pfingsten); Kirche als Gebäude; Nachbildungen der Lade; Osterlamm im Rahmen, nicht als Konkurrenz der Eucharistie; Salbungen, ganz neu die des Kg.s (erstmals vom Westgotenkönig Wamba, 672, feststellbar). Geistliche und weltl. Hierarchie gaben sich in Insignien, Kleidung und Theologie als Erneuerung des atl. Kgtm.s und Priestertums und suchten daraus Kapital in machtpolit. Auseinandersetzungen zu schlagen (Byzanz, Papst und Kaiser, Investiturstreit, Kreuzzüge, Kreuzfahrerstaaten, Jerusalem und Orient als Mittelpunkt der Welt). Atl. Einflüsse auf kirchl. Organisationsformen, Sprache (jurid. und theol.), vielleicht sogar auf Idee und Zustandekommen des Decretum Gratiani (1142) und des Corpus Juris Canonici haben das Gesicht der Kirche dauernd geprägt.

β) *Grundzüge der Hermeneutik:* Die Allegorese (im weiteren Sinn als Gegenstück zur littera oder historia) hat schon Philo v. Alexandria zur Rechtfertigung der jüd. hl. Schriften vor der aufgeklärten hellenist. Welt benützt; sie hängt also geschichtl. und sachl. mit dem AT zusammen. Doch im HochMA war der urspr. apologet. Zweck vergessen. Die Allegorese war auf die ganze B. ausgedehnt und eher zu einem Ordnungsschema für vorgegebene didakt. und paränet. Ziele geworden. Ungelöst blieb der alte Dualismus, der mit dem Gegensatz zw. Origenes und Alexandria auf der einen, → Theodoros v. Mopsuestia († 428) und Antiochia auf der anderen Seite angedeutet werden kann. Die Schule v. Antiochia suchte den Literal- oder Lokalsinn, selbst die Weissagungen verstand sie zeitgeschichtlich. Deren ntl. Ausrichtung sah z. B. Theodor v. Mopsuestia in einem gewissen Überhang (ὑπερβολικώτερως, cumulatius nach → Julianus v. Eclanum, † nach 454), in der unmittelbaren Situation nicht einzuholen. → Junilius Africanus reiht an acht atl. Gnadenerweise (acceptationes oder εὐδοκήσεις mit den entsprechenden effectus oder ἐκβάσεις;) als linearen Abschluß zwei ntl. (Jesus, alle Völker). Die antiochen. θεωρία ist an der dynam. gesch. Kontinuität interessiert. Doch die Ansätze dieser Schule waren verschollen, als man gegen Ende des 11.Jh. unter neuen aristotel. Anregungen und vollends ab dem 13.Jh. sich wieder auf den geistl. Wert im Literalsinn besann. Die nie bewältigte Spannung führte zu den verschiedensten Kompromissen. Die einen überließen den anderen, was sie für weniger wichtig oder zu schwierig hielten, den Literal- oder Spiritualsinn, andere handelten sie ohne inneren Zusammenhang in aufeinanderfolgenden Arbeitsgängen ab. In der prakt. Texterklärung hielten sich die Autoren kaum an die eigenen langatmigen hermeneut. Darlegungen. Ursprgl. als Brücke vom AT zum NT versucht, war die Allegorese oft in Willkür und spieler. Virtuosität, die littera zum leeren Lippenbekenntnis entleert. Die Hochscholastik suchte ernst zu machen, wenn auch mit unzureichenden Mitteln. Der hebr. Text blieb lange mit dem alten Verdacht belastet, die Juden hätten ihn durch Ausmerzung alles Christolog. verfälscht. Trotz nicht unfreundl. Kontakte mit Juden nahmen bei den Exegeten brauchbare Hebräischkenntnisse nur langsam zu und hingen von der persönl. Initiative ab. – Die Typologie galt wie die Allegorie als im NT begründet. Die theoret. einfache und klare Unterscheidung zw. dem Wort als der Grundlage der Allegorie und der res oder dem eventus als Grundlage der Typologie wurde aber in der Praxis kaum durchgehalten. – Die Mystik suchte eine Art assimilator. Aneignung und kümmerte sich wenig um exeget. Theorien und Techniken. – Obwohl kanonisch und autoritativ, war dem MA das AT nicht der Ort der Kirche und des Christen. Identifikation mit dem NT vermied es ebenso wie einen abrupten, unvorbereiteten Neuanfang. Die Allegorese sollte mit ihren steigernden Wertvergleichen das Verhältnis anschaulich machen. Beschränkung auf den Literalsinn war dem Verdacht des Christus ausschließenden »Judaisierens« ausgesetzt. – Die Einzigkeit des Literalsinnes wurde zunächst wohl wie selbstverständl. vorausgesetzt. Strittig war, ob z. B. eine Metapher zu ihm gehört. Meist wurde dies bejaht. Nachdem schon zumindest → Hugo von St-Victor die Möglichkeit einer weiteren Fassung der historia angedeutet hatte (Didascalicon de studio legendi l. 6, c. 3), ergänzte → Thomas v. Aquin die übliche grammatikal. Definition des Literalsinnes durch eine nicht ganz eindeutige theol., die jedenfalls so verstanden wurde, daß zum Literalsinn all das gehört, was der göttl. Urheber sagen wollte (S. th. I, q. 1, a. 10; vgl. Augustinus, Confessiones l. 12, 18. 19. 31). Damit wurden lit. Erkennungsmerkmale noch unsicherer, und man formalisierte dafür die Autorität der Kirche als Kriterium. Der konsequenteste Literalist, → Nikolaus v. Lyra, nimmt für jene atl. Stellen einen mehrfachen Literalsinn an, die im NT zitiert sind, und unterwirft als erster ausdrückl. alle seine Erkenntnisse dem Urteil der Kirche. Unter dem Zwang der Systematik tauchen weitere Fragen auf, etwa die Wirksamkeit der atl. Sakramente, die Heilsmöglichkeiten atl. Menschen. Nach Thomas, Jacobus Pérez de Valencia, Gabriel → Biel u. a. hat eine zeitl. im AT lebende Elite das Gesetz geistl., also ntl. verstanden, so daß sie gerettet wurde.

γ) *Grundzüge der Literatur:* Die ma. exeget. Lit. zum AT ist immer noch ungenügend erschlossen. – Ansätze in Einzelarbeiten neben den hochma. ausgefahrenen Wegen mechan. tradierter Vätertexte und Allegorien fanden bes. schwer Echo, so daß von mancher späteren Errungenschaft nicht bekannt war, daß sie schon einmal vergessen worden war. So unterschied z. B. Beda Venerabilis das opus distinctionis vom opus ornatus. Die karol. Renaissance war fruchtbarer als originell. → Hrabanus Maurus faßte das exeget. Vorgehen in hermeneut. Regeln, kommentierte traditionell alle gesch. Bücher des AT, mehrere weisheitl. (Spr, Weish, Sir) und prophetische (Jer, Ez). → Paschasius Radbertus kannte keinen lat. Vorläufer zu den Klgl (auf Christus, die Kirche, das ird. Exil gedeutet). → Haimo v. Auxerre lieferte eine »Epitome historiae sacrae« und einen Kommentar zum Hld, → Remigius v. Auxerre einen zu den Ps mit einer bemerkenswerten Einleitung. Nach der großen Lücke des 10. und 11. Jh. kündete sich in → Rupert v. Deutz die Hochscholastik an durch die Vorliebe für systemat. Ordnung und den Literalsinn (Koh und Dodekapropheton). In »De victoria verbi« stellte er, aus gegebenem Anlaß von Makk ausgehend, die Heilsgeschichte des AT dar und setzte sie ins NT und die Kirche fort. In dem wenig späteren »Didascalicon de studio legendi« Hugos v. St-Victor erhielt das AT sowohl in einer hist. wie in einer allegor., d. h. systemat. Übersicht des Heils (l. 6, c. 3 und 4) den weitaus größten Raum, anscheinend, weil es mehr an anschaul. Einzelheiten bietet und die Systematik noch in den Anfängen steckte. Hugos Programm regte an. → Andreas v. St-Victor erklärte lebensvoll und literal Pentateuch, Geschichtsbücher, Spr, Koh und Jes. Stephan → Langton entwickelte altmodisch – als letzter sogar auf Grund der Etymologie – im vorhinein den vierfachen Sinn, legte aber modern den Nachdruck auf den literalen. Von nur begrenzter Wirkung blieb → Joachims v. Fiore Versuch, das AT als Epoche des Vaters zu deuten. Das 13. Jh. neigte trotz des Interesses am Literalsinn dazu, ihn durch fremde, übertriebene Systematisierungen zu verdecken. → Albertus Magnus ragt durch krit. Sachlichkeit hervor. → Roger Bacon beklagte sich über das Übergewicht der Systematik zum Schaden des Bibelstudiums. Daneben war die allegorisierende Gewohnheit lit. nicht ausgestorben, wie u. a. Alberts »Mulieris fortis encomium« zeigt.

Schule machten unmittelbar nur wenige Werke, die das ganze AT und NT umfaßten und als Textbücher unentbehrlich wurden. Unter den bevorzugten atl. Büchern stand an erster Stelle der Psalter. Er war so verbreitet, daß Vollbibeln oft auf ihn verzichteten. 1105 reihte → Odo, Bf. v. Cambrai, den hebr., gr., röm. und gallikan. Psalter nebeneinander. Des Thomas v. Aquin Kommentar zum Psalter ist unter allen seinen Kommentaren am wenigsten persönlich, am stärksten traditionell, weil er an diesem Brennpunkt des Gebetes und der Theologie nicht vom Hergekommenen abzuweichen wagte. Die Hld wurde oft im Verband der Weisheitsbücher (bes. seit dem 13. Jh. viel beachtet), aber auch für sich selbst behandelt. Es war das Lieblingswerk der Mystiker. Andererseits suchte schon die Frühscholastik ein nüchterneres, rationales Verständnis. Der Buchstabe des Hld galt mancherorts allerdings als so profan und gefährlich, daß volkssprachl. Übersetzungen nicht geduldet wurden. Koh und Spr kamen dem rationalen Zug der Zeit entgegen. Auffallend häufig wurde das Lob der starken Frau (Spr 31) kommentiert. Oktateuch, Pentateuch und Gen interessierten wegen der Anfänge und des Gesetzes; insbes. richtete sich die Aufmerksamkeit auf das Hexaëmeron, das Zelt und den Tempel. Spätestens seit → Gregor d. Gr. war Ijob der beliebteste Exerzierplatz der Allegorese. Der erste literale Kommentar stammt von → Roland v. Cremona. Thomas v. Aquin ging Ijob nach systemat. und bibeltheol. Gesichtspunkten an. Unter den Propheten interessierten am häufigsten Jes und Jer. Als Bibel und Systematik im 13. Jh. sich method. und didakt. getrennt hatten, erhielten die loci theologici die Führung. Das AT trat zurück. Trotz ztw. Sorgen mit Ketzern (vgl. Abschnitt B III.) kam es im MA nicht zu einer eigtl. Existenzkrise des AT (vgl. Markion). Eine gewisse Spannung bestand jedoch immer, weil es keine volle Deckung im NT fand. Die Allegorese bot in ihrer Vereinfachung den bequemsten Ausweg. Es blieb schwierig, die atl. littera vor dem NT ehrlich zu wahren, zumal eine im Grunde mechan. Auffassung vom Literalsinn mitging. Die vereinheitlichende Rubrizierung des AT als Wort Gottes und Autorität suggerierte, daß an sich in jedem (gesch.) Bericht, (jurid.) Gesetz oder (moral.) Gebot der (lehrhaften) Unterweisung Gott unmittelbar, jeweils hier und jetzt eine Verpflichtung auferlegte. Die tatsächl. Lehr- und Lebenstradition der Kirche belehrte zwar eines besseren, da aber das MA zu einem genet. Verständnis nicht durchgedrungen war, kannte es im Grunde nur die direkte Konfrontation von Text und Jetzt. Method. und sachl. ist dies überholt. Es bleibt aber geistes-, frömmigkeits- und theologiegeschichtl. interessant. J. Gamberoni

g) *Zur Auslegung des NT:* Die Gesch. der ma. Auslegung des NT läßt sich im Blick auf das Formale seit einigen Jahren besser als früher beschreiben. Aber es ist noch längst nicht zu übersehen, wieweit ihr Inhalt sich veränderte, seit die Kommentare der Väterzeit nicht mehr nur rezipiert, sondern, v. a. seit dem 12. Jh., selbständig weiterentwickelt wurden. In mehreren exegesehist. Arbeiten wird allerdings die Auslegung einzelner Bibelstellen oder bibl. Schriften nachgezeichnet. Es gibt auch Untersuchungen, die auf den Inhalt einzelner bekannter Kommentare, z. B. zu Röm und Offb, eingehen. Aber die Ergebnisse dieser Arbeiten gleichen schmalen Schneisen in einem unerforschten Gelände. Nur über die Auslegung der Offb, die mit Mt, Joh und den Paulusbriefen zu den am meisten kommentierten Büchern des NT gehörte, gibt es nähere Informationen. Monographien über die Auslegung z. B. eines Evangeliums oder der Evangelien, der Apg, eines Briefes oder auch der Offb, die das ganze MA umfaßten und dem neueren Forschungsstand entsprächen, sind jedoch noch nicht erschienen. Unter diesen Umständen kann das, was in der ma. Auslegung des NT inhaltl. geschehen ist, hier nicht einmal anskizziert werden. Dennoch sei einiges angemerkt, was mehr oder weniger auf die ganze ma. Auslegung des NT zuzutreffen scheint.

Die Theologen des MA waren wohl immer tief von der Einheit der in der chr. Kirche auszulegenden B. überzeugt. Origenes hatte schon geschrieben, die ganze Schrift sei ein einziges Buch (In Joh, 5), Gregor d. Gr. lehrte, daß die Aussagen Gottes, obwohl der Zeit nach verschieden, dem Sinn nach geeint seien (In Ez, 1, 5, 14), und bei Hugo v. St-Victor war zu lesen, die ganze Schrift sei ein Buch, und dieses eine Buch sei Christus, weil die ganze Schrift von ihm spreche und in ihm erfüllt werde (De arca Noe morali, 2, 8).

Es gab zwar nicht wenige Theologen, die nur atl. bzw. ntl. Bücher auslegten. Aber die Arbeit der übergroßen Mehrheit der produktiveren Exegeten erstreckte sich auf Bücher aus beiden Testamenten. Solange der lat. Text als Hauptgrundlage akzeptiert wurde, war dies auch kein allzu großes Problem. Kenner des Hebr. (z. B. → Andreas v. St-Victor [20. A.], Herbert v. Bosham, → Alexander Neckam [27. A.], Petrus Rossius, → Aegidius v. Viterbo [13. Ae.]) kommentierten natürl. mit Vorliebe das AT. Im SpätMA machten sich auch, z. B. bei einigen Augustiner-Eremiten, bei einigen Wiener Exegeten des 15. Jh. und v. a. bei jenen Humanisten, die der hebr. die gr. Sprache bei weitem vorzogen, Tendenzen zu einer Konzentration auf das NT bemerkbar. Aber die spätere Trennung von atl. und ntl. Exegese war dem MA fremd.

Die theol. Bibelauslegung des MA war außerdem nicht nur dort ntl., wo sie sich unmittelbar mit Schriften des NT befaßte. Es ging ja im Sinn von Röm 7, 6 und 2 Kor 3, 6 immer irgendwie darum, die eine und ganze B. nicht mehr gemäß der Veraltetheit des tötenden Buchstabens, sondern gemäß der Neuheit des lebendigmachenden Geistes zu interpretieren. Die Notwendigkeit, den chr. Glauben fortwährend im Übergang vom zeitl. Veraltenden zum ewig Neuen zu vollziehen, bestimmte weithin auch das subjektive Verhalten der Ausleger. Sie bewegten sich daher auch dort, wo sie das Gespräch mit jüd. Exegeten suchten und sich von ihnen anregen ließen, im Bereich ntl. Auslegung. Es scheint, daß so gut wie alle die Überzeugung des Origenes teilten, daß für die Christen das eine und das andere Testament ein – zwar nicht aufgrund des Zeitablaufs, aber aufgrund der Neuheit des Verstehens – neues Testament sei (Num. hom. 9, 4). Die Neuheit des NT wurde also nicht nur wie eine jener Neudeutungen verstanden, die in der religiösen Lit. vieler Völker und bes. auch im AT vorkommen. Sie wurde vielmehr als die einmalige, immerwährende Neuheit des Geistes betrachtet, die der Kirche nach der Auferstehung des Mensch gewordenen und gekreuzigten Sohnes Gottes geschenkt worden war (vgl. Joh 7, 39). Im Licht dieser Neuheit konnte gesagt werden, daß Jesus Christus den Schatten und das Bild in die Wahrheit verwandelt (Haimo, In Hebr.) und durch seine Auferstehung und Himmelfahrt das verschlossene Buch geöffnet habe (Bernhard v. Clairvaux, Sermo 57 de diversis, 2). Das Neue erschien also nicht nur als das, was dem Alten innerzeitl. nachfolgte und selbst wieder alt werden mußte, sondern als die grundsätzl. unüberbietbare Offenbarung des Ewigen, von der sich der Sinn der Herkunft, Gegenwart und Zukunft der ganzen Gesch. Gottes und der Welt überhaupt erst aufhellen ließ.

Es genügte jedoch nicht, die Neuheit des Geistes und den darin vernehmbaren Zusammenklang der beiden Testamente hymn. zu rühmen. Sobald es um die konkrete Auslegung einzelner Texte ging, ergaben sich immer wieder schwere Probleme. Wie konnten die Ausleger gemäß der Forderung Gregors d. Gr. das NT so annehmen, daß sie das AT nicht verwarfen und zugleich das AT so verehren, daß sie in dessen fleischl. Opfern mit Hilfe des Geistes stets das NT erkannten (In Cant, 7)? Wie konnte »der große Abstand zw. Buchstabe und Geist, zw. Figur und Wahrheit, zw. Schatten und Leib« (Johannes Scotus Eriugena, In Joh, fr. 2) überbrückt werden? Die Ausleger mußten immer wieder beweisen, daß ein Übergang vom Alten zum Neuen möglich war, bei dem das Alte nicht als bedeutungslos oder das Neue nicht als überflüssig erschien. Nicht selten sah man sich auf der einen Seite beinahe gezwungen, die im AT beschriebene Gesch. eben doch nur als Schatten, Figur oder Buchstaben zu betrachten oder man war auf der anderen Seite versucht, das Alte so mit dem Neuen zu vermischen, daß Gesetz und Evangelium fast nicht mehr unterschieden werden konnten. Manches scheint darauf hinzuweisen, daß man wohl eher geneigt war, die Bedeutung des AT zu unterschätzen, als die Überlegenheit des NT zu relativieren. Man nahm z. B. die Menschen, die von der Liebe und Gnade des Hl. Geistes erfüllt waren und hauptsächl. eine geistl. und ewige Erfüllung der Verheißungen Gottes erhofften, aus dem AT heraus und erklärte: »In dieser Hinsicht gehörten sie zum Neuen Gesetz« (Thomas v. Aquin, S. th., I–II, 107, 1 ad 2). Dadurch mußte der Eindruck entstehen, das AT sei als solches nur ein Schatten- und Sklavenreich für lieblose, unbegnadete, in fleischl. und zeitl. Vorstellungen befangene Menschen. Es ginge jedoch zu weit, wenn man (wie z. B. J. S. Preus) den ma. Bibelauslegern das Verständnis für die theol. Bedeutung der Verheißungs- und Glaubensgeschichte des AT weitgehend absprechen wollte. Die noch längst nicht genügend untersuchten Äußerungen zu dieser Frage stehen einander oft dialekt. gegenüber und lassen sich nicht einseitig festlegen. Durch die evangel. Bewegung des 12. und 13. Jh. wurde jedenfalls, wie die zahlreichen Kommentare zeigen, das theol. Interesse nicht nur für die ntl., sondern auch für die atl. Heilsgeschichte gefördert.

Die gegenseitige Durchdringung der atl. und ntl. Exegese führte allerdings auch dazu, daß zuweilen das, was für die Zeit des Gesetzes galt, fast unverändert in die Zeit des Evangeliums übertragen wurde. Der Glanz der Neuheit des Evangeliums schien so etwas zu verblassen. Joachim v. Fiore und seine Anhänger waren sogar geneigt, nicht nur das AT, sondern auch das NT wie einen Buchstabentext ohne geistl. Auslegung zu betrachten und die Offenbarung des neuen und ewigen Evangeliums erst von der kommenden Zeit des Hl. Geistes zu erwarten. Diese Herabsetzung der überlieferten Auslegung des NT wurde zwar von den meisten Theologen abgelehnt, aber auch sie mußten sich fragen, ob das NT, das doch schon die geistl. Auslegung des AT darstellte, nicht nochmals geistl. auszulegen sei. Denn einerseits schien eine solche geistl. Auslegung die Endgültigkeit des Christusereignisses zu relativieren, andererseits konnte aber der Geist Gottes aus der Auslegung des NT auch nicht ausgeschlossen werden. Die meisten Ausleger lösten diese Probleme anscheinend dadurch, daß sie den buchstäbl. Sinn des NT als den Sinn anerkannten, in dem die endgültige Wahrheit des Evangeliums enthalten war. Allegor. Auslegungen schränkten sie ein, weil sie der Unüberbietbarkeit des NT im ganzen nicht mehr angemessen waren. Sie betonten jedoch die Notwendigkeit der tropol. Auslegung, in der die Bedeutung des NT für das chr. Leben in der Gegenwart erläutert wurde. Auch ein gewisses Verständnis für die Bedeutung der anagog. Auslegung des NT scheint im MA immer lebendig geblieben zu sein. Denn es war den Auslegern wohl bewußt, daß die Mysterien Christi »Typen himml. Wahrheiten sind, die erst offenbart werden, wenn wir die verstehen werden, in dem wir verstanden sind, und wenn wir es nicht mehr durch einen Schleier, sondern von Angesicht zu Angesicht sehen werden« (Jacobus Faber Stapulensis, In Hebr. 12). – Zum Einfluß der B. auf die bildende Kunst vgl. → Bibelfenster, → Bibelillustration, → Biblia pauperum.   H. Riedlinger

Bibliogr.: Allgemeinbibl.: Elenchus Bibliographicus Biblicus, I, 1920 ff. – Intern. Zeitschriftenschau für Bibelwiss. und Grenzgebiete I, 1951/1952 ff. – *Speziell:* RBMA I–II, 1949–80 (wichtigstes bibliogr. Werk mit 11780 Nrr., von denen mehr als die Hälfte ungedruckte Schr. bezeichnen) – CPL 1951¹, 1961² (Sacris Erudiri 3) – H. Karpp, Die B. in der ma. Kirche, Theol. Rundschau 29, 1963, 301–304 – J. B. Schneyer, Rep. der lat. Sermones des MA für die Zeit v. 1150–1350, BGPhMA 43, 1–8, 1969–78 – G. A. Benrath, Neuere Arbeiten zur ma. Schriftauslegung, Verkündigung und Forsch. 16, 1971, 25–55 – K. Reinhardt, Die bibl. Autoren Spaniens bis zum Konzil v. Trient (Instituto de la Teología Española, Subsidia 7), 1976.
Lit.: Gesamtdarstellungen: H. Rost, Die B. im MA, 1939 – B. Smalley, The Study of the Bible in the MA, 1941¹, 1952², 1964³ – C. Spicq, Esquisse d'une hist. de l'exégèse latine au MA (Bibl. thomiste 26), 1944 – RGG III, 242–262 [G. Ebeling, s. v. Hermeneutik] – J. Wood, The Interpretation of the Bible, 1958 – H. de Lubac, Exégèse médiévale, I, 1–2; II, 1–2, 1959–64 – DSAM IV, 128–211 – La Bibbia nell' alto medioevo (Sett. cent. it. 10), 1963 – R. M. Grant, A short Hist. of the Interpretation of the Bible, 1965 – H. de Lubac, L'Écriture dans la

Tradition, 1966 – The Cambridge Hist. of the Bible, II, ed. G.W. H. LAMPE, 1969 – R. SCHÄFER, Die Bibelauslegung in der Gesch. der Kirche (Studienbücher Theologie), 1980 – *Speziell* (Auswahl seit 1969, vgl. G. A. BENRATH): J. S. PREUS, From Shadow to Promise. Old Testament Interpretation from Augustine to the Young Luther, 1969 – W. AFFELDT, Die weltl. Gewalt in der Paulus-Exegese, 1969 (Forsch. zur Kirchen- und Dogmengesch. 22) – J. B. SCHNEYER, Gesch. der kathol. Predigt, 1969 – M. E. SCHILD, Abendländ. Bibelvorreden bis zur Lutherbibel (Q. und Forsch. zur Reformationsgesch. 39), 1970 – V. MARCOLINO, Das AT in der Heilsgesch. Unters. zum dogmat. Verständnis des AT als heilsgesch. Periode nach Alexander v. Hales, BGPhMA NF 2, 1970 – U. HORST, Gesetz und Evangelium. Das AT in der Theologie des Robert v. Melun, VGI NF 13, 1971 – H. MERCKER, Schriftauslegung als Weltauslegung. Unters. zur Stellung der Schr. in der Theologie Bonaventuras, VGI NF 15, 1971 – M. ARIAS REYERO, Thomas v. Aquin als Exeget, 1971 – M. A. SCHMIDT, Roger Bacons Verteidigung der »bibl.« gegen die »systemat.« Lehrweise in der Theologie, ThZ 28, 1971, 32–42 – H. HOEFER, Typologie im MA, 1971 – G. EBELING, Lutherstudien I, 1971 – K. GUTH, Zum Verhältnis v. Exegese und Philos. im Zeitalter der Frühscholastik, RTh 38, 1971, 121-136 – H. J. SPITZ, Die Metaphorik des geistigen Schriftsinns, 1972 – R. PEPPERMÜLLER, Abaelards Auslegung des Römerbriefes, BGPhMA 10, 1972 – P. GLORIEUX, Deux éloges de la Sainte Écriture par Pierre d' Ailly, Mél. de science religieuse 29, 1972, 113–129 – S. T. LACHS, The source of Hebrew Traditions in the Hist. Scholastica, Harvard Theological Rev. 66, 1973, 385–386 – G. WENDELBORN, Gott und Gesch. Joachim v. Fiore und die Hoffnung der Christenheit, 1974 – DERS., Die Hermeneutik des kalabres. Abtes Joachim v. Fiore, Communio Viatorum 17, 1974, 63–91 – U. KÖPF, Die Anfänge der theol. Wissenschaftstheorie im 13. Jh., BHTh 49, 1974 – W. LEWIS, Peter John Olivi: Prophet of the Year 2000 [Diss. Tübingen 1975] – M. MCNAMARA, Biblical Stud. The Mediaeval Irish Contribution (Proceedings of the Irish Biblical Association 1), 1976 – M. RISSEL, Rezeption antiker und patrist. Wiss. bei Hrabanus Maurus (Lat. Sprache und Lit. des MA 7), 1976 – F. OHLY, Halbbibl. und außerbibl. Typologie (DERS., Schriften zur ma. Bedeutungsforsch., 1977, 361–400) – O. H. PESCH, Exegese des AT bei Thomas (Thomas v. Aquin, Das Gesetz [Die dt. Thomas-Ausgabe 13], 1977, 682–716 – H. SCHÜSSLER, Der Primat der Hl. Schrift als theol. und kanonist. Problem im SpätMA, VIEG 28, 1977 – H. FELD, Die Anfänge der modernen bibl. Hermeneutik in der spätma. Theologie (Inst. für europ. Gesch. Mainz, Vortr. 66), 1977 – U. KÖPF, Religiöse Erfahrung in der Theologie Bernhards v. Clairvaux [Habil. Schr., München 1978] – T. DOMANYI, Der Römerbriefkomm. des Thomas v. Aquin, 1979 – J. PIETRON, Geistige Schriftauslegung und bibl. Predigt, 1979.

II. OSTKIRCHE: [1] *Gestalt*: Die griech., später gewöhnl. »byzantinisch« gen. Kirche übernahm die Schriften des AT in der Übersetzung der Septuaginta, die des NT in Sprache und Form ihrer ursprgl. Überlieferung. Das Idiom war also die Koinē des Hellenismus. Dabei blieb es die ganze Epoche des byz. Reiches hindurch und über den Untergang des Reiches und der Stadt hinaus. – Für den süd- und ostslav. Raum gilt die akslav. (altbulg.) Übersetzung als kanon. Bibeltext. Mit ihrer Herstellung haben sicher schon die »Slavenapostel«, die Brüder Konstantinos-Kyrillos und Methodios, im 9. Jh. begonnen, wenigstens für jene Teile, die für die Feier der Liturgie und des Gottesdienstes überhaupt notwendig waren. Vielleicht geht auf die Übersetzertätigkeit der beiden der slav. Paremejnik zurück, eine gern benützte Sammlung von Bibelsprüchen, die sich durch große Treue gegenüber dem gr. Text auszeichnet. Die Vita des Methodios (Kap. 15) nennt diesen, darin kaum glaubwürdig, den Übersetzer der ganzen Bibel außer Makk. Über den Umfang der früheren Übersetzungen lassen sich sonst keine genauen Angaben machen (→ Bibelübersetzungen, altkirchenslavische).

[2] *Kanon*: Der Umfang des bibl. Kanons ist für die Ostkirchen das ganze MA hindurch (und bis heute) nicht endgültig festgelegt worden. Entscheidend war und ist Kan. 2 des Quinisextum (Trullanum II) vom Jahr 691, das u. a. die beiden Lokalsynoden v. Laodikeia (zw. 360 und 381?) und Karthago (397) sowie die sog. Apostol. Kanones anerkannt hat, damit auch die hier aufgeführten Verzeichnisse der bibl. Bücher (Laodikeia Kan. 60; Karthago Kan. 47; Apost. Kan. 85). Außerdem nennt das Quinisextum noch Athanasios, Gregor v. Nazianz und Amphilochios v. Ikonion als Rechtsquellen und bestätigt damit auch die von ihnen aufgestellten Verzeichnisse. Da die Synode selbst keinerlei Wertung vornimmt und die Verzeichnisse einander nicht ausschließen, sondern eher ergänzen, kam es weder in den gr. noch in den slav. Kirchen jemals zu ernsthaften Debatten über den Umfang des bibl. Kanons. Unentschieden blieb v. a. die Stellung der sog. deuterokanon. Bücher des AT, die z. B. Athanasios noch ausschließen will, obwohl er sie andererseits zur Lektüre für solche empfiehlt, die im Glauben unterwiesen werden wollen. Vielleicht geht darum auf ihn die Bezeichnung dieser Bücher als *Anaginoskomena* zurück, wie sie im Osten bis heute gebräuchl. ist. Seine Autorität war andererseits vermutl. ausschlaggebend für die endgültige Anerkennung der Apokalypse in der gr. Kirche (vgl. seinen 39. Osterbrief vom Jahr 367; MPG 26, 1437B); die Kappadoker und Johannes Chrysostomos haben sie abgelehnt. Die deuterokanon. Schriften des AT rechnet noch Johannes Damaskenos nicht zum eigtl. Kanon (vgl. de f. orth. IV 17; MPG 94, 1180C). Umfassend, auch hinsichtl. der deuterokanon. Bücher des AT, ist allein das Verzeichnis der Synode v. Karthago (397), und für den prakt. Umgang mit der B. jedenfalls hat es sich allem Anschein nach durchzusetzen vermocht, in den gr. wie in den slav. Kirchen gleichermaßen, soweit das MA in Frage steht. Die Erbauungsliteratur bes. des slav. Bereichs neigte darüber hinaus dazu, auch außerbibl. Apokryphen zu benützen.

[3] *Erklärung*: Bereits im 3. Jh. begegnen wir im Osten zwei »Schulen«, die für die Arbeit mit und an der B. entscheidend wurden und die gesamte theol. Entwicklung im 4. Jh. bestimmten, darüber hinaus wichtige Impulse für den theoret. und prakt. Umgang mit der B. während des ganzen MA gaben. Die ältere war die sog. Katechetenschule v. Alexandreia; ihre Anfänge reichen noch in das 2. Jh. zurück (Pantainos, Klemens), ihre volle Entfaltung fand sie durch Origenes († 253/254). Dieser unterschied einen dreifachen Schriftsinn: einen somat., psych. und pneumat.; der pneumat. allein sei entscheidend. Das Prinzip seiner Schrifterklärung war somit die Allegorese (→ Allegorie, Allegorese). Die Vertreter der Schule im 4. und 5. Jh. (→ Athanasios, → Didymos der Blinde, → Kyrillos; die drei großen Kappadoker), auch als neualexandrin. Schule bezeichnet, benutzten weiterhin die Allegorese, allerdings mehr für die erbaul. Schriftauslegung, während sie sich für die Theologie eher um den Wortsinn bemühten. – Dieser Wortsinn war von Anfang an das exeget. Prinzip der anderen, der antiochen. Schule, in der Patristik darum Exegetenschule genannt. Als Gründer gilt → Lukianos v. Samosata († 312). Zur Blüte führte sie → Diodor v. Tarsos († vor 394), unter seinen Schülern waren → Johannes Chrysostomos und → Theodoros v. Mopsuestia, aus der Schule gingen → Nestorios u. → Theodoret v. Kyr[rh]os hervor. Mit dem Literalsinn verband man die Betonung der Geschichtlichkeit; man verwendete aber auch die Typologie und schuf damit eine Art Ausgleich zur Allegorese. In der Praxis sind die beiden Richtungen nicht immer so scharf zu unterscheiden, was bes. von den sog. Neualexandrinern gegenüber den Antiochenern gilt. – Im übrigen nahm man die Verkündigung des Wortes Gottes immer sehr ernst. Kan. 19 des Quinisextums macht es den »Vorstehern der Kirchen«, d. h. den Bf.en, zur Pflicht, »jeden Tag, bes. aber an den Sonntagen, Klerus und Volk über die Religion zu belehren, wobei sie aus der Hl. Schrift Sinn und Weisung der Wahrheit

erheben und die bereits erlassenen Definitionen oder vielmehr die Überlieferung von den gottragenden Vätern her nicht überschreiten sollen«. Die Treue zur Tradition wurde demnach bes. betont: »darin sollen sie sich mehr auszeichnen als in der Aufstellung eigener Lehren«. – Vom 4. Jh. an geschieht denn auch die Erklärung der B. v. a. in der Form der *Homilie*. Dafür stehen z. B. die Kappadozier: Von → Basilius (Basileios) und seinem Bruder → Gregor(ios) v. Nyssa besitzen wir Homilienreihen zum »Hexaëmeron« der Gen. Berühmt ist v. a. Johannes Chrysostomos; von ihm allein sind uns Homilienserien überliefert zu Gen, den Pss und Jes, weiterhin 90 Homilien zu Mt, 88 zu Joh, 63 zur Apg und andere zu allen Paulinen, unter denen wieder die zu Röm bes. erwähnt sein. Daneben stehen eigtl. exeget. Werke, als Beispiel sei Kyrillos v. Alexandria genannt, der Erklärungen zum AT wie zu ntl. Schriften geschrieben hat. Mit dem 5. Jh. geht allerdings die Zeit selbständiger Exegese wesentl. schon zu Ende, wenn es auch später noch einige bedeutende Exegeten gegeben hat. Hier ist v. a. → Photios († 891?) zu nennen, dessen »Amphilochia« wenigstens 240 Eratapokriseis zu exeget. Fragen enthalten; anderes ist uns nur in Katenen, die zahlreiche Auszüge unter seinem Namen bringen, überliefert.

Diese *Katenen* sind es, die seit dem 6. Jh. das Feld der Exegese beherrschen – nach H.-G. BECK »florilegistisch aneinandergereihte, graphisch sehr verschieden angeordnete, fortlaufende Erklärungen (Scholien) zum vollgebotenen oder auch nur stichwortartig angedeuteten laufenden Text einzelner bibl. Bücher« (BECK, Kirche, 414). Die Entwicklung solcher Katenen kann von der Einmannkatene bis zur Massenkatene gehen, je nach der Zahl der Autoren, deren Erklärungen man exzerpierte, bis dann eine nachfolgende Zeit aus der Massenkatene wieder eine Auswahlkatene anfertigte. Den Reigen der »Katenenschmiede« hat allem Anschein nach → Prokopios v. Gaza (ca. 475–528) eröffnet, mit einer Katene zum Oktateuch und den übrigen hist. Büchern des AT, die als Gesamtwerk verlorengegangen zu sein scheint, und mit weiteren zu Jes, Hld, Spr und Koh. Das 6. Jh. bedeutet gleich eine erste Blütezeit der Katenenliteratur. Die Katenen zu den großen Propheten erfahren ihre Vollform erst im 7. Jh. (BECK, Kirche, 420). Solche zu den ntl. Schriften werden im 6. Jh. wenigstens grundgelegt. Die Katenenarbeit setzt sich die ganze byz. Zeit hindurch fort, wenn auch in bescheidenerem Ausmaß. Nach der Jahrtausendwende wären etwa zu nennen → Niketas v. Herakleia († 1100) oder Makarios Chrysokephalos († 1382?). Ebenso gab es, wenn auch selten, noch eigtl. *Kommentare* zu bibl. Büchern, wofür Theophylaktos v. Bulgarien († um 1108) zeugen kann. Das Interesse an der B. blieb immer wach, doch eine wirkl. selbständige Exegese brachte die spätbyz. Epoche nicht mehr hervor.

Der älteste slav. Kommentar ist der Šestodnev (»Sechstagewerk«) des → Johannes, des Exarchen von Bulgarien, vielleicht um 893 für den Zaren Symeon (893–927) geschrieben. Er schöpft aus dem Hexaëmeron des Basilius, dem Gen-Kommentar → Severianos' v. Gabala u. aus Theodoret v. Kyr(rh)os, vertritt aber auch eigenständige Auffassungen. Aus dem 10. Jh. stammt der »Zlatostrui«, die slav. Übersetzung einer wohl schon vorher bestehenden Sammlung von 135 – die Zählung schwankt – Homilien des Johannes Chrysostomos, z. T. exeget. Inhalts. Daneben werden weitere gr. Väter übersetzt und zur Bibelerklärung benützt, v. a. nach dem Eintritt der Kiever Rus' in die chr. Geschichte. Sie steuert früh auch eigenständiges Gut bei. Um 1039 hält → Ilarion, nachher der erste russ. Metropolit, seine berühmte »Rede über das Gesetz und die Gnade«, d. h. über die Bedeutung des AT und des NT. → Klemens (Kliment) v. Smolensk († 1154), etwa 100 Jahre nach ihm zweiter russ. Metropolit v. Kiev, verteidigt die allegor. Schriftauslegung in der einzigen von ihm erhaltenen Schrift. Bf. → Kyrill (Kiril) v. Turov († 1189) behandelte in seinen Predigten, oftmals abgeschrieben, auch bibl. Themen. Beachtung verdient in diesem Zusammenhang schließlich die schon erwähnte Arbeit des Metropoliten Aleksij, der mit seiner Übersetzung des NT auch zu einem besseren Schriftverständnis beitragen wollte; durch Wortwahl und Wortneuschöpfungen, durch Korrekturen und Kritik an der überkommenen akslav. Textform verfolgte er wenigstens indirekt auch die Ziele der Hermeneutik.

[4] *Bedeutung:* Welche Bedeutung man der B. zuerkannte, erhellt bereits deutl. aus dem bisher Gesagten über Erklärung und Verkündigung des Wortes Gottes, nicht zuletzt aus dem angeführten Kan. 19 des Quinisextum. Johannes Chrysostomos mahnt die Gläubigen zum aufmerksamen Hören des Gotteswortes (vgl. z. B. hom. 31, 4 in Hebr; MPG 63, 218) wie zu häusl. Schriftlesung (z. B. hom. 21, 6 und 29, 2 in Gen; MPG 53, 183 und 262). Prediger und Lehrer des geistl. Lebens schöpfen ununterbrochen aus den bibl. Büchern. Darum spielte die B. eine entscheidende Rolle auch im Ursprung und in der Entwicklung des Mönchtums. Für Antonios' Entschluß war Mt 19, 21 ausschlaggebend (Vita s. Ant. 2; MPG 26, 842). → Pachomios schließt jeden aus dem Kl. aus, der nicht lesen lernt und wenigstens das NT und den Psalter beherrscht (Reg 139f.; MPL 23, 82). Nach Basilius ist der Mönch verpflichtet, Gottes Willen aus der Hl. Schrift kennenzulernen, weshalb die Eintretenden sich mit ihren Lehren beschäftigen müssen (Reg br. tract. 45 und 95; MPG 31, 1112 und 1148f.); er kennt die Schriftlesung während der Mahlzeiten (ebd. 180; 1204). Die Vorsteher müssen sich um eine umfassende Kenntnis der Schrift bemühen, um die anderen recht belehren zu können; sie müssen sich aber auch der größeren Verantwortung bewußt sein, weil ihnen Größeres anvertraut wurde (ebd. 235/236; 1249f.). Ähnliche Hochschätzung der B. und der bibl. Kenntnisse wird vom Mönchtum überliefert. Aus ihr übernahm die in den Kl. zuerst entstehende Lit. Wort und Begriff und ihre Bildersprache. Der Kiever Paterik enthält nicht nur das Leben der Mönchsväter des Höhlenklosters, sondern läßt uns auch das in diesen Kreisen herrschende Bibelverständnis erkennen. Ohne Übertreibung kann man sagen, die B. sei das meist zitierte Buch in der alten Rus'. Dafür stehen nicht nur die kirchl. Zeugnisse, sondern ebenso etwa die Belehrungen des Gfs.en Vladimir Monomach an seine Söhne, die ganz aus dem Psalter schöpfen. Zeugnis von der Wertschätzung der B. geben nicht zuletzt die zahlreichen, teilweise sehr kostbaren *Bibelhandschriften*, die freilich immer nur Teile enthalten, wie das Ostromirevangelium (1056/1057), das Archangelsker Evangeliar (1092), das Tetraevangeliar von Halyč (1144) u. a.; gleiches gilt von den Hss. des Psalters, der das »Gebetbuch« der Mönche und Laien von Anfang an wurde. H. M. Biedermann

Lit.: *[allg.]*: M. JUGIE, Hist. du Canon de l'Ancien Testament dans l'Église Grecque et l'Église Russe, 1909 [Nachdr. 1974] – K. STAAB, Die gr. Katenenkommentare zu den Kath. Briefen, Bib 5, 1924, 296–353 – R. TRAUTMANN, Die Aruss. Nestorchronik, 1931 – K. STAAB, Pauluskommentare aus der gr. Kirche, 1933 – J. REUSS, Mt-, Mk- und Joh-Katenen, 1941 – ALTANER-STUIBER[8] – J. QUASTEN, Patrologie, 1949–63 – R. A. KLOSTERMANN, Probleme der Ostkirche, 1955 – J. REUSS, Mt-Komm. aus der gr. Kirche, TU 61, 1957 – R. AITZETMÜLLER, Das Hexaemeron des Exarchen Johannes, 7 Bde, 1958–75 – H. JAKSCHE, Das Weltbild im Šestodnev des Exarchen Johannes, Die Welt der Slaven 4, 1959, 258–301 – A. IVANOV, Tekstual'nye pamjatniki Svjaščennych Novozavetnych pisanij, Bogosl. trudy 1, 1959, 53–84 – K. HORÁLEK, La traduction vieux-slave de l'Évangile – sa version originale et son développement ultérieur, Byzslav 20, 1959, 267–284. – B. Vellas, Die Autorität der B. nach der Lehre der orth. Kirche, 1961 (Das östl. Christentum NF 15), 18–33 – Gesellschaftsordnung und geistige Kultur, hg. N. N. Woronin-M. K. Karger (Gesch. der Kultur der alten Rus', hg. H. D. Grekow-M. L. Artamonow, II, 1962) – J. Reuss, Joh-Komm. aus der gr. Kirche, TU 89, 1966 – B. Vellas, Die Hl. Schrift in der Gr.-Orth. Kirche (P. Bratsiotis, Die Ostkirche in gr. Sicht, 1970²) – E. Z. Granstrem, Ioann Zlatoust v drevnej russkoj i južnoslavjanskoj pis'mennosti (XI–XIV vv.), Voprosy Istorii russkoj srednevekovoj literatury, 1974 – R. Kaczynski, Das Wort Gottes in Liturgie und Alltag der Gemeinden des Johannes Chrysostomus, 1974 – M. I. Rižskij, Istorija perevodov biblii v Rossii, 1978 – F. J. Thomson, The nature of the reception of Christian Byzantine culture in Russia in the 10th to 13th cs and its implications for Russian culture, Gandensia 5, 1978, 107–139.

III. Häresien: Die verschiedenen Formen der ma. Häresie und des Ketzertums der lat. Kirche und Theologie, in welche vielfältige Elemente der altkirchl. Irrlehren des Arianismus (bei den Goten; → Arius, Arianismus), des Manichäismus und der Gnosis einflossen, unterschieden sich nicht im Gebrauch der B. von den Orthodoxen. Die radikale Ablehnung des AT, von Markion angefangen bis in das SpätMA (und in die NZ), konnte die allgemeine, auch von den Häresien mitgetragene Überzeugung von der Heilsbedeutung der Hl. Schrift nicht erschüttern. Daraus läßt sich erkennen, daß die Häresie durch Verschiedenheit der Auslegung entstand und sich nicht auf der Basis von Textdifferenzen entwickelte. Im wesentl. bleibt diese Situation bis zum Ende des MA unverändert. Das Problem der B. der Häretiker manifestiert sich in seiner vollen Komplexität erst mit dem Aufkommen der großen häret. Volksbewegungen seit dem 11. Jh.

Die religiöse Unruhe des 11. Jh. brachte verschiedene Manifestationen hervor, zum Teil mit hohem theol. Ansatz (wie die Kanoniker v. Orléans), zum Teil von eindeutig popularem Charakter, wie, am Ende des Jh. oder zu Beginn des folgenden, → Tanchelm in den Niederlanden oder später Leutard; sie fußten, was den Text betrifft, auf einer durchaus traditionellen Bibelkenntnis. Kenntnis und Auslegung des Textes differieren jedoch; in einigen Fällen wird eine spiritualist. Exegese angewendet, in anderen der Literalsinn betont bis hin zu einer Verwerfung der Allegorese; damit bereitet sich ein Phänomen vor, das D. Chenu »le réveil évangélique« genannt hat. Jedenfalls dürfte der übliche Bibeltext auch bei den Häretikern in Gebrauch gewesen sein, die in den Quellen unter dem allgemeinen Namen »manichaei« auftreten. Dies scheint z. B. aus den Nachrichten, die → Guibert v. Nogent über den Häretiker Clementius überliefert, hervorzugehen.

Was die Wanderprediger betrifft, orthodoxe und nichtorthodoxe, die hier wegen der oft sehr dünnen Trennwand zw. Orthodoxie und Häresie aufgeführt werden, so sind auch sie von der damals gebräuchl. B. inspiriert, auch wenn bei ihnen, ob es sich um den rechtgläubigen → Robert v. Arbrissel oder den häret. Mönch und Wanderprediger → Heinrich handelt, eine ausgeprägte Tendenz zu bemerken ist, dem NT im Verhältnis zum AT den Vorrang zu geben und eine möglichst dem Literalsinn nahekommende Interpretation zu bevorzugen.

In den verschiedenen religiösen Bewegungen der 1. Hälfte des 12. Jh. wird also die B. in gewohnter Weise verwendet, jedoch nicht ohne neue Probleme, die mit der Übersetzung in die Volkssprachen (→ Bibelübersetzungen) auftraten, durch die breiteren Personenkreisen der Zugang zu den bibl. Schriften ermöglicht wurde, was sich als sehr wesentl. Faktor erwies. Wenn es auch in den verschiedenen europ. Volkssprachen Übersetzungen der gesamten B. gibt, so wurden in vielen Fällen in erster Linie Teilübersetzungen angefertigt. Dies ist z. B. bei → Valdes gesichert, der Abschnitte aus dem NT zusammen mit Texten der Kirchenväter übersetzen ließ, wobei es sich nicht präzisieren läßt, ob es sich bei letzteren um exeget. Passagen oder, was wahrscheinlicher ist, um kanonist. Texte handelt. In der folgenden Zeit entstanden wahrscheinl. komplette Bibelübersetzungen für die →Waldenser, die – soweit dies der jetzige Forschungsstand erkennen läßt – nach den in der Kirche der damaligen Zeit gültigen lat. Texten angefertigt wurden.

Das Bild ändert sich, wenn wir unsere Aufmerksamkeit auf den Gebrauch der B. bei jener Gruppe von Häretikern richten, die gewöhnl. mit dem Kollektivnamen → Katharer (auch → Albigenser, Patariner etc.) bezeichnet werden. Bekanntl. war im urspgl. Bogomilentum (→ Bogomilen) eine deutl. Tendenz sichtbar, ausschließl. das NT zu verwenden, weil die Anschauung vorherrschte, das AT sei zum größten Teil durch Inspiration des Bösen Gottes entstanden. Als sich diese Häresie vom Osten in den Westen verbreitete, brachten ihre Glaubensboten anscheinend keinen direkt aus dem Bulg. oder Griech. übersetzten Bibeltext mit, sondern gebrauchten lieber die gängigen lat. Texte. Die Frage wird jedoch diskutiert, ob und bis zu welchem Grad hier und dort leichte Modifikationen eingeführt wurden, die den häret. Glaubensvorstellungen entsprachen, oder ob es sich dabei nur um lokale Textvarianten der geläufigen B. handelt. Abgesehen von dieser Frage, der jedenfalls nicht allzu große Relevanz beizumessen ist, sind jedoch eine Reihe von Fakten zu beachten. 1. Die B. ist nicht die einzige »Hl. Schrift«, vielmehr werden ihr einige Apokryphen zur Seite gestellt, v. a. die »Interrogatio Iohannis« und die »Visio Isaiae« 2. Darüber sowie über einige Interpretationen der B. gab es lange Zeit eine Art »disciplina archani«, die zwei Formen der Lehre und Unterweisung mit sich brachte, von denen die eine öffentl. und allen zugängl. war und eine stark missionar. Tendenz aufwies, die sich auch während der kirchl. Verfolgung und der Inquisition nicht unterdrücken ließ. 3. Die B. wurde bes. in den ethischen und auf das prakt. Leben bezogenen Partien streng ad litteram ausgelegt, während an Stellen, die einer allegor. Auslegung bedurften, wie v. a. bei den Gleichnissen, die unter den Katholiken geläufigen Ausdeutungen durch vollkommen neue Interpretationen ersetzt wurden; ein bekanntes Beispiel dafür ist das Gleichnis vom ungetreuen Verwalter. Die Kenntnis dieser Auslegungen wird uns v. a. durch die polem. Schriften von → Moneta da Cremona und Jacopo (oder Giacomo) de → Cappellis vermittelt, die einen großen Teil ihrer Werke der Darstellung der kathar. Bibelauslegungen widmen.

Im Hinblick auf unsere Vorbemerkungen zur kathar. Exegese darf jedoch nicht außer acht gelassen werden, daß die einzelnen Kataherergruppen verschiedene Haltungen zu den bibl. Büchern einnahmen. Während alle die Gültigkeit des NT anerkennen, das der feste Punkt der kathar. Einstellung zur Bibel bleibt, gibt es gegenüber den anderen Büchern große Auffassungsverschiedenheiten, die in den einzelnen Gruppen und manchmal sogar im Laufe der Zeit innerhalb ein und derselben Gruppe auftreten. Während im allgemeinen Genesis und meist der Pentateuch überhaupt und andere Bücher, die auf die Schöpfung Gottes anspielen, als Zeugnisse des »Bösen Gottes« angesehen und daher abgelehnt wurden, akzeptierten verschiedene Gruppen die Psalmen und die Prophetenbücher, jedoch nicht immer ohne Einschränkungen. Große Bedeutung besaßen für die Katharer das Johannesevangelium und die Briefe; über die Interpretation des Passus des Prologes Joh 1, »Omnia per ipsum facta sunt et sine ipso factum est nichil, quod factum est«, einer für das Verständnis der realen Welt grundlegenden Stelle, ist in der Forschung eine lebhafte Diskussion im Gange (CHR. THOUZELLIER–RENÉ NELLI). Das Johannesevangelium hatte auch für den Ritus des consolamentum große Relevanz. Die B. spielt ferner eine bedeutende Rolle in der wichtigsten erhaltenen kathar. Schrift, dem bekannten »Liber de duobus principiis«, in dem sich die Diskussion wesentl. auf bibl. Grundlagen stützt, wobei der Ansatz in gewissem Sinn an Methoden der zeitgenöss. Scholastik erinnert.

Das in den waldens. und kathar. Bibelübersetzungen ausgedrückte, sich von der kirchl. Theologie emanzipierende Verständnis der B. führte dazu, daß südfrz. und span. Synoden (z. B. Toulouse 1229, Tarragona 1234) Laien den Besitz volkssprachl. Bibeltexte verboten.

Außergewöhnl. Bedeutung hatte die B. bekanntl. in der einzigartigen und unter gewissen Gesichtspunkten geheimnisvollen Häresie der Passagini (→ Passagier), die durch einen mit der kirchl. Bildung wohlvertrauten (nach R. MANSELLI) Häresiarchen ins Leben gerufen wurde, der von dem Ausspruch Christi ausgehend, er sei gekommen, das Gesetz der Propheten zu vollenden, nicht, es aufzuheben, ein System ausarbeitete, durch das die ganze atl. Praxis in die Kirche eingeführt wurde, die Beschneidung inbegriffen, während auf theol. Ebene die Lehre von der Trinität und der göttl. Natur Christi aufgegeben wurde.

Von einem radikalen Spiritualismus erfüllt ist die Häresie von Roberto → Speroni von und unteren anderen kleineren Gruppen. Die Häresien der folgenden Jahrhunderte folgten in allem der B. der Kirche, ob es sich um die → Spiritualen oder die südfrz. → Beg(h)inen, die → Apostoliker oder die → Brüder und Schwestern vom Freien Geist handelte. Es sei jedoch darauf hingewiesen, daß die Spiritualen und die Beg(h)inen durch den Einfluß der »Lectura super Apocalipsim« des Petrus Johannis → Olivi v. a. größten Nachdruck auf zwei Punkte legten, zum einen die evangel. Armut, die ihrer Auffassung nach entsprechend den vier Evangelien total und vollständig sein sollte, zum anderen die zukünftigen Verfolgungen, welche die Erwählten auf Grund der Ankündigungen der Evangelien und v. a. der Offb treffen würden. Bes. aus der Offb gewannen sie die Überzeugung (wobei sie einige Gesichtspunkte der Waldenser aufnahmen), daß die röm. Kirche – v. a. nach den theol. Entscheidungen Johannes XXII. (1322–23) – Babylon, die meretrix magna, sei, von der die Apokalypse spräche. Diese Anschauung verfestigte sich bei den → Fraticelli, die gegen Mitte des 15. Jh. in gewissen Aspekten die Ideen der Spiritualen fortsetzten.

Von apokalypt. Ahnungen und Erwartungen der Verfolgungen und Kämpfe, die die Endzeit einleiten sollten, sind die Briefe von Fra → Dolcino erfüllt, der auf diese Weise den franziskan. gefärbten Evangelismus des Gründers Gerardo → Segarelli weiterentwickelte. Die Bewegung des Freien Geistes wurde ebenfalls von der B. wie auch von originellen theol. Entwicklungen geprägt, obwohl ihr grundlegender Aspekt eher auf theol. Meditationen als auf der Exegese bibl. Schriften beruht.

Wir nehmen hier davon Abstand, ausführl. von der Behandlung der B. bei den beiden großen Häretikern und Reformatoren an der Wende vom 14. zum 15. Jh. zu sprechen, John → Wyclif und Johannes → Hus. Bei ihrem beständigen Rückgriff auf die B. entstehen häret. Anschauungen v. a. durch den exeget. und theol. Ansatz im Rahmen der typ. universitären Diskussion.

In der Abwehr dieser und anderer bibl. Häresien kam in der Kirche eine übergroße Ängstlichkeit gegenüber vielen legitimen Versuchen der Erneuerung und der Reform auf, die auch kirchentreue Prediger und Reformtheologen wie → Bernardinus v. Siena und Girolamo → Savonarola durch die Inquisition zu spüren bekamen. R. Manselli

Lit.: Außer der bereits zitierten Lit. R. MANSELLI, Studi sulle eresie del XII s., 2. erw. Aufl., 1975 (Studi Storici 5) – CHR. THOUZELLIER, La Bible des cathares languedociens et son usage dans la controverse au début du XIIIe s. (Cathares en Languedoc, 1968 [Cahiers de Fanjeaux 3]) – G. SCHMITZ-VALCKENBERG, Grundlehren kathar. Sekten des 13. Jh., VGI NF 11, 1971 – R. MANSELLI, L'eresia del male, 1980².

C. Bibel im Judentum

I. Gestalt – II. Gebrauch – III. Bibelhandschriften – IV. Bibelkommentare – V. Bibelkritik.

I. GESTALT: Auch im MA gehörte die hebr. B. zu den zentralen theol. Schriften der jüd. Diaspora. Ihre Textüberlieferung wurde mit großer Sorgfalt gehandhabt. Nichtsdestoweniger bewahrte der Konsonantentext trotz der Bemühungen, ihn zu normieren, bis weit ins MA hinein eine gewisse Vielfalt, wie die Zitate aus der Midraschliteratur und aus den Bibelkommentaren beweisen. Urspgl. war der Bibeltext unvokalisiert überliefert worden. Im frühesten MA aber entstanden zwecks Sicherung der Aussprachetradition in Palästina und in Babylonien supralineare Vokalisationssysteme, wobei in Babylonien ein älteres, einfaches System im Laufe der Zeit von einem komplizierteren abgelöst wurde. Sowohl die altpalästinens. als auch die babylon. punktierte Texttradition ist als Ganzes verschollen und nur in Fragmenten auf uns gekommen. Beide Systeme wurden nämlich durch die Punktation der Masoreten von Tiberias (mit Ben Ascher und Ben Naftali als ihren namhaftesten Exponenten) verdrängt, die vom 8. bis 10. Jh. den Bibeltext bearbeiteten und die neben einer eigenen Vokalisierung sowie einer Reihe von Lesezeichen auch einen sprachl., in Masora parva und Masora magna unterteilten Kommentar zum Bibeltext erstellten. Die am Textrand fortlaufend durchgehende Masora parva bestand unter anderm aus Hinweisen, Worte abweichend von ihrer im Bibeltext überlieferten Form zu lesen (Qetiv-Qere). Die auf den oberen und unteren Rändern der Bibelmanuskriptseiten geschriebene Masora magna war im wesentl. eine Frühform der Konkordanz. Sie suchte zu einzelnen Wortformen und Redewendungen Parallelstellen aus den anderen bibl. Büchern, in denen das fragl. Wort bzw. die fragl. Redewendung genauso vorkam, und stellte die Belege mit ihrem jeweiligen Verskontext in ausgeschriebener Form zusammen.

II. GEBRAUCH: Die gottesdienstl. Verwendung der B. konzentrierte sich auf die Toravorlesung, von der an jedem Sabbat ein Stück verlesen wurde und an die sich Lesungen aus den prophet. Büchern (Haftarot) anschlossen. Die ma. Judengemeinden verlasen die Tora entweder nach dem babylon. Lesezyklus innerhalb eines Jahres durch oder nach dem palästinens. Zyklus, bei dem ein Durchgang ca. 3 Jahre beanspruchte. Die Hagiographen traten bei den großen Festen in Erscheinung. Das Buch Rut wurde beim Wochenfest verlesen, der Kohelet beim Laubhüttenfest, das Hld beim Passahfest, das Buch Est beim Purimfest und die Klgl am 9. Av, dem Tag der Tempelzerstörung.

Eine wichtige Rolle spielte die B. schließlich auch in der Erziehung. Die Jugend der in Europa befindl. Diasporagemeinden wurde von Kindheit an mit dem hebr. Original vertraut gemacht, das man unter Anleitung von Lehrern in den Gemeindeschulen studierte. H.-G. v. Mutius

Lit.: M. GÜDEMANN, Gesch. des Erziehungswesens und der Kultur der abendländ. Juden, 3 Bde, 1880–88 – V. APTOWITZER, Das Schriftwort in der rabbin. Lit., 1906–15 – I. ELBOGEN, Der jüd. Gottesdienst in seiner gesch. Entwicklung, 1931³ – E. WÜRTHWEIN, Der Text des AT, 1973⁴.

III. BIBELHANDSCHRIFTEN (B.): Die bedeutendsten erhaltenen ma. hebr. B. sind: 1. der Cod. Cairensis. Er umfaßt die Bücher Josua bis Maleachi und wurde i.J. 895 von Mose ben Ascher geschrieben sowie mit Punktation versehen; 2. der Aleppo-Codex. Er umfaßt das gesamte AT, stammt aus der 1. Hälfte des 10. Jh. und wurde von Aaron ben Mose ben Ascher mit Punktation und Masora versehen; 3. der Cod. Leningradensis. Er umfaßt ebenfalls das gesamte AT und wurde i.J. 1008 geschrieben; 4. der Petersburger Prophetencodex (Jesaja, Jeremia, Hesekiel, Dodekapropheton) aus dem Jahre 916; 5. der Codex Reuchlianus, geschrieben in Italien 1105. Er enthält eine tiberiens. Punktation von bes. Art, die sich weder der Ben-Ascher noch der Ben-Naftali-Gruppe zuordnen läßt. – Hinzu kommen neben anderen, hier nicht erwähnten Hss. zahlreiche Fragmente aus der Kairoer Genisa.

H.-G. v. Mutius

IV. BIBELKOMMENTARE (B.): Die ma. bibelexeget. Lit. des Judentums ist von großer Fülle. Neben den althergebrachten, aus der Midraschtradition übernommenen Auslegungsmethoden entwickelte sich ein System, das den einfachen Wortsinn zugrunde legte ($P^e\check{s}\bar{a}t$). Es war von allegor. Interpretation frei und reduzierte bei der Texterklärung die Hinzuziehung außerbibl. Erzählungsstoffe zu bibl. Ereignissen und Persönlichkeiten (*Haggada*) sowie der traditionellen außerbibl. Gesetzesbestimmungen (*Halacha*) auf ein Minimum oder verzichtete ganz darauf. Diese Entwicklung begann im 11. Jh. in N-Frankreich bei → Raschi und wurde von seinen Nachfolgern Josef Kara, Samuel ben Meir, Josef Bechor Schor und Eleasar de Beaugency in 12. Jh. schnell zur Vollendung gebracht. In S-Frankreich brachten Josef → Kimḥi sowie seine Söhne Mose und David im 12. und 13. Jh. Vergleichbares zustande. Das Aufkommen der Frage nach dem einfachen Wortsinn des Bibeltextes war auch durch die theol. Auseinandersetzung mit der Kirche bedingt, deren christolog. Auslegungen atl. Texte man mit dieser Methode wirkungsvoll zu begegnen suchte.

Mit der $P^e\check{s}\bar{a}t$-Auslegung verwandt war die philos. Exegese, zu deren frühesten Vertretern im 10. Jh. → Saadja Gaon im islam. Orient zählte. Im 12. Jh. schrieb der Neuplatoniker → Abraham Ibn Ezra seine B. und verfaßte der Aristoteliker → Maimonides seine (viel exeget. Material enthaltenden) Werke wie z. B. den »Môreh N^{e}vûkîm«. Als aristotel. Bibelexegeten aus dem 14. Jh. sind Levi ben Gerschom (→ Gersonides) und Josef ibn Kaspi in S-Frankreich zu nennen. Die philos. geschulten Ausleger bemühten sich zwar einerseits auch um die Erkenntnis des einfachen Wortsinns, wichen jedoch davon ab, wenn er ihnen vernunftwidrig erschien. Das führte etwa zur Leugnung der hist. Realität vieler Wundererzählungen, die man dann umdeutete.

Im 13. Jh. brachte die → Kabbala eine bestimmte Form von myst. Bibelexegese mit sich, die neben dem einfachen Wortsinn des Textes eine esoter. Aussageebene annahm. Sie entnahm dem Text unter anderem verhüllte Anspielungen auf die *Sefirot* gen. Manifestationen Gottes, mit denen er in der geschöpfl. Welt wirke. Zu den Exegeten dieser Richtung gehörten → Nachmanides, der in seinen Kommentaren die kabbalist. Theologie jedoch nur sehr zurückhaltend anklingen ließ, weil er sie als Geheimwissen ansah, und Mose de Leon mit seinem »Sefär haz-Zohar« (→ Zohar) betitelten Pentateuchkommentar.

Im 15. Jh. traten noch einmal zwei große jüd. Bibelkommentatoren, Isaak Arama und Isaak → Abravanel, auf (beide von der iber. Halbinsel). Der erstere erlangte mit seinem exeget.-philos.-homilet. Pentateuchkommentar, »^{A}qedat Yiṣḥaq«, der letztere mit seinen die exeget. Diskussion des verflossenen Jahrtausends zusammenfassenden und krit. sichtenden Kommentaren zu den meisten bibl. Büchern bleibenden Ruhm.

H.-G. v. Mutius

Lit.: B. M. CASPER, An introduction to Jewish bible commentary, 1960 – M. Z. SEGAL, Paršānût ham-miqrā', 1971³.

V. BIBELKRITIK: Dem ma. Judentum waren bibelkrit. Ansätze nicht fremd. Sie bildeten das Produkt der um die Erkenntnis des einfachen Wortsinns bemühten Exegese. Mose ha-Kohen ibn Dschikitilla aus Córdoba (11. Jh.) bestritt die david. Herkunft mehrerer Psalmen und datierte sie in die Zeit des babylon. Exils. → Abraham ibn Ezra (12. Jh.) deutete in seinem Pentateuchkommentar zu Gen 12, 6 an, daß die Aussage »und die Kanaanäer waren damals im Lande« nicht von Mose herrühren könne, der in der jüd. Tradition als Verfasser des Pentateuchs galt. Andererseits tadelte er einen gewissen Jitzchaki dafür, daß er das Königsregister Gen 36, 31 ff. im Edomiterstammbaum nicht als Werk des Mose angesehen hatte, sondern es in die Zeit des Judäerkönigs Josaphat datiert hatte.

H.-G. v. Mutius

Q. und Lit.: S. POZNANSKI, Mose B. Samuel Hakkohen Ibn Chiquitilla, 1895 – Ibn Esra, Peruschè Ha-Thora, hg. A. WEISER, I, 1976.

D. Bibel im Islam

Im Islam hat Bibelkritik einen andern Stellenwert als im Judentum oder im Christentum. Sie richtet sich nicht gegen die eigene Offenbarungsgrundlage und ist darum weder schmerzhaft noch Instrument intellektueller Koketterie. Sie hat vorwiegend kontroverstheologischen, manchmal auch missionar. Charakter und wird im Geiste überlegener Herablassung vorgetragen. AT und NT sind durch den Koran »überholt« im doppelten Sinne des Wortes: abgetan sowohl als auch erneuert. Zwar sind sie nicht abrogiert noch enthalten sie etwa eine Vorstufe der islam. Glaubenswahrheit; sie waren vielmehr ursprgl. mit dem islam. Kerygma sinngemäß identisch. Jedoch seie dann von den Juden und Christen im Laufe der Zeit entstellt worden. Muḥammad wurde als Prophet entsandt, um diese willkürl. Eingriffe rückgängig zu machen und die ursprgl. Offenbarung wiederherzustellen.

Diese Lehre, die so schon von Muḥammad selber vorgetragen wurde, stieß, als man sich in späteren Jahrhunderten genauer mit dem Inhalt der B. beschäftigte, auf gewisse Schwierigkeiten. Manche direkten Widersprüche zur islam. Lehre wie etwa das chr. Trinitätsdogma waren in der B. explizit gar nicht enthalten. Andererseits konnten jene Stellen, aus denen man selber eine Vorhersage und Bestätigung von Muḥammads Prophetentum herauslas, nicht gefälscht sein, obgleich doch gerade hier Juden und Christen ein Interesse hätten haben sollen, korrigierend einzugreifen. Man verstand darum häufig die vom Koran behauptete Entstellung der B. nur als deren nachträgl. irrige Exegese. Erst wenn man glaubte, daß die erwarteten Weissagungen unterdrückt worden seien, und damit auf die Nutzung der B. für die eigenen apologet. Zwecke verzichtete, konnte man ungestört Bibelkritik treiben. Diese setzte an zwei Punkten an: 1. dem Nachweis, daß AT und NT in ihrem Wortlaut nicht von den »Propheten« des Judentums und des Christentums, also Mose und Jesus stammten, sondern von Esra bzw. den Evangelisten; 2. der Offenlegung von Widersprüchen, sowohl zw. dem hebr. Text des AT und der gr. Septuaginta (etwa bei den Angaben zum Alter der Patriarchen) als auch zw. den einzelnen Evangelien (etwa beim Stammbaum Jesu in Mt und Lk; bei den Berichten über den Einzug Jesu in Jerusalem nach Mt 21. 1 ff. und Mk 11. 1 ff. oder über die Verleugnung Petri nach Mk 16. 66ff. und Lk 22. 54ff. usw.). – Vgl. auch → Bibelübersetzungen, arabische. J. van Ess

Lit.: EI¹, s.v. Taḥrīf – M. ALLARD, Textes apologétiques de Ǧuwainī, 1968.

Bibelauslegung → Bibel, Abschnitt B. I. 2

Bibeldichtung

I. Mittellateinische Literatur – II. Althochdeutsche und mittelhochdeutsche Literatur – III. Mittelniederländische Literatur – IV. Alt- und mittelenglische Literatur – V. Romanische Literaturen – VI. Süd- und ostslavische Literaturen.

I. MITTELLATEINISCHE LITERATUR: Bei extensiver Auslegung d. Begriffs wäre ein großer Teil der mlat. Literatur als B. zu bezeichnen, insofern sie direkt oder implizit auf der Bibel stofflicher, motivischer und formal-struktureller Grundlage beruht. Wendet man den Begriff wie im folgenden strikt nur auf solche Fälle an, in denen der bibl. Text zentral und kohärent ein dichter. Werk konstituiert, so tritt naturgemäß die Bibelepik als traditionsreichste und kompakteste Gattung der B. (die im Bewußtsein der Forschung z. T. geradezu ihr Synonym geworden ist) zuerst ins Blickfeld. Bibl. Lyrik und v.a. bibl. Drama folgen in großem Abstand.

Es ist jedoch festzustellen, daß die lit. Wirklichkeit hier mit den modernen Gattungsvorstellungen nur unzureichend erfaßt wird. Die Grenzen zw. den Gattungen sind fließend. Viele Kleinformen der B. (von Beda bis zu Hildebert) liegen mit ihrer je verschieden starken Betonung des Narrativen, des Didaktischen oder des Hymnischen zw. Epik und Lyrik. Die »Ecloga Theoduli« (10. Jh.) und die ihr nachgebildete »Synodus« des → Warnerius v. Basel (Mitte 11. Jh.) gehen formal nicht auf die Epik, sondern auf die Bukolik Vergils zurück. An der Schwelle zum Drama steht das auf Rollen verteilte und mit Szenenwechsel operierende Emmausgedicht des → Laurentius v. Durham (12. Jh.), wie umgekehrt etwa manche Rahel-Spiele einen aktionsarmen, elegisch-lyr. Charakter haben.

Auf dem Gebiet der Epik fand das MA in den spätantiken Bibelepen von → Juvencus, → Sedulius, → Avitus und → Arator ein früh zum Kanon deklariertes reiches Erbe vor, das in den Schulen intensiv gepflegt wurde. Die in diesen Werken theoret. erörterte und prakt. beantwortete Frage nach der Möglichkeit christl. Lit. und ihrem Verhältnis zu den heidn. Vorbildern war für das MA nicht mehr so drängend. Man vermittelte, ohne sich ausdrückl. um die Wahrung der epischen Gattungseinheit zu kümmern, den Umgang mit dem sakralen Text, indem man zur Bibel hinführte, ihren Inhalt auf einprägsame Weise bekannt machte und in vielfältigem Sinn deutete, Vertrautes neu und wieder erzählte und so dem grundsätzl. Andachtsbedürfnis des Publikums erbaulich und belehrend entgegenkam. Die sehr divergierenden Formen dieser Praxis durch die Epochen der mlat. Lit. hindurch zu verfolgen, ist nur in kurzen Andeutungen möglich.

Vermutl. hat die Existenz der etablierten spätantiken Bibelepen im 9. und 10. Jh. die großzügige poet. Bearbeitung zentraler bibl. Texte im Lat. verhindert. Die Evangeliendichtungen des → Florus v. Lyon (9.Jh.) verdichten sich zu didakt. Merkversen, die »Occupatio« des → Odo v. Cluny (um 900) ist bei aller bibl. Fundierung eher eine theol.-moral. Betrachtung über Sünde und Erlösung. Erst im 11. Jh. setzen die Versifizierungen bibl. Texte (in meist leonin. Hexametern oder Distichen) bzw. Verskommentare zu diesen Texten ein. Sie beruhen in der Regel auf Prosakommentaren früherer Exegeten (verzichten also auf die Nachahmung der klass. Bibelepen der Spätantike) und enthalten z. T. weit abschweifende allegor. Deutungen. In manchen Fällen ist der bibl. Text nur noch ein Anlaß für die Entfaltung großer Konzeptionen philos. Weltallegorese. In diese Phase der mlat. Bibelepik, die sich etwa bis in das 13. Jh. erstreckt, fallen folgende Werke: »De muliere forti« (Anfang 11.Jh., vgl. MGH PP V, 3, S. 601–610), → Heinrichs v. Augsburg »Planctus Evae«, die 7 Bücher »De nuptiis Christi et ecclesiae« (»Uterque«) des → Fulcoius v. Beauvais, die »Expositio in Cantica Canticorum« des → Williram v. Ebersberg (primär als gelehrter Traktat angelegt) und das damit verwandte »Carmen ad gratiam dilectae dilecti« des → Wilhelm v. Weyarn, das »Hypognosticon« des Laurentius v. Durham (4684 Hexameter über ausgewählte Bücher des AT und NT), Marbods hexametr. Gedichte zum AT (u. a. über den Schiffbruch des Jonas, das Buch Rut und die Geschichte der Makkabäer), → Hildeberts »De ordine mundi«, »In libros Regum«, »De Maccabaeis«, → Hugos v. Amiens »In Pentateuchum«, der »Tobias« des → Matthaeus v. Vendôme, → Petrus Rigas »Aurora« (mit Stücken aus seinem »Floridus aspectus«, den Ergänzungen des → Aegidius v. Paris und weiteren Einschüben), der »Hortus deliciarum Salomonis« des Hermannus Werdinensis (ein Verskommentar zu den Proverbia, vgl. P. E. BEICHNERS Vorwort zur Ausgabe der »Aurora«, p. XXVI sq.), und das umfangreiche »Hexaëmeron« des Ebf.s v. Lund, → Andreas filius Sunonis, das ein metr. Handbuch der Dogmatik darstellt (vgl. P. LEHMANN, Erforschung des MA V, 286–290). Als Einführung in die [öffentlich] vorgelesenen Bibeltexte waren die poet. Praefationen des Abtes → Wolfelmus v. Brauweiler (11.Jh., 2. Hälfte) gedacht, von denen sein Biograph Conradus eine Probe mitteilt. Mit ausgewählten Einzelmotiven und -argumenten aus AT und NT operierend, beweist die »Ecloga Theoduli« die überlegene Wahrheit der Bibel gegen die heidn. Mythologie, während Warnerius v. Basel in seinem bereits erwähnten »Streitgedicht« durch die Gesprächspartner Thlepsis und Neocosmos ledigl. einander entsprechende Stücke des AT bzw. des NT, der Hagiographie und der Kirchengeschichte harmonisierend vergleicht. Ziemlich verflüchtigt ohne allegor. Phantasie, die sich möglicherweise auch zeitgenöss. hist. Ereignisse bedient hat, ist die bibl. Substanz des »Eupolemius« (11./12. Jh.) mit seinem welt- und heilsgeschichtl. Kampf zw. Agatus und Cacus.

Ein der Poesie grundsätzl. sehr gemäßer Fall, der die oft noch durch Apokryphen überbrückte Nähe zw. B. und Hagiographie im MA bes. deutlich dokumentiert, ist die dichter. Ausgestaltung des Schicksals einzelner bibl. Personen. Das Leben der Jungfrau Maria behandelt → Hrotsvit v. Gandersheim in ihrer ersten Legende, gegen die Mitte des 13. Jh. entsteht die für die volkssprachige Dichtung folgenreiche »Vita beate virginis Marie et salvatoris rhythmica«. → Johannes Gerson (14./15. Jh.) verfolgt in seinem Epos »Josephina« die wichtigsten in der Bibel belegten Lebensstationen des Nährvaters Jesu. Als Lebensbeschreibungen negativer Figuren aus dem NT seien genannt die »Historia Pylati« (12. Jh.) und die Judaslegende (nach 1100).

Zahllos sind die lyr.-meditativen, hymn. und balladenartigen Bearbeitungen einzelner bibl. Ereignisse (vgl. die Zusammenstellung für die Frühzeit bei KARTSCHOKE, Bibeldichtung, 229–270; vgl. auch W. v. d. STEINEN und J. STOHLMANN). Die Form dieser Gedichte (meist Rhythmen und Strophen), die für den Vortrag sehr geeignet ist, hängt mit neuen Bedürfnissen des Publikums zusammen. Eine bes. reiche Art bibl. Kleinstdichtung sind schließlich die »Tituli« zu Darstellungen der bildenden Kunst (vgl. Hrotsvit zur Apoc.).

Die in der Liturgie nachgefeierten Ereignisse des NT sind zum Ausgangspunkt für das geistl. Schauspiel des MA geworden. Hinzu kamen später einzelne Stücke mit atl. Stoffen (vgl. dazu K. YOUNG). F. Rädle

Ed. und Lit.: RAC V, 983–1042, s.v. Epos – P. LEHMANN, Judas Ischarioth in der lat. Legendenüberlieferung des MA, 1930 (Erforsch. des MA II, 1959), 229–285 – MANITIUS, III, 814–867 – K. YOUNG, The Drama of the Medieval Church, Bd. I–II, 1933 – H. ROST, Die Bibel im MA, 1939 – Jean Gerson, Oeuvres complètes IV, ed. P. GLORIEUX, 1962 – Aurora. Petri Rigae Biblia versificata I–II, ed. P. E. BEICHNER, 1965 – W. V. D. STEINEN, Die Planctus Abaelards – Jephtas Tochter, MJb 4, 1967, 122–144 – U. KINDERMANN, Das Emmausgedicht des Laurentius v. Durham, MJb 5, 1968, 79–100 – D. WERNER, Pylatus. Unters. zur metr. lat. Pilatuslegende und krit. Textausg., Beih. zum MJb 8, 1972 – Eupolemius. Das Bibelgedicht, hg. v. K. MANITIUS, 1973 – R. HERZOG, Die Bibelepik der lat. Spätantike. Formgesch. einer erbaulichen Gattung, I, 1975 – D. KARTSCHOKE, B. Stud. zur Gesch. der epischen Bibelparaphrase von Juvencus bis Otfrid v. Weißenburg, 1975 – DERS., Altdt. B., 1975 – J. STOHLMANN, Zur Überl. und Nachwirkung der Carmina des Petrus Pictor, MJb 11, 1976, 53–91 – A. MASSER, Bibel- und Legendenepik des dt. MA, 1976.

II. ALTHOCHDEUTSCHE UND MITTELHOCHDEUTSCHE LITERATUR: [1] *Althochdeutsche Literatur*: Das älteste Zeugnis für B. in → ahd. Lit. ist ein kurzes Bruchstück eines »(Wessobrunner) Schöpfungsgedichts« (Anfang 9. Jh.), eine Art negativer Kosmogonie mit wörtl. Anklängen an die an. →Völuspá. Das Gegenstück dazu bildet das Bruchstück über die letzten Dinge, das wir nach dem darin zitierten Wort für den Weltuntergang durch Feuer → »Muspilli« nennen. Beide Gedichte stehen noch in der Tradition der germ. Stabreimdichtung und in direktem Zusammenhang mit der alliterierenden B. in → altenglischer und as. Literatur. Mit → Otfrid v. Weißenburg setzt sich in der chr. volkssprachigen Dichtung der Endreim durch. Sein »Liber Evangeliorum« (fertiggestellt zw. 863 und 871) ist neben dem → »Heliand« das dominierende Werk dieses Genres. Im Approbationsschreiben an den Mainzer Ebf. beruft sich Otfrid auf seine spätantiken Vorgänger → Juvencus, → Prudentius und → Arator, deren bei ihnen jeweils vorherrschende Verfahrensweise er in seinem paraphrasierend-hymn.-exeget. Bibelgedicht zu einer Einheit verbindet. Otfrid folgt einer (von ihm selbst hergestellten?) → Evangelienharmonie und benutzt in den nach dem mehrfachen Schriftsinn (→ Allegorie, Allegorese) auslegenden Partien die gängigen Schriftkommentare. In der Nachfolge Otfrids stehen die beiden kleinen Bibelgedichte »Christus und die Samariterin« (nach Joh 4, 6 ff.) und »Psalm 138«, die auf exeget. Zusätze jedoch fast völlig verzichten.

[2] *Mittelhochdeutsche Literatur*: Mit dem Neueinsatz einer → frühmhd. Lit. entstehen seit dem ausgehenden 11. und im 12. Jh. eine große Zahl von Bibelgedichten. Noch dem 11. Jh. gehört eine Genesisdichtung an, die in zwei jüngeren Bearbeitungen (»Wiener Genesis« und »Millstätter Genesis«) erhalten ist. Die Bücher Mosis liegen zugrunde der altdt. »Exodus«, den »Vorauer Büchern Mosis« (mit den Teilen Genesis, Moses, Marienlob und Balaam), dem Bruchstück »Esau und Jakob« und schließl. dem sehr viel jüngeren und stärker dogmat. interessierten → »Anegenge« (2. Hälfte 12. Jh.). Andere atl. Stoffe wurden bearbeitet in den beiden »Judith«-Gedichten, in den »Drei Jünglingen im Feuerofen«, in einem »Lob Salomons«, dem »Tobias«-Fragment eines Pfaffen Lamprecht und in einem ebenfalls nur fragmentar. überlieferten »Makkabäer«-Gedicht. Eine AT und NT umfassende Versparaphrase scheint vorgelegen zu haben in der »Mittelfränkischen Reimbibel« (erste Hälfte 12. Jh.), deren überlieferte Bruchstücke von der Schöpfungsgeschichte bis zur Geschichte Josephs und von der Geburt Johannes des Täufers bis zur Himmelfahrt Mariens und andern Legendenerzählungen (Kreuzauffindung etc.) reichen. Der Verfasser zitiert Arators Apostelgedicht (ed. MAURER v. 329) und beruft sich damit auf den Traditionszusammenhang epischer Bibelparaphrase seit der Spätantike, der nur selten so deutlich zutage tritt. Einem ähnl. umfassenden, allerdings auf das NT beschränkten Programm verdanken die Gedichte der Frau → Ava ihre Entstehung (»Leben Johannes des Täufers«, ein seit dem »Heliand« und Otfrid zum erstenmal wieder vollständig erhaltenes »Leben Jesu«, »Antichrist« und »Jüngstes Gericht«). Bruchstückhaft überliefert sind zwei weitere Versparaphrasen über Johannes den Täufer (»Baumgartenberger Johannes« und »Johannes Baptista« des Priesters Adelbrecht). Auf Leben-Jesu-Gedichte deuten Fragmente wie der »Friedberger Christ und Antichrist« und »Von Christi Geburt«. Die letzten Dinge sind behandelt im fragmentar. »Hamburger Jüngsten Gericht«, in den »Fünfzehn Vorzeichen zum Jüngsten Tag« und im »Linzer Antichrist« (heute richtiger »Von den letzten Dingen« gen.). Wenn man unter B. die versmäßige Paraphrase des Wortlauts von AT und NT oder einzelner bibl. Bücher versteht, nehmen die eschatolog. Gedichte eine Randstellung ein. Wo das dogmat. Interesse überwiegt wie in einer großen Zahl hier nicht gen. frühmhd. Gedichte, wird man von B. in diesem Sinne nicht mehr sprechen können. Die Abgrenzung ist schwierig, auch gegenüber der Legendendichtung. So ist die legendar. → Mariendichtung zum Teil auch als B. zu betrachten (Kindheitsgeschichte Jesu etc.). Das gilt bes. für die wenigen Gedichte über bibl. Stoffe aus der Zeit der hochhöf. Lit. wie das Bruchstück von »Christus und Pilatus«, für die Gedichte des → Konrad v. Fussesbrunnen (»Kindheit Jesu«) und des → Konrad v. Heimesfurt (»Himmelfahrt Mariae« und »Urstende«, d.h. 'Auferstehung', die Erzählung der Leidensgeschichte und Auferstehung Christi nach dem Evangelium Nicodemi). Die hist. Bücher des AT werden über den Umweg. Bearbeitungen (»Historia scholastica« des → Petrus Comestor) in die großen Weltchroniken integriert (so seit → Rudolf v. Ems) und gelangen auf gleichem Weg in die spätma. dt. → Historienbibeln. Im ausgehenden 13. und im 14. Jh. entstehen unterschiedl. angelegte Gedichte über den heilsgeschichtl. Kursus von der Schöpfung und dem Sündenfall bis zur Erlösung (→ Heinrich v. Neustadt, »Gotes zuokunft«; Gundacher von Judenburg, »Christi hort«; Tilo v. Kulm, »Von siben insigeln«; die beiden anonymen Gedichte »Der saelden hort« und die »Erlösung« u. a.), die in Stoffanordnung und Kommentar jedoch weit von der bibl. Vorlage entfernen, wo sie nicht selbst schon nichtbibl. lat. Vorbildern folgen. Die etwa gleichzeitig einsetzende → Deutschordensliteratur widmet sich ausgiebig bibl. und bes. atl. Stoffen. So entstehen Versparaphrasen über einzelne Bücher des AT (Dan, Esr, Neh, Jdt, Est, Makk) und der zusammenfassende Überblick »Historien von der alden ê« (= 'Geschichten des AT'). Handelt es sich hier zumeist um Versübertragungen mit dem überwiegenden Interesse an der (krieger.) Geschichte des Volkes Gottes, so ist das anonyme »Hiob«-Gedicht (fertiggestellt 1338) vornehml. der Auslegung nach dem mehrfachen Schriftsinn verpflichtet. Zum NT leiten über die Gedichte des wohl ebenfalls dem Dt. Ritterorden zuzurechnenden → Heinrich v. Hesler. Von ihm sind überliefert ein Bruchstück über Engelsturz und Sündenfall (»Erlösung«), eine Leidensgeschichte Christi nach dem apokryphen Nikodemusevangelium (»Evangelium Nicodemi«) und eine breit auslegende Reimbearbeitung der OffB (»Apokalypse«). Hierher gehört auch das Gedicht des Tilo v. Kulm und Teile des → »Passional«. Bibeldichtung ist weithin auch das → geistl. Spiel und die geistl. Lieddichtung. Die → Meistersinger versifizieren mit Vorliebe die Heilstatsachen von der Schöpfung bis zur Erlösung, in nachreformator. Zeit schließlich sogar umfängl. Teile der Bibel in ausgedehnten Liedfolgen.   D. Kartschoke

Lit.: H. Rost, Die Bibel im MA. Beitr. zur Gesch. und Bibliogr. der Bibel, 1939 – K. Helm-W. Ziesemer, Die Lit. des dt. Ritterordens, 1951 – B. Naumann, Dichter und Publikum in dt. und lat. Bibeldichtung des frühen 12. Jh. Unters. zu frühmhd. und mhd. Dichtung über die kleineren Bücher des AT (Erlanger Beitr. zur Sprach- und Kunstwissenschaft 30), 1968 – A. Masser, Apokryphen und Legenden. Geburt und Kindheit Jesu in der religiösen Epik des MA, 1969 – M. Wehrli, Sacra poesis. Als europ. Tradition (Fschr. F. Maurer, 1963), 262 ff. (Wiederabdruck in: Ders., Formen ma. Erzählung. Aufsätze, 1969, 51ff.) – C. Soeteman, Dt. geistl. Dichtung des 11. und 12. Jh., 1963, 2., überarb. und erg. Aufl. (Slg. Metzler 33), 1971 – B. Sowinski, Lehrhafte Dichtung des MA (Slg. Metzler 103), 1971 – D. Kartschoke, B. Stud. zur Gesch. der epischen Bibelparaphrase von Juvencus bis Otfrid v. Weißenburg, 1975 – Ders., Altdt. B. (Slg. Metzler 135), 1975 – J. S. Groseclose-B. O. Murdoch, Die ahd. poet. Denkmäler (Slg. Metzler 140), 1976 – A. Masser, Bibel- und Legendenepik des dt. MA (Grundlagen der Germanistik 19), 1976.

III. Mittelniederländische Literatur: Die mndl. Lit. kennt nur wenige poet. Bearbeitungen alt- und neutestamentl. Stoffe. Die »Rijmbijbel«, die der fläm. Dichter → Jakob van Maerlant um 1270 nach dem Beispiel der »Historia Scholastica« des → Petrus Comestor verfaßte, bildet einen Teil der religiös-didakt. Literatur. Es sind Bruchstücke versifizierter Psalmen erhalten, während außerdem das Hohe Lied einige Male in allegor. didakt. Sinn behandelt ist. Weitaus der wichtigste Rest der ndl. B. ist »Vanden levene ons Heren«, eine der ältesten Dichtungen der ndl. Literatur. Sowohl die Verstechnik und der Stil als auch die Erzählweise und die Gefühlssphäre stimmen stark mit den frz. »Vies de Jesus« des 12. und 13. Jh. überein. Trotzdem ist »Vanden levene ons Heren« ein ursprgl. Werk. Die Untersuchung der Abfassungs- und Überlieferungsgeschichte des Textes hat es wahrscheinl. gemacht, daß in der inhaltl. heterogenen Dichtung einige deutlich erkennbare Textschichten zu unterscheiden sind. Der Kern, in dem u. a. eine »Passion des jongleurs« und eine Anzahl älterer vierzeiliger Strophen aufgenommen sind, ist wohl um das Jahr 1270 entstanden. Der unbekannte Dichter, wahrscheinl. ein Kleriker aus West-Brabant oder Ost-Flandern, wollte der Laienwelt das Leben Jesu unter Verwendung kanon. und apokryph-legendar. Stoffe zugängl. machen. Das Werk atmet den Geist des Franziskus v. Assisi. Die Formgebung ist episch mit stark lyr. und manchmal dramat. Färbung.

C. C. de Bruin

Ed.: Vanden levene ons Heren, hg. W. H. Beuken, 1968.

IV. Alt- und Mittelenglische Literatur: Die Geburtsstunde der ae. B. schlug nach dem Bericht → Bedas (Hist. eccl. IV, 24) um die Mitte des 7. Jh., als → Caedmon, ein ungebildeter Hirte und später Mönch des Kl. Whitby, auf göttl. Eingebung hin plötzlich begann, bibl. Stoffe, die er gehört hatte, in seiner Muttersprache, und zwar in der Form des traditionellen germ. Alliterationsverses (→ Alliteration) zu gestalten. Von seinen – mündlich entstandenen – Dichtungen ist aber nur ein kurzer Schöpfungshymnus erhalten (ed. ASPR VI, 105 f.). Die durch Caedmon begründete Tradition wurde jedoch von anderen, anonym gebliebenen ae. Dichtern (meist wohl Geistlichen) fortgeführt. Die umfangreichste und offenbar planvoll zusammengestellte Sammlung ae. B. ist in der → Junius-Hs. überliefert (ed. ASPR I); sie umfaßt überwiegend Gedichte aus dem Bereich des AT, die vermutl. von (mindestens) fünf verschiedenen Dichtern stammen: → »Genesis A« und »B«; → »Exodus«; → »Daniel«; → »Christ and Satan«. Es handelt sich bei diesen wie bei den meisten anderen ae. (u. me.) B.en nicht einfach um Versifizierungen des Bibeltextes, sondern um mehr oder weniger freie Bearbeitungen. So benützten die Dichter einerseits neben der Bibel noch Material aus der Liturgie, der Exegese der Kirchenväter und den → Apokryphen, andererseits führten sie auch heroisch-germ. Elemente ein (z. B. in den Kampfschilderungen). Streckenweise wörtl. Übereinstimmung mit dem »Daniel« weist der im → Exeterbuch überlieferte → »Azarias« auf (ed. ASPR III, 88–94). Die ae. → »Judith« ist fragmentar. in der → Beowulfhandschrift erhalten (ed. ASPR IV). Eine metr. ae. Version der Psalmen ist im sog. Pariser Psalter auf uns gekommen (Ps 51–150, ed. ASPR V). Nicht überliefert sind dagegen ae. poet. Bearbeitungen der Evangelien, wenn man von der aus drei Teilen verschiedener Herkunft bestehenden → »Christ«-Dichtung absieht, deren Hauptquelle nicht das NT ist (ed. ASPR III, 3–49), und von kurzen Stücken wie den Vaterunserparaphrasen (ed. ASPR III u. VI). Anscheinend griffen die ae. Dichter für den Bereich des NT eher auf Legenden und auf → Apokryphen (A. II. 3) zurück; davon zeugen → »Andreas«; → »Descent into Hell«; »The → Dream of the Rood«; »Fates of the Apostles« (→ Cynewulf); → »Judgment Day I« und »II«.

Von den zahlreichen me. B.en können hier nur einige der bekannteren und wichtigeren herausgegriffen werden (ausführl. Zusammenstellung in Manual ME 2, IV). Auch von ihnen sind viele eher Paraphrasen als wörtl. Wiedergaben; ihre Autoren benützten oft zusätzl. zum Bibeltext oder sogar hauptsächl. weitere Quellen. Um 1200 entstand das → »Ormulum«, in dem das Leben Jesu nach den Evangelien dargestellt und mit Hilfe von umfangreichen homilet. Zusätzen erläutert wird. Die älteste me. Bearbeitung aus dem Bereich des AT ist die um 1250 entstandene »Genesis und Exodus« in über 4000 vierhebigen Versen; ihre Hauptquelle ist nicht die Bibel, sondern die »Historia Scholastica« des → Petrus Comestor. In ungefähr die gleiche Zeit fällt das Gedicht von »Jacob and Joseph«, das die Geschichte des ägypt. Joseph in eine ma. Umgebung transponiert hat. Um die Wende zum 14. Jh. entstand mit dem → »Cursor Mundi« eine der umfassendsten und umfangreichsten Bibeldichtungen. Enzyklopäd. wird hier in insgesamt ca. 30000 Versen (in Reimpaaren) nach dem Schema der sieben Weltalter der ganzen Heilsgeschichte (→ Geschichtsdenken im MA) behandelt, wobei sich der Dichter auf eine Reihe von Quellen stützte, u. a. ebenfalls auf Petrus Comestor. Aus dem 14. Jh. stammen z. B. die stroph. Version von Stücken aus dem AT, die alliterierende »Susanna« (= »The Pistill of [Swete] Susan«; → Alliteration, Abschnitt C. V.), die Details aus dem Rosenroman übernommen hat, »The Stanzaic Life of Christ«, das sich primär auf R. → Higdens »Polychronicon« und die → »Legenda Aurea« stützt, sowie zwei weitverbreitete Schilderungen des Leidens Christi, → »The Northern Passion« und → »The Southern Passion«. Der → »Pearl«-Dichter benützte in »Patience« und »Purity« bibl. Exempla, um seinen Lesern/Zuhörern die entsprechenden Tugenden nahezubringen; in »Patience« etwa nahm er die Geschichte von Jonas und dem Wal zum Ausgangspunkt. Im späteren MA führten die meist in umfangreichen Zyklen zusammengestellten und aufgeführten → Mysterienspiele (→ Chester Plays, → Ludus Coventriae, → Towneley Cycle, → York Plays) einem großen Publikum die wichtigsten Stationen der Heilsgeschichte vor Augen, angefangen von der Erschaffung der Welt bis zum Jüngsten Gericht. Legendenhaftes und apokryphes Material wurde z. B. auch zugrundegelegt in dem um 1250 entstandenen »The Harrowing of Hell«, das auf dem »Evangelium Nicodemi« (bzw. dem »Descensus Christi ad Inferos«) beruht, oder in John → Lydgates »Life of Our Lady« aus der ersten Hälfte des 15. Jh.; vgl. ferner → Apokryphen, Abschnitt A. II. 3.

H. Sauer

Bibliogr.: Renwick-Orton–M. C. Morrell, A Manual of OE Biblical Materials, 1965 – Manual ME 2, IV, 1970 – Cameron, OE Texts,

Nr. A – NCBEL I, bes. 323f. und 477–482 – *Ed.*: Die ae. Dichtungen alle in ASPR; vgl. auch C.W. KENNEDY, Early Engl. Christian Poetry, 1952 u.ö. [Übers. mit Komm.] – Die me. Dichtungen (in der Reihenfolge ihrer obigen Nennung): R. HOLT, The Ormulum, 1878 – O. ARNGART, The ME Genesis and Exodus, 1968 – A.S. NAPIER, Jacob and Joseph, 1916 – R. MORRIS, Cursor Mundi, EETS 57, 59, 62, 66, 68, 99, 101, 1874–93 – H. KALÉN-U. OHLANDER, A ME Metrical Paraphrase of the Old Testament, 5 Teile, 1923–72 – A. MISKIMIN, Susannah, YSE 170, 1969 – F.A. FOSTER, The Stanzaic Life of Christ, EETS 166, 1926 – DIES., The Northern Passion, EETS 145 und 147, 1913–16 – B.D. BROWN, The Southern Passion, EETS 169, 1927 – A.C. CAWLEY-J.J. ANDERSON, Pearl, Cleanness, Patience, Sir Gawain, 1976 – Ausg. der Mysterienspiele s. Manual ME 5. Bd. XII (1) – W.H. HULME, The ME Harrowing of Hell and Gospel of Nicodemus, EETS ES 100, 1907 – J.A. LAURITIS, R.A. KLINEFELTER, V. GALLAGHER, Lydgate's Life of Our Lady, 1961 – vgl. ferner J. STEVENSON, Anglo-Saxon and Early Engl. Psalter, Surtees Soc., 2 Bde, 1843–47 [me. Psalterversion in Versen] – *Lit.*: S.B. GREENFIELD, A Critical Hist. of OE Lit., 1965 – G. SHEPHERD, Scriptural Poetry (Continuations and Beginnings), ed. E.G. STANLEY, 1966), 1–36 – K. MALONE, The OE Period, A.C. BAUGH, The ME Period (A Lit. Hist. of England, ed. A.C. BAUGH, 1967²) – G. SHEPHERD, Engl. Versions of the Scriptures before Wyclif (The Cambridge Hist. of the Bible, 2, ed. G.W.H. LAMPE, 1969), 362–386 – R. WOOLF, The Engl. Mystery Plays, 1972 – P.G. BUEHLER, The ME 'Genesis and Exodus': A Running Commentary, 1974 – D. KARTSCHOKE, B., 1975 – D.C. FOWLER, The Bible in Early Engl. Lit., 1977 – D. PEARSALL, OE and ME Poetry. The Routledge Hist. of. Engl. Poetry 1, 1977.

V. ROMANISCHE LITERATUREN: Eine afrz. Versbearbeitung des Hohen Liedes (Hld) (Ende 11.Jh.) verbindet Schweifreimstrophen der relig. Dichtung, in Nachahmung der lat. Sequenz, mit einigen Strophenformen nicht-religiöser Lyrik (v. a. der *chant à toile*). Höhepunkt des Gedichts ist Marias Erzählung, daß Jesus ihre Schönheit und Anmut gelobt hätte, und daß sie später während der Suche nach ihrem Sohn von den röm. Wächtern gepeinigt wurde. Recht merkwürdig ist aber Marias Geständnis, daß Jesus vor einigen tausend Jahren eine andere Gefährtin hatte. Weil diese Freundin aber nicht *de bel service* war, mußte er sie verlassen. Jesus bestimmte schließlich Jakob als Vertrauensmann und Boten, um Maria für sich zu gewinnen. Ca. 1140 verfaßt in England Samson de Nanteuil für Adelaíde de Condé eine dichter. sehr wertvolle metr. Versbearbeitung des Hld in anglonorm. Sprache, die nahezu 12000 Zeilen umfaßt, die der Dichter selbst als »romance« bezeichnet. Die bemerkenswerteste Genesisdichtung ist die des Hermann de Valenciennes (ca. 1190), eine metr. B. im Stil der *chanson de geste*. Dichter. weniger wertvoll ist dagegen die von → Marie de Champagne in Auftrag gegebene achtsilbige Reimpaarversion des Hld von Evra(r)t (1192/1200), da der Dichter sich zieml. genau an den wörtl. Bibeltext hält. Um 1200 wird der »Oxforder Prosapsalter« Grundlage einer Versdichtung in sechszeiligen Schweifreimstrophen (aab–ccb), deren Verse aus je sechs Silben bestehen. Für Marie de Champagne wird 1181/87 der 44. Psalm (Eructavit cor meum verbum bonum) in achtsilbigen Reimpaaren gedichtet. Obwohl der Vulgatatext nur etwa 40 Zeilen lang ist, erweitert ihn der Dichter auf 2168 Verse mit ausgiebigen Erklärungen. Etwa zu gleicher Zeit entstehen eine »Estoire Joseph« (Gedicht in sechssilbigen Reimpaaren) und eine Version der 1 und 2 Makk. Die Josephsgeschichte weicht nur wenig von Gen ab; jedoch vergleicht der Dichter am Ende seiner Arbeit Josephs Großmut gegenüber seinen Brüdern mit der Aufgabe Christi, alle Menschen von ihren Sünden zu erlösen.

Im Gegensatz zu bibl. Themen in relig. Poesie und allgemein relig. Dichtungen, die in der Lit. des roman. Sprachraums in großer Vielfalt auftreten, ist die Anzahl der B.en gering. Zum Ausgang des MA werden B.en fast völlig von → geistl. Dramen und → Bibelübersetzungen verdrängt.

W. Kroll

Ed. und Lit.: E. STENGEL, Frammenti di una versione libera dei libri dei Maccabei, Riv. di filologia romanza 2, 1875, 82–90 – S. BERGER, La Bible française au MA, 1884 – J. BONNARD, Les traductions de la Bible en vers français au MA, 1884 – J. ACHER, Essai sur le poème »Quant li solleiz«, ZFSL 28, 1911, 47ff. [Komm. zum ältesten afrz. Hld] – M. WEHRLI, Sacra Poesis. Bibelepik als europ. Tradition (Fschr. F. MAURER, 1963), 262.

VI. SÜD- UND OSTSLAVISCHE LITERATUREN: Drei Gründe standen der Entwicklung einer B. bei den orthodoxen Slaven im Wege: Zunächst wurde eine solche lit. Gattung in Byzanz kaum gepflegt; die gesungene liturg. Dichtung, z.B. die Heirmoi oder die Anabathmoi, die eine Paraphrase der bibl. Oden bzw. der Psalmi graduum (Ps 119–133) darstellen, bot in ihrer unermeßl. Produktivität genügend Möglichkeiten, bibl. Themen zu behandeln; schließl. entdeckten die Süd- und Ostslaven das syllab. Versmaß – abgesehen von spärl. Spuren um die Jahrtausendwende – erst am Ausgang des MA unter westl. Einfluß. Neben der in Fünfzehnsilbern verfaßten Weltchronik des Konstantin → Manasses aus dem 12.Jh., die im ersten Teil die bibl. Geschichte behandelt und die in Bulgarien um 1335–40 ins Slav. übersetzt wurde, kann hier noch das umfangreiche, über 1900 Zwölfsilber umfassende Hexaëmeron-Gedicht des → Georgios Pisides aus dem 7.Jh. angeführt werden, das zwar mit dem Genesis-Text kaum Ähnlichkeiten aufweist und das Dimitrij Zograf 1385 ins Kirchenslav. übertrug; in beiden Übersetzungen wurde das gr. Versmaß aufgegeben. Ohne Nachfolger blieb ein in 108 Zwölfsilbern verfaßtes altbulg. Gedicht des → Konstantin Prezviter v. Preslav aus dem 9.–10.Jh., das als Vorwort (Proglas) zum Evangelium gedacht war. Eine eigtl. B. entstand erst bei den Südslaven am Ausgang des MA mit dem kroat. Dichter Marko Marulić (1450–1524). Neben lat. Gedichten (z.B. »Davidias«) verfaßte der dalmatin. Renaissance-Poet in der čakav. Mundart seiner damals unter ven. Herrschaft stehenden Heimatstadt Split ein über 2000 Hexameter umfassendes Werk »Geschichte der heiligen Witwe Judith«, das 1501 abgeschlossen und 1521 in Venedig gedruckt wurde (Faks.-Ausgabe Zagreb 1950). Es folgte dann noch eine versifizierte Geschichte der Susanna in 780 Hexametern. Im ostslav. Raum setzte die B. erst im 16.Jh. ein.

Ch. Hannick

Lit.: Pjesme Marka Marulića, Stari pisci hrvatski 1, 1869 – V.N. PERETC, Malorusskie virši i pesni v zapisjach XVI–XVIII vv., Izvestija otd. russk. jaz. i slov. 4, 1899, 871–873 – K. HORÁLEK, Studie o slovanském verši. Sborník filologický Československé academie věd 12, 1940–46, 261–344 – A. VAILLANT, Textes vieux-slaves I, 1968, 65–68 – Marko Marulić, Pet stoljeća hrvatske književnosti 4, 1970 – N. RADOŠEVIĆ, Šestodnev Georgija Piside i njegov slovenski prevod, 1979.

Bibeldruck. [1] Der erste B., die »Zweiundvierzigzeilige Bibel« oder »Gutenbergbibel«, ein Druck der Vulgata nach der »Pariser Rezension«, das erste große Erzeugnis der Buchdruckerkunst, wurde von J. → Gutenberg etwa 1452 bis 1455 (sicher vollendet im Aug. 1456) in Mainz gedruckt (GW 4201). Im 15.Jh. entstanden insgesamt 94 lat. B.e (GW 4201–94), die frühesten in Mainz, Straßburg, Bamberg, Nürnberg, Köln, Basel – hier auch die kommentierten Riesenausgaben und auch die erste Oktavausgabe. Teildrucke: bes. Psalterien (1. Ausgabe Mainz 1457); 1. hd. Ausgabe: Straßburg (J. → Mentelin) 1466, vor Luthers Übersetzung insges. 14 hd. (12 mit Holzschnitten; die meisten in Augsburg) und vier ndt. (zwei in Köln, eine in Lübeck, eine in Halberstadt). 1498 erschien in Nürnberg die lat.-dt. Apokalypse (mit Holzschnitten von A. → Dürer). In gr. Sprache im 15.Jh. nur der Psalter (1481 u.ö.). Das NT, hg. und mit lat. Übersetzung von → Erasmus v. Rotterdam, erschien 1516 bei J. → Froben in Basel. Die in Alcalá de Henares (lat. Complutum) gedruckte erste → Polyglottenbibel (Biblia Complutensis) wurde 1514–17 gedruckt, aber erst 1520 genehmigt und 1522 herausgegeben. Erste it. Bibelausgabe 1471 in Venedig (neun weitere in Venedig), 1. frz. erst um 1498 in Paris (bei A. Vérard), zwei katal. Ausgaben: 1478 (Valencia) und 1498 (Barcelona). Zwei tschech. Ausgaben: 1488 (Prag) und 1489 (Kuttenberg); ein ndl. AT 1477 in Delft. → Buchdruck.

F. Geldner

[2] *Judentum:* Im letzten Viertel des 15.Jh. fand die neue Technik auch im Judentum Eingang. Neben die hs. Überlieferung des hebr. Bibeltextes trat nun die gedruckte. An Ausgaben vor 1500 sind etwa zu nennen: Der Psalter (mit David → Kimḥis Kommentar) 1477 ohne Ort, wahrscheinl. in Bologna gedruckt; der Pentateuch mit Targum Onkelos und → Raschi-Kommentar, Bologna 1482; die erste vollständige, alle Bücher umfassende Biblia Hebraica, Soncino 1488 (weitere Drucke erfolgten 1491 in Neapel und 1494 in Brescia; Drucker: die → Soncino und Daniel Bomberg in Venedig). H.-G. v. Mutius

Lit.: zu [1]: GW 4198–4324 – H. SCHNEIDER, Der Text der Gutenbergbibel, 1954 – Schrift, Bild und Druck der Bibel, hg. H. VOLLMER, 1955 – H. VOLZ, Bibel und Bibeldruck im 15. und 16.Jh., 1960 – W. EICHENBERGER-H.WENDLAND, Dt. Bibeln vor Luther, 1977 – Johannes Gutenberg, Zweiundvierzigzeilige Bibel. Faks.-Ausg., Kommentarbd., 1979 – zu [2]: J.B. DE ROSSI, Annales Hebraeo-Typographici Sec. XV, Parma 1795.

Bibelfenster. Zweibahniges, typolog. Fenster, dessen eine Bahn Szenen der Kindheit und Passion Christi zeigt, denen in der anderen Bahn die entsprechenden atl. Prototypen gegenübergestellt sind. Sonderform typolog. Zyklen, die auf die Glasmalerei in Deutschland beschränkt ist. Das früheste erhaltene, vielleicht das erste B. überhaupt ist das Chorachsfenster des Kölner Domes (1250/60). Es folgen, im Rheinland Mönchengladbach (vor 1275), Köln, ehem. Dominikanerkirche, jetzt Dom (um 1280), Xanten (Ende 13.Jh.); in S-Deutschland ehem. Wimpfen im Tal, jetzt Mus. Darmstadt (1270/80), Stetten (1280/90), St. Dionys in Esslingen (Ende 13.Jh.). Die B. gingen aus typolog. erweiterten Wurzel-Jesse-Fenstern hervor, wie sie sich in Legden/Westf. (P. PIEPER, Das Fenster von Legden, Westfalen 29, 1951, 172–189) und v.a. in St. Kunibert in Köln (G.M. SCHEUFFELEN, Die Glasfenster der Kirche St. Kunibert in Köln [Diss. masch. München, 1951]) erhalten haben. Für die Abkunft aus den Jessefenstern sprechen die Gestaltung der ntl. Bahnen als Rankenbaum und die begleitenden Medaillons mit Vorfahren Christi. Die theol. Quellen der B. sind in typolog. Hss. wie der »Pictor in carmine« und der »Rota in medio rotae« zu suchen.

B. Lymant

Lit.: H. OIDTMANN, Die rhein. Glasmalereien vom 12. bis z. 16.Jh. I, 1912, 109–116 – H.WENTZEL, Die Glasmalereien in Schwaben v. 1200 bis 1350, Corpus Vitrearum Medii Aevi Deutschland I, 1958, 64–79, 197–202, 244–258 – H. RODE, Die ma. Glasmalereien des Kölner Domes, Corpus Vitrearum Medii Aevi Deutschland IV, 1, 1974, 48–57, 83–91 – R. HAUSSHERR, Der typolog. Zyklus der Chorfenster der Oberkirche von S. Francesco zu Assisi (Kunst als Bedeutungsträger, Gedenkschr. für G. BANDMANN, 1978), 120–122.

Bibelillustration. Lit. Quellen lassen darauf schließen, daß bereits in der frühchr. Buchmalerei des 3./4.Jh. entsprechend der Textvorlage einzelne bibl. Bücher oder Buchgruppen wie Pentateuch, Oktateuch oder Evangelien mit szen. Darstellungen illustriert worden sind. Das Fehlen eines umfassenden Bilderzyklus zur gesamten Bibel aus der Frühzeit der Miniaturmalerei blieb für die Auswahl der Szenen in der byz. wie auch in der abendländ. Illustration des AT und NT der folgenden Zeit bestimmend. Von der Vielfalt und dem Umfang solcher Bilderfolgen sowie von der verschwender. Ausstattung der frühen bibl. Prachthss.,
die von Hieronymus, Johannes Chrysostomos u.a. gerade wegen ihres Mißverhältnisses zum fehlerhaften Text angeprangert wurden, zeugen die auf purpurgetränktem Pergament ausgeführten Miniaturen der nur im Fragment überkommenen Wiener Genesis aus dem 6.Jh., Cod. theol. graec. 31 der Österr. Nat. Bibl. in Wien, deren 48 erhaltene, mit Deckfarben ausgeführte Bilder mit 192 Miniaturen mit nahezu 400 Szenen, vielfach in 2 Streifen übereinander, zu ergänzen sind. Noch deutlicher als hier tritt der Charakter einer sich eng an den Text haltenden Illustrationsweise in der 1731 zum größten Teil verbrannten sog. Cotton-Genesis aus dem 5.Jh. zutage, Ms. Cotton Otho, B VI der Brit. Libr. in London, die im 13.Jh. als Vorlage für die Kuppelmosaike in der Eingangshalle von San Marco in Venedig benutzt wurde. Diese Illustration des Bibeltextes in dichter Folge bezeugt auch Patriarch → Nikephoros I. v. Konstantinopel, wenn er die Zusammengehörigkeit von Text und Bild mit alten Hss. beweisen will, in denen man »dort das gesprochene Wort, hier das gemalte Wort eingezeichnet hat in der Art, daß die Malerei die gleiche Erzählung wie die Schrift bringt« (Antirhetikos III, 5).

Vermutl. noch im 4.Jh. entstand ein Bilderzyklus zu den Königsbüchern, von dem sich Fragmente in der sog. Quedlinburger Itala, Cod. theol. lat. fol. 485 der Dt. Staatsbibl. in Berlin (Ost), erhalten haben. Im Vergleich mit dem Freskenzyklus der Synagoge von Dura Europos aus dem 3.Jh. lassen sie ältere Quellen erkennen. Sie wurden wahrscheinl. in einem stadtröm. Atelier in jenem Stil ausgeführt, der umfassender noch im Vergilius Vaticanus, Cod. lat. 3225 der Bibl. Vat., belegt ist. Schon frühzeitig des. häufig wurden offenbar der → Psalter, die → Apokalypse und die 4 Evangelien (→ Evangeliar) illustriert. Berühmte Beispiele erhielten sich im Evangeliarfragment des 6.Jh. aus Sinope, Ms. suppl. gr. 1286 der Bibl. Nat. in Paris, mit schmalen Bildstreifen unterhalb des Textspiegels, sowie im Evangeliar des Kathedralschatzes v. Rossano, dessen Bildwahl sich von der Bedeutung der Lesungen und ihre Ausführung von der Monumentalmalerei abhängig zeigt. Mannigfaltigere Illustrationsprinzipien überliefert das vom Mönch Rabbula im Kl. Zagba in Mesopotamien 586 geschriebene syr. Evangeliar, Cod. Plut. I, 56 der Bibl. Medicea-Laurenziana in Florenz, das zudem eine reiche ornamentale Ausstattung besitzt.

Die sich bei einer Bebilderung der gesamten Bibel für den Miniaturisten ergebenden Schwierigkeiten werden in der eklekt. und uneinheitl. Szenenauswahl einer syr. Bibel des 7.Jh., Cod. syr. 341 der Bibl. Nat. in Paris, deutlich, werden in der Bibel des Patrikios Leon, 10.Jh., Cod. Reg. gr. 1 der Bibl. Vaticana, durch Titelbilder zu den einzelnen Büchern des AT überwunden, die bes. bezeichnende Ereignisse illustrieren (nur zum Psalter ein Bildnis Davids), bleiben aber auch noch in den span. Bs. des 10./11.Jh. erkennbar, z.B. Bibel aus dem Jahr 960, Cod. 2 der Colegiata de San Isidoro in León, und die Riesenbibel aus Ripoll (Bibel aus Farfa), Ms. lat. 5729 der Bibl. Vat. In mediterraner Tradition stehend und wahrscheinl. in Spanien oder N-Afrika entstanden, überliefert das → Ashburnham-Pentateuch ein mit großen vielszenigen Miniaturen ausgestattetes Beispiel für eine illustrierte Ausgabe des 5 Bücher Mose aus dem 7.Jh. Reichbebilderte griech. Oktateuchausgaben des 11.–13.Jh. sowie ebenfalls auf frühchr. Vorlagen zurückgehende Miniaturenzyklen zu den 4 Büchern der Könige, z.B. Cod. gr. 333 der Bibl. Vat. aus dem 12.Jh., haben nachweisl. die abendländ. B. intensiv beeinflußt. Die Vermittlung it. Miniaturenzyklen nach England wird in Mss. wie dem sog. Augustinus-Evangeliar vom Ende des 6.Jh. greifbar, Cod. 286 der Corpus Christi College Libr. in Cambridge, die noch in roman. Zeit kopiert wurden, oder auch im Codex Amiatinus, Cod. amiat. 1 der Bibl. Medicea-Laurenziana in Florenz, deren im Kl. Jarrow-Wearmouth um 700 entstandene Ausschmückung als eine Kopie nach der Bibelausgabe von Cassiodors Codex Grandior gilt.

In ihrer Ausstattung sicherl. auf frühchr. Vorlagen basierend, entstand in karol. Zeit neben den Prachthandschriften, meist Evangeliaren, am Hofe Karls d. Gr. eine auf der Textredaktion Alkuins beruhende Bibelausgabe in Form eines Pandekten, die die Einheit des AT und NT auch äußerlich zum Ausdruck bringen konnte. V. a. in der Abtei St. Martin zu Tours wurden diese einbändigen Vulgata-Ausgaben mit unterschiedl. Bildauswahl geschmückt, wie sie in der Bibel aus Moutier-Grandval, Add. Ms. 10 546 der Brit. Libr. in London, oder der Vivian-Bibel (sog. 1. Bibel Karls d. Kahlen), Ms. lat. 1 der Bibl. Nat. in Paris, aus dem Jahrzehnt vor 850 überkommen sind. Ein spätes Denkmal karol. Renaissance-Buchmalerei von unerhörtem Reichtum an Zierseiten und ganzseitigen Miniaturen ist in der um 870 wahrscheinl. in Reims geschaffenen Bibel der Abbazia di San Paolo fuori le mura in Rom erhalten, die vermutl. von Karl dem Kahlen anläßl. seiner Kaiserkrönung in Rom 875 Papst Johannes VIII. geschenkt worden war.

In der Folgezeit wurden weniger Bibelhss. als andere Buchtypen, wie beispielsweise die liturg. Mss. otton. Zeit, illustriert. Etwa seit der Mitte des 11. Jh. setzt eine neue Blüte der B. ein, die mit den Reformbestrebungen und damit verbundenen, häufig auf karol. Vorlagen zurückgreifenden Bibelrevisionen dieser Zeit zusammenhängen werden. Für diesen Bibeltyp charakterist. ist eine vielfältige Ausstattung mit ganzseitigen Miniaturen, die oftmals in epischer Breite den Bibeltext in streifenhaft angelegten Szenen illustrieren, oder mit Zierbuchstaben und Initialminiaturen sowie mit figürl. Darstellungen oberhalb und seitl. der Textspalten. Ebenso typ. ist das in Anlehnung an die touron. Pandekten groß gewählte Format, weshalb man sie auch Riesenbibeln bzw. in Italien »bibbie atlantiche« gen. hat. Als eine der frühesten entstand das Ms. 559 der Bibl. mun. in Arras aus St. Vaast, aber bald schon setzt eine unübersehbare Produktionsfülle in zahlreichen klösterl. und spätestens seit dem 13. Jh. auch weltl. Werkstätten in zahlreichen Ländern ein. Zu den produktivsten und im Reichtum der Illustrationszyklen interessantesten Skriptorien gehört dasjenige von Salzburg, wo u. a. die Riesenbibeln Cod. XI der Stiftsbibl. von St. Florian, Cod. perg. I der Stiftsbibl. von Michelbeuren und Cod. 121 der Univ. Bibl. in Erlangen (Gumpertsbibel) in roman. Zeit geschaffen wurden. Aus Kl. Arnstein an der Lahn stammt das zweibändige Harley Ms. 2798-9 der Brit. Libr., dessen Beziehung zur maasländ. Buchmalerei in den berühmten Bibeln von Stavelot, Add. Ms. 28106-7 der Brit. Libr. und von Floreffe, Add. Ms. 17737-8 ebendort, gerade auch in der Ornamentik offenbar wird. Ähnlich aufwendig geschmückte Bibeln engl. Provenienz sind im Ms. 3 der Lambeth Palace Libr. in London oder in jener der Kathedralbibl. von Winchester erhalten, frz. Beispiele in der Bibel aus St-Pierre de Redon, Ms. 1 der Bibl. mun. in Bordeaux, in der Bibel von Souvigny, Ms. 1 der Bibl. in Moulins, und jener aus Limoges, Ms. lat. 8 der Bibl. Nat. in Paris. Als bes. eindrucksvolle Exempla der it. Riesenbibeln sind diejenige des Pantheon, Cod. lat. 12958 der Bibl. Vat., oder auch die sog. 2. Angelica Bibel, Cod. 1273 der Bibl. Angelica in Rom, zu nennen.

Im 13. Jh. treten in Italien weitere Ateliers mit einer reichen Bibelillustration in Erscheinung, so etwa in Padua, Venedig, Florenz, Modena, Bologna oder Neapel, wo, in Entsprechung zu einer allgemein sich entwickelnden Tendenz, die Illustration zum Buch Genesis als Titelbild der gesamten Bibel mit den Schöpfungsszenen und weiteren Darstellungen hervorgehoben wird, z. B. Add. Ms. 18720 der Brit. Libr., Cod. a I. 5 der Bibl. des Escorial, Ms. lat. 18 der Bibl. Nat. in Paris oder jene im Kathedralschatz von Gerona. Zu ihnen gehört auch die nicht sicher lokalisierbare, wahrscheinl. aber in einem oberit. Atelier prunkvoll illuminierte Bibel der Walters Art Gallery in Baltimore, die für den letzten Staufer Konradin wohl nach 1260 von mehreren Miniaturisten ausgeschmückt wurde. Ein bes. qualitätvolles engl. Beispiel für dieses Ausstattungsprinzip erhielt sich in der Bibel des Robertus de Bello, Burney Ms. 3 der Brit. Libr. in London, aus der Mitte des 13. Jh.

In Verbindung mit den Bibelreformen v. a. der Dominikaner sowie der Sorbonne in Paris und den damit entstandenen, für lange Zeit grundlegenden Vulgata-Ausgaben im Exemplar des Hugo v. St-Cher, Ms. lat. 16719-22 der Bibl. Nat. in Paris, bzw. im einbändigen Codex Sorbonicus von 1270, Ms. lat. 16260 ebendort, entsteht seit der Mitte des 13. Jh. eine Vielzahl von reich illustrierten Bibelhss., deren Bilderzyklus sich trotz einer gewissen Normierung in der Wahl der Miniaturen, die den einzelnen Büchern vorangehen oder in die Zierbuchstaben eingeschlossen sind, unterscheidet. Die Vielfalt entsteht offenbar aufgrund des in den jeweiligen Werkstätten vorhandenen Fundus an ikonograph. Vorlagen, die von Paris aus in die kulturellen Zentren Flanderns, aber auch nach S-Frankreich, Spanien, Italien, England und Deutschland verbreitet werden und sich mit den örtl. Gewohnheiten vermischen. Ähnliches gilt für die gleichzeitig mit den großen Bibelbänden in Paris seit dem 2. Viertel des 13. Jh. entstandenen Taschen- oder Studentenbibeln, deren in kleiner Perlschrift ausgeführter, von der Sorbonne redigierter Vulgata-Text durch einfachere Ranken- oder Figureninitialen zu Beginn der Bücher gegliedert wird und auch in dieser Beschränkung die Handlichkeit der für das Studium gedachten Mss. nicht beeinträchtigt.

Im Gegensatz zu dieser vom Gebrauch her bestimmten Einschränkung der B. entstehen, zweifellos von den Wünschen der Laien gefördert, wiederum in Paris und N-Frankreich autonome Bilderzyklen mit alt- und neutestamentl. Themen, wie sie in der sog. Schah-Abbas-Bibel, M. 638 der Pierpont Morgan Libr. in New York, Ms. nouv. acq. lat. 2294 der Bibl. Nat. in Paris und Hs. I 6 der Sammlung Ludwig in Aachen erhalten ist. Vermutl. wird man sie in Beziehung zu den umfassend bebilderten Psalterien sehen müssen, von denen z. B. der Psalter Ludwigs d. Hl., Ms. lat. 10 525 der Bibl. Nat. in Paris, einen ansprechenden Bilderzyklus enthält. Mit der Fülle der illustrierten Themen in den Bibelhss. geht die Bildfreudigkeit der etwa gleichzeitig auftretenden → Bible moralisée überein, deren ausführlichste Bildredaktion mit über 5000 Szenen ein einzigartiges Kompendium künstler. Phantasie und an den knappen Text gebundener Illustrierung darstellt. In Verbindung mit außerbibl. bzw. stark gekürzten Texten entstehen zudem in der »Bible historiale«, der ins Frz. übersetzten Historia scholastica des → Petrus Comestor, oder auch in der typolog. aufgebauten → Biblia pauperum neue bibl. Bilderzyklen.

Noch im 14. und 15. Jh., als sich das allgemeine Interesse mehr den Historienbibeln und typolog. Bibelwerken wie dem → Speculum humanae salvationis und der → Concordantia caritatis, zuwandte, entstanden eine Fülle vorzügl. auf fsl. Auftrag hin ausgeführte Vulgata-Hss., von denen die in einer für Ludwig v. Anjou und seinen neapolitan. Hof tätigen Werkstatt um 1350 mit über 400 Miniaturen verzierte sog. Hamilton-Bibel, Hs. 78 E 3 des Kupferstichkabinetts Preuß. Kulturbesitz in Berlin, oder die um 1400 ausgemalte mehrbändige Bibel Kg. Wenzels mit dt. Text, Cod. 2759-64 der Österr. Nat. Bibl., aufgrund ihrer luxuriösen Ausstattung hervortreten; dann auch die nach 1455 von den Miniaturisten Taddeo Crivelli und Franco de Russi für Borso d'Este geschaffenen zwei Bände VG 12 (Lat. 422-3) der Bibl. Estense in Modena, oder jener von den Brüdern Gherardo und Monti di Giovanni del Fora illuminierte 3. Band einer Bibel, Ms. Plut. 15, 17 der Bibl. Medicea-Laurenziana in Florenz, der für Matthias Corvinus bestimmt war.

Im Gegensatz zu diesen »manuscrits de luxe« blieb es das Anliegen der Augustiner der Windesheimer Kongregation, ihre in der 1. Hälfte des 15.Jh. erarbeitete Bibelkorrektur in möglichst vielen Exemplaren zu verbreiten. Das zuweilen als das Normalexemplar dieser Redaktion angesehene fünfbändige Werk, das → Thomas v. Kempen 1427-39 eigenhändig geschrieben hat, Hs. 324 der Hess. Landes- und Hochschulbibl. in Darmstadt, wirkte mit seinem Zyklus von Initialminiaturen und der rahmenden Ornamentik auf die Bibelexemplare entscheidend ein, die am Ausgang des MA in den zahlreichen aus der → Devotio moderna hervorgegangenen Kanonien und Häusern der → Brüder vom gemeinsamen Leben (Fraterherren) und den Augustinern der Windesheimer Kongregation entstanden sind.

Die ältesten gedruckten Bibeln, wie die 42zeilige, um 1454-56 in Mainz gedruckte Gutenberg-Bibel, wurden häufig noch mit handgemalten Schmuckinitialen ausgestattet. Während die → Blockbücher ihrem Wesen nach nur für die Illustration kürzerer und die zahlreichen Andachtsbücher mit bibl. Texte geeignet waren und Inhalt mit zum Teil umfangreichen Holzschnittfolgen, so z.B. der bei P. Drach in Lübeck um 1478 erschienene »Spiegel menschlicher Behaltnis«, in einer dem unterschiedl. Text entsprechenden Auswahl ausgestattet wurden, beginnt mit der bei G. Zainer in Augsburg 1475 gedruckten dt. Bibel eine systemat. Illustration in Form von holzgeschnitzten Bildinitialen. Bei den Holzschnitten der in der Kölner Offizin von H. Quentell 1478-79 gedruckten dt. Bibel, deren Illustrationen zur Offb über Vermittlung der 1483 bei A. Koberger in Nürnberg gedruckten Bibel den Zyklus A. Dürers von 1498 entscheidend beeinflußten und teilweise in der in tschech. Sprache 1489 in Kuttenberg gedruckten Bibel kopiert sind, wird die künstler. Vorlage einer Historienbibel bzw. einer Apokalypsenhs. in Art der frz.-engl. Bildredaktion des 13.Jh. (→ Apokalypse, Abschnitt C.) erkennbar. In den folgenden Jahren schufen in Deutschland v. a. L. Cranach, G. Lemberger, der Meister H.S. sowie E. Altdorfer, H. Burgkmair, H. Holbein d.J. und die Brüder Beham Bilderfolgen zur Vulgata bzw. zu Luthers Bibelübersetzung. In den ersten gedruckten ndl. Bibeln des 16.Jh. mit Holzschnitten L. van Leydens u. a. wird auch der Einfluß Holbeins sowie der in Wittenberg arbeitenden Illustratoren deutlich. Die noch im 15.Jh. v. a. in Paris und Lyon gedruckten frz. Bibeln wie auch die bedeutenden in Venedig erschienenen it. enthalten oftmals mehrere hundert Illustrationen, die ihre Vorlagen häufig in Miniaturenzyklen und Tafelgemälden führender Maler haben.

J.M. Plotzek

Lit.: LCI I, 282-289 – RDK II, 478-517 [Lit.] – J. KRÁSA, Die Hss. Kg. Wenzels IV., 1971 – F. MÜTHERICH-J.E. GAEHDE, Karol. Buchmalerei, 1976 – W. EICHENBÜRGER-H. WENDLAND, Dt. Bibeln vor Luther. Buchkunst der 18 dt. Bibeln zw. 1466 und 1522, 1977 – K. WEITZ-MANN, Spätantike und frühchr. Buchmalerei, 1977 – J. WILLIAMS, Frühe span. Buchmalerei der Renaissance, 1977 – A. v. EUW-J. M. PLOTZEK, Die Hss. der Slg. Ludwig I, 1979, 25-139 [Lit.].

Bibelübersetzungen

I. Lateinische Bibelübersetzungen und ihre textgeschichtlichen Voraussetzungen – II. Aramäische Bibelübersetzungen – III. Syrische Bibelübersetzungen – IV. Koptische Bibelübersetzungen – V. Armenische Bibelübersetzungen – VI. Georgische Bibelübersetzungen – VII. Arabische Bibelübersetzungen – VIII. Gotische Bibelübersetzungen – IX. Irische Bibelübersetzungen – X. Deutsche Bibelübersetzungen – XI. Mittelniederländische Bibelübersetzungen – XII. Alt- und mittelenglische Bibelübersetzungen – XIII. Skandinavische Bibelübersetzungen – XIV. Romanische Bibelübersetzungen – XV. Altkirchenslavische Bibelübersetzungen – XVI. Tschechische Bibelübersetzungen – XVII. Altpolnische Bibelübersetzungen.

I. LATEINISCHE BIBELÜBERSETZUNGEN UND IHRE TEXTGESCHICHTLICHEN VORAUSSETZUNGEN: Von allen B. ist die lat., aufs Ganze gesehen, die folgenreichste geworden. In der Spätantike entstanden, war die lat. Bibel ein rundes Jahrtausend hindurch die Bibel der abendländ. Christenheit schlechthin; sie hat nicht nur – unmittelbar und durch Vermittlung der liturg. Texte – die gemeinsame Sprache der Gebildeten aller Völker Europas mitgeformt, sondern von Anfang an das Werden der abendländ. Kultur in ihren mannigfachen Entwicklungen begleitet und schließlich, als die Bibel der lat. Kirche, in der Neuzeit die weiteste Verbreitung erlangt und bis auf die Gegenwart gewirkt.

Textgeschichtl. Voraussetzungen: Bibl. Bücher sind zuerst in griech. Sprache nach dem Westen gelangt. Als dies geschah, war das Weltreich weithin zweisprachig; Rom kann bis ins 3. Jh. mehr eine hellenist. als eine lat. Stadt genannt werden. Bei dieser Lage der Dinge bestand zunächst wohl kaum das Bedürfnis nach einer Übersetzung. Ein solches machte sich geltend, als das Christentum in Gebieten Wurzel faßte, in denen das lat. Element wieder vorgedrungen oder, wie in Gallien und den westl. Provinzen N-Afrikas, immer das beherrschende geblieben war. Dennoch ist vermutet worden, daß Teile des NT in Rom selber schon um die Mitte des 2.Jh. übersetzt worden seien, und zwar in der Umgebung des Markion, der, i.J. 144 als Häretiker aus der röm. Kirche ausgeschlossen, eine rege Propaganda für seine Lehre entfaltete. Da man weiß, daß er vom NT nur das Lukasevangelium und 10 Paulusbriefe als kanonisch gelten ließ und sich durch raffinierte Eingriffe in den Text ein in seinem Sinne »gereinigtes« Evangelium zurechtmachte, hat man aus dem gelegentl. Auftreten markionitischer Lesarten in altlat. Texten des NT auf die erwähnte Übersetzung geschlossen. Zwingend ist die Folgerung wohl nicht, da es auch andere Möglichkeiten des Eindringens einzelner Lesarten gibt und weitere Zeugnisse zu fehlen scheinen.

Sichere Spuren lat. Übersetzung trifft man in Gallien und N-Afrika in der zweiten Hälfte des 2.Jh. an. Eusebius (hist. eccl. V 1) überliefert einen Brief der Gemeinde von Lyon an die Glaubensbrüder in Asia und Phrygien, der von den Verfolgungen unter Marcus Aurelius berichtet; die darin enthaltenen Anspielungen auf Bibelstellen geben sich recht eindeutig als Rückübersetzungen aus dem Lat. zu erkennen. Älteste Zeugnisse des Vorhandenseins eines lat. Bibeltextes in N-Afrika finden sich in den Akten der Märtyrer von Scili in Numidien (aus der Zeit des Commodus) und in der Passio ss. Perpetuae et Felicitatis († 202/203).

Alle älteren lat. Übersetzungen beruhen auf griech. Vorlage, d. h. im AT auf der Septuaginta, deren Textgeschichte somit für die lat. Bibel nicht ohne Belang ist. Der Bericht des Aristeasbriefes, nach welchem die erste und wichtigste Übersetzung des Pentateuchs ins Griech. auf Veranlassung Ptolemaios' II. Philadelphos (285-246 v. Chr.) von 72 jüd. Übersetzern aus Jerusalem – daher die Benennung κατὰ τοὺς ὁ = iuxta septuaginta interpretes, kurz LXX – in 72 Tagen angefertigt worden sei, ist seit langem als fiktiv erkannt; der hist. Kern wird in der Angabe des Beginns der Übersetzung des AT mit dem Pentateuch im Alexandreia des 3. vorchristl. Jh. gesehen, wobei man allerdings die in der hellenist. Diaspora lebenden Juden selbst als die Urheber des Übersetzungswerkes betrachtet. Die weiteren Bücher sind dann in verschieden großen Zeitabständen von verschiedenen Personen ins Griech. übertragen worden; um die Mitte des 2. Jh. vor Chr. dürfte die LXX im wesentl. vollständig vorgelegen haben. Als jüd. Werk anfangs bei den Juden in hohem Ansehen stehend und von großer Bedeutung für die feste Verbindung der hellenist. Diaspora mit dem Gesetz, begegnete die LXX, nachdem die Christen sie als ihre Bibel übernommen hatten, auf jüd. Seite zunehmendem Mißtrauen. Deshalb schuf ein 1. Jh. n. Chr. der Proselyt Aquila aus Sinope eine völlig neue, möglichst eng am hebr. Wort haftende, damit freilich die Sprache und zuweilen auch den Sinn vergewaltigende Übersetzung. Bald nach ihm, im 2. Jh., erarbeitete Theodotion eine nach dem Urtext korrigierte Fassung der LXX. Ebenfalls im 2. Jh. schuf Symmachos in engem Anschluß an den Urtext eine völlig neue Übersetzung, die sich indes um gutes Griech. bemühte. Das verwirrende, fast zwangsläufig zu Textmischungen und dgl. führende Nebeneinander von Übersetzungen, das kaum mehr ein Urteil darüber erlaubte, was im einzelnen Falle dem Urtext entspreche, veranlaßte Origenes, den größten Gelehrten der alexandrin. Schule, in dem Riesenwerk der Hexapla eine Klärung dieser Fragen zu versuchen (in den 40er Jahren des 3. Jh. abgeschlossen). Er stellte nebeneinander den hebr. Urtext und dessen griech. Transkription, die Übersetzungen des Aquila, des Symmachos, die LXX und Theodotion und erarbeitete eine neue Rezension der LXX, indem er mit Hilfe krit. Zeichen Zusätze, Lücken und Umstellungen gegenüber dem Hebr. kenntlich machte, Auslassungen zumeist nach Theodotion ergänzend. Die hexaplar. Rezension, so bedeutend sie an sich war, konnte die Verwirrung in den umlaufenden Texten natürlich nicht beseitigen. Noch zweimal wurde daher der Versuch unternommen, eine einheitl. und endgültige Fassung des Septuagintatextes herzustellen: in Ägypten von einem Hesychius, und ungefähr zur gleichen Zeit von dem Presbyter Lukian aus Antiochia († 311). Die komplizierten, bisher nur zum Teil einigermaßen durchschaubaren Verhältnisse können hier nicht dargelegt werden. Von den späteren Bearbeitungen der Septuaginta ist namentl. die Hexapla für Hieronymus wichtig geworden, aber auch mit dem Einfluß Lukians scheint gerechnet werden zu müssen.

Für die Textgeschichte des NT hat das Hauptwerk des Syrers Tatian (2. Hälfte des 2. Jh.), τὸ διὰ τεσσάρων εὐαγγέλιον, das Diatessaron, Bedeutung gewonnen: eine Evangelienharmonie auf der chronolog. Grundlage des Johannesevangeliums. Der Urtext ist verloren; in lat. Sprache ist erhalten eine bereits unter Benützung des Vulgatatextes hergestellte Bearbeitung im 'codex Fuldensis' (Fulda, Bonif. 1, geschrieben gegen 546/547). Einwirkungen des Diatessaron (in Form von Harmonisierungen) auf den lat. Text sind anzunehmen; wieviel davon zu Tage treten wird, bleibt der Zukunft überlassen. – Über Markion s. o.

Auf der Grundlage dieser textgeschichtl. Voraussetzungen ist die lat. Bibel entstanden. Man unterscheidet zwei Hauptstufen oder -formen: 1. die vorhieronymian. oder altlat. Übersetzung, auch Vetus Latina gen. (früher fälschl. als Itala bezeichnet nach Augustinus de doctr. christ. 2, 15, wo indes offensichtl. von einer bestimmten, zur Zeit Augustins in Italien gebrauchten Gestalt der altlat. Bibel die Rede ist), und 2. die Übersetzung des Hieronymus und die Vulgata.

Die altlateinische Übersetzung oder Vetus Latina: Da die Vetus Latina (VL) seit dem 5. Jh. allmählich von der Übersetzung des Hieronymus verdrängt wurde, haben sich von ihr nur Reste – allerdings sehr umfangreiche – erhalten. Über die Entstehung der VL liegen keinerlei Nachrichten vor; was wir hierüber erfahren können, muß nahezu ausschließl. aus den Texten selbst abgelesen werden.

Unsere Kenntnis der altlat. Bibel beruht auf Hss. sowie auf Zitaten bei Kirchenschriftstellern und in liturg. Texten. Die Zahl der Hss. geht zwar insgesamt in die Hunderte (die vorläufige Liste der Beuroner VL – s. u. – zählte schon über 350 auf), schrumpft jedoch nach Abzug der Psalterien sowie derjenigen, welche nur altlat. Einsprengsel, Glossen usw., sonst aber Vulgatatext enthalten, auf zumeist nur wenige und in der Regel unvollständige Zeugen für die einzelnen Bücher zusammen; unter ihnen befinden sich verhältnismäßig viele → Palimpseste. In Anbetracht der Lückenhaftigkeit der hs. Überlieferung kommt den Zitaten bei Kirchenschriftstellern für die Gewinnung des altlat. Bibeltextes große Bedeutung zu; sie sind zugleich unsere Hauptquelle für die Geschichte der Vetus Latina.

Was diese angeht, so haben die intensiven Forschungen der letzten Jahrzehnte viele Einsichten eröffnet, die es nicht mehr – oder noch nicht – erlauben, Ursprung und Entwicklung der altlat. Bibel mit knappen Strichen zu skizzieren; auch über Zahl und Umfang der Übersetzungen kann derzeit erst für einen Teil der bibl. Bücher ausreichend Sicheres gesagt werden. Daß zuerst die für den Gottesdienst benötigten Texte übersetzt und durch diese Übertragungen auch schon manche Formulierungen vorgeprägt wurden, ist eine naheliegende, wiewohl im einzelnen schwer zu beweisende Annahme. Die Rekonstruktion des Bibeltextes ergibt eine Anzahl von Übersetzungstypen, die man nach der Region der jeweils eine bestimmte Textform bevorzugenden Zeugen oder Gruppen von Zeugen als »afrikanisch« (unter Umständen auch nur als »karthagisch«) oder als »europäisch« (gegebenenfalls untergliedert oder auch nur partiell bezeugt als »italienisch«, »spanisch« u. dgl.) bezeichnen kann. Diese Typen sagen uns nichts über ihren Ursprung aus, sie bleiben, wie manche Hss. zeigen, nicht unvermischt und sind nicht in jedem Falle von allen Kirchenschriftstellern des betreffenden Gebietes benützt worden. So ist z. B. Cyprian v. Karthago († 258), der bes. häufig die Bibel zitiert, der genaueste Zeuge des afrikan. Typs; sein älterer Zeitgenosse Tertullian dagegen weicht von der ihm vorliegenden Übersetzung nicht selten zugunsten einer eigenen ad-hoc-Übertragung ab, während Augustinus für einige ihn bes. beschäftigende Bücher, mindestens für die Psalmen und die paulin. Briefe, sich durch eigene Revision der ihm bekannten Übersetzungen nach der LXX selbst einen zuverlässigeren und korrekteren Text zu beschaffen suchte. Trotz alledem ist die Zahl der Übersetzungen vielleicht doch geringer gewesen als die Mannigfaltigkeit der uns vorliegenden Texte vermuten lassen könnte. Für einzelne Teile der Bibel ist eine einzige Urübersetzung nachgewiesen oder wahrscheinl. gemacht worden: für den Heptateuch, für Weisheit und Sirach, die Makkabäerbücher, vom NT für Apostelgeschichte und Apokalypse, auch für die paulin. Briefe, während der Hebräerbrief zweimal selbständig übersetzt worden zu sein scheint. Auch gewisse Tendenzen der Textentwicklung zeichnen sich in manchen Teilen ab;

so spiegelt sich z. B. im Heptateuch in den zumeist jüngeren »europäischen« Typen das Streben nach sprachl. und sachl. Besserung der ursprgl. Übersetzung.

Insgesamt weist die VL Merkmale auf, die sie von den späteren Übersetzungen unterscheiden. Das wichtigste ist das gemeinsame Zurückgehen auf die LXX, infolge dessen sich natürl. alle Mängel der griech. Übersetzung in ihrem jeweiligen Textzustand auch der altlat. mitteilten. Die altlat. Versionen stammen ferner von unbekannten und zumeist sprachl. wenig gewandten, des Griech. oft nur ungenügend mächtigen Übersetzern, von denen keiner die Bildung und Belesenheit eines Hieronymus besaß. Scheu vor dem heiligen Wort, aber auch Unbeholfenheit veranlaßte sie zu möglichst engem Anschluß an den Wortlaut der Vorlage, ähnlich wie bei Aquila, und nicht selten führte mangelnde Sprachbeherrschung zu dunklen, ohne Zuhilfenahme der Vorlage unverständlichen, ja falschen Übertragungen. So oft freilich jene alten Übersetzer der lat. Sprache Gewalt antaten, ihr Werk blieb doch nicht ohne Einfluß auf diese. Es sind nicht nur zahlreiche griech. Wörter, die jene Übersetzer in Ermangelung eines ihnen zu Gebote stehenden lat. Äquivalents einfach stehen ließen, als Fremdwörter ins Lat. eingegangen, sondern auch manche ursprgl. dem Lat. fremde Wortverbindungen und Konstruktionen durch den Gebrauch in der Hl. Schrift im Laufe der Zeit gleichsam legitimiert und weiterhin völlig unauffällig der lat. Sprache einverleibt worden.

Hieronymus und die Vulgata: Die Vielzahl der im Umlauf befindl. lat. Texte und ihre oft auch den Inhalt berührenden Diskrepanzen veranlaßten den Papst → Damasus, für die Erarbeitung eines korrekten und zuverlässigen lat. Bibeltextes Sorge zu tragen. Er beauftragte den in der griech. wie in der lat. Lit. wohlbewanderten → Hieronymus mit einer Revision der Texte. Nur von einer solchen war die Rede ('ut post exemplaria scripturarum toto orbe dispersa quasi quidam arbiter sedeam et ... quae sint illa quae cum graeca consentiant veritate decernam' formuliert Hieronymus selbst seinen Auftrag in der an Damasus gerichteten Praefatio in evangelio), und sie sollte tunlichst auf die herkömml. Formulierungen Rücksicht nehmen. Den Anfang machten die Evangelien; sie stehen in der von Hieronymus nur leicht überarbeiteten altlat. Form in der Vulgata. Nach dem gleichen Grundsatz wurden die Psalmen nach der LXX revidiert (es ist dies aber nicht, wie man lange annahm, die später in Rom bevorzugte und danach als Psalterium Romanum bezeichnete Version). Nach dem Tod des Damasus (384) ließ sich Hieronymus endgültig bei Bethlehem nieder, es begann (386) eine zweite Phase der Arbeit am Bibeltext: Hieronymus lernte Hebr. und zog fortan die Hexapla heran, von der ihm ein Exemplar (vielleicht das einzige vollständige überhaupt) im palästinens. Kaisareia zugängl. war. Wiederum überarbeitete er die Psalmen; diese nach der hexaplar. LXX revidierte Fassung hat nachmals (als Psalterium Gallicanum, s. u.) große Bedeutung gewonnen. Weitere Bücher des AT folgten, doch ist von dieser Revision fast nichts erhalten geblieben. Noch war Hieronymus mit dieser Arbeit beschäftigt, als er sich endgültig entschloß, den schon früher in Rom gefaßten Plan einer Grund auf neuen Übersetzung aus dem Hebr. in Angriff zu nehmen; diese dritte und wichtigste Phase seiner Arbeit am Bibeltext erstreckte sich über die anderthalb Jahrzehnte von 390 bis etwa 405/406. Sie begann wahrscheinl. (nach dem Prologus in libro regum, dem sog. Prologus galeatus) mit den Königsbüchern; es folgten die Psalmen ('Psalterium iuxta Hebraeos', später *nicht* Bestandteil der Vulgata), die Propheten, Ijob, Esr, Chronik, Weisheitsbücher, Pentateuch,

Jos, Ri, Rut, Est, gegen Ende des gen. Zeitraums Tob und Jdt. Überhaupt nicht von Hieronymus bearbeitet sind die Bücher Sir, Bar und 1 und 2 Makk.

Die Übersetzung des Hieronymus, trotz der Selbständigkeit seines Vorgehens nicht ganz ohne Rücksicht auf überkommene Formulierungen hergestellt, ist in Anbetracht der Zeit und als Werk eines einzelnen eine der größten Übersetzungsleistungen unserer Geschichte; sie muß auch heute noch, trotz mancher unvermeidl. Unvollkommenheiten und einzelner Fehler als das Meisterwerk eines Gelehrten von souveräner Sprachbeherrschung bezeichnet werden.

Dennoch fand sie nur langsam allgemeine Anerkennung; die allmähl. Verdrängung der VL zog sich über Jahrhunderte hin und war erst im 7. Jh. im wesentl. abgeschlossen; vereinzelt finden sich auch bei Späteren (bis in die Karolingerzeit, darüber hinaus sehr selten) altlat. Formulierungen oder auch gelehrte Zitate aus der 'alia translatio'. Am raschesten setzte sich die Psalmen-Revision nach der hexaplar. LXX durch: Sie fand Eingang in die Liturgie, zuerst in Gallien, von wo aus sie sich über die ganze Kirche verbreitete, wurde in die Vulgata aufgenommen und bildete als Psalterium Gallicanum bis in die Gegenwart den Kernbestand des röm. Breviers. (Das Psalterium Romanum, die in der stadtröm. Liturgie bis auf Pius V. und in St. Peter bis auf die Gegenwart verwendete Fassung der Psalmen, wurde Hieronymus seit dem 18. Jh. irrtüml. zugeschrieben; es ist eine altlat. Übersetzung und nicht mit der ersten Revision nach der LXX identisch.) Was man heute als Vulgata bezeichnet, ist die seit dem 7. Jh. allgemein gebrauchte lat. Übersetzung der Bibel, welche den größten Teil des AT in der Übersetzung des Hieronymus (mit dem Psalterium Gallicanum), die von ihm revidierten, im Grunde aber altlat. Übersetzungen des NT und die rein altlat. Texte, die von Hieronymus nicht bearbeitet wurden, enthält. Über die starken Schwankungen der Reihenfolge der bibl. Bücher in den Hss. wie über Einzelheiten des Kanons ist hier nicht zu sprechen.

Auch im MA hat die Beschäftigung mit dem Text der lat. Bibel nicht aufgehört. Eine von →Alkuin vorgenommene und Karl d. Gr. überreichte Revision beschränkte sich im wesentl. auf solche orthograph. und grammat. Korrekturen, wie sie in der Zeit der Erneuerung auch an anderen lit. Texten vorgenommen wurden; die Alkuinbibel ist für die Folgezeit maßgebl. geworden, während sich von den tiefergehenden Arbeiten am Bibeltext, die →Theodulf v. Orléans zeitlebens beschäftigten, nur einzelne Hss. erhalten haben. Über spätere Arbeiten am Bibeltext → Bibelkorrektorien.   F. Brunhölzl

Ed. und Lit.: F. STUMMER, Einf. in die lat. Bibel, 1928 – H. J. VOGELS, Hb. der Textkritik des NT, 1955² – *Ed.* [nur krit.]: Septuaginta. Vetus Testamentum Graecum auctoritate Societatis Gottingensis, 1926ff. [noch nicht abgeschlossen] – Septuaginta, ed. A. RAHLFS, 2 Bde, 1935 [u. ö.] – *Hexapla-Fragmente:* F. FIELD, Origenis Hexaplorum ... fragmenta, 1871–72; Neuausg. in 2. Apparat der (oben gen.) Göttinger Septuaginta – *Vetus Latina:* Bibliorum Sacrorum Latinae Versiones antiquae seu Vetus Italica, ed. P. SABATIER, 3 Bde, 1739/49 [Nachdr. 1976] – Vetus Latina. Die Reste der altlat. Bibel nach P. Sabatier neu ges. und hg. von der Erzabtei Beuron, 1949ff. (bisher erschienen I: Verz. der Sigel für Hss. und Kirchenschriftsteller v. B. FISCHER, 1949; I/1 Verz. der Sigel für Kirchenschriftsteller, ed. B. FISCHER, 1963² [mit weiteren Erg.]; Bd. 2 Gen, hg. v. B. FISCHER, 1951/54; Bd. 24–26 Paulin. und kath. Briefe, hg. W. J. FREDE–W. THIELE; 11 Weisheitsbücher) – *Itala:* Itala. Das NT in altlat. Übers. nach den Hss., hg. A. JÜLICHER (und W. MATZKOW), 1938ff. [nur die Evangelien] – *Wichtige Einzeltexte:* Old Latin Biblical Texts, 7 Bde, 1883–1923 – Collectanea Biblica Latina, 1912ff.; hierin insbes.: R. WEBER, Le Psautier romain et les autres anciens psautiers latins, 1953; XI: H. DE SAINTE-MARIE,

Sancti Hieronymi psalterium iuxta Hebraeos, 1954; XIV: F. MERLO, Il salterio di Rufino, 1972 – *Vulgata*: Alle älteren und fast alle neuen Ausg. beruhen auf der von Sixtus V. 1590 bzw. den von Clemens VIII. publ. Ed. von 1592, 1593 und 1598; erste krit. Ausg. des NT von J. WORDWORTH–H. J. WHITE, 3 Bde, 1889–1954 – Maßgebend die von der unter Pius X. ins Leben gerufenen Vulgata-Kommission begonnene, dann von der Abtei S. Girolamo in Rom weitergeführte vielbändige Biblia sacra iuxta latinam vulgatam versionem ad codicum fidem ... cura et studio monachorum ordinis sancti Benedicti..., 1926ff. (bisher 12 Bde, Genesis – Sap.) – Krit. Handausg.: Biblia sacra iuxta vulgatam versionem adiuvantibus B. FISCHER al... rec. R. WEBER, 2 Bde, 1969 – *Sprache u. dgl.*: H. RÖNSCH, Itala und Vulgata, 1893² – F. KAULEN, Sprachl. Hb. zur bibl. Vulgata, 1904² – W. PLATER–H. J. WHITE, A Grammar of the Vulgate, 1929 – W. SÜSS, Das Problem der lat. Bibelsprache, HVj 27, 1933, 1ff. – Über die neuen Erkenntnisse auf dem Gebiet der altlat. Bibel unterrichten die Einl. der jeweiligen Bde bzw. Fasz. der Beuroner Vetus Latina. Ferner mit weiterem Rahmen die Schriftenreihe: Aus der Gesch. der lat. Bibel, 1957ff. [bisher 8 H., darin 1. B. FISCHER, Die Alkuin-Bibel] – La bibla. Settimana di studi del Centro it. di studi sull'alto medioevo X, 1961 – B. FISCHER, Bibeltext und Bibelreform unter Karl d. Gr. (BRAUNFELS, KdG, II: Das geistige Leben 1965), 156–216.

II. ARAMÄISCHE BIBELÜBERSETZUNGEN → Targum

III. SYRISCHE BIBELÜBERSETZUNGEN: Am Anfang der syr. B. steht das von dem Syrer Tatian um 170 verfaßte *Diatessaron* (D.), eine aus den 4 Evangelien zusammengestellte fortlaufende Lebensgeschichte Jesu (»Ev. der Vermischten«). Der Text ist nicht erhalten, der Aufbau aus dem Kommentar Ephraems des Syrers († 373) und einer arab. Übersetzung des 11. Jh. zu erschließen. Das D. wurde in zahlreiche, auch westl. Sprachen übersetzt und wirkte stark auf andere Übersetzungen der Evangelien ein. – In Zitaten früher Kirchenschriftsteller und zwei Hss. des 5. Jh. wird eine stark vom D. beeinflußte altertüml. Übersetzung, die *Vetus Syra*, greifbar, in der die 4 Evangelien gesondert übersetzt sind (»Ev. der Getrennten«). – Die gebräuchlichste Übersetzung ist die *Peschitta* (P.) (die »Einfache« oder »Gewöhnliche«). Das AT ist über einen längeren Zeitraum hinweg von mehreren Übersetzern aus dem hebr. Urtext übertragen worden, im Pentateuch starker Einfluß des jüd. → Targums, die übrigen Bücher z. T. sehr getreu (Psalmen), z. T. sehr frei (Rut). Einfluß der griech. Übersetzungen, bes. der Septuaginta, ist schon in den ältesten Hss. nachzuweisen. Das NT ist in sehr alten Hss. (5. und 6. Jh.) überliefert und weist nur wenige Varianten auf. Die P. des NT ist keine Neuübersetzung, sondern eine nicht allzu gründl. Revision der Vetus Syra. Früher hielt man Rabbula († 435), Bf. v. Edessa, für den Urheber der P., doch entstand diese wohl schon gegen Ende des 4. Jh. Gegen Diatessaron und Vetus Syra setzte sich die P. nur langsam durch, ist aber bis heute der textus receptus der syr. Kirche geblieben. – Eine Revision der Peschitta nach dem griech. Text ist die 508 von Chorbischof Polykarp im Auftrag des Philoxenos v. Mabbug geschaffene *Philoxeniana*. – Die *Syrohexaplaris*, eine Revision der aus dem Hebr. geflossenen Übersetzung des AT nach dem griech. Text der 5. Spalte der Hexapla des Origenes, schuf Paulos v. Tella um 615–617 im Kl. am 9. Meilenstein bei Alexandria. Diese nicht vollständig erhaltene Übersetzung erstrebt größere Worttreue, übernimmt die textkrit. Zeichen des Origenes, ist daher von Bedeutung für die Textkritik und wird wegen ihres guten Syrisch auch häufig in der Liturgie verwendet. – Die *Harclensis*, von Thomas v. Harqel, Bf. v. Mabbug, um 616 geschaffen, ist eine Revision der Philoxeniana nach zwei oder drei griech. Hss. Auf Kosten des syr. Sprachgefühls wird sklav. Angleichung an den griech. Text erreicht, daher für die Textkritik interessant. – Um 705 schuf → Jakobus v. Edessa aufgrund der Peschitta und der Syrohexaplaris einen eklekt., dem syr. Sprachempfinden besser angepaßten Text des AT. – Wie die Juden entwickelten auch die Syrer eine Masora (vgl. Bibel, Abschnitt C. Bibel im Judentum), um die Aussprache des Bibeltextes durch Vokalzeichen und Akzente festzulegen. J. Aßfalg

Lit.: A. BAUMSTARK, Gesch. der syr. Lit., 1922, 364 [Reg.] – A. VÖÖBUS, Early Versions of the NT, 1954, 1–31, 67–121 – I. ORTIZ DE URBINA, Patrologia Syriaca, 1965, 267 [Reg.] – Die alten Übers. des NT, die Kirchenväterzitate und Lektionare, hg. K. ALAND, 1972, 120–159 [M. BLACK] – B. M. METZGER, The Early Versions of the NT, 1977, 3–98.

IV. KOPTISCHE BIBELÜBERSETZUNGEN: Die kopt. B. gehören zu den ältesten Versionen überhaupt. Sie sind meist aus dem Griech., einige auch aus anderen kopt. Versionen geflossen und liegen in verschiedenen Dialekten vor. – Die *sahidische* Version ist wohl die älteste (3./4. Jh.). Das NT liegt zwar in vollständiger Ausgabe vor, doch gibt es keine vollständige Hs. des NT, ja nicht einmal der Evangelien. Das AT ist nur bruchstückweise erhalten. Die Übersetzung ist aus dem Griech. geflossen. – Besser steht es um die *bohairische* Version, die offizielle Kirchenbibel. Sie scheint ab 4. Jh. entstanden zu sein, doch sind die meisten Hss. ziemlich jung (meist 12. Jh.). Das AT ist besser erhalten als im Sahidischen, aber auch nicht vollständig. Die Texte sind aus dem Griech. übersetzt, Einfluß der sahid. Version ist wahrscheinlich. – In *achmimischer* Version (4./5. Jh.) liegen u. a. die kleinen Propheten und die Proverbien vor. Es handelt sich dabei um Interlinearübersetzungen aus dem Sahidischen. – Subachmimisch ist u. a. Joh (4. Jh.) erhalten, das wahrscheinl. aus einer achmim. Version übersetzt worden ist. – Von der *fajjumischen* Version (4./5. Jh.) sind fast nur Fragmente erhalten. Nur eine Hamburger Hs. enthält Hld, Klgl und Koh in altfajjum. Übersetzung. – In Papyrus Bodmer VI (4./5. Jh.?) finden sich die Proverbien in einem bis dahin unbekannten *Dialekt P*. Die Übersetzung steht dem Sahidischen nahe. – Neben Fragmenten, z. B. der Paulusbriefe, sind in den letzten Jahren 2 Hss. (5. Jh.?) im »mittelägyptischen« Dialekt, auch *Dialekt O* gen., bekannt geworden, die Mt und Apg enthalten. J. Aßfalg

Lit.: A. VÖÖBUS, Early Versions of the New Testament, 1954, 211–241 – Die alten Übers. des NT..., hg. K. ALAND, 1972, 160–299 [G. MINK] – R. KASSER, Les dialectes coptes et les versions coptes bibliques, Biblica 46, 1965, 287–310 – B. M. METZGER, The Early Versions of the New Testament, 1977, 99–152.

V. ARMENISCHE BIBELÜBERSETZUNGEN: Da das Christentum in Armenien um 300 eingeführt, die armen. Schrift aber erst um 400 geschaffen wurde, war man für Mission und Liturgie zunächst auf griech. und syr. Texte angewiesen, aus denen bei Bedarf mündl. übersetzt wurde. Nach Erfindung der armen. Schrift wurde die Bibel unter Leitung von Katholikos Sahak († 439) und dem Schrifterfinder → Maschtotz von der Gruppe der »heiligen Übersetzer« rasch und sehr gut ins klass. Armenisch übertragen. Wenigstens das NT wurde zunächst aus altsyr. Texten mit deutl. Einfluß des Diatessaron übersetzt (armen. »Praevulgata«, z. T. noch in Zitaten alter Autoren und liturg. Texten erhalten), aber schon bald nach dem Griech. revidiert und später kaum mehr verändert (armen. »Vulgata«). Das AT ist größtenteils aus der hexaplar. griech. Rezension übersetzt. J. Aßfalg

Lit.: A. VÖÖBUS, Early Versions of the New Testament, 1954, 133–171 – Die alten Übers. des NT..., hg. K. ALAND, 1972, 300–313 [L. LELOIR] – A. S. ANASJAN, Armjanskaja bibliologija V–XVIII vv, 1976, 309–668 [armen.] – B. M. METZGER, The Early Versions of the New Testament, 1977, 153–181.

VI. GEORGISCHE BIBELÜBERSETZUNGEN: Georg. B. entstanden nach Erfindung der georg. Schrift (um 400) allmählich vom 5. Jh. an. Bis dahin standen nur griech. und syr., später auch armen. Texte zur Verfügung, aus denen bei Bedarf mündl. übersetzt wurde. Die älteste georg. B. entstand in enger Abhängigkeit von der armen., die ihrerseits wieder alte syr. Lesarten ins Georg. einbrachte. Diese älteste Textform ist im Tetraevangelium von Adisch (897) erhalten. Früher geschriebene Texte, wie die Chanmeti- und Haemeti-Fragmente, bieten keine ältere Textgestalt. Der bald einsetzende griech. Einfluß verstärkte sich nach der Trennung von der armen. Kirche um 600. Der textus receptus wurde von Euthymios († 1028) und Georg († 1065) im Ivironkloster auf dem Athos durch neuerl. Revision nach dem Griech. geschaffen. J. Aßfalg

Lit.: A. Vööbus, Early Versions of the New Testament, 1954, 173–209 – M. Tarchnišvili, Gesch. der kirchl. georg. Lit., 1955, 313–328 u. ö. – Die alten Übers. des NT…, hg. K. Aland, 1972, 314–344 [J. Molitor] – B. M. Metzger, The Early Versions of the New Testament, 1977, 182–214.

VII. Arabische Bibelübersetzungen: B. entstanden nach der Ausbreitung des Islam, als sich die arab. Sprache in Ägypten, Palästina und Syrien auch als Sprache der Christen durchsetzte. Diese Übersetzungen flossen z. T. aus dem hebr. bzw. gr. Urtext oder aus kopt., syr. oder lat. Übersetzungen. – Von den Übersetzungen des AT aus dem Hebr. erlangte bes. die von → Saadja Gaon († 942) große Bedeutung für Juden und Kopten. – Übersetzungen aus dem Gr. reichen in frühislam. Zeit hinauf. Schon in Hss. des 9. Jh. findet man zwei Typen von Evangelien-Übersetzungen, eine wortgetreue und eine freie Wiedergabe. Ansehen erlangte die Übersetzung des ʿAbdallāh b. al-Faḍl (11. Jh.). – Alte Übersetzungen aus dem Syr. finden sich in Hss. auf dem Sinai. Im 9. Jh. übersetzte Pethion die Propheten, der Nestorianer ʿAbdallāh b. aṭ-Ṭaiyib († 1043) übertrug aus der Peschitta. Auch Teile anderer syr. Bibelübersetzungen wurden ins Arab. übertragen. – In Ägypten wurde meist aus dem Kopt. übersetzt. Seit dem 10. Jh. ist eine auf kopt.-arab. Überlieferung beruhende Rezension nachzuweisen, die seit dem 13. Jh. als »Ägyptische Vulgata« weite Verbreitung fand. Um 1253 schuf Hibatallāh b. al-ʿAssāl eine neue Rezension der Evangelien mit Berücksichtigung der gr. und syr. Überlieferung. – Aus einer altlat. Vorlage mit Vulgataeinfluß übersetzte der Mozaraber Isaak Velasquez 946 die Evangelien ins Arabische. Der mozarab. Psalter geht auf die bei den Westgoten in Spanien verbreitete lat. Textform zurück. J. Aßfalg

Lit.: LThK² II, 394–396 – G. Graf, Gesch. der chr. arab. Lit. I, 1944, 85–195 – A. Vööbus, Early Versions of the New Testament, 1954 – J. Henninger, Arab. B. vom FrühMA bis zum 19. Jh., Neue Zs. für Missionswiss. 17, 1961, 210–223 – B. M. Metzger, The Early Versions of the New Testament, 1977, 257–268.

VIII. Gotische Bibelübersetzungen: Die älteste B. in eine germ. Sprache wird auf den westgot. Bf. → Wulfila zurückgeführt, obwohl die Textüberlieferung seinen Namen nicht nennt. Diese got. Bibel (2. Hälfte 4. Jh.) umfaßt die Evangelien und die Paulinischen Briefe (außer dem Hebräerbrief) in durchweg bruchstückhafter Erhaltung. Ob auch eine Übers. des AT vorgelegen hat, ist ungewiß. Erhalten sind einige kleine Bruchstücke aus Neh Kap. 5–7, nichts aber aus den Büchern Mosis oder dem Psalter, die in der späteren Geschichte der volkssprachigen Aneignung der Bibel eine so große Rolle spielen. Die Evangelienübersetzung ist überliefert in dem berühmten Codex Argenteus, der im 16. Jh. im Kl. Werden an der Ruhr aufgefunden wurde und auf dem Umweg über Prag 1648 als Kriegsbeute nach Schweden kam. Seit 1669 wird er in Uppsala aufbewahrt. Ein Blatt dieses fragmentar. Prachtevangeliars wurde erst 1970 in Speyer wieder entdeckt. Andere Handschriftenfragmente befinden sich heute in Wolfenbüttel,
Mailand, Turin und Rom. Das Bruchstück eines Gießener Cod. wurde 1945 vernichtet. Die Übersetzung der Evangelien und der Paulinischen Briefe folgt meist Wort für Wort einer griech. Vorlage, die sich bis heute nicht zweifelsfrei hat rekonstruieren lassen. Ein Urteil über die Übersetzungsleistung ist auch dadurch erschwert, daß das »Gotische« uns mit wenigen Ausnahmen nur in Gestalt der Übersetzung überliefert ist, also immer schon eine nach dem Griech. stilisierte Bibelsprache darstellt. Die große hist. Leistung Wulfilas ist die Verschriftlichung der Volkssprache, die Entwicklung einer einheitl. Schrift und Graphie (ob vor ihm schon Ansätze dazu vorhanden waren, wissen wir nicht). Das Bruchstück einer ebenfalls aus dem Griech. übersetzten Auslegung (»Skeireins«) des Johannesevangeliums sind in den Teilen, die den Evangelientext zitieren, ebenfalls zur got. B. zu rechnen. Der wohl jüngere Übersetzer ist unbekannt. D. Kartschoke

Ed.: Massmann, 1857 – Stamm (-Heyne, -Wrede), 1858 [u. ö.] – Bernhardt, 1875 – Balg, 1891 – Streitberg, 1908 [u. ö.; maßgebende Ed.] – Fragmentum Spirense: E. Stutz, 1971/73 – Skeireins gesondert: Massmann, 1834 – Dietrich, 1903 – Kock, 1913 – Bennett, 1960 – *Lit.*: H. Stolzenburg, Die Übersetzungstechnik des Wulfila unters. auf Grund der Bibelfragmente des Codex Argenteus, ZDPh 37, 1905, 145–193, 352–392 – F. Kauffmann, Der Stil der got. Bibel, ebd. 48, 1920, 7–80, 165–235, 349–388; 49, 1921/23, 11–57 – G. W. S. Friedrichsen, The Gothic Version of the Gospels. A Study of its Style and Textual Hist., 1926 – Ders., The Gothic Version of the Epistles. A Study of its Style and Textual Hist., 1939 – E. Stutz, Got. Literaturdenkmäler, 1966 [Lit.] – P. Scardigli, Got. Lit. (Kurzer Grdr. der germ. Philol. bis 1500, hg. L. E. Schmitt, 2: Literaturgesch. 1971), 48–68 [Bibliogr.] – P. Scardigli, Die Goten. Sprache und Kultur, 1973 [Originalfassung 1964; Lit.].

IX. Irische Bibelübersetzungen: Irland war der erste Teil W-Europas, der eine kirchl. Lit. in einer vernacula hervorgebracht hat. Daß der v. a. durch Hss. bezeugten eminenten Bedeutung der lat. Bibel in Bildung und Frömmigkeit der air. Kirche Bibelkenntnis in ir. Sprache zur Seite stand, geht aus der Hagiographie und anderen Zweigen der ir. Lit. hervor, etwa der Erweiterung des paradigmat. Gebetes im Epilog zu Félire Oengusso v. 441–544 (ca. 800), dem Traktat über den Psalter in Oxf. Bod. Rawl. B 512 (ca. 850), den Bearbeitungen bibl. Geschichten in Saltair na Rann in Oxf. Bod. Rawl. B 502 und dem Gedicht Evas Klage in Dubl. RIA Stowe B IV 2 (10. Jh.), in BM Harl. 1802 (A.D. 1139), im Yellow Book of Lecan (Dubl. TC H 2. 16; 14. Jh.), in Paris BN fonds celt. no. 1 (1473), v. a. aber in den ir. Glossen zu Bibeltexten in dem dem hl. Columban zugeschriebenen Psalmenkommentar in Mil. Ambr. C 301, den Paulusbriefen in Würzb. UB M th. f. 12, dem Psalter in Vat. Pal. lat. 68 und dem Evangeliar in Fulda Landesmus. Cod. Bonif. III (8. Jh.), den Homilien im Book of Armagh (Dub. RIA), zu 2 Petr, dem Markus- und Matthäuskommentaren in Turin Bibl. Naz. F IV 24, IV 1 (no. 7) und VI 2 (no. 4; 9. Jh.), dem Psalter des hl. Caimin (Dubl. OFM), zu Ijob in Oxf. Bod. Laud Misc. 460 und Liber Hymnorum (Dubl. TC E 4. 2; 11. Jh.). Erst die Reformationszeit brachte eine eigtl. ir. Bibelübersetzung hervor. J. Hennig

Lit.: W. Stokes-J. Strachan, Thesaurus Palaeohibernicus, 1: Biblical glossae et scholia, 1901 – J. Bellamy, Dict. de la Bible III/1, 1926, 34–39 – J. F. Kenney, The sources for the early hist. of Ireland I, 1929 [Neudr. 1979], Nr. 272, 516, 609f., 47, 461, 465, 491, 474, 469, 510f., 479, 518, 574 – R. I. Best, Bibliogr. of Irish philology and manuscript lit., 1942, 53ff. – J. Hennig, The literary tradition of Moses in Ireland, Traditio 7, 1949, 233–261 – M. McNamara, Psalter text and Psalter study in the early Irish Church, RIAProc 73 C, 1973, 201–298.

X. Deutsche Bibelübersetzungen: [1] *Texte*: Die nationalsprachige Aneignung der Bibel findet sowohl im Medium des gesprochenen (→ Predigt) wie des geschriebenen Worts statt. Zu den schriftl. Zeugnissen sind zu rechnen:

→ Glossen, Zitate in geistl. und weltl. Lit., → Gebetbücher und → Plenarien mit → Perikopenübertragungen, Übersetzungen von → Evangelienharmonien und (schon lat. bearb.) → Historienbibeln und die hier allein berücksichtigten eigtl. B. in Gestalt der Übersetzung einzelner bibl. Bücher, des AT oder NT oder der Vollbibel. Unter den Übersetzungen einzelner bibl. Bücher nimmt der Psalter wegen seiner Bedeutung für Liturgie, Predigt, Andachtsübung und Schule eine Sonderstellung ein, die sich in der großen Zahl überlieferter vollständiger oder ursprgl. vollständiger Übertragungen und Einzelübersetzungen (bes. der sieben → Bußpsalmen) spiegelt. (Die versmäßigen und gereimten Übertragungen gehören in den Zusammenhang von → Bibeldichtung und → Geistl. Lied.) Zahlenangaben können nur eine ungefähre Vorstellung vermitteln, da sie noch immer Ergänzungen und Korrekturen erfahren. 1939 zählte H. ROST für den Zeitraum bis 1522 (dem Erscheinungsjahr von Luthers »Newen Testament Deutzsch«, das auch hier als obere Grenze gilt) 173 hd., 74 nd. Psalter und 22 Bruchstücke, 167 Übersetzungen der Bußpsalmen und 47 Übertragungen einzelner Psalmen. Ein sich verselbständigendes Interesse im Gefolge kirchl. Auslegungstraditionen bestimmt auch die volkssprachige Rezeption des Hld und der Offb. Doch reichen die überlieferten Textzeugen bei weitem nicht an die der Psalmen-Übersetzungen heran. Einzeln übersetzt werden gelegentl. auch andere atl. Bücher. Die Evangelien wurden hauptsächl. in volkssprachigen Evangelienharmonien und Plenarien verbreitet, daneben aber auch einzeln oder insgesamt übersetzt. ROST zählte 24 hd. und 9 nd. und ndl. Evangelienhss. Relativ selten wurden die Apg und die Paulin. Briefe gesondert übertragen. Dt. Bibeln sind seit der Mitte des 14. Jh. überliefert. ROST zählt 35 hd., 1 nd. und 7 ndl. Bibelhss., von denen 22 den gesamten Text, 9 nur das AT, 11 das NT und 1 nur Bruchstücke enthält.

[2] *Chronologie:* Die Annalen der dt. B. lassen sich nur annähernd schreiben. Weder sind die Hss. immer exakt zu datieren noch gar die in ihnen reproduzierten Übersetzungen. Es ist mit Verlusten zu rechnen, die um so höher anzusetzen sind, je häufiger die dt. Bibel in bürgerl. Hände überging und die Hss. damit zumeist des Schutzes einer kirchl. oder Adelsbibliothek entraten mußten. Auffällig ist die stark schwankende Frequenz der Überlieferungszeugen. Vom ausgehenden 8. bis ins 12. Jh. sind nur wenige Bibelübersetzungen nachzuweisen. Dazu gehören die Bruchstücke einer Mt-Übersetzung aus dem Kl. Mondsee (heute in Wien und Hannover), deren verlorene Vorlage der → Isidorsippe zugerechnet und um 800 datiert wird; die Evangelienharmonie des sog. »Ahd. Tatian« (um 830; → Tatian) und Frgm. altalem., altmfrk. und altnfrk. Psalmen noch aus dem 9. Jh. Das 10. Jh. ist wie hinsichtl. anderer dt. Lit. auch in bezug auf B. stumm. Die Frgm. einer rheinfrk. Übers. atl. Cantica gehören wohl erst ins 11. Jh.; ebenso die kommentierte Übersetzung der Psalmen von → Notker Labeo, die wie alle Werke dieses Autors trotz ihrem dt.-lat. Mischcharakter durch sprachl. Sensibilität auffällt. Hohelied- und Psalmenübertragungen sind auch in den beiden Jahrhunderten vor 1200 entstanden, darunter → Williams v. Ebersberg lat. Versparaphrase und dt. Übersetzung und Kommentierung der »Cantica canticorum« (um 1060). Die Übersetzung wurde im 12. Jh. im ›Trudperter Hohelied‹ verselbständigt. Williams Werk wurde bis ins 15. Jh. hinein tradiert. Unter den Übersetzungen der Psalmen repräsentieren die »Windberger Psalmen« und die »Millstätter Psalmeninterlinearversion« und die ihnen zuzuordnenden Hss. zwei prominente Übersetzungszweige (so SCHÖNDORF gegen WALTHER). Das sog. »Wiggertsche Psalmen«-Frgm. enthält sorb. Glossen und gehört damit in den Zusammenhang der Sorbenmission im 12. Jh.

Die »Wien-Münchener-Evangelien«-Frgm. bezeugen die gelegentl. Übersetzung von Teilen des NT im gleichen Zeitraum, stehen aber völlig isoliert. Das 13. Jh. ist auffällig arm an B., die so gut wie ausschließl. durch Psalmenübertragungen vertreten wird. Eine zureichende Erklärung dafür gibt es nicht. Ob mit dem 14. Jh. eine neue Epoche der B. (W. WALTHER) beginnt oder ob nicht vieles, was nun in der Überlieferung erscheint, auf älteren Vorlagen und Vorstufen baut, ist umstritten. Das Bild der Überlieferung vermittelt den Eindruck einer verstärkt einsetzenden Bemühung um dt. Bibeltexte. Es dominieren auch weiter die Psalmen, unter denen bes. die kommentierte Ausgabe des → Heinrich v. Mügeln (Mitte 14. Jh.) und die späte Übersetzungsgruppe (der 8. Psalter bei WALTHER bzw. die 10. Gruppe bei SCHÖNDORF) wegen ihrer Orientierung am »Psalterium iuxta Hebraeos« hervorzuheben sind. Seit der Mitte des 14. Jh. sind dt. Bibelhss. im eigtl. Sinne erhalten. Die Augsburger Bibel von 1350 umfaßt Evangelien, Apg, Offb, die kath. Briefe, ein Perikopenbuch, die Paulin. Briefe und das Nikodemusevangelium. Die → Wenzelbibel vom Ende des 14. Jh. enthält in sechs Bänden das AT bis Ez fast vollständig und ist (wie die Gothaer, Grazer und Maihinger Bibel) wegen ihrer Illustrationen bemerkenswert (→ Bibelillustrationen). Die ersten hs. Vollbibeln stammen aus dem 15. Jh., darunter eine in der Hagenauer Handschriftenwerkstatt des Diepold → Lauber zum Verkauf gefertigte vollständige B. und Abschriften der ersten dt. Bibeldrucke (Münchener Bibel von 1472 u.a.). Die Druckgeschichte der dt. Bibel (→ Bibeldruck) setzt ein mit der vollständigen Ausgabe, die um 1466 bei Johann → Mentelin in Straßburg erschien. Der Text beruht auf einer um 1350 in Bayern entstandenen Übersetzung. Der Mentelbibel folgen (in verschiedenen Revisionen) 13 weitere hd. Drucke, unter denen die 1483 bei Anton → Koberger in Nürnberg verlegte Bibel die weiteste Verbreitung gefunden hat. Von den 4 nd. Drucken bietet die Halberstädter Bibel von 1522 eine z.T. neue Übersetzung.

[3] *Autoren, Auftraggeber, Leser:* Während in der Frühzeit kirchl. Repräsentanten an der B. beteiligt waren (dies wird vermutet für die sog. Isidorsippe und für den ahd. Tatian, dies weiß man für den Notker und Williram), scheinen ab dem 13. Jh. auch Laien als Übersetzer tätig gewesen zu sein. Man kann nur wenige Übersetzer namhaft machen. Außer den gen. Notker und Williram kennen wir aus der Mitte des 14. Jh. den Spruchdichter → Heinrich v. Mügeln als Verf. eines nach → Nikolaus v. Lyra kommentierten dt. Psalters und einen Claus Cranc, der im Auftrag des Ordensmarschalls und Komturs von Königsberg, Siegfried v. Tahnveld, die Propheten (aber wohl nicht die in der gleichen Hs. überlieferte Apg) übertrug. Ebenfalls die Propheten übersetzte ein sonst unbekannter Propst Konrad v. Nürnberg und ein Heinrich v. Hessen unsicherer Identität den Psalter. Die Masse der B. bleibt anonym. Öfter nennen die Schreiber sich und ihre Auftraggeber. Von daher können wir uns eine ungefähre Vorstellung von der in Laienkreise übergreifenden Anteilnahme an einer dt. Bibel machen. Lange umstritten war der mögl. waldens. Einfluß auf die dt. B. Bes. der Cod. Teplensis des NT (noch aus dem 14. Jh.?) und verwandte Hss. haben im 19. Jh. zu einer anhaltenden Forschungskontroverse geführt, die heute als erledigt gilt, da sich zwar die Benutzung dt. B. durch die Waldenser, aber nicht ein Einfluß ketzer. Lehren auf ihren Wortlaut nachweisen läßt. Die Auftraggeber von Übersetzungen oder Hss. dt. Bibeln (beides läßt sich nicht immer klar scheiden) reichen vom Hochadel bis ins wohlhabende Bür-

gertum. Die Wenzelbibel, eine reich illustrierte Hs. eines fast vollständigen dt. AT, die Martin Rotlev für König →Wenzel im letzten Jahrzehnt des 14. Jh. anfertigen ließ, ist das berühmteste Beispiel, in dem sich die Stände begegnen. Die Leser haben wir zunehmend, aber nicht ausschließl., in Laienkreisen zu suchen. Freilich gelten auch hier Unterschiede hinsichtl. der verschiedenen Teile der Bibel. So war der Psalter am verbreitetsten und in volkssprachiger Version am wenigsten umstritten, wohingegen andere Teile der Schrift wiederholt als für Laien ungeeignet gekennzeichnet wurden. Die Kirche vertrat über die Jahrhunderte keine eindeutige Position zum laikalen Bibellesen und zur volkssprachigen B., wenn auch die Ablehnung seit dem 13. Jh. immer deutlicher und strenger wird. Die Hss. von B. tragen in den Vorreden verschiedentl. Spuren dieser Auseinandersetzungen.

[4] *Übersetzungsmethoden und Übersetzungskreise:* Die dt. B. bewegt sich in den weit gesteckten Grenzen mechanischer Wort-für-Wort- (oder sogar Form-für-Form-) Wiedergabe in der Art von Interlinearversionen und freier Umschreibung des Grundtextes. Es gibt sporad. oder systemat. glossierende Übersetzungen, deren kommentierende Zufügungen von Übersetzungsvarianten bis zur theol. Exegese reichen. Die Übersetzungsleistungen sind nicht zu messen an der Fiktion einer kontinuierlich aufsteigenden Linie, deren Zielpunkt Luther ist. Individuelle Fähigkeiten wie die Beherrschung der lat. und die Verfügung über die Muttersprache sind ebenso wichtige Faktoren wie die Funktion der jeweiligen Übersetzung. Eine Wort-für-Wort-Version kann ursprgl. als Verständnishilfe und nicht als volkssprachiger Ersatz des lat. Textes gemeint gewesen sein und muß deshalb nicht unbedingt die Inkompetenz ihres Verfassers dokumentieren. Die B. des MA basiert auf dem Text der Vulgata (mit Ausnahme des o.a. Psalters). Manche Abweichungen vom lat. Wortlaut können mit dessen überlieferungsbedingten Varianten zusammenhängen, die sich heute noch nicht vollständig übersehen lassen. Das ist ein zusätzl. Unsicherheitsfaktor bei der Rekonstruktion von Übersetzungskreisen und -zweigen, deren oft weit voneinander abführende Unterschiede auf die Isolation schließen lassen, in der ein großer Teil der ma. B. entsteht.

D. Kartschoke

Bibliogr.: H. REINITZER (Vestigia bibliae. Jb. des Dt. Bibel-Archivs 4, 1882) – Lit.: W. WALTHER, Die Dt. Bibelübersetzung des MA. Erster bis Dritter Theil, 1889–92 [Nachdr. 1966] – F. FALK, Die Bibel am Ausgange des MA, ihre Kenntnis und Verbreitung, 1905 – H. VOLLMER, Materialien zur Bibelgesch. und religiösen Volkskunde, 4 Bde, 1912ff. [fortgeführt unter dem Titel: Bibel und dt. Kultur. Veröff. des Dt. Bibel-Archivs in Hamburg, 10 Bde, 1931ff.] – E. BRODFÜHRER, Unters. zur vorluther. B. Eine syntakt. Studie, 1922 (Hermaea XIV) – F. TEUDELOFF, Beitr. zur Übersetzungstechnik der ersten gedruckten dt. Bibel auf Grund der Psalmen, 1922 (Germanist. Stud. 21) – K. BURDACH, Die nat. Aneignung der Bibel und die Anfänge der germ. Philologie (Fschr. E. MOGK, 1924), 231–334 – P. PIETSCH, Ewangely und Epistel Teutsch. Der gedruckten hd. Perikopen (1473/1523), 1927 – W. ZIESEMER, Stud. zur ma. B., 1928 (Schr. der Königsberger Gelehrten Ges. 5, Geisteswiss. Kl. 5, 367–384) – F. MAURER, Stud. zur ma. B. vor Luther, 1929 (Germanist. Bibl. 26) – H. VOLLMER, Die dt. Bibel, Luther-Jb. 16, 1934, 27–50 – T. R. AHLDEN, Die Kölner Bibel-Frühdrucke. Stellung in nd. Schrifttum, 1937 (Lunder Germanist. Forsch. 5) – A. BERGELER, Das dt. Bibelwerk Heinrichs v. Mügeln [Diss. Berlin 1937] – H. VOLLMER, Die Bibel im dt. Kulturleben, 1938 – H. ROST, Die Bibel im MA, Beitr. zur Gesch. und Bibliogr. der Bibel, 1939 – W. KÄMPFER, Stud. zu den gedruckten mnd. Plenarien, 1954 (Nd. Stud. 2) – W. STAMMLER, Aufriß II, 875–905 [Bibliogr., 1085–1088] – K. E. SCHÖNDORF, Die Tradition der dt. Psalmenübersetzung. Unters. zur Verwandtschaft und Übersetzungstradition der Psalmenverdeutschungen zw. Notker und Luther, 1967 (Md. Forsch. 46) – L. AHTILUOTO, Zur Sprache der Kölner Bibeln. Stud. zur Urheberfrage, 1968 (Mém. de a Soc. Néophilol. de Helsinki XXXIII).

XI. MITTELNIEDERLÄNDISCHE BIBELÜBERSETZUNGEN: Die ma. B. in die ndl. Sprache beruhen alle auf der Vulgata. Die älteste ist eine altniederfrk. Übertragung der Psalmen, die höchstwahrscheinl. im 9. Jh. in der Umgebung von Krefeld für den Unterricht in einer Abtei- oder Kapitelschule hergestellt wurde. Von diesem interlinearen Text sind nur Fragmente in einer späten Abschrift aus dem 17. Jh. erhalten, nach einem früheren Besitzer die »Wachtendoncksen Psalmen« genannt. Die Sprache scheint auf ein hd. Vorbild zu weisen. Im letzten Teil des 13. Jh., zw. 1280 und 1300, kam ein »Leven van Jezus« zustande, für das die Vita Christi, deren älteste lat. Rezension, die als Codex Fuldensis bekannt ist, die Grundlage bildet. Mit dem »Diatessaron« von Tatian (vgl. Bibelübersetzungen, syr.) hat dieses Werk nur die Struktur gemeinsam; der Text ist nach der Vulgata gebildet; der Bearbeiter verwendete die Vetus Latina (vgl. Bibelübersetzungen, lat.), die Glossa Ordinaria, die Reimbibel des →Jakob van Maerlant und zog fortwährend sein eigenes Sprach- und Stilgefühl zu Rate. Sein Name und seine Herkunft stehen nicht fest. Annehmbar ist die Vermutung, daß der Schöpfer dieses Übersetzungswerks ein fläm. oder Brabanter Mönch war. Aus dem Anfang des 14. Jh. stammen Bearbeitungen der Apokalypse, der Psalmen und des Lectionar. Alle diese Texte sind sowohl in den Niederlanden als auch im dt. Rheingebiet in ziemlich großem Umfang verbreitet. Ordensleute und bemittelte Bürger waren die Leser.

Um 1360 begann ein unbekannter Kartäuser Mönch aus dem Kl. Herne in Südbrabant an der Grenze zum Hennegau auf Ersuchen eines Brüsseler Bürgers mit einer Prosabearbeitung der »Historia Scholastica« des →Petrus Comestor. Diese sog. »Eerste Historiebijbel« umfaßte alle hist. Bibelbücher bis einschließl. der Apostelgeschichte. Später übersetzte er auch andere Bücher des AT ins Niederländische. Sein Werk fand im Kreis der Brabanter Mystikers Ruusbroec (→Johannes v. Ruysbroek) Anerkennung. Aus diesem Milieu stammt eine vollständige Übersetzung des NT, wodurch die volkssprachl. Bibel in ihrem ganzen Umfang vollendet war.

Die nördl. Niederlande lieferten nicht lange nachher einen eigenen Beitrag zur B. dank der Tätigkeit der →Devotio moderna, welche die Verbreitung von erbaulicher Literatur in der Landessprache zielbewußt förderte. Gerhard →Groote, der geistige Vater dieser Bewegung, gab das Beispiel in seinem ndl. »getijdenboek«, das eine große Anzahl von Psalmen enthält. Sein Schüler Jan Scutken, Kleriker im Kl. Windesheim, übersetzte das ganze NT, atl. Epistellektionen und, unter Benutzung von Grootes Psalmen, den ganzen Psalter. Alle diese Teile der Hl. Schrift wurden getrennt oder zu kompletten Bibelexemplaren zusammengefaßt in ziemlich großem Umfang verbreitet und nach 1477 auch in gedruckten Exemplaren. Im gen. Jahr erschien in der gleichnamigen Stadt die Delfter Bibel, 1477 ein Evangeliar, im nächsten Jahr ein Lectionar, um 1480 eine vollständige Psalmensammlung.

C. C. de Bruin

Ed.: Corpus Sacrae Scripturae Neerlandicae Medii Aevi, 1970–79 – Lit.: C. H. EBBINGE WUBBEN, Over middelnederlandsche vertalingen van het Oude Testament, 1903 – C. C. DE BRUIN, Middelnederlandse vertalingen van het Nieuwe Testament, 1935 – R. L. KYES, The Old Low Franconian Psalms and Glosses, 1969.

XII. ALT- UND MITTELENGLISCHE BIBELÜBERSETZUNGEN: Die Tätigkeit der ae. Bibelübersetzer konzentrierte sich im Bereich der Prosaübersetzungen v.a. auf die Wiedergabe der Ps und (im Gegensatz zu den ae. Dichtern) der Evangelien: Zu beiden wurden sowohl Interlinearglossierungen als auch selbständige Übersetzungen angefertigt.

Die älteste erhaltene der zahlreichen ae. Psalterglossierungen ist im sog. Vespasian-Psalter aus der Mitte des 9.Jh. überliefert; eine ws. Prosaübersetzung der Psalmen 1-50, die wahrscheinl. von Kg. Alfred stammt, im sog. Pariser Psalter aus der Mitte des 11.Jh. (Ps. 51-150 enthält der Pariser Psalter in einer metrischen Version, die anderen Ursprungs ist). Mehrere ae. Evangelienversionen entstanden in der zweiten Hälfte des 10.Jh.: im Norden die Glossierung des → Book of Lindisfarne (sog. Lindisfarne Gospels; vgl. → Altenglische Sprache) und die teilweise davon abhängige Glossierung im sog. Rushworth-Evangeliar, im Süden die Prosaübersetzung der sog. westsächs. Evangelien. Ebenfalls im Süden wurden gegen Ende des 10.Jh. Teile des Heptateuch übersetzt (d.h. der Bücher Gen bis Ri), zum Teil von unbekannten Autoren, zum Teil von → Ælfric. In seinen Homilien behandelt Ælfric ebenfalls eine Reihe bibl. Ereignisse. Von anonymen ae. Verfassern wurden ferner eine Reihe apokrypher Stoffe übersetzt bzw. bearbeitet (→ Apokryphen A. II. 3; vgl. → Blickling-Homilien).

Auch im Me. waren zunächst die Psalmen (z.B. Richard → Rolle's Prosapsalter, ca. 1337-1349) und die Evangelien (oft in Form von Evangelienharmonien) die am häufigsten in engl. Prosa übertragenen Teile der Bibel. Daneben gab es aber auch me. Prosafassungen der ntl. Briefe (z.B. der Paulinischen) und eine Apokalypseübersetzung mit Kommentar aus dem 14.Jh., die ihrerseits auf einer anglonorm. Version beruht (→ Apokalypse B. III.) – wie überhaupt vom 12. bis zum 14.Jh. für die frz. sprechende Oberschicht anglonorm. Bibelparaphrasen zur Verfügung standen, während die engl. Bibelversionen im allgemeinen dazu dienten, dem ungebildeten Volk in vereinfachter Weise die Grundtatsachen des christl. Glaubens nahezubringen. Für diesen Zweck war z.B. auch das → »South English Legendary« gedacht, das zahlreiche Bibelparaphrasen einschließt.

Die erste komplette engl. Bibelübersetzung entstand gegen Ende des 14.Jh. mit der Wycliff-Bibel (Lollard-Bibel). Sie wurde von Kollegen und Anhängern John → Wycliffs erarbeitet (u.a. John Purvey, Nicholas Hereford, John → Trevisa); auf die »Early Version« von ca. 1382 folgte die revidierte und stilist. verbesserte »Late Version« von ca. 1390. Obwohl durch die Konstitutionen von Oxford (1408) untersagt wurde, die Bibel ohne Erlaubnis des Bf.s zu übersetzen und zu lesen, fand die Wycliff-Bibel eine sehr weite Verbreitung, was schon die Zahl von über 200 erhaltenen Hss. deutlich macht. Über Tyndale beeinflußte sie noch die »Authorized Version« von 1611.   P.E. Szarmach, R.H. Robbins, H. Sauer

Bibliogr.: → Bibeldichtung – ferner: CAMERON, OE Texts Nr. B. 8, C. 7 und 8 – Ed.: [in der Reihenfolge ihrer obigen Nennung]: H. SWEET, The Oldest Engl. Texts, EETS 83, 1885 – S.M. KUHN, The Vespasian Psalter, 1965 – D.H. WRIGHT, The Vespasian Psalter, EEMF 14, 1967 [Faks.] (Vgl. C. and K. SISAM, The Salisbury Psalter, EETS 242, 1959) – J.W. BRIGHT-R.L. RAMSAY, Liber Psalmorum. The West-Saxon Psalms, 1907 – J. BROMWICH et alii, The Paris Psalter, EEMF 8, 1958 [Faks.] – W.W. SKEAT, The Gospel According to Saint Matthew (Mark, Luke, John) in Anglo-Saxon, Northumbrian, and Old Mercian Versions, 4 Bde, 1871-87 [Neudr. in 2 Bde, 1970] – M. GRÜNBERG, The West-Saxon Gospels, 1967 – S.J. CRAWFORD, The OE Version of the Heptateuch, EETS 160, 1922 [Neudr. 1969] – C.R. DODWELL-P. CLEMOES, The OE Illustrated Hexateuch, EEMF 18, 1974 [Faks.] – H.R. BRAMLEY, The Psalter ... by Richard Rolle, 1884 – K.D. BÜLBRING, The Earliest Complete Engl. Prose Psalter, EETS 97, 1891 – M. GOATES, The Pepysian Gospel Harmony, EETS 157, 1922 – M.J. POWELL, The Pauline Epistles, EETS ES 116, 1916 – C. D'EVELYN-A.J. MILL, The South Engl. Legendary, EETS 235, 236, 244, 1956-59 – J. FORSHALL-F. MADDEN, The Holy Bible ... in the Earliest Engl. Versions, Made ... by John Wycliffe and his Followers, 4 Bde, 1850 – C. LINDBERG, MS Bodley 959 ... The Earlier Version of the Wycliffite Bible, 5 Bde, 1959-69; Bd. 6 unter dem Titel: The Earlier Version of the Wycliffite Bible ... ed. from MS Christ Church 145, 1973 – DERS., The ME Bible. Prefatory Epistles of St. Jerome, 1978 – Siehe ferner z.B.: P. MOE, The ME Prose Translation of Roger d'Argenteuil's Bible en François, ME Texts 6, 1977 – Lit.: M. DEANESLEY, The Lollard Bible, 1920 – C.C. BUTTERWORTH, The Literary Lineage of the Bible 1340-1611, 1941 – S.L. FRISTEDT, The Wycliffe Bible, 3 Bde, 1953-73 – F.F. BRUCE, The Engl. Bible: A Hist. of Translations, 1961 – H. SCHABRAM, Superbia, 1965 – H. HARGREAVES, From Bede to Wyclif: Medieval Engl. Bible Translations, JRLB 48, 1965, 118ff. – S.L. FRISTEDT, New Light on John Wyclif and the First Full Engl. Bible, Stockholm Stud. in Modern Philol., n.s. 3, 1968, 61-86 – B. DANIELSSON, The Wycliffe Bible, StN 44, 1972, 188-195 – A.C. PARTRIDGE, Engl. Biblical Translation, 1973 – M.M. LARÈS, Bible et civilisation Anglaise, 1974 – D.C. FOWLER, The Bible in Early Engl. Lit., 1977 – F.G. BERGHAUS, Die Verwandtschaftsverhältnisse der ae. Interlinearversionen des Psalters und der Cantica, 1979.

XIII. SKANDINAVISCHE BIBELÜBERSETZUNGEN: Es existieren keine Gesamtübersetzungen der bibl. Bücher aus der vorreformator. Zeit. Jedoch die große Zahl von Zitaten aus allen Teilen der Bibel (vgl. KIRBY) belegen hinlängl. die Vertrautheit mit ihr. Teile des AT sind übersetzt in der isländ. Stjórn aus dem 13./14. Jh. Diese Kompilation besteht aus drei Teilen: 1. Gen 1, 1 – Ex 18 (mit eingeschobenen Kommentaren aus → Petrus Commestors »Hist. Scholastica« und → Vinzenz' v. Beauvais »Speculum Historiale«), 2. die restl. Teile des Pentateuch (stark verkürzend), 3. Jos – 2 Kön 25 (freie Bearbeitung, ebenfalls mit Kommentaren und allegor. Deutungen). Es bleibt fraglich, ob die einzelnen Teile im Norden selbständig kompiliert wurden oder ob diese Kompilationen auf eine bereits lat. existierende Vorlage zurückgehen. Reste einer davon unabhängigen norw. Bibelübersetzung finden sich in AM 1056 IV 4° (Teile aus 1 Kön 22-28), Reste einer vielleicht isländ. Übersetzung in Sth 12 fol IV. – Aus dem 14.Jh. ist eine schwed. Übersetzung des Pentateuch (stark paraphrasiert) und der Apg erhalten, aus dem 15.Jh. stammen die Übersetzungen der Bücher Jdt, Est, Rut und die Nikodemusevangeliums. – Auf die 2. Hälfte des 15.Jh. wird die dän. Übersetzung von Gen 1, 1-2 Kön 23, 18 datiert.   H. Uecker

Ed.: C.R. UNGER, Stjorn. Gammelnorsk Bibelhistorie fra Verdens Skabelse til det Babyloniske Fangenskab, 1862 – G.E. KLEMMING, Svenska medeltidens bibelarbeten, 2 Bde, 1848-53 – C. MOLBECH, Den ældste danske Bibel-Oversættelse eller det gamle Testamentes otte første Bøger, fordanskede efter Vulgata, 1828 – Lit.: HOOPS² II, 491f. – KL I, 515ff. – B. EJDER, Det bibliska Materialet i de östnordiska postillorna på folkspråken, 1976 – I.J. KIRBY, Biblical Quotation in Old Icelandic-Norwegian Religious Lit., I: Text, 1976.

XIV. ROMANISCHE BIBELÜBERSETZUNGEN: [1] Französische Bibelübersetzungen: Die Anfänge frz. Bibeln gehen in das 11.Jh. zurück. Den Schülern → Lanfrancs († 1089) werden die ersten Übersetzungen des »Psalters« (ca. 1100) zugeschrieben. Zwei Übersetzungen des »Psalters« werden zu Beginn des 12.Jh. angefertigt: 1. das sog. »Psalterium Gallicanum« und 2. das sog. »Psalterium Hebraicum«, Interlinearversionen, in denen der lat. Text zw. den Zeilen steht. Der »Gallische Psalter« erfreute sich großer Beliebtheit und wurde bis zur Zeit der Reformation nachgedruckt, ehe eine neue Übersetzung unternommen wurde. Von großem sprachwiss. Interesse sind die um 1170 entstandenen »Vier Bücher der Könige« (1 Kön, 2 Kön, 1 Sam, 2 Sam), deren Verfasser oft frei übersetzt und auch auslegende Darstellungen dem Text beifügt. – Petrus → Valdes (→ Waldenser) beauftragte Priester und Geistliche aus Lyon, Teile der Bibel zu übersetzen. Das von ihm finanzierte Unternehmen wurde von Innozenz III. schärfstens verurteilt und von der Inquisition unterdrückt. Auch die in metr. Form gehaltene Bibel des Hermann v. Valencienne (ca. 1190) wurde 1199 von Innozenz III. in einem päpstl. Edikt verdammt; jegliche Bezugnahme auf die verdächtige Bibel wurde untersagt. – Während des Konzils v. Toulouse (1229) verwarf die Kirche die Übersetzung der Bibel in die Landessprachen. Dennoch gab Ludwig IX. eine Bibelübersetzung in Auftrag, die ca. 1230 als erste vollständige Bibel des frz. MA ausgeführt wurde. Die berühmteste frz. Bibel war aber das »Biblium historiale« von Guyard des Moulins, Domherr von St-Pierre in Arras. 1291/95 überarbeitete er die »Historia Scholastica« (1170) des → Petrus Comestor, die eine Zusammenfassung der bibl. Geschichte enthielt. Guyard erweiterte das »Biblium historiale« mit Ijob, Spr, 1 und 2 Makk; weiterhin versuchte er, seinen gesamten Text der Vulgata so nahe wie möglich anzupassen. In Guyards Original fehlten die »Psalmen«, die »Bücher der Propheten«, die aber späteren Ausgaben hinzugefügt wurden. Auf Anordnung Karls VIII. brachte Jean de Rely, Beichtvater des Kg.s, ca. 1487 die ganze Bibel gedruckt heraus. Bartolomée Buyers NT, das von den Augustinermönchen Julien Macho und Pierre Farget bearbeitet wurde, ist unbestimmten Datums; jedoch wird allgemein das Jahr 1477 angegeben, und es gilt somit als die erste frz. Bibel in Druck.

[2] *Provenzalische Bibelübersetzungen*: Bereits im 12.Jh. fördern die Reformbewegungen der →Albigenser und →Waldenser das Übersetzen der Bibel. Die röm. Kirche hat aber die Arbeit der prov. Übersetzer schon bald mißbilligt und später auch bekämpft, so daß heute nur geringe Teile der Gen und die Ps in prov. Sprache aus dem 14.Jh. erhalten sind. Während des 15.Jh. entstand eine Übersetzung der hist. Bücher der Bibel aus dem Französischen.

[3] *Italienische Bibelübersetzungen*: Erste Anzeichen it. Bibeln, in den toskan. oder ven. Mundarten, entstanden relativ spät zu Beginn des 13.Jh. V. a. Dominikaner- und Franziskanermönche waren maßgebl. daran beteiligt, Teile der Bibel in der Landessprache unter das Volk zu bringen, während Klerus und gebildete Leute weiterhin den Gebrauch der Vulgata unterstützten. Bekannt wurden zu dieser Zeit Gherardo Pategos »Splanamento de li Proverbi di Salomone« und eine Bearbeitung des 148. Psalms, in rhythm. Prosa, durch den Hl. →Franziskus von Assisi. Andere frühe bibl. Umschreibungen und Zusammenfassungen der Evangelien werden später durch vollständige Bücher aus der Bibel verdrängt, d. h. höchstes Ansehen erreichten die Übersetzungen der Ps, der Evangelien und der Offb. Dennoch sind it. Bibelmanuskripte aus dem 14.Jh. äußerst selten. Ausnahme ist eine Version der Apg, die Domenico →Cavalca († 1342) zugeschrieben wird. 1471 erscheinen zwei it. Übersetzungen der Vulgata in Venedig. Nicolò Malerbis Bearbeitung wurde Grundlage aller Neudrucke bis Ende des 16.Jh. Diese Bibel war aber keine Neuübersetzung; vielmehr sammelte Malerbi mehrere Texte in der toskan. Mundart und glich sie der ven. an. Die 2. Bibel aus dem Jahre 1471 war weniger bekannt und beliebt, ist aber stilist. und sprachwissenschaftl. interessant und wichtig, weil sie keine Bearbeitung einer älteren Fassung, sondern Neuübersetzung ist.

[4] *Spanische Bibelübersetzungen*: Im 13.Jh. wurden die ersten B. ins Altspan. vorgenommen. Zu Beginn des Jh. arbeiteten Christen und Juden zusammen, um das AT direkt aus dem Hebr. zu übersetzen. Es wird allgemein angenommen, daß diese interreligiöse Zusammenarbeit und die Vermeidung der Vulgata als Vorlage 1233 zum Übersetzungsverbot durch Jakob I. von Aragón führte. Jedoch änderte sich das intellektuelle Klima in Spanien unter der Herrschaft von Alfons X. (dem Weisen) v. Kastilien und León († 1284). Auf seine Initiative geht die erste vollständige Übersetzung des AT zurück, die er später in seiner »Grande e General Estoria« aufnahm. Auch der Alfonso-Bibel liegen die Vulgata und ein hebr. Text zugrunde. →Hermannus Alemannus (um 1240/56), der Aristoteles aus dem Lat. übersetzte, wird in einer Hs. aus Aragón (heute Madrid) als Übersetzer der »Psalmen« gen. und ist somit zu den frühesten Bibelübersetzern der span. Sprache zu rechnen. Im 14. und 15.Jh. entstanden mindestens acht Übersetzungen für span. Juden. Bes. berühmt wurde eine von Don Luiz de Guzmán, Großmeister des Ordens v. Calatrava, in Auftrag gegebene Übersetzung. 1422/33 arbeitete der gelehrte Rabbiner Mose Arragel aus Guadalajara, unter Mitwirkung des Franziskanermönchs Arrias de Enciena, an diesem Werk, das gleichzeitig mit umfangreichen Anmerkungen versehen wurde. Sie wird heute als die Alba-Bibel bezeichnet, da sie lange Zeit mit dem Hause Alba in Verbindung gebracht wurde und allgemein als »La Biblia de la casa Alba« bekannt war.

[5] *Katalanische Bibelübersetzungen*: Zu Beginn des 13.Jh. war das Übersetzen der Bibel mit großen Schwierigkeiten verbunden. 1233 verbot Jakob I. v. Aragón jegliche Übersetzung der Bibel in die Landessprache. Aber bereits sein Enkel Alfons III. v. Aragón ordnete 1287 eine vollständige B. aus dem Frz. an, die aber nicht fertiggestellt wurde und auch nicht erhalten blieb. Aus Dokumenten (datiert 1382 und 1398) des kgl. Archivs geht hervor, daß zum Ende des 14.Jh. Psalmen und Teile des 1. Buch Mose in Katal. existierten. Aus dem 15.Jh. sind mehrere Bibelhss. erhalten, z.B. eine dreibändige Bibel (Bibl. Nat., Paris), eine Bibel aus dem Jahre 1461 (Bibl. Nat., Paris) von Gen bis Ps und eine Bibel (British Museum, London), die seit 1465 bekannt ist. Die bedeutendste katal. Bibel ist die des Mönchs Bonifacio →Ferrer (1355-1417) aus Valencia, eine Bearbeitung der originalen Übersetzung des Dominikaners Romeu Sabruguera († 1313) aus Mallorca. Die 1396/1402 entstandene Revision erschien 1478 in Valencia und gehört zu den frühesten gedruckten Bibeln in einer Landessprache. Noch im 15.Jh. wurde jedoch der gesamte Bestand der Ferrer-Bibel durch die Inquisition vernichtet, lediglich die letzte Seite der Offb ist erhalten (Hispanic Society of America, New York). 1480 wird in Barcelona eine Ausgabe der Psalmen aus der Ferrer-Bibel veröffentlicht, von der ein einziges Exemplar erhalten ist. 1490 wird in Venedig der Psalter von Roic de Corella herausgebracht.

[6] *Portugiesische Bibelübersetzungen*: Die frühesten fragmentar. ptg. B. aus der Vulgata wurden von Zisterziensermönchen besorgt. Es entstanden die »Actos dos Apóstoles« und während des 13.–15.Jh. Ausschnitte aus dem AT. →Ludolph v. Sachsen veröffentlichte 1495 in Lissabon den ersten gedruckten ptg. Bibeltext, die »Vita Christi«. 1497 erschien in Porto »Evangelhos e Epístolas«, ein frz. Text mit ptg. Übersetzung des Druckers Rodrigues Alves.

W. Kroll

Lit.: zu *[1]*: G. STRÜMPELL, Die ersten B. der Franzosen 1100–1300, 1872 – D. LORTSCH, Hist. de la Bible en France, 1910 – S. BERGER, La Bible française au MA, 1884 – zu *[2]*: S. BERGER, Les Bibles provençales et vaudoises, Romania 18, 1889 – zu *[3]*: ECatt II, 1556-1563 – S. MINOCCHI, Italiennes (versions) de la Bible, Dict. de la Bible, hg. F. FIGOUROUX, III, 1012-1038 – zu *[4]*: S. BERGER, Les Bibles castillanes, 1899 – A. PAZ Y MELIA, La Biblia de la casa de Alba, Homenaje a Menéndez y Pelayon, 1899 – J. LLAMA, Biblia medieval romanceada judío-cristiana, 2 Bde, 1950-55 – F. PÉREZ, La Biblia en España, Verbum Dei I, 1956, 83–97 – zu *[5]*: Nouvelles recherches sur les bibles provençales et catalanes, Romania 19, 1890 – J. RUBIÓ, Traducciones de la Biblia (en catalán) (Hist. de la Lit. hisp. III, 1953), 834ff. – zu *[6]*: G. L. SANTOS FERREIRA, A Bíblia em Portugal: Apontamentos para uma monographia, 1495-1850, 1906 – H.

WENDT, Die ptg. B.: Ihre Gesch. und ihre Aufgaben mit bes. Berücksichtigung des AT [Diss. Heidelberg, 1962].

XV. ALTKIRCHENSLAVISCHE BIBELÜBERSETZUNGEN: Die erste slav. (altkirchenslav.) B. hängt mit der byz. Mission Großmährens (863-885) eng zusammen. Sie wurde von Konstantin (Kyrill) begonnen, von seinem Bruder Method vollendet. Die ältesten erhaltenen Codices (glagolit. und kyrill., → Alphabet) stammen aus dem 10.-11.Jh. (Bulgarien, Makedonien, dann Rußland) und enthalten fast ausschließl. die Evangelien und den Psalter; die übrigen bibl. Bücher sind erst in kirchenslav. Hss. des 12.-14.Jh. belegt (mit Lücken). Die älteste vollständige Sammlung ist die Gennadius-Bibel (Ebf. v. Novgorod, Ende 15.Jh.). Die ursprgl. kyrill.-method. Übersetzung beruht auf gr. Vorlage der Rezension Koine mit vielen archaischen Lesarten westl. gr. Textform. Textkrit., sprachl. und lit.-ästhet. ist es ein hervorragendes Meisterwerk der Übersetzungskunst. Die späteren kirchenslav. Redaktionen haben den Text noch mehr der gr. Koine (bei den Slaven des byz. Ritus) bzw. der Vulgata angenähert (im Bereich des röm. Ritus, d.h., im kroat. Küstenland). Die jetzige neukirchenslav. Bibel der Orthodoxen und Unierten geht auf die Revision der russ. Synode i.J. 1663 zurück. Die beiden übrigen ma. B. ins Slav., d.h., die tschech. (13./14.Jh.) und die poln. (14./15.Jh.), sind von der altkirchenslav. Version (fast) unabhängig. F.W.Mareš

Lit.: J. VAJS, Evangelium sv. Marka a jeho poměr k řec. předloze, 1927 – V.JAGIĆ, Zum altkirchenslav. Apostolus, 3 Bde, 1919-20 – J.VAJS, Které recense byla řec. předloha stsl. překladu žaltáře, Byzantinoslavica 8, 1939-46, 55-86 – K. HORÁLEK, Evangeliáře a čtveroevangelia, 1954 – F.GRIVEC, Konstantin und Method, Lehrer der Slaven, 1960 – Slovník jaz. staroslověnského – Lexicon linguae palaeoslovenicae, I, 1966, LXIIff. – CH.HANNICK, Das NT in altkirchenslav. Sprache (Die alten Übers. des NT, die Kirchenväterzitate und Lektionare, hg. K.ALAND [Arbeiten zur ntl. Textforsch. 5, 1972]), 403-435 – B.M. METZGER, The Early Versions of the New Testament, IX: H.G.LUNT, The Old Church Slavonic Version, 1977.

XVI. TSCHECHISCHE BIBELÜBERSETZUNGEN: Mit dem Untergang der slav. Liturgie in Böhmen gegen Ende des 11.Jh. verschwand auch die Benutzung der altslav. Bibel. Eine vollständige tschech. Übersetzung des Psalters wurde spätestens gegen Ende des 13.Jh. erstellt. Diese Übersetzungen wurden jedoch bloß mündlich überliefert. Eine komplette schriftl. fixierte alttschech. Übersetzung der Bibel erstand vor dem Jahr 1385 durch Schüler des → Milič v. Kremsier, Tomáš → Štítný und → Adalbertus Rankonis und Angehörige des Dominikanerordens. Sie wurde meist bloß teilweise abgeschrieben, seltener als kostspielige bibl. Sammelhss. (etwa in den achtziger Jahren des 14.Jh. die Leskowetzer oder Dresdner Bibel). Diese ursprgl. tschech. Übersetzung ist die sog. erste Redaktion der alttschech. Bibel, deren letztes Stadium die dreiteilige Leitmeritzer-Wittingauer (1411-14) und die zweiteilige Olmützer Bibel (1417) darstellen. Gegen Ende des 14.Jh. wurde das ganze NT neu übersetzt und die Übersetzung einiger Bücher des AT umgearbeitet. Diese Arbeit wurde abschnittsweise von verschiedenen Autoren, darunter vielleicht auch Johannes → Hus durchgeführt; es entstand jedoch keine einheitl. Sammlung dieser Version (Zweite Redaktion). Die dritte Redaktion unterscheidet sich grundlegend. Es handelt sich um eine einheitl. und systemat. Überarbeitung der gesamten B. nach der Vulgata. Ältere Übersetzungen wurden z.T. benutzt. Das erste datierte Schriftdenkmal dieser Redaktion ist die Padeřov-Bibel aus den Jahren 1432-35. Die vierte Redaktion stammt aus dem letzten Viertel des 15.Jh. Aus dem 15.Jh. haben sich gegen 30 tschech. Bibelhss. erhalten, von denen einige wegen ihres Bilderschmuckes zu den bedeutendsten Denkmälern der böhm. Kunst gehören, und beinahe dreimal soviel Hss. von Teilen der Bibel. Im Druck erschien die tschech. Bibel erstmals 1488 in Prag und 1489 in Kuttenberg. J.Kadlec

Lit.: J. VAŠICA, Bible v české kulturní tradici, Logos 4, 1949, 1-20, 36 – VL.KYAS, Dobrovského třídění českých biblických rukopisů ve světle pramenů. Josef Dobrovský 1753-1953 [Sammelbd.], 1953, 227-300 – J.KADLEC, Die Bibel im ma. Böhmen, AHDL 39, 1964, 89-109 – VL.KYAS, První český překlad bible. Abh. der Československa akademie věd 81, 1971, H. 1 – J.VINTR, Die ältesten tschech. Evangeliare, 1977 (Slavist. Beitr. 107) – F.M.BARTOŠ, První česká bible. Acta Univ. Carolinae, Historia Univ. Carol. Pragensis XI, fasc. 1-2, 10-23.

XVII. ALTPOLNISCHE BIBELÜBERSETZUNGEN: Keine ma. vollständige Bibelübersetzung erhalten: die erste katholische entstand 1561, die erste kalvinistische 1563. Es gibt jedoch mehrere Teilübersetzungen und Fragmente: 1. sog. Kinga-Psalter, 1280-92 im Stary Sącz/Altsandes-Klarissen-Kloster für Hzgn. Kinga v. Krakau-Sandomir entstanden, nur erwähnt, wahrscheinl. Grundlage für 2; 2. St. Florian-Psalter, Ende des 14.Jh., im Chorherren-Kloster in Glatz oder in Krakau für Kgn. Hedwig v. Polen begonnen, nach 1405 beendet; 3. sog. Puławy Psalter, erhalten in Hs. vom Ende des 15.Jh. (Original Ende des 14. – Anfang des 15.Jh.); 4. Bibel der Kgn. Sophie v. Polen, 1451-64 teilweise in Nowy Korczyn, nur AT; 5. wenigstens elf Fragmente aus dem 15.Jh., ein NT 1455 bei einem Hussiten in Pakość (Großpolen) erwähnt. A. Gieysztor

Lit.: Encyclopedia Katolicka II, 1976, 409-414 – A.BRÜCKNER, Literatura religijna w Polsce średniowiecznej, 2 Pismo święte i apokryfy, 1903 – Bibliografia Literatury Polskiej-Nowy Korbut, 1963, I, 178-189.

Biber

[1] *Allgemein, Bedeutung für mittelalterliche Siedlung und Wirtschaft*: B., Familie der Nagetiere, rein lat. fiber, sonst aus dem gr. castor (mit irriger Ableitung von 'castrare', zur entsprechenden antik-ma. Fabel vgl. Abschnitt 2). Die B. waren im Europa des früheren MA noch weit verbreitet, was durch zahlreiche Orts-, Fluß- und Flurnamen sowie reiche Funde von Biberknochen bei Siedlungsgrabungen belegt wird; heute kommen sie in Europa nur noch in Restbeständen vor, u.a. im Rhônedelta, an der mittleren Elbe und in einigen Gebieten Rußlands. – Die aus Holz, Schlamm und Steinen errichteten weitläufigen Dammsysteme der B. halten den Wasserspiegel in der Umgebung ihrer Wohnburgen konstant, damit die Zugänge zu den Wohnburgen immer unter Wasser bleiben. Auf diese Weise verändern sich die von B.n bewohnten Fluß- und Bachlandschaften oft in beachtl. Maße, auch wird die Hochwassergefahr in Ufergebieten unterhalb der Dammsysteme durch langsameren Wasserabfluß stark verringert. Der intensiv betriebene Landesausbau und die ausgedehnten Kultivierungs- und Entwässerungsmaßnahmen des Früh- und HochMA und v.a. die rücksichtslose Verfolgung und Bejagung engten den Lebensraum der B. immer mehr ein und dezimierten ihre Bestände. Der B. wurde intensiv gejagt, und zwar zum einen wegen des → Bibergeils, eines angebl. in den Hoden produzierten Drüsensekrets zur Wegmarkierung des B.s an Land sowie anderer med. verwendeter Organe (zahlreiche ma. Rezepte), zum anderen wegen des Fleisches und bes. des Fells, das zu Pelzen verarbeitet wurde. Auf den Handelsrouten der Hanse zählten daher Biberfelle zu den begehrtesten Waren (→ Pelzhandel). W.Rösener

[2] *Der Biber und seine Lebensweise in der mittelalterlichen Naturkunde*: Die antike Fabel, daß sich die »pontischen Hunde« selbst kastrierten, um vom Jäger nicht weiter verfolgt zu werden, wurde durch Plinius (n. h. 8, 109 = Solin. 13, 2), v.a. aber durch Isidor v. Sevilla (Etym. 12, 2, 21 nach Servius zu Vergil, Georg. 1, 58), Allgemeingut. Der → Physiologus betont den Vorteil der Selbstverstümmelung:

Wenn der B. (sinnbildl. für den sündenfreien Menschen) erneut gejagt werde, zeige er sich dem Jäger (sinnbildl. für den Teufel) so deutlich, daß dieser ihn verschone (McCulloch, 95). Die naturkundl. Autoren üben daran Kritik: Das salernitan. Rezeptbuch → »Circa instans«, einem Platearius zugeschrieben, argumentiert (s.v. castorium) mit dem für eine solch vernünftige Handlungsweise unzureichenden Verstand des B.s, der zudem mehr wegen des Pelzes als wegen des castoreum verfolgt werde (Platearius bei Vinc., Spec. nat. 19, 30). Albertus Magnus (De animal. 22, 39) erwähnt häufige gegenteilige Beobachtungen in Deutschland, Alexander Neckam spottet (2, 140) als Naturkundiger über diese lächerl. Volksmeinung, Thomas v. Cantimpré (4, 14) stützt seine Widerlegung auf die Erkenntnis von Polen (Poloni), die Hoden des B.s lägen im Körperinneren. Bartholomaeus Anglicus (18, 28) kennt sogar (aus Plin. 32, 26) die von einem Sextius behauptete Verbindung mit dem Rückenmark, so daß bei ihrer Entfernung der Tod eintrete. Im weiteren Kontext folgt Thomas v. Cantimpré (4, 14) meistens dem »Experimentator«: Die Haare des Pelzes seien ähnlich denen des Dachses (bei Plin. 8, 109 des Fischotters), aber feiner und schöner und je dunkler, desto kostbarer (Albertus Magnus beschreibt ihn als grau-schwärzl. und zu seiner Zeit als wenig wertvoll!). Das Gebiß sei (nach Plinius) nicht nur zum Fällen von Bäumen geeignet, sondern zerbreche auch einmal ergriffene Menschenknochen. Von der Biberburg (domus) gibt erst Jakob v. Vitry (Historia orientalis, c. 88, bei Thomas und Bartholomaeus Anglicus ist fälschl. Plinius die Quelle!) eine kurze Beschreibung (mehrere Kammern im Inneren für den wechselnden Wasserstand, weil der B. seinen Schwanz meistens im Wasser haben müsse). Die Lebensweise wird übereinstimmend von Thomas (= Vinc. 19, 29) und Bartholomaeus Anglicus nach dem »Experimentator« geschildert: Die B. lebten gesellig und beförderten unter Benutzung von Artgenossen als Vehikel die Holzstücke zur Burg. Es wird diskutiert, ob diese an den abgeschabten Rückenfellen erkennbaren und aus Mitleid vom Jäger geschonten Tiere Sklaven aus fremder Gruppe oder altersschwache Angehörige (mit stumpfen Zähnen) seien. Einem weiteren Märchen, daß der B. im Winter den Fischotter (luterus) bei sich dulde, damit dieser durch Schlagen des Schwanzes das Festfrieren im Eis verhindere, widerspricht Albertus Magnus (22, 39) entschieden: Der Otter werde tatsächl. vertrieben oder totgebissen. Die Ernährung von Rinde und Blättern gäbe dem an sich guten Fleisch des B.s einen bitteren Geruch, der fischähnl. und fette ellenlange Schwanz sei teilweise erlaubte Fastenkost der Christen. Die Jagd, die auch aus anderen Quellen bezeugt ist, werde mit Hilfe eines dafür dressierten Hundes betrieben, der in die Burg eindringe und den B. so lange stelle, bis sie von den Jägern auseinandergerissen worden sei. Für seine amphib. Lebensweise hat nach Meinung des Thomas die Natur den B. mit einem hinteren gänseähnl. Beinpaar (d.h. mit Schwimmhäuten) zum Schwimmen und einem normalen vorderen zum Gehen ausgestattet. Nur Bartholomaeus Anglicus führt den langsamen Gang an Land auf die sehr kurzen Schenkel (tibiae) zurück. Ch. Hünemörder

Q.: Jacobus de Vitriaco, Historia orientalis et occidentalis, ed. F. Moschus, 1597 – Bartholomaeus Anglicus, De proprietatibus rerum, 1601 [Neudr. 1964] – Vincentius Bellovacensis, Speculum naturale, 1624 [Neudr. 1964] – Alexander Neckam, De naturis rerum, ed. Th. Wright, 1863 [Neudr. 1967], RS 34 – Servii Grammatici ... Commentarii, rec. G. Thilo, III, 1887 – Albertus Magnus, De animalibus, ed. H. Stadler, II, 1920, BGPhMA 16 – Thomas v. Cantimpré, Liber de natura rerum, T. 1: Text, ed. H. Boese, 1973 – Lit.: Hoops² II, 499–502 – RDK II, 517f. – G. Hinze, Der B., 1950 – F. McCulloch, Mediaeval Latin and French Bestiaries, 1960, SRLLUnivNC 33.

Biberach, Stadt in Oberschwaben (Baden-Württemberg). Ortsadel 1083 erwähnt, wurde um 1170 staufisch, Münze 1180 vorhanden. Mit der Stadtbildung ist vor 1190 zu rechnen; B. ist 1216, 1219, 1226 (Kg. Heinr. [VII.]!) Urkundsort, hat 1239 den Stadtammann (minister), zahlt 1241 ansehnl. 70 Mk. Reichssteuer, führt 1258 Stadtsiegel. Der »civitas regalis« (1281) bestätigt Kg. Rudolf 1282 die Rechte. Blühendes Textilgewerbe, bes. Barchent, der bis Italien, Spanien und in den Osten gehandelt wird (Prag 1386). Der aus Fernhändlern und einigen Ritterbürgern gebildete Rat (zuerst 1294) muß um 1330/45 Zunftvertreter aufnehmen, die schon 1401 die knappe Mehrheit stellen (14:10). 1349 ist zuerst ein Bürgermeister genannt, 1396/1404 werden Blutbann und Ammannamt erworben. Ab 1373 verdoppelt sich die Fläche auf fast 20 ha mit starkem Bering, der nun das um 1239 gegr. Hl. Geist-Spital (reicher Umlandbesitz) einschließt. Ludwig der Bayer schenkt 1339 den Pfarrsatz an Kl. Eberbach. B. besitzt ztw. 36 Dörfer, 10 davon in der (österr.) Pfandschaft Warthausen 1446 bis 1529. Mitglied des Schwäb. (1487–1534) und des Schmalkald. (1531–47) Bundes; hohe Kontribution für die span. Besetzung 1547. Verarmung im 30jährigen Krieg. 1802 zu Baden, 1806 zu Württemberg. K. Diemer

Lit.: Annales Biberacenses, Ms. (J.E. v. Pflummern, † 1635) – B.er Stud., 1973ff. – K.O. Müller, Die oberschwäb. Reichsstädte, 1912, 230ff. – Stadtpläne 1914, Nr. 12f. – E. Thurner, Zur ma. Wirtschaftsgesch. von B. [Diss. masch. Tübingen 1949] – H. Schmitt, Das Patriziat der Reichsstadt B. [Diss. masch. Tübingen 1955] – H. Ulrich, Das Hl. Geist-Spital zu B. [Diss. Tübingen 1965] – D. Funk, B.er Barchent [Diss. Basel 1965] – K. Diemer, Aus der Gesch. B.s (Der Kreis Biberach, 1973).

Bibergeil (Castoreum), Sekret der paarigen Drüsensäcke (Castorbeutel, Geilsack) des männl. und weibl. Bibers. Im MA wurde vorwiegend der – heute selten gewordene – russische (sibirische) B. von Castor fiber L., neben Sorten aus Kleinasien, verwendet. Seinem Ursprung entsprechend war der med. und volksmed. Gebrauch des zu verschiedenen Arzneiformen verarbeiteten B.-Pulvers hauptsächl. auf die Sexualsphäre gerichtet: Menstruationsbeschwerden, Förderung der Geburt, Austreiben der Nachgeburt, Hysterie, Steigerung der Potenz u.ä. → Biber. W.F. Daems

Lit.: HWDA I, s.v. – R. Folch Andreu, El Castor y el Castoreo, Farmacia Nueva, Nr. 261/262, 1958.

Biberhund. Der B. findet in den germ. Stammesrechten Erwähnung. Die in der Lex. Baiuv. Tit. 20, 4 gegebene Beschreibung »De his canibus quos piparhunt vocant, qui sub terra venatur« bot – da die Bezeichnung *piparhunt* allein auf die Funktion, nicht jedoch auf eine Rassenzugehörigkeit hinweist – zur Vermutung Anlaß, daß es sich um eine Teckelart gehandelt habe. In Wirklichkeit aber dürfte der B. ein Terrier gewesen und auf den neolith. Torfhund (canis familiaris palustris), einen verhältnismäßig kleinen, zu den ältesten europ. Formen gehörenden und frühzeitig in mehreren Schlägen gezüchteten Hund, zurückzuführen sein. Nach der Lex. Baiuv. war für die Tötung eines B.es neben dem Ersatz eine Buße von 6 Schillingen zu entrichten. Die einschlägigen naturkundl. Werke des MA enthalten auch keine Beschreibung oder genaue Bezeichnung (→ Thomas v. Cantimpré, De natura rerum 4, 14b. Biber: canis ad hoc instructus). S. Schwenk

Biberli(n), Marquard → Legendar

Biberschwanz → Dach

Bible moralisée wird seit dem frühen 15. Jh. eine Sammlung von Exzerpten bzw. Paraphrasen von Teilen des Bibeltextes genannt, deren einzelne Abschnitte jeweils mit einem allegor., moral. oder anagog. Kommentar versehen sind. In den frühesten Exemplaren, entstanden in Paris seit etwa 1220, ist der Text Erläuterung eines sehr umfangreichen Bilderzyklus, in dem sich Bibel- und Kommentarillustration regelmäßig abwechseln. Erst später wird nur der Text in Hss. wiedergegeben. Die Kommentierung folgt hauptsächl. der Bibelauslegung des 12.Jh., an einigen Stellen bezieht sie sich auf zeitgenöss. Zustände und Ereignisse. Sie enthält vielfach Vorschriften für Welt- und Ordensklerus, auch mit negativen Gegenbeispielen, sowie scharfe Polemik gegen Ketzer, Juden und Ungläubige. In den Illustrationen sehr häufig Neubildung von Bildschemata mit Hilfe geläufiger Bildformeln. Die wenigen Prachthss. mit Bildern zu jedem Textabschnitt waren für hochgestellte Auftraggeber bestimmt – zwei der Hss. des 13. Jh. ([1.], [5.]) wurden wahrscheinl. für die frz. Königsfamilie angefertigt.

Hss.: 1. Wien Österr. Nat. Bibl. cod. 1179, Paris um 1220–30, lat. Text: Gen – Esra, Ijob, Dan, Tob, Jdt, Est, 1–2 Makk, Offb. 2. Wien Österr. Nat. Bibl. cod 2554, Paris um 1220–30, frz. Text: Gen – 2 Kön. 3. Paris Bibl. Nat. fr. 9561, Neapel 2. V. 14.Jh., frz. Text: Gen – Ri (von verlorener Schwesterhs. von 2 abhängig). 4. Paris Bibl. Nat. lat. 9471, frz. 1419/27 (?), frz. Text: Gen – Deut (Randillustrationen in den 'Grandes Heures de Rohan', abhängig von 3). 5. Toledo, Schatz der Kathedrale, B. m. Bd. 1–3 und New York Morgan Libr. M. 240, Paris um 1230, lat. Text: zu allen Büchern der Bibel außer 1–2 Chr und Bar, statt der vier Evangelien eine Evangelienharmonie (1–2 Makk fehlen). 6. Oxford Bodl. 270b, Paris Bibl. Nat. lat. 11560 und London Brit. Libr. Harley 1526–27, Paris um 1240, lat. Text: größtenteils von 5 abhängig (1–2 Makk vorhanden). 7. London Brit. Libr. Add. 18719, Paris fr. 14. Jh. (?): Kopie von 6. 8. Paris Bibl. Nat. fr. 167, Paris um 1350, abhängig von 7, Überarbeitung der Kommentare, Zufügung einer frz. Übers. 9. Paris Bibl. Nat. fr. 166, begonnen Paris 1402–04, nur bis Jes, Text stimmt mit dem von 8 überein. 10. Madrid Bibl. Nac. Ms. 10232, Spanien 2. Hälfte 14.–Anfang 15.Jh., Textabschrift von 5, dazu kast. Übersetzung der Kommentare. Texthss. der in 8 überlieferten Fassung mit Miniaturen am Anfang der Bücher der Bibel: 11. Rom Vat. Reg. lat. 25, Paris um 1410, lat. und frz. Text; 12. Gent UB Hs. 141, Paris um 1410, frz. Text (hier der Name B. m. zuerst überliefert); 13. Den Haag Kon. Bibl. 76 E 7; 14. London Brit. Libr. Add. 15248; 15. Paris Bibl. Nat. fr. 897 (13–15: Brügge um 1455 bis 1470, frz. Text). R. Haussherr

Ed.: COMTE A. DE LABORDE, La B.m. ..., 1911–27 – B.m.–Faks.-Ausg. ... des Cod. Vindob. 2554 der Österr. Nat. Bibl., Codices selecti 40, 1973 [Commentarium von R. HAUSSHERR] – *Lit.*: LCI I, 289–293 – L. DELISLE, Livres d'images ..., Hist. litt. de la France 31, 1893, 213–285 – R. HAUSSHERR, Sensus litteralis und sensus spiritualis in der B.m., FMASt 6, 1972, 356–380 – DERS., Petrus Cantor, Stephan Langton, Hugo von St. Cher und der Isaias-Prolog der B.m., Verbum et Signum (Fschr. F. OHLY, 1975), 2, 347–364 – DERS., Eine Warnung vor dem Studium von zivilem und kanon. Recht in der B.m., FMASt 9, 1975, 390–404 – R. BRANNER, Manuscript Painting in Paris during the Reign of Saint Louis, 1977, 22–65 – R. HAUSSHERR, Drei Texthss. der B.m. (Fschr. E. TRIER, 1980).

Biblia pauperum, Armenbibel. Der Name »B.« bezeichnete im späteren MA verschiedene in kurzer Übersicht anspruchslos dargebotene Bearbeitungen der Bibel, die vielleicht für den Gebrauch der Bettelmönche und wenig bemittelten Weltgeistlichen bestimmt waren. Heute versteht man unter »B.« ein bestimmtes Werk, für das diese Bezeichnung im MA nur ausnahmsweise und nicht vor dem Ende des 14.Jh. belegt ist. Diese B. ist eines der Hauptwerke der spätma. → Typologie. Sie ist, vermutl. um die Mitte des 13.Jh., im südostdt.-österr. Raum im Kreis der Benediktiner oder Augustiner-Chorherren entstanden.

Seit dem 14.Jh. ist sie in zahlreichen Codices überliefert, deren Illustrationen als Federzeichnungen (z.B. St. Florian, Stiftsbibl., Cod. III, 207; 1. Viertel 14.Jh.) oder in Temperamalerei (z.B. Heidelberg, Univ. Bibl., Cod. Pal. germ. 148; um 1430) ausgeführt sind. Ursprgl. besaß die B. 34 auf 9 Blätter verteilte typolog. Bildgruppen, wobei jeweils zwei eine Seite einnahmen. Im aufgeschlagenen Buch konnten demnach außer bei der letzten Seite immer vier Bildgruppen gleichzeitig betrachtet werden, die ein umspannendes Thema verband. Die ntl. Themenkreise erstrecken sich von der Menschwerdung und dem Wirken Christi über Passion, Auferstehung bis zur Gründung und dem Triumph der Kirche, versinnbildlicht durch die Marienkrönung. Später bildet bisweilen das Jüngste Gericht den Abschluß. Jede Wiedergabe einer ntl. Heilstatsache (Antitypus), die anfängl. kompositionell die zentrale Stelle der jeweiligen Darstellung einnahm, ist von vier Prophetenbildnissen umgeben und wird von zwei atl. Szenen (Typen) flankiert, die auch ober- und unterhalb der Hauptszene angebracht sein können (z.B. Antitypus: Kreuzigung Christi, Typen: Opferung Isaaks und Aufrichtung der ehernen Schlange). Jedem Bildelement ist ein ursprgl. knapper Text zugeordnet: zu Typus und Antitypus je ein Titulus, zu den Propheten je eine sich auf den Antitypus beziehende Weissagung, zu den Typen zudem jeweils eine Lektion in Prosa. Die Tituli sind in Versen, größtenteils leonin. Hexametern, verfaßt; sie erfüllen eher das Bedürfnis nach Einprägsamkeit als höheren poet. Anspruch. Anscheinend sind nur zwei der Verse aus einer zweiten Quelle übernommen (Gen 361 und Ex 79 aus der »Aurora« des → Petrus Riga). Dagegen sind Tituli der B. an anderen Stellen verwendet (WIRTH, 849), ein Zeugnis für die Wirkung des Werkes.

Die ältesten erhaltenen Hss. differieren untereinander v.a. in einer unterschiedl. Reihenfolge der Bildgruppen. Seit der Mitte des 14.Jh. wächst die Uneinheitlichkeit in Text und Illustrationsprinzip. Die Zahl der Bildgruppen steigt bis zu 50, das ursprgl. Bildschema verändert sich, der Text erscheint auch in dt. Übersetzung, z.T. stark verändert und erweitert, wie bei dem »dt. erzählenden Typus« (z.B. München, Bayer. Staatsbibl., Cgm 20).

Seit dem 2. Drittel des 15.Jh. erscheint die B. in Blockbuchausgaben. Eine der frühesten bildet ein Exemplar aus Heidelberg mit handschriftl. nachgetragenem Text. Xylograph. Blockbücher mit dt. Text und 40 Blättern erschienen 1470 in Nördlingen und 1471 in Nürnberg. Die frühesten Typendrucke entstanden 1462/63 bei A. Pfister in Bamberg. Aus dem 15.Jh. sind auch einige Hss. und Blockbücher aus Italien und den Niederlanden bekannt.

G. Plotzek-Wederhake/G. Bernt

Ed.: [bisher nur als Reproduktionen einzelner Zeugen, s. WIRTH, 844 f.; neuere:] F. UNTERKIRCHER-G. SCHMIDT, Die Wiener B. Codex Vindobonensis 1198, 1962 – K. FORSTNER, Die Salzburger Armenbibel Codex a IX 12 [usw.], 1969 – E. SOLTÉSZ, B., Faksimileausg. des 40blättr. Armenbibel-Blockbuches in der Bibl. der Erzdiözese Esztergom, 1967 – *Lit.*: RDK I, 1072–1084 – LCI I; 293–298 [Lit.] – Verf.-Lex.² I, 843–852 [K. A. WIRTH; neue Zusammenfassung mit wichtiger Bibliogr.] – H. CORNELL, B., 1925 [grundlegend] – G. SCHMIDT, Die Armenbibeln des 14.Jh., 1959 [eingehende Gesamtdarstellung] – M. Berve, Die Armenbibel. Herkunft. Gestalt. Typologie, 1969 – L. KOHÚT, Das Blockbuch, insbes. die B., ein Vorläufer des illustrierten Buches, Beitr. zur Inkunabelkunde 3. F. 4, 1969, 112–122 – A. WECKWERTH, Der Name B., ZKG 83, 1972, 4. F. XXI, H. 1, 1–33 – R. A. KOCH, New Criteria for Dating the Nederlandish B. Blockbook (Stud. in Late Medieval and Renaissance Painting in Honor of M. MEISS I, 1977), 283–289.

Bibliophilie. Die B. steht in der Zeit der Hss. durch die größere Kostbarkeit eines jeden Buches unter eigenen Bedingungen, doch besteht zu jeder Zeit der Gegensatz zw. der reinen Gebrauchshandschrift und dem Luxuscodex. Hieronymus bezeugt ihn, wenn er mit Gold und Silber auf Purpur oder in zollgroßen Buchstaben geschriebene Evangelien in der Hand der Christen tadelt und seine anspruchslosen Blätter mit gutem Text dem gegenüberstellt (Prol. in libro Iob). Die kostbaren Hss. der Evangelien aus den Hofateliers Karls d. Gr. waren für die Altäre bedeutender Kirchen bestimmt. Unter Ludwig dem Frommen werden auch andere Texte (Arat, Terenz) nach antiken Prachtcodices – die dann leider verlorengingen – getreu reproduziert. Karl der Kahle schließlich veranlaßt die Herstellung von Luxushandschriften in einem neuen Stil und ohne Abhängigkeit von antiken Vorlagen. Die prachtvolle Ausstattung liturg. Codices wird, bereichert durch Anregungen aus byz. Hss., auch in der otton. Zeit fortgeführt. Unter den fsl. Liebhabern kostbarer Bücher der späteren Zeit ist Ks. Friedrich II. zu nennen, dann Karl IV., Wenzel und v. a. die frz. Kg.e und burg. Hzg.e. Mit den Künstlern, die für Karl V. und bes. seinen Bruder → Johann v. Berry arbeiteten, erreichte die Buchkunst einen ihrer Höhepunkte. Ein anderer wird durch die Mäzene der it. Renaissance heraufgeführt, während Petrarca mit seinem Vergil – das Titelbild stammt von → Simone Martini – ein Beispiel privater Bücherliebe geboten hatte. An den Höfen von Mantua, Ferrara, Neapel, Urbino u. a. entstanden Hss. mit kunstvollen Frontispizen, Medaillen, Wappen u. a.; hier wurde, wie bei den frz. und burg. Fs.en, die B. gelegentl. auf den ganzen Bücherbesitz ausgedehnt. Durch die Handelsbeziehungen und künstler. Verbindungen zeigte diese B. auch nördl. der Alpen ihre Wirkung; ebenso fand die Bücherliebhaberei der Fs.en bei hochgestellten und reichen Untergebenen Nachahmung. G. Bernt

Lit.: T. DE MARINIS, La Biblioteca Napoletana dei re d'Aragona, 4 Bde, 1947–52, Suppl. 1969 – E. PELLEGRIN, La bibl. des Visconti et des Sforza, ducs de Milan, 1955, Suppl. 1969 – B. BISCHOFF, Paläographie, 1979, Abschnitt C passim, bes. 261–264, 288–293, 296 – M. THOMAS, Buchmalerei aus d. Zeit d. Jean de Berry, 1979 – s. a. Lit.: → Bibliothek.

Bibliothecarius, Bibliothekar

I. Allgemein – II. Päpstlicher Bibliothecarius, fränkischer Bibliotherarius palatii – III. Klosterbibliothekar.

I. ALLGEMEIN: Im MA Kustode von Büchern, Archivalien und anderen Schätzen einer Gemeinschaft oder einer Behörde. Sein Aufgabenbereich entsprach im wesentl. den Aufgaben des gr. βιβλιοφύλαξ oder χαρτοφύλαξ (→ Archiv, II; → Bibliothek, → Chartophylax). Der lat. Titel B. war im Altertum und beginnenden MA kaum bekannt, er begegnet seit dem ausgehenden 8. Jh. am frk. Hof, in einigen Kl. und insbes. an der päpstl. Kurie.

II. PÄPSTLICHER BIBLIOTHECARIUS, FRÄNKISCHER BIBLIOTHECARIUS PALATII: [1] *Päpstlicher Bibliothecarius:* Der erste bekannte päpstl. B. war Theophylactus. In einem Schreiben Hadrians I. (781) heißt er einfach bibliothecarius. In der Folgezeit nannte man den B. gewöhnl. B. sanctae (oder summae) sedis apostolicae; im 11. Jh. auch B. sacri palatii Lateranensis. Das Amt des päpstl. B. gewann rasch an Bedeutung: außer der eigtl. Tätigkeit, die wohl die Betreuung der päpstl. Schreiber und die Urkundenherstellung miteinschloß, datierte der B. abwechselnd mit dem → primicerius notariorum und den anderen iudices de clero die Privilegien (→ Datierung); d. h. er übte einen Vertrauensdienst aus, der ihn den höchsten Würdenträgern am päpstl. Hof gleichstellte. Da er fast immer ein Bf. war (zuerst 829; bis zum 11. Jh. nur eine Ausnahme: → Anastasius Bibliothecarius), stand er im Vergleich zu den Hofbeamten aus dem Laienstand in einer weniger starken Abhängigkeit von röm. Adelsfamilien, sein Wirken wurde von den Zerfallserscheinungen des 10. Jh. weniger beeinträchtigt. So hat er gegen Ende des 10. Jh. die iudices de clero aus dem Bereich der → Kanzlei vollständig verdrängt. Bald darauf, noch im 10. Jh., tritt im Lateranpalast ein cancellarius auf, der vermutl. die eigentl. Leitung des päpstl. Urkundenwesens übernahm. Der B. trug noch in die Privilegien die große Datierung ein, blieb aber nunmehr bloß nomineller Vorsteher der Kanzlei, so daß das Amt des B. 1023 an den Kölner Ebf. → Pilgrim verliehen werden konnte. Benedikt IX. vereinte 1037 die Ämter des B. und des cancellarius und sicherte die Kanzleileitung dem Bf. v. Silva Candida. Die feste Bindung an das suburbikarische Bm. setzte sich aber nicht durch. Von einigen Ausnahmen abgesehen, wurden Diakone oder Priester an die Spitze der Kanzlei gestellt, die den Titel cancellarius oder B. oder beide nebeneinander führten. Nach Coelestin II. († 1144) kommt die Komponente B. in der Titulatur des Kanzleivorstehers nicht mehr vor. Der B.-Titel ging dann an einen der iudices de clero über und verschwand zusammen mit diesen kurz nach 1200. Vgl. auch → Kurie. P. Rabikauskas

Lit.: MlatWb I, 1463 f. – BRESSLAU I, 211–240 – V. GARDTHAUSEN, Hb. der wiss. Bibliothekskunde I, 1920, 67–73 – P. KEHR, Die ältesten Papsturkk. Spaniens, 1926 – L. SANTIFALLER, Saggio di un elenco dei funzionari, impiegati e scrittori della Cancelleria Pontificia dall'inizio all'anno 1099, BISI 56, 1940 – P. RABIKAUSKAS, Die röm. Kuriale in der päpstl. Kanzlei, 1958.

[2] *Fränkischer Bibliothecarius palatii:* Am frk. Königshof gehörte der B. palatii der kgl. Hofkapelle an; bedeutendster Vertreter: der unter Ludwig dem Frommen bezeugte B. palatii Gerward. Seine Nachfolger treten wieder unter die Kapelläne zurück und haben keine eigenständige Bedeutung erlangen können. J. Fleckenstein

III. KLOSTERBIBLIOTHEKAR: Schon die Regel des Pachomius (→ Pachomios) erwähnt einen Beauftragten, der die Bibel- und Väterhandschriften der Gemeinschaft betreut. Erst recht kennt → Cassiodor einen solchen. → Isidor v. Sevilla setzt sogar für die Bibliothekare im Kl. Dienststunden fest, und im 7. Jh. enthält der Liber ordinum der westgot. Kirche bereits ein Formular für die Einweisung eines Bibliothekars in sein Amt. Die → Regula Benedicti (cap. 48) ordnet die Ausgabe von Büchern der Hl. Schrift und wohl auch theol. Lit. zu Beginn der Fastenzeit an, die Ludwigs des Frommen monast. Gesetzgebung als Weisung des Klosteroberen bindet. Der Regelkommentar des → Hildemar v. Corbie entwirft zu diesem Zweck vor 845 eine Ausleih- und Rückgabeordnung (→ Leihverkehr). Die Consuetudines des 10. und 11. Jh. sehen die Aufstellung einer Bücherliste vor, die nach Lage der Dinge der B. anfertigen muß. Zugleich mit der Nennung der Funktion tritt uns eine Fülle von Amtsbezeichnungen entgegen (apocrisiarius, armarius, charticinarius, claviger, custos sacrarii oder custos librorum), die zeigt, daß der B. vom → Bobbio des 9. Jh. angefangen bis zur Ordnung der → Brüder vom Gemeinsamen Leben die Aufgaben des Sakristans, des Thesaurars, des Archivars oder des Aufsehers über das Scriptorium des Kl. mit der Obhut der Bücher verbindet. Auf diese Weise erhielt der B. gelegentl. ein eigenes Amtsgebäude und ggf. auch einen Sonderfonds. → Bibliothek.
J. Semmler

Lit.: DACL II, 839 ff. – DHGE I, 250–262 – W. WATTENBACH, Das Schriftwesen im MA, 1896³ – E. LESNE, Hist. de la propriété ecclésiastique en France IV (Mém. et travaux publ. par des professeurs des Facultés Catholiques de Lille 44, 1938), 790–813 u. ö. – K. HALLINGER, Gorze-Kluny (StAns 24/25, 1951), 925 f. – J. LECLERCQ, Wiss. und Gottverlangen, 1963, 22, 30 f., 110 u. ö. – G. DE VALOUS, Le monachisme clunisien des origines au XVe s., 1970², 145 f., 156 ff. u. ö. – T. KLAUSER, War Cassiodors Vivarium ein Kl. oder eine Hochschule? (Bonner Festg. J. STRAUB, 1977), 413–420.

Bibliothek

A. Allgemein. West-, Mittel-, Ostmittel-, Süd- und Nordeuropa – B. Byzantinisches Reich, Altrußland, Südosteuropa – C. Judentum – D. Islamische Welt

A. Allgemein. West-, Mittel-, Ostmittel-, Süd- und Nordeuropa

I. Allgemein. Frankenreich, Deutschland, Frankreich, Italien – II. Spanien – III. Irland – IV. England – V. Skandinavien – VI. Böhmen – VII. Polen – VIII. Ungarn.

I. ALLGEMEIN. FRANKENREICH, DEUTSCHLAND, FRANKREICH, ITALIEN: [1] *Allgemein:* B. bezeichnet sowohl eine Büchersammlung als auch die Räumlichkeit, die sie beherbergt. Bis in die letzten Jahrhunderte des MA ist dies in den Kirchen und Kl. gewöhnl. ein Platz in oder über der Sakristei oder dem → Scriptorium, mitunter auch ein Schrank oder eine Büchernische im Kreuzgang. Ein eigener Raum (oder gar ein eigenes Gebäude) ist bei dem vergleichsweise geringen Umfang der ma. B.en – einige hundert Bücher bilden im MA schon eine stattl. B. – selten erforderlich. Auf dem St. Galler Idealplan eines Kl. von ca. 820 befindet sich die B. im Obergeschoß eines quadrat. Gebäudes im Winkel von Chor und nö. Querhaus. In Zisterzienserklöstern nahm die B. seit dem 12.Jh. den Raum neben der Sakristei oder eine Mauernische neben dem Kapitelsaal ein. In Profanbauten befand sich die B. in Schränken oder gewölbten Räumen, aus denen im 15.Jh. Rats- und Stadtbibliotheken (Nürnberg 1429, Ulm 1439, Frankfurt a. M. 1484) entstanden.

Der gebräuchl. Name für die B. ist zunächst → *armarium*; auch in den Bibliothekszimmern werden die Bücher in geschlossenen Schränken oder Truhen aufbewahrt. Das armarium diente nicht zugleich als Leseraum. So wurden in den Kl. die Bücher zur Lektüre in die Zelle mitgenommen.

Im 13.Jh. entsteht mit dem Aufblühen der Univ. (Paris) und der Bettelorden ein neuer Bibliothekstyp, die Pultbibliothek, die zugleich als Aufbewahrungsort und Lesesaal, zumindest der am meisten gebrauchten Lit., dient. Die Bücher werden jetzt auf langen schrägen Tischen (meist Doppelpulten) aufbewahrt, die parallel zueinander und zu den zw. den Pulten stehenden Sitzbänken im Bibliothekssaal (jetzt meistens *libraria* genannt) aufgestellt waren. Oft waren die Bücher an den Pulten angekettet (*catenati*). Als bes. zweckmäßig erwies sich die Einrichtung der *libraria* in einem speziellen Gebäude, in dem jedes Pult mit einem Fenster übereinstimmte. Infolge ihres großen Raumbedarfs wurde die Pultbibliothek, die nur für relativ kleine Sammlungen geeignet ist, in den Jahrhunderten nach der Erfindung der Buchdruckerkunst allmählich aufgegeben.

Nach auswärts wurden die Bücher nur ausnahmsweise v. a. als Vorlagen für Abschriften verliehen, aber auch an einzelne Gelehrte zum Studium (solche Ausleihwünsche sind häufig in Briefwechseln ma. Gelehrter, so z. B. des → Lupus v. Ferrières, anzutreffen). Erst die Univ. führten eine Trennung des Bücherbesitzes in eine Präsenzbibliothek (*libraria magna*) und eine Ausleihbibliothek (*libraria parva*) ein. Die Bettelorden kannten ein eigenes Bibliothekswesen mit langfristiger Ausleihe an ihre Mitglieder. Im SpätMA liehen viele kirchl. B.en auch an Laien aus. In der Regel forderten sie ein Pfand im gleichen Wert sowie Einschreibung in ein Leihregister oder auch die Ausfertigung eines Leihvertrages (→ Leihverkehr). – Ma. Bibliothekskataloge sind bloße Inventare für die Verwaltung des Bücherbesitzes und zur Sicherung der Vollständigkeit. Oft war der Amtsantritt eines Bibliothekars der Anlaß zu ihrer Abfassung. Die knappen Beschreibungen folgen meistens der Aufstellung der Bücher in den Schränken oder auf den Pulten. In einer häufig wiederkehrenden losen Gruppierung werden zunächst Bibel, Bibelkommentare, Kirchenväter, ma. kirchl. Autoren, dann das übrige Schrifttum, manchmal in wechselnder Reihenfolge nach Fächern zusammengestellt, angeführt. Neuerwerbungen werden zuweilen in einem Nachtrag angefügt. Bis zum 13.Jh. wurde der Katalog an einer freien Stelle eines Buches eingetragen (vielfach auf dem Vorsatzblatt oder am Ende); Ausnahme: SGall 728. Im 15.Jh., als die Katalogisierung häufiger und oft systematischer und ausführlicher wurde, nahm vielfach ein eigenes Buch die Kataloge auf, die jetzt auch zum Auffinden der einzelnen Texte dienten. Gelegentl. wurden ein alphabet. Register oder auch mehrere Indizes dem »Standortkatalog« beigefügt. Die Einführung von Signaturen half jetzt beim Auffinden der Bücher. Einen bes. Typ stellten im 15.Jh. die an der Wand aufgehängten Tafelkataloge dar. Bedeutende Katalogwerke wurden in den nationalen oder regionalen Gesamtkatalogen des SpätMA und der frühen Neuzeit geschaffen, die von engl., ndl. und dt. Geistlichen erarbeitet wurden. Sie konnten sich ebenso wie einige monast. Riesenkataloge (z. B. der Erfurter Kartäuser) zu imposanten bibliograph. und literaturgeschichtl. Nachschlagewerken auswachsen. – Eine Kontinuität zw. der spätantiken und der frühma. B. ist schwer festzustellen. Nur die wenigsten B.en können, wie etwa die Kapitelsbibliothek von → Verona, in ihrer Geschichte bis ins ausgehende Altertum zurückverfolgt werden. Im frühen MA bestehen fast nur kirchl. Einrichtungen, in erster Linie Kloster- und Dombibliotheken; Bücher im Privatbesitz sind selten.

Vom 13.Jh. an bringt das Aufblühen der Univ., der Bettelorden und der Fürstenbibliotheken (vgl. Abschnitt III) starke Veränderungen mit sich. Die Einführung des → Papiers hat seit dem 14.Jh. eine kräftige Vermehrung der Bibliotheksbestände erleichtert, aber erst die Erfindung des → Buchdrucks in der Mitte des 15.Jh. sollte den europ. B.en in großem Büchermengen zuführen und ein Aufblühen der Privatbibliothek ermöglichen. Die Umbildung des Bibliotheksraumes in der Folge dieser Erfindung hat erst im 16. bis 17.Jh. stattgefunden.

Lit.: HBW III: Gesch. der Bibl., 1953–57 – RDK II, 518–542 – T. GOTTLIEB, Über ma. Bibl., 1890 – J.W. CLARK, The care of books, 1901 – K.O. MEINSMA, Middeleeuwsche bibl., 1903 – Ma. Bibliothekskataloge Österr., 1915ff. – Ma. Bibliothekskataloge Dtl. und der Schweiz, 1918ff. – J. DE GHELLINCK, En marge des catalogues des bibl. médiévales (Misc. F. EHRLE V, 1924), 331–361 – B.H. STREETER, The chained library, 1931 – J. DE GHELLINCK, Les bibl. médiévales (NRTh 65, 1938, 36–55) – D.M. NORRIS, A hist. of cataloguing and cataloguing methods, 1939 – P. LEHMANN, Erforsch. des MA, 1941–62 – E. LEHMANN, Die Bibliotheksräume der Kl. im MA, 1957 – J.W. THOMPSON, The medieval library [Repr. mit Suppl., B.B. BOYER, 1957] – F. WORMALD-C.E. WRIGHT, The Engl. library before 1700, 1958 – A. DEROLEZ, Corpus catalogorum Belgii, 1966 – J. VORSTIUS, Grundzüge der Bibliotheksgesch., 1969⁶ – J.F.O'GORMAN, The Architecture of the Monastic Library in Italy 1300–1600, 1972 – M. BAUR-HEINOLD, Schöne alte Bibl., 1972 – K.H. WEIMANN, Bibliotheksgesch., 1975 – L. BUZAS, Dt. Bibliotheksgesch. des MA, 1975 – A. DEROLEZ, Les catalogues de bibl., 1979 (TS 31).

[2] *Geistliche Bibliotheken:* Nach dem Niedergang der Privatbibliotheken und dem Verschwinden der öffentl. Staats- und Stadtbibliotheken mit dem Untergang der röm. Herrschaft fanden (zunächst bescheidene) Büchersammlungen neue Zuflucht in den Kl.n und Kirchen, v. a. an Bischofskirchen. Die Vermehrung des Bücherbestandes erfolgte gewöhnl. durch Abschreiben im eigenen → Scriptorium (das mitunter dem *armarius* unterstellt war); doch scheint es zuweilen vorgekommen zu sein, daß ein bestimmtes Werk von einem Zentrum aus verbreitet wurde, bekannt ist u. a. die Verbreitung der Alkuin-Bibel von

St. Martin in Tours aus, oder daß Abschriften an anderer Stelle in Auftrag gegeben wurden. Hinzu kamen Schenkungen (von Fs.en, Adligen, Bf.en oder Weltgeistlichen); Bücherkauf war selten. Die Hss. enthielten nahezu ausschließl. lat. Texte vorwiegend geistl. Natur (Liturgie, Bibel, Kirchenväter, Sermones, Heiligenleben). Daneben spielten Naturkundliches, Fachschrifttum, Medizin eine gewisse Rolle, bes. aber klass. lat. Lit., die seit der karoling. Erneuerung in steigendem Umfang im Unterricht gelesen wurde (→ Auctores, → Schule, Schulwesen). Unter den karol. B.en sind bes. bedeutend → St. Gallen (dessen B. eine bis heute ununterbrochene Tradition vom 8. Jh. an aufweist), → Reichenau, → Salzburg, → Mainz, → Fulda, → Lorsch, → Bobbio, → Tours, → Corbie, → Reims, → Lyon. – Zum frühma. Bibliothekswesen im westgot. Spanien, in Irland und im ags. England vgl. die Abschnitte II, III, IV.

Die Normannen-, Sarazenen- und Ungarneinfälle verursachten ein Stocken der Entwicklung und schwere Verluste. Das 11. und bes. das 12. Jh. brachte einen steigenden Zuwachs an klass. Autoren. Zugleich bahnen sich mit den Cluniazenser- und Zisterzienserreformen und der vom 12. Jh. an schlagartig zunehmenden Übersetzungsliteratur neue Entwicklungen an: die stärkere Hinwendung zur geistl.-theol. und die unerhörte Ausbreitung der scholast. philos.-theol. Lit. – bei gleichzeitigem Rückgang des Studiums der antiken –, die das späte MA vom 13. bis zum 15. Jh. kennzeichnet. Bis ins 12. Jh. stehen die B.en, auch was die gelegentl. Katalogisierung betrifft, mehr oder minder auf der karol. Stufe. Die neue Tendenz kommt mit dem Entstehen der Univ. und der Bettelorden (Dominikaner, Franziskaner, dann Augustinereremiten und Karmeliter) deutlich zur Geltung. Stellte die Universitätsbibliothek eigtl. nur eine Fortsetzung der alten Klosterbibliothek – mit Ausweitung und Öffnung für ein größeres Publikum – dar, so schufen die Bettelorden ein völlig neues System. Die Ausbildung der Geistlichen an den Univ. verursachte: 1. einen allgemeinen Rückgang der Klosterbibliotheken im 14. Jh., 2. eine Internationalisierung des Bibliothekswesens vorwiegend nach dem Pariser Vorbild. Erst im 15. Jh. erfolgte ein Wiederaufleben der geistl. B.en im Rahmen der kirchl. Reformbestrebungen dieser Zeit. Die Abschreibetätigkeit in den Kl.n, die seit dem 13. Jh. zugunsten des Kopierens durch Lohnschreiber zurückgegangen war, wurde an vielen Stellen wieder aufgenommen, u.a. nach dem Vorbild der Kartäuser. Die Schreibkultur wurde von den → Brüdern vom Gemeinsamen Leben gepflegt. Allerorts, bes. aber an den Kathedralkirchen, bei den Benediktinern, Augustinerchorherren und Kartäusern wurde der Bücherschatz neu aufgestellt, katalogisiert und zugängl. gemacht. Neben der hier und dort wieder gepflegten klass. Lit. nimmt jetzt die Andachtsliteratur einen bes. breiten Raum ein. Wenn auch die lat. Texte weiterhin vorherrschen, erlangt nun doch die volkssprachl. Lit. große Bedeutung, v. a. in den B.en der Frauenklöster.

Im frühen MA war die B. vielfach in die eigtl. Klosterbibliothek, eine Schul- und eine Sakristeibibliothek (mit den liturg. Büchern) geteilt. Im späten MA befanden sich daneben auch Büchersammlungen im Refektorium, im Schlafsaal usw. An kleineren Kirchen war die B. oft im Chor untergebracht. Allgemein war jetzt die Tendenz zur Öffnung für ein größeres Publikum, obwohl außerhalb Italiens öffentl. B.en noch nicht bestanden. – Vgl. auch → Bibliothecarius, Abschnitt III. A. Derolez/G. Bernt

Lit.: K. LOEFFLER, Dt. Klosterbibl., 1922² – E. LESNE, Les livres, »scriptoria« et bibl. du commencement du VIII⁰ à la fin du XI⁰ s., 1938 – K. W. HUMPHREYS, The book provisions of the mediaeval friars, 1215–1400, 1964 – E. ERBACHER, Schatzkammern des Wissens. Ein Beitr. zur Gesch. der kirchl. Bibl., 1966.

[3] *Päpstliche Bibliothek:* Die päpstl. B. nimmt eine Sonderstellung ein, da sie sowohl eine fsl. B. als auch eine geistl. B. höchster Bedeutung ist. In frühma. Zeit war sie zugleich B. und → Archiv (→ Bibliothecarius, Abschnitt II). Während des avignon. Papsttums erreichte sie ihre erste Blüte. Bald nach der Beendigung des Schismas (1417) wurde die Biblioteca Vaticana neu begründet. Unter Nikolaus V. (1447–55) und Sixtus IV. (1471–84) wurde sie zur größten unter den Renaissancebibliotheken. Wie die B. der Sorbonne in → Paris hat die päpstl. B. auf das europ. Bibliothekswesen einen starken Einfluß ausgeübt. Vgl. im einzelnen → Vatikanische Bibliothek.

Lit.: Vgl. Lit. zu → Vatikanische Bibliothek.

[4] *Fürstenbibliotheken:* Obwohl seit Karl d. Gr. die meisten ost- und westfränk. Herrscher Büchersammlungen gehabt haben, ist die Fürstenbibliothek doch eine wesentl. spätma. Erscheinung: viele ma. Fs.en beherrschten nicht Latein, die Bildungssprache des frühen und hohen MA. So hängt die Entstehung der Fürstenbibliotheken zusammen mit der Ausbildung der volkssprachl. Literaturen und – für die didakt. Lit. – der Entwicklung eines umfassenden Übersetzungswesens (→ Übersetzung). Die ersten Fürstenbibliotheken waren nicht von Dauer, wie die des frz. Kg.s Ludwig IX. des Heiligen († 1270). Im 14. Jh. haben die B.en der frz. Kg.e aus dem Hause Valois eine hervorragende Bedeutung, insbes. die B. Karls V. († 1380), die im Louvre aufgestellt wurde und als eine der ersten ständigen Fürstenbibliotheken gelten kann. Eine der reichsten B.en des SpätMA war die Sammlung Johanns, Hzg. v. Berry († 1416). Im 15. Jh. steht dem nördl. Typus, v. a. glanzvoll vertreten von den burg. Hzg.en Philipp dem Guten und Karl dem Kühnen, ein it. Typus gegenüber. Letzterer, gepflegt von den humanist. Fs.en Italiens (die Visconti-Sforza in Mailand, die Mgf.en v. Este in Ferrara, die Medici in Florenz, Federigo v. Montefeltre, von Ferdinand v. Aragón sowie von Kg. Matthias Corvinus, ist durch den großen Anteil der klass. und humanist. Literaturen (neben gr. enthält sie überwiegend lat. Bücher) gekennzeichnet. Die nördl. B.en dagegen bestehen größtenteils aus Andachts-, höf. und anderer Unterhaltungs- und hist.-chronikal. Lit. in der Volkssprache (fast ausschließl. frz. in der burg. B.). Die Bestände beider Bibliothekstypen sind durch kostbares Material und erlesene Ausführung gekennzeichnet. Während in der kirchl. B. Miniaturen und Prachteinbände zumeist der Bibel und den liturg. Büchern vorbehalten waren, sind in der Fürstenbibliothek prinzipiell alle Bücher reich ausgestattet. Die fsl. Inventare legen großen Wert auf die genaue Beschreibung des Äußeren der Hss.: Material, Miniaturen, Einband. In der Tat sind die Bücher hier häufig mehr Prunkobjekte als Träger lit. Inhalts. → Bibliophilie.

[5] *Bürgerliche Bibliotheken, Gelehrtenbibliotheken, Ratsbibliotheken:* Die Bedingungen zur Entstehung von Privatbibliotheken sind teilweise dieselben wie für die Fürstenbibliotheken, doch steht bei den Privatbibliotheken das Moment der Prachtentfaltung und Repräsentation viel weniger oder gar nicht im Vordergrund; die Privatbibliothek ist meistens eine Gebrauchsbibliothek. Der Weltklerus und bes. die Domherren sammelten v. a. seit dem 14. Jh. eifrig Bücher, nicht zuletzt auf Gebieten, die mit ihren seelsorgerl. oder sonstigen Berufstätigkeiten zusammenhingen (prakt. Theologie, Homiletik, Moraldisziplin, kanon. und röm. Recht, Medizin usw.). Hunderte von Inventaren (meistens nachgelassener Bücher) sind uns seit dem Anfang des 15. Jh. überliefert. Im letzten Viertel des Jahrhunderts erscheint das gedruckte Buch zahlreich in den jetzt oft recht

imponierenden kirchl. Privatbibliotheken. Die Inventare sind desto bedeutender, da die meisten erwähnten Hss. und Bücher seitdem verschwunden sind. Die gelehrten Bibliotheken der Laien (z. B. Hartmann Schedel, † 1514) unterscheiden sich nicht wesentl. von denen der Kanoniker. Beide zeigen am deutlichsten das persönl. Interesse des Besitzers, z. B. das Vordringen des Humanismus außerhalb Italiens. Das Lob der Bibliophilie wurde im 14. Jh. von Richard de Bury († 1345) in seinem »Philobiblon« gesungen. Neben der gelehrten B. bestehen seit dem 13./14. Jh. kleinere volksprachl. Büchersammlungen in Laienbesitz, sogar bei Leuten bürgerl. Standes. Sie enthalten Andachtsbücher, Ritterromane, populärwissenschaftl. Literatur. Etwas größere Sammlungen finden sich vorerst nur bei Adligen, bald aber eifern die Bürger, bes. im 15. Jh., ihrem Vorbild nach. Städt. Sammlungen sind im SpätMA meist noch wenig bedeutend und umfangreich. Vereinzelt finden sich seit dem 14. Jh. Ratsbüchereien, die vorwiegend aus jurist. Werken bestehen, den städt. Beamten zur Verfügung stehen und sich später (v. a. seit der Reformationszeit) zu öffentl. B.en auswachsen können. Öffentl. B.en entwickeln sich im 15. Jh. nur in Italien: die Markusbibliothek in Florenz (1441), die Marciana in Venedig (1468). Bücherstiftungen dem gemeinen Volk zum Nutzen finden sich aber im 14. und v. a. im 15. Jh. in vielen Ländern Europas.

A. Derolez

Lit.: G. A. E. BOGENG, Die großen Bibliophilen, 1922 – P. KAEGBEIN, Dt. Ratsbüchereien bis zur Reformation, 1950.

II. SPANIEN: [1] *Früh- und HochMA:* Unter den B.en im westgot. Spanien ragt bes. die bfl. B. v. → Toledo hervor, die eine bedeutende Sammlung altchristl. (aber kaum klass. lat.) Lit. besaß. Nach dem Arabereinfall (711) entfalteten sich ab dem 10. Jh. im chr. N-Spanien insbesondere die Klosterbibliotheken (z. B. → S. Millán de la Cogolla, Albelda, → Silos, Oña, Valvanera, Cardeña, Arlanza, → Ripoll und später → Poblet). Zu nennen sind auch die Kathedralbibliotheken (z. B. Toledo, León, Santiago de Compostela, Burgos, Valencia, Barcelona), die später verstärkt hervortreten. P. K. Klein

[2] *Spätmittelalter:* Mit der allmähl. Verlagerung der Ausbildung der Geistlichen auf andere Institutionen und der zurückgehenden Bildung des niederen und selbst von Teilen des höheren Klerus verloren die span. Kathedral- und Klosterbibliotheken seit dem HochMA an Bedeutung. Eine Handbibliothek mit Übersetzungen antiker und arab. Autoren, wie die des Toledaner Kanonikers Gonzalo Palomeque († 1273), muß als Ausnahme gelten. Eine intensivere Pflege der Klosterbibliotheken ist v. a. bei den Zisterziensern (z. B. Kl. Poblet, Santes Creus, Alcobaça) festzustellen, weniger bei den Benediktinern, wenn auch Ripoll, Silos und → Sahagún nach wie vor bemerkenswerte Handschriftenbestände hatten. Die Initiative des Manuskript- und Büchersammelns ging zunehmend auf Privatpersonen über; sie wurde seit der Mitte des 15. Jh. durch humanist. Interessen und den → Buchdruck stark gefördert. Die Ausstattung auch von Universitätsbibliotheken im SpätMA darf dabei nicht überschätzt werden. Die B. der Univ. → Salamanca wurde z. B. erst durch die Schenkungen des Kanonisten → Johannes v. Segovia (1457), des Toledaner Kanonikers Alonso Ortiz (1497/1504) und ihres eigenen *Maestrescuela* Juan Ruiz de Camargo († 1477) zu einer der reichsten in Spanien. Als private Sammler traten zuerst v. a. Kirchenmänner in Erscheinung. Hervorzuheben sind die B.en des → Arnald v. Villanova (ca. 1240–1311), des katal. Theologen Francesc → Eiximenis (ca. 1340–1409), des Historiographen Martin de Alpartils, des Barceloneser Kanonikers, Predigers und Diplomaten Felip de Malla († 1431), der Bf.e Luis de Acuña v. Burgos (1456–95), Juan Arías Dávila v. Segovia (1460–97), des Ebf.s Hernando de → Talavera (1485–1507), des Johannes v. Segovia sowie des Kard. Pedro González de → Mendoza (1428–95), dessen B. in der Sammlung des Rodrigo de Mendoza, des ersten Marqués de → Cenete († 1523), aufging (s. a. → Mendoza, Fam.). Der intensive Kontakt mit der päpstl. Kurie in Avignon und Rom sowie der in Italien aufkeimenden Renaissance, die Ausstrahlung der Generalkonzilien des 15. Jh. sowie die Entfaltung eigenständiger Renaissanceströmungen im span. Raum, die Orientierung des Geisteslebens in Aragón an der Hofhaltung in Neapel bewirkten den Ausbau von Adels- und Fürstenbibliotheken. Berühmte Beispiele sind die B. des Marqués v. → Santillana (Iñigo López de Mendoza, † 1458), der Gf.en v. → Benavente, des Gf.en v. → Haro (Pedro Fernández de Velasco, † 1464), des Pedro Sánchez Munyoz († 1484) und des adligen katal. Dichters Pere de Queralt († 1408). Den Aktivitäten ihres Adels waren schon die aragon. Kg.e vorangegangen. Bereits für Jakob II. sind Bibliotheksbestände nachweisbar, Peter III. sammelte Chroniken und hinterließ seine B. dem Kl. Poblet, Martin I. »el Humano« besaß 300 Mss.; Maria v. Kastilien verfügte über eine B. von 70 Bänden, ihr Gemahl Alfons V. »el Magnánimo« legte den Grundstock für die B. der Kg.e v. → Neapel, der lit. interessierte Condestable → Pedro v. Portugal besaß eine B.; Isabella die Katholische erwies ihr Gespür für die geistigen Strömungen ihrer Zeit auch als Buchsammlerin. Die Verbreitung des gedruckten Buches gegen Ende des 15. Jh. förderte die Entstehung von Bürgerbibliotheken, bei deren Anlage sich bes. Kaufleute, Notare und Rechtsanwälte hervortaten, sowie das Wiederaufleben der Kathedralbibliotheken. Untersuchungen für den katal. Raum haben einen breitgefächerten Lesebetrieb für Barcelona und Valencia nachgewiesen.

L. Vones

Lit.: Eine umfassende Darstellung fehlt. – zu [1]: J. TAILHAN, Appendice sur les bibl. espagnoles du haut MA (CH. CAHIER, Nouveaux mél. d'archéologie, d'hist. et de littérature sur le MA, III, 3, 1877), 214ff. – J. VIVES, San Isidoro nuestro maestro y su bibl., 1956 – M. C. DÍAZ Y DÍAZ, De Isidoro al siglo XI, 1976, 29–35, 109–112 – DERS., Libros y librerías en la Rioja altomedieval, 1979 – zu [2]: DHEE I, 250–267 [Lit.] – A. PAZ Y MELIA, Bibl. fundada por el conde de Haro (Pedro Fernández de Velasco) en 1455, Revista de Archivos, Bibliotecas y Museos, 3ª época, 1, 1897; 4, 1900; 6, 1902; 7, 1902 – J. DE SAN PELAYO, La bibl. del buen conde de Haro, ebd. 8, 1903, 182–193; 9, 1903 124–139 – M. SCHIFF, La Bibl. du marquis de Santillane, 1905 – Inventari dels libres de Dona Maria Reyna Darago et de les Sicilies (1458-1907), 1907 – J. RIUS SERRA, Bibliotecas medievales españolas, Revista eclesiástica 2, 1930, 318–326 – F. J. SÁNCHEZ CANTÓN, La bibl. del marqués de Cenete, iniciada por el Cardenal Mendoza, 1942 – J. GONZÁLEZ GONZÁLEZ, El Maestro Juan de Segovia y su Bibl., 1944 – F. J. SÁNCHEZ CANTÓN, Libros, tapices y cuadros que coleccionó Isabel la Católica, 1950 – F. HUARTE MORTÓN, Las bibliotecas particulares españolas de la Edad Moderna, Revista de Archivos ... 61, 1955, 555–576 – J. N. HILLGARTH, Una bibl. cisterciense medieval: La Real (Mallorca), AST 32, 1959, 89–191 – N. LÓPEZ MARTÍNEZ, La bibl. de D. Luis de Acuña en 1496, Hispania 20, 1960, 81–110 – T. DE MARINIS, La Bibl. napoletana dei Re d'Aragona, 1948 – J. Mª. MADURELL, Boletín de la Real Academia de Buenas Letras de Barcelona 30, 1963-64, 557–562 – J. RIUS SERRA, La llibreria d'un rector de Sovelles (Misc. Mons. J. RIUS SERRA I, 1964), 105–117 – J. MONFRIN, Bibl. de l'Humanisme et Renaissance 29, 1967, 447–484 – F. MARCOS RODRÍGUEZ, Los manuscritos pretridentinos hispanos de ciencias sagradas en la Bibl. Universitaria de Salamanca (Repertório de Hist. de las ciencias eclesiásticas en España 2, 1971), 261–507 – P. BERGER, Mél. de la Casa Velasquez II, 1975, 99–118 – Q. ALDEA, Hernando de Talavera, su testamento y su bibl. (Homenaje a Fray J. Pérez de Urbel I, 1976), 513–574 – F. CANTELAR RODRÍGUEZ, Catálogos de incunables en bibliotecas españolas (Repertório ... 5, 1976), 507–531 – H. NADER, The Mendoza Family in the Span. Renaissance, 1350-1550, 1979.

III. IRLAND: Die frühen ir. B.en hatten offenbar keine Regale, die Bücher hingen in Taschen (oder Säcken) an den Wänden (air. Bezeichnung *tiag* vom lat. theca 'Behälter' über das hiberno-lat. *cetha, scetha*). Vielleicht waren die Farbe oder andere Charakteristika dieser Taschen (von denen einige, aus verziertem Leder gefertigt, sich erhalten haben) eher als die (oft vernachlässigten) Einbände für die »Farb-Bezeichnungen« so vieler air. Codices namengebend (vgl. hierzu die Anekdote in »Félire Oengusso«, 3. Sept.; WHITLEY STOKES, On the Calendar of Oengus, 1880, CXLI–II).

Bekannt ist, daß es bedeutende B.en in → Armagh, → Iona, → Bangor, → Downpatrick, → Monasterboice, → Kildare, → Glendalough, → Clonmacnoise, → Emly und → Lismore gab. Vom 10.Jh. an wurden Bücher, gemeinsam mit anderen wertvollen Gegenständen, häufig in den Rundtürmen der Kl. (→ Kloster, Irland) aufbewahrt. Die Quellen berichten über diese Praktik anläßl. von Turmbränden, die zum Verlust von Büchern führten. Im → »Lebor na hUidre« (ed. R.I.BEST–O.BERGIN, 1929) berichtet der Interpolator H auf S. 94 (= fol. 39a) über zwei berühmte Gelehrte des 11.Jh., welche die B.en von Armagh und Monasterboice zu Rate zogen, und – in Verbindung mit dem ersten – ist vom Verlust des »Libur Budi« (Yellow Book) die Rede, »das im *carcar* (von lat. carcer 'Kerker') in Armagh fehlt«. Das »Chronicon Scottorum« berichtet zu 1018 (= 1020), daß das Scriptorium von Armagh eines von den wenigen Bauten war, das dem großen Brand in diesem Jahr entging. Die »Annals of the Four Masters« erwähnen für 1136 den Tod eines Mannes, der die drei Ämter des *calladóir* (calendarius), *críochaire* (terminarius?) und *leabhar – coimhédaigh* (Bibliothekar) innehatte.

F.J.Byrne

Lit.: DOM L. GOUGAUD OSB, The remains of ancient Irish monastic libraries (Féil-sgríbhinn Eóin Mhic Néill, hg. J.RYAN, 1940), 319–334.

IV. ENGLAND: In England befanden sich die wichtigsten B.en der ags. Zeit in den Kl. von → Jarrow-Wearmouth (dem Kl. → Bedas), → York (wo → Alkuin lehrte), → Glastonbury und → Canterbury (den Zentren der Benediktinerreform des 10.Jh., vgl. → Benediktiner, Abschnitt B. VI), Winchester und Exeter. Bis zum Ende des MA blieb Canterbury wegen seiner zwei großen Benediktinerklöster bedeutend, wie auch → Durham, → St. Albans, → Rochester, → Worcester. Einige der Kathedralen, wie z.B. → London und → Salisbury, hatten wichtige Bibliotheken. Die B. der *colleges* von → Oxford und → Cambridge bildeten sich im 13.–15.Jh. heraus. Leofric, Bf. v. Exeter († 1072), besaß mindestens 66 Hss., die er der Kathedralbibliothek schenkte, und → Thomas Becket, Erzbf. v. Canterbury († 1170), sammelte während seines Exils in Frankreich (1164–70) viele Bücher, aber der erste große Privatsammler war → Richard de Bury, Bf. v. Durham († 1345). Im 15.Jh. waren → Humphrey, Hzg. v. Gloucester († 1447), und John → Tiptoft, Gf. v. Worcester († 1470), begeisterte Förderer des Humanismus. Kg. Eduard IV. († 1483) war der eigtl. Gründer der kgl. B. v. England. Eine »libraria communis« (heute Guildhall Library) war 1423 in London gegr. worden. Alle Kloster- und einige Kathedralbibliotheken wurden während der Aufhebung der Kl. (1536–40) zerstört; im Zuge der Umwälzungen in Kirche und Bildungswesen gingen viele Bücher der colleges verloren.

A. G.Watson

Lit.: J.W. THOMPSON, The Medieval Library [Nachdr. 1957], 102–108, 267–309, 373–413 – J.DURKAN-A.ROSS, Early Scottish Libraries, 1961 – N.R.KER, Medieval Libraries, 1964² – H. GNEUSS, Englands Bibl. im MA und ihr Untergang (Fschr. W. HÜBNER, 1964) – D.KNOWLES, The Monastic Order in England, 1966², 522–527 – R.WEISS, Humanism in England in the 15th Century, 1967³ – N.R.KER, Oxford College Libraries before 1500 (The Univ. in the Late MA, hg. J.IJSEWIJN-J.PAQUET, Mediaevalia Lovaniensia, Ser. I/Stud. VI, 1978).

V. SKANDINAVIEN: Einzelne Bücher oder Hss. sind zusammen mit der vom Christentum vermittelten lat. Schriftkultur um das Jahr 1000 nach Skandinavien gekommen. Die älteste bekannte B. befand sich kurz nach 1100 in der dän. Metropolitanstadt → Lund. Auch die dän. Ebf.e → Absalon (um 1200) und Andreas Sunesen (Andreas filius Sunonis, → Andreas 10.; † 1228) besaßen Privatbibliotheken.

Ein testamentar. Verzeichnis der ältesten Privatbibliothek Schwedens (von 1299) umfaßt etwa 25 Titel. Aus dem Jahre 1340 ist ein Bücherverzeichnis von insgesamt 14 lat., schwed. und dt. Büchern überliefert, die im Besitz des schwed. Kg.s Magnus Eriksson waren. Die ebfl. B. von Uppsala besaß um 1369 eine Sammlung von rund 100 Bänden. In einem Codex der UB Uppsala (C 564) findet sich eine Aufstellung von etwa 40 Bänden mit der Besitzerangabe »hos libros possidet b aquila«, womit aber nicht – wie man früher annahm (STORM, 1880) – Arni Sigurðarson, Bf. v. Bergen († 1318), gemeint sein kann (vgl. S. KARLSSON, Maal og Minne, 1979, 14). Neben lat. Büchern enthielt die B. auch acht Bücher in der Volkssprache (»norrœno bœkr«). Das Verzeichnis ist somit die einzige aus dem MA stammende Liste einer Sammlung von an. Werken. Die größte spätma. B. Skandinaviens befand sich im schwed. Birgittinenkloster → Vadstena (errichtet 1384), von der ca. 550 Bände erhalten sind.

Auf Island dokumentierten vornehml. die Kircheninventare den Bestand der zur jeweiligen Kirche gehörigen Bücher. So soll die Domkirche von Hólar (Nordisland) Ende des 14.Jh. 234 Bücher und Anfang des 16.Jh. 332 Bücher besessen haben. Auch die island. Kl. verfügten über Bibliotheken.

Erst die Universitätsgründungen des ausgehenden MA (Uppsala 1477, Kopenhagen 1479) führten zur Grundlegung eines universitären Bibliothekswesens. – In allen skand. Ländern sind nach der Reformation sehr viele liturg. und andere »katholische« Bücher vernichtet worden. Bei späteren Restaurierungen konnten umfangreiche Fragmente, die zumeist als Einbände gedient hatten, ermittelt werden. Allein im norw. Reichsarchiv befinden sich Fragmente von etwa 1000 lat. und beinahe 200 an. Handschriften.

M.Tveitane

Lit.: KL I, 521–530 – G. STORM, Den bergenske Biskop Arnes Bibl., HTOs 2. R. 2, 1880, 185–192 – E.JØRGENSEN, Studier over de danske middelalderlige Bogsamlinger, HTD 8. R. IV, 1912, 1–67 – O.KOLSRUD, Catalogus librorum Aquilae vel Arnonis episcopi Bergensis (Tvo norrøne latinske kvæde med melodiar, 1913), 58–70 – E. JØRGENSEN, Les bibl. danoises au MA, Nordisk Tidskrift för Bok- och Biblioteksväsen 2, 1915, 332–350 – A.HOLTSMARK, En side av norsk bokhistorie (Studier i norrøn diktning, 1956), 1–14 – T.J.OLESON, Book Collections of Mediaeval Icelandic Churches, Speculum 32, 1957, 502–510 – DERS., Book Collections of Icelandic Churches in the 14th Century, Nordisk Tidskrift för Bok- och Biblioteksväsen 46, 1959, 111–123 – DERS., Book Collections of Icelandic Churches in the Fifteenth Century, ebd. 47, 1960, 90–103 – T.KLEBERG, Medeltida Uppsalabibliotek, 2 Bde, 1968–72 [dt. Zusammenfassung] – DERS., Det nygrundade universitetets bokliga ressurser (I universitetets tjänst, studier rörande Uppsala Universitetsbiblioteks hist., 1977), 1–17 [engl. Zusammenfassung] – S.KARLSSON, Islandsk bogeksport til Norge i middelalderen, Maal og Minne 1979, 1–17.

VI. BÖHMEN: Die Anfänge des ma. mähr.-böhm. Bibliothekswesens sind mit der Christianisierung durch Konstantin (Kyrill) und Method (863) verbunden. In Ermangelung primärer Quellen kann nur aus den dürftigen Überresten altslav. Literaturdenkmäler auf eine erste Blüte geschlossen werden. In Böhmen brachte die Gründung von Benediktinerklöstern (→ Břevnov, → Ostrov; vgl. → Benediktiner, Abschnitt B IX) um die Jahrtausendwende neue Impulse. Im Laufe des 11.Jh. traten neue Stifte und Kapitel, bes. das Prager Domkapitel (→ Prag), hinzu; es setzte eine rege Abschreibetätigkeit ein. Die starke Zunahme geistl. Institutionen im 12.Jh. hatte die Erweiterung der Bücherbestände zur Folge, auch dank lebhafterer Beziehungen mit dem Ausland. Unter →Heinrich Zdik, Bf. v. Olmütz, blühten die Skriptorien und Bibliotheken in → Olmütz und in Strahov auf. Von beiden sind bedeutende Überreste erhalten. Aus dem späten 13.Jh. sind einzelne Bücher, auch schon profane Werke, aus dem Besitz der letzten Přemysliden nachweisbar. Seit dem frühen 14.Jh. spielten neue monast. Gründungen (Zisterzienser in Zbraslav/→ Königsaal, Augustinereremiten, Kartäuser, später auch Augustinerchorherren) und die großen B.en der Kapitel von Prag und Olmütz eine wichtige Rolle. So übte von 1348 an die Univ. → Prag den größten Einfluß aus, der sich weit über die Landesgrenzen hinaus erstreckte. An der Univ. findet man – neben anderen Kollegienbibliotheken – v.a. die B. des Karlskollegs. Bedeutende Privatbibliotheken, z.T. schon unter frühhumanist. Einfluß, entstanden (→Johann v. Neumarkt, →Wilhelm v. Lestkov); alle überragte die Sammlung Kg. Wenzels IV. Die Anzahl der in Böhmen zu dieser Zeit vorhandenen Bücher kann auf mehrere Zehntausende geschätzt werden. Die Hussitenbewegung (→Hussiten) unterbrach einerseits die Entfaltung kirchl. B.en, hatte aber andererseits auch neue Gründungen, bes. im städt. Bereich, zur Folge. Seit den Jahren um 1420 entfaltete sich das böhm. Bibliothekswesen in zwei getrennten Entwicklungssträngen: dem katholischen und dem utraquistischen. Humanist. Bildungsgut drang zuerst in die Privatbibliotheken ein (Johann v. Rabstein). Einheim. Inkunabeln treten seit ca. 1470 auf. I. Hlaváček

Lit.: I. HLAVÁČEK, Středověké soupisy knih a knihoven v českých zemích, 1966 – DERS., Kirchen, Kl. und B.en bis zum 17.Jh. (Bohemia sacra, 1974), 396-403 – DERS., Úvod do latinské kodikologie, 1978, 42-50 – DERS., Z knižní kultury doby Karka IV. a Václava IV. v českých zemích, Hist. Univ. Carol. Prag. 18, 1, 1978, 7-60.

VII. POLEN: Nach der Christianisierung des Landes (968 Gnesen Missionsbm., 1000 Ebm.) war die entstehende poln. Schriftkultur zunächst von süd- und westeurop., bes. dt., Zentren abhängig. Im 12.-13.Jh. kamen Hss. frz. und it. Provenienz nach Polen; doch konnte der wachsende Bedarf an Büchern zunehmend mit heim. Kanzleien und Skriptorien bestritten werden, so daß nur noch Prunkhandschriften importiert wurden. Im 14.-15.Jh. wurde die poln. Abschreibetätigkeit auf allen Gebieten des geistigen Lebens vorherrschend; sie bereitete dem Buchdruck in Polen den Weg.

Die ersten B.en entstanden an den Bischofssitzen und größeren Kollegiatstiften; sie umfaßten liturg. Hss. (Evangeliare, Missalien, Psalter usw.) sowie Codices für den Schulgebrauch (Bibel, Dekretalen, Kalendarien, Ostertafeln usw.). Die ältesten B.en in → Gnesen und → Posen wurden 1039 durch die Böhmen nach Prag verbracht; in der Folgezeit traten neue Bestände an ihre Stelle. Gnesen verfügt noch heute über eine vergleichsweise große Handschriftensammlung (ältester Codex eine Bibelhs. aus dem 8.Jh.). Bes. reich sind die Bestände im Dom zu → Krakau; ein erster Katalog entstand hier um 1100, ein zweiter um 1300. Beachtenswerte Sammlungen befinden sich auch in → Posen, → Breslau und → Płock. Durch die Ausdehnung Polens nach Osten (1340, 1386) kam das Land mit dem orthodoxen Kulturbereich in Berührung; es entstanden im O mehrere kath. Bm.er (1375 Ebm. Halyč, 1414 nach Lemberg verlegt; 1388 Bm. Wilna) mit entsprechenden Bibliotheken.

Nach den ersten bfl. B.en führte das Auftreten des Mönchtums seit dem 12.-13.Jh. zur Entstehung neuer B.en und Schreibschulen. Den → Benediktinern sind einige B.en mit hervorragenden Handschriftenschätzen zu verdanken (→ Tyniec, → Łysa Góra, Hl. Kreuz, → Lubiń u.a.), deren Bestände nach der Auflösung der Kl. im 19.Jh. jedoch z.T. zerstreut oder vernichtet wurden. Die → Zisterzienser aus dem Kölner Bereich schufen die B.en von Łekno, Lad, Paradies, dann die von Jedrzejów, Sulejów, Oliva, Pelplin u.a. Im 13.Jh. kamen die → Dominikaner nach Polen, auf die theol. Fachbibliotheken mit theol.-philos. Werken, Legenden, Homiliensammlungen, Streitschriften usw. zurückgehen (Breslau, Krakau, Kalisz, Posen, Thorn u.a.).

Schließlich entfaltete sich durch die Domschulen (13.Jh.) und die höhere Lehrtätigkeit in den Kl. (studium generale), bes. bei den Dominikanern, eine neue Form des Bibliothekswesens. Den Höhepunkt bildete die Univ. → Krakau (1364, 1400) mit ihrer libraria studii generalis; neben den traditionellen Handbüchern förderte sie die Verbreitung jurist., med., math., astron. Werke und theol. Streitschriften.

Neben den kirchl. B.en mehrten sich auch die hzgl. und kgl. Sammlungen (11.-14.Jh.) und die B.en geistl. Würdenträger (14.-15.Jh.). Über private B.en verfügten u.a. Hzg. Przemysł v. Posen (13.Jh.), Kg. Kasimir d. Gr., Hzg. Ludwig v. Brieg (Schlesien), Jarosław Skotnicki, Ebf. v. Gnesen (14.Jh.), Kard. Zbigniew Oleśnicki, Bf. v. Krakau und der große poln. Chronist und Krakauer Kanoniker Jan → Długosz (15.Jh.) sowie Nikolaus → Kopernikus, der seine Privatbibliothek der Stiftskirche in Frauenburg schenkte; doch wurde die B. 1626 größtenteils nach Uppsala verbracht. – Neben den im Ausland entstandenen Texten sind auch in Polen verfaßte Werke, bes. aus dem 14.-15.Jh., reich in den oben gen. B.en vertreten.

G. Labuda

Lit.: M. HORNOWSKA-H. ZDZITOWIECKA-JASIENSKA, Zbiory rekopiśmienne w Polsce średniowiecznej, 1947 – W. SEMKOWICZ, Paleografia łacińska (w Polsce), 1951 – Sztuka polska przedromańska i romańska do schyłku XIII w., 1971 – Encyclopedia wiedzy o ksiazce, 1971 – B. BOLZ, Najdawniejszy kalendarz gnieźnieński MS 1 z roku około 800, 1971.

VIII. UNGARN: In Ungarn entstanden B.en seit der Christianisierung des Landes (um 1000). Der erste bekannte Katalog stammt aus dem Benediktinerkl. → Martinsberg (Pannonhalma; um 1090). Der Mongoleneinfall (1241/42) unterbrach diese Entwicklung; mehrere Kathedralen und ein großer Teil der bestehenden etwa 150 Kl. mit ihren B.en wurden damals vernichtet. In der 2. Hälfte des 13.Jh. erfolgte ein schneller Wiederaufbau. Die größte B. dieser Zeit war die der Schule v. → Veszprém. Die ungar. Buchmalerei erlebte um die Mitte des 14.Jh. am Hof der Anjou einen ersten Höhepunkt. Eigtl. Blütezeit der ung. Bibliotheksgeschichte war aber das 15.Jh. Seit der Mitte dieses Jahrhunderts war Ungarn ein bedeutendes Zentrum der Renaissance; hier entstanden außerhalb Italiens die ersten großen Humanistenbibliotheken. Der Reichtum der B. des Ebf.s v. Gran (Esztergom), Johann → Vitéz († 1472), wurde von den Zeitgenossen bewundert. Der Dichter →Janus Pannonius, Bf. v. Fünfkirchen (Pécs; † 1472), besaß eine wertvolle B. mit vielen antiken griech. Autoren. Den Höhepunkt bildete aber die B. des Kg.s → Matthias Corvinus (1458-90), die Bibliotheca Corviniana. Zeitgenöss. Quellen preisen nicht nur die Schönheit, sondern v.a. den inhaltl. Reichtum der Corviniana. Mit ca. 2000 Bänden war sie nach der Vaticana die zweitgrößte B. ihrer Zeit; bes. Bedeutung kam der Corviniana durch ihre Fülle an klass. griech. Werken zu. Leider wurden der größte Teil des Bestandes der Corviniana und Hunderte von anderen geistl. und weltl., ebenso auch privaten B.en in Ungarn während der Türkenkriege vernichtet. Daher verfügen wir heute nur über einen Bruchteil des reichen Handschriftenbesitzes des ma. Ungarn.   Cs. Csapodi

Lit.: Cs. CSAPODI, Gesch. der ung. B.en, Biblos 1970, 21–30 – DERS., The Corvinian Library. Hist. and Stack, 1974 – Cs. CSAPODI-K. CSAPODI-GÁRDONYI, Bibliotheca Corviniana, 1978.

B. Byzantinisches Reich, Altrußland, Südosteuropa

I. Byzantinisches Reich – II. Altrußland – III. Südosteuropa.

I. BYZANTINISCHES REICH: [1] *Kaiserliche Bibliothek*: Die ksl. B. wurde 356 von Constantius gegründet, angeschlossen war ein →Scriptorium, in dem die Werke klass. Autoren von Papyrusrollen auf Pergamentcodices umgeschrieben wurden; aufbewahrt wurden die Hss. im armarium. Dieser B. stiftete Julian 362 die Hss. der B. des Georgios v. Kappadokien und errichtete eine öffentl. B. in der στοά βασιλέως. Durch ein Edikt des Valens wurde 372 die Anzahl der antiquarii mit sieben (vier für Griechisch, drei für Latein) festgelegt. 475 vernichtete ein Brand zahlreiche Hss. in der δημοσία βιβλιοθήκη. Die Zerstörung der B. unter Leon III. (726) gilt heute als Übertreibung der Chroniken. Photios versteckte eine Fälschung in der βιβλιοθήκη τοῦ παλατίου; Konstantin VII. Porphyrogennetos (913–957) richtete im Triklinios des Kamilas einen Raum für die B. ein und zählte die Hss. auf, die der Ks. auf einen Feldzug mitnehmen sollte. Ein ksl. Scriptorium ist durch Hss. mit den Werken Konstantin VII. nachzuweisen. Michael VIII. (1261–82) richtete eine B. im Blachernenpalast ein, 1276 finden wir die Bezeichnung βασιλικὴ βιβλιοθήκη ('kaiserl. Bibliothek').

[2] *Patriarchatsbibliotheken*: a) *Konstantinopel*: Untergebracht war die Patriarchatsbibliothek seit dem 7. Jh. im Thomaites; trotz Verlusten durch Brände (791, 1203) ist die Existenz der Patriarchatsbibliothek bis zum 15. Jh. gesichert: Konzilsakten erwähnen Hss. dieser B., in der die Werke orth. und häret. Autoren getrennt aufbewahrt wurden. Verantwortl. für die B., die vom →Archiv nicht zu trennen ist, ist der →Chartophylax; nur im 8. Jh. ist die Bezeichnung Bibliophylax belegt. Nach 1261 diente wahrscheinl. die B. der Hagia Sophia als Patriarchatsbibliothek.

b) *Alexandria, Antiochia, Jerusalem*: Die B.en dieser Patriarchate sind durch Schriften zum Nestorianismus (Antiocheia) sowie durch Konzilsakten (Alexandria, Antiochia, Jerusalem) belegt; die B. von Alexandria erlitt 391 und 619 Verluste; ob sie von den Arabern 642 verbrannt wurde, ist umstritten.

[3] *Klosterbibliotheken*: Hinweise auf die Bestände der Klosterbibliotheken finden wir in →Inventaren und →Typika. Den Schwerpunkt dieser B.en bilden theol. Schriften und die Bibel. Auch Besitzvermerke wie der des Prodromu-Petra-Kl. in Konstantinopel erlauben die Rekonstruktion der Klosterbibliotheken. In Verbindung mit der B. ist manchmal ein Scriptorium nachzuweisen. Verantwortl. für die B.en sind der Bibliophylax, der Skeuophylax oder der Ekklesiarches.

[4] *Privatbibliotheken*: Zur Rekonstruktion der Privatbibliotheken dienen Besitzvermerke, Subskriptionen der Hss. und Erwähnungen in lit. Quellen. Die B. des →Arethas etwa enthielt klassische Autoren und theol. Schriften.   E. Gamillscheg

Lit.: RByzK I, 612ff. [K. WESSEL] – O. VOLK, Die byz. Klosterbibl. von Konstantinopel, Thessalonike und Kleinasien [Diss. München 1954] – N. ELEOPULOS, Ἡ βιβλιοθήκη καὶ τὸ βιβλιογραφικὸν ἐργαστήριον τῆς μονῆς τῶν Στουδίου, 1967 – N. G. WILSON, The Libraries of the Byzantine World. Greek, Roman Byz. Stud. 8, 1967, 53 ff. – E. KAKULIDE, Ἡ βιβλιοθήκη τῆς μονῆς Προδρόμου-Πέτρας στὴν Κωνσταντινούπολη, Hellenika 21, 1968, 3 ff. – K. A. MANAPHES, Αἱ ἐν Κωνσταντινουπόλει βιβλιοθῆκαι αὐτοκρατορικαὶ καὶ πατριαρχική..., 1972 – C. WENDEL, Kleine Schr. zum antiken Buch- und Bibliothekswesen, 1974 – Byzantine Books and Bookmen, A Dumbarton Oaks Colloquium, 1975 – G. WEISS, Die jurist. Bibl. des Michael Psellos, JÖB 26, 1977, 79ff.

II. ALTRUSSLAND: Im von Byzanz christianisierten slav. Bereich wurde die Kluft zw. Kirchen- und Schriftsprache einerseits und den Volkssprachen andererseits vermieden. Buch, Buchverehrung und Büchersammeln erhalten daher früh einen größeren Radius als in W-Europa. Systemat. Übersetzen und Kopieren begleitete die Mission; eine Sakristeibibliothek erforderte acht bis zehn Codices. Die Sophienkathedrale v. →Kiev erhielt bei ihrer Einweihung eine B. Das Kiever Höhlenkloster (→Kiev) hatte eine B., in der auch eine Sammlung griech. Bücher vorhanden war. Hier sind auch Privatbibliotheken von Mönchen für das 13. Jh. belegt. Die B. der Sophienkathedrale in →Novgorod wurde im 11. Jh. begründet; sie ist die einzige große russ. B., welche nicht dem Mongolensturm zum Opfer gefallen ist. Krieg und Stadtbrände haben immer wieder altruss. B.en zerstört. Als die Tataren 1382 Moskau einäscherten, wird die Vernichtung von mit Büchern angefüllten Kirchen bes. erwähnt. Erst seit dem 15. Jh. können sich in Kl., Bischofs- und Herrscherhöfen kontinuierl. wachsende B.en entwickeln. Aus dem Jahre 1142 ist ein Inventar der russ. Bücher des Athosklosters Xylurgu überliefert, das 28 liturg. Codices umfaßt. – Daß Fs.en eigene B.en hatten, zeigen zwei erhaltene Lektürebände, der eine für den Gfs.en Svjatoslav Jaroslavič († 1076), der andere »aus den vielen Büchern« desselben Herrschers zusammengestellt.   F. Kämpfer

Lit.: V. E. VASIL'ČENKO, Očerk istorii bibliotečnogo dela v Rossii XI–XVIII vv, 1948 – N. N. ROZOV, Kniga drevnej Rusi XI–XIV vv, 1977 – B. V. SAPUNOV, Kniga v Rossii v XI–XII vv, 1978.

III. SÜDOSTEUROPA: Das kath. Südosteuropa folgt in der Geschichte seiner B. der Entwicklung im westl. Europa (vgl. Abschnitt A). Zunächst sind es Benediktiner-, dann Franziskanerklöster, in denen B.en entstehen. Der kroat. Ban Stjepan übergab 1043 dem Kl. des hl. Chrysogon in Zadar (Zara) 17 liturg. Bücher; ähnliche, wenn auch meist kleinere Schenkungen sind belegt. Die Kathedralbibliothek v. Zagreb (Agram) wurde seit 1394 durch Inventare erfaßt, sie enthielt um 1430 ca. 230 Codices. Von Nicolaus de Archiluppis, dem aus Kotor stammenden Kanzler (seit 1422) des serb. Despoten Stefan, wird berichtet, er habe eine B. mit zahlreichen lat. Werken besessen. Humanist. Gelehrtenbibliotheken sind seit dem 15. Jh. auch in Dubrovnik (Ragusa) belegt.

Im byz.-orth. Teil SO-Europas galt Bücherliebe als Herrschertugend. Der bulg. Zar →Symeon († 927) wurde rühmend als »neuer Ptolemaios im Büchersammeln« bezeichnet. Auch Zar →Ivan Alexander († 1371) verfügte über eine B. mit Prachtbänden; erhalten sind ein Evangeliar und eine Übersetzung der Manasseschronik. Der serb. Kg. Vladislav († nach 1264) deponierte in Dubrovnik u. a. eine Privatbibliothek von 30 Bänden. Mit der Zerstörung der Höfe und Adelssitze durch die Osmanen sind in SO-Europa die profanen B.en untergegangen. Die größten Klosterbibliotheken sammelten sich auf dem Athos an (Chilandar, Zografu), aber auch in den Kl. der Balkanländer (Rila, Bačkovo, Peć, Dečani u. a.). Als Aufbewahrungsort für die B. wird häufig ein Wehrturm (*pirg*) gen., dort entstanden auch die meisten Abschriften.   F. Kämpfer

Lit.: S. STANOJEVIĆ, Knjige i drugo u starim srpskim zapisima, 1906 – M. KAŠANIN, Srpska književnost u srednjem veku, 1975.

C. Judentum

Auf Grund der wirtschaftl. und sozialen Situation sowie der Verfolgungen der Juden war das MA für die Bildung jüd. B.en nicht bes. günstig. Dennoch kannte das ma. Judentum (vornehmlich) Privat-, Gemeinde- und Schulbibliotheken. Sie waren jedoch nicht so groß an Zahl und alle Wissensgebiete umfassend wie im islam. Bereich, was aus den wenigen erhaltenen Buchlisten hervorgeht. Der geringen Zahl und der spärl. Ausstattung der B.en standen der Lesehunger und die jüd. Überzeugung gegenüber, daß der Besitz von Büchern verdienstvoll ist. Die Ausleihe von Büchern an bedürftige Studenten wurde zur moral. Pflicht. Daher gaben Förderer jüd. Studien – wie Samuel ibn Nagrela – bedürftigen Studenten kostenlos Bücher oder erlaubten – wie Juda ibn Tibbon, dessen »Bibliotheksordnung« erhalten ist – die Benutzung ihrer großen Privatbibliotheken ausschließl. unter der Bedingung, die Bücher zurückzuerhalten. Die Bedeutung der Ausleihe erhellt – neben Tibbons Testament – ein span. Urteil aus dem 14. Jh., das die Überschreitung der »Leihfrist« pro Buch und Tag bestraft. Wenngleich die ma. jüd. B.en zahlenmäßig klein waren, so haben einige von ihnen ihre Kontinuität bis in die Gegenwart gewahrt – z.B. die jüd. Schulbibliothek von Rom, Ferrara, Pisa und der sephard. Gemeinde zu Amsterdam. R.P.Schmitz

Lit.: EJud (engl.) IV, 973–976; XI, 190–196 – S. Assaf, Ancient Book Lists [hebr.], QS 18, 1941/42, 272–281 – Baron VII, 135–140.

D. Islamische Welt

Die ma. islamische Welt war eine Buchkultur par excellence. Das Bibliothekswesen (arab. Bezeichnung *maktaba*, pers. *kitābkhāne*), das den Bibliothekar, Kopisten und Buchbinder sowie Akzession, Katalog in Heftform und Ausleihe kannte, war bis in entlegene Dörfer verbreitet. B.en waren als Stiftungen Moscheen, mit eigenem Etat Lehranstalten und Akademien angeschlossen und systemat. nach Wissensgebieten in bes. Räumen oder Gebäuden mit Lesesälen und Arbeitsnischen aufgestellt (Bücherschränke, Regale). Auch Kanzleien hoher Zivil- und Militärbeamter, Krankenhäuser und Konvente verfügten über reiche B.en und Archive. Kalifen und Fs.en besaßen oft Riesenbibliotheken (in Córdoba im 10. Jh. über 400000 Bände). Gelehrte, aber auch Emire und Kaufleute, waren als Bibliophile und Autographenjäger bekannt. Buchhändler haben ihre Bestände in Form von Literaturübersichten mit Autorenbiographien und Schriftenverzeichnissen systemat. beschrieben; auch Bücherlisten privater B.en, die wie die öffentl. von jedermann kostenlos benutzt werden konnten, sind erhalten. Besitzervermerke, ex libris und Stempel geben vielfältige Aufschlüsse. Wenngleich keine der frühen großen B.en erhalten geblieben ist, so gehen selbst noch die Reste der aus vormongol. Zeit stammenden Handschriften in die Tausende. R. Sellheim

Lit.: EI¹ I, s.v. Kitābkhāna – LexArab, 253 – K. Holter, Der Islam (HBW III), 188–242 – Y. Eche, Les bibl. arabes publiques et semipubliques en Mésopotamie, en Syrie et en Égypte au MA, 1967 – I.E. Ghanem, Zur Bibliotheksgesch. von Damaskus 549–922/1154–1516, 1969.

Bicchieri, Guala, * um die Mitte des 12. Jh. aus einer Familie von cives, die mit der Kirche von Vercelli verbunden war, † 30. Mai 1227 in Rom, ⌐ S. Andrea in Vercelli. Am 5. Dez. 1187 trat er in die Kanonie S. Eusebio ein, zw. 1187 und 1193 besuchte er das Studium generale von Bologna. 1205 wurde B. zum Kardinaldiakon mit dem Titulus S. Maria in Portico erhoben, später zum Kardinalpresbyter von SS. Silvestro e Martino ai Monti. Innozenz III. beauftragte ihn mit einer Legation in der Toskana. Zw. 1208 und 1209 war er päpstl. Legat in Frankreich am Hofe Philipp II. August. Er nahm an der Eröffnung des IV. Laterankonzils teil und reiste im gleichen Jahr als Legat nach England. Während der Reise nahm er in Frankreich an der Versammlung von Melun teil. Nach dem Tod von Johann Ohneland war er Mitglied des Regentschaftsrates und betrieb die Krönung des erst neunjährigen Heinrichs III. Er bemühte sich auch, den rebell. Adel mit dem Kg. auszusöhnen. B. nahm an der Schlacht von Lincoln und an den Friedensverhandlungen zw. Ludwig VIII. und Heinrich III. teil, die in den Vertrag von Lambeth mündeten. Heinrich III. schenkte ihm die Einkünfte der Kirche von Chesterton zugunsten des Regularkanonikerstifts S. Andrea in Vercelli, das er gegründet und den Kanonikern von St-Victor in Paris übergeben hatte. 1225 war er als päpstl. Legat bei Friedrich II. in San Germano, 1227 nahm er an der Wahl Gregors IX. teil. Er starb im gleichen Jahr. C.D. Fonseca

Lit.: DBI X, 313–324 – (G.A. Frova), Gualae Bicherii Presbyteri Cardinalis S. Martini in Montibus Visa et Gesta collecta a Philadelpho Libico, Mediolani 1767 [Nachdr., ed. C.D. Fonseca, 1965] – C.D. Fonseca, A proposito della »Constitutio Gale« del 1208, Studia Gratiana XII, 1967, 46–56 – Ders., Ricerche sulla famiglia Bicchieri e la società vercellese dei s. XII–XIII (Contributi dell'Istituto di Storia med., 1968).

Biche → Mouche und Biche

Bicknor, Alexander de, Ebf. v. Dublin 1317–49, † 1349; in Oxford graduiert; Kanoniker von St. Patrick's; am 22. Juli 1317 in Avignon geweiht. Eduard II., Kg. v. England, hatte B.s Erhebung zum Ebf. bei Papst Johannes XXII. durchgesetzt. Sept. 1317–Aug. 1318 war B. ein bedeutender Vertreter der sog. »Mittelpartei« zw. Thomas v. Lancaster und Eduard II. Seit Okt. 1318 residierte er in Dublin. Ca. 1320 hielt er eine Provinzialsynode ab. 1320 unternahm er Anstrengungen zur Gründung einer Universität für St. Patrick's (schon 1310 Billigung der Gründung durch Clemens V.). 1324 führte er mit dem Earl of Kent Verhandlungen in Frankreich. Am 28. Mai 1325 beklagte sich → Eduard II. beim Papst über B., den er für das Scheitern der Verhandlungen in Frankreich verantwortl. machte sowie der feindl. Umtriebe gegen den jüngeren → Despenser und der Unterschlagung in Irland bezichtigte. 1326 unterstützte B. Kgn. Isabella gegen Eduard II. (Versammlung v. Bristol, 26. Okt. 1326; Guildhall, 13. Jan. 1327). Spätestens im Okt. 1325 beschlagnahmte der Kg. den Temporalbesitz der Kirche v. Dublin. 1326 erfolgte der Exchequer-Skandal. 1330 war B. päpstl. Kollektor. Etwa zu diesem Zeitpunkt schützte er einige Ketzer, die von Richard, Bf. v. Ossory, verfolgt wurden. Im Juli 1337 wurde er nach England als Ratgeber für Irland berufen. Er trug einen Konflikt mit → Richard Fitz Ralph, Ebf. v. Armagh (1346–1360), um den ir. Primat aus. – Als Kanoniker und Ebf. bekleidete B. folgende hohe Ämter in Irland: Reiserichter mit Unterbrechungen von Michaelis 1305 bis Ostern 1307 in Cashel und 24. März–18. Nov. 1322 in Meath; Schatzmeister 24. Jan. 1308–15. April 1314; am 3. März 1309 als stellvertretender Kanzler bezeugt; Justitiar 23. Sept. 1318 bis 23. Juni 1319; er urkundete als Justitiar 22. Febr.–16. Mai 1341. Die Einsetzung zum → Escheator am 4. Juni 1307 blieb unwirksam. D. Durkin

Lit.: H.G. Richardson, The Administration of Ireland, 1172–1377, 1963 – J.R. Maddicott, Thomas of Lancaster, 1307–1322, 1970 – J. Watt, The Church and the Two Nations in Medieval Ireland, 1970.

Bicocca, Schlacht v. Im Frühling 1522 wollte Frankreich das kurz zuvor an die vom Ks. unterstützten → Sforza abgetretene Hzm. → Mailand zurückerobern. Den Kern des frz. Heeres bildeten 16000 Schweizer Söldner, die am 27. April 1522 nö. von Mailand bei Bicocca auf das ksl. Heer unter → Frundsberg stießen. Die Eidgenossen erlitten gegen die → Landsknechte, ihre Rivalen, eine furchtbare Niederlage. Unter den 3000 Toten lagen auch ihre Anführer. Ursache der Katastrophe war die ganz auf den Nahkampf mit Langspießen und Halbarten ausgerichtete

Kampfweise der Schweizer, deren stürmische Angriffe auf die Feldbefestigungen der → Landsknechte im Geschützfeuer zusammenbrachen. Die Niederlage von Bicocca bildete eine Wiederholung von → Marignano und bedeutete das Ende der schweizer. Vormachtstellung auf den Schlachtfeldern Italiens. Vgl. das Lied des Berners Niklaus Manuel. Frankreich hatte mit dieser Schlacht Mailand endgültig verloren. W. Meyer

Lit.: W. SCHAUFELBERGER, Morgarten und Marignano, Allgem. Schweiz. Militärzs. 131, 1965, 667–688.

Biel, Gabriel, Fraterherr, führender Lehrer der via moderna, * erstes Viertel 15. Jh., † 7. Dez. 1495 als Propst des Brüderhauses St. Peter im Einsiedel (bei Tübingen). Bereits Priester an der Kapelle der Zehntausend Märtyrer (Peterskirche Speyer), immatrikulierte sich G. B. am 13. Juli 1432 an der nominalist. orientierten Univ. Heidelberg und wurde am 21. März 1438 Magister artium. 1451 Studium der Theologie in Erfurt, ab 1453 an der thomist. geprägten Univ. Köln. G. B. ist somit ausgebildet in den beiden 'Wegen' der scholast. Wissenschaft, in der via antiqua und via moderna. In den 50er Jahren wirkte er als Domprediger in Mainz; dieser Zeit entspringt ein Teil seines umfangreichen Predigtwerkes. Durch die → Mainzer Stiftsfehde zur Flucht gezwungen, propagierte er gegen Diether v. Isenburg, vom Domkapitel gewählter Ebf., auf seiten des päpstl. ernannten Ebf.s Adolf v. Nassau Gehorsam gegenüber dem röm. Stuhl (1462). Im Fraterhaus zu Marienthal (Rheingau) fand G. B. Anschluß an die → Brüder vom Gemeinsamen Leben und wurde 1468 der erste Propst des Konventes St. Markus zu Butzbach. Seit 1477 beteiligte er sich an der Gründung des Fraterhauses zu Urach, seit 1479 war er dessen zweiter Propst. Nicht wie die Mönche unter dem Zwang des Gelübdes, sondern in der Freiheit des Gesetzes zu leben unter dem einen Abt Jesus Christus, ist das von G. B. beschriebene Brüderideal in der Tradition der → Devotio moderna. Am 22. Nov. 1484 wurde der Propst von Urach zugleich auf den Lehrstuhl der via moderna an der Tübinger theol. Fakultät berufen und zweimal (1485/1489) zum Rektor der Univ. gewählt. Die Auslegung des Meßkanons, eine verkürzte und vereinfachte Fassung dieser Auslegung zum Gebrauch durch die einfachen Priester sowie der umfangreiche Sentenzenkommentar sind die Frucht der Tübinger Jahre. G. B. hat vom Fundament → Wilhelms v. Ockham aus die via moderna zu ihrer letzten, aber zugleich höchsten Blüte geführt. Er verbindet strikt erfahrungsorientierte, antispekulativ gerichtete Wissenschaft mit dem seelsorgerl. Appell an die moral. Verantwortlichkeit des Menschen, nach besten Kräften zur Erfüllung des Gesetzes Christi beizutragen. Im Jahre 1517 stellt Luther diese moral. Erfahrungstheologie ins Zentrum seines Kampfes gegen die scholastische Tradition. Allen Angriffen aus dem reformator., später auch aus dem reformkathol. Lager zum Trotz, konnte sich die Bielschule in Tübingen ungebrochen behaupten. Erst das Jahr 1534 setzte ihrer Wirkkraft einen tiefen Einschnitt, als Hzg. Ulrich v. Württemberg die Landesuniversität zu reformieren befahl. M. Schulze

Ed.: Defensorium obedientiae apostolicae, hg. H. A. OBERMAN u. a., 1968 – Canonis misse expositio, hg. H. A. OBERMAN, Courtenay, 1963 ff. – Collectorium circa quattuor libros Sententiarum, hg. W. WERBECK-U. HOFMANN, 1973 ff. – De communi vita clericorum, hg. W. M. LANDEEN, Research Stud. of Washington State Univ. 28, 1960, 79–95 – Lit.: L. GRANE, Contra Gabrielem, 1962 – H. A. OBERMAN, The Harvest of Medieval Theology, 1967² – R. R. POST, The Modern Devotion, 1968 – W. ERNST, Gott und Mensch am Vorabend der Reformation, 1972 – H. A. OBERMAN, Werden und Wertung der Reformation, 1979².

Bien public → Ligue du Bien public

Bienen
I. Bienenjagd, -haltung, -recht – II. Naturkunde – III. Liturgie, Ikonographie, Legende, Volksglaube.

I. BIENENJAGD, -HALTUNG, -RECHT: Der Name der Biene (gr. μέλισσα, lat. apis, russ. pčela, litauisch bite) ist den idg. Sprachen urverwandt. Neben ihm begegnen bei einigen Völkern auch andere Bezeichnungen des Insekts, z. B. in Frankreich (neben abeille) mouche à mielle. Im dt. Sprachraum erfuhr das Wort Imme, das ursprgl. allgemein für Schwarm galt, einen einengenden Bedeutungswandel und kennzeichnete seit dem hohen MA neben Biene, teilweise auch ausschließl., das einzelne Insekt, ausgenommen in Mittel- und Ostdeutschland.

Die älteste Form der Aneignung der Produkte der Biene, → Honig und → Wachs, war die *Bienenjagd* (seit ca. 10000 v. Chr., durch Felsbilder belegt). Sie blieb bis in die frühe NZ lebendig, verlor jedoch an Bedeutung gegenüber der mit bestimmter kultureller Entwicklung einsetzenden Bienenhaltung. Diese wurde wie in der Antike, so auch im MA im großen Umfang als Zweig der Landwirtschaft betrieben. Wesentl. Bedürfnisse menschl. Ernährung gaben den Anstoß; hinzu kamen außerordentl. wirtschaftl. Anreize, denn Honig und Wachs waren gefragte Handelsgüter von hohem Wert. Eine Zähmung der B. gelang nicht, auch wurden sie bis zum Beginn des 19. Jh. nicht gezüchtet, sondern ledigl. gehalten. Im MA und der frühen NZ gab es zwei regional scharf getrennte originäre Haltungsarten, die nicht als aufeinanderfolgende Entwicklungsstufen der »Bienenzucht« angesehen werden dürfen: 1. die *Haus- und Gartenbienenhaltung,* die im gesamten Mittelmeergebiet sowie in West- und Nordeuropa gepflegt wurde; und 2. die *Waldbienenhaltung,* die für Europa östl. der Elbe und Saale bis zum Ural und für Nordwestsibirien typ. war.

[1] *Haus- und Gartenbienenhaltung (Imkerei):* a) Ihre Basis bildete im allgemeinen die sich unmittelbar an die Wohnkomplexe anschließende und vom Menschen umgestaltete Kulturlandschaft. Die B. wurden in Gefäßen, *Bienenstöcken,* gehalten. Im Vorderen Orient, Ägypten und N-Afrika, ferner in bestimmten Gebieten des Byz. Reiches und Italiens sowie im südl. Spanien waren es sehr häufig Tonröhren (wie schon von der hochentwickelten röm. Bienenhaltung bevorzugt). Daneben wurden Bienenstöcke, wie in den nördl. Zonen des Mittelmeerraumes und in W-Europa, teils aus Rinde (oft Bast) oder Zweigen (meist Weiden) zu »Körben« geflochten und mit Lehm oder Kuhmist abgedeckt (sog. *Rutenstülper*), teils aus geteilten durchbohrten Baumstämmen zu Röhren gefertigt (sog. *Klotzstülper*, gelegentl. mit Brettern nachgebildet, in Skandinavien alleiniger Typus). Mit zunehmendem Getreideanbau kam seit der Karolingerzeit in Mittel- und W-Deutschland, O- und N-Frankreich sowie England das Stroh als Material hinzu (sog. *Strohstülper*). Im Laufe des MA entwickelten sich vielfältige landschaftl. Sonderformen mit lokalen Bezeichnungen, doch ohne prinzipielle Unterschiede. Bei größerer Anzahl sind die Bienenstöcke zu Bienenständen vereinigt, überdacht und oftmals mit einem Zaun versehen worden (*Bienengärten*).

b) Das *Beernten der Bienenvölker* erfolgte entweder durch Entnahme, das *Brechen,* einer bestimmten Menge mit der Wandung fest verbundener Waben oder durch das Abtöten der »reifen Völker«, das *Abschwefeln,* das sich jedoch auf den Geschmack des Honigs auswirkte. Im Mittelmeerraum konnte dank der trachtreichen Vegetation in der Regel zwei- bis dreimal im Jahr geerntet werden, nördl. der Alpen einmal. Hier führte der zunehmende Anbau der nicht honigenden Getreidearten vielerorts dazu, daß zahlreicher gehaltene Bienenvölker keine ausreichende Nahrung fanden. In N-Portugal und -spanien sowie in mehreren Gegenden Frankreichs, seltener in W-Deutschland, wurden die Bienen daher in ihren Stöcken in den Wald »auf die Weide« gebracht; in N-Italien in die jeweils trachtreichsten Gegenden. Der Bestand der Bienenvölker ist durch das Fassen ausziehender Schwärme und das Einbringen wilder Bienenvölker ergänzt worden. Eine Pflege kranker Völker oder eine Zufütterung in den den B. ungünstigen Jahren war nördl. der Alpen im allgemeinen unüblich; ob sie im Mittelmeerraum in der Nachfolge von Methoden der röm. Bienenhaltung stattfanden, ist ungeklärt.

c) *Bienenwirte und Abgaben:* Die B., das sog. *Flugvieh,* wurden von Bauern gehalten, gelegentl. auch von Städtern auf Gartengrundstücken sowie von Klöstern. Nördl. der Alpen erhielten die Grundherren anfängl. von den betreffenden Bauern regional unterschiedl. fixierte Zinse an Honig und Wachs, teilweise auch eine bestimmte Anzahl an Schwärmen, so v.a. Klöster. Bes. Rechtscharakter hatte die Leistung der ursprgl. freien →*Wachszinsigen* an ihre Kirchen (-patrone). Seit dem 12.Jh. wurden diese Abgaben weitgehend durch Geldzinse abgelöst. Im allgemeinen hielten die Bauern einige Stöcke, gelegentl. um die 40. Ähnliches gilt für die Meierhöfe, wo nur vereinzelt mehr Völker anzutreffen waren.

Im Byz. Reich zahlten alle, die B. hielten, Steuern an den Staat, die μελισσονόμιον bzw. δόσις μελισσῶν genannt wurden. Der Umfang der vom Großteil der Bauern betriebenen Bienenhaltung unterschied sich nicht wesentl. von demjenigen nördl. der Alpen. Auf den Gütern der Großgrundbesitzer entsprach er jedoch röm. Traditionen, so wird z.B. von Philaret dem Barmherzigen, Ende 8.Jh., Schwiegervater des Kaisers Konstantin VI., berichtet, er habe 250 Bienenstöcke besessen. Für die Länder des Islam im Mittelmeerraum (Biene = arab. *naḥl*) sind ähnl. Gegebenheiten wie in Byzanz zu vermuten; entsprechende Untersuchungen fehlen.

d) *Bienenjagd:* Die Bienenhaltung wurde in breitem Umfang durch eine allgemein wahrgenommene Bienenjagd (Bienenfang, Aneignung herrenloser/wilder B.) ergänzt. In Frankreich, bis zum 13.Jh. auch in England und dem Deutschen Reich, setzten Kg. und große Grundherren in ihren Waldarealen eigens Leute für sie ein, die *bigri, bigres* bzw. *cidalari, zidelaere* (Zeidler). Die Bienenjagd schloß in W- und N-Europa die Bedarfslücke an Honig, nicht aber an Wachs. Dessen Verbrauch stieg bis zum 17.Jh. an, während die Leistungsfähigkeit der westeurop. Bienenhaltung im MA relativ wie absolut zurückging, und mit der Dezimierung der Wälder auch die Erträge aus der Bienenjagd. Wachsimporte aus dem Mittelmeerraum und v.a. in steigendem Maße aus O-Europa wurden unentbehrlich. Im Mittelmeerraum ist die Bienenjagd mit größter Intensität betrieben worden, insbes. in den Gebirgsräumen Arabiens, im Kaukasus und im Atlasgebirge; ihre Organisationsformen sind ungeklärt. Im Vord. Orient konnte der große Bedarf der Araber an Honig dennoch nicht vollständig gedeckt werden und führte zu Importen aus Osteuropa. Wachs wurde dagegen in erhebl. Mengen ausgeführt.

e) *Bienenrecht:* Seit der ausgehenden Völkerwanderungszeit sind in Oberitalien, W- und N-Europa die Hausbienenhaltung und die Bienenjagd weitgehend anders als im röm. Recht geschützt bzw. geregelt worden. Die Bestimmungen galten der Sicherung des Eigentums an den B. und den ausziehenden Schwärmen, bzw. an den aufgestöberten Bienenvölkern. Bereits die leges barbarorum belegten den Diebstahl an Hausbienen mit empfindl. Bußen und Strafen. Die Lex Visigothorum (Lib. VIII, VI Tit. 3) unterschied nach röm. Weise zw. Strafe und Schadenersatz: ein Freier hatte 3 solidi zu entrichten und erhielt 50 Peitschenhiebe, ein Sklave 100; bei vollführtem Diebstahl eines Freien war darüber hinaus der neunfache Wert des Gestohlenen zu ersetzen, im Falle eines Sklaven hatte sein Herr ihn dem Geschädigten zu überlassen und den sechsfachen Wert des Entwendeten zu entrichten. Die Höhe der Buße ergab sich bei anderen Rechten (3. D. L. Sal. VIII) aus der Ausdehnung des Hausfriedens auf den Hofbereich, einschließl. der überdachten oder eingehegten Bienenstöcke. Im hohen MA setzte sich mit dem Aufkommen des peinlichen →Strafrechts in W- und Mitteleuropa auch für den Diebstahl von Bienenstöcken vielfach die Todesstrafe, meist durch Erhängen, durch; die Anzahl der gestohlenen Stöcke war gleichgültig (der Kaufpreis zweier Bienenvölker entsprach vom 11./12.Jh. bis zum Ende des 15.Jh. dem einer guten Kuh). Spätma. Weistümer nennen auch das Ausdrängen als Hinrichtungsart; ihre Anwendung ist umstritten. In Skandinavien wurde der Diebstahl von Bienenstöcken nach Södermannalagen mit der vollen Mannbuße von 40 Mark bestraft, nach Magnus Erikssons Landslag mit der Todesstrafe. Die für die Hausbienenhaltung wichtige Frage der Sicherung des Eigentums an ausziehenden Schwärmen, bereits in eingehender Weise in der Lex Baiuvariorum (XX, 8–10) behandelt, wurde in Anpassung an die örtl. Gepflogenheiten geregelt. Eine mögl. Gefährdung von Menschen und Haustieren durch erregte B. (erstmals erörtert in der Lex Visigothorum, Lib. VIII, VI Tit. 2) fand unterschiedl. Behandlung. In Skandinavien hatte der Eigentümer von B., deren Angriffe zum Tode geführt hatten, eine Buße zu zahlen, wobei eine Rolle spielte, ob der Zaun des Bienengartens schadhaft war. In W- und Mitteleuropa setzte sich dagegen weitgehend die Vorstellung durch, daß über die Bußen hinaus B., die getötet hatten, auch ihrerseits zu töten seien (→ Tierprozesse, -strafen). Bes. Aufmerksamkeit verdienen die Bestimmungen betreffs der *Raubbienen*. Sie sind ein Indiz für die ungünstigen Lebensbedingungen der Hausbienen; nur Bienen, die am Verhungern sind, überfallen die Stöcke ihrer Artgenossen. Dieser Zusammenhang ist im MA nicht gesehen worden. Es wurde davon ausgegangen, daß habgierige und böswillige Bauern ihre B. zum Rauben abrichteten. Sie wurden zu Schadenersatz verurteilt, gelegentl. auch zur Tötung der raubenden B. (entsprechende Anordnungen noch in allen Rechtskodifikationen des 18. und beginnenden 19.Jh.).

Die frühesten Bestimmungen über die Bienenjagd enthält der Pactus legis Salicae (65 Titel-Text), der den Diebstahl eines erjagten/aufgestöberten Bienenvolks mit der hohen Buße von 45 solidi belegte, mit der der Raub jegl. Jagdbeute geahndet wurde. In der Lex Salica (100 Titel-Text L II, 1) ermäßigte sich der Tarif auf 15 solidi. Das Edictum Rothari (§ 319) stufte als erstes Recht die Bienenjagd als Gebrauchsanmaßung ein und sicherte dem Grundeigentümer einen Anteil an der Beute. Dieser Aspekt setzte sich durch. Mit Beginn des hohen MA galten für die Bienenjagd im behandelten Raum, einschließl. Irland und Skandinavien, in den Grundzügen übereinstimmende Regelungen: 1. Jedermann stand das Recht der Jagd (Aneignung, occupatio) herrenloser/wilder B. zu mittels Kennzeichnung der Bäume, Hecken etc., in denen sie sich niedergelassen hatten; 2. beim Aufspüren auf privatem Areal hatte der Grundeigentümer Anspruch auf einen Teil des Bienennestes, der in Geld abgelöst werden konnte; 3. bei mehreren gleichzeitigen Findern wurde eine Teilung entsprechend ihrer Zahl gefordert. Die Ausweitung und Stärkung des Eigentumsrechts an Grund und Boden und die Verknappung der Bienenprodukte führte dazu, daß im späten MA die Aneignung herrenloser B. auf privatem Areal weitgehend untersagt und bestraft wurde, teilweise auch auf Gemeindegrund (Skandinavien ausgenommen). Die aufgefundenen B. bzw. ihre Produkte waren an die Grundherren abzuliefern.

[2] *Waldbienenhaltung* (russ. *bortničestvo*, poln. *bartnictwo*, dt. *Beutnerei, Zeidlerei*): a) Hier sind die B. in ihrer naturräuml. Umgebung, dem Wald, belassen worden. Zur Schwarmzeit wurden vorgefertigte Wohnungen angeboten, die etwa fünf bis sechs Meter über dem Boden in lebende, mit Eigentumsmarken versehene Waldbäume eingehauen und mit einem Vorsatzbrett mit Flugloch verschlossen waren (aruss. *bort'*, poln. *barć*, tschech. *brt*, dt. *Beute*). Ein Fassen der Schwärme erübrigte sich. Angelegt wurden die Beuten innerhalb abgegrenzter Waldstücke. Vor dem Ausrauben durch wilde Tiere (Bären, Marder) schützten Fallen. Der Aufstieg zwecks Reinigung der Beuten im Frühjahr und zur Honigentnahme im Herbst erfolgte mittels Seilen. Die Waben wurden ohne Vernichtung der Völker gebrochen. Das »Lochen« der Bäume hat deren Lebensdauer zunächst wenig beeinträchtigt. Erst als die Möglichkeit der flächenmäßigen Ausdehnung der Beutnerei in Polen und Ostdeutschland im Laufe des ausgehenden MA, später auch in Litauen und Rußland, endete, wurden, vielfach unter Druck der Grundherren, bis zu drei Beuten in einem Baum angelegt. Häufige große Windbruchschäden waren die Folge. *Wilde Waldbienennester* (poln. *świepoty*; in den Beutnerordnungen streng unterschieden) wurden primär von Beutnern ausgenommen. Die übrige Bevölkerung eignete sich herrenlose/wilde B. nach örtl. Gewohnheitsrecht an (→ Jagdrecht).

b) *Bienenwirte und Abgaben:* Die Beutnerei ist im östl. Mitteleuropa und in Osteuropa allgemein betrieben worden. In großen Teilen begünstigte die Waldvegetation ihre Entwicklung zum bäuerl. Hauptwerbszweig. Die (Bienen-) Bauern (aruss. *bort'nik*, poln. *bartnik*, tschech. *brtnik*, dt. *Beutner*, lett. *bižkopis*, litauisch *bitininkas*) besaßen zw. ca. 10/20 bis 300 Beuten, gelegentl. bis 500; ein einzelner Mann vermochte etwa 60–70 zu betreuen. Ihre Abgaben bestanden teilweise zunächst ausschließl. aus Honig und Wachs. In Polen handelte es sich dabei anfängl. v. a. um fsl. Dienstleute. Im hohen MA schlossen sich vermutl. unter deutsch-rechtl. Einflüssen die Beutner östl. der Elbe/ Saale und in Polen, später zum Teil auch in Litauen, zu Genossenschaften mit eigenen Rechtsordnungen zusammen; der Dt. Orden untersagte in Preußen und Livland derartige Vereinigungen; in Rußland blieben sie unbekannt.

Der ma. Landesausbau beschränkte die Beutnerei in den neudt. Gebieten und Polen auf die verbleibenden geschlossenen großen Waldareale. In den aufgesiedelten Gebieten gingen die Bauern dazu über, B. zur Deckung des Eigenbedarfs in der unmittelbaren Nähe der Gehöfte zu halten, in sog. *Klotzbeuten* (poln. *ul*, tschech. *úl*, aruss. *ulej*), die aus geteilten Stämmen gefertigt, völlig den Beuten in den Waldbäumen entsprachen (die Einwanderer übernahmen diesen dem klimat. Bedingungen gerecht werdenden Typus). Teilweise wurden die B. im Sommer in aus Brettern hergestellten Kästen zur Weide auf die erreichbaren Waldlichtungen gebracht (poln. *pasieka*). Dieses Weiden gewann jedoch erst im 16. Jh. in Polen an Bedeutung.

c) *Produktivität:* Die Relation der Ergiebigkeit einer Waldbeute zu der eines Hausbienenstockes verhielt sich wie 3:2. Die größere Ertragsfähigkeit der Beutnerei ist von den Landesherren, der Kirche und den Orden in den Gebieten der dt. Ostsiedlung gesehen und genutzt worden; sie bewahrte daher ihre Geltung, so lange der Waldbestand es ermöglichte. Insbesondere der Dt. Orden förderte sie; Neusiedler wurden ggf. genötigt, sie zu erlernen. Noch im Restpreußen des 16. Jh. belief sich die Zahl der beflogenen Beuten auf über 100000. Der weitaus größere Umfang der poln., litauischen, ostbalt., russ., nordsibir. Waldbienenhaltung läßt sich kaum abschätzen.

Ein Vordringen dieser effektiven, von osteurop. Völkern entwickelten Bienenhaltung nach Westeuropa scheiterte an der Vegetation des breiten Waldgürtels im angrenzenden westl. Deutschen Reich (Vorherrschen von Buchen, reinen Bergnadel- und Traubeneichenwäldern), in dem die Errichtung einer Waldbienenhaltung nicht mögl. war. Lediglich der Bestand ihrer Wälder um Ansbach, Bamberg und Nürnberg gestattete eine Adaption. Die Anlage eindeutig abgegrenzter Waldparzellen wurde jedoch nicht übernommen; bewirtschaftet wurden Beutebäume, die über das gesamte Waldareal verstreut waren. Die alte Bezeichnung der Bienenjäger, Zeidler, ging hier auf die Beutner, die »Waldimker«, über. Die Erträge dieses Raumes, des »Reiches Bienengartens«, so Karl IV., übertrafen bald die der alten führenden Gebiete: Rheinland, Kölner Bucht, Westfalen (die Lüneburger Heide begann erst Ende 15./Anfang 16. Jh., nach Vernichtung der Buchenbestände und Entwicklung der Schwarmbienenhaltung eine Rolle zu spielen). Wachs ist jedoch weiterhin aus Polen und Nordrußland importiert worden.

Die wirtschaftl. Überlegenheit der Waldbienenhaltung resultierte 1. aus der maximalen Nutzung des naturräuml. Potentiale, 2. einer Honigentnahme, bei der nicht Jahr für Jahr unzählige Bienenvölker vernichtet wurden (die Schwarmbienenhaltung, bei der das Abtöten einkalkuliert ist, kam, zumindest nördl. der Alpen, erst Ende des MA auf), 3. konnte sie in Anbetracht der großen osteurop. Waldreservoire mit Leichtigkeit ausgedehnt und in ihrer Produktivität gesteigert werden. Sie bot die Möglichkeit, riesige Gebiete mit einem geringen Einsatz an Arbeitskräften wirtschaftl. zu nutzen und eine bedeutende Überschußproduktion zu erzielen. Weltl. wie geistl. Grundherren und Bauern haben diese Gegebenheiten bis an die Grenzen des Möglichen genutzt. Die Beutnerei ist damit wesentl. Bestandteil der ma. ökonom. Struktur des östl. Europas gewesen. Dies ist bereits im MA klar erkannt worden. So gehörte es zur Kriegstechnik im östl. Europa, dem Feinde die Beutenbäume zu vernichten und den »Bienenwald« niederzubrennen.

d) *Bienenrecht:* Der rechtl. Schutz, der der Beutnerei in Altrußland zuteil wurde, ist in seinen entscheidenden Bestandteilen zu Beginn des 12. Jh. in der Russkaja Pravda (B. D. GREKOV, Bd. I § 32; §§ 71, 72, 75, 76) fixiert worden. Er galt der Waldparzelle, den Eigentumsmarken auf den Beutebäumen, diesen selber und den Beuten. Eine Verletzung der Parzellengrenze und ein Umzeichnen der Eigentumsmarken auf den Bäumen wurden mit entsprechenden Delikten beim Acker gleichgesetzt und mit der hierfür höchstmögl. Buße belegt. Die Beraubung der Beuten wurde wie ein Diebstahl im Bereich des Hofes gewertet. Regelungen für ein Fassen der Schwärme und die Bienenjagd erübrigten sich.

Diese Regelungen begegnen in den Grundzügen im gesamten Bereich der Waldbienenhaltung; in Livland übernahmen die dt. Grundherren das Gewohnheitsrecht der einheim. Völker. Die poln. und ostdt. Beutnerordnungen galten darüber hinaus denjenigen rechtl. Fragen, die die intensivere Belegung der Wälder mit Beutparzellen und Beuten mit sich gebracht hatte, sowie dem Verhalten der Beutner untereinander. Eine Reihe von ihnen setzte auf den Diebstahl eines Beutners am anderen die Todesstrafe;

sie wurde in Polen von bestimmten Beutnergenossenschaften durch Erhängen zur gesamten Hand durchgeführt. Geordnet wurden ferner privatrechtl. Fragen: Die Beuten konnten vererbt, verpachtet und verkauft werden; die Beutenbäume waren jedoch gleich den Äckern Eigentum der Grundherren. Die Zeidlerordnungen in Nordostfranken weisen eine Reihe spezif., den dortigen Gegebenheiten angepaßte Regelungen auf.

Die rechtl. Bestimmungen für die in Ostdeutschland und Polen aufkommende Hausbienenhaltung ahndeten 1. den Diebstahl von Bienenvölkern bzw. Honig aus den Klotzbeuten und den Holzkästen der Pasieken mit der gleichen Buße wie entsprechende Delikte an den Waldbeuten; und sicherten 2. als ein novum das Eigentum an den ausziehenden Schwärmen. Ch. Warnke

Lit.: [zu Bienenjagd, Bienenhaltung]: EI[1] s.v. naḥl – HOOPS[2] II, 514–528 – RE III, 431–457 – A.G.SCHIRACH, Waldbienenzucht ... nach ihren großen Vortheilen, leichten Anlegung und Abwartung, 1774 – A.F. MAGERSTEDT, Die Bienenzucht der Völker des Altertums, insbes. der Römer, 1851 – A.KOMARNICKIJ, O pčelovodstve, 1856 – E.RODICKY VON SIPP, Gesch. der älteren Bienenzucht Ungarns, 1892 – A.F.SELIVANOV, Istoričeskij očerk razvitija pčelovodstva Rossii, 1896 – M.LEFÉBURE, Les abeilles dans l'Afrique du Nord d'après les documents anciens, Bull. hist. et philol., 1905, 272–311 – P.BOYÉ, Les abeilles, la cire et le miel en Lorraine, Mém. de la Soc. d'Archéologie Lorraine, 56, 4e sér., Bd. 6, 1906, 4–108 – A.SERŻPUTOWKI, Bartničestvo v Bělorussii, Materialy po etnografii Rossii 2, 1914, 13–34 – J.KEBRLE, Dějiny českého včelařství, 1922 – P.DABKOWSKI, Bartnictwo w dawnej Polsce, 1923 – B. FABÈS, Ἀκάπνιστον μέλι, EEBS 4, 1927, 249–250 – J.GASPARÍKA, Pamatnosti včelárstva slovenského, 2 Bde, 1927–47 – A.HÄMÄLÄINEN, Beitr. zur Gesch. der primitiven Bienenzucht bei den finn.-ugr. Völkern, Journal de la Soc. finno-ougrienne 47, 1935 – A.SANDKLEF, Aeldre Biskcetsel i Sverige och Danmark, 1937 – W.BRINKMANN, Bienenstock und -stand in den roman. Ländern, 1938 – B.SCHIER, Der Bienenstaat in Mitteleuropa, 1939 – F.LINNUS, Eesti vanem mesindus, 1940 – J.STEINHAUSEN, Die Waldbienenwirtschaft der Rheinlande in ihrer hist. Entwicklung, RhVjbll 15–16, 1950–51, 222–257 – H.M. FRASER, Beekeeping in Antiquity, 1951 – PH.KUKULES, Ἡ μελισσοκομία παρὰ Βυζαντινοῖς, BZ 44, 1951, 347–357 (DERS., Βυζαντινῶν Βίος καὶ Πολιτισμός, V, 1952, 296–309) – K.WOLSKI, Bartnictwo i pasiecznictwo dorzecza Sanu w XV i XVI w., 1955 – J.BISCHOFF, Die Zeidelhuben und Bienenpflege im Sebalder Reichswald, JbffL 16, 1956, 26–107 – F.REDLICH, Waldbienenzucht, Bienenbeuten und Zeidlergenossenschaften mit bes. Berücksichtigung der Niederlausitz, Etnolog.-archäolog. Forsch. 4, 1958, 185–203 – H.M. FRASER, Short Account of the Hist. of Beekeeping in England, 1958 – M.DEMBIŃSKA, Kilka uwag o roli bartnictwa w gospodarce wiejskiej polskiego średniowiecza, KHKM 6, 1958, 342–358 – F.MAGER, Der Wald in Altpreußen als Wirtschaftsraum I, 1960, 298–342 – E.PAULĖKIENĖ, Drevinės bitininkyštės reikšmė feodalinais Lietuvos ūkyje, IS Lietuvių kultūros istorijos 4, 1964, 97–108 – CH.WARNKE, Bienenhaltung und Bienenprodukte im MA in West- und Osteuropa [im Erscheinen] – [zu Bienenrecht]: Die Handbücher der Rechtsgesch. der einzelnen Länder behandeln meist kurz die rechtl. Fragen der Bienenhaltung und bieten weiterführende Lit.; vgl. ferner: HOOPS[2] II, 528–529 – M.WAGNER, Das Zeidelwesen und seine Ordnung, 1894 – E.LIDÉN, Om några fornsvenska lagord och lagstadganden, ANF 27, 1911, 259ff. – J.RAFACZ, Regale bartne na Mazowszu w późniejszym średniowieczu, 1938 – R.HEMMER, 1734 års lag civilrättsliga stadganden om bin i rättshistorisk belysning, Tidskrift, utg. av Juridiska Föreningen i Finland 4, 1938 [Nachtrag ebd. 1939] – K.HAFF, Zum Bienenrecht in den schwed. und dän. Landschaftsgesetzen, ZRGGermAbt 60, 1940, 253–257.

II. NATURKUNDE: Abgesehen von dem Imker, den Ps. Aristoteles (h.a. 9, 40, s. KLEK-ARMBRUSTER) befragt hat, war bes. Vergil von den B. so beeindruckt, daß er das 4. Buch seiner »Georgica« ihnen widmete. Fasziniert hat das MA neben der Wabenherstellung (Beispiel instinktiver Architektur) v.a. die den polit. Verhältnissen der Menschen gleichgesetzte, aber wesentl. besser funktionierende hierarch. Ordnung des Bienenstaates. → Thomas v. Cantimpré hat deshalb das Bienenkapitel seiner Enzyklopädie (9, 2) zu dem exempelreichen allegor. »Bonum universale de apibus« (1256/63) ausgeweitet. Die Angaben des Thomas finden sich, z.T. durch eigene Allegoresen ergänzt, bei → Konrad v. Megenberg (1309–74) im »Buch der Natur« (III. F. 1) wieder. Die Arbeitsteilung im Bienenstaat dient aber auch in dessen Ökonomik (I. 3. c. 5, 128–130) als natürl. Beweismittel (doctrix exemplaris) für die Notwendigkeit verschiedener Sklaven im Haushalt (quod differencia et ordo servorum in regimine domestico valde sit perpendendus). Allgemein war man der Ansicht, daß der Weisel (in Verkennung der biolog. Funktion der Königin) als König (rex, imperator, rector, dux) die emsige Tätigkeit der männl. Drohnen (fuci) im Inneren des Stockes und der weibl. honigsammelnden und bei Bedarf mit dem Stachel kämpfenden Arbeiterinnen (apes) lenke. Die Nachkommen entstünden nach Ambrosius (Exameron 5, 21, 67, vgl. Plinius n.h. 11, 46) ungeschlechtl. aus Blättern und Kräutern und würden durch den Mund der Biene aufgenommen (um im Stock heranzuwachsen). Durch Isidor (Etym. 12, 8, 2) wurde auch die zuerst von Servius im 4.Jh. (zu Verg., Aeneis 1, 435) aus einer mißverstandenen Pliniusstelle über die Wiederbelebung von B. (n.h. 11, 70) herausgesponnene Fabel von der Erzeugung in faulendem Stierfleisch und von Drohnen in Pferde- oder Maultierfleisch verbreitet. Plinius selber neigt in der bei den Gelehrten umstrittenen Frage (n.h. 11, 46ff.) zu einer normalen Herkunft der wurmartigen Brut und beschreibt die Aufzucht. Dazu behauptet Thomas v. Cantimpré kommentierend, urgezeugte B. pflanzten sich anschließend geschlechtl. fort. Weitere Angaben in den naturkundl. Enzyklopädien, die sie teils unter den Würmern (vermes) behandeln (Thomas v. Cantimpré, → Albertus Magnus), teils – wegen der Zuordnung zum Element Luft – unter den Vögeln (→ Arnold v. Sachsen, → Bartholomaeus Anglicus), z.B. über die Zeiten der Aktivität (Wettervorhersage!), Nektarsammeln, Wabenbau, Drohnenschlacht und Bienenfeinde, entstammen antiken Quellen (z.B. Palladius 7, 7). Zur ma. Bienenhaltung finden sich dagegen hier keine Hinweise. Ch. Hünemörder

Q.: Konrad v. Megenberg, Buch der Natur, hg. F.PFEIFFER, 1861 [Neudr. 1962] – Servii Grammatici ... commentarii, rec. G.THILO, 1881 – Palladius, Opus agriculturae, ed. J.C.SCHMITT, 1898 – Thomas v. Cantimpré, Bonum universale de apibus, ed. G.COLVENERIUS, 1627[2] – Ders., Liber de natura rerum, ed. H.BOESE, T. 1: Text, 1973 – Konrad v. Megenberg, Ökonomik (Buch I), hg. S.KRÜGER (MGH Staatsschr. III. 5), 1973 – Lit.: W.A. VAN DER VET, Het biënboec van Thomas van Cantimpré en zijn exempelen [Diss. Leiden 1902] – J.KLEK – L.ARMBRUSTER, Bienenkunde des Altertums, Archiv für Bienenkunde I, 1919, 185–240; II, 1920, 243–291; III, 1921, 251–318; VII, 1926, 41–81; XV, 1934, 85–92.

III. LITURGIE, IKONOGRAPHIE, LEGENDE, VOLKSGLAUBE: Die von Aristoteles und Vergil dem MA vererbte Vorstellung, daß sich die B. durch Parthenogenese vermehren, hat sie für die chr. Symbolik zu einem Hinweisbild auf die Jungfrauengeburt gemacht. Schon früh wird darum in der Liturgie der Osternacht das Osterkerzen-Praeconium mit dem Lob der Biene (→ Exultetrollen) entfaltet und hiermit aller chr. Wachs- und → Kerzenbrauch begründet, während Bienensegen (das frühe ahd. Sprachdenkmal des 9.Jh. aus dem Kl. Lorsch; → Lorscher Bienensegen) paraliturg. Charakter besitzen und der wirtschaftl. Nutzung dienen, indem sie Bitten um Erhalt und Ertrag darstellen. Mit der chr. Hochschätzung der Biene hängen seit dem HochMA Mönchsmirakel und katechet. Erzählungen um das Altarsakrament zusammen, dem B. eine würdige Behausung bauen (u.a. zentrales Kapitel im oben gen. »Liber apum« des Thomas v. Cantimpré). In der ma. Dingbedeutungslehre spielt die Biene eine wichtige Rolle. In der Ikonographie begegnet die Biene mit Korb u.a. als Attribut des hl. → Ambrosius, weil dessen Rede von süßem Honig überfloß (mellifluus); aus den Visionen d. hl. → Birgitta v. Schweden ist der Bienenkorb als Marienattribut z.B. zu Grünwald (Stuppacher Madonna) gelangt. Ihre Benutzung als Herrschaftsemblem durch Napoleon I. hingegen beruht auf einem archäolog. Mißverständnis seiner Zeit, in der man die goldenen Zikaden vom Mantel des Childerich aus dem merow. Grabfund als Bienen deutete. W. Brückner

Lit.: RAC II, 274–282 – RDK II, 545–549 – W. Menzel, Chr. Symbolik I, 1854, 128–131 – A. Menzel, Die Biene und ihre Beziehung zur Kulturgesch., 1869 – J. Th. Glock, Symbolik der Biene, 1891 – H. M. Ransome, The sacred Bee, 1933 – L. Armbruster, Bienenkunde der frühchr. Zeit, Archiv für Bienenkunde 17, 1936 – Ders., Die Biene um 1200, ebd. 23, 1942 – [zur Legende]: W. Brückner, ZVK 57, 1961, 137–193 – Ders., Rhein. westfäl. Zs. für VK 9, 1962, 28–39 – M. Misch, Apis est animal, Apis est ecclesia, 1974.

Bienenfresser, bunter mediterraner Vogel (Merops apiaster L.), wird als Erdhöhlenbrüter merops nach Plinius (n. h. 10, 99 nach Ps. Arist. h. a. 9, 13) mit freilich falscher Gefiederfärbung nur von → Thomas v. Cantimpré (5,87 = Vincenz v. Beauvais 16, 10) näher beschrieben. Benutzung der Höhle zur Übernachtung noch nach der Brut war wohl Ausgangspunkt für die Sage von der pietätvollen Fütterung der Alten durch die eben flüggen Jungen (Ps. Arist. = Aelian, h. a. 11, 30, Plin. = Thomas und Isidor v. Sevilla, Etym. 12, 7, 34, Jorach bei Arnold v. Sachsen 2, 5 = Vincenz v. B.). Ihre Bienennahrung (Ps. Arist. 9, 40 = Aelian 5, 11 u. 8, 6) blieb den mitteleurop. Autoren ebenso unbekannt wie der danach gebildete Name apiastra (Servius zu Vergil, Georg. 4, 14 = Papias s. v. meropes). Wegen nur lit. Kenntnis des B.s wird er von Albertus Magnus (23, 128) und vielen Glossen (Diefenbach, Gloss. und Novum Gloss.) mit dem Grünspecht identifiziert.

Ch. Hünemörder

Q.: Servii Grammatici … Commentarii, rec. G. Thilo, III, 1887 – Arnold v. Sachsen, Die Enzyklopädie des A. S., ed. E. Stange, 1905–07 (Progr. Kgl. Gymnasium Erfurt) – Albertus Magnus, De animalibus, ed. H. Stadler, II, 1920, BGPhMA 16 – Vincentius Bellovacensis, Speculum naturale, 1624 [Neudr. 1964] – Papias Vocabulista, 1496 [Neudr. 1966] – Thomas v. Cantimpré, Liber de natura rerum, ed. H. Boese, 1973.

Bienensegen → Bienen, → Lorscher Bienensegen
Bienenwachs → Wachs
Bier und Brauwesen
I. Bierverbreitung, Biersorten und Brauverfahren – II. Braubetrieb – III. Bierverbrauch – IV. Bierhandel – V. Städtische Brauordnungen.
I. Bierverbreitung, Biersorten und Brauverfahren: Griechen und Römer betrachteten das Bier lediglich als Ersatz für Wein, das nach ihrer Ansicht nur von Barbaren und Armen häufig getrunken wurde, in seltenen Fällen fand es auch als Medikament Anwendung. Von den Kelten wird schon 390 v. Chr. berichtet, daß sie ein Gerstengebräu tranken (Dion. Hal. 13, 11; A. Holder, Alt-celt. Sprachschatz, 1925, I, 995). Zur Zeit des Plinius war in Gallien der aus cerea erweiterte Name cervesia üblich (Plin. nat. 22, 164). Im Maximaltarif Diokletians (2, 11; 301 n. Chr.) wird neben dem Preis des Sexters (= 0,549 l) von vinum rusticum (= 8 Denare) auch derjenige von cervesia (auch celia gen.) oder camus (= 4 Denare) und zythus (= 2 Denare) festgelegt. Diese Getränke wurden aus Weizen, Gerste oder Brot gegoren. Erst durch Tacitus (Germ. 23, 1; vgl. R. Much, Die Germania des Tacitus, 1967³, 312ff.) erfahren wir über das Biertrinken bei den Germanen, die Bier auch aus Hafer brauten und zudem → Met und → Zider kannten. Folgende germ. Bezeichnungen für Bier sind überliefert: *bior* (ahd.), *ealu* (ags.) und *öl* (an.), in England: *béor, ealu, ealoð*.

Nach dem in frühgesch. und ma. Zeit üblichen Verfahren weichte man die Getreidesorten mit Wasser ein und brachte sie zum Keimen. Das Ferment Diastase bewirkte die Umsetzung der Stärke in Zucker. Beim Trocknen oder Dörren dieser Masse bei höchstens 75°C entstand das sog. Malz, aus dem zusammen mit der maximal zehnfachen Menge der Rohfrucht die Maische entstand; der von ihr abgepreßte Saft ergab die sog. Würze. Als Braugetreide diente überwiegend Gerste. Daneben gab es auch reines Weizenbier (so in Breslau und Goslar) und Mischungen beider Getreidesorten oder einer von beiden mit Hafer, der bes. bei Mangel anderer Getreidesorten Verwendung fand. Auch in den Niederlanden benutzten die Brauer häufig Hafer. Das von den holl. Brauern im 14. Jh. entwickelte *Koitbier* (*Keutebier*) wurde aus Malz von Gerste, Hafer und Weizenmehl gebraut.

Obwohl Europa seit dem 8. Jh. die Hopfenpflanze kannte, ist nicht sicher, daß man → *Hopfen* schon zu dieser Zeit bei der Bierbereitung benutzte. Einige Abteien unterhielten zwar Hopfenpflanzungen, doch wurde vielleicht auch wilder Hopfen gesammelt, den bereits Plinius als wahre Leckerei beschrieben hatte. Hildegard v. Bingen († 1179) jedenfalls galt das Brauen mit Hopfen schon als selbstverständl., wenn sich das Hopfenbier auch erst seit dem Hoch- und bes. seit dem SpätMA durchsetzen und das leichter verderbl. *Grutbier* (*Gruz, Grüssing*) verdrängen konnte. Zur Bereitung des Gruts benutzte man verschiedene Kräuter. Im 14. Jh. wurde in den niederrhein. und ndl. Territorien bes. Gagel (myrica gale) und in N-Deutschland Sumpfporst (ledum palustre) verwandt; oft mengte man noch Wacholder, Harz, Laserkraut und Lorbeer – die beiden letzteren aus dem Süden – sowie andere Gewürze bei. Für die Gesch. des bayer. Biers war die Biersatzordnung von 1493/1516 von großer Bedeutung, die als Bierzusatz nur noch Hopfen gestattete. Der Verbreitung des Hopfenbieres leisteten indes die Inhaber des Grutrechts Widerstand. Das *Grutrecht* – in germ. Ländern grutum oder ferment(at)um und in roman. Gebieten ma(h)eria auch, materia u. a. gen. –, das wie Münz- und Marktrecht zu den Regalien gehörte (so z. B. im Gebiet zw. Somme und Weser), bedeutete ein Monopol für die Lieferung der Gewürze, die dem Gebräu zugefügt wurden. Zunächst an weltl. Landesherren und Bischöfe verliehen, kam es auch in den Besitz von Städten oder Lehnsleuten. Im 15. Jh. war das Hopfenbier in den rhein. Territorien verboten. Das in England verbreitete, süße, ungehopfte Ale trank man unter diesem Namen auch auf dem Kontinent. Noch im 15. Jh. war in England das Brauen mit Hopfen ein bes. Geschäft, das meistens Niederländer betrieben.

Es bleibt unklar, seit wann man die Bierwürze mit *Hefe* versetzte. Die Gärung vollzog sich in einigen Tagen. Die Temperatur durfte 20°C nicht übersteigen, so daß Brauen im Sommer zu vermeiden war. Das Prinzip der Untergärung bei Temperaturen unter 10°C war nicht unbekannt und bürgerte sich in S-Deutschland nach der Mitte des 15. Jh. ein. In den dt. und ndl. Bierstädten des 14. Jh. braute man aus 1 Liter Malz etwa 1 bis 1 ½ Liter Bier. Das für den Export bestimmte Bier war recht stark, doch wurde es häufig verwässert, weil man oft die Malzmenge je Liter Bier – um Preiserhöhungen zu vermeiden – verringerte. Am Ende des 15. Jh. zog man in der Regel aus 1 Liter Malz 1 bis 2 ¾ Liter Bier. Stärker war das sog. *Doppelbier*.

In den ma. Städten wurden immer zwei oder drei Biersorten nach Preis und Stärke unterschieden. Das billigste und dünnste Bier war oft nur ein letzter Abzug des verbrauten Malzes. Je nach dem Maß des Dörrens oder Darrens bekam man *Rot-* oder *Weißbier*. Rotbier war eine Spezialität z. B. von Lübeck, Braunschweig und Wismar, Weißbier von Hamburg. Eigtl. Gattungsnamen für Bier gab es wenige; man bediente sich einiger Qualitätsandeutungen (z. B. *Konventbier*) oder geogr. Herkunftsangaben, z. B. Hamburger, Einbecker usw., in den Niederlanden der Bezeichnung »östliches Bier« für Biere aus den Hansestädten. Hinter diesen geogr. Namen verbargen sich oft brautechn. Unterschiede.

II. Braubetrieb: Im Gebiet des heut. Belgien war es nicht ungewöhnl., daß die röm. villae eine Brauerei besaßen. Im Frankenreich wurde auf den Höfen, häufig von Frauen, für den eigenen Bedarf und für die Abgaben an den Fronhof gebraut. Oft mußte auch Fronarbeit im Brauhaus des Fronhofs geleistet und Malz dort abgeliefert werden. Kirchl. und weltl. Großgrundbesitzer verfügten über eigene Brauhäuser, in denen spezialisierte Braumeister dienten. Im »Capitulare de villis« (792/800) wird der Meier damit beauftragt, in seinem Bezirk gute Fachleute heranzuziehen. Die Abtei St. Gallen z. B. besaß nach dem Klosterplan von 820 sogar drei Brauereien, die mit drei Bäckereien in je einem Gebäude vereint waren. Die Braustätte bestand aus einem Vorratsraum, einem Sudraum, in dessen Mitte ein eiserner Braukessel über vier kleinen Feuerungen stand, und einem Kühlraum, mit ausgehöhlten Baumstämmen oder »Kühlschiffen« und Gärbottichen. Außerdem gab es einen Raum für Braugetreidelagerung und -verarbeitung (Maischen) sowie eine kleine Darre, d. h. einen steinernen Rauchofen, umgeben von einer Hürde aus Weidengeflecht. Neben der Darre befanden sich die vielleicht von einem Wasserrad angetriebenen Malzquetschen.

Seit dem 10. Jh. ließen die Grundherren größere Betriebsanlagen wie Brauhäuser und Malzmühlen von ihren Untertanen auf der Grundlage des *Bannrechts* nutzen. Die Inanspruchnahme dieser Betriebe mußte selbstverständl. entgolten werden. In einigen Dörfern war die Ausübung des Braurechts einem Dorfwirt überlassen, seit dem 12. Jh. gelang es manchen Dörfern, sich durch die Zahlung von Brauzinsen vom Zwang der Bannbrauerei zu befreien.

Erst das Wachstum der ma. Städte machte indes das Bier zu einem echten Handelsartikel und die Brauerei zu einem vollwertigen Gewerbe. Schon im 12. Jh. wurde Bier auf den städt. Märkten von Berufsbrauern verkauft. Viele brauten jedoch für den eigenen Bedarf oder beauftragten einen Brauer damit. Dies konnte entweder in einem privaten Brauhaus oder in einer von der Stadt den Bürgern zur Verfügung gestellten Brauerei geschehen. In einigen Städten war es auch möglich, die teuren kupfernen Braupfannen zu mieten. In jedem Fall produzierten die Brauer hauptsächl. für den lokalen Absatz. Im 13. Jh. gab es auf dem flachen Land noch zahlreiche Brauhäuser mit Ausschank; in N-Deutschland z. B. hatten fast alle Dörfer einen sog. Krug, der mit dem Privileg des Bierverkaufs oder des Braumonopols am Ort beliehen war. Im 14. Jh. gelang es vielen Städten, jeden Bierverkauf bzw. jede Brauerei in ihrer Umgebung verbieten zu lassen; etlichen Krügen wurde jedoch das Privileg erteilt, städt. Bier zu verkaufen. Um Einbußen bei der städt. Biersteuer zu vermeiden, wurde den Bürgern oft untersagt, auswärts »zu Bier« zu gehen. Die ländl. Brauereien waren durch ihre niedrigeren Produktionskosten gleichwohl immer wieder in der Lage, den Stadtbrauern große Konkurrenz zu machen.

Bier und Bierbrauen wurden in den Städten mit den verschiedensten *Verbrauchssteuern* belegt (z. B. mit Bierpfennig, Biergeld, Malzpfennig, Bierzoll, Keuteakzise, Bierakzise, Ziese). Da viele Städte aus Akzisen, insbes. auf Getränke, den größten Teil ihrer Einnahmen schöpften, wurde das Brauwesen von städt. Behörden mit Hilfe einer großen Zahl von vereidigten Bierführern, Trägern, Maklern und Finanzbeamten genau geregelt und kontrolliert. Die Stadtbehörden beaufsichtigten auch Qualität und Preis des Biers. Sie stellten fest, welche und wieviele Braumaterialien zu benutzen seien und welches Quantum Bier daraus gezogen werden sollte. Je nach dem Preis der Rohstoffe und der Verarbeitungskosten wurde regelmäßig der Preis der Biere festgesetzt. Bei großer Knappheit des Getreides wurde das Verarbeiten von Brotgetreide beschränkt oder verboten. Auch wegen der Feuergefahr in ihren Betrieben waren die Brauer wie die Bäcker Sonderbestimmungen unterworfen.

Das Brauen erfolgte zumeist im Kleinbetrieb. In den meisten Städten war es den Brauern lediglich gestattet, ein oder zwei Gebräue in der Woche oder pro Monat zu brauen. Ein Gebräu war in der Stadt etwa doppelt so groß wie auf dem Land (hier weniger als 10 Hektoliter), nur in ausgeprägten Bierstädten überstiegen im 14. Jh. die Gebräue 30 Hektoliter. In den Städten, die nur für den eigenen Bedarf produzierten, muß die Anzahl der Brauer wegen des hohen Bierverbrauchs groß gewesen sein. So gab es im 13. Jh. in den Städten des Fürstbm.s Lüttich etwa 30 Brauer. Deren Zahl nahm aber mit dem Wachstum der Bevölkerung zu. Die berühmten Bierexportstädte in N-Deutschland beherbergten im SpätMA 200 und mehr Brauer (Einbeck sogar 700!), die holl. dagegen zw. 100 und 150 Brauer. Fast immer waren diese wohlhabende und einflußreiche Bürger. Im wesentl. kam ihr Gewinn aus den Rohstoffen, was sie wenigstens in den bierexportierenden Städten Kaufleuten vergleichbar machte und eine Organisation in Zünfte deshalb nicht die Regel bildete. Das Brauamt war oft frei. In einigen Fällen stellten die *Brauergilden* sehr exklusive Verbände dar, deren Mitgliedschaft von Handwerksleuten und Wirten nicht erworben werden konnte. In manchen Städten wurde die Zahl der Brauhäuser beschränkt und das Brauen nur in einem Haus mit Brauereirecht erlaubt. Eine große Konkurrenz stellten die *Stifts- und Klosterbrauereien* dar, da die Geistlichen durch das → privilegium immunitatis von der Steuer befreit waren. Bes. in den Niederlanden, wo die Bierakzisen und andere Brautaxen fast die Hälfte der Stadteinkünfte ausmachten und einen erhebl. Prozentsatz des Bierpreises darstellten, wurde den Klosterbrauereien eine Kontingentierung auferlegt. Hohe Einfuhrsteuern schützten das eigene Braugewerbe gegen die Konkurrenz fremder Biere.

III. Bierverbrauch: Im MA gehörten unter den Getränken Wein und Bier zu den Hauptnahrungsmitteln. Während Wein nur im südl. Europa und in den Weinbaugebieten nördl. der Alpen ein alltägl. Getränk darstellte, bevorzugte man weiter im Norden wegen der hohen Weinpreise Bier als Getränk. Der Weinverbrauch, der wahrscheinl. bis ins 13./14. Jh. zugenommen hatte, sank im 15. Jh. schnell, u. a. wegen des relativen Anstiegs der Weinpreise. Auch die anderen konkurrierenden Getränke (Met, Zider, die verschiedenen Mostsorten) wurden im SpätMA in den meisten biertrinkenden Ländern vom Hopfenbier zurückgedrängt, so daß ein jährl. Konsum von 300 bis 400 Liter Bier pro Kopf nicht ungewöhnl. war.

IV. Bierhandel: Seit dem Ende des 13. Jh. erweiterten einige norddt. Küstenstädte (Bremen, Hamburg, Wismar) ihr Braugewerbe. Sie konnten ihre Biere, die ein zieml. billiges Massenprodukt waren, zur See ohne zu hohe Frachtkosten versenden. Im Inland war dagegen der Transport – abgesehen von den größeren Wasserstraßen – oft sehr kostspielig. 1499 erhöhte z. B. der Transport von Einbeck nach Göttingen oder Braunschweig den Bierpreis durch Fracht, Zölle und sonstige Nebenkosten um 63–70 % je 100 km.

Die gehopften norddt. Biere erfreuten sich wegen ihres typ. Geschmacks einer lebhaften Nachfrage. Der Hopfen machte diese Biere zudem haltbarer und so für den *Fernhandel* geeignet. Der niedrige Getreidepreis im SpätMA und eine wachsende Spezialisierung der Ostseegebiete im Getreideanbau boten zusätzl. Anreize für die hans. Braustädte. Bremen war im 13.Jh. in der Nähe der stark bevölkerten Niederlande im Bierhandel tonangebend, aber schon im 14.Jh. wurde Hamburg, »das Brauhaus der Hanse«, das Zentrum der Brauerei und des Bierexports nach England, in die Niederlande und an den Niederrhein. Hamburger Brauer verschifften allein etwa 70000 Hektoliter Bier (G. STEFKE); sie unterhielten eigene Kontore in Amsterdam, Staveren, Kampen und Sluis (bei Brügge). Wismar und die Ostseestädte beherrschten den skand. Markt, Danzig versorgte Estland, Lettland und Litauen. Das kleinere → Einbeck war im 15.Jh. Produzent eines weithin beliebten Bieres, das bes. in den Seestädten und auf überseeischen Märkten, aber auch in S-Deutschland und Preußen geschätzt wurde.

Schweidnitzer Bier wurde in Schlesien, Böhmen und S-Polen getrunken. Auch viele andere Städte wie Lübeck, Rostock, Stralsund, Danzig, Lüneburg, Schwerin, Tangermünde, Wittstock, Salzwedel, Stade, Halberstadt, Goslar, Magdeburg, Bernau, Zerbst usw. hatten ihren Anteil am internationalen oder überregionalen Bierhandel. Schon vor dem Ende des 14.Jh. zeichnete sich durch Überproduktion eine Krise ab, und manche Stadt ging zur Abschließung des Innenmarkts gegen außerstädt. Biere über – etwa durch Beschränkung des Verbrauchs von Einbecker Bier auf bes. festl. Anlässe oder auf die Krankendiät. Hinzu kam, daß im 2. Viertel des 14.Jh. im Stift Utrecht und in der Gft. Holland das Hopfenbrauen erlaubt wurde; bald eroberten die Brauer von Delft, Haarlem und Gouda die niederländ. und benachbarten Märkte von Calais bis in die Rheinlande. Da in den Rheinlanden das Hopfenbrauen noch lange untersagt blieb, profitierten davon auch westfäl. Städte wie Paderborn und Warburg, die schon vor der Mitte des 14.Jh. über eigene Hopfengärten verfügten. Vom letzten Drittel dieses Jahrhunderts an gingen die südl. Niederlande allmählich auch zum Hopfenbrauen über, doch gelang es den holl. Städten, mit einer neuen Biersorte, dem *Koit*, ihre Märkte fest in der Hand zu behalten. Die holl. Überlegenheit im Braugewerbe ist um so erstaunlicher, als diese Landschaft auf den Import von Getreide angewiesen war und oft mit der Versalzung des Grundwassers zu kämpfen hatte. Standortvorteile des holl. Braugewerbes waren jedoch der Überfluß von Torf, den man zum Biersieden in großen Mengen als Brennstoff brauchte, und die Lage an geeigneten Wasserwegen, über die auch die Hansebiere in die benachbarten Territorien geliefert wurden.

Der *Kleinhandel* mit Bier war in den Städten Sache der Krüger, die oft für den eigenen Verkauf brauten. In mehreren Städten neigten die Krüger dazu zur Abhängigkeit von den Brauern. Die Stadtbehörde versuchte häufig, durch die Ausnutzung des Ratskellers die Stadtkasse aufzufüllen, indem sie ihm bisweilen das Monopol des Fremdbierverkaufs gewährte. R. van Uytven

V. STÄDTISCHE BRAUORDNUNGEN: Ursprgl. diente das Bierbrauen in den Städten nur der hauswirtschaftl. Eigenversorgung; die Befugnis dazu stand jedermann zu und ergab sich aufgrund örtl. Gewohnheitsrechts aus althergebrachter Rechtsübung, ohne schon Gegenstand eines bes. Rechtstitels gewesen zu sein. Erst mit der seit dem 13.Jh. beginnenden Ausweitung zur gewerbl. Produktion geriet das Bierbrauen unter obrigkeitl. Einfluß und gewann die Bedeutung eines, an bestimmte Hausplätze in der Stadt gebundenen bürgerl. Rechts (jus braxandi), das neben dem Produktionsrecht auch die Verkaufserlaubnis »zum feilen Kauf« umfaßte. Weniger als Zunft organisiert, stand die Brautätigkeit zumeist mehr in genossenschaftl. Bindung und unterlag der Aufsicht des Rates, dessen Einflußnahme in der von ihm ausgehenden Gesetzgebung und in der Verwaltung der Brauangelegenheiten zum Ausdruck kam. Während die gesetzl. Maßnahmen v. a. den Berechtigtenkreis und Umfang der Brauberechtigung bestimmten, wurde die Organisation der Brautätigkeit durch Brauordnungen geregelt. Mit ihnen wurden Malzherstellung und -verwendung, Bierqualität und Preisgestaltung überwacht sowie die Größe des Gebräues und die Brauzeiten festgelegt. Das daraus hervorgegangene Reihebrauen war eine städt. Maßnahme zur gleichmäßigen Beschäftigung des Braupersonals und zur Sicherung der Produktion, die zudem durch Einfuhrverbote für fremde Biere geschützt wurde. Weiterhin regelten Brauordnungen die Anstellung der mit der Überwachung des Brauwesens beauftragten Personen, die Abnahme des Braueides, den Ankauf und die Wartung der Braugerätschaften sowie die Durchführung des Bierexports. E. Plümer

Bibliogr.: Jbb. der Ges. für die Gesch. und Bibliogr. des Brauwesens I, 1928 und ff. – *Lit.*: RE III, 1, 457-464 – HOOPS² II, 530-537 – A. MAURIZIO, Gesch. der gegorenen Getränke, 1933 – K. GLAMANN, Bruggeriets historie i Danmark indtil slutningen af det 19. århundrede, 1962 – C. VAN DE KIEFT, Monopole de vente du »gruit« et droit de ban (Acta HistNeerl I), 1966, 67-81 – H. A. MONCKTON, A Hist. of Engl. Ale and Beer, 1966 – H. HUNTEMANN, Bierproduktion und Bierverbrauch in Dtl. vom 15. bis zum Beginn des 19.Jh., 1970 – J. DECKERS, Gruit et Droit de Gruit (Actes XLIᵉ Congr. Fédération d'Archéologie et d'Hist. Malines II, 1971), 181-193 – DRINKEN in het Verleden, 1973 – R. VAN UYTVEN, Haarlemse Hop, Goudse Kuit en Leuvense Peterman (Arca Lovaniensia 4), 1975, 334-351 – G. STEFKE, Ein städt. Exportgewerbe des SpätMA in seiner Entfaltung und ersten Blüte. Unters. zur Gesch. der Hamburger Seebrauerei des 14.Jh. [Diss. Hamburg 1979].

Biergelden → Bargilden

Bifang (lat. captura, proprium, occupatio, comprehensio, auch septum, ambitus u.a.), ein in bestimmten, mitunter durch Lachbäume markierten → Grenzen gehaltenes Landstück, das sich im vollen Eigentum seines Inhabers befand. Die Aneignung erfolgte vielfach im Ödland (eremus). Gelegentl. kgl. Besitzbestätigungen setzen kein vorheriges Königsgut voraus. Der B. zieht die Kultivierung des Bodens vielfach nach sich, ohne daß diese vorausgesetzt werden kann. Die Weitervergabung als Zinsgut (UB zur Gesch. des Niederrheins I, Nr. 65) und Lehen ist beim B. im Gegensatz zum ursprgl. Wesen der → Beunde möglich. Rechtlich entsprechen dem B. die aprisio der span. Flüchtlinge unter Karl d. Gr. und die → *presura* der span. → Reconquista. W. Metz

Lit.: DtRechtswb II, 331-333 – Hoops² II, 537-539 – HRG I, 418-420 – O. BETHGE, Über »Bifänge«, VSWG 20, 1928, 139-165 – K. HEINEMEYER, Königshöfe und Königsgut im Raum Kassel, 1971, 124-137 – I. SORHAGEN, Die karol. Kolonisationsprivilegien in Spanien und im südlichsten Frankreich [Diss. Göttingen 1976].

Biga (von *viga* 'Balken'), Name, den in → Barcelona Mitte des 15.Jh. die von den *ciudadanos honrados* (Finanzleuten und Grundbesitzern) und den Tuch-Importeuren geführte städt. Partei trug. Die Mitglieder der B. gehörten einigen wenigen miteinander verschwägerten Familien an, die seit der endgültigen Organisation der städt. Gemeinde im 13.Jh. fast immer dieselben geblieben waren. Die Monopolisierung der städt. Ämter durch diese Gruppe hatte Widerstände hervorgerufen, aber der offene Kampf brach erst 1450 mit der Bildung der Gegenpartei der → Busca aus. Nach vorübergehender Niederlage der Oligarchie, die von Kg. Alfons V. (I.) el Magnánimo aus der Regierung der Stadt verdrängt wurde, setzten die ciudadanos honrados ihre Macht erneut in der *Diputación del General* (allg. Bürgerversammlung) durch, die das Sprungbrett der B.

für die Wiedergewinnung ihrer Machtstellung war. Ihre Opposition gegen die Monarchie mündete in einen Bürgerkrieg ein, der zum Niedergang Kataloniens führte. Vgl. auch → Katalonien, → Barcelona, Stadt. Carmen Batlle

Lit.: C. BATLLE, La crisis social y económica de Barcelona a mediados del s. XV, 2 Bde, 1973.

Bigamie, Verheiratung mit zwei Gatten, kannte das kirchl. Recht in zwei Formen: a) Sukzessive oder konsekutive B. (Digamie) im Sinn einer Wiederverheiratung nach Lösung der ersten Ehe durch Tod sollte nach frühkirchl. rigorosen Strömungen verboten sein. Diese Auffassung konnte sich zwar nicht durchsetzen, doch erhielt sich die Abneigung gegen die wiederholte Eheschließung wohl auf Grund von 1 Tim 3, 2. 12; Tit 1, 6 und der übertriebenen Wertschätzung der Viduität (→Witwe) lange in der kirchl. Lehre und Praxis (vgl. C. 27 q. 1 c. 24; C. 31 q. 1 c. 8; X 4. 21. 1, 3). Seit dem 9. Jh. steht – entgegen der strengeren Disziplin der Ostkirchen – der Gültigkeit und Erlaubtheit auch wiederholter Ehen von Verwitweten in der lat. Kirche zwar nichts mehr im Wege (Nikolaus I 866, Ep. Bulgar. c. 3), doch spricht noch Rolandus (Alexander III.) in seiner Summa Decreti Gratiani der wiederholten Eheschließung die Sakramentalität ab (zu C. 31 q. 1 c. 8, ed. THANER, 156). – b) Im engeren Sinn bedeutet B. die gleichzeitige Verheiratung mit zwei Gatten (simultane B.). Das kanon. Recht erklärte solche Zweitehen, die während des Bestehens einer kirchl. gültigen Ehe eingegangen wurden, in der Regel als ungültig (vgl. C. 32 q. 7; X 4. 4); die vereinzelten Durchbrechungen des Unauflöslichkeitsprinzips in der kanonist. Tradition stellen Ausnahmen dar. Bigamisten in diesem engen Sinn waren schweren Kirchenstrafen unterworfen. → Ehe. J. A. Brundage

Lit.: DDC II, 853–888 – ST. KUTTNER, Pope Lucius III and the Bigamous Archbishop of Palermo (Medieval Stud. A. GWYNN, 1961), 409–453 – J. TRÜMMER, B. als Irregularitätsgrund nach der Lehre der alten Kanonistik, Speculum iuris et ecclesiarum, 1967, 393–409.

Bigi → Palleschi

Biglia, Andrea, * um 1394, † 27. Sept. 1435 in Siena, Humanist und Theologe. B. stammte aus einer guelf. Mailänder Familie, die in die städt. Zwistigkeiten verwickelt war, denen er sich jedoch durch seinen Eintritt in den Orden der Augustinereremiten (1412) entzog. Trotz dieses Entschlusses blieb er weiterhin ein scharfer und leidenschaftl. Beobachter des polit. Geschehens seiner Zeit. Er wurde nach Padua geschickt, wo er seine philos. und lit. Bildung vervollständigte, 1418–23 war er in Florenz, wo er über Moralphilosophie, Dichtung und Rhetorik las und 1420 Fastenpredigten hielt. In Bologna erhielt er den Titel Magister theologiae; später mußte er die Stadt wegen der antipäpstl. Unruhen des Jahres 1428 verlassen. B. lehnte eine Lehrstelle an der Univ. Pavia ab, die ihm von Filippo Maria → Visconti angeboten worden war. Nach einem kurzen Aufenthalt in Perugia zog er nach Siena, wo er Moral- und Natur-Philosophie lehrte. Unter seinen Schülern war damals auch Enea Silvio Piccolomini, der spätere Pius II. 1432 wurde B. Leiter des Kl. S. Agostino in Siena, dann 1435 Provinzialvikar. Er starb im gleichen Jahr an der Pest.

Von B.s Werken ist v.a. die »Mediolanensium rerum historia« (Ed. MURATORI, 19, 9–158) bekannt, die die Jahre 1402–31 umfaßt; jedoch auch sein anderes hist. Werk »De detrimento fidei Orientis« ist erwähnenswert. Seine umfangreiche Bildung wird von seinen zahlreichen Schriften bezeugt, die nur zum Teil veröffentlicht worden sind. Er las klass. Autoren und versah sie mit Anmerkungen, übersetzte und kommentierte Aristoteles. Von seinen zahlreichen namentl. bekannten theol. Werken, die ihm den Titel doctor angelicus eintrugen, sind die »Adnotationes in Evangelia quadragesimae« und die Anmerkungen zu den Evangelia »quae per annum leguntur« erhalten, mit denen B. in der Tradition der Augustin. Spiritualität steht. Noch bekannter sind seine polem. Schriften über die Predigt des → Bernardinus v. Siena und dessen Anhänger, denen er vorwarf, nach dem Beifall der Menge zu streben und eine abergläub. oder sogar häret. Haltung zu zeigen. »De institutis, discipulis et doctrina fratris Bernardini« (ed. B. DE GAIFFIER, AnalBoll 53, 1935, 314–358) und »Ad Barcinonenses de littera H in Yhesu« (ed. I. B. WULST, Antonianum 3, 1928, 73–86). A. Morisi

Lit.: DBI, s. v. – R. SABBADINI, A. B. (milanese), frate agostiniano del sec. XV, Rendiconti del R. Ist. Lomb. di Scienze e Lettere, s. 2, 39, 1906, 1087–1102 – R. ARBESMANN, A. B., Augustinian friar and humanist..., AnalAug 28, 1965, 154–185 – J. C. SCHNAUBELT, A. B.... [Diss. masch. Univ. Cath. Washington 1976; mit Werkverz. und Bibliogr.] – DERS., Prolegomena to the Ed. of the Extant Works of A. B..., AnalAug 40, 1977, 143–184.

Bigod, engl. Adelsfamilie, seit 1141 Gf.en (Earls) v. → Norfolk. Roger B. († 1107), ein Normanne unbekannten Standes, erlangte Bedeutung, als er Landbesitz in Suffolk, der dem Earl von East Anglia, Ralph, konfisziert worden war, erhielt. 1086 war er Sheriff v. Norfolk und Suffolk, wo er 117 adlige Lehen *(lordships)* besaß (Domesday Book). Unter Kg. Wilhelm II. wurde er → Steward des kgl. Hofhaltes, welches Amt er bis zu seinem Tode bekleidete; Kg. Heinrich I. übertrug ihm Framlingham in Suffolk. Sein Sohn Wilhelm war gleichfalls kgl. Steward; er kam 1120 auf der → Blanche-nef um. Ihm folgte sein Bruder Hugh († 1177), eine sehr bedeutende Persönlichkeit. Sein Eid, daß Kg. Heinrich I. seine Tochter → Mathilde zugunsten → Stephans v. Blois enterbt habe, half letzterem sehr bei der Erlangung des engl. Thrones; doch fiel Hugh B. 1141 von Stephan ab und wurde von Mathilde mit der Würde des Gf.en v. Norfolk belohnt. Stephan war genötigt, Hughs gfl. Rang 1153 anzuerkennen; 1155 bestätigte ihm Kg. Heinrich II. den Besitz dieses Titels. Er war in eine Fehde mit Stephans Sohn Wilhelm verwickelt; 1157 verlangte Heinrich II. von ihm die Übergabe seiner Burgen Walton, Bungay und Framlingham, doch erhielt er die beiden letztgenannten 1165 zurück. 1173–74 beteiligte sich B. an der Erhebung → Heinrichs, des »Jungen Kg.s«; nach seiner Unterwerfung ließ Heinrich II. Framlingham zerstören. Obwohl Hughs Sohn Roger († 1221) während des Aufstandes auf seiten Heinrichs II. kämpfte, erhielt er wegen eines Streites mit der zweiten Gemahlin seines Vaters den gesamten Familienbesitz und das *Earldom* erst 1189. Er betätigte sich als kgl. Richter und schloß sich 1215 den aufständ. Baronen gegen Kg. Johann Ohneland an. B. und sein Sohn Hugh gehörten zu den 25 Baronen, welche die → Magna Carta garantierten. Der Earl ließ Framlingham Castle wieder aufbauen, das ein frühes Beispiel für eine Burg ohne Bergfried, die durch eine Mantelmauer mit Flankentürmen befestigt ist, bildet. Die Burg wurde 1216 von Johann eingenommen; 1217 kehrte B. in die Botmäßigkeit des Kg.s zurück. Sein Sohn Hugh († 1225) erwarb durch seine Heirat mit der ältesten Tochter von William Marshal der Familie das Amt des → Marshal v. England und die Herrschaft *(lordship)* Chepstow. Hughs Sohn Roger († 1270) verlor das Recht auf das Amt des Stewards v. England an Simon de → Montfort. Obwohl einer der Führer der baronialen Opposition von 1258 und Mitglied des Ausschusses der 24 und des Rates der 15, unterstützte er später wieder die Krone. Er war Gegner eines harten Vorgehens gegen die ehem. Rebellen nach 1265. Sein Bruder Hugh († 1266) wurde 1258 zum →Justitiar erhoben und spielte während des frühen Stadiums der baronialen Reformbewegung eine wichtige Rolle. Bei seiner Tätigkeit als Reiserichter 1258-59 (→ eyre) deckte er eine Reihe von Mißständen auf, wobei er in bemerkenswerter Weise die querela, die mündl. Klage gegen kgl. und baroniale Amtsträger, anwendete. 1260 trat Hugh als Justitiar zurück, und 1264 kämpfte er für den Kg. Sein Sohn Roger B. († 1306) war als letztes Mitglied der Familie im Besitz des Earldom Norfolk; B. spielte bei der Eroberung von → Wales durch Kg. Eduard I. eine wichtige Rolle, doch verschlechterten sich die Beziehungen zum Kg. in den 1290er Jahren. Der Baron war in finanziellen Schwierigkeiten und mußte Anleihen bei it. Kaufleuten aufnehmen. 1293 bat er das Parlament um Erlaß seiner Schulden bei der Krone; es wurde ihm eine ratenweise Abzahlung gewährt. 1294 geriet er mit Eduard I., der einen anderen zum Marshal des kgl. Heeres eingesetzt hatte, in Konflikt; 1297 stand er gemeinsam mit Humphrey de → Bohun, Earl of Hereford, an der Spitze der Opposition gegen die Pläne des Kg.s. Er lehnte es ab, in der Gascogne zu kämpfen und wurde ztw. als Marshal abgesetzt, da er sich weigerte, die in London aufgebotenen Truppen registrieren zu lassen. Er begab sich mit Hereford zum → Exchequer, um gegen verfassungswidrige Besteuerung zu protestieren und nahm am kgl. Feldzug in Flandern nicht teil. Sein Argwohn gegen Eduard blieb beständig. Zwar nahm er noch an der Schlacht von → Falkirk (1298) teil, doch übte er ansonsten sein Marshal-Amt zunehmend durch einen Stellvertreter aus. Allerdings konnte er, vielleicht aufgrund seiner Geldnöte, die Opposition nicht wirksam fortsetzen; 1302 erreichte er eine Übereinkunft, aufgrund derer er seinen Landbesitz der Krone übereignete, die sie ihm - nebst einer zusätzl. Rente von 1000 £ (in Land) - auf Lebenszeit zurückerstattete. Nach Roger B.s Tod (1306) fielen seine Güter daher an die Krone. Er hinterließ keine direkten Nachkommen, so daß die Familie ausstarb.

Aus dem späten 13. und frühen 14. Jh. sind eine Reihe von Finanzdokumenten von den Gütern der B. in England, Wales und Irland erhalten. Sie beleuchten viele Einzelheiten der grundherrschaftl. Wirtschaft und Verwaltung; einige sind wegen der in ihnen enthaltenen Berechnungen des Profits, welche die Kassenprüfer anstellten, bemerkenswert. Rechnungen des Hofhalts der B. sind zwar nicht überliefert, doch zeigt eine Liste der Gefolgschaft von Roger B., daß er fünf → bannerets, neun → knights (Ritter), 17 Reiter und sieben Schreiber unterhielt. Im Winter 1297-98 verpflichtete er sich vertragl., mit 130 Reisigen in Schottland zu kämpfen. Der Soldvertrag (→ indenture), den er 1297 mit John de Seagrave abschloß, ist ein bedeutendes frühes Beispiel des für den sog. → Bastard Feudalism charakterist. Dienstvertrages auf Lebenszeit.

M. C. Prestwich

Lit.: DNB - Peerage - R. F. Treharne, The Baronial Plan of Reform, 1932 - N. Denholm-Young, Seignorial Administration in England, 1937 - R. A. Brown, Framlingham Castle and Bigod, 1154-1216, Proceedings of the Suffolk Institute of Natural Hist. and Archaeology, XXV, 1950, 127-148 - I. J. Sanders, English Baronies, 1960 - R. H. C. Davis, King Stephen, 1967.

Bigorre, Gft. in den frz. Pyrenäen (Dép. Hautes-Pyrénées), aus der civitas der Bigerrones hervorgegangen; zur Gesch. des Bm.s → Tarbes. Die Ursprünge des Grafenhauses liegen weitgehend im dunkeln; eine Abkunft vom Haus → Gascogne ist, zumindest in männl. Linie, nicht belegbar. Anscheinend bildete die Gft. im 10./11. Jh. einen Zankapfel zw. den Familien Gascogne und Toulouse-Comminges. Als erster gesicherter Gf. kann Raimund (um 945) gelten. Die Erbfolge (in weibl. Linie) wurde dreimal durchbrochen: durch Bernhard Roger v. Couserans, Centullus v. Béarn und Peter v. Marsan. Gf. Bernhard I. machte 1062 anläßl. einer Wallfahrt nach Le Puy eine Schenkung, auf die in der Folgezeit das Bm. Le Puy seine Ansprüche auf Hoheitsrechte über die Gft. gründete. Die Gf.en v. B. residierten in Tarbes; ihre wichtigsten Lehnsträger waren die vicecomites v. Lavedan und die Herren v. → Aure. Obwohl die Kg.e v. Aragón im 12. Jh. nach dem Besitz der Gft. strebten, blieb das B. in gascogn. Einflußbereich. Das Land hatte *Fors generaux* (allgemeine Statuten) und *États* (Stände) seit dem Ende des 11. Jh. Die Erbfolge der Gfn. → Petronilla († 1251) löste einen der längsten Prozesse in der Geschichte aus. Als Erbin der Gft. hatte Petronilla fünf Heiratsverträge geschlossen und eine Schenkung sowie ein Testament hinterlassen, die einander widersprachen: Die Schenkung war zugunsten ihrer Tochter Mathe, Gemahlin Gastons VII., Vicomte v. → Béarn, erfolgt, während das Testament zugunsten von Esquivat de Chabanais, dem Sohn der Alix, einer weiteren Tochter der Petronilla, ausgestellt war. Philipp IV., Kg. v. Frankreich, nutzte die Situation aus, indem er den Rechtsstreit an sich zog und die Gft. 1292 in seine Hand brachte; sie unterstand bis 1363 kgl. Verwaltung. Darauf war sie nacheinander in den Händen des Schwarzen Prinzen, Johanns I. v. Armagnac, Gaston Phoebus (Gaston Fébus), Johanns I. v. Foix; zugunsten des letzteren wurde die Sequestrierung 1425 förmlich aufgehoben. Der Besitz der Gft. war in dieser Zeit ein ständiger Streitpunkt zw. den rivalisierenden Häusern → Foix und → Armagnac. Schließlich wurde das B. vom Parlement dem Hause Foix-Navarra zuerkannt (1503). - Die kgl. Verwaltung führte eine Erhebung durch (1300) und veranlaßte die Erstellung von zwei Steuerregistern (*censiers*, 1313, 1429), die äußerst genaue Quellen für Demographie und Agrargeschichte der Region darstellen.

Ch. Higounet

Lit.: F. Lot, Études sur le règne de Hugues Capet et la fin du XIe s., 1903 - A. Meillon, Le cart. de l'abbaye de St-Savin en Lavedan, 1920 - F. Merlet, Le procès pour la possession du comté de B., BEC, 1857 - G. Balencie, Le procès de B. Revue des Hautes-Pyrénées, 1908-10; Bull. Soc. Acad. Hautes-Pyrénées, 1930-31 - M. Berthe, Le comté de B. Un milieu rural du Bas-MA, 1976.

Bihištī, Aḥmed Sinân Čelebi, frühosman. Autor, geb. ca. 1466, gest. 1511/12; Sohn eines Begs, am Hof erzogen, später selbst Sandschakbeg, fiel er bei Sultan Bāyezīd II. in Ungnade und lebte eine Zeitlang am Timuridenhof in Herat. Schrieb auf türkisch als erster, wie er behauptet, eine Ḥamse (fünf ep. Dichtungen) und übte bemerkenswerte Kritik an seinen Vorgängern. Er verfaßte in gehobenem Stil eine Chronik der Jahre 1389 bis 1502.

B. Flemming

Ed.: B. Moser, Die Chronik des Ahmed Sinân Čelebi gen. B., 1980 [Teiled.] - Lit.: EI^2 II, s. v.

Bijelo Polje, serb. Bischofssitz am Lim (Montenegro). 1255 ließ der serb. Kg. Stefan Uroš I. (1243-76), durch die polit. instabil gewordene Situation genötigt, den 1219 von Ebf. Sava im Kl. Sv. Bogorodica zu Ston errichteten ersten Bischofssitz von Hum, einst Besitz des Fs.en Miroslav, tief ins serb. Landesinnere in das Kl. Sv. Petar in B. verlegen. Neben einigen Schenkungen von → Hum, die dem Kl. Sv. Petar schon früher von Miroslav übertragen worden waren, wurden ihm durch die Bistumsverlegung nun auch das Stoner Privileg und der gesamte bfl. Besitz übereignet. Trotz der sicheren Lage führte die Tatsache, daß der neue Bischofssitz außerhalb seiner Diöz. lag, dazu, daß der Bf. seine Amtspflichten nie zentral ausüben konnte und allmähl. den serb.-orth. Primat von Hum, bes. in

Hinblick auf die Halbinsel Pelješac mit Ston, einbüßte, auch wenn das Bm. noch in späterer Zeit (1442) die Titel »Metropolie des Lim« oder »Metropolie von Halbherzegowina« führte. Schon die erzwungene Entscheidung des serb. Kg.s Stefan Dušan, Ston an → Ragusa zu verkaufen, hatte dazu geführt, daß die Halbinsel Pelješac mit Ston und weiteren Küstengebieten unter kath. Suprematie fiel.

D. Nagorni

Lit.: V. Ćorović, Značaj humske episkopije (Spomenica eparhije zahumsko-hercegovačke, 1929), 49–63 – D. Nagorni, Die Kirche Sv. Petar in B. P. Ihre Stellung in der Gesch. der serb. Architektur (Misc. Byz. Monac, 23), 1978.

Bild, Bilderverehrung
I. Patristik und Ostkirche – II. Westkirche.

I. Patristik und Ostkirche: Auf Grund seiner Herkunft wußte sich das Christentum zunächst dem atl. → Bilderverbot (Ex 20, 4 f.; 34, 17; Lev 19, 4; Dtn 4, 15–19; 5, 8 f.) verpflichtet. Die Notwendigkeit dann, sich klar vom götterbilderfreundl. → Heidentum abzusetzen, führte auch in den hellenist. Gemeinden zur Ablehnung des Bildes (B.). Ausnahmen bildeten chr. Symbole an Grabstätten, angereichert bald durch allegor. Darstellungen, teilweise mit Themen aus dem AT. Die Situation ändert sich mit dem 4. Jh. Gestützt v. a. auf die Theologie des Konzils v. → Nikaia (325) beginnt eine theol. Rechtfertigung des B.es. Ihr Grundgedanke: Der wesensgleiche Sohn ist das vollkommene, weil wesensgleiche Abbild Gottes; in seiner Menschwerdung ist es offenbart (vgl. weiterhin → Christologie). Die Väter des »ὁμοούσιος« sind die ersten Theologen auch des Bildes: Athanasios, die Kappadokeer. Als argumentum ad hominem bringen → Athanasios (Or. 3 c. Ar. 5 MPG 26, 332) und → Basilius d. Gr. (Baseleios; Sp. S 18 MPG 32, 149 C) den Umgang mit dem Kaiserbild erklärend ins Spiel und stellen das entscheidende Prinzip auf: »Wer das Bild ehrt, ehrt den Kaiser, bzw. »Die Ehre des B.es geht über auf das Urbild«.

Im O wie im W erkennt man den Bildern zunächst einen kerygmat.-didakt. Wert zu. → Gregor v. Nazianz nennt den Maler den besseren Lehrer (Carm. 33 MPG 37, 929 A). → Neilos v. Ankyra will die Kirche ausgestattet sehen: nach O mit dem Kreuz, die Wände auf beiden Seiten mit Darstellungen aus dem AT und NT, »damit die Schriftunkundigen, die die Hl. Schriften nicht lesen können, durch die Betrachtung der Malerei das Gedächtnis der mannhaft aufrichtigen Diener Gottes übernehmen«, natürlich dann zu ihrer Verehrung angeregt werden (Ep. 61 MPG 79, 577/80). Noch mehr bestimmt die pädag. Bedeutung das Verhältnis des W zum B. Wichtig wurde v. a. die Stellungnahme Gregors d. Gr. (590–604): »Idcirco enim pictura in ecclesiis adhibetur, ut hi, qui litteras nesciunt, saltem in parietibus videndo legant, quae legere in codicibus non valent« ('Die B.er sollen deshalb in den Kirchen angebracht werden, damit jene, die nicht lesen können, wenigstens aus den Erscheinungen auf den Wänden entnehmen können, was sie aus Büchern nicht verstehen würden'); die B.er sind nicht zu zerstören, das Volk aber ist zu belehren, daß es sie auf keinen Fall anbetet (Ep. 105 MPL 77, 1027 f.). Diese Auffassung machten sich die → Libri Carolini und die Synode v. → Frankfurt (794) zu eigen. Doch die Praxis ging auch im W ihren Weg und kannte früh eine religiöse Verehrung der Bilder. Die nachfolgende Theologie berief sich, um deren relativen Charakter zur Rechtfertigung zu betonen, wieder auf Basileios (vgl. Thomas v. Aquin, S. th. III qu. 25. a. 3). – Im O, wo sich, trotz Widerständen, vom 4. Jh. an ein lebhafter Bilderkult entwickelte (vgl. die Legenden von den Acheiropoieta, den »nicht von Menschenhand geschaffenen« B.ern), bedeutet

Kan. 82 des Quinisextum (691) einen Markstein. Einleitend erwähnt er die Darstellung Christi unter dem Symbol des Lammes, nennt sie eine »ehrwürdige Ikone«, aber nur als »Vorzeichen« und »Schatten«. Um der »Gnade und Wahrheit« den Vorzug zu geben, bestimmt die Synode, fortan solle das Lamm, das die Sünden der Welt hinwegnimmt, »Christus unser Gott«, in seiner menschl. Gestalt durch den Dienst der Farben aufgerichtet werden: »Durch sie erkennen wir die erhabene Demut des Gott-Logos und werden angeleitet zum Gedenken seines Wandels im Fleische, seines Leidens und seines heilbringenden Todes und der Erlösung, die daraus der Welt geworden!« Der kerygmat. Wert des B.es wird wieder bes. betont. Trotz der Bestimmung dieser dem O als ökumen. geltenden Synode kam es 35 Jahre später zum → Bilderstreit, der seinerseits – als Reaktion dagegen – eine eigtl. »Theologie der Ikone« anregte, für das 8. Jh. verbunden mit den Namen des Patriarchen → Germanos I. (715–730) und bes. des → Johannes Damaskenos († 749?), für das 9. mit denen des Patriarchen → Nikephoros I. (806–815) und Theodoros Studites († 826). Unter ihnen ist Johannes Damaskenos der »Theologe des Bildes« schlechthin. Seine Gedanken, entfaltet v. a. in den drei Reden über die B.er, wurden von dem 7. Ökumen. Synode (Nikaia II, 787) übernommen und damit gewissermaßen kanonisiert. Danach gehören zum Wesen des B.es: Ähnlichkeit mit dem Urbild und unabtrennbar davon die Verschiedenheit, die Ursprungsbeziehung und sein zeichenhafter, offenbarender Charakter. Das erste dieser Wesenselemente hat Nikephoros später dahin präzisiert, daß die Ähnlichkeit in der Form (εἶδος καὶ μορφή), die Verschiedenheit in der Natur (φύσις) bestehe (Ant. 3, 21 MPG 100, 408 B). Hinsichtl. der Ursprungsbeziehung gilt der Verhältnis von Ursache und Wirkung. Schließlich offenbart das Abbild sein Urbild, indem es dieses »vergegenwärtigt«, es »vertritt« (vgl. die Funktion des Kaiserbildes!). Damit ist sein »relativer« Charakter gegeben: Das B. weist von sich hinweg und über sich hinaus; damit auch Berechtigung und Grenze seiner Verehrung: Nicht Farbe und Tafel, sondern der dargestellte Herr oder Hl., das abgebildete Geheimnis sind Grund und Gegenstand. – Dargestellt werden kann alles, was Gestalt hat oder gestalthaft erschienen ist (Or III 24 MPG 94, 1344 BC; Kotter, 130 f.); so darum auch Gott als der menschgewordene Logos, was die Ikonographie durch den Gottesnamen ὁ ὤν = Jahve im Kreuzesnimbus der Christusikone ausdrückt. Um allen Mißverständnissen hinsichtlich der Weise der Verehrung zu begegnen, unterscheidet Johannes scharf zw. der προσ-κύνησις τῆς λατρείας, d. i. Anbetung, und προσκύνησις ἡ ἐκ τιμῆς, d. h. Ehrfurchtserweisung; jene gebührt Gott allein, diese den hl. B.ern um des Urbildes willen und auf das Urbild hin (Or I 8 MPG 94, 1240 B; Kotter, 83). Der – gewissermaßen seinshafte – Wert des B.es beruht in seiner »Teilnahme« an und »Gemeinschaft« mit dem Urbild, nicht gemäß der Substanz, sondern durch »Gnade und Wirksamkeit« (χάριτι καὶ ἐνεργείᾳ: Or I 19 MPG 94, 1249 D; nicht bei Kotter, vgl. aber II 14 Kotter, 105 f.). Johannes, wie die übrigen Bilderfreunde, ist überzeugt, sich für diese Theologie auf Schrift und Vätertradition stützen zu können. Kaum bewußt wurde, wieviel platon.-neuplaton. Gut über den Pseudareopagiten da eingespielt ist. – Den letzten und vielleicht entscheidenden Impuls für die ausgeprägte Ikonenfrömmigkeit des O gab die Synode des Jahres 843 mit der Beendigung der zweiten Epoche des Ikonoklasmus. Seitdem ist der erste Fastensonntag Fest der Ikone und der Orthodoxie zugleich. Nicht zu Unrecht nach östl.-orth. Verständnis: Die Anerkennung des B.es, bes. des Christusbildes, und seiner Verehrung erscheint als Zusammenfassung, weil letzte Konsequenz des chr. Glaubens an die Menschwerdung des Gott-Logos, d.i. an die Fülle göttl. Offenbarung und heilvoller Gegenwart Gottes in der geschaffenen Welt. – Vgl. → Ikone, → Heiligenbild. H. M. Biedermann

II. WESTKIRCHE: [1] Der karol. Bilderstreit ist keine genuine Geschichte der lat.-westl. Kirche und Theologie. Er war mitbedingt durch die mangelhafte Übersetzung und Interpretation der Beschlüsse des 7. Allgemeinen Konzils v. Nikaia 787 (s.o.) auf der Synode v. Frankfurt 794, wo der so falsch verstandene Bilderkult verurteilt wurde (cap. 2, vgl. Libri Carolini de imaginibus, MGH Con. II suppl., MPL 98, 989–1218). Papst Hadrian I. (772–795) hatte bereits durch die Rezeption der Synodalbeschlüsse des Nicaenum II diesem Streit den Boden entzogen (vgl. Gratian, Decr. c. 29 de cons. d. 3, ed. FRIEDBERG I, 1360). – Von der Kreuzverehrung abgesehen, hatten und haben die B.er in der röm. Liturgie keine Bedeutung für den Vollzug des Mysteriums. Ihnen kommt nur eine katechet.-didakt. Funktion zu, die im ganzen MA mit der Sentenz Gregors d. Gr. verdeutlicht wird: die Bilder sind die Bücher der Laien (s. o.). Damit begründete der Papst in der Lehrepistel an den Ebf. Serenus v. Marseille 600 (DENZINGER-SCHÖNMETZER 477, C. KIRCH, Enchiridion font. hist. eccl. ant. 1054–56) die kirchl. Verwendung der B.er, deren Kult er ausdrücklich ausschloß. Magister → Gratian führt diese Sentenz (a.a.O., c. 27) ebenso an wie Guilelmus → Durantis d. Ä. († 1296), der sie zusammen mit anderen gleichlautenden Gregorzitaten in seinem liturg. Handbuch Rationale divinorum officiorum I c. 3 (ed. Lyon 1592 fol. 18r) gegen die ikonoklast. Bibelstellen (v. a. Ex 20, 4 u. a.) nennt und damit ein umfangreiches Kapitel über die religiöse Bedeutung der Bilder und Skulpturen in der Kirche eröffnet. Diesem Kapitel stellt er den Merkvers voran: »Effigies Christi, qui transis, pronus honora, non tamen effigiem, sed quod designat adora…nec Deus est, nec homo, praesens quam cernis imago, sed Deus est et homo, quem sacra figurat imago.« ('Das Bild Christi, an dem du vorübergehst, soll dich zur Ehre geneigt machen, wenn es auch nicht das Bild selbst ist, das deine Anbetung erheischt, sondern das, für das es steht. ... Nicht Gott, nicht Mensch, macht das gegenwärtige Bild doch beider Wahrnehmungen möglich: er ist Gott und Mensch, beide stellt das heilige Bild dar.') In der Auseinandersetzung mit den Juden und den Ketzern unterstreichen alle Theologen den Unterschied von Anbetung und Verehrung und betonen den propädeut. Wert der B.er. → Rupert v. Deutz (Dialogus inter Christianum et Judaeum III MPL 170, 807) sieht die Wände der Kirchen voller B.er und Skulpturen. Sie halten die memorabilia fest, die Taten der Heiligen, den Glauben der Patriarchen, die Wahrheit der Propheten, den Ruhm der Könige, die Seligkeit der Apostel, die Siege der Märtyrer und in ihrer Mitte »das anzubetende Kreuz mit dem Bild meines Erlösers«. → Praepositinus bzw. die ihm zugeschriebene Summa contra haereticos (ed. J. N. GARVIN – J. A. CORBETT, 1958, 222–224) und Alanus ab Insulis, Contra haereticos IV. c. 12 (MPL 210, 427C) betonen wieder unumwunden, daß nur Gott anzubeten sei und kein Bild göttl. Kult verdiene. → Bernhard v. Clairvaux stand ganz in der Tradition Gregors, wenn er für seine Mönche, geistl. Menschen, Bild und -betrachtung ablehnte. In seiner Apologie an → Wilhelm v. St-Thierry (c. 12, 28 ed. Opera III, 1963, 105) tadelt er scharf den aufwendigen Bilderkult derer, die glauben, etwas wäre um so heiliger, je mehr es glänzte. Aber Bernhard vertauschte nur das Wandbild mit dem Bildwort, dessen Gestalten und Farben er meisterhaft handhabte.

[2] Zu einer fundierten Theologie des B.es und der Bilderverehrung bahnte sich die hochscholast. Theologie des 13. Jh. von der Philosophie (a) und der Inkarnationschristologie (b) her den Zugang. a) Im philos. Verständnis ist in vielfältiger Sinngebung von Bild die Rede (lat. exemplar, forma, imago, species, phantasma, ratio). Im Grunde der Bedeutung kommen die verschiedenen Termini darin überein, daß das Bild – das Abbild, das Sinnes- und Erkenntnisbild, Form und Gestalt – keinen in sich fixierten Seins- und Wesensbestand hat; es ist relational und empfängt sein Sein, indem und insofern es Bild ist, und zwar nicht im kausal, sondern formal effizienten Verhältnis. Die Bildwirklichkeit ist Sein durch Teilhabe (vgl. G. SÖHNGEN, Einheit der Theologie, 1952, 107–139). Das Bild ist Medium und Darbietungsform der Urgestalt, ihres Charakters, ihres offenbaren Wesens, es darf nicht fixieren, es gewährt Einblick. Thomas v. Aquin Sent. III d. 9 q. 1 a. 2 qua. 2 u. (wiederholt) S. th. III q. 25 a. 3 : Es ist ein und dieselbe Acht (motus), in der das Bild und das Sich-bildende in acht genommen wird, und darum verdient das Bild die Achtung des Sich-erbildenden. Das Bild des Gekreuzigten ist ohne denselben nichts (Material); als Bild desselben beten wir es an. Thomas hat die Philosophie der Ikone eingeholt!

b) Nach der allgemeinen Überzeugung der ma. Theologie hebt das Geheimnis der Menschwerdung Gottes in Jesus Christus das atl. Bilderverbot auf (Bonaventura Sent. III d. 9 a. 1 q. 2 ad 1). Das Sich-erbilden Gottes im Menschen erfüllt und vollendet alle Gottesbilder. Auch das Kreuz gehört zu diesem menschl. Gottesbild, und zwar nicht in der Weise der hypostat. Union, sehr wohl aber »per repraesentationem et contactum« (Thomas v. Aquin S. th. III q. 25 a. 4 ad 2), in der Teilhabe durch Berührung, in der formalen Repräsentanz. Und darum sprechen und flehen wir das Kreuz Christi des Gekreuzigten an (ebd. corp. art.). → Rainer v. Pisa OP († um 1348) faßte die Grundgedanken seines Ordenslehrers in seiner nach 1330 geschriebenen Summa (späterer Titel: Pantheologia ed. Venedig 1486) unter dem Stichwort 'adoratio' zusammen und resümiert: »adoratur a nobis (scil. crux) eadem adoratione qua Christus qui in ea crucifixus est« ('Es wird von uns [dem Kreuz] dieselbe Anbetung zuteil, die auch Christus, dem Gekreuzigten, zukommt'; a.a.O. fol. 11vb). Es ist ein und dieselbe Anbetung, die dem Kreuz und dem Gekreuzigten erwiesen wird. Die spätere Thomasauslegung sprach in diesem Zusammenhang von der 'latria relativa', vom relativen Kult des Kreuzes. Diese Unterscheidung trifft aber nicht den Grundgedanken der thomas. B.-Theologie. Für die Verehrung der Heiligenbilder und v. a. des Marienbildes gelten die genannten Ausführungen unter dem Vorbehalt, daß den Hl. nur Verehrung (veneratio, dulia bzw. hyperdulia) zukommt.

[3] Von der (erkenntniskritischen) Bedeutung des B.es wird auch deutlich, daß in Meister → Eckharts myst. Bildlehre (vgl. A. M. HAAS, MM 8, 1971, 113–138, s. Lit.) wiederum ein »ikonoklastischer« Akzent gesetzt wird. Das B. darf nicht den Blick gefangennehmen, sondern muß ihn frei machen zum je noch größeren Einblick in das Lebensgeheimnis Gottes. Nicht das Schaubild, sondern das Bildwort, um das sich Eckhart bemüht, leistet diesen Dienst: Gottes Sich-erbilden im Menschen zu erblicken und des Menschen Sich-bilden in Gott zu erlangen. Die spätma. Reformer und Reformatoren – Johannes → Hus, → Johannes de Gerson, → Savonarola u. a. – haben sich entschieden gegen einen irregeleiteten Bilderkult gewandt, ohne allerdings die Philosophie und Theologie des B.es zu reflektieren. L. Hödl

[4] Dagegen ist für → Nikolaus v. Kues († 1464) die Bildhaftigkeit bewußt akzeptiertes Zentrum seiner konjekturalen (→ coniectura) Erkenntnislehre. Er überwindet damit die Extreme eines nominalist. Erkenntnisverzichtes und des »lullistischen« (Raymundus → Lullus) Ideals mathematikanaloger exakter Wesenserkenntnis. Weil die reale Konstitution von Welt eine solche absteigender Abbildlichkeit darstellt (Gott [Vater – Sohn] – [menschlicher] Geist – extramentale Dinge), liegt es auch im Wesen der Erkenntnis, im Abbild und durch es das Urbild zu erkennen (vgl. »Idiota de mente«, v. a. das 4. und 5. Kapitel). Sinnenfällige »Symbole« sind für Nikolaus also geradezu ein erstes Ziel des Erkenntnisbemühens (so etwa die math. Symbole im ersten Buch von »De docta ignorantia«), sie müssen dann freilich bewußt in Richtung auf das in ihnen Gemeinte transzendiert werden. Die transzendierende Erkenntnis läßt aber ihren konkret-bildl. Ausgangspunkt nicht einfach hinter sich, sondern »hebt ihn auf« (im Hegelschen Sinne des Wortes). So bleibt in der Schrift »De visione Dei« das jeden einzelnen Betrachter anschauende gemalte Gottesbild als transzendierter Ausgangspunkt in den größten Höhen theol. Spekulation präsent – Bildhaftigkeit ist überstiegen, aber bleibt unverzichtbar. H. Meinhardt

Q.: Johannes Damaskenos, 3 Reden über die Bilder, MPG 94, 1232–1420 – B. KOTTER, Die Schr. des Johannes v. Damaskus III (= Patrist. Texte und Unters. 17, 1975) – Nikephoros, MPG 100, 201–850 – Lit.: zu [1]: DThC VII, 766–844 [V. GRUMEL] – W. ELLIGER, Die Stellung der alten Christen zu den B.ern in den ersten vier Jh., 1930 – L. KOCH, Zur Theologie der Christusikone, Benediktin. Monatsschr. 19, 1937, 357–387; 20, 1938, 32–47, 168–175, 281–288, 437–452 – H. MENGES, Die Bilderlehre des hl. Johannes v. Damaskus, 1938 – A. GRILLMEIER, Der Logos am Kreuz. Zur christolog. Symbolik der älteren Christusdarstellungen, 1956 [Bibliogr.] – P. J. ALEXANDER, The Patriarch Nicephorus, 1958 – CH. V. SCHÖNBORN, L'icône du Christ. Fondements théologiques élaborés entre le Ier et le IIe Concile de Nicée (325-787), 1976 – zu [II]: M. FEIGL, Vom incomprehensibiliter inquirere Gottes im ersten Buch von De docta ignorantia des Nikolaus v. Cues, DT 22, 1944, 321–338 – W. DÜRIG, Imago. Ein Beitr. zur Terminologie der röm. Liturgie, MthSt 5, 1952 – G. SIEWERTH, Wort und Bild. Eine ontolog. Interpretation, 1952 – H. SCHADE, ZKTH 79, 1957, 69–78 [über die Bildertheorie in den Libri Carolini] – Dt. Thomasausg. 26 (S. th. III, 16-34), 1957, eingeleitet und erklärt v. A. HOFFMANN – Der Begriff der repraesentatio im MA. Stellvertretung, Symbol, Zeichen, Bild, hg. A. ZIMMERMANN, MM 8, 1971.

Bildbeschreibung → Ekphrasis

Bilderbibel → Biblia pauperum

Bilderbogen, volkstüml., oft kolorierte und mit Text versehene → Einblattdrucke, die aus den von → Briefmalern hergestellten Heiligen-, Andachts- und Wallfahrtsbildern entstanden. Sie dienten zur Unterhaltung und Erbauung sowie zur religiösen und moral. Belehrung. Neben religiöse Motive treten seit dem späteren 15. Jh. weltl. Darstellungen wie solche der Lebensalter, Naturwunder, Himmelserscheinungen, Narren, etc. Seit der Wende vom 15. zum 16. Jh. wird der B. häufiger für aktuelle Nachrichtenübermittlung verwendet. Manche Dichter benutzten sie für ihre Veröffentlichungen, wie z. B. Sebastian Brant, Konrad Celtis oder Hans Sachs für seine 107 volkstüml. B.-Geschichten, in denen typ. B.-Themen, wie Tischsitten, Morallehren, Legenden und Schwänke verarbeitet sind. Auch bilden sich die später weit verbreiteten B.-Motive heraus, so Schlachtenbilder, türk. Szenen, Landsknechtsdarstellungen, sensationelle Ereignisse, Verbrechen, Folterungen, Hinrichtungen, Sehenswürdigkeiten aus fremden Ländern oder die Spottbilder. Oft waren die B. ohne künstler. Wert, doch schufen auch Künstler wie Albrecht Dürer, Jost Amman und Hans Burgkmair qualitätvollere Exemplare. Bedeutende Drucker um 1500, so A. Koberger in Nürnberg, H. Froschauer in Augsburg – diese beiden Städte waren in der B.-Produktion führend – oder K. Kachelofen in Leipzig verlegten sie. Seit der Reformationszeit dienten die B. in Form von Flugblättern auch der Vermittlung relig. u. polit. Propaganda sowie der Satire, wenn sozialkrit. Motive verstärkt hervortraten. G. Plotzek-Wederhake

Lit.: RDK I, 550–561 [Lit.] – Lex. der Kunst, 1968, 283–285 – Flugblätter des Sebastian Brant, hg. P. HEITZ (Jahresg. der Ges. für elsäss. Lit., 3), 1905 – H. RÖTTINGER, Die B. des H. Sachs, 1927 (Stud. zur dt. Kunstgesch. 247) – A. SPAMER, Arbeitsstand und Problemstellung der dt. B.forschung, 1934 (Volkskundearbeit, Fschr. O. LAUFFER) – H. ROSENFELD, Der ma. B., Zs. für dt. Altertum 85, 1954, 66–75 – DERS., Die Rolle des B.s in der dt. Volkskultur, Bayer. Jb. für VK, 1955, 79–85 – H. WÄSCHER, Das illustrierte dt. Flugblatt. 1. Von den Anfängen bis zu den Befreiungskriegen, 1955 – H. ROSENFELD, B. (Reallex. der dt. Literaturgesch. I, 1958²), 174f. – W. TOBLER, Betrachtungen zum B. Vom Werdegang der volkstüml. B., 1960 – H. ROSENFELD, S. Brants »Narrenschiff« und die Tradition der Ständesatire, Narrenb. und Flugbll. des 15. Jh., Gutenberg-Jb. 1965, 242–248 – DERS., Die Narrenbilderbogen u. Seb. Brant, Gutenberg-Jb. 1970, 298–307 – I. NEUMEISTER-G. WOLFRAM, Flugbll. der Reformation und des Bauernkrieges. 50 Blätter aus der Slg. des Schloßmus. Gotha. I. Hauptbd. 2. Kat., 1975–76 – Die Welt des Hans Sachs. 400 Holzschnitte des 16. Jh., Ausst. Nürnberg 1976 – W. BRÜCKNER, Massenbilderforschung, 1968 bis 1978, I: Die traditionelle Gattung der populären Druckgraphik des 15.–19. Jh., Internat. Archiv für Sozialgesch. der dt. Lit. 4, 1979, 130–178 [Lit.]. – Vgl. auch die Lit. zu → Einblattdrucke.

Bilderchronik → Chronik

Bilderhandschriften, böhmische (Göttinger und Jenaer Hs.). Beide Hss. zählen zu den satir. Werken, mit welchen die → Hussiten die Ideen der böhm. Reformation gegen die röm. Kirche verfochten. Die *Göttinger Hs.* enthält einen Traktat des dt. Hussiten Nicolaus v. Dresden »Tabulae veteris et novi coloris«, welcher durch die »Antithesis Christi et Antichristi« vervollständigt wurde. Als Autor dieses Textes gilt ein radikaler → Utraquist, Martin Lupáč, die »Antithesis« soll 1464 in Prag entstanden sein. Dem Text wurden viele einfache Zeichnungen beigefügt, in welchen sich auch der Kampf der Hussiten spiegelt (z. B. Jan → Žižka v. Trocnov als Heerführer). Die Texte der Göttinger Hs. wurden am Ende des 15. Jh. oder am Anfang des 16. Jh. durch andere satir. Traktate ergänzt und in einem prächtig illuminierten Sammelband zusammengefaßt. *Die Jenaer Hs.* (heute Prag, Nationalmuseum) ist ein Werk des Prager Utraquisten Bohuslav v. Čechtice. Mehr als 30 farbige Bilder wurden von dem Illustrator Janíček Zmilelý v. Písek gemalt. Künstlerisch stehen die Bilder der Jenaer Hs. höher als die Zeichnungen der Göttinger. Janíček verlieh dem Werk strahlende Farbigkeit und Feierlichkeit und fügte auch neue Motive (z. B. Žižka als Himmelspförtner) bei. J. Schwarz

Lit.: R. URBÁNEK, Starší obdoba rukopisu Jenského, rukopis Göttinský, Věstník čs. akad. věd a umění 61, 2, 1952, 21–33 – Z. DROBNÁ, Jenský kodex, 1970 – Pozdně gotické umění v. Čechách, J. KRÁSA, 1978, 436–439.

Bilderrollen → Rollenillustration

Bilderstreit, auch Ikonoklasmus (εἰκών 'Bild', κλάω 'zerbrechen') genannt, als Auseinandersetzung um die religiösen Bilder und ihre Verehrung, erschütterte Reich und Kirche im Byzanz des 8./9. Jh. in einer für uns kaum vorstellbaren Weise (vgl. → Byzantinisches Reich, Geschichte). Träger der ikonenfeindl. Bewegung waren Vertreter des höheren Klerus (Konstantin v. Nakoleia, Thomas v. Klaudioupolis) wie v. a. die Ks. der sog. isaurischen (besser syr.) Dynastie, deren Eingreifen für Aufbrechen und Verlauf des B.s entscheidend war. Polit. Motive sind darum nicht auszuschließen, ausschlaggebend waren aber allem Anschein nach religiöse Beweggründe auch bei den Ks.n Leon III. (717–741) und Konstantin V. (741–775); letzterer verfaßte persönl. Streitschriften und entwarf eine eigtl. Theologie, bes. gegen die Christusikone, die ihm als Bekundung entweder des Nestorianismus, weil Trennung, oder des Monophysitismus, weil Vermischung der beiden Naturen in Christus erschien. Den tieferen theol. Hintergrund bei Gegnern und Verteidigern der Bilder bildete eine verschiedene Schriftauslegung, bes. des atl. Bilderverbots und Weish 14, 7f, wobei letztere Stelle von den Gegnern der Bilder v. a. zur Rechtfertigung des → Kreuzes wie zur Charakterisierung des Bilderkultes als Idolatrie angezogen wurde. Anfängl. ging es mehr nur um Verehrung, später um Beseitigung und Verbot der Bilder. – Für den Beginn des B.es wird allgemein das Jahr 726 angenommen. Anstoß scheint ein verheerendes Erdbeben zw. den Inseln Thera und Therasia in der südl. Ägäis gewesen zu sein; es wurde als Gottesgericht gedeutet, ergangen weges eines in die Kirche eingebrochenen neuen »Götzendienstes«. Patriarch Germanos I. (715–730), der noch zu vermitteln versucht hatte, mußte zurücktreten. Höhepunkt der Auseinandersetzung war die v. Konstantin V. einberufene Synode v. Hiereia (754), die zwar die einseitige Theologie des Ks.s abschwächte, aber die Aufstellung und Verehrung der Ikonen verurteilte und ihre Verteidiger (Patriarch Germanos, Johannes Damaskenos) namentl. anathematisierte. Unter Konstantins Nachfolger Leon IV. (775–780) abgeschwächt, wurde der Ikonoklasmus seinerseits durch die 7. ökumen. Synode (787, Nikaia II) unter Ksn. Irene und Ks. Konstantin VI. verurteilt und zunächst überwunden. Rom (Gregor III., Zacharias, Hadrian I.) hatte stets auf der Seite der Bilderfreunde gestanden; fraglich bleibt, ob man hier die bes. Problematik des byz. B.es voll erkannte. – Eine Wiederbelebung fand der B. im 9.Jh. durch die Ks. Leon V. (813–820) und Theophilos (829–842), denen v. a. Johannes Grammatikos als Gelehrter und später als Patriarch (837 bis 843) die erwünschte theol. Hilfe leistete, während die Sache der Bilder durch Patriarch Nikephoros I. (806–815; deswegen abgesetzt) und Abt Theodoros Studites († 826) vertreten wurde. Auch in dieser 2. Epoche des B.es spielten zwei Synoden die jeweils entscheidende Rolle: die in der Hagia Sophia (815) gegen, die von 843 unter Ksn. Theodora und Ks. Michael III. für die Bilderverehrung. Mit der letzteren war der B. endgültig zu Ende, die Ikonen und ihre Verehrung wurden als rechtmäßiger Ausdruck chr. Glaubens anerkannt. →Bild, -erverehrung. H. M. Biedermann

Lit.: K. SCHWARZLOSE, Der B., 1890 [Nachdr. 1980] – G. OSTROGORSKY, Stud. zur Gesch. des B.es, 1929 [Nachdr. 1964] – P. J. ALEXANDER, The Patriarch Nicephorus of Constantinople, 1958 – ST. GERO, Byzantine Iconoclasm during the Reign of Leo III. (Corpus scriptorum christianorum orientalium 346), 1973 – DERS., Byzantine Iconoclasm – during the Reign of Constantine V (ebd. 384), 1977 – L. W. BARNARD, The Graeco-Roman and Oriental Background of the Iconoclastic Controversy, 1974 – A. BRYER-J. HERRIN [Hg.], Iconoclasm. Papers given at the 9th Spring Symposium of Byzantine Stud. (Univ. Birmingham 1975), 1977 – D. STEIN, Der Beginn des Byz. B.es und seine Entwicklung bis in die 40er Jahre des 8.Jh. (Misc. Byz. Monacensia 25), 1980.

Bilderverbot
I. Judentum – II. Frühes Christentum – III. Islam.

I. JUDENTUM: Mit dem bibl. Bilderverbot (2. Mos. 20, 3–4; 5. Mos. 4, 25ff., 27, 5), das sich gegen die Herstellung figürl. Darstellungen und deren Anbetung richtet, wird eine klare Trennung zum Götzenkult vorgenommen. Nach der Interpretation in der → Mischna (*Aboda zara*) gilt das Verbot vorrangig für Plastik und Relief.

Um jeden Anschein einer Bilderverehrung zu vermeiden, hat man im ma. Synagogenbau auf figürl. Darstellungen verzichtet. Dagegen waren in der Buchmalerei figürl. Szenen als Illustrationen bibl. Themen oder Szenen des tägl. Lebens erlaubt und beliebt. Hiervon ausgenommen war und ist die Thorarolle, die nie illustriert ist. Auch die span. Bibeln vermeiden – wohl unter arab. Einfluß – figürl. Szenen, während Bibeln anderer Länder reich bebildert sind, wie auch die Maḥzorim und Siddurim (Gebetbücher) u. a. und wissenschaftl. Werke, deren figürl. Szenen rein illustrativen Charakter besitzen. H. Künzl

Lit.: J. GUTMANN, The »Second Commandment« and the Image in Judaism (No Graven Images, hg. DERS., 1971), 3–16.

II. FRÜHES CHRISTENTUM: Die frühesten chr. lit. Äußerungen zu Bildern vertraten eine Weitergeltung des atl. B.es und eine an aploget. Polemik gegen das heidn. Götterbild ausgerichtete Ablehnung von Bildern. Doch wurde bereits im Judentum das B. mehr oder weniger rigoros interpretiert, und bezügl. der Stellungnahmen z. B. des Tertullian, Clemens v. Alexandria, Origenes und Eusebius v. Kaisareia oder des Can. 36 der span. Synode v. Elvira (306) ist die Forschung zu keiner einheitl. Ansicht über den jeweils intendierten Umfang des B.es gekommen. Im Laufe des 3. und frühen 4.Jh. haben sich Bilder erzählenden und symbol. Charakters durchgesetzt (z. B. Hauskirche Dura Europos, Grab- und Sarkophagkunst Rom). Ein wesentl. Anteil chr. Laien an dieser Entwicklung ist offensichtl., die Annahme einer Priorität gnost. oder häret. Sekten ist durch großkirchl. Bildergegner bezeugt. Das B. in Elvira und die Bilderfeindlichkeit von Theologen des 4.Jh. (z. B. Eusebius und noch in theodosian. Zeit Epiphanius v. Salamis) konnten die Verbreitung von Bildern in der Kirche nicht aufhalten, die – wohl unter Einfluß der Verehrung von Kreuz- und Märtyrerreliquien – bald zur Bilderverehrung (→ Bild, Bilderverehrung) und apotropäischen Verwendung von Bildern führte. Die Übersteigerung solcher Praxis war eine der Ursachen des byz. Bilderstreits, in dem die Argumente des Eusebius und Epiphanius wieder aufgegriffen wurden. J. Engemann

Lit.: RAC II, 318–341 – RByzK I, 616–662 – H. KOCH, Die achr. Bilderfrage nach den lit. Q., 1917 – W. ELLIGER, Die Stellung der alten Christen zu den Bildern in den ersten vier Jahrhunderten, 1930 – E. KITZINGER, The cult of images before iconoclasm, DOP 8, 1954, 83–150 – TH. KLAUSER, Die Äußerungen der Alten Kirche zur Kunst (Atti VI. Congr. Internat. Arch. Crist. Ravenna, 1962), 223–238.

III. ISLAM: Im Islam kam es erst nach Mohammeds Tod zu einem B. Es wendet sich nicht speziell gegen die Verehrung von Bildern, sondern ganz allgemein gegen die Herstellung und den Besitz von Abbildungen lebender Wesen, und zwar mit der Begründung, daß Gott allein solche Wesen »bilden« (und gleichermaßen auch beleben) könne. Die Diskussion über das Verbot setzte gegen Ende des 7.Jh. ein und kam im wesentl. um 720 zum Abschluß. Verboten wurde nur die Abbildung animal., nicht auch pflanzl. Objekte. Zwar setzte sich das Verbot nicht überall durch. In den Palästen von Herrschern und Notabeln waren Wandgemälde und Mosaiken mit Abbildungen animal. Wesen beliebt, später ebenso Miniaturen. Aber im sakralen Bereich, bes. in Moscheen und Koranhandschriften, findet man keine figürl. Darstellungen. Um so reicher entfaltete sich die Kunst der Flächenornamentik mit geometr. Mustern, Arabesken und kalligraph. ausgeführten arab. Schriftbändern. R. Paret

Lit.: R. PARET, Entstehungszeit des islam. B.s (Kunst des Orients XI, 1977 [Lit.]) – vgl. auch: DERS., Textbelege zum islam. B., 1960 [Lit.].

Bilderwand
(Ikonostasis), in orthodoxen Kirchen Wand mit Bildern, die den Altarraum vom Kirchenschiff trennt. Durch Verlängern der Pfosten und obere Querbalken wurden die Chorschranken zum → Templon, auch im Westen (vgl. DACL VII, 31–48). Schon vor dem Bilderstreit befanden sich am Templon Ikonen; zw. den Pfosten zunächst nur Vorhänge, später bewegl. Ikonen zur Ver-

ehrung, diese mit der Zeit nach genauem Bildprogramm fest angebracht. Seit dem 14.Jh. ist die B. voll entwickelt und wird symbol. gedeutet: als Zeichen für die Grenze zw. göttl. und menschl., ewiger und vergängl. Welt, denn der Altar versinnbildet Gottes Thron, dem der Gottesdienst die Beter annähert, von dem sie aber auf Erden noch getrennt bleiben. Zugleich verbürgen Bilder an der B. die Erfahrbarkeit der transzendenten Welt schon im Diesseits.

Die Gestaltung der B. schwankt nach Stilperioden: ztw. schlichte Wand, die viel Platz für Bilder bot, ztw. wurden weniger Bilder angebracht, dafür mehr Ornamentik eingesetzt; bis zu fünf Reihen (Stockwerke) übereinander; größte Entfaltung bei den Ostslaven. Die B. hat 3 Türen; die mittlere (»Königstüre«) durchschreitet nur der höhere Klerus beim hl. Dienst. Rechts davon befindet sich das Bild Christi, links das der Gottesmutter; an der Türe fast immer das Bild von Mariä Verkündigung (= Inkarnation, die Diesseits mit Jenseits verbindet) und der vier Evangelisten, der Garanten der Frohbotschaft; darüber ist oft ein Bild des Abendmahls Jesu. Auf Seitentüren (»Diakonstüren«; Zugang für den dienenden Klerus) finden sich Bilder hl. Diakone und Engel; daneben Bilder des Kirchenpatrons und örtl. verehrter Heiliger. Bildprogramm der oberen Stockwerke, meist nur in Auswahl: Über der Mitteltüre thronender Christus, betend ihm zugeneigt Gottesmutter und Johannes der Täufer, hinter ihnen andere Hl. und Engel (»Deesis«). Darüber Festtagsikonen: Bilder der Hauptereignisse des NT, die im Kirchenjahr Festtage haben; darüber »Gottesmutter des Zeichens« (Jes 7, 14) zw. Propheten des AT; darüber Bild der hl. Dreifaltigkeit (drei Engel bei Abraham; Gen 18) mit »Vorvätern« von Adam bis Moses. Die B. wird überragt vom Kreuz Christi.
E. Ch. Suttner

In den orth. Kirchen unter osman. Herrschaft wird die ursprgl. Templon-Form in Gestalt holzgeschnitzter Ikonostasen mit oft nur einem, seltener zwei Rängen von Ikonen auf dem Epistyl fortgeführt. Zentren dieser Schnitzerei (oft teilweise oder ganz vergoldet) sind anfangs der Athos und Kreta, später auch die griech. Inseln. K. Wessel

Lit.: RByzK III, 326-353 - W. OUSPENSKY-LOSSKY, Der Sinn der Ikonen, 1952, 59-68 - E. HAMMERSCHMIDT u. a., Symbolik des orth. Christentums, 1962, 53-90.

Bildinschrift → Buchmalerei

Bildkatechese. Die kirchl.-religiöse Bildwelt des MA besitzt weithin katechet. Funktion, ist didakt. Hilfsmittel zur Unterweisung der schriftunkundigen Laien, gilt somit als eine muta praedicatio, litteratura illiterato u. ä. (cf. Honorius Augustodunensis, Gemma animae; Gregor I. d. Gr., Ep. 9 et 11; Walahfrid Strabo, Libellus de exordiis et incrementis rerum ecclesiasticarum; Guilelmus Duranti, Rationale divinorum officiorum u. a.). Didakt.-katechet. Gebrauchsfunktion kommt dabei nicht nur der szen. Darstellung bibl., legendar., profaner und naturgeschichtl. Stoffe zu (→ Biblia pauperum; → Speculum humanae salvationis; → Concordantia caritatis), sondern auch dem zeichenhaft und symbol. Formulierten sowie der allegor. und typolog. Darstellung zu den großen Katechismusthemen: Symbolum (12-Apostel-Bilder mit Artikelzuweisung), Vaterunser (Gegenüberstellung der 7 Vaterunserbitten mit den 7 Hauptsünden), Dekalog (10 ägypt. Plagen, Befolgungs- und Übertretungsarten, die beiden Gesetzestafeln), Tugenden und Laster (Personifizierungen mit Attributen oder Symboltieren, Exempelszenen). Katechismustafeln mit den katechet. Hauptstücken finden sich aufgehängt in Kirchen, Spitälern und Schulen (Johannes Gerson, Opus tripartitum). Sie sind Vorläufer der katechet. Einblattdrucke des Spätmittelalters. D. Harmening

Lit.: J. GEFFCKEN, Der Bildercatechismus des 15.Jh. und die catechet. Hauptstücke dieser Zeit bis auf Luther, 1855 - P. GÖBL, Gesch. der Katechese im Abendlande vom Verfalle des Katechumenats bis zum Ende des MA, 1880 - L. GOUGAUD, Muta praedicatio, RevBén 42, 1930, 168-171 - B. I. KILSTRÖM, Den Kateketiska undervisningen i Sverige under medeltiden, 1958 - E. MURBACH, Die Zehn Gebote als Wandbild, Unsere Kunstdenkmäler 20, 1969, 225-230.

Bildnis
A. Westen - B. Byzanz, Ost- und Südosteuropa, Armenien, Georgien

A. Westen
I. Plastik - II. Buch- und Wandmalerei, Mosaikkunst - III. Tafelmalerei - IV. Münzen - V. Siegel.

I. PLASTIK: *Allgemeines:* Das MA kennt - mit Ausnahme seiner Spätphase - keine autonome Gattung »Bildnis« im Sinne der hochentwickelten röm. Porträtplastik der Antike oder der NZ seit der Renaissance. Das autonome nz. Porträt dient als »vera effigies« dem Kult des Individuums aus humanist., standesmäßigen, hist., kulturellen, empfindsamen, romant., propagandist. und anderen Gründen. Der Realitätsgrad kann von summar. Andeutung standestyp. persönl. Züge bis zu verist. Naturnähe, von idealist. Stilisierung bis zu karikierender Übersteigerung und psycholog. Vertiefung reichen. Dies gilt auch für die Ausdrucksmittel des ma. Bildnisses. Seiner Funktion nach ist jedoch das ma. B. die Darstellung eines Individuums in einem gattungsmäßig fest umrissenen Rahmen, als Votivfigur in einem Heiligtum, Devotionsfigur zusammen mit einem Kultbild oder einem Kultbau, Stifter oder Auftraggeber oder Gründer an einem Bau oder Ausstattungsstück, Baumeister- oder Bildhauerbildnis an seinem Werk, Repräsentationsbild mehr oder weniger amtlichen und zeremoniellen Charakters an Bauten und bis zur Kleinplastik von Siegeln, Münzen und Medaillen (→ Abschnitt IV und V). In geringer Zahl überliefert sind die Gattungen der Ehren- und ganz selten die Schanddenkmäler sowie die Effigiesplastiken (→ Effigies) des Totenzeremoniells und des Rechtsbrauchs. Die am reichsten in Beispielen dokumentierte Gattung ist die des Grabbildes. Sporadisch sind autonome Bildnisplastiken erhalten. Textquellen können z. B. bei den Gattungen Votiv-, Denkmal- und Effigiesplastik Lücken schließen helfen.

Die *Votivfigur* gehört zu den wichtigsten und grundlegenden Gattungen der Plastik überhaupt, belegt durch die Funde an prähist. Kultstätten, wichtig im Anteil an der gr. Skulptur, ma. Typen vorwegnehmend z. B. in den Bildwerken galloröm. Pilgerstätten wie der Seinequelle. Der heidn. Votivbrauch wird in den chr. übernommen. Seit dem FrühMA gibt es ununterbrochen schriftl. Zeugnisse für die im Idealfall lebensgroßen Nachbildungen des Votanten in Holz, Wachs und Metall. Der Bretonenkönig Salomon schreibt 871 an Papst Hadrian II., er könne wegen der Normanneneinfälle die gelobte Wallfahrt nach Rom nicht unternehmen und sende deshalb als Ersatz seine lebensgroße Figur mit Gold überzogen, auf einem Maultier reitend. Graf Robert v. Artois schickt 1290 seine bemalte Wachsfigur nach Notre Dame in Boulogne, die Gfn. v. Savoyen bestellt 1357 bei »magister Guglielmus Anglicus« ihr lebensgroßes Wachsbild für die Kathedrale in Lausanne, Karl VI. († 1422) v. Frankreich zahlt für »une image de cire, qu'il a fait faire de notre grandeur« für St-Pierre in Luxemburg, Pfgf. Ottheinrich stiftet wegen eines im Turnier gebrochenen Beins 1518 sein lebensgroßes Wachsbild nach St. Wolfgang am Abersee. Lebensgroße Votiv-Reiterbildnisse von Philipp IV. († 1314) oder Philipp VI. († 1350) gab es in Notre Dame in Paris und in Chartres, das Pariser Bildwerk ist durch einen Stich überliefert. Das einzige erhaltene got. Beispiel dieser Gattung ist die aus

Holz und Wachs gestaltete kniende lebensgroße Figur des Gf.en Leonhard v. Görz, um 1470/80, im Ferdinandeum in Innsbruck. Berühmt war seit dem 14.Jh. bis zur Ausräumung im 18.Jh. der zu Hunderten zählende Bestand realist. Votivfiguren in SS. Annunziata in Florenz, lebensgroße verist. Wachsplastiken mit Originalgewändern, z.T. zu Pferd aufgestellt, meist aufgehängt, gestiftet von Päpsten, Klerikern, Monarchen, Adel und Bürgern. Die »Boti« gen. Plastiken wurden von darauf spezialisierten Künstlerfamilien, den sog. Cerajuoli, von z.T. hohem künstler. Rang ausgeführt. Das einzige erhaltene Ensemble dieser Art, mit noch 53 lebensgroßen Figuren, befindet sich in der 1406 geweihten Wallfahrtskirche S. Maria delle Grazie bei Mantua. Neben den Großplastiken gab es als Normalfall mittlere und kleine Figuren, letztere nicht selten als köstl. Metallplastik. Die Reiterstatuette aus Metz, jetzt im Louvre, eines karol. Kg.s, doch wohl Karls d.Gr. selbst, gehört dazu, in ihrem Kopf durchaus porträthaft.

Vom unabtrennbar mit dem Wallfahrtsbrauchtum verknüpften Votivbildnis zu unterscheiden ist die *Devotionsfigur*, die unabhängig von einem konkreten Gelöbnis den Dargestellten in betender Haltung, meist kniend oder sich niederwerfend, in Beziehung zum Gegenstand seiner Andacht zeigt. Oft wird die Figur des Beters von einem hinter ihm stehenden hl. Patron, der nicht sein Namensheiliger sein muß, empfohlen; Beispiele dafür bieten schon die um 629–634 entstandenen Mosaikbildnisse von Gläubigen in Hagios Demetrios in Saloniki. Der Typus des Devotionsbildnisses teilt häufig seine Form auch Stifterbildnissen, Repräsentationsbildnissen und Grabbildern. Als reine Devotionsbilder sind jene zu betrachten, bei denen sich der Betende zu Füßen oder gegenüber dem Ziel seiner Verehrung befindet. So z.B. der Ritter zu Füßen der silbervergoldeten Marienstatue um 1360 im Aachener Domschatz, Karl VI. v. Frankreich vor der Madonna in der Gruppe des »Goldenen Rössel« 1404 in Altötting, der Kanonikus Gerhard Berendonck in den Passionsszenen um 1525–36 beim Dom zu Xanten. Meist handelt es sich eo ipso zugleich um den Stifter. Dort, wo diese Komponente dominiert, wird man eher von → Stifterbildnis reden, doch sind eigtl. die Gattungen untrennbar. Dies mögen veranschaulichen: Das Kaiserpaar Heinrich II. und Kunigunde an der Goldenen Altartafel des Basler Münsters um 1019 (»Basler Antependium«), Paris Cluny-Museum; am Altarciborium um 1100 in S. Ambrogio in Mailand sein Stifter mit dem Modell; am Kirchenportal der Kartause Champmol bei Dijon, um 1391/97, Hzg. Philipp und seine Gemahlin Marguerite, von Johannes dem Täufer und St. Katharina der Muttergottes empfohlen; Jean d'Orliac, Ordenspräzeptor als Stifter im Isenheimer Altar, anfangs 16.Jh. in Colmar.

Gründer, Mitstifter, Auftraggeber treten klarer dort als solche in Erscheinung, wo sie nicht zugleich in der Pose der Devotion dargestellt sind. Die roman., jedoch archaisierende Stuckstatue Karls d.Gr. in der Klosterkirche Müstair, Kt. Graubünden, will an den Gründer erinnern, desgleichen – irrtümlich – die Sitzfigur Karls um 1450/75 am Großmünster in Zürich. An den Säulen des Domes von Piacenza sind die Stifterreliefs des 12.Jh. zugleich frühe Berufsdarstellungen. Reine Präsenzfiguren, ohne sakrale Geste, sind die zwölf »Stifterfiguren« im Westchor von Naumburg, um 1250. Sie stellen adlige Personen dar, die mit dem Ort als Wohltäter verbunden waren, jedoch im 11. und 12.Jh. gelebt hatten, die aber so verist., individuell »porträtiert« werden, als ob es sich um Zeitgenossen um 1250 handelte. Es geht dabei sicher nicht allein um damals moderne, frz. Naturbeobachtung, sondern mehr noch um möglichst greifbare Vergegenwärtigung der Gestalten der eigenen Geschichte, eher aus legalist. Absichten als im Sinne der Devotion unter dem Titel »Gebetsverbrüderung« oder »Ewige Anbetung«, noch um Ersatz für ehemalige Grabbilder. Eine bescheidene Realisierung des selben Gedankens sind die Reliefs von wohl frühma. Stifterpaaren am Portalgewände um 1130 in Andlau, Elsaß. Einzigartig nach Form und Programm ist der Zyklus von Konsolbüsten im Triforium des Prager Domchores, um 1374–85 von Peter → Parler und seiner Werkstatt. In 21 realist. Bildnisbüsten sind Ks. Karl IV. und seine Familie, Kleriker, Bauleiter und die beiden nacheinander wirkenden Baumeister → Matthias v. Arras und Peter Parler präsent. In ihrer entrückten, nicht auf einen Betrachter hin konzipierten Distanz und als »Träger« des Oberbaus haben sie einen sakralen Charakter oder wenigstens eine Komponente davon.

In diesem Sinne sind allgemein auch die Selbstdarstellungen von Bauleuten und Bildhauern an ihren Werken aufzufassen und nicht als Ausdruck »künstlerischen Selbstbewußtseins«. Beispiele setzen schon in frühma. Epoche ein: An der Marmorschranke in S. Pietro in Valle bei Ferentino um 740 neben dem Auftraggeber der »Ursus magester«, mit Meißel, beide extrem primitiv stilisiert; am Goldaltar von S. Ambrogio in Mailand, um 840, nebst dem Auftraggeber Bf. Angilbert der »Wolwinius magister phaber«, beide von St. Ambrosius mit der Krone des Ewigen Lebens gekrönt. In der Romanik und Gotik gibt es Selbstdarstellungen von Bildhauern und Werkmeistern am häufigsten an Kämpfern oder Kapitellen, Konsolen und Schlußsteinen, also oft in dienender Pose, oft arbeitend oder mit dem Attribut ihrer Werkzeuge, auch etwa mit dem Modell ihres Werkes wie im Tympanon der Basler Galluspforte am Münster, Ende 12.Jh. Am Ende der Gotik erscheinen die Meister in verist. Auffassung illusionist. ihrem Werk einverleibt, wie Anton → Pilgram an Orgelfuß und Kanzelunterbau in St. Stefan in Wien oder Adam → Kraft und Gesellen am Sakramentshaus von St. Lorenz in Nürnberg. Natürlich konnten sie auch durch Fachkollegen geschaffen sein, wie die Brüstungsfigur wohl Hans Hammers, zugeschrieben Niklaus Hagenauer, im Querhaus des Straßburger Münsters.

Repräsentationsfiguren dienen der Darstellung und öffentl. permanenten Kundmachung der polit. oder kirchl. Amtsposition einer Persönlichkeit oder Gruppe von Amtsinhabern. Ein frühes Beispiel für diese Bildgattung überliefern die »Versus de eversione monasterii Glonnensis« (Abtei Glanfeuil = St-Maur-sur-Loire). Um 848–851 läßt der aufständ. Bretonenherzog Nomenoi am Ostgiebel dieser Kirche sein Standbild errichten, um zu zeigen, daß er Kg. Karl nicht fürchte. Dieser aber läßt das Bildwerk durch sein eigenes aus »weißem Stein« ersetzen zum Zeichen der Herrschaft (SCHLOSSER N. 1016). Das Monument wirkt der Sinngebung nach wie eine Vorstufe hoch- und spätma., wie auch nachma. Herrscherstatuen an kirchl. und öffentl. Bauten. Die frz. Königsgalerien setzen um 1220 mit Notre Dame in Paris ein. Ihr gehen Herrscherzyklen des späten 12.Jh. voraus: Glasgemälde der frz. Kg.e seit den Merowingern in St-Rémi in Reims, der dt. Ks. und Kg.e im Langhaus des Straßburger Münsters. Einzelne der Figuren in Paris, wie in Reims – hier Chlodwig zum mindesten –, waren als solche kenntlich gemacht. Von Frankreich breitete sich das Motiv der Herrschergalerie an Kathedralen nach England und Spanien aus. Einen dt. Ansatz bildeten die reitenden Monarchen am Westbau des Straßburger Münsters im 13.Jh. Als regionale Staatsbilder seien die Figuren der Gf.en v. Freiburg i.Brsg. am Untergeschoß des dortigen Münsterturms aus dem 13.Jh., der Habsburger

Hzg.e des 14. Jh. am Stefansdom in Wien genannt. Dazu kommen Herrscherreihen an Palästen und Rathäusern: Königszyklus um 1300 im Saal des Palais de Justice in Paris, Herrscherserien an Rathäusern des 14. bis 16. Jh. wie Brügge, Wesel, Brüssel, Köln, Löwen, Middelburg und Gent. An den Schluß solcher ma. Bildnisreihen gehören die kolossalen Bronzefiguren des 1503 begonnenen, Torso gebliebenen Maximilian-Grabmals in der Hofkirche zu Innsbruck, wo naturgemäß die jüngeren Dargestellten aus der Verwandtschaft des Herrschers Porträtzüge aufweisen, die älteren wie Rudolf I. v. Habsburg z. T. auf Grund zeitgenöss. Vorlagen. – Einzigartig sind die Zyklen von 172 Papst- und 36 Kaiserbüsten aus Terracotta unter dem Gurtgesims im Dom zu Siena im 13. Jh. eingefügt. – Repräsentatio amtl. Charakters ist mit den Darstellungen von Herrschern, kirchl. Würdenträgern und adligen Amtsträgern auf Siegeln, Münzen und Medaillen verbunden (vgl. Abschnitt IV und V). Um 1500 werden unter dem Einfluß der it. Ehrenmedaillen die Münzporträts persönl. gestaltet. Die Ehrenmedaille (→ Medaillen) mit Fürsten- und Gelehrtenbildnis setzt in Italien um 1390 mit der Herrscherfamilie → Carrara in Padua ein.

Die Gattung der *Ehrendenkmäler* läßt sich nur schwer von den amtlichen Repräsentationsbildern abheben und trennen, oft sind sie beides. Die illusionist. auf einer Galerie der Kirche von Mühlhausen in Thüringen plazierte Figur Karls IV. und seiner Begleitung um 1360/70 ist stellvertretende Repräsentationsfigur für die unten auf dem Platz den Huldigungseid ablegende Bürgerschaft und zugleich Ehrendenkmal des Kaisers. Amtliches Repräsentationsbild ist auch die Darstellung Karls IV. und des Sohnes Wenzel am Torturm der Prager Karlsbrücke und Erinnerungszeichen an dieses bedeutende bauliche Unternehmen. Repräsentationsbild ausgesprochen staatspolit. Charakters war Friedrichs II. sitzende Herrscherfigur am Brückentor zu Capua von 1234/39, aber ebenso sich selbst errichtetes Monument und Andenken für die Nachwelt (bis zur Zerstörung durch die Franzosen 1799). Zum selben Figurentypus gehört die im Kapitolin. Museum in Rom erhaltene Sitzfigur Kg. Karls I. v. Anjou († 1285), Herrschers in Unteritalien, der seit 1263 mehrmals Senator von Rom war. Die ihn hier zu diesem Amt berufende Oligarchie dürfte ihm ein solches Monument errichtet haben. Wie sehr solche Denkmäler geläufig und als politische Machtmittel umstritten waren, zeigen die Auseinandersetzungen um die Monumente, die Papst Bonifatius VIII. (1294–1303) erstellen ließ, so zwei über Stadttoren in Orvieto, eines beim Stadthaus in Bologna, eines an der Domfassade von Florenz und eines am Dom der Heimatstadt Anagni. Als spätma. Monument eines Kirchenfürsten sei das aus dem Typ der Grabfigur abgeleitete Reliefstandbild Ebf. Leonhards v. Keutschach 1515 an der Kirche der Festung Hohensalzburg genannt. Ein für den Podestà durch die Stadt Mailand errichtetes Denkmal ist im Reiterbild von 1233 am Palazzo della Ragione am alten Ort erhalten. Offenbar bestand die Tendenz, für sich selbst durch Monumente Propaganda zu machen. Deshalb bestimmte 1329 Florenz, kein Podestà, Capitano del Popolo oder Inhaber anderer Stadtämter dürfe an dem Palast, in dem er amte, sein gemaltes oder gemeißeltes Bildnis oder Wappen anbringen. Die Reiterdenkmäler der ven. Condottieri entstanden nach ihrem Tod; das des Gattamelata († 1443) von → Donatello vor S. Antonio in Padua, wo er begraben lag, als Stiftung seiner Witwe, dasjenige des Colleoni († 1475) von Verrocchio auf Grund reicher Stiftungen und eigener testamentar. Verfügung. It. Städte schufen berühmten Mitbürgern ihrer antiken Vergangenheit Monumente als Phantasiebildwerke: Mantua spätroman. Hochreliefs Virgils an Rathaus und Gerichtshaus im 13. Jh., Como an der Domfassade um 1500 thronende Figuren der beiden Plinius, in Aedikulen thronend, Kirchenvätern oder Evangelisten zum Verwechseln ähnlich. Rätselhaft ist die roman. Statue des legendären Stadthelden »Zannino« in der Kleidung eines Gauklers am Dom von Cremona.

Schanddenkmäler, in Italien seit dem 14. Jh. als offizielle Denkmäler des Rechtsbrauchs an öffentl. Bauten in Form von Malereien für Feinde und Verräter üblich, gab es auch in plast. Form. Das seltene überlieferte Beispiel eines Bildniskopfes am Palazzo del Comune in Pistoia soll einen Verräter von 1315 darstellen. Zu den Schandmälern ist doch wohl auch das Relief eines thronenden Herrschers über einem zweischwänzigen Dämon – in der Art eines Höllenfürsten – vom Mailänder Stadttor Porta Romana zu rechnen, Erinnerungsbild an die durch Friedrich Barbarossa befohlene planmäßige Zerstörung der Stadt von 1162, entstanden beim Wiederaufbau um 1171, heute im Castello Sforzesco (Staufer-Katalog V, Abb. 392).

Der Gebrauch von naturgroßen, puppenhaften, veristisch geformten und mit den wirkl. Kleidern und Insignien ausgestatteten Stellvertreter-Figuren von Herrschern – heute zumeist *Effigies* gen. – bei den wochenlangen Trauerzeremonien hat seine kulturgeschichtl. Parallele im »ius imaginum« und Totenbrauchtum des antiken röm. Patriziats. Noch Julius v. Schlosser sah im Effigies-Zeremoniell der engl. Kg.e, erstmals bei Edward II. († 1327), und der frz. Herrscher, erstmals bei Karl VI. († 1422), ein Weiterleben des antiken Brauchs, was jedoch neuere Forschung ablehnt. In ihrer Machart sind die Effigies den lebensgroßen Votivfiguren gleichzustellen. Die einzigen ma. Beispiele, z. T. stark beschädigt, sind in Westminster Abbey, London, erhalten, darstellend Edward III. († 1377), Anna († 1394), Elisabeth († 1503) und Heinrich VII. († 1509).

Plastische *Abbilder der Toten* über ihren Grabhügeln und Sarkophagen sind ein weit in die Prähistorie zurückreichendes Hauptthema der Skulptur. Primitiv verformt reichen antike Typen von Grabbildnissen ins germ. und kelt. Bestattungswesen der Merowingerzeit hinein: Mehrere Stelen des 7.–8. Jh. im Rhein. Landesmuseum in Bonn, Reiterstein von Hornhausen um 700 in Halle, Städt. Museum. Karol. und otton. Grabbilder fehlen; die »imago« am Bogen über dem Grab Karls d. Gr. dürfte ein antikisierendes Bildnismedaillon gewesen sein. Über die Typen von Grabmal u. Grabfigur vgl. → Grab, -mal; hier sollen nur das Aufkommen, der Persönlichkeits- und Bildnischarakter dieser Gattung knapp umrissen werden. Das ma. Grabbild ist Ende des 11. Jh. neu »erfunden« worden. Anregend wirkten röm. Grabsteine, doch im wesentl. handelt es sich formal um plast. Umsetzung von Malerei und Zeichnung, wie die frühesten Beispiele zeigen. Für röm. Anregung stehe die Isarnus-Abtgrab in Marseille, für die graph.-plast. Umsetzung das Stiftergrab von Schaffhausen. Frühestes greifbares Figurengrab ist wohl die Bronzeplatte Kg. Rudolfs († 1080) im Dom zu Merseburg. Viel später ist die älteste Papstfigur, Clemens IV. († 1268) in Viterbo. Wichtig ist für die ma. Grabfigur – im Unterschied zu Epochen mit antik. oder zeitlosem Gewandungsprinzip – die Ausstattung mit Tracht und Beiwerk ihres Standes, herrschaftlich, adelig, ritterl., klerikal, bürgerl., gelehrt. Der Realitäts- und Individualitätsgrad der Köpfe, bei meist schemat. Staturen schwankt nach den Stilmoden. Die Bf.e Gottschalk († 1119) in Iburg/Westfalen und Friedrich v. Wettin († 1152) in Magdeburg sind individualist. Porträts. Im 13. und 14. Jh. gibt es nebeneinander got. frz. Idealität wie an den Königsgräbern in St-Denis und krassen Realismus wie bei Kg. Rudolf v. Habsburg († 1291) in Speyer oder Bf. Wolfhard v. Rot († 1302) in Augsburg, Papst Clemens IV. († 1268) in Viterbo. Der ndl. realist. Impuls führt im 15. und bis zum beginnenden 16. Jh. zu kraftvoll charakterisierenden, zuweilen fast karikierenden Grabbildnissen: Jean de Berry († 1416) in Bourges, Baumeister Hans Stethaimer († 1432) in Landshut, Bf. Rudolf v. Scherenberg († 1495) von Riemenschneider in Würzburg.

Die autonome, d. h. auf intellektuellen und affektiven Persönlichkeitskult bezogene Bildnisplastik gibt es im MA kaum. Als Gattungen kommen v. a. die Büste und die Medaille in Frage, wie sie das it. Quattrocento in Anlehnung an die röm. Antike neu geschaffen hat. Im MA hätten für die »freie« Bildnisbüste durchaus Ansätze bestanden; man denke an die Büstenreliquiare oder an die Parlerschen Triforiumsbüsten in Prag, die man nur vom Bau hätte loslösen können. Ein steckengebliebener Ansatz lag vielleicht auch in dem bronzevergoldeten Bildniskopf Friedrich Barbarossas, den der Ks. um 1160 seinem Taufpaten Otto v. Cappenberg zur Erinnerung schenkte. Das »capud (sic) argenteum ad imperatoris formatum effigiem« wurde vom Empfänger alsbald in ein Kopfreliquiar umgewandelt, ein entwicklungsgeschichtl. bezeichnender Vorgang.

A. Reinle

Lit.: RDK II, 639–680 – LCI III, 446–455 – J. v. SCHLOSSER, Gesch. der Porträtbildnerei in Wachs, Jb. der Wiener Slg. ..., 29, 1910/11 – P. E. SCHRAMM, Die dt. Ks. und Kg.e in Bildern ihrer Zeit, 1928 – H. KELLER, Die Entstehung des B.ses am Ende des HochMA, Röm. Jb. 3, 1939 – P. E. SCHRAMM–F. MÜTHERICH, Denkmale der dt. Kg.e und Ks. von Karl d. Gr. bis Friedrich II., 1962 – C. BEUTLER, Bildwerke zw. Antike und MA, 1964 – E. PANOFSKY, Grabplastik, 1964 – W. BRÜCKNER, B. und Brauch, 1966 – K. GERSTENBERG, Die dt. Baumeisterbildnisse des MA, 1966 – H. KELLER, Das Nachleben des antiken B.ses, 1970 – L. KRISS-RETTENBECK, Ex Voto, 1972 – K. BAUCH, Das ma. Grabbild, 1976 – Staufer I–V – Die Parler, Ausst.-Kat., I–III, Köln 1978.

II. BUCH- UND WANDMALEREI, MOSAIKKUNST: Sieht man von den posthumen Bilddarstellungen hist. Gestalten in der Malerei späterer Epochen, sei es in der kopienhaften Übernahme älterer Vorlagen etwa in Form von Kaiser- und Autorenbildnissen, oder in der jeweils zeitbedingten künstler. Interpretation dieser Personen ab, so prägte innerhalb der ma. Malerei die karol. Herrscheridee die ersten Beispiele des B.ses im Sinne der Darstellung einer bestimmten Persönlichkeit, deren Wiedergabe im Bild durch den zeitgenöss. Künstler von einem auch optisch im Kunstwerk nachvollziehbaren, fast ausschließl. aus dem Selbstverständnis des Auftraggebers resultierenden Anspruch bestimmt wird, zu dem erst wesentl. später auch ein individuell künstler. interpretierendes Moment von seiten des Darstellenden hinzutritt. In den fast ausschließl. auf die Buchmalerei beschränkten B.sen offenbart sich in der Beibehaltung des antiken bzw. frühchr. idealisierten Personentypus ein ebenso starkes Traditionsbewußtsein wie in der Übernahme bestimmter hoheitl. Zeichen, dann auch in der künstler. Rückorientierung, die zur sog. karol. Renaissancemalerei geführt hat. Zeigt sich im *Herrscherbild* Ks. Lothars I. im Evangeliar (Ms. lat. 266, fol. 1v der Bibl. Nat. in Paris) zw. 849 und 851 eine Abhängigkeit von röm. Konsulardiptychen, so werden in Entsprechung des Selbstverständnisses der karol. Herrscher als vicarius Dei in anderen Darstellungen Formenschemata aus der Sakralkunst, z. B. Majestas Domini, ebenso bildprägend. Im → Dedikationsbild (fol. 423r) der in Tours 845/846 entstandenen sog. Vivian-Bibel (Ms. lat. 1 der Bibl. Nat. in Paris; → Bibelillustration) geschieht die Übergabe der kostbaren Cimelie durch den Abt von St. Martin an Karl den Kahlen in einer Sphäre, die die Macht des Herrschers auf Erden in seinen Assistenzfiguren und seine Legitimation in der Präsenz der Dextera Dei dokumentiert.

Im Codex Aureus aus St. Emmeram in Regensburg (fol. 5r Clm. 14000 der Bayer. Staatsbibl. in München) entspricht das in otton. Zeit wieder aufgegriffene Bildschema des von den Waffenträgern und Personifikationen beherrschter Provinzen umgebenen Ks.s in typolog. Analogie der Miniatur des Salomonischen Thrones (fol. 185r) einer etwa gleichzeitig um 870/875 für Karl d. Kahlen entstandenen Bibel der Abbazia di San Paolo fuori le mura (St. Paul vor den Mauern). Zugleich aber nimmt der Ks. »betend, auf daß er mit Dir alle Zeit und Ewigkeit leben möge« (Bildinschrift), als Auserwählter Gottes mit den 24 Ältesten der gegenüberliegenden Miniatur an der Verherrlichung des apokalypt. Lammes teil. Eine andere Darstellung zeigt Karl d. Kahlen thronend (fol. 1r in der Bibel von S. Paolo) in Begleitung vermutl. seiner 2. Gemahlin Richildis, wobei eine Bedeutungshierarchie aller anwesenden Personen in der Figurengröße zum Ausdruck kommt und in der Wiedergabe von vier auf den Ks. bezogenen Tugendpersonifikationen ein weiterer Rückgriff auf antike Vorbilder erkennbar wird. Im Gebetbuch Karls d. Kahlen der Residenzschatzkammer in München kniet der Herrscher in demutsvoller Gebärde vor dem Gekreuzigten (fol. 38v–39r), womit der in verschiedenen Varianten ausgebildete Typ des nicht nur innerhalb der Herrscherikonographie bekannten, häufig mit dem → Stifterbild verbundenen → Devotionsbildes aufgegriffen ist. Zugleich wird deutlich, daß mit der für den Ks. zusammengestellten Gebetssammlung der Text der Hs. eine den im B. Dargestellten zusätzl. interpretierende Funktion erhält, die v. a. seit dem 14. Jh. in mannigfacher Weise genutzt worden ist.

In otton.-sal. Zeit kulminiert das Herrscherbildnis in den *Repräsentationsbildern* der sich an die führenden Skriptorien in Regensburg, auf der Reichenau, in Echternach und andernorts wendenden dt. ksl. und fsl. Auftraggeber, deren B.se nicht das Individuelle der Person zu erfassen suchen, sondern eine sinnbildhafte Interpretation des Amtes im Bilde die jeweilig idealisierten Träger darstellen wollen. Im Evangeliar Ottos III. des Aachener Domschatzes nähert sich die Darstellung des von der Rechten Gottes gekrönten, von einer Mandorla hinterfangenen, von der Tellus getragenen und vom Gehalt der Evangelien in Form eines von den Evangelistensymbolen gehaltenen Bandes »bekleideten« Herrschers in Begleitung geistl. und weltl. Würdenträger am meisten dem Bildtyp der Majestas Domini. Wie so oft ist auch in dieser um 990 entstandenen Hs. eine Dedikationsszene (fol. 15v–16r) hinzugefügt. Andere Reichenauer Miniaturen, so das Einzelblatt im Musée Condé zu Chantilly (Nr. 15654), das der Josephus-Hs. (Class. 79 der Staatsbibl. in Bamberg) vorgeheftete Doppelblatt und fol. 23v–24r im Evangeliar Ottos III. (Clm. 4453 der Bayer. Staatsbibl. in München), variieren nur leicht den unter einer Aedicula thronenden Herrscher inmitten der Vertreter des geistl. und weltl. Standes sowie der huldigenden Provinzen und folgen darin einem spätantiken Vorbild. Hingegen wird im Herrscherbild fol. 2r des Perikopenbuchs Heinrichs II. (Clm. 4452 in München) die Krönung Kg. Heinrichs und Kunigundes in Entsprechung zu einem byz. Vorbild durch Christus im Beisein der Apostelfürsten vollzogen, die auf fol. 59v der Bamberger Apokalypse (Hs. Bibl. 140 der Staatsbibl. in Bamberg) selbst die Coronatio übernehmen.

Während sich der Künstler des B.ses Heinrichs II., fol. 11v, im Regensburger Sakramentar (Clm. 4456 der Bayer. Staatsbibl. in München) in unmittelbarer Tradition des karol. Vorbildes in der Bibel von S. Paolo fuori le mura weiß, verbindet die zweite Darstellung des Kg.s auf der Seite zuvor mit dem Krönungsvorgang und der Überreichung der Herrschaftsinsignien durch Engel, das Stützen beider Arme durch die Regensburger Hl. Ulrich und Emmeram, womit ein atl. Motiv der Macht und des Sieges in die Herrscherikonographie eingebracht ist. In ähnlicher Gestik und wiederum in der Differenzierung der Figurengröße entsprechend dem Rang der Dargestellten, denen Betonung, wie meist auf den karol.-otton. Repräsentationsbildern, auch die Architektur dient, begleiten in Entsprechung zu den Vorschriften der Ordines für bes. Feiertage zwei Bf.e denselben Kg. beim Einzug in eine Kirche (Pontifikale Heinrichs II. aus Kl. Seeon, fol. 2v des Ms. Lit. 53 der Staatsbibl. in Bamberg). Im Regensburger Evangeliar aus Monte Cassino (Ms. Ottob. lat. 74 der Bibl. Vat.) wird fol. 193 v der im Zentrum einer vielteiligen Komposition thronende Herrscher (wahrscheinl. Heinrich II.) mit der Trabea, einer lorum-ähnlichen Binde, von den Halbfiguren der Sapientia und Prudentia, den Gestalten von Justitia, Pietas, Lex und Jus sowie von einer Gerichtsszene und der als Zeichen der Gnade herabfliegenden Taube des Hl. Geistes umgeben, womit vermutl. eine Verherrlichung des Kg.s bzw. Ks.s als oberster Richter ausgedrückt ist.

Ein B. Heinrichs III. findet sich in der von ihm dem Speyerer Dom geschenkten Prachths. Echternacher Provenienz (Cod. Vitr. 17 der Bibl. des Escorial, 1045/46), wo er fol. 3r zusammen mit seiner Gemahlin Agnes die kostbare Cimelie der Patronin seiner Stiftung dediziert, während auf der Gegenseite das im Speyerer Dom bestattete Elternpaar Konrad II. und Gisela in Präsenz eines Memorialbildes mit devotionaler Gebärde in die Mandorla Christi, gleichsam in Umschreibung ihrer Teilhabe am Göttlichen, hineinreichen. In der dem Dom zu Goslar gestifteten Prunkhs. C. 93 in der Universitätsbibl. zu Upsala erscheint er wiederum auf dem Dedikationsbild, fol. 4r, sowie mit der Ksn. Agnes auf einem Inthronisationsbild zu Seiten Christi, fol. 3v (Bildinschrift: Per me regnantes vivant). Von diesen großformatigen Repräsentationsbildern weicht eine Illustration, fol. 125r, im Echternacher Evangelistar (Hs. b. 21 der Universitätsbibl. in Bremen) ab, auf der dem Kg. vermutl. eine Bittschrift vom Abt des Willibrordklosters überreicht wird. Wird bereits hier im Bildtypus einer Petition die Wiedergabe eines Königsbildnisses innerhalb eines realen Geschehens intendiert, so finden sich, fol. 2r-2v, der Besuch Heinrichs III. und seiner Mutter Gisela in Echternach als frühe Darstellungen eines konkret bestimmbaren hist. Ereignisses.

Geschichtl. Ereignisbilder dieser Art sowie *Schlachtenbilder* u.a. mit B.en der fsl. Heerführer (z.B. Tapisserie aus der Kathedrale v. Bayeux mit den Ereignissen bei der norm. Eroberung Englands 1066) dürften v.a. auf Wandgemälden der kgl. Pfalzen und fsl. Residenzen, wie die nach den Schriftquellen bekannten in Merseburg und Ingelheim, wiedergegeben worden sein. Die untergegangenen Wandmalereien in der unter → Calixtus II. (1119-23) im Lateranpalast errichteten Nikolauskapelle, deren Ausmalung unter den nachfolgenden Päpsten Anaklet II. und Innozenz II. fortgesetzt worden war, sollten als Erinnerung an den Abschluß des Wormser Konkordats 1122 ein sichtbares Dokument der Überlegenheit des Papsttums über das Kaisertum darstellen, das sich einerseits in den siegreich über die von der ksl. Partei aufgestellten Gegenpäpste triumphierenden Vertretern der Kirche nach ikonograph. Vorbild des Kampfes der Tugenden mit den Lastern dokumentierte, sowie andererseits in Szenen der Begegnung Ks. Lothars III. mit Innozenz II., die ebenso die Überlegenheit des Papsttums offenkundig werden ließ. Die Malereien vom Ende des Investiturstreites stehen als polit. Bildermanifestation, mit denen ein bestimmter staatsrechtl. Zustand festgelegt werden sollte, in weit zurückreichender Tradition, die u.a. das rekonstruierte Mosaik im Triclinium des Laterans mit den Bildern Karls d. Gr. und Papst Leos III. (795-816) zeigte.

An hervorragender Stelle und in Verbindung mit mehreren sie der Gottesmutter empfehlenden Hl. erscheint auf dem von it. Künstlern um 1031 in der Apsis des Doms zu Aquileia gemalten Fresko neben dem Stifter des neu erbauten Doms, des Patriarchen Poppo, sowie vermutl. Hzg. Adalbero v. Kärnten die ksl. Familie Konrads II. einschließl. des Sohnes Heinrich (III.). Auch in anderem Zusammenhang kann ein vielfiguriges Herrscherbild auftreten, wenn etwa auf der um 1175 entstandenen Miniatur mit der Krönung Heinrichs d. Löwen und seiner Gattin Mathilde (fol. 171 v im Evangeliar aus Helmarshausen, ehem. auf Schloß Cumberland in Gmunden), dessen Eltern und Großeltern sowie ihr Vater und ihre Großmutter, die Witwe Ks. Heinrichs V., inschriftl. benannt an der Zeremonie teilnehmen.

Bereits unter Heinrich II. wird neben der Sichtbarmachung der göttl. Verleihung des Amtes auch Gewicht gelegt auf die Kontinuität einer legalen Amtsfortführung (z.B. fol. 16r im Evangeliar der Sainte-Chapelle, Ms. lat. 8851 der Bibl. Nat. in Paris, mit den in Medaillonbildern dargestellten und benannten Heinrich I., Otto I., Otto II. und Heinrich II.), die schon lange zuvor in den Reihenbildnissen der Päpste, vereinzelt auch in Bf.e, v.a. im Mosaik- und Freskenschmuck der großen Kirchen dokumentiert war. In Fortführung älterer bilderloser Schemata der Herrscherhäuser und Dynastien erscheinen *Stammtafeln*, zusammengesetzt aus *B.-Medaillons*, des karol., sächs. und sal. Hauses im Liber Aureus aus Prüm vom Anfang des 12. Jh. (Hs. 1709 der Univ. und Stadtbibl. in Trier), dann in den verschiedenen Fassungen des »Chronicon universale« des → Ekkehard v. Aura (z.B. Ms. lat. fol. 295 der Staatsbibl. Preuß. Kulturbes., Berlin) mit den Tafeln der frk. Kg.e sowie der Ottonen und Salier oder auch in der Kölner Königschronik (Ms. 4609 der Bibl. Roy. in Brüssel), kurz nach 1238, mit den von Karl d. Gr. bis zu Friedrich II. reichenden Miniaturen und den ganzseitigen Stammtafeln des karol. Hauses mit 38 Bildnissen sowie des sächs. mit 57. Solche Schemata genealog. B.-Medaillons werden gerade in roman. Zeit in den Chronikhss. beliebt (vgl. auch die um 1180 im Kl. Weingarten geschaffene Welfenchronik [Ms. D. 11 der Hess. Landesbibl. in Fulda] mit der Darstellung des Welfenstammbaums mit Brustbildnissen oder auch Figuren der einzelnen Paare sowie einem Bild [fol. 141] Ks. Friedrichs I. Barbarossa und seiner Söhne Heinrich VI. und Friedrich, Hzg. v. Schwaben, in höf. Tracht mit ihren Insignien) und ebenso auf Personen anderer Stände sowie Institutionen übertragen (vgl. die Genealogie des hl. Servatius zu Beginn seiner Vita fol. 89v in der Vitae sanctorum [Ms 514 der Bibl. mun. in Valenciennes] vor 1147, oder das Chronicon Sanctae Sophiae aus Benevent [Ms. lat. 4939 der Bibl. Vat.], 1119 datiert, mit dem Idealbildnis Ottos II. als antikem Triumphator auf der Biga fol. 126r).

Dem Interesse an der hist. Legitimation, das innerhalb der Monumentalmalerei in den um 1134 ausgeführten Fresken der Katharinenkapelle in Znaim mit Vertretern des Přemyslidengeschlechts sowie szen. Darstellungen der Přemyslidensage oder auch in der norm. Genealogie Friedrichs II. ehem. in der Vorhalle des Doms von Cefalù seinen Ausdruck fand und in den ganzfigurigen Wandmalereien der engl. Kg.e mit ihren Familien in Westminsterpalast und -abbey aus dem 14.Jh. lebendig bleibt, dann auch im Sakralbereich zu den nun häufiger auftretenden Darstellungen der → Genealogie Christi oder der → Wurzel Jesse führt, wird man in den Chroniken mit zusätzl. Bildern gerecht, die zuweilen mit antiken, bibl. oder mytholog. Vorfahren einen möglichst weit zurückreichenden angebl. Abstammungsnachweis erbringen sollen. Die Entwicklung kulminiert in den reich ausgeschmückten Stammbäumen auf den Wänden der Residenzen und Stammsitze im hohen MA sowie in den *Genealogien,* die sich zu einem eigenen illustrierten Handschriften- bzw. Buchtypus entwickeln. Andererseits wird gerade auch in den Chronikhss. etwa bei den Darstellungen mit der Übergabe der Throninsignien eines Herrschers an seinen Nachfolger über den symbol. Charakter hinaus das hist. Geschehen im Sinne der Wiedergabe eines individuellen Vorganges im *geschichtl. Ereignisbild* dominant, das ebenso in anderen Hss.-Typen, auch in Veränderung und Erweiterung des Bildthemas, auftreten kann (Vita Mathildis des Mönchs → Donizo mit der Schilderung des Investiturstreits aus der Sicht päpstl. Interessen, um 1114-15, Ms. lat. 4922 der Bibl. Vat. mit einer das 2. Buch einleitenden Miniatur Heinrichs IV., der in der Nikolauskapelle bei Canossa → Mathilde v. Tuszien und Abt → Hugo v. Cluny um ihre Vermittlung bei Papst Gregor VII. im Jan. 1077 bittet; Bilderchronik des sog. Balduineums, Hs. 1 C No. 1 des Staatsarchivs Koblenz, um 1340, in der → Balduin v. Luxemburg die Romfahrt seines Bruders, Ks. → Heinrich VII., ausführl. darstellen läßt) und in der Monumentalmalerei häufig an hervorragender Stelle erscheint (vgl. Krönung Rogers II. auf dem Mosaik der Martorana [S. Maria dell'Ammiraglio] in Palermo, gegen Mitte des 12.Jh., oder die Kg. Eduards des Bekenners im Painted Chamber in Westminster, um 1270, nach einem Aquarell von E. Crocker im Ashmolean Museum zu Oxford). Ohne einen Legitimationsanspruch, vielmehr in jeweils subjektiver bzw. vorgegebener Auswahl bestimmter Persönlichkeiten entstehen seit dem 14.Jh. *B.-Zyklen berühmter Menschen,* wie etwa die von → Tommaso da Modena um 1350 ausgeführten Fresken von 40 ausgewählten Dominikanern im Kapitelsaal von S. Nicolò zu Treviso, die zugleich Beispiele von Autoren- und Standesbildnissen darstellen.

Neben der Herrscherbildnisse der karol.-roman. Epoche als Sinnbilder ihres Amtes treten die zahlreichen *B.se von Bf.en, Äbten, Äbtissinnen* und *weltl. Fs.en* dieser Zeit, die nur selten in der Isolierung einer auf die Person beschränkten Darstellung erscheinen (z.B. Grabplatte mit dem Mosaik des 1152 verstorbenen Abtes Gilbertus aus der Krypta von Maria Laach im Rhein. Landesmus. Bonn). Nur vereinzelt tritt auch die Illustrierung einer über das Allgemeingültige hinausreichenden, individuellen Interpretation des Amtes und seiner Aufgaben im B. seines Trägers innerhalb eines umfassenden Bildprogramms auf (der Kölner Ebf. → Friedrich I. in der Bibliothek seiner Kathedrale thronend als Wahrer des göttl. Gesetzes, in der Präsenz Gottes umgeben von den Propheten, Aposteln und Kardinaltugenden, fol. 1r des Lektionars, Hs. 59 der Kölner Dombibl., um 1130). Vielmehr sind sie meist eingebunden in den Zusammenhang eines → *Stifterbildnisses* (Stifterabt auf der Wandmalerei St. Benedikt in Mals, wahrscheinl. vor 881), → *Dedikationsbildes* (der Diakon Davidpertus, begleitet vom hl. Petrus, bietet Christus sein Buch dar, fol. 7v-8r des Ms. 148 der Bibl. Cap. in Vercelli, aus Nonantola, um 800; fol. 6r des köln. Evangeliars der Äbtissin Hitda v. Meschede, Hs. 1640 der Hess. Landes- und Hochschulbibl. in Darmstadt, 1.V. d. 11.Jh. [Hitda-Codex]) oder einer umfassenderen Komposition wie das B. der Äbtissin Uta auf der Miniatur des die Messe zelebrierenden hl. Erhard im Uta-Codex (fol. 4r des Clm. 13601 der Bayer. Staatsbibl. in München, um 1030).

In verschiedenen ikonograph. Formulierungen findet sich das *Autorenbildnis,* das in Form eines Brustbildes, in Erweiterung zu einer Dialogdarstellung oder am häufigsten im Bild des stehenden oder sitzend schreibenden, meditierenden bzw. diktierenden Dichters oder Gelehrten auf frühhellenist. und spätantike Vorbilder zurückgreift. Wesentl. Einfluß übten zudem die bereits früh festgelegten Evangelistenbilder (→ Evangelisten) auf das ma. Autorenbild aus. Häufig wird auch dieser Bildtyp mit anderen Vorstellungen vermischt, so in der Schrift »De Laudibus Sanctae Crucis« des → Hrabanus Maurus, in der der karol. Autor, der sich bezeichnenderweise der »Carmina figurata« (→ Figurengedichte) des Optatianus Porphyrius, des Hofdichters Konstantins d. Gr., bedient, sich in einem solchen vor dem Kreuz kniend darstellt, und der Empfänger eines von mehreren für Ks., Papst und Würdenträger bestimmten Exemplaren, Ludwig d. Fromme, als Miles Christianus in Kriegsrüstung, aber mit dem Stabkreuz Christi (fol. 4v des Ms. Reg. lat. 124 der Bibl. Vat.) erscheint. In künstler. beeindruckender Weise ist → Hildegard v. Bingen auf allen Darstellungen ihrer Visiones im Ms. 1942 der Bibl. Stat. in Lucca, das freilich erst dem Anfang des 13.Jh. angehört, im Augenblick der visionären Schau wiedergegeben (vgl. Bilder der Inspiration → Gregors d. Gr., der Evangelisten, des Apokalyptikers usw.); in der um 1320 entstandenen Manessischen Liederhs. (Cod. Pal. Germ. 848 der Univ. Bibl. in Heidelberg) werden den auf 138 Miniaturen in verschiedener Aktion und Gestik gemalten Minnesängern ihre Wappen hinzugefügt, wodurch das Autorenbildnis zugleich zu einem B. der Künstler und des von ihnen vertretenen Standes erweitert ist. Im 14.-16.Jh. wird der Autor häufig in einer szen. Verlebendigung inmitten seiner vornehmen Zuhörerschaft dargestellt (Geoffrey Chaucer, Troilus and Criseyde, fol. 1v des Ms. 61 des Corpus Christi Coll. in Cambridge, A. 15.Jh.); zudem entwickelt sich das B. des Übersetzers unter Einbeziehung verschiedener Bezugspunkte zum Autor, Empfänger usw.

Das *B. des Gelehrten* oder *Dichters* nimmt seit der Mitte des 14.Jh. individuell charakterisierende Züge an, die, als Merkmal der allgemeinen Entwicklung des B.ses, neben einer porträthaften Physiognomie den Dargestellten bei seiner jeweiligen Arbeit und in typ. Umgebung interpretiert. So erscheint Francesco Petrarca (fol. 1v der um 1400 zu datierenden Hs. 101 der Hess. Landes- und Hochschulbibl. in Darmstadt) zu Beginn seines Werkes »De viris illustribus« in der it. Übersetzung des Donato Albanzani in der Gelehrtenstube, dem studiolo, das ebenso wie Hund und Spiegel u.a. zum Attribut der Gelehrsamkeit wird. Die Miniatur geht auf ein Fresko (um 1380-88) aus dem Umkreis → Altichieros, ehem. in der Sala virorum illustrium des Palastes der Carrara, der Herren von Padua (jetzt Universitätsaula) zurück, die beide wiederum von einem 1356 in Mailand gemalten Urbild mit dem damals 52jährigen Petrarca inmitten seiner Bücher abhängig sein könnten und später die Ikonographie des Hieronymus im Gehäus bestimmt haben (vgl. auch die zahlreichen Darstellungen Dantes).

In Entsprechung zu ihrem wachsenden Ansehen entstehen in zunehmendem Maße, bes. häufig in Hss. des 11. bis 13.Jh. erhalten, *Schreiberbildnisse,* im weiteren Sinne zu den Künstlerbildnissen gehörend, die den Kalligraphen in Ausübung seines Berufes (Evangelistar aus Echternach, fol. 124v des Ms. b. 21 der Univ. Bibl. in Bremen, um 1043;

der »scriptor scriptorum princeps« Eadwine im gegen 1150 entstandenen Psalter, fol. 283 v des Ms. R 17. I des Trinity Coll. in Cambridge) oder in Verbindung mit einer Dedikation oder Adoration (Ms. H. 6 des St. John's Coll. in Cambridge) zeigen, schließlich auch in der Identifizierung mit dem Autor, z. B. fol. 10 v des Ms. 263 der Bibl. mun. von Le Mans. Hier wird in relativ seltener Erweiterung ein genrehaftes Motiv hinzugefügt, wenn ein Diener mit Kerze dem schreibenden Autor beim Anspitzen der Feder leuchtet. Im Missale Ms. A. 144 der Kungliga Biblioteket in Stockholm, um 1140, überliefert fol. 341 mit der Miniatur des hl. Gregor inmitten benannter böhm. Geistlicher und Laien die B.se des an der Herstellung des Codex beteiligten Schreibermönchs sowie des Malers Hildebert und seines die Farbtöpfe haltenden Gehilfen Everwinus, der ebenfalls Maler war, wie anderen böhm. Hss. zu entnehmen ist. Mehrfach sind etwa aus der Mitte des 13.Jh. die wohl eigenhändigen B.se des Chronisten am engl. Hof und der Abtei Canterbury, → Matthaeus Parisiensis, der auch als Kalligraph und Miniaturist ausgebildet war, in Mss. mit seinen Texten überkommen, die ihn als demutsvoll unter der Widmungsperson knienden Mönch zeigen. Bis in spätroman. Zeit erscheinen *Künstlerbildnisse* in der Monumentalmalerei weniger häufig (z. B. »Selbstporträt« eines Malers auf einem Fresko im Zimmer des Priors an der Kirche St. Johann in Taufers/Tubre im Münstertal/Südtirol), erhalten aber später in szenisch untergeordnetem Zusammenhang (vgl. auch → Kryptoporträts) oder in der Isolierung des Künstlerporträts v.a. seit dem 15.Jh. große Bedeutung.

Bereits seit dem 12.Jh. nimmt die Ikonographie des ma. *Herrscherbildnisses* Elemente einer *Individualisierung* aus dem persönl. Bereich des Dargestellten auf, die auf bestimmten Aufgaben und Unternehmungen (B. Friedrichs I. Barbarossa als Kreuzfahrer, fol. 111r des Ms. lat. 2001 der Bibl. Vat. mit der »Historia Hierosolymitana« des Robertus Monachus, das wohl in Zusammenhang mit den Vorbereitungen des Ks.s zum 3. Kreuzzug im Auftrag des Propstes Heinrich v. Schäftlarn um 1189 hergestellt wurde) oder auf seinen privaten Interessen (Falkenbuch Friedrichs II. mit Darstellungen des Ks.s mit Falken und Falknern, die in verschiedenen Kopien des 13.Jh. überkommen sind) beruhen können. In diesem Sinne erfährt die Reliquienfrömmigkeit Ks. → Karls IV. in den um 1357 gemalten Fresken in der Marienkapelle von Burg Karlštejn in mehreren Szenen Ausdruck, wie andererseits im porträthaften Doppelbildnis dieses Herrschers und seiner ebenfalls das gemmengeschmückte Kreuz haltenden 3. Gemahlin, → Anna v. Schweidnitz, auf dem Supraporte an der Westwand der Katharinenkapelle daselbst der bewußte Anspruch auf die ksl. Aufgabe im Rückgriff auf den Bildtypus der Kreuzerhöhung durch Konstantin d. G. und Ksn. Helena dokumentiert ist. Ebenfalls aus dem persönl. Bereich ins Allgemeingültige idealisiert stellt das Reiterbildnis des Feldherrn Guidoriccio da Fogliano auf dem riesigen, an den Sieg der Republik Siena über die aufständ. Burgherren von Montemassi und Sassoforte erinnernden Fresko ein Sinnbild höchsten Selbstbewußtseins des Menschen dar, das Simone → Martini 1328 oder wenig später in der Sala del Mappamondo im Palazzo Pubblico zu Siena ausführte.

Neben der Verherrlichung des siegreichen Fs.en, etwa in Form des gemalten Triumphzuges, oder einer Hervorhebung seiner persönl. Verdienste, gegebenenfalls auch seines imperialen Anspruchs in einem B., das den Dargestellten mit verschiedenen Attributen oder in unterschiedl. Pose heroisiert, findet sich gerade in der höf. Kunst Frankreichs und Italiens eine Vielzahl von Darstellungen, die in szenischen Umschreibungen die Bedeutung des Amtes und die Macht des Trägers unter Einbeziehung seines B.ses interpretieren und glorifizieren. Das Bemühen, die individuelle Erscheinung wiederzugeben, bleibt dabei ein selbstverständl. Anliegen, dessen fortgeschrittene Entwicklung etwa das Dedikationsbild der vom Kanzler Jean de Vaudetar Kg. Karl V. v. Frankreich gewidmeten Bibel von 1352, fol. 21 des Ms. 10. B 23 im Rijksmuseum Meermanno-Westreenianum in Den Haag, vor Augen führen kann oder auch das »realistische« Porträt des Trierer Ebf.s Kuno v. Falkenstein fol. 2v im gegen 1380 entstandenen Evangelistar Hs. 6 des Trierer Domschatzes, und dessen Wiedergabe als einen Prozeß des Bewußtwerdens und der Selbsterfahrung die zahlreichen Spiegel- und Selbstbildnisse belegen (z.B. die Malerin Marcia malt ihr Selbstbildnis fol. 101 v des Ms. fr. 12 420 der Bibl. Nat. in Paris, Boccaccio, De Casibus virorum et feminarum illustrium, in frz. Übersetzung, um 1401–02).

Beim Herrscherbildnis tritt die mit dem Porträt verbundene Aufgabe einer Standesrepräsentation hinzu, die in lit. Drapierung kenntl. macht, in Form welcher Verkörperung chr. oder humanist. Tugend der Dargestellte verstanden sein wollte. Im *Veranlassungsbild*, auf dem die Persönlichkeit als Initiator kulturellen Schaffens, als Förderer der Wissenschaften usw. wirkungsvoll in Szene gesetzt ist, bedient man sich mytholog. und hist. Vorbilder sowie einer humanist. Tugendlehre mit einem reichen Repertoire von Allegorien, die den Betroffenen innerhalb eines lit. Genres stilisieren. Dieser häufig in Dedikationsbildnissen eingebundene Anspruch erhält in den wissenschaftl., dichter. und religiösen Texten der Dedikationsexemplare eine vielfältige Bestätigung.

In der 2. Hälfte des 15.Jh. kulminiert in Einklang mit den an den Höfen aufgeführten Spielen diese Entwicklung eines differenzierten Selbstverständnisses in den *allegor. Porträts,* einer B.-Gattung, in der durch Verkleidung und mit Hilfe von Attributen allegor. Inhalte auf den Porträtierten übertragen werden (z. B. Anne de Bretagne gegenüber den Personifikationen von 7 Tugenden, fol. 1 v des Ms. fr. 138 der Bibl. Nat. in Paris; Begegnung von Franz I. mit Cäsar, fol. IV v und Vv des Ms. fr. 13 429 ebda.; dann auch die allegor. Darstellung v. → Johann Ohnefurcht, Hzg. v. Burgund, und seinem Vetter → Ludwig v. Orléans als Löwe und Fuchs in den verschiedenen Exemplaren der Justification du duc de Bourgogne von Anfang 15.Jh.). Als Ausdruck der Frömmigkeit bediente man sich in solchen Travestiebildnissen chr. Inhalte, wenn z. B. seit Mitte des 14.Jh. einer der Kg.e in einer Anbetung der Hl. Drei Könige als Ereignis der Heilsgeschichte die Physiognomie eines regierenden Herrschers trägt, und so die Rolle im bibl. Geschehen mit einem entsprechenden Anspruch als Stifter und Herrscher auf den Lebenden übertragen wird (z. B. Darstellung Karls IV. auf dem Anbetungsfresko in der Kreuzkapelle auf Karlštejn, wohingegen der Ks. auf einer Wandmalerei im Emmauskloster in Prag als Prophet Elias dargestellt ist; vgl. auch die Beispiele mit seinen Söhnen Wenzel und Sigismund, deren *versteckte Porträts* (*Inkognito-B.*) darüber hinaus in Zusammenhang mit Kg. David, der Passionsgeschichte Christi (röm. Hauptmann bei der Kreuzigung, Pilatus) und mit Ks. Maxentius in der Katharinenlegende erscheinen). Nicht selten werden zudem in figurenreichen Kompositionen versteckte Porträts von Persönlichkeiten aus verschiedenen Ständen, d. h. Porträtfiguren im Zeitkostüm, eingefügt (Zug der Hl. Drei Könige, Fresko des Benozzo Gozzoli von 1459 im Palazzo Medici in Florenz). In einen ähnlichen Bereich fällt die Tafel Lukas Cranachs d. Ä. von 1527 in der Gemäldegalerie

Preuß. Kulturbes. zu Berlin, auf der Kard. Albrecht v. Brandenburg als hl. Hieronymus in dessen Bildikonographie Darstellung findet. Zu erwähnen sind auch jene Bildprogramme, die eine Verbindung zw. der im B. porträtierten Person und einer als vorbildl. begriffenen bibl. Gestalt herstellen (Gotteslob des Psalmisten und dasjenige → Karls VIII., fol. 1r des Ms. lat. 774 der Bibl. Nat. in Paris). Mit der Loslösung von der szenischen Umschreibung eines individuellen Rollenverständnisses erreicht die B.-Malerei der Renaissance im isolierten, autonomen Porträt in allen Gattungen der bildenden Kunst, vornehml. in der Tafelmalerei (s. u.) und der B.-Zeichnung (→ Graphik) einen absoluten Höhepunkt. J. M. Plotzek

Lit.: LCI I, 232–234, s. v. Autorenbild [Lit.]; III, 446–455, s. v. Portrait [Lit.] – RDK II, 639–680 [Lit.] – M. KEMMERICH, Die frühma. Porträtmalerei in Dtl. bis zur Mitte des 13.Jh., 1907 – P. E. SCHRAMM, Zur Gesch. der Buchmalerei in der Zeit der sächs. Ks., Jb. für Kunstwiss. 1, 1923, 54ff. – DERS., Das Herrscherbild in der Kunst des frühen MA, Vortr. der Bibl. Warburg 2, 1924, 145ff. – DERS., Die dt. Ks. und Kg.e in Bildern ihrer Zeit, I: Bis zur Mitte des 12.Jh. (751–1152), 1928 – J. PROCHNO, Das Schreiber- und Dedikationsbild in der dt. Buchmalerei I, 1929 – CH. MAUMENÉ-L. D'HARCOURT, Iconographie des rois de France, 2 Bde, Arch. de l'art français XV–XVI, 1929–31 – S. H. STEINBERG-CH. STEINBERG V. PAPE, B.se geistl. und weltl. Fs.en und Herren I, 950–1200, 1931 – G. KIESSLING, Dt. Kaiserbildnisse des MA. Ein Beitr. zur Gesch. des ma. Ksm.s und zur Entwicklung der Porträtkunst, 1937 – W. HAGER, Das gesch. Ereignisbild, 1937 – L. SCHÄFER, Die Illustrationen zu den Hss. der Christine de Pisan, Marburger Jb. für Kunstwiss. 10, 1937, 119ff. – H. KELLER, Die Entstehung des B.ses am Ende des Hoch-MA, Röm. Jb. für Kunstgesch. 3, 1939 – G. B. LADNER, Die Papstbildnisse des Altertums und des MA I, 1941; II, 1970 – E. BUCHNER, Das dt. B. der Spätgotik und der frühen Dürerzeit, 1953 – E. H. KANTOROWICZ, The King's Two Bodies. A Study in Mediaeval Political Theology, 1957 – W. MESSERER, Zum Kaiserbild im Aachener Ottonenkodex, NAG, Phil.-Hist. Kl. 1959, 27ff. – R. DÖLLING, Das B. in chr. und mytholog. Darstellungen [Diss. Leipzig 1959] – CH. STERLING, La peinture du portrait à la cour de Bourgogne au début du XVe s., Critica d'Arte 6, 1959 – E. BUSCHOR, Das Porträt. B.se und Bildnisstreifen, 1960 – P. E. SCHRAMM-F. MÜTHERICH, Denkmale der dt. Kg.e und Ks. Ein Beitr. zur Herrschergesch. von Karl d. Gr. bis Friedrich II. 768–1250, 1962 – H. EGER, Ikonographie Ks. Friedrichs III. [Diss. Wien 1965] – A. FRIEDL, Přemyslovci ve Znojmě, 1966 – M. MEISS, French Painting in the Time of Jean de Berry, 1967, 68ff. – C. R. SHERMAN, The Portraits of Charles V. of France (1338–1380), 1969 (Rez. G. SCHMIDT, ZK 34, 1971, 72ff.) – CH. WALTER, Papal Political Imagery in the Mediaeval Lateran Palace, CahArch 20, 1970, 154ff. – H. KELLER, Das Nachleben des antiken B.ses von der Karolingerzeit bis zur Gegenwart, 1970 – C. R. SHERMAN, Representations of Charles V. of France (1338–1380) as a Wise Ruler, Mediaevalia et Humanistica, NS 2, 1971, 83ff. – B. KÉRY, Ks. Sigismund. Ikonographie, 1972 – B. WALBE, Stud. zur Entwicklung des allegor. Porträts in Frankreich. Ihren seinen Anfängen bis zur Regierungszeit Kg. Heinrichs II. [Diss. Frankfurt a. M. 1974] (Rez. F. O. BÜTTNER, Scriptorium 32, 1978, 296ff.) – A. NITSCHKE, Otton. und karol. Herrscherdarstellungen (Beitr. zur Kunst des MA, Fschr. H. WENTZEL, 1975), 157ff. – CL. SCHAEFER, La conception du Temps dans l'illustration du livre français dans la seconde moitié du XVe s.: l'enluminure représentant l'Adoration de Mage des Heures d'Étienne Chevalier par Jean Fouquet, Annales de Bretagne et des Pays de l'Ouest 83, 1976, 325ff. – J. WIEDER, Über die Kaiserbilder der otton. Buchmalerei, Studi di Biblioteconomia e Storia del Libro in onore di F. BARBERI, 1977 – DERS., Von den Kaiserbildern der Echternacher Buchmalerei (Buch – Bibliothek – Geschichte. K. KÖSTER zum 65. Geb., 1977), 199ff. – C. R. SHERMAN, Some Visual Definitions in the Illustration of Aristoteles' Nicomachean 'Ethics' and 'Politics' in the French Translations of Nicole Oresme, ArtBull 59, 1977, 320ff. – A. LEGNER, Ikon und Porträt (Die Parler und der Schöne Stil 1350–1400, Europ. Kunst unter den Luxemburgern 3, 1978), 216ff. – J. v. HERZOGENBERG, Die B.se Ks. Karls IV. (Es. by F. SEIBT, 1978), 324–334 – K. STEJSKAL, Karl IV. und die Kultur und Kunst seiner Zeit, 1978 – P. E. SCHRAMM, H. FILLITZ, F. MÜTHERICH, Denkmale der dt. Kg.e und Ks., II: Ein Beitr. zur Herrschergesch. von Rudolf I. bis Maximilian I. 1273–1519, 1978 – Ausst. Kat. Bilder vom Menschen in der Kunst des Abendlandes, Berlin, 1980, 105ff.

III. TAFELMALEREI: In der ma. Tafelmalerei treten von den gen. Porträttypen im wesentl. nur das → Stifterbildnis und das von diesem geprägte autonome B. auf. Herrscherbildnisse sind in dieser Form kaum bekannt (Richard II., London, Westminster Abbey), ein unmittelbarer Bezug zum Grabmal nur noch selten nachweisbar, wenn auch gerade für die frühesten »autonomen« Porträts (um 1360 Johann der Gute v. Frankreich, Louvre; Rudolf IV. v. Österreich, Wien, Diözesanmuseum).

Stifterfiguren, fast stets in anbetender Haltung, kommen schon auf Croci Dipinte des 13.Jh. vor, hier noch miniaturhaft klein, in → Giottos Arenakapelle und Simone → Martinis Martinsfresko in Assisi bereits in gleicher Größe mit den verehrten Hl., was aber bis ins 15.Jh. als Ausnahme zu betrachten ist. In des letzteren »Hl. Ludwig v. Toulouse, seinen Bruder Robert v. Anjou krönend« (1317, Neapel), erhält, dank der bes. Situation, der scharf charakterisierte Stifter erstmals in einem Altarretabel eine ähnlich bedeutende Stellung. In der 2. Hälfte des 14.Jh. entsteht der Typus des Adorationsdiptychon, das Abbild des anbetenden Stifters mit dem Andachtsbild verbindend (Wilton Diptychon, London; Jean → Fouquet, Étienne Chevalier mit St. Stephan vor der Madonna, um 1450, Berlin/Antwerpen; Hans → Memling, Martin van Nieuwenhoven vor der Madonna, 1487, Brügge); Jan van → Eyck vollendet diese Tendenz zur Vereinigung von Himmelskönigin und Mensch im gleichen, sakral-jenseitigen Raum, häufig empfohlen von Schutzheiligen (Rolin-Madonna, Louvre; Madonna van der Paele, Brügge), oder assistierend in bibl. Szenen, bes. bei der Anbetung der Könige und der Grablegung (Rogier van der → Weyden, Berlin, Florenz; Hugo van der → Goes, Florenz, Brüssel). Fläm. Wandelaltäre zeigen den Stifter und seine Gemahlin häufig auf den Flügeln, öfters auf der linken Innenseite (R. Campin) oder, in abgehobener Realitätsebene, auf der Außenseite (van Eyck, Genter Altar; van der Weyden, Beaune); in Deutschland trifft man die Stifter allenfalls als kleine Figuren am unteren Rand. Als Beispiel einer Sonderlösung seien die Orgelflügel (?) Hugo van der Goes' mit Jakob III., gekrönt vom hl. Andreas, seinem Thronfolger und seiner Gattin innen, Edward Bonkil vor der Trinität außen (1478/79, Edinburg) erwähnt. Der realist. Stil des 15.Jh. ermöglicht das Kryptoporträt seit → Masaccio (Fresken in S. Maria del Carmine Florenz) und → Pisanello bes. in Florenz (→ Botticelli, → Ghirlandaio) und Oberitalien für die beiden gen. Themen und die großen Freskenzyklen beliebt; Künstler-Selbstporträts in Nebenfiguren scheinen nach Ausweis von Kopien (z. B. der → Gaddi) schon früher vorzukommen. Geertgen tot Sint Jans identifiziert in seiner »Geschichte der Johannes-Reliquien« (um 1485, Wien) die Gründer des Johanniter-Ordens mit den Mitgliedern der auftraggebenden Kommende. Die gleiche Strömung führt zur Ausbildung des autonomen Porträts; die beiden oben gen. frühesten Beispiele lassen den Ursprung im sakralen Memorialbereich einerseits, in den böhm. und frz. Hofschulen andererseits erkennen. Bis zu → Campin und van Eyck sind die Beispiele selten und auf diese Kunstkreise beschränkt, erst mit deren realist. Wende werden sie zunächst im Norden, mit Pisanello und Jacopo → Bellini auch in Italien häufiger, hier – wie bei den antikischen Porträtmedaillen – oft im Profil und in Beziehung zu entsprechenden Figuren in Szenen stehend (Ghirlandaios Giovanna Tornabuoni, Lugano, isoliert aus seiner Visitatio, Florenz, S. Maria Novella). Ist die erste Generation von einer möglichst exakten Beschreibung der äußeren Züge fasziniert, macht sich bei den Hauptmeistern der zweiten (Rogier van der → Weyden, Botticelli, → Antonello da Messina) eine geistige Stilisierung oder psych. Vertiefung geltend. Der Dargestellte erscheint meist etwas unter Lebensgröße; als Ausschnitt ist nur knapp der Kopf, häufiger aber die Halbfigur mit den Händen und zu klein wirkendem Oberkörper gewählt. Als Ausnahme sind ein paar Tafeln mit Brautpaaren in voller Figur zu nennen (van Eyck, Arnolfini, London).

Ch. Klemm

Lit.: RDK II, 639–680 – G. RING, Beitr. zur Gesch. der ndl. Bildnismalerei im 15. und 16. Jh., 1913 – H. KELLER, Die Entstehung des B.ses am Ende des HochMA, Röm. Jb. für Kunstgesch. III, 1939, 227–356 – E. BUCHNER, Das dt. B. der Spätgotik und der Dürerzeit, 1953 – E. BUSCHOR, Das Porträt. Bildniswege und Bildnisstufen in fünf Jt., 1960 – J. POPE-HENNESY, The Portrait in the Renaissance (Mellon Lectures), 1963 – W. BRÜCKNER, B. und Brauch. Stud. zur Bildfunktion der Effigies, 1966 – G. KÜNSTLER, Vom Entstehen des Einzelbildnis und seiner frühen Entwicklung in der fläm. Malerei, WJKu 27, 1974, 20–64 – A. LEGNER, Ikon und Porträt (Die Parler und der Schöne Stil 1350-1400. Ausst. Kat. Köln 1978), III, 216–235.

IV. MÜNZEN: Seit der röm. Kaiserzeit war das B. des Herrschers ein festes Münzbild, das als Herrschaftssymbol den Wert des Geldstücks garantierte. Von Augustus bis in die zweite Hälfte des 3. Jh. weisen Münzbildnisse, in der Regel Profilköpfe, Porträtähnlichkeit auf. Seitdem erstarrt das Münzbildnis und entwickelt sich über die konstantin. Auffassung zum anonymen byz. Bildnis en face, bei dem die Herrschaftszeichen den individuellen Gesichtszügen übergeordnet werden. Die islam. Welt kennt keine Münzbildnisse.

Völkerwanderungszeit: Die germ. Völker der Völkerwanderungszeit leiten ihre Münzbildnisse in individueller Stilisierung v. a. von byz., nur gelegentl. von röm. Vorbildern ab. Münzbildnisse der Ostgoten (darunter bes. → Theoderich auf dem Goldmedaillon von Senigallia) und Vandalen stehen dem byz. Vorbild bes. nah; Westgoten, Sueben, Langobarden, Merowinger und Angelsachsen setzen die Vorbilder dagegen sehr selbständig um.

Karolingerzeit: Kg. → Offa v. Mercien (757–796) erscheint auf seinen Münzen in individuell aufgefaßten B.sen, deren Vorbilder bei ags. Porträts des 7. Jh. zu suchen sind. Bald nach 800 setzt Karl d. Gr. (768–814) ein Profilbildnis auf seine Münzen, das auf röm. Vorbilder zurückgeht und nur als Topos, nicht als Abbild aufzufassen ist. Dieses B. wird von Ludwig d. Frommen (814–840) fortgeführt und erreicht auf dessen Goldmünzen hohe Qualität. In Aquitanien sind westgot. Reminiszenzen nicht zu übersehen. Im späteren karol. Reich verschwindet das Münzbildnis bis auf wenige Ausnahmen, es hält sich jedoch im ags. Bereich und erreicht unter Alfred d. Gr. (871–899) einen neuen stilist. Höhepunkt, der das engl. Münzbildnis bis zum 12. Jh. hin bestimmt.

10./11. Jahrhundert: Unter Otto I. (936–973) erscheinen erstmals wieder im dt. Bereich Münzbildnisse individueller Stilisierung in Straßburg, die jedoch wie alle Darstellungen des 10./11. Jh. nur als Topos aufzufassen sind. Seit Otto III. (983–1002) vermehrt sich die Zahl der dt. Münzstätten mit der Prägung von Münzen mit B.sen merklich. Erstmals erscheint in dieser Zeit mit Ebf. → Willigis v. Mainz (975 bis 1011) ein geistl. Fs., mit Hzg. → Bernhard I. v. Sachsen (973–1011) ein weltl. Fs. im Münzbildnis. Vorbilder der dt. Münzbildnisse, in der Regel Köpfe oder Brustbilder im Profil oder en face, finden sich bei röm. (bes. unter Otto III.), byz., merow. und ags. Prägungen, doch gibt es auch individuelle Auffassungen (etwa Heinrich II. in Regensburg), bes. seit Heinrich III. (1039–56) in Dortmund, Duisburg, Goslar, Mainz, Speyer, Worms u. a. Auch die Münzbildnisse des 10./11. Jh. sind durch die Betonung der → Herrschaftszeichen gekennzeichnet; sie können nur als Topos, nicht als Abbild gewertet werden. Eine bes.

Rolle kommt den → Schmuckbrakteaten des 10./11. Jh. zu, deren Bildnisse auf konstantin. und karol. Vorbilder zurückgehen. Das ags. Münzbildnis wird, linear stilisiert, in engen Grenzen variiert und, bes. seit Kg. Ethelred II. (978–1016), in Irland, Skandinavien und Böhmen nachgeahmt. – In Frankreich wird das spätkarol. Münzbildnis als Type immobilisé in unverständl. Einzelelemente aufgelöst.

12./13. Jahrhundert: Der Übergang von der Prägung zweiseitiger Münzen zur Prägung einseitiger → Brakteaten führt in Deutschland schon in der ersten Hälfte des 12. Jh. zu völlig neuen Auffassungen der Münzbildnisse. In der Regel werden die Münzherren nunmehr in ganzer Figur stehend, thronend oder reitend oder in Halbfigur, selten jedoch wie zuvor als Brustbild oder Kopf dargestellt. Individuelle Züge verschwinden bis auf wenige Ausnahmen (→ Jaxa v. Köpenick), zu den Herrschaftszeichen treten häufig reiche Architekturrahmen. Bei stetig abfallendem Stil läßt sich die Entwicklung bis in das 14. Jh. verfolgen. – In Frankreich verfällt das Münzbildnis weiterhin. – In England erstarrt es seit Heinrich II. (1154–89) zum anonymen Schemen. – In Böhmen, Mähren und Ungarn wird der Stil merklich verfeinert, ohne daß das Münzbild jedoch zum Abbild würde. – Mit Friedrich II. (1212–50) wird in Italien durch das Bildnis des → Augustalis und auf Münzen von Bergamo ein idealisiertes röm. Bildnis verwandt.

14./15. Jahrhundert: Bei aller Prachtentfaltung, v. a. in Frankreich, England und in den Niederlanden, verharrt auch das got. Münzbildnis in anonymer Starre. Darstellungen in ganzer Figur stehend, thronend oder reitend, wird der Vorzug gegeben. Der individuelle Charakter wird nicht durch das B., sondern durch die Herrschaftszeichen, die Umrahmung und v. a. durch → Wappen gegeben. Ausnahmen sind Münzen Karls IV. (1346–78) aus Böhmen sowie Münzen Siegmunds (1410–37) und Friedrichs III. (1440–93), in deren B.sen individuelle Züge zu erkennen sind.

Renaissance: Von Italien aus setzt sich im 15. Jh. das individuelle Münzbildnis als idealisiertes Abbild zunächst auf → Medaillen durch und wird noch im 15. Jh. durch it. und frz. Münzen übernommen. Seit Maximilian I. (1486–1519) verbreitet sich das B. als idealisiertes Abbild, dessen Vorlagen in der → Graphik zu suchen sind, auch auf dt. Münzen und Medaillen. Die Porträtkunst erreicht in Deutschland ihren Höhepunkt auf den Renaissancemedaillen des 16. Jh. In England beginnt der Durchbruch zum individuellen Münzporträt 1503 unter Heinrich VII. (1485–1509).

P. Berghaus

Lit.: P. E. SCHRAMM, Die dt. Ks. und Kg.e in Bildern ihrer Zeit, 751–1152, 1928 [Neuaufl. im Dr.] – G. HABICH, Die dt. Schaumünzen des XVI. Jh., 1929ff. – K. LANGE, Charakterköpfe der Weltgesch., Münzbildnisse aus zwei Jt., 1949 – R. GAETTENS, Münzporträts im XI. Jh. ?, 1956 (vgl. Rez. v. H. WENTZEL, Hamburger Beitr. zur Numismatik 3, 1958, 620–622) – P. BERGHAUS, Der Münzschmuck von Gärsnäs, Ksp. Herrestad (Skåne), Numismatiska Meddelanden 30, 1965, 29–38 – DERS. Antike Herrscherbildnisse auf niederlothr. Münzen des 10./11. Jh., Festoen, opgedragen aan A. N. Zadoks-Josephus Jitta bij haar zeventigste verjaardag, Scripta Archaeologica Groningana 6, 1974, 83–90.

V. SIEGEL: Während in der röm. Antike die Wahl des Siegelbildes für die mit Gemmen oder gravierten Metallplatten ausgestatteten Siegelringe weitgehend beliebig erfolgte, bildeten Porträtsiegel neben Götterbildern, Tieren, Pflanzen und sonstigen Symbolen eher die Ausnahme und die vorkommenden B.se keinesfalls den Siegelführer selbst, sondern allenfalls einen berühmten Vorfahren zeigten, ist für das ma. Siegelwesen bezeichnend, daß natürliche Personen auf den jetzt wesentl. größeren Siegelstempeln – Ringsiegel spielten nur noch eine untergeordnete Rolle –

sich in der Regel in effigie darstellen ließen. Nur die Päpste bildeten eine Ausnahme, die sich auf ihren Bleibullen auf die Nennung ihres Namens und seit dem 11. Jahrhundert zusätzl. auf die Brustbilder der hl. Petrus und Paulus beschränkten. Jurist. Personen wurden dagegen durch ihren hl. Patron, eine Architekturdarstellung oder dergleichen in ihrem Siegel repräsentiert. Die Wahl eines anderen als des eigenen B.ses, wie es in der röm. Welt als polit. Bekenntnis belegt ist, kam im MA nicht vor. So hatte Augustus, der zunächst eine Gemme mit einer Sphinx aus dem Nachlaß seiner Mutter verwandt hatte, ab etwa 30 v. Chr. mit dem Bilde Alexanders d. Gr. gesiegelt, zuletzt aber (ab 23 vor Christus?) mit seinem eigenen, das dann seine Nachfolger mit Ausnahme Galbas mindestens bis zur Zeit der Severer weiter benutzten. Aus dem 3. Jh. sind bereits Beamtensiegel mit den B.sen der severischen Ks. bekannt, doch wissen wir nicht, wann die Ks. selbst – wohl noch im Verlaufe des 3. Jh. – das Bild des Augustus durch ihr eigenes ersetzten. Aus der Völkerwanderungs- und aus merow. Zeit haben sich einige Ringsiegel von Kg.en erhalten, v. a. die des Franken Childerich († 481), des Westgoten Alarich II. († 507) und möglicherweise des Ostgoten Theoderich († 526), die jeweils durch Inschrift oder Monogramm bezeichnete en face-Büsten des Kg.s zeigen.

Die karol. Herrscher verwandten von Pippin bis zu Ludwig d. Kind als Siegel antike Gemmen mit Profilköpfen von Ks.n oder Göttern, so Karl d. Gr. einen Kopf des Antoninus Pius (?) und daneben eines Jupiter Serapis, Ludwig d. Dt. und seine Nachfolger eine antike Hadriangemme, Ludwig d. Fr. seit 814 auch einen zeitgenöss. Nachschnitt einer solchen antiken Gemme. Man wird sie sämtlich als adaptierte eigene B.se zu deuten haben, was in der Regel auch für die in späteren Jh. beliebte Verwendung antiker Porträtköpfe durch andere – nicht königliche – Personen zu gelten hat.

Die älteste zeitgenöss. Darstellung eines Herrschers auf seinem Siegel in Form einer Profilbüste mit Krone und Zepter kennen wir von Ludwig d. Dt. als Kg. im karol. Teilkönigreich Bayern von 831, aus dem 10. Jh. dann entsprechende Siegel der Herrscher mit Lanze und Schild von Kg. Konrad I. und Kg. Otto I.; die Umschrift nennt jeweils den Herrscher mit Namen und Titel (im Nominativ). Nach der Kaiserkrönung 962 ersetzte Otto d. Gr. diesen Typ durch eine en face-Darstellung in Form einer deutlich vergrößerten Büste mit Krone, Reichsapfel und Zepter. Seit 997/998 ließ sich Otto III. thronend in ganzer Figur darstellen und schuf damit das maßgebl. Vorbild für die Siegel der Ks. und europ. Kg.e des gesamten MA. Wurden seitdem, dem Wandel der Stilgeschichte in Einzelformen der Gewandung und der Architektur folgend, die Herrscher gleichbleibend frontal im Schmuck der Insignien, bekleidet mit einem Mantel, ohne Waffen, in ganzer Figur auf dem Throne sitzend auf ihren Siegeln dargestellt, so bildete sich seit dem 11. Jh. für den Adel eine spezif. andere Form des Siegelbildes heraus: die Darstellung des Reiters in voller Kriegsrüstung zu Pferde. V. a. die Herren des hohen Adels und die Fs.en der sich bildenden Territorien, außerhalb Deutschlands gelegentl. sogar einzelne Kg.e, bedienten sich vom 12. bis zum 14. Jh. nahezu ausnahmslos und gelegentl. auch noch im 15. Jh. dieser Darstellungsform, die mit den Schwierigkeiten der Einbindung der Gruppe von Roß und Reiter in die Rundkomposition des Siegels, der detaillierten Schilderung der dem neuesten Stand entsprechenden Bewaffnung und der korrekten Wiedergabe der zunehmend wichtiger werdenden herald. Zier an die Siegelschneider höchste Anforderungen stellte. Das B. des stehenden Herrn in Rüstung blieb vergleichsweise selten, wenn es bei bestimmten Familien, etwa den Askaniern in Brandenburg, auch traditionell bevorzugt wurde. Thronsiegel von Fs.en unterhalb der Ebene der Kg.e gehören zu den größten Seltenheiten. Weniger festgelegt war offenbar das Siegelbild von Damen, deren Siegel, sieht man von den Kgn.en ab, jedoch erst seit der 2. Hälfte des 13. Jh. häufiger überliefert sind. Sie konnten wie die Kgn.en thronend, aber auch stehend, später oft zw. den Wappen ihres Vaters und ihres Gatten, dargestellt werden. Führten sie ein Reitersiegel, so wurden sie – wie übrigens häufig auch die Jungherren – mit einem Falken auf der Hand und einem voraus- oder nachlaufenden Hündchen als zur Falkenjagd ausreitend dargestellt.

Auf einem Thron oder Faldistorium sitzend wurden seit dem 12. Jh. auch die Bf.e auf ihren Siegeln abgebildet; auf den wenigen erhaltenen älteren Siegeln erschien zumeist nur ihr Brustbild en face, wie es für die ältesten Siegelbildnisse aller Gattungen typ. ist. Während in Italien, England, Frankreich und den Niederlanden auch Standbildsiegel von Bf.en und v. a. von Kard. geläufig waren, wurden diese in Deutschland stets in voller liturg. Gewandung, mit Kasel, Mitra und Stab und an der anderen Hand das Evangelienbuch haltend, gegebenenfalls auch mit weiteren Insignien, wie Pallium oder Rationale, dargestellt. Im 14. Jh. wurde vielfach der thronende Bf. durch eine Heiligenfigur ersetzt, dem der Bf. adorierend untergeordnet wurde. Das Siegelbild der geistl. Würdenträger kehrte damit in den Rahmen zurück, der im MA im übrigen für die Darstellung lebender Personen im kirchl. Bereich zur Verfügung stand. Während die Äbte in der Regel den Bildtyp der Bf.e übernahmen, wurden Pröpste meist stehend dargestellt, in der Hand oft die virga correctionis haltend, andere Kanoniker und gelegentl. auch die Pfarrer in Ausübung ihrer kirchl. Funktionen, nicht selten am Altar stehend.

Zu Sonderformen unabhängig von solchen sonst erstaunl. lange beobachteten und fest fixierten Bildnistypen kam es offenbar bei der Verwendung antiker oder der seit dem 13. Jh. auch neu geschaffenen Gemmen mit Profilbildnissen. In Italien, Frankreich und am Oberrhein müssen in Nachahmung solcher Gemmen im 13. und 14. Jh. in größerer Zahl Metallsiegel mit zeitgenöss., auf die Darstellung des Kopfes beschränkten B.sen zunächst in antikisierender Weise in Profilansicht, später auch en face, geschaffen worden sein, die ihre dort. Entstehungszeit deutlich erkennen lassen. Sie fanden v. a. bei Geistlichen unterhalb der Ebene der Bf.e, bei Adligen und offenbar auch bei Bürgern vielfach Verwendung, um dann wie alle Bildnissiegel mit Ausnahme der großen Thronsiegel der Kg.e im 15. Jh. weitgehend durch Wappensiegel verdrängt zu werden.

Porträtähnlichkeit wird man, soweit diese im Bildverständnis der Zeit überhaupt eine Rolle spielte, in Anbetracht der Kleinheit der Siegel nur gelegentlich und in Ansätzen – am ehesten bei den Kopfbildnissen im Stil antiker Gemmen aus got. Zeit – erwarten dürfen. Im Vordergrund stand die Wiedergabe der Insignien und der Waffen und die Bezeichnung des Siegelführers durch Namen und Titel in der Umschrift. Die Reitersiegel, bei denen der Reiter oft mit geschlossenem Visier gezeigt wurden, verzichteten schon durch diesen Bildtyp auf die Wiedergabe physiognom. Eigenarten. Bei den Thronsiegeln wird man in Einzelfällen Annäherungen an das tatsächl. Aussehen der Herrscher und Bf.e, etwa in ihrer Barttracht oder in der Charakterisierung ihres Alters, nicht ausschließen können. Kindl. oder jugendl. Alter der Herrscher wurde zuweilen angedeutet; bekannt sind in dieser Hinsicht die verschiedenen Siegel Kg. Heinrichs IV. Die in Urkunden und Quellen gelegentl. auftretende Bezeichnung eines Bildnissiegels als imago besagt nur, daß die Darstellung im jeweils zeitgenöss. Bildverständnis als hinreichend charakterisierte Darstellung des Siegelführers angesehen wurde, nichts jedoch über Porträtähnlichkeit im modernen Sinne. R. Kahsnitz

Lit.: H. Wentzel, Ma. Gemmen, Versuch einer Grundlegung, ZDVKW 8, 1941, 45–98 – R. Delbrueck, Spätantike Germanennisse, BJ 149, 1949, 66–81, Taf. 1–2 – H. Wentzel, Portraits »à l'antique« on French Ma. Gems and Seals, JWarburg 16, 1953, 342–350, Taf. 48–52 – Ders., It. Siegelstempel und Siegel all'antico im 13. und 14. Jh., Mitt. des Kunsthist. Instituts Florenz 7, 1953/56, 73–86 – K. Hauck, Brustbilder von Kg.en auf Siegelringen der Völkerwanderungszeit (P. E. Schramm, Herrschaftszeichen und Staatssymbolik I [Schr. der MGH 13/I], 1954), 213–237, Taf. 12–17 – H. M.-L. Vollenweider, Verwendung und Bedeutung der Porträtgemmen für das polit. Leben der röm. Republik, Museum Helveticum 12, 1955, 96–111 – H. U. Instinsky, Die Siegel des Ks.s Augustus, ein Kapitel zur Gesch. und Symbolik des antiken Herrschersiegels (Dt. Beitr. zur Altertumswiss. 16), 1962 – E. Kittel, Siegel, 1970 [mit umfassender Bibliogr. 466–509] – R. Kahsnitz, Siegel und Goldbullen (Staufer I, 17–107; II, Abb. 11–92; III, Abb. 1–30, 83–104).

B. Byzanz, Ost- und Südosteuropa, Armenien, Georgien

Das B., das in Byzanz in Gestalt des Kaiserbildes eine zentrale Rolle spielt, in frühbyz. Zeit auch in der Form von Ehrenstatuen für verdiente Bürger in den Städten als röm. Erbe fortlebt, das der Bf. bei Antritt seines Amtes in seiner Kathedrale aufhängte (vgl. RAC II, 330 f.), das die Stifter von Kl., Kirchen, Privilegien, Büchern o. ä., die Verfasser von wissenschaftl. Werken, Homilien u. ä. oder deren Besitzer darstellt und an Verstorbene über ihren Gräbern erinnert, kann nur z. T. im modernen Sinne als Porträt, d. h. als Wiedergabe des Aussehens eines Menschen mit seinen individuellen Zügen, angesprochen werden. Angesichts der Lückenhaftigkeit des erhaltenen Materials empfiehlt es sich, das B. nach den angesprochenen Zweckgebungen und nicht nach den Kunstgattungen zu ordnen, aus denen Beispiele erhalten geblieben sind. Das entsprechende Material aus dem bulg., rumän., russ. und kaukas. Bereich wird, wo es angebracht ist, miteinbezogen.

[1] *Das herrscherl. Amts- und Repräsentationsbildnis:* Das B. des Ks.s (und/oder ggf. der Ksn.) bzw. des Herrschers als sein offizielles Amts- oder Repräsentationsbildnis (im Sinne der röm. ksl. imago), das in Byzanz nicht nur die Münzen und Bullen tragen, sondern auch vom Hof in alle Provinzen und Klientelstaaten versandt wurde, in frühbyz. Zeit die Szepter der Consuln krönt, auf den Schild höherer Militärs erscheint (vgl. das Stilicho-Diptychon, Monza, Domschatz) oder auf dem Tablion der Chlamys hoher Würdenträger (vgl. Tafel der Ksn. Ariadne, Bargello, Florenz, und die Berichte über die Verleihung entsprechender Gewänder an Barbarenherrscher, die so als Klientelfürsten vereinnahmt wurden), in spätbyz. Zeit auch die Amtstrachten der hohen Reichsfunktionäre schmückt und auch in Hss., die ein Ks. gestiftet hat oder die ihm gehörten, nach offiziellen imagines kopiert sein kann (zum Stifter- oder Besitzerbild, dreimal auch zum Verfasserbild umgewandelt, aber nicht in entsprechender Ikonographie), ist in den seltensten Fällen porträtähnlich. Die ununterbrochene Folge der Münzen mit dem Kaiserbildnis bestätigt, was M. R.-Alföldi über das spätantike Repräsentationsbild schrieb und was in Byzanz in verstärktem Maße (für die in geringerer Zahl erhaltenen Münzen aus Bulgarien und Rußland gilt das ebenso) weiterhin zutrifft: Es »kennzeichnet ... die Person primär als Trägerin ihres Amtes. Persönl. Züge und Wandlungen werden in bestimmten Grenzen durchaus berücksichtigt, im Endeffekt bleibt der Mensch dennoch im Hintergrund«. Daraus erklärt sich auch, daß es keine heiter-leutseligen Kaiserbildnisse gibt. In langen Perioden ist der Typus des Kaiserbildnisses auf Münzen so austauschbar, daß z. B. die Legende eines Aureus Anastasius' I. ohne weiteres auf Justinian I. umgeprägt werden konnte. Wesentlichste Unterscheidungsmerkmale sind meist nur Bartlosigkeit oder Form und Größe des Bartes. Zeigten die Münzen Konstantins d. Gr. ab 325 noch (idealisierte) individuelle Züge, so sind die Münzbildnisse seiner Söhne bereits kaum mehr zu unterscheiden. Vor dem → Bilderstreit hebt sich als echtes Porträt nur das große Goldmultiplum Justinians I. (wohl 535 geprägt; Paris, Cab. des Médailles) heraus. In mittelbyz. Zeit scheinen die hervorragenden Prägungen Leons VI. und Konstantins VII. Porträtcharakter zu haben; in Frage gestellt wird das aber dadurch, daß das Münzbildnis Romanos II. dem seines Vaters so ähnl. ist wie dieses dem Münzbild seines Vaters Leons VI. Danach findet sich dergl. Ähnliches nicht mehr. Wenn auch die spätbyz. Bullen und Siegel wesentl. qualitätvoller als die Münzen sind, so zeigen auch sie nirgends individuelle Züge.

Was die Münzen erkennen lassen, bestätigen mehr oder weniger auch die B.se der Ks. aus den anderen Kunstzweigen. Das großplast. Kaiserbildnis, beginnend mit dem Bronzebildnis Konstantins d. Gr. aus Niš (Belgrad, Nat. Mus.), das den Ks. in großflächiger Vereinfachung noch porträtähnlich wiedergibt, über die B.se der theodosian. Zeit, die nicht sicher zu identifizieren sind, weil sie entindividualisierte jugendl. Idealgesichter darstellen (ksl. Consul aus Aphrodisias im Archäol. Mus. Istanbul, wohl Valentinian II.; Kaiserbildnis aus Istanbul, ebd., sog. Arcadius; Kaiserbildnis aus Rom in Berlin, sog. Arcadius, und zugehöriges Fragment ebd., sog. Eugenius) bis hin zu dem Kaiserbildnis auf fremder Büste im Louvre, Paris (Herkunft unbekannt, sog. Honorius), das Ansätze zur Individualisierung erkennen läßt, zeigt nicht den gesch. Menschen, sondern den Träger des Amtes, hinter dem die Persönlichkeit zurücktritt. Die kolossale Panzerstatue eines Ks.s vor S. Sepolcro in Barletta (wohl Marcianus, 450–457) unterbricht die Typisierung durch offensichtl. Porträthaftigkeit. Dagegen sind die B.se des Anastasius (491–518; Kopenhagen, Ny Carlsberg Glyptothek) und seiner Gattin Ariadne († 515; Rom, Klausur von S. Giovanni in Laterano, ebd. Palazzo dei Conservatori und Paris, Louvre) in ihrer glotzäugigen Typisierung wieder bar jeder Porträtähnlichkeit, was noch stärker auf das alterslos glatte Gesicht des bronzenen Kaiserinbildnisses aus Balanjac (Niš, Mus.: wohl Euphemia, die Gattin Justins I.) zutrifft. Mit den B.sen Justinians I. (Porphyrkopf, Venedig, S. Marco) und seiner Gattin Theodora (Marmorkopf im Castello Sforzesco, Mailand) tritt eine Wendung zum röm. Verismus ein, worin sich das Kaiserbildnis mit dem »Privatporträt« trifft. Letztes erhaltenes Kaiserbildnis ist der schwer beschädigte Marmorkopf im Mus. Forlì (wohl Maurikios, 582–602). Daß es bis in spätbyz. Zeit großplast. Kaiserbildnisse gegeben hat, bezeugt Georgios Pachymeres († um 1310): Michael VIII. Palaiologos habe nach der Rückeroberung Konstantinopels ein (versilbertes) Bronzedenkmal aufstellen lassen, das ihn vor dem Erzengel Michael kniend und ihm das Stadtmodell überreichend zeigte (De Andron. Pal. III, 15; vgl. auch Nikephoros Gregoras, Byz. Gesch. VI, 9, 1).

Auch im Steinrelief, auf Elfenbein- oder Emailtafeln, Arbeiten der Toreutik oder der verschiedenen Zweige der Malerei bestätigen, so vereinzelt sie auch sein mögen, die erhaltenen Werke das anhand der Münzen gewonnene Bild, gleich ob der Ks. (oder die Ksn. oder die ksl. Familie bzw. die Herrscher) in reinen Repräsentations- oder in Triumphal- oder Krönungsbildern oder auch bei Amtshandlungen dargestellt werden. Beginnend mit dem Hochzeitsbild Constantius II. (337–363) auf dem Cameo Rothschild und seinen B.sen auf den Silberschalen in der Eremitage, Leningrad, über das Missorium Theodosius' I. von 388 in der Akademie Madrid, die Reliefs am Sockel des Theodosius-Obelisken in Istanbul, die B.se von Anastasius und Ariadne auf Consulardiptycha zw. 506 und 517, die Elfenbeintafeln Ariadnes in Florenz und Wien bis zum sog. Diptychon Barberini in Paris, dessen Ks. bis heute verschieden identifiziert wird, entbehren die frühbyz. Werke jegl. Individualität. Völlig typisiert und daher undeutbar sind die bronzenen Kaiserbildnisse, die als Gewichte dienten, ausgenommen das im British Mus., das Phokas (602–610) recht realist. wiedergibt (dessen Münzbildnisse übrigens ebenfalls z. T. persönl. Züge aufweisen). In mittelbyz. Zeit sieht es kaum anders aus. Ausnahmen sind das Mosaik über der Kaisertür der H. Sophia, Konstantinopel, mit dem vor Christus knienden Leon VI. (886–912), während sein Krönungsbild auf einem Szepteraufsatz (?) in Berlin oder sein B. an der Votivkrone in S. Marco, Venedig, völlig unpersönl. sind, und die Elfenbeintafel im Hist. Mus. Moskau (wohl um 945) mit der Krönung Konstantins VII. (912 bis 959), vielleicht noch die B.se Nikephoros' III. Botaneiates (1078–1081) im Ms. Coisl. 79 der Pariser Bibl. Nat. und das scharfzügige B. Manuels I. Komnenos (1143–80) im Ms. gr. 1851 der Bibl. Vaticana (wohl der originale Horos der Synode v. 1166 mit der eigenhändigen Unterschrift des Patriarchen). Für die übrigen Kaiserbildnisse gilt, daß nur der beigeschriebene Name eine Identifizierung ermöglicht; wo das nicht der Fall ist, z. B. bei den Marmorreliefs in den Dumbarton Oaks Coll., Washington, und am Campiello Angaran, Venedig, auf dem Einzelblatt in Princeton oder der Kaiserfamilie im Barberini-Psalter der Bibl. Vaticana, sind wir auf Vermutungen angewiesen. Kaiserbildnisse in entlegenen Provinzen, wie z. B. das Familienbild Nikephoros' II. Phokas im Çavuşin (Kappadokien) sind künstler. irrelevant. Was aus Bulgarien und Altrußland aus dieser Periode bekannt ist (B. des Khans Boris, 852–889, in einer russ. Kopie um 1200; Fs. Jaropolk und seine Gattin Kunigunda, um 1078–86, im Egbert-Psalter, Cividale, in einem stark westl. beeinflußten Krönungsbild), folgt demselben Prinzip der Entpersönlichung. Individuelle Kaiserbildnisse gibt es nicht.

Während byz. Maler in Serbien im B. des Stifters von Mileševo, Stefan Vladislav, bereits ein eindeutiges Porträt schufen (vor 1234, vielleicht weil der Stifter noch nicht Kg. war), und Maler, die vielleicht aus Nikaia kamen, in der Vorhalle des Kirchleins von Bojana den bulg. Zaren Konstantin Tich und seine Gemahlin Irene in einer sehr lebensnahen Weise darstellten (1259), bleiben die byz. Kaiserbildnisse auch in spätbyz. Zeit zunächst noch der Konvention treu. Erst in dem Doppelbildnis Johannes' VI. Kantakuzenos als Ks. und als Mönch Joasaph, einem repräsentativen Verfasserbildnis, im Ms. gr. 1242 der Pariser Bibl. Nat. (1370/75, enthält die Werke Joasaphs), scheinen im B. des alten Mönches im Unterschied zu dem des Ks.s persönl. Züge durchzuschimmern. Porträthaft ist dann das B. Manuels II. Palaiologos (nicht die seiner Familie!) in der von ihm an das Kl. St-Denis geschenkten Hs. der Werke des Dionysios Areopagites (vor 1408; Paris, Louvre), was beim Vergleich einerseits mit seinem B. in der Hs. seiner Trauerrede auf seinen Bruder Theodoros († 1407; Suppl. gr. 309, Bibl. Nat. Paris) und andererseits mit der höchst lebendigen Federzeichnung im Ms. gr. 1387 der Pariser Bibl. Nat. und seinem ähnlichen B. in der Zoŋaras-Chronik in der Bibl. Estense, Modena (beides keine offiziellen Kaiserbildnisse), deutlich wird. Auch von seinem Sohn und Nachfolger, Johannes VIII. Palaiologos (1425–48), besitzen wir drei porträthafte inoffizielle B.se in Federzeichnung, im Ms. gr. 1387 und Ms. gr. 1188 der Bibl. Nat., Paris, und in der Zoŋaras-Chronik in Modena. Es ist bezeichnend, daß keines dieser porträtähnl. Kaiserbildnisse offiziellen Charakter hat (die Hs. im Louvre war von Anfang an für St-Denis bestimmt, wo man Manuel II. als ehemaligen Gast kannte). Für das Amts- oder Repräsentationsbildnis innerhalb des Reiches bleibt das alte Prinzip beherrschend.

In Bulgarien kennen wir offizielle Zarenbildnisse nur von Ivan Alexander (1331–71), so im Kl. Bačkovo und in den für ihn hergestellten Hss. der Manasses-Chronik (Bibl. Vaticana) und des Tetraevangeliars (London. Brit. Mus.), die alle völlig entpersonalisiert sind. Nur in Dolna (Donja) Kamenica (heute jugoslavisch) wurde anscheinend der Despot Michail (Sohn des Zaren Michael Šišman, 1323–30) mit seiner Gattin Anna lebensnäher dargestellt; es ist ein Herrscherbildnis wie das in Bojana, d. h. kein offizielles, sondern den Stiftern vorangestellt als B. des Landesherren, das die Stifter (nach D. PANAJOTOVA seine Verwandten) gleichsam autorisiert. Aus Rußland kennen wir als offizielle Großfürstenbilder dieser Periode nur die Stickereien auf dem »Großen Sakkos des Photios« (seit 1409 Metropolit v. Kiev mit Sitz in Moskau; Moskau, Kreml), die Vasilij I. und seine Gattin Sofija zeigen, ebenso typisiert wie die ebd. befindl. B.se seines Schwiegersohnes Johannes VIII. Palaiologos und seiner Tochter Anna (die Ehe dauerte nur von 1416–18; die Stickerei dürfte aus Konstantinopel geschenkt worden sein). Autonome Königsbildnisse aus Armenien und Georgien sind nicht bekannt, außer in Gelati (13. Jh.) die B.se Davids V. als Kg. und als Mönch mit deutl. Altersunterscheidung.

[2] *Beamtenbildnis:* Diese Bildniskategorie ist nur aus frühbyz. Zeit überliefert. Wir dürfen hier neben den Consulardiptycha und verwandten Denkmälern auch die sog. Privatporträts hinzurechnen, die von Ehrenstatuen verdienter Beamter und Bürger stammen. Von den Consulardiptycha aus Konstantinopel sind nur einige aus den Jahren 506–540 erhalten (der letzte Jahresconsul wurde 541 ernannt), die meist völlig typisierte jugendl. Gesichter zeigen; Ausnahmen sind das Diptychon des Clementinus (513; Liverpool. Archäol. Mus.) und das des Philoxenus (525; Paris, Cab. des Médailles), das bereits dem neuen Verismus der justinian. Zeit zugehört; die beiden letzten Diptycha, von Apion (539; Oviedo, Kathedrale) und von Justinus (540; Berlin, Staatl. Mus.), zeigen junge Männer ohne individuelle Züge (das Berliner Stück ist sehr abgegriffen). Eine elfenbeinerne Consulstatuette in London (Brit. Mus.) dürfte ebenfalls justinian. sein. Die wohl dem späten 6. Jh. entstammende Statue eines Consuls aus Ephesus (Selçuk, Mus.; Kopf in älterer Statue; Stephanus benannt), zeigt einen in den fasti consulares nicht verzeichneten Beamten, der wohl den als Hoftitel fortbestehenden Rang eines Anthypatos (Proconsuls) verliehen bekommen hatte; der Kopf ist masken- und fast karikaturhaft. Den gleichen Rang dürfte der Mann in consularem Ornat (Leontios?) in dem Stifterbild von H. Demetrios in Thessalonike (um 630) innegehabt haben, dessen B. Porträtcharakter hat.

Die Entwicklung der großplast., vornehml. aus Kleinasien stammenden Porträts haben J. INAN und E. ALFÖLDI-ROSENBAUM vollständig zusammengestellt. Ihre Entwicklung geht bis in die justinian. Zeit ganz andere Wege als das Kaiserbildnis: Um 400 zeigt der Kopf eines älteren Mannes aus Aphrodisias (Brüssel, Mus. Royaux) einen klass. Bildnischarakter; die beiden Beamtenstatuen aus dem gleichen Ort in Istanbul (Archäol. Mus.) sind nicht von gleicher Qualität, aber von fast stärkerem Verismus; die

Büsten eines Ehepaares in Thessalonike (Archäol. Mus.), etwa gleichzeitig mit den Statuen aus Aphrodisias, weichen im Stil ab, haben aber ebenfalls Bildnischarakter. Vielleicht gehört hierher auch das eindrucksvolle B. eines Dichters oder Philosophen im Akropolis-Mus., Athen. Um die Mitte des 5. Jh. ist der Kopf des »Eutropius« aus Ephesos (Wien, Kunsthist. Mus.) anzusetzen, ein B., in eigenwillig geometr. Form gezwungen, das dennoch porträthaft wirkt; ein anderes B. aus Ephesos, gleichfalls in Wien, ist natürlicher angelegt, ebenfalls verist. anmutend. Gegen Ende des 5. Jh. lebt die Bildnistradition verist. Art fort in dem Kopf eines bärtigen Mannes in Athen (Nat. Mus.) und dem B. des Flavius Palmatus aus Aphrodisias (Geyre, Mus.), und im 6. Jh. bezeugen hervorragende B.se aus Ephesos (Selçuk und Wien) eine Richtung der Bildniskunst, die sich mit dem Kaiserbildnis in ihrem schonungslosen Verismus zusammenfindet. Der Spätling dieser Richtung, der o. erwähnte Stephanus, zeigt, daß diese Höhe der Bildniskunst nicht gehalten werden kann.

In späterer Zeit gibt es das autonome Beamtenbildnis offenbar nicht mehr, vielmehr werden nur gelegentl. Beamte in der Umgebung des Ks.s (z. B. Ms. Coisl. 79 der Bibl. Nat., Paris) oder als Stifter von Mosaiken, Fresken oder Hss. bzw. als Besitzer von Hss. dargestellt.

[3] *Das Bischofsbildnis:* Die lit. bezeugte Sitte, daß ein Bf. sein B. in seiner Kirche aufhängte (s. o.), hat nur wenige Zeugnisse hinterlassen. Nur ein Tafelbild des 6./7. Jh. blieb erhalten, das des Apa Abraham Episkopos aus Bawit (Oberägypten) in Berlin (Bode-Museum). Es ist ebenso typisiert wie die auf entsprechende B.se zurückgehenden B.se anderer Äbte von Bawit in den Apsidiolen dieses Kl. (den sog. Kapellen) und im Kl. Saqqara. Außerdem kennen wir nur die späteren Kopienserien in S. Paolo f. l. m., Rom, und in Sant'Apollinare in Classe, Ravenna. Daß es aber auch später hin das Bischofbildnis gegeben hat, zeigt z. B. das porträthafte Stifterbildnis des Ebf.s Johannes in H. Demetrios, Thessalonike (zusammen mit dem Anthypatos Leontios vom Titelheiligen präsentiert). Auch das Mosaikbildnis des Patriarchen Ignatios v. Konstantinopel († 877), bald nach seinem Tod in der H. Sophia gesetzt, hat insofern Porträtcharakter, als das bartlos-glatte Gesicht des alten Mannes den Eunuchen erkennen läßt. Schließlich ist noch das fragmentierte B. des Bf.s Danilo in der Riza Bogorodica in Bijela (an der Bucht von Kotor) zu nennen, das in der Apsis unterhalb der Anbetung des → Melismos angebracht ist (mit gr. Beischrift: »Der fromme, christl. Bf. Danilo«), wohl als B. des Stifters der Kirche oder ihrer Fresken. Das B. des Kiever Metropoliten Photios auf seinem »Großen Sakkos« (Moskau, Kreml) ist im Unterschied zu den wenigen anderen Beispielen völlig entpersonalisiert. Dagegen wirkt die Federzeichnung im Ms. gr. 1783 der Bibl. Nat., Paris, die im Zusammenhang einer Liste der Patriarchen v. Konstantinopel Joseph II. († 1439 in Florenz während des Konzils) zeigt, in ähnlich verist. Weise, wenn auch übertreibend, gezeichnet wie die Kaiserbildnisse in derselben Handschrift. Man kann vielleicht annehmen, daß die durch die Jahrhunderte mit ziemlich geringer Variationsbreite tradierten B.se von hl. Bf.en wie Johannes Chrysostomos, Basileios d. Gr., Kyrill v. Alexandria u. a. m. auf deren ursprgl. Amtsbildnis zurückgehen.

[4] → *Stifterbildnis.*

[5] *Das Memorialbildnis:* Beispiele dieser häufig bezeugten Gattung (vgl. BELTING, 79 mit Anm. 267) sind erst aus spätbyz. Zeit erhalten. Ein einziges B. dieser Art in Stein ist in dem (rekonstruierten) Sarkophag der Theodora in H. Theodora in Arta (nach 1270) auf uns gekommen; es zeigt wohl die Despoina Theodora mit ihrem Sohn Nikephoros I. Angelos Dukas, Despot des Epiros (vgl. RbyzK III, 766 f.). Anfangs des 13. Jh. dürfte ein Fresko aus der H. Euphemia in Konstantinopel entstanden sein, auf dem die Titelheilige einen Diakon dem Pantokrator präsentiert (durch Verbringung ins Archäol. Mus. Istanbul sehr beschädigt). In derselben Kirche blieb über einem Grab ein Fresko z. T. erhalten, auf dem Euphemia (?) einen knienden Metropoliten mit einem Kirchenmodell der Gottesmutter präsentiert, hinter der zwei hl. Bf.e stehen, eine ganz ungewöhnl. Kombination von Stifter- und Memorialbildnis. Wie ein Memorialbildnis üblicherweise aussah, zeigen die in der Chora-Kirche, Konstantinopel, erhaltenen Fresken bzw. Mosaiken in den Grabnischen des Parekklesion und im Exonarthex: eine frontal stehende Beamtenfamilie, die den sie segnenden Christus in der Archivolte anbetet (Grab C), Michael Tornikes und seine Gattin, die Madonna anbetend, beide seitl. an der Laibung der Nische nochmals als Mönch Makarios und Nonne Eugenia (Grab D). In anbetender Haltung sind auch zwei Mönche in der Panagia Phorbiotissa in Asinou (Zypern, 1332/33) seitl. des Bildes der Phorbiotissa im Narthex wiedergegeben. Auch in Mistra gibt es mehrere Memorialbildnisse verwandter Art (vgl. BELTING, 78, Anm. 265). Daß es auch, wie später in Rußland, über dem Grab angebrachte Ikonen gab, zeigte die (1934 verbrannte) Tafel mit dem B. eines Prinzen Johannes, der neben der seiner Gebetshaltung mit einer Gewährungsgeste entsprechenden Madonna stand, im Megaspelaion-Kloster (Peloponnes, um 1400). Auf der Ikone vom Jahr 1356 in der Samllg. Phaneromeni in Nikosia steht unter dem Christus anbetenden Stiftern frontal mit über der Brust gekreuzten Armen ihre verstorbene Tochter, der die Fürbitte der Eltern gilt, ein Memorialbildnis ohne Parallele.

Wie BELTING aufwies (81 ff.), waren die B.se im Typikon des Kl. der »Theotokos der festen Hoffnung«, die jeweils Ehepaare zeigen (Oxford, Bodleian Libr., Cod. Lincoln Coll. gr. 35), als Vorlagen für Memorialbildnisse gedacht; sie zeigen die Eltern der Stifterin, die Stifterin Theodora Palaiologina und ihren Gatten Johannes Synadenos, die beiden nochmals als Mönch und Nonne mit ihrer Tochter als Nonne, ihre Söhne mit deren Familien jeweils frontal in Gebetshaltung, von Christus oder der Theotokos gesegnet, alle Männer in den Dienstkostümen ihres Hof- bzw. Beamtenranges.

Für alle diese Memorialbildnisse gilt, was BELTING zum Oxforder Typikon schrieb: »Der Wille zum individuellen Porträt ist ... evident, wenn man die Serie der Oxforder Miniaturen durchgeht. Allerdings wird er stets eingeschränkt durch die Orientierung an verbindl. Schemata, zu denen sich das einzelne Porträt wie eine Variante oder Korrektur verhält. So nehmen die gleichen Gesichter andererseits stereotype Merkmale an und wirken auf den heutigen Betrachter um so 'abstrakter', als sie weitgehend auf Farb- und Tonmodellierung zugunsten einer mehr linearen Charakteristik verzichten. Man braucht dennoch nur die Beschreibungen von Porträts in spätbyz. Quellen nachzulesen, um sich davon zu überzeugen, daß der Betrachter daran gewöhnt war, in ihnen das genaue Ebenbild des Modells wiederzuerkennen ... Dennoch kann die vorwiegend graphische Porträtmanier, mit der sich die Abweichungen der einen von der anderen Physiognomie leichter 'registrieren' ließen, nicht allein auf maltechn. Gründe zurückführen, zumal die physiogn. Varianten eng begrenzt waren. Vielmehr ist diese Manier dem Porträt reserviert worden, wie die Kanzleischrift einer Urkunde. Sie drückt dem Porträt gewissermaßen ihren Stempel auf. Tatsächl.

[6] *Das Verfasserbildnis:* Die Mehrzahl der Verfasserbildnisse (ausgenommen des Dioskurides im Med. gr. 1 der Nat. Bibl. Wien, um 512, das ein röm. Original der Kaiserzeit reproduziert) folgt dem Typus des Evangelistenbildes (→ Evangelisten), so die des Gregor v. Nazianz (G. GALAVARIS, The Illustration of the Liturgical Homilies of Gregory Nazianzenus, 1969, passim), Johannes Chrysostomos (im Ms. Coisl. 66 der Bibl. Nat., Paris, unter einer Ikone des Matthaeus; dieses Thema findet sich auch einmal in der Wandmalerei: auf der W-Fassade der Kirche der 40 Märtyrer in Tŭrnovo, 13. Jh., statt Matthaeus zeigt hier die Ikone Paulus), Johannes Klimakos (J. R. MARTIN, The Illustrations of the Heavenly Ladder of John Climacus, 1954, fig. 14, 16, 18, 24, 25, 69 und 135), Johannes v. Damaskus (Jerusalem, Griech. Patriarchat, Cod. Hag. Taphou 14), Niketas Choniates in einer Hs. des 14. Jh. in Wien (Nat. Bibl., Hist. Gr. 53) und Hierokles in einer Hs. der Hippiatrika des 14. Jh. in Paris (Bibl. Nat., Ms. gr. 2244). In all diesen Fällen sitzt der Verfasser an einem Schreibpult, häufig ist weiteres Mobiliar zu sehen. Wie auch gelegentl. bei den Evangelistenbildern kommt auch im Verfasserbild der frontal sitzende, sein Werk in der Hand haltende Autor vor, z. B. in einer Hs. der Paulus-Briefe mit Kommentar aus dem 11. Jh. (Paris, Bibl. Nat. Ms. gr. 224), wo außer dem B. des Paulus auf einer weiteren Miniatur der wichtigste der Kommentatoren, Johannes Chrysostomos, frontal sitzend dargestellt ist, während zwei weitere Kommentatoren (Oikoumenios und Theodoret) als kleine Nebenfiguren beiderseits von ihm, zu ihm aufblickend, sitzen. Ein spätbyz. Beispiel ist das B. des Hippokrates, im Ms. gr. 2144 der Bibl. Nat., Paris, wo sein B. dem des A. Apokaukos (vgl. → Stifterb.) gegenübersteht; die Gegenüberstellung macht deutl., was für die meisten Verfasserbildnisse gilt (mit Ausnahme der qualitätslosen Federzeichnung des Hierokles), daß diese B.se jeweils im Stil ihrer Entstehungszeit modelliert sind, wobei versucht wurde, individuelle Züge wiederzugeben, auch wenn diese der Phantasie des Miniators entsprangen. Ein bes. Fall des frontalen Verfasserbildnisses findet sich in der Hs. der Himmelsleiter in der Pariser Bibl. Nat. (Coisl. 263) vom Jahr 1059: Hier werden Abt Johannes v. Raithu, auf dessen briefl. Bitte hin Johannes Klimakos sein Werk schrieb, und der Verfasser selbst dargestellt, wobei der Abt v. Raithu einem Boten den Brief übergibt und Klimakos ihn empfängt.

Neben diesen Typen des sitzenden kommt auch das B. des stehenden Verfassers gelegentl. vor, so z. B. stets für Eusebios v. Kaisareia und Ammonios, wenn sie vor den Kanontafeln dargestellt werden (vgl. das syr. Rabbula-Evangeliar v. 586 in der Bibl. Medicea-Laurenziana, Florenz, oder den Cod. Ebnerianus in Oxford, Bodleian Libr., frühes 12. Jh.), gelegentl. Johannes Chrysostomos (z. B. im Cod. 210 der Nat. Bibl. Athen, 10. Jh., und auf einer einem älteren Codex beigefügten Miniatur des 14./15. Jh. in einer Hs. in der Bibl. Marciana, Venedig, Cl. II gr. 27) und (ebenso auch Basileios d. Gr.) auf liturg. Rollen, Georgios Pachymeres der Münchner Hs. des 14. Jh. (Ms. gr. 442, nach 1310; wohl, der Haltung nach zu urteilen, nach seinem Memorialbildnis), Johannes VI. Kantakuzenos in der Pariser Hs. seiner Werke (s. o.) als Ks. und als Mönch (das Kaiserbildnis entspricht dem Amtsbildnis, das Mönchsbildnis ist individueller) und Manuel II. Palaiologos in der Hs. seiner Totenrede auf seinen Bruder Theodor († 1407; Paris, Bibl. Nat. Suppl. gr. 309; ein typisiertes Amtsbildnis).

Eine einzigartige Variante des B.ses des stehenden Verfassers stellen die Miniaturen in der vatikan. Hs. der »Panoplia« Alexios' I. Komnenos (Ms. gr. 666) und deren Kopien in der Hs. Synodal gr. 387 im Hist. Mus. Moskau (2. Hälfte 12. Jh.) dar, eine Folge von drei Miniaturen: die Kirchenväter, deren Werken der Verfasser seine Argumente entnommen hat; Alexios (in Wahrheit nicht der Autor – das war Euthymios Zigabenos –, sondern der Auftraggeber) steht betend mit verhüllten Händen, von Christus (Büste in der oberen linken Bildecke) gesegnet oder inspiriert; Alexios übergibt die Panoplia dem thronenden Christus. Diese Miniaturenfolge ist für das byz. Denken sehr aufschlußreich: Die Kirchenväter machen das Prinzip der byz. Theologie deutlich, sich bei allen Aussagen auf die Werke der anerkannten Lehrer der Alten Kirche zu beziehen; der Ks., der den Auftrag an Zigabenos gegeben hat, handelt im Auftrage Christi und kann deshalb den eigtl. Autor verdrängen und das Werk selbst, das zur Bekämpfung der → Bogomilen gedacht war, seinem himml. Auftraggeber überreichen, worin sich auch seine Stellung als eigtl. Haupt der Kirche ausdrückt.

Die Übergabe seines Werkes durch den stehenden Verfasser wird auch sonst gelegentl. dargestellt, so reicht Johannes Klimakos seine »Himmelsleiter« dem ebenfalls stehenden Christus in einer Hs. im Sinai-Kloster (Ms. 418; 12. Jh.) oder Johannes Chrysostomos seine Homilien dem Matthaeus in einer Hs. ebd. (Ms. 364; 1050; die Seite gegenüber zeigt die damals regierende Ks.-Trias, Konstantin X., Zoe und Theodora, für die die Hs. bestimmt war). Der Chronist Konstantin Manasses überreicht sein Werk in einer Hs. in Wien (Nat. Bibl. Cod. gr. 149) der Sebastokratorissa Irene (Mitte 12. Jh.), während er in der bulg. Übersetzung der Chronik (Bibl. Vaticana, Ms. slav. 1) noch schreibend neben dem Zaren Ivan Alexander steht, zu dessen Rechten Christus den Bulgarenherrscher segnet. In der mehrfach erwähnten Hs. der Homilien des Johannes Chrysostomos in Paris (Coisl. 79) überreicht der Kirchenvater den Band dem Ks. Nikephoros III. Botaneiates, der hier anstelle Christi das theol. Werk entgegennimmt. Zu Verfasserbildern, die Johannes Chrysostomos und Paulus oder diesen Kirchenvater als »Quelle der Weisheit« zeigen, vgl. RbyzK III, 254f. (G. GALAVARIS).

Wie weit die Verfasserbildnisse Porträtcharakter haben, ist sehr ungewiß. Zu den Kirchenvätern vgl. die unter [2] geäußerte Möglichkeit, daß ihre Darstellung auf Bischofbildnisse zurückgehen könnte. Das B. des Johannes Klimakos wirkt in den zitierten Beispielen sehr lebensnah; dennoch wird man eher annehmen müssen, daß es sich um einen Typus des Asketen handelt, der für sein B. verwendet wurde, denn das älteste B. dieses Autors, ein Medaillonbild in der Hs. der »Himmelsleiter« im Sinai-Kloster Cod. gr. 417 (10. Jh.) zeigt keinerlei Ähnlichkeit mit den späteren Bildnissen. Von den Kaiserbildnissen in Hss. könnte das des Alexios I. Komnenos im Vat. gr. 666 Porträtcharakter zeigen, weil es nicht dem schematisierten Typus des Amtsbildnisses zugehört; Sicherheit besteht allerdings nicht. Von den anderen Verfasserbildnissen fällt das des Choniates in der Wiener Hs. aus, weil das ursprgl. Gesicht weggekratzt und übermalt ist; das des Pachymeres folgt wohl der Art des Memorialbildnisses, hat also wenig Aussagekraft; obwohl wahrscheinl. das B. des Hippokrates auf ältere Vorlagen zurückgeht, ist es doch, wie das des Hierokles und die weit auseinandergehenden des Manasses, ein Produkt künstler. Vorstellung eines ma. Malers, wie schon ein kurzer Vergleich mit dem B. des Dioskurides in der Wiener Hs. lehrt.

Zusammenfassend kann man sagen, daß das B. in Byzanz trotz seiner großen Bedeutung und seiner vielen Grundtypen in weit überwiegendem Maße nicht den Menschen in seiner individuellen Einmaligkeit wiedergeben wollte und sollte, sondern dem Schematismus stereotyper vorgegebener Formen unterworfen bleibt. Daß das byz. Verfasserbildnis auch nach dem Fall von Konstantinopel (1453) noch außerhalb des byz. Kulturbereiches weiterwirkte, zeigt eine lavierte Federzeichnung in einer um 1455/60 in Venedig entstandenen Hs. des Organon des Aristoteles (Oxford, Bodleian Libr. Ms. Barocci 87), die nachträgl. eingeklebt, aber wohl etwa gleichzeitig ist. Sie zeigt den byz. Lehrer der Philosophie Johannes → Argyropulos in der Kleidung eines hohen byz. Würdenträgers und ist im Schema des den Evangelistenbildern folgenden Verfasserbildnisses gehalten. Obwohl im Stil deutl. westl. Elemente erkennbar sind, handelt es sich nicht um ein B. im Sinne der it. Renaissance, sondern offenbar um eine Kopie eines vor 1453 entstandenen byz. B.ses, das den in Konstantinopel lehrenden Gelehrten und Aristoteles-Kommentator zeigte, wohl die Arbeit eines wie Argyropulos nach Italien geflüchteten Griechen. Daraus erklärt sich die geringe Individualisierung des B.ses, das sich deutl. von der anfangs des 15.Jh. entstandenen it. Zeichnung mit dem B. des Manuel Chrysolares († 1415) in Paris (Louvre, Dép. des Dessins, inv. 9849 bis) unterscheidet, das unverkennbar eine echte Porträtstudie ist. K.Wessel

Lit.: RbyzK III, 722–853 [K.Wessel] – G.Millet, Portraits byzantins, RAChr 61, 1911, 445–451 – R.Delbrueck, Die Consulardiptychen und verwandte Denkmäler, 1929 – Ders., Spätantike Kaiserporträts von Constantinus Magnus bis zum Ende des Westreichs, 1933 – A.Grabar, L'empereur dans l'art byzantin, 1936 – A.Vasiliev, Ktitorski portreti, 1960 – E.Kitzinger, Some Reflections on Portraiture in Byzantine Art, ZRVI 8, 1, 1963, 185–193 – J.Inan–E.Rosenbaum, Roman and Early Byz. Portrait Sculpture in Asia Minor, 1966 – M.-A.Muzinescu, Introduction à une étude sur le portrait de fondateur dans le sud-est européen, RHSE 7, 1969, 281–310 – H.Belting, Das illuminierte Buch in der spätbyz. Ges., 1970, 72–94 – D.Panajotova, Les portraits des donateurs de Dolna Kamenica, ZRVI 12, 1970, 143–156 – T.Velmans, Le portrait dans l'art des Paléologues, (Art et société à Byzance sous les Paléologues, 1971), 93–148 – H.G.Severin, Zur Porträtplastik des 5.Jh.n.Chr. (Misc. Byzantina Monacensia 13), 1972 – J.Spatharakis, The Portrait in Byz. Illustrated Mss., 1976 – F.Kaempfer, Das russ. Herrscherbild von den Anfängen bis zu Peter d. Gr., 1978 – J.Inan–E.Alföldi-Rosenbaum, Röm. u. frühbyz. Porträtplastik aus der Türkei. Neue Funde, 1977 – M.R.-Alföldi, Die Bedeutung des Repräsentationsbildes in der Spätantike (Mél. de numismatique, d'archéologie et d'hist. offerts à J.Lafaurie, 1980) – Bilder vom Menschen in der Kunst des Abendlandes, Kat. Berlin 1980, 89 ff. [H.G. Severin].

Serbien: Die Bildnisdarstellungen bekannter Persönlichkeiten sind im ma. Serbien fast alle aus ursprgl. religiösen Bedürfnissen im Bereich der kirchl. Wandmalerei hervorgegangen, dienten gleichzeitig aber auch der Verherrlichung damaliger polit. Machtsymbole. Serbien, im Ausstrahlungsbereich der Kultur des byz. Reiches gelegen, übernahm von daher das ikonograph. Muster für die Bildnisse weltl. Herrscher und geistl. Würdenträger. 1172 berichtet der byz. Chronist Eustathios v. Thessalonike von dem Repräsentationsbild des Großžupan → Stefan Nemanja, in dem zu jener Zeit besser als in anderen Gattungen der Bildnismalerei das tatsächl. charakterist. Abbild des Nemanja wiedergegeben war und das daher von bes. Bedeutung ist. Weiterhin gab es auch vor 1172 u. a. schon einige Bildnisse des Nemanja in Mosaik- oder Freskotechnik im Großen Kaiserpalast zu Konstantinopel, auf denen er als Schlachtenführer der Serben gegen das byz. Heer bes. hervorgehoben wird. Außerdem sind Porträtbeschreibungen durch andere Chronisten überliefert; 1172 von Konstantin Manaseos (Kurz, 91–117) und 1190 von Niketas Choniates (Miller, Recueil II, 738 ff.).

Neben der additiven Nemanjidengenealogie sind im 13.Jh. die hist. Ereignisse um den hl. Simeon (Stefan) Nemanja und den hl. → Sava als Themen beliebt, wobei die Künstler sich von den lit. Quellen der serb. Viten inspirieren ließen und sich des byz. ikonograph. Programms bedienten. So sind die maler. Kompositionsmuster festgelegt, die später in anderen Kirchen mit wenigen Modifizierungen ihren ikonograph. Typ wiederholen. Dabei sind Darstellungen hervorzuheben wie: Nemanjas Konzil (Arilje, Dragutinskapelle in der Kirche Djurdjevi Stupovi bei Novi Pazar, Demetriuskirche in Peć [Pećka patrijaršija]); die Abfahrt des hl. Simeon Nemanja zum Athos (Kapelle des Kg.s Radoslav in Studenica); Translatio Reliquiarum des hl. Simeon Nemanja von Chilandar nach Studenica (Studenica, Sopoćani). Für die Darstellung eines hist. Ereignisses, »Tod der Königin Anna«, Enkelin des ven. Dogen Enrico Dandolo, letzte Gemahlin des Kg.s Stefan des Erstgekrönten und Mutter des Kg.s Uroš I. (1243–76), gemalt im Narthex des Kl. Sopoćani (1264–68), ist als Muster der byz. ikonograph. Repräsentationstyp der »Koimesis« übernommen worden. In das dramat. Geschehen sind viele berühmte Persönlichkeiten des serb. Herrscherhauses und Hofes eingefügt. Ein wichtiger ikonograph. Typus für das chronolog. komponierte Gruppenbildnis der serb. Herrscher und ihrer Familien wurde aus der atl. »Wurzel Jesse« zu einem repräsentativen, vertikalen Stammbaum des Nemanjidengeschlechtes entwickelt, ausgehend von dem Großžupan Nemanja: erstmals in Gračanica (um 1320), in Pećka patrijaršija, Dečani und in der Klosterkirche v. Matejič in Makedonien. In der Münzkunst ist die Galerie serb. Herrscher als meistverbreitete Porträtbilder erhalten geblieben, die aber – in Massen produziert – meist Idealbildnisse waren und selten charakterist. Züge trugen. Für das autonome Porträt in der serb. Bauplastik ist angesichts der realist., individuellen Aussage der Bildnisse anzunehmen, daß die ma. Bildhauer für die Darstellung bestimmter Physiognomien die charakterist. Vorbilder in ihrer eigenen Umwelt gefunden haben; sicher trifft dies für einige vollplast. Köpfe an den Konsolen der bereits gen. Gottesmutterkirche des Kl. Studenica und der Klosterkirche von Dečani (1327–55) zu.

Kroatien: Im mehr dem westeurop. als dem byz. Kulturkreis zugewandten Kroatien entfaltet sich die Bildniskunst unter kath. Einfluß. Beispiel für den Übergang von der Vorromanik zur Frühromanik ist als frühestes B. das in Stein gearbeitete Flachrelief einer idealisierten Herrschergestalt aus dem 11.Jh. im Baptisterium der Domkirche im Diokletianpalast. Die wenigen, im Binnen- und Küstenland Kroatiens noch vorhandenen roman. Bildnisdarstellungen verschiedener Gattungen haben durch den Tatareneinfall 1241 und die türk. Besetzung stark gelitten. Bei manchen der erhalten gebliebenen, spätroman. bauplast. Werke fällt im durchgehend festgelegten ikonograph. Programm eine bes. Neigung der Meister zu porträthaften Zügen auf. Genannt seien hierzu die Bildhauer: Andrija Buvina (Holztür und Chorgestühl der Kathedrale v. Split, 1214); Meister → Radovan (Portal der Kathedrale v. Trogir, 1240); Magister → Otto (Glockenturm des Domes im Diokletianspalast, 13.Jh.); später außerdem Mihoje Brajkov aus Bar (Kapitelle im Kreuzgang des Minoritenklosters, Dubrovnik, 1. Hälfte des 14.Jh.). Auch die Polyptychen dalmatin. Künstler zeigen in einigen gemalten Bildnissen die bes. Vorliebe für das realist. Portrait, wie bei: Blaž Jurjev (Flügelaltar, Kirchenkunstsammlung v. Trogir, 1434/35); Dujam Vušković (Flügelaltar, Sakristei St. Franziskus in Zadar, Anfang der 2. Hälfte des 15.Jh.). Noch weiter wurden die naturalist. Bestrebungen in der Spätgotik von dem bedeutenden dalmatin. Bildhauer Juraj Dalmatinac (Georgius

Dalmaticus) getrieben, der (neben anderen bauplast. Werken) die Außenapsiden der Kathedrale v. Šibenik (um 1443 bis 1450) mit 74 Konsolköpfen schmückte. Manche dieser Menschenköpfe in vollplast. Modellierung weisen gewisse antike Züge aus der langen, bildhauer. Tradition der dalmatin. Küste auf, mehrere aber auch den Erfindungsreichtum bei der realist. Portraitierung von Vertretern verschiedener Berufsgruppen mit ihren jeweils charakterist. Zügen. Vgl. auch → Stifterbildnis. D. Nagorni

Lit.: W. REGEL, Fontes rerum byzantinarum I, 1892, 43 ff. – V. PETKOVIĆ, Loza Nemanjića u starom živopisu srpskom, Narodna starina 5, 1926, 97–100 – LJ. KARAMAN, Notes sur l'art byzantin et les Slaves catholiques de Dalmatie, Recueil Uspenskij II, 2, 1932 – K. PRIJATELJ, Skulptura s ljudskim likom iz starohrvatskog doba, Starohrvatska prosvjeta III. R., 3, 1954 – G. GAMULIN, Bogorodica s djetetom i donatorom iz Zadra, Peristil II, 1957 – D. WINFIELD, Four Hist. Compositions from the Medieval Kingdom of Serbia, Byzslav XIX, 1958, 251–278 – V. J. DJURIĆ, L'école de la peinture de Dubrovnik, 1963 – DERS., Istorijske kompozicije u srpskom slikarstvu srednjega veka i njihove književne paralele, ZRVI 8, 2, 1964, 69–90 – DERS., Trois événements dans l'état Serbe du XIVe s. et leur incidence sur la peinture de l'époque, Zbornik za likovne umetnosti 4, 1966, 65–100 [serbisch mit frz. Rés.] – S. MANDIĆ, Portrait d'un souverain dans l'église de la Vierge Ljeviška, Zograf 1, 1966, 24–27 [serb.], ZR VI, 10, 1967, 121–148; 11, 1968, 99–119 – G. GAMULIN, Die Gottesmutter mit dem Kind, 1971 – Gold und Silber aus Zadar und Nin, 1972.

Bildort (arab. *mauḍi' al-ḫayāl*, lat. *locus imaginis*). Als Bildort eines in einem ebenen Spiegel gesehenen Punkts wird in der alten Optik der Schnittpunkt zw. verlängertem Sehstrahl und Lot vom gesehenen Punkt auf die spiegelnde Fläche betrachtet. Diese Vorstellung begegnet zum ersten Mal in der Katoptrik Euklids und wird schon dort auf sphär. Flächen, später auf reflektierende Flächen überhaupt ausgedehnt, schließlich sogar auf den Fall der Refraktion übertragen. Die ma. Optik behandelt vorzugsweise die Wirkung spiegelnder Flächen; letztes Ziel ist dabei stets die Bestimmung des Bildorts. Ibn → al-Hayṯam hat sie für sphär., zylindr. und kon. Flächen geleistet; → Witelo hat im Westen seine Ergebnisse übernommen. Eine grundsätzl. Kritik an dieser Vorstellungsweise wurde erst nach Keplers Entdeckung des Netzhautbildes möglich. Doch hat sich die alte Auffassung noch über das 17. Jh. hinaus gehalten. M. Schramm

Lit.: V. RONCHI, Hist. de la lumière, 1956 (BEHE, VIe sect.).

Bildprogramm
I. Frühchristentum, lateinischer Westen im Mittelalter – II. Ostkirche.

I. FRÜHCHRISTENTUM, LATEINISCHER WESTEN IM MITTELALTER: Eine festgelegte Verteilung der Einzelkomponenten eines B.s auf bestimmte Anbringungsorte im Kirchenraum, wie das sog. klass. B. byz. Kirchen (s. u.) sie vorsah, gab es im W nicht. Im folgenden wird als B. eine über die additive Zusammenstellung von Einzelbildern oder -symbolen hinausgehende Einordnung von Darstellungen in einen umfassenderen Bild- und Sinnzusammenhang verstanden.

Für die vorkonstantin. und konstantin. Zeit ist es bisher trotz mannigfaltiger Versuche nicht gelungen, in der Grabkunst (→ Katakomben, → Sarkophage) oder Kirchenkunst (Dura Europos, Aquileia) für die bibl. Beispiele des Heilswirkens Gottes im AT und Christi im NT und die begleitenden traditionellen Motive wie z. B. Jahreszeiten, Hirten (→ Bukolik) überzeugend B.e als die Auswahl und Anordnung der Einzelbilder erklärende Konzepte nachzuweisen – im Unterschied zu den B.en der imperialen Kunst der tetrarch. und konstantin. Zeit (anders: SACHS-BADSTÜBNER-NEUMANN, 63). Akzentsetzungen, etwa durch die Mittelstellung Verstorbener oder einer Christushuldigung im Sarkophagdekor, sind allerdings unverkennbar. Im weiteren Verlauf des 4. Jh. werden im Zusammenhang einer Verbindung sepulkraler Rettungsthematik mit Huldigungsbildern und erlösungsbezogener Triumphsymbolik Ansätze zu einheitl. B.en erkennbar; z. B. werden auf Sarkophagen bibl. Szenen, Apostel u. a. Motive in eine Beziehung zum Mittelbild mit Christus oder einem Tropaion als Zeichen seines Sieges gebracht. Das Mausoleum der Konstantina in Rom (S. Costanza) und ein vermutl. ebenfalls als Grabbau anzusehender Kuppelbau in Centcelles (Spanien) besaßen in ihren Mosaiken bereits sehr komplexe, aber wegen des fragmentar. Erhaltungszustandes nicht voll erkennbare B.e. Für Bilder in Kirchenräumen ist durch die vielfach Ambrosius zugeschriebenen → Tituli und das sog. »Dittochaeon« des → Prudentius eine bewußte Gegenüberstellung von Szenen des AT und NT gesichert, allerdings nicht in der für typolog. B.e des hohen MA bezeichnenden Zuordnung einzelner atl. Praefigurationen zu ntl. Geschehnissen, sondern als allgemeiner Hinweis auf die concordia von AT und NT (vgl. ebenso z. B. die erhaltenen Reliefs der Holztür v. S. Sabina in Rom). Bedeutsam ist, daß das letzte Tetrastichon des Prudentius als Abschluß des B.s aus AT, NT und Apg eine endzeitl. Theophanie aus der Offb beschreibt: die Anbetung des Lammes durch die 24 Ältesten. Auch die Denkmäler erlauben trotz der bruchstückhaften Überlieferung für Basiliken seit dem frühen 5. Jh. die Feststellung, daß die Einzelbilder und -zyklen heilsgesch. B.en eingeordnet waren, deren Höhepunkte zeitloser und endzeitl. Herrlichkeit Christi und seiner Heiligen am → Triumphbogen und in der → Apsis zur Darstellung kamen. Damit war das im → Apsisbild der → Maiestas Domini gipfelnde B. roman. Kirchen grundgelegt. Bes. deutl. läßt sich die Unterordnung verschiedenster Einzelkomponenten einschließl. eucharistietypolog. atl. Bilder, Evangelisten, Apostel, Märtyrer und zeitgenöss. Kaiserbilder unter ein einheitl., hier von unten nach oben zu lesendes, heilsgesch. B. im Altarraum von S. Vitale in Ravenna erkennen: die Wölbung zeigt das apokalypt. Lamm, die Apsis Christus auf dem Globus. In Zentralräumen wurden B.e dargestellt, die im Gewölbescheitel Christus als Sieger oder ein Symbol für seine Herrschaft und Wiederkehr brachten; ein Vergleich des ravennat. Baptisteriens mit Hagios Georgios in Thessaloniki zeigt, daß der Austausch des Christus Victor gegen ein Bild der Jordantaufe ein B. ergab, das für eine Taufkirche geeignet war. Stellvertretend für zahlreiche B.e im nichtmonumentalen Bereich sei an die Darstellungen des Elfenbeinbuchdeckels im Mailänder Domschatz erinnert: außer den Evangelisten und ihren Symbolen, die auf Verwendung als Einband eines Evangeliars hindeuten, umschließen Szenen des → Marienlebens und aus dem → Leben Jesu, die den Evangelien und apokryphen Schriften entnommen sind, je ein größeres Mittelfeld mit Triumphkreuz und Lamm Gottes. Diese Anordnung des Höhepunktes eines B.s im hervorgehobenen Mittelfeld innerhalb von zykl. Darstellungen wurde im MA auf unzähligen Altären, Antependien, Reliquiaren, Buchdeckeln usw. verwirklicht, wobei der Inhalt des B.s von Verwendungszwecken, lokalen Gegebenheiten u. a. abhängt. Vom 9. bis 13. Jh. ist das häufigste Abschlußbild der B.e die Maiestas Domini. – Eine bedeutsame Erweiterung des B.s längsgerichteter Kirchenbauten belegen die karol. Malereien in Müstair: der Maiestas Domini in der Mittelapsis als Höhepunkt des B.s von Szenen aus AT, NT und Heiligenviten steht an der inneren Westwand das → Weltgericht gegenüber. Dieses Schema des B.s lebt in roman. Kirchen in Weltgerichtsdarstellungen der Fassaden weiter. – B.e der → Buchmalerei hingen v. a. von Inhalt und Auswahl der Texte ab, schlossen jedoch oft zusätzl. Herrscher-, Stifter-, Autoren- und Dedikationsbilder (vgl. → Bildnis) ein, z. B. im Evangeliar und Evangelistar die vom antiken

Autorenbild abgeleiteten Bilder der Evangelisten und ihrer Symbole und häufig die Maiestas Domini, im Sakramentar und Missale die aus der Te igitur-Initiale entwickelte Kreuzigung als → Kanonbild, im Psalterium das David-Titelbild. – Auch im MA reicht der Erhaltungszustand von Denkmälern oft nur aus, das Vorliegen eines B.s festzustellen, nicht jedoch, es zu erfassen. Außerdem sind B.e öfters, bes. im FrühMA, wegen starker Verschlüsselung, Symbolisierung und »Ornamentalisierung« der Einzelmotive heute schwer erkennbar. Andererseits sind komplexe B.e oft nicht aus dem Kontext allein zu verstehen, sondern nur aus der Kenntnis einer lit. Vorlage. – Seit dem 12. Jh. ist neben der zunehmenden Bedeutung von B.en des Marienlebens und der Viten anderer Heiliger, sowie speziellerer B.e wie z. B. der → Wurzel Jesse und der → Tugenden und Laster aus der Psychomachie des Prudentius ein großes Interesse an B.en zu verzeichnen, die der → Typologie gewidmet waren. B.e mit Zuordnungen atl. Typen zu den Hauptereignissen der Heilsgeschichte wurden für unzählige Kreuze, Altäre, Altargeräte, Malereien und Glasfenster entworfen und in umfassenden Hss. fast uferlos ausgeweitet. – Die Entwicklung ausgedehnter B.e typolog. Art geht den großen B.en mit theol., kosmolog., hist., philosoph. und naturwissenschaftl. Inhalt (→ Enzyklopädie) parallel, die in Hss. wie z. B. dem → Liber Floridus und dem → Hortus Deliciarum bebildert vorliegen und großen Einfluß auf die B.e anderer Gattungen der bildenden Kunst hatten. Bes. hervorgehoben seien hier die zahlreichen → Personifikationen zur Darstellung kosmolog. Zusammenhänge, von Tugenden und Lastern, der Philosophie und der Sieben freien → Künste. In Abhängigkeit von enzyklopäd. Schriften wurde in got. Kathedralen der Versuch gemacht, aus Architektur und Bildwerken ein Gesamtkunstwerk im Rahmen von Deutungen des Kirchenbaus als Abbild des chr. Universums zu gestalten. Die einzelnen B.e der Plastiken an Fassaden und Portalen, der Bildwerke und Malereien im Innenraum, auch an Altären, Lettnern, Chorgestühl und Kanzeln, schließlich auch der Glasfenster, sollten zu einem umfassenden Gesamtprogramm vereinigt werden. – Standen unter den B.en des MA solche mit profanem, z. B. myth. oder hist. Inhalt stark zurück, so ist seit dem 13. Jh. eine stetige Zunahme zu verzeichnen, bes. in der Buchmalerei und in Bauten weltl. Fürsten und des Stadtbürgertums.

J. Engemann

Lit.: RByzK I, 662–668 – Chr. Ikonographie in Stichworten, 1973, 63 f. [H. SACHS-E. BADSTÜBNER-H. NEUMANN].

II. OSTKIRCHE: Aus frühbyz. Zeit sind B.e nur lit. überliefert: → Chorikios beschreibt das B. der Sergios-Kirche v. Gaza (um 530; Vita und Passio Christi); ähnliche B.e sind in der Vita Stephans d. J. und der »Epistola ad Theophilum Imperatorem« bezeugt. Inwieweit das von Konstantinos Rhodios und Nikolaos Mesarites überlieferte B. der Apostelkirche in Konstantinopel auf die Zeit Justins II. zurückgeht bzw. in nachikonoklast. Zeit erweitert und verändert wurde, ist umstritten (es war das umfangreichste ntl. B., das wir kennen).

Nach dem → Bilderstreit sind die frühesten B.e ebenfalls nur lit. überliefert: → Photios beschreibt das B. der Marienkirche des Pharos (oder der Nea), wo in der Kuppel Christus als Pantokrator, von dienenden Engeln umgeben, dargestellt war, in der Apsis Maria im Typ der Platytera und im Naos der »Chor der Apostel und Märtyrer, Propheten und Patriarchen«. Ein ähnliches B. beschreibt Leon VI. für die Kirche des Kl. von Kauleas. Auch für das Triclinium des Kaiserpalastes ist ein gleiches B. bezeugt.

Zu diesem aszen. B. treten im Laufe des 11. Jh. einzelne Szenen hinzu, zunächst anscheinend ohne einen festen Kanon. Das von O. DEMUS, CH. DIEHL und E. GIORDANI postulierte »klassische« oder »ideale« B. scheint es nicht gegeben zu haben, wenigstens nicht als Ausgangspunkt der Entwicklung. Erst im 12. Jh. finden sich zwei kleine Kirchen, die das »klassische« B., leicht erweitert, zeigen: Djurdjevi Stupovi und die Apostelkirche in Perachorion (Zypern).

Im 13. Jh. erweitert sich das »klassische« B., das die Szenen des Zwölffestezyklus (→ Dodekaortion) enthält, zu umfangreicheren Zyklen des Lebens Jesu, was v. a. die B.e der serb. Kirchen von Studenica bis Sopoćani beweisen.

In spätbyz. Zeit begegnen wir dem »klassischen« B. nur im Mosaikschmuck der Apostelkirche in Thessaloniki (Anfang 14. Jh.). Alle übrigen erhaltenen B.e sind wesentl. reicher. Die jetzt vorherrschenden Freskomalereien ermöglichen mehrere übereinandergeordnete Ränge von Bildern: über einem gemalten Sockel werden stets ganzfigurige Hl. in lockerer Reihe nebeneinander dargestellt. Darüber ziehen sich die Ränge mit Szenen aus dem Leben und der Passion Christi hin; der Zwölffestezyklus wird fast regelmäßig in die obersten Wandflächen bzw. in die Wölbungszonen gesetzt; die Kuppel schmückte das Bild des Pantokrator oder der Himmelfahrt (Sv. Apostoli, Peć, um 1250), den Tambour die Propheten, die Pendentifs die Evangelisten (wo die Kuppel fehlt, fallen diese Bilder meist fort); in der Halbkalotte der Apsis findet sich stets ein Marienbild, häufig von Erzengeln angebetet, darunter im Halbzylinder die → Apostelkommunion (nicht regelmäßig) und darunter zwei bis sechs der vornehmsten → Kirchenväter, die das Lamm Gottes (das Christuskind auf einer Patene liegend) anbeten (sog. Melismos); an der inneren Westwand wird stets die → Koimesis dargestellt, nicht selten in zykl. Form; im → Narthex hat häufig das → Weltgericht seinen Platz an der inneren Westwand.

In die christolog. Zyklen im Naos dringen seit dem Ende des 13. Jh. (Sv. Kliment, Ohrid, 1295) in steigendem Maße mariolog. Zyklen ein, die vorher nur gelegentl. in entlegenen Provinzmalereien auftauchten.

Zyklen der Viten oder Passionen von Hl. oder Propheten finden sich seit dem 11. Jh. zunächst nur in den Nebenräumen des → Bema (z. B. Johannes der Täufer im Diakonikon der Sv. Sofija, Ohrid) oder im Narthex (Georg in Djurdjevi Stupovi). Seit dem frühen 14. Jh. können auch sie in den Naos eindringen (z. B. Nikolaos in Prizren). Andere Erweiterungen des B.s kommen im Laufe des 14. Jh. dazu, so B. im Narthex Darstellungen der → Konzile und des → Menologions, im Naos der Hymnos → Akathistos (z. B. in H. Nikolaos Orphanos, Thessalonike). Das umfangreichste, ja hybride B. hat die Klosterkirche von Dečani (3. Viertel 14. Jh.) mit rund 1000 Szenen aus dem AT, dem NT und mehreren Viten von Heiligen.

Dieses in seiner Variationsbreite sehr wechselnde B. ist für den gesamten Bereich der orthodoxen Kirchen verbindl. gewesen. Seine endgültige Festlegung erfolgt freilich erst in der Zeit der Türkenherrschaft. Rußland geht nach dem Fall von Byzanz eigene Wege. Die Hermeneia des Dionysios v. Phourna stellt den Endpunkt der programmat. Festlegung dar.

K. Wessel

Lit.: RbyzK I, 662–690 – CH. DIEHL, Manuel d'art byz. II, 1926, 481–496 – O. DEMUS, Byz. Mosaic Decoration, 1953² – E. GIORDANI, Das mittelbyz. Ausschmückungssystem als Ausdruck eines hierat. Bildprogrammes, JÖBG I, 1951, 103–134.

Bildrahmung → Buchmalerei
Bildspiegel → Buch
Bildsteine, gotländische → Gotländische Bildsteine
Bildteppich → Tapisserie
Bildung → Artes liberales, → Erziehung und Bildungswesen

Bildungsreform Karls des Großen. Der Begriff ist eine Übereinkunftsbezeichnung für die Bemühungen Karls d. Gr. und seines Hofes um die Erneuerung der Bildung in seinem Reich. Er ist nicht unumstritten. Andere Bezeichnungen: Karol. Bildungserneuerung (K. HAUCK u. a.), Essor Carolingien (E. PATZELT), Correctio (P. E. SCHRAMM), Carolingian Revival (R. KRAUTHEIMER) und v. a. Karol. Renaissance (F. J. E. RABY, W. LEVISON u. a.). Die Begriffe schließen sich weniger aus, als daß sie unterschiedl. Akzente setzen. Geht man von den allgemeinen Voraussetzungen der geistigen Erneuerung des 8. Jh. und von den Intentionen Karls und seiner Helfer aus, bietet sich mit guten Gründen an, von einer Bildungsreform Karls d. Gr. zu sprechen.

[1] *Voraussetzungen und Intentionen:* Nachdem die Franken mit der Christianisierung die spätantike Verbindung der Kirche mit der antiken, insbes. der lat. Bildung übernommen hatten, wirkte dieser Zusammenhang im Positiven wie im Negativen fort. Er setzte die Übernahme der Schrift und der lat. Sprache voraus und erschloß damit einen riesigen, freilich nur mit langen Mühen zu erwerbenden Bildungsschatz; gleichzeitig ordnete er die Franken auch bildungsmäßig in die übergreifende Gemeinsamkeit der lat. Christenheit ein und trug zugleich den Keim zur Trennung von »litterati« und »illiterati« in sich.

Der gleiche Zusammenhang wirkte sich auch in Verfall und Erneuerung der Bildung aus. Wie der Niedergang der merow. Kirche seit dem 7. Jh. den Verfall der Bildung nach sich gezogen hatte, so gab die durch Iren und bes. Angelsachsen in Verbindung mit den Karolingern eingeleitete Reform der frk. Kirche den Anstoß zur Bemühung, die Bildung zunächst der Geistlichkeit zu heben, da sie ohne ein Minimum an Kenntnissen nicht in der Lage war, ihre geistl. Pflichten zu erfüllen. Die Reform der Kirche setzte sich damit in einer Reform der Bildung fort. Nach ersten Ansätzen unter Pippin, die bezeichnenderweise der →Liturgie zugute kamen – Pippin führte anstelle des cantus Gallicanus den cantus Romanus ein –, griff Karl d. Gr. diese Bestrebungen auf, erweiterte sie jedoch, indem er sie mit seinem eigenen Bildungsstreben verband. Er war wie sein Vetter →Wala zusammen mit anderen Söhnen des frk. Adels in der unter Pippin bezeugten Hofschule erzogen worden, die offenbar die Liebe zu Bildung und Gelehrsamkeit in ihm geweckt hatte. So trat er schon früh mit Gelehrten wie dem Iren Raefgot und dem Angelsachsen Beornrad in Verbindung, und schon bald nach seinem 1. Italienzug bemühte er sich, hervorragende Gelehrte möglichst ganz an seinen Hof zu ziehen. Mit ihrer Berufung leitete er eine Konzentration der Gelehrsamkeit aus ganz Europa an seinem Hof ein. Seit er 782 in →Alkuin den größten Gelehrten seiner Zeit als engsten Helfer gewann, werden die Bemühungen des Hofes um Sammlung, Pflege und Ausbreitung der Bildung für das ganze Frankenreich immer deutlicher erkennbar. Aufschlußreich dafür sind v. a. die →Kapitularien, die oft unter Hinweis auf das Vorbild des Hofes den großen Kirchen und Kl.n mit wachsendem Nachdruck die Pflege der Bildung zur Pflicht machen und dabei die Motive wie den Zusammenhang dieser Bemühungen beleuchten. Die Motive sind durch die Überzeugung bestimmt, daß, wie die »Epistola de litteris colendis« von 784/785 (UB des Kl.s Fulda I nr. 166) betont, rechtes Leben und rechtes Sprechen zusammengehören; »prius tamen est nosse quam facere.« Darum sei es nötig, den »studia litterarum« mit Eifer nachzugehen, die, recht betrieben, der Wahrheit und der Ehre Gottes dienen. Auf ähnliche Weise unterstreicht die →Admonitio generalis v. 789 (MGH Cap. I nr. 22) den Zusammenhang zw. Lesen, Schreiben und Gott wohlgefälligem Wandel, nachdem sie gleich eingangs Karls Reformziel mit der dreifachen Absicht umschrieben hat: »errata corrigere, superflua abscindere, recta cohartare.« Das heißt: Karl kommt es nicht etwa auf die Wiederherstellung des Alten, sondern des Rechten, Richtigen (recta, rectitudo) an. Es ist das gleiche Ziel, das auch die Kirchenreform bestimmt. Wie Karls Bemühungen über die Bildung aus ihr hervorgegangen sind, so sollten sie nach seinen Intentionen auch zu einer Reform der Bildung führen.

[2] *Durchführung:* Die Bildungsreform wurde durch Karl selbst eingeleitet, indem er spätestens seit 777 aus allen Teilen Europas geeignete Helfer an sich zog. Er hat nach Alkuins Zeugnis ausdrückl. erklärt, daß er die größten Gelehrten seiner Zeit gewinnen wolle (MGH Epp. Karol. 4 nr. 229). So versammelte er neben Iren (→Raefgot, →Jonas, →Dungal) und Angelsachsen (→Beornrad, →Alkuin, →Fridugis u. a.) bes. Langobarden (→Petrus v. Pisa, →Paulinus v. Aquileia, →Paulus Diaconus) und Westgoten (→Theodulf v. Orléans) um sich, und schon bald schlossen sich ihnen in wachsender Zahl auch begabte Franken (wie →Angilbert, →Einhard, →Modoin v. Autun, →Riculf, →Rigbod u. a.) an. Seit seinem Erscheinen (782) bildete Alkuin den Mittelpunkt. Er war der erste Berater des Kg.s in allen Fragen, die Wissenschaft und Bildung betrafen, und zugleich das Haupt des Kreises der Hofgelehrten, der sich als Freundeskreis verstand und sich nach ags. Sitte mit Pseudonymen nach vorbildl. Gestalten aus der atl.-chr. und der antiken Bildungswelt benannte (Alkuin: Flaccus; Angilbert: Homer; Einhard: Beseleel usw.; Karl selbst: David). Dieser Kreis, der dem höf. Leben ein neues Gesicht gab, hatte im Auftrag Karls verschiedene Aufgaben zu erfüllen: Ihm ist es zu danken, daß eine Hofbibliothek zustande kam, die alle erreichbaren Werke der »sacrae« und der »saeculares litterae«, d. h. der Kirchenväter und der antiken Autoren, umfaßte. Er stellte v. a. die Lehrer der →Hofschule, die jetzt zur zentralen Bildungsstätte des Reiches wurde. Wie sie die begabtesten Schüler aus dem ganzen Reichsgebiet an sich zog, so ging von ihr wiederum die Gründung neuer Schulen und Bibliotheken und die Verbreitung der an ihr gepflegten litterae aus. Alkuin selbst hat für sie berühmte Lehrbücher verfaßt. Nicht weniger wichtig war, daß er zusammen mit anderen Hofgelehrten die vielfach verderbt überlieferten Werke emendierte und damit Muster schuf, die Karl selbst sanktionierte und als verbindl. für das ganze Reich erklärte. Beispielhaft dafür ist die Homiliensammlung des Paulus Diaconus, die Karl in einem wichtigen, sein ganzes Reformprogramm enthaltenden Begleitbrief (MGH Cap. I nr. 30) den »religiosis lectoribus« seines Reiches ans Herz legte, und berühmt die Emendation des Alten und des Neuen Testaments durch Alkuin. Den Mönchen wurde zur Pflicht gemacht, die Musterwerke abzuschreiben, den Kl.n und Bischofskirchen, sie in ihre Bibliotheken aufzunehmen. So sollte die Erneuerung der Bildung schließlich dem ganzen Reich zugute kommen.

[3] *Leistung:* Die Bemühungen Karls und seiner Helfer haben auf mehreren Feldern bedeutende Ergebnisse gezeitigt. Wenn sie dabei z. T. bereits an ältere Vorarbeiten anknüpfen konnten, so ist es ihre Leistung, diese Ansätze in ihrer Fruchtbarkeit erkannt, sie miteinander verbunden, vereinheitlicht und in überzeugende Formen gebracht zu haben, die ihrer Vorstellung von Ordnung und rectitudo entsprachen. Dies gilt in erster Linie für die Reinigung und Durchsetzung der neuen Schrift: die Schaffung der →Karol. Minuskel, deren bedeutendste Zeugnisse, das →Godescalc-Evangelistar und der →Dagulf-Psalter, eindeutig

auf den Hof verweisen. Es gilt ebenso für die correctio der lat. Sprache, deren fortschreitender Erfolg an der Überarbeitung älterer Werke (wie z. B. der Viten der hl. Richarius und Vedastus durch Alkuin) oder an den verschiedenen Fortsetzungen der »Annales regni Francorum« (→ Reichsannalen, frk.) ablesbar ist. Beide Reformen gipfelten in der dritten großen Leistung: der Sammlung und Emendation der lat. Überlieferung, die mit den Werken der Kirchenväter auch die der antiken Autoren erfaßte. Was von ihnen erhalten geblieben und in das europ. Geistesleben eingegangen ist, geht im wesentl. auf diese Arbeit der karol. Gelehrten zurück. Ihre Bemühungen um die heimische Überlieferung, die Erarbeitung einer dt. Grammatik und die Sammlung germ. Heldenlieder, die ebenfalls auf Karls Anregung zurückgingen, blieben dagegen in den ersten Anfängen stecken, da Ludwig der Fromme sie nicht weiterführen ließ. Am kennzeichnendsten sind schließlich die eigenen Werke der Hofgelehrten, die sie im Anschluß an antike Vorbilder ihrer eigenen Zeit gewidmet haben: v. a. Gedichte Theodulfs, Angilberts und Modoins, Einhards »Vita Karoli Magni« und – aus der folgenden Generation – Briefe des → Lupus v. Ferrières. Sie bezeugen einen neuen Kontakt mit der Antike, der diesen Schöpfungen ihren bes. Glanz verleiht. Sie tragen renaissancehafte Züge, so daß man sagen kann, daß die B. Karls d. Gr. sich in ihren reifsten Werken zu einer ersten Renaissance gesteigert hat (→ Karol. Renaissance).

J. Fleckenstein

Lit.: Umfassende Darstellungen: BRAUNFELS, KdG II: Das geistige Leben, hg. B. BISCHOFF, 1965 – I Problemi della civiltà Carolingia (Sett. cent. it., 1954) – Einzelwerke: E. PATZELT, Die karol. Renaissance, 1924 – R. KRAUTHEIMER, The Carolingian Revival of Early Christian Architecture, ArtBull 24, 1942 – E. S. DUCKETT, Alcuin, 1951 – J. FLECKENSTEIN, Die B. Karls d. Gr. als Verwirklichung der norma rectitudinis, 1953 – H. LÖWE (WATTENBACH-LEVISON-LÖWE) – F. J. E. RABY, Christian Latin Poetry, 1953 – P. LEHMANN, Das Problem der Karol. Renaissance (Sett. cent. it., 1954) – H. LIEBESCHÜTZ, Theodulf v. Orléans and the Problem of the carol. Renaissance (F. SAXL, Memorial Essays, 1957) – F. L. SCHEIBE, Alcuin und die admonitio generalis, DA 14, 1958 – L. WALLACH, Alcuin and Charlemagne, 1959 – K. HAUCK, Mlat. Lit. (STAMMLER, Aufriß) – E. PANOWSKY, Renaissance and Renaissances in Western Art, 1960 [dt.: Die Renaissancen der europ. Kunst, 1979] – A. BORST, Religiöse und geistige Bewegungen im HochMA (Propyläen-Weltgesch. V, 1963) – J. FLECKENSTEIN, Karl d. Gr. und sein Hof (BRAUNFELS, KdG I) – W. VON DEN STEINEN, Der Neubeginn; Karl und die Dichter (BRAUNFELS, KdG II) – C. VOGEL, Introduction aux Sources de l'hist. du culte chrétien au MA, 1966 – E. PATZELT, L'essor carolingien, Revue des Sciences Religieuses 41, 1967 – P. RICHÉ, Éducation et Culture dans l'Occident barbare, 1967² – P. E. SCHRAMM, Karl d. Gr.: Denkart und Grundauffassungen. Die von ihm bewirkte »Correctio«, HZ 198, 1964 [abgedr. in: DERS., Ks., Kg.e und Päpste I, 1968] – BRUNHÖLZL I, bes. 241-315 – B. BISCHOFF, Paläographie (Grundlagen der Germanistik 24, 1979).

Bildzauber. Terminus der wissenschaftl. Magietheorie, entstanden aus der Untersuchung zauberischer Attentatsversuche als Anklagepunkte der Inquisition in S-Frankreich um 1300, hier hinfort in den Quellen und der frz. Lit. envoûtement geheißen. Dem entspricht im Dt. das zaubrische Hantieren mit Wachsfigürchen und dergleichen zu Liebes- und Schadenszwecken, genannt → Atzmann. Der antiken Poesie und den hellenist. Zauberpapyri in vielfältigen Formen bekannt und dem MA z. T. direkt oder über arab. Rezeptionen vermittelt, hat diese neuplaton. Magie als einstiger Machtzauber neuerliche, negative Virulenz vom 13.–17. Jh. in Europa erfahren, wohl weniger in der tatsächl. Praxis als in der Rechtsprechung und in nachfolgenden Verordnungstexten, die das Corpus delicti, den Zauberfetisch, betrafen. Darum hat diese »Kunst« nichts mit den magietheoret. Vorstellungen der älteren Anthropologie zu tun, die allen pragmat.-kommunikativen Umgang mit Bildern von den vorzeitl. Höhlenmalereien über den Votivkult bis zur Executio in effigie in einen prälog. Zusammenhang bringen will. Vielmehr haben wir es hier mit einem speziellen Phänomen von B. (mit Hilfe bestimmter Koboldfigürchen) aus altorientalisch-antiken Traditionsvorstellungen zu tun, die handl. Anklagepunkte im polit. Ränkespiel am frz. und päpstl. Hofe der Avignon-Zeit werden konnten und seitdem erst wieder das Hexenrepertoire bereicherten.

W. Brückner

Lit.: EM II, 319-326 – HRG I, 428-430 – W. BRÜCKNER, Überlegungen zur Magietheorie. Vom Zauber mit Bildern (Magie und Religion [WdF 337], 1978), 404-419.

Bilecik, nw. anatol. Stadt an der Straße İznik-Eskişehir, in byz. Quellen des 14. Jh. Bēlókôma bzw. Belikôma, im osman. Chronistik des 15. Jh. u. a. als BİLEĞİK/BİLAĞK. Die zuletzt dem Seldschuken-Sultan tributäre byz. Festung fiel, vielleicht nach dem bithyn. Feldzug des Tarchaneiotes (1298?), 1299-1300 ʿOsmān Beg zu, der sie seinem Schwiegervater Edebalı übertrug. Trotz Eisenvorkommen und Textilmanufaktur ist der Kadisitz B. im SpätMA unbedeutend.

K. Kreiser

Lit.: EI² I, s. v. Biledjik – E. H. AYVERDİ, Osmanlı mi' mârisinin ilk devri, 1966, 8, 29 ff.

Bilhères-Lagraulas, Jean de (Name oft zu »Villiers de Lagrolaye« entstellt), gen. »Kard. v. St-Denis«, frz. Diplomat, * um 1430, vermutl. auf Schloß Lagraulas (Gascogne, Dép. Gers), † 6. Aug. 1499 in Rom, ⌑ ebd., St. Peter (Grabplatte in der Krypta erhalten). B., der dem gascogn. Landadel entstammte, trat nach Studien in den Benediktinerorden ein und wurde rasch Abt v. St-Michel de Pessan bei Auch (1468), Bf. v. Lombez (1473) und Abt v. St-Denis (1475). Wegen seiner jurist. Kenntnisse und diplomat. Fähigkeiten wurde Kg. Ludwig XI. auf ihn aufmerksam; er setzte B.-L. in dem Kriminalprozeß nach dem Tod von → Karl, Hzg. v. Guyenne, dem Bruder des Kg.s (1472), als Untersuchungsrichter ein. B.-L. übte danach mehrere diplomat. Missionen in Aragón und Kastilien aus und führte die Friedensverhandlungen von St-Jean-de-Luz (1477) sowie die Verhandlungen über die Rückgabe des → Roussillon und der → Cerdagne an Aragón. Nach Ludwigs XI. Tod (1483) stand B.-L. auch bei der Regentin → Anna v. Beaujeu (9. A.) in Gunst, ebenso beim jungen Kg., Karl VIII.; Rat am Parlement v. Paris, Präsident des Echiquier der Normandie, Präsident der États généraux v. Tours (1484), schließlich Gesandter in Rom (1491), wurde B.-L. 1493 von Alexander VI. zum Kard. erhoben. Mit dem verrufenen Borgia-Papst führte er äußerst delikate Verhandlungen über die Heirat zw. dem Kg. v. Frankreich und Anne de Bretagne. B. nahm am feierl. Einzug Karls VIII. in Rom teil (Dez. 1494) und war im folgenden Jahr Zeuge des Endes der frz. Herrschaft in Italien. B. leistete viel für die Errichtung frz. Kirchen in Rom. Bedeutender Mäzen, war er Auftraggeber von Michelangelos Pietà in St. Peter; ihm widmete auch der Medailleur und Geschichtsschreiber Giovanni di Candida seine Gesch. der Kg.e v. Sizilien. Jedoch hatte die Abtei St-Denis unter B.-L.' häufiger Abwesenheit zu leiden; wahrscheinl. verlor die Bibliothek der Abtei unter seinem Abbatiat ihre berühmte Vergil-Hs. (Cod. Romanus) an die vatikan. Bibliothek.

Ch. Samaran

Lit.: CH. SAMARAN, Jean de B.-L., card. de St-Denis. Un diplomate français sous Louis XI et Charles VIII, 1921 – J. PORCHER, Jean de Candide et le card. de St-Denis, MEFRM 39, 1921-22.

Bill, Procedure by. [1] *Ursprung:* Procedure by Bill (B.) war im engl. Recht ein Gerichtsverfahren, das durch Einreichung einer Klageschrift, engl. *bill*, lat. → libellus, in

Gang gebracht wurde. Während Prozesse um Land seit Kg. Heinrich II. (1154–89) durch ein von der kgl. Kanzlei (→ Chancery) erwirktes Schriftstück (→ writ, breve) eingeleitet wurden, ließen die Gerichte formlose mündl. Klagen (*plaints*, querelae) zu, wenn es sich um Persönlichkeitsverletzungen, *personal injuries*, iniuriae (→ Beleidigung) handelte, insbes. Gewalt und Betrug seitens eines kgl. Beamten, weil dann das Ansehen des Kg.s als Hüter des Rechts mitbetroffen war. Die B. war eine solche querela in schriftl. Form. Um 1261 begannen in den Aktenrollen der Reiserichter (*itinerant justices*, justices in → eyre) bes. Abteilungen für querelae de transgressionibus zu erscheinen. Ab 1280 tritt das Wort billa in engl. Akten auf, und es sind B.s bekannt, die bei dem Reisegericht des Jahres 1286 eingereicht wurden und zu Prozessen gehören, die in den rotuli de querelis der Verhandlungsprotokolle (*plea-rolls*; vgl. → Gerichtsverfahren) verzeichnet sind.

[2] *Charakterisierung:* Die Sprache der frühen B.s war fast ausschließl. Frz., die Sprache der Parteien, während *writs* und plea-rolls der (geistl.) Sekretäre (*clerks*) in Lat. geschrieben waren. Ein writ war ein formeller Befehl der kgl. Kanzlei an den → Sheriff (Vorsteher einer Gft.). Eine B. war demgegenüber eine an den Kg. gerichtete Bitte um Gewährung von Frieden und Recht. Der Kläger legte seine Beschwer dar (»se pleynt« und »moustre«) und bat um Rechtsschutz »for the love of God«. Die Form der B. war nicht das Werk der Sekretäre, sondern einer neuen Klasse von Laienanwälten, die sich im späten 13. Jh. bildete, um den Bedürfnissen der frz. sprechenden Aristokratie zu dienen.

[3] *Bedeutung für das engl. Recht:* Durch die große Zahl der an den Kg. gerichteten mündl. und schriftl. Klagen (plaints und bills) wurden die Gerichte gezwungen, ihre Rechtsprechung auf das weite Feld der Delikte, der rechtswidrigen Handlungen (*torts*), auszudehnen, die durch die kasuist. Schaffung neuer writs nicht so schnell hätten erfaßt werden können. Im Schatten des *writ of* → *trespass* wurden viele von ihnen als zivilrechtl. Rechtsverletzungen behandelt und hatten die Pflicht zum Schadensersatz an den Verletzten zur Folge. Aber schwere Übertretungen (*enormous trespasses*) wurden auch als öffentl. Vergehen bestraft. So entstand, neben den schweren Verbrechen der →*felony*, eine zweite Art von Delikten, die später *misdemeanours* genannt wurden.

Die Reisegerichte konnten die zahlreichen Klagen aber nicht bewältigen. Deshalb wurden bes. richterl. Kommissionen bestellt, die an Ort und Stelle die Klagen zu hören und zu bescheiden hatten, »oyer« und »terminer«. Das beste Beispiel dafür sind die Richterkommissionen (*trailbaston justices*), die zum ersten Mal 1305 tätig wurden, um mit der Unordnung aufzuräumen, die mit dem engl.-schott. Thronfolgestreit entstanden war. Auf Grund ihrer zufälligen Tätigkeit in solchen Richterkommissionen nahmen die Mitglieder des Königsgerichts, → King's Bench, das Recht in Anspruch, Prozesse, die durch eine B. eingeleitet wurden, zu entscheiden; dies führte dann zu einer bedeutenden Erweiterung der Zuständigkeit dieses Gerichtshofs. Die meisten jener Kommissionen setzten sich jedoch aus Mitgliedern des Landadels, der → gentry, zusammen und wurden oft als Waffe in örtl. Machtkämpfen benutzt. Den Schlußpunkt dieser Entwicklung bildete die *commission of the peace*, aus der das Amt des Friedensrichters (→ justices of the peace) hervorging.

Auch die Verfolgung von Verbrechen wurde im Laufe der Zeit durch B.s (*bills of indictment*) eingeleitet und vor die grand → juries gebracht, die untersuchten, ob es sich nicht um eine treuwidrige Anklage handelte.

[4] *Bedeutung im Parlament:* B.s traten im → Parlament um die gleiche Zeit auf wie in den Gerichten. Auch hier wurden die Verben »se pleynt« und »moustre« verwendet, um Unrecht zur Kenntnis des Kg.s zu bringen. Der Streit um die Frage, ob das Parlament anfängl. ein Gericht oder eine polit. Versammlung war, kann vermieden werden, wenn man erkennt, daß die B. niemals nur ein Rechtsbehelf war: Sie war das Mittel der polit. Kommunikation zw. Volk und Regierung schlechthin, von größter Wichtigkeit für die Anklage kgl. Beamter, bevor sie zum gewöhnl. Instrument der Gesetzgebung wurde.

[5] *Bedeutung bei den kgl. Gerichten:* Die Rechtsprechungskompetenz des Kanzlers (→ Chancery), des Admirals (*High Court of Admiralty*), des Constable und des Marschalls (*Court of Chivalry*), des Council in Star Chamber und des Court of Requests (→ Gerichtsbarkeit) ist dadurch entstanden, daß der Kg. die Beurteilung von B.s – nun oft in Lat. oder Engl. – seinen Ratgebern (→ Königshof) übertrug, wenn sie Beschwerden enthielten, die außerhalb des Common Law lagen, aber zu individuell waren, um im Parlament behandelt zu werden. → Engl. Recht.   A. Harding

Lit.: W. P. Baildon, Select Cases in the Court of Chancery, 1896 – W. C. Bolland, Select B.s in Eyre, 1914 – H. G. Richardson-G. O. Sayles, Select Cases of Procedure without Writ under Henry III, 1941 – G. O. Sayles, Select Cases in the Court of King's Bench, IV, 1955 [alle gen. Werke sind Veröff. der Selden Society, mit Texten] – A. Harding, Plaints and B.s in the Hist. of Engl. Law, mainly in the period 1250–1350, Legal Hist. Stud., 1972.

Billouart, Jean, Pariser Kaufmann und Beamter, † vor dem 25. Jan. 1337, ∞ 1. Isabelle Du Fruit, 2. Marie, Tochter von Jacques Marcel, Witwe von Étienne Bourdon und Geoffroy Cocatrix. Der Aufstieg dieses Pariser Bürgers vollzog sich im Dienst Karls v. Valois, des Bruders von Philipp IV., Kg. v. Frankreich, dessen *maître des* → *eaux et forêts* und Schatzmeister (*trésorier*) B. war. Er bekleidete nacheinander folgende Ämter: *argentier du roi* (→ argenterie) unter Ludwig X., *clerc* (Schreiber) an der Chambre des comptes (Rechnungshof) und Rat *(conseiller)* am Parlament 1316, kgl. Schatzmeister (*trésorier du roi*) Philipps V. 1319-1322. Er trat als maître in die Chambre des comptes ein (1326) und wurde 1327 erneut argentier. Mit dem Regierungsantritt Philipps VI. v. Valois gab er dieses Amt auf, um erneut seine Funktion in der Chambre des comptes auszuüben. 1319 wurde B. geadelt. Er kann als klass. Vertreter der Pariser Handelsbourgeoisie des frühen 14. Jh. gelten.   R. Cazelles

Billug, sagenhafter Fs. der → Abodriten in der 2. Hälfte des 10. Jh., soll nach dem Bericht → Helmolds v. Bosau die Schwester Bf. Wagos v. → Oldenburg (Starigard) geheiratet haben, die ihm eine Tochter Hodica, später Äbt. eines Kl. in Mecklenburg und einen Sohn → Mstislav gebar. Vater des Mstislav war tatsächl. → Mstivoj. Umdeutungen der bei Helmold erwähnten Namen, um sie in andere hist. Zusammenhänge einordnen zu können, entbehren der Beweiskraft.   L. Dralle

Q.: Helmold, Chronica Slavorum, ed. B. Schmeidler, MGH SRG (in us. schol.), 1937, I, 13, 14 – Lit.: J. Marquart, Osteurop. und ostasiat. Streifzüge, 1903 [Nachdr. 1961], 311 ff. – W. H. Fritze, Probleme der abodrit. Stammes- und Reichsverfassung (Siedlung und Verfassung der Slawen zw. Elbe und Oder, 1960), 161 f.

Billunger. Die Forschung unterscheidet zw. den älteren B.n, die im 9. Jh. seit der Zeit Karls d. Gr. zu den führenden Adelsgeschlechtern Ostsachsens gehörten, und den jüngeren B.n, die hier seit der 1. Hälfte des 10. Jh. wachsenden Einfluß gewannen. Zw. beiden Familien bestand wahrscheinl. ein verwandtschaftl. Zusammenhang; doch läßt er sich nicht genau bestimmen, da man für die älteren B. keine Stammtafel aufstellen kann. Die ersten uns bekannten jüngeren B. sind Gf. Wichmann d. Ä. († 944) und sein jüngerer Bruder → Hermann, den Otto I. 936 als Oberbefehlshaber an der unteren Elbe einsetzte und dem der Kg. wiederholt seine Vertretung in Sachsen übertrug. Der Bardengau mit → Lüneburg ist die Kernlandschaft der B.; doch besaßen sie wohl an der mittleren Weser noch ältere Besitzrechte. Da sich Wichmann d. J. und sein Bruder Ekbert 954/955 am liudolfing. Aufstand gegen Otto I. beteiligten, konnte Hermann auch ihre Besitzungen weitgehend in seine Hand bringen. Aus der herzogsähnl. Stellung, die er bei seinem Tod (973) einnahm, erwuchs unter seinem Sohn → Bernhard I. (973-1011) die hzgl. Gewalt der B. in Sachsen, die Bernhard II. (1013-59) noch weiter ausbaute. Durch ihre wiederholte Teilnahme an den Slavenfeldzügen der dt. Ks. und Kg.e und durch eigene Vorstöße gegen die Abodriten konnten die B. ihre Herrschaft als Mgf.en im Gebiet östl. der unteren Elbe festigen. Bernhard II. und sein Sohn Ordulf (1059-72) gerieten durch ihre Politik in Gegensatz zum sal. Königshaus und zum Ebm. Hamburg-Bremen. Unter Ordulf und seinem Sohn Magnus (1072-1106) verloren die B. ihren früheren Einfluß; in den Auseinandersetzungen der Sachsen mit Heinrich IV. haben sie keine führende Rolle mehr gespielt. Durch einen Sieg über die Wenden i. J. 1093 schuf aber Magnus die Voraussetzung dafür, daß der chr. Slavenfürst → Heinrich, der Sohn des 1066 ermordeten Fs.en → Gottschalk, die Herrschaft seines Geschlechts im Abodritenland wieder errichten konnte. Mit Magnus starben die B. in männl. Linie aus. Ihre umfangreichen Eigengüter gingen über seine beiden Töchter Wulfhild und Eilika an die → Welfen und → Askanier über. → Sachsen. K. Jordan

Lit.: HEG I, 701-726 – S. Krüger, Stud. zur sächs. Grafschaftsverfassung im 9. Jh., 1950 – I. Pellens, Die Slavenpolitik der Billunger im 10. und 11. Jh. [Diss. masch. Kiel 1950] – H.-J. Freytag, Die Herrschaft der B. in Sachsen, 1951 – R. Bork, Die B. [Diss. masch. Greifswald 1951] – G. Labuda, Fragmenty dziejów Słowiańszczyzny zachodniej I, 1960, 205-302 – A. K. Hömberg, Westfalen und das sächs. Hzm., 1963 – K. Jordan, Die Urk. Heinrichs IV. für Hzg. Ordulf v. Sachsen vom Jahr 1062, ADipl 9/10, 1963/64, 53-66 – R. Wenskus, Sächs. Stammesadel und frk. Reichsadel, 1976 – W. Giese, Der Stamm der Sachsen und das Reich in otton. und sal. Zeit, 1979.

Billunger Mark → Sachsen

Bilokation (bilocatio). Mit dem Begriff, der kein deutschsprachiges Äquivalent ausgebildet hat, wird im MA das Phänomen beschrieben, daß eine Person an zwei (oder mehreren: 'multilocatio') Orten zugleich wirksam ist.

Um die Wertung des Begriffs für den Berichtszeitraum deutlicher herausarbeiten zu können, muß der größere Zusammenhang dargestellt werden. Dies erscheint bes. notwendig, da er in der Gegenwart hauptsächl. in der Parapsychologie diskutiert wird.

Der menschl. Körper steht zw. zwei Grundzuständen: in dem gewöhnl. (Zustand der Ruhe) gelingt es ihm, Einwirkungen zu verarbeiten und zu kontrollieren; er ist bei sich. Im außergewöhnl. Zustand (→ Ekstase) gewinnen fremde Einflüsse Macht über den Menschen; er ist dann außer sich.

In der Ekstase lassen sich zum einen das Hinaustreten aus ird. Bereichen – gleichsam vertikal – und zum anderen die räuml. – horizontale – Veränderung unterscheiden. Den Ursprung der ekstat. Erhöhung beschreibt etwa → Richard v. St-Victor (vgl. De gratia contemplationis, MPL 196, 174ff.): Die menschl. Seele wird beim Anblick der göttl. Schönheit so heftig von Staunen ergriffen, daß sie über sich selbst hinausgetragen und zum Höheren erhoben wird (→ Mystik).

Bewirkt die Ekstase, daß eine Person an mehreren Orten zugleich erscheint, so liegt eine (horizontal gerichtete) B. vor. Thomas v. Aquin freilich gesteht nur Gott eine solche Möglichkeit zu, für den Menschen ist eine reale B. in sich unmöglich: »Sed Deus non potest facere quod duo contraria sint simul; hoc enim implicat contradictionem. Ergo Deus non potest facere quod idem corpus localiter sit simul in duobus locis. – Aber Gott kann nicht bewirken, daß zwei Gegensätze zugleich sind; das beinhaltet nämlich einen Widerspruch. Also kann Gott es nicht bewirken, daß derselbe Körper örtlich zugleich an zwei Orten ist« (Qdl. III, I, 2).

J. v. Görres unterscheidet, die Diskussionen des MA.s zusammenfassend, drei Möglichkeiten der B., bei denen es sich aber jeweils um tätige Wirkungen an einem anderen Ort handelt. Im ersten Fall wird die Person durch die Ekstase in die Ferne geführt, um dort zu erreichen, was ihr sonst versagt bliebe. Ein wichtiger Bericht über eine B. dieser Art ist vormittelalterlich: Von dem pythagoreischen Philosophen Apollonios v. Tyana berichtet sein Biograph Philostratos außer von Weissagungen und Dämonenaustreibungen auch von einem plötzl. Erscheinen an einem entlegenen Ort (RE, s. v. Apollonios von Tyana). In einem anderen einschlägigen Beispiel wird erzählt, daß → Benno v. Meißen oft in Naumburg während der Frühmesse die Sakramente gespendet habe, dann aber verschwunden sei, in Meißen predigte und zur Mittagszeit wieder nach Naumburg zurückkehrte.

Im zweiten Fall bleibt die Person zwar an ihrer Stätte, wird aber im Geiste in die Ferne geführt und erfüllt dort eine Aufgabe.

Schließlich kann die handelnde Persönlichkeit auch ständig am gleichen Ort bleiben und wahrgenommen werden, zu gleicher Zeit aber auch an einem anderen tätig sein. Diese Doppelerscheinung wird sehr oft mit einer → Vision in Zusammenhang gebracht: → Antonius v. Padua (8. A.) habe eine Predigt gehalten und zu gleicher Zeit weiter entfernt mit einem Ordensbruder zum Festtag das Alleluja gesungen. Wegen der grundsätzl. Unbeweisbarkeit einer B. ist das Phänomen stets in Zusammenhang mit dem Problem des → Wunders diskutiert worden.　　U. K. Müller

Lit.: LThK² II, s.v. B. [L. Monden] – J. v. Görres, Die chr. Mystik. Neue Aufl. in fünf Bänden, II, 1879, 578-594 [dort Belegstellen für die Beispiele].

Bilsenkraut (Hyoscyamus niger L./Solanaceae). Das in ganz Europa, in N-Afrika und in weiten Teilen Asiens verbreitete, in seiner Wirkung Sinnestäuschungen und Tollheit bzw. Betäubung und Schlaf hervorrufende schwarze B. gehört zu den ältesten benutzten Gift-, Zauber- und Heilpflanzen. Schon ahd. bil(i)sa, auch bilina gen. (Steinmeyer-Sievers III, 719; V, 43), war es im MA neben iusquiamus unter zahlreichen weiteren lat. Namen bekannt. Med. wurde das B. (vgl. z.B. Sigerist, passim) seit jeher bes. gegen Zahnschmerzen gebraucht, indem man etwa durch Räucherung mit den narkot. Samen die vermeintl. 'Zahnwürmer' abzutöten suchte; ferner diente es bei Operationen (wie gelegentl. auch im Strafvollzug) zur Schmerzbetäubung. Doch auch außerhalb der Heilkunde fand das hochgiftige Nachtschattengewächs vielseitige Verwendung: So einmal im Regenzauber, wovon bereits zu Beginn des 11. Jh. Burchard v. Worms berichtet; zum anderen in der Fischerei als Tollköder, was erstmals durch → Arnold v. Sachsen (um 1225) bezeugt ist, sowie zum Vogelfang (Konrad v. Megenberg V, 44); v.a. aber als Bestandteil der → Hexensalben und anderer zauber. Zubereitungen. Daß darüber hinaus in den ma. Badstuben mancher Unfug mit den berauschenden Bilsenkrautsamen getrieben wurde, ist ebenso belegt wie der (später verbotene) Brauch, diese dem Bier beizumischen; so deuten (nach Führner) noch verschiedene Ortsnamen (z. B. Pilsen) auf den ehem. Anbau von B. zum Zwecke der Bierverstärkung hin.

P. Dilg

Lit.: MARZELL II, 925-936 – DERS., Heilpflanzen, 220-225 – HWDA I, 1305-1308 – H.E. SIGERIST, Stud. und Texte zur frühma. Rezeptlit., Stud. zur Gesch. der Med. 13, 1923 – H. FÜHNER, Solanazeen als Berauschungsmittel, Archiv für experimentelle Pathologie und Pharmakologie 111, 1926, 281-294 – E. GERHARD, Beitr. zur Gesch. einiger Solaneen [Diss. Basel 1930], 33-77.

Bilstein, Gf.en v. Ob ein ca. 800 als Tradent an Fulda auftretender Gf. Erpho zur Familie der späteren Gf.en v. B. gehörte, die sich seit Rucher III. 1145 nach der westl. Albungen (Hessen, Krs. Eschwege) gelegenen Burg B. nannten, ist umstritten. Aufgrund gleicher Leitnamen und der Lage von Grafschaftsrechten und Besitz sind die mit Wigger 967 in Erscheinung tretenden Gf.en eines Stammes mit den späteren Gf.en v. Bilstein. Im 10. Jh. verfügten sie über ausgedehnte Grafschaftsrechte im Eichsfeld, bei Langensalza, Mühlhausen, Schlotheim, Frieda, Eschwege und anderenorts. Rucher III. gründete das Prämonstratenserkl. Germerode 1144/45 als Familiengrablege. Man hat die thür.-hess. Gf.en Wigger mit den bei Braubach am Rhein begüterten Gf.en v. B. in Verbindung gebracht (GENSICKE). Die B.er, die mit den Gf.en v. Wartburg (Burg Brandenburg a. d. Werra, westl. Eisenach) stammverwandt waren, starben mit Otto II. aus, der 1301 die bilsteinschen Lehen an Hessen verkaufte.

H. Patze

Lit.: K. KOLLMANN, Die »Gf.en Wigger« und die Gf.en v. B. [Diss. Göttingen 1978], 1980.

Bimsstein (Reibstein, Barbierstein), lat. pumex, lapis pumicis (daraus ahd. *bumiz*, mhd. *bümez* [> bims-]); gr. κίσηρις; arab. *quaišur*, latinisiert *caisur*; pers. *finak* (daraus *fanech, fenec*); schaumige Modifikation glasartiger vulkan. Gesteine (Aluminium-Alkalisilikat), aufgrund der eingeschlossenen Blasenräume auf dem Wasser schwimmend (daher: spuma maris = Etymon für pumex). Der u. a. in Italien (Lipari) sowie im Rheinland und in der Eifel gewonnene B. wurde als Polier- und Schleifmittel gebraucht: Bes. in der Gerberei zum Glätten der Häute sowie in der Schreibtechnik seit der Antike als Radier- und Glättmittel (verbum: pumicare) für Pergament, zum Schärfen der Schreibfeder und zum Schaben der Malerleinwand. Zur Hautreinigung war er als lapis balneorum unentbehrl. und diente seit der Antike auch als Zahnputzmittel, als Niespulver und – mehrfach gebrannt (pumex ustus) – auch in der Augenheilkunde. Als Mörtelzusatz wurde er für Baumaterial genutzt.

G. Jüttner

Lit.: ZEDLER, Universal-Lexikon III, 1733, 1865f. – RE III/1, 473f. – D. GOLTZ, Stud. zur Gesch. der Mineralnamen, SudArch. Beih. 14, 1972, 242f.

Binche, Stadt im Hennegau (heut. Belgien), gegr. 1120/25 v. Yolande v. Geldern, Gfn. v. Hennegau, von ihrem Sohn Balduin IV. befestigt; mindestens seit 1155 Sitz eines Dekanats des Bm.s Cambrai. Von 1304 an gehörte B. grundsätzl. zum Eigengut der Gräfinnen des Hennegau und war eine ihrer bevorzugten Residenzen. Die Stadt war ferner eine bedeutende Festung im Verteidigungssystem der Grafschaft. Tuch- und Leineweberei sowie Gerberei bildeten die Basis der örtl. Wirtschaft. B. besaß einen Stapel für Eisen, einen bedeutenden Markt (bes. für Salz und Gewürze) und eine Lombard-Bank (seit 1285). Th. de Hemptinne

Lit.: T. LEJEUNE, Hist. de la ville de B., Mém. et Publ. de la Soc. des Sciences du Hainaut, 4e série, VII, 1882, 240-564 – C. PIERARD, Les douaires de Jeanne de Brabant en Hainaut (Anc. Pays et Assemblées d'Etats, XII), 1956 – S. GLOTZ, Les origines de la ville de B., Mém. et Publ. Hainaut, 75, 1961, 63-91.

Binchois, Gilles (de Binche, de Bins), * um 1400 Mons (Hennegau), † Sept. 1460 Soignies (Hennegau), franko-fläm. Komponist, Hofkaplan der burg. Hofkapelle, zuvor im Dienst von William de la Pole, Gf. v. Suffolk. Ab 1437 hatte B. (wie auch → Dufay) als Kanoniker eine Pfründe an der Kollegiatkirche St.Waudru zu Mons inne. Neben vielen geistl. Werken (Messesätzen, Magnificat, Motetten, Hymnen) komponierte er über fünfzig frz. Chansons, die als seine Hauptleistung gelten. Seine fast immer dreistimmigen Kompositionen weisen der Oberstimme den Vorrang zu, während Kontratenor und Tenor mehr füllen als stützen. Den frei erfundenen Stimmen der weltl. Werke steht in der geistl. Musik die Verwendung liturg. Melodien gegenüber. Wie sehr B. geschätzt wurde, zeigt die große Zahl zeitgenöss. Abschriften, in denen uns seine Werke überkommen sind.

H. Leuchtmann

Q.: Hss. in Aosta, Berlin, Bologna, Brüssel, Cambrai, Florenz, London, Mailand, Modena, München, Oxford, Paris, Rom, Straßburg, Trient, Venedig – Ed.: Die Chansons von G.B., hg. W. REHM, 1957 – Einzelne Werke in den Denkmälern der Tonkunst in Österreich VII, XI, XXVII, XXXI – Missa Angelorum, 1949 – 3 Rondeaux, hg. N. E. WILKINS, 1966; ferner in: C. STAINER, Dufay and his contemporaries, 1898 – J. WOLF, Gesch. der Mensuralnotation 1250-1460, 1904 – H. E. WOOLDRIDGE, The Oxford Hist. of Music II, 1905 – CH. VAN DEN BORREN, Polyphonia sacra, 1932 – J. MARIX, Les Musiciens de la cour de Bourgogne au XVe s., 1938 – Lit.: EITNER, passim – GROVE's Dictionary of Music and Musicians – MGG – RIEMANN – Außer der gen. Lit.: E. CLOSSON, L'origine de G.B., Revue de musicologie VIII, 1923-24 – W. GURLITT, Burg. Chanson- und dt. Liedkunst des 15. Jh., Kgr.-Bericht Basel 1924, 153-176 – CH. VAN DEN BORREN, Guillaume Dufay, son importance dans l'évolution de la musique au XVe s., 1925-26 – J. MARIX, Hist. de la Musique et des Musiciens de la Cour de Bourgogne sous le règne de Philippe le Bon, 1939 – A. AUDA, Hist. de la Musique de la fin du XVe s. à la fin du XVIe, 1940, 87-95 – CH. VAN DEN BORREN, Études sur le XVe s. musical, 1941 – W. REHM, Das Chansonwerk von G.B. [Diss. masch. Freiburg/Br. 1952] – J. A. BOUCHER, The Religious Music of G.B. [Diss. Boston 1963] – A. PARRIS, The Sacred Music of G.B. [Diss. Bryn Mawr College, 1965].

Bindemittel → Wandmalereitechnik

Binde- und Lösegewalt → Schlüsselgewalt

Binger Kurverein. Am 17. Jan. 1424 schlossen die vier rhein. und die Kf.en v. Brandenburg und Sachsen in Bingen am Rhein einen in zwei Fassungen erhaltenen Vertrag (RTA VIII, Nr. 295), in dem sie die Bekämpfung der Hussiten, den friedlichen Austrag von Streitigkeiten, die Erhaltung ihrer Rechte, die gemeinsame Behandlung eines kirchl. Schismas und wichtiger Reichs- und Kurfürstensachen sowie die Erhaltung des Bestandes des Reiches vereinbarten. Ks. Karl IV. hatte in der Goldenen Bulle die Kf.en als Wähler anerkannt, sie sich aber sonst als – gelegentliche – Berater untergeordnet. Sein Sohn Wenzel hatte ihnen Anlaß gegeben, die Interessen des Reiches zu schützen. Am 11. April 1399 hatten Pfalz, Mainz u. Trier in Boppard sich verbunden, um Schaden durch Kg. Wenzel vom Reich abzuwehren (→ Bopparder Vertrag). An der Aufrichtigkeit der Absicht, die Ausbreitung des Hussitismus verhindern zu wollen, ist nicht zu zweifeln, aber die Benutzung des Bopparder Vertrages mit seinem gegen Wenzel zielenden Inhalt im B. K. zeigt, daß dieser auch auf Kg. Siegmund gerichtet war. Die Kf.en beunruhigten u. a. die Sprunghaftigkeit des Kg.s und seine Begünstigung der Ritter und Städte. Zwar wollten sie die Ketzerei mit Rat und Beistand des Königs und der Stände ausrotten, aber wo von der Verteidigung angegriffener Rechte und Freiheiten eines Kf.en die Rede ist, wird eine Beiziehung des Kg.s nicht in Erwägung gezogen, vielmehr beraten und beschließen die Kf.en dann unter Leitung des jährlich wechselnden »Gemeiners« auf Tagen zu Frankfurt oder Aschaffenburg. Wenn jemand das Reich oder sein Zubehör schmälern oder entfremden will, wollen sie den Kg. anrufen. Eine Tendenz der Kf.en zur Verselbständigung –

im Vergleich zu ihrer Stellung in der → Goldenen Bulle (1356) – ist festzustellen. Ob die Kfs.en gefürchtet haben, Siegmund könnte Böhmen dem Gfs.en Witold v. Litauen überlassen (MATHIES), ist fraglich. Wichtig war, daß der erst vorläufig (1423) mit Kursachsen belehnte Mgf. Friedrich I. v. Meißen in Bingen bereits mit urkundete und sich bereit erklärte (RTA VIII, Nr. 296), sich zur Anfechtung dieser Belehnung durch Sachsen-Lauenburg nicht nur dem König und den Kfs.en, sondern auch den Kfs.en allein zu stellen und sich auch deren Spruch zu unterwerfen.

H. Patze

Lit.: CH. MATHIES, Kurfürstenbund und Kgtm. in der Zeit der Hussitenkriege. Die kfsl. Reichspolitik gegen Siegmund im Kraftzentrum Mittelrhein, 1978, 137–172.

Binnenkolonisation → Kolonisation und Landesausbau
Binnenreim → Reim
Binnenschiffahrt. Die binnenländ. Flüsse und Seen, bis ins 18./19. Jh. auch Flüßchen und große Bäche, bildeten seit der Erfindung von Wasserfahrzeugen günstige Transportwege. Vor den ersten Wasserbaumaßnahmen waren die Wasserläufe jedoch nicht problemlos zu befahren: Niedrigwasser brachte die Schiffahrt zum Erliegen; Stromschnellen, Wasserfälle und Wasserscheiden mußten auf Schleppstrecken überwunden werden (seit Herodot bekannt; bes. wichtig auf der Ostroute der Wikinger nach Byzanz). In Zeiten großen Transportvolumens wurde das *Wasserstraßennetz* durch → Kanäle erweitert, zuerst in röm., dann in karol. (Beginn der → Fossa Carolina), schließlich in hans. Zeit (→ Stecknitz-Kanal Lübeck-Elbe, 1398). Künstl. Schiffahrtshindernisse entstanden neu durch Mühlenwehre (→ Mühle), Stellnetze und Reusen (→ Fischerei) und viele Zollstellen (→ Zoll).

Aufgaben der B. sind Warentransport (auch Zubringerdienst zu Handelsplätzen, Flößerei), Personenverkehr, Kriegsschiffahrt, im weiteren Sinne auch → Fischerei und Fährbetrieb (→ Fähre). Regionale B. ist durchgehend nachweisbar oder vorauszusetzen; überregionale B. fand dagegen anscheinend (die Erforschung der B. ist eine junge Disziplin, vieles ist noch unbekannt) nur epochenweise statt.

Erste genaue Nachrichten über B. stammen aus der *Römerzeit*, als in den Provinzen zur Versorgung und zum Transport der Truppen eine straff organisierte Kriegsschiffahrt aufgebaut wurde. Daneben gab es auf privater Basis betriebene Handels-B. In der *Merowingerzeit* verfielen diese Organisationsformen oder wurden stark verändert. Die Verbreitung von Händlerkolonien vom Mittelmeer bis zum Norden des Frankenreiches läßt aber auf B. als notwendigen Teil eines transkontinentalen Verkehrssystems schließen. Besser belegt ist regionale B. (Ausonius, »Mosella«; Sidonius Apollinaris, Epist. II, 10; MGH SRM I, 656; IV, 101f.). Reisen zu Wasser, v.a. flußabwärts wegen der kurzen Reisedauer, schildert Venantius Fortunatus (Metz–Andernach, 588 n.Chr.). Im 8.Jh. dringen die Friesen in die westeurop. B. ein; im 9.Jh. sind feste fries. Händlerkolonien am Rhein nachweisbar. Die Friesen konnten – ebenso wie die Wikinger – Meer und Fluß mit demselben Schiff befahren, z.B. ohne Umladen von Trier nach England (MGH SRM III, 80f.).

In der *Karolingerzeit* blühte die B. in West- und Mitteleuropa erneut auf. Flüsse und Treidelpfade gehörten zum Reichsgut und konnten zu Lehen gegeben werden. Güter des tägl. Bedarfs (Salz, Getreide, Wein, Vieh) wurden nach Möglichkeit verschifft, ebenso die Abgaben der Hintersassen an die Haupthöfe. Diese Arbeit verrichteten eigene Leute. Sie wohnten auf Ufergrundstücken, bestellten für den Eigenbedarf ein wenig Acker und mußten anstelle von Abgabenzahlungen Schiffsdienste leisten (»non soluit censum sed nauigat«; GLÖCKNER, Codex Lauresham. 3, 1936, 3660; vgl. auch den Beleg für Prüm bei L. KUCHENBUCH, Bäuerl. Ges. und Klosterherrschaft im 9.Jh., 1978, 139). Für Reisen ihrer Herren (auch für den Transport von Pilgern) hatten sie Schiffe bereitzuhalten, und einige trieben für deren Rechnung Handel. Den überregionalen Warenverkehr vermittelten freie Händler (MGH SS XV, 250). Kriegsschiffahrt gab es fast nur als Truppentransport. Byz. Kriegsflotten befuhren öfters die Donau flußaufwärts in den Kriegen gegen die Bulgaren oder andere Völker.

Durch das Aufblühen der Städte und der *Hanse* mit ihrem Transportbedarf bis weit ins Binnenland hinein vervielfachte sich der Warenumschlag, und der Regionalverkehr wurde durch das Weiterverschiffen von Fernhandelsgütern überflügelt. Dafür war der Ausbau von *Umschlaganlagen und -formen* notwendig. Die ersten Landeplätze für Schiffe lagen fast stets auf den Schuttkegeln beim Einfluß von kleineren Flüssen oder Bächen in größere Gewässer. Die Schiffe landeten durch Auflaufen auf das Ufer und wurden z.T. durch eine offene Bugpforte be- und entladen (seit dem 5.Jh. v.Chr. belegt). Unter röm. Herrschaft wurden feste Kaianlagen mit Warenspeichern errichtet, die aber später verfielen. Man kehrte zur alten Form des Umschlags zurück. Gleichzeitig gab es auch befestigte, ins Wasser führende Wege, auf denen Pferdewagen neben das schwimmende Schiff fahren konnten (bis ins 20.Jh.). Händler an Marktflecken siedelten häufig auf Ufergrundstücken; die Waren wurden wasserseitig angeliefert und auf der Landseite verkauft oder weitertransportiert (»Einstraßenanlage«). Seit dem 11.Jh. wurden dann wieder Kaimauern errichtet und teilweise mit techn. Gerät versehen (Kräne usw.; → Hafenanlage).

Die *Wasserfahrzeuge* haben sich zu regional unterschiedl. Formen ausgebildet (»Schiffbautraditionen«), die sich viele Jahrhunderte, z.T. Jahrtausende, erhielten (→ Schiffstypen). Alle Entwicklungen gehen auf wenige Archetypen zurück: Fellboote (Außenhaut Fell; seit 500 v.Chr. nachweisbar; brit. Inseln), Rindenboote (gespreizte Baumrinde; bronzezeitl.; skand.), Einbäume (älteste Fahrzeuge; Mesolithikum bis 20.Jh.; gesamteurop.), vergrößerte Einbäume verschiedener Art (Doppel-Einbäume, gespreizte Einbäume, Setzbordboote, Prähme, Blockkähne), Plankenboote auf Kiel (anglo-skand.). Für einzelne Flußsysteme sind bestimmte Schiffsfamilien typisch: im heut. Frankreich schwere kraweelgebaute kelt. Typen, im Rheingebiet Nachen, an der Donau Zillen, Plätten u.ä., von Friesland bis zur Mittelelbe fries. Kahntypen, im anglo-skand. Bereich geklinkerte Boote usw. Wichtigste Schiffe auf dem Rhein waren vom MA bis ins 19.Jh. sog. Oberländer und Lastkähne verschiedener Größen. Die Entwicklung des Fernhandels im 13. bis 15.Jh. führte zu einer Aufspaltung des Schiffbauerhandwerks: Große Seeschiffe und große Binnenschiffe wurden auf städt. Werften gebaut, kleine Binnenschiffe für Lokaltransport und Fischfang schuf bis ins 20.Jh. der traditionelle ländl. Bootsbau.

Zum *Fortbewegen und zum Steuern* der Schiffe sind in der B. spezif. Techniken entwickelt worden. Zu Tal ließ man das Schiff treiben (dafür zusätzl. Steuerruder am Bug). Die Reisegeschwindigkeit war höher als beim Landverkehr (Metz – Trier = eine Nacht, MGH SRM I, 656; Ingelheim – Koblenz (um 800) = ein Tag, MGH SS XV, 367). Erhöhte Vortriebsleistung ergaben Stechpaddel, aus denen sich im Alpengebiet das Stoßruder entwickelte, im übrigen Europa unter röm. Einfluß der Riemen. Wann das Segel in die B. eingeführt wurde, ist noch nicht bekannt. In der Bergfahrt waren Paddel oder Riemen von wenig

Nutzen. Hier brachte man das Fahrzeug entweder durch Staken, d. h. durch Abstoßen mit Hilfe einer auf den Flußgrund gedrückten Stange, voran (seit der Latènezeit belegt, aber wohl älter) oder durch Treideln, d. h. Ziehen des Schiffes vom Ufer aus, das aber eine Organisation und die Unterhaltung von Treidelpfaden voraussetzt (seit der Römerzeit belegt). Diese Vortriebsart war in der B. bis zur Einführung von Dampfschiffen üblich. Die Reisegeschwindigkeit war niedrig, die Treidelleistung lag unter 20 km pro Tag. Nachts wurde bei Berg- und bei Talfahrt an Land gerastet. → Schiffahrt, → Schiff, -bau, -stypen.

U. Schnall

Lit.: HOOPS[2] III, 10–23 – W. VOGEL, Gesch. der dt. Seeschiffahrt I, 1915 – W. STEIN, Handels- und Verkehrsgesch. der dt. Kaiserzeit, 1922 – F. KOUKOULES, Βυζαντινῶν βίος ... V, 1952, 344–386 – H. JANKUHN, Der frk.-fries. Handel zum Ostseegebiet im frühen MA, VSWG 40, 1953, 193–243 – F. LÜTGE, Dt. Sozial- und Wirtschaftsgesch., 1960 – D. ELLMERS, Kelt. Schiffbau, Jb. des Röm.-Germ. Zentralmuseums 16, 1969, 73–122 – A. C. LEIGHTON, Transport and Communication in Early Medieval Europe AD 500–1100, 1972 – D. ELLMERS, Frühma. Handelsschiffahrt in Mittel- und Nordeuropa (Schr. des Dt. Schiffahrtsmuseums 3), 1972 – DERS., Der frühma. Hafen der Ingelheimer Kaiserpfalz und gotländ. Bildsteine, Schiff und Zeit I, 1973, 52–57 – DERS., Kogge, Kahn und Kunststoffboot (Führer des Dt. Schiffahrtsmuseums 7), 1976 – H. R. ELLIS DAVIDSON, The Viking Road to Byzantium, 1976 – M. ECKOLDT, Schiffahrt auf kleinen Flüssen Mitteleuropas in Römerzeit und MA (Schr. des Dt. Schiffahrtsmuseums 14), 1980 – D. ELLMERS, Warenumschlag zw. Schiff und Wagen im Wasser, Dt. Schiffahrtsarchiv 4, 1981 [im Dr.].

Biograd na moru (Belgrad, Alba civitas, Zara vecchia), Stadt in Dalmatien, sö. von Zadar. B., höchstwahrscheinl. eine kroat. Gründung, wird als Βελόγραδον von Konstantin Porphyrogennetos (913–959) erstmals erwähnt. Schon früh Sitz eines kroat. Gaues (*župa*), wurde es unter dem kroat. Kg. Peter (Petar) Krešimir IV. (1058–74) urbs regia und Bischofssitz (1059–1126); vom selben Kg. wurde 1059 auch die Benediktinerabtei Sv. Ivan Evandjelista (St. Johannes Evangelista) gegr., die große Besitzungen in der Umgebung (v. a. auf der Insel Pašman) besaß. 1102 wurde in B. der ung. Kg. Koloman zum Kg. v. Kroatien gekrönt (Pacta conventa). Nachdem B. 1125 von den Venezianern unter dem Dogen Domenico Michiele zerstört worden war, flüchteten der Bf. und die überlebenden Bewohner nach Skradin; die Abtei siedelte nach Pašman über. Erst 1202, nach der Eroberung → Zadars (Zaras) durch die Kreuzfahrer, wurde B. durch Flüchtlinge aus dieser Stadt neu besiedelt und erhielt den Namen Jadera nova. Als diese Flüchtlinge nach Zadar zurückkehrten, wurde B. in Zara vecchia umbenannt; letzteres ist die bis heute gebräuchl. it. Namensform. Im 13. und 14. Jh. abwechselnd im Besitz der Fs.en v. Cetina, der Šubići v. Bribir und des Templerordens v. Vrana, wurde B. 1409 endgültig venezianisch.

P. Bartl

Lit.: L. JELIĆ, Povjesno-topografske crtice o Biogradskom primorju, Vjesnik Hrvatskog arheološkog društva 3, 1898, 33–126.

Biographie

I. Antike Voraussetzungen – II. Mittellateinische Literatur – III. Romanische Literaturen – IV. Englische Literatur – V. Deutsche Literatur – VI. Skandinavische Literaturen – VII. Byzantinische Literatur – VIII. Slavische Literaturen – IX. Arabische Literatur – X. Türkische Literatur.

I. ANTIKE VORAUSSETZUNGEN: [1] *Allgemeines:* Die Darstellung des Lebens (βίος, vita, βιογραφία seit Damaskios Isid. 8) einer Persönlichkeit als einer Gesamtheit von Handlungen, in der das Wesen des Individuums zum Ausdruck kommt, erscheint in der griech. Lit. verhältnismäßig spät. Nachdem vermutl. schon im 5. Jh. biograph. Nachrichten über Homer, Hesiod oder die Sieben Weisen gesammelt wurden und die Historiographie auf einzelne Personen bezogene Fakten darstellte, werden zuerst in der Sokrates-Lit. des 4. Jh. (Platon Apol.; Xenophon Mem.) Leistung und Leben als untrennbare und unverwechselbare Einheit gesehen. In Xenophons Kyrupädie treten romanhafte Elemente hinzu. Demgegenüber zielt das Enkomion (z. B. Isokrates, Euagoras; Xenophon, Agesilaos) v. a. auf die Leistung des als vorbildl. dargestellten einzelnen, wobei mehr oder weniger enge Beziehungen zur B. nicht fehlen. Die Philosophie des Peripatos entwickelte ein eth.-psycholog. Begriffssystem sowie eine Typenlehre (Theophrast, Charakteres), die es ermöglichten, in der Verknüpfung von Charaktereigenschaften und Handlungen das Lebensbild eines Menschen zu entwerfen, ohne daß sich jedoch die B. zu einer eigenständigen lit. Gattung entfaltete. Weitgehend unberücksichtigt bleibt in der antiken B. die Entwicklung der Einzelpersönlichkeit; die Darstellung des individuellen Lebens als Ausdruck einer hist. Epoche ist unbekannt. Die für die griech.-röm. B. der Kaiserzeit vorbildl. B. des Hellenismus (Aristoxenos v. Tarent, Hermippos, Satyros, Antigonos v. Karystos) ist weitgehend verloren. Die biograph. Forschungen der alexandrin. Gelehrten wirken in den Autoren-Viten der Spätantike fort, die Zusammenstellungen von Personengruppen finden ihre Fortsetzung in den Sammlungen »De viris illustribus«.

[2] *Griechische Literatur:* Während die Parallel-B.n des Plutarch einen Sonderfall darstellen, wird die hellenist. Philosophen-B. in einflußreichen Werken fortgesetzt, so im 3. Jh. durch Diogenes Laertios und durch Philostrats Sophistenviten und Vita des Apollonios v. Tyana. Die Spätantike sind von Bedeutung: Die Pythagoras-B.n des → Porphyrios und des → Iamblichos, die Plotin-B. des Porphyrios (zw. 301 und 305 als Einleitung zur Gesamtausgabe von Plotins Schriften verfaßt), die Sophisten-B.n des → Eunapios (nach 396) als wichtige Quelle für den neuplaton. Schulbetrieb in Athen, die Proklosvita des → Marinos (485), in der der Lehre von der Glückseligkeit am Leben des → Proklos in Form einer Lobrede abgehandelt wird, die Isidoros-B. des → Damaskios (um 500) mit entschieden antichristl. Tendenz.

[3] *Lateinische Literatur:* Die B. in Rom interessiert sich zunächst für die großen Staatsmänner (Sulla, Pompeius) und trägt häufig propagandist. oder enkomiast. (Tac. Agr.) Züge. Varro verfaßte nach hellenist. Vorbild B.-Sammlungen (Imagines, De poetis), die das Werke »De viris illustribus« des Nepos und → Hieronymus beeinflußt haben. Suetons Caesares werden in ihrer Verbindung von chronolog. Erzählung und systemat. Charakterisierung zum Vorbild für → Einhards »Vita Karoli Magni« und (unter Hinzufügung romanhafter Elemente) für die → Historia Augusta. Die christl. lat. B. findet ihre Stoffe in den Viten bedeutender Bf.e und Hl. (Pontius, Vita Cypriani; → Sulpicius Severus, Vita Martini; → Paulinus, Vita Ambrosii; → Possidius, Vita Augustini; → Eugippius, Vita Severini) und stellt deren Leben, häufig mit Wundererzählungen zur Bekräftigung ausgeschmückt, als Ideal und Vorbild hin.

J. Gruber

Lit.: LAW, 470–473 – KL. PAULY I, 902–904 – RAC II, 386–391 – F. LEO, Die griech.-röm. B. nach ihrer lit. Form, 1901 – W. STEIDLE, Sueton und die antike B., 1951 – A. DIHLE, Stud. zur griech. B., 1956 – G. LUCK, Die Form der sueton. B. und die frühen Heiligenviten (Fschr. TH. KLAUSER, 1964), 230–241 – A. MOMIGLIANO, The Development of Greek Biography, 1971 [Lit.].

II. MITTELLATEINISCHE LITERATUR: Die profanantike B. ist dem lat. MA, soviel wir sehen können, jahrhundertelang unbekannt gewesen; sie hat zumindest bis in die Karolingerzeit keine Rolle gespielt und ist zunächst auch da nur vereinzelt (→ Sueton, → Einhard) wirksam geworden. Bis dahin aber hatte sich längst ein biograph. Schrifttum entwickelt, das an die zum Teil profanantike Traditionen aufnehmenden, zum Teil sich von ihnen distanzierenden Lebensbeschreibungen der christl. Spätantike anknüpft.

Das lat. MA selbst hat viele Tausende von Werken hervorgebracht, die sich in irgendeiner Weise mit der Darstellung des Lebens und Wirkens einzelner Menschen befassen, mithin zum biograph. Schrifttum im weiteren Sinne gerechnet werden können. Die weitaus größte Zahl der Lebensbeschreibungen freilich sieht ihre Helden als Hl., ja würdigt sie überhaupt nur deshalb einer Darstellung, weil sie als Hl. Verehrung genossen oder weil sie der Verehrung und Nachahmung würdig erschienen; d.h. die überwiegende Masse des biograph. Schrifttums gehört der → Hagiographie an. Die Richtung war bereits durch die erwähnte Anknüpfung an biograph. Werke der christl. Spätantike mitgegeben, von denen, wie es scheint, mit Abstand die weiteste Verbreitung und größte Beliebtheit die Vita S. Martini des → Sulpicius Severus und die (teilweise ausgesprochen novellist. gefärbten) Mönchsviten des → Hieronymus gefunden haben. Hinzu kommen andere Gründe für die Eigenart des lat. biograph. Schrifttums im MA: Als Zweig der Geschichtsschreibung steht die B. notwendig unter denselben Bedingungen und beruht auf derselben Einstellung gegenüber allem Geschichtlichen wie die sonstige Historiographie. Von bes. Wichtigkeit aber ist, daß den biograph. Darstellungen des MA ein Menschenbild zugrunde liegt, das sich von den meisten in der neueren Zeit üblichen Auffassungen unterscheidet und durch eine selbstverständliche, von niemand in Frage gestellte Welt- und Wertordnung in christl. Sinn geprägt wird. Die Folge dieses Menschenbildes ist oder kann sein nicht nur eine bes. Blickrichtung und eine bes. Akzentuierung einzelner Geschehnisse, Handlungen und Eigenschaften durch den Biographen, sondern auch die Möglichkeit, jederzeit den als genau so real wie die sichtbaren Dinge, ja gegenüber allem ird. Schein als die eigtl. Wirklichkeit erlebten metaphys. Hintergrund allen menschl. Lebens und allen Geschehens ins Bewußtsein zu rufen. So wie nun aber ein Geschichtswerk vom Range der Weltchronik des → Otto v. Freising dadurch, daß der Autor seine Darstellung in eine Eschatologie münden läßt, als hist. Quelle und gar als historiograph. Leistung nicht die geringste Einbuße erleidet, als Ausdruck einer geistigen Konzeption vielmehr erst durch die Einbeziehung der letzten Dinge in die Weltgeschichte ihren Sinn erhält, so hängt der hist. Wert einer ma. Lebensbeschreibung primär nicht davon ab, ob der Verfasser einen metaphys. Hintergrund »sichtbar« zu machen versucht oder nicht; der Quellenwert ist in jedem einzelnen Falle erst durch Interpretation zu ermitteln. Auf der anderen Seite dürfte die Neigung zum Hagiographischen dazu beigetragen haben, daß den ma. biograph. Darstellungen in der Regel die heute erwartete psychol. Vertiefung fehlt, weil an deren Stelle eine andere, im Menschenbild der Zeit begründete Art der Vertiefung zu Gebote stand, die jene auf das Individuum beschränkte in ihrem Horizont weit übertraf. Es versteht sich, daß dadurch der Blick auf die Eigenart der Persönlichkeit leicht verstellt werden konnte, wie denn überhaupt das Erkennen und Bewußtwerden der Persönlichkeit sich sehr langsam, im Laufe vieler Jahrhunderte vollzogen hat. Mit diesem Rückstand hängt wohl auch zusammen, daß ma. Biographien überaus selten und höchstens in Andeutungen den Sinn für eine innere Entwicklung erkennen lassen, wo eine solche nicht durch Ereignisse im Leben des Dargestellten augenfällig gemacht wird. Am ehesten sind solche Entwicklungen noch in einigen wenigen autobiograph. Werken (bzw. solchen autobiograph. Charakters, → Rather, → Otloh) anzutreffen, und auch da erscheint die Andeutung einer Entwicklung fast nur unter religiösem Aspekt. So erscheinen die von ma. Biographen behandelten Personen auch dann, wenn es dem Autor gelingt, ein wirkl. Lebensbild zu entwerfen und die Gestalt des Helden in das Geschehen seiner Zeit hineinzustellen, in ihrem Inneren zumeist als im voraus geprägte, gleichsam statuar. Gestalten, die erleben und handeln, doch mit bestimmten Eigenschaften ausgestattet und bestimmte Vorzüge aufweisend, wie im tiefsten unbewegt ihr Leben durchschreiten (→ Tugendkataloge).

In literarhist. Hinsicht bedeutet das (jederzeit mögliche) Nebeneinander und oftmals Ineinander des Biographischen und Hagiographischen eine nicht leicht zu überschätzende Bereicherung. Die Heiligenleben sind, im ganzen genommen, wohl die verbreitetste und wirksamste, gewissermaßen – soweit vom Lat. solches gesagt werden kann – die »populäre« Literaturgattung gewesen; sie haben vielfach eine Reihe von Neubearbeitungen gefunden und auch zu poet. Darstellung angeregt; abgesehen von bestimmten stereotypen Zügen (→ Hagiographie, → Vita) boten sie ein gleichsam legitimes Feld auch für freie, legendäre Ausgestaltung.

Es ist fraglich, ob es eine Geschichte der B., d.h. der nicht hagiograph. Lebensbeschreibung als selbständiger Literaturgattung, im lat. MA überhaupt gibt. Einstweilen hat es eher den Anschein, als bestehe das vermutete Genos aus lauter einzelnen Werken, die nur insofern etwas Gemeinsames aufweisen, als sich die Darstellung immer an eine bestimmte Person knüpft oder zumindest die Lebenszeit einer bestimmten Person als Rahmen hat.

Aufs Ganze gesehen, ist die reine B. im lat. MA im Vergleich zum Heiligenleben (oder doch zur hagiograph. gefärbten Darstellung) wenig gepflegt worden. Sieht man von der bes. Art der Schriftstellerkataloge, die auch Biographisches zu enthalten pflegen, und ihnen nahestehenden Denkmälern ab, so sind es vorwiegend (aber nicht ausschließlich, je nachdem wie weit man den Begriff B. faßt) Herrscher und andere weltl. Große, die zum Gegenstand der B. gewählt werden. Als eine Serie hist. B.n geistl. Personen hat sich nach bescheidenen Anfängen in der Spätantike der → Liber Pontificalis entwickelt. Rechnet man ein Werk wie die »Vita beatorum abbatum Benedicti, Ceolfridi, Eosterwini, Sigifridi atque Hwaetberhti« des → Beda Venerabilis (Vita ist der originale Titel, die übliche Bezeichnung 'Historia abbatum' ist bereits ein Stück moderner Interpretation) hinzu, die in Wahrheit eine Klostergeschichte ist, so erwiese sich die Fragwürdigkeit modernen Einteilens schon an einem der frühesten Beispiele. Das erste uns eindeutig klar und eindeutig als B. konzipierte Werk ist die »Vita Karoli Magni« → Einhards. Ihre Eigenart beruht im wesentl. darauf, daß es dem Verfasser gelungen ist, auf einem für die Zeit ungewöhnl. hohen Niveau der Imitation die Anregung durch die B. Suetons für ein Werk fruchtbar zu machen, das in der Schilderung des Helden die Nähe zum lebendigen Menschen und seinen Eigenschaften mit der Monumentalität der Darstellung aufs glücklichste verbindet. Einhard hat sehr stark nachgewirkt (die Nachwirkung ist weithin noch nicht im einzelnen erkannt), aber doch wohl nicht eine feste Gattung begründet. Schon bei den Biographen Ludwigs des Frommen, → Thegan und dem sog. → Astronomus, die zweifellos das Werk Einhards vor Augen hatten, geraten die Lebensbeschreibungen völlig anders. → Hrotsviths »Gesta Ottonis« sind eine in ep. Form gebrachte Verherrlichung des sächs. Herrscherhauses. Die »Vita Brunonis archiepiscopi Coloniensis«

des → Ruotger ist eine hist. zuverlässige und auch lit. wertvolle B., zeigt sich aber doch deutlich vom Hagiographischen her bestimmt. In der »Vita Heinrici II. imperatoris« begegnet man einem reinen Heiligenleben, während die beste biograph. Darstellung in der Chronik des → Thietmar v. Merseburg enthalten ist. → Wipos »Gesta Chuonradi« sind, was der Titel verheißt: Darstellung von Regierungstaten, aber keine Biographie. Die → »Vita Heinrici IV« kann weniger als B. angesehen werden denn als polit. Parteischrift. → Otto v. Freising verbindet in den »Gesta Friderici« mit der Darstellung der Taten des Ks.s auch eine hervorragende Charakterisierung der Person, aber das Historische steht im Vordergrund, und 'Biographie' im eigtl. Sinne wird man das Werk nicht nennen können. Die »Vita Ludovici VI. regis Francorum« des → Suger von St-Dénis dagegen kann als eine vortreffl. B. mit betont hist. Ausrichtung betrachtet werden.

Wesentl. neue Züge nimmt die B. auch im späteren MA nicht mehr an. Ein neuer Abschnitt ihrer Geschichte beginnt mit dem humanist. Biographien, unter denen Petrarcas Werk »De viris illustribus« mit seinen entschieden lit. gestalteten Lebensbeschreibungen an der Spitze steht (vgl. Abschnitt III.).   F. Brunhölzl

III. ROMANISCHE LITERATUREN: In den älteren Epochen der roman. Lit. beherrschen Lebensberichte der Hl. und Heiligenlegenden das Feld der Biographie. Übersetzungen lat. hagiograph. Schriften stehen überhaupt am Anfang der volkssprachl. Lit. in der Romania; seit dem 13. Jh. werden geistl. Viten vorwiegend in der Volkssprache verfaßt und in Handbüchern gesammelt. Von Jacobus' de Voragine »Legenda aurea« gibt es z. B. Anfang des 14. Jh. drei frz. Prosaübersetzungen. In Frankreich entwickelt sich mit der epischen Großkunst eine umfangreiche Tradition der »poetischen Biographie« (→Wilhelmszyklus, um Wilhelm, Gf. v. Toulouse, † 812; Karlszyklus - → Girard d'Amiens fügte im frühen 14. Jh. die überlieferten Karlssagen zu einer vollständigen Lebensgeschichte des frk. Ks.s in etwa 23000 Alexandrinern zusammen -), in der sich hist. und legendäre Elemente stark vermischen. Aus mehreren hist.-biogr. und lit. Überlieferungssträngen entstand um die Mitte des 12. Jh. im → »Girard de Rossillon« das romanhaft-hagiograph. verklärte Bild des Gf.en Girart v. Vienne aus der Zeit Karls des Kahlen. Neben der für ihre Zeit bedeutenden Kompilation der röm. Caesarengeschichte »Li fet des Romains« (1211/14) bis zum Tode Julius Caesars steht Jean de Thuim, der dem ps.-hist. metr. Caesar-'Roman' von Jacos de Forest (Ende 12. Jh.) vor 1250 eine Prosafassung gab. Unübersehbar ist die Wirkung des → Alexander-Stoffes und der sagenhafte Geschichte des Kg.s → Artus im europ. MA. In der 2. Hälfte des 12. Jh. erscheinen vermehrt lat. B.n großer Zeitgenossen, u. a. zahlreiche Viten des Hl. Thomas Becket. Die anglonorm. Vita Edmunds († 870) von Denis Piramus (entstanden 1190/1200) steht zw. Gesch., Roman und Hagiographie. In der Historiographie sind die panegyr. »Gesta Philippi Augusti« →Wilhelms des Bretonen († 1224) fragmentar. ins Frz. übersetzt worden (1227/1240). Die um 1226 geschriebene Verschronik »Guillaume le Maréchal« verherrlicht das Leben des seinerzeit bekannten Gf.en v. Pembroke († 1219). → Adam de la Halle preist in der »Chanson du roi de Sicile« seinen Gönner Robert II. v. Artois. In der »Histoire de Saint Louis« (1305/09) des Jean de →Joinville (1225-1317) verbinden sich B., Augenzeugenbericht und Selbstdarstellung. Der Cluniazenser Gautier de Compiègne (→Walter v. Compiègne) schrieb 1337/55 eine der ältesten westl. B.n des Propheten Mohammed (»Otia de Machomete«). Die offizielle Chronistik am frz. und burg. Hof (Georges → Cha-

stellain) entwickelt eine weitgehend rhetor. Personenbeschreibung. Guillaume Gruel († 1474/82) widmet in der »Chronique d'Arthur de Richemont« (1383-1458) seinem Herrn, dem Konnetabel v. Frankreich, eine Teilbiographie. »Le Livre des faicts du bon messire Jean → Le Maingre, dit Maréchal Boucicaut« (1409) bietet die romanhafte Geschichte des Marschalls v. Frankreich (1368-1421). »Le livre des faits de Jacques de Lalaing« beschreibt Leben und Taten des berühmten Ritters. → Chandos widmet 1485 Eduard, dem Schwarzen Prinzen (1330-76), eine Reimchronik (»Vie et gestes du Prince Noir«).

Die einigen Sammelhss. mit aprov. Liedern vorangestellten Troubadourviten (→ vidas) sind nicht eigtl. als Lebensbeschreibungen zu bezeichnen, sie erschließen (freilich literarisierte) biograph. Informationen aus den Gedichten selbst.

In Italien eröffnen Francesco → Petrarca mit dem bei Humanisten beliebten Schrifttyp »De viris illustribus« (1338 bis nach 1353) und Giovanni → Boccaccio mit dem »Trattatello in laude di Dante« (um 1360) eine parallel zur großen it. Porträtkunst verlaufende reiche Entwicklung der B. sowohl in Lat. als auch in der Volkssprache. Boccaccios moral.-exemplar. Sammelbiographien berühmter Männer und Frauen finden (zumal in Übersetzung, bes. zahlreiche Prachthandschriften mit der frz. Übersetzung von Laurent de Premierfaict) europ. Verbreitung. Der Florentiner Filippo → Villani fügt der Chronik seines Vaters Giovanni die »Vite di illustri fiorentini« an (bis 1364), darunter Dichter, Künstler, Gelehrte und z. T. noch lebende Politiker und Kriegsleute. Eine anonyme Lebensbeschreibung des röm. Volkstribunen → Cola di Rienzo (1313-54) stammt noch aus dem 14. Jh. Vespasiano da → Bisticci (1421-98), ein Florentiner Buch- und Handschriftenhändler, sammelt in den »Vite di uomini illustri« Biographien seiner berühmten Kunden, zu denen Päpste, Herrscher und humanist. Gelehrte zählten. Mario Sanudo schrieb die »Vite dei dogi« in Venedig. Antike biograph. Schriften wurden schon früh übersetzt (Valerius Maximus; Sallust durch Bartolomeo da San Concordio, † 1347. Die von Giannantonio Campano 1470 besorgte Sammlung lat. Plutarchviten fand große Verbreitung und diente auch als Vorlage für volkssprachl. Fassungen.

In Spanien steht die Gestalt des Rodrigo Díaz, gen. El Cid († 1099), im Mittelpunkt zahlreicher zw. Chronik, B., Legende und Heldenepos angesiedelter Werke von der »Historia Roderici« (1. Hälfte 12. Jh.) bis in das 15. Jh. (»La coronica del Cid Ruy Diaz«; »Cronica del famoso cauallero Cid Ruy Diez campeador«, Burgos 1512). Neben den Königsgeschichten (14./15. Jh.) ist das eigtl. biograph. Interesse erst im 15. Jh. stärker ausgeprägt und wendet sich nach dem spektakulären Fall des D. Alvaro de → Luna († 1453) einzelnen Adligen zu: Gutierre → Díez de Games (ca. 1378-nach 1448) beendete 1448 die Chronik seines Gönners Pero Niño, Gf. v. Buelna (»El Victorial«). Die anonyme »Relacion de los fechos del mui magnifico e mas virtuoso señor Don Miguel Lucas de Iranzo« beschreibt das Leben des kast. Konnetabels zw. 1458-71. Die erste humanist. B. nach dem Vorbild Sallusts verfaßte in Spanien Gonzalo García de Santa María (1447-1521; »Serenissimi principis Joannis secundi Aragonum regis vita«). In der Übersetzung von Alfonso → Fernández de Palencia erschienen die Plutarchviten unter dem Titel »Las Vidas« 1491 im Druck; Juan Fernández de Heredia hatte bereits im späten 14. Jh. 39 Vitae aus dem Griech. ins Aragones. übertragen. Francisco Vidal de Noya, Sekretär v. Kg. Ferdinand dem Kath., übersetzte Sallust 1493 nach einer Vorlage von Vasco de Guzmán (Mitte 15. Jh.) ins Kast. In seine um 1450 ausgearbeitete Sammlung »Generaciones y semblanzas« nahm Fernán Pérez de → Guzmán (ca. 1378 bis ca. 1460) nur die B.n verstorbener geistl. und weltl. Persönlichkeiten aus der Regierungszeit Heinrichs III. und Johanns II. v. Kastilien auf, die er weniger als Beispielfälle für Tugend und Laster, sondern als Menschen porträtierte, bei denen sich gute und schlechte Züge mischen. In der Giovannis della Colonna (14.Jh.) »Mare historiarum« folgenden Kompilation »Mar de historias« stellt Pérez de Guzmán neben Leben und Taten z.B. Alexanders, Caesars, Karls d. Gr. die biogr. Skizzen legendärer Gestalten wie Kg. Artus und der Gralsritter. → Hernando del Pulgar (ca. 1425–nach 1490) verfaßte »Los claros varones de España« (gedr. 1486) mit 25 Lebensläufen von Adligen am Hof Heinrichs IV. v. Kastilien. Seine Chronik der Kath. Könige Ferdinand und Isabella arbeitet v. a. die Charaktereigenschaften des Herrscherpaares heraus.

In Katalonien stellt der Humanist Pere Miquel Carbonell (1434–1517) in »De viris illustribus catalanis« die B.n zeitgenöss. gelehrter Landsleute zusammen. Antonio → Beccadelli, gen. Il Panormita (1394–1471), zeichnet 1455 von Kg. → Alfons I. (V.), dem Großmütigen, das Idealbild eines humanist. Fürsten.

Aus Portugal liegt für Kg. Alfons III. († 1279) eine lat. Vita von Juan → Gil de Zamora (Ende 13.Jh.) vor. Die »Livros de linhagens« stellen weniger B.n, als vielmehr Familiengenealogien dar. Hagiographie und B. gehen ineinander über bei den Darstellungen sowohl der Kgn. Isabella v. Aragón († 1336), der populären ptg. Nationalheiligen, als auch im »Trautado da vida e feitos do mui vertuoso senhor Ifante Dom Fernando« († 1443) von João → Alvares. Die anonyme »Coronica do Condestabre de Purtugall« entstand bald nach dem Tod des Helden von Aljubarrota, Nun'Alvares Pereira († 1431), des hl. Konnetabels. Fernão → Lopes (ca. 1384–1460) und → Rui de Pina (ca. 1440–1522?) zeichnen in ihren Königschroniken bemerkenswerte Persönlichkeitsprofile. → Gomes Eanes de Zurara († 1473/74) widmete neben dem Infanten Heinrich dem Seefahrer auch Pedro und Duarte de Meneses zw. 1458–68 chronikal.-biograph. Darstellungen. Ptg. Teilübersetzungen von Diogenes Laertios Philosophenleben und Valerius Maximus befinden sich unter den Hss. aus dem Kl. → Alcobaça.   D. Briesemeister

Lit.: H. GMELIN, Die Personendarstellung bei den florent. Geschichtsschreibern der Renaissance, 1927 – J.L.ROMERO, Sobre la biografía y la historia, 1945 – F.LÓPEZ ESTRADA, La retórica en las Generaciones y semblanzas de F. Pérez de Guzmán, RFE 30, 1946, 310ff. – M.R. LIDA DE MALKIEL, La idea de la fama en la Edad Media castellana, 1952 – C.CLAVERÍA, Notas sobre la caracterización de la personalidad en las Generaciones y semblanzas, Anales de la Univ. de Murcia 10, 1951/52, 489ff. – R.WEISS, Lo studio di Plutarco nel Trecento, Parola del Passato 3, 1953, 321ff. – V. GIUSTINIANI, Sulle traduzioni latine delle Vite di Plutarco nel Quattrocento, Rinascimento, II, 1, 1961, 3ff.

IV. ENGLISCHE LITERATUR: In der Regel wurden B.n in ae. Zeit in lat. Sprache, in me. Zeit in lat. bzw. frz. Sprache verfaßt. Sie wurden dann allerdings auch zum Teil ins Engl. übersetzt. Das wichtigste Werk dieser Art aus ae. Zeit ist das Leben Kg. → Alfreds, das gegen Ende des 9.Jh. von »seinem« Bischof → Asser v. Sherborne in lat. Sprache verfaßt wurde. Viel biograph. Material ist auch in nicht primär biograph. orientierte Werke mit aufgenommen worden, so etwa in → Bedas »Historia Ecclesiastica«, die später ins Ae. übertragen wurde, in das ae. → Martyrologium, in die Ags. Chronik (→ Chronik, ags.) und in me. Chroniken und →Romanzen. Eine Art B. stellen ferner viele von → Ælfrics (ca. 955–ca. 1025) Heiligenleben dar. An Persönlichkeiten aus der engl. Geschichte hat Ælfric in ae. Sprache behandelt: den hl. → Cuthbert in der zweiten Serie der »Homiliae Catholicae«, den hl. → Alban, die hl. Æthelthryth, den hl. → Swithun, den hl. Angelnkönig → Edmund und den hl. Kg. der Northumbrier → Oswald in den »Lives of Saints«; die beiden letzteren stellen somit Königsbiographien in Form von Heiligenviten dar. Nach der norm. Eroberung 1066 tritt eine klare Trennung zw. Heiligenleben und Königsbiographien ein. In den me. →Reimchroniken (etwa → Laʒamon's »Brut«, den Chroniken des →Robert v. Gloucester und des Robert → Mannyng de Brunne, John → Trevisas Übersetzung von →Ranulph Higdens »Polychronicon«) und Romanzen herrscht dann auch ein zunehmend lockereres Verhältnis zu den geschichtl. Gegebenheiten. Dem Ebf. →Thomas Becket, ermordet 1170, wurden bis Ende des 12.Jh. mindestens 10 B.n in lat., frz. und engl. Sprache gewidmet, wobei die volkssprachl. Verserzählungen sich am weitesten von der geschichtl. Wirklichkeit entfernen, wenn auch die lat. Prosaberichte von Beckets Zeitgenossen jeweils Ungenauigkeiten enthalten. Eine poet. Verherrlichung des schott. Kg.s → Robert Bruce und seiner Taten ist John →Barbours umfangreiche hist. Dichtung »The Bruce« aus der 2. Hälfte des 14.Jh.   Ch. Scott Stokes

Bibliogr.: RENWICK-ORTON, bes. 242, 347–360, 447 – NCBEL I, 318f., 359–367, 459–468, 523f., 526f., 664, 669 – C.GROSS-E.B.GRAVES, A Bibliogr. of Engl. Hist. to 1485, 1975 – Ed. und Übers.: C.BABINGTON-J.R.LUMBY, Polychronicon Ranulphi Higden, together with the Engl. Translation of John Trevisa, 9 Bde, RS, 1865–86 – W.W.SKEAT, The Bruce by John Barbour, EETS ES 11, 21, 29, 55, 1870–89 (= STS 31–33, 1894) – J.C.ROBERTSON, Materials for the Hist. of Thomas Becket, RS, 1875–85 – F.J.FURNIVALL, The Story of England by Robert Manning of Brunne, 2 Bde, RS, 1887 – W.A.WRIGHT, The Metrical Chronicle of Robert of Gloucester, 2 Bde, RS, 1887 – W.H. STEVENSON, Asser's Life of King Alfred, 1904 [Neudr. 1959 mit Suppl. v. D.WHITELOCK] – M.K.POPE–E.C.LODGE, Herald of Chandos: Life of the Black Prince, 1910 – C.L.KINGSFORD, First Engl. Life of Henry V, 1911 – G.E.MOORE, The ME Verse Life of Edward the Confessor, 1942 – G.L.BROOK–R.F.LESLIE, Laʒamon's Brut, EETS 250, 277, 1963–78 – G.I.NEEDHAM, Ælfric: Lives of Three Engl. Saints, 1976² – Engl. Historical Documents I, ed. D. WHITELOCK, 1979²; II, ed. D.C.DOUGLAS–G.W.GREENAWAY, 1953; III, ed. H.ROTHWELL, 1975; IV, ed. A.R.MYERS, 1969 – Lit.: C.H. LAWRENCE, St Edmund of Abingdon: A Study in Hagiography and Hist., 1960 – D.A.STAUFFER, Engl. Biography before 1700, 1964 – J.HURT, Ælfric, 1972, 78ff. – A. GRANSDEN, Historical Writing in England c. 550 to c. 1307, 1974.

V. DEUTSCHE LITERATUR: Die B. als selbständige Gattung hat in der dt. Lit. des MA keine eigene Ausformung erfahren. Das gleichwohl vorhandene Interesse an Leben und Leistung einzelner Persönlichkeiten der früheren und jüngsten Vergangenheit war offensichtlich an deren Verweischarakter in größeren hist. und heilsgeschichtl. Zusammenhängen gebunden und kommt dementsprechend lit. in disparater Form zum Ausdruck: im Rahmen umfassender Geschichtsdarstellungen, z.B. in der → Kaiserchronik und den →Weltchroniken werden· Herrscherleben vorgestellt mit einer der Gesamtkonzeption entsprechenden Typisierung. Das → Rolandslied und → Strickers »Karl« bringen heilsgeschichtl. perspektivierte Beiträge zur Biographie Karls d.Gr., wie überhaupt die auf den → chansons de geste beruhende Epik, so auch →Wolframs v. Eschenbach »Willehalm«, Personalgeschichte und legendär überformte Historie verschmilzt. Das gattungsmäßig schwer festlegbare → Annolied enthält ein Stück Anno-Biographie als Heiligenleben. Für den religiösen Bereich bieten die → Heiligen-Viten und -Legenden einen bes. biograph. Literaturtyp, der im 14.Jh. erweitert wurde durch die Variante myst. Erlebnisberichte dominikan. Nonnen in der Art der 1318 von Anna v. Munzingen verfaßten »Chronik von

Adelshausen« (ed. von J. KÖNIG, Freiburger Diözesanarch. 13, 1880).

Die →Reisebeschreibungen des späteren MA knüpfen an biograph. Ausschnitte weitergreifende Intentionen. Außerdem wurde biograph. Interesse befriedigt durch Selbstdarstellungen und autobiograph. Züge in verschiedenartigen Werken (→ Autobiographie) sowie durch die Darstellung hist. und pseudohist. Personen in fiktionalen Texten, deren reale Grundlage für die Rezipienten schwer zu ermessen war: z. B. Alexanderdichtung (→ Alexander d. Gr.), → Herzog Ernst, → Reinfried von Braunschweig, → Landgraf Ludwigs Kreuzfahrt. Das in der Renaissance entwickelte Interesse am menschl. Individuum und seiner Personalgeschichte prägte sich auch im dt. Sprachbereich aus, wie etwa Übersetzungen der it. Humanisten, z. B. → Heinrich Steinhöwels Verdeutschung von → Boccaccios »De claris mulieribus« bezeugen. U. Schulze

VI. SKANDINAVISCHE LITERATUREN: Die Frage nach B. im Altnordischen ist unmittelbar verbunden mit der Frage nach den Gattungen innerhalb der Sagaliteratur. Während man bei der hist. Lit. ohne Zögern die Gattung B. annehmen wird (vgl. z. B. die verschiedenen Sagas über die beiden norw. Kg.e Óláf), wird man bei den Isländersagas eine Entscheidung zu treffen haben, ob es sich intentional um Lebensbeschreibungen hist. Personen handelt oder um lit. Erzählungen, die hist. Material verwenden. Ein anderes Problem liegt in der Tatsache, daß keiner der altnord. Dichter (skáld) ausschließlich als Dichter gelebt hat. Daher fehlt auch weitgehend ein eigenes Dichter-Bewußtsein. Dennoch lassen sich – unter inhaltl. Gesichtspunkten – vier Isländersagas zusammenfassen: Bjarnar Saga Hítdœlakappa, Gunnlaugs Saga Ormstungu, Hallfreðar Saga Vandræðarskálds und Kormáks Saga. Ihren Titelhelden ist gemeinsam, daß ihnen u. a. einige der bedeutendsten Liebesgedichte zugeschrieben werden und weiterhin, daß sie in einer bes. Erzählstruktur auftreten: Diesen Dichtern waren ihre Geliebten fest versprochen worden; durch widrige Umstände werden die Männer daran gehindert, zum verabredeten Hochzeitstermin zu erscheinen. Nach einiger Zeit heiraten die Mädchen deren Rivalen. Die Sehnsucht der Dichter nach ihren Geliebten findet Ausdruck in ihren Liebesgedichten. Im entstehenden Dreiecksverhältnis liegt die Sympathie deutlich auf seiten der Dichter, die letztlich sterben oder getötet werden. Schon dieser Gleichlauf der Struktur läßt die Annahme von B.n bedenklich erscheinen; zudem ist nachdrückl. darauf hingewiesen worden, daß diese Sagas kaum ohne Kenntnis der kontinentaleurop. höf. Lit. des 12. Jh. entstanden sein können, in der die Liebe eines Mannes zu einer verheirateten Frau eine entscheidende Rolle spielt, v. a. in der Geschichte von Tristan und Isolde (vgl. B. EINARSSON). Somit sind diese Geschichten auch Liebesgeschichten. Etwas anders liegt der Fall in der Egils Saga: Egill ist zwar auch ein Dichter großer Gedichte, aber diese seine Fähigkeit ist nur eine Facette seiner Persönlichkeit, die die Saga zur Gänze zu beschreiben versucht. Ähnlich verhält es sich auch in der Fóstbrœðra Saga: einer der beiden Protagonisten, Þormóðr Kolbrúnarskáld, ist als Dichter (auch von Liebesgedichten) bekannt, aber auch hier ist diese Gabe nicht das alles beherrschende Thema der Saga. H. Uecker

Ed.: Bjarnar Saga und Gunnlaugs Saga (Íslenzk Fornrit 3, 1938) – Hallfreðar Saga und Kormáks Saga (Íslenzk Fornrit 8, 1939); Übers. in: Vier Skaldengeschichten, Thule 9 – Egils Saga (Íslenzk Fornrit 2, 1933); Übers. Thule 3 – Fóstbrœðra Saga (Íslenzk Fornrit 6, 1943); Übers. Thule 13 – *Lit.*: B. EINARSSON, Skáldasögur, 1961 – DERS., To Skjaldesagaer, 1976.

VII. BYZANTINISCHE LITERATUR: Biographisches erscheint in der byz. Lit. im Gewand verschiedener Genera, die in der antiken Tradition stehen oder diese in eigenständiger Weise weiterentwickeln. Die Plotinvita des → Porphyrios beeinflußte den neuplaton. Philosophenbios bis ins 6. Jh., aber auch die Antoniosvita des → Athanasios (4. Jh.), die zum Prototyp der in Byzanz sehr verbreiteten Hagiographie wurde.

Von entscheidender Bedeutung für die Gestaltung alles Biograph. in Byzanz wurde das rhetor. Genos des Enkomions, das nach ersten Höhepunkten in der attischen und der kaiserzeitl. Beredsamkeit und der Abfassung zweier theoret. Abhandlungen zur Form im 3. Jh. (Menandros bzw. Ps.-Menandros von Laodikeia) in frühbyz. Zeit eine neue Blüte erlebte (im 4. Jh. → Libanios und → Themistios auf heidnischer, → Gregor v. Nazianz, Gregor v. Nyssa und → Johannes Chrysostomos auf christl. Seite; im 5./6. Jh. die Schule v. → Gaza). Dem Enkomion verpflichtet ist die Vita Constantini des → Eusebios (4. Jh.). Hier wie in der ganzen byz. Ära ist der Kaiser häufig Gegenstand der lobenden Rede, aber ihr biograph. Wert ist bescheiden. Dies gilt nicht weniger von der negativen Form des Enkomions, dem Psogos, von dem im 6. Jh. das z. T. pseudobiograph. Pamphlet → Prokops auf Kaiser Justinian (»Geheimgeschichte«) geprägt ist. Eine Sonderform des Enkomions mit biograph. Elementen ist der Epitaphios (Leichenrede; im 4. Jh. v. a. gepflegt durch Gregor v. Nazianz). Lobende oder tadelnde B., v. a. Kaiserbiographie, findet sich schließlich immer wieder in der Geschichtsschreibung, in der Frühzeit z. B. bei dem lat. schreibenden und Tacitus verpflichteten → Ammianus Marcellinus, im 7. Jh. bei → Theophylaktos Simokattes, aber auch in Werken der Dichtung wie der »Herakleias« des → Georgios Pisides (7. Jh.).

Im späteren 7. und im 8. Jh. ist die stark vom Legendären geprägte *Heiligenvita* (→ Hagiographie) die einzige lebendige biograph. Form, doch lassen sich vielleicht aus der Chronik des → Theophanes (frühes 9. Jh.) Kaiservita rekonstruieren, wie es P. SPECK (Ks. Konstantin VI., 1978, 394–396) für Konstantin VI. versucht. Erst im 9. Jh. wird in einigen Heiligenviten ein Bemühen um biograph. Genauigkeit erkennbar, das ALEXANDER veranlaßte, von »semi-secular hagiography« zu reden (Viten des Ignatios Diakonos). Der Epitaphios Leons VI. auf seine Eltern Basileios I. und Eudokia (886) scheint seit dem 6. Jh. die erste biograph. gefärbte Lobrede auf einen »weltlichen« Helden zu sein. Im Dienst dessen Sohnes Konstantin VII. Porphyrogennetos verstanden der Fortsetzer der Theophaneschronik und Joseph → Genesios Geschichtsschreibung weitgehend als eine Reihung von z. T. tadelnden Biographien der Ks. vor der sog. makedon. Dynastie (10. Jh.). Konstantin VII. selbst schrieb die einzige erhaltene nicht in das Gewand eines anderen Genos gekleidete weltl. B. in Byzanz, die Vita seines Großvaters Basileios I., die allerdings wieder dem Enkomion weitgehend verpflichtet ist. Ihre antiken Vorbilder sind Isokrates (Euagoras) und ein biograph. Enkomion des Nikolaos v. Damaskus auf den Ks. Augustus; Konstantins Geschichtsschreiber gestalteten ihre Kaiserbilder unter dem Einfluß der Parallelviten Plutarchs. Die ebenfalls im 10. Jh. verfaßte sog. Logothetenchronik pflegt mit ihren knappen Kaiserporträts eine bereits seit Johannes Malalas (6. Jh.) geübte biographische Kurzform (vgl. dazu E. GERLAND, Byz. 8, 1933, 97 f.). Die sog. Quelle B (10. Jh.) des → Leon Diakonos und der Skylitzeschronik (→ Skylitzes) war vermutl. eine B. der Phokadenfamilie (so zuerst M. SJUZJUMOV, Viz. Obozrenie 2, 1916). Einen neuen Höhepunkt erreichte die byz. B. bei Michael → Psellos (11. Jh.), als Enkomion v. a. in seinen Leichenreden, als Psogos in seiner Anklagerede gegen Kerullarios. In seiner

»Chronographie« begeht er neue Wege biograph. Darstellungskunst (Einteilung in Kaiserkapitel mit zunächst summarischer, dann detaillierter Charakteristik; letztere geht in mehreren Fällen der chronolog. Entwicklung des Charakters nach; so JA. N. LJUBARSKIJ, Michail Psell, Moskva 1978, 204 ff.). Eine B. ihres Vaters Alexios I. schrieb im 12. Jh. unter Benutzung des bereits von ihrem Gatten Nikephoros → Bryennios gesammelten fragmentar. Materials → Anna Komnene. Beide Werke verstehen sich als Geschichtsschreibung; enkomiast. Züge sind unverkennbar. Faktisch ist die »Alexias« die bedeutendste byz. Einzelbiographie. Auch manche Geschichtsschreiber der späteren Zeit gestalten ihre Werke mehr oder weniger als eine Reihung von Kaiserbiographien, z. B. Niketas → Choniates (schrieb zw. 1185 und 1207) und Georgios → Pachymeres (byz. Geschichte 1260 bis 1308).

Ein ebenfalls in enkomiast. Traditionen (Isokrates) fußendes verwandtes Genos ist die *Autobiographie*, im 4. Jh. vertreten durch Libanios (or. 1) und in Versform bei Gregor v. Nazianz (Περὶ τοῦ ἑαυτοῦ βίου, daneben mit autobiograph. Inhalt, Περὶ τῶν καθ' ἑαυτόν und Θρῆνος περὶ τῶν τῆς ἑαυτοῦ ψυχῆς παθῶν). Autobiographisches ist auch in der Apologie des Athanasios (RAC I, 1053) und des Synesios (Δίων ἢ περὶ τῆς κατ' αὐτὸν διαγωγῆς) erkennbar. Über autobiograph. Elemente in anderen griech. und lat. Werken der Väterzeit: RAC I, 1054 f. Danach finden sich autobiograph. Ansätze zuerst in der Klosterliteratur (Typikon des → Athanasios Athonites, 10. Jh.; Testament des → Christodulos von Patmos, 11. Jh.; im 13. Jh. Typikon → Michaels VIII.); im weltl. Bereich bei Psellos (11. Jh.), dessen Chronographie memoirenhaften Charakter trägt und stark dem Selbstlob verpflichtet ist. → Nikephoros Basilakes (12. Jh.) und Michael → Choniates (frühes 13. Jh.) gaben in sog. Prologen zu ihren Schriften Überblicke über ihr Leben und Werk. Einen Schwerpunkt in der Entwicklung des Genos setzte Nikephoros → Blemmydes mit zwei Autobiographien, die sich gegenseitig ergänzen. Autobiograph. Abrisse als Einleitung zu ihren Werken schrieben Patriarch → Gregorios v. Kypros (13. Jh.) und Joseph der Philosoph (14. Jh.). Autobiographien in Versform sind erhalten von Pachymeres und v. a. von Theodoros → Metochites (die sog. Doxologie: Autobiographie als Gotteslob; Autobiograph. findet sich auch in anderen Werken des Autors). Sie schrieben im 14. Jh. ebenso wie Demetrios → Kydones, in dessen 1. Apologie Autobiographisches eng mit theol. Polemik verknüpft ist; er verfaßte auch andere Werke mit apologet. Tendenz. Geschichtswerke in Memoirenform schrieben in der Spätzeit → Johannes Kantakuzenos (14. Jh.) und Georgios → Sphrantzes. F. Tinnefeld

Lit.: RAC I, 1050–1055; II, 386–391 – F. LEO, Die griech.-röm. B. nach ihrer litterar. Form, 1901 – P. J. ALEXANDER, Secular Biography at Byzantium, Speculum 15, 1940 – R. J. H. JENKINS, The classical background of the scriptores post Theophanem, DOP 8, 1954 – G. MISCH, Gesch. der Autobiogr., 1949–1969, III/2, 749–903 – J. IRMSCHER, Autobiographien in der byz. Lit., Studia Byzantina II, 1973 – HUNGER, Profane Lit. I, 165–170, 341.

VIII. SLAVISCHE LITERATUREN: Genaue Grenzen lassen sich im slav. MA wie in Byzanz zw. B. und Hagiographie nicht ziehen. Einen ersten, aber keineswegs zuverlässigen Hinweis vermitteln die Überlieferungswege: Heiligenviten werden in Synaxarien, Panegyrika und sonstigen liturg. Sammlungen erfaßt, 'weltliche' Lebensbeschreibungen werden eher innerhalb von Chroniken und in Sammelhandschriften hist. Inhalts überliefert. – Die Vita des Slavenlehrers Konstantin-Kyrill (VC) (→ Konstantin und Method), wahrscheinl. durch dessen Bruder Method zw. 869–885 verfaßt, geht auf die Anfänge des slav. Schrifttums in der großmähr. Periode zurück, während die Vita des Method als ein Werk ihres Schülers, → Klemens (Kliment) v. Ochrid, aus dem Ende des 9. Jh. gilt. Beide Werke wurden in byz. Geist in altslav. Sprache verfaßt, wobei es nicht ausgeschlossen ist, daß VC zunächst griech. redigiert wurde. Auszüge aus VC begegnen bereits in kroat.-glagolit. Breviarien ab dem 14. Jh. In den Jahren 1079–88 verfaßte der erste namentl. bekannte Chronist Altrußlands, der Kiever Mönch → Nestor, eine Vita des Abtes Teodosij v. Pečersk († 1054), die ab dem Ende des 12. Jh. (Uspenskij Sbornik) erhalten ist und im sog. → Kiever Paterikon aufgenommen wurde. Herrscherbiographien treten v. a. in Serbien ab dem 13. Jh., aber auch als Einschub in russ. Chroniken auf. So beginnt die Galiz.-Wolhyn. Chronik aus dem 13. Jh. mit einer Schilderung des Lebens des Fs.en Daniil v. Galič (1201–ca. 1264), während der reich ausgeschmückte »Bericht über Leben und Tod des Moskauer Gfs.en Dmitrij Donskoj« († 1389) in die 4. Novgoroder Chronik (aus einer Redaktion von 1448) aufgenommen wurde. Die ältere Vita des Fs.en → Alexander Nevskij († 1263), die auch in Chroniken überliefert ist, stellt eher ein Denkmal des hagiograph. Stils dar. Eine weit höhere Bedeutung wegen ihrer Originalität in lit. Hinsicht kommt den altserb. B.n von Herrschern und Kirchenfürsten zu, deren älteste, die Vita des hl. → Stefan-Simeon Nemanja (1170–96), des Gründers des Chilandar-Klosters auf dem Athos, durch seinen Sohn, den hl. → Sava (1175–1235), als erstes Kapitel dem Typikon von Studenica (1208) vorangeschickt wurde. Der ältere Bruder Savas, Stefan der Erstgekrönte (1196 bis 1227), widmete ebenfalls um 1216 seinem Vater eine Lebensbeschreibung, in der er die dynast. Ansprüche hervorhebt. Eine dritte Biographie des Nemanja verfaßte der Athos-Mönch Domentijan (1264), der vorher eine umfangreiche Lebensbeschreibung des hl. Sava verfaßt hatte. Um 1300 fertigte der Mönch Teodosije aus Chilandar eine zweite Vita des hl. Sava an. Durch den Ebf. von Peć, Danilo II. (ca. 1270–1337), wurde eine Sammlung v. B.n verschiedener serb. Kg.e und Ebf.e angefertigt, die später durch zwei Continuatores fortgeführt wurde. Reichhaltiges biograph. Material bieten die hagiograph. Werke des letzten bulg. Patriarchen v. Tŭrnovo, → Evtimij (1375–93), die ganz im Geist der byz. Heiligenleben und -enkomia stehen: Die Vita des Bf.s v. Mogien, Ilarion, aus dem 12. Jh. z. B., die auch in Auszug in russ. Chroniken (Nikon-Chronik s. a. 1114) überliefert ist, stellt ein wichtiges Denkmal des Kampfes der Orthodoxie gegen die Paulikianer in Bulgarien dar. Ein Zeitgenosse des Evtimij, der Bulgare Kiprian, Metropolit v. Moskau (1390–1406), schrieb eine B. seines Amtsvorgängers, des Metropoliten Petr (1308 bis 1326). Im südslav. Raum verdienen noch zwei Schüler des Evtimij v. Tŭrnovo eine bes. Erwähnung: Grigorij Camblak, ehem. Metropolit v. Kiev († 1420) und vermutl. Verfasser einer Vita des serb. Zaren Stefan Uroš III., des Gründers des Dečani-Klosters († 1331), sowie der Grammatiker → Konstantin Kostenecki, der 1431 kurz nach dem Tode (1427) des serb. Despoten Stefan Lazarević eine B. seines Gönners verfaßte. Als Frucht der Vorrenaissance-Strömungen, die in Rußland infolge des 'zweiten südslavischen Einflusses' der Lit. neue Impulse verliehen, entstanden die Vitae des Missionars → Stefan v. Perm' († 1396) und des Klostergründers → Sergej v. Radonež († 1392) durch einen Mönch des Kl. von Radonež, → Epifanij Premudryj († ca. 1419). Beide Vitae unterscheiden sich in lit. Hinsicht grundlegend von der früheren russ. Hagiographie. – Eher der Gattung der → Autobiographie gehören die altruss. Wallfahrtsberichte (*chožeriie*) des Higumen → Daniil (1106–07), des Ebf.s v. Novgorod Antonij (→ Antonios 3.) oder des Ignatij v. Smolensk (1389-1405) an, die Konstantinopel oder die hl. Stätten Palästinas besuchten. Den Wert eines Romans erhielt in den Augen der damaligen Leser die »Fahrt des Afanassij Nikitin über drei Meere«, ein autobiograph. Bericht eines russ. Kaufmanns, der in den Jahren 1466-72 über das Kasp. Meer, den Iran und den Ind. Ozean nach Indien und Somalia reiste und dann über den Iran und das Schwarze Meer zurückfuhr. → Afanas(s)ij Nikitin. Ch. Hannick

Lit.: B. De Khitrowo, Itinéraires russes en Orient I, 1, 1889 – St. Hafner, Serb. MA. Altserb. Herrscherbiographien I, II (Slav. Geschichtsschreiber 22, 9, 1962-76) – V. Vavřínek, Staroslověnské životy Konstantina a Metoděje (Rozpravy Československá akademie věd 1963) – St. Hafner, Stud. zur altserb. dynast. Historiographie, 1964 – Die Fahrt des Afanassij Nikitin über drei Meere von ihm selbst niedergeschrieben, 1966 – D. S. Lichačev, Čelovek v literature drevnej Rusi, 1970² – J. Bujnoch, Zw. Rom und Byzanz (Slav. Geschichtsschreiber 1, 1972²) – O. A. Belobrova, 'Kniga Palomnik' Antonija Novgorodskogo. Trudy Otdela Drevnerusskoj Literatury 29, 1974, 178 ff. – H. Birnbaum, On Medieval and Renaissance Slavic Writings, 1974, 299 ff. – Dj. Trifunović, Azbučnik srpskih srednjovekovnih književnih pojmova, 1974, 46 ff. – F. Kitch, The literary Style of Epifanij Premudryj Pletenije sloves, 1976.

IX. Arabische Literatur: Die biograph. arab. Literatur des MA ist einzigartig in ihrer Fülle, Genauigkeit und Vielfalt. Sie ist als Ausdruck gesellschaftl.-islam. Lebens aussagekräftig, als Spiegelbild individueller Einheit und Entwicklung blaß; denn Fakten und Aussagen über den einzelnen dienen nicht der Darstellung seiner Persönlichkeit, sondern der des Kollektivs (→ Autobiographie). Sie sind indes häufig so reich, daß auch das Werden des einzelnen aufgezeigt und nachgezeichnet werden kann.

Die B. nahm ihren Ausgang vom Propheten Mohammed. Seine *Sunna* (Handlungs- und Verhaltensweise) galt der jungen islam. Gemeinde in Mekka und Medina neben dem Koran mit seinen offenbarten Geboten und Verboten als Richtschnur. Kenner dieser Sunna waren seine nächsten Gefährten. Sie gaben an die nachfolgenden Generationen diese Kenntnis und Kunde weiter, vermehrt um eigene Erfahrungswerte und Entscheidungen, die sie auf Grund des sich rasch über die Grenzen Arabiens hinaus entfaltenden Islam in Analogie zur Sunna getroffen hatten. Mit der schriftl. Fixierung von Mohammeds Leben und Wirken im Rahmen einer Heilsgeschichte der Menschheit durch → Ibn Isḥāq (gest. 768) gewannen alle diejenigen, die von ihm unmittelbar berichteten oder mittelbar überlieferten, verstärktes Interesse. Ibn Saʿd (gest. 845) hat sie, über 4000 an der Zahl in systemat. Anordnung, im Anschluß an eine eigene Propheten-Geschichte Biographie für Biographie, einschließl. Frauen, in seinem »Buch der Generationen«, dem Kitāb aṭ-Ṭabaqāt al-kabīr, zusammengestellt. Hierbei verfolgte er – und alle nach ihm – nicht das Ziel, den einzelnen in seinem Ichsein darzustellen, sondern versuchte ihn in seiner Funktion als Übermittler von Überlieferungen von und über den Propheten (→ Ḥadīṯ) und in seiner Stellung zu ihm als Mitglied der Gemeinde und Glied in der Generationenkette zu kennzeichnen. Darüber hinaus würden auch jene, die sich als gelehrte Sammler mit den Überlieferungen vom Propheten beschäftigt hatten, biographisch unter dem Gesichtspunkt, von wem und an wen sie Traditionsgut überliefern, erfaßt. Häufig begrenzten Verfasser solcher Werke ihr Material auf Männer und Frauen ihrer Stadt, z. B. al-Ḫaṭīb al-Baġdādī (gest. 1071) in seiner »Geschichte von Bagdad« mit knapp 8000 B.n oder Ibn ʿAsākir (gest. 1176) mit seiner 80bändigen »Geschichte von Damaskus«. Unter diesen Traditionariern und Koran-Kennern hatte sich mancher der Probleme der klass. Sprache angenommen, deren es viele, nicht nur für die Neumuslime nicht-arab. Zunge, gab. Im 9. Jh. bildeten sich regelrechte Philologenschulen heraus. Ihre Vertreter wurden, ausgehend von der Frage des Lehrer-Schüler-Verhältnisses, in eigenen Ṭabaqāt-Werken zusammengestellt, z. B. von al-Marzubānī (gest. 994) in seinen 18bändigen Gelehrtenbiographien. Dabei fanden zahllose Überlieferungen und Geschichten mit einer überwältigenden Fülle an Einzelinformationen zu philolog.-hist. u. ä. Fragen in die Texte Eingang, eingebunden in den gewöhnl. Alltag. Diese Tatsache hat einerseits verhindert, in dem einzelnen nur den Typus einer bestimmten Geistes- und Verhaltensstruktur zu sehen, und andererseits bewirkt, daß das lit.-biograph. Interesse vor kaum einer Personengruppe haltgemacht hat. Biograph. Kompendien über Dichter, Schreiber, Wesire, Richter, Ärzte oder Heilige stehen neben Büchern – mit mancherlei Erzählgut aus dem Bereich der schönen Literatur – über Erzähler, Erfinder, Gescheite, Toren, Verrückte, Geizige oder Blinde, oder neben einer weitgefächerten genealog. Literatur, welche die Stämme des alten Arabien in vielen Einzelheiten ebenso umfaßt wie die Familien der zahllosen Nachfahren des Propheten.

Ihre klass. Ausprägung erfuhr die B. im 13. Jh. durch die großen – wenn auch bezügl. der Anzahl der B.n beschränkten – Werke eines Yāqūt (gest. 1229) oder Ibn Ḥallikān (gest. 1282). In den darauffolgenden Jahrhunderten entstanden riesige biograph. Kompilationen aus und in allen Bereichen, z. B. das Lexikon von aṣ-Ṣafadī (gest. 1363) mit rund 15000 B.n, oder eingeengt auf Traditionarier von aḏ-Ḏahabī (gest. 1348) mit über 10000 Männern und Frauen, oder auf šāfiʿitische Rechtsgelehrte von as-Subkī (gest. 1370) mit über 1400 B.n, oder auf Koran-Kenner von Ibn al-Ǧazarī (gest. 1429) mit knapp 4000 B.n, oder auf Philologen von as-Suyūṭī (gest. 1505) mit über 2200 Biographien. Vorzügl. Informationen enthalten schließlich Sammlungen mit Persönlichkeiten aus dem Jahrhundert ihres Verfassers, so z. B. die Werke von Ibn Ḥaǧar al-ʿAsqalānī (gest. 1449) mit über 5000 B.n für das 14. Jh. oder von as-Saḫāwī (gest. 1497) mit fast 12000 B.n für das 15. Jahrhundert.

R. Sellheim

Lit.: H. Gibb, Islamic Biographical Lit. (B. Lewis–P. M. Holt [Hg.], Historians of the Middle East, 1962), 54-58 – A. K. S. Lambton, Persian Biographical Lit., ebd., 141-151 – C. E. Farah, The Dhayl in Medieval Arabic Historiography, 1967 – F. Rosenthal, A Hist. of Muslim Historiography, 1968² – R. Sellheim, Materialien zur arab. Literaturgesch. 1, 1976, passim.

X. Türkische Literatur: Herrscherbiographien und v. a. mit Legenden ausgeschmückte Lebensbeschreibungen von Hl. und Gottesmännern gibt es schon seit dem 14. Jh. Als Beispiel einer Gelehrtenbiographie sei die von seinem Enkel in Versen abgefaßte Vita des 1416 hingerichteten Theologen → Bedrüddīn genannt (F. Babinger, Die Vita des Schejch Bedr ed-dīn Mahmūd gen. Ibn Qāḍī Samauna, 1943). Die erste türk. Sammlung von Dichterbiographien (sie behandelt ca. 450 Dichter) wurde 1490-91 verfaßt. Die erste türk. Autobiographie eines Dichters ist auch das Bābur-nāme, in dem Bābur (1483-1530), der Begründer der Moghul-Dynastie in Indien, sein Leben beschreibt. Beide Werke sind außerhalb des Osmanischen Reiches geschrieben, das erstere in Herat (Afghanistan), das zweite in Agra (Indien). Bei den Osmanen entstand das Genre der (gesammelten) Dichterbiographien erst im 16. Jh. (Das erste derartige Werk wurde 1538-39 fertiggestellt.) Auch osman. Autobiographien von Dichtern gibt es vor dem 16. Jh. nicht.

A. Tietze

Biondo, Flavio (Flavius Blondus), it. Altertumsforscher und Historiograph, * 1392 in Forlì, † 4. Juni 1463 in Rom.

Nach humanist. Studien in Cremona, die ihm in polit. unruhigen Jahren die Freundschaft mehrerer Gelehrter (wie → Guarino Veronese und Francesco → Barbaro) gewannen, trat B. 1433 in den Kuriendienst Papst Eugens IV.: für dreißig Jahre als Sekretar und bald Notar und Diplomat unter vier Päpsten, mit einer Unterbrechung von 1449-53, bis zu seinem Tod 1463.

Außer durch den Traktat »De verbis Romanae locutionis« (1435, gegen Leonardo → Bruni), einigen Schriften zur ven. Geschichte und ad Turcos und wenigen Briefen lebt sein Name fort in vielbenutzten, schon durch die Titel traditionsbildenden Werken. 1. »Roma instaurata« 1–3 (1446 beendet, Rom 1470?): stadtröm. Topographie, 2. »Italia illustrata« 1–8 (1453 beendet, Rom 1474): hist. Topographie der antiken und ma. (nach Regionen geordneten) Italiens (ohne S-Italien und Sizilien), 3. »Roma triumphans« 1–10 (beendet 1459 und Papst Pius II. überreicht, Mantua 1472): als Handbuch röm. Altertümer und 4. »Historiarum ab inclinatione Romani imperii decades III« in 31 Büchern (nach 15jähriger Arbeit 1453 beendet, Venedig 1483), worin B. die Zeit vom Untergang Roms 410 bis 1440 keineswegs von nuritalienischem oder -päpstl. Standpunkt aus darstellt. Allein die letzten 10 Bücher behandeln die Jahre 1400-40, ein 1442 nachgeschriebenes 32. das Jahr 1441; aus den beiden ersten Dekaden zog Pius II. ein Compendium.

Nicht mehr ein Stilist humanist.-lit. Geschichtsschreibung und noch ohne Vermögen einer krit. Quellenscheidung ist B. durch die thematisierten Materialsammlungen der »ruhmvolle Begründer der antiquar.Wissenschaft« (GREGOROVIUS) vom Altertum und MA. R. Düchting

Ed.: Basel 1531 und 1559 – GW 4419-4425, Index Aureliensis I, 4, 1970, 257-260 – NOGARA, 24 f. – HAY, 126 f. – Lit.: DBI X, 536-559 – EncIt VII, 56 – Grande dizionario enc. III³, 130 f. – F.GREGOROVIUS, Gesch. der Stadt Rom im MA, 1886, XIII, 6 – B.NOGARA, Scritti inediti e rari di B.F., 1927 (StT 48, mit grundlegender Einl. I-CXCIII) – E. FUETER, Gesch. der neueren Historiographie, 1936³, bes. 106 ff. – D.HAY, F.B. and the MA, PBA 45, 1959, 97-128.

Birett (lat. biretum) ist eine Kopfbedeckung des kath. Ritus. Zeichnet das B. einerseits den Träger als Angehörigen des klerikalen Standes aus, so dient es andererseits auch als liturg. Kopfbedeckung, findet nie jedoch bei der Gebetsverrichtung oder bei eucharist. Handlungen Verwendung. Bereits im frühen 12.Jh. ist die Frühform des B.s als Kopfbedeckung des Kantors, der den Chorgesang leitet, unter der Bezeichnung pileus nachweisbar; im 13. und bes. im 14.Jh. wird das B. die Kopfbedeckung der dem Chordienst nachkommenden Geistlichkeit. Es ersetzt somit die Almutie (→ Almucia) bzw. die Kapuze der Cappa. Bei der Investitur in eine kirchl. Pfründe wird die feierl. Überreichung des B.s Symbol der Übertragung derselben. Als Standeskleidung gehört das B. auch zu der Tracht der Ärzte und Gelehrten.

Die Anfänge des B.s sind im pileus zu suchen, einer kleinen, flach gewölbten Mütze, die ursprgl. dazu dient, die im MA große Tonsur zu bedecken. In dieser Form besitzt das B. zumeist eine Quaste oder eine ähnliche Vorrichtung, die das Abnehmen erleichtern soll. Ab dem 15.Jh. wird das B. hutförmig erhöht. Die Zusammensetznähte auf dem Scheitel entwickeln sich zu aufstehenden Nähten, den sog. cornua, so daß eine je nach Zahl der Nähte drei- oder vierkantige Form entsteht (biretum quadratum). E. Vavra

Lit.: RDK II, 745-750 – M. BRINGEMEIER, Priester- und Gelehrtenkleidung, 1974.

Birger (Byrge) Gunnersen, Ebf. v. Lund, * um 1445, † 10. Dez. 1519. B. war der letzte dän. Ebf., der das Pallium empfing und der einzige, der keiner Adelsfamilie entstammte. Er verkörpert als Kirchenfürst sowohl das Ideal spätma. Frömmigkeit als auch das Selbstbewußtsein der Frührenaissance. B. studierte in Greifswald und wurde 1468 Leiter der Domschule zu Lund, ab 1474 war er Kanzler der Kgn. Dorothea und nahm aktiven Anteil an der Reform des → Franziskanerordens, wobei er stets die Observanten unterstützte. 1497 wurde B. zum Nachfolger des hochadligen Ebf.s Jens Brostrup ernannt; es folgten schwere Streitigkeiten mit dem schonischen Adel wegen der Zentralisierung der Administration der bfl. Güter durch B., der jedoch das Glück hatte, seine mächtigsten adligen Gegner zu überleben. Durch seine Politik wurde die ökonom. Lage des verarmten Bischofssitzes stark verbessert, außerdem schuf sich B. ein bedeutendes Privatvermögen, das er zugunsten seiner Kirche aufwandte. Er beauftragte den Bildhauer Adam v. Düren mit der Ausschmückung der Krypta, u. a. mit einem prunkvollen Brunnen und seinem eigenen Grabmal. Neue Synodalstatuten wurden eingeführt, und B. ließ das »Breviarium Lundense« und das »Missale Lundense« 1517 drucken, außerdem beschaffte er die nötigen Hss. für die Pariser Erstausg. der »Gesta Danorum« (1514) des → Saxo Grammaticus. Er stiftete eine tägl. Messe zu Ehren Marias und ließ die zahlreichen liturg. Vorschriften für diesen Gottesdienst in zwei erhaltenen Hss. niederlegen. Th.Jexlev

Ed.: Sanctuarium Birgerianum, ed. H.BRUUN-TH. JEXLEV [vollst. Ed., erscheint 1981] – Lit.: DBL V, 391-393 – H.BRUUN, B.G. og Poul Laxmand [Diss. København 1956; Lit.].

Birger, Jarl, bedeutender schwed. Staatsmann, * etwa 1200/10, † 21. Okt. 1266, ⌂ Kl. Varnhem; gehörte einem der mächtigsten ostgöt. Adelsgeschlechter an. In den schwed. Thronkämpfen schlug er sich auf die Seite Kg. Erik Erikssons, heiratete ca. 1235 dessen Schwester Ingeborg († 1254) und wurde schnell zum eigtl. Regenten des Reiches. Er trachtete v. a. danach, die kgl. Macht mit Hilfe der Kirche zu stärken. So unterstützte er 1248, inzwischen zum → Jarl ernannt, auf der Kirchenversammlung von Skenninge den päpstl. Legaten → Wilhelm, Bf. v. Modena, bei dessen kirchl. Reformen (→ Schweden, Kirchengeschichte). Das dort nach dem Vorbild kontinentaler Gottesfrieden beschlossene Eidschwurgesetz (aschwed. kunungs epsöre) gab ihm zugleich eine Handhabe gegen die Thronprätendenten Filip Knutsson und Knut Magnusson, die mit ihrem Gefolge das Land verunsicherten. 1249 (bestritten, nach anderen 1239) unternahm er einen Kreuzzug nach Finnland und gründete Tavastehus. Außenpolit. strebte er nach einer Verständigung mit Norwegen und Dänemark. Dem dienten die Ehen seiner Tochter Richissa mit dem norw. Thronfolger Haakon Haakonsson (1251) und seines Sohnes Waldemar mit der Tochter des dän. Kg.s Erik Plogpennig (1241-50), Sophia (1260), sowie seine eigene zweite Vermählung mit Kg. Abels (1250-52) Enkelin Mechthild (1261). Nach Erik Erikssons Tod (1250) ließ B.J. seinen Sohn Waldemar zum Kg. wählen (→ Folkunger) und führte die Regentschaft für ihn bis zu seinem eigenen Tode. Umfangreich ist seine Gesetzgebungstätigkeit, von der v. a. → Östgötalagen Zeugnis ablegt. Die wirtschaftl. Beziehungen zw. Schweden und der Hanse suchte er bes. durch den zweiten Vertrag mit → Lübeck von 1252 zu fördern: Er gewährte den dt. Kaufleuten das Niederlassungsrecht und schützte ihre Stockholmer Ansiedlung durch Befestigungen. D. Strauch

Lit.: Svenskt Biografiskt Lex. IV, 1924, 424 [ältere Lit.] – SV. TUNBERG, Sveriges Historia till våra dagar II, 1926, 86-110 – KJ. KUMLIEN, Vad Birger Jarls andra traktat med Lübeck innehållit, HTSt 74, 1954, 68-73 – Kring korståen till Finland, ett urval uppsatser tillägnat J. GALLÉN, 1968 – G.ÅQVIST, Frieden und Eidschwur, 1968 – D.STRAUCH, Das Ostgötenrecht, 1971, 27 ff., 235 f.

Birgham, Vertrag v. Der in dem schott. Dorf B. (am linken Ufer des Tweed, im MA auch Brigham) am 18. Juli 1290 geschlossene Vertrag zw. England und den Regenten v. → Schottland sah vor, daß die Erbin des schott. Thrones, Margarete v. Norwegen, den Sohn Kg. Eduards I. v. England, Eduard v. Caernarvon, heiraten sollte. Da die Thronerbin noch ein Kind war, wurden Klauseln zur Wahrung der Rechte, Freiheiten und Gebräuche Schottlands und der Heirat in den Vertrag aufgenommen. Das im Aug. 1290 in Northampton ratifizierte Abkommen blieb wegen Margaretes Tod (Sept. 1290) wirkungslos. G. G. Simpson

Lit.: T. Rymer, Foedera, I. 11 (Record Commission 1816), 735 f. – [Text] – W. Croft Dickinson, Scotland from earliest times to 1603, hg. A. Duncan, 1977², 143.

Birgitta v. Schweden (B. Birgersdotter), hl., Mystikerin und Ordensgründerin, * Anfang 1303 (Ende 1302?) in Finsta bei Uppsala, † 23. Juli 1373 in Rom, ⌐ Vadstena.

[1] *Leben:* Aus einem der namhaften Geschlechter Schwedens gebürtig (ihr Vater, Birger Petersson, war Lagman v. Uppland; ihre Mutter, Ingeborg Bengtsdotter, entstammte einem Zweig der Folkunger-Familie), führte B. zunächst ein ihrer hochadligen Herkunft entsprechendes Leben. 1316 wurde sie mit Ulf Gudmarsson, ab 1330 Lagman v. Närke, vermählt. Das Paar nahm seinen Sitz zu Ulvåsa in Östergötland. Aus der Ehe gingen acht Kinder hervor, unter ihnen die hl. → Katharina v. Schweden. Die Jahre 1335–40 brachten Ulf als Reichsrat und B. als Hofmeisterin in engere Verbindung zum schwed. Königshof und so auch mit europ. Politik in Berührung. Dazu gewährten ihnen Pilgerfahrten, ein Zeichen verstärkter Religiosität des Paares, Einblick in die polit. Lage Europas, v. a. 1341–43 die Reise nach Santiago de Compostela durch das im Hundertjährigen Krieg mit England liegende Frankreich. Bald nach der Heimkehr zog sich Ulf in das Zisterzienserkloster → Alvastra in Östergötland zurück, wo er 1344 starb.

Der Eintritt in den Witwenstand bedeutete für B. die entscheidende Lebenswende. Sie wohnte nun selbst zumeist beim Kl. Alvastra. Es verstärkten sich jetzt die Offenbarungen, die sie erstmals wohl 1342 als »Braut und Sprachrohr Gottes« empfangen hatte und die ausdrückl. nicht nur für sie persönlich, sondern für die ganze Christenheit bestimmt waren; so z. B. im Schloß → Vadstena am Vättersee die Vision eines neuen Ordens (→ Birgittiner), dessen erstes Kl., möglicherweise schon ab 1346, an diesem Ort entstand. 1349 zog B., wie es ihr in Offenbarungen aufgetragen worden war, mit kleinem Gefolge, darunter ihren Beichtvätern Prior Peter Olofsson v. Alvastra und Magister Peter Olofsson v. Skänninge, nach Rom. Dort wirkte sie als Vorbild frommer Askese und karitativen Handelns. Sie war bestrebt, durch Verbreitung der ihr zuteil gewordenen göttl. Botschaften Päpste und Herrscher sowie geistl. und weltl. Stände nachdrückl. zu Besserung und Umkehr anzuhalten. Bes. große Hoffnungen setzte sie dabei auf Urban V., der 1367–70 aus Avignon nach Rom gekommen war und 1370 B.s Ordensregel approbierte, allerdings in einer stark verkürzten, B. nicht befriedigenden Form. B. besuchte viele it. Gnadenstätten. 1365–67 weilte sie in Neapel, ebenso wieder 1371 vor dem Aufbruch zur Fahrt ins Hl. Land, von der sie erst Anfang 1373 nach Rom zurückkehrte, wo sie am 23. Juli gleichen Jahres starb. Ihr Leichnam wurde bald darauf von ihrer Tochter Katharina nach Vadstena überführt und dort 1374 bestattet. Am 7. Okt. 1391 erfolgte B.s Kanonisation durch Bonifatius IX.

[2] *Werke:* Die von B. im Zustand der Ekstase empfangenen Offenbarungen sind uns bis auf zwei kurze aschwed. Autographen nur in der lat. Übersetzung durch B.s Beichtväter erhalten, die später in Vadstena wieder ins Aschwed. rückübersetzt wurden. Wohl ab 1368 redigierte Alfonso Pecha de Vadaterra, vormals Bf. v. Jaén, das Werk in Rom in B.s Auftrag, was auch eine Überprüfung der insgesamt etwa 700 Offenbarungen in Hinblick auf ihre Rechtgläubigkeit einschloß, womit sich der Forschung die Frage nach dem Anteil der Übersetzer und des Redaktors an den endgültigen Formulierungen stellt. Als Ergebnis der nicht in allen Einzelheiten aufgehellten Redaktionsarbeit liegen etwa 1377–80 vor: Sieben Bücher »Revelationes celestes«, wobei deren Einteilung aber nur z. T. fest umrissene Themen oder eine chronolog. Ordnung zugrunde liegen; der polit. »Liber celestis imperatoris ad reges« als Buch VIII, in das, als eine Art Fürstenspiegel, auch themat. passende Offenbarungen aus den Büchern II–IV, VI und VII aufgenommen wurden; der »Sermo angelicus de excellentia virginis« (Sammlung liturg. Lesungen für das Wochenoffizium der Birgittinerinnen) und »Quattuor orationes«. Außerhalb dieser Sammlung verbliebene Offenbarungen wurden 1380 von Peter v. Alvastra aus Rom nach Vadstena gebracht und dort allmählich beigefügt bzw. zu den vorwiegend B.s Ordensregel (»Regula Sancti Salvatoris«) ergänzenden »Revelationes extravagantes« zusammengestellt. Unecht sind die häufig überlieferten »Quindecim orationes« zu Christi Passion.

Durch ihren religiösen Gehalt und die dramat. Kraft ihres bilderreichen Ausdrucks sind die »Revelationes« das wichtigste spätma. Literaturdenkmal Skandinaviens. Schnell fanden sie von Rom und Vadstena aus weite Verbreitung und waren das erste Werk nord. Ursprungs, das in fast alle Sprachen Europas übersetzt wurde. Den Gegenstimmen, die an der Rechtgläubigkeit der Offenbarungen auf den Konzilien v. Konstanz und Basel Zweifel geäußert hatten, trat 1436 Kard. → Johannes de Turrecremata (Torquemada) mit seinen »Defensiones« entgegen.

Die Spannweite der Offenbarungen reicht von rein persönl. Anleitungen für B.s Seelen- und Glaubensleben bis hin zu jenen Visionen, auf die gestützt B. Einfluß auf die weltl. Politik gewinnen (Kontakte zum schwed. Königshaus, Vermittlungsversuch im Hundertjährigen Krieg zw. England und Frankreich, Treffen mit Karl IV. sowie Johanna I. v. Neapel) und auch den Kampf gegen den kirchl. Verfall aufnehmen wollte, für den ihr das avignones. Exil der Päpste spürbarster Ausdruck war. Den Mißständen im Klosterwesen sollte der von ihr begründete neue Orden entgegenwirken. Wurzeln und Eigenheit von B.s Spiritualität sind noch nicht in umfassender Weise geklärt, wozu auch ein Vergleich mit anderen Mystikern und ein Abwägen der Einflüsse ihrer Beichtväter und des Magisters → Matthias v. Linköping gehören würde, ebenso wie das Einschätzen ihrer Rezeption zisterziens., dominikan. und franziskan. Gedankengutes. Deutlich zu erkennen sind lehrhafte Züge und seelsorgerl. Motive. Dazu tritt v. a. in den Passionsbetrachtungen eine starke Mütterlichkeit, die sich auch in ihrer Vision von Christi Geburt zeigt, nach welcher deren bildl. Darstellung bald verändert wurde. Andererseits verliehen B. die prophet. Drohungen, die sich teilweise noch zu ihren Lebzeiten bewahrheitet hatten, den Ruf einer neuen Sibylla, den im ausgehenden MA ihr zugeschriebene Texte weiter verstärkten.

B., die als führende Persönlichkeit des ma. Geisteslebens Skandinaviens europ. Ansehen gewann und unter die großen Mystikerinnen des MA zu zählen ist, war zugleich eine der ersten Frauengestalten ihrer Zeit, die bewußt öffentl. Wirksamkeit entfaltete und so zum Vorbild, etwa für → Katharina v. Siena, wurde. U. Montag

Ed.: Lat. ed. pr. 1492 (GW 4391) – Von der krit. Gesamtausg. liegen vor: Revelaciones, Liber I, ed. C.-G. UNDHAGEN, 1978; Liber V und VII, ed. B. BERGH, 1971 und 1967; Revelaciones extravagantes, ed. L. HOLLMAN, 1956; Sermo angelicus und Regula Salvatoris, ed. S. EKLUND, 1972 und 1975 – *Übers.*: Leben und Offenbarungen der hl. Brigitta, hg. L. CLARUS, 4 Bde, 1888² – *Lit.*: KL I, 554–582 – *Biogr.*: Bibl. SS 3, 1963, 439–533 – E. FOGELKLOU, B., 1919, 1973³ (Übers.) Die hl. B. v. Schweden, 1929 – S. STOLPE, B. i Sverige, 1973 – DERS., B. i Rom, 1973 – B. KLOCKARS, B.s svenska värld, 1976 – *Unters.*: K.B. WESTMAN, B.-studier I, 1911 – S. KRAFT, Textstudier till B.s revelationer, 1929 – T. SCHMID, B. och hennes uppenbarelser, 1940 – P. DAMIANI, La spiritualità di S. Brigida di Svezia, 1964 – B. KLOCKARS, B. och böckerna, 1966 – U. MONTAG, Das Werk der hl. B. v. Schweden in obdt. Überlieferung, 1968 – E. WESSÉN, Svensk Medeltid II. Birgitta-Texter, 1968 – B. KLOCKARS, B. och hennes värld, 1971 – H. SUNDÉN, Den heliga B., 1973 – B. I. KILSTRÖM-C.-G. FRITHZ, Bibliographia Birgittina, 1973 – G.W. WEBER, Die Lit. des Nordens (Neues Hb. der Literaturwiss., VIII: Europ. SpätMA, 1978), 508–512.

[3] *Verbreitung des Kultes:* Seit der »Beichtväter-Vita« des Peter Olofsson v. Alvastra († 1393) und des Peter Olofsson v. Skänninge († 1378) sowie dem »Bericht über Ruf, Leben und Wunder B.s« Bf.s Waldemar v. Odense vom 2. April 1377 sammelte die ma. B.-Literatur zahlreiche Legenden und Wunderberichte v.a. im Zusammenhang mit der Kanonisation, so z.B. die »Propositio facta pro canonizatione Brigidae« des → Matthäus v. Krakau (1335/40–1410). Über nachma. Kompilationen wie den »De probatis Sanctorum historiis« des Laurentius Surius (Köln 1570–75), den »Vitis Aquilonia seu Vitae Sanctorum qui Scandinaviam magnam ... illustrarunt« des Johannes Vastovius (Köln 1623) oder der Neuediton der »Revelationes« durch Simon Hörmann (München 1680) reicht der Erzählstrang bis in die populäre hagiograph. Lit. des 19.Jh. Neben dem röm. Kl. San Lorenzo in Panisperna, wo eine Armreliquie B.s verblieb, wurde → Vadstena, bereits vor der Kanonisation, zum Hauptkult- und Wallfahrtsort der Heiligen; über ganz Europa verstreute Pilgerzeichen aus Vadstena bezeugen die Bedeutung der Wallfahrt im MA. In Dänemark entstanden die Kl. Maribo (Lolland), gegr. um 1418 und Mariager (Jütland), gegr. um 1446. Das norw. Kl. → Munkeliv wurde um 1426 birgittinisch. Ein Tochterkloster von Vadstena ist das finn. Kl. Nådendal (Vallis Gratiae, finn. Naantali). Daneben entstanden bereits früh Sekundärkulte u. a. in Neapel, Genua, Danzig und Lübeck. Der Orden verbreitete sich im Baltikum, in den Niederlanden und mit je einem Kl. in Polen und in England. Mehr als 600 Wunderheilungen im Lübecker Birgittenkloster belegen die »Sunte Birgitten Openbaringe« von 1496. Trotz der damit und durch andere Kl. des Ordens wie Gnadenberg (1420/26), Maihingen (1472) oder Altomünster (1487) betriebenen Kultpropaganda spielte die Verehrung der hl. B. – obwohl Patronin der Pilger – keine große volkstüml. Rolle, ganz im Gegensatz zur Bedeutung B.s für die Ikonographie v.a. der Weihnachtsdarstellung, für die ma. Lit. und Sprache (»Birgittinernorsk«). So blieben B.-Patrozinien fast ausschließlich auf die Birgittenklöster beschränkt, und auch die als Indikator für volksläufige Verehrung bedeutsame Namensgebung scheint der B.-Kult wenig beeinflußt zu haben. → Birgittiner. Ch. Daxelmüller

Lit.: EM II, 406–409 – E. JØRGENSEN, Helgendyrkelse i Danmark, 1909 – H. DINGES, »Sunte Birgitten Openbaringe«. Neuausg. des mnd. Frühdrucks von 1496, 1952 – O. REBER, Die Gestaltung des Kultes weibl. Hl. im SpätMA, 1963 – T. NYBERG, Birgittin. Klostergründungen des MA, 1965 – CH. DAXELMÜLLER-M.-L. THOMSEN, Ma. Wallfahrtswesen in Dänemark, JbV I, 1978, 155–204.

[4] *Ikonographie:* B. wird als Pilgerin oder als Fsn. in vornehmer Tracht oder als Äbtissin des B.-Ordens (grauer Rock, Kutte und weißer, Stirn und Wange bedeckender Schleier), mit Bügelkrone oder Kreuz mit fünf roten Flecken (Christi fünf Wunden) dargestellt. Als Andachtsbild stehend oder thronend bes. in der schwed. Kunst des 15.Jh., dort auch Altäre mit zykl. Darstellungen. Mit Aufkommen des Buchdrucks, bes. in Augsburg, weite Verbreitung in Deutschland. In it. Hs. des 14.Jh. zykl. Darstellung, die von der Monumentalmalerei übernommen werden (Florenz, S. Maria Novella Ende 14.Jh.). G. Binding

Lit.: LCI V, 400–403 [Lit.] – KL I, 571–576 – S. EKWALL, Ett ikonografiskt B.-problem, Konsthist. Tidskrift 27, 1968 – A. BUTKOVICH, Iconography St. B. of Sweden, 1969 – G.W. WEBER, Die Lit. des Nordens (Neues Hb. der Literaturwiss., VIII: Europ. SpätMA 1978), 508-512.

Birgittiner, Birgittinerinnen (Birgittenorden, Ordo Sanctissimi Salvatoris [Erlöserorden]), von Urban V. am 5. Aug. 1370 für Vadstena in Schweden auf Bitten der hl. → Birgitta genehmigt, deren Regel, die »Regula Salvatoris«, unter starkem benediktin.-zisterziens. Einfluß entstanden, nach Bearbeitung als Anhang zur Augustinerregel am 3. Dez. 1378 von Urban VI. bestätigt wurde. Mit dem Ausgangspunkt in → Vadstena, dem it. Paradiso bei Florenz, und dem dt. Marienbrunn in Danzig wurde die neue Lebensordnung mit seelsorgetätigen Priestern 1399/1401 die Basis eines Ordens, der sich in Skandinavien, im Ostseeraum, in England, Italien, Bayern, dem Rheinland und den Niederlanden verbreitete und um 1500 27 größere oder kleinere Abteien zählte. Jedem Kl., das für höchstens 60 Nonnen dotiert sein sollte, stand eine Äbtissin vor, die einen männl. Klosteroberen, den Generalkonfessor, an ihrer Seite hatte; dazu gehörten bis zu 25 Priester und Laienbrüder, sonstiges Personal außerhalb der Klausur nicht eingerechnet. Das schwed. Mutterkloster genoß einen Alters- und Ehrenvorrang; wirkliche Autorität übte ein Mutterkloster nur so lange über eine Tochtergründung aus, bis diese die zwei ordentl. Oberen gewählt hatte; sonst unterstanden die Kl. dem Bischof. Generalkapitel wurden, obwohl in der Ordensregel nicht vorgesehen, mehrere, 1429 in Vadstena, 1436 in Stralsund, 1456 in Marienwohlde bei Lübeck und 1487 in Gnadenberg/Opf. abgehalten; hieran nahmen nur Ordenspriester teil. Nur wenige Abteien erreichten den maximalen Personalstand: von den 19 Teilnehmerklöstern beim Generalkapitel 1487 liegt eine Statistik vor, laut welcher diese zusammen 889 Nonnen, 140 Priester, 47 Diakone und 87 klausurgebundene Laienbrüder zählten; das engl., das norw. Kl. und die beiden it. Abteien nahmen am Kapitel nicht teil. Die »Regula Salvatoris« hatte sowohl eine pädagog.-einführende Funktion für eine Eintrittssuchende als auch die Aufgabe, die prophet. Vision einer vollkommenen, in sich abgeschlossenen Lebensweise darzustellen: Die Urgemeinde mit den 13 Aposteln einschließlich Paulus und den 72 Jüngern wurde in jedem Kl. versinnbildlicht. Vor dem Hintergrund der Vielfalt der Orden wollte Birgitta den →»Gottesfreunden« als Leitbild und Verheißung den endzeitl. »neuen Weingarten« vorstellen, der alle früheren Orden überflügeln und überflüssig machen sollte, und in der das vollkommene Ordensleben als Nachfolge Christi und Mariens in strengster Abgeschiedenheit, ungestörter Gottesschau, selbstversorgender Arbeit und – für die Priester – Dienst in Predigt und Seelsorge bei Nonnen und Pilgern herrschen sollte. Das religiöse Leben förderten die Kl. als agrarisch oder städt. geprägte Wallfahrtszentren mit reichen Ablaßprivilegien (4. Fastensonntag, Fest Petri ad Vincula am 1. Aug.). Bes. in Skandinavien übten die Priester durch ihre Predigten und die Seelsorge nachhaltige Wirkung aus. Mangel an verfügbarem Boden verursachte jedoch Armut, der durch Geldgaben, u. a. aus Bürgerkreisen der Städte, abgeholfen wurde, wodurch die Kl. von städt. Entwicklungen abhängig und so von der Reformation betroffen wurden (Vadstena als letztes skand. Kl. 1595 aufgehoben). Züge der alten Lebensweise und Liturgie werden heute von den Birgittinerinnen in Syon Abbey, Devon (Exil in Portugal bis 1861), in Uden und Weert, Niederlande, in Altomünster/Oberbayern und neuerdings in Vadstena gepflegt.

T. Nyberg

Q.: SRrerSvec I, I, 99-223 = Faks. Corpus codicum Suecicorum medii aevi, ed. E. NYGREN, XVI, 1963 – S. Birgitta Opera minora I, Regula Salvatoris, ed. ST. EKLUND, Samlingar utg. av Svenska Fornskriftsällskapet Ser. 2, VIII: 1, 1975 – Den hl. Birgitta, Officium parvum beate Marie Virginis, ed. TRYGGVE LUNDÉN, 1-2, Acta Universitatis Upsaliensis, Studia Historico-Ecclesiastica Upsaliensia 27-28, 1976 – T. NYBERG, Dokumente und Unters. zur inneren Gesch. der drei Birgittenklöster Bayerns 1420-1570 (Q. und Erörterungen zur bayer. Gesch. NF XXVI/1 und 2, 1972, 1974) – Lit.: DIP I, 1578-1594 – DSAM, s. v. Magnus Unnonis – TRE, 6. Lfg., 648-652 – T. NYBERG, ZapHist 27, 1962, 53-77 – DERS., Birgittin. Klostergründungen des MA (Bibliotheca historica Lundensis 15), 1965 – DERS., RevBén 83, 1973, 351-382 – DERS., BSt 59, 1973, 7-16 – DERS., ZapHist 39, 1974, 69-73 – S. EKWALL, Fornvännen 70, 1975, 184-191 – T. NYBERG (Fschr. P. ACHT, 1976), 218-234 – DERS., Fornvännen 72, 1977, 199-207 – B. KLOCKARS, I Nådens dal, 1979 (Skrifter utgivna av Svenska Litteratursällskapet i Finland 486) – T. NYBERG (Ordensstud. IV, hg. K. ELM, 1981) – DERS. (Fschr. N. SKYUM-NIELSEN, 1981).

Birgittiner-Baukunst. In ihren Offenbarungen hat Birgitta für den Kirchenbau genaue Vorschriften – die nicht immer in die Realität umgesetzt wurden – festgelegt (Revelationes I 18, III 18, IX 28, 29, 31, 34, 38, Regula S. Salvatoris cap. 12, 21, 25): Der Westchor sollte gegen einen See gelegen sein und die Kirche als Hallenkirche mit drei gleich hohen und gleich breiten Schiffen zu fünf Jochen gestaltet werden. Da die Kirche einem Doppelkonvent diente, benötigte sie zwei Choranlagen. Der Westchor mit dem Hochaltar für die Brüder war meist von einem einzigen Gewölbe bedeckt, die drei westl. Langhausjoche gehörten häufig zum Chor; in der nördl. Chorwand befanden sich fünf kleine Fenster dicht über der Erde, damit die Schwestern ungesehen von den Brüdern beichten und kommunizieren konnten. Der Hauptteil der Kirche war für das Volk bestimmt und durch einen eisernen Umgang im Westen, Norden und Süden von der Klausur getrennt und durch zwei Türen im Osten zugänglich. Für die Nonnen war ein Marienaltar im Osten auf quadrat. Podium errichtet; der Schwesternchor lag auf einer Empore über dem 2. und 3. Joch des Mittelschiffs, über einen Steg von der Klausur erreichbar. Im Westteil der Nordwand lag die Porta gratiae, die nur beim Eintritt der Nonnen in den Konvent und bei der Herausführung ihres Leichnams benutzt wurde. Als Baumaterial sollte Haustein verwendet werden. Die einzelnen Bauteile sind sinnbildlich gedeutet: das Fundament ist Christus, die vier Wände bedeuten Gerechtigkeit, Weisheit, Macht und Barmherzigkeit. Die Kirchenfenster sollen schmucklos sein wie die schlichten Gottesworte, usw. Der Schwesternkonvent (monasterium) sollte sich allgemein an die nördl. Kirchenwand anschließen mit den Hauptgebäuden im Norden und Westen (Arbeitsraum, Kapitelsaal, Refektorium; im Obergeschoß Dormitorium), im Osten ein Zugangsgebäude. Im Süden der Kirche lag das Mönchshaus (curia fratrum), durch einen Gang mit der Kirche verbunden; westl. vor der Kirche der Sprechsaal (collocutorium). Die zweichörige Hallenkirche ist heute noch in Vadstena/Schweden, Naantali (Nadendal)/Finnland und Maribo Lolland/Dänemark vollständig, in Mariager/Jütland teilweise erhalten. St. Birgitten/Danzig wurde 1973/78 wieder aufgebaut. Als Ruinen bestehen Pirita (Mariental), Tallinn (Reval, dessen Architektur in wesentl. Punkten von den Vorschriften Birgittas abweicht) und Gnadenberg/Opf.

G. Binding

Lit.: RDK II, 750-767 [Lit.] – A. LINDBLOM, Birgittaboken, 1954 – T. NYBERG, Birgittin. Klostergründungen des MA, 1965, bes. 32-42 – J. ANDERSON, Vadstena gård och kloster, 1-2, 1972 – A. LINDBLOM, Vadstena Klosters Öden, 1973.

Biringucci(o), Vannoccio, * 20. Okt. 1480 Siena, † Aug. 1537 (Rom?), Sohn des Architekten Paolo B. Auf Reisen in Italien und Deutschland sammelte B. Erfahrungen in Metallurgie und Bergbau, leitete in Bocceggiano eine Eisenhütte, sodann ab 1513 zu Siena die Münze. In mehrmaligem polit. Exil stand er in Diensten Venedigs und Florenz und war bei den Este und Farnese als Geschützmeister und Festungsbaumeister tätig. 1531 kehrte er (als Senator) nach Siena zurück und wurde Bauleiter am Dom. 1534 bestellte ihn der Papst zum Leiter des Geschützwesens und der Metallgießerei. 1536 wurde er nochmals aufgefordert, nach Rom zu übersiedeln. 1540 erschien posthum in Venedig sein Werk »De la pirotechnia«. B. faßt hier in zehn Teilen den Stand der Technologien, v. a. derer, die sich des Feuers bedienen, des 15. und frühen 16. Jh. zusammen. Somit schildert er bes. die Chemie und Metallurgie und den Apparate- und Ofenbau (83 Holzschnittabbildungen); er würdigt die techn. Errungenschaften der →Alchemie, verwirft jedoch ihr Ziel, die Transmutation. In der Theorie Aristoteliker, gibt er jedoch der eigenen Erfahrung den Vorrang. Die »pirotechnia« förderte den Übergang dieser zuvor schriftarmen »Künste« zu erprobten Wissenschaften und hat viele Autoren, u. a. Georgius →Agricola, nachhaltig beeinflußt.

G. Jüttner

Ed.: De la pirotechnia. Libri X, Venedig 1540; 1550; 1558; 1559; Bologna 1678. Buch I und II mit Einf. v. A. MIELI, 1914 – Übers.: Frz.: J. Vincent, Paris 1556; 1572; 1627; dt.: O. JOHANNSEN, Braunschweig 1925; engl.: C. S. SMITH-M. T. GNUDI, 1942; 1943; 1959; 1966 – Lit.: Die zum Teil ausführl. Einl. der gen. Übers., ferner DSB II, 142f. – DBI X, 625-631 [Richtigstellung von Daten, ausführlichste Würdigung und weitere Lit.].

Birinus, Bf. v. Wessex, † 650 (?), ▭ Dorchester, nach Translation ▭ Winchester. Von unbekannter (germ.?) Herkunft, wurde er von Papst Honorius nach England entsandt, nachdem er von Asterius, Bf. v. Mailand (629[?]-639), geweiht worden war, der damals in Genua residierte, was vielleicht auf eine Verbindung mit →Columban und der Abtei → Bobbio hinweist. B. bekehrte und taufte Kg. Cynegisl v. Wessex (635[?]), der ihn in Dorchester-on-Thames einsetzte; sonst hatte der Bf. wenige Erfolge. Dorchester, sein ursprgl. Begräbnisort, blieb nur wenige Jahre über B.' Tod hinaus Bischofssitz. Vgl. →Agilbert.

D. A. Bullough

Q.: Beda, Hist. eccl. III, 7 [einzige Q.] – Lit.: STENTON³, 177f.

Birka

I. Geschichte und Wirtschaft – II. Topographie und archäologische Erforschung.

I. GESCHICHTE UND WIRTSCHAFT: Als Ziel mehrerer Missionsreisen wird in → Rimberts »Vita Anskarii« (865/876, →Ansgar) ein reicher schwed. Handelsplatz (vicus) Birca erwähnt (u. a. cap. 11, 19, 26), der offensichtl. von einer ansässigen Bevölkerung (populus) bewohnt und von wohlhabenden Kaufleuten (negotiatores divites) mit wertvollen Waren (abundantia totius boni atque pecunia thesaurorum multa, Kap. 19) besucht wurde. Neben dem Kg., der sich wohl häufig in B. aufhielt, gab es einen kgl. Amtsträger (praefectus) und eine Thingversammlung (placitum).

Man hat schon sehr bald das B. Ansgars mit einer um 800 gegr. wikingerzeitl. Siedlung auf der Mälar-Insel Björkö, unmittelbar nördl. der Södertälje-Passage (der südl., damals schiffbaren Verbindung zw. der Ostsee und dem Mälar-See) und westl. des heut. Stockholm identifiziert. Die gesamte Anlage des Ortes und die reichen Fundgegenstände (vgl. Abschnitt II) deuten auf einen zentralen Handelsplatz hin, der weitreichende Handelsverbindungen mit den südl. und östl. Ostseegebieten, mit Rußland (im Bereich des Dnjepr und der Wolga), mit Byzanz, dem Kalifat v. Bagdad und dem Frankenreich, bes. dem Rheingebiet, unterhielt.

Die Häufung von Waren und Münzen gerade frk., byz. und arab. Herkunft legen die Annahme nahe, daß B. neben Haithabu der wichtigste Umschlag- und Transithafen für östl. und westl. Waren- und Münzströme im Ostseegebiet war und auf dem Scheitelpunkt eines Wegesystems lag, dessen wichtigste Etappen → Dorestad im Bereich der Rheinmündung, die Eider-Schlei-Passage (→ Eider, → Hollingstedt) über die südjüt. Landbarriere, → Haithabu (von wo ein nordwärts gerichteter Abzweig nach → Kaupang im norw. Vestfold verlief), Birka, → Gotland, → Grobin, Handelsplätze am Ladogasee und → Bolgar, der Handelsplatz der Wolga-Bulgaren, der auch den nördl. Zielpunkt von Wegen aus dem Süden und Südosten darstellte, waren. Ein westl. Überlandweg führte vom Niederrheingebiet, dem → Hellweg folgend in Richtung → Magdeburg, über die Oder abwärts über → Wollin nach B. Der Handel mit dem Frankenreich (und England) wurde von fries. Kaufleuten abgewickelt, während die nach Osten gerichteten Handelsunternehmungen meist von schwed. und gotländ. Kaufleuten getragen wurden.

Der Handel umfaßte in der Regel Luxusgüter, die wenig Raum einnahmen, aber großen Gewinn abwarfen, so z. B. Glas, Keramik, Wein, Waffen, Tuche, Edelmetalle in Form von Silbermünzen, die vornehml. aus dem arab. Bereich stammten. Als Gegenwert wurden von schwed. Seite Pelze, Sklaven und – häufig in B. gefertigte – Halbfabrikate aus Eisen (z. B. Beilklingen) angeboten.

Gerade die in B. belegte Eisenverarbeitung und die Produktion von Knochen- und Horngegenständen (z. B. Kämme, Nadeln etc.) zeigen, daß der Ort neben seiner Funktion als Handelsplatz auch den Charakter einer handwerkl. Produktionsstätte hatte. Dabei waren die örtl. Erzeugnisse nicht nur für den Fernhandel bestimmt, sondern auch für den lokalen Warenaustausch, wie entsprechende Funde aus Mittelschweden beweisen. Da im Ortsgebiet von B. keine Funde gemacht wurden, die auf eine agrar. Betätigung der Einwohner hinweisen, muß der Ort aus dem Umland versorgt worden sein. Die Einbettung in lokale Wirtschaftsbezüge, die in der »Vita Anskarii« angedeutete innere Struktur des Ortes und die Anlage des Platzes als Verbindung zw. einer umwallten geschlossenen Siedlung und einer Burg konstituieren B. als einen Ort mit frühstädt. Charakter. Auch wenn solche stadtartigen Anlagen in Schweden (und im Norden überhaupt) für diese frühe Zeit eine exzeptionelle Erscheinung sind, läßt sich im Mälargebiet doch – wie die erst in den letzten Jahrzehnten erforschte völkerwanderungszeitl. Kaufmanns- und Handwerkersiedlung → Helgö, westl. von B., zeigt – eine entsprechende Tradition in der Bildung zentraler Orte beobachten.

Ob B. mit den anderen Björkö-Orten in Schweden, Finnland und Norwegen zusammenhängt und ob die Bezeichnung *bjarkeyjarréttr*, *biærkeræt* für die Rechtsaufzeichnungen der skand. Städte (→ Stadtrechte) auf B. zurückgeht, ist ungewiß.

Es ist bezeichnend für die Stellung B.s, daß die chr. Mission – den Haupthandelswegen folgend – gerade an der einzigen stadtähnlichen und verhältnismäßig volkreichen Siedlung Schwedens ansetzte und dort erste, wenn auch vorübergehende Erfolge erzielte.

Die Gründe für den Niedergang B.s und die Verlegung des Handels nach → Sigtuna um das Jahr 1000 sind umstritten. Ausschlaggebend kann die Verlandung der Södertälje-Passage gewesen sein, die die Benutzung einer weiter östl. gelegenen Einfahrt in den Mälar – und damit eine Favorisierung Sigtunas – nach sich gezogen hätte. Sigtuna erlangte indessen niemals die Bedeutung B.s, vielmehr übernahm Gotland im 11. Jh. die Funktion als Umschlags- und Transitzentrum im west-östl. Fernhandel. Gerade dieser Umstand deutet auf eine einschneidende Wegekorrektur hin, die mit der Verlandung der Södertälje-Passage allein nicht zu erklären ist.   H. Ehrhardt

II. TOPOGRAPHIE UND ARCHÄOLOGISCHE ERFORSCHUNG: Der Handelsplatz B. (800–975) liegt südl. der Insel Adelsö, auf der ein ma. Königshof, eine Kirche und Grabhügel bezeugt sind, und ca. 12 km westl. des etwa 400 Jahre älteren Handelsplatzes Helgö. Von der übrigen Insel ist B. durch einen Wall abgegrenzt, der im S mit einem höher gelegenen burgähnlichen Ringwall abschließt. Das Stadtgebiet liegt an einer nach NW offenen Hafenbucht, wo flache Schiffe an Land gezogen werden konnten (AMBROSIANI-ARRHENIUS u.a., 1973). In der Fahrrinne außerhalb der Bucht sind Pfahlreihen bezeugt, vermutl. Teile einer Hafenanlage (INGELMANN-SUNDBERG, 1971). Am Nordufer des Handelsplatzes – noch innerhalb der Umwallung – gibt es ein zweites, tieferes Hafenbecken, seit altersher Kugghamn gen., was möglicherweise auf »Koggen« fries. Typs hinweist. Weitere Hafenbuchten (Korshamn, Salviken) liegen am NO-Ufer der Insel.

Rund um die Umwallung des Ortes im O, S und SW liegen Grabhügel, die zu geschlossenen Gräberfeldern zusammengefaßt sind (Hemlanden, Borggravfälten). Insgesamt finden sich hier etwa 2000 Grabanlagen, von denen HJ. STOLPE in den Jahren 1871–95 ca. 1100 untersuchte (Fundmaterial bei HALLSTRÖM, 1913, und ARBMAN, 1940 bis 1943, mehrfach augewiesen). Der größere Teil der Gräber besteht aus Brandgräbern. Eine Anzahl reicher Körperbestattungen, bei denen der Tote in einer gezimmerten Kammer beigesetzt wurde, findet sich nahe der Wallanlage und im Gebiet um die Burg. Südöstl. davon entdeckte man die kleineren Gräberfelder Grindsbacka und Kärrbacka, die beide aus Körpergräbern ohne Grabbeigaben bestanden und deshalb von einigen Forschern als chr. Gräber gedeutet wurden. Ein Teil dieser Gräber kann nach dem Niedergang B.s angelegt worden sein. Ferner liegt 600 m östl. der Umwallung das Gräberfeld Ormknös, das aus drei großen Hügeln und einigen kleineren Steinsetzungen besteht. Dieses Gräberfeld scheint teilweise der Frühzeit B.s anzugehören, während die großen Hügel wahrscheinl. noch älter sind (vgl. ARRHENIUS u. a., 1978).

Das reiche Fundmaterial aus den Gräbern von B. hat zu zahlreichen Untersuchungen Veranlassung gegeben. Bes. die Kontakte zu Osteuropa und dem Orient erweckten früh das Interesse der Forscher (vgl. Material bei T. J. ARNE, 1914). S. BOLIN (1939) betrachtet B. als Durchgangshafen zw. Ost und West, über den der Handel mit arab. Silber nach W-Europa abgewickelt wurde. U. LINDER-WELIN hat das Vorkommen oriental. Münzen in B. seit der frühen Wikingerzeit untersucht, mit bes. Berücksichtigung einer Gruppe arab. Münzen des 8. Jh. aus der ältesten Besiedlungsschicht. B.s reiche Warenimporte aus W-Europa, wie karol. Keramik und Glas, Münzen und Waffen, veranlaßte K. STJERNA zu der Annahme, B. sei eine fries. Kolonie gewesen, eine These, die von der späteren Forschung zurückgewiesen wurde (vgl. ARBMAN, 1937, 1962; CHRISTENSEN, 1966). ARBMAN legte 1937 eine umfassende Untersuchung über die Verbindungen zw. Schweden und dem karol. Reich vor, wobei er B.s Bedeutung als Zentrum für den

Handel mit W-Europa in diesem Teil Skandinaviens betonte.

Insbes. in B.s Kammergräbern fand man reiches textiles Material, das eingehend von A. GEIJER (1938) und I. HÄGG (1969, 1974) untersucht wurde.

B.s Keramikfunde wurden von D. SELLING bearbeitet. Das Ausgrabungsmaterial gibt gute Hinweise auf die Abfolge der wikingerzeitl. Kunststile. T. CAPELLE (1968) versuchte mit Hilfe der Münzvorkommen in den Gräbern eine relative Datierung der verschiedenen Stile zu geben. Von großer prinzipieller Bedeutung ist hierbei die Studie ALMGRENS (1955) zur gegebenen Verzögerung zw. der Herstellungszeit eines Gegenstandes und seiner Verwendung in einem Grab. JANSSON (1969, 1970–71) hat eingehender die Datierung der wikingerzeitl. ovalen Buckelfibeln untersucht, von denen eine große Zahl in B.s Gräbern gefunden wurde. B. MALMER (1966) hat in einer Spezialstudie über die in B. gefundenen bildreichen Münzen karol. Art nachgewiesen, daß diese nicht, wie früher angenommen, in B. hergestellt wurden. Im Anschluß an diese Studie untersuchte sie auch die Zeit des Untergangs B.s näher, da der Mangel an Münzen, die jünger als 975 sind, nahelegt, daß der Ort zu diesem Zeitpunkt aufgegeben war. B.s Bedeutung als Binnenhandelszentrum wird gegenwärtig bei der Auswertung des Teils II der Grabfundmaterialien erforscht. B. Arrhenius

Q.: Rimbert, Vita Anskarii, ed. G. WAITZ, MGH SRG (in us. schol.), 1884; ed. W. TRILLMICH, AusgQ XI, 1961 [mit Übers.] – *Lit.*: HOOPS² III, 23–28 – KL I, 582–586 – HJ. STOLPE, Naturhist. och arkeolog. undersökningar på Björkön, Mälaren (Översigt av Kungl. Vetenskapsakad. förhandl. 1873, No. 5) – T.J. ARNE, La Suède et l'Orient, 1914 – Handel og Samferdsel, 1934 (Nordisk kultur XVI) – H. ARBMAN, Schweden und das karol. Reich, 1937 – E. KIVIKOSKI, Stud. zu B.s Handel im östl. Ostseegebiet, Acta Arch. 8, 1937, 229–250 – A. GEIJER, B. III. Die Textilfunde aus den Gräbern, 1938 – S. BOLIN, Muhammed, Karl den Store och Rurik, Scandia 12, 1939 – B. ALMGREN, Bronsnycklar och djurornamentik vid övergången från vendeltid till vikingatid, 1955 – D. SELLING, Wz. und frühma. Keramik in Schweden, 1955 – A. E. CHRISTENSEN, B. uden Friserne (Handels- og Söfartsmuseet på Kronborg, Årbog), 1966 – T. CAPELLE, Der Metallschmuck von Haithabu, 1968 – B. AMBROSIANI-B. ARRHENIUS u. a., Svarta jordens hamnområde. Arkeologisk undersökning, 1970–71 – I. JANSSON, The dating of the tortoise brooches of the Viking Period, Tor 14, 62–88, 1970–71 – B. AMBROSIANI-B. ARRHENIUS, B., den första tätorten (Forntid för Framtid, 1972) – C. INGELMANN-SUNDBERG, Undervattensarkeologisk undersökning utanför B., Fornvännen 67, 1972, 127–135 – D. ELLMERS, Frühma. Handelsschiffahrt in Mittel- und Nordeuropa, 1972 – I. HAGG, Kvinnodräkten i B., Arch. Studies, 1974 – G. HATZ, Handel und Verkehr zw. dem Dt. Reich und Schweden in der späten Wikingerzeit, 1974 – U. S. LINDER-WELIN, The first arrival of Oriental Coins in Scandinavia and the inception of the Viking age of Sweden, Fornvännen 69, 22–29, 1974 – B. AMBROSIANI, Neue Ausgrabungen in Birka (Vor- und Frühformen der europ. Stadt im MA, T. II, 1975), 58–63 – B. ARRHENIUS, Die ältesten Funde von B., PZ 51, 1976, 178–195 – Urbaniseringsprosessen i Norden 1. Middelaldersteder, G. A. BLOM, 1977 – B. ARRHENIUS u. a., Arkeologiska undersökningar vid Ormknös, Björkö, Adelsö, Rapport SU. Ark. forsk. lab., nr. 1, 1978.

Birke → Laubhölzer

Birkenbaumschlacht. Prophezeiung von einer eschatolog. dreitägigen Schlacht, aus welcher ein weißer Fürst als Sieger hervorgehen und eine neue Zeit unter einem neuen Kaiser anbrechen wird. Dieser Kampf soll an einem bis 1841 zw. Unna und Werl (Westfalen) nachweisbaren Birkenbaum stattfinden. Obwohl erst in der anonym 1701 in Köln erschienenen »Prophetia de terribili lucta Austri et Aquilonis et proelio horrendo in finibus ducatus Westphaliae prope Budbergam« erstmals für diesen Ort lit. nachweisbar, reicht die Überlieferung ins 16. Jh. zurück. Sie steht ihrerseits in der Tradition ma. Kaiserprophetien, Antichristvorstellungen und Endschlachtprophezeiungen, die wohl auf dem Orakel von Gog aus/und Magog (Ez 38–39) beruhen, ursprgl. die Endschlacht in die Gegend von Jerusalem verlegen (vgl. Offb 20, 7–9), sie im Zuge konkreter polit. Ängste aber wie in Widukinds »Res gestae Saxonia« (I, 19) mit hist. Völkern identifizieren und sie damit an eine Vielzahl von Orten Mitteleuropas, so an das Walserfeld bei Salzburg, lokalisieren. →Eschatologie, →Prophetie. Ch. Daxelmüller

Lit.: HWDA II, 815–823; IX, 199–215 – F. ZURBONSEN, Die Sage von der Völkerschlacht der Zukunft »am Birkenbaume«, 1897 – DERS., Die Völkerschlacht der Zukunft »am Birkenbaume«, sagengesch. dargestellt, 1907 – W. BREPOHL, Vom Ende der Tage. Sinn und Gesch. der Schlacht am Birkenbaum, 1936 – DERS., Die Überlieferung von der Schlacht am Birkenbaum – heute (Fschr. J. DÜNNINGER, 1970), 484–503.

Birkenrinde-Urkunden → Urkunde

Birkhuhn → Wildhühner

Birkebeiner (anorw. *birkibeinar* 'Leute, deren Beinbekleidung aus Birkenrinde besteht', d. h. 'armseliges Pack'), Partei zur Zeit der norw. Bürgerkriege (ca. 1130–ca. 1227, →Norwegen). Die Partei bildete sich 1174 und wurde ab 1177 von → Sverrir Sigurðarson angeführt, der 1184 die alleinige Königswürde errang († 1202). Gegen Sverrir und die B. richteten sich eine Reihe von Widerstandsbewegungen, von denen die →Bagler die wichtigsten waren. Wie der Name andeutet, setzten sich die B. ursprgl. aus Mitgliedern der unteren sozialen Schichten zusammen. Das änderte sich mit Sverrirs militär. und polit. Erfolgen, zum einen, weil sich Teile der alten Aristokratie den B.n anschlossen und führende Positionen einnahmen, zum anderen, weil B. selbst in die kgl. Dienstadelsschicht aufstiegen. Die allmähliche Annäherung an die Bagler in der Zeit nach Sverrirs Tod und die endgültige Versöhnung (1217) bedeuteten eine Sammlung der alten und der neuen Aristokratie im Umkreis des Kgtm.s. In den darauffolgenden Jahren (1218–27) gab es gegen diese Allianz erneute, von unteren Schichten der Gesellschaft getragene Aufstände. Obwohl die Bezeichnung »B.« im Laufe der Zeit insgesamt an Bedeutung verlor, wurde sie auch weiterhin während der Schlußphase des Bürgerkrieges (1239–40) benutzt. In der Anfangszeit (bis 1184) wurde die B.-Partei v. a. durch den Kampf für eine bestimmte Dynastie zusammengehalten. Während Kg. Sverrirs Kampf gegen die Kirche in den 1190er Jahren bekam die Gruppierung ein fester umrissenes Programm, das bes. deutlich in einer Kampfschrift gegen die Bf.e (→ Tale mot biskopene), aber auch in der → »Sverris saga« formuliert wurde. Die Hauptforderungen waren das Erbkönigtum, eine starke Königsmacht und kgl. Kontrolle über die Kirche. Dieses Programm war – wenn auch in modifizierter Form – für alle Kg.e der Sverrir-Dynastie (bis 1319) maßgebend (→ Fürstenspiegel). S. Bagge

Lit.: KL I, 600–610 – A. E. IMHOF, Grundzüge der nord. Gesch., 1970 – K. HELLE, Norge blir en stat, 1974².

Bîrladul, Stadt in Rumänien. B., am gleichnamigen Fluß gelegen, ist eine der ältesten Moldaustädte (kuman. Ortsname). Die Ersterwähnungen des 12. Jh. beziehen sich auf ein nicht genau lokalisiertes Gebiet und eine vermutl. kuman.-slav.-rumän. Bevölkerung der *berladnici*, die nach Bodenfunden als agrar., in den Quellen als Söldner in Kiever und bulg. Diensten bezeugt ist. Die Hylarionchronik erwähnt um 1159 6000 berladnici, die mit Ivanko Rostislavić gegen Halič zogen. Ein gleichnamiges Knesat (Fürstentum) erscheint für das 12. Jh. möglich, das sog. Bîrladul-Diplom von 1134 ist nach rumän. Auffassung eine Fälschung des 19. Jh.

B. wurde vermutl. erst unter Roman I. der Moldau einverleibt (PAPACOSTEA). Das zweitwichtigste Hofamt – Statthalter der Unteren Moldau – war im MA an B. gebunden und mit der niederen Gerichtsbarkeit ausgestattet. Die wirtschaftl. Bedeutung B.s als Zollstelle und Umschlagplatz belegen Privilegien Alexanders d. Guten für Lemberg (1408) und Stefans d. Gr. für B. (1495). Das 1440 von den Tartaren zerstörte B. wurde samt seinem »ocol« neu aufgebaut, verlor aber ab dem 16. Jh. stetig an Bedeutung. C.-R. Zach

Lit.: P. PANAITESCU, Din nou despre diploma bîrlădeană..., Romanoslavica 13, 1966, 85–91 – S. PAPACOSTEA, Aux débuts de l'état moldave..., Rev. Roumaine d'hist. 12, 1973, 139–158 – R. THEODORESCU, Bizanţ Balcani, Occident..., 1974, 56–60, 152, 168.

Birne, Birnbaum (*Pyrus communis* L./Rosaceae). Von den lat. und mlat. Namen *pirus* bzw. *pirarius* (Cap. de villis 70, 75) für den Baum, *pirum* oder *pira* (Pl.) für die Frucht sind die ahd. Bezeichnungen *piriboum, pir(i)bôm, birebom, pereboum* (STEINMEYER-SIEVERS III, 39, 93, 466, 713), *birbaum* (Hildegard v. Bingen, Phys. III, 2) bzw. *byrn* (Gart, Kap. 324), *bira, pir(i)n* (STEINMEYER-SIEVERS III, 197, 284, 386; IV, 119) entlehnt. Aus dem St. Galler Klosterplan (um 820) wie aus dem »Capitulare de villis« Karls d. Gr. geht hervor, daß Anbau und Veredelung des bereits den Römern in mehr als 40 Sorten bekannten B.es im MA nach N verbreitet wurden. Albertus Magnus (De veget. 6, 190) unterschied eine 'dornige' Wildart – die u. a. zur Entgiftung von Pilzgerichten verwendeten sog. Holzbirnen – von einer 'dornenlosen', kultivierten Form. Die med. innerl. wie äußerl. gebrauchten Birnen galten als zusammenziehendes, gekocht oder gebraten als magenstärkendes, je nach Einnahme vor oder nach dem Essen stopfendes bzw. abführendes Mittel (Circa instans, ed. WÖLFEL, 97); die Wurzeln des B.es sollten empfängnisverhütend, die Früchte geburtserschwerend wirken (Konrad v. Megenberg IV A, 39). I. Müller

Lit.: MARZELL III, 1201–1206 – HOOPS² III, 29–32 – H. GÜRTLER, Birnennamen des 16 Jh., Zs. für dt. Wortforsch. 12, 1910, 248–254 – K. und F. BERTSCH, Gesch. unserer Kulturpflanzen, 1949, 104–108.

Birnhelm → Capacete

Birnstab, für die Hoch- und beginnende Spätgotik charakteristisches, stabförmiges Bauglied, das einen birnförmigen Querschnitt aufweist: oval mit mehr oder weniger ausgeprägter Schweifung und schmälerer oder breiterer Nase, ist es meist beiderseits von Kehlen begleitet, die durch Rundstäbe oder Plättchen vom eigtl. B. abgesetzt werden. Der B. findet sich hauptsächl. als Rippen- und Dienstprofil sowie an Fenster- und Türlaibungen. Gegen Mitte des 13. Jh. löst der B. den roman. Rundstab und den geschärften Stab ab, wird im 14. Jh. durch stärkere Kurvung der Profillinie differenziert, im 15. Jh. geht seine Verwendung zurück, bleibt aber im →Backsteinbau vorherrschend. G. Binding

Lit.: RDK II, 768–770 [Lit.].

Birr, Synode v., wurde von →Adamnanus v. Hy, Abt v. Iona (679–704), i. J. 697 einberufen; auf ihr wurde das →Cáin Adomnáin (oder Lex Innocentium) erlassen. Daneben wird vermutet, daß Adamnanus auf dieser Synode diejenigen größeren ir. Kirchen, die noch der alten ir. Osterfestberechnung (→Osterstreit) anhingen, zur Annahme der röm. Osterdatierung bewog. F. J. Byrne

Lit.: K. MEYER, Cáin Adamnáin (Anecdota Oxoniensia, 1905) – J. RYAN, The Cáin Adomnáin (Stud. in Early Irish Law, ed. D. A. BINCHY, 1936), 269–276.

Birsay (Orkney Inseln, Schottland), ausgedehntes und bedeutendes Territorium innerhalb des norw. Fsm.s (Jarltum, *earldom*) der →Orkney-Inseln (Orkaden). Im MA bezeichnete der Name ein größeres Gebiet als heute, da unter dem Gebiet von B. nur noch der nw. Teil der Hauptinsel Mainland verstanden wird. Die altnordische Saga der Orkadnjarle (»Orkneyinga saga«) berichtet, daß Jarl Thorfinn († um 1065) »i Byrgisherad« (der Name 'Birsay' wahrscheinl. davon abgeleitet) residiert habe, wo er auch den ältesten Bischofssitz der Orkneys errichtet haben soll. Hierbei muß es sich um die bei Adam v. Bremen (IV, 35) erwähnte civitas Blascona, die Residenz des Orkney-Bf.s Turolf (nach 1050), gehandelt haben; doch ließ sich die Lage von Jarl- und Bischofssitz bisher nicht ermitteln. Die sehr bedeutenden Reste einer Kirche aus dem 11. Jh. (am Platz einer piktenzeitl. Kirche) mit dazugehörigen weltl. Gebäuden wurden auf der küstennahen Hallig Brough of B. ausgegraben, nur wenig vom heut. Dorf B. und dem Stewart-Schloß entfernt. Doch wurde auch dieses frühneuzeitl. Schloß als Platz der Residenz und Kirche des Thorfinn angenommen. Nachem der Bischofssitz um 1137 nach Kirkwall verlegt worden war, verlor B. seine Bedeutung als polit. Zentrum, und im SpätMA ging der Grundbesitz der Earl in die Hände der Kirche über. Doch kaufte i. J. 1567 Lord Robert Stewart, unehel. Sohn von Jakob V., den gesamten ehem. bfl. Besitz auf den Orkneys auf, erwarb 1581 den wieder eingeführten Titel des Earl of Orkney und baute im Dorf B. das Residenzschloß (heute Ruine). B. E. Crawford

Q.: The Orkneyinga Saga, übers. und ed. A. B. TAYLOR, 1938 – Orkneyinga saga, Íslenzk fornrit 34, 1965 – *Übers.:* Die Geschichten von den Orkadenjarlen [Auszüge] (Slg. Thule 19), 1966 – *Lit.:* C. A. R. RADFORD, The Early Christian and Norse Settlements at B. (Min. of Works Guidebook, 1959) – R. LAMB, The Cathedral of Christ Church and Monastery of B., Proc. Soc. Ant. Scot. CV, 1972–74.

Birsch → Pirsch

Birten, Schlacht, bei, 939 (wohl Anfang März). Das gegen den abgefallenen Bruder Ottos I., Heinrich, und dessen Schwager und Verbündeten, Hzg. →Giselbert v. Lothringen, vorgehende kgl. Heer wurde von diesen überrascht, als es beim einstigen röm. Castra Vetera (→Xanten), wo das schon von Gregor v. Tours erwähnte Bertunense oppidum (Birten) entstanden war, den Rheinübergang eingeleitet hatte. Die schon auf dem linken Rheinufer stehenden Truppen schlugen (offenbar durch eine Diversion in den Rücken des Feinds) die überlegenen Streitkräfte Giselberts und Heinrichs, der eine ihm zeitlebens plagende Verletzung davontrug. Viele seiner Anhänger in Sachsen legten die Waffen nieder; Giselbert wandte sich um Hilfe an den westfrk. Kg. Ludwig IV. Der glückliche Sieg wurde den Gebeten des auf dem rechtem Ufer verbliebenen Königs, der Gegenwart der →Hl. Lanze, in jedem Fall einem wunderbaren Eingreifen Gottes zugunsten Ottos zugeschrieben. K. F. Werner

Lit.: RI II, 76i–m; 77a – JDG O. I., 82 ff. – R. HOLTZMANN, Gesch. der sächs. Kaiserzeit, 1955³, 122 f. – zum Ort B. vgl.: H. v. PETRIKOVITS, Niederrhein. Jb. 3, 1951, 42 ff.

al-Bīrūnī, Abū r-Raiḥān Muḥammad b. Aḥmad, großer islam. Polyhistor aus Mittelasien, geb. 973 in der Nähe des ma. Kāt, s. des Aralsees (heut. Biruni, Kara-Kalpakskaya ASSR), gest. 1048 in Gazna (Afghanistan). B. begann seine wissenschaftl. Stud. bereits im Alter von 17 Jahren mit einem Programm zur Sonnenbeobachtung. Wegen eines Bürgerkrieges verließ er seine Heimat Ḫwārizm (Chorezmien) und floh vermutl. nach Ray in Zentralpersien. Seine Wanderschaft unterbrach seine wissenschaftl. Tätigkeit jedoch nie, und um das Jahr 1000 hatte er bereits mehrere Bücher vollendet, unter ihnen eine Beschreibung der Kartenprojektion, die er erfunden hatte, einen wichtigen Beitrag zur Gesch. der Trigonometrie und eine ausführl. Abhandlung über Kalender und Chronologie, die er dem Herrscher von Ğurğān widmete.

Um 1003 kehrte B. nach Ḫwārizm zurück und beschäftigte sich hier v. a. mit seinen wissenschaftl. Forschungen, war daneben jedoch auch polit. Ratgeber des regierenden Ḫwārizmšāh. Diese Periode endete 1017, als das Land dem sich expandierenden Reich von Sultan Maḥmūd aus Ġazna einverleibt wurde. B. selbst mußte nach Ġazna gehen, wo er den größten Teil seines restl. Lebens verbrachte. Er diente dort drei aufeinander folgenden Mitgliedern der Dynastie, dem zweiten offenbar freiwillig, da er ihm sein monumentales astronom. Handbuch »al-Qānūn al-Masʿūdī« widmete. Aus B.s ausgedehnten Reisen durch die indischen Teile des Reiches ging sein Werk über Indien hervor, die beste ma. Beschreibung der Kultur des ind. Subkontinents (→Indien).

B.s wissenschaftl. Vermächtnis ist gewaltig, es umfaßt etwa 145 Werke. Etwa vier Fünftel hiervon sind zwar verloren, doch läßt noch der Rest das außerordentl. intellektuelle Format dieses bemerkenswerten Gelehrten zumindest erahnen. B.s. Interessen waren vielseitig und umfaßten neben den bereits oben genannten Gebieten auch Geodäsie, Rechentechnik, Geometrie, Optik, Mechanik, Mineralogie, Pharmazie, Religion und Philosophie. Alle seine Schriften zeichnen sich durch ein umfassendes Wissen und eine krit. Überprüfung der hist. Quellen aus, vereint mit einer Bereitschaft, Theorien durch Experimente und Beobachtungen zu testen. Trotz seiner Bekanntheit im arab. Raum blieb B. dem ma. Abendland fast unbekannt (über seinen Einfluß im Westen vgl. CARMODY, 154f.).

E. S. Kennedy

Lit.: DSB II, s. v. – SEZGIN V, 375–383; VI, 261–276 [mit Übersicht über Werke, Hss. und die umfangreiche Lit.] – D. J. BOILOT, L'œuvre d'al-Bērūnī. Essai bibliographique (Mél. de l'Institut Dominicain d'Études orientales, 2, 1955), 161–256 [mit Corrigenda et addenda, ebd., 3, 1956, 391–396] – F. J. CARMODY, Arabic Astronomical and Astrological Sciences in Latin Translation, 1956 – M. ULLMANN, Die Medizin im Islam, 1970, 272 f. – DERS., Die Natur- und Geheimwissenschaften im Islam, 1972, 121 f., 335 – P. G. BULGAKOV, Zhizn'i trudy Beruni, Akademiya Nauk Uzbekskoi SSR, 1972 – B. A. ROSENFELD, M. M. ROSHANSKAJA, E. K. SOKOLOVSKAJA, Abu-r-Raikhan al-Biruni 973–1048, Isdatel'stvo »Nauka«, 1973 – A. TERZIOGLU, Al-Bīrūnī (973–1051), ein türk. Universalgelehrter des islam. Renaissance, BGPharm 27, 1975, 1–5 – DERS. – K. S. KOLTA, Duftdrogen, Parfüme und Körperhygiene in al-Bīrūnī's Werken, ebd., 25–29.

Bisam → Moschus

Bisamapfel, zur Aufnahme von tier. Duftstoffen, wie Moschus (= Bisam) oder Ambra bzw. pflanzl. Aromatica, wie Dufthölzern, Gewürzen etc. in Form von Pasten, bestimmte Riechkapsel, die zumeist aufgrund ihres wertvollen Inhaltes eine ebenso kostbare Ausgestaltung erfährt. Die oriental. Herkunft dürfte das erste quellenmäßig belegbare Vorkommen des B.s als Geschenk der Gesandten Balduins IV., Kg.s v. Jerusalem, an Friedrich Barbarossa 1174 bestätigen. Größte Verbreitung findet der B. im SpätMA als wirksames Schutzmittel gegen die Pest und andere Seuchen (vgl. Hans Folz, Spruch von der Pestilenz, Nürnberg 1482). Getragen wird er am Gürtel, an Ketten auf der Brust oder am Rosenkranz als Anhänger befestigt. Aus verschiedensten Materialien und in vielfältigen Formen kommt der B. bereits in den frz.-burg. Schatzinventaren des 14. Jh. vor: als Granatapfel, Betnuß mit Bildern oder als reliquienartiger Anhänger gestaltet.

E. Vavra

Lit.: V. GAY, Glossaire Archéologique I, 28, s. v. ambre; II, 154f., s. v. musc; 205 f., s. v. parfum; 252 ff., s. v. pomme – RDK II, 770–774 – L. HANSMANN-L. KRISS-RETTENBECK, Amulett und Talisman. Erscheinungsform und Gesch., 1966 – Ausstellungs-Kat. 500 Jahre Rosenkranz, Köln 1975, 51ff.

Bisantius, erster vom Papst anerkannter Ebf. v. →Bari, † 1035. Im Privileg Johannes' XIX. vom Juni 1025, das nach PRATESI eine Fälschung ist, wird als Titel Canosa angegeben. Unklar bleiben die Abgrenzung der Erzdiöz. und die Namen der zwölf Suffragansitze. In der lokalen Tradition erscheint B. als unerschrockener Vorkämpfer gegen die Byzantiner, deren Herkunft er allerdings akzeptiert hat, wie die Formalien seiner Urkunden erkennen lassen. Zur liturg. Ausstattung der von ihm gegr. Kathedrale hat er einen →Exultet-Rotulus in Auftrag gegeben.

H. Enzensberger

Lit.: DBI X, 1968, 645–647 – IP 9, 1962, 315 ff. – A. PRATESI, Alcune diocesi di Puglia nell'età di Roberto il Guiscardo, Roberto il Guiscardo e il suo tempo, 1975, 225–242 – V. v. FALKENHAUSEN, La dominazione bizantina nell'Italia meridionale, 1978, 167, 174, 201.

Bischof, -samt

A. Historisch-politische Bedeutung und kirchenrechtliche Entwicklung des Bischofsamtes – B. Theologie des Bischofsamtes im Mittelalter – C. Bischofsweihe – D. Der Bischof bei den Katharern

A. Historisch-politische Bedeutung und kirchenrechtliche Entwicklung des Bischofsamtes

I. Allgemein, Spätantike – II. Ostkirche – III. Merowinger- und Karolingerzeit – IV. Gregorianisches Zeitalter – V. Die Stellung des Bischofs im kanonischen Recht seit dem Decretum Gratiani – VI. Politische und verfassungsgeschichtliche Bedeutung des Bischofs seit dem Wormser Konkordat.

I. ALLGEMEIN, SPÄTANTIKE: Der lat. Begriff episcopus leitet sich ab vom gr. ἐπίσκοπος, der im NT gebraucht wurde. Seine dortige Verwendung ist jedoch nicht eindeutig, da die Stellung innerhalb der chr. Gemeinden offenbar noch nicht genau festgelegt war. Der im Philipperbrief vorkommende Begriff »episcopus« (»omnibus sanctis in Christo Jesu qui sunt Philippis cum episcopis et diaconis«, Phil 1.1.) hat vermutl. die Bedeutung von Vorsteher oder Hüter, dem Diakone unterstellt sind. Da der Brief an mehrere episcopi gerichtet ist, kann das Wort hier noch nicht seine spätere Bedeutung haben. Andere frühe Quellen vom Ende des 1. Jh., die Didache und der Brief Papst Clemens' I. an die Korinther, lassen keine episkopal ausgerichtete Kirche erkennen.

Bereits in den Briefen des Ignatios v. Antiocheia († nach 110) an verschiedene Kirchen Asiens wird die herausgende Stellung des Bischofs (B.s) deutlich (vgl. Abschnitt II). Cyprian v. Karthago († 258) beschrieb in seiner Schrift »De ecclesiae catholicae unitate« (c. 4, 5) eine von B.en regierte Kirche, die ihre Macht und Autorität von →Christus und den →Aposteln herleiteten. Der B. nahm nunmehr die Stellung eines Richters und Lehrers in der Gemeinde ein. Im 4. Jh. herrschten die B.e über genau abgegrenzte Gebiete, die Diözesen oder →Bistümer, deren natürl. Mittelpunkte die spätröm. civitates (=civitas) bildeten. Die B.e großer, bedeutender Städte dehnten ihre Jurisdiktion auf kleinere Städte aus, in einigen Fällen sogar auf weniger angesehene Bischofsstädte. Ein B., der über andere B.e einer Kirchenprovinz die Jurisdiktionsgewalt ausübte, wurde →Metropolit (später Erzbischof) genannt, eine Bezeichnung, die zuerst 325 auf dem Konzil v. →Nikaia (c. 4) begegnet. Im Osten des Röm. Reiches bildete sich die hierarch. Struktur der Kirche wesentl. schneller und lückenloser heraus. Während die östl. Kirchenprovinzen im allgemeinen ident. mit den Provinzen der röm. Zivilverwaltung waren, entwickelten sich die Gebietsgrenzen im Westen zögernder und unregelmäßiger, bes. in Italien und Afrika. Im spätröm. Reich nahm der B. innerhalb der kirchl. Hierarchie eine klar umrissene Stellung ein. Die Bischofssynoden wurden als gesetzgebende Körperschaften bedeutend. B.e verhandelten

Rechtsfälle innerhalb ihrer Diözesen, hatten die alleinige Gewalt, Priester und Diakone zu weihen, und übten im Rahmen ihrer episcopalis iurisdictio eine umfassende Autorität aus. K. Pennington

II. OSTKIRCHE: Nach der Überzeugung der Ostkirche hat der B. in der Kirche seinen festen und unverwechselbaren Platz und seine für das Kirchenvolk wesentl. und unabdingbare Aufgabe kraft göttl. Rechts. Sie beruft sich dafür auf die Schrift und die Väter wie auf die Synoden und deren canones. Ignatios v. Antiocheia hat sein Bild geprägt: Der B. ist Abbild Gottvaters, der selbst der »B. aller« ist (Magn 3, 1). Er steht an Christi statt und zugleich in der Nachfolge der Apostel. Er ist der Garant der Einheit und der authent. (nicht aber der unfehlbaren) Lehrer des Glaubens. Ohne den B. gibt es in der Kirche weder Taufe noch Eucharistie noch Ehe. Dennoch ist es, wenigstens nach ostkirchl. Auffassung, ein (westl.) Mißverständnis, seit Ignatios, d. h. mit Beginn des 2. Jh., von einem »monarchischen Episkopat« zu sprechen. Gewiß soll in der Kirche nichts ohne den B. geschehen, aber er ist notwendigerweise von seinem Presbyterium umgeben, das die »Ratsversammlung der Apostel« darstellt, darin der B. »den Vorsitz führt an Gottes statt« (Magn 6, 1), und er ist ebenso verwiesen auf die Mitarbeit der →Diakone. Man kann also eher von einem »synodalen Grundzug« im Verständnis des Bischofsamtes sprechen. Er tritt verstärkt zutage in der Bestellung des B.s: Er wurde gewählt von Klerus und Volk unter Mitwirkung der Nachbarbischöfe. Ihnen stand auch das Recht zu, den Neugewählten zu weihen. Das 1. ökumen. Konzil (→Nikaia 325) gibt bereits klare Vorschriften: Das Bm. und sein B. sind einem Metropolitanverband (→Metropolit, ident. mit der entsprechenden staatl. →Eparchie (Provinz), zugeordnet, dessen Ersthierarch ein Bestätigungsrecht der Bischofswahl zusteht. Zur Wahl sollen alle B.e der Metropolie zusammenkommen; ist das unmöglich, wenigstens drei von ihnen, während die anderen schriftl. sich äußern sollen. Nach dem 1. Apost. Kanon (Ende 4. Jh.) sollen zwei oder drei B.e die Weihe erteilen. Der B. muß unbescholten sein, nur einmal verheiratet nach der Taufe, doch nicht mit einer Witwe oder übel beleumundeten Frau (vgl. 1 Tim 3, 2; Titus 1, 6; Apost. Kanon 17 und 18). Ausgeschlossen waren Neubekehrte (c. 2 Nik. I; vgl. 1 Tim 3, 6) und solche, die sich selbst verschnitten hatten (c. 1 Nik. I.; Apost. Kanon 22). Erst c. 12 des →Trullanum II (Quinisextum 692) verlangte von dem zum B. Erhobenen, auf die Fortsetzung seiner Ehe zu verzichten, und zwar aus pastoralen Gründen. Die Frau sollte in diesem Fall in ein Kl., »entfernt vom Wohnsitz des B.s«, eintreten, und, wenn sie dessen würdig war, konnte sie zur Diakonissin befördert werden (c. 48 der gleichen Synode). Allerdings hatten bereits die justinian. Novellen 123 und 137 Ehelosigkeit vom B. gefordert. Schließlich setzte sich, um die Ehelosigkeit zu sichern, die Sitte durch, die B.e aus dem Mönchsstand zu nehmen. Eine Gefährdung drohte dem Bischofsamt (und dem Klerus überhaupt) aus der Versuchung der Ämterkäuflichkeit (→Simonie), gegen die sich die Synoden zur Wehr setzten (c. 2 von →Chalkedon [451], c. 22 des Trull. II, c. 5 und 19 Nik. II). Strikt verboten sie jede Einmischung eines B.s in eine fremde Diözese (c. 15 Nik. I.; c. 2 des Konzils v. →Konstantinopel [381]), ebenso Lehr- und Predigttätigkeit außerhalb des eigenen Territoriums (c. 20 Trull. II), es sei denn, er sei vom zuständigen B. eingeladen. Abzuwehren galt es auch die Einflußnahme staatl. und gesellschaftl. Stellen auf die Erhebung eines B.s, wie sie sich aus dem Selbstverständnis röm. Ks. und Behörden fast zwangsläufig nach der konstantin. Wende ergeben mußte. Die Kirche leistete dem, ungewollt, noch Vorschub, als sie auf Synoden das Prinzip der Anpassung an die staatl. Verhältnisse sanktionierte (c. 17 Chalk., c. 38 Trull. II). Auf der anderen Seite erklärte die 7. ökumen. Synode (Nikaia II 787) in ihrem c. 3 jede Wahl eines B.s oder eines anderen Klerikers durch Laien (ἄρχοντες) rundweg für ungültig und zitierte dafür den 30. Apost. Kanon wörtl., der einen auf solche Weise Erhobenen bereits mit der Strafe der Absetzung und Exkommunikation belegte, ebenso alle, die mit ihm Gemeinschaft hielten, wie auch den oben erwähnten c. 4 Nik. I. Wiederholt mußte auch die Verpflichtung zur Abhaltung bzw. zum Besuch der schon in Nikaia (325) angeordneten Metropolitan-Synoden eingeschärft werden (c. 5 Nik. I, Apost. Kanon 37, c. 19 Chalk., c. 8 Trull. II, c. 6 Nik. II). H. M. Biedermann

III. MEROWINGER- UND KAROLINGERZEIT: Die germ. Völkerwanderung hatte im Westen eine weitreichende Änderung der Kirchenverfassung zur Folge. Im Verlauf des 4. und 5. Jh. verstärkte sich in der Kirche die monarch. Verfassung; ihre theol. Grundlage war der Gedanke des Primatus Petri, die Organisation der Kirche ähnelte der des Röm. Reiches. Der B. von Rom erhob sich zum führenden Geistlichen des Westens, während die B.e v. →Konstantinopel, →Antiochia, →Alexandria und →Jerusalem eine vergleichbare Stellung im Osten einnahmen (→Patriarchen). Anders aber als im Westen, der den Niedergang und das Ende seines Ksm.s erlebte, gewann der oström. Ks. die Stellung eines Sacerdos-Imperator, die B.e wurden in die ksl. Bürokratie integriert (→Caesaropapismus, →Staatskirche, byz.).

Der Westen ist im 7. und 8. Jh. durch zwei gegensätzl. Entwicklungen gekennzeichnet. Auf der einen Seite wurden in den germ. Kgr.en die B.e prakt. unabhängig von Rom, bei den Franken, Angelsachsen, Iren und Westgoten entstanden eigenständige Kirchenorganisationen. Die Kontakte zw. den Ortsbischöfen und dem Papst blieben auf seltene Fälle beschränkt. Bei den 376 Bischofsweihen, die zw. 669 und 1050 in England stattfanden, griff der Papst nicht ein einziges Mal ein. Die B.e regelten das kirchl. Leben in ihren Diözesen auf Synoden und Konzilien. – Auf der anderen Seite untergrub der germ. Eigentumsgedanke die Stellung des B.s als Leiter (Ordinarius) seines Bm.s. Die →Eigenkirche entwickelte sich zur üblichen kirchl. Rechtsform. Die Rechte des Eigenkirchenherrn und die Unabhängigkeit der Kleriker, die zur Eigenkirche gehörten, kollidierten oft mit den Rechten der Bischöfe. Zudem griffen die merow. Kg.e ständig in kirchl. Angelegenheiten ein. Die karol. Herrscher (und vereinzelt die Päpste) gewannen größeren Einfluß auf das bfl. Regiment und zerstörten dabei bis zu einem gewissen Grad seine stark kollegiale Grundlage. Als Karl d. Gr. die kirchl. Hierarchie in seinem Reich reorganisierte, tat er dies mit päpstl. Billigung. Ältere bfl. Rechte, wie Versetzung und Absetzung eines B.s, die Schaffung neuer Bm.er und Mitwirkung bei der Bischofswahl, die vorher von den B.en einer Provinz wahrgenommen worden waren, übten nun Papst oder Kg. aus.

Seit der Zeit Gregors d. Gr. war zwar das →Pallium mit bes. Rechten des Metropoliten verbunden, trotzdem aber wurde dessen Verleihung erst allmählich ein päpstl. Prärogativ. Ein bedeutender Schritt in dieser Richtung war ein Kanon, der von einem frk. Konzil unter Bonifatius i. J. 747 promulgiert wurde, demzufolge nun alle Metropoliten in Austrien und Neustrien ihr Pallium vom Papst erhalten mußten. Während des 11. Jh. kam dieser Kanon in ganz Europa zur Anwendung. Dank des Palliums konnte nun der Metropolit sein Amt voll ausüben (plenitudo officii pontificalis), bes. bei Bischofsweihen und Kirchensynoden (BENSON).

Als führender Vertreter episkopalist. Auffassungen in der Karolingerzeit kann Ebf. →Hinkmar v. Reims gelten. Er entwickelte seine Kirchenlehre als Reaktion auf die Ansprüche Roms und seiner Suffraganbischöfe (der Terminus →Suffragan kommt im 9. Jh. auf): Verringerung der Privilegien und Rechte der Metropoliten und Stärkung der Position der B.e in der Kirchenverwaltung. Hinkmar war davon überzeugt, daß die bfl. Gewalt über die Apostel auf Christus selbst zurückzuführen sei. In zwei berühmten Streitfällen, in die seine Suffraganbischöfe →Hinkmar v. Laon und →Rothad v. Soissons verwickelt waren, bestritt Hinkmar dem Papst das Recht, in die Angelegenheiten seiner Suffragane eingreifen zu dürfen, und stellte so den Jurisdiktionsprimat des Papstes in Frage. Das steigende Ansehen des Papsttums überwand jedoch in der Folgezeit den Episkopalismus eines Hinkmar v. Reims.

In diesem Zusammenhang ist die Entstehung der Pseudo-Isidorischen Dekretalen (→Pseudoisidorische Fälschungen) im späten 9. Jh. von bes. Bedeutung für den ständig wachsenden päpstl. Einfluß. Diese Sammlung von echten und gefälschten päpstl. Dekreten gestand den B.en eine umfassende Gewalt zu. Es ist bezeichnend, daß Rothad v. Soissons Pseudo-Isidor dazu benutzte, seine Appellation vom Metropoliten (Hinkmar v. Reims) an den Papst rechtl. zu stützen. Pseudo-Isidor sollte den späteren Vertretern des »Papalismus« wie auch des »Episkopalismus« für ihre Rechtsstreitigkeiten reiches Material liefern. In diesem Werk spiegelt sich die Vielfalt des Denkens über die Kirche in karol. Zeit (ULLMANN, FUHRMANN). Hinkmar hat den welt. Einfluß bei kirchl. Wahlen nicht verhindern können. Trotz Hinkmars prinzipieller Opposition gegen jedwede Einmischung von Laien an kanon. Wahlen berief Karl d. Kahle mehrere Geistliche auf vakante Bischofssitze, die Hinkmar unterstellt waren. In karol. Zeit vollzog sich so ein erstes Anwachsen der päpstl. Macht außerhalb Italiens und die gleichzeitige Einschränkung der bfl. Unabhängigkeit. Weltl. Herrscher betrachteten die Verleihung des Bischofsamtes immer mehr als ein ihnen zustehendes Privileg. Eine wachsende Feudalisierung der Kirche und die zunehmende Unterwerfung der B.e unter weltl. Herrscher waren die Folge. Im 10. Jh. erhielten B.e oft ihre bfl. Ämter zu Lehen, mußten ihren weltl. Lehnsherren einen Lehnseid leisten und spielten in der weltl. Verwaltung eine große Rolle, weil ihnen Grundbesitz und Rechte als →Regalien verliehen wurden. So übten B.e in ihren Städten (→Bischofsstadt) auch die weltl. Oberhoheit aus. – Zur Stellung des B.s im Frankenreich vgl. auch →Bischöfe, hl.

IV. GREGORIANISCHES ZEITALTER: Der Aufstieg der päpstl. Macht und die →Laieninvestitur, jene beiden entgegengesetzten Tendenzen des karol. Zeitalters, führten in der 2. Hälfte des 11. Jh. zum offenen Konflikt. Das Papsttum übernahm Reformideen, die das Ende der →Simonie und später der Laieninvestitur forderten, während zu diesem Zeitpunkt die B.e in Politik und weltl. Verwaltung an Bedeutung gewonnen hatten, besonders im Dt. Reich (vgl. →Ottonisch-salisches Reichskirchensystem, →Hofkapelle). Es konnte nicht ausbleiben, daß bei der Vielzahl der gegensätzl. Pflichten und Verantwortungen die Loyalität der B.e auf die Probe gestellt werden mußte. Die offene Auseinandersetzung begann unter Gregor VII. und konzentrierte sich zunächst auf den Anspruch des dt. Kg.s Heinrich IV., den Bf. v. Mailand zu ernennen: Gregor forderte von Heinrich die Anerkennung der kanon. Wahl durch Klerus und Volk von Mailand, während Heinrich seinen eigenen Kandidaten durchsetzen wollte. An dieser Mailänder Kontroverse entzündete sich dann der grundsätzl. Konflikt zw. Papst und Kaiser, der→Investiturstreit genannt wird und der nicht nur zu einem erbitterten Kampf zw. Papst und Kaiser führte, sondern auch die Beziehungen des Papstes zu den B.en veränderte. Während des Investiturstreites wurde die Stellung des B.s innerhalb der Kirche zum Gegenstand einer umfangreichen polem. Lit. (fast vollständig ediert in: MGH, Libelli de Lite), das Bischofsamt selbst, von Gregor VII. »episcopale officium« genannt, wurde Gegenstand einer eingehenden Prüfung (BENSON).

Die Päpste des 11. Jh. benutzten die Reform, um die Kirche zu zentralisieren und ihre eigene Macht zu stärken. Das führte häufig zu einer Mißachtung der bfl. Privilegien von seiten des Papstes und zu Übergriffen auf hergebrachte bfl. Rechte. Diejenigen B.e, die innerhalb des gespaltenen Reichsepiskopates gegen Gregor Stellung bezogen, sahen die Kirche als »starre Hierarchie von unverletzlichen Rechten« (ROBINSON), die sogar der Papst nicht antasten dürfe. Gregor VII. war jedoch davon überzeugt, daß Macht und Autorität besitze, die Kirche im Namen der Reform auch radikal zu verändern.

Das Ergebnis des Investiturstreites war ein Kompromiß, bei dem keiner der Beteiligten, weder der Ks. noch das Papsttum oder gar die Bf.e, einen eindeutigen Sieg errang. Das →Wormser Konkordat (1122) gestattete den B.en, Regalien zu empfangen, und erlaubte den weltl. Herrschern, im dt. Gebiet des Reiches bei den Bischofswahlen anwesend zu sein und sich in strittigen Fällen für die sanior pars zu entscheiden. Die Frage nach der Verteilung der Jurisdiktionsgewalt innerhalb der Kirche blieb in der Schwebe. Das Kirchenrecht war noch nicht ausreichend entwickelt, um die feinen Unterschiede zw. dem sakramentalen Amt des B.s, seiner Person und seinen Jurisdiktionsrechten innerhalb und außerhalb der Kirche zu formulieren.

V. DIE STELLUNG DES BISCHOFS IM KANONISCHEN RECHT SEIT DEM DECRETUM GRATIANI: Auch im Hoch- und Spät-MA besaßen die B.e fundamentale Bedeutung; sie versahen in allen europ. Königreichen wichtige Aufgaben in der weltl. Verwaltung und Herrschaftsausübung. Ihr Rechtsstatus wurde v. a. durch die rapide Entwicklung des kanon. Rechtes und den erneuten Anstieg der päpstl. Macht beeinflußt. Das kanon. Recht ermöglichte die Definition der bfl. Stellung in rechtl. Termini, die die traditionelle theol. Darstellung des Bischofsamtes ergänzten. Um 1140 verfaßte →Gratian sein Dekret (→Decretum Gratiani), der erste systemat. Versuch, Recht und Theologie eines Jahrtausends miteinander in Einklang zu bringen. Obwohl Gratians Kirchenlehre die gesetzgebende und richterl. Gewalt des Papstes hervorhob, dienten viele der älteren Texte, die er in sein Buch aufnahm, dazu, spätere Kommentatoren an den korporativen und kollegialen Charakter der frühen Kirche zu erinnern. Im Laufe des folgenden Jahrhunderts beschrieben auch die Juristen das Bischofsamt in präzisen Rechtsbegriffen. →Huguccio, der bedeutendste Kanonist und Dekretist des 12. Jh., unterschied zw. dem bfl. ordo und der bfl. potestas. Er schrieb dem Bischofsamt bestimmte Gewalten zu, wie die potestas legandi et solvendi, die zur Weihegewalt (ordo) des B.s gehörte, und andere, wie die potestas excommunicandi, die Bestandteil seiner Jurisdiktion (iurisdictio) waren. Im Zuge fortschreitender Zentralisation drängte das Papsttum viele bfl. Rechte, bes. das der Jurisdiktion, zurück. Im

SpätMA verlieh das Papsttum in vielen Bm.ern regelmäßig Benefizien, ohne auf die bfl. Vorrechte Rücksicht zu nehmen.

Die Kirche wurde jedoch auch von den Kanonisten als eine Korporation (universitas, societas, collegium) beschrieben, die im Konzil von Papst und B.en ihren rechtl. Ausdruck finden konnte. Während des →Abendländischen Schismas und bes. durch die Konzilien v. →Konstanz und →Basel wurde das Konzil zu einem Instrument, mit dem B.e und Reformer versuchten, einer Übersteigerung päpstl. Alleinherrschaft entgegenzutreten (→Konziliarismus). Am Ende des MA bestand jedoch ein klares Übergewicht des Papsttums. Die Stellung des B.s innerhalb der Kirche blieb bis heute eines der diffizilsten ekklesiolog. Probleme (ULLMANN). K. Pennington

VI. POLITISCHE UND VERFASSUNGSGESCHICHTLICHE BEDEUTUNG DES BISCHOFS SEIT DEM WORMSER KONKORDAT: Die vom Wormser Konkordat geforderte kanon. Wahl der B.e durch Klerus und Volk wurde schon im 12. Jh. immer mehr auf das sich korporativ festigende Domkapitel (→Kapitel) eingeschränkt, endgültig auf dem IV. Laterankonzil unter Innozenz III. (1215, Kan. 24). Kraft Gewohnheitsrecht blieb allerdings die Mitwirkung von Laien (Stiftsadel, städt. Vertreter) und Ordensleuten (Äbten etc.) in verschiedenen Formen bestehen. Trotz Widerstand setzten sich die →Wahlkapitulationen (Wahlgeding, Wahlwerk) seit dem 13. Jh. (erstmals Verdun 1209) als Grundlage des Vertragsverhältnisses von Kapitel und Bischofskandidaten durch.

Demgegenüber nahmen aber die aufgrund der päpstl. Jurisdiktionsvollmacht unter Umgehung der Kapitel vorgenommenen röm. Provisionen bes. seit Innozenz IV. (1243–54) erhebl. zu. Clemens V. (1305–14) dehnte sie auf alle Fälle der »Vakanz in curia« aus; Johannes XXII. (1316 bis 1334) auf alle Sedisvakanzen bei Absetzung, Versetzung, Kassation, Postulation u. ä. (1316, 1317, Zusammenfassung 1335 unter Benedikt XII. »Ad regimen«; dies im wesentl. bestätigt durch das →Wiener Konkordat von 1448). Urbans V. (1362–70) Generalreservationen (und deren Aufnahme in die Kanzleiregeln) für alle Patriarchats- und Bischofssitze mit mehr als 200 fl. Jahreseinkommen (1363) führten zu einer weiteren Einflußnahme des Papsttums. Die Provisionen wurden zudem mit festen Taxgeldern gekoppelt, die dem fiscus apostolicus zuflossen. Auf diese Weise wurde die Ernennung eines Kandidaten fakt. stark von seinem persönl. und finanziellen Einfluß auf die Kurie abhängig.

Größtenteils adliger Geburt, vertraten die spätma. B.e sowohl die Interessen der →Landesherrschaft als auch die ihrer eigenen Häuser. Viele Familien (z. B. Braunschweig, Mark, Nassau, Zollern, Hohenlohe, Pfalz bei Rhein-Wittelsbach) pflegten die Besetzung bestimmter Bm.er fest in ihre territorialpolit. Pläne zu integrieren; Bistumskumulationen nahmen im SpätMA rapide zu. Dynast. Konkurrenz und mehrseitige Einflußnahmen führten zu häufigen Doppelwahlen und Stiftsfehden, die das polit. Bild des spätma. Territorialsystems entscheidend mitprägten. Mit zunehmender Häufigkeit verzichteten die Kandidaten auf Empfang der höheren Weihen, um ggf. die Rückversetzung in den Laienstand zum Zwecke der Fortpflanzung ihrer Familien zu ermöglichen (z. B. der Kölner Ebf. Adolf von der Mark 1364) – ob diese im theol. Sinn die Bezeichnung 'Bischof' verdienen, ist strittig. Die Folge dieses Selbstständnisses war mangelnde Wahrnehmung geistl. Funktionen durch die Person des B.s selbst. Diese wurden auf andere Institutionen, v. a. den →Generalvikar (vicarius generalis in spiritualibus), den →Weihbischof (vicarius in pontificalibus) oder den Hilfsbischof mit Nachfolgerecht (coadjutor cum jure successionis; →Koadjutor) übertragen; diese drei Ämter nahmen an Bedeutung rasch zu und begannen ältere, wie das des →Archidiakons, zurückzudrängen. Klagen über den »weltlichen« Lebenswandel der B.e waren infolge dieser Verhältnisse häufig.

V. a. aus der Funktion der B.e als Stadt- und Landesherren resultierten die seit dem Früh- und HochMA bekannten Kontroversen zw. →Bischofsstädten und Bischöfen. Anfangs drehten sie sich eher um direkte Herrschaftsrechte des B.s (Wein-, Fleisch-, Backhausbann, Grundzins, Hörigkeit etc.) bzw. um die Ansprüche der Bischofsstädte auf kommunale Selbstverwaltung (Herausbildung der Ratsverfassung); später v. a. um Gravamina, die aus den verbleibenden und neuen Rechten des Klerus und des B.s in den Städten resultierten (Tote Hand, Gerichtsbarkeit, Steuerhoheit, kirchl. Besitz, Integrität geistl. Stiftungen, Asylrecht). Hinzu kamen Reibungspunkte, die sich aus der Rolle des geistl. Bevölkerungsanteils innerhalb der Bischofsstädte (zw. 2% und mehr als 10%), aus gegenläufigen Umlandinteressen (Dörfer, Hörige, Pfahlbürger) sowie aus reichs- und kirchenpolit. Konstellationen ergaben. Durch geschicktes Eingreifen in diese Auseinandersetzungen konnte auch das Reich zeitweilig (etwa unter den Staufern) alte Rechte (Vogtei) zurückerobern (Augsburg, Konstanz, Chur, Basel, mit Einschränkung Regensburg). Fast in allen Fällen war der B. genötigt, seine Residenz aus der Bischofsstadt an einen anderen Ort zu verlegen. Das Verhältnis zw. Stadt und B. wurde durch gegenseitige Verträge (Huldigung, Handfeste) geregelt. Einen Sonderstatus beanspruchten die sog. »Freistädte«, die sich teilweise der bfl. Oberhoheit zu entziehen wußten und in gewissen Grenzen wieder dem Reich zugeordnet wurden.

Die traditionelle Funktion ausgewählter Ebf.e bei Königswahlen und -krönungen (Mainz, Trier, Köln, Gnesen-Gran, Prag ab 1344, Reims) dauerte an (→Goldene Bulle Karls IV.; →Kurfürsten) und wirkte sich bes. in Zeiten schwachen Kgtm.s aus (Mainzer Ebf. als »Königsmacher«). Viele B.e spielten eine wichtige Rolle im Dienst von Herrschern, die über →Suppliken Einfluß auf die Besetzung der Bm.er nehmen konnten; v. a. Karl IV. (1346–78) hat sich erfolgreich um eine enge Allianz zw. Hof (Kanzlei) und Bm.ern bemüht. Nach den Erörterungen des Konzils v. →Basel (v. a. nach den Beschlüssen des Jahres 1433) wurde weltl. Herrschern (zuerst Friedrich III. 1446) das landesfürstl. →Nominationsrecht (nominatio regia) gewährt, kraft dessen Kg.e und Landesherren fakt. verbindl. Vorschläge machen konnten. (In Ungarn schon seit 1404 durch das Placetum regium Sigmunds v. Luxemburg neubelebt.) Die Privilegien Friedrichs II. (v. a. die →Confoederatio cum principibus ecclesiasticis von 1220) und die →Karolina de ecclesiastica libertate Karls IV. (Privilegien »Etsi imperialis benignitatis« 1359/60 ff.) waren die wichtigsten und folgenreichsten Erlasse zugunsten der Stellung der B.e im Reich. Vgl. auch →Bistum; →Bischofsstadt; →Landesherrschaft, geistl.; →Kurie, bfl.; →Sendgericht; →Kapitel; →Electus; →Administrator.

B.-U. Hergemöller

Lit.: [allg.]: FEINE – J. FR. v. SCHULTE, Die Stellung der Konzilien, Päpste und B.e..., 1871 – Y. CONGAR, L'Ecclésiologie du haut MA, de St-Grégoire le Grand à la désunion entre Byzance et Rome, 1968 – K. F. MORRISON, Tradition and authority in the Western Church, 300–1140, 1969 – Y. CONGAR, L'Église de St-Augustin à l'époque moderne, 1970 – zu [I]: A. HEBBELYNCK, De origine episcopatus, 1900 – J. GAUDEMET, L'Église dans l'empire romain (IVe–Ve s.), 1958 – L. MORTARI, Consacrazione episcopale e collegialità, 1969 – A. LEMAIRE, Les ministères aux origines de l'Église, 1971 – G. DIX, Jurisdiction in the early church, episcopal and papal, 1975 – TH. G. RING, Autoritas bei Tertullian, Cyprian und Ambrosius, 1975 – M. MACCARRONE, Apostolicità, episcopato e primato di Pietro, 1976 – L. I. SCIPIONI, Vescovo e popolo: L'esercizio dell'autorità nella chiesa primitiva (III secolo), 1977 – *zu [II]*: DACL V, 202–238 – DThC V, 1656–1700 – ThEE V, 782–788 [Lit.] – J. ZHISHMAN, Die Synoden und die Episkopalämter in der morgenländ. Kirche, 1867 – B. STEPHANIDES, Gesch. der bfl. Titel (gr.), Theologia. Athēnai 23, 1952, 169–190, 342–366 – Y. CONGAR, Das Bischofsamt und die Weltkirche, 1964 – O. BÂRLEA, Die Weihe der B.e, Presbyter und Diakone in vornicän. Zeit, 1969 – BECK, Kirche 67–74 – *zu [III]*: E. LESNE, La hiérarchie épiscopale, provinces métropolitaines, primats en Gaule et Germanie depuis la réforme de St-Boniface jusqu'à la mort d'Hincmar, 742–882, 1905 – H. G. J. BECK, The selection of bishops suffragan to Hincmar of Rheims, 845–882, Catholic hist. review 45, 1959, 273–308 – W. ULLMANN, Die Machtstellung des Papsttums im MA, 1960 – K. F. MORRISON, The two kingdoms, ecclesiology in Carolingian political thought, 1964 – O. CAPITANI, Immunità vescovile ed ecclesiologia in età 'pregregoriana' e 'gregoriana', 1966 – H. FUHRMANN, Einfluß und Verbreitung der pseudoisidor. Fälschungen, 3 Bde, 1972–74 – H. MORDEK, Kirchenrecht und Reform im Frankenreich, 1975 (Beitr. zur Gesch. und Quellenkunde des MA 1) – M. HEINZELMANN, Bischofsherrschaft in Gallien (Beih. der Francia, 1976) – F. KEMPF, Primatiale und Episkopalsynodale Struktur der Kirche vor der gregorian. Reform, AHP 16, 1978, 27–66 – *zu [IV]*: L. MEULENBERG, Der Primat der röm. Kirche im Denken und Handeln Gregors VII., 1965 – Y. CONGAR, La collégialité épiscopale, 1965 – J. GILCHRIST, Gregory VII and the juristic sources of his ideology, SG 12, 1967, 3–37 – J. FLECKENSTEIN, Heinrich IV. und der dt. Episkopat in den Anfängen des Investiturstreites (Fschr. G. TELLENBACH, 1968), 221–236 – R. L. BENSON, The bishop-elect, 1968, 2. T. – O. CAPITANI, Episcopato ed ecclesiologia nell'età gregoriana, 1974 – I. S. ROBINSON, 'Periculosus homo': Pope Gregory VII and episcopal authority, Viator 9, 1978, 103–131 – DERS., Authority and resistance in the Investiture Contest, 1978 – *zu [V]*: K. SCHLEYER, Anfänge des Gallikanismus im 13. Jh., 1937 – K. MÖRSDORF, Die Regierungsaufgaben des B.s im Lichte der kanon. Gewaltenunterscheidung (Episcopus, 1949), 257–277 – B. TIERNEY, Foundations of the conciliar theory, the contributions of the medieval canonists from Gratian to the Great Schism, 1955 – Y. CONGAR, Aspects ecclésiologiques de la querelle entre mendiants et séculiers dans la seconde moitié du XIIIᵉ s. et le début du XIVᵉ, AHDL 28, 1961, 35–151 – R. L. BENSON, The bishop-elect, 1968, 1. T. – K. GANZER, Papsttum und Bistumsbesetzungen in der Zeit von Gregor IX. bis Bonifaz VIII., 1968 – B. TIERNEY, Origins of papal infallibility, 1150–1350, a study on the concepts of infallibility, sovereignty and tradition in the MA, 1972 – F. KEMPF, Die Eingliederung der überdiözesanen Hierarchie in das Papalsystem des kanon. Rechts von der päpstlichen Gesetzgebung Gregors IX. bis zu Innocenz III., AHP 18, 1980, 57–96 – *zu [VI]*: P. HINSCHIUS, Das Kirchenrecht der Katholiken und Protestanten in Dtl., 6 Bde, 1869–97 [Nachdr. 1959] – G. v. BELOW, Die Entstehung des ausschließl. Wahlrechts der Domkapitel mit Rücksicht der Dtl., 1883 – O. LOEGEL, Die Bischofswahlen zu Münster, Osnabrück, Paderborn seit dem Interregnum bis zum Tode Urbans VI. (1256–1389) (Münstersche Beitr. zur Geschichtsforsch. 4, 1883), 193–282 – E. MALYUSZ, Das Konstanzer Konzil und das kgl. Patronatsrecht in Ungarn (Stud. Hist. Academiae Scient. Hung. 10, 1959) – K. GANZER, Zur Beschränkung der Bischofswahl auf die Domkapitel in Theorie und Praxis des 12. und 13. Jh., ZRGKanAbt 88, 1971, 22–82; 89, 1972, 166–197 – Bischofs- und Kathedralstädte des MA und der frühen NZ, hg. F. PETRI, 1976 – W. HÖLSCHER, Die Karolina de ecclesiastica libertate [Mag. arbeit. masch. Münster 1981].

B. Theologie des Bischofsamtes im Mittelalter

→Isidor v. Sevilla zählt im Anschluß an die Statuta Ecclesiae antiqua (Ende 5. Jh.) neun Stufen von Klerikern auf, als letzte und höchste Stufe den Bischof. Die B.e nehmen nach→Beda Venerabilis (zu Lk 10, 1) die Stelle der Apostel ein, die ihnen am nächsten stehenden Presbyter (Priester) die Stelle der 72 Jünger. →Petrus Lombardus zählt im Anschluß an →Ivo v. Chartres und→Hugo v. St. Victor sieben Weihestufen (Ordines) auf. Den Episkopat schließt er aus der Zahl der Ordines aus und betrachtet ihn lediglich als Würde und Amt. Die meisten Theologen des MA folgten ihm, während die Kanonisten mit Isidor und →Gratian an der Neunzahl der Ordines festhielten und demgemäß den Episkopat als Ordo im eigtl. Sinne betrachteten. Als man um die Mitte des 12. Jh. den Sakramentsbegriff in dem engeren Sinn eines wirksamen Gnadenzeichens faßte, wurde der Ordo in die Siebenzahl der Sakramente eingereiht und jeder einzelne Ordo als Sakrament betrachtet. Die Theologen, die Petrus Lombardus folgten, erklärten den Episkopat als Sakramentale, das zum sakramentalen Ordo des Presbyterates hinzugefügt wurde und das die Gewalt zur Spendung der Firmung und der Ordines verlieh. Das Verhältnis des Episkopates zum Presbyterat betreffend wirkte im frühen MA noch lange die im →Ambrosiaster und von →Hieronymus vertretene Ansicht von der ursprgl. Gleichheit von B. und Priester nach. Ihr stand die an Beda anknüpfende Lehre von dem auf göttl. Anordnung, d. h. auf Christus zurückgehenden Vorrang der B.e vor dem einfachen Priester sowohl in der Jurisdiktionsgewalt als auch in der Konsekrations- oder Weihegewalt gegenüber. Daß man dem B. trotzdem die Würde des Ordo und des Sakramentes absprach, hängt damit zusammen, daß man seit →Alexander v. Hales die sakramentale Würde der Ordines zu einseitig aus deren Beziehung zur Eucharistie begründete. Da der B. keine höhere Gewalt über die Eucharistie besitzt als der einfache Priester, der die Eucharistie konsekriert, folgerte man, daß der B. keinen höheren Ordo besitzt als der Priester. Es fehlten aber auch nicht einzelne Theologen, die neben zahlreichen Kanonisten den Episkopat als Ordo und Sakrament anerkannten, z. B. Magister →Simon (1145/60), Guido v. Orchelles (1215/20) und→Wilhelm v. Auxerre, Johannes Maior († 1550) und Johannes Eck († 1543) am Anfang des 16. Jh.; →Johannes Duns Scotus steht dieser Auffassung nahe. →Durandus de S. Porciano († 1334) und →Petrus de Palude († 1342) betrachten den Episkopat zwar als Ordo, aber nicht als einen vom Priestertum unterschiedenen Ordo, sondern zusammen mit dem Priestertum als einen und denselben Ordo. Der Episkopat ist nach ihnen das vollständige und vollkommene Priestertum. Als wesentl. Ritus der Übertragung der bfl. Gewalten wurde die Handauflegung des B.s, teilweise auch die Auflegung des Evangelienbuches zusammen mit der Handauflegung angesehen. In der nachtridentin. Theologie wurde der Episkopat außerhalb der Schule der Thomisten allgemein als eigentl. sakramentaler Ordo anerkannt. Das zweite Vatikan. Konzil bestätigte diese Lehre. L. Ott

Lit.: LANDGRAF, Dogmengeschichte III, 2, 1955, 277–302 – L. OTT, Das Weihesakrament (HDG IV, 5, 1969), 40–111, 183 f. [Lit.] – DERS., Die Lehre des Durandus de S. Porciano O. P. vom Weihesakrament (VGI 17, 1972).

C. Bischofsweihe

Der Kern der Weiheliturgie, Handauflegung und Gebet, wird schon vom NT bezeugt (Apg 6, 6; 13, 3; 1 Tim 4, 14; 2 Tim 1, 6). Hippolyt v. Rom († um 235) beschreibt in der »Traditio apostolica« erstmals eine Bischofsweihe: sie erfolgt am Sonntag durch Handauflegung aller anwesenden B.e, während Presbyter und Volk schweigend um die Herabkunft des Hl. Geistes beten. Dann spricht einer der weihenden B.e, während er seine Hand auf den Erwählten legt, ein Weihegebet, dem der Friedenskuß der Messe folgt, die der Neugeweihte als Hauptzelebrant feiert. C. 4 des Konzils von Nikaia (325) schreibt mindestens drei Weihespender vor. Diesem ursprgl. Kern, der sich bis in die NZ am deutlichsten bei der Weihe des B.s von Rom erhält, hat Rom aus eigenem kaum etwas beigefügt. Was im MA hinzukommt, ist Import zuerst aus dem Osten, dann aus dem Norden. Die Zufügungen der Sakramente und Ordines: Auflegen des Evangeliars über den Erwählten während des Weihegebetes (Rom 6. Jh.), Große Litanei zur Eröffnung des Weiheaktes (Rom 7. Jh.), →Scrutinium am Samstagabend, Weihe am Sonntag nach dem Graduale in eigener Weihemesse, Inthronisation nach dem Friedenskuß. Über das Pontificale Romano-Germanicum setzt sich durch: Weihegebet in Präfationsform mit Hauptsalbung (im Norden seit 800) und später Begleitformel (Ungatur), Salbung der Hände und des rechten Daumens (Deus et pater), Segnung und Übergabe von Ring und Stab. Im Pontificale Romanum des 12. Jh.: Übergabe des Evangeliars, Umhüllung des Hauptes zur Salbung, Opfergang, ad multos annos-Wünsche. Durandus v. Mende (→Duranti, Guillelmus) fügt zuletzt ein: Begleitwort (Accipe Spiritum Sanctum) zur bis dahin schweigend erteilten Handauflegung, die bald (irrig) als Wesensform des Sakramentes galten, Sequenz Veni Sancte Spiritus, Ps 132 und Antiphon zur Händesalbung (1485 durch Veni Creator ersetzt), Übergabe von Mitra und Handschuhen mit Begleitworten, Abschluß mit Te Deum, keine Handauflegung mehr. Ab 1596 muß der neue B. den Wortgottesdienst bis zum Evangelium an einem eigenen Altar vollziehen und alle übrigen Meßtexte mit dem Weihespender sprechen, der Hauptzelebrant ist. Dieser Ritus bleibt im wesentl. unverändert bis zum Pontificale Romanum von 1968, das mit Rückgriff auf Hippolyt reformiert. K. Richter

Lit.: P. BATIFFOL, La liturgie du sacre des évêques dans son évolution hist., RHE 23, 1927, 733–763 – E. J. LENGELING, Der B. als Hauptzelebrant seiner Ordination (Kyriakon, hg. P. GRANFIELD – J. A. JUNGMANN, 1970), II, 886–912 – K. RICHTER, Ansätze für die Entwicklung einer Weiheliturgie in apostol. Zeit, ALW 16, 1974, 32–52 – DERS., Zum Ritus der Bischofsordination in der »Apostolischen Überlieferung« Hippolyts von Rom und davon abhängiger Schriften, ALW 17, 1975/76, 7–51 – DERS., Die Ordination des B.s von Rom, 1976, LQF 60 – A. SANTANTONI, L'Ordinazione episcopale. Storia e Teologia dei riti dell'ordinazione nelle antiche Liturgie dell'Occidente, StAns 69 (= Analecta liturgica), 1976.

D. Der Bischof bei den Katharern

In der Gesch. der Häresie der →Katharer war der B. zu allen Zeiten eine zentrale Gestalt. Seine Stellung war einem allmählichen Wandlungsprozeß unterworfen: ursprgl. Vorsteher einer territorial festumschriebenen Diözese (wie aus den Akten des Katharer-Konzils von Saint-Félix-de-Caraman hervorgeht), und wie er es bes. in S-Frankreich blieb, wurde er (v. a. im Laufe des 13. Jh.) zum Oberhaupt einer Kirche, das heißt einer Gruppe von Katharern, die den gleichen Glaubenssätzen anhingen. Der B. war die höchste Autorität der Diözese und hatte auf Grund seiner Würde bei den religiösen Zeremonien, an denen er teilnahm, den Vorsitz. Ihm zur Seite standen gewöhnl. als Koadjutoren ein »filius maior« (der in einigen Kirchen, jedoch nicht in allen, das Sukzessionsrecht haben konnte) und ein »filius minor«, wobei ihm in S-Frankreich an einigen Orten auch Diakone assistierten.

Nachdem die Katharerbischöfe von der 2. Hälfte des 12. bis zum Beginn des 13. Jh. beinahe regelmäßig ihre ständige Residenz in ihren Diöz. oder bei ihren Kirchen hatten, wurden sie v. a. durch den Kreuzzug der →Albigenser in Frankreich und später durch die Verfolgungen der Inquisition öfters gezwungen, ins Exil zu gehen und sich zu verbergen. Wir wissen, daß einige von ihnen in Italien Zuflucht fanden, wo die Organisation der Städte es leichter ermöglichte, sich Verfolgungen zu entziehen. Im Laufe der 2. Hälfte des 13. und Anfang des 14. Jh. trat das Phänomen der Katharerbischöfe allmählich zurück und verschwand schließlich ganz. – Vgl. →Concorezzo, →Desenzano, →Katharer. R. Manselli

Lit.: A. BORST, Die Katharer, 1953 (MGH Schr. XII), bes. 202–213, 231–239 – J. DUVERNOY, Le catharisme, la religion des cathares, 1976, 233–243 – R. MANSELLI, L'eresia del male, 2. revidierte und erw. Aufl., 1980, bes. 219–273.

Bischöfe, hl. Neben den Heiligentypen des bibl. Hl., der →Märtyrer, Asketen (→Askese) und hl. →Frauen (virgines) hat der des hl. Bf.s den chr. Heiligenkult bestimmt und große Teile des hagiograph. Schrifttums geprägt. Die enge Beziehung des lit. Typus mit dem jeweiligen sozialen und ideengeschichtl. Hintergrund der Zeit bewirkte ein charakterist. Vorherrschen in bestimmten Epochen des westl. Abendlandes, der Spätantike und bes. der Merowingerzeit, gleichzeitig mit einer zeitweiligen Verdrängung oder Absorbierung von Merkmalen der anderen Heiligentypen. – Die von den Kirchenvätern bezeugte Verehrung von Bf.en als Hl. entwickelt sich aus dem röm. Totenkult und in Parallele zum älteren Märtyrerkult: Die frühesten Listen mit Erwähnung der Märtyrerbegräbnisse sowie entsprechenden kultbezogenen Angaben (Depositiones martyrum) sind gleichzeitig mit analogen Listen für Bf.e erhalten (Depositio episcoporum, erhalten im Chronographen von Rom d. J. 354; für Syrien bei Sozomenos, Hist. Eccl. V, 3, 9); in diesen wird der Todestag genannt, an dem die jeweilige Gemeinde ihres Bf.s gedachte. Während das Gebet zu einem verstorbenen Bf. anstelle des Gebets für ihn wohl schon vor dem 4. Jh. eingesetzt hat, läßt sich eine über eine einzelne Gemeinde hinausgehende Verehrung erst seit dem späten 4. Jh. feststellen; Voraussetzung ist dafür einerseits die berühmte Umdeutung, die Bf. →Martin v. Tours durch seinen Biographen Sulpicius Severus als erster »unblutiger Märtyrer« erfahren hat, zum anderen die über den spirituellen Bereich weit hinausgehenden Funktionen des Bf.s in dem neuen chr. Staatswesen; der Bf., der öffentl. Attributionen des röm. Patrons an sich zieht, wird nach seinem Ableben zum idealen Himmelspatron: Ihm traut man wirkungsvolle Interventionen für seine Gemeinde auch im Jenseits zu. Gleichzeitig bewirkte das ständig steigende geistige Prestige des höchsten Kirchenamtes, das durch die Zurückführung auf die Apostelfürsten und Christus, sichtbar in den dynam. Reihen der apostol. Sukzessionen (Bischofslisten!), noch gesteigert wurde, daß bei der ersten Zusammenstellung eines umfassenden Heiligenkalenders in Gallien um 600 (→Martyrologium Hieronymianum) die nahezu vollständigen Bischofslisten einiger Bm.er (Auxerre, Lyon, Autun) übernommen wurden: Bis auf offensichtl. Unwürdige war jeder Bf. im Prinzip hl. (sanctus). Während im Osten neben den Märtyrern und bibl. Hl. der Typ des weltfremden Asketen (Einsiedler, Mönche) den Heiligenkult weitgehend beherrschte, wurde das asket. Gedankengut im westl. Abendland, bes. Gallien, teilweise in Anpassung an die klass. röm. Adelsethik so umgeformt, daß es charakterist. Bestandteil des Typs des hl. Bf.s werden konnte (Sozialfürsorge, Caritas), dessen Einstellung zur vita activa und zum öffentl. Leben grundsätzl. positiv gewesen ist. Maßgebl. war dafür neben dem Vorbild eines Martin v. Tours seit dem 5. Jh. das Beispiel einer Reihe von Bf.en regelmäßig aristokrat. Herkunft (→Adelsheilige), die häufig eine Ausbildung im Kl. erhalten hatten (→Lérins, →Marmoutier). Beherrschend wurde dieser Typ des Hl. im 6.–8. Jh., verlor aber dann, u. a. auch im Zuge der karol. Neuregelung des Heiligenkults (Betonung der Märtyrer und »alten« Hl.), weitgehend an Bedeutung. Dieser seit dem 8./9. Jh. deutlich werdende Rückgang des Typs des hl. Bf.s – trotz einer Reihe herausragender Figuren der otton.-sal. Reichskirche (→Udalrich v. Augsburg, →Brun und →Anno v. Köln, →Bernward v. Hildesheim, →Benno v. Osnabrück u. a.) – ist auf den

Verlust der sozialen und bes. kulturell-spirituellen Monopolstellung des Episkopats zurückzuführen, der seit den Karolingern in den Reichsdienst eingegliedert worden war. Entsprechend wurde das Heiligenideal immer ausschließlicher, bes. seit dem 12. Jh. (Trennung zw. Kirche und Staat), von den mächtigen monast. Bewegungen (Reformorden!) bestimmt. M. Heinzelmann

Lit.: DACL XV/1, 373–462, bes. 432–436, s. v. Saint [H. LECLERCQ] – RAC II, 407–415, s. v. Bischofsliste [L. KOEP] – TH. MOMMSEN, Über den Chronographen vom J. 354 (Ges. Schriften 7, 1909), 536–579 – F. GRAUS, Volk, Herrscher und Hl. im Reich der Merowinger, 1965, 114–117 – A. M. ORSELLI, L'idea e il culto del santo patrono cittadino nella letteratura latina cristiana, 1965 – J. FONTAINE, Sulpice Sévère, Vie de saint Martin 1, 1967 (SC 133) – M. HEINZELMANN, Bischofsherrschaft in Gallien, 1976, 123–129 und passim.

Bischöfliche Insignien → Insignien

Bischöflicher Ornat → Kleidung, liturgische

Bischofsstadt

I. Allgemeines und Spätantike – II. Merowingische Civitasherrschaften – III. Karolingische Grundlagen – IV. Hoch- und Spätmittelalter.

I. ALLGEMEINES UND SPÄTANTIKE: Der Begriff B. bezeichnet im engeren Sinne eine Stadt mit Bischofssitz, in der alle Amtsgewalt vom →Bischof abgeleitet ist: »omnes magistratus huius civitatis ad episcopi spectant potestatem« (1. Straßburger Stadtrecht, F. KEUTGEN, Urkk. zur städt. Verfassungsgesch., 1899 [Neudr. 1965], 93), im weiteren Sinne auch jeden Bischofssitz, sedes episcopalis, der vorkommunalen Epoche. Die spätantike →civitas ist der Prototyp der Bischofsstadt. Seit dem 3./4. Jh. mit Mauern umgeben, bildeten die civitates mit ihren dazugehörenden Territorien die wichtigsten lokalen Verwaltungseinheiten des Staates und, seitdem das Konzil v. →Nikaia (325) den civitates je einen Bf. zugeordnet hatte, auch der Kirche. Die »eheähnl.« Verbindung zw. dem Bf. und seiner sedes stärkte die Stabilität des Bischofssitzes und damit die Funktion der civitas als Residenzort. So wirkte das Bischofsamt v. a. in den Randzonen des Römerreiches in Nordgallien, am Rhein und an der Donau als eine institutionelle Klammer zw. Antike und MA. Der Rückzug der Bf. e war meist begleitet von einem Niedergang des betreffenden Ortes (z. B. Tournai und Tongern in Nordgallien und Martigny in der Schweiz; Aguntum und Teurnia in den Ostalpen).

Eine weitreichende verfassungsgesch. Wirkung hatte der 6. c. des Konzils zu →Sardika v. 343, Bf.e nur in volkreichen Städten einzusetzen. Diese Bestimmung erklärt nicht nur, daß in frühmerow. Zeit Bischofssitze in einer Reihe von spätantiken castra errichtet worden sind (z. B. in Chalon-sur-Saône, Mâcon, Laon), sondern auch, daß sämtl. Bischofssitze, die von →Bonifatius von den Karolingern im rechtsrhein. Raum gegründet wurden, in Orten lagen, in denen städt. Frühformen nachzuweisen sind (wie in den oppida sive urbes Würzburg, Büraburg und Erfurt). Auch die skand. und osteurop. Missionsbistümer des 9. bis 11. Jh. sind in solchen »urbanisierten Ortschaften« (ANDERSSON) angelegt worden (Schleswig, Ripen, Århus, Roskilde, Lund, Oslo, Sigtuna-Uppsala; Gnesen, Posen, Krakau).

Die seit dem 4. Jh. konsequent verfolgte Zuordnung von Bischofssitz und Civitasvorort, Diözese und civitas machte in dem Augenblick den Bf. zwangsläufig zum Exponenten der civitas, als unter dem zunehmenden Druck des spätantiken Staates der die Stadtverfassung tragende Decurionenstand zugrunde ging. Die bfl. Schieds- und Friedensgerichtsbarkeit (episcopalis audientia), die Kontrolle über die Bestellung des defensor civitatis (seit 409), die Armenfürsorge und der Schutz gegenüber Übergriffen der Provinzialverwaltung erhöhten das Ansehen der Bf.e und machten das Bischofsamt auch für Angehörige des →Senatorenadels erstrebenswert. Durch sie wurden die Aufgaben des pater civitatis, der auch für die städt. Bauten und den militär. Schutz der civitas sorgte, mit dem Bischofsamt verbunden.

Im oström. Reich erlangten die Bf.e unter Justinian (527–565) die fakt. Stadtherrschaft. Die in justinian. Zeit grundgelegte Entwicklung zielte auf die Festigung und den Aufbau der bfl. Stadtherrschaft, doch wurde sie in Italien wie in den restl. Byzanz unterstehenden Gebieten dadurch abgebrochen, daß die militär. Befehlshaber das Übergewicht über die Bf.e erhielten. Nur in einigen an der Peripherie des byz. Reiches gelegenen Kleinstädten konnten die bfl. Stadtherrschaften als »limitrophe Autonomien« ähnlich den merow. »Civitasrepubliken« noch für längere Zeit eine gewisse Unabhängigkeit gegenüber der Provinzialverwaltung und der Prätorianerpräfektur bewahren (CLAUDE).

II. MEROWINGISCHE CIVITASHERRSCHAFTEN: Die civitas wurde nach der frk. Eroberung die wichtigste Verwaltungseinheit des merow. Gallien. Das topograph. Grundmuster der spätantiken Stadt mit ummauertem Stadtkern und unterschiedl. besiedeltem →suburbium, mit Kathedrale und ggf. mit Sitz des militär. Befehlshabers innerhalb der Mauern wurde beibehalten und dank der Bautätigkeit von Kg.en, Bf.en und Großen umgestaltet zur »ville sainte«. Die intramurante Kathedralgruppe – meist mit Baptisterium und zwei Kirchen – wurde im Laufe des 6. und 7. Jh. umschlossen von einem Kranz von Monasterien und Oratorien, die, häufig planmäßig um die Stadt angelegt, als munimentum ihren Zugang behüteten. Die weltl. Befugnisse der Bf.e wurden in den Städten, in denen die Kg.e ihre sedes wählten, durch die Kg.e selbst, in den übrigen durch die comites civitatum eingeschränkt. Kg. Chlothar I. gewährte den Bf.en eine Art Interzessionsrecht bei ungerechtem Urteil der iudices. Die wachsende wirtschaftl. Macht und die Verfügung über sämtl. basilicae und monasteria der Diözese gaben den Bf.en seit Ende des 6. Jh. ein wachsendes Übergewicht über die comites, die mancherorts aus der Stadt verdrängt wurden (in Trier Ende 6. Jh.). Kg. Chlothar II., Kg. Dagobert I. und ihre unmittelbaren Nachfolger versuchten, die Bf.e durch Privilegierung und kgl. Bestallung zu einer Stütze des Kgtm.s zu machen. Das führte dazu, daß in vielen civitates die Bf.e die comites kontrollierten, ihre Aufgaben übernahmen und sie schließlich selbst ernannten. Das Grafenamt war damit mediatisiert, so nachweisl. in Tours, Le Mans und Aire. Mit der laicalis administratio übernahm der Bf. Steuer, Zoll, Marktaufsicht, Münze und sämtl. fiskal. Rechte (Zinse) in seiner civitas (z. B. in Trier). Im Zentrum dieser polit.-militär. Herrschaften, die sich zum principatus steigern konnten, stand die civitas. Seit Mitte des 7. Jh. haben sich diese bfl. Regionalherrschaften in den Gebieten starker röm. Tradition und fehlender kgl. bzw. hzgl. Macht in Mittel- und Südgallien und in Trier und Chur ausgebildet. Bis ca. 700 erlagen die Bischofsherrschaften südl. der Loire dem Zugriff des aquitan. Hzg.s. Bis zur Mitte des 8. Jh. wurden die quasi-autonomen Bischofsherrschaften »in der frk.-aquitanischen Grenzzone von der Rhône bis zur unteren Loire« (EWIG) in den karol. Reichsverband eingegliedert. Dem Trierer Bf. entzog erst Karl d. Gr. vor 791 die öffentl.-rechtl. Befugnisse über die Stadt und übertrug sie dem comitatus. Als letzte Bischofsherrschaft älterer, merow. Ordnung wurde die Churer durch die 806 vollzogene divisio inter episcopatum et comitatum aufgelöst.

III. KAROLINGISCHE GRUNDLAGEN: Die Eingliederung in das karol. Reich löste auch die unter der Leitung der Bf.e stehende altkirchl. Vermögens- und Verwaltungseinheit der Bm.er auf. Die - meist suburbanen - Monasterien wurden der bfl. Verfügung entzogen und zu Königsklöstern gemacht bzw. den Gf.en als Ausstattung übergeben (→Laienäbte). Das bedeutete für die bfl. Stadtherrschaft einen empfindl. Verlust und verankerte gleichzeitig das dualist. Prinzip der karol. Verfassung, das auf dem einvernehml. Zusammenwirken von Gf. und Bf. aufgebaut war, in der städt. Topographie. Durch die Verpflichtung zum →servitium regis wurde das wirtschaftl.-militär. Potential der Bf.e für das Kgtm. nutzbar gemacht. Hierdurch und durch die immer stärkere Heranziehung zu weltl. Aufgaben wurde die Stellung des Bf.s in seiner Stadt erneut gefestigt und allmählich der episcopatus dem comitatus angeglichen. Aus der Gesamtimmunität sonderte sich der engere Immunitätsbereich der Bischofskirche, der mit ihr verbundenen Kirchen und der v. a. seit Chrodegangs Reform errichteten Wohn- und Kultbauten des Domkapitels aus. Die schon in Pippins Kapitular von 744 festgesetzte Marktaufsichtspflicht der Bf.e stellte schließlich die Markt in dem gallischen und dem alten rhein. B.en unter die tuitio et defensio immunitatis der Bischofskirchen, so daß er hier im Gegensatz zu den späteren Gründungen rechts des Rheins nicht eigens konzessioniert zu werden brauchte. In Mittelgallien u. Septimanien hatten die Bf.e zudem regelmäßig Anteil an den Fiskaleinkünften (Zöllen) ihrer Diözesen bzw. der B.e (Urgel, Nantes). Mit den Privilegien Karls II. d. Kahlen für Châlons (864) und Langres (872) wird den westfrk. Bf.en erstmals zunächst der Münznutzen, dann auch das Prägerecht übertragen. Seit der zweiten Hälfte des 9. Jh. übernahmen die Bf.e des Frankenreichs in der Abwehr gegen die Normannen auch die Verteidigung ihrer B.e und verfügten über die Stadtbefestigung (Chartres, Orléans [856]). Karl III. d. Dicke übertrug schließlich 887 erstmals einem Bf., Geilo v. Langres, die Civitasmauern. Damit hatten die Bf.e vor Erlangung sämtl. Grafenrechte die wichtigste Etappe auf dem Weg zur Stadtherrschaft genommen. Ende des 9./ Anfang des 10. Jh. setzte der bfl. Mauerbau in allen karol. regna ein. In der Abwehr der Normannen, der Ungarn und der Sarazenen entschied sich in den karol. Nachfolgestaaten polit. und militär., wer Herr der civitas werden würde, der Bischof oder der Graf.

IV. HOCH- UND SPÄTMITTELALTER: [1] *Westfranken, Frankreich*: Im Westen und Süden des westfrk. Reiches erlangten die Fs.en und Gf.en das Übergewicht über die von ihnen mediatisierten Bischöfe. Die karol. Grundlagen - Immunität und Teilhabe an den Fiskaleinkünften - wirkten zwar auch hier fort und führten in Verbindung mit den Bestrebungen der Kirchenreform des 11./12. Jh. zur Entflechtung der weit verbreiteten familiaren Herrschaften, in die episcopatus und comitatus aufgegangen waren, und zur Aussonderung bfl. Sonderrechtsbezirke - mithin zur partiellen Stadtherrschaft des Bf.s (Nantes). In der Randzone der Gft. Toulouse setzten sich die Bf.e mit Hilfe der Friedensbewegung im 11./12. Jh. und mit Unterstützung der kapet. Kg.e seit der Mitte des 12. Jh. gegen die vizegfl. Geschlechter durch und erlangten - endgültig häufig erst im Zuge der Albigenserkriege - die Stadtherrschaft (Albi, Cahors, Agde, Uzès, Lodève, Mende) oder zumindest die partielle Stadtherrschaft (Narbonne, Béziers). In Burgund, der Gft. Champagne sowie in den robertin. Vize- bzw. Lehensgft.en zw. Seine und Loire und den kapet. Königsstädten wurden die Bf.e trotz zeitweiliger Königsnähe und karol. Ansätze zur Stadtherrschaft im Zuge der Kirchenreform auf die engere Immunität beschränkt. Das Gebiet der »klassischen« B. bzw. der Bischofsherrschaften im westfrk./frz. Reich war auf den spätkarol. Herrschaftsraum in der Kirchenprovinz Reims und daran anschließend auf das Bm. Langres sowie auf Le Puy beschränkt. Dem Bf. von Le Puy wurde erstmals im westfrk. Reich in einem praeceptum immunitatis nicht nur omne burgum übertragen, womit die B. Le Puy gemeint ist, sondern neben Markt, Zoll und Münze auch der districtus. Der Stadtbezirk war also eine Bannimmunität des Bischofs. Der Bf. besaß damit sämtl. Rechte, die ad dominium et potestatem comitis gehört hatten. Die Bf.e v. Langres vereinigten schon z. Zt. Karls III. so gut wie sämtl. Grafenrechte in Langres und in der secunda sedes des Bm.s, Dijon, nämlich Immunität, Markt, Münze und Befestigung in beiden Städten. 967 verlieh Kg. Lothar, vermutl. durch die →Ottonen veranlaßt, dem Bf. den comitatus und die dem Gf.en verbliebenen Zollrechte in der Stadt. Solche formellen Übertragungen des Komitats sind außer für Langres nur noch für Reims (940) und Beauvais (1015) überliefert. In Châlons-sur-Marne, Noyon-Tournai, Laon und Thérouanne gelangten die Bf.e in einem langen Entwicklungsprozeß in den Besitz der ausschließl. Stadtherrschaft. Die schwindende Macht der Spätkarolinger, die Konsolidierung der Fsm.er, der Thronwechsel und die damit verbundene Neuorientierung der kgl. Politik erklären, warum in Frankreich die Zahl der B.e so gering ist.

[2] *Ostfränkisch-deutsches Reich*: Im ostfrk.-dt. Reich des 10.-13. Jh. besaßen alle Bf.e die volle oder wie in Regensburg die partielle Stadtherrschaft, ausgenommen die Bf.e der Missionsbm.er im westslav. Bereich. Die spätkarol. Grundlagen bfl. Stadtherrschaft waren wie im Westfrankenreich die →Immunität, der Besitz von →Markt, →Münze und →Zoll und das Befestigungsrecht. Die in der Abwehr der Normannen und Ungarn an die Bf.e übergegangene Verfügung über die Stadtmauer (s. o.) bereitete die Ausgliederung des Stadtbezirkes aus der Gft. vor, doch rundeten erst die Ottonen und Salier durch Übertragung der verbliebenen Grafenrechte über die Stadt und ihr Umland die Privilegierung des Reichsepiskopates ab. Die Hochstiftsimmunität verwandelte sich durch die Gleichstellung des mit Königsbann begabten Edelvogtes (Herrenvogtes) mit dem Gf.en zur Bannimmunität, aus der sich ggf. ein städt. Gerichtsbezirk (districtus) unter einem Burggrafen (urbis praefectus) aussonderte. Die Verbindung des Stadtgerichtes mit der Hochstiftsimmunität zeigt noch sehr deutl. das ältere Straßburger Stadtrecht, nach dem der Kirchenvogt gleichzeitig Stadtvogt war (→Vogt, -ei). Die städt. Gerichtsbezirke waren in den rhein. B.en anscheinend schon im 10. Jh. ausgebildet, in den oberdt. und westfäl. begegnen die städt. Richter (→Burggrafen oder Vögte) erst im 11. bzw. 12. Jh. Innerhalb des als hochstift. Bannimmunität verstandenen Gerichtsbezirkes bildeten sich seit dem 10. Jh. Sonderbezirke (Sondergemeinden, Pfarreien, Stadtviertel). Der Besitz eines im städt. districtus der B. gelegenen Areals in Erbleihe ließ dem hereditarius an dem besonderen, an der Bischofskirche haftenden Stadtrecht teilhaben.

Nicht nur rechtl., auch topograph. war die sedes episcopalis, die »Domburg« mit Bischofskirche, -pfalz und Kapitelgebäude, im früheren MA der Mittelpunkt der Bischofsstadt. Es schlossen sich - in Konstanz nach röm. Vorbild - ein Markt und ein →Kirchenkranz an, so daß schließlich die Vielzahl der Kirchen zu einem typ. Merkmal der B. wurde, und zwar auch dort, wo wie in Skandinavien oder Osteuropa, die Bf.e keine stadtherrl. Rechte besaßen. Die Ausbildung von Stadtgemeinden und der Investiturstreit führten v. a. in den westl. B.en des Reiches zu Auseinandersetzungen zw. Bürgerschaft und bfl. Stadtherren (Cambrai 1076/77, Worms 1073, Köln 1074, Mainz 1077), während es etwa in den B.en des östl. Sachsens (Magdeburg, Hildesheim, Halberstadt, Halle, Merseburg, Naumburg, Meißen) dank des guten Zusammenwirkens zw. dem bfl. Marktherren und den Kaufleuten nirgends zu Konflikten kam. Im 12. Jh. übernahmen die Bürgerschaften meist mit dem Wohlwollen der reichspolit. sehr stark beanspruchten Bf.e die Aufgaben der stadtherrl. Verwaltung. Erst in der Zeit des Thronstreites (1198–1215) lösten sich die Bürger mit der Einführung der Ratsverfassung aus der stadtherrl.-ministerial. Verwaltung. Die bischofsfreundl. Politik Ks. Friedrichs II. stärkte, auf die Dauer gesehen, die Stellung des Bf.s als Territorialherr und ließ eine Reihe von B.en in den sich konsolidierenden geistl. Territorien aufgehen. Sie wurden – wie Lüttich, Utrecht, Münster, Osnabrück, Paderborn – Vororte der bfl. Territorien und spielten seit dem 14. Jh. eine hervorragende Rolle in der landständ. Bewegung.

In vielen spätma. B.en standen bfl. Stadtherr und Bürgerschaft in heftigen Auseinandersetzungen um die Freiheitsrechte der Stadtgemeinde, so in Köln (unter Konrad v. Hochstaden, 1238–61, und Siegfried v. Westerburg, 1275–97 [Schlacht v. →Worringen, 1288]) oder auch in Mainz und Würzburg. Zu den Konfliktstoffen gehörten Privilegien (Zollvergünstigungen, Ratswahl, privilegium de non evocando, Bündnisrecht), Gerichtsbarkeit (stadtherrl. Blutgerichtsbarkeit, bürgerl. Straf- und Zivilgerichtsbarkeit, forum ecclesiasticum), Befestigungsbau, Zoll- und Münzrecht sowie die Akzisen, die im SpätMA für den städt. Haushalt an Bedeutung gewannen. Zunehmend beeinflußten auch die innerstädt. Auseinandersetzungen zw. Patriziat und nichtpatriz. Schichten die Kämpfe zw. Stadtherrn und Bürgerschaft, bes. in den großen Rhein. B.en (in Köln 1259 Zusammenschluß zw. Ebf. Konrad und Zünften gegen das Patriziat). Im Zuge des Ausbaues ihrer geistl. Landsherrschaften versuchten die Bf.e und Ebf.e, insbes. die Kfs.en v. Köln, Trier, Mainz, die städt. Freiheiten ihrer B.e zu beschneiden. Während sich Köln dank seiner wirtschaftl. und polit. Stellung innerhalb des Reiches dem Versuch der Ebf.e (insbes. Dietrichs v. Moers, 1414–63, und Ruprechts v. d. Pfalz, 1463–80), die Stadt wieder zu einer Landstadt zu machen, entziehen konnte und 1475 den Status einer freien Reichsstadt erhielt, verlor Mainz durch den Sieg des Ebf.s Adolf II. v. Nassau 1462 die Stadtfreiheit sowie Rat und Zünfte. Zu Landstädten wurden auch Freising, Bamberg, Passau, Würzburg und Trier, während neben Köln auch Basel, Straßburg, Speyer, Worms, Regensburg, Augsburg, Metz, Toul, Verdun und Besançon den Status einer freien Reichsstadt erkämpfen und behaupten konnten. Die Auseinandersetzungen der B.e mit ihren bfl. Stadtherrn führten im SpätMA und in der frühen NZ mancherorts zur Verlegung der Bischofsresidenzen (z. B. von Köln nach Bonn, von Straßburg nach Zabern, von Basel nach Puntrut, von Metz nach Vic). Die →Sozialstruktur der spätma. B.e wurde stark durch die Geistlichkeit bestimmt. Hofhaltung und Behörden des Bf.s bzw. Ebf.s und des (meist hochadligen) Domkapitels und eine zahlreiche Stiftsgeistlichkeit, bedeutende Stadtklöster, die Stadthäuser der großen Landabteien, die Niederlassungen der Bettelorden sowie die adligen Absteigequartiere beeinflußten nachhaltig Gesellschaft und Wirtschaft. Die →Privilegien der Geistlichen (privilegium immunitatis, privilegium fori) stießen oft auf den Widerstand der Bürgerschaft und führten – wie z. B. in Köln und Trier – zu heftigen Auseinandersetzungen.

[3] *Italien*: Im klass. Städteland Italien waren die spätantiken Ansätze bfl. Stadtherrschaft in der Langobardenzeit untergegangen. Die civitates blieben zwar auch weiterhin Verwaltungszentren, standen jedoch unter der Leitung der Kg.e, Hzg.e bzw. →Gastalden, die in der Frankenzeit durch Gf.en abgelöst wurden. Die Immunität und das Missusamt für die eigenen Sprengel, wodurch die Bf.e Nieder- und Hochgericht in ihren Städten erlangten, leiteten in einigen oberit. Städten die gleiche spätkarol. Entwicklung ein wie nördl. der Alpen. Hinzu kommt, daß die Stadtbevölkerung, die liberi, sich der Bischofskirche als Schutzmacht unterstellten. Die Ottonen setzten die Politik der Verleihung der sogen. Weichbildprivilegien (→Weichbild) fort, und zwar sehr gezielt im Hinblick auf die Sicherung ihrer kgl. Herrschaft in der Lombardei, in Piemont und in der Emilia. In Italien wie auch im regnum Burgundiae übte also nur die Minderheit der Bf.e volle stadtherrl. Gewalt über ihre B.e aus. Trotzdem ist – wenigstens in Oberitalien – die Stadtenwicklung, insbs. die Entstehung der Stadtkommune, gerade durch die B.e entscheidend vorangetrieben worden. Im 10. Jh. waren die Bf.e wie in der Spätantike die Exponenten der Bürgerschaft, zu der neben den iudices, notarii, den Kaufleuten und Handwerkern auch die bfl. Lehensritter und Vasallen, die Capitanei und Aftervasallen gehörten. Die mit der →Pataria und dem →Investiturstreit verbundenen religiösen und sozialen Unruhen mit ständig wechselnden Fronten förderten die Stadtgemeindebildung, wobei dem Bf. die Rolle des Mittlers blieb, er aber schließlich mit dem Sieg der reformkirchl. Gedanken seine traditionellen stadtherrl. Befugnisse aufgeben mußte. Seit ca. 1100 trat die →Kommune in die stadtherrl. Rechte, bes. die Gerichtsbarkeit ein, und entwickelte mit dem Konsulat die ihr gemäße Form der Selbstverwaltung. Im Gegensatz zur nordalpinen Stadtenwicklung setzte die it. Stadtkommune durch die bfl. Herrschaft über B. und Diözese vermittelte antike Tradition der Einheit von Civitasvorort = B. und Civitasterritorium = →contado im 12. Jh. fort. Das Territorium des Bm.s bzw. der Gft. wurde als ein der Stadtgemeinde als dem Rechtsnachfolger des Bf.s unterstehender Zubehör der città betrachtet.

[4] *Andere europäische Gebiete*: In Oberitalien, Hochburgund, Nordostfrankreich und dem dt. Reich, d. h. im karol. und otton.-sal. geprägten Raum haben sich die B.e in ihrer voll ausgeprägten Form vom 9. bis zum 13. Jh. entwickeln können. Ansätze und Mischformen finden sich in früherer Zeit unter ganz anderen Bedingungen, z. B. im westgot. und im karol. Spanien, in Mittel- und Südgallien (Rhôneraum), wo im hohen MA diese Form geistl. Herrschaft durch kapet. und stauf. Politik neu belebt worden ist. In anderen europ. Gebieten hat sich die B. nicht entwickelt: In Irland und der Bretagne wurden die großen Abteien Kristallisationspunkte der Bm.er (Klosterbischöfe), in England und den skand. Reichen blieben die weltl. Herrschaftsrechte in der Hand der Kg.e und ihrer Amtsträger, ebenso in den osteurop. Missionsgebieten. →Bischof, -samt; →Bistum.   R. Kaiser

Lit.: zu [1]: HRG I, 446–449 – MOCHI ONORY, Vescovi e Città (sec. IV–VI), 1933 – G. I. BRATIANU, Privilèges et franchises municipales dans l'Empire byz., 1936 – Stud. zu den Anfängen des europ. Städtewesens, VuF 4, 1958 – F. MERZBACHER, Die B., 1961 – D. CLAUDE, Die byz. Stadt im 6. Jh., 1969 – A. GUILLOU, L'évêque dans la société méditerranéenne du VIe–VIIe s. (BEC 131, 1973), 5–19 [= Culture et société en Italie byz., VIe–XIe s.: Variorum Repr., 1978, II] – M. HEINZELMANN, Bischofsherrschaft in Gallien (Beih. der Francia V, 1976) – Bischofs- und Kathedralstädte des MA und der frühen NZ, hg.

F. Petri, 1976 – E. Ennen, Die europ. Stadt des MA, 1979³ – N. Leudemann, Dt. Bischofsstädte im MA, 1980 – *zu [II]:* C. Brühl, Königspfalz und B. in frk. Zeit, RhVjbll 23, 1958, 161–274 – La città nell'alto medioevo (Sett. cent. it. VI, 1959) – D. Claude, Topographie und Verfassung der Städte Bourges und Poitiers bis in das 11. Jh., 1960 – E. Ewig, Die Kathedralpatrozinien im röm. und frk. Gallien, HJb 79, 1960, 1–61 – J. Semmler, Episcopi potestas und karol. Klosterpolitik (VuF 20, 1974), 305–395 – F. Prinz, Die bfl. Stadtherrschaft im Frankenreich vom 5. bis zum 7. Jh., HZ 217, 1974, 1–35 – E. Ewig, Milo et eiusmodi similes (Spätantikes und frk. Gallien, Ges. Schr. II, 1978) – R. Kaiser, Steuer und Zoll in der Merowingerzeit, Francia 7, 1980, 1–17 – *zu [III und IV]:* S. Rietschel, Die civitas auf dt. Boden bis zur Karolingerzeit, 1894 – F. Kiener, Verfassungsgesch. der Provence, 1900 – S. Rietschel, Das Burggrafenamt und die hohe Gerichtsbarkeit in der dt. B. während des frühen MA, 1905 – B. Dauch, Die B. als Residenz der geistl. Fs.en, 1913 – K. Hoffmann, Die engere Immunität in der dt. B. im MA, 1914 – E. Rütimeyer, Stadtherr und Stadtbürgerschaft in der rhein. B., 1928 – F. Beyerle, Zur Typenfrage in der Stadtverfassung, ZRGGermAbt 50, 1930, 1–114 [zu Burgund] – F. Vercauteren, Étude sur les civitates de la Belgique seconde, 1934 [auch zu I und II] – E. Sestan, La città comunale italiana dei secoli XI-XIII nelle sue note caratteristiche rispetto al movimento comunale europeo (XIe Congrès Internat. des Sciences Hist., Stockholm, 21.-28. août 1960, Rapports III, 1960), 75–95 – F. Vercauteren, Die europ. Städte bis zum 11. Jh. (Die Städte Mitteleuropas im 12. und 13. Jh., 1963), 13–26 – L. Santifaller, Zur Gesch. des otton.-sal. Reichskirchensystems, 1964² – E. Herzog, Die otton. Stadt, 1964 – G. Dilcher, Bf. und Stadt in Oberitalien, ZRGGermAbt 81, 1964, 225–266 – Ders., Die Entstehung der lombard. Stadtkommune, 1967 – K. Hefele, Stud. zum hochma. Stadttypus der B. in Oberdeutschland [Diss. München 1970] – O. Engels, Schutzgedanke und Landesherrschaft im östl. Pyrenäenraum, 1970 – G. Möncke, B. und Reichsstadt [Diss. Berlin 1971] – H. Andersson, Urbanisierte Ortschaften und lat. Terminologie, 1971 – Investiturstreit und Reichsverfassung (VuF 17, 1973) – H. Maurer, Konstanz als otton. Bischofssitz, 1973 – Brühl, Palatium – R. Schieffer, Über Bischofssitz und Fiskalgut im 8. Jh., HJb 95, 1975, 18–32 – Stadt und Städtebürgertum in der dt. Gesch. des 13. Jh., hg. B. Töpfer, 1976 – R. Kaiser, Münzprivilegien und bfl. Münzprägung in Frankreich, Dtl. und Burgund im 9.–12. Jh., VSWG 63, 1976, 289–338 – B. Schwineköper, Kgtm. und Städte bis zum Ende des Investiturstreites, 1977 – I poteri temporali dei vescovi in Italia e Germania nel Medioevo, hg. C. G. Mor – H. Schmidinger, 1979 – R. Kaiser, Bischofsherrschaft zw. Kgtm. und Fürstenmacht (Pariser hist. Stud. 17, 1981).

Bischofsstuhl → Kathedra
Bischofswahl → Bischof, -samt; → Wahl, kanon.
Bischofsweihe → Bischof, -samt, Abschnitt C.
Bisignano, Kleinstadt am Mittellauf des Crati in Nordkalabrien (im Altertum Besidiae); wurde unter den Langobarden infolge der Auflösung der Diöz. Thurii Bischofssitz. 743 nahm der Bf. von B., Auderamus, an der röm. Synode teil. B. erlebte das gleiche Schicksal wie die Gastaldate von Brutium, um deren Besitz im 9. und 10. Jh. Araber und Byzantiner stritten. Zentrum einer blühenden Judenkolonie, die sich das ganze MA hindurch erhielt, gehörte B. seit dem 10. Jh. zu dem byz. Thema Kalabrien und wurde in jener Epoche unter den Suffraganbistümern des gr. Metropoliten v. Reggio Calabria genannt, während der Apostolische Stuhl B. für den lat. Metropolitansitz Salerno beanspruchte. 1020 wieder Ziel arab. Angriffe, wurde B. 1056 von den Normannen unterworfen. Die städt. Gewohnheitsrechte folgen den langob. und byz. Consuetudines. Der Bf. war bis zum 13. Jh. Stadtherr.

B. ging dann in die Hände der Ruffo und später der →Sanseverino über, die die Stadt 1431 zum Hauptort ihres Prinzipats erhoben. In der Stadt koexistierten neben lat. Ritus, lat. Mentalität und Mönchtum auch die byz.-gr. Äquivalente. Erwähnenswert sind auch die it.-gr. Abtei S. Demetrio und die Zisterzienserabtei Sambucina in der Nähe von B. Im Gebiet der Diöz. wurden am Ende des 15. Jh. Kolonien alban. Flüchtlinge aufgenommen.

P. De Leo

Lit.: IP X, 93 – N. Kamp Kirche und Monarchie im stauf. Kgr. Sizilien II, 1975, 809 – P. De Leo, Un feudo del mezzogiorno in età sveva: Bisignano, 1981.

Biskaya (Biscaya; span. Vizcaya), westlichste der →Bask. Prov. mit eigenständigem bask. Dialekt, erstreckt sich entlang der Atlantikküste (Golf von B.), umfaßt einen Teil des Kantabr. Gebirges (*biskai* ist vermutlich eine Doublette zu *bizcar* 'Rückgrat, Gebirgskamm'). – Im 11. Jh. wurde B. dem navarres. Kgr. von Sancho dem Gr. angeschlossen. Es bewahrte in den Kämpfen zw. Navarra, Aragón und Kastilien eine gewisse Autonomie; schließlich kam es unter kast. Oberhoheit. Um 1236 verlieh Diego Lopez II. aus dem Hause →Haro als Senior der Stadt Bermeo, die nun Haupthafen des Gebietes war, einen →fuero (Stadtrecht). Die Belebung des Seehandels am Anfang des 14. Jh. fand ihren Ausdruck in der Errichtung der Häfen Plencia (1299) und Bilbao (1300) durch Diego Lopez IV. v. Haro: Beide Hafenstädte gingen aus kleinen Siedlungen um Kl. hervor. Sie waren mit weiträumigen ländl. Territorien ausgestattet, die die Nahrungsmittel- und Holzversorgung sicherten; die Bewohner des Territoriums partizipierten am fuero, der denjenigen v. Logroño zum Vorbild hatte. Die Hafenstädte besaßen neben anderen Privilegien bes. das Recht zum →Walfang. Von nun an sicherte der zunehmende Handel mit span. Wolle (→Wolle, Wollhandel) den Wohlstand, bes. von Bilbao, dem um 1301 Kg. Ferdinand IV. v. Kastilien Zollfreiheit im gesamten Kgr. verlieh. Eine 1489 bezeugte confraternitas von Kaufleuten aus Bilbao geht vielleicht auf das 14. Jh. zurück. 1415 bildeten die Kaufleute aus Bilbao eine Gilde in Brügge, über welche sie ihre hauptsächl. Geschäfte abwickelten: Export von Wolle und Eisen (→Eisen, -gewerbe, -handel) sowie, als Güter von sekundärer Bedeutung, Früchte, →Reis und (seit der Mitte des 15. Jh.) →Zucker von den →Kanar. Inseln; Import von Tuchen und Leinwand. Die bask. Seefahrer, bes. die Biskayer, drangen auch ins Mittelmeer ein. Ihre außergewöhnl. erfolgreiche maritime Tätigkeit rief eine starke Konkurrenz zw. Bilbao und →Burgos hervor.

Rechtl. und verfassungsmäßig sind in B. die *villas,* mit Privilegien versehene Siedlungen, von der *tierra llana,* dem flachen Land mit örtl. Gewohnheitsrechten, zu unterscheiden. Sie schickten Delegierte zu den Ständeversammlungen, den *Juntas generales,* welche seit dem 15. Jh. alle zwei Jahre unter der berühmten Eiche von Guernica zusammentraten. Der Kg. v. Kastilien wurde durch einen →*Corregidor* und dessen Vertreter repräsentiert. Die Biskayer zahlten keine Abgaben an die Krone, hatten aber Militärdienst zu leisten.

Ph. Wolff

Lit.: M. Sarasola, Vizcaya y los Reyes Católicos (1455–78), 1950 – J. Heers, Le commerce des Basques en Méditerranée au XVe s., Bull. Hispanique 57, 1955, 292–324 – J. A. Garcia de Cortazar, Vizcaya en el siglo XV, 1965 – E. Fernandez de Pinedo, Crecimiento económico y transformaciones sociales del Pais Vasco, 1100–1850, 1974 – vgl. auch den Sammelbd. Hist. del pueblo vasco, 1978.

Biskupasögur (Bischofssaga). Man zählt hierher jene isländ. Prosatexte (→Altnord. Lit., →Saga), die sich vorwiegend mit den ma. Bf.en der beiden isländ. Bm.er →Skálholt und →Hólar (gegr. 1056 und 1106) befassen, darüber hinaus aber auch ein Werk wie die »Kristni saga«, in deren Mittelpunkt die Bekehrung →Islands zum Christentum steht. In der »Hungrvaka« ('Hungerweckerin') wird ein Überblick über die Gesch. von Skálholt von den Anfängen bis 1178 in Form von Kurzbiographien der einzelnen Bf.e gegeben. Anekdotenhafte Kurzerzählungen (*þættir*) sind über Ísleifr Gizurarson, den ersten Bf. v. Skálholt, und über Jón Halldórsson (Skálholt 1322–39) überliefert. Eine gattungsmäßige Einheit bilden die B.

nicht. Auch die umfangreichen Bischofsviten unterscheiden sich stark voneinander. Man kann zwei Gruppen unterscheiden: die eine, deren Held ein als Hl. verehrter Bf. ist, ist wesentl. geprägt von der Gattung →Legende, die andere, in der das öffentl. Wirken der Bf. e im Vordergrund steht, kann man als hist. Biographien bezeichnen, obwohl sich auch in ihnen legendenhafte Elemente finden. Am Anfang der Entwicklung steht der legendar. Typus: 1199 wurde Bf. Þorlákr v. Skálholt (1178-93) und ein Jahr später Jón Ögmundarson von Hólar (1106-21) vom →Allthing heiliggesprochen (→Heiligsprechung). In Zusammenhang damit entstanden Mirakelsammlungen und Heiligenviten, die verschiedene, z. T. stark voneinander abweichende Bearbeitungen erfuhren. Wie in der Historiographie und in der Literatur um die beiden Olafe (→Olaf, →Konungasögur) führt auch hier die Entwicklung vom Latein zur Volkssprache. Über Þorlákr sind lat. Fragmente überliefert, und die Fassung B der »Jóns saga« beruft sich im Prolog auf eine von Gunnlaugr Leifsson verfaßte lat. Arbeit. Die Richtigkeit dieser Angabe wurde neuerdings bestritten. Früher neigte man dazu, in Hólar bzw. dem Benediktinerkloster Þingeyrar den Ursprung dieser Gattung zu sehen, heute räumt man eher Skálholt den Vorrang ein. Die »Jóns saga« stellt sich dann als eine durch das Konkurrenzverhältnis der beiden Bm. er beeinflußte Antwort auf die »Þorláks saga« dar (KOPPENBERG). Das älteste Beispiel der Gruppe der hist. Bischofsbiographien ist die Saga über Pál von Skálholt (1195-1211), den Neffen und Nachfolger Þorláks, in dessen Amtszeit die älteste »Þorláks saga« entstand, der wenig später als eine Art Einleitung die »Hungrvaka« (ca. 1215) folgte. Während Þorlákr sich entschieden für die Durchsetzung des kanon. Rechts einsetzte und so die lange Periode der Auseinandersetzungen zw. Kirche und Staat auf Island einleitete, war Pál, selbst Angehöriger der Häuptlingsschicht, eine »konservative« und »liberale« Persönlichkeit. Die Saga über ihn scheint gerade diese Züge (in bewußtem Gegensatz zur »Þorláks saga«?) bes. hervorzuheben. Die Auseinandersetzungen mit den Häuptlingen erfüllen das Leben von Guđmundr Arason, Bf. v. Hólar 1203-37, der schon zu seinen Lebzeiten vielfach als Hl. verehrt wurde. Die Sagas über ihn nehmen eine Mittelstellung zw. den beiden Gruppen ein. Die sog. Prests saga behandelt die Jahre bis zu seiner Bischofsweihe in streng chronolog. Anordnung des Stoffes; sie wurde in die große Kompilation der →Sturlunga saga aufgenommen. Die Bischofsjahre Guđmunds werden (wahrscheinl. unter Heranziehung einer älteren Saga) in der »Íslendinga saga« von →Sturla Þórđarson behandelt. Die jüngste Saga über Guđmund, von der es auch eine lat. Fassung gab, stammt von Abt Arngrímr Brandsson († 1361). Sie ist ganz geprägt von der Hagiographie und steht im Dienste der (vergebl.) Bemühungen, Guđmund zu kanonisieren. Die Saga über Árni Þorláksson (Skálholt 1269-98), die auch Briefe und Urkunden heranzieht und v. a. über die Schlußphase des Konflikts zw. Kirche und Staat berichtet, und die Saga über Laurentius Kálfsson (Hólar 1324-31) stellen unsere wichtigsten kirchen- und landesgeschichtl. Quellen für die betreffenden Zeitabschnitte dar. Obwohl die Bedeutung dieser Sagas v. a. in ihrem hist. Quellenwert liegt, finden sich in ihnen auch meisterhaft erzählte Episoden. Den legendar. B., in denen sich hagiograph., historiograph. und sagamäßige Darstellung miteinander verbindet, kommt ein wesentl. Anteil an der Entwicklung der isländ. Prosaliteratur des 13. Jh. zu. O. Gschwantler

Ed. und Übers.: Biskupa sögur, gefnar út af hinu íslenzka bókmentafélagi, I–II, 1858–78 – Byskupa sǫgur, udg. af Jón Helgason, I, 1938; II, 1978 (Ed. Arnamagnænæ 13) – Einige B. bzw. Teile daraus sind ins Dt. übers. in Thule 23, 24 – *Lit.*: HOOPS² III, 40 ff. – Vgl. die Artikel zu den einzelnen B. in KL – F. PAUL, Historiograph. und hagiograph. Tendenzen in isländ. Bischofsviten des 12. und 13. Jh., Skandinavistik 9, 1979, 36–46 – P. KOPPENBERG, Hagiograph. Stud. zu den B. unter bes. Berücksichtigung der Jóns saga helga, 1980.

Biskupec, Nicolaus, bedeutender hussit. Theologe, * ca. 1380, † nach 1453, aus Pelhřimov, wurde 1420 zum Ältesten der Priester v. Tabor (→Taboriten) gewählt. Er war ein scharfer Gegner der taborit. Chiliasten (P. Kániš) und brach auch die Freundschaft mit P. →Chelčický ab. Auf dem Konzil v. Basel verteidigte B. das hussit. Programm. Als sich die Stadt Tabor →Georg v. Poděbrad anschloß (1452), wurde B. mit anderen Priestern ins Gefängnis nach Poděbrady geführt, wo er starb. J. Schwarz

Ed.: K. HÖFLER, Geschichtsschreiber der hussit. Bewegung in Böhmen II, 1865, 475–820 – *Lit.*: J. DOBIÁŠ, Dějiny Pelhřimova I, 1927, 379 ff.; III, 2, 1954, 407–424 – A. MOLNÁR-F. M. DOBIÁŠ, Mikuláš z Pelhřimova, Vyznání a obrana táborů, 1972, 13–68.

Biskupin, Siedlungskammer in →Großpolen, ausgezeichnet erforscht. Am bekanntesten ist ein mehrphasiger Lausitzer Burgwall auf einer ehemaligen Insel, dessen Innenbebauung keine soziale Gliederung erkennen läßt. Die planmäßige Anlage und der große Arbeitsaufwand beim Bau sind aber nur unter einer straffen Herrschaftsorganisation möglich. Neben den Fragen der gesellschaftl. Gliederung (Urgesellschaft, Stammesaristokratie usw.) interessiert hier bes. der Versuch, eine Kontinuität vom Lausitzer Burgwall bis hin zu den an derselben Stelle errichteten frühma. Wehranlagen nachzuweisen. Der Ausgräber nimmt an, daß sich im 3./4. Jh. ein »Zentrum eines gewissen opolehaften Territoriums« gestaltet. JAŻDŻEWSKI stellt fest, daß »aus dem bekannten Biskupin . . . kein kaiserzeitl. Material vorhanden ist«. Die frühma. Befestigung kann vor den Piasten nicht sicher einer Stammesorganisation zugewiesen werden, sie wird aber wohl eine wichtige Rolle in der frühen Phase des Piastenreiches gespielt haben. Im 11. Jh. wurde B. bfl. Besitz. R. Köhler

Lit.: Z. RAJEWSKI, Słow Star Słow I, s. v. B. [mit Lit.] – K. JAŻDŻEWSKI, Das gegenseitige Verhältnis slaw. und germ. Elemente in Mitteleuropa seit dem Hunneneinfall bis zur awar. Landnahme an der mittleren Donau, ArchPol 2, 1959, 51–70.

Bîspel, Kompositum aus *bî* 'bei' und *spel* 'Erzählung, Bericht' (vgl. engl. *gospel*), dem Wortsinn nach eine Erzählung, die nicht für sich gültig ist, sondern etwas anderes illustriert (DE BOOR). Im Mhd. in allgemeiner Verwendung eine sprachl. Äußerung, die bildhaft verstanden werden soll (z.. Sprichwort, Vergleich, vgl. etwa Wolfram, Parzival 1, 15), dann v. a. belegt als unsystemat. verwendeter Oberbegriff für alle auf Auslegung ausgerichteten erzählenden Kurzformen (z. B. Gleichnis, →Exempel, →Fabel, →Märe), auch dort, wo sie als didakt. Belegstücke in größere Werke eingefügt sind (so bei →Thomasin v. Zirclaere, →Hugo v. Trimberg). Durch definitor. Eingrenzung wird versucht, aus der weiten mhd. Bedeutung einen präzisierten Gattungsbegriff zu gewinnen: eine in Reimpaarversen abgefaßte zweiteilige Form von beschränktem Umfang, die in Erzählung oder Bericht Illustrationsmaterial vorführt, das im anschließenden Auslegungsteil gedeutet wird.

In diesem Sinne erscheint das B. in der dt. Lit. zum ersten Mal beim Stricker (Mitte 13. Jh.), der zugleich der wichtigste B.-Autor bleibt. Seine B. illustrieren sowohl geistl. Lehrsätze wie die Normen einer weltl. Verhaltenslehre; als Material verwendet er ebenso theol. Sachverhalte wie fiktive Erzählabläufe und (tatsächl. oder tradierte) Beobachtungen aus der Natur (Tierbîspel). Nachfolge findet er in zahlreichen anonymen B.n, die dem Überlieferungsverband seiner didakt. Werke eingegliedert werden. Auch Autoren wie→ Boner und → Suchenwirt verwenden das B., v. a. aber → Heinrich der Teichner, für den es ein zentrales Darstellungsmittel ist. In die Sangspruchdichtung übertragen wird es insbes. durch Michael → Beheim.

K. Grubmüller

Ed.: A. LEITZMANN, K. EULING, G. ROSENHAGEN, Kleinere mhd. Erzählungen, Fabeln und Lehrgedichte, I–III, 1904, 1908, 1909 (DTMA 4, 14, 17) – U. SCHWAB, Die bisher unveröffentlichten geistl. Bispelreden des Strickers, 1959 – H. DE BOOR, Über Fabel und B., 1966 (SBA. PPH 1966, 1) – U. SCHWAB, Der Stricker. Tierbispel, 1968² (ATB 54) – H. FISCHER, Stud. zur dt. Märendichtung, 1968, 59–61, 79–86 – K. GRUBMÜLLER, Meister Esopus, 1977, 32 f., 46.

Biß → Trense, → Kandare

Bisset, schott.-ir. Adelsfamilie norm. Abstammung, aus dem Pays de Caux; gelangte während der Regierungszeit Wilhelms d. Löwen (1165–1214) nach Schottland. Landbesitz in Galloway. 1242 appellierte *Walter B.* erfolglos bei Kg. Heinrich III. v. England und forderte die Rückgabe seines Lehens, das ihm wegen Mordes an Patrick, Earl of Athol, einem anderen Adligen aus Galloway, entzogen worden war. 1301 führte der Schotte Magister *Baldred B.* für Schottland gegen England gerichtete Verhandlungen mit dem Papst. 1305 übertrug Eduard I. v. England die Burg → Stirling an Walter Bisset.

D. Durkin

1242 flohen der gen. Walter B. und sein Neffe *John,* die in Schottland wegen Mordes angeklagt waren, nach Irland; sie erhielten hier Grundbesitz im heut. County Antrim, der die Insel Rathlin einschloß. Als tatsächl. Oberherren (*lords*) der Glens of Antrim spielte die Familie B. in Ulster und – in geringerem Maße – im westl. Schottland eine aktive polit. Rolle. Als → Robert I. Bruce, Kg. v. Schottland, im Winter 1306–07 auf Rathlin Zuflucht fand, geschah das mit stillschweigender Duldung von *Hugh Bisset*, John Bisset begleitete → Eduard (Edward) Bruce bei seinem Irlandfeldzug (1315). Hugh schloß sich den Schotten an und verlor 1318 seinen Landbesitz. Von einer jüngeren Linie, welche die gäl. Sprache annahm und sich MacEoin nannte, ging die Oberhoheit über die Glens durch Heirat an die schott. MacDonnels über. J. F. Lydon

Lit.: E. CURTIS, Hist. of medieval Ireland, 1920 [Nachdr. 1968] – G. H. ORPEN, Ireland under the Normans, III–IV, 1938 – G. W. S. BARROW, The Kingdom of the Scots, 1973.

Bissolo, Ardighino, gen. *Bellino*, Mailänder Grammatiklehrer, lebte um die Mitte des 13. Jh. Sein Geburtsort geht aus dem »incipit« seines »Liber legum moralium« hervor, sein Beruf aus einem Zitat von → Geremia da Montagnone, der im »Compendium moralium notabilium« B. als eine seiner Quellen angibt und ihn »Bellinus doctor grammaticus« nennt. Das einzige sichere Datum seines Lebens erscheint in einer Notariatsurkunde des Jahres 1262, in der »Ardighinus, qui dicitur Bellinus, fil. emancipatus Ser Arderici Bisoli« einem Mailänder Mitbürger ein Gebäude im Viertel Pescaria verkauft. Die Tatsache, daß B. zu diesem Datum »emancipatus« genannt wird, spricht dafür, daß er vor 1242 geboren wurde. B. sind drei Werke zuzuschreiben. Das »Speculum vite«, das umfassendste und persönlichste Werk, in zwei Teilen von insgesamt 986 eleg. Distichen, enthält außer zwei Prologen und zwei Epilogen 21 »Exempla«. Die Quellen für diese Erzählungen reichen von der Hl. Schrift über die moralisierende Lit. des MA und die Novellistik bis zum Zeitgeschehen. Das neunte »exemplum« des zweiten Teils, »De Azolino et Albrico de Romano« gestattet uns, chronolog. Daten für das gesamte Werk festzusetzen: »terminus post quem« 1259 für die Beschreibung der von Ezzelino und Alberico da → Romano begangenen Grausamkeiten in der trevisan. Mark, und die Schilderung ihres Todes; den »terminus ante quem« bildet 1277, das Jahr der Machtergreifung der → Visconti, die in dem Werk nicht erwähnt wird, während auf die vorhergegangenen inneren Machtkämpfe in → Mailand und die vier Faktionen, die sich die Gunst des Volkes streitig machten, angespielt wird. Der »Liber legum moralium«, der aus einem Prolog, zehn Kapiteln und einem Epilog besteht und insgesamt 525 Distichen umfaßt, behandelt unter moral.-lehrhaftem Gesichtspunkt einige Themen von weitgespanntem Interesse, wie die Wahl der Ehefrau, die Erziehung der Kinder, das Verhalten der Kleriker usw. Ähnlich didakt. Inhalt weist der »Libellus de regimine vite et sanitatis« (96 Distichen) auf, der diätetische und hygien. Vorschriften enthält, die v. a. aus eigener Erfahrung stammen. Ein Vergleich mit dem berühmten Lehrgedicht »De regimine sanitatis« der Schule v. → Salerno, führt zu dem Schluß, daß B.s Werk davon unabhängig ist, obwohl der Stoff zum großen Teil gleich ist. B.s Werke stellen uns sicher nicht vor das Problem, darin große Dichtkunst suchen zu wollen, und auch die Sprache, die auf der Grundlage des »ornatus facilis« basiert, ist ziemlich schlicht, auch wenn rhetor. Kunstmittel nicht fehlen, die ihn »grammaticus« kennen mußte. Im Rahmen der kulturellen Bestrebungen, die in der gleichen Periode in N-Italien wirksam waren, muß man auch B., dessen Werke erst kürzlich ans Licht gekommen sind, neben → Bonvesin de la Riva, Girardo Patecchio und → Giacomino da Verona, einen gebührenden Platz in der Lit. einräumen. Von den vier bis jetzt bekannten Codices, in denen B.s Werke enthalten sind, ist der älteste und wichtigste der Cod. Can. lat. class. 112 der Bodleiana in Oxford. V. Licitra

Ed. und Lit.: V. LICITRA, Il »Liber legum moralium« e il »De regimine vite et sanitatis« di B. B., StM 3ª ser. VI, 2, 1965, 409–454 – DERS., Lo »Speculum vite« di B. B., StM 3ª ser. VIII, 2, 1967, 1087–1146 – DBI X, 703 f. – F. NOVATI, Di B. B., ignoto poeta milanese del sec. XIII e del suo »Speculum vitae« recentemente ritrovato, Rend. del R. Ist. lombardo di Scienze, Lettere e Arti, s. 2, XXIX, 1896, 904–912 – DERS., Attraverso il Medio Evo, 1905, 199–200, 204–209 – L. SUTTINA, Un nuovo manoscritto dello »Speculum vitae« di B. B. (Stud. zur lat. Dichtung des MA. Ehrengabe K. STRECKER, 1931), 184–192 – R. WEISS, B. B., poeta milanese del Duecento, Arch. stor. lombardo 74, 1947, 33–47 – DERS., La biografia di B. B., poeta milanese del Duecento, ebd. 77, 1950, 263–264.

Bisticci, Vespasiano da, berühmtester Buch- und Handschriftenhändler (*cartolaio*) des it. Humanismus, *1421, † 27. Juli 1498, stammte aus dem Volk und besaß nur oberflächl. Bildung. Sein florent. Scriptorium lieferte allen großen Sammlern seiner Zeit sehr sorgfältig hergestellte kalligraph. Exemplare, die oft mit Verzierungen und Miniaturen versehen waren. B. war Buchhändler und Freund von Cosimo de Medici, an dessen Hof er schon 1440 aufgenommen worden war, und von Tommaso da Sarzana (dem späteren Papst Nikolaus V.); er zählte zu seinen Kunden außer den → Medici (bes. Piero und Giovanni, die Söhne von Lorenzo) auch den Hzg. v. Urbino, Federico da → Montefeltro, die Familien → Aragón und → Este, Lodovico → Gonzaga, → Matthias Corvinus und → Janus Pannonius. Seine Buchhandlung, die neben dem Palazzo del Podestà lag, war der Treffpunkt aller Literaturfreunde, der Leute, die Codices erwerben und derjenigen, die in Kontakt mit den florent. Humanisten kommen wollten. Nachdem der Buchhandel sich nicht zuletzt durch die Erfindung des Buchdrucks einschneidend verändert hatte, übergab B. 1480 seine Firma und zog sich auf das Land in seine Villa L'Antella zurück; nach 1482 begann er mit seinem berühmtesten Werk: »Vite di unomini illustri del secolo XV«. Er beabsichtigte damit, aufgrund persönl. Erinnerungen und vertrauenswürdiger Zeugnisse, das Andenken der großen Persönlichkeiten seiner Zeit für die Nachwelt zu bewahren. Damit trug er in bes. Maße dazu bei, das verbreitete Bild des Quattrocento mit seinen Humanisten, Mäzenen und großen auf die Antike ausgerichteten Bibliotheken erstehen zu lassen, wobei er Papst Nikolaus V. als idealen Mittelpunkt dieser kulturellen Bestrebungen darstellte. Unter seinen Werken sind ferner »Il Libro delle lodi e commendazioni delle donne«, »Lamento d'Italia per la presa d'Otranto fatta dai Turchi nel 1480« und seine umfangreiche Briefsammlung erwähnenswert. G. Busetto

Ed.: Il libro delle lodi e commendazioni delle donne, ed. L. SORRENTO, 1910 – G. M. CAGNI, V. da B. e il suo epistolario, 1969 – Le vite, ed. A. GRECO, 2 Bde, 1970–77 – *Lit.*: V. ROSSI, Il Quattrocento, 1960⁸, 36 f., 191–192, 214, Suppl. bibliogr. p. XI – E. GARIN, La letteratura degli umanisti (Storia della letteratura italiana, III: Il Quattrocento e l'Ariosto, 1966), 106–107, 340 – A. TARTARO, La letteratura volgare in Toscana (La letteratura italiana: storia e testi, III: Il Quattrocento: l'età dell'Umanesimo I, 1971), 287, 294 – CH. BEC, Pour une relecture de V. da B., Rév. des études italiens, NS XVII, 1971, 208–215 – G. M. CAGNI, Agnolo Manetti e V. da B., Italia Medievale e Umanistica XIV, 1971, 293–312 – A. GRECO, Alla scoperta delle bibl. umanistiche con V. da B., Accad. e bibl. d'Italia XLII, 1974, 187–200.

Bistriţa, moldauisches Kl., von →Alexander I. d. Guten (6. A.) gegr. und reich mit Domänen und verschiedenen feudalen Einkünften ausgestattet. Der Bau der Klosterkirche wurde spätestens 1407 vollendet; im 16. Jh. ist B. von den Fs.en Peter Rareş und Alexander Lăpuşneanu völlig umgebaut worden. Fsl. Hof und Grablege Alexanders d. Guten und mehrerer Mitglieder der moldauischen fsl. Dynastie im 15. Jh. Zur Zeit Alexanders d. Guten und seiner nächsten Nachfolger hat B. eine wichtige Rolle im geistl. und kulturellen Leben der Moldau gespielt. In B. wurde das Seelenmessenregister (*Pomelnic*) verfaßt und aufbewahrt, in welchem die Namen sämtl. Fs.en der Moldau, von →Bogdan I. bis Peter Rareş, ihrer moldauischen und ausländ. Verwandten sowie diejenigen der wichtigsten Persönlichkeiten der Geistlichkeit und des Bojarenstandes eingeschrieben wurden. Bestritten wird, ob in B. auch die erste Fassung der »Moldauischen Annalen« entstanden ist. S. Papacostea

Lit.: D. P. BOGDAN, Pomelnicul mânăstirei Bistriţa, 1941 – R. THEODORESCU, Mănăstirea Bistriţa, 1966.

Bistum

I. Begriff – II. Errichtung des Bistums – III. Organisation des Bistums.

I. BEGRIFF: Das frühe Christentum war eine Religion der Städte, die ersten Zentren einer kirchl. Verwaltung bildeten die röm. civitates. Im Verlauf des 2. Jh. gelang es den Bischöfen zunehmend, die führende Position in diesen Kirchen einzunehmen. Mit der Ausbreitung des Christentums wurden auch kleinere städt. Siedlungen zu Bischofssitzen. Die ältere Bezeichnung für den Sprengel war gr. παροικία, lat. parochia. In der afrikan. Kirche (Synode v. Karthago 390) wurde auch das lat. Wort diocesis verwandt, obwohl es in der röm. Zivilgerichtsbarkeit eine ganz andere territoriale Bedeutung hatte (→Diözese). Bis ins 12. Jh. wurden beide Begriffe synonym verwandt; erst während des 13. Jh. entwickelte sich diocesis (Diözese) zum gebräuchl. Wort für das B. in der Westkirche. In den päpstl. Quellen des 12. Jh. erscheinen für B. auch nebeneinander civitas und ecclesia (TOUBERT).

II. ERRICHTUNG DES BISTUMS: Als sich die institutionalisierte Kirche in der Spätantike ausbreitete, entstanden B.er auf verschiedene Weise. In einigen Teilen des Röm. Reiches, bes. in Italien und Afrika, kam es zur Ausbildung einer Vielzahl von B.ern in verhältnismäßig kleinen städt. Siedlungen. Deshalb wurde bald gefordert, Bf.e sollten ihre Sitze nur in wichtigen städt. Zentren haben (Konzil v. →Sardika [Sofia] 343). Gegen Ende des 4. Jh. hatte Italien etwa 80 B.er, um 600 war die Zahl auf etwa 200 angestiegen (FEINE). In Nordafrika gab es schon in der Mitte des 3. Jh. etwa 87, auf der Synode v. Karthago (411) waren 286 kath. Bf.e anwesend. In der Ostkirche standen den weniger bedeutenden Bischofssitzen auf dem Land die →Chor- oder Landbischöfe vor, die von den Stadtbischöfen zu unterscheiden sind. Den Chorbischöfen verboten die Konzilien v. Ankyra (314) und Antiocheia (329?) die selbständige Weihe von Presbytern, sie verschwanden bis zum 8. Jh. in der Ostkirche. Im Westen gelang es den Chorbischöfen, die erst seit dem 8. Jh. als Helfer des Bf.s häufiger auftraten, zunächst ihre Stellung auszuweiten. Die deshalb angegriffene Institution des Chorbischofs verschwand im HochMA fast völlig. Nördl. der Alpen war die Zahl der B.er wesentl. geringer, da sie erst vom Papst oder von Metropoliten gegründet wurden. Die Metropoliten und die ihnen unterstehenden Bf.e entschieden im FrühMA noch gemeinsam über die Errichtung, Vereinigung oder Teilung von Bistümern. Schon sehr früh begannen jedoch die Päpste, sich die Gründung neuer B.er in Missionsgebieten vorzubehalten. So beschreibt →Beda Venerabilis den Plan Papst Gregors d. Gr., in England B.er zu errichten. 601 beauftragte er →Augustinus v. Canterbury (2. A.), zwölf neue B.er zu gründen, und übersandte ihm das →Pallium. Ebenso verfuhr Papst Gregor II. (716), als er seinem Legaten →Willibrord befahl, drei oder vier B.er in Bayern zu errichten. Papst Gregor III. (732) erteilte dem hl. →Bonifatius den allgemeinen Auftrag, die frk. Kirche zu reorganisieren. Neue Bf.e wurden »ex nostra vice« ernannt. Später behielt sich das Papsttum grundsätzl. das Recht zur Schaffung v. B.ern vor. Papst Urban II. bekräftigte 1092 die Forderung Gregors VII. (Dictatus papae), daß es das ausschließl. Recht des röm. Papstes sei, neue B.er zu errichten: »Solius etenim Apostolici est episcopatus coniungere, coniunctos disiungere, aut etiam novos construere« (JAFFÉ 5473). Daraus wurde im späteren kanon. Recht ein päpstl. Privileg.

III. ORGANISATION DES BISTUMS: Die B.er der frühen Kirche waren so organisiert, daß den Bf.en der größeren Städte, den →Metropoliten, die der kleineren Gemeinden unterstellt waren. Im 4. und 5. Jh. wurden die B.er zu Kirchenprovinzen zusammengefaßt (in der Ostkirche zu →Eparchien), die von einem Patriarchen (bzw. →Exarchen) geleitet wurden. Die innere Organisation der B.er beruhte hauptsächl. auf den Ortskirchen, den ecclesiae oder plebes baptismales, wo an Sonn- und Feiertagen der Hauptgottesdienst gehalten und zu Ostern und Pfingsten die Taufe gespendet wurde. Diese Kirchen nannte man in Südeuropa Taufkirchen, in Nordeuropa Pfarrkirchen; sie haben sich aus verschiedenen Wurzeln entwickelt, und dementsprechend vielfältig sind ihre Erscheinungsformen (→Pfarrwesen).

Für die wachsenden chr. Gemeinden errichteten Bf.e, Äbte und Laien Kirchen, deren Verwaltung sie Priestern, Erzpriestern usw. übertrugen. Als sich das Eigenkirchenwesen immer mehr durchsetzte (8.–10. Jh.), schwand zugleich die Hoffnung auf eine einheitl. Verwaltung der Ortskirchen im Rahmen der Diözesen. Institutionelle Gleichheit wurde hier erst in der frühen NZ erreicht. Seit dem FrühMA, insbes. seit dem 9.–11. Jh., bildete sich in vielen B.ern das Amt des →Archidiakons mit starker Eigenständigkeit heraus; die Unterteilung der B.er in Archidiakonate behielt während des gesamten MA große Bedeutung. Als Vertreter des Bf.s war der Archidiakon in seinem Jurisdiktionsbereich für die bfl. Rechtsprechung verantwortlich. Später erhoben die Archidiakone sogar den Anspruch auf eine jurisdictio ordinaria, nicht delegata. Innerhalb der Diözesanhierarchie gewann im Hoch-MA auch ein anderes Amt an Bedeutung, das des bfl. →Offizials. Der Offizial vertrat den Bf. bei Gericht und in dessen Abwesenheit. Als bfl. Vertreter für die Verwaltungsaufgaben ist auch der →Generalvikar zu nennen. Allgemeingültige Feststellungen über Titel und Funktionen der verschiedenen Diözesanämter lassen sich jedoch nicht treffen, da sie in den einzelnen Kirchen Westeuropas stark differieren. →Bischof, -samt; →Kurie, bfl.; →Sendgericht; →Kapitel; →Bischofsstadt; →Landesherrschaft, geistl.; →Kathedralklöster; →Visitation; vgl. zu den nationalen und regionalen Besonderheiten die kirchengesch. Abschnitte in den einzelnen Länderartikeln.

K. Pennington

Lit.: FEINE – DDC IV, 1257–1267; VI, 1234–1248 – H. NOTTARP, Die Bistumserrichtung in Dtl. im achten Jh., 1920 – F. LANZONI, Le diocesi d'Italia dalle origini al principio del secolo VII, 1927 – G. FORCHIELLI, La pieve rurale, ricerche sulla storia della costituzione della chiesa in Italia e particolarmente nel veronese, 1938 – A. H. THOMPSON, Diocesan organization in the MA, PBA 29, 1943, 153–194 – R. BRENTANO, Two churches; England and Italy in the thirteenth century, 1968 – Atlas zur Kirchengesch., hg. H. JEDIN u. a., 1970 – P. TOUBERT, Les structures du Latium médiéval, 1973.

Biterolf und Dietleib, mhd. Heldenroman eines unbekannten Verfassers, 13 510 Reimpaarverse, entstanden wohl Mitte/Ende des 13. Jh. vielleicht in der Steiermark, überliefert nur im sog. »Ambraser Heldenbuch« (Nationalbibl. Wien, Cod. Ser. Nova 2663) vom Beginn des 16. Jh. Das Werk handelt von den Jugendabenteuern D.s, eines der berühmtesten Helden aus der Umgebung →Dietrichs v. Bern: Suche nach dem verschollenen Vater B., Kg. v. Toledo, den er am Hof des Hunnenkönigs →Etzel findet; im Kreis der Etzelhelden Rachezug gegen die Burgunden nach Worms, die ihn auf seinem Suchritt angegriffen hatten; am Ende werden B. und D. von Etzel mit der Steiermark beschenkt. – Für ein lit. versiertes Publikum kunstfertig aus vorgegebenen Erzählmustern montiert, eine Art romanhaft arrangiertes Inventar bekannter Motive, Gestalten und Fabeln der mhd. Heldendichtung, dokumentiert es die freie Verfügbarkeit lit. Traditionen als zeit- und gattungstyp. Erscheinung.

J. Heinzle

Ed.: O. JÄNICKE, Dt. Heldenbuch I, 1866 [Neudr. 1963] – Lit.: Verf.-Lex.² I, s. v. [Bibliogr.] – F. V. SPECHTLER, B. und D., Dt. Heldenepik in Tirol, hg. E. KÜHEBACHER, 1979, 253–274.

Bithynien (Bithynia), röm. Prov. im nw. Kleinasien (seit 74 v. Chr.), die das ursprgl. Reich der bithyn. Kg.e umfaßte. Wichtigste Siedlungen waren die alte Königsstadt Nikomedeia, Zelea, Amisos, Sinope; große Teile des Landes waren ksl. Domäne. Bereits unter Mark Aurel verkleinert, wurde B. unter Diokletian neu geteilt, so daß die Prov. im wesentl. wieder das ursprgl. Gebiet zw. Sangarios und Rhyndakos umfaßte. Diokletian residierte in Nikomedeia. Auf Schädigung durch germ. Invasionen im 3. Jh. folgten ruhige Jahrhunderte. Im 4. Jh. unterstand die Prov. vorübergehend der Appellationsinstanz des Praefectus urbi von Konstantinopel, zur umfassenden Getreide-Coemption von 545 vgl. Novell. Iust. 118 ff. Im 7. und 8. Jh. wurde infolge der byz. Feldzüge auf der Balkanhalbinsel eine große Zahl von Slaven nach B. verbracht, die meisten als →Stratioten angesiedelt. Dadurch erfolgte eine Stärkung des byz. Heeres und eine wirtschaftl. Regeneration des durch feindl. Einfälle verwüsteten Landes.

G. Wirth

Bes. Bedeutung erhielt B. durch die ökumen. Konzilien v. →Nikaia (I 325; II 787) und →Chalkedon (451). Eine wichtige Rolle spielte B. in der Geschichte des byz. Mönchtums (hl. Auxentios und der nach ihm später benannte Auxentiosberg) und bes. im Bilderstreit (hl. →Stephanos d. J., Verteidiger und »Märtyrer« der hl. Bilder unter Konstantin V., † 764). Nikaia war nach der Eroberung Konstantinopels im 4. Kreuzzug (1204) Zentrum des Widerstands gegen das lat. Kaiserreich und Ausgangspunkt für die Restauration des Byz. Reiches (1261). – Im I. Viertel des 14. Jh. wurde B. von den Türken erobert.

H. M. Biedermann

Lit.: DHGE IX, 20–28 – KL. PAULY I, 908–911 – RE II, 507–539 – OSTROGORSKY, Geschichte³, 98, 108 – R. JANIN, La Bithynie sous les Byzantins, EO 20, 1921, 168–182, 301–319 – P. CHARANIS, The Slavic Element in Byzantine Asia Minor in the 13th Cent., 1948, 69–83 – D. MAGIE, Roman Rule in Asia Minor I, 1950, 302 ff. – P. CHARANIS, The Transfer of Population as a Policy in the Byzantine Empire, Comparative Stud. in Society and Hist., 1961, 140–154.

Biti → Urkunde, -nwesen

Bitolj (Bitola, Μοναστήρι, akslav. *obitěl*), Stadt in Makedonien. B. liegt an der Stelle des röm. Heraclea Lyncestis, einer wichtigen Station an der Via Egnatia. Heraclea wurde 518 vom Erdbeben zerstört. Die heut. Stadt ist eine ma. slav. Gründung, wie aus dem Namen zu erkennen ist, eine klösterl. (akslav. *obitěl* 'Kloster'). Erstmals erwähnt wird B. 1014 als Sitz eines Bistums. 1015–16 wurde die Festung von B., die während der bulg.-byz. Kämpfe gelitten hatte, vom neuen bulg. »Selbstherrscher« (*samodŭržec*) Ivan Vladislav wieder instandgesetzt, wie eine erst 1956 aufgefundene Bauinschrift belegt. Da Ochrid bereits von den Byzantinern erobert worden war, dürfte B. damals für kurze Zeit Hauptstadt geworden sein. Nach 1018 byz., scheint die Stadt eine wirtschaftl. Blütezeit erlebt zu haben, denn Ebf. Wilhelm v. Tyrus, der 1168 in B. mit Ks. Manuel I. Komnenos zusammentraf, beschreibt es als eine reiche und bedeutende Stadt in Pelagonien. Unter Stefan Dušan (1331–55) serb., wurde B. 1382/83 von den Türken erobert (türk. Name: Manastir). Unter ihrer Herrschaft sollte es erst seinen wirkl. Aufschwung erleben.

P. Bartl

Lit.: J. ZAIMOV, Bitolski nadpis na Ivan Vladislav samodŭržec bŭlgarski, 1970 – Zur osman. Gesch. vgl. Mehmed Tevfik, Manastir vilâyetinin tarihçesi [gedr. in Manastir 1911].

al-Biṭrūǧī (lat. Namensform Alpetragius, Name von der Ortschaft Pedroches bei Córdoba abgeleitet), arab.-span. Astronom, lebte in der 2. Hälfte des 12. Jh. in Sevilla. B. ist der bedeutendste Vertreter des Aristotelismus in der Astronomie; er entwickelte ein auf den Vorstellungen von Avempace, Ibn Ṭufail und →Averroës beruhendes »antiptolemaisches« Planetensystem. B. legte seine Ideen im »Kitāb fī l-haiʾa« nieder, das sehr bald (1217) von Michael Scotus ins Lat. übersetzt wurde (»De motibus celorum circularibus«). Das Werk wurde 1259 von Mose ibn Tibbon auch ins Hebräische übersetzt, und diese Version ihrerseits von Kalonymus ibn David wieder ins Lat. übertragen. B. zeigt in diesem Werk Kenntnisse der Ideen von Ǧābir ibn Aflaḥ und Azarquiel; er führt darin die Vorstellung des Impetus (→Dynamik) in die Himmelsmechanik ein. B.s Ideen waren bei den europ. Wissenschaftlern des MA und der Renaissance weit verbreitet.

J. Vernet

Lit.: DSB XV, 33–36 [Lit.] – B. R. GOLDSTEIN, Al-Biṭrūǧī: On the Principles of Astronomy..., 1971.

Bitsch, Ort in Lothringen (Frankreich, Dép. Moselle). Die Burg B. (Bitche, Bites, Bytes), auf einem Plateau in den stark bewaldeten Nordvogesen gelegen, wird erstmals 1098 erwähnt, war aber bereits einige Jahrzehnte früher im Besitz des zweiten oberlothring. Herzogshauses (→Lothringen). Bei einer Erbteilung 1179 fiel B. dem jüngeren Friedrich zu, der sich zuweilen dux de B. nannte und dessen Sohn Friedrich II. das Hzm. Lothringen erbte.

In der folgenden Generation diente es wieder zur Ausstattung einer Sekundogenitur, die durch Heirat auch die Gft. →Blieskastel erhielt und mit Rainald v. B. 1274 ausstarb. Hzg. Friedrich III. v. Lothringen tauschte B. unter Vorbehalt seiner Lehenshoheit 1297 und 1302 mit den Gf. en v. →Zweibrücken gegen deren Besitz in Linder, Mörsberg und Saargemünd. B. wurde nun Sitz der Gf. en v. Zweibrücken-B., bis zu deren Aussterben i. J. 1570. Innerhalb ihres Territoriums bildete B. nur eine Herrschaft, deren Reichsunmittelbarkeit von Lothringen bestritten wurde. – Bei der Burg entstand eine kleine Siedlung, in der 1310 Lombarden bezeugt sind, und der Ks. Friedrich III. 1442 einen Wochenmarkt verlieh. Nach dem Dreißigjährigen Krieg erfolgte die Verlegung ins Tal. Die ma. Burg B. wurde 1681 von Vauban zur Festung ausgebaut.

H.-W. Herrmann

Lit.: J.G. Lehmann, Urkundl. Gesch. der Gft. Hanau-Lichtenberg 2, 1863, 179–406 – Das Reichsland Elsaß-Lothringen 3, 1901–03, 103–105 – Die alten Territorien des Bezirks Lothringen, 2. T., 1909, 244–281 – C. Pöhlmann, Abriß der Gesch. der Herrschaft B., 1911 – M. Parisse, La Noblesse Lorraine XIe–XIIIe s., 1976 – H.-W. Herrmann, Die Gft. Zweibrücken-B. (Gesch. Landeskunde des Saarlandes 2, 1977), 323–331.

Bittgebet → Gebet

Bittprozession, meist auf vorchr. Umgänge zurückgehende Prozessionen mit Bitt- und Bußcharakter, Litaniae gen. (von λιτή 'Bitte'). Während andere Termine bzw. Anlässe (z. B. Neujahr, Lichtmeß, Pfingstwoche, zur Pestabwehr) nur zeitweise bzw. regional beachtet wurden, blieben die wohl im 5. Jh. in Rom verchristlichten Litaniae maiores (m. = feierlich) am 25. April und die seit 470 an den drei Tagen vor Christi Himmelfahrt in Gallien gefeierten und um 800 von Rom übernommenen Litaniae minores (Bittwoche) bis heute erhalten. G. Langgärtner

Lit.: LThK^2 II, 518f. – RAC II, 422–429.

Bittschrift → Supplik

Bjarkamál (Bjarkilied), altnord. Heldenlied aus dem Sagenkreis um den Dänenkönig Hrólfr kraki, überliefert in 298 Hexametern einer lat. Paraphrase des →Saxo Grammaticus (um 1200), dazu in einigen altnord. Strophen, die in der Heimskringla des →Snorri Sturluson (Anfang des 13. Jh.) und in Hss. der →Snorra Edda, z. T. sicher fälschlich, unter dem Titel »B. en fornu« ('altes B.') zitiert werden, schließlich als Prosaerzählung in der Hrólfssaga kraka (14./15. Jh.). Das Lied schildert den Überfall auf den dän. Königssitz Hleiðra (Lejre) und den Tod des Kg.s in den Wechselreden, mit denen sich Hjalti und Bjarki anfeuern, bevor sie selbst zu Haupt und Füßen ihres toten Kg.s fallen. Als das Hohelied unbedingter Gefolgsmannenpflicht soll es – nach Zeugnissen des frühen 13. Jh. – vor der Schlacht v. Stiklastaðir, der Todesschlacht →Olafs d. Hl. (1030), rezitiert und dort wegen seiner zündenden Wirkung eine »húskarla hvǫt« ('Aufreizung der Gefolgsmannen') genannt worden sein. Die herrschende Meinung hält es – noch immer unter Olriks Einfluß – für eines der bedeutendsten und ältesten Heldenlieder im »eddischen« Stil, entstanden um 900. Aber die Dialogform spricht für geringes Alter, das Heldenbild ist typenhaft und die Sagenfabel äußerst dürftig. Überdies ist die Erzählung vom Vortrag in Stiklastaðir vielleicht erst im 12. Jh. – nach dem Vorbild der Erzählung vom Vortrag des Rolandliedes in Hastings – in die Olafslegende eingefügt worden. Einige Andeutungen in Saxos Paraphrase, die einerseits den Fs. en an sein Gefolge binden (v. 57), andererseits nur den Edelgeborenen als Krieger akzeptieren (v. 59, 235 ff.), reflektieren am ehesten die Stellung der Aristokratie im 12. Jh. Die unecht überhitzte Schilderung von Kampfgier und Todesverachtung erinnert an die →Krákumál, ein typ. epigonales Lied des 12. Jh. Nicht zuletzt wegen ihres ridens-moriar-Motivs gehören B. und Krákumál im 18. Jh. zu den ersten Zeugnissen nord. Heldentums, die man ins Deutsche übersetzte. K. v. See

Ed.: Eddica minora, ed. A. Heusler – W. Ranisch, 1903, 1974^2, 21 ff. – Übers.: P. Herrmann, Erl. zu den ersten neun Büchern des Saxo Grammaticus I, 1901, 76ff. – Rekonstruktion: F. Genzmer, Edda I, Heldendichtung (Thule I), 1920, 178 ff. – Lit.: KL 21, 121 ff. – Hoops^2 III, 51 ff. – A. Olrik, Danmarks Heltedigtning I, 1903, 29 ff. – P. Herrmann (s. o.) II, 1922, 155 ff. – H. Schneider, Germ. Heldensage II, 1, 1933, 22 ff. – K. v. See, Hastings, Stiklastaðir und Langemarck, GRM 57, NF 26, 1976, 1 ff. – Ders., Huskarla hvǫt (Speculum norroenum. Norse Stud. in Memory of G. Turville-Petre, 1980).

Bladelin, Pieter, gen. de Leestmakere, fläm.-burg. Staatsmann, *um 1410 in Brügge, †8. April 1472 in Middelburg (Ostflandern), ⚭ ebd.; ⚭ um 1435 Margriete van de Vageviere. B. entstammte einer bedeutenden Familie aus der Gegend von Veurne. 1436–40 war er Schatzmeister der Stadt Brügge, 1440 trat er in burg. Dienste und wirkte als Finanzverwalter, Rat und Diplomat. Mehrfach war er mit wichtigen Missionen im Ausland betraut. B. wandte sein beträchtl. persönl. Vermögen für seine Gründung, die Stadt →Middelburg, 14 km nö. von Brügge, auf, die auf ehemaligen Besitzungen der Abtei Middelburg (Seeland) errichtet wurde. M. Ryckaert

Lit.: BNB II, 445–447 – NBW II, 61f.

Blaffert (vgl. ndl. blaf 'breit'). Norddeutsche, erstmals 1329 in Lübeck nachgewiesene, einseitig (hohl) geprägte Silbermünze (20 mm Durchmesser, 0.88 g) im Wert von 2 Pfennigen. Der B. wurde in dieser Form v. a. in Lübeck, Hamburg, Lüneburg und Wismar bis zur Mitte des 16. Jh. geprägt und von vielen anderen Münzstätten nachgeahmt. In der Regel zeigt der norddt. B. ein Wappenbild im Strahlenkranz. – In Süddeutschland kommt der *Plappert*, *Plappart* oder *Blaphart* (frz. *blafard* 'bleich') zunächst als Bezeichnung frz. Groschen vor; dann wird der Name auf die in der Schweiz und in Süddeutschland geprägten Halbgroschen übertragen. 1425 wird der Plappert zur Bundesmünze des südt. Rappenmünzbundes, 1501 zu der des schwäb. Münzbundes. Die Prägung endet im 16. Jahrhundert. P. Berghaus

Lit.: Wb. der Münzkunde, hg. F. Frhr. v. Schroetter [A. Suhle, s. v.], 1930, 76 f. – W. Jesse, Der wend. Münzverein, 1928, 75, 107–110.

Blainville (Jean de Mauquenchy, Sire de B., gen. Mouton de), *Maréchal de France,* *1322, †1391. B. entstammte einer norm. Adelsfamilie, er wurde 1348 zum Ritter geschlagen und ab 1365 in den Quellen als *chevalier banneret* (Bannerträger) bezeichnet. Seine zahlreichen militär. Tätigkeiten übte er vornehml. in der Normandie und ihrem Umkreis aus. 1364–82 *capitaine* (Befehlshaber) der Festung Rouen, war er 1364–65 auch kgl. capitaine in der Diöz. Rouen. Am 20. Juni 1368 wurde er durch kgl. Bestallungsbrief (*lettres*) von Karl V. zum Maréchal de France erhoben und bekleidete 1369–70 das Amt des *lieutenant du roi* (kgl. Stellvertreter) in der Normandie. Während des →Hundertjährigen Kriegs kämpfte er in der Schlacht v. →West-Rozebeeke (1382), gehörte dem sog. Aufgebot von Bourbourg (1383) und dem Heer an, das sich 1386 bei →Sluis (L'Écluse) zur Landung in England versammelte, und nahm auch an dem Kriegszug Karls VI. zu Frankreich gegen →Jülich und →Geldern (1388) teil. Ph. Contamine

Lit.: Ph. Contamine, Guerre, État et société, 1972, 565 f.

Blâmont

I. Stadt – II. Familie.

I. Stadt: B., Stadt zw. Meurthe und Vezouse (Frankreich, Dép. Meurthe-et-Moselle). B. kam im 12. Jh., wahrscheinl. durch die Heirat Konrads v. Salm mit Hadwid, der Tochter Bezelins v. Türkstein, an die Gf. en v. →Salm und wurde 1247 Sitz einer salmischen Sekundogenitur. Die Siedlung, in Anlehnung an die nördl. davon auf einer Höhe gelegene Burg entstanden, 1247 und 1332 als *bourg*, 1376 als *ville ferme* bezeichnet, war seit 1361 mit Toren und Türmen bewehrt und erhielt 1382 ein Kollegiatstift und 1504 eine umfassende Bestätigung ihrer Freiheiten und Privilegien.

II. FAMILIE: Die Herren v. B.(de Albomonte, v. Blankenberg) gehen auf Friedrich (Ferri), den jüngeren Sohn des Gf. en Heinrich II. v. Salm, der seit 1225 mit der Verwaltung von B. beauftragt war, zurück. Friedrich konnte sich nach dem Tode seines Vaters im Besitz behaupten, 1247 die Belehnung durch den Bf. v. Metz erreichen und wurde der Stammvater des bis 1506 blühenden Geschlechts der Gf. en bzw. Herren v. Blâmont. Aus der Vogtei über Teilbesitz der Abtei Senones, bfl. metz. und hzgl. lothr. Lehen entstand eine reichsunmittelbare Herrschaft von rund einem Dutzend Dörfer, die der letzte männliche Sproß Ulrich v. B., Bf. v. Toul, je zur Hälfte 1499 dem Hzg. v. Lothringen verkaufte bzw. 1504 testamentar. vermachte. Die Bf. e v. Metz verzichteten 1546 und 1561 zugunsten von Lothringen auf ihre Lehenshoheit.

H.-W. Herrmann

Lit.: H. LEPAGE, Le Dép. de la Meurthe statistique, hist. et administrative 2, 1843, 70–73 – E. COMTE DE MARTIMPREY DE ROMECOURT, Les sires et comtes de B. (Mémoires de la Société d'Archéologie Lorraine 1890), 76–192 – L. SCHAUDEL, Les comtes de Salm et l'avouerie de Senones aux XIIe et XIIIe s., 1921, 148–159 – A. DEDENON, Hist. du Blâmontois des origines à la renaissance, 1931.

Blamont, Thomas de, Bf. v. Verdun, † 23. Juni 1305, Sohn von Friedrich I. (Ferri) v. Salm, Herrn v. Blamont, und von Johanna v. Bar, seit etwa 1275 Kanoniker und Primicerius des Domkapitels von Verdun, vicedominus (*vidame*) v. Reims. In einer sehr kühnen Aktion kam er mit einer Truppe dem Bf. v. Toul gegen die aufständ. Bürger der Bischofsstadt zu Hilfe. 1287–89 administrierte er das Bm. Verdun, dessen Einkünfte er verschleuderte; er unterstützte die Sache des Gf. en v. →Bar gegen den Kg. v. Frankreich. 1303, bereits hochbetagt Bf. geworden, zeigte er sich den Bürgern gegenüber unnachgiebig, erhielt 1304 sein Bm. von dem dt. Kg. Albrecht I. zurück, doch unterstellte er sich mit seiner Bischofsstadt 1305 dem Kg. v. Frankreich.

M. Parisse

Blanca (Blanche)

1. B. v. Anjou, Kgn. v. *Aragón*, * 1283 (Geburtsort unbekannt), Tochter Karls II. von Anjou, Kg.s von Neapel, und der Maria v. Ungarn, † 13. Okt. 1310 in Barcelona, ▭ Kl. Santas Creus. Im Zuge der Verhandlungen zw. Karl II. und Jakob II. v. Aragón, die im Juni 1295 den Krieg der →Sizilian. Vesper durch den Frieden v. Anagni beendeten, wurde die Heirat zw. Jakob II. und B. beschlossen. Im Okt. 1295 begleitete Karl II. seine Tochter nach Katalonien, wo am 1. Nov. im Kl. Villabertrán die Hochzeit zw. Jakob II. und der erst zwölfjährigen B. gefeiert wurde. Trotz ihrer Jugend begleitete B. ihren Gemahl häufig auf die Jagd, auf Reisen und bei Feldzügen; so beim siz. Krieg (1298) und bei der Expedition gegen die Mauren von Almería 1309. B. entfaltete keine eigtl. diplomat. Wirksamkeit, übte jedoch auf die Heiratspolitik des barcelones. Hofes Einfluß aus. Sie förderte auch die Bautätigkeit; so ließ sie die kgl. Paläste in Barcelona und Valencia restaurieren und erweitern sowie eine kgl. Residenz beim Kl. Santas Creus errichten. Mutter von neun Kindern (Jakob, Alfons, Maria, Konstanze, Isabella, Blanca, Johann, Peter, Raimund, Berengar), starb sie, erst 27 Jahre alt, bei der Geburt ihres 10. Kindes, der Infantin Violante. A. Boscolo

Lit.: H. E. ROHDE, Der Kampf um Sizilien in den Jahren 1291–1302, 1913, 46, 51, 69, 71, 119ff., 129, 136ff., 147, 139–151–J. E. MARTÍNEZ FERRANDO, Jaime II de Aragón. Su vida familiar, 1948, I, 5–20 – V. SALAVERT Y ROCA, El tratado de Anagni y la expansión mediterránea de la Corona de Aragón, EEMCA 5, 1952, 209-360–DERS., Cerdeña y la expansión mediterránea de la Corona de Aragón, 2 Bde, 1956 – F. A. MIQUEL, La reina B. d'A., 1975.

2. B. (Margarethe) v. Valois, Mgfn. v. Mähren, *dt. und böhm. Kgn.*, erste Gemahlin →Karls IV., * 1316, † 1348 in Prag, ▭ Veitsdom; Tochter Gf. Karls I. v. Valois († 1325), Onkels des frz. Kg.s →Karl IV. (1322–1328); ∞ 1323 in Frankreich, Krönung zur böhm. Kgn. am 2. Sept. 1347 in Prag. Aus der Kinderehe, Teil des Bündnisses des frz. Kgtm.s mit dem Haus →Luxemburg, wohl erst in Karls mgfl. Zeit vollzogen (B. in Prag seit 12. Juni 1334), gingen zwei Töchter hervor (Margarethe * 1335, Katharina * 1342); sie zeigte aber in der veränderten Konstellation, zumal nach 1346, kaum mehr die einst erhoffte polit. Wirkung. Eigener polit. Einfluß B.s ist nicht belegt.

P. Moraw

Q. und Lit.: Vita Karoli IV. imperatoris, ed. J. EMLER, Fontrer Bohem 3, 1882 – J. ŠUSTA, Karel IV. Otec a syn, 1946 – DERS., Karel IV. Za císařskou korunou, 1948 – J. MEZNÍK, Ber. d. frz. kgl. Rechnungen über den Aufenthalt des jungen Karl IV. in Frankreich, MBohem I, 1969.

3. B. v. Kastilien (Blanche de Castille), *Kgn. v. Frankreich*, * 4. März 1188 in Palencia, † 26./27. Nov. 1252 in Paris, ▭ Abtei Maubuisson-lès-Pontoise (Herz im Kl. Notre-Dame du Lys bei Melun); als Tochter Kg. Alfons' VIII. v. Kastilien und der Eleonore v. England, einer Tochter Heinrichs II. Plantagenêt v. England und der Eleonore v. Aquitanien, Infantin v. Kastilien; ∞ 23. Mai 1200 in Port-Mort (Normandie) mit dem Thronfolger Ludwig (VIII.) v. Frankreich, wodurch ein Friedensvertrag zw. Johann Ohneland, Kg. v. England, und Philipp II. August, Kg. v. Frankreich, besiegelt wurde. B. erhielt als Morgengabe die Orte und Herrschaften v. Lens, Hesdin und Bapaume im Artois, die Ludwig IX. später gegen Meulan, Pontoise, Étampes, Dourdan, Corbeil und Melun austauschte. Unter ihren zahlreichen Kindern waren der 1214 geborene zukünftige Ludwig IX., weiterhin →Robert (Gf. v. Artois), Alfons (Gf. v. Poitiers [→27. A.]), Isabella (Äbtissin v. Longchamps) sowie →Karl (Gf. v. Anjou-Maine und der Provence, schließlich Kg. v. Sizilien-Neapel). Am 6. Aug. 1223 in Reims zusammen mit Ludwig VIII. zur Kgn. gekrönt, nahm B. regen Anteil an den polit. Entscheidungen ihres Gatten. Als Ludwig VIII. bereits am 3. Nov. 1226 auf der Rückkehr von seinem Albigenserkreuzzug (→Albigenser II.) starb, übernahm B. die Regentschaft für ihren minderjährigen Sohn Ludwig, womit sie ihr Gemahl in seinen letzten Verfügungen betraut hatte. Schon bald sollte sich eine mächtige Adelsopposition unter Führung des Gf. en →Peter (Pierre Mauclerc) v. der Bretagne, des Hugo v. →Lusignan, Gf. en v. der Marche, und des Gf. en →Thibaut (Theobald) IV. v. der Champagne erheben, welche die Unterstützung Kg. Heinrichs III. v. England und des Gf. en Raimund VII. v. Toulouse genoß, während B. die Hilfe des Hl. Stuhls, vertreten durch den Kardinallegaten Romano v. S. Angelo, in Anspruch nehmen konnte. Dank ihres polit. Geschicks behielt B. die Oberhand und konnte, nachdem sie Thibaut IV. auf ihre Seite gezogen hatte, durch die Verträge v. →Vendôme (1227) mit Pierre Mauclerc und Hugo v. Lusignan die Revolte der Barone beenden und durch den Vertrag v. →Meaux-Paris (1229) mit Raimund VII. das östl. →Languedoc für die frz. Krone erwerben sowie durch die Heirat ihres Sohnes Alfons mit der Tochter Raimunds die Annexion des Rests d. toulous. Staates (1249) vorbereiten. B.s strengem Regiment in der Innenpolitik, v. a. gegenüber Klerus und Universitäten, entsprach eine starke Einflußnahme auf ihren Sohn Ludwig, den sie 1234 mit Margarete v. der Provence, der Tochter des Gf.en →Raimund Berengar V., verheiratete. Als die damit verbundene Aussicht auf den Erwerb der Provence dadurch zunichte gemacht wurde, daß Raimund Berengar V. später seine jüngste Tochter Beatrix zur Erbin einsetzte, gelang es B. nach Eintreten des Erbfalls (1245), unter Zustimmung Papst Innozenz IV., ihren Sohn Karl mit Beatrix zu vermählen. Auch nachdem Ludwig IX. seit 1235 die volle Regierungsgewalt übernommen hatte, setzte B. ihre polit. Wirksamkeit fort, was sich v. a. bei der Niederwerfung der neuerl. Erhebung des Hugo v. Lusignan zeigte, der Alfons v. Poitiers die Huldigung verweigert und ein Bündnis mit Heinrich III. v. England, den Städten Aquitaniens, dem Gf.en v. Toulouse und Kg. Jakob I. v. Aragón zustande gebracht hatte. Als sich Ludwig IX. 1248 auf den Kreuzzug begab, übernahm B., die sich seit 1245 von den Staatsgeschäften zurückgezogen hatte, ein zweites Mal die Regentschaft, deren Verlauf durch die religiös-soziale Aufstandsbewegung der →Pastorellen (Pastoureaux) belastet wurde. Nachdem sie beim Herannahen des Todes das Zisterzienserinnengewand genommen hatte, starb B. 1252 und wurde in der von ihr gegr. Abtei Maubuisson (Notre-Dame-la-Royale) beigesetzt. Schon den unmittelbaren Zeitgenossen war bewußt geworden, daß sie, die »feminae cogitationi ac sexui masculinum animum jugiter inferebat« (Geoffroy de Beaulieu), zu den tatkräftigsten und polit. ambitioniertesten Frauengestalten ihrer Epoche zu zählen war. L. Vones

Q.: Geoffroy de Beaulieu, Vita et sancta conversatio piae memoriae Ludovici quondam regis Francorum, BOUQUET XX, Paris 1840, 3–27 – Guillaume de Nangis, Gesta sancte memorie Ludovici Regis Franciae, ebd., 312–465 – Jean Sire de Joinville, Hist. de Saint Louis, ed. N. DE WAILLY, 1874² – Matthaus v. Paris, Chronica majora seu Hist. major Angliae, ed. H. R. LUARD, RS, 7 Bde, 1873–83 – (Philippe Mouskès), Ex Philippi Mousket Historia regum Francorum, ed. A. TOBLER, MGH SS XXVI, 721–821 – Lit.: DBF VI, 616–618 – J. S. DOINEL, Hist. de B. de C., 1885 – E. BERGER, Saint Louis et Innocent IV., 1893, 336–384 – CH. PETIT-DUTAILLIS, Étude sur la vie et le règne de Louis VIII, 1894 – É. BERGER, Hist. de B. de C., 1895 – M. Bloch, B. de C. et les serfs du chapitre de Paris, 1911 – F. OLIVIER MARTIN, Études sur les régences, 1931 – M. BRION, B. de C., 1939 – J. GONZÁLEZ, El reino de Castilla en la época de Alfonso VIII, Bd. I, 1960 – Le siècle de Saint Louis, 1970 – O. ENGELS, El rey Jaime I de Aragón, y la política internacional del siglo XIII (Jaime I y su epoca. X Congr. de Hist. de la Corona de Aragón, 1976, 1979), 213–240 – P. HERDE, Karl I. v. Anjou, 1979 – zum Grab: A. LENOIR, Musée des mon. fr. V, 1806, 211.

4. B. v. Navarra (Blanche de Navarre), *Kgn. v. Frankreich*, † Okt. 1398, Tochter des Philipp, Gf.en v. Évreux und der Johanna, Tochter von Kg. Ludwig X., ⚭ 29. Jan. 1350 den verwitweten Kg. Philipp VI., der einige Monate später verstarb. Dieser Ehe entstammte eine Tochter, Blanca (* 1351, † 1371, verlobt mit Johann v. Aragón, Hzg. v. Gerona). – B. spielte von 1354 bis 1358 eine nicht unbedeutende polit. Rolle; sie versuchte, gemeinsam mit ihrer Tante, Kgn. Johanna v. Évreux, eine Versöhnung zw. ihrem Bruder→Karl dem Bösen, Kg. v. Navarra, und →Johann II. dem Guten, Kg. v. Frankreich, herbeizuführen. Im Juni 1358 wurde sie durch den Aufstand der »Jacques« (→Jacquerie) gefährdet. Sie residierte häufig in Neaufles nahe Gisors (Normandie, Dép. Eure). – Ihr 1396 abgefaßtes Testament enthält wertvolle Angaben über die in ihrem Besitz befindl. Kunstgegenstände, namentl. ihre Handschriften, von denen mehrere erhalten sind. B. ist auf einem Fenster der Kathedrale v. Évreux dargestellt.
R. Cazelles

Lit.: L. DELISLE, Testament de Blanche de Navarre, reine de France, Mém. soc. hist. de Paris XII, 1885, 1–64 – A. LESORT, La reine Blanche dans le Vexin et le pays de Bray, Mém. soc. hist. Pontoise et Vexin, 1948, 35–67 – G. MOLLAT, Clément VI et Blanche de Navarre, MAH 1959, 377–380.

5. B., *Kgn. v. Kastilien,* *1335?, †1361, Tochter von Peter, Hzg. v. Bourbon, und Elisabeth v. Valois, der Schwägerin des Dauphin Karl (V.) v. Frankreich. B.s Ehe mit Peter I., Kg. v. Kastilien, wurde 1352 auf Drängen des Juan Alfonso de Albuquerque, eines Vetters von Peters Mutter Maria v. Portugal, vereinbart, wobei eine Mitgift von 300 000 Goldflorin zugesagt wurde. Dies war der Preis dafür, daß Kastilien mit Frankreich einen gegen England gerichteten Vertrag schloß. Aber die Mitgift wurde nie gezahlt. Nach B.s Ankunft in Valladolid am 25. Febr. 1353 wurde dort am 3. Juni desselben Jahres die Hochzeit gefeiert. Drei Tage später verließ Peter I. seine Gemahlin und kehrte nach Montalbán zu seiner Geliebten Maria de Padilla zurück. Obwohl der Adel einige Tage später eine Versöhnung erzwang, war diese nur von kurzer Dauer, und die Ehe blieb kinderlos. Beim Ausbruch der kast. Adelsrevolte wurde die Behandlung der B. von den Rebellen als Argument gegen die schlechte Politik des Kg.s ins Feld geführt. Nach der Niederwerfung des Aufstandes i. J. 1356 wurde B. gefangengenommen. Sie wurde nach Sigüenza geschickt und starb dort 1361; wie man glaubt, wurde sie auf Befehl ihres Gatten getötet.
L. Suárez Fernández

Lit.: J. B. SITGES, Las mujeres del Rey don Pedro de Castilla, 1910 – L. V. DÍAZ MARTÍN, Itinerario del rey don Pedro, 1975.

6. B. de Francia (Blanche de France), *Gemahlin des Infanten v. Kastilien,* † 1320, Tochter Ludwigs d. Hl., Kg. v. Frankreich; ⚭ 30. Nov. 1269 Ferdinand de la →Cerda, den ältesten Sohn von Alfons X. Dieser Ehe entstammten zwei Söhne, Alfons und Ferdinand, bekannt als die Infantes de la →Cerda. Sie verlor im Aug. 1275 ihren Mann, und, obwohl Kg. Alfons X. in den »Siete Partidas« das sog. »Vertretungsrecht« (*representación*) der Witwe(n) zuließ, gelang es einem Bruder Ferdinands, Sancho, als Thronerbe anerkannt zu werden, wodurch die Söhne der Blanca verdrängt wurden. Diese floh nach Aragón und später nach Frankreich (1278). 1288 ließ sie sich im Vertrag v. Lyon mit einer Entschädigung abfinden. B. kehrte nie mehr nach Kastilien zurück.
L. Suárez Fernández

Lit.: M. GABROIS, Sancho IV, 3 Bde, 1922–23 – A. BALLESTEROS, Alfonso X el Sabio, 1963.

7. B. (Blanche d'Artois), *Kgn. v. Navarra,* † 1302, Nichte Kg. Ludwigs IX., Tochter von Robert I., Gf.en v. Artois, und Mathilde v. Brabant, ⚭ 1269 Henri (Heinrich), Gf. v. Rosnay, der 1270 Gf. der Champagne und Kg. v. Navarra wurde. 1274 verwitwet, schloß sie mit ihrem Vetter, Philipp III., Kg. v. Frankreich, einen Vertrag, durch den sie ihm die Regierung von Navarra überließ und ihre Erbtochter Jeanne (Johanna) dem künftigen Kg. Philipp (IV.) versprach. Wenig später heiratete sie in zweiter Ehe Edmund, Earl v. Lancaster, den Bruder Eduards I., Kg.s v. England. Edmund († 1296) regierte die Champagne bis zur Großjährigkeit von Jeanne (1284). Aus der Ehe gingen eine Tochter und drei Söhne hervor (Thomas, Henri, nacheinander Earls v. Lancaster; Jean, Herr v. Beaufort in der Champagne).
M. Bur

Lit.: H. D'ARBOIS DE JUBAINVILLE, Hist. des ducs et des comtes de Champagne IV, 1864, 440–456.

8. B., *Prinzessin v. Navarra,* * 9. Juni 1424 in Olite, † 2. Dez. 1464 in Lescar (Béarn). Tochter der Kgn. Blanca und ihres Gatten Johann II., ab 1458 auch Kg. v. Aragón. Sie wurde 1440 in einem für ihren Vater vorteilhaften polit. Handel mit Heinrich, dem Erben v. Kastilien, verheiratet; aber die Ehe wurde 1453 auf Betreiben des zukünftigen Heinrich IV. annulliert, für den es damals günstiger war, sich mit einer ptg. Prinzessin zu vermählen. Johann II., der sich beim Tode seiner Frau (1441) geweigert hatte, das Kgr. Navarra seinem ältesten Sohn Carlos, dem *príncipe* de →Viana, zu übergeben, enterbte schließl. sowohl diesen wie B., die ihren Bruder unterstützte, und ließ 1457 seine nächste Tochter Leonore zur Nachfolgerin ausrufen, deren Mann Gaston, Gf. v. Foix, ihm militär. Unterstützung gegen den príncipe de Viana und seine Gefolgsleute, die →Beaumonteses, gewährt hatte. Nachdem B. Johann II. als Geisel übergeben worden war (1460), hielt er sie gefangen und hinderte sie daran, die ihr nach dem Tode ihres Bruders Karl (1461) zustehende Krone in Besitz zu nehmen. Da sie sich weiterhin weigerte, auf ihre Rechte zu verzichten, wurde sie von Gf. Gaston v. Foix in Orthez (Béarn) und später in Lescar gefangengehalten, wo sie genau zu dem Zeitpunkt starb, als man sich endlich über ihre Freilassung geeinigt hatte. Die Leiden B.s, die von den Beaumonteses als Kgn. angesehen wurde, ließen B. in der navarres. Tradition zur legendären Gestalt werden. A. Martin Duque

Lit.: G. DESDEVISES DU DEZERT, Don Carlos d'Aragon, prince de Viane, 1889 – J. VICENS VIVES, Juan II de Aragón (1398-1479), 1953 – J. M. LACARRA, Hist. política del reino de Navarra desde sus orígenes hasta su incorporación a Castilla III, 1973, 219–316.

9. B. v. Navarra, *Kgn. v. Sizilien,* * um 1385 als Tochter Karls III. v. Navarra, ∞ 1402 Martin d. Jg., Kg. v. Sizilien, † 1. April 1441. B. spielte in der Gesch. Siziliens als Vicaria regni während der Abwesenheit ihres Gemahls, der einen Feldzug in Sardinien führte, eine bedeutende Rolle. Die Statthalterschaft führte sie auch nach dem Tode ihres Mannes (1409) weiter, sie wurde ihr von Martin d. Ä. bestätigt. Während ihrer Herrschaft brach der Bürgerkrieg infolge der Gegnerschaft des Gf.en Bernardo Cabrera, des Großjustitiars des Kgr.s über Sizilien herein. Die Statthalterin, die vom Großadmiral Sancio Ruiz de Lihori unterstützt wurde, hielt ihrem Gegner längere Zeit stand. Ihres Vikariats enthoben und an den Hof von Navarra zurückgekehrt (1415), heiratete B. 1420 Johann II. v. Aragón (Trastamara). Am aragones. Hof wurden ihr jedoch Widerstände entgegengesetzt, außerdem litt sie unter dem unglückl. Schicksal ihres Sohnes Carlos de Viana. Sie erbte 1425 die Krone v. Navarra und versuchte, die schwierigen Beziehungen mit Kastilien durch die Ehe ihrer Tochter Blanca (→ 8. B.) mit Heinrich IV. zu festigen. Am Vorabend dieser Hochzeit starb B. in Nievas. F. Giunta

Lit.: R. STARRABBA, Lettere e documenti, 1866 – G. BECCARIA, La regina Bianca in Sicilia, 1887 – DERS., Spigolature sulla vita privata di re Martino, 1894 – F. GIUNTA, Medioevo e Medievisti, 1971, 298–309.

Blanca (span. 'Die Weiße'), kleine span. Billon-Münze, eingeführt unter Heinrich II. v. Kastilien (1390-1407); 1397 wurden 95 B. auf eine *Dobla ora* gerechnet. Der älteste Typ (Burg/Löwe) wurde unter Johann II. (1406-54) durch die *B. de la banda* (Burg/Wappen mit Schrägbalken) ersetzt. B.-Prägungen erfolgten auch in Aragón und Barcelona (→*croats*). Im späteren 15. und im 16. Jh. verfiel der Wert der B. P. Berghaus

Lit.: F. MATEU Y LLOPIS, Glossario Hispánico de Numismática, 1946.

Blanche-nef. Am 25. Nov. 1120 bestieg der engl. Kg. →Heinrich I. mit seinem Hofstaat in der norm. Hafen Barfleur eine Flotte, um nach England überzusetzen. Die (wohl weintrunkene) Besatzung des »Weißen Schiffes« (Blanche-nef, Candida Navis) versuchte beim Aufbruch, die anderen Schiffe zu überholen. Dabei streifte die ob ihrer Ausstattung gerühmte B. einen Felsen und sank. Der engl. Thronfolger Wilhelm fand zusammen mit vielen Baronen und anderen hochgestellten Persönlichkeiten den Tod; angebl. konnte sich von den dreihundert Menschen an Bord nur ein Fleischer aus Rouen retten. Da Wilhelm der einzige legitime Sohn Heinrichs I. war, ergaben sich aus der Katastrophe schwierige Thronfolgeprobleme (vgl. →Heinrich I., →Stephan v. Blois, →Mathilde, Ksn.). K. Schnith

Q.: Ordericus Vitalis, Hist. eccl. XII, 26, ed. M. CHIBNALL, Bd. 6, 1978, 294 ff. [ebd. 298 weitere Q.] – *Lit.:* A. L. POOLE, Oxford Hist. of England 3, 1955², 125–128 – J. LE PATOUREL, The Norman Empire, 1976, bes. 177 f.

Blandinum → Gent

Blanik, 638 m hoher Berg in Südböhmen, in dem nach einer Prophezeiung des Nikolaus v. Vlásenice († 1495) ein hussit. Heer schläft, welches den Sieg des Kelches für das ganze Land erkämpfen wird. Später wurde diese volkstüml. Wandersage vom Kg. im Berg mit dem hl. →Wenzel verbunden, der als Führer der Ritter aus B. die tschech. nationale Freiheit gegen die fremden Unterdrücker verteidigen wird. J. Schwarz

Lit.: R. URBÁNEK, K české pověsti královské (Časopis společnosti přátel starožitností českých, 1918), 25–47.

Blanka → Blanca

Blankenburg, Gft., am nördl. Rand des Harzes. Auf der 1123 in der Hand Hzg. Lothars v. Sachsen bezeugten Burg B. saßen lotharische, später welf. Ministeriale sowie ein edelfreies, wohl aus Franken stammendes Geschlecht. Poppo v. B., ältester bekannter Angehöriger des Grafenhauses, war über die Gf.en v. Northeim mit Lothar v. Süpplingenburg verschwägert und wird seit 1128 als comes genannt. Den Komitat der Gf.en v. B. hat wahrscheinl. Lothar geschaffen; er erstreckte sich über den östl. Harzgau zw. Ilse und Bode. Die Burg B. mit der 1195/1203 planmäßig an ihrem Fuß angelegten Stadt B. und die seit 1167 erwähnte Burg Regenstein waren 1202/03 und 1344 Lehen von den Welfen. Gfl. Rechte galten 1311 als Lehen des Bm.s →Halberstadt. 1599 fiel die Gft. Regenstein-B. an Hzg. Heinrich Julius v. Braunschweig-Wolfenbüttel als postulierten Bf. v. Halberstadt heim. Eigengüter und Lehen der Gf.en vom Reich, von den Welfen, dem Bm. Halberstadt und den Reichsstiftern →Quedlinburg und →Gandersheim lagen nördl., aber auch südl. des Harzes. Zahlreiche Angehörige der Familie, die im 13. und 14. Jh. ztw. in die Linien B., Regenstein und Heimburg geteilt war, traten in Kollegiatstifte vornehmlich des Bm.s Halberstadt ein. Trotz einer bes. für das 13. Jh. günstigen Überlieferung ist die Gesch. der Gft. ungenügend erforscht. W. Petke

Q.: G. BODE – G. A. LEIBROCK, Das Güterverzeichnis und das Lehnregister des Gf.en Sigfrid II. v. B. aus den Jahren 1209-27, Zs. des Harz-Vereins für Gesch. und Altertumskunde 2, H. 3-4, 1869, 71–94 [Neuausg. in Vorber.] – *Lit.:* G. Schmidt, Zur Genealogie der Gf.en v. Regenstein und B. bis zum Ausgange des 14. Jh., ebd. 22, 1889, 1–48 – R. STEINHOFF, Gesch. der Gft. bzw. des Fsm.s B., der Gft. Regenstein und des Kl. Michaelstein, 1891 – DERS., Stammtafel der Gf.en v. Regenstein und B. von ungefähr 1400 bis 1599, Zs. des Harz-Vereins für Gesch. und Altertumskunde 25, 1892, 146–167 – H. W. VOGT, Das Hzm. Lothars v. Süpplingenburg 1106-25, 1959, 31–36 – H. KLEINAU, Gesch. Ortsverzeichnis des Landes Braunschweig, 1967, 71–73, 265 f., 403 f.

Blankenfeld, Johannes, Ebf. v. Riga, *um 1471 als Sohn eines Berliner Bürgermeisters, † 9. Sept. 1527 in Torquemada (Spanien), studierte die Rechte in Leipzig, Frankfurt a. d. Oder, dann in Bologna, trat in den Dienst des Hochmeisters des Dt. Ordens, Albrecht v. Brandenburg, war 1512–19 Ordensprokurator in Rom, wurde während dieser Zeit 1514 Bf. v. Reval, 1518 auch Bf. v. Dorpat. 1522 wurde er Koadjutor, 1524 Ebf. v. Riga, trat energisch für die Rechte der Kirche ein, geriet daher in Streit mit den inzwischen dem Luthertum zuneigenden Bürgerschaften der Städte, bes. Rigas. Auf dem livländ. Landtag zu Wolmar im Juli 1525 stellte sich der Ordensmeister Wolter v. Plettenberg hinter ihn, einigte sich aber im Sept. 1525 mit Riga. B. sah sich im Lande allein und wandte sich um Hilfe an den inzwischen lutherisch gewordenen Albrecht v. Brandenburg (nun Hzg. v. →Preußen), der sie ihm abschlug, und an König Sigismund I. v. Polen, dann auch an den Gfs.en v. Moskau. Darauf hielten ihn seine Stiftsvasallen gefangen. Da Hilfe ausblieb, unterstellte sich B. mit seinen Suffraganen auf dem Landtag zu Wolmar am 15. Juni 1526 der Oberherrschaft des Deutschen Ordens. Anschließend begab er sich über Polen nach Rom und zu Karl V. in Spanien, um dessen Eingreifen zu erreichen, starb aber, ohne etwas erreicht zu haben. M. Hellmann

Lit.: W. Schnöring, J. B., ein Lebensbild aus den Anfängen der Reformation, 1905 – L. Arbusow, Die Einf. der Reformation in Liv-, Est- und Kurland, 1921, 140 ff., 475 ff. [Lit.] – O. Pohrt, Reformationsgesch. Livlands, 1928 – H. Quednau, Livland im polit. Wollen Hzg. Albrechts v. Preußen, 1939 [Lit.] – R. Wittram, Die Reformation in Livland (Balt. Kirchengesch., 1956), 47 f.

Blankett. Als B. oder Membrane bezeichnet man in der Diplomatik ein mit den Beglaubigungsmitteln des Urkundenausstellers versehenes Pergament, das – wohl in der Regel nach vorausgegangener Einigung über den materiellen Inhalt der Urkunde – dem Empfänger oder einer Vertrauensperson (wie z. B. einem Legaten) zur Abfassung des Kontextes von der Kanzlei ausgehändigt wurde. B.e konnten ausschließlich besiegelt sein, sie konnten aber auch Signumzeile und Rekognition, Monogramm und Signum speciale, Datierung und Protokoll sowie Kanzleivermerke tragen. Aufgrund des diplomat. Befunds bzw. aufgrund von Berichten in historiograph. Quellen sind B.e für die Königs- und Kaiserurkunden seit der Karolingerzeit, für die röm. Kurie und die Privaturkunden seit dem 12. Jh. bezeugt. Gelegentl. blieb ein B. im Archiv des Empfängers liegen, um erst Jahrzehnte später zur vollen Urkunde ausgestaltet zu werden. In zwei bekannten Fällen (MGH DDH. II. 330, 411) wurde auf der Rückseite des Siegels der Name des übertragenen Gutes eingekratzt, was vor der Erstarrung des Siegelwachses geschehen sein muß; hierdurch sollte wahrscheinl. die Benutzung des B.s zur Beurkundung eines anderen als des vom Aussteller genehmigten Rechtsgeschäfts ausgeschlossen werden. Insgesamt ist die Zahl der B.e gering. Die Klagen in zeitgenöss. Berichten über die mehreren hundert B.e, die unter Kg. Wenzel unwürdigen Personen ausgehändigt worden sein sollen, sind nachweisl. polem. Übertreibung. A. Gawlik

Lit.: J. Ficker, Beitr. zur Urkundenlehre II, 1878, 123 ff., 154 ff., 177 ff., 191 ff. – O. Posse, Die Lehre von den Privaturkk., 1887, 93 f., Taf. XXVII (Abb. eines nur besiegelten B.s) – H. Bresslau, Ein Bamberger Blanquet Heinrichs II., NA 22, 1897, 199–203 – W. Erben, Die Kaiser- und Königsurkk. des MA in Dtl., Frankreich und Italien, 1907, 103 f. – H. Finke, Acta Aragonensia I, 1908, XXXVI und LXXXIX – Bresslau I, 461 f.; II, 478 f. – W. Ewald, Siegelkunde, 1914, 51 f. – J. G. Dickinson, 'Blanks' and 'Blank Charters' in the Fourteenth and Fifteenth Centuries, EHR 66, 1951, 375–387 – D. E. Queller, Diplomatic 'Blanks' in the Thirteenth Century, EHR 80, 1965, 476–491 – P. Herde, Beitr. zum päpstl. Kanzlei- und Urkundenwesen im 13. Jh., 1967², 31 – I. Hlaváček, Das Urkunden- und Kanzleiwesen des böhm. und röm. Kg.s Wenzel (IV.) (1376–1419), 1970, 265 ff.

Blankverglasung. Unter B. ist jedes Fenster mit unbemalten Gläsern zu verstehen, im engeren Sinne sind aber helle Scheiben mit einem ornamentalen Bleirutennetz gemeint. Solche Fenster sind seit dem 12. Jh. erhalten geblieben und werden für die Frühzeit »Zisterzienserfenster« genannt, doch ist ursprgl. mit einer breiten Schicht solcher Verglasungen zu rechnen (Blendfenster im Obergeschoß der Fassade von St-Denis, 1140; Restscheiben aus Langhaus-Obergaden im Freiburger Münster, um 1280). Das Bleinetz besteht aus einem geometr. Bandgeflecht mit winkligem oder schlaufenhaft-rundbogigem Flechtwerk, nur vereinzelt aus Pflanzenmotiven (Zisterzienserkirche in Obazine, 12. Jh.). Die Entwicklung dürfte bis in die röm. Antike zurückreichen, die bereits das bleiverglaste Blankfenster kannte. Weitere Vorstufen wären Transennen sowie langob. und karol. Bandgeflecht, das auch byz. und islam. Fensterverschlüssen verwandt ist. Wohl im 8. Jh. entstand unter den Omayyaden das »Arabische Fenster« (Kamariya), eine Transenna aus Stuck, in deren Gitter- oder Rankenwerk farbige Gläser eingelassen waren. Im Westen wurde im frühen 14. Jh. das ornamentale Flechtwerk mit farbigen Maßwerkstrukturen durchsetzt (Chorobergaden des Kölner Domes). Spätestens im 14. Jh. übernahm der Sakralraum das Butzenfenster. In Venedig hergestellte Butzenscheiben wurden Ende des MA auch exportiert. – Die blanken Ornamentscheiben haben als Gegensatz zu farbigen Bildfenstern entscheidend zur hellen Lichtwirkung in den Kirchen beigetragen.
H. Rode

Lit.: H. Wentzel, Die Glasmalereien der Zisterzienser in Deutschland (Klosterbaukunst, Arbeitsber. der dt.-frz. Kunsthistorikertagung [1951], 1951) – E. Frodl-Kraft, Das »Flechtwerk« der frühen Zisterzienser-Fenster. Versuch einer Ableitung, WJKu 20, 1965, 7–20 – G. Frenzel, »Venedisch Schewen«. Beitr. zur partiellen Monumentalverglasung des 15. und 16. Jh. in Süddeutschland, Jb. der Bayer. Denkmalpflege 28, 1970/71, 109–112 – E. Frodl-Kraft, Die Glasmalerei. Entwicklung, Technik, Eigenart, 1970, 13 ff.

Blankwaffe, Bezeichnung für alle jene Waffen, die für den Kampf aus einer Scheide »blankgezogen« werden müssen, also →Schwert, →Dolch, →Dolchmesser, →Messer. O. Gamber

Blannbekin, Agnes, Mystikerin, †10. Mai 1315(?). Die Tochter eines niederösterr. Bauern war schon als Kind so sehr von der »Süßigkeit der Eucharistie« angezogen, daß sie bald Begine wurde. Sie lebte in Wien, wo ihr franziskan. Beichtvater ihr tägl. von Auditionen, Erscheinungen und Visionen erfülltes frommes Leben lat. aufzeichnete. In seinem Zentrum steht der leidende, liebende und v. a. lehrende Christus. Das Geschaute wird sogleich systemat. ausgelegt, wobei jeder Einzelheit eine symbol. Bedeutung zukommt; mehrfach finden sich ungewöhnl. allegor. Bilder. Viele Offenbarungen zeigen auch den Heilszustand einzelner oder des gesamten Kirchenvolkes und geben reichen Aufschluß über Heiligenverehrung, Passionsmystik, Jenseitsvorstellungen, allegor. Denken und Frömmigkeitspraktiken in ihrer Zeit. P. Dinzelbacher

Q.: Ven. A. B. . . . Vita et Revelationes, hg. B. Pez, Wien 1731 – Leben und Offenbarungen der Wiener Begine A. B., hg. und übers. P. Dinzelbacher [in Vorbereitung] – Lit.: Verf.-Lex.² I, 887–890 – W. Tschulik, Wilbirg und A. B. [Diss. Wien 1925] – Lhotsky, Quellenkunde, 254 – P. Dinzelbacher, Vision und Visionsliteratur im MA, 1981.

Blanot, Jean de (Johannes de Blanosco), frz. Legist, †1281 oder wenig später, burg. Herkunft, war Schüler des →Odofredus de Denariis in Bologna, wo B. wahrscheinl. auch selbst unterrichtete. 1256 verfaßte er eine Schrift »De actionibus«, von der ein Teil unter dem Titel »Super feudis et homagiis« selbständig überliefert ist. Von ihm stammt die berühmte Formel »rex Franciae in regno suo princeps est« ('der König v. Frankreich ist in seinem Reich Kaiser'), die eine wichtige Rolle in der Auseinandersetzung mit dem röm.-dt. Kaisertum spielte. In diesem Punkt hat er →Jacobus de Ravanis (Jacques de Revigny) und Guilelmus →Duranti beeinflußt. Nach Burgund zurückgekehrt, trat B. in die Dienste des Hzg.s →Hugo IV. v. Burgund, der ihm die Ritterwürde verlieh und ihn am 21. Dez. 1263 mit dem Schloß Uxelles (Uxeau, Dép. Saône-et-Loire) belehnte.　　　　　　　　　　　　　H. Gilles

Ed.: Jo(hannes) de Blanasco, Commentaria super tit. de actionibus in Institutionibus, Mainz 1536 – *Lit.:* J. RICHARD, Les exemples bourguignons dans le Traité des hommages et des fiefs de J. de B., MHDB 18, 1956, 107–112 – R. FEENSTRA, J. de B. et la formule »Rex Franciae in regno suo princeps est« (Études... G. LE BRAS, II, 1965), 885–895 [DERS., Fata iuris Romani, 1974, 139–149] – DERS., »Quaestiones de materia feudorum« de Jacques de Revigny, Studi senesi 84, 1972, 379–401 [DERS., Fata iuris Romani, 1974, 298–320] – M. BOULET-SAUTEL, J. de B. et la conception du pouvoir royal au temps de Louis IX, VIIe centenaire de la mort de St-Louis (Colloques Royaumont-Paris, 1970), 1976.

Blar(er), Albert (gen. Brudzewski oder Brudzewo), Astronom, Mathematiker und Humanist. * Anfang 1446 in Brudzewo (vermutl. Brudzowice bei Tschenstochau), † April 1495 in Wilna; seit 1468 Studium in Krakau, 1470 Baccalaureus, 1474 Magister; verfaßte, von den Schriften →Georgs v. Peuerbach und →Regiomontanus' beeinflußt, 1482 eine Erklärung zu den »Tabulae resolutae« des Petrus Reyne sowie ein »Commentarium in theoricas novas planetarum Georgii Purbachii« (Ed. pr. 1494). Er war der Lehrer des Konrad →Celtis in Krakau (1489–91) und vermutl. auch des →Kopernikus (1491–93). Im Frühjahr 1494 folgte B. einem Ruf nach Litauen, wo er im folgenden Jahr starb.　　　　　　　H. Grössing

Lit.: Der Briefwechsel des Konrad Celtis, hg. H. RUPPRICH, 1934, 92 f. – E. ZINNER, Entstehung und Ausbreitung der coppernican. Lehre, 1943, 150–151 – M. MARKOWSKI, Die math. und Naturwiss. an der Krakauer Universität im XV. Jh. (Mediaevalia Philosophica Polonorum XVIII, 1973), 125 ff. – H. GRÖSSING, Humanismus und Naturwissenschaften in Wien zu Beginn des 16. Jh., Jb. des Vereins für Gesch. der Stadt Wien 35, 1979, 126 ff. – GW V, 563.

Blasinstrumente → Musikinstrumente

Blasius (Blasios), hl., Bf. v. Sebaste →Nothelfer, → Blasiussegen

Blasius

1. B. v. Parma (Biagio Pelacani), Philosoph, Naturwissenschaftler und Astrologe, * Parma, genaues Geburtsdatum unbekannt, bezeugt seit 1374, † 1416. Sein Ideengebäude ist in seinen Universitätslehrschriften dargelegt. Er übt fundamentale Kritik an dem homozentr. kosmolog. System des Aristoteles. Bei dem physikal. Schrifttum (De caelo, Physica, Meteora, De generatione) leugnet er den horror vacui und führt den math. Begriff des Raumes ein. In der Statik (Tractatus de ponderibus) verwirft er die Theorie der »natürlichen Schwere« (grave) und übernimmt diejenige des Archimedes. Er unterscheidet in der Mathematik (Tractatus proportionum) die im MA vermengten Operationen der Summierung und Potenzierung und führt in der Optik (Quaestiones perspectivae) eine math.-räuml. Auffassung der visuellen Wahrnehmung ein. In der Philosophie, Ethik und Erkenntnislehre (De anima) leugnet er die Unsterblichkeit der Individualseele. Erkenntnis sei auf Sinnlichkeit (sensus agens) zurückzuführen, Gott sei die natürl. Kausalität. B. wirkte auf die Perspektive-Theorien der Renaissance und auf die Mechanik Galileis ein.　　　G. Federici Vescovini

Lit.: SARTON III, 1564–1567 – THORNDIKE IV, 65–79 – J. MURDOCH, Music and natural philosophy: Hitherto unnoticed Questions by Blasius of Parma (?), Manuscripta, 1976, 20, 119–136 – G. FEDERICI VESCOVINI, Astrologia e scienza. La crisi dell'aristotelismo sul cadere del Trecento e Biagio da Parma, 1979, 472.

2. B. de Morcono, it. Jurist und Prälat,* in Morcone (Prov. Benevent), † 1350 in Atina (Prov. Frosinone). B. wurde nach bestandener Prüfung 1323 von Hzg. Karl v. Kalabrien zur Advokatur zugelassen. Von 1331 bis zu seinem Tode war er Propst, mit bfl. Jurisdiktion, von Atina. 1338 ernannte Kg. Robert v. Sizilien ihn zu seinem Ratgeber, Kaplan und familiaris. B. schrieb eine umfangreiche Darstellung der Unterschiede zw. dem röm. und dem langob. Recht (→Differentialliteratur), in der Ordnung der →Lombarda, eine der wichtigsten Quellen des spätma. →langob. Rechts.　　　　　　　　P. Weimar

Ed.: De differentiis inter ius Longobardorum et ius Romanorum tractatus, ed. G. ABIGNENTE, 1912 – *Lit.:* DBI X, 6–8 – K. NEUMEYER, Notizen zur Literaturgesch. des longob. Rechts, ZRGGermAbt 20, 1899, 249 ff., 257–268 – G. SALVIOLI, Intorno all'opera di B., ASPN 40, 1915, 374–385 – P. S. LEICHT, Le glosse di Carlo di Tocco nel trattato di B., Studi e memorie per la storia dell' Univ. di Bologna 4, 1920, 151–190.

Blasiussegen, am Fest des hl. Blasius (Blasios), Märtyrerbischof v. Sebaste, der im SpätMA zu den Vierzehn →Nothelfern zählte, mittels zweier geweihter, kreuzweise vor den Hals gehaltener Kerzen erteilter Segen gegen Halskrankheiten.

Dem B. liegt die Verknüpfung verschiedener Legendenmotive und damit verbundener Kultformen zugrunde. Die Verwendung von Kerzen gründet in dem Brauch von Kerzenopfern zu Ehren des hl. Blasius in Krankheitsfällen. Der Legende nach habe der Hl. einer Frau Bewahrung vor aller Krankheit verheißen, wenn sie alljährl. zu seinem Gedächtnis eine Kerze opfere. Das Spezialpatronat bei Halsleiden beruht auf der Erzählung von einem Knaben, der an einer Fischgräte zu ersticken drohte. Besegnungen in diesem Anliegen sind seit dem 6. Jh. bekannt, eine frühe lat.-dt. Segensformel ist im 12./13. Jh. bezeugt.

Der kirchl. B. mit eigener Benediktionsformel (Rituale Romanum App. n. 7) kam vermutl. erst im 16. Jh. auf.
　　　　　　　　　　　　　　　　　　A. Döring

Q.: Acta SS Febr. I [1863], 334–357 – MPG 116, 817–830 [Blasiuslegende] – *Lit.:* HWDA I, 1364–1365 – A. FRANZ, Die kirchl. Benediktionen im MA I, 1909, 458 f. – G. GUGITZ, Das Jahr und seine Feste im Volksbrauch Österreichs I, 1949, 63 ff. – N. HENRICHS, Kult und Brauchtum im Kirchenjahr, 1967, 126 ff.

Blason, beschreibendes, kurzes Gedicht in der frz. Lit. des 15. und 16. Jh. mit paargereimten acht-, gelegentl. zehnsilbigen Versen, das Lobpreis bzw. Satire auf einen Gegenstand oder eine Person ausdrückt (mfrz. *blasonner* 'lobpreisen und kritisieren'). Das um die Mitte des 12. Jh. belegte Wort, dessen Etymologie unklar bleibt, bedeutet Schild, Schildteil mit Wappenbild (nfrz. *blasonner* 'Wappen malen oder erklären'; blasonieren: ein Wappen kunstgerecht beschreiben [→Blasonierung]; blasonierte Münzen tragen ein mit Lack ausgemaltes Wappen). Im frz. höf. Epos sind Wappenschildbeschreibungen seit dem 13. Jh. bekannt. Zur Mode wurde das B. durch →Guillaume Alexis, Prior von Lyre, dessen »Blason de faulses Amours« zw. 1486 und 1520 sehr häufig abgedruckt wurde; darin belehrt ein Mönch einen Ritter über die Folgen der Leidenschaft. Guillaume Coquillart († 1510), ein Kanonikus aus Reims, gestaltete sein »Blason des Armes et des Dames« dramatisch-monologisch. Roger de Collerye (1468–nach 1538) führte im »Blason des Dames« Beau Parler und Recueil Gracieux im Zwiegespräch vor. Gilles Corrozet (1510–68) inspirierte sich bei seinen »Blasons domestiques« (1539) an Geoffroy Torys »Aediloquium«. Bei Pierre→Gringoire (ca. 1470–1539) nahm das B. eine satir. polem. Wende (»Blason de Pratique«, »Blason des Hérétiques«, »Blason de la Guerre et de la Paix«). Clément Marot (1496–1544) erzielte mit seinem später unter die Epigrammes (LXXVII) eingereihten »Blason du Beau Tetin« einen nachhaltigen Erfolg: Unter Beteiligung vieler Dichter wurde sogar ein Wettbewerb veranstaltet, den Maurice Scève (ca. 1501–60) gewann. Die Gedichte erschienen gesammelt als »Blasons anatomiques des parties du corps féminin« (zuerst 1536/37, erweitert 1543 u. ö.). Daraufhin rief Marot zum contre-blasonner auf. Die Beliebtheit des nicht selten obszönen B. dauerte bis etwa 1570 an.

D. Briesemeister

Lit.: A. SAUNDERS, The blason poétique and allied poetry of the French Renaissance [Diss. Durham 1972/73] – A. und E. TOMARKEN, The rise and fall of the 16th cent. French b., Symposium 29, 1975, 139-163 – N. J. VICKERS, Preface to the Blasons anatomiques [Diss. Yale 1976] – A. E. MACKAY, Les Blasonneurs (DIES., An anatomy of solitude, 1978), 107-110.

Blasonierung, Beschreibung (»Ansprache«) eines Wappens in der seit dem SpätMA unter starkem frz. Einfluß ausgebildeten herald. Kunstsprache. Hauptunterschied zur Normalsprache ist die scheinbare Verwechslung von Rechts und Links, weil Wappen vom Schildträger aus und nicht vom Beschauer her blasoniert werden. →Heraldik.

H.-E. Korn

Blasphemie → Gotteslästerung

Blasrohr, älteste pneumat. Handfernwaffe. Das etwa manneslange Holzrohr hatte eine meistens fingerstarke Bohrung zur Aufnahme von Spitzgeschoß oder Tonkugel. Diese wurden mittels Lungenkraft auf Vögel und Hasen geschossen. Das weltweit verwendete B. war auch im ma. Europa nicht unbekannt und wurde zur Kleintierjagd und Belustigung benützt. In der Antike dürfte das B. bereits der Vogeljagd gedient haben (Apollodoros). Frühma. Quellen erwähnen das B. nicht zweifelsfrei. Im 14. Jh. diente es in Frankreich nach einer bildl. Darstellung der Hasenjagd. Aus dem 15. Jh. sind drei Jagdbilder und zwei schriftl. Quellen zu erwähnen. Als Gerät zur Unterhaltung wird die *cerbottana* erstmals 1425 in Italien erwähnt. Span. wurde damals das B. *cebratana* und *zerbatana* genannt, arab. *zarbaṭana*. Diese ähnlichen Bezeichnungen stützen die Annahme, daß das ma. B. dem arab. Raum entstammt.

E. Harmuth

Lit.: W. H. B. SMITH, Gas, Air and Springguns, 1957 – A. HOFF, Airguns, 1972.

Blastares, Matthaios, Mönch, zuerst auf dem Athos, dann im Isaak-Kloster zu Thessalonike, verfaßte ebd. um 1335 ein Handbuch des Kirchenrechts, das sog. »Syntagma«. In Anlehnung an alphabet. Basilikenkompilationen wählte B. für sein Werk die gleiche Ordnung. Die Lemmata entnahm er dem weltl. Recht – soweit für Kleriker interessant – sowie den Kanones und Synodalentscheidungen und reihte sie alphabet. aneinander. Die ausführenden Texte exzerpierte er aus den Quellen: Neben den →Basiliken und kirchenrechtl. Quellen verwertete B. vornehml. die enzyklopäd. Kommentare der großen Kanonisten des 12. Jh., →Zonaras und →Balsamon. Der geschickten Auswahl aus gutem Material verdankt die Kompilation ihre Bedeutung, die sich auch durch Übersetzungen in slav. Sprachen dokumentiert. Als Anhänge des Syntagma werden weitere Texte überliefert, die vielleicht schon B. selbst seinem Werk beigab, die aber auch später angehängt worden sein können, was in Byzanz nicht ungewöhnl. wäre: v. a. ein Verzeichnis der Kirchenämter des Patriarchats v. Konstantinopel; eine Synopsis des sog. Nomokanons des Patriarchen →Johannes IV. Nesteutes sowie kanon. Antworten verschiedener Autoren.

P. E. Pieler

Ed.: G. A. RHALLES – M. POTLES, Σύνταγμα τῶν θείων καὶ ἱερῶν κανόνων ... ἐκδοθέν ..., VI, 1859 – MPG 144, 690-1400 – Lit.: A. SOLOVIEV, L'oeuvre juridique de Mathieu Blastarès, Studi Bizantini 5, 1939, 698 ff. – BECK, Kirche, 786.

Blathmac mac Con Brettan, ir. Dichter des 8. Jh., verfaßte ein ir. Gedicht über die Passion Christi. Sein Vater war Cú Brettan mac Congusso († 740), der vielleicht Kg. d. Fír Rois war. B.s Familie stammte von den Uí Ségáin ab, einer kleineren Gens aus →Airgialla, welche die Abtei Lann Léire (Dunleer, Co. Louth) kontrollierte und später erbl. sacerdotes für →Armagh stellte. – B.s Gedicht schildert die Passion in Begriffen der zeitgenöss. ir. Gesellschaft. Es ist durch den Gebrauch von Termini aus dem rechtl., sozialen und polit. Leben des frühma. Irland von unschätzbarem Wert.

Ch. Doherty

Ed. und Lit.: The Poems of B., ed. J. CARNEY, Irish Texts Society, 1964 – F. J. BYRNE, Irish Kings and High-kings, 1973, 29, 44-45, 118.

Blaubeuren, Kl. und Stadt (Baden-Württemberg, Alb-Donau-Kreis). B. zählt zu den gegen Ende des 11. Jh. im Zuge einer monast. Bewegung entstandenen benediktin. Reformklöstern des schwäb. Adels. Um 1085 verlegten die Brüder Gf. Sigiboto v. Ruck, Anselm und Hugo v. Tübingen eine bei Egelsee versuchte Gründung in die am Quelltseich des Donauzuflusses Blau, dem Blautopf, bestehende Siedlung Beuron und besetzten das Kl. mit Hirsauer Benediktinern. Die Lage an einer der wichtigsten Verbindungsstraßen vom mittleren Neckar in den Donauraum sicherte eine wirtschaftl. Blüte bis zur 2. Hälfte des 13. Jh. (bedeutendes Skriptorium, Klosterkirche St. Johann Baptist vollendet 1124), zog die Vogtei über B. jedoch auch in das expandierende Interessenfeld von →Habsburg, →Württemberg und der Reichsstadt →Ulm (nach den Gf. en v. →Tübingen um 1280 Gf. en v. →Helfenstein, 1303 Habsburg, 1308 Württemberg), bis B. 1447 endgültig als österr. Lehen an Württemberg kam, das zum landsässigen Kl. machte. 1451 schloß sich B., das seinen Konvent dem Bürgertum geöffnet hatte, der →Melker Reform an, was eine letzte große Blüte einleitete (1466 Beginn des Neubaus der Klosteranlage, Kirche von Peter v. Koblenz 1491-99, Chorgestühl von J. Syrlin d. J. 1491, Hochaltar mit Malereien von B. Zeitblom und B. Strigel, Skulpturen v. G. Erhart, geweiht 1493, Vollendung der Anlage 1510). Abt Heinrich II. Fabri (1475-95) war maßgebl. an der Gründung der Univ. →Tübingen beteiligt. Württemberg führte 1535/56 die Reformation ein und machte B. zu einer Schule unter der Leitung eines evangel. Abtes (mit Landstandschaft). – Die Stadt B. entwickelte sich aus einem 1159 genannten Markt neben dem Kl. (Stadtrecht Mitte 13. Jh.). 1363 wurde die vor 1343 errichtete Pfarrkirche dem Kl. B. inkorporiert. Um 1425 reiche Spitalstiftung.

F. Quarthal

Lit.: Hist. Stätten Dtl. VI, 92-95 – O. G. LONHARD, Das Spital zum Hl. Geist in B., Ulm und Oberschwaben 39, 1970, 26-80 – Die Benediktinerkl. in Baden-Württemberg, bearb. F. QUARTHAL, 1975 (Germania Benedictina 5), 160-174.

Blauwen Scute, Van der →Mittelniederländ. Literatur

Blaye (Blavia), Stadt in SW-Frankreich (heute Blaye-et-St-Luce, Dép. Gironde), urspgl. röm. Kastell zum Schutz des Ästuars der Gironde, in beherrschender Lage auf dem rechten Ufer an der antiken Straße Saintes-Bordeaux gelegen. Der hl. Romanus begründete hier am Ende des 4. Jh. die erste chr. Gemeinschaft; sein Grab, außerhalb des Kastells, galt schon im 6. Jh. als bes. alt und ehrwürdig. Die Errichtung des Regularkanonikerstiftes St-Romain wird Karl dem Gr. zugeschrieben; Ludwig der Fr. gewährte dem Stift 814 ein Immunitätsprivileg. Der Ort B. und das Stift, bedeutende Etappenorte auf dem Pilgerweg nach →Santiago de Compostela, nehmen in der afrz. Epik eine herausragende Stellung ein: Nach dem Rolandslied (→Rolandslied) und der Chronik des Ps.-Turpin ließ Karl d. Gr. seinen Neffen Roland und ebenso Belle Aude, die Schwester Oliviers, in B. bestatten. Eine andere Abtei, St-Sauveur, erlebte nur eine bescheidene Entwicklung. Stadt und pagus, die zur Gft. Bordeaux gehörten, gingen am Ende des 10. Jh. an Wilhelm IV.

Taillefer, vicecomes v. Angoulême, über. Sein jüngerer Sohn Godfredus (Geoffroy) war der Begründer des Hauses der Rudel de B. (1048–1317). Die Hypothese, daß der große Troubadour Jaufré→Rudel dieser Familie angehörte, entbehrt eines sicheren Beweises. Die Privilegien der Stadt wurden 1261 zusammengestellt, doch hatte die Stadt, die eine einfache Einwohnergemeinde war, nur kurze Zeit eine *jurade* (→Geschworene). Während des →Hundertjährigen Krieges erlitt B. bis 1453 mehrere Belagerungen. Der Bau einer gewaltigen Festung durch Vauban (1685–90) führte zum weitgehenden Verschwinden von Burg, Abtei und Stadtsiedlung des Mittelalters.

Ch. Higounet

Lit.: GChr II, 880–884 – DHGE V, 167–172 – E. BELLEMER, Hist. de la ville de B., 1886, 1975² – C. JULLIAN, La tombe de Roland à B., Romania 25, 1896, 161–173 – J. GARDELLES, Les châteaux du MA dans la France du Sud-Ouest, 1972, 103–104.

Blech, zu Tafeln, Band oder Streifen ausgehämmertes Metall. Man kannte →Gold- und →Silber- sowie →Messingblech, v. a. aber Eisenblech, das man auch als Blech schlechthin bezeichnet. Dieses B. wird aus einer Eisensorte mit bes. Qualitäten gewonnen: Sie ist bes. weich und zäh. Die ma. Blechproduktion begann in der →Oberpfalz, wo es bereits in der 2. Hälfte des 14. Jh. spezialisierte Blechhämmer gab und wo die Nachfrage der Nürnberger Eisenwarenhersteller diese Produktion förderte. Die Grundlage bot der *Deichel*, ein Abfallprodukt der Hammerwerke, die beim Ausschmieden der im direkten Verfahren gewonnenen Luppen (→Eisen) einen Abfluß von bes. reinem Eisen erzeugte, das als zweimal geschmolzen (davon Deichel oder Deul) angesehen werden konnte. Der Deichel wurde an Blechhämmer abgegeben. Dort wurden dünne Platten im Umfang von 60 x 60 cm produziert. Man unterscheidet Schwarzblech und Weißblech. Das zweite hat im Unterschied zum ersten einen vor Rost schützenden Zinnüberzug. Weißblechplatten waren auch ein Fernhandelsgut. 1372 wird in Paris »fer blanc d'Allemagne« genannt. Etwa 1390 verkaufen Nürnberger verzinntes B. in Venedig. Das Zinn bezogen die Oberpfälzer Blechhämmer aus dem Fichtel- und Erzgebirge. In einem Warentarif von Weiden 1368 werden Zinnwagen erwähnt, die von Böhmen nach Sulzbach gingen.

Es gab zwei Konzentrationsgebiete für Blechhämmer: am südl. Rand des Fichtelgebirges und in der näheren Umgebung Nürnbergs, wo diese Hämmer z. T. auch in Besitz von Nürnberger Bürgern waren. Das wichtigste Fertigprodukt aus B. waren wohl die Nürnberger Harnische des 15. Jh. Die auch künstler. bedeutende Entwicklung der Plattnerkunst (→Plattner) ist ohne B. nicht zu denken. Es bestanden feste Lieferverhältnisse zw. Nürnberger Plattnern und Blechhämmern, deren Inhaber – auch Blechschmiede genannt – auf die Ordnung der Plattner vereidigt waren.

Mit dem Deichel der Oberpfalz ist das im 15. Jh. in der →Steiermark genannte *Graglach* zu vergleichen, das allerdings nicht beim Ausschmieden, sondern im Reduktionsofen gewonnen wurde, ein flüssiges Eisen, das neben der Luppe anfiel und dessen Brauchbarkeit lange nicht erkannt wurde, weswegen es nicht, wie in der Oberpfalz, einen höheren Preis, sondern einen niedrigeren als das Schmiedeeisen erzielte. Aber von der Mitte des 15. Jh. ab ist auch in der Steiermark eine Differenzierung der Hammerwerke zu beobachten. Es kommen die Welschhämmer auf, die auf das vornehml. aus Graglach gewonnene Weicheisen spezialisiert waren. Graglach ist mit dem im modernen Hochofen gewonnenen Roheisen vergleichbar und mußte im Welschhammer zunächst einem Frischverfahren ausgesetzt werden, um die Qualität des Deichel (1518 wird in der Steiermark zuerst vom »Dachel« gesprochen) zu erreichen.

Sicherl. war diese Art der Blechherstellung früher oder später auch in anderen Gegenden Europas bekannt. An den Deichel der Oberpfalz erinnert eine Bestimmung in den Statuten der norm. Waldschmiede von 1470: »Les propriétaires de forgettes peuvent refondre les fers minces qui tombent de leurs enclumes«. Wieweit hier die bes. Qualitäten des Produkts ausgenutzt wurden, muß noch durch künftige Forschungen geklärt werden. Ebenso ist es noch eine offene Frage, welche Rolle das B. in der westdt. Eisenproduktion, etwa in der nach Sorten reich differenzierten Produktion der Territorien Berg und Mark, gespielt hat.

R. Sprandel

Lit.: F. M. RESS, Gesch. und wirtschaftl. Bedeutung der opf. Eisenindustrie [Diss. Clausthal 1950] – E. v. GLASS, Die von Thela genannt Plechschmidt, 1959 – R. SPRANDEL, Das Eisengewerbe im MA, 1968, bes. 166–168, 232 f. – R. STAHLSCHMIDT, Die Gesch. des eisenverarbeitenden Gewerbes in Nürnberg von den ersten Nachrichten im 12.–13. Jh. bis 1630, 1971, bes. 78 f., 103.

Bleheri, bret.-frz. Dichter (?), 12. Jh. (?), pseudohist., da B. ausschließl. in einigen afrz. Werken als Quelle bzw. Gewährsmann genannt wird. Daraus ergibt sich, daß B. geborener Waliser war und frz. sprach. Das Auftreten walis. Namen in den Werken, die B. als Vorlage bezeichnen, beweist aber nicht die Existenz des Dichters, da Namen walis. Ursprungs in anderen frz. Romanen, z. B. den Tristan- und Gralsromanen, weit verbreitet sind. So schreibt Giraldus Cambrensis, ca. 1216, von einem famosus ille fabulator, mit dem Namen *Blehericus*, qui tempora nostra paulo praevenit. B. ist demnach kein Zeitgenosse, und es ist unbestimmt, ob es sich hier um B. der anderen Werke handelt. Thomas (1160/70), anglo-norm. Dichter der ältesten erhaltenen Tristanfassung, erwähnt B. als Kenner der Geschichte aller Gf.en und Kg.e Britanniens. In der Fortsetzung des Gralromans v. Chrétien de Troyes (»Perceval«) wird berichtet, wie B. in Wales aufwächst und später dem Comte de Poitiers die Geschichte von Gauvain und dem Zwergenritter erzählt. B. erscheint nochmals in der sog. »Elucidation«, dem Vorwort zu Chrétiens de Troyes »Conte del Graal«, als *maistre Blihis*; hier gilt er als der maßgebende Kenner des Gralromans. Unter dem Namen des *Hl. Blaise* tritt B. außerdem als Quelle für die Frühgeschichte des Kg. Artus und des Zauberers Merlin auf. Auch wird B. mit dem süd-walis. *Seigneur Bledri* ap Cadivor, dessen Vater 1089 starb, identifiziert. Im 13. Jh. kommt der Name B. in verschiedenen Fassungen des Percevalromans vor, und daraus ist zu schließen, daß die Kopisten keine genaue Vorstellung von B.s Leben und Werken hatten.

W. Kroll

Lit.: J. WESTON, Wauchier de Denain and Bleheris, Romania XXXIV, 1905, 100–105 – E. BRUGGER, Der Dichter Bledri-Bleheri-Breri, ZFSL XLVII, 1924, 162–185.

Blei, Bleiguß
I. Bleibergbau – II. Blei in Heilkunde und Alchemie – III. Blei als Werkstoff.

I. BLEIBERGBAU: Blei (lat. plumbum, Pb), chem. Element, Metall; spezif. Gewicht: 11,3, Schmelzpunkt: 327 °C. B. war – wie in prähist. Zeit (z. B. Kärnten) und in der Antike – auch das ganze MA über in Gebrauch; das belegen einzelne Schlacken- und Ofenfunde von Nideggen und Mechernich (Eifel), im Märzental (Berg. Land) oder aus Markenich (Elsaß) aus den ersten nachröm. Jahrhunderten. In der Karolingerzeit wurde es aus den Minen von Derbyshire, Mendip (Somerset) und Alston Moore (Cumberland) zum Decken von Kirchendächern auf den Kontinent gebracht. Die Bleigruben von Ołkusz und Chrzanów hatten im FrühMA ztw. europ. Bedeutung. Ihre Ausbringung wurde von Krakauer Kaufleuten u. a. in Böhmen und Oberungarn abgesetzt. Frk. Hüttenleute sollen der Legende nach schon vor Beginn des regulären Bleibergbaus am Rammelsberg bei→Goslar (Ende des 10. Jh.) in der Lage gewesen sein, das B. aus gut geröstetem Erz ohne große Silberverluste herauszuschmelzen. Das →Silber konnte nur durch Abtreiben des Werkbleis, d. h. des Rohbleis, in Form von Blicksilber unter gleichzeitigem Anfall von Bleiglätte (Bleioxid) gewonnen werden. So diente B. vornehml. als »Lösungsmittel« für den Treibprozeß (engl. *cupellation*), ein oxidierendes Schmelzen, das als eines der ältesten metallurg. Verfahren bekannt ist. Über den Handel gelangte B. an Zinngießer, Glaser und Dachdecker und zwar wie in röm. Zeit in Barrenform (vgl. Abschnitt III).

Mit dem Wachstum der mitteleurop. Montanwirtschaft vom 11. bis zum frühen 14. Jh. wurde der Bleibergbau z. T. in den schon von den Römern betriebenen Lagerstätten wiederaufgenommen (Lahngebiet, Eifel, Schwarzwald), oder es wurden neue Vorkommen erschlossen: in →Kärnten wird der Bleibergbau 1226 in Bleiburg genannt, ist jedoch urkundl. erst seit dem 15. Jh. belegt. Die übrigen Bergbaue auf B. in dieser Region wurden im 2. Viertel des 14. Jh. eröffnet. Größere Bedeutung erlangte das Revier von Bleiberg-Kreuth (bei →Villach), das, 1333 nachrichtl. erwähnt, 1495 in die Hände der →Fugger überging. Der Absatz des Kärntner B.s erfolgte v. a. über Venedig. Die Produkte des am Schneeberg bei Sterzing (Südtirol) von Gossensasser Gewerken betriebenen Bleibergbaus dienten v. a. der Silbergewinnung im Inntal (Brixlegg, Rattenberg). Im Harz (am Rammelsberg und im Gebiet der späteren Bergstätte Grund, Zellerfeld, Wildemann) geht die Bleigewinnung in die Zeit der Ottonen zurück. 1281 wird erstmals der Handel mit B. aus Goslar erwähnt. In Schlesien wird Bleibergbau um 1230 bei Beuthen, Troppau und Scharley sowie bei Altenburg gen. Für die frz. Alpen sei →Brandes erwähnt.

Die Bleierzgewinnung erfolgte in Europa bis zur Mitte des 14. Jh. mit Spitzhacke und Hammer im Schachtbau. Es scheint nicht stollenmäßig gearbeitet worden zu sein. Bei größerer Teufe war es techn. noch nicht möglich, des Grundwassers Herr zu werden. Seit der Mitte des 14. Jh. kam, wohl infolge der Großen Pest, der Bleibergbau für nahezu ein Jahrhundert fast zum Erliegen.

Erst in der 2. Hälfte des 15. Jh. trat die Montanwirtschaft in ihre zweite Wachstumsphase ein. Probleme der Wasserhaltung, der Belüftung, Förderung und Erzaufbereitung konnten techn. und finanziell bewältigt werden (»Künste«, Entwässerungsstollen). Hinzu traten Verbesserungen der Schmelztechniken. Bes. Gewicht besaß das neuartige Saigerverfahren (→Saigerhütten), das durch den Zusatz von B. erlaubte, Rohkupfer zu entsilbern (spätestens um 1450 Saigerhütten um Nürnberg; 1461 bei Schleusingen; 1462 bei Gräfenthal). Dieses Verfahren erforderte bedeutende Mengen an Frischblei. In Mitteleuropa stieg die Silbergewinnung zw. 1450 und 1540 um das Fünffache; so war – auch bei gleichzeitig steigender Kupfererzeugung – ein erhebl. wachsender Bleibedarf die Folge (um 1500 betrug die jährl. Durchschnittsproduktion bei Goslar 19000 Ztn. B.). Obwohl neben dem Goslarer auch das B. der Eifel über Köln und Frankfurt auf den dt. Markt kam, mußte oft auch B. aus England, Polen u. Kärnten eingeführt werden. H.-J. Kraschewski

II. BLEI IN HEILKUNDE UND ALCHEMIE: Die von Dioskurides (1. Jh. n. Chr.) zusammengestellten med.-techn. Angaben zu B. und Bleiverbindungen werden in den ma. Arzneibüchern überliefert. Obgleich vor der Giftigkeit bei innerl. Verabreichung gewarnt wird, ist es für Arzneibehälter (u. a. für wertvolle Öle, für Theriak) vielfach genutzt worden. Extern wurden Bleiverbindungen als Adstringens, als Antiseptikum zur Wundheilung und Vernarbung sowie gegen Geschwüre verordnet: μόλυβδος, plumbum nigrum (gewaschenes [feinverteiltes] metall. Blei); μολύβδαινα galena, bei der Verhüttung von Edelmetallen (silberhaltiges Werkblei) als »Heerd« bezeichnetes Nebenprodukt; plumbum ustum (Bleisulfid und Bleioxid); λιθάργυρος, lithargyrum, littargirum (Bleiglätte, Bleioxid), bes. zur Herstellung vom Emplastrum diachylon (diaquilon) und – apostolicon; cerussa (Bleiweiß, basisches Bleicarbonat), dieses wurde auch als Malerfarbe und Schminke gebraucht.

In der →Alchemie gilt das dem Saturn zugeordnete B. als die niederste Stufe der sieben →Metalle, die es zur höchsten, dem →Gold, zu entwickeln gilt. Der Silbergehalt der Bleierze ermöglichte die Vortäuschung einer (Silber)transmutation, andererseits regte auch der Farbwechsel der Oxidationsstufen zu alchem. Spekulationen an.

G. Jüttner

III. BLEI ALS WERKSTOFF: B. wurde im MA – neben seiner Bedeutung bei der Silbergewinnung (vergleiche Abschnitt I) – wegen seiner Eigenschaften (niedriger Schmelzpunkt, Dünnflüssigkeit, Korrosionsbeständigkeit) und seines geringen Preises zu Bauzwecken, aber auch zum Guß überwiegend kleinerer Objekte verwendet. Die Araber bauten um 850 in Córdoba eine bleierne Wasserleitung, wohl in Verfolgung antiker Tradition. Im MA konnten sich nur reiche Kl. oder geistl. Institutionen (Canterbury 1165, St. Emmeram/Regensburg 1179/80 u. a.) derartiges leisten. In Nürnberg waren nur Verbindungsstücke der ältesten Leitung (14. Jh.) aus B., 1530 wurden hölzerne Röhren durch neue engere aus B. ersetzt. Ein Ärztekonsilium bestritt dort 1520 jede Gefahr für öffentl. Gesundheit durch Verwendung von B. für die Wasserversorgung. Kreuzzugsteilnehmer plünderten 1096 in Byzanz bleierne Kirchendächer; ein verschwender. Abt von S. Prospero/Reggio verpraßte das Bleidach seines Klosters. Die fünf Kuppeln des Markusdomes in Venedig erhielten ihr heut. Aussehen erst im 13. Jh., als man das Ziegelwerk mit B. verkleidete. 1323 verbrannte die Kapelle in Klosterneuburg, die »mit zin und pley schindeln ist gedeckht gewesen« (Klosterneuburger Chronik). Im Stift Rein (Steiermark) benutzte man Bleitafeln 1406/09 für das Dach einer Kapelle, in Bamberg deckte der Zinngießer 1480 den Turm der Marienkapelle mit Blei. Ein Kölner Bleidecker war mit anderen Werkleuten 1414 auf dem Wege donauabwärts in Regensburg. B. wurde bei Bestattungen von Großen und bei feierl. Beisetzungen von Gebeinen Heiliger verwendet. So lag Kg. Philipp v. Schwaben († 1208) bis zur Beisetzung 1216 in einem Bleisarg. In Prag bestattete Karl IV. die Gebeine des hl. Wenzel in einer Bleitruhe, auch das Skelett des Fs.en Vratislav wurde in der dortigen Georgskirche 1379 so beigesetzt. Das Herz des engl. Kg.s Richard Löwenherz († 1199) liegt in einer Bleihülle. Bleikreuze oder Inschrifttafeln mit dem Namen der Bestatteten wurden Kg.en (Konrad II., Lothar III. u. a. bis zu Maximilian) und Bf.en (z. B. im Bremer Dom) ebenso beigegeben wie erhobenen Gebeinen von Hl. oder Seligen (Abt Erminold v. Prüfening [† 1121] ins neue Hochgrab 1283).

Beim Bleiguß kleinerer Objekte wurden u. a. Formen aus feinem Sand oder Gips, aber auch aus Schiefer oder Holz verwendet. Schon von den Avaren wurde B. für Schmuck (Gürtelbeschläge) verwendet, diente im Früh-

MA für Ketten und Anhänger; zur Zeit der Christianisierung im Osten und Südosten waren Bleikreuze äußeres Zeichen des neuen Bekenntnisses. An den Wallfahrtszentren wurden im MA Pilgermarken und Wallfahrtszeichen (Slg. in Paris, Musée de Cluny), meist als Gittergüsse aus Blei-Zinn-Legierung, als frühe Massenprodukte hergestellt. Die Verwendung von B. für Siegel war im byz. Gebiet üblich und blieb in der päpstl. Kanzlei bis heute bestehen (→Bulle). Im Warenverkehr waren in röm. Zeit ebenso wie im MA »Plomben« üblich, die bes. an Zollstätten in größerer Zahl gefunden wurden. Mengenmäßig bedeutend war die Verwendung von B. für Fenster von durchbrochenen Bleischeiben bis zur →Verbleiung (z. T. mit Zinnüberzug) von Butzenscheiben und Glasgemälden, zum Vergießen der Steinblöcke im got. Kirchenbau, für Bleiwannen als Sudbehälter von Salinen im FrühMA, ebenso die Verwahrung in Zeughäusern für Geschützladungen oder für Gewehrmunition (→Bleibüchse, →Gelote). – Bei Amuletten und Bauopfern prägt sich auch im MA die in früheste Zeiten der Metallkenntnis zurückreichende »Stoffheiligkeit« des B.s aus. G. Wacha

Neben Bleisärgen (s. o.) wurden auch Reliquiensepulcra, die man in Altäre einlegte (z. B. Reliquienkästchen in Kirchenform von 1235 in Limburg a. der Lahn, Domschatz), aus Bleiguß gefertigt. Kreuzanhänger, Weihwasserkessel und Ampullen (z. B. im Dom zu Monza) verschiedener Form sind seit frühchristl. Zeit bekannt. Wenn zwar von größerer Bedeutung für die ma. Kleinkunst, als die erhaltenen Objekte erkennen lassen, erreichte B. in der Kunst nie die Bedeutung anderer Metalle, nicht zuletzt wegen seiner grauen unansehnlichen Oberfläche und seiner Weichheit; auf der Trierer Synode v. 1310 wurde es für eine Reihe von Geräten des chr. Kultes verboten, was immerhin für häufigere Verwendung spricht. Vergoldung von Bleiguß diente auch damals wohl oft zur Vortäuschung von Gold (Verbot durch den Rat zu Nürnberg). Im späten MA wurden Grabkelche mit Vorliebe aus B. hergestellt; im frühen MA kommen Grabkelche aus B. nur selten vor. Auch für Goldschmiedemodelle wurde es verwendet, bes. im 14. und 15. Jh. (geringes Schwundmaß). Vereinzelt haben sich größere Objekte wie Taufbecken aus dem späten MA erhalten. Die eigtl. Blütezeit des Bleigusses begann jedoch erst mit dem ausgehenden MA und hatte in Frankreich ihren Höhepunkt im 17., in Deutschland und Österreich im 18. Jh. – Die Bleiglasur von Tonwaren wurde in den islam. Ländern entwickelt. Nach Italien gelangten diese islam. Keramiken im 14. Jh. v. a. über Sizilien, im 15. Jh. aus Spanien über den Handelsplatz Mallorca, wonach dann die span. und it. Eigenerzeugnisse als »Majoliken« bezeichnet wurden (→Majolika). W. Arenhövel

Lit.: zu [I]: HOOPS² III, 70 f., 72–75 – J. W. GOUGH, The mines of Mendip, 1930 – H. WIESSNER, Gesch. des Kärntner Bergbaues, 2. T., Archiv für vaterländ. Gesch. und Topographie 36–37, 1951 – A. VOIGT, Die Metallprovinz um das Hohe Venn, Zs. für Erzbergbau und Metallhüttenwesen 5, 1952, 223–233 – E. PREUSCHEN, Zur ältesten Gesch. des Mechernicher Bleierzbergbaues, Der Anschnitt 8, 1956, 32 f. – H. v. PETRIKOVITS, Bergbau und Hüttenwesen in der röm. Rheinzone, Erzmetall 11, 1958, 594–600 – D. MOLENDA, Górnictwo kruszcowe na terenie złóż Śląsko-Krakowskich do połowy XVI wieku, 1963 – A. RAISTRICK–B. JENNINGS, A Hist. of Lead-Mining in the Pennines, 1965 – W. HILLEBRAND, Von den Anfängen des Erzbergbaus am Rammelsberg bei Goslar, NdsJb 39, 1967, 103–114 – F. ROSENHAINER, Die Gesch. des Unterharzer Hüttenwesens (Beitr. zur Gesch. der Stadt Goslar 24, 1968) – W. HILLEBRAND, Der Goslarer Metallhandel im MA, HGBll 81, 1969, 31–57 – L. KOSTELKA, F. BACHMAYER, O. SCHULZ, B. und Zinn in Österreich. Der Bergbau von Bleiberg-Kreuth in Kärnten (Veröff. aus dem Naturhist. Mus. NF 6, 1972) – G. LAUB, Der Bleifund vom Radauberg bei Bad Harzburg, Harz-Zs. 27, 1975, 31–56 – L. SUHLING, Der Seigerhüttenprozeß, 1976 – H.-G. BACHMANN, Bleiglätte-Fund aus der Nordeifel, BJ 177, 1977, 617–622 – zu [II]: E. O. v. LIPPMANN, Entstehung und Ausbreitung der Alchemie, 1919, bes. 574–577 – R. J. FORBES, Silver and lead in antiquity, Jaarbericht van het vooraziatisch-Egyptisch Gezelschap »Ex Oriente Lux« 7, 1940, 489–524 – zu [III]: DACL XIV, 1191 ff. – EM II, 441 ff. – RDK II, 874–883 – O. WULFF, Altchristl. und ma. Bildwerke, 1909, 224 ff. – W. F. VOLBACH, Ma. Bildwerke aus Italien und Byzanz, 1930 – G. PUDELKO, Roman. Taufsteine, 1932 – A. GRABAR, Les Ampoules de Terre Sainte (Monza-Bobbio), 1958 – L. SCHMIDT, Heiliges B., Leobner Grüne Hefte, hg. F. KIRNBAUER, 32, 1958 – M. C. Ross, Cat. of the Byzantine and Early Medieval Antiquities in the Dumbarton Oaks Collection I, 1962, 86 ff. – H. MITSCHA-MÄRHEIM, Dunkler Jahrhunderte goldene Spuren. Die Völkerwanderungszeit in Österreich, 1963 – LHOTSKY, Quellenkunde, 27 – V. H. ELBERN, Der eucharist. Kelch im frühen MA, 1964, Nr. 25, 37 – E. FRODL-KRAFT, Die Glasmalerei. Entwicklung, Technik, Eigenart, 1970 – I. BORKOVSKÝ, Die Prager Burg zur Zeit der Přemyslidenfürsten, 1972 – G. ZACOS–A. VEGLERY, Byzantine lead seals, 3 Bde, 1 Tafelbd., 1972 – Opgravingen in Amsterdam. 20 jaar stadskernonderzoek, 1977 – W. SEIBT, Die byz. B.-Siegel in Österreich I (Veröff. der Kommission für Byzantinistik II, 1978) – W. W. KRYSKO, Lead in Hist. and Art – B. in Gesch. und Kunst, 1979 – W. ENDREI, Das Siegeln von Tüchern (Internat. Handwerksgesch. Symposium Veszprém 1978, Ung. Akad. der Wiss. 1979) – W. C. WIJNTJES, The watersupply of the med. town (Ms. Rotterdam, 1979) – G. WACHA, B., Alte u. mod. Kunst, 24. Jg., 1979, H. 166/167, 49 ff. – DERS., Bleiplastik, ebd. 25. Jg., 1980, H. 172/173, 30 ff.

Bleibüchse. Vom 14. bis zum 16. Jh. der Name für eine um einen Dorn geschmiedete oder aus Bronze gegossene Feuerwaffe, bei der als Geschosse Kugeln aus Blei verwendet wurden. Der Vorteil der Bleikugel gegenüber der Stein- oder Eisenkugel lag in der durch das wesentl. höhere spezif. Gewicht des Bleies bedingten größeren Wirkungsweite. Kugeln aus reinem Blei wurden jedoch nur bei Feuerwaffen mit geringerem Kaliber verwendet, Kugeln für →Terrasbüchsen enthielten aus Ersparnisgründen häufig einen Kern aus Eisen, der überdies beim Aufschlagen der Kugel auf harte Ziele die Wirkung noch erhöhte. E. Gabriel

Lit.: B. RATHGEN, Das Geschütz im MA, 1928 – W. HASSENSTEIN, Das Feuerwerkbuch von 1420, 1941.

Bleibulle → Bulle

Bleiche, Bleicher. Unter B.n (lat. dealbatio, candidare; blancheria) versteht man das Aufhellen von Farbtönen, vorwiegend bei rohen Leinen- und Baumwollgeweben, um ihnen einen reineren Weißton zu verleihen. Dies geschah durch Einweichen in wassergefüllten Gruben, Auslegen auf Wiesen an der Sonne und Begießen mit Wasser. Dabei verwandelte die Lichtenergie Wasser z. T. in Wasserstoffperoxyd und wird damit bleichwirksam. Dieser, einen bis acht Monate dauernde Vorgang wird mit wiederholten Waschungen in heißer Buchenaschenlauge und andern Laugen (Beuchen) zur Reinigung und mit Walken (→Walkerei) ergänzt. Flachsgewebe wurden vermutl. schon seit der Prähistorie und sicher seit dem FrühMA von Bauern auf Wiesen gebleicht. Gewerbsmäßiges Bleichen ist seit dem 13. Jh. in ganz Europa durch Orts- und Personennamen (Bleiche, Bleicher), durch das zünft. Bleichergewerbe, durch das Aufkommen gemeinschaftl. städt. B.n, d. h. großer eingezäunter Wiesenflächen vor den Städten, die von Fürsten, Stadtherren, Klöstern oder Stadtgemeinden für das B.n reserviert und an B. verliehen wurden, sowie seit dem 14./15. Jh. durch zünft. Vorschriften über den Bleichvorgang belegt. H. C. Peyer

Lit.: HOOPS² III, 76 – E. SABBE, De belg. Vlasnijverheid I, 1943 – F. WIELANDT, Das Konstanzer Leinengewerbe I, 1950, 106 ff. – H. C. PEYER, Leinengewerbe und Fernhandel der Stadt St. Gallen II, 1960, 16 ff. – W. v. STROMER, Die Gründung der Baumwollindustrie in Mitteleuropa, 1978.

Bleichfeld, Schlacht bei → Pleichfeld

Bleiguß → Blei
Bleikugel → Gelote
Bleiriß, -rute → Verbleiung
Blemmydes, Nikephoros, Philosoph und Theologe, *1197/98 in Konstantinopel, † 1272. Nach umfassender Ausbildung, die auch das Studium der Medizin und ihre Praxis einschloß, wurde B. mit 28 Jahren als Diakon in den Patriarchalklerus v. Nikaia aufgenommen. Mit 38 Jahren wurde er Mönch und Presbyter, später Hegumen des Thaumaturgos-Kl. in Ephesos, schließl. Vorsteher des von ihm gegr. Emathia-Kl. bei Ephesos.

Bedeutung erlangte B. v. a. als Lehrer der an Aristoteles ausgerichteten Philosophie. Er schrieb im Rahmen dieser Tätigkeit u. a. eine Epitome der Logik und Physik; in einer geogr. Schrift argumentiert er für die Kugelgestalt der Erde. Zu seinen Schülern gehörten der spätere Ks. Theodor II. Laskaris, für den B. einen Fürstenspiegel verfaßte, und Georgios→Akropolites. Auf die kirchenpolit. Tätigkeit des B. wirft seine Teilnahme an Unionsgesprächen 1234 und 1250 ein Licht. In zwei Schriften über den Ausgang des Hl. Geistes näherte er sich einem zw. Lateinern und Griechen vermittelnden Standpunkt und wurde so zu einem geistigen Wegbereiter für die Union von Lyon 1274. Zu B.' bemerkenswertesten Schriften zählt seine Autobiographie (→Biographie). D. Stein

Ed.: MPG 142 – Johannis Zonarae Lex., ed. J. A. H. TITTMANN, 2 Bde, 1808 [Neudr. Amsterdam 1967; vermutungsweise Zuschreibung durch K. ALPERS] – C. MÜLLER, Geographi Graeci minores II, 1861, 458–470 [2 geogr. Schr.] – H. LAEMMER, Scriptorum Graeciae orthodoxae bibl. selecta I, 1866, 96–186 – A. HEISENBERG, Nicephori Blemmydae Curriculum vitae et carmina, 1896 [Autobiographie u. a.] – J. B. BURY, Inedita Nicephori Blemmydae, BZ 6, 1897, 526–537 – N. FESTA, Theodori Ducae Lascaris epistulae CCXVII, 1898 [33 Briefe des B.] – J. B. BURY, An unpublished poem of Nicephorus Blemmydes, BZ 10, 1901, 418–424 – K. EMMINGER, Stud. zu den gr. Fürstenspiegeln I, Programm des Kgl. Maximilians-Gymnasiums, 1906 [Ed. des Fürstenspiegels] – G. MERCATI, Una lettera del Blemmida a Giovanni II Duca sulla processione dello Spirito Santo contro i Latini, in: Blemmidea, Bessarione 31, 1915 [Neudr. in: DERS., Opere minori III, Studi e testi 78, 1937, 433–440; Text: 438–440] – H. GOLUBOVICH, AFrH 12, 1919, 428–465 [lat. zeitgenöss. Übers. der Denkschr. von 1234] – A. P. KOUZES, Les œuvres médicales de Nicéphore Blémmydès selon les manuscrits existants, πρακτικὰ Ἀκαδημίας Ἀθηνῶν 19, 1944, 56–75 – L. G. WESTERINK, Some unpublished letters of B., Byzslav 12, 1951, 43–55 [Ed. von 9 Briefen; J. DARROUZÈS bestreitet Zuschreibung an B.] – P. CANART, Nicéphore Blemmyde et le mémoire adressé aux envoyés de Grégoire IX (Nicée, 1234), OrChrP 25, 1959, 310–325 [Text: 319–325] – *Lit.:* REX A, 732–763 [K. ALPERS] – BECK, Kirche, 671–673 – G. MERCATI, Blemmidea, Bessarione 31, 1915, 226–238 [Neudr. in: DERS., Opere minori III, 1937, 428–440] – E. KURTZ, Zum Fürstenspiegel des N. B., BNJ 3, 1922, 337–340 – H. I. BELL, The Commentary on the Psalms by Nicephorus B., BZ 30, 1929/30, 295–300 – G. MERCATI, Il Niceforo della catena di Daniele Barbaro e il suo Commento del Salterio, Biblica 26, 1945, 153–181 – G. MERCATI, Observations sur le texte de l' Ἀνδριὰς βασιλικός de Nicéphore Blemmydès, Byzslav 9, 1947/48, 182–185 [Neudr. in: DERS., Collectanea Byzantina I, 1970, 538–542] – J. DARROUZÈS, Notes d'épistolographie et d'hist. de textes, RevByz 12, 1954, 176–186 [Neudr. in: DERS., Litt. et hist. des textes byz., 1972] – G. MISCH, Gesch. der Autobiographie III, 2, 1962, 831–875 – N. TSOUYOPOULOS, Das Ätherproblem und die Physikabhandlung des N. B. (Fschr. K. VOGEL zum 80. Geburtstag, 1968), 69–89 – W. LACKNER, Zum Lehrbuch der Physik des N. B., Byz. Forsch. IV, 1972, 157–169 – M. VERHELST, Le περὶ ψυχῆς de Nicéphore Blemmyde. Préliminaires à une éd. critique, Byz. Forsch. IV, 1972, 214–219 – A. PIGNANI, Parafrasi o metafrasi (a proposito della Statua Regia di Niceforo Blemmida)?, Atti dell' Accademia Pontaniana 24, 1976, 219–225 – G. PODSKALSKY, Theologie und Philosophie in Byzanz, 1977 – H. HUNGER, Profane Lit., I–II – I. ŠEVČENKO, A New Manuscript of Nicephorus Blemmydes' »Imperial Statue«, and of Some Patriarchal Letters, Byz. Studies/Études Byz. 5, 1978, 222–232 – F. TINNEFELD, Das Niveau der abendländ. Wiss. aus der Sicht gebildeter Byzantiner im 13. und 14. Jh., Byz. Forsch. VI, 1979, 241–280.

Blende(n), Gliederungselement, das der geschlossenen Wand aufgelegt ist. Die B. sind entweder von Bögen oder Gesimsen abgeschlossen, die auf Lisenen, Pilastern oder Halbsäulen ruhen, oder erscheinen als →Arkaden, →Triforien, →Fenster oder→Maßwerk; auch als Rahmung von Maueröffnungen oder als Begrenzung von Mauerflächen, bes. unter Dachtraufen als Bogenfries und am Giebel als steigendem Bogenfries. Je tiefer ihre Stufung und je reicher die Profilierung, desto mehr erscheint die B. als selbständiges Gliederungssystem. B. werden gleichermaßen an sakralen wie profanen Bauten verwendet, schon in der frühchr. Baukunst als Rundbogen-B. auf Lisenen oder als rhythm. Wechsel von zwei bis vier Bögen und im Innern als zweigeschossige B.-Gliederung oder um mehrteilige Öffnungen; in der byz. →Baukunst als Blendnischen und Blendarkaden (bes. spätbyz.) häufig, ebenso in der →armenischen Kunst und in der georgischen →Baukunst; in merow.-karol. Zeit als Blendarkaden oder Pilaster mit Spitzgiebeln sowie gereihte Rundbogen. Im 11. Jh. werden Blendarkaden, Pilastergliederungen mit Gesimsen und Rundbogenfriese immer häufiger. Für die hoch- und spätroman. Baukunst sind B. das bestimmende Gestaltungselement im Innern wie im Äußeren, bes. an Apsiden, Fassaden und Türmen. Die B. werden immer kleinteiliger und mit Kleeblattbögen oder Mehrfachbögen ausgefüllt oder auch als Stufen-B. ausgebildet. In der Gotik treten Spitzbogen-B., Spitzbogenfriese und Blendmaßwerk an die Stelle der roman. Rundbogenformen; das Maßwerk kann auch frei vor der Mauer hängen als Schleierwerk. Als Blendfassade einem Baukörper vorgestellt, um eine einheitl. und vom Bauumriß unabhängige Wirkung zu erzielen, zumeist größer als das Bauwerk, oder nur über die Dachschrägen hinausreichend als Blendgiebel, der reich gegliedert und mit Stufen, Fialen und Akroterien aufgelockert sein kann, bes. im norddt. →Backsteinbau. G. Binding

Lit.: RDK II, 890–907 [Lit.], 1010–1026 [Lit.].

Blendung → Strafe, Strafvollzug

Bliaut (afrz., auch: *bliaus, bliaude*; me. *bleaunt*; mhd. *bliand, blîalt*), von beiden Geschlechtern getragenes Obergewand, das vom 11. bis zum Ende des 13. (teilweise bis ins 14.) Jh. verbreitet war.

[1] *Weibl. Form:* Im 12. Jh war der von Damen getragene b. ein kostbares hochgeschlossenes Hofkleid, aus wertvollen Stoffen gearbeitet und mit gestickten Bändern (→orfrois) am Hals und an den langen Ärmeln verziert. Aufgrund zeitgenöss. ikonograph. (z. B. atl. Figuren, Chartres/Westportal) wie schriftl. Quellen ist anzunehmen, daß der b. üblicherweise aus zwei Teilen bestand, einem Mieder mit langer Taille (*li cors*), das eng am Körper anlag, und einem langen runden Rock (*la gironée*), der entweder gekräuselt oder in sehr kleine Falten gelegt war und einige Zoll unterhalb der Taille an das Mieder angeheftet war. Das Mieder wurde mit seitl. Schnürbändern geschlossen. Die Weite der Ärmel variierte entsprechend der Modeentwicklung; in der 2. Hälfte des 12. Jh. waren die Ärmel z. B. so weit und lang, daß sie fast den Boden berührten und z. T. hinaufgebunden werden mußten, während äußerst enge Ärmel, die bei jedem Anlegen des Gewandes eigens vernäht werden mußten, das andere Extrem bildeten. Der b. wurde mit einem kunstvollen →Gürtel getragen, der, lose geknüpft, auf der unteren Taille auflag; oft wurde eine →Fibel zum Zusammenhalt des Ausschnittes benutzt. Der b. war ein Kleidungsstück, bei dem sich vielerlei, z. T. extravagante mod. Variationen herausbildeten: etwa durch die Länge und Weite des

Rockes und der Ärmel, durch hohe Schnürung des Mieders und durch Verwendung reicher Stoffe.

In der Zeit seiner Hauptverbreitung wurde der b. aus kostbaren oriental. Importtextilien gefertigt; er war häufig mit Goldfäden durchwebt oder bestickt und mit Pelzen gefüttert. Für das Mieder wurde offenbar häufig ein Stoff verwendet, dem mittels Kräuselung und Smokarbeit eine gewisse Elastizität verliehen werden konnte, wodurch eine stärkere Formung der Büste erreicht wurde. Der Rock war in der Regel aus dünnem und geschmeidigem Stoff, der eine leichte Kräuselung oder Faltung zuließ.

[2] *Männl. Form:* Der b. wurde von Rittern entweder unter oder über der Rüstung getragen. Er konnte jedoch auch als Bestandteil der höf. Kleidung Verwendung finden und war dann ähnlich wie der weibl. b. ausgestattet, was sich z. B. in der Verarbeitung reicher Stoffe und der Ornamentierung mit gestickten Bändern ausdrückte. Der männl. b. war kürzer als der von Frauen getragene und auch nicht zweiteilig. Er hatte lange enge Ärmel und wurde z. T. auch mit einem Gürtel getragen. – In lockerer Form wurde der b. nicht nur vom Adel, sondern bes. auch von Bürgerlichen getragen, vom einfachen Volk sogar bis ins 14. Jh. hinein.
J. Harris

Lit.: F. MICHEL, Recherches sur le commerce, la fabrication et l'usage des étoffes de soie, etc., I, 1852, 269 – V. GAY, Glossaire archéologique I, 1887, 160-162 – E. R. GODDARD, Women's Costume in French Texts of the 11th and 12th centuries, 1927, 40-59 (J. HOPKINS Stud. in Romance Lit. and Languages VII) – J. A. H. MURRAY, A New Engl. Dict. on hist. principles, s. v. bleaunt – LEXER, s. v. blîalt – M. BEAULIEU – J. BAYLÉ, Le Costume en Bourgogne, 1956, 113 – M. DAVENPORT, The Book of Costume, 1962, 426 – F. BOUCHER, Hist. du Costume, 1965, 426.

Blickling-Homilien. Achtzehn ae. Homilien zu wichtigen Sonn- und Feiertagen (mit *einer* Ausnahme in der Reihenfolge des Kirchenjahres), die in einer um 1000 entstandenen Hs. – durch Verlust einiger Blätter z. T. unvollständig – überliefert sind, doch wahrscheinl. auf frühere merz. Originale zurückgehen. Sie repräsentieren im Gegensatz zu →Ælfric und →Wulfstan eine ältere ae. Homiletik und verarbeiten als Quellen neben der Bibel und lat. Homilien und hagiograph. Texten der orthodoxen Tradition auch eine Reihe apokrypher Stoffe (z. B. das »Evangelium Nicodemi« in Nr. 7, die »Visio Pauli« in Nr. 4 und Nr. 16, den »Transitus Mariae« in Nr. 13, die »Acta Andreae et Matthiae« in Nr. 18; →Apokryphen). Charakterist. ist auch die Häufigkeit eschatolog. Themen. Die Homilien behandeln im einzelnen: Nr. 1: Mariä Verkündigung (Anfang unvollständig); Nr. 2–7: sechs Sonntage der vorösterl. und österl. Zeit (Nr. 4 und Nr. 16 in MORRIS' Ausgabe bilden *eine* Homilie, die als Nr. 4 gezählt wird; ab Nr. 16 sind zwei verschiedene Zählungen üblich); Nr. 8–10: die drei Bittage (litaniae minores; z. T. unvollständig); Nr. 11: Christi Himmelfahrt; Nr. 12: Pfingstsonntag; Nr. 13–18 haben sechs wichtige Heiligenfeste zum Gegenstand: Nr. 13: Mariä Himmelfahrt; Nr. 14: Geburt Johannes d. Täufers; Nr. 15: Apostel Petrus und Paulus; Nr. 16 (MORRIS Nr. 17): Einweihung der Kirche des Erzengels Michael (Die Beschreibung des Hölleneingangs am Schluß dieser Homilie erinnert an→»Beowulf« 1357ff.); Nr. 17 (MORRIS Nr. 18): Hl. Martin v. Tours (Schluß unvollständig); Nr. 18 (MORRIS Nr. 19): Apostel Andreas (unvollständig; zu einer poet. Behandlung dieses Stoffes→»Andreas«).
W. Hofstetter

Bibliogr.: RENWICK-ORTON, 249f. – NCBEL I, 324f. – *Ed.:* R. MORRIS, The Blickling Homilies, EETS OS 58, 63, 73 – R. WILLARD, The Blickling Homilies, EEMF 10, 1960 [Faks.-Ausg. mit detaillierter Einl.] – *Lit.:* M. McC. GATCH, Eschatology in the Anonymous OE Homilies, Traditio 21, 1965, 117-165 – H. SCHABRAM, Superbia, 1965, 73-77 – M. A. DALBEY, Themes and Techniques in the Blickling Lenten Homilies (The OE Homily and its Backgrounds, ed. P. SZARMACH – B. HUPPÉ, 1978), 221-239 – ST. B. GREENFELD – F. C. ROBINSON, A Bibliography of Publications on OE Literature…, 1980, 357f.

Blide, in zeitgenöss. Berichten häufig auch *Blyde, Bleyde* oder *Blude* genannt, war eine vermutl. im Mittelmeerraum entstandene Wurfmaschine, die vom Beginn des 13. bis zum 16. Jh. in ganz Europa nachgewiesen ist. Dieses ma. →Wurfgeschütz bestand im wesentl. aus zwei aufgerichteten Balken, zw. denen eine waagerechte Stange, die Drehachse, befestigt war. Um diese Achse konnte ein Schleuderarm schwingen, der durch die Drehachse in zwei ungleich lange Teile geteilt war. Der Schleuderarm hatte an seinem kurzen Ende einen mit Steinen gefüllten Holzkasten, das Ende des längeren Hebelarmes war zur Aufnahme des Geschosses entweder löffelartig verbreitert oder hatte eine an einem Seil befestigte Lederschlinge zur Aufnahme eines Steines. Wurde der lange Hebelarm mit Seilen und Winden nach unten gezogen, ging gleichzeitig der kurze Arm mit dem Gegengewicht nach oben und hielt den mit einem Haken am Boden verankerten langen Arm unter Spannung. Wurde nun nach dem Einlegen des Wurfgeschosses die Sperre vom Blidenmeister gelöst, riß das Gegengewicht den kurzen Hebelarm nach unten, der lange Arm schnellte gleichzeitig nach oben und schleuderte die Ladung, meist Steine oder Brandgeschosse, in hohem Bogen gegen das Ziel.
E. Gabriel

Lit.: R. SCHNEIDER, Die Artillerie des MA, 1910 – B. RATHGEN, Das Geschütz im MA, 1928.

Blieskastel, Gf.en v., lothr. Adelsfamilie. Die Gf.en v. B. spalteten sich gegen Ende des 11. Jh. von den Gf.en v. →Metz-Lunéville ab und bildeten im Laufe des 12. Jh. neben dem Stammhaus B. die Linien der Gf.en v. Homburg, Lützelstein und →Saarwerden. Die namengebende Burg lag an der unteren Blies im heut. Saarpfalzkreis. Ihr Besitz erstreckte sich vom nö. Lothringen zu beiden Seiten der Blies quer über den Hunsrück bis nach Bernkastel an der Mosel. Seiner Rechtsnatur nach setzte er sich vorwiegend aus Allodien, Lehen der Ebf. e v. Trier, der Bf.e v. Metz und Verdun zusammen. Nach dem Tode des letzten Gf.en v. B., Heinrich († 1237), konnte seine älteste Tochter Elisabeth die Nachfolge im größten Teil des väterl. Erbes durchsetzen und durch eine Zweitehe mit Rainald v. Lothringen-Bitsch ihre Herrschaft nach Südosten ausdehnen. Nach dem Tode des kinderlosen Ehepaares († 1273 und 1274) entstand zw. den Schwestern Elisabeths und ihren Ehegatten, dem Hzg. v. Lothringen als Erbe Rainalds v. Bitsch und dem Bf. v. Metz als vornehmsten Lehensherren, der Blieskasteler Erbfolgekrieg (1276-91), in den fast alle territorialen Gewalten Lothringens, des Elsaß und Luxemburgs verwickelt waren. Er endete mit der Aufteilung des Blieskasteler Erbes zw. dem Hzg. v. Lothringen, dem Bf. v. Metz und dem Gf.en v. Salm. Burg und Flecken B. fielen dem Bf. v. Metz zu, wurden aber von ihm 1337 an das Erzstift Trier verkauft.
H.-W. Herrmann

Lit.: H. W. HERRMANN, Die Gf.en v. B. (Gesch. Landeskunde des Saarlandes 2, 1977), 254-261 – W. MOHR, Gesch. des Hzm. Lothringen, III: Das Hzm. der Mosellaner (11.-14. Jh.), 1979, 102-120.

Bligger v. Steinach, mhd. Lyriker (und Epiker?), *um 1135, † nach 1196. Er entstammt einer Freiherrenfamilie, die in (Neckar-)Steinach auf der Hinterburg saß; da der Name B. in der Familie häufig ist, ist die Identifizierung nicht ganz eindeutig. Als Lyriker, von dem zwei Minnelieder und ein (unechter?) Sangspruch überliefert sind, gilt der seit 1152 in seiner weiteren Heimat, 1193-94 und 1196 in der Umgebung Ks. Heinrichs VI. bezeugte Bligger. Mit den Liedern (das zweite wegen einer Anspielung auf

Saladin zw. 1174 und 1193 zu datieren) gehört er zur »Hausenschule«, den von der prov. Liedkunst beeinflußten Lyrikern um Heinrich VI.; urkundl. wird der Bezug durch das Auftreten eines B. (B.s Vater?) neben Walther v. Hausen (Vater des Minnesängers →Friedrich v. Hausen) gestützt. →Gottfried v. Straßburg rühmt einen B. v. St. als Epiker (»Tristan« v. 4691–4722), was von →Rudolf v. Ems nachgesprochen wird (»Willehalm von Orlens« v. 12192–12197; »Alexander« v. 2205–2218). Das Lob in Metaphern aus der Textilverarbeitung gipfelt in der Bezeichnung seines Werkes als »Umbehanc« ('Wandbehang, -teppich'); es ist umstritten, ob es sich hierbei um eine Metapher handelt oder um den Titel eines Werkes (Erzählzyklus mit Artusstoff? Minneepisoden? Nachdichtung von →Chrétiens de Troyes »Philomena« [KOLB]?). Epik ist am Stauferhof sonst nicht bezeugt, möglicherweise ist der 1209 in Urkunden Ottos IV. auftretende B. (Sohn?) als der Epiker anzusehen. Epische Texte, die sich B. zuschreiben ließen, sind nicht erhalten. V. Mertens

Ed.: Des Minnesangs Frühling, hg. H. MOSER–H. TERVOOREN, 1977, Nr. XVII – *Lit.*: Verf.-Lex.² I, 895–897 [H. KOLB] – F. GRIMM, Die rhein.-schwäb. Minnesinger, 1897, 32–40–H. KOLB, Über den Epiker B. v. St., DVjs 36, 1962, 507–520 – J. BUMKE, Ministerialität und Ritterdichtung, 1976, 41, 95 f. – DERS., Mäzene im MA, 1979, 127 f.

Blijde inkomst → Joyeuse entrée

Blinde Musiker. Sinnesvikariat, Synästhesie und – in übertragener Bedeutung – Synopsie können in manchen Fällen den Ausfall des visuellen Sinnes kompensieren. Die durch phys. Blindheit erzwungene Konzentration intensiviert vorhandene Musikalität. So sind aus allen Epochen b. M. bezeugt, im 12. Jh. etwa als fahrende Sänger. Namen werden erst im SpätMA bekannt. Der Florentiner F. Landino (-i; um 1335 [?] – 1397, früh erblindet) wirkte als Organist an San Lorenzo; als Komponist war er führender Meister der Ars nova. Instrumentalvirtuose von europ. Range war C. →Paumann (1410/15 – 1473, blind geb.); er wirkte als Organist an St. Sebaldus in Nürnberg, seit 1451 in hzgl. Diensten zu München und schrieb v. a. das pädagog. Orgel-Werk »Fundamentum organisandi«. A. →Squarcialupi (1416–80, später erblindet) wirkte 1436 bis zu seinem Tode florent. Domorganist. A. →Schlick (1455–1525, 1486 erblindet) aus Heidelberg spielte Orgel vor weltl. und geistl. Herren; er trat mit theoret. und prakt. Werken sowie mit Kompositionen hervor.

D. v. Huebner

Lit.: MGG I, 1928–32; 8, 163–168; 10, 968–971; 11, 1817–1820; 12, 1096–1097 – RIEMANN – A. PETZELT, Vom Problem der Blindheit, Veröff. der Akad. gemeinnütziger Wiss. zu Erfurt 26, 1931, 15, 85, 87 u. ö. – H. J. MOSER, B. M. aus sieben Jh. (Kleine Musikbücherei 11, 1956), 13–21.

Blindenheilung → Wunder Christi

Blindheit. Kaum eine der zahlreichen Augenkrankheiten, die zur Erblindung führen, konnte im MA behandelt werden. Auch die wenigen bekannten therapeut. Maßnahmen, wie z. B. der Starstich oder die Kupferbehandlung des Trachoms, waren in ihren Erfolgen teils von nur kurzer Dauer, teils überhaupt von zweifelhaftem Wert. So muß die Zahl der Blinden im MA außerordentl. groß gewesen sein. Darstellungen von Blinden in der ma. Kunst – meist in Form des blinden Bettlers – sind deshalb häufig anzutreffen. Aus der Geschichte bekannt ist das trag. Schicksal des erblindeten Kg.s Johann v. Böhmen, der in der Schlacht v. →Crécy (1346) den Tod gesucht und gefunden hat. – Die Fürsorge für Blinde erfolgte für Altersblinde gemeinsam mit anderen alten Menschen in den Spitälern. Früherblindete mußten von den Familien erhalten werden. Spezielle Blindenheime gibt es erst seit der Einrichtung des »L'hospice des Quinze-Vingts«, das 1260 in Paris zur Erinnerung an 300 frz. Ritter, die auf dem Kreuzzug Ludwigs IX. d. H. ihr Sehvermögen verloren hatten, gegründet wurde. Wie schwer das Schicksal der Blindheit im MA eingeschätzt wurde, geht daraus hervor, daß in der Strafjustiz die Blendung (→Strafe, -vollzug) an die Stelle der Todesstrafe trat, wenn aus kanon. oder dynast. Gründen die Todesstrafe nicht vollstreckt werden konnte. – Vgl. allgemein →Blinde Musiker. W. Jaeger

Lit.: W. JAEGER, Die Heilung des Blinden in der Kunst, 1960 – Die Erfindung der Ophthalmoskopie, hg. W. JAEGER, 1977.

Blindverglasung → Blankverglasung

Bliscappen van Maria. Von einem Zyklus von sieben mndl. Spielen, die die Sieben Freuden Mariens zum Inhalt hatten, sind nur zwei erhalten: »Die eerste bliscap van Maria« und »Die sevenste bliscap van Onser Vrouwen«. Die Spiele wurden zw. 1441 und ca. 1566 in jeweils sieben aufeinanderfolgenden Jahren aufgeführt von der Großen Zunft der Bogenschützen zu Brüssel, aus Anlaß der Prozession der wundertätigen Marienstatue, genannt ›Onze Lieve Vrouw op 't Staaksken‹. Die Stücke liegen in je einer Hs., beide als Regiebücher u. von einer Hand geschrieben, vor (Kgl. Bibl. Brüssel); nach Form und Inhalt zeigen sie Verwandtschaft mit den frz. Mysterienspielen. Die »Eerste bliscap« (2081 Verse) gibt in vielen kurzen Szenen einen Überblick über die Heilsgeschichte, von der Vorbereitung des Sündenfalls in der Hölle bis zur Verkündigung Mariä. Die »Sevenste bliscap«, von der 1733 Verse erhalten sind, konzentriert sich mit realist. Sinne, in denen u. a. die Apostel, Juden und Teufel auftreten, auf Mariä Himmelfahrt. W. P. Gerritsen

Ed. und Lit.: Die erste B. v. M. en Die sevenste B. v. M., hg. W. H. BEUKEN, 1978².

Blitz. Die Glaubensvorstellungen der indoeurop. Völker bringen den B. mit dem Wirken von Gottheiten und Dämonen in Verbindung. Der B. ist Götterattribut und gilt als Offenbarung göttl. Allmacht und Waffe göttl. Zornes. Diese Anschauung fand im Christentum ihren Niederschlag in Exempeln, Legenden und Sagen von dem warnenden und strafenden Eingreifen Gottes durch B. und Gewitter.

Dem Glauben an dämon. Wirken liegen seit der Antike überlieferte Blitzaberglaubensformen zugrunde in Anwendung magisch-zaubrischer Schutzmittel gegen B. und Gewitter (Blitzamulette). Diesen setzte der Kirche chr. Segen und Beschwörungen entgegen (u. a. Benediktionen von Beschwörungswasser für Blitze; vgl. Gelasianum V, 1568, ed. MOHLBERG, 1960, 288). Vgl. →Wetterkreuz, prozessionen, -segen, -kerzen. A. Döring

Lit.: HWDA I, 1399–1419 – EM II, 476–479 – A. FRANZ, Die kirchl. Benediktionen im MA II, 1909 – E. BARTSCH, Die Sachbeschwörungen der röm. Liturgie, 1967.

Blockade. Der nz. Begriff der B. mit seinen völkerrechtl. abgesicherten Inhalten der friedl. und der krieger. B. fließt in den ma. Erscheinungen zusammen mit →Boykott und →Embargo. Noch fehlt der Begriff der Neutralität. Gleichwohl wird in den spätma. B.n der Versuch greifbar, das Recht der Neutralen auf freien Handel nicht über das Maß zu beeinträchtigen, das zur wirkungsvollen Durchsetzung der B. als notwendig angesehen wird.

Prinzipiell ist B. sowohl zu Wasser als auch zu Lande möglich, häufiger ist die Seeblockade.

Zum Erreichen wirtschaftl. oder polit. Ziele konnte sich die ma. B. fakultativ oder kumulativ aus verschiedenen Möglichkeiten zusammensetzen:

[1] Das Verbot, bestimmte Waren dem Blockadegegner

durch Handel zukommen zu lassen, worunter in der Regel kriegswichtige Materialien fielen wie Eisen, Waffen, Schiffsbauholz, Lebensmittel o. ä. Dieses diente meist als präventive Maßnahme der Vermeidung eines Krieges oder erscheint im Krieg selbst (so z. B. 971 die B. der Venezianer gegen die Sarazenen auf Druck von Byzanz).

[2] Verbot des Handels mit dem Gegner für bestimmte Waren, um wirtschaftl. Ersatz von bisher durch den Blockadeausrufer wahrgenommenen Funktionen durch den Blockierten oder Dritte zu verhindern (so z. B. die 1367 von der →Kölner Konföderation verhängte Ausfuhrsperre von Salz, Fässern und Ketten nach Dänemark; die Hansestädte hatten gleichzeitig den Besuch der Messen in Schonen verboten und wollten mit der Sperre auf Konservierungs- und Verpackungsmaterial einen eigenen dän. Handel mit dem schonischen Hering unterbinden).

[3] Das grundsätzl. Verbot des Handels mit dem Gegner (so z. B. die 1224 aus einem Warenembargo entstandene B. Ägyptens durch Venedig).

[4] Verbot der Einfuhr von Waren bestimmter Herkunft in das Land des Blockadegegners, wie sie die Hansestädte in den zahlreichen B.n gegen Flandern im 14. und 15. Jh. erließen.

[5] Anordnung der Sperrung bestimmter Straßen, Seewege, Seegebiete (nicht Seesperren im heutigen Sinn); i. e. das Verbot, genannte Wege zu Handelszwecken mit dem Gegner zu benutzen oder aufzusuchen (so ab 1418 mehrfach das Verbot Ks. Siegmunds bestimmter Alpenpässe, um den Handel mit Venedig niederzulegen; das Verbot, den Sund oder die Belte zu befahren, durch die Hansestädte in ihren Kriegen mit Kg. Waldemar IV. Atterdag v. Dänemark; oder das Verbot der Seegebiete südl. der Maasmündung durch die Hansestädte gegen Flandern).

[6] Krieger. B. durch patrouillierende Kriegsschiffe oder Flotten, meist im Zusammenhang mit militär. Auseinandersetzungen (so die B. Frankreichs durch Heinrich III. v. England 1226).

Bes. Schwierigkeiten bereitete die Durchsetzung der B. Durch verschärfte Strafbestimmungen oder Zuschlag der →Konterbande an den Anzeiger wurde Abhilfe versucht. In größerem Rahmen organisierten das die Hzg.e v. Mecklenburg im ausgehenden 14. Jh. durch die Erteilung von Kaperbriefen an Private (→Vitalienbrüder) und die Einrichtung von allerdings nicht wirkungsvollen Prisengerichten. Ks. Siegmund richtete Wareninspektionen auf den Alpenpässen ein. – Hanse. J. Goetze

Lit.: HRG I, 454 f. – W. Heyd, Gesch. des Levantehandels im MA, 2 Bde, 1879 [Nachdr. 1971] – H. Simonsfeld, Der Fondaco dei Tedeschi in Venedig, 2 Bde, 1887 – L. Goldschmidt, Hb. des Handelsrechts, 1. Abt. Universalgesch. des Handelsrechts, 1891³ [Nachdr. 1957] – W. Friccius, Der Wirtschaftskrieg als Mittel hans. Politik im 14. und 15. Jh., HGBll 57, 1932; 58, 1933.

Blockbau → Holzbau

Blockbücher, zu Büchern gestaltete Holzschnittfolgen, die entweder anopisthographisch (einseitig) oder opisthographisch (zweiseitig) gedruckt im Handdruckverfahren, als Reiberdrucke oder mit der Druckpresse hergestellt wurden. Die anopisthographischen Drucke wurden mit der leeren Rückseite aneinandergeklebt. In verhältnismäßig wenigen, meist älteren B.n ist der Text hs. eingetragen (chiroxylographische B.), in den meisten in die Holztafeln geschnitten (rein xylographische B.), bei wenigen mit Typen gedruckt; diese bilden die Überleitung zu den zahlreichen Holzschnittbüchern. Man kennt 33 Werke meist religiös belehrenden und erbaul. Inhalts (wie die →Apokalypse, →Antichrist, Ars memorandi, →Ars moriendi, →Biblia pauperum, Canticum canticorum [→Hohes Lied], Exercitium super→Pater noster, →Zehn Gebote, →Mirabilia urbis Romae, →Kalender, →Passio Christi, Planetenbuch [→Planeten], →Speculum humanae salvationis, →Totentanz), die in über 100 Ausgaben verbreitet waren. Als Heimat der B. gelten die Niederlande und der Oberrhein (Basel, vielleicht auch Straßburg). Das Alter der B. ist umstritten (älteste schon um 1420/30?). Die sicher datierbaren sind erst um 1470 und später hergestellt. Vgl. auch→Holzschnitt, -technik. F. Geldner

Lit.: RDK II, 916-924 [E. v. Rath] – R. Hochegger, Über die Entstehung und Bedeutung der B., 1891 – W. L. Schreiber, Manuel de l'amateur de la gravure sur bois et sur métal au XVᵉ s., IV, VII, VIII, 1895–1902 – Ders., Hb. der Holz- und Metallschnitte des 15. Jh., VI–VIII, 1928–30 – H. Th. Musper, Der Einblattholzschnitt und die B. des XV. Jh., 1976 (vgl. dazu: Chr. v. Heusinger, ZK 42, 1979).

Blockflur → Flurformen
Blockverband → Mauerwerk
Blockwerk → Orgel

Blo(e)mardinne, Heylwighe, Mystikerin, * um 1260 in Brüssel, † 23. Aug. 1335 ebd. Aus angesehener und wohlhabender Familie stammend, lehrte und schrieb B. in Inspiration, auf silbernem Stuhl sitzend, »de spiritu libertatis et... amore venereo« (nicht erhalten). Die Stiftung des Brüsseler Dreifaltigkeitshospiz (ca. 1316) erfolgte unter ihrer Mitwirkung. Nachdem B. im Ruf der Heiligkeit gestorben war (ihr silberner Stuhl wurde der Hzgn. Maria v. Évreux wohl als heilkräftige Reliquie geschenkt), griff →Johannes v. Ruysbroeck ihre Lehren 1336/43 als häret. an; doch wurden sie von der Brüsseler Freigeistsekte der »Homines Intelligentiae« (frühes 15. Jh.) übernommen. Die lange diskutierte Hypothese der Identität B.s mit →Hadewych (Hadewijch) hat sich als unhaltbar erwiesen.
P. Dinzelbacher

Lit.: DHGE IX, 207–212 – NBW I, 207 ff. – St. Axters, Geschiedenis van de vroomheid in de Nederlanden I, 1950, 346 ff., 454 f. – G. Leff, Heresy in the Later MA I, 1967, 395 ff. – P. Verdeyen, Ruusbroec en zijn mystiek, 1981.

Blois

I. Grafschaft und Dynastie im Hochmittelalter – II. Grafschaft und Stadt im Spätmittelalter.

I. Grafschaft und Dynastie im Hochmittelalter: B. (Dép. Loir-et-Cher), das Loiretal beherrschendes Castrum (keine Civitas, erst 1697 Bm.), war merow. und karol. Münzstätte und Vorort des pagus Blesensis (Blaisois, Blésois), eines der sechs pagi der Civitas→Chartres. Hochma. Siedlungskerne waren Castellum, Kollegiatstift St-Solenne und die Abteien St-Laumer (mit Immunität Le Foix = Fiscus) und Bourg-Moyen. – Von B. im engeren Sinn zu scheiden ist das »Haus B.-Champagne« der Tedbaldiner (Thibaudiens), das, ein frühes Beispiel dynast. Territorialpolitik, von der Bretagne bis Lothringen geherrscht, die Krondomäne bedrohlich umklammert und in burg.-dt. und engl. Verhältnisse eingegriffen hat. Nach Gf. Wilhelm v. B. (✗ 834), dem Bruder →Odos v. Orléans, war ein anderer Odo Gf. v. Angers, Châteaudun und B. geworden, bevor dessen Verwandter →Robert der Tapfere 852 mit der Mark gegen die Bretonen (um →Angers) auch B. als Ausstattung erhielt, es 858 wegen Aufstandes gegen Karl den Kahlen verlor, 861 aber restituiert wurde. Nach seinem Tod 866 fielen die Loire-Grafschaften an den Welfen →Hugo den Abt († 886), dann aber wieder an Roberts Söhne Odo (888 Kg.) und Robert, der in B., wie andernorts, einen Vicomte einsetzte (Guarnegaud, 895–902 nachweisbar). Robert hat dann seinem Vasallen Tedbald (»d. Älteren«; auch: Theobald bzw. Thibaut) 908 erstmals als vicecomes v. Tours auftretend, die Gft. B. übertragen. Ihm wird schon die Wiederherstellung der Abtei St-Laumer in B. (früher in Corbion bei

Chartres) zugeschrieben, und er hat sich durch einen Sieg über die Loirenormannen im Berry (935) Ansehen im Adel südl. der Loire verschafft. In beiden Ämtern folgte ihm um 940→Tedbald I. (so die übliche Zählung – man hat lange Tedbald d. Ä. und Tedbald I. für eine Person gehalten), in späteren Quellen »Tricator« genannt (daher frz. »Thibaut le Tricheur«), der die Machtstellung eines Hauses begründete, das nicht auf den sagenhaften Ingo (bei →Richer v. Reims) zurückgeht, sondern mit den burgundo-it. Hugoniden im Zusammenhang steht. Nach erfolgreichem Kampf für →Hugo d. Gr. in der Francia errang Tedbald 943/944 die Hand der Witwe Wilhelms v. Normandie, Ledgard, einer Tochter Heriberts II. († 943), die ihm Stützpunkte an der unteren Seine (Beauvaisis) brachte und ihn zum Verbündeten der in Meaux, Soissons, dann auch Troyes mächtigen Söhne Heriberts werden ließ. Nach dem Tod Hugos 956 nutzte er die Minorität Hugo Capets, um mit seinem Schwager Fulco dem Guten v. Anjou den Loireraum zu beherrschen, die Lehnshoheit über die Gft. →Rennes zu gewinnen, seinem Bruder Richard das Ebm. Bourges zu verschaffen (956/957; auf ihn folgte als Ebf. Tedbalds Sohn Hugo, 969–985) und v. a. sich der Gft. en Chartres und Châteaudun zu bemächtigen. 962 wurde er im Krieg mit den Normannen bei Ermentrouville vor Rouen geschlagen und verlor seinen gleichnamigen Sohn. In erfolgreicher Klosterpolitik nahm er die nach Burgund geflohenen Mönche von St-Florent-le-Vieil im Castrum→Saumur auf und reformierte sie durch einen Abt v. →Fleury, ebenso wie die Mönche der restituierten Abtei St-Père in Chartres. Sein Nachfolger→Odo I. (975–996) ließ sich →Marmoutier vom Robertiner verleihen, machte es zur Grablege seines Hauses u. führte die cluniazens. Reform ein; Vasallen im weiten Machtbereich von B. haben im 11. Jh. Priorate v. Marmoutier begründet und beschenkt. Gemeinsam mit Heribert III. v. Troyes stützte Odo die Politik des karol. Kg.s Lothar und erhielt dessen Nichte →Bertha, Tochter Kg. Konrads v. Burgund, zur Frau. Diese Hugo Capet abträgliche Haltung hat den Dynastiewechsel von 987 überdauert: Beim Versuch, 991 dem Kg. →Melun zu entreißen, wurde Odo von dessen Feldherrn→Burchard v. Vendôme besiegt, aber er hat Hugos Kgtm. nur gegen Abtretung der Gft. Dreux anerkannt und ist im Kampf gegen den Kg. und dessen Verbündeten, Gf. Fulco Nerra v. Anjou, im März 996 gestorben. Seine Witwe Bertha rief mit Erfolg den Mitkönig Robert II. zu Hilfe, den sie nach dem Tod des Vaters (Okt. 996) heiratete. Ihre Söhne Tedbald II. († 1004) und →Odo II. profitierten von der kgl. Gunst, aus der sie durch die den Anjou nahestehende nächste Gattin Roberts II., Constanze, verdrängt wurden. Odo II. verlor wichtige Burgen der Touraine an Fulco, von dem er bei Pontlevoy im Jahre 1016 geschlagen wurde, und büßte 1026 sogar Saumur ein. Aber er setzte (nach 1019, vor 1025) seinen Anspruch auf das Erbe der Gf.en Stephan v. Troyes und Meaux gegen Robert II. durch, unterstützt von →Fulbert v. Chartres und dessen Freund, Hzg. Wilhelm v. Aquitanien, Sohn Emmas, der Tochter Tedbalds I. Odo, nun im Besitz der später »Champagne und Brie« gen. Gft.en, zu denen ein Bündel von Lehnsgrafschaften gehörte, zählte dank der von den Gf.en abgeordneten und beschützten →Champagnemessen zu den reichsten Fs.en Frankreichs. 1032 entriß er dem Kg. Sens und trat das Erbe seines Onkels Rudolf III. v. Burgund an, scheiterte aber trotz burg. Unterstützung an der übermächtigen Koalition Ks. Konrads II. und Kg. Heinrichs I. von Frankreich und verlor überdies →Sens an Kg. und Erzbischof. Dennoch ließ er sich auf ein it. Thronangebot ein, griff Lothringen an und fiel dabei am 15. Nov. 1037 in der Schlacht bei →Bar-le-Duc. Gf. Stephan, der ihm im Osten folgte, erlitt schwere Einbußen in den Bm.ern Reims und Châlons-s.-Marne und mußte die herbertin. Hausabtei St-Médard in →Soissons dem Kg. überlassen; Tedbald III., sein Bruder († 1089), verlor im Westen die Touraine 1044 an das Haus Anjou (→Angers, Anjou), hat aber die 1048/60 wieder in seiner Hand vereinten Restgebiete konsolidiert und konnte 1081 seinen Sohn Stephan Heinrich mit →Adela v. England (5. A.), der Tochter Wilhelms des Eroberers, vermählen. Dieser erhielt nach des Vaters Tod die Gft. des Westens und→Meaux, während jüngere Brüder, Odo IV. und dann Hugo I., Gf. v. Troyes wurden. Adela hat für ihren ruhmlos am 1. Kreuzzug teilnehmenden u. 1102 im hl. Land gefallenen Gemahl kraftvoll die Regentschaft geführt und Chartres zu einem polit. und kulturellen Zentrum gemacht. Als Hugo v. Troyes, dessen Ehe mit Constanze, der Tochter Kg. Philipps I., geschieden wurde, 1125 in den Templerorden eintrat, fiel die Gft. zurück an die durch Adelas Sohn Tedbald IV. (in Champagne: II.) repräsentierte ältere Linie. Als dem Enkel des Eroberers wurde nach dem Tod Heinrichs I. v. England zunächst ihm, dann seinem Bruder→Stephan die Normandie angetragen, und Stephan wurde Kg. v. England (1135–54), auch wenn er bald in der Normandie →Geoffroy v. Anjou und dessen Sohn→Heinrich II., weichen mußte. Obwohl die Übermacht der Anjou die Kapetinger ihren einstigen tedbaldin. Feinden annäherte, kam es zw. Ludwig VII. und Tedbald zu bewaffneten Konflikten, in denen der Freund des Gf.en, →Bernhard v. Clairvaux (28. B.), den Kg. scharf verurteilte. Nach Tedbalds Tod 1152 verlagerte sich damals das Schwergewicht des Hauses nach Osten: Der älteste Sohn Heinrich I. (»le Libéral«) erhielt Troyes und Meaux, Tedbald V. die Gft.en im Westen als Lehen von Heinrich, Stephan die Gft. →Sancerre, die Odo II. 1015 erworben hatte. 1160 wurde ihre Schwester Adela mit Kg. Ludwig VII. vermählt, dem sie 1165 den Nachfolger, Philipp II., gebar; 1164 heirateten Heinrich und Tedbald, inzwischen Seneschall des Kg.s, die Töchter des Kg.s aus früherer Ehe, Maria (die Dichterin →Marie de France, die Troyes zum Hof der Dichtkunst machte) und Adela. Als Heinrichs Bruder Wilhelm 1176 Ebf. v. Reims wurde, erreichte der Einfluß des Hauses B. am Hofe seinen Höhepunkt. Kgn. Adela ist endlich 1190, während des Kreuzzugs Philipps II., Regentin Frankreichs gewesen. Während die ältere Linie, unter der→Heinrich II. 1192 Kg. v. Jerusalem wurde, ihre eigenen Wege ging (→Champagne), wurde die Rolle der Gf.en des Westens immer unbedeutender. Mit dem Enkel Tedbalds V., Tedbald VI., starb dieser Zweig 1218 in direkter Linie aus. Kg. Ludwig IX. hat schließlich die Lehnshoheit über die Gft.en Chartres, Châteaudun und B. durch Kauf erworben.

Das Haus B.-Champagne ist bemerkenswert auch durch die für die Zeit beachtl. »Verwaltung« des »Gesamtstaats« bzw. seiner beiden Hauptteile, die sich auf Vicomtes (auch in B. waren solche seit dem Ende des 10. Jh. von den Gf.en wieder eingesetzt worden) und, im Osten, auf Kastellaneien stützte, sowie auf amovible »Beamte«, die praepositi (prévôts), die in B. und Anjou zuerst aufgetreten sind (schon um 1000). Ohne getreue Großvasallen wie Harduin im 10., Gelduin v. Saumur/Chaumont im 11. Jh. und tüchtige Verwalter wie den Seneschall André de Baudement wäre es nicht möglich gewesen, den weitverstreuten Gebieten eine gewisse Kohärenz und den Gf.en die Möglichkeit einer weitreichenden, wenn auch nicht immer erfolgreichen Politik zu verschaffen.

K. F. Werner

II. Grafschaft und Stadt im Spätmittelalter: [1] *Grafschaft:* Der Tod Tedbalds (Thibauds) VI., des letzten Gf.en, der in männl. Linie von Tedbald I. abstammte, i. J. 1218 markiert das Ende der Bedeutung der Gft. B. Weder Tedbalds Tante und Erbin Marguerite (∞Gautier d'Avesne) noch deren Tochter Marie (∞Hugues de Chatillon) spielten eine bemerkenswerte polit. Rolle. Unter den Gf.en aus dem Hause→Chatillon vollzog sich ein allmähl. Niedergang, der sich z. B. am Verkauf der Gft. →Chartres an Kg. Philipp IV. durch Gf. Jean I. ablesen läßt. Mit dem Verkauf der Gft. B. an Ludwig v. Orléans durch Guy de Chatillon i. J. 1391 erlosch die Gft. als eigenständiges Territorium. Die lange Residenz verschiedener Mitglieder der kgl. Familie (Valentina Visconti, Witwe Ludwigs v. Orléans; Charles d'Orléans nach seiner Rückkehr aus der Haft; Ludwig XII. vor seiner Thronbesteigung) auf Schloß B. erklärt sich aus der Zugehörigkeit von B. zum Hzm. →Orléans.

[2] *Stadt:* Die Ansiedlung am Fuß des Schloßberges umfaßte zwei Siedlungsteile: das Quartier du Foix (Le Foix = Fiscus) zw. Schloß und Loire, das sich als Immunität der Abtei OSB St-Laumer (heut. Kirche St-Nicolas) entwickelte; die Stadt B. im eigtl. Sinne. Sie band in einem Mauerzug den Bourg St-Jean und den Bourg-Moyen (zw. dem Bourg St-Jean und dem Quartier du Foix) ein; in letzterem bestand ein bedeutendes augustin. Kollegiatstift, das 1210 reformiert wurde. Die Befestigung umschloß auch eine untere Siedlung (*ville basse*) entlang der Loire und im Talbereich nö. des Schlosses sowie eine obere Siedlung (*ville haute*) an den Hängen der oberhalb liegenden Hügel. Ein neuer burgus (*bourg neuf*) entstand am Ende des 12. Jh., außerhalb der Mauern nahe der Porte de Chartres an der Straße in die Beauce. – Weder die Benediktiner von St-Laumer noch die Augustiner von Bourg-Moyen besaßen am Ende des MA noch größere Ausstrahlungskraft. →Bourgmoyen. G. Devailly

Q. u. Lit.: *zu [I]:* J. Bernier, Hist. de B., 1682–J. Landsberger, Gf. Odo I. v. der Champagne, 995–1037 [Diss. Göttingen 1878]–L. Lex, Eudes, comte de B., de Tours, de Chartres, de Troyes et de Meaux, 995–1037, 1892–J. Soyer, Étude sur la communauté des habitants de B. jusqu'au commencement du XVIe s., 1894–R. Merlet, Les comtes de Chartres, de Châteaudun et de B. aux IXe et Xe s., 1900–J. Soyer, G. Trouillard, J. de Croy, Cart. de la ville de B. (1196–1493), Mém. Soc. Loir-et-Cher 17, 1903–F. Lot, L'origine de Thibaud le Tricheur, M-A, 1907, 169–189 (Ders., Recueil de travaux hist. 3, 1973, 103–123) – J. Depoin, Études préparatoires à l'hist. des familles palatines, 1908/ 23, 23–72–F. Lesueur, L'église et l'abbaye bénédictine de St-Lomer de B., 1925–L. Levillain, Essai sur le comte Eudes, fils de Hardouin et de Guérinbourg, 845–871, M-A, 1937, 153 ff., 233 ff. – J. Dhondt, Études sur la naissance des principautés territoriales en France, IXe–Xe s., 1948–J. Caplat, Hist. de B., 1955, 1967 – K. F. Werner, Unters. zur Frühzeit des frz. Fsm.s, 9.–10. Jh., WaG 18, 1958, 256 ff.; 19, 1959, 146 ff.; 20, 1960, 87 ff. [Buchausg. in Vorber.]–J. Boussard, L'origine des familles seigneuriales dans la région de la Loire moyenne, CCMéd 5, 1962, 303–322 – Ders., L'éviction des comtes de Thibaud de B. par Geoffroy Martel, comte d'Anjou, en 1044, M-A 69, 1963, 141–149–F. Lesueur, Thibaud le Tricheur, comte de B., de Tours et de Chartres, 1963–J. Martin-Demézil, Les forêts du comté de B. jusqu'à la fin du XVe s., Mém. Soc. Loir-et-Cher 34, 1963, 127–241–J. Boussard, Les destinées de la Neustrie du IXe au XIe s., CCMéd 11, 1968, 15–28–K.F. Werner, Kgtm. und Fsm. im frz. 12. Jh., VuF 12, 1968, 177–225 (Ders., Structures politiques du monde franc, 1979, n°V; engl. Übers. in: T. Reuter, The medieval nobility, 1979, 243 ff.)–O. Guillot, Le comte d'Anjou et son entourage au XIe s., 2 Bde, 1972 – B. Blumenkranz, Les juifs à B. au MA (Mél. E.-R. Labande 1974), 39–45 – T. Evergates, Feudal Society in the Bailliage of Troyes under the Counts of Champagne, 1152–1284, 1975 – HEG I, 750 ff., 759 ff., 774 ff. [K. F. Werner]–M. Bur, La formation du comté de Champagne, v. 950–v. 1150, 1977 – J. Boussard, L'origine des comtés de Tours, de B. et Chartres, Actes du 103. Congrès nat. des Soc. savantes, 1979, 85–112–K. F. Werner, L'acquisition par la maison de B. des comtés de Chartres et de Châteaudun (Mél. de numismatique...offerts à J. Lafaurie, 1980), 265–272 – R. Kaiser, Bischofsherrschaft zw. Kgtm. und Fürstenmacht. Stud. zur bfl. Stadtherrschaft im westfrk.-frz. Reich, 1981, 385 ff., 406 ff., 422 ff. – O. Guyotjeannin, La seigneurie temporelle des évêques de Beauvais et de Noyon (Xe s.–début du XIIIe s.), Positions des Thèses (Éc. nat. des Chartes), 1981, 135–144 – M. Bur, Les comtes de Champagne et la 'normannitas' (Proceedings of the Battle conference 1980, 1981, 22–32), 20 f. – Ed. der Urkk. der Gf.en v. B.-Champagne durch M. Bur, J. Benton [für Champagne], K. F. Werner [für B.] [in Vorber.] – vgl. auch die Lit. zu Adela v. England [5. A.], Angers/Anjou, Champagne, Chartres, Marmoutier, Meaux, Troyes, Tours/Touraine, Vermandois – *zu [II]:* J. Soyer, Étude sur la communauté des habitants de B. jusqu'au commencement du XVIe s., 1894–M. A. Corvisier, Le Comté de B. sous les Châtillon. Éd. du cartulaire de 1319 ... [Thèse Éc. des Chartes, masch., 1976].

Blois, Verträge vom 22. Sept. 1504. Nachdem Ludwig XII., Kg. v. Frankreich, Neapel an Spanien verloren hatte (Niederlage am Garigliano Dez. 1503), verhinderten Maximilian I. und Ehzg. Philipp den Sonderfrieden zw. Frankreich und Spanien und zogen die Friedensverhandlungen an sich. Die Punktationen von Lyon (21. Febr. 1504) bildeten die Grundlage für die Verträge von Blois. Die Spanier lehnten die Überlassung Neapels an Ehzg. Karl (V.) ab und verließen Blois. Ludwig XII. drohte Maximilian, die Fürstenopposition im Pfälzerkrieg zu unterstützen. Maximilian nahm die Verhandlungen wieder auf und drängte bes. auf einen Heiratsvertrag Karls mit Claudia v. Frankreich. Die Teilverträge vom 22. Sept. 1504: 1. Maximilian schließt »ewigen« Frieden mit Frankreich; verspricht Ludwig XII. Investitur mit Mailand für alle Erben, bes. für Karl und Claudia gegen 200 000 Frc.; Ludwig der XII. wird Maximilians Römerzug unterstützen. 2. Karl wird Claudia heiraten. Stirbt Ludwig XII. ohne männl. Erben, sollen Claudia und Karl Mailand, Burgund, Bretagne etc. erben. 3. Geheimer Angriffspakt des Papstes, Maximilians I. und Ludwigs XII. gegen Venedig zwecks Rückgewinnung des »geraubten« Kirchen- und Reichsgutes. – Die Venezianer stellten einen Teil des Kirchengutes zurück, worauf Papst Julius II. den Vertrag preisgab. Maximilian, obwohl mißtrauisch, ratifizierte am 4. April 1505 zu Hagenau, da er ein neutrales Frankreich brauchte und auf »Vereinigung der Häuser Österreich und Frankreich« hoffte. Ludwig XII. kündigte die Verträge bereits im Sept. 1505 auf. H. Wiesflecker

Texte: J. Dumont, Corps universel diplomatique du droit des gens 4/1, Amsterdam-La Haye 1726, 55 ff., Nr. 28, 29, 30 – *Lit.:* P. Schweizer, Verträge v. B., Forsch. Dt. Gesch. 19, 1879, 3 ff. – H. Heidenheimer, Zu den Verträgen von B., ebd. 20, 1880, 17 ff. – H. Wiesflecker, Maximilian I., Bd. III, 1977, 118 ff., 124 ff., 135 ff., 481 ff. [Q., Lit.].

Blondel. 1. **B. de Nesle**, *um 1155 in Nesle (Dép. Somme), ist vermutl. adliger Abstammung; sein Todesjahr blieb unbekannt. Rund zwei Dutzend afrz. Lieder B.s, die in konventioneller Form die *fine amour* besingen, sind überliefert. Ihre damalige hohe Wertschätzung läßt sich aus ihrer Geschichte ableiten: zwei Lieder sandte B. an →Conon de Béthune und eines an →Gace Brûlé, den er als *compaing*, als Zeitgenossen, bezeichnet. →Walter v. Châtillon verwendet eine Melodie B.s in seinem lat. Conductus »ver pacis aperit«, den er 1179 zur Krönung Kg. Philipps II. August in Reims komponierte. Im letzten Drittel des 13. Jh. nennt der Trouvère →Eustache li Paintre von Reims B. neben →Tristan und →Chastelain de Couci als vorbildl. Liebhaber; B. selbst stellte sich in eine Reihe mit Eneas, Paris, Tristan und Piramus. Etwa gleichzeitig verwandte der Trouvère →Jacques d'Amiens einen Vers B.s als Zitat neben Entlehnungen aus Gace Brûlé und dem Chastelain de Couci. Bes. auch B.s Melodien fanden Anklang: →Gautier de Coinci benützte ihrer vier zu Kontrafakturen in den zw. 1218 und 1227 geschriebenen »Miracles de Nostre Dame«; drei lat. Conductus verwenden Melodien v. B., und der mhd. Minnesänger Ulrich v. Gutenburg übernimmt mit teilweisen Textanlehnungen eine Weise. B. wird durch die »Récits« (1260) des →Ménestrel de Reims zu einer legendären Figur, die Günstling Richards v. England (Löwenherz) und dessen Befreier aus österr. Gefangenschaft gewesen sein soll. Zu den Liedern B.s sind 135 Melodien überliefert, die den kunstvollen Textaufbau meist mit der Kanzonenform verbinden. Die große Anzahl von Hss., die Lieder B.s an bevorzugter Stelle aufnahmen, bestätigt deren Bedeutung.

L. Gnädinger

Ed.: P. Tarbé, Les œuvres de Blondel de Néele (Coll. des poètes de Champagne antérieurs au XVIᵉ s., 19), 1862 – L. Wiese, Die Lieder des B. de N. (Ges. für roman. Lit. 5), 1904 – G. Lavis – C. Dubois, Les Chansons de B. de N. Concordances et index établis d'après l'éd. L. Wiese (Publ. de l'Inst. de Lexicologie fr. de l'Univ. de Liège), s.d. – U. Aarburg, Die Singweisen des B. de N. [Diss. Frankfurt a. M. 1946] – *Lit.*: H. Petersen Dyggve, Trouvères et protecteurs dans les cours seigneuriales de France, 1942 – F. Marshall, Les poésies de B. de N. Une étude du lexique d'après l'examen des mss. [Diss. masch. Paris 1958] – U. Aarburg, Melodien zum frühen dt. Minnesang (Der dt. Minnesang [WdF XV, 1961]), 403–409 – H.-H. S. Räkel, Die musikal. Erscheinungsform der Trouvèrespoesie (Publ. der Schweizer. Musikforsch. Ges. II, Bd. 27), 1977.

2. B., Robert, norm. Geschichtsschreiber und Dichter, *1380/1400, † nach 1461. B. verfaßte um 1420 das lat. Gedicht »De complanctu bonorum Gallicorum« (frz. Übers. von Robinet »La complainte des bons Français«); ferner schrieb er eine »Oratio historialis«, die auch in einer anonymen frz. Fassung (»Des droiz de la couronne de France«) überliefert ist. Beide Werke behandeln den frz.-engl. Gegensatz, insbes. die engl. Ansprüche auf den frz. Thron. Das Werk »De reductione Normandie« (in vier Büchern), von »Le Recouvrement de la Normandie« (→Berry le Héraut) inspiriert, schildert die frz. Rückeroberung der Normandie 1449–50. Der Kgn. Marie und ihrem Sohn Charles de France, dessen Erzieher B. war, widmete der Autor einen moral.-religiösen Traktat, »Les Douze périls d'enfer«, der die Übersetzung einer verlorenen lat. Vorlage darstellt.

A. Vernet

Ed.: R. B., Oeuvres, ed. A. Héron, 1891–93, 2 Bde (Soc. de l'hist. de Normandie) [Neudr. 1974] – *Lit.*: Repfont II, 540 – Molinier IV, 1904, 243–244, n° 4135 – B. R. Reynolds, Latin historiography: a survey 1400–1600 (Stud. in the Renaissance 2, 1955), 25 – P. S. Lewis, War propaganda and historiography in 15th century France and England, TRHS, 5th ser., 15, 1965, 10 f.

Blumen → Pflanzendarstellungen, Pflanzenkunde, -symbolik

Blumenau, Laurentius, Jurist und frühhumanist. Autor, Sohn einer Danziger Kaufmannsfamilie, *ca. 1415, † 1484, studierte in Leipzig, Padua u. Bologna (Dr. utriusque iuris 1446/47) und diente 1446–56 dem Deutschordenshochmeister als Hofjurist. Er bekleidete ähnl. Stellungen bei Hzg. →Siegmund v. Österreich-Tirol (1457–65) und beim Ebf. v. Salzburg (1466–71). Der nicht in den Besitz der erstrebten bzw. ihm verliehenen Domherrenpfründen gelangte Kleriker ist seit 1473 als Kartäuser bezeugt: zunächst in der Grande Chartreuse bei Grenoble, seit 1482 als Prior von Villeneuve-lès-Avignon.

Als Jurist. Praktiker war B. an den Auseinandersetzungen des Dt. Ordens mit den preuß. Ständen und an dem Kampf Hzg. Siegmunds mit →Nikolaus v. Kues beteiligt. Er hat eine Deutschordenschronik hinterlassen und einige Briefe, die ihn als Mitglied des um den Augsburger Bf. →Peter v. Schaumberg entstandenen Frühhumanistenkreises ausweisen.

H. Boockmann

Lit.: H. Boockmann, L. B., 1965 – O. Engels, Zur Historiographie des Dt. Ordens, AK 48, 1966, 336 ff.

Blumgesellschaft, Handelsgesellschaft in →Frankfurt a. M. Begründer der Firma war Wolf Blum, der zuerst 1417 als Handlungsdiener des Spezereihändlers Johann Bacharach bezeugt ist, dessen Geschäft er zusammen mit Peter Bacharach, Sohn Johanns aus erster Ehe, i. J. 1420 auf vier Jahre übernahm. Danach selbständig, begegnet er v. a. im Südhandel. Nach seinem frühen Tode (1443) führte seine Witwe Agnes mit Hilfe ihrer Schwiegersöhne (darunter Peter Ugelnheimer) und später ihrer Söhne die Firma auf der Grundlage einer Familiengesellschaft mit großem Erfolg weiter. Sie starb 1471, hatte jedoch schon vorher (1459) ihren jüngeren Söhnen Melchior und Wolf die Leitung der Geschäfte übertragen. Melchior zog sich 1487 aus der Geschäftsleitung zurück, der er seinem Bruder Wolf († 1502) überließ. In diesen Jahrzehnten stand die Firma auf dem Höhepunkt ihres Erfolges. Ihr Vorteil lag in der unmittelbaren Verbindung zw. norddt., süddt. und it. Handel. Dieser war innerhalb der Gesellschaft in einer Art von Tochtergesellschaften organisiert, die u. a. unterschiedl. Warenzeichen führten. Frankfurt blieb die Zentrale. Die Blum nutzten die Chancen, die Frankfurt als Mittelpunkt des Zahlungsverkehrs, insbes. des europ. Wechselgeschäfts bot. Wir finden Melchior und Wolf Blum öfters auch in Venedig und Lübeck, den Außenstellen, wo sie Mitglieder der Kaufmannsbruderschaften waren. Fünf Geschäftsbücher, Halbjahresrechnungen der Ven. Faktorei aus den Jahren 1491–94, geben Aufschluß über eine weitverzweigte und vielseitige Geschäftstätigkeit. Schon in der Mitte des 16. Jh. starb die Familie Blum aus, nachdem die letzten Familienmitglieder geschäftl. und gesellschaftl. sehr unglücklich agiert hatten.

D. Andernacht

Lit.: NDB II, 326 – A. Dietz, Frankfurter Handelsgesch. 1, 1910, 262 ff. – G. Trurnit-Krausgrill, Die Frankfurter Handelsbeziehungen zur Hansestadt Lübeck im 15. Jh. [Diss. masch. 1944].

Blundeville, Ranulph de, engl. Baron, *1170, † 26. Okt. 1232, ▭ St. Werburgh's Abbey (Chester); Sohn von Hugo II., Earl of Chester († 1181) und der Bertrada, Tochter von Simon, Gf. v. Évreux; der Name »Blundeville« ist nicht zeitgenössisch. ∞ 1. Constance, Witwe von Geoffroy (Gottfried), Hzg. der Bretagne (daher führte B. in seinen Urkunden bis 1200 den Titel »Hzg. der Bretagne«); ∞ 2. Clemence, Schwester von Geoffroy de Fougères; kinderlos. – B. war der mächtigsten engl. Barone unter Richard I., Johann und Heinrich III. Er regierte Cheshire fast wie einen unabhängigen Staat und erließ für seine dortigen Lehnsleute eine eigene Version der →Magna Carta (1215 oder 1216). B. unterstützte Johanns Thronansprüche (1199). Nach Johanns Tod wurde ihm die Regentschaft angeboten, die er jedoch ablehnte. Nach seiner Unterstützung bei der Niederwerfung der aufständ. Barone (Schlacht v. →Lincoln 1217) wurde er zum Earl of Lincoln erhoben. Er stellte sich in den 20er Jahren mehrfach gegen die Amtsträger Kg. Heinrichs III. B. kämpfte in Wales und England und auf dem Kreuzzug 1218–20.

B. E. Harris

Lit.: DNB V, 729–731 – B. E. Harris, Ranulph III, Earl of Chester, Journal of the Chester Archaeological Society 58, 1975, 99–114.

Blut. In der Volksmedizin des frühen MA spielen Blutung und B. in physiolog. Vorstellungen wie therapeut. Maßnahmen eine gleichgroße Rolle. B. gilt als Träger des Lebens, nach 3. Mose, cap. 17: »Denn des Leibes Leben ist im B.« So gesundet nach der Sage Alexander im Bad des B.s seiner fünf Kinder; so wird der »Arme Heinrich« in Salerno durch das Herzblut einer reinen Jungfrau geheilt.

Bei Isidor v. Sevilla finden wir einen systemat. Einbau der antiken Säftetheorie in die Klostermedizin; von einem in sich geschlossenen Blutsystem ist erstmals bei →Hildegard v. Bingen die Rede: Im urspgl. »status perfectus« trug das B. die Signatur der »viriditas«; im jetzigen »status destitutionis« enthält es einen schaumigen »livor«; im dereinstigen »status restaurationis« dient wiederum die »viriditas« des B.s als Symbol für das Leben im Heile. Die antik-arab. Blutschematik findet einen pragmat. Niederschlag in den Fieberlehren der Schule v. →Salerno; theoret. ausgebaut wird sie bei Petrus Hispanus (→Johannes XXI.). B. gilt hier als »amicus naturae«; sein Umlauf wird unterstützt durch den Atemstrom und dessen »spiritus«; das Herz wird dabei zum »primus motor« aller organ. Bewegungen. Noch bei Paracelsus wird das B. »ein Schatz der ganzen Natur« genannt, »es lebt alles in ihm« (Ed. SUDHOFF III, 166). Mit Physiologie und Pathologie des B.s werden durchgehend therapeut. Praktiken verbunden, so v. a. der immer wieder modifizierte →Aderlaß. Im auslaufenden MA wird die lit. Überlieferung überflutet von den Auswüchsen der »Aderlaßmänner«, die wiederum mit astrolog. Kalendarien kombiniert werden. H. Schipperges

Lit.: H. MAGNUS, Die Organ- und Bluttherapie, Abh. Gesch. Med. 17, 1906, 14–17 – F. RÜSCHE, B., Leben und Seele (Stud. zur Gesch. und Kultur des Altertums 5, Ergbd., 1930) – E. GRABNER, Volksmedizin, 1967 – H. SCHIPPERGES, B. in Altertum und MA (Einf. in die Gesch. der Hämatologie, hg. K.-G. v. BOROVICZÉNY u. a., 1974), 17–30.

Blut, Heiliges → Blutwunder

Blutbeschuldigung → Ritualmordbeschuldigung

Blutegel (Hirudo medicinalis L.), ein zu den Gliederwürmern (→Würmer) gehörender Kieferegel, der sich an der Haut festsaugt und nach der Sättigung mit Blut abfällt. Der B. war (und ist noch) ein Mittel zur Blutentziehung, z. B. aus Hämorrhoiden. Im Gegensatz zu Isidor (Etym. 12, 5, 3) glaubte man später, daß der »Wurm« soviel vom faulen Blut aus den Menschen sauge (deshalb mlat. sanguisuga, wie schon bei Plinius 8, 29 statt altlat. hirudo), daß er zerberste, somit den Menschen gesund mache und sich selbst töte (Thomas v. Cantimpré 9, 43 = Konrad v. Megenberg III, F. 21 und Jakob van Maerlant ›Naturen Bloeme‹, Vss. 916–929). Beste Beschreibung bei Bartholomaeus Anglicus (17, 91): schwärzl. Färbung mit rötl. Streifen, längl. und biegsamer weicher Körper, dreieckiger Mund mit einer Saugröhre. Vor dem Ansetzen an einen Menschen (durch den Bader) wurden Vorsichtsmaßnahmen getroffen (Wälzen in Brennesseln und Salz), damit der B. evtl. aufgenommenes vergiftetes Blut ausspucke. Thomas v. Cantimpré gibt der Sorte mit Rückenstreifen gegenüber den schwarzen den Vorzug. Nach dem »Experimentator« erzeuge der dreieckige Mund eine dreieckige Wunde. Der B. wurde in der me. Lit. als *leche* 'Arzt' bezeichnet. W. F. Daems (mit Ch. Hünemörder)

Q.: Bartholomaeus Anglicus, De proprietatibus rerum, 1601 [Neudr. 1964] – Jacob van Maerlant, Naturen Bloeme, ed. E. VERWIJS, 1872 – Konrad v. Megenberg, Das Buch der Natur, ed. F. PFEIFFER, 1861 [Neudr. 1962] – Thomas v. Cantimpré, Liber de natura rerum, T. 1: Text, ED. H. BOESE, 1973 – Lit.: HWDA I, 1443.

Bluthostie → Blutwunder

Blutrache, Rache für vergossenes Blut. Das Wort B. ist jung; in der Ableitung 'Bluträcher' findet es sich erstmals bei Luther. Die ma. Quellen sprechen von 'Todfeindschaft' (mhd. *tôtvîntschaft, tôtgevêhede*, mnd. *dôtvêde*, lat. inimicitia capitalis, inimicitia mortalis), von →Fehde, die in der Regel einen Totschlag als Grund hat (*gefächt umb ein totschlag*) und auf den Tod des Gegners zielt. Der Erschlagene – ursprgl. wohl jeder Tote – zürnt und fordert Rache für seinen Tod. Die Pflicht zur B. lastet in erster Linie auf den Verwandten des Getöteten, aber auch Schwurbrüderschaft, →Gilde u. ä. Vereinigungen können sie vermitteln. Auf der Seite des Racheopfers wirkt ebenfalls die Geschlossenheit der Familie: die B. richtet sich nicht nur gegen den Täter, sondern auch gegen dessen Verwandtschaft. Frauen mögen zur B. anstiften; sie treten jedoch ebenso wie Kinder grundsätzl. weder als Täter noch als Opfer derselben in Erscheinung.

Die B. war im MA in weitem Umfang als Rechtseinrichtung anerkannt. Wie andere Formen fehdeartiger Selbsthilfe störte sie aber – zumal wegen ihrer Neigung zur Kettenreaktion – den Frieden in der polit. Gemeinschaft. Das Kgtm., unterstützt von der Kirche, suchte sie daher im FrühMA durch die in gesetzl. vorgeschriebener Höhe zu leistende →Sühne zu ersetzen (→Wergeld). Das kirchl. Asylrecht (→Asyl) konnte die Aufnahme von Sühneverhandlungen erleichtern. Andrerseits wurde in Totschlagsfällen die Annahme von Sühneleistungen als entehrend empfunden (der Vater will »den toten Sohn nicht im Beutel nach Hause tragen«). Auch nach dem Verfall der gesetzl. Wergeldtaxen blieb der Sühnegedanke lebendig. Im SpätMA bemühten sich die Obrigkeiten, die B. durch mannigfache Einschränkungen (Sonderfrieden, Friedegebot, vorherige Beschreitung des Gerichtswegs, Rache nur am schuldigen Täter) zurückzudrängen. Doch erst mit dem allmähl. Ausbau der öffentl. Gewalt und dem Aufkommen der amtl. Verbrechensverfolgung konnte die B. als Rechtseinrichtung beseitigt werden; in dieser Entwicklung gingen die Städte voran. H. R. Hagemann

Lit.: DDC VII, 1408–1410 – HOOPS² III, 85 ff. – HRG I, 459–461 – LThK² II, 546 – K. MEULI, Ges. Schr., 1975.

Blutschande. Als B. (Inzest) ist der Beischlaf unter nahen Angehörigen verpönt. Das Wort B. geht auf Luther zurück (GRIMM, DWB II, 190) und könnte aus contumelia sanguinis (D 48, 5, 38, 1) übersetzt sein. Die Sache ist älter und als Verstoß gegen das Endogamieverbot von gleicher Verbreitung wie dieses. Noch heute sind in der Bundesrepublik Deutschland in persönl. Hinsicht der Straftatbestand der B. (StGB § 173) und das zivilrechtl. Eheverbot der Verwandtenehe (Ehegesetz § 4) kongruent. Nach teilweise noch heute vertretener Ansicht ist Beischlaf in einer dem Verbot zuwidergeschlossenen Ehe als B. strafbar. Wegen der universellen Geltung des Endogamieverbotes ist die ältere Annahme, die Germanen hätten urspgl. ein Delikt der B. nicht gekannt, unwahrscheinlich. Aus der Ethnologie ist bekannt, daß generelle Inzestverbote mit privilegierenden Ausnahmen einhergehen können. Als derartige Ausnahme erscheint es, daß im Göttersystem des Wanenkults ein verehelichtes Geschwisterpaar an der Spitze steht. Solche germ. Vorstellungen, noch mehr aber die auf Ausweitung des Ehehindernisses der →Verwandtschaft (→Ehe, -hindernis) gerichtete Rechtspolitik der Kirche dürften der Grund dafür sein, daß Verbote inzestuöser Verbindungen überall zu den ersten Gesetzen gehören, die nach Unterwerfung und Bekehrung von chr. Herrschern erlassen werden. Die zahlreichen Belege aus frk. Zeit richten sich offensichtl. gegen die eheliche Verbindung in erster Linie von Verschwägerten, sodann von entfernten Verwandten, während B. in der Kernfamilie, die kaum in der Form der Ehe vorkommt, unerwähnt bleibt. Die angedrohten Sanktionen, nämlich Konfiskation, Verbannung, Verknechtung oder Kerker, charakterisieren sich auch dort, wo nicht ausdrückl. auf die kirchl. Ahndung verwiesen wird, durch ihre Reversibilität als Beugemaßnahmen zur Unterstützung des kirchl. Eheverbotes. Funktion dieser Bestimmungen war sowohl die Ausdehnung des Tatbestandes des Inzests als auch die Abschwächung der für die B. zw. Verwandten gerader Linie üblichen Strafe, als die BRUNNER die Todesstrafe vermutet. Erst Art. 142 CCB und Art. 117 CCC der Carolina ponalisieren in Anlehnung an it. Autoren den nefarius coitus wie das matrimonium illicitum.

Lit.: H. BRUNNER, DRG, 856 ff. H. Holzhauer

Blutschau (Hämatoskopie) ist nach Harnschau (Uroskopie) und Pulsbeobachtung (Sphygmologie) die wichtigste diagnost.-prognost. Methode ma. Medizin. Sie wertet die Qualitäten (Farbe, Konsistenz, Geschmack, Geruch und Temperatur) des Aderlaßblutes – lediglich zur Lepradiagnostik wurde gezielt Blut genommen – in flüssigem und geronnenem Zustand.

In antiken Quellen vereinzelt belegt, erhält die B. durch die byz. Medizin erste Gestalt. Entscheidend formt erst der Salernitaner Arzt→Maurus im 12. Jh. (ein Traktat des 7.–8. Jh., die ›Epistula de sanguine cognoscendo‹ bleibt ohne Nachfolge) die Lehre der Blutschau. Sein Text wird von Vertretern der Hohen Schulen von →Montpellier (Bernhard v. Gordon: ›Phlebotomia‹, VIII–XIII) und →Paris (Heinrich v. Mondeville: ›Chirurgia‹, III, I, 3) übernommen, durch Fremdmaterial (Johannes von St. Amand: ›Concordanciae‹; Avicenna; Ali Abbas) erweitert und in umfassende Lehrwerke eingegliedert.

Praktiker des späten MA konzentrieren die ausufernde Lehre in einer Reihe von Kurztraktaten (Ortolf-Blutschau, Katalog A und B, Sonderformen), die mit Vorliebe in chirurgisch (›Ketham‹), diätetisch (›Ordnung der Gesundheit‹, ›Regel der Gesundheit‹) oder astrologisch (›Iatromathematisches Hausbuch‹) ausgerichtete Sammelwerke aufgenommen werden. F. Lenhardt/G. Keil

Lit.: G. KEIL, Acht Parallelen zu den B.-Texten des Bremer Arzneibuchs, Nd. Mitt. 25, 1969 – DERS., Zur mnd. B., Nd. Mitt. 26, 1970 – D. BLANKE, Die pseudohippocrat. ›Epistula de sanguine cognoscendo‹ [Diss. Bonn 1974] – G. KEIL, Makroskop. Haematoscopie (Proc. XXIII. Int. Congr. Hist. Med., 1974), 100–104 – G. BAUER, Das ›Haager Aderlaßbüchlein‹ (Würzburger med. hist. Forsch. 14), 1978 – F. LENHARDT, B. Unters. zur Entwicklung der Hämatoskopie (Würzburger med. hist. Forsch. 22), 1980 – Vom Einfluß der Gestirne auf die Gesundheit und den Charakter des Menschen, hg. G. KEIL, 1981–82.

Blutsegen. Die gesprochene Erscheinungsform des Blutbanns ist in der ma. Zaubermedizin seit vorsalernitan. Zeit belegt und wird früh in den Landessprachen nachweisbar. Der B. richtete sich gegen äußerl. Blutungen aller Art, schloß gynäkolog. Haemorrhagien (Hypermenorrhoen und Schwangerschaftsblutungen) in die Heilanzeige ein, war dem →Wundsegen benachbart und wurde häufig mit Zauberhandlungen (Schrift-, Berührungs-, Vernichtungszauber) sowie physikotherapeut. oder medikamentösen Maßnahmen gekoppelt. Angelegt meist nach dem Analogieprinzip, verarbeitete der B. chr. und spätantike Motive, griff auf gr. wie kopt. Vorbilder zurück und wurde am Ausgang der Antike von chr. Klerikern entscheidend geprägt. Bei einer lit. Spannbreite, die von der formelhaft gefügten Reihe aus Zauberwörtern (auch Palindromen) bis zu mehrgliedrigen Stilformen reicht, erlangten einige Segen beachtl. Wirkung, die mit variantenreicher Überlieferung nicht selten bis in die Neuzeit ausgriff. Ausgeprägte Textmutation war dabei gelegentl. auch mit Indikationswandel verbunden (→Jordan-, →Longinussegen, Berenikenformel). G. Keil

Lit.: Verf.-Lex.² I, 6, 27–29 – O. EBERMANN, Blut- und Wundsegen in ihrer Entwicklung dargestellt, Palästra 24, 1903 – F. OHRT, De danske Besvaergelser mod Vrid og Blod [Diss. Kobenhavn 1922] – DERS., Zu den Jordansegen, ZVK NF 1, 1930, 269–274 – W. BRAEKMAN, Mnl. zegeningen, bezweringsformulieren en toverplanten, Verslagen en mededelingen der Kon. Vlaamsche Academie voor taal- en letterkunde, 1963, 275–386 – J. VAN HAVER, Nederlandse incantatieliteratuur (Koninklijke Vlaamsche Academie voor taal- en letterkunde VI, 94), 1964, 65–78 – DERS., Longinus en de longinuslegenden in het Nl. taalgebied, Handel. kgl. Zuidnl. maatschappij taal- letterk. gesch. 17, 1963, 397–459; 18, 1964, 323–364 – A. A. BARB, Die B. von Fulda und London (Fschr. G. EIS, 1968), 485–493.

Blutwunder (Blut, Heiliges; Bluthostien)

I. Frömmigkeitsgeschichte – II. Ikonographische Beispiele.

I. FRÖMMIGKEITSGESCHICHTE: B., hl., bezeichnet in der ma. Frömmigkeitspraxis unterschiedl. reliquiare Kultobjekte, die v. a. im deutschsprachigen mittel- und nordwesteurop. Raum weitverbreitet waren und sehr oft, zumindest eine zeitlang wallfahrtsmäßige Verehrung erfahren haben. Ihre je zeitbedingte Erscheinung läßt sich deutlich auf theologiegeschichtl. Hintergründe im allgemeinen und kirchen- wie sozialpolit. Motivationen im Einzelfall zurückführen. Konkrete Auslöser waren sowohl zuhandene Heiltümer wie corpora delicti als auch das Deutungswissen aus legendar. Überlieferungen, bisweilen mißdeutete natürliche Phänomene (Hostienpilz, Wachskonservierung durch Bienen etc.). Es müssen dabei unterschieden werden:

Reliquiares Blut Christi, ›wiederentdeckt‹ oder nach Europa transferiert seit den frühen Kreuzzügen und der beginnenden Blutmystik in Kunst und Literatur. Ein Zentrum der Hl.-Blut-Verehrung war Mantua, wo das von Longinus der Legende nach vergrabene Blut Christi durch →Bonifaz v. Tuszien († 1052) aufgefunden worden sein soll. Angeblich schon aus dem 11. Jh. stammt das heute noch berühmte hl. Blut von →Weingarten; aus dem 12. Jh. das ebenfalls noch hochverehrte in Brügge, einst auch in Basel und Cismar; aus dem 13. Jh. Braunschweig, Rothenburg o. d. T. (mit bekannter vorreformator. Wallfahrt, Weißenau, Schwerin; aus dem 14. Jh. Einbeck (mit vorreformator. Wallfahrt) und noch heute verehrt in Gerresheim, Stams und Schönau; aus dem 15. Jh. nur noch bescheidene Neuansätze, erst im 17. Jh. wieder bewußte Translationen in süddt. Klöster.

Eucharistisches Blut Christi als Oberbegriff beider Gestalten mirakulösen konsekrierten Weins und wunderbar veränderter, respektive erhaltener und dadurch wunderwirksam gewordener Hostien, weil entsprechend dem Legendentopos meist blutig gezeichnet, fleischartig angeschwollen oder Blut tropfend (→Gregoriusmesse als Ausgangspunkt). Die Zahl der noch heute feststellbaren Hostienwunderkultorte ist in Mitteleuropa für das 14. und 15. Jh. groß. Vorangegangen waren im 13. Jh. entsprechende Mirakelerzählungen, allein bei →Caesarius von Heisterbach im »Dialogus miraculorum«, Dist. ›De Eucharistia‹, 21 Stücke. Sie dienen als Belege gegen Glaubenszweifler, ausgelöst durch die Transsubstantiationshäresie des →Berengar v. Tours, gerieten aber im Falle der Verortung oft zu Frevelgeschichten, die sich v. a. gegen Juden richteten. In das 12. Jh. werden die Wunderhostien von Augsburg und (einst) Bettbrunn datiert, aus dem 13. Jh. stammen die von Benningen, Müstair/Graubünden, Zehdenick, Regensburg, Waldsassen, Wasserleben, die drei frk. Judenpogromsagen aus Iphofen, Lauda und Röttingen, dgl. Büren/Rheinland, Wörth bei Kehlheim, Laa und Heiligengrabe. Dem 14. Jh. entstammen die berühmten Hostienwallfahrtsorte →Andechs, →Wilsnack, Brüssel, Mechelen, Gottsbüren, neben Gent, Löwen, Herckenrode, Düren, Köln, Kleve, Kranenburg, Rulle, Georgenberg, Seefeld und Willisau und den Judenfrevelstätten Deggendorf, Konstanz, Güstrow, Fürstenfeld, Pulkau, Krakau und Posen. Im 15. Jh. entstanden Kulte in Burgwindheim, Erding, Heiligenblut b. Spalt, Wernigerode,

Ettiswill, Sakramentswald, berühmt geworden sind Sternberg, die Hexe von Blomberg, die Judenfrevel von Passau, Heiligenblut/Weiten, Breslau. Auch im frühen 16. Jh. gibt es noch einzelnen Neubeginn, z. B. in Heilsbronn. – Seltener sind Blutkorporalien, voran →Bolsena (→Orvieto) und →Walldürn, Boxtel und Bischofstein.

Blutreliquien von Martyrern und Heiligen in Ampullen, die sich oft durch Verflüssigungswunder bemerkbar machen, am bekanntesten der heute noch aktive Kult des hl. Januarius in Neapel, aus dem MA aber auch von Cyriacus, Pantaleon, Thomas v. Aquin u. a. bekannt. *Blutende Kultbilder*, in der Erzählforschung unter dem Typus »das verletzte Kultbild« bekannt und zurückverfolgbar bis in die Zeit des Bilderstreites zu den blutenden Kruzifixen von Beirut und Konstantinopel. Heiligenblut am Großglockner verehrt eine derartige Blutreliquie, entsprechende Frevlergeschichten, gegen Juden, Ketzer, Türken erzählt, haften an vielen Gnadenbildern, heute noch am berühmtesten Czestochowa (Tschenstochau) in Polen, in Deutschland noch lebendig aus der Hussitenzeit Neukirchen bei Heiligenblut im Bay. Wald u. Maria Buchen in Franken. →Eucharistie. W. Brückner

Lit.: P. BROWE, Die eucharist. Wunder, 1938–J. HEUSER, Heilig Blut in Kult und Brauchtum (Masch. Diss. Bonn, 1948) – W. BRÜCKNER, Die Verehrung des hl. Blutes in Walldürn, 1958 – L. KRETZENBACHER, Das verletzte Kultbild, 1977 – Maria Buchen, hg. W. BRÜCKNER, 1979 – K. KOLB, Vom hl. B., 1980.

II. IKONOGRAPHISCHE BEISPIELE: Die Bildtradition des hl. Blutes und der hl. Wunden setzt früh an (in der Kreuzigung des Liuthardmeisters [München, Bayer. Staatsbibl., um 870] fängt Ecclesia das Blut Christi auf). Bildl. Darstellungen der Auffindungslegende des Hl. Blutes finden sich z. B. auf der Hl.-Blut-Tafel von 1489 aus Weingarten (Stuttgart, Landesmuseum); in einem Altar eingeschlossen wurde das hl. Blut in Rothenburg o. T. (T. Riemenschneider). Ein hervorragendes Beispiel für die Darstellung von Wunderlegenden von blutenden Hostien findet sich in den Fresken der Corporale-Kapelle im Dom von Orvieto, 1360. Als Heiligen-Attribut figuriert eine Schale mit dem hl. Blut bei der Darstellung des Joseph v. Arimatäa (Kreuzkirche, Landau a. I.). Die hl. Kunigunde wird bisweilen mit dem Hl.-Blut-Reliquienkreuz dargestellt, das sie und ihr Gemahl Heinrich II. nach Basel stifteten (Basel, Münsterportal, 14. Jh., u. a.). Mit dem hl. Blut, das aus einem blutenden Kruzifix floß, ist die Legende des Dänen Brictius verbunden (Heiligenblut/Großglockner).

Die Mystik wendet sich von der eher scholast. Vorstellung ab, die Seitenwunde als den Kraftquell des göttl. Logos zu verstehen. Im nunmehr geschaffenen Fünf-Wunden-Christus zeigt Jesus seine Wunden (Grilshausen, Ende 16. Jh.); dieser Bildtypus wird v. a. von der Volkskunst tradiert (hier auch Sieben-Wunden-Christus).

D. Kocks

Lit.:LCII, 309 f.; V, 540 ff. – RDK II, 947–958 – LThK²II, 544–546–B. BLUMENKRANZ, Juden und Judentum in der ma. Kunst, 1965, passim – L. KRISS-RETTENBECK, Bilder und Zeichen religiösen Volksglaubens, 1971, Anm. 142 [mit weiterf. Lit.].

Blutwurz (Potentilla erecta [L.] Rausch./Rosaceae). Die ahd. Bezeichnung *bluotwrz*, dem lat. sanguinaria entspricht (STEINMEYER-SIEVERS III, 52, 565), galt im MA für verschiedene Pflanzen mit blutstillenden Eigenschaften, u. a. für das Hirtentäschel. Die noch heute B. genannte, gerbstoffhaltige Pflanze war auch unter den mlat. und dt. Namen *tormentilla*, *torbentilla*, *figwrz* (STEINMEYER-SIEVERS III, 51) bzw. *birckwurtz* (Hildegard v. Bingen, Phys. I, 166) bekannt. Aufgrund der roten Färbung ihres Wurzelstocks, die nach ma. Signaturenlehre auf die Verwendung hinwies, war die Tormentillwurzel bes. bei Nasenbluten, (roter) Ruhr, Magen-, Darm- und Gebärmutterblutungen geschätzt. I. Müller

Lit.: MARZELL III, 1013–1022 – DERS., Heilpflanzen, 104–106.

Boabdil (< [A]bū ʿAbdil[lāh]), Muḥammad XII., letzter →Naṣride, versuchte sich in Kämpfen gegen seinen Vater (ʿAlī abū-l-Ḥasan = Muley Hacén), seinen Onkel (Muḥammad XIII. El Zagal) und die Spanier ab 1482 als Herrscher zu behaupten; 1483 von letzteren gefangengenommen, mußte er Lehnstreue schwören und schließlich nach einer 2. Regierung (ab 1487) am 2. Jan. 1492 kapitulieren. Seine in den Alpujarras gelegene Herrschaft verkaufte er im Okt. 1493 an die span. Krone und ging nach Fes ins Exil, wo er 1533 (oder 1518) starb. H.-R. Singer

Lit.: M. GASPAR REMIRO, Partida de B. allende..., Revista del Centro de Estudios Históricos...de Granada II, 1912, 57–111 – Hist. de España (Espasa-Calpe) XVII/1, 1969, 385–914 – L. SECO DE LUCENA, Al-Andalus Bd. 12, 17, 20, 24 – R. ARIÉ, L'Espagne musulmane... des Naṣrides, 1973, 156–178 –

Bóaire, air. Rechtsbegriff für eine bestimmte Kategorie der nichtadligen ländl. »gemeinfreien« Bevölkerung im alten Irland. Nichtadlige (→aithech) hatten üblicherweise Naturalabgaben an ihre Grundherren zu leisten; die einzelnen Gruppen sind dabei teilweise aufgrund der Höhe ihrer Abgabeleistung definiert; die wörtl. Übersetzung von b. ist 'Kuh-Freier'. Diese Bezeichnung beruht auf der jährl. Hauptabgabe des b., einer Kuh. Von speziellen herausgehobenen Gruppen wie den Oberhäuptern nichtadliger Sippen abgesehen, stellt der b. die höchste Gruppe der freien Leute (»Gemeinfreien«) dar. Die Rechtsbücher behandeln ihn als die übliche Kategorie des Freien.

Fallweise erscheint in den Rechtstraktaten auch eine Kategorie namens *bóaire tánaise* ('zweiter b.'); diese ist mit der Kategorie von Freien, die üblicherweise als →ócaire bezeichnet werden, gleichzusetzen und besitzt somit einen niedrigeren Rechtsstatus als der gewöhnl. bóaire.

T. Charles-Edwards

Q.: *Críth Gablach*, ed. D. A. BINCHY, 1941, 77 f.

Bobadilla, Francisco de, Geburtsjahr ist unbekannt, † 1502, Komtur verschiedener Orte im kast. Ritterorden von →Calatrava und möglicherweise verwandt mit Beatriz de B., der Hofdame und Vertrauten der Kgn. Isabella d. Kath., wurde am 21. Mai 1499 zum Gouverneur der neu entdeckten Gebiete in Amerika ernannt, um an die Stelle von →Kolumbus zu treten und gleichzeitig als Untersuchungsrichter *(juez pesquisidor)* dessen Amtsführung einem gerichtl. Verfahren zu unterziehen. Anlaß für die Maßnahme waren zahlreiche Klagen und die Rebellion eines Teils der Kolonisten gegen den Entdecker. B., gegen dessen Rücksichtslosigkeit und Willkür sich schon einer der ihm als Komtur unterstellten Orte erhoben hatte, wurde 1500 von den Kg.en entsandt und landete im Aug. des gleichen Jahres auf La Española (Haiti). In geheimer Untersuchung sammelte er die Anklagen gegen Kolumbus, ließ diesen und seinen Bruder daraufhin gefangennehmen und in Ketten nach Spanien einschiffen, ohne ihm Gelegenheit zur Rechtfertigung zu geben, eine Verhaltensweise, die B. den einhelligen Tadel der neueren Historiographie eintrug, obwohl die Hintergründe und die Berechtigung seines Handelns quellenmäßig nicht eindeutig zu klären sind. Nach der Rehabilitierung von Kolumbus in Spanien wurde B. 1502 abgelöst und ging auf der Rückfahrt mit der ganzen Flotte im Sturm unter.

H. Pietschmann

Lit.: J. MARINO INCHÁUSTEGUI, F. de B. Tres homónimos y un enigma colombino descifrado, 1964 – vgl. auch die Lit. zu →Kolumbus.

Bobastro. Unter dem Namen des Berges Bobastro in der nördl. v. Málaga gelegenen, sehr zerklüfteten Sierra de

Abdalajiz sind eine aus dem Felsen gehauene, unfertige Kirche und ein etwa quadrat., Alcázar genanntes Gebäude bekannt geworden, errichtet unter dem von den Kalifen v. Córdoba abtrünnigen 'Umar b. Ḥafṣūn, der 884–917 ein Gebiet von etwa 60 km Länge beherrschte. Der Grundriß der Kirche entspricht dem einer dreischiffigen Pfeilerbasilika mit nicht ausladendem Querschiff und ausgeschiedener Vierung. Von den drei Apsiden sind die seitlichen quadratisch, die mittlere im Grundriß betont hufeisenförmig. Ähnlichen Grundriß hat die 913 von Mönchen aus Córdoba erbaute Kirche von S. Miguel de Escalada bei León. Die betont überzogene Form der Hufeisenbögen im Aufriß findet nur in arab. Bauten eine Parallele, doch kennen wir außer der in der Datierung umstrittenen Kirche von Melque keine weitere sicher mozarab. Zeit aus den von den Arabern besetzten Gebieten, wo in den Felsen eingearbeitete Kirchen seit der westgot. Epoche bekannt waren.   H. Schlunk

Lit.: F. J. Simonet, Hist. de los Mozárabes de España, Mem. de la R. A. de la Historia 13, 1903 [Nachdr. Amsterdam, Oriental Press 1967] [Lokalisierung] – C. de Mergelina, La iglesia rupestre de B., AE de Arte y Arqueología II, 1925, 159–167 – Ders., B., Memoria de las excavaciones, Junta Sup. de Excavaciones y Antigüedades 89, 1927 – H. Schlunk, Die Auseinandersetzung der chr. und islam. Kunst auf dem Gebiet der Iber. Halbinsel bis zum J. 1000, Sett. cent. it. 12, 2, 1964 (1965), 903–931 – *Genauere Planaufnahme:* R. Puertas Tricas, La iglesia rupestre de las Mesas de Villaverde. Mainake I, 1979, 179–204 – Neuerdings will J. Vallvé B. in der Sierra del Rey lokalisieren, vgl. J. Vallvé, De nuevo sobre Bobastro, Al Andalus 33, 1965, 139–173 – Weitere Artikel in den Actas del I. Congreso de Historia de Andalucía, II, 1978, 105–118 – EI², Suppl. 152f., s. v. Buba*sh*tru.

Bobbio
I. Geschichte des Klosters – II. Skriptorium, Bibliothek.

I. Geschichte des Klosters: Mit der Gründung im mittleren Trebbia-Tal (Prov. Piacenza) durch den Iren →Columban 612 beginnt die Geschichte des Mönchtums im langob. Oberitalien. Das Wohlwollen des arian. Kg.s →Agilulf und seiner kath. Gemahlin Theudelinde, aber auch polit. und militär. Überlegungen (gegen das byz. Ligurien) ermöglichten es. Columban starb bereits nach drei Jahren und wurde bald zum Patron des ursprgl. Petrus, Paulus und Andreas geweihten Konvents. Das aufblühende Kl., das 643 die benedikt. Regel mit der columban. Lebensform verquickte, blieb jahrhundertelang in enger Verbindung zum Königtum, wie namentl. aus der Abtsreihe ersichtlich. Zahlreiche Fälschungen, v. a. von Königs- und Papsturkunden, verunklären die Frühgeschichte. Daher ist nicht absolut gesichert, ob B. im Streit gegen Ansprüche der Bf.e von Tortona und Piacenza wirklich als erste Abtei Romunterstellung und Exemtion erlangte (628?). Durch reiche Schenkungen wurde B. bald zu einem der größten geistl. Grundbesitzer Oberitaliens. Spätestens seit Abt →Wala (834–836) befolgte B. in seiner Lebensform die Benediktinerregel und die Consuetudines des →Benedikt v. Aniane. Walas »Breve« darf über den Bereich von B. hinaus als bes. instruktive Quelle zur inneren Organisation eines oberit. Konventes der Karolingerzeit gelten. Dank einer hervorragenden Quellenlage gewann es für die agrargeschichtl. Forschung bes. Bedeutung. So gestatten Walas Breve von 834/836 und die auf Veranlassung der Krone zusammengestellten »Adbreviationes« von 862 und 883 wichtige Einblicke in die wirtschaftl. Leistungsfähigkeit des Konvents mit seinem weitgestreuten Besitz in der Zeit der höchsten Blüte.

Freil. verlockte gerade dies mächtige Nachbarn dazu, sich auf B.s Kosten zu bereichern; zudem führte der unternehmer. Rigorismus der Mönche gegenüber den Hintersassen wiederholt zu Spannungen. In diesen Zusammenhang gehört die Gründung eines eigenen Bm.s B. 1014 im Zusammenwirken mit Heinrich II. Anfängl. schien damit ein probates Mittel gefunden, Auf- und Absplitterungstendenzen zu begegnen, weil der Abt zugleich Bf. war. Mit der Aufgabe dieses Prinzips trat Zerrüttung ein, zumal namentl. Piacenza die Erwerbsabsichten auf Kosten der Abtei nicht aufgab. Auch harte Eingriffe Innocenz' III. konnten den Verfall nicht aufhalten. Um überhaupt weiterexistieren zu können, schloß sich B. 1449 der Kongregation von →S. Giustina an. Doch nur mühsam fristete sich das Leben eines der traditionsreichsten Kl. Italiens fort, bis es mit der Aufhebung 1803 vollends erlosch.   W. Goez

Q. und Lit.: Jonae Vita Columbani, MGH SRG (in us. schol.), 1905, ed. M. Tosi, 1965 – C. Cipolla–G. Buzzi, Cod. dipl. di S. Colombano di Bobbio 1–3, 1918, Fonti 52–54 – L. M. Hartmann, Zur Wirtschaftsgesch. Italiens im frühen MA, 1904 – IP VI, 2 – E. Nasalli Rocca, B. e i suoi statuti, ASL 56, 1929 – M. Uhlirz, Das Kl. B. im Zeitalter der Ottonen, Zs. des hist. Ver. für Steiermark, 1931 – C. G. Mor, S. Colombano e la politica ecclesiastica di Agilulfo, Boll. stor. Piacentino 28, 1933 – W. Szaivert, Die Entstehung und Entwicklung der Klosterexemtion bis zum Ausgang des 11. Jh., MIÖG 59, 1951 – AAVV, S. Colombano e la sua opera in Italia, 1953 – A. G. Bergamaschi, Sul dominatus fondiario del monastero di S. Colombano di Bobbio nel periodo longobardo, Boll. stor. Piacentino 52, 1957 – Ders., Attività commerciali e privilegi fluviali padani del monastero di S. Colombano di B., ASL 89, 1962 – V. Polonio, Il monastero di S. Colombano di B. dalla fondazione all'epoca carolingia, 1962 – A. G. Bergamaschi, Sul dominatus fondiario del monastero di S. Colombano di B. nel periodo carolingio, Boll. stor. Piacentino 58, 1963 – A. G. Bergamaschi, I poteri giurisdizionali del monastero di S. Colombano di B., Boll. stor. Piacentino 63, 1968 – C. Brühl, Stud. zu den langob. Königsurkungen, 1970 – Colombano pioniere di civilizzazione cristiana europea, Atti del convegno internaz. di studi colombaniani, 1973.

II. Skriptorium, Bibliothek: B. war eines der bedeutendsten Skriptorien des langob. Kgr.s; von seiner Aktivität in der ältesten Periode ist wenig bekannt, es steht auch nicht mit Sicherheit fest, daß seit den Anfängen des Kl. dort Hss. in insularen Schriften hergestellt wurden. Sicher ist jedoch, daß verschiedene Schrifttypen verwendet wurden – Unziale, Halbunziale, lokale Kursive – und daß der Einfluß der insularen Tradition z. B. auf das System der verwendeten Abbreviaturen und die ornamentalen Verzierungen sehr groß war. Es lassen sich verschiedene Perioden der Handschriftenproduktion unterscheiden: In der ersten Phase (7. Jh.) enthielten die hergestellten Codices v. a. bibl. und patrist. Texte. Im ausgehenden 7. und der 1. Hälfte des 8. Jh. wurden auch Grammatiker und klass. antike Autoren abgeschrieben. Aus B. stammen die meisten (29), ältesten und inhaltl. verschiedenartigsten Palimpsestcodices, die zw. dem 7. und 9. Jh. in Europa entstanden. Nachdem die Kopiertätigkeit um die Wende vom 8. zum 9. Jh. etwas zurückgegangen war, wurde vor der Mitte des 9. Jh. die karol. Minuskel eingeführt. Der Niedergang der Abtei brachte auch ein Nachlassen der Aktivität des Skriptoriums mit sich, das praktisch erst in der 2. Hälfte des 15. Jh. die Herstellung von Codices, die zum kirchl. Gebrauch dienten, wiederaufnahm.

Die Bibliothek von B. gehörte zu den größten ihrer Art im europ. FrühMA. Ein Inventar aus der 2. Hälfte des 9. Jh. ist erhalten, in dem ein nach Sachgebieten geordneter alter Kernbestand und eine Reihe von neu hinzugekommenen Werken verzeichnet ist, unter denen das Legat des Iren →Dungal (25 Codices) bes. Bedeutung hat. Die Bibliothek umfaßte damals rund 700 Handschriften. Ein Teil davon war im Skriptorium des Kl. entstanden, andere stammten aus dem übrigen Italien, Irland, N-Afrika, Frankreich und Spanien. Darunter waren einige spätantike Codices. Mehr als hundert Hss. enthielten klass. Autoren. Die Bibliothek wurde in der Folgezeit zerstreut. Ein Katalog von 1461 verzeichnete nur mehr 243 Codices. 1493 entdeckte G. Galbiato, der von G. Merula nach B. gesandt worden war, dort einige bis dahin unbekannte lat. Klassiker. Der Großteil der noch erhaltenen Hss. aus B. befindet sich heute in der Biblioteca Nazionale, Turin und der Biblioteca Ambrosiana, Mailand. A. Petrucci

Faks.: C. CIPOLLA, Codici bobbiesi della Bibl. Naz. Univ. di Torino, 2 Bde, 1907 – Lit.: G. MERCATI, De fatis bibliothecae monasteri S. Columbani Bobiensis. . ., 1934 – CLA IV, 1947, XX-XXVII – E. A. LOWE, Codices rescripti. . .(Mél. E. TISSERANT V, 1964), 67-113 – P. ENGELBERT, Zur Frühgesch. des Bobbieser Skriptoriums, RévBén 78, 1968, 220-260 – M. FERRARI, Le scoperte di B. nel 1493, IMU XIII, 1970, 139-180 – DIES., In Papia conveniant ad Dungalum, ebd. XV, 1972, 1-52 – DIES., Spigolature bobbiesi, ebd. XVI, 1973, 1-41 – B. T. SCHAUMAN, Scriptorium XXXII, 1978, 3-18 – Arch. Bobiense I-III – B. BISCHOFF, Paläographie..., 1979, 131, 239-241.

Böblinger, süddt. Baumeisterfamilie der Spätgotik, von der zehn Mitglieder bekannt sind, von denen *Hans* d. Ä. und *Matthäus* die bedeutendsten waren. Hans d. Ä. († 1482) war 1435 Maurergeselle in Konstanz, wurde dann Polier unter Matthäus →Ensinger an der Frauenkirche zu Eßlingen und 1440 selber Werkmeister dieser Kirche. Sein Sohn Matthäus († 1505) hat seine Ausbildung wahrscheinl. in Köln erhalten und arbeitete dann bei seinem Vater in Eßlingen, anschließend in Ulm, wo er nach drei Jahren als Nachfolger von Ulrich und Matthäus →Ensinger die Bauleitung 1480 übernahm. Er ersetzte Ulrichs Plan für die Spitze des Westturms durch einen eigenen Entwurf (1881/90 ausgeführt). Als sich in den Turmmauern Risse zeigten, mußte Matthäus 1493 die Stadt verlassen. Er wurde, auch schon vorher, an mehrere andere Orte berufen, um Gutachten abzugeben (Frankfurt a. M./Bartholomäuskirche, Schwäbisch-Gmünd/Kreuzkirche, Urach), Pläne zu entwerfen (Memmingen) oder die Leitung eines Baues zu übernehmen (Eßlingen/Katharinen-Spital-Kirche). G. Binding

Lit.: THIEME-BECKER IV, 172-177 [Lit.].

Boc, ae. Wort für 'Buch'; allgemein untechnisch gebraucht, wurde es auch für Bußbücher (?) in den Gesetzen von Wihtred (694) sowie in spätaltengl. Kanones verwendet. Seine wichtigste spezif. Bedeutung fand der Terminus jedoch als volkssprachl. Bezeichnung für eine →Urkunde, wie sie erstmals in der Dorsalnotiz eines Originals aus Canterbury vom Jahre 798 (BCS nr. 289) aufscheint. Von dieser Wortbedeutung rührt der Ausdruck *bocland* her, der die Landleihe aufgrund einer Urkunde bezeichnet; dieser Terminus ist in mehreren ags. Gesetzbüchern von Alfred d. Gr. bis zu Knut d. Gr. enthalten; er hat auch in Ortsnamen (Buckland) seinen Niederschlag gefunden. Vgl. zur Übertragung von Rechten durch b. den Artikel →Folkland. C. P. Wormald

Lit.: LIEBERMANN, Gesetze II, 11 [Sachglossar, s. v.] – vgl. auch Lit. zu →Folkland.

Bocados de Oro (Bonium), span. Prosatexte aus dem Arab., ursprgl. eine Sprichwörtersammlung des Abū l-Wafāʾ Mubaššir ibn Fātik (12. Jh.), übersetzt ins Kast. im Auftrag Alfonsos d. Weisen (Alfons X.). Die B. sind moralisierende Literatur und mahnen, u. a. im Stil des Lehrgedichts und der didakt. Abhandlung, ein Leben nach sittl. Grundsätzen zu führen. In der einleitenden Erzählung reist Bonium, Kg. v. Persien, nach Indien, um in den Palästen des Landes weise Männer über Weisheit, Wahrheit und Wissen zu befragen (»por buscar el saber«). Dem Kg. werden die Lebensgeschichten berühmter Gelehrter und Kriegshelden erzählt. In Spruchform vorgetragene philos. Lehren, sog. sententiae, unterstreichen den Sinn der Darstellungen. Die einzelnen Kapitel der Sammlung werden meist von einem gr. *sabio* (Weisen) eingeleitet. Den dritten Teil des Werkes bilden die Geschichte des Philosophen Secundus sowie des Mädchens Teodor. Die B. gehören neben dem →»Libro de los buenos proverbios« und dem →»Libro de los doce sabios« zu den frühesten Prosawerken der altspan. Literatur. Von der Beliebtheit des Werkes zeugen Übersetzungen ins Lat. und in andere Volkssprachen. W. Kroll

Ed.: H. KNUST, Mitt. aus dem Eskurial, 1879, 66-394 – Lit.:W. METTMANN, Spruchweisheit und Spruchdichtung in der span. und kat. Lit. des MA, ZRPh 76, 1960, 94-117 – DERS., Neues zur Überlieferungsgesch. der sog. »B. de o.« (Wort und Text, Fschr. F. SCHALK, 1963, 115-132).

Bocage → Flurformen

Boccabadati, Gherardo → Gerhard v. Modena

Boccaccio, Giovanni, it. Dichter
I. Leben – II. Jugendwerke – III. Decameron – IV. Krise und moralische und literarische Umkehr – V. Bibliothek; Handschriftenüberlieferung und Weiterwirken.

I. LEBEN: *Juni/Juli 1313 wahrscheinl. in Florenz oder Certaldo bei Florenz als außerehel. Sohn des Kaufmanns Boccaccino, † 21. Dez. 1375 in Certaldo. Um 1327 ging B. nach Neapel, um sich mit der kaufmänn. Tätigkeit vertraut zu machen. Er begann auch, kanon. Recht zu studieren, seine Neigung gehörte jedoch den lat. Klassikern, der mlat. Kultur und den volkssprachl. Literaturen Frankreichs und Italiens. Der Hof der Anjou stellte in B.s Leben sowohl im Hinblick auf seine lit. und wiss. Studien (→Cinus de Sinibuldis [Cino da Pistoia], Andalò del Negro, Paolo da Perugia, →Dionysius v. Borgo S. Sepolcro etc.) als auch durch die Teilnahme am gesellschaftl. Leben des Adels (Liebe zu Fiammetta) einen Angelpunkt dar. 1341 kehrte B. nach Florenz zurück, 1345-46 ist er in Ravenna, 1347-48 in Forlì bezeugt. Aus der ersten Begegnung mit →Petrarca (1350) entwickelte sich eine tiefe und dauerhafte Freundschaft. Florenz beauftragte ihn mit außenpolit. Missionen; in die Verschwörung von Pino de' Rossi verwickelt (Dez. 1360), fiel er jedoch in Ungnade und zog sich nach Certaldo zurück. 1360 ist sein Stand als Kleriker bezeugt. Nach 1365 verbesserte sich seine Position in Florenz, und er wurde mit neuen Aufgaben betraut, u. a. trat er als Gesandter bei der Kurie in Avignon und in Rom auf. 1373-74 beauftragte ihn die Kommune Florenz mit der öffentl. Lektüre und Kommentierung von Dantes »Divina Commedia«. Er starb kurz danach in Certaldo.

II. JUGENDWERKE: Nach dem bereits 1334 verfaßten Kurzepos in Terzinen (18 Canti) »Caccia di Diana« und anderen kleineren Arbeiten schrieb B. um 1335 das Kurzepos »Filostrato« in →ottava rima, dessen neun Teile eine Episode des Trojastoffs wiederaufnehmen: Troiolo, der Sohn des Priamo, erringt die Liebe von Criseida, die ihn jedoch später um Diomedes willen verläßt. Der verzweifelte Troiolo fällt in der Schlacht. In einer der »questioni d'amore« des »Filocolo« (IV, 44) wird eine Unterscheidung getroffen zw. »amore onesto« ('ehrbare Liebe'), in die die ehel. Liebe fällt, »amore per diletto« ('Liebe zum Vergnügen'), d. h. außerehel. Liebe, die sog. »höfische Liebe« und »amore per utilità« (Liebe aus Nützlichkeitserwägungen, zu der u. a. die Liebe der Dirnen gehört). Die Geschichte von Troiolo und Criseida gehört zum Bereich des »amore per diletto«. Außerdem macht B. im Gegensatz zu seinen Quellen Criseida zur Witwe, was wiederum einer anderen der »questioni« des »Filocolo« entspricht, die den Rat gibt, beim »amore per diletto« den Witwen gegenüber den jungen Mädchen und den Ehefrauen den Vorrang zu geben (IV, 54). Über den Ursprung der ottava rima gehen die Meinungen auseinander. Einigen Gelehrten zufolge übernahm B. das Metrum von den volkstüml. →Cantari; nach anderen sind die Cantari später anzusetzen als der »Filostrato«, B. habe sich an frz. und it. Vorbildern inspiriert, sei aber der Erfinder dieses im it. Ritterroman so bedeutsamen Metrum.

1336–38 verfaßte B. den Prosaroman in fünf Büchern »Filocolo«, in dem die Liebesgeschichte von Florio und Biancofiore erzählt wird (→Florisdichtung). Biancofiore wird als Sklavin nach Alexandria in Ägypten verkauft, wo sie Florio nach einer abenteuerl. *Quête* befreit. Die beiden können heiraten, bekehren sich zum Christentum, und Florio erbt das Kgr. seines Vaters. B. beschreibt die religiöse und polit. Entwicklung seines Helden. In diesem »Bildungsroman« verbindet er die Erzählung im Stil des Ritterromans mit der Vorliebe für einige lat. Klassiker (v. a. Ovid, der auch in anderen Jugendwerken eine große Rolle spielt). Zum Unterschied vom »Filostrato« gehört der »Filocolo«, in dem die Geschichte ein glückl. Ende findet, zum Typus des »amore onesto«. Wie in den folgenden Werken bis zum Decameron finden sich hier zahlreiche Anspielungen auf die Liebe zu der Neapolitanerin Fiammetta.

Es ist ungewiß, ob B. in Neapel oder – mit größerer Wahrscheinlichkeit – in Florenz das Epos »Teseida« in Ottaven (12 Canti) verfaßt hat. Es ist 1340–41 entstanden. Zwei miteinander eng befreundete Krieger, Arcita und Palemone, verlieben sich beide in Emilia, die Schwägerin des Teseo, und fechten einen Zweikampf um sie aus. Arcita (der Mars um Hilfe angefleht hat), schlägt Palemone, den Schützling der Venus, fällt jedoch durch die Einwirkung der Göttin vom Pferd und stirbt, so daß Palemone das Mädchen heiraten kann. In dem Epos, das in seiner dem Ritterroman verwandten Handlung und in vielen Einzelheiten stärker den Einfluß des aristokrat. Neapels als des kommunalen Florenz verspüren läßt, sind Waffenglück und Erfolg in der Liebe zwei getrennte Dinge, anders als bei →Chrétien de Troyes und im höf. Roman, an den »Teseida« sonst anknüpft.

In der »Comedia delle ninfe fiorentine« (1341–42) schlägt B. eine neue Bahn ein: Dem tölpelhaften Hirten Ameto erzählen sieben Nymphen (Allegorien der Sieben Tugenden) ihre Geschichte. In Lia, eine der Nymphen verliebt, erhebt sich Ameto zu einer geistigen Höhe, die ihn die Liebe in einer eth.-religiösen Dimension erleben läßt. »Amore per diletto« wird so durch die Aufnahme der Themen des »Dolce stil nuovo und bes. der »Vita Nuova« von →Dante (die auch formal die prosimetr. Form des Werks beeinflußt hat) vergeistigt.

In den Bereich der Visionsliteratur gehört »Amorosa Visione« (1342), 50 Canti in Terzinen lehrhaft-eth. Inhalts.

In der »Elegia di Madonna Fiammetta« in Prosa (1344–45) beschwört die von dem Florentiner Panfilo verlassene Heldin die Freuden der vergangenen Liebe herauf und beklagt ihr gegenwärtiges Unglück. Das Werk ist durch seine psychol. Tiefe bemerkenswert. Um 1345/46 verfaßt B. eine anmutige Liebes- und Metamorphosengeschichte, »Ninfale fiesolano« (in Ottaven). Ebenfalls in diese Jahre fällt wahrscheinl. die Übersetzung der 3. und 4. Dekade des Livius. (Man schreibt B. auch mit guten Gründen eine Übertragung des Geschichtswerks des Valerius Maximus zu.)

III. DECAMERON: Den Höhepunkt in B.s lit. Werk stellt der »Decameron« dar, vielleicht zw. 1349 und 1351 entstanden, in dem 100 Novellen durch eine Rahmenhandlung zusammengefaßt sind: Um der Pest von 1348 zu entfliehen, ziehen sich zehn junge Leute aus Florenz auf das Land zurück. Jeder von ihnen wird abwechselnd zum König des Tages gewählt und lädt die Gefährten ein, eine Geschichte über ein vorgegebenes Thema zu erzählen. Am Ende jeden Tages wird eine Ballata gesungen. Das Thema der Erzählungen ist am 1. und 9. Tag freigestellt, am 2. Tag handeln die Novellen von Abenteuern mit glückl. Ausgang, am 3. von der Erlangung oder Wiedergewinnung von etwas Ersehntem. Novellen des 4. und 5. Tages berichten von unglückl. und glückl. Liebe, diejenigen des 6. Tages von schlagfertigen, geistreichen Aussprüchen, der 7. und 8. Tag von Streichen, die Frauen ihren Männern oder Männer und Frauen einander spielen; am 10. Tag wird von großmütigen und edelsinnigen Taten berichtet. Der Vielfalt der Themen, zeitl. Gegebenheiten, geogr. und sozialen Milieuschilderungen und deren Reichtum an Personen entspricht auch die Verschiedenheit der Wertvorstellungen, die in dem Werk zum Ausdruck kommen. Im »Decameron« stehen die Bestrebungen und Verhaltensweisen der Kaufleute – der in Florenz und anderswo aufsteigenden Schicht – und die adligen Ideale des SpätMA nebeneinander, die den Novellen des zehnten und letzten Tages ihr Gepräge geben. Nur für einige wenige Novellen läßt sich eine genaue Quelle bestimmen. Im allgemeinen benützt B. verschiedene Erzählsituationen; manchmal sind sie miteinander verwandt, ihr Ausgang ist jedoch – bedingt durch den verschiedenen Charakter der Personen oder durch den Zufall oder das »Glück« – verschieden. Die rhetor. Kategorien, auf denen das Werk basiert, lassen den Ausgang der vorgeführten menschl. Schicksale als nicht eindeutig festgelegt und für mehrere Lösungen offen erscheinen.

IV. KRISE UND MORALISCHE UND LITERARISCHE UMKEHR: Nach dem »Decameron« beginnt eine neue Periode in B.s schriftsteller. Werk: Bereits lange vor der Mahnung eines Mönchs, die profane Dichtkunst aufzugeben (1361), hatte B. durch den Einfluß Petrarcas seine Haltung geändert. Von ihm übernahm B. den Gedanken, sich höheren kulturellen Studien zu widmen; Spuren davon finden sich übrigens bereits in seinen Jugendwerken. Sein Streben geht von nun an nach der absoluten, unverrückbaren, sicheren Wahrhaftigkeit. Das im wesentl. ma. Ideal des »clericus« ist das äußere Zeichen dieser neuen Phase und bestimmt auch die Aufnahme der Ideen von Petrarca (die von B. oft mißverstanden wurden). Das höchste Beispiel eines geistig schaffenden Menschen ist für B. Dante, über den er eine in drei Fassungen erhaltene Biographie (»Trattatello in laude di Dante«) schreibt (1355–70?). Wir erinnern in diesem Zusammenhang auch an den Kommentar zu den Canti I–XVII des »Inferno«, der anläßlich der öffentl. Vorlesung in den Jahren 1373–74 verfaßt wurde. Im Prosaroman »Corbaccio« (1354/55 oder 1366) enthüllt der von einer Witwe verschmähte und betrogene B. die häßl. Seiten der Liebe, nach dem Schema der »reprobatio amoris«, das bereits →Andreas Capellanus angewandt hatte. In der Schrift »genealogie Deorum Gentilium libri« in 15 Büchern, die 1365 fertiggestellt und später revidiert wurde, verteidigt B. nach einer enzyklopäd. Darstellung der antiken heidn. Gottheiten die Dichtkunst als eine der Theologie verwandte Tätigkeit. Von Petrarca beeinflußt, verfaßte er ein »Bucolicum carmen« in 16 Eklogen, das 1351 begonnen wurde. Früchte seines historiograph. und moralist. Interesses sind andere lat. Werke: »De casibus virorum illustrium« in neun Büchern (1356–60, später erweitert), eine Viten-Sammlung von Persönlichkeiten, angefangen von Adam bis zu Zeitgenossen B.s, die aus dem Glück ins Elend gestürzt wurden, und »De mulieribus claris« (1361–62), 104 Biographien von Eva bis zu

Kgn. Johanna v. Neapel. Ein geogr. Nachschlagewerk stellt die Schrift »De montibus, lacubus, fluminibus, stagnis et paludibus et de nominibus maris« (1355–60) dar. B. schrieb auch im Lauf seines Lebens viele Gedichte (Rime), die nicht in einer einheitl. Liedersammlung vereinigt wurden. Von ihm sind, neben einigen kleineren Schriften, auch einige interessante lat. Briefe erhalten.

V. BIBLIOTHEK; HANDSCHRIFTENÜBERLIEFERUNG UND WEITERWIRKEN: Wir kennen viele Bücher aus dem Besitz von B. (ebenso wie bei Petrarca) mit z. T. autograph. Notizen. Es sind auch einige Hss. erhalten, in denen er eigenhändig Werke, die ihn interessierten, abschrieb. Auch zwei der drei Sammelwerke (mit der »Vita Nuova«, 15 Kanzonen und der »Commedia«) sind auf uns gekommen, für die B. Dantes Biographie verfaßt hatte. Von verschiedenen Werken (unter ihnen auch der »Decameron«) besitzen wir Autographen, aus denen die einzelnen Phasen der Entstehung und der Korrekturprozeß deutlich hervorgehen. Der Erfolg B.s war groß und langanhaltend. Außerhalb Italiens errangen v. a. die lat. Werke seiner Spätzeit großen Erfolg, die dazu beitrugen, eine humanist. Kultur, die noch tief in ma. Thematik verwurzelt war, zu verbreiten.   F. Bruni

Bibliogr.: G. TRAVERSARI, Bibliogr. boccaccesca, 1907– V. BRANCA, Linee di una storia della critica al »Decameron«, 1939 – DERS., Tradizione delle opere di G.B., 1956 – Studi sul B. 1, 1963 ff. – Ed.: Gesamtausg., a.c. V. BRANCA, I, 1967 (Caccia di Diana, ed. V. BRANCA; Filocolo, ed. A. E. QUAGLIO); II, 1964 (Filostrato, ed. V. BRANCA; Teseida, ed. A. LIMENTANI; Comedia delle Ninfe fiorentine, ed. A. E. QUAGLIO) ; III, 1974 (Amorosa Visione, ed. V. BRANCA; NINFALE FIESOLANO, ED. A. BALDUINO; Trattatello in laude di Dante, ed. P. G. RICCI; IV, 1976 (Decameron, ed. V. BRANCA); VI, 1965 (Esposizioni sopra la Comedia di Dante, ed. G. PADOAN); X, 1970 (De mulieribus claris, ed. V. ZACCARIA) – ferner Ausg. des »Decameron« v. CH. S. SINGLETON, 1955 – facs. fotogr. des Autographs des »Decameron«, ed. V. BRANCA, 1975 – Ed. des Autographs, CH. S. SINGLETON, 1974 und V. BRANCA, 1976 – Elegia di Madonna Fiammetta, ed. F. AGENO (Opere, hg. C. SEGRE, 1963, 947–1080– Rime, ed. V. BRANCA, 1958 – Corbaccio, ed. T. NURMELA, 1968 (AASF 146) – Genealogie deorum gentilium, ed. V. ROMANO, 1951– Opere latine minori, ed. A. F. MASSÈRA, 1928 – De casibus virorum illustrium, 1520 (Nachdr. 1962) – De montibus ecc., 1473 – Lit.: G. BILLANOVICH, Restauri boccacceschi, 1945 – M. T. CASELLA, Nuovi appunti attorno al B. traduttore di Livio, IMU 4, 1961, 77–129– V. BRANCA– P. G. RICCI, Un autografo del Decameron, 1962 – M. T. CASELLA, Il Valerio Massimo in volgare: dal Lancia al B., IMU 6, 1963, 49–136 – S. BATTAGLIA, La coscienza letteraria del Medioevo, 1965, 609–703 – A. MAZZA, L'inventario della »parva libraria« di S. Spirito e la bibl. del B., IMU 9, 1966, 1–74 – A. E. QUAGLIO, Scienza e mito nel B., 1967– M. BARATTO, Realtà e stile nel Decameron, 1970 – F. BRUNI, Dal »De vetula« al »Corbaccio«, MR 1, 1974, 161–216 –V. BRANCA, G. B. Profilo biografico, 1975 – DERS., B. medievale, 1975 – B.: secoli di vita, hg. M. COTTINO-JONES, E. F. TUTTLE, 1977 – B. in Europe, hg. G. TOURNOY, 1977 – G. GORNI, Un'ipotesi sull'origine dell'ottava rima, Metrica I, 1978, 79–94 – Il B. nelle culture e letterature nazionali, hg. F. MAZZONI, 1978.

Boccamazza, Giovanni → Johannes de Tusculo

Boccanegra, genues. Familie, stammte aus dem Val Bisagno, erreichte bei nichtadligem Ursprung durch Handel, Geldverleih und Wechselgeschäfte beträchtl. Vermögen und hohes Ansehen. Trotz ihrer Verbindung mit den größten Adelshäusern Genuas blieben die B. ihrem »popolaren« Ursprung stets treu und gehörten zu den Hauptvertretern jenes reichen Bürgertums von Kaufleuten, das – ohne adliger Herkunft zu sein – in der Kommune Genua polit. Gewicht besaß und leitende Stellungen im Stadtregiment einnahm. Mit Unterstützung der Popolaren kam die Familie Mitte des 13. Jh. an die Macht, als →*Guglielmo* zum *Capitano del popolo* gewählt wurde, und erreichte ein Jahrhundert später mit →*Simone*, der vom populus zum ersten Dogen der Stadt akklamiert wurde, v. a. dank dessen Nepotismus den Zenit ihres polit. Ansehens. Nach dem Tod des Dogen aus Genua verbannt, verschwanden die Mitglieder der Familie B. von der polit. Bildfläche, mit Ausnahme einer kurzen Episode zu Beginn des 15. Jh., als *Battista*, der Sohn des Simone, im Namen des Kg.s v. Frankreich zum *Capitano della città* ernannt wurde. Einige Mitglieder der Familie siedelten in die Toskana über, wo sie Freunde und Verwandte hatten, andere begaben sich nach Spanien und traten in den Dienst der Kg.e v. Kastilien, in der Nachfolge des Bruders von Simone, *Egidio*, der von Alfons XI. zum Admiral erhoben worden war. In Genua verbanden sie sich Mitte des 15. Jh. mit der Familie de Franchi, 1528 wurden sie in das *Albergo* (→ Albergo di nobili) der Grillo eingeschrieben.   G. Petti Balbi

Lit.: M. G. SCORZA, Le famiglie nobili genovesi, 1924, 36– M. LEVATI, Dogi perpetui di Genova (1339–1528), 1928, 3–5 – F. GRILLO, Origine storica delle località e antichi cognomi della Repubblica genovese, 1959, passim.

1. B., Guglielmo, Mitglied der genues. Familie, † vor 1274. Nachdem G. B. an militär., kommerziellen und kolonialen Unternehmungen teilgenommen hatte, wurde er 1257 in Genua von den Popolaren und den ghibellin. Adligen während eines Aufstands gegen den scheidenden Podestà zum *Capitano del popolo* ausgerufen. Die Wahl fand in einer polit. und wirtschaftl. schwierigen Situation statt. Diesen Schwierigkeiten versuchte er durch eine kühne Währungsreform und durch die alleinige Inanspruchnahme des Rechts der Ernennung der Amtsträger abzuhelfen, obwohl ein Rat der Anzianen neben ihm bestand. Die unvermeidl. Reaktion des Adels, auch des ghibellin., der ihn zuerst unterstützt hatte, rief Verschwörungen und Repressionen hervor, die es jedoch nicht rechtfertigen, daß G. B. von den lokalen Annalisten, die unter dem Einfluß der Adligen standen, zum Tyrannen abgestempelt wurde. In Wirklichkeit handelte es sich um einen vorzeitigen Versuch, nur mit Hilfe der Popolaren eine Art Signorie zu errichten. Unter seinen innenpolit. Leistungen ragt die Förderung des Baues öffentl. Gebäude (darunter des Palazzo Comunale, jetzt Palazzo di S. Giorgio) hervor. Im März 1261 schloß er mit Michael VIII. Palaiologos den Vertrag von Nymphaion, durch den die Genuesen zahlreiche Privilegien und Verkaufsplätze erhielten sowie im folgenden Jahr die Übergabe des ven. Viertels in Konstantinopel und damit die Möglichkeit, es zu zerstören, erreichten. Am 9. Mai 1262 organisierte der Adel einen Aufstand, der G. B. zwang, nach der Ermordung seines Bruders Lanfranco und des Abfalls seiner Anhänger, seine Machtstellung aufzugeben. Er flüchtete zu Alfons v. Poitiers, dem Gf.en v. Toulouse, der ihm seine Freundschaft anbot und ihn mit polit. Aufgaben betraute; seit 1266 wurde er nach dem Willen Ludwigs IX. v. Frankreich mit der Leitung der Arbeiten für die Befestigung und den Hafen von Aigues-Mortes beauftragt, wo er vor 1274 starb.   G. Petti Balbi

Q.: Annali genovesi di Caffaro e continuatori, hg. C. IMPERIALE DI S. ANGELO, IV, 1926, 25–48– Lit.: DBI XI, 31–35 – G. CARO, Genua und die Mächte am Mittelmeer (1257–1311), 1895–99, I, passim.

2. B., Simone, * zu Beginn des 14. Jh. (vermutl. 1301) als Sohn des Jacopo di Lanfranco und der Ginevra Saraceni (aus der Familie der Herren v. Rezenasco in der Toskana), † 1363. Am 23 Sept. 1339 wurde er in einem Begeisterungssturm des Volkes zum Dogen v. Genua akklamiert, ohne vorher ein öffentl. Amt bekleidet zu haben. Die polit. Linie, die die Familie B. traditionsgemäß verfolgte, und die Erinnerung an das Wirken von Simones Onkel Guglielmo, waren für die Popolaren hinreichende Motive, ihn als ihr Werkzeug gegen die Nobili und die frühere herrschende Schicht zu erwählen, denen man die Schuld an der unsicheren Lage im Inneren, der wirtschaftl. Depression und der merkantilen Krise gab. Die Einrichtung des Dogenamts auf Lebenszeit, das mit der ven. Institution nur den Namen gemeinsam hat, stellt den Versuch dar, in Genua eine Signorie auf merkantiler und popolarer Basis ins Leben zu rufen, der es infolge des angeborenen Individualismus der Genuesen jedoch nicht gelang, sich zu konsolidieren.

S. B. bewies große Härte gegenüber den in die Verbannung getriebenen Adligen. Er stellte dem Kg. v. Kastilien bei seinem Krieg mit dem Sultan v. Marokko Schiffe zur Verfügung, verteidigte erfolgreich die genues. Kolonien, die durch den Vorstoß der Tataren der →Goldenen Horde unter Ǧānī Beg bedroht waren und nahm an der Liga teil, durch deren Hilfe 1344 die Kreuzfahrer dem Emir von Aydin Smyrna abnahmen. Diese glänzenden außenpolit. Erfolge sowie seine prunkvolle Hofhaltung und sein ausgeprägter Nepotismus machten jedoch die Verfügung immer drückenderer Steuern erforderlich. Die Folge davon war, daß ihm die Sympathien der Popolaren verlorengingen. Nachdem er versucht hatte, mit den Exilierten zu einer Einigung zu kommen, gab er am 23. Dez. 1344 freiwillig seine Machtposition auf und floh nach Pisa: Dort und später in Mailand verfolgte er aufmerksam die polit. Geschicke seiner Stadt, die sich inzwischen den Visconti ergeben hatte. Von diesen nach Genua gesandt, unterstützte er einen Aufstand gegen die mailänd. Herrschaft und wurde am 15. Nov. 1356 zum zweitenmal zum Dogen akklamiert. Er setzte seine gegen die Nobili und gegen die Visconti gerichtete Politik fort, betrieb die Expansion Genuas in Korsika und versuchte, die Streitkräfte der Christenheit gegen die osman. Gefahr zu vereinigen. Diese vielfältigen, bisweilen nicht zu Ende geführten Initiativen sowie sein Mißtrauen und seine Härte gegenüber den Gegnern gerieten ihm zum Verhängnis: Ende 1362 zettelten die Popolaren gegen ihn zwei Verschwörungen an, die jedoch niedergeschlagen wurden. Sein plötzl. Tod nach einem Bankett am 14. März des folgenden Jahres erregte unter seinen Zeitgenossen den Verdacht, er sei einem Giftanschlag erlegen. G. Petti Balbi

Q.: Georgii Stellae Annales Genuenses, ed. G. PETTI BALBI, RIS², 17/4, 1975, 129-141, 155-157 – *Lit.:* DBI IX, 37-40 [G. BALBI] – L. LEVATI, I dogi perpetui di Genova (1339-1528), 1928, 3-17 – V. VITALE, Breviario della storia di Genova, 1955, I, passim.

Bock. Als B. wird zur Unterscheidung vom Schafbock (→Widder) der Ziegenbock (caper, häufiger hircus) bezeichnet. Er galt durch Isidor (Etym. 12, 1, 14) als »animal lascivum«, was man äußerl. am »schrägen Blick« (falsche Etymologie nach Sueton hircus von hirquus = oculorum angulus) erkennen sollte. Daraus erklärt sich seine Bedeutung als Sinnbild der Luxuria. Ursächl. ist aber mehr die ihm zugeschriebene heiße Natur, die sein Blut sogar den Diamanten sprengen lassen soll (Isidor, vgl. OHLY). Organotherapeut. Verwendung von verbranntem Horn und Haaren, Blut, Fett, Galle und Kot wurde den ma. Autoren u. a. durch die lat. Bearbeitung der Kyraniden (Buch 2, Elem. T, Nr. 2) und den »Aesculapius« (zit. bei Vinzenz v. Beauvais 18, 30) überliefert. Das Fleisch wurde diätet. sehr ungünstig beurteilt (Bartholomaeus Anglicus 18, 58).

Ch. Hünemörder

Seine Bedeutung in der theol. Lit. des MA verdankt er einer Stelle im AT und einem Evangelienzitat. In Lev 16,5 ff. wird den Israeliten aufgetragen, beim Frühlingsfest als Sühneopfer einen B. zu schlachten und einen zweiten in die Wüste zu schicken, der symbol. mit ihren Sünden beladen ist (»Sünden-B.«) . Nach Mt 25,32 ff. wird Christus beim Weltgericht die Menschen in gut und böse scheiden wie der Hirte die Böcke von den Schafen. Der Sünden-B. wurde zum Zeichen Christi, da dieser die Sünden der Welt auf sich genommen hat (Joh 1, 29). Anhand von bildl. Darstellungen kann diese Gleichung kaum verfolgt werden. Hingegen sind Bilder des B. es als »Sünder« häufig. In der frühchristl. Kunst werden die Guten als Schafe, die Sünder als B.e dargestellt (Ravenna, S. Apollinare Nuovo, Mosaik, 6. Jh.). Auch in der Buchmalerei findet sich diese Vorstellung (Stuttgart-Psalter, Anfang 9. Jh., fol. 6 v.). Der B. ist ebenso Sinnbild der Luxuria (Freiburg, Münster, Vorhalle Luxuria im Bocksfell; roman. Kapitellplastik) wie auch Zeichen der Synagoge (Hrabanus Maurus, De Univ. VII). D. Kocks

Q.: Bartholomaeus Anglicus, De proprietatibus rerum, 1601 [Neudr. 1964] – L. DELATTE, Textes latins et vieux français relatifs aux Cyranides, 1942 (Bibl. Fac. Phil. et Lettr. Univ. Liège, fasc. XCIII) – Isidorus Hispalensis, Etymologiae, ed. W. M. LINDSAY, t. 2, 1911 – Vincentius Bellovacensis, Speculum naturale, 1624 [Neudr. 1964] – *Lit.:* RDK II, 963-970 – LCI I, 314-316 – F. OHLY, Diamant und Bocksblut, 1976.

Bockbüchse. Eine im 15. Jh. vornehml. zur Verteidigung fester Plätze verwendete leichte Feuerwaffe, bei der das aus Eisen geschmiedete oder aus Bronze gegossene Rohr auf einem Dreibein aus Holz, dem Bock, gelagert war. Um diese Waffe auf Wällen und Mauern auch leicht bewegen zu können, waren die beiden vorderen Beine der Bocklafette häufig mit kleinen Rädern versehen. Als B.n wurden aber auch im Feldkrieg verwendete schwere →Hakenbüchsen bezeichnet, die beim Abfeuern auf ein einfaches Holzdreibein aufgelegt wurden. E. Gabriel

Lit.: B. RATHGEN, Das Geschütz im MA, 1928 – W. HASSENSTEIN, Das Feuerwerkbuch von 1420, 1941.

Böckelheim (Rheinland – Pfalz, Krs. Kreuznach; Becchilenheim, Beckelnheim, Beggelinheim castellum), Burg auf einem steilen, zum linken Ufer der mittleren Nahe abfallenden Bergrücken (im Pfälzer Krieg am 14. Nov. 1688 zerstört). 824 als Ausstellungsort einer von einem Gf.en Alberich beglaubigten Schenkung an das Kl. Fulda erstmals erwähnt. Um die Jahrtausendwende schenkte ein dux Cuno v. B., d. i. wohl der Salier Hzg. Konrad v. Kärnten († 1011), dem benachbarten Kl. Disibodenberg Güter bei Boos/Nahe. Durch Heirat fiel B. an die lothr. Herzöge. Ende 1044 zerstörte Kg. Heinrich III. das castellum Gottfrieds des Bärtigen, Hzg. v. Lothringen. Kg. Heinrich III. oder erst Heinrich IV. (1065) hat B. anscheinend zusammen mit Reichsgut in und um Kreuznach dem Bistum Speyer übertragen (D. H. IV. 167, dazu H. BÜTTNER, ZGO 61, 1952, 433 ff.). Ende 1105 setzte Heinrich V. seinen Vater Heinrich IV. auf der Burg B. gefangen und ließ ihn dort durch Bf. Gebhard v. Speyer bewachen. Um 1222 besaßen die Gf.en v. →Sponheim B. als Lehen des Hochstifts Speyer. Bei der Erbteilung von ca. 1233 kam die Burg an die Kreuznacher Linie, 1277 fiel sie bei einer weiteren Erbteilung an Heinrich v. Sponheim-Kreuznach. Ohne das Vorkaufsrecht seines Bruders Johann zu beachten, verkaufte dieser sie i. J. 1278 an Ebf. Werner v. Mainz. Die darüber ausbrechende B.er Fehde wurde durch den Sieg des Ebf.s bei Sprendlingen entschieden. Zusammen mit der Stadt Sobernheim bildete die Burg B. seit 1281 das kurmainz. Amt B. 1466 verkaufte Ebf. Adolf v. Mainz die Burg mit den dazugehörenden Orten dem Pfgf.en Ludwig, Gf. v. Zweibrücken-Veldenz, der sie 1471 an Kfs. Friedrich IV. v. d. Pfalz verlor. Bis 1798 blieb B. seitdem kurpfälz. Amt. R. Kaiser

Lit.: Hist. Stätten Dtl. V, 51 – JDG H. IV und H. V., Bd. 5 – W. FABRICIUS, Erl. zum gesch. Atlas der Rheinprovinz, VI: Die Herrschaften des unteren Nahegebietes, 1914 – W. ZIMMERMANN, Die Kunstdenkmäler des Kr. Kreuznach, 1935 – W. VOGT, Unters. zur Gesch. der Stadt Kreuznach und der benachbarten Territorien im frühen und hohen MA [Diss. Mainz 1955].

Böcklerbund → Ritterbünde

Bocksdorf, Dietrich (Theoderich) v., Doctor utriusque iuris, als Dietrich III., Bf. v. Naumburg, stammte aus Zinnitz b. Calau (Niederlausitz), † 9. März 1466 in Zeitz, ⌑ Naumburg, Dom. B. studierte seit 1425 in Leipzig, 1436/37 in Perugia. Als Rechtslehrer nach Leipzig zurückgekehrt, wurde er 1439 Rektor und 1443 Ordinarius für kanon. Recht. Daneben gehörte er den Kapiteln von Magdeburg und Naumburg an, wo man ihn 1463 zum Bf. wählte. Die Verbindung von gelehrtem und sächs. Recht charakterisiert seine ausgedehnte Tätigkeit in der jurist. Praxis und seine zahlreichen Werke, u. a. ein »Remissorium« zum Sachsenspiegel, »Informaciones« zum Prozeßrecht, Werke zum sächs. Erbrecht.

I. Buchholz-Johanek

Lit.: NDB III, 683 ff. – Verf.-Lex.² II, 110 ff. [ausführl. Werk- und Lit.-Verz.].

Bockshornklee (Trigonella foenum-graecum L./Leguminosae). Der schon im alten Ägypten viel gebrauchte B., dessen Anbau v. a. als Futterpflanze die Römer von den Griechen übernahmen, wurde seit dem frühen MA auch n. der Alpen kultiviert (Cap. de villis, 70). Sein urspgl. lat. Name *f(a)enum (foenum) graecum*, später meist fenugrecum (z. B. Alphita, ed. MOWAT, 63), erfuhr wie dessen dt. Übersetzung *griechisch(es) Heu* (vgl. STEINMEYER-SIEVERS III, 488, 529, 541) zahlreiche Abwandlungen und Umdeutungen. Med. fanden hauptsächl. die stark riechenden, schleimhaltigen Samen bzw. das ›Mehl‹ Verwendung, u. a. zu erweichenden Umschlägen bei Geschwüren, als Kosmetikum sowie gegen Kopfschuppen, Mund- und Körpergeruch (Circa instans, ed. WÖLFEL, 56; Albertus Magnus, De veget. 6, 342; Gart, Kap. 177). Hildegard v. Bingen (Phys. I, 36) empfahl den B. ledigl. als Fiebermittel.

P. Dilg

Lit.: MARZELL IV, 802–806 – K. WEIN, Die Gesch. von Trigonella foenum-graecum L., Die Kulturpflanze 3, 1955, 24–38.

Bode(c)ker, Stephan, Bf. v. →Brandenburg 1421–59, *15. Nov. 1384 in Rathenow als Sohn eines Böttchers, † 15. Febr. 1459 in Brandenburg, ⌑ebd., Dom (Grabstein erhalten). B. gehört in den kleinen Kreis des pastorale Verantwortung und Gelehrsamkeit verbindenden norddt. Episkopats im 15. Jh. Kein Geringerer als →Nikolaus v. Kues hat ihn auf der Magdeburger Synode 1451 ausgezeichnet und so seine Bedeutung im Rahmen der spätma. Reformanstrengungen gewürdigt. B. studierte in Erfurt, Prag und Leipzig (1406–12), hat aber allem Anschein nach weder den akadem. Grad eines Lizentiaten noch den eines Doktors erworben. Seine teilweise überlieferte Leipziger Repetition vom Jahr 1412 kann auf ein Bakkalaureatsverfahren hinweisen. Als Domherr v. Brandenburg und damit als Angehöriger des Prämonstratenserordens erstmals erwähnt am 16. Aug. 1415, im selben Jahr Generalvikar, 1419 zum Propst gewählt, 1. Sept. 1421 von Papst Martin V. zum Bf. providiert, geweiht vor dem 1. März 1422. Von den hohenzollernschen Landesherren als Rat genutzt und geschätzt (1427 Vermittlung des Friedens zu Eberswalde zw. Brandenburg und Pommern) sowie von den Päpsten trotz seines gemäßigten Konziliarismus mit wichtigen Aufgaben wie der Protektor- und Konservatorschaft der neu gegründeten Univ. →Greifswald (1456) betraut, hat er sich im Innern seiner Diözese durch Visitationen, Synoden und nicht zuletzt durch die Abfassung z. T. umfangreicher wissenschaftl., aber praxisnaher Schriften um die Hebung der Sitten und die Heranziehung eines liturg., theol. und rechtl. gut ausgerüsteten Klerus bemüht. In seinem letzten Lebensjahr beteiligte er sich an einem Prozeß gegen hussit. gefärbte Waldenser, der in einer Hinrichtung in Berlin gipfelte (April 1458).

D. Kurze

Werke: Gedruckt wurden: Notularius sive breviarius divinorum, 1488; Synodalstatuten, 1489; De horis canonicis (1902=Sammlung ma. Abh. über das Breviergebet 2, ed. A. SCHÖNFELDER). B.s Hauptwerke sind nur hs. überliefert; Auszüge in der Sekundärlit.: Expositio super sequentiam »Quam dilecta«; Commentarius in omnium dominicam; Sertum beatae Mariae (Tractatus de salutatione angelica); Tractatus de symbolo apostolorum; Continuatio symboli apostolorum; De decem preceptis; Contra Judaeos; Collatio reformatoria ad moniales in Plotzk – *Lit.*: ADB XXVI – DHGE IX – LThK² IX – NDB II – R. HEYDLER, Materialien zur Gesch. des Bf.s Stephan v. Brandenburg, Progr. der Ritterakademie zu Brandenburg, 1866 – V. ROSE, Kat. der lat. Hss. der St. Bibl. Berlin II 1 Nr. 551–559, 1901 – A. SCHÖNFELDER, St. B., Bf. v. Brandenburg, HJb 23, 1902, 559–577 – B. WALDE, Chr. Hebraisten Dtl. am Ausgang des MA, 1916, 30–63 – GS I, 1, I, 1929, 46–49 u. ö. – J. STÖHR, S. B. OPraem, Bf. v. Brandenburg und Raimundus Lullus, Estudios Lulianos, Revista Cuatrimestral de Investigacion Luliana y Medievalistica 4, 1960, 191–201 – J. J. JOHN, The Univ. Career of Bishop Stephen Bodeker (Fschr. A. L. GABRIEL, 1967), 129–157 – D. KURZE, Märk. Waldenser und Böhm. Brüder (Fschr. W. SCHLESINGER 2, 1974), 456–502 – DERS., Q. zur Ketzergesch. Brandenburgs und Pommerns, 1975.

Bodel, Jean (1165?–1210), Berufsdichter (Spielmann) in Arras, wurde vor dem 4. Kreuzzug leprös, dichtete vor 1202 seine »Congés« (vgl. »Li Vers de la mort« des→Hélinand de Froidmont) und starb im Spital von Beaurains. Das hinterlassene lyrische, epische und dramat. Werk besteht zudem aus neun »Fabliaux« (»Gombert et les deux clercs« auch von Boccaccio und La Fontaine bearbeitet); 5 »Pastourelles« von bürgerl. Typ, bei dem sich die Hirtin verweigert; der »Chanson des Saisnes« (»Chanson des Saxons«), die in 8079 Alexandrinern den Kampf zw. Karl d. Gr. und Guitecl in (dem Widukind) dem Sachsenkönig erzählt und dem »Jeu de Saint Nicolas«, Farce zugleich und erbauliches Spiel mit Kreuzzugshintergrund.

L. Gnädinger

Ed. und Lit.: J. B., La Chanson des Saxons, ed. F. MICHEL, 2 Bde, 1832–48 [Neudr. 1969] – CH. FOULON, L'Œuvre de Jehan Bodel, 1958 (Trav. de la Fac. des lettres et sciences humaines de Rennes, sér. 1, Bd. 2) – Le Jeu de Saint Nicolas de J. B., ed. A. HENRY, 1962 – P. RUELLE, Les Congés d'Arras, 1965 – H. S. ROBERTSON, Structure and Comedy in the »Jeu de Saint Nicolas«, StP 64, 1967, 567–599 – J. CH. PAYEN, Les éléments idéologiques ds. le »Jeu de Saint Nicolas«, Romania 94, 1973, 484–504 – H.-D. MERL, Unters. zu Struktur, Stilistik und Syntax in den Fabliaux v. J. B., 1973 (Europ. Hochschulscr. XIII, 16) – Das Spiel v. hl. Nikolaus, ed. und übers. K.-H. SCHROEDER, W. NITSCH, M. WENZEL, 1975 (Klass. Texte des roman. MA, 14).

Bodenbelag → Fußboden

Bodman, Pfalz und Fiskus, am NW-Rand des Bodensees (Überlinger See, Baden-Württemberg, Krs. Stockach) gelegener Krongutbezirk mit frühester Regierungsstätte der frk. Kg.e im Gebiet des alem. Herzogtums. Erstmals Mitte 8. Jh. begegnen der Fiskus bei der Gründung des Kl. auf der →Reichenau und der Königshof in der Frühgesch. von →St. Gallen. Die Rolle von B. in merow. Zeit ist dunkel, bes. nachdem die Zuweisung von Münzen des frühen 7. Jh. an B. als Prägeort hinfällig geworden ist. Sicher kam B. als Landeplatz seit frühfrk. Zeit eine verkehrsgeogr. Bedeutung zu, wie die Erwähnung von Bodungo beim Geographus Ravennas und die seit dem 9. Jh. bezeugte Benennung des Bodensees nach B. anzeigen. Während bis zu Karl d. Gr. das Elsaß die Grenze des Wirkungsbereichs der frk. Kg.e im SW blieb, erweiterte Ludwig der Fromme die Herrschaftspraxis nach O: Mit seinem Aufenthalt 839 begann die Funktion der Pfalz B. (13 Königsbesuche bis 912), und die archäol. nachgewiesene Pfalzanlage (Saalbau von ca. 39 m × 14 m) wurde Schauplatz wichtiger polit. Ereignisse, u. a. der Kämpfe um das Hzm. Schwaben (Anfang 10. Jh.). Der allmähl. Auszehrung des Fiskus durch Besitzvergabe an die Bodenseeklöster und das Bm. Konstanz entspricht der abrupte Bedeutungsverlust der Pfalz B. in otton. Zeit. Th. Zotz

Lit.: Hoops² III, 125-129 [Lit.] – B. Dorf, Kaiserpfalz, Adel, hg. H. Berner, I, 1977; II, in Vorber. [Bibliogr.] – W. Erdmann, Zur archäol. und baugesch. Erforsch. der Pfalzen im Bodenseegebiet (Dt. Königspfalzen III, 1979), 136-210.

Bodmerei, die Verpfändung von Schiff *(bodeme* 'Schiffsboden' als pars pro toto) und Ladung für ein während der Reise aufgenommenes Darlehen mit der Folge, daß nur die verbodmeten Gegenstände haften und die Schuld erlischt, wenn Schiff und Ladung untergehen (reine Sachhaftung), erscheint erstmals unter diesem Namen im 14./15. Jh. im hans. Raum (1387: Lübeck). Ungeklärt ist, ob die B. als eigenständiges Institut in diesem Rechtskreis entstanden oder mit dem mittelmeer. Seedarlehen (foenus nauticum) verwandt ist, das ebenfalls durch Verpfändung von Schiff und Ladung – unter Ausschluß einer persönl. Haftung – gesichert werden konnte (Marseiller Statuten, 1253; Consulato del mare, 1370). G. Landwehr

Lit.: HRG I, 467 [Lit.] – S. Condanari-Michler, Bodem, pignus, ΎΠΟΘΗΚΗ (Fschr. P. Koschaker III, 1939).

Boec van Medicinen in Dietsche (»B. v. M.«), Titel (aus dem Incipit) einer Sammlung von med., pharmazeut. und pharmakobotan. Traktaten (Kompendium), im 14. Jh. ins Nfrk. aus dem Lat. übersetzt. Die Haupths., Utrecht, UB, Hs. 1328, in einem Franziskaner-Kloster geschrieben, hat folgende Gliederung (Teil C = f. 72-127): 1. prognost. bzw. diagnost. Traktate; 2. eine Nahrungsmitteldiätetik; 3. Kurzfassung des ›Circa instans‹; 4. Krankheitsdefinitionen; 5. Rezeptbuch nach Arzneiformen geordnet; 6. Auszüge aus den ›Secreta mulierum‹; 7. Plateariusglossen zum frühsalernitan. ›Antidotarius magnus‹; 8. Kinderkrankheiten; 9. Kurze Fieberlehre; 10. Gesundheitsregiment. Größere und kleinere Abschnitte des »B. v. M.« finden sich in Hss. der Kon. Bibl., 's-Gravenhage; Bibl. de l'Arsenal, Paris; Hist. Arch., Köln; Nat. Bibl., Wien; UB, Gent. W. F. Daems

Lit.: Verf.-Lex.² I, 907-908 – Vgl. Nd. Mitt. 24, 1968, 141-168 – W. F. Daems, B. v. M. Een mnl. compilatie van med. – farm. literatuur [Diss. Leiden 1967 (Janus, Beih. 7)].

Boemund → Bo(h)emund

Boendale, Jan Van, mndl. Autor, * 1279 Tervuren, † ca. 1350 Antwerpen, war von 1314 an 30 Jahre lang erster *scepenclerc* (Stadtschreiber) von Antwerpen. Von ihm stammen mehrere umfangreiche Werke, die an das Spätwerk von → Maerlant anknüpfen und zu den wichtigsten didakt. mndl. Gedichten des 14. Jh. gerechnet werden. B. bildet sich manchmal ein selbständiges und von der herrschenden Meinung abweichendes Urteil. Sein erstes Werk ist »Brabantsche Yeesten«, eine Reimchronik in fünf Büchern (16318 paarweise gereimte Verse) über die Hzg.e v. Brabant. Das im Auftrag von Willem van Bornecolve, Schulze und Schöffe zu Antwerpen, verfaßte Werk wurde 1316 abgeschlossen. Später (1347, anderen anzufolge 1350/1365) fügte der Verfasser dem fünften Buch noch ein langes Stück über den Zeitraum von 1316-47 hinzu. Ein anonymer Autor setzte die Chronik später mit einem sechsten und siebten Buch bis zum Jahre 1441 fort. Die ersten drei Bücher über die Abstammung der Brabanter Hzg.e von den Trojanern und die Periode von ca. 600-ca. 1120 sind zum Großteil dem »Spiegel historiael«

von Jacob van → Maerlant entnommen. Im zweiten Buch wird die Zeit Karls d. Gr. ausführl. behandelt. Die Beschreibung von Karls Feldzug nach Spanien folgt der Überlieferung des → Pseudo-Turpin; auch die Geschichte von → Amis et Amile steht hier. Nach Maerlants Vorbild übt B. heftige Kritik an den Ritterepen, da in ihnen die Wahrheit entstellt sei. Das fünfte Buch ist historiograph. von Bedeutung, weil B. die Ereignisse, die er darin beschreibt, selbst miterlebt hat. Als Bürger schlägt er bei sozialen Konflikten die Interessen der Kaufleute und Handwerker gleich hoch an wie die des Adels. Am berühmtesten ist jedoch »Der leken spieghel« (1325-30) in vier Büchern. Dieses Gedicht, das v. a. kulturhist. bedeutsam ist, behandelt eine Fülle von Themen, die größtenteils auf den Gebieten Theologie, Sittenlehre und (Kirchen)geschichte liegen. Es enthält auch die früheste ndl. ars poetica (Buch III, Kap. 15). B. stützt sich auf zahlreiche Quellen (u. a. den »Sidrac«, die »Legenda aurea«, die Apokryphen, die »Disticha Catonis« und den »Liber Facetus«), verarbeitet die Stoffe jedoch selbständig. »Jans teesteye«, vor 1333 entstanden, ist ein Dialog in Reimen zw. Jan und Wouter über Themen wie die Dreieinigkeit, die drei Religionen (Heidentum, Judentum, Christentum), die Stände, die zehn Gebote und die sieben Hauptsünden. B. werden auch eine Prosaübersetzung des »Sidrac« sowie der »Melibeus« und »Het boec van der wraken« zugeschrieben, ohne daß darüber Sicherheit bestünde.

A. v. Buuren/H. van Dijk

Ed.: Brab. Yeesten, hg. J. F. Willems (und J. H. Bormans), unter dem Titel: Les gestes des ducs de Brabant, 1839-69 – Der leken spieghel, hg. M. de Vries, 1844-48 – Jans teesteye, hg. F. A. Snellaert (Nederlandsche gedichten uit de veertiende eeuw van J. B., Hein van Aken u. a., 1869, 137-275, 701-703. Dort auch Melibeus, 1-133, 645-700 und Boec van der wraken, 287-491, 704-722) – Het boek van Sidrac in de Nederlanden, hg. J. F. J. van Tol [Diss. Amsterdam 1936] – Lit.: J. Te Winkel, De ontwikkelingsgang der Nederl. ltk., T. 2, 1922² [Neudr. 1973], 3-22 – J. J. Mak, TNTL 75, 1957, 241-290; 77, 1959, 65-111 – Ders., B. en de Legenda aurea, Med. Kon. Ned. Akad. van Wet., Abt. Letterk., NR 20, Nr. 13, 1957 – Ders., Leuv. bijdr. 47, 1958, 1-27 – Ders., Ned. archief voor kerkgesch. 43, 1960, 221-249 – J. Deschamps, Catalogus Mnl. hss. uit Europ. en Amerik. bibl., 1970, 1972², 108-110, 116-120 [Lit.] – C. L[emaire – de Vaere], Vijf jaar aanwinsten 1969-1973, tentoonstelling Kon. Bibl. Albert I [in Brussel], 1975, 55-60 [Lit.] – J. van Gerven, BGM 62, 1979, 145-164 – Ders., Tijdschrift voor sociale geschiedenis 5, 1979, 47-70, 240-244 – P. C. van der Eerden, Tijdschrift voor sociale geschiedenis 5, 1979, 215-239.

Boethius, Anicius Manlius Severinus
I. Leben und Werke – II. Wirkungsgeschichte im Mittelalter – III. Ikonographie.

I. Leben und Werke: * zw. 475 und 480, † 524, ◻Pavia, S. Pietro in Ciel d'Oro.

Aus der zu den vornehmsten und reichsten stadtröm. Geschlechtern gehörenden gens Anicia stammend, fand B. nach dem frühen Verlust des Vaters Flavius Boethius (cos. 487) in Q. Aurelius Memmius → Symmachus (cos. 485) einen Pflegevater, dessen Tochter Rusticiana er später heiratete. Der einflußreiche und hochgebildete Symmachus ermöglichte ihm eine gründl. philos. Erziehung (Studienort unbekannt, vielleicht Athen oder Alexandria; frühe Dichtung → Bukolik). Um 507 ist B. ein anerkannter Gelehrter, dessen Dienste Theoderich gerne in Anspruch nimmt (Cassiod. var. 1, 45; 2, 40). Consul ordinarius sine collega 510, trat er doch polit. zunächst nicht weiter hervor. 522 wurde ihm – wie dem Westreich allgemein – eine bes. Ehre dadurch zuteil, daß seine beiden Söhne Symmachus und Boethius zu Konsuln ernannt wurden. Bei ihrem Amtsantritt hielt B. im Senat eine Lobrede auf Theoderich. Im gleichen Jahr wurde er zum

Magister officiorum und damit zum ranghöchsten Minister des Westens ernannt. In diesem Amt wurde er, bei aller moral. Integrität, in die Auseinandersetzungen hineingezogen, die nach dem Tode des zum Thronfolger bestimmten →Eutharich sowie des Papstes →Hormisdas zw. dem Hof in Ravenna und dem probyz. Teil des röm. Senats erneut ausgebrochen waren. Weil sich B. für den Senat einsetzte (consc. phil. 1, 4, 23; Anon. Vales. 85), wurde er vom Amt suspendiert, wegen Hochverrats und Majestätsbeleidigung verurteilt und hingerichtet. Sein durch den Arianer Theoderich herbeigeführter Tod wurde bald als Martyrium für den kath. Glauben verstanden. Die hohe Wertschätzung, die B. im MA genoß, findet ihren sublimsten Ausdruck darin, daß ihn Dante unter den hl. Theologen an hervorragender Stelle nennt (Paradiso X, 124–129). B.'s Lokalkult wurde 1883 bestätigt.

Das literarische Werk: a) *Das Quadrivium:* Nach dem arithm. 1, 1 p. 9 entwickelten Plan steht am Anfang und als Vorstufe zu den philos. Werken die Darstellung des Quadriviums (der Terminus ist arithm. 1, 1 p. 7, 25 von B. geprägt) innerhalb der →Artes liberales. Erhalten sind:

1. De institutione arithmetica (Einführung in die Arithmetik), eine Bearbeitung der 'Αριθμητικὴ εἰσαγωγή des Nikomachos v. Gerasa (um 100 n. Chr.).

2. De institutione musica (Einführung in die Musiktheorie), Buch 1–4 wohl nach der (verlorenen) Εἰσαγωγὴ μουσική des Nikomachos, Buch 5 nach Ptolemaios. 1. 2. ed. G. FRIEDLEIN, 1867 [Neudr. 1966]; 2. dt. Übersetzung O. PAUL, 1872 [Neudr. 1973]. Verloren sind:

3. De institutione geometrica (Einführung in die Geometrie), nach den Elementen des Euklid. Eine Rekonstruktion bei M. FOLKERTS, »Boethius« Geometrie II. Ein math. Lehrbuch des MA, 1970, 173–217. Die beiden unter seinem Namen überlieferten Geometrien sind unecht.

4. Eine durch Cassiod. var. 1, 45, 4 bezeugte astronom. Lehrschrift nach dem Almagest des Ptolemaios.

Nicht zuletzt der rasche Verfall der Griechischkenntnisse im W des Imperium Romanum dürfte der Anlaß gewesen sein, diese Grundschriften der Artes liberales zu bearbeiten. Verbunden ist damit eine typ. röm. Neigung zur Enzyklopädie, wie sie in der Spätantike auch durch →Martianus Capella und →Isidorus v. Sevilla vertreten wird.

b) *Übersetzungen:* B. hat das Programm für seine philos. Arbeit herm. sec. 2, 3 p. 79 f. dargelegt. Danach will er durch Übersetzungen und Kommentare Platon und Aristoteles dem lat. Westen vermitteln und beweisen, daß beide nicht zueinander im Widerspruch stehen. Eine Reihe eigener Übersetzungen bildet die Grundlage seiner philos. Kommentare und Abhandlungen. Erhalten sind die Übersetzungen

5. der Εἰσαγωγή (Einführung in die log. Schriften des Aristoteles) des Porphyrios; ed. L. MINIO-PALUELLO, Aristoteles Latinus I, 6–7, 1966, 1–31,

6. der Kategorien (Aussageweisen) des Aristoteles; ed. L. MINIO-PALUELLO, Aristoteles Latinus I, 1–5, 1961, 1–41,

7. der Hermeneutika (Urteilslehre) des Aristoteles; ed. L. MINIO-PALUELLO, Aristoteles Latinus II, 1–2, 1965, 1–38,

8. der Analytica priora (Über die Schlüsse) des Aristoteles (2 Fassungen); ed. L. MINIO-PALUELLO, Aristoteles Latinus III, 1962, 1–191,

9. der Topik (Über dialekt. Schlüsse) des Aristoteles; MPL 64, 909–1008; krit. Ausgabe fehlt,

10. der Sophistici elenchi (Über sophist. Trugschlüsse) des Aristoteles; ed. B. G. DOD, Aristoteles Latinus VI, 1–3, 1976.

11. Die Übersetzung der Analytica posteriora des Aristoteles, im 12. Jh. teilweise noch bekannt, ist verloren. Nr. 5, 6 und 7 wurden im MA als »ars vetus« oder »logica vetus« bezeichnet (s. I, Sp. 937).

c) *Kommentare:*

12. Zur Εἰσαγωγή des Porphyrios nach der Übersetzung des →Marius Victorinus (2 Bücher) in Form eines Dialogs zw. B. und seinem Freund Fabius.

13. Zur Εἰσαγωγή des Porphyrios nach eigener Übersetzung (Nr. 5) in 6 Büchern unter Aufgabe der Dialogform. Die neuplaton. Vorlagen für beide Fassungen sind im einzelnen schwer zu bestimmen. 12. 13. ed. S. BRANDT, CSEL 48, 1906.

14. Zu den Kategorien des Aristoteles nach eigener Übersetzung (Nr. 6) in 4 Büchern in Anlehnung an Porphyrios, Iamblichos und die Schule des Proklos; MPL 64, 159–294; krit. Ausgabe fehlt.

15. Zu den Hermeneutika des Aristoteles nach eigener Übersetzung (Nr. 7) in 2 Büchern und

16. zum gleichen Text in 6 Büchern. Beide Kommentare beruhen auf den gleichen Quellen (Porphyrios und Schule des Proklos). 14. 15. ed. K. MEISER, 2 Bde, 1877/80.

17. Zu den Topica Ciceros. Von den ursprgl. 7 Büchern sind 5 und der Anfang des sechsten erhalten. Ed.: MPL 64, 1039–1169; J. C. ORELLI – J. G. BAITER, Ciceronis opera V 1, 1833, 270–388; A. S. Q. PERDOMO (Buch 1) [Diss., St. Louis Univ. 1963].

18. Ein Kommentar zur Topik des Aristoteles (bezeugt MPL 64, 1191 A u. ö.) ist verloren, ebenso

19. eine zweite Ausgabe des Kategorien-Kommentars (Nr. 14).

d) *Abhandlungen:*

20. De divisione, von den verschiedenen Arten der Einteilung (der Gattung in Arten, des Ganzen in Teile, des Wortes in Bedeutungen usw.); MPL 64, 875–892; krit. Ausgabe fehlt; it. Übersetzung L. POZZI, 1969.

21. Introductio ad syllogismos categoricos (in einigen Hss. als Antepraedicamenta, jetzt als Prolegomena bezeichnet), ein Kompendium der Lehre vom Urteil als Einleitung zu den Analytica; MPL 64, 761–794; krit. Ausgabe fehlt.

22. De syllogismo categorico (in einigen Hss. mit dem Titel Introductio in categoricos syllogismos) in 2 Büchern, wovon Buch 1 den gleichen Stoff wie Nr. 21 behandelt, Buch 2 eine Zusammenfassung der aristotel. Syllogismus-Formen bietet; MPL 64, 793–832; krit. Ausgabe fehlt.

23. De hypotheticis syllogismis, enthält u. a. eine systemat. Darstellung der hypothet. Schlußformen; ed. L. OBERTELLO, 1969. Hauptquelle für Nr. 20–23 ist Porphyrios.

24. De topicis differentiis (Über die Arten der Beweisformen) nach Cicero und →Themistios; MPL 64, 1173–1216; krit. Ausgabe fehlt; engl. Übersetzung und Kommentar: E. STRUMP, 1978.

e) *Theologische Schriften (Opuscula sacra):* Durch das sog. Anecdoton Holderi (ed. H. USENER, 1877), ein Fragment einer Schrift Cassiodors, wurde die Echtheit der Opuscula sacra des B. (mit Ausnahme der Schrift »De fide catholica«) endgültig bestätigt. Es sind dies:

25. Quomodo trinitas unus deus ac non tres dii (Die Trinität ist ein Gott, nicht drei Gottheiten). Darin führt B. in Anlehnung an Augustinus den Beweis, daß die Einheit Gottes in der Substanz als reiner Gestalt (forma), die Dreiheit in den Relationen besteht.

26. Utrum pater et filius et spiritus sanctus de divinitate substantialiter praedicentur (Ob »Vater«, »Sohn«, »Heili-

ger Geist« wesenhafte Aussagen über die Göttlichkeit darstellen).

27. *Quomodo substantiae in eo quod sint bonae sint cum non sint substantialia bona* (Wie die Substanzen in ihrem Wesen gut sein können, obwohl sie keine substanziellen Güter sind). In dieser auch *Liber de hebdomadibus* (Auszug aus seinem wissenschaftl. Tagebuch) genannten Schrift gibt B. die Antwort, die Dinge seien gut, weil sie nach dem Willen Gottes, der das Gute selbst ist, existierten.

28. *De fide catholica*, ein Kompendium der christl. Glaubenslehre (Echtheit umstritten).

29. *Contra Eutychen et Nestorium*. Darin gibt B. eine für die Scholastik wichtige Definition der Person: sie ist eine naturae rationalis individua substantia (eine unteilbare Substanz einer vernunftbegabten Natur). 25.–29. ed. R. PEIPER, 1871; lat.-engl. H. F. STEWART – E. K. RAND, 1918; lat.-it. E. RAPISARDA, 1960. Vgl. V. SCHURR, Die Trinitätslehre des B., 1935.

f) *De consolatione Philosophiae* (Die Tröstung durch die Philosophie): Im (Selbst-) Gespräch mit der personifizierten Philosophie (wie Augustinus in den Soliloquien mit der Ratio) tröstet sich B. in der finstersten Zeit seines Lebens nicht durch christl. Glaubensaussagen, sondern durch philos. Argumentieren, das sich auf Platon, Aristoteles, die Stoa und den Neuplatonismus stützt. So wird die Schrift zum philos. Testament des B.: Klage über den augenblickl. Zustand und Verteidigung des früheren polit. Handelns (Buch 1), Relativierung der Glücksgüter (Buch 2) gegenüber der nur in Gott zu findenden wahren Glückseligkeit (Buch 3) bereiten die Erörterung der Theodizee in Buch 4 vor, während Buch 5 dem Verhältnis von göttl. Vorherwissen und menschl. Freiheit gewidmet ist. In der Tradition der Konsolationsliteratur und des philos. Protreptikos stehend, vereinigt dieses letzte Werk des B. verschiedene lit. Möglichkeiten wie Dialog, Diatribe, Lehrvortrag mit lyr. und hymn. Gedichten zur Form des →Prosimetrums und wurde damit (neben der Enzyklopädie des Martianus Capella) zu einem für das MA gattungsgeschichtl. vorbildl. Werk. Auch die Personifikationen (Philosophia, Fortuna) riefen eine starke Nachahmung hervor. Die Sprache ist an den klass. Vorbildern (Cicero, Vergil) geschult, ohne daß spätlat. Eigentümlichkeiten völlig fehlen. Ed.: Ed. pr. H. GLIM, ca. 1471; R. PEIPER, 1871; W. WEINBERGER, CSEL 67, 1934; L. BIELER, CCL 94, 1957; lat.-dt.: E. GOTHEIN, 1949; O. GIGON – E. GEGENSCHATZ, 1969; lat.-engl.: H. F. STEWART – E. K. RAND, 1918; lat.-it.: E. RAPISARDA, 1961; R. DEL RE, 1968; lat.-frz.: A. BOCOGNANO, 1937; dt.: K. BÜCHNER, 1939 u. ö.; E. NEITZKE, 1959. Komm.: J. GRUBER, 1978 [Lit.].

B. ist einer der großen Vermittler griech. Wissenschaft für das lat. MA. Während die philos. Schriften noch weitgehend Übersetzungen und Bearbeitungen darstellen, so hat er in den theol. Traktaten, in der Schrift »De topicis differentiis« und v. a. in der Consolatio eigenständige Leistungen gezeigt. Durch die Rezeption der Quadrivium-Schriften und des aristotel. Organon sowie der neuplaton. Kommentare hat er die von Cicero begonnene Aneignung der gr. Philosophie als »letzter Römer« zum Abschluß gebracht, als »erster Scholastiker« (GRABMANN) wendete er aristotel. und neuplaton. Begriffe auf dogmat. Fragen an. J. Gruber

Ed.: Gesamtausg.: Ed. pr. 1491/92 (1497/99²) – H. Loritus Glareanus, 1546 (1570²) – MPL 63 und 64 – *Lit.*: DBI XI, 142–165 [Lit.] – DHGE IX, 348–380 [Lit.] – KL. PAULY I, 915 f. – LAW 482 f. – RAC II, 482–488 – RE III, 596–600 – ALTANER-STUIBER 1978⁸, 483–486, 654 – BARDENHEWER V, 250–264 – P. COURCELLE, Les lettres grecques en Occident, de Macrobe à Cassiodore, 1948² – DERS., La consolation de Philosophie dans la tradition littéraire, 1967 – L. OBERTELLO, Severino Boezio, 2 Bde, 1974.

II. WIRKUNGSGESCHICHTE IM MITTELALTER: [1] *Philosophie und Theologie:* Der Einfluß des B. auf das Denken des MA war gewaltig. Schon im 8. Jh. wurde seinen Werken von den karol. Autoren anerkennende Aufmerksamkeit geschenkt. So beschreibt ihn →Alkuin († 804) in seinem »Liber de processione« (MPL 101, 76B) als einen »in Theologie und Philosophie geschulten Mann« und zitiert dann einen Text aus dem ersten Opusculum sacrum, um den Hervorgang des Hl. Geistes aus Vater und Sohn zu bezeugen. Ferner glaubt man, in der fälschl. als 1. Teil der »Grammatik« (MPL 101, 849–854) gedruckten »Disputatio de vera philosophia« den Einfluß der ihm bekannten »Consolatio« zu spüren. Johannes Scot(t)us Eriugena († um 877) kannte die Opuscula und die Arithmetica und schrieb einen Kommentar zu Philosophiae Consolatio III, 9 (O qui perpetua). Lupus v. Ferrière verfaßte einen Kommentar zu den metr. Teilen der »Consolatio«. Kg. →Alfred v. England (848–899) übersetzte die »Consolatio« ins Angelsächsische. Notker Labeo († 1022) übertrug sie und das erste Opusculum ins Deutsche. Das starke Interesse an den Opuscula sacra verraten die zahlreichen heute noch erhaltenen Abschriften, in denen der Text oft mit kurzen interlinearen oder marginalen Erläuterungen versehen ist. Der wohl bekannteste unter diesen Kommentaren, den E. K. RAND als Werk des Johannes Scot(t)us Eriugena veröffentlicht hat, ist in Wahrheit das Werk des Benediktiners →Remigius v. Auxerre († 908). Remigius schrieb auch einen Kommentar zur ganzen »Consolatio«, während nach ihm Bovo II., Abt v. Corvey (900–916) in Sachsen (MPL 64, 1239–46), und →Adalbold, Bf. v. Utrecht († 1026), nur das berühmte Gedicht der »Consolatio«, III, 9 kommentierten. Im 9. Jh. entstanden ferner die anonymen Kommentare zur »Consolatio«, die in Cod. Einsiedeln 179 (s. X) und Cod., Vat. lat. 3363 (s. IX) erhalten sind. Die Rezeption der »Consolatio« verlief jedoch nicht ganz ohne Widerstand. Schon Abt Bovo entdeckte darin »Dinge, die dem katholischen Glauben widersprechen«, und Otloh von St. Emmeram († um 1079) erklärte, er würde die Worte der Heiligen den »Dogmen des Plato oder Aristoteles, ja selbst des Boethius«, vorziehen. In seinem »Dialogus super auctores« erklärte dagegen sein Ordensbruder →Konrad v. Hirsau († 1150) die »Consolatio« als sehr lesenswert. Tatsächlich gehörte die »Consolatio« bald zu den verbreitetsten Büchern. Für →Abaelard († 1142) war B. »der größte der lateinischen Philosophen« (Theologia ›Scolarium‹ I, 25; II, 9; MPL 178, 1034 A; 1159 A (CChr Cont. Med. XII). Er zitierte nicht nur die Opuscula und »Consolatio«, sondern viele andere Werke und Kommentare des B., wie z. B. »Periermenias«, »In Categorias Aristotelis«, »In Topica Ciceronis«, »Super Porphyrium«, »De differentiis topicis«, »De syllogismo hypothetico«, »De musica« und »De mathematica« (»De arithmetica«). Er schrieb auch Glossen zu den boethian. Schriften »De syllogismo categorico« und »Liber divisionum«. Werke wie die Sentenzen des →Petrus Lombardus († 1160) und des →Robert v. Melun († 1167) und anderer Theologen der Zeit bieten ein ähnliches Bild der Benützung der Boethius-Schriften. Eine noch stärkere Beachtung fanden sowohl die theol. als auch nicht-theol. Werke des B. in der Schule →Gilberts v. Poitiers († 1154), z. B. bei Adhemar von Saint-Ruf (Valence), →Hugo v. Honau, →Simon v. Tournai und →Alanus ab Insulis. In seinen »Distinctiones« zitiert Alanus den B. sogar noch öfter als Augustinus. Den Höhepunkt seines

Einflusses in der Theologie erlebte B. in der Schule v. →Chartres. Im heftig als häret. angegriffenen, aber dennoch häufig kopierten Kommentar zu den Opuscula beschreibt Gilbert v. Poitiers den B. als »katholisch im gesunden Glauben an die unsichtbaren Dinge«. An Gründlichkeit und Tiefe übertrifft dieser Kommentar alles bis dahin zur Erklärung der Opuscula Geschriebene. Gilbert vertiefte bes. die boethian. Unterscheidung von quo est (Form) und quod est (Gegenstand), geriet aber dadurch in Konflikt mit zeitgenöss. Theologen. Da er den Text nach den Regeln der damaligen Sprachlogik interpretierte, sah Gilbert sich genötigt, ihn gelegentl. kommentierend zu verbessern. Fast zur gleichen Zeit hielt →Thierry v. Chartres († um 1155) Vorlesungen über die Opuscula, die zum Teil nur fragmentar. erhalten sind. Er berief sich dabei öfter auf das »Commentum super topica Ciceronis« und das »Commentum super categorias Aristotelis«. Dabei polemisierte er scharf gegen Lehrmeinungen, die von Gilbert vertreten wurden. Thierrys Schüler, →Clarembaldus v. Arras († um 1172), schrieb kurz darauf einen Kommentar zum ersten und dritten Opusculum. Er zitiert z. B. die »Arithmetica« und das »Commentum super categorias Aristotelis«. Er war der Ansicht, Abaelard und Gilbert hätten den B. falsch interpretiert. Durch ihn wissen wir, daß auch Hugo v. St-Victor Vorlesungen über die Opuscula hielt. Einen bedeutenden Kommentar zur »Consolatio«, in dem er den B. gegen den Vorwurf, mit Platon die Präexistenz der Seele zu lehren, verteidigte, verfaßte →Wilhelm v. Conches. Im 12. Jh. entstand eine Anzahl von anonymen Kommentaren zur »Consolatio«, die z. B. in Codd. Vat. Reg. 72 und 244, Erfurt, Amplon. Q. 5, München clm 14689 und Vat. lat. 919 erhalten sind. Wie sehr man die »Consolatio« schätzte, beleuchtet die Tatsache, daß Cod. Heiligenkreuz 130 (s. XII) nicht weniger als vier Kommentare dazu enthält. Das Interesse an den Opuscula dagegen ging allmählich zurück. Aber inzwischen waren gewisse in ihnen definierte Begriffe (Person, Natur, Zeit u. a.) Allgemeingut des ma. Denkens geworden. In Codd. Vat. lat. 5136 (s. XII) und Toronto, Pontif. Institute finden sich noch Randglossen, die aus Gilberts Kommentar stammen. Den Schlußstein setzte wohl →Thomas v. Aquin († 1274) mit seinem Kommentar zum ersten Opusculum. Kommentare zur »Consolatio«, die lange →Robert Grosseteste († 1235) und Thomas zugeschrieben wurden, gelten heute als unecht. Der wohl größte Erfolg war hier der engl. Dominikaner →Nikolaus Treveth († um 1334) beschieden, dessen Kommentar zur »Consolatio« schon 1307 von Tholomaeus de Asinariis ausgebeutet wurde. Es folgten der 1335 vollendete Kommentar in Cod. Erfurt, Amplon. in-fo. 358, der (frz.) Kommentar des Petrus v. Paris, die Kommentare des Regnier von Saint-Trond (1381), des Wilhelm v. Aragón (1335), des Petrus v. Muglio (1385), des Pseudo-Petrus (Oxford, New Coll. 246), des Petrus v. →Ailly († 1420), des Wilhelm v. Contumella (1446), Arnold Greban u. a. Auch an neuen Übersetzungen fehlte es nicht. →Jean de Meun († um 1305) übertrug die »Consolatio« ins Französische. Albert v. Florenz benutzte seine Zeit im Gefängnis, sie ins It. zu übersetzen. Der Mönch →Maximos Planudes († 1310) schuf eine griech. Version. Eine me. Prosaübersetzung der »Consolatio« wurde um 1380 von Geoffrey →Chaucer angefertigt (um 1478/79 von →Caxton gedruckt). Chaucer verwendete dazu neben dem lat. Original auch den lat. Kommentar von Treveth (Trivet) und Jean de Meuns frz. Übersetzung. John →Walton benutzte Chaucers »Boece« für seine Versübersetzung der »Consolatio«, die er 1410 für Elizabeth, die Tochter von Lord Thomas →Berkeley anfertigte, und die ihrerseits recht populär wurde (über 20 erhaltene Hss.; 1525 gedruckt). Ein spätme. Kommentar zu Buch I der »Consolatio« bezieht sich auf Chaucers Übersetzung (Hs. Bodl. Auct. F. 3.5.). Die Wirkung der »Consolatio« dauerte über das MA hinaus an: im 16. Jh. wurden mehrere engl. Übersetzungen angefertigt, deren bekannteste die von Kgn. Elisabeth I. ist (1593 entstanden). N. M. Häring

Lit.: C. PEMBERTON, Queen Elizabeth's Englishings of Boethius . . ., EETS 113, 1899 – E. K. RAND, Der Komm. des Johannes Scottus zu den Opuscula sacra des B. (Q. und Unters. zur lat. Philol. des MA 1, 2, 1905) – F. FEHLAUER, Die engl. Übers. v. B'. »De consolatione Philosophiae« [Diss. Königsberg, 1908 (Berlin, 1909)] – B. L. JEFFERSON, Chaucer and the Consolation of Philosophy of B., 1917 [Repr. 1965] – H. R. PATCH, The Tradition of B., 1935 – H. SILVESTRE, Le commentaire inédit de Jean Scot Érigène au mètre IX du Livre III du ›De consolatione Philosophiae‹, RHE 47, 1952, 44–122 – R. B. HUYGENS, Ma. Komm. zu O qui perpetua, Sacris Eruditi 6, 1953, 44–122 – E. T. SILK, Pseudo-Johannes Scottus, Adalbold of Utrecht, and the Early Commentaries on Boethius, MARS 3, 1954, 1–40 – G. MATHON, Le commentaire du Pseudo-Érigène sur la Consolatio philosophiae de Boèce, RThAM 22, 1955, 213–257 – E. JEAUNEAU, Un commentaire inédit sur le chant O qui perpetua de Boèce, RCSF 14, 1959, 60–80 – K. OTTEN, Kg. Alfreds B., 1964 – N. M. HÄRING, Life and Works of Clarembald of Arras (Stud. and Texts. Pontifical Institute of Mediaeval Stud. 10, 1965) – DERS., The Commentaries on B. by Gilbert of Poitiers (ebd. 13, 1966) – G. SCHRIMPF, Die Axiomenschrift des B. (De Hebdomadibus) als philos. Lehrbuch des MA, 1966 – F. A. PAYNE, King Alfred and B., 1968 – N. HÄRING, Four Commentaries on the De Consolatione Philosophiae in MS Heiligenkreuz 130, MSt 31, 1969, 287–316 – DERS., Commentaries on B. by Thierry of Chartres and His School (Stud. and Texts. Pontifical Institute of Mediaeval Stud. 20, 1971) – L. OBERTELLO, Severino Boezio I–II, 1974 – D. K. BOLTON, The Study of the Consolation of Philosophy in Anglo-Saxon England, AHDL 44, 52.Jg., 1978 [für 1977], 33–78.

[2] *Schriften zur Mathematik:* B.' Schriften zur Arithmetik, Geometrie und Musik waren im MA die maßgebl. Texte für das Studium dieser Fächer im Quadrivium. Mehrere hundert erhaltene Hss. und Erwähnungen in Bibliothekskatalogen beweisen die Verbeitung dieser Schriften. Man schrieb Einleitungen in die Arithmetik und kommentierte Teile des Werks. Erhalten sind u. a. Scholien von Gerbert (ed. N. BUBNOV, Gerberti opera mathematica, 1899, 31–35) und von Notker (von Lüttich?, ed. BUBNOV, 297–299). – Die Geometrie des B. ist verloren. Sie diente als Quelle für die ihm zugeschriebene »Geometrie I« in fünf Büchern, die im 8. oder 9. Jh. wohl in Corbie entstand und außer echten Euklid-Exzerpten Auszüge aus den Agrimensoren, der Arithmetik des B. und aus Augustins »De quantitate animae« enthält (s. M. FOLKERTS, Die Altercatio in der Geometrie I des Pseudo-Boethius, in: Fachprosa-Studien, hg. G. KEIL, 1981, 84–114). Diese Schrift verbreitete sich im 9.–11. Jh. über Europa. Zw. 1000 und 1050 schuf ein unbekannter Kompilator in Lothringen die »Geometrie II« in zwei Büchern, die ebenfalls auf die echte Geometrie und auf Texte des Corpus agrimensorum zurückgeht; der Abschnitt über die ind.-arab. Ziffern und das Rechnen auf dem Abakus beruht auf Gerbert (s. M. FOLKERTS, »Boethius« Geometrie II, ein math. Lehrbuch des MA, 1970). Auch diese Schrift war im 11.–15. Jh. recht verbreitet. M. Folkerts

Lit.: G. R. EVANS, Introductions to B.'s Arithmetica of the tenth to the fourteenth c., History of Science 16, 1978, 22–41 – DIES., A commentary on B.'s Arithmetica of the twelfth or thirteenth c., Annals of Science 35, 1978, 131–141 – B. and the Liberal Arts, hg. M. MASI [ersch. 1981].

[3] *Bedeutung für die Musik:* Die fünf Bücher »De institutione musica« des B. wurden für das MA zum grundlegenden Werk für die Musiktheorie. Das beweisen u. a. die Zahl der erhaltenen Hss., die mit rund 140 den nächst häufigen Text, den »Micrologus« →Guidos v. Arezzo fast

um das Doppelte übertrifft, aber auch zahlreiche Zitate in den ma. Musiktheoretikern sowie mehrere Glossaturen, die ebenfalls sehr verbreitet waren. Die Überlieferung setzt im 9. Jh. ein (Paris BN lat. 7200, 13020, 13908, 14080 und Vat. reg. 1638), doch muß der Text sehr schnell bekannt gewesen sein, da er schon von →Aurelianus v. Réomé und in der →»Musica enchiriadis« benutzt wird. An der Pariser Univ. gehörte die Schrift zum Lektürekanon zur Erlangung des Magistergrades. 1492 wird sie zum ersten Mal in Venedig gedruckt.

Die »Institutio musica« ist kein selbständiges Werk. Sie faßt die griech. Musiktheorie aus mehreren Quellen (Aristoxenos, Ptolemaeus, Archytas, Plato usw.) zusammen und beschränkt sich dabei auf die Harmonik: Gemäß dem Standort der Musik als math. Disziplin innerhalb der →Artes liberales geht sie von der Arithmetik aus und erklärt nach einer Einleitung über die Bedeutung und Klassifikation der Musik v. a. Konsonanzenverhältnisse und ihre genaue Berechnung (bes. ausführl. das Problem der Ganztonteilung), Monochordteilung, Konsonanzenspezies, Modus- und Tetrachordlehre. Vom fünften Buch fehlen elf Kapitel, welche nach den erhaltenen Kapitelüberschriften die ptolemaeische Lehre referieren.

Auch die »Institutio arithmetica« des B. geht auf die Musik ein und ist für die ma. Musiktheorie eine wichtige Quelle gewesen. M. Bernhard

Ed.: s. o. – Lit.: MGG II, 49–57 – RIEMANN I, 187–188, Ergbd. I, 128 – R. BRAGARD, Boethiana (Hommage à CH. VAN DEN BORREN, 1945), 84–139 – H. POTIRON, Boèce, théoricien de la musique grecque, 1961 – U. PIZZANI, Studi sulle fonti del »De Institutione Musica« di Boezio, Sacris Erudiri 16, 1965, 5–164 – C. M. BOWER, Boethius' The Principles of Music, an Introduction, Translation, and Commentary [Diss. masch. George Peabody College, 1967] – M. BERNHARD, Wortkonkordanz zu Anicius Manlius Severinus Boethius, De institutione musica, 1979 [mit Textkorrekturen und Handschriftenverz.].

III. IKONOGRAPHIE: Eine Darstellung des B. als »Heiliger« ist nicht nachweisbar. Als älteste Darstellung wird das Elfenbeindiptychon aus Brescia, um 490, Museo civico cristiano, bezeichnet. Jedoch stimmen die Vornamen dieses Boethius nicht mit denen des unseren überein, so daß diese nicht in ikonograph. Zusammenhang genannt werden darf.

In den Hss. seiner Werke finden sich mitunter Autorenbilder (etwa: De Consolatione Philosophiae, Wien, Nationalbibl., Hs. des späten 9. Jh., B. am Lesepult) oder Darstellungen des Ruhenden inmitten der Musen (Wien, Nationalbibl., Hs. des 12. Jh.).

Schließlich muß noch die ganz beträchtl., von P. COURCELLE zusammengestellte Ikonographie der »Consolatio« hervorgehoben werden, die sich in den Hss. vom 9. bis 15. Jh. findet, durch die gewisse Themen und Szenen (Erscheinung der Philosophia, Glücksrad, die Musen usw.) den Lesern bildl. dargestellt wurden. D. Kocks

Lit.: LCI VIII, 339 – LThK² II, 554 ff. – Bibl. SS III, 218 ff. – P. COURCELLE, La consolation de philosophie, 1967 [Lit.] – W. F. VOLBACH, Elfenbeinarbeiten der Spätantike und des frühen MA, 1976, 32.

Boetius de Dacia (aus Dänemark), Lehrer an der Artistenfakultät in Paris, lit. tätig vor 1277, dem Jahr, als die averroistische Lehrmeinung seiner Aristoteleskommentare zusammen mit der des →Siger v. Brabant kirchl. verurteilt wurde. Mit seinen gramm. Schriften ist B. ein wichtiger Vertreter der→ Modi significandi und führt auf diesem Gebiet die spekulativ-grammat. Erörterungen des →Martinus de Dacia weiter. Nach dem Bann von 1277 mußte er sich an der päpstl. Kurie in Orvieto aufhalten. In späten Jahren trat er möglicherweise dem Dominikanerorden bei. Sein Todesjahr ist unbekannt. →Aristoteles, →Aristotelesverbote, →Averroes. G. Silagi

Ed.: Verz. seiner Werke und der Lit. bis 1967 bei P. GLORIEUX, La faculté des Arts et ses maîtres aux XIIIᵉ s., 1971, 112–115 – vgl. ferner: J. PINBORG, Die Entwicklung der Sprachtheorie im MA, BGPhMA 42,2, 1967, 77–86 – neue krit. Gesamtausg. in Arbeit: Boethii Daci Opera, in: Corp. Philosophorum Danicorum Medii Aevi, bisher vorliegend IV–VI und VIII: 1. Modi significandi sive Quaestiones super Priscianum Maiorem, ed. J. PINBORG – H. ROOS – S. S. JENSEN, 1969; 2. Quaestiones de generatione et corruptione; Quaestiones super Libros Physicorum, ed. G. SAJÓ, 1972–74; 3. Quaestiones super Librum Topicorum; De aeternitate mundi; De summo bono; De somniis, ed. N. G. GREEN-PEDERSEN – J. PINBORG, 1976; Quaestiones super IVᵐ Meteorologicorum, ed. G. FIORAVANTI, 1979.

Bogdan

1. B. I., Wojwode der →Moldau 1361/63 – ca. 1367 (nach traditioneller Chronologie: 1359–65), begründete auf dem von Walachen bewohnten Gebiet der kleinen ung. Grenzmark um die Orte Baia und Siret ein eigenständiges rumän. Fürstentum *(descă lecat)*. Er ist Stammvater der bedeutendsten moldauischen Dynastie des MA – der →Muşatin (nach Margarete Muşata, deren Söhne im 14. Jh. regierten).

In ung. Quellen wird B. mehrfach bis 1343 als Wojwode der Grenzmark Marmarosch (ung. Máramaros, rumän. Maramureş) erwähnt. Das Amt verblieb seiner Familie bis 1360, doch geriet B. in einen langjährigen Konflikt unbekannten Inhalts mit Ludwig I., Kg. v. Ungarn, in dessen Verlauf B. nach 1360 mit seinen Getreuen *(viteji)* heimlich die Marmarosch verließ und unter nicht genau überlieferten Umständen die kgl. Statthalter aus dem Hause→Dragoş in der Moldau vertrieb. Im Besitz der nördl. Moldau, widerstand er allen ung. Feldzügen zu seiner Absetzung. B.s weitläufige Besitzungen um das Gut Cuhea in der Marmarosch wurden 1365 vom Kg. eingezogen und den Erben des Dragoş verliehen. Obzwar Münzen und Urkunden zu seiner moldauischen Herrschaftszeit nicht überliefert sind, scheint B. Siret zu seiner Hauptstadt erwählt und die Fürstenkirche in Rădăuţi gestiftet zu haben (dort ▭). Diese Kirche wurde zur ersten Grablege der Muşatin. Es ist wahrscheinl., daß B. nicht zum Fs. en gesalbt wurde. Einen orth. Bf. gab es seinerzeit in der Moldau noch nicht. Da über B. und seine Nachfolger im 14. Jh. wenig Daten bekannt sind, wurden für die frühen Muşatin mehrere Chronologien vorgeschlagen; maßgebl. erscheint die letzte, von GOROVEI (1973). K. Zach

Lit.: P. P. PANAITESCU, Din istoria luptei 1..., Studii 9,4, 1956, 95–115 – C. CIHODARU, Tradiţia letopiseţelor şi informaţia documentară despre luptele politice din Moldova în a doua jumătate a secolului al XIV-lea, Anu. Inst. Ist. şi Arheol., Iaşi 5, 1968, 11–42 – R. POPA, Ţara Maramureşului în veacul al XIV-lea, 1970, 193–206, 240–247 – ŞT. GOROVEI, Indreptări cronologice la istoria Moldovei din veacul al XIV-lea, Anu. Inst. Ist şi Arheol., Iaşi 10, 1973, 99–121 – DERS., Dragoş şi Bogdan întemeietorii Moldovei. Probleme ale formării statului feudal Moldova, 1973.

2. B. II., Fs. der →Moldau 1449–51, † 1451, ▭ Rădăuţi, Fürstenkirche; unehel. Sohn →Alexanders des Guten und Vater des bedeutendsten Moldauherrschers, →Stefans des Gr.; ∞ Oltea, Schwester eines (walach.?) Bojaren Vlaicu (später im fürstl. Rat Stefans). B. kam mit Hilfe des siebenbürg. Wojwoden Johannes →Hunyadi zur Herrschaft, als dessen Vasall er sich 1450 zweimal bezeichnet. Im Gebiet von Codrii Crasnei (Vaslui) besiegte er ein poln. Heer, mit dessen Hilfe sein 1449 vertriebener Neffe Alexander II. (Alexandru) versuchte, den Thron zurückzugewinnen. Sein Halbbruder→Peter III. (Petru) Aron ließ ihn 1451 in Reuseni köpfen. K. Zach

Lit.: V. PÂRVAN, Alexăndrel-Vodă şi Bogdan, 1904 – C. C. UND D. C. GIURESCU, Istoria românilor II, 1976, 137–139 – Ş. GOROVEI, Muşatinii, 1976, 54–56.

Bogen, Gf.en v., ostbayer. Adelsgeschlecht, dessen frühe Genealogie im dunkeln liegt. Mit Sicherheit weiß man nur, daß zwei Familien zu unterscheiden sind: Die Linie, die sich seit ca. 1100 Gf.en v. Windberg und nach der Umwandlung dieser Burg in ein Kl. (nach 1125) Gf.en v. B. nennt; eine verwandte Familie (ausgestorben 1148) hatte die Domvogtei Regensburg inne und nannte sich immer nur »advocatus Ratisponensis«, nie Gf.en v. B. Gf. Aschwin, ein vermutl. Angehöriger des Gesamtgeschlechts, hatte nach den Babenbergern seit Mitte des 11. Jh. die Gft. im Donaugau inne. Den Kern der Gft. B. bildet der östl. Donaugau. Hinzu kamen die Gft. im Künziggau von den Gf.en v. →Formbach (1158), 1230 große Lehen vom Bf. v. →Passau und um 1230 die Gft. Deggendorf. Bedeutung kommt den zahlreichen Vogteien zu. Eng sind die Beziehungen zu Böhmen. Wichtigste Familienverbindung zw. den Přemysliden und den Gf.en v. B. ist die Ehe Gf. Alberts III. mit Ludmilla, Tochter des böhm. Hzg.s →Friedrich (um 1184). Das Gebiet um Schüttenhofen wurde Lehen der Bogener von Böhmen. Das Machtstreben der Gf.en wird durch den nie vollendeten Burgenbau Hohenbogen vor der böhm. Grenze deutlich. 1192 entfachte Gf. Albert III. eine Fehde gegen den Hzg. v. →Bayern, den →Wittelsbacher Ludwig I., wegen der bamberg. Lehen an der Donau und der Burggft. →Regensburg; er rief den böhm. Kg. ins Land, schlug den Hzg. und drang ins südl. Bayern vor. Ks. Heinrich VI. rettete den Hzg. aus seiner Lage. Ludmilla heiratete nach dem Tode Alberts III. Hzg. Ludwig I. v. Bayern. Mit Gf. Albert IV. starb das Geschlecht 1242 aus, die Gft. fiel an seinen Stiefbruder, dem bayer. Hzg. →Otto II. Das Rautenwappen der Gf.en v. B. wurde zum Wappenbild Bayerns.
M. Piendl

Lit.: M. Piendl, Die Gf.en v. B. (Jber. des Hist. Vereins Straubing, 55–57, 1953–55) – Ders., Böhmen und die Gf.en v. B., Bohemia 3, 1963, 137–149 – C. Mohr, Die Traditionen des Kl. Oberalteich (Q. zur Bayer. und Dt. Gesch. XXX/1, 1979), 110*–133*.

Bogen. **I. B.** (mechanische Handfernwaffe).
I. Entstehung – II. Beschreibung der mittelalterlichen Handbogen – III. Geschichte – IV. Zubehör.

I. Entstehung: Steinzeitl. Höhlenmalereien in Europa beweisen die Jagd mit dem einfachen Holzbogen und in Asien, etwas später, bereits die Anwendung des au Tiersehnen, Holz und Horn zusammengesetzten kürzeren Hornbogens. Zu allen Zeiten, auch im MA, blieben Holz- und Hornbogen letztl. auf den klimat. Großraum ihrer Entstehung beschränkt, ihr Verwendungsbereich wurde ledigl. vorübergehend größer.

In den humideren Gebieten Europas fand der zusammengesetzte B. immer nur kurzzeitig Verwendung. Jedoch war gutes Bogenholz, auch für Langbogen, hier leicht erhältl. und problemlos verwendbar.

Die mit hölzernen Kurzbogen bewaffnete Reiterei war in West- und Mitteleuropa nie Hauptwaffe. In Osteuropa führten die Berittenen noch den traditionellen Hornbogen (z. B. waren 1282 in der Schlacht der Magyaren gegen die Kumanen bald alle Hornbogen im Regen erschlafft und unbrauchbar).

II. Beschreibung der mittelalterlichen Handbogen: Die Einteilung erfolgt nach dem Grade der konstruktiven Entwicklung und wie erwähnt auch geogr. in drei Gruppen. Erstens der *Naturbogen*, der seit der Steinzeit verwendete gerade hölzerne Bogenstab, wie er in Europa als Lang- und Kurzbogen üblich war. Zweitens – als Übergangskonstruktion – der seltene *verstärkte Bogen*, dessen Holzrücken meistens durch Sehnenauflagen fester wurde, und drittens der sehr verbreitete zusammengesetzte *asiatische Hornbogen*. Noch im Neolithikum waren seine hochbelasteten äußeren Holzteile durch Sehnenstreifen und Hornleisten ersetzt worden und bald gebot diese Verbesserung, die Bogenarme in Reflexform zu krümmen. Der Verwendung nach lassen sich allgemein die kürzeren und schwächeren Jagdbogen von den längeren und stärkeren Kriegsbogen trennen. Die *Kugelbogen* waren nur Jagdbogen und in Europa und Asien bekannt. Bei den asiat. Pfeilbogen ist noch der skyth. B. durch seinen stark zurückversetzten Griff vom weitverbreiteten mongol. B. (*Qum-Darya-Typ*) zu unterscheiden. Aussehen und Handhabung dieser Bogenarten waren natürl. sehr unterschiedl.: Allgemein besteht der B. aus Griff (Scheitel) und zwei meistens gleichlangen Bogenarmen, an deren sich verjüngenden Enden Sehnenkerben eingeschnitten sind. Die dem Ziel zugewendete Bogenfläche gehört zum Bogenrücken, der Bogenbauch weist zum Schützen. Beim europ. ma. Holzbogen stehen die unbesehnten Bogenarme prakt. gerade. Am unbespannten asiat. *Reflexbogen* schwingen sich die Arme sogleich vom Scheitel weg gegen das Ziel. Um die Elastizität zu erhalten, wurde der Handbogen – im Gegensatz zur →Armbrust – stets völlig entspannt mitgeführt. Vor dem Einsatz wurde er zunächst bespannt (besehnt) und erst dann zum Schuß gespannt. Das Verwechseln dieser Handlungen brachte immer wieder Fehlinterpretationen ma. Berichte. Bes. das Besehnen des Reflexbogens erforderte viel Übung und Kraft. Durch ungewolltes Verdrehen in seiner Längsachse oder Entgleiten eines Bogenendes beim Spannen war der B. leicht zu verderben. Deswegen wurde der Bogenrücken häufig der Strahlung eines kleinen Feuers ausgesetzt, um das Besehnen zu erleichtern. Die Sehne des Handbogens wurde im MA auf drei Arten zum Schuß gespannt. Bei sehr leichten B. wurde das Pfeilende auf die Sehne gesetzt, mit Daumen und Zeigefinger ergriffen und direkt zurückgezogen (Primärer Typ nach Morse). Für den in Europa üblichen *Mittelmeerspanngriff* wurde die Sehne von den eingehakten mittleren drei Fingern der rechten Hand direkt zurückgezogen, das Pfeilende lag dabei an der Sehne zw. Zeigefinger und Mittelfinger. Beim *mongol. Spanngriff* wurde die Sehne mittels eines aufgeschobenen Schutzringes, des Daumenringes aus Bein oder Stein, vom Daumen der rechten Hand alleine umfangen, wobei aber Zeigefinger und Mittelfinger sein Endglied umfingen und unterstützend hielten. Das Pfeilende lag auf dem Daumen an die Sehne geklemmt. Zum Schießen wurde der B. stets senkrecht gehalten. Beim Mittelmeergriff kam der Pfeil meistens links vom B. zu liegen, der vordere Teil des Schaftes ruhte auf dem Zeigefinger der linken Hand. Der reitende Orientale legte den Pfeil gewöhnl. rechts vom B. auf, wobei der linke Daumen den Pfeil stützte und sogar hielt, falls die andere Hand das Pferd führte. Die Spannkraft oder das »Bogengewicht« des durchschnittl. Kriegsbogens lag in Europa wie in Asien bei 30–35 kg, wich aber oft stark ab.

Nach der Regel war beim Holzbogen die rechteckige Querschnittsfläche am sich verjüngenden Bogenende kaum halb so groß wie in der Bogenmitte. Dadurch wurde eine gleichmäßige Belastung des Elastizitätsträgers erreicht. Am guten Kurzbogen waren die Bogenarme dünner und breiter als der Griff. Beim manneslangen Langbogen blieb die Querschnittsform durchgehend gleich, er war nur wenig breiter als dick. Bogenholz wurde durch mehrfaches Spalten kleiner gut gewachsener Stämme von Eschen, Ulmen, Eichen oder Eiben gewonnen. Bes. am flachen Bogenrücken durfte der natürl. Faserverlauf des Holzes nicht begradigt oder durchtrennt werden. Deswegen sind, beispielsweise am schott. B., Knotenbildungen am Holz zu erkennen. Der mehr der Stammitte zu liegende ältere Holzteil wurde für den Bogenbauch gewählt, während das jüngere, mehr zähe, langfaserige Holz zum Bogenrücken wurde. Mittelalterliche Abbildungen lassen diese Anordnung bes. am begehrten Eibenbogen leicht erkennen. Stets ist sein hellgelbes langfaseriges Splintholz am Bogenrücken und das rotbraune dichtere Kernholz am Bogenbauch. Da dadurch eigentl. ein natürl. *Kompositbogen* (Holzschichtbogen) entstand, wurde Eibenholz im MA anderen Holzarten vorgezogen und meistens zu Langbogen verarbeitet. An den Enden des *Langbogens* war meistens noch je ein aufgeschobener Hornnocken mit ein oder zwei eingeschnittenen Sehnenlagern. Eine Sonderstellung hatten die europ. und oriental. *Fußbogen*. Ihre Handhabung war umständlicher. Der Schütze lag auf dem Rücken und stemmte beide Beine gegen die Bogenmitte. Beide Arme zogen die Sehne und den überlangen Pfeil. Seiner Verwendung nach entsprach dieser B. der weitreichenden Wallarmbrust.

Der zusammengesetzte oriental. Hornbogen mußte, um das Bogenmaterial voll zu nützen, zwangsläufig Reflexform erhalten. Sein im Querschnitt flacher Bogenrücken bestand aus hochelast. zugfesten Sehnenschichten verschiedener Tierarten, der im Querschnitt gewölbte Bogenbauch aus sehr druckfesten Hornleisten. Zwischen diese Schichten war ein schmaler Holzkörper mit Sehnenleim eingeleimt. Die Enden der im Schnittbild eher querovalen, hochelast. Bogenarme waren stehend oval und daher fast starr. Diese starren Enden, die »Ohren«, waren zusätzl. zur Reflexkrümmung der Arme noch weiter zum Ziel hin in einem Winkel von ca. 60° abgewinkelt und trugen an den Winkelspitzen häufig kleine, die Bogensehne umlenkende Beinauflagen, die »Stege«. Nahe den freien Enden der Ohren waren schlitzförmige Sehnenkerben vom Bogenrücken her rechtwinkelig eingeschnitten. Durch diesen Aufbau erlangte der Bogen beinahe die Form einer Ellipse (vgl. Abb.). Die Herstellung des ma. Hornbogens dauerte 5–10 Jahre, er blieb über ein Menschenalter verwendbar.

Bei allen B. waren die Kraft des Schützen, die Länge seiner Arme und die Schießtechnik für den Erfolg bedeutungsvoll. Außerdem war vorteilhaft, wenn während des Spannvorganges die vom B. dem Schützen abverlangte Spannkraft schon anfangs hoch war, aber beim Weiterspannen nicht zu sehr zunahm. Das erreichten die spät wirkenden Bogenohren (vgl. Abb.). Der Langbogen hatte keine Ohren und daher eine ungünstigere (steilere) statische Leistungskurve; seine Anfangsspannung war zu gering, seine Endspannung erforderte unnötig viel Kraft und behinderte den Zielvorgang. Selbst wenn im konkreten Fall seine Leistung einem Hornbogen statisch gleichkam, war er ihm sicher dynam. unterlegen. Denn der schwere Holzbogen verbrauchte zu viel der gespeicherten Energie, um die eigenen Bogenarme zu beschleunigen. Obwohl sich durch die Schleuderwirkung der immer schneller laufenden Sehne einiges von der Energie der vorschnellenden Bogenarme zurückgewinnen ließ, zählt er zu den »langsamen Bogen«. Der bei gleicher Leistung nur halb so schwere Hornbogen zählt zu den »schnellen Bogen«. Er konnte seine leichteren Arme besser beschleunigen und so die doppelte Schußweite des Langbogens erreichen. Zu den langsamen Bogen zählt auch der im 15. Jh. bes. in Italien verwendete Stahlbogen. Beim der Kleintierjagd dienenden Kugelbogen lag der Stein oder die Tonkugel in einem Kugelnetz zw. den geteilten Sehnenhälften des Bogens. Getroffene Vögel und andere Kleintiere starben sogleich den Schocktod und brauchten nicht,

wie beim Pfeilschuß, lange gesucht zu werden. Im Stundenbuch der Katharina v. Kleve, um 1440, ist der europ. Kugelbogen bereits dargestellt.

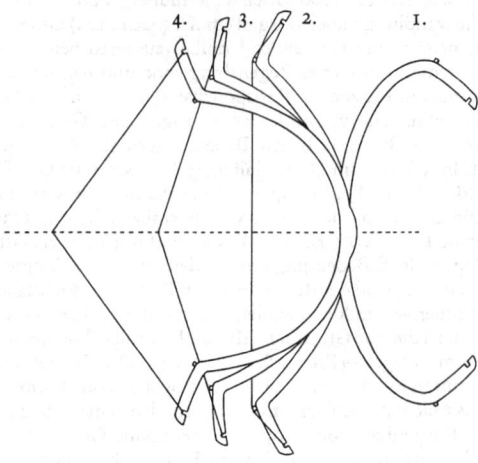

Fig. 1: Türkischer Hornbogen
1. unbesehnter Reflexbogen – 2. bespannter Bogen – 3. die Sehne hebt von den Stegen ab, die Ohren wirken – 4. gespannter Bogen

III. Geschichte: Die im Nahkampf geübten röm. Heere hatten selbst keine Bogenschützen. Als »sagittarii« dienten ihnen Hilfstruppen, die im Norden des Imperiums den hölzernen Bogen und im Osten den Hornbogen führten. Die Germanen fertigten ihren B. (*bogo* oder *poko*) aus elast. Holzarten. Die Sehne dieses 1–1 1/2 m langen Kurzbogens wurde zum Schuß nur bis zur Brust gezogen. Er war vorwiegend Jagdwaffe – im Kampfe, bes. gegen die Römer, nützte er wenig. Der gefiederte Pfeil (*phil* oder *strala* gen.) trug im MA stets eine Eisenspitze und war bei den Kelten und auch bei den Skythen häufig vergiftet. Für Angelsachsen, Langobarden und Goten hatte der Kriegsbogen größere Bedeutung. Bei den Franken durfte nur der freie Mann den Speer führen, für den billigeren B. galt das nicht. Die Franken hatten eigene Bogenschützenabteilungen und jeder Mann führte 12–24 Pfeile im Köcher. Die Schutzbekleidung der Bogenschützen, die nicht im Nahkampf stritten, war meistens leicht und fehlte oft gänzlich. Nach den Kreuzzügen fanden die Fernwaffen in Europa mehr Beachtung. In England, den Niederlanden und in Nordfrankreich standen Bogenschützen in hohem Ansehen und bildeten auch Schützengesellschaften zur Verteidigung der Städte. Unter Karl V. v. Frankreich gab es im Heer Abteilungen berittener Bogenschützen mit schwerer Schutzbekleidung, doch waren diese Truppen nicht sehr bewegl. und ihre Kurzbogen setzten den Kampfwert noch herab. Unter Karl VII. benützte man deshalb schon B. von Manneslänge.

Als der bei den Engländern seit dem Ende des 13. Jh. erneut verbreitete Langbogen sich in den Schlachten von →Falkirk, →Crécy und →Poitiers sehr bewährte (→Archers), wurde 1394 auch in Frankreich, gegen den Willen des besorgten Adels, zu den Spielen und Übungen des Volkes nur das Schießen mit dem Langbogen zugelassen, ohne daß die Überlegenheit der engl. Bogenschützen durchbrochen wurde (engl. Sieg bei →Agincourt/Azincourt 1415). Auch vom engl. Gesetzgeber mußte der Langbogen bald gegenüber der Armbrust und später gegenüber der →Büchse geschützt werden, im späten 16. Jh.

kam er dann in England als Kriegswaffe außer Gebrauch. Der geübte engl. Schütze zog die Sehne des Kriegsbogens mühelos zum Ohr und konnte bis zu zwölf Pfeile in der Minute abschießen. Dieser schnellen Waffe waren die frz. Nahkämpfer unterlegen, auch die Kriegsarmbrust war durch ihre langsame Schußfolge keine Gegenwaffe. Deswegen hatte Ks. Maximilian I., obwohl er die Armbrust sehr schätzte, den Langbogen in seinen Heeren verwendet. Engl. Langbogenschützen waren auf dem Kontinent als Söldner gesucht und wurden häufig, z. B. in den Heeren des Dt. Ordens, eingesetzt. Bekannt wurden auch die burg. Bogenschützen. Bei Kämpfen an Befestigungsanlagen wurde jedoch seit dem 10. Jh. die Armbrust dem B. immer mehr vorgezogen. PŘIHODA konnte deshalb im Burgenbereich neben 200 ma. Bolzeneisen nur sieben Pfeilspitzen zusammentragen.

Der Reflexbogen kam mit dem Eindringen der Hunnen nach Europa und spielte bei den Kreuzzügen und bei den Mongoleneinfällen im 13. Jh. als Reiterwaffe eine große Rolle. Der mongol. B. ist dem skyth. äußerl. wohl sehr ähnlich, wird aber als eigenständige Erfindung bereits vom zentralasiat. Qum-Darya-Bogen repräsentiert. Der skyth. B. war bereits bei den Parthern und Persern Hauptwaffe und kgl. Waffe und auch den Etruskern und Griechen bekannt. Im Osten des röm. Imperiums wurde er von berittenen Hilfstruppen benutzt, in Byzanz war unter Justinian der skyth. Reflexbogen mit den steifen Ohren Hauptwaffe im Heer. Der ksl. Heerführer Belisar führte mit seinen berittenen Schützen reine Schießgefechte durch. Der B. wurde im Vorbeireiten abgeschossen und da die Sehne zum Ohr gezogen wurde, durchdrangen die Pfeile oft die Rüstungen der Gegner. Beim Angriff auf Fußtruppen nutzten die Orientalen neben dem direkten Flachschuß auch den indirekten Steilschuß, falls sich der Gegner durch Schilde und andere Hilfsmittel schützen wollte. Die Schußwirkung auf nahe Ziele lag im MA oft hinter jener des Langbogens, der einzelne Pfeilschuß war selten sogleich tödlich, doch führte der massenhafte Einsatz des skyth. B.s zur Vewirrung des Gegners. Im späteren MA wurde von den Türken jedoch ein neuer, besserer Reflexbogen nach Vorderasien gebracht. Während eines Jahrtausends war der *Türkenbogen* aus dem mongol. B. durch Verkleinerung weiterentwickelt worden, hatte dabei aber seine Spannstärke behalten und wurde auch zum Ohr ausgezogen. Im MA war zuletzt nur noch der pers. Bogen skyth. Ursprungs, die anderen waren mongol. Herkunft. Der chin. B. war am größten, der tatar. und pers. B. kleiner und der türk. B. am kleinsten.

IV. ZUBEHÖR: Dazu zählen mitgeführte Sehnen, Pfeile und Köcher, Bogenköcher, Pfeilrinne, Daumenring, Armschutz und Handschuh. Die Bogensehne war im Westen aus Hanf oder Flachsfäden, im Osten auch aus Seide, Roßhaar oder gedrehtem Tierdarm gefertigt. Zumindest die Sehnenmitte war stets umwickelt, um sie vor dem Pfeilende und dem Spanngriff zu schützen. In die Sehnenenden waren beim asiat. B. eigene abriebfeste Schlaufen aus Darmsaite eingeschlungen. Erst diese ankerten in den Sehnenkerben des Bogens. Der Pfeil leitet sich vom steinzeitl. Wurfspeer ab und war anfangs ungefiedert. Im MA bestand er aus Pfeilspitze, Schaft (*Zain*) mit Sehnenkerbe und Fiederung. Bereits die Pfeilspitzen des FrühMA waren in Europa durchweg aus Eisen, schmal oder breit blattförmig geformt, in Osteuropa auch dreiflügelig (skyth.) mit kleinen Widerhaken; sonst stiftförmig spitz, drei- oder vierkantig gestaltet. Gabelförmige und bärtige, also mit Widerhaken versehene Eisenspitzen sind ebenso zu finden wie stumpfe Kolbenpfeile für die Kleintierjagd oder Brandpfeile für die Belagerung und pfeifende Pfeile oder Heulpfeile, um die Pferde des Gegners zum Durchgehen zu veranlassen. Im SpätMA hatten sich die Formen der Pfeilspitzen gewandelt und weitgehend den Bolzeneisen der Armbrustbolzen angeglichen (vgl. →Armbrust). Trugen die Pfeileisen des FrühMA meistens einen angeschmiedeten *Dorn*, auch *Angel* oder *Schaftzunge* genannt, der in das vordere Zainende eingesetzt oder eingeschlagen wurde, so waren die Eisen des SpätMA zu einer *Tülle* ausgeschmiedet, um sie über das Zainende aufzuschieben. Da auch späte ma. europ. Pfeilspitzen nur 15 g bis höchstens 25 g wiegen, lassen sie sich von Bolzeneisen der Armbrust sicher unterscheiden, denn diese wiegen nie unter 30 g. Die Gewichtsunterschiede entsprechen den Leistungsunterschieden beider Waffen. In Europa wurde der Zain aus Birkenholz oder anderem geraden Weichholz gefertigt. Drei Federn eines rechten oder eines linken Vogelflügels wurden zugerichtet und im Winkelabstand von 120° so an das Zainende geleimt, daß sie etwas schräg zur Zainachse standen und den Drall erzeugten. Die Federn von Gans, Truthahn und auch edleren Vogelarten wurden gesammelt; es sind Verordnungen zu ihrem Aufbringen überliefert. Beim engl. Langbogen war der Pfeil bis 85 cm lang und erreichte bis zu 70 g Gewicht. Die oriental. Pfeile des MA, 75–80 cm lang, hatten selten Knochenspitzen, meistens drei- bis vierkantige stiftförmige, blattförmige oder dreiflügelige Eisenspitzen. Sie wurden aus Schilfrohr, Palmholz oder anderem Weichholz gefertigt, waren knapp 1 cm stark und wogen nur bis etwa 40 g. Für Holz- und Hornbogen wurden im MA neben den Kriegs- und Jagdpfeilen auch leichte »Flugpfeile« als Übungspfeile für den sportl. Weitschuß verwendet. Die türk. Flugpfeile wogen um 15 g, waren nur 65 cm lang, hatten eine kleine Beinspitze und eine schmale Fiederung. Da sie bei ausgezogenem B. nicht von der Sehne bis zum Griff reichten, trug die linke Hand des Schützen eine eigene aus Horn gefertigte kurze Pfeilrinne (Pfeillenker) als Auflage. Die Sehnenkerbe am Zainende wurde allgemein im rechten Winkel zu einer der Federn angelegt. In Europa wurde sie beim einfachen Pfeil meistens nur eingeschnitten. In Asien wurden die Seitenteile der Kerbe federnd gestaltet, damit die Kerbe an der Sehnenmitte hafte. Während der engl. Kriegspfeil unter 200 m Entfernung wirkte und die Grenze des Flugpfeiles bei 300 m lag, konnte der türk. Kompositbogen den Flugpfeil etwa 800 m weit senden. Auch heute erreichen Spezialisten mit modernen Glasfaserlaminatbogen nur ähnliche Werte. Im FrühMA glichen am östl. Mittelmeer die Pfeilköcher noch schlauchartigen Lederbehältern mit Deckeln. Später waren sie und der Bogenköcher flach, taschenartig und oben offen. Alle Formen wurden am Gürtel befestigt oder mit Schulterriemen getragen. In Europa wurden Bogentaschen oder Bogenköcher nicht benützt. Die Pfeilköcher waren teils beutelartige »Weichköcher«, teils hölzerne »Hartköcher« – die, mit Fell überzogen, »Rauchköcher« genannt wurden. Gegen die schnellende Sehne (nach dem Abschuß des Pfeiles) wurden am linken Unterarm oft schützende Bänder getragen. Im Westen waren es häufig eiserne Armschienen und Handschuhe, die auch der rechten Hand als Fingerschutz beim Mittelmeergriff dienten. E. Harmuth

Lit.: M. JÄHNS, Gesch. des Kriegswesens, 1880 – E. BULANDA, Abh. des archaeolog. epigraph. Seminars, Univ. Wien, H. 15, 1913 – R. PŘIHODA, Zur Typologie ma. Pfeilspitzen, Sudeta VIII, 3, 1932 – P. E. KLOPSTEG, Turkish Archery and the Composite Bow, 1934 (rev. ed. 1947) – R. PAYNE-GALLWEY, App. zu: The Crossbow, 1958 – G. RAUSIG, The Bow, Acta archaeol. Ludensis, Ser. 2, 6, 1967.

2. B. Der Bogen dient wie der →Architrav zur Überbrückung einer Maueröffnung. Da der Stein wegen seiner geringen Beanspruchbarkeit auf Zug keine größere Spannweite ermöglicht, müssen Einzelsteine so gemauert werden, daß sie, auf Druck beansprucht, zw. zwei Widerlagern die Öffnung überdecken. Dieses wird durch bogenförmiges Aufmauern erreicht, wobei die Fugen stets zum Krümmungsmittelpunkt gerichtet sein müssen. Die Bogenlinie beginnt in den Kämpferpunkten, die durch Kämpfersteine betont sein können. Die Kämpfersteine treten häufig vor die Mauerflucht vor und sind wie Kämpfer an Pfeilern und Säulen profiliert. Die Verbindung zw. den Kämpferpunkten heißt Kämpferlinie; der lichte Abstand der Kämpferpunkte ist die Spannweite. Die Bogenhöhe, der Stich oder der Pfeil, ist der senkrechte Abstand zw. Kämpferlinie und Scheitel, dem höchsten Punkt des B.s mit dem Schlußstein. Die Höhe zw. Fußboden und Scheitel, also die Summe aus Kämpferhöhe und Stich, ist die Scheitelhöhe. Die Innenfläche nennt man Bogenlaibung oder Bogentiefe, die Außenfläche Bogenrücken und über dem Scheitel Bogenhaupt, die vordere Ansichtsfläche heißt Bogenstirn, deren Höhe Bogendicke. Die meisten in der Architektur angewandten Bogenformen sind aus dem Kreis entwickelt oder aus mehreren Kreissegmenten zusammengesetzt. Der Rundbogen kann als Halbkreisbogen oder aber auch als Flach-, Stich- und Segmentbogen auftreten; der gestelzte Rund- oder Spitzbogen setzt mit beiden Bogenschenkeln zunächst über der Kämpferlinie senkrecht an. Eine Sonderform ist der Hufeisenbogen, der gelegentl. in der Architektur Mesopotamiens (Kirche von Mayafarkia, 6. Jh.) und Kappadokiens (Sivri Kissar, Tomarza, Sivassa, 6. Jh.), häufiger in der frühislam. (Kairuan, Córdoba) und in der westgot. (S. Juan de Baños, 661) und mozarab. Baukunst Spaniens verwendet wird. Schon vor dem Aufkommen der Gotik wird der Spitzbogen verwandt (in Armenien als Mittel der Wandgliederung schon an der Kathedrale von Marmachen, 986/1029), in der islam. Architektur bereits im 9. Jh. (Ibn Tulan-Moschee, Kairo, 876), um ungleiche Spannweiten mit gleicher Scheitelhöhe zu überspannen (Burgund, Poitou, Westfrankreich, Provence, auch als dekorative Form). Diese seine bes. Eigenschaft macht den Spitzbogen zum wichtigen Konstruktionsglied der Gotik. Beim Kleeblattbogen oder Dreipaßbogen wird die Bogenlinie aus drei tangierenden Pässen gebildet. In der Spätgotik verliert der B. seine Straffheit, die Spitze wird nach oben ausgezogen: beim Eselsrücken oder Sattelbogen sind die Schenkel im unteren Teil konvex, im oberen Teil konkav geschwungen; beim Kielbogen entsprechend, nur mehr einschwingend; oder die Schenkel werden aus Kreisstücken mit außerhalb liegenden Mittelpunkten gebildet als konkave Spitzbogen, bei mehreren konkaven Schwingungen als Vorhangbogen. Der Tudorbogen ist ein im 15. Jh. in England gebräuchlicher, flacher, von vier Zentren aus konstruierter Spitzbogen. Der Giebel- oder Dreieckbogen, der aus zwei schräg zueinandergeführten Linien besteht, erfüllt konstruktiv die Voraussetzungen eines echten B.s, obwohl er von zwei Geraden gebildet wird, da seine Steine einen auf den Mittelpunkt ausgerichteten Fugenschnitt aufweisen. Ebenso ist der scheitrechte B. trotz seiner waagerechten Unterkante durch die auf einen Mittelpunkt ausgerichteten Fugen konstruktiv ein Bogen. Der scheitrechte B. kann auch über Kreissegmenten gestelzt sein (Schulterbogen). Außer der Überspannung von Öffnungen dienen B. zur Entlastung von nicht genügend tragfähigen Bauteilen (Entlastungsbogen); sie liegen bündig in der Mauerfläche oder sind in nicht tragender Funktion oder als Bogenfries zur Gliederung der Wand dieser vorgeblendet (→Blende). Die →Archivolte ist ein profilierter oder dekorierter B., der einen Durchgang überspannt. G. Binding

Lit.: RDK II, 976–994 [Lit.] – R. Huber-R. Rieth, B. und Arkaden, Glossarium artis 3, 1973 [Lit.].

Bogenfeld → Portalplastik

Bogislaw

1. B. I., Hzg. v. Pommern seit 1156, * um 1130 (?), † 18. März 1187, Sohn v. →Wartislaw I., ∞ 1. Walburga v. Dänemark († 1177) um 1159, 2. Anastasia, Tochter Fs. →Mieszkos III. 1177, übernahm erst nach dem Tod seines Onkels →Ratibor 1155/56 zusammen mit seinem Bruder →Kasimir I. die Regierung. Trotz der Teilung des Hzm.s behielt B. die Oberhoheit und führte manchmal (bes. auf Münzen) den Königstitel. Angesichts der sächs. und dän. Expansion unterstützte B. 1164 den Abodritenfürsten →Pribislaw, wurde jedoch Lehnsmann →Heinrichs des Löwen, auf dessen Wunsch er sich an der Eroberung Rügens durch die Dänen (1168) beteiligte. Vergebens suchte B. in der Folgezeit Unterstützung gegen Dänen und Sachsen bei dem poln. Fs. Mieszko III., dessen Tochter er heiratete. 1180 erbte B. den Anteil des Bruders und wurde 1181 anläßl. seines Erscheinens im ksl. Lager von Lübeck von Friedrich Barbarossa mit seinem Land belehnt. B. konnte sich jedoch auf die Dauer nicht gegen die dän. Expansion behaupten; nach mehreren dän. Plünderungszügen unterwarf er sich 1185 Kg. Knut VI. und wurde dessen Vasall. B. Zientara

Lit.: NDB – PSB – O. Eggert, Die Wendenzüge Waldemars I. und Knuts VI. v. Dänemark nach Pommern und Mecklenburg, BSt NF 29, 1927, 9–149 – Ders., Dän.-wend. Kämpfe in Pommern und Mecklenburg (1157–1200), BSt NF 30, H. 1, 1928, 1–74 – F. Curschmann, Die Belehnung Hzg. B.s I. v. Pommern im Lager vor Lübeck (1181), PJ 31, 1937, 5–33 – K. Myśliński, Bogusław I, książę Pomorza Zachodniego, 1948 – J. Dowiat, Ekspansja Pomorza Zachodniego na tereny wielecko-obodrzyckie, PrzgHist 50, 1959, 698–719 – B. Zientara, Stosunki polityczne Pomorza Zachodniego z Polską w 2 poł. XII w., PrzgHist 61, 1970, 546–576.

2. B. IV., Hzg. v. Pommern 1278–1309, *1256/58, †19. Febr. 1309, folgte seinem Vater, Hzg. →Barnim I. Die Auseinandersetzungen mit →Brandenburg, dessen seit 1231 verbriefte Lehnshoheit über Pommern 1295 von Kg. Adolf v. Nassau bestätigt wurde, setzten sich verstärkt fort, bedingt durch das Bestreben der Askanier, die Länder südl. und östl. des Territoriums der Bf.e v. →Kammin (um Kolberg und Köslin) zu gewinnen. Sichern konnte B. das Land Belgard (1299 Verleihung des →Lüb. Rechts an die Stadt). Weitreichende Bedeutung erlangte die Landesteilung (zu gesamter Hand) von 1295 zw. B. und seinem Stiefbruder Otto I. (* 1279, † 1344). Otto erhielt das Hzm. →Stettin (von der Peene bis zur Ihna östl. der Oder), B. das Hzm. →Wolgast (nördl. und östl. davon, mit den Inseln Usedom und Wollin). Die Stettiner Linie (→Barnim III., Sohn Ottos I.) bestand bis 1464. Die Wolgaster wurde 1372 in die Länder westl. und östl. der Swine geteilt, ihr hinterpommerscher Zweig begann mit Hzg. B. V. (* vor 1318, † 1373/74) und bestand bis zum Tode Hzg. →Erichs I., des Unions-Kg.s, i. J. 1459. R. Schmidt

Q.: Pommersches UB II-IV, 1881–1903 (1970) – Lit.: NDB II, 416 – M. Wehrmann, Gesch. von Pommern I², 1919, 118 ff. – A. Hofmeister, Genealog. Unters. zur Gesch. des pommerschen Herzogshauses, 1937, 84 ff. (auch: PJ 31/32, 1937) – J. Schultze, Die Mark Brandenburg I, 1961, 189 ff. – R. Schmidt, Greifen, NDB VII, 29–33 – Historia Pomorza, red. G. Labuda, I, 2, 1972, 184 ff. [B. Zientara].

3. B. VIII., Hzg. v. Pommern-Wolgast (Stolp), *um 1364, † 11. Febr. 1418, Sohn von Hzg. B. V. († 1373/74). Im hinterpommerschen Teil des Hzm.s Wolgast, das um

1317 um die Länder Schlawe und Stolp erweitert worden war, übernahm nach dem Tode B.s V. zunächst dessen ältester Sohn Hzg. →Kasimir IV. (* 1351, † 1377) die Regierung. Ihm folgte sein Stiefbruder Hzg. →Wartislaw VII. (* 1362/65, † 1394/95), zunächst auch für seine Brüder Barnim V. (* 1369, † 1402/05) und Bogislaw. Dieser wurde 1386 zum Bf. v. Kammin gewählt. Papst Urban VI. ernannte statt dessen Johannes Brunonis, den Kanzler Kg. Wenzels, und dieser belehnte ihn mit dem Kamminer Stift. Gemäß einer mit Hzg. B. V. 1356 getroffenen Regelung übertrug das Domkapitel 1387 B. auch die weltl. Verwaltung des Stiftsterritoriums als erblichem Stiftsvogt. Er gab diese bald auf, behielt jedoch verschiedene Besitzungen weiterhin in der Hand. Hieraus entwickelte sich der sog. Kamminer Bischofsstreit, der sich, mit dem päpstl. Schisma und Konflikten der großen Politik verwoben, bis 1436 hinzog. Der Rechtsstreit B.s mit den Bf.en führte zur Exkommunikation des Hzg.s, dieser appellierte an das Konstanzer Konzil, das jedoch 1418 gegen ihn entschied. Kg. Siegmund hatte 1417 in Konstanz die Pommernherzöge, aber auch Bf. Magnus v. Kammin als Reichsfürsten belehnt. Damit war der Versuch B.s, das Stift Kammin, dessen Territorium das der hinterpommerschen Hzg.e trennte, der hzgl. Gewalt unterzuordnen, gescheitert. In den Auseinandersetzungen zw. →Polen und dem →Dt. Orden neigte B. ebenso wie seine Brüder (Wartislaw VII. verband sich Kg. Władysław Jagiełło 1390 in lehnrechtl. Form durch einen Treueid) mehr Polen zu. 1409 verpflichtete er sich allerdings dem Orden gegen Polen, nahm jedoch an der Schlacht bei →Tannenberg 1410 nicht teil, huldigte aber dem Kg. v. Polen vor der Marienburg und erhielt Bütow und andere Besitzungen, die er im 1. Thorner Frieden 1411 aber wieder herausgeben mußte. R. Schmidt

Lit.: NDB II, 417 – E. Bütow, Staat und Kirche in Pommern im ausgehenden MA..., BSt NF 14, 1910, 93ff. – M. Wehrmann, Gesch. von Pommern I², 1919, 174ff. – A. Hofmeister, Genealog. Unters. zur Gesch. des pommerschen Herzogshauses, 1937, 143ff (auch: PJ 32, 1938) – J. Petersohn, Vatikan. Beitr. zur Chronologie der Kamminer Bischofsreihe in der späten Schismazeit (1410–1418), BSt NF 48, 1961, 17–32 – J. Naendrup-Reimann, Territorien und Kirche im 14. Jh., VuF 13, 1970, 131–135 [Cammin] – Historia Pomorza, red. G. Labuda, I, 2, 1972, 276ff., 304–306 [B. Zientara] – J. Mielcarz, Staniowisko Bogusława VIII wobec konfliktu polsko-krzyżackiego w latach 1403–1411, Rocznik Koszalińska 10, 1974, 5–19 – R. Schmidt, Das Stift Cammin, sein Verhältnis zum Hzm. Pommern..., BSt NF 61, 1975, 17–31, bes. 20f. – Ders., Kasimir IV., Hzg. v. Pommern-Stolp, NDB XI, 1977, 316f. – J. Petersohn, Pommerns staatsrechtl. Verhältnis zu den Nachbarmächten im MA (Schriftenreihe des G. Eckert-Inst. für internat. Schulbuchforsch. 22/III: Die Rolle Schlesiens und Pommerns in der Gesch. der dt.-poln. Beziehungen im MA), 1980, 98–115.

4. B. IX., *Hzg. v. Pommern-Wolgast-Stolp,* * um 1407/10, † 7. Dez. 1446. Nach dem Tode seines Vaters B. VIII. (1418) führte bis etwa 1425 seine Mutter, Sophia v. Holstein († nach 1448), das Regiment in Hinterpommern. Ungeachtet der Beschlüsse des Konstanzer Konzils v. 1418 sowie der Mahnungen der Päpste Martin V. und Eugen IV. und Kg. Siegmunds ging der Streit mit den Bf.en v. →Kammin weiter. Er beschäftigte auch das Konzil v. Basel. 1434 verhängte der Ks. über die gebannte Hzgn. und ihren Sohn die Reichsacht. 1436 erreichte B.s Vetter, Hzg. →Erich I., der Sohn Hzg. →Wartislaws VII. († 1395), Kg. v. Norwegen (1389), Dänemark und Schweden (1396; s. →Kalmarer Union), einen Vergleich durch einen Vertrag, der die Bischofswahl und die Besetzung der Stiftspräbenden regelte und dem Hzg. das Bestätigungsrecht zusprach. Damit wurde die schon von Hzg. B. VIII. erlangte Schirmvogtei der Hzg.e über das Stift Kammin hergestellt und dessen Reichsunmittelbarkeit stillschweigend beseitigt. Bf. Siegfried II. v. Buch (1424–46), der diese Regelungen akzeptierte, war zuvor Kanzler Kg. Erichs gewesen, sein Nachfolger Bf. →Henning Iwen (1446–68) war Kanzler B.s; als solcher hat er u. a. die Verhandlungen zw. B. und dem Dt. Orden in den vierziger Jahren geführt. – Gemeinsam mit den Bf.en bekämpfte B. die Selbständigkeitsbestrebungen der im Stiftsgebiet gelegenen Stadt →Kolberg. In die Regierungszeit B.s fallen auch die Bedrohung Hinterpommerns durch die Hussiten (1432/33) und Regungen von Waldensern (1447). – Kg. Erich, dessen Ehe mit Philippa v. England kinderlos blieb, faßte bereits 1420 den Plan, B. zum Nachfolger in den drei Königreichen der Kalmarer Union zu machen. Gemeinsam mit Kg. Siegmund bemühte er sich – wenn auch vergeblich – um eine Eheverbindung B.s mit der Tochter Hedwig des Kg.s v. Polen, Władysław Jagiełło. 1432 heiratete B. in Posen Maria, die Tochter Hzg. Ziemowits IV. v. Litauen und seiner Gattin Alexandra, Schwester Kg. Władysław Jagiełło. Als Kg. Erich den dän. Reichsrat drängte, die Nachfolge B.s in den nord. Kgr.en anzuerkennen, verweigerte dieser 1436 die Zustimmung. Dessen ungeachtet übertrug Erich B. etliche Schlösser sowie Fünen und wohl auch Seeland. Der Reichsrat rief 1438 den Wittelsbacher →Christoph v. der Pfalz (den Schwestersohn Erichs) ins Land und setzte Erich 1439 ab. Mit der Königswahl Christophs 1440 war für B. die Aussicht auf die nord. Kronen erloschen. – B.s Tochter Sophia heiratete 1451 Hzg. →Erich II. v. Wolgast aus der vorpommerschen Linie, der nach dem Tode Kg. Erichs 1459 die beiden Teile des Hzm.s Wolgast wieder vereinigte. R. Schmidt

Lit.: NDB II, 417 – E. Bütow, Staat und Kirche in Pommern im ausgehenden MA..., BSt NF 14, 1910, 93ff., bes. 109–114 – M. Wehrmann, Gesch. v. Pommern I², 1919, 193–198, 207 – A. Hofmeister, Genealog. Unters. zur Gesch. des pommerschen Herzogshauses, 1937, 165ff., 178ff. (auch: PJ 32, 1938) – G. Carlsson, Kg. Erich der Pommer und sein balt. Imperialismus, BSt NF 40, 1938, 1–17 – A. E. Christensen, Erik af Pommerns danske Kongemagt, Scandia 21, 1951/52, 44ff. – R. Schmidt, Erich I. und Erich II., Hzg.e v. Pommern, NDB IV, 1959, 587f. – Ders., Bf. Henning Iwen v. Cammin (1446–1468), BSt NF 53, 1967, 18–42 – Historia Pomorza, red. G. Labuda, 1972, 291ff. [B. Zientara] – D. Kurze, Märk. Waldenser und Böhmische Brüder (Fschr. W. Schlesinger II, Mitteldt. Forsch. 74/II, 1974), 456–502, bes. 465f. – R. Schmidt, Das Stift Cammin, sein Verhältnis zum Hzm. Pommern..., BSt NF 61, 1975, 17–31, bes. 21f. – E. Hoffmann, Königserhebung und Thronfolgeordnung in Dänemark bis zum Ausgang des MA (Beitr. zur Geschichte und Quellenkunde des MA 5), 1976, bes. 155–159.

5. B. X., *Hzg. v. Pommern,* * 29. Mai oder 3. Juni 1454, † 5. Okt. 1523. Der Sohn Hzg. →Erichs II. und Sophias, der Tochter Hzg. →B.s IX., übernahm nach dem Tode des Vaters 1474 die Regierung im hinterpommerschen Teil des Hzm.s Wolgast. 1464 war mit Otto III. die Stettiner Linie des Greifenhauses erloschen. Der Zugriff →Brandenburgs hatte im Stettiner Erbfolgestreit abgewehrt werden können. Doch die Wolgaster Hzg.e Erich II. und Wartislaw X. hatten das Hzm. Stettin 1472 vom Kfs.en zu Lehen nehmen müssen. B. verweigerte mit Rückendeckung durch Kasimir IV., Kg. v. Polen, anfängl. die Huldigung. Die krieger. Auseinandersetzungen mit Brandenburg wurden auch durch die Heirat mit der Tochter des Kfs.en Friedrich II., Margarete, 1474 nicht beigelegt. 1479 mußte B. von Kfs. Albrecht Achilles nicht nur Stettin, sondern auch Wolgast zu Lehen nehmen. B. gebot über ganz Pommern, nachdem 1478 Hzg. Wartislaw X. zu Barth verstorben war. Kfs. Johann Cicero befreite 1493 im Vertrag zu Pyritz B. und seine Erben von der Lehnshuldi-

gung gegen Zusicherung der Erbfolge bei Aussterben der Greifen. Kg. Maximilian I. erkannte den Pyritzer Vertrag an, erteilte aber 1495 dem Kfs.en einen Lehnsbrief, der Pommern einschloß. Erst Ks. Karl V. sicherte die Reichsunmittelbarkeit Pommerns durch die Belehnung B.s 1521 auf dem Reichstag zu Worms. Der Ausgleich mit Brandenburg erfolgte erst 1529 im Vertrag zu Grimnitz unter B.s Sohn Georg I. – B. hat die Unabhängigkeit des Landes zielstrebig durch eine enge Verbindung mit dem dt. Königshof sowie durch polit. Beziehungen mit dem Kg. v. Polen erreicht. Letztere wurden nach dem Tod der brandenburg. Gemahlin (1489) durch die Heirat mit der Jagiellonin Anna (1503), der Tochter Kasimirs IV., Kg. v. Polen, und seiner Gemahlin Elisabeth v. Österreich (Tochter Kg. Albrechts II.) besiegelt, die 1491 mit großem Gepränge in →Stettin stattfand, das B. durch den Ausbau des Schlosses und andere Maßnahmen zur Landeshauptstadt machte. – 1496 folgte B. einem Aufgebot Kg. Maximilians zu einem Römerzug. Mit großem Gefolge besuchte er verschiedene Fürstenhöfe und begab sich zum Kg. nach Innsbruck. Hier faßte er dann den Plan zu einer Pilgerfahrt ins Hl. Land. Nach Aufenthalten in Venedig und Padua trat er im Juni 1497 als »Bruder Georg« die Seereise dorthin an, auf der er gefährliche Abenteuer mit Seeräubern zu bestehen hatte. Nach dem Besuch der hl. Stätten kehrte er im Nov. nach Venedig zurück. In Rom erhielt er von Papst Alexander VI. eine Reihe von Privilegien und Ehrenzeichen. Nach erneuter Zusammenkunft mit König Maximilian traf er im April 1498 wieder in Stettin ein. – Durch Kräftigung der landesherrl. Gewalt und »innere Reformen« hat B. Pommern zu einem modernen Territorialstaat gemacht. Mit Hilfe von – z. T. gelehrten – Räten und durch eine den Erfordernissen der Zeit angepaßte Kanzlei wurden die weitgehend verpfändeten landesherrl. Besitzungen und Hebungen wieder der hzgl. Verwaltung unterstellt. Aus den alten Vogteien wurden Schritt für Schritt hzgl. Ämter mit hzgl. Amtshauptleuten. Das Steuer-, Münz- und Gerichtswesen wurde durch Verordnungen und durch exemplar. Verwaltungsmaßnahmen neu geregelt. Durch strenge Handhabung des Lehnsrechts suchte B., die Macht des Adels einzudämmen; andererseits band er ihn an sich durch Übertragung von Ämtern. Den Städten war er wenig freundlich gesonnen, ihre Rechte und Zollfreiheiten trachtete er einzuschränken. Doch sorgte er für Handel und Wandel sowie für den Ausbau der Verkehrswege. Auf die Verwaltung der Kl. und Kirchengüter nahm er Einfluß, wo immer möglich. In Rom erreichte er die Einsetzung seines Rates Dr. Martin Karith zum Koadjutor für das Bm. Kammin, der auch als Bf. (bis 1521) das Stift nach den Wünschen des Hzg.s regierte bzw. verwalten ließ. 1519 wurde der dem Hzg. treu ergebene Erasmus v. Manteuffel zum Koadjutor bestellt (seit 1521 Bf., † 1544). B. erlebte die Anfänge der Reformation in Pommern, konnte ihre Bedeutung aber nicht mehr erfassen, obwohl er 1521 auf der Reise nach Worms in Wittenberg mit Luther zusammengetroffen ist. 1517 beauftragte B. den späteren Reformator von Pommern, Dr. Johannes Bugenhagen, damals Lektor im Kl. Belbuk, mit der Abfassung einer Geschichte des Landes; die lat. »Pomerania« (1518) steht am Anfang der Territorialgeschichtsschreibung in Pommern. Auf seinen Reisen war B. mit Vertretern des Humanismus und des röm. Rechts in Berührung gekommen. In Padua gewann er den Juristen Petrus v. Ravenna für die seit 1456 bestehende Landesuniversität→Greifswald. Den in Bologna gebildeten Dr. Johannes v. →Kit(z)scher nahm er ebenfalls auf seiner Italienreise in Dienst. 1501 veröffentlichte dieser seine »Tragicomedia« über die Jerusalemfahrt Bogislaws. Der Schreiber des Hzg.s, der Notar Martin Dalmer, hat ein Reisetagebuch über die Fahrt ins Hl. Land geführt; aber auch eine ven. Quelle, ausführliche Tagebücher des Marin →Sanudo, ist erhalten. Der Greifswalder Professor Johannes Seccervitius beschrieb die Reise in seinen »Pomeranoidum libri quinque« (1582). Auch sonst fand sie lit. Behandlung. Von B. selbst sind drei Briefe auf uns gekommen, die er während der Reise an seine Gemahlin Anna geschrieben hat und die ein Licht auf den Menschen werfen, der als Fs. in der Reihe der pommerschen Hzg.e als der bedeutendste gilt.
R. Schmidt

Q.: Diplomat. Beitr. zur Gesch. Pommerns aus der Zeit Bogislaws X., hg. R. Klempin, 1859 – J. Bugenhagen, Pomerania (Q. zur Pommerschen Gesch. IV), ed. O. Heinemann, 1900 – Th. Kantzow, Chronik v. Pommern, hg. G. Gaebel, hd. 1897/98, nd. 1929, Pomerania 1908 – M. Dalmer, Beschreibung Hzg. B.s X. Peregrination nach dem Hl. Lande (Th. Kantzow, Chronik nd., ed. W. Böhmer, 1835), 293 ff. – J. Mueller, Ven. Actenstücke zur Gesch. v. Hzg. B.s X. Reise in den Orient i. J. 1497, BSt 29, 1879, 167 f. – *Lit.*: ADB III, 48 ff. [v. Bülow] – NDB II, 417 [R. Schmidt] – Verf.-Lex.² I, 927 f. [D. Huschenbett; Lit.] – M. Spahn, Verfassungs- und Wirtschaftsgesch. des Hzm.s Pommern v. 1478–1625, 1896 – M. Wehrmann, B.s X. Fahrt nach Palästina, Monatsbll. der Ges. für pommersche Geschichte 14, 1900, 46 ff.; 15, 1901, 19 ff. – Ders., Die Hzgn. Sophia v. Pommern und ihr Sohn B., BSt NF 5, 1901, 131 ff. – E. Bütow, Staat und Kirche in Pommern im ausgehenden MA, BSt NF 14, 1910, 114 ff. – M. Wehrmann, B. X. in Rom, Monatsblätter 19, 1905, 62 f. – Ders., Pommern z. Zt. der beginnenden Reformation, BSt NF 21, 1918, 1 ff. – Ders., Hzg. B. X. v. Pommern und M. Luther, Monatsblätter 45, 1931, 57 ff. – Ders., Stralsund und Hzg. B. X. v. Pommern, BSt NF 36, 1934, 121 ff. – H. Bethe, Die Kunst am Hofe der pommerschen Hzg.e, 1937, 16 ff. – W. Wegener, Die Hzg.e v. Pommern (Genealog. Taf. zur mitteleurop. Gesch. 3), 1962 – J. Schultze, Die Mark Brandenburg III, 1963 – K.-O. Konow, Die Bildnisse Hzg. B. X., BSt NF 60, 1974, 61 ff. – R. Schmidt, Das Stift Cammin, sein Verhältnis zum Hzm. Pommern..., BSt NF 61, 1975, 22 ff. – Historia Pomorza, red. G. Labuda, II, 1, 1976, 651 ff., bes. 762 ff. – [B. Wachowiak] – K.-O. Konow, Der Maltzansche Rechtsfall. Zur Rechtspraxis B.s X., BSt NF 62, 1976, 36 ff.

Bogner → Archers, → Armbrustmacher, → Bogen

Bogoljubovo, Fürstenresidenz des →Andrej Bogoljubskij († 1174), 10 km von seiner Hauptstadt →Vladimir an der Kljazma, erbaut 1158–65 als steinerne Pfalzanlage mit Palatium, Hofkirche, Befestigungen aus weißem Quaderstein unter Beteiligung einer roman. Bauhütte. Das Festungswerk wurde um 1238 während des Mongolensturms zerstört; die übriggebliebenen Gebäude wurden im 14. Jh. von dem hier gegr. Kl. genutzt und mehrfach umgebaut. Die Kirche (ô Mariä Geburt) ging erst 1772 zugrunde. Nur ein Teil des westl. Mauerwerks und ein Treppenturm mit den Spuren eines Überganges in den zweigeschossigen Palatium ist erhalten (1963 restauriert). Aufgrund der archäolog. Forschung (1935–54) ließ sich der Plan der Pfalzanlage rekonstruieren. Mehrere dabei ausgegrabene architekton. Bau- und Plastikelemente weisen auf einen romanischen Baustil. 1½ km von B. wurde die von Andrej Bogoljubskij gestiftete Pokrov-Kirche am Nerl', einem Nebenfluß der Kljazma, errichtet.
A. Poppe

Lit.: N. Voronin, Zodčestvo servero-vostočnoj Rusi, I, 1961, 201–261 – Ders., Vladimir, Bogolubovo, Suzdal, Yuriev Polskoi, 1974⁴ [dt. Fassung 1970, engl. 1971].

Bogomilen, erstmals zw. 933 und 944 in Bulgarien bezeugte Anhänger der Häresie des Priesters Bogumil, der seine Lehren im 10. Jh. in Bulgarien verbreitete. (Sein Name entspricht im Slav. dem griech. Θεόφιλος; der alternative Übersetzungsvorschlag von A. Vaillant »Gott erbarme sich meiner« ist zweifellos irrig.)

Bogumil arbeitete eine dualistische *Lehre* aus, deren

Ursprünge bis heute umstritten sind: Einige führen sie auf Einflüsse vorhergegangener dualist. Strömungen zurück, wie Manichäer und Paulikianer, eine andere, jedoch unhaltbare Auffassung bringt sie mit dem religiösen Dualismus in Verbindung, der den Slaven zugeschrieben wird, da die Bekehrung der Bulgaren durch slav. Missionare nicht weit zurücklag; eine weitere These betrachtet die Häresie als eigenständiges Ergebnis der religiösen Meditation Bogumils. In jedem Fall sieht dieser Dualismus Gott als Schöpfer des Universums in seiner materiellen und geistigen Realität an. Dieser einheitl. gute Kosmos zerbrach durch die Rebellion des ersten der Engel Gottes, der ein Drittel aller Engel zum Abfall und Krampf gegen Gott veranlaßte. Zusammen mit den anderen aufrührer. Engeln aus dem Himmel ausgestoßen, verlor er seine göttl. Macht, schloß jedoch diese gefallenen Engel in der Welt der Materie ein, über die Gott ihn herrschen ließ. In seiner unendlichen Barmherzigkeit sandte Gott einen →Engel, nämlich Christus, auf die Erde, der menschl. Gestalt annahm und durch das Ohr eines anderen Engels, Maria, eintrat und von diesem geboren wurde. Das Auftreten Christi auf der Erde ist demnach bloßer Schein. Bogumil vertritt also einen entschiedenen →Doketismus und folgerichtig Immaterialismus, der so weit geht, auch die Wunder Christi symbol. zu interpretieren. Ein Beispiel dafür ist die Deutung der wunderbaren Brotvermehrung: Nach Bogumil bedeuten die fünf Brote, die an die Menge ausgeteilt wurden, ihren Hunger zu stillen, die vier Evangelien und die Apostelgeschichte, die durch die Predigt bekanntgemacht und an alle verteilt wurden. Bogumil lehnte das mosaische Gesetz und im allgemeinen die Bücher des AT ab, sowie von den Personen des NT Johannes den Täufer, den er nicht als Vorläufer Christi, sondern des →Antichrist ansah.

Auf der Basis dieser Ideen, die aus verständl. Gründen zu einem radikalen Spiritualismus und einer negativen Schau der materiellen Welt, in der Satan herrschte, führten, verdammte Bogumil die Bilderverehrung, wobei er ein Pauluswort aus der Apg (17, 29) heranzog. In diese Ablehnung schloß er die Bilder der Jungfrau Maria ein, er bekämpfte auch die Verehrung der Reliquien, selbst wenn sie nur aus Pietät geschah.

Aus diesen theol. Ansätzen und dem radikalen Spiritualismus zog er eine Reihe von prakt. Konsequenzen, wie die Leugnung der Wunder und die Ablehnung der Kreuzesverehrung, für die er folgendes Argument anführte, das auch im W. weiteste Verbreitung fand (→Katharer): »Weshalb betet ihr (Katholiken) das Kreuz an, an das die Juden den Sohn Gottes geschlagen haben und das deshalb Gott in höchstem Maße verhaßt sein muß? ... Wenn jemand den Sohn des Kaisers an ein Holzkreuz heften und auf diese Weise töten würde, wie könnte danach dieses Holz dem Kaiser lieb und wert sein? Genauso ist es mit dem Kreuz und Gott« (PUECH-VAILLANT, Le Traité, p. 59). In der feindl. Haltung gegenüber der materiellen Welt muß auch der Grund für die Ablehnung jeder Art von Liturgie und im bes. des Eucharistiesakraments gesehen werden. Die Liturgie und in erster Linie die Eucharistie war nach Bogumil und seinen Anhängern nicht apostol. Ursprungs, sondern wurde von →Johannes Chrysostomos erfunden. Die Eucharistie sah er nicht als Leib Christi an, sondern als gewöhnliche Speise, während die Brote der wunderbaren Brotvermehrung die vier Evangelien als Leib Christi darstellten und die Apostelgeschichte sein Blut.

Mit der radikalen Ablehnung der Liturgie und der Sakramente war auch die Ablehnung des Klerikerstandes verbunden. Für die B. hatten also Bf., Priester und übriger Klerus keine Bedeutung. Gegen die kirchl. Hierarchie richtete sich eine wirkungsvolle Kritik an den Sitten des Klerus, die, ausgehend von den Paulusworten im 1. Brief an Timotheos über die Eigenschaften des Bf.s, diesem Ideal die konkrete Realität der Bf.e und Priester der damaligen Zeit entgegensetzte. Zusammen mit der Ablehnung der Hierarchie entwickelten bereits der Priester Bogumil und seine Anhänger eine eigene Soziallehre, die sie in entschiedenen Gegensatz nicht nur zu der Geistlichkeit, sondern auch zum Laientum ihrer Zeit brachte. So versäumte es ihr erster Gegner, der Priester Kosmas nicht, ihre Predigttätigkeit als unter verschiedenen Aspekten gefährlich zu brandmarken, obwohl er – allerdings u. a. als Zeichen von Hypokrisie – die strenge Lebensführung der Häretiker anerkannte. Aus der Notwendigkeit, an das ewige Heil zu denken und dem Vertrauen in die Vorsehung Gottes, die für seine Söhne sorgen würde, leiteten die B. nämlich die Nutzlosigkeit jeder Arbeit und sonstigen Tätigkeit ab, die dem Lebensunterhalt dient: »Eine beträchtliche Anzahl von Häretikern lungern müßig herum, wollen nicht mit ihrer Hände Arbeit den eigenen Lebensunterhalt bestreiten, sondern gehen von Haus zu Haus und verzehren anderer Leute Gut, die sie umgarnen und betrügen« (nach PUECH-VAILLANT, p. 85). Daraus ergab sich eine pauperist. Tendenz, die, ohne explizit mit den Grundideen Bogumils verbunden zu sein, zu einer Polemik gegen den Reichtum und die Reichen wie gegen jede irdische Autorität führte. Deshalb nahmen die B. gegenüber den Kaisern, Herren und allen diejenigen, die ein Teil der bestehenden polit. und sozialen Ordnung waren, eine feindselige Haltung ein, wobei sie u. a. die Idee verbreiteten, die Sklaven dürften nicht für ihre Herrschaft arbeiten.

Bekanntl. betrachtete Bogumil diejenigen, die heiraten und sich einer weltl. Tätigkeit widmen, als Sklaven Mammons. Seine Anhänger mußten sich des Fleischgenusses und aller Speisen enthalten, die das Produkt einer geschlechtl. Vereinigung sind.

Diese Angaben entstammen der ersten gegen die B. gerichteten Schrift, dem »Discursus« des Presbyters Kosmas. Sie sind chronolog. in die Anfänge des bulg. Staates (1. Hälfte des 10. Jh.), d. h. in die Zeit des Zaren Symeon (893–927) und seines Sohnes Peter (927–969) zu setzen. Die Ideen der B. fanden zweifellos ein Echo im sozialen Leben des Landes und führten zu starken Spannungen zw. der bäuerl. Welt und dem Leben der Oberschicht, so daß man von einer Wechselbeziehung zw. den sozialen Bedingungen der unteren Schichten Bulgariens, insbes. der bäuerl. Bevölkerung, und der bogumil. Häresie sprechen konnte. Diese habe es erleichtert, wenn nicht sogar dazu geführt, daß sich die Unterdrückten ihrer Lage bewußt wurden und sich gegen ihre Unterdrücker wandten. Obwohl wir die unbezweifelbare Relevanz dieser Überlegungen anerkennen, deren Bedeutung v. a. von der marxist. Geschichtsschreibung unterstrichen wird, müssen wir doch feststellen, daß die bogomil. Lehre an sich, als alternative Glaubensform zum Katholizismus ohne Zweifel eine Faszination ausübte, die ihre weite und rasche Verbreitung über die bulg. Grenzen hinaus in verschiedenen sozialen Schichten sowohl im byz. Kaiserreich als auch im Okzident (→Albigenser, →Katharer) erklären kann. Zweifellos hat zu dem Eindringen bogumil. Lehren in breite Volksschichten auch der Rückgriff auf plast. und anschaul. Mythen beigetragen, wie sie in der sog. →Interrogatio Johannis gesammelt sind. Der Ursprung dieses apokryphen Textes ist umstritten. Nach einigen ist er nach einem bulg. Original, das zw. dem 10. und 12. Jh. entstanden ist, nach anderen wegen der engen Verwandtschaft zu dem Bericht des →Euthymios Zigabenos über die B. nach einem griech. Original des 11.-12. Jh. abgefaßt. Er ist in zwei lat. Fassungen erhalten. Die eine Version wurde um 1190 von dem Katharerbischof Nazarius (→Nazario) nach Italien gebracht, die andere ist in einer Wiener Hs. des 12. Jh. it. Ursprungs erhalten. In dieser »Interrogatio« wird die Erschaffung des Kosmos, die Versuchung der Engel, die Erbsünde und andere Aspekte der bogomil. Lehre beschrieben, die das Lehrgebäude des Priesters Bogumil bereichern und ergänzen. Dieser Umriß wird, wie gesagt, von dem Text des Euthymios Zigabenos weiter ausgefüllt.

Von ihrem Ursprungsland Bulgarien aus verbreitete sich die bogomil. Häresie mit beachtl. Erfolg im byz. Kaiserreich, wo sie auch eine interessante Weiterentwicklung erfuhr, wahrscheinl. durch den Einfluß der →Paulikianer, die im Gebiet von Dragowitz in Thrakien ein Zentrum hatten. In dieser Region prägte sich offenbar jener Zweig des Bogomilentums aus, der von den Historikern später als radikal bezeichnet wurde, da er den antinom. Aspekt des Dualismus aufs höchste betonte, eines Dualismus, der als völlige und gleichgewichtige Opposition zweier gleichwertiger Prinzipien, des ganz spirituell aufgefaßten Guten und des nur materiellen Bösen, interpretiert wurde. Aus dem Reich des Bösen konnte sich ein böser Engel in das Reich des Guten einschleichen, den guten Gott täuschen und zu dessen Lieblingsengel aufsteigen. Er nützte seine Stellung aus, um mit betrüger. Versprechungen die Engel des guten Gottes zu verführen, von denen der dritte Teil zu ihm überlief und deshalb aus der Welt des Geistes ausgestoßen und in die Materie hinabgestürzt wurde. Die materielle Welt ist daher die Hölle, aus der der Engel Christus seine Brüder erretten konnte, indem er auf die Erde hinabstieg und sie die Möglichkeit und den Weg zur Befreiung lehrte.

Alle B. teilten sich in zwei Klassen, perfecti und credentes. Die perfecti erhielten nach gewöhnl. zweijähriger Vorbereitungszeit die →Handauflegung und vereinigten sich dadurch wieder mit dem Guten Gott, mit dem sie immer verbunden blieben, solange sie das Gebot der strengsten Keuschheit nicht verletzten und der Versuchung nicht nachgaben, Fleisch oder Produkte einer geschlechtl. Vereinigung zu essen. Die Gleichheit dieser Prinzipien spricht für die These, daß die radikale Richtung der B. eine Abspaltung von einem gemeinsamen Ursprung darstellt.

Die B. gelangten bis an den Hof des Ks.s Alexios Komnenos, der sie um 1110 als Häretiker verurteilen ließ. Seit jenem Zeitpunkt lebten sie im Gebiet des byz. Reichs im Verborgenen und wurden häufig verurteilt und verfolgt. Sie konnten sich jedoch in Osteuropa und in den Balkanländern weiter ausbreiten und erreichten sogar Rußland. Wahrscheinl. im Gefolge der Kreuzzüge gelangten die B. in zwei Wellen auch in den Okzident. Dort paßten sie sich an die Gegebenheiten der lat. Kirche an und fügten sich ihr in gewisser Weise ein, bis sie von dieser als Häretiker erkannt, mit den antiken Manichäern gleichgesetzt und erbarmungslos verfolgt wurden. In Osteuropa konnten sich die B. jedoch bis zur türk. Invasion halten.

Es ist umstritten, ob und bis zu welchem Grade die sog. →Patareni in Bosnien auf die B. zurückgeführt werden können. R. Manselli

Ed.: E. BOZOKY, Le livre secret des cathares, 1980 [Ed. crit. der Interrogatio Johannis] – *Lit. [in Auswahl]*: D. OBOLENSKY, The Bogomils. A Study in Balkan Neo-manichaeism, 1948 – I. DUJČEV, I bogomili nei paesi slavi e la loro storia, Medioevo bizantino-slavo I, 1965, 251–282 – M. LOOS, Dualist Heresy in the MA, 1974 – D. ANGELOV, Il bogomilismo. Un'eresia medievale bulgara, 1979 [revid. und erweiterte Ausg. der bulg. Originaled., 1961], 84–105 – V. VELČEV's, Ot Konstantin Filosof do Paisij Chilendarski, 1979 – R. MANSELLI, L'eresia del male, 1980² [revid. und erw. Ausg.].

Boguchwał II., Bf. v. Posen, † 9. Febr. 1253, stammte nach dem Geschichtsschreiber Johannes →Długosz aus der Adelsfamilie Poraj-Róża. Schon vor 1211 (als Magister) und noch 1218 als scholasticus des Domkapitels Posen belegt, 1231–42 Kustos, seit 1231 auch Domherr zu Gnesen. Im Aug. 1242 zum Bf. gewählt, bis 1246 Kollektor des →Peterspfennigs. Stifter von Kl., Spitälern und Pfarrkirchen. Verteidiger der bfl. Immunität. Durch Abtretung von bfl. Grundbesitz ermöglichte er 1253 die locatio von →Posen. Büchersammler, vermachte seinen Bücherbesitz dem Domkapitel. Seine Vision von 1249 wurde in die Großpoln. Chronik eingefügt. A. Gieysztor

Q.: Annales Poloniae maioris, ed. B. KÜRBIS, Mon. Pol. Hist., s. n. VI, 1962 [Ind.] – Chronica Poloniae maioris, ed. DIES., ebd. VIII, 1970 [Ind.] – *Lit.*: R. GRODECKI, Pol. Słownik Biogr. II, 1936, 194 – G. SAPPOK, Die Anfänge des Bm.s Posen und die Reihe seiner Bf.e von 968 bis 1498, 1937, 103 ff. – J. NOWACKI, Dzieje Archidiecezja pozn. II, 1964, 56.

Bogumil. **1. B.**, Ebf. v. Gnesen; um seine Person und Rolle wurde unter den poln. Historikern eine ausführliche Kontroverse ausgetragen. Nach T. WOJCIECHOWSKI war B. schon 1064 Ebf. v. Gnesen. Nachdem sich Hzg. Bolesław II. auf die Seite Papst Gregors VII. geschlagen hatte, nahm B. 1075 auf einer Synode der poln. Bf.e zusammen mit einem päpstl. Legaten die Reorganisation der poln. Kirche vor. Er stürzte 1079 mit Kg. (seit 1076) Bolesław II., nachdem dieser den Krakauer Bf. Stanislaus hatte hinrichten lassen. B. lebte danach noch bis 1092 als Einsiedler in der Nähe von Kazimierz. L. Dralle

Q.: Rocznik dawny, MPH NS V. ed. Z. KOZŁOWSKA-BUDKOWA, 1978, 11 ff.; 41 [mit Lit.].

2. B., Häretiker → Bogomilen.

Bogurodzica dziewica ('O jungfräuliche Gottesgebärerin'), ein uraltes, vielleicht das älteste Lied der poln. Literatur; älteste Hs. um 1408 in der Jagellon. Bibliothek, Krakau, mit Noten. Die Entstehung wird in die Zeitspanne vom 10. bis zum Anfang des 15. Jh. angesetzt. Eine alte Tradition schreibt die Autorschaft dem hl. →Adalbert (Vojtěch) zu (belegt seit 1506); diese Annahme ist unwahrscheinlich. An einen Ursprung im 10.–12. Jh. denken Forscher, die im Text Spuren des kirchenslav. Einflusses sehen. Die meisten Wissenschaftler haben sich für das 13. Jh. bis 1408 geäußert. Die Melodie konnte frühestens im 12./13. Jh. entstanden sein (H. FEICHT). Die erste und die zweite Strophe bilden den Kern des Liedes; beide enden mit *Kyrieleison*. In der ersten wird die Gottesmutter um Fürsprache gebeten; die zweite richtet sich an den Gottessohn, er möge uns auf die Fürbitte Johannes' d. Täufers ein frommes Dasein auf Erden schenken und nach dem Tode das Leben im Paradies. Das ganze stellt ein hochwertiges dichter. Werk dar (perfekte Komposition, monumentaler Stil, kunstvolle Reime). Im 15. Jh. wurden 4 weitere Strophen angeschlossen (3 + 1), das sog. Osterlied; es entstand wahrscheinl. im 14. Jh. als ein selbständiges lit. Werk zur Auferstehungsfeier (Kontrafaktur eines lat. Hymnus, dessen Melodie und Versform übernommen wird). Im selben Jh. traten noch 9 Strophen dazu (ein Teil davon wird oft als Passionslied bezeichnet). Es folgen 14 litaneiartige »nichtkanonische« Strophen (14.–16. Jh.); Melodie wie im Osterlied. B. ist als Kampflied belegt (seit 1410) und wird bis heute als feierl. Hymnus und als hoch angesehenes Kirchenlied gesungen. F. W. Mareš

Lit.: Bibliografia lit. polskiej. Nowy Korbut. Piśm. staropolskie, 1, hg. R. POLLAK, 1963, 189 ff. [Bibliogr. bis 1962] – J. WORONCZAK, E. OSTROWSKA, H. FEICHT, B., 1962 – E. OSTROWSKA, O artyzmie pol. średniowiecznych zabytków językowych, 1967 – H. BIRNBAUM, Zu den Anfängen der Hymnographie bei den Westslaven, I–II (DERS., On Medieval and Renaissance Slavic Writing, 1974) – S. URBAŃCZYK, B., Pamiętnik Literacki 69/1, 1978, 35–70.

Bo(h)emund

1. B. I. v. Tarent (Bohemond, Boëmund), *Fs. v. Antiochia*, * 1050/58, † 7. März 1111, ⌐Grabkapelle beim Dom von Canosa di Puglia. Einziges Kind aus der Ehe Robert Guiscards mit Alberada, welche um 1058 geschieden wurde, trug B. zunächst den Taufnamen Marcus und erhielt den Beinamen B. von seinem Vater. B. spielte bei der norm. Invasion Griechenlands (1081–85) eine führende Rolle und fungierte vom Frühjahr 1082 bis zum Frühjahr 1084 als Befehlshaber. Nach Roberts Tod (17. Juli 1085) wurde sein zweiter Sohn aus der Ehe mit seiner zweiten Frau Sigelgaita v. Salerno, Roger, als Hzg. v. Apulien anerkannt. In zwei Aufständen (1085–86, 1087–89) sicherte sich B. einen umfangreichen Lehensbesitz, der die Städte Tarent, Otranto, Conversano und Bari umfaßte. Im Juli/Aug. 1096 nahm er das Kreuz und war einer der Führer des 1. Kreuzzuges (→Kreuzzug, 1.). Er hatte bedeutenden Anteil am Sieg v. →Dorylaion (1. Juli 1097) und an der Belagerung von →Antiochia, wo es ihm gelang, insgeheim einen der Hauptleute der Garnison zum Verrat zu bewegen. Nachdem die anderen Führer des Kreuzzuges zugestimmt hatten, ihm Antiochia zu überlassen, falls seine Truppen als erste in die Stadt eindrängen, enthüllte B. die obengenannten von ihm getroffenen Geheimvereinbarungen. Am 3. Juni 1098 wurde Antiochia genommen. B. befehligte das chr. Heer, welches am 28. Juni das muslim. Entsatzheer vernichtend schlug. Er nahm den Fürstentitel an und festigte seine Macht über Antiochia, wobei er frühere Versprechungen hinsichtl. der Rückgabe ehemals byz. Territorien an Ks. Alexios I. ignorierte. Sein Gelübde der Pilgerfahrt zum Hl. Grab erfüllte er erst im Winter 1099. Im Juli/Aug. 1100 wurde er von Ibn-Dānišmend v. Sebastia gefangengenommen und erst 1103 gegen Zahlung eines Lösegeldes in Höhe von 100 000 Byzantii wieder freigelassen. 1104 kehrte er nach Europa zurück, um dort Unterstützung für einen vorgebl. Kreuzzug zu erlangen, der aber – wie B. selbst offen erklärte – tatsächl. eine gegen das Byz. Reich gerichtete Expedition war. Er pilgerte zum Reliquienschrein von St-Léonard-de-Noblat bei Limoges, da ihm während seiner Gefangenschaft der hl. Leonhard erschienen sei. Ferner bemühte er sich um die Hand der Tochter Kg. Philipps I. v. Frankreich, Constance, die er im Frühjahr 1106 ehelichte. Am 9. Okt. 1107 segelte sein Heer von Brindisi ab, doch im Sept. 1108 mußte er in den Vertrag v. Devol einwilligen, in dem er anerkannte, daß B. Antiochia nur als Vasall des byz. Ks.s Alexios regieren könne. Ebenso mußte er sich verpflichten, einen orth. Patriarchen in Antiochia zuzulassen. Er starb in Apulien, während er ein neues Heer, mit dem er seine Rückkehr in den Osten erzwingen wollte, sammelte.

J. Riley-Smith

Lit.: DBI I, 118–124 – R. B. YEWDALE, Bohemond I, Prince of Antioch, 1924 – C. CAHEN, La Syrie du Nord à l'époque des croisades, 1940, 205–241 – RUNCIMAN I, passim.

2. B. IV., *Gf. v. Tripolis und Fs. v. Antiochia*, * wahrscheinl. 1171/82, † 1231. B., der nach dem Tod des erbenlosen Raimund III. († 1187) Gf. v. →Tripolis und nach dem Tod seines Vaters Bohemund III. († 1201) auch Fs. v. →Antiochia wurde, zählt zu den markantesten Gestalten des lat. Orients. Er ist v. a. bekannt geworden durch seinen langen Kampf mit →Leo I., Kg. v. Armenien-Kilikien (→Armenien II), um den Besitz von Antiochia, das der armen. Herrscher aufgrund der Rechte von Raimund Rupen, dem minderjährigen Sohn aus der Verbindung zw. der Tochter Leos und des verstorbenen älteren Bruders von B., beanspruchte. Dieser Konflikt vermischte sich mit anderen Auseinandersetzungen, die den lat. wie islam. Nahen Osten zu dieser Zeit erschütterten. B. verstand es, die islam. Fs. en v. Aleppo und Anatolien für sich zu gewinnen; diese waren ebenso wie er über den Aufstieg und die Königskrönung Leos beunruhigt. Er hatte die Unterstützung der →Templer gegen die →Johanniter und spielte lange Zeit die Genuesen (→Genua) gegen ihre Konkurrenten, die Pisaner (→Pisa) und Venezianer (→Venedig), aus. Bes. aber vermochte er sich die Loyalität der Bürger v. Antiochia zu erhalten, die angesichts der armen. Bedrohung die einzige Kommune im Orient, die einen langen Bestand hatte, gründeten. Gegen den lat. Patriarchat verband sich B. mit der lokalen griech. Kirche, die seit dem Fall v. Konstantinopel (1204) keine offensiven Ziele mehr verfolgte. In der Gft. Tripolis waren die Verhältnisse insgesamt ruhiger; doch galt es hier, das Selbständigkeitsstreben des Herren v. Nefin zu unterbinden, wozu sich B. der Hilfe der genues. Familie Giblet bediente. Im Lauf dieser Streitigkeiten erwarb er sich den Ruf eines äußerst fähigen Juristen, und so kann er vielleicht auch als Urheber der Kodifikation des Antiochener Rechtes, der »Assisen v. Antiochia«, gelten.

In den letzten Regierungsjahren änderte sich die polit. Lage. Nach dem Tod Leos wurde B.s Herrschaft über Antiochia von den Armeniern nicht mehr angefochten. Eine armen. Partei berief sogar einen Sohn des B., Philipp, auf den armen. Thron. Philipp wurde aber von nationalarmen. Gegnern ermordet, was erneute Spannungen zw. Antiochia und Armenien, die bis zum Schiedsspruch Ludwigs d. Hl., Kg. v. Frankreich (1250), dauern sollten, zur Folge hatte. Während der Intervention Friedrichs II. im Orient (1228–29) unterstützte B. zumeist den Ks., ohne sich allzusehr zu engagieren; diese Haltung näherte ihn den Pisanern an.

C. Cahen

Lit.: C. CAHEN, La Syrie du Nord à l'époque des croisades, 1940 – A Hist. of the Crusades, hg. K. M. SETTON, Bd. I und II, 1969², passim.

3. B. II., *Ebf. v. →Trier* seit 1354, * um 1290, † 10. Febr. 1367, ⌐Trier, Dom. B. entstammte der Familie der Herren v. Saarbrücken. Aufnahme ins Trierer Domkapitel am 24. Jan. 1308; danach Studium in Paris; Großarchidiakon v. Trier (1325); Propst von St. Paulin/Trier (1335); Domkanonikate in Verdun (Anwartschaft), Metz (Elemosinar) und Köln, mehrere Pfründen im Bm. Trier. B. besaß unter Ebf. →Balduin v. Luxemburg eine Vertrauensstellung (u. a. vier Gesandtschaftsreisen nach Avignon auch im Auftrag Kg. Johanns v. Böhmen). Ebf. v. Trier als Nachfolger Balduins seit 1354 (Wahl 3. Febr., Annahme 8. März); Ernennung des Karmeliterpriors Nikolaus v. Arlon (Bf. v. Akkon) zum Vertreter in kirchl. Angelegenheiten (10. Sept. 1354), Bestellung →Kunos v. Falkenstein zum Koadjutor (4. April 1360); resignierte als Ebf. mit päpstl. Genehmigung vom 27. Mai 1362.

B. erhielt im Mai 1354 die Bestätigung seiner Wahl durch Innozenz VI. trotz des schon 1343 erhobenen Anspruchs der Kurie auf die Wiederbesetzung des ebfl. Stuhls. Die Forderung des Papstes auf den Nachlaß Ebf. Balduins konnte B. zunächst auf 40 000 Gulden begrenzen und schließlich – trotz zeitweiliger Exkommunikation – erhebl. reduzieren (Herbst 1356). Den Anordnungen des Papstes auf Rückstellung von →Blieskastel an das Hochstift Metz kam er nicht nach. Seine Beziehungen zu Karl IV., der die Sedisvakanz nach Balduins Tod u. a. für die

Rückgewinnung von Reichspfandschaften genutzt hatte, blieben frei von schwereren Konflikten. B. hat sich jedoch nur wenig an der lux. Reichspolitik beteiligt – so an den Reichstagen v. Nürnberg und Metz (1355 und 1356) und Nürnberg (1362). Größere Verluste mußte B. gegenüber dem Halbbruder Karls IV., Gf. (seit 1356 Hzg.) Wenzel, hinnehmen. Im Jan. 1358 mußte B. gegenüber Wenzel auf alle Rechtstitel verzichten, die Ebf. Balduin von Kg. Johann und Karl IV. aufgrund von Kredit- und Pfandgeschäften für das Erzstift in den altlux. Landen erworben hatte (→ Luxemburg). Innerhalb des Erzstifts konnte B. die von Balduin unter günstigeren Rahmenbedingungen geschaffenen Positionen im wesentl. wahren. Unterstützt durch Bündnisse mit Kurköln und Kurmainz (1354 und 1357) und mit Kurpfalz (1357 und 1359) bemühte er sich um eine Sicherung auch der ebfl. Zoll- und Münzrechte. Die Auseinandersetzungen mit dem Adel – so mit Gf. Johann III. v. Sponheim, Jakob v. Montclair und Gf. Philipp v. Isenburg – verliefen für B. insgesamt erfolgreich. B. hat die Burgen- und Lehnspolitik seines Vorgängers fortgesetzt, die Ämterverfassung des Erzstifts mit relativ häufigem Wechsel der Amtsträger eher noch gefestigt und durch Käufe (Wellmich, Ochtendung, Daun, Esch) sogar noch eine – freilich bescheidene – Vergrößerung des Erzstifts bewirkt. B.s Bemühungen um die Kl. (z. B. Prüm und St. Matthias/Trier) konzentrierten sich auf eine wirtschaftl. Konsolidierung. Seinen engeren Verwandten verschaffte er führende Stellungen: Sein Bruder Robert folgte ihm in der Propstwürde von St. Paulin und wurde 1358 Archidiakon von St. Kastor; sein Neffe Arnold wurde 1354 sein Nachfolger als Großarchidiakon. Bei seiner Resignation sicherte sich B. außer den Burgen Saarburg und Pfalzel umfangreiche Einkünfte. – Der Forschungsstand über B. ist unbefriedigend. A. Haverkamp

Lit.: ADB III, 29f. – NDB II, 402f. – J. GRUHLER, B. II., Ebf. v. Trier, 1911 – F.-J. HEYEN, Das Stift St. Paulin (Das Ebm. Trier I, GS NS 6), 1972, 591–593 – A. HAVERKAMP, Stud. zu den Beziehungen zw. Ebf. B. v. T. und Kg. Karl IV., BDLG 114, 1978, 463–503 – R. HOLBACH, Stud. zur Gesch. des Trierer Domkapitels im SpätMA [Diss. masch. Trier 1978].

Böhm, Hans (auch Behem), der »Pfeifer von Niklashausen«, * um 1450 in Helmstadt (bei Würzburg), † 19. Juli 1476 in Würzburg. Der Hirte und Spielmann stand als Laienprediger im Mittelpunkt einer im Sommer 1476 Mittel- und Süddeutschland erfassenden Wallfahrtsbewegung ins Taubertal. Sein sozialreligiöses Programm wurzelte in waldens.-hussit. wie in Reichsreformvorstellungen und gipfelte in der Forderung nach allgemeiner Gleichheit. Die Gefangennahme durch Rudolf II. v. Scherenberg, Bf. v. Würzburg, beantworteten seine Anhänger mit einem (gewaltlosen) Zug gegen dessen Festung Marienberg am 14. Juli 1476; ohne Erfolg: B. wurde als Ketzer verurteilt und verbrannt. Das »Laufen« nach Niklashausen klang rasch ab, Beziehungen zum Bauernkrieg sind nicht nachweisbar. – Nach marxist.-leninist. Auffassung markiert B.s Auftreten den Beginn der dt. »frühbürgerl. Revolution«; bereits F. ENGELS sah im »Dt. Bauernkrieg« von 1850 (K. MARX–F. ENGELS, Werke Bd. 7, 1969, 359–361) B. als einen Vorläufer des großen Bauernkrieges.

K. Arnold

Lit.: K. ARNOLD, Niklashausen 1476. Q. und Unters. zur sozialreligiösen Bewegung des Hans Behem und zur Agrarstruktur eines spätma. Dorfes, 1980.

Böhmen
I. Politische Geschichte – II. Wirtschaft.

I. POLITISCHE GESCHICHTE: [1] *Der Name des Landes und der Einwohner:* Der Name Böhmen (Boemia, Bohemia) geht auf die kelt. Boier zurück und erscheint in den ma. Quellen ständig als Bezeichnung des Landes. Er setzt sich auch in der dt. Bezeichnung fort. Die slav. Namensform Čechy ist seit dem 10. Jh. bezeugt. Die Einwohner des Landes werden als Bohemi/Böhmen bezeichnet; im Tschech. (nach dem mittelböhm. Stamm) als Češi. (Weder Čechy noch Češi ist bisher etymolog. befriedigend gedeutet.) Während im Dt. zw. Böhmen (Einwohner des Landes) und Tschechen (ethn. Name) terminolog. unterschieden werden kann, ist diese Unterscheidung im Lat. und Tschech. nicht möglich.

[2] *Die Anfänge und die Herrschaft der ersten Přemysliden:* Die Anfänge der slav. Besiedlung von B. sind bisher nicht befriedigend geklärt; entgegen älteren Ansichten, die, in Anlehnung an die ma. Landnahmesage, das Eindringen von Slavenstämmen im 6. Jh. in ein Land, das von den Bewohnern geräumt war, annahmen, weisen neue archäolog. Funde auf ein zw. Nebeneinander vorslav. und slav. Siedler an einigen Orten hin. Die ersten schriftl. Nachrichten beziehen sich auf die Expedition Dagoberts I. gegen → Samo, der als Kg. der Slaven bezeichnet wird (620–658/659). Obzwar nicht unbestritten, neigt die Mehrzahl der Forscher der Meinung zu, seinen Sitz (→ Wogastisburg) in B. zu suchen. Sicherere Angaben setzen erst mit dem 9. Jh. ein, als die böhm. Stämme in das Blickfeld der frk. Annalisten gelangten. Ohne dauernde Folgen blieben die Züge Karls d. Gr. durch Böhmen (805/806); die böhm. Stämme, noch nicht geeint, blieben ein Streitobjekt zw. dem Ostfrk. Reich und dem erstarkenden Altmähr. Reich (→ Mähren), dessen Herrscher → Svatopluk (871–894) B. seinem Reich eingliederte. Noch vor der Zerschlagung Altmährens durch die Ungarn gelang es den böhm. Stämmen, die mähr. Oberherrschaft abzuschütteln, und seit dem 10. Jh. wurde B. dauernd zur polit. Dominante des ganzen Gebietes. (Die spätma. Historiographie schilderte dies als eine Translatio regni von Mähren nach B.).

Im 9. Jh. wurden die böhm. Stämme zum Christentum bekehrt, und es bahnte sich die Zentralisierung der polit. Gewalt an. Bezeugt ist die Bekehrung von 14 böhm. »duces« 845 in Regensburg. Entscheidender scheint jedoch der altmähr. Einfluß für den Sieg des Christentums gewesen zu sein; die Annahme, daß B. noch im 10. Jh. liturg.-kirchl. in eine lat. und slav. Sphäre geteilt war (→ Konstantin und Method), ist jedoch umstritten. Der Zentralisierungsprozeß der Stämme hat bloß in seiner Endphase (in sagenhafter Form) einen Niederschlag in den Quellen gefunden (Lučanersage); Sieger war der in Mittelböhmen siedelnde Stamm der Tschechen, und mit ihm gelangten seine Herrscher, die → Přemysliden (die ihre Herkunft von dem sagenhaften → Přemysl dem Pflüger ableiteten), zur Herrschaft über das ganze Land. Das neue Zentrum, die Prager Burg (→ Prag), wurde zum bevorzugten Fürstensitz und zum polit. Zentrum von Böhmen.

Von der Überlieferung wird meist → Bořivoj I. († um 894; seine Gattin → Ludmilla wurde später als hl. Märtyrerin verehrt) als erster christl. Herzog angesprochen, der – wohl unter mähr. Oberhoheit – die entscheidende Phase der Einigung des Landes einleitete; beendet wurde sie wahrscheinl. erst unter → Boleslav II. (967–999) durch die Ausrottung der → Slavnikiden. Für die Tradition und die Herausbildung eines böhm. »Staatsbewußtseins« war das »Martyrium« des Hzg.s → Wenzel (tschech. Václav, † 929/935) von entscheidender Bedeutung. Sein Kult ist bereits seit dem 10. Jh. bezeugt; im 11. Jh. wird die Verehrung des Přemysliden Wenzel zu einem Eckpfeiler des Eigenbewußtseins zunächst des böhm. Adels und Klerus;

die Wenzelverehrung wurde zum Ausgangspunkt einer Repräsentanz des Landes neben dem Herrscher, zuweilen sogar gegen ihn. Im 10. Jh. entstand gleichfalls eine eigene kirchl. Organisation in Böhmen – das bisher zur Diöz. Regensburg gehörte – durch die Gründung des Bm.s →Prag (seit ca. 973 Suffragan von Mainz) und die Gründung von Klöstern. (Das älteste Kl. ist das Frauenkloster St. Georg auf der Prager Burg.)

Mit dem Ende des 10. Jh. setzte die Expansion →Polens nach dem Westen und Südwesten ein, die zur kurzfristigen Beherrschung B.s durch →Bolesław Chrobry führte (1003/04). Der böhm.-poln. Antagonismus, der sich immer wieder an den Herrschaftsansprüchen auf →Schlesien entzündete, beherrschte mit unterschiedl. Stärke die Geschicke beider Länder auch in der Folgezeit. Entscheidend wurde das Verhältnis zum Reich, ein Thema, das seit dem 19. Jh. immer wieder die Historiker beschäftigt und dessen Wertung zu sehr unterschiedl. Schlußfolgerungen geführt hat: einerseits zur Annahme einer völligen Zugehörigkeit des Landes zum Reich, andererseits zur These von einer ausschließl. persönl. Lehensabhängigkeit des Böhmenherzogs. Unbestreitbar bleibt die Zugehörigkeit B.s zum Reich, auch formal durch die Investitur der Böhmenherzöge durch den König (Kaiser) dokumentiert; übrigens ist sie im MA in B. nicht bestritten worden. Genauso unbestreitbar ist jedoch die Tatsache, daß B. in vielerlei Hinsicht »verfassungsmäßig« seit dem 10. Jh. innerhalb des Reiches, schon von der Sprache her, eine Sonderstellung hatte. Hinzu kamen noch: Wahl und Inthronisation auf der Prager Burg, das völlige Fehlen von Reichsgut, keine Umritte und Königsaufenthalte in B. sowie eine weitgehende Abhängigkeit des Prager Bf.s vom Herzog. Diese Sonderstellung wurde dadurch formalisiert, daß der Böhmenherrscher, als einziger Fs. im Reich, den Königstitel erhielt (→Vratislav II. 1085; →Vladislav II. 1158; seit →Přemysl Otakar I. 1198 dauernd).

[3] *Böhmen im 13. Jahrhundert (Höhepunkt der Macht der Přemysliden):* Für die weiteren polit. Schicksale des Landes war von Bedeutung, daß es zu keiner Aufsplitterung der Herzogs- bzw. Königsgewalt in B. kam. Trotz der häufigen Wirren um die Nachfolge im 11. und 12. Jh., die öfter einen unmittelbaren Eingriff des Reiches ermöglichten, blieb die Einheit des Landes gewahrt; Angehörige der Dynastie der Přemysliden wurden durch Teilfürstentümer in →Mähren (erobert unter Oldřich/→Udalrich 1012–34) abgefunden; ihre Machtbasis war zu schwach, um die Stellung des Prager Herrschers ernsthaft gefährden zu können. Schon bei dem ältesten Chronisten →Kosmas v. Prag († 1125) ist das »Land B.« ein fester, auch institutionell aufgefaßter Begriff. In den wiederholten Wirren um die Nachfolge im 11./12. Jh. formierte sich ein neuer Adel bes. auf den Landtagen *(sněmy)*, der zum eigtl. Gegenspieler der Könige wurde. Ob ein alter Geblütsadel überlebte, ist umstritten; freie Bauern, deren Existenz bezeugt ist, verschwanden im 12. Jh. weitgehend. (Die Freiheit der →Chodenbauern ist späteren Ursprungs.) Im 13. Jh. fand der Adel in Landgericht *(soud zemský)* und →Landtafel *(Desky zemské)* eine formale Grundlage, die die älteren unbestimmten Strukturen der Adelsgemeinschaft ersetzten. Neben den Hofämtern entstanden Landesämter, die vom Adel beherrscht wurden, und die Adelsgemeinde *(obec)* stilisierte sich zunehmend zum Sprecher des Landes Böhmen.

In der »Außenpolitik« blieb im 13. Jh. der Antagonismus zum Reich von entscheidender Bedeutung; der Gegensatz zu Polens schwächte sich ab; hinzu trat eine Feindschaft zu Ungarn, hervorgerufen durch die Südexpansion der böhm. Herrschaft. Grundlegende Bedeutung kam der Kolonisationswelle des 13. Jh. (→Ostsiedlung) zu, die ihren ersten Höhepunkt unter →Wenzel I. (1230–53) erreichte. An den älteren Landesausbau anknüpfend, wurde sie v. a. von dt. Siedlern getragen; in der Folge entstanden geschlossene deutschsprachige Gebiete und Sprachinseln, ohne daß es jedoch zur Entstehung eines dt. Neustammes in B. kam. Das emphyteut. (»deutsche«) Recht der Kolonisten wurde zunehmend gegen Zahlung auch der einheim. Bevölkerung gewährt; das 14. Jh. brachte eine allgemeine Angleichung. Gleichzeitig entstanden Städte im engeren Sinn des Wortes mit Übernahme dt. Stadtrechte (→Stadt). Mancherorts knüpften sie organ. an bestehende stadtähnl. Siedlungen an; vielfach wurden sie neu begründet. Der Ausbau eines Städtenetzes und der Reichtum der neu erschlossenen böhm. Bergwerke (vgl. Abschnitt II) ermöglichten eine ztw. böhm. »Großmachtpolitik« unter →Přemysl Otakar II. (1253–78). Trotz der Stärkung der kgl. Macht, die sich nun zunehmend auch auf die kgl. Städte stützte, gelang es jedoch weder Přemysl II. noch seinem Sohn→Wenzel II., ein dauerndes Übergewicht der kgl. Macht zu sichern. Die Adligen begannen ihrerseits zu kolonisieren und Städte zu gründen. Trotz der Einheitlichkeit des Landes blieb die Macht der Adligen ungebrochen; vor einer Überschätzung der »Einheitlichkeit« B.s muß gewarnt werden. Von den territorialen Erwerbungen verblieben bloß →Eger und ein Teil des Egerlandes (von Přemysl II. Otakar 1265 erworben) – nach mehrfachen Peripetien – dauernd beim Kgr. Böhmen. Přemysl II. scheiterte letztl. am Widerstand der Adelsopposition im Innern des Landes und an der Politik →Rudolfs v. Habsburg.

Mit der Erwerbung von →Österreich durch die Habsburger kam ein neuer Machtfaktor in Ostmitteleuropa ins Spiel, der die Geschicke des Landes bald nachhaltig beeinflussen sollte. Bereits Kg. →Albrecht (2. A.) versuchte, seinen Sohn →Rudolf III. (1306/07) auf den böhm. Thron zu setzen. Als mit der Ermordung →Wenzels III. (1306) die Přemyslidendynastie in männl. Linie ausstarb, brachen die verschiedenen Gegensätze in offenen Kämpfen aus.

[4] *Böhmen zur Zeit der Luxemburger:* Diese Gegensätze und die neu auftauchenden Ambitionen des deutschsprachigen Patriziats von →Prag und →Kuttenberg bewirkten die Herausbildung eines bes. ausgeprägten, sprachlich-»nationalen« Eigenbewußtseins des böhm. Adels (tschech. Reimchronik des sog. →Dalimil). Durch Vermittlung kirchl. Kreise gelangte schließlich →Johann, der Sohn Heinrichs VII., der die Přemyslidin Elisabeth (Eliška) heiratete, auf den böhm. Thron (1310–46) und begründete die Herrschaft der lux. Dynastie (→Luxemburger). Nach anfängl. Versuchen, die Macht der Adelsfronden zu brechen, mußte Kg. Johann resignieren. Er überließ die Verwaltung des Landes völlig dem Adel. (Innerhalb des Adels grenzte sich zunehmend die Gruppe des Hochadels-*páni* – immer deutlicher ab.) Kg. Johann gelang es, die Machtpositionen des Kgr.es durch die poln. Anerkennung der böhm. Herrschaft über →Schlesien zu stabilisieren. Die Stellung Kg. Johanns im Reich bedingte eine engere Verquickung der böhm. Politik mit der Reichspolitik, zunächst in Koalition mit →Ludwig dem Bayern, dann in immer schärferer Opposition zu den Wittelsbachern. Nach dem Tode Kg. Johanns in der Schlacht von→ Crécy wurde →Karl IV. Kg. v. Böhmen (1346–78), der noch zu Lebzeiten seines Vaters als (Gegen-)König im Reich gewählt worden war. Die Stellung B.s im Reich wurde (durch Privilegien und die →Goldene Bulle von 1356) genau geregelt. Das Verhältnis zu Mähren (in dem

Karls Bruder →Johann Heinrich regierte) und zu den sog. Nebenländern (Schlesien, Ober- und Nieder-Lausitz) wurde gefestigt und (nach westl. Vorbild) der Begriff →corona regni zum Zentralbegriff. Zu einem Ausbau der Verwaltung kam es jedoch, trotz vielfacher Anlehnung an frz. Vorbilder, nicht; Karl regierte im alten Stil, und der Versuch, gegen den Adel zumindest eine Art von Landesgesetz durchzusetzen (sog. →Maiestas Carolina 1355), scheiterte. Prag wurde zur Hauptstadt ausgebaut (1348 Gründung der Prager Neustadt und der Univ.), B. Eckpfeiler lux. Hausmachtpolitik (expansiv zunächst in westl. Richtung, sog. böhm. Lehen, dann Erwerbung der Mark →Brandenburg 1373), einer Politik, die B. finanziell stark belastete. Im Innern war Karls Politik auf Ausgleich ausgerichtet, auf den Abbau sprachl. Gegensätze in den Städten, Stärkung eines Landesbewußtseins und der kirchl. Erneuerung der traditionellen Formen. (Noch als Mgf. v. Mähren hatte Karl 1344 die Errichtung eines Ebm.s in Prag erreicht.) Die erste Pestwelle verschonte B., und Karl IV. ließ in B., im Unterschied zum Reich, auch keine Judenpogrome zu. (Jüd. Gemeinden gab es in B. bes. in →Prag, spätestens im 11. Jh.; die Rechtslage der Juden beruhte auf dem Judenprivileg Přemysl Otakars II. von 1254; erst unter Wenzel IV. kam es 1389 zu einem Pogrom in Prag und zur wiederholten Schatzung der Juden.) Karl gelang es zwar, die Macht des Adels ztw. zurückzudrängen und die Gegensätze zu entschärfen; aufgehoben wurden sie nicht, und Karl selbst erschwerte die Lage seines Nachfolgers Wenzel durch die testamentar. Teilung der lux. Hausmacht.

[5] *Von der Hussitenbewegung bis zur Herrschaft der Habsburger:* Die Regierung seines ältesten Sohnes →Wenzels IV. (1378–1419) bedeutete in vielerlei Hinsicht einen Rückschlag, der nicht nur den geringeren Fähigkeiten dieses Herrschers anzulasten ist. Voll wirkte sich die finanzielle Belastung des Landes aus; die Krisenphänomene des SpätMA sind auch in Böhmen festzustellen, und die Lage des Kleinadels verschlechterte sich rapid. Die neuerlich erstarkte Adelsopposition, teilweise in Verbindung mit Wenzels Bruder, dem Kg. von Ungarn, →Siegmund, und Mgf. →Jodok v. Mähren, nahm den Kg. zweimal gefangen (1394/1402), ohne daß es dem Hochadel gelang, die Führung an sich zu reißen. Die Absetzung Wenzels im Reich (1400) fand in B. kaum Widerhall. Die sprachl. Gegensätze verstärkten sich bes. in den Städten (v. a. in Prag), wo sie sich teilweise mit den sozialen Antagonismen deckten und zunehmend auch auf die aufkommenden kirchl.-religiösen Gegensätze abfärbten. Diese Gegensätze hingen in der ersten Phase weitgehend mit dem päpstl. Schisma zusammen und führten bereits 1393 zur Ermordung des erzbfl. Vikars →Johannes v. Pomuk (Johann Nepomuk). (In diesen Zusammenhang gehört auch das →Kuttenberger Dekret von 1409, das die Anzahl der Stimmen an der Prager Univ. änderte und zum Auszug der dt. Magister und Studenten führte.) Dominant wurden die religiösen Spannungen, die allerdings einheim. Reformbewegungen fußten (bes. auf den Lehren von →Milič v. Kremsier und Matthäus v. →Janov), durch den vordringenden Wyclifismus (→Wycliſiten) eine neue Intensität erlangten und sich ihrerseits mit sozialen und »nationalen« Strömungen verbanden. Sie fanden in der Person des Magisters Johann →Hus eine Leitfigur und im Laienkelch ein einprägsames Symbol (→Utraquisten). Nach der Verbrennung von Hus in Konstanz als Ketzer (1415; →Konstanz, Konzil v.) spitzte sich die Lage immer mehr zu; Wenzel, der die Reformpartei zunächst weitgehend gewähren ließ, versuchte schließlich, mit Gewalt durchzugreifen, bewirkte dadurch jedoch bloß den Ausbruch der offenen Revolte in Prag (sog. Erster Prager Fenstersturz 1419).

Der Versuch Kg. →Siegmunds, der als Erbe Wenzels die Herrschaft in B. beanspruchte, das Hussitentum mit Gewalt zu unterdrücken, führte zu langwierigen Kämpfen (1420–34) und zu einer Spaltung des Landes in hussit. Gebiete, die die Ansprüche Siegmunds entschieden ablehnten, und kath. Teile, die seine Ansprüche anerkannten. (Mähren und die sog. Nebenländer blieben katholisch.) Das Lager der Hussiten einigte sich zwar unter dem Druck des von Siegmund angeführten Kreuzzuges auf ein Minimalprogramm (sog. Vier Prager Artikel), blieb aber innerlich gespalten, wobei es zu zahlreichen Gruppenbildungen kam (→Adamiten, →Tábor). In der ersten Phase dominierte Prag mit dem von ihm geschaffenen Städtebund (Höhepunkt auf dem Landtag von →Čáslav 1421); militär. lag jedoch der Schwerpunkt der Macht bei den von Jan →Žižka und →Prokop d. Gr. angeführten →Feldheeren der →Taboriten. Allmähl. erlangte der Hochadel auch bei den Hussiten das Übergewicht. Nach dem Scheitern von Kreuzzügen gegen die Hussiten (1420/21, 1422, 1426/27, 1431) und Verhandlungen mit dem Basler Konzil (→Basel, Konzil v.), blieben die radikalen Feldheere im hussit. Lager isoliert und wurden in der Schlacht bei →Lipany (1434) von einer Koalition der Herren und der Städte völlig aufgerieben. Nach der Annahme der abgeschwächten Form der Vier Prager Artikel (als →Basler Kompaktaten) wurde Ks. Siegmund allgemein als König in Böhmen anerkannt (1436–37), die letzten Anhänger eines offenen Widerstandes hingerichtet (Jan →Roháč z Dubé).

Das Hussitentum ist in mancherlei Hinsicht ein unmittelbarer Vorläufer der Reformation des 16. Jh. (daher zuweilen auch als »erste Reformation« bezeichnet). Es ist jedoch zugleich auch (v. a. in der ersten Phase) eine soziale und im gewissen Sinn auch eine »nationale« Bewegung. Die sozialen Erwartungen, die das Hussitentum am Anfang geweckt hatte, wurden nur zum geringen Teil erfüllt; bes. die bäuerl. Bevölkerung profitierte wenig und die Entwicklung zur Einführung der Leibeigenschaft wurde bloß verlangsamt; Ausdruck dieser Enttäuschung ist die Lehre von Petr →Chelčický mit ihrer völligen Ablehnung der Ungleichheit der Menschen, aber auch jeder Anwendung von Gewalt. Auf seine Lehre geht die Entstehung der →Brüdergemeinde zurück. Die kgl. Städte bauten zwar ihre polit. und wirtschaftl. Positionen aus, hatten aber im Hochadel auf beiden Gebieten einen Konkurrenten, dem sie auf die Dauer nicht gewachsen waren. Der eigtl. Nutznießer blieb letztlich der Hochadel, der niedere Adel, die Ritterschaft, ging weitgehend leer aus. Solange es eine Koalition zw. Rittern und Städten gab, konnten sie sich gegenüber dem Hochadel polit. behaupten.

Religiös blieb das Land gespalten, und in Prag residierten weiterhin, da entgegen Zusagen kein utraquist. Ebf. geweiht wurde, als oberste kirchl. Behörde zwei Konsistorien (ein kath. und ein hussit.-utraquist.). In sprachl.-nationaler Hinsicht bedeutete die Hussitenzeit einen Höhepunkt der Antagonismen, und eine religiös formulierte Bewußtseinsbildung weitete sich bis in die Landbevölkerung aus (dt.: tschech. Glaube). Das hussit. B. blieb kulturell-religiös weitgehend isoliert (im zeitgenöss. Sprachgebrauch war Böhme und Ketzer gleichbedeutend), selbst von Mähren und den sog. Nebenländern durch den unterschiedl. Glauben abgegrenzt. Durch die Neueinteilungen des Reichsgebietes (→gemeiner Pfennig) durch Kg. Siegmund wurde faktisch Böhmen ausgegliedert.

Die Folgen sollten sich voll nach dem plötzl. Tode des →Ladislaus Posthumus († 1457) offenbaren, als der Repräsentant der Utraquisten und des Hochadels, →Georg v. Podiebrad (in einer Koalition mit Rittern und Städten), der schon seit 1452 das Land faktisch als Gubernator regierte, vom böhm. Landtag zum Kg. gewählt wurde (1458–71). Ansprüche der Kurie, die die Basler Kompaktaten nie anerkannt hatte und die auf einer vollen Rekatholisierung des Landes bestand, führten zu neuen Kämpfen; Vorkämpfer der kath. Partei war der ung. Kg. →Mathias I. Corvinus (1458–90), dem es aber nicht gelang, Kg. Georg zu besiegen. Er gewann bloß ztw. Mähren und die sog. Nebenländer.

Nach dem Tode Georgs v. Podiebrad wurde der →Jagiellone→ Vladislav II. (1471–1516) zum Kg. gewählt (seit 1490 auch Kg. v. Ungarn). Seine Herrschaft blieb in B. weitgehend rein formal; faktisch herrschte nun der Hochadel völlig, der die Städte aus dem polit. Leben des Landes immer mehr verdrängte. Die religiösen Antagonismen blieben bestehen; verfolgt wurde jedoch bloß die Brüdergemeinde, und zunehmend verschärfte sich die Feindschaft den Juden gegenüber (das Verhältnis der Hussiten zu ihnen war zwiespältig), die zu ersten Versuchen führten, die Juden aus B. zu vertreiben. Die sprachl.-nationalen Gegensätze traten zurück. Eine eigtl. Zäsur bedeutete erst der Tod von Vladislavs Sohn und Nachfolger Ludwig I. (1516–26) in der Schlacht gegen die Türken bei Mohács und die Wahl (bei Nichtanerkennung von Erbansprüchen) des Habsburgers Ferdinand I. (1526–64). Von 1526 bis 1918 herrschten in B. die Habsburger.

Faktisch beherrschte am Ende des MA der Hochadel das Land; er schuf auch neue Grundlagen seiner ökonom. Macht (vgl. Abschnitt II). Das lange Ringen zw. Kg. und Adel schien mit dem Sieg des Hochadels beendet; wiederholte Versuche, die Stellung des Kg.s durch Personalunion mit anderen Ländern zu stärken, erwiesen sich als erfolglos. Die polit. Bedeutung der kgl. Städte war um 1500 bereits weitgehend geschwunden (eine Zäsur ist allerdings erst 1547 anzusetzen), und sie wurden in ihrer ökonom. Position immer deutlicher von den Adelsständen bedroht. Die Tendenz zur→Leibeigenschaft der Bauern setzte sich langsam durch. Religiös blieb das Land gespalten; das Lager der Utraquisten wies deutliche Verfallserscheinungen auf. Nur die Brüdergemeinde behauptete sich erfolgreich als eigenständiger religiöser Faktor. Sprachl.-nationale Gegensätze waren gegen Ende des 15. Jh. kaum mehr von größerer Bedeutung. Die Stellung B.s zum Reich blieb unklar, da die Hussitenzeit die Grenzen verwischt hatte. Die Bindungen zu →Mähren hatten sich trotz der Krise in der Hussitenzeit behauptet; die Beziehungen zu den sog. Nebenländern blieben locker.

II. WIRTSCHAFT: [1] *Landwirtschaft:* Für die Landwirtschaft war der Landesausbau (→Kolonisation und Landesausbau) von entscheidender Bedeutung (von Siedlungskammern zur Siedlungslandschaft), ein jahrhundertelanger Prozeß, der in der dt. →Ostsiedlung des 13. Jh. gipfelte. Mit dem 14. Jh. setzte auch in B. eine Epoche der →Wüstungen ein. Die Dreifelderwirtschaft dominierte in Mittelböhmen seit dem 13. Jh. (die Anfänge der Dreifelderwirtschaft sind bisher nicht genauer zu bestimmen). Bezeichnend für die Agrarwirtschaft B.s ist das ausgeprägte Übergewicht des Getreideanbaus und die Dominanz der Städte im Getreidehandel. Die Viehzucht erlangte keine größere Bedeutung. Die→Agrarkrise wies sich in B. stark aus und führte einerseits zum Ausbau von arbeitsextensiven Produktionszweigen (→Teichwirtschaft), andererseits infolge des rapiden Geldentwertung und dem Absinken der Zinse, förderte sie die sich anbahnende Rückkehr zur Eigenwirtschaft der Grundherrn (→Gutsherrschaft) und deren wachsende Beteiligung an der gewerbl. Produktion (Brauerei) und dem Getreidehandel; damit verbunden war eine Abwertung der rechtl. und faktischen Stellung der Bauern (Aufkauf emphyteut. Rechte und Beschränkungen der Freizügigkeit der Bauern) und das Vordringen der Leibeigenschaft. (Allerdings gipfelte diese Entwicklung wohl erst im 17. Jh.) Extensive Formen der Landwirtschaft (Wachsproduktion, Waldwirtschaft) spielten bloß im FrühMA eine etwas bedeutendere Rolle. Erst im 14. Jh. ist eigtl. Forstwirtschaft, ein Schutz des Waldes, festzustellen (aus ökonom. und militär. Gründen). An Intensivformen der Agrarwirtschaft sind Obst- und Gartenbau zwar bezeugt, jedoch meist bloß von lokaler Bedeutung (→Hopfen). Der Weinbau spielte aus klimat. Gründen kaum eine Rolle.

[2] *Gewerbliche Produktion:* Das Gewerbe (im FrühMA bes. Keramik, Eisenhüttenindustrie, Goldschmiede) war zunächst in den Burgwallstädten, später in den Dienstsiedlungen und Vorburgen konzentriert; seit dem 13. Jh. beherrschten die großen kgl. Städte die Handwerksproduktion und sicherten durch das →Meilenrecht auch rechtl. auf diesem Gebiet ihre Positionen. Nur einige wenige Produktionsarten behaupteten sich aus techn. Gründen auf dem Lande (für B. war im SpätMA die Produktion von →Glas von Bedeutung). Im 13./14. Jh. entstand ein dichtes Städtenetz; Zünfte sind seit der ersten Hälfte des 14. Jh. bezeugt; sie beherrschten (trotz Versuchen in der Mitte des 14. Jh., sie zu verbieten) die Produktion vollständig. Obzwar in den Städten, v. a. in den Prager Städten (geschätzte Einwohnerzahl am Anfang des 15. Jh. 30000–40000 Einw.), alle ma. Produktionsarten bezeugt sind, gab es in B. in keiner Stadt eine wirkl. Exportindustrie. Ansätze sind bloß in der Erzeugung von grobem Tuch zu konstatieren. In der Hussitenzeit erlangte die Waffenproduktion größere Bedeutung. Die städt. Produktion war überwiegend auf den Regionalmarkt ausgerichtet. Im 15. Jh. wurde die wirtschaftl. Vorherrschaft der kgl. Städte zunehmend durch den gezielt geförderten Ausbau von Adelsstädten gefährdet; ein offener Konflikt zw. Bürgertum und Adel brach wegen der Ausübung der Braurechte aus.

[3] *Handel und Kreditwesen:* Der Handel B.s ist weitgehend durch die geogr. Lage des Landes (relative Unzugänglichkeit der Randgebirge) determiniert. Die großen Fernhandelsstraßen umgingen B.; das Stapelrecht angrenzender Städte (Dresden, Wien) und die Entstehung von Messen in der weiteren Umgebung erschwerten zusätzl. die Lage im SpätMA. Der Versuch Karls IV., den Venedig-Handel über B. zu leiten, scheiterte. Für den eigtl. Fernhandel war B. meist Endziel. Der Fernhandel B.s erreichte nur die nähere Umgebung des Landes; als Durchgangsland war es kaum von nennenswerter Bedeutung. Eine relativ große Rolle spielten daher fremde Handelsgesellschaften. Ein zusätzl. Schlag für den Handel B.s bedeutete die Handelsblockade im Zusammenhang mit den Kreuzzügen gegen die Hussiten. An Importen war (seit vorgeschichtl. Zeit) das→Salz von Bedeutung, das in B. überhaupt nicht vorhanden ist; daneben der Handel mit Gewürzen und Luxuswaren (bes. Tuche, Wein). An Exporten ist v. a. das Getreide zu nennen; daneben im geringeren Umfang Erze und Gewerbeprodukte. Das Handelsdefizit wurde durch die Ausfuhr böhm. Münzen gedeckt. In der 2. Hälfte des 14. Jh. versuchte Prag, innerhalb von B. im Fernhandel eine Monopolstellung zu erlangen, ein Streben, das nur teilweise von Erfolg gekrönt war.

Das Kreditwesen wurde z. T. von fremden Händlern beherrscht (am Anfang des 14. Jh. Florentiner; daneben – bis zu den Hussitenkriegen – bes. Regensburger und zunehmend Nürnberger). Die Juden spielten eine wichtige Rolle beim mittleren und Kleinkredit (in einem für das MA typ. Umfang). Die ökonom. überaus konservative »Wirtschaftspolitik« der Hussiten bedingte eine Schwächung der wirtschaftl. Lage der Juden; ihre nachfolgende Verdrängung aus dem Geldgeschäft (und stellenweise auch aus den Städten) entsprach den allgemeinen Tendenzen des 15. Jh. (Zur Stellung der Juden vgl. auch →Deutsches Reich, Abschnitt über die Juden; →Juden; →Prag, Abschnitt über die Juden.)

[4] *Bergbau:* Von außerordentl. Bedeutung war für die Wirtschaft B.s der Bergbau. Der Abbau von →Zinn ist bereits prähistorisch; Eisenerz gab es in B. kaum, und das Vorkommen von Gold blieb sporadisch. Von europäischer Bedeutung war dagegen seit dem 13. Jh. der Silberbergbau (→Silber) mit dem großen Zentrum →Kuttenberg, die Grundlage der großen böhm. Machtexpansion unter Přemysl II. Otakar (daneben vergleichsweise weniger bedeutende Zentren in →Deutsch Brod/Havlíčkův Brod und →Iglau in Mähren).

Der Silberbergbau war kgl. Regal, d. h. Silber mußte an die kgl. Münze verkauft werden; der Verkauf von ungemünztem Silber wurde bestraft (Neuordnung des Bergbauwesens – nach it. Muster – durch das →Jus regale montanorum Wenzels II. von 1300). Die böhm. Silberproduktion ermöglichte seit 1300 die Prägung der →Prager Groschen (ursprgl. 15lötig), eine der relativ stabilen spätma. Silber-Währungen. Dagegen spielte die böhm. Goldmünze (als Prestigeprägung seit 1325) wirtschaftl. kaum eine Rolle. Im 15. Jh. ging durch die Erschöpfung der Bergwerke und infolge techn. Schwierigkeiten (Vordringen in allzu große Tiefen) die Bedeutung des Silberbergbaus zurück; erst das 16. Jh. (St. Joachimsthal/Jáchymov) brachte eine teilweise Neubelebung. Techn. hatte der böhm. Silberbergbau im 14. Jh. seinen Höhepunkt erreicht.

F. Graus

Bibliogr. und Übersichten der Historiographie: Č. Zíbrt, Bibliografie české historie, 1900–12 – J. Klik, Bibliografie vědecké práce o české minulosti za posledních 40 let, Rejstřík Český časopis historický 1895–1934, 1935 – St. Jonášová-Hájková, Bibliografie české historie za léta 1937–1941, 1951 – Bibliografie československé historiografie, 1955 ff. – J. Hemmerle, Schrifttumverz. zur Gesch. der Sudetenländer und der heut. Tschechoslowakei in Auswahl 1945–1953, ZOF 4, 1955–25 ans d'historiographie tschécoslovaque 1936–1960, 1960 – K. Oberdorffer, Dt. Schrifttum zur gesch. LK B.s und Mährens 1945–1964, BDLG 100, 1964 – F. Seibt, Bohemica. Probleme und Lit. seit 1945, HZ Sonderh. 4, 1970 – cf. F. Kutnar, Přehledné dějiny českého a slovenského dějepisectví, 1973/77 – *Lit:* Hoops² III, 145–157 [J. Filip; zur Archäologie] – F. Palacký, Dějiny národu českého v Čechách a na Moravě, 1876/77³ – J. Kalousek, České státní právo, 1892² – V. V. Tomek, Dějepis m. Prahy, 1892–1906² – A. Bachmann, Gesch. B.s 1899/1905 – G. Bondy – F. Dworský, Zur Gesch. der Juden in B., Mähren und Schlesien von 906–1620, 1906 – A. Sedláček, Místopisný slovník historický království českého [1908] – České dějiny, red. V. Novotný – K. Krofta (16 Bde bis 1464), 1912–66 [V. Novotný, J. V. Simák, J. Šusta, F. M. Bartoš, R. Urbánek] – A. Naegle, Kirchengesch. B.s, 1915/18 – Jb. der Ges. für Gesch. der Juden in der čechoslovak. Republik, 1–9, 1929–38 – J. Pekař, Žižka a jeho doba, 1930–35² – F. Hrejsa, Dějiny křesťanství v Československu, 1947 – F. Dvorník, The Making of Central Europe, 1949 – J. Macek, Tábor v husitském revolučním hnutí, 1952/56² – F. G. Heymann, George of Bohemia, King of Heretics, 1965 – O. Odložilík, The Hussite King: Bohemia in European Affairs 1440–1471, 1965 – Judaica Bohemiae lff., 1965 ff. – F. Graus, Die Bildung eines Nationalbewußtseins im ma. B., Historica 13, 1966 – Bosl, Böhm. Länder, Bd 1–2 – H. Hoffmann, B. und das Dt. Reich im hohen MA, JGMODt 18, 1969 – F. Graus, Das SpätMA als Krisenzeit, Mediaevalia bohemica 1, 1969 – F. Smahel, The Idea of the »Nation« in Hussite Bohemia, Historica 16/7, 1969 – I. Hlaváček, Das Urkunden- und Kanzleiwesen des böhm. und röm. Kg.s Wenzel (IV.) 1376–1419, 1970 – V. Vaněček, Dějiny státu a práva v Československu do r. 1945, 1970² – R. Nový, Přemyslovský stát 11. a 12 stol., 1972 – R. Turek, B. im Morgengrauen der Gesch., 1974 – Bohemia sacra. Das Christentum in Böhmen 973–1973, hg. F. Seibt, 1974 – Zd. Fiala, Přemyslovské Čechy. Český stát a společnost v letech 995–1310, 1975² – A. Patschovsky, Die Anfänge einer ständigen Inquisition in B., 1975 – Zd. Hledíková, K otázkám vztahu duchovní a světské moci v Čechách v druhé pol. 14. stol, Československý časopis historický 24, 1976 – Zd. Fiala, Předhusitské Čechy 1310–1419, 1978² – F. Seibt, Karl IV. Ein Ks. in Europa 1346–1378, 1978 – F. Graus, Die Nationenbildung der Westslawen im MA (Nationes 3, 1980) – *[Zur Wirtschaft]:* Z. Winter, Kulturní obraz českých měst, 1890/92 – A. Zycha, Das böhm. Bergrecht des MA auf Grundlage des Bergrechts von Iglau, 1900 – Z. Winter, Dějiny řemesla a obchodu v Čechách v XIV. a XV. stol., 1906 – G. Juritsch, Handel und Handelsrecht in B. bis zur husit. Revolution, 1907 – B. Mendl, Hospodářské a sociální poměry v městech pražských v letech 1378 až 1434, Český časopis historický 22/23, 1916/17 – Ders., Počátky našich cechů, Český časopis historický 23, 1927 – O. Peterka, Rechtsgesch. der böhm. Länder in den Grundlagen dargestellt, 1928/1933² – B. Mendl, Z hospodářských dějin středověké Prahy, Sborník příspěvků k děj. hl. města Prahy, 1932 – Ders., Vývoj řemesel a obchodu v městech pražských, 1947 – K. Krofta, Dějiny selského stavu, 1949 – F. Graus, Chudina městská v době předhusitské, 1949 – Ders., Dějiny venkovského lidu v Čechách v době předhusitské, 1953/57 – Ders., Die Handelsbeziehungen B.s zu Dtl. und Österreich im 14. und zu Beginn des 15. Jh., Historica 2, 1960 – J. Mezník, K otázce struktury českých měst v době předhusitské, Sborník prací Filosofické fakulty brněnské University, 1965 – Ders., Venkovské statky pražských měšťanů v době předhusitské a husitské, Rozpr. Československé akademie věd 75, 1965 – D. Třeštík – B. Krzemiénska, Zur Problematik der Dienstleute im frühma. B. (Siedlung und Verfassung B.s in der Frühzeit, hg. F. Graus – H. Ludat, 1967) – J. Mezník, Der ökonom. Charakter Prags im 14. Jh., Historica 17, 1969 – R. Nový, Hospodářský region Prahy na přelomu 14. a 15. stol., Československý časopis historický 19, 1971 – D. Třeštík, K sociální struktuře přemyslovských Čech, Československý časopis historický 19, 1971 – J. Mezník, Vlastnictví rent na Starém Městě poč. 15. stol., Pražský sb. histor. 7, 1972 – J. Kejř, Organisation und Verwaltung des kgl. Städtewesens in B. z. Z. der Luxemburger (Stadt und Stadtherr im 14. Jh., hg. W. Rausch, 1972) – R. Nový, Poddanská města a městečka v předhusitských Čechách, Československý časopis historický 21, 1973 – F. Graus, Die Problematik der dt. Ostsiedlung aus tschech. Sicht, VuF 18, 1974 – Dějiny techniky v Československu do konce 18. stol., hg. L. Nový, 1974 – J. Janáček, Městské finance a investice: Praha 1420–1547, Československý časopis historický 25, 1977 – J. Žemlička, Přemyslovská hradská centra a poč. měst v Čechách, Československý časopis historický 26, 1978 – F. Kavka, Královská doména Karla IV. v Čechách a její osudy, Numismatické listy 33, 1978.

Böhmische Brüder → Brüdergemeinde

Böhmische Kappe → Gewölbe

Bohne → Hülsenfrüchte

Bohrgeräte → Maschinen

Bohun, engl. baroniale Familie, spielte in der engl. Politik vom 12. bis zum späten 14. Jh. eine wichtige Rolle. Die Familie besaß die *Earldoms* Hereford (1200), Essex (1236) und Northampton (1337). Die B. erlangten ihre Stellung in England unter Kg. Wilhelm I. dem Eroberer, dabei ist über den Begründer des Hauses, Humphrey I. »cum barba«, wenig bekannt; der Familienname ist von dem Dorf Boyon (nahe der Mündung der Vire in der Normandie) abgeleitet. Durch kgl. Gunst und vorteilhafte Eheverbindungen wurden die B. im 12. Jh. eine wohlhabende und angesehene Familie. Humphrey II. († um 1129) heiratete Maud, die Tochter des Edward v. Salisbury (der im Domesday Book mit bedeutendem Grundbesitz erscheint) und erlangte dadurch Güter in Wiltshire. Sein Erbe, Humphrey III. († wohl vor 1164), war 1131 →*steward* (dapifer) im Hofhalt Kg. Heinrichs I.; während der

Regierung Kg. →Stephans I. v. Blois (1135-54) folgte er polit. zunächst seinem Schwiegervater Miles v. Gloucester, →*constable* v. England (1141 zum Earl of Hereford erhoben); seit 1139 wandte er im engl. Thronstreit seine Unterstützung der Tochter Heinrichs I., der Ksn. →Mathilde, Witwe Ks. Heinrichs V., zu. Humphreys III. Witwe Margaret († 1197) erbte als älteste der drei Töchter des Miles große Besitzungen u. a. in Herefordshire und den walis. Marken, nachdem der letzte ihrer fünf Brüder 1175 verstorben war. Das Amt des *constable* ging 1175 auf ihren Sohn, Humphrey IV. († um 1183), über, der den Kg. Heinrich II. während des Aufstandes von 1173-74 in bemerkenswerter Weise gegen die Rebellen unterstützte. Humphreys Heirat mit Margaret, der Witwe von Conan, Gf.en der Bretagne und Schwester von Wilhelm dem Löwen, Kg. v. Schottland, machte seinen Erben Henry de B. (1175-1220) zum Verwandten Kg. Johanns Ohneland, der Henry am 28. April 1200 zum Earl of Hereford erhob. Als Gegenleistung für die Verleihung des Earldom mußte er seine Ansprüche auf den Landbesitz, die Forsten und die Burgen (unter ihnen Hereford), mit denen Kg. Heinrich II. den Roger († 1155), Earl of Hereford und Onkel von Henry de B., mütterlicherseits belehnt hatte, aufgeben. 1215 schloß sich Earl Henry den aufständ. Baronen an; er war einer der 25 Großen, die zur Durchführung der in der →Magna Carta niedergelegten Bestimmungen erwählt worden waren. Im nachfolgenden Bürgerkrieg (1216-17) kämpfte er auf der Seite →Ludwigs v. Frankreich und wurde in der Schlacht v. Lincoln (20. Mai 1217) gefangengenommen. Er starb am 1. Juni 1220 auf einer Pilgerfahrt nach Jerusalem.

Henrys Sohn und Erbe, Humphrey V. der Gute (ca. 1200-75), verhielt sich polit. zurückhaltender als sein Vater und stand bei Kg. Heinrich III. in Gunst. Nach dem Tod seiner Mutter Maud, Schwester und Erbin von William de Mandeville, Earl of Essex († 1227), erbte Humphrey ihren Landbesitz und wurde 1236 selbst Earl of Essex. Seine Teilnahme an der baronialen Reformbewegung von 1258 dürfte im Zusammenhang mit dem katastrophalen Scheitern des Wales-Feldzuges Kg. Heinrichs III. (1257) stehen. Humphrey V. war Mitglied des Ausschusses der 24, der im Juni 1258 die Provisions of →Oxford ausarbeitete; bald darauf trat er in den Rat der 15, der von den Baronen mit der Regierung des Kgr.es betraut worden war. Als die baroniale Reformbewegung sich in mehrere Gruppen spaltete, hielt Earl Humphrey dem Kg. die Treue und widersetzte sich den Machtansprüchen des Simon v. →Montfort († 1265); im Krieg der →Barone (1263-65) kämpften der Earl of Hereford und sein designierter Erbe, Humphrey VI., auf entgegengesetzten Seiten. Humphrey VI. starb am 27. Okt. 1265 an seinen in der Schlacht von →Evesham (4. Aug. 1265), der entscheidenden Niederlage Montforts, erlittenen Wunden. Sein Vater war einer der zwölf Schiedsleute, die durch das Dictum v. →Kenilworth (31. Okt. 1266), das den besiegten Rebellen den Rückerwerb ihrer Güter ermöglichen sollte, ernannt worden waren. Das lange Leben Humphreys V. ermöglichte den Zusammenhalt des stark vergrößerten Bohunschen Familienbesitzes, der 1275 ungeschmälert an den Enkel Humphrey VII. (ca. 1249-98) überging. Dieser geriet als einer der mächtigsten engl. Adligen mit Kg. Eduard I. (1272-1307) in schwere Konflikte. Es besteht kaum ein Zweifel, daß Eduard I. dem Earl übelgesonnen war; Herefords Fehde mit dem Herrn v. Glamorgan in den walis. Marken, Gilbert de Clare, Earl of Gloucester († 1295), führte zu strenger Bestrafung durch den Kg. (Jan. 1292). Beide Earls wurden in Haft genommen und wegen Ungehorsams gegenüber dem kgl. Verbot, das sich gegen beider private Kriegführung in den walis. Marken richtete (25. Jan. 1290), mit einer Geldbuße belegt. Während der polit. Krise von 1297 standen die Earls v. Hereford und Norfolk (Roger →Bigod, † 1306) an der Spitze der baronialen Opposition gegen die Steuerforderungen des Königs. Beide Earls übten gleichzeitig die Ämter des *constable* und des →*marshal* v. England aus. Durch die Bestätigung der Charters (10. Okt. 1297) wurde →Eduard I. genötigt, den wichtigsten Forderungen der Opposition nachzugeben. Ohne diesen Widerstand der Barone gegen die Übergriffe Kg. Eduards seit 1294 wären die Beschränkungen der monarch. Gewalt, wie sie in der Magna Carta von 1215 festgelegt worden waren, hinfällig geworden.

Herefords Sohn und Erbe Humphrey VIII. (ca. 1276-1322; seit 1298 Earl) heiratete 1302 Kg. Eduards I. jüngste Tochter aus der Ehe mit Kgn. Eleonore v. Kastilien, Elisabeth (1282-1316), die Witwe von Johann I., Gf.en v. Holland († 1299). In den polit. Händeln während der turbulenten Regierung Eduards II. (1307-27) hat Humphrey VIII. eine bedeutende Rolle gespielt. Zu erwähnen ist, daß er einer der 21 →Lord Ordainers (1310) war. Er begleitete 1314 den Kg. auf dessen verhängnisvollen Schottland-Feldzug. Bei →Bannockburn (24. Juni 1314) gefangengenommen, wurde er gegen die Gemahlin von Robert Bruce, Kg. v. Schottland, die seit 1306 in England gefangengehalten wurde, ausgetauscht. Eine Fehde mit dem letzten der Günstlinge Eduards, dem jüngeren Hugh →Despenser, führte zu Herefords Fall. Er wurde in der Schlacht von →Boroughbridge getötet (16. März 1322), seine großen Besitzungen verfielen der Krone.

Durch den Umsturz, dem Eduard II. im Okt. 1326 zum Opfer fiel, konnte Humphreys VIII. Sohn und Erbe, John (1306-36), sein Erbe zurückgewinnen. Bedingt durch Ereignisse der Familiengeschichte der B., waren die folgenden Earls von Hereford und Essex polit. weniger einflußreich als ihre Vorgänger. Earl Johns Bruder und Nachfolger, Humphrey IX. (1309-61), war fromm und kränklich und hätte besser für ein Bischofsamt getaugt; er blieb lebenslang unbeweibt. Sein schlechter Gesundheitszustand hinderte ihn an der umsichtigen Verwaltung seiner riesigen Besitztümer und an der Konsolidierung seiner Position als Lord v. Brecon in den walis. Marken; diese Herrschaft brachte ihm 1361 Jahreseinkünfte von mehr als 1500 £ ein, was allein das jährl. Einkommen der meisten engl. Earls übertraf. Sein jüngerer Bruder William de B. (ca. 1312-60) war einer der fähigsten Heerführer und Ratgeber des Kg.s; er wurde 1337 zum Earl of Northampton erhoben und 1338 auf Lebenszeit zum *constable* v. England ernannt. Williams Sohn, Humphrey X. (1342-73), erbte die drei Earldoms der Familie de B.; nach seinem Tode wurden sie unter seinen beiden jungen Töchtern, Eleanor (ca. 1366-99) und Mary (ca. 1370-94), aufgeteilt. Das Aussterben der de B. im Mannesstamm erlaubte Eduard III., seinem jüngsten Sohn, Thomas of Woodstock (1355-97; 1385 zum Hzg. v. Gloucester erhoben), einen Teil des Besitzes der de B. zu verschaffen, indem er Thomas mit der älteren Miterbin, Eleanor, verheiratete (ca. 1376). Mary dagegen wurde ca. 1380 die (erste) Frau von Heinrich (IV.) Bolingbroke. Nach dem Tode der Witwe Humphreys X., Joan († 1419), erfolgte eine letzte Teilung zw. Heinrich V. und seiner Base Anna († 1438), Gfn.-Witwe v. Stafford. So haben die früheren Ländereien der Familie de B. das Hzm. Lancaster wie auch die Beziehungen der Hzg.e v. Buckingham aus dem Hause Stafford (1444-1521) bereichert.   T. B. Pugh

Lit.: Peerage V, VI, IX – J. E. MORRIS, The Welsh Wars of King Edward I, 1901–W. REES, The Medieval Lordship of Brecon, Transactions of the Cymmrodorion Society (1915-16), 1917 [Nachdr. in: An Address presented to W. REES by the Brecknock Society, 1968] – R. F. TREHARNE, The Baronial Plan of Reform, 1258–63, 1932 – T. F. TOUT, The Place of the Reign of Edward II in Engl. Hist., 1936 [2., von H. JOHNSTONE rev. Aufl.] – J. E. LLOYD, A Hist. of Wales II, 1939³ – S. PAINTER, The Reign of King John, 1949 – R. SOMERVILLE, Hist. of the Duchy of Lancaster I (1265–1603), 1953 – VCH: Wiltshire II, ed. R. B. PUGH–E. CRITTALL, 1955 – I. J. SANDERS, Engl. Baronies, 1960 – R. G. ELLIS, Earldoms in Fee, 1963 – J. R. MADDICOTT, Thomas of Lancaster, 1307–1322, 1970 – M. PRESTWICH, War, Politics and Finance under Edward I, 1972 – J. R. S. PHILLIPS, Aymer de Valence, Earl of Pembroke, 1307–1324, 1972 – K. B. MCFARLANE, The Nobility of Later Medieval England, 1973 – R. R. DAVIES, Lordship and Society in the March of Wales, 1282–1400, 1978 – N. M. FRYDE, The Tyranny and Fall of Edward II, 1321–1326, 1979.

Boiardo, Matteo Maria, it. Dichter und Staatsmann, *zw. dem 21. Mai/21. Juni 1441 (diese Jahresangabe ist der Datierung 1440 bei weitem vorzuziehen) in der Burg Scandiano bei Reggio Emilia, die seine adlige und hochgebildete Familie seit 1423 zu Lehen hatte; † 1494. Seine Eltern waren Giovanni, der Sohn des bekannten Humanisten Feltrino, und Lucia Strozzi, die Schwester des neolat. Dichters Tito Vespasiano, dem B. später am Hof des Borso d'Este in Ferrara wiederbegegnen sollte.

Er wuchs in Ferrara auf, von wo er nach dem Tode des Vaters 1451 nach Scandiano zurückkehrte; bereits mit zwanzig Jahren wurde er Signore des Feudums, da 1456 auch sein Großvater Feltrino und 1460 sein Onkel Giulio Ascanio gestorben waren. Scandiano blieb er immer verbunden. Bei seinen Aufenthalten in Ferrara, wo er seit dem Ende des Jahres 1461 ein Stadthaus besaß, pflegte er außer mit seinem Onkel Strozzi mit Battista Guarini, Bartolomeo Paganelli, Lodovico Carbone und Tribraco Umgang – die alle lat. Verse verfaßten, v. a. Elegien – und konnte die Bibliothek von Borso d'Este benutzen, die einen reichen Handschriftenschatz der »Matière de France« und »Matière de Bretagne« besaß. In diesen Jahren wurde B. jedoch anscheinend noch mehr von den Höfen des Ercole d'Este in Modena, mit dem er in freundschaftl. Beziehung stand, und des Sigismondo d'Este in Reggio Emilia angezogen, wo er sich leidenschaftl., aber unglückl. in die junge Antonia Caprara verliebte, die er als wunderschön, aber launisch schildert; 1471 war B. im Gefolge von Borso d'Este in Rom, der dort von Papst Paul II. mit Ferrara belehnt wurde. 1473 führte ihn ein ähnl. Repräsentationsauftrag nach Neapel, als Ercole d'→Este seine Braut Eleonora v. Aragón durch ein prunkvolles Reitergefolge nach Ferrara geleiten ließ.

B.s Jugendjahre wurden durch das humanist. Klima geprägt, dem auch seine Familie nicht fern stand, und das in Ferrara v. a. von Leonello d'Este gefördert und von →Guarino Veronese bestimmt und repräsentiert wurde. In jene Zeit fallen die ersten dichter. Versuche in Latein und Volgare: »Carmina de laudibus Estensium«, 15 lat. Enkomien, die durch ihre metr. Vielfalt auffallen, obwohl sie noch nicht ganz frei von einer gewissen schulmäßigen Steifheit sind; ferner »Pastoralia«, 10 Gedichte in je 100 Versen, in einem geradezu vergilian. Latein (von Carducci sehr bewundert), das der Dichter souverän und in sehr persönl. Stil handhabt; mit vorzügl. Naturbeschreibungen und sehr poet. Liebesszenen. Außerdem übersetzte er die Vitae des Cornelius Nepos (die zu jener Zeit Aemilius Probus zugeschrieben wurden) aus dem Lat. und die Kyrupädie Xenophons, die er in einer Übersetzung →Poggio Bracciolinis kennengelernt hatte. Diese Übersetzungen sind in einem stark latinisierenden Italienisch, das sich streng an das Original hält, abgefaßt, sie dienen der Verbreitung dieser Werke, ja sogar geradezu didakt. Zwecken, wie die Glossen zur Kyrupädie (Ciropedia) bezeugen können (Cod. 2616 Univ. Bibl. Bologna).

Mit der Rückkehr aus Neapel beginnt eine Phase in seinem Leben, in der er sich v. a. der Verwaltung seines Lehens widmete, die in jenen schwierigen Jahren durch beständige Probleme der Aufrechterhaltung der öffentl. Sicherheit, ja sogar militär. Art erschwert wurde: Während dieser Zeit gibt es kein Anzeichen mehr dafür, daß B.s wenig glückl. Liebe zu der schönen Caprara noch immer andauerte, was ihn aber nicht hinderte, seinen Canzoniere zu vollenden, der als das Meisterwerk der volkssprachl. Lyrik des 15. Jh. angesehen wird. Ovidianisch sind der Titel und die Einteilung in drei Bücher seiner »Amorum libri«, auch wenn ihre Struktur eindeutig den Einfluß →Petrarcas zeigt. Die Dichtungen sind auf die Jahre zw. 1469 und 1476 anzusetzen, ihr Hauptteil gehört in die ersten beiden Jahre dieser Periode, als seine Liebe auf dem Höhepunkt stand. Erst in der Folge ging der Dichter dazu über, sie in einer organ. Sammlung mit strenger Symmetrie anhand eines genauen »narratum« anzuordnen, einer Art Liebesroman in Versen: Das erste Buch ist der Liebesfreude und Hoffnung gewidmet; das zweite dem Schmerz und der Enttäuschung, daß die laun. Frau die Liebe nicht erwidert; das dritte Buch führt in melanchol. Versen von der Süße der Erinnerung und dem Schwanken zw. Hoffnung und Enttäuschung zur Resignation und schließlich zur Hinwendung zu Gott, als einziger Zuflucht und Tröstung des leidenden Menschen.

In jedem Buch sind 50 Sonette und 10 Gedichte in anderen Metren, vorwiegend Balladen (14) und Kanzonen (13) angeordnet, dazu tritt ein Madrigal, ein Rotondello und eine Sextine. Die Skala der Anspielungen und Zitate ist sehr groß, sie reicht von →Dante und Petrarca, der Lyrik des 13. und 14. Jh. bis zu den Troubadours und den lat. Klassikern, darunter auch den kleineren Dichtern. Dieser hohen lit. Bildung entspricht eine ebenso meisterl. metr. Technik.

Unter den nicht wenigen Problemen, die das Feudum Scandiano für B. mit sich brachte, war eines bes. schwerwiegend und sollte sein ganzes Leben lang ungelöst bleiben: Es handelt sich um die heftigen Auseinandersetzungen mit seiner Tante, Taddea dei Pio di Carpi, und seinen Vettern, den Söhnen von Giulio Ascanio. Der Konflikt kulminiert 1474, als ein Bediensteter des Vetters, B. zu vergiften versucht, was zur Intervention des Herzogs und der Teilung des Feudums in zwei Teile führt. 1476 begibt sich B. erneut nach Ferrara, wo er eine Stelle bei Hof als »Gefährte« (compagno) des Hzg.s erhält. Aus diesem Jahr stammen seine letzten lat. Verse, die »Epigrammata« in Distichen, die nach der vereitelten Verschwörung des Niccolò di Leonello d'Este, der Ferrara in seine Hand bekommen wollte, geschrieben sind. Vermutl. beginnt in dieser Zeit die Arbeit am »Orlando Innamorato«, die in den Jahren des schwierigen Krieges für die Este mit Venezia (1478 bis 1482) fortgeführt wird. Im Zusammenhang mit diesen polit. Ereignissen steht auch die Vermählung des Dichters, die aus diplomat. Erwägungen zustandekam, mit Taddea di Giorgio Gonzaga (1479). Dem ersten Sohn, Camillo (*1480), der mit knapp zwanzig Jahren einem Giftanschlag zum Opfer fiel, folgten vier Töchter. Von der Gicht, die ihn stets grausam plagte, daran gehindert, an den Feldzügen des Hzg.s teilzunehmen, erhielt B. 1480 das ehrenvolle Amt des Capitano von Modena, der zweiten Stadt des Fsm.s, das er 1482 zurücklegte, um in Scandiano, das ebenfalls von dem Krieg betroffen wurde, persönl. die schwierige Situation zu prüfen.

Die ersten beiden Bücher seines Hauptwerkes, das Epos in Rime ottave »Orlando Innamorato« (29 bzw. 31 Gesänge), wurden beendet, und die ersten gedr. Ausgaben am 23. Febr. 1483 Hzg. Ercole feierlich überreicht.

1485 stattete Ercole d'Este zur Besiegelung des mit Venedig geschlossenen Friedens der Lagunenstadt einen offiziellen Besuch ab. B. begleitete ihn und knüpfte wahrscheinl. bei dieser Gelegenheit die Kontakte, die ihn in Venedig, bei Pietro de' Piasi, 1487 eine zweite Edition des »Orlando Innamorato« drucken ließ (die erste erhaltene Ausgabe). Im Jan. 1487 war ihm das Capitaneat von Reggio Emilia übertragen worden, das er bis zu seinem Tode ausübte. Der im folgenden Jahr geborene zweite Sohn, Francesco, starb zum größten Schmerz der Eltern bereits 1491.

Aus den letzten Lebensjahren des Dichters stammen die »Capitoli del giuoco dei tarocchi«, eine sehr oft nachgedruckte poet. Illustration eines Spiels von 80 bemalten Karten, mit einer Terzine pro Karte und einem Sonett für die erste und die letzte, sowie der »Timone« (1491?), eine Dramatisierung des Dialogs von Lukian in Terzinen, der ihm wahrscheinl. in der lat. Übertragung des Niccolò da Lonigo vorlag, und dem er einen Prolog und einen umfangreichen Schlußteil hinzusetzte, wie er es in analoger Weise bei seiner Übersetzung des »Asinus Aureus« des Apuleius getan hatte, dem er eine freie Zusammenfassung des ps.-lukian. »Lukios« anfügte.

1494 stellte ihn der Italienzug Karls VIII. vor schwere Regierungsprobleme, die ihn völlig von seiner lit. Tätigkeit abzogen und ihn dazu zwangen, den »Orlando Innamorato« im 9. Gesang des 3. Buches abzubrechen. Er starb am 19. Dez. des gleichen Jahres.

Von B. sind zwei weitere Übertragungen in die Volkssprache erhalten: die Historien Herodots nach der lat. Übertragung von Lorenzo →Valla (vor 1491) und die »Historia imperatorum«, die v. a. deswegen bedeutend ist, da der Originaltext des →Ricobald verlorenging; ferner die »Pastorale«, zehn Eklogen in Volgare, fünf mit polit. Inhalt, fünf Liebesdichtungen (nach 1482) und ein Epistolar mit 193 Briefen, davon einer in Latein, fast alle auf seine öffentl. Aufgaben bezogen: neun von ihnen sind eigenhändig und repräsentieren die einzigen von B. erhaltenen Autographen.

B.s Ruhm ist trotz seiner hohen lyr. Begabung v. a. an seinen »Orlando Innamorato« geknüpft. Das Epos entspricht dem Geschmack des Hofes der Este, die Ritterdichtung stets sehr geschätzt hatten: Eine äußerliche panegyr. Motivation (das Besingen des Ursprungs des hzgl. Hauses, das B. auf Ruggero zurückführt und diesen Helden dem Verräter Gano [Euganeus] gegenüberstellt, den eine verleumder. Tradition als Ahnherrn der Este nennt), verbindet sich mit der höf. Vorliebe für die mündl. Erzählung vor einem Kreis von Zuhörern, auf den die elegante Fiktion der Exordien in der Art eines Spielmanns, die in dem Epos verstreut sind, anspielt, zu der geglückten Vereinigung von epischer und Märchen-Tradition, der reifen Frucht der Verschmelzung der Karolingerepik des Arturstoffes, die eine sich ständig weiterentwickelnde Charakteristik der francovenet. und it. epischen Dichtung darstellte (vgl. Rolandsage). Auf diesen Elementen aufbauend, schafft B. mit hervorragender Erzählergabe psycholog. sehr gut durchgezeichnete Personen: die ebenso wunderschöne wie unerreichbare Angelica und die Schar ihrer Verehrer, komische und realist. Charaktere ebenso wie große Liebende, die er den von der epischen Tradition vorgezeichneten, weniger persönl. angelegten Figuren zur Seite stellt. Gleiche Flexibilität und Geschicklichkeit offenbart er in der meisterhaften Entwicklung der Handlung, deren Faden ständig unterbrochen, fallengelassen, wiederaufgenommen und von Szene zu Szene weitergeführt wird: Das Hauptmotiv ist die Verfolgung Angelicas von Paris zum Orient und vom Orient wieder nach Paris zurück, mit Hunderten kleinen Episoden, die sich rund um die Belagerungen von Albracca und Paris abspielen. Abenteuer, Exotik, Realismus, Lyrik, eine wahre Polyphonie von Tönen, die in den verschiedensten Situationen zum Ausdruck kommt, Erzählfreudigkeit und Erzählergabe, deren Vielfältigkeit ihre Entsprechung im Stil hat, der sowohl den höf. Tonfall wie die volkstüml. Sprache beherrscht und viele Lombardismen aufweist: Dies hat das ungüstige Geschick des Werks im 16. Jh. verursacht, das von Berni und Domenichi ins Toskanische übertragen und nicht mehr im Urtext gelesen wurde; erst der romant. Historismus des 19. Jh. hat es für uns wiedergewonnen, aber dennoch wartet der »Orlando Innamorato« trotz der nunmehr allgemeinen Bewunderung, die das Werk genießt, bis heute auf eine eingehende krit. Untersuchung.

G. Busetto

Ed.: Tutte le opere, ed. A. ZOTTOLI, 1937 – Orlando Innamorato, ed. crit. hg. F. FOFFANO, 1906–07; ed. comment. hg. A. SCAGLIONE, 1951; hg. L. ANCESCHI, 1978 – Opere volgari: Amorum libri, Pastorale, Lettere, ed. crit. hg. P. V. MENGALDO, 1962 – Le poesie volgari e latine riscontrate su i codici e le prime stampe, ed. crit. hg. A. SOLERTI, 1894 – Für die Übers. liegen noch keine krit. Ausg. vor: Le vite degli eccellenti capitani di Probo Emilio, hg. C. RICCI – O. GUERRINI, 1908 – Chronicon Imperatorum, Teiled. MURATORI IX, 1726, 291–420 – Apuleigio volgare tradotto per el conte M. M. B., Venezia (Niccolò d'Aristotele detto Zopino), 1516 – Herodoto Alicarnaseo Historico delle guerre de' Greci e de' Persi, tradotto di greco in lingua italiana per il conte M. M. B., Venezia (G. A. Nicolini di Sabbio), 1533 – G. PONTE, Un esempio di traduzione boiardesca: l'inedita »Vita di Augusto«, Studi di filologia e letteratura in on. V. PERNICONE, II–III, 1975, 175–199 – *Lit.*: DBI XI, 211–223 – G. PONTE, La fortunata e la critica del B., Rassegna della letteratura italiana LVII, 1953, 275–290, 420–442 – D. MEDICI, La critica boiardesca dal 1800 al 1976. Bibliogr. ragionata, Bollettino Storico Reggiano X, 1977, 34; weitergeführt durch: Italianistica VII, 1978, 602; VIII, 1979, 628.

Boil, Bernardo (auch Boyl, Buil), *um die Mitte des 15. Jh., † zw. 1507 und 1520, aus adliger Familie Kataloniens oder Valencias stammend, war eine Zeit Sekretär Kg. Ferdinands d. Kath. und versah polit. und diplomat. Aufgaben. Trat schließlich den Benediktinern von →Montserrat bei und wurde 1481 Priester. Vom Kg. weiterhin mit wichtigen diplomat. Missionen in Frankreich und Italien beauftragt, trat der dem Lullismus (→Lull) und der Mystik zuneigende B. in Kontakt zum Hl. →Franz v. Paula, in dessen Orden der Minimiten er um 1492 übertrat und als dessen erster Generalvikar in Spanien er für die Verbreitung auf der Iber. Halbinsel sorgte. Bedeutung erlangte B. als auf Betreiben der Katholischen Könige vom Papst ernannter erster apostol. Vikar »de las Indias«, d. h. von Amerika. Aufgrund der Bullen Papst Alexanders VI., welche Kastilien die von Kolumbus entdeckten Gebiete mit der Auflage der Bekehrung der Eingeborenen zuerkannten, wurde B. als Oberhaupt einer Gruppe von Mönchen anläßl. der 2. Kolumbus-Reise nach Amerika entsandt, um die Indianermission in die Wege zu leiten. Das Unternehmen war nicht von Erfolg gekrönt, da B. in die Streitigkeiten zw. Anhängern und Gegnern des Entdeckers verwickelt wurde und scharf gegen Kolumbus Partei ergriff. Schon im Dez. 1494 kehrte er nach Spanien zurück, führte bei Hof Klage gegen Kolumbus und trug so dazu bei, dessen Stellung zu untergraben. Fortan spielte B. in der Geschichte der Überseegebiete keine Rolle mehr, obwohl die Herrscher und sein Orden ihm noch mehrfach offizielle Missionen anvertrauten. 1498–1504 war B. Abt von Cuxá in Katalonien. H. Pietschmann

Lit.: R. STREIT, O. M. I., Bibl. Missionum 2, 1924, 4–8 [Hinweise auf ältere Lit.] – J. COLLELL, Fray Bernardo Boyl. Primer Apóstol de América, 1929.

Boileau, Étienne, →Prévôt v. →Paris, vor April 1270; stammte vielleicht aus Orléans, wo er im Juli 1259 und im April 1260 als *prévôt* belegt ist. 1261 pachtete er die *prévôté* von Paris. Da die Einkünfte des Amtes nicht ausreichten, um die mit ihm verbundenen Verpflichtungen zu decken, bewilligte ihm Kg. Ludwig d. Hl. zu Allerheiligen 1261 eine Aufwandsentschädigung von 300 *livres*. B. übte die Funktion des prévôt bis Ende 1269 aus; während seiner Amtszeit wandelte sich die prévôté von einem gepachteten zu einem besoldeten Amt. Kurz vor seinem Tod ist B. als Ritter belegt, ohne daß sich sonst Nachrichten über seine Erhebung zum Adligen finden. Wegen seiner Eingriffe in die Immunität des Domkapitels von Notre-Dame wurde er exkommuniziert. Während seiner Amtszeit entwickelte sich die freiwillige Gerichtsbarkeit. Bes. berühmt wurde der prévôt durch die Redaktion des →»Livre des métiers« (vgl. auch→Handwerk). Dieses Rechtsbuch, das detaillierte Regelungen für einen Teil der in Paris ausgeübten Gewerbe trifft, hatte den Schutz der Zünfte vor gegenseitiger Konkurrenz und Arbeitslosigkeit zum Ziel. R. Cazelles

Ed. und Lit.: Les métiers et corporations de Paris. Le livre des métiers d'É. B., ed. R. DE LESPINASSE–F. BONNARDOT, 1879 – BORRELLI DE SERRES, Rech. sur divers services publ. du XIIIe au XVIIe s., I, 1895, 531–572.

Boinebroke, Sire Jehan, Kaufmann aus →Douai, *vor 1220, † zw. Mai 1285 und Febr. 1286. Als Tuchhändler, Grundbesitzer und Schöffe in Douai, welches Amt er mindestens neunmal bekleidete, kann B. als einer der charakteristischen Vertreter des reichen fläm. Patriziats, wie es Städte wie Douai kennzeichnete, angesehen werden. Er betrieb Warenhandel sowie Geldhandel und -verleih in Flandern, England und Schottland und beschäftigte im Verlagssystem zahlreiche Handwerker und Arbeiter, deren Klagen und Beschwerden nach seinem Tod in das Vollziehungsprotokoll seines Testamentes (ed. G. ESPINAS) aufgenommen wurden. M. Mestayer

Lit.: G. ESPINAS, Sire Jehan Boinebroke, patricien et drapier douaisien (?–1286 env.), 1933 – A. DERVILLE, Les draperies flamandes et artésiennes vers 1250–1350, Rev. du Nord LIV, 215, 1962, 353–370.

Boioannes, Basilios, war von Sept. 1017 bis Sommer 1028 Katepan des byz. Italien. Über sein Leben ist sonst nichts bekannt. Er trat sein Amt als Nachfolger des Kondoleon Tornikios im Dez. 1017 auf dem Höhepunkt des von→Meles v. Bari geführten Aufstandes an, den er durch seinen Sieg bei Canne im Okt. 1018 beenden konnte. Die byz. Herrschaft sicherte er durch eine planmäßige Befestigungs- und Städtepolitik in der Capitanata. Auch mit Papst Johannes XIX. konnte er zu besseren Beziehungen gelangen. In Troia wurde ein immediates Bm. errichtet, die Verlegung des Metropolitansitzes von→Canosa nach Bari, an den Sitz der griech. Verwaltung, wurde eingeleitet. 1024 unternahm B. eine erfolgreiche Expedition nach Kroatien und operierte 1025 in Kalabrien, um den von Basileios II. geplanten Feldzug gegen die Araber auf Sizilien vorzubereiten, der nach Ks.s Tod scheiterte. Um die Jahresmitte 1028 wurde er aus Italien abberufen.

H. Enzensberger

Lit.: DBI XI, 227–229 – W. HOLTZMANN, Der Katepan B. und die kirchl. Organisation der Capitanata, NGG 1960, 19–39 – V. v. FALKENHAUSEN, Unters. über die byz. Herrschaft in Süditalien, 1967, 55–57, 86 f., 169–185 – K. J. HERRMANN, Das Tuskulanerpapsttum, 1973, 55–61, 66, 67.

Boissy, Jean de, französischer Prälat, † 4. September 1410, stammte vielleicht aus der Diöz. Lyon, Bruder von Imbert de B. *(président* am Parlement v. Paris), Neffe des Kard. Jean de la Grange. B. war Kanoniker in Amiens (1374), Kanzler in Chartres und seit dem 5. Okt. 1380 Bf. v. Mâcon; am 22. Mai 1382 zog er in seine Bischofsstadt ein. B. war der avignones. Kurie eng verbunden und verlieh auch Geld an sie. Seine Versetzung auf den Bischofssitz Amiens (17. Juli 1383) wurde zunächst wieder annulliert, doch am 27. Febr. 1389 in Kraft gesetzt. Er zog im Jan. 1390 in Amiens ein und nahm an mehreren Versammlungen teil. Beim Konzil v. Pisa 1409 ließ er sich durch einen Prokurator vertreten. A. Guerreau

Lit.: DHGE IX, 587 [G. MOLLAT] – E. SOYEZ, Notices sur les évêques d'Amiens, 1878, 105–110 – J. FAVIER, Les finances pontificales à l'époque du grand schisme, 1966, 555, 566.

Boistel, Aleaume, frz. Prälat und Staatsmann, † vor dem 17. Okt. 1382; Sekretär *(clerc des enquêtes)* und später Rat *(conseiller)* am Parlement v. Paris (1366); *maître des* →*requêtes de l'hôtel* (Verwalter am kgl. Hofhalt) unter Karl V. als Belohnung für die Zurückführung des Ponthieu zur französischen Obödienz (1369); Kanoniker in St-Omer (1363), Propst der Kirche von St-Dié (1377), Ebf. v. Tours (1380; nach B.s Tod Nachfolger durch Clemens VII. am 17. Okt. 1382 erhoben). B. übte für Karl V. zahlreiche diplomat. Missionen aus: 1372–79 frz.-engl. Verhandlungen in St-Omer; 1374 Verlobung der Tochter Karls V., Marie († 1377), mit dem Wittelsbacher Wilhelm (II.), dem Sohn von →Albrecht (12. A.), Hzg. v. Niederbayern-Straubing und (späterem) Gf.en v. Hennegau; Projekt einer Heirat zw. Ludwig, Hzg. v. Orléans, und Katharina v. Ungarn (Verhandlungen in: Buda, 1374, 1376; Benevent 1376–77; Rom, von wo aus B. dem Kg. über die Erneuerung eines Zehnten, der ihm von Gregor XI. gewährt worden war, berichtete). B. war enger Berater Kg. Karls VI. (1380). M. Hayez

Q. und Lit.: DHGE IX – Bibl. Nat. Paris, Pièces orig. 396, Boistel–J. ROMAN, Inv. sceaux coll. p. o. Bibl. nat., n° 1706 – FIERENS-TIHON, Lettres d'Urbain V, n° 734 – FIERENS, Suppl. d'Urbain V, n° 402, 753 – TIHON, Lettres de Grégoire XI, n° 3836 bis, 3956 – E. JARRY, Vie politique de Louis d'Orléans, 1889 – Arch. Vat., reg. Avenion. 228, f. 59; 229, f. 237; Collectorie 359, f. 85v°–87v°.

Boixadors, Bernat de (auch Boxadors, Boxadós, Bojados), katal. Staatsmann, *vor 1300, † im Dez. 1340, entstammte einer Familie, die bereits an der Reconquista Kataloniens teilgenommen hatte, gehörte 1339 zu den neun Magnaten, die der feierl. Translatio der Gebeine der hl. →Eulalia in die im Vorjahr von Jayme Fabra fertiggestellte Krypta der Kathedrale von Barcelona beiwohnten. B. trat sehr jung in kgl. Dienste und bekleidete hohe polit., militär. und diplomat. Ämter. Seit 1319 ist er als *Mayordomo* des Infanten Don Alfonso nachweisbar. Von 1325 an ist sein Schicksal eng mit der Unterwerfung und Verwaltung Sardiniens verknüpft, das ständig durch Aufstände der Sarden, Pisaner und Sarazenen erschüttert wurde. In der Schlacht v. Lucocisterna (Sardinien) soll er dem Infanten Don Alfonso, der sein Pferd verloren hatte, sein eigenes überlassen haben. Unter seiner Admiralität wurde der zahlenmäßig überlegenen pisan. Flotte im Golf v. Cagliari die entscheidende Niederlage beigebracht. Die Kg.e Alfons III. und Peter III. v. Aragón ernannten B. wiederholt zum Admiral, Gouverneur, Reformator und kgl. Statthalter. Auch vertrat B. die Krone von Aragón mehrfach an der päpstl. Kurie in Avignon, bei Verhandlungen in Rom und bei der Unterzeichnung des Friedens mit Pisa. Am 13. März 1341 gestattete Kg. Peter »el Ceremonioso«, daß B. in Anbetracht seiner Verdienste in der Schlacht v. Lucocisterna seine letzte Ruhestätte im Franziskanerkl. zu Lérida finden sollte, zur Linken des Grabmals von Kg. Alfons III. v. Aragón. U. Lindgren

Lit.: M^A. M. COSTA I PARETAS, Oficials de la corona d'Aragó a Sardenya (segle XIV). Notes biogràfiques, Archivo Storico Sardo XXIX, 1964 – A. CAPMANY Y DE MONPALAU, Memorias históricas sobre la marina, comercio y artes de la antigua ciudad de Barcelona [Neuaufl. 1961] – J. LALINDE ABADÍA, La Corona de Aragón en el Mediterráneo medieval (1229–1479), 1979.

Bojan, bulg. Prinz, Sohn des Zaren→Symeon (893–927), Geburts- und Todesdatum unbekannt. Neben dem bibl. Namen Beneamin trug er den türk.-mongol. Namen Bojan ('der Reiche'), und wie sein Bruder Ivan zog er die alte bulg. Tracht der aus Byzanz übernommenen Kleidung vor. →Liutprand v. Cremona berichtet (zu 968) von der in Konstantinopel verbreiteten Überlieferung, B. hätte Magie getrieben, so daß er sogar »ut ex homine subito fieri lupum quamvecumque cerneres feram« (→Werwolf). Die vorgeschlagene Identifizierung mit dem myth., im aruss. Igorlied (11. Jh.) erwähnten gleichnamigen »Barden« ist wegen chronolog. und hist. Inkongruenz entschieden abzulehnen. I. Dujčev

Q.: Liutprandi Antapodosis lib. III, cap. 29, 11ff., MGH SS III – ZLATARSKI, Istorija I/2, 516ff. – I. DUJČEV, Proučvanija vŭrchu bŭlgarskoto srednovenovie, 1945, 9–19 – MORAVCSIK, Byzturc II, 83 ff., 89.

Bojana, Siedlung und Kirche, in der Umgebung der bulg. Hauptstadt Sofia, am Fuß des Vitoša-Gebirges, am gleichnamigen Bach. Der Name wird protobulg., vulgärlat. (Bo[v]iana-Fluß) und slav. (Bujana/reka 'Wildbach') gedeutet; die letzte Erklärung gilt als die wahrscheinlichste. B. war gegen Ende des 10. Jh. Festung und eines der Zentren des Widerstandes gegen Byzanz. Um 1015 wird es unter dem Namen Boιώ(ν) erwähnt. Als sich 1041 die Bulgaren gegen Byzanz erhoben, wurde B. von den Byzantinern besetzt. Während der Regierung →Johannes II. Asen (1218–41) residierte hier sein Bruder Alexander; 1259 Alexanders Sohn →Kalojan, der den Titel Sebastokrator trug. Im gleichen Jahr erweiterte er die schon Ende des 10. Jh. errichtete Kirche (δ Nikolaus v. Myra) und ließ sie von neuem ausmalen (u. a. ikonograph. Zyklus des hl. Nikolaus, Porträts des Zaren Konstantin Asen und seiner Gemahlin Irene sowie des Sebastokrators Kalojan und seiner Frau →Desislava). Die Malereien zeigen byz. und westl. Einflüsse und gehören zu den bedeutendsten Denkmälern der ma. bulg. Kunst. I. Dujčev

Lit.: A. GRABAR, Bojanskata cŭrkva, 1924 [Neuausg. 1978] – ZLATARSKI, Istorija II, 78ff., 93; III, 369, 420ff., 438, 478ff. – I. DUJČEV, Bŭlgarsko srednovekovie, 1972, 478–512 [ältere Lit.] – Istorija na bŭlgarskoto izobrazitelno izkustvo, 1976, 185ff., 215ff.

Bojana (alban. Buna), dem Skutari-See entspringender Fluß. Das Tal der B. gab im MA Zugang zur »Via de Zenta«, die nach Serbien und Makedonien führte. Im 14. Jh. entwickelten sich im B.-Gebiet zwei große Märkte: derjenige um das Benediktinerkl. St. Nikolaus und bes. derjenige um das Benediktinerkl. St. Sergius und Bacchus; letzterer wird 1377 als Messe *(panadjur)* erwähnt. Die Venezianer und bes. die Ragusaner exportierten über diesen Markt Salz, Wein sowie Tuche und importierten Holz aus der Umgebung, Blei und Silber aus Serbien, getrockneten Fisch vom Skutari-See. Die Konflikte zw. den →Balša und Venedig und die ven. Besetzung von Skutari (1396) verdrängten die Ragusaner Kaufleute, die sich andere Zugänge zum zentralen und südl. Albanien suchten. Diese Entwicklung hatte den Verfall der B.-Märkte zur Folge. A. Ducellier

Lit.: K. JIREČEK, Skutari und sein Gebiet im MA, 1916 (Illyr.-Alban. Forsch.) – M. SPREMIĆ, Sveti Srdj pod mletačkom vlašću, Zbornik Filosofskog Fakulteta Beograd, 1963 – A. DUCELLIER, Les mutations de l'Albanie au XVe s., Études Balkaniques, 1978.

Bojaren

I. Altrußland – II. Großfürstentum Litauen.

I. ALTRUSSLAND: B., Sammelbezeichnung für die über Landgüter verfügenden, gewöhnl. aber in der Stadt und im fsl. Umkreis lebenden Adligen im ma. Rußland, im engeren Sinn der höchste Rang in der →Bojarenduma *(bojarin,* Pl. *bojare).* Die Herkunft des Begriffs ist zwar nicht endgültig geklärt, aber wohl von den Bulgaren an der Donau *(boljarin* = Angehöriger der obersten Gesellschaftsschicht) ursprgl. als gelehrte Bezeichnung ins Aruss. eingedrungen. Die hist. Wurzel des Bojarentums ist anscheinend überall die fsl. Gefolgschaft *(→družina).* Zwar begegnen in der Nestorchronik schon unter dem Jahre 862 »Bojaren« in der unmittelbaren Umgebung des legendären »Reichsbegründers« →Rjurik; es ist allerdings nicht sicher, ob der Terminus als Bezeichnung einer bestimmten sozialen Kategorie vor Mitte des 12. Jh. bereits in Gebrauch war. In späterer Zeit erfährt die soziale und polit. Stellung des Bojarentums in verschiedenen Teilen der Rus' eine unterschiedl. Ausgestaltung (im NO bildet es die höchste und einflußreichste gesellschaftl. Schicht im Umkreis des Fs.en, im SW den niederen landbesitzenden Adel). Vgl. →Adel, Abschn. E (ausführl. Darst.). H. Rüß

Lit.: K. RAHBEK SCHMIDT, Soziale Terminologie in russ. Texten des frühen MA (bis zum Jahre 1240), 1964 – E. P. NAUMOV, K istorii feodal'noj soslovnoj terminologii drevnej Rusi i južno-slavjanskich stran. Issledovanija po istorii slavjanskich i balkanskich narodov. Kievskaja Rus' i ee sosedi, 1972, 223–236 – G. ALEF, Boyar [Musterartikel, ersch. 1981].

II. GROSSFÜRSTENTUM LITAUEN: Als die Gfs.en v. Litauen seit dem 13. Jh. den größten Teil des einstigen Reiches von Kiev eroberten oder sich unterwarfen, fanden sie dort neben den Teilfürsten, die sich ihrer Oberherrschaft unterordneten (oder vertrieben wurden), eine Schicht von landbesitzenden, aber in der Regel stadtsässigen Bojaren vor, denen sie Besitz und rechtl. Stellung beließen, soweit diese nicht wegzogen. Sie setzten zwar auch litauische Adlige in den ostslav. Gebieten an, doch erfolgte bald eine Angleichung an die orth. ostslav. Bojaren in der Weise, daß auch die Litauer nun als Bojaren (lit. *bajorai,* in lat. Quellen *baiores, bojari,* in westruss. Quellen *bojare*) bezeichnet wurden. Die Bezeichnung wurde auch deshalb allgemein üblich, weil in Litauen eine westruss. Kanzleisprache benutzt wurde. Eine soziale Differenzierung zw. Magnaten, die allein dem großfsl. Rat (→Bojarenduma) angehörten, und der breiten Masse des mittleren und kleinen Adels bildete sich schon seit Ende des 14. Jh. heraus, doch richtete der Übertritt des Gfs.en →Jagiello (lit. Jogaila) zum röm. Christentum (1386) und sein großes Adelsprivileg von 1387, das nur für den Adel der litauischen Kernlande galt, zw. röm. und orth. Adligen eine Schranke auf, änderte aber an der rechtl. und sozialen Stellung der letzteren nichts. Erst im 15. Jh. wurde sie abgebaut und der gesamte Adel des Gfsm.s Litauen wuchs in die Adelsrepublik des poln.-litauischen Doppelreiches hinein. M. Hellmann

Lit.: M. KRASAUSKAITE, Die lit. Adelsprivilegien bis zum Ende des XV. Jh. [Diss. Zürich 1927] – K. AVIŽONIS, Die Entstehung und Entwicklung des litauischen Adels bis zur litauisch-poln. Union 1385, 1932 – H. JABŁONOWSKI, Westrußland zw. Wilna und Moskau, 1955 [Lit.] – M. HELLMANN, Das Gfsm. Litauen bis 1569 (HGeschRußlands II, 1981), 797 ff.

Bojarenduma

I. Altrußland – II. Großfürstentum Litauen.

I. ALTRUSSLAND: B., wichtigstes Beratungsorgan im ma. Rußland (der Begriff *duma,* der in den Quellen der Kiever

Zeit nicht begegnet, von *dumati* 'denken', 'nachdenken'). Über Einberufung, Umfang, Zusammensetzung und Ausführung ihrer Beschlüsse entschied der Fürst. Neben bedeutenden Adligen waren Teilnehmer zuweilen Angehörige der Fürstenfamilie und Vertreter der höheren Geistlichkeit, unter Vladimir I. († 1015) manchmal auch die »Ältesten der Städte« (*starcy gradskie*). Die Mitgliedschaft verfestigte und verengte sich im Laufe der Zeit von dem wechselnden Bestand der Gefolgschaft in der frühen Kiever Periode über die in den Territorien seßhaft gewordenen Bojaren der Teilfürstentümer zu dem kleinen Kreis alter, untitulierter Moskauer Bojarenfamilien, die seit Beginn des 16. Jh. zunehmend von den fsl. Nachfahren der ehemals selbständigen Teilfürstentümer verdrängt wurden. Dumazugehörigkeit blieb stets von macht- und leistungsbezogenen Kriterien abhängig. In der NO-Rus' des 14./15. Jh. gehörten zur Duma v. a. jene Vertreter des hohen Adels, die gleichzeitig in der Hof- bzw. Landesverwaltung wichtige Positionen innehatten. Der höchste Dumarang war der des *bojarin*, ihm untergeordnete Ränge waren in Moskauer Zeit die *okol'-ničie*, die Dumadvorjanen (*dumnye dvorjane*) und die Dumad'jaken (*dumnye d'jaki*). Unter den Moskauer Herrschern läßt sich eine gewisse Vorliebe für die Beratung im engen Kreis von ca. 10–15 Teilnehmern (*bližnjaja duma*) beobachten. Als Instrument des Fs.en zur Herrschaftsausübung hat sich die Bojarenduma nicht zu einer ständ. Institution weder des Hochadels noch viel weniger des Gesamtadels weiterentwickeln können. Daß sich period. stattfindende Dumasitzungen nicht nachweisen lassen, und die Beratungen in der Regel ad hoc abgehalten wurden, hängt auch damit zusammen, daß eine rechtl. Verpflichtung des Fs.en zur Beratung nicht bestand. Aus Kiever Zeit (bis 1241) sind aber Fälle überliefert, da Gefolgsleute ihren Fs.en verließen oder sich weigerten, seinen Entscheidungen Folge zu leisten, wenn diese ohne ihre Beteiligung oder gegen ihren Willen zustande gekommen waren. Der konkrete Anteil der Bojarenduma an Gesetzgebung, Verwaltungsakten und polit. Entscheidungen war bei verschiedenen Fs.en und zu verschiedenen Zeiten unterschiedl. groß, im allgemeinen aber immer ziemlich bedeutend. Als höchstes, einem kleinen Kreis engster Vertrauter des Fs.en vorbehaltenes Beratungsgremium stand die B. für den Adel in der Machtwertskala stets ganz obenan. H. Rüß

Lit.: V. O. Ključevskij, Bojarskaja duma drevnej Rusi, 1919 – G. Alef, Reflections on the Boyar Duma in the Reign of Ivan III., The Slav. and East Eur. Rev. 45, 1967, 76–123 – H. Rüss, Adel und Adelsoppositionen im Moskauer Staat, 1975 – A. A. Zimin, Knjažeskaja znat' i formirovanie sostava Bojarskoj dumy vo vtoroj polovine XV-pervoj treti XVI v., IstZap 103, 1979, 195–241 – W. Philipp, Zur Frage nach der Existenz altruss. Stände, FOG 27, 1980, 64–76.

II. Großfürstentum Litauen: Eine B., d. h. einen den Teilfürsten zur Seite stehenden Kreis von einflußreichen Bojaren, muß es schon vor der Ausdehnung litauischer Herrschaft über einen Teil des ehem. Reiches von Kiev gegeben haben. Diese Bojaren konnten ihre Stellung behaupten, weil noch auf lange hinaus eine zentrale gfsl. Verwaltung in Litauen fehlte und die neuen Herren sich auf sie stützen mußten, obwohl sie auch versuchten, eigene Leute als Statthalter, Vögte usw. einzusetzen. Schon bald bildete sich eine Schicht von Magnaten (*barones, satrapae, baiores magni, grosze, eldeste, beste baioren, bojare velikie*) heraus, die seit dem 15. Jh. mit der poln. Bezeichnung *pany* ('Herren') erscheinen. Mit den Familien der Teilfürsten verschwägert, bildeten sie eine herausgehobene Adelsschicht, die vom Gfs.en gelegentl. als Ratgeber herangezogen wurden. Seitdem die Gfs.en röm. Christen geworden waren, wurde zw. den kath. Litauern und den orth. Ostslaven eine Schranke errichtet und diese von dem sich allmähl. bildenden gfsl. Rat (in westruss. Kanzleisprache → *Rada* genannt) ausgeschlossen, obwohl es gelegentl. auch orth. Magnaten gab, die ihm angehörten. Erst gegen Ende des 15. Jh. erlangten sie die Gleichberechtigung in polit. und rechtl. Hinsicht, blieben aber auch jetzt von bestimmten hohen Landesämtern ausgeschlossen. Erst im 16. Jh. wurden sie den Katholiken gleichgestellt und erhielten Zugang zur Rada. M. Hellmann

Lit.: vgl. →Bojaren.

Bokenham, Osbern, *um 1393, † um 1464, me. Dichter, Augustiner in Stock Clare (Suffolk), zählte sich selbst zur Chaucer-Nachfolge, verfaßte im Auftrag von Freunden oder Mäzenen 13 gereimte Legenden über weibl. Hl.; hierbei handelt es sich um Übers. oder Paraphrasierungen der →»Legenda aurea«. Die einzige erhaltene Hs., BL Arundel 327, bietet ein wichtiges Beispiel für die Mundart der südöstl. Midlands. B. behauptet in seiner »Mappula Angliae«, einer Übersetzung von Teilen des »Polychronicon« von →Ranulph Higden, daß er noch eine weitere Übersetzung bzw. Bearbeitung der »Legenda aurea« angefertigt habe; neuere Forschungen neigen dazu, diese Aussage für zutreffend zu halten. J. Finnegan

Bibliogr.: Renwick-Orton, 372 – NCBEL 1, 649–650 – Manual ME, 2, IV, 1970, 422–426, 434f., 558–560 [Nr. 3 und 6] –Q.: M. S. Serjeantson, Legendys of Hooly Wummen, EETS 206, 1938 – C. Horstmann, Mappula Angliae, EStn 10, 1887, 1–34 – Lit.: S. Moore, Patrons of Letters in Norfolk and Suffolk c 1450, PMLA 27, 1912, 188–207; 28, 1913, 79–105 – M. Jeremy, Engl. Prose, Translation of the Legenda Aurea, MLN 59, 1944, 181 ff. – Ders., Caxton and the Synfull Wretche, Traditio 1, 1946, 427 ff. – T. Wolpers, Die engl. Heiligenlegende des MA, 1964, 323 ff.

Bolanden, Herren v., ein vermutl. aus der Mainzer Dienstmannschaft hervorgegangenes und seit 1128 nachweisbares Reichsministerialengeschlecht (→Ministerialen) im rheinhess.-pfälz. Raum. Der Stammburg am Donnersberg wurde 1206 durch die Burg Neubolanden ersetzt. Als Hauskloster diente das seit 1129 bezeugte und nach der Observanz von →Springiersbach lebende Chorherrenstift Bolanden, um 1160 nach Hane verlegt und in den 70er Jahren des 12. Jh. gegen das Frauenstift Rodenkirchen ausgetauscht; beide schlossen sich dem Prämonstratenserorden an. Zentren des im ganzen Mittelrheingebiet verstreuten Besitzes der B. waren Lehen und Vogteien der Reichsgutsbezirke um den Donnersberg, um Nierstein und Gernsheim sowie das Ingelheimer Reich. Sie besaßen die Hauptvogtei der Kl. und Stifte Ingelheimerhausen, St. Nikomedien in Mainz, Voivre, Marieborn, Bolanden/Hane und Rodenkirchen; das nach verschollenen Vorlagen 1250/60 zusammengestellte Lehnbuch der B. verzeichnet 21 Burgen und 45 Lehnsherren. Die Hauptlinie erlosch im Mannesstamm 1376. Die 1199 abgespaltene Seitenlinie Hohenfels (unweit von Donnersberg) lebte bis 1602 fort; die wahrscheinl. schon 1398 entstandene Seitenlinie Falkenstein (westl. von Donnersberg), die 1258 das Ministerialengeschlecht Münzenberg beerbte, die Landvogtei der Wetterau und die Reichsvogtei im Dreieichforst innehatte und 1398 in den Reichsgrafenstand aufstieg, dauerte bis 1407.

An bedeutenden Persönlichkeiten ist →Werner (II.) zu nennen; seit 1170 regelmäßig im Gefolge Friedrich Barbarossas auf westdt. Hoftagen, neben dem Pfgf.en die Hauptstütze der stauf. Territorialpolitik am Mittelrhein, wußte er die gegen das Mainzer Erzstift gerichtete Politik zum Ausbau des eigenen Hauses zu nutzen; selbst noch mit der Schwester des Mainzer Kämmerers verheiratet, waren seine Söhne bereits (erstmalig für Ministerialen) Schwäger von adligen Dynasten. Im Dienst Heinrichs VI. sind die B. auch nicht mehr anzutreffen. Im Zuge des Thronstreites gewannen sie durch die Bischofswahl ihres Verwandten →Siegfried I. v. Eppstein einen dominierenden Einfluß auf das Mainzer Erzstift und begünstigten vorübergehend die Welfen und später entschiedend Friedrich II. am Mittelrhein. →Werner (III.) führte seit 1212 den Titel des Reichstruchseß und gehörte zu dem Gremium, das für den unmündigen Heinrich (VII.) die Reichsgeschäfte besorgte. Während des Endkampfes der Staufer am Mittelrhein blieb die Familie polit. gespalten. Werner (IV.) aus der Hauptlinie trat schon 1243 auf die Seite des Mainzer Ebf.s über, sein Bruder Philipp v. Falkenstein erst 1249; die Familie hatte wieder so viel Einfluß auf den Mainzer Erzstuhl, daß sie im Familienmitglied →Christian (II.) 1249 den neuen Ebf. stellen konnte. Philipp v. Hohenfels dagegen führte 1249 die kleineren Ministerialen an, verteidigte →Boppard erfolgreich für Konrad IV. und wechselte erst 1252 die Partei. Zusammen mit seinem Vetter Philipp v. Falkenstein beteiligte er sich an den Vorbereitungen zur Gründung des Rheinischen Städtebundes von 1254. Der Falkensteiner Vetter fungierte seit 1246 als Verwalter des Reichsamtes →Trifels und wurde vom dt. Kg. Richard v. Cornwall zum Reichstruchseß und schließlich zum Reichskämmerer ernannt. O. Engels

Q.: W. SAUER, Die ältesten Lehnbücher der Herrschaft B., 1882 – *Lit.*: E. JACOB, Unters. über Herkunft und Aufstieg des Reichsministerialengeschlechtes B. [Diss. Gießen 1936] – BOSL, Reichsministerialität I, 260–274 und passim – K. E. DEMANDT, Der Endkampf des stauf. Kaiserhauses im Rhein-Main-Gebiet, HJL 7, 1957, 102–164 – W. H. STRUCK, Aus den Anfängen der territorialen Finanzverwaltung. Ein Rechnungsfragment der Herren v. B. um 1258/62, Archival. Zs. 70, 1974, 1–21 – A. ECKHARDT, Das älteste Bolander Lehnbuch. Versuch einer Neudatierung, ADipl 22, 1976, 317–344 – W. PETERS, Springiersbacher Einflüsse in der Mainzer Erzdiözese. Zur Observanz des Kanonikerstiftes Bolanden in der ersten Hälfte des 12. Jh., Archiv für mittelrhein. Kirchengesch. 30, 1978, 91–99.

Bolchen (Bollei, Bolhe, frz. Boulay), Stadt und Herrschaft in Lothringen (Frankreich, Dép. Moselle), im 12. Jh. erstmals als von den Herren v. Finstingen lehensrührig erwähnt. Die ersten Lehensträger waren die lux. Herren von Feltz, die den Namen ihres Lehens annahmen und durch Erwerbung von Pfandschaften und Vogteien eine ansehnliche, aber nicht zusammenhängende Herrschaft bildeten, die 1614 zur Gft. erhoben wurde. 1322 verlieh Johann v. B. den Bewohnern einen Freiheitsbrief. B. erscheint zunächst als Burglehen von Falkenberg, Kuno v. B. scheint nach 1342 den Lehensverband mit Falkenberg gelöst zu haben. 1384 mußte Gerhard v. B. dem Hzg. v. Luxemburg das Öffnungsrecht in B. einräumen, gleichzeitig scheint die lux. Lehenshoheit, die die Herren v. B. schon längere Zeit für andere ihrer Besitzungen anerkannten, auf B. ausgedehnt worden zu sein. Nach dem Tode Gerhards v. B. fiel B. an seine Tochter Irmgard, vermählt 1420 mit Johann v. Rodemachern. Gerhard v. Rodemachern überließ B. vor 1462 seiner Tochter Elisabeth, vermählt mit Friedrich Gf. v. Moers. In den burg.-frz. Kriegen ergriffen die Inhaber von B. wiederholt Partei für Frankreich mit der Folge, daß 1492 alle Rodemacher'schen Besitzungen einschließl. B. wegen Felonie von Maximilian eingezogen wurden. Zw. 1488 und 1503 kaufte der Hzg. v. Lothringen nach und nach alle Rechte an B. auf und verleibte es seinem Hzm. ein. H.-W. Herrmann

Lit.: Reichsland Elsaß-Lothringen III, 1901–03, 117–119 – F. GUIR, Hist. de Boulay, 1933.

Boleslav

1. B. I., *Fs. v. Böhmen*, Regierungsantritt wahrscheinl. nach dem 28. Sept. 929, † 5. Juli 967 oder 973?, Sohn des böhm. Fs.en →Vratislav und der Hevellerfürstin →Drahomira, nach mehreren Quellen jüngerer (nach einer Quelle älterer) Bruder des hl. →Wenzel; ∞ eine sonst nicht näher bekannte Biagota; Söhne: →Boleslav II., Strachkvasa (Christian); Töchter: Dobrava, Mlada (Maria). B.s Regierungsantritt geht der Brudermord an Wenzel voraus, der in Stará Boleslav (Altbunzlau), höchstwahrscheinl. am 28. Sept. 929, erfolgte. Diese Datierung entspricht den Angaben bei →Christian, bei →Kosmas v. Prag und der Analyse der Angaben in der nordruss. (Minei-) Version der ersten kirchenslav. Wenzelslegende. Die von den Angaben bei →Widukind v. Corvey abgeleitete Datierung 935 oder 936 wird demgegenüber von FIALA vertreten. Als B., der vor 929 in der von ihm gegr. Burg Stará Boleslav residierte, 936 das Gebiet eines »vicinus subregulus«, dessen Herrschaftsgebiet in der Forschung umstritten ist (wahrscheinl. Stammesfürst der »Charvátci« im nordöstl., vermutl. eher als im westl. Böhmen), überfiel, wandte sich jener (nach Widukind) an Otto I. und bat um Hilfe. Der sich daraus entwickelnde Konflikt zw. Otto I. und B. dauerte 14 Jahre und wurde nach dem 16. Juli 950 durch einen Friedensschluß in der Burg Nova (lt. Widukind), wohl ident. mit Niuunburg (vgl. D. O.I. 126), beendet (wahrscheinlichste Lokalisierung: Mladá Boleslav/Jungbunzlau). Der Frieden verpflichtete B. zu Tribut und Heerfolge (955 gegen die →Ungarn auf dem →Lechfeld und gegen die Elbslawen an der →Raxa) und leitete die polit. Zusammenarbeit mit dem Ottonenreich ein; er ermöglichte B. aber auch die Erweiterung seines Machtbereichs. Die Eroberung des Kouřimer (Zličanen-) Fürstentums (nach archäolog. Forschungen wurde der Burgwall Stará Kouřim durch Kämpfe und Brand zerstört) gelang ihm jedoch nicht. In O- und S-Böhmen behauptete sich die Herrschaft Slavníks (vermutl. schon vor 955 bis 995). B. prägte nach 955 die ersten Prager Denare. Die Ehe, die 965 B.s Tochter Dobrawa mit dem poln. Herrscher Mieszko I. aus dem Haus der →Piasten einging, besiegelte die enge Interessengemeinschaft beider Mächte und führte Polen 966 mit der Taufe Mieszkos in die lat. Christenheit. B.s Todesdatum bleibt strittig. →Böhmen. R. Turek

Lit.: SłowStarSłow I, 1961, 142 [G. LABUDA, mit Lit.] – V. NOVOTNÝ, České dějiny I/1, 1912 – Z. FIALA, Über zwei Fragen der alten böhm. Gesch., SbornHist 9, 1962, 63 ff. – DERS., Přemyslovské Čechy, 1965, 1975² – DERS., Über den privaten Hof B. I. in Stará Boleslav in der Christian-Legende, MBohem 3/1970, 1971, 3 ff. – BOSL, Böhm. Länder, bes. 215 f. – F. V. MAREŠ, Das Todesjahr des hl. Wenzel in der I. kirchenslav. Wenzelslegende, WslJb 17, 1972, 199 ff. – R. TUREK, Böhmen im Morgengrauen der Gesch., 1974 – DERS., Zur Problematik des Reflexes der früh-ma. materiellen Kultur in den böhm. Q. des 10. Jh. (Vědecké práce Zemědělského muzea 18, 1979), 47 ff.

2. B. II., *Fs. v. Böhmen* 967 (973?)–999, † 999, aus dem Hause der Přemysliden, Sohn →Boleslavs I.; B. II. erhielt wegen seiner geistl. Stiftungen (angebl. 20 Kirchenbauten) den Beinamen »der Fromme«; ∞ Emma († 1006), Herkunft umstritten (bayer.?, burg.? oder ident. mit westfrk. Kgn. →Emma ?). Eine erste Ehe mit der ags. Prinzessin Adiveva = Ælfgiffa ist unbewiesen. Söhne: →Boleslav III. († 1037), →Jaromír († 1035) und Oldřich (→Udalrich, † 1034). – Während B.s Regierung fand 973 die Errichtung des Bm.s →Prag als Suffraganbm. von →Mainz ihren Abschluß; erste Bf.e waren der Sachse →Thietmar (geweiht 976) und der hl. →Adalbert (geweiht 29. Juni 983). – B. geriet wegen seiner Unterstützung der Politik der bayer. Ottonen, namentl. des Aufstände →Heinrichs des Zänkers, in militär. Auseinandersetzungen mit Otto II. (975, 976, 977) und mit dem Mgf.en v. →Meißen (976, 984–985); seit 980 waren auch B.s Beziehungen zu Polen durchweg feindlich. Die innerböhm. Verhältnisse blieben bis zum Tod →Slavníks († 981), des Fs.en v. →Libice, der NO-Böhmen und vielleicht auch Südböhmen beherrschte, ruhig; Slavníks Sohn →Soběslav (→Slavnikiden) strebte jedoch nach voller Selbständigkeit, wobei er sich polit. an →Sachsen und →Polen orientierte. Diese Politik der Slavnikiden führte zu krieger. Spannungen und behinderte auch die Amtstätigkeit des Bruders des Soběslav, Adalberts, Bf. v. Prag, der zweimal nach Italien emigrierte (987–992, 994). Während des Feldzuges Ottos III. gegen die →Abodriten, an dem sowohl Truppen B.s als auch Soběslavs teilnahmen, wurde die Burg Libice kurz vor dem St.-Wenzels-Fest (28. Sept.) von Leuten B.s überfallen und alle anwesenden Mitglieder des Slavnikiden-Hauses ermordet. Soběslav blieb am poln. Hof. Trotz der polit.-kirchl. Wirren in Böhmen wurden in dieser Zeit drei Kl. gegründet: St. Georg in Prag, St. Bonifatius und Alexius in Prag-Břevnov (um 993, der Bau ist jedoch jünger); kurz vor seinem Tode stiftete B. das Kl. Ostrov südl. von Prag→Böhmen.

R. Turek

Lit.: V. Novotný, České dějiny I/1, 1912 – Z. Fiala, Přemyslovské Čechy, 1965, 1975 – P. Hilsch, Der Bf. v. Prag und das Reich in sächs. Zeit, DA 28, 1972, 1–41 – R. Turek, Böhmen im Morgengrauen der Gesch., 1974 – F. Dumas, Emma regina (Actes du 8ᵉ Congr. Internat. de Numismatique, New York-Washington 1973), 1976, 405ff. – Zu Emma vgl. künftig auch die Arbeit von J. Hásková [in Vorber.].

3. B. III., *Fs. v. Böhmen* 999–1002 und 1003, † 1037 in poln. Haft, Sohn →Boleslavs II. B.s unfähige Regierung führte bald zu inneren Streitigkeiten. Seine Angriffe auf den Bf. v. Prag, Thiddag, einen ehemaligen Mönch aus Corvey, führten zu Interventionen Mgf. Ekkehards I. Meißen. B. verfolgte seine Brüder, →Jaromír und Oldřich (→Udalrich); Jaromír wurde entmannt, und Oldřich floh mit seiner Mutter nach Bayern zu Hzg. Heinrich (seit 1002 dt. König). Als sich in Böhmen das fürstliche Gefolge gegen B. erhob, erhoffte B. sich Hilfe vom Mgf.en des Nordgaues Heinrich, der ihn jedoch gefangensetzte und 1003 an→Bolesław I. Chrobry auslieferte. In Böhmen war inzwischen Vladivoj (Wlodowei), ein Verwandter der Přemysliden, zum Herrscher gewählt worden, dem nach seinem baldigen Tod Jaromír gefolgt war. Darauf führte 1003 Bolesław I. Chrobry B. nach Böhmen zurück und brachte ihn erneut an die Macht. Als B. aber bald darauf seinen Schwiegersohn tötete, folgte ein neuer Aufstand des Gefolges, d. Bolesław Chrobry zum Anlaß nahm, die Regierung in Böhmen selbst zu übernehmen; Bolesław Chrobry ließ B. in Polen blenden und einkerkern, wo er 1037 starb.→Böhmen. R. Turek

Lit.: V. Novotný, České dějiny I/1, 1912 – R. Holtzmann, Gesch. der sächs. Kaiserzeit, 1961⁴ – Bosl, Böhm. Länder, bes. 220f.

Bolesław

1. Bolesław I. Chrobry, *Kg. v. Polen*, * 965/967, † 17. Juni 1025, ⌐ in Posen (?), Dom. Eltern: →Mieszko I., Fs. v. Gnesen († 25. Mai 992), und die Přemyslidin →Dobrawa (Dąbrówka, Dubrovka, † 977), Tochter Boleslavs I. v. Böhmen; Alleinherrscher nach dem Tod des Vaters; Krönung 1025. ∞ 1. Tochter des Mgf.en Rikdag v. Meißen um 983/984; 2. Tochter eines ung. (arpad.?) Fs.en um 985/986; 3. →Emnilda (Emnildis), Tochter des »senior« →Dobromir 987 († 1017); 4. Oda, Tochter des Mgf.en Ekkehard v. Meißen seit 3. Febr. 1018 († nach 1025). Kinder: von 1.: Tochter (* um 984), ∞ Fs. v. Pommern; Sohn (* 985), Mönch in Italien; von 2.: →Bezprým (*986, †nach 1032), Fs. v. Polen 1031; von 3.: Tochter (*988), Äbt. 1017; →Regelindis (*989, †nach 1014), ∞ 1002 Mgf. →Hermann v. Meißen; →Mieszko (II.) Lambert (*990, † 10. Mai 1034), Kg. v. Polen 1025, ∞→Richeza († 21. März 1063), Tochter des Pfgf.en →Ezzo und der Schwester Ks. Ottos III., Mathilde; Tochter (*um 995, † nach 1018), ∞ zw. 1009/1012 Svjatopolk v. Kiev; Otto (*vor 1000, † 1033); von 4.: Mathilde (*1018/19, †nach 1036), ∞ 18. Mai 1035 mit Otto v. Schweinfurt.

Die Ehe Mieszkos I. mit Dobrawa war das Ergebnis eines von Mgf. →Gero 963/964 herbeigeführten Interessenausgleichs zw. dem Reich und den konkurrierenden slav. Mächten; sie besiegelte das Bündnis zw. Böhmen und Polen, band den Piastenstaat an das Reich (Tribut) und leitete die Taufe Mieszkos I. und seines Landes (966) ein. Dobrawa gab ihrem Sohn den Namen ihres Bruders (Thietmar IV, 56), der zum beliebtesten Namen in der Piastendynastie wurde. Die feierl. Haarschur des Knaben nutzte der Vater, um mit der Übersendung der Locken B. symbol. unter die Obhut des Papstes zu stellen, vermutl. damals, als er auf Befehl Ks. Ottos I. B. als Geisel nach Deutschland schickte (Ostern 973); wo und wie lange B. sich dort aufhielt, ist nicht bekannt. Nach dem Tode der Mutter (977), als die Spannungen zum Prager Hof zunahmen und das Verhältnis zum Reich und zu den sächs. Grafenfamilien sich komplizierte, mit deren mächtigsten, den Mgf.en v. →Haldensleben, Mieszko sich durch seine Ehe mit Oda verband, als die Unterwerfung Pommerns zum Abschluß kam (vor 980) und Kiev die Czerwiener Burgen 981 annektierte, wuchs B. zu einer unentbehrl. Stütze des Vaters heran, dessen polit. Vorstellungen und Ziele ihn entscheidend prägten.

Die drei Ehen, die B. zw. 983 und 987 schloß, dienten der Absicherung piast. Interessen, wofür – außer den Arpaden – v. a. das Bündnis mit den jeweiligen Herren von Meißen erforderlich war (983 mit Mgf. Rikdag; 987 mit Mgf. →Ekkehard I.). Die bislang umstrittene Frage nach der Herkunft der 3. Gemahlin B.s und das rätselhafte nahe Verwandtschaftsverhältnis zw. Piasten und Ekkehardinern lassen sich einleuchtend und widerspruchsfrei klären, wenn man die Herrschaft des »senior Dobromir« nicht in Kleinpolen (Łowmiański) oder Pommern, sondern im Elbslavengebiet (Zakrzewski, Widajewicz, Grabski), genauer im östl. Vorfeld der Mark →Meißen (Lausitz und Milsener Land), sucht (Ludat). Das Bündnis das 987 Piasten und →Ekkehardiner zur Wahrung ihrer Interessen hier durch eine Doppelhochzeit (B. mit Emnilda und ihre Schwester mit Gf. →Gunzelin, dem Bruder Mgf. Ekkehards) besiegelten, war zugleich gegen Böhmens Ansprüche gerichtet. Diese zielbewußte Politik einer engen Zusammenarbeit mit dem Reich im Markengebiet zw. Elbe und Oder im Kampf gegen die heidn. →Lutizen, für die Mieszko wohl auch die Aufgabe des 985 abgesetzten Mgf.en der Nordmark, Dietrichs v. Haldensleben, übernommen hatte (986 Lehnseid; Necr. Fuld.: 992: »Miseco marchio obiit«), brachte ihm schließlich mit der Abtrennung Schlesiens und des Krakauer Landes (990/991) von Böhmen die seit langem angestrebte Arrondierung des Piastenstaates bis zum Kamm der Sudeten und Karpaten ein.

Als Mieszko 992 starb, setzte B. als Senior diese erfolgreich erprobte Politik nahtlos fort: Der Versuch Odas, den Anspruch ihrer Söhne gegen B.s Alleinherrschaft mit Kiever Hilfe durchzusetzen, mißlang und endete mit der Vertreibung aller ihrer Anhänger (1033 wurde bei der Teilung Polens der Erbanspruch berücksichtigt). Weder dieses Problem noch der Gegensätze zw. Piastenhof und Reichsregierung in der Frage der künftigen Kirchenorganisation (990/991 →Dagome-iudex-Dokument mit der Unterstellung der Civitas Schinesghe [→Gnesen] unter den Apostol. Stuhl gegen die Magdeburger Metropolitananspruche [→Magdeburg] auf alle Gebiete östl. der Oder; 995 Meißener Bistumsplan, der Teile Schlesiens und Böhmens zu einer eigenen Diöz. vereinen sollte), noch gelegentl. Schwankungen der Reichspolitik, die um Erhaltung des Gleichgewichts zw. Böhmen und Polen bemüht war, konnten B.s Verhältnis zum Reich beeinträchtigen. Seit dem Sommer 995 nahm B. auch persönl. an der Seite Kg. Ottos III. den Kampf gegen die Lutizen und →Abodriten wieder auf, zusammen mit→Soběslav, dem Haupt der Opposition in Böhmen, der so dem Blutbad unter den →Slavnikiden in →Libice (29. Sept. 995) entging.

Dieses Ereignis machte alle Vermittlungsversuche zw. Piasten und Přemysliden (wie z. B. Meißener Bistumsplan Dez. 995) hinfällig. Die Einsicht, die Probleme an der Ostgrenze mit herkömml. Mitteln nicht mehr lösen zu können, bestärkte Otto III. in der Aufnahme des →Renovatio-Konzepts (996/997): Nach byz. Modell sollte das östl. Vorfeld des Reiches durch Bande geistl. und leibl. Verwandtschaft mit fremden Dynastien gesichert werden; anstelle einer kirchenpolit. Ausweitung des Reiches (»Germania«) sollte der Osten des Imperium Romanum durch ein selbständiges Glied, die »Sclavinia (Slavania)«, repräsentiert sein, eine Lösung, die den Wünschen B.s voll entsprach. Das Martyrium des Prager Bf.s →Adalbert im Lande der →Prußen (23. April 997) beschleunigte die Realisierung dieses Konzepts: B. ließ den Leib Adalberts bergen und in Gnesen feierlich beisetzen; das Band w. Ks. Otto und B. festigte der gemeinsame Eifer, die Verehrung des neuen Martyrers und seine Heiligsprechung (999) zu betreiben. Nach sorgfältigen Vorbereitungen, an denen B.s Unterhändler in Rom mit dem Bruder Adalberts, →Radim-Gaudentius (2. Dez. 999 archiepiscopus Sancti Adalberti), an der Spitze beteiligt waren, erfuhr die Politik B.s mit der Wallfahrt, die Ks. Otto im Einvernehmen mit dem Papst als servus Jesu Christi zum Grab Adalberts Ende 999 von Italien aus antrat, ihren größten Triumph: B. empfing den Ks. und sein Gefolge am Bober bei Eulau und geleitete ihn nach Gnesen, wo während der Feierlichkeiten im März 1000 mit der Errichtung des Ebm.s →Gnesen unter Leitung Radims, mit den Suffraganen in →Krakau, →Breslau und →Kolberg, zugleich die Eingliederung der →Sclavinia (Polonia seit Anfang des 11. Jh.) in das Imperium vollzogen wurde: B. als amicus und socius, als cooperator des Ks.s, erhielt von diesem in der Verfügungsgewalt über die eigenen und die künftig in den Missionsgebieten noch entstehenden Bm.er ksl. Rechte (als Patricius?) zugewiesen und als Herrschaftszeichen und Symbol für die Aufgabe als →defensor ecclesiae eine Nachbildung der →hl. Lanze überreicht, wofür B. dem Ks. ein Armreliquiar des hl. Adalbert schenkte. Mit der Taufe von B.s jüngstem Sohn auf den Namen des Ks.s und der Absprache über die Ehe seines Sohnes Mieszko Lambert mit →Richeza, der Nichte des Ks.s, wurde die Piastendynastie in die »Familie der Könige« aufgenommen. Wohl auch nach byz. Vorbild setzte der Ks. ein imperiale diadema »in amicicie foedus« (Gall I, 6) B. aufs Haupt. Als Rangerhöhung vom tributarius zum dominus wertete Thietmar v. Merseburg den Akt von Gnesen. B. gab dem Ks. das Geleit bis Aachen, wo er gewiß Zeuge der Öffnung des Grabes Karls d. Gr. war (Ademar v. Chabannes: Schenkung des Thrones Karls d. Gr. an B.; vgl. →Renovatio). Der Tod Ks. Ottos III. (24. Jan. 1002), der Thronstreit und die Ermordung des Mgf.en Ekkehard v. Meißen (30. April 1002) erschütterten auch die Grundfesten der piast. Politik.

In der Kandidatur Heinrichs v. Bayern mußte B. die Gefahr eines Wiederauflebens traditioneller bayer.-böhm. Kooperation (→Heinrich d. Zänker) sehen, die den Besitz Schlesiens und des Krakauer Landes sowie der Rechte im Markengebiet in Frage stellen konnte: Im Einvernehmen mit den Ekkehardinern, das durch die Ehe seiner Tochter Regelindis mit Gf. Hermann, dem ältesten Sohn des ermordeten Ekkehard, erneut bekräftigt wurde, besetzte B. im Mai 1002 rasch und ohne Widerstand die →Lausitz, die Mgf. →Gero II. unterstand, und das →Milsener Land, die er auf dem Hoftag v. →Merseburg (25. Juli 1002), wo er Kg. Heinrich II. huldigte, zu Lehen erhielt, aber auf Meißen verzichten mußte, das der Kg. Ekkehards Bruder, Mgf. Gunzelin, zusprach. Das Mißtrauen zw. B. und dem Kg. verstärkten die Vorgänge in Böhmen: Hzg. →Boleslav III. war in Adelskämpfen vertrieben und durch Vladivoj ersetzt worden, der Ende 1002 Kg. Heinrich huldigte, aber kurz darauf starb; als Jaromír eingesetzt wurde, vertrieb Boleslav III. seinen Bruder mit poln. Hilfe, mußte aber erneut am Piastenhof Schutz suchen, wo B. ihn blenden ließ und danach selbst die Herrschaft in Böhmen übernahm. Der Kg. forderte die Huldigung (ut ius antiquum poscit), die B. verweigerte, vielleicht weil er Böhmen als Bestandteil der Sclavinia ansah und auf die Fürstenopposition im Reich setzte. Der Kg. beantwortete diese Herausforderung durch das Bündnis mit dem Erzfeind des Reiches, den heidn. Lutizen, was die Abkehr vom Konzept Ottos III. bedeutete: Anstelle der gemeinsamen Bekämpfung der Heiden entbrannte nun fast 15 Jahre dauernder Krieg zw. B. und Heinrich II.; für B. galten die Abmachungen von Gnesen, und er trat für seine Aufgabe und Teilhabe am chr. Universalreich ein; der Kg. berief sich auf die Konzeption Ottos d. Gr. und kämpfte für die Revision des Akts von Gnesen (Aufhebung der eigenen Kirchenorganisation zugunsten der Magdeburger Ansprüche sowie der Sonderstellung B.s). Die Hoffnungen B.s auf Erfolge der Gegner Kg. Heinrichs erfüllten sich nicht: Bereits 1004 wurde B. aus Böhmen (Mähren blieb piast.) vertrieben, wobei Sobieslav, der Bruder Adalberts, ums Leben kam; →Jaromír wurde vom Kg. wieder eingesetzt. Im Herbst mußte B. auch das belagerte →Bautzen aufgeben und aus dem Markengebiet weichen. Ein Feldzug (Spätsommer 1005) zwang B. zum Frieden, den der Magdeburger Ebf. →Tagino im Auftrag des Kg.s in Posen abschloß und in dem B. wahrscheinl. seine Ansprüche auf Böhmen und das Markengebiet preisgab. Damals, vor 1007, verlor B. auch die Herrschaft über Pommern.

B.s Verhandlungen (Lutizenbund, Wollin) und Intrigen am Prager Hof (→Udalrich suchte bei B. Schutz vor seinem Bruder →Jaromír) verleiteten den Kg., B. erneut den Krieg (1007–13) zu erklären: B., darauf vorbereitet und gerüstet, besetzte die verlorenen Marken und führte Raubzüge bis in die Nähe von Magdeburg, während Kg. Heinrich II., in jahrelange Streitigkeiten im Reich verstrickt, sich auch der Diplomatie B.s nicht gewachsen zeigte: Vom Piastenhof aus forderte →Brun v. Querfurt (1007/08) den Kg. auf, den schändl. Krieg im Bunde mit den Heiden sofort zu beenden und sich mit B., den er als Ideal des chr. Herrschers mit Konstantin und Karl verglich, der Mission zu widmen. B.s Einfluß auf die →Heveller und Lutizen sowie den Prager Hof (Udalrich löste 1012 Jaromír ab) und seine engen Beziehungen zur sächs. Aristokratie und Kg. Heinrichs Gegnern im Reich (Pfgf. →Ezzo) nährten die Abneigung gegen den Krieg und ließen keine erfolgreiche Offensive (1010 Vorstoß bis Glogau) mehr zu. Gunzelins Verbannung (1009–17) bedeutete keinen Rückschlag für die Politik B.s, da →Hermann, B.s Schwiegersohn, die Nachfolge in Meißen antrat. Der für den Spätsommer 1012 vom Kg. angesetzte Feldzug unterblieb nach Absprachen mit Ebf. Walthard v. Magdeburg und den sächs. Großen; ebenso aber auch der erwartete Vorstoß B.s über die Elbe: Kg. Heinrich verhandelte mit den Lutizen und beendete plötzlich den erbitterten Streit mit Ezzo, gab die Mathildischen Erbgüter heraus und beschenkte Ezzo mit Kaiserswerth, Duisburg und Saalfeld, offenbar um ihn für seine Verdienste bei den Vermittlungs- und Friedensverhandlungen mit B. zu belohnen. Der Friede wurde Pfingsten 1013 in Merseburg gefeiert und mit der Hochzeit der Tochter Ezzos, Richeza, mit B.s designiertem Nachfolger Mieszko besiegelt. B. huldigte dem Kg. für die Belehnung mit der Lausitz und dem Milsener Land.

Der Friede war jedoch nur von kurzer Dauer: Der Feldzug B.s im Sommer 1013, den er – auch mit dt. Kontingenten – zur Befreiung seines Schwiegersohnes →Svjatopolk (Fs. v. Turov) gegen →Kiev unternahm, blieb erfolglos; eine Teilnahme am Romzug des Kg.s verweigerte er; die Forderung Heinrichs, sich vor ihm zu rechtfertigen, beantwortete er mit der Aufkündigung der Lehenspflicht. Den (3.) Krieg (1015–18) eröffnete Heinrich II. (seit 1014 Ks.) mit Lutizen und Böhmen verbündet, erlitt aber am Bober eine schwere Niederlage, die das Heer zur Umkehr zwang, während B.s Sohn Mieszko vor Meißen zog, es aber nicht erobern konnte. Die Aufgaben Ks. Heinrichs im Westen, Burgund und Italien und der Interessen B.s in Kiev (nach →Vladimirs Tod 1015) machten beide verhandlungsbereit. B.s Beharren, nur auf dem Boden der umstrittenen Marken zu verhandeln, weckte erneut des Ks.s Mißtrauen; er verbündete sich mit →Jaroslav v. Kiev und →Stephan v. Ungarn, deren Feldzüge jedoch keine Entlastung brachten, und griff mit lutiz. und böhm. Kontingenten→Glogau und→Nimptsch vergebl. an, während B. von Breslau aus das Kriegsgeschehen verfolgte. Die Unlust der sächs. Großen, der drohende Aufstand der Abodriten und die Gefahren in Italien zwangen Ks. Heinrich zu einem raschen Frieden, der am 30. Jan. 1018 in →Bautzen abgeschlossen und durch die 4. Ehe B.s mit Oda, der jüngsten Tochter Mgf. Ekkehards, die ihm sein eigener Sohn Otto nach Zützen zuführte, besiegelt wurde. Diese Ehe bekräftigte die traditionelle Freundschaft zw. beiden Dynastien (seit 987) und bestätigte B. im freien Besitz von Lausitz und Milsener Land. Die Stellung B.s glich der beim Akt von Gnesen i. J. 1000: Der Ks. verband sich mit B., der, von dt. und ung. Truppen begleitet, nicht nur Jaroslav aus Kiev vertrieb und Svjatopolk dort wieder einsetzte, sondern zugleich damit eine – allerdings erfolglose – Aktion des westl. Imperiums gegen Byzanz ausführte (Thietmar VIII, 33), mit dem damals Ks. Heinrich in Italien kämpfte. Der Rückgewinn der Czerwiner Burgen (1019) wurde kurz darauf (vor 1022) durch den Verlust Mährens an die Přemysliden ausgeglichen. Das Verhältnis B.s zum Ks. blieb offenbar ungetrübt; seine Bemühungen um den Erwerb der Krone in Rom schlugen jedoch trotz des →Peterspfennigs fehl. Erst nach Heinrichs II. Tod wagte B. sich in Gnesen (vermutl. zu Ostern 1025) krönen zu lassen, ein Akt, der die Einheit und Unteilbarkeit des Piastenstaates und seinen Rang als Glied des Imperiums dokumentieren sollte, der aber im Reich bereits auf Widerspruch stieß.

B., dessen Beiname Chrobry (*Chabri* = animosus 'tapfer mutig') erst spät, im 13. Jh., belegt ist, haben schon die Zeitgenossen den Ehrennamen Magnus verliehen (die ält. poln. Annalen zu 1025: »Bolezlaus Magnus obiit«; die Krak. Kap. Annalen: »Primus Bolezlaus Magnus rex obiit«; der Verfasser der »Povest'« zu 1030: »Umrě Boleslavъ Velikyj v Ljasěchъ«), den auch →Gallus Anonymus (neben: Gloriosus) und die aus dem 14. Jh. überlieferte Grabschrift (auf verlorenen Quellen aus dem Anfang des 12. Jh. fußend) verwenden. Auf Münzen die ungewöhnl. Aufschrift: »Dux Bolizlaus inclitus«. – Die feindselige Einstellung →Thietmars und sein negatives Urteil über B. haben ebenso wie die ein Jahrhundert später in der Chronik des →Gallus sich wiederfindende Tradition am Piastenhof, die B. bereits heroisiert, bis in die moderne Geschichtsforschung hinein nationalgefärbten Interpretationen auf poln. wie auf dt. Seite Vorschub geleistet. Allein die Heiratspolitik des Piastenhofes mit den dt. Adelsfamilien bis zum Königshaus läßt nachdrückl. davor warnen, B.s Kriege mit Heinrich II. mit einem nationalen Vorzeichen zu versehen. Als Repräsentant einer gesamtslav. Großmachtidee und Vorkämpfer gegen die Deutschen (Poln. Millenium!) ist B. gänzlich ungeeignet. Die Motive und Antriebe der Politik B.s, den →Brun v. Querfurt als Ideal des chr. Herrschers beschreibt und den →Adam v. Bremen als rex christianissimus rühmt, dessen Grabschrift ihn als athleta Christi feiert und seine Krone vom Kaisertum Ottos III. herleitet, der Kirchen und Klöster bauen ließ, die Bekehrung und Unterwerfung der slav. und balt. Nachbarvölker sich zum Ziel gesetzt hatte und der seinem Enkel →Kasimir d. bezeichnenden Namen Karolus gab, sind letztl. nur aus der Faszination zu begreifen, die die Begegnung mit der chr. Universalkultur des Ottonischen Zeitalters entsprang: Sein Streben nach Gleichrangigkeit und Gleichwertigkeit, nach Anschluß an den westl. Kulturkreis war die eigtl. Triebfeder, wofür das →Renovatio-Konzept sich ihm in geradezu idealer Weise als Rahmen seines polit. Handelns anbot. →Polen, →Piasten. H. Ludat

Q.: Thietmar v. Merseburg, ed. R. HOLTZMANN, MGH SRG NS IX – Kronika Thietmara, ed. M. Z. JEDLICKI, 1953 – Galli Anonymi Cronicae, ed. K. MALECZYŃSKI, MPH NS 2, 1952 – *Lit.*: Początki państwa polskiego, 1–2, 1962 – PSB II, 1936, 248–253 [K. TYMIENIECKI] – SłowStarSłow 1, 143–146 [K. TYMIENIECKI] – S. ZAKRZEWSKI, B. Ch. Wielki, 1925 – P. E. SCHRAMM, Kaiser, Rom und Renovatio, 1929 – A. BRACKMANN, Die Anfänge des poln. Staates, 1934 – Z. WOJCIECHOWSKI, Polska na Wiśle i Odrą w X. w., 1939 – H. LUDAT, Die Anfänge des poln. Staates, 1942 – G. LABUDA, Studia nad początkami państwa polskiego, 1946 – R. GANSINIEC, Nagrobek Bolesława Wielkiego, PrzgZach 7, H.7/8, 1951, 359–537 – Z. WOJCIECHOWSKI, Studia historyczne, 1955 – S. KĘTRZYŃSKI, Polska X.–XI. w., 1961 – G. LABUDA, Fragmenty dziejów Słowiańszczyzny Zachodniej, 1–3, 1960–75 – F. GRAUS, Die Entstehung der ma. Staaten in Mitteleuropa, Historica X, 1965, 5–65 – A. F. GRABSKI, B. Ch., 1966[2] – L'Europe aux IXe–XIe s., hg. T. MANTEUFFEL – A. GIEYSZTOR, 1968 – H. LUDAT, An Elbe und Oder um das Jahr 1000, 1971 – H. ŁOWMIAŃSKI, Początki Polski 5, 1973, 310–621 – HEG I, 857–938, bes. § 131–133, 138 [M. HELLMANN] – F. GRAUS, Die Nationenbildung der Westslawen im MA, 1980 – Zum Namen B. mit überlieferten Varianten und Deutung: J. HERTEL, Imiennictwo dynastii piastowskiej we wcześniejszym średniowieczu, 1980, bes. 97–101.

2. B. II., Śmiały (der Kühne), auch: B. Szczodry (der Großzügige), Fs. v. Polen seit 1058, *Kg. v. Polen* seit 1076, * um 1042, † 2./3. April 1081/82; Eltern: Fs. v. Polen Kazimierz I. Odnowiciel (Erneuerer) v. Polen († 19. März 1058) und Dobroniega, Tochter des Gfs.en Vladimir v. Kiev; Brüder: Władysław I. Herman, Fs. v. Polen seit 1081/82 († 4. Juni 1102), Mieszko († 1065), Otto († 1048); ∞ vor 1069 (mit ruthenischer Prinzessin?); Sohn: Mieszko (*1069, † 1089).

Die Politik des Vaters weiterführend, konzentrierte sich B. auf die Aufgaben des inneren Aufbaus des Staates, insbes. im wirtschaftl. und kirchl. Bereich: v. a. hat B. ein Netz von Märkten angelegt, die Münzprägung gefördert, die Benediktinerabteien →Tyniec b. Krakau und →Mogilno in Kujawien entweder gegründet bzw. großzügig ausgestattet. B. mußte aber vom Beginn seiner Regierung an auf die polit. Schwierigkeiten seiner Verwandten Rücksicht nehmen: 1060 intervenierte er in Ungarn zugunsten seines Onkels →Béla I., 1063 kam er seinem Vetter →Géza I. zu Hilfe, 1077 trat er für seinen Vetter →Ladislaus I. v. Ungarn ein, und 1069 und 1077 verhalf er seinem Onkel, dem Gfs.en Izjaslav v. Kiev zur Rückgewinnung seines Throns. Die guten Beziehungen B.s zu Hzg. Vratislav I. v. Böhmen, der seit 1062/63 mit B.s Schwester Świętosława (Svatava) vermählt war, verschlechterten sich aus unbekannten Gründen um 1070. Der dt. Kg. Heinrich IV. forderte eine Beendigung der gegenseitigen Raubzüge. Als B. 1072 gegen diese kgl. Weisung verstieß, wurde ein großer Feldzug gegen Polen vorbereitet, was von der sächs. Opposition als ein Täuschungsmanöver verstanden wurde und zum Sachsenaufstand v. 1073 beitrug. B. nutzte die neue Situation: Er verweigerte den Tribut sowohl dem dt. Kg. als auch dem böhm. Hzg. Spätestens nach der röm. Fastensynode vom Februar 1075 wandte sich B. an Papst Gregor VII., der im April d. J. seine Legaten nach Polen schickte, um die kirchl. Verhältnisse zu ordnen und insbes. um die Gnesener Metropolitanrechte wiederherzustellen. Die polit. Fragen wurden im päpstl. Schreiben nicht berücksichtigt; sie gehörten offensichtl. zu den mündl. Aufträgen, die der Papst den Legaten mitgegeben hatte. Unbekannt sind die Bedingungen, unter welchen die Krönung B.s zum Kg. v. Polen 1076 vollzogen wurde. Sollte Gregor VII. in Einklang mit den Grundsätzen seiner Lehnspolitik die Absicht gehabt haben, Polen in ein Lehnsverhältnis zum Hl. Stuhl zu bringen, so ist er über bloße Ansprüche nicht hinausgekommen. Man kann dagegen vermuten, daß sich B. bereit erklärte, den →Peterspfennig einzuführen, und daß eben er ihn auch tatsächl. eingeführt hat. Da es sich aber bei dem Peterspfennig um eine Herdsteuer handelte, die von der Bevölkerung bezahlt wurde, konnte seine Erhebung nicht zu einer engeren Bindung des poln. Kgtm.s an das Papsttum führen. B.s militär. Interventionen 1077 in der Kiever Rus' und in Ungarn zeigten, wie mächtig das neue Kgtm. war. Die autoritären Züge in B.s Regierung verschärften sich nach der Krönung, wohl in Überschätzung seiner Königswürde. Zu einem offenen Konflikt zw. B. und der Adelsopposition kam es spätestens um die Wende 1078/79. Als B. den Bf. →Stanisław v. Krakau als angebl. Verräter verstümmeln ließ (»truncacioni membrorum adhibuit«, † 11. April 1079), brach der Aufstand aus: B. mußte schließl. (wohl erst 1081/82) aus dem Lande fliehen und bat Ladislaus I. v. Ungarn um Hilfe. B.s rascher Tod nährte das Gerücht von seiner Vergiftung. Spätestens im 14. Jh. entstand die Sage, daß B. damals nicht gestorben sei, sondern in einem Kl. (in Ossiach/Kärnten oder in Wilten/Tirol) als unbekannter Laienbruder seine Tat gesühnt habe. S. Trawkowski

Lit.: PSB II, 256–259 [Lit.] – SłowStarSłow I, 146f. [Lit.] – T. GRUDZIŃSKI, Bolesław Szczodry I, 1953 – DERS., Polityka papieża Grzegorza VII wobec państw Europy środkowej i wschodniej, 1959 – T. WOJCIECHOWSKI, Szkice historyczne XI w., hg. A. GIEYSZTOR, 1970 (dazu vgl.: G. LABUDA, Kwartalnik Historyczny 79, 1972, 710–713).

3. B. III. Krzywousty (Schiefmund), *Fs. v. Polen*, *20. Aug. 1085, †28. Okt. 1138, ◻ Płock, Kathedrale; Eltern: Władysław I. Herman, Fs. v. Polen seit 1081/82 († 4. Juni 1102) und Judith, Přemyslidin († 24./25. Dez. 1086); Stiefbruder: Zbigniew (*vor 1081, † 1112) aus der ersten Ehe Władysławs (mit einer unbekannten Polin, † nach 1081/82), die von der Kirche zum Konkubinat erklärt wurde, um die Trauung Władysławs mit Judith (1180/82) zu ermöglichen; drei Stiefschwestern aus der dritten Ehe Władysławs (seit 1087/88) mit Judith, Tochter Ks. Heinrichs III., Witwe Kg. Salomons v. Ungarn; ∞ 1. Zbyslava, Tochter des Gfs.en Svjatopolk II. v. Kiev, am 16. Nov. 1102; 2. Salome († 27. Juli 1144), Tochter des Gf.en Heinrich v. Berg um 1115; Kinder: von 1.: Władysław II. der Vertriebene (*1105, † 30. Mai 1159); von 2.: Richeza (Ryksa; *1116/17, † nach 1155); Bolesław IV. Kraushaar (*1125, † 3. April 1173); Mieszko III. der Alte (*1126/27, † 13. März 1202); Henryk (*1127/31, †18. Okt. 1166); Kasimir II. der Gerechte (*1138, †5. Mai 1194) sowie sieben Töchter.

Seitdem Zbigniew mit Unterstützung des Adels und des Episkopats 1093 zum legitimen Nachfolger erkoren worden war, wuchs während der anhaltenden Kämpfe Władysławs Herman und seines Palatins →Sieciech mit den beiden Prinzen und der Adelsopposition das Ansehen B.s, der nach dem Tode des Vaters aber nur drei Provinzen (Breslau, Krakau und Sandomir), d. h. etwa ein Drittel des Piastenstaates, erhielt, während Zbigniew aufgrund seiner Herrschaft über den Rest der Gebiete die Oberhoheit beanspruchte. B.s Raubzüge nach Pommern (1102–06) verschafften ihm Beliebtheit bei der Ritterschaft, der die friedfertige Politik Zbigniews nicht gefiel. Es gelang ihm, mit ruthenischer und ung. Hilfe, den Stiefbruder aus seinem Anteil zu vertreiben und ganz Polen allein zu beherrschen (1107/08). Als B. aber in Böhmen 1108 einfiel, um seinem Verbündeten, Kg. Koloman v. Ungarn, zu helfen, der gegen den im dt.-böhm. Heer kämpfte, fand Zbigniew die Unterstützung des dt. Kg.s Heinrich V. und des Hzg.s Svatopluk v. Böhmen, deren Einfall in Schlesien 1109 jedoch mißglückte. Um aber weitere krieger. Auseinandersetzungen mit dem Reich zu vermeiden, erklärte sich B. zur Zahlung eines Tributs von 500 Mark Silber jährl. an Kg. Heinrich und zum Abschluß einer ungleichen Allianz (amicicia) mit ihm (1109/10) bereit. Gleichzeitig aber nutzte B. die nach der Ermordung Svatopluks (21. Sept. 1109) im Böhmen ausgebrochenen Thronkämpfe aus, um den Hzg. v. Böhmen 1110/11 zum Verzicht auf den Tribut zu zwingen, den dieser vom poln. Herrscher seit dem Vertrag v. 1054 jährl. erhob. Als Zbigniew zu diesem Zeitpunkt (1111/12) zurückkehrte, verlieh B. ihm einige Burgen als Apanage, ließ aber bereits 1112 den Stiefbruder blenden. Die allgemeine Empörung, die sich nach dem baldigen Tod Zbigniews erhob, versuchte B., durch Pilgerfahrten zur Sühnung seiner Tat zu mildern. Ostern 1113 wurde er dann in Gnesen wieder in die Kirche aufgenommen, was ihm die Machtausübung von neuem ermöglichte. Die friedlichen Beziehungen B.s mit Böhmen und dem Reich erleichterten ihm die Eroberung Pommerellens 1113–16 und des lutiz. Lebuser Landes zw. Oder und Spree 1115/19 sowie die Unterwerfung Pommerns 1121/22, dessen Herrscher, Wartisław I., die poln. Hoheit anerkennen und sich zu Tribut, Heerfahrt und Christianisierung seines Landes verpflichten mußte. Dank der guten Beziehungen B.s zum Papsttum wurden die Bm.er in Kruschwitz (Kruszwica) bzw. in Włocławek sowie in Lebus (poln. Lubusz) schon 1124 gegründet, denen die dem poln. Staate neu einverleibten Gebiete durch den Kardinallegaten Aegidius v. Tusculum zugewiesen wurden. Die Missionsreise 1124–25 des von B. dazu berufenen Bf.s →Otto v. Bamberg nach →Pommern war erfolgreich. Infolgedessen wurde 1124/25 die Gründung eines pommerschen, zur poln. Kirchenprovinz gehörenden Bm.s geplant und →Adalbert (14. A.), der Hofkaplan B.s, zum Bf. v. Pommern designiert. Päpstl.

Wohlwollen für die Missionsunternehmungen und die guten Verbindungen B.s zu den Babenbergern und Staufern (wie es die Vermählung 1124/25 des ältesten Sohns B.s, Władysław, mit Agnes, der Tochter Mgf. Leopolds III. v. Österreich bewies) ließen auf baldige Verwirklichung dieses Vorhabens hoffen, welches jedoch bis 1140 an sächs.-poln. Gegensätzen scheiterte, weil Polen wie Sachsen die slav. Länder westl. der Oder als ihre Machtsphäre betrachteten. Zu einer Verschärfung der Spannungen mußte es kommen, als B. nach dem Tode des Ks.s Heinrich V. (1125) aufhörte, den Tribut zu zahlen, den er wahrscheinl. als persönliche Verpflichtung gegen Heinrich betrachtete.

Zur Verwirklichung seiner pommerschen Interessen gehörten die Vermählung seiner Tochter Richeza mit Kg. Magnus v. Schweden (1129/30), Thronfolger in →Dänemark, das gerade damals seinen Druck auf Rügen, Usedom und Wollin verstärkte, sowie die Verheiratung einer anderen Tochter mit Konrad v. Plötzkau (1131/32), der 1130 mit der sächs. Nordmark belehnt wurde. Als aber nach dem Ausbruch des Schismas durch die Doppelwahl von 1130 B. und die poln. Kirche unter dem Einfluß des Kard. Aegidius v. Tusculum auf die Seite Papst Anaklets II. getreten waren, erneuerte →Norbert v. Xanten, Ebf. v. Magdeburg, geschickt die alten Ansprüche und ließ sich von Papst Innozenz II. 1131 das Bm. Posen, 1133 alle poln., einschließl. auch der geplanten Bm.er unterstellen (u. a. »Inter Albiam et Oderam: Stetin et Lubus, ultra Oderam vero Pomerana. . .«). B.s unbedachtsames Eingreifen in die ung. Thronstreitigkeiten (1132) verwickelte Polen in Kriege mit Ungarn und Böhmen, dessen Herrscher 1134 Ks. Lothar III. v. Supplingenburg als Schiedsrichter wählten. In dieser Situation war B. auf dem Hoftag in Merseburg 1135 genötigt, für Rügen, das er noch nicht unterworfen hatte, und Pommern die ksl. Lehnshoheit anzuerkennen, den rückständigen Tribut von zwölf Jahren zu bezahlen und sich zu Friedensschlüssen mit Ungarn und Böhmen zu verpflichten. B. und die poln. Bf.e traten auf die Seite Papst Innozenz II. über, der 1136 die Metropolitanrechte von Gnesen wiederbestätigte.

B.s Nachfolgeordnung, welche die staatl. Einheit sichern sollte, wobei der jeweilige Senior mit Sitz in Krakau den Prinzipat, die Oberhoheit über alle übrigen Mitglieder des Piastenhauses, ausüben sollte, erwies sich schon bald nach B.s Tod als unwirksam und leitete die bis 1320 währende Periode der Teilfürstentümer ein.

S. Trawkowski

Lit.: PSB II, 256-259 [Lit.] - SłowStarSłow I, 147 f. [Lit.] - K. MALECZYŃSKI, Bolesław III Krzywousty, 1975 [Lit.] - J. PETERSOHN, Der südl. Ostseeraum im kirchl.-polit. Kräftespiel des Reiches, Polens und Dänemarks vom 10. bis 13. Jh., 1979.

4. B. IV. Kędzierzawy ('Kraushaar'), *Fs. v. Polen,* * um 1121/22, † 1173. 3. Sohn Bolesławs III. Krzywousty und seiner zweiten Gemahlin Salome v. Berg. Seit 1138 Teilfs. in Masowien, seit 1146 als »Senior« Hzg. v. Polen; ⚭ 1137 mit Verchuslava, Tochter des Fs.en Vsevolod Mstislavič v. Novgorod; Sohn: Leszko. Nach dem Tod Bolesławs III. brach zw. dem als Thronfolger und Senior (Oberherrn) eingesetzten ältesten Sohn →Władysław II. (aus der ersten Ehe mit der Kiever Prinzessin Zbyslava) und den »Junioren« (den Söhnen aus der zweiten Ehe), deren Rechte der Senior einschränken wollte, ein heftiger Konflikt aus; Władysław unterlag und floh an den Hof seines Schwagers, des dt. Kg.s Konrad III. (1146), während B. die Oberherrschaft gewann. Der sofortige Versuch Kg. Konrads III., mit einem Heereszug Władysław auf den poln. Thron zurückzuführen, scheiterte an der Oder am Widerstand B.s und seines jüngeren Bruders →Mieszko, die insgeheim von einigen sächs. Fs.en unterstützt wurden. B. behielt den Thron und erneuerte seine Tributpflicht, die seinem Vater 1135 in Merseburg auferlegt worden war. Der verbannte Fs. versuchte erfolglos mit diplomat. Mitteln und päpstl. Vermittlung, sein Fsm. zurückzugewinnen. Erst 1157 unternahm Friedrich Barbarossa einen Heereszug nach Polen, der ihn siegreich bis vor die Tore der Stadt Posen führte. Hier kapitulierte B., leistete dem Kaiser reuevolle Huldigung und entrichtete den rückständigen Tribut, verpflichtete sich auch, im nächsten Jahr nach Deutschland zu kommen, um das Urteil über den Streit mit seinem älteren Bruder dem ksl. Gericht zu überlassen. Aber B. entzog sich dieser Verpflichtung und Władysław starb 1159. Erst 1163 zeigte er sich unter dem Druck einer neuen ksl. Heerfahrt bereit, den Söhnen Władysławs II., Bolesław und Mieszko, das Erbfürstentum →Schlesien zurückzugeben. 1167 brachen aber zw. B. und seinen Neffen Feindseligkeiten aus, die diese zur Flucht nach Deutschland zwangen. Erst i. J. 1173 kam es zu einem Kompromiß: B. überließ bedingungslos Schlesien den Neffen und zahlte den rückständigen Tribut. In demselben Jahr starb B. und hinterließ die Oberherrschaft in Polen seinem jüngeren Bruder Mieszko d. A.; Masowien erbte sein minderjähriger Sohn Leszko.

G. Labuda

Lit.: PSB II, 259 f. - S. SMOLKA, Mieszko Stary i jego wiek, 1880, 1959², 209-289 - O. BALZER, Genealogia, Piastów, 1895, 155-161 - R. HOLTZMANN, Über den Polenfeldzug Friedrich Barbarossas vom Jahr 1157 und die Begründung der schles. Hzm.er, ZVGSchl 56, 1922, 42-55 - G. LABUDA, O stosunkach prawnopublicznych między Polską a Niemcami w połowie XII wieku, CPH 25, 1972, 43 ff.

5. B. I. Wysoki (d. Lange), *Hzg. v. Schlesien* (Breslau) seit 1163, *1127, † 8. Dez. 1201; Sohn →Władysławs II. (des Verbannten) v. Polen und der Agnes v. Babenberg; ⚭ 1. Zvinislava, Tochter des Gf.en Vsevolod, 1144; 2. nicht näher bekannte Christine aus dt. Grafengeschlecht. Als nach dem Tod →Bolesławs III. zw. dessen Söhnen Władysław II. und →Bolesław IV. Kędzierzawy ('Kraushaar') ein Konflikt ausbrach, unterlag Władysław und mußte 1146 zusammen mit seinem Sohn B. Polen verlassen; er floh zu seinem Schwager Kg. Konrad III. Vorher hatte B. vergeblich als Vermittler seines Vaters in Kiev um Hilfe ersucht. B. begleitete Kg. Konrad III. auf dem Kreuzzug von 1147 und dann Friedrich Barbarossa auf den Italienzügen von 1154/55 und 1158-62. Unter dem Druck des Ks.s gestattete Bolesław Kraushaar, der Inhaber des Seniorates in Polen, 1163 den Söhnen Władysławs die Rückkehr nach Polen und gab ihnen das Erbfürstentum →Schlesien zurück. Bald entstanden Streitigkeiten zw. B. und seinem Bruder Mieszko; außerdem forderte der älteste Sohn B.s, Jarosław, einen Anteil an der Regierung. Mit Unterstützung von Bolesław Kraushaar wurde B. 1172 verbannt, kehrte jedoch 1173 mit Hilfe des Ks.s zurück und wurde dafür dem Ks. tributpflichtig. Er mußte aber Ratibor an Mieszko und Oppeln an Jarosław abtreten. Trotzdem wollte B. als Oberhaupt der älteren Piastenlinie den Krakauer Thron wiedergewinnen und nahm an der Verschwörung gegen den nunmehrigen Senior →Mieszko III. teil (1177), wurde jedoch von seinem Bruder und von Jarosław abermals vertrieben. Erst mit Hilfe des neuen Hzg.s v. Krakau, Kasimir des Gerechten, konnte B. zurückkehren. In Schlesien begann B., eigene Münzen zu schlagen; er förderte den Landesausbau (teilweise mit dt. Siedlern) sowie den Bergbau. B. gründete das Zisterzienserkl. →Leubus mit einem Konvent aus →Pforta (Privileg 1175) und erlaubte die Umwandlung des Vinzenzstiftes an der Elbing in Breslau in ein Prämonstratenserkloster. Seine zweite Frau war nicht Adelheid v. Sulzbach, wie früher angenommen wurde, sondern (nach K. JASIŃSKI) eine nicht näher bekannte Christine.

B. Zientara

Lit.: NDB II, 430 – PSB II, 262 f. – C. GRÜNHAGEN, B. der Lange, Hzg. v. Schlesien, ZVGASchl 11, 1871, 399–415 – B. ZIENTARA, Bolesław Wysoki – tułacz, repatriant, malkontent, PrzgHist 62, 1971, 367–396 – K. JASIŃSKI, Rodowód Piastów śląskich I, 1973, 45–49.

Bolgar (Bolghar, Bulghar). Name des Stämmeverbandes der Wolga- (oder Kama-) Bulgaren und ihrer Hauptstadt (heute das Dorf Bolgary am östl. Wolga-Ufer, 30 km südl. der Kama-Mündung). Nach dem Zerfall des Großbulgar. Reiches in der nordpont. Steppe seit dem 7. Jh. schlossen sich von dort abgewanderte turksprachige Gruppen im mittleren Wolgagebiet mit finn. und slav. Siedlungsbevölkerung zusammen. Die archäolog. Hinterlassenschaft auf dem Burgwall in Bolgary läßt für das 10.–12. Jh. eine Burgstadt mit weitreichenden Fernhandelsverbindungen nach Ost und West sowie Niederlassungen von fremden Kaufleuten (aus Armenien u. vermutl. aus der →Rus') erkennen. Der arab. Reisende→Ibn Faḍlān, der 922 an einer Gesandtschaft zu den Wolgabulgaren teilnahm, bezeichnet deren Herrscher Almyš als »Slaven-König«. Aus Münzquellen sind weitere Herrschernamen des 10. Jh. bekannt. Nach dem Sieg der Rus' über die→Chazaren 965 gerieten die Wolgabulgaren zunehmend unter den Expansionsdruck des Kiever Reiches, konnten aber ihre Unabhängigkeit bis zum Mongolensturm bewahren. Die Hauptstadt B. – in den altruss. Chroniken »Velikij gorod« genannt – hatte unter der Oberherrschaft der →Goldenen Horde im 13. und 14. Jh. ihre Blütezeit, aus der Monumentalbauten, umfangreiche Produktionsstätten des Handwerks, Wohngebäude und Befestigungsanlagen bezeugt sind. K. Zernack

Lit: EI¹ I, 819–825 – MARQUART, Streifzüge – R. VASMER, Beitr. zur muhammedan. Münzkunde II. Über die Münzen der Wolga-Bulgaren, NumZ 18, 1925 – B. D. GREKOV, Volžskie Bolgary v IX–X vekach, IstZap 14, 1945, 3–37 – A. P. SMIRNOV, Volžskie Bulgary, 1951 – A. P. KOVALEVSKIJ, Kniga Achmeda Ibn-Fadlana o ego putešestvii na Volgu v 921–922 gg., 1956 – T. A. CHLEBNIKOVA, Drevnerusskoe poselenie v Bulgarach, SA 62, 1956, 141–147 – G. V. JUSUPOV, Vvedenie v bulgarotatarskuju ėpigrafiku, 1960 – R. G. FACHRUTDINOV, Archeologičeskie pamjatniki Volžsko-Kamskoj Bulgarii i e territorija, 1975 – Issledovanija Velikogo goroda, 1976.

Böller → Mörser

Bollstatter, Konrad (auch Konrad Müller [Molitor] d. J.), dt. Autor, Schreiber und Illustrator, *um 1425, †nach 1482, wurde 1446 als Nachfolger seines Vaters, Konrad Müller d. Ä., Schreiber bei dem Gf.en v. Öttingen, schied 1453 aus dem Dienst, ist 1455 und 1458 in Höchstädt an der Donau nachweisbar, lebte seit 1466 in Augsburg, schrieb neben Werken der älteren mhd. Literatur viel Zeitgenössisches ab. 14 zumeist illustrierte Hss. von seiner Hand sind erhalten; er schrieb auf Bestellung, nicht – wie z. B. →Diepold Lauber – auf Vorrat. Als Autor nennt B. sich am Schluß eines Gedichts (ed. SCHMIDT-WARTENBERG); in der Spruchsammlung London Brit. Mus. Add. 16581 (Propheten, Philosophen, Kirchenvätern, ma. Dichtern, Bekannten B.s in den Mund gelegt) stammen wohl einige Sprüche von ihm, in seinen Losbuch-Sammlungen (Cgm 312) stellt er Texte aus der Losbuchtradition neu zusammen (Zuschreibung an ma. Autoren und Gestalten der mhd. Dichtung); vielleicht ist auch ein Pilgerführer von ihm. B. nannte sich »maister« und war nach Ausweis v. a. der Spruchsammlung ein belesener Mann. V. Mertens

Lit.: Verf.-Lex.² I, 931 f. [K. SCHNEIDER], 933–935 [K. GÄRTNER] – H. SCHMIDT-WARTENBERG, Journal of Germanic Philol. 1, 1897, 249–251 – Ein Losbuch K. B.'s aus Cgm 312, hg. K. SCHNEIDER, 1973 – E. GRÜNEWALD, Das Älteste Lehenbuch der Gft. Öttingen, 1974, 74–81 – H.-J. KOPPITZ, Stud. zur Tradierung der weltl. mhd. Epik im 15. und beginnenden 16. Jh., 1980, 51–55.

Bologna
A. Allgemeine Stadt- und Bistumsgeschichte – B. Die Rechtsschule von Bologna – C. Universitates

A. Allgemeine Stadt- und Bistumsgeschichte
I. Stadt und Bistum – II. Klöster – III. Bibliotheken.

I. STADT UND BISTUM: B. (lat. Bononia; der Name ist kelt. Ursprungs), röm. Kolonie 189 vor Chr. anstelle von Felsina gegründet, einer etrusk. Siedlung, die im 5. Jh. v. Chr. von den kelt. Boiern zerstört worden war; seit 89 v. Chr. municipium. Das hist. Zentrum von B. bewahrt noch deutlich das antike röm. Straßennetz. Am Anfang des MA schloß ein rechteckiger Mauerkranz die Stadt ein, der nur einen Teil des in röm. Zeit bewohnten Gebietes umfaßte. Aus seinen zahlreichen Überresten läßt sich erkennen, daß er eine Höhe von neun Metern besaß und auf jeder Seite vier Stadttore aufwies.

Es ist nicht bekannt, wann das Christentum in B. eindrang; auch der Zeitpunkt des Martyriums der Bolognenser Hl. Vitalis und Agricola steht nicht fest. Von dem ersten Bf. in konstantin. Zeit ist außer seinem Namen Zama nichts überliefert. B. gehörte zum Amtsbereich des Metropoliten von Mailand; zur Zeit des hl. →Ambrosius waren die Beziehungen zw. B. und Mailand sehr eng. 392/394 hielt sich Ambrosius kurzfristig in B. auf, wohnte der Auffindung der Reliquien der bereits erwähnten bolognes. Märtyrer bei und ließ vier Marmorkreuze als myst. Verteidigung der Stadt an den Mauern errichten. Mehrmals restauriert, blieben die Kreuze vierzehn Jahrhunderte mehr oder weniger an der gleichen Stelle und sind noch heute erhalten. Dem hl. Ambrosius wurde später eine Kirche im Stadtzentrum geweiht; nicht weit davon entfernt wurde eine Kirche mit dem Patrozinium des hl. Apollinaris, des Gründers der Kirche v. Ravenna, errichtet, als B. in den Bereich des ravennat. Metropoliten überging.

Während der got.-byz. Kriege (535–553) wurde B. wiederholt eingenommen und erlitt schwere Verwüstungen von seiten der beiden kriegführenden Parteien; nach dem Einfall der Langobarden in Italien (568–569) befand sich B. in der Position einer Grenzstadt. Kg. Liutprand besetzte die Stadt 727, indem er sich die antibyz. Revolte im Exarchat (→Ravenna) zunutze machte. Die Langobarden setzten sich außerhalb der Mauern im O fest und errichteten ein Verteidigungssystem, das alle Zugangsstraßen vom Exarchat in die Stadt blockierte; Spuren davon haben sich im Straßennetz dieses Gebietes erhalten. Zum Katholizismus übergetreten, gründeten die Langobarden in ihrem Siedlungsgebiet einige Kirchen; v. a. förderten sie in bes. Maße das bereits vorher bestehende religiöse Zentrum, das Benediktinerkloster S. Stefano, wo einer der ersten Bologneser Bf.e, der hl. Petronius (431–451), bestattet war. B. blieb bis 774 langobardisch, als Karl der Gr. die Stadt an den hl. Stuhl »restituierte«; 776 besuchte der Kg. B. und ließ sich einige Reliquien der Hl. Vitalis und Agricola schenken, dafür übergab er der Stadt Reliquien von frk. Heiligen. 898 wurden das Exarchat und B. dem Regnum Italia vom Hl. Stuhl eingegliedert; er behielt sich jedoch die Oberhoheit vor. Die vom Papst ernannten Hzg.e, die bis zu diesem Zeitpunkt B. regiert hatten, wurden durch Gf.en ersetzt, deren Ernennung vom Kg. ausging; diese übten ihr Amt in erbl. Folge bis zum 12. Jh. aus.

Im 10. und 11. Jh. wuchs B. über das von der Stadtmauer umschlossene Gebiet hinaus, so daß es wieder die in röm. Zeit eingenommene Fläche erreichte. Die Stadt befand sich zw. zwei einander bekämpfenden Territorialmächten; auf der einen Seite war sie das Ziel der Ebf. e v. Ravenna, die ihr Territorium erweitern wollten, auf der anderen Seite stand sie unter dem Expansionsdruck des Hauses→Canossa. Die Gegenwart eines vom Ks. ernannten Gf. en und die Autorität der Ottonen schützten sie vor beiden Gefahren, verhinderten aber auch, daß die Bf.e die weltl. Gewalt über die Stadt erlangten. In kirchenorganisator. Hinsicht war B. weiterhin von Ravenna abhängig. Die Autorität des Bf.s v. B. erstreckte sich auf das Territorium des alten röm. Municipiums, mit Ausnahme der westl. Grenze, gegen Modena zu. Dies führte zu langen Kontroversen, bei denen sich die ganze Bürgerschaft beteiligte. Ein bedeutender Moment in der Geschichte der bolognes. Kirche war die Verlegung der Kathedrale aus der westl. Vorstadt, in der sie sich lange befunden hatte, in das Stadtzentrum. Von dem zu diesem Zwecke errichteten neuen Kirchengebäude ist nur der Campanile erhalten. Von gleicher Bedeutung ist die Neuordnung des liturg. Corpus und die neue Regelung des Gemeinschaftslebens des Domkapitels, das vom Bf. unumstößlich dazu aufgefordert wurde, die Wissenschaften zu pflegen. Die bolognes. Kirche wurde danach in das Schisma von Wibert (Guibert) v. Ravenna (Clemens III.) verwickelt; es gab demzufolge zwei Reihen von Bf.en, die eine stand auf der Seite Gregors VII., die andere auf der des Gegenpapstes. In der emotionsgeladenen Atmosphäre der Predigt zum 1. →Kreuzzug (1096) gewann schließl. die Reformpartei die Oberhand. Aus der langen Kontroverse ging die Bürgerschaft jedoch völlig verwandelt hervor und war reif dafür, Ziele zu erreichen, die für die weitere Geschichte der Stadt bestimmend sein sollten: die Kirche löste sich von dem Metropolitansitz Ravenna und unterstellte sich Rom direkt (1106); rund um Pepo und →Irnerius formierte sich ein Kreis von Rechtslehrern und bildete Schulen, in die von überall her Studenten strömten, daraus entstand die berühmte Universität (vgl. Abschnitt B.); 1115–16 wurde die kommunale Autonomie erreicht; die Kontrolle der Stadt über den Contado (im Bereich der Diöz. und darüber hinaus) festigte sich (1123–74).

B. sah sich bald gezwungen, seine Autonomie zusammen mit den anderen Kommunen der Poebene gegen die von Friedrich Barbarossa vertretene Politik der Restauration der ksl. Autorität zu verteidigen, zumal der Ks. auch durch Lehrschriften der Bologneser Doctores Unterstützung erhielt. B. nahm an der →Lombard. Liga teil, mit der bes. Aufgabe, die Südostflanke der antikaiserl. Bündnispartner gegen Angriffe zu decken, die von den Operationsbasen des Imperiums in der Toskana und Romagna ausgehen konnten. Im Zusammenhang damit wurde ein neuer Mauerring errichtet – die sog. »Cerchia dei torresotti« –, der die Vorstadt umfaßte, die außerhalb des Gipsmörtelrings entstanden war. Die polit. und psycholog. Spannungen dieser Auseinandersetzungen spiegeln sich in der »Vita S. Petronii« wider, die in diesen Jahren verfaßt wurde; dort wird dem – zum Stadtpatron propagierten – Bf. ein scharfer Gegensatz zu Ks. Theodosius zugeschrieben sowie das Verdienst, die vom Ks. zerstörte Stadt wiederaufgebaut zu haben.

Der Ausbau der kommunalen Verwaltungseinrichtungen erforderte den Bau eines adäquaten Amtssitzes: Zw. 1200 und 1203 wurde ein neuer, großartiger Palazzo comunale errichtet, der zum Großteil noch heute besteht; um davor einen weiträumigen Platz zu schaffen, wurden Häuser, Kirchen und Geschlechtertürme abgerissen. Die Regierung der Kommune, an deren Spitze das Collegium der Consules stand, lag in den Händen des städt. Adels, der sehr oft durch heftige Machtkämpfe und verschiedene Gruppierungen gespalten war. Die Ersetzung der Consules durch einen auswärtigen Podestà war keine voll und ganz befriedigende Lösung. Andererseits erforderte der demograph., ökonom. und kulturelle Fortschritt der wirtschaftl. aktiven Bevölkerung zu gegebener Zeit eine Erweiterung der regierenden Schicht durch die Aufnahme von Vertretern der Zünfte (1228). Um ihre Tätigkeit besser koordinieren zu können, wurde 1256 das Amt des Capitano del popolo geschaffen, der ebenso wie der Podestà von auswärts kommen mußte. Im gleichen Jahr wurden die Maßnahmen getroffen, die zur Freilassung aller servi des Contado von B. führten. Man arbeitete auch jene Normen aus, die die Anmaßung der »magnati« (des Adels) unterdrücken und bestrafen sollten: Sie wurden in den sog. »Ordinamenti sacrati e sacratissimi« (1282–88) gesammelt und koordiniert.

In die gleiche Periode, in der die Popolaren in der städt. Politik hervorzutreten begannen, fallen auch bedeutende religiöse Ereignisse: Teilnahme Bolognas am 5. Kreuzzug (1217–21), Niederlassung der Franziskaner und Dominikaner in der Stadt und Errichtung der betreffenden Bettelordenskirchen und Konvente, zu gleicher Zeit jedoch auch harte Auseinandersetzungen mit der Bolognesor Kirche über Fragen der kirchl. Jurisdiktion; Zustrom zu der Geißlerbewegung (1261), Gründung von Bruderschaften und Vermehrung von frommen Stiftungen und Einrichtungen etc. Die gleichen Jahre waren aber auch durch den Kampf gegen Friedrich II. geprägt, dessen Hauptschauplatz das Gebiet der Emilia-Romagna war und an dem sich B. stark beteiligte. Um sich gegen einen etwaigen Angriff des Ks.s zu schützen, wurde ein dritter, weiterer Mauerring geplant, der jedoch erst viel später fertiggestellt wurde. Der Kampf zw. B. und Friedrich II. gipfelte in der Schlacht von →Fossalta (1249) und der Gefangennahme des Sohnes des Ks.s, →Enzo, der als sein Generalstatthalter für Mittel- und Norditalien fungierte. Enzo wurde bis zu seinem Tode in dem heute noch bestehenden Palazzo, der jetzt nach ihm benannt ist, gefangengehalten.

Nach dem Tode Friedrichs II. behauptete B. – das bereits →Modena kontrollierte – seinen Primat über fast alle Städte der →Romagna; diese Machtpolitik, die Vor- und Nachteile mit sich brachte, verschärfte auch die Kontraste zw. den Faktionen, die sich als »guelfisch« oder »ghibellinisch« bezeichneten und den Namen zweier großer Familien der Stadt, der →Geremei und der →Lambertazzi, annahmen. Der Kampf gipfelte 1274 in der Vertreibung der Lambertazzi, etwa 12 000 Personen von den rund 50 000, die damals die Bevölkerung B.s ausmachten.

Ein wenige Jahre später stattfindendes Ereignis sollte weittragende Folgen für die Geschichte B.s haben: Rudolf v. Habsburg verzichtete zugunsten des Hl. Stuhls auf jeden Anspruch auf B. und die Romagna (1278). Damit begann eine der unruhigsten und verwickeltsten Perioden in der Geschichte B.s, das unwiderrufl. seine Vormachtstellung in der Romagna verlor, in alle Kriege, die in der Lombardei und der Toskana ausgetragen wurden, hineingezogen wurde und sich innenpolit. infolge der Auseinandersetzungen der großen Familien, die nach der Signorie strebten, ständig in der Krise befand. Ein Versuch von Romeo →Pepoli, an die Macht zu kommen, scheiterte 1321, und B. begab sich aus Furcht vor ihm und seinen Anhängern unter den Schutz des päpstl. Legaten Bertrando del Poggetto (→Bertrand du Poujet). Neue interne

Kämpfe brachen aus, als die Stadt 1334 gegen dessen Tyrannei rebellierte. Aus dem Aufruhr ging die Signorie von Taddeo→Pepoli hervor, der mit großer Klugheit und Umsicht regierte. Seine Söhne konnten sich jedoch nicht an der Macht halten und verkauften die Signorie an Giovanni→Visconti (1350). Später wurde die Herrschaft von einem Capitano der Visconti, Giovanni da Oleggio, usurpiert, der die Stadt 1360 an den päpstl. Legaten, Kard. →Albornoz, abtrat. B. wurde weiterhin ständig in Kriege verwickelt. Die Regierung der päpstl. Legaten lastete schwer auf allen Städten des Kirchenstaates, so daß sie sich 1376 dagegen erhoben. In B. wurden die alten kommunalen Einrichtungen wiederhergestellt, aber die Kämpfe zw. den Faktionen entbrannten aufs neue: Daraus ging als Sieger die kurze Signorie des Giovanni I. →Bentivoglio hervor. Die Geschichte B.s ist von diesem Moment an durch die allgemeine polit. Situation in Italien geprägt, und der Hauptgrund, daß sich die Familie →Bentivoglio schließl. bis 1506 an der Macht halten konnte, liegt darin, daß die angrenzenden Staaten – Venedig, Mailand, Florenz und der Hl. Stuhl selbst – sie als stabilisierenden polit. Faktor in einer Stadt unterstützten, die eine geogr. Schlüsselstellung einnimmt.

II. KLÖSTER: Die urkdl. Belegung der Kl. in B. geht nicht über die Mitte des 10. Jh. zurück; aber bereits am Ende des 11. Jh. zählte man schon mindestens ein Dutzend. Im Lauf des 12. Jh. erscheinen in der Stadt andere, während auf den Hügeln im Süden von B. eine Reihe von monast.-erem. Gründungen entstehen, die zum Teil noch existieren. Im 13. Jh. wurden die Kirchen und Konvente S. Francesco, S. Domenico (Grabstätte des hl. Dominikus), S. Giacomo (Augustiner), S. Agnese (Dominikanerinnen) und S. Martino (Karmeliter) errichtet; nach der Mitte des 14. Jh. entstanden die Kl. S. Maria dei Servi (Serviten), Annunziata (Basilianer, später Minoriten) und die Kartause; zur gleichen Zeit wurde auch das Coelestinerkloster errichtet. Der Klarissen-Konvent Corpus Domini stammt aus der 2. Hälfte des 15. Jh. Neben diesen bekanntesten und bedeutendsten Kl. gab es jedoch zahlreiche andere. Die ältesten lagen zw. dem ersten und dem zweiten Mauerring, die späteren zw. dem zweiten und dem dritten. Nur die Frauenklöster vom 13. bis 17. Jh. wurden bis jetzt komplett und systemat. erfaßt: die Zählung wird jedoch durch das frühe Verschwinden vieler Kl. sowie den Wechsel der Regel, des Patroziniums und der Lage vieler anderer erschwert. Viele Konvente, die beträchtl. Grundbesitz angehäuft hatten, errichteten monumentale Gebäude, die noch heute die Struktur der Stadt B. charakterisieren. Einige wurden nach den Säkularisierungen unter Napoleon und nach der Einigung Italiens den verschiedenen religiösen Orden wieder zurückgegeben (S. Domenico, S. Martino, Annunziata, Corpus Domini, S. Stefano); andere dienen bis heute säkularen Zwecken.

Kein Bologneser Kl. spielte außer in ganz kurzen Perioden eine bedeutende Rolle für das geistige Leben, obwohl manche zu Zentren bes. Verehrung wurden: Am wichtigsten von allen war in dieser Hinsicht S. Stefano, dessen Gebäudekomplex die Orte der Passion des Heilands versinnbildlichen wollte und das einen reichen Reliquienschatz besaß, v. a. den Leichnam von S. Petronius, dem Schutzpatron der Stadt. Die kulturelle Bedeutung der ältesten Kl. (S. Stefano, S. Procolo, SS. Naborre e Felice) ist noch nicht völlig geklärt, man weiß jedoch, daß keines von ihnen ein Scriptorium besaß, und auch von ihren Bibliotheken ist nur wenig bekannt (vgl. den Abschnitt III.). Sehr eng waren jedoch die Beziehungen der Franziskaner-, Dominikaner-, Karmeliter- und Augustinerkonvente zur Universität; in allen Fällen handelte es sich um bedeutende Zentren theol. Studien und Orte der Begegnung zw. Laien und Klerikern, Professoren und Studenten.

III. BIBLIOTHEKEN: Über Existenz u. Bestand der Bologneser Bibliotheken vor dem 12. Jh. haben wir nur indirekte Nachrichten. 1065 bestimmte Bf. Lambert »nostros canonicos in studiis intentos esse decrevimus«; von den Büchern, die das Domkapitel besessen haben muß, ist jedoch nur Cod. Bibl. Angelica 123 auf uns gekommen, und der erste erhaltene Katalog stammt aus dem Jahr 1451. Von dem Bücherbestand des Kl. S. Stefano, das seit 887 urkundl. belegt ist, existiert nur mehr ein einziger Codex, der auf 1180 datiert wird. Das Kl. SS. Naborre e Felice muß eine reiche Bibliothek besessen haben, wenn dort um 1140 der Mönch Gratian seine »Concordia discordantium canonum« fertigstellen konnte, aber wir haben keine Nachrichten über sie. Das Kanonikerstift S. Maria di Reno e S. Salvatore besaß bereits im 12. Jh. Bücher, aber aufgrund der Kataloge von 1322 und von 1429 läßt sich erkennen, daß der Bestand ziemlich bescheiden war: Die Bibliothek wurde im 16. und 18. Jh. durch Käufe auf den antiquar. Büchermarkt angereichert. Die Konvente der Franziskaner (erster Katalog 1421), der Dominikaner (erster Katalog 1390) und der Serviten (erster Katalog 1487) besaßen von Anfang an eine Bibliothek. Man hat auch einige Nachrichten über die Bibliotheken der Kl. S. Michele und S. Paolo in Monte. Aus diesen kirchl. Instituten, die in napoleon. Zeit säkularisiert wurden, stammen die Handschriftensammlungen, die sich heute in der Biblioteca Universitaria, der Biblioteca Comunale dell'Archiginnasio und im Museo Civico befinden. Das »Studium« hatte keine Bibliothek, die Studenten konnten von den Stationarii (→Stationarius) gegen Entgelt Bücher entleihen. Die Natio Alemannorum (Deutsche Nation) hatte jedoch einen, später verstreuten Bücherfundus (Kataloge aus den J. 1335, 1344, 1379, 1396, 1514), ebenso das Collegio Gregoriano. Das von Kard. Aegidius →Albornoz 1364 gegründete Collegio di Spagna bewahrte seinen im Lauf der Jahrhunderte vergrößerten ursprgl. Bücherbestand.
G. Fasoli

Lit.: zu [I]: A. HESSEL, Gesch. der Stadt B. (1116-1280), 1910; it. Übers. a c. G. FASOLI, 1975 [mit reicher bibliogr. Erweiterung] – Weiterführung der Lit. bis 1978 in: Storia di B., a c. A. FERRI-G. ROVERSI, 1978 – zu [II]: Arch. di stato di B., Inventario generale dei fondi, 1977, 112-120 – A. HESSEL, loc. cit. III, c. IV und VI – C. RICCI-G. ZUCCHINI, Guida di B. n. ed. ill., 1968 – G. ZARRI, I monasteri femminili a B., fra XIII e XVII secolo (Atti memorie della Deputazione di storia patria per le province di Romagna, NS XXIV, 1973), 133-224 – F. BOCCHI, La Madonna del Monte nella tradizione civica bolognese (I. NICOLAIEVIC, F. BERGONZONI, F. BOCCHI), Arte romanica a B.; La Madonna del Monte, 1973 – M. FANTI, S. Stefano di B. (Monasteri benedettini in Emilia-Romagna, 1980), 143-155 – DERS., S. Procolo di B., ebd., 157-169 – DERS., S. Michele in Bosco di B., ebd., 171-185 – G. FASOLI, Note di storia urbanistica bolognese nell'alto Medio Evo (Attie Memorie cit., NS XII), 335-336 – zu [III]: A. SORBELLI, La Bibl. capitolare di B. nel sec. XV, Atti e Memorie della Deputazione di storia patria per le province di Romagna, s. III, 21, 1903, 439-616 – L. FRATI, La bibl. della Nazione Alemanna in B., L'Archiginnasio IV, 1909, 196-198 – DERS., B. Bibl. monastiche. Bibl. pubbliche (Tesori della bibl. d'Italia-Emilia-Romagna, ed. D. FAVA, 1932), 8ff. – F. RODRIQUEZ, La Bibl. universitaria di B., Romana VII, 1943, 248-257 – A. SERRA ZANETTI, Le raccolte manoscritte della Bibl. Comunale dell'Archiginnasio, L'Archiginnasio XLVI-XLVII, 1951-52, 1-24 – A. GARCÍA Y GARCÍA, Catalogación de los codices del Colegio de España en Bolonia, Studia Albornotiana XII, 1972, 713-721.

B. Die Rechtsschule von Bologna
I. Bedeutung – II. Legisten- und Kanonistenschule – III. Organisation – IV. Lehrbetrieb – V. Examen.

I. BEDEUTUNG: Die Rechtsschule (studium) v. B. war

eine der ältesten hohen Schulen des europ. MA und, neben →Paris, die bedeutendste. Mit ihr begann am Anfang des 12. Jh. die wissenschaftl. Bearbeitung des Rechts, zuerst des Zivilrechts des justinian. Corpus iuris civilis, dann, mit dem Erscheinen des Decretum Gratiani 1139/40, auch des kanon. Rechts. Die Entstehung der Rechtsschule von B. und der scholast. Rechtswissenschaft war ein Neuanfang im Rahmen des allg. kulturellen Aufschwungs, den man als »Renaissance des 12. Jh.« bezeichnet hat. Weder hatte sich ein Rechtsunterricht oder eine gründliche Rechtskenntnis von der Antike her im Westen gehalten, noch ist ein unmittelbarer Einfluß der byz. Rechtskultur auf B. erkennbar. Das angebl. Privileg eines Ks.s Theodosius, des Ersten oder des Zweiten, über die Errichtung der Rechtsschule ist eine ungeschickte Fälschung aus den Jahren 1226/1234. Die Bologneser Juristen haben auch von den älteren Kanonisten nichts lernen können und erst recht nichts von den lombard. Rechtskundigen des 11. Jh. Vielmehr wurde die zuerst an den justinian. Rechtsquellen entwickelte Bologneser Methode bald auch auf die neuen kanon. und, v. a. zur Darstellung des Lehenrechts, auf die lombard. Quellen angewandt.

In B. erlebten die Zivilrechtswissenschaft bis zur Mitte des 13. Jh. ihre erste Blüte und die Kanonistik bis zur Mitte des 14. Jh. ihre klass. Epoche schlechthin. Zahlreiche Studenten aus ganz Europa besuchten die Bologneser Rechtsschule – B. hatte am Anfang des 13. Jh. etwa 1000 Rechtsstudenten –, und es entstand eine jurist. Literatur, deren Hauptwerke bis weit in die NZ hinein in Gebrauch blieben. Rechtsunterricht nach Bologneser Vorbild gab es bald auch an anderen Orten, zuerst in Italien und Frankreich, später überall in Europa. Indem die Juristen Einfluß auf die Rechtsetzung und auf die Rechtsprechung erlangten, hat die scholast. Rechtswissenschaft die Rechtspraxis zunehmend geprägt; unter ihrem Einfluß entfaltete sich im 13. Jh. auch der Notariatskunst (→Ars notariae). Die Bologneser Rechtswissenschaft verdankt ihre große Ausstrahlung ihrer Brauchbarkeit.

In der 2. Hälfte des 13. Jh. verlor die Bologneser Rechtsschule auf dem Gebiet des Zivilrechts ihre führende Stellung. In der Kanonistik konnte sie den hohen Rang bis zur Mitte des 14. Jh. halten. Dann setzte ein allg. Niedergang ein.

II. LEGISTEN- UND KANONISTENSCHULE: Die leges, die ksl. »Gesetze«, näml. das →Corpus iuris civilis, v. a. die Digesten Justinians, wurden gegen Ende des 11. Jh. in B. bekannt. Als erster Kenner des justinian. Rechts ist ein Pepo bezeugt. Dieser ist nach einer neuen, ansprechenden Hypothese (FIORELLI) ident. mit einem Bologneser Bf. wibert. Obödienz (→Wibert v. Ravenna) Petrus (ca. 1085-1096), der die Rechtsbücher aus Ravenna beschafft haben mag. Einige Jahre später begann →Irnerius (†nach 1125), die Texte nach der dialekt. oder log. Methode der Scholastik schriftl. zu kommentieren, zu »glossieren«, und mündl. im Unterricht zu erklären. Ein kontinuierl. Rechtsunterricht ist aber vielleicht erst um 1140 entstanden, als die einstigen Schüler des Irnerius, die Vier Doktoren (quattuor doctores) Bulgarus, Martinus Gosia, (H)Ugo und Jacobus, in B. lehrten. Bedeutende Bologneser Rechtslehrer in der 2. Hälfte des 12. Jh. waren: Rogerius, Wilelmus de Cabriano, Albericus de Porta Ravennate und Johannes Bassianus, ztw. auch Placentinus und Pilius. Die höchste Blüte erreichte die Glossatorenschule in der 1. Hälfte des 13. Jh. mit Azo, dem Verfasser der berühmten Codex- und Institutionensummen, und Accursius, dem Verfasser der →glossa ordinaria zu allen Teilen des Corpus iuris civilis, sowie mit Hugolinus de Presbyteris und Odofredus de Denariis. Am Ende dieser Epoche wurden auch die →Libri feudorum in das Corpus iuris aufgenommen und in den legist. Rechtsunterricht einbezogen (→Glossatoren; s. auch unter den einzelnen Namen).

Später wirkten nur noch selten berühmte Juristen in B.: →Cinus de Sinibuldis (Cino da Pistoia, † 1336) und der bedeutende →Bartolus de Saxoferrato († 1357) haben dort zwar studiert und die Doktorwürde erworben, aber nicht gelehrt. Bekannte Bologneser Zivilrechtslehrer des 14. und 15. Jh. waren →Bartholomaeus de Saliceto († 1411) und →Alexander de Tartagnis († 1477).

Einen zur wissenschaftl. Bearbeitung geeigneten Text der canones, der kirchl. »Vorschriften«, schuf in B. in den Jahren 1139/40 der Kamaldulensermönch→Gratianus mit der »Concordia discordantium canonum«. Das sog. →Decretum (besser: Decreta) Gratiani wurde schon vor 1150 in B. im Unterricht erklärt und schriftl. bearbeitet. Dadurch entstanden neben der zivilrechtl. Legistik und der Glossatorenschule die kirchenrechtl. Kanonistik oder Dekretistik und eine Kanonisten- oder Dekretistenschule. Wissenschaftl. blieb das neue Fach zunächst ein Annex der Theologie und löste sich von dieser erst in den letzten Jahrzehnten des 12. Jh. durch zunehmende Berücksichtigung und Einarbeitung des justinian. Rechts. Mit den Sammlungen päpstl. Dekretalen und Konstitutionen, v. a. den Decretales Gregorii IX (1234, auch Liber Extra, d. h. Liber decretalium extra Decreta vagantium), die die fünf alten Sammlungen (compilationes antiquae, 1188/ 91-1226) ersetzten, dem Liber Sextus Papst Bonifatius' VIII. (1298) und den Constitutiones Clementis V (1317) kamen weitere der Auslegung bedürftige Kirchenrechtsquellen hinzu (→Corpus iuris canonici; →Dekretalensammlungen).

Führende Bologneser Dekretisten in der 2. Hälfte des 12. Jh. und am Anfang des 13. Jh. – nach Paucapalea, Rolandus Bandinelli (Papst Alexander III.) und Rufinus, Zeitgenossen Gratians und der Vier Doktoren – waren: Stephanus Tornacensis, der in B. studiert, seine Dekretsumme aber in Orléans veröffentlicht hat, Johannes Faventinus, Simon de Bisignano, Hugutio, Alanus Anglicus und Johannes Teutonicus, der Verfasser der glossa ordinaria zum Decretum Gratiani. Mit den alten Dekretalensammlungen haben sich v. a. beschäftigt: Bernardus Balbi (→Bernhard v. Pavia), Ricardus Anglicus, Vincentius Hispanus, Tancredus und Damasus. Ihre höchste Blüte erreichte die Dekretalistik nach der Publikation des Liber Extra und des Liber Sextus mit Papst Innozenz IV. (Sinibaldus Fliscus, † 1254) und Henricus de Segusio (Hostiensis, † 1271), die beide in B. studiert hatten, bzw. mit Johannes Andreae († 1348), dem Verfasser der glossa ordinaria zum Liber Sextus und zu den Clementinen, der in B. studiert und gelehrt hat. Hervorragende Bologneser Kanonisten der Blütezeit waren ferner: der schon erwähnte Vincentius Hispanus, Bernardus de Botone Parmensis († 1266), Verfasser der glossa ordinaria zum Liber Extra, Aegidius de Fuscarariis († 1289), der erste Laie, der in B. kanon. Recht lehrte, und Guido de Baysio (Archidiaconus, † 1313). Aus der Spätzeit ist Antonius de Butrio († 1408) zu nennen. Der berühmteste Kanonist des 15. Jh., Nicolaus de Tudeschis (Panormitanus, Abbas modernus, † 1453), hat dagegen nur vorübergehend in B. gelehrt (→Dekretisten, →Dekretalisten, s. auch unter den einzelnen Namen).

Theorie, Lehre und Praxis waren für die Bologneser Legisten und Kanonisten eins. Daher waren die Rechtslehrer stets auch prakt. tätig. Schon Ks. Friedrich I. ließ sich beim Reichstag v. →Roncaglia von den Vier Doktoren beraten. Die Erstattung von Rechtsgutachten (consilia) für Obrigkeiten und Privatleute war v. a. seit dem 14. Jh. eine umfangreiche und gewinnbringende Nebentätigkeit der Rechtslehrer, so daß man diese Zeit geradezu als Zeit der Konsiliatoren bezeichnet hat. Bei den Kanonisten, die im Gegensatz zu den Bologneser Legisten fast alle Kleriker waren, zeigte sich die Verbindung zur Praxis v. a. darin, daß sie oft in hohe kirchl. Ämter aufstiegen.

III. ORGANISATION: Eine äußere Organisation hatte die Rechtsschule bis zum Ende des 12. Jh. nicht. Die Studenten schlossen sich persönl. einem einzelnen Rechtslehrer (doctor legum, magister decretorum, professor) an. Dieser übernahm die Verpflichtung, seine Studenten gegen Zahlung eines Honorars zu unterrichten. Er war ihr dominus (Herr), sie waren seine socii (Genossen). Die starke persönl. Abhängigkeit der Scholaren von ihren Lehrern im Rahmen der societates (Genossenschaften), trat rechtl. in Erscheinung, als Friedrich I. 1155 vor den Toren B.s auf Bitten der Vier Doktoren das von ihnen formulierte berühmte Scholarenprivileg, die authentica »Habita«, erließ, mit dem er die ausländ. Studenten vor Übergriffen der einheim. Bevölkerung in Schutz nahm und sie der ausschließl. Jurisdiktion ihres dominus oder des Bf.s v. B. unterstellte.

Angesichts der überragenden Bedeutung, die die Rechtsschule für Doktoren und Scholaren und darüber hinaus für die Bürgerschaft von B. gewonnen hatte, strebten seit den letzten Jahrzehnten des 12. Jh. alle Beteiligten danach, das studium ihrem Einfluß zu unterwerfen und ihre Interessen institutionell abzusichern: Die städt. Behörden wünschten v. a., die Rechtsschule an die Stadt zu binden, indem sie den Doktoren Eide abnahmen, wonach diese versprachen, in keiner anderen Stadt Rechtsunterricht zu erteilen. Die Rechtslehrer sannen darauf, den Zugang zu ihrem Beruf durch eine Prüfung zu kontrollieren und seine Ausübung von der Zugehörigkeit zu einer Zunft, einem collegium doctorum, abhängig zu machen. Die Scholaren versuchten, sich günstige Lebensbedingungen in der Stadt zu sichern, die Lehrer zur Erfüllung ihrer Pflichten anzuhalten und weitere student. Belange zu regeln. Heftige Interessenkämpfe entbrannten. Die Doktoren, grundsätzlich geneigt, sich mit der Stadt zu arrangieren, traten wiederholt auf die Seite der Scholaren, und es kam zu Auswanderungen von Lehrern und Studenten, so nach Vicenza (1204), Arezzo (1215) und Padua (1222); ein Auszug an die neuerrichtete Univ. Neapel 1224 scheiterte jedoch an den entgegengesetzten Interessen der Doktoren und den scharfen Gegenmaßnahmen der Stadt. Erst um 1250 kam ein Ausgleich zustande.

Als Resultat der Auseinandersetzungen waren je zwei Korporationen der Doktoren und der Scholaren entstanden, die nun die Verfassung der Rechtsschule bestimmten. Die Rechtslehrer hatten sich zum Collegium doctorum legum und zum Collegium doctorum decretorum zusammengeschlossen. Es war das Vorrecht der doctores corporati, die Hauptvorlesungen zu halten und Examina abzunehmen, aufgrund derer der Archidiakon die Lehrerlaubnis (licentia docendi) erteilte und die zur Verleihung der Doktorwürde führten. Gemäß den Statuten von 1397 bzw. von 1460 war die Zahl der ordentl. Mitglieder des Legisten-Kollegiums auf 16 und des Kanonisten-Kollegiums auf 12 beschränkt; nur Bolognesen kamen in Betracht. Es konnten daher nicht alle Rechtslehrer Mitglieder der Kollegien sein; andersseits waren nicht alle doctores corporati als Rechtslehrer tätig. Diese Unstimmigkeit dürfte aber nicht von Anfang an bestanden haben, sondern sie wurde erst im Laufe der Zeit aus Gewinnsucht durch immer engere zunftmäßige Aufnahmebestimmungen herbeigeführt. Um 1300 hatte es sogar Versuche gegeben, die Mitgliedschaft in den Kollegien erbl. zu machen.

Die Scholaren hatten sich wahrscheinl. am Anfang des 13. Jh. durch Vereinigung der etwas älteren Landsmannschaften (→nationes) zu zwei Gesamtverbänden (→universitates, 'Universitäten'; s. auch Abschnitt C) zusammengeschlossen: Die it. Scholaren bildeten die Universitas scholarium citramontanorum, die Nichtitaliener die Universitas scholarium ultramontanorum. Nur Rechtsstudenten, Legisten und Kanonisten, wurden zugelassen. Nichtjuristen, v. a. Studenten der Freien Künste (Artisten) und Mediziner, auch Notariatsschüler, waren ausgeschlossen; sie bildeten später eine dritte Universität. Auch den Bolognesen war wegen Kollision ihrer Bürgerpflichten die Mitgliedschaft verwehrt. An der Spitze jeder der beiden Universitates stand ein Rektor. I. J. 1252 gaben sich die Universitäten zum ersten Mal eine geschriebene Satzung. Neue Statuten wurden 1317- rev. Fassung v. 1347- und 1432 erlassen. Nur die letzten sind vollständig erhalten. Die Statuten enthielten genaue Bestimmungen v. a. über die Befugnisse der Rektoren und anderen Beamten, über den Lehrbetrieb, die Pflichten der Doktoren und die Kollekten, die mehrmals jährl. für diese, die Pedelle und die Hörsäle erhoben wurden (s. Abschnitt B IV), über das Examen (s. Abschnitt B V) und über das Bücherwesen (s. Abschnitt A III; →Stationarius).

Die alten Genossenschaften der Rechtslehrer und ihrer Studenten verloren nun ihre Bedeutung. Die statutar. Gerichtsbarkeit der Rektoren über die Universitätsangehörigen verdrängte fakt. die Rechtsprechung der Doktoren über ihre Studenten. Die Doktoren selbst hatten sich den Rektoren unterzuordnen. Sie mußten schwören, die Universitätsstatuten zu achten und insbes. ihre Lehrverpflichtungen pünktl. zu erfüllen. Hierfür mußte jeder Doktor eine Geldsumme hinterlegen, die von den Rektoren ggf. als Buße eingezogen wurde.

Trotz diesen tiefgreifenden Wandlungen war die Stellung der Rechtslehrer insofern eine freie geblieben, als ihnen ein vereinbartes Honorar von ihren Hörern gezahlt wurde; es gab keine angestellten oder beamteten Professoren. Das änderte sich, nachdem die Stadt i. J. 1280 zum ersten Mal die Besoldung eines Kanonisten übernommen hatte. Um 1350 scheinen alle Rechtslehrer ein städt. Gehalt bezogen zu haben; sie waren öffentl. Beamte geworden. Anfangs hatten die Scholaren die Professoren gewählt, welche die Stadt anstellen sollte. Nun wurde diese Befugnis den von der Stadt eingesetzten reformatores studii übertragen. Diese beaufsichtigten auch die Lehrtätigkeit der Professoren und leiteten damit prakt. die hohe Schule, die zu einer kommunalen Anstalt geworden war.

IV. LEHRBETRIEB: Der Zweck des Rechtsunterrichts war ein doppelter, näml. die Erklärung der Texte der Rechtsquellen und die Anwendung der gelehrten Rechte auf Streitfälle, wie sie in der Praxis vorkamen. Dem entsprachen schon zur Zeit der Vier Doktoren zwei Arten von Lehrveranstaltungen: Vorlesungen (lecturae) und Disputationen. Zur Vertiefung der Vorlesungen wurden im 13. Jh. noch Repetitionen eingeführt.

Gegenstand der verschiedenen Vorlesungen bei den Legisten waren die Teile des Corpus iuris civilis, näml. die drei Teile der Digesten (Digestum vetus, Infortiatum, Digestum novum) und der Codex sowie die Teile des Volumen (Tres libri codicis, Institutiones, Authenticum und, seit etwa 1270, Libri feudorum). Die Kanonisten hatten Vorlesungen über das Decretum Gratiani, später auch über die Dekretalen Gregors IX., den Liber Sextus und die Clementinen. Die Texte wurden in den Vorlesungen abschnittweise nach der Quellenordnung erklärt. Nach einer einleitenden Bemerkung und einer Zusammenfassung des Inhalts des betreffenden Abschnitts wurde der Text vorgelesen. In die Lesung wurden kurze Erklärungen eingeschaltet. Es folgten Hinweise auf ähnl., übereinstimmende oder abweichende Quellenstellen; Widersprüche zu anderen Stellen wurden aufgezeigt und gelöst; mit Hilfe von Distinktionen wurde der Gehalt der Stelle systematisiert; es wurden Argumente aus dem Text abgeleitet und formuliert, die bei der Lösung von Rechtsproblemen gebraucht werden konnten; schließl. mochten Hinweise auf die Lösung ähnl. Sachverhalte gegeben werden (→Lectura, s. a. →Apparatus glossarum). Im 14. und 15. Jh. pflegte man bei der Auslegung mehr und mehr auf die glossa ordinaria und andere anerkannte Kommentare zurückzugreifen, so daß die Auseinandersetzung mit der Literatur in den Vorlesungen einen immer breiteren Raum in Anspruch nahm.

Der Vorlesungsbetrieb wurde von den Univ. scholar. bis ins einzelne reglementiert. Aufgrund der ältesten Statuten von 1252 ergibt sich folgendes Bild: Die Vorlesungen über den Codex, das Digestum vetus, das Decretum Gratiani und die Dekretalen Gregors IX. wurden als Hauptvorlesungen (ordinarie) wohl dreistündig gehalten, entweder frühmorgens um 6 Uhr (in mane) oder nachmittags um 3 Uhr (in nonis). Zu diesen Zeiten durfte kein anderer Unterricht stattfinden. Für die Hauptvorlesungen und für diejenigen über das Infortiatum und das Digestum novum waren Jahreskurse mit 206 bis 213 Vorlesungstagen vorgesehen, die spätestens am 8. Okt. zu beginnen hatten und bis Ende Aug. des folgenden Jahres dauerten. An Ostern gab es zwei Wochen Ferien; donnerstags fanden keine Vorlesungen statt, falls nicht ein Feiertag in die Woche fiel. Der Text, der in jedem Kurs zu behandeln war, wurde in zwei ungefähr gleich große Teile (prima pars, secunda pars) geteilt, und beide Teile wurden im Kurs nebeneinander abschnittweise erklärt. Für die verschiedenen Vorlesungen wurden Termine im Abstand von 12 bis 24 Vorlesungstagen festgesetzt, an denen die Auslegung jedes der beiden Teile bis zu einem bestimmten Punkt (punctum) gediehen sein mußte (sog. puncta-System). Andernfalls traf den Lehrer eine Geldbuße. Später wurde die Bestimmung wiederholt geändert und ergänzt. Die reformatores studii setzten zur Überwachung der Professoren bes. Beamte, die →punctatores, ein.

Repetitiones waren ausführl. Spezialvorlesungen über eine einzelne Quellenstelle, die im Aufbau den gewöhnl. Vorlesungen glichen. Es konnten aber Einwendungen vorgebracht und Fragen gestellt werden. Repetitiones wurden zur Vertiefung der Vorlesungen gehalten, waren aber auch als »Gastvorlesungen« beliebt.

Gegenstand einer Disputation war ein Rechtsfall, meist aus der Praxis, der gelöst werden sollte. Nach der Darlegung des Sachverhalts seitens des Lehrers brachten die Teilnehmer →Argumente zugunsten jeder Partei und Gegenargumente vor. Zum Schluß machte der Lehrer seine Entscheidung bekannt, begründete sie und nahm zu den einzelnen Argumenten Stellung.

Sämtl. Lehrveranstaltungen der Legisten fanden während der längsten Zeit in den Häusern der Doktoren oder in gemieteten Räumen statt. Die Kanonisten versammelten sich meist in Räumlichkeiten der Kirche. Es war Sache der Doktoren, hierfür zu sorgen. Erst in der 2. Hälfte des 15. Jh. stellte die Stadt Hörsäle zur Verfügung.

V. EXAMEN: Die Aufnahme des Studiums an der Rechtsschule von B. war im MA nicht an bes. Voraussetzungen gebunden, doch war ein Studium ohne Kenntnis des Lat. nicht möglich. Irgendwelche Vorschriften über die Studiendauer gab es nicht, solange es kein Abschlußexamen gab. Tatsächl. scheint man gegen Ende des 12. Jh. länger studiert zu haben als vorher. So stellte der Glossator Pilius, der in den 70er Jahren in B. gelehrt hatte, später aber in Modena lebte und schrieb, um 1195 fest, zu seiner Zeit sei man nach vierjährigem Studium als gelehrter Mann in die Heimat zurückgezogen – jetzt wüßten die Scholaren fast nichts, auch wenn sie zehn Jahre in B. verbracht hätten.

Ein Abschlußexamen wurde in B. etwa um 1200 eingeführt, wahrscheinl. als Voraussetzung für den Eintritt in ein als Zunft gedachtes Collegium doctorum und, mittelbar, für die Ausübung des Berufs des Rechtslehrers. I. J. 1219 ordnete Papst Honorius III. an, daß in B. niemand lehren solle, der nicht nach einem gründl. Examen von dem Archidiakon Gratia die Lehrerlaubnis (→licentia docendi) erhalten habe. Es wird allg. angenommen, daß seither immer auch die Rechtslehrer die Lehrerlaubnis, nach bestandenem Examen vor dem Doktoren-Kollegium, vom Archidiakon erhalten hätten. Tatsächl. scheint das aber erst seit 1270 der Fall gewesen zu sein, nachdem es in der Kathedrale zu einer tätl. Auseinandersetzung zw. den Doktoren und dem Archidiakon über dessen Beteiligung an dem Examen gekommen war. Im J. 1291 verlieh Papst Nikolaus IV. der Lizenz Geltung über die Grenzen B.s hinaus, indem er sie als Erlaubnis, überall zu lehren (licentia ubique docendi), anerkannte. Der Archidiakon erteilte die Lehrerlaubnis nach bestandenem Examen und vor der Aufnahme in das Kollegium. Am Anfang des 14. Jh., als die Zulassung zu den Kollegien beschränkt wurde, trennte man den Aufnahmeakt von dem Examen und der Erteilung der Lehrerlaubnis ab. Nur das einstige Aufnahmezeremoniell blieb als feierl. Verleihung der Doktorwürde (→Doctor legum) im Anschluß die Erteilung der Lizenz erhalten. Lehrerlaubnis und Doktorwürde wurden entweder im Zivilrecht oder im kanon. Recht oder in beiden Fächern erteilt.

Nach den Statuten des Collegium doctorum iuris civilis v. 1397 und der Universitates scholarium von 1432 läßt sich über das Examen kurz dies sagen: Die Kandidaten mußten 20 Jahre alt sein. Voraussetzung war ein achtjähriges oder, im kanon. Recht, sechsjähriges Studium. Alle Kandidaten mußten eine Repetition, die Bolognesen außerdem sechs Monate lang als baccalarii Vorlesungen ihres Lehrers gehalten haben. Für beides brauchten die Scholaren die Erlaubnis des Rektors; sie wurde den Legisten nach fünf bzw. sechs Jahren, den Kanonisten nach vier Jahren erteilt. Ein älterer Scholar, der mit Erlaubnis des Rektors Vorlesungen hielt, führte den Titel →baccalarius.

Das Examen zerfiel in zwei Teile: Der erste Teil fand unter Ausschluß der Öffentlichkeit vor dem Archidiakon und dem Collegium doctorum in der Sakristei der Kathedrale statt – daher Privatexamen (examinatio privata); er war die eigentl. Prüfung. Der zweite Teil fand in Anwesenheit aller Scholaren in der Kathedrale (S. Pietro) statt – daher öffentl. Examen (examinatio publica) oder Konvent; er führte zur Erteilung der Lehrerlaubnis und zur Verleihung der Doktorwürde.

Der Kandidat suchte sich als Promotor ein Mitglied des betreffenden Doktoren-Kollegiums und ließ sich von ihm dem Archidiakon und dem Prior des Kollegiums »präsentieren«. Binnen acht Tagen hatte er sich dann frühmorgens vor dem Archidiakon und dem versammelten Kollegium einzufinden, und es wurde eine Stelle aus den

Rechtsquellen für die Prüfung bestimmt. Am Nachmittag hielt der Kandidat über diesen Text einen Probevortrag in der Art einer Vorlesung und beantwortete dazu Fragen der Doktoren. Über das Ergebnis der Prüfung entschieden die Doktoren in geheimer Abstimmung.

Auf das Privatexamen folgte gewöhnl. nach kurzer Zeit unter höchst feierl. und deshalb für den Doktoranden kostspieligen Umständen das öffentl. Examen. Noch einmal hielt der Doktorand eine Vorlesung, und nun opponierten die Scholaren gegen seine Ausführungen. Der Archidiakon gab die Genehmigung zur Promotion und erteilte die Lehrerlaubnis. Darauf überreichte der Promotor dem Doktoranden mit Friedenskuß und Segen die Insignien der Doktorwürde, Buch und Birett. P. Weimar

Q.: H. Denifle, Die Statuten der Juristenuniv. B. vom J. 1317-1347, ALKGMA 3, 1887, 196-397 – Statuti delle univ. e dei collegi dello Studio bolognese, ed. C. Malagola, 1888 – Chartularium Studii Bononiensis. Documenti per la storia dell'Univ. di B. dalle origini fino al sec. XV, I-XIII, 1909-40 – Il »Liber secretus iuris caesarei« dell' Univ. di B., ed. A. Sorbelli, I-II, 1938-42 – D. Maffei, Un trattato di Bonaccorso degli Elisei e i più antichi statuti dello Studio di B. nel ms. 22 della Robbins Collection, BMCL 5, 1975, 73-101 – Lit.: Sarti, I-II – Savigny III, 152-272; IV-VI – Schulte, I-II – H. Denifle, Die Entstehung der Univ. des MA bis 1400, 1885 [Neudr. 1965] – Rashdall I, 87-268 – G. Cencetti, La laurea nelle univ. medioevali, Studi e memorie per la storia dell'Univ. di B., 16, 1943, 247-273 – Storia della Univ. di B., 1: Il Medioevo [A. Sorbelli], 1944; 2: L'Età Moderna [L. Simeoni], 1947 – S. Stelling-Michaud, L'univ. de B. et la pénétration des droits romain et canonique en Suisse aux XIIIe et XIVe s., 1955 – G. de Vergottini, Lo Studio di B., l'Impero, il Papato, Studi e memorie per la storia dell'Univ. di B., NS 1, 1956, 19-95 – G. Rossi, »Universitas scholarium« e Comune, ebd., 173-266 – G. Fasoli, La composizione del falso diploma teodosiano, ebd., 2, 1961, 77-94 (= G. Fasoli, Scritti di storia medievale, 1974, 583-608) – G. Cencetti, Studium fuit Bononie, StM 3a ser., 7, 1966, 781-833 – G. de Vergottini, B. e lo »Studio« nell'età di Accursio, Atti del Convegno internaz. di studi accursiani, Bologna, 21-26 Ottobre 1963, I, 1968, 3-24 [Lit.] – G. Cencetti, L'Univ. di B. ai tempi di Accursio, ebd., 55-70 – P. Weimar, Die legist. Lit. und die Methode des Rechtsunterrichts der Glossatorenzeit, Ius commune 2, 1969, 43-83 – Coing, Hdb. I, bes. 39-101 [Lit.] – C. Piana, Nuovi documenti sull'Univ. di B. e sul Collegio di Spagna, Studia Albornotiana 26, 1976 – P. Fiorelli, Clarum Bononiensium Lumen (Per F. Calasso. Studi degli allievi, 1978), 413-459 – W. Stelzer, Zum Scholarenprivileg Friedrich Barbarossas (Authentica »Habita«), DA 34, 1978, 123-165 – G. Otte, Die Rechtswiss. (Die Renaissance der Wiss. im 12. Jh., hg. P. Weimar, 1981), 123-142 – vgl. auch die Q. und Lit. zum Abschnitt C.)

C. Universitates

[1] *Universitates der Rechtsstudenten:* Die Gründung der beiden »Universitates« am Ende des 12. und Anfang des 13. Jahrhunderts erfolgte als Reaktion der Studenten in B. (nicht aus B.) auf das Übergewicht der Magistri und auf den Einfluß und die Kontrolle, welche die Kommune B. durch diese auf sie ausübte. Durch die Universitaten entzog sich eine vielfältige Studentenschaft, die aus vielen Teilen West- und Mitteleuropas kam, der Bevormundung durch eine enge lokale Macht. Ihre Gründung war also Ausdruck des Bestrebens, durch freie Selbstbestimmung und volle Autonomie der jurist. Scholares die Voraussetzungen ihrer »kulturellen Freiheit« zu behaupten und zu stärken. Die Initiative der Studenten zur Schaffung der Universitates erwies sich als ebenso originell, reich an neuen Impulsen und erfolgreich wie die Begründung des Studiums durch die Magistri hundert Jahre zuvor: ohne die Wirkungen der großen wissenschaftl. Neuerungen, die sich durch die Wiederaufnahme des Studiums des röm. Rechts (ebenso wie des kanon. und des Lehenrechts) ergeben hatten, zu beeinträchtigen, trat auf diese Weise ein neues, eigenständiges Organisationsmodell der Studenten, das zugleich Bildung und Freiheit sicherte, an die Seite der bereits angewandten Lehr- u. Untersuchungsmethoden. Wie seit dem Anfang des 12. Jh. die Bologneser »Rechtskultur« rasch weite Verbreitung gefunden hatte, so wurde auch das Modell der Universitates scholarium seit dem Anfang des 13. Jh. überall nachgeahmt; beide Momente standen miteinander in Wechselwirkung, ebenso wie das erste Faktum ein rein bolognes. Phänomen darstellte, so war es auch das zweite: Die »bolognes.« Methoden scholast. Provenienz verbreiteten sich in den in B. herausgebildeten schul. Strukturen, eben den »Universitates scholarium«. Das »Studium« hatte sich in eigenständiger Weise herausgebildet, hervorgerufen durch das wachsende Bedürfnis nach einem neuen Recht, das im niederen Feudaladel Mittel- und Norditaliens nach dem »Edictum de beneficiis« (Konrad II., 1037) entstanden war: Dieses Bedürfnis umfaßte einerseits die Bereiche von Nachfolge-, Familien- und Erbrecht, andererseits wurden auch im Vertragswesen neue Formen notwendig; v. a. erwies sich jedoch die Einführung sicherer Normen und Garantien im Zivil- und Strafprozeß als dringend. Der Aufstieg der städt. Schicht der secundi milites infolge der zunehmenden Umwandlung kirchl. Güter in Lehen und das damit verbundene Bedürfnis, über die erhaltene oder usurpierte Kirchengut voll verfügen zu können, machten neue Rechtsinstrumente erforderlich. Um den neuen Erfordernissen Rechnung zu tragen, erfolgte ein Rückgriff auf das antike Rechtsgut. Auf diesem Rückgriff, der das röm. Recht an die Stelle des beim kleineren lombard. Feudaladel verbreiteten langob.-frk. Rechtes setzte, beruhten Erfolg und Tragweite des Neuansatzes der Bologneser Magistri. Ein Hauptmotiv dabei war offensichtl. die zunehmende Verbindung der niederen Lehenstäger, deren Familien die Magistri zumeist entstammten, mit dem Kirchengut, das sehr oft nach röm. Recht verwaltet wurde. In zunehmendem Maße fand eine Hinwendung zu den röm. Rechtsquellen, d. h. den Fragmenten und Partien justinian. Texte, die wegen ihres Gebrauchs in der kirchl. Rechtspraxis erhalten geblieben waren und die im Lauf des 11. Jh. in mühevoller Kleinarbeit rekonstruiert wurden, statt. Es handelte sich dabei zwangsläufig um eine an die Praxis gebundene Wiederaufnahme alten Rechtsguts, die von der Schicht der professionellen Juristen (iudices, causidici, legisperiti, legis doctores) ausging und sich mit bes. Intensität v. a. an den Komitats- und Lehengerichten der Mathild. Güter ausprägte, wo sich im Verband einer großen Feudalherrschaft die neuen polit. und jurist. Bestrebungen der aufsteigenden Schichten des niederen Feudaladels im Übergang von der präkommunalen zur kommunalen Periode ausformten, wodurch im jurist. Bereich eine Romanisierung des Rechtswesens gefördert wurde. Obwohl in der Chronik des →Burchard v. Ursberg eine mögliche petitio und ein Eingreifen der Mgfn. →Mathilde v. Tuszien belegt ist, kann nach Ansicht des Verf. nicht von einer Durchsetzung des röm. Rechtes durch den hohen Feudaladel ausgegangen werden, gegen dessen Interessen sich doch letztl. die Erneuerung des röm. Rechtes, die mit dem Phänomen der Urbanisierung und der Einbeziehung feudaler Herrschaftsgebiete in die Kommunen Hand in Hand ging, richtete. Nach Meinung des Verf. ist es vielmehr wahrscheinl., daß, infolge der relativen »exemptio« des Stadtkerns von B. aus dem Komplex der Mathild. Güter und gleichzeitig seiner zentralen Lage im Gefüge der Lehen und Besitzungen des Hauses Canossa, den bolognes. Lehenstägern eine aktive Funktion bei der Kommunenbildung und der Romanisierung des Rechtes in den mathild. Territorien zukam, v. a. für die Gebiete nördl. des Apennin.

Der Bologneser Charakter der Initiative zur Romanisierung des Rechtswesens im Bereich der Mathild. Güter prägte sich anscheinend bereis 1070–1080 mit der emblematischen, aber schwer faßbaren Gestalt des Magister Pepo (vgl. auch Abschnitt B II) aus: Er war von seinen Zeitgenossen ebenso hochgepriesen, wie von seinen Nachfolgern vergessen. Man könnte sagen, Pepo habe als der große Vorkämpfer des Romanisierungsprozesses am Ende des 11. Jh. fungiert, als »Codicis Iustiniani et Institutionum baiulus«, ohne daß man ihn deswegen mit dem – noch gar nicht installierten – »Studium« des röm., kanon. und Lehenrechts in B. in Verbindung bringen könnte. Der Übergang zu einer echten Schulgründung, die eine gesonderte Stellung im Vergleich zu der Tätigkeit der traditionellen Berufsjuristen einnimmt, ist frühestens dem →Irnerius zuzuweisen, wahrscheinl. nach 1116: In Umkehrung der traditionellen Meinung (die Identität zw. dem Irnerius der zeitgenöss. Quellen und dem Irnerius der scholast. Tradition vorausgesetzt) ist anzunehmen, daß Irnerius, der zunächst als Ratgeber und Richter an den mathild. Gerichtshöfen und später im Gefolge Ks. Heinrichs V., des Lehnsherren und Erben der Mathild. Güter, tätig war, seinen Wirkungskreis nach der Konstitution der Kommune Bologna i. J. 1116 und der gleichzeitigen Auflösung des Territoriums der Canossa v. a. auf den Bologneser Bereich verlagert hat und neben seiner berufl. Tätigkeit wie auch der eventuellen Teilnahme am Stadtregiment eine eigene Lehrtätigkeit entfaltete und eine Schule gründete. Das Vorbild in der Organisation dieses Lehrbetriebes konnten nicht die Kloster- oder Kathedralschulen bilden, wie sie in B. Anfang des 12. Jh. bestanden; vielmehr ist die neue Lehrinstitution von diesen getrennt zu sehen, sowohl was ihre Entstehung (aus der Praxis), den Inhalt des Lehrstoffes (röm. Recht) als auch die Lehrer (Berufsjuristen) betrifft. Eine vorhergehende Lehrtätigkeit des Irnerius an den Bologneser Klosterschulen anzunehmen, bietet trotz der Bologneser Tradition beträchtl. Schwierigkeiten. Ein Vorbild der neuen Rechtsschule (Studium) könnten eher die neugebildeten feudal-kommunalen Consorterien darstellen, jene societates kleinerer Geschlechter, die gerade die Kommune gegründet hatten und das gleiche Modell bei der Organisation der Studia angewandt haben können. So war Irnerius, Mitglied der kommunalen Societas, auch das Oberhaupt der neuen scholast. Societas, wobei auch eine Tendenz zur Einbeziehung anderer Zweige des Rechts (kanonisches Recht mit →Gratian, Lehenrecht mit Obertus und Anselmus de Orto) vorhanden war, welche durch die Expansionsbestrebungen der Kommune im Umland *(contado)*, die wohl ein verstärktes Bedürfnis nach Beschäftigung mit lehenrechtl. und kanonist. Rechtsinhalten hervorriefen, mitbedingt gewesen sein mag.

Die Parallelentwicklung von Kommune und Studium, die ideale Weise, in der die neuen wissenschaftl. Lehrinhalte unter dem lokalen Lehnsadel verbreitet wurden, barg jedoch den Keim künftiger Konflikte in sich, als die Studentenzahl zunahm und viele neue Scholaren aus dem hohen und mittleren Lehnsadel dazustießen, die mit der Kommune nicht verbunden waren, ja, zu ihr sogar ein feindl. Verhältnis haben konnten. Das bis zum Tode des Irnerius einheitl. Studium mußte sich danach in mehrere Societates aufgliedern: Als Gründe dafür sind das Aufkommen der kanonist. Studien, die für die neuen Schichten so bedeutsam wie die Romanistik waren, anzusehen, sowie die wachsenden Gegensätze unter den Schülern des Gründers, die verschiedene Richtungen entstehen ließen; die Überlieferung berichtet über diese Auseinandersetzungen jedoch nur in äußerst unklarer Weise. Der Unterricht dürfte jedoch sehr erfolgreich gewesen sein, da er bald eine »numerosa turba« nach B. zog, von der 1155 in der Authentica »Habita« Friedrich Barbarossas die Rede ist. Mit dieser Authentica setzte der Ks. die vermögensrechtl. und jurisdiktionelle Autonomie der Studenten in und gegenüber der Stadt fest und übertrug die Jurisdiktion den Magistern bzw. dem Bf. v. Bologna. Unabhängig von den verschiedenen Theorien über die Rolle der Studenten in der Konstitution von 1155/58 bleibt das Faktum bestehen, daß bei einer Annahme einer engen Verbindung von Magistri und Kommune, für die nach Meinung des Verfassers die entscheidenden Argumente sprechen (wobei die Magistri als autoritative Komponenten der Kommune angesehen werden können), die Authentica »Habita« die Autonomie der Scholaren von der Stadt zweifellos nur formell garantieren konnte und sich eher als Mittel erwies, eine noch stärkere Abhängigkeit der Studenten vom bolognes. Stadtregiment und Gericht zu bewirken. Mit diesem Datum sind also eher und früher als mit den Eiden, die die Kommune den auswärtigen Magistern abnahm, alle Weichen gestellt, die zu eigenen Ansätzen für eine Selbstverwaltung und Organisation der Studenten und schließl. zur Bildung der beiden Universitates führen sollten: Und so wie man die Rolle der Konstitution Friedrichs I. neu überdenken muß, wird man die gesamte Rolle der Bologneser Magistri in →Roncaglia (1158) und bei dem folgenden Streit um die Regalien zw. den Kommunen auf der einen und dem hohen Feudaladel auf der anderen Seite überdenken müssen.

Bei der Untersuchung des Entstehungsprozesses der Universitates am Ende des 12. Jh. sind wir weitgehend auf Vermutungen angewiesen. Sobald die Universitates im 2. Jahrzehnt des 13. Jh. greifbar werden, tragen sie folgende Züge: 1. Sie sind Zusammenschlüsse der Rechtsstudenten, die sowohl ihre Magistri als auch Studenten anderer Fachgebiete (Mediziner, Artisten, Schüler der Ars notariae) sowie Jurastudenten, die aus der Stadt B. selbst stammen, ausschließen. – 2. Die Gruppen werden nach dem Herkunftsgebiet der Studenten unterschieden: *Universitas Citramontanorum* (Italien) und *Universitas Ultramontanorum* (Ausland), die ihrerseits in verschiedene →Nationes (s. u.) gegliedert sind, wobei die Nationes der Citramontani zahlenmäßig schwächer vertreten sind als die Ultramontani. – 3. Die so unterschiedenen Gruppierungen weisen jedoch eine einheitl. Grundstruktur auf: an der Spitze der Verbände steht je ein Rector (→Rektor) für die Citramontani und einer für die Ultramontani, vorzugsweise ein Kleriker. Beide haben einheitl. die Jurisdiktion über die Studenten oder bei Konflikten zw. Studenten und Bologneser Bürgern inne (in Abweichung von der Authentica »Habita«) und führen die student. →Matrikeln.

Die Widersprüchlichkeit und gleichzeitige Rationalität dieses komplexen Gefüges ist evident: handelt es sich doch dabei um eine Struktur, in der die Studenten, um ein Maximum an möglichem inneren Zusammenhalt zu erreichen, gezwungen waren, ihre Organisation aufzuspalten. Der Zusammenschluß in zwei Universitates statt in einer einzigen und die damit verbundene Bildung eines die nichtit. Studenten umfassenden Verbandes brachte für diese die Garantie, vor möglichen negativen Auswirkungen, die eine zahlenmäßige Überlegenheit der Citramontani mit sich bringen konnte, gesichert zu sein; nur die Ausübung der Jurisdiktion durch einen eigenen, nur für sie zuständigen Rector konnte ihnen auch ihre Autonomie und Freiheit garantieren. Andererseits konnten sie aber in allen Fragen, die das Verhältnis der Universität nach außen hin betrafen, mit den it. Studenten zusammengehen und sich auf diese Weise sowohl ein Maximum an Freiheit sichern, als auch optimale Stärke und Durchsetzungsfähigkeit gewinnen. Spiegelbildl. gleiche Motive galten für die Citramontani. All dies geht klar aus den Statuten hervor, angefangen bei dem Fragment aus dem Jahre 1252, auf das in jüngster Zeit als vermutl. Rest der ältesten Verfassung der Studenten in Bologna hingewiesen wurde. Die Spiegelbildlichkeit der beiden Universitates der Rechtsstudenten kommt jedoch in den Statuten der Jahre 1317/47 und der darauffolgenden Revisionen bis zu den Texten der Jahre 1432-98 mit bes. Deutlichkeit zum Ausdruck. Die Rolle der Universitates wird auch durch die Statuten der Kommune seit 1250-65 bezeugt. Durch diese wird die Bedeutung der Universitates und ihre notwendige und erforderl. Funktion als Gegenpartei des städt. Lebens gerade von dem Organ anerkannt, gegenüber dessen Ansprüchen sich die Studenten durch die Gründung ihrer Organisation zur Wehr gesetzt hatten.

Innerhalb der beiden Universitates hatten die verschiedenen →Nationes (Landsmannschaften) eine parallele Rolle inne. Freiwillige Organisationen wie die Universitates, waren die Nationes wahrscheinl. noch älteren Ursprungs; sie waren aus der Eigeninitiative von Personen, die durch gleiche regionale Herkunft und Sprache bzw. Mundart verbunden waren, hervorgegangen und hatten an einem Ort von »internationalem« Charakter wie B., der das Bedürfnis nach »traditionellen« Bindungen verstärkt hervortreten ließ, bes. Stellenwert. Die Gruppierung nach Nationes wurde in der Folge institutionalisiert und war einer der zur Bildung der verschiedenen Universitates notwendigen Bausteine, nicht zuletzt, weil durch die Nationes das notwendige Maß an Autonomie und innerer Selbstverwaltung, das durch die Herausbildung zweier statt einer einzigen Universitas erreicht worden war, auch tatsächl. gewährleistet wurde. So wählten die Studenten abwechselnd nach Nationes den Rektor. Das erhaltene Übereinkommen der Ultramontani aus dem Jahr 1265, das den jeweiligen Wechsel streng regelt, zeigt den Mechanismus der inneren student. Vertretung und die komplizierte, aber wesentl. Wechselbeziehung zw. den einzelnen Gliedern und dem Ganzen, also zw. Natio und Universitas: Diese Wechselbeziehung wird nicht nur durch die turnusweise nach Nationes erfolgende Wahl des Rektors geregelt, sondern auch durch das Kollegium der Consiliarii, durch das die pro tempore amtierenden Vorstände der einzelnen Nationes in ständigem Kontakt mit den Spitzen standen und die schwierigen Situationen, die das unruhige universitäre Leben häufig mit sich brachte, gemeinsam zu meistern suchten. Das Organisationsmodell der Universitates war also sehr differenziert und zugleich sehr effizient, konnte sich dementsprechend gut durchsetzen und den Primat der Studenten in der Schule, der Universitates im Studium und der Willensäußerungen der Studentenschaft in den lokalen städt. Körperschaften dauerhaft sichern. Dies erklärt die überaus rasche Verbreitung jenes Modells mit den verschiedenen Wellen der bolognes. Diaspora, so daß wir es in vielen Gebieten Europas, in denen die Rechtswissenschaft gepflegt wurde, vorfinden. Dies erklärt ferner, warum bis heute noch das Wort Universitas (Universität) als Bezeichnung der Hochschulen verwendet wird, auch wenn sich deren Strukturen von denen ihrer ma. Vorläufer weit entfernt haben. Mit ihrem wissenschaftl. Lehrgebäude repräsentiert die bewegl. und effiziente Struktur der ma. Universitates zweifellos einen der großen Beiträge, die Bologna und das it. MA für die geistig-kulturelle Entwicklung Europas geleistet haben.

[2] *Die Universitates der Artisten und die Kollegien:* Wie die Rechtsstudenten, so organisierten sich in späterer Zeit auch die Studenten der anderen Fächer als Universitates. In B. geschah dies zu einem Zeitpunkt, in dem sich die Zusammenschlüsse der Juristen längst ausgebildet hatten und ihr Einfluß infolge der zunehmenden Schwächung der aristokrat. Führungsschicht der Kommune durch die Formationen des *Popolo* und die Spaltung in »Geremei« und »Lambertazzi« bereits im Sinken war. Es war daher den Juristen nicht möglich, die Kommune daran zu hindern, die Privilegien und den Status einer Universitas auch bei anderen Studenten in artibus anzuerkennen, das heißt, global betrachtet, den Scholaren aller übrigen Disziplinen.

So erschien am Ende des 13. und Anfang des 14. Jh. – ein Jahrhundert nach den Universitates der Studenten des röm., kanon. und Lehenrechts – als einheitl. Block die neue Universitas artistarum, die keine Unterscheidung in Citramontani und Ultramontani kannte und Studenten der Rhetorik (dictatores; B. spielte eine führende Rolle bei der Ausprägung der →ars dictaminis), Medizin, Physik, Naturwissenschaften und Mathematik und der →ars notariae in einer einheitl. Verbindung zusammenfaßte, die ebenfalls von einem Rektor geleitet wurde. Es handelte sich dabei offensichtl. um eine Art unstabile »Rumpfuniversität«, in der nur die Mediziner ein gewisses Übergewicht erringen konnten; die Universitas artistarum offenbart jedoch noch besser als die Modelle der Juristen die eigenen und spezif. Ziele jeder universitären Organisation: d. h. die Verteidigung der Körperschaft und des Status der Studenten, die im eigtl. Sinne »politischen« Ziele von Gruppen, die sich nicht so sehr deshalb zusammengefunden hatten, weil sie die gleichen wissenschaftl. Ziele anstrebten, sondern weil sie einem bestimmten einheitl. »Ambiente« angehörten.

Überall, wo es Ansätze zu einer autonomen Initiative der Studenten gab, griff man schließl. auf das Bologneser Universitätsmodell zurück, zwar mit manchen Modifikationen, aber doch mit wesentl. gleichen Zielen: ähnliche Organisationsformen für ähnl. soziokulturelle Situationen bei ähnl. Lehrinhalten.

Der Organisation der Studenten in drei Universitates trat bald die notwendige Organisation der Dozenten in Kollegien gegenüber. Eine derartige Struktur wurde allmähl. unumgänglich, um diejenigen zu bestimmen, die das Recht hatten, die licentia docendi, das Doktorat, zu verleihen, nachdem bereits 1219 Papst Honorius III. die allgemeine Bedeutung eines in B. verliehenen Titels anerkannt hatte, zu dessen Erlangung die Ablegung einer Schlußprüfung vor dem Archidiakon der Kirche v. B. erforderlich war (s. Abschnitt B. V).

Das Collegium doctorum, das nicht mit dem Korpus der Dozenten identisch war, sondern aus seiner Mitte gewählt und in der Folge durch Kooptation seiner Mitglieder ergänzt wurde, bildete das Gremium, das die höchste wissenschaftl. Funktion ausübte: die Verleihung des Doktortitels und die Kooptation der neuen Dozenten, und sich – als eine Zwischenstufe zw. dem ma. Studium und der modernen Hochschule – nach fachl.-wissenschaftl. Kriterien zusammensetzte, da es ein Collegium Doctorum für das Zivilrecht, eines für das kanon. Recht und schließlich eines für die Medizin und alle anderen »artes« gab.

Die Doctores verbanden sich also eher als die Studenten zu wissenschaftl. Zwecken (jedenfalls auf der Ebene der Kollegien), obwohl auch bei ihnen das Bestreben, ihre Bedürfnisse und das Ansehen ihrer Körperschaft und des ganzen Standes zu verteidigen, sehr stark war. Damit war also das dritte Moment in der Geschichte des Studiums in Bologna erreicht: Auf die Initiativen der Magister im 12. Jh. und der Studenten im 13. und 14. Jh. folgte im 14.–15. Jh. der Zusammenschluß der Doktoren zu Kollegien. Er stellte eine Organisation der – nach den Studenten – zweiten, für das universitäre Leben wesentl. Gruppe dar, die v. a. seit dem 16. Jh. unter dem direkten Einfluß der öffentl. (staatl.) Gewalt stand; einer öffentl. Gewalt allerdings, die in Bologna – wie auch in anderen Bildungszentren in SpätMA und früher Neuzeit – nie definitiv das wissenschaftl. Leben und das Lehrgut kontrollieren und alle seine Aspekte in Besitz nehmen konnte, wie es erst mit dem Übergang zum staatl. säkularen Bildungswesen im 18. und frühen 19. Jh., d. h. in B. mit dem napoleon. Ära, der Fall war. P. Colliva

Q. und Lit. [außer den zu Abschnitt B. gen. Werken]: Q.: Acta Nationis germanicae Universitatis bononiensis . . . , ed. E. Friedlaender–C. Malagola, 1887 – Statuta Nationis germanicae Universitatis Bononiae (1292–1750), ed. P. Colliva, 1975 [ausführl. Einl.] – *Lit.*: C. Calcaterra, Alma Mater Studiorum. L'Università di B. nella storia della cultura e della civiltà, 1948 – E. Spagnesi, Wernerius bononiensis judex. La figura storica d'Irnerio, 1970 – J. Fried, Die Entstehung des Juristenstandes im 12. Jh. Zur sozialen Stellung und polit. Bedeutung der gelehrten Juristen in B. und Modena, 1974 – L. Schmugge, Codicis Iustiniani et Institutionum baiulus. Eine neue Quelle zu Magister Pepo zu B., Ius Commune VI, 1977, 1–9.

Bolognino, Münzbezeichnung. Mit der Erteilung des Münzrechts durch Ks. Heinrich VI. 1191 an die Stadt Bologna begann diese mit der Prägung eines silbernen Denars, der B. piccolo gen. wurde und 0,65 g wog. Das schlichte Münzbild (Ligatur aus Imperator/A) wurde in Ferrara nachgeahmt. 1236 wurde der B. grosso im Gewicht von 1,57 g mit dem gleichen Münzbild eingeführt und alsbald in zahlreichen Münzstätten Mittelitaliens kopiert. Der seit 1368 im Rom geprägte B. romano mit der Büste des Papstes wurde seinerseits vielfach nachgeahmt. 1338 wurde in Bologna auch ein doppelter B. (3 g) geprägt, der ein Kreuz und den Hl. Petrus zeigte. P. Berghaus

Lit.: Wb. der Münzkunde, hg. F. Frhr. v. Schroetter, 1930, 81.

Bolognini, Ludovicus, Doctor utriusque iuris, *28. Juli/28. Sept. 1446 in Bologna, †27. Juli 1508 in Florenz. B. stammte aus einer einflußreichen Familie von Seidenhändlern und Papierfabrikanten und studierte unter →Alexander de Tartagnis und Andreas Barbatia in Bologna. Seit 1468 lehrte er, mit längeren Unterbrechungen, ebd. sowie in Ferrara Zivilrecht und kanon. Recht und bekleidete hohe öffentl. Ämter in Bologna und Florenz.

B. schrieb Repetitiones sowie »Interpretationes novae« (1494) und »Secundae interpretationes« (1495). Durch diese Auslegungen einzelner Stellen der Rechtsquellen kam er zur Textkritik. Seine krit. Arbeiten, nur z. T. vollendet, blieben aber ungedruckt (Mss. in der Biblioteca comunale zu Bologna); G. Haloander hat sie jedoch für seine Digestenausgabe (Nürnberg 1529) benutzt. B. verfaßte ferner u. a. eine Blütenlese aus dem Decretum Gratiani (»Syllogianthon«, 1472, gedr. 1486), schrieb über den Ablaß (»De indulgentiis«, 1489) sowie einen Kommentar zu dem falschen Theodosian. Privileg für die Univ. Bologna (1491) und edierte zivilist. und kanonist. Werke; seine Konsilien wurden öfter gedruckt. Der schlechte wiss. Ruf des B., der v. a. auf dem Urteil A. Agustíns (1543) beruht, ist teilw. unbegründet. P. Weimar

Lit.: DBI XI, 337–352 – Savigny VI, 356–371 – L. Frati, L. B., Studi e mem. per la storia dell'Univ. di Bologna I, 1909, 117–141 – L. Sighinolfi, Angelo Poliziano, L. B. e le Pandette fiorentine, ebd. 6, 1921, 187–308 – A. Adversi, Gli scritti canonistici di L. B., SG 8, 1962, 611–635 – S. Caprioli, Indagini sul Bolognini, 1969.

Bolsena, Blutwunder von, wird in der Liturgiewissenschaft und Frömmigkeitsgeschichte das 1263 in Bolsena geschehene wunderbare Ereignis bezeichnet: Nach der Überlieferung sei ein dt. Priester im Augenblick der Konsekration der Hostie von Zweifeln über die Transsubstantiation ergriffen worden. Als er die Hostie brach, seien jedoch Blutstropfen hervorgetreten, die das Corporale befleckten. Wegen der Größe dieses Wunders wurde das Corporale nach Orvieto gebracht und dort 1337–38 in dem von dem Sienesen Ugolino di Vieri geschaffenen kostbaren Reliquienschrein, einem Meisterwerk der it. Goldschmiedekunst, niedergelegt.

Das B. v. B. wurde als Beweis der Transsubstantiation von Brot und Wein in Leib und Blut Christi angesehen und bekräftigte die bis heute offizielle Lehre der Kirche, die ihrerseits bereits seit einiger Zeit die Eucharistie in eigenen Festen feierte. Papst Urban IV. faßte die verschiedenen, in der Westkirche bereits praktizierten Formen der Eucharistieverehrung in der Bulle »Transiturus de hoc mundo« vom 11. Aug. 1264 zusammen und setzte das →Fronleichnamsfest (Corpus Domini) ein, das sich nach einigen Jahrzehnten im ganzen Westen verbreitete. Erst als die Bulle Urbans IV. von Johannes XXII. 1317 in die Klementinen aufgenommen wurde, erlangte das Fest kanon. und offizielle Geltung in der gesamten Kirche. R. Manselli

Lit.: P. Browe, Die Verehrung der Eucharistie im MA, 1933, 71 und ff. – A. Lazzarini, Il miracolo di B. Testimonianze e documenti dei secoli XIII e XIV, 1952 – M. Righetti, L'anno liturgico II, 1969³, 329–339.

Bolseyro (Bolseiro), Juyão, Troubadour, dessen biogr. Daten sich nur aus seinem Canzoniere erschließen lassen, v. a. aus den beiden Tensonen (→Streitgedichte), die er mit Adligen wechselte. Die erste, deren Adressat Rodriguez Tenoyro war, fiel wahrscheinl. in die Jugendjahre des Dichters. B. erscheint darin sowohl in psycholog. wie in poet. Hinsicht als schwach und unsicher. Auch die Tenso mit Soares Coelho zeigt den Dichter offensichtl. in sozialer Hinsicht dem aristokrat. Streitpartner gegenüber in unterlegener Stellung. Außer diesen Dichtungen, die sein poet. Wirken in die Jahre 1250–75 setzen, läßt auch sein Beiname Bolseiro (»Hersteller von Taschen«, oder weniger wahrscheinl. »Schatzmeister« oder »einer, der die Börse liebt«) an eine Herkunft aus niedrigem Stand denken. Seine Heimat ist nicht eindeutig festzulegen (Galizien? Kastilien? Portugal?), es ist auch nicht auszuschließen, daß die Einflüsse beider iber. Höfe, die sich in seiner Dichtung feststellen lassen, auf Reisen und Aufenthalte in den jeweiligen Hauptstädten zurückzuführen sind.

B. verfaßte ferner fünfzehn in Ausdruck und Thematik sehr originelle →Cantigas d'amigo; einige sind traditioneller und behandeln die Motive Eifersucht, Trennungsschmerz, Freude über die Rückkehr, zeigen aber im ganzen in dem strengen Versmaß der cantiga eine beachtl. psycholog. Vertiefung. Die Frauengestalten treten in diesen Liebesliedern deutlich hervor, Mütter und Töchter, Protagonistinnen häufig schwieriger und qualvoller Situationen, in denen sie den Beweis ihrer inneren Reife und des bewußten Aufsichnehmens ihrer Rolle erbringen.

B. werden außerdem zwei →Cantigas d'amor zugeschrieben, während seine Verfasserschaft für weitere dreizehn fraglich ist und ihm auch in der Hs.-Überlieferung von Pero d'Armea bestritten wird. G. Busetto

Ed.: E. Reali, Le »cantigas« di Juyão Bolseiro, Annali dell' Ist. Univ. Orientale di Napoli, Sez. Romanza VI, 1964, 237–335 [Nachdr. in Buchform 1964; Lit.] – *Lit.*: M. H. F. Esteves de Almeida, Nota sobre a interpretação de un verso de Julião Bolseiro, Annali etc., cit., X, 1968, 169–174.

Bolus armenus (βῶλος ΄[Erd-]Klumpen'), b. armenicus, b. rubra, terra rubea, creta armenica, Rötelstein, »Roter Glaskopf«, Blutstein, armenische Tonerde, ist ein Gemisch von Aluminiumsilikaten, durch Eisen- und Manganoxide braunrot gefärbt.

[1] *Pharmazeutisch-medizinische Anwendung:* B. a. war Bestandteil vieler Pflaster und Salben, die – wegen der austrocknenden, zusammenziehenden und blutstillenden Wirkung – in der Behandlung von nässenden und eiternden Wunden angewandt wurden. Für Hans Minner (1479), 72, ist b. a. »gut in der pestilentz, es verstellt daz blütt«, ebenfalls als Pestmittel bei →Constantinus Africanus, »De gradibus«. W. F. Daems

[2] *Verwendung in der Bildenden Kunst:* Während die farbige Fassung ma. Skulpturen, Ornamentrahmungen usw. über einem Kreidegrund aufgetragen wurde, verwandte man für eine Metallauflage wie etwa bei der Blattvergoldung B. a. Dieser wurde mit einem Bindemittel (im MA häufig geschlagenes, abgestandenes Eiweiß) als Poliment auf eine Grundierung aufgetragen. B. a. ist fett und seifig und bildet eine glatte, elast. Polsterung beim Polieren des hauchdünn aufgetragenen Blattgoldes, welches aufgrund der Saugkraft des B. a. an diesem haftet. Im 12. Jh. sind nach bisherigen Beobachtungen die Bolusgründe noch ausschließl. in weißer Färbung bekannt; seit dem späten 13. Jh. treten zuerst im Süden, später im Norden farbige Polimente auf, zunächst gelbe bis rötlichgelbe, seit dem 15. Jh. auch rote sowie schwarze. Gerade durch diese infolge von einem bestimmten Gehalt an Eisenoxiden und anderen Materialien bewirkte Färbung des B. a. wird der Ton des Goldes beeinflußt. J. M. Plotzek

Q.: Constantinus Africanus, Opera, Basel 1536, 353 – *Lit.: zu [1]:* HWDA I, 1456 f. – ZEDLER, Univ. Lex. IV, 269–272 – MlatWb I, s. v. bolus 1. – D. GOLTZ, Stud. zur Gesch. der Mineralnamen in Pharmazie, Chemie und Med. von den Anfängen bis Paracelsus (SudArch Beih. 14, 1972), 150 f., 254 f., 360 f. – U. SCHMITZ, Hans Minners »Thesaurus medicaminum« (Q. und Stud. zur Gesch. der Pharmazie 13, 1973), 72 – *zu [2]:* M. DOERNER, Malmaterial und seine Verwendung im Bilde, 1954, 390 ff. – C. HEBING, Vergolden und Bronzieren, 1960, 59 ff.

Bombace (Bombasius), Paolo, * 11. Febr. 1476 Bologna, † 6. Mai 1527 Roma. Berühmter Kenner der gr. Sprache und Literatur, lehrte von 1505–11 im Studio v. Bologna. Freund und Briefpartner von →Erasmus v. Rotterdam, den er 1506–07 beherbergte. 1511 nahm er am Verteidigungskampf von Bologna gegen Papst Julius II. teil. 1512–13 wirkte er als Lehrer des Lat. und Gr. in Neapel. Nach verschiedenen Versuchen, in anderen Städten Fuß zu fassen, wurde er im Aug. 1513 zum Sekretär des Kard. Lorenzo Pucci ernannt und durfte nach Rom, wo er öffentl. Ämter und Ehrentitel in der Kurie erhielt. 1517 hielt er sich im Gefolge des Nuntius Antonio Pucci in der Schweiz auf. 1524 war er apostol. Sekretär. Er wurde während des »Sacco di Roma« getötet. *Werke:* Von den wenigen Werken B.s gingen die meisten nach seinem Tode verloren. Erhalten sind: eine lat. Rede an den Kard. Federico Sanseverino (1511); Praefatio zu »De fructu qui ex doctrina percipitur« von Riccardo Pace (1517); zwei lat. Epigramme in der 1524 von Biagio Pallai herausgegebenen Sammlung »Coryciana« sowie nur teilweise edierte Briefe an Aldus Manutius, Scipione Forteguerri, Erasmus, u. a. Humanisten seiner Zeit. M. Feo

Lit.: DBI XI, 373–376 – P. O. KRISTELLER, Iter Italicum, I, II [Ind.].

Bombarde, im 14. und 15. Jh. im frz. Sprachgebiet der Name für schwere Belagerungsgeschütze. →Steinbüchse.

Lit.: B. RATHGEN, Das Geschütz im MA, 1928. E. Gabriel

Bombe, im 14. und 15. Jh. ein Geschoß der →Steinbüchsen. Bei großen Büchsen wurden mit Pulver gefüllte Hohlkugeln aus Stein, bei kleineren solche aus Holz verwendet. Die B.n bestanden aus zwei Hälften, die von Eisenbändern zusammengehalten wurden. Bei Steinbomben erfolgte die Zündung durch eine in die B. reichende Lunte, die vor dem Abfeuern entzündet werden mußte, bei B.en aus Holz wurde zur Zündung ein mit Pulver gefüllter und in die B. gesteckter Federkiel verwendet, der beim Abfeuern des Geschützes durch die Treibladung entzündet wurde. E. Gabriel

Lit.: B. RATHGEN, Das Geschütz im MA, 1928.

Bombolognus von Bologna OP, † ca. 1280, Professor in Bologna. Seine Kommentare zur aristotel. und neuplaton. Philosophie sind verschollen. Sein Sentenzenkommentar, der erste eines it. Dominikaners, erhalten in drei Büchern (Bologna: Bibl. Univ. I, III; Bibl. Archiginnasio IV; Assisi: Bibl. Com. III), erweist ihn als Kenner des Aristoteles und der arab. Philosophie, vertritt aber fundamental nur it. Traditionen und macht so eine angebl. Lehrtätigkeit des B. in Paris unwahrscheinlich.

M. Mückshoff

Lit.: ECatt II, 1823 – NCE II, 654 – GRABMANN, Geistesleben I, 339 f. – F. PELSTER, Les manuscrits de B., RTh 9, 1937, 404 ff. – A. D'AMATO, B. de Musolinis de B., Notizie biografiche e bibliografiche, Sapienza 1, 1948, 75 ff., 418 ff.

Bomeneburg, Gf.en v. Die Gf.en v. B., deren Haus der zweitälteste Sohn →Ottos v. Northeim, Siegfried III. († 1107), begründete und das mit dessen Sohn, Siegfried IV. – zugleich dem letzten Northeimer –, 1144 in männl. Linie ausstarb, gehörten zu den einflußreichsten sächs. Dynasten ihrer Zeit. Urkundl. wurden sie zuerst 1123 nach der südl. Eschwege gelegenen B. benannt; ihr Herrschaftsbereich – im wesentl. schließlich identisch mit dem Ottos v. Northeim – erstreckte sich v. a. zw. Oberweser, Rhume und Leine sowie zw. Fulda und Werra und reichte weit nach Westfalen hinein (u. a. Vogtei über Kl. →Corvey; Komitate bes. im Bm. →Paderborn). Das Erbe der B. fiel an die Gf.en v. →Winzenburg. H. Schoppmeyer

Lit.: K. H. LANGE, Der Herrschaftsbereich der Gf.en v. Northeim 950–1144, 1969 [Lit.].

Bömlin, Konrad OFM, *um 1380 wohl in Esslingen/Neckar, † 1449, 1409 Guardian des Kl. in Schwäbisch Hall, leitete als Provinzial von 1438 bis zu seinem Tode die oberdt. Provinz seines Ordens. B.s schmales lit. Werk ist wohl zw. 1409 und 1438 entstanden. Erhalten sind 47 lat. Adventspredigten (zwei Hss.), acht dt. Predigten, von denen allein die Eucharistiepredigt »Venite ad me omnes« (23 Hss.) und die Passionspredigt »Inspice et fac« (5 Hss.) größere Verbreitung fanden. Hinzu treten zwei anonym überlieferte Werke: Das in die Form des Meister-Jünger-Gesprächs gekleidete »Gúldin Búch« und der Traktat »Von der Berührung Gottes« (und des Menschen im Leiden Christi«. Im Druck liegen nur eine Fastenpredigt (»Unus est magister vester, Christus«; Franziskan. Schrifttum im dt. MA II, hg. K. RUH [im Dr.]), eine Urkunde, in der B. den Klarissen des Kl. Oggelsbeuren Anweisungen für ihr Zusammenleben gibt, und zwei Briefe an die Nürnberger Klarissen und den Rat der Stadt Nürnberg bezügl. der Reform des Kl. (VÖLKER, 141–143 bzw. 146–148 und J. KIST, Das Klarissenkloster in Nürnberg. . ., 1929, 170) vor. – B. erscheint in seinen Traktaten und Predigten – soweit sich dies derzeit überblicken läßt – als gründlich gebildeter Theologe, der sich zwar sehr eng an seine Quellen anschließt, aber doch auch eigene Akzente setzt: Wohl wird →Marquards v. Lindau »De anima Christi« vollständig als Teil II in das dreiteilige »Gúldin Búch« integriert (hinsichtl. weiterer Beziehungen zu Marquard s. VÖLKER, 174–178), wohl ist B.s Predigt »Von der Unterscheidung der Geister« als Bearbeitung von →Heinrichs v. Friemar Traktat »De quattuor instinctibus« erkannt worden (WARNOCK, 110-115), doch scheint es B. weit mehr als den von ihm herangezogenen Autoren um den rechten Weg der persönl. Imitatio des Lebens und Leidens Christi zu gehen (VÖLKER, 177 und 134); nicht Belehrung, sondern persönl. An- und Aufruf kennzeichnen den Ton seiner Schriften. V. Honemann

Lit.: Verf.-Lex.² I, 935–937 [G. STEER] – K. RUH, Bonaventura dt., 1956, 56f., 102 – P. G. VÖLKER, Die dt. Schriften des Franziskaners K. B., T.I: Überlieferung und Unters., 1964 (MTU 8) – G. STEER, Germanist. Scholastikforsch. III, ThPh 48, 1973, 70–74 – Der Traktat Heinrichs v. Friemar über die Unterscheidung der Geister, hg. R. G. WARNOCK – A. ZUMKELLER (Cassiciacum XXXII), 1977, 43, 76f., 110-115, 133 f.

Bona

1. B. v. Savoyen, Hzgn. v. Mailand, * 1449 in Avigliana als Tochter Ludwigs, Hzg. v. Savoyen, und Annas v. Lusignan, † 1503 in Fossano. B. lebte von 1462 bis zu ihrer Heirat (12. Mai 1468 in Amboise) mit Galeazzo Maria →Sforza, der sie in zweiter Ehe zur Frau nahm, am Hof von Ludwig XI. v. Frankreich, der mit ihrer Schwester Charlotte vermählt war. Während der acht Jahre ihrer Ehe hatte B. vier Kinder: Gian Galeazzo Maria (1469), Ermes (1470), Bianca Maria (1472) und Anna (1473). In dieser Zeit wohnte sie meistens im Kastell von Pavia. Sie begleitete manchmal ihren Gemahl, der ihre Schönheit und ihren guten Charakter sehr schätzte, bei öffentl. Visiten, nahm zwar nie an der Regierung aktiv teil, war ihrem Mann aber durch ihre Verbindungen mit dem Hzm. Savoyen von Nutzen. Nach dem Tod von Galeazzo Maria (26. Dez. 1476) übernahm sie im Namen ihres erst siebenjährigen Sohnes die Regentschaft und konnte die Sympathie der Untertanen und die Unterstützung der anderen it. Staaten gewinnen, auch dank der klugen Ratschläge ihres mächtigen Sekretärs Cicco →Simonetta. Von diesem Augenblick an residierte sie in dem Kastell an der Porta Giovia in Mailand, von wo aus sie die Innen- und Außenpolitik leitete. Bald danach wurde B. jedoch in die erbitterten Kämpfe verwickelt, die die Brüder ihres Mannes, welche die Nachfolge anstrebten, sowie der Adel und der Kondottiere Roberto di Sanseverino gegen Cicco entfesselt hatten. Als B. unter den Einfluß von Antonio Tassino geriet, ihrem Vertrauten und Günstling, der ebenfalls Simonetta feindlich gesinnt war (A.S.M., Famiglie: Tassino, cart. N. 184), willigte sie schließlich in den Frieden mit Ludovico→Sforza und Ciccos Gefangennahme ein, die zu dessen Hinrichtung am 30. Okt. 1480 führte. Sie verzichtete auch zugunsten ihres Schwagers, der sie dazu zwang, Mailand zu verlassen, auf die Vormundschaft über den jungen Prinzen (2. Nov. 1480). Fünfzehn Jahre lang lebte sie in Abbiategrasso beinahe als Gefangene von Ludovico il Moro. Ihren Sohn, dem sie zahlreiche liebevolle Briefe schrieb, die er jedoch mit grober Unhöflichkeit und kühler Gleichgültigkeit beantwortete (A.S.M. cart 1463, fasc. 9–20), konnte sie erst Okt. 1494 an seinem Sterbebett wiedersehen. Nach dem Tode ihres Sohnes ging B. 1495 wieder nach Frankreich, wo sie sich bis 1500 aufhielt. Dann erhielt sie von ihrem Neffen Philibert II., Hzg. v. Savoyen, das Landgut Fossano, wo sie am 17. Nov. 1503 starb. G. Soldi Rondinini

Q. und Lit.: Arch. di Stato Milano (A. S. M.) – Fondo sforzesco, Potenze sovrane, cart. 1463 – Registri ducali, nn. 19, 28, 32, 36, 38 – Frammenti registri ducali, busta 9, fasc. 118, Briefe vom 22. Dez. 1477 bis zum 21. Sept. 1478 – Famiglie: Tassino, cart. 184 [interessante Korrespondenz; nicht datierte Proßakten Tassinos, phys. Beschreibung Tassinos] – DBI, s. v. [Lit.] – B. CORIO, Storia di Milano, 1857, III, 256–356.

2. B. v. Pisa, hl., * um 1156, Pisa, † 29. Mai 1207 ebd., führte seit der Kindheit ein von Erscheinungen geleitetes Leben der Armut und Arbeit. Mit ca. 13 Jahren pilgerte sie ins Hl. Land, wo ihr Vater, der B.s Mutter verlassen hatte, verheiratet war. 9 Monate (oder Jahre?) besuchte sie dort die Gnadenstätten und lebte in Einsamkeit. Zu Beginn der Heimfahrt von Sarazenen vorübergehend gefangengenommen und verwundet, erlangte sie, nach Pisa zurückgekehrt, wegen ihrer Mildtätigkeit, Gabe der Heilung und Weissagung hohes Ansehen. Trotz dauernder Krankheiten unternahm B. Wallfahrten nach Rom, Compostela und zum Monte Gargano. Die Gründung eines Pisaner Kl. des Pilgerheiligen (S. Iacopo al Poggio) erfolgte unter ihrer Mitwirkung. P. Dinzelbacher

Q.: AASS Mai VII, 1688, 144–164 [Neuedition der Viten v. E. MASSA angekündigt] – Lit.: Bibl. SS III, 234–237 – DBI XI, 426f.

Bonaccorsi, florent. Familie, die eine Kaufmannsgesellschaft (Compagnia) und Bank gründete, welche in der ersten Hälfte des 14. Jh. in verschiedenen Ländern Europas tätig war. Diese Compagnia B., die bereits 1307 aufscheint, hatte damals noch beschränktes Ausmaß und unterhielt nur in Genua und Pisa Sukkursalen. Unter der Leitung von *Betto* B. begann seit 1311 ihre Expansion in S-Italien mit Niederlassungen in Barletta, Napoli, Molfetta und L'Aquila. Aus diesen Zentren exportierte sie lokale Produkte, v. a. Getreide, und importierte florent. und transalpines Tuch, Gewürze, Luxusartikel usw. 1319 war die Firma in Benevent, das zum Kirchenstaat gehörte, tätig und wickelte dort Finanzgeschäfte für die Stadtverwaltung ab, wobei sie durch die größten florent. Banken Geld an die röm. Kurie in Avignon überwies. Aufgrund dieser Beziehungen entschloß sich die, nun von *Vanni* B. geleitete Gesellschaft, einen eigenen Fondaco in Avignon zu eröffnen (1324) und dabei die Bankiertätigkeit stärker zu betonen. Die Einziehung des Zehnten u. der Abgaben für die päpstl. Kurie, die die Firma B. wahrnahm, veranlaßte die Gründung von Agenturen in Bologna, Macerata und Perugia. Die B. teilten sich auch mit den größten Kompanien von Florenz in die Finanzverwaltung des Anjou-Hofes.

Seit 1332 ist die Kompanie in England vertreten, wenig später in Frankreich und den Niederlanden, wo sie in Brügge eine bedeutende Niederlassung unterhielt, während sie in Italien ihren Aktionsradius auf Mailand ausdehnte und in Venedig eine Sukkursale eröffnete. Obwohl sie keine eigtl. Spezialisierung aufwies, erstreckte sich die kommerzielle Tätigkeit der B. anscheinend v. a. auf den Handel mit engl. Wolle, die nach Flandern exportiert wurde, mit florent., frz. und fläm. Stoffen, die auch an die päpstl. Kurie und den Hof der Anjou geliefert wurden, und mit Getreide, das von den apul. Geschäftsstellen exportiert wurde.

In der Periode ihrer Aktivität (1307–42) zählte die Compagnia B. nicht weniger als siebzig Personen, darunter Gesellschafter, Geschäftsführer, Korrespondenten und Gehilfen. Unter den Gesellschaftern befanden sich – außer den ständig fungierenden Mitgliedern der Familien B. und Aldobrandini Rossi – Angehörige der Familie →Villani, unter ihnen die Chronisten Giovanni und Matteo. Die Krise der florent. Kompanien in den Jahren 1341–46 erfaßte auch die Firma der B., die Juni 1342 ihre Tätigkeit einstellte. Wenige Monate später begann das Konkursverfahren, dessen Härte zwar durch das Eingreifen des Hzg.s v. Athen (→Brienne, Gautier de) zugunsten der Bankroteure gemildert wurde, das aber dennoch mit der Verteilung der restl. Aktivmasse im Ausmaß von 50% des

Passivums endete, was eine der höchsten Quoten bei den Konkursen jener Epoche darstellt. B. Dini

Bibl.: Y. RENOUARD, Le compagnie commerciali fiorentine del Trecento, ASI XCVI, 1938, 163 ff. – M. LUZZATI, Giovanni Villani e la compagnia dei B., 1971 [Bibliogr.].

Bonaccorso v. Pisa (Bonus Accursius), it. Humanist, * Mitte des 15. Jh. in Pisa, † ca. 1485 Mailand. Studierte unter →Filelfo in Mailand und unter Andronico da Gallipoli in Pavia (1456); 1469 hatte er in Pisa eine Privatschule, 1474 in Mailand, wo er sich einflußreicher Protektion (z. B. des Cicco→Simonetta) erfreute. Er war mit→Pomponius Letus befreundet, Rinuccio Aretino widmete ihm seine Lukianübersetzung. B. war unermüdl. bestrebt, die klass. Kultur mit Hilfe des Buchdrucks bekannt zu machen.

Werke: »Animadversiones in C. J. Caesaris Commentaria« (Ferrara 1474); »Plautina dicta memoratu digna« (Mailand 1474); »Compendium Elegantiarum L. Vallae« (Mailand 1475). *Editionen* in lat. Sprache: »Elegantiolae« von Dati; Ovid, Metamorphosen; Scriptores Historiae Augustae; Valerius Maximus (alle Mailand 1475); Cicero, epistulae ad familiares mit Komm. v. Ubertino da Crescentino (Venedig 1480). In griech. Sprache gab er heraus: Lexicon Graeco-Latinum des Johannes Craston; Aesop mit Übers. v. Ranuccio Tettalo; Psalter mit Übers. v. Craston (1481); »Erotemata« des Laskaris (mit Übers. v. Craston), des Chalkondylas und des Moschopulos; »De accentibus ac diphtongis ... « v. Sassolo da Prato; Theokrit und Hesiod. M. Feo

Lit.: DBI XI, 464–465 – M. E. COSENZA, Italian Humanists I, 44–46; V, 3 (Accursius, Bonus) – P. O. KRISTELLER, Iter Italicum, I, II [Ind.] – M. PASSALACQUA, I codici di Prisciano, 1978, 65.

Bonaccursus v. Mailand (Buonaccorso), Verfasser einer »Confessio« der Irrlehren der beiden Hauptrichtungen der →Katharer, d. h. der radikalen und der gemäßigten. Vor seiner Rückkehr zum kath. Glauben ein Lehrer der Katharer, wurde B. nach einer alten, zieml. glaubwürdigen Überlieferung durch den Mailänder Ebf. Galdinus bekehrt und legte die Grundzüge seiner früheren Häresie dar. Wie viele Indizien wahrscheinl. machen, wurde diese »Confessio« von anderen erweitert und verbreitet und zu einer »Manifestatio haeresis catharorum« umgeformt, die vermutlich auf das Ende des 12. Jh. anzusetzen ist. Die »Manifestatio« greift Satz für Satz die häret. Irrlehren auf und stellt ihnen eine Reihe von auctoritates (d. h. Bibelstellen) gegenüber, um die kathar. Thesen zu widerlegen. Ein wichtiger Beleg dafür, daß die »Manifestatio« erst nach der »Confessio« abgefaßt wurde, besteht in dem Umstand, daß auf die Widerlegung der von B. ursprgl. vertretenen Irrlehren eine zweite Widerlegung folgt, die sich gegen die →Passagier (Passagini) wendet und für die Kenntnis dieser komplexen und einzigartigen Häresien von größtem Interesse ist. Eine dritte Widerlegung, die im Cod. Ottobonianus 136 der Bibl. Vaticana der »Manifestatio« angefügt ist, richtet sich dem Schein nach gegen die →Arnoldisten, erweist sich in Wahrheit aber als Verteidigung des Arnoldismus. Höchstwahrscheinl. hat der Schreiber dieser dritten Confutatio seinen Irrtum bemerkt und deshalb seine Arbeit abgebrochen.

Das Werk von B. fällt in den hist. Moment, in dem die kath. Kirche sich der fundamentalen Unterscheidung der Kathararkirchen in eine gemäßigte und eine radikale Richtung und zugleich der äußersten Gefährlichkeit dieser Häresie bewußt wurde. In diesem Sinn ist die »Manifestatio«, die, wie der Titel schon sagt, die kathar. Doktrinen darlegen will, zum Teil wenigstens noch eine Art »Geheimlehre« darstellten, von bes. Bedeutung. Die »Confessio« und die »Manifestatio« gehören zu den ersten Schriften, in denen der dualist. Ansatz der Häresie in einfacher und allen zugängl. Terminologie (die vorangegangenen »Sermones contra catharos« des →Ekbert v. Schönau waren näml. eigtl. an Theologen gerichtet) dargelegt und damit ihre Unvereinbarkeit mit der kath. Lehre aufgezeigt wird. Sie manifestieren auch das Bestreben, eine eigene, kathar. Kirche der kathol. Kirche gegenüberzustellen.

Eine gesonderte Stellung nimmt die Polemik gegen die passaginische Häresie ein, durch die deren Bedeutung im Panorama der Heterodoxie am Ende des 12. Jh. bestätigt wird.

Auf das lombard. Ambiente im bes. bezieht sich der erhaltene Teil der Schrift »Contra Arnaldistas«. Man entnahm daraus mit Gewißheit, daß eine Polemik der Arnoldisten gegen die kirchl. Hierarchie stattgefunden habe, auch wenn die Chronologie der Anordnung in der »Manifestatio« und die Tatsache, daß der Text nur in einer einzigen Hs. überliefert ist, darauf schließen lassen, daß einer der Abschreiber der »Manifestatio« diesen Teil mit Rücksicht auf spezif. lokale Erfordernisse angefügt hat. In diesem Zusammenhang sei darauf hingewiesen, daß die sog. Pauperes Lombardi von vielen als Nachfolger der Arnoldisten angesehen wurden. R. Manselli

Ed. und Lit.: I. DA MILANO, La »Manifestatio heresis catharorum quam fecit Bonaccursus« secondo il codice Ott. lat. 136 della Bibl. Vaticana, Aevum 12, 1938, 281–333 – A. BORST, Die Katharer, 1953 (MGH Schr. 12) – R. MANSELLI, Per la storia dell' eresia nel sec. XII. Studi minori, BISI 67, 1955, 189–211 (Ed. der »Confessio« und Verhältnis zur »Manifestatio«) – A. DONDAINE, Durand de Huesca et la polémique anticathare, APraed 29, 1959, 228–276 [Die dort bezweifelte Unterscheidung muß u. E. aufrechterhalten werden, um die verschiedenen Texte, die sich auf das Auftreten der kathar. Häresie am Ende des 12. Jh. beziehen, klar trennen zu können.].

Bonacolsi, mächtige Mantuaner Familie, die bereits in der Mitte des 12. Jh. in der Stadt bezeugt ist und großen Güterbesitz im Contado sowie Palazzi in Mantua selbst besaß. Gefördert durch ihre günstige ökonom. Ausgangssituation beteiligten sich ihre Mitglieder bald aktiv an den polit. Kämpfen und gewannen zunehmend größere Bedeutung in den Auseinandersetzungen zw. Friedrich II. und der Lombard. Liga und danach zw. den →Sanbonifacio, den →Este und →Ezzelino da Romano. In diesen Ereignissen wird die erste bedeutende Persönlichkeit der Familie, *Pinamonte*, hist. faßbar, der sich in den internen Machtkämpfen in Mantua durchsetzen konnte und 1272 die oberste Machtstellung errang. In dieser Position als rector der Stadt sicherte Pinamonte Autorität und Ansehen seiner Familie, die allerdings in ihrem Inneren zutiefst entzweit war, wie die Erhebung von *Bardellone* B. am 29. Sept. 1291 gegen seinen Vater und seine Brüder zeigt. Nachdem er die Macht an sich gebracht hatte, konnte Bardellone ohne nennenswerte Störungen seine Autorität ausüben und eine Reihe von Verfassungsänderungen durchführen, die es ihm ermöglichten, die »Signorie« der Stadt zu erringen, ohne weitere Opposition befürchten zu müssen. Es gelang ihm jedoch nicht, die inneren Konflikte zu eliminieren, so daß sein Neffe *Guido,* gen. Bottesella, ihn 1299 zum Verlassen der Stadt zwingen konnte. Seine Nachfolger in Mantua waren Guido und dessen Bruder *Rainaldo,* gen. Passerino. Die beiden herrschten bis zum Tode Guidos im Jan. 1309 gemeinsam in voller Eintracht. Danach stand Rainaldo allein an der Spitze von Mantua. Sein geschicktes Verhalten als Signore der Stadt bei der Ankunft Heinrichs VII. v. Luxemburg in Italien brachte ihm die Anerkennung seiner Autorität von dessen Seite ein. Nach dem Tode des Ks.s orientierte sich Rainaldo-

Passerino an der philoghibellin. Richtung des Cangrande →della Scala und des Uguccione →della Faggiuola, der er im wesentl. trotz der polit. Aktionen Johannes XXII. in N-Italien treu blieb, nicht zuletzt auch infolge der ihm von Ludwig d. Bayern versprochenen Unterstützungen. Als in den dreißiger Jahren des 14. Jh. die Guelfen wieder erstarkten, hatte er große Schwierigkeiten zu bestehen, die einer Verschwörung den Weg ebneten, an deren Spitze Luigi →Gonzaga und dessen Söhne standen, und die von den Scaligern in Verona unterstützt wurde. Bei der bewaffneten Auseinandersetzung, die darauf folgte, starb Rainaldo-Passerino im Kampf, während sein Sohn *Francesco* und seine Neffen in Castel d'Ario eingeschlossen und dem Hungertod preisgegeben wurden. Auf diese Weise starb die Familie B. aus, ihre Nachfolge traten die →Gonzaga an. R. Manselli

Lit.: G. CONIGLIO, Mantova. La storia, I: Dalle origini a Gianfrancesco primo marchese, 1958 [Lit.] – Ferner die Lit. unter den Artikeln zu einzelnen Familienmitgliedern.

1. B., Bardellone, Sohn von 4., † 1300, Ferrara. Sein erstes hist. Auftreten ist mit einem gewaltsamen Vorgang verbunden, einem Staatsstreich gegen seinen Vater, als dieser seinen Bruder *Tagino* für die Nachfolge in der Signorie bestimmte. Nach seiner Machtergreifung in der Stadt setzte B. die Politik des vorsichtigen Gleichgewichts unter den Kräften, die ihm die Gewinnung der Stadt ermöglicht hatten, fort und erweckte sogar den Anschein, die städt. Einrichtungen wiederherstellen zu wollen. In der Tat verzichtete er zwar auf einige seiner Vorrechte, intendierte jedoch 1294 die Bildung eines Rates von 12 Ältesten, der sich in einen Rat des »signore« umwandelte. Den benachbarten Städten gegenüber vermochte er eine Politik der guten Nachbarschaft zu realisieren, bei der es ihm v. a. darauf ankam, seine Macht zu festigen. Es traten jedoch dabei Konflikte auf, die sich nach der Vertreibung einiger Mitglieder seiner Familie, die seiner Signorie opponierten, weiter zuspitzten. Es gelang ihm jedenfalls nicht, seinen Neffen →Guido (3. B.) 1299 daran zu hindern, ihn mit Hilfe der Veronesen zu zwingen, sein Amt des »rector perpetuus et capitaneus civitatis«, das er seit 1291 innehatte, niederzulegen. Er starb ein Jahr darauf in Ferrara. R. Manselli

Lit.: DBI XI, 469-471 – Ferner G. CONIGLIO, op. cit.

2. B., Filippo, Sohn v. 4., † 1303. Trat in Mantua in den Minoritenorden ein. Nach Abschluß der theol. Studien wurde er um 1275 Inquisitor der Mark Treviso, in einer Zeit, als sich die Kirche bes. heftig gegen die Residuen der in Italien verbreiteten Häretiker wandte. Gestützt auf die militär. Hilfe seines Vaters und im Einverständnis mit den Scaligern führte F. eine militär. Operation in Sirmione am Gardasee durch, wo er ungefähr 200 Häretiker gefangennahm (unter ihnen mehrere aus Frankreich geflüchtete →Albigenser), die er im Febr. 1278 auf den Scheiterhaufen führen ließ. Er verzichtete auf eine Ernennung zum Ebf. v. Ragusa (1279) und führte dank der Stellung seiner Familie sein Werk als Inquisitor fort. Dabei erreichte er u. a. nach langen Verhandlungen, daß Venedig 1289 den Inquisitoren die Ausübung ihrer Tätigkeit erlaubte. Im gleichen Jahr 1289 wurde F. zum Bf. von Trient ernannt und geriet in eine lange Auseinandersetzung mit Meinhard II. (IV.), Gf. v. Tirol-Görz und Hzg. v. Kärnten, um die zu seinem Bm. gehörigen Güter. Papst Nikolaus IV. versuchte vergebens, den Hzg. zu bewegen, diese F. zurückzugeben. Es gelang F. jedoch nicht, in den Besitz seiner Diöz. zu kommen, nicht einmal nachdem er am 13. Nov. 1296 in Frankfurt Kg. Adolf v. Nassau zum Eingreifen hatte bewegen können. Erst durch militär. Operationen seitens der Mantuaner und Veronesen konnte er in Trient eindringen. Während er 1303 noch darauf wartete, sein Bm. effektiv in Besitz zu nehmen, ernannte ihn Benedikt XI. zum Bf. v. Mantua. F. erfuhr jedoch nie von seiner Ernennung, da er am 18. Dez. 1303 starb. R. Manselli

Lit.: DBI XI, 471-473.

3. B., Guido, gen. Bottesella, Enkel v. 4., mütterlicherseits mit den Gonzaga verwandt, † 24. Jan. 1309. Seine erste Aktivität konzentrierte sich auf Verona; die ihm zur Verfügung stehenden Mittel erlaubten es ihm, seinen Onkel →Bardellone (1. B.) bei dem Handstreich, der zur Ausschaltung von →Pinamonte (4. B.) führte, tatkräftig zu unterstützen. Er spielte deshalb im polit. Leben von Mantua an der Seite seines Onkels zunächst eine sehr bedeutende Rolle. Nach einigen Jahren schwächte sich seine Position zunehmend, so daß G. sich offener Feindseligkeit gegenübersah und nach Verona flüchten mußte. Er fand dort die Unterstützung der Scaliger (→Della Scala), die es ihm am 1. Juli 1299 ermöglichte, Bardellone in seine Gewalt zu bringen und sich sofort danach mit dem Titel eines *Capitano* die Signorie von Mantua zu sichern. Ein wichtiges Gesetz, das »statutum factum pro capitaneatu d. Guidonis de Bonacolsis« bedeutete die rechtl. Anerkennung der Signorie, die die Familie B. bereits de facto innehatte. Wenige Tage nach seiner Rückkehr nach Mantua besiegelte G. seine Allianz mit den Scaligern durch ein Ehebündnis. Sein Zusammengehen mit Verona ermöglichte es G., nicht nur die Expansion der Este zu bremsen, sondern auch erfolgreich →Filippo (2. B.) zu unterstützen, der von den österr. Herren von Tirol daran gehindert wurde, seine Diöz. zu betreten. Die militär. Operationen gegen die Este, die einen wechselhaften Verlauf nahmen, fanden im Januar 1308 ihren Abschluß. Bald danach übergab G. wahrscheinl. aus gesundheitl. Gründen seinem Bruder →Rainaldo (5. B.) die Macht (18. Nov. 1308). Er starb wenige Monate darauf. R. Manselli

Lit.: DBI XI, 473-475 – G. CONIGLIO, op. cit.

4. B., Pinamonte, † 1293, erstes Mitglied d. großen Mantuaner Familie, das sich in den innerstädt. Auseinandersetzungen des 13. Jh. polit. behaupten und zur Führungsspitze vorstoßen konnte: Nachdem es ihm gelungen war, sich mit den Gf.en v. Casaloldo zu verbünden, schaltete er allmählich alle seine Gegner aus, scharte alle anderen um sich, die dem Mgf. en Obizzo d' →Este oder dem Gf. en Ludovico di Sanbonifacio, die miteinander um die Vorherrschaft kämpften, feindl. gesinnt waren, und vermochte so diese schließlich aus der Stadt zu vertreiben. Mit der Unterstützung des popolus und einiger kleinerer Familien, wie damals z. B. die →Gonzaga waren, zwang er auch die Gf.en v. Casaloldo, Mantua zu verlassen. P. übernahm dann gemeinsam mit dem Gf.en Federico di Marcaria das Amt eines rector von Mantua. Beiden gelang es in der Folge mit einer Reihe polit. Manöver, die Rückkehr ihrer Gegner in die Stadt zu verhindern. Während die beiden rectores nach außen hin in Mantua das kommunale Leben durch die Ernennung eines neuen Podestà wiederbelebten, konnte P. durch einige geschickte polit. Schachzüge den Gf.en v. Marcaria ausschalten und die alleinige Kontrolle über die Stadt behalten, ohne jedoch dem Anschein nach die städt. Institutionen zu verletzen.

Es erhob sich allerdings gegen die Macht, die P. de facto ausübte (und die durch die Annahme des Titels »capataneus« in gewisser Weise hervorgehoben wurde), auch Widerstand: Im Nov. 1277 mußte P. eine Verschwörung niederschlagen. Er hatte es auch verstanden, aufgrund seiner polit. Machtstellung den Grundbesitz und das Vermögen seiner Familie in aller Stille beträchtl. zu vermehren. Um seine polit. Führungsposition zu konsolidieren, verbündete er sich bereits 1272 mit den Scaligern (→Della Scala), die ihrerseits die Unterstützung der B. bei ihrer Machtergreifung genossen. Nicht zufällig intervenierte Mantua bei dem Versuch einer kirchenfreundl. Politik, in der Person des Sohnes von P., →Filippo (2. B.), in Verona gegen die Katharer. In analoger Weise gelang es P., mit Venedig, Reggio, Cremona, Parma, Padua, Vicenza und 1291 auch mit Ferrara Bündnisse zu schließen. Interessanterweise führt P. bei diesem Friedensvertrag den Titel »capitaneus generalis« und präsentiert sich als »Signore« der Stadt. Seine Macht wurde jedoch durch die familieninternen Zwistigkeiten gebrochen, die die Schwäche dieses in anderen Bereichen so einflußreichen Geschlechtes ausmachten. Aus Eifersucht gegen seinen Bruder Tagino riß ein anderer Sohn des Signore v. Mantua, →Bardellone (1. B.), 1291 die Macht an sich. P. wurde beiseitegeschoben und starb zwei Jahre später. R. Manselli

Lit.: DBI XI, 475-478 - G. Coniglio, op. cit.

5. B., Rainaldo, gen. Passerino, † 1328, Enkel v. 4. und Bruder von 3., führte mit diesem zusammen den Staatsstreich gegen Bardellone (1. B.). Er verband sich durch eine Heirat mit einer Veroneser Adligen ebenfalls mit der Familie der Scaliger und wurde Guidos Nachfolger, als dieser aus Gesundheitsgründen seine Macht niederlegte. Seit Jan. 1309 Signore von Mantua, betrieb er die traditionelle Allianzpolitik mit Verona und folgte dessen kaiserfreundl. Haltung, als 1310 Heinrich VII. v. Luxemburg nach Italien kam. Trotz seiner Bekundungen von Ehrerbietung und Gehorsam diesem gegenüber, suchte er die gefährlichsten Folgen der Pazifikationspolitik Heinrichs VII., der die Rückkehr der Verbannten in ihre Heimatstädte und also auch nach Mantua betrieb, zu verhindern. Daraus entstanden Unruhen, die R. das Motiv lieferten, die rückgekehrten Exilierten wieder zu verbannen und am 13. April 1311 die lebenslängl. Ernennung zum *Podestà della mercanzia* zu erhalten, die ihm eine ehrenvolle Position in der Stadt sicherte, nachdem er auf die Capitano-Würde hatte verzichten müssen. Geschickt verstand es R., die Gunst des Ks.s zu erwerben und sich u. a. - zu teurem Preis - die Würde eines Reichsvikars in Mantua zu erkaufen. Dies ermöglichte ihm ein Manöver, durch das diese Würde de facto mit dem alten Capitanat zusammenfiel. Nach dem Abzug Heinrichs VII. aus N-Italien gelang es R., die Signorie von Modena zu erhalten. Er hätte seine Macht noch erweitern können, wäre der Ks. dem nicht entschieden entgegengetreten. Der gegen ihn von Heinrich VII. angestrengte Prozeß wurde jedoch durch den Tod des Ks.s abgebrochen.

R. hatte sich mit Cangrande→della Scala und Uguccione→della Faggiuola verbunden, unterstützte die ghibellin. Politik und nahm an der berühmten Schlacht v. Montecatini teil (15. Juli 1315). Bei seiner Expansionspolitik konnte er der Unterstützung von Cangrande della Scala sicher sein und widerstand jeder auswärtigen Einmischung, sogar der Intervention Papst Johannes XXII., der auch wegen R. B. seine Legaten Bernard Gui und Bertrand de la Tour entsandte, ohne jedoch bedeutendere Ergebnisse zu erzielen. R. setzte also seine Expansion ungestört fort, zumal da 1323 die erste Gesandtschaft Ludwigs des Bayern nach Italien kam, die eine für die Visconti günstige und im Grunde der Initiative des Kard.s →Bertrand du Poujet (del Poggetto) feindl. Allianz zustandebrachte. So bildete sich eine ghibellin. Liga, eine deren Hauptstützen R. darstellte. Deshalb mußte er der päpstl. Konteroffensive entgegentreten, die jedoch insofern erfolgreich war, als sie R. zwang, Modena herauszugeben. Seine polit. Aktivität wurde aber durch eine von den Gonzaga angeführte und von Cangrande della Scala unterstützte Verschwörung abrupt beendet. In dem Kampf zw. den Verschwörern und R. fiel dieser am 16. Aug. 1328. Mit R. endete die Dynastie der Bonacolsi. R. Manselli

Lit.: DBI XI, 478-482 - G. Coniglio, op. cit.

Bonacos(s)a, weniger bekannter jüd. Übersetzer (vielleicht stammt sein Name aus einer Übersetzung des hebr. Namens Tobijah), in der 2. Hälfte des 13. Jh. in NO-Italien tätig. In Padua übertrug er etwa hundert Jahre nach dessen Veröffentlichung das »Colliget« (»Kitāb al-kulliyāt«) des Averroës vom Arab. ins Lat. In der Malatestabibliothek in Cesena wird im Codex IV des »Pluteus XXV« unter anderen Werken die Fassung des »Colliget« des Magister Bonacosa aufbewahrt, welche nach Muccioli auf 1255, nach Zazzeri auf 1289 zurückreicht. Unter c. 26 r des Codex selbst wird die Richtigkeit der zweiten Datierung bestätigt. Das Werk behandelt neben der Anatomie und der Ätiologie der Krankheiten auch die Fieber, eine Arzneimittellehre u. ä. Die Übertragung wurde 1482 in Venedig ohne Angabe des Übersetzers gedruckt.

L. Premuda

Lit.: J. M. Muccioli, Catalogus cod. manuscr. Malatestianae Caesenatis Bibliothecae, Cesena 1780, 88 - R. Zazzeri, Sui codici e libri a stampa della Bibl. Malatestiana di Cesena, 1887, 211 - G. Sarton, Introd. Hist. of Sc., II, 1. Teil, 1950, 66, 360,; II, 2. Teil, 716, 782, 831 - A Catalogue of Sixteenth Century, 1967, 368-372, 374, 2524.

Bonacursius v. Bologna OP, 13. Jh. Nach der religiösen und theol. Ausbildung in S. Domenico in Bologna ging B. als Missionar in den Nahen Osten. Der Konvent in Negroponte (Insel Euböa), in der neuen Dominikanerprovinz Graecia, wurde für beinahe ein halbes Jahrhundert das Zentrum seiner Aktivität. B. lernte Griech. und widmete sich u. a. den theol. Auseinandersetzungen, in denen die Lehrsätze der Ost- und der lat. Kirche aufeinanderprallten. Zwei seiner griech. und lat. abgefaßten Schriften sind dafür Zeuge: 1. Collectio authoritatum veterum Patrum de iis in quibus a Latinis dissentiunt Graeci, id est, de Spiritu Sancto, de Purgatorio, de Azimis et de Primatu Pontificis (Ms. Paris, B. N., graec. 1252); dieses sozusagen patrist. Florilegium wurde von dem Dominikaner Andrea Doto in Negroponte entdeckt und 1326 mit einigen Veränderungen und Kürzungen unter dem Titel »Thesaurus veritatis fidei« Papst Johannes XXII. präsentiert (Ms. Paris, B. N., graec. 1251, u. a.). 2. Die Schrift »De erroribus Graecorum« (Ms. Florenz, Bibl. Medicea Laurenziana, Redi 167, Vat. Lat. 819), 1292 abgefaßt, weist verschiedene Berührungspunkte mit dem gleichnamigen Werk des hl. Thomas v. Aquin auf, von dem sie anscheinend abhängt. Von den beiden Schriften des B. sind nur Teileditionen gemacht worden (T. Kaeppeli).

L.-A. Redigonda

Q. und Lit.: Scriptores Ordinis Praedicatorum I, 1719, 156-159, 538 - LThK² II, 579 - A. Dondaine, Contra Graecos, APraed 21, 1951, 405-418, 432-446 - S. Thomae de Aquino Opera omnia XL, 1969, 6-8, 49, 59, 61 f. - DBI XI, 460-462 - T. Kaeppeli, Scriptores Ordinis Praedicatorum Medii Aevi I, 1970, 247-249.

Bonadies, Johannes (eigtl. Godendach), Karmelitermönch, Komponist und Kompilator der zweiten Hälfte des 15. Jh., Lehrer von F. Ga(f)fori, der ihn Godendach nennt. Von B. ist nur eine größtenteils eigenhändige Sammelhandschrift erhalten, der wir spärl. Lebensdaten entnehmen können: B. arbeitete an ihr (Codex Bonadies, fälschl. auch als »Regulae cantus« bezeichnet) Okt. 1473 im Karmeliterkloster zu Mantua und Sept. 1474 im Kl. zu Reggio (d'Emilia?). Sie enthält Abschriften theoret. Traktate von →Johannes de Muris, Johannes→Ciconia, Johannes Hothby, Nicasius Weyts und eines Anonymus; außerdem zwei- bis vierstimmige Kompositionen von B. selbst (Kyrie-Christe-Kyrie, zweistimmig), von J. Hothby, B. Ycart, Johannes de Erfordia, zwei Anonymi. In alter schwarzer Notation sind noch anonyme Kompositionen der it. und frz. →Ars nova des ausgehenden 14. Jh. gegeben. Alle Kompositionen sind auf Systemen zu sechs roten Linien notiert. H. Leuchtmann

Q.: Ms. F. I. 39 – n. 1024, Bibl. Comun. Faenza (aus dem ursprgl. Besitz des Karmeliterklosters S. Paolo in Ferrara) – eine Abschrift von G. Martini (1753) im Civico Museo Bibliografico Musicale Bologna. – *Ed.:* G. Martini, Storia della Musica III, 1757 – F. W. Marpurg, Krit. Briefe II, 1763, 242 – J. N. Forkel, Allg. Gesch. der Musik III, 1807, 439–441, 668–670 – *Lit.:* Außer der gen. F. Gafori, Practica musicae, 1496 – A. W. Ambros, Gesch. der Musik III, 1868, 147 – G. Gaspari, Catalogo della Bibl. del Liceo musicale di Bologna I, 1890 – A. Cicognani, Intorno ad un antico manoscritto musicale, Gazetta musicale di Milano, 1889, Nr. 35 – G. Roncaglia, Intorno ad un codice di J. B., Atti e Memorie della Reale Accademia di Scienze, Lettere et Arti di Modena, Ser. V, Bd. IV, 1939 [mit 3 faksimilierten Abb.] – A. Caretta, L. Remascoli, L. Salamina, Fr. Gaffurio, Lodi 1951, 20, 51–53, 78–G. Reese, Music in the Renaissance, 1954, 178 – Eitner-Grove's Dict of Music and Musicians – MGG – Riemann, s. v. Godendach.

Bona fides. [1] *Scholastische Theologie:* B. f. meint das gutgläubige, aber irrige Bewußtsein über die Erlaubtheit oder Pflichtgemäßheit eines Tuns oder eines normwidrigen Verhaltens. Es kommt einem unüberwindl. irrigen →Gewissen gleich. Im Unterschied zur Bösgläubigkeit (→mala fides) und dem →Zweifel behält das unüberwindl. irrige Gewissen seine Gültigkeit. Bezügl. der Grundhaltung oder jenes Kernsatzes, den →Thomas v. Aquin mit der Anlage des Gewissens gegeben sieht, »das Gute ist zu tun, das Böse zu meiden«, kann es keine b. f. geben, wohl aber bezügl. der Schlußfolgerungen aus dem Sittengesetz. Die aus gutem Glauben sich herleitende Verpflichtung richtet sich nach den Grundsätzen über die Verbindlichkeit des unüberwindl. irrigen Gewissens. Der gute Glaube bewahrt vor der persönl. zurechenbaren Sünde, vor moral. Schuldvorwurf und vor Schuldstrafe in Kirche und Staat, jedoch nicht vor den sittl. und rechtl. Folgen, die sich unmittelbar daraus ergeben.

Begründet liegt die Lehre der b. f. sowohl in der Irrtumsfähigkeit der Vernunft des gefallenen Menschen als auch in der sittl. Verpflichtung, gemäß dem klaren Gewissensspruch zu handeln, das auch bei unerkanntem Irrtum eines redlich nach dem Richtigen suchenden Menschen seine Verbindlichkeit behält. J. Gründel

[2] *Kanonisches Recht:* Die Kanonistik hat seit dem 12. Jh. das röm. Prinzip der b. f. nicht nur übernommen, sondern inhaltl. umgeformt (L. Scavo Lombardo) und seinen Anwendungsbereich erweitert. Der Impuls kam aus dem theol.-philosoph. Bereich (s. Abschnitt 1). Theol. Hintergrund ist die salus animarum. Sie wird im kanonist. Bereich zur ratio peccati konkretisiert. Die b. f. wird so im eth. Sinn verstanden. Der Handelnde muß bei seinem Verhalten frei sein von der Absicht und dem Willen, Rechte zu verletzen. Sie besteht in der Überzeugung, nichts zu tun, was man für verboten hält. Kriterien sind Irrtum, Unwissenheit und Zweifel. B. f. wird daher bei der praescriptio (Ersitzung, Verjährung) nicht nur wie im röm. Recht bei Besitzerlangung, sondern für die gesamte Verjährungszeit verlangt (Lateranum IV, c. 41 = X. 2.26.20). Weitere Anwendungsbereiche sind die Entstehung von Privileg und Gewohnheitsrecht, die Unerheblichkeit falscher Angaben im Reskript und die Entwicklung der Vertragsfreiheit. R. Puza

Lit.: [allg. und theol.]: Thomas v. Aquin, S.th. I–II qu. 19 a. 5–6 – [*rechtsgesch.*]: DDC II, 956–967 – G. Le Bras, Hist. du Droit et des Institutions de l'Église en Occident VII, 1965, bes. 496f., 541 – L. Scavo Lombardo, Il concetto di b. f. nel diritto canonico, 1944 – N. Vilain, Prescription et bonne foi, Traditio 14, 1958, 121–189 – F. Picot, La bonne foi en droit public, 1977.

Bonagiunta (Orbicciani) da Lucca, it. Dichter und Notar aus Lucca, biograph. Daten unsicher; *wahrscheinl. um 1220, lebte vermutl. bis zum Ende des 13. Jh. Sein Tod fällt sicher vor das Jahr 1300, da Dante ihn im Kreis der Schlemmer vorführt (Purg. XXIV) und ihm die Definition der Dichtung des Dolce Stil Nuovo in den Mund legt. Von B. sind verschiedene Dichtungen erhalten (elf Canzonen, fünf Ballate, zwei Streitgedichte, etwa zwanzig Sonette, von denen vier lit. Tenzonen darstellen), deren hauptsächl. erotische, lehrhafte und moralisierende Thematik sowie ihr gesprächsartiger Stil auf oitan. und okzitan. Quellen hinweisen. Die Troubadours Peire →Vidal und →Folquet de Marseille werden zitiert. Das immer wiederkehrende wichtigste Vorbild bleibt jedoch die → Sizilianische Dichterschule, v. a. Giacomo da Lentini. B.s Verdienst liegt nicht nur in der Einführung der siz. dichtweise (obwohl diese auf etwas provinzielle Art von der höf. auf eine mittlere Stilebene und damit einen ihm eigenen Gesprächston übertragen wird), sondern auch in seiner Brückenfunktion zw. ihr und der toskan. Dichtung. Ein bedeutendes Verdienst in der Geschichte der frühen it. Literatur, das Dante implicite anzuerkennen scheint. G. Busetto

Lit.: EDant IV, 181–182 – A. E. Quaglio, I poeti siculo-toscani (Il Duecento. Dalle origini a Dante, La letteratura italiana. Storia e testi I, 1, 1970), 249–258, 333 – N. Nuzzi, B. O. da Lucca e la civiltà letteraria del Duecento, 1972 – S. Medini Damonte, Due note bonagiuntiane (Omaggio a C. Guerrieri Crocetti, 1972) – A. Menichetti, Su B. e altri lucchesi (Studi filologici, letterari e storici in mem. di G. Favati, 1977) – Ders., La canzone dell'onore di B. da Lucca, Étud. de Lettres, s. IV, I, 1978, 2–3.

Bonagratia v. Bergamo OFM, *um 1265, wahrscheinl. in Bergamo, wie aus seinem Ordensnamen geschlossen werden kann, † am 19. Juni 1340. B. änderte seinen weltl. Namen B(u)oncortese bei seinem Ordenseintritt als Laienbruder i. J. 1310. Seine vorzügl. jurist. Bildung – er war Magister in utroque iure – läßt an eine Spätberufung denken. Er zeichnete sich allerdings sehr rasch, bereits kurz nach seinem Eintritt, unter seinen Mitbrüdern anläßl. der Dispute am Vorabend des Konzils v. →Vienne aus. Ein entschiedener Verteidiger der Kommunität, führte er eine Polemik von äußerster Erbitterung und Schärfe gegen →Ubertino da Casale, das Sprachrohr der Spiritualen.

In der Diskussion, die von beiden Seiten sehr hart geführt wurde, beschuldigte B. die Gegenseite des Ungehorsams, der Disziplinlosigkeit und nicht zuletzt der Unlogik, da sie Entscheidungen bekämpfte, die sie selbst, als die Führung des Ordens in ihren Händen lag, getroffen hatte (dies war v. a. ein Angriff auf das Generalat von Raymondus Gaufridi). Schließlich warf er den Spiritualen sogar vor, eine Infiltration der Häresie des Freien Geistes (→Brüder und Schwestern des Freien Geistes) zu begünstigen. Nach der in gewisser Weise salomon. Entscheidung des Konzils v. Vienne in dem Streit zw. Kommunität und Spiritualen wurde B. isoliert und prakt. im Konvent Valcabrère bei Auch verbannt (31. Juli 1312). Nach dem Tode von Clemens V. 1314 kehrte er wieder in die Öffentlichkeit zurück und setzte seine unversöhnl. Anklage der Spiritualen bei dem neuen Papst Johannes XXII. fort, der einige seiner Beschuldigungen aufnahm.

Als jedoch die Verfolgung der Spiritualen begann und Johannes XXII. die These der totalen Armut Christi und der Apostel als Glaubenswahrheit verwarf, entschloß sich B., der das Vertrauen des neuen Ordensgenerals →Michael v. Cesena gewonnen hatte, zusammen mit diesem Avignon zu verlassen und zu Ludwig dem Bayern zu gehen, der sich zu dieser Zeit in Pisa befand. Dort trafen die beiden am 26. Mai 1328 mit dem Ks. zusammen. Danach blieb B. im Gefolge Ludwigs und arbeitete bei der Abfassung von antipäpstl. Schriften mit, was ihm, ebenso wie Michael v. Cesena und → Wilhelm v. Ockham die Exkommunikation eintrug. B., der während des Italienzuges von Ludwig d. Bayern in Rom den Gegenpapst Nikolaus V. unterstützt hatte, blieb dem Ks. treu ergeben und hielt an seinen Ideen bis zu seinem Tode fest. Er ließ dabei keine Gelegenheit verstreichen, Johannes XXII. anzugreifen, und trug dazu bei, den Papst in der bekannten Frage der visio beatifica (→ Anschauung Gottes) der Häresie anzuklagen. Neben seinen bereits erwähnten polem. Schrifttum gegen die Spiritualen und gegen Johannes XXII. ist auch auf ein jurist. Werk, »Casus papales et episcopales cum explanatione praedicatorum«, hinzuweisen.

Ein kämpfer. und polem. Geist mit sichtl. Lust am Widerspruch, war sich B. anfängl. der Folgen, die seine Angriffe auf die Spiritualen haben konnten, nicht bewußt und erkannte auch die möglichen Gefahren nicht gleich, die die Haltung Johannes XXII. für die tiefsten Werte des Franziskanerordens mit sich bringen konnte (→ Bettelorden; → Franziskaner). Seine Erkenntnis kam zu spät, so daß er mit Michael v. Cesena, Wilhelm v. Ockham und einigen anderen in eine Isolation geriet, aus der er sich durch das Eintreten für die polit. Ideen Ludwigs d. Bayern vergebl. zu befreien trachtete. R. Manselli

Lit.: DBI, s. v. – Repfont II, 552–553.

Bonaguida Aretinus, Kanonist, *Arezzo, Advokat z. Z. Innozenz' IV., lehrte kan. Recht in Arezzo schon 1251, letzte Erwähnung 1258, Todesjahr unsicher.

H. van de Wouw

Ed.: Summa introductoria super officio advocationis in foro ecclesie, 1249, ed. A. Wunderlich (Anecdota quae processum civilem spectant, Göttingen 1841), 121–346 – Consuetudines curie romane, 1253/54, ed. L. Wahrmund, AKKR 79, 1899, 3–19 – *Lit.*: DBI IX, 512 f. – DDC II, 934 ff. – Savigny V, 506 ff. – Schulte II, 110 ff. [dort auch weitere Ed. gen.] – Coing, Hdb. I, 391 [K. W. Nörr] – M. Bertram, Proceedings 4th Internat. Congr. of Medieval Canon Law, 1976, 40.

Bonanus Pisanus, Schöpfer der Bronzetüren am Dom v. Pisa → Tür.

Bonarium (bunarium, bunnarium; frz. *bonnier*; ndl. *bunder*; mndl. *bunre, bonder, boender*), ein Feldmaß. Nach W. v. Wartburg geht das Wort B. auf das gall. *botina* ('Grenzzeichen') zurück, das dem frz. *borne* zugrundeliegt. L. Musset vermutet, daß es zuerst eine bestimmte Feldform bezeichnete. Das B. war nach P. Guilhiermoz das »grundlegende Feldmaß der Franken«. Nachdem es bereits in einem Edikt Chlodwigs II. (639–657) in Hinblick auf Orte in der Nähe von Bavai erwähnt worden war, wird es in den karol. Quellen für das Gebiet zw. Loire und Maas oft verwendet. In der Zeit des Niederganges der Karolinger verlor es allmählich an Bedeutung, und seit dem 12. Jh. findet man es offenbar nur noch in Gegenden, wo es bis zur Einführung der metr. Systems in Gebrauch geblieben ist. Nach F. Gattey war damals das B. noch das wichtigste Feldmaß in einigen Dörfern der Départements Nord und Ardennes sowie im heut. Belgien mit Ausnahme des Küstengebietes. Im allgemeinen war das B. in vier, manchmal in drei Morgen (Tagwerk, mndl. *dagwant*) von je 100 Quadratruten (mndl. *roeden*) eingeteilt. Außerdem variierte das B. nach der Länge der Rute, die von der in der Rute begriffenen Fußzahl und den jeweils verwendeten Fußmaß abhing (z. B. Fußmaß von Brüssel, von Mons, etc.). Man hat z. B. 78 verschiedene B. für das Département von Jemappes (Kt. Hennegau) i. J. X (1801) festgestellt. Nach den zu Beginn des 19. Jh. erstellten Vergleichstabellen zw. den alten Maßen und dem neuen metr. System schwankt die Flächengröße des B. je nach Ortsgebrauch zw. 73 und 154 ar. Heutzutage findet man das Wort B. noch in zahlreichen Flurnamen in Belgien; in den Niederlanden ist es gleichbedeutend mit dem Wort Hektar. M.-J. Tits-Dieuaide

Lit.: Richer, Anthoine, J. Malghem, Tableaux de comparaison entre les mes. anc. du Dép. de Jemmappes et celles qui le remplacent dans le nouveau système, Mons, An X (1801) – F. Gattey, Tables des rapports des anc. mes. agraires avec les nouvelles, Paris, 1812³ – P. Guilhiermoz, De l'équivalence des anciennes mesures, BEC LXXIV, 1913, 267–328 [grundlegend, doch zahlreiche Aussagen ohne Beleg] – L. Musset, Observations hist. sur une mesure agraire: le bonnier (Mél. L. Halphen, 1951), 535–541.

Bonatti, Guido v. Forlì, Astrologe, † 1296 oder 1297. B. stammte aus Cascia (Toskana). I. J. 1223 war er in Ravenna. Seit 1233 hielt er sich in Bologna auf, wo er eine heftige Auseinandersetzung mit Giovanni di Vicenza hatte. Im selben Jahr warnte er Ks. Friedrich II. vor einer Verschwörung. 1259 war er in Brescia, wo er zum Gefolge von Ezzelino III. da → Romano gehörte. 1260 wurde er Astrologe von Guido da → Montefeltro. Nach einer Reise nach Paris starb er 1296 oder 1297. Er verfaßte ein astrolog. Werk »Astronomiae tractatus decem« (Erstdruck Augsburg 1491 bei Erhard → Ratdolt, neue Auflagen: Venedig 1506, Basel 1550). Am Ende des 15. Jh. wurde es von Francesco Strigatti ins It. übersetzt. Eine dt. Übersetzung wurde 1572 und eine engl. 1676 veröffentlicht.

H. L. L. Busard

Lit.: Sarton II, 988 f. – Duhem IV, 188–199.

Bonaventura

1. **B.**, hl., Franziskanertheologe, Kirchenlehrer, General des Franziskanerordens, Kardinal.

I. Leben – II. Werk – III. Ikonographie.

I. Leben: Johannes Fidanza, *1217 (1221?) in Bagnoregio (bei Viterbo) als Sohn eines Arztes, † 15. Juli 1274 in Lyon, ◻ S. Bonaventure in Lyon (Grab während der frz. Revolution ausgeraubt), 1482 von Sixtus IV. heiliggesprochen und 1588 von Sixtus V. zum Kirchenlehrer proklamiert (Titel »Doctor seraphicus«). Er studierte in Paris Theologie, als Schüler des → Alexander v. Hales. Sein Lehrer trat 1236 in den Franziskanerorden ein. 1243 (1244?) folgte ihm Johannes Fidanza (Ordensname Bonaventura). Er wurde in den 1252 aufbrechenden, 20jährigen Streit zw. der sog. Professorenpartei der Pariser Univ. und den Mendikantenorden (→ Bettelorden) hineingezogen und ist neben seinem Mitbruder Johannes → Pecham und → Thomas v. Aquin der bedeutendste Verteidiger der neuen Orden.

Die Ursache des Streites war die Neuartigkeit der Bettelorden. Bis ins 13. Jh. kannte die abendländ. Kirche auf der einen Seite die vom Beneficium lebenden Prälaten und Seelsorger, auf der anderen Mönchsorden, in denen der einzelne besitzlos lebte, aber durch den Besitz des Kl. gesichert war. Die neuen Orden waren auch als Gemeinschaft nicht durch Besitz gesichert, sondern auf die Almosen der Bevölkerung angewiesen, und stellten sich in einer nicht am Pfarrprinzip orientierten Weise auf die Seelsorge ein. Auch waren sie überregional organisiert und stärkten die päpstl. Zentralgewalt gegenüber den Ortsbischöfen. Dieser Einbruch in die überlieferte kirchl. Struktur machte sich auch an der Pariser Univ. bemerkbar, wo die Mendikanten Magisterstellen beanspruchten. In zwei Phasen des Mendikantenstreites versuchten die beiden Anführer der Professorenpartei, → Wilhelm v. St. Amour

(1. Phase, Höhepunkt 1252–56) und →Gerhard v. Abbeville (2. Phase, Höhepunkt 1269–72), zu zeigen, daß die Lebensform der Mendikanten sich zu Unrecht auf das Evangelium berufe. B. griff in jeder Phase des Streites entscheidend ein, in der ersten mit den »Quaestiones disputatae de perfectione evangelica«, in der zweiten mit der systematischeren »Apologia pauperum«. Drei Prinzipien sind es, auf denen seine Armutstheologie und die Verteidigung der neuen Orden beruht: 1. ein geschichtstheol. Prinzip. Gott lenkt die Kirchengeschichte so, daß jeder Gefahr einer neuen Epoche eine neue (allerdings im Evangelium grundgelegte) Antwort entspricht. So antworten die Bettelorden auf die Gefahr des Reichtums, die die frühkapitalist. Tendenzen in der damaligen Wirtschaftsentwicklung mit sich brachten. 2. ein ekklesiolog. Prinzip. In der Kirche gibt es gegenseitige Abhängigkeit, da die Glieder am Leib Christi sich ergänzen. So dürfen die Bettelorden ihre Mitchristen materiell belasten, da sie ihnen in ihrer Seelsorge ein höheres als das materielle Gut schenken. Wegen ihrer seelsorgl. Aufgabe sind Studium und Besitz von Bibliotheken für die neuen Orden notwendig; 3. ein christolog. Prinzip (bes. in der »Apologia pauperum«). In Christus ist Gott, der Höchste, zugleich der Niedrigste geworden. So ist die Armut, das Verlassen der Sicherheit der Ständeordnung, der geschichtl. Erscheinungsort Gottes. Die Mendikanten halten den Menschen einen Spiegel vor: Der Mensch ist deshalb der Arme, damit er von Gottes Reichtum erfüllt werde.

Ein Erfolg der Mendikanten in der 1. Phase des Streites war die Bulle Alexanders IV. »Quasi lignum vitae« 1255, durch die ihnen Lehrstühle an der Pariser Univ. zugesprochen wurden. B. konnte seinen Lehrstuhl bald nicht mehr voll wahrnehmen, da er am 2. Febr. 1257 zum Ordensgeneral gewählt wurde. Damit geriet er in eine neue Auseinandersetzung, nämlich in die um den Joachimismus. →Joachim v. Fiore hatte viele Anhänger im Franziskanerorden, da man in →Franziskus den von ihm prophezeiten Künder des neuen, vom Hl. Geist geprägten Zeitalters sah. →Johannes v. Parma, der Vorgänger B.s im Generalat, war als Sympathisant der Joachimisten abgesetzt worden. B. mußte an einem Prozeß gegen seinen Amtsvorgänger mitwirken, der mit dessen Versetzung in ein abgelegenes Kl. endete. In der Auseinandersetzung mit dem Joachimismus ist B. einer der wenigen Geschichtstheologen des MA geworden, obwohl er die joachit. Konzeption eines dritten Zeitalters des Hl. Geistes auf Grund seiner Christozentrik ablehnte. Er griff aber den Gedanken einer Periodisierung der Geschichte auf. Jede Geschichtsepoche hat eine nur ihr zukommende Funktion in der Darstellung des Plans Gottes. Sein letztes Werk, die »Collationes in Hexaemeron«, in Nachschriften von Hörern erhalten, ist von dieser Geschichtstheologie geprägt (blieb unvollendet).

Entscheidend für den Franziskanerorden wurden B.s Generalstatuten, die die Franziskusregel auf die veränderten Zeitverhältnisse hin aktualisierten (Generalkapitel zu Narbonne 1260). Ähnlich wichtig waren die zwei Franziskusviten, »Legenda maior« und »Legenda minor s. Francisci«, die B. schrieb, um die Differenzen im Verständnis der Botschaft des hl. Franziskus auszugleichen. Durch diese Aktivitäten gelang es ihm, den durch Streitigkeiten zerrissenen Orden vor dem Zerfall zu bewahren.

Die letzten Jahre seines Lebens wuchs seine Bedeutung über den Orden hinaus. So wurde nach langer Sedisvakanz am 1. Sept. 1271 auf B.s Vorschlag Gregor X. zum Papst gewählt. Dieser ernannte ihn 1273 zum Kardinalbischof von Albano. Als solcher nahm B. 1274 am 2. Konzil v. Lyon teil. Bis zum 20. Mai 1274 leitete er noch den Orden. Einige Tage nach Abschluß des Konzils starb er am 15. Juli 1274.

II. WERK: Was die lit. Form angeht, muß unterschieden werden zw. den Universitätsschriften (vor der Wahl zum General 1257) und den Spätschriften. Die ersten halten sich an die in der Schultheologie damals üblichen Formen. Ab 1257 wählt B. freiere lit. Formen, in denen sich seine sprachl. Meisterschaft voll entfalten kann. Was den Inhalt seiner Theologie angeht, gibt es keine Zäsur, sondern ein kontinuierl. Reifen.

Wie die anderen Denker des 13. Jh. mußte B. versuchen, die Spannungen seiner Zeit (bes. traditioneller Augustinismus und aufbrechender Aristotelismus) in eine Synthese zu bringen. Während Thomas v. Aquin diese Synthese in einem Gleichgewicht zw. Theologie und Philosophie, zw. Glauben und Vernunft, suchte, ging B. einen anderen Weg. Sein für die Vielheit der Wirklichkeit in der Ek-stasis offenes Denken suchte in allem die zugrundeliegende Einheit. Nicht Gleichgewicht zw. sich ergänzenden Polen, sondern Zurückführung auf die den verschiedenen Stufen des Seins und der Erkenntnis zugrundeliegende Urwirklichkeit war sein Anliegen.

Der Einheitspunkt, von dem her die verschiedenen Stufen des Seins ihre Zuordnung zum Ganzen erhalten, ist Christus, der zugleich als das ewige Wort des Vaters (Verbum increatum) und als das inkarnierte Wort (Verbum incarnatum = Zusammenfassung aller geschöpfl. Wirklichkeit) verstanden wird. B. leugnet die Selbständigkeit der Philosophie nicht, betont aber, daß diese Selbständigkeit relativ ist. Auf den Grund zurückverfolgt, enthüllt sich als wahrheitsstiftende Kraft auch der Philosophie das ewige Wort des Vaters, die Wahrheit, die alles geschöpfl. Sein vor-entwirft und darum sein Ur-Bild ist. Der Philosoph arbeitet in seinem Bereich mit dem Abglanz jener Wahrheit, die sich im Glauben voll enthüllt. Für B. kann daher der glaubende Sicht der Wahrheit der natürl. Vernunft keinen Abbruch tun, da sie diese vielmehr in ihren Grund stellt.

Da B. den Denker immer als den konkreten, von der Ursünde des Stolzes bedrohten Menschen sieht, fürchtet er bei einer vom Glauben losgelösten Philosophie eine Verblendung, Trennung vom Wahrheitsgrund, so daß er den von Christus erlösten, glaubenden Denker nicht als den schlechteren, sondern als den besseren Philosophen sieht. Wie jede Wirklichkeit des Menschen bedarf auch die Philosophie der Erlösung durch Christus, um zu sich selbst zu finden. B. greift darum auf die augustin. Illuminationslehre zurück, nach der jede Wahrheit nur denkbar ist infolge der Anwesenheit der Wahrheit selbst (= Verbum increatum). Dennoch ist B. kein Ontologist, er weiß, daß dieses Licht der Wahrheit nur wie im Spiegel von uns geschaut wird. Die volle Zurückführung (plena resolutio) ist die Aufgabe des Denkers, die über die Einzelwahrheit zur Einheit der Wahrheit führt. So führt B. alle Wissenschaften auf die Theologie als Glaubenswissenschaft zurück. Ebenso wie die Abhängigkeit vom Schöpfer den Dingen ihren Eigenwert nicht nimmt, sondern sie erst zu dem macht, was sie sein sollen, werden die einzelnen Wissenschaften erst voll sie selbst, wenn sie ihre Begründung in der einen Wahrheit, dem Verbum increatum, erkennen. Diese »plena resolutio« ist keine Leistung des bloßen Intellekts, sondern zugleich das Resultat der Lebensführung. Daher kennt B. keine theoret. Gottesbeweise. An sich ist Gottes Dasein unmittelbar gewiß. Nur der sündige Zustand des Menschen verdeckt diese Gewißheit. Der Mensch, der seine Verfinsterung erkennt und sich im

Gebet »zum Vater der Lichter« wendet, »von dem jede gute Gabe stammt« (Jak 1, 17, das von B. am häufigsten zitierte Schriftwort), kann den Weg gehen, der zur tieferen Erkenntnis führt. So korrespondiert dem Verbum incarnatum, in dem das Verbum increatum die Welt erreicht, im Menschen das Verbum inspiratum, das ihn erleuchtet. Der Mensch hat dabei den Auftrag, durch die Zurückführung auf ihren Grund die Welt zu befreien und zu ihrem Ziel, Gott, zu führen. Er kann diesen Auftrag nur erfüllen, wenn er sich aus seiner sündigen Verkrümmung auf das eigene Ich aufrichten läßt. Dasselbe Wort des Vaters, nach dem die Welt geschaffen ist, will sich auch in der Stimme des menschl. Geistes durch das Verbum inspiratum Gehör verschaffen, so daß nur der diesem Wort gehorchende Mensch die Welt und sich selbst richtig erkennt. So wird die Welt zum aufgeschlagenen Buch, in dem ihm jede Seite einen eigenen Zugang zum ewigen Wort gewährt. Das Buch, in dem sich das Verbum inspiratum (und damit das Verbum incarnatum und so auch das Verbum increatum) voll ausspricht, ist die Hl. Schrift. Die Christozentrik der Welt wird für B. klar in den Schriften des AT und NT. Mt 21, 9: »Die Leute aber, die vor ihm hergingen und die ihm folgten, riefen: Hosanna dem Sohn Davids« wird zum Bild der gesamten Geschichte. Alle Wirklichkeit vor Christus geht vor ihm her, alle Wirklichkeit nach Christus folgt ihm und ruft: Hosanna. Der Theologe hat die Aufgabe, die Christusbezogenheit der Geschichte und aller Wirklichkeit zu ergründen, und er vermag dies, wenn er, dem inneren Anspruch des Verbum inspiratum erschlossen, sich dem Buch, der Hl. Schrift, öffnet, weil sie ihm das Buch der Schöpfung entschlüsselt. Glaube ist nicht Begrenzung, sondern Ausweitung des menschl. Denkens.

Platoniker ist B. insofern, als ihm das platon. Stufendenken die Möglichkeit gab, seine Christozentrik im einzelnen durchzuführen. Die Vielfalt des Seins baut sich vom Verbum increatum her in einer gestuften Ordnung auf, je nachdem in welcher Beziehung die betreffende Seinsebene zum ewigen Wort steht. Anders aber als Platon betont B. neben der Vermittlung des Wahrheitslichtes durch die einzelne Seinsstufe an die jeweils untere Stufe die Unmittelbarkeit des Wortes selbst, das jedem Seienden näher ist als dieses sich selber. Daher ist auch das materielle Sein in seinem Wert voll anerkannt, ja B. stellt den Menschen über den Engel, weil er alle Seinsstufen in sich verwirklicht. Darum ist Gottes Sohn nicht ein Engel, sondern ein Mensch geworden.

Diese Weltsicht trägt bei B. ein franziskan. Gepräge. Die Christozentrik wird als Theologie der Armut entworfen. Die Wirklichkeit in sich zusammenfassen bedeutet beim Verbum incarnatum nicht einfachhin: allen Reichtum der Wirklichkeit in sich aufnehmen, sondern es bedeutet vor allem: Weggabe seiner selbst, Abstieg in das andere seiner selbst. Wenn Gottes Sohn in der Inkarnation alle geschöpfl. Wirklichkeit erreichen, sie zu seiner eigenen Wirklichkeit machen will, so muß er die Bedürftigkeit des Sünders, ja sogar die Gottesferne, als seine eigene Wirklichkeit erfahren – natürlich ohne selbst zu sündigen. Den anderen Pol seiner selbst, die Situation dessen, der wegen des Nein zu Gott in die äußerste Finsternis gefallen ist, holt Gott in der Inkarnation ein. Der Höchste wird der Niedrigste, der Reichste wird der Ärmste. Die Passion Christi macht dies deutlich: Jesu Sendung scheitert, er wird von den Jüngern verlassen, man nimmt ihm die Kleider, er wird verspottet, hat keinen Ort zum Sterben, und sein Existenzkern, sein Herz, wird schließlich aufgebrochen. König der Könige und Herr der Herren ist Christus deshalb, weil er für die Wahrheit zertreten und verspottet wurde. So hat er die äußerste Gegenseite der Wahrheit durch Liebe mit der eigenen Existenz eingeholt und sie damit erlöst.

Seitdem ist menschl. Armut, der Schrei des Verdurstenden in der Wüste, vom Schrei des gekreuzigten Christus nach Gott geheiligt und verwandelt. B. sieht nicht nur in den Stufen des Seins wie in einem Spiegel das Licht des ewigen Wortes aufleuchten, sondern er erkennt es gerade auch in dem Gegenspiegel, in seinem scheinbaren Fehlen. Dies geht soweit, daß wir manchmal an hegelian. Dialektik erinnert werden. Aber B.s Wissen um das Ungenügen menschl. Deduktion gegenüber der Wirklichkeit hält ihn davon ab, das Geheimnis göttl. Liebe, das den Weg der Inkarnation bestimmt hat, zu einem System umzuschmelzen. Daher ist für ihn auf der einen Seite die Inkarnation als Erlösung gefaßt und damit begrifflich an Sünde gebunden – und insofern geht er nicht den Weg des →Johannes Duns Scotus, der die Inkarnation auch in einer sündelosen Welt annahm –, auf der anderen Seite sieht B. aber das Geheimnis der göttl. Liebe, der göttl. Demut, die sich in die Nacht der Gottesferne wagt, so in sich selbst stehen, daß er dieser Demut Gottes einen Platz in der Ewigkeit des göttl. Seins gibt. Gott ist von Ewigkeit derjenige, der sich weggeben, der sich in das andere seiner selbst wagen will, er ist Liebe. Darum ist der Mensch als der Adressat dieser Liebe erst dann er selbst, wenn auch er sich selbst wegwagt in die Ekstase der Liebe.

Von diesem Denken her begründet B. seine *Geschichtstheologie*. Die Reductio zur vollen Wahrheit hin vollzieht sich sowohl für den einzelnen wie für die Menschheit auf einem wirklich gegangenen Weg. Wahrheit ist stufenweise sich auf einem Weg zeigende Wirklichkeit. Darum ist Theologie mehr eine prakt. als eine theoret. Wissenschaft. B. verteidigt die »narrative« Theologie der Hl. Schrift – so wörtl. im Prolog des »Breviloquium« – gegen das aristotel. Wissenschaftsideal seiner Zeit. Die Hl. Schrift ist letztlich nicht darum geschrieben, daß unser Wissen sich vermehrt, sondern daß wir den Weg der Heiligung durch die Praxis des Lebens gehen. Dem hat auch die Theologie zu dienen. Dieser Weg ist stets ein Kreuzweg. Nur wer mit Christus die Armut menschl. Existenz in der Geduld der Verheißung aushält, ist auf dem Weg der Erlösung. Gott entleert den Menschen von allem, zuletzt von sich selbst, um ihm dann selbst, den Ursprung des Seins, zu schenken. B. wagt es sogar, die sechs Flügel des gekreuzigten Seraphs, der dem hl. Franziskus auf dem Berg Alverna erschien und ihm die Wundmale Christi einprägte, als die sechs Stufen der Wirklichkeit der Welt zu deuten, auf denen der Mensch zur siebenten Stufe, zur Vereinigung mit Gott, gelangt. Das Kreuz ist das Urmodell aller Wirklichkeit. So tief ist bei B. die Schöpfung mit der erlösenden Liebe, die sich bis in den Abgrund wegschenkt, zusammengesehen. B. ist ein Einheitsdenker aus dem Glauben, für den »im Kreuz alle Wahrheit« der Welt und des Menschen »offenbar wird«. Schöpfung und Erlösung sind eins in der Entgrenzung und Kreuzigung, welche die Schöpfung an sich geschehen lassen muß, um erlöste, mit Gott in der Ekstase der Liebe vereinte Schöpfung zu werden. Die tiefste Struktur der Schöpfung ist daher im Geheimnis der trinitar. Liebe vorgebildet. Stärker noch als Augustinus sieht B. die Schöpfung trinitar. strukturiert, so daß die unterpersonale Wirklichkeit »vestigium Trinitatis«, die personale »imago Trinitatis« und die gnadenhaft erhobene »similitudo Trinitatis« ist. Sein Denken ist dabei dynamisch, stärker der griech. Theologie verpflichtet als das Augustins. Vom Vater, der »fontalis plenitudo«, geht das Leben aus, durch den Sohn, das »exemplar« der Wirklich-

keit, kehrt es im Hl. Geist, der »unio caritatis«, zum Vater zurück und erreicht damit die »Heimat der vollendeten Liebe« (patria perfectae caritatis). – Zur Wirkungsgeschichte vgl. →Franziskanerschule. A. Gerken
Ed.: Opera omnia, 10 Bde, Quaracchi 1882–1902 – S. Bonaventurae Collationes in Hexaemeron et Bonaventuriana quaedam selecta, ed. F. Delorme, Quaracchi 1934 – S. Bonaventure, Questions disputées »De caritate«, »De novissimis«, ed. P. Glorieux, 1950 – *Übers. ins Dt.*: Die sechs Flügel des Seraphs, übers. E. Fahle, 1914 – Alleingespräch über die vier geistl. Übungen (J. Hosse), 1958 – Pilgerbuch der Seele zu Gott (J. Kaup), 1961 – Franziskus, Engel des sechsten Siegels (S. Clasen), 1962 – Der Lebensbaum (A. Aswerus), 1963 – Das Sechstagewerk (W. Nyssen), 1964 – *Lit.*: R. Guardini, Die Lehre des hl. Bonaventura von der Erlösung, 1921 – E. Longpré, La théologie mystique de S. Bonaventure, AFH 14, 1921, 36–108 – B. Luyckx, Die Erkenntnislehre B.s, 1923 – A. Stohr, Die Trinitätslehre des hl. B., 1923 – J.M. Bissen, L'Exemplarisme Divin selon S.B., 1929 – J. Fr. Bonnefoy, Le Saint-Esprit et ses Dons selon S.B., 1929 – S. Clasen, Der hl. B. und das Mendikantentum, 1940 – L. Berg, Die Analogielehre des hl. B., Studium Generale 8, 1955, 662–670 – T. Szabó, De SS. Trinitate in creaturis refulgente doctrina S.B., 1955 – J. Beumer, Die Aufgabe der Vernunft in der Theologie des hl. B., FSt 38, 1956, 129–149 – J. Ratzinger, Die Geschichtstheologie des hl. B., 1959 – E. Gilson, Die Philosophie des Hl. B., übers. A. Schlüter, 1960 (frz.: La philosophie de saint Bonaventure) – W. Rauch, Das Buch Gottes, 1961 – W. Dettloff, Die franziskan. Vorentscheidung im theol. Denken des hl. B., MThZ 13, 1962, 107–115 – A. Gerken, Theologie des Wortes 1963 – R. Guardini, Systembildende Elemente in der Theologie B.s, hg. W. Dettloff, 1964 – K. Brümann, B.s Hexaemeron als Schriftauslegung, FSt 48, 1966, 1–74 – W. Hülsbusch, Elemente einer Kreuzestheol. in den Spätschriften B.s, 1968 – M. Wiegels, Die Logik der Spontaneität, 1969 – H. Stoevesandt, Die letzten Dinge in der Theologie B.s, 1969 – H. Mercker, Schriftauslegung als Weltauslegung, 1971 – H. Schalück, Armut und Heil, 1971 – S. Bonaventura 1274–1974, hg. J. G. Bougerol, 5 Bde, Grottaferrata 1973/74 – A. Gerken, Besaß B. eine Hermeneutik zur Interpretation der Geschichte?, WuW 37, 1974, 19–39 – Ders., Identität und Freiheit – Ansatz und Methode im Denken des Hl. B.: Aktualität der Scholastik, hg. J. Ratzinger, 1975, 37–52 – K. Fischer, De Deo trino et uno, 1978.

III. Ikonographie: Dargestellt als Kardinal oder Franziskanermönch; Attribute sind ein Buch, ein Kardinalshut (meist an einem Baum hängend) und seit dem Ende des 15. Jh. ein Kruzifix (Zeichen seiner Meditation und Anspielung auf seinen Traktat »Lignum vitae«). Älteste Darstellung auf der Kreuzallegorie im Refektorium von Santa Croce in Florenz 1330/40, Gemälde von Fra →Angelico 1447 in der Nikolauskapelle des Vatikan. Darstellungen häufen sich erst im späteren 15. Jh., wohl im Zusammenhang mit der Kanonisierung (Gemälde um 1490 in Bergamo, Antependium von 1502 im Wiener Kunsthist. Museum). G. Binding
Lit.: LCI V, 420–425 [Lit.] – J. G. Bougerol, S. Bonaventura 1274–1974, I: Ikonographie, 1973/74.

2. B. de Brixia (von Brixen, de Brescia), Franziskanermönch, lebte um 1500 im Kl. S. Francesco in Brescia. Nichts ist von ihm bekannt und erhalten außer zwei knappen Traktaten über musikal. Elementarlehre und Fragen des gregorian. Chorals. Der eine ist ein Ms. in Bologna (Brevis collectio artis musicae, datiert 15. Sept. 1489), der andere wurde zuerst 1497 in Brescia gedruckt und erlebte im 16. Jh. erstaunlich viele Nachdrucke in Venedig, Mailand, Florenz, Nürnberg (und später noch Gotha). Auf dem Titelblatt (vom Drucker?) »Regula musice plane« geheißen, nennt ihn der Verfasser beim Incipit und Explicit »Breviloquium musicale«. Die undatierte Widmung geht an den Frater Marco de Duchis ordinis minorum provinciae Mediolani. B. bezeichnete in der Widmung sein kleines Büchlein (die mir zugängl. ven. Oktavausgabe von 1545 umfaßt nur 22 Blatt) ohne Übertreibung als »picolo opusculetto de canto fermo« und sich selbst als »non . . . magnus musicus sed . . . cantor inter minores minimus«. Die sichtl. Beliebtheit dieses Abrisses musikal. Grundbegriffe – noch heute haben sich 19 Exemplare von verschiedenen Ausgaben in Bibliotheken erhalten – gründet sich vermutl. auf seine Kürze, Brauchbarkeit und die leicht verständl. volkssprachige Formulierung (nur Titelblatt, Incipit und Explicit sind in Latein).
H. Leuchtmann
Q.: Brevis collectio artis musicae, tam ex determinationibus antiquorum quam modernorum magistrorum ... ad divinas laudes decantandas, Bologna, Civico museo bibliografico musicale (früher Conservatorio di musica) – Regula musice plane venerabilis fratris Bonaventure de Brixia ordinis Minorum, Brescia 1497 und viele weitere Nachdr. in Venedig, Mailand, Florenz, Nürnberg, Gotha – Neuausg. [z. T. faksimiliert]: Bolletino bibliografico musicale, 1936 – Faksimile-Ausgabe in Monuments of music and music lit. in facsimile 2/77, 1975 – *Lit.*: Eitner – Grove's Dictionary of Music and Musicians – MGG – Riemann – DBI XI, 631 – J. G. Walther, Musikal. Lex., 1732 – G. M. Mazzuchelli, Gli scrittori d'Italia I, 4, 1753, 2054 – G. B. Martini, Storia della Musica I, 1757, 450 – J. S. Gruber, Beyträge zur Litteratur der Musik, 1785, 18 – V. Peroni, Bibliografia bresciana I, 1818, 180 – P. Lichtenthal, Diz. bibliografico della musica, 1826 [Nachdr. 1836] – Fétis – H. Mendel – A. Reissmann, Musikal. Conversations-Lex., 1879–86 – G. Gaspari – F. Parisini, Cat. della Bibl. del Lic. Mus. di Bologna I, 1890, 197 – A. Valentini, I musici bresciani e il Teatro grande, 1894, 32 ff. – S. Mattei, Serie dei maestri di cappella minori conventuali di S. Francesco, Misc. francescana 21, 1920, 149 – P. Sparacio, Musicisti minori conventuali, ebd. 25, 1925, 23 – V. Brunelli, Musica et musicisti a Brescia (Storia di Brescia III, 1964), 920 ff. – RISM, Écrits imprimés concernant la musique, 1971, 162–163.

3. B. de Peraga, Augustinertheologe, Frühhumanist, Vertreter der Ordens- und Kirchenreform, * 1332 zu Padua, † 1385 in Rom (nach unsicherer später Quelle Opfer eines Meuchelmordes). Um 1363 Magister der Theologie in Paris. Seit 1364 lehrte er – als Gründungsmitglied der theol. Fakultät – in Bologna und 1367–77 am Ordensstudium seiner Vaterstadt. 1377 wurde er zum Ordensgeneral gewählt und 1378 von Urban VI. zum Kard. kreiert. Als solcher soll er Legationsreisen nach Ungarn und Polen gemacht haben. 1381–83 Mitverfasser von Statuten für die theol. Fakultäten Italiens (ed. Anal-Aug 5, 145 f.). – Er war eng befreundet mit Petrarca, dem er 1374 die Leichenrede hielt (ed.: Bibl. Petrarchesa, Mailand 1829, XXXIII ff.). Im Druck erschien auch ein »Tractatus de conceptione b. Mariae virginis«, ed. bei P. de Alva, Monumenta antiqua immaculatae conceptionis I, Löwen 1664 (Nachdr. 1967), 46–66. – Sein Sentenzenkommentar und der Kommentar zum Jakobusbrief sind verschollen. Ob von den dem hl. Bonaventura fälschl. zugeschriebenen Werken manche ihn zum Autor haben, bleibt noch zu prüfen. Vgl. →Augustinerschule. A. Zumkeller
Lit.: AASS Jun. I, 392–394 – Ossinger, 94–97 – Perini I, 75–79 – DHGE IX, 805–807 – U. Mariani, Il Petrarca e gli Agostiniani, 1959², 79–91 – Zumkeller, Augustinerschule, 230 f. – R. Arbesmann, Der Augustiner-Eremitenorden und der Beginn der humanist. Bewegung, 1965, 61–73 – Teeuwen Nrr. 1499–1502 – Gindele Nrr. 1654–57 – D. Gutiérrez, Los Agustinos en la edad media 1357–1517 (Hist. de la Orden de San Augustin I/2, 1977), 15–18, 198f.

Boncompagnus (Boncompagno da Signa), it. Lehrer und Theoretiker der Ars dictaminis, * um 1170 in Signa (Toskana), † um 1240, begann vermutl. seine Studien in Florenz. Bereits um 1194 war B. ein bekannter magister der →Ars dictaminis, die er in Bologna, danach u. a. in Venedig, Reggio und Padua, wo er an den Anfängen des universitären Lebens teilnahm, und erneut in Bologna lehrte. Nach einem von →Salimbene berichteten vergebl. Versuch, eine Anstellung an der päpstl. Kurie zu erhalten, verbrachte er seine letzten Jahre anscheinend in Armut in Florenz, wo er um 1240 starb.

Unter seinen Werken, die er für seine universitäre Lehrtätigkeit verfaßte, ragt die großartige »Rhetorica antiqua«

(»Boncompagnus«) hervor, die 1215 vor dem Collegium der Professoren des Zivil- und des kanon. Rechts in Bologna vorgetragen wurde und für die er den Lorbeerkranz (→Dichterkrönung) erhielt; ihre zweite revidierte Ausgabe wurde 1226/27 in Padua vor einer Versammlung der bedeutendsten Personen der Stadt vorgelesen. Seine Theorie der Ars dictaminis wird von zahlreichen, geistesgeschichtl. höchst interessanten Musterbriefen begleitet, die teilweise von B. selbst stammen, teilweise von ihm bearbeitet sind. Aus ihnen wird die Gestalt eines großen Erneuerers seines Faches sichtbar, der mit scharfer Kritik an seinen Gegnern, v. a. an der Schule v. →Orléans (die »Aurelianenses«), nicht hinter dem Berg hält und sich seiner eigenen intellektuellen Leistungen voll bewußt ist. Ausgeprägtes Selbstbewußtsein, Eitelkeit, Originalitätssucht, skept. Grundhaltung und Verachtung der Tradition lassen ihn als Vorläufer der späteren Humanisten erscheinen. In Polemik mit der Schule v. Orléans, gegen die er auch in der→Cursus-Frage Stellung nahm, trennt B. die Rhetorik von der Lit. und verbindet sie mit den in Bologna blühenden Rechtsstudien und den neuen Berufen, zu denen diese einen Zugang öffnen. Deshalb lehnt er es ab, sich auf »De inventione« und auf die »Rhetorica ad Herennium« zu stützen, die allgemein in den Schulen der Ars dictaminis – auch in Bologna – kommentiert wurden.

Nicht weniger bedeutend ist seine »Rhetorica novissima« (Bologna 1235), die durch die Betonung der jurid. Aspekte der Ars dictaminis und die anschaul. Bezugnahme auf das städt. Leben zweifellos in ihrer Art ein im wahrsten Sinn des Wortes »opus novissimum« darstellt: das ganze 11. Buch ist der Ars contionandi gewidmet, d. h. der Lehre vom Aufbau einer Rede in der Öffentlichkeit bei den Versammlungen der Kommune, und bringt einprägsame, glänzende Schilderungen des städt. Alltags.

Die reiche Vielfalt seiner Interessen manifestiert sich in B.s »Liber de obsidione Ancone«, einem seiner frühesten Werke (1189/1201), in dem er mit rhetor. Ausschmückung und auch mit einem gewissen »Nationalstolz« den Kampf von Ancona (1172) gegen →Christian v. Mainz darstellt, und das bereits in manchem an Vorformen des Humanismus erinnert.

Die im Vergleich zu den gen. Werken weniger bedeutenden kleineren Schriften wie »Rota Veneris« und »Liber de amicitia« (1200/1205) lassen in bes. Maße den scharfen Intellekt und bis zur Bizarrerie gehenden beißenden Witz des Verfassers erkennen. Die »Rota Veneris« kann in der Form eines »galanten Briefstellers« als Ars amandi von seltenem Einfallsreichtum und Esprit bezeichnet werden. Bes. hervorzuheben sind in diesem Sinne die geradezu blasphem. Briefe, in denen Nonnen überredet werden sollen, den Wünschen des Absenders nachzugeben. Noch geistreicher ist der »Liber de amicitia«, der eine Abhandlung des Themas nach Ciceronian. Vorbild (in der Art der rund 60 Jahre früher entstandenen Schrift »De amicitia spirituali« des →Ælred v. Rievaulx) vermeidet und die verschiedenen Formen der Freundschaft durch die Schilderung bestimmter Charaktere, wobei auch hist. Beispiele nicht fehlen, kennzeichnet. Öfters erreicht dabei die Kraft seiner Darstellung die Höhe der »Charakteres« des Theophrast. Der anticiceronian. »Liber de malo senectutis et senii« zeigt uns einen B. in der Melancholie des Lebensabends. B. verfaßte ferner einige kurze Schriften rhetor. und jurid. Inhalts (u. a. »Breviloquium«, »Cedrus«, »Mirra«, »Oliva«, »Palma«). Er übte auf das Geistesleben seiner Zeit großen Einfluß aus und wirkte u. a. auch auf Brunetto →Latini ein, den berühmten Lehrer von →Dante.

R. Manselli

Bibl.: Repfont II, 554–556 – DBI XI, 720–725 – DLI, s. v. – *Ed.*: Teilausg. des »Boncompagnus«: L. ROCKINGER, Briefsteller und Formelbücher des eilften bis vierzehnten Jh., Q. und Erörterungen zur bayer. und dt. Gesch. 9,1, 1863, 128–174 (ibid., 121–127, Ausg. des »Cedrus«) – Testi riguardanti la vita degli studenti a Bologna nel secolo XIII, hg. V. PINI, 1968 – V. PINI, Scheda per B. (Dai dettatori al novecento. Studi in ricordo di C. CALCATERRA, 1953), 58–68 [ed. 8 Briefe aus der Rhetorica antiqua] – R. HIESTAND – H. E. MAYER, Die Nachfolge des Patriarchen Monachus v. Jerusalem, Basler Zs. für Gesch. und Altertumskunde 74, 1974, 109–130 [ed. 5 Briefe aus der Rhetorica antiqua] – Liber de obsidione Ancone, hg. G. ZIMOLO, MURATORI² VI, 3, 1936 – Rhetorica novissima, hg. A. GAUDENZI, Bibliotheca iuridica MA, II, 1892, 251–297 – Palma in SUTTER, 105–127 (s. u.) – Breviloquium, hg. G. VECCHI, 1954 – Rota Veneris, hg. F. BAETHGEN, 1927; Faks.-Ausg.: J. PURKART, 1975 – De amicitia, hg. S. NATHAN, 1909 (Società Filol. Romana, Misc. di letteratura del Medio Evo, III) – De malo senectutis et senii, hg. F. NOVATI, Rendiconti della R. Accademia dei Lincei, Cl. di sc. mor. e filol., V, I, 1892, 49–67 – *Lit.*: C. SUTTER, Aus Leben und Schr. des Magisters B., 1894 – A. GAUDENZI, Sulla cronologia delle opere dei dettatori bolognesi da B. a Bene da Lucca, BISI 14, 1895, 85–174 – L. J. PAETOW, The Arts Course at the Medieval Universities, 1910, 74–80 – A. ROTA, L'universalità del diritto comune nel pensiero di maestro B. da S. (Studi di storia e diritto in onore di C. CALISSE 3, 1940), 403–420 – F. BAETHGEN, Medievalia II, 1960, 363–384 (Rota Veneris) – D. FRANCESCHI, L' »Oculus Pastoralis« e la sua fortuna, Atti dell'Acc. delle Scienze di Torino, Cl. di sc. mor., stor. e filol. 99, 1964–65, 205–261 – P. VON MOOS, Consolatio, 1971–72, I, 44–45; 2, 224–226; 3, 403–407 – M. NATALUCCI, Il liber »De obsidione Ancone« di B. da S. (Convegno di studi storici »Federico Barbarossa, Ancona e le Marche«, 1972), 127–137 – J. J. MURPHY, Rhetoric in the MA, 1974, 253–255 – R. L. BENSON (Protohumanism and Narrative Technique in Early Thirteenth-Century Italian »Ars Dictaminis«), Boccaccio: Secoli di vita, hg. M. COTTINO-JONES, E. F. TUTTLE, 1977, 31–50 – J. PURKART, B. of S. and the Rhetoric of Love (Medieval Eloquence. Stud. in the Theory and Practice of Medieval Rhetoric, ed. by J. J. MURPHY, 1978), 319–331.

Boner, Ulrich. Der Verfasser einer um 1350 abgeschlossenen mhd. Fabelsammlung nennt sich *Bonerius*. Seine Sprache, die Widmung des Werkes an die Angehörigen eines Freiherrngeschlechtes im Berner Oberland (Johann v. Ringgenberg, 1291–1350) und auch die Konzentration der frühen Überlieferung in der Schweiz sprechen dafür, ihn mit dem zw. 1324 und 1350 mehrfach urkundl. bezeugten Dominikaner *Ulrich Boner* zu identifizieren.

B.s Werk, dem er selbst den Titel »Edelstein« gegeben hat, ist die erste als geschlossene Sammlung angelegte und von einem Autor verantwortete »Gesamtausgabe« äsop. Fabeln in hd. Sprache. Ihr liegen die beiden maßgebenden lat. Fabelcorpora des MA zugrunde: Avian und der sog. Anonymus Neveleti, eine Versifizierung der Prosafabeln des Romulus. Diesen Grundstock ergänzt B. durch eine Reihe moralisierter Kurzerzählungen aus der Exempeltradition.

Als sein Ziel formuliert B. im Prolog die Einsicht in richtiges und damit auch geistl. sanktioniertes Verhalten (*kluogkeit*) mit Hilfe des von Gott geschaffenen Spiegels der Natur. Die der tradierten Fabel eigene Demonstration von moralisch indifferenten Erfahrungssätzen und Klugheitsregeln hat B. freilich zumeist ebenso unangetastet gelassen wie den Bestätigungsmechanismus, der auf den Nachweis der Nützlichkeit von Verhaltensweisen abzielt, ohne die moralische Qualität zu beachten. B. greift allenfalls bei Widersprüchen gegen die Normen seiner Zeit korrigierend ein, und er bemüht sich v. a. darum, das Gute auch als das Nützliche zu erweisen. Dies gilt ebenso für die mit der Fabel tradierte Interpretation gesellschaftl. Verhältnisse, bei der B. nur durch seine Betonung des Freiheitsgedankens neue Akzente setzt.

Die Wiederentdeckung der Fabeln B.s hat der Fabeldiskussion im 18. Jh. entscheidende Impulse gegeben

(Gellert, Gottsched, Breitinger, Lessing). →Fabel, -dichtung. K. Grubmüller

Ed.: Der Edelstein von U. B., hg. F. Pfeiffer, 1844 – U. B., Der Edelstein. Faks. der ersten Druckausg. Bamberg 1461, 1972 [mit Einl. von D. Fouquet] – *Lit.*: Verf.-Lex.² I, 947–952 – R.-H. Blaser, U. B. 1949 – K. Grubmüller, Meister Esopus, 1977, 297–374.

Bonfils (eigtl. Immanuel ben Jakob), jüd. Astronom und Mathematiker des 14. Jh., geb. in Tarascon (Provence), gest. nach 1373; hielt sich in Avignon und Orange auf; er wirkte als Arzt und machte astron. Beobachtungen. – Seine Werke umfassen Arithmetik, Astronomie und Astrologie. Als sein Hauptwerk sind die »Astronomischen Tabellen« zu bezeichnen, die vorzugsweise, aber nicht ausschließl. zur Berechnung des jeweiligen jüd. Kalenders dienten; sie wurden nach einer Münchener Hs. i. J. 1365 in Tarascon beendet. Das Werk wurde 1406 von Johannes Lucae e Camerino ins Lat. übersetzt. Eine gr. Version wurde 1435 von Michael Chrysokokkes angefertigt. An dieses Werk schließt sich eine wahrscheinl. zur gleichen Zeit verfaßte Abhandlung über das »Maß des Unterschiedes« an, d. h. über die Ungleichmäßigkeit der Bewegung von Sonne und Mond, mit Rücksicht auf Konjunktion und Opposition behandelt, nach dem System des al-Battānī. Die Zuschreibung der Erfindung der Dezimalbrüche durch S. Gandz an B. ist nicht berechtigt, denn obwohl B. in seiner Schrift »Weg der Teilung« ein System von »Primen«, »Sekunden«, »Terzen« usw. gibt, hat dieser Mathematiker keinerlei Berechnungen mit Hilfe von Dezimalbrüchen vorgenommen (R. Rashed, 193).

H. L. L. Busard

Lit.: Sarton III, 1517–1520 – M. Steinschneider, Mathematik bei den Juden, 1893–1901 [Repr. 1964], 155–165 – P. Solon, The »Six wings« of Immanuel B. and Michael Chrysokokkes, Centaurus 15, 1970, 1–20 – R. Rashed, L'Extraction de la Racine n^{ième} et L'Invention des Fractions (XIe–XIIe s.), AHExSc 18, 1978, 191–243.

Bonfini, Antonio, *Dez. 1427 oder 1434 Patrignone (Ascoli Piceno), † ca. 1502/05 Buda; lehrte in verschiedenen it. Städten Latein und Griechisch. Anfang 1487 wurde er am Hof v. →Matthias Corvinus, Kg. v. Ungarn, als Vorleser der Königin, Übersetzer und bald als Historiograph aufgenommen. Von Kg. Ladislaus II. erhielt er später den Adel und die Dichterkrone. Er übersetzte aus dem Griech. Schriften von Hermogenes, Aphthonios, Herodianos und Philostratos sowie aus dem It. den »Trattato di architettura« des →Filarete ins Lateinische. *Werke*: »Symposion sive de virginitate et pudicitia coniugali«; »Epigrammaton libellus«; »Historia Asculana« (verloren); »Libellus de Corvinae domus origine« (verloren); »Rerum Ungaricarum decades« (unvollständig), von den Ursprüngen bis 1496: ein glänzendes Beispiel der humanist. Historiographie, versucht das Werk die Geschichte der Ungarn mit der röm. Antike zu verknüpfen; Quellenwert haben daher nur die Bücher, die die Ereignisse seit 1468 behandeln. M. Feo

Ed.: Rerum Ungaricarum decades, ed. I. Fógel, B. Iványi, L. Juhász, 4 Bde, 1936–41 – *Lit.*: DBI XII, 28–30 – P. Kulcsár, B. magyar történetek forrasai és keletkezése, 1973.

Bönhase ist eine seit dem 15. Jh. vorkommende, in den Quellen erst seit dem 16. Jh. reichlicher belegte, nord- und mitteldt. Bezeichnung für 'Störer', 'Pfuscher' oder 'Unbefugte'. Als B.n wurden diejenigen bezeichnet, die handwerkl. Arbeiten gegen Entlohnung ausführten, ohne einer Zunft anzugehören oder die als →Freimeister ihre Arbeitskompetenzen überschritten. Die Zünfte hatten das Recht, Personen, die dieser Tätigkeiten verdächtigt wurden, sowie deren Wohnungen oder Häuser zu kontrollieren. Solche Kontrollen wurden regelmäßig durchgeführt; sie hießen »Visitation« oder »Bönhasenjagd«. Dabei ging es oft gewalttätig zu, so daß seit 1605 in Lübeck ein Wettediener (Büttel) anwesend sein mußte. Die Hamburger Schnitker (Möbeltischler) setzten 1614 fest, daß mindestens 30 Meister an den Bönhasenjagden teilnehmen sollten.

Die Etymologie des Wortes ist ungewiß; vielleicht trifft die Erklärung zu, daß das Wort von »(Dach)boden« abgeleitet ist, weil die B.n dort oder in Kellern arbeiteten und sich bei Jagden dorthin flüchteten. H.-P. Baum

Q.: C. Wehrmann, Die älteren Lübeck. Zunftrollen, 1872 – O. Rüdiger, Die ältesten Hamburg. Zunftrollen, 1874 – *Lit.*: C. Wehrmann, Einl. zur o. g. Edition – R. Wissell, Des alten Handwerks Recht und Gewohnheit, 1929 – F. Techen, Etwas von der ma. Gewerbeordnung, insbes. der wend. Städte (HGBll, 1897), 230–280 – R. Ennen, Zünfte und Wettbewerb (Neue Wirtschaftsgesch. 3, 1971), 90f.

Bonheddig, walis. Rechtsbegriff, der im MA den geborenen Waliser von freier Herkunft bezeichnet; das Wort bedeutet 'Mann aus einer altfreien Familie' *(bonedd)*. In den Rechtsbüchern des 13. Jh. besteht kein Unterschied zw. dem Adligen und dem gemeinen Mann: b. wird in den lat. Redaktionen der Rechtsbücher mit nobilis wiedergegeben; eine eigens abgehobene freie, aber nichtadlige Personengruppe ist nicht bezeugt. Ein Mann, der persönl. frei ist und aus einer einheim. Familie stammt, heißt also nobilis bzw. b.; besitzt er darüber hinaus einen eigenen Hof, so wird er als optimas bzw. *uchelwr* oder →*breyr* bezeichnet. T. Charles-Edwards

Lit.: D. Jenkins, Cyfraith Hywel, Llandyssul, 19-21.

Bonhome, Alfonso OP, Missionar in Nordafrika, † 1353 in Marokko. Nach einer Gefangenschaft in Kairo (1336) und Aufenthalten im Dominikanerkonvent v. Santiago (1339), in Paris und in Avignon (1341) wurde er am 5. Jan. 1344 zum Bf. v. Marokko ernannt. Kenner der arab. Sprache und der islam. Welt; sein lit. Werk basiert auf Übersetzungen aus dem Arab. ins Lat. Er schrieb: 1. »Hist. Joseph« (um 1336), 2. »Epistula rabbi Samuel de Fez de adventu Messiae missa rabbi Isaac« (um 1339, in 2 Fassungen), 3. »Disputatio Abutalib Saraceni et Samuelis Iudaei« (um 1339–40), 4. »Tractatus contra malos medicos« (1342), 5. »Legenda sancti Macarii« (noch nicht gefunden). Die Werke Nr. 2–4 wurden ediert. Von Nr. 2 liegt eine außerordentl. weitverbreitete handschriftl. Tradition vor; die Schrift wurde auch ins Dt., Armen., Griech., Span. und It. übersetzt. Von Nr. 3 gibt es eine ndl. Übersetzung. A. García y García

Lit.: DHEE I, 273 – G. Meersseman, La chronologie des voyages et des œuvres de frère Alphonse Buenhombre OP, APraed 10, 1940, 77–108 – Th. Kaeppeli, Scriptores ordinis praedicatorum I, 1970, 48–51 – L. Robles, Escritores dominicos de la Corona de Aragón (Rep. de Hist. de las Ciencias Eclesiásticas en España 3, 1971), 90–98.

Bonichi, Bindo, it. Dichter, * vermutl. um 1260, seit 1285 als Kaufmann in Siena bezeugt. † 1./2. Januar 1338 Siena ▫ ebda., S. Domenico. B. bekleidete dort öffentl. Ämter: mindestens dreimal hatte er die hohe Würde eines Mitglieds des Consiglio dei Nove inne. 1327 erscheint er als Oblate der Bruderschaft der Casa di S. Maria della Misericordia, deren Statuten er zusammen mit vier Mitbrüdern verfaßte. Von ihm sind zwanzig Canzonen und ca. 30 Sonette erhalten (mehrere andere sind ihm zugeschrieben worden oder lassen seine Autorschaft vermuten). Sein gesamtes poet. Schaffen ist dem Umkreis der realistisch-bürgerl. Dichtung zuzuordnen; eine Ausnahme bildet ein Liebessonett, das auf die Spruchdichtung zurückgeführt werden kann. Tonfall und Themen, die sich öfters wiederholen, sind lehrhaft und prosaisch, ihr Moralismus erinnert bisweilen an →Giuttone d'Arezzo. Der Begriff der »richtigen Mitte« scheint in B.s Schaffen eine zentrale Stellung einzunehmen. Von diesem Ausgangspunkt schildert er das Bild eines einfachen Lebens nach den Regeln des gesunden Menschenverstandes und einer auf den Alltag ausgerichteten schlichten Frömmigkeit, wobei aber auch einige komische und satir. Elemente nicht fehlen, die seinem Werk einige lebhafte Glanzlichter aufsetzen. G. Busetto

Lit.: DBI XII, 87–89 – A. TARTARO, Diffusione e persistenza della cultura poetica toscana (Il Trecento. Dalla crisi dell' età comunale all'umanesimo, Letteratura it. Storia e testi II, 1, 1971), 442–447, 459 – E. SAVONA, Cultura e ideologia nell'età comunale, 1975.

Bonifatius, hl. (Winfrid) → Bonifatius 10.

Bonifatius (s. a. Bonifaz)

1. **B. I.**, Papst (hl.), seit 29. Dez. 418, † 4. Sept. 422 in Rom. Nach dem Tod des Papstes →Zosimus wählte die Diakonenpartei den Archidiakon Eulalius, die Mehrheit der Presbyter am 28. Dez. den röm. Presbyter B. Beide wurden am 29. Dez. 418 geweiht, nach Verbannung des Eulalius (März/April 419) B. mit Hilfe des Ks.s Honorius anerkannt. Der hochbetagte, kränkl. B. bemühte sich erfolgreich um den unter Zosimus schwer gestörten Kirchenfrieden (im Appellationsstreit mit der afrikan. Kirche durch Wiederherstellung den alten Metropolitanrechte in Gallien). Als Ks. Theodosius II. 421 Illyricum dem Patriarchen v. Konstantinopel unterstellte, erreichte B. mit Hilfe des Ks.s Honorius die Zurücknahme des Edikts. Die erste (ksl.) Papstwahlordnung blieb ohne prakt. Bedeutung. G. Schwaiger

Q.: LP I, 227ff. – JAFFÉ² I, 51–54; II, 735 – Lit.: DHGE IX, 895ff. – E. CASPAR, Gesch. des Papsttums I, 1930, 876 – HKG II, 1, 254, 269–271 – G. LANGGÄRTNER, Die Gallienpolitik der Päpste im 5. und 6. Jh., 1964 – W. MARSCHALL, Karthago und Rom. Die Stellung der nordafrikan. Kirche zum apostol. Stuhl in Rom, 1971 – CH. PIETRI, Roma Christiana II, 1976.

2. **B. II.**, Papst seit 22. Sept. 530, ▭ 17. Okt. 532; Sohn des Goten Sigibald, aber völlig romanisiert; röm. Archidiakon, vom sterbenden Felix III. zum Nachfolger designiert. Die Mehrheit des Klerus erhob den Diakon Dioskur zum Papst, der schon am 14. Okt. 530 starb. Nun zwang B. die Gegner zur Rekonziliation, mußte dem Versuch zurückkehren, dem Diakon Vigilius die Nachfolge zu sichern. B. bestätigte die Beschlüsse der 2. Synode v. Orange 529 und suchte den röm. Jurisdiktionsanspruch über Illyricum zu wahren. G. Schwaiger

Q.: LP I, 281–284 – JAFFÉ² I, 111f.; II, 694, 737 – Lit.: DBI XII, 133–136 – E. CASPAR, Gesch. des Papsttums II, 1933, 193ff. – HKG II, 2, 203f.

3. **B. III.**, Papst seit 19. Febr. 607, † 12. Nov. 607, Rom; Römer, vorher Apokrisiar in Konstantinopel; verbot auf einer Synode in der Peterskirche Wahlumtriebe zu Lebzeiten eines Papstes oder Bischofs. Nach dem →Liber Pontificalis habe B. von Ks. Phokas ein Dekret erreicht, worin Rom als Haupt aller Kirchen anerkannt worden sei (gegen den Titel »ökumen. Patriarch« des Patriarchen v. Konstantinopel). G. Schwaiger

Q.: LP I, 316 – JAFFÉ² I, 220; II, 698 – Lit.: DBI XII, 136f. – E. CASPAR, Gesch. des Papsttums ... II, 1933, 517ff.

4. **B. IV.**, Papst (hl.) seit 25. Aug. 608, † 8. Mai 615 in Rom; aus dem Marserland. B. weihte 609 das ihm von Ks. Phokas überlassene Pantheon zur Kirche, die er mit vielen Märtyrerreliquien ausstattete (S. Maria ad Martyres). Eine röm. Synode 610 befaßte sich (im Beisein des Bf.s Mellitus v. London) mit dem Mönchsleben und der engl. Kirche. Wegen seiner versöhnl. Haltung im →Dreikapitelstreit wurde B. vom schlecht informierten Abt →Columban v. Luxeuil (Bobbio) scharf getadelt. G. Schwaiger

Q.: LP I, 317f. – JAFFÉ² I, 220ff.; II, 698, 739 – MGH Epp. III, 170–177 – IP VI, 2, 249 – Lit.: DBI XII, 137–140 – LThK² II, 588f. – E. CASPAR, Gesch. des Papsttums II, 1933, 517–522, 778 – SEPPELT II, 44ff., 428f. – HKG II, 2, 335.

5. **B. V.**, Papst seit 23. Dez. 619, † 25. Okt. 625, Rom (Daten umstritten); aus Neapel. Seine besondere Fürsorge (im nachrichtenarmen Pontifikat) galt der jungen Missionskirche Englands. B. verlieh →Justus v. Canterbury das ebfl. Pallium; doch ist die Ernennung des Ebf.s v. Canterbury zum metropolitanus totius Britanniae (JAFFÉ² I n. 2007) spätere Fälschung. G. Schwaiger

Q.: LP I, 321f. – JAFFÉ² I, 222f.; II, 698 – Lit.: DBI XII, 140–142 – LThK² II, 589 – E. CASPAR, Gesch. des Papsttums II, 1933, 517, 677, 778 – SEPPELT², II, 46f.

6. **B. VI.**, Papst im April 896; als röm. Presbyter einst v. Johannes VIII. amtsenthoben, wurde er nach dem Tode des Formosus tumultuarisch von dessen Gegnern zum Papst gemacht, starb aber bereits nach 15 Tagen. R. Schieffer

Q.: LP II, 228 – JAFFÉ² I, 439 – Lit.: DBI XII, 142f. – DHGE IX, 899f. – HALLER II, 142 – SEPPELT² II, 341.

7. **B. VII.**, Papst Juni/Aug. 974, Sommer 980 – März 981, erneut seit April 984, † Juli 985, eigtl. Franco, im Sommer 974 als Diakon bei einem Aufstand der Crescentier gegen Benedikt VI. (den er ermorden ließ) erhoben, aber durch Eingreifen eines ksl. Missus rasch wieder vertrieben; floh offenbar nach Unteritalien. Von dort drang er im Sommer 980 wieder nach Rom vor und zwang Benedikt VII. zu einem Hilferuf an Ks. Otto II., vor dem B. im folgenden Frühjahr nach Byzanz entwich. Nach dem Tode des Ks.s kehrte er abermals zurück und setzte sich gegen Benedikts Nachfolger Johannes XIV. durch, der in der Engelsburg gefangengesetzt und am 20. Aug. 984 getötet wurde. Nach knapp einem Jahr alleinigen Papsttums starb B., er gerät in zeitgenöss. Quellen als »Malefacius« und »horrendum monstrum« bezeichnet wird, eines plötzlichen, wahrscheinl. gewaltsamen Todes. R. Schieffer

Q.: LP II, 257 – JAFFÉ² I, 485; II, 707, 747 – RI II/5, 211f., 231–233, 253–256 – Lit.: DBI XII, 143–146 – DHGE IX, 900–904 – HKG III/1, 238f. – HALLER II, 160 – SEPPELT² II, 378–381 – H. ZIMMERMANN, Das dunkle Jh., 1971.

8. **B. VIII.** (Benedetto Caetani), Papst seit 24. Dez. 1294, *ca. 1235 in Anagni (?), † 11. Okt. 1303 in Rom, stammte aus der in der röm. Campagna ansässigen Adelsfamilie, die erst durch ihn zu Reichtum, Einfluß und Ansehen aufstieg. Jurist. Stud. in Todi, Spoleto und Bologna dürften seiner Aufnahme in die päpstl. Kurie vorausgegangen sein. Zuerst 1260 genannt, begleitete er 1264 und 1268 Kardinallegaten nach Frankreich und England; 1281 Kard.-Diakon, 1291 Kard.-Priester. Im Bettelordensstreit vertrat er in Paris 1290 mit Schärfe die mendikantenfreundl. Politik der Kurie; 1291 vermittelte er, hier sich noch als »gallicus« (Franzosenfreund) bezeichnend, im Vertrag v. →Tarascon einen kurzfristigen Ausgleich zw. Frankreich, Neapel-Anjou und Sizilien-Aragón. Von den Parteiungen der →Orsini und →Colonna, die sich im Konklave 1292–94 gegenseitig neutralisierten und, von Karl II. v. Neapel beeinflußt, die Wahl Coelestins V., des »papa angelicus« der Spiritualen, ermöglichten, hielt er sich fern. An dessen später umstrittener Abdankung war B. als jurist. Ratgeber maßgebl. beteiligt, er selbst wurde in Neapel zum Nachfolger gewählt.

Rückverlegung der Kurie nach Rom und Krönung im Lateran am 23. Jan. 1295 eröffneten den Pontifikat des letzten ma. Papstes, der den universalen Leitungsanspruch über Kirche und Staaten, der in das traditionelle Ziel eines Kreuzzugs der unter päpstl. Fahne befriedeten Fs.en münden sollte, zu verwirklichen suchte. Durch den Einsatz nicht mehr zeitgemäßer geistl. Zwangsmittel forderte er den Widerstand der zu staatl. Selbständigkeit und rechtl.

Abschließung drängenden Reiche heraus. Im ung. und schott. Thronstreit blieb sein Eingreifen erfolglos; die Herrschaft des Staufererben Friedrich v. Aragón über Sizilien mußte er 1303 anerkennen; unbeachtet blieb zunächst die Absetzungsdrohung gegen den dt. Kg. Albrecht I., der eine päpstl. Approbation nicht erbitten und in die Abtretung der Toskana an den Kirchenstaat nicht einwilligen wollte, schließlich aber doch Treu- und Gehorsamseid leistete (1303). Im engl.-frz. Konflikt wurde ihm als Benedetto Caetani, nicht als Papst, ein Schiedsspruch, mit freilich nur kurzer Geltung, eingeräumt (1298). Zuvor hatte B. durch ein Besteuerungsverbot des Klerus (→»Clericis laicos«, 25. Febr. 1296) die Kriegführung beider Staaten verhindern wollen. Philipp IV. v. Frankreich antwortete mit einer Ausfuhrsperre für Edelmetall und der Ausweisung päpstl. Nuntien und Kollektoren, worauf B. einlenkte und die Besteuerung von Kirchengut in staatl. Notlage freigab (→»Etsi de statu«, 31. Juli 1297), in einer Phase päpstl.-frz. Allianz sogar mit der Heiligsprechung Ludwigs IX. das frz. Kgtm. spirituell überhöhte. Mit der Ausrufung des ersten →Heiligen Jahres (1300) zeigte B., daß er auch die religiöse Mentalität seiner Zeit für die Durchsetzung seiner Ansprüche einsetzte. Für kurze Zeit konnte er damit die Einnahmen des Papsttums und der Römer vermehren und sein Ansehen in der Christenheit steigern. Dem gleichen Ziel dienten Veränderungen im Aussehen der →Tiara als des höchsten päpstl. Herrschaftszeichens und die Anfertigung von Ehrenstatuen des Papstes. Als Philipp IV. den Bf. v. Pamiers, →Bernard Saisset (1. B.), wegen Hochverrats vor sein Gericht zog, erneuerte B. das Steuerverbot und lud Prälaten und Kg. v. Frankreich nach Rom (→»Ausculta fili«, 5. Dez. 1301). Nicht die Ladungsbulle, sondern eine auf Überordnung der geistl. Gewalt provozierend zugespitzte Kurzfassung wurde propagandist. verwertet (»Deum time«). Um in der Krisensituation das Reichsvolk hinter sich zu bringen, berief Philipp IV. nach engl. Vorbild die ersten →États généraux ein (10. April 1302). Dagegen wurde trotz Ausreiseverbots die röm. Synode mit 39 zumeist südfrz. Prälaten zum Erfolg (1. Nov. 1302). Ob die Bulle →»Unam sanctam« dabei beraten wurde, erscheint zweifelhaft; datiert vom 18. Nov. 1302, wurde sie wohl erst im Sommer 1303 publiziert. Ohne völlig neue Gedanken zu formulieren, faßt sie den hierokrat. Anspruch des ma. Papsttums zusammen in der Erklärung, daß jeder Mensch heilsnotwendig dem im geistl. und weltl. Bereich dominierenden Papst Gehorsam schulde. Die Schlußphase des Kampfes wurde zum persönl. Angriff. Um seine Macht im Kirchenstaat zu festigen, bekämpfte B. die Kommunen und förderte seine Familie, der er bes. südl. von Rom große Herrschaftsgebiete übertrug. Damit geriet er in Konflikt mit der Familie der Colonna. Die daraufhin von ihm geächteten Kard.e Giacomo und Pietro Colonna forderten seit 1297 ein Konzil wegen angebl. Unrechtmäßigkeit der Abdankung Coelestins V. und damit der Wahl B'. Mit dem Häresievorwurf verbunden, wurde die Konzilsappellation vom frz. Rat Guillaume de →Nogaret aufgenommen. Eine Reihe von verschärfenden Konstitutionen und die drohende Bannung Philipps IV. mit Lösung der Fidelitätseide (»Super Petri solio«, vordatiert auf den 8. Sept. 1303) bewogen Guillaume de Nogaret, der B. ursprgl. nur zum Häresieprozeß vor das von ihm zu berufende Konzil laden sollte, am 7. Sept. 1303 den Papst in Anagni gefangenzusetzen; weitergehende Rachegelüste röm. Adliger, v. a. Sciarra Colonnas, wurden von den Anagnesen mit der Befreiung B'. am 9. Sept. verhindert. Der Gefangenentransport nach Frankreich war wohl weder beabsichtigt noch überhaupt durchführbar; die frz. Konzils- und Prozeßpläne blieben vorerst unerfüllt. Nach Rom zurückgekehrt, starb B., ohne daß er noch zu polit. Handeln fähig gewesen wäre. Sein Grab in St. Peter wurde 1605 geöffnet und untersucht. – Als polit. Druckmittel verwendet, führte der Vorwurf des weit verbreiteten heterodoxen Aristotelismus und der Idolatrie 1310 zum Prozeß gegen das Andenken B'., der nach verfahrensrechtl. Schwierigkeiten in Verbindung mit dem Templerprozeß in einen Kompromiß mündete (»Rex glorie«, 27. April 1311) und, in ein Offizialverfahren umgewandelt, nach neuerl. Ladungen (1311, Vienne 1312) ergebnislos blieb.

Durch seine an Menschenverachtung grenzende Schroffheit und Herrschsucht, durch Habgier und anstößige Begünstigung seiner Familie schuf B. sich Feinde. Keineswegs eine religiöse Natur und ohne theol. Tiefe, war er vielmehr kompetenter Kanonist und in der Gesetzgebung im Kontrast zu seiner polit.-diplomat. Intransigenz auf Ausgleich und Praktikabilität bedacht. 1298 ließ er die Dekretalensammlung Gregors IX. durch den →Liber Sextus ergänzen, erließ u. a. wichtige Konstitutionen für den Kirchenstaat und bestätigte durch Privilegien die Generalstudien in Rom und Avignon (1303). B. hinterließ Rom und Italien von Parteikämpfen zerrissen, was dem frz. Kgtm. den Ansatz bot, für Jahrzehnte den Schutz des Papsttums zu übernehmen. T. Schmidt

Q.: POTTHAST, Reg. 24020–25283–G. DIGARD u. a., Les registres de B. VIII, 4 Bde, 1884–1939–V. GAMBOSO [Hg.], Il Santo 14, 1974, 192–194 [gute zeitgenöss. Charakteristik] – Lit.: DBI XII, 146–170 [Lit.]. – TRE VII, 66–68 – J. RIVIÈRE, Le problème de l'église et de l'état au temps de Philippe le Bel, 1926 – T. S. R. BOASE, Boniface VIII, 1933 – G. DIGARD, Philippe le Bel et le St-Siège de 1285 à 1304, 1934 – A. FRUGONI, Il Giubileo di Bonifacio VIII, BISI 62, 1950, 1–121 – S. GAGNÉR, Stud. zur Ideengesch. der Gesetzgebung, 1960 – A. A. STRNAD, G. Grimaldis Ber. über die Öffnung des Grabes B. VIII., RQ 61, 1966, 145–202 – J. A. MCNAMARA, Simon de Beaulieu and »Clericis laicos«, Traditio 25, 1969, 155–170 – A. DUC DE LÉVIS MIREPOIX, L'attentat d'Anagni. Le conflit entre la papauté et le roi de France, 1969 – G. B. LADNER, Die Papstbildnisse des Altertums und des MA II, 1970, 285–340 – R. KAY, »Ad nostram praesentiam evocamus«: B. VIII and the Roman Convocation of 1302, Proceedings 3. Internat. Congr. Medieval Canon Law, 1971, 165–189 – J. MULDOON, Boniface's Forty Years of Experience in Law, Jurist 31, 1971, 449–477 – P. KRÜGER, Die Beurteilung Papst B. VIII. in der frz. Geschichtswiss. [Diss. masch. Wien 1974] – W. ULLMANN, Die Bulle Unam Sanctam: Rückblick und Ausblick, RHMitt 16, 1974, 45–77 – DERS., B. VIII and his Contemporary Scholarship, JTS 27, 1976, 58–87 – A. GREGNANIN, B. VIII: de potestate indirecta (Stud. di diritto can. in on. di M. MAGLIOCCHETTI, 1975), 739–751 [apologet.] – J. MARRONE – CH. ZUCKERMAN, Card. Simon of Beaulieu and Relations between Philip the Fair and B. VIII, Traditio 31, 1975, 195–222 – W. REINHARD, Nepotismus. Der Funktionswandel einer papstgesch. Konstante, ZKG 86, 1975, 145–185 – A. STICKLER, Il Giubileo di Bonifacio VIII: Aspetti giuridico-pastorali, 1977 – T. F. RUIZ, Reaction to Anagni, CathR 65, 1979, 385–401 – R. LEFÈVRE, Anno 1297: Il »manifesto« di Lunghezza, Lunario Romano 8, 1979, 429–443 [ohne selbständigen Wert] – R.-H. BAUTIER, Le Jubilé romain de 1300 et l'alliance franco-pontificale au temps de Philippe le Bel et de B. VIII, M-A 86, 1980, 189–216.

9. B. IX., *Papst* seit 2. November 1389, † 1. Okt. 1404 in Rom, vorher Pietro Tomacelli, entstammte einer Adelsfamilie in Neapel, Kardinal unter Urban VI., gewählt im Großen →Abendländ. Schisma als dessen Nachfolger. B. war wohl keine bedeutende Persönlichkeit, aber polit. klug und anpassungsfähig. Er brach sofort mit der unglückl. Italienpolitik Urbans VI., unterstützte erfolgreich Kg. Ladislaus v. Neapel und wandte sich konsequent gegen dessen Rivalen Ludwig II. v. Anjou, damit gegen Frankreich, das Papst Clemens VII. v. Avignon unterstützte. Es gelang ihm, die päpstl. Hoheit im schwer zerrütteten Kirchenstaat und in Rom wiederherzustellen, schließlich Italien für den Papst in Rom zu gewinnen. Überzeugt von der Rechtmäßigkeit seines Pontifikates, bemühte er sich nicht ernsthaft um die Beilegung des Schismas gegenüber den Avignon-Päpsten Clemens VII. und – dem ihm geistig weit überlegenen – Benedikt XIII. Seine Angebote schienen großzügig, erwarteten aber den Verzicht seiner Rivalen. Alle Vorschläge Benedikts XIII. zur Wiedergewinnung der Einheit, auch eine persönl. Begegnung, lehnte er ab. Neben Italien konnte er Deutschland und England insgesamt für seine Oboedienz sichern. Er wünschte Romzug und Kaiserkrönung des dt. Kg.s Wenzel. Nach dessen Absetzung und der Wahl Ruprechts v. der Pfalz hielt B. sich zunächst vorsichtig zurück. Erst am 1. Okt. 1403 wurde Ruprecht nach schwierigen Verhandlungen und mißglücktem Romzug als dt. Kg. anerkannt und bestätigt. Die Bestätigungsbulle behauptete wahrheitswidrig, daß die Absetzung Wenzels (durch die rhein. Kfs.en) und die Neuwahl kraft päpstl. Vollmacht geschehen sei. In seiner ganzen Regierung überwog der weltl. Fs. gegenüber der geistl. Verantwortung. Brüder und Nepoten wurden reich mit Ämtern und Pfründen ausgestattet, das in Avignon entwickelte päpstl. Provisionswesen und Finanzsystem gewinnbringend ausgebaut und in gewaltigem Umfang finanziell genützt, dabei auch der Geldablaß kräftig einbezogen. Gegen die dringenden Vorstellungen einer Gesandtschaft Benedikts XIII. wurde nach dem Tod B.' IX. rasch Innozenz VII. als Nachfolger gewählt. G. Schwaiger

Q.: Rep. Germanicum II, bearb. G. TELLENBACH, 1933–62 – G. MOLLAT-E. BALUCE, Vitae paparum Avenionensium, 4 Bde, 1914–22–Lit.: DBI XII, 170–183 – DHGE IX, 909–922 – HKG III/2, 490–505 – N. VALOIS, La France et le Grand Schisme d'Occident, 4 Bde, 1896–1902 – H. KOCHENDÖRFFER, Bonifatius IX., 1903 – M. JANSEN, Papst Bonifazius IX. und seine Beziehungen zur dt. Kirche, 1904 – A. EITEL, Zur Kritik der Approbationsverhandlungen Papst Bonifaz' IX. mit Kg. Ruprecht von der Pfalz, HJb 35, 1914, 59–85 – E. PERROY, L'Angleterre et le grand schisme d'occident, 1933 – M. DE BOÜARD, La France et l'Italie au temps du grand schisme d'occident, 1936 – A. CUTOLO, Re Ladislao d'Angiò-Durazzo, 2 Bde, 1936 – P. BREZZI, Lo scisma d'occidente come problema italiano, Archivio della Deputazione Romana di storia patria 67, 1944, 391–450 – L. S. FERNÁNDEZ, Castilla, el cisma y la crisis conciliar 1378–1440, 1960 – H. ANGERMEIER, Das Reich und der Konziliarismus, HZ 192, 1961, 529–583 – Hist. de l'Église 14, 1962 – J. FAVIER, Les finances pontificales à l'époque du Grand Schisme d'Occident, 1966 – A. ESCH, Bonifaz IX. und der Kirchenstaat, 1969 – Die Entwicklung des Konziliarismus, hg. R. BÄUMER, 1976 – SEPPELT-SCHWAIGER IV, 206–224, 480–483.

10. B. (Winfrid)

I. Leben und Wirken – II. Literarische Werke – III. Ikonographie.

I. LEBEN UND WIRKEN: B., hl., Missions-Ebf., *672/675 bei Exeter, gewaltsam getötet am 5. Juni 754 bei Dokkum (Friesland), war der Sohn einer wohl adligen, in kulturellem und kirchenorganisator. Ausbaugebiet der ags. Staatenwelt ansässigen Familie. Als puer oblatus dem Kl. →Exeter übergeben, wechselte Winfrid bald ins Kl. Nursling bei Winchester über. Den Mönch aus Berufung formte eine monast. Welt, in der gegen 700 die röm. Traditionen einschließl. der Benediktinerregel das Übergewicht gegenüber der noch immer wirkungsmächtigen ion-kelt. Befruchtung erlangt hatten. Seine intellektuelle und geistige Schulung stand ganz in der Traditionslinie →Aldhelms. Sie ebnete Winfrid den Weg zum Scholaster in seinem Kloster, als welcher er selbst Unterrichtsbücher in Grammatik (anhand des →Donatus) und Metrik verfaßte. Proben seiner metr. Kunst lieferte er bis ins hohe Alter. Kurz nach 700 erhielt er die Priesterweihe, die ihn enger mit dem Diözesanbischof verbinden sollte und wohl auch seine Autorität in einer friedenstiftenden polit. Aktion stärkte.

Im Frühjahr 716 suchte Winfrid die uneingeschränkte Verwirklichung seiner monast. Existenz ags. Prägung in der peregrinatio. Die geplante Mission in Friesland scheiterte, da die frk. Schutzmacht der fries. Glaubenspredigt in diesem Moment ausfiel. Winfrid kehrte nach Nursling zurück, wo ihn seine Mitbrüder zum Abt erhoben. 718 entband ihn der Diözesanbischof von der Klosterleitung und ermöglichte ihm erneut die missionar. peregrinatio.

Diesmal ersuchte er den Hl. Stuhl als Hüter des Glaubensgutes und Quelle rechtl. Autorität um die Missionsvollmacht. Am 15. Mai 719 erteilte sie ihm Papst Gregor II. und gab ihm den Namen des am Vortag gefeierten röm. Heiligen.

Sein Auftrag führte B. nach →Thüringen, wo er staatl. Rückhalt noch nicht fand. Als sich das fries. Missionsfeld 719 wiederauftat, unterstellte er sich →Willibrord. Die Gründe der Trennung von Willibrord 721 sind unbekannt. Fortan wirkte B. als Missionar im hess.-thür. Grenzraum (→Hessen). Organisator. Probleme verlangten in dem teilweise schon christianisierten Land Weihegewalt und Jurisdiktion eines Bischofs. Am 30. Nov. 722 weihte ihn der Papst persönl. zu Rom, wobei B. den nur wenig veränderten, den kirchl. Verhältnissen des Missionslandes und des Frankenreiches kaum angepaßten Obödienzeid der unmittelbaren röm. Suffragane leistete. Seit 723 mit einem Schutzbrief Karl Martells ausgerüstet, vollendete B. die hess.-thür. Mission. Ihren Abschluß signalisiert die Fällung der Donareiche zu Geismar 723.

Die organisator. Erfassung der Neugetauften erfolgte, nicht zuletzt in Abwehr kanon. Ansprüche des Mainzer Bf.s, von monasteria aus, die B. in rascher Folge ins Leben rief (Ohrdruf, →Fritzlar, Tauberbischofsheim, Kitzingen, Ochsenfurt), die, vorwiegend von ags. Landsleuten, die letzteren auch von Frauen (→Lioba) besetzt, priesterl. Wirken und fraulichem Hilfsdienst den Vorzug vor der monast. Zurückgezogenheit gaben, so daß B. einigen Schülern die Einrichtung einer Eremitenniederlassung in →Hersfeld (736) zugestehen mußte. 732 reiste B. erneut nach Rom, wobei er nicht nur Mitarbeiter und Jünger gewann, die sein Werk auch nach seinem Tode trugen, sondern auch aus Gregors III. Hand das →Pallium erhielt, so daß er als Ebf. jetzt neue Bm.er kanon. errichten und ihre Oberhirten weihen sollte. Eben dies unterblieb infolge der südwärts gerichteten Politik Karl Martells und der Bedrohung Thüringens und Hessens durch die Sachsen.

Auf seiner dritten Romreise 737/738 erlangte B. Würde und Funktion eines päpstl. Legaten. Doch wirkte sie sich zuerst in Bayern aus, wo B. 739 in Zusammenarbeit mit dem Hzg., dem Träger der Kirchenhoheit, den röm. Organisationsplan von 716 und seine eigene kanon. Visitation von 733/735 vollendete: Drei Bf.e setzte B. in →Regensburg, →Freising und →Salzburg ein; der Oberhirte von →Passau hatte seine Weihe in Rom empfangen. Nur die Schaffung eines Metropolitansitzes und damit die Umschreibung der bayer. Kirchenprovinz schob B. auf. Er hatte damit ungewollt Stellung bezogen in der karol.-agilolfing. Spannung, die den Tod Karl Martells überdauerte (→Bayern).

Da B. in dieser Lage fakt. auf weitere Eingriffe in Bayern verzichtete, fanden sich nach 741 die neuen Herren des karol. Machtbereichs und B.: Als Legat des Papstes konnte B. für kurze Zeit auf die den Karolingern bereits zugängl. Kirchen einwirken. Dank der tätigen Unterstützung des Hausmeiers →Karlmann vermochte er die Bm.er →Würzburg, →Büraburg und →Erfurt einzurichten, sie mit seinen Schülern zu besetzen und das monasterium →Eichstätt unter bfl. Leitung als frk. Stützpunkt zu schaffen. Nach dem reformator. →Concilium Germanicum von 743 tagten Anfang März 744 in den Herrschaftsbereichen beider Söhne Karl Martells gleichzeitig die Synoden zu Les →Estinnes und →Soissons, die die fundamentalen Vorschriften kirchl. Zucht und christl. Lebens ins Gedächtnis riefen (Stellung und Pflichten des Bischofs, Standesethos und Verhalten des Klerus, Ordnung des geistl. Gemeinschaftslebens, gesetzl. Regelung der Beanspruchung kirchl. Gutes zur Sicherung der karol. Herrschaft, Abkehr von heidn. Praktiken, Fragen des kirchl. Eherechtes). Die karol. Brüder zeigten damit, daß sie, wenn auch unter nomineller Oberleitung eines rasch kreierten Merowingerkönigs, in der Durchsetzung der von ihnen verkündeten Synodalbeschlüsse die Hoheit in der frk. Kirche souverän auszuüben gedachten und sich zugleich über jene Aristokratie emporschwangen, aus der sie hervorgegangen waren und deren (militär.-polit.) Hilfe sie noch bedurften.

Die sich formierende Opposition ließ zwar die Gründung neuer Bm.er an der Peripherie des Frankenreiches geschehen, gab aber die innerfränk. Bischofsstühle nicht frei. Dabei bediente sie sich kirchenrechtl. und kirchenpolit. Mittel und kirchengeschichtl. Argumente: In Sens und Reims konnten keine Ebf.e eingesetzt werden, wie B. und die Karolinger es wollten – die kanon. bestellten Inhaber der cathedrae lebten (als »Weihbischöfe«) noch. Köln als geplanter Metropolitansitz des B. war disqualifiziert – einen Kölner Bf. setzte im 4. Jh. ein unter Vorsitz des Trierer Metropoliten tagendes Konzil angebl. als Erzketzer ab. Der des Mordes überführte, offenbar zur Resignation gezwungene Mainzer Bf. suchte, seine Restitution in Rom zu betreiben. Mainzer Einfluß am Mittelrhein wurde womöglich von Trier aus zurückgedrängt.

Das zeitweilige Bündnis zw. den Karolingern und B. mußte sich lockern, wollten die Hausmeier, seit 747 der abwägende Pippin III., ihre Herrschaft ausweiten und zum Königtum steigern. B. konnte daher 745 und 747 keine Synoden mehr abhalten, die unter karol. Autorität standen; 748 berief Pippin III. selbst ein Konzil ein und wandte sich auch in kirchenrechtl. Fragen direkt an den Papst, der B. nur von seiner Antwort unterrichtete. B. war beiseitegeschoben; doch sein Werk hatte Wurzeln geschlagen: Die karol. Herrscher führten die Reform der frk. Kirche behutsam weiter mit vorwiegend frk. Kräften einer jüngeren Generation, die die Vorrangstellung der Karolinger nicht mehr in Zweifel zog und die Auflösung der Machtbastionen rivalisierender Aristokraten erst ermöglichte. Pippin III. errang für seine Dynastie die Königskrone ohne des B. Hilfe (751); er knüpfte den weltgeschichtl. bedeutsamen Bund mit dem Papsttum, während B. in Friesland als Märtyrer heidn. Hand erlag (754).

B. konnte nicht einmal in dem ihm als Bischofssitz angewiesenen Mainz sicher sein, daß ihm dort ein Schüler folgen werde, dem er die Sorge für alle seine Helfer überantworten könne. 744 hatte er inmitten der Völkerschaften, denen er Glaubensbote, Seelsorger und Bischof war, das Kl. →Fulda gegründet als geistl.-geistiges Zentrum. 751 entzog er es mit Hilfe eines päpstl. Privilegs der Organisation der frk. Kirche (Exemtion). Als feststand, daß sein Schüler →Lullus sein Mainzer Nachfolger werde, ließ B. die Bm.er →Büraburg und →Erfurt im Verband der Diöz. →Mainz aufgehen. Nach dem Tode des Friesenmissionars Willibrord hatten die Karolinger dem Ebf. und Legaten auch die junge fries. Kirche übertragen, auch sie peripher gelegen. Hier fand B. in seinen letzten Lebensmonaten noch einmal die Kraft, als Missionar und Spender der Taufe aufzutreten. Auf diesem Missionsfeld wurde er am 5. Juni 754, da er Neophyten die Firmung spenden wollte, samt seinen Begleitern von beutegierigen Räubern erschlagen. Das Kl. Fulda nahm seinen Leichnam auf und birgt ihn bis auf den heutigen Tag.

B. war Mönch, der von seinen Jüngern die Realisation monast. Postulate forderte, freilich unter Ausrichtung auf missionar.-seelsorgerl. Wirksamkeit. In seiner monast. peregrinatio nahm er selbst die Bürde des Bischofsamtes auf sich. Als Bf. aber mußte er auf die Einhaltung kirchl. und ethischer Normen dringen. Diese Normen, von denen er selbst nicht abzugehen wagte, fand er in der liturg., kanonist. und disziplinären Tradition und Praxis der röm. Kirche. Des B. wesentl. Leistung dürfte darin liegen, die frk. Kirchen auf die röm. Normen hin ausgerichtet und so ihre universale Aufgabe vorbereitet zu haben. Als Organisator wuchs B. in die Rolle eines der Baumeister des Abendlandes hinein. Als Missionar schloß er lediglich noch eine Lücke im hess.-thür. Grenzsaum; sein Ehrenname »Apostel der Deutschen« entstammt einer anderen Zeit und verrät vollkommen veränderte Grundlagen der Verbindung des transalpinen Raums zum Hl. Stuhl in Rom. →Angelsächsische Mission. J. Semmler

II. LITERARISCHE WERKE: [1] Die *Briefe* des B. wurden von seinem Schüler →Lullus gesammelt und redigiert und mit den Abschriften von an B. gerichteten Briefen sowie Briefen des Lullus zu einer Sammlung von 150 Stücken zusammengefaßt. Sie ist von großem Quellenwert für die Tätigkeit B.', die Missions- und Kirchengeschichte der Zeit und vermittelt darüber hinaus ein eindrucksvolles Bild von der Persönlichkeit des Bonifatius.

[2] B.' lit. Arbeiten im engeren Sinne sind weniger bedeutend. Er verfaßte im Rahmen seiner Lehrtätigkeit im Kl. Nursling eine lat. Grammatik (auf d. Grundlage v. →Donatus) und eine (wohl unvollst. erhaltene) Metrik. – Während seiner Missionstätigkeit im Frankenreich schrieb er die Rätsel (»Aenigmata, De virtutibus et vitiis«): In 20 lat. Gedichten (die meisten zw. 11 und 17 Versen) läßt B. nach einem Prolog je zehn Laster und Tugenden von sich sprechen, die jeweils nur im Akrostichon genannt sind. Die Gedichte, die u. a. den Einfluß →Aldhelms verraten, stehen sowohl innerhalb der lat., von →Symphosius herkommenden, als auch der ags. Tradition des →Rätsels etwas am Rande: sie sind weder epigrammat. Kennzeichnung eines Gegenstandes noch wirkl. Aufgaben zum Raten, sondern eher rhetor. gehöhte moral. Mahnungen. G. Bernt

III. IKONOGRAPHIE: B. wird dargestellt als Bf., in Benediktinerklöstern auch als Mönch, mit Stab, Buch, Beil (Hinweis auf die Fällung der Donareiche in Geismar 723) oder Kirchenmodell, auch dolchdurchbohrtem Buch (seit der 2. Hälfte 15. Jh.), da B. nach der Tradition versuchte, sich vor dem Schwert der Mörder durch das über den Kopf gehaltene Evangelium zu schützen. Bildl. Darstellungen beginnen mit dem Deckel des Codex aureus aus Echternach (983/991, Germ. Nat. Mus. Nürnberg), einem Fresko des 10. Jh. in Calvi Risorta, dem Fuldaer Sakramentar (um 1020, Vat. Bibl. Rom) und dem Steinrelief aus dem Anfang des 12. Jh. in der Kirche am Petersberg/Fulda; häufiger im späten MA (bes. in Thüringen und Hessen: Erfurter Domtriangel (um 1320/30), Arnstadt. Umfangreicher Zyklus in einem Fenster des Erfurter Domchores um 1410; Einschiffung nach Friesland, Bischofsweihe in Rom, Fischwunder, Inthronisation als Ebf. v. Mainz, Weihe des Kl. Fulda, Tod und Beisetzung. G. Binding

Q. und Lit.: zu [1]: Vollständige Zusammenstellung bis 1976/77: H. JAKOBS, GP IV, 1978, 1 ff., 275, 344–351 – Ferner: HEG I, bes. 534–544 [TH. SCHIEFFER] – A. ANGENENDT, B. und das Sacramentum initiationis, RQ 72, 1977, 133–183 – K.-U. JÄSCHKE, B. und die Königssalbung Pippins des Jüngeren, ADipl 23, 1977, 25–54 – F.-J. HEYEN, Das Gebiet des nördl. Mittelrheins als Teil der Germania prima in spätröm. und frühma. Zeit, VuF 25, 1979, 297–315 – H. C. BRENNECKE, Synodum congregavit contra Euphratem nefandissimum episcopum. Zur angebl. Kölner Synode gegen Euphrates, ZKG 90, 1979, 176–200 – J. JARNUT, B. und die frk. Reformkonzilien (743–748), ZRGKanAbt 66, 1979, 1–26 – J. SEMMLER, Mönche und Kanoniker im Frankenreiche Pippins III. und Karls d. Gr. (Unters. zu Kl. und Stift [Veröff. des Max-Planck-Instituts für Geschichte 68], 1980), 78–111 – *zu [II]: Ed.*: Briefe: M. TANGL, MGH Epp. sel. I – Rätsel: E. DÜMMLER, MGH PP I, 1–15 – F. GLORIE, CChr 133, 273–343 [mit dt. Übers.] – zu den Ed. der übrigen Werke vgl.: BRUNHÖLZL I, 543 – *Lit.*: G. BERNT, Das lat. Epigramm im Übergang etc., Münchner Beitr. zur Mediävistik und Renaissance-Forsch. 2, 1968, 161 – BRUNHÖLZL I, 229–232 – *zu [III]*: LCI V, 427–436 – G. KIESEL, Der hl. Willibrord im Zeugnis der bildenden Kunst, 1969.

11. B. v. Savoyen, sel., Ebf. v. Canterbury aus dem Hause Savoyen, *um 1206, † 14. Juli 1270 auf seinem Schloß Ste-Hélène-des-Milliers, ⌐Abtei Hautecombe. B. war der 11. Sohn →Thomas' I., Gf. en v. Savoyen; Prior des Kartäuserkl. Nantua, 1232–43 Bf. v. Belley, 1241 zum Ebf. v. Canterbury gewählt, 1243 von Papst Innozenz IV. bestätigt und 1245 in Lyon geweiht. Trotz seiner Zugehörigkeit zum Kartäuserorden war B. eine aktive polit. Persönlichkeit. Die Heirat Kg. Heinrichs III. mit Eleonore v. Provence, der Nichte B.', hatte zu lebhaften Beziehungen zw. England und Savoyen und dem Einfluß von Savoyarden in England geführt; Heinrich III. übte Druck auf die Mönche v. Canterbury aus, um B.' Wahl zum Ebf. durchzusetzen. Nach einem kurzen Aufenthalt in England 1244 kehrte B. erst 1249 zu seiner Inthronisierung hierher wieder zurück; er scheint in der Zwischenzeit mit Amtstätigkeiten an der päpstl. Kurie beschäftigt gewesen zu sein. In der Folgezeit residierte er mit Unterbrechungen in England (1249–54, 1256–62, 1266–69). 1254 begab er sich mit Eduard, Sohn Heinrichs III., in die Gascogne; 1255 beteiligte er sich an einem Feldzug seines Bruders Thomas gegen Turin. 1263–65 gehörte er in Bordeaux zu den Emigranten, die England wegen der heftigen inneren Konflikte (→Barone, Krieg den) verlassen hatten. Von seinen kirchenpolit. Maßnahmen blieben bes. ein Statut über die Zehnten und eine Reihe von Kanones (1261), in denen Rechte und Freiheiten der Kirche verteidigt werden, in Erinnerung.

B. war der einzige Ebf. v. Canterbury im 13. Jh., der kein Gelehrter war. Sein Wirken als Ebf. wurde bis in die jüngste Vergangenheit meist negativ bewertet. (Z. B. DNB: »B. leistete weder für die Kirche noch für den Staat Englands etwas Bedeutendes.«) Sein polit. und kirchl. Wirken zeigt jedoch vielmehr das Bild eines unabhängig denkenden und handelnden Kirchenmannes von durchaus eigenem Profil. Eine neue biograph. Arbeit über B. ist ein dringendes Desiderat.

1838 bestätigte Papst Gregor XVI. die Verehrung B.' als Seliger. Fest: im Bm. Chambéry 21. Juli, bei den Kartäusern 15. Juli. J. H. Denton

Lit.: DNB V, 350–352 – LThK² II, 594 – G. STRICKLAND, Ricerche storiche sopra il B. Bonifacio di Savoia, arcivescovo di Cantorbery, Misc. di Storia Italiana (Turin) 32, 1895, 349–432 – F. M. POWICKE, Henry III and the Lord Edward, 1947 – F. M. POWICKE–C. R. CHENEY, Councils and Synods II, 1964.

Bonifaz (s. a. Bonifatius)

1. B. I. v. Mon(t)ferrat, Kg. v. Thessalonike, † 1207, Mgf. aus dem Geschlecht der →Aleramiden; Sohn Mgf. Wilhelms d. Ä. und der Judith, Tochter Leopolds III. v. Österreich. Seit 1183 teilte er sich mit seinem älteren Bruder Konrad († 1192) die Verwaltung der Mgft. Sein Hof galt weithin als Zentrum höf. Kultur (→Raimbaut de Vaqueiras). Die reichen piemontes. Besitzungen beiderseits des Tanaro und nördl. des Po, die sein Vater unter Anlehnung an die ksl. Politik zu einer führenden Stellung ausgebaut hatte, vermochte B. auf Dauer gegen die expandierenden Kommunen Asti, Vercelli, Ivrea und Alessandria nicht zu behaupten. Trotz persönl. Engagements für Heinrich VI. (u. a. Flottenkommandant 1194 in Sizilien) wurde B. von diesem offenbar nur zurückhaltend unterstützt. Belehnungen mit der Mgft. Incisa (1191) und Alessandria (1193) blieben faktisch wirkungslos. Ein Jahrzehnt erbitterter Kämpfe endete 1199–1202 mit einer Niederlage B.' und seiner Verbündeten und seinem erzwungenen Beitritt zum Lombardenbund. Während eines Waffenstillstandes suchte er 1199, im dt. Thronstreit zu vermitteln. 1201, nach dem Tod des Gf. v. der Champagne, unter Einfluß des frz. Kg.s zum Führer des 4. Kreuzzuges gewählt, war er zusammen mit dem ven. Dogen, Enrico →Dandolo, und unterstützt durch Abgesandte Philipps v. Schwaben maßgebl. an der »Umleitung« des Kreuzzuges nach Konstantinopel beteiligt, nachdem er der Eroberung von →Zadar (Zara) nicht ferngeblieben war (die Verantwortung für die »Umleitung« ist kontrovers; vgl. D. E. QUELLER–S. J. STRATTON, Stud. in Medieval and Renaissance History 6, 1969, 235 ff.). Nach der Eroberung Konstantinopels (1204) heiratete B. Margarete v. Ungarn, die Witwe Ks. Isaaks II. Angelos. Seine Hoffnungen auf die Kaiserkrone nach Ermordung seines Protégés, →Alexios' IV., hintertrieben die Venezianer zugunsten Gf. →Balduins IX. v. Flandern (5. B.). B. mußte sich mit Makedonien und Thessalien als neuem Kgr. →Thessalonike bescheiden, das sein jüngerer Bruder Rainer († 1183, ∞ mit einer byz. Prinzessin) bereits einmal nominell besessen hatte. B. mußte es sich nunmehr erst erobern (Athen, Ende 1204) und umgab es mit einem Kranz von Lehnsfürstentümern. Seine Tochter Agnes heiratete 1207 den Bruder und Nachfolger Ks. Balduins, →Heinrich I. B. fiel kurz darauf bei Mosynopolis (Thrakien) im Kampf gegen die Bulgaren. Sein Sohn Demetrios vermochte das Erbe nicht zu behaupten und floh 1224 vor dem epirot. Herrscher Theodoros Angelos Dukas nach Italien. →Mon(t)ferrat; →Kreuzzug, 4. Th. Kölzer

Lit.: K. HOPF, B. v. M. und der Troubadour Rambaut v. Vaqueiras, 1877 – D. BRADER, B. v. M. bis zum Antritt der Kreuzfahrt, 1907 [Neudr. 1965] – L. USSEGLIO, I marchesi di Monferrato in Italia ed in Oriente I–II, 1926 – The poems of the Troubadour Raimbaut de Vaqueiras, ed. J. LINSKILL, 1964 – A. HAVERKAMP, Herrschaftsformen der Frühstaufer in Reichsitalien II, 1971 – D. E. QUELLER, The Fourth Crusade. The Conquest of Constantinopel 1201–1204, 1978 [Lit.].

2. B. II., *Mgf. v. Mon(t)ferrat* →Mon(t)ferrat

3. B. III., *Mgf. v. Mon(t)ferrat* →Mon(t)ferrat

4. B. (Boniface), Gf. v. Savoyen 1253–63, † Anfang Juni 1263, Sohn v. →Amadeus IV., Gf. en v. Savoyen und Mgf. en in Italien, und der Cécile (Caecilia) des Baux, trat minderjährig die Erbfolge an (10.–11. Juni 1253). Er wurde der Vormundschaft seines Onkels →Thomas v. Savoyen, des früheren Gf. en v. Flandern und Herren v. Piemont, unterstellt, der bis zu seinem Tode 1259 die Regentschaft ausübte. Zwei Momente waren für diese Periode von Bedeutung: Zum einen forderte der Onkel von B., Peter v. Savoyen, durch Heirat Herr v. Faucigny, seinen Anteil am Erbe; 1255 wurden Chablais, Chillon und das untere Wallis an Peter, der in dieser Periode seine Expansionspolitik auf die helvet. Gebiete richtete, abgetreten. Während der nominellen Herrschaft von B. bestimmte zum anderen Thomas' abenteuerl. Italienpolitik die Situation in Savoyen; Thomas kämpfte gegen das Autonomiestreben der Städte →Turin und →Asti und starb 1259 während der Vorbereitungen eines seiner Feldzüge; somit hat B. nur vier Jahre (1259–63) ohne Vormund regiert. Nach seinem frühen Tod folgte sein Onkel →Peter (II.) ihm in der Grafenwürde nach. A. Perret

Q. und Lit.: L. CIBRARIO, Specchio cronologico, 1855, 513 – L. WURSTEMBERGER, Peter II., Gf. v. Savoyen, Mgf. in Italien, 4 Bde, 1856–58 – D. CARUTTI, Regesta comitum Sabaudiae..., Bibl. di stor. ital., V, 1, 1889 – E. L. COX, The Eagles of Savoy. The House of Savoy in 13th century, 1973, XIV–493.

5. B. v. Tuszien (B. v. Canossa), *Mgf. v. Tuszien*, *ca. 985, † (ermordet) 1052. Sohn des Tedald, Mgf. v. Canossa, Gf. v. Modena, Reggio, Mantua, Brescia und Ferrara, und der Willa »ducatrix«; ∞ vor 1015 mit der begüterten Witwe Richilde, Tochter des Gf.en v. Bergamo und Pfgf.en Giselbert. Tedald († 1013/15) hatte B. unter Ausschluß anderer Söhne zum einzigen Erben gemacht. An den Autonomiebestrebungen it. Großer war B. nicht beteiligt; er kämpfte 1016 auf ksl. Seite gegen die Mgf.en v. Turin, überwand einen Aufstand seines Bruders Konrad und besiegte seine lombard. Gegner 1021 bei Coviolo (Reggio). Konrad II. unterstützte er gegen dessen lombard. Gegner, die →Wilhelm v. Aquitanien die Langobardenkrone angeboten hatten. Wohl diese Haltung trug B. das Amt des Mgf.en v. Tuszien ein (BERTOLINI: 1028 an Stelle des aufständ. Rainer; ANTON: 1032 nach dessen Tod). 1032 steht B. im Heer Konrads II. gegen Odo v. d. Champagne, der Burgund beanspruchte. Verwitwet heiratete er zw. 1036 und 1038 →Beatrix v. Lothringen. 1040 versuchten auf einem Reichstag zu Augsburg it. Große, gegen B. vorzugehen, konnten sich aber bei Heinrich III. nicht durchsetzen. Nicht völlig geklärt sind B.' Beziehungen zu der röm. Familie der Tusculaner (Papst →Benedikt IX.) und das Bündnis mit →Waimar v. Salerno (1046? 1047?). Heinrich II. und Konrad II. hatten mit diesen zusammengearbeitet, während Heinrich III. sich von beiden abgewandt hatte. Die Differenzen B.' mit Heinrich III. mögen u. a. auf dessen Eintreten für einen unangetasteten Kirchenbesitz zurückgehen. Nach anfängl. Weigerung führte B. jedoch Damasus II. 1048 nach Rom, wo Benedikt IX. vertrieben wurde.

B. hat den Besitz des Hauses →Canossa erhebl. erweitert, bisweilen auf Kosten kirchl. Institute. Mit der späteren Hinwendung zum Reformkreis um Leo IX. gewann er die Übereinstimmung mit Kaiser und Papst wieder, die 1046/47 gefährdet war. B. nahm an der Synode zu Pavia 1049 teil und soll bei der Auffindung des Blutes Christi zu Mantua mit Heinrich III., Leo IX. und seiner Gemahlin Beatrix beteiligt gewesen sein. Bedeutende Schenkungen erhielten canossan. Kl. an wichtigen oberit. Plätzen, etwa entlang des Po (Polirone, Brescello); auch die Gründung von S. Maria di Felonica (Mantua) wird ihm zugeschrieben. Ein scharfes Licht auf die Religiosität des Mgf.en wirft die Überlieferung, daß B. jährl. mit großen Geschenken zu Abt Guido v. Pomposa gezogen sei, um die Vergebung seiner Sünden zu erwirken; er habe sich sogar geißeln lassen und soll auch eine Wallfahrt in das hl. Land gelobt haben. Sein wohl hartes und bisweilen ungerechtes Regiment (so auch spätere Herrscherurkunden) wird zu seinem gewaltsamen Tod geführt haben. D. v. d. Nahmer

Lit.: JDG Heinrich II., 1862–75 [Nachdr. 1975] – H. BRESSLAU, JDG Konrad II., 1879–84 [Nachdr. 1967] – E. STEINDORFF, JDG Heinrich III., 1874–81 [Nachdr. 1963] – A. FALCE, B. di Canossa, 1926/27 – U. GUALAZZINI, Per la storia dei rapporti tra Enrico III e B. di Canossa, ASI ser. 7, Bd. 19, 1933, 67–83 – C. VIOLANTE, Aspetti della politica it. di Enrico III prima della sua discesa in Italia (1039–1046), RSI 64, 1952, 156–176, 293–314 – DBI XII, 96–113 [M. G. BERTOLINI; ausführl. Bibliogr.] – H. H. ANTON, B. von Canossa, Mgf. v. Tuszien, und die Italienpolitik der frühen Salier, HZ 214, 1972, 529–556.

Boni homines

1. B. h. (boni viri), ein bevorzugter Begriff der frühma. Urkundensprache, treten v. a. in den westfrk. →Formularsammlungen, aber auch in zahlreichen Urkunden in Frankreich, Spanien, Italien, den Alpenländern und Deutschland bei den verschiedensten Rechtsgeschäften und Prozessen auf. Sie begegnen als Zeugen, Gerichtsbeisitzer, Schätzer und Vermittler bzw. Schiedsrichter – in letzterer Funktion sind sie selbst noch in Schiedsurkunden des 13. Jh. bezeugt. Erwähnt finden sie sich vereinzelt auch in der westgot., ostgot. und langob. Gesetzgebung sowie in einigen spätantiken Quellen. Insofern kommt ihnen für die Kontinuitätsproblematik bes. Bedeutung zu. Zeitweise sind sie geradezu als Beweis für die Fortdauer der röm. →Munizipalverfassung im Frankenreich angeführt worden.

Auf welchen Kreis von Personen sich der Begriff b. h. bezieht, ist bisher nicht einhellig geklärt. Umstritten ist nicht nur, welche soziale Schicht als b. h. bezeichnet wurde, sondern auch, ob dieser Begriff überhaupt eine soziale Zuordnung ausdrückt. In der Tat ist die Bezeichnung b. h. in stärkerem Maße funktionsbezogen zu sehen. Sie besagt, daß die betreffenden Personen alle rechtl. Voraussetzungen für ihr jeweiliges Amt erfüllen: das sind – zumindest im FrühMA – freier Stand und guter Leumund, in der Regel Grundbesitz und Ortsansässigkeit. Eine gewisse Verdichtung hat der Begriff b. h. in der kommunalen Bewegung erfahren. Der städt. Oberschicht zugehörig, vertreten die b. h., bes. häufig in Oberitalien, neben und anstelle der consules, die Gemeinde nach außen. In den it. Statutarrechten (→Statuten) – ebenso wie in den span. →Fueros – werden ihnen vielfältige Aufgaben in der freiwilligen und streitigen Gerichtsbarkeit und der städt. Verwaltung zugewiesen. In entsprechenden Funktionen sind sie auch in Frankreich – häufig unter dem Synonym probi homines (→prud'hommes) – bezeugt, bes. regelmäßig in den südfrz. villes de consulat, aber auch in den mittelfrz. Städten, hier allerdings vorwiegend in gerichtl. Funktionen. Für die nordfrz. und die dt. Städte vgl. →meliores, →iurati. Den b. h. im weiteren Sinne sind in der dt. Rechtssprache die *guten*, die *erbaren leute*, die *biederleute*, an die Seite zu stellen. K. Nehlsen-v. Stryk

Lit.: HRG I, 491 f. – C. GIARDINA, I 'boni homines' in Italia, RSDI Jg. 5, Bd. 5, 1932, 28–95, 313–394 – M. DEL CARMEN CARLÉ, 'Boni homines' y hombres buenos, CHE 39/40, 1964, 133–168 – F. ELSENER, Die boni viri (Probi homines) nach Südtiroler, Veltliner, Bündner und sonstigen schweiz. Q. vom MA bis ins 18 Jh., Jber. der Hist.-antiquar. Ges. Graubünden, 1980, 53–84 – K. NEHLSEN-V. STRYK, Die b. h. des frühen MA unter bes. Berücksichtigung der frk. Q. (Freiburger Rechtsgesch. Abh., NF 3, 1981).

2. B. h. (bons hommes), Bezeichnung für: →Grammontenser, →Minimi, →Villar de Frades, Chorherren v., →Sackbrüder, →Brüder und Schwestern des freien Geistes u. a.

Bonium →Bocados de Oro

Bonizo, Bf. von Sutri, oberit. Parteigänger Gregors VII., lit. tätig im Sinn der Kirchenreform, wichtig für die Entwicklung der Kanonistik. Seine Herkunft aus Cremona ist wahrscheinl., aber unbeweisbar. Der der →Pataria nahestehende Kleriker nahm (1072 ?) an einer Synode Alexanders II. teil und ist vielleicht mit einem Subdiakon B. zu identifizieren, der sich 1074 im Konflikt mit Bf. Dionysius v. Piacenza an Gregor VII. wandte. B. wurde vor 1078 Bf. v. Sutri. Er war als päpstl. Legat konsekratorisch und agitatorisch in der Po-Ebene tätig. Er fiel 1082 Heinrich IV. in die Hände und wurde dem Gegenpapst

→Clemens III. übergeben. Es gelang ihm jedoch, zu Mathilde v. Tuszien zu fliehen. Infolge der ihm vom Ebf. und Metropoliten v. Mailand in den Weg gelegten Hindernisse konnte er erst durch das Eingreifen Urbans II. seine neue Diöz. Piacenza betreten. Seine Strenge führte zu einem Tumult der Bürgerschaft, in dessen Verlauf er 1089 geblendet und verstümmelt wurde (nicht getötet; anders die ältere Lit.); er verbrachte die Zeit bis zum Tod an einem 15. Juli unbekannten Jahres (wohl vor 1099, da er den Tod Urbans II. nicht erwähnt) wahrscheinl. in einem Konvent bei Cremona.

B. verfaßte mindestens acht lit. Werke, von denen die Schrift gegen einen Schismatiker Ugo verloren ist. Ein Brief ist in seiner Echtheit umstritten. Das umfangreiche Buch »Paradisus« (bisher nur teilediert) ist eine Sammlung von Augustin-Exzerpten. Der »Liber ad Amicum«, eine an die Frage der Theodizee anknüpfende polem. Kirchengeschichte in neun Büchern unter bes. Berücksichtigung des zeitgenöss. Konflikts vom patarin. Standpunkt aus, darf trotz der Einseitigkeit des Urteils als eine der wichtigsten Quellen zum Investiturstreit gelten. Der »Liber de vita christiana« in zehn Teilen soll unter normativem Gesichtspunkt die Glaubensordnung erschöpfend darlegen; durch die reiche Zusammenstellung von Auctoritates wird er dabei zu einer der frühen Rechtssammlungen der Reformzeit. Weitere Schriften: Bruchstück »de investitura«, »Libellus de sacramentis«, »De arbore parentele« über kanon. Ehehindernisse durch Verwandtschaft, »Sermo de penitentia«. W. Goez

Ed.: Paradisus: Teiled. W. Berschin (s. u.) – Liber ad Amicum: MGH L. d. L. 1 – Liber de vita christiana: hg. E. Perels, 1930 – De investitura: hg. U. Weisweiler, RHE 34, 1938 – Libellus de sacramentis: hg. W. Berschin – De arbore parentele: hg. G. Miccoli, StM 7, 1966 – Sermo de penitentia: hg. W. Berschin; der Brief [umstritten]: hg. W. Holtzmann, NA 46, 1926 – Lit.: DBI XII, 246–259 – Repfont II, 559–560 – Medioevo Latino I, 72 – Fournier-Le Bras, II, 139–150 – U. Lewald, An der Schwelle der Scholastik, B. v. S. und das Kirchenrecht seiner Tage, 1938 – G. Miccoli, StM 7, 1966 – L. Gatto, Bonizone di Sutri e il suo Liber ad amicum, 1968 – W. Berschin, B. v. S., 1972.

Bonmoulins, Konferenz v., 18.–20. Nov. 1188. Obwohl Kg. →Philipp II. August v. Frankreich und Kg. →Heinrich II. v. England zu Anfang des Jahres 1188 die Teilnahme am 3. Kreuzzug (→Kreuzzug, 3.) gelobten, dauerte der Streit zw. ihnen weiter an, der seit längerem Nord- und Westfrankreich erschütterte. →Richard (Löwenherz), Gf. v. Poitou, der älteste noch lebende Sohn Heinrichs II., drängte auf raschen Antritt der Kreuzfahrt und verlangte von seinem Vater, vorher als Thronfolger und Erbe aller angevin. Besitzungen anerkannt zu werden. Als dies nicht geschah, fürchtete Richard offenbar, sein jüngerer Bruder →Johann (Ohneland) solle ihm vorgezogen werden, und trat auf die Seite Philipps II. über. Richard führte die Zusammenkunft von B. herbei, welche die Unklarheiten beseitigen und die territorialen Gegensätze bereinigen sollte. Das Treffen war dadurch belastet, daß Richard im Gefolge des frz. Kg.s erschien und Heinrich II. diesem keinen Erfolg zugestehen wollte. Der Ton der Verhandlungen verschärfte sich von Tag zu Tag. Philipp II. bot schließlich an, sich aus dem Berry zurückzuziehen und die Eroberungen Richards im Toulousain zu tolerieren, wenn der engl. Kg. der Heirat Richards mit der frz. Prinzessin Alix zustimme und den Adel der angevin. Lande veranlasse, Richard als dem Erben zu huldigen. Als Heinrich diesen Vorschlag ablehnte, huldigte Richard dem frz. Kg. für die Normandie und Aquitanien, schwor ihm Treue (unbeschadet der Treue, die er dem Vater schuldete) und bat ihn um Hilfe zur Bewahrung seiner Rechte. Der Gegensatz zw. Heinrich II. und Richard war unheilvoll vertieft und ließ sich in der Folge nicht mehr überbrücken. K. Schnith

Q.: Gervasius v. Canterbury I, 435 f. – Roger v. Hoveden II, 50 – Radulf v. Diceto II, 58 [alle in: RS] – Lit.: A. Cartellieri, Philipp II. August I, 1899, 270 ff. – The Oxford Hist. of England III, 345 – W. L. Warren, Henry II, 1973, 618 ff. – J. Gillingham, Richard the Lionheart, 1978 – E. M. Hallam, Capetian France, 1980, 338 f. [Lit.].

Bonn
I. Archäologie (Spätantike) – II. Geschichte im Mittelalter.

I. Archäologie (Spätantike): B., Stadt am linken Rheinufer (Nordrhein-Westfalen, heut. Hauptstadt der Bundesrepublik Deutschland). B. (Bonna) wird zuerst bei Tacitus hist. IV 19 ff. für 69 n. Chr. bezeugt, ist vielleicht schon als Drusus-Kastell erwähnt (Florus II 30). Eine einheim. Siedlung des Spätlatène wurde im SO des röm. Legionslagers festgestellt. Im Bereich des heut. Alten Rathauses wurden Reste einer röm. Militärbefestigung, wohl aus dem ersten Jahrzehnt v. Chr., angeschnitten; wahrscheinl. bestand dort ab claud. Zeit ein Auxiliarlager (bis 2./3. Jh.?). Nördl. davon wurde um 43 das Legionslager erbaut, besetzt wohl bis zu Beginn des 5. Jh.; Truppen und Plan des Lagers sind weitgehend bekannt. Vermutl. westl. des Legionslagers befanden sich die »canabae legionis«, zw. Legionslager und Auxiliarkastell wahrscheinl. zivile Niederlassungen. Ein durchgehender Gewerbebezirk (zumindest z. T. militär.) erstreckte sich südwärts entlang der röm. Rheintalstraße bis unterhalb des heut. Kanzleramtes. Tempelbezirke der aufanischen Matronen und des Mithras sind durch Steindenkmäler bekannt. Westl. und südl. von Legions- und Hilfstruppenlager liegen ausgedehnte Gräberfelder, v. a. im S entlang der Limesstr., auch westl. der Gewerbesiedlung. Wahrscheinl. in der 1. Hälfte des 4. Jh. erfolgte im Bereich eines Gräberfeldes der Bau der ersten frühchr. Anlage unter dem Münster (2. Periode nach Valentinian). Im Legionslager läßt sich Besiedlung des 5. Jh. feststellen (Gefäßkeramik). In der SW-Ecke des Lagers wurde im 5. Jh. (?) ein rechteckiger Saalbau, Ursprung von St. Peter (Dietkirchen), errichtet; um die Kirche ein Gräberfeld des 6./7. Jh. Als ein weiteres bedeutendes frk. Gräberfeld sei Bonn-Schwarzrheindorf (in der Nähe eines vermuteten spätröm. Burgus) erwähnt. – Zur weiteren Entwicklung, auch aus archäol. Sicht, s. Abschnitt II. L. Bakker

II. Geschichte im Mittelalter: [1] Allgemein: Die frühe und relativ dichte Besiedlung des B.er Raumes begünstigte den Fortbestand des röm. Legionslagers, des castrum Bonna der frk. Quellen, als stadtartiger Mittelpunkt (Ennen). Das castrum, dessen Mauern 848 und 870 noch erwähnt werden, ging als röm. Fiskalgut in frk. Königsbesitz über. Es besaß in merow., karol. und otton. Zeit eine Münzstätte, die 1024 an den Ebf. v. Köln überging. Unweit der 795 erstmals urkundlich in der Südwestecke des castrum gelegenen B.er Urpfarrkirche St. Peter (spätröm.), 1014/21 Thiedenkireca, Thietkiricha genannt, lag vor den Mauern des castrum ein Markt (Johannismarkt). Das castrum B. = »Bonnburg« (Steinbach) war Vorort des linksrhein. Bonn- und/oder Ahrgaues. Anfang des 11. Jh. verlagerte sich der Siedlungsschwerpunkt endgültig vom südl. Rand des Römerlagers zur villa Basilica (so: 801/814–907/908), der Siedlung bei der sub oppido castro B. gelegenen, also suburbanen Stiftskirche. Zur villa Basilica gehörten in karol. Zeit außer der ecclesia ss. Cassii et Florentii, die Stiftsgebäude, die Taufkirche St. Martin (vor 804) und die 795 in vico Bunnense lokalisierte Remigiuskirche. Dieser vicus war entweder »eine Fernhändlerniederlassung in Einstraßenform« und erstreckte sich vom Münsterplatz zum Remigius/Römerplatz (En-

NEN) oder eine, die spätröm. Zivilsiedlung entlang der Rheintalstraße fortsetzende, sich um die Remigiuskirche konzentrierende frühma. Niederlassung (BÖHNER). Die Häuser des vicus Bonnensis sind, wie es scheint, bei den Normannenüberfällen von 881/882 und 892 untergegangen. Außerhalb der um die Jahrtausendwende civitas Verona genannten, mit vier Toren und Graben befestigten, ca. 10 ha großen Stiftsburg bildete sich im 11. und 12. Jh. um den an der Gabelung der Rheintalstraße (nach Köln und Aachen) gelegenen Markt eine bürgerl. Siedlung, oppidum Bonnense (1211). Zu den burgenses des oppidum in B. (1158) zählten sowohl die B.er Kaufleute, die im Koblenzer Zolltarif (vor 1104) erwähnt werden, als die dem 1143 gen. Marktrichter unterstehenden Handwerker. Zoll, Markt und Münze gehörten seit der Mitte des 12. Jh. dem Ebf. v. Köln als dem Gerichts- und Stadtherrn. Am 18. März 1244 wurde auf Befehl Ebf. →Konrads v. Hochstaden (1238–61) die 1239 gebrandschatzte Marktsiedlung mit einer an die Stiftsburg anschließenden, in weit ausholendem Bogen bis zum Rhein führenden Mauer umgeben (Flächeninhalt: ca. 44 ha). In den Mauerring waren insbes. die nö. des Marktes liegenden Kl. und Höfe eingeschlossen, nicht jedoch die im ehem. Römerlager gelegene Klostersiedlung Dietkirchen und der ebfl. Hof Merhausen. Als Gegenleistung für die Verpflichtung zum Mauerbau bestätigte Ebf. Konrad die Freiheiten, Rechte und Gewohnheiten der Stadt B. und gewährte sie auch den Neubürgern. 1286 erhielt die Stadt durch Ebf. →Siegfrid v. Westerburg (1275–97) die Ratsverfassung. Verschiedene Zollprivilegien begünstigten v. a. den B.er Weinhandel. Ein Exportgewerbe konnte sich im spätma. B. wegen der Kölner Konkurrenz (→Köln) nicht entwickeln. Handwerkerzünfte gab es erst seit dem Ende des 15. Jh. Doch das Gewerbe war den Bedürfnissen der Bürgerschaft, der geistl. Institute und v. a. des ebfl. Hofes entsprechend differenziert, insbes. seit Konrad v. Hochstaden und seine Nachfolger, →Engelbert v. Falkenburg (1261–74) und Siegfrid v. Westerburg B. häufig als ztw. Ausweichresidenz aufsuchten (→Köln, Ebm., Stadt). Auch die große B.er Judengemeinde und die Niederlassung der →Kawertschen im 14. Jh. stehen im Zusammenhang mit B.s Entwicklung zur Residenzstadt.

[2] *Stifter und Klöster:* Die dem Ebf. v. Köln gehörige Basilika *St. Cassius und Florentius* wurde zw. 774 und 787/788 in ein Stift verwandelt. Im 9. Jh. behielten die Ebf.e zunächst die Abtswürde bei, überließen die Leitung des Stiftes aber spätestens seit 848 einem Propst. Seit der 2. Hälfte des 9. Jh. auch vermögensrechtl. vom Ebf. getrennt, entwickelte sich das Cassiusstift zu einer der reichsten Grundherrschaften des Niederrheins. Die Kanoniker befolgten bis ins 12. Jh. die Aachener Regel von 816 (→Institutiones Aquisgranenses). Die edelfreien Pröpste waren Archidiakone der Kölner Kirche und nächst dem Ebf. die Prälaten mit dem höchsten Einkommen der Kölner Diözese. Das heut. Münster geht auf den Neubau von 1060/70 und die abschließende Ausgestaltung unter Propst Gerhard v. Are (1124–69) zurück.

Die übrigen geistl. Niederlassungen in B. waren wenig bedeutend, so das vor 1015 gegründete Nonnenkl. *Dietkirchen,* seit 1483 ein adliges Damenstift, ferner das durch Ebf. Engelbert v. Falkenburg 1274 begründete *Minoritenkl.,* das Augustinerinnenkl. *Engeltal* (14. Jh.), die Konvente bei *St. Isidor* (13. Jh.) und bei der *Balderichkapelle* (erwähnt 1301) unweit des Kl. Dietkirchen und der Zisterzienserinnenkonvent *St. Gertrudis* (14.–16. Jh.). Seit dem 12. Jh. besaßen viele auswärtige Kl. Häuser und Höfe in B., z. B. Heisterbach, Himmerod und Altenberg. R. Kaiser

Q.: W. LEVISON, Die B.er Urk. des frühen MA, BJ 136/137, 1932, 217–270 – E. WISPLINGHOFF, Rhein. UB I, 1972 – *Lit.:* HOOPS² III, 224–232 [W. DAHLHEIM, C. B. RÜGER, E. ENNEN u. a.; Lit.] – REIII, 2, 701 [ältere Lit.] – G. BEHRENS, Merowingeract. Kat. Röm. Germ. Zentral-Mus. 13, 1947, 1–35 [zu Schwarzrheindorf] – K. BROSCHE, Die Gesch. des Frauenkl., späteren Kanonissenstiftes Dietkirchen bei B. von den Anfängen der Kirche bis zum Jahr 1550 [Diss. Bonn 1951] – J. NIESSEN, Gesch. der Stadt B. I, 1956 – D. HÖROLDT, Das Stift St. Cassius zu B. von den Anfängen bis zum Jahre 1580, 1957 – J. DIETZ, Topographie der Stadt B., B.er Geschichtsbll. 16, 17, 1962–63 – E. ENNEN-D. HÖROLDT, Vom Römerkastell zur Bundeshauptstadt. Kleine Gesch. der Stadt B., 1976³ – Rhein. Städteatlas I, Nr. 6, 1978², B. [K. FLINK] – H. BÖHNER, B. im frühen MA, BJ 178, 1978, 395–426 – M. GECHTER, Die Anfänge des Niedergerm. Limes, BJ 179, 1979, 89 ff.

Bonn, Vertrag v., wurde am 7. Nov. 921 von →Karl III., »rex Francorum occidentalium«, und →Heinrich I., »rex Francorum orientalium«, geschlossen. Vorausgegangen war ein Krieg beider Herrscher, da Heinrich 920 den Versuch →Giselberts, sich im Regnum Lotharii von Karl unabhängig zu machen, unterstützt hatte, was Karl mit einem (erfolglosen) Feldzug gegen Mainz und Worms im Herbst 920 beantwortete. Im Sommer 921 wurde Waffenstillstand bis zum 11. Nov. geschlossen. Vor seinem Ablauf vereinbarten Gesandte ein Zusammentreffen beider Kg.e, das, nach Leistung der nötigen Sicherheitseide durch die seit dem 4. Nov. in Bonn bzw. auf dem gegenüberliegenden Rheinufer versammelten beiderseitigen Großen, am 7. auf einem in der Mitte des Stroms verankerten Schiff stattfand. Schon die (in den Vertragstext aufgenommene) Wahl des Ortes macht so, in Anwendung eines seit dem Altertum üblichen Verfahrens zur Markierung der Grenzen zweier Reiche, die ausdrückl. Anerkennung der Zugehörigkeit →Lotharingiens zum Machtbereich Karls durch Heinrich zum Vertragsgegenstand. Dementsprechend fungieren Prälaten (Köln, Trier, Lüttich, Cambrai) und Gf. en aus Lothringen unter den Vertragszeugen auf seiten Karls III. Dieser leistet, auf Reliquien beschworen, seinem Freunde Heinrich (»amico meo Heinrico [Karolus] amicus«) einen Freundschaftseid, den er halten werde, wenn Heinrich »eisdem verbis« ihm einen solchen Eid schwöre und einhalte. Offensichtl. sollte dadurch die Unterstützung der Gegner im jeweils eigenen Reich durch den Nachbarkönig ausgeschlossen sein. Um dieses Zugeständnis zu erlangen, mußte Karl den Sachsen und Nichtkarolinger Heinrich als ebenbürtigen frk. (!) König anerkennen: »Beide Könige wichen von ihrem üblichen Titel ab« (LUGGE); »Das karol. Haus sah sich auf das Westreich beschränkt« (KIENAST). Heinrich mußte die Legitimation durch den einzigen karol. Kg. so wertvoll sein wie einst dem westfrk. Nichtkarolinger Odo diejenige des ostfrk. Karolingers Arnulf (888), doch erlangte der Sachse den Status der Ebenbürtigkeit. – Das »unanimitatis pactum« hat effektiv gewirkt, wenn auch nur kurze Zeit: Karl hielt sich Anfang 922 in der zu Lotharingien gehörenden Pfalz Duisburg und in Emmerich auf. Es kam sogar zu einer von beiden Kg. en vereinbarten gemeinsamen Synode der ost- und westfrk. Kirche in Koblenz (922), die jedoch wegen erneuter Wirren im Westreich ganz überwiegend von ostfrk. Prälaten beschickt wurde. Als die Westfranken am 30. Juni 922 →Robert zu ihrem Kg. erhoben (den sogar Papst Johannes X. anerkannte, obwohl er vorher Karl energisch gegen Aufrührer unterstützt hatte), traf sich Heinrich I. Anfang 923 mit diesem an der Rur/Roer (vielleicht in Jülich) und schloß mit ihm einen Vertrag (amicitia), der nicht, wie man gesagt hat, den Bruch des Bonner Vertrags darstellet, sondern, wie andere richtig erkannten, seine Erneuerung und Übertragung auf den neuen westfrk. Kg., schloß er doch die Anerkennung der weiteren Zugehörigkeit Lothringens zum Westreich ein. Erst der Tod Roberts (am 15. Juni 923 in der Schlacht bei →Soissons gegen den sich fast allein auf lothr. Anhang stützenden Karl III.) machte den ostfrk. Kg. von allen vertragl. Bindungen frei: Noch im gleichen Jahr führte er einen ersten Feldzug nach Lothringen, dem 925 die Anerkennung seiner Herrschaft durch die Großen des Landes folgte. Schon im 10. Jh. wurden (z. B. durch Adalbert v. Magdeburg, im »Continuator Reginonis«) die Vorgänge von 921 und 925 vermengt und der Bonner Vertrag, ganz gegen seinen Inhalt, als Anerkennung der Zugehörigkeit Lothringiens zum Ostreich durch die Karolinger hingestellt. Ein moderner Anachronismus ist es, in dem Ereignis von 921 den »ersten deutsch-französischen Vertrag« zu sehen. K. F. Werner

Q.: MGH Const. I, 1893, 1 f., nr. 1 – *Lit.*: JDGH. I., 1885³, 58 ff. – RI II, 1, 1893, 1 a, 2 c, d, 7 a, b, 10 a – Ch. Eckel, Charles le Simple, 1899, 111–122 – P. E. Hübinger, Kg. Heinrich I. und der dt. Westen, AHVN 131, 1937, 1–23 – H. Zimmermann, Der Streit um das Lütticher Bm. vom Jahre 920/921, MIÖG 65, 1957, 15–52 – M. Lugge, »Gallia« und »Francia« im MA, 1960 – H. Büttner, Heinrichs I. Südwest- und Westpolitik, 1964 – E. Hlawitschka, Lothringien und das Reich an der Schwelle der dt. Gesch., 1968, 204 ff. – RI II, 5 (H. Zimmermann, Papstregesten 911–1024, 1969), Nr. 64 – W. Kienast, Deutschland und Frankreich in der dt. Kaiserzeit (900–1270), 1, 1974², 51 f. – HEG I, 672 f. [K. Reindel]; 741 f. [K. F. Werner].

Bonne. 1. B. de Luxembourg →Johann II., Kg. v. Frankreich
  2. B. d'Artois →Philipp III., Hzg. v. Burgund
Bonnefont, ehem. Abtei OCist im →Comminges (Dép. Haute-Garonne), Tochterkloster von Morimond, 1136 gegr. Den Schwerpunkt des Besitzes bildeten acht Grangien und zwei Stadthäuser (St-Gaudens, Toulouse). Ihre wirtschaftl. Haupttätigkeit stellte die Rinder- und Schafzucht mit der Weideform der →Transhumance in den Pyrenäen dar. Seit der 2. Hälfte des 13. Jh. zwang die Krise des Ordens B., fünf seiner Grangien in →bastides umzuwandeln (Carbonne 1256, Lestelle 1256, Boussens 1269, Plaisance 1285, Beauchalot 1325). Die Abtei war die Grablege der Gf.en v. Comminges. Die Herkunft der Konventsmitglieder war vorwiegend auf die Umgebung beschränkt, aber das Kommendatarwesen wurde sehr früh (1498) eingeführt. Die Reste der Gebäude stehen heute verstreut (The cloisters, New York). Ch. Higounet

Q. und *Lit.*: GChr I, 1113–1117 – Ch. Samaran–Ch. Higounet, Recueil des actes de l'abbaye cistercienne de B. en Comminges, 1970.

Bon(n)et, Honoré → Bouvet, Honoré
Bonneval, St-Florentin de, Abtei OSB, Bm. Chartres. Anscheinend wurde die Abtei während der Regierung Karls des Kahlen gegründet. Sie erhielt zunächst Reliquien der hll. Marcellinus u. Petrus, deren Translation i. J. 827 erfolgte. Dann erhielt B. für die Kapelle St. Sabinus d. Reliquien des hl. Florentinus u. des hl. Helerius, die 875 vom Abt v. →Ainay, Ingelardus, geschickt worden waren, der B. um Mönche für sein Kl. gebeten hatte. Seit dieser Zeit war der hl. Florentinus der Patron der Abtei. Die Normannen zerstörten B., und die Mönche flohen nach Châteaudun, wo ihnen der Gf. v. Dunois, Lambert, ein Gebiet als Refugium seit 863 überlassen hatte. Die Abtei scheint von Odo I. v. Blois um 977–996 neu errichtet worden zu sein (die Urkunde Kg. Lothars von 967 ist jedoch eine Fälschung), höchstwahrsch. mit Mönchen aus der Abt. → Fleury (deren Abt. →Gauzlin griff am Anfang des 11. Jh., ebenso wie der Bf. →Fulbert v. Chartres, in einen Konflikt zw. Abt und Mönchen in B. ein). Bernier, Mönch v. B., verließ die Abtei, als er Abt v. →Déols wurde, und kehrte

1108 als Abt nach B. zurück und geriet mit →Ivo v. Chartres in einen Streit, den →Robert v. Arbrissel und →Robert v. Tiron schlichteten. Abt Arnulf (Arnoul), der mit Bernhard v. Clairvaux befreundet war, um 1156 abdankte und 1162 in Marmoutier starb, hinterließ mehrere theolog. und seelsorgerl. Schriften und beendete die Vita S. Bernardi des→ Wilhelm v. Thierry (vgl. Abbé Marquis, A. de B. . . . , Bull. Soc. dunoise I, 1864–69, 99–111). Von Abt Christian (Chrétien; 1188–98) stammen »Flores scripturarum« und 102 Predigten.

Die Ausstrahlung der Abtei, die zum Landesausbau in der Beauce beigetragen hat, war beträchtlich: Die Bf.e v. Chartres, Ivo und Gottfried, übertrugen ihr die Kirchen St-Pierre v. Châteaudun und Notre-Dame v. Gallardon, welche die Hauptpriorate wurden, zusammen mit Alluyes, Auneau, Châteauneuf-en-Thimerais, Patay, Bray-sur-Seine (959 gegründet), Lorrez-le-Bocage (1160 von Ludwig VII. geschenkt), Méréville, Chalautre-la-Petite, sowie mehr als ein Dutzend anderer Kirchen in den Diöz. Sens, Orléans und Chartres. Zahlreich sind die Päpste (seit Paschalis II., 1108) und die Kg.e v. Frankreich, der der Abtei ihren Schutz gewährten.

Ein *burgus* ist seit dem Ende des 11. Jh. in der Nähe der Abtei bezeugt, sein mercatum publicum seit 1108. Um 1220 ist er von einer Mauer umgeben, 1265 wird eine jüd. Gemeinde erwähnt. In der Mitte des 13. Jh. zählte die Siedlung vier Pfarrbezirke und war die zweite Stadt der Gft. Chartres. Ihre Tuch- und Webwaren sind v. a. auf den Märkten v. Lendit bezeugt. Der Abt übte in der Siedlung durch einen maior die Gerichtsbarkeit aus, unter der Oberherrschaft des Gf.en v. Chartres, der schließl. in B. eine seiner drei *prévôtés* (neben Chartres und Châteaudun) errichtete. Aber während des Hundertjährigen Krieges wurde die Abtei von den Engländern (1420, 1425 u. ö.) verwüstet, und die städt. Entwicklung stagnierte. Am Ende des 15. Jh. sank B. zur Kommende herab; die Abtei wurde 1568 von den Calvinisten zerstört – es blieb nur ein befestigtes Tor erhalten. R.-H. Bautier

Q.: Translatio s. Florentini, Mabillon, AASS OSB, IV, 2, 502–504 – L. Merlet, Petite chronique de l'abbaye de B., 857–1050, Mém. Soc. arch. d'Eure-et-Loir X, 1890, 14–28 – *Ungedr.* Q.: Arch. dép. d'Eure-et-Loir: H 604 (kl. Kart., 14. Jh., Urkunde v. 1109) bis H 1268 (cf. gedr. Inventar) – UB der Abtei B. [L. Sidoisne, ungedr.] – *Lit.*: DHGE IX, 1060–1069 – GChr VIII, 1234–1245 – D. Thiroux–D. Lambert, Hist. abrégée de l'abbaye de S. Florentin de B., hg. V. Bagot, 2 Bde, 1875–76 – A. Chèdeville, Chartres et ses campagnes, XIᵉ–XIIIᵉ s., 1973.

Bonneval en Rouergue, Notre-Dame de, Abtei OCist, Bm. Rodez, in der Nähe von Espalion (Gemeinde Le Cayrol) gelegen. Gegr. auf Bitten des Bf.s v. Cahors, Guillaume de Caumont (1113–42/45), der hierfür Allodialgüter, bes. Pussac (das später Grangie von B. wurde), an den Bf. v. Rodez, Pierre, tradierte. Dieser wandte sich zwecks Gründung der Abtei an die Mönche von Mazan (Tochterkl. v. →Bonnevaux), welche sich i. J. 1147 in Bonalda, woraus der Name 'Bona Vallis' entstand, niederließen; die Zeitangabe 1147 entstammt jedoch einer unsicheren Überlieferung, einer um die Mitte des 13. Jh. kompilierten Chronik; die Niederlassung erfolgte tatsächl. wohl um 1152. Es entstand rasch ein umfangreicher Temporalbesitz, der bereits 1162 von Alexander III. bestätigt wurde: Die Abtei verfügte über mehr als 300 Schenkungen aus der 2. Hälfte des 12. Jh., bes. aus dem Zeitraum zw. 1170 und 1190. Dank der Gunst der Gf.en und Bf.e v. Rodez erstreckten sich die Besitzungen der Abt. von Anduze (Cevennen) bis in das Ségalas und von den Causses zum Gévaudan. Alfons II., Kg. v. Aragón, gewährte B. i. J.

1192 Zollbefreiung. Der Abt Jean (1210–12, sel.) war einer der Kreuzzugsprediger gegen die →Albigenser. 1376 durch Söldner gebrandschatzt, sank die Abtei 1452 zur Kommende herab. 1588 von Hugenotten erneut niedergebrannt, verfiel die Abtei während der Frz. Revolution dem teilweisen Abbruch. Doch bezogen 1875 Trappistinnen die Reste der Kirche, eines Baus vom Ende des 12. Jh. (mit Chor um 1407–32). – Das »Kreuz von B.«, ein Meisterwerk ma. Goldschmiedekunst, erst in jüngster Zeit wiederentdeckt, wurde vom Musée de Cluny in Paris erworben (Identifikation und wissenschaftl. Bearbeitung durch M.-M. GAUTHIER). R.-H. Bautier

Q. und Lit.: DHGE IX, 1071–1072 – GChr I, 256–262 – J. L. E. BOUSQUET, Anciennes abbayes de l'ordre de Cîteaux dans le Rouergue, Mém. Soc. Aveyron, 1859, 43–100 – A. ANGLÈS, Les églises à berceaux transversaux dans le Rouergue, BullMon, 1910, 24–29 [Plan] – P. A. VERLAGUET – J. L. RIGAL, Cart. de l'abbaye de B. en R. (Arch. hist. du Rouergue, XIV), 1938 – F. AUVITY, Huit siècles de vie ecclésiastique, 1147–1947, 1947 – M.-M. GAUTHIER, Bull. Soc. nat. des Antiq. de France [Abh. über das Kreuz v. B., im Dr.].

Bonnevaux, Notre-Dame de, Abtei OCist, Diöz. Vienne, gehört heute zur Gemeinde Villeneuve-de-Marc (Dép. Isère), besteht seit 1117, als Guido v. Burgund, Ebf. v. Vienne, →Stephan Harding, den Abt v. Cîtaux, bat, ihm Mönche seiner Abtei zu schicken. Nachdem Guido 1119 als →Calixtus II. Papst geworden war, bestätigte er diese Gründung im Juli 1119: B. wurde das 7. Filialkloster v. Cîteaux. Bereits im folgenden Jahr gründete B. die Abtei Mazan im Vivarais, weitere Gründungen folgten im 12. Jh.: 1126 Montpeyroux in der Auvergne (Diöz. Clermont), 1134 Tamié in Savoyen (Diöz. Tarentaise), 1137 Léoncel in der Dauphiné (Diöz. Valence), 1157 Valmagne in der Nähe von St-Thibéry (Diöz. Agde), 1173 Silveréal in der Provence (Diöz. Arles), 1184 Valbenoit im Forez, 1188 Valcroissant in der Nähe von Die. Die benediktin. Kongregation v. →Chalais begann sich B. seit 1162 anzuschließen, bis 1177 Papst Alexander III. diese Union auflöste. Die ersten Äbte spielten eine wichtige Rolle, so der hl. Johannes v. B., der 1141 Bf. v. Valence wurde, der hl. Peter, Ebf. v. Tarentaise († 1174), der hl. Amadeus v. Hauterive, der Bf. v. Lausanne wurde († 1159), und schließl. der hl. →Hugo († 1194). Dieser versuchte bei Ks. Friedrich I., die Anerkennung Papst Alexanders III. zu erreichen. – Die Absetzung von Abt Adam (1272–76) hatte eine Krise zur Folge, die durch eine Reform bewältigt wurde: Von nun an wurden die Tochterklöster von B. durch den Abt v. Valmagne geleitet. Die Calvinisten brannten während der Religionskriege die Abtei (samt ihren Archiven) nieder; hiervon hat sich B. nicht mehr erholt. R.-H. Bautier

Q. und Lit.: DHGE IX, 1074–1076 – GChr XVI, 207–211 – BEAUNIER-BESSE IX, 22 – E. PILOT DE THOREY, N.-D. DE B., 1875 – U. CHEVALIER, Cart. de l-abbaye de N.-D. de B. ..., publié d'après un ms. des Arch. nat. (Doc. hist. inéd. sur le Dauphiné 7), 1889 – A. DIMIER, Cart. de l'abbaye N.-D. de B. [= UB, 1120–1263], 1942 (Acad. delph., Doc. inéd. rel. au Dauphiné).

Bonnier →bonarium

Bono, Piero (Petrus Bonnus), *1417 (in Brüssel?), †20. Sept. 1497 Ferrara. It. Lautenist flämisch(-deutscher?) Abstammung, lebte zeitweise in Ferrara, wo er auch Barbier (Arzt) des Hzg.s gewesen sein soll, stand aber auch in Beziehung zum Hzg. v. Mantua. Einige Zeit wirkte er in Neapel, wo ihn wohl Johannes Tinctoris, der ihn rühmt, kennenlernte. 1486 wurde er auf Bitten des ung. Königshofes von Ferrara nach Buda gesandt, wo er vermutl. bis zum Tode des Kg.s Matthias Corvinus (1490) diente und den Hof auf Reisen begleitete, während seine Familie in Ferrara blieb. Die Zeitgenossen zählten P. B., von dessen Kompositionen und Bearbeitungen sich nichts erhalten hat, zu den berühmtesten Musikern der Epoche und feierten ihn mit Gedichten und auch Medaillen, von denen uns vier aus den Jahren 1452, 1456, 1457 und 1564 überkommen sind. H. Leuchtmann

Lit.: EITNER – GROVE's Dict. of Music and Musicians – MGG – RIEMANN – A. BERTOLOTTI, Musica alla corte dei Gonzaga, 1890, 12 – K. WEINMANN, J. Tinctoris und sein unbekannter Traktat »De inventione et usu musicae«, 1917, 14, 45 – G. F. HILL, A Corpus of Italian Medals of the Renaissance before Cellini, 1930, Nr. 416 – J. H. MOSER, Die Symbolzugaben des Musikerbildes (Fschr. M. SEIFFERT, Musik und Bild, 1938), 35–52, bes. 37 – E. HARASZTI, P. B., luthiste de Mathias Corvin, Rev. de musicologie XXXI, 1949, 73–85.

Bononia
1. B., röm. Auxiliarkastell (I. Coh. Cretorum lt. Ziegelstempel, später Cuneus Equitum Dalmatarum Fortensium: Not. dign. or. 42, 13) und Siedlung (Hierokl. Synekd. 655, 3: Βονωπία) am Donauufer der Prov. Dacia ripensis (→Dakien), nördl. von Ratiaria gelegen (Itin. Anton. Aug. 219, Identifikation mit Ad Malum, Tab. Peut. S. VII 5 ist dennoch schwer möglich). Nach Verfall von Justinian neu aufgebaut (Prokop. Aed. 4, 6, 24), wurde es in den Avarenkriegen mehrfach erstürmt (Theophyl. Sim. hist. 1, 8; 6, 4) und ist seit 1003 Kern der bulg. Stadt→Vidin (Bdin, Budin). G. Wirth

Lit.: H. VETTERS, Dacia Ripensis, 1950 – V. BESCHEVLIEV, Die lat. Ortsnamen in Mösien und Thrakien (Fschr. G. J. KAZAROV, Bull. de l'Inst. Archéol. Bulgare, 1955), 283 – DERS., Zur Deutung der Kastellnamen in Prokops Werk »De Aedificiis«, 1970 – A. MOCZY, Ges. und Romanisation in der röm. Prov. Moesia Superior, 1970 – V. VELKOV, Cities in Thrace and Dacia in Late Antiquity, 1977 – DERS., Roman Cities in Bulgaria, 1980.

2. B. → Bologna

3. B. (Gesoriacum) → Boulogne-sur-Mer

Bononius, hl., *Mitte des 10. Jh. in Bologna, †30. Aug. 1026 in Lucedio, lebte in seiner Heimatstadt bis zum Antritt einer Pilgerfahrt nach Ägypten als Mönch. Danach führte er am Sinai ein Eremitenleben und gewann am Hof der Fāṭimiden Einfluß. Dies ermöglichte es ihm, die Freilassung einiger Christen durchzusetzen, die in der Schlacht von →Capo Colonne (982) in muslim. Gefangenschaft geraten waren; unter ihnen befand sich Petrus, Bf. v. Vercelli, der B. später nach Italien zurückholte und ihm die Abtei SS. Michele e Genuario im Wald von Lucedio übergab. Die Unruhe, die das gewaltsame Vorgehen →Arduins, des Mgf.en v. Ivrea, im Kl. hervorrief, veranlaßte B., in die Toskana zu gehen, wo er den Schutz des Mgf.en Hugo genoß und Abt von S. Michele di Marturi im Elsatal wurde. Hugos Nachfolger, Bonifaz, vertrieb ihn jedoch aus Marturi. B. kehrte nach Lucedio zurück und leitete die dortige Abtei bis zu seinem Tode. Seine Lebensgeschichte ist beispielhaft für eine intensive, sich über den ganzen Mittelmeerraum erstreckende Verknüpfung von Askese, Übernahme kirchl. Aufgaben und Ausübung polit. Macht. G. Tabacco

Lit.: G. SCHWARTZ, Die Fälschungen des Abtes Guido Grandi, NA 40, 1915 – G. TABACCO, La Vita di s. Bononio di Rotberto monaco e l'abate Guido Grandi, 1954 – W. KURZE, Die Gründung des Kl. Marturi im Elsatal, QFIAB 47, 1969.

Bonpas, Hospiz, später Kartause im Comtat Venaissin (Diöz. Cavaillon). Eine Hospitaliterkommunität errichtete 1166 an einem »Maupas«, einem – bis dahin – schlechten Übergang der großen Handels- und Pilgerstraße über die Durance, 8 km von Avignon, eine steinerne Brücke und ein Hospiz, auf dem Felsen, der den Fluß beherrscht. Seitdem heißt der Ort »Bonpas«. Der Bf. v. Avignon schenkte den Brüdern für ihre Bauhütte die Hälfte der Zoll- und Hafenabgaben, behielt sich dafür aber die grundherrl. Rechte über Brücke, Brückenpfeiler und Zugänge vor. Raimund VII., Gf. v. Toulouse, bemächtigte sich 1241 des Ortes und ließ ihn befestigen, obwohl Ks. Friedrich II. dem Bf. den Besitz bestätigte und eine eigenmächtige Befestigung untersagt hatte; doch war zu dieser Zeit die Brücke bereits verfallen und durch eine Fähre ersetzt. Das Haus wurde 1278 dem Johanniterorden angeschlossen. 1316 unternahm der benachbarte Herr v. Noves, der bereits einen Flußhafen besaß, die Wiederherstellung der Brücke; doch traten die Hospitaliter im Juni 1317 alle ihre Besitzungen im Comtat Venaissin an den Papst ab. Papst Johannes XXII. ließ Hospiz und Kapelle neu errichten; im Dez. 1320 übergab er B. aber an die Kartäuser mit der Bedingung, hier eine Kirche und ein Kl. zu erbauen, wobei er übrigens eigene Finanzmittel zuschoß und sich die Kontrolle über den Durance-Übergang reservierte. Der Papst ließ hier eine Festung errichten, die, unter dem Prior Elséar de Grimoard (1356-60), einem Onkel von Papst Urban V., ein wichtiges Fort mit bedeutender Verteidigungsfunktion für Avignon wurde. 1422 mußten sich die Kartäuser in die Kartause von →Villeneuve-lès-Avignon zurückziehen, von der sie erst 1432 wieder nach B. zurückkehrten. Erhalten blieben eine dicht am Fluß gelegene, in den Fels hineingebaute Krypta aus der frühen Zeit u. das befestigte Klostertor (14.-15.Jh.). R.-H. Bautier

Lit.: DHGE IX, 1098-1099 - R. MICHEL, Les constructions de Jean XXII à B., MEFRM XXI, 1911, 369-393 - M. DUBOIS, Chartreuse de B. (1320-1791), 1931 - G. DE MIRÉ, B., Conn. des arts, 25, 1954 - s. auch: R.-H. BAUTIER-J. SORNAY, Sources de l'hist. économ. I, 96; II, 1971, 799, 885.

Bonport, Notre-Dame de, Abtei OCist, Bm. Évreux. Sie wurde 1190 in der Nähe von Pont-de-l'Arche von Richard Löwenherz gegründet, zur Erfüllung eines bei einer gefährl. Überfahrt über die Seine geleisteten Gelübdes. Die Abtei erhielt Mönche aus Notre-Dame-du Val (in der Nähe von Pontoise). Sie wurde bald von Johann Ohneland 1201-02 unter kgl. Schutz gestellt, den - nach der französ. Rückgewinnung - auch Philipp II. August 1200 und 1204 und in der Folgezeit alle frz. Kg.e gewährten. Papst Innozenz IV. unterstellte sie 1245 direkt dem Hl. Stuhl. Die Abtei wurde während des Hundertjährigen Krieges ausgeplündert, und ihre Temporalien fielen der Verwüstung anheim. Der Kreuzgang wurde jedoch 1387 dank einer Schenkung Karls VI. wiederhergestellt. Seit 1543 Kommende, stand ihr als Abt der Dichter Philippe Desportes vor, der hier 1606 starb. Die Abtei besaß eine bedeutende Bibliothek, ihre 350 Handschriften wurden von Colbert, dem Minister Ludwigs XIV., erworben und befinden sich heute in der Bibl. nat. R.-H. Bautier

Lit.: DHGE IX, 1099-1100 - GChr XI, 667-671 - J. ANDRIEUX, Cartulaire de l'abbaye royale de N.-D. de B., 1862 [Recueil de 350 actes de 1190 à 1350] - L. DE DURANVILLE, Essai hist... sur l'abbaye de B., 1856-70 - E. DEVILLE, Revue des Bibl., 1906 ff. - L. REGNIER, L'abbaye de B., BullMon LVI, 281-287 - M. AUBERT, L'architecture cist. en France, 1943 - J. DAOUST, COD 20, 3, 1958, 250-258 - C. ETIENNE-STEINER, Abb. de B., 1979 (Centre rég. doc. pédag. Rouen).

Bonrepos, Notre-Dame, Abtei OCist in der Bretagne (Bm. Cornouaille/Quimper) in St-Gelven (Arr. Guingamp, Dép. Côtes-du Nord), 1172 von Alain de Rohan und seiner Frau Constance gegründet, die sich an die Abtei v. →Boquen (Tochterkl. v. Cîteaux) zwecks Gründung wandten. 1207 durch Papst Innozenz III. bestätigt, gehörten der Abtei Güter in Pontivy und in England (Diöz. v. Lincoln). Die Abtei war seit 1534 Kommende. Es ist nur der Chor aus dem 13. Jh. (teilweise erneuert im 17. Jh.) erhalten. R.-H. Bautier

Q. und Lit.: DHGE IX, 1100-1101 - GChr XIV, 910 - DE LA PAQUERIE, L'abbaye de B., 1897 - F. LE BOUR'HIS-KERBIZET, N.-D. de B., 1948 -

B. PÉAN, Les origines de l'abb. N.-D. de B., Bull. Soc. Emul. Côtes-du Nord, 86, 1958, 18-35 - A. DIMIER, Rec. de plans d'abbaye cist. Suppl. II (Comm. d'hist. de l'ordre de Cîteaux, VI), 1967, pl. 42.

Bonsignori, sienes. Familie, in deren Händen das größte Bankhaus des 13. Jh. lag. Die Compagnia B. wurde vermutl. 1209 von *Bonsignore* ins Leben gerufen, erst seit 1235 erscheinen die Söhne *Bonifacio* und *Orlando* in den Büchern der Apostolischen →Kammer. Unter Innozenz IV. spielten sie als »campsores domini pape« eine aktive Rolle im Finanzwesen der Kurie. Die »Gran Tavola« von Orlando B. (1255-73) erhielt von Urban IV. das Deposit aller von den päpstl. Kollektoren eingezogenen Gelder. Die Tätigkeit der Firma beschränkte sich nicht nur auf die Annahme von Depositen und die Gewährung von Krediten an Kg.e, Fs.en und kirchl. Würdenträger, sondern umfaßte auch Wechselgeschäfte bei den →Champagnemessen und in den Niederlassungen in Rom, Bologna, Pisa, Genua, Paris und London. Gegen Ende des 13. Jh. zeigte die Compagnia Krisensymptome, die 1302 zum Bankrott der Firma führten. Noch 1307 verlangte Philipp IV., Kg. v. Frankreich, die Restitution von 54 000 Livres tournoises. Clemens VI. reklamierte 1345 einen Kredit von 80 000 Florin. Die Krise des Sieneser Bankhauses ebnete der Vorherrschaft der florent. Kaufleute und Bankiers im ganzen westl. Europa den Weg. B. Dini

Lit.: M. CHIAUDANO, I Rothschild del Duegento. La Gran Tavola di Orlando B., Bull. Senese di St. Patria, NS VI, 1935, 103-143 - Y. RENOUARD, Les relations des papes d'Avignon et des compagnies commerciales et bancaires de 1316 à 1378, 1941.

Bonstetten, Albrecht v., Geograph, Kartograph, Historiograph und Humanist, *um 1443, † 16. Febr. 1509 Einsiedeln. B. wurde 1480 Abt des Kl. Einsiedeln, 1482 ksl. Hofkaplan und erhielt von ung. Kg. Matthias Corvinus eine Pension. Er verfaßte neben hagiograph. (z. B. Leben des Nikolaus v. Flüe), asket. (Horae canonicae) und hist. Schriften (u. a. »de Burgundiona clade« sowie »Gesta monasterii Einsidlensis«) die älteste geogr. Beschreibung der Schweizer Eidgenossenschaft: »Superioris Germaniae Confederationis urbium descriptio« (1479). Das Werk enthält vier einfache, kreisförmige Kartenskizzen mit dem Rigi als Mittelpunkt Europas. Sein Epistolar ist eine wertvolle kulturgeschichtl. Quelle. H. Grössing

Ed.: A. BÜCHI, Briefe und ausgewählte Schriften A. v. B.s, Q. zur Schweizer Gesch. 13, 1893, 226-267 [lat. und frühneuhochdt.] - *Lit.:* Repfont II, 560-563 - A. BÜCHI, 1893, w. o. - ADB 3, 133-135 - Schweizer Lex. I, 1945, 1501 - LHOTSKY, Quellenkunde, 422-425 - L. BAGROW-R. A. SKELTON, Meister der Kartographie, 1963, 224, 471.

Bont, Jan (Jean), brabant. Staatsmann, *um 1381, † 1454; wahrscheinl. brabant. Herkunft (gehörte möglicherweise der gleichen Familie an wie J. Bonte, Stadtschreiber zu Brüssel 1339-67). B. war 1400 Kaplan v. St. Gudula zu Brüssel. 1410 vertrat er Anton, Hzg. v. Brabant, beim *Parlement* zu Paris. 1412 studierte er an der Pariser Artistenfakultät. Seit eben diesem Zeitpunkt war er Rat Hzg. Antons (Gesandtschaften zu Koblenz und auf dem Konzil v. →Konstanz), 1415 Rat von Johann Ohnefurcht, Hzg. v. Burgund, seit dem 24. Februar 1416 Rat Johanns IV., Hzg.s v. Brabant (Gesandtschaft bei Ks. Siegmund und Papst Martin V.). Von 1419 bis zum 20. April 1420 war er Präsident der Ratkammer (*Chambre du Conseil*). Dann verließ er Brabant, wirkte an der Pariser Dekretistenfakultät und war Offizial im Bm. Cambrai (1425). 1427-29 war er Kanzler von Brabant; danach übte er dieses Amt erneut (wohl im Zeitraum 1431-45) aus. M. Martens

Lit.: A. M. BONENFANT, La sécrétairerie de Bruxelles au XIVe s., M-A 31, 1949 - P. RENOZ, La chancellerie de Brabant sous Philippe le Bon, 1955, 35-39 - A. UYTTEBROUCK, Le gouvernement du Brabant au bas MA II, 1975, 666.

Bonum commune, auch b. publicum; meist mit 'Gemeinwohl' übersetzt, besser: 'Gemeingut, allgemeines Gut'. Zentraler Begriff der scholast. Rechtsphilosophie, der Kanonistik, später der kath. Moraltheologie. B. c. umfaßt das für alle Gemeinschaftsangehörigen Notwendige oder Nützliche, das nur durch die Gemeinschaft erhalten und entwickelt werden kann. Das b. c. der Polis (Aristoteles) und der Rechtssatz des Zwölftafelgesetzes »salus populi suprema lex esto« werden von chr. Philosophen des MA reflektiert. Albertus Magnus: »Omnis politia est ad commune bonum et nulla ad privatum« (II Sent. XLIV 1, 2). Die Gerechtigkeitslehre des Thomas v. Aquin (→Gerechtigkeit) kreist um diesen Begriff, doch bleibt er trotz zahlreicher Definitionsversuche (VERPAALEN belegt 343 Stellen) unklar: So steht das b. c. einmal über den Belangen des einzelnen oder mehrerer, dann ist es das totum schlechthin, schließlich setzt Thomas b. c. gleich mit ewiger Seligkeit oder Gott. Gott ist das ganze Gut des Menschen, jedoch schließt dies den »ordo ad invicem« und dessen b. c. nicht aus. Auf beiden zusammen ruht das totum, die Gemeinschaft. Das b. c. deckt sich nicht mit der Summe der Güter der einzelnen. Im Kontext der Theologie des Thomas ist im Gegensatz zu Vorstellungen antiker Rechtsphilosophen das b. c. auf jeden Fall dem Staat vorgeordnet. So wie für Aristoteles die Polis Ziel und letzte Bestimmung des Menschen ist, gilt dies bei Thomas analog für Gott, dessen Abglanz das b. c. ist. So wird das b. c. von Thomas auch als Tugend betrachtet, welche die Regierenden leitet; ihre Gesetze haben sich auf das b. c. zu richten. Die Weiterentwicklung des b. c.-Begriffes durch Thomas hatte Konsequenzen: Nicht das Gesetz des Staates, sondern das ihm vorgeordnete b. c. wirkt normativ. Vermutl. liegt hier eine der Quellen der später ausgearbeiteten Unterscheidung zw. Gesellschaft und Staat. Gelegentl. wird in der Vorstellung des Thomas von der Überordnung des b. c. über den Staat sogar der Ursprung des Subsidiaritätsprinzips erblickt. Andererseits wurde in Anlehnung an Thomas gefolgert, der Staat allein sei im vollen Sinn Träger, Verwirklicher und Verwalter des b. c. Duns Scotus hingegen akzentuierte den Primat des individuellen Wohles gegenüber dem b. c. Die Spannung zw. b. c. und individuellem Wohl durchzieht die philosoph. Bemühungen bis zu Hume, der gegen den individualist. Egoismus des Hobbes den Wert des Gemeinwohles betonte. →Gott, Gottesbegriff, →Staat, →Soziallehre. K. Walf

Lit.: A. VERDROSS, Abendländ. Rechtsphilosophie, 1963² – A. F. UTZ, Sozialethik, 1958, Anhang II [VERPAALEN] – G. KÜCHENHOFF, Rechtsbesinnung, 1973 [Lit.].

Bonus

1. B. von Lucca (Bonus Lucensis), † 1279, auch Bene gen., wird seit 1268 als Professor der Grammatik an der Univ. Bologna erwähnt. Mit Sicherheit kann man ihm zuweisen eine Ars dictandi (»Cedrus Libani«), eine Lehre von den Grußformeln (»Salutatorium«) und eine Abhandlung über Stilfehler (»Myrrha«); vielleicht auch noch eine »Summa diffinitionum« und eine Briefsammlung. B.' Werke stehen in der Tradition der Bologneser Schule der 1. Hälfte des 13. Jh. (→Boncompagnus, →Guido Faba).
H. M. Schaller

Q.: G. VECCHI, Magistri Boni Lucensis Cedrus Libani, 1963 – *Lit.*: DBI XII, 275 – A. GAUDENZI, Sulla cronologia delle opere dei dettatori bolognesi da Boncompagno a Bene di Lucca, BISI 14, 1895, bes. 162–173 [mit Auszügen aus B.' Werken].

2. B., Petrus (Pietro Bono [Buono], Petrus Ferrariensis, Bonus Lombardus Ferrariensis), Mediziner und Alchemist des 14. Jh. Vermutl. aus Ferrara gebürtig; wohl nach Medizinstudium als Physicus in städt. Diensten tätig. Eine »Quaestio de alchimia« von 1323 bekundet Aufenthalt in Trogir (Traù, Dalmatien). Sein Hauptwerk, die »Pretiosa margarita novella«, entstand 1330 oder einige Jahre später in Pola (Istrien).

In der »Margarita«, die Alchemisten bis in das 18. Jh. zum lit. Rüstzeug zählten, definiert B. die Stellung der Alchemie als scientia/ars und supranaturales donum Dei. Er behandelt zahlreiche theoret. Aspekte der Alchemie und macht mit etlichen Argumenten für und wider ihren Anspruch und Wert bekannt. Dabei zeigt er sich davon überzeugt, daß man ›unedle‹ Metalle auf der Basis eines vom ›externen Sulphur‹ gereinigten und nur ›internen Sulphur‹ enthaltenden ›philosophischen Quecksilbers‹ in ›perfektes‹ Gold wandeln könne, das natürl. Gold qualitativ übertrifft. Empir.-operatives Wissensgut und prakt. Erfahrungen treten hinter theoret. akzentuierte Darlegungen weit zurück. Religiöse Aspekte der Metallwandlungskunst machen Analogien zw. der Hl. Trinität, dem Mysterium der Empfängnis Mariä oder Christus und dem ›Stein‹ der Weisen kenntlich. B.' irenische Position präludiert einer Religiosität »di tipo ficiniano« (CRISCIANI, 1976) und trug zum Interesse L. Lazzarellis an der »Margarita« bei. Bevorzugt zitiert werden Aristoteles, Avicenna, Hermes, Geber latinus (»Summa«), Morienus, Plato, ar-Rāzī (Rhazes) und die »Turba philosophorum«, doch verarbeitete B. zahlreiche weitere namentl. genannte Autoren, so daß die »Margarita« wertvolle Rückschlüsse auf die vor der Mitte des 14. Jh. aktuelle Alchemieliteratur ermöglicht. J. Telle

Ed.: *Ältere Ausg.*: Pretiosa margarita novella de thesauro, ac pretiosissimo philosophorum lapide, ed. J. Lacinius, Venedig 1546 (auch: Venedig 1557) – Praeciosa ac nobilissima artis chymiae collectanea de (. . .) philosophorum lapide, Nürnberg 1554 (»Margarita«-Auszug ohne B.-Texte) – Introductio. In divinam chemiae artem integra, hg. M. Toxites, Basel 1572 (auch: Montbéliard 1602, Straßburg 1608) – Theatrum chemicum V, 1660, 507–713 (1622¹) – Bibliotheca chemica curiosa, hg. J. J. MANGET, II, Genf 1702, 1–80 – Pretiosa Margarita, Oder Neu=erfundene Köstliche Perle/ Von dem (. . .) Stein der Weisen. Aus dem Lat. ins Dt. übers. W. G. STOLL, Leipzig 1714 (auch: Leipzig 1723 als »Medicina Metallorum«) – *Neuere Ausg.*: The new pearl of great price. A treatise concerning the treasure and most precious stone of the philosophers. Aus dem Lat. ins Engl. übers. A. E. WAITE, 1894 [Repr. 1963; 1974; textl. gekürzt] – Pretiosa Margarita Novella. Edizione del volgarizzamento, hg. C. CRISCIANI (Pubblicazioni del ›Centro di studi del pensiero filosofico del Cinquecento e del Seicento in relazione ai problemi della scienza‹ del C. N. R. Ser. III, Nr. 1), 1976 (Abdr. einer frühnz. it. Übers.) – *Lit.*: DBI XII, 287–289 – DSB X, 554–556 – FERGUSON I, 115f. – J. M. STILLMAN, P. B. and supposed chemical forgeries, The scientific monthly 16, 1923, 318–325 – THORNDIKE III, 147–162 – J. RUSKA, L'alchimie à l'époque du Dante, Annales Guébhard-Séverine 10, 1934, 410–417 – SARTON III/1, 750–752 – C. CRISCIANI, The conception of alchemy as expressed in the »Pretiosa margarita novella« of P. B. of Ferrara, Ambix 20, 1973, 165–181.

Bonvesin da la Riva (Bonvicinus de Ripa), Dichter und Schriftsteller in Latein und Volgare, *wahrscheinl. vor 1250 in Mailand, seine biograph. Daten sind aus seinen Werken und etwa zehn Urkunden aus den Jahren 1290–1315 zu entnehmen. Er wurde sehr früh Tertiarier der →Humiliaten und setzte sich sehr für die Unterstützung der Spitäler und frommen Stiftungen ein. Zuerst lehrte er in Legnano (vor 1288?), dann ging er nach Mailand, wo er den Rest seines Lebens verbrachte und mindestens bis 1304 weiterlehrte. Er starb wahrscheinl. kurz nach der Ausfertigung seines Testaments am 5. Jan. 1313, sicherl. aber vor dem 13. März 1315.

Werke: Er verfaßte auf lateinisch »Carmina (oder Controversia) de mensibus« in Hexametern, die für die Zeitgeschichte bemerkenswerte »Vita scholastica« in eleg. Distichen – die in einem Teil der Überlieferung angefügten acht exempla in Prosa sind wohl späterer Zusatz –, ein bis zur Renaissance sehr verbreitetes Werk, und die panegyrische, aber sehr interessante und angenehm zu lesende Prosaschrift »De magnalibus urbis Mediolani«.

Zahlreicher sind seine Werke in Volgare, die v. a. für Rezitation und Gesang bestimmt waren. Sie gliedern sich nach CONTINI in drei große Kategorien: Streitgedichte (»Disputatio mensium«, das im wesentl. auf sein analoges lat. Gedicht zurückgeht; »De Sathana cum Virgine«; »De peccatore cum Virgine«; »De anima cum corpore«; »Disputatio rose cum viola«, »Disputatio musce cum formica«); Abhandlungen und erzählende Schriften (»Libro delle tre scritture«, »De falsis excusationibus«, »De vanitatibus«, »De quindecim miraculis«, »De die iudicii«, »Laudes de Virgine Maria«, »Rationes quare Virgo tenetur diligere peccatores«, »Vulgare de elmosinis«, »Vulgare de passione sancti Iob«, »Vita beati Alexii«); didaktische Schriften (»De quinquaginta curialitatibus ad mensam, Expositiones Catonis«).

Sein Erzähltalent, in dem sich Religiosität und Realismus auf das glücklichste verknüpfen, erhebt ihn trotz seiner Bindung an das etwas starre Regelsystem seiner Zeit und seiner Welt weit über seine Zeitgenossen und läßt ihn als die interessanteste Persönlichkeit im nordit. Geistesleben der zweiten Hälfte des 13. Jh. erscheinen. G. Busetto

Bibliogr.: DBI XII, 465-469 – Repfont II, 562-563 – E. PASQUINI, La letteratura didattica e allegorica (Il Duecento. Dalle origini a Dante, La letteratura italiana. Storia e testi I, II, 1970), 32-54, 109 – Ed. und Lit.: B. d. l. R., De magnalibus Mediolani. Le meraviglie di Milano, übers. G. PONTIGGIA, a c. M. CORTI, 1974 – G. ORLANDI, Note sul »De magnalibus Mediolani«. A proposito di un'edizione recente, StM, 1976, 2 – A. STÄUBLE, Due panegirici di città tra medioevo e rinascimento, Bibl. d'Humanisme et Renaissance, 1976, 1 – A. STELLA, Un »filo« lombardo. Da Bonvesin al Porta, al Manzoni (La poesia di Carlo Porta e la tradizione milanese, 1976) – G. ORLANDI, Letteratura e politica nei »Carmina de mensibus (De controversia mensium)« di B. d. l. R. (Felix olim Lombardia. Studi di storia padana dedicati dagli allievi a G. MARTINI, 1978) – C. PASTORINI, Sulla collocazione socioletteraria dei protagonisti della »Disputatio mensium« di B. d. l. R. (Studi filologici e letterari dell'Ist. di filologia romanza e ispanica, Univ. di Genova, 1978) – Vita Scholastica, ed. E. FRANCESCHINI, 1943; ed. A. VIDMANOVÁ-SCHMIDTOVÁ (Quinque claves sapientiae, 1969) [krit. Ausg.].

Book of the Angel (Liber Angeli) in fol. 20v–22r des →Book of Armagh; verfaßt im Auftrag der Kirche von →Armagh. Der Text ist ein propagandist. Dokument, das auf einer angeblich göttl. Verordnung basiert, durch welche die Privilegien und Besitzungen von Armagh und sein Primatsanspruch festgelegt sind. Das Dokument kann in zwei Teile untergliedert werden: Der erste ist ein erzählender Text, der ein Gespräch zw. dem hl. →Patrick und einem Engel wiedergibt; der zweite Teil besteht aus einer Reihe von Vorschriften, welche die Rechte von Armagh definieren. Zwei Glossen sind angefügt: eine liturg. und eine andere, welche die Unabhängigkeit der Kirche von →Kildare in Leinster anerkennt. Obwohl einige der Vorschriften einen Lösungsversuch für die Schwierigkeiten des 7. Jh. (Durchsetzung des Primats von Armagh) darstellen könnten, ist die tatsächl. Abfassung kaum früher als um 700 anzusetzen. Der Text spiegelt die Spannung zw. den monast. und episkopalen Elementen innerhalb des Kl. Armagh während des 8. und 9. Jh. wider. Ch. Doherty

Ed. und Lit.: Book of Armagh: The Patrician Documents, ed. E. GWYNN, 1937 – The Book of Armagh, ed. J. GWYNN, 1913, LXXV-LXXVIII, 40-43 – D. A. BINCHY, Patrick and his Biographers, Studia Hibernica 2, 1962, 60-64 – K. HUGHES, The Church in Early Irish Society, 1966 [Anh.], 275-281.

Book of Armagh (Liber Ardmachanus, ir. Handschrift von herausragender Bedeutung (jetzt in Dublin, Trinity College, ms. 52), in ir. Minuskel ca. 807 in Armagh geschrieben, galt bis in die Mitte des vorigen Jh. als Autograph des hl. →Patrick. In teilweise getilgten, aber noch lesbaren Subskriptionen sind als Schreiber Ferdomnach und als dessen Auftraggeber Torbach, der i. J. 807 Abt v. Armagh war, genannt – Namen, die die Datierung ermöglichten. Der Inhalt der Hs. umfaßt folgendes: 1. Schriften über den hl. Patrick, die z. T. nur in diesem Codex überliefert sind; 2. das NT, das als einziger vollständig erhaltener Textzeuge ir. Herkunft bedeutsame Varianten bes. der Paulusbriefe bietet; 3. die Vita des hl. Martin v. Tours von → Sulpicius Severus. E. Heyse

Die noch in der Tradition des 8. Jh. stehende künstler. Ausstattung der Hs. besteht aus zahlreichen Initialen in farbiger Federzeichnung, die teilweise noch mit Spiralmotiven verziert sind, sowie drei ganzseitigen figürl. Zeichnungen, darunter die 4 Evangelistensymbole f. 32^v, welche teilweise mit solchen im Book of Dimma (Dublin, Trinity College Ms. 59) aus der Mitte des 8. Jh. vergleichbar sind. J. Plotzek

Ed. und Lit.: J. GWYNN, Liber Ardmachanus, The B. of A., ed. with introduction and appendices, 1913 – CLA II nr. 270 – J. F. KENNEY, The sources for the early hist. of Ireland, 1929 – BRUNHÖLZL I, 533 – AnalBoll 62, 1944, 33-41 – H. J. FREDE, Pelagius, der ir. Paulustext, Sedulius Scottus, 1961 – F. HENRY, Irish Art, A. D. 800-1020, II, 1967, 100ff. und Taf. 18, 29, 30, 33 – Kat. Treasures of early Irish art 1500 b.c. to 1500 a. d., 1977, Nr. 43 – L. BIELER, The Patrician Texts in the B. o. A., 1979.

Book of Ballymote, ir. Hs., umfaßt 251 Bl., benannt nach dem Ort Ballymote (Co. Sligo), wo es um 1400 kompiliert wurde. Es wurde 1887 in photograph. Reproduktion und mit einer Einleitung von R. ATKINSON publiziert. Wie das →Book of Lecan ist auch das B. of B. eine Sammlung weltl. ma. Überlieferung; es enthält Sagen und Legenden, Geschichtsschreibung, genealog. und topograph. Darstellungen. Von herausragender Bedeutung sind die Abschnitte, die dem Handwerk des Dichters gewidmet sind (zum großen Teil publiziert von THURNEYSEN in: Mittelir. Verslehren = Ir. Texte III, 1, 1891). Das genealog. Material wurde von O'BRIEN in seinem »Corpus Genealogiarum Hiberniae« (1962) ausgewertet, die Rechtstexte sind vollständig von BINCHY, Corpus Iuris Hibernici, 1590-1618 (1978) veröffentlicht worden. – Die Hs. blieb bis 1522 im Besitz der Familie MacDonnchadha; nach wechselvollen Schicksalen wurde der Codex 1785 der Royal Irish Academy übergeben.

D. Greene

Book of Chad (auch: Lichfield Gospels 'Lichfield-Evangeliar') enthält die Evangelien des Matthäus und Markus sowie den Anfang des Lukas-Evangeliums mit Vetus-Latina-Text (→Bibelübersetzungen), die stellenweise nach dem Vulgata-Text korrigiert sind. In insularer Majuskel der 1. Hälfte des 8. Jh. geschrieben, enthält der Cod. vier ganzseitige Illustrationen sowie vier Seiten mit großen illustrierten Initialen. Der Text besitzt starke Parallelen zu den →Hereford-Evangeliaren und weiterhin zu den air. Evangeliaren, doch zeigt sich der Hauptschreiber und das Hauptornament von den Werken des Skriptoriums in →Lindisfarne (Nordhumbrien) beeinflußt. Die Herkunft der Hs. ist unbekannt, doch, nach einem Wechsel der Besitzer, befand sich die Hs. für einen Teil des 9. (und 10.?) Jh. in Llandeilo Fawr (südl. Wales); um 1020/26 gelangte sie nach →Lichfield, wo sie noch heute im Domschatz aufbewahrt wird. Der Cod. enthält walis. Randglossen und Urkunden aus dem 9. und frühen 10. Jh., welche von außergewöhnl. Bedeutung für die Erforschung der walis. Sprache und Verfassung sind, ferner engl. Namen und fragmentar. Bemerkungen, die im frühen 11. Jh. hinzugefügt wurden. W. Davies

Lit.: J. F. K. KENNEY, The Sources for the early hist. of Ireland, 1929, 639 – M. RICHARDS, Nat. Library of Wales Journal 18, 1973–74, 135-145.

Book of Deer (Hs. Nr. I, i, 6.32 der Univ.-Bibl. Cambridge), kleines Evangeliar ir. Herkunft in 8°; von ihm sind 43 Bll. erhalten. Der Codex hat seinen Namen von Hinweisen im Text auf den Ort Deer (heut. Dorf Old Deer, im NO der Gft. Aberdeenshire, Schottland), den Sitz einer Klostergründung →Columbas, die wohl erstmals in den »Annals of Ulster« 623 erwähnt wird. Das B. of D. umfaßt das gesamte Johannesevangelium und Fragmente des Matthäus-, Markus- und Lukasevangeliums in der ir. Fassung der Vulgata, mit primitiven Illustrationen von einer offenbar dem 9. Jh. entstammenden Hand. Ein Teil eines liturg. Textes für geistl. Krankenbesuch sowie das apostol. Glaubensbekenntnis finden sich als spätere Hinzufügungen am Schluß des Codex. Von bes. Interesse sind gäl. Glossen und eine Urkunde Davids I., die von fünf Händen zw. dem späten 11. und späten 12. Jh. interpoliert wurden. Ch. Doherty

Lit.: K. JACKSON, The Gaelic Notes in the Book of Deer, 1972.

Book of the Dun Cow (Leabhar na hUidhre, Royal Irish Academy ms. 23 E 25), so benannt nach der Haut der Kuh des hl. Ciarán, die in Clonmacnoise aufbewahrt wurde und aus der nach der Überlieferung das Buch hergestellt sein soll. Es ist der früheste erhaltene air. lit. Text, welcher viele der berühmtesten Sagen überliefert. Nur 67 Blätter aus rauhem Pergament (im Format 11×8 engl. Zoll) sind erhalten. Drei Schreiber lassen sich nach ihren Händen unterscheiden: A., M. und H. Von diesen ist Mael Muire mac Céilechair († 1106) namentl. bekannt. Die Redaktion des Textes ist in das 11. Jh. zu datieren, und eine Neufassung wird, nicht unumstritten, in den ersten Teil des 12. Jh. datiert. Ch. Doherty

Ed. und Lit.: Lebor na hUidre, ed. R. I. BEST-O. J. BERGIN, 1929–H. P. A. OSKAMP, Notes on the hist. of Lebor na hUidre, PRIA 65 c, 1967, 117-137 – DERS., Mael Muire: Compiler or Reviser?, Éigse XVI, 1976, 177-182.

Book of Durham. 1. B. of D., Bezeichnung für das →Book of Lindisfarne.

2. B. of D., Evangeliarfragment Durham II., →Durham-Evangeliar.

Book of Durrow, Hs., benannt nach dem Kl. Durrow (Co. Offaly, Irland), mit dem der Codex lange verbunden war (heute in Dublin, Trinity College). Das B. of D. ist das älteste der überkommenen großen illustrierten Evangeliare aus Irland. Noch fast vollständig erhalten, umfaßt der Codex 248 Bl. Er ist in klarer ir. Majuskel geschrieben. Das B. hat Vulgata-Text, doch finden sich auch einige der Vetus Latina entstammende Lesarten (→Bibelübersetzungen, Abschnitt I). Am Anfang des B. of D. stehen drei Schmuckseiten; die erste und dritte sind Teppichseiten, die zweite zeigt die Evangelistensymbole, die in einem Mittelfeld um das Kreuz angeordnet sind. Auf das »Novum Opus«, einen Brief des Hl. Hieronymus, folgen: ein Glossar mit hebr. Namen für das Matthäusevangelium, Kanontafeln des Eusebius, Kapitelüberschriften und Zusammenfassungen der Evangelien; nach jedem von diesen steht ein argumentum; darauf folgen die Evangelientexte mit einem Kolophon am Ende; am Schluß des Buches ist eine wichtige Urkunde aus dem späten 11. Jh. über eine Landveräußerung inseriert. Der Stil des Buchschmucks ist schlicht und maßvoll. Die dominierenden Farben Hellrot, Gelb, Grün und Braunschwarz werden mit größter Wirkung angewandt. Der Codex ist mit hervorragendem Buchschmuck in regelmäßiger Abfolge ausgestattet. Er stellt eine Synthese oriental., ags. und pikt. Elemente dar. Entstehungszeit und -ort des B. sind umstritten, doch kann die Annahme einer Entstehung in Durrow um die Mitte des 7. Jh. die größte Wahrscheinlichkeit beanspruchen. Ch. Doherty

Ed. und Lit.: Evangeliorum Quattuor Codex Durmachensis, 2 Bde, ed. A. A. LUCE, u. a., 1960–The B. of D. (Great Books of Ireland, hg. L. DE PAOR, 1967), 1–13 – F. HENRY, Irish Art, Bd. I, 1965, 166-175 – C. NORDENFALK, Celtic and Anglo-Saxon Painting, 1977 (dt.: Insulare Buchmalerei, 1977, 35–48).

Book of Kells, künstler. ausgestattete Evangelienhandschrift auf Pergament (Dublin, Trinity College Library, cod. 58), von den Iren als ihr kostbarstes Nationaleigentum verehrt und schon im MA Gegenstand höchster Bewunderung (→Giraldus Cambrensis, Topographia Hiberniae, 11, 38). Die Herkunft des B. läßt sich evtl. mit der Übersiedlung der Mönche von Iona, dem vom hl. →Columba (Columcille) auf einer Insel an der Westküste Schottlands gegründeten Kl., nach Kells infolge der Wikingerangriffe erklären. Darauf weist viell. die Hervorhebung des Propheten Iona in den genealog. Tabellen von Lk 3,30 hin (*Iona* hebr. = lat. *Columba*). Das Buch ist in einer großzügigen ir. Halbunziale von mehr als einem Schreiber in enger Zusammenarbeit mit den Buchmalern geschrieben; vielleicht waren Schreiber und Maler z. T. die gleichen Personen. Wie der meisten vorkarol. Prachthandschriften zeichnet sich das B. of K. durch verschwenderisch reiche Ornamentierung aus. Neben den geläufigen Spiral-, Flecht- und Tiermustern kommen auch pflanzl. Motive vor. Bes. großartig sind die ganzseitigen Zierbuchstaben. Außerdem weist das B. of K. eine ungewöhnl. große Anzahl von Bilddarstellungen auf; neben Evangelistenbildern (nur Mt und Joh erhalten) und kreuzförmig angelegten Zierseiten mit Evangelistensymbolen kommen eine Madonna mit Kind in Begleitung von Engeln, ein Christusbild, die Gefangennahme Jesu am Ölberg und seine Versuchung durch den Teufel auf der Zinne des Tempels vor. Die bibl. Darstellungen gehen auf frühchristl. Vorlagen, die Madonna auf eine frühbyz. Ikone zurück. Außerdem hat eine Prachthandschrift der Hofschule Karls d. Gr. bes. für die Kanontafeln als Modell gedient. Demnach wird das B. of K. frühestens Anfang des 9. Jh. entstanden sein, vielleicht sogar erst in Kells. Zu den Rätseln des B. of K. gehören die auffallend realist. kleinen Tierszenen, die in das Ornamentwerk der großen Inkarnationsinitiale gleichsam eingeschmuggelt sind; inwiefern sie symbol. zu deuten sind, ist umstritten; jedenfalls nehmen sie die got. Drolerien voraus. C. Nordenfalk

Ed. und Lit.: CLA II², 1972, no. 274 – Evangeliorum quattuor Codex Cennanensis, 1951 – F. HENRY, Irish Art during the Viking Invasions, 1967 – The Book of Kells with a study of the Manuscript, ed. F. HENRY, 1974 – C. NORDENFALK, Celtic and Anglo-Saxon Painting, 1977 (dt.: Insulare Buchmalerei, 1977, 108–125).

Book of Lecan, ir. Hs., benannt nach dem Ort Leacán Mic Fhir Bhisigh (Co. Sligo), der seinen Namen nach der gelehrten Familie trägt, deren Mitglied Giolla Íosa Mór Mac Fir Bhisigh die Kompilation der Hs. überwachte (der Name der Familie wurde angliesert zu Forbes, daher heißt Leacán heute Castleforbes). Das B. of L. wurde um 1420 kompiliert. Der ursprgl. Umfang ist nicht bekannt; heute befinden sich 303 Bll. in der Royal Irish Academy und 9 im Trinity College von Dublin. Sämtl. Blätter wurden 1937 in photograph. Reproduktion und mit einer Einführung von MULCHRONE publiziert. Der Inhalt des Buches ist dem des →Book of Ballymote vergleichbar, und die genealog. Tradition ist in beiden Hss. im wesentl. die gleiche. Beide Bücher enthalten das sog. »Book of Rights«

(ed. M. DILLON, Irish Texts Society, 1962), das ein stark vereinfachtes Bild der polit. Strukturen Irlands im 11. Jh. bietet. D. Greene

Book of Lecan, Yellow, ir. Hs. Das »Yellow Book of Lecan«, das sich heute in der Bibliothek des Trinity College in Dublin befindet und das nur in äußerst unzureichender photograph. Reproduktion (1896 von R. ATKINSON) publiziert vorliegt, stellt eine mehrteilige Hs. dar, deren zwei bedeutendste Teile (Paginierung in der Ed.: 1–16, 17–216) aus der Schule der Mac Fir Bhisigh in Leacán stammen (→Book of Lecan). Die Bezeichnung »Buidhe Leacáin« ('Gelbes (Buch) von Lecan') wurde dem ersten Teil von Ciothruadh Mac Fir Bhisigh im 16. Jh. verliehen, doch wurde die Hs. lange vorher geschrieben. Der zweite Teil wurde 1391 von Giolla Íosa Mór Mac Fir Bhisigh geschrieben, der über zwanzig Jahre später die Abschrift des Book of Lecan überwachte. Das bedeutendste Einzelwerk des Sammelcodex ist der akephale Text der Fassung I von Táin Bó Cúailnge, mit dem der zweite Teil beginnt; diese Hs. ergänzt somit den im »Lebor na Huidre« überlieferten Text der Fassung I. D. Greene

Book of Leinster, ma. ir. Sammelhandschrift, kompiliert in der Zeit von 1151 bis 1201, teils im Kl. →Kildare (unter der Aufsicht von Find Ua Gormáin, Bf. v. Kildare), teils im Kl. Terryglass im Co. Tipperary (dort unter Abt Áed Mac Crimthainn, der aus Leinster stammte). Das B. of L. ist ein äußerst umfangreicher Codex, der als umfassende Sammlung ir. Texte in einem einzigen Band konzipiert wurde; wegen der großen Vielfalt des in ihm vereinigten Materials besitzt das Buch großen hist. Quellenwert: So enthält es u. a. Genealogien, Königslisten sowie alt- und mittelir. Dichtungen und Sagen. Die Texte gehen bis ins 7. und 8. Jh. zurück und beziehen sich nicht ausschließl. auf die Prov. Leinster. – Der Name »B. of L.« entstammt dem 19. Jh., die ältere Bezeichnung ist »Book of Núachongbáil« nach dem Aufbewahrungsort des Codex im SpätMA, der Kirche von Oughavall (Co. Laois). M. Th. Flanagan

Q. und Lit.: The Book of Leinster, ed. R. ATKINSON, 1880 [Faks.] – The Book of Leinster, formerly Lebar na Núachongbála, ed. R. I. BEST, O. BERGIN, M. A. O'BRIEN, bisher 5 Bde, 1954–67 [wiss. Ed., wird fortgesetzt] – W. O'SULLIVAN, Notes on the scripts and makeup of the Book of Leinster, Celtica VII, 1966, 1–31.

Book of Lindisfarne (Gospels of Lindisfarne, Cuthbert-Evangeliar, Book of Durham). Der Evangeliorum Quattuor Codex Lindisfarnensis (British Library Hs. Cotton Nero D. IV) ist in bezug auf Paläologie, Kunst, Kirchen- und Sprachgeschichte eine der bedeutendsten ma. Hs. Er enthält einen sehr guten Vulgata-Text, der vermutl. gegen Ende des 7. Jh., also zu Lebzeiten →Bedas, im Kl. →Lindisfarne an der Nordostküste Englands von Eadfrith (Bf. 698–721) nach einer Vorlage aus Italien kopiert und im »Hiberno-Saxon«-Stil hervorragend illuminiert wurde. Ch. Scott-Stokes

Das Evangeliar, das 258 Foliobll. umfaßt, beginnt mit drei allgemeinen Vorreden, denen Kanontafeln und die vier Evangelien folgen. Jedem Evangelium gehen Vorreden und ein Verzeichnis der Feste voraus, an denen eine Lesung dieses Evangeliums stattfindet. Die Buchmalerei ist überaus kunstvoll ausgeführt. Der Buchschmuck ist vergleichbar mit dem des →Book of Durrow, aber der Illuminationsstil ist höher entwickelt und reicher. 45 verschiedene Farben oder Farbschattierungen werden verwendet, 40 Motive reichlich angewandt. Tierornamente erscheinen im Text, und Vogeldarstellungen sind eingestreut. – Ein (verlorener) prunkvoller Einband stammt von Bf. Æthelwald (721–740). Ch. Doherty

Ende des 9. Jh. wurden die Mönche durch die Wikinger endgültig von der Insel Lindisfarne vertrieben; erst hundert Jahre später konnten sie sich auf Dauer in →Durham niederlassen. In der Zwischenzeit (genauer: in der 2. Hälfte des 10. Jh.) wurde in Chester-le-Street dem lat. Text durch den Priester Aldred eine ae. Interlinearübersetzung im nordhumbr. Dialekt hinzugefügt (→Altengl. Sprache) und stellenweise durch kurze Erläuterungen ergänzt. Ch. Scott-Stokes

Bibliogr.: NCBEL I, 72 – *Ed.:* W. W. SKEAT, The Gospel according to Saint Matthew etc. in Anglo-Saxon, Northumbrian and Old Mercian Versions, 1871–87 [Nachdr., 2 Bde., 1970] – Evangeliorum Quattuor Codex Lindisfarnensis, 2 Bde, ed. T. D. KENDRICK, u. a., 1956–60 [Faks.-Ausg., ausführl. Komm.] – *Lit.:* N. R. KER, Catalogue of Manuscripts Containing Anglo-Saxon, 1957, Nr. 105 – R. L. S. BRUCE-MITFORD, The Lindisfarne Gospels (Great Books of Ireland, hg. L. DE PAOR, 1967) – C. NORDENFALK, Celtic and Anglo-Saxon Painting, 1977 [dt.: Insulare Buchmalerei, 1977, 60–76].

Book of Lismore (Book of Mac Carthy Reagh) wurde in der 2. Hälfte des 15. Jh. von Angus O'Callanan, einem Bettelmönch, gen. Ó Bruadhacháin, und mindestens einem weiteren Schreiber für Finghín Mac Carthaigh riabhach († 1505) und seine Frau Catherine, Tochter von Thomas, dem 8. Earl von Desmond, geschrieben. Die Pergamenthandschrift von 197 Blättern ist stark beschädigt und wird in Lismore Castle (Co. Waterford) aufbewahrt, wo sie in einer Mauer i. J. 1814 von Arbeitern gefunden wurde. Das Buch wurde aus dem Book of Monasterboice und anderen jetzt verlorenen Hss. kompiliert. Es enthält Heiligenviten in ir. Sprache, einige in homilet. Form, die vielleicht vor dem 12. Jh. entstanden sind, sowie religiöse Anekdoten und Legenden. Einige von ihnen scheinen jüngeren Datums und auf dem Kontinent beheimatet zu sein; sie spiegeln die Frömmigkeit der Auftraggeber des Codex wider. Das B. enthält auch eine größere Anzahl weltl. Texte. Ch. Doherty

Ed. und Lit.: Lives of the Saints from the B. of L., ed. W. STOKES, 1890 – J. F. KENNEY, Sources for the Early Hist. of Ireland, I: Ecclesiastical, 1929, 308 f.

Book of Mulling (Hs. in Dublin, Trinity College ms. 60 s.), kleinformatiges Evangeliar aus dem späten 8. Jh. oder frühen 9. Jh. in spitziger ir. Minuskel. Die Hs. umfaßt im gegenwärtigen Zustand 99 fol. in einem falsch gebundenen Band, der auch Hss., die nicht zum originalen Bestand gehören, enthält. Der Originaltext des B. of M. wurde offensichtl. von mindestens vier Händen geschrieben. Die späteren Zusätze enthalten Korrekturen, eine Krankenliturgie, liturg. Glossen und den Idealplan eines Klosters. Weiter finden sich der Brief des Hieronymus an →Damasus, Auslegungen der Evangelien, Kanones des Eusebius und drei Einzelblätter, die jeweils eine Miniatur eines Evangelisten tragen und wohl zum originalen Bestand gerechnet werden müssen. Die Evangelientexte des B. of M. geben im wesentl. den Vetus-Latina-Text wieder, enthalten aber Modifikationen aus dem Vulgata-Text (→Bibelübersetzungen, Abschnitt I). Ein Kolophon stammt vom Schreiber des Johannesevangeliums. Ch. Doherty

Ed. und Lit.: Chapters on the B. of M., ed. H.J. LAWLOR, 1897 – J.F. KENNEY, Sources for the Early Hist. of Ireland, I: Ecclesiastical, 1929, 632 f. – F. HENRY, Irish Art, 3 Bde, 1965–70.

Book of Rights →Leabhar na gCeart

Book of Uí Maine (Hs. in der Royal Irish Academy ms. Stowe D. ii. 1), ir. Sammelhandschrift, benannt nach dem ir. Territorium Uí Maine (dem »Land der O'Kellys«), das sich ungefähr mit dem östl. Teil des heut. County Galway, dem gesamten südl. Roscommon und kleinen Teilen der benachbarten Counties deckt. Der Codex wurde zw. 1360 und 1427 niedergeschrieben. Er umfaßt traditionelles Erzählgut verschiedener Zeitstufen, Genealogien, sprachl. Abhandlungen, volkstüml. Brauchtum bestimmter Orte, Sagen und religiöse Texte. Das B. ist ein charakterist. Werk aus dem Bereich der erbl. Gelehrtenfamilien Irlands, denen wir die Erhaltung der meisten Texte aus der frühen ir. Geschichte verdanken. – Der ältere Teil des B. wird Seán mór Ó Dubhagáin († 1372) zugeschrieben, dem »Obergeschichtsschreiber von Irland« und ollam (Gelehrten) v. Uí Maine. Weiterhin war Fealán Mac an Gobhann († 1423) als Schreiber am Entstehen des Codex beteiligt. Auftraggeber des B. war Muircheartach Ó Ceallaigh, Ebf. v. Tuam. Ch. Doherty

Ed. und Lit.: J. F. KENNEY, Sources for the Early Hist. of Ireland, I: Ecclesiastical, 1929, 24 – R. A. BREATNACH, Book of Uí Mhaine (Great Books of Ireland, hg. L. DE PAOR, 1967).

Boot (wie alle verwandten Bezeichnungen Ableitung aus me. *bōt*/ae. *bāt*; Oberbegriff für kleine Wasserfahrzeuge erst seit dem 18. Jh.). Ursprgl. Typbezeichnung für bis zu 10 m lange ma. Ruderfahrzeuge anglo-skand. Bauart (d. h. geklinkert, auf Kiel gebaut, mit bogenförmigen Steven vorn und achtern, oft besegelt; →Schiffbau, Schiffstypen), bei denen ein Mann Backbord- und Steuerbordriemen gleichzeitig führte. B.e dienten v. a. als Beib., Fischerb., Fährb. und Last- bzw. Mannschaftsboot. Die Funktion bestimmte die Größe (Zwei- bis Zwölf-Ruderer), Baudetails (Anzahl und Stärke der Spanten und Planken) und evtl. die Beseglung. Beib.e verschiedener Größen wurden als Verkehrs- und Schleppb.e, Ankerzieher und Rettungsmittel eingesetzt, kleine B.e für ein – drei Mann häufig in der →Fischerei und im Fährdienst für Einzelpersonen (→Fähre). Große B.e dienten als Lastb.e (der Ladung wegen mit wenigen Duchten) für den lokalen Warentransport und zum Leichtern und als Mannschaftsb.e (mit enger Spantfolge) für raschen Personenverkehr (Kriegsb.). Alle Typen wurden als Grabb.e verwendet (→Grabformen), denn B.e bis zur Größe eines Zwölf-Ruderers durften z. B. im ma. Skandinavien auch abhängige Landpächter besitzen, größere Schiffe nur Freie. U. Schnall

Bibliogr.: The Development of the Boat. A Select Bibliogr., hg. Nat. Maritime Mus. Greenwich, 1972, 89–105 – *Lit.:* KL II, 467–481 – HOOPS² III, 233–246, 249–281 – M. MÜLLER-WILLE, Bestattung im B., 1968/69 (Offa 25/26) – D. ELLMERS, Frühma. Handelsschiffahrt in Mittel- und Nordeuropa, 1972 (Offa-Bücher 28; Schr. des Dt. Schiffahrtsmus. 3) – DERS., Kogge, Kahn und Kunststoffboot, 1976 (Führer des Dt. Schiffahrtsmuseums 7) – B. GREENHILL, Archaeology of the Boat, 1976.

Booth, engl. Adelsfamilie aus Barton (Co. Lancashire); ihr entstammten vier Bf.e, die zw. 1447 und 1516 als Juristen und hohe kgl. Beamte hervortraten, sowie weitere Kleriker.

1. **B., Charles,** Großneffe von 4, † 5. Mai 1535, studierte in Cambridge und Bologna; 1501–02 Mitglied des Rates (*council*) von Prinz Arthur, 1516–35 Bf. v. Hereford.

2. **B., John,** Neffe von 4, † 5. April 1478 in East Horsley (Co. Surrey), 1463–64 Kanzler der Univ. Cambridge, 1462–65 kgl. Sekretär, 1465–68 Bf. v. Exeter, 1473–78 kgl. Rat (*councillor*).

3. **B., Laurence,** Halbbruder von 4, † 19. Mai 1480; 1452 Kanzler von Kgn. Margarete, 1456–60 →*Keeper of Privy Seal* (kgl. Siegelbewahrer); Kanzler der Univ. Cambridge, 1457–76 Bf. v. Durham. 1462 unterstützte er Kgn. →Margarete. Ab 1470 war er kgl. Rat (*councillor*); 1473–74 *chancellor of England* (Lordkanzler); 1476–80 Ebf. v. York.

4. **B., William,** Sohn von Sir John Booth, † im Sept. 1464 in Southwell. Er studierte in Gray's Inn zu London,

1429–41 Archidiakon von London, um 1447 Kanzler der Kgn. Margarete, 1447 Bf. von Lichfield, 1452–64 Ebf. v. York. W. B. wurde von dem Theologen Thomas →Gascoigne als ungelehrt angegriffen. R. W. Dunning

Lit.: BRUC – Midland Hist. III, 1975.

Boppard, Reichsland (B., Stadt am Mittelrhein, heute zu Rheinland-Pfalz). Das B.er Reichsgut ging vermutl. auf röm. Staatsland zurück. Urkunden des 7. Jh. bezeugen merow. Königsgut im Raum des 814 als Fiscus bezeichneten (RI 545) Bezirkes, der sich mit Einschluß rechtsrhein. Gebietes gegenüber B. zwischen Rhein und unterer Mosel ausdehnte und seit karol. Zeit im S an den Fiscus Oberwesel und im N an das Reichsgut um Rhens grenzte, während sich die Westgrenze in der zur Mosel hin abfallenden Waldgelände erst im HochMA festigte. Unter den späten Karolingern verfügten ztw. die →Konradiner über das B.er Reichsgut. Während die Fisci Oberwesel an Magdeburg (968) und Koblenz an Trier (1018) vergeben wurden, blieb B., das seit Ende des 10. Jh. wichtige Zollstätte war und von Heinrich IV. mit einem Markt ausgestattet wurde, in kgl. Verfügung. Der relativ geschlossene Reichsgutkomplex, der teils zum Trechirgau und teils zum Einrich gehörte, wurde durch Entfremdungen zugunsten der Bm.er Hildesheim und Bamberg, der Abteien Burtscheid und St. Pantaleon v. Köln, des Quirinusstifts in Neuss, durch die Gründungen der Propstei Hirzenach, der Kl. Marienberg und Pedernach, durch die Ausgliederung des Gerichtes Galgenscheid, die Verselbständigung der Stadt B. und Verlehnungen an die Reichsministerialen durchlöchert. Die Staufer haben den Fiscus B. zu einem starken militär. Bollwerk »ausgebaut, das sich als vorgeschobener Stützpunkt . . . in die am Mittelrhein betriebene stauf. Reichsgut–Territorialpolitik einfügte« (HEYEN). Die traditionellen fiskal. Amtsträger, Vogt und Schultheiß, wurden im 13. Jh. durch Reichsministerialen wie Philipp v. →Bolanden oder Philipp v. Hohenfels (defensor Boppardiae) verdrängt, die als »oberste Verwaltungsbeamte« über »die kgl. Besitzungen und Rechte in den Fisci B. und Oberwesel« fungierten (HEYEN). Rudolf v. Habsburg hat das Reichsland B. als Außenposten aufgegeben und als Objekt der Verhandlungen mit den benachbarten Territorialherren, insbes. den Gf.en v. →Katzenelnbogen, benutzt, bevor die Reste des Reichsgutes B. durch Verpfändungen in den Jahren 1309–54 an Ebf. →Balduin v. Trier (14. B.) fielen und im Kfsm. →Trier aufgingen.

R. Kaiser

Lit.: F.-J. HEYEN, Reichsgut im Rheinland. Die Gesch. des kgl. Fiskus B., 1956 – W. METZ, Das Servitium regis, 1978.

Bopparder Vertrag, »in der Oberhauptfrage« (→Wenzel) 11. April 1399 abgeschlossen von Pfgf. →Ruprecht III. (dem späteren Kg.), →Johann v. Nassau, Ebf. v. Mainz, und →Friedrich v. Saarwerden, Ebf. v. Köln. Obwohl →Werner v. Falkenstein, Ebf. v. Trier, in Boppard anwesend war, hat er sich dem Bunde der drei nicht angeschlossen, aller Wahrscheinlichkeit nach deshalb, weil diese kaum mehr einen Zweifel daran ließen, daß sie zur Absetzung Wenzels und zur Wahl Ruprechts entschlossen waren. Allerdings ist von diesen Zielen im Vertrag nicht direkt die Rede. Dieser sah gemeinsames Handeln in allen die Kirche (Schisma) und das Reich betreffenden Angelegenheiten vor. Falls sich jemand mittels des Vikariates oder anderswie des Reiches bemächtigen wolle, sollte diesem widerstanden werden. Eine Schmälerung der Reichsrechte wollte man nicht hinnehmen, namentl. sollte der längst erfolgten Erhebung des Gian Galeazzo →Visconti zum Hzg. v. Mailand die Zustimmung verweigert werden. Für den Fall der Thronvakanz war vorgesehen, daß jeder seine Kur ausüben durfte; indes war diese Selbstverständlichkeit durch die Verpflichtung zu gemeinsamem Handeln eingeschränkt. Die Bedeutung des B. V.es lag wohl weniger in seinem Inhalt als vielmehr in der Erweiterung der auf die Wahl Ruprechts zielenden Allianz zw. den Pfalzgrafen und dem Nassauer durch den Kölner. Der Trierer hat sich dem Bund erst am 15. Sept. angeschlossen (RTA III, Nr. 56), nachdem schon am 2. Juni Hzg. →Rudolf v. Sachsen und Lüneburg beigetreten war (RTA III, Nr. 51). H. Thomas

Q. und Lit.: RTA III, Nr. 41 – A. GERLICH, Habsburg, Luxemburg, Wittelsbach im Kampf um die dt. Königskrone, 1960, 264 ff.

Boppe, Meister, Sangspruchdichter, 2. Hälfte 13. Jh. Er ist den spätma. Liedmeistern und den nachma. Meistersängern v. a. als Erfinder des von ihnen viel benutzten Hoftons bekannt und gilt ihnen als einer der zwölf Begründer ihrer Kunst. Als sein lit. Eigentum können am ehesten die in den ältesten Hss. überlieferten Hofton-Strophen gelten, in C (→Manessesche Liederhs.; mit Bild) und J (→Jenaer Liederhs.; mit Melodie) zusammen 26 Strophen. Sie zeigen stilist. eine Vorliebe für Kataloge und reihende oder priamelartige Strukturen und decken themat. fast das ganze Spektrum der mhd. →Spruchdichtung ab. Schwerpunkte, die wohl auch schon früh zu Nachahmungen angeregt haben, liegen bei anaphor. Explikation höf. Tugenden und Laster und bei moral. Natur-, bes. Tierallegorese. Auf Zeitgenossen beziehen sich u. a. eine Bittstrophe an Mgf. Rudolf I. v. Baden und dessen Sohn, ein Lob der holstein. Stormarn und eine Totenklage auf →Konrad v. Würzburg. Ob die in C dem Hofton folgenden Strophen in anderen (meist entlehnten) Tönen von B. gedichtet sind, ist fraglich. Ganz problemat. sind Versuche, den Dichter hist. zu identifizieren: mit einem um 1270 erwähnten überstarken B. in Basel (das seit dem 14. Jh. für den Dichter bezeugte Beiwort »der starke« dürfte eher auf Übertragung beruhen) oder mit einem B., der 1276–1305 als advocatus des Gf.en Mangold v. Nellenburg in Bonndorf (Hochschwarzwald) urkundet. B. Wachinger

Ed.: Minnesinger, hg. F. H. v. D. HAGEN, 2, 1838 [Neudr. 1963], 377–386 – Lit.: Verf.-Lex² I, 953–957 [G. KORNRUMPF; grundlegend, mit ausführl. Bibliogr.] – I. F. WALTHER, Codex Manesse... Interimstexte zum Vollfaks., 12. Teillfg., 1978, zu Nr. 138 – G. KORNRUMPF-B. WACHINGER, Alment. Formentlehnung und Tönegebrauch in der mhd. Spruchdichtung (Dt. Lit. im MA, Kontakte und Perspektiven, H. KUHN zum Gedenken, hg. C. CORMEAU, 1979), bes. 360, 387, 396, 398, 400.

Boquen, Abtei OCist in der Bretagne, nahe Jugon (Dép. Côtes-du-Nord), Bm. Tréguier; gegr. im Forst von B. (Boquianum), höchstwahrscheinl. 1137 von Olivier v. Dinan und seiner Gemahlin, Tochter des Gf.en v. Penthièvre, die sich zwecks Gründung an die Abtei Bégard, Zweitfiliation von Cîteaux wandten. Der Temporalbesitz der Abtei vergrößerte sich bes. durch Schenkungen der Herren v. Dinan und Lamballe, des Gf.en v. Penthièvre, der Constance v. Bretagne und ihres Gatten Gui de Thouars; eine Bestätigung des Besitzstandes erfolgte 1184 durch Papst Alexander III. Seit 1172 hatte B. selbst die Abtei →Bonrepos gegr., für die jedoch auch die Abtei →Savigny die Jurisdiktion beanspruchte. Von der Mitte des 13. Jh. an setzten finanzielle Schwierigkeiten ein, die sich im Zuge der wirtschaftl. und spirituellen Krise des 14.–16. Jh. verschärften. – Die Kirche (roman., mit Chor des 14. Jh.) und der Kapitelsaal zählen zu den interessantesten ma. Denkmälern der Bretagne. R.-H. Bautier

Q. und Lit.: DHGE IX, 1169–1170 – GChr XIV, 1113–1115 – J. GESLIN DE BOURGOGNE–A. DE BARTHELEMY, Anciens évéchés de Bretagne. Doc. de S. Brieuc, Bd. III, 1864, 203–311, 318–331 [Ed. und Unters. von 200 Urkk. der Zeit von 1330] – M. AUBERT, L'architecture cistercienne en France, 1943 – F. LE BOUR'HIS-KERBIZET, Comptes rendu Assoc. bret., ser. 5, t. 62, 1954, 58–75 – B. en Plenée-J., 1960.

Borax (pers. būrāq, arab. baurāq, mittellat. borax, malaiisch tingkal, arab. tinkār, dt. tinkal, gr./lat. chrysocolla, auricolla [Goldleim]). B. ist erst seit dem 17. Jh. eindeutig als Natriumtetraborat zu bestimmen. Zuvor wurden mit B. als eine Art Oberbegriff mehrere Alkalikarbonate, Salpeter, Malachit, Steinsalz und alle Mischungen zum Löten von Metallen bezeichnet (vgl. GOLTZ). Der in Antike und MA aus Persien, Ceylon, Indien und möglicherweise auch aus Tibet (Borax-Seen) eingeführte B. ist im MA v. a. in Venedig (borax veneta) und den Niederlanden gereinigt (raffiniert) und weiter gehandelt worden. In ma. arab. Texten ist B. trotz seiner Bedeutungsvielfalt unter dem Namen tinkār durch den doppelten Gebrauch als Goldlötmittel und als Mundantiseptikum identifizierbar. B. wurde auch zur Wundbehandlung eingesetzt, besaß aber v. a. schon im MA techn. Bedeutung als Flußmittel bei Metall- und Emaillearbeiten und für Glasuren und Glasfarben. Seit 1771 nutzt man die »Boraxperle« zum Erkennen der Metalle durch Entfernung der Oxidschicht. B. hat der 1702 entdeckten Borsäure, dem 1808 entdeckten Element Bor und seinen weiteren Verbindungen den Namen gegeben. G. Jüttner

Lit.: J. H. ZEDLER, Universallex. IV, 1733, 709–711 – D. GOLTZ, Stud. z. Gesch. d. Mineralnamen, SudArch., Beih. 14, 1972, 248–150, 281f.

Bordage (bordagium, von borda 'Hütte') bezeichnete eine freie Form der Landleihe, die bes. in der Normandie verbreitet war und sich von dort auch auf England, Maine und Poitou ausdehnte; das b. war sehr klein (weniger als 1 ha), es wurde an der Grenze des grundherrl. Fronhoflandes ausgesondert und war mit wöchentl. Frondiensten auf dem Herrenhof (Fuhren, Ausbesserungsarbeiten) und geringen Naturalabgaben belastet. In der Gascogne bezeichnete das Wort im 13. Jh. die Halbpacht. In England war das b. weniger verbreitet als der Begriff cottar(ius), der den Besitzer eines dem frz. borde entsprechenden kot bezeichnete (→bordarii). Die b.s waren nicht sehr zahlreich und wurden von Bauern, die sich gleichzeitig einen kleinen Zusatzverdienst als Tagelöhner verschafften, bewirtschaftet. R. Fossier

Lit.: R. CARABIE, La propriété foncière dans le très ancien droit normand. XI‹–XIII‹ s., T. I: La propriété domaniale, 1943 – vgl. auch die Lit. zu →bordarii.

Bordarii, eine Gruppe von hörigen Bauern, die im →Domesday Book von 1086 und in einigen Urbaren, ausschließl. aus dem frühen 12. Jh., bezeugt sind. Der Begriff ist frz. Herkunft und bezeichnet den Pächter einer Hütte (borde). Wahrscheinl. setzten die Normannen den Begriff an die Stelle des ags. Wortes Kotsetla, das in den →»Rectitudines« des 11. Jh. einen Hörigen von vergleichbarer Rechtsstellung bezeichnete (vgl. zu Kotsetla die dt. Begriffe Kossäte, Kotsasse, Kätner; Kate etc.). Der Terminus ›bordarius‹ wurde im Domesday Book und anderen vergleichbaren Quellen offenbar synonym mit cottar gebraucht, so daß im Mittelenglischen cottager an seine Stelle trat. Das Domesday Book scheint im Hinblick auf einige Gft.en (bes. Essex) mit dem Begriff ›bordarius‹ auch Personengruppen, die vor 1066 als Sklaven aufschienen, bezeichnet zu haben. – B. bildeten die zahlenmäßig zweitstärkste Gruppe im England der Zeit des Domesday Book; in sechs Gft.en waren sie offenbar die verbreiteste Gruppe. Anscheinend besaßen die B. weniger Land als die villani (→villanus, vilain) – oftmals fünf ›acres‹ (ca. 2¼ ha) oder ein Mehrfaches davon – und einen geringen Anteil an den Frondiensten. Wo, wie in Middlesex, die B. von den cottars unterschieden werden, war der Besitz der letzteren noch geringer und reichte bis zur Landlosigkeit. Gering war aber auch die Verpflichtung der B. zu Frondiensten; wahrscheinl. nutzten sie die ihnen verbleibende Zeit für Gelegenheitsarbeiten bei den Grundherren oder größeren Bauern. C. P. Wormald

Lit.: P. Vinogradoff, Engl. Society in c. 11th, 1908, 456ff. – R. Lennard, Economic position of the Bordars and Cottars of Domesday Book, Economic Journal, 1951, 342 – Ders., Rural England, 1959, 339ff. – H. C. Darby, Domesday England, 1977, 69ff., 337ff. – English Medieval Settlement, hg. P. Sawyer, 1979, 107ff. [S. Harvey].

Bordeaux

I. Erzbistum – II. Grafschaft – III. Stadt.

I. Erzbistum: B. (kelt.-lat. Burdigala), Bm., später Ebm. im sw. Frankreich (heute Dép. Gironde). Das älteste chr. Zeugnis aus B., der Epitaph einer jungen Frau namens Domitia, stammt von 260. Frühester bekannter Bf. ist Orientalis, der am Konzil v. Arles 314 teilnahm. Doch hat sich das Christentum erst seit dem Ende des 4. Jh. stärker in B. verbreitet, bes. durch die Gelehrtenkreise um →Ausonius und →Paulinus v. Nola unter dem Episkopat des berühmten →Delphinus (380–401/404). Die Mutterkirche des Bm.s war St-Étienne, nahe der Nekropole im NW der civitas. Die Bischofsliste ist für das 5. Jh. nach dem hl. →Amandus so gut wie leer, ohne daß bekannt ist, ob die Ursache in den Invasionen der Völkerwanderungszeit oder in der arian. Verfolgung liegt. Dabei stellt sich die Frage, ob der hl. Severinus (Seurin) zu dieser Zeit das Bischofsamt ausgeübt haben kann oder ob seine »Vita«, entsprechend den Untersuchungen der Marquise de Maillé, als bloße Erdichtung des Bf.s →Bertechram (574–584), der B. einen hl. Patron geben und dessen Kult untermauern und organisieren wollte, gelten muß. Ebenso ist es eine offene Frage, ob die Kathedralkirche bereits im 5. Jh. in das Castrum transferiert wurde oder ob diese Verlegung erst unter Bf. Leontius II. (vor 549–vor 574) erfolgte. Tatsächl. datiert der erste Beleg, der die Kathedrale St-André (in der sw. Ecke des Castrums) erwähnt, von 814. Auf jeden Fall gab es im B. des 6. und 7. Jh. unter den Bf.en namens Leontius ein ausgeprägtes kirchl. Leben sowie anschließend die Anfänge des Klosterwesens (Abtei Ste-Croix, frühes 7. Jh.). 816 bildete Bf. Sicharius das Domstift mit Kanonikern, und zw. dem 7. und 9. Jh. entstand trotz polit. Wirren ein ausgedehntes Netz von neuen Pfarreien.

Nach einer Periode der Auflösung und der engen Abhängigkeit von den Hzg.en v. →Gascogne und →Poitiers begann, v. a. nach der großen Regionalsynode von 1080 (→Bordeaux, Konzil v.), die kirchl. Reform. Der apostol. Legat →Amatus (Amat) v. Oloron ermutigte nun den hl. Gerhard, mit Hilfe des Hzg.s v. Aquitanien die Abtei La Sauve-Majeure in einiger Entfernung östl. der Stadt zu gründen; später wurde er selbst auf den Metropolitansitz berufen (1089–1101). Der Episkopat des Girard (Gerardus) de Blaye, der Papst →Anaklet II. anhing, war von kurzer Dauer (1131–35). Sogleich danach erfolgte eine neue Reforminitiative, deren Urheber Bf. Geoffroi, gen. »du Lorou« (1135–58) war, in dem man Geoffroi Babion, den magister scholarum von Angers, einen hochgebildeten Kleriker, erkannt hat; Geoffroi erlangte von Kg. Ludwig VII. die Garantie der kanon. Wahl der Bf.e (1137), doch hatte er bei seinem Bestreben, das Domkapitel zur Reform und zur Annahme der Augustinusregel zu zwingen, mit starker Opposition zu kämpfen. 1158–1261 amtierten sechs Ebf.e; von ihnen sind bes. Guillaume-Amanieu (1207–27), eifernder Gegner der Albigenser, und Géraud de Malemort (1227–61), der die Kirche v. B. gegen die Machtpolitik der Kg.-Hzg.e in Aquitanien verteidigte und gegenüber dem Primat v. →Bourges die Autonomie von B. verfocht, bemerkenswert. Am Ende des 13. Jh. verursachten zwei Sedisvakanzen von fünf bzw. neun Jahren päpstl. Interventionen. Auf diese Weise wurde (nach dem Ende des krisenhaften Episkopates des Boson de Salignac) Bertrand de Got durch Papst Bonifatius VIII. vom Bischofssitz →Comminges auf den Erzbischofssitz B. transferiert (1299). Während dieser Krisenperiode festigte sich dennoch die Stellung der großen geistl. Institutionen (Abtei Ste-Croix, Kapitel St-Seurin, Hospitäler), und das Auftreten der Bettelorden gab neue religiöse Impulse (Minoriten 1228; Dominikaner 1230; Klarissen vor 1239; Karmeliter 1264, die das Haus bezogen, in dem der hl. →Simon Stock verstorben war; Sackbrüder 1272; Augustiner 1287). Die Kanoniker v. St-Seurin initiieren 1247–89 die Verehrung des hl. Fort, offensichtl. um der Popularität der Mendikanten Gleichwertiges an die Seite zu stellen.

Die Wahl Bertrands de Got zum Papst (Clemens V.) i. J. 1305 trug B. bedeutende Temporalia ein; doch besetzte der Papst im Zuge des Nepotismus den Erzbischofssitz und das Kapitel mit zahlreichen seiner Freunde und Verwandten; die Ebf.e Arnaud de Canteloup und Amanieu de Lamothe blieben, da sie sich vorwiegend an der Kurie in Avignon aufhielten, ihrem Bm. fremd. Das Große →Abendländ. Schisma rief keine tiefgehenden Erschütterungen hervor, da das Bm., wie England, der röm. Oboedienz anhing. Um die Mitte des 15. Jh. hinterließ der Episkopat des sehr bedeutenden Pey Berland (1430–56) tiefe Spuren im seelsorgerl. und intellektuellen Leben; er erwirkte von Papst Eugen IV. die Erlaubnis zur Einrichtung eines studium generale (1441) und gründete das erste Kolleg der Universität (1443). Inmitten der Krisensituation dieses Zeitalters bemühte er sich um Linderung der materiellen und moral. Not; er stand nach seinem Tod (1468) im Ruf der Heiligkeit.

Die Diöz. B. zählte i. J. 1398 390 Pfarreien. Sie war in drei Archidiakonate (Cernès, Blaye, Medoc), diese wiederum in jeweils zehn Archipresbyterien gegliedert. Dem Ebf. unterstanden 236 Kirchen; er war der bedeutendste Lehnsherr im Bordelais. Doch war die Kirche von B. am Ende der langen engl.-frz. Auseinandersetzungen in Schwierigkeiten und Verfall geraten; erst mit dem Episkopat des Jean de Foix am Beginn des 16. Jh. zeichnete sich eine Besserung ab.

II. Grafschaft: Der Umfang der Gft. entsprach ursprgl. wahrscheinl. dem der Diözese. Einige karol. Gf.en v. B. sind namentl. bekannt. Der erste, Siguinus (Seguin), vermochte sich wohl in den Jahren 778/781–816 zu behaupten. Weiterhin könnte Ebles, der 824 einen Feldzug nach Navarra befehligte, Gf. v. B. gewesen sein. Ein zweiter Siguinus wurde 840 von Ludwig dem Frommen ernannt; er führte auch den Titel »dux Wasconum«, d. h. er verteidigte die Mark gegen die Vascones. Der Gf. wurde 845 von den Normannen gefangengenommen und hingerichtet. Sein Nachfolger, von Pippin II. ernannt, war Wilhelm, Sohn des Bernhard v. Septimanien und der Dhuoda; von den Normannen wurde er bei der Plünderung von B. 848 gefangengenommen, konnte aber fliehen. Möglicherweise erhielt Arnaldus (Arnaud), Sohn des Emenon, Gf. v. Périgord, um 863 die Gft.; auch er dürfte im Kampf gegen die Normannen getötet worden sein (864). Nach diesem Zeitpunkt scheint sich die Gft. B. außerhalb der Kontrolle des Kgtm.s befunden zu haben; es ist nicht bekannt, wessen Oberhoheit der 887–906 erwähnte neue Gf. Amauvin (Amalvinus) anerkannte. Erst im letzten Drittel des 10. Jh. ist wieder ein Gf. v. B. nachweisbar, Wilhelm der Gute, der wahrscheinl. dem

Geschlecht der Hzg.e v. Gascogne angehörte. Er war offenbar derjenige, welcher sich der Münzstätte von B. bemächtigte. Nach Wilhelms erbenlosen Tod ging die Gft. zw. 977 und 988 an Wilhelm Sanche, Gf.en v. Gascogne, über. Seitdem war die Gft. Bestandteil des Hzm.s →Gascogne, später der →Guyenne. Die Hzg.e v. →Poitou, später die →Plantagenêt (ab 1154), haben als Gf.en die Herrschaft in B. ausgeübt. →Aquitanien.

III. STADT: [1] *Politische Geschichte:* Die Stadt B. verdankt ihr Entstehen etwa im 3. Jh. v. Chr. den Bituriges Vivisci. Strabo berichtet um 18 n. Chr., daß B. das emporion (Hafen und Handelsplatz) dieses kelt. Stammes war. 56 v. Chr. röm. erobert, wurde B. Hauptstadt v. →Aquitanien; die Römer legten den Grund zum Weinbau in B. Während der Völkerwanderungszeit wurde B. westgot. (418–419), darauf frk. (507). Am Ende des 6. Jh. und am Anfang des 7. Jh. befand sich die Stadt an der Grenze zu den Vascones und hatte 732 unter der islam. Invasion zu leiden. In dieser Periode verteidigten die aquitan. Hzg.e Lupus und Odo die Stadt. Diese wurde 768, am Ende der frk. Eroberungsfeldzüge gegen Aquitanien, von Pippin dem Kurzen wieder dem Frankenreich einverleibt. Die karol. Gf.en vermochten B. vor den verheerenden Angriffen der norm. Piraten jedoch nicht wirksam zu schützen. Um die Mitte des 9. Jh. war das antike Burdigala zugrundegegangen.

Zw. dem Ende des 10. Jh. und der Mitte des 11. Jh. unterstand B. den Hzg.en v. →Gascogne; darauf, nach der Union zw. Aquitanien und der Gascogne (1058), herrschten die Gf.en v. →Poitiers als Hzg.e v. Aquitanien durch die von ihnen eingesetzten Amtsträger (*viguiers* und *prévôts*). Die Heirat zw. →Eleonore, Erbin v. Aquitanien, und Ludwig VII., Kg. v. Frankreich, in B. (1137) hatte schwere Unruhen zur Folge, die sich anscheinend gegen die Beamten der frz. Krone richteten. Doch prägte die zweite Ehe der Eleonore mit Heinrich (II.) Plantagenêt (1152), der 1154 den engl. Thron bestieg, die Gesch. der Stadt nachhaltig: Drei Jahrhunderte lang sollte B. mit Aquitanien in Personalunion mit dem Kgr. →England verbleiben. Die Kg.-Hzg.e wurden in B. durch den Seneschall der Gascogne vertreten, dem ein Rat, ein Gerichtshof und ein *connétable* als mit der Finanzverwaltung beauftragter Beamter zur Seite standen. 1294–1303 war die Stadt frz. besetzt. 1362–72 bildete B. die Hauptstadt des Fsm.s, das Eduard III., Kg. v. England, für seinen Sohn Eduard v. Woodstock, den »Schwarzen Prinzen«, geschaffen hatte. Im Hundertjährigen Krieg mehrfach von frz. Eroberung bedroht, erlag B. erstmals 1451 der frz. Macht. Von Talbot 1452 zurückerobert, kehrte es im Okt. 1453 nach der Schlacht v. Castillon »in den Schoß der Kg.e v. Frankreich« zurück. Ludwig XI. errichtete hier 1462 ein Parlament und gliederte die Stadt 1472 der Krondomäne ein.

[2] Die *topograph. Entwicklung* des ma. B. vollzog sich in drei Etappen. Das gallo-röm. castrum, im 3. Jh. in rechtwinkliger Form ummauert (31–32 ha), das die Devèze, einen Nebenfluß d. Garonne, umschloß, blieb bis ins 11. Jh. Kern der Siedlung. Ein im 6.–7. Jh. blühendes monast. suburbium entvölkerte sich infolge der norm. Angriffe. Der Neubeginn städt. Siedlung erfolgte im 12. Jh. im Zug des Landesausbaues in den agrar. Gebieten Aquitaniens und der Gascogne. Ein burgus war bereits im S der civitas, um den Fluß Peugue entstanden, mit einem Markt (vor 1155 bezeugt), einem neuen Straßennetz, einer Aufteilung in Grundstücke und zwei neuen Pfarrkirchen, St-Eloi (1159) und Ste-Colombe (1181). Dieser burgus St-Eloi wurde zu Beginn des 13. Jh. mit einer neuen Befestigung, deren Errichtung zweifellos 1227 abgeschlossen war, umgeben. Zwei andere neue Siedlungen entstanden im W (burgus St-Martin) und bes. im NW um die Kollegiatkirche St-Seurin, doch erhielten sie keinen Schutz durch Mauern. Eine neue sprunghafte demograph. und topograph. Entwicklung erfolgte im 13. Jh. und zu Beginn des 14. Jh. in Verbindung mit dem Aufschwung des Weinhandels. Die Niederlassung von Bettelorden war ebenfalls ein Merkmal dieser Urbanisierung. Eine dritte Befestigung, 1327 vollendet, schützte auch die Viertel St-Michel und Ste-Eulalie, die Abtei Ste-Croix im S und das Jakobinerkl. im N der Stadt. Diese fast 5 km lange Ummauerung schloß eine Fläche von 170 ha ein, d. h. den fünffachen Umfang der einstigen civitas. Die Stadt hatte nun ca. 30 000 Einwohner. Das Stadtbild wurde von der Kathedrale St-André in der sw. Ecke des castrums und von der Festung L'Ombrière, dem Sitz des Seneschalls und der hzgl. Verwaltung (im sö. Winkel), beherrscht. Nach der frz. Rückeroberung wurden zwei Festungen zur Verteidigung und Überwachung der Stadt gebaut (Fort du Hâ im W, Château-Trompette im N am Flußufer). Der »Seehafen« erstreckte sich am linken Garonneufer und an der im 15. Jh. »port de la Lune« gen. Reede. Im N begann sich am Ende des MA das neue Handelsviertel »des Chartrons« (Name nach einer Kartäuser-Niederlassung) zu entwickeln.

[3] *Städt. Verfassung:* Die röm. Munizipalorganisation verschwand im 6. Jh. Die städt. Gesellschaft war bis zum 11.–12. Jh. durch den Klerus, die hzgl. Amtsträger und einige milites geprägt. Um 1122/24 erscheinen burgenses in den Quellen; 1145 wandte sich Ludwig VII. an die »cives Burdegalenses«. Eine städt. Gemeinschaft bildete sich 1147–49 anläßl. des Aufstandes gegen die kgl. frz. Beamten. Erste Privilegien erhielt die Stadt 1199 von Eleonore und Johann Ohneland; doch erst 1206 bildeten die Bürger von B. Magistrate; am 30. April des gleichen Jahres anerkannte der Kg.-Hzg. ihre *commune*, Bürgermeister und Geschworene (→*jurats*). Am 14. Juli 1235 bestätigte Kg. Heinrich III. diese kommunale Verfassung nach Vorbild der →Établissements de Rouen (vorher bereits den Städten Poitiers, La Rochelle und Angoulême verliehen). Der Magistrat war bestrebt, die städt. Statuten 1253–54 weiter auszubauen. Nach diesen Statuten bestand das Stadtregiment aus einem *maire* (major 'Vorsteher'), der von den *jurats* (jurati 'Geschworene') auf ein Jahr gewählt wurde, und 50 jurats, die von ihren Vorgängern, ebenfalls auf ein Jahr, gewählt wurden. Dieser Jurade assistierten 30 *conseillers* (Räte); ihr unterstanden 300 Bürger, denen die Friedenswahrung oblag. Um die Mitte des 14. Jh. wurde die Jurade auf 24, dann auf zwölf Mitglieder reduziert; der Rat der 30 tagte oft, die Versammlung der 300 wurde dagegen selten einberufen. Um die Führung in der Stadt trugen zwei Familien, die Colom und die Soler, im 13. Jh. erbitterte Kämpfe aus. Hierdurch wurden Eingriffe der Kg.-Hzg.e in die Stadtangelegenheiten begünstigt; 1261–78 und ebenso 1286–91 wurden die maires von ihnen ernannt; ab 1325 begann, mit kurzen Unterbrechungen, die Reihe der engl. maires, die für unbestimmte Dauer nominiert wurden. Die städt. Autonomie überlebte die Geschlechterkämpfe nicht, und die Jurade wurde schließlich auf eine Gruppe von ca. 30 bes. reichen Bürgerfamilien beschränkt.

[4] *Wirtschaft:* B. war bereits im MA eine der bedeutendsten Weinstädte Europas. Das älteste Weinbaugebiet erstreckte sich im 12. Jh. auf den Flanken (*côtes*) des rechten Garonneufers und im Bereich der nahegelegenen Vorstadt am linken Ufer; die Weinberge gehörten v. a. den Abteien,

den Pfarreien und dem Kapitel v. St-Seurin. Der große wirtschaftl. Aufstieg erfolgte im 13. Jh. aufgrund des Exportes. Die Bürger engagierten sich finanziell bei der Besiedlung des kgl. Forstes im S der Stadt, wo neue Weinberge angelegt wurden (Talence, Gradignan, Léognan). Der größte Weinproduzent war stets der Ebf., dem die Lagen Graves (vor den Toren der Stadt), Pessac und Lormont gehörten. St-Seurin und Ste-Croix bauten Wein am Flußufer in den sog. »palus« (Sümpfen). Es wurden v. a. Rot-, aber auch Weißweine angebaut sowie der berühmte »claret«; diese Weine waren für eine Alterung ungeeignet. Die städt. Gewerbe wurden angeführt durch die Münzer und die Schmiede (*faures*), die sich vom 14. Jh. an auf Harnisch- und Waffenproduktion sowie Geschützguß spezialisierten. Es bestand auch ein Tuchgewerbe, das jedoch ab 1353–58 angesichts des Imports engl. Tuche verschwand. Anscheinend hatten diese Gewerbezweige aber keine Zunftorganisation, da vor 1453 keine entsprechende Ordnung belegt ist.

Vom frühen 13. Jh. an betätigte sich das Bürgertum von B. v. a. im Weinhandel. Die Nachfrage des engl. Marktes erforderte seit 1207 den verstärkten Rückgriff auf die Weine des sog. »Haut-Pays« (Agenais, Quercy, Albigeois, Perigord, Toulousain). Die frz. Eroberung von La Rochelle (1224) befreite B. von der Konkurrenz der Weine des Aunis und Poitou. Zum Schutz ihrer Produktion erlangten die Bürger von B. von den Kg.-Hzg.en bedeutende Privilegien: Befreiung von den Weinabgaben für eigene Gewächse (1214), Verbot des Verkaufs von Weinen aus dem »Haut-Pays« vor dem 11. Nov., um die eigenen Weine als erste absetzen zu können (1222–25, 1241). Der Seehandel war in den Händen von Seeleuten aus England, der Bretagne und Normandie sowie aus Bayonne. Wir kennen die genaue Menge der eingeschifften Weine pro Jahr aufgrund der Rechnungen der »coutume« (hier: Exportabgaben) von 1305 bis 1453. Die Rekordziffer wurde 1308–09 mit 104815 Faß erreicht, das bedeutet – bei 800–900 l pro Faß – ein Exportaufkommen von ca. 850 000–900 000 hl; vom Volumen her das größte bekannte Handelsaufkommen im europ. MA. Bei allen Schwankungen aufgrund der wirtschaftl. Konjunktur und der militär. und polit. Bedingungen besaß B. durch den Weinhandel mit England stets eine ausgesprochen positive Handelsbilanz und einen großen Wohlstand, der die starke Loyalität der Stadt gegenüber der engl. Krone erklärt. Nach der frz. Rückeroberung richtete Ludwig XI. zwei freie Messen ein und öffnete den Hafen wieder dem Englandhandel; der Export von Waid aus dem Toulousain und der Handel mit den Niederlanden sowie der hans. Wirtschaftsraum leitete einen wirtschaftl. Wiederaufstieg der Stadt ein.   Ch. Higounet

Lit.: L. Drouyn, B. vers 1450. Description topographique, 1874 – C. Jullian, Hist. de B., depuis les origines jusqu'en 1895, 1895 – Ch. Bémont, Les institutions municipales de B. au MA. La mairie et la Jurade, RH 123, 1916 – R. Dion, La création du vignoble de B., 1952 – Marquise de Maillé, Recherches sur les origines chrétiennes de B., 1959 – E. Griffe, BLE 1955, 1957, 1963, 1969 – L. Desgraves, Évocation du vieux B., 1960 – Y. Renouard (Études médiévales, 2 Bde, 1968) – Hist. de B., hg. Ch. Higounet, 8 Bde, 1962–74 – J. Bernard, Navires et gens de mer à B., 1400–1550, 3 Bde, 1968 – Le dioc. de B., hg. B. Guillemain, 1974 – Ch. Higounet, Le quartier St-Christoly au milieu du XIVᵉ s., Actes Acad. B., 1976 – Ders., Paysage, mise en valeur, peuplement de la banlieue de B. à la fin du XIIIᵉ s., Rev. hist. B., 1977 – J. B. Marquette, La vinification des vignobles de l'archevêque de B. à la fin du MA (Géographie hist. des vignobles, 2 Bde, 1978) – Hist. de B., hg. Ch. Higounet, 1980.

Bordeaux, Konzil v. (1080), das letzte der Konzilien, auf dem sich →Berengar v. Tours (8. B.) gegen die Anklage der Häresie zu verteidigen hatte. Es wurde von →Amatus v. Oloron (1. A.) und →Hugo von Die, Ebf. v. Lyon, als Legaten Papst Gregors VII. in päpstl. Auftrag (Jaffé, 5155, Reg. VII, 15) für Anfang Okt. 1080 einberufen. Teilnehmer waren außer den Legaten und Berengar die Ebf.e v. Bordeaux, Tours und Auch sowie sieben Bischöfe. Das Konzil befaßte sich auch mit regionalen Klosterangelegenheiten. Abt Hugo v. St-Ligaire im Bm. Saintes wurde abgesetzt, ein Besitzstreit zw. den Kl. St-Jean d'Angély und Charroux entschieden, und die im Vorjahr vom Gf. en Wilhelm v. Poitou vorgenommene Gründung der Abtei La Sauve-Majeure bei Bordeaux durch die Legaten bestätigt und in den Schutz Roms gegeben.
                                                              U.-R. Blumenthal

Q. und Lit.: Chronik von St. Maixent oder Maillezais, hg. Marchegay-Mabille, 407, zu 1080 – Bouquet XII, 401b – Mansi, Amplissima coll. conc. 20, 551 (= MPL 155, 1645) – Hefele-Leclercq V/1, 280 f. – A. J. Macdonald, Berengar and the Reform of Sacramental Doctrine, 1930, 198 f. – Th. Schieffer, Die päpstl. Legaten in Frankreich vom Vertrag v. Meersen bis zum Schisma von 1135, 1935, 132 f.

Bordell → Prostitution

Bordesholmer Marienklage → Mariendichtung

Borell II., * um 920, † 992, seit 947 zusammen mit seinem Bruder Miro Gf. v. Barcelona-Gerona-Ausona und seit 948 auch Gf. v. Urgel; ∞ 1. Ledgarda, 2. Heimerud. B. hatte seine Herrschaft in einer Zeit des Übergangs auf mehreren Ebenen zu behaupten. Angesichts der stetig abnehmenden Autorität der westfrk. Königsgewalt suchte B. eine Absicherung gegen Süden als »Klientele« des Kalifen v. →Córdoba (950, 966, 971, 974 Gesandtschaften an den Kalifenhof) und erreichte 971 in Rom die (vorübergehende) Umwandlung des Bischofssitzes v. →Vich in eine Metropole für die katal. Kirche, um von der Kirchenprovinz →Narbonne unabhängig zu werden. Dennoch konnte er die Zerstörung →Barcelonas durch →al-Manṣūr (985) nicht verhindern. Die Unfähigkeit des westfrk. Kg.s, Hilfe zu schicken, führte 987 zu seiner Weigerung, den Treueid zu leisten, womit sich der Weg seiner Gft. en zur bloß nominellen Abhängigkeit vom westfrk. Kgtm. vollendete. Trotz seiner Ehrentitel (marchio, princeps, dux) war seine gfl. Herrschaft bis kurz vor seinem Tode eine Herrschaft der Gesamtfamilie und wirksam eigtl. nur im eigenen Patrimonium, bis die erste Verkündung des →Gottesfriedens eine Wende zur Primogenitur und zur Wiederherstellung des alten Amtsbezirks herbeiführte. →Barcelona, →Gerona.   F. Udina

Lit.: R. d'Abadal, Els primers comtes catalans, 1958 – O. Engels, Schutzgedanke und Landesherrschaft im östl. Pyrenäenraum (9.–13. Jh.), 1970 – Ders., Vorstufen der Staatwerdung im HochMA. Zum Kontext der Gottesfriedensbewegung, HJb 97/98, 1978, 71–86.

Borgarþingslög (anorw. 'Recht des Borgarthings'). Das Borgarthing gehörte mit dem Gulathing, dem Frostathing und dem Eidsivathing zu den vier großen norw. Regionalthingen (→Norwegen), die in der späteren Wikingerzeit aus Zusammenschlüssen kleinerer Thingbereiche entstanden sind. Der Geltungsbereich des Things von Borg (heute Sarpsborg) umfaßte die Region um den Oslofjord, die im MA *Viken* genannt wurde, und aus den drei Bezirken (*fylki*) Vestfold, Ranríki und Vingulmǫrk bestand.

Das weltl. Recht dieses südwestnorw. Thingverbandes ist bis auf ein kleines Fragment (NgL II, 522, Hs. v. ca. 1230) verlorengegangen, nicht zuletzt wohl deswegen, weil nach der Einführung eines Reichsgesetzes unter Magnús Hákonarson (1263–80) die verschiedenen landschaftsgebundenen Rechtsaufzeichnungen obsolet geworden waren.

Lediglich das Christenrecht, d. h. die Rechtsbeziehungen zw. der Kirche und den Bauern, ist vollständig bewahrt. Es liegt in drei voneinander abweichenden Redaktionen (B I–III) vor, die in Hss. aus der 1. Hälfte des 14. Jh. überliefert sind (NgL I, 339–372; IV, 66–70). Das Nebeneinander älterer und neuerer Bestimmungen (z. B. Gebühren für priesterl. Verrichtungen neben der Verpflichtung zum Zehnten) und die Erwähnung des →Rechtssprechers (*logmaðr*) Bessi, der im 11. Jh. lebte, deuten darauf hin, daß zumindest Teile des Texts bereits in dieser Zeit entstanden sind. Andere Passagen weisen auf das 12. Jh. Die Tatsache, daß allein das Christenrecht der B. überliefert ist, hängt wohl damit zusammen, daß man sich bei der Kodifizierung des Reichsrechtes nicht auf einen verbindl. kirchenrechtl. Abschnitt einigen konnte (vgl. z. B. den Entwurf zu einem jüngeren Christenrecht des Borgarthings unter Magnús Hákonarson, NgL II, 293 ff.). Somit behielten die alten Rechtsaufzeichnungen weiterhin ihre Gültigkeit (→Eidsivaþingslög, →Frostaþingslög, →Gulaþingslög). H. Ehrhardt

Ed.: Norges gamle Love (NgL), hg. KEYSER-MUNCH, I, 1846; II, 1848; IV, 1885– *Übers.*: Bruchstücke der Rechtsbücher des Borgarthings und des Eidsivathings, bearb. R. MEISSNER, 1942 (Germanenrechte, NF), S. IX–XXXIII, 2–73 – *Lit.*: KL II, 148–150 – R. MEISSNER, Die norw. Volkskirche nach den vier alten Christenrechten, 1941 (Deutschrechtl. Archiv, H. 2) – AMIRA-ECKHARDT I – P. SVEAAS ANDERSEN, Samlingen av Norge og kristningen av landet 800–1130, 1977, 22, 257 ff.

Borghi, Pietro. Man kennt B. nur als Autor einer den Kaufleuten seiner Heimatstadt Venedig gewidmeten »Arithmetica«. Sie ist das älteste gedruckte Werk, das neben den neuen ind. Methoden all das lehrt, was für den Kaufmann, Geldwechsler und Münzmeister wichtig war. B.s Lösungsmethoden sind »riegola del. 3.« und »posizion falsa«. Die Beliebtheit der »Arithmetica« bezeugen die 17 Auflagen von 1484–1577; dann war sie überholt durch die Werke von Luca→Pacioli, Tartaglia und Cardano. K. Vogel

Ed. pr.: Piero borgi, la nobel opera de arithmethica, Venedig 1484 [Faks. 1964] – *Lit.*: D. E. SMITH, The First Great Commercial Arithmetic, Isis 8, 1926, 41–49.

Borgia, Familie →**Borja**

Borgia-Karte, Weltkarte, 1. Hälfte des 15. Jh. Die in Niellotechnik auf zwei Kupfertafeln ausgeführte B. (Durchmesser 63 cm) entspricht annähernd dem TO-Typ, ist jedoch südorientiert. Teilweise in der Art kat. Karten, diente sie offenbar mehr dekorativen als wissenschaftl. Zwecken. 37 Löcher ermöglichten wahrscheinl. die Befestigung von Vignetten oder Herrscherbildern. 1794 von Kard. Stefano Borgia in Portugal für seine Sammlung in Velletri erworben, kam die B. später an das Collegio de Propaganda Fide in Rom und zuletzt an die Bibl. Vaticana. 1797 erschienen Papierabzüge unter dem Titel »Apographon descriptionis Orbis terrae«.

F. Wawrik

Lit.: G. CARACI, The Italian cartographers of the Benincasa and Freducci Families and the so-called Borgiana map of the Vatican Library, Imago Mundi 10, 1953, 23–49 – M. DESTOMBES, Mappemondes a. D. 1200–1500, 1964, 239–241.

Børglum, ursprgl. ein Königshof in der Landschaft Vendsyssel im nördl. Jütland (Dänemark), später Bischofssitz, ab ca. 1180 zugleich Kl., OPraem. Die frühe Gesch. ist nur unvollständig bekannt. Nach→Ailnoth soll sich Kg. Knut II. d. Hl. dort bei Ausbruch eines gegen ihn gerichteten Bauernaufstandes, dem der Kg. 1086 in Odense zum Opfer fiel, aufgehalten haben.

Um 1140 wurde der Sitz des Bm.s Nordjütland von Vestervig nach B. verlegt und verblieb dort bis zur Reformation. Wohl schon um 1180, möglicherweise bereits unter Ebf. →Eskil v. Lund (1137–77), gründeten Prämonstratenser aus→Steinfeld (Eifel) in B. ein Kloster, das sich in wirtschaftl. und kultureller Hinsicht zu einer der bedeutendsten Niederlassungen der →Prämonstratenser im Norden (»Circaria Daniae seu Daciae« oder »Circaria Daniae et Norvegiae«) entwickelte. Die erste urkundl. Erwähnung stammt aus dem Jahr 1209.

Nach dem Vorbild der prämonstratens. Klosterorganisation im ostelb. Gebiet (Havelberg, Brandenburg, Ratzeburg) war der Konvent zugleich Domkapitel mit dem Recht der Bischofswahl. Der Bf. war gleichzeitig Abt, die Leitung des Kl. hatte ein Propst. Filialen von B. waren die norw. Kl. →Tönsberg (um 1190) und Dragsmark (um 1230, in der jetzigen schwed. Landschaft Bohuslän), auch das nahegelegene Prämonstratenserinnen-Kl. in Vrejlev wurde auf Initiative B.s gegründet (13. Jh.).

B. gehörte zu den reichsten Kl. Dänemarks, es verfügte über eine bedeutende Bibliothek und eine bekannte Schule. Die dän. Prosaadaption der »Chanson de Roland«, die »Karl Magnus Krønike« (→Roland, -slied, →Karlsdichtung), wurde 1480 dort geschrieben. Um 1220–30 wurde ein großangelegter roman. Dombau begonnen, aber nicht fertiggestellt. – Mit der Reformation wurde der Konvent aufgelöst und der Bischofssitz 1554 nach Ålborg verlegt.

J. P. Ægidius

Lit.: V. LORENZEN, De danske Præmonstratenserklostres Bygningshistorie, 1925 – H. KOCH, De ældste danske Klostres Stilling i Kirke og Samfund indtil 1221, 1936 – P. RIEMANN, B. Klosters Historie, 1941 – N. BACKMUND, Monasticon Prämonstratense I, 1949, 266–268.

Borgo, borgo franco. Der Begriff→burgus (it. borgo) bezeichnet im allgemeinen bereits im 10. Jh. eine außerhalb der Mauern einer Stadt oder eine um ein relig. (Pfarrkirche, Kloster) bzw. weltl. Zentrum (Burg) entstandene Siedlung. Die it. borghi, ursprgl. offene Siedlungen, erhielten bald mehr oder weniger einfache Befestigungen, bes. die unmittelbar außerhalb der Stadtmauern gelegenen Siedlungen wurden rasch in neue Mauerringe einbezogen, welche alle Städte allmählich errichteten. Mit der Eingliederung der Bewohner der borghi in die Stadtgemeinden wurde deren Sicherheit gewährleistet, wobei von bes. Bedeutung war, daß viele Handwerksbetriebe ihren Sitz in den borghi hatten. In den mittel- und nordit. Städten erhielten die Bewohner der borghi sehr früh die gleichen bürgerl. Rechte, wie sie die Bewohner der alten civitas (→Bischofsstadt) bereits besaßen, ein Entwicklungsprozeß, der mit dem Entstehen der→Kommune zusammenfällt. In den Städten Süditaliens, die bekanntl. nie die volle Autonomie erreichten, lagen die Verhältnisse anders.

Seit dem letzten Viertel des 12. Jh. wurden in Mittel- und Norditalien Orte, die im Stadtumland (→Contado) von den Kommunen – seltener von Territorialherren – aus wilder Wurzel gegr. wurden oder aber Erweiterungen schon bestehender Siedlungen darstellten, abwechselnd mit den Begriffen burgus, villa oder castrum, jeweils in Verbindung mit dem Adjektiv francus (borgo franco, villa franca, castel franco), bezeichnet. In beiden Fällen wurden den neuen Siedlern, die anscheinend Freie waren und sorgfältig im Hinblick auf ihre künftige Tätigkeit ausgewählt wurden, Baugrund für ihre Häuser und Ackerland zugeteilt und (lokal sehr unterschiedl.) steuerl. Privilegien gewährt. Der Ausgangspunkt für die Neugründung oder den Ausbau von bestehenden Siedlungen konnte die Befestigung des Grenzgebietes zu einer rivalisierenden Nachbarschaft oder Territorialherrschaft oder auch die Kontrolle eines Verkehrsweges bzw. die Schaffung eines agrar. Zentrums im Zuge der Binnenkolonisation (→Kolonisation und Landesausbau) sein. Erscheinen in der it.

Toponymik auch häufig Ortsnamen wie Villafranca, Borgofranco, Castelfranco, so sind doch – wie die Urkunden zeigen – Siedlungen häufiger, die zwar den rechtl. Status eines borgo franco besaßen, aber anders benannt wurden.

G. Fasoli

Lit.: G. FASOLI, Ricerche sui borghi franchi dell'Italia, RSDI 15, 1942, 139–214 – CH. HIGOUNET, Les »terre nuove« florentines du XIVe s. (Studi in onore di A. FANFANI III, 1962), 15–33 – F. BOCCHI, Suburbi e fasce suburbane nelle città dell'Italia medievale (Storia della città 5, 1977), 15–33 – F. PANERO, Due borghi franchi padani, 1979 – A. A. SETTIA, Lo sviluppo degli abitati rurali in alta Italia: villaggi, castelli e borghi dall'alto al basso Medio Evo (Medioevo rurale a cura di V. FUMAGALLI-G. ROSSETTI, 1980), 157–199.

Borgo San Donnino, Stadt in der Prov. Parma, seit 1927 in Fidenza umbenannt. Das antike Fidentia (82 v. Chr. Sieg des Lucullus) verlor in der Kaiserzeit die kommunale Selbständigkeit und wurde →Parma zugeschlagen; dies entschied die kirchl. Zugehörigkeit bis zur Errichtung eines eigenen Bm.s 1601. Der Ort erscheint unter verändertem Namen B.S.D. erstmals 830 in der Überlieferung. (Nach der faktenarmen, späten Legende AASS October IV starb Domninus als Märtyrer der diokletian. Christenverfolgung.) B.S.D. wuchs dank der günstigen Lage an der Via Aemilia und einem abzweigenden Ast der Straße über den Monte Bardone (→Via Francigena, Strata Sancti Petri) rasch zu überörtl. Bedeutsamkeit. Pilgerführer des 10.–13. Jh. nennen den Platz, der seit Otto I. als Reichszollstätte, v. a. im 11.–12. Jh. als Fernhandelsmarkt belegt ist. Seit Lothar II. (869) spielt B.S.D. im Herrscheritinerar eine erhebl. Rolle. Zw. Parma, →Piacenza, örtl. Adligen und dem Reich umstritten, das hier einen Königshof besaß, erstrebte B.S.D. die Reichsunmittelbarkeit. Kg. Konrad, aufständ. Sohn Heinrichs IV., hielt sich 1097 längere Zeit in B.S.D. auf. Eine Verpfändung an Piacenza durch Heinrich V. ist umstritten, es wäre eine der allerfrühsten. Unter Barbarossa wird B.S.D. als »camera imperii« bezeichnet und ihm 1162 Reichsfreiheit zugesichert. Aber Heinrich VI. verpfändete es zeitweilig an Piacenza. In B.S.D. wurde im Juli 1195 der Lombardenbund erneut beschworen, doch weilte hier Heinrich VI. schon im Folgejahr wieder. Seit 1207 Neubau der Kirche unter zisterziens. Einfluß mit bedeutendem Skulpturen-Schmuck (→Antelami). Friedrichs Hoftag von 1226 in B.S.D. war polit. hochbedeutend, namentl. bezügl. des Kampfes gegen die Lombardenliga. Der Ort stand während des Endkampfes der Staufer fest auf ksl. Seite und wurde 1268 von Parma verheert. Auch später bekriegten die Nachbarorte B.S.D. wegen dieser Parteinahme. W. Goez

Seit d. Mitte des 13. Jh. erreichte B.S.D. durch die Entwicklung der Stadtverfassung und die Ausbildung einer lokalen Gesetzgebung große Macht und Prosperität, der auch die inneren Kämpfe, das Wechselspiel der guelf. und ghibellin. Partei, die kurze Zeit der Abhängigkeit von Bologna und die eher rechtliche als fakt. Anerkennung der Oberherrschaft der Kirche keinen nennenswerten Abbruch taten. Ein vielfaches Echo dieser hist. Ereignisse findet sich in Dantes Divina Commedia. 1249 besaß Oberto II. Pelavicino die Lehnshoheit über B.S.D., die er jedoch 1268 wieder verlor. In rascher Folge wechselten sich danach verschiedene Signoren an der Macht ab (M. Pagani, Da Correggio, Rossi di S. Sepolcro usw.), bis sich 1313 die stabilere Signorie des Francesco Manfredi durchsetzte. Es folgten erneut Perioden kirchl. Oberherrschaft (unter den Kard. en→ Bertrand du Poujet, Albornoz und Anglico); nach der Plünderung durch John →Hawkwood und der Übergabe an Niccolò d' →Este (1376–77) wurde das Vikariat von B.S.D. jedoch 1379 an Astorgio→Manfredi übertragen, dessen Familie die Stadt ohne Unterbrechung innehatte, bis Astorgio III. von →Cesare Borgia daraus vertrieben wurde. 1545–1731 war die Stadt dann im Besitz der Farnese. S. Polica

Lit.: DHGE IX, 1244–1246 – G. LAURINI, S. Donnino e la sua città, 1924 – K. SCHROD, Reichsstraßen und Reichsverwaltung im Kgr. Italien, Beih. VSWG 25, 1931 – W. WOHLFARTH, Ks. Heinrich VI. und die oberit. Städte, 1938 – N. DENTI, Fidenza dalle origini ai giorni nostri, 1951 – F. BERNINI, Conflitti giurisdizionali fra Parma e Borgo di San Donnino nel Medioevo, Aurea Parma, 1951 – E. NASALLI ROCCA, Vescovi, città, signori ai confini tra Parma, Piacenza, Cremona, ASL 1964/65 – BRÜHL, Fodrum – W. GOEZ, »Gegeben zu Borgo San Donnino« (Lübeck 1226, Reichsfreiheit und frühe Stadt), 1976.

Borgo San Genesio, aufgelassene Ortschaft in der Arno-Ebene nö. →San Miniato (Prov. Pisa). Zentrale und verkehrsgünstige Lage (→Via Francigena, Nähe des schiffbaren Arno) ließen B.S.G. als Schauplatz von Hof- und Landtagen, Bischofstreffen und polit. Verhandlungen v. a. im 11. und 12. Jh. hervortreten, wenngleich die durch REPETTI eingeführte Bezeichnung »das toskanische →Roncaglia« übertrieben ist. Erstmals 715 bezeugt; die Benennung nach der Genesius-Kirche verdrängte die nach dem langob. Ortsgründer (vicus Wallari), die seit Mitte 10. Jh. nicht mehr belegt ist. B.S.G. gehörte zur Diöz. →Lucca, die durch mgfl. Schenkung von curtis und castrum größter Grundherr in dem seit 1038 so bezeichneten burgus wurde. Die Mittelpunktsfunktion veranlaßte weitere Hochstifte und Abteien, in B.S.G. Besitz zu erwerben. Von B.S.G. aus geschah die Gründung des nahen Höhenburg-Ortes San Miniato; bei der Beurteilung der hist. Bedeutung sind daher beide Plätze zusammenzusehen; dies betrifft auch die Auswertung des Herrscheritinerars. In B.S.G. und San Miniato kulminierten die Versuche Heinrichs des Stolzen und Welfs VI. um Konsolidierung der mgfl. Gewalt in Toscana ebenso wie diejenigen der Reichslegaten→Rainald v. Dassel und→Christian v. Buch um Wiederherstellung der ksl. Macht. Der Talort konnte sich auf Dauer nicht neben der Tochtergründung auf befestigter Höhe behaupten; 1217 verlieh Friedrich II. B.S.G., wo 20 Jahre zuvor die tuszische Städteliga beschworen worden war, den Samminiatesen, die es zerstörten; 1247 wird die Lage des Camaldulensischen (Pilger-)-Hospitals angegeben »in capite olim burgi«. San Genesio wurde Nebenpatron der Hauptkirche von San Miniato.

W. Goez

Lit.: E. REPETTI, Diz. geografico fisico storico della Toscana 1, 1833 – R. DAVIDSOHN, Gesch. von Florenz 1, 1896 – F. SCHNEIDER, Die Reichsverwaltung in Toscana 1, 1914 – K. SCHROD, Reichsstraßen und Reichsverwaltung im Kgr. Italien, Beih. VSWG 25, 1931 – D. VON DER NAHMER, Die Reichsverwaltung in Toscana unter Friedrich I. und Heinrich VI., 1966 – BRÜHL, Fodrum [Register].

Borgognoni

1. B. Tederico dei (Teodorico; Dietrich v. Cervia [v. Lucca]) OP, it. Chirurg, Sohn v. 2; *1205 in Lucca, †24. Dez. 1298 Bologna, ☐S. Domenico, ebd., in der von ihm gestifteten Kapelle. T. übersiedelte neunjährig nach Bologna, trat 25jährig (1230/31) in den dortigen Dominikanerorden ein, wirkte als Beichtvater Papst Innozenz' IV. in Rom, wurde mit der Leitung des apul. Bm.s Bitonto beauftragt, die er 1262 von Lucca aus wahrnahm; überredete 1265 die Lucchesi, sich gegen Kg. Manfred und für Papst Clemens IV. zu entscheiden, wurde 1266 nach Manfreds Tod zum Bf. v. Cervia ernannt, residierte jedoch in Bologna, wohin er mit Erlaubnis Nikolaus' V. auch einen Teil des Cerveser Salzhandels umleitete. Unterrichtet von seinem Vater Ugo dei B. (2. B.) und angespornt durch dessen Schüler →Bruno da Longoburgo war T. dei B. ungeachtet seines geistl. Stands als maßgebl.

Vertreter der Bologneser Chirurgenschule tätig, erwarb als Arzt hochgestellter Persönlichkeiten ein Vermögen und trug eine med. Fachbibliothek zusammen.

Zwei Traktate – »De sublimatione arsenici« und »De aluminibus et salibus« – sind nicht erhalten. Erfolgreich war T. dei B. als Jagd- und Veterinärschriftsteller, wie seine »Roßarznei« (»Liber de medela equorum«) und sein (?) Beizbuch »De cura accipitrum« bezeugen (übersetzt ins Kat. bzw. auch ins It.). Wichtigste Arbeit ist jedoch sein wundärztl. Lehrbuch (»Chirurgia«, »Filia principis«), das er bald nach der Jahrhundertmitte (1252) in Angriff nahm und während seines Bitontischen Episkopats erweiterte. Dabei schrieb er die »Chirurgie« Brunos da Longoburgo aus, wobei er sich derart offenkundig an seine Textvorlage anlehnte, daß bereits →Guy de Chauliac das Plagiat brandmarkte (»Chirurgia magna«, cap. sing.). Trotz dieses Vorgehens hatte T. mit seinem Kompilat Erfolg: Die »Chirurgie« erlangte handschriftl. weite Verbreitung, wurde ins Span., Frz., Engl., It. und Dt. übertragen, lief auch in hebr. Fassungen um (eine davon anscheinend aus dem Kat. übersetzt) und erlebte zw. 1498 und 1546 mindestens sechs Druckausgaben. G. Keil

Ed.: The Surgery of Theodoric, übers. E. CAMPBELL–J. COLTON, I–II, 1955–60 – A. THOMAS, Traduction provençale abrégée de la Mulomedicina de Teodorico Borgognoni, suivie de recettes pour le vin, Romania 40, 1911, 353–370 – El libro de los caballos. Tratado de albeiteria del siglo XIII, hg. G. SACHS, 1936 – *Lit.*: STEINSCHNEIDER, Übersetzungen, 832 – E. GURLT, Geschichte der Chirurgie und ihrer Ausübung, 1898, I, 740–753 – K. SUDHOFF, Beitr. zur Gesch. der Chirurgie im MA II, 1918, 463 – D. GIORDANO, Ancora sulla identità di Teodorico (o Tederico) autore della chirurgia »Filia principis« con Teodorico figlio di Ugone, vescovo di Cervia, e prima di Bitonto, RSSMN 21, 1930, 133–137, vgl. 3–22 – L. MÜNSTER, Un precursore bolognese della medicina moderna: Fra Teodorico de' B., Boll. Ist. Stor. Arte sanit. 12, 1932, 261, 301 f. – E. COTURRI, Note alla 'Chirurgia' di Teodorico da Lucca (Atti della III biennale della marca per la storia dell'arte medica, 1959), 167–175 – M. TABANELLI, La chirurgia italiana nell'alto medioevo I, 1965, 193–495 [mit Teilübers.] – SARTON II, 654–656.

2. B., Ugo dei (Hugo v. Lucca), it. Chirurg, Vater von 1, *im 3. Viertel des 12. Jh. in Lucca, †zw. 1252 und 1258 in Bologna, wurde von seinem Verwandten, dem Bologneser Podestà Rodolfo di Guido dei Borgognoni, berufen und trat seinen Dienst als Stadtwundarzt im Okt. 1214 zu Bologna an. Als Feldscher begleitete er während des Fünften Kreuzzugs die Bologneser Mannschaft nach Syrien sowie Ägypten und nahm unter dem Kommando Kg. Johanns v. Brienne an der Belagerung von →Damiette im Nildelta teil (1218/19). Nach Bologna zurückgekehrt, führte er seine Tätigkeit als Stadt- und Gerichtsarzt weiter, begann jedoch auch an der Univ. chirurg. Unterricht zu erteilen, wobei sein Sohn →Tederico (1. B.) und der Kalabrese →Bruno da Longoburgo zu seinen bedeutendsten Schülern gehörten. Mit →Roland v. Parma hat U. zumindest in der wundärztl. Praxis konkurriert. Hochbetagt, fand er im Bologneser Dominikanerkonvent seines Sohnes Unterschlupf, wo er auch starb.

U. dei B. hat selber keine Schriften hinterlassen, doch wird aus den Werken seiner Schüler sichtbar, daß er von →Roger Frugardi und dessen Parmeser Tradition ausging, →Avicenna sowie die Albucasis-Chirurgie einbezog und auf dieser Grundlage die Bologneser Chirurgenschule gründete. Kennzeichnend für ihn sind Operationsnarkose (Schlafschwämme), antisept. Ansätze in der Traumatologie (eiterlose Wundheilung durch Weinverbände), Vereinfachung der Fraktur- und Luxationsbehandlung, Neuerungen beim Remobilisieren von Versteifungen und das Interesse an der Alchemie. Er scheint bei Hautkrankheiten Quecksilber-Schmierkuren empfohlen und die Arsen-Sublimation gelehrt zu haben. G. Keil

Lit.: E. PERRENON, Die Chirurgie des H. v. L. nach den Mitteilungen des Theodoric [Diss. Berlin 1899] – W. V. BRUNN, Kurze Gesch. der Chirurgie, 1928, 155–168 – L. MÜNSTER, Un precursore bolognese della medicina moderna: Fra Teodorico, Boll. Ist. Stor. Arte sanit. 12 (6), 1932, 301 – M. TABANELLI, La chirurgia italiana nell'alto medioevo I, 1965, 196–198; 474–479.

Boril, bulgarischer Zar 1207–18, † Ende 1217/Anfang 1218; Sohn einer unbekannten Schwester der ersten →Aseniden. Nach dem Tod des Zaren →Kalojan im Spätherbst 1207 bei der Belagerung von Thessalonike bestieg B. als der einzige volljährige Nachfolger den Thron. Um seine Herrschaft zu legitimieren, heiratete er Kalojans Witwe, eine Kumanin, was ihm die militär.-polit. Allianz mit den jenseits der Donau siedelnden →Kumanen sicherte. Die sich bald offenbarenden Pläne einer Usurpation auf Kosten der legitimen Nachfolger, der Söhne von →Asen I., →Ivan Asen II. und →Alexander (5. A.), rief eine starke Gegenbewegung im Innern hervor. Die Unzufriedenheit verstärkte sich nach erfolglosen militär. Aktionen gegen Ungarn und das Lat. Kaiserreich. Im Febr. 1211 berief B. in Tŭrnovo ein Konzil gegen die härt. →Bogomilen ein, was er als Vorwand benutzte, um seine polit. Gegner zu verfolgen. Ende 1217 oder Anfang 1218 erschienen Ivan Asen und Alexander mit fremden Hilfstruppen, belagerten die Hauptstadt und töteten B., der sein Heil in der Flucht gesucht hatte. I. Dujčev

Lit.: ZLATARSKI, Istorija III, 1940, 259 ff. [abweichend!] – I. DUJČEV, Bŭlgarsko srednovekovie, 1972, 289 ff. – DERS., Tzar Kalojan, bitkata pri Odrin pzez april 1205 g. i nejnite setnini, Voenno-istor. sbornik, XLVIII, 4, 1979, 107–123.

Boris

1. B. I., bulg. Fs. 852–889, † 2. Mai 907. Während des ersten Jahrzehnts seiner Regierung konzentrierte B. seine Aufmerksamkeit auf die polit. Beziehungen zu den Nachbarn Bulgariens. Ein kurzdauernder Konflikt mit Serben und Kroaten endete für B. erfolglos. Die Annäherung zw. dem →Großmähr. Reich unter →Rastislav und dem Byz. Reich trieb B. zu einer Allianz mit Ludwig d. Dt.; dabei zeigte B. seine Bereitschaft, Bulgarien der frk.-lat. Bekehrungstätigkeit zu öffnen. Um dies zu verhindern, unternahm der byz. Ks. Michael III. einen großen Feldzug gegen die Bulgaren und zwang B., sich mit seinem Volk durch byz. Priester taufen zu lassen (Frühherbst 865). Diesem übermächtigen polit. und kirchl. Einfluß des Byz. Reiches versuchte B. entgegenzutreten, indem er – inmitten des →Filioque-Streites – Beziehungen mit dem Papsttum anknüpfte, in der Hoffnung, von Rom eine (halb)eigenständige Kirchenorganisation zu erhalten (Schreiben Papst Nikolaus' I. an Boris: »Responsa ad consulta Bulgarorum«); doch blieb diese Politik auf längere Sicht ergebnislos. Vielmehr unterstellte sich B. infolge von Streitigkeiten mit Rom sogleich nach dem Konzil v. Konstantinopel 869/870 erneut dem Patriarchat v. Konstantinopel. Dabei konnte Bulgarien seine Eigenständigkeit dank der Einführung der von →Konstantin-Kyrillos geschaffenen slav. Schrift und dem Aufbau einer nationalen kirchl. Hierarchie bewahren. – 889 zog sich B. als Mönch ins Kl. zurück; er wurde nach seinem Tod als Hl. verehrt. – Bulgarien. I. Dujčev

Lit.: ZLATARSKI, Istorija I/2, 1927, 1–277 – MUTAFČIEV, Istorija I, 1943, 165–205 – F. DVORNIK, Les Slaves, Byzance et Rome au IXe s., 1926 – I. DUJČEV, Medioevo bizantino-slavo I, 1965, 107–192 – V. GJUZELEV, Knjaz Boris Pŭrvi, 1968 – HEG I, passim.

2. B. II., bulg. Zar 969–971, *um 930, † um 978/979; Sohn von →Petros und Maria-Irene, Enkelin des byz. Ks.s Romanos I. Lakapenos. Nach dem Tod der Mutter (um

963) wurde B. mit seinem Bruder →Romanos als Geisel für die Bewahrung der bulg. Neutralität nach Konstantinopel geschickt. Nach dem Tode Petros' nach Preslav zurückgekehrt, wurde er als Zar anerkannt. Fs. →Svjatoslav v. Kiev rückte bei seinem zweiten Feldzug nach Bulgarien in die Hauptstadt ein und nahm B. und seine Familie gefangen. Im April 971 eroberte Ks. →Johannes I. Tzimiskes Ost-Bulgarien; der Zar und seine Familie wurden nach Konstantinopel abgeführt; B. wurde abgesetzt und erhielt den Titel eines Magistros. Um 978/979 wurde er beim Versuch, wieder in seine Heimat zu fliehen, unbeabsichtigt von bulg. Grenzwächtern getötet.

I. Dujčev

Lit.: ZLATARSKI, Istorija I/2, 1927, 569, 593ff. – OSTROGORSKY, Geschichte³, 241 ff. – I. DUJČEV, Pinax Rhôs, Byzantion XLI, 1971, 59–68.

3. B. Aleksandrovič, Gfs. v. →Tver' seit 1426, *um 1400, † 10. Febr. 1461; erstrebte und erreichte die Konsolidierung seines Gfsm.s durch Bündnisse mit dem Gfsm. →Litauen (Polen-Litauen; 1427, 1430, um 1434, 1449) und dem Gfsm. →Moskau (um 1439, 1446, 1452, um 1456). B. verstand es darüber hinaus, innere Auseinandersetzungen bei seinen beiden mächtigen Nachbarn auszunutzen. 1427 erkannte B. unter Vorbehalt seiner souveränen Rechte die Oberhoheit seines »Herrn und Großvaters« →Witowt' an; 1432/33 unterstützte er seinen Schwager →Świdrigiełło (litauisch Švitrigaila) gegen →Sigmund, schloß aber 1436 mit letzterem einen Friedensvertrag. Gegenüber →Novgorod führte B. 1428, 1440, 1444–46 Krieg, verstand es dabei aber auch, flexibel zu handeln, wie der Vertragsentwurf um 1447 zeigt. Die Schwächung des Gfsm.s Moskau in inneren Auseinandersetzungen (1425–53) war für B. durchaus von Vorteil; ab 1446 stellte er sich jedoch deutlich auf die Seite des geblendeten Gfs.en →Vasilij II. An dessen Sohn →Ivan III. verheiratete B. 1452 seine Tochter Maria. Tatsächlich erlangte B. eine rechtl. Gleichstellung seines Fsm.s Tver' mit dem Gfsm. Moskau. Die ideellen Aspirationen seiner Politik griffen allerdings noch viel höher, wie aus einer um 1453 verfaßten panegyr.-propagandist. Schrift auf B. hervorgeht: Tver' und seine Gfs.en werden mit Rom und Ostrom und ihren Ks.n gleichgesetzt; B. wird von den russ. Großfürsten, Fs.en und Großen (fiktiv) als »von Gott Gekrönter« und »ksl. Selbstherrscher« anerkannt und gepriesen; in dieser Herrschaftspropaganda kommt die Idee der durch das Gfsm. Tver' und seinen Herrscher B., den »zweiten Konstantin«, zu verwirklichenden Einheit der russ. Länder zum Ausdruck. Auf Anregung von B. wurde um 1455 eine Weltchronik kompiliert, in welcher Tver' den zentralen Platz innerhalb der Geschichte Rußlands einnimmt. A. Poppe

Q.: DDG 23, 37, 54, 59 – Inoka Fomy slovo pochvalnoe o blagovernom velikom knjaze Borise Aleksandroviče, ed. N. P. LICHAČEV, PDPI 168, 1908–PSRL XV, 1863, 489–496 – *Lit.:* RBS 3, 1908, 232 f. – A. EKZEMPLARSKIJ, Velikie i udelnye knjazja severovostočnoj Rusi v tatarskij period. B. II, 1891, 507–511 – I. VINOGRADOV, Novye dannye po istorii Tverskago knjažestva. Knjaženie Borisa Aleksandroviča, 1908 – W. PHILIPP, Ein Anonymus der Tverer Publizistik im 15. Jh. (Fschr. D. CIŽEVSKY, 1954), 230–237 – weitere Lit. s. u. →Tver'.

Boris und Gleb

I. Leben und Verehrung – II. Hagiographische Literatur – III. Ikonographie.

I. LEBEN UND VEREHRUNG: B. und G., hl., aruss. Fs.en, *nach 989, †nach dem 15. Juli 1015. Die Brüder B. und G. waren die jüngeren Söhne →Vladimirs I. d. Hl., Fs.en v. Kiev, und – wie aufgrund ihrer Taufnamen Roman und David zu schließen ist – der Anna→Porphyrogenneta und wurden während der Thronwirren nach Vladimirs Tod ermordet. – Die hagiograph. Tradition schreibt B. und G. unbedingten Gehorsam gegenüber ihrem ältesten Bruder, dem Thronerben →Svjatopolk zu und erklärt diesen zum Schuldigen an ihrer Tötung. Wahrscheinl. nahmen B. und G. aber aktiv an den Thronkämpfen teil und wurden jedenfalls als gefährliche potentielle Kronprätendenten angesehen und deshalb getötet. Als Urheber ihrer Ermordung kommt auch der Gewinner der Auseinandersetzungen, →Jaroslav I., in Betracht.

Die um 1050 einsetzende Verehrung von B. und G. im Kiever Herrscherhaus gipfelte in der Kanonisierung am 20. Mai 1072. Weiteren Anstoß zur Verbreitung des Kultes gab die Translation der Reliquien von B. und G. in die neue prächtige Kirche in →Vyšgorod (2. Mai 1115). Die B.- und G.-Verehrung spielte im religiösen und polit. Leben des ma. Rußland eine bedeutende Rolle. Nach dem Umfang der schriftl. Überlieferung und der Zahl der B. und G. geweihten Kirchen zählten die beiden fsl. Märtyrer zu den populärsten aruss. Heiligen.

II. HAGIOGRAPHISCHE LITERATUR: Unter d. hagiograph. Werken zu Ehren von B. und G. sind zu nennen: 1. eine anonyme Darstellung ihres Martyriums, verfaßt kurz vor 1072 und bis zur feierl. Beisetzung 1115 um Wundererzählungen ergänzt; 2. eine Vita des →Nestor, 1079–85 entstanden; 3. eine erzählende Darstellung des Todes der Hl., in die aruss. Chronik (→»Povest' vremennych let«) zu den Jahren 1015–19 eingefügt. Die Erzählung in der Chronik ist höchstwahrscheinl. vom anonymen Martyrium abhängig, doch wurde auch eine umgekehrte Abhängigkeit vorgeschlagen. Man hat auch versucht, schwierige textkrit. Probleme mit Hilfe der Hypothese einer angebl. verschollenen »Urlegende« oder »Saga« zu lösen. Die Frage der gegenseitigen Abhängigkeit und Datierung der drei hagiograph. Erzählungen bleibt kontrovers. Unbestritten ist dagegen die Auffassung, daß die ältesten hagiograph. Werke über B. und G. nicht, wie früher angenommen wurde, der Zeit vor 1050 angehören können. Die älteste Liturgie zu Ehren der Hl. B. und G. stammt aus den 80er Jahren des 11. Jahrhunderts. A. Poppe

III. IKONOGRAPHIE: B. und G. werden, mit deutl. Altersunterschied, stehend nebeneinander in Fürstengewändern mit der fürstl. Šapka auf dem Haupt, dargestellt, zum Zeichen des Nichtwiderstandes die Schwerter nur etwas aus der (oft in roter Märtyrerfarbe gehaltenen) Scheide gezogen. Einige Denkmäler zeigen evtl. Ähnlichkeit mit vorchristl. Fürstenstandbildern (Idol von Zbruč). Weniger zahlreich sind Bilder als Reiterheilige. Als Patrone der Einheit der Rus' früh verehrt, finden sich Darstellungen schon in der Kleinkunst des 11. Jh., um sehr schnell in die Monumental-, Miniatur- und Ikonenmalerei aufgenommen zu werden. Für die Beziehungen zw. der Hagiographie und Ikonographie von B. und G. sind ihre Vitenikonen wichtig. K. Onasch

Q.: D. I. ABRAMOVIČ, Žitija svjatych mučenikov Borisa i Gleba i služ by im., 1916 [in Ausw. reprograph. hg. u. eingl. v. L. MÜLLER in: Slav. Propyläen 14, 1967] – S. A. BUHOSLAVS'KIJ, Pamjatky XI–XVIII vv. pro knjaziv Borysa ta Hliba, 1928 [beste kritische Ausg. der Texte] – *Lit. [zu I und II]:* Kindlers Lit.-Lex. VI, 1969, 1504 f. [L. MÜLLER] – L. MÜLLER, Neuere Forsch. über das Leben und die kult. Verehrung der Hl. B. und G. (Opera Slavica IV, Slavist. Stud. zum V. Internat. Slawistenkongreß in Sofia 1963), 295–317 [wichtigste Lit.] – A. POPPE, O vremeni zaroždenija kulta Borisa i Gleba (Russia Mediaevalis I, 1973), 6–29 – M. ALEŠKOVSKIJ, Russkie glebo-borisovskie enkolpiony 1072–1150 (Drevnerusskoe iskusstvo. Chudožestvennaja kultura domongolskoj Rusi, 1972), 104–125 – S. MACZKO, B. and G.: Saintly Princes or Princely Saints (Russian Hist. II, 1, 1975), 68–80 – B. FLORJA, Vaclavská legenda a borisovsko-glebovský kult e Shody a rozdily, ČČH 26, 1978, 82–90 – O. KRALIK, Vztah Povesti vremennych let k legendě o Borisu a Glebovi, Československá Rusistika XII, 1967, 99–102. – F. KELLER, Das Kontakion aus der ersten Služba für B. und G. (Schweizer. Beitr. zum VII. Internat. Slavistenkongr. in Warschau, Slavica Helvetica 7, 1973), 65–74 – [zu III]: LCI V, 438–441 – K. ONASCH, Ikonen, 1961, zu Taf. 20, 50, 78, 79 – G. V. POPOV–A. V. RYNDINA, Živopiś i prikladnoe iskusstvo Tveri XIV–XVI veka, 1979 – E. S. SMIRNOVA, Živopiś Velikogo Novgoroda XIII–načalo XV veka, 1976 [beide Register: b i G.] – A. POPPE, La naissance du culte de B. et G., CCMéd 25, 1981, 29–33.

Borisov, aruss. Burg und Kleinstadt an der Berezina, einem Nebenfluß des Dnepr; zentraler Ort im dichtbesiedelten Grenzgebiet (über 200 Hügelgräber des 9.–12. Jh.) zw. →Kriviċen und →Dregoviċen. Die um die Wende des 11. Jh. gegr. Burg (heut. Dorf Staro-B.) wurde nach Boris, dem Sohn des Vseslav, Fs.en v. Polock, benannt und gehörte zu den zehn burgstädt. Siedlungen des Fsm.s →Polock; vorübergehend wurde es auch von Teilfürsten der Polocker Linie als Residenz genutzt. Im 13. Jh. geriet B. unter die Oberhoheit der Fs.en v. →Litauen. Um die Mitte des 13. Jh. brannte B. vollständig nieder; es wurde 4 km stromabwärts wiederaufgebaut (heut. Stadt B.). Vom 14. Jh. an gewann B. Bedeutung als stark befestigte hölzerne Burg. A. Poppe

Lit.: Z. I. DAUGJALA, Barysauski zamak, Pracy Archeolegičnaj kamisii, Bd. 2, 1930, 263–267 – G. V. STYCHOV, Goroda Polockoj zemli, 1978, 100–102 – weitere Lit. s. u. →Polock.

Bořivoj I., Fs. v. Böhmen. Datierung des Regierungsantritts nicht geklärt, † um 894, vielleicht Sohn Hostivits (Kosmas I, 10); ⚭ Ludmila, Tochter eines Fs.en v. Pšov († 921); Söhne: Spitihněv I. und Vratislav I.

B. gilt als Repräsentant des ersten Christentums im Přemyslidenbereich (d. h. in Mittel- und NW-Böhmen) schon bei Christian und Kosmas, während die alte bayer. Tradition seinen Sohn Spitihněv als ersten christl. Herrscher Böhmens bezeichnet. In Wirklichkeit ließen sich schon 845 »14 böhm. Fs.en« in Regensburg taufen. Das Datum der Taufe B.s steht nicht fest (869/870 oder zw. 872 u. 885); der Überlieferung (Christian, Kosmas) nach fand sie am Hof Svatopluks v. Mähren durch Ebf. Method statt, der seinen Priester Caych nach Böhmen entsandte, wo zuerst im Burgwall →Levý Hradec die erste bekannte christl. Kirche (S. Clemens) von B. erbaut wurde. Wo die Taufe Ludmilas stattfand, ist unbekannt; 921 erlitt sie den Märtyrertod. Die Bekehrung der böhm. Stämme ist offenbar nicht ohne Rückschläge erfolgt: Nach dem Bericht Christians wurde B. durch eine heidn. Reaktion vertrieben und durch den legendären Strojmír ersetzt, später aber zurückgerufen. Auch der Bau der Marienkirche in der Vorburg des gerade damals neuentstehenden Burgwalls →Prag geht auf B. zurück. →Böhmen. R. Turek

Lit.: V. NOVOTNÝ, České dějiny I/1, 1912 – I. BORKOVSKÝ, Église de la Ste-Vierge au château de Prague (PamArch XLIV, 1953), 196 ff. – R. TUREK, Böhmen im Morgengrauen der Gesch., 1974 – F. GRAUS, Böhmen und Altsachsen (Fschr. W. SCHLESINGER II, 1974), 354–365.

Borja (Borgia), Familie. Die meisten der im 13. Jh. im Kgr. Valencia ansässigen B. stammen aus dem gleichnamigen Ort Borja, nach dessen Wappen sie ihr eigenes gestalteten. Die hist. Familie dieses Namens war seit der Reconquista in den Städten Valencia und Xàtiva ansässig. Die Herleitung ihrer Abstammung von Don Pedro de Atarés, Prätendent auf den Thron von Aragón im 12. Jh., ist irrig. Seit Mitte des 14. Jh. sind in Xàtiva zwei vielleicht miteinander verwandte Zweige der Familie sicher nachweisbar: der von Gonzalo-Gil de Borja *(jurat* ['Ratsherr'] 1346) und seinen Nachkommen: Rodrigo-Gil (verheiratet mit der Adligen Francesca de Fenoletn, die 1375 als Zeugin belegt ist) und eines weiteren Rodrigo-Gil († vor 1420), dem seine Frau Sibilia Escrivà y Próxita unter anderen Kindern Rodrigo (Bf. v. Urgel und v. Barcelona, † 1478), Jofré und Galceran schenkte; letzterer begründete durch seine Ehe mit Isabel de Montcada eine Linie der B., der die Kard. Joan de Borja y Alpicat, Ebf. v. Monreale († 1503), Joan de Castellar y de Borja († 1505) und Francesc-Galceran de Lloris y de Borja († 1506) angehörten. Der erwähnte Jofré de Borja y Escrivà, Herr v. Assuèvar († 1437), heiratete Isabel de Borja († 1468), Enkelin von Domingo de Borja († 1370), Tochter eines anderen Domingo (Ritter im Dienste von Martin I. v. Aragón, † 1428, ansässig in der benachbarten Stadt Canals) und Schwester von Alfons de Borja (dem späteren Papst Calixtus III.) sowie von Caterina de Borja (Frau von Joan del Milà und Mutter des Kard.s Joan-Lluis de Milà, Stammvater der Gf.en und späteren Mgf.en v. Albaida). 1420 war Jofré wegen Mordes zum Tode verurteilt und später begnadigt worden. Kinder von Jofré und Isabel waren Tecla (Dichterin, † 1459), Pere-Lluis (Generalkapitän der Kirche unter seinem Onkel Calixtus III., † 1458), Rodrigo (der spätere Alexander VI.), Joana (verheitratet mit Pere-Guillem Llançol de Romaní) und Beatriu (Herrin der Baronie von La Torre de Canals und ohne Nachkommen verheiratet mit Eximén Pérez d'Arenós). Die Nachkommen der erwähnten Pere-Guillem und Joana änderten ihren Namen Llançol de Romaní in den Namen B. (manchmal auch Borja olim Llançol). Von ihrem Erstgeborenen, Jofré (der im Dienst seines Onkels Alexander VI. stand, † um 1500), und seiner Frau Joana de Montcada († 1522) stammen ab Rodrigo (Herr von Villalonga und von La Torre de Canals), die Kard.e Joan († 1500) u. Pere-Lluís († 1511), nacheinander Ebf.e v. Valencia, und fünf Schwestern, unter ihnen Jerònima, Frau von Tiberio Carafa, Gf. v. Soniano und Hzg. v. Nocera. Vgl. →Alexander VI., →Calixtus III., →Cesare Borgia, →Lucrezia Borgia. M. Batllori

Lit.: F. FERNÁNDEZ DE BÉTHENCOURT, Hist. genealógica y heráldica de la monarquía española IV, 1902, 1–389 – P. DE ROO, Material for a Hist. of Pope Alexander VI, his Relatives and his Times, 5 Bde, 1924 – M. BATLLORI, La stirpe di san Francesco Borgia: dal Duecento al Cinquecento, AHSI 41, 1972, 5–47 – DERS., A través de la hist. i la cultura, Bibl. Abat Oliva 16, 1979, 153–240.

Borja, Francesc, † 4. Nov. 1511, Rom. Es gibt keine dokumentar. Grundlage für die Annahme, er sei ein natürl. Sohn von Calixtus III.; Kleriker und Domherr in Valencia 1471 und 1492; Protonotar und Schatzmeister von Alexander VI. (1494); Bf. v. Teano (1495) und Ebf. v. Cosenza (1499), ohne jemals in seinen Diözesen zu residieren. 1500 von Alexander VI. zum Kard. ernannt, war er nach dessen Tod Vormund von Alfonso d'Aragona, Hzg. von Bisceglie, dem Sohn von Lucrezia, sowie von Juan de Borja, Hzg. v. Nepi und Camerino, dem Sohn von Alexander. 1508 verzichtete er auf das Bm. Teano zugunsten seines Neffen Francesc de Borja-Cardador. M. Batllori

Lit.: L. v. PASTOR, Gesch. der Päpste seit dem Ausgang des MA III, 1887 – C. EUBEL, Hierachia Catholica medii [et recentioris] aevi II, 1913–23² – M. BATLLORI, A través de la hist. i la cultura, Bibl. Abat Oliva 16, 1979, 172–173.

Börklüce Muṣṭafā, frühosman. Sozialrebell und Anhänger des gleich ihm 1416 getöteten Ordensscheichs und Mystikers →Bedrüddīn. Als enger Vertrauter des Scheichs warb er seit 1413 unter der sozial und wirtschaftl. unzufriedenen Bevölkerung des westl. Kleinasien und auf der Insel Chios für dessen Lehren, die sozial-utop. Elemente enthielten (Grundsätze des gemeinschaftl. Güterbesitzes, der Askese und der Toleranz gegenüber dem Christentum). Von seinen mehreren tausend Anhängern ließ sich B. M. als Prophet verehren und wagte mit ihnen 1416 den Aufstand, der schließlich von der osman. Zentralgewalt blutig niedergeschlagen wurde; als Rädelsführer der Rebellen wurde B. M. hingerichtet, nach byz. Quellen endete er am Kreuz. P. Kappert

Lit.: EI² II, 869 – N. KURDAKUL, Bütün yönleriyle Bedrettin, 1977 – E. WERNER, Chios, Šeih Bedreddīn und Bürklüğe Mustafā, Byz. Forsch. 5, 1977, 405-413.

Borlet, frz. oder span. Komponist des 14. Jh., von dem nur ein vierstimmiges virelai (Hé, tres doulz roussignol joly) bekannt ist. Vielleicht ist der Name ein Anagramm für Trebol, einen frz. Komponisten, der 1409 in Diensten Kg. Martins I. v. Aragón nachweisbar ist. Unsicher weiterhin, ob Trebol mit Trebor gleichgesetzt werden darf als Palindrom von Robert, dem Namen mehrerer Musiker des 14. Jh. H. Leuchtmann

Q.: Chantilly, HS F–CH 564 (vormals 1047), fol. 54v – *Ed.*: French Secular Music of the Late Fourteenth C., ed. W. APEL, Corpus Mensurabilis Musicae 53, 1970, 19 f. – *Lit.*: GROVE, s. v. und s. Trebor.

Borluut, Patrizierfamilie aus →Gent, Angehörige der viri hereditarii, die durch ihre Handels- und Gewerbetätigkeit, bes. im Textilbereich, und durch Investition ihrer Gewinne in Grundbesitz, inner- und außerhalb von Gent, die wirtschaftl., soziale und polit. Elite der Stadt bildeten. Die B. werden erstmals im 12. Jh. erwähnt. Am Ende des 13. Jh. scheint das Geschlecht seinen Platz unter den ersten Familien der Stadt verloren zu haben; die B. waren in eine blutige Fehde mit anderen Patrizierfamilien verstrickt. Durch ihren Eintritt in die Auseinandersetzungen des frühen 14. Jh., in denen der Gf. v. Flandern und die allgemeine städt. Bevölkerung dem Kg. v. Frankreich und dem oligarch. Patriziat gegenüberstanden, wobei die B. die Partei des Gf.en Gui v. Dampierre ergriff, gewann die Familie ihre Bedeutung zurück. Erneut bekleideten Angehörige des Geschlechts hohe städt. und kirchl. Ämter; ein (geadelter) Zweig sollte sich später auf dem Land ansiedeln. M. Boone

Lit.: BNB II, 709–723 – Bull. Comm. Royale d'Hist. XCIX, 1935, 573–692 – F. BLOCKMANS, Het Gentsche stadspatriciaat tot omstreeks 1302, 1938 – R. MÄRTINS, Wertorientierungen und wirtschaftl. Erfolgsstreben ma. Großkaufleute, 1976.

Borna, Herrscher über Küstenkroatien, † 821, 818 erstmals erwähnt als »dux Guduscanorum« (= Gacka, beim heut. Otočac), 821 als »dux Dalmatiae atque Liburniae«. Seine Abkunft ist umstritten, von einigen wird behauptet, daß er nicht nur der Nachfolger, sondern auch der Sohn des ersten getauften Kroatenfürsten Višeslav war. 818 erschien B. zusammen mit dem Fs.en v. Pannon. Kroatien, →Ljudevit, auf dem Hoftag zu Aachen. Während sich Ljudevit kurz darauf gegen die frk. Oberherrschaft erhob, unterstützte B. die Franken und benutzte die Gelegenheit, um in Ljudevits Herrschaftsgebiet einzufallen. An der Kulpa von seinem Rivalen geschlagen, zog sich B. in die befestigten Plätze an der Küste zurück, von denen aus er erfolgreich den nach Dalmatien vorgedrungenen Truppen Ljudevits Widerstand leistete. 820 erschien er wiederum in Aachen, um Ludwig dem Frommen eine gemeinsame Aktion gegen Ljudevit vorzuschlagen. Dazu kam es nicht, da B. bereits 821, wahrscheinl. eines gewaltsamen Todes, verstarb. Nachfolger wurde sein Neffe oder Enkel Vladislav. P. Bartl

Lit.: N. KLAIĆ, Povijest Hrvata u ranom srednjem vijeku, 1971 – ST. ANTOLJAK, Da li bi se još nešto moglo reći o hrvatskim knezovima Borni i Ljudevitu Posavskom, Godišen zbornik, Filozofski fakultet Skopje 19, 1967, 129–139.

Bornelh (Borneil), Giraut de → Guiraut de Bornelh

Bornholm

I. Namenkundliches/Vor- und Frühgeschichte – II. Hoch- und Spätmittelalter.

I. NAMENKUNDLICHES/VOR- UND FRÜHGESCHICHTE: Die älteste Erwähnung der dän. Ostseeinsel B. begegnet im Reisebericht des Angelsachsen →Wulfstan, der in die Orosiusübersetzung des engl. Kg.s →Alfred d. Gr. kurz vor 900 n. Chr. eingefügt wurde; die Insel wird dort »Burgenda land«, d. h. 'Land der Burgunden (Burgunder)', genannt, also mit dem Stammesgebiet der im ags. Orosius auch sonst bezeugten (Nord-)Burgunder gleichgesetzt; dem entspricht, daß Wulfstan noch ausdrückl. das eigene Kgtm. des Landes erwähnt. Man darf den unzweifelhaften sprachl. Zusammenhang des heut. Inselnamens mit dem Namen der Burgunder so verstehen, daß die Insel ursprgl. den (keineswegs vereinzelten) Namen »Burgundī«, »Borgund«, 'die Hohe, Hochragende', trug, und daß der seit dem Beginn der röm. Kaiserzeit südl. der Ostsee bezeugte große Germanenstamm der Burgundiones durch das -jan-Suffix als (einstige) Bewohnerschaft gekennzeichnet wurde. Die relative Kleinheit der Insel spricht nicht dagegen, daß der »Traditionskern« der zu weltgeschichtl. Bedeutung aufgestiegenen südl. →Burgunder von B. stammt, wo nach der Auswanderung eines Bevölkerungsteils eine bedeutende Restbevölkerung zurückgeblieben wäre; zumindest bis ins 10. Jh. dürfte sie ihren Namen und ihre Unabhängigkeit unter einem eigenen Kg. bewahrt haben; danach wurde sie ins dän. Reich eingegliedert. Nachdem die südl. Burgunder aus dem Blickfeld der Ostseeanwohner verschwunden waren, konnte das dort allein noch bekannte Stammesgebiet auf der Insel gut als »Land der Burgunder« o. ä. bezeichnet werden. Daneben ist der ursprgl. Name (z. T. im Genitiv) mit dem verdeutlichenden Zusatz *hólmr* ('Insel') versehen worden, wie die Insel denn auch bloß als »Holmus« (Adam v. Bremen IV, 16) bzw. »Holmen« erscheint. Polit. und religiöses Zentrum der vordän. Periode von der Völkerwanderungszeit bis zum 10. Jh. dürfte dem Namenbestand und der Fundkonzentration zufolge der nordbornholm. Bereich um Gudhjem gewesen sein; im 10. Jh. ändern sich Charakter und Verteilung der Funde, was auf einen tiefgreifenden hist. Wandel, den Untergang des selbständigen Kgtm.s, schließen läßt.

II. HOCH- UND SPÄTMITTELALTER: Bei Adam v. Bremen um 1075 erscheint die Insel dann bereits als »celeberrimus Daniae portus« für den Verkehr mit den Heidenländern und mit Rußland; erst kurz vorher sei sie unter den dän. Kg. →Sven Estridsen vom Bf. Egin des schon. Dalby christianisiert worden. Über die Zeit vom 10. bis zum 12. Jh. erfährt man zusätzl. nur mehr oder minder Sagenhaftes, das darauf schließen läßt, daß B. damals ein Mittelpunkt von Wikingern war, die sich immer wieder der dän. Herrschaft zu entziehen versuchten; v. a. die berühmten Jomswikinger (→Jomsburg, Jómsvíkinga saga) an der Odermündung rekrutierten sich bes. aus dem nahen Bornholm.

Die folgende Periode ist gekennzeichnet durch die ständige Auseinandersetzung zw. den Ebf.en v. →Lund, die im 12. Jh. einen Großteil der Steuereinnahmen zugesprochen bekommen hatten, und dem immer noch präsenten dän. Königtum. Die kgl. Burg Lilleborg, die etwa zur selben Zeit wie die als Festungsbauten verwendbaren berühmten steinernen Rundkirchen auf B. im 12. Jh. gebaut worden war, ist so 1259 von dem Fs.en →Jaromir v. Rügen auf Anstiftung des Ebf.s hin zerstört worden; die damals begonnene ebfl. Feste Hammershus an der Nordwestküste wechselte in der Folge mehrfach den Herrn, doch war seit dem Beginn des 14. Jh. bis in die zwanziger Jahre des 16. Jh. der Ebf. v. Lund der alleinige Besitzer der Insel, die im SpätMA allerdings immer mehr in die Interessensphäre der aufblühenden →Hanse geriet. Danzig, Kolberg und Greifswald gründeten Niederlassungen, Lübeck brandschatzte mehrmals, und schließlich stürmten die Lübecker i. J. 1522 Hammershus, das der dän. Kg. Christian II. kurz vorher dem Ebf. abgenommen hatte. 1525 wurde die ganze Insel für 50 Jahre, bis 1575, den Lübeckern als Pfand überlassen, weil sie Kg. Friedrich I. auf den Thron verholfen hatten. Die lüb. Vögte, gegen deren ersten i. J. 1535 ein vergebl. Aufstand losbrach, bauten ihren Sitz Hammershus zu der noch heute erkennbaren imponierenden Größe aus und errichteten ein wirksames Küstenwachsystem, das im Nord. Siebenjährigen Krieg (1563–70) den B.ern und Lübeckern ermöglichte, die Insel erfolgreich gegen die Schweden zu verteidigen. Die Nichtverlängerung der Pfandschaft nach Ablauf der vereinbarten 50 Jahre signalisiert mit das Ende der Rolle Lübecks im Ostseeraum. E. E. Metzner

Lit.: Hoops² III, 295–313; IV, 224–271, bes. 235 ff. – J. A. Jørgensen, B.s Historie, 2 Bde, 1900–01 – A. Bjerrum, B.s stednavne, 1951 (Danmarks stednavne X), 1–4 – Danmarks Historie. Under red. af J. Danstrup – H. Koch, 2–6, 1963 – K. Hald, De danske ønave, Namn och Bygd 59, 1971, 73–386 – B. med Ertholmene [Gyldendals Egnsbeskrivelser], red. B. Rying, 1979², bes. 75–99.

Bornhöved, Ort in Schleswig-Holstein, Krs. Segeberg. Bei B. fanden zwei bedeutende ma. Schlachten statt:

1. **B., Schlacht bei** (798). Die → Abodriten griffen 798 die sächs. Nordalbingier (→Sachsen) an, die frk. Königsboten erschlagen hatten. Geführt von ihrem dux Thrasco, der von frk. Legaten beraten wurde, brachten sie den Sachsen in einer großen Schlacht bei Suentana (vermutl. Zuentifeld, d. h. die Gegend von Bornhöved) eine schwere Niederlage bei. Die Schlacht dokumentiert die große Bedeutung, die die Abodriten für Karl d. Gr. in dessen Sachsenkriegen besessen haben. L. Dralle

Q.: Ann. regni Franc., ed. F. Kurze (MGH SRG 6, 1895), 105 – Lit.: SlowStarSlow 5, 1975, 582 [St. Urbańczyk, J. Strzelczyk; mit Lit.].

2. **B., Schlacht bei** (22. Juli 1227). Nach der Entlassung aus der Gefangenschaft bei den norddt. Fs.en (Urk. vom 17. Nov. 1225: Verzicht auf Eroberungen, hohes Lösegeld) begann der dän. Kg. →Waldemar II. den Krieg gegen diese von neuem (Papst Honorius III. löst den Waldemar als Kreuzfahrer abgepreßten Eidschwur). Nach Anfangserfolgen (1226: Eroberung der Burgen Rendsburg und Itzehoe sowie Dithmarschens) erlitt Waldemar im Bund mit→Otto v. Lüneburg eine entscheidende Niederlage bei B. gegen die Gf.en v. →Holstein und →Schwerin, den Ebf. v. →Hamburg-Bremen, den Hzg. v. →Sachsen, den Fs.en v. →Mecklenburg und →Lübeck. Damit war das Ende des dän. Ostseeimperiums besiegelt. →Dänemark. E. Hoffmann

Lit.: F. Rörig, Die Schlacht bei B., Zs. des Vereins für Lübeck. Gesch. und Altertumskunde 24, 1927 – E. Hoffmann, Die Bedeutung der Schlacht v. B. für die dt. und skand. Gesch., ebd. 57, 1977, 9–37 – Danmarks historie, I: Tiden intil 1340 [J. Skovgaard-Petersen u. a.], 1977, 373–386 – J. Petersohn, Der südl. Ostseeraum im kirchl.-polit. Kräftespiel des Reichs, Polens und Dänemarks vom 10.–13. Jh., 1979.

Borough (abgl. v. altenglisch *burh* 'befestigter Platz'). -burh ist ein häufiger Bestandteil engl. Ortsnamen (bes. in der Form *bury*, die sich von Dativ sgl. *byrig* ableitet), der häufig auf vor- und frühgesch. Befestigungen (z. B. Cadbury, South), aber auch auf kgl., kirchl. oder private Fronhöfe, die vermutl. befestigt waren, hinweist (z. B. Bushbury > 996: *byscopesbyri*; Bibury von Bēage, dem Namen der Besitzerin des Ortes im 8. Jh.). Die Benennung b. wurde auf die von Kg. Alfred und seinen Kindern, Edward und →Æthelflæd, als Stützpunkte gegen die Dänen errichteten umwallten Siedlungen angewandt; danach wurde b. zur spezif. Bezeichnung für die Stadt, wobei eine frühere Römerstadt (z. B. Winchester, Rochester) oder auch eine Neugründung (z. B. Cricklade, Wallingford) gemeint sein konnte; bei einigen b.s handelte es sich jedoch nur um bloße Befestigungen. Aus dem →»Burghal Hidage«, einer Quelle des 10. Jh., geht hervor, daß die b.s von den Bewohnern der umliegenden Gebiete aufgrund einer Hufeneinteilung instandgehalten und verteidigt wurden. Zahlreiche b.s besaßen einen rechtwinkligen Stadtgrundriß, der sich von röm. unterschied. Stadtanlagen insofern unterschied, als in den b.s im Innern unmittelbar vom Zugang aus parallel zu den Wällen eine Straße verlief. Die b.s waren Zentren der kgl. Herrschaft; viele von ihnen beherbergten Münzstätten und unterstanden kgl. Amtsträgern (*gerefa* →*reeve*), welche die Zölle und verschiedene Bußen und Gerichtsabgaben einzogen sowie Märkte unterhielten. In den b.s wurden auch die kgl. Abgaben aus den →*shires* (Gft.en) gesammelt, und es traten hier die Gerichtsversammlungen der shires zusammen. Einige shires besaßen mehrere b.s (Dorset z. B. hatte vier), doch im 11. Jh. gab es in den meisten shires nur einen, für den jeweiligen shire in der Regel namengebenden b. (z. B. in Staffordshire, Warwickshire, Oxfordshire). Mehr als 110 b.s sind im →Domesday Book (1086) beschrieben, wobei deutlich wird, daß die meisten dieser b.s zu dieser Zeit nicht dem Kg. unterstanden und die »Bürger« freie Leute – mit ähnlichem Rechtsstatus wie die *sokemen* (→soke) auf dem Lande – waren. Das Domesday Book macht auch Angaben über die Größe der Siedlungen: Danach war York mit 1800 Grundstücken i. J. 1066 (was auf mindestens 9000 Einwohner hindeutet) die größte b.-Siedlung. (London ist nicht beschrieben.) Im 12. Jh. erhielten mehrere b.s Privilegien, darunter das Recht zur Zahlung der *firma burgi* ('borough-Abgabe oder -Zins') unmittelbar an die Krone und das Recht zur Bildung von Kaufmannsgilden; vom Ende des 12. Jh. an wurde auch häufiger Selbstverwaltung in bestimmtem Umfang gewährt mit Wahl von städt. Amtsträgern und Stadträten durch die Bürger. Im 13. Jh. wurde die Bezeichnung b. teilweise auch Orte mit burgagium (→bourgage), die von Lehnsleuten des Kg.s gehalten wurden, angewandt. Ab der Regierung Kg. Eduards I. (1272–1307) wurde der Name üblicherweise auf die kgl. b.s beschränkt, doch war die Abgrenzung gegenüber den »ville mercatorie« auch weiterhin oft unklar. Im späten 13. Jh. entsandten b.s ihre Repräsentanten in mehrere kgl. Versammlungen, und nach 1327 waren sie in der Regel im Parliament vertreten. →Stadt, →Bürgertum, →Burg. P. H. Sawyer

Lit.: J. Tait, The Medieval Engl. B., 1936 – S. Reynolds, An introduction to the hist. of Engl. Medieval Towns, 1977.

Boroughbridge, Schlacht v., fand am 16. März 1322 bei B. in Yorkshire, einem am Übergang der wichtigsten Straße nach Nordengland über den Fluß Ure gelegenen Ort, statt. In ihr besiegten die Truppen der kgl. Constable v. Carlisle, Sir Andrew Harclay, das Heer von →Thomas, Earl of Lancaster, der sich in Rebellion gegen den Kg. befand. Der Konflikt endete mit dem Tod des Earl of Herford und mit demjenigen des Earl of Lancaster, der bald nach der Schlacht hingerichtet wurde. Die Schlacht von B. war das Vorspiel zu dem fünfjährigen harten und drückenden Regiment Kg. Eduards II. und seiner Günstlinge, der→Despenser. J. R. Maddicott

Lit.: J. H. Ramsay, The Genesis of Lancaster, 1913, I, 125–128 – J. G. Bellamy, The Law of Treason in England, 1970, 49 – J. R. Maddicott, Thomas of Lancaster, 1970 – N. Fryde, The Tyrrany and Fall of Edward II, 1321–1326, 1979.

Borre-Stil → Wikingerkunst

Borretsch (Borago officinalis L./Boraginaceae). Der vielfältig variierte dt. Name dieser aus dem Mittelmeergebiet stammenden Pflanze ist – wie die betreffende Bezeichnung der meisten europ. Sprachen – aus mlat. *bor(r)ago* (MlatWb I, 1537f.) entlehnt; unter den Synonymen begegnet häufig buglossa/-um (sonst für die verwandte →Ochsenzunge [Anchusa]). Eine genaue Beschreibung des B. findet sich bei Albertus Magnus (De veget. 6, 291). Seit dem MA als Küchenkraut in Gärten angebaut, wurde der *porrich/borrich* (Gart, Kap. 56) in der Medizin u. a. als herzstärkendes und blutreinigendes Mittel sowie zur Gemütsaufhellung bei Melancholie (Circa instans, ed. WÖLFEL, 22) verwendet. P. Dilg

Lit.: MARZELL I, 625-629.

Börse. Der Name der B. rührt von Brügge her, wo das Patriziergeschlecht van der Buerse vom Ende des 13. bis zum Ende des 15. Jh. eine Herberge »Zur Börse« betrieb (→Brügge, Abschnitt II). Diese lag an einem Platz, der nach ihr genannt wurde. Sie erhielt 1397 das Konsulatshaus der Venezianer, 1399 das der Genuesen, und spätestens 1420 das der Florentiner als Nachbarn. In Brügge benutzten die fremden Kaufleute entweder ihre Herbergen als Geschäftsstelle oder waren zu bestimmten Tageszeiten bei ihren Konsulatshäusern vorzufinden. Infolgedessen wurden der Börsenplatz und die Herberge »Zur Börse«, wo – soweit ersichtlich – im 15. Jh. nur Italiener und Spanier wohnten, wohl der wichtigste Treffpunkt der it. Kaufleute. Spätestens 1449 stand der Börsenplatz unter bes. Marktfrieden. 1453 erscheint in den Quellen der Ausdruck »Börsenkaufmann« (*marchans de la Bourse*). Alle Nachrichten über auf der Brügger Börse abgeschlossene Geschäfte beziehen sich auf Wechsel, bekanntl. bis ins 16. Jh. eine it. Besonderheit. Wahrscheinl. hat sich eine Wechselbörse während der 1. Hälfte des 15. Jh. entwickelt, nachdem die it. Konsulatshäuser ihren Sitz am Börsenplatz genommen hatten. Als die fremde Kaufmannschaft am Ende des 15. Jh. von Brügge nach Antwerpen übersiedelte, wurde dort unter dem in Brügge üblich gewordenen Namen eine »Börse« eröffnet, allerdings in einem eigens dazu errichteten Gebäude. Auch diese B. beschränkte sich offenbar auf Wechselgeschäfte. Von hier aus verbreitete sich der Name in der Neuzeit weiter.

Freilich kommen Börsen- und Wechselgeschäfte unter anderen Namen anderswo schon früher vor (→Wechsel). Der im MA oft vorkommende Ausdruck »moneta in bursa currens« hat mit Börsengeschäften nichts zu tun, sondern bezieht sich auf →Kurantgeld im Gegensatz zu Rechengeld. J. A. van Houtte

Lit.: R. EHRENBERG, Makler, Hosteliers und B. in Brügge vom 13. bis zum 16. Jh., Zs. für das gesamte Handelsrecht 30, 1885, 403-468 – DERS., Das Zeitalter der Fugger I, 1922³, 69-77 – H. van Werveke, Les origines des bourses commerciales, RBPH 15, 1936, 133-141 – P. DE VROEDE-R. WANGERMÉE, L'expression »moneta communiter in bursa currens« dans les textes brabançons du MA, ebd. 22, 1943, 97-108 – J. MARÉCHAL, Geschiedenis van de Brugse Beurs, 1949.

Borselle, Wolfart de → Wolfart de Borselle

Bóruma ('Kuhzins'), mittelir. sagenhafte Erzählung. Sie berichtet in ihrer entwickeltsten Version (so im →Book of Leinster aus dem 12. Jh.) von der Erhebung eines Tributs, den Tuathal Techtmar, ein »prähistor.« Kg. v. Tara, den Einwohnern von →Leinster auferlegte, bis schließlich (im späten 7. Jh.) diese Abgabe endgültig aufgehoben wurde. Die erste Erwähnung der B. findet sich in einem Gedicht des späten 7. Jh. Im 10. Jh. verschmolzen mannigfaltige Überlieferungen in der Form einer Sage. Um die Mitte des 11. Jh. hatte die Erzählung ihre definitive Form gefunden, in der sich die Propaganda des →Diarmait mac Máelnam Bó, Kg. s. v. Leinster, widerspiegelt. Ch. Doherty

Lit.: G. S. MAC EÓIN, The mysterious death of Loeghaire mac Néill', Studia Hibernica 8, 1968, 21-48 – F. J. BYRNE, Irish kings and Highkings, 1973, 144-146.

Bosančica. Die B. entstand aus der kyrill. Minuskelschrift, die sich in Westserbien zu einer Kursivschrift wandelte, die in der serb. Kanzlei des Kg.s Stefan um die Wende vom 13. zum 14. Jh. übernommen und in ihr bis zur Mitte des 15. Jh. gebraucht wurde. In Bosnien adaptierte diese spätere B. der Logothet Kg. Stefans Tvrtko I. in seiner Kanzlei, aber bald danach wurde sie durch die Unziale ersetzt. Zur Zeit Kg. Stefans Tomas um die Mitte des 15. Jh. kehrte man zu der früheren B. zurück, und von 1463 an gebrauchte man sie auch in der Kanzlei der Hercegovina und später der türk. Würdenträger. Im tägl. Gebrauch trat sie sogar in Inschriften auf bosn. Sarkophagen auf. Sie zerfiel dann in einige Schrifttypen, von denen sich einer zu einer bes. B. gestaltete, die in Bosnien und der Hercegovina reich vertreten ist. Die B. formte sich damals zu einer bes. Schriftart mit eigenem System auch in den Regeln der Orthographie. Infolgedessen bezeichnete Ć. TRUHELKA sie i. J. 1894 als eine von der Kyrillika gänzl. unabhängige Schrift. Diese spezielle B. entwickelte sich in Bosnien im 16.-18. Jh. auch im Druck. T. Wasilewski

Lit.: Ć. TRUHELKA, Die B., Separat-Abdr. aus Wiss. Mitt. aus Bosnien und der Hercegovina II, 1894 – G. ČREMOŠNIK, Die serb. diplomat. Minuskel, Stud. zur älteren Gesch. Osteuropas II, 1959, 103-115 – T. RAUKAR, O nekim problemima razvitka ćirilske minuskule »bosančice«, Historijski Zbornik, 1966-67, 485-499 – P. DJORIĆ, Istorija srpske ćirilice, 1971.

Bosau. Nach →Helmold war B. am O-Ufer des Gr. Plöner Sees ein zum Bm. Oldenburg gehörender Haupthof. Der Ortsname erhält den slav. Namen Bōz (A. SCHMITZ). Der Burgwall Bischofswarder wurde Anfang 8. Jh. (dendrochronolog. und archäolog. dat.) als Zentrum eines Burgbezirkes angelegt. Metall- und Knochenbearbeitung sind nachgewiesen. Dazu gehören bald danach drei Siedlungen (Dorf, »Waade«, heute im See). Damit war das erste slav. Zentrum am Plöner See entstanden. Im 9. Jh. wurden der Burgwall, wohl zugunsten des neuen Mittelpunktes →Plön (terra Plunensis), aufgelassen, die Siedlungen jedoch weiter bewohnt. Der Bf. →Vicelin gründete 1151 die durch Grabung als Rundkirche bestimmte Anlage, die als Saalkirche vollendet wurde, mitten in der slav. Dorfsiedlung. Der Chronist Helmold war nach 1156 bis zu seinem Tod (nach 1177) Pfarrer in B. – Durch Mühlenstau stieg der Wasserspiegel über 2 m und veränderte die Landschaft. Seesiedlung und Burgwall gerieten unter den Wasserspiegel, das Dorf verlagerte sich auf die Südseite der Kirche, und die Siedlung Waade, vermutl. Dulzaniza bei Helmold, wurde wüst. Es wurde auf neu gerodeter Flur der Weiler Klein-Neudorf gegründet. H. Hinz

Q.: Helmold v. B., Chronica Slavorum (Ausg. Q), 77, 248, 252 – Lit.: B., Unters. einer Siedlungskammer in Ostholstein, unter Leitung v. H. HINZ, I-IV (Offa-Bücher 31, 37, 38, 42, 44, 1974-81) – A. SCHMITZ, Die Orts- und Gewässernamen des Krs. Ostholstein, Kieler Beitr. zur dt. Sprachgesch., 1981, 55.

Bosch, Jheronimus (Hieronymus), eigtl. van Aken, ndl. Maler, *um 1450 s'Hertogenbosch, † 1516 ebd. Obwohl Sohn eines Malers, wird er erst ab 1480 Maler genannt und scheint gar erst 1488 Meister geworden zu sein; bedenkt man sowie sowohl in der rasch arbeitenden Technik wie der anaturalist. Stilhaltung als auch im Inhalt von der gesamten altndl. Tradition stark abweichende Kunstproduktion, erhält die Vermutung UNVERFEHRTS, B. habe zunächst eine geistl. Laufbahn verfolgt, eine gewisse Überzeugungskraft. In der Lateinschule und dem Studienkonvikt der →Brüder vom Gemeinsamen Leben hätte er den Moralismus und die augustin. Praedestinationslehre, die in pessimist. Übersteigerung angesichts der unmittelbar erwarteten Endzeit als Unheilsgeschichte der massa perditionis seine Hauptwerke bestimmt, kennenlernen können (»Todsündentafel«, »Der Heuwagen« (Kopie?), »Der Garten der Lüste«, »Anbetung der Könige«, alle Madrid; »Jüngstes Gericht«, Wien, Akademie; Fragmente in Rotterdam und Venedig, Dogenpalast). Die von Grund auf verdorbene Welt bedrängt in ihrer dämon. Verkehrtheit die wenigen Erwählten, die Christus nachfolgenden Eremiten (Eremitenaltar, Venedig, Dogenpalast; »Christophorus«, Rotterdam; Antonius-Triptychon, Lissabon; »Johannes auf Patmos«, Berlin); in den oft auf karikierte Köpfe beschränkten Passionsszenen ist Christus der Bosheit der Menschen ausgeliefert (»Dornenkrönung«, London und Escorial; »Kreuztragung«, Gent; »Ecce Homo«, Frankfurt); Darstellungen von Gleichnissen und Sprichwörtern mahnen zur Umkehr (»Verlorener Sohn«, Rotterdam).

Bosch war ein wohlhabender, angesehener Bürger, Mitglied der Liebfrauenbrüderschaft und Inhaber einer Werkstatt mit mehreren Gesellen, die auch rein handwerkl. Aufträge ausführte. Seine grotesk-dämon. Erfindungen trugen ihm Aufträge Philipp des Schönen ein und führten zu einer Flut von Diablerien in seinem Geschmack; allerlei moderne, kabbalist., adamit., sozialrevolutionäre oder ketzer. Interpretationen werden von der neueren hist.-krit. Forschung abgelehnt. Ch. Klemm

Lit.: Ch. de Tolnay, Hieronymus B., 1965 – R. H. Marijnissen et alii, Hieronymus B., 1972 – G. Unverfehrt, Hieronymus B. Die Rezeption seiner Kunst im frühen 16. Jh., 1980.

Boscherville, St-Georges de, Abtei OSB, Bm. Rouen, Regularkanonikerstift, nach einer Tradition (durch eine falsche Notiz überliefert) von einem »Maître de l'Hôtel« (!) Wilhelms des Eroberers, Raoul de Tancarville (1053–66), gegründet. Sein Sohn Heinrich I. soll 1114 Benediktinermönche aus S. Évroult nach B. geholt haben. Die Kirche wird in diese Zeit datiert, es wird jedoch auch heute angenommen, daß der Bau auf das Ende des 11. Jh. zurückgeht (mit Ausnahme des Fassadenabschlusses aus der Mitte des 12. Jh.). Mit ihrem Kapitelsaal (unter Abt Ludwig um 1170 errichtet [?]), ihren figürl. gestalteten Säulen und ihren bedeutenden Kapitellen gehört die Abtei zu den bedeutendsten Bauwerken in der Normandie. B. besaß mehrere Priorate in der Umgebung und Höfe in England, die es im 14. Jh. wieder verlor. Es wurde 1418 von Heinrich V. und im 16. Jh. von den Hugenotten geplündert, der Kreuzgang wurde in der Frz. Revolution zerstört. R.-H. Bautier

Q. und Lit.: DHGE IX, 1300–1302 – GChr XI, 267 – Monasticon gallicanum, ed. A. Peigne-Delacourt, 1871 – A. Besnard, Monographie de l'église et de l'abbaye de St-G. de B., 1899 – L.-M. Michon, L'abbaye S. G. de B., Congr. archéol., 89ᵉ sess., 1926, 531–549 [Lit.] – Ch. und M. Postic, Les chapiteaux romans de l'église abbatiale de S. G. de B., Rev. des soc. sav. de Haute-Normandie 10, 1958, 59–78 – G. Lanfry, L'église S. G. de B. est un édifice du XIᵉ s., ebd. 13–16, 1959, 41 ff. – Abbayes et prieurés du Seine-Maritime, 1979 (Arch. dép.), 131–133.

Bosco, Jo[hannes?] de (de Bosquet), um 1400, frz. Komponist, 1394 als Sänger der päpstl. Kapelle in Avignon nachweisbar. Von seinen Werken sind zwei Messesätze in Bologna und München erhalten. H. Leuchtmann

Lit.: Eitner – Grove's Dict. of Music and Musicians, s. v. Bosquet – F. X. Haberl, Die röm. »schola cantorum« und die päpstl. Kapellsänger bis zur Mitte des 16. Jh., Vjs. für Musikwiss. III, 1887, 213 – E. Dannemann, Die spätgot. Musiktradition in Frankreich und Burgund vor dem Auftreten Dufays, 1936.

Boscodon, Notre-Dame de, Abtei und später Haupt der Kongregation von B., im Embrunais (Dép. Hautes-Alpes), Bm. Embrun. Wilhelm v. Montmirail und seine Familie beschlossen 1130 die Stiftung eines Kl. im Wald von B., dessen Mönche nach der Regula Benedicti oder aber nach der »Regel« des hl. Basilius leben sollten. 1132 wurde die Gründung des Benediktinerkl. bestätigt; es erhielt 1135 das Priorat Lavercq. 1142 unterstellte sich B. dem Kl. →Chalais (gegr. 1100), das Mönche nach B. entsandte, von denen Guigo v. Revel der Abt von B. wurde. Auf diese Weise wurde B. das erste Tochterkloster von Chalais; es bildete sich – nach dem bald darauf erfolgten Beitritt der Abtei Albeval – eine Kongregation, die durch ihre »charta caritatis« geeint war. Bald schlossen sich an B. die Abtei Prads-Faillefeu (1150) und das Priorat St-Maurice de Valserres an; von B. aus wurde um 1160/65 das Kl. Lure gegr., dessen Abtswürde Guigo v. Revel 1169 übernahm, sowie nach 1167 das Priorat Pailherols (Bm. Riez). B., das durch eine Bulle Papst Eugens III. anerkannt wurde (1145), erhielt eine Bestätigung seines Besitzstandes durch Alexander III. (1176). B. und Chalais riefen 1206 gemeinsam das Priorat Pierredon ins Leben, während Lure die Abteien Clausonne (um 1185) und Clairecombe (um 1190), Prads die Abtei Valbonne (um 1200) gründete.

Doch gerieten die Abtei Chalais und der von ihr geleitete »Orden« bald in Schwierigkeiten, und seit 1162 suchte Chalais Anschluß an die Zisterzienserabtei →Bonnevaux. Die Grande-Chartreuse stellte sich diesem Zusammenschluß entgegen, und Alexander III. löste ihn 1178 auf; doch sollte Chalais die weiße Ordenstracht der Zisterzienser beibehalten (»weiße Benediktiner«). 1248 wollte Chalais sich der Grand-Chartreuse anschließen, doch leisteten B. und die übrigen Tochterklöster Widerstand; 1255 und erneut 1286 strebte Ch. nach einer Union zunächst mit der Abtei OSB St-Chef, dann mit dem Priorat Voreppe. 1303 erfolgte die endgültige Vereinigung mit der Grande-Chartreuse. Damit wurde B. zum Haupt der Kongregation, und sein Abt nahm den Titel des »Abtes des Ordens von B.« an. Dennoch mußte die Abtei B. 1287 die Oberhoheit des Ebm.s Embrun anerkennen. Die Abtei erlebte in dieser Zeit eine neue Aufschwungphase: Sie gründete 1293 das Priorat St-Honorat (Bm. Riez), 1295 das Priorat La Blache, erhielt 1293 vom Ebf. das Priorat OSB Ste-Croix de Châteauroux übertragen und erlangte in der Folgezeit die Oberhoheit über mehrere Priorate (1312 Pierredon, vor 1316 St-Sépulcre de Chorges, 1385 Selonnet, 1419 Saint-Maurice de la Couche). Am Anfang des 15. Jh. begann eine Krise: Abt Jean de Polignac lehnte die Autorität des Ebf.s ab und suchte eine Stütze im Anschluß an die Abtei OSB, S. Michele della Chiusa (Bm. Turin), die unmittelbar dem Hl. Stuhl unterstand (1401). Schließl. wies Papst Eugen IV. B. i. J. 1431 an, wieder zum weißen Ordenshabit und zu den Gewohnheiten von Chalais-B. zurückzukehren. Im 16. Jh. wurde B. von den Calvinisten niedergebrannt und sank danach zur Kommende herab. R.-H. Bautier

Lit.: DHGE IX, 1307–1312 – GChr III, 1102–1107, instr. 184–188 – E. Pilot de Thorey, L'abbaye N.-D. de B. ...chef d'ordre, 1873 – P. Guillaume, Deux bulles inédites des papes Eugéne III. .. en faveur de l'abbaye de B., Ann. des Alpes, 1904, 83–91 –J.-Ch. Roman d'Amat, L'ordre dauphinois et provençal de Chalais, 1920 – Ders., Les chartes de l'ordre de Chalais, 3 Bde, 1923.

Böser Blick, griech. βασκανία, lat. fascinatio. Allgemein und zu allen Zeiten verbreiteter Glaube an den vom Auge gewisser Personen und Tiere ausgehenden Schadenzauber, der anderen Menschen, v. a. Kindern, Unheil, Krankheit oder Tod bringt und auch leblose Gegenstände (z. B. Waffen) unbrauchbar machen kann. Der b. B. kann wuterfüllt oder neidisch, aber auch liebevoll und bewundernd (»Berufen«, »Beschreien«) sein. Schon im alten Orient und Ägypten suchte man sich durch Amulette,

Formeln und Gebärden oft obszönen Charakters (Augen-, Hand-, Phallus-Amulette, Ausspucken, Fica-Zeichen [»Feige«]) zu schützen. Das christl. Altertum und MA knüpften an bibl. und hellenist. Traditionen an: Wie bei Plutarch die Gefahren des Neidblicks diskutiert werden, der als Rheuma dem Auge emaniert (quaest. conv. 5, 7), so erörtert dies auch →Basilius (hom. de invidia 11, 4), für den allerdings nicht mehr der personifizierte Neid (vgl. DAUX, ENGEMANN), sondern die Dämonen eigtl. Verursacher des b. B.s sind. Viele griech. und lat. Kirchenväter erwähnen den b. B.: So in ihren Kommentaren zu Gal 3, 1 (»quis vos fascinavit«) →Johannes Chrysostomus oder →Hieronymus, der sich auf Vergil (Ecl. 3, 103) beruft. Die Autoren des hohen und späteren MA sind ebenfalls durchweg von der Möglichkeit der fascinatio überzeugt. Als bes. gefährl. Tiere werden immer wieder der →Basilisk und der Wolf genannt, von dem →Thomas v. Cantimpré, im Anschluß an den »Experimentator« berichtet, seine Sehstrahlen trockneten die spiritus aus und machten heiser (de nat. rer. 4, 60). →Wilhelm v. Auvergne erklärt »fascinatio« von »fasces – Bündel«, dessen Last niederdrücke und quäle. Bloße Affekte wie Zorn, Neid oder auch zu große Liebe, wie beim Beschreien der Kinder durch alte Frauen (de moribus 10), sind Ursachen für den b. B. (de universo 2, 3, 16). Auch →Thomas v. Aquin warnt vor dem Giftblick der alten Weiber, die mit den Dämonen einen Pakt haben. Mit Aristoteles (de insomn. 2, 3, 2, 460a 6–11) erklärt er den b. B. als Verunreinigung der Luft, wie auch der Blick Menstruierender Spiegel trübt (Summa I, 117, 3; contra gent. 3, 103). Das tradiert später auch →Konrad v. Megenberg (1, 5). →Alexander Neckam nennt als Mittel gegen den b. B. das Lecken der Kinder durch die Ammen (de nat. rer. 2, 53). Augenfehler, wie doppelte Pupillen, prädestinieren für den b. B., meint, im Anschluß an Solinus und Ovid →Roger Bacon (Opus majus 4, 7, ed. BRIGHT II, 143). Nach →Plinius (Hist. nat. 7, 2) ist bei vielen Menschen die Verderbtheit der Körpersäfte schuld am b. B.: Lepröse sind bes. gefährlich. Bacon unterscheidet hier ausdrückl. zw. »magischen« und »natürlichen« Ursachen für den b. B. (Opus majus 4, ed. BRIGHT II, 398). Hier, wie bei anderen Autoren des 13. Jh., macht sich der Einfluß des →Arabismus mit seiner neuplaton. Komponente bemerkbar: V. a. auf →Avicenna (z. B. de anima 4, 4) wird häufig Bezug genommen. Bes. →Albertus Magnus nennt in seinen Aristoteleskommentaren immer wieder die arab. Autoren: Die fascinatio beweist ihm geradezu die Funktion des Menschen als Bindeglied zw. Gott und Materie (de animal. 22, 1, 5). Dem Gläubigen können allerdings weder b. B. noch Magie etwas anhaben (Sentent. 2, 7, 7). Auch Thomas v. Aquin und →Petrus v. Abano (Conciliator Diff. 64, 113, 135) stellen die arab. Autoren zur Diskussion. Noch Agrippa v. Nettesheim beruft sich beim b. B. auf die Autoritäten von →Avicenna, Algazel (→al-Ġazzālī), →Aristoteles und →Galen (Occ. Phil. 1, 65). – Vgl. →Amulett. H. H. Lauer

Q.: Alberti Magni... Opera, ed. A. BORGNET, 1890–99 [Abdr. v. P. Jammy, 1651], T. 1–21, ed. P. Jammy, 1651 – Albertus Magnus, De animalibus libri XXVI (BGPhMA 16), ed. H. STADLER, 1916/20 – Alexander Neckam, De naturis rerum, ed. TH. WRIGHT, 1863 [Neudr. 1967] – S. Aurelii Augustini confessionum libri tredecim (CSEL 33, 1, 1), ed. P. KNÖLL, 1896 [Neudr. 1962] – Avicenna Latinus, Liber de anima seu sextus de naturalibus, 1–5, ed. S. VAN RIET – G. VERBEKE, 1968–72 – Basilius, Homilia de invidia, MPG 31, 380 c – Eusebius Hieronymus, Commentar. in epist. ad Galat., MPL 26, 331–468 – Guilielmi Alverni Opera omnia 1674 [Neudr. 1963] – Henrici Cornelii Agrippae ab Nettesheym, De occulta philosophia libri tres, 1533 (Faks. ed. K. A. NOWOTNY, 1967) – Johannes Chrysostomus, Comm. in epist. ad Galat. 3, MPG 61, 647 f. – Konrad v. Megenberg, Das Buch der Natur, ed. F. PFEIFFER, 1861 [Neudr. 1962] – Petri Aponensis Liber conciliator, ed. J. Aquilanus, 1521 – Roger Bacon, Opus majus, Vol. 1–2, ed. J. H. BRIDGES, 1900 – S. Thomae Aquinatis... Summa contra gentiles, 1–3, ed. P. MARC, C. PERA, P. CARAMELLUS, 1961–67 – S. Thomae Aquinatis Summa theologiae, ed. P. CARAMELLUS, 1952–56 – Thomas Cantimpratensis, Liber de natura rerum, T. 1: Text, ed. H. BOESE, 1973 – *Lit.*: HWDA I, 679–703 [Q.] – RAC II, 473–482 [Q.] – RE XII, 2009–2014 [Q.] – S. SELIGMANN, Der b. B. und Verwandtes, 1910 – DERS., Die Zauberkraft des Auges und das Berufen, 1922 [Q.] – DERS., Die mag. Heil- und Schutzmittel in der unbelebten Natur, 1927 – THORNDIKE – K. MEISEN, Der b. B., Rhein. Jb. für VK I, 1950 – G. DAUX, Sur une épigramme de Céphalonie, BCH 87, 1963, 636–638 – J. ENGEMANN, Zur Verbreitung mag. Übelabwehr in der nichtchristl. und christl. Spätantike, JbAC 18, 1975, 22–48.

Boskoi ('Hirten'), Name, mit dem die griech. Schriftsteller die syr. Mönche, die sich nur von Kräutern und Wurzeln ernährten, bezeichneten (Moschus, Pratum spirituale XXI, MPG 87, 2868; Evagrios Scholasticus, HE I, XXI, MPG 86, 2480). Laut Sozomenos (HE VI, 33, MPG 67, 1393) waren sie v. a. am Singargebiet in der Gegend von Nisibis verbreitet. Sie repräsentieren eine bes. Art der monast. Askese des alten syr. Mönchtums, das verschiedene, auch recht krasse Formen hervorgebracht hat. Bei den Syrern heißt diese bes. Gruppe der Mönche rā'jē 'Hirten' (Johannes Rufus, Plérophories XXXI, PO VIII, 1, 1911, 74). Die ältesten Nachrichten über diese Bewegung erscheinen in den Apr. Quellen, nämlich in dem Brief des ʿAphrēm (→Ephraem) an die Bergbewohner. Diese Mönche lebten wie Kinder der Natur, ohne menschl. Gemeinschaft und Wohnungen in der Wildnis und in Höhlen, und ihre einzige Nahrung bestand aus Kräutern und Wurzeln (Epistula ad montanos 116 f.). A. Vööbus

Lit.: S. SCHIWIETZ, Das morgenländ. Mönchtum III, 1938, 86, 89 f. – A. VÖÖBUS, Literary Critical and Historical Stud. in Ephrem the Syrian, 1958, 59 ff. – DERS., Hist. of Asceticism in the Syrian Orient I, Corpus scriptorum Christianorum orientalium Subsidia 14, 1958, 262 f.

Bosnien, Land (heute Teil der Republik B. und Hercegovina, Jugoslawien), wird zuerst in der Schrift »De administrando imperio« des byz. Ks.s Konstantin VII. Porphyrogennetos († 959) erwähnt. Das Land Bosona (τώ χωρίον Βοσονα) war nur ein kleiner Teil des spätma. Kgr.es Bosnien. In der Mitte des 10. Jh. war »Bosona« im Rahmen des serb. Staates (→Serbien) auf das Tal des gleichnamigen Flusses beschränkt. Neben sechs »bewohnten Burgen« in Serbien sind auch zwei in B. verzeichnet. Die selbständige polit. Entwicklung von B. begann nach dem Jahre 1018, als die östl. Teile von Serbien unter byz. Herrschaft fielen. Über die Beziehungen von B. zu den Nachbarstaaten, Kroatien, Ungarn, dem Byz. Reich und den serb. Fsm.ern Zahumlje und Duklja ist kaum etwas bekannt. Der Einfluß von →Ungarn machte sich seit 1102 stärker bemerkbar, nachdem →Kroatien und die späteren dalmat. Küstenstädte (→Dalmatien) in den Staat der →Arpaden eingegliedert worden waren. Kg. Béla II. belehnte i. J. 1139 seinen minderjährigen Sohn Ladislaus mit dem »bosn. Herzogtum«. Um die Mitte des 12. Jh. war B. neben Dalmatien und Serbien ein Schauplatz ung.-byz. Kämpfe. Der erste bekannte →Banus v. Bosnien, Borič (vor 1154–63), war Lehnsmann des ung. Kg.s und kämpfte gegen die byz. Truppen in Serbien. Später, während der Thronstreitigkeiten in Ungarn, war Borič ein Anhänger des byz. Schützlings Stefan IV. und wurde nach dessen Sturz aus B. verdrängt. Unter byz. Hoheit kam B. i. J. 1167 nach der erfolgreichen Offensive Ks. Manuels I. Komnenos. Banus Kulin (vor 1180–nach 1204) wurde nach dem Tode des byz. Ks.s Vasall des ung. Königs. Im 13. Jh. sind schon die Grenzen von B. bekannt: die

Flüsse Drina im Osten und Vrbas im Westen, der Oberlauf der Neretva im Süden und die Save im Norden. Die Ebene im Norden wurde mit dem Namen Usora bezeichnet und hatte ztw. eigene Fürsten. In den kirchl. Verhältnissen spiegelt sich die polit. Entwicklung: B. blieb außerhalb jenes Gebietes, welches Ks. Basileios II. 1018 und 1020 dem neugegr. autokephalen Ebm. →Ochrid unterstellte. In B. wurden die Traditionen des ursprgl. Bm.s v. Serbien fortgeführt. Anfangs unterstand B. der Jurisdiktion des Ebf.s v. →Split, im 12. Jh. war aber der Bf. v. B. Suffragan des Ebf.s v. →Ragusa (Dubrovnik). Die altkirchenslav. Sprache und die Gebräuche des östl. Mönchtums blieben bis zum 13. Jh., unberührt von den kath. Reformbestrebungen, erhalten. Am Ende des 12. Jh. drang die dualist. Häresie (→Dualismus) der →Bogomilen in B. ein, zum einen aus Dalmatien, zum anderen aus Serbien, wo sie der Großžupan Stefan Nemanja verfolgt hatte. In Rom wurde der Banus Kulin angeklagt, daß er den Ketzern Zuflucht und Schutz gewähre. Ein päpstl. Legat kam 1203 ins Land, um Lehre und Lebensweise jener verdächtigen Geistlichen, die angebl. allein den Namen »Christen« (*krstjani*) beanspruchten, zu prüfen. Die »Christen« schworen daraufhin am 8. April 1203 auf dem Bolinopolje der Häresie ab, erkannten Rom als Oberhaupt der ganzen Christenheit an und verpflichteten sich, bestimmte kirchl. Normen einzuhalten und keine »Manichäer« oder sonstige Ketzer in ihre Reihen aufzunehmen. Auch der Banus Kulin erklärte dem ung. Kg. gegenüber, in seinem Land von nun an keine Häretiker dulden zu wollen.

Die Ruhe dauerte dennoch kaum zwei Jahrzehnte. Seit 1221 erneuerten sich die Anklagen gegen B. als ein Land, in dem die Ketzer ihre schädliche Lehre öffentl. verbreiten könnten. Abermals wurde ein Legat nach B. entsandt und der ung. Kg. aufgefordert, einen Kreuzzug gegen die Ketzer in B. zu unternehmen. Der einheim. Klerus mit dem Bf. an der Spitze war nicht imstande, dem Ketzertum wirksam zu begegnen. Das päpstl. Vorgehen stützte sich daher ausschließl. auf die ung. weltl. und geistl. Herren sowie auf die neuentstandene ung. Dominikanerprovinz (→Dominikaner). Nach siegreichen militär. Operationen der »Kreuzritter«, bes. 1236–37, wurden auch kirchl. Reformen durchgeführt. Zwei Kl. wurden gegründet, der Bau einer Kathedrale verwirklicht und diese mit Geldmitteln und Grundbesitz versehen; sogar die Einführung des Kirchenzehnten wurde vorbereitet. Das Land blieb jedoch den von den Fremden eingeführten Neuerungen feindlich gesonnen. Der Banus Matej Ninoslav (1232–nach 1250) bekannte sich ztw. als Katholik, mußte sich aber, nach eigenen Äußerungen, im Kampf gegen seine Widersacher der Hilfe von Ketzern bedienen. Der ung. Druck ließ nach dem Einfall der →Mongolen 1241 nach. Kg. Béla IV. sicherte zwar die ung. Oberhoheit, die Bemühungen um die Kirchenreform versandeten jedoch. Der Sitz des »lateinischen« Bm.s v. Bosnien verblieb in Djakovo in Slavonien, und die Häretiker bemächtigten sich der Reste der kath. Kirchenorganisation.

In der 2. Hälfte des 13. Jh. wurden die nördl. Teile des Landes (Usora und Soli) von Bosnien abgetrennt und dem ung. Banat v. Macsó (Mačva in Nordserbien) einverleibt. Die bosn. Herrscherfamilie der →Kotromanići, die der Überlieferung nach von einem »Cotromanno Gotho« abstammte, blieb auf die südl. Teile des Landes beschränkt. Ninoslavs Nachfolger Prijezda (um 1250–nach 1278) war dem ung. König untertan und besaß Besitzungen in Slavonien. In der Periode des »Oligarchen« am Ende des 13. und am Anfang des 14. Jh. wurde B. im Westen und Osten bedrängt. →Paulus v. Bribir, Banus v. Kroatien, unterwarf um 1299 die westl. Gebiete von B., bald danach auch die zentralen Landesteile und setzte seinen Bruder Mladen I. als Banus von B. ein. Der Kotromanide Stjepan I. (um 1290–um 1310) fand Unterstützung bei seinem Schwiegervater, dem serb. Exkönig →Stefan Dragutin, der inzwischen den Banat von Macsó (Mačva) erhalten hatte. Der Banus Mladen I. verlor i. J. 1304 sein Leben im Kampf mit den Ketzern. Ihm folgte Mladen II., der Sohn von Paulus, der später auch die Herrschaft über Kroatien und die anderen Herrschaftsgebiete erbte. Nach dem Tode Stjepans I. mußte seine Witwe mit ihren Söhnen B. verlassen und in Ragusa Zuflucht suchen. Zwischen den beiden Familien, den Fs.en v. Bribir und den Kotromanići, kam es 1314 zur Aussöhnung. Der junge Stjepan II. begann seine lange Regierung unter der Obhut des mächtigen Mladen II., des »Herrn der Kroaten«.

Nachdem der ung. Kg. Karl Robert (1301–42) aus dem Hause →Anjou sich seit 1310 in seiner Herrschaft behauptet hatte, begann er den systemat. Kampf gegen die selbständigen Fürsten. Mladen II. wurde 1322 gestürzt, wodurch Stjepan II. unmittelbar unter die Herrschaft des ung. Kg.s geriet, zu welchem er sich stets loyal verhielt. Stjepan II. gewann um 1324 die nördlichen Gebiete Usora und Soli dem bosn. Staat zurück. Bald danach besiegte er im Bunde mit →Ragusa die serb. Adelsfamilie Branivojevići und eroberte ihren Territorialbesitz am Unterlauf der Neretva (1326). Die Grenzen B.s reichten nunmehr bis zur Adria und umfaßten den wichtigen Handelsweg und den Marktort Drijeva (Forum Narenti). Dieser Erfolg hatte einen dauernden Gegensatz zu den serb. Herrschern Stefan Uroš III. Dečanski (1321–31) und Stefan Dušan (1331–55) zur Folge.

Obwohl die bosn. Kirche (*Bosanska crkva*) mit ihrer dualist. Doktrin und ihrer eigenartigen Organisation das geistige Leben des Landes beherrschte, gab es keine scharfen kirchenpolit. Auseinandersetzungen. Das Papsttum hatte die Bekämpfung der Ketzer an Aktualität verloren, für die ung. Kg.e gab es keinen Anlaß, in die inneren Verhältnisse von B. einzugreifen. Die seit Ende des 13. Jh. bei der Bekehrung der Ketzer tätigen →Franziskaner errichteten zw. 1340 und 1342 ein Vikariat in B. und gründeten mehrere Klöster. Ihre Hauptstützpunkte waren die damals erst vor kurzer Zeit entstandenen Siedlungen der Bergleute, in denen das kath. Element durch die dalmat. Kaufleute, die beim Bergbau eine wirtschaftl. Rolle spielten, verstärkt wurde. Die ausdauernde und friedl. Mission der Franziskaner trug erst nach mehreren Jahrzehnten Früchte. Um die Mitte des 14. Jh. war die Stellung der bosn. Kirche noch unerschüttert, bes. weil ihre Würdenträger eine wichtige Rolle bei der Verteidigung der ständ. Rechte des Adels spielten.

Banus Stjepan II. bewahrte seine Territorialgewinne, die fast eine Verdoppelung des Staatsgebietes bedeuteten, auch nach dem unglückl. Krieg mit dem serb. Zaren Dušan i. J. 1350. Dem Banus Stjepan II. folgte sein Neffe Tvrtko I., der seine Regierung unter der Vormundschaft seines Vaters Vladislav (1353–54) begann. Die Beziehungen zu Ungarn wurden gestört trotz der Verwandtschaft der beiden Dynastien, die durch die Heirat Kg. Ludwigs I. mit Elisabeth, der Tochter des Banus Stjepan II., begründet worden war. 1357 annektierte der ung. Kg. die Gebiete am Unterlauf der Neretva. Ein Krieg brach 1363 aus, der aber für das (weit überlegene) ung. Heer erfolglos ausging. Der Banus Tvrtko wandte sich jedoch bald wieder Kg. Ludwig I. zu, da ihn der bosn. Adel und sein eigener Bruder Vuk aus dem Lande verdrängt hatten (1366). Mit ung. Hilfe stellte Tvrtko im nächsten Jahr seine Macht im

Lande wieder her und söhnte sich mit seinem Bruder aus. Die krisenhaften Zustände im serb. Staat unter dem Zaren Uroš (1355–71) boten dem bosn. Banus Gelegenheit, in die dortigen Auseinandersetzungen einzugreifen und die Grenzen von B. zu erweitern. Sein Nachbar, der mächtige serb. Territorialherr Nikola Altomanović wurde von Tvrtko im Bündnis mit dem serb. Fs.en Lazar und dem ung. Banus v. Macsó (Mačva) besiegt, sein Territorium aufgeteilt (1373). B. umfaßte damals die Gebiete im Hinterland von Ragusa und im Landesinneren bis zum Fluß Lim. Die Ausbreitung B.s wurde 1377 mit dem Anschluß des Gebietes zw. Ragusa und der Boka Kotorska fortgesetzt. Damals standen große Teile des serb. Staates unter Tvrtkos Herrschaft. Dieser Umstand und die Verwandtschaft des Banus mit der ausgestorbenen serb. Dynastie der →Nemanjiden veranlaßte Tvrtko, als Erneuerer des serb. Kgtm.s aufzutreten. Im Herbst 1377 wurde er mit der »doppelten Krone«, als Erbe der serb. und der bosn. Herrscher, gekrönt. Der ung. Kg. war mit dieser Rangerhöhung seines Vasallen einverstanden.

Nach dem Tode Kg. Ludwigs I. (1382) eroberte Tvrtko das Gebiet an der unteren Neretva zurück und unterwarf die Stadt→Kotor, die seit 1371 der ung. Hoheit unterstanden hatte. Während der Thronwirren in →Ungarn (vgl. auch →Anjou, Abschnitt III) war Tvrtko ein Gegner der beiden Königinnen, seiner Verwandten, und Anhänger der neapolitan. Partei. Er unterstützte die kroat. Herren, die Gegner des →Luxemburgers →Siegmund, der seit 1387 Kg. v. Ungarn war; dabei unterwarf Tvrtko Teile Kroatiens und die dalmat. Küstenstädte. Türk. Truppen fielen schon damals in B. ein. Im Sommer 1388 schlug Tvrtko die Türken bei Bileća, im nächsten Jahr sandte er ein Heer nach Serbien, das sich gemeinsam mit den serb. Territorialherren den Türken in der Schlacht von →Kosovo Polje (Amselfeld) entgegenstellte.

Nach dem Tode Tvrtkos (Frühjahr 1391) wurde sein Verwandter Stefan Dabiša (1391–95) zum Kg. gewählt. Dabiša war nicht imstande, die offensive Politik gegenüber Kg. Siegmund fortzusetzen. Als i. J. 1394 der Luxemburger die Führer des kroat. Adels besiegte, unterwarf sich auch Dabiša und verzichtete auf alle Erwerbungen seines Vorgängers in Kroatien und Dalmatien. Der bosn. Adel verpflichtete sich, nach dem Tode Dabišas Kg. Siegmund zum Kg. v. B. zu krönen. Nach Dabišas Tod (1395) war jedoch der Widerstand gegen die Errichtung der lux. Herrschaft so hartnäckig, daß sich Siegmund zu einem Kompromiß bereit finden mußte; auf dem Thron verblieb vorläufig Jelena (1395–98), die Witwe Dabišas. Angesichts der Niederlage der Ungarn und der mit ihnen verbündeten Kreuzfahrer gegen die Türken bei →Nikopolis (1396) und den immer weiteren Schwierigkeiten in Ungarn wurden offenbar die Rücksichten auf die Ansprüche des ung. Kg.s in B. nicht beachtet und ein Kg. aus dem Geschlecht der Kotromanići gewählt. Es war Stefan Ostoja (1398–1404, 1409–18), der die aktive Politik Tvrtkos I. wieder aufnahm. B. wurde wieder zum wichtigsten Stützpunkt der Prätentionen der Anjou auf die Krone v. Ungarn, die mit den Ansprüchen des →Ladislaus v. Neapel wieder auflebten. Durch Kg. Ostoja und den Vojvoden Hrvoje Vukčić, der von Neapel den Herzogstitel erhalten hatte, wurde die Krönung Ladislaus' in →Zadar (Zara) 1403 vorbereitet. Im folgenden Jahr jedoch näherte sich Ostoja an Kg. Siegmund an und wurde deshalb abgesetzt. Der neue Kg. Tvrtko II., der Sohn Tvrtkos I., setzte die antiungarische Politik fort. Nach mehrjährigen Kriegen gelang es Kg. Siegmund, die Führer des bosn. Adels zu besiegen (1409). Als treuer Vasall des ung. Kg.s wurde damals Stefan Ostoja von neuem eingesetzt. Die Kämpfe mit Ungarn hörten auf, zugleich aber brachen dauernde innere Streitigkeiten aus. Am Anfang des 15. Jh. zerfiel das bosn. Staatsgebiet in ein kgl. Territorium (*contrata del re*) und drei prakt. unabhängige Landesherrschaften: diejenige des Hzg.s Hrvoje Vukčić im Westen, diejenige des Vojvoden Sandalj Hranić Kosača im Süden und diejenige des Knez Pavle Radenović im Osten. Seit 1415 griffen auch die Türken in die inneren Kämpfe ein und zwangen die Landesherren und später auch den Kg. zur Zahlung eines jährl. Tributs (*harač*). Die Stellung der bosn. Kirche wurde erschüttert. In dem bedeutend erweiterten Kgr. B. war sie nicht mehr die einzige »Kirche Gottes«, sondern nur eine der Kirchen neben der röm.-kath. und der serb.-orth. Kirche. Ihre Mitglieder und Würdenträger gerieten unter die Oberhoheit verschiedener Landesherren und wurden in die herrschenden Auseinandersetzungen hineingezogen. Wegen der immer größer werdenden Türkengefahr mußten die Herrscher und die Landesherren mit dem Papsttum und mit den kath. Fs.en zusammenarbeiten.

Trotz der polit. Wirren befand sich das wirtschaftl. Leben in der 1. Hälfte des 15. Jh. in raschem Aufstieg; bes. der Bergbau auf Silber und Blei förderte die Einbeziehung B.s in den internationalen Handel (über →Ragusa). Das war bes. für das kgl. Territorium, in dem die Bergwerke und die wichtigsten Handelsplätze konzentriert waren, von Vorteil. Tvrtko II. fand hierin während seiner zweiten Regierung (1421–43) eine Basis für seine beharrliche Politik der Wiederherstellung der kgl. Macht. Unter seinem Nachfolger, Kg. Stjepan Tomaš (1443–61), hatten sich die Machtverhältnisse in B. geändert. Das selbständige Gebiet des Hzg.s Hrvoje Vukčić hatte nach seinem Tode an Bedeutung verloren und wurde größtenteils dem kgl. Territorium angeschlossen. Auf der anderen Seite kamen die Pavlovići, die Nachfolger von Pavle Radenović, nach langen und blutigen Kämpfen unter die Obhut ihres Verwandten Stjepan Vukčić Kosača, der seit 1448 den Herzogtitel beilegte. Um die Mitte des 15. Jh. waren der Kg. und der Hzg. die beiden eigtl. Herrscher im bosn. Staat. Der Kg. war Schwiegersohn des Hzg.s, aber dennoch waren beide jahrelang verfeindet. Kg. Stjepan Tomaš stützte sich hauptsächl. auf Ungarn, während sich der Hzg. Stefan häufig türk. Hilfe bediente. Der Sohn des Kg.s, Stjepan Tomašević, wurde im Frühjahr 1459 durch Heirat zum Despoten von Serbien, mußte aber nach kurzer Zeit den Türken die Hauptstadt Smederevo abtreten. Zur gleichen Zeit begann Kg. Tomaš, die Ketzer in seinem Lande zu verfolgen. Die bosn. Kirche wurde dabei fast völlig vernichtet.

Nach der osman. Eroberung von Serbien i. J. 1459 war auch B. unmittelbar bedroht. Der letzte bosn. Kg. Stjepan Tomašević (1461–63) versöhnte sich mit Hzg. Stjepan Vukčić Kosača und bat gemeinsam mit ihm die chr. Länder um Hilfe. Diese blieb jedoch aus, und die bosn. Herrscher waren allein nicht imstande, im Sommer 1463 dem Heer Mehmeds II. wirksamen Widerstand zu leisten. Der Kg. wurde gefangengenommen und enthauptet, sein Land von den Türken besetzt. Seine Mutter Katharina, eine Tochter Hzg. Stjepans, ging 1463 nach Rom und vermachte 1478 in ihrem Testament die Rechte auf das Kgr. B. der röm. Kurie. Hzg. Stjepan rettete sein Leben und bewahrte den größten Teil seines schwer zugängl. Herrschaftsgebietes, so daß er im Herbst 1463 gemeinsam mit →Matthias Corvinus, Kg. v. Ungarn, gegen die Türken kämpfen konnte. Der ung. Kg. befreite die Burg Jajce und eine Anzahl von Festungen im Westen und Norden und gründete die beiden Banate Jajce und Srebrnik, die sich bis zum Anfang des 16. Jh. behaupten konnten. Jedoch verlor Hzg. Stjepan i. J. 1465 sein ganzes Land außer einem kleinen Streifen an der Adriaküste an der Mündung der Neretva und im nördl. Teil der Boka Kotorska. Nach Stjepans Tod (1466) konnten diese Restgebiete unter seinem Sohn Hzg. Vlatko Kosača bis zur osman. Annexion i. J. 1481 gehalten werden. Im osman. Verwaltungssystem waren die Territorien des Kg.s und des Hzg.s jeweils abgesonderte →Sanğaqs, ein Umstand, der dazu beigetragen hat, den Dualismus zw. Bosnien und der →Hercegovina zu verfestigen. S. Ćirković

Lit.: V. KLAIĆ-I. v. BOJNICIĆ, Gesch. B.s von den ältesten Zeiten bis zum Verfalle des Kgr.es, 1885–JIREČEK, I–II, passim – C. JIREČEK, Staat und Gesellschaft im ma. Serbien. Stud. zur Kulturgesch. des 13.–15. Jh., DAW, Ph.-hist. Kl. LVI, 1912, 1–83; LVIII, 1914, 3–76; Bd. 64, 1919, 1–75 – V. ĆOROVIĆ, Die Territorialentwicklung des bosn. Staates im MA, Mém. de la Soc. de geographie IV, 1935, 1–55 – D. KOVAČEVIĆ, Trgovina u srednjovjekovnoj Bosni, 1961 – S. ĆIRKOVIĆ, Istorija srednjovekovne bosanske drzave, 1964 – DERS., Die Bosn. Kirche, Atti del Convegno internazionale sul tema: L'Oriente cristiano nella storia della civiltà, Accademia nazionale dei lincei, Quaderno 62, 1964, 547–575 – M. LOOS, Dualist Heresy in the MA, 1974 – S. M. DŽAJA, Die »bosn. Kirche« und das Islamisierungsproblem B.s und der Herzegowina in den Forsch. nach dem Zweiten Weltkrieg, 1978.

Boso

1. **B. v. Vienne,** Kg. der Provence 15. Okt. 879–7. Januar 887, † 11. Jan. 887;□Vienne, Kathedrale St. Mauritius (der er u. a. ein Mauritiusreliquiar und eine Bügelkrone geschenkt hatte). Sohn des lothr. Gf.en Biwin, Neffe des Laienabtes Hukbert v. St-Maurice d'Agaune und der Gemahlin Lothars II., Theutberga, sowie B.s, eines Gf.en in Italien, stieg durch die Vermählung seiner Schwester Richilde mit Karl dem Kahlen (22. Jan. 870) im Dienste des Kg.s zu hohen Ehren auf. 869 erhielt B. die Abtei →St-Maurice zugesprochen, 870 setzte ihn Karl an Stelle des verdrängten Gerhard (»v. Roussillon«) als Gf.en v. Vienne ein, 872 bestellte er ihn zum Kämmerer und magister ostiariorum für seinen Sohn Ludwig, den Unterkönig v. Aquitanien, übertrug ihm die Verwaltung dieses Reiches und gab ihm die honores des Gf.en Gerhard v. Bourges. Im Herbst 875 begleitete B. Karl nach Italien und erhielt wohl zu dieser Zeit die Provence. Auf der Reichsversammlung in Pavia (Febr. 876) zum Hzg., sacri palatii archiminister und missus für Italien bestellt und mit der Herzogskrone bekrönt, hatte B. eine vizekgl. Stellung inne, die durch seine Vermählung mit Ermengard, der Tochter Ludwigs II., noch erhöht wurde. 877 gehörte B. zu jenen westfrk. Großen, die Karls zweiten Italienzug mißbilligten, sich gegen den Ks. verschworen und nach dessen Tod (6. Okt. 877) den Nachfolger Ludwig II. den Stammler zur Anerkennung ihrer Herrschaftsrechte zwangen. 878 begleitete B. Papst Johannes VIII. zur Synode nach Troyes (Sept.), auf welcher der Papst Kg. Ludwig II. um Unterstützung in Italien bat. Johannes VIII. erkor B. zum filius adoptivus, scheint aber nicht ihn, sondern Ludwig II. zum Kaiserkandidaten nominiert zu haben (J. FRIED). Beim Tode Ludwigs II. (10. April 879) unterstützte B. mit anderen westfrk. Großen die alleinige Nachfolge des ältesten Sohnes, Ludwig (III.), doch sagte er sich schließlich, legitimist. Gründe vorschützend, von den beiden Söhnen Ludwigs II. los. Im Juli 879 nannte er sich, seine unabhängige Stellung damit umschreibend: »B. Dei gratia id quod sum« (POUPARDIN, Actes, Nr. 16). Der Episkopat und die Großen des Rhône-Saône-Raumes wählten ihn am 15. Okt. 879 in Mantaille als Nachfolger Ludwigs II. Die erste »freie« Wahl eines Nichtkarolingers, in enger Anlehnung an die Bischofswahl vollzogen, wurde durch das Prinzip der Idoneität legitimiert. B.s Kgr. umfaßte die Kirchenprov. Arles, Aix, Vienne, Lyon (ohne Langres), wahrscheinl. Besançon, sowie die Diöz. Tarentaise, Uzès und Viviers. Nach der Reichsteilung von Amiens (März 880) zogen Ludwig III. und Karlmann gegen B., eroberten Mâcon und die nördl. Gebiete von B.s Kgr., vereinigten sich mit Karl III. und belagerten gemeinsam Vienne (Aug.–Nov. 880), das jedoch erst bei einer zweiten Belagerung (Aug.–Sept. 882) durch B.s Bruder, →Richard den Justitiar, den Gf.en von Autun, erobert wurde. B. blieb anscheinend bis zu seinem Tode auf die unmittelbare Umgebung von Vienne, den Kern seiner Herrschaft, beschränkt. →Bosoniden. R. Kaiser

Q.: MGH Cap. II, 90ff., 365–369, nr. 220, 284 – R. POUPARDIN, Recueil des actes des rois de Provence (855–928), 1920 – Lit.: R. POUPARDIN, Le royaume de Provence sous les Carolingiens, 1901 – F. SEEMANN, B. v. Niederburgund [Diss. Halle 1911] – M. CHAUME, Les origines du duché de Bourgogne I, 1925, 257–304 – P. E. SCHRAMM, Herrschaftszeichen und Staatssymbolik II, 1955, 400–402 – W. MOHR, B. v. V. und die Nachfolgefrage nach dem Tode Karls d. K. und Ludwigs d. St., ALMA 26, 1956, 141–165 – L. BOEHM, Rechtsformen und Rechtstitel der burg. Königserhebungen im 9. Jh., HJb 80, 1961, 1–57 – DIES., Gesch. Burgunds, 1971 – R. H. BAUTIER, Aux origines du royaume de Provence. De la sédition avortée de Boson à la royauté légitime de Louis, Provence hist. 23, 1973, 41–68 – J. FRIED, B. v. V. oder Ludwig der Stammler? Der Kaiserkandidat Johanns VIII., DA 32, 1976, 193–208 – K. F. WERNER, Gauzlin v. St-Denis und die westfrk. Reichsteilung von Amiens (März 880), DA 35, 1979, 395–462.

2. **B.,** Kard. und Geschichtsschreiber, † nach dem 28. Juli 1178. Nicht engl., wie seit dem 16. Jh. immer wieder behauptet, sondern sehr wahrscheinl. toskan. Herkunft, begann B. seine kuriale Karriere 1135 in der Umgebung des Kard.s →Guido Pisanus, des späteren Kanzlers Eugens III. Er folgte jenem als Leiter der päpstl. Kanzlei nach und datierte die Privilegien zw. dem 6. November 1149 und dem 3. Mai 1153 als sanctae Romanae ecclesiae scriptor. Unter Hadrian IV. bekleidete B. das Amt des →Kämmerers, seit Januar 1157 als Kardinaldiakon von SS. Cosma e Damiano. Unter seiner Leitung wurden die Aufgaben der →Kammer stark erweitert. B. hatte die Obhut über den päpstl. Palast im Lateran und bei St. Peter und stand dem päpstl. Hofstaat vor. Er intensivierte die von Eugen III. betriebene Territorialpolitik im Patrimonium Petri (→Kirchenstaat) und brachte eine Reihe von weltl. Herrschaften in päpstl. Lehnsabhängigkeit oder direkte päpstl. Verwaltung und sicherte schon bestehende Bindungen durch Verträge, so in der südl. Toskana, in den Sabiner- und Albanerbergen und der Campania Romana. B. legte im Zusammenhang damit eine Sammlung von Urkunden an, exzerpierte dazu die Register Gregors VII., Paschalis' II. und Hadrians IV. und stellte ein Zinsregister der röm. Kirche zusammen. Dieses Werk bildete 1192 eine der Vorlagen des Cencius bei der Abfassung des →Liber Censuum. 1159 ergriff er sofort für Alexander III. Partei, für den er 1160–61 (und erneut 1173–74) in der Toskana Geld sammelte. Er folgte dem Papst im Sommer 1162 nach Frankreich und hielt sich von da an, von kurzen Unterbrechungen abgesehen, ständig in der Umgebung Alexanders III. auf, der ihn zw. dem 18. August 1165 und dem 18. März 1166 zum Kardinalpriester von S. Pudenziana promovierte. Seine letzte Unterschrift unter einem päpstl. Privileg datiert vom 19. Juli 1178. B. verfaßte die Gesta pontificum Romanorum (885–Ostern 1178, mit Lücken), wobei die Viten Hadrians IV. und bes. Alexanders III. zu den wichtigsten historiograph. Quellen dieser Pontifikate zählen. Bis 1165/66 entstand das Werk in einem Zug, dann setzte es B. entsprechend den Ereignissen fort, kam aber für die letzten Jahre vor 1178 nicht zu einer definitiven Fassung. Im Mittelpunkt der streng

papsttreu und im Gegensatz zu innerkurialer Opposition geschriebenen Gesta steht die Auseinandersetzung zw. →Imperium und →Sacerdotium und bes. die Bedrohung der →Libertas Ecclesiae durch Friedrich Barbarossa.

W. Maleczek

Ed.: LP II, 353–446 – *Lit.*: DBI XIII, 270–274 – F. GEISTHARDT, Der Kämmerer B., 1936 – O. ENGELS, Kard. B. als Geschichtsschreiber (Festg. H. TÜCHLE, 1975), 147–168.

3. B., erster Bf. v. →Merseburg (seit 968), † 1. Nov. 970, ◻Merseburg, Domkirche St. Johannes d. T., vor dem Hauptaltar. Bayer. Herkunft, im Kl. St. Emmeram in Regensburg ausgebildet, trat als Kapellan in den Königsdienst und unternahm, durch Otto d. Gr. mit kirchl. Einkünften in Zeitz, Memleben, Dornburg und Kirchberg versehen, Missionsversuche östl. der Saale im Land der Sorben. Bei Zeitz rodete er einen Wald und errichtete eine steinerne Kirche (976 Buosenrod), vielleicht eine weitere bei Altenburg (976 Buosendorf). Für die Missionierung schrieb er Texte in slav. Sprache, »wahrscheinlich. . . in Regensburg übersetzte Beichtformeln und Lehrtexte« (W. SCHLESINGER). Aufgrund seiner Verdienste um die Slavenmission ließ ihn Otto d. Gr. 968 bei der Begründung der Kirchenprov. Magdeburg zw. den neugegr. Bm.ern Merseburg und →Zeitz wählen; B. entschied sich für Merseburg und wurde am 25. Dez. 968 von Ebf. →Adalbert v. Magdeburg zum Bf. geweiht. Noch unter B. stattete Otto I. das Bm. Merseburg mit Gütern bei Merseburg, mit der Burg Magdeborn im Schkeuditz-Gau und mit der Radegundenkirche bei dem kgl. Hof zu Helfta im Hassegau aus. B. starb auf einer Reise in seine Heimat Bayern. R. Kaiser

Q.: Thietmar, Chron. II, 22, 36, 37 – MGH DD. O. I. 366, 373 a; O. II. 366 – *Lit.*: ADB III, 188 f. – DHGE IX, 1325–1327 – LThK² III, 621 f. – NDB II, 482 – HAUCK III³⁻⁴, 95–99 – W. SCHLESINGER, Kirchengesch. Sachsens im MA I, 1962 – J. FLECKENSTEIN, Die Hofkapelle der dt. Kg.e II, 1966, 44, 52–55 – D. CLAUDE, Gesch. des Ebm.s Magdeburg bis in das 12. Jh., I, 1972, 20, 117 f., 224.

Bosoniden, karol. Hochadelsfamilie, entstammte der Heiratsverbindung des Gf.en Biwin (842–862), Laienabt v. →Gorze (Bruder des ostiarius Richard, eines fidelis Kg. Lothars I.), mit der Tochter eines Boso (deren Geschwister: Hukbert, Laienabt v. →St-Maurice d'Agaune; ein anderer Boso; Theutberga, Gemahlin Lothars II.). Aus dieser Ehe gingen hervor: →Boso v. Vienne, →Richard der Justitiar, Richilde (⚭ Karl d. Kahlen) und höchstwahrscheinl. auch Biwin, der Ahnherr der sog. »Lizuidis-Verwandtschaft«. Karl d. Kahle, der sich auf den Anhang der Theutberga stützte, um Lotharingen für sich zu sichern, übertrug dem Boso zahlreiche Herrschaften und hohe Ämter in Aquitanien, Burgund und Italien (vgl. →Boso v. Vienne). Er erhielt Ermengard, die Tochter Ludwigs II., zur Frau. Papst Johannes VIII. nominierte möglicherweise ihn (nach der Auffassung von J. FRIED, DA 32, 1976, 193–208 aber Ludwig II.) zum Kaiserkandidaten, der die Verteidigung Italiens gewährleisten sollte.

Nach dem Tod Ludwigs II. ließ sich Boso zum Kg. in Burgund und in der Provence wählen (879) und behauptete sich bis zu seinem Tod (11. Jan. 887) gegen die Karolinger. Der kinderlose Kg. Karl III. († 888) bestimmte durch Adoption Bosos Sohn Ludwig zum Nachfolger (Mai 887). Ludwig vermochte sich jedoch nur in seinem väterl. Erbe zu behaupten: 890 in Valence zum Kg. gekrönt, erlangte er zwar auch die Krone von Italien (900) und die Kaiserkrone (901), wurde jedoch von →Berengar gefangengenommen und 905 geblendet. Er beschloß sein Leben in der Provence († 5. Juni 928) und überließ die fakt. Herrschaft einem Enkel seines Großonkels Hukbert,

→Hugo v. Arles, dem späteren Kg. v. Italien. Sein Sohn Karl-Konstantin mußte sich auf die Gft. Vienne beschränken und die Oberhoheit des →Welfen Rudolf II. anerkennen.

Bosos Bruder Richard der Justitiar († 921) folgte diesem um 880 als Gf. v. Autun und begründete das Hzm. Burgund (→Burgund, Hzm.). Aus der Ehe mit der Welfin Adelaide gingen drei Söhne hervor: Rudolf (⚭ Emma, Tochter Roberts I.), der ihm als Hzg. v. Burgund nachfolgte und Kg. in Westfranken wurde; →Hugo der Schwarze, Gf. und Mgf., der einen Teil des Hzm.s und der burg. Gebiete jenseits der Saône besaß (936–952); ein Gf. Boso, der 923 den Gf.en v. Verdun, Richwin, tötete; Ermengard, durch welche die Gft. →Autun an Gilbert (Giselbert) v. Vergy kam, war die Tochter Richards oder aber Rudolfs.

Aufgrund ihrer Heiratsverbindungen mit den Karolingern traten die B. 879 als Erben der Nachkommen →Lothars auf; dabei vermochten sie auf der anderen Seite, gestützt auf regionale und »nationale« Partikularismen, dauerhafte Herrschaftsbildungen zu begründen.

J. Richard

Lit.: R. POUPARDIN, Le royaume de Provence sous les Carolingiens, 1901 – M. CHAUME, Les origines du duché de Bourgogne I, 1925 – E. HLAWITSCHKA, Die Anfänge des Hauses Habsburg-Lothringen, 1969 [vgl. auch die Lit. zu den einzelnen Familienmitgliedern mit eigenem Stichwort].

Bosporus. Die im Unterschied zum kimmer. oder taur. Bosporus (Straße von Kertsch zw. dem Asowschen und dem Schwarzen Meer) auch thrak. Bosporus genannte Meerenge zw. Schwarzem Meer und Marmara Meer ermöglichte sowohl in der Antike als auch im MA einerseits (wie die weiter s. gelegenen →Dardanellen) den raschen Übergang von Asien nach Europa und andererseits die Verbindung vom Mittelmeer zum Schwarzen Meer und zur südruss. Kornkammer. Sie ist etwa 30 km lang und zw. 700 m und 3,5 km breit, weist einen starken Oberstrom vom Schwarzen Meer zum Marmara Meer und einen umgekehrten Unterstrom, bedingt durch den verschiedenen Salzgehalt der beiden Meere, auf, heißt bei den Byzantinern Stenon, bei den Lateinern Brachium S. Georgii und heute Boğaziçi. Knapp vor dem s. Ausgang ins Marmara Meer zweigt nach W die etwa 6 km lange Bucht des Goldenen Horns (byz. Keras, heute Haliç) ab; auf der Halbinsel zw. Goldenem Horn und Marmara Meer liegt →Konstantinopel, n. gegenüber →Galata (Pera), auf dem ö. Ufer des B. →Chalkedon (heute Kadıköy). In byz. Zeit war lediglich der Ausgang des B. ins Schwarze Meer bei Rumeli Kavak im W und Anadolu Kavak (byz. Name Hieron) im O befestigt; diese Festungen befanden sich seit 1350 in genues. Hand. Der B. besaß Bedeutung im byz. Zollwesen, bes. durch die Zollstelle von Hieron. Unter Sultan Bāyezīd I. wurde nahe der engsten Stelle des B. und auf dessen O-Seite das Kastell →Anadolu Hisarı errichtet; vor der Eroberung von Konstantinopel 1453 erbaute Mehmed II. auf der gegenüberliegenden Seite Rumeli Hisar. →Schwarzes Meer. F. Hild

Lit.: EI² (frz.) I, 1289 f. – Kl. PAULY I, 933 f. – J. FRH. V. HAMMER-PURGSTALL, Constantinopolis und der Bosporos, örtl. und gesch. beschrieben, 1822 [Nachdr. 1967] – TOMASCHEK, 3 f. – A. GABRIEL, Châteaux turcs du Bosphore, 1943 – H. ANTONIADIS-BIBICOU, Recherches sur les douanes à Byzance, 1963 – R. JANIN, Les Églises et les Monastères des Grands Centres Byzantins, 1975, 5–30 – S. EYICE, Bizans Devrinde Boğaziçi, 1976.

Bosse, Bossenquader. B. ist die Rohform eines geschlagenen Steines, einer in roh gelassenen Steinvoluten, das erst nach dem Versetzen am Bau bildner. bearbeitet oder abgearbeitet werden soll, um Beschädigungen zu vermeiden oder als Versatzbossen dem Hebezeug Halt zu bieten (B.n an Säulenschäften, Krypta von St. Maria im Kapitol in Köln). Häufig werden im MA Bossenkapitelle versetzt und oft in diesem Zustand (aus der Not des Baufortganges oder absichtlich?) belassen (Westwerk von Corvey, Krypta von Quedlinburg, Zwerggalerie des Speyerer Domes u. v. a.). B. oder Buckelquader sind kennzeichnend in Deutschland und auch in Unteritalien für die stauf. Pfalzen und Burgen, bei denen Werksteinquader auf der Sichtfläche nur einen Randschlag erhalten und der Spiegel mehr oder weniger vorsteht. Er kann rauh belassen werden, kissenförmig gespitzt oder als Rustika mit glattem vorstehendem Spiegel oder als Diamantquader facettenförmig ausgebildet sein.

In Deutschland kommen die B.- oder Buckelquader seit den 40er Jahren des 12. Jh., anscheinend unmittelbar in Verbindung mit dem 2. Kreuzzug, 1148, auf, zugleich am Rhein, Main, im Elsaß und in Thüringen, zumeist an Bauten, die auf Veranlassung des stauf. Kg.s errichtet wurden. Die Quader haben zunächst größere Formate mit mächtig vortretenden zackigen Buckeln, mit Randschlag und sauber gearbeiteten Fugen (Münzenberg); schon in den 60er Jahren beginnt die Tendenz, die Buckel leicht zu überarbeiten und die Quadergrößen etwas kleiner zu wählen (Gelnhausen). In den 70/80er Jahren werden die Buckel stärker überarbeitet, stehen weniger vor und werden zu Ende des 12. Jh. kissenförmig (Trifels). Eine einheitl. Entwicklung besteht nicht, so nimmt der Rote Turm der Pfalz in Wimpfen um 1205/10 die Quaderformen der 60er Jahre wieder auf. Nach der Mitte des 13. Jh. werden B. nur noch an den Ecken von Bruchsteinmauern oder an Bollwerken verwendet. In Italien werden B. als Rustikamauerwerk bei Palastfassaden beliebt (Florenz, Bargello ab 1255, Palazzo Vecchio 1298–1314). Die B. sind weder aus dem Bedürfnis entstanden, die Arbeitszeit in der Herstellung zu verkürzen, noch Sturmleitern am Hochschieben zu hindern, sondern sind eine Repräsentationsform wehrhafter Profanarchitektur. G. Binding

Lit.: RDK II, 976–994; III, 44–47 [Lit.] – G. BINDING, Pfalz Gelnhausen, 1965, 38–44 – A. RIEBER–K. REUTTER, Die Pfalzkapelle in Ulm, 1974, 139–169 [Lit.] – K. MAIER, Ma. Steinbearbeitung und Mauertechnik als Datierungsmittel. Bibliogr. Hinweise, ZAMA 3, 1975, 209–216 [Lit.].

Bossus, Les trois → Fabliau

Boston, Stadt in England, Co. Lincoln, nahe der Mündung des Witham in die Nordseebucht The Wash, im MA internationaler Messeplatz. Von den norm. Earls of Richmond gefördert, wurde B. um 1200 zum zweitwichtigsten Hafen in England. Ursprgl. Seehafen für →Lincoln, hat B. diese Stadt später möglicherweise wirtschaftl. überrundet. 1369 wurde der Wollstapel (→Wollhandel) nach B. verlegt, und die Messe erlangte die gleiche Bedeutung wie die von →St-Ives. Wolle, Salz und Eisen wurden exportiert; die Einfuhren umfaßten Fisch, Nutzholz, Kleidung, Backsteine und Fliesen und auch Luxuswaren wie Pelze und Jagdfalken aus dem Norden sowie Wein und Gewürze aus dem Süden. Die Hauptsiedlungszone war ein schmaler Geländestreifen am Ostufer des schiffbaren Witham, um 1200 mit Wall und Graben befestigt. In der Stadt ließen sich Dominikaner, Franziskaner und Augustiner nieder. Die *Guildhall* (Gildehaus, 15. Jh.) ist ein Gebäude aus Backstein. Die Pfarrkirche St. Botolph, eine der großartigsten in England, wurde von 1309 an neu errichtet; ihr 83 m hoher Turm mit Laterne war eine Landmarke für See und Marschland. In der Kirche befindet sich eine Gedenktafel für den Hansekaufmann Wissel Smalenburg aus Münster († 1340). M. W. Barley

Lit.: E. M. CARUS–WILSON, The Medieval trade of the ports of the Wash, Medieval Archeol. VI–VII, 1962–63, 182–201 – G. HARDEN, Medieval B. and its archeological implications, 1978.

Bosworth, Schlacht bei, fand am 22. Aug. 1485 nahe Market B. (Leicestershire) statt. In ihr besiegte und tötete →Heinrich (VII.), Earl of Richmond und Begründer der Dynastie →Tudor, den tyrann. Usurpator →Richard III. Aufgrund der zuverlässigsten Schätzungen läßt sich eine Truppenstärke von ca. 5000 Mann auf seiten Heinrichs, von ca. 12000 Mann auf seiten Richards annehmen. Heinrichs Erfolg beruhte teilweise auf der abwartenden Neutralität des Earl of Northumberland (→Percy) und der aktiven Unterstützung durch die Familie →Stanley (→Beaufort). – Als letzte Schlacht der →Rosenkriege erlangte B. in der traditionellen engl. Geschichtsschreibung den Rang eines hist. Mythos. Die Schlacht wurde dabei als Endpunkt der »mittelalterlichen« und Beginn der »neuzeitlichen« Gesch. Englands gewertet. A. Cameron

Lit.: S. B. CHRIMES, Henry VII, 1972 – D. T. WILLIAMS, The Battle of B., 1973.

Botanik → Pflanzenkunde

Botdrager (ndl., 'Korbträger'), Münzbezeichnung. In der Lit. häufig zu Unrecht auf einen erstmals 1365 geprägten doppelten Groschen (→Plak) Ludwigs v. Male, Gf. v. Flandern, bezogener volkstüml. Münzname, mit dem tatsächl. eine im Silbergehalt bessere flandr. Silbermünze gemeint ist. Dieser in den Jahren 1390–1404 in großen Mengen im Namen Hzg. Philipps II. des Kühnen v. Burgund als Gf.en v. Flandern geprägte Doppelgroschen zeigt auf der Vorseite einen hockenden Löwen, der auf dem Rücken den Wappenschild Burgund/Flandern trägt. Der halbe B. wurde als *Butken* bezeichnet. P. Berghaus

Lit.: H. E. VAN GELDER, B.s en plakken, Jaarboek voor Munt- en Penningkunde 56/57, 1968/69, 117–122.

Bote, Hermen, städt. Beamter und Chronist, * um 1450 wohl in Braunschweig als Sohn des späteren Schmiedemeisters u. Ratsherrn Arnd B., † zw. 2. Juni u. 11. Nov. 1520 ebd. B. trat in den Dienst des Gem. Rates der Gesamtstadt →Braunschweig als höherer Stadtbeamter. Bis 1488 war er Zoll- und Akziseschreiber, verlor seine Stelle jedoch durch die Unruhen dieses Jahres, 1494–96 Verwalter des Ratskellers der Altstadt Braunschweig; zuvor lebte er wahrscheinl. von buchhändler. und schriftsteller. Tätigkeiten und war möglicherweise städt. (Nieder-) Richter (*Hogreve*) im Braunschweiger Landgebiet. 1497 erneut Zoll- und Akziseschreiber in Braunschweig und 1513 abermals aus dem Amt vertrieben. Pläne zu seiner Hinrichtung werden durch die bewaffnete Intervention etlicher Bürger vereitelt. 1516–20 städt. Ziegeleiverwalter. Der in mnd. Sprache und anonym schreibende B. tritt zum ersten Male 1488 mit Streitliedern an die Öffentlichkeit. Vermutl. ist er und nicht der Braunschweiger Goldschmied Cord Bote Verfasser der sog. »Sächs. Bilderchronik« von 1488/91, die bis zum Jahre 1489 reicht und 1492 bei Peter →Schöffer in Mainz in großer Auflage als »Cronecken der Sassen« bzw. »Kronecke van keyseren unde anderen fursten unde steden der Sassen mit oren wapen« erschien, mit Wappen, Fürstendarstellungen und Städtebildern. Von einer nicht zustandegekommenen lat. Ausgabe ist die Druckvorlage erhalten (Hzg.-August-Bibl. Wolfenbüttel: 65 Extrav). Eine hd. Übersetzung erschien 1588 (Magdeburg, von Joh. Pomarius). Einen hs. »Almanach« auf das Jahr 1492 mit der Schilderung der Unruhen von 1488 widmete B. Angehörigen der Ratsherrenfamilie v. Damme in Braunschweig (Zuschreibung v. CH. WALTHER 1892). B.s »boek van veleme rade«, eine Staats- und Ständelehre, erschien in

Lübeck um 1493 (Zuschreibung an B. durch H. BRANDES 1890). An einer eigenhändig mit Wappen und schemat. Stadtansichten illustrierten »Weltchronik« (sog. Hetlingische oder Halberstädter Chronik, Ms. StA Braunschweig H VI Nr. 28) arbeitete B. 1493/1502, an einer zweiten »Weltchronik« (Ms. Landesbibl. Hannover XI, 669) 1502/18 (Zuschreibung L. HÄNSELMANN 1880, G. CORDES 1952); dazu kommen erbaul. Traktate und ein von B. bearbeiteter »Totentanz«. Die drei Chroniken B.s sind Kompilationen und enthalten u. a. lokale Traditionen, die sich in den Vorlagen (→Sächs. Weltchronik, →Schöppenchronik u. a.) nicht finden. Eine Gesch. der Unruhen in der Stadt Braunschweig ab 1292 hat B. 1510/12 in seinem »schichtboick« (mnd. *schicht* 'Aufruhr') niedergelegt (Zuschreibung L. HÄNSELMANN 1880). Das Autograph B.s umfaßt außerdem eine Schrift über die Münzpolitik der Städte des →Sächs. Städtebundes, ein »Wappenbuch« und eine knappe hist. Beschreibung der Kirchen, Kl. und Kapellen in Braunschweig (beide von 1514/16) sowie eine Schilderung des Aufstandes von 1513.

B.s Spätwerke sind Spottgedichte, mit denen er 1519 in die publizist. Auseinandersetzung um die Hildesheimer Stiftsfehde eingriff. Die Spruchsammlung »Koker« ('Köcher'), entstanden um 1517, umfaßt Lebensweisheiten in 2292 Versen mit themat. unverbundenen, aber durch übergreifende Reime miteinander verknüpften Zweizeilern.

Der 1500/02 von einem Braunschweiger verfaßte »Ulenspiegel« ist erstmals 1890 von CH. WALTHER und L. HÄNSELMANN überwiegend aus inhaltl. Gründen B. zugeschrieben worden. EDW. SCHRÖDER hat die Verfasserschaft B.s 1940 aufgrund von Stil- und Wortschatzuntersuchungen für ausgeschlossen erklärt (Univ.-Bibl. Göttingen, Nachlaß EDW. SCHRÖDER). Das 1973 rekonstruierte Akrostichon ERMAN B weist vielleicht auf B. als Bearbeiter des Buches, doch ist es erst von einem Bearbeiter hinzugefügt, der die zugrundeliegenden geograph. Ordnungsprinzipien der Historien nicht gekannt hat (→Eulenspiegel).

Aus B.s amtl. Tätigkeit besitzen wir außerdem das »tollenboyck« ('Zollbuch') von 1503/06 (Zuschreibung L. HÄNSELMANN 1880 – Ms. StA Braunschweig B I 9 Nr. 57), eine Dienstanweisung für Torschreiber und Zollbudenbedienstete samt den Zolltarifen in Braunschweig.

B. U. Hucker

Ed.: Chr. dt. Städte, Bd. 16 (Braunschweig, Bd. 2), hg. L. HÄNSELMANN, 1880 [Schichtbuch, Almanach, Kirchenverzeichnis, Pagemante, vom Wappenbuch nur die Texte] – Cronecken der Sassen, Mainz 1492 (GW 4963), hg. G. W. LEIBNIZ (Scriptores rerum Brunsvicensium 3, Hannover 1711), 277–423 [nur mit einem kleinen Teil der Holzschnitt-Ill.] – C. ABEL, Slg. etlicher noch nicht gedruckten alten Chroniken, als der Nieder-Sächs., Halberstädt. usw., Braunschweig 1732, 27–251 [nicht vollst. und fehlerhafte Ed. der Weltchronik, Braunschweiger Hs.] – Auszüge der Weltchronik, Hannov. Hs., hg. G. CORDES, Auswahl aus den Werken von Hermann B., 1948, 19–28 – H. BRANDES, H. B.s Boek van veleme rade, Jb. des Vereins für nd. Sprachforsch. 16, 1890, 1–40 [ohne Holzschnitt-Ill.] – R. v. LILIENCRON, Die hist. Volkslieder der Dt., 4 Bde, 1865–69 (Streitlieder Bd. 2 Nr. 164; Bd. 3 Nr. 327, 329) und G. CORDES, 1948, 86–95 – Hermann B., der Koker. Mnd. Lehrgedicht aus dem Anfang des 16. Jh., hg. G. CORDES, 1963 (ATB 60) – W. SPIESS, Die Heerstraßen auf Braunschweig um 1500, 1937, 118–124 [die Heerstraßen und Tore betreffenden Teile des Zollbuches] – *Lit.:* C. WALTHER, Hermann B., ein Beitr. zur Braunschweiger Literaturgesch. (Vortr. a. d. Pfingsttagung des Hans. Geschichtsvereins und des Vereins für nd. Sprachforsch. Braunschweig 1892, Kurzfassung: Rostocker Zeitung 23. Juni 1892) – J. SCHNEIDER, Die Verfasserfrage der mnd. Spruchdichtung »De Koker« [Diss. Göttingen 1938] – G. CORDES, Die Weltchroniken von Hermann B., Braunschweig. Jb. 33, 1952, 75–101 – P. HONEGGER, Ulenspiegel, 1973 – B. U. HUCKER, Hermann B., Nds. Lebensbilder 9, 1976, 1–21 [Lit.] – DERS., H. B. – Das Bild eines Chronisten (Brunswiek 1031–Braunschweig 1981, Fschr.), 151–160 – DERS., Till Eulenspiegel, Beitr. zur Forsch. und Ausstellungskat., 1980 (Stadtarchiv und Stadtbibl. Braunschweig – Kl. Schr. 5) – K. STACKMANN, Die Stadt in der norddt. Welt- und Landeschronistik des 13. bis 16. Jh., AAG, Ph.-hist. Kl., 3. F., Nr. 121, 1980, 289–310 [behandelt die »Cronecken der sassen« und deren Bearb. durch Pomarius 1588 und Dresser 1596].

Botenbücher der Bruderschaft St. Christoph auf dem Arlberg, die berühmten Arlberg-Wappenbücher, sind eine »Erfindung« des Heinrich Findelkind v. Kempten, der 1386 die gen. Bruderschaft zur Rettung von auf dem Arlbergweg in Not geratenen Menschen gründete und durch Hzg. Leopold v. Österreich die Erlaubnis erhielt, auf dem Arlberg ein Hospiz und eine Kapelle zu bauen. Gleich bei der Gründung der Bruderschaft legte er ein Buch auf, in das sich die Brüder und Schwestern und alle Gönner und Förderer, Hzg.e, Bf.e, Fs.en, Gf.en, Ritter und Edle, Reiche und Arme, Personen geistl. und weltl. Standes, eigenhändig oder durch den Brudermeister mit Namen, Wappen, Schild und Helm nach altem Stand und Würden eintrugen. Dieses bis 1414 geführte Bruderschaftsbuch wurde 1627 erneuert und durch weitere Bruderschaftsmitglieder ergänzt. Es ist im Haus-, Hof- und Staatsarchiv zu Wien aufbewahrt. In Anlehnung an das »Sancti Christopheri am Arlperg Bruederschafft Buech« wurden aber auch »Botenbücher« in einfacherer Form angelegt, mit denen die Brüder durch ganz Europa wanderten, um einerseits die Spendenbeträge der bereits eingetragenen Personen zu kassieren, andererseits neue Förderer zu werben, die mit ihrem Namen, Wappen und mit dem Fördererbeitrag eingeschrieben wurden. Es ist nicht bekannt, wieviel Boten unterwegs waren und wieviele Botenbücher angefertigt wurden. Der Sterzinger Maler und Spielleiter der Tiroler Passion, Vigil →Raber, sah im Hospiz St. Christoph auf dem Arlberg 1548 fünf Wappenbücher, als er eine Abschrift machte. Heute sind nur mehr zwei B. (außer dem oben erwähnten »Hauptbuch«) im Original vorhanden: das im Besitz des St.-Georgs-Ritterordens zu München (beschnitten und mit neuem Einband) und das im Tiroler Landesarchiv zu Innsbruck. Dieses ist als einziges der drei noch erhaltenen Bruderschaftsbücher im urspgl. Zustand.

E. Widmoser

Ed.: O. HUPP, Die Wappenbücher vom Arlberg. 1. T.: die drei Original-Hss. von St. Christoph auf dem Arlberg aus den Jahren 1394 bis rund 1430 (= Die Wappenbücher des dt. MA, hg. vom Volksbund der dt. sippenkundl. Vereine, I), 10 Lfg. (bis Österrendorfer), 1937–43 – J. P. VAN ENDERT, M. KOLB, E. KRÜCKELS, Regel und Statuten der löbl. Bruderschaft des Hl. Märtyrers und Nothelfers Christophori. Gedruckt zu Innsbruck bei Michael Wagner 1647, Faks. (ohne Wappen), Übertragung und Erläuterung, 1976 – E. WIDMOSER-W. KÖFLER, Botenbuch der Bruderschaft St. Christoph auf dem Arlberg, Faks. der Tiroler Hs. (»Codex Figdor«) mit wiss. Komm., 1976 – *Lit.:* K. FISCHNALER, Vigil Rabers Wappenbuch der Arlberg-Bruderschaft zu Weimar (Ausgew. Schr. II: Wappen und herald.-sphragist. Stud. aus Alttirol), Innsbruck o. J. – E. G. FRHR. V. PETENEGG, Über das »Sancti Christophori am Arlberg Bruederschaft Buech«, Herald.-genealog. Zs. 1, 1871 – H. ZIMERMANN, Auszüge aus dem Sancti Christophori am Arlberg Bruederschaft Buech, Jb. der kunsthist. Slg. des allerhöchsten Kaiserhauses, 3. Bd., II. T., 1885 – S. HERZBERG-FRÄNKEL, Die Bruderschaft und Wappenbücher von St. Christoph auf dem Arlberg, MIÖG, Ergbd., 1901 – H. POLACZEK, Ksiega bracka Sw. Krzysztofa na Arlbergu w Tyrolu, 1931.

Botenwesen

I. Allgemein. Westliches Europa – II. Islamischer Bereich.

I. ALLGEMEIN. WESTLICHES EUROPA: Unter B. versteht man die regional und zeitl. unterschiedl. weit entwickelten Formen der Nachrichtenübermittlung durch reitende, laufende oder fahrende Boten. Diese unterschieden sich von Gesandten und anderen Beauftragten (etwa den karol. →missi dominici oder den kgl. und ksl. legati) dadurch, daß sie in der Regel niederen Standes waren, ohne Begleitung reisten und mit keinen oder nur geringen Vollmachten (wie die Gerichtsboten) ausgestattet waren. Sie standen im Dienst von weltl. und geistl. Herrschaften bzw. deren verschiedenen Institutionen oder auch von Korporationen und Privatleuten.

Obwohl jedes ma. Herrschaftsgefüge einer gewissen Größe auf Nachrichtenübermittlung angewiesen war, sind die direkten Hinweise auf die Organisation des B.s nicht entsprechend häufig: Nach zahlreichen Einzelerwähnungen von Boten in frk. Zeit verstummen die Zeugnisse im 10.-12. Jh. nahezu, um erst im 13. Jh. wieder einzusetzen und erst seit dieser Zeit eine Ordnung des B.s erkennen zu lassen.

Bezeichnet werden die Boten in den Quellen des frühen MA als *pueri, cursores, nuntii*, von denen des hohen und späten MA *coureurs, chevaucheurs* (Frankreich), *cursores, nuntii, cokini* (England), *cursori, nuntii* (Italien), *cursores, messagerii* (päpstl. Kurie in Avignon), *correos, troters* (Aragón), *läufer, lauffender botte* etc. (Reich), *barid* (in der islam. Welt).

Kgl. Boten werden zwar schon in frk. Zeit erwähnt, sind aber dann erst wieder seit dem 13. Jh. greifbar: in England (1209-10), Aragón (unter Jakob I.), Frankreich (1231), Kastilien (unter Alfons X.), im Reich der Mamlūken (1261) und im Reich (14. Jh.)

Die Boten der *Päpste* erschienen seit dem 13. Jh. meist als *cursores*, sind aber für die frühere Zeit in der Terminologie der Quellen nur schwer zu fassen (die *nuntii* im Reg. Gregors VII. etwa sind oft Bevollmächtigte).

Bfl. Boten (etwa des Passauer Bf.s Wolfger v. Ellenbrechtskirchen: 1202-03) sind ebenso bekannt wie die von *weltl. Herren* (Simon v. Montfort: 1215, Hzg.e v. Burgund: 1272) oder von Kl. (bezeugt durch die seit der Karolingerzeit überlieferten Totenroteln).

Boten der *Städte* sind in Italien seit dem 12. Jh. (Pistoia), in Frankreich, im Reich und in der Gft. Flandern seit dem 13. Jh. (Marseille um 1255, Hamburg 1258, Brügge 1281, Ypern 1297), in England und Aragón seit dem 14. Jh. (London 1309, Valencia 1341) erwähnt.

Im Zusammenhang mit den *Universitäten* werden zunächst Boten der Professoren und Studenten (Bologna 1158, Paris 1296), dann der einzelnen Nationes (Paris 1383) bzw. – ohne nähere Bestimmung – der Univ. allgemein (Heidelberg 1397) genannt.

Zünfte (Siena 1260) und große Handelsgesellschaften (s. u.) hatten ebenso ihre Boten wie Grundherrschaften. Daneben gab es *freie Boten*, die ihre Dienste, wohl einzeln (Paris 1292) oder in Bruderschaften organisiert (Barcelona 1417), Institutionen wie Privatleuten anboten.

Neben ordentl. Boten wurden zur Brief- und Nachrichtenbeförderung auch die Dienste von Reisenden aller Art (Geistliche, Mönche, Kaufleute etc.) in Anspruch genommen. Sie übernahmen damit die Funktion von Gelegenheitsboten. Diese Praxis war durch das ganze MA üblich und wurde – aus Gründen der Kostenersparnis – auch dann angewendet, wenn die betreffende Institution eigene Boten hatte. So hat z. B. das Papsttum einen großen Teil seiner Korrespondenz durch Gelegenheitsboten befördert.

Die Zahl der ordentl. Boten, die von den genannten Auftraggebern beschäftigt wurden, schwankte. Sie entsprach den jeweiligen Bedürfnissen und der Bedeutung bzw. organisator. Entwicklung der Institution, in deren Dienst sie standen: Die engl. Kg.e hatten 15-45 Boten (13.-14. Jh.), die frz. 16 (1231), 31 (1383), 240 (1483), 120 (1484-88), die aragones. 31-34 (unter Jakob II.), 28 (unter Peter IV.), die Päpste 30-60 (1305-78), der schon erwähnte Bf. v. Passau 2 (1202-03), der Hzg. v. Burgund 12 (1272), die dt. Städte jeweils 3-24 (14.-15. Jh.), die frz. Städte (14.-15. Jh.) sowie das aragones. Valencia (1341) jeweils einen, die flandr. und Brabanter Städte 2-14 (Antwerpen 2 oder 3 am Anfang des 14. Jh., Brügge 6 i. J. 1383, Mecheln 14 im 15. Jh.), während in Paris 12 freie Boten tätig waren (1292).

Die frühesten Nachrichten über die Organisation des B.s stammen aus frk. Zeit: Im kgl. Auftrag reisenden Personen standen Wechselpferde (*paravereda*) zur Verfügung (MGH Formulae Marculf I. 11, MGH Cap. I. Nr. 32 c. 27). Weiter sind Botendienste im Rahmen der Grundherrschaft im 9. und 10. Jh. als Leistungen für Grundleihen (MGH Cap. I. Nr. 128 c. 8, Prümer Urbar), im 13. und 14. Jh. für Dienstgüter (Erzstift Trier um 1220) bzw. Amtslehen (Urbar des Kl. Sonnenburg und der bayer. Herzöge; ähnlich auch in der Dauphiné: VAILLE, Hist. gén. des postes françaises 1, 193) bezeugt. Seit dem 12. Jh. findet man Regelungen der Botentätigkeit in Stadtrechten (Straßburg 12. Jh. und 1322), Stadtstatuten (Pistoia 12. Jh., Marseille um 1255), Zunftstatuten (Florenz 1301: Constitutum Kallismale), Aufzeichnungen über kuriale Beamte (Anfang 14. Jh.), Hofordnungen (Aragón bzw. Mallorca 14. Jh.: Leges Palatinae), städt. Botenordnungen (Straßburg 1443), Ordnungen von kaufmänn. Botenanstalten (Florenz 1357: Ordini de la Scarsela) oder von Botenbruderschaften (Barcelona 1417: Confraria dels Correus). Sie regeln die Zahl der Boten, Boteneid, Botenlohn, sonstige Zuwendungen, Abzeichen und Einzelheiten des Dienstes.

Die Herausbildung regelmäßiger Botenverbindungen läßt sich am frühesten im Bereich des Handels beobachten: 1260 hat die Kaufmannszunft v. Siena und 1291 die Wollweberzunft v. Florenz zw. ihrer Stadt und den sechs im Jahr aufeinanderfolgenden →Champagnemessen je sechs Boten in beide Richtungen abgefertigt. In der 1. Hälfte des 14. Jh. unterhielten alle größeren Florentiner Handelsgesellschaften zu ihren Niederlassungen in Frankreich eigene Botenlinien. Nach dem Bankenkrach der 40er Jahre, in den die meisten von ihnen verwickelt waren, schlossen sich 1357 verschiedene Florentiner Kaufmannsgesellschaften zum Zwecke der Korrespondenzbeförderung zw. Florenz und Avignon zu den »Kaufleuten von der scarsela« (it. *scarsella* '[Boten]tasche') zusammen. Um die Wende vom 14. zum 15. Jh. sind dann Luccheser, Genueser, lombard. und katal. Scarselle bekannt. Alle diese kaufmänn. Botenverbindungen zusammen bildeten ein das Mittelmeerbecken umspannendes Netz von z. T. regelmäßigen Nachrichtenverbindungen, die im Norden bis Brügge und London hinaufreichten und die wichtigsten Handelsplätze des Abendlandes miteinander verbanden. Sie ermöglichten z. B., daß von Venedig nach Konstantinopel etwa alle sechs, von Brügge nach Mailand etwa alle drei und von Barcelona nach Florenz etwa jeden Tag Briefe befördert wurden.

Im W sind regelrechte staatl. B.linien zuerst aus der Herrschaft der mailänd. Visconti (1388) bekannt. Für ihren Feldzug gegen Domodossola haben 1425 die Berner vorübergehend eine Reitpostenkette eingerichtet. Um 1450 bediente sich der Dt. Orden des Netzes seiner Ordenshäuser zum Zwecke der Briefbeförderung. Das Edikt Ludwigs XI. v. Frankreich über die Einrichtung von Botenketten i. J. 1464 ist zwar eine Fälschung des 17. Jh., doch sind Botenstafetten entlang wichtiger Straßen für

1480–82 bezeugt. Eduard IV. stützte sich möglicherweise auf dieses Vorbild, als er 1482 zw. London und Newcastle eine Botenstafette einrichtete, um mit dem schott. Kriegsschauplatz in dauernder Verbindung zu stehen. Schließlich sind Botenstafetten 1496–1500 auch im Dienste Maximilians I. nachweisbar.

Die Reisegeschwindigkeit der Boten betrug zu Fuß 25–30 km, zu Pferde um die 55 km am Tag. Expreßkuriere der Päpste legten am Tag in bergigen Gegenden 50 km und in der Ebene 100 km zurück. Botenstafetten erzielten wesentl. höhere Leistungen: Ein Brief von der Marienburg nach Thorn brauchte (um 1450) für ca. 130 km 27 Stunden oder von London nach Newcastle (1482) für ca. 470 km 2 Tage.

Die mit dem B. des 14. und 15. Jh. gesammelten Erfahrungen, daß Botenstafetten die Beförderungszeiten verkürzten, v. a. aber, daß die gemeinsame Versendung einer größeren Zahl von Briefen die Portokosten verminderte und sogar einen Gewinn ermöglichte, führte am Anfang des 16. Jh. zur Entstehung der Post.   Th. Szabó

Lit.: E. KIESSKALT, Die Entstehung der deutschen Post, o. J. – H. DANNENBAUER, Paraveredus – Pferd, ZRGGermAbt 71, 1954, 55–73 – O. LAUFFER, Der laufende Bote im Nachrichtenwesen der früheren Jahrhunderte, Beitr. zur dt. Volks- und Altertumskde 1, 1954, 19–60 – Y. RENOUARD, Information et transmission des nouvelles (L'Hist. et ses méthodes, 1961), 95–142 – M. C. HILL, The King's Messengers 1199–1377, 1961 – P. G. THIELEN, Die Verwaltung des Ordensstaates Preußen, 1965 – F. MELIS, Intensità e regolarità nella diffusione dell'informazione economica generale nel Mediterraneo etc. (Mél. F. BRAUDEL, I, 1973), 389–424 b – J. M. CAUCHIES, Messageries et messagers en Hainaut au XVe s., M–A 82, 1976, 89–123, 301–341 – L. KUCHENBUCH, Bäuerl. Gesellschaft und Klosterherrschaft im 9. Jh., 1978 – R. ELZE, Über die Leistungsfähigkeit von Gesandtschaften und Boten im 11. Jh. (Hist. comparée de l'administration, hg. W. PARAVICINI–K. F. WERNER, Actes du XIVe colloque hist. franco-allemand Tours, Beih. Francia 9, 1980), 3–10.

II. ISLAMISCHER BEREICH: [1] *Arabisches Reich und seine Nachfolgestaaten, Mongolen:* Das Botenwesen im Islam umfaßte einerseits Boten mit verschiedenen Funktionen und Aufgaben, die unter staatl. Kontrolle standen, andererseits beruhte es auf freien oder zunftmäßigen Überbringern von Nachrichten.

Zu den unentbehrl. Institutionen des großislam. Reiches gehörte der Nachrichtendienst. In der Tat übernahm der Islam diese Institution aus den eroberten byz. und sasanid. Gebieten (→Nachrichtenwesen). Seit dem Beginn des Abbasiden-Kalifats waren die Post (*barīd*) bzw. der Nachrichtendienst sehr ausgebildet und wohl eine der wichtigsten Behörden des Reiches, die einem der engsten Vertrauten des Kalifen unterstand. Das System der Post- und Relais-Stationen umfaßte gegen Mitte des 9. Jh. die Hauptstraßen im ganzen Reich: von Bagdad nach Syrien, Ägypten und Nord-Afrika; von Bagdad nach Iran und Zentralasien bis zur chin. Grenze sowie von Bagdad nach Mekka (wegen der Pilgerströme das größte Zentrum des Verkehrs in der islam. Welt) einerseits, nach Kleinasien und Konstantinopel andererseits. Entlang der ganzen afrikan. Küsten waren Wachstationen etabliert. Von Unterägypten aus gingen zwei große Straßen nach Westen, eine wie im Altertum entlang der Meeresküste, die andere südlicher. Eine Südstraße führte über die Oase Daḫla und Kufra in den westl. Sudan: nach Ghana und Audāġušt.

Postbedienstete überwachten die Etappen und sorgten für eine reibungslose Abwicklung des Postverkehrs in der vorgeschriebenen Zeitspanne. Meist war der Postmeister auch der offizielle Berichterstatter, dem seine Spitzel die wichtigsten Neuigkeiten zutrugen. Das ist byz. Erbe. Zu den Pflichten des Postmeisters gehörte die Berichterstattung über die Steuerbeamten, die Bebauung des Landes, die Lage der Untertanen bis in die Einzelheiten, den Lebenswandel der Richter und Beamten, die Tätigkeit der Münzstätte usw. Der Postmeister hatte Buch zu führen über die Kuriere seines Bezirkes, deren Anzahl, Namen und Löhne; ebenso über die Zahl der Straßen, die jeweiligen Entfernungen und Etappen, um für eine möglichst rasche Beförderung der Postbeutel Sorge zu tragen. Für Postzwecke wurden außer Läufern und Kurieren normalerweise Maultiere, Reitkamele und nicht selten Pferde verwendet. Bei der Beförderung eiliger Nachrichten von herausragender polit. oder militär. Bedeutung wurden v. a. Brieftauben eingesetzt. Auf Feldzügen richtete die Regierung eine Feldpost ein (z. B. die Post mit Rennkamelen, die täglich zw. Ägypten und Bagdad verkehrte, um die Nachrichten über den fāṭimid. Feldzug 914 zu übermitteln). Unter diesen Umständen mußten die Boten bes. zuverlässig sein und wurden daher sorgfältig ausgewählt und geschult. Angebl. sollen die tüchtigsten Kuriere Tagesleistungen von 180 km erbracht haben.

Das Rückgrat der staatl., weit verzweigten Postorganisation war der Bote. Als das staatl. Postwesen allmählich verfiel (sein Niedergang wurde zur Zeit der Seldschuken 1063 besiegelt), blieben der Bote und die Botenlinien die Hauptträger der Nachrichtenvermittlung. Zur Zeit der Kreuzzüge hatten die Zengiden und Ayyūbiden keine Postverwaltung mehr zur Verfügung. Sie bedienten sich schneller Läufer, tüchtiger Rennkameltreiber sowie der Brieftauben. Diese Situation änderte sich im 13. Jh. Sowohl die Mongolen des Iran und der Goldenen Horde als auch die Mamlūken in Ägypten und Syrien sorgten für eine Wiederherstellung der staatl. Postbehörden mit ihren Verbindungsstraßen u. Poststationen für polit. militär. Zwecke und nicht zuletzt für den Handelsverkehr. Ein ausgedehnter Verwaltungsapparat wurde dafür in diesen Reichen neu eingerichtet. Der Bote erhielt ein bes. Kennzeichen, wodurch Tierwechsel und Proviantversorgung gewährleistet werden konnten. Posthäuser und Karawansereien hielten nicht nur Reit- bzw. Zugtiere bereit, sondern sorgten auch für die Sicherheit der Straßen sowie für die Verpflegung der Reisenden. Zw. Ägypten, Konstantinopel, Sarai, Breslau und Zentralasien standen dem Botenverkehr mehrere Routen zur Verfügung.

Mit der Schwächung der Mongolenherrschaft verfielen im 14. Jh. die staatl. Boteneinrichtungen im Iran und später auch im Reich der Goldenen Horde. Durch Timurs Invasion Syriens (1400) brach die Organisation des Mamlūken-Postwesens (v. a. des Taubenverkehrs) in Syrien zusammen. Schnelle Rennkameltreiber, Läufer und Kuriere übernahmen wieder den Transport der eiligen offiziellen Post. Eilbotenverkehr war sowohl im Ṣafawidenreich als auch im Osman. Reich bekannt.

In N-Afrika und im maur. Spanien entwickelte sich das B. nicht im gleichen Maße wie im Vorderen Orient. Im 10. Jh. hatte die Regierung in Spanien ihre schwarzen Läufer, deren Organisation nur spärlich belegt ist. Die Ḥafṣiden im östl. Maghrib hatten ihre Kuriere, die selbst für die eigenen Lasttiere sorgten. Sie hatten keine festgelegten Wechselstationen. Aus der Fāṭimidenperiode wissen wir, daß Feuer zur Nachrichtenverbreitung angewandt wurde, dessen man sich bereits in der Antike und im byz. Reich bedient hatte und das von den Muslimen in den vormals gr.-hellenist. Gebieten beibehalten, in den anderen Provinzen aber nicht eingeführt wurde. An der nordafrikan. Küste soll die Nachrichtenübermittlung durch Feuer – die Angaben gelten für das 9. Jh. – bes. gut funktioniert haben. In einer Nacht gelangte eine Nachricht von Ceuta in drei bis vier Stunden von Tripolis nach Alexandria. Die Linie Tripolis–Alexandria verfiel erst 1048, als sich der Maghrib gegen die Fāṭimiden erhob, und diese daher die Festungen nicht mehr gegen die Beduinen verteidigen konnten.

Größere Handelsgesellschaften, v. a. die der →Kārimī (Großkaufleute) mit ihren weit verzweigten Niederlassungen, unterhielten eigene Botenlinien. Zunftmäßig organisierte Boten lassen sich in Ägypten mindestens seit dem 5. Jh., also noch in spät-röm. Zeit, belegen; die unterägypt. Briefträger, Symmachoi genannt, waren wegen ihrer Schnelligkeit schon im 5. Jh. berühmt.

Boten dienten aber nicht nur einheim. Geschäftsleuten und Privatpersonen, sondern im islam. Ägypten auch den ausländ. Konsuln und Kaufleuten. In einem Vertrag zw. einem Boten und dem ven. Konsul in Alexandria zu Beginn des 15. Jh. wurde vereinbart, daß dieser Bote in zehn Tagen Briefe von Alexandria nach Akkon zu bringen habe. Als Beweis für die Aushändigung sollte er sich vom Empfänger in Akkon eine schriftl. Bestätigung geben lassen. Falls er den Betreffenden nicht in Akkon antraf, sollte er sich unverzügl. nach Beirut begeben. Für die Reise von Akkon nach Beirut wurden ihm zwei Tage zugestanden; dort mußte er die Briefe abliefern und hierfür ebenso einen Nachweis erbringen. Als Lohn wurde die beachtl. Summe von 12 Dukaten für die Hin- und Rückreise festgesetzt. Als Vorauszahlung erhielt er 6 Dukaten. Der restl. Betrag sollte ihm bei seiner Rückkehr in Alexandria ausgezahlt werden. Beachtenswert ist auch die Tatsache, daß dieser Vertrag vom Zunftmeister der alexandrin. Boten beglaubigt wurde. Zwei Zeugen unterschrieben das Dokument, wobei der Dolmetscher des Sultans anwesend war. In einem weiteren Dokument schloß 1418 der ven. Kaufmann Giovanni Nikolas (Niccola) einen Vertrag mit einem alexandrin. Boten, nachdem dieser im Auftrag des Venezianers innerhalb eines Monats Briefe von Alexandria nach Damaskus und zurück zu befördern hatte. Als Lohn wurden 12 Dukaten festgesetzt. 4 Dukaten wurden als Vorauszahlung gegeben. Die restl. 8 Dukaten sollten ihm bei seiner Rückkehr in Alexandria ausgehändigt werden. Dem Boten wurde ein Aufenthalt von drei Tagen in Damaskus gestattet. Im Falle, daß er die Frist nicht genau einhielt, ging er seines Anspruches auf den Rest des Lohnes verlustig. S. Labib

Lit.: EI², s. v. barīd – A. Sprenger, Die Post- und Reiserouten des Orients, 1864 – A. Mez, Die Renaissance des Islams, 1922 – É. Lévi-Provençal, Hist. de l'Espagne Musulmane, 3 Bde, 1932 – Ders., L'Espagne Musulmane au Xᵉ siècle: Institutions et vie sociale, 1932 – Ders., La Civilisation Arabe en Espagne, 1938 – R. Brunschvig, La Berbérie Orientale sous les Hafsides, 1941 – J. Sauvaget, La Poste aux Chevaux dans l'Empire des Mamelouks, 1941 – B. Spuler, Iran in frühislam. Zeit, 1952 – S. Labib, Handelsgesch. Ägyptens im SpätMA, 1965 (Urkk. aus dem Archiv von Venedig, Busta Nr. 181) – B. Spuler, Die Goldene Horde, 1965² – Ders., Die Mongolen in Iran, 1968³ – H. Busse, Chalif und Großkönig, die Buyiden im Iraq (945–1055), 1969.

[2] *Osmanisches Reich*: In dem weiträumigen Osman. Reich bestand für die Beförderung eiliger Botschaften der Zentralregierung die Institution der *ulaq* (Eilboten). Diese wurden jeweils mit einer schriftl. Bevollmächtigung (*ulaq ḥükmi*) zur Requirierung von Pferden ausgestattet. Nach Beschreibungen aus dem 15. (Chalkokondyles) und 16. Jh. konnten sie damit auf ihrem Weg jedes Pferd, das sie benötigten, beschlagnahmen. Die Klagen der Betroffenen verstummten nie. Doch soll es auf diese Weise gelungen sein, etwa die 2300 km von Istanbul nach Bagdad in einer Rekordzeit von neun Tagen zurückzulegen. In den späteren Jahrhunderten wurde die Bedrückung der Bevölkerung durch die Anlage von Relaisstationen (*menzilḫāne*) für die Kurierpferde gelindert. A. Tietze

Lit.: C. J. Heywood, Some Turkish archival sources for the hist. of the menzilhane network in Rumeli during the 18th cent. (Notes and documents on the Ottoman ulak, I). Boğaziçi Üniversitesi Dergisi, Beşerî bilimler, IV-V, 1976–77, 39–55.

Boto

1. B. v. Prüfening (um 1105 – um 1170). Von den Werken des Prüfeninger Mönchs, nachträgl. aufgeführt in →Wolfgers v. Prüfening »Liber de scriptoribus ecclesiasticis«, sind noch erhalten die ekklesiolog. »Liber de domo dei« und »Liber de magna domo sapientiae«, 29 »Homiliae in Ezechielem«, zwei Predigten zum Josephsfest und zu Weihnachten sowie ein Zusatz zum »Liber de miraculis s. Mariae«, der B.s Lebensgeschichte beleuchtet. Der »Liber de domo dei«, das älteste erhaltene Werk, stellt die Kirche dar in ihrer ird. Erscheinung, in ihrer typ. und anagog. Spiegelung der himml. Hierarchie. Morallehre und Kirchenkritik sind die Gegenstände der drei ersten Bücher, die beiden letzten sind Auszüge aus der »Caelestis hierarchia« des →Dionysius Areopagita. B. ist unbedingter Vertreter konservativen monast. Reformdenkens und rein kontemplativer Geistigkeit, der die Vermischung von Weltlichem und Geistlichem, aber auch neue Reformorden ablehnt. Lit. abhängig ist er bes. von →Hugo v. St. Victor und Rupert v. Deutz (fast ganz in »De magna domo sapientiae«). Die in den 1160er Jahren verfaßten Ez-Homilien, eigtl. fortlaufender Kommentar als Fortsetzung von Gregors d. Gr. Ez-Homilien, greifen den Gedanken der Architekturallegorese wieder auf. M. Wesche

Ed.: De domo dei, De magna domo sapientiae: Maxima Bibliotheca Patrum 21, Lyon 1677, 489–516 – Prolog zu De domo: A. Schönbach, Miscellen aus Grazer Hss. 3. Reihe, Mitt. des hist. Vereins für Steiermark 48, 1900, 96–120 – Proben der Homilien und Predigten: vgl. Lit.: Endres, 634f., 638–640; Schmitz, 269–273, 302–306 – Lit.: Verf.-Lex.² I, 971–976 – J. A. Endres, B. v. P. und seine schriftsteller. Tätigkeit, NA 30, 1905, 603–646 – H.-G. Schmitz, Kl. Prüfening im 12. Jh. (Misc. Bavarica Monacensia 49), 1975, 240–307.

2. B. v. Vigevano (Botus de Veglevano), 1234/35 Lehrer der Ars dictaminis in Modena. Sein bisher unveröffentlichter »Liber florum« (oder »floridus«) fußt auf den Traktaten →Boncompagnus' und scheint nicht identifizierbaren Magister Dalphynus. H. M. Schaller

Lit.: DBI XIII, 362 – G. Bertoni, Boto da Vigevano, AR 5, 1921, 258–260 [mit Auszügen aus dem Liber florum].

Boton → Knopf

Böttcher (hd. *Böttcher, Bender, Faßbinder, Büttner, Küfer, Schäffler, Kübler*; mnd. *bod(d)eker, Kiemer*; mlat. *dole(i)ator, dolifex, tunnarius, cuparius, ligator vasarum, but(t)iglarius*; it. *bottaio, barilaio*; frz. *tonnelier* und *cuvelier*; engl. *cooper*; schwed. *tunnbindare*).

Das Böttcherhandwerk gehört wohl zu den ältesten spezialisierten Gewerben des holzverarbeitenden Sektors. Es dürfte von den Kelten und Germanen zu den Römern gekommen sein und ist anscheinend auch im MA nördl. der Alpen bedeutender geblieben als im Mittelmeerraum.

[1] *Herstellung der Böttcherwaren*: Die B. stellten Großgefäße wie Weinkufen, Gär- und Maischbottiche für Bier, Badezuber und -wannen her; zum Hilfsgewerbe des Handels wurden sie durch die Produktion von →Tonnen, die als universelles Verpackungsmaterial im MA und in der frühen NZ sehr gefragt waren. Daneben verfertigten die B. Eimer, Schüsseln, Tröge und andere hölzerne Haushaltsartikel.

Aus der Mannigfaltigkeit der Produkte ergab sich vielerorts eine Aufspaltung des Handwerks in Groß- und Kleinböttcher (im Württemberg. Küfer und Kübler) bzw.

Rot- und Weißböttcher (nach dem für große Gefäße und Tonnen verwendeten »roten« Eichenholz und dem für Kleingefäße und Trockenfässer verwendeten »weißen« Pappel-, Tannen- und Fichtenholz), die bis zur Konstituierung separater Zünfte führen konnte. Die Trennung der Gewerbe folgte teilweise auch anderen Kriterien, so wurden z. B. seit dem 16. Jh. Eimer und noch kleinere Gefäße in Lübeck von den *Bekemachern* (Bechermachern) hergestellt; schon seit dem 13. Jh. gab es in Venedig das spezialisierte Handwerk der *cerchiai*, die ausschließl. Faßreifen anfertigten.

Im Regelfall bezogen die städt. B. des Hoch- und Spät-MA als Rohstoff das sog. »Böttcherholz«, wohl auf Standardgrößen vorgesägte Bretter, die oft aus großen Entfernungen importiert wurden (die Hamburger Zunftordnung nennt z. B. Königsberger »Böttcherholz«). Daraus entstanden durch Schneiden, Wässern und/oder Feuern Dauben und Böden, aus denen die Gefäße zusammengesetzt wurden. Neben den erwähnten Holzarten Eiche, Pappel, Fichte und Tanne wurden Föhren-, Buchen-, in Südeuropa auch Kastanienholz zu Dauben und Böden verarbeitet. Für die Faßreifen verwendete man Weiden- und Haselruten, seltener eiserne Bänder, die dann wohl von Schmieden geliefert wurden.

[2] *Städtische Vorschriften und Zunftregeln:* Der Einkauf der Rohstoffe war überall strikt geregelt: es durfte nur an bestimmten Plätzen und zu bestimmten Zeiten gekauft werden; der »Vorkauf« von Rohstoffen und ihr Weiterverkauf an Zunftgenossen war im Regelfall untersagt. In Lübeck kauften die Amtsmeister (Vorsteher) der Bekemacherzunft die Hölzer für die gesamte Zunft ein und verteilten sie dann an die einzelnen Mitglieder. Den Hamburger B.n war es untersagt, zum Holzeinkauf in die umliegenden Waldgegenden zu reisen. Daubenholz durfte nicht angefault oder wurmstichig sein und keine Astknorren oder Bruchstellen aufweisen. Die Verwendung alter und neuer Dauben am selben Faß wurde jedoch unterschiedl. geregelt. Alle Zunftordnungen sahen eine regelmäßige Kontrolle der Produkte durch die Zunftvorsteher oder ausgewählte Meister vor. Minderwertige, v. a. undichte Produkte wurden üblicherweise zerschlagen oder verbrannt, dem Hersteller wurde eine Strafe auferlegt. Nur bei Gefäßen, die bestimmte Größen und Geldwerte überschritten, wurde dem Hersteller nach Zahlung einer Strafe die Nachbesserung erlaubt (so z. B. in Köln und Paris). Genaue Garantiefristen waren seltener, kamen aber auch vor: So sollten die Hamburger B. je nach dem Verwendungszweck der Tonnen ihre Dichtigkeit auf zwei oder vier Wochen garantieren. Viele Zunftordnungen lassen erkennen, daß Reparaturarbeiten von den meisten B.n nur ungern übernommen wurden.

Es ist anzunehmen, daß bes. große Gefäße nur auf Bestellung, Tonnen normaler Größe hingegen auf Vorrat zum freien Marktverkauf hergestellt wurden; der Produktionsumfang einzelner Böttcherbetriebe konnte mehrere Tausend Tonnen im Jahr erreichen. Viele, v. a. kleinere Böttcherbetriebe, dürften auch mit festen Verträgen auf Rechnung größerer Amtskollegen, Brauer oder Kaufleute gearbeitet haben. Für die meisten Böttcherarbeiten gab es in vielen Städten Preistaxen. Die B. waren zur Kennzeichnung ihrer Produkte mit ihrer eigenen Marke verpflichtet.

Die Arbeitszeit der B. wurde in vielen Städten – vermutl. wegen der Feuergefahr und der Lärmbelästigung für die Anwohner – bes. streng geregelt. Wohl aus denselben Gründen versuchten manche Städte, v. a. Frankfurt a. M., die B. in bestimmten Straßen konzentriert anzusiedeln, wobei der Erfolg dieser Maßnahmen begrenzt blieb.

Die Böttcherzünfte gehörten meist zu den älteren und mitgliederstarken, weniger häufig zu den bes. reichen oder angesehenen Handwerkerkorporationen, ausgenommen vielleicht in Skandinavien und in den Städten, in denen durch Beteiligung am Weinhandel ihre Gewinnchancen höher waren, so z. B. in Köln. Ihre Zunftregeln hielten sich allgemein im Rahmen des Üblichen. Die Lehrzeit betrug zw. drei und sechs Jahren. Vorschriften über die Zahl der Gesellen pro Betrieb gab es kaum; es durfte aber meist nur ein Lehrling gehalten werden. Auffällig ist, daß in vielen Städten schon die Lehrlinge eine Aufnahmegebühr und eine Gebühr für die Ausbildung zu zahlen hatten. Die Gesellenlöhne wurden meist einheitl. festgesetzt. Voraussetzung für die Niederlassung als selbständiger Meister waren neben den üblichen Bedingungen (→Meister) oft auch ein bescheidenes Mindestvermögen und der Besitz eines Harnisches, seit dem 15. Jh. auch häufig zusätzl. Wartefristen.

In einigen Städten war das Böttcherhandwerk im 15. Jh. übersetzt (z. B. beschränkten die Lüneburger B. um 1430 die Zahl selbständiger Meister auf 80, die Hamburger B. setzten zw. 1437 und 1506 die höchstzulässige Zahl der Betriebe von 200 auf 120 herab).

[3] *Verbindung zu anderen Gewerben:* Zahlreiche B., v. a. Böttchergesellen, der wend. Hansestädte fanden in den Sommermonaten Arbeit beim Fischfang in →Schonen, wo sie zum Schließen der Heringsfässer benötigt wurden. Im Regelfall brachten die Fischkaufleute wohl leere Fässer mit. Da diese vermutl. nicht immer ausreichten, entstanden endlose Streitigkeiten um die Frage, ob die nach Schonen gereisten B. die Tonnen nur verschließen und ggf. reparieren durften oder auch neue Tonnen herzustellen berechtigt waren; von den stadtsässigen B.n wurde ihnen nur die Herstellung von Tonnen aus altem Holz gestattet.

In den meisten Städten mit bedeutendem Weinanbau oder -handel (z. B. Köln, Paris, Frankfurt a. M.) beschäftigten sich die B., die dort meist mit den Weinverladern korporativ vereint waren, mit Pflege und Ausbau der Weine ebenso wie mit der Herstellung und Pflege der Fässer.

Über die Pflege der Weine im eigenen Keller und in denen von Kunden gelangten zahlreiche B., obwohl es auch dazu überall eingehende Vorschriften gab, zum →Weinhandel und -zapf; beides war erhebl. lukrativer als die eigtl. Böttcherarbeit. Eine Besonderheit gab es im 15. Jh. in Straßburg: Vier geschworene Böttchermeister waren mit der Herstellung und Instandhaltung der städt. Feuerlöschgeräte betraut. H.-P. Baum

Q.: vgl. →Handwerker – *Lit.*: Hoops[2] III, 324–330 – KL 19, 65–69 – R. DE LESPINASSE, Les métiers et corporations de la ville de Paris III (Hist. Générale de Paris, 1897) – W. LAUENSTEIN, Das ma. Böttcher- und Küferhandwerk in Dtl. . . . [Diss. Freiburg i. Br. 1917] – F. TECHEN, Die B. in den wendischen Städten..., HGBll 50, 1925, 67–127 – W. M. BROD, P. JOHANEK u. a., 600 Jahre Büttnerzunft Würzburg 1373–1973, Mainfrk. H. 59, 1973.

Botticelli, Sandro, florent. Maler, eigtl. Alessandro de Filipepi, * Florenz 1444, † 1510. Möglicherweise zunächst zum Goldschmieden ausgebildet, sind seine Anfänge als Maler von Filippo →Lippi geprägt. Anschließend setzt er sich mit dem monumentalen, linearen Stil der Gebrüder →Pollaiuolo auseinander, deren »Tugend«-Folge für die Mercanzia er 1470 die »Fortitudo« beifügt; von ihrem naturalist., insbes. anatom. Interesse aber löst er sich schon im Berliner »Sebastian« (1474) zugunsten einer rhythmisch expressiven Vereinheitlichung. Die Aufträge für die öffentl. Schandgemälde der Pazzi-Verschwörer

(1478) und die Moses-Geschichte in der Sixtin. Kapelle (1481/82) erweisen ihn als den führenden florentiner Maler des späten 15. Jh. Neben kleineren Madonnenbildern entstehen bedeutende Altäre, meist mit einer »Sacra Conversazione« (mit San Barnaba, Florenz; der Bardi, 1485, Berlin) oder der »Anbetung der Könige« (London; mit Porträts verstorbener Medici und des Auftraggebers, gegen 1475, Florenz; Washington). Mit der »Marienkrönung« und der »Verkündigung« (um 1488/90, Florenz) beginnt sich B. von seiner bisherigen harmon., schönfarbigen und subtil ausgeführten Gestaltung zu einer ausdrucksmächtigeren, spannungsvolleren Auffassung zuzuwenden, die in der monumentalen »Pietà« (München) und der myst. »Geburt Christi« (1500, London) gipfelt; inwiefern diese religiöse Vertiefung von →Savonarola geprägt ist, bleibt offen. Die als sehr frühe Gemälde antikprofanen Inhalts berühmten Mythologien stehen in der Tradition fläm. Tapisserien und zeigen den spätgotischen, von der Belebung antiker Formen nur wenig berührten Stil B.s bes. deutlich; der »Frühling«, die »Geburt der Venus« und »Athene mit dem Kentaur« entstanden wohl für Lorenzo di Pierfrancesco de Medici, der ein Schüler Polizians gewesen war (um 1477–85, Florenz), später »Venus und Mars« (London), Fresken in der Villa Lemnia (um 1485, Paris) und die »Verleumdung des Apelles« (um 1495, Florenz). Die seltenen eigenhändigen Porträts B.s zeugen von einer kunstvollen psych. und formalen Stilisierung der Dargestellten. Ch. Klemm

Lit.: L. D. und H. S. ETTLINGER, B., 1976–R. LIGHTBOWN, S. B., 1978.

Botulf, ags. Hl. des 7. Jh. [1] *Leben und Verehrung in England:* Das Fest des Hl. wurde am 17. Juni gefeiert, Translation 15. Febr., ⌐(?) Hadstock, Essex. – Nachdem B. vermutl. einige Zeit in einem Kl. auf dem Kontinent gelebt hatte, gründete er i. J. 654 sein eigenes Kl. in Ikanhoe im Kgr. Ostanglien. Sein Ruf zog →Ceolfrith, den späteren Abt v. Jarrow, an. Die Lage des Kl. wurde vergleichsweise überzeugend mit der Kirche v. St. B., Hadstock, identifiziert, die mehrmals in der Karolingerzeit wieder aufgebaut wurde. Im späten 10. Jh. überführte Bf. →Æthelwold seine Gebeine in andere Gebäudeteile. Die Vita B.s von Folkard v. Thorney (um 1070) ließ seine Verehrung anwachsen; sie enthält jedoch keine zuverlässigen hist. Nachrichten. B. wurde bes. in Ostengland verehrt. D. A. Bullough

Q.: Anglo-Saxon Chronicle, s. a. 654 – Vita Ceol., ed. C. PLUMMER, Baedae Op. Hist. I, 391 – BHL, 1428-1431 – Engl. Kalendars before A. D. 1100, ed. F. WORMALD, 1933, 203, 241, 245, 259 – *Lit.*: F. S. STEVENSON, Proc. Suff. Inst. Archaeol. XVIII, 1922–24, 29f. – W. RODWELL, Ant. Journal LVI, 1976, 52–71.

[2] *Verehrung in Skandinavien:* Das verbreitete Vorkommen der B.-Messe in ma. skand. Kalendarien und die skand. B.-Patrozinien bezeugen die Popularität des ags. Hl. im Norden und damit den Einfluß der engl. Mission in Skandinavien, bes. Dänemark und Norwegen.

In Dänemark lassen sich sieben Dedikationen an B. nachweisen, u. a. in Viborg, Roskilde, Lund und Ålborg, jeweils zwei in Norwegen und Schweden. Die B.-Messe (17. Juni) ist in den Stiftskalendarien für Schleswig, Århus, Kopenhagen, Lund, Nidaros, Linköping, Skara, Strängnäs, Västerås und Uppsala mit den Festgraden semiduplex oder simplex, 9 lectiones aufgeführt; am ältesten ist das Missale Vallentunense (um 1198). Auch in einigen schwed. Landschaftsrechten (z. B. VgL I, DL, ÖgL) wird die B.-Messe erwähnt, wie auch in schwed. Urkunden ab ca. 1300, im gotländ. Runenkalender (um 1328) und im schwed. Legendarium (14. Jh.). Unter den Festtagen im isländ. Bm. Hólar ist die B.-Messe unter den simplicia festa IX. leccionum verzeichnet. Auch das Vorkommen B.'s in Ortsnamen und Personennamen bezeugt – bes. in Dänemark – die Verbreitung der B.-Verehrung im ma. Skandinavien.

In den wenigen Bildzeugnissen wird B. als Abt dargestellt, so auf einem Antemensale in der Kirche von Aardal (Norwegen, 13. Jh.) und auf Fresken in Täby (Schweden, 15. Jh.) und in Skive (Dänemark, 16. Jh.). J. P. Ægidius

Lit.: KL II, 190 ff.; VIII, 94 ff. – E. JØRGENSEN, Fremmed Indflydelse under den danske Kirkes tidligste Udvikling, 1907, 84 f. – DIES., Helgendyrkelse i Danmark, 1909, 17, 138 – S. PIRA, Från norra Smålands medeltid (Kyrkohistoriska studier), 1946, 145–183 – T. GAD, Helgener. Legender fortalt i Norden, 1971, 85 f.

Boucard, Jean, frz. Prälat, Bf. v. Avranches, kgl. Beichtvater *(confesseur du roi)*, † 28. Nov. 1484 in St-Lô, ⌐St-Lô. B., der aus der norm. Landschaft Cotentin stammte, wurde zum Dr. theol. promoviert, war Kanoniker in Avranches und Archidiakon v. Mortain (Diöz. Avranches); er wurde im März 1453 als Nachfolger des Bf.s Martin Pinard († 10. Jan. 1452) zum Bf. v. Avranches gewählt. 1468 wurde B. von Kg. Ludwig XI., für das in der Diöz. Avranches gelegene Michaelsheiligtum des →Mont-St-Michel bes. verehrte, zum Beichtvater ernannt; B. übertrug die Administration der Diöz. daraufhin dem Domdekan. Als confesseur du roi war B. an der 1469 erfolgten Gründung des →Michaelsordens durch Kg. Ludwig XI. beteiligt (erstes Ordenskapitel auf dem Mont-St-Michel). Es gelang B. jedoch nicht, Ludwig XI. zur Durchführung des von Papst Paul II. († 1471) propagierten Kreuzzuges gegen die Türken (→Türkenkrieg) zu bewegen. Dagegen erreichte er beim Kg. die Verdammung der Lehre des →Nominalismus an der Pariser Universität und ließ die Werke→Wilhelms v. Ockham konfiszieren (1474). B. war einer der Hauptinitiatoren des Prozesses der→Jeanne d'Arc zu ihrer Rehabilitierung; mit der Prozeßführung war der Ebf. v. Reims, →Juvénal des Ursins, früherer Dekan von Avranches, betraut. B., der als Professor am Collège de Maître Gervais wirkte (1443–47), verfaßte eine Reihe theol. Werke, stiftete die Bursen am Collège d'Harcourt und begründete eine umfangreiche Bibliothek. Er war Kommendatarabt v. →Cormery und Le→Bec(-Hellouin). R.-H. Bautier

Lit.: DBF III, 1176 – DHGE IX, 1438–1439 – GChr XI, 493–495 – J. QUICHERAT, Procès de Jeanne d'Arc, V, 1849, 466 – LECANUET, Hist. des diocèses de Coutances et d'Avranches II, 1877, 396–419.

Bouchard → Burchard

Bouchart, Alain, bret. Chronist, † vor 1531, Sekretär von →Franz I., Hzg. der →Bretagne, Advokat am Parlement v. Rennes, Verfasser der »Grandes chroniques de Bretaigne« in vier Büchern, die von der Erschaffung der Welt bis 1488 reichen (Ed. pr. 1514), mit Zusätzen bis 1541 in den nachfolgenden Ausgaben. B. schreibt eine nationale Geschichte der Bretonen, die er in den Rahmen der Weltchronik stellt; das Werk spiegelt bes. die von Nationalgefühl durchdrungene Vorstellung des Autors von der Bretagne wider, für die B. eine autonome Stellung – gegenüber den anderen Ländern und bes. Frankreich – beansprucht, enthält aber auch zahlreiche reale hist. Fakten.
A. Vernet

Ed.: Les Grandes croniques de Bretagne composées en l'an 1514 par maistre A. B., ed. H. LE MEIGNEN (Soc. des bibliophiles de Bretagne), 1886 – *Lit.*: Repfont II, 568 f. [Lit.] – G. DURVILLE, Les grandes Chroniques de Bretagne par A. B., Add. de 1518, Bull.-Soc. Nantes, 57, 1915, 97–138 – E. PORT, Alain Bouchart, chroniqueur breton, Ann. de Bret., 36, 1924–25, 496–507; 37, 1925–26, 68–101 – G. JEANNEAU, A. B., auteur des »Grandes croniques de Bretaigne« (1514), 1961 [Diss. masch. Paris] – M.-L. AUGER, A. B. et les seigneurs de Coëtmen. Essai d'explication d'une variante des »Grandes croniques de Bretaigne« (Le métier d'historien au MA. Études d'historiographie médiévale sous la dir. de B. GUENÉE, 1977), 301-330.

Boucicaut

1. B., Geoffroy »le Meingre«, Sohn von 2, älterer Bruder von 3, Gouverneur der →Dauphiné 1399-1407, † 1429, ⚭ 1. Constance de Saluces, 2. Isabelle de Poitiers; dieser 2. Ehe entstammten zwei Söhne. B. nahm zunächst am Feldzug Hzg. Ludwigs II. v. Bourbon nach Afrika teil (1390), zeichnete sich auf der →Preußenreise aus und hatte anschließend unter Kg. Karl VI. die Würden eines *chambellan* und *conseiller du roi* inne. Am 1. April 1399 zum Gouverneur der Dauphiné ernannt, hatte er dort mit den gleichen Schwierigkeiten zu kämpfen wie schon sein Vorgänger Charles de →Bouville und Jacques de Montmaur. B. geriet wegen der Erhebung der direkten kgl. Steuer (→tailles royaux) mit den *États provinciaux* (Provinzialständen) und dem regionalen Adel in heftige Konflikte. Weitere wichtige Ereignisse seiner Amtszeit waren: die Abtretung der Gft.en →Valentinois und →Diois an den Kg. durch den Vertrag vom 2. Aug. 1404; ein langer Streit mit Thibaut de Rougemont, Ebf. v. →Vienne; eine Gesandtschaft nach Genua i. J. 1405. Nach seiner Ablösung durch Guillaume de l'Aire (April 1407) schloß B. der Partei der →Armagnacs an, kämpfte bei Azincourt (1415) und starb im Verborgenen. V. Chomel

Q.: Froissart, Chroniques, livres III, IV – Le livre des faits de messire Jean le Meingre dit Boucicquaut, Mareschal de France et gouverneur de Jennes – *Lit.:* A. DUSSERT, Les États du Dauphiné aux XIV et XVᵉ s, 1915, 132-154 – Gallia regia II, 305 – Vgl. auch J. ROMAN, Sigillographie des gouverneurs du Dauphiné (Extrait des Mém. de la Soc. nat. des Antiquaires de France, Bd. XLVIII, 1888).

2. B., Jean I., »le Meingre«, gen. B., frz. Heerführer, † 15. März 1368 in Dijon, ◻ St. Martin in Tours, Chor. B. entstammte einer wenig namhaften Familie aus Touraine-Poitou; er ist ab 1337, schon im Besitz der Ritterwürde, im gascogn. Krieg unter dem Befehl von Raoul, Gf. en v. Eu, Connétable v. Frankreich, bezeugt. Er nahm an einer großen Zahl von Feldzügen teil, bes. im Poitou und in der Saintonge. →Jean le Bel nennt ihn einen der »tapfersten Ritter unter allen Franzosen«. Zweifellos begleitete er →Humbert II., Dauphin des Viennois, bei seinem Zug nach Smyrna (1345-46). In den frz.-engl. Kriegen viermal in Gefangenschaft geraten, bekleidete er dennoch die hohen Ämter des Seneschalls v. Toulouse (1354) und des *Maréchal de France* (1356). Er war Rat (*conseiller*) Kg. Johanns sowie von Johann, Gf. en v. Poitou (des späteren Hzg.s v. Berry). Ab 1357 traten zu seinen militär. Aufgaben diplomat. Missionen im Zusammenhang mit dem Frieden zw. Frankreich und England (→Brétigny). Er nahm das Kreuz in Avignon 1363 – zu gleicher Zeit wie Kg. Johann, den er bei dessen letztem Englandaufenthalt begleitete. Auch bei Karl V. stand er in hohem Ansehen. Er wurde beim Kampf gegen die Kompagnien im Nivernais verwundet und starb am 15. März 1368 in Dijon.

Lit.: DBF VI, 1243-1245. Ph. Contamine

3. B., Jean II., gen. »Le Meingre«, * 1365, † 1421, frz. Heerführer und Staatsmann, Sohn von 2. Nach dem »Livre des faicts du marechal Boucicaut«, dessen anonymer Autor, bei dem es sich vielleicht um den Kaplan B.s, Honorat Durand, handelt, das Leben des Feldherrn bis 1409 beschreibt, vollbrachte er seine ersten Kriegstaten 1378. Bei →West-Rozebeke (1382) zum Ritter geschlagen, begab er sich danach sicherl. auf →Preußenreise, darauf ging er nach Spanien (1386-87). Über Venedig fuhr er nach Konstantinopel und pilgerte ins Hl. Land (1388). Nach Frankreich zurückgekehrt, beteiligte er sich am Turnier von St-Inglevert (1390), unternahm eine zweite Preußenreise und wurde zum *Maréchal de France* erhoben (1391). Er begab sich im Gefolge Johanns, Gf.en v. Nevers (des späteren Johann Ohnefurcht, Hzg.s v. Burgund), auf den Kreuzzug nach →Nikopolis (1396). In dieser Schlacht in türk. Gefangenschaft geraten, kam er 1397 wieder frei, erschien 1399 erneut im Orient, diesmal auf das Hilfeersuchen des byz. Ks.s →Manuel II., und führte einen See- und Landkrieg im Ägäischen Meer und im Bosporus. 1400 kam er mit Manuel II., der im Westen Unterstützung suchte, nach Paris. Auf B.s Initiative wurde der Ritterorden der Weißen Dame mit grünem Schild gegründet.

Kg. Karl VI., der *Signore* v. Genua geworden war, sandte B. als Gouverneur dorthin (1401), wo er seine Aufgaben erfolgreich wahrnahm. 1403 verließ B. die Stadt an der Spitze einer großen Flotte, die in Rhodos landete und mehrere Angriffe gegen die kleinasiat. und syr. Küsten unternahm. Ein Opfer der wiederauflebenden Rivalität zw. Venedig und Genua, sah er sich genötigt, 1409 nach Frankreich zurückzukehren. In den beginnenden Auseinandersetzungen des frühen 15. Jh. (→Armagnacs et Bourguignons) stand er auf seiten des Hzg.s →Johann v. Berry. Bei Azincourt (→Agincourt) 1415 gefangengenommen, verbrachte er den Rest seines Lebens in England. Sein Leichnam wurde nach Frankreich überführt und im Chor von St-Martin in Tours beigesetzt.
Ph. Contamine

Q. und Lit.: Le livre des faits du maréchal de B., ed. MICHAUD-POUJOULAT (Nouv. Coll. des mémoires pour servir à l'hist. de France II, 1836) – DHGE IX, 1473-1487 [L. BREHIER] – RUNCIMAN III, 465-468, 470.

Boudelo (Sinaai), ō Maria, eine der bedeutendsten Zisterzienserabteien der Gft. Flandern, von Baudouin (Balduin) de Boucle, Mönch der Abtei OSB St. Peter zu →Gent, in Sinaai-Waas (heut. Belgien, Prov. Ostflandern) gegr. Die Gründungsurkunde, von Balduin IX., Gf. v. Flandern, 1200 ausgestellt, wurde 1203 durch den Bf. v. Tournai bestätigt. Um 1205 wurde die Abtei zisterziensisch. Sie erwarb bedeutenden Grundbesitz in Seeflandern und im Waasland. 1578 von Calvinisten zerstört, wurde die Abtei 1602 definitiv nach Gent verlegt. 1796 erfolgte die Aufhebung. B. Augustyn

Lit.: U. BERLIÈRE, Baudouin de Boucle et les origines de l'abbaye de Baudeloo, RevBén 9, 1892, 307-315 – P. VYNCKE, Geschiedkundige schets der abdij van Baudeloo, 1921 – G. ASAERT, L'abbaye de Baudeloo à Sinaai-Waas et à Gand (Monasticon belge, t. VII: Province de la Flandre orientale, 3, 1980), 239-269.

Boudewijn → Balduin, →Baudo(u)in

Bougres → Katharer

Bouillon, Burg und Herrschaft in Lothringen, sog. »Herzogtum«. Die Ursprünge des »Herzogtums« B. liegen in einem allodialen Besitzkomplex des Hauses Ardenne (→Ardennengrafschaft), der sich nördl. der Semois im Bm. Lüttich erstreckte und aus dem frühma. Fiscus Palatiolum (Paliseul) hervorgegangen war. Das Territorium von B. deckt sich insgesamt mit den Amtsbezirken Paliseul, Jéhonville, Fays-les Veneurs und Sensenruth. Besitzer in der 2. Hälfte des 10. Jh. war Gottfried, Gf. v. Verdun und Ardenne, seit 971 Vogt der Abtei Mouzon, die sein Bruder Adalbero, Ebf. v. Reims, gegr. hatte. Der Besitz der Vogtei hatte zur Folge, daß Gottfrieds Nachkommen ihrem Hausbesitz ein umfangreiches Reimser Vogteilehen, das zw. Maas und Semois um Douzy lag, hinzufügen konnten.

Der Name Bullio (Bouillon) findet erstmals 988 Erwähnung. Das castrum, in Bergspornlage am linken Semoisufer gelegen, stammt nach neuesten archäolog. Forschungen aus der Zeit um 1100, d. h. aus der Zeit nach der Übernahme von B. durch die Bf.e v. Lüttich (s. u.). Eine Motte auf dem Hügel v. Beaumont, die den Zugang zum Plateau bewachte, ging möglicherweise dieser Burg voraus (10.–11. Jh.). 1050, während des Aufstandes →Gottfrieds des Bärtigen, Hzg. v. Lothringen, belagerten und erstürmten die Truppen Ks. Heinrichs III. die Festung.

Die Stadt und das suburbium der Kaufleute entwickelten sich zw. dem castrum und dem mäandrierenden Flußlauf. Am rechten Ufer (zum Bm. Lüttich gehörig) entstand die vorstädt. Siedlung Laite (lat. Atrium) auf einer mit Immunität ausgestatteten Domäne eines Kanonikerstifts, das Hzg. Gottfried der Bärtige i. J. 1069 in ein Priorat der Abtei St-Hubert umbildete. Hier, in Laite, entstand die Pfarrkirche (♂ Petrus). Ihr Verhältnis zur »Mutterpfarre« in Sensenruth bleibt Gegenstand von Kontroversen.

Die Herrschaft B. verblieb bis 1096 im Besitz des Hauses Ardenne. In diesem Zusammenhang von einem »Herzogtum« B. zu sprechen, ist unrichtig. Fälschl. wurde der Herzogstitel, den die Fs.en aus dem Haus Ardenne in Lothringen trugen, auf B. bezogen; die Chronisten sollten hundert Jahre später die Ardenner als »duces de Bullione« bezeichnen (so →Giselbert v. Mons, Chron., c. VI, 9).

1096, am Vorabend des Kreuzzuges, verkaufte →Gottfried v. Bouillon die Burg und ihr Zubehör an den Bf. v. →Lüttich, →Otbert. B. war von nun an in personaler Form, über die Person des jeweiligen Inhabers der fürstbfl. Gewalt, dem Bm. Lüttich verbunden. Das »Herzogtum« – so heißt B. in den offiziellen Quellen seit 1330 – behielt eine eigene Verwaltungsorganisation und Rechtsprechung. Es schickte keine Vertreter zu den Ständen v. Lüttich und war am Gericht der Zweiundzwanzig (→Lüttich) nicht beteiligt. Der territoriale Aufbau des »Hzm.s« war komplex. Neben den obengenannten vier Ämtern oder »Hochgerichten« (hautes-cours) und dem Reimser Kirchenlehen, über das 1259 ein →pariage-Vertrag mit dem Ebf. v. Reims geschlossen wurde, umfaßten die von B. lehnsabhängigen Besitzungen vier »pairies«, die der Abt v. St-Hubert sowie die Herren v. Hierges, Mirwart und Saussure (jetzt Carlsbourg) innehatten. Stärker dem Verband des »Hzm.s« eingegliedert waren die »sireries« v. Botassart, Corbion und Noirefontaine; die Herrschaft v. Muno, die der Abtei St-Vanne zu →Verdun gehörte, bildete einen Ausgangspunkt für Streitigkeiten mit den benachbarten Territorialherren. Von den anderen Enklaven und den Gebieten an der Peripherie des Herrschaftsbereiches seien hier genannt: Gedinne, Gembes, Gros-Fays, Rochehaut, Sugny, Alle, Les Abbyes.

Bis zum 16. Jh. gab der Streit um die Kontrolle der Festung Anlaß zu zahlreichen Kriegshandlungen und Belagerungen. 1129/34 bemächtigte sich Rainald, Gf. v. Bar (→Bar, Gft./Hzm.), der Burg und gab sie erst nach einer denkwürdigen Belagerung heraus, die 1141 von Bf. Albero II., dem Heinrich der Blinde, Gf. v. Namur, zu Hilfe geeilt war, durchgeführt wurde. 1267 belagerte Bf. Heinrich v. Geldern die Festung. 1378 nahm Bf. Arnold v. Hornes die Burg den Parteigängern des Electus Eustache Persand ab; die Stadt wurde dabei niedergebrannt. Zwei Jahre darauf wurde die Burg erneut angegriffen, diesmal von einem Adligen aus der Umgebung, Johann v. Rodemack, Herrn v. Chasseprierre. 1406 und 1407 war sie ein Schauplatz der Kämpfe, die der neue Electus des Bm.s v. Lüttich, Thierry de Perwez, gegen den abgesetzten Bf. Johann v. Bayern (Jean de Bavière) führte. Von diesem zurückerobert, fiel B. einige Monate später wieder in den Besitz des Electus.

Anfang 1430 errichtete die Familie →La Marck ihre Machtstellung in B. Sie übte zunächst im Namen des Bf.s die Regierung aus (Evrard II. de La Marck), ab 1435 beanspruchte sie jedoch die volle Souveränität. Am Ende des 15. Jh. war Robert II. de la Marck-Arenberg, welcher Herr v. Sedan und fakt. Beherrscher von B. war und sich mit Kg. Maximilian (gleichzeitig Hzg. v. →Burgund) im Kriegszustand befand, in beständige Händel in Luxemburg verwickelt. Die Festung B. wurde im Juli 1495 von den habsburg. Truppen unter dem Erzherzog →Philipp dem Schönen und Mgf. →Christoph v. Baden erobert und geschleift. Doch gelang es Robert im nächsten Jahre, sich wieder in B. festzusetzen. Der Konflikt zw. der Familie La Marck v. B.-Sedan und den Habsburgern in den Niederlanden setzte sich im 16. Jh. fort (Belagerungen 1521 und 1552) und erhielt durch die direkte Intervention Frankreichs auf der einen, des Reiches auf der anderen Seite Bedeutung im großen frz.-habsburg. Konflikt. R. Petit

Lit.: DHGE X, 1–43 – J. VANNERUS, Le château de B., quelques pages de son hist., Ardenne et Gaume X, 1955, 5–20 – J. MULLER, B. Duché-Ville-Château, 1974 – A. LARET-KAYSER, P. BODARD, Prieuré de B. (Monasticon Belge V, 1975), 87–102 – CH. ZOLLER-DEVROEY, Féodalité et économie rurale dans les Ardennes médiévales: le fief de B. en Sedanais (Cent. du Séminaire d'hist. médiévale de l'Univ. Libre de Bruxelles, 1977), 21–57 – A. MATTHYS, Les fortifications de B., Archaeologia Belgica 206, 1978, 108–111 – Publications de la Section hist. de l'Institut Grand-Ducal de Luxembourg, 95 [in Vorber., mit den Beitr. des Kongr. »La Maison d'Ardenne«, Luxembourg Okt. 1980, zur Gesch. von B. im 10.–11. Jh.].

Boulbonne, Notre-Dame de, Abtei OCist nahe Cintegabelle, Bm. Toulouse (ab 1317 zum Bm. Mirepoix). Kurz vor 1130 als Abtei OSB gegr., schloß sich B. 1150 dem Zisterzienserorden als Tochterkl. von →Bonnefont an. B. erweiterte seinen Besitz durch Schenkungen der Gf.en v. →Foix (seit 1160: Forst v. B. mit Weiderecht; 1188 Häuser in Pamiers u. a.). Die Abtei war ferner Grablege des Grafenhauses Foix (hier ⌐: Roger-Bernard, † 1188; Raymond-Roger, † 1223; Roger-Bernard II., † 1241; Roger IV., † 1265, der 1262 eine Grabkapelle für seine Familie hatte erbauen lassen; Roger-Bernard III., † 1302; Gaston II., † 1343; Archambaud de Grailly, † 1412). Mehrere Mitglieder des Grafenhauses lebten im Alter als Mönche in B. Simon de →Montfort, der Führer des Kreuzheeres gegen die →Albigenser, der sich nach B. vor der Schlacht von →Muret (1213) begab, bedachte das Kl. mit Schenkungen, ebenso der Marschall der Kreuzfahrer Gui de →Lévis-Mirepoix. 1272 fand in B. die Zusammenkunft zw. Philipp III., Kg. v. Frankreich, und Jakob I., Kg. v. Argaón, anläßl. des frz. Feldzuges gegen den Gf.en v. Foix statt. Unter den Mönchen von B. sind bes. zu nennen: Jacques Fournier, der spätere Papst →Benedikt XII. (1334–42), sein Onkel Kard. Arnaud Nouvel und sein Neffe Guillaume Court (1338 Kard. und Legat in Italien, er errichtete später das Collège des Bernardins in Paris). – Wegen der exponierten Lage B.s nahe der Grenze der Gft. Foix zur Gft. Toulouse und zur Herrschaft Mirepoix wurde die Abtei bei krieger. Ereignissen durch Belagerungen und Plünderungen mehrfach in Mitleidenschaft gezogen.

Der Abtei B. waren eine Reihe anderer Zisterzienserkl. angeschlossen: als Männerklöster: seit 1196 Vajal (1120 von Schülern →Roberts v. Arbrissel gegr., an der Ariège nahe Sâverdun gelegen); seit 1209 Tramesaigues (969 gegr. und von →Cuxa abhängig, an der Einmündung des Hers in die Ariège gelegen); als Frauenklöster: seit 1432 Valnègre (um 1200 von B. aus gegr.); seit 1442 Marenx (1159 von Raymond de Lautrec, Bf. v. Toulouse, gegr.); Notre-Dame de Beaulieu in Mirepoix (1131 von Johann II.

v. Lévis-Mirepoix gegr.). 1494 wurde B. zur Kommende gemacht. Calvinisten brannten 1567 das Kl. nieder; es wurde an anderer Stelle neuerrichtet. – B. unterhielt ein Kolleg in Toulouse (»rue de B. «)   R.-H. Bautier

Q. *[ungedr.]:* Hs. Sammlung von 1669, 4 Bde, Paris, Bibl. Nat., Coll. Doat, 83–86 – Urkk. der Gf. en v. Foix für B., Toulouse, Bibl., MS 638 – *Lit.:* DHGE X, 59–70 – GChr XIII, 288–298, instr. 227–235 – VIC. VAISSETE, Hist. de Languedoc IV, 611–615, Urkundenverzeichnis: Bd. VII, 1883–1923 – C. BARRIERE-FLAVY, Doc. inédits sur l'ancienne abbaye de B., Rev. des Pyrénées III, 1891, 786–797 – DERS., L'abbaye de Vajal, 1125–1195, o. J.

Boulogne, Gui de (Guido v. Boulogne, Gui d'Auvergne), frz. Prälat und Staatsmann, * 1313, † 25. Nov. 1373 in Lérida, ⌐ Abtei OCist Vauluisant (Bm. Sens), Sohn v. Robert VII., Gf. der Auvergne (→Boulogne) u. durch Verschwägerung Onkel Kg. Johanns des Guten v. Frankreich. 1340 wurde er Ebf. v. Lyon, 1342 wurde er zum Kard. erhoben, 1350 erhielt er das Bm. Porto. Als päpstl. Legat in Ungarn (1349–50) scheiterte er bei seiner Mission, die verfeindeten Anjou, Kg. Ludwig I. und Kgn. Johanna v. Neapel, miteinander zu versöhnen (→Anjou, Abschnitt III). Danach erhielt er den Auftrag, den Frieden zw. Johann dem Guten und Eduard III., Kg. v. England, wiederherzustellen (1353). Vom Kg. v. Frankreich enttäuscht, wandte er sich Karl dem Bösen, Kg. v. Navarra, zu und zeigte Sympathien für den Hzg. v. Lancaster (1354). Er vermittelte den Frieden zw. den Kg.en v. Kastilien und Aragón (13.–14. Mai 1361). Bei dem Konkave von 1362 trat er als Konkurrent von Elie de→Talleyrand auf. B. strebte danach, seinem Haus das Kgr. Neapel zu gewinnen, indem er versuchte, zunächst seinen Bruder, dann seinen Neffen Aymon v. Genf mit Johanna v. Durazzo zu verheiraten. Nachdem G. de B. zu Urban V. in Italien zurückgekehrt war (1368), wurde er dort von Karl IV. zum Reichsvikar für die Toskana ernannt. Gregor XI. beauftragte ihn mit einer diplomat. Mission in Spanien, wo er für die Aufrechterhaltung des Friedens zw. Kastilien und Navarra sorgen und den Frieden zw. Kastilien und Aragón erneuern sollte (1372–73). – G. de B. ist nicht zu verwechseln mit Gui de Boulogne, Bf. v. Thérouanne (1301) und Cambrai (1326).   M. Hayez

Lit.: DBF IV – DHGE X, s. v. Boulogne, Gui de – B. GUILLEMAIN, La cour pontificale d'Avignon 1309–1376, 1966 – H. BRESC, La correspondance de Pierre Ameil, arch. de Naples puis d'Embrun (1363–1369), 1972 – H. BRESC, La genèse du schisme: Les partis cardinalices et leurs ambitions dynastiques, dans Genèse et débuts du Gr. Schisme d'Occident (Colloques intern. du C.N.R.S., 586, 1980), 45–57.

Boulogne-sur-Mer, Stadt, Bm. und ehem. Gft. in Nordfrankreich, am Kanal (Dép. Pas-de-Calais), Zentrum der Landschaft Boulonnais. Am Ästuar des Flusses Liane und auf der ihn beherrschenden Höhe lagen die beiden kelt. Siedlungen Bononia (als oppidum) und Gesoriacum (mit Hafen). Es ist fraglich, ob hier der röm. Portus Itius zu suchen ist (Ortsname: Isques); gesichert ist B. aber als Liegeplatz der classis britannica (z. Zt. wichtige Ausgrabungen) und – ab dem 3. Jh. – als militär. Zentrum der Verteidigungsorganisation des litus saxonicum (→Gallien). Die Stadt war Endpunkt der strateg. wichtigen röm. Straße von Lyon. Die Passage des Kanals wurde durch einen Leuchtturm, die »Tour d'Odre«, möglicherweise unter Ks. Caligula (37–41 n. Chr.) errichtet, verbessert. Bononia war eine bedeutende röm. Provinzstadt von kosmopolit. Charakter, offen für zahlreiche spätantike Religionen; das Christentum fand hier vielleicht um 385 durch Victrix Eingang. Die Loslösung der →Britannia führte jedoch vom 5. Jh. an zum völligen Bedeutungsrückgang der Stadt; sie wurde möglicherweise von →Sachsen besetzt. Die Gesch. von B. bis ca. 900 liegt im dunkeln. Es ist die Existenz einer Gauorganisation (pagus bononiensis) zu vermuten, doch ist für diesen Zeitraum kein Gf. namentl. bekannt. Die Stadt diente im 9. Jh. einer Anzahl von Mönchen, die mit ihren Reliquien vor den Dänenüberfällen geflohen waren, als Zufluchtsort. Echte Bedeutung gewann B. jedoch erst, nachdem es 918 von Balduin II., Gf. en v. →Flandern, eingenommen worden war; der Gf. ließ die in B. bestehende Burg neu errichten.

Nach der Krise der gfl. Macht in Flandern, die dem Tod →Arnulfs I. (4. A.) i. J. 965 folgte, kam B. unter die Macht eigener Gf.en, die mit den Gf.en v. Flandern verwandt waren und B. von ihnen zu Lehen hatten. Sie vermochten sich eine weitgehend selbständige polit. Stellung zu schaffen.

Eustachius II. († 1086/1088), Gf. v. B., nahm an der Eroberung Englands durch den Normannenherzog Wilhelm (1066) teil. Seine Heirat mit *Ida v. Bouillon*, Schwester des Hzg.s Gottfried V. v. Niederlothringen († 1076, ohne Nachkommen aus seiner Ehe mit Mathilde v. Tuszien), zog einen bedeutenden Aufstieg des Hauses B. nach sich: Eustachius' Bruder wurde Bf. v. Paris, einer der Söhne des Eustachius, →*Gottfried* (»v. Bouillon«), erhielt vom Ks. Heinrich V. das Hzm. Niederlothringen zu Lehen (1093) und wurde als einer der Führer des 1. Kreuzzuges »advocatus S. Sepulchri« und damit Begründer des lat. Kgr.es →Jerusalem. Sein Bruder →*Balduin* wurde Gf. v. →Edessa und später erster Kg. v. Jerusalem. *Eustachius III.* (1088–1125) jedoch ergriff wieder Besitz von der Gft. B., die seine Tochter *Mathilde* in ihre Ehe mit dem Kg. v. England, →*Stephan v. Blois* († 1154), einbrachte. Dieser überließ die Gft. en B. und Mortain seinem Sohn und erklärten Thronfolger, *Eustachius IV.* (⚭ 1140 Konstanze, die Tochter Ludwigs VI., Kg. v. Frankreich), der 1153 verstarb. In Ermangelung direkter Erben gingen die Gft.en an seine Schwester *Marie* über, die sie schließl. ihrem Gatten *Matthias v. Elsaß* (1159–90), dem jüngeren Bruder Philipps v. Elsaß, des Gf. en v. Flandern, einbrachte, wodurch B. unter unmittelbare flandr. Beherrschung geriet. Doch nach dem Tode Philipps v. Elsaß († 1191) brachte die älteste Tochter des Matthias, *Ida*, die Gft. en B. und Mortain ihrem 3. Gemahl, *Rainald v. Dammartin*, familiaris Philipps II. August, Kg. v. Frankreich, in die Ehe; Rainald war Lehnsmann des Prinzen Ludwig, des Herrn des →Artois. Philipp August benutzte B. als Sammelpunkt seines Heeres und seiner Flotte für seine geplante Invasion Englands. Doch stellte sich Rainald auf die Seite der Gegner des Kg.s v. Frankreich; daher wurden ihm, nachdem er in der Entscheidungsschlacht von →Bouvines (1214) in die Gefangenschaft des siegreichen frz. Kg.s geraten war, alle seine Güter aberkannt. Seine Tochter wurde um 1216 mit →*Philippe Hurepel*, dem Sohn von Philipp August und Agnes v. Andechs-Meranien, verheiratet. Die Burg B. wurde nun stark ausgebaut. Ludwig d. Hl. hielt hier 1264 mit dem päpstl. Legaten und Simon de →Montfort eine Konferenz zur Beendigung der inneren Auseinandersetzungen in England ab. Die Erbschaft fiel anschließend an die leibl. Cousine der Mathilde, *Alix v. Brabant*, und den aus deren Verbindung mit *Wilhelm X. v. Auvergne* hervorgegangenen Sohn: *Robert V.*, Gf. en v. Auvergne und B. (1243–77). B. teilte nun die hist. Geschicke der →Auvergne: ihm folgten B. Wilhelm XI. (1277–79), danach sein Bruder Robert VI. (1279–1314), Robert VII. (1314–26); einer seiner Söhne war der Kard. Gui de →Boulogne, während seine Tochter Mathilde de B. den Gf.en Amadeus III. v. Genf heiratete (dieser Verbindung entstammte der spätere Papst Clemens VII.). Nach Robert VII. regierte Wilhelm XII. (1326–32). Seine

Erbtochter Johanna (Jeanne de B.) heiratete 1350 in 2. Ehe Johann (Jean), Hzg. der Normandie, den späteren frz. Kg. Johann II. Nach seinem Tode (1360) fiel die Gft. an Philippe de Rouvre († 1361), Hzg. v. Burgund, einen Sohn Johanns aus 1. Ehe, dann an den Neffen der Johanna, Johann (Jean) I. (1361–86). Dessen Enkelin Johanna (Jeanne de B., * 1396, † 1422), Gattin des Hzg.s Johann (Jean) v. Berry, erbte d. Gft. Doch bemächtigte sich ab 1416 d. Hzg. v. Burgund, Philipp der Gute, der Gft. B.; der Vertrag v. →Arras (1435) bestätigte ihm deren Besitz. 1477, nach dem Tode Karls des Kühnen, bemächtigte sich Ludwig XI., Kg. v. Frankreich, des Artois und gab die Gft. B. (nominell) an Bertrand de La Tour, Gf. en der Auvergne (der offiziell den Titel Gf. v. B. führte), zurück, ließ sie jedoch sogleich gegen das Lauragais austauschen. Um alle mögl. Rückforderungsansprüche auszuschließen, tradierte er die Gft. an der hl. Jungfrau Maria, als deren Vasall er sich und seine Nachfolger erklärte.

Seit dem 12. Jh. und bes. zw. 1159 und 1165 bemühte sich die Stadt B. um eine Verlegung des Bischofssitzes von →Thérouanne nach B.; diese erfolgte jedoch erst nach der Auflösung des Bm.s Thérouanne (s. u.). – Die Wirtschaft B.s und des Boulonnais beruhte im MA v. a. auf Fischerei (Heringsfang), Pferdezucht und bedeutenden Steinbrüchen.   R. Fossier

Die Kirche *Notre-Dame de Boulogne* ist Zentrum einer berühmten ma. Wallfahrt. Über den Ruinen eines antiken Tempels errichtet, beherbergt die Kirche (der Überlieferung nach seit dem 7. Jh.) eine wundertätige Madonnenstatue, die, mindestens seit dem 11. Jh., große Bedeutung als Pilgerziel hatte. Die Kirche diente in der Zeit der Normanneneinfälle wahrscheinl. als Zufluchtsort; Neuerrichtung des Kirchenbaus erfolgte zu Beginn des 12. Jh. durch Gfn. Ida, die von Gottfried v. Bouillon eine Hl.-Blut-Reliquie aus Palästina erhalten hatte (die Gfn. hat sich auch 1108 durch Gründung des Regularkanonikerstiftes St-Wulmer, das der Kongregation v. →Arrouaise angehörte, als Stifterin hervorgetan). Im Anschluß daran nahm die Wallfahrt einen großen Aufschwung und zog Pilger aus Frankreich, England und Flandern an. Die frz. Kg.e Philipp II. August (1213), Ludwig d. Hl. (1264), Philipp IV. und Ludwig XI. zählten zu den prominentesten Wallfahrern; seit der Mitte des 13. Jh. gehörte B. zu den bedeutendsten Bußwallfahrten. Ein Netz von Hospizen entstand im Zusammenhang mit der Wallfahrt, bes. bedeutend St-Inglebert nahe Marquise (gegr. 1131) für die engl. Pilger, die in Wissant an Land gingen. Pilgerzeichen aus Blei (13. Jh.) wurden an vielen Orten bis hin nach Karthago gefunden. N.-D. de B. war ferner Grablege des Hauses B. Für die Kirche wurde, zunächst erfolglos, eine Erhöhung zum Bischofssitz angestrebt; doch erst 1559, nach der Zerstörung des Bischofssitzes →Thérouanne, wurde die Abteikirche N.-D. zur Kathedrale. Sie wurde nach der Revolution abgebrochen. – Ein bedeutendes Kartular ist erhalten.   R.-H. Bautier

Q. *und Lit.:* DHGE X, 75–97 – RE III/1, 703 – Dict. topograph. de la France, Arr. de B., 1882 [D. HAIGNERÉ] – D. HAIGNERÉ, Hist. de N.-D. de B., 1857 – DERS., Cart. de l'église abbatiale N.-D. de B., 1884 – P. HÉLIOT, Hist. de B. et du Boulonnais, 1937 – J. DHONDT, Recherches sur l'hist. du Boulonnais..., M-A III, 1946, 96 – Hist. des territoires ayant formé le dép. du Pas de Calais, 1946 – J. LESTOCQUOY, Hist. de la Picardie et du Boulonnais, 1962 – A. BOCQUET, Recherches sur la population rurale de l'Artois et du Boulonnais pendant la période bourguignonne (1384–1477), 1969 – Hist. des Pays Bas français, 1972 – Hist. de la Picardie, 1974.

Boulonnais → Boulogne-sur-Mer
Bourbon
I. Haus Bourbon – II. Herrschaft/Herzogtum (Territorialentwicklung) – III. Stadt und Residenz Bourbon l'Archambault im Spätmittelalter.

I. HAUS BOURBON: Das Fürstenhaus B. (benannt nach seinem Familiensitz Bourbon-l'Archambault, s. Abschnitt II/III) stammte höchstwahrscheinl. v. Aimard (bezeugt u. a. 915), dem familiaris →Wilhelms des Frommen, Hzg.s v. Aquitanien, ab. Aimards Sohn Aimon (Aimo) hatte die Burg Bourbon-l'Archambault inne; seine Nachkommen trugen den Titel »sire de B.«. Diese Familie, nach ihrem »Leitnamen« als Archambault (Archambaud. Erchembald) bezeichnet, herrschte im Mannesstamm bis 1096. Zu diesem Zeitpunkt wurde der junge Archambault VI. von seinem Onkel, Aimon II. »Vaire Vache«, ausgeschaltet; Aimon II. behauptete sich trotz seiner Niederlage gegen Kg. Ludwig VI. (1108 oder 1109). 1171 verstarb Archambault VII., der Sohn von Aimon II., ohne männl. Erben zu hinterlassen. Seine Tochter Mathilde heiratete in zweiter Ehe Guy de →Dampierre, einen Herren aus der Champagne. Damit wurde die Familie Bourbon-Dampierre, die enge Verbindungen zum Kgtm. unterhielt, begründet. Der Enkel von Guy, Archambault IX., starb 1249 auf dem Kreuzzug; seine Töchter, zunächst Mathilde, dann Agnès, traten seine Erbfolge an. Aus erster Ehe hatte Agnès eine Tochter, Béatrix, die →Robert de Clermont, den Sohn Kg. Ludwigs d. Hl. und Bruder Kg. Philipps des Kühnen, heiratete (1276). So war die Familie B. in Heiratsverbindung mit der kgl. Familie eingetreten. Louis (Ludwig) I., Sohn der Agnès, der eine aktive Rolle in der Politik des Kgr.es unter Kg. Philipp V. und Kg. Karl IV. spielte, wurde von diesem zum Hzg. erhoben (1327). Der älteste Sohn von Louis I., Pierre (Peter) I., fiel 1356 in der Schlacht von Poitiers. Der zweite Sohn, Jacques (Jakob), Gf. von der Marche, war Ahnherr der frz. Kg.e aus der Dynastie der Bourbonen. Hzg. Louis II. (1356–1410), Enkel v. Louis I., begründete ein umfangreiches Lehnsfürstentum (s. Abschnitt II). Doch willigte er 1400 in die Umwandlung des Hzm.s B., das bis dahin ein erbl. Lehen gewesen war, in eine →Apanage ein, die – bei Ausbleiben eines männl. Erben – der kgl. Domäne einverleibt werden konnte. Dieses Zugeständnis machte der Fs. als Gegenleistung für die Aussicht auf eine Rückführung der →Auvergne in bourbon. Hausbesitz, welche nach dem Tod von Louis II. (1418) durchgeführt wurde. Sein Sohn Jean (Johann) I., dem 1410 die Herrschaft übertragen worden war, geriet 1415 bei Azincourt in engl. Gefangenschaft, in welcher er bis zu seinem Tode (1434) verblieb. Sein Enkel Charles (Karl) I. spielte dagegen – mit wechselndem Erfolg – eine wichtige polit. und militär. Rolle. 1440 beteiligte er sich am Aufstand der →Praguerie gegen Karl VII. Nach Charles' I. Tod fiel das Hzm. nacheinander an seine Söhne Jean (Johann) II., der einer der Teilnehmer am Aufstand der →Ligue du Bien Public gegen Ludwig XI. war, und an Charles (Karl) II., den »Kard. v. B.«. Letzterer wurde 1488 von seinem Bruder →Peter (Pierre) v. Beaujeu (∞ →Anna v. Beaujeu [9. A.], Tochter von Kg. Ludwig XI.) aus der Herzogswürde verdrängt. Peter und Anna v. Beaujeu, die nach dem Tode Ludwigs XI. zu den beiden polit. beherrschenden Persönlichkeiten im Kgr. Frankreich aufstiegen, hatten als einzige überlebende Nachkommen nur eine Tochter, Suzanne. Sie mußten daher fürchten, daß das Hzm. B. und ihre anderen Besitzungen nach ihrem Tod an die Krone fallen würden. Nach dem Ableben ihres Gatten verheiratete Anna v. Beaujeu deshalb ihre Tochter Suzanne mit ihrem Vetter Charles de B.-Montpensier, der von einem jüngeren Sohn Jeans I. abstammte und daher als männl. Erbe der Herzogswürde gelten konnte. Dennoch forderten nach dem Tod der

Suzanne (1521) die Königinmutter und der Kg. das Erbe des Charles für sich. Daraus entwickelte sich ein Konflikt, dem das Hzm. B. zum Opfer fiel (s. Abschnitt II). – Vgl. auch die Artikel zu einzelnen Familienmitgliedern im Anschluß an den Artikel. A. Leguai

II. HERRSCHAFT/HERZOGTUM: (TERRITORIALENTWICKLUNG): [1] *Die Anfänge:* Das castrum B. l'Archambault im südl. →Berry (Mittelfrankreich, Dép. Allier, westl. v. Moulins) scheint in der Merowingerzeit eine Münzstätte beherbergt zu haben. 761 wurde es von Pippin dem Kurzen im Zuge seiner Kriege gegen→Aquitanien eingenommen und war in der Karolingerzeit Sitz eines vicarius des Gf.en v. →Bourges (in dieser Funktion erstmals belegt 880, letztmals 1032).

Die Burg B. ist 954 erneut bezeugt; sie war zu diesem Zeitpunkt im Besitz der Familie der Archambault (s. Abschnitt I), deren Güter sich im Grenzbereich zw. Berry und→Auvergne erstreckten. Der erste bekannte Vertreter dieses Geschlechts, Aimard, hatte Besitz in →Souvigny (Dép. Allier), den er 915 an die Abtei→Cluny tradierte zur Gründung eines Priorates, dessen Vogtei von Aimard und seinen Nachfahren ausgeübt wurde. B. war damit die Wiege einer Kastellanenfamilie, der Archambault, denen es gelang, sich von der Oberhoheit der Gf.en v. Bourges zu lösen und die im Laufe des 11. Jh. ein eigenes Lehensfürstentum, das an die Gft.en Bourges, →Clermont, →Nevers und→Autun angrenzte, begründeten. G. Fournier

[2] *Territorialerweiterung im Hoch- und Spätmittelalter:* Der wichtigste Ausgangspunkt der Ausdehnung des Fsm.s der Archambault in das Autunois und Nivernais war →Moulins (erstmals 990/991 erwähnt). Unter Archambault III. (1034–78) war die Territorialpolitik der B. v. a. auf das Berry gerichtet; diese Expansion kam jedoch mit der Erwerbung der Vgft. Bourges durch den frz. Kg. (1101) zum Stillstand. Im Westen und Osten blieben die Herrschaften Huriel und Jaligny außerhalb des bourbon. Machtbereichs. Im Süden sicherten sich die sires de B. Enklaven in der Auvergne; ihre Ausdehnung wurde aber durch die Besitzungen der Abteien Ebreuil und St-Pourçain blockiert. Nach der Austragung eines Konfliktes zw. Kg. Ludwig VI. und dem sire de B., Aimon II. »Vaire Vache«, der sich dem Kg. unterwerfen mußte (1108/1109), wurden die B. wichtige Parteigänger des Kgtm.s, dessen Vordringen in die Auvergne vorwiegend mit Hilfe der B. erfolgte. Mit der Einheirat Guys de Dampierre in das Haus B. verstärkte sich das Zusammengehen mit dem Kgtm. noch; es gipfelte in der Heirat zw. dem Mitglied der kgl. Familie Robert de Clermont und Béatrix de B. (1276). Im 14. und 15. Jh. erreichte die Herrschaft der B. die Ausdehnung, die sie bis zum Ende des Ancien Régime behalten sollte. B., am 14. Dez. 1327 zum *duché-pairie* (Hzm. mit Pairswürde) erhoben, wurde zum namengebenden Territorium für ein weiträumiges fsl. Herrschaftsgebiet, das u. a. die Gft. →Forez (ab 1372), die Herrschaft Beaujeu (ab 1400; →Beaujolais) sowie Hzm. und Dauphiné d'Auvergne (endgültig ab 1418–22; →Auvergne) umfaßte.

Die *Verwaltungsstruktur* des Fsm.s beruhte auf der →Kastellanei (*châtellenie*) als Grundelement. Im 12. Jh. erscheint ein →Seneschall (*sénéchal*) des Bourbonnais, an dessen Stelle später ein →bailli tritt. Im 13. Jh. sind ein Marschall (*maréchal*), ein Schatzmeister (*trésorier*) und ein Kanzler (*chancelier*) im Bourbonnais nachweisbar. Nach der Erhebung zum Hzm. wurde im 14. Jh. die Verwaltungsorganisation weiter ausgebaut, bes. unter Hzg. Louis II., bedingt einerseits durch die Kosten, die durch den Hundertjährigen Krieg entstanden waren, andererseits durch die starke territoriale Ausdehnung in dieser Periode (s. o.), die eine erweiterte administrative Organisation erforderlich machte. In dieser Zeit wurde →Moulins zur eigtl. Hauptstadt des Hzm.s B. Es erreichte seinen glanzvollen Höhepunkt unter der Regierung von Anna und Peter v. Beaujeu am Ende des 15. Jh. Mit den Auseinandersetzungen um das vom Königshaus beanspruchte Erbe der Hzg.e v. B. nach 1503, die in der Flucht des Connétable de B. aus Frankreich gipfelten (1523), endete die selbständige Geschichte dieses bedeutenden spätma. Fsm.s. Im Jan. 1531 wurde es der Krondomäne einverleibt. A. Leguai

III. STADT UND RESIDENZ BOURBON-L'ARCHAMBAULT IM SPÄTMITTELALTER: Die Burg B. (s. Abschnitt II) wurde im 13. Jh. teilweise neuerrichtet. Die Kapelle der Burg, seit der 2. Hälfte des 12. Jh. erwähnt, wurde erneuert, um den Hl.-Kreuz-Reliquien, die Kg. Ludwig d. Hl. dorthin gestiftet hatte, eine würdige Stätte zu geben; Hzg. Louis I. ließ 1336 ein Kapitel einsetzen.

Zwar verlor B. im Zuge der Territorialerweiterungen des 14. und 15. Jh., durch welche Moulins allmähl. die Funktion der Hauptstadt erhielt, als Residenz an Bedeutung. Dennoch blieben die Hzg.e ihrem alten Stammsitz verbunden: Durch Hzg. Louis II. (1410) wurde das Schloß B. ausgebaut, stärker befestigt und repräsentativ als Fürstenresidenz ausgestaltet. 1485–1508 errichteten die Hzg.e eine neue Ste-Chapelle. Trotz solcher Baumaßnahmen war das Schloß B. in dieser Zeit nur noch wenig von den Hzg.en besucht, es bildete lediglich. den Verwaltungssitz einer der Kastellaneien des Fürstentums.

Zw. dem Schloß und der Pfarrkirche St-Georges, Sitz eines Priorates der Abtei St-Menoux, entstand eine Siedlung, die vor dem Ende des 12. Jh. städt. Privilegien erhielt. Im 13. Jh. war B. mit seinen Thermalquellen ein vielbesuchter Badeort; die Bäder werden im »Roman de Flamenca« (um 1240–50; →Flamenca, Roman de) beschrieben. G. Fournier

Lit.: A. M. CHAZAUD, Étude sur la chronologie des sires de B., 1865 – GÉLIS-DIDOT – G. GRASSOREILLE, Le château de B.-l'Archambault, 1887 – M. DESHOULIÈRES, Souvigny et B.-l'Archambault [o. J.] – M. FAZY, Hist. des sires de B. jusqu'à la mort d'Archambaud VIII (1249) et la formation territoriale du Bourbonnais, 1924 – J. MONICAT–B. DE FOURNOUX, Chartes du Bourbonnais, 1952 – E. PERROY, L'état bourbonnais (F. LOT–R. FAWTIER, Hist. des institutions françaises au MA, I, 1957), 289–318 – A. LEGUAI, Hist. du Bourbonnais, 1960 – DERS., Les ducs de B. pendant la crise monarchique du XVe s., 1962 – DERS., Le Bourbonnais pendant la guerre de Cent ans, 1969 – G. DEVAILLY, Le Berry du Xe s. au Milieu du XIIIe s., 1973.

Bourbon, Fürstenhaus (einzelne Mitglieder)

1. B., Charles de (Karl v.), frz. Prälat und Staatsmann, * 1434, † 1488; 3. Sohn von Charles I., Hzg. v. Bourbon. Schon mit zehn Jahren zum Ebf. v. Lyon gewählt, wurde diese Wahl jedoch erst 1446 vom Papst bestätigt, und erst 1466 empfing Ch. de B. die Weihe. 1465–75 päpstl. Legat in Avignon, 1475–87 Bf. v. Clermont, 1476 Kardinal. Er hatte als Kommendatarabt bis zu zehn Abteien und Priorate in Besitz (Souvigny, St-Vaast in Arras, L'Île-Barbe, St-Rambert-en Forez u. a.). Der prunkliebende Prälat stand dem höf. Leben mit seinen Festen und Vergnügungen näher als dem Priesteramt. Er war Mitglied des Rates (*conseil*) Ludwigs XI. und wurde 1475 Gouverneur v. Paris sowie der Île-de-France. Ch. de B. nahm an den Verhandlungen von→Péronne und→Picquigny und an der Eroberung von→Lüttich teil. Bei der Versammlung der États v. Tours (1484) stritt er für die Wiederinkraftsetzung der →Pragmatique Sanction. Nach dem Tod seines Bruders Johann II. (1488) wurde er Hzg. v. →Bourbon, doch

vermochten ihn →Peter und →Anna v. Beaujeu (9. A.) leicht aus dem Felde zu schlagen. Er starb bald darauf.
A. Leguai
Lit.: LA MURE, Hist. des ducs de B. II [Neuausg. 1868].

2. B., Jean de, frz. Prälat, * um 1413, † 1485; unehel. Sohn von Jean I., Hzg. v. Bourbon, von 1444 bis zu seinem Tod Bf. v. Le Puy. 1449–66 Administrator des Ebm.s Lyon, seit Nov. 1456 auch Abt v. Cluny. 1466–74 wurde er vom Hzg. v. Bourbon auch zur Ausübung der *lieutenance générale* (kgl. Statthalteramt) im Languedoc entsandt. Von herr. Charakter u. großem Unternehmungsgeist, aber auch von starker Frömmigkeit, war B. ein fähiger Verwalter, bedeutender Bauherr und wagemutiger Reformer. Doch widersetzte sich der Diözesanklerus in Le Puy seinen Reformaktivitäten. Den Niedergang von →Cluny versuchte B. durch Wiederherstellung der Disziplin, Bekämpfung des Kommendenwesens (→Kommende) und Verbesserung der Güterverwaltung aufzuhalten. Da er aber für seine Bemühungen keine Unterstützung beim Papsttum fand und sich in allzu vielen cluniazens. Kl. bereits der Verfall der Klosterzucht sowie ein partikularist. Geist ausgebreitet hatten, waren B.s Reformansätze zum Scheitern verurteilt.
A. Leguai
Lit.: P. CAILLET, La carrière épiscopale de Jean de B., M-A, 1928 – La décadence de l'ordre de Cluny et la tentative de réforme de l'abbé Jean de B., BECh, 1928 – G. DE VALOUS, Jean de B., 1949.

3. B., Louis de (Ludwig v.), † 30. Aug. 1482, Fürstbf. v. →Lüttich. Sohn des Hzg.s Karl I. v. Bourbon und der Agnes, Tochter von Johann Ohnefurcht, Hzg. v. Burgund, wurde L. de B. unter Hzg. Philipp dem Guten am Hof von →Burgund erzogen, dessen gefügiges Werkzeug der Fs. bis zum Zerfall der burg. Macht stets blieb. Mit 18 Jahren wurde er vom Papst für den Bischofssitz v. Lüttich designiert, erhielt aber erst viel später die Priesterweihe; sein Vorgänger wurde zum Rücktritt gezwungen. – Inbesitznahme des Bm.s: 26. Juni 1456; Installation: 13. Juli 1456; Priesterweihe: 6. Juli 1466; Bischofsweihe: 20. Juli 1466. Von äußerst leichtfertigem und ausschweifendem Charakter, dabei polit. ungeschickt und starrsinnig, verwickelte sich der Fs. bald in einen schweren Konflikt mit den Bürgern von Lüttich, die polit. Frankreich zugewandt waren und eine Erweiterung ihrer städt. Selbstverwaltung anstrebten. Zweimal versuchte L. de B., den Widerstand der Stadt durch Verhängung des Interdikts zu brechen und drohte mit einer Verlegung des Sitzes der Gerichts- und Verwaltungsinstitutionen in das Gebiet außerhalb des Lütticher Territoriums. Ebenso wandte er sich an die Kurie, die dreimal Legaten nach Lüttich entsandte, welchen es allerdings nicht gelang, die Streitigkeiten zu schlichten. In den großen frz.-burg. Gegensatz verstrickt, suchte L. de B. Zuflucht am Hofe der Hzg.e Philipp und Karl, während seine Untertanen sich mit dem Kg. v. Frankreich verbündeten und einen Prinzen v. Baden als Regenten des Fürstbm.s beriefen (1465).

Das burg. Heer marschierte daraufhin in das Fürstbm. ein. Der siegreiche burg. Feldzug gipfelte in der grausamen Verwüstung der Stadt Lüttich durch Karl den Kühnen (1468) und in der fakt. Einverleibung des Fürstbm.s in die burg. Niederlande. Mit dem Tod Karls des Kühnen († 1477) konnte die Unabhängigkeit Lüttichs wiederhergestellt werden, und L. de B., durch Unglück vorsichtiger geworden, leitete nun eine Neutralitätspolitik ein, die jedoch den neu aufflammenden inneren Gegensätzen nicht standhielt. Erst die Ermordung des Fürstbf.s durch die Rebellen, die unter Führung von Guillaume de La Marck standen und die im Lande die Oberhand gewonnen hatten,

beendete den Bürgerkrieg (1482). Noch als Electus hatte L. de B. 1463 Katharina v. Egmont aus dem Hause Geldern in klandestiner Ehe geheiratet. Aus dieser Verbindung gingen drei Söhne hervor: Pierre (Peter), Begründer der Seitenlinie →Bourbon-Busset; Louis (Ludwig) und Jacques (Jakob).
P. Harsin
Lit.: BNB XII, 466–491 – G. KURTH, La cité de Liège au MA, 1910, Bd. III, Kap. XX–XXII – P. HARSIN, Études critiques..., Bd. I: La fin du règne de L. de B...., 1957, Kap. I–V – BARON DE VILLEFAGNE DE VOGELSANCK, L. de B. Enigme se rapportant à son mariage, 1971, I – Liège et Bourgogne (Actes du Colloque d'oct. 1968, Liège), 1972.

4. B., Mathieu de, frz. Heerführer, † 1504; unehel. Sohn von Jean II., Hzg. v. Bourbon, der ihn 1486 legitimierte und ihm die Herrschaften Bouthéon und La Rochen-Regnier übertrug. 1488 ließ Mathieu de B. den Rat und Sekretär seines Vaters, Jean Berry, ermorden. Daraufhin wurden gegen ihn durch das Parlement langwierige gerichtl. Untersuchungen eingeleitet, die ihn aber nicht hinderten, hohe Stellungen wie das Amt des →*chambellan du roi* unter Karl VIII. und – nachfolgend – die Würde des Admirals *(amiral)* u. Gouverneur der Guyenne einzunehmen. Bei der Schlacht von Fornovo (1495) zeichnete er sich aus und nahm unter Ludwig XII. an der Eroberung des Hzm.s Mailand teil. 1503 wurde er Marschall und Seneschall des Bourbonnais.
A. Leguai
Lit.: LA MURE, Hist. des ducs de B. II [Neuausg. 1868] – B. DE MANDROT, Le meurtre de Jean Berry, RH, 1905.

Bourbon-Busset, Adelsfamilie, Seitenlinie des Hauses →Bourbon, geht auf Louis de Bourbon (→Bourbon, Louis de), 5. Sohn Hzg. Charles' I. v. Bourbon und der Agnès v. Burgund, zurück. Louis de B. hatte 1463 als Electus v. Lüttich Katharina v. Egmont aus dem Hause →Geldern in klandestiner Ehe geheiratet; das Paar hatte drei Söhne: Pierre (Peter), Louis (Ludwig) und Jacques (Jakob). Doch nötigten Philipp, Hzg. v. Burgund, und Ludwig XI., Kg. v. Frankreich, den Electus i. J. 1466, in den geistl. Stand zu treten und sich zum Bf. weihen zu lassen. Die aus der geheimen Ehe hervorgegangenen Kinder wurden die »Bastarde v. Lüttich« genannt.

Nach Louis' Tod lebte sein Sohn Pierre, den seine Mutter nach Frankreich geschickt hatte, zunächst bei den Beaujeu (→Anna v. Beaujeu, →Peter v. Beaujeu), danach wurde er zum *Capitaine-châtelain* (Hauptmann und Kastellan) v. Thiers ernannt. Aufgrund seiner Heirat mit Marguerite de Tourzel d'Allègre, Dame de Busset, trugen seine Nachkommen den Namen Bourbon-Busset. Peter bemühte sich vergeblich, beim Haus Bourbon die Anerkennung seiner legitimen Geburt zu erreichen. Erst sein Sohn Philipp erhielt, nach dem Tode des Vaters, von Kg. Franz I. diese Anerkennung.
A. Leguai
Lit.: L'Ancien Bourbonnais, II-III [Neuausg. 1934; vgl. dort: A. OJARDIAS, Busset et les Bourbon-Busset].

Bourbon-Vendôme, frz. Hochadelsfamilie, jüngere Linie des Hauses →Bourbon; geht auf *Jacques I.,* Gf. en der Marche († 1361), den dritten Sohn von *Louis I.,* Hzg. v. Bourbon, zurück. *Jean I.* († 1393), der Sohn Jacques' I., wurde Gf. v. →Vendôme (heute Dép. Loir-et-Cher) aufgrund seiner 1367 erfolgten Heirat mit *Catherine de Vendôme,* Schwester und Erbin des Gf.en Bouchard VII. v. Vendôme, der selbst die Schwester Jeans, Isabelle de Bourbon, geheiratet hatte (1367) und i. J. 1372 im Gefecht von Brignais den Tod fand. Die Gft. Vendôme fiel an den 2. Sohn des Jean († 1393) und der Catherine († 1412), *Louis,* grand chambellan seit 1408, der sich der Partei der Orléans (→Armagnacs et Bourguignons) anschloß und in der Schlacht von Azincourt (1415, →Agincourt) in engl. Kriegsgefangenschaft geriet, aus der er erst 1427 heimkehrte. Die Gft. wurde nach Louis' Tod (1446) von seinem direkten Nachkommen gehalten: *Jean II.* († 1478), capitaine im Heer Karls VII., Stifter der Kirche Madeleine (Maria Magdalena) zu Vendôme; *François* († 1495), ⚭ Maria v. Luxemburg (die ihm die Gft. en Soissons und St-Pol sowie die Lehen Condé, Enghien, La Fère usw. in die Ehe brachte), Teilnehmer am Neapelfeldzug Karls VIII. und an der Schlacht v. Fornovo; *Charles* († 1537), Gouverneur der Picardie (1518), danach von Paris und der Île-de-France (1524) zu dessen Gunsten 1515 die Gft. Vendôme zur *duché pairie* (Hzm. mit Pairswürde) erhoben wurde; Charles selbst wurde nach dem Tod des wegen Hochverrats geächteten Connétable de Bourbon († 1527) der Chef des Hauses Bourbon. - Charles' Enkel, Henri de B. (1553–1610), Kg. v. Navarra, bestieg als *Heinrich IV.* den frz. Thron und begründete das frz. Königshaus der Bourbonen.

1. **B.-V., Louis de,** Bf. v. Avranches, † 21. Okt. 1510 in Tours, legitimer Sohn Jeans II. von B.-V., Rat *(conseiller)* am Parlement de Paris, Kanoniker v. Avranches, im Febr. 1484 zum Bf. v. Avranches gewählt. B. übte mehrere diplomat. Missionen aus und entfaltete in seiner Bischofsstadt eine bedeutende Bautätigkeit (Kapellen und Lettner in der Kathedrale, Bischofspalast und Synodensaal).

2. **B.-V., Louis de,** frz. Prälat, * 1493, † 1556, 4. Sohn von François v. B.-V.; L. de B.-V. wurde 1510 Bf. von Laon, 1516 Kard., 1535 Ebf. v. Sens, er war päpstl. Legat und Gouverneur von Paris und der Île-de-France (1552).

R.-H. Bautier

Bourbonnais → Bourbon

Bourchier, engl. Adelsfamilie, namhafte Mitglieder der →nobility von der Regierung Eduards III. (1327–47) bis zur Mitte des 17. Jh. Diese reiche baroniale Familie stammt von einem Juristen ab, *John Bourchier* († ca. 1328), aus Halstead (Co. Essex), der Richter am *Court of Common Pleas* war. Sein Erbe, Sir *Robert* B. († 1349), der sich als Rechtsgelehrter und Soldat auszeichnete, war für kurze Zeit (14. Dez. 1340–28. Okt. 1341) Lordkanzler *(lord chancellor)* v. England und damit der erste Jurist, der die Lordkanzlerschaft ausübte. Da er 1348–49 zum Parliament aufgeboten wurde, gilt er als erster Lord B.; er vergrößerte den Familienbesitz durch Heirat und Kauf. Sein Sohn *John* (ca. 1329–1400) wie sein Enkel *Bartholomew* († 1409) wurden zum Oberhaus des Parliament aufgeboten (1381–1409). Bezeichnend für den Reichtum der B. ist, daß das Lösegeld von 2 000 £, zu dessen Leistung sich John, Lord B. i. J. 1374 nach seiner Gefangennahme in der Bretagne verpflichtete, keineswegs zur Verarmung des Hauses führte.

1405 erhielt Sir *William* B., Urenkel von Sir Robert, als dritter Ehemann die Hand von Eduards III. Enkelin, Anne († 1438), Gfn.-Witwe v. Stafford; als Tochter von Thomas of Woodstock († 1397), Hzg. v. Gloucester, und Eleanor →Bohun († 1399; Miterbin der *earldoms* Hereford, Essex und Northampton) war Anne die reichste Erbin von ganz England. Die vier Söhne aus dieser Verbindung, *Henry, Thomas, William* und *John*, waren Halbbrüder von Humphrey († 1460), dem 6. Earl of Stafford (1444 zum Hzg. v. Buckingham erhoben), der nahezu den gesamten Länderbesitz der Gfn. Anne erbte. Für seine in der Normandie geleisteten Dienste wurde Sir William von Kg. Heinrich V. zum Gf. en v. Eu erhoben (1419). Sein ältester Sohn, *Henry* († 1483), heiratete 1426 Isabel († 1484), Schwester von Richard Plantagenêt, Hzg. v. York († 1460). Isabels Ansprüche auf eine Teilhabe an den Gütern von Mortimer, die sie als Nichte (mütterlicher Seite) von Edmund, Earl of March († 1425) erhob, wurden nie erfüllt. Henry B. erbte nach dem Tod der Base seines Vaters, Elizabeth (ca. 1399–1433), der Erbtochter von Bartholomew, Lord Bourchier († 1409), deren Besitzungen, was Henry zu einem der reicheren engl. Barone werden ließ; 1446 erhielt er den Titel Viscount. Im Königsdienst bewies er beachtl. administrative Fähigkeiten; dreimal war er Schatzmeister (*Lord Treasurer*) v. England (1455–56, 1461–62, 1471–83). Er vergrößerte sein Vermögen durch die Einkünfte aus seinen Ämtern und ebenso durch Transaktionen großen Stils. Sein Bruder und enger polit. Verbündeter *Thomas* (→Bourchier, Thomas) war Ebf. v. Canterbury (1454–86) und Kard. (seit 1467). Die beiden jüngeren Brüder B., *William*, Lord Fitzwarin († 1469) und *John*, Lord Berners († 1474), wurden durch ihren Heiraten mit reichen Erbinnen zu baronialen Rang erhoben. Henry, Viscount B.s dritter Sohn, *Humphrey* († 1471), heiratete Joan Stanhope, Nichte und Miterbin eines der reichsten engl. Magnaten, Ralph, Lord Cromwell († 1456); aufgrund dieser Verbindung wurde Humphrey als Lord Cromwell zum Parliament aufgeboten (1461–70). Kg. Eduard IV. erhob kurz nach seiner Krönung (1461) Henry, Viscount B. zum Earl of Essex; während der →Rosenkriege unterstützten die B., die innerhalb des engl. Hochadels über bedeutendes militär. und polit. Gewicht verfügten, Kg. Eduard in einer für ihn unschätzbaren Weise, bes. bei den entscheidenden Auseinandersetzungen, die in der Schlacht von →Barnet (1471) mit Eduards Sieg über Richard →Neville († 1471) und der endgültigen Niederwerfung des Widerstandes der →Lancaster gipfelten.

Dem ersten Earl of Essex aus dem Hause B. folgte 1483 sein noch jugendlicher Enkel, *Henry* (ca. 1472–1540), der 1493 die Mündigkeit erlangte; er war der Sohn von Earl Henrys Erben, Sir *William* († 1483), ⚭ mit einer Schwester von Elizabeth (Elizabeth Wydeville, † 1492), der Gattin Kg. Eduards IV. Trotz seines großen Reichtums verfügte der 2. Earl aus dem Hause B. als wenig befähigte Persönlichkeit stets nur über geringen polit. Einfluß. Seine Tochter und Erbin, *Anne* († 1571), heiratete William Parr († 1571), Bruder der letzten Gattin Kg. Heinrichs VIII., Katherine Parr. William Parr ließ sich 1552 von seiner Ehefrau scheiden, behielt aber ihren Besitz. Der verbliebene Rest der Besitzungen der B. ging möglicherweise 1571 an Walter Devereux (1539–76) über, 2. Viscount of Hereford (Urenkel von Cecily B., † 1493, Schwester des 2. Earl aus dem Hause B.), für ihn wurde 1572 das Earldom of Essex wiedererrichtet; sein Sohn Robert Devereux, Earl of Essex (1556–1601), war Günstling von Kgn. Elizabeth I. Die Baronie Berners besaß als 2. und letzter Baron John, Lord Berners (1467–1533), der engl. Übersetzer von →Froissarts Chroniken; nach seinem Tod wurde sie herrenloses Gut. Eine jüngere Linie der B., die von *William*, Lord Fitzwarin († 1469) abstammte, besaß das Earldom of Bath von 1536 bis zum Aussterben der B. in männl. Linie i. J. 1654.

T. B. Pugh

Lit.: Peerage II, 1912; III, 1913; V, 1926 – E. C. WATERS, The Counts of Eu..., Transactions of the Yorkshire Archaeological Society IX, 1886, 401–420 [genealog. Taf.] – K. B. MCFARLANE, The Nobility of Later Medieval England, 1943 – L. S. WOODGER, Henry Bourgchier, Earl of Essex and his family (1408–1483) [Diss. masch. Oxford 1974] – C. RAWCLIFFE, The Staffords, Earls of Stafford and Dukes of Buckingham, 1394–1521, 1978.

Bourchier, Thomas, engl. Prälat und Staatsmann, * um 1412 in Hawstead (Essex) (?), † 30. März 1486 in Knole (Kent); Sohn von William Bourchier, Gf. v. Eu (Normandie), und Anna, der Enkelin von Kg. Eduard III.; Halbbruder von Humphrey, Hzg. v. Buckingham († 1460), und Bruder von: Henry, Earl of Essex, John, Lord Berners, und William, Lord Fitzwarin. B. wurde 1433 vor Erreichen des kanon. vorgeschriebenen Alters zum Bf. v. Worcester erhoben, mit Unterstützung seines Verwandten, Kard. →Beaufort; seine Wahl wurde 1435 vom Papst bestätigt. 1434–37 bekleidete er das Amt des Kanzlers der Univ. Oxford. Bereits 1436 von John Tiptoft, Earl of Worcester, für den Bischofssitz von Ely vorgeschlagen, wurde er 1443 auf diesen berufen. 1454–86 Ebf. v. Canterbury; 1467 Kardinal. Seit 1437 Mitglied des kgl. Rates (council). 1455–56 Kanzler v. England, wurde er jedoch von Kgn. Margarete wieder entlassen. Als Schlichter bei polit. und privaten Streitigkeiten versuchte er ab 1452, die verfeindeten Parteien zu versöhnen und den Ausbruch eines offenen Krieges zu vermeiden. Nach 1460 ergriff er aber wie die übrigen Mitglieder seiner Familie die Partei Eduards IV. und krönte sowohl Richard III. als auch Heinrich VII. – B. erfüllte seine seelsorgerl. Pflichten mit nur geringem Eifer; dabei war er mehr ein wirklicher Politiker als nur ein »gewiefter Opportunist«.

R. W. Dunning

Q. und Lit.: Registrum Thome Bourgchier, hg. F. R. H. Du Boulay, 1957 – C. D. Ross, Edward IV, 1974.

Bourdeille, Élie de, Ebf. v. Tours seit 1468, * um 1410/13, † 5. Juli 1484 auf Schloß Artannes bei Tours, ⌐Tours, Kathedrale. Sohn des Arnaud de B., Gouverneur des Périgord, trat B. in den Franziskanerorden ein und studierte an der Univ. Toulouse. Zum Dr. theol. promoviert, lehrte er als Professor für die Hl. Schrift in Mirepoix und wurde von Eugen IV. zum Bf. v. Périgueux mit dreijährigem Dispens ernannt (18. Nov. 1437). Beim Konzil v. →Ferrara wirkte er als Vermittler zw. den Teilnehmern des ferrares. Konzils und den Konzilsvätern von Basel. Von Söldnern gefangengenommen, kam er durch die Intervention des Ebf.s v. Bordeaux, Pé Berland, wieder frei (1448). Bei der Versammlung von Bourges (1452) wandte sich B. vehement gegen die →Pragmatica Sanction v. 1438 (seine polem. Schrift »Contra Pragmaticam gallicam Sanctionem« wurde später, 1486, in Rom gedruckt). Er faßte die Entscheidungen der Kommission, die mit der Revision des Prozesses gegen →Jeanne d'Arc beauftragt war, zusammen (vgl. J. Quicherat, Procès de Jeanne d'Arc V, 1849, 464f.). Als Delegierter bei den États Généraux v. →Tours (1468) setzte er sich für die Einigung um den Kg. ein; nach dem Rücktritt des Ebf.s v. Tours, Gérard de Crussol, wurde B. zum neuen Ebf. gewählt (16. Mai 1468). In Tours ließ er die Kathedrale vollenden. Kg. Ludwig XI. setzte ihn zum Kaplan und Confessor ein. Trotz seines Protestes gegen die Verhaftung des Prälaten Jean →Balue (1481) und neuer Opposition gegen die Anwendung der Pragmatischen Sanction verfiel B. nicht der kgl. Ungnade. Er war es auch, der dem Kg. die Sterbesakramente spendete. Papst Sixtus IV. ernannte ihn zum Kardinalpriester v. S. Lucia in Salice (15. Nov. 1483). – Ein für B. eingeleiteter Kanonisationsprozeß blieb ohne Ergebnis, doch wurde B. in Tours als Hl. verehrt.

R.-H. Bautier

Lit.: DBF III, 1434f. – DHGE X, 148f. – GChr II, 1480f.; XIV, 130f. – C. Eubel, Hier. cath. II, 20, 53 (468), 237, 283 – Dujarric-Descombes, Bull. Soc. hist. et arch. du Périgord XVI, 1889, 188–192 – B. Th. Pouan, Le saint card. Hélie de B., 2 Bde, 1900.

Bourgage (lat. burgagium) bezeichnet seit dem 12. Jh., v. a. in W-Frankreich, sowohl den Grundbesitz eines Bürgers (lat. burgensis, frz. *bourgeois*) in einem Burgflecken (lat. →burgus, burgum, frz. *bourg*) als auch die an diesem Besitz bestehenden Rechte, die gemäß der bes. Bodenverfassung der städt. oder ländl. Siedlung von Ort zu Ort verschieden ausgestaltet waren. Die Begriffe b., bourg, bourgeois gehören also notwendigerweise zusammen.

Die Institution war hauptsächl. in der Normandie und der Bretagne, in Anjou und Maine, in der Touraine und im Poitou verbreitet; sie fand ihre Entsprechung im anglonorm. England (→borough). Die Quellen sind jedoch bisher nur für die Normandie gründl. erforscht und lassen die charakterist. Züge oft nur schwer erkennen. Anfängl., im 10./11. Jh., teilte der Grundherr (*seigneur*) bei der Entstehung einer Burgsiedlung das Gebiet in masurae von gleicher Grundfläche und wies jedem Bürger eine solche Parzelle zu mit der Auflage, dort sein Haus zu errichten und einen Garten oder Obstgarten anzulegen. Das Besitztum war vererblich. Der Inhaber hatte eine geringe, unveränderl. Abgabe zu entrichten, die bald in Geld festgesetzt wurde; auch sie wurde oft als b. bezeichnet. Ursprgl. behielt sich der Grundherr die Herrschaft über das Grundstück und dessen Inhaber vor. Doch schneller als bei anderen Besitzformen der nichtadligen Schichten lockerte sich hier die Grundherrschaft: Die Frondienste verschwanden; die Übertragbarkeit wurde im 13. Jh. bei mäßigen Handänderungsabgaben anerkannt, und zwar konnte jeder Bürger einen Teil seiner masura veräußern, wobei die darauf lastende Abgabe an den Grundherrn entsprechend geteilt wurde; diese Abgabe, die lange gleich geblieben war, wurde im 13. Jh. zu einer reinen Anerkennungsgebühr. Zuletzt zeigte es sich, daß die Inhaber eines B. sogar verschiedene privatrechtl. Privilegien genossen, v. a. in Form der Einschränkung des →Retraktsrechts. Tatsächl. hatte das B. einen bedeutenden Erfolg, da es sowohl dem Interesse des Herrn als auch dem des Bürgers diente. Zu Beginn förderte es den Städtebau und die Erschließung des Gebietes, später verschaffte es dem Bürger auf seinem Boden Selbständigkeit und die gewünschte rechtl. Beweglichkeit. →Bürger, Bürgertum. O. Guillot

Lit.: R. Génestal, La tenure en b. dans les pays régis par la Coutume de Normandie, 1900 – J. Yver, Le droit privé des villes de l'ouest de la France, RecJean Bodin VIII. 3, 1957, 133–161 – H. Büttner, Stud. zum früha. Städtewesen in Frankreich (Stud. zu den Anfängen des europ. Städtewesens, 1958), 151–189 – L. Musset, Peuplement en b. et bourgs ruraux en Normandie du Xe au XIIIe s., CCMéd 1966, 177–209.

Bourgeois → Bürger, Bürgertum

Bourges

I. Stadt und Erzbistum im Früh- und Hochmittelalter – II. Stadt und Erzbistum im Spätmittelalter – III. Klöster und Stifte.

I. Stadt und Erzbistum im Früh- und Hochmittelalter: [1] *Stadt:* B. (Avaricum, civitas Biturigum, Biturigae, Biturix, Biturigas), Hauptstadt des →Berry; heute Hauptstadt des Dép. Cher, Mittelfrankreich. B. liegt auf einem flachen, im N und O von Sümpfen umgebenen Hügel (135–153 m ü. NN) am Zusammenfluß von Auron und Yèvre, zwei Nebenflüssen des Cher. Avaricum, das zentrale oppidum der kelt. Bituriges Cubi, im 1. und 2. nachchristl. Jh. mit Kapitol, Forum, vier Aquaedukten, Thermen und Amphitheater ausgestattet, stand über die röm. Staatsstraßen in direkter Verbindung zu Poitiers, Tours, Orléans, Clermont/Nevers, Autun und Limoges. Nach den Zerstörungen am Ende des 3. Jh. wurde der Kern der Stadt (ca. 22 ha) mit einer ovalen viertorigen Mauer von ca. 1900 m Länge umgeben. Um 300 nahm die Stadt den Völkerschaftsnamen Biturigae an. Im späten 4. Jh. wurde B. Hauptstadt der Aquitania prima; seit ca. 475 stand B. unter westgot. Herrschaft. Nach dem Sieg des frk. Kg.s Chlodwig über die Westgoten (507) wurde B. frk., seit 511 gehörte es zum burg. Reichsteil. In merow. Zeit verwandelte sich B. in eine typ. »ville sainte«. Um die ummauerte civitas lag ein Kranz von suburbanen Kultstätten, von denen St-Outrille im SO, Ste-Croix im NW und St-Julien im O spätantik waren. Die Kirchen St-Symphorien bzw. St-Ursin waren im 6. Jh., Ste-Blandine, St-Sulpice im 7. Jh. gegründet worden; spätmerow. war auch die Abtei St-Ambroix. Innerhalb der Civitasmauern lagen – wohl an der Stelle der heut. Kathedrale – die spätantike Stephanskathedrale, daneben die domus ecclesiae und ein Baptisterium, ferner seit dem 7. Jh. drei Nonnenklöster, ND-de-Salles, St-Pierre-le-Puellier und Montiermoyen.

Im 6.Jh. unterstand B. noch einem comes, im 7. Jh. leitete der Bf., der für die Stadt von Dagobert I. oder Chlothar II. Steuerbefreiung erwirken konnte, zusammen mit dem Kathedralklerus und den angesehenen Bürgern, den viri oder cives magnifici der Stadt. Diese Notabelnversammlung unter bfl. Leitung hatte die Aufgaben der spätantiken Kurie übernommen. Die in der Stadt wohnenden Vornehmen (primores urbis), die Handwerker und Händler, ferner die rege Münzprägung, namentl. des Bf.s, der Kirchen Ste-Croix und St-Sulpice, bezeugen ein blühendes Wirtschaftsleben in merow. Zeit.

Anfang des 8. Jh. fiel das Berry an den Hzg. v. Aquitanien, der ztw. auch in B. residierte. Damit verlor der Bf. für immer seine fakt. Stadtherrschaft. 762 eroberte Pippin d. J. B., das »caput Aquitaniae« und Einfallstor nach Südgallien. Den Winter 767/768 verbrachte er mit seiner Gemahlin in der wiederhergerichteten Pfalz – »wohl dem Palast des einstigen röm. Provinzstatthalters« (BRÜHL) –, der sich wahrscheinl. an der Stelle der seit dem 12. Jh. gut bezeugten Kapetingerpfalz befunden hatte. Pippin beließ den aquitan. Gf.en Hunibert im Amte, verlegte aber eine frk. Besatzung nach B. Karl d. K. konnte nur mit großen Schwierigkeiten seine Herrschaftsrechte gegen die Anhänger Pippins II. v. Aquitanien, darunter Ebf. Rudolf († 866), und gegen die einheim. Gf.en durchsetzen. Spätestens nach Karls Tod (877) unterstand B. den aquitan. Großgf.en, die die Stadt durch vicecomites verwalten ließen. Wohl seit der Teilung des Berry in eine frk., nördl. und eine aquitan., südl. Zone (924) unterstanden die Vgf.en dem westfrk. Herrscher. Trotz mehrerer Normanneneinfälle zw. 866 und 935 und eines Streifzuges der Ungarn (937) entwickelten sich in karol. Zeit um die suburbanen Kirchen burgi, so bei St-Sulpice und Ste-Croix. Der vor der Porte Neuve gelegene Wochenmarkt, die Anlage mehrerer Wassermühlen, die Geldgeschäfte, der Handel, die Existenz von Schwurfreundschaften (Händlergilden?) und die Münzprägung auf den Namen Karls d. Gr. und seiner Nachfolger, die im 10. Jh. durch immobilisierte Typen der Vgf.en fortgesetzt wurde, bezeugen ein reges Wirtschaftsleben in karol. Zeit. Im 11./ 12. Jh. wurden die meisten innerstädt. und suburbanen Kirchen neuerbaut, die Kl. im Zuge der Reform zu Kanonikerstiften umgewandelt, so z. B. St-Ursin, St-Outrille. Bei den suburbanen Kirchen in den burgi wurden die Jahrmärkte abgehalten. Neben Vieh, Wein und Getreide verzeichnen die Zollisten von ca. 1100 auch landwirtschaftl. Geräte und Ausrüstungsgegenstände für die Stadtbevölkerung. Die zahlreichen Wassermühlen wurden für die Herstellung der für den Export bestimmten Tuche genutzt. Neben Kaufleuten, Handwerkern und Juden wohnten auch Adlige in der Stadt. Stadt- und Gerichtsherr war der Vgf., seit dem Verkauf der Vgft. an Kg. Philipp I. durch Odo Harpin (ca. 1100) der frz. Kg., der seine Rechte durch Beamte (praepositi und vigerii) wahrnehmen ließ. Die Stadtrechts- und Stadtgemeindebildung wurde nicht von den Bewohnern der genossenschaftl. wenig entwickelten, noch ganz herrschaftl. organisierten Immunitätsbezirke der burgi bestimmt, sondern von den Civitasbewohnern. Die barones oder boni viri civitatis, später die probi homines, übernahmen gewisse gerichtl. Aufgaben und hatten eine Sonderstellung inne. Die ersten städt. Privilegien – Schutz vor Übergriffen der kgl. Beamten, freie Verfügung über den Nachlaß, Freizügigkeit – erhielt B. durch Ludwig VI. (1108–37). 1141 beschränkte Ludwig VII. (1137–80) den kgl. Weinbann, 1175/76 gewährte er weitere Privilegien, die Kg. Philipp II. August 1181/82 bestätigte und erweiterte. Die Bewohner der Stadt und der »Septaine« waren von Steuern und vom Kriegsdienst befreit und genossen eine erhöhte Rechtssicherheit. Ständige städt. Organe besaß B. im 12. Jh. jedoch nicht. Über die Belange von Civitas und Septaina B. befanden fallweise die probi homines, d. h. keine gewählten Vertreter, sondern die angesehenen Grundbesitzer der Stadt und des Stadtumlandes.

[2] *Erzbistum:* Als erster Bf. v. B. soll Ursinus von den »Apostelschülern« geweiht worden sein. Wenn es auch zu Ende des 3. Jh. in B. schon Christen gegeben haben mag, so wurde B. doch wohl erst in konstantin. Zeit Bischofssitz. Sicher bezeugt ist Bf. Leo (453/461). Zw. 470 und 475 trat →Sidonius Apollinaris auf Bitten der cives für die Wahl des comes Simplicius zum Bf. v. B. ein, wo es zu dieser Zeit auch eine arian. Gruppe gab. Unter den Bf.en v. B. der Merowingerzeit ist bes. der hl. Austregisel († um 620, belegt 614 als Bf.) zu nennen.

Die mit der civitas bzw. mit dem pagus Bituricensis übereinstimmende Diöz. B. gehörte zu den größten Galliens und erstreckte sich von der mittleren Loire und dem Allier im O bis zur Vienne im W (→Berry). Im N grenzte sie an die Bm. er Orléans und Tours, im W an Poitiers, im S an Limoges und Clermont, im O an Nevers. Zur Aquitania Prima, mithin zur Prov. B. gehörten seit dem 4. Jh. sieben civitates, Clermont, Rodez, Albi, Cahors, Limoges, Mende (Gabalum) und Le Puy. Abgesehen von der civitas Vellavorum (Le Puy), seit dem 11. Jh. ein exemtes Bm. bildete, verblieben sämtl. spätantiken civitates der ma. Prov. B. Zw. 784 und 791 erneuerte Karl d. Gr. die Metropolitenwürde und ließ Ermimbert durch Hadrian I. das Pallium verleihen (JAFFÉ 2475). Über das geistl. und kirchl. Leben innerhalb der Diöz. unterrichten die Capitula Ebf.s Rudolf (841–866) und der Hirtenbrief des von Karl d. K. gegen den Widerstand des westfrk. Episkopates zum Ebf. erhobenen Wulfad (866–876), eines von Ebbo v. Reims geweihten Klerikers. 876 setzte Ks. Karl seinen Parteigänger Frotar († 888), den von den Normannen vertriebenen Ebf. v. Bordeaux und ztw. Bf. v. Poitiers, als Ebf. gegen den kirchenrechtl. bzw. polit. motivierten Protest der Bf.e und Großen ein. Die Ebf.e des 10. Jh. waren den regionalen Adelshäusern →Déols und →Blois(-Chartres) verbunden. Seit Hugo Capet und Robert d. Fr., der seinen Halbbruder (?) Gauzlin als Ebf. gegen den Willen des Vgf.en durchsetzte (1012–29), war B. kapet. Kronbm. Ebf. Aimo v. Bourbon (1030–70) verhalf der Gottesfriedensbewegung in verschiedenen Konzilien (s. u.) Eingang in die Diöz. B. Aimos Nachfolger entstammten nicht mehr Hochadelsfamilien, sondern waren ehem. Regularkanoniker und Mönche. Sie verhalfen der Kirchenreform zum Durchbruch, erlangten – meist zugunsten der Cluniazenserklöster und Augustinerchorherrenstifter – die Freigabe der Eigenkirchen (→Berry). Das Erzstift selbst behielt nur selten das Patronatsrecht über die »befreiten« Pfarren (7%) und blieb auch im 12. Jh. relativ arm. Als tenuis in facultatibus bezeichnete Philipp August B., das seit Ende des 11. Jh. die Würde einer Primatialkirche des südwestl. Gallien besaß (D. Ph. Aug. Nr. 1197 v. 1211).

Seit karol. Zeit war die Erzdiöz. in Archidiakonate aufgeteilt. Im HochMA waren es neun mit insgesamt über 700 Pfarreien. Unter den großen Landklöstern erlangten v. a. die cluniazens. reformierten wie Massay, Vierzon oder Déols sowie die aus dem reformkirchl. Geist des späten 11. Jh. entstandenen wie Fontgombault, die Zellen von Grandmont, die Priorate von Fontevrault und schließlich im 12. Jh. die Zisterzienserklöster große Bedeutung. Wichtige Kollegiatkirchen lagen in Städten wie Bourbon l'Archambault, Dun, Issoudun oder Châtillon/Indre. R. Kaiser

II. STADT UND ERZBISTUM IM SPÄTMITTELALTER: Im 13. Jh. wirkte sich die Errichtung einer einheitl. Herrschafts- und Verwaltungsorganisation im Berry durch den frz. Kg. Philipp II. August für B. günstig aus. B. wurde zur Residenz des →bailli, des kgl. Repräsentanten in der gesamten Provinz. Ebenso war B. bedeutend als kirchl. Metropole und vermochte, unter dem Ebf. Philippe→Berruyer († 1260) den alten Vorrang gegenüber den anderen aquitan. Bm.ern (→Bordeaux), allerdings mit Einschränkungen, zu wahren. Zeugnis der Blüte von B. im 13. Jh. ist die gewaltige Kathedrale (→Gotik). Der Ebf. v. B. und sein zahlreicher und z. T. wohlhabender Klerus sowie die in B. ansässigen kgl. Beamten begünstigten die wirtschaftl. Weiterentwicklung. Diese blieb jedoch angesichts der verschiedenen Jurisdiktionsbereiche in der Stadt zunächst bescheiden. Bezeichnend ist, daß die städt. Privilegien für B. im 13. Jh. sich auf eine Wiederholung der Urkundenbestimmungen aus dem 12. Jh beschränken und v. a. agrar. Klauseln enthalten.

Im 14. Jh. jedoch vollzog sich die Entwicklung der Stadt zu einem höchst bedeutenden spätma. Wirtschaftszentrum, als welches B. ein Jahrhundert lang Bedeutung erlangen sollte. Auslösendes Moment hierfür war die Schaffung einer umfangreichen →Apanage für →Johann, Hzg. v. Berry (Jean de Berry), den Bruder Kg. Karls V. Diese Apanage umfaßte Berry, →Poitou und →Auvergne; außerdem erhielt Johann später auch die Stellung des Gouverneurs der →Languedoc. Daher residierte Johann zwar wenig in B., dennoch ließ der kunst- und prunkliebende Fs. große Bauten errichten: v. a. den aufwendigen Herzogspalast, mit ausgedehnten Empfangssälen und einer Hauskapelle (Sainte-Chapelle), der ein Kanonikerstift, dessen Ausstattung v. a. auf Kosten anderer, aufgelassener Stifte (St-Ursin, St-Outrille, St-Hippolyte u. a.) geschaffen wurde, angeschlossen war. Durch Einrichtung einer Kammer (*Chambre des Comptes*) machte Johann die Stadt auch zum Zentrum seiner Finanzverwaltung. Die Anwesenheit von Künstlern und Werkstätten (Baumeister, Bildhauer, Buchmaler), welche die Förderung eines großzügigen Mäzens genossen, und von hzgl. Beamten führte zu einem raschen Aufschwung; die Existenz einer Schicht reicher Konsumenten förderte den Handel mit Luxuswaren wie Gewürzen, Zuckerbäckerei und Seidengeweben und zog Kaufleute und Bankiers an. Zwar hatte B. unter den militär. Auseinandersetzungen, die infolge der z. T. recht wirren Machtpolitik des Hzg.s ausbrachen, zu leiden (i. J. 1411 Belagerung der Stadt und Brandschatzung des Viertels von St-Sulpice); doch wurde dadurch die wirtschaftl. Entwicklung nicht nachhaltig beeinträchtigt.

Der Dauphin Karl (VII.), der seinem Onkel Johann als Hzg. v. Berry folgte (→Armagnacs et Bourguignons), residierte bzw. in B., auch nachdem er Kg. geworden war. Seine Bezeichnung als »roi de B.« verdankt er v. a. der Tatsache, daß ihm Paris infolge der engl. Vormachtstellung (→Hundertjähriger Krieg) verschlossen war. Karl VII. bewohnte, wenn er in B. residierte, vornehml. den ebfl. Palast, weniger das für seinen Hofhalt zu weiträumige Herzogsschloß. Er verlegte mehrere zentrale Verwaltungsinstitutionen infolge der Besetzung von Paris nach B.: v. a. die kgl. Kanzlei (*chancellerie*) und Kammer (*Chambre des Comptes*). Anders als unter Johann stiegen unter Karl VII. zahlreiche Leute aus dem Berry im Hofdienst auf. B. war ab 1432 auch der Tagungsort der großen Versammlungen des frz. Klerus, auf denen die entscheidenden Reformen der Kirche des Reiches beschlossen wurden; Höhepunkt dieser Reformtätigkeit war die Verkündung der →»Pragmatique Sanction« (1438). Die Gegenwart des Hofes und der kgl. Beamten machten B. zu einem großen Handelszentrum, wovon sowohl das lokale Bürgertum als auch Ankömmlinge profitierten. Unter ihnen hat die Familie Coeur durch ihr bedeutendstes Mitglied, Jacques →Coeur, Berühmtheit erlangt. Der Name dieses Großkaufmannes und der von ihm errichtete prachtvolle Stadtpalast (Palais Jacques Coeur) sind, obwohl der Schwerpunkt der Geschäfte des Jacques Coeur außerhalb der Stadt, im Mittelmeerhandel, lag, zum Symbol der Prosperität von B. in dieser Periode geworden. Der Prozeß gegen Jacques Coeur (1461) und seine Emigration führten nicht zum Ruin der Familie, und Jacques' Sohn Jean Coeur blieb bis zu seinem Tod i. J. 1483 Ebf. v. Bourges.

Ein Sohn Kg. Karls VII., Karl, war 1461–64 Hzg. v. Berry. Danach fiel das Gebiet unmittelbar an die Krone. In der Folgezeit (1498) wurde jedoch das Hzm., zugunsten der Johanna v. Valois (Jeanne de France, † 1505) Tochter Ludwigs XI. und verstoßener Gemahlin Ludwigs XII., wiedererrichtet. Doch hatte diese strenge Büßerin, die in B. residierte und dort den Orden der Roten Annuntiatinnen gründete (1503), weder Hof noch Regierungsinstitutionen.

Von 1460 an hat B. seine polit. Bedeutung verloren. Wirtschaftl. gesehen setzte eine Stagnation ein. 1484 wurden zwar auf kgl. Befehl die fünf Messen von →Lyon nach B. verlegt; doch diese Maßnahme blieb wirkungslos, was bezeichnend ist. (1486 Verlegung von zwei Messen nach Troyes, 1498 Wiedererrichtung der übrigen Messen in Lyon). 1487 wurde B. von einer Brandkatastrophe heimgesucht. – Auf Hzg. Karl gehen Ansätze zur Gründung einer Univ. zurück, die 1485 Statuten empfing, sich aber erst im 16. Jh. entwickelte. Die Blütezeit von B. war vorbei.

III. KLÖSTER UND STIFTE: Die ältesten geistl. Institutionen in B. reichen ins 7. Jh. zurück. Es handelt sich zum einen um Gemeinschaften von Frauen, die sich um starke Persönlichkeiten (Bertoara, Eustadiola) gruppierten, zum anderen um männl. Gemeinschaften (La Nef [St-Sulpice], Le Château [St-Outrille]). Die Spuren der erstgenannten verlieren sich; im 9. Jh. ist St-Sulpice, wenigen Urkunden zufolge, die einzige Abtei OSB in B. Das Domkapitel, welches allein das Recht der Erzbischofswahl besitzt, ist seit dem 11. Jh. belegt, doch weitaus älter. Im 11. Jh. bestanden außerdem einige Kollegiatstifte ohne größere Ausstrahlung: Montermoyen, Notre-Dame-de-Salles, St-Ursin, St-Ambroix, St-Outrille, St-Pierre-le-Puellier; außerdem gab es zwei Frauenkl.: St-Laurent, St-Hippolyte. Dominikaner u. Franziskaner scheinen erst spät, um die Mitte des 13. Jh., in die Stadt gekommen zu sein. 1405 löste Johann v. Berry St-Outrille und St-Hippolyte auf und stattete mit deren Gütern eine neue Gemeinschaft aus: Ste-Chapelle, die im hzgl. Palast errichtet wurde. 1503 gründete Johanna v. Valois in B. den Orden der Frz.

(»Roten«) Annuntiatinnen (→Annuntiatinnen, Abschnitt 2). G. Devailly

Lit.: DHGE X, 178-211 – DUCHESNE, FE II, 21-31 – LThK² II, 631 – RE II/2, 2265 ff.; III/1, 548 ff. – BARON DE GIRARDOT, Hist. du chapitre Saint-Étienne de B., Mém. de la soc. hist. et archéol. de l'Orléanais, 1853, 37-131 – L. BUHOT DE KERSERS, Hist. et statistique monumentale du dép. du Cher II, 1883 – DERS., Essai de reconstitution du cart. A de Saint-Sulpice de B., Mém. de la soc. des Antiquaires du Centre XXXV, 1912 – W. WIEDERHOLD, Papsturk. in Frankreich, V. Berry, 1910 – A. GANDILHON, Cat. des actes des archevêques de B. antérieurs à l'an 1200, 1927 – A. BOUTAULT, Le domaine du chapitre de B. au début du XIIIe s., 1942 – A. GIRARD, Sainte Jeanne de France, duchesse de Berry, 1950 – M. DE LAUGARDIÈRE, Hist. de l'église de B. avant Charlemagne, 1951 – J. WOLLASCH, Kgtm., Adel und Kl. im Berry während des 10. Jh. (Neue Forsch. über Cluny und die Cluniacenser, hg. G. TELLENBACH, 1959), 17-165 – D. CLAUDE, Topographie und Verfassung der Städte B. und Poitiers bis in das 11. Jh., 1960 – R. BRANNER, La cathédrale de B. et sa place dans l'architecture gothique, 1962 – G. DEVAILLY, Notes en vue de l'éd. du cart. de Notre-Dame-de-Salles, Cah. d'archéol. et d'hist. du Berry, 2, 1965 – F. LEHOUX, Jean de France, duc de Berri. Sa vie, son action politique (1340-1416), 4 Bde, 1966-68 – G. DEVAILLY, Le Berry du Xe s. au milieu du XIIIe, 1973 – R. GUILLOT, Le procès de Jacques Coeur, 1451-57, Cah. d'arch. et d'hist. du Berry, 36-37, 1974, 1-165 [Lit.] – BRÜHL, Palatium I, 161-167 – G. DEVAILLY u. a., Hist. du Berry, 1980 – R. KAISER, Bischofsherrschaft zw. Kgtm. und Fürstenmacht (Pariser hist. Stud. 17, 1981), 521-531 – vgl. auch die Aufsätze in: Mém. de la Soc. des Antiqu. du Centre; Cah. d'arch et d'hist. du Berry.

Bourges, Friedenskonzilien v. Im Nov. 1031 versammelte Ebf. Aimo v. B. die Bf.e seiner Prov.; zugegen waren namentl. Stephan v. Le Puy, Renco v. Clermont, Raimund v. Mende, Amelius v. Albi und Deusdedit v. Cahors. Die 25 überlieferten Canones betrafen v. a. den Weltklerus und verboten Simonie und Priesterehe. Die gleichzeitig promulgierten Friedensdekrete ähnelten wohl jenen, die 14 Tage später auf dem in →Limoges stattgefundenen Friedenskonzil gefaßt worden sind.

Ein zw. 1034 und 1044 auf Rat Heinrichs I., Kg. v. Frankreich, gehaltenes Konzil, an dem neben Ebf. Aimo die Bf.e Renco v. Clermont, Hugo v. Nevers und der Chorbischof Durandus v. B. sowie die weltl. Großen des regionalen Adels teilnahmen, erneuerte und bestätigte den Frieden. In eine neue Phase geriet die Friedenssicherung durch den Ebf., als Aimo vor dem 19. Jan. 1038 mit seinen Suffraganen ein Friedensstatut erließ und die gesamte über 15 Jahre alte männl. Bevölkerung zur Beeidigung der pax verpflichtete. Zur Friedenssicherung wurde eine Paxmiliz aufgestellt, der neben milites auch ein aus den unteren Schichten gebildetes Volksaufgebot angehörte. Im Kampf gegen das Ritterheer Odos v. →Déols, der den Friedenseid verweigert hatte und mit dem Vgf.en v. B. und dem Ebf. wegen des Besitzes der Burg Chateauneuf-sur-Cher in Fehde lag, erlitt die ebfl. Friedensmiliz am 19. Jan. 1038 am Cher eine vernichtende Niederlage. Obwohl die Paxmiliz, communio, auch im späten 11. und im 12. Jh. noch im Ebm. B. fortbestand, haben die Ebf.e in der Folge anscheinend auf ihren Einsatz für territorialpolit. Zwecke verzichtet. →Gottesfrieden. R. Kaiser

Q.: MANSI 19, 501 ff., 530, 535, 541 (zu 1031) – L. BUHOT DE KERSERS, Cart. de St-Sulpice, 1912, Nr. V (zu 1034/44) – Andreas v. Fleury, Mir. s. Benedicti V, 2-4 (ed. DE CERTAIN, 1858, 192-198) – Lit.: H. HOFFMANN, Gottesfriede und Treuga Dei, 1964, 35, 105-115 – A. VERMEESCH, Essai sur les origines et la signification de la commune dans le Nord de la France (XIe et XIIe s.), 1966, 25-48 – G. DEVAILLY, Le Berry du Xe s. au milieu du XIIIe, 1973, 142-148.

Bourges, Pragmatische Sanktion v. → Pragmatique Sanction

Bourges, Reichsversammlung v. (Weihnachten 1145). Auf diesem Hoftag (solemnis curia) ließ sich Ludwig VII., König v. Frankreich, in Abwesenheit Ebf.s Petrus v. B. (1141-71) von Ebf. Samson v. Reims krönen. In dem darüber ausbrechenden Streit über das Recht des örtl. Metropoliten, die→»Festkrönungen« vorzunehmen, entschied Papst Eugen III. zugunsten des Ebf.s v. B., dessen Vorgänger seit Leodegar (1097-1120) dieses Ehrenrecht besessen hätten (JAFFÉ 8896). Bernhard v. Clairvaux versuchte vergeblich, Samsons Vorgehen zu rechtfertigen (BOUQUET 15, 602). Eugen III. überging auch das Privileg Urbans II. (JAFFÉ 5415), laut dem der Reimser Ebf. das Recht hatte, den Kg. in allen Teilen des Reiches zu krönen.

Auf der gleichen Reichsversammlung entdeckte Ludwig VII. den versammelten Großen seinen lange geheimgehaltenen Wunsch, eine bewaffnete Pilgerreise ins Hl. Land anzutreten, möglicherweise in Kenntnis des Kreuzzugaufrufes Papst Eugens III. vom 1. Dez. 1145 (JAFFÉ 6177). Obwohl Bf. Gottfried v. Langres beredt den Fall von Edessa (1144) und die Not der oriental. Christen schilderte und zur Unterstützung des Kg.s aufrief, zeigten die Großen in B. wenig Neigung für diesen Plan, den auch Abt→Suger v. St-Denis ablehnte. Die Entscheidung wurde auf einen Hoftag zu Vézelay auf Ostern 1146 verschoben. Ergebnis der zwischenzeitl. frz.-päpstl. Verhandlungen Anfang des Jahres 1146 war eine Neufassung der Kreuzzugsbulle (1. März 1146; JAFFÉ 8876) und die Beauftragung Bernhards v. Clairvaux mit der Kreuzpredigt, die Ostern 1146 in Vézelay zur Kreuznahme Ludwigs VII. und der frz. Großen führte und damit den 2. Kreuzzug (→Kreuzzug, 2.) einleitete. R. Kaiser

Q.: Odo v. Deuil, La croisade de Louis VII roi de France, éd. H. WAQUET, 1949 – Suger v. St-Denis, Vie de Louis le Gros, ed. A. MOLINIER, 1887 [darin: Hist. du roi Louis VII] – Otto v. Freising, Gesta Friderici imp. I, 35-37, ed. v. SIMSON, 54-58 – Lit.: R. HIRSCH, Stud. zur Gesch. Kg. Ludwigs VII. v. Frankreich (1119-1180), 1892 – E. CASPAR, Die Kreuzzugsbullen Eugens III., NA 45, 1924, 285-300 – P. E. SCHRAMM, Der Kg. v. Frankreich, 1960², 123 f. – M. PACAUT, Louis VII et son royaume, 1964 – H. E. MAYER, Gesch. der Kreuzzüge, 1973³ [Lit.].

Bourget, Le, heute Le Bourget-du-Lac (Savoyen, Dép. Savoie), bedeutendes cluniazens. Priorat (Bm. Grenoble). Um 1030 v. →Humbert Weißhand, Gf.en der Maurienne (→Savoyen), an den Hängen über dem Lac du Bourget (Matassina) gegr. und an→Odilo, Abt v. Cluny, tradiert; später erfolgte Verlegung an das Seeufer. Le B., das von Schenkungen der Gf.en v. →Savoyen, die hier – vor der Errichtung eines eigenen Schlosses in Le B. – häufig residierten, profitierte, erwarb einen reichen Temporalbesitz. Die Krypta (Notre-Dame-la-Basse) ist eines der ältesten roman. Denkmäler in Savoyen; Kirche und Kreuzgang, die im 15. Jh. im Flamboyantstil neuerrichtet wurden, zählen zu den schönsten got. Bauwerken der Region.

Das gfl. Schloß in Le B. (von dem sich mehrere Baurechnungen aus dem 15. Jh. erhalten haben [Arch. dép. de la Savoie]) war Zentrum einer bedeutenden Kastellanei (184 Rechnungen zw. 1289 und 1500 sowie 43 Subsidienrechnungen zw. 1331 und 1500 erhalten). Zum Amtsbereich der Kastellane gehörten die reichen Weinlagen von Le B. und Tresserves, welche die Gf.en im 14. und 15. Jh. kontrollierten, sowie die Zölle zu Wasser und zu Lande auf die Waren, welche von Italien und von Chambéry aus über den See, den ihm entspringenden Rhônezufluß und die Rhône nach Lyon geführt wurden. R.-H. Bautier

Q.: R.-H. BAUTIER-J. SORNAY, Les sources de l'hist. économique et sociale du MA, I–III, 1968-74 [Ind.] – Lit.: E. BURNIER, Le château et le prieuré du B., Mém. et doc. Soc. savoisienne X, 1866, 73-206 – J. BARUT, Le château-prieuré du B., ebd. LII, 1912, 505-551 – M. A. DE BUTTET D'ENTREMONT, Note hist. sur l'église et le prieuré du B., ebd. LIV, 1913, 71-102 – F. SALET, L'église du B., Congrès archéol., 123^e

session, 1965, 150–160 – P. DUPARC, La fondation du prieuré du B.-du-Lac, XIe s., Congrès des soc. sav. de Savoie. Congrès de St-Jean-de-Maurienne, 1968, 1972, 139–153.

Bourgmoyen, Notre-Dame de, Regularkanonikerstift (Bm. Chartres), in → Blois zw. der Burg und dem »fiscus« (bourg du Foix) gelegen (wie auch sein Name »Bourg-Moyen« anzeigt). B. wurde oft mit derjenigen Abtei gleichgesetzt, für welche i. J. 696 Bf. Agirardus v. Chartres die Gründung durch die Mutter seines Vorgängers Adeodatus (674–678?) bestätigt hat; das Original dieser Urkunde hat sich in den Archiven der Abtei St-Denis erhalten (Arch. nat., K 3, n° 11; cf. M. JUSSELIN, Doc. chartrains du VIIe s., Rev. des arch. hist. du dioc. de Chartres, 1909, Faks.). Doch bleibt dies Identifikation unsicher: Es handelt sich bei dem in der Urkunde gen. Kl. lediglich um ein Monasterium, das als nahe der Loire und »infra muros« eines Ortes, dessen Name durch Riß unleserlich ist (von einigen als Suèvres gedeutet), bezeichnet wird. – Odo I. v. Blois setzte in B. um 977–996 Kanoniker ein; die Krypta aus dieser Zeit wurde durch Ausgrabungen freigelegt, welche nach dem dt. Bombenangriff von 1940, durch den die Ruinen der jüngeren Gebäude zerstört worden waren, erfolgten. → Ivo v. Chartres bestätigte die Privilegien der Abtei i. J. 1105. Doch wurden – infolge eines Konflikts zw. den Kanonikern und ihrem Abt, der mit dem Tode des letzteren endete – von Bf. Gottfried (Geoffroy) Regularkanoniker installiert, denen Tedbald IV. (Thibaud), Gf. v. Blois, das Priorat St-Solenne übertrug (Bestätigung durch Papst Calixt II., 1132). Die Kanoniker befanden sich 1171–80 in Auseinandersetzungen mit der Kirche St-Sauveur, die von → Johannes v. Salisbury, Bf. v. Chartres, unterstützt wurde; B. wollte hierbei das Monopol seiner Schule aufrechterhalten und appellierte, verteidigt durch → Stephan v. Tournai, den Abt v. St-Geneviève in Paris, an Papst Alexander III. Das Kapitel von B. wurde 1210 reformiert. Die Kirche wurde 1243 neuerrichtet (weitere Neubauten 1413), und Kg. Ludwig d. Hl. schenkte ihr einen Dorn aus der Dornenkrone Christi (1269). – 1570 zerstörten Calvinisten das Stift, dessen Ruinen nicht wiederaufgebaut wurden.
R.-H. Bautier

Q.: L. AUVRAY, Notice sur le ms. Ottob. 2966 et principalement sur le cart. de N.-D. de B. de Blois, MAH VI, 1886, 429–452 [nahezu 100 Urkk., bes. gfl. und päpstl., ab 1123] – *Lit.*: DHGE X, 214–218 – GChr VIII, 1388–1397, instr. 420 f. – F. LESUEUR, B., Congr. arch. 88 sess., 1926, 133–141 – Note sur les fouilles de B. de Blois, BullMon CIII, 1945, 103–107 – Les églises du Loir-et-Cher, 1969, 72–74 [Plan].

Bourgneuf → Baienfahrt, Baienflotte

Bourgogne → Burgund

Bourgueil, ehem. Abtei OSB (Bm. Angers, heut. Dép. Indre-et-Loire), am Ende des 10. Jh. gegr. im Auftrag von Emma, Tochter des Gf.en v. Blois und Tours, Thibaut (Tedbald), und Gattin des Hzg.s v. Aquitanien, Wilhelm Fièrebras, durch den Mönch → Gauzbert, der in den verschiedenen Abteien, denen er vorstand (St-Julien-de-Tours, B., Maillezais, Marmoutiers, La Couture in Le Mans), die cluniazens. Gewohnheiten durchsetzte. B. erhielt schon bei seiner Stiftung im wesentl. alle seine Besitzgrundlagen; es war eine Abtei mittlerer Größe mit Prioraten, Kirchen, Zehnten, Nutzungsrechten und Grundbesitz, der rings um die Abtei an den Grenzen zur Touraine und zum Anjou, im Poitou um Mirebeau, Parthenay und Fontenay-le-Comte und auch im Westen von Paris gelegen war. Der Ruf des Kl. war am Ende des 11. und im 12. Jh. groß, als der bedeutende Schriftsteller → Balderich (Baldericus) v. B. (2. B.; 1079–1107) die Abtswürde innehatte. 1149 und 1155 wurden in B. wichtige Kirchenversammlungen abgehalten. Im 13. Jh. erfolgte eine Ummauerung der Abtei. Im 15. Jh. wurde das Kl. von den Söldnerbanden des Pierre de Culant besetzt und verwüstet.
G. Devailly

Lit.: DHGE X, 229–234 – COTTINEAU, Rep. topobibliogr. des abb., 1935, 464 f. – M. DUPONT, Monographie du cart. de B. (des origines à la fin du MA), Mém. de la soc. des antiquaires de Touraine LVI, 1962, 220 f. – G.-M. OURY, La reconstruction monastique dans l'Ouest: L'abbé Gauzbert de St-Julien de Tours (v. 990–1007), RevMab 217, 1964, 62–124 – G. DEVAILLY, Expansion et diversité du monachisme du Xe au XIIe s. (G.-M. OURY, Hist. religieuse de la Touraine, 1975).

Bourguignons → Armagnacs et Bourguignons

Bourlemont, Thomas de, Bf. v. Toul, † April 1353, Sohn von Pierre de B. und Jeanne de Choiseul, war zunächst Herr v. Montbras. Spät in den Klerus eingetreten, wurde er Archidiakon in Toul (um 1310/20) und Dekan in Verdun, schließlich Bf. v. Toul (Juli 1330). Schwächlich und unfähig, vermochte er gegenüber der expansiven Politik der Hzgn. v. Lothringen und des Gf.en v. Bar nicht seine Autorität in Bm. aufrechtzuerhalten; ebensowenig konnte er sich gegen den Kg. v. Frankreich behaupten, dem er seine Bischofsstadt anbot. Seine Schaukelpolitik kostete ihn viel Geld. Trotz einiger Ansätze zur Reform des Diözesanklerus lebte er in der Erinnerung als schlechter Verwalter seines Bm.s fort.
M. Parisse

Lit.: E. MARTIN, Hist. des diocèses de Toul, de Nancy et de St-Dié, I, 1900, 352–359 – G. POULL, Le Château et les seigneurs de B. I, 1962, 49.

Boussac, maréchal de France → Brosse, Jean I. de

Boussard, Geoffroy, frz. Gelehrter, * 1439, † ca. 1524 in Le Mans; studierte (1456) und unterrichtete die Artes; seit 1478 lehrte er Theologie am Kolleg v. Navarra in Paris; 1489 Dr. theol. I. J. 1487 wurde er Rektor der Pariser Univ., 1511–18 war er Kanzler der Kirche und Univ. von Paris, als solcher umstritten; während eines nicht näher bekannten Zeitraumes zw. 1511 und 1516 bekleidete er das Amt des Dekans der theol. Fakultät. Er vertrat die Univ. nach außen, bes. auf dem Konzil v. Pisa (1511). Kanoniker der Kathedrale von Le Mans. – B. edierte Eusebius-Rufinus und Pauluskommentare von Augustinus-Beda. Er verfaßte vier ekklesiolog. Traktate.
S. Guenée

Lit.: DBF VII, 27 – DHGE X, 260 f. – DThC II/1, 1117.

Boutage (boticum, botagium, von mlat. botta, afrz. *bous* 'Faß'), in Geld, teilweise auch in Naturalien erhobene Abgabe auf den Verkauf (seltener den Transport) von Wein in Fässern. Manchmal heißt die b. auch *bouteillage* (botellagium). Die Abgabe darf nicht mit dem »boisselage« (bustellagium), der Abgabe auf das in Scheffeln (bustellus, frz. *boisseau*) gemessene Getreide, verwechselt werden.
R.-H. Bautier

Bouteiller (buticularius), ursprgl. Hofamt der Karolingerzeit (erwähnt im → Capitulare de villis und in »De ordine Palatii« des → Hinkmar v. Reims; s. a. → Mundschenk), in Frankreich dann ein Amt im kgl. Hofhalt (→ Hôtel du roi). An der Spitze der → échançonnerie, des Mundschenkenamtes, nahm der B. auch administrative und finanzielle Aufgaben wahr (so die Verwaltung der kgl. Weinberge, die Versorgung des kgl. Hofhalts; er kontrollierte den Verkauf, den Transport und die Zumessung des Weins in bestimmten Städten [bes. Paris] gegen Zahlung festgelegter Abgaben bzw. des *forage*, er besaß die Gerichtsbarkeit über die Weinhändler und die Bierbrauer usw.).

Seit 1100 war der B. einer der fünf großen Amtsinhaber im frz. Kgr. (zusammen mit dem → *chancelier*, dem → *sénéchal*, dem → *connétable* und dem → *chambrier*), dessen Name am Schluß kgl. Urkunden erschien, und er nahm im engsten Kreis an der kgl. Regierung teil.

Im 14. Jh. entwickelte sich das Amt des *b. de France* zu einer ehrenamtl. Würde, die ihrem Träger das Ansehen des »Souveräns« des kgl. Rechnungshofes *(souverain de la chambre des comptes)* verlieh. Die tatsächl. Ausübung dieses Amtes ging allerdings auf untere Beamte über, den *maître-échanson* (magister pincernarum) und die *échansons* (pincernae). Das Amt wurde unter Karl VII. aufgehoben. Es existierte aber weiter an den Höfen einiger Territorialherren (z. B. Burgund, Flandern, Champagne, Dauphiné usw.) und Prälaten.   R.-H. Bautier

Lit.: F. LOT–R. FAWTIER, Hist. des institutions françaises au MA, I, 1958, 54–56 – E. BOURNAZEL, Le gouvernement capétien au XIIes., 1975.

Bouteiller de Senlis, frz. Adelsfamilie. Die B. de S. entstammen einer Familie kleiner milites aus →Senlis, die wohl auf einen Ritter Rotholdus (987–996) zurückgeht. Mit Gui I. de la Tour (1079–82/89) begann der Aufstieg der Familie. Gui I., der im Auftrag des Kg.s die Stadttore von Senlis zu bewachen hatte, gewann in dieser Eigenschaft das Vertrauen des Kapetingers. Sein Sohn Gui II. de la Tour (1099–1126) gehörte der →familia regis an, dem Gefolge von jungen Rittern (→iuvenes), mit dem sich Ludwig VI. und Ludwig VII. gern umgaben, u. a. weil die Mittellosigkeit dieser juvenes deren Ergebenheit gegenüber dem Kgtm. gewährleistete. Gui II. erhielt innerhalb des kgl. Hofes zw. 1108 und 1112 die Würde des *bouteiller* (buticularius 'Mundschenk'); dieses Amt umfaßte möglicherweise die Verwaltung der Weinberge in der Krondomäne und ihrer Einkünfte sowie eine bestimmte Aufsicht über die unteren Mundschenke, darüber hinaus waren aber seine Befugnisse und Einflußmöglichkeiten in einer Zeit, in der Funktionen der Hofverwaltung und polit. Macht eng miteinander verbunden waren, weitaus umfangreicher. Die B. de S. wurden zwar eine Zeitlang von den →Garlande, einer anderen im kgl. Hofhalt bedeutenden Familie, wieder aus dem Amt des bouteiller verdrängt, doch gelangten die B. de S. um 1132 mit Guillaume le Loup, dem Sohn von Gui II., erneut in den Besitz des Amtes; letzterer war bis zu seinem Tod i. J. 1148 bouteiller. Sein Sohn Gui IV. folgte ihm im Amt nach und übte es noch am Beginn der Regierung von Philipp II. August aus. Die Amtsbezeichnung »bouteiller« war in dieser Zeit bereits zum Familiennamen geworden; durch ihn drückte sich das Ansehen der Familie im Gefolge von Ludwig VI., Ludwig VII. und ebenso Philipp II. August aus. Die Nähe zum Herrscher begründete Reichtum und hohen Rang der B. de S., die mit bedeutendem Landbesitz in Senlis und seiner Umgebung sowie im Norden von Paris ausgestattet wurden. Mitglieder der Familie gelangten in hohe kirchl. Ämter: Étienne, ein weiterer Sohn von Gui II., war Bf. v. Paris (1123–42), Renaud, Sohn von Gui IV., ab 1210 Bf. von Toul. Glänzende Heiratsverbindungen (so ehelichte Gui IV. vor 1154 Marguerite v. Clermont) steigerten Ansehen und Macht der Familie. Zw. dem Ende des 13. Jh. und dem Anfang des 14. Jh. wurde jedoch der Besitz des Hauses, der u. a. die bedeutenden Herrschaften Chantilly, Ermenonville, Montépilloy, Pontarmé, Lusarches und Senlis umfaßte, im Zuge von Erbteilungen zersplittert und z. T. schwer mit Schulden belastet. Die Güter der B. de S. wurden in der Folgezeit zum großen Teil von Robert de Lorris angekauft, einem geadelten Bürger, der wie die Vorbesitzer im Königsdienst, und zwar im Gefolge von Johann II., aufgestiegen war.   E. Bournazel

Lit.: J. F. LEMARIGNIER, Le gouvernement royal aux premiers temps capétiens (987–1108), 1965 – E. BOURNAZEL, Le gouvernement capétien au XIIe s. (1108–1180). Structures sociales et mutations institutionnelles, 1975 – R. CAZELLES, Robert de Lorris et la liquidation des B. de S., Rev. de la Soc. d'Hist. et d'Arch. de Senlis, 1975, 17–54.

Boutier (botarius 'Kellermeister'), Beamter, der innerhalb des Amtes der →*échançonnerie* (Mundschenkenamt) im →Hôtel du roi (kgl. Hofhalt) sowie in bestimmten adligen Hofhalten für die im Keller gelagerten Weinfässer und, möglicherweise, auch für den Ankauf der Weine zu sorgen hatte.   R.-H. Bautier

Bouts, Dieric, ndl. Maler, * Haarlem, † 1475 in Löwen, wo er 1448 in eine angesehene Familie heiratete und seit 1457 regelmäßig genannt wird. Sein frühestes Werk, ein Marienaltar in Madrid, zeigt enge Verbindungen zu Petrus →C(h)ristus und damit zur Tradition van →Eycks, andrerseits zu →Rogier van der Weyden. Dessen Wirkung tritt in dem folgenden Triptychon mit Kreuzabnahme, Kreuzigung und Auferstehung (Capilla Real, Granada) und den oft wiederholten halbfigurigen, kleinen Madonnenbildern (London usw.) stärker in den Vordergrund. Am reinsten finden wir seinen Stil in den beiden Altären der Peterskirche zu Löwen mit der Marter des Erasmus zw. Hieronymus und Bernhard resp. der Einsetzung der Eucharistie mit Abraham und Melchisedek, Mannalese, Passahmahl und Elias in der Wüste als Antetypen. Die geometr. exakt in die Bildfläche gesetzten Figuren sind in ihrer äußerst verhaltenen, rituell präzisen Gestik von sinnzeichenhafter Strenge und Eindrücklichkeit, die individualisierten Gesichter von verinnerlichter Ausdruckskraft. Große Bedeutsamkeit kommt dem ausnehmend feinsinnigen Kolorit und dem harmonischen, von fein differenziertem Licht erfüllten Raumkontinuum, in das die Figuren als einzelne eingebunden sind, als Stimmungsträger zu – sei es als zentralperspektiv. richtiger Innenraum, sei es als weite, durch Felskulissen organisierte Landschaft. Charakterist. ist B.' neuartige Einfügung eines Landschaftsausblickes ins Bildnis (1462, London), Prototyp eines »Stimmungsporträts« (PANOFSKY). Die beiden monumentalen Tafeln aus dem Rathaus in Löwen (Brüssel), die Gerechtigkeit Ks. Ottos darstellend, sind seine letzten Werke; die »Enthauptung« wurde erst nach seinem Tode fertiggestellt. Die Zuschreibung zahlreicher stilist. nahestehender Werke an den Meister, einen »Doppelgänger« oder seinen Sohn *Dieric d. J.*, dem insbes. die sog. »Perle von Brabant« (München) zugewiesen wird, ist strittig; klar grenzt sich hingegen die reiche, kleinteilige Produktion seines zweiten Sohnes *Albert* ab (»Himmelfahrt Mariae«, Brüssel).   Ch. Klemm

Lit.: W. SCHÖNE, D. B. und seine Schule, 1938 – E. PANOFSKY, Early Netherlandish Painting, 1953, bes. 313–319 – M. J. FRIEDLÄNDER, Early Netherlandish Painting III, 1968².

Bouvante, Chartreuse (Kartause) du Val-Ste-Marie-de-, nahe St-Jean-en-Royans (Dauphiné, Dép. Drôme), Bm. Die; 1144 von dem Dauphin Guigo IV. gegründet. Humbert v. Baugé, Ebf. v. Lyon, zog sich 1153 in diese Kartause zurück, ebenso i. J. 1218 Burnon, Ebf. v. Vienne, und auch der Dauphin Humbert († 1307). Prior von B. war 1248–57 der spätere Ordensgeneral der Kartäuser, Riffier, und von 1281–1285 Gontier de la Tour, Verwandter des Dauphin Humbert. – Das Kl. wurde 1567 von Calvinisten niedergebrannt und anschließend aufgegeben.   R.-H. Bautier

Lit.: DHGE X, 273f. – U. CHEVALIER, Notice sur la chartreuse du Val-Sainte-Marie, o. J. – J. MORIN, La Chartreuse de B. au MA, Bull. Soc. archéol. Drôme LXXIV, 1958, 128–254 – R.-H. BAUTIER–J. SORNAY, Les Sources de l'hist. économique et sociale du MA, II, 1971, 765.

Bouvet, Honoré (früher auch fälschl. Bonet, Honoré gen.), frz. volkssprachl. und mlat. Autor, * um 1340/45, † 1405/10; Prior von Selonnet in den Alpen der Hte-

Provence, 1386 doctor decretalium, im Dienst des Gf. en der Provence und danach Karls VI., Kg. v. Frankreich. Er übte mehrere diplomat. Missionen aus, u. a. 1399 eine Gesandtschaft bei Wenzel, Kg. v. Böhmen. – Sein Hauptwerk ist der »Arbre des batailles« (Avignon, um 1386/90), eine volkssprachl. frz. Zusammenfassung des Kriegsrechts, zum prakt. Gebrauch der Militärs ebenso wie der Opfer des Krieges bestimmt, nicht, wie das Werk seines Vorbildes, →Johannes v. Legnano, für gelehrte Juristen. Das Große Schisma inspirierte B. zu Überlegungen, die er im klass. Gewand der Traumdichtung präsentiert: »Somnium super materia scismatis« (Paris, um 1394). Die »Apparicion maistre Jehan de Meun« (Paris, 1398), in Prosa wie in Vers, zeichnet in dialog. Form ein satir. und sehr lebendiges Bild der Sitten der Zeit. B.s lat. Rede an Kg. Wenzel ist ebenfalls erhalten. A. Vernet

Ed.: s. GKW 4914–4917 – L'Arbre des batailles d'H. Bonet, ed. E. Nys, 1883 – The Tree of Battles of H. Bonet. An Engl. version with a hitherto unpublished hist. interpolation, ed. G. W. Coopland, 1949 – L'Apparicion maistre Jehan de Meun et le Somnium super materia scismatis d'H. Bonet, ed. I. Arnold, 1926 (Publ. Fac. des Lettres Univ. de Strasbourg, 28) – Oratio, ed. K. Höfler (FontrerAustr, SS. 6, 2, 1865), 174–187 – *Lit.:* s. Bossuat, Manuel bibl., n° 5355–60, 5599–5601, 7059–7061, 8023 – A. Coville, Honoré Bonet, prieur de Salon et ses œuvres (La vie intellectuelle dans les domaines d'Anjou-Provence de 1380 à 1435, 1941), 214–318 – G. Ouy, H. B. (appelé à tort Bonet), prieur de Selonnet, Romania 80, 1959, 225–259 – M. de Riquer, El Somnium de H. B. (o Bonet) y Juan I de Aragon, AST 32, 1959, 229–235 – N. A. R. Wright, H. B. and the abbey of Ile-Barbe, RTAM 39, 1972, 113–126 – Ders., The »Tree of Battles« of H. B. and the laws of war (War, lit. and politics in the late MA. Essays G. W. Coopland, 1976), 12–31.

Bouville, frz. Familie, deren Mitglieder als →*chambellans* (Kämmerer) der Kg. e v. Frankreich im späten 13. und im 14. Jh. tätig waren und durch dieses Hofamt zu polit. Einfluß gelangten. R.-H. Bautier

1. B., Charles de, Gouverneur der Dauphiné von 1372–85; Sohn von Hugues III. (3. B.) und Margarete von (Marguerite des Barres); ∞ Elisabeth (Isabeau) v. Metz; ohne Nachkommen. B. wurde am 10. Dez. 1372 zum Gouverneur der Dauphiné ernannt und leistete am 26. Jan. 1373 den Eid, die Rechte und Freiheiten der Provinz zu respektieren. Gegen die Invasion der bret. Söldnerkompanien (1373) und die Bedrohung durch marodierende Banden im Rhônetal (1377) bewilligten ihm die *États provinciaux* (Provinzialstände) Subsidien. 1379 *Lieutenant* (Stellvertreter) des Reichsvikars im Kgr. Burgund und in der Dauphiné, geriet er nacheinander mit dem Ebf. v. Vienne, dem Bf. v. Grenoble und dem Adel des Landes in Konflikt. Nach dem 25. Okt. 1385 fehlen weitere Nachrichten über ihn; bekannt ist nur, daß der Rat der Dauphiné sein Siegel zerbrechen ließ. – Nach Ch. de B. gingen die Güter der Familie B. an das Haus →Châtillon über. V. Chomel

Lit.: Gallia regia II, 303 – A. Dussert, Les États du Dauphiné aux XIVe et XVe s., 1915, 73–96 – *vgl. ferner:* J. Roman, Sigillographie des gouverneurs du Dauphiné (Mém. Soc. Antiqu. de France, XLVIII, 1888).

2. B., Hugues II., † 18. Aug. 1304; ∞ 1283 Marie de Chambly, Schwester des chambellan Kg. Philipps III.; nahm i. J. 1285 am Kreuzzug v. Aragón (→Aragón, Kreuzzug v.) teil und bekleidete schon vor dem Regierungsantritt Kg. Philipps IV. das Amt des chambellan du roi. Als solcher tätigte er Käufe (insbes. von Juwelen) für den Kg., dessen Vertrauter er war, und saß im kgl. Rat *(Conseil).* Er führte eine Untersuchung über die Tätigkeit der »lombard.« Bankiers in Nîmes durch (1289), begab sich als Gesandter zu Sancho IV., Kg. v. Kastilien, um dessen Unterstützung gegen England zu erlangen (1290),

nahm an den Verhandlungen mit Norwegen teil (1295) und arbeitete das Abkommen zw. Bf. und Kommune v. Laon aus (1298). Der dt. Kg. Albrecht ernannte ihn 1299 zu seinem familiaris und Ritter. Er fiel in der Schlacht von →Mons-en-Pevèle, als er mit dem eigenen Körper den Kg. deckte. Durch Schenkung des Kg.s (u. a. in Form von Renten) und durch eigene geschäftl. Operationen kam er in den Besitz eines beachtl. Vermögens: 1287 ist er Herr v. Milly; 1293 kauft er das feste Haus in Villeneuve-l'Archevêque, das er 1299 wieder an den Ebf. v. Sens verkauft, um die Baronie Concressault im Berry zu erwerben (1300); er erhält vom Kg. das Lehen Gandelu und läßt i. J. 1292 in der Beauce die mächtige Burg Farcheville, die noch vollständig erhalten ist, errichten.

3. B. Hugues III., 2. Sohn von 1, † um 1336/37, →valet du roi (kgl. Kammerdiener) seit 1299, unter Kg. Philipp IV. und dessen drei Söhnen 1305–26 chambellan. Ein Testamentsnachtrag Philipps IV. vertraut ihm die Summe von 200 000 livres an, die der Kg. für den Ankauf von Landsitz zugunsten seines 3. Sohnes, Charles de la Marche, bestimmt hatte. Dieser, als Karl IV. Kg. geworden, schickte H. de B. in diplomat. Mission nach England. 1329–36 war er der führende Berater der Kgn. Johanna in Évreux. – 1315 war er von Ludwig X. nach Ungarn gesandt worden, um dessen künftige Gemahlin, Kgn. Clementia (Clemence), nach Frankreich zu führen.

4. B., Jean II., älterer Sohn von 1, † vor dem 26. Aug. 1308, valet du roi (kgl. Kammerdiener) seit 1299, folgte seinem Vater 1304 in der Würde des chambellan nach; ∞ 1293 Marguerite de Bommiers, Tochter des Vicomte v. Melun, die ihm als Mitgift die Herrschaften Mirebeau und Blaison in die Ehe brachte. R.-H. Bautier

Q.: J. Glenisson–J. Guerout, Registres du Trésor des chartes, I: Règne de Philippe le Bel, 1958 – H. Guerout, ebd., Règne de Louis X, 1966 passim – J. Viard, Journaux du Trésor de Philippe le Bel, 1940, n° 576, 601 und passim – Journaux du Trésor de Charles IV le Bel, 1927, n° 52 und passim – R. Fawtier–F. Maillard, Comptes royaux 1285–1314, 3 Bde, 1953–56 – *Lit.:* J. Favier, Enguerran de Marigny, 1963 – Ders., Philippe le Bel, 1978 – J. R. Strayer, The reign of Philip the Fair, 1980 – R. H. Bautier, Gallia Philippica [in Vorber.] – vgl. auch: M. Bloch, Les cart. des sires de B., Bull. Soc. hist. Paris XL, 1913, 153–184.

Bouvines, Schlacht v. (27. Juli 1214). Von etwa 1212 an leitete →Johann Ohneland, Kg. v. England, eine neue Phase im Krieg mit Frankreich ein, um den verlorengegangenen Kontinentalbesitz des Hauses Anjou (→Angevin. Reich) zurückzugewinnen. Er erneuerte unter Einsatz erhebl. Geldmittel frühere Bündnisabsprachen mit den niederländ. und rhein. Fs. en und reaktivierte seine Allianz mit Ks. →Otto IV. Der Welfe wollte in →Philipp II. August, Kg. v. Frankreich, zugleich den Staufer →Friedrich II. bekämpfen, seinen Gegenkönig, der ein Bündnis mit dem Kapetinger schloß. Die angevin.-welf. Planung sah vor, daß Johann Ohneland in Westfrankreich gegner. Kräfte band, Otto IV. aber vom Nordosten aus den Hauptschlag gegen die Île de France führte. Angebl. wollten die Verbündeten das frz. Regnum aufteilen. Der engl. Kg. landete im Februar 1214 im Poitou und gewann etliche feste Plätze, mußte aber Anfang Juli auf La Rochelle zurückweichen und stellte für die Franzosen keine Bedrohung mehr dar. Erst drei Wochen später vereinigte Otto IV. bei Valenciennes seine (zumeist nordwestdt.) Truppen mit denen der verbündeten Fs. en und einem engl. Hilfscorps unter Gf. Wilhelm v. Salisbury. Die Koalitionsarmee war wohl zahlenmäßig den Franzosen überlegen, deren Heer von Verbruggen auf etwa 1200 Ritter, ebensoviele leichte Reiter und 4000–5000 Fußsoldaten geschätzt wird. Die Verbündeten wollten voll Siegeszuversicht dem bei Tournai stehenden Heer Philipps II. den Rückweg nach Paris abschneiden. Darüber kam es an der Brücke über die Marcq bei B. (heute Dép. Nord, zw. Lille und Valenciennes) zur Schlacht, welche die Franzosen in ungünstiger Position, aber von einer Art Kreuzzugsstimmung erfüllt (»nos autem christiani sumus«, Wilhelm der Bretone), annahmen. Die Schlacht, bei welcher der Leiter der kgl. Kanzlei, →Guérin, anscheinend eine entscheidende Rolle spielte, begann, bevor alle ksl. Kontingente eingetroffen waren, am frühen Nachmittag und dauerte etwa drei Stunden. Eine Reihe von Einzelaktionen läßt sich erkennen. Die am linken Flügel der Verbündeten stehenden Flamen wurden nach tapferer Gegenwehr geschlagen, wobei der Verrat des Hzg.s v. Brabant eine Rolle gespielt haben mag. Der Gf. v. Flandern geriet in Gefangenschaft. Im Zentrum durchbrach die ksl. Reiterei die frz. Linie. Philipp II. und Otto IV. stritten hier im dichtesten Kampfgewühl. Beide stürzten vom Pferd und wurden nur durch den Einsatz ihrer Leibgarde gerettet. Nach hartem Kampf behielten die Franzosen, denen von ihrer linken Flanke her Verstärkung zugeführt wurde, die Oberhand. Der Ks. suchte sein Heil in der Flucht und entkam mit Mühe nach Valenciennes. Schließlich wankte auch der rechte Flügel der Verbündeten. Mit der Gefangennahme der dort kommandierenden Gf.en v. Salisbury und Boulogne war die Schlacht endgültig zugunsten der frz. Waffen entschieden. An dem Erfolg Philipps II. hatten neben der feudalen oder im Solddienst stehenden Ritterschaft, die in ihrer Geschlossenheit den Ausschlag gab, auch Bürgermilizen aus 16 Kommunen einen gewissen (aber nicht, wie man früher meinte, den entscheidenden) Anteil. Der frz. Kg. verfolgte den Gegner nicht, sondern ging nach Paris, um mit Adel und Volk den Triumph zu feiern, wobei sich v. a. die Studenten der Universität sieben Nächte lang hervortaten. Aber auch in den anderen Landesteilen weckte der Sieg von B. ein hohes Maß an patriot. Begeisterung. Die frz. Monarchie erhob sich über ihre Kronvasallen und beschritt den Weg zum modernen Staat. Der engl.-frz. Krieg war entschieden (→Chinon, Waffenstillstand v.; →Paris, Friede v.), die Stellung Johanns Ohneland gegenüber seinem Adel entscheidend geschwächt (→Magna Carta). Der dt. Thronstreit war faktisch zu Ende, weil Otto IV. fast alle Anhänger verlor. Der frz. Kg. sandte den bei B. erbeuteten Reichsadler, dessen Schwingen gebrochen waren, an Friedrich II. Der Chronist vom Petersberg bei Halle urteilte: »Seit jener Zeit wurde der Name der Deutschen bei den Galliern mißachtet.« In der Tat erwies sich, daß die frz. Zentralgewalt einen Vorsprung gewonnen hatte, den die dt. nicht mehr einholen konnte. K. Schnith

Lit.: G. Köhler, Die Entwicklung des Kriegswesens I, 1886, 117ff. [mit Übersicht über die Q.] – A. Cartellieri, Die Schlacht bei B. im Rahmen der europ. Politik, 1914 – Ders., Philipp II. August IV, 1922, 433 ff. .W. Kienast, Die dt. Fs. en im Dienste der Westmächte I, 1924 – A. Hadengue, B., victoire créatrice, 1935 – F. Lot, L'Art militaire et les armées du MA I, 1946, 223–235 – The Oxford Hist. of England III, 1955, 465 ff. – J.-F. Verbruggen, De Krijgskunst in West-Europa in de Meddeleeuwen, 1954, 390 ff. – W. Kienast, Dtl. und Frankreich in der Kaiserzeit, 1975², 569 ff. – G. Duby, Le dimanche de B., 1973 [mit Quellenanh. in frz. Übers.; Lit.] – J. F. Verbruggen, The art of Warfare in Western Europe during the MA, 1977, 220–237.

Bouxières, Notre-Dame de, Benediktinerinnenkloster, später adliges Damenstift in Lothringen (heute B.-aux-Dames), auf dem rechten Ufer der Meurthe, 6 km nördl. von Nancy gelegen. Das Kl. wurde auf einem den Ort beherrschenden Berg über den Resten eines antiken Bauwerks errichtet. Gründer war der hl. →Gauzlin, Bf. v. Toul (922–962), der in B. bestattet wurde, wo man seine Reliquien, insbes. sein Haupt, verwahrte. Die Gründungsurkunde, vom 13. Jan. 935 datiert, ist gefälscht. Es ist aufgrund einer verlorenen Urkunde des hl. Gauzlin als wahrscheinl. anzunehmen, daß dieser etwa zu dem obengen. Zeitpunkt eine kleine Gemeinschaft von weibl. Religiosen auf einem Gebiet von 40 Ruten, wo sie ihre »mansiuncule« um eine in Gauzlins Eigenbesitz befindliche Kapelle errichteten, installierte. Der Temporalbesitz wuchs rasch, und schon im Dez. 941 ließ sich die Abtei diesen von Papst Stephan VIII. bestätigen (Jaffé 3617). Zwei weitere Besitzstandsbestätigungen durch Otto I. sind überliefert (4. Juni 960, 2. Juni 965; DO I., 211, 288); inzwischen hatte Gauzlin Liverdun an B. tradiert, und durch die Gunst seines Nachfolgers, Gebhard I., sowie des Gf.en Teutbertus, des Vaters der ersten Äbt. Tothildis, erlangte B. reichen Grundbesitz in den Gft. en Xaintois, Scarponne, Saulnois und Ornois, namentl. den Ort B. selbst, sowie Pixérécourt, Pompey, Rosières, Mongonville usw. Diese Besitzentwicklung erreichte ihren Abschluß im wesentl. vor 1000; danach erfolgten nur noch geringe Erweiterungen, zu nennen sind die Schenkungen der Hzg.e v. Lothringen, Diedrich (Thierry) und Simon (1115–30), die auf die enge Verwandtschaft der Äbt. Hara mit den Hzg. en (Tochter des Theodericus, Schwester des Simon) zurückzuführen sind. Der gesamte Besitzstand wurde von Innozenz II. am 16. April 1137 bestätigt. Wie viele andere Abteien OSB geriet auch B. im SpätMA in große wirtschaftl. Schwierigkeiten. Der genaue Zeitpunkt der Umwandlung der Abtei in ein adliges Damenstift ist nicht bekannt (wahrscheinl. 15., möglicherweise aber erst 16. Jh.) R.-H. Bautier

Q. [ungedr.]: A.D. M und M., H. 2943–3042 – alte Inventare: Bibl. Nancy, ms. 413; Kopien: Bibl. nat., coll. Lorraine, Bd. 717, 215–222; 720, 236–276 – Lit.: DHGE X, 280–284 – GChr XIII, 1352–1357 – H. Lepage, L'abbaye de B., Mém. Soc. d'archéol. lorraine, II⁰ s., I, 1859, 129–300; Cinq chartes inédites de l'abbaye de B.?, ebd. IV, 121–148 – J. Choux, Recherches sur le diocèse de Toul ... l'episcopat de Pibon (1069–1107), 1952 – R.-H. Bautier, Comm. à la Soc. nat. des Antiqu. de Fr., 196 – vgl. künftig: Ders., Les origines de l'abbaye de N.-D. de B., Éd. critique des plus anciennes chartes du monastère [in Vorber.].

Bovata → carucata

Boves, Friede v. (Ende Juli 1185), markiert einen Einschnitt in den fläm.-frz. Auseinandersetzungen des 12. Jh. Der 1176 zw. →Balduin V., Gf. v. Hennegau (11. B), und →Philipp v. Elsaß, Gf. v. Flandern, geschlossene Freundschaftsvertrag hatte für den Hennegauer die Aussicht auf eine Nachfolge als Gf. v. Flandern eröffnet, da Philipps Ehe mit Elisabeth v. Vermandois kinderlos geblieben war und Balduin mit Philipps Schwester Margarete verheiratet war. Als treuer Bundesgenosse erwies sich Balduin V. in den Auseinandersetzungen Philipps mit dem frz. Kg. Philipp II. August um →Picardie und →Vermandois; diese Konflikte endeten mit einem Waffenstillstand (April 1182), so daß Philipp seinen Besitz vorläufig behalten konnte. Das weitere Verhältnis zw. Philipp und Balduin wurde jedoch durch die Tatsache, daß der Gf. v. Hennegau Schwiegervater des Kg.s war, belastet. Zu einem Bruch des Freundschaftsvertrages kam es, als 1184 Philipp v. Elsaß den Gf. v. Hennegau nicht hinreichend in dessen Konflikt mit dem Hzg. v. Brabant unterstützte. Philipps Versuch, den Hennegau zu erwerben, blieb erfolglos. Es kam zu einem neuen militär. Konflikt zw. Flandern und Frankreich. Im Juni 1185 standen sich die Heere in Boves (an der Somme) gegenüber. Als deutlich wurde, daß Philipps Heer der kgl. Streitmacht unterliegen würde und auf eine Hilfe von seiten des Ks.s nicht zu hoffen war, schloß Philipp Ende Juli 1185 den Frieden v. Boves. Dieser

Friede hatte zur Folge, daß neben dem Amiénois auch ein großer Teil des Vermandois für den Gf.en verloren ging, zum Vorteil des frz. Kg.s und der von diesem abhängigen Gfn. Eleonora, der jüngeren Schwester der ersten Gemahlin Philipps v. Elsaß, Elisabeth, in deren Namen dieser das Vermandois besaß. W. Prevenier

Lit.: L. KÖNIG, Die Politik des Gf.en Balduin V. v. Hennegau, Bull. Comm. Royale d'Hist. LXXIV, 1905, 234–276 – H. VAN WERVEKE, Een Vlaamse graaf van Europees formaat, Filips van de Elzas, 1976.

Bowet, Henry, Bf. v. Bath und Wells seit 19. Aug. 1401, Ebf. v. York seit 7. Okt. 1407; * vor 1350, † 20. Okt. 1423. Mitglied einer großen ritterl. Familie, die bes. in Cumberland bedeutend war, studierte B. in King's Hall zu →Cambridge; 1387 erlangte er den Doktorgrad in kanon. und röm. Recht. – Er diente Bf. Thomas →Arundel in Ely (um 1374–77) und anschließend Bf. Henry →Despenser v. Norwich, den er bei seinem »Kreuzzug« nach Flandern begleitete, so daß er auch die nachfolgende ztw. Ungnade des Bf.s zu teilen hatte. Nachdem er 1384–92 als kgl. Prokurator an der päpstl. Kurie tätig gewesen war, stand er im Dienst von →John of Gaunt in Bordeaux, möglicherweise als Konnetable *(constable)* und Oberster Richter *(chief justice).* Er folgte 1398 dem Sohn von John of Gaunt, Heinrich (IV.), ins Exil und wurde in Abwesenheit verurteilt. Nach dem Umsturz von 1399 und der Thronbesteigung Bolingbrokes als →Heinrich IV. wurde B. zum einflußreichen Ratgeber des Kg.s, bes. in Fragen der Diplomatie. Während der Regierung Prinz Heinrichs (V.) und des Bf.s →Beaufort zog sich B. ztw. vom polit. Leben zurück (1410–11). Heinrich IV. war angesichts der Opposition persönl. bemüht, die Erhebung B.s auf die Bischofssitze v. Bath-Wells wie von York zu fördern und zu sichern. B. hielt sich wenig in Bath und Wells auf, doch verwaltete er in seinen späteren Lebensjahren das Ebm. York vorbildlich trotz seines schlechten Gesundheitszustandes, der ihn seit ca. 1416 zum Rückzug aus dem öffentl. Leben zwang. R. G. Davies

Lit.: J. J. N. PALMER, The Career of Henry Bowet, bishop of Bath & Wells, later archbishop of York [Diss. Oxford 1964] – R. G. DAVIES, Henry IV, the Papacy and the Engl. Episcopate, 1405–8, BJRL 59, 1976, 40–74 – DERS., A contested appointment to the bishopric of Bath & Wells, 1400–1, Proc. Somerset Arch. & Nat. Hist. Soc. 121, 1977, 67–76.

Boykott (Verruf, Verrufserklärung). Der Begriff geht zurück auf die Maßnahme der ir. Landliga 1779 gegen den engl. Güterverwalter Charles C. Boycott, der wegen seiner Härte gegen die ir. Pächter von allen wirtschaftl. und gesellschaftl. Beziehungen ausgeschlossen und zur Auswanderung nach Amerika gezwungen wurde. B. ist die freiwillige und gezielte Absperrung einer Person oder Personengruppe (des/der Boykottierten) von sozialen und wirtschaftl. Beziehungen durch eine Personengruppe (Boykottanten) auf Veranlassung eines Dritten (Boykottierer), der eine Person oder eine Personengruppe sein kann. Die begriffsnotwendige Trennung von Boykottierer, Boykottanten und Boykottierten läßt sich für das MA nicht immer durchführen; die Abgrenzung zu Sperren aller Art (→Blockade, →Embargo, ausschließender Zunftzwang [→Zunft] etc.) ohne Veranlassung eines Dritten sind fließend. Elemente des gesellschaftl., wirtschaftl. und polit. B.s enthalten bzw. verursachen grundsätzl. Acht- und Friedloserklärungen (→Acht, →Feme), →Interdikt und kirchl. Bann; das klass. Beispiel wirksamen B.s ist die →Verhansung, der Ausschluß einzelner Städte von den Privilegien der →Hanse, verbunden mit dem Abbruch der wirtschaftl. Beziehungen; betroffen waren u. a. Braunschweig 1375, Bremen 1427 und Köln 1471. Der Ausschluß konnte auch Einzelpersonen treffen, z. B. 1385 den Dortmunder Kaufmann Christian Kelmer.

Elemente gesellschaftl. und persönl. B.s findet man in der Isolierung der mit ansteckenden Krankheiten Behafteten, v. a. der Leprosen, in der sozialen Diskriminierung von unehelich Geborenen, Dirnen (→Prostitution), Bettlern (→Bettlerwesen), Angehörigen verfemter Berufe und ihrer Familien (Henker, Bader, Badstuber, Schäfer, Abdecker usw.), in der Abgrenzung und Ächtung von religiösen, völk. und sonstigen Minderheiten und Außenseitern (→Juden, →Zigeuner). – Von den rein wirtschaftl. Formen des B.s läßt sich der Konsumboykott im MA nur ansatzweise im Zusammenhang mit obrigkeitl. Maßnahmen gegen Preistreiberei von Bäckern und Metzgern nachweisen. Wesentlich häufiger waren B.e zu Wettbewerbszwecken, die sich gegen die Bezugs-, Absatz- oder Produktionsmöglichkeiten des/der Boykottierten richteten; Bezugssperren wurden oft aus wirtschaftl. Gründen oder zum Schutz einheim. Markenartikel gegen auswärtige Anbieter verhängt. Den Warenboykott von oriental. Spezereien forderte z. B. 1306 Raimundus →Lullus (de Fine) in einer Denkschrift für Papst Clemens V., ebenso (vor 1334) der Venezianer Marino Sanuto. Durch Absatzsperren suchte man unzünft., meist ländl. Handwerk vom Messe- und Marktverkehr auszuschließen, wie überhaupt der Produktionsboykott durch Nichtbelieferung mit Rohstoffen und Verweigerung der Prüfung (Schau) und Abnahme von Produkten nichtorganisierter Gewerbetreibender (Pfuscher, →Bönhasen) ein gängiges Mittel zur Durchsetzung der Konzentration und Standardisierung der gewerbl. Produktion in den ma. Städten war. In Städten mit durchgebildeter Gewerbestruktur diente der Verruf von Waren bestimmter Produzenten, das »Schelten« bzw. der Ausschluß von Zunftmitgliedern, die z. T. städteübergreifende Aussperrung vertragsbrüchiger oder mißliebiger Gesellen der Aufrechterhaltung der Kartellfunktion der Zünfte (einschließender und ausschließender Zunftzwang). Hauptziel des B.s war nicht so sehr die Schädigung des Boykottierten, sondern das Ausüben von Druck, um mißliebiges Verhalten (Repressivboykott) auszuschließen und standes-, organisations- oder systemkonformes Verhalten zu erzwingen (Nötigungsboykott).
F. Irsigler

Lit.: HRG I, 26 ff., 306–308 – Hwb. der Staatswiss. XII, 54 ff. – StL[6] II, 135–138 – W. DANCKERT, Unehrl. Leute, 1963 – R. WISSELL, Des alten Handwerks Recht und Gewohnheit, 1971[2] – DOLLINGER, Hanse[2] – F. KUNSTMANN, Stud. über Marino Sanuto den Älteren (AAM, Kl. III, Bd. 7, Abt. 3, 1855), 695–819.

Boyle, Abtei OCist (Co. Roscommon), aus einer Zisterziensergemeinschaft, die von der →Mellifont Abbey 1148 ausgesandt wurde und sich 1161 in B. ansiedelte, hervorgegangen. Das Patronat übte anscheinend eine lokale Adelsfamilie, die MacDermott, Lords of Moylurg, aus. Das Kl. wurde im Zuge der engl.-ir. Kriege mehrmals beschädigt, bes. in den Jahren 1202 und 1235. Trotz der anglo-norm. Siedlung in →Connacht bewahrte die Abtei in ihrer vierhundertjährigen Geschichte ihren ir. Charakter. Um die Mitte des 16. Jh. wurde der Konvent aufgelöst, um 1569 ging der Landbesitz in weltl. Hände über. Die Kirche wurde 1218–20 geweiht; einige Jahre später entstand der mächtige Vierungsturm. Bedeutende Ruinen sind erhalten. R. Stalley

Lit.: H. G. LEASK, Irish Churches and Monastic Buildings II, 1960, 32–35, 61–63 – A. GWYNN-R. HADCOCK, Medieval Religious Houses, Ireland, 1970, 128 f. – R. A. STALLEY, Architecture and Sculpture in Ireland 1150–1350, 1971, 100–117.

Bozen (it. Bolzano), Stadt in Südtirol am Eisack.
[1] *Grafschaft:* Ein bay. Gf., der die B. er u. andere Burgen

befehligte (»comes Baioariorum, . . . qui Bauzanum et reliqua castella regebat«), wird von Paulus Diaconus bereits für die Zeit um 680 genannt. Urkundl. erscheint der »comitatus Bauzanum« erstmals 1027, als Kg. Konrad II. diese Gft. an das Hochstift →Trient verliehen hat. Als Grenzen derselben werden darin gegen NO der Tinnebach b. Klausen und der Breibach im Tiersertal, gegen NW der Gargazonerbach südl. v. Meran und gegen S die Grenze der Pfarre B. gegen die alte Pfarre Egna-Auer angeführt. Die Fürstbf.e vergaben die Gft. im 12. Jh. bis ca. 1170 an die Gf.en v. Greifenstein-Morit zu Lehen. Danach übten die Gf.en v. →Tirol als fürstbf. Vögte, d. h. namens der Fürstbf.e, die Herrschaft aus. Die Vogteigewalt wurde so für die Gf.en v. Tirol zur Voraussetzung, um spätestens bis zur Mitte des 13. Jh. auch die tatsächl. Herrschaft in dieser und in anderen Gft.en der Fürstbf.e v. Trient bzw. v. →Brixen zu usurpieren (vgl. Entstehung der Gft. →Tirol). Die letzte Nennung der Gft. B. datiert von 1242, in der Folge wurde daraus das landesfsl. Landgericht Gries (urkundl. 1272) mit dem Stadtgericht Bozen.

[2] *Stadt*: Im Gebiet des heut. B. verzeichnet bereits die »Tabula Peutingeriana« die röm. Station »Pons Drusi«. Um 680 bestand hier ein Kastell (s. o.). Bei diesem entwickelte sich ein 1048/68 erstmals genanntes Dorf Bozen. Es umfaßte mehrere Weiler und trägt seit der 2. Hälfte des 15. Jh. die Bezeichnung *Zwölfmalgreien*. Anfangs scheint auch das Dorf Gries dem Dorfe B. angehört zu haben (bis Ende des 12. Jh.). Nahe beim kirchl. Dorfzentrum errichtete Fürstbf. Odalrich II. v. Trient anstelle eines enteigneten Weingartens die Stadt B., welche nur den ummauerten Stadtkern (Laubengasse und Kornplatz) umfaßte. Eine förml. Stadterhebung ist nicht bekannt. Um 1078/82 Nennung der »communio Pozanensium civium«; Ringmauer und Graben werden 1191/95 genannt. Um 1195/1210 erfolgte die erste Stadterweiterung (»burgum novum« = heut. Mustergasse), weitere erfolgten erst nach 1655. Das Herrschaftsverhältnis zw. dem landesfsl. Landgericht Gries (zuvor Gft. B.) und dem bfl. Stadtgericht B. ermöglichte es Gf. →Meinhard II. v. Tirol-Görz, die Stadt 1276/77 zu erobern u. die polit. Macht der Fürstbf.e auszuschalten. Die endgültige Übergabe der Stadt an die Gft. Tirol erfolgte jedoch erst durch einen Vertrag von 1531. Landesfsl. Ratsprivilegien 1363 und 1442, fürstbfl. von 1397 und 1405; Bürgermeister seit 1443; ältestes Stadtsiegel von 1309, heut. Stadtwappen verliehen 1381 von Hzg. Leopold III. v. Österreich.

[3] *Messen*: Die günstige Verkehrslage von B. bei der Gabelung der Brenner- und Reschenstraße (→Alpenpässe), am Beginn der eigtl. Paßstrecke, und nahe dem schiffbaren Lauf der Etsch, ließ die Stadt zum wichtigen spätma. Umschlagplatz werden: 1202 erste urkdl. Nennung von Jahrmärkten in B., zu Mitfasten und St. Genesius (1208). Dazu kam 1357 der Andreas-Markt, den der Landesfs. von Gries nach B. verlegte. Um 1500 kam schließl. als vierter der Fronleichnams-Markt dazu. Dauer der Märkte spätestens seit 1488 je 14 Tage, beginnend mit der feierl. Berufung durch den Landrichter. Besucher aus Deutschland und Italien. Eine erste detaillierte Marktordnung, die »B.er Statuten«, datiert von 1437, erneuert 1556, diente sie 1581 als Vorlage für eine Satzung der Kaufleute in Hall i. T.; 1635 wurden diese älteren Statuten durch das berühmte Meßgerichtsprivileg der Erzherzogin-Witwe Claudia v. Medici abgelöst und der Merkantilmagistrat als handelsgerichtl. Instanz errichtet. Die Bezeichnung der Jahrmärkte als Messen ist seit 1450 belegt. F. H. Hye

Lit.: Hist. Stätten Österr. II, 495-499, 518 f. [F. Huter] – O. Stolz, Zur älteren Gesch. der B.er Märkte, Der Schlern 1921 – F. Huter, Die Q. des Meßgerichtsprivilegs . . . (1635), B.er Jb., 1927 – K. Th. Hoeniger, Das älteste B.er Ratsprotokoll von 1469, B.er Jb., 1931/34 – Ders., Ein Häuserverz. der B.er Altstadt von 1497, 1951 (Schlern-Schr. 92) – N. Rasmo, B., 1976 – F. H. Hye, Anfänge und territoriale Entwicklung der Stadt B., Der Schlern 1978.

Božena → Udalrich

Bozener Spiele → Raber, Vigil; →Debs, Benedikt

Boží bojovníci ('Gottesstreiter'), Selbstbezeichnung der Mitglieder der hussit. Heere in Böhmen, die sich als Vorkämpfer der Sache Gottes im alttestamentl. Sinn verstanden und in den Jahren 1420-31 fünf Kreuzfahrerheere zurückschlugen. Das Kampflied des hussit. Heeres »Wer sind die Gottesstreiter?« (»Ktožjsú boží bojovníci«) wurde von dem taborit. Priester J. Čapek geschaffen. →Hussiten, →Feldheere. J. Schwarz

Lit.: J. Macek, Jean Hus et les traditions hussites XVe-XIX s., 1973 – F. Graus, Lebendige Vergangenheit. Überlieferung im MA und in den Vorstellungen vom MA, 1975.

Brabant

I. Verfassungs- und Territorialentwicklung im Hochmittelalter – II. Territorialpolitik und Institutionsgeschichte im Spätmittelalter – III. Wirtschaft.

I. Verfassungs- und Territorialentwicklung im Hochmittelalter: Brabant, Herzogtum (der Landesname lebt in den Provinzbezeichnungen »Nordbrabant« [Niederlande] und »Brabant« [Belgien] fort). Die Etymologie ist ungesichert; das Grundwort -bant dürfte 'Raum', 'Region' bedeuten (vgl. die Namen Teisterbant [in Holland], Osterbant), das Bestimmungswort (Brac- u. a.) hat bisher keine befriedigende Erklärung gefunden. Im Vertrag von →Meersen (870) werden »in Brachbanto comitatus IIII« erwähnt. Die Grenzen dieses Großgaus wurden im Norden und Westen von der Schelde, im Osten von der Dijle (Dyle), im Süden von der Haine gebildet. Bonenfant nimmt an, daß der Gau ungefähr dem Cambraier Archidiakonat B. und die vier im Vertrag von Meersen (870) erwähnten Comitate vier Dekanaten entsprochen hätten, jedoch ist diese Unterteilung nicht unproblematisch. Über die genaue Ausdehnung der Gft. B. tappt man im dunkeln, da sie bis zum Ende des 10. Jh. nur sehr selten genannt wird (→Ukkel). Die Gesch. des »Hzm.s B.« beginnt nicht vor dem Ende des 12. Jh. Grundlage war zum einen der ca. 959 von →Brun, Ebf. v. →Köln, eingerichtete Dukat (Nieder-) →Lothringen, zum anderen die territorialen Besitzungen der alten lothr. Herzogssippe, der Reginare. Die niederlothr. Herzogswürde war 977 von Otto II. dem westfrk. Karolinger Karl, Bruder Kg. Lothars, übertragen worden, während zur gleichen Zeit die Söhne Lambert und Reginar des 958 wegen Aufruhrs enteigneten und verbannten Reginar III. ihr Erbgut mit Ausnahme von Mons zurückerhielten. Lambert, der mit Karls Tochter Gerberga verheiratet war, gelang es zwar nicht, nach dem Tode von Karls Sohn Otto (ca. 1006) mit dem niederlothr. Dukat belehnt zu werden, aber er vereinigte in seiner Hand die Gft.en →Löwen und Brabant (mit dem von Karl zum Zentralort ausgebauten →Brüssel). Das Herzogsamt ging zunächst auf das sog. Ardennerhaus (Gft.en v. Verdun, →Ardennengrafschaft) über. Gegen Ende des 11. Jh. erscheint als Nachfolger des ins Hl. Land gezogenen →Gottfried v. Bouillon Gf. Heinrich v. →Limburg als Inhaber des Herzogtums. Heinrich, letzter Gefolgsmann des alten Ks.s, wurde von dessen Sohn Heinrich V. abgesetzt, das Amt ging auf Gottfried v. Löwen, Urenkel Lamberts und Gerbergas, über. Zwar gelang es den Limburgern, mit Heinrichs Sohn Walram noch einmal (1128-39), die niederlothr. Herzogswürde zu erringen, aber mit Gottfrieds gleichnamigem Sohn wurden dann die Gf. en v. Löwen endgültig zu ständigen Inhabern des Titels. – Die Zählung der Gottfriede als niederlothr. Hzg.e ist in der modernen Literatur nicht einheitlich, üblicherweise werden sie aber in nachstehender Reihenfolge aufgeführt: Gottfried V. (1106-28), Gottfried VI. (1139-42), Gottfried VII. (1142-90); dann: Heinrich I. (seit 1183 Mitregent, 1190-1235), Heinrich II. (1235-48), Heinrich III. (1248-61), Johann I. (* 1252/53, Hzg. 1267-94), Johann II. (1294-1312), Johann III. (1312-55), Johanna mit Hzg. Wenzel v. Luxemburg als →mainbour (1355-1406, Johanna ist kinderlos gestorben).

Als die Gf. en v. Löwen die niederlothr. Herzogswürde endgültig übernahmen, war diese schon nicht mehr mit einem Monopolanspruch auf den hzgl. Rang im niederlothr. Raum verbunden. Schon Gottfried VI. (1139-42) war vor seiner Einsetzung gelegentl. als Hzg. v. Löwen erwähnt worden, und die Limburger wurden nach 1139 zunächst auch als Hzg.e v. den Ardennen, später als Hzg.e v. Limburg bezeichnet. Daß man im 12. Jh. den alten »ducatus regni Hlotarii« nicht mehr als alleinige Rechtsgrundlage für die Macht des niederlothr. Fsm.s betrachtete, kam im Titel der Hzg.e aus dem Hause →Löwen zum Ausdruck: Zunächst tritt neben »dux Lotharingiae« der Zusatz »comes«, dann »dux Lovaniae«, schließlich (zuerst 1188) »dux Brabantiae«. Was die Hzg.e bewogen hat, ihre Bezeichnung zu wechseln, ist noch nicht in befriedigender Weise ermittelt worden. Der Ruf der aus B. stammenden Söldner, der →Brabanzonen, könnte dazu beigetragen haben, den Herren ihres Landes als Hzg. v. B. zu bezeichnen, aber ob dies dann den Fs.en selbst zu der Titeländerung bewogen hat, bleibt fraglich. Im übrigen haben die Hzg.e v. B. nie auf ihren legitimen Titel verzichtet; nach dem Erwerb Limburgs (1283/88) lautete dieser (in frz. Fassung) durchweg N.N. »par la grâce de Dieu, duc de Lothier, de Brabant et de Limbourg et marquis du Saint Empire«, wobei sich der Titel »marquis« auf die 1106 B. eingegliederte Gft. →Antwerpen bezog. Die Bedeutung des niederlothr. Dukats stand 1184/90 zur Debatte, als Friedrich Barbarossa und Heinrich VI. die Erhebung des Gf.en v. →Hennegau in den →Reichsfürstenstand betrieben, und zwar sollte dabei die Gft. Namur mit den Gft.en Luxemburg, Laroche und Durbuy zu einer Mgft. zusammengefaßt werden. Als diese Absichten 1190 publik wurden, protestierte Hzg. Heinrich I. dagegen, weil dies seine Stellung mindere. Sein Hzm. reiche bis zum Truncus Berengeri, d. h. bis zur Grenze von →Artois, Cambrésis (→Cambrai) und →Vermandois, schließe also den Hennegau ein. Der Kanzler →Giselbert v. Mons erwiderte darauf als Vertreter des Hennegauers, weder Namur noch Laroche oder Hennegau hätten je zum Hzm. (Lothringen) gehört. (In seiner Chronik bezeichnet Giselbert sicherheitshalber den Hzg. stets als »dux Lovaniensis«.) Es wurden dann auf einem Hoftag zu Schwäb. Hall zwei Urteile gefällt: das eine vom Gf.en v. Flandern, demzufolge der Hennegauer zum Mgf.en und Reichsfürsten erhoben werden dürfe, da der Hzg. nicht nachweisen könne, daß seine Herzogsgewalt auch in dessen Ländern gelte. Das andere Urteil wurde vom Mgf.en v. Meißen gefunden: der »dux Lovaniensis« habe den »ducatus« nur in den Gft.en inne, die er selbst halte oder die von ihm zu Lehen gingen. Hzg. Heinrich zählte dann die folgenden auf: Löwen, Nijvel (Nivelles) und Aarschot, die er selbst halte, Geldern, Kleve und Loon (Looz), die von ihm zu Lehen gehalten würden. Der Gf. v. Loon protestierte darauf sogleich, seine Gft. gehe vom Bf. v. Lüttich zu Lehen. Die Argumente Giselberts und die beiden Urteile zeigen deutlich, daß man am Ende des 12. Jh. die Institution des Dukats auf die unmittelbare und auf die lehnrechtl. gebundene Herrschaft des Fs.en reduzieren wollte. Dies ist zwar im wesentl. gelungen, doch haben die B.er Hzg.e auch später ihren Anspruch auf eine weiterreichende Geltung ihres Amtsbereichs nicht nur im Titel kundgetan. Die expansive Territorialpolitik der Hzg.e v. B. im SpätMA, die ihren Höhepunkt in der Schlacht bei →Worringen (1288) mit der Eroberung des Hzm.s →Limburg erreichte, hat B. zwar zur Großmacht im NW gemacht, doch ist es den Hzg.en nicht gelungen, ihr Fsm. zu einer unbestrittenen Hegemonialmacht zw. Schelde, Maas und Rhein auszubauen. Zum einen gab es mit →Flandern, →Hennegau (seit 1299 Personalunion mit →Holland-Seeland) und dem Ebm. →Köln ebenbürtige und mit dem Fürstbm. →Lüttich und den Gft.en →Jülich sowie →Luxemburg immerhin beachtenswerte Konkurrenten, die eine eindeutige Vormachtstellung unmöglich machten; zum anderen lag die territoriale Basis der Herzogsmacht doch zu weit im Westen. H. Thomas

II. TERRITORIALPOLITIK UND INSTITUTIONSGESCHICHTE IM SPÄTMITTELALTER: Die Regierungswechsel nach dem Tode Heinrichs (Hendrik) I. (1190-1235) und Heinrichs II. (1235-48) verliefen problemlos. Nach dem Tode Heinrichs III. (1248-61) ergaben sich jedoch Schwierigkeiten, da dessen ältester Sohn Heinrich IV. (1261-67) minderjährig und zudem schwachsinnig war. Aleidis, die Herzoginmutter, übte die Regentschaft aus, bis ihr jüngerer Sohn, Johann (Jan) I. (1267-94), nach Eintritt seiner Volljährigkeit die Regierung übernahm. Zum Zeitpunkt des Todes Johanns II. (1294-1312) war sein einziger Sohn Johann III. (1312-55) noch minderjährig. Es wurden zwei Regenten eingesetzt. Ihre Regierung stieß auf starken Widerstand der Städte, so daß sie 1314 abtreten mußten. Von 1314 bis 1320 sollten die Städte die Macht ausüben. Neue Schwierigkeiten ergaben sich nach dem Tode Johanns III., der nur weibl. Nachkommen hinterließ. Nach langen Unterhandlungen wurde seine älteste Tochter Johanna, die mit Hzg. Wenzel (Wenceslas) v. Luxemburg vermählt wurde, vom Lande als Nachfolgerin anerkannt (1356-1406). Als Wenzel 1383 starb, waren aus der Ehe noch keine Kinder hervorgegangen. I. J. 1390 designierte Johanna, gegen Aspirationen der →Luxemburger auf das B.er Erbe, ihre Nichte Margarete v. Male, Tochter ihrer Schwester Margarete (∞ mit dem Gf.en v. Flandern), als ihre Nachfolgerin. Margarete v. Male war Gattin →Philipps des Kühnen, des Hzg.s →Burgund und Gf.en v. Flandern. 1404 übernahm Anton (Antoine), Philipps und Margaretes v. Male zweitältester Sohn, die Regierung von B., zunächst als Gouverneur. Nach dem Tode Johannas (1406) wurde er Hzg. Er fiel 1415 bei Azincourt; seine beiden Söhne Johann (bis 1427) und Philipp (bis 1430) folgten ihm. Unter Johann wurde 1426 die Universität →Löwen gegründet. Nach Philipps Tod fiel B. an →Philipp den Guten, Hzg. v. Burgund, und verblieb bei den Besitzungen der burg. Valois; die nachfolgende Eingliederung B.s in den Verband der burg. Staaten gestaltete sich in mehreren Etappen (vgl. →Burgund, Institutionsgeschichte). Durch die Ehe der →Maria v. Burgund (1477-82) mit →Maximilian kam B. dann mit den anderen burg. Besitzungen in den Niederlanden an das Haus →Habsburg.

Heinrich I. festigte die hzgl. Macht im nördl. Teil von B., wo die Herrlichkeit →Breda ein brabant. Lehen wurde. Aber er betrieb auch territoriale Expansionspolitik im Osten. Dieser sog. »Drang nach Osten« erreichte seinen Höhepunkt während der Regierung Johanns I. mit der Eroberung des Hzm.s →Limburg (Schlacht v. →Worringen 1288). B. wurde damit der mächtigste Staat im niederlothr. Bereich. Seitdem trugen die Hzg.e einen dreifachen Titel: »Hzg. v. Lothringen, B. und Limburg«. Während der Regierung Johanns III. wurde dem noch der Titel »Mgf. des heiligen Reiches« hinzugefügt. Johann II. und v. a. Johann III. waren bestrebt, →Mecheln, eine Enklave des Fsbm.s→Lüttich in B., in ihre Gewalt zu bekommen, was gegen Ende der Regierung Johanns III. auch gelang. Aus dem Erbfolgekrieg, der nach dem Tode Johanns III. entstand, ging jedoch der Gf. v. Flandern als Sieger hervor; ihm fielen Antwerpen und die Herrlichkeit Mecheln zu (Vertrag v. Ath 1357).

Erst 1406, als Anton v. Burgund seinem Vater Philipp dem Kühnen als Hzg. v. B. nachfolgte, kam Antwerpen wieder unter B.er Herrschaft. Während der Regierung der Hzgn. Johanna waren die meisten brabant. Territorien zw. Maas und Rhein verpfändet worden, was einen spürbaren Rückgang des Einflusses von B. in diesen Gebieten zur Folge hatte.

Die ostwärts gerichtete brabant. Territorialpolitik, die zur Bildung von Stützpunkten im Raum zw. Rhein und Maas führte, trug den Hzg.en v. B. die Gegnerschaft der Gf.en v. →Jülich und der Ebf.e v. →Köln ein. Schließlich kam es wegen der B.er Rheinpolitik zum offenen Krieg zw. B. und den beiden rhein. Mächten, die in der Schlacht von Baesweiler (22. Juli 1371) den Sieg davontrugen. Gleichwohl hat Wenzel, Hzg. v. B., die Versuche, ein Stützpunktsystem zw. Maas und Ruhr zu errichten, nicht aufgegeben (1378 Erwerbung der festen Häuser Millen, Gangelt und Waldfeucht).

Die B.er Stände *(Standen)* entwickelten sich seit dem 13. Jh. Ein charakterist. Moment in dieser Entwicklung waren die ständ. Bündnisse. Der erste Städtebund bildete sich 1261–62. Anlaß hierzu war der Kampf um die Vormundschaftsregierung für Heinrich IV. Fortan verbanden sich die Städte in Zeiten polit. Krisen zur Verteidigung ihrer Interessen (1313, 1355, 1372, 1428). Nach dem Vorbild der Städte schlossen auch die anderen Stände in Krisenzeiten Bündnisse: so entstanden 1314 und 1335 Konföderationen der Abteien; und 1355 bildete sich ein Ritterbund, der in seinem Statut den Text der Urkunde des Städtebundes desselben Jahres im Wortlaut übernahm. Es sei bemerkt, daß die Weltgeistlichen in B. fiskal. Immunität genossen und sich daher nie in einer ständ. Vereinigung organisierten. Die Stände erreichten von den Hzg.en schriftl. Konstitutionen; diese konstitutionellen Urkunden entwickelten sich allmähl. zu einem Korpus des öffentl. Rechts. Marksteine der Verfassungsentwicklung von B. waren die »Testamente« Heinrichs II. (1248) und Heinrichs III. (1261), die Charta v. Kortenberg Johanns II. (1312), die fläm. und die wallon. Charta Johanns III. (1314) und bes. die »Blijde Inkomst« (→Joyeuse Entrée), erlassen von Johanna und Wenzel i. J. 1356. Treibende Kraft bei der B.er ständ.-konstitutionellen Bewegung waren die großen Städte, die von ihren Auffassungen von »Volkssouveränität« ausgehend, die hzgl. Macht kontrollieren und einschränken wollten. Die führende Rolle von →Brüssel und →Löwen in der »nationalen« Politik wird im 14. Jh. auffallend deutlich; doch sollte sie im 15. Jh. allmähl. durch die Koalition der Hzg.e mit dem stets mächtiger werdenden Adel abnehmen. Trotz allen Machtzuwachses gelang es den Städten auch im 14. Jh. nicht, den großen Konstitutionen eine dauernde und immerwährende Geltung zu verschaffen. So blieb der Rat v. Kortenberg, der nach der Charta v. Kortenberg die hzgl. Verwaltung kontrollieren sollte, nur während kurzer Zeit aktiv. Die berühmte »Blijde Inkomst« wurde bereits nach einigen Monaten von Johanna und Wenzel zunächst wieder zurückgezogen. Die Dreierkonstellation Hzg.-Adel-Städte sollte sich im übrigen definitiv zum Vorteil des Adels entwickeln.

Die auswärtige Politik des Hzm.s war durch eine Anzahl von Konstanten gekennzeichnet. Vielfach wurde bisher angenommen, daß das Hauptziel in der Beherrschung des Weges von Brügge nach Köln, wegen der Handelsinteressen der großen B.er Städte, bestand. Diese Interpretation muß aber differenziert werden. Es zeigt sich, daß die Beziehungen der Hzg.e zu Deutschland auch stark durch ihre Stellung als Reichsfürsten und Hzg.e v. (Nieder)-Lothringen geprägt wurden. Die »Wiederherstellung« ihrer Würde und Macht als Fs.en v. (Nieder)-Lothringen hat ihre Politik gegenüber dem Reich länger, als häufig angenommen wurde, bestimmt. Die Verwirklichung dieses alten Traums stieß unter Johann III. jedoch auf dem wachsenden Widerstand der großen Städte. Diese forderten, daß der Hzg. in erster Linie die B.er Eigeninteressen berücksichtigen solle. Die lothr. Ambitionen des Hzg.s wurden als zu abenteuerlich und zu kostspielig empfunden. So stand die »nationalistische« B.er Politik der Städte in scharfem Gegensatz zu lothr. Politik der Herzöge. Seit der Regierung Heinrichs II. trachteten die Hzg.e ihr Ansehen als Hzg.e v. (Nieder-)Lothringen durch glanzvolle Heiratsverbindungen zu erhöhen; namentl. sind eine Reihe von Ehen mit den Königshäusern des Reiches, Frankreichs und Englands zu nennen. Hierbei spielten vielleicht auch ökonom. Interessen, bes. der Schutz des B.er Handels (Champagnemessen) und der B.er Textilproduktion (Wolleinfuhr aus England), eine Rolle. Die Beziehungen zum Bf. v. →Lüttich, zu dessen Diözesanbereich B. zum größten Teil gehörte, waren traditionell sehr gespannt, was im Widerstand der Hzg.e gegen die Jurisdiktionsgewalt Lüttichs über brabant. Untertanen begründet war (Kampf gegen das Tribunal de la Paix, Pläne für die Gründung eines eigenen Bm.s für B.). Während der ersten Phase des Hundertjährigen Krieges sollte B. bei der Bildung der Koalition gegen Frankreich an der Seite Kg. Eduards III. v. England eine zentrale Rolle spielen. Mit der Machtübernahme durch die Burgunder war die selbständige Rolle des Hzm.s in der Außenpolitik beendet. Doch behielten die Hzg.e v. Burgund eine Anzahl traditioneller Elemente der brabant. Politik in ihren polit. Konzepten bei, namentl. die lothr. Aspirationen der B.er Herzöge. – Zur polit., Verfassungs- und Sozialgeschichte B.s unter burg. Herrschaft vgl. auch→Burgund, Hzm. und Staat.

P. Avonds

III. WIRTSCHAFT: In der röm. Kaiserzeit wurde der Landesausbau im brabant. Raum, v. a. auf den Lößböden der heut. gleichnamigen Provinz, durch die Anlage von Villae gefördert, die sich an der Heerstraße von Köln über Maastricht und Tongern nach Bavai und Boulogne aneinanderreihten. Im MA wurde die Sandebene der Kempen großteils von den Prämonstratenserabteien aus für den Landesausbau erschlossen. Außer der Erzeugung der üblichen Agrarprodukte wurde im S des Hzm.s der Anbau von →Wein und →Waid betrieben. Seit dem 15. Jh. erlag der Wein allmählich der frz. Konkurrenz und der Qualitätsverbesserung des→Bieres; an die Stelle des B.er Waids trat Waid aus Thüringen und Toulouse. Dafür verbreitete sich gleichzeitig der Anbau von →Krapp im nw. Tiefland.

Die letztgenannten Kulturen dienten als Färbepflanzen der →Textilproduktion. Durch diesen als wichtigsten B.er Gewerbezweig hat sich das Wachstum der Städte wesentl. vollzogen. Da die B.er Städte zumeist jünger waren als die flandrischen, unterlagen sie auch später der Veraltung der Produktion und der Steigerung der Produktionskosten und blieben daher bis in die 2. Hälfte des 14. Jh. konkurrenzfähig. Die städt. Tuchweberei stellte vorwiegend kostbare Sorten her, die gegen Ende des MA teilweise den leichteren, v. a. engl. und holländ. Geweben weichen mußten. Auch in B. selbst fanden kleinere Textilorte, wie Duffel, sowie die ländl. Produktion mit ihren gröberen Tuchen guten Absatz. Dabei wurde der Niedergang der Tuchindustrie in Antwerpen bald durch das Aufkommen der Appretur für engl. Tuche, die größtenteils ungefärbt exportiert wurden, wieder wettgemacht.

B. war stets ein wichtiges Verkehrsgebiet. Seine ältesten Städte verdanken ihre Entstehung anscheinend dem Durchgangsverkehr, der von der oberen Maas, unter Vermeidung des Umwegs über den mittleren Lauf des Flusses, teils über Land nach Norden verlief. Seit dem 11. Jh. ersetzte der Landweg von Köln nach Brügge durch B. die Rheinroute. Damit wurde B. ein Durchgangsgebiet zw. dem deutschen Binnenland und der Nordsee und erhielt dadurch starke Impulse sowohl für sein Gewerbe als für seinen Aktivhandel. Von etwa 1300 an entwickelten →Antwerpen und →Bergen op Zoom dazu noch ihre Marktfunktionen, zumal durch die Gründung von Messen. Sie gelangten damit zu europ. Bedeutung, die in ihrem weiteren Umkreis belebend wirkte. Das Umland dieser Städte widerstand besser als die anderen brabant. Gebiete dem Bevölkerungsrückgang des 15. Jh. im Hzm., wo die Zahl der Feuerstellen von 92 758 i. J. 1437 um 20% bis auf 75 343 i. J. 1496 zurückfiel. (Dieser demograph. Rückgang nahm während der Wirren um die burg. Nachfolge durch →Maximilian nach 1482 einen bes. drast. Verlauf.) Die Einwohnerzahl stieg freilich bis 1526 wieder auf 97013 Feuerstellen an. J. A. van Houtte

Lit. zu [I und II]: A. Wauters, Le duc Jean I et le Brabant sous le règne de ce prince, 1862 – L. Vanderkindere, La formation territoriale des principautés belges au moyen-âge, 2 Bde, 1902–H. Nelis, L'origine du titre: »Duc de Brabant«, Revue des Bibl. et archives de Belgique, 1908 – G. Smets, Henri I, duc de B., 1190–1235, 1908 – C. Knetsch, Das Haus B., 1917 – H. Lucas, The Low Countries and the Hundred Years' War, 1326–47, 1929 – F. L. Ganshof, Coup d'oeil sur l'évolution territoriale comparée de la Flandre et du B., Ann. de la Soc. Royale d'Arch. de Bruxelles 38, 1934 – P. Bonenfant, Le Pagus de B., Bull. de la Soc. belge d'études géogr., 1935 – J. de Sturler, Les relations politiques et les échanges commerciaux entre le duché de B. et l'Angleterre au MA, 1936 – F. L. Ganshof, B., Rheinland und Reich im 12., 13. und 14. Jh., 1938 – H. Laurent-F. Quicke, L'accession de la maison de Bourgogne aux duchés de B. et de Limbourg, T. 1, 1939 [mit Angabe der weiteren Aufsätze von Laurent und Quicke] – F. Quicke, Les Pays-Bas à la veille de la période bourguignonne, 1356–84, 1947 [ebenfalls mit Angabe der weiteren Aufsätze von Laurent und Quicke] – P. Bonenfant, L'origine du titre de duc de B. (Misc. Tornacensia, hg. J. Cassart, 2, 1951) – J. van der Straeten, Het Charter en de Raad van Kortenberg, 2 Bde, 1952 – M. Martens, L'administration du domaine ducal en B., 1954 – R. van Bragt, De Blijde Inkomst van de hertogen van B., Johanna en Wenceslas, 1956 – W. Kienast, Der Herzogstitel in Frankreich und Deutschland, 1968 – P. Bonenfant-A. Bonenfant-Feytmans, Du duché de Bas-Lotharingie au duché de B., RBPH 46, 1968, 1129–1165 – . W. Mohr, Gesch. des Hzm.s Lothringen, I (bis 1048), 1974; II (Niederlothringen bis zu seinem Aufgehen im Hzm. B.), 1976 – H. Thomas, Die lehnrechtl. Beziehungen des Hzm.s Lothringen zum Reich, RhVjbll 38, 1974 – A. Uyttebrouck, Le gouvernement du duché de B. au bas MA, 2 Bde, 1975 – R. van Uytven, Vorst, adel en steden: een driehoeksverhouding in B. van de 12de tot de 16de eeuw, Bijdragen tot de Geschiedenis 59, 1976, 93–122 – P. Avonds, Ideologie en Politiek: B. tijdens de regering van hertog Jan III [im Dr.] – zu [III]: Q.: R.-H. Bautier-J. Sornay, Les sources de l'hist. économique et sociale, 2ᵉ sér. Les États de la maison de Bourgogne, I: Les États de par-deçà [im Dr.] – Lit.: J. Cuvelier, Les dénombrements de foyers en B., XIVᵉ–XVIᵉ s., 1912 – H. Laurent, Un grand commerce d'exportation au MA. La draperie des Pays-Bas en France et dans les pays méditerranées, 1935 – C. Wiskerke, De geschiedenis van het meekrapbedrijf in Nederland, Economisch-Historisch Jaarboek 25, 1951 – P. Bonenfant, L'origine des villes brabançonnes et la »route« de Bruges à Cologne, RBPH 31, 1953 – H. Ammann, Dtl. und die Tuchindustrie NW-Europas im MA, HGBll 72, 1954 – R. van Uytven, La Flandre et le B. »Terres de promission« sous les ducs de Bourgogne?, Revue du Nord 43, 1961 – R.-H. Bautier, La place de la draperie brabançonne et plus particulièrement bruxelloise dans l'industrie textile du MA (Annales de la Soc. royale d'archéologie de Bruxelles, Vol. jubilaire, 1962), 31–63 – J. Herbillon-A. Joris, Les moulins à guède en Hesbaye au MA, RBPH 42, 1964 – W. Steurs, Les campagnes du B. septentrional au MA, Centre belge d'hist. rurale, n° 36, 1974 – R. van Uytven, La draperie brabançonne et malinoise du XIIᵉ au XVIIᵉ s. (Produzione, Commercio e Consumo dei Panni di lana, 1976), 85–97 – Alg. Gesch. d. Nederlanden IV, 1980 – M.-J. Tits-Dieuaide, L'évolution des techniques agricoles en Flandre et en B. du XIVᵉ au XVIᵉ s., Annales 36, 1981.

Brabant, Jo[hannes?] Lambertus, Komponist vermutl. ndl. Herkunft, um 1430. Zwei nur in einer it. Hs. überlieferte zweistimmige Messesätze sind mit Jo. Brabant (Gloria) und mit Lambertus Brabant (Credo) bezeichnet, im Inhaltsverzeichnis aber unter dem Namen Br. zusammengefaßt. H. Leuchtmann

Q.: Aosta, Seminario Maggiore, Mus. Ms. ohne Signatur, fol. 61 und 89 – Lit.: Grove, s. v. – G. de Van, A recently discovered Source of Fifteenth-Century Polyphonic Music, Musica Disciplina II, 1948, 5–74.

Brabantinus, Münzsorte. Der 1180 in England eingeführte Penny (→Sterling), in seinem Münzbild 1247 und 1278 verändert, wurde in zahlreichen Münzstätten des Kontinents (Nordfrankreich, Niederlande, Nordwestdeutschland) nachgeahmt. Von 1273 ersetzte Johann I., Hzg. v. Brabant, den Kopf des engl. Kg.s auf der Vorderseite des engl. Vorbildes durch den Wappenschild von Brabant. Diese Münzsorte in Köln, Jülich, Kleve, Heinsberg, 's Heerenberg und Anholt nachgeahmt, taucht in den Urkunden des Rheinlandes seit 1280 unter der Bezeichnung Anglicus Brabantinus, Denarius Brabantinus oder Brabantinus auf. P. Berghaus

Lit.: N. Klüßendorf, Stud. zur Währung und Wirtschaft am Niederrhein vom Ausgang der Periode des regionalen Pfennigs bis zum Münzvertrag von 1357, Rhein. Archiv 93, 1974, 107f.

Brabantisch, ndl. Mundart (Westniederfränkisch), an der Grenze des Ostniederfränkischen (Limburg), dessen Einfluß anfangs sehr bedeutend war. Ihre geogr. Verbreitung im MA stimmt in groben Umrissen mit dem Gebiet des Hzgm.s →Brabant überein, mit Zentren und Ortschaften wie 's-Hertogenbosch, Breda, Antwerpen, Löwen, Aarschot, Diest, Mechelen, Tienen, Brüssel.

Sprachliche Belege: Die ältesten Schriftdenkmäler sind erst in der 2. Hälfte des 13. Jh. zu finden; erst seit dem 14. Jh. verfügen wir über eine Menge von Texten: Urkunden, Belletristik, Fachliteratur. Der Mystiker Jan van Ruusbroec (→Johannes v. Ruusbroec), die einzigartigen →»Abele Spelen«, der Didaktiker Jan van→Boendale, der Chirurg Thomas →Scellinck van Thienen, der Historiograph Lodewijc van→Velthem und manche andere verraten durch gewisse Mundartmerkmale ihre brabant. Herkunft. Durch seine zentrale Situation wird Brabant zum Treffpunkt westl. und östl. Sprachbewegungen; schon im 14. Jh. macht sich ein starker fläm. Einfluß fühlbar, der wahrscheinl. größtenteils darauf beruht, daß Flandern in den vorangehenden Jahrhunderten auf allen Gebieten ein hohes Prestige erworben hatte. In der Mitte des 14. Jh. wird das ökonom. und kulturelle Schwergewicht nach Brabant verlegt und die brabant. Schriftsprache (in der man bewußt anfängt, die auffallendsten Merkmale wie Umlaut, Palatalisation, aufkommende Diphtongierung als zu sehr landschaftl. gebunden zu vermeiden) wird weithin maßgebend. Im übrigen sind die Brabanter von der Überlegenheit ihrer Sprache durchaus überzeugt: »Alzoo wordt in Brabant met d' allersuetste voys gesproken en gebruyct het alder beste duyts« (J. van der Noot, 16. Jh.). Erst im 17. Jh. wird – wohl aus polit. und religiösen Gründen – die deutl. Entwicklung des B. zur allgemeinen Hochsprache der Niederlande ein für allemal abgebrochen und muß der Verbreitung des Holländ. den Platz einräumen.

Mundartmerkmale: Wie alle größeren Mundarten ist das B.e keineswegs einheitlich; man kann es im großen und ganzen einteilen in Nord- und Südbrabantisch, und das letztere in West- und Ostbrabantisch. Es ist vermutlich die ndl. Mundart, die am wenigsten typische, hervorstechende Merkmale aufweist (vgl. dazu VAN LOEY, Mndl. Gr. II, § 126). Als eine Erweiterung des Limburgischen – weniger systemat. und funktionell – zeigt das B.e i-Umlaut bei langen Vokalen: â (*onderdenig*); /u./ ⟨oe⟩ (*gruene*); ô (*gelueven*), etc.; ebenso wie das palatale l. Ausschließlich brabantisch sind: die Palatalisation des /u./ ⟨oe⟩ (*brueder*) und die »große« Diphtongierung (14./15. Jh., seitdem allgemein von der Hochsprache übernommen): î ⟩ /εi/ ⟨ij⟩ (*wijn*) und û ⟩ /oei/ ⟨ui⟩ (*huis*). Sonst gab es noch die Palatalisation von ê (⟨G.ai⟩) – iə/ ⟨ie⟩ (*stien*) (Ende des 13., Anfang des 14. Jh.); die graph. Hinzufügung eines i als Längenzeichen bei einem Vokal (15. Jh.) (*jair*, *voirst*); statt *sullen* gibt es vielfach *selen*; Pluralbildungen auf -en und -s werden ab Ende des 14. Jh. häufiger. Für manche andere Merkmale ist Brabant Mischgebiet (z. B. *socht* / *sacht*; vgl. VAN LOEY I, § 78; II, § 126–127.) R. Jansen-Sieben

Lit.: A. VAN LOEY, Bijdrage tot de kennis van het Zuidwestbrabantsch in de 13de en 14de eeuw. Fonologie, 1937 – H. VANGASSEN, Bouwstoffen tot de historische taalgeografie van het Nederlands. Hertogdom Brabant (Bouwstoffen en Studiën vor de Geschiedenis en de Lexicografie van het Nederlands III), 1952 – L. DE MAN, Bijdrage tot een systematisch glossarium van de Brabantse oorkondentaal. Leuvens Archief van circa 1300 tot 1550 (Bouwstoffen en Studiën voor de Geschiedenis en de Lexicografie van het Nederlands IV), 1956 – A. VAN LOEY, Middelnederlandse grammatica, I.: Vormleer, 1976[8]; II.: Klankleer, 1976[7].

Brabantsche Yeesten → Boendale, Jan Van

Brabanzonen, ursprgl. Bezeichnung für eine unter dem Befehl Wilhelms v. Cambrai, eines ehem. Klerikers, stehende, aus → Brabant stammende Söldnertruppe, die 1167 während des 4. Italienzuges Friedrich Barbarossas im ksl. Heer an der Eroberung Roms teilnahm. Wegen der von ihnen auf dem Rückmarsch in der Champagne und im Gebiet des Ebm.s Reims verübten Plünderungen kamen der Ks. und Ludwig VII., Kg. v. Frankreich, auf einer Zusammenkunft zw. Toul und Vaucouleurs 1171 überein, künftig keine Söldner in dem Gebiet zw. Alpen, Rhein und Paris zu verwenden. 1173/74 kämpften die B. im Dienst Heinrichs II., Kg. v. England, gegen dessen aufständ. Söhne, 1175 wieder im ksl. Heer gegen die Bolognesen. Anschließend zogen sie in den SW Frankreichs, wo sie 1176 im Sold des Gf.en v. Angoulême in die Gft. Poitou, ein Jahr später auf eigene Faust ins Limousin einfielen. 1177 unterlagen sie bei Malemort lokalen Aufgeboten, wobei auch Wilhelm v. Cambrai den Tod fand. Nach der Niederlage von Malemort standen B. in wechselnden Gruppierungen und unter verschiedenen Führern wie Lobar (Lupatius, Lupescair) oder →Mercadier († 1200), der seit 1183 einer der wichtigsten Heerführer Richard Löwenherz' war, bald in frz., bald in engl. Diensten. Philipp II. August bediente sich der B. 1181 gegen den Gf.en v. Flandern und 1187 gegen den engl. Kg. Heinrich II. im Berry. Zuletzt wird eine Fußtruppe von B. unter Kg. Johann Ohneland, u. a. 1214 bei →Bouvines, erwähnt.

Die B. kämpften überwiegend zu Fuß, in geringerer Zahl aber auch zu Pferd. Als Vertreter eines gewerbsmäßigen Berufskriegertums zogen sie allein des Gewinns und der Beute wegen in den Krieg und waren wegen ihrer Ausschreitungen und Plünderungen gefürchtet. Kirchl. Verbote gegen ihren Einsatz, wie die des III. Laterankonzils 1179, blieben wirkungslos. Erst als im 13. Jh. in England wie in Frankreich die Staatsgewalt selbst die Werbung und Bezahlung der einzelnen Söldner übernahm, hörten Soldtruppen wie die B., die aus Eigeninitiative entstanden waren, sich unter eigener Führung als Ganzes verdingten und dafür summar. besoldet wurden, allmählich zu bestehen auf. L. Auer

Lit.: H. GRUNDMANN, Rotten und B. Söldner-Heere im 12. Jh., DA 5, 1942, 419–492 – J. BOUSSARD, Les mercenaires au XIIe s., BECh 106, 1945/46, 189–224 – G. GATTERMANN, Die dt. Fs.en auf der Reichsheerfahrt [Diss. masch. Frankfurt a. M. 1956] – J. SCHLIGHT, Monarchs and Mercenaries, 1968 – G. DUBY, Le dimanche de Bouvines, 1973, 104–110 – J. F. VERBRUGGEN, The art of warfare in Western Europe during the MA, 1977, 119ff. [vgl. Register] – PH. CONTAMINE, La guerre au moyen age, 1980, 397–402.

Braccio da Montone → Fortebracci

Bracciolini, Poggio → Poggio Bracciolini

Brache. Die B. ist der Zustand eines abgeernteten Ackerstücks, wenn man es nach zwei, drei oder vier Jahren der Bebauung für ein Jahr oder mehrere Jahre ruhen läßt. Sie ist daher vom Zustand des Landes zu unterscheiden, das nie beackert oder seit einigen Jahren nicht mehr bebaut wurde. Obwohl die period. Bebauung, auf abgebrannten Feldern (→Brandwirtschaft), noch im 18. Jh. angewandt wurde, war die B., die sich auf einem Teil des Landes in eine Anbaurotation einfügte, schon seit früher Zeit bekannt. Sie entstand aus der grundlegenden Erfahrung, daß der Boden Erholung benötigt, wenn er sich nicht erschöpfen soll. Da der knappe Dünger v. a. für die Salländereien (→Fronhof), für die Gärten und für die Kleinfelder im Umkreis der Häuser bestimmt war, stellte die B. lange Zeit das Hauptmittel zur Regeneration des Bodens dar. Schon die Griechen bedienten sich eines Anbauwechsels, bei dem ein Jahr der Ruhe auf ein Jahr der Bebauung folgte. Diese zweijährige B. blieb für den Mittelmeerraum charakteristisch.

Im 9. Jh. tritt im Pariser Becken die B. jeweils auf einem von drei Feldern im jährl. Anbaurhythmus in Erscheinung. Diese dreijährige B., d. h. eine dreijährige Rotation, bei der eine Einteilung der Ackerflächen in Zelgen (Brachfeld, Winterkornfeld und Sommerkornfeld) erfolgte, breitete sich aber nur allmählich in den bevorzugten Getreidebaugebieten zw. Loire und Rhein aus. Sie ist vorrangig auf den Großblöcken (Culturae) bezeugt, die den Kern der grundherrl. Salländereien bildeten. Später, im 13. Jh., wurden ihm die übrigen Felder des Dorfes angegliedert. Zu Beginn des 13. Jh. ist im Hennegau eine festgelegte Fruchtfolge für alle Ackerstücke eines Schlages bezeugt. Auf Initiative und unter dem Druck der Grundherren sind um 1300 im SO des Hennegau wie im Cambrésis und an seinem Rand die gesamten Ackerflächen in drei Zelgen (Schläge) eingeteilt. Die Bauern, die von der Notwendigkeit der B. zur Erhaltung der Bodenfruchtbarkeit überzeugt waren, ließen es zu, daß der Grundherr den Gang der Bebauung der Ackerflächen organisierte und die Brachlegung einer Zelge vorschrieb. In jeder Zelge, auch im Brachfeld, ist das Hauptfeld, das immer erst genannt wird und das den jährl. Bewirtschaftungsablauf bestimmend prägt, ein Teil des herrschaftl. Sallandes. Die mit der vorgeschriebenen B. verbundene Fruchtfolge tritt im Rheinland des ausgehenden 13. Jh.

deutlich in Erscheinung. In der Île-de-France und in den meisten anderen Landschaften breitet sich diese Fruchtfolge zwar nicht innerhalb der gesamten Dorfflur aus, sie wird aber im Rahmen der jeweiligen Betriebe befolgt, wobei jeder Bauer die B. einhält.

Die auf dem Brachfeld wachsenden Pflanzen dienten der Viehweide, und zwar bes. für die Schafherden (Brachweide). Im ausgehenden MA wurde wenigstens ein Teil des Brachfeldes regelmäßig mit Gemüse und Rüben bepflanzt, z. B. in England, Flandern und im Hennegau. Der so mit Stickstoff angereicherte Boden benötigte keine Ruhezeiten mehr, und die fortschreitende Verdrängung der B. hatte häufig den Zerfall der drei Zelgen zur Folge.

G. Sivéry

Lit.: G. SCHRÖDER-LEMBKE, Entstehung und Verbreitung der Mehrfelderwirtschaft in Nordostdeutschland, ZAA 2, 1954, 123ff – DIES., Zur Flurform der Karolingerzeit, ZAA 9, 1961, 143ff – A. VERHULST, Probleme der ma. Agrarlandschaft in Flandern, ZAA 9, 1961, 13ff. – G. DUBY, L'économie rurale et la vie des campagnes dans l'occident médiéval, 1-2, 1962 – CH. HIGOUNET, La grange de Vaulerent, 1965 – R. FOSSIER, La terre et les hommes en Picardie, 1-2, 1968 – G. SIVÉRY, Recherches sur l'aménagement des plateaux du Hainaut-Cambrésis, Rev. du Nord, 1969 – DERS., Structures et vie agraire dans le Hainaut à la fin du MA 1, 1977.

Brachium saeculare (weltl. Arm), eine der auch urkundl. belegten Bezeichnungen für die weltl. Gewalt (vgl. auch →Zwei-Schwerter-Lehre). Im Spannungsfeld der Beziehungen zw. Kirche und Staat diente die Gewährung des b. s. als von der Kirche beanspruchter Schutz durch die weltl. Gewalt zur Sicherung der kirchl. Freiheit und Aufgaben (vgl. →ius advocatiae), andererseits erfolgte aber die Anrufung des b. s. auch zur direkten oder indirekten Behinderung der kirchl. Jurisdiktion. Eine spezielle, innerkirchl. nicht unumstrittene Bedeutung erlangte nach der Durchsetzung eines sachl. bzw. personellen kirchl. Gerichtsstandes, bes. seit dem 13. Jh., die Auslieferung an das b. s. im Strafrecht: Bei bestimmten Delikten (→Häresie, bei Klerikern auch Widerstand gegen den Bf., Fälschung päpstl. Urkunden, Inkorrigierbarkeit) wurde der Täter nach der kirchl. Verurteilung (bzw. bei Klerikern auch der →Degradation) den weltl. Instanzen zur Bestrafung überlassen (»traditio curiae«).

C. G. Fürst

Lit.: DDC II, 981-1060 – PLÖCHL, passim – B. SCHIMMELPFENNIG, Die Absetzung von Klerikern in Recht und Ritus vornehml. des 13. und 14. Jh., Proceedings of the Fifth Internat. Congr. of Medieval Canon Law, 1980, 517-532.

Brachylogus iuris civilis. Corpus legum (»Inbegriff der Gesetze«) oder B. i. c. (»kurze Erklärung des Zivilrechts«) nennt man seit den Druckausgaben von 1548 bzw. 1553 eine namenlose, sehr knappe, elementare Darstellung (→Summa) des Zivilrechts und des Prozeßrechts, die im 12. Jh. in Frankreich entstanden ist. Das Werk folgt im Aufbau den Institutionen Justinians; als Quellen dienten ferner Digesten, Codex und Novellen, letztere in der Form der Epitome Iuliani (→Corpus iuris civilis), sowie die →Lex Romana Visigothorum. Der B. wurde bis gegen das 14. Jh. benutzt und zw. 1548 und 1621 etwa 20mal gedruckt.

P. Weimar

Ed.: Corpus legum sive Brachylogus iuris civilis, ed. E. BÖCKING, 1829 – Lit.: M. CONRAT (COHN), Gesch. der Q. und Lit. des röm. Rechts im früheren MA, 1891, 550-582 – COING, Hdb. I, 207f. [P. WEIMAR] – A. GOURON, La science juridique française aux XIe et XIIe s. (IRMAE I 4 d-e, 1978), 78-84.

Bracke (lat. brac(c)co, braccus), zur Gruppe der Laufhunde gehörige germ. Hunderasse, die in den Volksrechten als canis sigusius (Pac. Leg. Sal. Tit. 6,1), canis seucis (Lex Baiuw. Tit. 20,1) oder seusius (Lex Alam. Tit. 83,1) erscheint. Sie wurde bereits von den Germanen für die freie Hetzjagd auf Rotwild gebraucht. Der Hetze ging eine Vorsuche mit dem stets zu den B.n. zählenden Leithund, dem *laitihund* im alem. Recht (Lex Alam. Tit. 83,2), voraus. Ohne Namensnennung beschreibt Thomas v. Cantimpré 4,13 nach dem »Liber rerum« ausführl., wie diese durch ihre großen Hängeohren charakterist. Spürhunde sich durch nichts von der Fährte des Wildes abbringen lassen und es dem Jäger zutreiben. Albertus Magnus 22,28-29 schildert plast. Zucht und erstes Training. Bereits bei der Landnahme dürfte sie allen germ. Stämmen bekannt gewesen sein. Diese vermittelten sie, wie die auf germ. *brakko* zurückgehenden Bezeichnungen erkennen lassen, ihren süd- und westeurop. Nachbarn.

S. Schwenk

Q.: Albertus Magnus, De animalibus II, ed. H. STADLER, BGPhMA 16, 1920 – Thomas v. Cantimpré, Liber de natura rerum, T. 1: Text, ed. H. BOESE, 1973.

Bracton, Henricus de → Henricus de Bracton

Bradshaw, Henry, † 1513, Mönch der Benediktinerabtei St. Werburgh in Chester, gilt als Autor zweier in Strophen (vorwiegend →rhyme royal) abgefaßter Legendenepen über die Hl. →Radegundis und die Hl. →Werburga. Eine (nicht erhaltene) lat. Lokalchronik von Chester wird ihm von dem Altertumskundler Anthony à Wood (1632-95) zugeschrieben. – Die Werburga-Legende (gedr. 1521), die reich ist an genealog., geogr. und hist. Materialien, wendet sich ungeachtet ihres gehobenen und rhetor. Stils ausdrückl. an ein einfaches (bürgerliches) Publikum (*To the comyn vulgares; for merchaunt men / hauyng litell lernyng*; I. 84, II. 2016). Kennzeichnend für B. ist die Verbindung aus frommer Gesinnung und gefälliger Darstellung.

J. Finnegan

Bibliogr.: NCBEL I, 649, 1088 – Manual ME 2. V, 1970, 622, 633 [Nr. 242, 291] – Q.: C. HORSTMANN, The Life of Saint Werburge, EETS 88, 1887 – F. BRITTAIN, The Lyfe of Saynt Radegunde, 1926 – Lit.: DNB II, 1083 – T. WOLPERS, Die engl. Heiligenlegende des MA, 1964, 347ff.

Bradwardine, Thomas, Naturphilosoph, Mathematiker und Theologe, * um 1290 in England, † 26. Aug. 1349 in Lambeth. Aug. 1321 wurde er Mitglied des Balliol College, zwei Jahre später Mitglied des Merton College und 1325 Prokurator der Univ. Oxford. Dort las er über Theologie, Philosophie und Mathematik. Im Sept. 1333 wurde er Kanoniker v. Lincoln. Am 19. Sept. 1337 Kanzler an der Londoner St. Pauls-Kirche, bald darauf Kaplan und vielleicht Confessor Kg. Eduards III. Im J. 1346 begleitete er den Kg. nach Frankreich. Die Erwählung von B. zum Ebf. v. Canterbury annullierte der Kg. am 31. Aug. 1348. Als der an seiner Stelle neu Gewählte noch vor der Weihe starb, einigte sich das Kapital abermals auf B. (4. Juni 1349). Die Weihe fand am 10. Juli in Avignon statt. Wenige Wochen später wurde B. von einer pestartigen Krankheit befallen und starb am 26. Aug. 1349 in Lambeth.

Die Oxforder Zeit ist die wissenschaftl. schöpfer. Periode von B. Wir verdanken ihr vier math.-naturwissenschaftl. Traktate, nämlich eine »Arithmetica speculativa«, eine »Geometria speculativa«, einen »Tractatus de proportionibus velocitatum in motibus«, und einen »Tractatus de continuo«. Die »Theoret. Geometrie« wurde von den Mathematikern des 14. und 15. Jh. sehr geschätzt. Sie wurde nahezu 150 Jahre nach dem Tode von B., i. J. 1495, gedruckt und erlebte bald darauf zwei weitere Auflagen. Das »Arithmet. Lehrbuch« wurde seit dem Jahre 1495 insgesamt zwölfmal aufgelegt. Der »Tractatus de proportionibus« aus dem Jahre 1328 ist in doppelter Hinsicht interessant: einmal wegen einer mathemat. und dann wegen einer mechan. Problemstellung. Unter dem Einfluß dieses Werkes sollte sowohl die ma. Mechanik als auch die

Lehre von den gebrochenen Verhältnissen bald darauf bei →Nikolaus Oresme zu einer breiten Entfaltung gelangen. Der »Tractatus de continuo«, noch immer ungedruckt und nur auszugsweise bekannt, ist der Lehre vom Stetigen und Diskreten gewidmet. Das phil.-theol. Hauptwerk von B., der Traktat »De causa Dei adversus Pelagium«, um 1344 abgeschlossen, enthält eine Auseinandersetzung über die Willensfreiheit. Es wurde 1618 in London gedruckt. Der log. Traktat »De insolubilibus« wurde 1970 ediert in M. L. ROURE, »La Problématique des Propositions Insolubles au XIIIe Siècle, suivi de l'Edition des Traités de W. Shyreswood, W. Burleigh et Th. Bradwardine« (Arch. d'Histoire Doctrinale et Litteraire du MA, XLV, 205-326). Der log. Traktat »De incipit et desinit« ist weder ediert noch erforscht. H. L. L. Busard

Lit.: DSB II, 1970, 390-397 – A. G. MOLLAND, An Examination of B.s Geometry. Arch. for History of Exact Sciences, 19, 1978, 113-175 – A. P. JUSCHKEWITSCH, Gesch. der Mathematik im MA, 1964, 394-399.

Braga

I. Stadt, Erzbistum und Kirchenprovinz – II. Kirchen und Klöster – III. Liturgie.

I. STADT, ERZBISTUM UND KIRCHENPROVINZ: B. (Bracara Augusta, Bracarensis, Bragala, Bragaa), Stadt im nördl. Portugal, Ebm. der galicischen Kirchenprov. ō Maria.
[1] *Von der Spätantike bis zur Eroberung durch die Araber (716):* B., am Fluß Este gelegen, in augusteischer Zeit gegr., war Hauptort der bracar. Callaeker in der Hispania Tarraconensis, bevor es unter Diokletian Hauptstadt der Prov. Gallaecia wurde. Günstig an Verkehrswegen nach Asturica (Astorga), Olisipo (Lissabon) sowie allgemein hin zur Lusitania und Baetica angesiedelt, wurde spätestens im 4. Jh. ein Bm. in der Stadt eingerichtet, das bald für die Prov. Gallaecia mit ihren Diöz. Astorga, Lugo, Orense, Túy, Iria (Flavia) sowie Porto und schließlich auch für Teile der Carthaginensis (Palentia, Segobia, Oxoma), der Lusitania (Abela), der Tarraconensis (Auca) und der Baetica eine herausragende Stellung einnahm. Gesicherte Aussagen über die kirchl. Verhältnisse der Frühzeit sind jedoch nur schwer zu treffen, da die Überlieferung spärlich fließt und Fälschungen des 11. und 12. Jh. die vergangenen Rechtsverhältnisse tendenziös verzerrt wiedergeben (→Divisio Theodemiri, →Divisio Wambae). Nach der Reichsbildung durch die →Sueben konnte die Kirche von B. im Zuge des Übertritts des germ. Volkes zur röm. Oboedienz ihre Position als Metropolitansitz der sueb. Landeskirche festigen, nachdem sie sich bisher sowohl mit dem Priscillianismus (→Priscillianisten) als auch mit dem Arianismus (→Arius) auseinandersetzen mußte. Diese Auseinandersetzungen waren auch Themen der Konzilien Braga I (561) und Braga II (572), wobei auf dem letzteren unter dem Vorsitz des →Martin v. Braga eine Neugliederung der Kirchenprov. deutlich wurde, da nun die nördl. Bm.er →Astorga, Britonia (→Mondoñedo), Iria (→Santiago de Compostela), →Túy und →Orense der Aufsicht des früheren Bracarenser Suffraganbm.s →Lugo unterstellt waren, während B. außer dem Klosterbm. →Dumio und Meinedo-Porto (→Porto) die lusitan. Bm.er →Lamego, →Viseu, →Coimbra und Egitania (→Idaña) als unmittelbare Suffragane hatte. Nach der Eroberung des Suebenreiches durch die Westgoten wurde B. wieder auf die galic. Prov. beschränkt, die Verwaltungsaufteilung mit Lugo aufgehoben und die lusitan. Bm.er ihrer alten Metropole →Mérida zugeordnet. Die bedeutendsten Bracarenser Bf.e der sueb.-westgot. Zeit waren Martin († 579) und →Fructuosus (656-665). Vor der maur. Invasion floh der Metropolit von B. in die Nordprovinz, wo er sich schließlich in Lugo niederließ, so daß die Bischofsstühle von B. und Lugo im Laufe der Zeit in Personaleinheit besetzt wurden und der Bf. v. Lugo-Braga den Metropolitentitel annahm. Frühe Versuche, von Lugo aus Bracarenser Territorien wiederzubesiedeln, müssen jedoch als spätere Rechtsfiktion betrachtet werden.

[2] *Von der Wiedererrichtung des Bischofsitzes bis 1218:* Die Frage der Siedlungskontinuität innerhalb der Stadt und auf dem Diözesangebiet ist umstritten (entgegengesetzte Positionen vertreten v. a. DA COSTA und SÁNCHEZ-ALBORNOZ; →Repoblación/Repovoamento); nicht zu bestreiten ist allerdings die Landnahme (→*presura*), die spätestens seit dem 11. Jh. von Lugo und Santiago de Compostela aus auf Bracarenser Territorium durchgeführt wurde. Als der Bischofsstuhl um 1070 durch Kg. García v. Galizien, dann durch Sancho II. v. León wiederaufgerichtet wurde und der neue Bf. Pedro darangíng, das Diözesangebiet strukturell auszubauen, kamen auch die Ansprüche auf eine Metropolitanstellung und die Unterordnung der dazugehörigen Suffraganbm.er wieder auf. Gegen die Ansprüche B.s meldeten →Lugo und →Orense, aber auch →Oviedo und →León eigene Forderungen an, die Bm.er Iria-Compostela und Mondoñedo waren sogar in ihrem rechtl. Bestand bedroht. Scheiterte noch Bf. Pedro daran, daß er sich seine Ansprüche von Papst Clemens III. (Wibert v. Ravenna) bestätigen ließ und daraufhin abgesetzt wurde, so erreichte sein Nachfolger →Gerald 1100 die Erhebung zum Ebm., die auf dem Legatenkonzil v. Palencia dem span. Klerus verkündet wurde, ebenso wie die Verleihung des →Palliums. Paschalis II. ratifizierte 1103 endgültig seine Entscheidung von 1100 und erkannte B. die Suffragane →Coimbra, dem die Verwaltung der noch nicht zurückeroberten Diöz. →Lamego und →Viseu oblag, →Lugo, →Mondoñedo, →Porto, →Orense und →Túy zu. Aus dieser päpstl. Entscheidung entstand ein fast 100 Jahre dauernder Rechtsstreit mit dem Primatialsitz v. →Toledo um die Verwaltungshoheit über einige Bm.er (v. a. Coimbra und →Zamora, daneben die letztlich exímierten →León und →Oviedo) und der Kirche v. →Santiago de Compostela, für die der ehrgeizige Bf. →Diego Gelmírez (1908/1100-1140) mit wachsendem Erfolg eine eigene Metropolitanstellung aufzubauen versuchte. In der Folgezeit lösten die Auseinandersetzungen zw. B., Toledo und Santiago, das zudem beträchtl. territoriale Ansprüche auf Bracarenser Stadt- und Diözesangebiet geltend machen konnte, eine umfangreiche Fälschungstätigkeit aus. B. geriet in eine nachteilige Position, als Ebf. Mauritius (Burdinus) 1113 auf dem Konzil v. Palencia abgesetzt wurde und auf einer anschließenden Romreise 1114 zwar die Bestätigung der Grenzen des Ebm.s erreichte (JAFFÉ 6414), sich aber dann zum Gegenpapst →Gregor VIII. wählen ließ. Schließlich gelang es Diego Gelmírez 1120-24, seiner Kirche durch die Übertragung der Metropolitangewalt des noch in maur. Hand befindlichen →Mérida den erwünschten Rang zu verschaffen, die Legationsgewalt über die Kirchenprov. B. an sich zu ziehen und zahlreiche galic. Bm.er an seinen Erzstuhl zu binden. Die Lage B.s besserte sich erst, als die bfl. Stadtherrschaft sowie der Bestand des Diözesangebietes gesichert werden konnten, und die Ebf.e Pelayo Mendes und Johannes Peculiaris im Bund mit dem seit 1128 aufstrebenden Alfons I. v. Portugal begannen, die Grundlage für eine ptg. Landeskirche auszubilden. Die hartnäckigen Auseinandersetzungen, in die schließlich auch noch das 1153 von Eugen III. als Suffragan B.s bestätigte →Zamora und das 1189/90 eroberte und B. zugesprochene Algarvebistum →Silves einbezogen wurden, führten zu einer Reihe von

Prozeßverfahren, die 1199 ein Rechtsentscheid Innozenz III. vorläufig beendete: B. erhielt als Suffragane Astorga, Lugo, Mondoñedo, Orense, Túy, Porto, Coimbra, Viseu und Silves. Ein weiterer, seit den 30er Jahren des 12. Jh. mit Toledo schwelender Streit um die Primatialstellung innerhalb der span. Kirche, der ein wichtiges Thema des vom Kardinallegaten Hyacinth abgehaltenen Konzils v. →Valladolid 1155 gewesen war und auf dem IV. Laterankonzil – dort ausgefochten von den Ebf.en→Rodrigo Jiménez de Rada (Toledo) und Stephan da →Silva (Braga) – noch immer verhandelt wurde, wurde 1218 durch Honorius III. unterdrückt, ohne daß eine Lösung gefunden worden wäre.

[3] *Spätmittelalter:* Da der Schwebezustand in der Primatsfrage Toledo begünstigte, sollte dieser Anspruch nach einer langen Periode innerer Konsolidierung, in die auch der Pontifikat des Petrus Hispanus (→Johannes XXI.) fiel, 1346 von Ebf. Johannes v. Cardaillac wieder aufgegriffen werden, ohne daß es diesem jedoch gelungen wäre, ihn durchzusetzen. Das Problem sollte selbst noch auf dem Konzil v. Trient Verhandlungsgegenstand sein. In der Zeit des Großen →Abendländ. Schismas, während der Kastilien der avignon., Portugal hingegen der röm. Oboedienz anhing, erlitt die Kirchenprov. B. die größten Einbußen ihres Bestandes. Als Bonifatius IX. 1393 das Ebm. →Lissabon errichtete und diesem die Compostellaner Suffragane in Portugal sowie Silves unterstellte, übertrug Benedikt XIII. im nächsten Jahr die Suffragane v. B. in Galicien und León an Santiago de Compostela. Seither gehörten bis ins 16. Jh. nur noch Porto, Viseu und Coimbra zur Kirchenprov. B. Mit der Ernennung des Ebf.s Fernando da →Guerra (1417–67), der schon seit 1416 durch Kg. Johann I. mit der »guarda e defesa« der Diöz. betraut gewesen war, durch Martin V. (Bulle »Romani Pontificis« vom 17. Dez. 1417) begann eine Epoche kontinuierl. Neuaufbaus. Guerra, seit 1418 kgl. *chanceler-mor* und Mitglied des *conselho do Reino*, leitete erste Reformversuche des Klerus im Bm. ein. Sein Nachfolger wurde 1468 Bf. Luis Pires v. Porto, der schon im Dez. 1460 durch Pius II. mit einer allgemeinen Reform des ptg. Klerus betraut worden war (Braga, Arquivo Distrital, Gaveta de Notícias Várias, n°. 56).

II. KIRCHEN UND KLÖSTER: Der Baubeginn der roman. Kathedrale ist ins letzte Viertel des 11. Jh. zu setzen; die erste Weihe fand am 24. Aug. 1089 statt. 1101 waren Kirche und Claustrum bereits vollendet. Die ältesten Kirchen B.s sind die außerhalb der Mauern gelegenen Sta. Susana, S. Vítor, bei der eine Nekropole aus dem 9./10. Jh. festgestellt wurde, sowie die nahe der Stadt in Infias im 7. Jh. errichtete Kirche S. Vicente. Ebenfalls im 7. Jh. wurden durch den Hl. Fructuosus v. B. das Kl. S. Salvador (S. Frutuoso) de Montelhos (Montelios; hte. São Jerónimo de Real) sowie die Kirche S. Frutuoso gegr., in der der Hl. seine Grabstätte fand. Im Baustil der Kirche sind neben mozárab. Einflüssen auch byz. Elemente festzustellen. 1102 wurden aus den Kirchen S. Frutuoso, S. Vítor und Sta. Susana durch Bf. Diego Gelmírez die dort ruhenden Reliquien der Hl. geraubt und nach Santiago de Compostela entführt, so daß diese Kirchen beträchtl. Besitzansprüche in B. stellen konnten, die auch von Compostellaner Seite geltend gemacht wurden. Gleichfalls vor den Mauern lag das bereits um 1025 bezeugte Kl. S. Pedro de Maximinos. Auf dem Diözesangebiet v. B. befand sich neben dem Kloster (bm.) S. Martín de Dumio (Dume) noch das alte Benediktinerkl. Mire de Tibães (S. Martinho).

L. Vones

III. LITURGIE: Das erste Dokument, das Hinweise auf die liturg. Gebräuche der Kirche v. B. enthält, stammt aus dem 6. Jh. I. J. 538 sandte Papst Vigilius auf eine Anfrage des Bracarenser Metropoliten Profuturus diesem zusammen mit Listen des Ostertermins den Wortlaut des röm. Kanons (canonicae precis textum). Auf der Grundlage dieser Elemente soll sich in B. eine bes. »Liturgie« entwikkelt haben, die man »suebischen Ritus« nennt. Dieser neue Ritus wurde durch das Konzil Braga I (561) für alle Kirchen des →Suebenreiches verbindlich gemacht, ohne daß wir sonst etwas Genaueres über ihn wissen. Zudem war er nur kurze Zeit in Gebrauch. Das Konzil Toledo IV (633) stellte die liturg. Einheit in ganz Spanien her; die Kirche v. B. und ihre Provinz wurden verpflichtet, die span. bzw. westgot. Liturgie anzunehmen. Gegen Ende des 11. Jh. wurde unter dem Pontifikat Gregors VII. (1073–85) die span. Liturgie durch die röm. ersetzt. Diese Liturgie wurde in der Kirchenprov. B. durch den Ebf. →Gerald († 1108) eingeführt, einen cluniazens. Mönch aus→Moissac, der seine Kirche mit sakralen Geräten und liturg. Büchern aus Frankreich ausstattete. Diese auf galic.-ptg. Territorium übertragene röm.-frz. Liturgie entwickelte charakterist. Besonderheiten und bildete die sog. »Liturgie v. Braga« bzw. den »Bracarenser Ritus« heraus, der strenggenommen nichts anderes war als eine consuetudo, ein liturg. Brauch, wie er sich in ähnlicher Weise im Rahmen der röm. Liturgie zu dieser Zeit auch an anderen Orten ausbildete. In seiner ursprgl. Form – bes. hinsichtl. der Meßliturgie – ist er in einer Hs. aus dem 12. Jh. überliefert, dem »Missal de Mateus«. Die Liturgie von B. konnte, da sie bei der durch Pius V. 1568 dekretierten Vereinheitlichung im liturg. Bereich älter als 200 Jahre war, weiterhin bestehen.

T. Gonçalinho

Q.: *zu [I und II]: a) Hss.:* Braga, Arquivo Distrital, Liber Fidei (13. Jh.); Gaveta dos Arcebispos; Livro das Cadeias (14. Jh.); Livro das confirmações e comissões do arcebispo don Fernando da Guerra (1423 Nov.–1468 Febr.); Rerum Memorabilium (16. Jh.); Lissabon, Arquivo Nacional da Torre do Tombo, Corporações Religiosas, Sés e Ordens Militares, Cx. 16–17 *b) gedr.:* Hist. Compostellana, España Sagrada XX, 1765 – Portugaliae Monumenta Historica. Scriptores I, 1856–61; Leges et Consuetudines I, 1856–61; Diplomata et Chartae I, 1868–73 – Papsturkk. in Portugal, hg. C. ERDMANN, 1927 – Documentos Medievais Portugueses. Documentos Particulares III, 1940; Documentos Régios I, 1–2, 1958–62 – D. MANSILLA, La documentación pontificia hasta Inocencio III, 1955 – DERS., La documentación pontificia de Honorio III, 1965 – Liber Fidei Sanctae Bracarensis Ecclesiae, ed. A. DE JESÚS DA COSTA, I, 1965; O Distrito de Braga 4, 1–2, 1968, 199–246; 4, 3–4, 1970, 591–633 – *zu [III]:* Missal de Mateus. Manuscrito 1000 da Biblioteca Pública e Arquivo Distrital de B., ed. J. O. BRAGANÇA, 1975. – *Lit.: zu [I]:* DHGE X, 352–361 – DHP I, 368–370 – LThK² II, 638–RE I/3, 802; RE–Suppl 3, 215 – R. DA CUNHA, História Ecclesiastica dos Arcebispos de B., I–II, Braga 1634–35 – J. Contador de Argote, Memórias para a Hist. Ecclesiastica do Arcebispado de Braga, II–III, Lisboa 1734–44 – C. ERDMANN, Mauritius Burdinus (Gregor VIII.), QFIAB 19, 1927, 205–261 – DERS., Das Papsttum und Portugal im ersten Jh. der ptg. Gesch., AAB 1928, Nr. 5 – J. A. FERREIRA, Fastos episcopaes da igreja primacial de B., 4 Bde, 1928–35 – P. DAVID, Études hist. sur la Galice et le Portugal du VIᵉ au XIIIᵉ s., 1947 – A. G. BIGGS, Diego Gelmirez, 1949 – L. VÁZQUEZ DE PARGA, Los documentos sobre las presuras del obispo Oduário de Lugo, Hispania 10, 1950, 635–680 – D. MANSILLA, Disputas diocesanas entre Toledo, B. y Compostela en los siglos XII al XV, Anthologica Annua 3, 1955, 89–143 – DERS., Restauración de las sufragáneas de B. a través de la reconquista, Revista Portuguesa de Hist. 6, 1955, 117–148 – A. DE J. DA COSTA, A restauração da diocese de B. em 1070, Lusitania Sacra 1, 1956, 17–28 – DERS., O Bispo D. Pedro e a organização da diocese de B., Biblos 33, 1957, 135–672; 34, 1958, 1–169 – A. RUIZ-ZORRILLA, Sobre la restauración de la diócesis de Braga en 1070, Hispania Sacra 10, 1957, 431–442 – L. VÁZQUEZ DE PARGA, Los obispos de Lugo-B. en los siglos VIII y IX (Estudios dedicados a Menéndez Pidal VII/1, 1957, 459–475) – D. MANSILLA, Orígenes de la organización metropolitana en la iglesia española, Hispania Sacra 12, 1959, 255–290 – DERS., Formación de la provincia bracarense después de la invasión árabe, ibd. 14, 1961, 5–25 – T. DE SOUSA SOARES, Reflexões sobre a origem e a formação de Portugal, 1962 – C. SÁNCHEZ-ALBORNOZ, Estudios sobre las instituciones medievales españolas, 1965 – DERS., Despoblación y repoblación del valle del Duero, 1966 – K. SCHÄFERDIEK, Die Kirche in den Reichen der Westgoten und Suewen, 1967 – A. G. DE ROCHA MADAHIL, O Cartulário seiscentista da Mitra de B., »Rerum Memorabilium«, Boletim Cultural da Câmara Municipal do Porto 31, 1968, 92–234 – M. R. GARCÍA ALVAREZ, A reconquista de B. e a repoblación do país, Bracara Augusta 23, 1969, 51–69 – C. SÁNCHEZ-ALBORNOZ, Orígenes de la nación española, 3 Bde, 1972–75 – L. A. GARCÍA MORENO, Prosopografía del reino visigodo de Toledo, 1974 – E. DURO PEÑA, Diferencias sobre limites entre Braga y Orense en el siglo XII, Archivos Leoneses 29, 1975, 147–175 – J. MARQUES, Subsídios para o estudo da Arquidiocese de B. no século XV, Bracara Augusta 30, 1976, 63–95 – C. SÁNCHEZ-ALBORNOZ, Viejos y nuevos estudios sobre las Instituciones Medievales Españolas, 3 Bde, 1976–80 – P. FEIGE, Die Anfänge des ptg. Kgtm.s und seiner Landeskirche, SFGG GAKGS 29, 1978, 85–436 – R. A. FLETCHER, The Episcopate in the Kingdom of León in the Twelfth C., 1978 – G. KAMPERS, Personengesch. Stud. zum Westgotenreich in Spanien, SFGG SKKA 17, 1979 – C. SERVATIUS, Paschalis II., 1979 – J. VONES, Die »Historia Compostellana« und die Kirchenpolitik des nordwestspan. Raumes 1070–1130, 1980 – *zu [II]:* M. DE AGUIAR BARREIROS, A capella de S. Fructuoso, 1919 – DERS., A Cathedral de Santa Maria de B., 1922 – M. MONTEIRO, S. Fructuoso, 1939 – A. FEIO, A Arte da Alta Idade Média no Distrito de B., 1954 – R. DOS SANTOS, O Românico em Portugal, 1955 – S. DA SILVA PINTO – A. DE ATAÍDE, A necrópole de S. Vítor – B. (Séc. IX–X) Bracara Augusta 8, 1957, 106–111 – A. DE J. DA COSTA, O Bispo D. Pedro (s. I) – *zu [III]:* P. DAVID, Le Missel de Mateus, Biblos 20, 1944, 319–358 – DERS., Études Hist. sur la Galice et le Portugal, 1947 – F. WILLIAMS, The Diocesan Rite of the Archdiocese of B., JEH 4, 1953, 123–138 [mit Ed.] – A. A. KING, Liturgies of the Primatial Sees, 1957, 155–285 – Liturgish Wordenboek I, 1958, 313–316 [T. GONÇALINHO] – J. O. BRAGANÇA, A Liturgia de B., Hispania Sacra 17, 1964, 259–281 – A. LUÍS VAZ, O Rito Bracanense desde as origens ao Missal de Mateus, Bracara Augusta 30, 1976, 23–52 – P. R. ROCHA, L'Office Divin au MA dans l'Église de B., 1980.

Braganza, Herzöge v., Linie des ptg. Königshauses. Während die ptg. Dynastie → Avis in Johann I. v. Portugal und seinem Erben Eduard (Duarte) ihren Ursprung hat, geht die Familie B. (benannt nach der Festung und Stadt B. im NO Portugals) auf Johanns illegitimen Sohn Alfons zurück, den Gf.en v. Barcelos (seit 1401), den reichsten und privilegiertesten Adligen des Königreiches. 1442 erhob er Anspruch auf das Erbe des letzten Herren von B., sein Halbbruder, der Regent Peter, gab es ihm samt dem Titel Hzg. v. B. Auch weiterhin wuchs sein nunmehr B. genanntes Haus an Macht und Reichtum dank der Gunst der nahverwandten Kg.e und in ihrem Schatten, getreu dem Wahlspruch »Depois de Vós, Nós«, bis sie doch aneinandergerieten: Als Johann II. bei seinem Regierungsantritt Gehorsamsleistungen nach einer neuen, verschärften Formel verlangte, trat Ferdinand, der 3. Hzg. v. B., der Fronde gegen ihn bei. Der Kg. machte ihm den Prozeß, ließ ihn enthaupten und vernichtete sein Haus (1483). Aber mit dem Tod des Kg.s erlosch diese Linie der Avis-Dynastie. Sein Nachfolger wurde Manuel, ein Urenkel des Gf.en Alfons v. Barcelos, des 1. Hzg.s v. B., der sogleich sein Geschlecht rehabilitierte und Ferdinands Sohn Jaime als 4. Hzg. v. B. einsetzte (1496). Das Ende auch der manuelin. Linie brachte 1580 Spaniens Kg.e auf Portugals Thron, bis das Land sich 1640 erhob und den 8. Hzg. v. B. als Johann IV. zu seinem Kg. machte, dessen Dynastie dann 1910 der Republik wich. P. Feige

Q.: A. CAETANO DE SOUSA, Provas da Hist. Genealógica da Casa Real Portuguesa, 2. Ed., hg. M. LOPES DE ALMEIDA – C. PEGADO, bes. Bd. VI, 1949 – *Lit.:* J. T. MONTALVÃO MACHADO, Dom Afonso, Primeiro Duque de Bragança. Sua Vida e Sua Obra, 1964 – J. VERISSIMO SERRÃO, Hist. de Portugal II, 1978.

Bragi. 1. B. Boddason, der älteste namentl. bekannte Skalde aus dem westl. Norwegen (2. Hälfte 9. Jh.), Verfasser einer allerdings nur fragmentar. überlieferten Ragnarsdrápa, eines schildbeschreibenden Gedichtes mit Stoffen aus Mythos und Heldensage, das schon fast alle später zur Vorschrift werdende Elemente des → *dróttkvætt* enthält. B. ist kaum der Erfinder dieser Dichtungsart, aber mit ihm erreicht sie einen frühen, ersten Höhepunkt.

2. Nach einigen altisländ. Zeugnissen (dem → Edda-Gedicht Lokasenna, den skald. Gedichten → Hákonarmál, → Eiríksmál und der → Snorra Edda) tritt B. (auch als Personenname und davon abgeleitet als Ortsname belegt), Odins Sohn und verheiratet mit der die Äpfel der ewigen Jugend bewahrenden → Iðunn, als Gott der Dichtkunst auf. Seine Konturen bleiben jedoch undeutlich: die Berichte zeigen ihn als einen deus minor, die Etymologie seines Namens ist dunkel (entweder zu altn. *bragr* 'der Erste' oder zu altn. *bragr* 'Dichtkunst'; vielleicht bildet B. hierzu nur die schwache Form?), theophore Ortsnamen sind nicht belegt, im Kult hat er keine Rolle gespielt.

3. → Snorri erwähnt in seiner Edda einen sagenhaften B. den Alten als Stammvater der *bragningar* (als *heiti* 'Fürsten' und in entsprechenden *kenningar* [→ kenning] gut belegt), welche auch das Geschlecht Halfdans des Milden, eines norw. vorgeschichtl. Kg.s, bilden sollen. Hier handelt es sich um gelehrte Konstruktion. H. Uecker

Lit.: KL II, 194f. – KL XIII, 647–649 – J. DE VRIES, Altnord. etym. Wb., 1961, 52f. – DERS., Altgerm. Religionsgesch., 1970³, § 512 – E. O. G. TURVILLE-PETRE, Scaldic Poetry, 1976, XXI ff.

Braguette (auch Schamkapsel), Bezeichnung für den vergrößerten und modisch betonten Hosenlatz. Mit der Verkürzung der Oberkleidung ergab sich die Notwendigkeit, die Beinkleider bis zur Taille hinauf zu verlängern und beide Beinlinge im Schritt mittels einer Naht zu verbinden. Der als Vorderverschluß dienende Hosenlatz wurde, bedingt durch die Enge der Hosen, vergrößert und entwickelte sich zur kapselartigen B., die, sobald sie sichtbar getragen wurde, eine modische Ausstattung erfuhr, um die Männlichkeit des Trägers bes. zu betonen. So wurde sie wattiert, farbig abstechend oder im Mi-parti ausgeführt bzw. mit Längs- und Querschlitzen versehen, die mit andersfarbigem Futter unterlegt wurden. Trotz Verboten in Polizei- und Kleiderordnungen (Nürnberg, vor 1480; Leipzig 1478) fand die B. in der ersten Hälfte des 16. Jh. häufig Verwendung und verschwand erst gegen Ende des Jahrhunderts. → Beinkleider, → Hose E. Vavra

Lit.: E. NIENHOLDT, Kostümkunde, 1961 – . L. C. EISENBART, Kleiderordnungen der dt. Städte, 1350–1700, 1962 – A. FINK, Die Schwarzschen Trachtenbücher, 1963.

Brăila, Stadt in Rumänien. B., der wichtigste Donauhafen der Valachei, bestand als Marktflecken seit dem 13. Jh., wenngleich er in den Quellen erst 1350 erwähnt wird. Seit dem 14. Jh. Sitz eines gleichnamigen Verwaltungsbezirks *(judeţ),* wahrscheinl. Umschlagplatz sächs. Kaufleute aus Kronstadt und Hermannstadt. I. J. 1368 erließ der walach. Fs. Vladislav I. den Kronstädter Kaufleuten die Zölle auf dem »Weg von Brăila«. Der Ort wurde 1462 durch die Flotte Mehmeds II. in Brand geschossen und 1470 von den Soldaten des Moldaufürsten Stefan d. Gr. geplündert, und gehörte danach vorübergehend zur Moldau. – Nach der osman. Eroberung (1540) wurde B. samt seinem Umland i. J. 1542 osman. Grenzfestung (osman. Name: Ibrāīl) und kam erst 1829 an die Valachei zurück. Vielleicht war B. im 15. Jh. Bischofssitz; nach 1580 residierte hier der Metropolit von Proilavia, der dem ökumen. Patriarchen unterstand. C.-R. Zach

Lit.: D. C. GIURESCU, Ţara Românească în secolele XIV şi XV, 1973 – C. C. GIURESCU – D. C. GIURESCU, Istoria românilor, 1–2, 1975–76.

Braine, Burg in der Champagne, bedeutende Adelsfamilie. Das erstmals 931 erwähnte castrum B. (Aisne, arr. Soissons), urprgl. auf grundherrl. Gebiet des Bm.s Rouen errichtet, dann aber in das Patrimonium des Ebm.s Reims übergegangen, war Afterlehen des Ebf.s v. Reims und Lehen des Gf. en der Champagne. Die Ursprünge der dort ansässigen Familie B. vermischen sich genealog. wohl mit denen der Familie Bazoches.

Auf *Hugo* (ca. 1042–49) folgten *Manasses v. Bazoches* und *Guy* (Guido) *v. B.*, seit ca. 1080 bezeugt. Von Guy stammten *Hugo v. Bazoches* (der Begründer der Familie Bazoches), *Gervais* (Gervasius), Teilnehmer des 1. Kreuzzuges und Fs. v. Galiläa, und *Foulques* (Fulco) *v. B.* (1083) ab; letzterer war mit einiger Wahrscheinlichkeit der Vater von *Agnès*, der Gattin (1152) des *André* (Andreas) *de Baudement*, Seneschall der Champagne des Gf.en v. →Blois; André und Agnès waren als Stifter tätig für die auf ihre Initiative prämonstratens. gewordene Abtei St-Yved (→Braine, St-Yved de).

Unter den Kindern von André und Agnès sind bes. zu nennen: *Galeran*, Abt. v. Epernay, später Abt v. Ourscamp; *André*, Abt v. Chaalis; zwei Nonnen des Kl. Jully; *Humbeline*, Gemahlin Gautiers II., Gf.en v. →Brienne; *Heloïse*, Gemahlin von →Guy de Dampierre; *Guy de B.*, aus dessen Ehe mit einer sonst unbekannten *Alix* eine einzige Tochter, *Agnès*, hervorging. Agnès war in erster Ehe mit Milon, Gf.en v. Bar-sur-Seine (Tochter aus dieser Verbindung: Pétronille, ⚭ Hugues du Puiset), in zweiter Ehe mit *Robert I.*, Gf.en v. →Dreux, Bruder von Ludwig VII., Kg. v. Frankreich, und von Henri de France, Ebf. v. Reims, verheiratet. Aus Agnès' zweiter Ehe mit Robert I. gingen mehrere Kinder hervor: u. a. *Henri*, Bf. v. Orléans 1186, →*Philippe*, Bf. v. Beauvais († 1217), und *Robert II.* v. Dreux (⚭ Yolande v. Coucy). Kinder Roberts II. und der Yolande waren: *Robert III.*, Gf. v. Dreux 1218 († 1234); →*Peter* (Pierre Mauclerc), der durch Heirat das Hzm. →Bretagne erlangte; *Henri de B.* (→Braine, Henri de), Ebf. v. Reims 1227–40; zwei weitere Söhne wurden zu Begründern eines neuen Hauses v. B.: *Jean de B.* wurde durch Heirat mit Alix de Mâcon) Gf. v. Mâcon, *Geoffroy* wurde Gf. v. Braine. M. Bur

Lit.: M. Bur, La formation du comté de Champagne (v. 950–v. 1150), 1977.

Braine, Henri de, Ebf. v. →Reims, † 1240; Großneffe von Ludwig VII., Kg. v. Frankreich; Archidiakon v. Reims, Schatzmeister *(trésorier)* der Kirche v. Beauvais, 1226 Elekt v. Châlons-sur-Marne, 1227–40 Ebf. v. Reims. H. de B. war eine machtbewußte Persönlichkeit. Unter seinem Episkopat brach der letzte städt. Aufstand aus, ausgelöst vom Patriziat, das die stadtherrl. ebfl. Kontrolle über den Geldhandel abschaffen wollte. Kg. Ludwig IX. verstand es, den kämpfenden Parteien seine Vermittlung aufzunötigen: Der Kg. zwang den Ebf. zum Nachgeben, ohne dabei jedoch den städt. Forderungen einen vollen Erfolg zuteil werden zu lassen. Seit 1232 versuchte Henri de B. als Maßnahme gegen das Vordringen der kgl. Gewalt, die Gft. Champagne an seiner Münzprägung zu beteiligen. Vom Gefühl seiner Größe durchdrungen, ließ der Ebf. das Schiff der Reimser Kathedrale verlängern, um ihr größere Dimensionen als allen anderen Kirchen in seiner Erzdiözese zu verleihen. H. de B. ist auf einem der großen Glasfenster in der Chorachse dargestellt. M. Bur

Q.: N. DE WAILLY, Récits d'un ménestrel de Reims au XIIIe s., 1876 – Lit.: H. REINHARDT, La cathédrale de Reims, 1963 – P. DESPORTES, Reims et les Rémois aux XIIIe et XIVe s., 1979.

Braine, St-Yved de, Abtei OPraem, Bm. Soissons (Dép. Aisne). Ursprgl. Eigenkirche, die im 7. Jh. durch die Familie des hl. →Audoenus (Ouen) der Kirche v. Rouen geschenkt wurde, die hierhin um 850 die Reliquien des hl. →Evodius (Yved) und des hl. →Victricius (Victrice) flüchtete. Zu Beginn des 12. Jh. wurde hier ein Kollegiatstift begründet, um 1130/35 wurde dieses Stift auf Bitten des André de Baudement, Seneschall des Gf.en v. Blois-Champagne, und seiner Gemahlin Agnès von Bf. Joscelin v. Soissons als Prämonstratenserkl. eingerichtet. Anfangs war St-Y. Doppelkloster, die Nonnen wurden nach Bruyères versetzt. St-Y. war eine der großen Abteien des Ordens, es erwarb rasch einen bedeutenden Temporalbesitz im Soissonnais. Die Abtei, 1501 infuliert, 1540 Kommende, war berühmt durch ihre Bibliothek und ihre Kunstschätze, 1790 aufgehoben. – Die Abteikirche, deren Neubau kurz nach 1190 im Auftrag der Agnès, Gfn. v. Dreux, begonnen wurde (Weihe 1216), ist durch ihre Architektur und Skulptur eines der bedeutendsten Werke der Frühgotik (1829–48 restauriert, Teile des Portals heute im Museum von Soissons). – Neben St-Y. bestand in B. seit Beginn des 12. Jh. das Priorat St-Remi, das dem cluniazens. Priorat La Charité-sur-Loire unterstand.

N. Backmund

Q. und Lit.: uned. Kartular des 13. Jh., Arch. nat., LL 1583 (vgl. dazu S. PRIOUX, Bull. Soc. Arch. et Sc. de Soissons, 2e s., V, 251–269) – C. L. HUGO, Annales OPraem I, 1734, 393–411 – DHGE IX, 376 – GChr Nov IX, 488–493 – E. LEFEVRE-PONTALIS, B., Congr. arch. 78[e], 1911, 428f. – M. DE SARS, Hist. de B., 1933 – N. BACKMUND, Monasticon Praemonstratense, 1949/60, II, 484–487 (Bibliogr., Abtreihe) – Nekrolog, ed. E. BROUETTE, Anal Praem, 1958, 274–337 – W. SAUERLÄNDER, Got. Skulptur in Frankreich 1140–1270, 1970, Taf. 73–75 – D. LOHRMANN, Papsturkunden in Frankreich, NF, 7 Bd., 1976, 195–197.

Braint, walisischer Rechtsbegriff, der das einer Person oder Institution gemäß ihrem jeweiligen Rechtsstatus gewährte Privileg bezeichnet. Es wird in den lat. Texten der walis. Rechte mit 'dignitas' oder sogar 'nobilitas' wiedergegeben. Die Summe, die der Verwandtschaft eines getöteten Mannes gezahlt werden mußte *(galanas)*, wie auch die Buße bei einer Beleidigung *(sarhad)* wurden entsprechend dem b. des jeweiligen Tatopfers festgesetzt. Art und Umfang des Privilegs, das die Kirche von Teilo (hinsichtl. ihrer Regalien sowie ihrer Gerichts- und Besitzrechte) beanspruchte, ist im »Braint Teilo« aus dem 12. Jh. verzeichnet. W. Davies

Lit.: W. DAVIES, Braint Teilo, BBCS 26, 1974–76, 123–137.

Brakteat. 1. B., Goldbrakteat (Name von lat. bractea 'dünnes Metallblech, Goldblättchen'). B.en werden einseitig geprägte runde Goldbleche genannt. Als Vorbilder gelten röm. Kaisermedaillons des 3. und 4. Jh. n. Chr. Zeitlich gehören die Goldbrakteaten ins 5. und 6. Jh., die Brakteatenchronologie im einzelnen ist unsicher. Ihre Verbreitung erstreckt sich über Skandinavien, v. a. Dänemark, Süd- und West-Schweden, ferner Öland und Gotland, Süd- und Westnorwegen. Vereinzelt finden sich Goldbrakteaten des nord. Typs auch auf dem Kontinent und in England. (Die goldenen Schmuckanhänger der Merowingerzeit auf dem Kontinent und in England bilden eine eigene Gruppe; →Schmuckbrakteat.) Die Zahl der bekannten nord. Goldbrakteaten beträgt 823 von 564 verschiedenen Stempeln. Die Brakteaten zeigen menschen- und tiergestaltige Figuren, Ornamente, Symbole und Inschriften. Nach den hauptsächl. Bildmotiven werden die B.en seit dem 19. Jh. klassifiziert. Man unterscheidet die Typen A: Männerkopf im Profil, B: variierende Figurengruppen (z. T. von Tieren begleitet), C: Männerkopf im Profil über einem Vierbeiner (Pferd), häufig von einem Vogel begleitet, D: Tierornamente im nord. Stil I (Phantasietier). Die B.en sind zumeist mit Ösen versehen und wurden als Amulette getragen. Die Deutung der Bildmotive als Zeugnisse der →Odin-Religion hat K. HAUCK herausgestellt. Bes. drei Komplexe spielen dabei eine Rolle: 1. Odins Schamanen-Initiation in der Konfrontation mit einem Verschlingungsungeheuer; 2. Pferdeheilungen des Göttl. Arztes; 3. die Eberregeneration, die in jüngeren Versionen des Einherjar-Mythos fortlebt. Einige B.en weisen Kapitalis-Imitationen auf. Runeninschriften zeigen 158 B.en von 130 Stempeln. Die Runeninschriften sind vielfach schwer zu lesen und zu deuten, da eine Reihe von eigentüml. Runenformen vorkommt. In vielen Fällen wird mit Depravierung ursprgl. sinnvoller Inschriften im Verlauf mehrfacher Kopiervorgänge gerechnet. Im wesentl. lassen sich die deutbaren Runeninschriften der B.en in zwei Gruppen unterteilen: 1. Runenmeisterformeln, wie auf dem Brakteaten von 131 A̧suṃ: ęhe ik akaR fahi ('Dem Pferde [geweiht]. Ich Ak schreibe [die Runen]'). 2. Mag. Formeln wie alu 'Abwehr, Schutz' (ein noch nicht eindeutig geklärtes Etymon), auja 'Schutz' oder 'Glück', laukaR 'Lauch, Gedeihen', das auch in Abbreviationen vorkommt, und lapu 'Einladung, Zitation'. In einigen Inschriften begegnen mehrere Formelwörter wie auf dem B.en von 120 Schonen I: lapu laukaR gakaR ('Kuckuck'?) alu. Auch finden sich Runenmeisterinschriften mit Formelwörtern vergesellschaftet, vgl. B. von 127 Seeland II: hariuha haitika gibu auja ('Hariuha heiße ich, der Gefährliches Wissende, oder: der Fahrtenkundige. Ich gebe Schutz, oder: Glück') und B. von 133 Nebenstedt I: glïaugiR uïu r(u)n(o)R l(aukaR) ('Ich, der Glanzäugige, weihe die Runen. Gedeihen'). Die Inschriften dienten dazu, die mag. Wirkung der Brakteaten-Amulette in günstiger bzw. in apotropäischer Absicht durch die machtvolle Selbstnennung des Runenmeisters und den Einsatz wirkungskräftiger Zauberformeln zu unterstützen.

K. Düwel

Lit.: HOOPS² I, s. v. Amulett, 268–274; III, s. v. Brakteaten, 337–361; s. v. Brakteatenikonologie, 361–401 – M. B. MACKEPRANG, De nordiske Guldbrakteater, Jysk Arkæologisk Selskabs Skrifter III, 1952 – M. P. MALMER, Metodproblem inom järnålderns konsthistoria, 1963 – E. BAKKA, Goldbrakteaten in norw. Grabfunden: Datierungsfragen, FMASt 7, 1973, 53–87 – U. CLAVADETSCHER, K. DÜWEL, K. HAUCK, L. v. PADBERG, Die Goldbrakteaten der Völkerwanderungszeit 1, Ikonograph. Kat., MMS 24, 1, 1982 – Danmarks Runeindskrifter, bearb. L. JACOBSEN-E. MOLTKE u. a., 1941–42 (Atlas, 412–422; Text, 491–556, 790–793; dt. Zusammenfassung 69–72) – W. KRAUSE, Die Runeninschriften im älteren Futhark. Mit. Beitr. v. H. JANKUHN, 1966, Text (237–276), 2. Taf. (53–60) – K. HAUCK, Goldbrakteaten aus Sievern, MMS 1, 1970 – K. DÜWEL, Die 15. Rune auf dem B.en von Nebenstedt I, Stud. zur Sachsenforsch., hg. H. J. HÄSSLER, 1977 – K. HAUCK, Zur Ikonologie der Goldbrakteaten Iff., 1971ff., zuletzt XX, Westfalen 58, 1980, 227–307.

2. B. der Hohenstaufenzeit. Am Ende des 17. Jh. aufgekommene, mißverständl. angewandte Bezeichnung von ma. einseitigen →Hohlpfennigen. Der regionale Pfennig des 12. – 13. Jh. wurde in verschiedenen dt. Landschaften (Holstein, Mecklenburg, Niedersachsen, Obersachsen, Schlesien, Thüringen, Hessen, Breisgau, Bodenseegebiet) und z. T. in benachbarten Gebieten (Schweden, Polen, Böhmen, Mähren, Ungarn, Schweiz) in einseitiger (hohler) Form bei gleichzeitiger Reduzierung des Gewichtes und Ausweitung des Durchmessers (20 – 50 mm) geprägt. Nachdem der →Schrötling des zweiseitigen Pfennigs um 1140 mancherorts sehr dünn geworden war (→Halbbrakteaten), ging man zur einseitigen Prägung über. Die Herstellung erfolgte mit Unterstempeln und der »Büchse« (Niedersachsen und benachbarte Landschaften), teilweise auch mit Oberstempeln (Schweden, Breisgau, Schweiz; →Münztechnik). Der breite Durchmesser der B.en bot dem Stempelschneider die Möglichkeit künstler. Entfaltung. Bes. hohe künstlerl. Qualität erreichte die Brakteatenkunst im 12. Jh. in Niedersachsen (→Fund von Freckleben), Obersachsen, Thüringen und Hessen (bes. Wetterau). P. Berghaus

Lit.: F. v. SCHROETTER, Wb. der Münzkunde, 1930, 83 – A. SUHLE, Hohenstaufenzeit im Münzbild, 1963 – Staufer I, 1977, 108–188.

Bran (Terch, Törzburg, Törésvár), Burg im Burzenland, an der Hauptverbindungsstraße von →Siebenbürgen zur Donaumündung über die südl. Karpatenkette gelegen. B. war ein wichtiger Stützpunkt des siebenbürg. Verteidigungssystems im Zeitalter der osman. Expansion. Die Burg wurde 1377–82 von der Stadtgemeinde →Kronstadt auf Veranlassung Ludwigs I., Kg. v. Ungarn, errichtet; sie wurde von einem kgl. Kastellan verwaltet. B. war Zollstelle am Handelsweg von Kronstadt in die →Valachei und zur unteren Donau. Zur Zeit des valach. Fs.en →Mircea d. Ä. sowie seines Nachfolgers und bis zur großen türk. Invasion von 1420 stand B. unter valach. Herrschaft.

S. Papacostea

Lit.: I. PRAHOVEANU, Cetatea Bran, 600 ani de atestare documentară, Revista de Istorie 30, 1977, 10 – T. N. HAȘDEU, Branul poartă in Carpați, 1979.

Brancaccio
1. B., Carlo, Gf. v. Campagna, päpstl. Diplomat, Geburtsdatum unbekannt, † 1409 oder später. Der aus Neapel stammende Ritter wurde seit 1379 von Urban VI., mit dem er verwandt war, im päpstl. Dienst beschäftigt: zunächst als Heerführer, Rektor einer Provinz oder mit bes. Auftrag im Kirchenstaat, seit 1386 überwiegend als Gesandter (nach Lucca, Florenz, Pavia, Neapel). Unter Bonifatius IX., ebenfalls einem Verwandten, übte B. anfangs wichtige Verwaltungsfunktionen aus. Seit 1395 hielt er durch häufige Gesandtschaften die Verbindung zw. der Kurie und dem Mailänder Hzg. Gian Galeazzo →Visconti († 1402). 1408 verließ er Gregor XII. mit der Mehrzahl von dessen Kard., 1409 nahm er am Konzil von →Pisa teil. D. Girgensohn

Lit.: DBI XIII, 767–769 – A. ESCH, Das Papsttum unter der Herrschaft der Neapolitaner (Fschr. für H. HEIMPEL 2, 1972), 746–750.

2. B., Niccolò, Kard., * um 1335, Neapel (?), † 29. Juni 1412 in Florenz, ▭ebd. S. Maria Novella. Der Doktor des röm. Rechts war Auditor der Sacra Romana Rota an der Kurie Urbans V. in Avignon und Vertrauensmann der Kgn. Johanna I. v. Neapel-Sizilien, als er 1367 zum Ebf. v. Bari erhoben wurde; 1377 erhielt er das Ebm. Cosenza. Bei Ausbruch des →Abendländ. Schismas i. J. 1378 unterstützte er, obwohl mit →Urban VI. verwandt, die von diesem abgefallenen Kard. aktiv. Daraufhin kreierte ihn →Clemens VII. am 16. Dez. zum Kardinal. In der Folgezeit wurde B., später als Bf. v. Albano, häufig in die diplomat. Anstrengungen zur Beseitigung des Schismas eingeschaltet. 1408 fiel er mit der Mehrzahl der Kard. von →Benedikt XIII. ab und beteiligte sich 1409 am Konzil v. →Pisa. D. Girgensohn

Lit.: DBI XIII, 793–796 – E. RICCA, La nobiltà delle Due Sicilie, I, 5, 1879, 461–475 – A. ESCH, Das Papsttum unter der Herrschaft der Neapolitaner (Fschr. H. HEIMPEL 2, 1972), 751f.

3. B., Rinaldo, Kard., † 5. Juni 1427, Rom, ▭ Neapel S. Angelo a Nilo. Urban VI. erhob den adligen Neapolitaner am 17. Dez. 1384 zum Kard. und verlieh ihm die Diakonie S. Vito in Macello. 1408 gehörte er zu den entschiedensten Gegnern →Gregors XII. Mit der Mehrheit der Kard. fiel er von diesem ab und beteiligte sich an der Einberufung des Konzils v. →Pisa (1409). 1412 gewann er Kg. →Ladislaus v. Neapel-Sizilien für →Johannes XXIII. und die Pisaner Obödienz. Nach dem Konzil v.

→Konstanz betraute →Martin V. ihn v. a. mit diplomat. Aufgaben. In Neapel gelang ihm 1426–27 die Wiedererrichtung des verfallenen Spitals S. Andrea. D. Girgensohn
Lit.: DBI XIII, 797–799 – E. RICCA, La nobiltà delle Due Sicilie, 1, 5, 1879, 528–561.

Brancaleone → Andalò, Brancaleone

Brancas, Nicolas de, Bf. v. Marseille seit 1445, † 21. April 1466 in Tours. B. entstammte einer in Avignon ansässigen it. Familie. Seit 1441 Archidiakon v. Mende, wurde er am 18. Juni 1445 Bf. v. Marseille. Außerdem stand er 1450–55 als Kommendatarabt der Abtei OCist Silvacane vor (die er dem Domkapitel v. Aix-en-Provence unterstellte). Rat (*conseiller*) des Kg.s René v. Anjou seit 1447, wurde er nach Lyon entsandt, um die Streitigkeiten mit dem Gegenpapst Felix V. zu regeln, und nach Genf zum Hzg. v. Savoyen. B. begleitete Kg. René bei seinem Feldzug in das Piemont und die Lombardei (1453), stellte den Frieden zw. Mailand und Montferrat wieder her und bereitete die Landung des Hzg.s. v. Kalabrien in Neapel vor (1458). Am 9. Mai 1460 zum Grand Président de la Chambre des Comptes (Rechnungshof) in Aix erhoben, folgte er 1463 Kg. René nach Lothringen und lebte anschließend im Anjou; sein Bm. ließ er durch Prokuratoren verwalten. G. Giordanengo
Lit.: DBF VII, 147 – Dict. biogr., 1931, 102f. – Encycl. Bas-Rhône, 4 – GChrNov 458–477 – A. LECOY DE LA MARCHE, Le roi René..., 3 Bde, 1873–75 – C. EUBEL, Hierarch. cath. II, 1901, 206 – Mlle DE BOISGELIN, Chronologie des officiers des cours souveraines de Provence, 1909, 192.

Branche (aus spätlat. branca 'Fußspur' > 'Pfote' > 'Zweig'), in engerem Sinne Bezeichnung für die einzelnen Episoden des »Roman de →Renart«, in der sich eine Organismusvorstellung ausdrückt, die ma. Deutungen aus bibl. und philosoph. Traditionen innerhalb der Bereiche von Künsten und Wissenschaften allgemein geläufig ist (vgl. →Arbor porphyriana, →Baum). Verdeutlichen so z. B. die →artes praedicandi Gliederungsprinzipien der geistl. Rede im Bild der rami, so manifestiert sich die wissenschaftl.-naturwissenschaftl. Ordnung der →artes liberales und der →artes mechanicae im arbor artium und seinen entsprechenden Verzweigungen. Disposition und Struktur von Wissen und Glauben liefern ebenso Ramon →Llulls »Arbor philosophiae amoris« (13. Jh.), Honoré →Bouvets »Arbre des batailles« (14. Jh.) oder →Geilers v. Kaysersberg »Buoch arbore humana« (1521). Im Kontext des »Roman de Renart« ist der Begriff b. als Parodie der angedeuteten Wortverwendung aufzufassen: Renarts nachhaltige Störung der öffentl. und der privaten Moral gewinnt terminolog. seriös gesicherte Methode und scholast. Präzision. E. Bange
Lit.: TH.-M. CHARLAND, Artes praedicandi. Contribution à l'hist. de la rhétorique au MA, 1936 [vgl. Abb. des arbor de arte praedicandi auf der Klapptafel vor der Titelei] – H. R. JAUß, Unters. zur ma. Tierdichtung, 1959 – J. FLINN, Le Roman de Renart dans la litt. française et dans les litt. étrangères au MA, 1963 – L. GOMPF, Der Leipziger »ordo artium«, MJb 3, 1966, 94–128 [vgl. Schema S. 100] – W.-D. LANGE, Zur Überlieferung von »Arbre des Batailles« in Spanien (Philol. Stud. für J. M. PIEL, 1969), 113–135 – F. SCHALK – W.-D. LANGE, Les b.s du Roman de Renart, GRLMA VI, 2, 1970, 281–287.

Brand (ahd. *brant*; mhd. *brand*, Wurzel: *bren*). Die vom (Ver-)Brennen bekannte Schmerzempfindung diente als Sinnbild für zahlreiche Krankheiten unterschiedlichster Ätiologie und Genese (Stoffwechselstörungen; toxische, v. a. aber entzündl. Erkrankungen), die entsprechend der Lokalisation als Kehlen-, Schlund-, Nasen-, Harn-, Lungen-, Darm-, etc. Brand eingeteilt waren. Mit Bezug auf die Elementenlehre (→Elemente) und damit auf die damalige Pathologie unterschied man ferner feuchten/kalten (Sphacelus) und trockenen (Gangraena)/heißen, auch hitzigen (vorwiegend: Antoniusfeuer; →Antoniusorden) Brand. Unter dem bis in die Neuzeit gebräuchl. Sammelbegriff B. müssen rückblickend Krankheiten verstanden werden, deren Gemeinsamkeit eine nekrot.-gangränomatöse Gewebeveränderung, daher oft von Fieber begleitet, gewesen sein dürfte. Eine in Flandern 1439 mit hoher Sterblichkeit verbundene Brandepidemie war wahrscheinl. eine typhoide Erkrankung. Th. Henkelmann
Lit.: Wilhelm Fabry v. Hilden, Vom heißen und kalten B., Köln 1593 [Neudr. 1965] – V. H. BAUER, Das Antonius-Feuer in Kunst und Medizin, 1973 [Lit.].

Brandan → Brendan(us), →Navigatio S. Brendani

Brandane, Van Sente (»De reis van Sint Brandaen«), mndl. Gedicht über die neunjährige Meeresfahrt des hl. Brandaan (Brendanus) von Clonfert. Brandaan, ein ir. Abt, wirft ein Buch, in dem die Wunder der Schöpfung beschrieben stehen, empört ins Feuer, weil er den Inhalt nicht glauben kann. Ein Engel Gottes befiehlt ihm, ein Schiff bauen zu lassen und sich mit seinen Mönchen dem Wind und der Strömung anzuvertrauen. Während der Reise erblickt Brandaan wunderbare Naturphänomene (Lebermeer, Stadt auf dem Meeresboden, Vulkan usw.), begegnet Ungeheuern (Inselfisch, Meerweib, Sirene usw.), besucht zahlreiche Inseln, wo er fromme Klausner, Teufel oder Seelen von Gestorbenen trifft, und gelangt sogar bis an die Pforte des ird. Paradieses. Jedes Wunder wird in ein Buch eingetragen; als das Buch voll ist, kehrt das Schiff um. Bald danach stirbt Brandaan; seine Seele wird von St. Michael zum Himmel geleitet. Das mndl. Gedicht, in zwei Hss. des frühen 15. Jh. überliefert, ist vermutl. um 1200 aus einem rheinländ. Original übersetzt, auf das auch eine md. und eine nd. Bearbeitung in Versen und eine hd. Prosafassung zurückgehen. Das Verhältnis zu der →Navigatio Sancti Brendani ist in manchem noch ungeklärt; wahrscheinl. handelt es sich um eine modernisierende Umarbeitung, in der Motive aus anderen Wunderreisen, aus der Visionsliteratur, möglicherweise auch aus ir. Quellen verwendet wurden. W. P. Gerritsen
Ed.: Mndl. Gedicht: M. DRAAK, 1978² [krit., mit wichtiger Einl. und Schlußbetrachtung] – H. P. A. OSKAMP, 1971 [Hs. Comburg] – E. BONEBAKKER, 1894 [Hs. Comburg und Hs. Van Hulthem, synoptisch] – *dt. Texte:* C. SCHRÖDER, 1874 – *Lit.:* W. MEYER, Die Überlieferung der dt. Brandanlegende I, 1918 – M. DRAAK, Brandaan en Virgilius, 1957 – T. DAHLBERG, Brandaniana [mit Neuausg. der ostfäl. Fassung], 1958 – Brandaan-Nr. der Leuvense Bijdragen 59, 1970 – W. HAUG, Vom Imram zur Aventiure-Fahrt, Wolfram-Stud. 1, 1970.

Brandenburg, Stadt und Bistum
I. Archäologie – II. Frühmittelalter – III. Hoch- und Spätmittelalter.

I. ARCHÄOLOGIE: Die B. liegt am Übergang der Havel in strateg. bes. günstiger Position. Die Fernhandelswege von Magdeburg zur Odermündung und ins Warthegebiet führten über B. Die Fürstenburg der Heveller bzw. Stodoranen lag auf der Dominsel, um sie herum gruppieren sich zahlreiche Fundstellen. Den frühesten Siedlungshorizont auf der Insel repräsentiert eine Keramik, die dem Prager Typ (→Keramik, slav.) zur Seite gestellt wird. Getrennt durch eine Ackerschicht mit Pflugspuren, folgt eine Siedlungsschicht mit unverzierter, Feldberger, Menkendorfer und evtl. Rüssener Ware. Im 7. Jh. wird die Siedlung durch eine Burg abgelöst, die bis ins 10. Jh. Bestand hat. Sie hat einen äußeren Durchmesser von 120 m und 0,5 ha Innenraum. Die Vorburg im Nordosten war wohl nur durch einen Graben geschützt, in ihr wird die älteste Bischofskirche (948) lokalisiert. Ende 10./Anfang 11. Jh. wird die alte Anlage durch eine ovale jungslav. Burg abgelöst, deren 2–3 ha umfassender Innenraum dicht besiedelt ist. Von den durch Fundmaterialien zahlreich belegten Handwerken ist bes. die lokale Glasproduktion zu erwähnen. Der Absatz der Keramik läßt sich mittels Töpferzeichen bis in 23 km entfernte Siedlungen verfolgen. Die Häufung von Schatzfunden seit der Mitte des 10. Jh. um B. ist nur mit dem Gebiet von →Wollin u. ä. zu vergleichen. R. Köhler

II. Frühmittelalter: Wohl im 6. Jh. entstand, als Kern der späteren Stadt B., auf der Dominsel inmitten der Havel, eine slav. Siedlung, sie wurde sehr bald befestigt und entwickelte sich wegen der günstigen strateg. und verkehrsmäßigen Lage schnell zum wirtschaftl. und polit. Zentrum des Havellandes. Wahrscheinl. ist die B. mit der zu 789 erwähnten 'civitas Dragowiti', dem Ziel des Wilzenzuges Karls d. Gr., zu identifizieren. Sie ist eine der acht 'civitates', die der →Geographus Bavarus für den slav. Stamm der Heveller zählte. Im Winter 928/929 stürmten die Truppen des dt. Kg.s Heinrich I. nach längerer Belagerung die B. In den nächsten Jahren muß sie jedoch erneut an die Slaven gefallen sein, denn um 940 wird der in Sachsen gefangengehaltene rechtmäßige Herr der B., →Tugumir, durch Mgf. →Gero veranlaßt, die B. durch Verrat in dt. Hände zu spielen. Acht Jahre später gründete →Otto I. im Zuge seines großen Bistumsplanes vermutl. zum gleichen Zeitpunkt die Diöz. B. und →Havelberg. Das Bm. B. unterstand zunächst dem Ebm. →Mainz, seit 968 dem Ebm. →Magdeburg. Der Bf. erhielt 948 die Hälfte der Burg (auf der Dominsel) und die Hälfte der zu ihr gehörenden Dörfer sowie zwei Burgwarde (Pritzerbe und Ziesar). Bis 983 blieb die B. deutsch. Am 22. Juni 983 eroberten die heidn. →Lutizen die Feste und vertrieben mit den Deutschen auch den Bf. In der folgenden Zeit war die B. zw. Dt. und Slaven heftig umkämpft. Der letzte der chr. hevell. Fürsten der 1. Hälfte des 12. Jh., →Pribislav-Heinrich, lehnte sich polit. eng an den Mgf.en →Albrecht von der Nordmark an, den er als seinen Erben einsetzte. Als er 1150 starb, nahm der Askanier die B. in Besitz. Er verlor sie noch einmal an →Jaxa v. Köpenick. Erst nach der erneuten Eroberung 1157 blieb sie askanisch. L. Dralle

III. Hoch- und Spätmittelalter: [1] *Stadt:* Der namengebende Vorort der gesamten Mark Brandenburg (→Brandenburg, Mark) bestand zur Zeit der Herrschaftsübernahme durch Albrecht den Bären (1157) aus mehreren einzelnen Siedelplätzen, die später in drei völlig selbständige Gemeinden aufgingen: Burg- (bzw. Dom-)Insel, Altstadt und Neustadt. Die *Burg* war in vor- und frühdt. Zeit Residenz und Verwaltungsmittelpunkt, die Siedlungen Parduin und evtl. auch Krokow (= Krakau, nördl. der Havel) fungierten als Marktorte mit Anschluß an den Fernhandel; auf dem (später so bezeichneten) Marienberg befand sich das Stammesheiligtum des Triglav, eine Kultstätte von überörtl. Bedeutung. Die Bevölkerung weiterer Teilsiedlungen produzierte neben agrar. auch handwerkl. Produkte. Damit hatte B. bereits in vor- und frühdt. Zeit zentralörtl. Funktionen; es ist als Siedlung von städt. Charakter anzusehen. Um 1170 wird ihre verfassungsrechtl. Stellung in einem Weistum als regale castrum, cambera imperialis, sedes episcopalis definiert. – Die Prämonstratenser begannen in der Mitte des 12. Jh. mit dem Bau der Gotthardtkirche in der Siedlung Parduin. Nach 1160 gelangten sie in den Besitz der Burginsel, auf der sie seit 1165 die Kathedralkirche des Bistums und die Klausur des Domkapitels errichteten. Dabei wurden die Wehranlagen der slav. Fürstenburg geschleift und die Bewohner in Dienstsiedlungen (Großer und Kleiner Domkietz) umgesetzt. Erhalten blieb nur die vordeutsche Petrikapelle als Grablege des letzten Slavenfürsten Pribislav-Heinrich. Auf ihrem Granitunterbau aus der 1. Hälfte des 12. Jh. wurde im 13. Jh. ein frühgot. Kirchenschiff aus Backstein errichtet. Die Dominsel war zunächst auch Sitz eines kgl. Burggrafen, der nach der Übergabe dieses Gebietes durch den Mgf.en an den Bf. (1238) nicht mehr erwähnt wird. Fortan bildete die Dominsel einen besonderen Verwaltungsbezirk, der zum platten Land gehörte. – Aus der villa forensis Parduin, die sich neben der Burginsel am westl. Havelufer bereits in vordeutscher Zeit herausgebildet hatte, entwickelte sich um St. Gotthardt als Hauptkirche die auf kgl. Grund errichtete *Altstadt* Brandenburg. Sie war zunächst nur mit einer kleinen Feldmark ausgestattet, wurde aber seit der Mitte des 13. Jh. durch Eingemeindungen beträchtl. erweitert. Ackerbau und Handel (zollfrei seit 1170 in der gesamten Mark) waren die Haupterwerbszweige. Um 1234 ließen sich die Franziskaner in der Altstadt nieder. Ihre Klosterkirche St. Johannes entstand in der 1. Hälfte des 15. Jh. – Südl. der Dominsel, am linken Havelufer, auf dem Gebiet der Zauche, die zum Allodialbesitz der Askanier gehörte, gründete Mgf. Otto II. die teilweise auf der Gemarkung eines Dorfes nach 1170 angelegte und 1196 erstmals erwähnte *Neustadt* Brandenburg. Es handelt sich dabei um die erste askan. Stadtgründung östl. der Elbe. Wie die altmärk. Hauptstadt →Stendal ist die Neustadt B. als Fernhandelsstadt konzipiert worden. Bei ihrer Gründung erhielt sie zunächst keine Feldmark. Unter den Askaniern lebte die Bevölkerung ausschließl. von Handel und Gewerbe; die Stadt war seit dem 14. Jh. Mitglied der →Hanse. Erst mit der Eingemeindung mehrerer Siedlungen erfolgte im 14. Jh. auch eine Ausstattung mit Ackerland. 1286 überließen die Askanier ihren mgfl. Hof den Dominikanern, die dort ihre Klosterkirche St. Paul in Gestalt einer dreischiffigen frühgot. Backsteinhallenkirche errichteten. – Die in der villa forensis Parduin gelegene Prämonstratenserstiftskirche St. Gotthardt fungierte nach dem Umzug des Domkapitels auf die Burginsel als Pfarrkirche der Altstadt B. Die mit dem Kaufmannspatrozinium ausgestattete Nikolaikirche, die stets dem Domstift inkorporiert war, ist aus dem westl. von B. gelegenen Kolonistendorf Luckenberg hervorgegangen, das 1244 bzw. 1295 von den askan. Markgrafen der Altstadt übereignet wurde. St. Nikolai blieb stets außerhalb der Stadtmauern und hat wohl dem altstädt. Friedhof als Begräbniskapelle gedient. In ihrer nova civitas behielten sich die Mgf.en den Patronat über die 1217 erstmals erwähnte Pfarrkirche St. Katharina zunächst vor, traten ihn aber 1305 an das Domstift ab. Auch die Petruskapelle auf der Burginsel übertrugen die Mgf.en 1237 dem Bf., der sie zu Beginn des 14. Jh. an das Kapitel weiterverlieh. Dieses nutzte sie als Pfarrkirche für die Kietzbewohner. Eine Sonderstellung nahm die Marienkirche auf dem Harlunger (Marien-)Berg ein. Nach ma. Auffassung von dem Wendenfürsten Pribislav-Heinrich an der Stelle des heidn. Triglav-Heiligtums gegründet, schenkte sie Mgf. Otto I. um 1165 dem Domkapitel, das sich zu einem Neubau entschloß, da sich die Kirche zu einem Wallfahrtsziel entwickelte; sie wurde von Papst Honorius III. 1222 mit einem bes. Ablaß begabt. Nachdem seit der 2. Hälfte des 14. Jh. die Wallfahrten nachgelassen hatten, gründete Mgf. Friedrich I. 1435 dort das Prämonstratenserstift St. Maria in monte, das zunächst aus einem Dechanten und fünf Stiftsherren des B.er Domkapitels bestand und nur eine geringe Ausstattung erhielt. 1443 wurde der Dechant zum Propst erhoben, die Stiftsherren erhielten die freie Propstwahl, die seit 1451 der Bestätigung durch das B.er Domkapitel bedurfte. Diesem stand auch die Visitation des Marienstiftes zu. Kfs. Friedrich II. stiftete 1440 in der Marienkirche den Schwanenorden, für den 1443 eine Kapelle (St. Leonhardt) geweiht wurde. Die als reifstes Denkmal märk. Baukunst gerühmte Marienkirche verfiel nach der Reformation und wurde 1722/23 abgerissen. – Eine bes. zentralörtl. Funktion erhielt B. durch das Schöppengericht, das wohl bereits im 13. Jh. existiert hat und als Appellationsinstanz ein mgfl. Landgericht ablöste. Der »Schöppenstuhl« ist auf einem Pfahlbau in der Havel auf der Grenze zwischen Alt- und Neustadt B. errichtet worden, sein ältester überlieferter Spruch stammt von 1376. Bis zu seiner allmähl. Ablösung durch das Berliner Kammergericht war der B.er Schöppenstuhl der oberste Gerichtshof des Kfsm.s. – Das Stadtregiment wurde zunächst von den Gewandschneidern geführt, seit dem 14. Jh. von den Viergewerken (Knochenhauer, Bäcker, Schuhmacher, Wollweber). Im 13. und 14. Jh. erwarben die kreditfähigen Städte von den Mgf.en alle für eine freie wirtschaftl. Entfaltung notwendigen Rechte, auch an den Städtebünden des 14. und 15. Jh. waren Alt- und Neustadt B. führend beteiligt. Die restriktive Städtepolitik der Hohenzollern führte schließl. zum Austritt B.s aus der Hanse (1518). Am Ausgang des MA waren beide Städte B. an die Peripherie des kontinuierl. nach Osten expandierenden Kfsm.s gerückt und verloren ihre überregionale Bedeutung. Knotenpunkt des Fernhandels und -verkehrs war nun die Doppelstadt Berlin/Cölln, während der »Kur- und Hauptstadt« B. nur noch äußere Zeichen einstiger Bedeutung blieben.

[2] *Bistum:* Nachdem das Bm. B. 1161 von Leitzkau aus wieder errichtet worden war, folgten die Diözesangrenzen im wesentl. der askan. Herrschaftsentfaltung. Gegenüber der Gründungsurkunde von 948 ist das Bm. B. insbesondere im Osten durch die neu entstandenen Diöz. →Kammin und →Lebus in seiner Ausdehnung erheblich beschränkt worden. Diese Entwicklung der Diözesangrenzen zeigt deutlich, daß die Christianisierung nicht einseitig in einer West-Ost-Richtung erfolgte, sondern in einer Zangenbewegung auch von Osten und Nordosten aus. Die Diöz. bestand aus den sog. »Alten Landen« und den »Neuen Landen«. Die Grenze zw. beiden bildete in nord-südl. Richtung die Havel-Nuthe-Linie. In den östl. davon liegenden »Neuen Landen« (Teltow und Barnim) haben die Askanier den kirchl. Herrschaftsanspruch der Bf.e v. B. begrenzt, indem sie ihnen statt des Zehnten nur ein Hufengeld zugestanden. Die Diöz. war in 18 Sedes eingeteilt. 1161 wurde sie in zwei Archidiakonatsbezirke gegliedert. In den »Neuen Landen«, in denen sich die Mgf.en das Präsentationsrecht der Pröpste gesichert hatten, wurden die Propsteien Liebenwalde (später Templin), Berlin, Stolpe (später Angermünde) und Bernau errichtet. In den »Alten Landen« wurden seit Anfang des 13. Jh. kleinere Archidiakonatsbezirke mit Sitz in Jüterbog, Nauen und Mittenwalde gebildet. Die Bf.e v. B. konnten kein eigenes Territorium aufbauen und verfügten im MA auch nur über geringen Grundbesitz, den sie von den vier Ämtern Ziesar, B., Ketzin und Teltow aus verwalten ließen. Noch vor 1181 war der bfl. Teil der Dominsel in den Besitz des Kapitels übergegangen. Die Bf.e residierten nun außerhalb B.s, zunächst in Pritzerbe und seit Ludwig v. Meiendorf (1327–47) ständig in Ziesar.

[3] *Domstift:* Anfangs wählten die Leitzkauer Prämonstratenser den Bischof. Nach der Wiederbegründung des B.er Domkapitels erhielt dieses auch das Recht der Bischofswahl zugesprochen, was in der Folgezeit zu Konflikten und in zwei Fällen zu Doppelwahlen führte. Nach 1291 war das Leitzkauer Stift nicht mehr an der Bischofswahl beteiligt. Trotzdem stellte es mehr als die Hälfte aller Bf.e, die bis auf zwei (Stephan →Bode[c]ker und Hyronimus Schultz) alle adlig waren. Im übrigen war auch das Bürgertum im B.er Domkapitel immer stark vertreten, im 14. Jh. waren drei Viertel der Pröpste adliger, zwei Drittel der Prioren bürgerl. Herkunft. Der Grundbesitz des Domkapitels resultierte im wesentl. aus bfl. und mgfl. Schenkungen in der Nähe des Kathedralsitzes. Das Domkapitel entwickelte ein starkes Eigenleben und war überwiegend mit hochstift. Angelegenheiten befaßt, stellte aber einen großen Teil der Bf.e sowie der bfl.en Vikare und Offiziale. Bei Sedisvakanzen verwaltete der Dompropst als Kapitelsvikar das Bistum. Er stand zugleich dem B.er Archidiakonatsbezirk vor. Außerdem hatte das Kapitel den Patronat über die B.er Stadtkirchen St. Gotthardt, St. Katharina, St. Maria und St. Peter sowie über zahlreiche inkorporierte Landpfarreien, wobei die Domherren häufig zugleich als Pfarrer amtierten. Durch Eingriffe der Kurie und seit 1447 von den Kfs.en ist das Bischofswahlrecht des Domkapitels beschränkt worden. Erst gegen Ende des 15. Jh. haben die Kanoniker ihre vita communis aufgegeben und den stift. Gesamtbesitz in einzelne Pfründen aufgeteilt. 1506 wandelte der Kfs. das Domkapitel in ein weltl. Stift um, das die Obergerichtsbarkeit des Landesherrn, der auch den Patronat der Dompropstei für sich reklamierte, anerkennen mußte und auf den Landtagen zu erscheinen hatte. Nach Einführung der Reformation in B. (1540) erfolgte die Umwandlung in ein evangel. Domkapitel. W. Ribbe

Bibliogr.: H.-J. Schreckenbach, Bibliogr. zur Gesch. der Mark B. III, 1972, 125–162 – *Q. und Lit.:* zu [I]: K. Grebe, Die Ergebnisse der Grabung B. (Ber. II. Intern. Kongr. für slaw. Arch., Bd. III, 1973), 269–278 – Ders., Die B. (Havel) – Stammeszentrum und Fürstensitz der Heveller, Ausgrabungen 21, 1976, 156–162 – Corpus archäolog. Q. zur Frühgesch., 3. Lfg., Brandenburg 80, 1ff., 1979 – *zu [II und III]: Q.:* Codex diplomaticus Brandenburgensis, ed. A. F. Riedel, I. Hauptt., VII (Bm. und Domkapitel zu B.), 1848; I. Hauptt., IX, 1–332 (Die Kur- und Hauptstadt B.), 1849 – Annales regni Francorum, ed. F. Kurze (MGH SRG 6, 1895, ad annum 789) – Widukindi monachi Corbeiensis rerum gestarum Saxonicarum libri tres, hg. P. Hirsch (MGH SRG 60, 1935, I, 35; II, 21) – Descriptio civitatum ad septentrionalem plagam Danubii, hg. B. Horák-D. Trávnicek, 1956 – *Lit.:* Hist. Stätten Dtl. 10, 135–144 [W. Vogel-G. Heinrich, Lit.] – TRE VII, 105–111 [D. Kurze] – F. Curschmann, Die Diöz. B. (Veröff. des Ver. für Gesch. der Mark B. 4), 1906 – Die Kunstdenkmäler von Stadt und Dom B., bearb. P. Eichholz (Die Kunstdenkmäler der Provinz B. II, 3), 1912 – F. Funcke, Das Bm. Lebus, Jb. für brandenburg. Kirchengeschichte, 11/12, 16, 17, 1914–19 – GS, I. Abt.: Die Bm.er der Kirchenprovinz B.; 1. Bd.: Das Bm. B., T. 1 (G. Abb-G. Wentz), 1929; T. 2 (F. Bünger-G. Wentz), 1941 [Neudr. 1963] – O. Tschirch, Gesch. der Chur- und Hauptstadt B., 1941³ – G. Mangelsdorf, B. in der Zeit des Feudalismus (B. Stadtführer, B. Blätter 1, 1977), 7–16 – W. Schössler, Zur Entwicklungsgesch. des Domkapitels B. in der Zeit des Spätfeudalismus, Herbergen der Christenheit, Jb. für dt. Kirchengesch. 1977/78, 101–132 – W. Schich, Stadtwerdung im Raum zw. Elbe und Oder im Übergang von der slaw. zur dt. Periode (Germania Slavica I, 1980), 191–238, bes. 195–208.

Brandenburg, Mark
A. Frühmittelalter – B. Hoch- und Spätmittelalter
A. Frühmittelalter
Die Kerngebiete der späteren Mark B., die Landschaften um die Brandenburg (→Brandenburg, Stadt), sind früh besiedelt worden. Die germ. →Semnonen, die vor und während der Völkerwanderungszeit im Havelraum saßen, gerieten wohl zunächst unter thür. Herrschaft, seit 531 unter die der frk. Kg.e. Nach der Mitte des 6. Jh. setzte Kg. Childebert die semnon. Restbevölkerung des Havel-Spreegebietes in Landstriche westl. der Saale um. Ihre alten Wohnsitze wurden von Slaven eingenommen, die aus S und O einwanderten. In frühslav. Zeit ist es vielleicht

unter der Schirmherrschaft des merow. Hausmeiers Karl Martell zu Anfängen einer großräumigen slav. Herrschaftsbildung gekommen. Keimzelle war der slav. Stamm der →Heveller (Stodoranen) und deren polit. Zentrum, die Brandenburg. Die außerordentl. günstige strateg. und geopolit. Lage inmitten von Wasserwegen, die nach vielen Richtungen führen, hat ohne Zweifel die Expansion ihrer Herren erleichtert. Eventuell grenzten später Elbe, Elde, Peene, Oder sowie die Stammesgebiete der →Milzener und Coledici jenen Herrschaftsbereich ab. Diese Reichweite frühbrandenburg. Herrschaft läßt die Politik territorialer Ausdehnung, wie sie Jahrhunderte danach die Askanier von B. aus betrieben, möglicherweise als eine – vielleicht nicht einmal unbewußte – Rekuperationspolitik erscheinen. Seit den frk. Kriegszügen von 789 bzw. 812 haben vermutl. mindestens Teile des späteren B. zum karol. Markengürtel gehört. Nach 839 ist das hevell.-wilzische Herrschaftsgebiet anscheinend vom ostfrk. Reich unabhängig gewesen, denn seine Bewohner und Herrscher tauchen nicht unter den slav. Gegnern ostfrk. Heere auf. Nach der Zerschlagung des →Großmähr. Reiches durch die Ungarn versuchten die hevell. Fs. en wohl im Bündnis mit den böhm. Přemysliden, die slav. Stämme zw. Erzgebirge und Havel stärker in ihren Einflußbereich zu ziehen. Grundlage der Allianz war die Heirat der hevell. Prinzessin Drahomira mit dem Böhmenhzg. Vratislav. In den dt.-hevell. Kämpfen, die im Winter 928/929 von dt. Seite ausgelöst wurden und bis in den Beginn der vierziger Jahre reichten, wurde die slav. Herrschaft zerschlagen; das Gebiet bildete fortan im wesentl. die →Nordmark, die durch Otto I. dem Mgf.en →Gero unterstellt wurde. →Tugumir, der rechtmäßige Erbe, beherrschte nach 940 unter der Oberhoheit der dt. Kg.e bzw. Mgf.en wohl nur noch das engere Havelland.

Im großen →Slavenaufstand von 983 brach die polit. und kirchl. Ordnung Ottos I. zusammen. Allerdings gelang es offenbar nicht, die Havelslaven ähnlich fest dem →Lutizenbund anzufügen wie die nordöstl. gelegenen Gebiete, und die slav. Herren der B. versuchten, sich zw. dem Reich, dem Staat der →Piasten und dem Lutizenbund polit. Spielraum zu bewahren. Trotzdem war das Territorium nach 983 häufig Ziel dt. Angriffe, die mitunter gemeinsam mit den Polen durchgeführt wurden (→Mieszko I., Schwiegersohn des Mgf.en Dietrich, im Nekrolog v. Fulda als comes und marchio genannt).

In der 1. Hälfte des 12. Jh. vermochte der letzte Vertreter der brandenburg. Herrscherfamilie, der Christ →Pribislav-Heinrich, die Bedeutung der Dynastie (der Dragowiti?) durch die Gewinnung der Königskrone ein letztes Mal zu unterstreichen. Er arbeitete während seiner gesamten Regierungszeit eng mit seinem westl. Nachbarn, v. a. mit dem Mgf.en →Albrecht (Lausitz, Nordmark) zusammen. Diese Politik sowie das Christentum des Herrschers führten vermutl. dazu, daß Pribislav-Heinrichs Herrschaft vom →Wendenkreuzzug 1147 verschont wurde. Als Pate des ältesten Sohnes Albrechts des Bären, des späteren Mgf.en Otto I., übergab er diesem die Zauche. Da der Heveller kinderlos blieb, setzte er selbst Albrecht als seinen Erben ein. Nach seinem Tod 1150 gelangten so die Kerngebiete des Fürstentums in askan. Hände (→Askanier), mußten aber gegen die Ansprüche →Jaxas v. Köpenick verteidigt werden, den Albrecht am 11. Juni 1157 aus B. vertrieb.   L. Dralle

B. Hoch- und Spätmittelalter

I. Überblick und politische Geschichte – II. Verfassungs- und Rechtsentwicklung – III. Siedlung und Wirtschaft – IV. Kirchengeschichte.

I. ÜBERBLICK UND POLITISCHE GESCHICHTE: [1] *Askanische Herrschaft (1157–1320):* Im Rahmen des →Wendenkreuzzuges von 1147 versuchten neben dt. Reichsfürsten auch Edelfreie und Ministeriale, die lutiz. Kleinstämme im nördl. Brandenburg sowie in Mecklenburg und Pommern unter ihre Herrschaft zu zwingen. Es entstanden in diesem Zusammenhang in der Prignitz und im Rhingebiet kleinere Herrschaften in Konkurrenz zu den Askaniern, von denen sich jedoch ledigl. die Gf.en v. Lindow (Herren v. →Ruppin) auf Dauer durchsetzen konnten. Als die Brandenburg nach dem Tode Pribislavs 1150 in die Hand des Lutizenfürsten →Jaxa v. Köpenick gekommen war, ließ Albrecht der Bär (7. A.) die Befestigung 1157 stürmen und unter Ausschaltung der kgl. Rechte zum Vorort der sich nun bildenden M. B. ausbauen. Albrecht betrieb eine weitschauende Territorialpolitik, obwohl er stark in die Reichspolitik engagiert war und die Regentschaft schon frühzeitig seinem mitbelehnten Sohn Otto I. überließ (nach 1157). Im Wettbewerb mit den nördl. und südl. Nachbarn versuchten die →Askanier ständig, ihr Territorium auszuweiten, wobei unter anderem der Zugang zur Ostsee eine entscheidende Rolle spielte. Da der Weg über Mecklenburg und Vorpommern zunächst versperrt blieb, erwarben sie die →Neumark und versuchten, von dort aus nach →Danzig oder gar darüber hinaus vorzudringen. Dieses erst viel später von den →Hohenzollern realisierte Vorhaben scheiterte u. a. am erbitterten Widerstand des →Dt. Ordens. Der mächtigste Kontrahent der askan. Expansionsbestrebungen in Richtung Ostsee war aber das dän. Kgtm. Nach Ausschaltung der Wettiner Konkurrenten 1244 erreichten die Askanier bis 1287 schließlich die Abtretung des Landes →Lebus durch das Erzstift →Magdeburg, wodurch »Polen für Jahrhunderte definitiv von der Oderlinie abgedrängt wurde« (LUDAT). Die nachfolgenden krieger. Auseinandersetzungen in den ersten beiden Jahrzehnten des 14. Jh., aber auch die Folgen der askan. Landesteilungen des 13 Jh. haben die brandenburg. Landesherrschaft so geschwächt, daß zum Zeitpunkt des Aussterbens der Dynastie 1320 das gesamte Territorium vor dem wirtschaftl. Ruin stand.

[2] *Interregnum der Wittelsbacher und Luxemburger:* Hoffnung auf die Nachfolge in der Markgrafschaft hegte v. a. Hzg. Rudolf I. v. →Sachsen-Wittenberg, der den brandenburg. Askaniern am nächsten verwandt war. Aber Kg. →Ludwig d. Bayer zog die M.B. als erledigtes Lehen ein, um sie 1323 seinem achtjährigen Sohn Ludwig (→Wittelsbacher), zu übertragen. Berthold v. Henneberg und andere Beauftragte des jungen Landesherrn vermochten die Probleme des Territoriums nicht zu lösen, doch neue Formen der Landesverwaltung, die in den wittelsbach. Kernlanden üblich waren, fanden auch in B. Eingang. Der Verkauf und die Verpfändung von landesherrl. Rechten und Einnahmen griff aber weiter um sich, was in zunehmendem Maße zur Schwächung der landesherrl. Stellung führte. Gleichzeitig setzte das Bemühen der →Luxemburger ein, das Territorium an sich zu ziehen. Ks. →Karl IV. machte sich das Auftreten des sog. »Falschen Woldemar« zunutze, der vorgab, der letzte askan. Mgf. zu sein (→Woldemar, der Falsche). Im Kampf um die Landesherrschaft bildeten sich nun zwei Parteien, eine wittelsbach. und eine, die mit Karl IV. den »Falschen Woldemar« anerkannte. Der Luxemburger, der wie bereits die Askanier nach einem Ostseezugang strebte, setzte sich durch. Er ließ auch die verbliebenen landesherrl. Rechte und Aufgaben registrieren. Ergebnis dieser Bemühungen ist das →Landbuch von 1375, das über die Struktur des Territoriums im SpätMA detailliert Auskunft gibt. Die M.B. war nun eine von vielen Provinzen im Reiche Ks.

Karls IV., ein Spielball seiner polit. Interessen und seiner Wirtschaftspläne, die auf den Elbe- und Oderhandel zielten. In diesem Zusammenhang muß auch der Ausbau der Elbeburg →Tangermünde zur Residenz des Herrschers gesehen werden. Nicht die Stadt Brandenburg oder Berlin, sondern Tangermünde sollte domicilium principale sein. Der Tod Karls IV. hat dies schließlich ebenso verhindert wie eine Konsolidierung der inneren Verhältnisse. Es brach nun die Zeit der großen Adelsunruhen an, die mit den Namen der v. →Quitzow, v. Bredow, v. Rochow und der Edlen →Gans v. Putlitz verbunden ist. Schadenskataloge, die man sich zu Beginn des 15. Jh. gegenseitig präsentierte, zeigen recht deutlich den großen Umfang der Verwüstungen an. Die Stände blieben sich weitgehend selbst überlassen, doch konnten insbes. die Städte, die vom Adel hart bedrängt wurden, von den Mgf.en umfangreiche Rechte und Freiheiten erkaufen, die ihnen weitgehende Unabhängigkeit und Selbständigkeit ermöglichte. Das Geldbedürfnis der Luxemburger war so groß, daß sie auch ganze Teile des Territoriums veräußerten. So ging 1402 die →Neumark für 63 200 ung. Gulden an den Dt. Orden über. Die anarch. Unruhen dauerten auch im 15. Jh. an. Brandenburg. Adelsgeschlechter stellten nun die Landeshauptleute (Landvögte), die in Abwesenheit der Luxemburger die M.B. verwalten sollten. Sie hatten sich damit gegen die landfremden Regenten und Verweser durchgesetzt, die ursprüngl. von den Wittelsbachern und Luxemburgern nach B. entsandt worden waren. Als sie nicht Herr der Lage wurden, baten die brandenburg. Stände 1411 Kg. Siegmund um die Einsetzung eines Regenten oder Statthalters in der Mark. Daraufhin bestellte er den Nürnberger Burggrafen →Friedrich VI. zum »rechten Obristen und gemeinen Vorweser und Hauptmann«.

[3] *Anfänge der Hohenzollernherrschaft (1412–1540):* Als Friedrich im Juni 1412 in der Neustadt Brandenburg eintraf, wurde er von der Kirche und den Städten anerkannt und in der gleichzeitigen hist. Chronistik als »tanquam coelitus missus« gepriesen. Ablehnend reagierte der Adel, der die Huldigung verweigerte und den neuen Mgf.en verächtl. als »tand von Nürenberg« abtat. Es sollte noch mehrere Jahrzehnte dauern, bis eine wirkl. Befriedung des Landes erreicht war. Einige Haupt- und Staatsaktionen, die in den hist. Volksliedern der Zeit ihren Widerhall fanden, haben die Probleme der Hohenzollern mit dem märk. Adel nicht zu lösen vermocht. Auch nachdem Kg. Siegmund am 30. April 1415 dem Burggrafen Friedrich auf dem →Konstanzer Konzil für 400000 Gulden das Kfsm. (einschließl. Kurrecht und Erzkämmeramt) erbl. übertragen und ihn 1417 wiederum in Konstanz feierl. mit der M.B. belehnt hatte, änderte sich an den inneren Zuständen des Territoriums zunächst nicht viel; erst in der 2. Hälfte des 15. Jh. ließen die Adelsunruhen wirklich nach. Kfs. Friedrich II. wandte sich zunächst gegen die Städte und erzwang die Unterwerfung →Berlins (1442–48), die im engen Zusammenhang mit dem Schloßbau in Cölln, also mit der Ausbildung einer festen Residenz in der M.B. stand. Neben den Städten war es v. a. die Kirche gewesen, die der neuen Dynastie den Weg in die M.B. geebnet hatte, gegen den entschlossenen Widerstand des Adels. Nun gingen die Kfs.en daran, auch die Rechte der Kirche zu beschneiden. Die Konsolidierung der innerbrandenburg. Verhältnisse korrespondierte mit der Festigung der Hohenzollernherrschaft nach außen: Teile des Kfsm.s, die in den langen Jahrzehnten des Interregnums aus dem Territorium herausgebrochen worden waren, konnten allmähl. wiedergewonnen werden. Dazu gehörte auch der Rückkauf der ertragsschwachen Neumark vom Dt. Orden (1455) und die Kämpfe um die Nachfolge des letzten Pommernherzogs aus der Stettiner Linie, wodurch der langersehnte Zugang zur Ostsee gewonnen werden sollte. Wenn dieses Ziel auch unerreicht blieb, so haben Kfs. Friedrichs II. Nachfolger, insbes. →Albrecht Achilles (8. A.), eine erfolgreichere Territorialpolitik betrieben, die zu einer allmähl. Erweiterung des Kfsm.s führte. Entscheidendes Ereignis der Regierungszeit des Mgf.en Albrecht Achilles, der sich vorrangig der Reichspolitik widmete und die Regentschaft in der Mark seinem Sohn →Johann übertrug, war die mit seinem Namen verbundene →»Dispositio Achillea« (1473), das Hausgesetz der Hohenzollern, das u. a. die Erbfolge regelte und die Abtrennung der M.B. von den frk. Besitztümern der Hohenzollern mit bewirkt hat. Kfs. →Johann Cicero (1486–99) residierte als erster Hohenzoller ständig in der Mark und hat sich kaum noch in der Reichspolitik engagiert. Wie mehrere seiner Vorgänger bemühte er sich um die Öffnung des Territoriums zur Ostsee hin. Ein Meilenstein auf diesem Weg war die brandenburg. Lehnsherrschaft über →Pommern. Auch die restriktive Städtepolitik seiner Vorgänger wurde weiter betrieben, was sich insbes. in der Niederwerfung der altmärk. Städte sowie in der Erhebung einer neuen Verbrauchssteuer, dem »Biergeld« (→Akzise) dokumentiert. Johann Cicero war aber auch ein Förderer der Wissenschaften in der Mark. Er bereitete die Gründung der Universität →Frankfurt an der Oder vor, die formal erst nach seinem Tode von Kfs. Joachim I. durchgeführt worden ist. Neben vielen zukunftsweisenden Schritten dieses Kfs.en ist jedoch andererseits auch wiederholt sein Verharren in »mittelalterlichen« Vorstellungen zu beobachten. Joachim I. lehnte die Reformation strikt ab und betrieb als Parteigänger Karls V. eine streng altgläubige Reichs- und Territorialpolitik, mit der er sich in der eigenen Familie isolierte: die Kfsn. Elisabeth wurde luth., ebenso sein Vetter Albrecht, der sich als Hochmeister des Dt. Ordens vom poln. Kg. mit dem neuen protestant. Hzm. Preußen belehnen ließ. Nach dem frühen Tode Joachims I. 1535 strebten mit Ausnahme der Prälaten alle Stände den Konfessionswechsel an, wobei die erhofften Säkularisierungsgewinne eine nicht zu unterschätzende Rolle spielten. Adel und Stände waren nicht mehr willens, dem Landesherrn in immer kürzeren Abständen außerordentl. Steuern zu bewilligen, um die Schulden zu tilgen, die der Renaissancefürst, insbes. für den Ausbau seiner Residenz, hinterließ. Widerstrebend nur hat Kfs. Joachim II. 1540 eine neue Kirchenordnung erlassen. Auch er blieb seinem Wesen nach Katholik. Für die M.B. hatte die Einführung der Reformation weitreichende Folgen. Der größte Teil des Kirchenbesitzes wurde in landesherrl. Domänen umgewandelt, um so die Stände von der Finanzierung des Landeshaushalts zu entlasten. Zugleich war damit die Grundlage zum neuzeitl. territorialen Flächenstaat gelegt.

II. VERFASSUNGS- UND RECHTSENTWICKLUNG: Die M.B. war ein Reichslehen, auf das seit Albrecht dem Bären (um 1100–70) im Mannfall ein jeweils erbberechtigter und erbfähiger Sohn Anspruch hatte. Nach Aussterben der Dynastie (1320) zog Kg. Ludwig d. Bayer die Mark als erledigtes Reichslehen ein und hielt sie in der eigenen Familie. Nach der Wahl Karls IV. zum dt. Kg. erreichten die Luxemburger in langjährigen diplomat. und krieger. Auseinandersetzungen von den Wittelsbachern eine vertragl. Übereignung B.s; entgegen den Bestimmungen der →Goldenen Bulle von 1356 hielten sie das Kfsm. wegen der hausmacht- und reichtspolit. wichtigen zweiten Kurstimme in der eigenen Familie, wobei →Jodocus und

Prokop v. Mähren sowie Karls Sohn Siegmund als Mgf. en fungierten. Letzterer übertrug sie in mehreren Etappen, zuletzt 1417 auf dem Konstanzer Konzil, an den Nürnberger Burggrafen Friedrich VI., in dessen Dynastie B. bis zur Abdankung der →Hohenzollern i. J. 1918 blieb.

Die kgl. Präsenz durch einen Burggrafen auf der Brandenburger Dominsel (→Brandenburg, Stadt) haben die Askanier sehr bald ausgeschaltet, während sie selbst in der Reichspolitik zunehmend an Einfluß gewannen. Bereits im 12. Jh. waren sie an den Königswahlen beteiligt, über das Erzkämmereramt gelangten sie in den Kreis der Kfs. en. Die Mgf. en waren Inhaber der obersten Befehls-, Gerichts- und Exekutivgewalt in dem von ihnen beherrschten Gebiet, ohne daß sich eine Übertragung seitens des Kg. s im einzelnen ermitteln ließe. Für die Eroberung und Verwaltung des Markengebietes hatten sie Ministeriale, insbes. aus dem Harzvorland und aus der →Altmark, herangezogen, die für ihre Tätigkeit mit Dienstmannengut ausgestattet wurden. Die Askanier trennten aber Amt und Lehen, so daß sich die Erblichkeit der Lehen nicht auf die Ämter erstreckte und die Ministerialen die Landeshoheit der Mgf. en zunächst kaum einschränken konnten. Neben der Hof- und Zentralverwaltung bauten die Askanier mit Hilfe von Vögten noch eine Mittelinstanz auf, die zunächst in ca. 30 Vogteibezirken die mgfl. Rechte und Aufgaben wahrzunehmen hatte. Dabei handelte es sich um die Jurisdiktion sowie um die Einnahme und Verwaltung der von den Mgf. en zu beanspruchenden Naturalund Geldabgaben, die zum Unterhalt des Hofes am Vogtsitz bereitgehalten wurden, solange sich in der M. B. noch keine feste Residenz herausgebildet hatte. Vogtfrei waren die geistl. Institutionen. Nachdem im SpätMA nahezu alle landesherrl. Rechte und Einkünfte feudalisiert worden waren, hat man die Vogteibezirke, die teilweise an slav. Verfassungs- und Verwaltungsstrukturen anknüpften, allmähl. erweitert, die Vogtsitze verlegt und schließl. weit umfangreichere Landvogteien errichtet, aus denen die neuzeitl. Kreise hervorgegangen sind. Aus den Reihen der Vögte und Landvögte rekrutierte sich die adlige Führungsschicht des brandenburg. Staates.

Die Gerichtsverfassung der M. B. wies die Hochgerichtsbarkeit (iudicium supremum) allein den Mgf. en bzw. ihren Stellvertretern (Hofrichter, Vögte) zu, während die Niedergerichtsbarkeit (iudicium infimum) von Schultheißen wahrgenommen wurde. Seit dem 13. Jh. urteilte über ritterbürtige Personen ausschließl. das mgfl. Hofgericht, während für Bürger und Bauern das Vogtgericht zuständig war, soweit dessen Rechte nicht bereits Dorf- oder Stadtschulzen wahrnahmen. Stellvertreter des Mgf. en im Hofgericht war der Hofrichter, dem ritterbürtige Schöffen an die Seite gestellt wurden. Für einzelne Landschaften der M.B. hat es auch Distriktshofgerichte gegeben. Die Vögte richteten unter Hinzuziehung von »scabini terrae qui dicuntur landschepen« über alle schwerwiegenden Sachen, soweit nichtritterbürtige Personen davon betroffen waren (→Vogt, Vogtei). Im SpätMA war eine große Zahl von Dörfern bereits der patrimonialen Gerichtsbarkeit adliger Herrschaften unterstellt. Die Städte erreichten demgegenüber weitgehende Autonomie, indem sie Marktrechte, Polizei und Gerichtsbarkeit käuflich von den Mfg. en erwarben. Die Rechtsprechung der städt. Schöffengerichte beruhte auf dem jeweiligen Stadtrecht, wobei dem Brandenburger Schöffenstuhl als oberster Berufungsinstanz seit dem 14. Jh. weitreichende Bedeutung zukam. Eine Besonderheit des brandenburg. Gerichtsverfahrens ergibt sich aus einer Bestimmung des →Sachsenspiegels, nach dem ein Slave nicht Schöffe sein konnte, wenn über einen Deutschen gerichtet wurde und umgekehrt (Ssp. III 70 § 1), es sei denn, der Täter wurde auf handhafter Tat ergriffen (Ssp. III 70 § 2).

III. SIEDLUNG UND WIRTSCHAFT: Die Askanier betrieben mit Hilfe geistl. und weltl. →Lokatoren intensiv den inneren und äußeren Landesausbau (→Ostsiedlung), wobei sich mit wachsender Ausdehnung des brandenburg. Markengebietes das vorhandene Kräftereservoir erschöpfte, was durch die nachlassende Siedlungsdichte und vermehrte Fehlgründungen im Osten bestätigt wird. Bei den Neugründungen und den umstrukturierten slav. Dörfern handelt es sich zumeist um regelmäßige Anlagen. Dabei ist der größte Teil der slav. Bewohner in die neue Gesellschafts- und Wirtschaftsordnung integriert worden. Es hat in der Folge rein dt. Siedlungen, aber auch dt.-slav. Gemeinschaftssiedlungen und in einigen wenigen Fällen auch rein slav. Dörfer gegeben, für deren Umgestaltung nach dt. Recht die natürlichen und wirtschaftl. Voraussetzungen fehlten. Die Neusiedler kamen aus den Niederlanden, aus Flandern, aus West- und Ostfalen sowie aus den askan. Stammlanden im Harzvorland. Bis zum Ausgang der Askanierzeit war die Assimilation aller dieser Bevölkerungsteile so weit vorangeschritten, daß man von einem »Neustamm der Brandenburger« sprechen kann (HEINRICH). Während der dt. Besiedlung und der Wachstumsphase der Städte, v. a. aber im Zusammenhang mit der spätma. →Agrarkrise leiteten Wüstungsprozesse (→Wüstung) einen Siedlungsrückgang ein, von dem die einzelnen brandenburg. Teillandschaften zeitlich und räumlich ganz unterschiedl. betroffen waren. Das →Landbuch Karls IV. (1375), das weite Flächen des gesamten Territoriums erfaßt, gestattet eine umfassende strukturgeschichtl. Analyse des Kfsm.s im SpätMA. Danach war der landesherrl. Besitz zugunsten des Adels und des Bürgertums weitgehend feudalisiert. Die ländl. Bevölkerung setzte sich aus einer bäuerl. (Hüfner) und einer unterbäuerl. Schicht (→Kossäten) zusammen, die durch rechtl. und wirtschaftl., nicht aber durch ethn. Unterschiede gekennzeichnet ist.

Im 13. Jh. wurden die meisten brandenburg. Städte gegründet, die größeren und bedeutenderen von der Landesherrschaft, die kleineren Landstädte überwiegend von der Geistlichkeit und dem Adel. Die rechtl. und wirtschaftl. Fundierung vieler märk. Städte geht auf die Mgf. en →Johann I. und →Otto III. (1220–67) zurück. Eine planmäßige, auch nach verkehrsgeograph. Gesichtspunkten erfolgte Anlage der Städte war nicht möglich ohne die Mitwirkung von adligen und bürgerl. Unternehmern, die mit dem erblichen Schultheißenamt (→Schultheiß) der Stadtgemeinde oder durch die Ernennung zu mgfl. Vögten entlohnt wurden. Nahezu alle diese Städte erwiesen sich als lebensfähig; ihre wirtschaftl. Stärke korrespondierte mit einer gewissen polit. Unabhängigkeit und Bedeutung. Die größeren unter ihnen konnten sich im späteren MA an den Städtebünden beteiligen, die teils gegen den Willen der Landesherren, teils aber mit ihrer ausdrückl. Billigung geschlossen wurden, um den Handelsverkehr, insbes. gegen Übergriffe des wirtschaftl. angeschlagenen Adels zu schützen.

Der brandenburg. Fernhandel, insbes. der Elb- und Oderhandel war von der Ausfuhr von Getreide, Vieh, tier. Produkten, Gestein, Metall und Metallwaren bestimmt, während die Einfuhr v. a. in Fisch, Wein, Salz und anderen Gewürzen sowie Produkten des Textilgewerbes bestand. Die Träger dieses Fernhandels bildeten bald die städt. Führungsschicht, die in Kaufmannsgilden zusammengeschlossen war, in denen die Gewandschneider den Ton angaben. Die im Handel erzielten Überschüsse wurden zu einem erheblichen Teil in Immobilien angelegt, wobei die Bürger umfangreichen Lehnsbesitz auf dem Lande erwarben. Soweit diese Besitzungen in unmittelbarer Nähe einer Stadt lagen, hat dies bald auch zu Eingemeindungen geführt, an denen die Stadt schon deshalb interessiert sein mußte, weil sie bei der Gründung nur mit wenig oder gar keinem Landbesitz außerhalb des Stadtareals ausgestattet worden war. Der wichtigsten Handelsgenossenschaft in ihrem Einzugsbereich, der →Hanse, haben nur wenige brandenburg. Städte angehört. Im Vordergrund stand der Elbhandel, an dem v. a. die großen altmärk. Städte beteiligt waren (→Stendal, Gardelegen, Seehausen). In der 2. Hälfte des 14. Jh. gehörten auch die prignitz. Städte→Havelberg, Kyritz, Perleberg und Pritzwalk sowie die mittelmärk. Doppelstadt Berlin/Cölln (→Berlin) und Frankfurt a. d. O. zur Hanse.

IV. KIRCHENGESCHICHTE: Neben den Bistümern B. (→Brandenburg, Bm.) und→Havelberg, die den größten Teil des Territoriums abdeckten, tangierten mit den Bistümern →Verden, →Halberstadt, →Meißen, →Breslau, →Lebus, →Posen und →Kammin noch weitere weitere Diöz. die M.B. – Die Ordenspolitik der Askanier war in erster Linie darauf gerichtet, den wirtschaftl. Ausbau der Markengebiete zu fördern. Benediktiner und Augustiner Chorherren, die noch in Thüringen, Sachsen sowie im Saale- und mittleren Elbegebiet die monast. Vorhut bildeten, sind in der M.B. nicht mehr angesetzt worden. Den größten Einfluß auf die Ostpolitik des 12. Jh. im Bereich der mittleren Elbe hatten zunächst die →Prämonstratenser, deren Gründer →Norbert v. Xanten 1126 auf den Magdeburger Erzstuhl gelangt war. Die Askanier, die in den Prämonstratensern ebenso wie in den →Johannitern und →Templern Konkurrenten sahen, drängten diese weitgehend zurück und förderten die→Zisterzienser, deren Abteien→Lehnin, →Chorin und→Himmelpfort auch als Grablegen der drei askan. Linien dienten. Während deren Tätigkeit in B. aber auf den ländl. Bereich beschränkt blieb, übernahmen in den Städten, die zum Hauptträger von Wirtschaft und Kultur aufstiegen, die Bettelorden, insbes. →Dominikaner (Brandenburg-Neustadt, Cölln, Krossen, Neuruppin, Nöremberg, Prenzlau, Seehausen, Soldin, Strausberg, Tangermünde) und →Franziskaner (Angermünde, Arnswalde, Berlin, Brandenburg-Altstadt, Frankfurt a. d. Oder, Gransee, Jüterbog, Kottbus, Krossen, Kyritz, Prenzlau, Salzwedel, Stendal) eine beherrschende Rolle, die von den Zisterziensern in diesem Bereich nicht erreicht werden konnte. Nur wenige brandenburg. Städte waren allerdings in der Lage, mehreren Mendikantenniederlassungen den notwendigen Unterhalt zu bieten (neben den Doppelstädten Brandenburg und Berlin/Cölln nur Krossen und Prenzlau). Daneben hatten sich Augustiner-Eremiten in den neumärk. Städten Königsberg und Friedeberg sowie Serviten (Marienknechte) in Alt-Landsberg niedergelassen. Außerhalb der Mendikantengruppierungen gab es Kartäuser-Konvente in Frankfurt a. d. Oder und in Schivelbein. Bis auf das Klarissen-Kl. in Stendal sowie den Maria-Magdalenen-Konvent in Prenzlau waren die brandenburg. Nonnenklöster entweder benediktin. (Arendsee, Dambeck, Krewese, Spandau) oder zisterziens. (Alt-Friedland, Bernstein, Boitzenburg, Heiligengrabe, Lindow, Marienfließ-Stepenitz, Neuendorf, Seehausen, Zehden, Zehdenick, Zerbst, Ziesar) gebunden. – Neben den Orden existierten zahlreiche religiöse Genossenschaften. Beginenhäuser sind seit dem Ausgang des 13. Jh. nachweisbar, ebenso caritative Vereinigungen wie Elendengilden und insbes. die von Priestern, später auch mit adligen und bürgerl. Laien gemeinsam gebildeten →Kalandsbrüderschaften, die gesellige Zusammenkünfte pflegten und insbes. Weltgeistl. materiell unterstützten, ihnen ein feierl. Begräbnis garantierten und Gedächtnismessen lasen. Die M.B. war auch reich an Wallfahrtsorten. Die Verehrung des Hl. Blutes in →Wilsnack gewann überregionale Anziehungskraft. Andererseits war die Mark auch nicht frei von Häresien. V. a. →Waldenser sind im 14. Jh. in der Uckermark und in der Neumark Inquisitionsverfahren unterworfen worden und nach mehreren vergebl. Bekehrungsversuchen im 15. Jh. nach Böhmen geflüchtet. Auch zur Verfolgung von Juden ist es seit der Mitte des 14. Jh. in B. wiederholt gekommen, bis sie im Anschluß an ein Verfahren wegen angebl. Hostienschändung 1510 für längere Zeit gänzlich aus der Mark verbannt wurden.

Die landesherrl. Kirchenpolitik hat in B. trotz ständiger Bemühungen während des gesamten MA nicht zu einem umfassenden Abhängigkeitsverhältnis geführt, obwohl die Bemühungen der Mgf.en ständig in diese Richtung zielten. In der Zehntfrage und v. a. in der Personalpolitik konnte die Landesherrschaft Teilerfolge erringen, wobei das 1447 vom Hl. Stuhl zugestandene Nominationsrecht für die Bf.e von B., Havelberg und Lebus am schwersten wiegt, aber ein landesherrl. Kirchenregiment hat es bis zur Einführung der Reformation 1540 nicht gegeben.

W. Ribbe

Bibliogr.: F. BECK u. a., Übersicht über die Bestände des Brandenburg. Hauptarchivs Potsdam, 2 Teile (Veröff. des Staatsarchivs Potsdam, IV und V), 1964, 1967 – Berlin-Bibliogr. [bis 1960], bearb. H. ZOPF–G. HEINRICH (Veröff. d. Hist. Komm. zu Berlin), 1965 [wird fortges.] – H. BRANIG u. a., Übersicht über die Bestände des Geheimen Staatsarchivs in Berlin-Dahlem, 2 Teile, 1966–67 – H.-J. SCHRECKENBACH, Bibliogr. zur Gesch. der M.B., I–IV, 1970–74 [Regbd. fehlt] – W. RIBBE, Q. und Historiographie zur ma. Gesch. von Berlin-Brandenburg (Schr. des Ver. für die Gesch. Berlins, H. 61), 1977 – *Landesgesch. Zss. [Auswahl]:* Märk. Forsch. (MärkF), 1841–87, fortges. als: Forsch. zur Brandenburg. und Preuß. Gesch. (FBPrG), 1888–1943, fortges. als: Jb. für die Gesch. Mittel- und Ostdeutschlands (JGMODtl), 1953ff. – Jb. für brandenburg. Landesgesch. (JBLG), 1950ff. – Jb. für brandenburg. KG (JbrKG), 1904–43, fortges. als: Jb. für Berlin-Brandenburg. KG (JbbrKG), 1950ff.
Q.: Codex diplomaticus Brandenburgensis, ed. PH. W. GERCKEN, T. I–VII, 1769–85 – Codex diplomaticus Brandenburgensis continuatus, ed. G. W. v. RAUMER, T. I und II, 1831–33 – (Novus) Codex diplomaticus Brandenburgensis, ed. A. F. RIEDEL, I–IV Hauptabt., Suppl., Namenverz. und Chronolog. Reg., 1838–69 – H. KRABBO–G. WINTER, Reg. der Mgf.en v. B. aus askan. Hause, Lfg. 1–12, 1910–55 – Tractatus de captione urbis Brandenburg., ed. G. SELLO, Jber. des Altmärk. Vereins für vaterländ. Gesch. und Industrie zu Salzwedel, Abt. für Gesch., 22, 1888, 1–33 – Das Landbuch der M.B. von 1375, ed. J. SCHULTZE (Veröff. d. Hist. Komm. für die Provinz B. und die Reichshauptstadt Berlin), 1940 – H. LUDAT, Das Lebuser Stiftsregister von 1405. Stud. zu den Sozial- und Wirtschaftsverhältnissen im mittleren Oderraum zu Beginn des 15. Jh., T. 1, 1965 – W. RIBBE, Die Aufzeichnungen des Engelbert Wusterwitz. Überlieferung, Ed. und Interpretation einer spätma. Q. zur Gesch. der M.B. (Einzelveröff. der Hist. Komm. zu Berlin, 12), 1973 – Q. zur Ketzergesch. B.s und Pommerns. Ges., hg. und eingel. von D. KURZE (Veröff. der Hist. Komm. zu Berlin, 45), 1975 – Das Landbuch des Kl. Zinna. Ed. pr. von W. RIBBE–J. SCHULTZE (Zisterzienser-Stud. II = Stud. zur europ. Gesch. 13), 1976.
Lit.: Die Kunstdenkmäler der Prov. B., hg. vom brandenburg. Provinzialverband, bearb. P. EICHHOLZ, I, Iff., 1907ff. – Hist. Atlas der Prov. B., 1929–39, NF, 1962ff. – GS, I. Abt. Bd. 1, T. 1 und 2; Bd. 2, 1929–41 (G. ABT, F. BÜNGER, G. WENTZ) – Hist. Ortslexikon für B., T. 1–5ff., 1962ff. – Hist. Handatlas von B. und Berlin, 1963–80 – Brandenburg. Namenbuch, Iff., 1967ff. – Brandenburg-Berlin. Wörterbuch I/Iff., 1968ff. – Hist. Stätten Dtl. X, Berlin und B., hg. G. HEINRICH, 1973 [Lit.] – TRE VII, 101–105 [D. KURZE] – J. SCHULTZE, Die M.B., I–V, 1961–69 [grundlegende Darst.] – F. PRIEBATSCH,

Geistiges Leben in der M.B. am Ende des MA, FBPrG 12, 1899, 325–409 – M. v. SOMMERFELD, Beitr. zur Verfassungs- und Ständegesch. der M.B. im MA, T. 1, 1904 – H. SPANGENBERG, Hof- und Zentralverwaltung der M.B. im MA, 1908 – H. LUDAT, Bm. Lebus, Stud. zur Gründungsfrage und zur Entstehung und Wirtschaftsgesch. seiner schles.-poln. Besitzungen, 1942 – E. MÜLLER-MERTENS, Hufenbauern und Herrschaftsverhältnisse in brandenburg. Dörfern nach dem Landbuch Karls IV. von 1375, Wiss. Zs. der Humboldt-Univ. Berlin, Gesellschafts- und sprachwiss. Reihe I, 1951/52, 35–79 – A. KRENZLIN, Dorf, Feld und Wirtschaft im Gebiet der großen Täler und Platten östl. der Elbe (Forsch. zur dt. Landeskunde, 70), 1952 – E. MÜLLER-MERTENS, Unters. zur Gesch. der brandenburg. Städte im MA, Wiss. Zs. der Humboldt-Univ. Berlin, Gesellschafts- und sprachwiss. Reihe V, 1955/67, 191–221; VI, 1956/57, 1–28 – W. VOGEL, Der Verbleib der wend. Bevölkerung in der M.B., 1960 – H. K. SCHULZE, Adelsherrschaft und Landesherrschaft (Mitteldt. Forsch., 29), 1961 – H.-D. KAHL, Slawen und Deutsche in der brandenburg. Gesch. des zwölften Jh. Die letzten Jahrzehnte des großen Stodor, 1964 – E. ENGEL–B. ZIENTARA, Feudalstruktur, Lehnbürgertum und Fernhandel im spätma. B., 1967 – H. LUDAT, An Elbe und Oder um das Jahr 1000. Skizzen zur Politik des Ottonenreiches und der slaw. Mächte in Mitteleuropa, 1971 – E. SCHMIDT, Die M.B. unter den Askaniern 1134–1320 (Mitteldt. Forsch. 71), 1973 – H. HELBIG, Gesellschaft und Wirtschaft der M.B. im MA (Veröff. der Hist. Komm. zu Berlin 41), 1973 – G. MANGELSDORF, Die Wüstungen des Havellandes [Diss. masch. Potsdam 1974] – W. PODEHL, Burg und Herrschaft in der M.B. (Mitteldt. Forsch. 76), 1975 – W. RIBBE, Zur Ordenspolitik der Askanier. Zisterzienser und Landesherrschaft im Elbe-Oder-Raum (Zisterzienser-Stud. I = Stud. zur europ. Gesch. XI), 1975 – DERS., Sozialstruktur und Wirtschaftsverhältnisse in den Zinnaer Klosterdörfern auf dem Barnim (Zisterzienser-Stud. III = Stud. zur europ. Gesch. 13), 1976 – HEG I, 862ff. [M. HELLMANN] – E. BOHM, Teltow und Barnim, Unters. zur Verfassungsgesch. und Landesgliederung brandenburg. Landschaften im MA (Mitteldt. Forsch. 83), 1978 – F. ESCHER, Brandenburg. Wallfahrten im MA, JGMODtl 27, 1978, 116–137 – P.-M. HAHN, Kirchenschutz und Landesherrschaft in der M.B. im späten 15. und frühen 16. Jh., JGMODtl 28, 1979, 179–220 – H. K. SCHULZE, Die Besiedlung der M.B. im hohen und späten MA, JGMODtl 28, 1979, 42–178 – Germania Slavica I, hg. W.-H. FRITZE (Berliner Hist. Stud. I), 1980 – F. ESCHER–W. RIBBE, Städt. Siedlungen im MA (Hist. Handatlas von B. und Berlin, Nachträge H. 3), 1980 – L. DRALLE, Slawen an Havel und Spree. Stud. zur Gesch. des hevell.-wilz. Fsm.s (6. bis 10. Jh.), 1981.

Brandes (Gemeinde Alpe-d'Huez, Dép. Isère), inmitten des Alpengebietes Massif de l'Oisans gelegene archäolog. Ausgrabung einer Montansiedlung mit Bergbau auf silberführendes Blei im 13.–14. Jh., um 1350 aufgegeben. Die seit 1977 laufenden Ausgrabungen haben eine kleine zentralörtl. Ansiedlung in 1900 m Höhenlage über NN ergeben mit Motte (Castrum Sageti) und Burgkapelle (seit 1058 belegt), welche möglicherweise das Herrschaftszentrum des L'Oisans darstellt, sowie eine Bergleutesiedlung (mit Friedhof) und allen techn. Anlagen einer ma. Mine (Förderanlage, Werkstätten zum Zerstoßen, Erhitzen und Waschen der Erze, Transportvorrichtung). R.-H. Bautier
Lit.: Archéol. médiéval VIII, 1978, 266f.; IX, 1979, 83–85 und Abb. 14-15 (s. 95); X, 1980, 378 – M.-C. BAILLY-MAITRE – J. BRUNO, La mine de plomb argentifère de B., Actes du Colloque sur l'hist. et l'archéologie des mines... dans la France médiévale, 1980 [im Dr.].

Brandeum, Kontaktreliquie als Reliquienersatz, vermutl. röm. Ursprungs, da eigtl. Reliquien vor Gregor d. Gr. im Westen kaum erwerbbar waren (Cod. Theodos. 9, 17, 7: nemo martyrem distrahat, nemo mercetur). Etymologie unsicher, aber nur christl. bezeugt. Material meist kleine Textilstücke (Leinen oder Seide), die mit Reliquien (bei Bestattung, durch Legen aufs Grab oder durch Herablassen durch die fenestella Confessionis eines Kastenaltars [→Altar] auf den Sarkophag) in Berührung gekommen waren. Brandea waren beliebte Pilgerandenken und konnten bei der Altarweihe Reliquien ersetzen. Frömmigkeitsgeschichtl. ist das b. dem Martyreröl (Monza, Ölampullen) vergleichbar. Kreuzreliquien waren wohl meist hölzerne brandea. J. H. Emminghaus
Lit.: DACL II, 1132–1137 – RAC II, 522f. – A. DE WAAL, RQ 14, 1900, 57f. – E. LUCIUS, Die Anfänge des Heiligenkults in der chr. Kirche, 1904, 194f. – F. PFISTER, Der Reliquienkult im Altertum, 1909 (Religionsgesch. Versuche und Vorarbeiten 5).

Brandgrab → Grabformen

Brandkatastrophen. [1] *Brandkatastrophen im städtischen Bereich:* B. suchten im Abstand oft nur weniger Jahrzehnte immer wieder die ma. Städte heim, deren Einengung durch den Mauerring meist zu hoher Bebauungsdichte führte. Während südl. der Alpen der Steinbau überwog, war im waldreicheren Norden die Mehrzahl der Wohnhäuser v. a. in den Klein- und Mittelstädten aus Holz und Lehm gebaut (Fachwerk); Steinhäuser werden bis ins hohe MA in den Quellen hervorgehoben. Bei der Dachkonstruktion überwog das gegen Funkenflug sehr anfällige Strohdach. Werkstätten feuernutzender Handwerker und die Lagerung von Heizmaterial und Vorräten (z. B. Heu und Stroh) erhöhten die Brandgefahr.

Die Brandverhütung gehörte so verständlicherweise zu den wichtigsten Aufgaben, was sich in Stadtsatzungen und landesherrl. →Bauordnungen (→Feuerordnungen) niederschlug, die u. a. die Verwendung bestimmter Baumaterialien (z. B. London 1189, Brügge spätestens 1232, Lübeck 1276), Einhaltung von Fluchtlinien und Mindestabständen der Wohnhäuser (untereinander sowie von Stadtmauern, Scheunen und Ställen) regelten. Dies führte oft zur Konzentration von bes. feuergefährl. und feuergefährdeten Bauten in geschlossenen Bereichen der Stadt oder vor den Mauern (Scheunen-, Speicherviertel, Münze, auch Töpfereien, Krappöfen, Schmieden).

Ursache für B.n war manchmal Kriegseinwirkung, meist Fahrlässigkeit im Umgang mit offenem Licht und Feuer, aber auch private →Brandstiftung. Stand aber erst einmal ein Haus in Flammen, so brannte oft eine Straße oder ein ganzes Stadtviertel ab; vielfach blieben von der Stadt nur wenige Häuser übrig.

Alarm wurde durch Glocken, Hörner oder Rufe (Feurio!) gegeben. Teilweise waren zum Löschen gewisse Berufsgruppen bestimmt, doch war dies grundsätzl. Aufgabe der ganzen Einwohnerschaft. Die innere Gliederung der Städte (→Stadtviertel, →Quartiere) diente auch der Organisation der Löscharbeiten (→Feuerwehr). Löschteiche, Stadtbäche, Wasserleitungen (»Wasserkünste«) lieferten das Wasser. Das Löschgerät war jedoch oft in unbrauchbarem Zustand. Kontrollen brachten nur zeitl. Abhilfe.

Der Wiederaufbau (in vielen Fällen mit landesherrl. Beihilfen, Steuerbefreiungen, Begabung mit neuen Rechten) führte oft zu Flächensanierungen mit Straßenbegradigungen, -verbreiterungen, Neueinteilung von Grundstücken (→Stadtsanierung, -erneuerung). Bes. dicht bebaute Städte nutzten wohl auch die Gelegenheit zur Erweiterung von Stadtfläche und Befestigung (dann oft Erhöhung von der Brandwache dienenden Kirchtürmen), vor der B. schrumpfende Städte dagegen zur Aufgabe von Flächen und Rücknahme der Mauer. H.-K. Junk
Lit.: DtStb, 1939ff., Abschnitte 5 c – Dt. Städteatlas, 1973ff. – Westfäl. Städteatlas, 1975ff. – K. D. HÜLLMANN, Städtewesen des MA IV, 1829 [Neudr. 1974] – W. P. DEZUTTER–M. RYCKAERT, Brandgevaar en bouwvoorschriften in de middeleeuwen..., Archief Kon. Zeeuwsch Genootschap der Wetenschappen, 1976 – B. KALUSCHE, Baurecht und Bauästhetik seit dem 15. Jh. [Diss. Heidelberg 1976] – vgl. auch die Lit. zu →Bauordnung.

[2] *Brandkatastrophen im ländlichen Bereich:* Ebenso wie in den Städten kam es auch in den ma. Dörfern und auf

Einzelhöfen immer wieder zu großen Feuersbrünsten. Aufgrund der Bauweise der Häuser (Holzbauten, Strohdächer, offene Herdfeuer) und der Lagerung vieler leicht brennbarer Vorräte waren B. eine alltägl. Gefahr. In Gegenden mit dichtbebauten Dorfanlagen wie Schwaben oder Franken bewirkte ein Brand häufig die Vernichtung des ganzen Dorfes. Außer durch unvorsichtigen Umgang mit Feuer oder durch vorsätzl. →Brandstiftung wurden viele Brände auch im Zuge von Fehde- und Kriegshandlungen ausgelöst. Bei den germ. Stämmen war die Brandlegung im Gefolge von Fehden ein oft erwähntes Mittel, um einen in seinem Haus eingeschlossenen Gegner zu vernichten. Im Hoch- und SpätMA wurden die meisten Fehden mit Raub und Brand geführt, um so den gegner. Besitz an Burgen, Dörfern und Bauernhöfen planmäßig zu verwüsten. Die Brandschatzung, das offene Niederbrennen besetzter Dörfer, war oft mit der Plünderung verbunden und vollendete deren zerstörerisches Werk.

Die Bekämpfung der Brände erfolgte im MA lange Zeit noch mit primitiven Mitteln, wie v. a. mit wassergefüllten Löscheimern; einfache Handfeuerspritzen kamen in den Dörfern erst allmählich in Gebrauch. Die Feuerfahne zum Aufstecken auf den Kirchturm im Brandfall und das Feuerhorn zum Feueranblasen gehörten zu den Ausrüstungsgegenständen von Wächtern, die in den Gassen der Dörfer die Augen offen zu halten hatten. Brannte es in den Nachbarorten, so traten sog. Feuerläufer in Aktion: Hilfsbereite, die zum Nachbardorf hinübereilten. Angesichts der verheerenden Wirkung der Brände wurde der Feuerschutz zu einer der wichtigsten Aufgaben der Dorfgemeinde, wie an vielen Dorfordnungen (→Dorf) zu ersehen ist. Die Gemeinde und die mit ihr verbundene Ortsherrschaft schufen die dafür erforderl. Vorkehrungen und Strafnormen. Innerhalb des Dorfes verbot man alle mit erhöhter Feuergefahr verbundenen Hantierungen bei bäuerl. Arbeit, bes. das Brechen und Dörren von Hanf und Flachs in den Häusern. Dorfgeschworene und bes. Funktionsträger wie die oft bezeugten Feuerschauer hatten regelmäßig die Feuerstätten nachzuprüfen und den Rauchfang zu überwachen. Die Kontrolle erstreckte sich zudem auf die Lagerung von Flachs und anderen Faserstoffen in der Nähe der Feuerstätte, weil durch deren fahrlässige Aufbewahrung häufig Brände zu entstehen pflegten. Ferner gehörte die Aufsicht über die Gewässer zum Feuerschutz, da bei der Brandbekämpfung v. a. die Wasserzufuhr aus Brandweihern, Dorfteichen und Brunnen gesichert sein mußte. Vgl. auch →Brandversicherung, →Brandstiftung. W. Rösener

Lit.: HOOPS² III, 404ff. – HRG I, 504f., 1124f. – K. S. BADER, Stud. zur Rechtsgesch. des ma. Dorfes II, 1962, 320, 367ff. – O. BRUNNER, Land und Herrschaft, 1965⁵, 8off. – K.-S. KRAMER, Volksleben im Hochstift Bamberg und im Fsm. Coburg, 1967, 49f.

Brandkugel

Brand- oder Feuerkugeln nannte man Geschosse, die vom 9. bis zum 16. Jh. zunächst von den verschiedenen Wurfmaschinen und später auch aus →Steinbüchsen geworfen wurden und die das Ziel in Brand setzen sollten. Bei den von →Bliden geworfenen B.n befand sich der Brandsatz aus Pech und Salpeter meist in einer groben Leinenhülle, die zur Verstärkung mit Schnüren umwickelt war und die vor dem Abschießen entzündet werden mußte. Die ab dem 14. Jh. aus Büchsen geschossenen B.n waren entweder mit Brandsatz gefüllte Hohlkugeln aus Holz (→Bombe) oder bestanden aus einem kugelförmigen Holzkern, der mit einem Hanfseil, das mit dem meist aus Schwefel, Harz und Schwarzpulver bestehenden Brandsatz getränkt war, umwickelt war. Beide Arten von B.n wurden auf die in eine Steinbüchse geladene Steinkugel aufgesetzt und gemeinsam mit dieser aus der Büchse geschossen. Während die gewickelte B. direkt von der Treibladung der Büchse entzündet wurde, mußte der Brandsatz in der Hohlkugel vor dem Abfeuern vom Büchsenmeister entzündet werden. E. Gabriel

Lit.: B. RATHGEN, Das Geschütz im MA, 1928 – W. HASSENSTEIN, Das Feuerwerkbuch von 1420, 1941.

Brandmarkung

I. Römisches Recht – II. Deutsches Recht – III. Englisches Recht – IV. Skandinavisches Recht.

I. RÖMISCHES RECHT: Die Römer kannten die B. von Sklaven wegen Flucht oder Diebstahls. Im Falle der Freilassung wurde ein gebrandmarkter Sklave (stigmatias) nicht röm. Bürger, sondern den dediticii – das waren unterworfene und staatenlos gewordene Feinde – gleichgestellt. Gebrandmarkt wurden auch die zur Bergwerksarbeit verurteilten Verbrecher. Sie hatten mit der Verurteilung die Freiheit verloren, waren also ebenfalls Sklaven (servi poenae). Ks. Konstantin verbot i. J. 315 die B. ins Gesicht (C. 9, 47, 17). In der Spätzeit des röm. Reiches, als Landpächter (coloni, →Adscriptio glebae), Handwerker und viele andere ihre persönl. Freiheit weitgehend verloren hatten, kam die B. von Nichtsklaven ohne Strafcharakter auf, insbes. B. von Rekruten, der Arbeiter in den ksl. Waffenfabriken (C. 11, 10, 3 v. J. 398) und der Wärter der Wasserleitungen von Konstantinopel (C. 11, 43, 10, 4 v. J. 474/91), um deren Entweichen bzw. eine Verwendung für andere Dienste zu verhindern. P. Weimar

Lit.: RE III, 2, 1929, 2520–2522 [Στιγματίας].

II. DEUTSCHES RECHT: Das Einbrennen eines Zeichens diente beim Vieh der Kundmachung des Eigentums (z. B. Pactus leg. Sal. 33. 2). Röm. beeinflußt dürfte es sein, daß →Liutprand die B. des rückfälligen Diebes vorsieht (cap. 80: »signum in fronte et faciae«). Das »Capitulare de moneta« aus dem Jahre 820 kennt die B. des Münzfälschers. Im MA ist die B. (»in maxilla comburere«, durch die Backen/Zähne brennen) in England, Skandinavien (s. u.) und Deutschland verbreitet. Sie kommt auch selbständig vor, meist begleitet sie jedoch Strafen wie den Pranger, das Stäupen und die Stadt- oder Landesverweisung, die nicht, wie alle verstümmelnden Strafen, per se den Delinquenten bleibend kennzeichnen. Der allem ma. Strafen immanente Sicherungszweck, der bei den nicht tödlichen Strafen die Stigmatisierung des Delinquenten bedingt, wird bei der B. ausdrücklich verfolgt: »unde man zeichent sy darumme, das sy die lute irkennen mogin unde sich deste bas vor sy huten« (Sächs. Weichbildglosse art 38). Dabei konnte das Brandmal weitere Informationen aufnehmen: Über den Strafgeber (z. B. Stadtwappen als Brandstempel), über die verhängte Strafe (»R« für Relegation), über die bei Rückfälligkeit drohende Strafe (Zeichen des Galgens oder des Rads) oder über das begangene Delikt (so begegnet das Zeichen des Würfels für Falschspieler). Ungebräuchl. wurde das Brandmarken erst Ende des 18. Jh. H. Holzhauer

Lit.: G. W. BÖHMER, Hb. der Lit. des Criminalrechts, 1816 [Neudr. 1970], 712 [ältere Lit.] – R. HIS, Das Strafrecht des dt. MA, T. 1, 1920 [Neudr. 1964], 530–532 – A. ERLER, Brandmarken ins Antlitz (Fschr. K. S. BADER, 1965), 115–120 – H. v. HENTIG, Die Strafe I, 1965, 423–426.

III. ENGLISCHES RECHT: Die B. wurde von der ags. Periode an im ma. England angewandt, doch erst 1489 erhalten wir durch Gesetzestexte sichere und genaue Kenntnis über die Art des Vollzugs. In diesem Jahr verordnete Kg. Heinrich VII. die B. von Delinquenten, die das *benefit of clergy* (in Anwendung des weitverbreiteten →privilegium fori) genossen, wobei Totschläger mit einem

»M« *(manslayer)* und Diebe mit einem »T« *(thief)* auf dem linken Daumenmuskel gebrandmarkt werden sollten. Ziel dieser Maßnahme war es zu verhindern, daß verurteilte Straftäter das benefit of clergy mehr als einmal in Anspruch nehmen konnten. Hintergrund der Bestimmung war dabei die in den vorangegangenen Jahrhunderten erfolgte Ausdehung des benefit of clergy, das ursprgl. nur die Geistlichen besaßen, auf alle Laien, die eine elementare Ausbildung, v. a. Kenntnisse im Lesen, nachweisen konnten. Das Gesetz sollte also eine allzu bereitwillige Gewährung des benefit of clergy bekämpfen. Diese Anwendung der B. wurde 1822 zusammen mit dem benefit of clergy abgeschafft. Im 16. und 17. Jh. wurde die Ausübung der B. ausgedehnt, z. B. durch ein Gesetz von 1547, das die B. von Vagabunden mit einem »V« auf der Brust verfügte. Im 18. Jh. ging die Anwendung der B. zurück, sie wurde 1829 allgemein aufgehoben, außer für Deserteure, für die sie erst 1879 abgeschafft wurde.

R. van Caenegem

IV. Skandinavisches Recht: Die Brandmarkung (aschw. *markia*, adän. *mærkæ*) scheint im Norden nicht zu den alten Rechtsinstituten gehört zu haben. Sie ist vielmehr erst in den Ende des 13., Anfang des 14. Jh. entstandenen norw. und schwed. Stadtrechten (Norges Gamle Love, i. f. abgekürzt: NGL, II, 268; Sweriges Gamla Lagar, i. f. abgekürzt: SGL, VI, 117), dem norw. Reichsrecht von 1274/76 (NGL II, 168) und den hierauf basierenden norw. Rechten für Island, →Járnsíđa (1271/73, NGL I, 298) und →Jónsbók (1281, ed. Ó. Halldórsson, 1904, Neudr. 1970, 263), erhalten. Hinzu kommen ein Beleg im Gotländ. Recht (→Gutalag, SGL VII, 263), in des →Andreas filius Sunonis lat. Paraphrase des Schon. Rechts (Danmarks Gamle Landskapslove, i. f. abgekürzt: DGL, I, 2, 598/599) und zwei unklare Stellen im Jütschen Recht (1241, DGL II, 299 und 304).

Allen Bestimmungen ist gemeinsam, daß allein bei wiederholtem leichtem Diebstahl gebrandmarkt wurde, in einigen Fällen jedoch (SGL VI, 117, NGL I, 168) als Kompensation für unterlassene Bußzahlung durch den rückfälligen Dieb. Meist war die B. mit der Prügelstrafe gekoppelt. Auf erneute Rückfälligkeit des gebrandmarkten Diebes stand – wie bei schwerem Diebstahl – die Todesstrafe. Angesichts der weitgehenden Ähnlichkeit der skand. B.-Bestimmungen ist anzunehmen, daß die »Diebsmarke« *(thiws mærk)* des Jütschen Rechts (DGL II, 299 und 304) – neben der möglichen Verstümmelung – auch die B. meint, analog zur lat. Paraphrase des Schon. Rechts (DGL I/2, 598/599), die bei leichtem Diebstahl die Verurteilung entweder zur Verstümmelung oder zur B. vorschreibt. Das Brandzeichen wurde, zumindest in Norwegen und Island, mit einem Schlüssel in die Backe eingebrannt.

Die deutliche Verbindung der B. mit einer Wiederholungstat im Rahmen eines leichteren Vergehens legt nahe, daß sie auch in Skandinavien v. a. eine Markierungs- und Warnfunktion hatte.

H. Ehrhardt

Q.: Sweriges Gamla Lagar VI–VII, hg. D. C. J. Schlyter, 1844–52 – Norges Gamle Love I–II, hg. R. Keyser–P. A. Munch, 1846–48 – Danmarks Gamle Landskapslove I–II, hg. J. Brøndum-Nielsen u. a., 1933 – *Lit.*: KL 15, 398.

Brandpfeil. B.e, auch Feuerpfeile oder Brandbolzen genannt, hatten einen ganz oder teilweise mit Brandsatz umwickelten Schaft und wurden während des ganzen MA sowohl von →Armbrusten, →Rutten, aber auch kleineren →Büchsen als Geschosse verwendet.

E. Gabriel

Lit.: B. Rathgen, Das Geschütz im MA, 1928 – W. Hassenstein, Das Feuerwerkbuch von 1420, 1941.

Brandschatzung → Kriegführung

Brandschutz → Brandkatastrophen, →Bauordnung

Brandstiftung

I. Römisches Recht – II. Deutsches Recht – III. Englisches Recht.

I. Römisches Recht: B. an Gebäuden und Getreidehaufen als vorsätzl. Tat wurde in Rom schon nach dem Zwölf-Tafel-Gesetz (etwa 450 v. Chr.) mit Verbrennen bestraft. Im klass. und justinian. Recht war B. aufgrund der lex Cornelia de sicariis (»Dolchmänner«, Banditen) (81 v. Chr.) und der leges Iuliae de vi publica und privata (etwa 17 v. Chr.) ein öffentl. Verbrechen. Die Strafen waren verschieden nach dem Stande des Täters: Niedriggestellte wurden den Tieren vorgeworfen, Höhergestellte auf andere Weise hingerichtet oder deportiert. B. auf dem Lande wurde milder bestraft als B. in der Stadt. Fahrlässiger Umgang mit Feuer und fahrlässige Brandverursachung wurden durch Stockhiebe oder deren strenge Androhung geahndet. Spätklass. scheint man Verursachung eines Brandes durch grobe Fahrlässigkeit der vorsätzl. B. gleichgestellt zu haben. In jedem Falle haftete der Täter außerdem zivilrechtl. aufgrund der lex Aquilia auf Buße in Höhe des Schadens. Zahlte er, so unterblieb im Falle der Fahrlässigkeit die Bestrafung. – Die Regelung des röm. Rechts wurde auch im ma. byz. und gemeinen Recht im wesentl. beibehalten.

P. Weimar

Lit.: Th. Mommsen, Röm. Strafrecht, 1899, 646, 836f., 840f. – G. Dahm, Das Strafrecht Italiens im ausgehenden MA, 1931, 496–501 – G. MacCormack, Criminal Liability for Fire in Early and Classical Roman Law, Index. Quaderni camerti di studi romanistici 3, 1972, 382–396 – B. Sinogowitz, B. und Brandverursachung im Recht der Ekloge Leons III. (Xenion. Fschr. Pan. I. Zepos, 1973), 573–588.

II. Deutsches Recht: Zahlreiche Regelungen in den Volksrechten zeigen die Bedeutung der B. schon in germ. Zeit. Der Annahme, B. sei ursprgl. todeswürdig gewesen (v. Amira, His, v. Schwerin), steht entgegen, daß entsprechende Stellen des west- und ostgot. Rechts röm. beeinflußt sind und die Stelle Lex Saxonum 38 auf der speziellen Kriminalpolitik Karls d. Gr. gegenüber den besiegten Sachsen beruht. Ebensowenig kann B. als solche noch als Meintat (so aber Brunner, His, v. Schwerin) gelten; die Mordbuße von 600 Schillingen im frk. Recht gilt vielmehr der Vernichtung der Leiche. Auch die Parallelisierung der B. mit dem →Diebstahl – dieser eigtl. Meintat – kann sich nur auf vereinzelte Stellen stützen. Häufiger scheint das Wesen der B. überhaupt im Angriff auf das Leben gesehen worden zu sein, so in allen Fällen, welche die heiml. oder nächtl. Begehung hervorheben. Ist B. somit typ. Bußdelikt, so paßt dazu, daß sie vornehml. als Fehdehandlung vorgekommen sein dürfte. In karol. Zeit steht die Androhung von Bannbußen, später die häufige Aufnahme der B. in die Landfrieden, im Zusammenhang der Fehdebekämpfung. Auf dem Landfrieden beruht es, daß B. im HochMA fast überall peinl. bestraft wurde, und zwar mit Enthaupten, Rädern oder Feuertod. Dabei sondert sich nun die als Sachbeschädigung verstandene B. dadurch deutlich von der lebensgefährdenden B., daß wie im Sachsenspiegel die letztere als →Mordbrand qualifiziert bestraft wird. – In vielen Regelungen wird die B. durch Attribute beschrieben, die auf Vorsatz hinweisen; frühe Regelungen der unabsichtl. B. beruhen auf röm. Einfluß. Erst in den Stadtrechten des HochMA erscheint die Feuerverwahrlosung als eigener Tatbestand. →Fehde, →Kriegführung, →Brandkatastrophen.

H. Holzhauer

Lit.: Hoops² III, s. v. Brandstiftung, 404–411 [H. Siems]; s. v. brenna, 441f. [E. Marold] – HRG I, 504 – G. Dahm, Das Strafrecht Italiens im ausgehenden MA, 1931, 496–501 – R. His, Das Strafrecht des dt. MA, Bd. II, 1935, 348.

III. ENGLISCHES RECHT: Die B. (*arson, baernet,* incendium) gehörte am Ende der ags. Periode zu den Vergehen, die nicht durch Bußleistung, sondern nur durch die Todesstrafe gesühnt werden konnten (so in den Gesetzen →Knuts d. Gr., nach 1020). In norm. Zeit erscheint das Delikt folgerichtig unter den placita coronae, d. h. den für die kgl. Gerichtsbarkeit reservierten Fällen (so in Glanvills »Tractatus de legibus et consuetudinibus regni Anglie«, 1187/89) und wurde – in der lehenrechtlich geprägten Vorstellungswelt des anglonorm. Rechtes – als felonia (vasallit. Treuebruch bzw. Kapitalverbrechen allgemein; →felony) zu den schandbarsten Meintaten gezählt (so im »Tractatus« des Henricus de Bracton, † 1268). Als vorsätzl. Niederbrennen von Häusern oder von mit Getreide gefüllten Speichern (diese weitergehende Definition begegnet bereits 1220) wurde es nach dem Talionsprinzip (→Talion) mindestens seit dem 13. Jh. mit dem Tod auf dem Scheiterhaufen bestraft, an dessen Stelle später das Erhängen trat. – Die B. hat insofern in der engl. Rechtsgeschichte bes. Bedeutung, als sie eines der ersten Delikte war, bei dem der kriminelle Vorsatz als entscheidend gewertet wurde, während das frühma. Recht – wie das archaische Recht im allgemeinen – dem verursachten Schaden weit größeres Gewicht zumaß als der individuellen Schuld und damit auch die Verursachung durch einen Zufall nicht als Verteidigungsgrund anerkannte.

R. van Caenegem

Brandub mac Echach, Kg. der Uí Cennselaig, † 605/608 (?); v. a. bekannt durch seinen Sieg über Áed mac Ainmerech, Hochkönig der →Uí Néill, in der Schlacht v. Dún Bolg (598). Durch diesen militär. Erfolg vermochte sich B.s Dynastie als mächtigstes Geschlecht der Uí Cennselaig im späten 6. Jh. durchzusetzen; der Expansion der Uí Néill nach →Leinster, die der Hauptgrund für den Niedergang der konkurrierenden Dynastien aus Leinster gewesen war, wurde damit Einhalt geboten. B.s Sieg wird in der Sagenerzählung »Bóruma Laigen« ('Viehzins von Leinster') gefeiert; sie berichtet, mit stark fabulösen Elementen durchsetzt, wie B. dem seit vorgeschichtl. Zeiten von den Leuten aus Leinster entrichteten Viehzins (→Bóruma) an die Uí Néill ein Ende machte. In der Dichtung ist auch von den »sieben Schlägen gegen Brega« (das südl. Kgr. der Uí Néill; →Brega) die Rede, denen vielleicht ein histor. Kern zugrundeliegt. – B.s genealog. Beziehungen sind unklar; die Angaben über den Zeitpunkt seines Todes beruhen möglicherweise auf Verwechslungen.

D. Ó Cróinín

Lit.: F. J. BYRNE, Irish kings and high-kings, 1973, 142–145.

Brandversicherung, skandinavische. Gesetzl. Regelungen über Unterstützungsmaßnahmen auf Gegenseitigkeit bei Brandschäden finden sich im Recht der dän. Landschaft Schonen (Skaanske Lov, ca. 1210), in schwed. Landschaftsrechten (Östgötalagen, Dalalagen, Vestmannalagen vom Ende des 13., Anfang des 14. Jh.), im schwed. Reichsrecht von 1347 (Magnus Erikssons Landslag) und der jüngeren Version des isländ. Rechts (Grágás, Staðarhólsbók von ca. 1250). Gemeinsam ist diesen wohl aus der gewohnheitsrechtl. organisierten →Nachbarschaft erwachsenen Bestimmungen, daß meist ein Eigenanteil des Geschädigten und die Maximalleistungen der Versicherungsgenossen festgesetzt sind. Der Teilnehmerkreis an der B. beschränkt sich überall auf die jeweils kleinste Verwaltungseinheit einer Landschaft oder eines Landes.

Bei der schonischen B. (*brænnæstrup* 'Brandunterstützung', DGL I¹, 225–226; DGL I², 131) ist jeder Bauer im Härad verpflichtet, einen Pfennig oder ein Scheffel Korn oder zwei Scheffel Hafer zu entrichten, wenn der Brandschaden mindestens eine Höhe von sechs Öre hatte und die vom Verursacher des Schadens zu zahlenden drei Mark nicht ausreichten, den Schaden zu beheben. Die Brandunterstützung im schwed. Östgötalagen (SGL II, BB 44) war nach ähnlichen Prinzipien organisiert. Nach Dalalagen (SGL V, BB 45:5) und Vestmannalagen (SGL V, BB 25:pr) unterlagen nur Wohnraum, Gästeraum und Speicher der B. Im schwed. Reichsrecht (SGL X, BB 28:6) wurde landesweit zum ersten Mal die unparteiische Taxierung des Schadens kodifiziert, die vermutl. aber bereits in den Landschaftrechten vorausgesetzt wurde. Belief sich danach der Schaden auf mindestens 20, 10 oder fünf Mark, leistete entweder der ganze, der halbe oder ein Viertel des Härad Brandunterstützung in Höhe von einem halben Spann Saatgut und 4 Pfennigen pro Bauer.

Bes. weit entwickelt ist die B. im freistaatl. Island (ca. 930–1264; vgl. Grágás, Staðarhólsbók, § 227), nicht zuletzt wohl deswegen, weil sie im Rahmen des →Hrepp organisiert war, der auf dem gesetzl. geregelten, genossenschaftl. Zusammenwirken seiner Mitglieder beruhte und auch auf anderen Gebieten (→Armut und Armenfürsorge, B. IV; →Bettlerwesen, I) den Charakter einer »Assekuranzgesellschaft« (K. MAURER) hatte.

Der Brandschadensersatz (*scaðabœtr*) erstreckte sich nur auf die Häuser (resp. Räume) des Hofes, in denen sich notwendigerweise Feuerstellen befanden: Stube (*stofa*), Hauptraum (*eldhús* oder *skáli*) und Vorratsraum mit Küche (*búr, þat er konor hafa mat reiðo í*). Auch der Verlust von Nahrungsmitteln, Alltagskleidern und anderen Alltagsgegenständen wurde in die Versicherung mit einbezogen, nicht aber Handelsware und Schmuckstücke. Weiterhin fiel auch die zu einem Hof gehörige Kirche mit Grundausstattung unter die B. Bei einem berechtigten Anspruch auf *scaðabœtr,* der bei eigenem oder fremdem Verschulden geltend gemacht werden konnte, nahmen fünf Bauern des Hrepp die Schadensschätzung vor und verkündeten das Ergebnis auf der nächsten ordentl. Zusammenkunft. Die Mitglieder des Hrepp ersetzten dann die Hälfte des festgestellten Schadens. Niemand brauchte jedoch mehr als ca. 1% seines Vermögens jährl. an Versicherungsleistungen zu entrichten. Außerdem konnte ein Brandgeschädigter nur dreimal die Kompensation seines Schadens durch den Hrepp verlangen.

Auch wenn die Bestimmungen über B. erst in der um 1250 entstandenen Staðarhólsbók der →Grágás und nicht schon in der älteren Konungsbók überliefert sind, ist es wegen der komplexen Organisation des Hrepp nicht auszuschließen, daß die B. (und auch die→Viehversicherung) mit zu den schon frühzeitig entwickelten Maßnahmen gehörte, die Verarmung eines Hrepp-Genossen zu verhindern, denn aufgrund des genossenschaftl. Haftungsprinzips (*ábyrgð*) hätte dies eine gemeinschaftl. Versorgung nach sich gezogen (→Armut und Armenfürsorge, B. IV). Offensichtl. hatte die B. auch im übrigen Skandinavien einen ähnlich präventiven Charakter.

Neben der öffentl. Gesetzgebung regelten die in Skandinavien weit verbreiteten →Gilden die Unterstützung ihrer Gildegenossen bei Brandschäden und anderen Unglücksfällen. In Norwegen und Dänemark (außer Schonen) ist eine B. überhaupt nur aus Gildestatuten bekannt. In schwed. Gilden ist dieser Bestimmungskomplex – vermutl. wegen der entsprechenden Reichsgesetzgebung – weniger ausgeprägt. In der Regel verpflichteten sich die Gildegenossen, den Geschädigten durch Mithilfe bei der Instandsetzung, aber auch durch Geld und Naturalien, zu unterstützen.

Gegenüber der B. in Gildestatuten repräsentieren die Bestimmungen in den Gesetzen, bes. auf Island, wegen ihres hohen Differenzierungsgrades ein weiterentwickeltes Stadium. Ob es eine direkte Beziehung zw. Gildewesen und genossenschaftl. Formen in Hrepp und Härad gibt, ist bislang noch ungeklärt. H. Ehrhardt

Q.: Sweriges Gamla Lagar, hg. D. H. S. COLLIN–D. C. J. SCHLYTER II, V, X, 1830–62 [SGL] – Grágás, Stadarhólsbók, hg. V. FINSEN, 1879 – M. PAPPENHEIM, Ein altnorweg. Schutzgildestatut, 1888 – Danmarks Gamle Landskabslove, hg. BRØNDUM-NIELSEN, AAKJÆR, KROMAN I, 1–2, 1933 [DGL] – Lit.: KL II, 206–212 – K. v. AMIRA, Nordgerm. Obligationenrecht I, 1882, 761ff.; II, 1895, 928ff. – K. MAURER, Vorl. über altnord. Rechtsgesch. V, 1910, 488–492 [Nachdr. 1966] – A. O. JOHNSEN, Gildevæsenet i Norge i middelalderen, NHT 26, R. 5, Bd. 5, 1924, 73–101 – Þ. EYJÓLFSSON, Alþingi og héraðstjórn, 1952 (Saga Alþingis 5, 1956), 11ff. – J. JÓHANNESSON, Islands historie i mellomalderen, 1969, 69 – P. FOOTE–D. M. WILSON, The Viking Achievement, 1970, 118–122 – L. BJÖRNSSON, Saga sveitarstjórnar á Íslandi I, 1972, 38–40 – Saga Íslands I, 1974, 186.

Brandwirtschaft. [1] In schriftl. Quellen des MA ist die B. nur selten belegt, aber durch die →Altlandschaftsforschung als eine Form der Urbarmachung des Landes in Zusammenhang mit der Rodung nachgewiesen. Die →Rodung erfolgte zunächst nicht radikal, d. h. das Wurzelwerk von Bäumen blieb stecken und gab Möglichkeit zum Neuausschlag von Waldbäumen, insbes. der Weichholzarten. Man wollte so im Rahmen einer extensiveren Wirtschaftsweise möglichst wenig Arbeitskraft und Kapital (etwa für Arbeitsgeräte) investieren. Die eigtl. Waldbeseitigung zugunsten permanenter Ackerflächen, also eine Entmischung von Feld und Wald, erfolgte in Etappen oft am Ende des HochMA. In diesem Sinne bildet die B. eine Stufe beim Übergang von der Waldfeldwirtschaft zur Dauerfeldwirtschaft. A. Timm

[2] Die B. ist weiterhin ein pflanzenbaul. Bodennutzungssystem, das seit dem FrühMA belegt ist und in vielen Gegenden Europas noch bis ins 20. Jh. betrieben wurde; durch die regelmäßige Wiederholung des Brandes auf der gleichen Fläche im Rahmen einer mehrjährigen Rotation des Ackerbaus unterscheidet sich diese Wirtschaftsform vom einmaligen Brennen zum Zwecke der Rodung. Bei der B. wurde die wilde Flora eines bestimmten Grundstücks (Wald, Heide, Moor usw.) verbrannt, die Asche mit der Erde vermengt (meistens durch Hacken) und auf dem so vorbereiteten Boden für ein oder zwei Jahre Getreide angebaut. Häufig schloß sich daran die Weidenutzung an. Danach wurde das Reutfeld wieder sich selbst überlassen, um es erneut mit Heide, Wald oder wildem Gras bewachsen zu lassen. Anstelle der aufgelassenen Fläche wurde dann eine neue mittels Brand zum Ackerbau vorbereitet. Die Umtriebszeit zw. zwei Brennabschnitten schwankte im Niederwald von 5–10 bis zu 30–40 Jahren. Vom Holzertrag wurden die besseren Teile für den bäuerl. Holzbedarf (Zaunholz, Steckenholz usw.) ausgesondert und das übriggebliebene Abfallholz verbrannt. Die Wurzelstöcke der Bäume und Sträucher ließ man stehen, damit sie nach Beendigung des Ackerbaus erneut austreiben konnten. Bei der verbreiteten Düngerknappheit der ma. Landwirtschaft war die B. ein Mittel, um den auch schnell erschöpfenden Boden der Mittelgebirgslandschaften durch Aschedüngung neue Nährstoffe zuzuführen.

Die ältesten urkundl. Hinweise auf B. finden sich für das westl. Mitteleuropa im 8. und 9. Jh. Die B. wurde im MA in Ergänzung zum intensiv genutzten Ackerland im Nahbereich der Siedlungen v. a. in den Außenbezirken der Fluren (Außenfelder, Bergfelder) oder im Wald betrieben. Mit dem Vordringen der Besiedlung aus den fruchtbaren altbebauten Tal- und Beckenlandschaften in die nährstoffärmeren, zur Bodenauslaugung neigenden Mittelgebirgszonen breitete sich im HochMA die B. immer weiter aus. Im SpätMA findet sich die B. auch auf wüstgewordenen Fluren, die so in extensiver Form genutzt wurden. W. Rösener

Lit.: HOOPS² III, 411f. – K. LAMPRECHT, Dt. Wirtschaftsleben im MA, 1885/86 – H. SCHMITTHENNER, Die Reutbergwirtschaft in Dtl., Geogr. Zs. 29, 1923, 115ff. – J. LORSBACH, Hauberg und Hauberggenossenschaften des Siegerlandes, 1956 – F. MAGER, Der Wald in Altpreußen als Siedlungsraum I, 1960 – A. TIMM, Ma. Rodung und Kolonisation in mitteldt. Sicht, Mittel- und Ostdt. Forsch. 4, 1963 – F. SCHNEITER, Agrargesch. der B., Forsch. zur gesch. Landeskunde der Steiermark 25, 1970.

Braničevo, ma. Stadt an der Mündung der Mlava in die Donau (Serbien, östl. v. Belgrad), röm. Colonia Viminacium; mit dem slav. Namen erstmals 879 als Bischofssitz im Verband des ersten bulg. Reiches erwähnt. Seit 1018 unter byz. Herrschaft, weiterhin Bischofsstadt, besaß B. auch Bedeutung für den Handel mit Ungarn. Während der byz.-ung. Kriege 1127–29 und 1154–55 belagert und beschädigt. Nach der Verdrängung der Byzantiner um 1190 war die Stadt mit ihrem Gebiet jahrzehntelang Streitobjekt zw. →Ungarn und →Bulgarien. Ungarn versuchte durch die Gründung des Banates v. Kučevo und B. (1272–73) seine Herrschaft zu sichern. Trotzdem bemächtigten sich Drman und Kudelin, zwei bulg. Adlige kuman. Herkunft, des Gebietes von B., sie wurden aber von dem serb. Kg. Stefan Uroš II. Milutin um 1285–89 vertrieben. B. wurde den ehemaligen ung. Besitztümern, die sich unter der Herrschaft des serb. Exkönigs Stefan Dragutin befanden, angeschlossen. Im 14. Jh. kämpften Ungarn und Serbien mehrmals um B. und die übrigen Grenzstädte an der Donau. Seit 1379 gehörte B. zum Staat des Fs.en →Lazar u. seiner Nachfolger. Im SpätMA wird das Gebiet von B. öfter als die Stadt selbst erwähnt; es scheint jedoch ihre Bedeutung für den Handel nicht verloren zu haben. Anläßl. der ersten Inbesitznahme durch die Türken (1437) wird sie als »op(p)ulentissimum oppidum... Branizevo« bezeichnet. Seit 1459 stand sie dauernd unter türk. Herrschaft. S. Ćirković

Lit.: M. DINIĆ, Braničevo u srednjem veku (Srpske zemlje u srednjem veku, 1978), 84–112.

Branimir, kroat. Fs. (dux Crvatorum) 879 – um 892. Seine Regierung, über die wenig bekannt ist, begann mit der Absetzung und Tötung seines Vorgängers →Zdeslav, der ein Schützling des byz. Ks.s war. B. wandte sich an den Papst Johannes VIII. mit der Bitte, ihn in der weltl. Herrschaft (principatus terrenus) zu bestätigen. Mit Recht wurde das als Zeichen der erreichten Selbständigkeit gedeutet. Der Papst begrüßte die Änderung der Machtverhältnisse als Rückkehr in den Schoß der hl. röm. Kirche. Der erwählte Bf. der Kroaten, dessen Sitz in →Nin (Nona) war, begab sich trotzdem nicht nach Rom zur Bischofsweihe. Die Spannungen zw. dem kirchl. Würdenträger von Kroatien und den dalmat. Küstenstädten reichen in B.s Regierungszeit zurück. B.s Name findet sich auf vier erhaltenen Steininschriften, auf einer von ihnen mit dem Titel »dux« und der Jahreszahl 888. S. Ćirković

Lit.: F. v. SIŠIĆ, Gesch. der Kroaten I, 1917 – N. KLAIĆ, Povijest Hrvata u ranom srednjem vijeku, 1971.

Brankovići, serb. Adels- und Herrscherfamilie, vom Anfang des 14. bis zum Anfang des 16. Jh. Die Benennung B. wurde ihr seit dem 17. Jh. in der Literatur beigelegt, sie galt aber nur für eine von sechs bekannten Generationen. Der Stammvater der Familie war der Wojwode Mladen aus der Regierungszeit des Kg.s Stefan Uroš III. Dečanski (1321–31). Sein Sohn Branko Mladenović war schon mit dem hohen Titel eines →Sebastokrators Statthalter des Zaren Stefan Dušan in Ochrid. Von seinen drei Söhnen, die sich auf die ursprgl. Erbgüter der Familie zurückzogen, spielte nur Vuk Branković (um 1370–1397) eine bedeutende Rolle. In der Periode, in der sich in Serbien die landesherrl. Territorien bildeten, schuf er ein Territorium der B. mit →Kosovo als Mittelpunkt und bereitete dadurch die Erhebung seiner Nachkommen auf den serb. Thron vor. Bis zur Schlacht v. →Kosovo Polje (Amselfeld) i. J. 1389 stand Vuk im Schatten seines mächtigen Schwiegervaters, des Fs.en →Lazar Hrebeljanović (1362–89), nach dessen Tod in der Schlacht aber war Vuk die führende Persönlichkeit unter den serb. Landesherren. Nach dem Sieg des osman. Herrschers Bāyezīd I. bei →Nikopolis (1396) verdrängte dieser Vuk aus seinen Ländern; sein Territorialbesitz wurde zw. den Türken und deren treuem Vasallen→Stefan Lazarević geteilt. Vor der Schlacht bei →Ankara zw. Bāyezīd II. und Timur (1402) erhielten die Witwe Vuks, Mara, und ihre drei Söhne einen Teil der Länder zurück. Nach einer Periode innerer Kämpfe, die mit den Auseinandersetzungen zw. den Söhnen Bāyezīds I. verbunden waren, versöhnte sich Đurađ Vuković mit seinem Onkel Stefan Lazarević und wurde später zum Nachfolger des kinderlosen Despoten ernannt. Đurađ war 1427–56 Herrscher (→Despot) v. Serbien und Herr der Despotengüter in Ungarn. Durch die Eheschließungen seiner Töchter Mara und Katarina (Kantakuzina) war er mit dem osman. Sultan→Murād II. und dem Gf.en Ulrich II. v. →Cilli verschwägert. Seine beiden älteren Söhne Grgur und Stefan wurden 1441 von ihrem Schwager Murād II. geblendet, so daß nur der jüngste Sohn Lazar (1456–58) als Thronfolger in Frage kam. Da er nur Töchter hinterließ, setzten schließl. seine blinden Brüder die Hauptlinie der Familie fort. Nach der osman. Eroberung von Serbien (1459) lebten die B. in Ungarn als Titulardespoten v. Serbien; an der Spitze des Hauses stand zunächst Vuk Grgurević (1464–85), ihm folgten die Söhne des blinden Stefan, Đorđe (1486 – um 1496) und Jovan (1496–1502), nach. Mit Đorđe, der sich als Mönch Maxim ins Kl. zurückzog, erlosch die Familie i. J. 1516. Die B. waren mit den byz. Herrscherdynastien der →Kantakuzenen und der →Palaiologen, mit den alban. Familien →Topia, →Kastrioti und Arianiti, mit den kroat. Frankopani und mit den Wojwoden der →Valachei verschwägert. Die serb. Genealogien (Rodoslovi) während der Zeit der B.-Herrschaft bezeichneten die Familie als Nachkommen der →Nemanjiden, um die B. an deren sakraler Herrschaftslegitimation teilhaben zu lassen. →Serbien.   S. Ćirković

Lit.: Enciklopedija Jugoslavije II, 1956, 181–185 [Đ. Sp. Radojičić] – C. Jireček, Gesch. der Serben I–II, 1911–18 – Oblast Brankovića. Opširni katastarski popis iz 1455. godine, hg. H. Hadžibegić, A. Handžić, E. Kovačević, 2 Bde, 1972 – M. Dinić, Oblast Brankovića, Prilozi za književnost, jezik, istoriju i folklor 26, 1960, 5–30 [abgedr. in: Srpske zemlje u srednjem veku, 1978, 148–177].

Branle (bransle), von frz. *branler* 'schwanken', 'hin und her bewegen', seit etwa 1530 belegt als Bezeichnung für einen zahlreiche Typen umfassenden frz. Gruppentanz volkstüml. Provenienz; im 15./16. Jh. Bezeichnung für eine Schreitfigur der Basse danse (→Tanz), von welcher der später als B. bezeichnete Tanz abgeleitet zu sein scheint. Die weiter zurückliegenden Wurzeln des B. dürften in ma. Rundtänzen zu suchen sein. Das einen solchen Rundtanz bezeichnende Wort *caroletta* in Boccaccios »Decamerone« übersetzte in der 1. Hälfte des 16. Jh. Antoine Le Maçon mit dem Wort B.   R. Bockholdt

Lit.: M. de Toulouze, L'art et instruction de bien danser, Paris [Faks. 1936] – C. Sachs, Eine Weltgesch. des Tanzes, 1933 – M. Dolmetsch, Dances of England and France from 1450 to 1600 with their Music and authentic Manner of Performance, 1949.

Branntwein (aqua ardens, aqua vitae) war im MA zunächst kein Konsumgut. Der erstmals im 11. oder 12. Jh., vielleicht in Salerno, durch Destillation von Wein gewonnene Alkohol blieb vorwiegend Arzneimittel, im 14. Jh. auch gegen die Pest verschrieben, und wurde in Kl. und Apotheken hergestellt. Zwar gab es schon im 13. Jh. süße, gewürzte Liköre, aber erst durch das Aufkommen ungesüßter, zunehmend außerhalb der Apotheken erzeugter Weindestillate, begann sich der Branntweinkonsum im 14. Jh. in Frankreich und Deutschland auszubreiten. Obrigkeitl. Reglementierungsversuche (Reval 1485, Frankfurt a. Main 1487, Nürnberg 1496) deuten auf zunehmenden Verbrauch am Ende des Mittelalters. Eine drast. Nachfragesteigerung auch nach Obst- und Getreidedestillaten setzte aber erst im 16. Jh. ein. Daneben blieb B. bis in das 18. Jh. auch für die Arzneizubereitung wichtig. →Alkohol.   U. Dirlmeier

Lit.: G. L. Kriegk, Dt. Bürgertum I, 1886 [Neudr. Hildesheim 1969] – R. J. Forbes, Short hist. of the art of Destillation, 1948 – A Hist. of Technology, hg. Ch. Singer u. a., 2, 1957 – D. Goltz, Ma. Pharmazie und Medizin (VIGGPharm NF 44, 1976).

Brant (latinisiert: Titio), **Sebastian**, * 1457 in Straßburg, † 10. Mai 1521 ebd., studierte beide Rechte in Basel (1477 Baccalaureus, 1483 Lic. iur., 1489 Dr. utr. iur.) und lehrte dort seit 1484 Jurisprudenz und Poesie. 1492 war er Dekan der jurist. Fakultät, 1496 erhielt er einen Lehrstuhl für Jurisprudenz mit der Auflage, auch weiterhin die Vorlesung in Poesie wahrzunehmen. Außerhalb der Universität war er in Basel als Advokat vor dem bfl. und städt. Gericht sowie als Vorsteher des mgfl. Gerichtes tätig. Seine Rolle als Berater von Basler Verlegern und als Buchkorrektor bedarf noch der Aufhellung. Durch Vermittlung des berühmten Predigers Johann →Geiler v. Kaysersberg, den B. seinen Lehrer nennt, wurde er 1501 Syndikus der Reichsstadt Straßburg, wo er 1503 zum Stadtschreiber aufstieg. Von Kg. Maximilian I. erhielt er die Würde eines →Hofpfalzgrafen. Wie bei den verschiedenen Tätigkeiten in Basel bewährte B. sich auch in dem polit. bedeutsamen Straßburg als umsichtiger, besonnener Praktiker, Ratgeber und Politiker. Es dürfte kaum eine Entscheidung der Verwaltung sowie der Innen- und Außenpolitik der Stadt zw. 1503 und 1521 gegeben haben, an der er nicht maßgeblich mitwirkte. B. verkörpert d. Typus des dt. Bürger-Humanisten, dem polit. Verantwortung vorbildl. zu tragen eine selbstverständl. Aufgabe ist. Nicht verwunderlich ist, daß ein Zeitgenosse ihn einen »romanissimus et verus Cato« nannte.

Der Nachwelt ist B. wegen seiner jurist. Fachbücher und wegen des »Narrenschiffs«, eines der bedeutenden »Bestseller« der frühen Neuzeit, immer bekannt gewesen. Als Verfasser des Narrenschiffs genießt er nächst Hans →Sachs aus der Reihe der Autoren des 15./16. Jh. selbst heute noch einige Berühmtheit.

Die schriftsteller. »Laufbahn« beginnt B. 1480 mit einem lat. Gelegenheitsgedicht aus Anlaß einer Naturkatastrophe (Überschwemmung des Rheines). Außergewöhnl. Naturerscheinungen (Sonnenfinsternis, Meteorfall, Mißgeburt bei Mensch und Tier, epidem. und unerklärl. Krankheit, Vogelflug, Kreuzfall, Planetenkonjunktion) zu registrieren und auf den Vorzeichencharakter hin zu befragen, bleibt seitdem eines seiner Hauptinteressen. Er nimmt gleichsam die Rolle eines Erzaugurs des Hl. Röm. Reiches wahr. Weiterhin darf man bezeichnend nennen, daß die erste gedruckte Schrift aus seiner Feder eine polit. Flugschrift des Jahres 1488 ist. Hierin klagt er die Flamen wegen der Gefangennahme →Maximilians I. an. Für König bzw. Kaiser und Reich einzutreten ist das andere bestimmende Lebensthema. Mit führenden europ. Humanisten ersehnt er die Heraufkunft eines neuen Goldenen Zeitalters und sieht wie zahlreiche andere Humanisten in Maximilian den Bringer der Zeitenwende. Unermüdl. für Maximilian und des Reiches Stärkung eintretend, erkennt er in der Bedrohung des Abendlandes durch die Türken, in dem partikularen Egoismus der Reichsfürsten und in dem vielfältigen Fehlverhalten jedes einzelnen in religiösen und weltl. Dingen die entscheidenden Hindernisse, die ersehnte Erneuerung zu erreichen. Konsequent widmet er daher den größeren Teil seiner schriftsteller. Tätigkeit als Dichter, Übersetzer, Herausgeber, Kommentator und hist. wie jurist. Fachautor diesem Ziel, indem er für eine Erneuerung in allen Lebensbereichen eintritt. In seinen zahlreichen religiösen Gedichten (erste Sammelpublikation 1494), die sein Streben nach Erneuerung röm. Formkunst belegen, stellt er die wahren Exempla chr. Lebens vor Augen: Christus, Maria, die Heiligen. Auf den zahlreichen Flugblättern seiner Wunderdeutungen (erste Sammeledition gemeinsam mit der 2. Aufl. der religiösen Gedichte 1498) sowie in seinem Jerusalembuch (1495, dt. 1518) warnt er vor polit. Egoismus und vor den Türken. Im 1494 dt. publizierten »Narrenschiff« (1497 lateinisch, dann ndt., frz., ndl. und engl. Adaptionen), dessen Bildschmuck größtenteils der junge Dürer besorgte, setzt er das Fehlverhalten des einzelnen satir. Kritik aus und zeigt den Zusammenhang zw. »Unordnung« des einzelnen und »Unordnung« des Ganzen auf. Das Werk ist als Weisheitsspiegel angelegt, Erziehungsziel ist der vir bonus, in dem röm. und chr. Tugenden zusammenfinden. Es stellt einen Aufruf zu besonnener Aktivität dar, in dem Politik, Moral und Religion sich als untrennbare Größen erweisen. Mit Hilfe des Theaters setzt B. seine Bemühungen um eine moral. Erneuerung in Straßburg fort (»Tugendspiel I« 1512, »Tugendspiel II« 1518). Als Übersetzer (→Facetus, →Cato, →Hortulus animae usw.), Herausgeber bzw. Förderer von Ausgaben (Aesopus, Ambrosius, Augustinus, die Bibel, Boethius, →Erasmus, →Freidank, Der Heiligen Leben, →Lupold v. Bebenburg, →Petrarca, →Seuse, →Vergil usw.) und als Kommentator (→Baptista Mantuanus) erschließt er in diesem Sinne richtungweisende Grundlagen für die Gebildeten und daher Verantwortlichen der Zeit, als jurist. Fachautor (»Expositiones«: von 1490–1622 ca. 48 Aufl., »Clagspiegel«: von 1488–1612 ca. 21 Aufl., Edition von Ulrich Tenglers »Layenspiegel«: von 1509–60 ca. 20 Aufl., usw.) hilft er die Rechtspraxis verbessern, die das Zusammenleben im Kleinen wie Großen elementar betrifft.

Insgesamt zeigt sich B. als eine Persönlichkeit von erstaunlicher Schaffenskraft, Vielseitigkeit, Sprachbegabung, Objektivität und charakterl. Geschlossenheit. Als Humanisten kann man B. wohl nur zutreffend würdigen, wenn man seine selbstgewählte Bindung an Vergil und den Moralisten Petrarca auf der einen und an die Hl. Schrift auf der anderen Seite erkennt sowie sein darauf beruhendes Streben nach einer »klassischen« Geisteshaltung (G. WEISE) der Läuterung, Erhöhung, veredelnden Stilisierung und Selbstbeschränkung. Mit dem »Narrenschiff« hat B. die Mode der →Narrenliteratur begründet, die Mitte des 16. Jh. durch die Mode der Teufelliteratur bereichert wird. Es gehört seitdem zum Anregungspotential der Weltliteratur. D. Wuttke

Werkverzeichnisse: CH. SCHMIDT, Hist. Litt. de l'Alsace 2, 1879, 341–373 – K. GOEDEKE, Grundrisz zur Gesch. der dt. Dichtung aus den Quellen 1, 1884², 379–392 – Gesamtkat. der Wiegendrucke 4, 1930, 614–650, 671–678 – Index Aureliensis, prima pars 5, 1974, Nr. 123.661–123.755. Ein neues Verz. wird von D. WUTTKE erarbeitet. – Ed.: S. B.s Narrenschiff, hg. F. ZARNCKE, 1854 [Neudr. 1964; wichtige Brant-Anthologie, Lit.] – S.B., Das Narrenschiff. Faks. der Erstausg. von 1494. Mit einem Nachw. v. F. SCHULTZ, 1913 [wichtiges Nachwort] – S.B., Das Narrenschiff, übertragen v. H. A. JUNGHANS, Nachwort v. H.-J. MÄHL, 1964 [Lit.] – F. DÖRNHÖFFER, Seelengärtlein, 1907–11 – Flugblätter des S.B., hg. P. HEITZ. Mit einem Nachw. v. F. SCHULTZ, 1915 – S.B. Tugent Spyl, hg. H.-G. ROLOFF, 1968 – Ed. der Opera omnia und Briefe von D. WUTTKE ist in Vorber. – Lit.: EM II, 667–673 – KINDLERS Lit.-Lex. V, 1964, 255ff. – LMK I, 888–890 – Verf.-Lex² I, 992–1005 – CH. SCHMIDT, Hist. Litt. de l'Alsace 1, 1879, 191–333 [noch immer beste Gesamtdarstellung] – U. CHEVALIER, Rép. des sources hist. du MA. Bio-Bibliogr. 1, 1905², 690f. – J. JANITSCH, Das Bildnis S. B.s von Albrecht Dürer, 1906 – J. SPRINGER, S. B.s Bildnisse, 1907 – J. HATT, Une ville du XVe s. Strasbourg, 1929 – W. FRAENGER, Altdt. Bilderbuch, 1930 – W. GILBERT, The Culture of Basel in the Fifteenth Cent. [Diss. masch. Cornell Univ. 1941] – M. A. RAJEWSKI, S. B. Stud. in Religious Aspects of His Life, 1944 – P. BÖCKMANN, Formgesch. der dt. Dichtung I, 1949, 227–239 – F. WINKLER, Dürer und die Illustrationen zum Narrenschiff, 1951 – F. LUCHSINGER, Der Basler Buchdruck als Vermittler it. Geistes, 1953 – G. WEISE, Der Humanimus und das Prinzip der klass. Geisteshaltung (Bibl. d'Humanisme et de la Renaissance 16, 1954), 153–171, 284–297 – F. ANZELEWSKY, Motiv und Exemplum im frühen Holzschnittwerk Dürers [Diss. masch. FU Berlin, 1955] – M. SAUER, Die dt. Inkunabeln. Ihre hist. Merkmale und ihr Publikum [Diss. Köln 1957] – H. R. HAGEMANN, Rechtswiss. und Basler Buchdruck an der Wende von MA zur NZ, ZRGGermAbt 77, 1960, 241–287 – G. BURGER, Die südwestdt. Stadtschreiber im MA, 1960 – P. HANKAMER, Die Sprache und ihr Begriff im 16. und 17. Jh., 1965² – J. D. JIMENEZ, El ›De Origine‹ o la Hist. de Jerusalén de S. B., Salmanticensis 15, 1968, 641–697 – D. WUTTKE, Dt. Germanistik und Renaissanceforschung, 1968 [Lit.] – P. M. SKRINE, The destination of the ship of fools, MLR 64, 1969, 576–596 – G. HESS, Dt.-lat. Narrenzunft, 1971 – F. HIERONYMUS, Felix Hemmerli und S. B. (Fschr. CH. VISCHER, 1973), 159–195 – F. RAPP, Reformes et réformation à Strasbourg, 1974 – H. KUNZE, Gesch. der Buchillustration in Dtl., 1975 – D. WUTTKE, S. B. und Maximilian I. (Die humanisten in ihrer polit. und sozialen umwelt, 1976), 141–176 [174ff. auch zu B.s Tugendspielen] – DERS., Wunderdeutung und Politik (Landesgesch. und Geistesgesch., Fschr. O. HERDING, 1977), 217–244 – U. GAIER, Zur Pragmatik der Zeichen in S. B.s Narrenschiff (L'Humanisme allemand 1480–1540, 1979), 231–259 – H. KIESEL, ›Bei Hof bei Höll‹. Unters. zur lit. Hofkritik von S. B. bis F. Schiller, 1979 – D. WUTTKE, Vorw. zu: Ethik im Humanismus, 1979.

Branthog, Bf. v. Halberstadt seit 1023, †27. Aug. 1036, ◻ Halberstadt, Dom. B. war Propst, seit 1011 Abt des Kl. →Fulda; 1013 auf Betreiben des Mainzer Ebf.s Erchanbald durch Ks. Heinrich II. abgesetzt, der Fuldaer Güter einziehen und im Kl. den Ordo Gorziensis (→Gorze) durch Poppo v. Lorsch einführen ließ. Möglicherweise wich B. mit einigen Mönchen in das vom Halberstädter Bf. Arnold gegründete Kl. →Ilsenburg aus. Weihnachten 1023 wurde B., ein Parteigänger Ebf. →Aribos v. Mainz, unter Mißachtung des Halberstädter Wahlprivilegs durch Ks. Heinrich II. in Bamberg zum Bf. v. Halberstadt erhoben. Im Gandersheimer Streit zw. →Mainz und →Hildesheim übertrug Kg. Konrad II. am 22. Jan. 1025 B. interimist. die geistl. Gerichtsbarkeit über den Gandersheimer Pfarrbezirk (→Gandersheim). 1027–29 beteiligte sich B. an der Gesandtschaft Konrads II. nach Konstantinopel. Das Bm. Halberstadt nahm unter seiner Leitung einen deutlichen Aufschwung: B. gründete die Kanonikerstifte St. Johann in Halberstadt und St. Bonifaz in Bossleben sowie das Benediktinerinnenkloster Stötterlingenburg. 1031 weihte er die St. Magnus-Kirche in Braunschweig. K. Bogumil

Q.: Gesta episc. Halb., MGH SS 23, 92f. – UB des Hochstifts Halberstadt und seiner Bf. e, I, hg. G. SCHMIDT, 1883, 51f. – Lit.: DHGE X, 432 – J. FRITSCH, Die Besetzung des Halberstädter Bm.s in den vier ersten Jahrhunderten seines Bestehens [Diss. Halle-Wittenberg 1913], 22ff. – K. LÜBECK, Die Fuldaer Äbte und Fürstäbte des MA. Ein gesch. Überblick, 1952, 83ff.

Brantingham, Thomas, engl. Prälat und Staatsmann, † Dez. 1394. Er stammte aus Durham (Nordengland) und folgte einem älteren Verwandten, Ralph, der *Chamberlain* des *Exchequer* war, in den kgl. Dienst. 1349 empfahl Kg. Eduard III. persönl. die erste kirchl. Beförderung B.s, da dieser ein »guter junger Mann sei, der seine Pflichten (als jüngerer Beamter im kgl. Hofhalt) getreulich erfülle«. Als *cofferer* in den Jahren 1359–61 der eigtl. Leiter der kgl. Hausverwaltung, sorgte B. für die Finanzierung des letzten großen Frankreichfeldzuges von Eduard III. Als Schatzmeister *(treasurer)* zu Calais (1361–68) überwachte B. die Übergabe und Ummünzung eines großen Teiles der Lösegeldzahlung, die Johann II., Kg. v. Frankreich, der engl. Krone nach seiner Niederlage zu leisten hatte. 1369–71 Schatzmeister *(treasurer)* des→Exchequer, wurde er 1370 zum Bf. v. Exeter gewählt. Seit 1377, unter Richard II., war er erneut Schatzmeister. B.s Rücktritt am 1. Febr. 1381 zeigt seinen Weitblick; er entging dadurch dem Schicksal seines Nachfolgers, der im Juni 1381 von den aufständ. Bauern getötet wurde. B. war offensichtl. Günstling Richards II., der ihn zu Beginn seiner persönl. Regierung wieder in das Schatzamt einsetzte (Mai 1389); doch zog sich der Bf. im Aug. des folgendes Jahres aus dem kgl. Dienst zurück. N. Fryde

Q. und Lit.: Register of Thomas de Brantyngham, 1370–94, hg. F. L. HINGESTON-RANDOLPH, 2 Bde, 1901–06 – T. F. TOUT, Chapters in the Administrative Hist. of Medieval England III, 1928; VI, 1933 [Ind.].

Brantôme (ŏ Petrus und Sicarius), Abtei OSB in SW-Frankreich (Dép. Dordogne), Bm. Périgueux. Die Anfänge liegen im dunkeln. Eine Legende, nach der Karl d. Gr. das Kl. i. J. 769 gegr. haben soll, wurde von den Mönchen im 11. Jh. durch eine Randnotiz, die sie einer Hs. der »Annales regni Francorum« beifügten, verbreitet. Nach der »Historia« des→Ademar v. Chabannes (III, 16) wurde B. von Pippin I., Kg. v. Aquitanien, im Auftrag seines Vaters, Ks. Ludwigs d. Fr., gestiftet; da B. in der »Notitia monasteriorum« von 817 erscheint, könnte die Gründung tatsächl. zw. 814 und 818/819 stattgefunden haben – vorausgesetzt allerdings, daß der Teil der Liste, welcher die aquitan. Kl. betrifft, nicht nachträgl. eingeschoben worden ist. Möglicherweise von den Normannen verwüstet, wurde B. im 10.–11. Jh. von Bernhard, Gf. v. →Périgord, sowie den beiden Äbten Alcuin und Grimoard v. Mussidan, dem späteren Bf. v. →Angoulême, wiederhergestellt. 1080 trat die Abtei der Kongregation von La→Chaise-Dieu bei. B. war in Streitigkeiten mit den benachbarten Herren v. Bourdeilles verwickelt; es hatte ferner unter den Wirren des Hundertjährigen Krieges zu leiden. Als erster Kommendatarabt regierte der Kard. Amanieu d'Albret seit 1504 die Abtei. – Durch den Abt und großen Dichter des 16. Jh., Pierre de Bourdeilles, gen. Brantôme, den Autor der »Dames galantes«, wurde der Name des Kl. weithin bekannt. Ch. Higounet

Lit.: Bibl. nat., Coll. Périgord, XXXIII, 179–266 – DHGE V, 432–435 – GChr II, 1490–1495 – J. MALLAT, Grimoard de Mucidan, Bull. Soc. archéol. Périgord, 1886.

Braose, engl. Adelsfamilie, stieg im frühen 13. Jh. zu einem der bedeutendsten Geschlechter in England und Wales auf. Im Domesday Book erscheint der Normanne *Wilhelm de B.* (aus Briouze, Dép. Orne, Arr. Argentin) als Inhaber von Besitz in Bramber (Sussex). Sein Sohn *Philipp* († 1134/53) gewann weiteren Landbesitz in Devon (durch Heirat) und im südl. Wales (im Zuge der im späten 11. Jh. beginnenden anglo-norm. Eroberung von Wales). Philipps Sohn *Wilhelm* († 1192/93) konnte, ebenfalls durch eine vorteilhafte Heirat, den Besitzstand der Familie in Wales erweitern, während sein jüngerer Bruder *Philipp* aus seiner Teilnahme an den angevin. Kriegen in Irland Vorteil zog. *Wilhelm* († 1211), der Sohn des vorgenannten Wilhelm, war das berühmteste Mitglied der Familie. Zunächst war er ein enger Verbündeter von Kg. →Johann Ohneland. Es wurden ihm die Lehen seines Vaters wie diejenigen seines Onkels Philipp verliehen, dennoch verschuldete er sich tief und verlor die kgl. Gunst. 1210 floh er ins Ausland; seine Frau und einer seiner Söhne wurden eingekerkert und verhungerten. Wilhelms Besitzansprüche wurden von seinen überlebenden Söhnen und deren Kindern aufrechterhalten. Nach Kg. Johanns Tod (1216) erwarb ein jüngerer Zweig der Familie einige der Hausgüter in Devon und Wales. Doch starb die Familie im Mannesstamm mit *Wilhelm de B.* († 1230) aus; diesen ließ →Llywelyn ap Iorwerth, Fs. von Nordwales, wegen Ehebruchs, begangen mit Llywelyns Gattin, öffentl. hängen. De B.s Landbesitz wurde unter seine vier Töchter aufgeteilt. Die ursprgl. Hausgüter in Sussex waren inzwischen auf *Johann de B.* († 1232) übergegangen. Eine männl. Nebenlinie bestand mit *Wilhelm* († 1290) und dem letzten *Wilhelm de B.* († 1326), der nur Töchter hinterließ.
J. Critchley

Q.: T. RYMER, Foedera, 1816, I, 162f. – J. H. ROUND, Calendar of Documents, France, 1899, 395–405 – Lit.: I. J. SANDERS, Engl. Baronies, 1960 – T. B. PUGH, Glamorgan County Hist. III, 1971.

Braque, Nicolas, frz. Finanz- und Staatsmann, † nach 1385, Sohn von Arnoul B. (Wechsler in Paris, 1339 geadelt, Stifter des Hôpital de Braque). – N. B., Bürger v. Paris, 1353 zum Ritter erhoben, begann seine Laufbahn als Münzmeister in Montdidier, Paris und Rouen. 1348 wurde er Schatzmeister *(trésorier)* des Hzg.s der Normandie (Rechnung erhalten, Arch. nat., KK 7), dann kgl. Schatzmeister *(trésorier de France)*. Anschließend wechselte er an den Rechnungshof *(chambre des comptes)* über. Er wurde nun Ritter genannt, war *maître de l'hôtel* (Leiter des Hofhaltes) und *Conseiller* (Rat) unter Johann II. B. gehörte zu den 22 Räten, die aufgrund der Forderungen der →États im März 1357 abgesetzt wurden; er kehrte erst im Mai 1359 in die Chambre des comptes zurück. I. J. 1359 veranlaßte er eine starke Abwertung der libra *(livre)*. Ende 1360, nach der Rückkehr Kg. Johanns II. aus engl. Gefangenschaft, wurde B. verhaftet. Bald wieder freigelassen, wurde er einer der allgemeinen Schatzmeister für das indirekte Steueraufkommen *(général trésorier des aides)* unter Karl V. Es gelang B., sich ein großes Vermögen mit ausgedehntem Grundbesitz im Gâtinais und im Norden von Paris zu schaffen. R. Cazelles

Lit.: N. VALOIS, La revanche des frères B., Bull. de la Soc. Hist. de Paris, 1883 – R. DELACHENAL, Hist. de Charles V, 5 Bde, 1909–31, passim.

Braquet de Braquemont, Robert de, gen. Robinet, Sire de Braquemont (bei Dieppe, Dép. Seine-Maritime), norm. Seefahrer, Heerführer und Diplomat, * um 1355, † 1419, Sohn von Renaud II., Sire de Braquemont; ∞ 1. Iñes de Mendoza, 2. Leonora de Toledo, 5 Kinder (eines davon begründete die Familie Bracamonte, der im 19. Jh. die frz. Ksn. Eugénie [de Montijo] entstammte). B. kaufte 1401 zu seiner Herrschaft Braquemont die Herrschaften Grainville und Béthencourt von seinem Vetter Jean de→Béthencourt hinzu, der Geldmittel für seine Eroberung der Kanar. Inseln (→Atlant. Inseln) benötigte. – B.s Laufbahn begann mit Seefahrt und Seekrieg (er diente 1374–77 unter Jean de Vienne). 1384 begleitete er Ludwig v. Anjou bei seinem Zug nach Sizilien. Darauf begab er sich nach Kastilien, wo er 1386 ein Kommando innehatte. Er übte mehrere diplomat. Missionen in Kastilien aus (bes.: Verträge v. Segovia, 1391, und Valladolid, 1407) und war damit beauftragt, dem belagerten Papst→Benedikt XIII. die Flucht aus dem Papstpalast von Avignon zu ermöglichen (1402). Im folgenden Jahr kehrte er aus Spanien mit vier Kriegsschiffen zurück. 1415 war er an der letzten frz. Gesandtschaft in London vor der Schlacht von Azincourt (→Agincourt) beteiligt und wurde zum→Amiral de France erhoben. 1418 setzten ihn jedoch die Bourguignons ab (→Armagnacs et Bourguignons), während Heinrich V., Kg. v. England, seine norm. Güter konfiszieren ließ. Nachdem er bereits 1417 die engl. Nachschublieferungen für die Normandie nach Harfleur unterbunden hatte, trug er 1419 zum frz. Seesieg bei La Rochelle bei. Mit einer diplomat. Mission durch den Dauphin beauftragt, starb er auf einer seiner kast. Besitzungen in der Nähe von Toledo und wurde dort auch beigesetzt. M. Mollat

Q. und Lit.: CH. DE LA RONCIÈRE, Hist. Marine française II, 1914, 226–240 – G. DUPONT FERRIER, Gallia Regia IV, 245 [Lit.] – E. SERRA RAFOLS–A. CIORANESCU, Le Canarien. Cronicas franceses de la conquista das Canarias, 3 Bde, 1959–65, I, 58–68 und passim [mit Genealogie und Quellenangaben].

Brașov → Kronstadt

Brassart, Johannes, franko-fläm. Komponist, * um 1405 vermutl. in Louaige (Limburg), † um 1450, nachweisbar 1422–31 als Sänger in Lüttich, 1431 als päpstl. Kapellsänger (unter Eugen IV.) und als Inhaber einer Pfründe in Lüttich, 1434–43 als Sänger der dt. Hofkapelle unter Siegmund, Albrecht II. und Friedrich III. (hier als cantor principalis). F. Gaffori nennt ihn in seiner Practica Musicae neben →Dunstable, →Binchois und →Dufay wegen seines fortschrittl. Dissonanzgebrauchs. Uns sind nur dreistimmige geistl. Werke erhalten (Messesätze, Introitus, Motetten; Huldigungsmotette für Friedrich III.; die Huldigungsmotette für Albrecht II. zweifelhaft), deren Stil ihn auf der Höhe der Zeit zeigt. H. Leuchtmann

Q.: Hss. in Aosta, Bologna, München, Oxford, Trient – *Ed.*: Opera omnia, hg. K. E. MIXTER, 1965–71 – *Lit.*: EITNER–GROVE'S Dict. of Music and Musicians – MGG – RIEMANN – A. W. AMBROS, Gesch. der Musik II, 1880, 462 – F. X. HABERL, Wilhelm Du Fay, Vierteljahrsschrift für Musikwiss. I, 1885, 397–530 – DERS., Die röm. »schola cantorum« und die päpstl. Kapellsänger bis zur Mitte des 16. Jh., Vierteljahrsschrift für Musikwiss. III, 1887, 189–283 – J. WOLF, Gesch. der Mensural-Notation I, 1904, 197 – H. RIEMANN, Hb. der Musikgesch. II, 1, 1907, 102, 118, 126–130 – K. DÈZES, Der Mensuralkodex des Benediktinerklosters Sancti Emmerami zu Regensburg, Zs. für Musikwiss. X, 1927, 65–105 – CH. VAN DEN BORREN, Guillaume Dufay, 1925/26, 45, 326 – A. AUDA, Musique et Musiciens à l'Ancien Pays de Liège, 1930, 70–72 – H. OSTHOFF, Die Niederländer und das dt. Lied, 1938, 26f., 301, 525f. – A. PIRRO, Hist. de la musique de la fin du XIVe s. à la fin du XVIe, 1940, 66f. – CH. VAN DEN BORREN, Études sur le XVe s. musical, 1941, 35, 57f. – G. DE VAN, A recently discovered source of early fifteenth c. polyphonic Music, Musica Disciplina II, 1948, 5–21 – W. H. RUBSAMEN, Music Research in Italien Libraries, Notes, 1949, 220–233 – CH. VAN DEN BORREN, Geschiedenis van de Muziek in de Nederlanden, 1949, 125 – K. E. MIXTER, J. B. and his works [Diss. University of North-Carolina 1961] – DERS., J. B.: A Biographical and Bibliographical Study, Musica Disciplina XVIII, 1964, 37–62; XIX, 1965, 99–108 – DERS., Isorhythmic Design in the motets of J. B. (Gedenkschrift G. HAYDON, 1969), 179.

Bratislava → Preßburg

Bratříci ('kleine Brüder'), tschech., hussit. und bes. taborit. orientierte Söldner, die nach der Niederlage in Böhmen im Dienst der ung. Verteidiger der Rechte der Habsburger (d. h. des Kg.s →Ladislaus Posthumus) in Oberungarn kämpften. Sie errichteten dabei in den Jahren 1439–58 im Gebiet der heut. Slowakei eine selbständige Herrschaft. I. J. 1458 wurden die B. vom ung. Kg. →Matthias Corvinus besiegt und vernichtet. J. Schwarz

Lit.: V. CHALOUPECKÝ, Jiráskovo Bratrstvo v dokumentech, 1937–B. VARSIK, Husitské revoluč né hnutie a Slovensko, 1965.

Bratton, Henry of → Henricus de Bracton

Brauchtum

I. Definition – II. Quellenlage – III. Brauchbereiche – IV. Zeitliche Schichtung.

I. DEFINITION: Brauch im weiteren Sinn ist zu verstehen als regelhafte, sich wiederholende Äußerung des gesellschaftl. Lebens, an die Sitte (Norm) gebunden und von ihr gefordert. Brauch als Vollzug der Sitte wird durch soziale Kontrolle überwacht und gegebenenfalls sanktioniert. Lebensbedingungen und -anschauungen sozialer Gruppen spiegeln sich in ihren Lebensformen wider. Im engeren Sinne versteht man unter B. die Gesamtheit der Bräuche im Alltag und in Festzeiten, termingebunden (Jahreslaufbrauchtum) oder anlaßgebunden (Feste des Lebenslaufes und Arbeitsfeste). Wichtig für die Erkenntnis des B.s ist hinreichende Information über Bezeichnungen, Formen, Funktionen, sozialen Ort, räuml. Fixierung und zeitl. Stellung. Man muß davon ausgehen, daß jede einzelne Gruppe von »Brauchträgern« ein spezif. Normensystem besitzt, von dem die Bräuche bestimmt werden. Für das MA ergeben sich bei solchen Voraussetzungen Schwierigkeiten, die verschiedenen Gruppen wie deren Normensysteme zu erfassen, woraus folgt, daß auch die Brauchzeugnisse nicht eindeutig zu orten sind. Dies gilt besonders, wenn wir uns in sozialen Bereichen bewegen, die nicht der höf. und kirchl. Führungsschicht oder gehobenen Schichten der Bürgerschaft zugehören. Schon hier ergeben sich Schwierigkeiten, die um so mehr wachsen, je mehr wir uns dem »einfachen Volk« der Bürger und Bauern nähern oder es gar mit marginalen Gruppen wie fahrenden Leuten, städt. Unterschichten, Armen und Ausgestoßenen zu tun haben.

II. QUELLENLAGE: Aussagekräftige und zuverlässige Nachrichten sind selten. Oft sind nur kurze Erwähnungen überliefert, ohne Information über Zeit, Ort, Formenablauf, Trägerkreis und Funktion. Die früher beliebte Methode, allein vom Formalen aus Bräuche in große Zusammenhänge zu stellen, verbietet sich für eine historisch ausgerichtete Brauchforschung, die Kontinuitäten ohne Berücksichtigung von Raum, Zeit und Trägerschaft zunächst einmal in Frage stellen muß (obwohl es sie zuweilen gibt). Notwendig für eine Erfassung des Brauchbestandes ist also systemat. Quellenkunde, die noch längst nicht erbracht ist. Bes. ergiebig scheinen kirchl. Beichtspiegel, Pönitentialien, Diözesanverfügungen u. ä. (→Aberglaube), die allerdings quellenkritisch betrachtet als unzuverlässig gelten müssen; ähnliches gilt von Rechtsordnungen von Städten und Landschaften, lit. Quellen unterschiedl. Art, auch von bürgerl. Chroniken, die oft erst im SpätMA einsetzen. Als zuverlässigere Quellen haben sich bestimmte Archivbestände erwiesen, Rechnungen, Inventare und Protokolle. Sie sind jedoch im MA selten und dann oft von dürrer Kürze, sparsam mit den erforderl. Informationen. Für Bildquellen gelten ähnl. quellenkrit. Bedenken.

III. BRAUCHBEREICHE: Will man die Brauchbereiche des MA abstecken, so ist zuerst an die religiös-kirchl. Jahresgliederung (→Kirchenjahr) zu denken, die sich vielfach mit rechtl. Anlässen vermischte. In manchen Fällen steht auch das Naturjahr dahinter, so zu Ostern, Pfingsten, Weihnachten. Von diesen drei Kräftefeldern her begann sich B. zu bilden: Ostern beispielsweise war die Zeit, in der nach winterl. Pause die Eier reichlicher anfielen, wodurch Eierspeisen (Osterfladen) zu Brauchspeisen wurden. An den Termin wurden Eierzinse geknüpft, aus ihnen erwuchsen brauchtümlich österl. Eierspenden. Andererseits schlug sich auch Liturgisches im Brauchbereich nieder: Passionsdarstellung, Marienklage, Osterspiele konkretisierten die religiösen Berichte. Das Naturjahr scheint beim Mai- und Maienbrauchtum die entscheidende Rolle gespielt zu haben. Hier reichen die Nachrichten bis ins frühe 13. Jh. zurück, wenn man von Kontinuitätsbrücken zu antikem Zweigbrauchtum absehen will. Kirchl. bestimmtes B. entwickelte sich neben den Festterminen auch im Bereich der Anwendung von →Benediktionen und →Sakramentalien, in der Heiligenverehrung und v. a. im Wallfahrtswesen (→Pilger, -fahrt), das im Laufe des MA entscheidende Veränderungen bis hin zu den in das Brauchleben einzelner Orte tief eingreifenden Nahwallfahrten erfuhr. Die kirchl. Betreuung der Armen führte zu brauchtüml. Almosenterminen, Speisungen, Bädern (Seelbad, Brautbad; vgl. →Bad II [3]). Armenverköstigungen fanden auch an →Kirchweih statt; dieses Fest wurde regional zum Höhepunkt im Jahresbrauch und zog die Massen an sich, wodurch rechtl. Regelungen (Kirchweihfrieden) notwendig wurden.

Kirchliches und Rechtliches verbindet sich auch bei den →Lebenslaufbräuchen. Zentral waren Hochzeit und Totenkult, sie wurden realisiert in der jeweiligen Gruppe. Früh setzten Regulierungsversuche ein, die von Einzelheiten des Brauchablaufes unterrichten: bei der Hochzeit über Mahlzeiten, Gästezahl, Tanz, beim Brautzug (-lauf), beim Totenkult über Siebenten, Dreißigsten, Jahrtag, Totenfolge, Totenmahl. Das memento mori (Totentanz) wurde dominant. Weniger auffallend war das B. um Geburt und Taufe: Kindelbier, Sechswochenhof, Vorsegnung der Wöchnerin. Jugendliche trafen sich bei Abendtänzen in den Straßen, beim Kranzsingen, beim Spinnrocken.

Stärker im Rechtlichen verwurzelt waren Anlässe des Arbeitslebens und damit zusammenhängende Kontakte zw. Untertan und Obrigkeit. Brauchformen bei Zinszahlung oder Arbeitsleistungen waren im MA nicht ungewöhnlich (Mahlzeiten, Tänze, symbol. Handlungen; →Rechtssymbolik). Zum Abschluß der einzelnen Arbeiten gab es festl. Zusammenkünfte, sie gingen aus vom rechtl. verbürgten Mahl und Trunk, so im agrar. Bereich das Erntebier, im handwerklichen das Richtfest (frühe Belege im 14. Jh.) oder andere Abschlußverehrungen. Wenn auch noch kaum zu breiten Brauchabläufen erweitert, waren solche Anlässe und ihre rechtl. begründete Beachtung sehr aktive Brauchkerne. Auch von rechtl. Reichnissen anderer Art, wie Weinkauf oder Leitkauf, Gottesgeld, Scheidewecken, entstammten nicht selten breiter ausgebildete Abläufe, die in der jeweiligen Gruppe (Gesinde, Gesellen, Gemeinde) begangen wurden. Hierher sind auch Aufnahmebräuche wie das Hänseln (durchaus nicht nur bei der Hanse) zu rechnen.

Damit ist das B. der ständ. und räuml. Gruppen angesprochen, der Berufs- und Ortsgemeinschaften, Zünfte, Gilden, Bürgerschaften, Nachbarschaften. Hier haben sich bes. Formen des Miteinander-Umgehens entwickelt, Anlässe verwaltungsmäßiger, rechtlicher, geselliger Art, wie die Zunftversammlung, das Dorfgericht. Kleidung, Gebärde, Rede, der Umgang mit Trinkbarem waren streng zeremoniell geregelt. Der Tischgemeinschaft kam eine bes. Bedeutsamkeit zu. Eine Hierarchie der Stände bildete sich immer detaillierter aus. Manche galten als ehrbar, andere als »unehrlich«, der Umgang miteinander bedurfte der Ritualisierung. Andere standen ganz außerhalb. Brauchtüml. dokumentierte man seine Position bei großen öffentl. Auftritten: Tänze und Umzüge der Handwerker, Beteiligung an Prozessionen, bes. der Fronleichnamsprozession, Stiftung von Kirchenzierat (Prozessionsstangen, Altäre). Beteiligt waren diese Gruppen auch beim Maskenbrauchtum, das bei unterschiedl. Anlässen Einzelne und Gruppen Verwandlungen unterwarf, die trotz aller skept. Distanz neuerer Betrachter zumindest subjektiv Kontakte zum Dämonisch-Kultischen zeigten (Maskensagen; Prozessionsteufel). Auch die Begegnungen mit den Herrschenden wurden zunehmend ritualisiert: Herrscheradventus (→Adventus regis), →Huldigung, Umfahrt des toten Fürsten. Vergleichbar solchen Aufläufen waren die →Heiltumsweisungen an zentralen Orten.

IV. ZEITLICHE SCHICHTUNG: Das sind nur Bruchstücke, wie sie weiter angehäuft werden könnten, aber nicht komplettiert zu einem geordneten Ganzen. Alle Nachrichten sind trümmerhaft. Am Anfang steht eine Quelle wie der »Indiculus superstitionum et paganiarum« (um 800), eine stichwortartige Aufzählung sog. heidn. Gebräuche und Glaubensformen, die durch Einbringung von Parallelnachrichten etwas verdeutlicht, aber nicht sicher lokalisierbar und auch zeitlich nicht fixierbar werden. Am Ende steht der Brauchkalender des →Joannes Boemus, bestehend aus Kurzberichten über vorwiegend kirchl. gefärbte Brauchanlässe, ziemlich eindeutig lokalisierbar (südl. Unterfranken) und datierbar (um 1500) und durch spätere Brauchnachrichten zum Teil verifizierbar. Aber auch dies ist nur ein Bruchstück. Außer bei Arbeitsbräuchen ist ein Brauch kaum einmal im Entstehen zu fassen, das Todaustreiben als Prozessionsparodie in einer Pestzeit des 14. Jh. im Bm. Prag ist eine der wenigen Ausnahmen. Das SpätMA ist der zeitl. Rahmen, in dem wir noch annähernd sichere Auskünfte erhalten können. Die größte Zahl der erhaltenen Nachrichten gehört dort hinein. Für die frühere Zeit eine zeitl. Schichtung zu erschließen, stößt auf große Schwierigkeiten. Anders als im Bereich der Hochkultur (im Sinne von Kultur der führenden Schichten) müssen wir uns im Bereich der Kultur der niederen Schichten mit wenigem begnügen. Die »einfachen Leute« meldeten sich auch damals nicht selbst zu Wort. K.-S. Kramer

Q. und Lit.: Joannes Boemus Aubanus, Omnium genitum mores, leges et ritus, Augusta Vindelicorum, 1520 – H. HOMANN, Der Indiculus superstitionum et paganiarum und verwandte Denkmäler [Diss. Göttingen, 1965] – K. MEISEN, Nikolauskult und Nikolausbrauchtum im Abendlande, 1931 – L. A. VEIT, Volksfrommes Brauchtum und Kirche im dt. MA, 1936 – K. HAUCK, Rituelle Speisegemeinschaft im 10. und 11. Jh., Studium generale 3, 1950 – H. ROSENFELD, Der ma. Totentanz, 1954 – H. G. WACKERNAGEL, Altes Volkstum der Schweiz, 1956 – H. MOSER, Osterei und Ostergebäck, Bayer. Jb. f. VK 1957, 67ff. – M. ZENDER, Räume und Schichten ma. Heiligenverehrung, 1959 – H. MOSER, Maibaum und Maienbrauch, Bayer. Jb. f. VK 1961, 115ff. – K. HAUCK, Heldendichtung und Heldensage als Geschichtsbewußtsein (Fschr. O. BRUNNER, 1963) – W. BRÜCKNER, Bildnis und Brauch. Stud. zur Bildfunktion der Effigies, 1966 – J. DÜNNINGER, B. (STAMMLER, Aufriß III²), 1966 – F. SIEBER, Dt.-westslaw. Beziehungen in Frühlingsbräuchen, 1968 – Alltag und Fest im MA. Got. Kunstwerke als Bilddokumente, 1970 – J. DÜNNINGER-H. SCHOPF, Bräuche und Feste im frk. Jahreslauf, 1971 – K. S. BADER, Stud. zur Rechtsgesch. des ma. Dorfes I–III, 1957–73 – H. F. ROSENFELD-H. ROSENFELD, Dt. Kultur im SpätMA, Hb. der Kulturgesch. I. Abt. 1978.

Braulio v. Zaragoza, Hl., * nach 581, seit d. J. 631 (Bischofsweihe eusn dem 26. März) Bf. v. Zaragoza, Bruder seines Vorgängers Johannes, † um 651. Herausragender Vertreter des span. Episkopats (v. a. auf der Synode Toledo VI i. J. 638), verfaßte eine beachtenswerte »Vita s. Aemiliani«, in der er diesen span. Hl. in den Rang eines Martin v. Tours und Antonius des Einsiedlers zu erheben bestrebt war, und einen »Hymnus s. Aemiliani«, der als bedeutsames Zeugnis für die Hymnendichtung im damaligen Spanien gilt. Dagegen ist ein ihm noch von M. MANITIUS und F. RABY zugeschriebenes Epitaph auf Maximus nicht echt. Die erst spät entdeckte Sammlung seiner Briefe (»Epistolarium«) zeigt ihn als gelehrte und kultivierte Persönlichkeit und ist überdies aufschlußreich für die Geschichte Spaniens zur Westgotenzeit; die seit jeher bekannten, an →Isidor v. Sevilla, seinen Lehrer und Freund, gerichteten Briefe zeigen, wie er diesen zur Abfassung der »Etymologiae« veranlaßte und ihn zu ihrer Vollendung drängte. Später teilte B. das ihm gewidmete Werk in zwanzig Bücher ein und redigierte es an einigen Stellen (ein überlieferungsgeschichtl. interessantes Zeugnis ist die bildl. Darstellung der beiden in einer Hs. in Einsiedeln und in einer aus Prüfening). Außerdem verdanken wir ihm ein Verzeichnis von Isidors Schriften (MPL 81, 15–17=MPL 82, 65–68; ed. LYNCH–GALINDO, 1950, 356ff.). E. Heyse

Ed.: MPL 80, 649–716 – *Vita s. Aemiliani*: L. VÁZAQUEZ DE PARGA, 1943 – I. CAZZANIGA, 1954 (Boll. del Comitato per la preparazione della Edizione Nazionale dei Classici Greci e Latini, NS fasc. III, 7–44) – *Hymnus s. Aemiliani*: CL. BLUME, AnalHym 27, 1897, 125–127 – J. GILSON, Psalterium Mozarabicum, 1905 – *Epistolarium*: J. MADOZ, 1941–L. RIESCO TERRERO, 1975–*Lit.*: DHGE X, 441ff.–LThK² II, 654– BRUNHÖLZL I (Bibliogr. 521f.) – C. H. LYNCH–P. GALINDO, San Braulio, 1950 (Epitaph auf Maximus: 289f.) – B. BISCHOFF, Die europ. Verbreitung der Werke Isidors v. Sevilla, 1961 (Stud. I, bes. 192)–L. A. GARCÍA MORENO, Prosopografia del reino visigodo de Toledo, 1974, 207 (Nr. 591) – H. J. DIESNER, Braulios »Vita s. Aemiliani« und die frühchristl. Biogr., MJb 11, 1976, 7–12 – B. LÖFSTEDT, Sprachl. und textkrit. Bemerkungen zu Braulios Vita s. Aemiliani, AnalBoll 95, 1977, 132.

Braunfirnis (Firnisbrand, irreführend auch émail brun), Verzierungstechnik, bei der ein Kupferblech (meist nach Einritzung einer Darstellung) mit Leinöl bestrichen, getrocknet und über Feuer erhitzt wird, wodurch sich ein dünner fester Schutzfilm von mehr oder weniger transparentem braunem bis braunschwarzem Ton (bei mehrmaliger Wiederholung des Vorganges) bildet. Anschließend wird die Zeichnung (bzw. Darstellung) oder der Grund mit dem Schabeisen oder dem Stichel herausgeschabt und feuervergoldet, so daß sie entweder in Gold auf braunem Grund oder in Braun auf goldenem Grund steht. Mitunter wird der Kontur mit einer kräftigen Gravur verdeutlicht. Beschreibung dieser Technik bereits in der »Schedula diversarum artium« des →Theophilus. B. wurde v. a. zum ornamentalen, seltener zum figürlichen Schmuck von weniger wichtigen Flächen wie Unterseiten von Tragaltären, Rückseiten von Reliquiaren und Bucheinbänden, Hintergründen und Säulenschäften an Reliquienschreinen benutzt, ferner – da materiell schlicht – zur Dekoration der roman. Radleuchter, wo er auch in Verbindung mit Durchbruchsarbeit begegnet (Hildesheim und Großkomburg). Inschriftenbänder an Altartafeln, Tragaltären, Schreinen oder Radleuchtern sind oft in B. ausgeführt. Einfachere liturg. Geräte zeigen gelegentl. nur B.-Dekor. Eines der ältesten Beispiele mit B. ist der Rückdeckel des sog. Kleinen Bernwardevangeliars aus dem Ende des 10. Jh. (Hildesheim, Domschatz). Im 11. Jh. findet sich B. nur selten, z. B. an der Kanzel Heinrichs II. (Aachen, Dom), auf der Rückseite der Arche des hl. Willibrord (Emmerich, Münsterschatz) oder am Hezilo-Radleuchter (Hildesheim, Dom). Die größte Verbreitung hatte der B. im 12. und 13. Jh. im Maasgebiet, wo er u. a. an zahlreichen Reliquienschreinen vorkommt. Beispiele für das 12. Jh. sind ein Scheibenreliquiar (Fritzlar, St. Peter), der Barbarossa-Radleuchter (Aachen, Dom), der Servatiusschrein (Maastricht, St. Servaas) und der Hadelinusschrein (Visé, Saint-Martin), für das 13. Jh. der Elisabethschrein (Marburg, Elisabethkirche). Mit der beginnenden Gotik verliert der B. an Bedeutung und verschwindet schließlich ganz. W. Arenhövel

Lit.: RDK II, 1107–1110 – W. THEOBALD, Technik des Kunsthandwerks im zehnten Jh., Des Theophilus Presbyter Diversarum Artium Schedula, 1933, 129–130 – J. G. HAWTHORNE – C. S. SMITH, Theophilus, On Divers Arts, The Foremost Medieval Treatise on Painting, Glassmaking and Metalwork, 1979², 147–148 – W. ARENHÖVEL, Der Hezilo-Radleuchter im Dom zu Hildesheim, Beitr. zur Hildesheimer Kunst des 11. Jh. unter bes. Berücksichtigung der Ornamentik, 1975, 208, Abb. 64, 50–64, 92, 116–122, passim.

Braunschweig (Brunesguik, 1031; Brunesivvic, 1069/90 [Münzlegende]; Bruneswich, 1115; Bruneswic, 1136; Brunswich, 1156), Stadt an der Oker (in Niedersachsen), entstand in Anlehnung an die um die Jahrtausendwende in der Okerniederung errichtete Burg Dankwarderode (castrum Tanquarderoth, 1134). Die Stadt B. wuchs zusammen aus fünf zunächst rechtl. voneinander unabhängigen →Weichbilden (erst nach 1300 vereinigt): Altstadt, Hagen, Neustadt, Altewiek (Pfarrkirche St. Magnus, ō 1031) und Sack. Die Altstadt behielt im gesamten MA die führende Position. Etappen der Stadtwerdung markieren v. a. die frühen Pfarrkirchen der Altstadt (St. Ulrich, ō vor 1038; St. Michael, bestätigt 1158; St. Martin, genannt 1204; St. Petrus, zu erschließen für 1204), mittelbar auch die drei Stifte ('Burgstift', später St. Blasius, vor 1036; St. Cyriakus, vor 1079; St. Aegidien, ō 1115), die Indikatoren für die zentralörtl. Funktion des frühen B. sind. Das Alter der Kapelle (so 1301, zuvor Pfarrkirche?) St. Jakob und zumal der Pfarrkirche St. Martin ist ebenso umstritten wie die Lage des ältesten Marktes und – damit zusammenhängend – nach Gestalt, Wachstumsphasen und -richtung des präurbanen B. überhaupt.

Am Ort bewahrte, seit dem 13. Jh. greifbare Gründungstradition hat die Anfänge der Stadt verunklart und die Forschung lange irregeleitet. Die Stadtkernarchäologie wurde in den letzten Jahren intensiviert; in vorläufigen Berichten werden die Gründungsbauten der Kirchen St. Jakob und St. Ulrich in das 9./10. Jh. datiert; Siedlungsspuren reichen in der Altstadt bis in die Karolingerzeit zurück. Die Verifizierung durch abschließende Grabungsberichte bleibt abzuwarten.

Ein Marktprivileg fehlt; Münzprägung ist für den →Brunonen →Ekbert II. († 1090) bezeugt. Während des Investiturstreits wurde B. anscheinend zweimal von kgl. Truppen eingenommen (nach 1090, 1115) und die Burg zerstört. Eine ungestörte Entwicklung ist hingegen für die Zeit Ks. Lothars III. anzunehmen; zu seiner Zeit war B. wiederum Münzstätte. Unter →Heinrich dem Löwen gewann B. den Charakter einer Residenz. Die bes. Vorliebe des Hzg.s für B. ist in zeitgenöss. wie jüngeren Quellen nachdrückl. bezeugt. Diese Verbundenheit Hzg. Heinrichs des Löwen mit B. hat greifbare Spuren hinterlassen: Errichtung des Löwensteins (1166; →Löwe), Neubau des Doms (St. Blasius, seit 1173) und der Pfalz. Anzeichen frühstädt. Lebens in der Altstadt mehren sich unter seiner Herrschaft. Die Ks. Otto IV. folgende Zeit der stauf.-welf. Wirren förderte die Lösung B.s vom kgl. Stadtherren und führte wohl auch dazu, daß Hzg. Otto das Kind Rechtssammlungen für Altstadt und Hagen bestätigte (1227, bzw. um 1227). Der Rat der Altstadt (zu erschließen für die Zeit um 1200) privilegierte kurz darauf als älteste Gilde die der Goldschmiede (1231); die Urkunde enthält erstmals Namen von Ratsmitgliedern, das älteste Stadtsiegel hängt an (sigillum burgensium in Brunesvvic). Das Verhältnis zum Stadtherren war – mit Unterbrechungen – bis in das frühe 15. Jh. durch Veräußerung von Rechten des Stadtherren in Stadt und Stadtumland geprägt (Vogtei in der Altstadt, 1227; Verpfändung der Münze, 1296, 1345, endgültig 1412; landesherrl. Rechte in

Altewiek und Hagen, 1325; Mühlen, 1400; Marktzoll 1412). – Nach der Errichtung des Hzm.s → Braunschweig-Lüneburg (1235) blieb B. namengebende Mitte und gemeinsamer Besitz des Welfenhauses (Pfalz, Archiv des Gesamthauses [seit 1428], Grablege). Residenzfunktionen gingen seit dem späten 13. Jh. zusehends auf das 12 km südl. gelegene → Wolfenbüttel über.

In B. kreuzten sich eine wichtige West-Ost-Straße (Hildesheim-B. mit Okerfurt-Magdeburg) mit einer wichtigen Süd-Nord-Verbindung (Goslar-B. – Lüneburg/Stendal). Die Oker war ab B. schiffbar; die Nutzung des Wasserweges ist seit dem frühen 13. Jh. bezeugt. Umgeschlagen wurde in B. u. a. Kupfer aus den Harzbergwerken. Quantifizierbare Angaben über den B.er Handel setzten erst spät ein und sind noch nicht hinreichend ausgewertet worden. Ks. Otto IV. verlieh den B.er Kaufleuten Zollfreiheit im gesamten Reich; schon 1228 erhielten B.er Fernhändler in Dänemark und 1230 in England Privilegien. Das städt. Gewerbe war durch Metallverarbeitung (Beckenwerker) und Tuchproduktion (Lakenmacher) geprägt. Mit Beginn der Hansetage (1356) galt B. als Hansestadt; dem hans. Raum war B. schon zuvor eng verbunden. Im späteren MA war B. Vorort des sächs. Städtebundes.

Für Altstadt, Hagen und Neustadt ist 1269 ein Gesamtrat (10 : 6 : 4) bezeugt; nach 1300 traten Altewiek und Sack hinzu. Auch die älteste Befestigung der Gesamtstadt stammt noch aus dem 13. Jh. Parallel dazu wurde das Stadtgebiet im Hinblick auf die geistl. Jurisdiktion als solches zusammengefaßt (Ablösung von den Archidiakonaten Atzum [Bm. Halberstadt] und Stöckheim [Bm. Hildesheim], 1256; gemeinsames Offizialat nach 1390). Die Teilhabe von Gilden und Meinheit am Stadtregiment wurde im MA nicht dauerhaft gelöst. Daraus erwachsene Unruhen (Schicht der Gildemeister, 1292) gipfelten in der »Großen Schicht« des Jahres 1374. Auslöser hierfür war eine Finanzkrise der Stadt, die durch einen verlorenen Kriegszug gegen das Erzstift Magdeburg und die daraufhin von der Stadt zu zahlenden Lösegelder verschärft wurde. Die Ursachen sind in der Forschung umstritten (Sonderinteressen der im Rat vertretenen Familien u. a.). B. wurde vorübergehend aus der Hanse ausgeschlossen, Finanzen und Wirtschaftskraft nachhaltig geschädigt, vom Landesherren pfandweise erworbene Ämter und Dörfer gingen verloren. In dem i. J. 1386 eingesetzten Neuen Rat war der Einfluß der 'alten' Ratsgeschlechter – zumindest der Zahl nach – gemindert. Die Patriziergesellschaft der »Lilienvente« (1384) bot ihnen eine ihren Interessen dienende neue Organisation. Eine Geschichte der städt. Unruhen ab 1292 hat der große B.er Autor Hermen → Bote 1510/12 in seinem »Schichtboick« verfaßt.

Um 1400 war der Haushalt der Stadt wieder ausgeglichen, die regionale Führungsrolle in der Hanse zurückgewonnen. B. war damals mit etwa 17 000 Einwohnern nach Lübeck die größte Stadt Nordwestdeutschlands.

Seit dem Anfang des 15. Jh. mehrten sich Versuche, die Stadt gewaltsam ihrer Sonderstellung zu berauben, v. a. in der 'Großen Stadtfehde' (1492–94) gegen Hzg. Heinrich den Jüngeren, die sich an strittigen Modalitäten der Huldigung entzündete. Gegen die Welfen suchte die Stadt die Hilfe von Nachbarstädten und die Nähe zum Reich (Privilegium de non evocando, 1415; Wappenbrief, 1438). Die bis in die NZ hinein bewahrte reiche ma. Profan- und Sakralarchitektur fiel bis auf geringe Reste (jetzt 'Traditionsinseln') Bombenangriffen der Jahre 1944–45 zum Opfer. M. Last

Bibliogr.: Laufende Bibliogr. in: Braunschweigisches Jb., ab Bd. 37, 1956 [für 1955] – Q.: UB der Stadt B. I–III, 1873–1905; IV, 1912 – H. MACK – L. HÄNSELMANN, Die Chroniken der Niedersächs. Städte, B. I, II (Chr. dt. Städte VI, XVI, 1868–80) – W. SPIESS, B., Verfassung und Verwaltung der ma. Stadt (Q. H. zur niedersächs. Gesch. 1, 1949) – M. R. W. GARZMANN, Ausgew. Urkk. zur ma. Gesch. der Stadt B. (Festschr. Brunswiek 1031 – Braunschweig 1981), 571–594 – P. J. MEIER, Niedersächs. Städteatlas, I: Die Braunschweig. Städte, 1926² – J. MERTENS, Die neuere Gesch. der Stadt B. in Karten, Plänen und Ansichten, 1981 – Lit.: Hist. Stätten Dtl. II, 1976⁴, 63–68 – H. DÜRRE, Gesch. der Stadt B., 1875² [Neudr. in: Beitr. zur Gesch. und VK Niedersachsens und Bremens A 8, 1974] – H. METZEL, Die ma. Handelsbeziehungen der Stadt B. von der Mitte des 12. bis zum Beginn des 15. Jh. [Diss. Kiel 1914] – H. GERMER, Die Landgebietspolitik der Stadt B. bis zum Ausgang des 16. Jh. (Stud. und Vorarbeiten zum hist. Atlas Niedersachsens 16, 1937) – P. J. MEIER – K. STEINACKER, Die Bau- und Kunstdenkmäler der Stadt B., 1926² [Neudr.: Kunstdenkmäler der Stadt B., 1942] – W. SPIESS, Die Gerichtsverfassung der Stadt B. zur Hansezeit (Q. und Forsch. zur Braunschweig. Gesch. 14, 1954), 39–77 – B. DIESTELKAMP, Die Städteprivilegien Hzg. Ottos des Kindes, ersten Hzg.s v. Braunschweig-Lüneburg (Q. und Darstellungen zur Gesch. Niedersachsens 59), 1961 – H. L. REIMANN, Unruhe und Führung im ma. B. (Braunschweiger Werkstücke 28, 1962) – F. TIMME, Brunswiks ältere Anfänge zur Stadtbildung, NdsJb 35, 1963, 1–48 – E. DÖLL, Die Kollegiatstifte St. Blasius und St. Cyriacus zu B. (B.er Werkstücke 36, 1967) – J. BOHMBACH, Die Sozialstruktur B.s um 1400 (ebd. 49, 1973) – R. A. ROTZ, The Uprising of 1374: Sources of Brunswik's Institutions?, B.er Jb. 54, 1973, 61–73 – T. KNAUF, Die Architektur der Braunschweiger Stadtpfarrkirchen in der ersten Hälfte des 13. Jh. (Q. und Forsch. zur Braunschweig. Gesch. 21, 1974) – M. GARZMANN, Stadtherr und Gemeinde in B. im 13. und 14. Jh. (B.er Werkstücke 53, 1976) – J. FLECKENSTEIN, Ministerialität und Stadtherrschaft, ein Beitr. zu ihrem Verhältnis am Beispiel v. Hildesheim und Braunschweig (Festschr. H. BEUMANN, 1977), 349–364 – B. SCHWINEKÖPER, Kgtm. und Städte bis zum Ende des Investiturstreites (VuF Sonderbd. 11, 1977), 130ff. – M. GARZMANN, Das Ottonianum und die Jura Indaginis (B.er Jb. 59, 1978), 9–24 – Braunschweig. Landesgesch. im Überblick, hg. R. MODERHACK (Q. und Forsch. zur Braunschweig. Gesch. 23, 1979³) – R. MODERHACK, Abriß der B.er Stadtgesch. (Festschr. Brunswiek 1031–B. 1981, 1981), 1–58 – M. PUHLE, B. und die Hanse bis zum Ende des 14. Jh. (ebd., 1981), 105–130 – H. RÖTTING, Archäolog. Befunde zu prästädt. Siedlungsformen B.s vor Heinrich dem Löwen (ebd., 1981), 695–724.

Braunschweig-Lüneburg, Hzm. Auf dem Boden des 1180 aufgelösten Hzm.s →Sachsen entstand als drittes sächs. Hzm. 1235 B.-L. durch ksl. Erhebung aus den welf. Alloden (→ Welfen), die → Otto das Kind als letzter männl. Sproß der Welfen seit 1227 besaß. Dadurch wurde die 1202/03 von den Söhnen → Heinrichs des Löwen vorgenommene Teilung des väterl. Erbes gegenstandslos. Das Geschlecht gehörte nun auch rechtl. wieder zum → Reichsfürstenstand. 1246 erwarb Hzg. Otto das Kind seinem Land das Werratal und Münden von der Lgft. →Thüringen zurück. 1252 folgte ihm sein Sohn →Albrecht »der Große« (→9. Albrecht) bis 1258 als Vormund seiner Brüder, dann gemeinsam mit Johann, dem er die Regierungsgeschäfte zugunsten ausländ. Unternehmungen bis zur Landesteilung 1269 überließ. Albrecht wurde Hzg. im braunschweig. Teil, Johann im lüneburg., gemeinsam behielten sie die Stadt → Braunschweig. Im Fsm. *Lüneburg* herrschte hundert Jahre lang Kontinuität. Auf Hzg. Johann († 1277) folgte sein einziger Sohn →Otto der Strenge, der bis 1287 der Vormundschaft der braunschweig. Linie unterstellt war. Hzg. Otto der Strenge erweiterte sein Land um die Gft.en →Dannenberg, Lüchow und →Wölpe. 1315 zog er sich zugunsten seiner Söhne Otto und Wilhelm aus der Herrschaft zurück. Nach seinem Tod 1330 führten seine Nachfolger das Fsm. gemeinsam.

Das Fsm. *Braunschweig* wurde nach dem Tod Hzg. Albrechts 1279 bis etwa Mitte der achtziger Jahre unter Vormundschaft, dann von den Söhnen gemeinsam verwaltet, bevor sie zur Aufteilung ihres Erbes schritten. Hierbei spaltete sich das Fsm. →*Grubenhagen* ab, das bis zum Aussterben 1596 wegen seiner geringen Größe einen harten Existenzkampf führte, der genährt wurde durch eine reiche Nachkommenschaft. Mehrere Fs.en dieser Linie stellten sich in den Dienst anderer Herren. Schon Mitte des 14. Jh. verloren die Grubenhagener die Stadt Duderstadt wegen Zahlungsunfähigkeit an das Erzstift →Mainz.

Im Fsm. B. herrschten nacheinander →Wilhelm († 1292); nach Auseinandersetzungen um dessen Erbe mit Heinrich v. Grubenhagen, in die bes. der Rat und die Gilden der Stadt Braunschweig verstrickt waren, Albrecht der Feiste (vorher im Fsm. Göttingen, † 1318); Otto der Milde, der durch seine zweite Ehe mit Agnes, Witwe des Mgf.en v. Brandenburg, von 1323-43 Herr der Altmark war. Nach seinem Tod 1344 teilten seine Brüder Magnus und Ernst, die sich bisher seiner Führung unterstellt hatten, in die Fsm.er B. und →Göttingen. Im Fsm. *Göttingen* geboten die Hzg.e Ernst († 1367); →Otto der Quade, der 1387 die von den Bürgern nach häufigen Zwistigkeiten zerstörte Burg in Göttingen aufgeben und die Stadt verlassen mußte. Er starb 1394 und hinterließ seinem einzigen Sohn ein hochverschuldetes Fsm. In einer Einigung mit den Landständen 1435 versuchte er, sich von der Schuldenlast zu lösen, stieß aber auf den Widerstand der anderen Hzg.e v. B.-L., so daß er 1442 gegen einen hohen Geldbetrag und die Nutzungsrecht einiger Schlösser sein Fsm. an Hzg. →Wilhelm abtrat, der im Land zw. Deister und Leine, dem späteren Fsm. Calenberg, herrschte und der Göttingen gegen die anderen Hzg.e behauptete.

Da er keine Söhne hatte, nahm Hzg. Wilhelm v. L. die Erbregelung in die Hand, indem er 1355 seine jüngere Tochter mit Ludwig, dem Sohn Hzg. Magnus' von B., vermählte und ihn unter der Bedingung zum Erben einsetzte, daß jener ihm in der Regierung folgen würde. Da Ludwig 1367 noch vor Wilhelm († 1369) starb, folgte ihm sein Bruder Magnus II. Torquatus als Erbe beider Fürstentümer. Nach dem Tod Hzg. Wilhelms stießen zwei Nachfolgeparteien aufeinander, weil der Hzg. zuerst seinen Enkel, den Askanier Albrecht v. →Sachsen-Wittenberg, ausersehen und der Ks. bereits 1355 die Belehnung zugesagt hatte, die 1370 erfolgte, nachdem Hzg. Magnus in die Acht getan worden war. Diese Ansprüche lösten den bis 1388 dauernden →Lüneburger Erbfolgekrieg aus, in dessen Auseinandersetzungen Hzg. Magnus 1373 fiel. Er hatte sich die Stadt →Lüneburg zur Feindin gemacht, deren Bürger 1371 die Burg zerstörten und so u.a. einen Residenzwechsel nach →Celle hervorriefen. Die Stadt Lüneburg begünstigte, gefolgt von →Hannover, die sächs. Prätendenten. In den immer wieder aufflammenden Kämpfen entschieden die Welfen 1388 die Erbfolge im Fsm. L. für sich, was sie veranlaßte, wieder in die Fsm.er B. und L. zu teilen, ersteres erhielt Friedrich, letzteres seine Brüder Bernhard und Heinrich gemeinsam.

Der Erbfolgekrieg hatte eine hohe Schuldenlast der Hzg.e v. L. zur Folge, die sie mit Hilfe der Stände, bes. der Städte, 1392 zu bereinigen suchten, wobei ihnen ein großer Geldbetrag zugestanden wurde und sie der →Sate, einer Friedens- und Sicherheitsvereinbarung, zusagten, der sie sich später wieder zu entziehen suchten. Mit der Ermordung Hzg. Friedrichs v. B. 1400 fiel den Hzg.en v. L. dieser Landesteil zu, den sie zusammen mit L. bis 1409 gemeinsam hielten, aber dieses Gebiet zerlegten sie wieder in zwei Fsm.er, wobei der braunschweig. Teil um Hannover und das Land zw. Deister und Leine vergrößert wurde.

Dieser Teil fiel Bernhard zu. Heinrichs Söhne fochten 1428 die Aufteilung von 1409 an und erreichten eine Revision, bei der sie die Teilung vornahmen und Bernhard das Fsm. L. wählte. Nach seinem Tod 1434 herrschten seine Söhne Friedrich und Otto gemeinsam, bis Otto 1446 starb. Elf Jahre später legte Friedrich das Fsm. in die Hände seiner Söhne, die beide noch vor ihm den Tod fanden (1464 und 1471). Er übernahm die Regierungsgeschäfte wieder, und zwar auf Bitten der Stände, denen die Vormundschaft über den Dreijährigen übertragen worden war und die nach dem Tod Hzg. Friedrichs 1478 diese auch übernahmen. Hzg. Heinrich der Mittlere erlangte 1501 vom Ks. die Anwartschaft auf die Gft. →Hoya, die das Fsm. erheblich vergrößerte.

Dem Fsm. B. standen indessen noch weitere Teilungen bevor; schon 1432 entstanden die Fsm.er B. und →Calenberg, letzteres war sehr klein, und Hzg. Wilhelm bemühte sich erfolgreich, es zu vergrößern, so durch den Erwerb des Fsm.s Göttingen 1442. Da sein Bruder im Fsm. B. keine Söhne hinterließ, fiel ihm 1473 auch dieses zu. Sein Sohn Wilhelm der Jüngere scheiterte mit seinen Bemühungen, die Einheit von B.-Calenberg-Göttingen zu bewahren; er selbst nahm schließlich 1495 eine Landesteilung unter seinen Söhnen vor; Heinrich erhielt B., wofür die Residenz →Wolfenbüttel von nun an namengebend wurde, und Erich Calenberg-Göttingen. Den zweiten Landesteil besaß Erich erst seit 1513 nach dem Ausgleich mit Hzg. Heinrich dem Mittleren v. L. und der Huldigung der Landstände uneingeschränkt.

Das Hzm. B.-L. besteht um 1500 aus vier selbständigen Fsm.ern, die untereinander mittels verschiedener Verträge verklammert sind.   G. Pischke

Lit.: W. HAVEMANN, Gesch. der Lande B. und L., 1, 1853 – G. MAX, Gesch. des Fsm.s Grubenhagen, 2 Bde, 1862 – »Territorien – PLOETZ« Gesch. der dt. Länder, 1, hg. G. W. SANTE, 1971 – H. PATZE, Die welf. Territorien im 14. Jh., VuF 14, 1971 – H. KLEINAU, Überblick über die Gebietsentwicklung des Landes B., Braunschweig. Jb. 53, 1972 – E. BOSHOF, Die Entstehung des Hzm.s B.-L. (Heinrich der Löwe, hg. W. D. MOORMANN, 1980).

Braunschweiger Reimchronik (9339 Verse) entstand im späten 13. Jh., vermutl. in →Braunschweig. Sie bindet die →Welfen in die Tradition des sächs. Hzm.s ein, gipfelt in der Rühmung Herzog Albrechts I. von →Braunschweig-Lüneburg (1252-92) und klingt mit einer Belehnung seiner unmündigen Söhne aus; ein knapper Anhang führt bis zum Jahre 1298. Einflüsse der höf. Epik sind mehrfach spürbar. Der Verfasser hat nach eigener Aussage in Sachsen und Thüringen systemat. Quellen gesammelt. Eigenen Quellenwert hat die B. R. für die 2. Hälfte des 13. Jh., für Einzelheiten der Braunschweiger Stadtgeschichte und des stauf.-welf. Thronstreites sowie dort, wo sich der Verfasser auf in der Folgezeit verlorene Quellen beruft. Die Nachwirkung der B. R. war gering. Überliefert sind zwei Hss. (13. und 15. Jh.); ausgeschrieben wurde die B. R. durch Konrad (Cord) Bote (oder aber Hermen →Bote) in der sog. »Sächs. Bilderchronik« von 1488/91.
   M. Last

Ed.: B. R., ed. L. WEILAND, MGH DC 2, 1877, 430-574 – Lit.: W. HERDERHORST, Die B. R. als ritterl.-höf. Gelegenheitsdichtung, NdsJb 37, 1965, 1-34 – K. STACKMANN, Kleine Anm. zu einer Ehrung für Albrecht d. Gr., ZDA 106, 1977, 16-24.

Braunschweiger Weistum (1251). Gf. →Wilhelm v. Holland war am 3. Okt. 1247 in Worringen bei Köln zum dt. Kg. gewählt worden. Auf dem Reichstag zu Braunschweig im März 1252 verlangten nds. Städte mit Lübeck an der Spitze, der Hzg. v. Sachsen und der Mgf. v. Brandenburg, dieser hier erstmalig als Wähler bezeugt, sollten nachträgl. ihr Wahlrecht ausüben, andernfalls die

Städte zur Verweigerung des Gehorsams berechtigt seien. Obgleich damit die von der Kurie für verbindlich erklärte unitas actus gestört war, betrachtete die Kurie die Wahl von Worringen durch die Nachwahl von Braunschweig nicht als beeinträchtigt; dieses »Feststellungsurteil« (MITTEIS) sollte klarstellen, daß Wilhelm schon 1247 einmütig (in corcordia) gewählt war. H. Patze

Lit.: MGH Const. II, nr. 459 – O. HINTZE, Das Kgtm. Wilhelms v. Holland, 1885, 46–56 – H. MITTEIS, Die dt. Königswahl, 1944², 185ff.

Brauordnungen → Bier und Brauwesen

Brautkleidung. Anlaßgebundene Stoffe, Farben und Schnittarten gab es im MA in der Kleiderausstattung weder bei der Braut noch beim Bräutigam. Die weiße B. verbreitete sich erst seit dem 18. Jh. Im MA orientierte sich die B. an der jeweils zeittyp. Gewandung, die auch beim Bräutigam, durch Pelzbesatz, Stickerei, Silberschmuck reicher als die gewöhnl. Festkleidung ausgestaltet sein konnte (E. WURMBACH, 78; 93f.). Dementsprechend ist vereinzelt durch →Luxusordnungen der erlaubte Aufwand genauer festgelegt worden (Nürnberg, wohl 14. Jh.). Charakterist. Bestandteile der B. wiesen, indem sie Ausstattungselemente der unvermählten Frau akzentuierten, auf den Übergang in eine neue Lebensphase, wie das der Jungfrau eigene gelöste, über Schultern und Rücken herabfallende Haar, das z. B. der Ausdruck *the hair hanging* in der Beschreibung engl. Hochzeitsfeierlichkeiten und Bildquellen (z. B. Bilderhandschriften des Sachsenspiegels), kennzeichnet. Hierher gehört als Kopftracht auch das als mhd. Wort seit dem 12. Jh. geläufige, aus dem frz. Kulturkreis übernommene *Schap(p)el*, ursprgl. ein Kranz von natürl. Blumen, später ein Haar- oder Stirnreif mit Edelmetall, Textilien, Perlen, Steinen. Aus dem hochzeitl. →Kranz, der Parallelen in der vorchristl. und der christl. Antike sowie im byz. Trauungsritus hat (K. BAUS, 93–111), entwickelte sich im SpätMA bei den städt. Oberschichten die Brautkrone, die als perlen- und steinbesetzte Tuchhaube in der Wiedergabe der Trauhandlung in einer um 1500 datierten Bilderhandschrift des Hamburger Stadtrechts von 1497 erscheint (G. JAACKS, 123–128). Einzelporträts und Allianzbildnisse, u. a. das postume Doppelporträt von Kg. Ladislaus Posthumus und Magdalena v. Frankreich (wohl um 1500, E. BUCHNER, Nr. 203) deuten darauf, daß auch der Bräutigam einen Kranz trug. Für einzelne Teile des Kranzes, so für die Nelke und für die Pflanze Solanum Dulcamara (Bittersüß), die auf dem Stich mit dem bräutl. Paar des Monogrammisten bg den Kopf des Jünglings ziert, ist eine symbol. oder apotropäische Bedeutung angenommen worden (E. WOLFFHARDT, 177–196; S. RINGBOM, 68–97). Vgl. auch →Ring, →Kranz, →Hochzeitsbräuche. B. Deneke

Lit.: RDK II, 1124f. – E. WURMBACH, Das Wohnungs- und Kleidungswesen des Kölner Bürgertums um die Wende des MA, 1932 – K. BAUS, Der Kranz in Antike und Christentum, Theophania 2, 1940, 93–111 – E. BUCHNER, Das dt. Bildnis des Spätgotik und der frühen Dürerzeit, 1953 – E. WOLFFHARDT, Beitr. zur Pflanzensymbolik, ZKW 8, 1954, 177–196 – P. E. SCHRAMM, Herrschaftszeichen und Staatssymbolik III (MGH Schr. 13), 1956, bes. 984–986 [mit weiterer Lit. zur Brautkrone] – S. RINGBOM, Nuptial Symbolism in some Fifteenth–Century Reflections of Roman Sepulchral Portraiture, Temenos 2, 1966, 68–97 – PH. CUNNINGTON – C. LUCAS, Costume for Births, Marriages and Deaths, 1972 – G. JAACKS, Beitr. zur dt. Volks- und Altertumskunde 19, 1980.

Brautmystik → Brautsymbolik

Brautsymbolik

I. Christliche Theologie – II. Judentum – III. Ikonographische Beispiele.

I. CHRISTLICHE THEOLOGIE: Im AT zur Deutung des Bundesverhaltens Jahwes gegenüber Israel (Hos 1–3; Jer 31, 32; Ez 16; Jes 54,4ff) grundgelegt (aber nie auf den Messias bezogen), erfährt die B. im NT eine christolog.-ekklesiolog. Überhöhung (2 Kor 11,2; Eph 5,27) in heilsgeschichtl. Rahmen (Mk 2,20; Offb 19,7ff) mit Ausblick auf die Heimführung der Braut-Kirche in der Parusie.

Die Väterzeit setzt bei Bevorzugung der paulin. Aussagen (weniger Ps 44, Offb) den Akzent auf die gegenwärtige Heilszeit und Kirche mit Bezug auf die Menschwerdung des Sohnes (Augustinus; Johannes Chrystostomos) und weitet die B. auf die Christusvereinigung der Seele (Origenes, Gregor v. Nyssa) wie auf die Jungfrauen aus (Tertullian, Ambrosius). Die Verschiebung des Motivs von der sponsa zur fruchtbaren Mutterschaft der mater ecclesia wird von Augustinus durch die Doppelung von jetziger Verlobung und endzeitl. Vermählung der Kirche mit Christus ausgeglichen. Nur gelegentl. wird die B. auf Maria übertragen (Cyrill v. Jerusalem, Ambrosius).

Das MA nimmt diese Elemente auf und entfaltet sie auf der Grundlage der ekklesiolog. Deutung nach der Seite des Moralischen, des Mystischen (unter Einfluß des Origenes) und des Marianischen, wobei die Anwendungen sich überschneiden und Mischformen ausbilden. Ihren theol. Ort hat die B. in der Bibelliteratur, v. a. in den Kommentaren zum Hld, die Beda Venerabilis eröffnet, dessen Sicht auf das geistige Wesen der Braut-Kirche und ihre innere Schönheit danach bestimmend bleibt. Im ekklesiolog. Verständnis des Hld ist die Kirche für Anselm v. Canterbury die freie, liebe und geliebte Braut, die sich nicht in ird. und polit. Bindungen verstricken lassen darf (Ep. 235 und 243, Opera omnia IV, 143, 153). Im 12. Jh. erfährt das Bild eine schärfere Konkretion durch die Ausrichtung auf die collectio der Vollkommenen. Dem seit Augustinus latenten Problem der Sünde in der Kirche wird mit dem moral. Appell an die Vollkommenen zum beständigen Kampf begegnet (Anselm v. Laon). Obgleich die ethisch-aszet. Abzweckung in der »Jungfrauenliteratur« (Speculum Virginum) einen eigenen Zweig ausbildet, gewinnt im »goldenen Zeitalter der Symbolik« (Y. CONGAR) die in den Hld-Kommentaren der mönchischen Theologie vertretene myst. Deutung, die auf die Verbindung Christi mit der Einzelseele, auf Kontemplation und myst. Aufstieg zielt, die Oberhand, wenn auch die Verbindung mit der Braut-Kirche im Hintergrund steht (Bernhard v. Clairvaux). Zur gleichen Zeit erfolgt aber in diesen Kommentaren auch der Durchbruch der marian. Deutung (Rupert v. Deutz; Honorius Augustodunensis), wobei die erstrebte Durchdringung von Maria-Kirche-Einzelseele oft im rein Bildhafen verbleibt (Ausnahmen bei Alexander Neckham und im SpätMA bei Dionysius dem Kartäuser). In der Schulliteratur des 13. Jh. wird die B. wieder stärker auf die Gesamtkirche bezogen, sogar unter Einschluß des hierarch.-institutionellen Momentes (Aegidius Romanus). Das sich so verschärfende Problem der Sünde in der Braut-Kirche widersetzte sich trotz Einführung mancher Differenzierungen bezüglich der Kirchengliedschaft und der Verlagerung der Heiligkeit auf die Endzeit einer Lösung. So werden oft nur die scharf kontrastierenden Bilder der heiligen und der befleckten Kirche rhetorisch gegenübergestellt (Wilhelm v. Auvergne; Odo v. Cheriton). Mit dem Aufkommen des korporativen Kirchenverständnisses und der dialekt. Methode in der Hochscholastik erscheint das sponsa-mater-Bild mehr in Begleitung und Abhängigkeit vom Gedanken des corpus Christi zur Motivation der Autorität und Achtung vor der Kirche. Thomas v. Aquin kennt freilich noch im Anschluß an Joh 2,1–10 die theol. Deutung auf die conjunctio Christi et Ecclesiae, die sich in drei Stadien verwirklicht. In den theol. Kirchentraktaten des SpätMA von untergeordneter Bedeutung, bleibt die B., nun v. a. in der Liturgie beheimatet, Topos einer geistig-spirituellen Kirchenauffassung und Korrektiv eines rein institutionellen Verständnisses (vgl. den Gebrauch auf dem Konzil v. Vienne [DS 901] und auf dem Tridentinum [DS 1740]). L. Scheffczyk

Lit.: HDG III, 3c, 1971 [Y. Congar] – RAC II, 528–564 – LMK I, 898–910 – M. Bernards, Speculum Virginum. Geistigkeit und Seelenleben der Frau im HochMA, 1955 – H. Riedlinger, Die Makellosigkeit der Kirche in den lat. Hoheliedkommentaren, 1958 (BGPhMA 38,3) – Fr. Ohly, Hohelied-Stud., 1958 – H. Leclercq, Wiss. und Gottverlangen. Zur Mönchstheologie des MA, 1963.

II. Judentum: Als gen. subj. verstanden, zielt der Begriff B. nicht auf bräutl. Attribute wie Ring, Gürtel, Schleier, sondern die Braut selbst. Von Bibel (Hos 2,21f.; Jer 2,2; Jes 61,10; 62,5; Hld 4,8–12; 5,1) über Targumim und Midraschim (Mekilta Ex 19,17; Pesiqta 5,4f.; Pesiqta R. 22,5; Ex R. 23,5; Hld R. 2,1; 4,8.10; 5,2; Dtn R. 2,37; 3,16; Pirqe R. Eliezer 41) zu den Kommentaren v. →Raschi, →Abraham ibn Ezra, Obadjah Sforno sowie religiöser Dichtung zum Hld dient die Braut als Symbol der Gemeinde →Israel, die Gott durch den Bund als anverlobt gilt. In haggad. Auslegung noch himml. Repräsentation des Volkes Israel, führt hypostasierendes Denken der Mystiker zur Einbeziehung der Braut, nun auch *Schechina* (Bahir 104; Zohar I,5b; II, 2b.3a; III,4a/b.248a), in die innere Sphäre der Gottheit als deren weibl. Aspekt; dem hieros gamos der zeugenden und empfangenden Kräfte in Gott (Zohar I, 207b; II,205a; III,7a) entstammt das Leben der unteren Welten. Im System der →Kabbala bildet die zehnte der Sefirot (Manifestationen Gottes) als Braut, Gottesreich, Schechina, Israel, untere Weisheit, *Tora* (Sifre Dtn 345; Midrasch Tannaim 212.f.; Ex R. 30,5; 33,7; 41,5; Pesiqta R. 20,4; Bahir 137; Zohar II,99a/b) und *Šabbat* (bŠabbat 119a; bBaba Qamma 32a/b; Sabbathymne Lᵉkāh dôdî) den Übergang zur geschaffenen Welt und die sie erhaltende Macht. – Die philos. Hld-Deutung sieht die Braut als intellectus materialis, der des Einflusses des intellectus agens bedarf (Josef b. Aqnin, Mose b. Tibbon, →Immanuel aus Rom, →Gersonides, Josef Kaspi).

H. Dittmann

Lit.: S. Salfeld, Das Hld Salomo's bei den jüd. Erklärern des MA, 1879 – G. Scholem, Zur Kabbala und ihrer Symbolik, 1960 – Ders., Ursprung und Anfänge der Kabbalah, 1962 – Ders., Von der myst. Gestalt der Gottheit, 1962.

III. Ikonographische Beispiele: Die Darstellungen zeigen Braut und Bräutigam – Christus – Ecclesia – Maria zumeist durch königl. Attribute ausgezeichnet (Petershausener Sakramentar, ca. 980/990; Deckengemälde der Klosterkirche zu Prüfening, ca. 1130; Frowinbibel, ca. 1150; Skulpturengruppe im Dom zu Magdeburg, ca. 1240 [Braut und Bräutigam, hier als stauf. Herrscherpaar]; ehem. Benediktinerinnenkloster Göß/Steiermark, Ende 12. Jh.). Schließlich werden auch Hl. als »mystische« Bräute Christi interpretiert, so Agnes, Katharina v. Alexandria oder analog zu dieser, Katharina v. Siena. (Auf einer Tafel des Brügger »Meisters der Hl. Lucia«, Brüssel, Kgl. Mus., erscheinen Agnes und Katharina v. Alexandria als Bräute Christi.) Der Hl. Franziskus geht als Nachfolger Christi eine myst. Vermählung mit der Armut ein (Fresko des »Velenmeisters« in der Unterkirche v. S. Francesco, Assisi). D. Kocks

Lit.: LCI I, 318–326 – RDK II, 1110–1124 – L. Réau, Iconographie de l'Art Chrét. II, 1, 1957, 298ff. – O. Gillen, Christus und die Sponsa, Chr. Kunst 33, 1937, 202ff. – A. Nygren, Eros und Agape, 1954 – O. Casel, Die Kirche als Braut Christi nach Schrift, Väterlehre und Liturgie, 1961.

Brauttür (Brauttor, Ehetür) ist ein an der Nordseite ma. Kirchen gelegenes, häufig mit einer Vorhalle versehenes Portal, vor dem der Ringwechsel durch den Priester vollzogen wurde; in facie ecclesiae als Handlung weltl. Rechts seit dem 11. Jh. von der Kirche übernommen, erst seit dem späteren 15. Jh. nach und nach in das Kirchengebäude verlegt. Tympanon und Gewändefiguren nehmen Bezug auf die Eheschließung, etwa durch die Darstellung des Gleichnisses von den Klugen und Törichten Jungfrauen oder Christus als Bräutigam der Kirche. Beispiele: Bamberg/obere Pfarrkirche, Bayreuth, München/Frauenkirche, Nürnberg/St. Lorenz und St. Sebald u. a. G. Binding

Lit.: RDK II, 1134–1137 [Lit.].

Brautwerberepos, Brautwerbungsmotiv

I. Allgemein – II. Mittelhochdeutsche Literatur – III. Skandinavische Literaturen – IV. Mittellateinische Literatur – V. Byzantinische Literatur – VI. Slavische Literaturen.

I. Allgemein: Das Thema von Brautwerbung (B.), -raub -entführung ist in folklorist. und lit. Gattungen vieler Völker vertreten, wobei die jeweilige Ausprägung auf die alten Volkssitten (z. B. Raubehe) zurückgehen kann. Aus der (unterschiedl.) Reihung bestimmter typ. Motive und Abläufe lassen sich Erzählschemata abstrahieren und Texte nach typolog. Gemeinsamkeiten zusammenstellen. Wegen der Motiv- und Erzählformengemeinschaft folklorist. und lit. Ausformungen wird mit Brautwerbungsthema und -schema in den Diskussionen um Epenschöpfung und -entwicklung argumentiert. V. Mertens

II. Mittelhochdeutsche Literatur: Das B.-Thema kommt in zahlreichen Epen, Romanen und Erzählungen vor; die Forschung hat sich auf die Erzählschemata in den sog. »Spielmannsepen« und in der Heldenepik konzentriert, da die beobachtete Schematik als Verweis auf mündl. Tradition, Altertümlichkeit und eine bestimmte literaturproduzierende Schicht (»Spielmann«) angesehen wurde. Als »Brautwerberepen« im engeren Sinn gelten die »Spielmannsepen« →»Oswald«, →»Orendel«, →»König Rother«, →»Salman und Morolf«, auch →»Dukus Horant«, aus der Heldendichtung →»Kudrun«, →»Ortnit«, →»Wolfdietrich« B und D, nur am Rande werden das →Nibelungenlied und der →Tristanroman in seinen verschiedenen Ausprägungen unter diesem Gesichtspunkt betrachtet. Der Entstehungszeitraum dieser Werke reicht von der Mitte des 12. bis in das 14. Jh.

Am produktivsten sind die Brautraub und -entführung ausfaltenden Schemata, weil sie erzählerisch die meisten Möglichkeiten bieten. Die Abläufe werden durch bestimmte Motive (z. B. Beratung, Liebe vom Hörensagen, Botensendung, Kemenatenszene, Entführung durch List oder Gewalt, Verfolgung, Schlacht) und feste sprachl. Formulierungen (*râten, daz er wîp neme; si ist gesezzen über sê* z. B.) typisiert, der Erzähler kann mit den dadurch geweckten Erwartungen des Publikums spielen.

Das am stärksten nach dem B.-Schema strukturierte Werk ist der »König Rother« (Werbung – Brautgewinnung; Verlust – Wiedergewinnung), jedoch ist auch hier umstritten, ob das Schema einen hist. Kern (Authari-Sage) erzählerisch gestaltet oder eine Brautwerbungsfabel durch undeutl. hist. Anspielungen aktualisiert wird. Im »Orendel« fehlen kennzeichnende Motive (Widerstand des Vaters, List des Werbers), in »Salman und Morolf« ist das Thema der ungetreuen Gattin mit Motiven aus der Brautwerbungsthematik ausgestaltet, ohne daß diese strukturbildend würde. Genet. Schlußfolgerungen sind grundsätzlich nur mit großer Zurückhaltung zu ziehen, die Existenz des Schemas selbst sagt noch nichts aus über Alter und Ursprünglichkeit seiner Verwendung: ein frei bauender Umgang mit gängigen Schablonen (»Kudrun«) ist ebenso möglich wie die erzähler. Aktualisierung eines älteren Legendenstoffes mit Hilfe des B.-Schemas (»Oswald«). Soziolog. Konsequenzen lassen sich ebensowenig absichern: Die Nähe zur mündl. Dichtung, die durch Sprachformeln, typ. Motive und Motivketten und die Erzählschemata suggeriert wird, ist nicht als »volkstümlich« (Publikum) oder »spielmännisch« (Autor) zu deuten, sondern als lit. Absicht. Diese allerdings kann mit Hilfe des Schemas erkannt und auch im Hinblick auf die literaturtragende Schicht differenziert interpretiert werden. V. Mertens

Lit.: G. EHRISMANN, Märchen im höf. Epos, PBB (Halle) 30, 1905, 14–54 – J. DE VRIES, Die Brautwerbungssagen, GRM 9, 1921, 330–341; 10, 1922, 31–44 – H. REUSCHEL, Saga und Wikinglied, PBB (Halle) 56, 1932, 321–345 – H. MARQUARDT, Die Hilde-Gudrunsage in ihrer Beziehung zu den germ. Brautraubsagen und den mhd. Brautfahrtepen, ZDA 70, 1933, 1–13 – TH. FRINGS, M. BRAUN, B. I. Teil, 1947 – F. GEISSLER, B. in der Weltliteratur, 1955 – K. VON SEE, Die Werbung um Brünhild, ZDA 88, 1957/58 1ff. – V. SCHIRMUNSKI, Vergleichende Epenforschung I, 1961 – S. BEYSCHLAG, Dt. Brunhildenlied und Brautwerbermärchen (Fschr. v. D. LEYEN, 1963), 121–145 – H. SIEFKEN, Überindividuelle Formen und der Aufbau des Kudrunepos, 1967.

III. SKANDINAVISCHE LITERATUREN: In der altnord. Literatur fehlt die Epenform gattungsbedingt. Die Brautwerbungsthematik ist an typ. nord. Überlieferungsträger wie Eddalied (→Edda), →Fornaldarsögur und die spätma. Volksballade (*folkevise*) gebunden; auch die »Þiđrekssaga« (um 1250) und latein. Erzählungen des →Saxo Grammaticus (»Gesta Danorum«, um 1200) verarbeiten Brautwerbungsfabeln (vgl. Abschnitt IV). Aufgrund z. T. enger genet. Beziehungen zu mhd. Epenstoffen können skand. Einzelzeugnisse zur Klärung von Entstehungs- und Überlieferungsfragen beitragen: so die Werbung um Brünhild in Eddaliedern des Nibelungenzyklus für »Nibelungenlied«, die Brautraubsage von Hedin und Hilde (u. a. bei Saxo) für »Kudrun« und die Werbernovellen der » Þiđrekssaga« (Osantrix-Varianten, Attilas Werbung um Erka, Herbort und Hilde) für »König Rother«.

Während der reine Werbungstyp nur schwach entwickelt ist oder sich anderen Themen unterordnet, werden die Schemata der gefährl. Werbung durch Brautraub und -entführung in mannigfachen Varianten und Motivverbindungen durchgespielt. Ersterem Typ folgt in der Edda die Prosa zur »Helgakviđa Hjörvarđssonar« (Hjörvarđr und Sigrlinn, Werbungsrat, Botensendung), letzterem die »Helgakviđa Hundingsbana II« (Helgi und Sigrun, Liebe und Entführung gegen den Willen der Sippe). Eine mytholog. Abwandlung erfährt das Thema in den eddischen »Skírnismál« (Botenwerbung des Skírnir für den Gott Freyr).

Werbung durch Gewalt und/oder List bestimmt das Handlungsschema einer Reihe von Fornaldarsögur aus dem 13./14. Jh. Ein Typenbeispiel bietet die »Bósa saga«, deren dreiteiliger Bauplan aus Werbung, Brautraub und Rückentführung strukturelle Konvergenzen mit dem »König Rother« erkennen läßt. In der »Göngu-Hrólfs saga« ist das Schema durch die Märchenvorlage von der Suche nach der goldhaarigen Jungfrau, in der »Hálfdanar saga Eysteinssonar« durch das Motiv der gewonnenen und wiederverlorenen Geliebten aufgefüllt. Exzeptionell ist die Behandlung des Themas der keuschen Treue in der »Friđþjófs saga«. Die aus älteren mündl. Quellen schöpfenden Brautwerbersagen des Saxo Grammaticus, die in Erzähltechnik und Struktur den Fornaldarsögur ähneln, belegen u. a. den trag. Stoff von Hagbard und Signe (Motiv des Werbers in Frauenkleidern), der wie andere populäre Brautwerberthemen seit dem 13. Jh. ins Liedgut der skand. Volksballade eingeht. H.-P. Naumann

Lit.: Vgl. Abschnitt II.

IV. MITTELLATEINISCHE LITERATUR: B. von Fürsten und Herren wird als hist.-realer Vorgang häufig in mlat. Geschichtsschreibung und -dichtung erwähnt. (Diese Notizen sind in ihrer Gesamtheit auch für die Literaturwissenschaft von Bedeutung, ermöglichen sie doch, im B. zw. reinen Erzählzügen und realist. Zügen, wie sie z. B. der Familien- und Vasallenrat darstellt, zu unterscheiden.) Daneben finden sich in mlat. Dichtung B.-Erzählungen, die nicht dem o. dargestellten Schema folgen; so etwa die schwankhaft-novellist. B. im →Ruodlieb-Epos, Fragment XVIf.

Die »typische« B. hingegen verrät ihre Volksläufigkeit schon dadurch, daß sie in der mlat. Literatur keine selbständigen Ausgestaltungen erfahren hat. Wo diese in lat. Gewande auftritt, handelt es sich um Reflexe aus der volkssprachl. Sagentradition, die ihrerseits Einzelzüge aus den verschiedenartigsten Quellen geschöpft haben kann: aus lit. Vorlagen der Antike (→Apollonius von Tyrus), oriental. Wandererzählungen (s. die Parallelen bei GEISSLER) oder auch aus byz. Epik (→Digenis Akritas). Interessant sind diese, z. T. nur schwach ausgeprägten Reflexe dennoch, zum einen, weil sie die unterschiedl. lit. Interessen der Laien- und der Klerikerkultur beleuchten, zum anderen, weil die zeitl. oft weit vor der schriftl. Fixierung volkssprachl. B. en liegenden lat. Texte Anhaltspunkte für das Vorhandensein und die Gestaltung »spielmännischer Brautfahrtsagen« (HEUSLER) in der mündl. Phase der Tradition geben können. Ein früher Reflex liegt möglicherweise bereits bei →Gregor v. Tours, Historiae 3, 15 vor (PIZARRO), sicher jedoch bei →Fredegar, Chronica 3, 18–20 und im →Liber historiae Francorum 11–13 (HEUSLER, DE VRIES). Nicht auszuschließen ist ein Einfluß der bei →Paulus Diaconus, Historia Langobardorum 3, 30 in den schriftsprachl. Bereich vordringenden Sage von der B. des Authari auf die Ausbildung der →König Rother-Erzählung (s. Abschnitt II.), während die aus England stammenden lat. Quellen des →Oswald-Epos (→Beda, Reginald) noch keine Motive der Brautfahrtsage aufweisen. Hingegen finden sich solche, wenn auch undeutl. und verfremdet, im →Waltharius und den verwandten Erzählungen um Gaiferus/Waiferus (HAUG, DRONKE). Noch weit undeutlicher sind die Spuren des B.s-Schemas im Schlußabschnitt des →Ruodlieb (Gewinnung der Königstochter im Kampf gegen Vater und Bruder). Daß das »Schema« auch in die volkssprachl. Sagentradition des Nordens Eingang gefunden hat, bezeugt – bereits vor der Þiđrekssaga (s. o.) – →Saxo Grammaticus, Gesta Danorum I, 4, 15–17 und 8, 11, 2. K. Vollmann

Lit.: HOOPS² I, 376f. [s. v. Chlodwig, A. HEUSLER] – J. DE VRIES, Die Brautwerbungssagen, I, GRM 9, 1921, 330–341; II, GRM 10, 1922, 31–44, hier 340f., 31–34 – F. GEISSLER, B. in der Weltliteratur, 1955 – W. HAUG, Andreas Heuslers Heldensagenmodell: Prämissen, Kritik und Gegenentwurf, ZDA 104, 1975, 273–292, hier 285–292 – P. DRONKE, Waltharius – Gaiferus (U. U. P. DRONKE, Barbara et antiquissima carmina, 1977), 27–79 – J. M. PIZARRO, A »Brautwerbung« Variant in Gregory of Tours: Attalus' Escape from Captivity, Neophilologus 62, 1978, 109–118.

V. BYZANTINISCHE LITERATUR: Als literarisches Thema v. a. in den höf. →Romanen der Komnenen- und Palaiologenzeit, doch auch im byz. Epos →Digenis Akritas und in den →Tragudia. Die Werbung ist verbunden mit bestimmten Vorstellungen (Traum, Bild, Erzählung), Forderungen und Bedingungen an die Umworbene (Byz. Schönheitsideal und Tugendkatalog im Roman »Belthan-

dros und Chrysantza«), Aufgaben bzw. Prüfungen des Werbers. Die Darstellung von Hindernissen und deren Überwindung, oft durch List, nimmt breiten Raum ein, manchmal variiert durch das Motiv des Brautraubes (»Digenis Akritas«). Die Wiedergabe von Liebesbriefen findet sich in »Drosilla und Charikles« sowie in »Lybistros und Rhodamne«. Christl. Gedankengut spielt kaum eine Rolle. Die Motive entstammen der hellenist. bzw. spätantiken Romanwelt, wobei oriental. Einflüsse mitwirken. Das Ritual der Werbung läßt die westl. Courtoisie und Verinnerlichung bei der Werbung vermissen; die Brautwerbungsszenen dienen innerhalb dieser Unterhaltungsliteratur ledigl. als Teil einer Kette von – oft dem Märchenbereich entnommenen – Erlebnissen und Abenteuern.
Ch. Hannick

Lit.: Ph. Bouboulis, Stud. in the History of Modern Greek Story-Motives, Hellenika, Parartema 2, 1953 – F. Geissler, op. cit. – H. Hunger, Die Schönheitskonkurrenz in »Belthandros und Chrysantza« und die Brautschau am Kaiserhof, Byzantion 35, 1965, 150–158 – Beck, Volksliteratur, 1971, 63–97 – Hunger, Profane Lit., II, 1978, 123–142.

VI. Slavische Literaturen: Die Brautwerbung in den Heldenliedern und der → Spielmannsdichtung (Skomorochen) fußt größtenteils auf Motiven, die der byz. Tradition entnommen sind (Salomon und Vasilij Okuljevič). Die Akzente sind jedoch anders gesetzt. Die Werbung beinhaltet zwei oft verselbständigte Themen (bes. in den russ. → Bylinen): die eigtl. Werbung, persönl. oder durch Stellvertreter und Helfer, und (dies bes. in der serb. Literatur) die Entführung, ebenfalls persönl. oder durch Stellvertreter. Die Sitte des Brautraubes, ein beliebter Gegenstand der Spielmannsepik, schlug sich im Statut des Jaroslav (→ Ehe, -gesetzgebung) gegen die Raubehe nieder. Werbung mittels Stellvertreter gilt als Zeichen des hohen Standes des Werbers. Durch Tüchtigkeitsproben, ja sogar Gefangensetzung soll die Werbung erschwert oder gar verhindert werden. Die Schönheit der Braut ist immer von Belang. Häufig taucht ein Nebenbuhler auf, bes. wenn um eine verheiratete Frau geworben wird (Verführung, untreue Frau). V. a. in den Spielmannsliedern wird die Braut aus einer entfernten Gegend geholt (Fernidol). In den Bylinen oder auch in der »Hochzeit des Zaren Dušan« muß die Braut unter vielen Mädchen erkannt werden.
Ch. Hannick

In den westslav. Literaturen stimmen die Motive und Themen der B. meist mit der Tradition der westeurop. höf. Dichtung (Lyrik und Epik), der Spielmannsdichtung, der Poesie der Scholaren sowie der prosaischen Erzählungen, Anekdoten und der moralist. Lit. überein (z. B. Apollonius, Tristan, Griselde, Gesta Romanorum). Sogar in der religiösen Literatur findet man Echos (z. B. in der myst. Verlobung der hl. Katharina mit Christus in der alttschech. Legende). Die Rolle der Eltern, des Stellvertreters sowie der persönl. Werbung oder das Motiv der Entführung kommen auch in den Chroniken der Westslaven oder in der alttschech. Chronik des sog. → Dalimil vor.
F. Svejkovský

Lit.: Th. Frings-M. Braun, B. I, 1947 – R. Trautmann, Altruss. Helden- und Spielmannslieder, 1948 – F. Geissler, op. cit.

Brauweiler, Abtei OSB bei Köln (Nordrhein-Westfalen, Krs. Köln), wurde 1024 vom Pfgf.en →Ezzo und seiner Frau Mathilde, Tochter Ottos II., auf Familiengut gegründet. Der 1. Abt, Ello, und der dritte Abt, Wolfhelm († 1091), stammten aus St. Maximin bei →Trier. B. ging um 1051 in den Besitz der Kölner Bischofskirche über. Doch erst die Tochter der Gründer, Richeza, Gemahlin des poln. Kg.s Mieszko II., hat durch weitere Zuwendungen nach 1054 eine ausreichende Besitzgrundlage geschaffen. Die Siegburger Reform (→Siegburg) wurde 1095 von Ebf. Hermann III. eingeführt. Die doppelte Abtswahl von 1313 und die Pest von 1349 hatten geradezu existenzgefährdende Folgen. Ebf. Ruprecht übergab das bis dahin vornehml. von Angehörigen des niederen Adels besetzte Kloster i. J. 1467 an Mönche bürgerl. Herkunft aus Groß-St. Martin in Köln, die der →Bursfelder Kongregation angehörten. B. wurde 1802 aufgehoben. Die Kirche stammt im wesentl. aus der Zeit von 1133–1220, die Ausmalung des Kapitelsaals aus dem 3. Viertel des 12. Jahrhunderts.
E. Wisplinghoff

Lit.: W. Bader, Die Benediktinerabtei B. bei Köln. Unters. zu ihrer Baugesch., 1937 – E. Wisplinghoff, B. (Germania Benedictina VIII, 1980), 216–231 [Lit.].

Brauwesen → Bier und Brauwesen

Bray, Sir Reginald, zweiter Sohn von Sir Richard Bray of Eaton Bray, † 5. Aug. 1503, ▭ Windsor, Chapel, ⚭ Catherine Husee, keine direkten Nachkommen; Freund Kg. Heinrichs VII. und dessen Berater und Verwalter in Finanz- und Besitzangelegenheiten. B. begann seine Laufbahn im Hofhalt der Mutter Heinrichs VII., Margarete Beaufort. Er wurde bei den Ereignissen, die zur Rebellion Buckinghams führten, als Agent verwandt (1484). Unter Heinrich VII. nahm er an der Schlacht v. →Bosworth teil und wurde in der Folgezeit mit zahlreichen Spezialaufträgen *(commissions)* beauftragt. Er war *chancellor* des Hzm.s Lancaster, Mitglied des Parlaments und seit 1494 *High Steward* der Univ. Oxford. B. hatte die Treuhandschaft der Mitgift von Katharina v. Aragón bei ihrer Heirat mit Arthur, Prince of Wales (→Arthur 4.), inne. Im Besitz eines großen Vermögens, machte B. zahlreiche Stiftungen zugunsten geistl. Institutionen.
A. Cameron

Lit.: DNB, s. v. – J. C. Wedgwood, Hist. of Parliament, 1936–38 – R. Somerville, Hist. of the Duchy of Lancaster, 1953 – S. B. Chrimes, Henry VII, 1972.

Brazos ('Arme'), Bezeichnung der Ständevertretungen in den →Cortes der Gebiete der Krone Aragón; die Bezeichnung entstammt einer »organizist.« Staatsauffassung (Arme = exekutives Organ). Die b. scheinen sich im 14. Jh. herausgebildet zu haben; es gab vier im Kgr. Aragón, drei in Katalonien und Valencia, nur während einer sehr kurzen Zeit auch vier in Katalonien. Der geistl. brazo setzte sich zusammen aus den Bf.en und Vertretern der Ritterorden, letztere wurden aber auch manchmal zum adligen Teil der Ständevertretung gerechnet. Der adlige oder »ritterl.« brazo in Katalonien und Valencia bestand zum einen aus Vertretern des Hochadels (Barone und *ricos hombres*), zum anderen aus Repräsentanten des Niederadels (*mesnaderos* [Bannerherren]; Ritter; *infanzones* [erbgesessene Edelleute]; *hidalgos*). Die Vertretung der Städte, Marktflecken und Dörfer bildete den brazo der *universidades* (Gemeinden), der auch als *brazo real* ('kgl. Arm') bezeichnet wurde, da dem Kg. seit dem HochMA ein Mitherrschaftsrecht innerhalb der Städte zukam.
J. Lalinde Abadía

Lit.: Coing, Hdb. I, 433 – L. García de Valdeavellano, Curso de Hist. de las Instituciones españolas, 1975⁴.

Breakspear, Nicholas → Hadrian IV.

Breauté, Fawkes de, engl. kgl. Amtsträger norm. Herkunft, † 1226. B., einer der »schlechten Ratgeber« Kg. Johanns Ohneland, bekleidete das Amt des →Bailiff v. Glamorgan in Wales; während des Bürgerkrieges 1215–17 war er →Sheriff von sechs engl. Gft.en. F. de B. war Testamentsvollstrecker für Kg. Johann (1216). Er heiratete die Witwe des Earl of Devon. 1223 mußte er jedoch seine Ämter niederlegen und die von ihm befehligten kgl.

Burgen abtreten. 1224 wurde er wegen Nichterscheinens vor einem kgl. Gerichtshof geächtet. Sein Bruder Wilhelm verteidigte Bedford Castel gegen Kg. Heinrich III. Nach F.' de B. Unterwerfung gegenüber dem Kg. wurde er aus England verbannt. Er starb während des Versuches, die Hilfe des Papstes für seine Wiedereinsetzung zu gewinnen. B. E. Harris

Lit.: DNB VI, 247–251 – F. M. POWICKE, King Henry III and the Lord Edward, 1947, chap. I, II.

Brebant, Pierre de, gen. Clignet, seit April 1405 →Amiral de France, Anhänger der Partei der Armagnacs (→Armagnacs et Bourguignons). B. war *Ecuyer* (Knappe) des Hzg.s →Ludwig v. Orléans, welcher als Bruder Kg. →Karls VI. Führer der Armagnac-Partei am Hofe war. B. diente dem Hzg. 1398 bei dessen polit. Aktivitäten in Lothringen und Italien. Im April 1405 erhielt B., der bis dahin über keine Seekriegserfahrungen verfügte, durch die Gunst seines Protektors das Amt des Admirals als Nachfolger von Regnaud de Trie. B. übte den Flottenbefehl gegen die Engländer von Okt. 1406 bis zum Jan. 1407 erfolglos aus. Da Hzg. Ludwig währenddessen Bourg-sur-Gironde belagerte, ohne aber die Seestreitkräfte aus England und dem Bordelais daran hindern zu können, einen frz. Geleitzug aus La Rochelle aufzubringen, war der Hzg. zum Rückzug gezwungen; der frz. Mißerfolg zur See hatte die Annäherung der Hzg.s der Bretagne an die Engländer zur Folge. Nach der Ermordung Ludwigs (23. Nov. 1407) durch die Anhänger Johanns, Hzg. v. Burgund, wurde B. zugunsten des Bourguignon Jacques de Châtillon abgelöst; diesem bestritt B. aber vor dem Parlement das Recht auf die Admiralswürde. Das Parlement setzte daraufhin beide Kontrahenten ab und übertrug das Amt interimistisch Jean de Lesmes, dem Leiter der kgl. Schiffswerft Clos des Galées zu Rouen. 1415 war B. an der Verteidigung zur See der norm. Hafenstadt Harfleur beteiligt. 1428 ist er bezeugt als *Lieutenant du roi* (kgl. Stellvertreter) in der Champagne, wo auch sein Stammgut B. (Dép. Aube) lag. M. Mollat

Q. und Lit.: ANSELME, Hist. généalogique, 3ᵉ éd. 1733, VII, 814f. – E. JARRY, Louis de France, duc d'Orléans, 1889 – CH. DE LA RONCIÈRE, Hist. de la Marine française II, 1914, 204–206 – M. GOURON, L'Amirauté de Guyenne, 1938, 104 – A. MERLIN-CHAZELAS, Documents . . . Clos des Galées de Rouen, 1977, II, 69, 342, 344 – F. AUTRAND, Naissance d'un grand corps de l'Etat, 1981, 117.

Brechleiste. Um 1370 in Italien aufkommender angenieteter Steg als Stoppleiste gegen den Lanzenstich. Die ersten B.n waren v-förmig und saßen beim Halsausschnitt der Brustplatte. Um 1400–30 kamen gerade B.n an den Unterarmröhren und zuletzt an den Schultern des it. Plattenharnisches (→Harnisch) hinzu. Die inzwischen halbrund geformte B. am Halsrand verschwand nach 1450, die übrigen B.n um 1480, wurden aber allenfalls durch getriebene Grate ersetzt. O. Gamber

Lit.: O. GAMBER, Harnischstudien V, VI, JKS 50, 51, 1953, 1955.

Brechrand. Um 1420 in Italien entstandene, als Halsschutz von den →Harnischschultern abstehende Blechstreifen. In dt. Rüstkammerverzeichnissen des 16. Jh. *aufwurf* genannt. O. Gamber

Lit.: O. GAMBER, Harnischstud. V, VI, JKS 50, 51, 1955.

Brechscheibe. Um 1300 aufkommende Rundscheibe am Reiterspeer zum Schutze der Hand. Die zunächst noch ganz flache B. wurde um 1330 trichterförmig und behielt diese Form bis ins 16. Jahrhundert. O. Gamber

Lit.: V. GAY, Glossaire Archéologique, 1887 [s. v. Rondelle] – V. NORMAN, Waffen und Rüstungen, 1964, 36f.

Brechschild. Halbkreisförmiger, durch Auflagen (Schiftungen) verstärkter Eisenschild beim spätgot. →Rennzeug. O. Gamber

Breda, Herrschaft und Stadt in den Niederlanden (Prov. Nordbrabant). Die Herrschaft (Herrlichkeit) B. nahm bis zu ihrer Teilung i. J. 1287 den NW des Hzm.s →Brabant ein. Über die frühen Herren v. B. – 1125 erstmalig belegt – ist wenig bekannt, etwa 1175 gingen die Rechte an B. auf Heinrich van Schoten über, dessen Sohn Gottfried ein castellum B. mit seinem Allodialbesitz dem Hzg. v. Brabant aufgetragen und als Lehen wieder empfangen hatte. Unter den van Schoten entwickelte sich das castellum B. bis spätestens 1252 zur Stadt. Nach ihrem Aussterben wurde 1287 die Herrschaft in einen westl. Teil mit →Bergen op Zoom als Zentrum und einen östl. Teil mit der Stadt B. unterteilt, der an das Haus von Gavere-Liedekerke fiel. Starke finanzielle Belastungen führten 1327 zum Verkauf von B. an den Hzg. v. Brabant, der 1339 Wilhelm van Duvenvoorde mit dem Nießbrauch an B. belehnte. Nach dessen Tod 1353 fiel B. an die Familie van Polanen, von denen es im Erbgang als erster ndl. Besitz an das Haus →Nassau kam, in dessen Händen es bis ans Ende des MA blieb. – Die schon im 12. Jh. zu beobachtende starke Rechtsstellung der Herren v. B. (u. a. Zollhoheit), die möglicherweise daher rührt, daß das Gebiet als Erbgut in Form einer abgetrennten Herrschaft an ein Mitglied des Brabanter Herzogshauses gefallen war, blieb bis zum Ende des MA erhalten. B. hat innerhalb Brabants ein gesondertes Rechtsgebiet (mit eigener Gerichtsorganisation und wesentl. landherrl. Rechten) gebildet, mit dem Hzm. fast nur durch das Lehnsband verbunden. W. Herborn

Bibliogr.: G. VAN HERWIJNEN, Bibliogr. van de stedengeschiedenis van Nederland, 1978, 273ff., 279–283 – Q. und Lit.: vgl. allg.: De Oranjeboom. Jaarboek van de geschied- en oudheidkundige kring van stad en land van B., 1ff., 1948ff. – F. F. X. CERUTTI, Geschiedenis van B. De middeleeuwen, 1952 [Neudr. 1975] – Middeleeuwse rechtsbronnen van stad en herelijkheid Breda, ed. F. F. X. CERUTTI, I: Inleiding – de bronnen van het rechtsbronnen tot 1405, 1956 (Werken der vereeniging tot uitgaaf van oud-vaderlandsche recht, 3.R., Nr. 17) – P. C. BOEREN, De heren van B. en Schoten ca. 1100–1281, 1965.

Bredon, Simon → Simon Bredon

Breedon-on-the-Hill, Kl. in England (Co. Leics.), wurde als Kl. mit seelsorgerl. Funktionen um 675 auf geschenktem Land zu Medeshamstede (→Peterborough) von einem merzischen →ealdorman gegründet. 848 empfing das Kl. eine kgl. Immunitätsurkunde. Aufgrund der Schriften →Tatwines ist für 731 eine reichhaltige Bibliothek anzunehmen; eine ansehnl. Zahl von Steinskulpturen aus dem (frühen?) 9. Jh. hat sich in der späteren Pfarrkirche erhalten. B. figuriert in einer Schenkungsurkunde an Bf. →Æthelwold um 966. Vor 1122 wurde die Kirche den Augustinerchorherren von →Nostell übergeben; das ihnen unterstehende Priorat zu B. ist im Totenrotel des →Vitalis, Abt v. Savigny († 1122), verzeichnet. Die spätere Gesch. des Priorats (Kirche ŏ Maria und einem unbekannten Hl. namens Hardulf) ist wenig bedeutend. – Breedon-on-the-Hill ist manchmal mit dem im 8.–9. Jh. bestehenden Kl. Bredon (Co. Worcs.) verwechselt worden. D. A. Bullough

Lit.: VCH Leics., II, 8–10 – A. W. CLAPHAM, Archaeologia LXXVII, 219–240 – F. M. STENTON, Preparatory to Anglo-Saxon England, 1970, 182–185.

Brega ('Höhen'), südl. Kgr. der →Uí Néill, das seit dem frühen 9. Jh. von einem nördl. Zweig der Síl n Aédo Sláine ('Nachkommen des Aéd v. Slane') beherrscht wurde. Es umfaßte die heutigen Counties Meath und Louth, beide im Norden von Dublin. Nach →Beda wurde B. 684 von →Ecgfrith v. Nordhumbrien angegriffen. Die Prophezeiung des hl. →Columba, daß ein Brudermord innerhalb der Dynastie der Aéd Sláine zu ihrem Untergang führen würde, erfüllte sich in späteren Generationen. Schon am Ende des 8. Jh. galt B. als ein Herrschaftsgebiet, das von dem mächtigen Kgr. der Uí Néill, →Mide im Süden, abhängig war. Im 9. und 10. Jh. wurde der prähistor. Tumulus von Knowth von Kg.en der B. als Residenz benutzt. Im 11. Jh. war das Kgr. der Síl nAédo Sláine verschwunden. D. Ó Cróinín

Lit.: F. J. Byrne, PRIA, 66 C4, 1967–68, 383–400.

Bregenz, Stadt am Bodensee (Österreich, Vorarlberg).
I. Die spätantike Stadt – II. Die Grafen von Bregenz.

I. Die spätantike Stadt: An der großen West-Ost-Verbindung von Straßburg-Basel nach Kempten-Passau und der Straße nach Chur-Como-Mailand gelegen, bildete Brigantium (später Brigantia) seit der Eroberung des Voralpenlandes unter Augustus eine wichtige Straßen- und Handelsstation, die sich auf eine kelt. Siedlung zurückführen läßt. Umfangreiche Wohnviertel, Markthallen, Tempel und Thermen beweisen einen materiellen Wohlstand in der Kaiserzeit, der erst durch den Alamanneneinfall um 260 unterbrochen wurde. Seit Ks. Diokletian (284–305) zur Provinz →Raetia I gehörig, war B. ein Standort der röm. Bodenseeflotte und in das gegen die →Alamannen errichtete System von Grenzbefestigungen eingebunden (Kämpfe Constantius' II. 355 gegen die Lentienser, Beschreibung des lacus Brigantinus Amm. 15, 4, 2–6). Im 5. Jh. wurde B. geplündert und zerstört; um 610 gründete →Columban innerhalb des alten Römerkastells ein Kl., das jedoch nach seinem Weggang bald wieder verfiel.

J. Gruber

Lit.: Hist. Stätten Österr. II, 406f. – Hoops² III, 428f. – Kl. Pauly I, 945 – RE III, 846 – A. Holder, Alt-celt. Sprachschatz I, 1925, 538f. – O. Feger, Gesch. des Bodenseeraumes I, 1956.

II. Die Grafen von Bregenz: B., dessen Castrum noch 802 erwähnt wird, war im HochMA wie →Buchhorn und →Winterthur ein alter Sitz des Grafengeschlechtes der sog. →Udalrichinger in der Bodenseelandschaft. Als Sohn eines Gf.en Ulrich ist Bf. →Gebhard II. v. Konstanz in B. geboren. Mit dem 1043 erwähnten Uodalricus Prigantinus beginnt nach einer Erbteilung die nach B. sich nennende Grafenfamilie. Sie trieb u. a. die Erschließung des Bregenzer Waldes voran und nahm dabei eine Klostergründung zunächst in Andelsbuch und dann am Bodensee, in Mehrerau, vor. Der jüngere Udalrich kämpfte als Gemahl der Bertha v. Rheinfelden im Investiturstreit auf päpstl. Seite, während der letzte B.er Gf., Rudolf, als Gefolgsmann der frühen stauf. Herrscher hervortritt. Die Erben des reichen B.er Besitzes waren Rudolfs Neffe, Gf. Rudolf v. →Pfullendorf, und Rudolfs Schwiegersohn, Pfgf. →Hugo v. →Tübingen, von dessen jüngerem Sohn Hugo, der B. erhielt, die Gf.en v. →Montfort und v. →Werdenberg ihren Ausgang nahmen.

Der Ort B. erhielt 1200 Stadtrecht und 1330 von Ks. Ludwig dem Bayern eine Markturkunde. Im 13.–14. Jh. erfolgte die Ausdehnung des städt. Siedlungsraumes von der Oberstadt zum Bodenseehafen (Stede). K. Schmid

Q.: Die Chronik des Kl. Petershausen (MGH SS 20, 621–683; ed. O. Feger, Schwäb. Chroniken der Stauferzeit 3, 1956) – A. Helbok, Reg. v. Vorarlberg und Liechtenstein bis zum Jahre 1260, 1920/25 [dort Exkurs: Zur Gesch. der Gf.en aus den Häusern Udalrich, Pfullendorf und Tübingen, 109–139] – *Lit.:* K. Schmid, Gf. Rudolf v. Pfullendorf und Ks. Friedrich I. (Forsch. zur oberrhein. Landesgesch. 1, 1954), 23ff., 136ff. – B. Bilgeri, Gesch. Vorarlbergs I, 1971², 94ff. – *zur Stadt B.:* Hist. Stätten Österr. II, 407f.

Brehon, Brithem. Das ir. Wort *brithem* (pl. *brithemain,* anglisiert *brehon*) bezeichnete den Richter (wörtl. 'Urteilsmacher', *brith* mit Suffix agens-em). Die brithemain waren als gelehrter Stand mit unterschiedl. Graden, die nach dem Ausmaß ihrer Kenntnisse zuerkannt wurden, etabliert; doch standen sie offenbar im Schatten der mächtigeren und angesehenen Gruppe der →fili (Dichter, Seher). Diese besaßen einen, im einzelnen schwer zu bestimmenden Einfluß auf die Überlieferung und Ausübung des Rechtes. Die überkommenen frühen ir. Rechtstraktate des 7. und 8. Jh. wurden jedoch von brithemain zur Ausbildung anderer brithemain verfaßt, daher ihre engl. Bezeichnung als »Brehon Laws«. Die erhaltenen Hss. der Rechtstraktate entstanden fast alle in Schulen zur Ausbildung der brithemain, welche für das SpätMA und das 16. Jh. gut bezeugt sind. Die brithemain und ihre Tätigkeit endeten mit der engl. Eroberung im 16. und frühen 17. Jh. T. Charles-Edwards

Lit.: Críth Gablach, ed. D. A. Binchy, 1941, 79.

Brei → Nahrung, Nahrungsmittel

Breidel, Jan, Führer der Volksbewegung in →Brügge, * um 1264 in Brügge, † 1328/31 ebd.; entstammte einer Familie von eher bescheidener Stellung. B. war Fleischer, befaßte sich aber auch mit größeren Handelsgeschäften; so lieferte er dem fläm. Heer Lebensmittel und Waffen. 1301–02 trat er mehrfach als Anführer bei bewaffneten Aktionen gegen den Kg. v. Frankreich und die mit ihm verbündeten Patrizier hervor. Seine Rolle bei der Mette v. Brügge (→Brügge, Mette v.) und der nachfolgenden Goldsporenschlacht von →Kortrijk war jedoch insgesamt weniger bedeutend als die von Pieter de →Coninc. Der Ruhm B.s erklärt sich zweifellos durch die äußerst turbulenten polit. Aktivitäten, die er in den folgenden Jahren entfaltete. Diese hinderten ihn nicht, in Brügge mehrere städt. Ämter auszuüben; am Ende seines Lebens zählte er zu den bedeutendsten Bürgern der Stadt. M. Ryckaert

Lit.: J. F. Verbruggen, Pierre de Coninc et J. B., tribuns brugeois au début du XIVe s., M–A 76, 1970.

Breidenbach, Bernhard v. → Bernhard v. Breidenbach

Bréifne, nördl. Kgr. der →Uí Briúin v. →Connacht. B. wird erstmals im 8. Jh. erwähnt. Die rasche Expansion in östl. Richtung trug dazu bei, daß die Verbindung zw. dem nördl. Kgr. der Uí Néill und dem südl. Kgr. in den Midlands abgeschnitten wurde, was zu einem Abwechseln bei der Würde des →Hochkönigs der Uí Néill im 9. und 10. Jh. führte. Im 11. und 12. Jh. spielte die führende Königsfamilie der →Ua Ruairc eine bedeutende Rolle in den polit. Angelegenheiten des Nordens. →Tigernán Ua Ruairc war einer der einflußreichsten ir. Kg.e des 12. Jh., obwohl zu dieser Zeit die Königswürde von Connacht bereits an die Dynastie der →Ua Conchobair übergegangen war. D. Ó Cróinín

Lit.: F. J. Byrne, Irish kings and high-kings, 1973, 230ff.

Breisach, Burg und Stadt, alter Vorort im →Breisgau (heut. Baden-Württemberg), gen. nach dem mons Brisiacus, einem im W und O vom Rhein umflossenen, 35–40 m hohen vulkan. Bergplateau, auf dem frühgesch. Siedlungsspuren und ein spätröm. Kastell nachgewiesen worden sind. In B. hat Ks. Valentinian I. am 30. Aug. 369 ein Edikt erlassen. Dem sog. →Geographus Ravennas (5. Jh.) bekannt, wird die strateg. und verkehrsgeograph. Bedeutung des Ortes daran sichtbar, daß er auch für den Breisgau namengebend wurde. 938/939 hat Otto d. Gr. das castrum bzw. castellum B. belagert. Die kgl. Münzstätte B., die im 10. Jh. mit Geprägen der Schwabenherzöge Hermann I., Liudolf und Burchard II. hervortritt, muß zu dieser Zeit als bedeutender Marktort am Oberrhein betrachtet werden, der wohl am südl. Fuß des Berges in der Rheinaue lag. Auf dem Breisachberg gründeten die →Staufer und die Bf.e v. Basel gemeinsame Stadt, die von Kg. Heinrich VI. 1185 privilegiert und nach 1198 von den →Zähringern weiter ausgebaut worden ist. Das Stephanspatrozinium der im Bereich des spätröm. Kastells auf dem Berg gelegenen Kirche dürfte auf alte Straßburger (oder Metzer?) Beziehungen zurückgehen. Unter Rudolf v. Habsburg, der sich öfter in B. aufhielt, erhielt die Stadt 1275 ein neues Recht, und es ließen sich in ihr Augustiner-Eremiten nieder. Auch Juden sind nun nachweisbar. Gegen Ende des Jahrhunderts wurde bei B. die einzige Rheinbrücke zw. Basel und Straßburg erbaut. Zur Zeit der sog. »Revolution der Handwerker« (1331) verpfändete Ks. Ludwig der Bayer die Reichsstadt B. an die →Habsburger. Nach der österr. Pfandherrschaft, die bis 1469 währte, folgte die burg. Pfandschaft (1469/74) und damit das berühmt-berüchtigte Regiment des Landvogtes →Peter v. Hagenbach. Nach dessen Hinrichtung kam B. wieder unter österr. Oberhoheit. – Die Fresken von Martin →Schongauer und der Schnitzaltar des →Meisters HL im Münster zu B. sind Hauptwerke der Spätgotik. K. Schmid

Q.: G. A. POINSIGNON, Die Urkk. des Stadtarchivs zu B., Mitt. der bad. Hist. Kommission 11, 1889, 1–91 – K. RIEDER, Die Archivalien des Münsterarchivs zu B., ebd. 24, 1902, 5–40 – Hofstättenverz. v. 1319 im Stadtarchiv Freiburg, Abt. L: StA B. Urk. Nr. 9 – *Lit.:* Hist. Stätten Dtl. VI, s. v. – RE III/1, 858 – F. BEYERLE, Das älteste B.er Stadtrecht, ZRGGermAbt 39, 1918, 318–345 – H. HEIMPEL, Das Verfahren gegen Peter Hagenbach u. B. Ein Beitr. zur Gesch. des dt. Strafprozesses, ZGO 94, 1942, 321–357 – G. HASELIER, Gesch. der Stadt B. am Rhein I, 1969 – Die Stadt- und Landkreise in Baden-Württemberg: Freiburg im Breisgau, Amtl. Kreisbeschreibung 2/1, 1972, 101–142 – B. SCHWINEKÖPER, Eine neue Gesch. B.s, Zs. des Breisgau-Gesch. Vereins (»Schauinsland«) 94/95, 1976/77, 363–383 – H. MAURER, Der Hzg. v. Schwaben, 1978, 75f. u. ö.

Breisgau, Landschaft am Oberrhein (heut. Baden-Württemberg), die nach dem an der Grenze zum Elsaß gelegenen Vorort→Breisach benannt ist (Brisachgowe). Als Teil des alem. Siedelraumes gehörte der B. Mitte 4. Jh. zum Einflußbereich des alem. Kleinkg.s →Vadomar; Anfang des 5. Jh. werden Brisigavi als alem. Hilfstruppe des röm. Heeres erwähnt. Seit dem frk. Sieg über die Alemannen lag der B. an der W-Grenze des unter den Merowingern eingerichteten alem. Dukats (zugleich W-Grenze der Konstanzer Diöz.). Im Zuge der Reorganisation der Königsherrschaft durch die Karolinger werden Mitte 8. Jh. die ersten Gf.en im B. erwähnt; ihr Wirkungsbereich erstreckte sich im W und S bis zum Rhein und war im N durch die Bleich gegen die Ortenau, im SO durch die Murg gegen den Albgau begrenzt. Infolge der Teilungen des karol. Reiches kam dem B. unter den ostfrk. Kg.en Ludwig d. Dt. und Karl III. gestiegene Bedeutung für das Kgtm. zu: Karl nahm ztw. die Funktion des Gf.en wahr; Sasbach und Kirchen dienten als kgl. Regierungsstätten. Im 10. Jh. geriet der B. unter den Einfluß des neu gebildeten schwäb. Hzm.s (Gründung des Kl. Waldkirch, Münzprägung in Breisach). Zur gleichen Zeit treten die ins FrühMA zurückreichenden engen Beziehungen zw. B. und→Elsaß in der Besitzgeschichte von Kirchen und Adel (Gf. →Guntram) deutl. hervor. Vom 11. Jh. an bekleideten die→Zähringer (ab 1064 in der Nebenlinie der Mgf.en v. →Baden, später v. Hachberg und v. Sausenberg) das inzwischen erblich gewordene Grafenamt. Es gelang ihnen, im B. bedeutende Herrschaftskomplexe zu bilden: 1120 gründeten sie die Stadt →Freiburg, die bis ins Spät-MA in wirtschaftl. Blüte stand (Silberbergbau am Schauinsland) und →Breisach als Vorort des B. ablöste. 1170/80 wirkten sie mit der Gründung Neuenburgs dem territorialpolit. Interesse der Staufer entgegen, die den B. als Brücke zw. dem Elsaß und Innerschwaben benutzen wollten (1158 Erwerb Badenweilers durch Friedrich Barbarossa).

Von dem breisgauischen Besitz der 1218 ausgestorbenen Hzg.e v. Zähringen fielen die Reichslehen (darunter Breisach) an die→Staufer, die Eigengüter an die Gf.en v. →Urach (später v. Freiburg). In nachstauf. Zeit vermochten die →Habsburger, die hier bereits früher Streubesitz und Vogteien innehatten, umfangreiche Herrschaftsrechte im B. zu erwerben. Dabei war von bes. Bedeutung, daß sich die Stadt Freiburg 1368 von den Gf.en v. Freiburg loskaufte und an →Österreich tradierte. Denn mit der Stadtherrschaft beanspruchten die Habsburger den Rechtstitel der seit dem Ende des 13. Jh. sog. Landgrafschaft im (niederen) B., die die Mgf.en 1318 den Gf.en v. Freiburg verpfändet hatten. Wegen der unklaren Rechtslage blieb der Titel allerdings zw. Habsburg und den Mgf.en strittig.

Fortan beschränkte sich der Name B. auf den habsburg. Besitz im nördl. Teil des alten Gaus, während die südl. anschließenden bad. Herrschaften Badenweiler, Rötteln und Sausenberg als →Markgräflerland bezeichnet wurden. Als Teil der »vorderen Lande« (später→Vorderösterreich) geriet der B. im 15. Jh. in die Auseinandersetzung zw. Österreich, der Schweiz und Burgund um die westl. Grenzgebiete des Reiches. 1469 bis 1474 hat →Siegmund, Hzg. v. Tirol, den B. mit dem Elsaß an den burg. Hzg. →Karl den Kühnen verpfändet. Gegen das vom burg. Landvogt →Peter v. Hagenbach geführte Regiment setzten sich u. a. auch die bereits seit 1427 polit. wirksamen breisgauischen Landstände erfolgreich zur Wehr. Auf den von den Ständen vereitelten Plan Sigmunds, Vorderösterreich 1487 an Bayern zu verkaufen, folgte die feste Bindung der oberrhein. Länder an Habsburg unter Maximilian. Th. Zotz

Lit.: H. FEHR, Die Entstehung der Landeshoheit im B., 1904 - Der B., hg. H. E. BUSSE, Oberrhein. Heimat 28, 1941 – H. E. FEINE, Die Territorialbildung der Habsburger im dt. SW, ZRGGermAbt 67, 1950, 176–308 – W. STÜLPNAGEL, Der B. im HochMA, Schauinsland 77, 1959, 3–17– Vorderösterreich, eine gesch. LK, hg. F. METZ, 1959 – Das Markgräflerland, hg. W. MÜLLER, 1969 (Veröff. Alem. Inst. 24) – H. BÜTTNER, Schwaben und Schweiz im frühen und hohen MA (VuF 15, 1972) – TH. L. ZOTZ, Der B. und das alem. Hzm. (VuF Sonderbd. 15, 1974) – HABW VI, 1a, 1974; VI, 4, 1976.

Breite (Gebreite; *braite[n], breitigen, braike, brêde* u. ä.), syn. Herren-Fron-Hofacker: die v. a. in süddt. und schweizer. Quellen häufig in Flurnamen belegte Sonderflur (in enger Beziehung zu →Brühl/Herrenwiese) für Ackerland, die in der Mehrfeldwirtschaft mit Zelgeneinteilung (→Zelge) und Flurzwang einbezogen, jedoch als Blockflur aus dem bäuerl. Nutzungsverband herausgehoben. Es handelt sich um Fluranteile des Herrenhofes von bes. Qualität und hofnah gelegen; überwiegend mit aus dem Herrenland rührenden Sondernutzungsrechten ausgestattet. – Die von V. ERNST gezogenen verfassungsgeschichtl. Schlüsse wurden zusammenfassend von K. S. BADER krit. überprüft: wohl Reste einer frühma. Flurverfassung, die lange der genossenschaftl. Einbindung entzogen blieben. H. Ott

Lit.: V. ERNST, Die Entstehung des dt. Grundeigentums, 1926, 99ff. – H. JÄNICHEN, Beitr. zur Wirtschaftsgesch. des schwäb. Dorfes (Veröff. der Kommission für gesch. Landeskunde in Baden-Württ. 60, 1970), 134ff. – K. S. BADER, Rechtsformen und Schichten der Liegenschaftsnutzung im ma. Dorf, 1973, 126ff.

Bremberger-Lieder, seit Mitte des 16. Jh. überlieferte, doch früher entstandene Lieder, die eine in bestimmten Erzählmotiven arrangierte Liebesgeschichte an den Namen Bremberger (nd. Brunnenberch, ndl. Bruinenburch) knüpfen, den in der Forschung allgemein als den Minnesänger→Reinmar v. Brennenberg (ab 1238 als Regensburger Ministeriale urkundl. bezeugt, † 1276) identifiziert wird. Der Anstoß zu dieser Dichtersage liegt wohl, abweichend von anderen personalisierten Erzählmotiven, nicht in den Liedern Reinmars, sondern in seiner Biographie (gewaltsamer Tod und Verwicklung einer Familienangehörigen in den Ehebruchsprozeß der bayer. Hzgn. Maria, Gemahlin Hzg. →Ludwigs II.). Vier Lieder (von SAPPLER A–D bezeichnet: A ndl.: 18 vierzeilige Strophen, B hd.: 12 vierzeilige Strophen, C hd.: 10 vierzeilige Strophen, D hd.: 5 siebzehnzeilige Strophen = Bremberger Ton) lassen sich durch ein bestimmtes inhaltl. Grundgerüst (s. u.) zusammenstellen, ohne daß sie in ein Abhängigkeitsverhältnis oder eine zeitl. Reihenfolge gebracht werden können; das epische Arrangement differiert. Umstritten erscheint die Zuordnung von zwei balladesken Rollenliedern des Königsteiner Liederbuchs (Nr. 68 und 69 = E) zu den B.-L.n, die SAPPLER wegen wörtl. Anklänge an A–C als früheres Zeugnis des Typs betrachtet. Hier bleibt allerdings der Liebhaber namenlos, und die textl. Übereinstimmungen betreffen nicht den Erzählkern von A–C. Von den B.-L.n abzurücken ist auch ein 15strophiges Lied (F), in dem zwar der Bremberger auftritt, aber in einer ganz anderen Geschichte agiert.

Zusammenhang und Entstehungsfolge der B.-L. werden in der Forschung anhand von zwei Kriterien reflektiert: 1. inhaltl., 2. textl. Kongruenzen. Wegen des unfesten Bestandes derartiger Lieder und der Verfügbarkeit geprägter Wendungen, Strophenteile und Strophen ist das 2. Kriterium nur als Zusatzargument statthaft. Konstitutiv für die B.-L. erscheint folgendes episches Gerüst: die Liebe des Brembergers zu einer verheirateten Frau, seine Gefangennahme und Tötung durch den Ehemann sowie als Konsequenz die Lebensabsage bzw. der Tod der Frau. Charakterist. für die Ausfüllung der Geschichte ist die Adaptation des weitverbreiteten Motivs vom gegessenen Herzen (vgl. Hdb. d. Volksliedes II, 277): des Liebhabers Herz wird der Frau von ihrem Ehemann zum Essen vorgesetzt, und sie nimmt es als ihre letzte Speise. In → Konrads v. Würzburg »Herzmære« kommt dies bereits im 13. Jh. in Deutschland ohne Anbindung an einen bestimmten Namen vor. SAPPLER hält es in den B.-L.n für sekundäre Zutat (in A stirbt der Bremberger nach Gefangenschaft im Turm am Galgen), er sieht ein wesentl. Inhaltselement in der Verleumdung des Paares und der Unschuldsbeteuerung der Frau. Doch wegen der Kollision des Keuschheitsmotivs mit anderen Elementen (erot. Metaphorik in A und B, moralisierende Warnung vor Buhlschaft am Schluß von C) steht es wohl kaum im Zentrum der Lieder. U. Schulze

Ed.: Dt. Volkslieder mit ihren Melodien, hg. vom dt. Volksliedarchiv, Bd. 1, hg. J. MEIER, 1935, Nr. 16 – A. KOPP, Bremberger-Gedichte, 1908, Nr. XI und I – P. SAPPLER, Das Königsteiner Liederbuch, 1970, Nr. 68 und 69 – *Lit.*: Verf.-Lex.²I, 1014–1016 [P. SAPPLER] – A. KOPP, Bremberger-Gedichte, 1908, 1–12 – F. ROSTOCK, Mhd. Dichterheldensagen, 1925, 16–18 – J. MEIER, Drei alte dt. Balladen, 3. Das Brembergerlied, Jb. Volkslied 4, 1934, 56–65 – Handbuch des Volksliedes II, hg. R. W. BREDNICH, L. RÖRICH, W. SUPPAN, 1975.

Bremen (lat. Brema, Bremae; as. Bremun; als 'an den Rändern' der Düne oder des Wassers gedeutet), Stadt an der Weser (Freie Hansestadt B.). In der Umgebung fanden sich frühgeschichtl. Siedlungen, nicht aber in B. selbst. Ein sächs. Kultmittelpunkt ist als Vorläufer des Bischofssitzes möglich (zur Gesch. des Bm.s und Ebm.s vgl. →Hamburg-Bremen). Die frühe Siedlung war durch die geogr. Verhältnisse bestimmt: durch die Düne, die Weser und einen Nebenarm, die Balge. Dom und Bischofssitz entstanden seit 787/789 auf einem befestigten Dünenhügel, westl. davor lagen ein Markt mit Kapelle (St. Veit) und Buden bzw. Häusern; am Fuß der Düne zur Balge werden Schiffsanlegeplatz und Siedlung von Fischern, Fährleuten usw. angenommen. Die wirtschaftl. Bedeutung ergab sich aus der Verkehrslage (Hafen, Flußübergang) sowie dem Kirchenzentrum. Die Regalien wurden zunächst vom Kg. und seinen Beamten wahrgenommen. Die Markturkunde von 888 übertrug Markt, Münze und Zoll, eine Urkunde Ottos I. von 937 die kgl. Grundherrschaft an den Erzbischof. B. war zudem im 9.–11. Jh. Missionszentrum für Skandinavien und das ostelb. Gebiet.

→Heinrich der Löwe suchte als Hzg. v. Sachsen den Einfluß des Ebf.s zu verdrängen: 1154 und 1167 besetzte er B. Eine polit. handelnde Stadtgemeinde wird sichtbar. Die Verleihung eines Stadtrechts durch den Hzg. ist möglich, aber nicht nachweisbar. Nach seinem Sturz gelang den Bürgern oftmals eine eigene Politik. Das Gelnhauser Privileg Ks. Friedrich Barbarossas (1186) gewährte u. a. Freiheit der Leibeigenen nach Jahr und Tag; es folgten in den nächsten Jahrzehnten mehrere ebfl. und kgl. Handels- und Gerichtsprivilegien. 1229 wird das Stadtrecht genannt; Consules finden sich zuerst 1225, ein Rathaus 1229; die Stadt führte nun ein Siegel, schloß Verträge mit Auswärtigen usw. Es begann eine wichtige Ausbauphase: Die kirchl. Institutionen vermehrten sich, Wohntürme großer Familien und die erste Weserbrücke entstanden.

Wirtschaftl. Basis der Einwohner war der Nah- und Fernmarkt (Jahrmarktsprivileg für den Ebf. 1035), Fernhandel (bes. nach England, Flandern, Westfalen, Friesland, ins Oberwesergebiet und in die Ostsee), Transportgewerbe, bürgerl. Grundherrschaft und Handwerk (bes. für den Nahmarkt). Eine Quantifizierung erlauben die Quellen nicht. Auch ist ein fester Bezug zur →Hanse zunächst nicht feststellbar, wenn auch anzunehmen ist, daß sich brem. Kaufleute in England, Flandern und Norwegen trotz Verfolgung bes. Interessen vielfach hans. Gruppierungen anschlossen.

Deutlich wird die Herausbildung einer Oberschicht aus Kaufleuten, Grundeigentümern und Renteninhabern, die den Rat stellte, sowie einer handwerkl. Mittelschicht. In den ersten Jahren des 14. Jh. regte sich Widerstand: Ein Bürgerausschuß stellte 1303 aus alten Rechtsgewohnheiten, dem Sachsenspiegel und dem Hamburger Recht von 1270 Statuten zusammen; ein Jahr später (1304) wurden einige vornehme Ratsfamilien (Geschlechter) vertrieben. 1305 wurde das Stephaniviertel in den Mauerbereich einbezogen. Die inneren Gegensätze hielten an: dabei ging es um die Frage der Wahl und Kontrolle des Rates durch die Gemeinde.

1350 brachte die erste Pestwelle dem Wirtschaftsleben wahrscheinl. erhebl. Störungen. Offenbar war aber der Handel nur zum Teil auf B. als Mittelpunkt bezogen; im wesentl. bestand er in einer Teilnahme brem. Kaufleute am Warenhandel zw. den Knotenpunkten am Rande der Nord- und Ostsee. Unter den exportierten Eigenprodukten spielte ztw. das Bier für den Fernhandel eine große Rolle; durchweg produzierte das brem. Gewerbe aber nur für den Nahmarkt. Für einige Waren (Getreide, später auch Wein, Bier, Kohlen) gelang es B., auf der Weser ein Stapelrecht bzw. Exportbeschränkungen (etwa für Steine) durchzusetzen. Der Schiffbau dürfte bedeutend gewesen sein. Die 1962 geborgene »Bremer Kogge« (→Kogge) wurde 1380 wahrscheinl. auf einer Werft in B. gebaut und trieb bei Hochwasser in unvollendetem Zustand ab.

1350 erlitt die Stadt durch Parteinahme in einer Fehde zweier Ebf.e schwere Nachteile; 1358 brachte der Gf. v. →Hoya den Bremern eine Niederlage bei, und die Hanse zwang B., sich wider Willen einem Flandernboykott anzuschließen. Diese und andere Mißerfolge führten 1365-66 zu Bürgerkämpfen, in die auch der Ebf. und der Gf. v. →Oldenburg eingriffen. Die Ratspartei trug den Sieg davon und unterstellte auch die Ämter (Zünfte) ihrer Kontrolle. Der Ebf. hatte seither seine Residenz außerhalb B.s, bes. in Bremervörde. B. schuf sich in den nächsten Jahrzehnten mit den vier Gohen, der Herrschaft Bederkesa, dem Gericht Blumenthal und dem Kirchspiel Neuenkirchen ein eigenes Territorium. Es versuchte, auch Butjadingen und das Stadland an der Wesermündung von sich abhängig zu machen und erbaute 1407 dort die Fredeborch.

Seit 1350 wurde B. immer wieder durch Pestepidemien heimgesucht, konnte seine Einwohnerzahl von etwa 15 000 jedoch durch Einwanderung v. a. aus dem nds. Umland halten. Das Ende des 14. Jh. brachte trotz Seeräuberplage eine große Blüte des Handels, dessen Zielgebiete sich seit dem 13. Jh. nicht geändert hatten. Deutlich ist die Zunahme wirtschaftl. Interessen der bürgerl. Oberschicht und des Rates im Umland durch Kapitalanlage in Grundherrschaften, verschiedenen Zöllen usw. B. erstrebte die Stellung einer freien Stadt mit direkter Bindung an das Reich und weitgehender Lösung vom ebfl. Stadtherrn. 1404 errichtete man den →Roland, 1405-10 das neue Rathaus. Auch entstanden die lokalpatriot. gefärbte Chronik der Geistlichen →Rinesberch und Schene (Bremer Chronik) sowie eine Serie auf Heinrich V., Wilhelm v. Holland und Wenzel gefälschter Königsurkunden, die der Stadt bestimmte Rechte sichern sollten.

Ein Rückschlag erfolgte durch den Angriff fries. →Häuptlinge 1424. Dem folgten innere Krisen: Die Gemeinde wählte einen neuen Rat und schuf 1428 ein Stadtrecht, das jährl. Ratswahl vorsah. Einige alte Ratsherrn bewirkten einen Ausschluß aus der Hanse und die Reichsacht. 1433 gelang die Schlichtung: Der alte Rat kehrte zurück, ein neues Stadtrecht stellte die Lebenslänglichkeit des Ratsherrenamtes wieder her.

1441-46 beteiligte sich B. am Seekrieg der Hanse gegen Holland. Seit 1448 stand es unter dem Druck des Gf.en Gerd v. Oldenburg, des Bruders Kg. Christians I. v. Dänemark. Nach mehreren Fehden gelang es, den Gf.en 1482 zur Abdankung zu zwingen. Der Handel war dadurch jahrzehntelang gestört, ebenso die Nutzung bürgerl. und kirchl. Grundeigentums in den ländl. Gebieten links der Weser. B. hat sich dann aber am Ende des 15. Jh. von der Krise schnell erholt. Trotz Stärkung der Fürstenmacht an der Wesermündung gelang es der Stadt, die Herrschaft Bederkesa für sich zu sichern. Sie profitierte von den Gegensätzen unter den Fs. en und ihren überregionalen wirtschaftl. und polit. Beziehungen, bes. in der Hanse. Die Gefahren veranlaßten die Bürger, die Stadtbefestigungen zu verbessern. Im großen und ganzen war B. am Vorabend der Reformation eine blühende Handels- und Gewerbestadt von etwa 15 000 Einwohnern; die absolute Ratsherrschaft sah sich freilich einer wachsenden Opposition der Gemeinde und der Elterleute des Kaufmanns gegenüber. Ansätze zu grundlegender theol. Kritik zeigten sich vor 1520 nicht, wenn auch gelegentl. Unzufriedenheit über die Verwendung von Ablaßgeldern und die Privilegien der städt. Geistlichkeit bestand.

H. Schwarzwälder

Bibliogr.: Brem. Bibliogr., bearb. C. RUNGE, in: Jb. der Brem. Wiss. I, 1955 und Jb. der Wittheit I, 1957, bis XV, 1971, und XVII, 1973 – *Q.:* Brem. UB I-VI, 2, 1873-1940 – Die ma. Geschichtsq. der Stadt B., hg. K. A. ECKHARD (Veröff. a. d. Staatsarch. der Freien Hansestadt B. 5, 1931) – Die Bremer Chronik von Rinesberch, Schene und Hemeling, hg. H. MEINERT, 1968 – *Lit.:* Brem. Jb. 1-57, 1863-1979 – Hist. Stätten II, 69-73 – W. v. BIPPEN, Gesch. der Stadt B. I, 1892 – K. HOYER, Das B.er Brauereigewerbe, HGbll 19, 1913 – J. MÜLLER, Handel und Verkehr B.s im MA, Brem. Jb. 30, 1926, 204-262; 31, 1928, 1-107 – E. THIKÖTTER, Die Zünfte B.s im MA, 1930 – K. HELM, B.s Holzschiffbau im MA bis zum Ausgang des 19. Jh., Brem. Jb. 44, 1955 – H. SCHWARZWÄLDER, Entstehung und Anfänge der Stadt B. (Veröff. a. d. Staatsarch. der Freien Hansestadt B. 24, 1955) – DERS., B. im MA, Stud. Generale 16, 1963, 391-421 – DERS., Gesch. der Freien Hansestadt B. I, 1975.

Bremen, Bm., Ebm. → Hamburg – Bremen

Bremer Chronik → Rinesberch und Schene, Bremer Chronik von

Brémule, Schlacht v. (Dép. Eure, arr. Les Andelys, cant. Fleury-sur-Andelle, comm. Gaillardbois-Cressenville; heute Gehöft 5 km sö. Fleury, an der Straße Rouen-Paris). Kg. Heinrich I. v. England hatte durch die Schlacht von →Tinchebrai (1106) Hzg. →Robert, den er bis zum Tode (1134) gefangen hielt, die Normandie entrissen, doch wurden die Prätentionen von Roberts Sohn, →Wilhelm Clito, durch Kg. Ludwig VI. v. Frankreich unterstützt, der 1109-10 und 1111-13 sowie erneut ab 1116 gegen Heinrich Krieg führte. Obgleich er 1118/19 seine Verbündeten, Flandern und Anjou, einbüßte, setzte Ludwig nach der Sicherung des →»Vexin français« seine Versuche fort, den →»Vexin normand« zu erobern. Am 20. Aug. 1119 traf er, von Les Andelys kommend, mit einem kleinen Heer, in dem sich aber seine besten Heerführer befanden, mehr zufällig bei B. auf das ebenfalls nicht sehr große Heer Heinrichs I., das er gegen den Rat des Bouchard de Montmorency angriff. Völlig besiegt, mußte Ludwig fast ohne Begleitung fliehen, wobei er sich im Wald von Mussegros (comm. Ecouis) verirrte, ehe er nach Les Andelys zurückfand. Heinrich I. sandte ihm Königsbanner und Streitroß wieder zu. K. F. Werner

Lit.: A. LUCHAIRE, Louis VI le Gros. Annales de sa vie et de son règne (1081-1137), 1890, 123f. [mit Q.] – A. L. POOLE, From Domesday Book to Magna Carta, 1955², 123f. (OHE 3) – J. LE PATOUREL, The Norman Empire, 1976 – K.-U. JÄSCHKE, Die Anglonormannen, 1981, 174f.

Brendan (ir. Brenain[d], lat. Brendinus, -enus, -anus, dt. Brandan), hl., * 483 in der Nähe des heut. Tralee, † 577 oder 583 in Clonfert, Fest 16. Mai, der bekannteste der zehn ir. Hl. dieses Namens. Nach der (späten) Tradition getauft durch den hl. Erc, erzogen unter der hl. Ita, zum Priester geweiht durch Erc. Zu B.s frühen Klostergründungen werden Annaghdown, Ardfert und Shankeel (am heut. Brandon Hill) gezählt. Das Martyrologium v. Tallaght kommemoriert am 22. April: Egressio familia Brendini (60 Mönche, nach einer ebenfalls →Oengus zugeschriebenen Litanei). Die Existenz einer Vita B.s läßt sich erst ab 1092 vermuten. Nur die im Codex Salmanticensis (14. Jh.) erhaltene ist der ursprüngl. abgeleitet und noch frei von Vermischung mit der Legende von der →Navigatio S. Brendani (Meerfahrt des hl. B.), die seit dem 9. Jh. Kenntnis und Verehrung B.s über ganz Europa verbreitete. Die Überlieferung B.s wurde zudem oft vermischt mit der B.s v. Birr (Fest 29. Nov.). Hist. dürfte B.s Aufenthalt in Schottland und Wales, möglicherweise auch in der Bretagne gewesen sein. Nach Irland zurückgekehrt, gründete B. weitere Klöster, v. a. →Clonfert. B. ist Patron der Seeleute. J. Hennig

Lit.: Bibl. SS III, 404ff. – DHGE X, 19, 532ff. – LThK² II, 668 – J. F. KENNEY, The sources for the early hist. of Ireland I, 1929, 406-420 u. ö. – Vitae Sanctorum Hiberniae, ed. W. W. HEIST, 1965, 56ff., 324ff. – J. HENNIG, Ir. Eccl. Rec. CVIII, 1967, 395 – DERS., AK 52, 1970, 182, 185.

Brenin, übliche walis. Bezeichnung für den →König. Das walis. Wort *rhi,* verwandt mit dem ir. *rí,* lat. *rex* usw., wurde nur in Versen oder aber als Bestandteil von Komposita verwendet. Brenin entstand im Brytonischen aus *brigantī (> mittelwalis. breint 'Freiheit, Rechtsstatus'). Die semant. Entwicklung des Wortes ist kompliziert, da *brigantī (latinisiert Brigantia) auch der Name einer Göttin war, die von den Brigantes verehrt wurde, wobei mehrere kelt. Stämme den Namen 'Brigantes' führten, darunter ein Stamm, der im heut. Nordengland zw. dem Hadrianswall und dem Fluß Humber siedelte. Außerdem finden sich epigraph. Belege für die Existenz einer der Brigantia korrespondierenden männl. Gottheit Bregans (Brigans).

Das walis. 'brenin' geht auf eine Form *brigantīnos zurück; aus derselben Form entwickelten sich aber im Bret. und Cornischen Wörter, die 'freier Mann' bezeichnen, was wohl auf getrennte Entwicklungen in den verschiedenen Sprachen der bryton. Sprachfamilie schließen läßt.

Die überzeugendste Erklärung der walis. Bezeichnung 'brenin' für Kg. beruht auf der Annahme einer kult. Hochzeit zw. dem Kg. und der Landesgöttin, wodurch die Fruchtbarkeit des Bodens und das Wohlergehen der Bevölkerung gesichert werden sollte. Danach wäre der *brigantīnos ('König') der Gemahl der Göttin Brigantia (= *Brigantī). Dieser Typ der Formenbildung auf -no ist charakterist. für die Bezeichnung des Führers oder Repräsentanten einer Gruppe; daher könnte *brigantīnos nicht nur den Gatten der Brigantina, sondern auch den Herrscher der Brigantes bezeichnen. Nach den verwandten bret. und cornischen Wörtern und dem mittelwalis. Begriff breint, braint ('Freiheit, Rechtsstatus, Privileg'; →braint) zu schließen, mag brigantes zunächst 'freie Männer, Männer mit Rechtsstatus' bedeutet haben und erst sekundär zum Stammesnamen geworden sein.

T. M. Charles-Edwards

Lit.: D. A. BINCHY, Celtic and Anglo-Saxon Kingship, 1970, 12f. – T. M. CHARLES-EDWARDS, Native Political Organization in Roman Britain and the Origin of MW brenhin (Antiquitates Indogermanicae, hg. M. MAYRHOFER u. a., 1974), 35f.

Brenna → Fehde

Brennen (Kauterisation), chirurg. Verfahren, welches als »ultima ratio« im therapeut. Heilmittelschatz angesehen wurde. In der ganzen Antike seit Hippokrates (Aphorismen) bekannt und geschätzt, bes. in der arab. Medizin (etwa im »at-Taṣrīf« des Andalusiers →Abū 'l-Qāsim, gest. um 1013) verbreitet, ebenso in den chirurg. Lehrbüchern des lat. MA. Zahlreiche illustrierte Hss. mit Kauterienbildern, die Brennstellen angeben, sind aus dem HochMA erhalten (vgl. K. SUDHOFF). Das mittels eines Glüh- oder Brenneisens (eines meist spitz zulaufenden, gebogenen oder geraden Instruments, auch »ferrum«, »cauterium« genannt) durchgeführte Brennen wurde indirekt (»internistisch«) oder direkt-örtlich angewandt. Grundgedanke der indirekten Anwendung bei Milz-, Leber-, Magenleiden war das Ableiten und Abschneiden des krankmachenden Säftestroms; daneben zum lokalen Ausglühen von Abszessen, Geschwülsten, Hämorrhoiden, Gangrän, Luxationen, Hernien (nach Reposition wurde bis auf den Knochen gebrannt), v. a. aber zur Blutstillung (bis heute). Th. Henkelmann

Lit.: W. v. BRUNN, Kurze Gesch. der Chirurgie, 1923 – K. SUDHOFF, Beitr. zur Gesch. der Chirurgie im MA, 1924 – H. SCHIPPERGES, Schmerzbekämpfung in der arab. Chirurgie durch schmerzhafte Applikation, Therapeut. H. 35, 1963, 89.

Brennenberger → Reinmar v. Brennenberg; → Bremberger-Lieder

Brenner → Alpenpässe

Brennessel (Urtica dioica L. und Urtica urens L./Urticaceae). Für die als Gespinstpflanze benutzten Nesseln (ahd. nezzila/mhd. nezzel, verwandt mit 'Nestel' und 'Netz') war im MA der lat. Name urtica üblich, wobei man zw. der großen und der kleinen B. und diese beiden von der nicht brennenden urtica mortua (Taubnessel [Lamium-Arten/Labiatae]) unterschied (Albertus Magnus, De veget. 6, 460; Konrad v. Megenberg V, 82). Unter den zahlreichen Synonymen begegnet häufig das aus dem Gr. entlehnte *acalife* u. ä. (MlatWb I, 72f.), für die kleinere, stärker brennende Art ferner *greganica* u. ä., *urtica graeca* und *(h)eiternezzel* (mhd. eiter 'brennendes Gift'). Im Volksaberglauben spielte die B. eine große Rolle, so z. B. im Stallzauber, in Verbindung mit Blitz und Donner, als Orakelpflanze und als Sympathiemittel; seit der Antike galt sie außerdem als Aphrodisiacum. Med. fanden Samen, Blätter, Kraut und Saft der – auch als Gemüse zubereiteten – B. vielseitige Verwendung, u. a. bei (Krebs-) Geschwüren und Hundebiß, Erkrankungen der Brust, Lunge, Nieren und Milz, bei Nasenbluten, Gelenkschmerzen und Gebärmuttervorfall, zur Menstruationsförderung und zur Wundreinigung (Macer, ed. CHOULANT, 115–160; Gart, Kap. 410). W. F. Daems

Lit.: MARZELL IV, 913–927 – DERS., Heilpflanzen, 79–81 – HWDA I, 1552–1560.

Brennkugel → Linsen

Brennspiegel → Optik

Brenta, Andrea da Padova (Brentius Patavinus), it. Humanist, * um 1454 in Padua, † 11. Febr. 1484 in Rom. B. war Schüler des Demetrios Chalkondylas (Demetrio Calcondila). Seit 1475 als Sekretär des Kard. Oliviero Carafa in Rom, begleitete er diesen 1476 zur Krönung von Beatrix (Beatrice) v. Aragón (→5. B.) nach Neapel. Als Zeugnisse seines Wirkens als Lehrer für griech. und lat. Rhetorik am Studio in Rom sind einige Einführungsvorlesungen zu Kursen über Aristophanes und Lysias erhalten. Er übersetzte u. a. den Lysias zugeschriebenen Epitaphios und die »Oratio in proditionem Iudae« des Johannes Chrysostomos sowie v. a. eine Reihe hippokrat. Fragmente ins Lateinische. Sein allzu früher Tod wurde in den röm. Humanistenkreisen sehr beklagt. M. Miglio

Lit.: DBI XIV, 149–151.

Brescia, nordit. Stadt. Der alte Hauptort der kelt. Cenomanen, Brixia, wurde 49 v. Chr. röm. municipium, 27 v. Chr. augusteische Bürgerkolonie. Unter Vespasian wurde das Kapitol neu erbaut, von dem sich bedeutende Reste erhalten haben, ebenso von anderen öffentl. Gebäuden der Kaiserzeit (Forum, Portikus, Tempel, Theater). Sie bezeugen die Bedeutung der Stadt an der Straße von Verona nach Bergamo. Am Ende des 4. Jh. wirkten die Bf.e →Filastrius und →Gaudentius in B. 452 wurde die Stadt von den Hunnen unter Attila geplündert, 596 von den Langobarden eingenommen und zum Dukat erhoben (Hzg.e: Rothari [606–36], der spätere Kg. der Langobarden, und Alachis [671–79]). Bedeutende Veränderungen in der Sozialstruktur traten unter Kg. →Desiderius ein, als sich die fideles regis konstituierten, bewaffnete Grundbesitzer, denen Fiskalland mit öffentl. Rechten angewiesen wurde. Desiderius gründete die Benediktinerabtei Leno und stattete sie mit großen Landschenkungen aus. Seine Gemahlin Ansa, die aus B. stammte, ließ außerhalb der Stadt auf einem Gut der Familie das Frauenkloster S. Salvatore (und S. Giulia) errichten, das sich in der Folge durch beachtl. Schenkungen und Privilegien zu einem der reichsten Kl. in Mittel- und N-Italien entwickelte. Während der Kämpfe um das Regnum Italiae stand B. auf der Seite →Berengars I., der mit der Brescianer Familie der Supponiden verwandt war. Zur Zeit der Ungarneinfälle im 10. Jh. wurde B. aufgrund seiner Frontlage durch Mauern und Burgen innerhalb der Stadt und im Umland befestigt, die meist mit Billigung des Herrschers von kirchl. Institutionen errichtet wurden. Ebenfalls im 10. Jh. kam es zu einem Aufstieg der an den Boden gebundenen grundhörigen Schichten, gleichzeitig erscheinen in den Urkunden zum ersten Mal die Cives als autonome Träger der Lokalpolitik. Zu Beginn des 11. Jh. wurde Tedaldus (Tedaldo) v. Canossa, der Großvater des →Bonifaz v. Tuszien, Gf. v. Brescia. Der Chronist Adalbold erwähnt die Entstehung der ersten Zusammenschlüsse unter den Cives. Es entwickelt sich auch der lokale Markt, der sein Zentrum wahrscheinl. im »portus Brixianus qui dicitur in insula Ciconiaria« am Fluß Oglio hatte, von dort strahlten die Handelsbeziehungen bis Pavia und Piacenza aus, wo das Kl. S. Salvatore e S. Giulia einen Fondaco und eine Anlegestelle »in insula Padi« besaß. 1038 traten die Cives von B. dem Bf. Oldericus als Gegenspieler gegenüber. Aber erst 1120 werden die concio (parlamentum oder arengo) und die Kommune erwähnt, 1127 die consules. Der lokale Episkopat bewahrte seinen polit. Einfluß jedoch noch lange Zeit, v. a. während des Schismas von Innozenz II. (1130–39) und der Predigt von →Arnold v. Brescia (1135–39). Während der Italienzüge v. Ks. Friedrich I. Barbarossa verbündete sich die Kommune B. mit Mailand, Bergamo und Mantua. Nach längerem Schweigen der Quellen sind die Konsuln seit 1162 wieder urkundl. belegt: Ihre Zahl schwankt, alle gehören den wichtigsten lokalen Familien an, die sich auf diese Weise im Stadtregiment ablösen. Es ist auch ein Consul maior mit autonomen Machtbefugnissen dokumentiert (1180–88). Zur gleichen Zeit erscheinen die Konsuln der Kaufleute, die eine Oberaufsicht über den Handel ausüben. Das Amt des Podestà wird 1182 mit dem Mailänder Guglielmo de Osa eingesetzt, in Abwechslung mit den Konsuln. Schwere Kämpfe zw. den Fraktionen ließen um 1200 die Societas Sancti Faustini und die Societas militum Brixiae entstehen, Consorterien mit adlig-militär. Charakter und verschiedener polit. Färbung, die sich in wechselhafter Bündnispolitik das Stadtregiment streitig machten und zumeist die polit. Strömungen im benachbarten und verbündeten Mailand widerspiegelten. Seit 1227 gehörte B. zu dem Machtbereich der →della Torre, die nunmehr in Mailand an der Spitze standen, und blieb mit ihnen und ihrer guelf., gegen das Imperium gerichteten Politik verbunden. 1258 wurde B. von den Ghibellinen →Ezzelino da Romano, Oberto Pallavicino und Buoso da Dovara erobert. Später wurde es im Zuge der Verones. Expansion von Cangrande →della Scala besetzt. 1316 wurde es durch Robert d'Anjou für die guelf. Seite zurückerobert. Von den ghibellin. Verbannten ('fuorusciti') wiederholt heftig angegriffen, unterstellte sich B., um endlich Frieden zu haben, so wie andere Städte 1330 der Signorie Johanns v. Luxemburg, Kg. v. Böhmen. 1332 wurde B. von Mastino→della Scala wieder eingenommen und schließlich 1339 von Azzone →Visconti erobert. Mit Ausnahme einer kürzeren Periode unter Pandolfo→Malatesta (1404–21) gehörte B. zum Herrschaftsbereich der Visconti, bis es 1426 von Venedig erobert wurde.

Die Kirche v. B. war sehr bedeutend und förderte die reichen kulturellen Traditionen. Sie wird als erster Suffragansitz der Diöz. Mailand genannt: Nach der Legende weihte der hl. Barnabas, der Gefährte des Apostel Paulus, Anatolon zum Bf. v. Mailand und Brescia. Unter den bedeutenden frühma. Prälaten sind u. a. die folgenden erwähnenswert: Rampert (9. Jh.), ehemals Mönch auf der Reichenau und Gründer des ersten städt. Männerklosters in B., SS. Faustino e Giovita; Adelmann v. Lüttich, Schüler von Fulbert v. Chartres; Landolf, der den Bischofspalast und das außerhalb der Mauern gelegene Kl. S. Eufemia gründete, sowie Oldericus; die letzteren alle aus dem 11. Jh.

In seiner Stadttopographie bewahrt B. noch die sichtbaren Spuren des castrum romanum mit decumanus und cardo maximus, dessen Zentrum bei der Kirche S. Zeno in Foro liegt (deren Beiname an das röm. Forum erinnert). Der augusteische Mauerkranz wurde in den Jahren 1184–86 und 1235–49 erweitert. 1173 eröffnete man das Mercatum Novum, 1187 wurde der Bau des Broletto begonnen, der nach verschiedenen Unterbrechungen erst 1235 abgeschlossen wurde. 1248 wurde die Torre della Pallata errichtet. Der alte Dom (gen. La Rotonda) wurde im 11. Jh. über der Basilika S. Maria Maggiore (6.–7. Jh.) erbaut. Unter den roman. Kirchen der Stadt sind S. Salvatore, S. Giulia und S. Maria in Solario, die zu dem alten Kl. S. Salvatore gehörten, hervorzuheben; bedeutend ist auch die roman.-got. Kirche S. Francesco. G. Soldi Rondinini

Q.: Pauli Diaconi Historia Langobardorum, MGH SS V, 36, 40 – Fredegari, Chronica, hg. B. Krusch, MGH SRM I, 156 – Adalbold, Vita Heinrici, MGH SS IV, 462 – Liber potheris communis civitatis Brixiae, hg. F. Bettoni-Cazzago, L. Fe' d'Ostiani, HPM 1900, docc. mn. 1, 2, 5, 14, 15, 22, 23, 27, 28 bis 30, 37, 194, 230 – J. Malvezzi, Chronicon Brixianum, RR. II. SS. XIV, 777–1004 – Annales Brixienses, MGHSS XVIII, 811–820 – Statuti di B. dal sec. XIII, hg. F. Odorici, HPM XVI, Leges Municipales, 1876 – F. Odorici, Codice diplomatico bresciano (Storie bresciane dai primi tempi sino all'età nostra, 1853) – Lit.: Kl. Pauly I, 950 – A. Bosisio, Il Comune (Storia di B., I, 1963) – G. Zanetti, La Signoria (1313–1426), ebd. – C. Violante, La Chiesa di B. nel Medioevo, ebd. – G. Panazza, Il volto storico di B., Arch. stor. lomb. 1959 (1960), 45ff. – Atti del Convegno internazionale per il XIX centenario della dedicazione del »Capitolium« e per il 150° anniversario della sua scoperta, 2 Bde, 1975 – A. Albertini, Romanità di B. antica, 1978.

Breslau

I. Früh- und Hochmittelalter – II. Spätmittelalter.

I. Früh- und Hochmittelalter: [1] *Archäologie:* B. (poln. Wrocław, mlat. Vratislavia; Name abgeleitet von slav. Personennamen Vratislav). Durch seine siedlungsgünstige Lage ist B. ein seit urgeschichtl. Zeiten dicht besiedeltes Gebiet. Seine günstige Verkehrslage, die Kreuzung der Ost-West- und Nord-Süd-Verbindungen und die Oder als Wasserweg, machen B. zum natürlichen Zentrum →Schlesiens. Die ältesten slav. Siedlungsspuren im Gebiet von B. reichen bis ins 6. Jh. zurück. Der Beginn der Burg auf der Dominsel wird für das 8.–9. Jh. vermutet, sie war oval 70mal 85 m. Im 10. Jh. wurde sie durch eine runde Anlage von 130 m Durchmesser abgelöst, die später noch in südl. Richtung erweitert wurde. Südöstl. lehnte sich eine bewehrte Vorburgsiedlung an. Im 11. Jh. entstand eine weitere Vorburgsiedlung mit der Bischofskirche darin. Charakterist. für das frühe 8. sind zahlreiche Siedlungen unweit der Burg auf der Sandinsel und beiderseits der Oder. Der Beginn der Besiedlung des Gebietes um den nachmaligen städt. Neumarkt ist spätestens an den Anfang des 11. Jh. zu setzen. Die im 12. Jh. hier errichteten Holz-Erde-Wehranlagen umschlossen ein Gebiet von 4–5 ha. Im Siedlungskomplex v. B. wurden überaus zahlreiche Zeugnisse von Handel und Handwerk gefunden. Am nördl. Ufer der Oder auf dem Elbing befanden sich Adelshöfe, von denen der mit Holz-Erde-Befestigungen versehene Sitz Peter Własts bes. Erwähnung verdient.

R. Köhler

[2] *Geschichte:* Als Brückenort an zentralem Oderübergang und Kreuzungspunkt wichtiger Verkehrswege war B. der beherrschende Landesmittelpunkt von→Schlesien. Im Schnittpunkt vorgeschichtl. Straßen entstand im 8.–9.

Jh. auf der späteren Dominsel in B. am Platz des Oderübergangs eine Wehrsiedlung, die nach dem Ende des Großmähr. Reiches in böhm. Besitz kam (→Vratislav I.) und mit Burg und Vorburg um die Mitte des 10. Jh. zum Stützpunkt přemyslid. Herrschaft ausgebaut wurde. Nach der Eroberung und Eingliederung Schlesiens (990) in den Staat der →Piasten (→Polen) wurde B. auch Bischofssitz im Rahmen der i. J. 1000 errichteten Erzdiözese →Gnesen, wobei die territoriale Basis des Bm.s v. a. im Neisse-Ottmachauer Kirchenland und im 1344 erworbenen Hzm. Grottkau bestand. Die Annexion →Schlesiens durch Břetislav I. v. Böhmen (1039) blieb Episode. Die Kriege →Kasimirs I. bestätigten in dem von Ks. Heinrich III. 1054 in Quedlinburg vermittelten Friedensschluß die Zugehörigkeit Schlesiens zum Piastenstaat. Damit eröffnete sich eine Periode raschen Wachstums für B., das als Pfalzort und Bistumssitz zu den »sedes regni principales« gehörte. Die Burgstadt auf der Dominsel umfaßte drei miteinander verbundene Teile: die Burg mit Pfalz, Pfalzkirche und Abtei St. Martin; die Vorburg (suburbium), wo u. a. die Kirche St. Peter durch die Herren Bezelin und Mikora in der Mitte des 12. Jh. gegr. wurde; und die Domburg mit einem monasterium der Chorherren. Am rechten und linken Ufer erfolgte seit Ende des 11. Jh. eine dichte Bebauung mit Sitzen und Höfen von Adligen, Kl., Märkten, Siedlungen von Kaufleuten und Handwerkern, Dienstsiedlungen und Dörfern. Um die Wende des 11. Jh. gehörte die Mehrzahl der Siedlungen im Umkreis von 10 km um die Burgstadt der Familie des mächtigen Adligen →Peter Włast, welcher auch über d. Oderübergang gebot; die Umwandlung der vorstädt. Dörfer in Siedlungen mit städt. Funktionen war mit der Wiederbelebung der hzgl. Herrschaftsrechte in der Burgstadt (bes. unter Władysław II. seit 1138) und ihrer Umgebung verbunden. Im 12. Jh. entwickelte sich B., als Knotenpunkt der Wege aus Meißen und Böhmen nach Groß- und Kleinpolen verkehrsgeogr. äußerst günstig gelegen, zur bedeutenden Residenz- und Handelsstadt. In der 2. Hälfte des 12. Jh. war B. ein Konglomerat mehrerer Stadtteile, die der Gewerbe- und Handelstätigkeit dienten. Am rechten Oderufer neben der Benediktinerabtei St. Vinzenz, gegr. vor 1138 durch den Grafen Peter Włast, lag das Atrium, welches (in der in Lothringen gebräuchl. Bedeutung des Wortes) als eine befestigte Siedlung von Kaufleuten und Handwerkern zu betrachten ist; vor diesem Atrium fanden die Jahrmärkte in der Woche vor dem St. Vinzenz-Fest statt; sowohl die Benediktiner von St. Vinzenz als auch die Prämonstratenser, welche die Abtei 1190/93 übernahmen, stammten aus Lothringen. Am linken Ufer lag die »platea Romanorum« (Gasse der Wallonen?) mit der Kirche St. Mauritius. Das Patrozinium St. Nikolai der Kirche in Nabytyń mit der Taberna zeigt die Beziehungen dieser Siedlung zu den Kaufleuten an. Eine Marktsiedlung, deren Lage unbekannt ist, ein Judenviertel, einige Krüge und Fleischbänke am Oderübergang, der über die Sandinsel (Arena, Piasek) führte, runden das Bild der frühstädt. Gewerbe- und Handelsfunktionen B.s im 12. Jh. ab. Die verwickelten Besitz- und Gerichtsverhältnisse waren zu dieser Zeit günstig für die Stadtentwicklung unter Wahrung der Freizügigkeit der Handwerker und Kaufleute. Sie erschwerten aber die Entstehung einer städt. Gemeinde.

Nach Schätzungen wohnten damals auf der Dominsel ca. 1500, in den vorstädt. Siedlungen ca. 2000 Personen. B. entwickelte sich auch zu einem bedeutenden Zentrum des kirchl. Lebens: Dem Bm. B. war die ganze schles. Provinz unterstellt. Die älteste Bischofskirche St. Johannes aus dem 11. Jh., die bisher nicht lokalisiert ist, befand sich wahrscheinl. im Suburbium; dort ist dann auf Initiative des Bf.s Walter zw. 1158–70/1198 der erste steinerne Dombau errichtet worden. In der Burg und zu ihren Füßen befanden sich zwei weitere Kirchen, St. Martin und St. Peter. Mit Sicherheit gründete Peter Włast in den 20er Jahren des 12. Jh. im nördl. Suburbium Elbing (Ołbin) die Benediktinerabtei St. Vinzenz, die 1190/93 v. Prämonstratensern übernommen wurde. Um die Mitte des 12. Jh. wurden bei der Marienkirche auf der Sandinsel westl. Regularkanoniker angesetzt, die der Kongregation v. →Arrouaise angeschlossen waren. Diese Kl. und Stifter, die sich des Schutzes der Gründerfamilie und der Fs.en erfreuten, wurden zu bedeutenden Zentren des künstler. und geistigen Lebens. In diese Zeit reichen auch die Stiftungen der Kirchen St. Michael am rechten und St. Albert am linken Oderufer zurück. S. Trawkowski

II. SPÄTMITTELALTER: Nachdem die (nieder)schles. Piastenhgz.e und die Bf.e zunächst gemeinsam auf der Dominsel residiert hatten, wich der Hzg. um 1200 mit einem Burgneubau (an der Stelle der barocken Jesuitenuniversität) auf die linke Oderseite aus, auf der östl. der Burg im Zuge der dt. Ostsiedlung die landesherrl. Kolonisationsstadt B. entstand. 1214 ist hier ein →Schultheiß (Leiter einer dt. Siedlergemeinde) bezeugt. 1226 übergab der Bf. die alte Pfarrkirche St. Adalbert an die Dominikaner und übertrug die Pfarrechte auf die Bürgerkirche St. Maria Magdalena. Die erste →Lokation dürfte demnach gegen 1214, jedenfalls vor 1226 um den Neumarkt und St. Maria Magdalena erfolgt sein.

Die aufblühende Stadt fiel 1241 dem Mongolensturm (→Mongolen) zum Opfer, wurde aber noch im gleichen Jahre in einer großzügigen zweiten Lokation unter Einschluß des Gebiets der ersten Gründung in planmäßigem Gitterschema mit leicht nach Süd-Westen verschobenem Zentrum um den Großen Ring (mit umfangreichen Markteinrichtungen), den kleineren Salzring und die (zweite) Pfarrkirche St. Elisabeth (um 1245) wieder aufgebaut. 1260–70 erfolgte die Befestigung mit Mauern, Türmen und Toren. 1263 wurde eine – 1327 eingemeindete – selbständige Tuchmacher-Neustadt zw. Oder und Ohle angelegt. 1261 erhielt B. (wahrscheinl. zum zweiten Mal) →Magdeburger Recht, das es mit Modifikationen als →Magdeburg-Breslauer Recht an mehr als 65 Städte in Schlesien, Polen und Mähren weitergab und so →Oberhof wurde. →Krakau war bereits 1257 zu Breslauer Recht loziert worden. Zum Jahre 1254 sind neben dem Erbvogt die Stadtschöffen bezeugt, zum Jahre 1266 der Stadtrat; von 1287 an liegen die Rats- und Schöffenlisten vor. 1272 erhielt B. das Meilenrecht, 1274 das Stapelrecht, 1337 das Salzmonopol.

Außerhalb der Bürgerstadt wie die bfl. Dominsel und dieser benachbart lagen die beiden ältesten schles. Kl. aus der 1. Hälfte des 12. Jh., das Benediktiner- (ab 1190/93 Prämonstratenser-)Stift St. Vinzenz auf dem Elbing und das Augustiner-Chorherren-Stift St. Maria auf der Sandinsel, zu denen 1288 das Kollegiatstift Hl. Kreuz neben dem Dom und 1299 das Augustiner-Chorfrauen-Stift St. Jakob auf der Sandinsel kamen. Innerhalb der Stadt wurden zw. Oderbrücke und Herzogsburg vom Hzg. gegr.: Hl. Geist-Hospital (1214), Franziskanerkl. St. Jakob (um 1240), Franziskanerinnenkl. St. Klara (1257), Kreuzherren-Stift St. Matthias (1252); ferner entstanden: Hospital St. Lazarus (1264), Johanniter-Kommende Corpus Christi (vor 1273), Dominikanerinnenkl. St. Katharina (1294), Hospital St. Trinitatis (1318), Augustiner-Eremiten-Kl. St. Dorothea (1351), Hospital Hl. Elftausend Jungfrauen

(1400), Hospital St. Clemens (um 1400), Hospital St. Hieronymus (1410), Hospital zum Hl. Grab (1412), Franziskaner-Observanten zu St. Bernhardin (1453) und Hospital St. Barbara (1461).

Infolge mehrfacher Teilungen umfaßte das Hzm. B. seit 1311 im wesentl. nur noch die Städte und Weichbilder B., Neumarkt und Namslau. 1327 übereignete der letzte B.er Piastenhzg. Heinrich VI. auf Drängen der Stadt sein Land unter Vorbehalt des Nießbrauchs auf Lebenszeit an den Kg. v. →Böhmen, der nach dem Tode Heinrichs VI. 1335 in B. zur Verwaltung des nunmehr böhm. Erbfürstentums einen Landeshauptmann einsetzte. 1359–1635 führte zumeist der Stadtrat (Ratsälteste) die Landeshauptmannschaft des Fsm.s. Dies bedeutete weitestgehende Handlungsfreiheit für die Stadt sowie polit. Rang und Einfluß über den Kreis der schles. Fs.en hinaus. Im B.er Rathaus, das seit 1299 bezeugt ist, nicht in der hzgl. Burg oder am Bischofssitz, fanden die gesamtschles. Fürstentage statt.

In der 2. Hälfte des 14. Jh. erlebte B., nach →Prag die bedeutendste Stadt der böhm. Länder, seine höchste wirtschaftl., polit. und kulturelle Blüte. Von 1387–1474 gehörte es der Hanse und zählte mit rund 20 000 Einwohnern und 30 Zünften zu den größten und wohlhabendsten dt. Städten. Ein Tuchmacheraufstand 1333 und eine Rebellion der Zünfte 1418 konnten das patriz. Stadtregiment nicht wirklich erschüttern. Nachhaltige Schäden brachten dagegen dem antihussitisch eingestellten B., in dem Kg. Siegmund 1420 einen Reichstag abhielt, die Hussitenkriege (1420–36), sowohl durch verlustreiche Kämpfe u. kostspielige Befestigungen, wie v. a. durch Gefährdung und Sperrung der wichtigen Handelswege über Böhmen nach Oberdeutschland, zu dem im 15. Jh. enge Verbindungen bestanden, und ihre schließliche Verlagerung nach Norden und Süden unter Umgehung v. B. Dem hussit.-utraquist. Reichsverweser →Georg v. Podiebrad widersetzte sich B. ebenfalls und huldigte stattdessen 1469 Kg. →Matthias Corvinus v. →Ungarn, dem es bis zu seinem Tode 1490 unterstellt blieb. Dann kehrte es – nach einer Zwischenphase unklarer Zugehörigkeit – in den Verband der böhm. Länder zurück, mit denen es 1526 an die Habsburger fiel. 1471–1504 wurde der prachtvolle Rathausbau vollendet. Seit 1409 andauernde Bestrebungen einer Universitätsgründung in B. scheiterten trotz eines 1505 bereits ausgestellten kgl. Patents, da der Papst auf Betreiben →Krakaus die Bestätigung versagte. 1523 führten Rat und Bürgerschaft in ihrem Zuständigkeitsbereich die Reformation ein, während der außerstädt. bfl. Dombezirk und die nichtstädt. Kl. und Stifter katholisch blieben. – Vgl. auch zur Wirtschaft→Schlesien. J. J. Menzel

Q.: B.er UB, hg. G. Korn, 1870–B.er Stadtbuch, hg. H. Markgraf, O. Frenzel, 1872 – Henricus Pauper, Rechnungen der Stadt B. von 1299–1358, hg. C. Grünhagen, 1860 – P. Eschenloer, Historia Vratislavensis (1440–79), hg. H. Markgraf, 1872 – Lit.: Hist. Stätten, Schlesien, hg. H. Weczerka, 1977, 38–54 [W.-H. Deus; Lit.] – Słow-StarSłow 6, 1980, 604–614 [A. Wędzki; Lit.] – H. Markgraf, Gesch. B.s in kurzer Übersicht, bearb. O. Schwarzer, 1913[2] – G. Pfeiffer, Das B.er Patriziat im MA, 1929 [Neudr. 1973] – F. Geschwendt, Die älteren Oderübergänge bei B. im Lichte der Vorgeschichtsforsch., Beitr. zur Gesch. der Stadt B. 2, 1936, 5–31 – DtStb I, 1939, 710–722 – W. Długoborski, J. Gierowski, K. Maleczyński, Dzieje Wrocławia do roku 1807, 1958 – K. Engelbert–K. Eistert, Überblick über die räuml. Entwicklung der Stadt B. im MA, Archiv für schles. KG 16, 1958, 1–38 – S. Trawkowski, Ołbin wrocławski w XII wieku, Roczniki Dziejów Społecznych i Gospodarczych 20, 1958, 69–106 – Th. Goerlitz, Verfassung, Verwaltung und Recht der Stadt B., hg. L. Petry, 1962 – W. Kočka, The Suburbium of Wrocław in Ostrów Tumski in Early MA, Ergon 3, 1962, 477–486 – H. Aubin, Antlitz und gesch. Individualität B.s, 1963 – R. Stein, Der Rat und die Ratsgeschlechter des alten B., 1963 – J. Kaźmierczyk, Wrocław lewobrzeżny we wczesnym średniowieczu, 1–2, 1966–70 – G. Pfeiffer, Die Entwicklung des B.er Patriziats (Büdinger Vortr. 1965, hg. H. Rößler, 1968), 99–123 – W. Kehn, Der Handel im Oderraum im 13. und 14. Jh., 1968 – B. Zientara, Walonowie na Ślasku w XII i XIII wieku, Przg Hist 66, 1975, 349–368 – R. C. Hoffmann, Wrocław citizens as rural landholders (The Medieval City. In honor of R. S. Lopez, 1977) – Wrocław, jego dzieje i kultura, red. Z. Świechowski, 1978 – R. Heck, Die gewerbl. Produktion der ma. Stadt Wrocław (B.) (Hans. Stud. IV: Gewerbl. Produktion und Stadt-Land-Beziehungen, hg. K. Fritze, E. Müller-Mertens, J. Schildhauer, 1979) [Abh. zur Handels- und Sozialgesch. 18] – W. Marschall, Gesch. des Bm.s B., 1980.

Breslauer Landrecht → Schlesisches Landrecht

Bresse, Landschaft in Ostfrankreich mit dem Zentrum Bourg-en-Bresse (Briscia, Brissia im 8. Jh.; in territorio Segonum saltuque Brexio in einer Quelle des 10. Jh., die ein Ereignis von 593 zitiert; Bressia im 12. Jh.: patria Breyssiae, Reversimontis, Dumbarum et Vallisbonae im 15. Jh.). Unter geogr. Gesichtspunkt bezeichnet der Name B. eine weite Ebene, die im W durch die Saône begrenzt wird, im N durch die Loue, im O durch die Juraberge und das Revermont; die (weniger genau festgelegte) Grenze zum Gebiet der →Dombes verläuft etwas südl. der Veyle.

Die bedeutendste Herrschaft in der B., diejenige der Herren v. →Bagé, umfaßte stets nur einen Teil der B. im geogr. Sinne, erstreckte sich aber auf Châtillon-sur-Chalaronne in der Dombes. Von der Herrschaft Bagé, die 1272 das Haus →Savoyen erwarb, wurden 1286 →Savigny, Sagy und Cuisery abgeteilt und dem Hzg. v. →Burgund abgetreten. Dafür wurde eine Anzahl von Besitzungen im Revermont (→Coligny) und in der Dombes (→Villars) nacheinander von den Savoyern erworben. Die Gesamtheit der gen. savoyischen Besitzungen, die in Kastellaneien aufgegliedert war, bildete ein eigenes bailliage, das allgemein bailliage de Bourg oder »terre de Bagé et de Coligny« hieß. Im 14. Jh. wurde Bourg-en-B. Zentrum der Region. Erst seit dem Ende des MA wurde mit dem Begriff B. allgemein der gesamte savoyische Territorialbesitz zw. Saône, Rhône und Ain, ohne Rücksicht auf die Herkunft dieser Gebiete, bezeichnet.

In etwa decken sich diese Territorien mit dem heut. »Arrondissement« Bourg, abzüglich des Fsm.s Dombes (Trévoux). Die savoyische Herrschaft hat sich nach 1286 wie über die als Bresse Louhannaise und Bresse Chalonnaise bezeichneten Territorien, die Burgund unterstanden, erstreckt.

1460–96 diente die zur Gft. erhobene B. als Apanage von →Philipp »ohne Land«, dem 5. Sohn des Hzg.s Ludwig. Philipps Umtriebe stellten während der Regierung seines Vaters und seines Bruders sowie ganz bes. während der Minderjährigkeit seiner Neffen einen steten Unruhefaktor dar, bis Philipp schließl. im April 1496, ein gutes Jahr vor seinem Tod († 7. Nov. 1497), selbst die Herzogswürde v. Savoyen erlangte. Trotz der Wirren während der burg.-frz. Kriege (Invasion B. durch Hzg. Karl dem Kühnen, Einfälle der Eidgenossen) wurden unter Philipp in der B. die administrativen Organe eines echten Fsm.s (Kanzlei, fsl. Rat, Schatzamt, Heer usw.) aufgebaut. J. Y. Mariotte

Q.: Ch. Jarrin–J. Brossard, Cart. de Bourg-en-B., 1251–1583, 1882 – R. H. Bautier–J. Sornay, Sources de l'hist. économique ..., panies und 369–383, 439–443, 514–524 [zu den Kastellaneien] – Lit.: S. Guichenon, Hist. ... de B. et de Bugey, Lyon 1650 – Ders., Hist. généalogique ... de la maison de Savoie, Lyon 1666 – J. Brossard, Description hist. et topographique de l'ancienne ville de Bourg-en-B., 1883 – J. Y. Mariotte-A. Perret, Atlas hist. de la Savoie, 1979.

Brest (im MA Berest'e [= ostslav. Sammelname für Ulmen]), Stadt am Bug. Seit der Wende des 10. Jh. aruss. Burganlage im Stammesgebiet der →Dregovičen an der aruss.-poln. Grenze. Seit dem 11.-12. Jh. bildete B. mit seinem Hinterland eine territoriale Einheit, die ztw. unmittelbar dem Gfsm. →Kiev unterstand, ztw. zum Fsm. →Turov-Pinsk gehörte. Im 13. Jh. war B. Teil des Fsm.s →Galizien-Wolhynien, in der 1. Hälfte des 14. Jh. wurde das Gebiet von B. dem Gfsm. →Litauen einverleibt. Die günstige Lage an einem wichtigen Flußhandelsweg (Dnepr-Prip'et-Bug-Weichsel) begünstigte im 12.-13. Jh. die städt. Entwicklung von B. 1390 erhielt B. →Magdeburger Recht, im 15. Jh. empfing die Stadt weitere Privilegien. Seit dieser Zeit waren die Jahrmärkte von B. viel besucht. Am Ende des 15. Jh. umfaßte B. 928 Grundstücksparzellen und hatte damit 6000-7000 Einwohner. Infolge der Gründung der poln.-litauischen Union wurde B. zu einer der auch polit. wichtigsten Städte des Gfsm.s Litauen; hier trafen sich oftmals die Großen der beiden vereinigten Staaten; hier fanden auch Hoftage statt. 1440 wurde hier der Jagiellone →Kasimir IV. zum Gf.s en gewählt. Die Zerstörung von B. durch die Tataren i. J. 1500 hemmte die weitere Entwicklung der Stadt nur für kurze Zeit. – Seit 1968 durchgeführte Ausgrabungen haben Aufschlüsse über die Topographie und materielle Kultur des ma. B. erbracht. A. Poppe

Lit.: G. Rhode, Die Ostgrenze Polens, 1955 [Reg.] – H. Łowmiański, Światopełk w Brześciu (Fschr. K. Tymieniecki, 1970), 229-244 – G. F. Lysenko, Goroda Turovskoj zemli, 1974, 21, 153-160 – V. Naumenko, B., 1977², 20-31 – G. Stökl, Das Fsm. Galizien-Wolhynien (HGeschRußlands I, 1), 484-533 – M. Hellmann, Das Gfsm. Litauen bis 1569, ebd., 718-848 [Karte S. 743].

Brest, Friede v. Der am 31. Dez. 1435 in B. zw. dem →Dt. Orden und König Władysław III., Kg. v. Polen, Gfs. Siegmund v. Litauen sowie deren Verbündeten geschlossene Friede beendete die jahrzehntelangen, auf die Begründung der poln.-litauischen Union von 1386 folgenden Kämpfe zw. dem Orden und Polen-Litauen. Der Friede bestätigte im wesentl. die Grenzen, wie sie 1422 bei den Verhandlungen von →Melnosee festgelegt worden waren. Ebenso wie schon 1422 mußten die Stände den Frieden garantieren: der Vertrag ist eine Station auf dem Wege der preußischen Stände (→Preußen) zur Institutionalisierung. Er nahm dem Orden die in den letzten Jahrzehnten immer wieder genutzte Möglichkeit, aus den Konflikten innerhalb der →Jagiellonen-Dynastie Nutzen zu ziehen und eine Auflösung der poln.-litauischen Union zu fördern. Schließlich wurden Einsprüche des Papstes oder des (röm.) Kg.s gegen den Vertrag ausdrückl. ausgeschlossen, woraus in den nächsten Jahren die Rivalitäten innerhalb des Ordens Nahrung erhielten. H. Boockmann

Lit.: E. Weise, Die Staatsverträge des Dt. Ordens I, 1939, 195ff. – C. A. Lückerath, Paul v. Rusdorf. Hochmeister des Dt. Ordens, 1422-1441, 1969, 164ff.

Bretagne

A. Früh- und Hochmittelalter – B. Spätmittelalter – C. Recht

A. Früh- und Hochmittelalter

I. Frühmittelalter – II. Hochmittelalter.

I. Frühmittelalter: Der Teil der *Armorica* (→Gallien), aus dem sich später das Hzm. B. entwickelte, bildete im Röm. Reich fünf civitates: *Coriosolites* (Curiosolites), *Namneti*, *Ossismi*, *Redones* und *Veneti*. Im Unterschied zum übrigen Gallien, in dem sich germ. Bevölkerungsgruppen ansiedelten, erfolgte in der Armorica ledigl. eine Einwanderung von Inselkelten aus Britannien. Durch Angriffe von Seeräubern und die germ. Einfälle des späten 3. Jh. hatten vor allen Dingen die Städte der Armorica (bes. 275-282) zu leiden. Die drei Zentren →Nantes (Portus Namnetum, P. Nemetum), →Rennes (Condate, später Civitas Redonum) und →Vannes (Darioritum; der Vorort der Veneti) wurden in der Spätantike auf verkleinertem Grundriß neu errichtet und befestigt. Corseul (Civitas Coriosolitum) gab man zugunsten von Alet/St-Malo (Aletum) auf. Carhaix (Vorgium), der Vorort der Ossismi, sollte ein ähnliches Schicksal erleben, so daß das Territorium dieser civitas vielleicht in zwei Teile aufgegliedert wurde. Diese territorialen Veränderungen sind zum großen Teil auf die demograph.-siedlungsgeschichtl. Veränderungen zurückzuführen, die durch die Einwanderung aus der Britannia verursacht wurden: Zunächst drangen kelt. Bevölkerungsteile aus Irland in die westl. Teile von Britannien vor (ca. 3. Jh.); diese Einwanderungswelle beeinflußte von Anfang an auch die Civitas der Ossismi. Die durch die Einfälle der Angelsachsen im späten 5. Jh. in Britannien ausgelöste Bevölkerungsverschiebung griff auch auf die Gebiete der Coriosolites und Veneti über. Eine Folge dieser Einwanderung war die Änderung des Landesnamens: Aus der (geograph. allerdings weiträumigeren) Armorica wurde die nach dem Herkunftsland der Einwanderer benannte Britannia (Bretagne). Diese Namensänderung ist schon in der 2. Hälfte des 6. Jh., bei Gregor v. Tours und Venantius Fortunatus, belegt. Die kelt. Sprachen und Dialekte, sowohl diejenigen der Einwanderer als auch die autochthonen, konsolidierten sich in der Folgezeit. Bis zum Ende der Merowingerzeit erstreckte sich diese »Britannia minor« (im Unterschied zur Maior Britannia) über die alten Territorien der Coriosolites, der Ossismi und der Veneti. Sie war in drei große Herrschaftseinheiten gegliedert: die *Domnonée* im Norden entlang der Kanalküste, vom Fluß Couesnon bis zum Atlantik; der *Poher*, das sich an die Domnonée anschloß und vom Fluß Eloin bis zur Loiremündung reichte (und nach unserer Meinung mit dem Territorium der späteren Gft. Cornouaille gleichzusetzen ist) und schließl. das länger gallofrk. gebliebene *Vannetais*, auch Broërec gen. (nach dem Namen des bret. Führers Waroc, der 579 →Vannes besetzte). Die Bretonen leisteten – entsprechend der jeweilig wechselnden polit. Situation – dem Frankenreich Tribut, oder aber sie drangen auf frk. Gebiet vor. Selbst bedeutende militär. Unternehmungen der Merowinger konnten die dauernde Unterwerfung des Landes nicht erzwingen. Über die verwaltungsmäßige und kirchl. Gliederung der B. in dieser Periode ist wenig bekannt. Manche Bretonenfürsten, unter denen Judicaël, Zeitgenosse Kg. Dagoberts I. (623-639), herausragt, beanspruchten den Königstitel. Hinsichtl. einer Bistumsorganisation gibt es sichere Belege nur für Vannes sowie ein vereinzeltes Zeugnis über einen Litardus, Bf. der Ossismi, in dem man einen Vorläufer der Bf.e v. St-Pol-de-Léon erkennt. Bei sonstigen namentl. bekannten Bf.en ist jedoch nicht der zugehörige Bischofssitz überliefert. Das religiöse Leben wurde im übrigen durch die Abteien, die von insularen Mönchen gegr. worden waren, geprägt (bedeutendste Persönlichkeit war der hl. Mönch und Bf. →Samson, der Gründer von →Dol), die ihrerseits Filialgründungen veranlaßten.

Während die Quellen für die Merowingerzeit äußerst dürftig sind, ist die Gesch. der B. in der Karolingerzeit und unter den Bretonenherzögen des beginnenden HochMA besser belegt. Vom Beginn seiner Regierung an war Pippin der Kurze bestrebt, Einfluß auf die B. zu gewinnen; 753 besetzte er Vannes und das Vannetais. Seine Nachfolger, Karl d. Gr. und Ludwig d. Fr., versuchten in zahlreichen Feldzügen, das Land zu unterwerfen – mehrfach melden Annalisten einen Erfolg, dem jedoch stets ein neuer Abfall folgte. Basis der militär. Maßnahmen war die aus drei frk. Grafschaften (Nantes, Rennes und das 753 eroberte Vannes) geschaffene Mark gegen die Bretonen, etwas mißverständlich »Breton. Mark« oder »Mark B.«

genannt. Die erste Erwähnung der Mark B. findet sich bei Einhard, der zu 778 den Tod des Hruotlandus (→Roland), praefectus der Mark B. (vgl. →Roncesvalles), berichtet, und in den frk. Reichsannalen, die seine ihm verwandten Nachfolger Wido und Lambert nennen. Während sich für die Namen der Gf.en v. Rennes keine sicheren Belege finden, sind für das Nantais, das dem »praefectus limitis« als Hauptort der Mark direkt unterstellt war, und für das Vannetais mindestens ab 799 und bis 831 mehrere Mitglieder der Familie Warnharius-Wido-Lambert gesichert (→Widonen). Ein allgemeiner Feldzug gegen die Bretonen wurde 830 schon während der Vorbereitungen wieder aufgegeben, da sich die Söhne→Ludwigs d. Fr. gegen den Vater erhoben. Bemerkenswert ist, daß der praefectus Lambert, Gf. v. Nantes, einer der Hauptakteure des Aufstandes war.

Nach der Wiederherstellung der Macht Ludwigs d. Fr. wurde der unzuverlässige Lambert abgesetzt, an seine Stelle trat Richwin (Ricuinus), Gf. v. Poitiers. Der Gf. v. Vannes, Wido, der loyal geblieben war, wurde mit anderen Ämtern betraut; Ludwig setzte an seiner Statt auf dem Hoftag zu Ingelheim (1. Mai 831) als Gf.en v. Vannes den Bretonen →Nominoë ein und machte ihn zum missus imperatoris in der B., mit der die Gft. Vannes ein→missaticum bildete. Diese neue Herrschaftsorganisation war damit neben die nur noch aus Nantes und Rennes bestehende Mark getreten. Nominoë verhielt sich unter Ludwig dem Frankenreich gegenüber insgesamt loyal. Dies änderte sich erst, als sich der bret. Gf. unter Karl dem Kahlen mit expansiven Bestrebungen verschiedener karol. Hochadelsfamilien gegen die B. konfrontiert sah. Die Auseinandersetzungen mit ihnen mündeten schließl. in einen offenen militär. Konflikt mit Karl dem Kahlen ein. Der frk. Herrscher unterlag zweimal bei diesen Kämpfen: 845 bei Ballon gegen Nominoë, 851 bei Jengland-Beslé gegen Nominoës Sohn, →Erispoë. In diesen Kämpfen ging die bisherige Mark an die Bretonen verloren, was Karl der Kahle teilweise dadurch kompensierte, daß sich ihm Erispoë kommendierte und von ihm kgl. Insignien entgegennahm. Während so die pagi von Nantes, Rennes und die Vikarie Retz, die sich über den pagus v. →Herbauge erstreckte, dem Frankenreich verlorengingen, verlieh Karl eine neue, auf die Gft.en Angers und Tours gestützte Mark an Robert den Tapferen. Die karol. Oberhoheit war nur noch nominell, wie sich →Salomon durch Ermordung seines Vetters Erispoë der Herrschaft bemächtigte (857). Erst 863 wurde dieser Machtwechsel durch das karol. Kgtm. anerkannt, das Salomon den Besitz des zw. Mayenne und Sarthe liegenden Teils der Gft. Angers und schließlich (867) auch das →Cotentin zugestehen mußte. Doch wurde Salomon, den Gurvand, sein Schwager Pascweten und sein Neffe Guigo an die Franken ausgeliefert hatten, von diesen 874 getötet. Das Land wurde danach zw. Gurvand und Pascweten geteilt; Gurvand wurde von Judicaël, dem Sohn einer Tochter des Erispoë, beerbt, Pascweten von seinem Bruder Alanus. Der Tod Judicaëls ermöglichte es dem Alanus, als alleiniger Machthaber den rex-Titel anzunehmen. Während dieser Periode wurden karol. Verfassungsinstitutionen in der B. eingeführt: Neben den →scabini im Gericht setzte sich u. a. das Grafenamt (→Graf) auch in der inneren B. durch; in der 2. Hälfte des 9. Jh. gibt es mehrere bret. Gft.en. Eine ähnliche Fortentwicklung erlebte die kirchl. Organisation. Nach den Reformsynoden v. Aachen (817/818) hatte Ludwig der Fromme in mehreren bret. Abteien die Einführung der →Regula Benedicti durchgesetzt; im bedeutendsten Kl., →Redon, wurde sie von Anfang an, seit 833, befolgt. Für die Regierungen Ludwigs d. Fr. und Karls des Kahlen sind nacheinander Bf.e der Diöz. Alet (→St-Malo), →Dol, →Quimper und →St-Pol-de-Léon belegt. Nominoë, der eine eigene Kirchenpolitik betrieb, ließ auf der Synode v. Coitlouh (Anfang Mai 849) mehrere Bf.e absetzen. Salomon versuchte im Zuge seiner Selbständigkeitsbestrebungen, Dol zur Metropole einer von der Kirchenprovinz Tours abgetrennten Bretagne erheben zu lassen; diese Maßnahmen stellten dabei keineswegs die Bistumsstruktur der B., die nun sieben Diöz. (Alet, Dol, Nantes, Quimper, Rennes, St-Pol-de-Léon und Vannes) umgriff, in Frage.

Die Eroberung der B. durch die →Normannen besiegelte das Schicksal des bret. regnum: Alan (Alain Barbetorte), der spätere bret. Hzg., mußte ins engl. Exil, zu Kg. Æthelstan, gehen. H. Guillotel/K. F. Werner

II. HOCHMITTELALTER: Das norm. Fsm. an der Loire fand 936, im Jahre der Restauration →Ludwigs IV. als westfrk. Kg., sein Ende. Dieser Erneuerung des Kgtm.s waren Abkommen zw. Æthelstan, Wilhelm Langschwert und Hugo d. Gr. vorausgegangen; parallele Verhandlungen erlaubten es Alan, in die B. zurückzukehren und dort den Titel eines Hzg.s der B. anzunehmen. Unter seiner Regierung (936–952) erfolgte eine Reorganisation der Herrschaft; wahrscheinl. wurden unter ihm die Bm.er →St-Brieuc und →Tréguier gegründet. Nach dem Tod von Alan gerieten die beiden wichtigsten miteinander rivalisierenden Gft.en Nantes und Rennes unter den Einfluß (Lehnshoheit) der Gf.en v. Anjou (→Angers) bzw. →Blois. Der frühe Tod von Alans ehel. Sohn Drogo, für den Fulco der Gute v. Anjou die Regentschaft geführt hatte, warf überdies das Problem der Vererbung des hzgl. Titels auf, der bis 1200 nacheinander von vier verschiedenen Familien geführt wurde. Nach einem rund zwanzigjährigen Interregnum nahm →Conan I., der Enkel des Gf.en v. Rennes, Berengar, den Herzogstitel an; Conan I. versuchte, außer der B. auch das Nantais zu unterwerfen, wobei er mit dem Gf.en v. Anjou in Konflikt geriet. 992 fiel er in der Schlacht v. Conquereuil gegen→Fulco Nerra, Gf. v. Angers. Sein Sohn Gottfried (992–1008) trat die Erbfolge ohne Schwierigkeiten an, ihm folgten Alan III. (1008–40) und →Conan II. (1040–66). Unter Gottfried und Alan III. setzte eine monast. Reformtätigkeit ein, gestützt auf eine Reihe von Mutterklöstern, bes. →Marmoutier und →Fleury. Zur gleichen Zeit wichen die alten karol. Strukturen einer neuen Herrschaftsorganisation: Die Minderjährigkeit Conans II. begünstigte die Herausbildung eigenständiger Kastellaneien, deren Aufstieg sich schließl. zugunsten eines dynast. Wechsels auswirkte.

Als Conan II. ohne legitime Nachkommen verstarb, ging der Herzogstitel an das Haus Cornouaille über, da Havoise, eine Tochter Alans III. aus seiner Ehe mit Berta, der Tochter Odos II. v. Blois, eine Ehe mit Hoël, dem Sohn des Gf.en v. Cornouaille, Alan (Alain Canhiart), welcher selber Gf. v. Nantes (durch seine Mutter Judith) war, geschlossen hatte. Hoël wurde jedoch nur in seinen Erbgrafschaften anerkannt. Erst sein Sohn Alan IV. (1084–1114/16) und – stärker noch – sein Enkel →Conan III. (1114/16–48) setzten sich in der gesamten B. durch. Durch das Haus Cornouaille wurde Nantes zum polit. Zentrum des Hzm.s, während im N eine jüngere Linie des Hauses Rennes, die auch in England begütert war, regierte. Die Auswirkungen dieser neuen Machtverhältnisse waren bes. auf religiösem Gebiet bedeutend. Die kirchl. Reformbewegung, die ab 1049 Nantes erfaßte, dehnte sich nach und nach auch auf die anderen bret. Gebiete aus. Dem Hzg. Conan III. war zwar selbst nicht weiter an der

Errichtung eines Ebm.s →Dol gelegen, doch hielt sich dieses Projekt dank der Unterstützung durch Heinrich II., Kg. v. England, der es mit seinen norm.-westfrz. Herrschaftsinteressen (→Angevinisches Reich) verband.

Die Heirat der Tochter Conans III., Berta, mit Alan (Alain) dem Schwarzen, einem der Erben aus der jüngeren Linie des Hauses Rennes, hatte keineswegs, wie sich hätte vermuten lassen, die polit. Einigung des Hzm.s, sondern das Gegenteil zur Folge: Nach dem Tode Conans III. († 1148) gerieten sein Sohn Hoël und seine Tochter in Konflikt; Hoël erlangte die Anerkennung in der Gft. Nantes; die Ansprüche der Berta und ihres Sohnes Conan (IV.) aus der Ehe mit Alain fanden einen eifrigen Vorkämpfer in Odo (Eudes), Vicomte v. Porhoët, der Berta in zweiter Ehe heiratete und bei diesen Auseinandersetzungen vorrangig eigene Interessen verfolgte. Es gelang Heinrich II. Plantagenêt, den Machtkampf zu seinem Vorteil auszunutzen: Er verheiratete schließl. seinen Sohn Geoffroy mit Constance, der Erbtochter Conans IV., und nötigte diesen, schon zu Lebzeiten zugunsten seines Schwiegersohnes auf die Herzogswürde zu verzichten. Damit war die B. in den Einflußbereich der Plantagenêt geraten, und sie blieb trotz wiederholter Aufstände des Adliger bis zu dem von Kg. Johann Ohneland zu verantwortenden Mord an →Arthur I. (1203), dem Sohn von Constance und Geoffroy, im Verband des Reiches der Plantagenêt. Trotz der sprachl. Trennung zw. Haute-B. (mit vorherrschend frz. Sprache) und Basse-B. (mit vorherrschend bret. Sprache), welche die Konflikte in der 2. Hälfte des 12. Jh. mit verursacht hatte, bewahrte die B. ihre durch die früh- und hochma. Dynastien geschaffene Einheit.
H. Guillotel

B. Spätmittelalter

I. Das Zeitalter der Herzöge Peter Mauclerc und Johann I. (1213–1341) – II. Der bretonische Erbfolgekrieg und seine Folgen (1341–65/1379) – III. Die Blütezeit des Herzogtums unter dem Haus Montfort (ca. 1379–ca. 1486) – IV. Das Ende der Selbständigkeit – V. Seefahrt und Handel.

I. Das Zeitalter der Herzöge Peter Mauclerc und Johann I. (1213–1341): Die Periode, die 1213 mit dem Auftreten des frz. Prinzen Peter v. Dreux (bekannt als Pierre Mauclerc) in der Armorica beginnt, ist eine Zeit tiefgreifender Wandlungen. Peter war von Kg. Philipp II. August (1180–1223), seinem Vetter, zum Gemahl für Alix, die Erbtochter der einheim. Dynastie, bestimmt worden; der Prinz hatte den Rang des *bailliste* oder Regenten des Hzm.s bis zur Volljährigkeit eines eventuell aus dieser Ehe hervorgehenden Sohnes. Damit wurde eine neue Dynastie in der B. begründet. Peter (Pierre) mit dem Beinamen Mauclerc (von 'mauvais clerc', vielleicht wegen einer bald abgebrochenen kirchl. Laufbahn, eher aber wegen der gespannten Beziehungen des Fs.en zum hohen Klerus) hat das Andenken eines glänzend begabten und hochgebildeten, aber impulsiven Fürsten hinterlassen. Sein Sohn, Hzg. Johann (Jean) I. (1237–86), in seiner Sparsamkeit und Besonnenheit ein hervorragender Verwaltungsmann, ist der eigtl. Begründer der spätma. B.; er stärkte nachhaltig Ansehen und Autorität der bret. Fs.en und begann das Werk der Zentralisation, das für die Zukunft herausragende Bedeutung erhalten sollte. Seine Nachfolger Johann II. (1286–1305), Arthur II. (1305–12) und Johann III. (1312–41) setzten seine Politik fort, allerdings mit geringerer Tatkraft.

Peter und Johann I. hatten ihre souveränen Rechte gegen die Umtriebe des Laienadels wie der frondierenden Prälaten durchzusetzen, wobei sich der Widerstand teilweise nur in langdauernden Kämpfen brechen ließ. Es gelang den Fs.en, ihre Gewalt auf Kosten ihrer Widersacher sowie der kleineren Vasallen territorial zu verankern. Die hzgl. Domäne wurde in relativ kurzer Zeit beträchtlich erweitert, teils durch einfache Konfiskation, wie bei der Apanage v. Penthièvre, die mit ihren reichen Kastellaneien in den Diöz. St-Brieuc und Tréguier an ein Kind gefallen war, teils durch Auskauf der Vorbesitzer zu günstigen Preisen, wobei sich die bret. Fs.en der Verarmung und Insolvenz einiger ihrer Vasallen zunutze machten, z. B. der Vicomtes v. Léon. Die Privilegien der Großen wurden systemat. beschnitten. Das →Strandrecht (*droit de bris*) wurde den an der Küste sitzenden Grundherren entzogen und bildete fortan eine der Haupteinnahmen für den hzgl. Fiskus, ebenso wie die *brefs*, die Seeversicherungen (→Versicherungen) gegen Schiffbruch und andere Meeresgefahren. Die Nutznießung der Lehen von Minderjährigen aufgrund der →*garde* und die Abgabe auf Rückkäufe (*relief*), die 1275 eingeführt wurde und sogleich die ganzen übrigen Einkünfte eines Jahres aufwog, entwickelten sich zu mächtigen polit. und fiskal. Waffen der Fs.en. Am Ende der Regierung von Johann I. († 1286) war die Besitz- und Territorialentwicklung in ihren Hauptzügen bereits abgeschlossen: Die Hzg.e beherrschten die bedeutendsten Städte (Dinan, Morlaix, Nantes, Rennes, Vannes) vollständig oder doch überwiegend, sie hatten die strateg. wichtigen Festungen in ihrer Hand (Brest, Hédé), sie verfügten über ausgedehnte agrar. Grundherrschaften und weite Forsten, die sie z. T. als Musterdomänen (*parcs*) organisierten; ferner übten sie eine Reihe bedeutender Feudalrechte aus, die eine Quelle einträgl. Gewinne darstellten. Zur Aufrechterhaltung ihrer Stellung verfügten die Hzg.e über ein effektives Instrumentarium: ein gut funktionierendes Schatzamt (*trésorerie*) und eine Verteidigungsorganisation, die in der Lage war, die »Marken« an den Grenzen des Hzm.s sowie die Befestigungsplätze der hzgl. Vasallen (St-Aubin-du-Cormier, Le Gâvre u. a.) zu kontrollieren; das bret. Militärwesen umfaßte neben dem traditionellen Lehnsaufgebot (dessen Organisation im 1294 erstellten »Livre des Ostz« fixiert wurde) auch schon fremde Söldnertruppen (»Satelliten«).

Der staatl. Apparat wurde im Laufe des 13. Jh. weiter ausgebaut und verstärkt. Die Hzg.e schufen oder erweiterten eine Reihe von spezialisierten Ämtern, die große Bedeutung erlangen sollten: An erster Stelle zu nennen ist der fsl. Rat (*Conseil*), der zunächst einige familiares des Hzg.s umfaßte, u. a. Franzosen, die – wie der Kanzler Rainaud – mit Peter Mauclerc ins Land gekommen waren und zu denen bald Mitglieder mittlerer und kleinerer Vasallenfamilien hinzutraten, ebenso auch bürgerl. Notabeln. Der Rat befaßte sich mit den laufenden polit. und rechtl. Angelegenheiten von Wichtigkeit. Fallweise wurden die Sitzungen des Rates durch die Hinzuziehung der Bf.e und Barone erweitert (Tagung »en plein Parlement«); in solchen Versammlungen wurde über Fragen von allgemeiner Bedeutung für die Geschicke des Landes beschlossen (so über die Vertreibung der Juden 1240). Die Steigerung der Staatseinkünfte seit der Erhebung der ersten außerordentl. Steuern, der »maltôtes« und anderer »novelletés«, welche häufig Unzufriedenheit und heftige Konflikte mit Klerus und Kaufleuten ausgelöst hatten, machte die Schaffung eines effektiven Rechnungs- und Finanzwesens notwendig, wobei wir jedoch nur fragmentar. erhaltene Rechnungen für die Zeit ab 1265 besitzen; im Schloß Muzillac wurde eine Finanzbehörde als Vorform einer *Chambre des Comptes* (Rechnungshof) eingerichtet. Die Verwaltungsgliederung der B. in acht *baillies* (→bailli, bailliage), die vielleicht schon auf die Zeit der Plantagenêt zurückgeht, unter Johann I. auf jeden Fall aber ausgebaut wurde, war ein entscheidender Schritt auf dem Wege der Zentralisierung. Diese baillies mit ihren grundherrschaftl., lehnsrechtl., fiskal. und jurisdiktionellen Funktionen unterstanden jeweils einem →Seneschall, der anfangs umfassende Amtsbefugnisse besaß, später aber nur noch die Polizei- und Richtergewalt ausübte, während sich neben ihm andere spezialisierte Funktionen, v. a. diejenigen der Steuereinnehmer (receveurs ordinaires), herausbildeten. Ein Charakteristikum dieser Periode, in der die Weichen für die polit.-institutionelle Entwicklung der spätma. B. gestellt wurden, ist auch das Anwachsen der öffentl. und privaten Archive und v. a. die Redaktion der »Très Ancienne Coutume de B.«, die von drei ausgezeichneten, in den frz. Rechtsschulen ausgebildeten Juristen, Pierre Copu le Sage, Macé le Bart und Eon de Tréal, in den Jahren 1312-25 vorgenommen wurde. Diese Aufzeichnung des Gewohnheitsrechtes der B. ist in Aufbau und Inhalt bereits stärker durch das röm. Recht und die Gewohnheitsrechte des Anjou und Orléanais geprägt als durch einheim. bret. Rechtstradition (s. a. Abschnitt C).

Die Beziehungen zum Kg. v. Frankreich, dessen Oberhoheit die B. unterstand, nahmen naturgemäß einen beherrschenden Platz in der Politik des Hzm.s ein. Peter Mauclerc war zunächst ein treuer, wenn auch stets auf seine Eigeninteressen bedachter Vasall des Kg.s gewesen. Er erfüllte seine Verpflichtungen gegenüber der Krone und leistete Kg. Philipp August bei mehreren Feldzügen Heerfolge. Doch veränderte Philipps Tod (1223) das Kräfteverhältnis in spürbarer Weise; allmählich geriet Peter Mauclerc als großer Kronvasall auf den Weg der Fronde gegen Ludwig VIII. (1223-26), schließl. ging er während der Minderjährigkeit Ludwigs d. Hl. (1227-34) sogar zu offener Rebellion über.

Mit dem Scheitern der Aufstände des Peter Mauclerc und seiner Abdankung zugunsten seines Sohnes Johann I. kam die B. für mehr als ein Jahrhundert in frz. Fahrwasser, was offenbar zahlreiche günstige wirtschaftl., polit. und kulturelle Folgen hatte. So wurde das Hzm. B. zur →Pairie erhoben; wichtige künstler. und kulturelle Strömungen erreichten das Land von Frankreich her. Doch brachte die enge Bindung an Frankreich auch Nachteile mit sich: Die Bretonen mußten sich verstärkt an den militär. Operationen der Krone beteiligen, so an den verlustreichen Flandernfeldzügen unter Kg. Philipp IV. dem Schönen zu Beginn des 14. Jahrhunderts. Die Appellationen von Untertanen des Hzg.s an das kgl. →Parlement v. Paris, die z. T., aber nicht ausschließl., von Parteigängern des Kg.s inspiriert waren, häuften sich; der kgl. →Bailli des Cotentin bzw. seine Untergebenen, so der Vicomte v. Avranches, schalteten sich offen in die polit. und jurist. Angelegenheiten des Hzm.s ein und führten dort Untersuchungen durch (1296). Zahlreiche Bretonen wanderten nach Paris, Poitiers oder Angers ab; es handelte sich hierbei um Adlige, die ein Amt am Königshof oder im Militärwesen anstrebten, ebenso wie um Professoren und Studenten sowie um Handwerker. Bei der Oberschicht der B. läßt sich allgemein das Phänomen der »francisation«, der Annahme der frz. Sprache, feststellen, die in dieser Periode einen tiefen Einschnitt in Kultur und Lebensformen der B. bewirkte (s. auch →Bretonische Sprache und Literatur).

In der bis dahin fast ausschließl. agrar. geprägten B. setzte in dieser Periode, also zu einem vergleichsweise späten Zeitpunkt, eine verstärkte städt. Entwicklung ein. Das Land wurde für den großen internationalen Handel erschlossen. Bes. Bedeutung als Exportgüter besaßen das Salz aus Guérande und Bourgneuf (→Baiensalz), welches in das nördl. Europa und nach Südostengland ausgeführt wurde; Vieh und Häute; Getreide; grobe Leinwand und Wein (aus dem Hinterland von Nantes). Unter Peter Mauclerc wurden zwei neue Städte gegr., St-Aubin-du-Cormier und Le Gâore; diese Gründungen dienten Zielen des Landesausbaus (Erschließung schwachbesiedelter Zonen) sowie strateg.-polit. Zielsetzungen (durch diese befestigten Städte erfolgte der Schutz von Rennes und Nantes sowie die Kontrolle über widersetzl. Vasallen). Die Bürger dieser neuen Städte erhielten fiskal. und wirtschaftl. Erleichterungen. Auch die Bürger von Nantes wurden mit einigen kleineren Privilegien bedacht (v. a. Rückkauf des Weinbanns). Der einzige bekannte städt. Aufstand in der B., die Revolte der Bürger von St-Malo gegen ihren Bf., blieb Episode.

II. Der bretonische Erbfolgekrieg und seine Folgen (1341-65/1379): Frieden und Wohlstand, die im 13. und frühen 14. Jh. in der B. vorgeherrscht hatten, wurden durch den erbitterten Bürgerkrieg beeinträchtigt, der in den Jahren 1341-65 die B. erschütterte und, wenn man noch die nachfolgenden Auseinandersetzungen mit hinzurechnet, erst 1379 sein Ende fand. Dieser Konflikt entwickelte sich aus einer Verkettung dynast. und polit. Gegensätze. Als Hauptmomente sind hier zu nennen: die unheilvolle Wiederherstellung der Apanage Penthièvre durch Johann III. (1317) zugunsten seines jüngeren Bruders Guy; der Tod des Hzg.s ohne Vorhandensein eines direkten Erben; die Rivalität zw. der Tochter des verstorbenen Guy, Johanna (Jeanne) v. Penthièvre (∞ →Karl v. Blois), und ihrem Onkel Johann (Jean) v. Montfort, einem jüngeren Halbbruder von Johann III.; das Eingreifen der mächtigen Nachbarn der B., Frankreich und England, und dadurch die Verquickung des breton. Erbfolgestreits mit dem →Hundertjährigen Krieg, zu dessen Schauplatz die Armorica schließl. wurde. Das Land wurde gespalten: der eine Teil wurde von den Blois-Penthièvre und ihren frz. Anhängern beherrscht, die Karl v. Blois als Hzg. anerkannten; der andere Teil war in den Händen der →Montfort, die von Eduard III., Kg. v. England, unterstützt wurden. Die Kriegshandlungen wurden durch eine lange Reihe von Reitergefechten, Belagerungen, Scharmützeln gekennzeichnet, mit wechselndem Erfolg für beide Parteien, an deren Spitze die beiden großen Kriegshelden →Du Guesclin und Thomas →Dagworth standen; auch Ritterturniere, so das berühmte Turnier der Dreißig (»Combat des Trente«), hatten im Verlauf der Kämpfe ihren Platz. Größere Schlachten wurden nur wenige geschlagen; sie endeten in der Regel mit einem Sieg der Montfort-Partei, deren Kerntruppe aus altgedienten brit. Söldnern bestand. Die Schlacht von →Auray im Sept. 1364 entschied schließl. den Krieg; in ihr verlor die Partei der Penthièvre einen Thronprätendenten Karl v. Blois und büßte damit ihre Erfolgsaussichten ein; für den Sohn des 1345 verstorbenen Johann v. Montfort, Johann (IV.), war nun der Weg zur Herzogswürde frei. Der erste, in →Guérande geschlossene Friedensvertrag bestätigte den Stand der Dinge, ließ aber die Tür zu weiteren Konflikten offen, welche noch bis 1379 andauerten. Nach einem Aufstand seiner Untertanen, der von Karl V., Kg. v. Frankreich, unterstützt wurde, mußte sich der englandfreundl. Hzg. Johann IV. 1373 sogar ins Exil jenseits des Kanals begeben, aus dem er erst 1379 zurückkehrte.

Der Erbfolgekrieg war für die B. verheerend, weniger infolge der direkten Kriegshandlungen als wegen der zahlreichen Plünderungen, Schatzungen und Kontributionen, die der Bevölkerung abgepreßt wurden und insbes. die Ausblutung der Agrargebiete zur Folge hatten. Diese für die B. dornenvollen Jahre waren – unter militärgeschichtl. Gesichtspunkt – Jahre der »Innovation« der Kriegstechnik und der militär. Organisation; in dieser Periode einer schwachen Zentralgewalt vermochten auch die Städte, die, geschützt durch ihre Mauern, der militär. Bedrohung besser standhalten konnten, ihren Status durch Privilegien zu verbessern (Nantes, Rennes, Quimper) sowie eine eigene, begrenzte Steuerhoheit und ein munizipales Ämterwesen aufzubauen; Guingamp war als Stadt sogar auf kollektiver lehensrechtl. Grundlage verfaßt.

III. Die Blütezeit des Herzogtums unter dem Haus Montfort (ca. 1379 – ca. 1486): Das Hzm. erfreute sich nach Beendigung des Erbfolgekrieges für ein gutes Jahrhundert außergewöhnl. günstiger polit. und wirtschaftl. Bedingungen. In einer Zeit, in der Frankreich den Auseinandersetzungen des Hundertjährigen Krieges, die sich mit inneren Wirren unheilvoll verquickten, ausgeliefert war und sich ztw. in seiner Existenz bedroht sah, herrschte im Hzm. B. ein vergleichsweise dauerhafter Friede, der nur in den »Grenzmarken« durch die Einfälle von Söldnerbanden ernsthaft bedroht war. Dieser Friede und bes. die mit ihm verbundene wirtschaftl. Prosperität sind wesentl. der Ausschaltung der wirtschaftlichen Konkurrenten, eben Frankreichs und Englands, die durch den Hundertjährigen Krieg gebunden waren, zu verdanken. Als Hzg.e aus dem Hause Montfort folgten aufeinander: Johann IV. (1365–73, 1379–99); Johann V. (1399–1442), der bekannteste Fs. aus dieser Familie; dessen Söhne →Franz (François) I. (1442–50) und Peter II. (1450–57), dessen Bruder Arthur III., Gf. v. →Richemont und ehem. →Connétable v. Frankreich (1457–58), und dessen Neffe →Franz II. (1458–88), Sohn des Richard v. Étampes. Die B., die ja frz. Kronlehen war, versuchte sich soweit als nur eben möglich den Verpflichtungen, die aus dieser Vasalität erwuchsen, zu entziehen und sich größtmögliche Eigenständigkeit zu bewahren. Das Erwachen eines bret. »Nationalbewußtseins«, das sich parallel mit dieser Politik vollzog, spiegelte sich in Ausbrüchen von Fremdenfeindlichkeit wider, die sich insgesamt mehr gegen die Engländer als gegen die Franzosen richteten (und sich damit stärker den »nationalen« antiengl. Bewegungen in der →Normandie während der späten Phase des Hundertjährigen Krieges annäherten); doch gab es auch einen antifrz. Volksaufstand, der sich gegen den frühen Annexionsversuch durch Kg. Karl V. 1378 wandte. Bret. Nationalgefühl fand seinen literar. Niederschlag v. a. im offiziellen Schrifttum sowie in den panegyr. und historiograph. Werken, die den Hzg. als Herrn seines Landes »seit ältester Zeit«, als Herrscher von Gottes Gnaden, der mit kgl. und souveränen Rechten ausgestattet ist, feierten und ihm das Recht zur Prägung von Goldmünzen (des Écu), zum Tragen einer Krone, zur souveränen Gesetzgebung und gleichberechtigten Vertragschließung mit den anderen Herrschern der Christenheit zusprachen; der Hzg. untermauerte schließl. durch Annahme eines herrscherl. Siegels seine souveräne Stellung. Als Hauptvertreter der nationalbret. orientierten Literatur am Ende des MA kann Alain →Bouchart (»Les Grandes croniques de Bretagne«) gelten.

Die Macht der Hzg.e wurde in dieser Periode insgesamt noch gestärkt; Schwächungen und Krisen, wie sie etwa infolge der Entführung Hzg. Johanns V. 1420 durch seine Feinde aus Penthièvre eintraten, blieben Episode. Neue Herrschaften wurden der Domäne eingegliedert (Fougères, 1428); der Ausbau der Institutionen der Zentral- und Regionalverwaltung schritt weiter voran. Die lange unterschätzte Regierung Johannes IV. stellte in dieser Entwicklung eine entscheidende Etappe dar. Vier große Gremien bestimmten seit dieser Zeit das öffentl. Leben: 1. der fsl. Rat *(Conseil princier)*, dessen Tätigkeit durch die Verhandlungsprotokolle für die Jahre 1459–63 erhellt wird; 2. die Kanzlei *(Chancellerie)*, in der Tausende von Urkunden erlassen wurden, wahrscheinl. 90 000 allein unter Johann IV., doch sind nur 2600 Urkunden erhalten; 3. der Rechnungshof *(Chambre des Comptes)*, der in Vannes nahe dem Schloß L'Hermine seinen Sitz hatte, mit zwei Präsidenten *(présidents)* und mehreren Auditoren *(auditeurs)*; 4. die *États de B.* (Stände der B.), die eine nahezu jährl. tagende Versammlung der Repräsentanten des hohen und mittleren Adels und des Klerus sowie der Delegierten der 25 Städte der B. bildeten; ihre Zustimmung wurde bei der Erhebung »außerordentl.« Steuern und möglicherweise auch beim Erlaß neuer Gesetze eingeholt. Die Fiskalität machte große Fortschritte, die durch die allgemeine Einführung der direkten Steuer des →fouage (Herdsteuer) für die nichtadligen ländl. Haushalte (2/3 der Einnahmen), der →aides (indirekten Steuern) für die 32 »guten Städte«, sowie der Zölle und Hafengebühren, etwa des »devoir d'impost«, einer Abgabe auf den Weinhandel, gekennzeichnet sind. Der jährl. Haushalt betrug unter Hzg. Franz II. ca. 400 000 livres. Bei alledem war der Aufbau der bret. Administration noch keineswegs abgeschlossen. Es gab keine feste Hauptstadt, sondern nur eine Reihe bevorzugter Residenzen, die wir durch die Itinerare der Hzg.e kennen. Bes. die Regelung der Rechtsprechung blieb uneinheitlich; die Einrichtung eines festen Appellationsgerichtshofes in Vannes, des *Parlement de Bretagne*, i. J. 1485 erfolgte erst kurz vor der Angliederung an Frankreich. Die häufige Wiederholung der gleichen Ordonnanzen über die Einstellung und Auswahl von Beamten, die Tätigkeit der Gerichtshöfe usw. deutet auf ein zumindest teilweise unzureichendes Funktionieren des Gerichts- und Verwaltungswesens hin. Die lokalen Beamten, die weniger kontrolliert werden konnten, waren häufig korrupt; diesbezügl. Beschwerden bei der Chambre des Comptes häuften sich und führten mehrfach zur Einsetzung von Untersuchungskommissionen (so 1486 im Léon).

Die »Außenpolitik« des Hzm.s zielte während des größten Teils der Regierung Johanns V. auf ein gutes Einvernehmen mit Nachbarn und Handelspartnern ab. Der polit. Realität wurde durchaus Rechnung getragen. Ermöglichte die polit. Schwäche Frankreichs unter Karl VI. und Karl VII. der B. eine zurückhaltende Politik, so führte der Wiederaufstieg Frankreichs nach der Versöhnung des »roi de Bourges«, Karls VII., mit den Burgundern beim Vertrag v. →Arras die B. unter Franz I. und Peter II. zu einem allmähl. Übergang von einer neutralist. Schaukelpolitik zur Teilnahme an der frz. Kriegführung: Die bret. Soldaten haben unter ihrem Führer, dem Connétable Arthur de Richemont, wesentlich zu den frz. Siegen über die Engländer in der Normandie und Aquitanien beigetragen.

Die Neutralität ließ das Hzm. reich werden; Erzeugnisse aus der B. wurden im ganzen nördl. und atlant. Europa verkauft. Absatz fanden insbesondere: die feine bret. Leinwand ebenso wie die einfachen Leinenstoffe aus Vitré, Morlaix und Locronan, die sehr geschätzten Häute und das Pergament (Lamballe), die Produkte der Weidewirtschaft und nach wie vor das Salz (s. auch Abschnitt B. V).

Von der kulturellen Blüte der B. in dieser Periode zeugen hervorragende Baudenkmäler wie die Kathedrale v. Nantes und der sog. »Kreisker« von St-Pol-de-Léon, eine künstler. bedeutende Kirche im Perpendikularstil der engl. Gotik. Einheim. Künstler fanden ihr Betätigungsfeld, und es entstand eine beachtl. Literatur.

IV. Das Ende der Selbständigkeit: Die Beendigung des Hundertjährigen Krieges und der Regierungsantritt des von seiner kgl. Autorität durchdrungenen Ludwig XI. waren der Erhaltung der »Unabhängigkeit« der B. nicht günstig, zumal mit →Franz II. eine schwache und leicht beeinflußbare Fürstenpersönlichkeit regierte und sich zudem im Hzm. wirtschaftl. Schwierigkeiten ausbreiteten.

Die Politik der beiderseitigen kleinen Nadelstiche und der sorgfältig berechneten Affronts vergiftete ab 1462 die Atmosphäre zw. den beiden Höfen. Der Hzg. v. B. war an den Revolten und Umtrieben des Hochadels gegen die Politik Ludwigs XI., häufig führend, beteiligt (insbes. an der →»Guerre du Bien public«). Als die latente Feindseligkeit in einen offenen Kriegszustand einmündete, war das Hzm. jedoch schlecht gerüstet und polit. isoliert; v. a. hatte der 1477 erfolgte Tod des Burgunderherzogs →Karl des Kühnen das Hzm. B. seines mächtigsten und entschlossensten Verbündeten beraubt. Die Schlacht von St-Aubin-du-Cormier (28. Juli 1488) war der tragische Endpunkt einer Reihe von für die B. verderblichen Konfrontationen. Franz II. überlebte diese Niederlage nicht, seine Tochter Anna (Anne de B.; →8. Anna) trat der Nachfolge unter äußerst ungünstigen Bedingungen an. Ihre Rechte auf die Herzogskrone und ihre hzgl. Gewalt wurden angefochten. Die Aufstände bret. Barone, die bereits unter Annas Vater mit dem Streit zw. Guillaume Chauvin und Pierre Landais begonnen hatten, setzten sich fort und führten einen Zustand allgemeiner Unsicherheit herbei. Die Kämpfe mit Frankreich flammten trotz des 1488 geschlossenen Vertrages v. →Verger (20. Aug. 1489) unter Kg. Karl VIII. erneut auf; durch ein Bündnis mit dem Habsburger →Maximilian, der sich per procuram mit Anna trauen ließ (Dez. 1490), versuchte die Hzgn., den frz.-habsburg./burg. Gegensatz zur Erhaltung ihrer eigenständigen Herzogsgewalt auszunutzen. Doch wollte Frankreich die habsburg. Bedrohung im Westen begreiflicherweise nicht hinnehmen; die B. wurde ab 1489 von der überlegenen frz. Heeresmacht besetzt und damit das letzte, mehr oder weniger eigenständige Territorialfürstentum in Frankreich der Krone unterstellt. Die Heirat der Hzgn. Anna mit→Karl VIII. – nach Aufkündigung der Verbindung mit Maximilian – erfolgte am 6. Dez. 1491 nach mancherlei Zögern auf beiden Seiten; diese Lösung war für die Hzgn. und ihr Land unter den vorhandenen Umständen offenbar das kleinere Übel. Eine nüchterne Analyse der Quellen zeigt tatsächl. für diese Periode eine Verarmung des Hzm.s, das mit Abgaben überlastet und von schweren wirtschaftl. und sozialen Krisenerscheinungen erschüttert war. Das kgl. Regiment unter Karl VIII. und Ludwig XII. versuchte, mit unterschiedl. Erfolg und z. T. äußerst zögernd und nicht immer geschickt, die Situation im Lande zu verbessern. J. P. Leguay

Mit der Heirat zw. Hzgn. Anna und Karl VIII. war die Grundlage für die dynast. und staatl. Bindung der B. an das Kgr. Frankreich geschaffen worden; die feste Eingliederung erfolgte im frühen 16. Jh. in mehreren Etappen: Im Heiratsvertrag zw. Anna und Karl hatte sich die Hzgn. verpflichten müssen, beim früheren Tod ihres Gatten und dem Fehlen von Nachkommen, den Thronfolger zu heiraten. Dieser Fall trat ein, da zum Zeitpunkt des Ablebens Karls VIII. (8. Aug. 1498) die vier Kinder aus der Ehe verstorben waren. Anna zog sich nach dem Tod ihres Mannes zunächst in das Hzm. B. zurück, dessen Regierung sie übernahm. Nachdem der frz. Thronfolger→Ludwig XII. bei der Kurie die Auflösung seiner Ehe mit Jeanne de France erreicht hatte (17. Dez. 1498), fand am 8. Jan. 1499 die Heirat zw. Ludwig und Anna statt. Die Bewahrung der Rechte und Gewohnheiten des Hzm.s B. war Bestandteil des Ehevertrages. Die États généraux v. Tours setzten die Vermählung des einzigen überlebenden Kindes aus der Ehe zw. Ludwig und Anna, Claudia, mit dem Thronerben Franz v. Angoulême durch (als Franz I. Kg. seit 1. Jan. 1515). Nach dem Tod der Kgn. v. Frankreich und Hzgn. v. B., Claudia, am 20. Juli 1524 trat, gegen die Bestimmungen der früheren Verträge, der Dauphin Heinrich die Erbfolge in der B. an: Nach einer Beratung der États de B. in Vannes proklamierte Kg. Franz I. im Edikt v. Nantes (14. Aug. 1532) die immerwährende Union (*union perpetuelle*) der B. mit der Krone v. Frankreich.

R.-H. Bautier

V. Seefahrt und Handel: Die landschaftl. sehr unterschiedlich strukturierte B. – dicht besiedelte Küsten und dünnere Besiedlung im landwirtschaftl. orientierten Inneren – tritt erst relativ spät in das Wirtschaftssystem des MA ein. Hauptprodukt bildete zunächst das aus dem Meer gewonnene Salz der Bai v. Bourgneuf und der Guérande (Hafen Le Croisic); (→Salzgewinnung und Salzhandel, →Baienfahrt). Salz wurde seit dem 12. Jh. vorwiegend auf engl. Schiffen exportiert. Erst nach der Stabilisierung der polit. Lage nach dem bret. Erbfolgekrieg (1341–65/79) ist eine nennenswerte eigene Schifffahrt feststellbar. Exportgüter waren hauptsächl. Salz, Wein, Getreide und Tuche, die in erster Linie in das südl. England (Cornwall, Devon, Sussex) gingen, aber auch nach Flandern und über Bristol nach Irland. Hauptanlaufhafen für fremde Schiffe war wegen der natürl. Unzugänglichkeit der zahlreichen kleineren Häfen →Nantes in der Loiremündung. Eigene Seeschiffahrt in größerem Umfange wurde nicht betrieben, ledigl. Küstenfahrt auf kleinen Fahrzeugen im S und mittleren im N nach England, der Normandie und Flandern. Seit dem letzten Viertel des 14. Jh. nehmen Handel und Schiffahrt, bedingt durch die bret. Zurückhaltung, in den engl.-frz. Auseinandersetzungen einigen Aufschwung, gleichzeitig dringen bret. Schiffe ähnlich wie die holländ. in das Frachtgeschäft ein, jedoch in weit geringerem Umfang, unregelmäßig und kaum weiter nördl. als Flandern. Auch die Fahrt nach Spanien und Portugal wurde verstärkt aufgenommen, von wo aus Wolltuche und Eisenprodukte nach N transportiert wurden. Diese Entwicklung fand jedoch in den 1487 einsetzenden Wirren ein Ende (s. a. Abschnitt B. I–IV). J. Goetze

C. Recht

Seit der Eroberung durch Caesar herrschten in der Armorica die gleichen Rechtsverhältnisse wie im übrigen röm. besetzten Gallien. Die Armorica unterstand der Administration der Lugdunensis III. Die →»Notitia dignitatum« vermittelt ein vollständiges Bild der Verteidigungsorganisation des »Tractus Armoricani«, der Tribunen und Präfekten unterstellt war. Nach den brit.-kelt. und frk. Invasionen des beginnenden MA stand die nun zur B. gewordene Armorica unter dem Druck neuer Besetzer und Einwanderer. Ein Pönitentiar, Kompilation bret. Herkunft aus dem 6. Jh., die »Excerpta de libris Romanorum et Francorum«, zeigt den rechtl. Synkretismus, der in der B. im früheren MA herrschte; die Quelle ist in kirchl. Kopialbüchern überliefert.

Das gelehrte röm. Recht erfaßte die B. im SpätMA seit dem 13. Jh.; dies wird durch die große Zahl von Hss. des Corpus iur. und der Glossa ordinaria, die sich in dieser Region, trotz des Fehlens einer Universität bis 1460 gefunden haben, belegt. Das vor 1330 von den Juristen Pierre Coupu le Sage, Macé le Bart und Eon de Tréal afrz. aufgezeichnete Gewohnheitsrecht (»Très ancienne Coutume«) zeigt in der Terminologie wie in den präzisen

Rechtsvorschriften den starken Einfluß des röm. Rechtes, das mehr oder weniger harmonisch mit dem herkömml. Recht verbunden ist. Das Recht des bret. Coutumier trägt dabei weniger originär kelt.-bret. Charakter, es spiegelt vielmehr den Einfluß des westfrz. Rechtswesens wider (s. a. Abschnitt B. I).   J. Brejon de Lavergnée

Q.: DOM G. A. LOBINEAU, Hist. de B., 2 Bde, 1707, Bd. I: Preuves... – DOM H. MORICE, Mém. pour servir de preuves à l'hist. eccl. de B., 3 Bde, 1742–46 – A. DE COURSON, Cart. de l'abb. de Redon..., 1863 (Coll. de doc. inéd.); cf. A. DE LA BORDERIE, Examen chronologique des chartes du cart. de Redon antérieures au XIe s., BEC 25, 1864 – A. DE LA BORDERIE, Choix de doc. inéd. sur le règne de la duchesse Anne, Bull. Soc. arch. d'Ille-et-Vilaine, I–V, 1866–1902 – Alain Bouchart, Les Grandes croniques de B., ed. H. LE MEIGNEN, 1886 – A. DE LA BORDERIE, Cart. de l'abb. de Landevennec, 1888 – DERS., Recueil d'actes inéd. des ducs et princes de B., XIe, XIIe, XIIIe s., 1888; Nouveau recueil..., XIIIe–XIVe s., 1902 – R. BLANCHARD, Lettres et mandements de Jean V duc de B., 5 Bde, 1889–95 (Soc. des bibliophiles bret., IV–VIII) – L. ROSENZWEIG, Cart. général du Morbihan, I, 814–1334, 1895 (= Rev. hist. de l'Ouest, 1893–95) – L. MAITRE–P. DE BERTHOU, Cart. de l'abb. Ste-Croix de Quimperlé, 1896 (Bibl. bret. armoricaine, IV) – La Chronique de Nantes (570 env.-1049), ed. R. MERLET, 1896 (Coll. textes pour servir à l'ét. et à l'enseign. de l'hist.) – R. BLANCHARD, Cart. des sires de Rais, 1160–1449 (Arch. hist. du Poitou, 28–30, 1898–99) – A. LONGNON, Pouillés de la province de Tours, 1903 (Acad. des Inscr., Rec. hist. Fr., Pouillés, Bd. III) – B. A. POCQUET DU HAUT-JUSSÉ, Comptes du duché de B., 1435–36, BEC 77, 1916 – ABBÉ F. DUINE, Mémento des sources hagiographiques de l'hist. de B., 1918 (Bull. et Mém. de la Soc. arch. du dép. d'Ille-et-Vilaine) – DERS., Inventaire liturgique de l'hagiographie bret., 1922 – M. FORGET, Le Mouvement du port du Blavet. Fragm. inédits du registre de la recette ducale sur les deniers à l'entrée et à la sortie, 1432, Mém. soc. hist. arch. B., XXIV, 1944 – B. A. POCQUET DU HAUT-JUSSÉ, Le plus ancien rôle des comptes du duché de B., 1262, Mém. soc. hist. arch. de B., 26, 1946 – H. TOUCHARD, Les archives anglaises et l'hist. du commerce breton à la fin du MA, Mém. soc. hist. arch. B., 33, 1953 – J. RAMACKERS, PU, Frkr., V: Touraine... und B., 1956 – Chronicon Briocense... (fin XIVe s.), Texte critique et trad. par G. LE DUC-CL. STERCKS, 1972 (Univ. de Haute-B.), cf. P. DE BERTHOU, Analyse sommaire et critique de la Chronique de St-Brieuc, Bull. arch. de l'Assoc. bret., 3e sér., 19, 1900, 3–110 – H. GUILLOTEL, Les actes des ducs de B., 944–1148 [Thèse masch., Univ. Paris-II, 1973; Druckfassung in Vorber.] – M. JONES, Recueil des actes de Jean IV. duc de B., 1980.

Lit.: (allgemeine Darst.): J. GESLIN DE BOURGOGNE – A. DE BARTHELEMY, Anciens évêchés de Bretagne, 6 Bde, 1855–79 – CH^{NE} GUILLOTIN DE COURSON, Pouillé hist. de l'archevêché de Rennes, 6 Bde, 1880–86 – A. DE LA BORDERIE, Hist. de B., Bd. I–III, 1896–99 – G. MOLLAT, Études et doc. sur l'hist. de B., XIIIe–XVIe s., 1907 – H. WAQUET, L'art bret., 2 Bde, 2e éd. 1942; cf. Congr. archéol. de France, 165e: Cornouaille 1957, 176e: Hte-B., 1968 – M. PLANIOL, Les institutions de la B., 3 Bde, 1955 [Neudr. 1981] – E. DURTELLE DE SAINT-SAUVEUR, Hist. de B., Bd. I, 1957^4 – R. GRAND, L'art roman en B., 1958 – A. MUSSAT, Arts et culture de B., 1979 – [wichtigste hist. Zs.]: Annales de B. – Mém. de la Soc. d'hist. et d'arch. de B. – Mém. de l'assoc. bret. – Mém. ou Bull. dessoc. savantes départementales: Soc. d'émulation des Côtes du Nord, Soc. arch. du Finistère, Soc. archéol. d'Ille-et-Vilaine, Soc. hist. et arch. de Nantes et de la Loire Inférieure, Soc. polymathique du Morbihan. Lit. zu [A]: [zum Frühmittelalter]: F. LOT, Mél. d'hist. bretonne, 1907 – R. LATOUCHE, Mél. d'hist. de Cornouaille, V^e–XIe s., 1911 (BEHE, Sc. hist. et phil.) – L. LEVILLAIN, La Marche de B., ses marquis et ses comtes, Annales de B., 58, 1951 – K. F. WERNER, Unters. zur Frühzeit des frz. Fsm.s (9.–10. Jh.), WaG 18, 1958; 19, 1959; 20, 1960 – F. FALC'HUN, Hist. de la Langue bretonne d'après la géographie linguistique 1963 [Neudr. 1980] – N. K. CHADWICK, The Colonization of Brittany from celtic Britain, PBA 51, 1965 – DERS., Early Brittany, 1969 – J. BOUSSARD, L'Ouest du royaume franc aux VIIe et VIIIe s., Journal des Savants, 1973 – H. GUILLOTEL, L'action de Charles le Chauve vis à vis de la B. de 843 à 851, Mém. de la Soc. d'hist. et d'archéol. de B. 53, 1975–76 – J. C. POULAIN, Hagiographie et politique. La première vie de saint Samson de Dol, Francia, 5, 1977 – H. GUILLOTEL, Les origines du ressort de l'évêché de Dol, Mém. de la Soc. d'hist. et d'arch. de B. 54, 1977 – L. PAPE, La Civitas des Ossismes à l'époque gallo-romaine, 1978 – J.-C. POULAIN, A propos du diocèse de Dol: saint Samson et la question des enclaves, Francia, 6, 1978 – L. FLEURIOT, Les origines de la B., l'émigration, 1980 – J. P. BRUNTERC'H, L'extension du ressort politique et réligieux du Nantais au sud de la Loire. Essai sur la dislocation du pagus d'Herbauges, IXe–XIIe s. [Thèse masch. Ec. des Chartes, Paris, 1981; Zusammenfass.: Positions des thèses...] – [zum Hochmittelalter]: J. BOUSSARD, Le gouvernement d'Henri II Plantegenêt, 1956 – H. GUILLOTEL, La pratique du cens épiscopal dans l'évêché de Nantes. Un aspect de la réforme ecclésiastique en B. dans la seconde moitié du XIe s., M–A 80, 1974 – DERS., Le premier siècle du pouvoir ducal breton (936–1040) (Actes du 103e congrès national des sociétés savantes, Nancy-Metz, 1977, Section de philologie et d'hist. jusqu'à 1610) – DERS., Les origines de Guingamp. Sa place dans la géographie féodale bretonne, Mém. de la Soc. d'hist. et d'arch. de B. 56, 1979.

Lit. zu [B]: [zum 13. Jh.]: J. LEVRON, Pierre Mauclerc duc de B., Mém. de la soc. d'hist. et d'arch. de B., 11, 1930, 173–193 – B. A. POCQUET DU HAUT-JUSSÉ, Pierre Mauclerc et l'esprit du XIIIe s., Annales de B. 54–55, 1947–49, 93–120 – J. L. MONTIGNY, Essai sur les institutions du duché de B. à l'époque de P. Mauclerc..., 1961 – A. CHÈDEVILLE, L'immigration bretonne dans le royaume de France du XIe au début du XIVe s., Annales de B. 81, 1974, 301–343 – [zum bret. Erbfolgekrieg]: M. JONES, Sir Thomas Dagworth et la guerre civile en B., Annales de B. 87, 1980, 621–639 – DERS., The Breton Civil War (Froissart Historian, hg. J. J. N. PALMER, 1981) – [zur Periode des Hauses Montfort]: CH. BELLIER-DUMAINE, L'administration du duché de B. sous le règne de Jean V, 1902 – B. A. POCQUET DU HAUT-JUSSÉ, Les papes et les ducs de B., 2 Bde, 1928 – DERS., Le grand fief breton (= Institutions françaises au MA, hg. F. LOT–R. FAWTIER, I, 1957), 267–287 – M. JONES, Ducal Brittany, 1364–99, 1970 – DERS., Les finances de Jean IV, Mém. de la Soc. d'hist. et d'archéol. de B. 52, 1972–74, 27–53 – DERS., »Mon pais et ma nation«. Breton identity (War, Literature and Politics in the Late MA, hg. C. T. ALLMAND, 1976), 144–168 – J. P. LEGUAY, Un réseau urbain au MA, les villes du duché de Bretagne aux XIVe et XVe s., 1981 – [zur Eingliederung der B. in das Kgr. Frankreich]: A. DUPUY, Hist. de la réunion..., 1880 – B. A. POCQUET DU HAUT-JUSSÉ, La politique d'Anne de B...., Mém. de la Soc. d'Hist. et d'Archéol. de B. 25, 1947, 1–16; ebd. 55, 1978, 5–16 – DERS., Les emprunts de la duchesse Anne à Julien Thierry, Annales de B. 69, 1962, 269–289 – H. WIESFLECKER, Ks. Maximilian I., Bd. I, 1971, 318–345 – Y. LABANDE-MAILFERT, Charles VIII et son milieu, 1976 – DERS., Mém. de la Soc. d'hist. et d'archéol. de B. 55, 1978, 17–42 [zum Seehandel]: A. DE LA BORDERIE, Le commerce et la féodalité en B. du XIe au XVe s., Revue de B. et de Vendée V, 1859 – F. BOURDAIS, L'industrie et le commerce de la toile en B. du XVe au XIXe s., Annales de B. 22, 1907 – E. BOUGOUIN, La navigation commerciale sur la Basse-Loire au milieu du XIVe s., RH 175, 1938 – H. TOUCHARD, Les brefs de B., RHES 34, 1956 – DERS., Le Commerce maritime breton à la fin du MA (= Annales littéraires de l'univ. de Nantes, Bd. 1, 1967).

Lit. zu [C]: M. PLANIOL, La très ancienne coutume de B., 1896 – J. YVER, Les caractères originaux du groupe des coutumes de l'Ouest de la France, RHDFE, 1952 – M. PLANIOL, Hist. des Institutions de la B., 3 Bde, 1955 [Neudr. 1981] – J. PH. LÉVY, La pénétration du droit savant dans les coutumiers angevins et bretons au MA, TRG, 1957, 1–53 – J. BREJON DE LAVERGNÉE, La pénétration du droit romain dans les pays de l'Ouest de la France (Rec. des Mém. et Travaux des Anciens pays de droit écrit, Univ. de Montpellier, fasc. VI., 1967), 57–61.

Breteuil-sur-Iton, Herrschaft in der Normandie (Dép. Eure, Arr. Évreux, chef-lieu canton). Die Herrschaft B. war eines der großen Lehen (honores) in der →Normandie. Der erste Herr v. B., Onfroy (Hunfridus) de Vieilles, hatte zwei Söhne, Roger v. Beaumont (→Beaumont-le-Roger) und Robert v. →Meulan. Wilhelm der Eroberer, Kg. v. England und Hzg. der Normandie, errichtete in B. eine Burg, mit der er Wilhelm Fitz-Osbern belehnte. Nach einer Periode von Kämpfen zw. Eustache (Eustachius) v. B., dem Schwiegersohn des Kg.s, und seinem Vetter Raoul (Radulfus) v. Gaël um den Besitz von Ivry, B. und Pacy riefen die Bürger Kg. Heinrich I., der, auf ihren Rat, die Burg und Herrschaft B. dem Neffen des Eustache, Raoul v. Guader, übertrug. 1136 forderte Eustache, wie auch später sein Sohn Wilhelm, die Herrschaft B. zurück, welche in die Hände von Roger v. Tosny fiel; dieser wurde jedoch v. Robert v. Beaumont, Gf. v. →Leicester, einem direkten Nachkommen des Onfroy v. Vieilles, vertrieben.

Für die 2. Hälfte des 12. Jh. sind wir über die Ausdehnung der Herrschaft gut unterrichtet: Sie lag im Süden von Évreux zw. den Tälern der Touques und der Eure, umfaßte aber auch weiter entfernte Besitzungen, die im Bereich des Seinetals lagen. Innerhalb des Gebietes der Herrschaft befanden sich auch zahlreiche Exklaven anderer Herrschaften, z. B. Besitztümer der Herren v. →Meulan, die mit den Beaumont verwandt waren.

Nach 1173 erstattete Kg. Heinrich II. dem Gf.en v. Leicester, Robert III., obwohl sich dieser gegen den Kg. empört hatte, die Güter zurück. I. J. 1204 veranlaßte Philipp II. August, Kg. v. Frankreich, Amicie de Montfort zur Abtretung von B. im Austausch gegen andere Güter. J. Boussard.

Durch den Vertrag v. →Mantes (1354) ging die Herrschaft B. an →Karl den Bösen, Kg. v. Navarra, über und bildete nun mit →Beaumont-le-Roger, Conches, Orbec und Pont-Audemer die *comté-pairie* (Gft. mit Pairswürde) von Beaumont-le-Roger. Von→Du Guesclin 1356–57 im Namen der Krone besetzt, kam die Herrschaft durch den Vertrag v. →Brétigny (1360) wieder in navarres. Besitz, wurde aber 1378 erneut von Kg. Karl V. konfisziert: Durch Mandat vom 14. Juli ordnete der Kg. die Schleifung der Burg und ihres Donjon an. 1378–88 gehörte B. zum *bailliage* (Verwaltungsbezirk) Évreux-B.-Conches, in welchem 1385–88 der große Jurist Jacques d' →Ableiges das Amt des *bailli* ausübte. Später ging B. im vereinigten bailliage v. Évreux und Beaumont-le-Roger auf. Seit der Eroberung der Normandie durch Heinrich V. (1416) wurde die »Vicomté« B. endgültig derjenigen v. Conches angegliedert. – Die bedeutende roman. Kirche von B. hat einen mächtigen Vierungsturm mit Laterne; sie wurde von Wilhelm Fitz-Osbern um 1058 an die Abtei Lyre übertragen und nach einem Brand i. J. 1128 neuerrichtet.

R.-H. Bautier

Q.: Recueil des actes de Philippe Auguste, 2, éd. CH. PETIT–DUTAILLIS –J. MONICAT, 1943, n° 861, 876 – Ordericus Vitalis, Hist. eccl., éd. M. CHIBNALL, 1969–79 – *Lit.*: J.-F. LEMARIGNIER, Recherches sur l'hommage en marche, 1945 – J. BOUSSARD, Le gouvernement d'Henri II Plantegenêt, 1956–J. YVER, Les châteaux forts en Normandie, Bull. de la Soc. des Antiqu. de Norm., 1955–56 [1957] – SIR M. POWICKE, The loss of Normandy, 1961² – G. DUPONT-FERRIER, Gallia regia, t. III, n° 12451 und passim–*zum Recht v. B.*: M. BATESON, The laws of B., EHR, 1900–01 – M. HEMMEON, Burgage tenure, 1914 – A. BALLARD, The law of B., ebd., 1915 – J. TAIT, The medieval Engl. borough, 1936.

Breteuil-sur-Noye, Ort in Nordfrankreich (Dép. Oise), nnö. von →Beauvais gelegen. Der Ort lag an der Römerstraße Paris–Beauvais–Amiens. Wenn auch die Gleichsetzung mit dem Vorort der Bellovaci, Bratuspantium, heute aufgegeben ist, befand sich B. doch in einer Zone, in welcher durch Ausgrabungen und Luftbildaufnahmen zahlreiche Siedelplätze gallo-röm. oder noch älterer Herkunft (Vendeuil-Caply) festgestellt wurden. Der Ort Vendeuil war namengebend für den Pagus Vindiolensis, einen der vier ursprgl. Pagi der Civitas v. Beauvais, welcher noch 853 erwähnt wird. Doch war zu Beginn des 11. Jh. bereits die Rolle des Zentralortes von Vendeuil auf B. übergegangen: Das hohe Alter des Ortes B. ist durch seinen Namen und durch die Coemeterialkirche St-Cyr bezeugt. Ausschlaggebend für die Siedlungsentwicklung war der Aufstieg der Herren v. B. In der 1. Hälfte des 11. Jh. erscheint ein Gilduin[us] (Geudoin), bedeutender Vasall von Odo II. v. →Blois, dem Erben der Gft. Beauvais. Durch seinen Namen rückt Gilduin genealog. in die Nähe seines Zeitgenossen Gilduin v. →Saumur, eines 985 belegten Lehnsmannes von Odo I., sowie eines karol. Familienverbandes, der durch den Leitnamen Hilduin gekennzeichnet und u. a. in →Montdidier bezeugt ist. Gilduin v. B. war – ebenso wie seine Nachfolger – Vicecomes v. →Chartres und blieb stets dem Haus Blois verbunden. Dabei vermochte Gilduin jedoch, gestützt auf seine Burg B., eine eigenständige machtvolle Herrschaft aufzubauen; dies v. a. seitdem die Gf.en v. Blois ihren Einfluß im Beauvaisis verloren und auch die Bf.e v. Beauvais ihre weltl. Macht im nördl. Diözesanbereich nicht erweitern konnten. Der Höhepunkt der Macht der B. äußert sich in der Annahme des Grafentitels durch Gilduin i. J. 1048 und die Reform der Abtei Notre-Dame de B.: Errichtet infra castrum, wurde sie wohl einem Verwandten übergeben (abbas castri!) und diente auch als Grablege der Herren v. B.; die Abtei sollte in der Folgezeit zehn Priorate gründen. Von Gilduins Söhnen sind zu nennen: Hugo (Hugues), Bf. v. →Langres (1031–49), und Valeran, Abt v. St-Vanne de →Verdun und →Montiéramé. Mächtig bis zum Ende des 12 Jh., vermochten die Herren ihren Grafentitel allerdings nur im Obituarium ihres Hauskl. zu bewahren, im Unterschied zu den ihnen benachbarten (und wohl verwandten) Herren v. →Clermont. Von den Herren v. B. ist Evrard II. durch die Beschreibung seiner Conversio und seines Lebens als Einsiedler, die uns →Guibert v. Nogent (1053–1124) überliefert hat, bes. bemerkenswert. Gegen Ende des 12. Jh. fiel die Herrschaft B. durch Heirat an Raoul de Clermont. Ab 1218 wurde sie zum Objekt einer Reihe von Abteilungen zugunsten einiger Seitenlinien; in vielen Fällen schmälerten Ablösungen von Feudalrechten die Einkünfte der Herren. B. fiel nacheinander an folgende Familien: Beausault und Dargies; →Montmorency im 14. und in der 1. Hälfte des 15. Jh. (unter ihnen erfolgte in der 1. Hälfte des 14. Jh. die Wiedererrichtung des Schlosses); Roie. Wie die ganze Region hatte auch B. unter den Verwüstungen des →Hundertjährigen Krieges zu leiden: 1447 wurden Schloß und Burgus durch die Truppen des Hzg.s v. Bedford zerstört. O. Guyotjeannin

Q. und *Lit.*: L.-H. COTTINEAU, Rép. topo-bibliographique…, I, 1935, 492–493 – DHGE X, 622f. – A. DE DION, Les seigneurs de B.-en-Beauvaisis, Mém. Soc. hist. Paris et Ile-de-France 10, 1884, 191–242 – J.-F. LEMARIGNIER, Le gouvernement royal aux premiers temps capétiens, 1965, passim – R. FOSSIER, La terre et les hommes en Picardie, 1968, passim – D. LOHRMANN, Papsturkk. in Frankreich, NF 7, 1976, 52f.

Bretha Nemed ('Urteile von Männern von Rang'), Name eines air. Rechtstextes aus der Zeit um 700. Da nur ein geringer Teil des Textes erhalten ist, kann der ursprgl. Umfang des Werkes nicht mehr bestimmt werden. Wie der andere etwa um dieselbe Zeit entstandene Rechtstext →Senchas Már, enthält B. N. eine Anzahl von Traktaten, die jeweils einen bestimmten jurist. Gegenstand behandeln. Das Werk entstand wahrscheinl. in Munster. Die erhaltenen Abschnitte sind zu einem großen Teil in schwerverständl. Versen archaischen Stils abgefaßt. Wegen der späten und schlechten hs. Überlieferung bleibt der Text an vielen Stellen unklar. T. M. Charles-Edwards

Lit.: D. A. BINCHY, B. N., Ériu 17, 1955, 4–6 – DERS., The Date and Provenance of Uraicecht Becc, Ériu 18, 1958, 44–54.

Brétigny, Friede v. (B., heute Weiler der Comm. Sors, Dép. Eure-et-Loir, Arr. und Cant. Chartres), geschlossen am 8. Mai 1360 zw. den Kg.en von England und Frankreich (→Hundertjähriger Krieg). Der Vertrag sollte den Zwistigkeiten (»desbas et descors«) zw. Eduard III. v. England und Johann II. v. Frankreich, der seit der Schlacht v. →Poitiers (1356) in engl. Gefangenschaft war, ein Ende machen. Am 1. Mai begannen Verhandlungen zw. den Vertretern der beiden Parteien, wobei die Einleitung der

Verhandlungen als eine Folge der nicht sehr glückl. Operationen der Engländer bei ihrem Angriffskrieg (Mißerfolge bei Reims und Paris) betrachtet werden können. Der Vertrag wurde am 10. Mai zu Paris von Karl, dem ältesten Sohn Johanns II. und Regenten des Kgr.es, am 15. Mai zu Louviers (Normandie) von Eduard, Prince of Wales, dem ältesten Sohn Eduards III., beschworen; am 14. Juni beschworen ihn die beiden Kg.e selbst. – Dem Kg. v. England wurden folgende Gebiete zugesprochen (bzw. ihm deren Besitz bestätigt): Guyenne und Gascogne, Poitou, Saintonge, Périgord, Limousin, Quercy, Gft.en Guines und Ponthieu, Calais. Der Kg. v. Frankreich erlangte seine Freilassung gegen ein Lösegeld v. 3 Millionen Goldécus, dessen Zahlung sich bis 1367 hinzog. Der Vertrag beinhaltete einen gegenseitigen Verzicht: der Kg. v. England trat von seinen Ansprüchen auf die Krone v. Frankreich zurück, der Kg. v. Frankreich von seiner Souveränitätsforderung hinsichtl. der dem Engländer abgetretenen Gebiete in Frankreich. Bei der Bestätigung des Friedens v. B., am 24. Okt. 1360 in Calais, wurden die Artikel, welche die Verzichtleistungen betrafen, vom Vertrag ausgenommen, wobei sich die beiden Kg.e verpflichteten, später diese gesondert zu unterzeichnen. Dies Versprechen wurde jedoch niemals eingelöst, was dem Regenten Karl, der 1364 als Karl V. den frz. Thron bestieg, erlaubte, als Souverän die Appellation des gascogn. Adels (1368–69) anzunehmen, womit die erneute Aufnahme des Krieges vorbereitet wurde. Dem eigtl. Vertrag schloß sich eine Reihe weiterer Vereinbarungen an, die Verbündeten der beiden vertragsschließenden Parteien wurden hiervon ebenfalls berührt. Bis zum Vertrag v. →Troyes (1420) betrafen die diplomat. Hauptforderungen Englands die Anwendung des Friedens v. B. und Calais. Ph. Contamine

Lit.: E. COSNEAU, Les grands traités de la guerre de Cent ans, 1889, 33–68 – J. LE PATOUREL, The Treaty of B., TRHS 5th Ser. 10, 1960, 19–39 – J. J. N. PALMER, The War Aims of the Protagonists and the Negotiations for Peace (The Hundred Years War, hg. K. FOWLER, 1971), 51–74.

Břetislav. 1. B. I., *Fs. v. Böhmen*, 9. Nov. 1034–10. Jan. 1055, * um 1005/1012, † 10. Jan. 1055; natürl. Sohn des böhm. Fs.en →Udalrich (Oldřich, † 9. Nov. 1034) aus dessen Verbindung mit Božena († 1052): ∞ Judith, Tochter des Mgf.en Heinrich v. Schweinfurt († 2. Aug. 1058), 1031; Söhne: Spytihněv (II.) (* 1031, † 28. Jan. 1061); Vratislav (II.) († 14. Jan. 1092); Konrad (I.) († 6. Sept. 1092); Jaromír-Gebhard († 26. Sept. 1090); Otto (I.), der Schöne († 9. Juli 1087). Bereits zur Zeit der Regierung Udalrichs machte B. sich um die Eroberung Mährens (1029) verdient. 1039 fiel B. in Polen ein, verwüstete das Land, siedelte die Bevölkerung von Giecz und Kruschwitz in Böhmen an, besetzte Schlesien und führte die Reliquien des hl. →Adalbert, dessen Halbbruders, des hl. →Radim (Gaudentius v. Gnesen) und der »fünf Märtyrer« nach Prag, für das er offensichtl. eine eigene Kirchenprovinz anstrebte. Die poln. Proteste in Rom und Spannungen zw. B. und dem Prager Bf. →Severus (Šebíř) vereitelten diesen Plan. 1040 und 1041 griff der dt. Kg. Heinrich III. in Böhmen ein und zwang B. zur Unterwerfung – 1042, 1044 und 1051 nahm B. an Heinrichs Feldzügen gegen Ungarn teil. Die Streitigkeiten mit Polen dauerten bis zum 22. Mai 1054 an, als Ks. Heinrich III. Schlesien Kasimir I. v. Polen zusprach gegen Zahlung eines jährl. Zinses an Böhmen. Bereits unter Udalrich war das Kl. Sázava um 1032 entstanden, das B. bestätigte, der dann 1050 das lat. Kl. →Rajhrad sowie das Kollegiatskapitel in Alt-Bunzlau gründete. B.s Regierung bedeutete die definitive Konsolidierung des Přemyslidenstaates, in dem neue Adelsgeschlechter mit Genealogien und Eigenkirchen erschienen (z. B. Všebor, wahrscheinl. in Mähren), die im fsl. Herrschaftssystem eine wichtige Rolle zu spielen begannen. B. erließ Dekrete, die der Chronist →Kosmas v. Prag überliefert hat, reformierte das Münzwesen (um 1050) und setzte in seiner Thronfolgeordnung das Senioratsprinzip fest: B.s ältester Sohn →Spytihněv wurde sein Nachfolger in Böhmen, die anderen Söhne Teilfürsten in Mähren, lehnsabhängig vom Senior. R. Turek

Q.: Cosmae Prag. Chronica Boemorum, ed. B. BRETHOLZ, II, 1–7, 1923 – V. VANĚČEK, Nový text (varianta) dekretů Břetislavových z r. 1039, SlAnt 3, 1952, 131–135 – DERS., Prameny k dějinám státu a práva v Československu, č. 1, 1957, 31–37 – Lit.: SłowStarSłow I, 167f., 334f. – V. NOVOTNÝ, České dějiny I, 1, 2, 1912/13 – R. TUREK, Zur Rolle der böhm. Münze in der Denaren-Epoche (Numismatické listy XXXIV, 1979), 160ff. – F. GRAUS, St. Adalbert und St. Wenzel. Zur Funktion der ma. Heiligenverehrung in Böhmen (Europa Slavica – Europa Orientalis, Fschr. H. LUDAT [Gießener Abh. zur Agrar- und Wirtschaftsforsch. des europ. Ostens, 100], 1980), 211ff.

2. B. II., *Fs. v. Böhmen* 1092–1100; † in der Nacht vom 21. zum 22. Dez. 1100, an den Folgen eines Mordanschlags vom 20. Dez.; ältester Sohn des böhm. Kg.s →Vratislav II. und dessen zweiter Gemahlin Adelheid v. Ungarn, ∞ Liutgard († 1094, Schwester des Albert, Gf.en v. →Bogen). B.s Regierung zeichnet sich durch ein strenges Vorgehen gegen noch vorhandene heidn. Bräuche aus. Während des St. Wenzelfestes 1092 erließ er Verordnungen gegen die Reste des heidn. Aberglaubens (Kosmas III, 1); das kirchenslav. Mönchtum vertrieb er aus der Abtei →Sázava, dessen Kirche vom letzten kirchenslav. Abt Božetěch erbaut und Mitte Okt. 1095 von Bf. Kosmas feierl. eingeweiht worden war. Die Uneinigkeit des Konvents bildete den Anlaß, daß am 8. März 1097 ein lat. Konvent unter Diethard, dem bisherigen Propst v. →Břevnov, eingesetzt wurde.

B. erneuerte auch seine Ansprüche gegenüber Polen und forderte die ausgebliebenen Tributzahlungen in zwei Kämpfen gegen Polen (1093 und 1096). Fs. →Władysław Herman v. Polen mußte sich schließlich zur Zahlung bereit erklären. Durch seine Heirat mit einer Schwester des Gf.en v. Bogen wollte B. wohl eine engere Verbindung zum bayer. Adel knüpfen. In Regensburg gelang es B., am 19. April 1099 bei Ks. Heinrich IV., die Einsetzung des neuen Bf.s v. Prag, Hermann, zu erwirken und die Anerkennung seines jüngeren Bruders Bořivoj II. als Nachfolger in Böhmen zu erreichen.

Bedeutend war B.s Prager Münzstätte wegen der Aufnahme antikisierender Motive, die auch den silbernen Stirnreifen aus České Budějovice beeinflußt haben. R. Turek

Lit.: SłowStarSłow I, 1961, 168 [G. LABUDA] – V. NOVOTNÝ, České dějiny I/2, 1913 – G. SKALSKÝ, Die böhm. Münzen und Siegel des 11. und 12. Jh. (Acta Musei Nationalis Pragae A I/1), 1938, 52ff. – K. M. SWOBODA, Zur Deutung eines silbernen Stirnreifens des 12. Jh. aus Budweis (Böhmen), MIÖG 73, 1965, 269ff.

Bretonen → Bretagne

Bretonische Sprache und Literatur (400–1500). Die Bretonen brachten ihre Sprache im 4. bis 6. Jh. durch Einwanderung in die »Armorica« (→Bretagne) mit. Dort wurden nebeneinander verschiedene Spielarten des Gallischen und Vulgärlateinischen gesprochen. Ihre Auswanderung fügt sich ein in die dauerhaften Wechselbeziehungen zw. den beiderseitigen Anliegern des Ärmelkanals. Zusätzl. gefördert wurden diese Beziehungen durch die gemeinsame röm. Herrschaft. Die Britannier hatten die Gallier, bes. die Veneti, gegen Caesar unterstützt; sie waren in der Armorica niemals Fremde. Außerdem nötigten die Angriffe der Pikten und Iro-Schotten, danach diejenigen der Sachsen auf die Grenzgebiete der Britannier diese stets, Krieger zu bleiben. Ihre Kleinkönige und Truppen leisteten in beträchtl. Zahl Dienst im röm. Heer, bes. im Rheingebiet. Das in Britannien stationierte röm. Heer durchzog mehrmals Gallien, und die dortigen Befehlshaber (Magnentius, Maximus, Constantinus III.) strebten immer wieder nach der Herrschaft über das Imperium. Die Britannier (Brittones oder Litavii) verteidigten das weström. Reich und überdauerten seinen Zusammenbruch. Den Truppenbewegungen folgte eine Auswanderung der Zivilbevölkerung aus dem Süden und Südwesten vor allem von Großbritannien.

Die Brittones, und zwar sowohl die in Britannien verbliebenen als auch die in die Armorica eingewanderten, sprachen eine gemeinsame Sprache, die bis zum 12. Jh. als »lingua britannica« bezeichnet wurde. Diese Sprache war zu Beginn unserer Zeitrechnung noch dieselbe wie das Gall. im Norden von Gallien, denn beiderseits des Ärmelkanals saßen Völkerschaften der Belgae. Sie hießen Atrebates, Catuuellauni, Parisii, Cenomani, Cenimagni. Gall. →Druiden studierten auf der Insel Mona (Anglesey). Diese »lingua britannica« spaltete sich allmähl. auf, bes. nach dem 5. Jh., als die Endsilben wegfielen. Mit den Endsilben ging das ganze Deklinationssystem verloren, und ein neuer Sprachtyp bildete sich aus. Das westl. Britannisch entwickelte sich allmähl. zur Sprache *Cymraeg* (→Walis. Sprache), welche für die Bretonen mindestens bis zum 10. Jh. verständlich blieb. Das südwestl. Britannisch gliederte sich seit dem 12. Jh. in das *Kernewek* in Cornwall (Cornische Sprache) und das *Brethoneg* in der Armorica; hier blieb für die bret. Sprache der ursprgl. gemeinsame Name erhalten.

Das Brethoneg, dessen Name sich später in Schreibung und Aussprache zu *brezhoneg, brezoneg, brehoneg* wandelte, absorbierte gall. Restsprachen des nächsten Umkreises, bes. an der Nordküste der Armorica. Keines der heut. Dialektmerkmale ist dabei vor dem 12. Jh. feststellbar; dennoch halten sich hartnäckig die Irrtümer gewisser Keltomanen, welche die heut. bret. Sprachformen seit ältester Vorzeit für unwandelbar halten. Die b. S. wurde bis in das 18. Jh. westl. der Linie St-Brieuc, Loudéac, La Roche-Bernard, St-Nazaire gesprochen. Zwischen dieser Linie und einer weiteren, die von Dol aus westl. von Rennes und Nantes verläuft, war die b.S. vom 6.–12. Jh. in einer breiten »gemischtsprachigen« Zone verbreitet, und zwar neben dem Romanischen, aus dem sich allmählich die westfrz. Dialekte entwickelten. Bis ca. 1200 besaß die b.S. als Sprache der Oberschicht ein gewisses Ansehen. Danach starb sie in der gemischtsprachigen Zone im Zuge der Romanisierung der führenden Familien aus. Im westl. Gebiet blieb eine literar. »Koinê« bei den Gebildeten bis ca. 1650 im Gebrauch. Die Kultur der Bretagne ist seit der Antike zweisprachig. Zahlreiche hagiograph., jurist. und hist. Texte wurden zweisprachig abgefaßt. Bedingt durch die Romanisierung der Oberschichten, gingen jedoch die volkssprachl. Fassungen in vielen Fällen verloren. Dagegen sind sie in Wales häufig erhalten, wo die brit. Sprache ihr Ansehen viel länger bewahrte. Paradoxerweise sind auch zahlreiche mlat., mfrz. und ne. Versionen von ursprgl. in b.S. verfaßten Werken überkommen. Dies gilt insbes. für die →Lais. Das Wort *Lai* (verwandt mit ir. *laodh* 'gesungenes Gedicht' und vielleicht mit dem dt. Wort 'Lied') war die von den Bretonen bevorzugte Literaturgattung, wie wir aus dem Prolog zu den Lais erfahren, die im 12. Jh. ins Norw. übersetzt wurden (s. R. Cook–M. Tveitane, Strengleikar, 1979).

In der mittelbreton. Periode (1100–1650) verarmte die b.L. zunehmend, doch besitzen wir Fragmente aus dem 14. Jh. und – seit dem 15. Jh. – Texte, die ältere Werke im Anhang bringen. Erhalten blieben sechs vor 1500 geschriebene Dramen, ein langes Werk »Le Mirouer de la Mort« (1519), kürzere Gedichte, ein Fragment einer lat. Grammatik in b.S. (»Donoet«) u.a. Zahlreiche dramat. Dichtungen wurden abgeschrieben und zur Aufführung noch im 19. Jh. neu bearbeitet. Die bret. Metrik, die bis ca. 1650 in Gebrauch war, gleicht dem »cynghanedd lusg« des Walisischen.

Nach der Union des Hzm.s Bretagne mit dem Kgr. Frankreich (1532) kam die literar. Koinê zunehmend außer Gebrauch. Die Mundarten, die bis zum frühen 16. Jh. noch wenig verschieden voneinander waren, begannen sich nach 1500 zunehmend zu differenzieren. Die Zweisprachigkeit mit dem Französischen als herrschender Sprache hat in den abgelaufenen hundert Jahren zu noch weiterer Verarmung und Aufspaltung der b.S. geführt. Nur die bret. Orts- und Personennamen bewahren noch ein reiches Erbe ma. Elemente. Der moderne Sprecher erkennt sie aber häufig nicht mehr. →Keltische Sprache. L. Fleuriot

Lit.: L. Fleuriot, Dict. des gloses en vieux-breton, 1964 – Ders., Le Vieux-breton. Eléments d'une grammaire, 1964 [beide Werke über die aus Glossen bekannte b.S. des 5.–11. Jh.] – K. Jackson, A Hist. Phonology of Breton [grundlegende Studie zur bret. Lautgeschichte vom 5. Jh. bis zur Gegenwart, und zwar auf Grund alter Texte und eines modernen Sprachatlasses] – R. Hemon, A Hist. Morphology and Syntax of Breton, 1975 [umfaßt Haupttatsachen der alt- und mittelbret. Grammatik] – L. Fleuriot, Un fragment en latin de très anciennes lois bretonnes armoricaines du VIᵉ s., Annales de Bretagne, 78, 1971, 601–660 – R. Cook–M. Tveitane, Strengleikar, 1979 [Norw. Übers. frz. Fassung bret. Lais. Im Vorw. wird die Auffassung vertreten, die Lais seien von Dichtern aus der Südbretagne in Frankreich verfaßt] – F. Falc'hun, Hist. de la langue bretonne d'après la géographie linguistique, 1981³ [nützlich für die Zeit vom 17.–20. Jh., auf der Grundlage eines modernen Sprachatlasses, zieht nur einen mittelbret. Text und ein Wörterbuch heran, keine altbret. Quellen].

Brettchenweberei (engl. *tableweaving*, frz. *tissage à plaque, tissage au carton*), ein schmales Bandgewebe, das mittels vier- achteckiger Karten entsteht, die aus verschiedenem Material (Rindenbast, Holz, Bein, Horn, Leder, Elfenbein, Karton) gefertigt sind. Die Kettfäden werden durch die Löcher (zw. vier und 100) der Karten geführt. Das Drehen der Karten (*Brettchen*) ermöglicht die Fachöffnung, um den Schußfaden durchzuleiten, der meist unsichtbar bleibt, wodurch ein durch die Kette gemustertes Gewebe entsteht, das aber durch zusätzl. Einschüsse (Goldfäden oder Seide) auch eine Schußmusterung ermöglicht, jedoch läßt sich die Schmalheit des Gewebes nicht verbreitern. Durch die Drehung der Täfelchen öffnet sich jeweils ein neues Fach, wodurch der Schußfaden geführt wird. Die Reihenfolge der Löcher gezogenen farbigen Fäden und deren Anordnung innerhalb der Kette bestimmen Muster und farbiges Bild. Kette und Schuß sind oft von verschiedenem Material. In den nord. Ländern Europas wird meist Wolle verwendet, in Deutschland, England und Frankreich oft Seidenkette und Leinenschuß, dazu flottierende Gold- und Silberfäden.

Diese Bänder und Kordeln, schon aus prähist. Zeit in N-Europa (Grabfunde) bekannt, waren wichtige Hilfsmittel beim Binden und Tragen von Lasten, als Zügel, sowie zum Gürten, Halten und zur Verzierung der Gewänder, vornehml. des Adels und der kirchl. Paramente, wo sie als Zierbänder im MA hohe künstler. und techn. Vollkommenheit erreichten.

Der Ursprung dieser Webkunst ist bisher unbekannt geblieben, wenn uns auch frühe Beispiele aus dem fernen Osten (China, Indien) sowie Ägypten erhalten sind (u.a.

sog. Gürtel Ramses III. um 1200 v. Chr.). Im N Europas (Skandinavien, Baltikum, Norddeutschland) ist die B. seit der späten Bronzezeit belegt (ca. 700 v. Chr.) und läßt sich bis in die Neuzeit verfolgen. Sie blieb jedoch im S Europas weitgehend unbekannt.

Seit der Völkerwanderungszeit entwickelten sich aus rein strukturellen Webmustern bis ins MA reiche, zumeist geometr. Ornamente (u. a. Hakenkreuz) und Tiermuster, wie auch Inschriften, v. a. bei den Paramenten. Hier sind die großartigsten Zeugnisse der B. zu finden, die den hohen Stand dieser Webgattung erkennen lassen. Es sei auf die Kirchenschätze bes. in Augsburg, Bamberg und Speyer verwiesen.

Die B. war zumeist Kloster- oder Heimarbeit. Eine zunftmäßige Gewerbeordnung ist nicht bekannt. Nach dem 15. Jh. verschwand die B. aus dem Textilbereich. Die Stickerei erhielt den Vorrang und übernahm viele der geometr. Muster, wie auch die aus dem Tier- und Pflanzenreich. Die B. lebt in der Volkskunst bis heute weiter.

M. Braun-Ronsdorf

Lit.: RDK II, 1137–1149 – M. Schuette, B., Ciba Rundschau 128, 1956 – K. Schlabow, Die Kunst des Brettchenwebens, 1957 – S. Müller-Christensen, Examples of Mediaeval Tablet-woven Bands (Stud. in Textile Hist., 1977), 23zff. – B. Schmedding, Ma. Textilien in Kirchen und Kl. der Schweiz, 1978.

Bretten (heut. Baden-Württemberg, Krs. Karlsruhe). Der Comitat Bretteheim, 1109–61 bezeugt, ist Nachfolger und Rest der alten Kraichgaugrafschaft, die, weit über diesen Gau hinausreichend, im 12. Jh. längst aufgesplittert war. Die Rechte sind wohl aus dem Erbe der Zeisolf-Wolfram an die Gf.en v. Lauffen und 1149/58 von diesen an die Gf.en v. Katzenelnbogen und die Herren v. →Eberstein gelangt. Den Grafentitel führte 1179 nur Berthold v. Katzenelnbogen, während die Ebersteiner den zentralen Besitz um Bretten innehatten. M. Schaab

Lit.: A. Schäfer, Gesch. der Stadt B., Oberrhein. Stud. 4, 1977, 52–61.

Brettos et Scottos, Leges inter, kurzer Rechtstext, der Zahlungen von →Wergeld und damit verbundene Vorschriften zum Gegenstand hat. Die urspgl. Abfassung des Textes ist äußerst schwer zu datieren; er wird zumeist dem frühen 11. Jh., der Zeit, in der das alte kelt. Kgr. →Strathclyde mit dem Kgr. der Schotten (→Schottland) vereinigt wurde, zugeordnet. Das Gesetz lebte bis ins 14. Jh. fort; seine Anwendung wurde von Eduard I., Kg. v. England, 1305 verboten, im frühen 14. Jh. in das Rechtsbuch →Regiam Maiestatem aufgenommen. Neue Forschungen haben gezeigt, wie stark das Rechtsinstitut der →Fehde auch im spätma. Schottland lebendig blieb. Daher überrascht es nicht, daß die »Leges...« in frz., lat. und (aus Schottland stammenden) engl. Fassungen überliefert sind. Die Termini sind teils gälisch (*cro* 'Blut, Wergeld', *enach* 'Gesicht, Ehre, Entschädigung für Ehrenbeleidigung', *ogthiern* 'niederer Adliger'), teils brit. oder cumbrisch (*kelchyn* 'Entschädigung an Herrn oder Ehemann', *galnis* oder *galnys* 'Wergeldzahlung'), teils engl. (*earl, thane*). So spiegeln sich in diesem Text die ethn. und sprachl. Überlagerungen, die für das frühma. Schottland kennzeichnend sind, wider. Der Text ist als Serie von Bußtarifen aufgebaut. Es handelt sich dabei ein einzelnen um: a) cro (s. o.), wobei z. B. der an einem Kg. begangene cro mit der Übergabe von 1000 Kühen zu sühnen ist; b) »De Occisis in Pace Regis«, wobei etwa die Tötung eines Mannes im Königsfrieden mit der Übergabe von 180 Kühen geahndet wird; c) »De Kelchyn« (s. o.); d) »De Effusione Sanguinis«. Von den erhaltenen Hss. ist die frz. Fassung wohl die älteste; es gab aber möglicherweise ein gäl. Original.

T. M. Charles-Edwards

Ed.: T. Thompson–C. Innes, Acts of the Parliaments of Scotland, I, 1814, 663–665 – Regiam Maiestatem, ed. T. M. Cooper (Stair soc. XI, 1947), 275–278 – Lit.: J. Loth, Persistance des institutions et de la langue des Brittons du Nord (Ancien Royaume de Stratclut) au XII[e] s., RevCelt 47, 1930, 389ff. – K. Jackson, Language and Hist. in Early Britain, 1953, 9ff. – J. Wormald, Bloodfeud, Kindred and Government in Early Modern Scotland, PP 87, 1980, 54–97.

Brettspiele → Spiele

Bretwalda (Brytenwalda, Bretenanwealda), ae. Begriff, den die Ags. Chronik (→Chronik, ags.) benutzt, um die sieben engl. Kg.e, welche →Beda aufzählt, in ihrer herausgehobenen herrscherl. Stellung zu bezeichnen. Diese sieben Kg.e besaßen ein »imperium« über alle Kgr.e im südl. England (d. h. im Gebiet rechts des Humber); es handelt sich um: →Ælle v. →Sussex, →Ceawlin v. →Wessex, →Æthelberht v. →Kent, →Raedwald v. →East Anglia sowie →Edwin, →Oswald und →Oswiu († 670) v. →Northumbria. Die Chronik macht i. J. 829 Egbert v. Wessex zum achten B., aber in Anbetracht der Angabe bei Beda, daß i. J. 731 alle südl. Provinzen Kg. Æthelbald v. Mercia untertan waren, scheint es, daß Bedas Liste unvollständig war und auch andere mercische Kg.e, die eine vergleichbare Vormachtstellung im südl. England erlangten (so →Penda, Wulfhere, →Æthelred und →Offa), möglicherweise als B.s betrachtet werden können.

Die Oberherrschaft der B.s äußerte sich in der Verpflichtung der abhängigen Kg.e zu Hoffahrt, Tributzahlung und militär. Hilfeleistung. Eine derartige hegemoniale Stellung konnte bis zur Einverleibung eines abhängigen Kgr.es in das Reich des Oberherrn gesteigert werden; damit stellt die Institution der B.s eine entscheidende Etappe auf dem Weg zur Bildung einer einheitl. engl. Königsgewalt dar. Die B.-Herrschaft ist als Äußerung eines imperialen Herrschaftskonzepts, das nicht auf röm. Vorbildern beruht, gesehen worden. Der Begriff bedeutete urspgl. 'weiter Herrscher', erfuhr im 7. oder 8. Jh. aber eine Umdeutung zu 'Herrscher von Britannien'. Eichmaß und Wetzstein, die im Schiffsgrab von →Sutton Hoo gefunden wurden, könnten als Symbole der Stellung Kg. Raedwalds als B. zu deuten sein. N. P. Brooks

Q. und Lit.: Beda, Hist. eccl., II. 5 und V. 23, ed. B. Colgrave – R. Mynors, 1969 – Anglo-Saxon Chronicle, ed. J. Earle – C. Plummer, 1892–99, s. a. 827 – Stenton[3], 32–36 – E. John, Orbis Britanniae, 1966, 1–36 – H. Vollrath-Reichelt, Königsgedanke und Kgtm. bei den Angelsachsen, 1971.

Breuberg, Burg →Fulda

Breuil, Guillaume du → Guillaume du Breuil

Breve. Die B.n bilden die dritte große Kategorie päpstl. →Urkunden neben →Privilegien und →litterae und sind seit dem Ende des 14. Jh. in Gebrauch, wichtig v. a. in der NZ.

[1] *Äußere Form: a) verschlossene Schreiben,* die mit dem Fischerringsiegel (→anulus piscatoris) besiegelt sind. Die B.n sind auf sehr schmale, querrechteckige Pergamentstreifen geschrieben. Der Name des Papstes steht in der Form »Pius Papa II« in eigener Zeile in der Mitte über dem Text. Dieser beginnt mit der Anrede im Vokativ (»Dilecte fili, Dilecta in Christo filia«; »Charissime in Christo fili, Venerabilis frater«), ohne Nennung von Eigennamen, und mit der Grußformel »Salutem et apostolicam benedictionem«; er endet mit der Datierung in der Form »Dat. Rome apud sanctum Petrum sub anulo piscatoris die XII Maii MCCCCLX pontificatus nostri anno secundo«, wobei durch die letzten vier Wörter Zeilenschluß hergestellt wird. Formale Abweichungen sind bis etwa 1440 möglich. Auf der Rückseite erscheint der Adressat im Dativ mit Namensnennung (z. B. »Venerabili fratri Iohanni

episcopo Herbipolen.«). Rechts unter dem Text steht die (eigenhändige) Unterschrift des expedierenden Sekretärs; als weiterer Vermerk erscheint nur noch bei einem Teil der B.n und erst seit 1503 der Name des scriptor brevium (→Skriptor). Die fertige Urkunde wird mehrmals zusammengefaltet und mit zwei Schnitten versehen, durch die ein Pergamentstreifen gezogen wird; dessen freie Enden werden durch das Wachssiegel auf der Urkunde befestigt. Die Schrift ist zunächst die got. Urkundenkursive; seit ca. 1435 tritt daneben die humanist. Kanzleikursive (cancelleresca italica), die seit ca. 1460 allein herrscht. Ebenfalls seit etwa 1460 wird die Überschrift stets in Majuskeln geschrieben.

b) Seit dem späten 15. Jh. gibt es auch B.n, die nicht verschlossen sind *(brevia aperta)*; bei ihnen wird das Siegel frei auf die Rückseite aufgedrückt. Brevia aperta sind *α)* alle B.n für Juden (mit abweichender Grußformel); *β)* Indulgenz-B.n (an die Stelle der Anrede im Vokativ tritt die Formel: »Universis Christifidelibus praesentes litteras inspecturis«); *γ)* die B.n »Ad perpetuam rei memoriam« (mit dieser Formel in Majuskeln anstelle von Anrede und Gruß).

[2] *Herkunft:* B.n tauchen zuerst in der röm. Obödienz des Schismas auf (in Avignon entspricht ihnen der →Sekretbrief). Das älteste erhaltene Original stammt von 1390, doch hat wohl schon Papst Urban VI. B.n ausgestellt. Verwandte Formen gibt es im weltl. Bereich in Neapel, die ihrerseits über die Normannen bzw. Anjou auf das engl. →writ zurückgehen können, ferner in Mailand. Formal ähnliche Urkunden werden z. B. auch in der ksl. Kanzlei und der frz. Königskanzlei ausgestellt (→Kanzlei).

[3] *Inhaltliche Einteilung:* B.n dienen zunächst nur der polit. Korrespondenz und für Verwaltungszwecke im Kirchenstaat *(brevia de curia)*. Seit der Mitte des 15. Jh. werden B.n auf Bitten von Petenten auch anstelle von litterae ausgestellt *(brevia communia)*; wichtig werden die *brevia supplicatione introclusa*, bei denen die signierte →Supplik in das B. eingelegt wird, welches dann nur noch den Befehl enthält, gemäß der Signatur zu handeln. (Der Gegensatz dazu ist das *breve extensum*, in dessen Text der Rechtsinhalt selbst aufgeführt ist.) Brevia communia, die ohne Supplik gewährt werden, heißen *brevia absque signatura*. Für die Expedition als B. kommen nur noch weniger wichtige Materien (z. B. Dispense oder Delegationsreskripte) in Betracht; für Pfründenprovisionen und verwandte Sachen sind stets litterae erforderlich.

[4] *Ausstellende Behörden:* B.n werden nur von →Sekretären expediert. Zuständig für die brevia communia (auch absque signatura) sind die secretarii participantes, seit 1487 die secretaria apostolica, für die brevia de curia die secretarii domestici (und die von ihnen abstammenden Behörden, z. B. das Staatssekretariat), jedoch greifen die domestici häufig widerrechtl. auch auf die brevia communia aus.

[5] *Registrierung:* Regelmäßige Registrierung von B.n ist für das 16. Jh. nachweisbar, für die brevia communia aber schon seit 1470 wahrscheinlich. Ältere Brevenregister (bis hinauf zu Papst Martin V.) sind umstritten.

[6] *Verwandte Formen:* Dem B. ist v. a. das →Motu proprio verwandt, das aber anstelle des Siegels die eigenhändige Unterschrift des Papstes aufweist. Vgl. allgemein zu B. auch→Brief.

Th. Frenz

Lit.: Bresslau I, 84 – L. Schmitz-Kallenberg, Papsturkk., 1913², 110f. - K. A. Fink, Die ältesten B.n und Brevenregister, QFIAB 25, 1933/34, 292–307 – Ders., Unters. über die päpstl. B.n des 15. Jh., RQ 43, 1935, 55–86 und vor 179 – ECatt 3, 79ff. – Th. Frenz, Das Eindringen humanist. Schriftformen in die Urkk. und Akten der päpstl. Kurie im 15. Jh., ADipl 19, 1973, 319ff.; 20, 1974, 416ff. - Ders., Die verlorenen Brevenregister 1421–1527, QFIAB 57, 1977, 354–365.

Breviari d'Amor, wichtigstes Werk von →Matfre Ermengaud aus Béziers, geschrieben ca. 1288–90. Umfangreiches, kompilator. Gedicht (34 000 paarweise gereimte 8-Silbler), das in zahlreichen Hss. (okzitan., katal., kast.) überliefert ist. Die Verbreitung hängt z. T. wohl mit dem *Gai Saber* und der Reaktion auf die →Albigenser zusammen. Dem Werk liegt als Kompositionsprinzip ein allegor. Baum zugrunde *(Arbre d'Amor)*, dessen Teilen die Textabschnitte entsprechen. Der Begriff *amor* steht immer im Zentrum: Liebe zu Gott, Liebe der Geschöpfe untereinander, Liebe Christi zu den Menschen, Liebe zw. Mann und Frau, Liebe zu den Kindern. Einzelne Abschnitte bilden größere Exkurse, so das Kap. über die höf. Liebe, der »Perilhos Tractat d'Amor de Donas«, das eine ars amandi mit folgenden remedia amoris darstellt. Hier sind zahlreiche Zitate aus der prov. Lyrik und Lehrdichtung, meist mit Nennung der Autoren, eingefügt: das B. bietet somit die größte Nebenüberlieferung der aprov. Lit. (Tradition *α*). Widersprüche zw. der in diesem Kapitel dargestellten höf. Ideologie und der bürgerl.-kath. Mentalität des ausgehenden 14. Jh. und des Autors selbst sind unvermeidbar und werden nur teilweise überbrückt; in der Tat fehlt dieser Teil in der gesamten katal. Tradition.

R. Richter

Illustration: Von d. 17 erhaltenen, nahezu vollständigen Abschriften des B. aus dem Anfang des 14. Jh. bis zur ersten Hälfte des 15. Jh. besitzen die meisten einen umfangreichen, weitgehend übereinstimmenden Bilderzyklus. Gewisse Abweichungen erklären sich vermutl. aus der unterschiedl. Benutzung späterer Kopien von Matfres verlorengegangenem Original. Sicher war schon dieses unter der Mitwirkung des Autors mit einem Bilderzyklus versehen, da verschiedentl. Verse Anweisungen für die Illustrationen enthalten.

Jeder der rechteckig gerahmten Miniaturen unterschiedl. Formats geht ein erläuternder Titulus voran. Der Zyklus beginnt mit zwei Autorenbildern, auf denen Matfre anhand seines Buches Liebhaber und Troubadoure unterweist sowie Gott um den Segen für sein Werk bittet. Daran schließt sich eine allegor. Darstellung des *Arbre d'amor* an. Entsprechend den vier Teilen des Buches zeigen die nächstfolgenden Illustrationen Gott als Schöpfer der Natur und als Ursprung der Liebe in Bildern der Dreifaltigkeit, der Zuweisung verschiedener Aufgaben an Engel und Teufel, in Diagrammen des Universums und der Planetenbahnen, in Wiedergaben geophysikal. Erscheinungen und den sechs Weltalter sowie der Geschichte der Stammeltern. Der zweite, der Gottesliebe gewidmete Teil zeigt die Gesetzesübergabe auf dem Berg Sinai, die Anbetung des goldenen Kalbes, dann die Werke der Barmherzigkeit, einen Marienzyklus mit typolog. Vorbildern und Prophetien sowie die Höllenqualen der Sünder und ihre Reue. Der dritte Teil illustriert die Nächstenliebe anhand der Unterweisung der Jünger als ihre vorbildl. Befolger sowie der Darstellung des Glaubensbekenntnisses mit ntl. Szenen einschließl. des Jüngsten Gerichts. Im vierten Teil beginnt die Liebe zw. Mann und Frau mit der Trennung der Geschlechter bei der Erschaffung und endet mit den Gefahren der Minne. Der Exkurs »Perilhos tractat« zeigt Matfre im Gespräch mit Frauen, Liebhabern und Troubadouren, gefolgt vom Baum der Erkenntnis und der Wiedergabe von Tugenden und Lastern der Liebenden.

G. Plotzek-Wederhake

Lit.: G. Azaïs, Le B. d'A. de M. E., suivi de sa lettre à sa soeur, 2 Bde, 1862–81 – P. Meyer, M. E. de Béziers, troubadour, HLF 32, 1898, 16–52 – K. Laske-Fix, Der Bildzyklus des B. d'A., 1973 – P. T. Ricketts, Le B. d'A. de M. E., V, 1976–R. Richter, Die Troubadourzitate im B. d'A., 1976 [weitere Lit.].

Breviarium (Medizin). Die Besonderheiten frühma. Wissensvermittlung, die den heilkundl. Lehrstoff außerhalb der →Artes liberales stellte, ihn über Mann-zu-Mann-Unterricht am Rande der Kloster- bzw. Domschulen weitergab und ihn aus kargen Brocken verfügbar gebliebenen antiken Wissensgutes speiste, haben ihren deutl. Niederschlag in der vorsalernitan. Medizinliteratur gefunden, die sich v. a. aus Kurztexten zusammensetzt, ein ausgeprägtes Bedürfnis an essayartigen Darstellungen erkennen läßt und bündige Abhandlungen einzelner Themenbereiche sowie eisagoge-artige Einführungen in das med. Allgemeinwissen bevorzugt. Dabei zeigt sich eine ausgesprochene Vorliebe für den Lehrbrief, die unmittelbar an die griech.-röm. Brieftradition anknüpft, med. Lehr- und Widmungsbriefe in beachtl. Dichte–gelegentl. in Mehrfachübersetzung – übernimmt, geeignete Kapitel aus übergreifenden Zusammenhängen herauslöst, zu Briefen umgestaltet und auch in neuverfaßten Brieftexten zum Ausdruck kommt. Die Überlieferungsdichte der Einzeltexte wurde nicht nur durch pseudoepigraph. Zuschreibungen im Sinne einer Referenzwerbung beeinflußt, sondern war insbes. durch das Eingebrachtwerden in Lehrcorpora bestimmt, die zwar gelegentl. versatzstückmäßige Binnenverschiebung zeigen, im großen und ganzen aber festgefügte Überlieferungseinheiten darstellen. Unter ihnen sind die Briefcorpora I (Wiedemann) und II (Scherer) von bes. gattungsgeschichtl. Wichtigkeit.

Die Bedeutung des antik-vorsalernitan. Lehrbriefes zeigt sich in der landessprachigen Übersetzung, die in der Regel Einzeltexte erfaßt, aber auch ganze Corpora berücksichtigt (→Bartholomaeus, →Betonie, →Capsula eburnea, →Dachs, Johannes→Furia, →Geier, →Herbariencorpus) und seit dem HochMA greifbar wird. Die volkssprachige Rezeption darf indessen nicht darüber hinwegtäuschen, daß im Hoch- und SpätMA sich andere lit. Gattungen (→Arzneibücher, →Antidotarium Nicolai, →Glossen, →Kommentare, →Kompendien, →Kräuterbücher, →Rezeptare, →Traktat, →Vorlesungsnachschriften) in den Vordergrund schieben und daß schon im Salernitaner Schrifttum der Lehrbrief aufgehört hat, konstituierender Baustein der Medizinliteratur zu sein. Trotzdem spielen die Kurztraktate weiterhin eine wichtige Rolle, wobei sie v. a. in der Pharmazie (→Alkohol, →Alraune, Allermannsharnisch, →Baldrian, Branntweintraktat, →Eiche, →Eisenkraut, →Erdöl, →Erdrauch, →Kardobenedikte, →Melisse, →Mistel, →Rosmarin, →Theriak, →Salbei, →Schlangenhaut, →Wacholder) und Seuchenbekämpfung begegnen, das Feld der →Wunderdrogen- und →Pesttraktate bestimmen und über die Drogenmonographien Anschluß an den Schreizettel sowie Arzneimittelbegleitschein der Neuzeit gewinnen. Dabei wurde die Briefform oft aufgegeben (→Gallus v. Prag, »Sendbrief«; Pest-»Brief an die Frau von Plauen«), am Prinzip der (pseudepigraphen) Referenzwerbung jedoch festgehalten. – Durchgängig als Brief gestaltete Lehrbücher wie die »Chirurgia parva« →Lanfranks v. Mailand blieben eine Seltenheit; dagegen fand die Briefform im Bereich (spät)ma. →Konsilien und→Regimina sanitatis wieder ausgedehntere Verwendung (→Secretum secretorum [Alexanderbrief], →Klaus v. Matrei ([Harntraktat], Erhard →Knab [Gichtregimen]).

G. Keil

Lit.: zu den frühma. Briefcorpora: G. Baader, Der Berliner Cod. Philipp. 1790, ein frühma. med. Kompendium, MedJourn 1, 1966, 150–155 – Ders., Die Anfänge der med. Ausbildung im Abendland bis 1100 (La scuola nell'occidente latino dell'alto medioevo [Sett. cent. it. 19], 1972), 669–742–G. Baader–G. Keil, Ma. Diagnostik, Neue Müchner Beitr. Gesch. Med. Naturw., med. hist. R. 7/8, 1978, 121–144 – D. Blanke, Die pseudohippokrat. 'Epistula de sanguine cognoscendo' [Diss. Bonn 1974] – V. Scherer, Die 'Epistula de ratione ventris et viscerum' [Diss. Berlin 1976] – W. Wiedemann, Unters. zu dem frühma. med. Briefbuch des Cod. Bruxell. 3701–15 [Diss. Berlin 1976; grundlegend] – *zu den hoch- und spätma. Kurztraktaten:* W. F. Daems, Der Misteltraktat des Wiener Kod. 3811, SudArch 49, 1965, 90–93–G. Keil, Das 'costelic laxatijf' Meister Peters van Dordt. Unters. zum Drogeneinblattdruck des SpätMA, SudArch 50, 1966, 113–135 – Ders., Zauberpflanzen und Wunderdrogentraktate, Leuv. Bijdr. 57, 1968, 165–175–J. Telle, Altdt. Eichentraktate aus med. Hss. Beitr. zur pharm. Kleinlit. im ausgehenden MA, Centaurus 13, 1968, 37–61–G. Keil–H. Reinecke, Der »kranewitber«-Traktat des »Dr. Hubertus«, SudArch 57, 1973, 361–415 – A. Rutz, Altdt. Übers. des Prager 'Sendbriefs' (»Missum imperatori« [Diss. Bonn 1974; Neubearb. v. G. Werthmann (Würzburger med.-hist. Forsch. 28), 1982] – V. Gräter, Der 'Sinn der höchsten Meister v. Paris' [Diss. Bonn 1974] – W. Hirth, Die älteste dt. »Sirr-al-Asrār«-Überlieferung, Med. Monatsschr. 28, 1974, 497–501 – M. A. Manzalaoui, The Pseudo-Aristotclian »Kitāb sirr al-asrār«, Oriens 23/24, 1974, 147–257 – Secretum secretorum. Nine Engl. versions, hg. M. A. Manzalaoui, EETS 276, 1977 – Th. Holste, Der Theriakkrämer. Unters. zur Frühgesch. der Arzneimittelwerbung (Würzburger med.-hist. Forsch. 5), 1976 – S. Scholle, Lanfranks 'Chirurgia parva' in mnfrk. Fassung (Altdt. Lanfrank-Übers. II, 1) [Diss. Würzburg 1978] – A. Berg, Lanfranks 'Chirurgia parva' in der Abschrift Konrad Schrecks v. Aschaffenburg (Altdt. Lanfrank-Übers. III) [Diss. Würzburg 1975] – D. Scholz, Lanfranks 'Chirurgia parva' in einer Prager Überlieferung des SpätMA (Altdt. Lanfrank-Übers. IV) [Diss. Würzburg 1977]–H.-P. Franke, Der Pest-'Brief an die Frau v. Plauen' (Würzburger med.-hist. Forsch. 9), 1977 – R. Schmitz, Formen pharm. Schrifttums, VIGGPh NF 45, 1978, 97–113 – J. Stürmer, »Von deme gîre« (Ma. Wunderdrogentraktate, I [Würzburger med.-hist. Forsch. 12]), 1978– G. Keil, Prosa und gebundene Rede im med. Kurztraktat des Hoch- und SpätMA (Poesie und Gebrauchslit. im dt. MA., 1979), 76–94 – V. Zimmermann, Der Rosmarin als Heilpflanze und Wunderdroge, SudArch 64, 1980, 351–370 – A. Högemann, Der altdt. Eichenmisteltraktat (Ma. Wunderdrogentraktate 2 [Würzburger med.-hist. Forsch. 19], 1981) – S. Kurschat-Fellinger, Kranewitt. Unters. zu der altdt. Übers. des nord. Wacholderbeertraktats (Ma. Wunderdrogentraktate 3 [Würzburger med.-hist. Forsch. 20], 1982).

Breviarium Alarici → Lex Romana Visigothorum

Breviarius de Hierosolyma, »Kurzbeschreibung Jerusalems«, wohl um 550 geschrieben. Eine Art »Handzettel« für den Jerusalempilger, der zu den christl. Sehenswürdigkeiten und Heiligtümern der hl. Stadt führen will. Trotz seiner Kürze ist der »Jerusalem-Führer« eine wichtige Quelle für die Topographie des spätantiken Jerusalem und die Pilgerfrömmigkeit der Zeit. Seine Sprache ist leicht vulgär-lat. gefärbt.

K. S. Frank

Ed. und Lit.: Repfont II, 584 – R. Weber, CCL 175, 105–112 – dt. Übers.: H. Donner, Pilgerfahrt ins Hl. Land, 1979, 226–239 [Lit.].

Brevier (breviarium) ist im MA Buchtitel für Zusammenfassungen aller Art; für die Feier des →Stundengebets kommt im 11. Jh. die Bezeichnung B. als Kompilation verschiedener Plenare auf. Texte und Gesänge des Stundengebets waren im Okzident in Kalendarium, Psalterium, Antiphonar, Responsoriale, Collectar oder Orationale, Hymnar, Lectionar, Evangeliar, Sermonar oder Homiliar, Legendar, Passionar, Martyrologium, Sacramentar enthalten; im Orient v. a. in Horologium, Dawidha, Hudrah, Hymnar, Evangeliar, Kutmarus, Synaxar, Menologium und Khulaji oder Euchologium. Seit Beginn des 10. Jh. tritt das Bestreben auf, Elemente des Stundengebets in einem Band zu vereinigen und Modelle der verschiedenen Offizien zu bieten. Daraus entstehen v. a. Bücher, die die Texte für eine bestimmte Hore zusammenfassen, und mit anderen Elementen angereicherte Collectare, denen ein »psalterium dispositum per hebdomadam« oder ein »breviarium sive ordo officiorum per totam anni decursionem«, d. h. eine Übersicht der Teile des Stundengebets für jeden Tag und jede Hore mit dem jeweiligen Initium beigegeben ist. Diese Entwicklung beginnt in den Klöstern und weitet sich auf die Säkularkirchen aus, wobei in dieser Zeit die private Rezitation noch keine Rolle spielt. Die ersten B. e im 11. Jh. sind textlich noch unvollständig, jedoch mit Melodien für den Gebrauch im Chor versehen. Wie einst Benedikt v. Nursia den kranken oder reisenden Mönch (RB c. 50), so verpflichtet im 12. Jh. die Kirche generell den Kleriker als Einzelperson zu sog. privater Rezitation des Stundengebets. Darum werden aus prakt. Gründen – ähnlich bei Benedikt (RB c. 32) – die Texte gekürzt. Das B., das dabei als liturg. Typus entsteht, hat seinen Namen von index vel conspectus scil. breviarius, einem stichworthaften Verzeichnis der zu betenden Texte oder einem verkürzten Auszug aus verschiedenen Plenarien, der als Buch oder Blatt meist dem Psalterium vorangeht. Aus ca. 1132 stammt das erste vollständig noch vorhandene und unnotierte B. (»Stephans-Brevier«; Zisterzienser). Ab Anfang des 13. Jh. werden solche B. e für alle Tage und – im Gegensatz zu Vollbrevieren (Breviarium plenum) – ohne Melodien der Normalfall. Das Resultat dieser Entwicklung ist eine erhebl. Eingrenzung der Wahlmöglichkeiten unter den vielfältigen ad libitum-Texten wie auch eine weitergehende Vereinheitlichung der Texte des Stundengebets in den verschiedenen Orden und Diözesen. 1227 schreibt der Trierer Synode vor, daß jeder Priester für die Reise ein Brevier haben soll. Für die capella papalis erstellt Innozenz III. 1213/16 eine Ordnung, die das verkürzte Stundengebet der Kurie regelt. Diese Ordnung wird 1230 von den Franziskanern als »modernum officium iuxta Ecclesiae romanae morem« übernommen, in den betreffenden B.-Ausgaben von ihnen verbreitet und fördert so im Laufe der Zeit die Vereinheitlichung der unterschiedl. B. e. Dabei wird unter dem Einfluß des Minoritenordens außerhalb Roms das psalterium romanum mit dem psalterium gallicanum vertauscht. Seit dem 14. Jh. ist das Kurialbrevier das offizielle B. der röm. Kirche, obschon die Laterankirche bis zum Pontifikat Gregors XI. († 1378) am alten Basilikalbrevier festhält. Die Annahme des Kurialbreviers führt überdies zum Typus des sog. B. parvum (Officia parva) und zum Typus des Stunden-und Andachtsbuches. Diese Entwicklung findet ihren Abschluß im Breviarium Romanum Pius' V. 1568.   Th. A. Schnitker/D. v. Huebner

Lit.: LThK² II, 679–686 – MGG II, 313–317 – MlatWb I, 1569–1571 – P. LEHMANN, Ma. Büchertitel, SBA. PH 1948, H. 4, 1949, 11–16 – DERS., ebd. H. 3, 1953 [Register] – H. A. P. SCHMIDT, Introductio in liturgiam occidentalem, 1960, 438–483 – A. RAES, Introductio in liturgiam orientalem, 1962, 26–29, 39–40 – P. SALMON, L'office divin au moyen-âge. Hist. de la formation du bréviaire du IXe au XVIe s. (Lex Orandi 43, 1967) – The New Grove III, 1980, 268–271.

Illustration: Die künstlerische Ausstattung der frühesten B. e beschränkt sich meist auf ornamentgeschmückte Initialen zur Kennzeichnung neuer Abschnitte, so z. B. in den B. en aus St-Claude (Jura; Besançon, Bibl. municip., Ms. 143) und aus Cluny (Paris, Bibl. Nat., Ms. lat. 12601) aus dem 11. Jh. Vereinzelt nur finden sich figürl. Darstellungen zur Hervorhebung bestimmter Feste, wenn etwa im B. aus St-Loup in Troyes (Troyes, Bibl. municip., Ms. 571) vom Ende des 11. Jh. drei Bildinitialen zum Advent, zur Verkündigung und Himmelfahrt Mariens erscheinen oder im etwa gleichzeitigen B. aus St-Martial in Limoges (Paris, Bibl. Nat., Ms. lat. 743) der Prolog des Hieronymus über die Erschaffung der Welt zum Sonntag Septuagesima mit der Erschaffung des ersten Menschen illustriert wird. Mit bes. reichem Initialschmuck sind mehrere B. e des 11./12. Jh. aus Montecassino ausgestattet, von denen das des Abtes Oderisius (Paris, Bibl. Mazarine, Ms. 364), zw. 1099 und 1105 entstanden, darüber hinaus 8 Miniaturen mit 10 ntl. Szenen zu einer Sammlung von Gebeten enthält. Die reichen Bildzyklen mit Brustbildern von Hl. zum Kalendar, Illustrationen der Hauptfeste zum Temporale und mit Initialbildern von bes. verehrten Hl. zum Sanctorale im B. aus Michelbeuern (München, Bayer. Nat. Bibl., Clm. 8271) und im B. aus Kl. Nonnberg in Salzburg (München, ebd., Clm. 15902) aus der 2. Hälfte des 12. Jh. weisen bereits auf die in späterer Zeit üblichen umfangreichen Illustrationen ein- und mehrbändiger B. e. Hierzu gehört das gegen Ende des 13. Jh. von dem Pariser Miniaturisten Honoré ausgeschmückte B. Philipps des Schönen (Paris, Bibl. Nat., Ms. lat. 1023), welches zu Beginn des Psalters eine seitenfüllende zweiszenige Miniatur zeigt, während zahlreiche Bildinitialen die übrigen Texte auszeichnen. Ungewöhnlicherweise enthalten Kalender und Psalter des zweibändigen Belleville-B.s (Paris, Bibl. Nat., Ms. lat. 10483/4), welches von Jean →Pucelle und seiner Werkstatt zw. 1323 und 1326 wahrscheinl. für Jeanne de Belleville geschaffen wurde, typolog. und allegor. Szenen, von denen der Kalenderzyklus nur unvollständig erhalten, aufgrund mehrerer im 14. Jh. für fsl. Auftraggeber entstandener Kopien in Stundenbüchern aber rekonstruierbar ist. Bereits hier, wie v. a. in der folgenden Zeit, wird die partielle Austauschbarkeit der Bebilderung von B. en, die für hohe Geistliche und weltl. Würdenträger entstehen, mit solchen von Stunden- und Gebetbüchern erkennbar, was etwa in jenem um 1400 unter dem Einfluß der Brüder →Limburg entstandenen B. e des burg. Hzg.s Johann Ohnefurcht (London, Brit. Libr., Add. Ms. 35311 und Harley Ms. 2897) nachvollziehbar ist. Das wenig spätere, mit einer außergewöhnl. Fülle von Miniaturen geschmückte B. des Hzg.s v. Bedford (Paris, Bibl. Nat., Ms. lat. 17294) stellt darüber hinaus eine Fundgrube seltener ikonograph. Bildthemen dar. Solche zu bibliophilen Kostbarkeiten gesteigerten Hss. kulminieren in Werken wie dem B. Philipps des Guten (Brüssel, Bibl. Roy., Ms. 9026 und Ms. 9511), um 1455, und den in fläm. Ateliers nach 1500 geschaffenen Codices, wie dem Breviarium Grimani (Venedig, Bibl. Marciana) oder dem B. im Museum Mayer van den Bergh zu Antwerpen, deren ganzseitige Miniaturen häufig den Charakter kleiner Gemälde besitzen.

G. Plotzek-Wederhake

Lit.: RDK II, 1167ff. – V. LEROQUAIS, Le bréviaire de Philippe le Bon, Text- und Tafelbd., 1929 – DERS., Les Bréviaires manuscrits des Bibl. publiques de France, 1–5, Tafelbd., 1934 – H. TOUBERT, Le bréviaire d'Oderisius (Paris, Bibl., Maz. Ms. 364) et les influences byz. au Mont-Cassin, MEFRM (MA, Temps mod.) 83, 1971, 181–261.

Brevium Exempla. Breve kann in der Karolingerzeit ein Güterverzeichnis oder den Teil eines solchen bezeichnen (z. B. Polyptychon v. St-Germain-des-Prés, Breviarium Sci Lulli), auch breviatio (Polyptychon v. St-Bertin). Das Verb kommt in dem danach von den Herausgebern BORETIUS-KRAUSE benannten »Brevium Exempla ad res ecclesiasticas et fiscales« vor.

Die B. E. (MGH Cap. I, 250) wurden gemeinsam mit dem →Capitulare de villis in Cod. Helmstad (254 der Hzg.-August-Bibl. Wolfenbüttel) um 825–850 niedergeschrieben und umfassen 1. das Inventar vom Staffelsee (Bm. Augsburg), 2. Verzeichnisse von Lehen und Prekarien des Kl. Weißenburg, 3. Verzeichnisse von Königshöfen bei Lille. Die formelhafte Wiedergabe läßt an Musterinventare denken. Teil 3 läßt eine Anlehnung an das Capitulare de villis erschließen: Beschreibung der Baulichkeiten (Befestigung!), Vorräte, Viehbestand, Handwerker, Pflanzenanbau und Getreidemaß. Es gibt vier Haupthöfe und ein Weingut. Das Fragment von Staffelsee (1.) ähnelt zum Teil dem Inventar der Königshöfe. Diese wurden wohl um 806/817 Amtsgut der →Unruochinger; die Aufzeichnung erfolgte vielleicht anläßl. eines Besuches Karls d. Gr. 799/800. Ähnliche Stücke stammen aus Fulda und Reichenau. – Eine bestimmte Abhängigkeit von den B. E. oder eine Anfertigung derselben auf kgl. Anordnung ist nicht nachweisbar; jedoch wurden entsprechende Weisungen erteilt. W. Metz

Q. und Lit.: PH. GRIESSON, The Identity of the unnamed Fiscs in the »Brevium Exempla«, RBPH 18, 1939, 437–461 – CH.-E. PERRIN, La seigneurie rurale en France et en Allemagne I [Les Cours de Sorbonne, masch. Paris 1951] – K. VERHEIN, Stud. zu den Quellen zum Reichsgut der Karolingerzeit 2, DA 11, 1955, 333–392 – W. METZ, Das karol. Reichsgut, 1960, 18–53 – DERS., Zur Erforsch. des karol. Reichsgutes, 1971, 23–28 – Capitulare de villis. Cod. Guelf. 254 Helmst., Faks. Ed., hg. und eingeleitet C. BRÜHL, 1971, fol. 9ʳ–12ʳ [vgl. dort Einf., 10–11, 14 und Bibliogr. bis 1970; mit Übers.] – R. FOSSIER, Polyptyques et censiers, 1978 [TS 28].

Břevnov, zweite Benediktinerabtei Böhmens, bei Prag (heute in Prag), gegr. zw. 992–994 vom hl. →Adalbert Vojtěch (15. A.), ð Alexius, Bonifatius und später Margareta. Adalbert hatte zunächst nach seiner Rückkehr aus Rom im Pilsner Gebiet in Kostelec (heut. Plzeň-Doubravka) ein Provisorium gegründet, das Gebäude ist nach einem got. Umbau noch erhalten. Bald danach siedelte der Konvent nach B. über. Von der Schutzurkunde für B., die Papst Johannes XV. am 31. Mai 993 ausgestellt hat, ist nur noch eine Abschrift im Břevnover Archiv erhalten, die anläßl. der Bestätigung durch Kg. Přemysl Ottokar I. v. Böhmen am 24. Juli 1224 angefertigt worden war. Zunächst wurde wohl nur ein einfacher Holzbau errichtet, der archäolog. nicht nachweisbar ist. Der Bau einer großen Abteikirche erfolgte offensichtl. erst in der Zeit Fs. Břetislavs I. v. Böhmen. Überreste von der Krypta dieses Baues wurden ausgegraben.

Neben Mönchen aus Italien lebten von Anfang an auch Tschechen in der mönch. Gemeinschaft. Bes. hervorzuheben ist →Christian, der Verfasser der Ludmila- und Wenzellegende, die gleichzeitig die erste Kirchengesch. Böhmens darstellt. Der erste Abt war Anastasius, der nach 995 Abt v. →Martinsberg in Ungarn und später Ebf. v. →Gran wurde. Vorübergehend wirkte in der Abtei vielleicht auch Adalberts Halbbruder, der hl. →Radim (Gaudentius), der seit 1000 Ebf. v. Gnesen war. Zur Zeit Břetislavs I. wurde Meginhard, der Verfasser einer verschollenen Chronik, Abt v. B. Der Abt Bavor v. Nečtiny gründete 1322 die Filiale in Braunau (Broumov), die während der Hussitenkriege die Zufluchtsstätte des Konvents wurde. R. Turek

Q. und Lit.: SłowStarSłow II, 1961, 168f. [M. RUDNICKI-A. WĘDZKI] – R. SCHRAMM, Reg. zur Gesch. der Benediktiner-Abtei Břevnov-Braunau in Böhmen (Stud. und Mitt. aus dem Benedictiner-Orden 3, 1882), 66–83 – FontrerBohem V, 1893, 26–30 – CDBohem I, 1904–07, 43–46 [Nr. 38] – O. J. BLAŽÍČK, J. CEŘOVSKY, E POCHE, Klášter v Břevnově, 1944 – V. LORENC-D. LÍBAL, Situování půdorys středověkého kláštera v Břevnově, Zprávy památkové péče 15, 1955, 187–188 – A. HEJNA, Ke stavebni minulosti břevnovského kláštera, PamArch 47, 1956, 151–170 – V. MENCL, Architektura předrománských Čech, Umění 7, 1959, 331–353 – V. PÍŠA, Předrománský Břevnov, ebd. 16, 1968, 604–616 – J. LUDVÍKOVSKÝ, Legenda Christiani-Kristiánova legenda, 1978.

Breyell, Heinrich, Ordensgeistlicher, * um 1450, † nach 1511. Der am 16. Juni 1465 an der Kölner Univ. immatrikulierte Henricus Offerman de Breyl ist vermutl. mit dem aus dem Rheinland stammenden, späteren Ordensgeistlichen H. B. identisch, der wohl dem Benediktinerkonvent St. Pantaleon in Köln angehörte, in dessen Auftrag er im Kl. Königsdorf als Priester und Heilkundiger wirkte. Dort schloß er jedenfalls 1511 einen (unbebilderten und titellosen) Codex in dt. Sprache mit lat. Einschüben ab, der sich in vier Teile: ein Kräuterbuch, eine Rezeptsammlung, eine Abhandlung über gebrannte Wässer und einen (unvollendeten) Traktat über Arzneiweine gliedert. Der bedeutendste und umfangreichste Abschnitt, das Kräuterbuch, stellt eine insgesamt wohldurchdachte Bearbeitung des →»Gart der Gesuntheit« (Mainz 1485) dar, wobei der Kompilator B. 63 Kap. der Vorlage ausließ, die übrigen oft erhebl. kürzte bzw. teilweise in das nachfolgende Receptarium übernahm, aber auch Zusätze, hauptsächl. aus dem »Herbarius« des →Ps.-Apuleius, einfügte; mit Rücksicht auf die Königsdorfer Nonnen gab er ferner ›heikle‹ Stellen lat. oder chiffriert wieder. W. F. Daems

Lit.: Verf.-Lex.² I, 1034f., 1088; III [s. v. Hans v. Dortmund] – O. BESSLER, Das dt. Hortus[!] – Ms. des Henricus B., Nova Acta Leopoldina NF 15 [Nr. 107], 1952, 191–266.

Breyr, mittelwalis. Wort, wird hauptsächl. in Südwales für einen freien Haushaltsvorstand verwendet. Es ist vielleicht vom brit. * brogorīx abgeleitet, als verwandtes Wort ist im galat. brogoris belegt. Demnach muß es ursprgl. den Kg. (*rīx) eines Gebiets oder einer Provinz (bryton. * brogis, walis., bret. bro) bedeutet haben. Die Entsprechung von allfro ('Fremder, Mann aus einem anderen bro') und alltud ('Mann aus einem anderen tud [Volk]') deutet darauf hin, daß B. ursprgl. ein Synonym von tudyr (überliefert nur als Personenname) aus *toutorīx oder toutiorīx war, das brit. Gegenstück zu dem ir. rí túaithe ('König eines Volkes'). Das gall. Wort Toutiorix ist als Name eines Gottes nachweisbar (CIL XIII 7564). Außerdem gibt es Ortsnamen, die bezeugen, daß das walis. tud nicht nur als ein allgemeines Wort für Volk gebraucht wurde, sondern die Bezeichnung für das Volk eines kleinen Kgr.es, mit anderen Worten, für das Volk eines bro war. Der Bedeutungswechsel von 'Kg. eines bro' zu 'freiem Haushaltsvorstand' ist eine Folge des Niedergangs einer Vielzahl kleiner Kgr.e im frühma. Wales und des Vordringens von →brenin, dem neuen Wort für König. Der Herrscher eines Territoriums, der nicht als brenin angesehen wurde, erhielt jetzt die Bezeichnung arglwydd ('Herr'). T. M. Charles-Edwards

Lit.: Cyfreithiau Hywel Dda yn ôl Llyfr Blegywryd, ed. S. J. POWELL-J. E. POWELL, 1942, 168f. – D. A. BINCHY, Celtic and Anglo-Saxon Kingship, 1970.

Brézé, Pierre II. de, * um 1410, † 16. Juli 1465 in der Schlacht v. Montlhéry, ⃞ Rouen, Kathedrale. Der Sproß aus angevin. Kleinadel stieg durch militär. Erfolge in seiner Heimat während des →Hundertjährigen Kriegs im Dienst des Hauses →Anjou und später Kg. →Karls VII. auf. 1433 am Sturz des verhaßten →Georges de La Tremoïlle am kgl. Hof beteiligt, erwies sich B., seit 1437 kgl. Rat und Seneschall des Anjou, während der →Praguerie 1440/41 als treuer Parteigänger Karls, der ihn 1441 zum Seneschall des Poitou und zum chambellan beförderte. Unter der Protektion der kgl. Mätresse Agnès →Sorel nahm er 1443–49 die erste Position am Hofe ein; zahlreiche Regierungsakte im Heer-, Finanz- und Justizwesen sowie militär. Unternehmen (u. a. Lothringen 1444/45, Le Mans 1448, Normandie 1449/50) gestaltete er wesentl. mit. Seit 1449 capitaine v. Rouen und 1451 Großseneschall der Normandie, regierte er tatkräftig die wiedereroberte Provinz. Obwohl nach dem Tod der Agnès Sorel sein Einfluß am Hof selbst schwand, verlor er nicht die kgl. Gunst; in den frz.-engl. Beziehungen spielte er gar noch eine entscheidende Rolle, u. a. stützte er →Margarete v. Anjou, Gattin Kg. →Heinrichs VI., und somit die Partei der →Lancaster. Als Vertrauter Karls VII. wurde er unter Kg. →Ludwig XI. zunächst aller Ämter enthoben und inhaftiert, doch bewirkte u. a. die von dem mit B. verbundenen Georges →Cha(s)tellain verfaßte »Déprécation« nach 1462 eine Annäherung. So betraute der Kg. ihn mit Missionen zugunsten Margaretes und in bret. Regalienfragen. Während der →Ligue du bien public bezahlte B. seine Treue zum Kg. mit dem Tod in der Schlacht von →Montlhéry. Nicht nur als Politiker und Militär, sondern auch als glänzender Rhetor und gebildeter Kunstfreund hat er als eine der herausragenden Gestalten im Frankreich Karls VII. zu gelten. H. Müller

Lit.: G. DU FRESNE DE BEAUCOURT, Hist. de Charles VII, 6 Bde, 1881–91, passim – P. BERNUS (Positions Thèses Éc. des Chartes 1906), 7–17–DERS., BEC 69, 1908, 303–339–DERS., Revue d'Anjou 63, 1911, 241–289, 355–371 – G. DUPONT-FERRIER, Gallia regia, 6 Bde, 1942–61, passim – DBF VII, 264f. – R. FAVREAU, Pierre de B., Soc. lettres, sciences, arts Saumurois 117, 1968, 26–38 – A. DEMURGER, Les baillis et sénéchaux du roi de France au XVᵉ s. [Thèse; in Vorber.].

Brian Bóruma (Brian Bóru), Sohn des Cennétig, Kg. v. →Munster seit 976, →Hochkönig *(high-king)* v. →Irland seit 1002, † 24. April 1014. – B. entstammte den →Dál Cais, einer Fürstenfamilie von urspgl. bescheidenem Rang, deren Herrschaftsgebiet am Unterlauf des Shannon, im nördl. Munster, lag. Die Dál Cais erlangten im 10. Jh. wachsende Bedeutung als Gegenspieler der →Wikinger, die sich am Shannon festgesetzt hatten (922 Gründung von →Limerick) und damit den Weg ins innere Irland zu bedrohen vermochten. B.s Bruder und Vorgänger Mathgamain hatte durch die Eroberung des skand. Limerick (967) und die voraufgegangene Beseitigung des Kgtm.s der →Eóganachta (→Cashel) über Munster dem raschen Aufstieg der Familie den Weg gebahnt. Nachdem Mathgamain 976 ermordet worden war, setzte B. diese Politik erfolgreich fort. 978 machte er sich durch einen Sieg über konkurrierende Geschlechter zum unbestrittenen Herrn von Munster. Mit der Unterwerfung der skand. Herrschaft von →Waterford begann seine Expansion in das sö. und mittlere Irland. Entscheidend wurde die Erringung der Oberherrschaft über das Kgr. →Leinster, das von B. bis 983 unterworfen wurde, aber ein ständiger Unruheherd blieb. Das Ausgreifen des Kg.s v. Munster nach Osten, insbes. nach Leinster, führte zur Konfrontation mit den →Uí Néill, deren Kg. →Malachias II. auch das traditionell von den Uí Néill ausgeübte Amt des Hochkönigs innehatte. Nach mehreren Kriegen (982, 990–993) wurde 997 eine Teilung der Herrschaft zw. B. und Malachias, entsprechend der alten Grenzziehung zw. Leth Cuinn und Leth Moga, vereinbart, eine weitere Etappe auf dem Weg B.s zur Hegemonie im südl. und mittleren Irland. B.s entscheidender Sieg über →Máelmórda, Kg. v. Leinster, und den mit ihm verbündeten Kg. des skand. →Dublin, →Sigtrygg Seidenbart, i. J. 999 sicherte dem Kg. v. Munster die führende Position für mehr als ein Jahrzehnt; Malachias II. trat ihm 1002 widerstandslos die ir. Hochkönigswürde ab. Doch blieb B. auch als Hochkönig faktisch auf die Mitte und den Süden der Insel beschränkt; eine Durchsetzung seiner Autorität bei den nördl. Uí Néill, die in ständigen Fehden mit den →Ulaid lagen, gelang ihm nicht.

B. war offenbar, stärker als die bisherigen Uí Néill-Hochkönige, bestrebt, seine mehr oder minder »usurpierte« Würde zur Basis einer echten oberherrl. Gewalt werden zu lassen; seine Machtansprüche versuchte er in zahlreichen Feldzügen im Norden seines Herrschaftsgebietes zu verwirklichen. Inwieweit er sich hierbei von einem bewußten Herrschaftskonzept leiten ließ, muß offen bleiben. Eine Beurteilung dieses Problems wird auch durch die Tatsache erschwert, daß das idealisierte Bild, welches die spätere ma. Geschichtsschreibung und Überlieferung von B. zeichnet, die tatsächl. hist. Persönlichkeit des Herrschers stark überlagert (s. u.). Gleichwohl sind bestimmte Ansätze zu einer Zentralisierung der Herrschaft festzustellen: Hierzu gehört v. a. B.s Förderung des Ebm.s →Armagh, dessen Anspruch auf einen gesamtir. Primat der Kg. unterstützte; dies trug ihm von seiten Armaghs den Titel eines »imperator Scottorum« ein, der in einem Eintrag in das »Book of Armagh« von 1005 überliefert ist.

B. sah sich in seinen späteren Regierungsjahren zunehmend mit dem Widerstand des Kg.s v. Leinster, Máelmorda, konfrontiert, der ein Bündnis mit den beiden bedeutendsten skand. Herrschern im Umkreis schloß bzw. erneuerte, dem Jarl der →Orkney-Inseln, →Sigurd, und dem Kg. v. Dublin, Sigtrygg Seidenbart. Malachias II., dem an einer Schwächung seines erfolgreichen Konkurrenten B. gelegen sein mußte, verhielt sich angesichts dieser Koalition abwartend. Ob der Konflikt in einem allgemeinen polit. Zusammenhang steht (Gegensatz zw. Jarl Sigurd und Kg. →Knut d. Gr.?), ist nicht sicher zu erweisen. B. stellte sich mit seinem Heer den Truppen des Kg.s v. Leinster und des Orkney-Jarls am 24. April 1014 in der großen und überaus verlustreichen Schlacht v. →Clontarf (bei Dublin) entgegen (der Kg. v. Dublin war in seiner befestigten Hauptstadt verblieben). B.s Streitkräfte erfochten einen vollständigen Sieg, doch fanden Kg. B. und sein älterer Sohn ebenso wie seine beiden Gegner in der Schlacht den Tod. – Die Dál Cais vermochten trotz dieses Sieges das Hochkönigtum nicht zu behaupten; B.s jüngerer Sohn →Donnchad hatte sogar Schwierigkeiten, seine Herrschaft über Munster durchzusetzen. Das Hochkönigtum fiel wieder an die Uí Néill Malachias II. zurück, den Hauptnutznießer der Schlacht.

B. war zweifellos einer der bedeutenden Herrscher des ma. Irland. Die zentrale Stellung, die er in der ir. Überlieferung einnimmt, verdankt er allerdings vornehmlich einer posthumen Verklärung und Legendenbildung, die auf der dynast.-polit. Propaganda des von ihm begründeten Hauses »O'Brien fußt. Sein Urenkel →Muirchertach ua Briain (Murtough O'Brien, 1086–1119) ließ seine Vita aufzeichnen, die unter dem programmat. Titel »Cogadh Gáedhel re Gallaibh« ('Krieg der Iren mit den Fremden') steht und B. zum nationalen Heros gegen norm. Unterdrückung, zum Friedensfürsten und zum Förderer von Bildung und Kirchenreform (letzteres eine rein anachronist. Fiktion) stilisiert. Dieses panegyr. Bild des Herrschers hat die Darstellung in Geschichtsschreibung und Sage, bis hin zu isländ. Sagas, geprägt. U. Mattejiet

Q.: Cogadh Gáedhel re Gallaibh, ed. J. TODD, 1867–Lit.: J. RYAN, The Battle of Clontarf, Journal of the Royal Society of Antiquaries of Ireland 68, 1938 – F. J. BYRNE, Irish Kings and High-Kings, 1973, passim – HEG I, 464f., 467 [F. J. BYRNE].

Brian Fitzcount, engl. Baron und bedeutender Parteigänger der →Mathilde und des Hauses Plantagenêt (→Angers) im engl. Thronstreit. B. ist 1125–53 bezeugt. Er war Sohn (wahrscheinl. außerehel.) des Gf.en der →Bretagne, Alanus IV. Am Hofe Kg. →Heinrichs I. erzogen, wurde er von diesem zum Ritter erhoben und mit Matilda (Mathilde), der Erbin von honor (Lehen) und Burg Wallingford, vermählt. 1127 schwor er, Heinrichs Tochter Mathilde, Witwe Ks. Heinrichs V., als Erbin des Kgr.es England und des Hzm.s Normandie anzuerkennen, doch akzeptierte er nach dem Tod des Kg.s zunächst →Stephan v. Blois als Kg. Als Mathilde 1139 jedoch in England erschien und ihr Recht auf den Thron geltend machte, wurde sie von B. unterstützt, der ihr fortan durchweg die Treue hielt. Auch nachdem sich Mathilde 1148 endgültig aus England zurückgezogen hatte, verteidigte B. seine Burg Wallingford mehrfach gegen Stephan; bei der dritten Belagerung i. J. 1153 rückte der junge Heinrich Plantagenêt persönl. zum Entsatz der Burg heran.

B. hielt auch, aufgrund des Rechts seiner Gemahlin, das Lehen Abergavenny, das als Afterlehen zw. Juli 1141 und Dez. 1142 an Miles v. Gloucester übertragen wurde (Ancient Charters, ed. J. H. ROUND, Pipe Roll Soc. X, 1886, no. 26). Nachdem Stephan 1141 die Macht wiedererlangt hatte, verlor B. einen großen Teil seines Landbesitzes und wurde bald darauf von Heinrich v. Blois, Bf. v. Winchester, wegen Behinderung von Leuten, die zum Jahrmarkt v. Winchester zogen, angeklagt. Seine energische Verteidigungsschrift ist erhalten (ed. H. W. C. DAVIES, EHR 25, 1910, 297-303). B. war darüber hinaus ein aktiver Propagandist der Thronrechte der Ksn. Mathilde und wurde von Gilbert →Foliot als Verfasser eines »Buches« zur Unterstützung der mathild. Sache gepriesen (s. Letters and Charters of Gilbert Foliot, ed. Dom A. MOREY-C. N. L. BROOKE, 1967, no. 26). – Seine Gattin, die sich auf ihrem Siegel »domina Waringfordie« nennt, gründete ca. 1151 das Priorat Ogbourne im Co. Wiltshire (s. Monasticon Anglicanum VI, 1016). P. H. Sawyer

Lit.: DNB VII, 108f. – Dom A. MOREY-C. N. L. BROOKE, Gilbert Foliot and his Letters, 1965, 105-108, 122f.

Briançon, Stadt im höchstgelegenen Teil der Dauphiné (Dép. Hautes-Alpes), 1300 m über NN an der Paßstraße des Mt. Genèvre. Vorgängersiedlung war eine kleine röm. Ortschaft an der Via Domitia. – B. war lokaler Marktort und erhielt wohl schon früh einen Jahrmarkt, der am Ende des MA einen Aufschwung erlebte; 1462 wurde ein zweiter Jahrmarkt, 1500 wurden noch zwei weitere eingerichtet. Die Bevölkerung von B. umfaßte i. J. 1383 491 Feuerstellen, i. J. 1442 jedoch nur noch 210. Der Burgus war ummauert (Länge der Mauer i. Jahre 1359 ca. 950 m); ihn umgaben zwei Vorstädte.

Das *Briançonnais* wurde im MA als eigenes »Fsm.« betrachtet, war in Kastellaneien aufgegliedert und als »bailliage et judicature mage« konstituiert. Es gehörte fast vollständig zur Domäne der →Dauphins des Viennois. 1244 verlieh der Dauphin Guigues den Bürgern von B. einige Privilegien, verbot ihnen aber alle »conspirationes seu congregationes«, d. h. die Bildung eigener Kommunalinstitutionen. Am Anfang des 14. Jh. finden wir eine städt. Verwaltung in B., die auch den Mittelpunkt eines Bundes von ländl. Pfarrgemeinden, welcher in fünf »escartons« eingeteilt war, bildete. 1343 gestand der Dauphin Humbert gegen eine hohe Ablösungssumme diesen Gemeinden bestimmte Bereiche des Niedergerichts und der kommunalen Verwaltung zu. J. Y. Mariotte

Q.: R.-H. BAUTIER-J. SORNAY, Sources de l'hist. économique I, passim – *Lit.:* P. VAILLANT, Les libertés des communautés dauphinoises, 1951 [Lit.] – DERS., Les origines d'une libre confédération de vallées, les habitants des communautés briançonnaises au XIIIᵉ s. (BEC, 1967), 301-348 – R. CHANAUD, Le Briançonnais aux XIVᵉ et XVᵉ s. (Thèse École des Chartes, 1974).

Brianza, Teil der Lombardei in dem von den Städten Monza, Como und Lecco gebildeten Dreieck; Kreuzungspunkt wichtiger Verbindungswege nach Norden (zu den Alpenpässen) mit der Straße, die Como mit Aquileja verband. B. war Sitz langob. Siedler und später frk. Grafen. G. Vismara

Lit.: AAVV, Storia di Monza e della Brianza, 1: Le vicende politiche, 1973, VIIff.

Briçonnet → Guillaume B., →Jean B., →Robert B.

Bricquebec (Robert Bertrand, Baron de B.), frz. Heerführer und Staatsmann, † 1348; entstammte einer alten Adelsfamilie des Cotentin (Normandie), erscheint seit seiner Heirat mit der Tochter von Henri de →Sully, dem bedeutendsten Ratgeber Kg. Philipps V., im Gefolge des Kg.s v. Frankreich. Ende 1325 zum → *Maréchal de France* (Marschall v. Frankreich) erhoben, wurde er mit verschiedenen Missionen beauftragt. 1327 war er *lieutenant* (Stellvertreter) von Karl IV. in der Gascogne. 1335 nahm er an der Besetzung von Ste-Colombe, nahe Vienne, teil. 1337 eroberte er die Kanalinsel Guernsey. 1340 verteidigte er das belagerte Tournai. 1342 wurde er zum *capitaine du roi* in der Bretagne ernannt. Um 1344 trat er vom Amt des Maréchal de France zurück, doch nahm er den Kampf in der Normandie wieder auf, wobei er Eduard III., Kg. v. England, nicht an der Landung zu hindern vermochte. Unter Philipp VI. gehörte er in den Jahren 1347 und 1348, seinem Todesjahr, dem geheimen Rat *(conseil secret)* an. – Sein Bruder *Guillaume Bertrand* († 19. Mai 1356) war →Maître des Requêtes (Vorsteher des kgl. Hofhaltes) unter Philipp VI. bis 1331, danach war er Bf. v. Noyon; im Juli 1338 wurde er auf den Bischofssitz von Bayeux, 1347 auf den von Beauvais versetzt. R. Cazelles

Lit.: R. CAZELLES, Robert Bertrand, baron de B. . . . (Thèse École des Chartes, 1945) – DERS., La société politique . . . sous Philippe de Valois, 1958, passim.

Brief, Briefliteratur, Briefsammlungen

A. Allgemein. Spätantike, Byzanz, lateinisches Mittelalter, Humanismus – B. Briefwesen und Briefliteratur in den Volkssprachen Mittel-, West- und Südeuropas– C. Briefwesen und Briefliteratur in Ost- und Südosteuropa sowie in Skandinavien – D. Brief und Briefliteratur im Judentum – E. Brief und Briefliteratur im islamischen Bereich – F. Handels- und Kreditbrief

A. Allgemein. Spätantike, Byzanz, lateinisches Mittelalter, Humanismus

I. Allgemein – II. Spätantike – III. Byzanz – IV. Lateinisches Mittelalter – V. Humanismus.

I. ALLGEMEIN: [1] *Brief:* Brief (libellus brevis, breve = kurzes Schreiben, epistola, litterae). Der B., als Mittel der Nachrichtenübermittlung an räumlich Entfernte wahrscheinlich fast so alt wie die Schrift selbst, ist ein Bestandteil jeder schriftl. Kultur. Er ermöglicht die Kommunikation mit dem Abwesenden, als ob man mit ihm selbst spräche (quasi viva voce), und gewährleistet, daß der Empfänger (Adressat) die Mitteilungen des Absenders unverfälscht erhält. Im Alten Orient scheint der B. nach den erhaltenen Zeugnissen zuerst amtl. Zwecken gedient zu haben; hier schrieb man auf Tontafeln. Griechen und Römer verwendeten zusammenklappbare, innen mit Wachs überzogene, mit Schnur verschließbare Holztafeln, die auch für die Antwort verwendet werden konnten, aber schon in klass. griech. Zeit wurde Papyrus, später auch Pergament benutzt, die zusammengerollt, zugebunden und versiegelt wurden und außen die Adresse, oft nur den Empfängernamen, trugen. Seit dem FrühMA herrscht – außer in Italien, wo bis ins 11. Jh., bes. in der päpstl. →Kanzlei, Papyrus im Gebrauch blieb - →Pergament vor, seit dem SpätMA →Papier. Die ma. B.e wurden meist zusammengefaltet und durch Pergamentstreifen oder Schnur, die, nach den wenigen Originalen des Früh- und HochMA, durch Schnittlöcher gezogen waren, und durch Siegel verschlossen. Letztes ist allerdings nur für B.e hochgestellter Personen anzunehmen, die anderer entbehrten meist eines Siegels. F. J. Schmale

[2] *Briefliteratur:* B.e als Medium einer zunächst privaten Mitteilung können vom Verfasser oder Empfänger oder von anderen (z. B. postum) für einen größeren Leserkreis nachträgl. publiziert werden oder von vornherein zur Veröffentlichung bestimmt sein und bilden so eine Briefliteratur (Epistolographie). Sonderformen stellen einerseits die pseudonymen und pseudepigraph. B.e und die Briefdichtungen dar, andererseits die amtl. Schreiben der Kanzleien und der Kirche (→Kanzlei). J. Gruber

II. SPÄTANTIKE: Alle Formen der Briefliteratur sind in der Spätantike vertreten (die zufällig, v. a. auf Papyri, überlieferten Privatb.e der Spätantike sind hier nicht zu berücksichtigen). Die nach der antiken Theorie geforderte Gesprächssituation zeigt sich in Anfangsgruß, Anreden im Text und Schlußgruß. Kürze, Klarheit und ein mittleres Stilniveau sind zwar erwünscht, werden aber von späteren Autoren wie Sidonius Apollinaris und Ennodius zugunsten einer gekünstelten Ausdrucksweise aufgegeben.

[1] *Profane Literatur:* a) *Griechische Literatur:* α) *Private Sammlungen:* Die umfangreichste Sammlung des 4. Jh. ist die Korrespondenz des →Libanios mit fast allen bedeutenden Zeitgenossen (1544 Briefe); sie bietet wichtige Informationen über das polit. und gesellschaftl. Leben der östl. Reichshälfte. Unter seinem Namen ist auch ein erst später entstandener Briefsteller überliefert.

Von den Briefen des Ks.s →Julianos wurden schon bald nach dessen Tod zwei Sammlungen veranstaltet, die im 5. Jh. vereinigt und in byz. Zeit umgeordnet wurden. Als persönl. Korrespondenz des Ks.s sind sie nicht nur ein Dokument seines individuellen Stils, sondern auch Ausdruck seiner unermüdlichen Fürsorge für das Reich.

In der Philosophie hatte der Brief (v. a. als Lehr- oder Trostbrief) eine lange Tradition (Platon, Epikur). Am Anfang des 4. Jh. stellte →Jamblichos das ganze Gebiet der Ethik in einzelnen Briefen dar; im frühen 6. Jh. entstanden die rhetor. ausgefeilten B.e des Sophisten →Dionysios v. Antiocheia.

β) *Fingierte Briefe, Briefdichtungen:* Als einer Übungsform der Charakterschilderung bediente sich die Rhetorenschule des fingierten B.s. Daneben konnten auch aus anderen Gründen (Apologie, Erbauung, Ersatz verlorener Schriften) seit hellenist. Zeit Briefsammlungen erfunden werden (Anacharsis, Pythagoras, Heraklit u. a.). Die bedeutendste Fälschung der Spätantike sind die 148 »Phalarisbriefe« des 5. Jh. Ebenfalls in hellenist. Zeit wurden fingierte Briefe großer Persönlichkeiten zu Briefromanen zusammengestellt (→Alexanderdichtung, Abschnitt I; →Alexanders Brief an Aristoteles, Hippokrates). Novellist. Charakter haben die erot. B.e des →Aristainetos und →Theophylaktos Simokattes, der auch die von Alkiphron (2. Jh. n. Chr.) gepflegte Form des mimet. B.s (von Fischern, Bauern, Parasiten, nach dem Vorbild der Komödie) fortführt.

Eine Sonderform fingierter Briefe stellen die sog. →Himmelsbriefe dar, die sich als von der Gottheit selbst geschrieben ausgeben. In der Zauberliteratur wie in Schriften alchem. und astrolog. Inhalts wird die Lehre häufig in Briefform dargeboten (→Alchemie, Abschnitt II; →Hermet. Schrifttum).

b) *Lateinische Literatur:* Im 4. und 5. Jh. entstehen z. T. sehr umfangreiche Briefsammlungen. →Ausonius pflegte neben der Prosaepistel auch die Form des poet. B.es (oft beide Formen, auch als Widmungsbriefe, verbunden, →Prosimetrum); von bes. geistesgesch. Bedeutung ist sein Briefwechsel mit →Paulinus v. Nola. Von →Symmachus sind über 900 teilweise sehr kurze Briefe überliefert, die sein Sohn nach dem Vorbild der Sammlung des Plinius herausgab. Daran orientierte sich wiederum →Sidonius Apollinaris, dessen 9 Bücher B.e sich mit dem weltl. und kirchl. Adel des spätantiken Gallien beschäftigen. In Briefform ist auch das Arzneibuch des →Marcellus Empiricus abgefaßt.

[2] *Christliche Literatur:* a) *Griechische Literatur:* Unter den 27 Schriften des NT sind 21 B.e, davon 13 unter dem Namen des Paulus. Die griech. Briefformeln wurden von ihm zum Gnaden- und Friedenswunsch erweitert und umgeformt. Neben reinen Privatb.en finden sich Mitteilungen für eine größere Öffentlichkeit und Rundschreiben an mehrere Gemeinden. Die Sammlung der 13 paulin. Briefe lag Ende des 1. Jh. vor. In der Folgezeit griff die Kirche häufig zum B. als Mittel der Verkündigung, Belehrung und Erbauung (Ignatius, Polykarp). Fälschungen fehlen nicht (Korrespondenz zw. Seneca und Paulus: Hier. vir. ill. 12). Auch →Märtyrerakten erscheinen in Briefform (Mart. Polyk., Mart. Lugd.). V. a. die alexandrin. Bf.e Dionysios', →Alexanders (15. A.) und →Kyrillos' beeinflußten vom 3. Jh. an durch ihre reiche, aber weitgehend verlorene Epistolographie entscheidend die Entwicklung der Kirche. Bes. umfangreiche Sammlungen sind aus dem 4. Jh. erhalten: →Basilius d. Gr., →Gregor v. Nazianz (epist. 51 Theorie des Briefs), →Johannes Chrysostomos, →Theodoret v. Cyrus, →Synesios v. Kyrene.

b) *Lateinische Literatur:* Die erste größere lat. chr. Sammlung ist die des Cyprianus v. Karthago († 258) mit 81 Briefen, davon 65 von ihm selbst, in denen er in rhetor. geformter Sprache aktuelle Fragen des kirchl. Lebens behandelt. Hieronymus und Augustinus schätzten diese Briefe sehr. Durch →Paulinus v. Nola wird der poet. Brief in die lat. chr. Lit. eingeführt. Die in den Sammlungen des →Ambrosius (91 Briefe), →Hieronymus (126 Briefe) und →Augustinus (270 Briefe) enthaltenen Stücke sind in der Mehrzahl als bfl. Schreiben für die Öffentlichkeit bestimmt. Hieronymus gibt seinen Nekrologen und Trostschriften ebenfalls Briefform. In den B.en des Augustinus werden teilweise sehr umfangreich exeget., dogmat. und philosoph. Fragen erörtert, wobei sich Augustinus formal und stilist. häufig seinen Korrespondenten anpaßt. Maßvoll rhetor. beeinflußt sind die 9 Briefe des →Salvianus v. Marseille, dagegen zeigen bes. gekünstelten Stil die des →Ruricius und des →Ennodius. – Vgl. auch →Briefe, apokryphe. J. Gruber

Ed.: Vgl. die Ed. bei den einzelnen Autoren mit eigenem Stichwort, für die griech. Autoren auch z. T. die Ed. im Anhang zum folgenden Abschnitt A III – *Lit.:* KL. PAULY II, 324–327 – LAW 496–501 – RAC II, 564–585 – RE III, 836–843; Suppl. V, 185–220 – H. PETER, Der B. in der röm. Lit., 1901 – K. THRAEDE, Grundzüge griech.-röm. Brieftopik, 1970.

III. BYZANZ: Der byz. B. steht stark in der Tradition des antiken, wurde aber auch von den frühchr. Autoren mitgeprägt. Wo sich Byzantiner zur Theorie des B.es äußern (→Gregor v. Nazianz, Pseudo-Libanios, Pseudo-Proklos, Patriarch →Photios, Joseph Rhakendytes), empfehlen sie ebenso wie die vielen Briefsteller (die in der Spätzeit immer häufiger werden) und Briefmustersammlungen (schon von der Spätantike an) sprachl. wie stilist. einen Mittelweg; sie fordern Klarheit (σαφήνεια) und Natürlichkeit, nur mäßiges Verwenden von Schmuckmitteln und v. a. Vermeiden von Geziertheit. Der Briefstil (χαρακτήρ) ist aber fast immer stark rhetor. geprägt und oft sehr kunstvoll (manchmal poet.), reich an versteckten Anspielungen und mehr oder weniger abgewandelten Zitaten; sie trotzdem zu erkennen, gehörte zum sublimen Vergnügen, das diese Fortsetzung der kultivierten Konversation auf einer höheren stilist. Ebene bereiten sollte. In der →Mimesis und fruchtbaren Auseinandersetzung mit Musterbüchern und Briefsammlungen war man bemüht, v. a. die Standardthemen mit neuen stilist. Ausfeilungen und sprachl. Feinheiten darzubieten, wobei ansprechende Passagen aus Mustern oder anderen B.en ohne Skrupel übernommen wurden; der byz. B. ist nicht zuletzt als ästhet. Phänomen zu fassen.

Die immer wieder abgewandelten Motive waren langes Schweigen des Korrespondenten, Anklage des säumigen Briefschreibers, v. a. aber Freundschaft (wobei man bis in die sprachl. Sphäre des Liebeszaubers und der unio mystica der Seelen kommen konnte); der B. soll Trost spenden und die Vorstellung von der Gegenwart des Freundes vermitteln; in den Metaphern für den B. war man sehr einfallsreich (z. B. wurde er als Frühlingsbote oder als Singvogel apostrophiert), und die Mythologie (z. T. auch entlegene Sagen) wurde reichl. bemüht; das Problem eines geeigneten Boten oder Schreibers kehrt häufig wieder, ebenso wie die Klage über die Entfernung von der Hauptstadt. Wie bei den Urkunden (bes. der Ks. und Patriarchen) spielte das →Prooimion, der Briefanfang, eine wichtige Rolle (auch dafür wurden eigene Sammlungen angelegt); die jeweilige Anrede des Adressaten sowie die entsprechenden Devotionsformeln mußten genau überlegt werden, um die Etikette nicht zu verletzen (wichtig als Quelle für Rangordnungen und Hierarchien).

Der relativ unsystemat. Typenvielfalt der byz. Briefsteller (Pseudo-Demetrios bietet 21, Pseudo-Proklos gar 41 Briefarten) ist – nach H. Hunger – eine Gliederung in amtl. B.e, reine Privatbriefe, lit. B.e und lit. Privatbriefe vorzuziehen.

[1] *Amtliche Briefe* (an weltl. oder kirchl. Behörden oder Würdenträger bzw. B.e von ihnen) wie »echte« *Privatbriefe* gehen jeweils auf einen konkreten prakt. Anlaß zurück; v. a. die reinen Privatbriefe sind weniger von der Rhetorik geprägt als die anderen Gruppen, kommen dafür aber eher als hist. Quellen in Betracht, auch wenn manches – aus Sicherheitsgründen – nur angedeutet wurde, was dann der Bote mündl. mitteilen sollte. Erhalten blieben solche B.e nur durch Zufall (Papyri) oder als Teil größerer Briefsammlungen (Kaiser →Julian, Patriarch →Nikolaus I., Patriarch Athanasios I.).

[2] *Literarische Briefe* waren von Anfang an für mehrere Personen bestimmt, denen sie – z. B. in einem θέατρον – vorgetragen werden sollten, und mit dem Blick auf spätere Publikationen innerhalb einer Sammlung konzipiert. Hier gibt es eine gewisse Typenvielfalt. Größere Werke wurden gern mit einem *Widmungsbrief* an eine bestimmte Persönlichkeit versehen. Bei den *didaktischen Briefen* überwiegen theolog. Themen (z. B. Isidoros v. Pelusion, Neilos, Patriarch →Photios, Michael Glykas), es finden sich aber auch weltl., nicht zuletzt naturwiss. Abhandlungen in Briefform (Michael →Psellos). Nach den Gesetzen der →Mimesis wollte man dem Adressaten (bes. bei Antwortschreiben) stilist. nahekommen bzw. sich überhaupt in fremder Diktion versuchen; letztere Produkte wirken gelegentl. recht geziert. Bei den *Klischeebriefen* wurden die Standardthemen mit dem Bemühen um neue sprachl. und stilist. Feinheiten abgehandelt (Aineias v. Gaza, Dionysios v. Antiocheia, Michael Gabras).

[3] *Literarische Privatbriefe* waren wie die literarischen B.e für ein breiteres Publikum und spätere Veröffentlichung gedacht, enthalten aber im Unterschied zu ihnen auch konkrete persönl. Mitteilungen an den angesprochenen Adressaten; diese kommen bisweilen nur bei sorgfältiger Interpretation zutage bzw. müssen zw. den Zeilen gesucht werden. Die Spannbreite reicht von Bettelbriefen, Interventionen, Begleitbriefen für übersandte Lebensmittel, Ehrengeschenke und dgl. oder Empfehlungen für den Überbringer des B.es bis zu hist. wertvollen Nachrichten (Michael →Psellos, Georgios Tornikes, Theodoros Metochites). Der B. soll von der Person des Schreibenden wie des Adressaten ein idealisiertes Wunschbild erscheinen lassen und v. a. gute rhetor. Schulung und Bildung zur Schau stellen. W. Seibt

Ed. [Auswahl]: Epistolographi Graeci, ed. R. Hercher, 1873 – Libanios, ed. R. Foerster, X–XI, 1921–22 – Julianos, ed. B. K. Weis, 1973; ed. J. Bidez, 1960² – Synesios, ed. A. Garzya, 1979 – Basileios, ed. Y. Courtonne, 1957-66 – Gregorios v. Nazianz, ed. P. Gallay, 1964-69 – Johannes Chrysostomos, MPG 52 – Isidoros v. Pelusion, MPG 78 – Neilos, MPG 79 – Theodoretos v. Kyrrhos, ed. Y. Azéma, 1955-65 – Aineias v. Gaza, ed. L. Massa Positano, 1961² – Prokopios v. Gaza, ed. A. Garzya-R.-J. Loenertz, 1963 – Dionysios v. Antiocheia, ed. R. Hercher, 1873 – Theophylaktos Simokattes, ed. R. Hercher, 1873 – Theodoros Studites, MPG 99, 904-1669; ed. J. Cozza-Luzi, Nova Patrum bibl. VIII/1, 1871, 1-244 – Photios, MPG 102, 585-990; ed. J. N. Ballettas, 1864; ed. A. Papadopoulos-Kerameus, 1896 – Nikolaos I. Patriarch, ed. R. J. H. Jenkins-L. G. Westerink, 1973 – J. Darrouzès, Épistoliers byz. du X⁵ s., 1960 – Theodoros Daphnopates, ed. J. Darrouzès-L. G. Westerink, 1978 – Niketas Magistros, ed. L. G. Westerink, 1973 – Michael Psellos, ed. C. N. Sathas, Μεσαιωνική Βιβλιοθήκη V, 1876 [Neudr. 1972]; ed. E. Kurtz-F. Drexl, 1941 – Theophylaktos v. Ochrid, MPG 126, 307-558 – Michael Italikos, ed. P. Gautier, 1972 – Johannes Tzetzes, ed. P. A. M. Leone, 1972 – Eustathios v. Thessalonike, ed. T. L. F. Tafel, 1832, 308-361 [Neudr. 1964] – Michael Glykas, ed. S. Eustratiades, 1906-1912 – Euthymios Malakes, ed. K. Mpones, 1937 – Georgios Tornikes, ed. J. Darrouzès, 1970 – Michael Choniates, ed. S. Lampros, II, 1880 [Neudr. 1968] – Demetrios Chomatianos, ed. J. B. Pitra, Analecta Solesm. VI, 1891 – Theodoros II. Dukas Laskaris, ed. N. Festa, 1898 – Gregorios v. Kypros, ed. S. Eustratiades, Ekkl. Pharos I, 1907-5, 1910 – Maximos Planudes, ed. M. Treu, 1890 [Neudr. 1960] – Nikephoros Chumnos, ed. J. F. Boissonade, Anecdota nova, 1844 [Neudr. 1962] – Athanasios I. Patriarch, ed. A.-M. Maffry Talbot, 1975 – Michael Gabras, ed. G. Faturos, 1973 – Matthaios v. Ephesos, ed. D. Reinsch, 1974 – Nikephoros Gregoras, ed. R. Guilland, 1927 – Demetrios Kydones, ed. R.-J. Loenertz, 1956-60 – Manuel Kalekas, ed. R.-J. Loenertz, 1950 – Manuel II. Palaiologos, ed. G. T. Dennis, 1977 – Johannes Chortasmenos, ed. H. Hunger, 1969 – Michael Apostoles, ed. H. Noiret, 1889 – *Lit.*: Hunger, Profane Lit. I, 199-239 – N. B. Tomadakes, Βυζ. ἐπιστολογραφία, 1955², 1969³ – G. Karlsson, Idéologie et cérémonial..., 1962² – V. A. Smetanin, Epistolografija, 1970.

IV. Lateinisches Mittelalter. [1] *Brief*: Das MA kannte ebenso wie die Antike keinen bes. B.stil, es galten die allg. Regeln der →Rhetorik, die für das MA verbindlich blieben und v. a. seit dem 12. Jh. verstärkt gepflegt wurden. Dabei setzten sich schon früh einige formale Gewohnheiten durch, die nach antiker Ansicht der Gesprächssituation entstammten: 1. Die Bezeichnung von Absender und Empfänger, in der Ausführlichkeit vom Rang der Korrespondenten und dem Grad der Förmlichkeit abhängig. 2. Eine Grußformel (z. B. »salutem« oder »salutem dicit«). 3. Der Schlußgruß (»vale«, »valete«). Ebenso entwickelten sich Regeln, in denen – bes. für amtl. B.e – Kürze und eine mittlere Stilebene zw. gehobenem Stil und gesprochener Sprache gefordert wurden, aber auch die Anpassung an die Situation von Absender und Empfänger. Daraus wurde die Lehre von den *genera epistularum* formuliert, deren Zahl bei verschiedenen Autoren unterschiedlich groß war.

Das ma. Briefwesen setzte das spätantik-chr. fort und pflegte es – z. T. wohl schulmäßig – weiter; v. a. chr. Autoren haben eine starke Wirkung ausgeübt, profanantike, insbes. Cicero, erst spät (d. h. nach Ausbildung eines ma. Briefstils) und lange Zeit nur vereinzelt.

Durch eine fortschreitende Anpassung an die tatsächl. ständische, allg. soziale und berufl. Differenzierung und die zunehmend präziser unterschiedenen zwischenmenschl. Beziehungen (Stände, soziale Schichten und Gruppen, Amtsstellung, Klerus und Laien, alt und jung, hoch und niedrig, Freund und Feind, verwandtschaftl. Verhältnisse), aber auch entsprechend den Briefinhalten (Befehle, Bitten, Liebe, Freundschaft, Geschäfte) sowie endlich seit dem HochMA durch die Briefstillehre (→Ars dictaminis) wurden reichere innere und äußere Formen entwickelt, die jedoch in der Theorie meist deutlicher und vielfältiger unterschieden waren als in der Praxis. Generell ist aber für den ma. B. charakteristisch: 1. Die oft ausladende Adresse (salutatio), in der Absender und Empfänger nicht nur hinsichtl. ihrer sozialen Stellung bezeichnet, sondern auch mit schmückenden, für bestimmte Personenkreise mit der Zeit stereotypen Beiworten belegt wurden. Auch sie waren Stellung, persönl. Verhältnissen und gegenseitigen Beziehungen von Absendern und Empfängern sowie dem Briefinhalt angepaßt und endeten in Grußformeln, die ebenfalls die angedeuteten Beziehungen und Verhältnisse berücksichtigten. Bes. in den Kanzleien der Ks. und Kg.e, der Päpste und Bf.e setzten sich für den amtl. B. verkehr weitgehend formelhafte Adressen durch, die für Absender und Empfänger des gleichen Ranges jeweils gleichbleibende Bezeichnungen in Anlehnung an ihre Titulaturen als Aussteller von Urkunden, ebenso zu offiziellen Titeln werdende Epitheta sowie einheitliche Grußformeln aufwiesen. 2. Meist eine Eingangsformel (Prooemium, Captatio benevolentiae, Arenga), die den Adressaten auf die in der eigtl. Mitteilung behandelte Sache einstimmen sollte und auf den Inhalt der Mitteilung, auf Person und Situation sowie die Art der Beziehungen der B.partner Rücksicht nahm. 3. Die Schlußformel, die oft nur in einem Valete bestand, oft aber auch den B.inhalt zusammenfaßte, Schlußfolgerungen aus diesem zog und Wünsche für den Empfänger, u. U. auch in Bezug auf den Absender, enthielt (Conclusio). Eine Datierung ist im FrühMA nicht die Regel, sie setzt sich für Papstb.e seit dem ausgehenden 11., für B.e des dt. Kg.s und der Ks.s erst seit dem 12. Jh. und erst danach auch allmähl. für sonstige B.e durch. Läßt der B.inhalt keine genaue Datierung zu, ist meist nur eine ungefähre zeitl. Einordnung möglich, bes. bei Privatbriefen, zumal auch in der Adresse Absender und Empfänger meist nur mit den Anfangsbuchstaben ihrer Namen angegeben sind, so daß auch die Identifizierung der Korrespondenten oft erschwert ist, sofern es sich nicht um Personen in amtl. Stellungen handelt. Die Anrede des Höher- und der Gleichgestellten erfolgt in der 2. Pers. Pl., die des Niedriggestellten und Vertrauten in der 2. Pers. Sgl.

In seiner Grundform als Mitteilung an einen einzelnen Empfänger gehört der B. von Hause aus nicht zur Literatur, die sich stets an eine Vielheit wendet. Dennoch sind die Grenzen zw. B. und Literatur wie auch zw. B. und →Urkunde oder zw. B. und →Akten (private und amtl. Geschäftsschriften) weder allg. noch im Einzelfall genau zu ziehen. Zumindest bis zum HochMA, solange aus sozialen, wirtschaftl. und allg. kulturellen Gründen die →Schriftlichkeit in der abendländ. Kultur erst einen vergleichsweise geringen Grad erreicht hatte und außerhalb Italiens fast ausschließl. Domäne des gelehrten Klerikerstandes war, konnte fast alles Schreiben als ein literar. Tun, konnte fast jeder selbständig konzipierte Text, also auch der B., als Literatur betrachtet werden, sowohl vom Autor bzw. Absender und seinen Freunden oder Untergebenen wie vom Empfänger. Wenn angesichts der Gesamtzahl erhaltener B.e stets nur wenige im Original überliefert sind, weil das B.original an sich im Gegensatz zur Urkunde keinen langfristigen oder dauernden Erfordernissen diente, und die Überlieferung daher hauptsächl. auf Abschriften und nicht selten auf solchen von B.konzepten beruht, muß auf sorgfältige sprachl. und äußere Gestaltung Wert gelegt und müssen die Konzepte oft von den Verfassern aufbewahrt worden sein, weil man den B. als »Werk« betrachtete und die Konzepte zur Anlage von nur noch als Literatur zu begreifenden Briefsammlungen (s. folgender Abschnitt) benutzte. Darüber hinaus ist schon seit der Antike der einzelne B. durch Vervielfältigung oder als Teil von Briefsammlungen, die vom Absender, vom Empfänger, von Freunden des einen oder anderen oder von an bestimmten B.en oder ihren Inhalten Interessierten veranstaltet werden konnten, Literatur geworden. Literatur ist auch der →Offene B. zu publizist. Zwecken, erst recht aber der nur noch als lit. Form verwendete fiktive und fingierte B. für die verschiedensten lit. und sonstigen Anliegen. Dem echten B. nahe stehen noch die Widmungsb.e lit. Werke, die gelegentl. noch vom Werk getrennte echte B.e waren, in der Regel aber diesem selbst vorangestellt wurden, um über die eigentliche Widmung hinaus zugleich intentio, qualitas und utilitas des folgenden Werks zu beschreiben, und zu Recht zu einem Bestandteil desselben wurden. Aber auch ganze Abhandlungen, die auf Anfragen und Anregungen des Adressaten zurückgehen (vgl. Opuscula des →Petrus Damiani) oder dessen bes. Interesse voraussetzen oder dieses – sei es in erhoffter Zustimmung oder in polem. Absicht – erwecken sollen, geben sich ebenso als B. wie solche lit. und publizist. Erzeugnisse, die sich durch den angebl. Absender oder Empfänger oder durch beide Autorität, Zustimmung und Wirkung sichern sollen (→Kreuzzugsbriefe, →Teufelsbriefe, B.e →Berengars v. Tours). Mit dem Aufkommen der →Ars dictaminis (Ars dictandi) und ihren Sammlungen fingierter B.e seit dem Anfang des 12. Jh. und in dem Maße, wie die Artes selbst zu einer lit. Gattung werden, wird der B. vollends zu einem fast beliebig verwendbaren literar. Genus. Er wird in diesen Schriften nicht nur als Muster und Übungsstück dargeboten, sondern von Anfang an und folgerichtig aus der Sache heraus als Mittel verwendet, komplexe tatsächl. oder fingierte Sachverhalte von den verschiedensten Personen und ihren Situationen her darzustellen und so den möglichen unterschiedl. Aspekten eine scheinbare Authentizität zu verleihen. Schon in der 1. Hälfte des 12. Jh. kann man von kleinen Briefchroniken sprechen, gegen Ende des Jahrhunderts schrieb →Boncompagnus in Bologna die erste Briefsammlung mit novellist. Zügen, »Rota Veneris«, und in der »Hist. calamitatum« des →Abaelard könnte man den ersten ma. Briefroman sehen. Aber nicht nur in dieser, meist fingierten und rein literar. Form, vielmehr auch sonst nimmt der B. an den allg. stilist. und literar. Wandlungen und Geschmacksänderungen teil; ebenso macht der B. als eine literar. Gattung für ihn typ. literar.-stilist. Veränderungen durch. Dies gilt v. a. für die amtl. B.e. Waren diese in einer Zeit verhältnismäßig geringer Schriftlichkeit in der Regel kurz und vornehml. auf den sachl. Inhalt konzentriert, werden sie seit der Zeit des sog. →Investiturstreites bei zunehmender Ausnutzung der publizist. Möglichkeiten der B.form immer mehr zu einem Mittel auch der herrscherl. Selbstdarstellung und Propaganda. Dabei finden die Rhetorik und das literar. Zitat vermehrten Eingang in den B., und von bestimmten Zentren wie z. B. der päpstl. →Kanzlei, der Capuaner Rhetorikschule (→Petrus de Vinea) und der →Kanzlei →Friedrichs II., später auch der böhm. →Kanzlei (s. a. →Karl IV., →Johann v. Neumarkt) gehen den an sich privaten und persönl. Charakter des B.es überwölbende normative Wirkungen aus, die durch die weite Verbreitung von Sammlungen mit B.en aus diesen Kanzleien gefördert wurden. Ohne Zweifel haben sich auch die mit der B.abfassung beauftragten Kanzleiangehörigen nicht nur als Verfasser von Geschäftsb.en, sondern als literar. Autoren betrachtet.

Auch wenn der B. in seiner allg. Form als »Angelegenheit der persönlichen, intimen Sphäre« (H. O. Meissner) angesehen werden mag und seine Aufgabe – sieht man von dem angedeuteten literar. Interesse ab, das seinen Erhalt sichern konnte – im Augenblick der Kenntnisnahme durch den Empfänger erfüllt hat, sind dennoch aber auch die Grenzen gegenüber der Urkunde, die als Original und durch originale Aufbewahrung dauernder Rechtssicherung dient, sowohl formal wie sachl. nicht immer scharf zu ziehen. Mit der Urkunde hat der B. die weitgehende Formgebundenheit und die in jedem B. wiederkehrenden formelhaften Elemente gemeinsam. Nicht nur, weil B. und Urk. oft von denselben Personen verfaßt werden, aus derselben Kanzlei kommen, sondern auch weil die Urkunde durch ihr Beispiel wirkt, enthalten die B.e auch wesentl. Einflüsse aus dem Urkundenformular, bes. in Adresse und Arenga, aber auch etwa durch Anlehnungen an die Publicatio (z. B. »Notum facimus . . .«). Natürlich ist die Freiheit subjektiver Stilisierung im B. größer als in der Urkunde, der sie aber keineswegs fremd ist, aber den Formen und Formeln wird doch erhebliche Bedeutung zugemessen, v. a. auch deshalb, weil sie die Beziehungen zw. Absender und Empfänger unmittelbar und förmlich zum Ausdruck bringen und damit auch zu beeinflussen vermögen: fehlende Grußformeln sind Ausdruck der Feindschaft; die Reihenfolge von Absender und Empfänger ist nicht nur Ausdruck der Höflichkeit und Einschätzung, sondern auch von rechtl. belangvollen Auffassungen über die gegenseitigen amtl. oder persönl. Beziehungen. Zumindest seit der Entstehung der Ars dictaminis sucht die Theorie die formelhaften Bestandteile immer genauer festzulegen und jede nur erdenkl. Konstellation von Absender und Empfänger durch entsprechende Epitheta und Grußformeln zu formalisieren. Wie man zumindest in einzelnen Kanzleien schon seit dem FrühMA das Urkundenformular zu festigen sucht durch Formelsammlungen, wird durch entsprechende →Formulararbeitshilfe und -sammlungen – Sammlungen echter B.e, die der individuellen Merkmale, z. B. der Namen, entkleidet sind – auch der Formelhaftigkeit des B.es Vorschub geleistet. Wenngleich solche Formelhaftigkeit sich niemals ganz durchsetzt und der B. immer die persönlichste Art schriftlichen Ausdrucks bleibt und obwohl die Formeln niemals dasselbe Gewicht wie in der Urkunde erhalten können, weil ihnen die rechtl. Bedeutung abgeht, kommt ihnen doch eine erhebliche stilist.-literar. und soziale Verbindlichkeit zu.

Aber auch sachlich stehen sich B. und Urkunde und ebenso B. und Geschäftsschriftstück oft sehr nahe. Der sog. Geschäftsb., also der amtl. B. von Inhabern geistl. oder weltl. Gewalt, von Päpsten, Ks.n, Kg.en, Bf.en, weltl. Fs.en, von Städten und allg. von Institutionen, aber auch der Kaufmannsbrief (vgl. Abschnitt F) kann rechtswirksame Mitteilungen oder Anordnungen und Erklärungen enthalten, die Absender oder Empfänger binden, und auch als Beweis für Regelungen dienen, die für Absender und/oder Empfänger längerfristig wirksam sind. Nicht nur z. B. die →Littera formata des geistl. Rechtsbereichs oder das päpstl. →Breve oder →Dekret sowie die päpstl. →Dekretalen stehen auch formal den Urkunden nahe, und ebenso sind die meist den Urkunden zugerechneten →Mandate, die →lit(t)era clausa, die →Writs des engl. Kg.s, formal und im Grunde auch der Sache nach, Briefe. Folgerichtig sind B.e daher nicht nur lit. in B.sammlungen, sondern ebenso in archival. →Registern für den Geschäftsgebrauch gesammelt worden.

Analog den Urkunden fallen bei amtl. B.en und bei B.en hochgestellter Personen Absender und Schreiber oft auseinander, aber auch dann, wenn der Absender schreibunkundig ist oder sich den formalen und stilist. Anforderungen des ma. B.es nicht gewachsen fühlt. Je höher der Absender steht, desto wahrscheinlicher ist diese Verschiedenheit. V. a. im amtl. und im Geschäftsbereich sind daher Stil und Art eines B.es nicht für den Absender, sondern für den tatsächl. Verfasser (z. B. →Notar, →Kanzler, →Schreiber, →Kaplan) charakteristisch, dessen Identität oft gar nicht oder nur schwer festzustellen ist. Andererseits ist die Sicherung von bestimmten Absendern auch als Briefautoren oder die Zuweisung verschiedener B.e desselben Absenders auch an denselben Autor aus eben diesen Gründen schwierig oder gar unmöglich. Versuche dieser Art, die mit Hilfe des Stilvergleichs durchgeführt wurden, haben ebenso wie die Außerachtlassung literar. und stilist. Konventionen oder von Schultraditionen oft zu falschen oder einander widersprechenden Ergebnissen geführt.

Die Geschichte des B.es ist noch nicht geschrieben und die zahllosen Einzelbriefe aus den vielen Jahrhunderten des MA und dem gesamten Bereich des Abendlandes entziehen sich auch einer systemat. oder chronolog. Gesamtbetrachtung; ihre systemat. und geschichtl. Erschließung ist in erster Linie nur über die einzelnen Autoren möglich. Wesentlich besser erschlossen sind die Briefsammlungen (s. u.), wobei allerdings mehr die Probleme der Sammlung als die Besonderheiten des literar. Genus B. berücksichtigt werden. Eine wissenschaftl. Brieflehre gibt es trotz einiger Ansätze noch nicht. Kaum zu überschätzen ist dagegen der B. als hist. Quelle für alle nur erdenklichen Seiten des geschichtl. Lebens, aller Epochen, Gruppen und v. a. Individuen. Es ist aber charakterist. für das B.wesen, daß seine Dichte in unmittelbarer Relation zur jeweiligen Intensität der Schriftlichkeit einer Kultur steht. Entsprechend ist die Zahl der B.e verhältnismäßig groß in der Karolingerzeit, sehr gering im 9. und 10., zunehmend im 11. Jh. Die geistigen Auseinandersetzungen der Zeit der Kirchenreform, das wachsende Freizügigkeit, das Schulwesen, die Intensivierung von Handel und Verkehr, steigendes Kommunikationsbedürfnis und Selbstbewußtsein des Individuums lassen seit dem ausgehenden 11. Jh. die Zahl selbst der überlieferten B.e ins Unermeßliche anschwellen; etwa um dieselbe Zeit treten auch die ersten volkssprachlichen B.e auf. F.-J. Schmale

[2] *Briefsammlungen:* Als Briefsammlungen (Bs.en) können alle Slg.en von B.en bezeichnet werden, die von Originalen, deren Abschriften oder von Konzepten in Archiven. In der Regel und im folgenden werden darunter jedoch nur Sammlungen in Buchform, d. h. aber prinzipiell auch Briefbücher und -register, verstanden. Eine weitere Unterscheidung der Bs. in solche, die aus Gründen des Geschäftsverkehrs oder der Verwaltung angelegt wurden, und die übrigen, die ihrerseits nochmals gesondert sein sollen in »archivalische (zufällige), didaktische und literarische (geplante)« (nach Constable), läßt sich weder in der Praxis durchhalten noch method. eindeutig begründen. Damit sind zwar mögliche Entstehungsvoraussetzungen und -zwecke oder -umstände charakterisiert. Aber diese sind für die einzelne Sammlung und ihre Überlieferungen weder je allein maßgebend – sowohl

didakt. (theolog.) wie lit. lassen sich vereinbaren (→Codex Udalrici, →Tegernseer Bs.) und können auch auf archivalische Bs.en zutreffen (vgl. unten Briefbücher) –, noch ist es selten, daß aus ganz anderen Gründen angelegte Bs.en durch Abschriften zu literar. werden (→Petrus de Vinea); jede Bs. in Buchform ist auch Literatur. Sinnvoller erscheint die Einteilung in Sammlungen fiktiver B.e, die vornehml. der Disziplin der →Ars dictaminis angehören oder in denen der B. ledigl. fingierte literar. Form ist (→Boncompagnus, Briefroman, -novelle), und Sammlungen echter Briefe. Aber Bs.en entsprechen auch diesem Kriterium nicht immer eindeutig, da Mischung von echten und fingierten B.en häufig ist. Vereinzelt werden auch noch andere Arbeiten eines Autors in Bs.en aufgenommen (→Gerbert v. Aurillac, →Froumund v. Tegernsee, →Bern v. Reichenau, →Petrus Damiani), die dann in Wirklichkeit Gesamtausgaben darstellen.

Auch Bs.en lernt das MA bereits als röm. (Cicero, Plinius, Seneca), altchr. (Paulus), spätantik-chr. (→Ambrosius, →Hieronymus, →Augustinus) Literaturgattungen kennen, deren Pflege kaum jemals unterbrochen wurde (→Symmachus, →Cassiodor, →Gregor d. Gr.). Voraussetzung für die Anlage jeweils neuer Bs.en war aber stets ein hohes Maß von Schriftlichkeit und intensive briefl. Kommunikation, d. h. die Produktion einer relativ großen Zahl von B.en durch Institutionen und Einzelpersonen bedeutenden Ansehens. Erst bei regem Briefverkehr konnten sich literar. Selbsteinschätzung von Briefautoren, die ihre eigenen B.e sammelten und »edierten«, konnte sich Interesse an Autoren, Absendern, Empfängern oder Ereignissen auch in der Sammlung von B.en niederschlagen. Entsprechend diesen kulturellen und sozialen Bedingungen, aber auch deren Veränderungen und Schwankungen, ist die Zahl der B.e insgesamt und damit auch der Bs.en in den verschiedenen Epochen des MA unterschiedlich groß. Während Bs.en z. Zt. des merowing. Frankenreiches und in dessen Raum fehlen, treten sie unter den Karolingern häufiger auf (→Bonifatius, →Lullus, →Codex Carolinus, →Alkuin, →Hrabanus Maurus, →Hinkmar v. Reims u. a.). Im ausgehenden 9. und im 10. Jh. setzen sie, nicht nur auf dem Kontinent, erneut aus. Mit →Gerbert v. Aurillac und einigen seiner nur wenig jüngeren Zeitgenossen (→Bern v. Reichenau, →Froumund v. Tegernsee) beginnt dann jedoch ein Strom v. Bs.en, der seit der Kirchenreform und durch sie beträchtlich anschwillt und während des ganzen MA nicht mehr versiegt.

Bildet die Existenz von Bs.en im MA kein Problem, da die antiken und chr. Vorbilder ständig gegenwärtig sind und benutzt werden, und können auch die sozialen und kulturellen Bedingungen, die seit dem 11. Jh. v.a. durch den Aufschwung des gesamten Bildungswesens forciert wurden, grundsätzlich benannt werden, so wirft doch jede einzelne Bs. mannigfache, für dieses Genus spezifische Fragen auf. Diese betreffen einmal jeden einzelnen Brief einer Bs. und sind auch dieselben wie beim Einzelbrief: Echtheit, Verfasser, Absender, Empfänger, Datierung, Inhalt sind für jedes Stück gesondert zu untersuchen. Die Summe der Antworten enthält wesentl. Aussagen über den Autor der Bs., über deren Zustandekommen, Zweck, Anlage, Charakter, aber ebenso oft werden auch Probleme der Einzelbriefe erst durch die Untersuchung der Sammlung als Ganzes lösbar.

Für derartige Untersuchungen sind v. a. folgende Fragen zu stellen: 1. Autor der Sammlung und Verfasser der Briefe: Im einzelnen können dies sein a) der Absender, der gleichzeitig Diktator der Briefe ist (→Gerbert v. Aurillac, →Bern v. Reichenau, →Froumund, →Lanfranc und →Anselm v. Canterbury, →Ivo v. Chartres, →Hildebert v. Lavardin); b) der tatsächliche Verfasser (→Meinhard v. Bamberg), in beiden Fällen können aber auch an den Absender oder Diktator der Briefe gerichtete Schreiben (→Lambert v. Arras, →Gervasius v. Prémontré) oder auch erreichbares Fremdmaterial (→Hildesheimer Bs., →Wibald v. Stablo und Corvey, →Tegernseer Bs.) eingefügt sein; c) ein Kompilator – manchmal mehrere –, der Material eines Absenders oder Autors (→Alkuin, →Bernhard v. Clairvaux), eines Empfängers (→Codex Carolinus), der Aus- und Eingänge einer Kanzlei (→sog. Petrus de Vinea, →Richard v. Capua) oder verstreutes Material vereint, das aus Abschriften von Originalen, Konzepten, verbreiteten Einzelstücken und älteren Sammlungen zusammengesetzt ist (→Codex Udalrici). Stiluntersuchungen sind für diesen Problemkomplex von besonderem Gewicht. – 2. Aufbewahrungs- und Überlieferungsform der Briefe vor ihrer literar. Sammlung: Nur in einigen Fällen kann ein a) Briefbuch oder -register angenommen oder nachgewiesen werden, in das dann nach meist chronolog. Reihenfolge die ausgehenden, manchmal auch zugleich die eingehenden Briefe eingetragen wurden (→Gerbert v. Aurillac, →Froumund, →Wibald), und das eigtl. schon selbst eine Bs. darstellt. Solche Eintragungen können aufgrund von Konzepten (→Bern v. Reichenau) oder Originalen wie auch anhand von Abschriften der einen wie der anderen erfolgt sein – was entsprechend zu klären ist –, entweder unmittelbar oder bald nach Abfassung eines B.es oder gruppenweise in zeitl. Abstand. Immer aber setzt das Briefbuch von Anfang an oder sehr früh ein dauerndes literar. Wollen voraus. Erst späterer Wille zur Sammlung seitens des Absenders oder eines Autors führt oft b) zur Rückforderung der versendeten Originalbriefe oder von Abschriften (→Gervasius v. Prémontré). Kompilatoren können die c) »archivalisch« aufgehobenen Konzepte, Briefbücher, Register eines α) Autors (→Bonifatius), β) einer Kanzlei (→Petrus de Vinea) verwenden, wobei vereinzelt sich mehrere unterscheidbare Sammlungen aufgrund des prinzipiell selben, aber verschieden ausgewerteten Materials ergeben können; oder γ) Kompilatoren vermischen solcherart aufbewahrte B.e mit bereits vorliegenden Sammlungen (→Codex Udalrici, Sammlung von St. Viktor). – 3. Anordnung des Briefmaterials vor und in der Sammlung: Die chronolog. Ordnung ist in der Regel nur bei einem Briefbuch möglich und kann später auch vom Absender oder Verfasser allenfalls annähernd wiederhergestellt werden. Zusammenstellungen aufgrund vor allem von 2c sind chronolog. meist ungeordnet (→Petrus de Vinea), können aber nach äußeren Gesichtspunkten (z. B. des Bonifatius »Collectio pontificia und – communis«) oder im Falle von 2cγ noch die Ordnung des Primärmaterials widerspiegeln. – 4. Motive des Sammlers und Zweck der Sammlung: Sie reichen vom Willen und vom Bewußtsein des Briefautors, -absenders oder Kompilators, der einen B. über seinen eigtl. Zweck als Mitteilung hinaus als Literatur begreift, über das Interesse an einem berühmten Autor oder Absender oder auch Empfänger bis zu didakt. Zwecken und zeitgeschichtl. Motiven. Bei jeder Sammlung können meist mehrere Motive und Zwecke gegeben sein, ebenso für ihre Verbreitung durch Abschriften, die ebenfalls aus lit. Interesse, Freude an einem bunten Inhalt, durch die Berühmtheit eines Autors oder auch die Suche nach stilist. Vorbildern veranlaßt sein können. – 5. Fragen nach ursprgl. Gestalt und nach der Überlieferung: Sie stellen sich bei Bs.en aufgrund einer mehrfachen Überlieferung oft mit größerer Schärfe als bei anderen Literaturgattungen und sind wegen der Eigentümlichkeit des Genus und seiner Behandlung durch die Tradition oft nur schwer oder unbefriedigend zu beantworten, nicht nur im Falle von 2cβ, wenn aufgrund eines umfangreichen Primärmaterials verschiedene, aber inhaltl. sich überschneidende Sammlungen angelegt wurden (→Bonifatius, →Petrus de Vinea), sondern ebenso auch dadurch, daß gerade Bs.en im Lauf der Überlieferung im ursprgl. Bestand gemindert, aber auch durch neu aufgenommenes Material erweitert wurden. Derartige Kürzungen und Erweiterungen, gelegentl. aber auch Änderungen der äußeren Form (→Formulare) oder stilist. Art sind u. a. von den Zwecken bestimmt, um derentwillen eine Bs. abgeschrieben wird und die sich nicht mit den Zwecken des Sammlers selbst decken müssen. So sind zunächst weitgehend polit. gemeinte Bs.en oder auf einen Autor oder eine Institution bezogene zu didaktischen Bs.en umfunktioniert worden (→Codex Udalrici, →Tegernseer, →Reinhardsbrunner Bs., →Petrus v. Blois).

Zahlreiche Bs.en harren noch überhaupt oder doch der krit. Edition. Auch sie wirft spezif. Fragen auf, deren Beantwortung umstritten ist und die auch für die einzelnen Sammlungen unterschiedlich beantwortet werden müssen. Ein Teil dieser Probleme hängt unmittelbar mit allen soeben genannten zusammen; besonders hervorzuheben sind aber solche, die sich aus der Überlieferung ergeben: sind konkrete einzelne Überlieferungsformen von Bs.en oder erschließbare Archetypen oder z. B. der Gesamtbestand an B.en eines Autors auch über die in seiner Sammlung tradierten hinaus zu edieren? Soll man also Bs.en als Literatur oder lediglich als bes. Form der Überlieferung von B.en betrachten und als Editor eine neue Bs. konstituieren? Soll der Editor eine eigene chronolog. oder sachl. Ordnung anstreben, die u. U. im Gegensatz zu der in den Überlieferungen steht? Auch wenn stets der Vorschlag von ERDMANN bedenkenswert ist, die tatsächl. überlieferten Reihungen der einzelnen Stücke in Bs.en nicht zu verändern, so können und müssen angesichts der besonderen Entstehungs- und Überlieferungsverhältnisse der einzelnen Sammlungen durchaus auch andere Wege beschritten werden.   F.-J. Schmale

Ed.: Vgl. die Ed. zu den einzelnen Briefautoren und -sammlungen mit eigenem Stichwort – *Lit.:* EncIt 14, 104–109 – LThK² II, 686f. – G. STEINHAUSEN, Gesch. des dt. B.es, 2 Bde, 1902³ – B. SCHMEIDLER, Über B.sammlungen des frühen MA in Dtl. und ihre krit. Verwertung, Vetenskaps-Societeten i Lunds Årsbok, 1926 – H. ZATSCHEK, Stud. zur ma. Urk.lehre, 1929 – C. ERDMANN, Die Anfänge der staatl. Propaganda im Investiturstreit, HZ 154, 1936, 491–512 – DERS., Gregor VII. und Berengar v. Tours, QFIAB 38, 1938, 48–74 – DERS., Stud. zur Briefliteratur Dtl. im 11. Jh., MGH Schr. 1, 1938 [Neudr. 1952] – DERS., Unters. zu d. B.en Heinrichs IV., AU 16, 1939, 184–253 – K. PIVEC, Stil- und Sprachentwicklung in ma. B.en v. 8.–12. Jh., MIÖG Ergbd. 14, 1939, 33–51 – J. LECLERCQ, Le Genre épistolaire au MA, RMA 2, 1946, 63–70 – H. O. MEISSNER, Archive, Bibliotheken, Literaturarchive, AZ 50/51, 1955, 167–183 – G. SIMON, Unters. zur Topik der Widmungsb.e ma. Geschichtsschreiber bis zum Ende des 12. Jh., ADipl 4, 1958, 52–119; 5/6, 1959/60, 73–135 – F.-J. SCHMALE, Das Bürgertum in der Lit. des MA, VuF 12, 1968, 409–424 – WATTENBACH–HOLTZMANN II², 415–442; III, 130*–138* – A. V. BRANDT, Werkzeug des Historikers, eine Einführung in die hist. Hilfswiss., 1973⁷ – G. CONSTABLE, Letters and Letter-Collections, TS 17, 1976 [Lit.].

V. HUMANISMUS: [1] *Brief und Brieftheorie im italienischen Humanismus:* Mit der Wende vom 14. zum 15. Jh. erlebt der B. in Italien eine neue Blüte. 1345 kopierte →Petrarca in Verona Ciceros B.e an Atticus, an Quintus, an Brutus sowie den apokryphen B. an Augustus. Dabei entstand die Idee einer Sammlung seiner B.e in Versen und Prosa. Die »Epistolae metricae« (entstanden seit 1350) sind Marco Barbato aus Sulmona, die »Familiarum rerum libri« Ludwig v. Kempen gewidmet. Seit 1361 sammelt Petrarca seine Altersbriefe, die »Seniles« (17 B.e, Franceso Nelli gewidmet), und stellt 19 polemische und polit. B.e »Sine nomine« zusammen (entstanden zw. 1347 und 1359). In der literar. konzipierten Sammlung der »Familiares«, deren Abschluß fiktive B.e an große Persönlichkeiten der Antike bilden, sieht er sich in der Nachfolge Epikurs, Senecas und Ciceros. Mit Cicero begreift er den B. als »sermo amicorum absentium«, als quasi-dialog. Vergegenwärtigung eines abwesenden Partners. Die Unterteilung der Sammlung in 24 B.e folgt dem Vorbild von →Leonzio Pilatos lat. Homer-Übersetzung. Für Petrarca bilden die »Familiares«, die er als »animi mei effigies« und »ingenii simulacrum« bezeichnet (I, 1), eine ideelle →Autobiographie. Sie bewahren vergangene Zustände seines geistigen Selbst und zeichnen in der Vielfalt von Adressaten und Orten das bewegte äußere Itinerarium seines Lebens nach. Sie sind Mittel schreibender Selbstvergewisserung gegen die Zerstörungskraft der Zeit.

Petrarcas Beispiel folgten die bedeutendsten Humanisten des 15. Jh., indem sie ihre B.e sammelten, überarbeiteten und – meist in mehreren Bänden – »edierten«, d. h. durch Abschriften aus einem von ihnen autorisierten Exemplar Interessenten verfügbar machten. Briefsammlungen dieser Art sind erhalten von Giovanni →Aurispa, Leonardo →Bruni, Francesco →Barbaro, →Poggio Bracciolini, Pier Candido →Decembrio, Bartolomeo →Fazio, Francesco →Filelfo, der auch griech. B. schrieb, Cristoforo →Landino, Antonio →Beccadelli (Panormita), Enea Silvio Piccolomini (→Pius II.), Angelo →Poliziano, →Ambrosius Traversari, Giorgio →Valagussa, Pietro Paolo →Vergerio u. a. Nur wenige Humanisten, wie Lorenzo →Valla oder →Guarino v. Verona, edierten ihre Korrespondenzen nicht selbst. Coluccio →Salutati bewahrte Abschriften seiner Originalbriefe auf und überließ die Publikation seinen Schülern.

Der lit. Charakter humanist. Briefsammlungen äußert sich in der offiziellen Widmung an Freunde und Mäzene, in der Bucheinteilung, in der Aufnahme von B.en der Empfänger (dialog. Struktur) und in der Überarbeitung der tatsächl. versandten Brieftexte. Bei der lit. Redaktion werden Anfang und Schluß gekürzt, allzu Persönliches und Zeitgebundenes gestrichen, stilist. Verbesserungen vorgenommen und in der B.en an sozial hochgestellte Adressaten verwendete Majestätsplural durch ein lit. stilisiertes »Du« ersetzt. Ohne »intime« Korrespondenzen im modernen Sinne zu sein, vermitteln die Epistolare des 15. Jh. ein höchst lebendiges, persönl. Bild der humanist. res publica literaria. Der B. diente der Information und gelehrten Kommunikation; in ihm werden polem. Auseinandersetzungen ausgetragen (B.-Invektiven), moralphilosoph. Wissen auf konkrete Lebenssituationen angewandt, Berichte über Reiseerlebnisse, hist. Ereignisse oder Entdeckungen antiker Texte der Öffentlichkeit zur Kenntnis gebracht. Bes. beliebt waren unter den Zeitgenossen erzählende B.e, wie z. B. →Poggio Bracciolinis Bericht über den Tod des Hieronymus v. Prag oder der Bäder von Baden im Aargau. Neben Trostbriefen, Ermahnungsbriefen, Empfehlungsbriefen und Freundschaftsbriefen, finden sich polit. →Sendschreiben, die den Rahmen einer Privatkorrespondenz im heutigen Sinne sprengen. Da viele Humanisten als päpstl. Sekretäre, Kanzler der Kommunen und Sekretäre an Fürstenhöfen im Mittelpunkt einer zugleich literar. und polit. Öffentlichkeit standen, lassen sich Amtsbriefe und Privatbriefe oft nicht strikt trennen (HERDE). Das zeigt sich auch an der bes. Gattung der Widmungsbriefe, die jeweils auf polit. Kräftekonstellationen Rücksicht nehmen müssen.

Daß viele Humanisten auch von Berufswegen mit der Abfassung von B.en beschäftigt waren, hat den Aufschwung der Briefliteratur zweifellos erheblich gefördert. Einen lat. B. in gepflegtem Stil zu verfassen, war eine Erfordernis des Berufs und wurde im Unterrichtsprogramm der »Studia humanitatis« entsprechend berücksichtigt. Guarino von Verona z. B. verwendete Ciceros »Familiares« zum Unterricht der lat. Stilistik; die von Gasparino →Barzizza verfaßten »Epistolae ad exercitationem accomodatae« wurden als Briefmuster benutzt und fanden auch außerhalb Italiens Beachtung (gedr. 1470 in Paris). Schulmäßige Anleitungen zum Briefschreiben enthalten etwa die »Modi Epistolandi« von Francesco Negri, Niccolò Perotti, Lorenzo Valla u. a. Sie knüpfen formal und inhaltl. an das Vorbild der ma. →Artes dictaminis an, geben eingangs eine Briefdefinition, diskutieren die fünf B.-Teile und erörtern an prakt. Beispielen die B.-Arten. Meist wird der B. dem »genus attenuatum« zugeordnet, d. h. er sollte inhaltl. und stilist. das Niveau eines gebildeten Alltagsgesprächs nicht überschreiten, kurz gefaßt, verständlich und durch Einbeziehung von Witzen, Sprichwörtern und Exempla abwechslungsreich sein. Der tatsächl. inhaltl. und stilist. Spannweite der humanist. Epistolographie werden solche Forderungen jedoch nur teilweise gerecht. Daher wendet sich →Erasmus v. Rotterdam (vgl. den folgenden Abschnitt) in »De conscribendis epistolis« bewußt gegen jede normative Einengung des B.es durch die älteren Theoretiker. Er schreibt dem B. weder einen festen Umfang noch einen bestimmten Themenkatalog vor. Gemäß dem Prinzip des »apte dicere« müsse seiner themat. Variabilität ein breites Spektrum stilist. Ausdrucksmöglichkeiten entsprechen. Als B.-Ideal gilt Erasmus (im Gedanken an die B.e Polizianos und Poggio Bracciolinis) das »familiariter scribere«, die leichte, unpedant., assoziative Schreibweise, die den Leser durch Witz und Urbanität fesselt und den B. formal und inhaltl. dem späteren Essay annähert.

Der B.-Traktat des Erasmus ist bereits gleichsam ein Abgesang auf die große Zeit der lat. Epistolographie des Humanismus. Seine eigene lat. Briefsammlung wurde bis 1550 noch mehrfach, danach bis zum Ende des Jahrhunderts nicht mehr gedruckt. Das Interesse hatte sich ganz auf die volkssprachige Briefliteratur verlagert, deren Beziehung zum lat. Humanistenbrief noch kaum erforscht ist. H. Harth

Ed.: Carteggio di G. Aurispa, ed. R. SABBADINI, 1931 – F. Barbari et aliorum ad ipsum Epistolas, ed. J. M. Rizzardi, Brixiae 1741 – G. Barzizii opera, ed. J. A. Furiettus, Romae 1723 – L. Bruni Aretini Epistularum libri VIII . . ., ed. L. Mehus, Florentiae 1741 – F. Filelfi Epistolarum familiarum libri XXXVII, ed. I. und G. de Gregoriis, Venetiis 1502 – Epistolario di Guarino Veronese, hg. R. SABBADINI, 1915-1919 – A. Beccatelli Siculi. . . Panormitae Epistolarum gallicarum libri quattuor . . ., Neapel 1746 – F. Petrarca, Le Familiari, ed. V. Rossi, 1933-37 (4. Bd. v. U. Bosco, 1942) – Ders., Le Familiari, Introduzione, traduzione, note di U. DOTTI, 1974 – DERS., Lettere senili, ed. G. FRACASSETTI, 1869-70 – Ders., Sine nomine, ed. U. DOTTI, 1974 – R. WOLKAN, Der B.wechsel des E. S. Piccolomini, 1909-1918 – C. Salutati, Epistolario, ed. F. NOVATI, 1891-1905 – A. Traversarii . . . Latinae Epistolae, ed. L. Mehus, Florentiae 1759 – Epistolario di P. Zambeccari, ed. L. FRATI, 1929 – Epistolario di P. P. Vergerio, ed. L. SMITH, 1934 – *Zur B.-Theorie*: D. Erasmus Roterodamus, De conscribendis epistolis, ed. J. C. MARGOLIN (D. Erasmus R., Opera omnia I, 2, 1971) – Fr. Niger, Opusculum scribendi epistolas, Venetiis 1488 – Nicolaus Perottus, Rudimenta Grammaticas, Venedig 1486 – L. Valla, Opera omnia. Con una premessa di E. GARIN, 1962 [Nachdr. der Baseler Ausgabe v. 1540] – *Lit.*: G. VOIGT, Die Wiederbelebung des Class. Alterthums oder das erste Jh. des Humanismus, 1893[1] – F. P. LUISO, Riordinamento dell'Epistolario di A. Traversari, 1903 – W. RÜEGG, Cicero und der Humanismus, 1946, 53–63 – G. BILLANOVICH, Petrarca letterato, I: Lo Scrittoio del P., 1947, 1–151– K. T. BUTLER, The Gentlest Art in Renaissance Italy. An Anthology of Italian Letters 1459–1600, 1954, 1–26 – A. PEROSA, Sulla pubblicazione degli epistolari degli umanisti (La pubblicazione delle fonti del Medioevo negli ultimi '70 anni [1883–1953], 1954), 327–338 – G. RESTA, L'epistolario del Panormita, 1954, 3–39 – E. H. WILKINS, The »Epistolae Metricae« of Petrarch, 1956 – DERS., Petrarch's Correspondence, 1960 – P. HERDE, Politik und Rhetorik am Vorabend der Renaissance, AK 47, H. 2, 1965, 141–220 – P. MESNARD, Le commerce épistolaire, comme expression sociale de l'individualisme humaniste (Individu et société à la Renaissance, 1967), 17–31 – M. L. DOGLIO, Lettere del Boiardo e epistolari del '400, Lett. It. XXI, 1969, 243–264 – C. H. CLOUGH, The Cult of Antiquity: Letters and Letter Collections (cultural Aspects of the Italian Renaissance, hg. C. H. CLOUGH, 1976), 33–67 [z. Einführung, mit Primär- und Sek.lit.].

[2] *Der lateinische Humanistenbrief nördlich der Alpen bis zur Zeit des Erasmus:* Mit der Wiederentdeckung der B.e Ciceros und Plinius' war in Italien das selbständige Genus des Humanistenbriefes entstanden. Der Norden Europas erschloß sich dieser blühenden humanist. Briefkultur erst später, abgesehen von Vorläufern wie dem Briefwechsel, der im 14. Jh. am Prager Hofe der →Luxemburger mit →Petrarca u. a. frühen it. Humanisten geführt wurde (→Johann v. Neumarkt, →Karl IV.) Der größte humanist. Briefautor im Europa nördl. der Alpen ist Desiderius →Erasmus (1467/69–1536). Auch nördl. der Alpen drückten die klass. Vorbilder (bes. Cicero, Seneca und Plinius) der Kunst des Briefschreibens ihren Stempel auf und zwar sowohl in der privaten Korrespondenz der Humanisten des Nordens als auch in den Briefen – häufig echte Essays –, die sie ebenso wie die it. Humanisten, für die Veröffentlichung bestimmten. Diese B.e, die oftmals eine gewisse Unnatürlichkeit und Gestelztheit aufweisen, wurden sorgfältig aufbewahrt und häufig so schnell wie möglich veröffentlicht. Vielfach besitzen die B.e, neben ihrer Bedeutung für die Kenntnis des Verfassers, einen bes. Wert als kulturhist. Dokument und als Quelle für die Zeitgeschichte überhaupt. Das ist zweifelsohne bei den (3127 erhaltenen) Briefen von Erasmus der Fall, die einen wichtigen Teil seines Werkes bilden und allmähl. auch dank Übersetzungen in die Weltliteratur eingehen.

Erasmus korrespondierte mit den bedeutendsten Personen im Europa seiner Zeit, mit Fürsten, Päpsten, Prälaten, Reformatoren und insbes. mit den namhaften Persönlichkeiten des geistigen Lebens. Allen gibt er Ratschläge, da er als der geborene Erzieher seinen Briefen gern eine lehrhafte Absicht verleiht. Erasmus als Briefschreiber ist gleichsam Journalist: viele seiner »offenen«, weil veröffentlichten Briefe, die über aktuelle Geschehnisse handeln, erinnern an die Leitartikel und Zeitschriftenartikel unserer Zeit. V. a. für die Geschichte und Problematik der Reformation und die Verbreitung der bonae litterae ist dieser Briefwechsel von unschätzbarem Wert. Erasmus' Vorbilder waren v. a. Cicero, Plinius und der Humanist Poliziano, wie wir aus dem Traktat »De conscribendis epistolis« erfahren, den er 1522 herausgab und der rasch ein großer Erfolg wurde. Er kritisierte hier heftig andere derartige Traktate aus der Frühzeit des nördl. Humanismus, u. a. die viel gebrauchten »Epistolarum formulae« (1476) seines Landsmanns Carolus Virulus oder Menniken.

Von den bedeutendsten Vertretern der humanist. Briefliteratur in Erasmus' Zeit (die fast alle zu seinen Korrespondenten gehörten) im Gebiet nördl. der Alpen seien erwähnt: für den dt. Sprachbereich: B. Amerbach, M. Bucer, Ph. Melanchthon, J. Oekolompad, J. Pflug, W. Pirckheimer (und seine Schwester Charitas), B. Rhenanus, U. v. Hutten, J. Wimpfeling. Einen bes. Platz nahmen die fiktiven und anonymen »Epistulae obscurorum virorum« (I. 1515, II. 1517) ein; für Frankreich: G. Budé, merkwürdiger Stil mit zahlreichen griech. Wörtern, R. Gaguin, E. Dolet; für die Niederlande: N. Cleynaerts (Clenardus), M. Dorp(ius), L. Vives; für England: J. Colet, Th. More, J. Fisher; für Polen und Ungarn: J. Dantiscus, A. Krzycki, N. Olah, P. Tomicki. Für viele dieser Epistolographen fehlt noch immer eine moderne Ausgabe und eine Übersetzung ihrer Korrespondenz. − Zum humanist. Briefwesen in den einzelnen Ländern und Gebieten Europas vgl. weiterhin die einzelnen Ausführungen in den Abschnitten B und C. A. Gerlo

Ed.: P. S. ALLEN, H. M. ALLEN, H. W. GARROD, Opus epistolarum D. Erasmi Roterodami, 1906–58, 12 Bde – D. Erasmus Roterodamus, De conscribendis epistolis, ed. J. C. MARGOLIN (D. Erasmus R., Opera omnia I, 2, 1971) – A. ROERSCH, Correspondance de Nicolas Clénard, 1940–41, 3 Bde – E. F. ROGERS, Sir Th. More. Correspondence, 1947 – A. HARTMANN, Die Amerbachkorrespondenz, 1953ff., 8 Bde – Martin Bucer. Opera omnia, ed. R. STUPPERICH, 1961–62, 2 Bde – U. V. POLLET, Julius Pflug, Correspondance recueillie et éditée avec introduction et notes, 1969 – *Übers.:* M. M. DE LA GARANDERIE, La correspondance d'Erasme et de Guillaume Budé (vollst. Übers.), 1967 (De Pétrarque à Descartes, 13) – R. MYNORS–D. THOMSON u. a., The correspondence of Erasmus (Engl. Übers. mit Kommentar), 1, 1974 – A. GERLO u. a., La Correspondance d'Erasme (vollständ. frz. Übers. mit Kommentar), 11 Bde, 1967–1982 – *Lit.:* P. VAN TIEGHEM, La littérature latine de la Renaissance. Étude d'histoire littéraire européenne, 1944 – L. WINNICZUK, Epistolographia. Lacińskie podręczniki epistolograficzne w Polsce w XV–XVI wieku, 1953 (Biblioteka Meandra, 19) – E. NEUBERT, Einf. in die frz. und it. Epistolarliteratur der Renaissance und ihre Probleme, RJ 12, 1961, 67–93 – A. GERLO, The opus de conscribendis epistolis of Erasmus and the tradition of the Ars epistolica (R. R. BOLGAR, Classical influences on European culture, 1971).

B. Briefwesen und Briefliteratur in den Volkssprachen Mittel-, West- und Südeuropas

I. Deutsche Sprache und Literatur – II. Mittelniederländische Sprache und Literatur – III. Romanische Sprachen und Literaturen – IV. Englische Sprache und Literatur.

I. DEUTSCHE SPRACHE UND LITERATUR: Das Wort Brief ist – wie weitgehend die dt. Terminologie der Schriftlichkeit – ein aus dem Lat. übernommenes Lehnwort (brevis libellus), dessen Bedeutungsfeld dort sehr breit war. Es bezeichnete neben dem Privatb. auch den amtl. B., den lit. Privatb. (der für eine größere Leserschaft bestimmt ist) und die lit. Epistel (in fingierter B.form). Im kaum entfalteten lit. Betrieb der ahd. Epoche hat der junge briaf, brief nur die Bedeutungen 'Schreiben', 'Schriftstück' (wie 'Urkunde', 'Erlaß', 'Mandat', 'Anklageschrift', 'Entlassungsschreiben' u. a.), 'Sendschreiben', 'Brief', wobei die vorrangige Verwendung der unvertrauten Schrift im jurist. Bereich hervorsticht. Das gilt im Prinzip auch noch für die mhd. Epoche, in der ledigl. die Bedeutung 'Brief' (= Privatb.) zunehmend belegt ist. Die Herkunft der Schriftlichkeit aus der Spätantike zeigt sich auch im jahrhundertelangen Vorherrschen der lat. Sprache sowohl in amtl. und privaten Korrespondenzen wie auch im Urkundenwesen des dt. MA.

Die Entstehung des Privatb.s in der Volkssprache war an die Erfüllung mehrerer Voraussetzungen gebunden: es mußte die lat. Schrift zur Aufzeichnung der Volkssprache eingeführt sein, ein billiger Beschreibstoff zur Verfügung stehen, die Beweglichkeit in der Bevölkerung zugenommen haben, woraus die Notwendigkeit resultierte, Nachrichten über weite Entfernungen zu übermitteln, und es mußten sich die Menschen die Fähigkeit persönl. Erfahrens und Erlebens erworben haben, die zur Verarbeitung fremden Erfahrungsgutes ebenso drängt wie zur Mitteilung des eigenen. Diese Entwicklungen laufen im hohen und späten MA zusammen, bedingt durch die Gründung städt. Schulen und die Ausbreitung einer einheim. Papierfabrikation, durch die Intensivierung des internationalen Handels und durch die reflektierte Erfahrung menschl. Existenz zw. Diesseits und Jenseits in der hochma. höf. Adelsgesellschaft und ihrer Literatur. Zu den großen Themen der frühen B.kultur in dt. Sprache sind auf diesem Wege das Erlebnis der Minne, das Erlebnis Gottes und das Abenteuer der Kaufmannschaft geworden.

Mhd. Liebesb.e sind einmal auf Einzelblatt oder im Rahmen kleinerer oder größerer Sammlungen, einmal innerhalb von mhd. Epen überliefert (→Heinrich v. Veldeke, »Eneit«; →Wirnt v. Grafenberg, »Wigalois«; →Rudolf v. Ems, »Willehalm von Orlens«; →Johann v. Würzburg, »Wilhelm v. Österreich«). Die B.e beider Überlieferungsformen unterscheiden sich nicht grundsätzlich, sondern es dominiert in beiden Fällen ein sprachl. und inhaltl. Formalismus, der aber im Einzelfall nicht gegen eine Aktualität der Aussage sprechen muß. Der private volkssprachl. Liebesb., der sich an die Ausdrucksweise eines zum Vorbild gemachten mhd. Epos (einschließlich des Reimverses) bzw. des durch die →Ars dictaminis geprägten mlat. anlehnt, kann immer noch die Art von Urkunde sein, deren festes Formular die Verbindlichkeit des Inhalts gewährleisten hilft. – Das delikate Thema und seine diplomat.-kunstvolle Durchführung haben aber auch ihren eigenen Reiz, die den Liebesb. zur Kunstform, zum lit. B. werden lassen können. Das zeigt sich schon im manierierten B.stil der Epen des Rudolf v. Ems und des Johann v. Würzburg. Liebesbriefsammlungen z. T. größeren Umfangs (s. BRANDIS, Minnereden, Nr. 96–118, 119–126 u. a.) lassen ebenfalls eine sich etablierende lit. Gattung erkennen, deren unterhaltende Absicht dort bes. deutlich ist, wo die Texte in einen novellist. Rahmen gestellt sind (Minnelehre des Johann v. Konstanz). Die Grenze zw. Kunst- und Zweckform ist auch insofern nicht exakt zu ziehen, als mit einer lit. Stilisierung des Zwecks zu rechnen ist.

Der geistl. B. ist ein Kind des verinnerlichten religiösen Erlebens in der hochma. Mystik, die ebenfalls weitgehend von der adlig-patriz. Oberschicht getragen wurde. Das Erbe der lange vorherrschenden lat. Sprache scheint im dt. Mystikerb. noch in bestimmten vorgegebenen Ausdruckselementen, in traktathaften und belehrenden Partien durch. Der Übergang zur Volkssprache seit dem 13. Jh. verweist – wie bei anderen Gattungen der geistl. Lit. – auf die Tätigkeit der Bettelorden, denen Mitte des 13. Jh. die seelsorgerl. Betreuung der Frauenklöster (cura monialium) von der Kurie anvertraut worden war. – Aus den meisten dieser mhd. B.e spricht eine innige Beziehung zw. einzelnen gelehrten Bettelmönchen und ihren Seelenfreundinnen (v. a. →Heinrich v. Nördlingen und Margareta→Ebner, Heinrich→Seuse und Elsbet→Stagel). Aber auch diese B.e sind mehr als nur Mitteilung, als Austausch zw. sich innerlich verwandt fühlenden Personen, sie wollen das gemeinsame religiöse Erlebnis auch sprachlich fixieren und dokumentieren. – In der Überlieferung entstehende B.sammlungen und B.bücher einzelner Verfasser (→Hadewijch, Heinrich v. Nördlingen, Heinrich Seuse, Der Gottesfreund vom Oberland – eine Mystifikation des Straßburgers Rulman →Merswin, Johannes →Nider) lassen den Wunsch einer begrenzten Öffentlichkeit nach Teilhabe erkennen. Kunstform und Zweckform sind auch hier nicht zu trennen. Nicht zufällig sind mehrfach B.e in stilisierte myst. Viten eingearbeitet worden (→Mechtild v. Magdeburg, →Mechtild v. Hackeborn, Heinrich Seuse, →Magdalena Beutler u. a.).

Mit dem Erlahmen des religiösen Impulses im *ausgehenden MA* (15./16. Jh.) schränkt sich der Themenkreis des geistl. B.s zunehmend auf Alltagsprobleme ein, dafür wird die Ausdrucksweise freier und persönlicher, die Entwicklung zum nz. Privatb. zeichnet sich ab (Söflinger B.e, Caritas Pirckheimer u. a.). Auch der Liebesb. – aus themabedingter Sprachnot zwar stets zu Formeln und Floskeln neigend – sprengt vereinzelt sein ma. Korsett und ersetzt die verlorengehende Leistung der formalen Elemente durch Unmittelbarkeit und Herzlichkeit (Maria v. Burgund, Mgf. Albrecht Achilles an seine Ehefrau, Balthasar Paumgartner an seine Ehefrau). Familiäre und freundschaftl. Bindungen finden jetzt, nachdem große Teile des Bürgertums die Schrift beherrschen und der B. eine Artikulationsmöglichkeit des Alltags geworden ist, bei räumlicher Trennung der Betroffenen ihre briefl. Fortsetzung. Sie ist deutlich von der aktuellen Situation und von der Individualität des Absenders geprägt, hat also – in unterschiedl. Maße! – schon Bekenntnisfunktion in der Art des neuzeitlichen Privatb.s. Zu dieser Entwicklung haben die Korrespondenzen der spätma. Kaufleute wesentl. beigetragen (vgl. auch Abschnitt F). Die Wende zur Neuzeit sei mit den umfangreichen Briefœuvres der Mgf.en Albrecht Achilles v. Brandenburg-Hohenzollern und Martin Luthers markiert.

Gleichzeitig hat sich die dt. Sprache im amtl. Schriftverkehr völlig durchgesetzt, was letzten Endes auch zur Übersetzung der lat. Briefsteller und Formelbücher führt. Damit dringt ein neuer Formalismus in den deutschsprachigen B., der sog. Kanzleistil (→Kanzlei), und dieser Gegensatz zw. dem individuellen Privatb. und dem im Rahmen vorgegebener Formen sich bewegenden amtl. und offiziellen B. bestimmt dann die deutschsprachige Briefkultur der folgenden Jahrhunderte. – Vgl. auch den folgenden Abschnitt II (zum mittelniederländ. Brief).

A. Holtorf

Ed. und Lit.: [allg.]: W. WATTENBACH, Das Schriftwesen im MA, 1896³ [Neudruck 1958], 199–203 – G. STEINHAUSEN, Geschichte des dt. Briefes, 2 Bde, 1889–91 [Neudr. 1968] – Dt. Privatbriefe des MA, hg. G. STEINHAUSEN, 2 Bde, 1899–1907 [grundlegend, enthält viele nur hier veröffentlichte Quellen] – G. PETZSCH, Über Technik und Stil der mhd. Privatbriefe des 14. und 15. Jh. [Diss. Greifswald 1913] – Das Fischer-Lex. Literatur II, 1, 1965, 100–112 [P. RAABE] – *[zum Liebesbrief]:* A. RITTER, Altschwäb. Liebesbriefe, 1897 – E. MEYER, Die gereimten Liebesbriefe des dt. MA, 1899 – Johann v. Konstanz, Die Minnelehre, ed. F. E. SWEET, 1934 – E. MAYSER, B.e im mhd. Epos, ZDPh 59, 1935, 136–147 – T. BRANDIS, Mhd., mnd. und mnld. Minnereden, 1968 (MTU 25), Nr. 76–193 – J. PURKART, Botenrolle und Botenlied, ein Beitrag zur Gesch. der mhd. Liebesbriefe [Diss. Univ. of Massachusetts, 1971] – A. HOLTORF, Neujahrswünsche im Liebesliede des ausgehenden MA, 1973 (GAG 20), 240–256 – *[zum geistl. Brief]:* PH. STRAUCH, Margaretha Ebner und Heinrich v. Nördlingen, 1882 – K. RIEDER, Der Gottesfreund vom Oberland, 1905, 64*–157* – Heinrich Seuse, Dt. Schriften, hg. K. BIHLMEYER, 1907 [Neudr. 1961], 360–393 [Briefbüchlein], 405–494 [das Große Briefbuch] – W. OEHL, Dt. Mystikerbriefe des MA 1100–1550, 1931 [Neudr. 1972] – H. GRUNDMANN, Religiöse Bewegungen im MA, 1970³, 459f. – Hadewijch, Brieven, hg. J. v. MIERLO S. J., 2 Bde, 1947 – *[zum dt. Brief im ausgehenden MA]:* WEHRMANN, Briefe an Matthias Mulich, Zs. des Vereins für Lübeck. Gesch. und Alterthumskunde 2, 1867, 296–347 – E. DÜMMLER, Neun Frauenbriefe des 15.–16. Jh., Zs. für dt. Kulturgesch. N.(2.)F., 3, 1874, 325–344 – Maximilians I. vertraulicher Briefwechsel mit Sigmund Prüschenk, hg. V. v. KRAUS, 1875 – J. KAMANN, Aus Paulus Behaims I. Briefwechsel, Mitt. des Vereins für Gesch. der Stadt Nürnberg 3, 1881, 73–154 – P. JOACHIMSOHN, Aus der Vorgesch. des »Formulare und Deutsch Rhetorica«, ZDA 37, 1893, 24–121 – J. KAMANN, Aus dem Briefwechsel eines jungen Nürnberger Kaufmanns im 16. Jh., Mitt. aus dem Germ. Nationalmuseum, 1894, 9–22, 45–56 – G. STEINHAUSEN, Sechzehn dt. Frauenbriefe aus dem endenden MA, Zs. für Kulturgesch. N.(4.)F., 1, 1894, 93–111 – Briefwechsel Balthasar Paumgartners d. J. mit seiner Gattin Magdalena, geb. Behaim, hg. G. STEINHAUSEN, 1895 (BLV 204) – G. STEINHAUSEN, Vier Frauenbriefe aus dem endenden MA, Zs. für Kulturgesch. N.(4.)F., 3, 1896, 213–216 – J. KAMANN, Briefe aus dem Brigittenkloster Maihingen (Maria-Mai) im Ries, Zs. für Kulturgesch. N.(4.)F., 6, 1899, 249–287, 385–410; 7, 1900, 170–199 – O. WINCKELMANN, Straßburger Frauenbriefe des 16. Jh., AK 2, 1904, 172–195 – D. Martin Luthers Werke, Weimarer Ausgabe, Briefwechsel, 14 Bde, 1930–70 – M. WALLER, Briefe in den dt. Volksbüchern, ZDPh 61, 1936, 293–309 – M. MILLER, Die Söflinger Briefe und das Klarissenkloster Söflingen bei Ulm a. D. im SpätMA [Diss. Tübingen 1940] – Albrecht Dürer, Schriftl. Nachlaß, hg. H. RUPPRICH, 1, 1956, 39–127 – Briefe von, an und über Caritas Pirckheimer, hg. J. PFANNER, 1966.

II. MITTELNIEDERLÄNDISCHE SPRACHE UND LITERATUR: Briefe rein privaten Charakters sind im Mndl. nicht erhalten; die überlieferten B.e waren offensichtl. für einen breiteren Leserkreis bestimmt. So ist die Gattung des gereimten Liebesbriefes auch im Mndl. vertreten. Das Hauptthema dieser B.e ist der Haß der Liebenden auf Neider und Klatschsüchtige. Bes. Bedeutung kommt einem in der Univ.-Bibl. Leiden aufbewahrten B. zu, dessen Überlieferungsform den Anschein eines urspgl. authent. B.es hat, dessen evidente Kopierfehler jedoch auf eine lit. Spielform schließen lassen. Der gereimte Liebesb. war bis ins 16. Jh. bei den →Rederijkers im Schwange. Zum Teil als Gegenstück zum weltl. Minneb. zu verstehen sind die mystischen B.e der →Hadewijch (Prosa und Verse). Ihre urspgl. Adressaten sind die Jungfrauen, deren geistl. Ratgeberin Hadewijch gewesen zu sein scheint. Ihre B.e sollen Neulingen als Anleitungen zur vollkommenen Hingabe an den Dienst Gottes dienen (→Mystik). Die Tradition des devoten B.es wird von der →Devotio moderna fortgesetzt: Hendrik→Mande paraphrasierte Hadewijchs Prosab.e für ein breiteres Publikum; von Gerlach Peters sind zwei ermahnende Prosab.e erhalten.

F. P. van Oostrom

Ed. und Lit.: Liebesbriefe: Van vrouwen ende van Minne, ed. E. VERWIJS, o. J., XVII – Jacob van Maerlant, Roman van Torec, ed. J. TE WINKEL, 1875, 83f. – A. de Roovere, De gedichten, ed. J. J. MAK, 1955, 393f. – B. H. ERNÉ, Ntg 56, 1963, 211–214 – T. BRANDIS, Mhd., mnd. und mnld. Minnereden, 1968, Nr. 77–81 und 152 [Inv. und Lit.] – I. GLIER, Artes amandi, 1971, 401f. – S. A. P. J. H. IANSEN, Verkenningen in M. Casteleins Const. van Rhetoriken, 1971, 18 – *Hadewijch:* Mengeldichten, ed. J. v. MIERLO, 1912, 1952² – Brieven, ed. DERS., 1947 – Van minne spreken . . ., 1976, 79–137 – *Devotio moderna:* W. MOLL, Kerkhist. Arch. 2, 1859, 199–229 – G. VISSER, Hendrik Mande, 1899, Beil. III – J. v. MIERLO, Dietsche War. e. Belf. 10, 1909, 293–316.

III. ROMANISCHE SPRACHEN UND LITERATUREN: [1] *Briefliteratur:* a) In *Italien* wurde der Aufschwung des volkssprachlichen B.s durch die bürgerl. Stadtkultur, die Entwicklung des Rechts-, Notariats- und Kanzleiwesens sowie durch Diplomatie und Handel seit dem frühen 13. Jh. gefördert. Dabei besteht eine enge Verbindung zu →Ars dictaminis und Rhetoriklehren (→Rhetorik). Der Bologneser Dictator →Guido Faba (vor 1190–ca. 1245) erweitert als erster den schon breit entwickelten lat. Fachtraktat, indem er nach lat. Vorlagen übersetzte it. Briefmuster für den privaten und geschäftl. Verkehr in die »Gemma purpurea« und »Parlamenta et epistole« aufnimmt. Brunetto →Latini, ztw. selbst Notar und Florentiner Kanzler, setzt diese Tendenz fort in der »Sommetta ad amaestramento di componere volgarmente lettere« (1267/87), der ersten vollständig it. verfaßten Ars dictandi mit Briefformularen. Auch in der »Rettorica« und v. a. im »Livre dou tresor« (Buch III) handelt er die Briefstillehre ab. Die 36 B.e des →Guittone d'Arezzo (1230?–94?) erörtern philos., moral.-polit. und religiöse Fragen. Erbaul. Belehrung und myst. Erfahrung bieten die B.e des sel. Giovanni →Colombini (ca. 1304–67). Die an eine Vielzahl von

Empfängern (Päpste, kirchl. Würdenträger, Kaufleute, Mönche, Condottieri, Frauen) gerichteten B.e der hl. Dominikanertertiarin →Katharina v. Siena (1347–80), zuerst 1492 gedruckt – die ven. Ausgabe 1500 umfaßt bereits 350 B.e –, stellen ein bedeutendes Zeugnis aus dem polit. und geistl. Leben des 14. Jh. dar. Aus der Epistolarliteratur des 15. Jh. ragen die B.e der Florentinerin Alessandra Macinghi Strozzi (1407–71) an ihre Kinder sowie die B.e des zum Kreis um Lorenzo de'Medici gehörenden Dichters Luigi →Pulci (1432–84) hervor. Das früheste Beispiel für die am klass. Vorbild ausgerichtete (Heroides-Übers., 15. Jh.) und in der it. Lit. bes. ausgeprägte heroische Briefdichtung gibt Luca →Pulci (1431–70) mit seinen 18 Lorenzo de'Medici gewidmeten »Epistole eroiche« (1481). Die anonymen »Epistole eroiche« (um 1500) gestalten Novellenstoffe aus Boccaccios »Decamerone«. Als ksl. Kanzlist schreibt Enea Silvio Piccolomini (→Pius II.) 1444 mit der Erzählung »De duobus amatoribus Eurialo et Lucresia«, in die viele Liebesbriefe eingefügt sind, ein für den europ. Briefroman wichtiges, oft übersetztes und nachgeahmtes Erfolgsbuch, von dem sich der nachmalige Papst Pius II. distanzierte. Alessandro Braccio gab davon vor 1477 eine freigestaltete e. Versübers.; die frz. Versübers. stammt von Octovien de →Saint-Gelais (1493 u. ö.). – Zum it. Fürstenbrief des SpätMA und der Frührenaissance vgl. Abschnitt B. III, 2; zur reich überlieferten it. Handelskorrespondenz vgl. Abschnitt F. II.

b) In der *prov. Dichtung* ist der von →Arnaut de Maruelh (Maroill) in der 2. Hälfte des 12. Jh. eingeführte, mit der höf. Minnelehre zusammenhängende *salutz* (»Liebesgruß«, in paarweise gereimten Achtsilbern) eine eigenständige Form mit festem inhaltl. Aufbau gemäß den Regeln der Ars dictaminis; sie bildet das Vorbild für den afrz. Liebesbrief *(salut d'amour)*.

c) In *Frankreich* entwickeln sich von →Tours und →Orléans aus seit Mitte des 12. Jh. einflußreiche Schulen der lat. Briefstillehre. Die erste frz. Darstellung ist von Brunetto →Latini im »Livre dou tresor« (1262/68). Kgl. Kanzlei, Pariser Universität und die päpstl. Kurie in Avignon prägen den amtl. Briefstil, in den die Volkssprache erst spät vordringen kann. Die funktionale Verwendung der Briefform in den verschiedenen Gattungen ist alt. Im »Roman d'Eneas« (Mitte 12. Jh.; →Aeneasroman) wird erstmals ein Brief in indirekter Wiedergabe gebracht; im »Roman de Tristan« (Prosafassung 1225/30) spielen Vers- und Prosabriefe für die Erzählweise eine Rolle. Aus der zweiten Hälfte des 13. Jh. stammt eine Prosafassung des europ. weitverbreiteten B.es über den sagenhaften Priesterkönig →Johannes. →Richart de Fornival kleidet die Beispielreihen seines Traktats »Le bestiaire d'amour« (vor 1260) in den Rahmen eines Liebesbriefs, zu dem eine apokryphe »Response« überliefert ist. Zwei mlat. →Facetus-Gedichte mit Musterliebesbriefen liegen in frz. Übers. vor. →Christine de Pisan parodiert in der »Epistre au Dieu d'Amours« (1399) die Lettres royales; daran schließen B.e im Streit um den →»Roman de la Rose« an. Die »Epistre d'Othea« der Christine de Pisan ist ein Ritterspiegel (Lehrgedicht in Briefform). Die volkssprachige Rezeption von Ovids »Heroides« setzt um die Mitte des 14. Jh. ein mit der in die Trojageschichte eingelegten Teilübers. von 13 Briefen. Im 15. Jh. stehen an ihrem Schluß Andry de →La Vignes frei erfundene novellenartige »Quatre epistres d'Ovide« (1497 entstanden) und Octovien de →St-Gelais mit seiner im 16. Jh. so erfolgreichen Heroides-Übers. Die Versepistel hat schon vor Clément Marot eine lange Tradition. Die 46 mit Versen verbundenen Prosaliebesbriefe im »Livre du Voir Dit« (1363/64) von →Guillaume Machaut nehmen wegen ihrer autobiogr. authent. Bezüge eine Sonderstellung ein. Einen schwülstig gelehrten lit. Briefwechsel u. a. mit Georges →Chastellain gibt Jean →Robertet († 1503) in »Douze Dames de Rhetorique« wieder. Die Briefform bildet den Rahmen für zwei hist. Beispielerzählungen in der Trostschrift »Reconfort de Madame du Fresne« des →Antoine de La Salle.

d) Aus dem *katal.-aragonesischen Herrschaftsgebiet*, das mit der Mittelmeerwelt und dem it. Humanismus (Neapel) verbunden war, ist ein hist. wie kulturgesch. einzigartiger Bestand von Briefzeugnissen erhalten sowohl aus der immer wieder mit lit. bedeutenden Sekretären besetzten kgl. →Kanzlei als auch aus dem privaten Bereich. Auf die stilist. Entwicklung der katal. Sprache im 14. und 15. Jh. hat die Kanzlei großen Einfluß ausgeübt. Um die Wende zum 16. Jh. erschien der Briefsteller von Thomas de Perpenya »Art y stil pera scriure a totes persones« in mehreren Auflagen. Die lit. Gestaltung und Funktion der Briefform ist sehr reich. Ovids »Heroides« wurden bereits vor 1390 von Guillem Nicolau übersetzt. Im 15. Jh. entstanden zwei verschiedene Übersetzungen von Senecas »Epistulae ad Lucilium«. Der fingierte Briefwechsel Alexanders mit Kg. Dindimus liegt in valencian. Fassung vor. Der →»Himmelsbrief« zirkulierte in zwei katal. Fassungen. Die von Petrarcas Brief an Niccolò →Acciai(u)oli über die Prinzenerziehung (Fam.rer. XII, 2) angefertigte anonyme katal. Übersetzung »Lletra de reials costums« wurde in den Roman »Tirant lo Blanch« (Kap. 143) des Joanot →Martorell aufgenommen. »Lletres de batalla«, Schmähbriefe und Herausforderungen zum ritterl. Zweikampf, wie sie u. a. Martorell zahlreich verfaßte, kommen auch im Ritterroman (»Curial e Güelfa«, geschr. 1432/62, »Tirant«) vor und wurden auf die allegor. Liebesdichtung übertragen (Pere Bou, »Deseiximent contra lo fals Amor«, 1458). Der poet. Liebesbrief greift auf die Troubadourlyrik zurück (u. a. Amanieu de Sescars, letztes Viertel 13. Jh.), z. B. bei Pere →March (1338?–1413) »Lo mal d'amor« (302 paarreimende Achtsilbner), ein anonymen allegor. »Salut d'amor« (14./15. Jh., 707 Achtsilbner in Paarreim), der »Requesta que féu un frare a una monja« sowie den »Prechs d'amor«. Der mlat. →Facetus in Distichen liegt in einer katal. Adaptation (Ende des 14. Jh.) vor. In die Verserzählung »Frondino e Brisona« (14./15. Jh.) sind fünf umfangreiche Minnebriefe in Prosa eingearbeitet. →Joan Roís de Corella (1433/43–97) schrieb fiktive »Letres d'Aquiles a Policena«. In der didakt. Briefliteratur wurde die ps. bernhardinische »Epistola de cura et modo rei familiaris gubernandae« dreimal übersetzt. Außer der freien Fassung einer Epistel des hl. Hieronymus an Eustachius sind die »Lletra de castichs i bon nodriments« sowie ein B. an eine Tochter des Hzg.s Alfons de Gandia zu erwähnen. In der Korrespondenz mit Roís de Corella und Fernando de Bolea diskutiert Prinz Carlos de →Viana in gelehrter Manier moralkasuist. Fragen. Die »Epistola a los valientes letrados de España« spiegelt seine humanist. und philos. Bemühungen.

e) Im *kast. Sprachraum* ist die Überlieferung von Kanzlei- und Privatbriefen nicht so umfangreich wie im Gebiet der Krone Aragón. Die aus dem 15. Jh. erhaltenen Zeugnisse zeigen jedoch die breiten Verwendungsmöglichkeiten der Briefform. Eine in Hss. und Drucken verbreitete anonyme Übers. von Senecas »Epistulae ad Lucilium« entstand aufgrund einer afrz. Vorlage im Umkreis des Hofes. Ovids »Heroides« werden nach früheren Einzelübersetzungen (u. a. in »Sumas de historia troyana« von Leomarte, Mitte 14. Jh.) fast vollständig im »Bursario des →Juan Rodríguez de la Cámara (ca. 1390–ca. 1450) zusammen mit drei weiteren Liebesbriefen aufgenommen. Fingierte Trostbriefe Alexanders an seine Mutter erscheinen bereits in der Weisheitsliteratur des 13. Jh. (→Bocados de oro, →Poridad de poridades) sowie im »Libro de Alexandre« (→Alexander d. Gr., V, [2]). Trostbriefe in Vers und Prosa sind aus der zweiten Hälfte des 15. Jh. erhalten (z. B. Gómez →Manrique, Fernando de la Torre). Zu den berühmten Lehrbriefen zählen das »Prohemio e carta« des Marqués de→Santillana (1449), der älteste Abriß der span. Literaturgeschichte, und das humanist. Mahnschreiben »Epistola exhortatoria a las letras« von →Juan de Lucena. Santillana pflegte einen für die Laienbildung im kast. Frühhumanismus aufschlußreichen Briefwechsel. Gelehrte Widmungsschreiben an Gönner leiten häufig die Übersetzung antiker Schriftsteller ein (→Alfonso v. Cartagena). Beispiele stilisierter Briefkultur bieten die Sammlungen der Chronisten Hernando del →Pulgar (»Letras«, Burgos 1485?) und →Diego de Valera (»Tratado de las letras«). Die →Cancionero-Dichter verwenden die konventionelle Liebesbriefform häufig. Zur Ausbildung des Briefromans hat Diego de→San Pedro v. a. mit »Cárcel de Amor« (1491, katal. Übers. 1492) einen europ. Beitrag geleistet. Die das Werk beeinflussende »Historia de duobus amantibus« des Enea Silvio Piccolomini (→Pius II.) erschien 1496 in kast. Fassung. Zur geistl. Führung verfaßte →Lope de Salinas, OFM (1393-1463), »Cartas doctrinales para la dirección del espíritu«. Bei dem in die Zeit Kg. Johannes II. verlegten »Centón epistolario« des Bachiller Fernán Gómez de Ciudad Real (Burgos 1499) handelt es sich um eine Fälschung aus dem 17. Jh. Der in span. Diensten stehende Christoph →Kolumbus berichtete in zwei noch auf See verfaßten B.en (15. Febr. 1493) überschwengl. von den Entdeckungen bei seiner 1. Reise. Die 1493 gedruckte »Carta« wurde zu einem sensationellen Erfolg in Europa. Insgesamt sind über 30 briefl. Berichte des Kolumbus an die Kath. Kg.e, Verwandte u. a. als echt gesichert.

f) Aus *Portugal* sind, abgesehen von konventionellen Briefgedichten, z. B. im »Cancioneiro Geral« (Alvaro de Brito, João Roiz de Castel-Branco), geistl. B.en des Fr. →João Alvares († nach 1484) und bruchstückhaften Übersetzungen von Ovids »Heroides«, der an Kg. Emanuel I. gerichtete B. von Pero Vaz de Caminha († 1500) über die Entdeckung Brasiliens (1500) sowie die »Cartas a El-Rei« von Alfonso de Albuquerque (1445/62-1515) über die ptg. Unternehmungen im Fernen Osten bemerkenswert. Bei den im 17. Jh. als älteste ptg. Sprachdenkmäler angesehenen »Cartas de Egas Moniz Coelho a sua dama«, angebl. aus der Zeit des Afonso Henriques (→Alfons I., 19. A.), handelt es sich um Fälschungen. –Zur humanist. Briefliteratur vgl. Abschnitt A. V. D. Briesemeister

Lit. GRLM I, Fasc. 5, B III, 77–87 (salutz d'amor); VI, 1, 96–98; VI, 2, 143–146–HLF Bd. 36, 2, 532ff. – M. ROUSTAN, La lettre, 1902– PH. A. BECKER, Aus Frankreichs Frührenaissance, 1927, 47–84 – M. OLIVAR, Notes entorn la influència de l'Ars dictandi sobre la prosa catalana de cancillería de finals del segle XIV (Homenatge A. RUBIÓ I LLUCH, 1936), 631–653 – C. E. KANY, The beginnings of the epistolary novel in France, Italy and Spain, 1937 – A. MONTEVERDI, Saggi neolatini, 1945, 75–109 [zu G. Faba] – C. BRUNEL, Versions espagnole, provençale et française de la lettre du Christ tombée du ciel, AnalBoll 68, 1950, 383–396 – J. RUIZ CALONJA, Valor literario de los preámbulos de la Cancillería Real catalana-aragonesa en el siglo XIV, Boletín de la Real Academia de Bueñas Letras de Barcelona 26, 1954/56, 205–234 – C. REAL DE LA RIVA, Un mentor del siglo XV, Diego de Valera y sus epistolas, Revista de Literatura 20, 1961, 279–305 – E. MELLI, I salut e l'epistolografia medievale, Convivium 30, 1962, 385–398 – P. MESNARD, Le commerce épistolaire, comme expression sociale de l'individualisme humaniste (Individu et société à la Renaissance, 1967), 17–31 – H. DÖRRIE, Der heroische B., 1968 – E. RUHE, De amasio ad amasiam,

1975 – M. FUMAROLI, Genèse de l'épistolographie classique, Revue d'hist. litt. de la France 78, 1978, 886–900 – G. ROSSI, La autobiografia e gli epistolari, o. J.

[2] *Private und politische Korrespondenz an italienischen Fürstenhöfen:* Im ma. Italien (12.-15. Jh.) behandelt der B. ebenso wie in der Antike vorrangig Familienleben, private Angelegenheiten, Politik und öffentl. Fragen. Seit dem 15. Jh. nehmen jedoch die gelehrten B.e einen immer größeren Raum ein, die zwar auch öfters zwischen Freunden gewechselt werden, jedoch meist lit. Charakter aufweisen, in ihrer Gliederung und Form den Regeln der Rhetorik folgen und oft der Spontaneität ermangeln.

Ein interessantes Beispiel für eine familiäre Korrespondenz bildet der Briefwechsel (1450–68) der Hzgn. v. Mailand, →Bianca Maria Visconti, der Gemahlin von Francesco→Sforza, und der Hzgn. v. Mantua, Barbara v. Hohenzollern-Brandenburg Gonzaga, der sich v. a. auf Themen des tägl. Lebens (Ehegatten, Kinder, Gesundheitszustand, Mode usw.) bezieht und ein gutes Charakterbild der beiden Fürstinnen bietet. Unter der öffentl. oder polit. Korrespondenz sind die Sendschreiben von Fs.en und leitenden Staatsmännern an ihre Beauftragten von bes. Bedeutung; sie betreffen administrative Verfügungen und gewähren Einblick in das Leben bei Hof. Sehr wertvoll sind auch die B.e der Gesandten aus dem Ausland an ihre Fs.en, die meist in der Volkssprache geschrieben, oft chiffriert, immer aber in vertraulichem Plauderton gehalten sind (→Gesandtenwesen). Sie stellen eine wertvolle Quelle für die polit. und Kulturgeschichte dar. Für die gelehrt-lit. B.e seien zwei Beispiele genannt: die nur zu einem geringen Teil publizierte Briefsammlung des Giovanni Manzini della Motta di Fivizzano, eines Humanisten, der seit 1387 im Dienst des Galeazzo →Visconti stand; sie wurde in jenen Jahren für die Bibliothek des Pasquino Capelli angelegt, des berühmten Sekretärs des Signore v. Mailand, und enthält 33 zw. 1388 und 1389 geschriebene Briefe; ferner ist das unedierte Epistolar des Humanisten Pier Candido →Decembrio, Sekretär v. Filippo Maria →Visconti und Francesco Sforza zu erwähnen; es wurde von ihm selbst angelegt und enthält zw. 1419 und 1433 verfaßte Briefe autobiograph. Charakters, zu bestimmten Anlässen verfaßte Schreiben sowie Episteln mit lit. und polit. Inhalt. G. Soldi Rondinini

Q. und Lit.: Archivio di Stato di Milano, Fondo Sforzesco, Carteggio interno, Registri delle missive; Carteggio esterno, Potenze Estere- Archivio di Stato di Mantova, Archivio Gonzaga; Epistolario di P. C. Decembrio: Codici A H XII 16 d. Bibl. Naz. Braidense, Milano, und Cod. n. 2387 d. Bibl. Univ., Bologna – E. MADERNA, Una lettera inedita di Guarnerio Castiglioni e P. C. Decembrio, Libri e Documenti IV, 1978, 17–23 – G. L. FANTONI, Un carteggio femminile del sec. XV: Bianca Maria Visconti e Barbara di Hohenzollern-Brandeburgo Gonzaga (1450–68), ebd. VII, 1981, 6–29 [Q. im Anh.] – G. SOLDI RONDININI, Due lettere di Giovanni Manzini de Motta a Spinetta Malaspina, ebd. III, 1977, 31–40 [mit Q.] – C. VASOLI, Giovanni Manzini da Fivizzano: un umanista tra le lettere, la corte e le armi, 1980.

IV. ENGLISCHE SPRACHE UND LITERATUR: Private wie offizielle Korrespondenz wurde in der ags. Zeit auf Lat., in der me. Zeit bis etwa 1400 auf Lat. oder Frz. abgefaßt. Eine ae. Übersetzung gibt es zu einem Brief des hl. →Bonifatius an Eadburga. Der erste engl. geschriebene Privatbrief stammt aus dem Jahre 1392; üblich werden engl. Privatbriefe dann in den ersten Jahrzehnten des 15. Jh. Da B.e Schriftstücke sind, die bes. leicht der Vernichtung anheimfallen und häufig nur dann aufbewahrt wurden, wenn sie für Rechtsangelegenheiten wichtig waren, muß mit Verlusten gerechnet werden. Auf uns gekommen sind vier große engl. Briefsammlungen des 15. Jh.; es handelt sich um die Korrespondenz der Mitglieder folgender Familien: Stonor, eine alteingesessene Familie in Henley/ Oxfordshire (ab 1420); Paston (→Paston Letters), Landadel und Rechtsanwälte in Norfolk (ab 1424); Plumpton in Harrogate, interessant v. a. wegen der Einblicke in Ehe- und Mitgiftprobleme (ab 1465); Cely (→Cely Papers), eine bedeutende Kaufmannsfamilie in London (ab 1472). Ferner gibt es einige kleinere Sammlungen (Shillingford, Marchall) und eine Reihe von einzelnen B.en, die z. T. noch unediert sind (London, Public Record Office, Ancient Correspondence, 43, 44, 51, 57, 58). Diese B.e sind eine äußerst ergiebige Quelle für die Sozialgeschichte, z. T. für die Handelsgeschichte und ebenso für die Sprachgeschichte. Seit der Mitte des 15. Jh. wurde auch offizielle Korrespondenz auf Engl. geführt.   R. H. Robbins

In eine andere Kategorie gehören Abhandlungen zu bestimmten Themen in Briefform und lit. Werke in Form von (fiktiven) Briefen. Aus ae. Zeit sind hier so verschiedenartige Werke zu nennen wie die ae. Übersetzung von →»Alexanders Brief an Aristoteles« (von dem später auch eine me. Version entstand), die lat. und ae. Hirtenbriefe →Ælfrics und die ae. Versionen des →Himmelsbriefes. In me. Zeit wurden ebenfalls Traktate mit recht unterschiedl. Thematik in Briefform gekleidet; auch hierbei handelt es sich teilweise um Übersetzungen (aus dem Lat. oder Frz.). In den Bereich der myst.-religiösen Unterweisung fallen z. B. der »Brief vom geheimen Rat« des anonymen Verfassers der »Wolke des Nichtwissens« (»The →Cloud of Unknowing«) und B. Walter→Hiltons († 1396); eine Art Fürstenspiegel ist die »Epistre d'Othea« der→Christine de Pisan (vgl. Abschnitt B. III), die von Stephen→Scrope (ca. 1396–1472) ins Me. übersetzt wurde; Thomas→Hoccleve (ca. 1369 – ca. 1450) übertrug die »Epistre au Dieu d'Amours« der Christine de Pisan als »Letter of Cupid« ins Mittelenglische. John→Lydgates (ca. 1370–1450) »Letter to Gloucester« ist eine poet. Bitte um mehr Geld. H. Sauer

Bibliogr.: H. S. BENNETT, Chaucer and the Fifteenth C., Oxford Hist. of Engl. Lit. II, 1, 1947, 181f., 251–253 – CAMERON, OE Texts, 115 (Nr. B. 6) – NCBEL I, 683–684 – S. B. GREENFIELD, F. C. ROBINSON, A Bibliogr. of Publications on OE Literature, 1980, 368f. – *Ed.*: H. ELLIS, Original Letters Illustrative of English History, 1st ser., 3 Bde, 1825; 2nd ser., 4 Bde, 1827; 3rd. ser., 4 Bde, 1846 – T. STAPLETON, Plumpton Correspondence, CS 4, 1839 – C. MONRO, Letters of Queen Margaret of Anjou, CS 86, 1863 – C. L. KINGSFORD, The Stonor Letters and Papers, CS 3rd. ser. 29, 30, 1919 – DERS., Supplementary Stonor Letters and Papers, Camden Miscellany 13, CS 3rd ser. 34, 1924 – B. FEHR, Die Hirtenbriefe Ælfrics, BAP 9, 1914 [Neudr. mit Ergänzung von P. CLEMOES, 1966] – K. SISAM, Stud. in the History of OE Literature, 1953, Kap. 11 [An OE Transl. of a Letter from Wynfrith to Eadburga] – C. F. BÜHLER, The Epistle of Othea, EETS 264, 1970 – N. DAVIS, Paston Letters and Papers of the Fifteenth C., 3 Bde, 1971, 1977 – A. HANHAM, The Cely Letters 1472–88, EETS 273, 1975 – V. DIMARCO, L. PERELMAN, The Middle English Letter of Alexander to Aristotle, Costerus, NS 13, 1978 – *Lit.*: C. L. KINGSFORD, English Letters and the Intellectual Ferment (Prejudice and Promise in XV th C. England, 1925), 22–47 – A. KIHLBOM, A Contribution to the Study of Fifteenth C. English I [Diss. Uppsala, 1926] – H. S. BENNETT, The Pastons and their England, 1927 – L. LYELL, A Mediaeval Post-bag, 1935, 13–81 – K. JOST, Wulfstanstudien, 1950, 221–236 – W. R. JONES, The Heavenly Letter in Medieval England, Medievalia et Humanistica, NS 6, 1975, 163–179 – M. P. RELIHAN, The Language of the English Stonor Letters, 1420–1483 [Diss. Univ. of Tennessee, 1977] – A. C. BAUGH, TH. CABLE, A History of the English Language, 1978³, 152–154 (§ 109).

C. Briefwesen und Briefliteratur in Ost- und Südosteuropa sowie in Skandinavien

I. Westslavischer Bereich – II. Altrußland – III. Litauen – IV. Südslavischer Bereich – V. Ungarn – VI. Skandinavien.

I. WESTSLAVISCHER BEREICH: In den westslav. Ländern sind erste Anfänge des Briefwesens im Großmähr. Reich im Umkreis Methods (→Konstantin und Method) anzunehmen; die »erhaltenen« B.e sind jedoch Fälschungen von A. BOČEK aus den 30er Jahren des 19. Jh. Auch für das 10.–11. Jh. existieren nur vereinzelte Hinweise auf ein – vom Ausland her beeinflußtes – Briefwesen im Umkreis von Hzg. en wie Bf. en (namentl. Adalbert und Severus v. Prag und Heinrich Zdik v. Olmütz). Die ersten umfangreicheren Briefzeugnisse finden sich erst bei den ältesten Chronisten in Polen und Böhmen, →Gallus Anonymus und bes. →Cosmas v. Prag, der in seine Chronik mehrfach lit. stilisierte B.e aufnahm und auch selbst solche verfaßte. Doch erst aus der Zeit nach der Mitte des 13. Jh. sind B.e in größerem Umfang erhalten; in dieser Periode existieren schon selbständige Briefsammlungen und wissenschaftl. Traktate in Brieform (→Witelo), was mit der Entfaltung des scholast.-rhetor. Lehrbetriebs zusammenhängt. Zwei Autoren ragen hier hervor: Magister→Henricus de Isernia (auch Siculus, Apulus, Italicus gen.) und sein Schüler Magister Bohuslaus. Henricus, der angebl. als Anhänger der Staufer seine unterit. Heimat verlassen mußte (nach einer neueren Auffassung wird er dagegen als Tscheche, der lange Zeit in Italien lebte, betrachtet), gilt als Verfasser einer weitverbreiteten Briefsammlung erot. Inhalts, die aber auch Zeugnisse nationalen Bewußtseins enthält, und eines Lehrbuches, »Epistolare dictamen«. Bohuslaus verfaßte u. a. fiktive B.e der 2. Gattin Přemysls II., Kunigunde. Von Bedeutung war auch der Konkurrent des Henricus, Udalricus Polonus, der wie Henricus eine Rhetorenschule unterhalten haben soll. Seit dem 13. Jh. wurde auch die Abfassung des rhetor. stilisierten Geschäftsbriefes vervollkommnet; er erreichte seinen Höhepunkt in Böhmen in der →Kanzlei Karls IV. in Prag unter →Johann v. Neumarkt, der neben dem Geschäftsbrief (mit bedeutenden Wirkungen, bes. auf die frühneuhochdt. Sprachentwicklung) auch den kunstvollen lat. Privatbrief pflegte. Mit berühmten Dichtern und Gelehrten des Auslandes, allen voran mit →Petrarca, wurde korrespondiert; auch Kg. →Karl IV. war – neben Johann v. Neumarkt – hieran führend beteiligt. Bes. durch die Universitäten Prag und Krakau verbreitete sich die Kenntnis des kunstgerechten Briefschreibens, die →Ars dictaminis (Ars dictandi): In Prag wirkte in der Spätzeit der Regierung Karls IV. v. a. Nikolaus→Dybin, der auch die allgemeine westl. Tradition der Ars dictaminis rezipierte, und um die Mitte des 15. Jh. der Notar der Prager Neustadt, Prokop, der an der Universität lehrte und Musterbriefsammlungen schuf (Praxis cancellarie, tschech. Ars dictandi). Neue Ausbreitung fand die Gattung des B.s in der böhm. Hussitenbewegung; bes. die B.e des Jan →Hus erreichten eine große Leserschaft.

Schon seit dem Ende des 14. Jh. wurde nicht nur Latein, sondern auch Tschech. für den B. verwendet. Manche dieser tschech. Texte stehen an der Grenze zw. B. und →Urkunde. In Böhmen wie in Polen prägten sich im SpätMA ferner spezif. Gattungen des lit. stilisierten lat. und volkssprachlichen B.es sowohl in Prosa- als auch in Versform aus.

Die 2. Hälfte des 15. Jh. brachte in Böhmen wie in Polen die Entfaltung des Humanistenbriefs, der seinen Niederschlag auch in theoret. Abhandlungen fand (z. B. Augustinus Olomucensis gen. →Käsenbrot, »De modo epistolandi«, 1495).   I. Hlaváček

Ed. [Auswahl]: Reg. Boh. et Mor., ed. J. EMLER, II, 977–1154 – Prokopa písaře novoměstského česká »Ars dictandi«, ed. F. MAREŠ, 1900 – Prokopa písaře Nového Města pražského Praxis cancellariae, ed. F. MAREŠ, 1908 – K. BURDACH, u. a., Schles.-böhm. Briefmuster aus der Wende des 14. Jh. (= Vom MA zur Reformation V, 1926) – Listy královny Kunhuty králi Přemyslovi, Übers. und Nachwort von B.

MENDL, 1928 – *Lit.*: K. HAMPE, Beitr. zur Gesch. der letzten Staufer. Ungedruckte B.e aus der Slg. des Magisters Heinrich v. Isernia, 1910 – K. WUTKE, Über schles. Formelbücher des Mittelalters, 1919 – R. GANSZYNIEC, Polskie listy miłostne dawnych czasów, 1925 – DERS., Echa pieśni goliardowej w Polsce, Przegląd humanistyczny 5, 1930 – J. VILIKOVSKÝ, Latinská žákovská poesie v Čechách, 1932 – V. ČERNÝ, Staročeská lyrika, 1948 – K. DOSKOČIL, Mistr Dybin, rétor doby Karlovy, Zprávy Českého zemského archivu 11, 1948 – L. WINNICZUK, Lacińskie podręczniki epistolograficzne w Polsce w XV-XVI wieku (Biblioteka Meandra, 19), 1953 – D. TŘEŠTÍK, Formularze czeskie XIII. wieku, Stud źródł. 7, 1962, 43–56 – Antika a česká kultura, 1978, 29ff., 33ff., 134ff., 224, 227.

II. ALTRUSSLAND: Der Geschäftsverkehr mit dem →Byz. Reich bewirkte das Auftreten des Geschäftsbriefes in der aruss. fsl. →Kanzlei bereits in der 1. Hälfte des 10. Jh. Briefwesen und Briefliteratur gelangten mit der Christianisierung und der kyrill. Schrift zu den Ostslaven. Kirchenslav. Übersetzungen vermittelten der entstehenden russ. Schriftkultur die teilweise in Brieform abgefaßten Werke der Kirchenväter. Die traditionellen Formen der patrist. Epistolarliteratur haben den aruss. B. wesentl. beeinflußt. Unter den ca. 500 erhaltenen B.en des 11.–15. Jh. herrscht die theolog. Briefliteratur vor; dies ist nicht nur durch die theolog. Orientierung der aruss. (und allgemein der ma.) Kultur, sondern auch durch die Tatsache zu erklären, daß derartige Sendschreiben (wie z. B. der B. des →Klim Smolatyč an den Priester Foma) sich zwar an einen konkreten Adressaten richteten, aber faktisch für einen größeren Leserkreis bestimmt waren und häufig abgeschrieben wurden. In den religiösen B.en nimmt die Polemik einen breiten Raum ein. Einige in Abschriften erhaltene Briefsammlungen betreffen die Auseinandersetzungen mit →Häresien (s. auch →Iosif v. Volock, →Gennadij, Ebf. v. Novgorod). Mehrere Geschäftsbriefe sind prakt. kirchl. und kanonist. Fragen gewidmet. Einen lebhaften Briefwechsel der Geistlichen untereinander zeigt anschaulich die Textgeschichte des →Kiever Paterikon. Mancher B. enthält wichtige Nachrichten zur Geistes- und Kunstgeschichte, wie z. B. das Schreiben des →Epifanij Premudryj an Kirill, Bf. v. Tveŕ, um 1415 über den Maler →Feofan Grek oder das »Schreiben an den Ikonenmaler« (→Hesychasmus in Altrußland) aus der Zeit um 1500. Eine bes. Gattung bilden die geistl. B.e an Fs.en, in welchen der Empfänger an seine Verantwortung für Volk und Land gegenüber Gott, an seinen orthodoxen Glauben und an seine Verpflichtung gegenüber den Grundsätzen der chr. Ethik erinnert oder wegen der Verletzung der Gerechtigkeit getadelt wird. Beispiele für diesen Brieftyp sind die B.e des Metropoliten →Nikiphor an →Vladimir Monomach und andere Fs.en sowie die B.e des Mönches Akindin um 1312 an →Michail Jaroslavič, Gfs.en v. Tveŕ. Fsl. Korrespondenz hat sich zwar nur in bescheidenem Ausmaß erhalten, doch deuten schon die zahlreichen Erwähnungen und Fragmente in den aruss. →Chroniken auf einen lebhaften Briefwechsel hin. Auch den weibl. Mitgliedern der Fürstenhäuser war das Briefschreiben nicht fremd. Verchuslava, die Tocher des →Vsevolod, Gfs.en v. Vladimir (1176–1212), korrespondierte mit →Simon, Bf. v. Vladimir, in kirchl. Angelegenheiten. Aus der Zeit um 1500 sind einige B.e der →Elena, Gattin →Alexanders, Gfs.en v. Litauen und Kg.s v. Polen, an ihren Vater, Gfs. →Ivan III. v. Moskau, und andere Verwandte erhalten.

Von den durch Ausgrabungen bekanntgewordenen mehr als 2000 →Siegeln (fsl., kirchl. und sonstige Amtssiegel; vgl. auch →Urkunde, -wesen) diente nur ein geringer Teil der Siegelung von B.en, und zwar wahrscheinl. der kleine Siegeltyp (10–16 mm) mit Heiligenbild und fsl. Emblem oder Kreuz als Briefsiegel benutzt. Anfang des 12. Jh. bedienten sich die Fs.en von Kiev eines bes. Siegels mit der Inschrift »dneslovo« ('darin ist der B.'). Fsl. und bfl. Geschäftsbriefe wurden wegen der Ranghöhe des Absenders und des Bestehens einer →Kanzlei in der Regel nach Diktat geschrieben. Wenn auch ein reger Briefwechsel der Fs.en untereinander bezeugt ist, so hat sich doch aus diesem Kreise nur ein echtes Zeugnis hoher Briefkultur erhalten: Der B. des Gfs.en Vladimir Monomach, der nach dem Verlust seines Sohnes, der im Kampf gefallen war, dem Urheber des Streites, seinem Vetter →Oleg Svatoslavič, die Versöhnung anbietet.

Als Widmungsbriefe können manche der zahlreichen Handschriftenkolophone (→Kolophon) betrachtet werden. Zu den ältesten zählt die Widmung des Novgoroder Priesters Upyr Lichoj an Fs. →Vladimir Jaroslavič aus dem Jahre 1047. – Der älteste erhaltene aruss. Briefsteller mit Musterbriefen an Gfs.en und Bf.e stammt aus den 1470er Jahren.

Erst die Entdeckung der Novgoroder Birkenrindentexte (s. a. →Urkunde) ab 1951 hat einen neuen und äußerst anschaul. Einblick in das aruss. Briefwesen ermöglicht. Von den über 500 ausgegrabenen Birkenrindenschriftstücken (abzügl. der 25% stark beschädigten Fragmente) lassen sich mehr als 200 eindeutig als B.e klassifizieren. Sie beginnen zumeist mit einer Grußformel und kommen dann direkt zur Sache. Es werden in ihnen die verschiedensten Alltagsprobleme erörtert: Wirtschaft und Haushalt, größere und kleinere Aufträge (z. B. Einkauf von Pferden, Stoffen oder Seifenstücken), Rechtsfragen, Sklavenhandel, Diebstahl, Liebeserklärung, Verlobung, Ehebruch usw. Aus der Vielfalt der Themen läßt sich schließen, daß nicht nur Angehörige der städt. Oberschicht von Novgorod hier als Briefschreiber tätig waren; sogar die Landbevölkerung vermochte sich mit Hilfe eines Berufsschreibers zu artikulieren. So beschweren sich Bauern bei dem in der Stadt wohnenden Gutsherrn über dessen Verwalter. Das Briefschreiben modo dictandi scheint auch bei der Stadtbevölkerung, in der eher Lese- als Schreibkenntnisse verbreitet waren, eine Rolle gespielt zu haben. Die ma. Briefliteratur der Ostslaven ist vom Gesichtspunkt einer eigenen Brieforschung oder Briefgeschichte bisher so gut wie unerforscht. Die Entdeckung der Birkenrinde-Briefe hat für ihre Erforschung neue Grundlagen geschaffen.

A. Poppe

Q.: Novgorodskije gramoty na bereste, ed. A. V. ARCICHOVSKIY–V. L. JANIN, 7 Bde, 1951–78 [Veröff. der Birkenrindentexte aus Novgoroder Ausgrabungen] – RIB VI, 1908² – *Lit.*: I. U. BUDOVNIC, Slovar russkoj, ukrainskoj, belorusskoj pismennosti i literatury do XVIII veka, 1962, 214ff., 233f., 236ff., 241–252 [mit Teilreg. der erhaltenen Briefe] – A. V. ARCICHOVSKIJ, Pisma Oncifora (Problemy obščestvenno-političeskoj istorii Rossii i slavjanskich stran., Fschr. M. N. TICHOMIROV, 1963), 109–117 – N. A. MEŠČERSKIJ, Suščestvoval li »epistolarnyj stil« v drevnej Rusi? Iz zametok o gramotach na bereste (Voprosy teorii i istorii jazyka, Fschr. B. A. LARIN, 1963), 212–217 – A. S. DEMIN, Russkij pismovnik XV veka, Učenyje zapiski Azerbejdžanskogo pedagog. instituta jazykov, ser. XII, 1, 1964, 68–77 – DERS., Russkije pismovniki XV–XVII vv. (K voprosu o russkoj epistolarnoj kulture), Avtoreferat, 1964 – V. L. JANIN, Ja poslal tebe beresty, 1965 – L. A. CHRENNIKOVA, Epistolii v literature Kievskoj Rusi XI–XII vv., Literatura drevnej Rusi, vyp. 2, 1978, 28–34.

III. LITAUEN: In →Litauen trafen westl. und östl. Formen des Briefwesens zusammen. Obgleich die Kanzleisprache des Gfsm.s Litauen (→Kanzlei) eine nur wenig abgewandelte Form der aruss. Schriftsprache war, erforderte die polit. Situation schon seit der Mitte des 13. Jh. die Beschäftigung von röm.-kath. Geistlichen, in der Regel Deutschen, in der großfsl. Kanzlei. Für die Urkunden, die Mindowe († 1263) ausstellte, ist an einen oder mehrere

Schreiber aus den Kreisen des Dt. Ordens zu denken. Erste Zeugnisse von Briefen sind die Sendschreiben des Gfs.en →Gedimin (1316–1340/41), die Rigaer Franziskaner in seinem Namen an den Papst, die Bettelorden der sächs. Ordensprovinz, an Lübeck u. a. Städte des Reiches richten (1323). Insbesondere die engen feindl. und freundl. Berührungen mit dem →Dt. Orden in Preußen und Livland, mit der Stadt →Riga, mit den dt. Hansekaufleuten zwangen zu einem stetig reger werdenden briefl. Verkehr, der seinen Höhepunkt unter den Enkeln Gedimins, →Jagiełło und v. a. →Witowt, zw. ca. 1370 und 1430/34 erreichte. Witowt, der einen ausgedehnten Briefwechsel mit Hochmeister und Gebietigern des Dt. Ordens führte, bediente sich dabei oft der dt. Sprache. Als Jagiełło 1386 Kg. v. Polen wurde, übernahmen poln. Kanzleibeamte seinen Briefwechsel, während die großfsl. Kanzlei in Wilna zunächst, auch unter den Nachfolgern Witowts, von poln. Einfluß frei blieb und hier neben den westl. Einflüssen aruss. Kanzlei- und Briefstil gepflegt wurde. Die in dem großfsl. Archiv, der sog. »Litauischen Metrik«, enthaltenen riesigen Bestände an Briefschaften sind indes bisher wenig erforscht. – Neben den Gfs.en und den fsl. Statthaltern, oft Verwandten des Gfs.en, haben auch der hohe Adel röm.-kath. Bekenntnisses, d. h. v. a. die Litauer, sowie die unter litau. Herrschaft geratenen orthodoxen ostslav. Adligen zunehmend B.e gewechselt. Über die dabei verwendeten Briefformen und -muster ist kaum etwas bekannt. M. Hellmann

Q. und Lit.: →Litauen.

IV. SÜDSLAVISCHER BEREICH: Das älteste bekanntgewordene Briefzeugnis im südslav. Bereich sind die 114 verlorenen »Consulta Bulgarorum«, die im Aug. 866 dem Papst →Nikolaus I. in Rom übergeben wurden. Dieses wohl in griech. Sprache verfaßte umfangreiche Schreiben war eine Anfrage der Bulgaren, die in Verhandlungen wegen des Übertritts zur röm. Kirche standen, hinsichtl. der von ihnen zu beachtenden religiösen Bräuche und Vorschriften. Das Antwortschreiben Papst Nikolaus' I., die →»Responsa ad consulta Bulgarorum«, ist erhalten. Eine entsprechende Korrespondenz mit der griech. Kirche, die mit der – erzwungenen – kirchl. Umorientierung Bulgariens auf Konstantinopel zusammenhängt, bestand ebenfalls, wie ein ausführl. B. des Patriarchen v. Konstantinopel, →Photios, an Fs. →Boris I. beweist (zum kirchen- und missionsgeschichtl. Hintergrund vgl. →Bulgarien, →Byzantinisches Reich).

Ähnliche missions- und kirchengeschichtl. Fragen behandelt die älteste Korrespondenz aus Serbien, nämlich das Protestschreiben des Ebf.s v. →Ochrid, Demetrios →Chomatianos, vom Mai 1220 an →Sabas, den Ebf. der neugegr. serb. Kirche, sowie auch die »Verschiedenartigen Fragen« des serb. Kg.s →Stefan Radoslav (1226–1233) und die Antwort des Demetrios.

Eine altkirchenslav. Korrespondenz, die über sakrale und theolog. Fragen geführt wurde, ist erst aus dem 14. Jh. in Form von vier Briefen (»poslanija«) des Patriarchen v. Turnovo, Euthymios, erhalten.

Briefzeugnisse weltl. Inhalts und zugleich altkirchenslav. Korrespondenz sind ledigl. im Archiv von Dubrovnik (Ragusa) vom Beginn des 14. Jh. erhalten; in Dubrovnik war in den Jahren von 1359 bis 1380 ein serb. Sekretär tätig, der Geschäftsbriefe an die Herrscher und Territorialherren von Bosnien und Serbien sandte. Eine lat. und it. Korrespondenz wurde in Dubrovnik systemat. seit dem Jahre 1359 geführt; viele frühere Akten haben ebenfalls überdauert. Reicher als die kirchenslav. Korrespondenz ist die lat. aus Dalmatien und Kroatien. Sie beginnt mit dem Schreiben der Kanoniker der Kathedrale v. Split an ihre Ordenskapitel von 1198; erhalten sind auch seit 1227 mit etwas längeren Unterbrechungen B.e der ung. Kg.e und kroat. Bane an die ven. Dogen und die Päpste über dalmat. Fragen. Über die Korrespondenz der balkan. Slaven gibt die ven. Serie »Misti del Senato« guten Aufschluß; sie enthält Register (seit 1223) und vollständige Brieftexte (seit 1308) der an Dubrovnik, Zadar (Zara) und an die slav. Herrscher auf dem Balkan gerichteten Schreiben.

Mandate und Verfügungen (in sehr geringer Zahl erhalten) sowie diplomat. Schreiben (nicht erhalten) der serb. Herrscher des 15. Jh. waren nach dem Vorbild der kgl. ung. →Kanzlei abgefaßt. Im Gegensatz zu diesem verlorenen Geschäftsschriftgut ist die lat. geführte Korrespondenz der Kg.e v. Bosnien, die diese mit Ungarn und Italien unterhielten, zum Teil erhalten geblieben. T. Wasilewski

Ed.: S. LJUBIĆ, Listine o odnošajih izmedju Slavenstva i Mletacke Republike, Bd. 1–7, 1868–91 – L. THALLÓCZY – A. ALDÁSY, Cod. dipl. partium regno Hungariae adnexarum, 1907 – J. TADIĆ, Pisma i uputstva Dubrovačke Republike, Bd. 1, 1935 – Svetosavski Zbornik II, 1938, Nr. 3, 5 – Lit.: V. ĆOROVIĆ, Poslanica bulgarskog patrjarcha Jevtimija Tismenskomu archimandritu Nikodimu, Južnoslovenski Filolog 13, 1932–34 – I. DUJČEV, Die Responsa Nicolai I papae ad consulta Bulgarorum als Q. für die bulg. Gesch. (Medioevo Bizantino-Slavo, Bd. 1: Saggi di storia politica e culturale, 1965).

V. UNGARN: Die ersten uns bekannten B.e aus Ungarn und für Ungarn entstammen der Gründungszeit des Kgr.es →Ungarn unter →Stephan d. Hl. (997–1038); sie haben die auswärtigen Angelegenheiten des jungen ung. Staates zum Inhalt. Zu erwähnen sind bes. die B.e Kg. Stephans an →Odilo, Abt v. Cluny (Antwortbrief Odilos), und Kg. →Ladislaus' d. Hl. (1077–95) an →Oderisius, Abt v. Montecassino (in Kartular überliefert). Hinzu treten noch die B.e der Päpste Gregor VII. und Urban II. an die Kg.e Géza, Ladislaus und Koloman. Aus dem 12. und 13. Jh. sind eine große Anzahl von polit. und diplomat. B.en der ung. Kg.e sowie der Ebf.e v. →Gran (Esztergom) erhalten. Am Anfang des privaten Briefwesens in Ungarn stehen die Schreiben der Bf.e →Fulbert v. Chartres und Bonipert v. Pécs (1020–22) und diejenigen der ung. Prinzessin Sophie, Nonne im steir. Frauenkl. Admont (1162).

Die Zahl der erhaltenen B.e von Kg.en sowie geistl. und weltl. Würdenträgern wuchs im Laufe des 14. Jh. und in der 1. Hälfte des 15. Jh., dem Zeitalter der ung. Anjou und Kg. Siegmunds v. Luxemburg, beträchtl. an. Auch Privatb.e sind aus dem 13. und 14. Jh., zahlreicher aber aus dem 15. Jh. überkommen. Hinsichtl. der Kunst des Briefschreibens (→Ars dictaminis) ist Ungarn nachweislich von der »Ars epistolandi« des Stephan, Abt v. Ste-Geneviève, später Bf. v. Tournai, sowie von →Petrus de Vinea und den bolognes. Brieftraktaten beeinflußt worden. Auch Johann v. Limoges (Jean de Limoges), der als Abt der ung. Abtei OCist Zirc in den ersten Jahrzehnten des 13. Jh. in Ungarn lebte, hat einen »Libellus de dictamine« zusammengestellt. Bemerkenswert ist auch, daß die Geschäftsb.e und Urkunden der für Ungarn charakterist. Loca credibilia (Glaubwürdigen Orte) wie auch diejenigen der Städte nach dem Muster von Privatb.en redigiert wurden (»Ars Notaria« aus der Mitte des 14. Jh., ed. KOVACHICH, s. u.). Das älteste Konzept eines Privatb.s, schulgerecht und einwandfrei in seinem Aufbau, stammt aus den ersten Jahren des 13. Jh. (Codex Albensis). Einen neuen Aufschwung erlebte die ung. Briefliteratur im Zeitalter des →Humanismus (vgl. auch Abschnitt A. V). Als humanist. Briefautoren sind zu nennen: →Janus Pannonius, Bf. v. Pécs (Fünfkirchen), der größte ung. Humanist; weiterhin:

→Johannes Vitéz, Ebf. v. Gran, sowie Petrus Váradi, Ebf. v. Kalocsa. Janus und Váradi waren in der →Kanzlei des Kg.s →Matthias Corvinus tätig. Hinsichtl. des amtl. B.s erfaßte das humanist. Briefwesen nur die kgl. Kanzlei, die Loca credibilia und die Städte behielten den alten Briefstil bei. L. Mezey

Q. und Lit.: J. G. SCHWANDTNER, Scriptores rerum Hungaricarum veteres et genuini II, Vindobonae 1746 – G. PRAY, Epistolae procerum regni Hungariae, Posonii 1787 – M. G. KOVACHICH, Formulae solemnes styli, Buda 1799 – I. SZENTPETERY, Magyar Oklevéltan, 1930 – K. HORVÁTH, Johannis Lemovicensis abbatis de Zirc 1208–18, Opera omnia I–III, 1932 – T. KARDOS, Stilustanulmányok Mátyás király kancelláriájáról, 1933 – DERS., A magyarországi humanizmus kora, 1955 – GY. BÓNIS, Petrus de Vinea levelesköynyve Magyarorszagon, Filologiai Közlöny, 1958 – L. MEZEY, Árpád-kori es Anjou-kori levelek XI–XIV. század, 1960 – F. ECKHART, Die glaubwürdigen Orte Ungarns im MA (MIÖG IX, Ergbd., 1913) – B. KUMOROVITZ, Die erste Epoche der ung. privatrechtl. Schriftlichkeit im MA (11.–12. Jh.), Études Hist. Budapest, 1969 – S. V. KOVÁCS, Magyar humanisták levelei, 1971.

VI. SKANDINAVIEN: Über B.e der nichtchr. Periode (bis ca. 1050) in Runenschrift berichten verschiedene lit. Quellen. Runenbriefe einer späteren Zeit (Ende 12. – Anfang 14. Jh.) sind v. a. bei den Ausgrabungen in Bergen (Norwegen) gefunden worden. Die älteste erhaltene Briefsammlung in lat. Tradition ist diejenige des Abtes Wilhelm v. Æbelholt, Dänemark (* um 1127 in Frankreich, † 1203); diese lat. Schreiben spiegeln u. a. die weitläufigen Verhandlungen Wilhelms über die Ehe zw. Kg. Waldemars I. Tochter Ingeborg und König Philipp II. August v. Frankreich sowie das Interesse des Briefschreibers an kanonist. Problemen.

Das 13. Jh. bietet den umfangreichen lat. Briefwechsel des »ersten schwed. Schriftstellers« →Petrus de Dacia (etwa 1235–89), Dominikanerprior in Visby, und der dt. Visionärin und Begine →Christina v. Stommeln, sowie, gegen 1300, die ältesten, fragmentar. aufbewahrten Originalbriefe. Aus dem 14. Jh. sei zuerst das Bergener Kopialbuch erwähnt, das u. a. lat. und norw. Privatbriefe, bei denen die Bf.e Arne Sigurdsson, Audfinn Sigurdsson und Håkon Erlingsson (1. Hälfte des Jh.) als Absender oder Empfänger fungieren, überliefert. Die geistl. Ratschläge und Ermahnungen der großen schwed. Hl. en →Birgitta († 1373 in Rom), welche oft die Form lat. epistulae hatten, sind in Abschrift oder, umgearbeitet, in ihren »Revelaciones« vorhanden. Über die Entstehung eines lit. Werkes unterrichten die lat. Briefe des Birger Gregersson, Ebf. v. Uppsala. An der Linköpinger Domkirche wurden am Ende des Jahrhunderts, auf der Grundlage eigener Archivbestände, zwei lat. Briefsteller redigiert, die u. a. aus einer Reihe mehr oder minder vertraulicher, teilweise datierbarer Schreiben bestehen.

Als erstes Denkmal des skand. Briefwesens im 15. Jh. ist eine andere kirchen- und kulturhist. wertvolle Formularsammlung zu nennen: das hauptsächlich lat. Kopialbuch des Linköpinger Kanonikus und späteren Mönches zu Vadstena, Johannes Hildebrandi († 1454). Aus der 2. Hälfte des 15. Jh. liegen mehrere volkssprachl. und lat. abgefaßte Briefsammlungen von polit. aktiven Geistlichen vor. Zu nennen sind hier als schwed. Briefschreiber der »Sture-Zeit« u. a. Arvid Siggesson (um 1460–1520), Kanonikus in Västerås und Pfarrer in Mora, der Sekretär von Nils →Sture und Svante →Nilsson, und, als bedeutendster Briefautor, Hemming Gadh (etwa 1450–1520), Electus v. Linköping, Vertrauter und Mitarbeiter von Svante Nilsson und Sten →Sture d. J. Aus den Archivbeständen des gleichzeitigen Dänemark sind in unserer Zeit verschiedene Missiven und →lit(t)erae clausae privaten Charakters herausgegeben worden.

Am Anfang des 16. Jh. begannen mit der zunehmenden Lese- und Schreibfertigkeit auch neue Gruppen einen konsequenteren Gebrauch vom Privatbrief in der Muttersprache zu machen. So haben der dän. Kg. Christian II. (1481–1559) und seine Gemahlin Elisabeth v. Österreich sogar eigenhändige B.e hinterlassen. Mehrere Ehepaare des Standesadels schrieben Privatbriefe an nächste Verwandte, in denen oft auch persönl. Empfindungen zum Tragen kamen; so in Dänemark Kristoffer Gøje und Birgitte Bølle, Herluf Trolle und Birgitte Gøje, Mogens Gyldenstjerne und Anne Sparre, in Schweden Metta Ivarsdotter und Svante Nilsson; man vergleiche auch die Kopialbücher von Svante →Nilsson und Sten →Sture d. J. – Die Mönche und Priester dieser Zeit faßten ihre Briefe sowohl in der Gelehrtensprache als auch volkssprachig ab. Die einzige größere Briefsammlung aus dem ma. Finnland, deren Urheber Påvel Scheel, Dompropst in Åbo, war, enthält u. a. Geschäftsbriefe und B.e von finnländ. Studenten im Ausland, auf Schwed., Niederdt. und Latein. Gleichzeitig, also im 2. Jahrzehnt des 16. Jh., schrieb Peder Månsson, Mönch in Vadstena und Vorsteher des Birgittenhospitals in Rom, eine Reihe »römischer« Briefe in seiner Muttersprache an das Kl. Das Konzeptbuch von Hans Brask, Bf. v. Linköping, das lat. und schwed. Schreiben der Jahre 1523–27 umfaßt, vermittelt uns das Bild des führenden Verteidigers der kath. Kirche gegen das vom Reichsverweser und späteren Kg. Gustav Eriksson (Vasa) geförderte Luthertum. Mit den lat. Briefen 1524–55 der Brüder Johannes und Olaus Magnus, der letzten kath. Erzbischöfe Schwedens, überschreiten wir schon die Schwelle der Neuzeit und des skandinav. Humanismus J. Öberg

Ed.: Diplomatarium Danicum I:3, 1977: Abt Wilhelm – Petri de Dacia Vita Christinae Stumbelensis, ed. J. PAULSON, 1896 – Diplomatarium Norvegicum VII:1, 1867: Bergener Kopialbuch – Sancta Birgitta, Revelaciones, ed. pr. 1492, ed. crit. 1956ff. – Birger Gregerssons Birgitta – officium, ed. C. G. UNDHAGEN, 1960, 23–26 – J. ÖBERG, Das Urkundenmaterial Skandinaviens, 1977 [Quellenanh. 45–46]: aus den Formularia Lincopensia – Svenskt Diplomatarium fr. o. m. år 1401, I–IV, 1875–1904, passim: Johannes Hildebrandi – Arvid Siggessons brevväxling, ed. L. SJÖDIN, 1937 – C. G. STYFFE, Bidrag till Skandinaviens historia, IV–V, 1875–84: Hemming Gadh – Missiver fra Kongerne Christiern I.s og Hans's Tid, I–II, ed. W. CHRISTENSEN, 1912–14 – Breve og Aktstykker til Oplysning af Christiern II's og Frederik I's Historie, I, ed. C. F. ALLEN, 1854 – Breve til og fra Kristoffer Gøje og Birgitte Bølle, ed. G. BANG, 1898–99 – Breve til og fra Herluf Trolle og Birgitte Gøje, ed. G. L. WAD, 1893 – Breve til og fra Mogens Gyldenstjerne og Anne Sparre, ed. E. MARQUARD, 1941 – G. UTTERSTRÖM, Fem skrivare. Metta Ivarsdotters brev till Svante Nilsson, 1968, 192–273 – Handlingar rörande Skandinaviens historia 19–20, 1834–35 und 24, 1840: Kopialbücher von Svante Nilsson bzw. Sten Sture d. J. – Finlands Medeltidsurkunder, VII, 1933, 47ff. – Påvel Scheel – R. GEETE, Småstycken på fornsvenska, 2. Ser., 1900–16: Peder Månsson – Handlingar till Nordens historia, 1515–23, ed. L. SJÖDIN, 1967ff. – Hans Brask, Latinsk korrespondens 1523, ed. H. ROLL, 1973 – Briefe von Johannes und Olaus Magnus, ed. G. BUSCHBELL, 1932 – *Lit.*: Kl I–XXII, 1956–78, s. v. Bergens kopibok, Brev, Missiv, Peder Månssons skrifter, Privatbrev, Runebrev, Vilhelm [Lit.] – J. ÖBERG, Kring Birgitta, 1969, 1–13 – DERS., Über zwei spätma. Formularsammlungen aus dem Bm. Linköping (Classica et Mediaevalia F. Blatt dedicata, 1973), 563–583 – DERS., Johannes Hildebrandi, SBL, H. 97, 1973, 217–218 – DERS., Biskop Brasks korrespondens (Svensk) HT, 1973, 577–583.

D. Brief und Briefliteratur im Judentum

B.e nehmen in Gestalt – gattungsmäßig bisweilen vermischter – diplomat., geschäftl., wissenschaftl. oder privater Korrespondenz, in Gestalt von Sendschreiben ohne Antworterwartung, wie auch in Abhandlungen, denen sie nur noch die lit. Form leihen, in der ma. jüd. Geschichte und Literaturgeschichte, begünstigt durch die – Fernkommunikation erfordernde – Diasporasituation, einen wichtigen Platz ein. Konkrete halachische Fragen und ihre autoritativen Antworten haben die Gattung der als hist. Quelle längst nicht ausgeschöpften →Responsenliteratur hervorgebracht. Vorherrschende Sprache jüd. B.e ist – auch als lingua franca – Hebräisch. B.e waren nicht schlechthin Privatsache, wenn auch R. →Gerschom ben Jehuda im 11. Jh. ihr unerlaubtes Lesen mit dem Bann bedrohte. Mancher Briefschreiber fertigte selbst Kopien für verschiedene Adressen, mancher bat den Leser um Weiterverbreitung. Oft wurden die durch Boten beförderten B.e in den Gemeinden unterwegs, wenn von allgemeiner Wichtigkeit, in der Synagoge verlesen, auch wurde erlaubt, sie zur Aufbewahrung im Gemeindearchiv zu kopieren, was die Existenz zahlreicher, nicht an die Kairoer Gemeinde gerichteter B.e in der dortigen →Genisa erklärt, die u. a. auch viele Bittbriefe (→Bettler, -wesen) enthielt. Biblische und talmud. Zitate und Anspielungen – oft durchgehend, öfter wenigstens in der Einleitung in Reimprosa aneinandergereiht – sind Zeichen von Kunst und Gelehrsamkeit. →Maimonides' B.e – auch der »Führer der Verwirrten« ist als B. konzipiert – bieten keine Reimprosa. Die großen jüd. Kontroversen des MA, so der Streit zw. →Karäern u. Rabbinen, zw. Maimonidesanhängern und -gegnern, zw. Safed, Jerusalem und Ägypten über die Rabbinerordination, wurden in hunderten – polemischer – B.e ausgetragen. Eth. Vermächtnisse vom Vater auf den Sohn waren – und sind bis in die NZ – häufig in Briefform. Sammlungen von Formbriefen zu vielen Gelegenheiten, seit dem 16. Jh. vielfach gedruckt, in Manuskripten aus dem Spanien des 15. Jh. bekannt, sind wichtige, noch keineswegs systemat. ausgewertete Zeugnisse jüd. Kulturgeschichte. J. Wachten

Lit.: EJud (engl.) XI, 55–62 – EJud (dt.) IV, 1065–1072 – Jüd. Lex. I, 1927, 1167–1170 – Jewish Encyclopedia, 1901–06; VIII, 15–17 – F. KOBLER, Letters of Jews Through the Ages, 2 Bde, 1953 [Neudr. 1978] – J. MÜLLER, Jahresber. der Lehranstalt für jüd. Wissenschaft, 1886, 1–36 – W. ZEITLIN, Zs. für hebräische Bibliogr., 22, 1919, 32–48 [Neudr. 1973] – H. BEINART, Sefunot, 5, 1961, 75–134 – J. KATZ, Sefer Zikkaron le-Vinyamin de Vries, 1968, 281–294 – A. SCHEIBER, Acta orientalia Academiae Scientiae hungaricae 31, 1977, 237–245.

E. Brief und Briefliteratur im islamischen Bereich

B. (arab. *kitāb* 'Schreiben', *mukātaba* 'Korrespondenz', *risāla* 'Botschaft'). Schon die frühesten erhaltenen islam.-arab. B.e (1. Jh. der Hiǧra/7.–8. n. Chr.) zeigen ein klares, auf Mohammed zurückgehendes Formular sowie ein nach Rang des Adressaten differenziertes Erscheinungsbild (Format, Schriftgröße, -duktus, Zeilenabstände etc.). Seit dem Anfang des 2./8. Jh. entwickelte sich, zunächst unter den Staatsschreibern der Kalifen, eine lit. Epistolographie, in der die Briefform sofort auch zu didakt. Zwecken verwendet wurde. Zu ihren Hauptvertretern bis Ende 4./10. Jh., deren Werke als Stilmuster gesammelt wurden, zählen ᶜAbd al-Ḥamīd ibn Yaḥyā (gest. 132/750), al-Ǧāḥiẓ (gest. 255/869), die Staatsbeamten Abū l-Faḍl ibn al-ᶜAmīd (gest. 360/970), Abū Isḥāq aṣ-Ṣābī (gest. 384/994) und Ibn ᶜAbbād (gest. 385/995) sowie der Literat Abū Bakr al-Ḫuwārizmī (gest. 383/993). In ihren B.en, deren Inhalt vom Erhabenen zum Lächerlichen alles umfassen kann, zeigt sich die arab. Kunstprosa (durchgängiger Prosareim, saǧᶜ, und rhetor. ornatus) voll ausgebildet. Fortan änderte sich der lit. arab. Briefstil nur wenig, wenn auch das Protokoll wegen der dauernden Titelvermehrung immer komplizierter wurde. Die umfangreiche Lit. der Handbücher der Schreibkunst erreichte im 9./15. Jh. ihren Höhepunkt mit der Enzyklopädie al-Qalqašandīs (zahlreiche Musterschreiben). Abgesehen von den lit. überlieferten B.en großer Stilisten, sind ma. arab. Originalbriefe, als Primärquellen für alle Bereiche des tägl. Lebens kaum zu überschätzen, vor allem in zwei Gruppen erhalten (vorwiegend ägypt. Herkunft): Papyri (hauptsächl. 1.–3./7.–9. Jh.) und Funde aus der Kairener→Geniza (meist 5.–6./11.–12. Jh.). L. Richter-Bernburg

Ed. und Lit.: EI² II, 987–989, s. v. Geniza [S. D. GOITEIN]; III, 1241–1244, s. v. Inshā' [H. R. ROEMER, mit Bibliogr.]; IV, 509–511, s. v. al-Kalkashandī [C. E. BOSWORTH] – J. D. PEARSON, Index Islamicus 1906–55, 1958; 4 Suppl. 1956–75, 1961/67/72/73–76 [Bibliogr. unselbst. Veröff.] – Muḥammad ibn Saᶜd, aṭ-Ṭabaqāt al-kubrā, ed. E. SACHAU, I, 2, 1917, 15–86 [B.e Mohammeds; vgl. W. M. WATT, Muhammad at Medina, 1956, 345–347] – al-Ǧāḥiẓ, Rasā'il, ed. H. AS-SANDŪBĪ, 1933 – K. JAHN, Archiv Orientální 9, 1937, 153–200 – P. COLLURA, La produzione arabo-gr. della cancelleria di Federico II, 1951 – M. CANARD, Atti Convegno studi ruggeriani, I, 1955, 125–146 – Rasā' il aṣ-Ṣābī wa-r-Raḍī, ed. M. Y. NAǦM, 1961 – A. GROHMANN, Arab. Papyruskunde, HO, I. Abtlg., Erg.-Bd. II, 1, 1966, 49–118, T. I–X [Bibliogr.] – M. GRIGNASCHI, Le roman épistol. classique ... dans la version arabe ... , Le Muséon LXXX, 1967, 211–264 [vgl. DERS., BEO XIX, 1965–66, 8–83] – S. D. GOITEIN, A Mediterranean Society, 3 Bde, 1967/71/78 – Abū Bakr al-Huwārizmī, Rasā' il, ed. AL-HĀZIN, 1970 – F. GABRIELI, Die Kreuzzüge aus arab. Sicht, 1973, 339–342 [arab. B.e Friedrichs II.] – S. D. GOITEIN, Letters of . . . Jewish Traders, 1973 – M. Ş. Keçik, B.e und Urkk. aus der Kanzlei Uzun Ḥasans, 1976 – J. D. PEARSON, The Quarterly Ind. Isl., bisher 3 Bde, 1977 [zusätzl. Monogr.].

F. Handels- und Kreditbrief

I. Allgemein und nördliches Europa – II. Italien.

I. ALLGEMEIN UND NÖRDLICHES EUROPA: Für den Fernhandelskaufmann jüngeren Typs, für den jüd. Kaufmann wie für den in einer Stadt ansässigen Bürger, war das Briefschreiben eine entscheidende Voraussetzung für das Funktionieren seines Handelsbetriebes und eine regelmäßige Korrespondenz mit Handelspartnern, Beauftragten, Angestellten und auch Familienangehörigen deshalb unumgänglich. Soweit von Kaufleuten (meist eigenhändig) verfaßte Briefe als Sammlung oder auch nur vereinzelt überliefert und ediert sind, sind es *Handelsbriefe*. Sie dienen in erster Linie der Organisierung von Handelsgeschäften und enthalten daher zunächst einmal Informationen über die im Fernhandel üblichen Geschäftspraktiken. Neben Angaben über Art, Menge und Qualität versandter Waren, deren Verpackung, Kennzeichnung und Versendungsart sowie den Bestimmungsort finden sich oft auch Hinweise auf günstige Weiterverkaufsmöglichkeiten, gelegentl. werden auch bestimmte Empfänger benannt, für den Verkauf ein Mindestpreis festgesetzt und für den Verkaufserlös der Verwendungszweck bestimmt. Außerdem wurden bestimmte Waren geordert oder aber mit Hinweis auf Absatzschwierigkeiten sonst regelmäßig bezogene Waren abbestellt. Da die Absetzbarkeit von Waren und deren Versendung in bestimmte Absatzgebiete u. a. auch durch→Blockaden, krieger. Auseinandersetzungen, Hungersnöte etc. behindert oder gefördert wurde, enthalten die meisten Handelsb.e darüber hinaus auch Informationen über die polit. und wirtschaftl. Verhältnisse in bestimmten Orten oder Regionen. Schließl. findet man sehr häufig auch Mitteilungen persönl. und familiärer Art, die für die Mentalität von Fernhandelskaufleuten aufschlußreich sind. Wegen des Risikos, daß die durch Boten oder Geschäftsreisende versandten Briefe ihren Adressaten nicht erreichten, war es üblich, die wichtigsten Mitteilungen in einer Reihe von B.en zu wiederholen.

Sollte eine Ware nicht bar bezahlt, sondern der Zahlungsanspruch gestundet werden, war die Ausfertigung eines *Kreditbriefes* erforderlich, der Gläubiger und Schuldner benennt, die Schuldsumme und deren Fälligkeit (Währung, Zahlungsort, Zahlungstermin) aufführt und meist auch Angaben über die bei Nichteinhaltung des Zahlungstermins zu entrichtenden Verzugszinsen enthält. Derartige Kreditb.e, die besiegelt und/oder als →Chirographen ausgefertigt wurden, waren transferierbar, sofern der in einem Kreditb. genannte Zahlungsempfänger diesen zusammen mit einem Berechtigungsschreiben an Dritte weiterreichte (s. a. →Wechselbrief, →Kreditwesen). – Zum spätma. Handelsbrief in England vgl. →Cely Papers.

I.-M. Wülfing

Q.: Dt. Privatb.e des MA, hg. G. Steinhausen, Bd. II (Bürger I), 1907 – Hildebrand Veckinchusen. Briefwechsel eines dt. Kaufmanns im 15. Jh., hg. W. Stieda, 1921 – Mon. Palaeographica III. Ser., Lfg. 20, Taf. 1, 1939 – Letters of Medieval Jewish Traders, transl. from the Arabic with Introductions and Notes by S. D. Goitein, 1973 – Lit.: F. Rörig, MA und Schriftlichkeit, WaG 13, 1953, 29–41 – A. v. Brandt, Geistl. als kaufmänn. Schreiberpersonal im MA, Zs. des Vereins für Lübeck. Gesch. und Altertumskunde 38, 1958, 164–157 – R. de Roover, The Organization of Trade (The Cambridge Economic Hist. of Europe III, 1963), 42–118.

II. Italien: Der Handelsb. war eine bes. Form der Nachrichtenübermittlung, deren sich die it. Unternehmer in dem weiten geograph. Bereich, in dem sie ihre Handels- und Bankgeschäfte abwickelten, im MA und zu Beginn der NZ bedienten. Ein dichtes Netz von Botenverbindungen (corrieri) wurde von den Zünften und Kaufmannsgesellschaften der größeren it. Städte zw. den bedeutendsten Handelsplätzen eingerichtet (→Botenwesen). Bereits im 12. Jh. kamen pisan. Boten regelmäßig zu den →Champagnemessen und beförderten Handelsb.e in beiden Richtungen. Erhalten sind jedoch nur wenige B.e des 13. Jh. von Kaufleuten aus Siena, Lucca und Florenz, von denen einige zu sprachgeschichtl. Untersuchungen der it. Volgare publiziert wurden.

Erst im 14. Jh. erhielt nach R. de Roover der Handelsb. als Folge der Handelsrevolution, die Ende des 13. Jh. zur Einrichtung ständiger Niederlassungen it. Firmen im Ausland und zum Aufhören der älteren Wanderhandels (→Fernhandel) führte, seine volle Bedeutung. Aus den Sammlungen der Handelskorrespondenz des 14. und 15. Jh. – die bedeutendste, die allein 153 000 B.e umfaßt, befindet sich im Archivio Datini in Prato – läßt sich ihre Charakteristik als einzigartiges Mittel der Nachrichtenüberlieferung klar erkennen. Zum Unterschied vom heut. Handelsb., in dem die laufenden Geschäfte im Vordergrund stehen, wurde im älteren Handelsb. in reichem Maße auf die allgemeine Wirtschaftslage Bezug genommen. Man beschrieb darin die verschiedenen Märkte und informierte über gewerbl. Produktion, Agrarerträge und -wirtschaft, Straßenzustand und Seerouten. Preis- und Kursschwankungen wurden ebenso mitgeteilt wie die Erhöhung oder Senkung lokaler Produktionsziffern und die Quantität der auf den See- oder Landweg eingetroffenen Waren. Auch den Verbindungswegen wurde in den B.en Aufmerksamkeit geschenkt, um auf ihre eventuellen Behinderungen hinzuweisen; v. a. verfolgte man die Operationen der Piraten auf den Seerouten und gab detaillierte Informationen über die verwendeten Schiffe. Die Nachrichten betrafen auch die Zuverlässigkeit und Zahlungsfähigkeit von Geschäftspartnern. Bes. häufig waren Informationen über die polit., gesellschaftl. und religiösen Ereignisse sowie über Epidemien (z. B. über die Ausbreitung der Pest). Der it. Handelsb. des MA erfüllte somit in gewisser Weise die Funktion der heut. Nachrichtenmedien. Die Zahl der übermittelten Nachrichten stand in Relation zu der Größe der einzelnen Firmen. Nur die großen und mittleren Firmen waren imstande, sehr viel Informationsmaterial zu sammeln, das sie ihrerseits an die von ihnen abhängigen oder mit ihnen verbundenen Firmen und Korrespondenten weitergaben. Die B.e der kleinen Firmen betreffen nur die Geschäftsbeziehungen mit den jeweiligen Empfängern. Die B.e konnten offizieller (sog. *lettere di compagnia*) oder persönl. Art sein (von einem Faktor oder Socius »eigenhändig« unterschrieben). Erstere überwiegen bei weitem. Bei den im Original überlieferten B.en handelt es sich um solche, die bei einer Firma eingegangen waren. Abschriften versandter Briefe sind nur selten, einzeln, meist jedoch in Registern (die bereits im 15. Jh. als Briefkopiare *[copialettere]* bezeichnet wurden) auf uns gekommen. Die B.e wurden manchmal in mehreren Exemplaren versandt, um Verluste auf dem Beförderungsweg möglichst gering zu halten. In den einzelnen Firmen wurde der Korrespondenzverlauf in chronolog. angelegten Registern festgehalten: »Quaderni delle lettere mandate e ricevute« (Verzeichnis der ein- und ausgegangenen Post) und »quaderni dei corrieri« (Botenbücher).

Das →Datini-Archiv gibt uns die Möglichkeit, die Verbreitung und Verdichtung des Informationsnetzes innerhalb des von dem Kaufmann aus Prato gegründeten Firmensystems zu erkennen, da es sich dabei nur um B.e aus den einzelnen Niederlassungen seiner Firma handelt. Die B.e stammen aus 267 Niederlassungen im Schwarzmeerraum, Mittelmeergebiet und in Westeuropa; 18 Emporien sandten über 1000 B.e, allein aus Florenz wurden 33 925 verschickt, von denen zwei Drittel den Zeitraum von 1395 bis 1405 umfassen. Das Archiv diente aufgrund seines umfassenden Materials schon den Zeitgenossen zu Studienzwecken und förderte dadurch die Administration der it. Firmen, die in den größten Handelsplätzen der Zeit bestanden. →Wechselbrief, →Kreditwesen.   B. Dini

Q. und Lit.: A. Sapori, Saggio sulle fonti della storia economica medievale, Studi di Storia economica. Secoli XIII–XIV–XV, 1955, 5–24 – F. Melis, Aspetti della vita economica medievale, 1962, 3–42 – R. de Roover, The Organization of Trade (The Cambridge Economic Hist. of Europe, III, 1963, 42–118) – F. Melis, Documenti per la storia economica dei secoli XIII–XVI, 1972, 14–27, 135–231.

Briefadel, Adel, der seit Ks. Karl IV. durch förml. Urkunde (»Adelsbrief«) verliehen werden kann (Erhebung in den Adelsstand, Nobilitierung). Ältester in Deutschland erhaltener Adelsbrief ist der für den Mainzer Scholaster Wicker Frosch vom 30. Sept. 1360 (RI VIII 3329). Die Nobilitierung ist Reservatrecht des Ks.s; sie kann auch durch ksl. →Hofpfalzgrafen erfolgen. Vgl. →Lettre de Noblesse. Zur allgemeinen und sozialgeschichtl. Problematik →Nobilitierung.   H.-E. Korn

Lit.: E. Heydenreich, Hb. der prakt. Genealogie, 1913 [Neudr. 1971], 152f. – K. F. v. Frank, Standeserhebungen und Gnadenakte für das Dt. Reich und die österr. Erblande, 5 Bde, 1967–74.

Briefe, ntl.-apokryphe. Aus spätantiker Zeit sind mehrere Texte erhalten (weitere erwähnt, aber verloren), die wenigstens z. T. nach dem Modell der ntl. Briefe abgefaßt wurden und aus diesen ihre beglaubigenden Namen entlehnt haben.

Der zw. dem 2. und 4. Jh. entstandene, lat. erhaltene Laodicenerbrief setzt sich aus mühsam verbundenen Exzerpten echter Paulusbriefe zusammen und ist veranlaßt durch Kol 4, 16. Er steht in vielen Vulgata-Hss. und wurde früh in die europ. Volkssprachen übersetzt.

Der fingierte Brief des Paulusschülers Titus, der seinerseits neben vielen Bibelworten auch Apokryphen zitiert, richtet sich an einen Kreis von Asketen (Frauen und Männer) und empfiehlt in eigentüml. enthusiast. Ton ein Leben der Jungfräulichkeit. Die lat. Sprache des Briefes ist äußerst schwierig und fehlerhaft. Der Verfasser dürfte in der 1. Hälfte des 5. Jh. in Spanien gelebt und dem Priscillianismus nahegestanden haben.

Lit. ohne Anspruch, aber als kulturgeschichtl. Dokument mit symbol. Sinn von großer Bedeutung ist der Briefwechsel zw. Seneca und Paulus (von Seneca acht, von Paulus sechs meist knappe Briefe), der vielleicht im 4. Jh. entstanden ist (Hieronymus jedenfalls kennt ihn), im MA (vgl. Alkuins Ausgabe) sehr populär wurde und noch die Humanisten (Petrarca, Erasmus) beschäftigte. Die Briefe demonstrieren, vor dem Hintergrund der Christenverfolgung, eine tiefe geistige Verwandtschaft und Sympathie zw. Seneca und Paulus und zielen offensichtl. auf eine exemplar. Annäherung der in den beiden Figuren verkörperten profanantiken und christl. Weltanschauung (unter dem Patronat der Ethik). Ihr bes. Anliegen ist, Paulus gegen den Vorwurf mangelnder Sprachkultur – ein in dieser Epoche immer wiederkehrendes Argument der Heiden gegen die Christen – in Schutz zu nehmen. F. Rädle

Ed.: Laodic.-Br.: A. v. HARNACK, Kleine Texte 12, 1931² – Tit.-Br.: D. DE BRUYNE, RevBén 37, 1925, 47–72 – C. W. BARLOW, Epistolae Senecae ad Paulum et Pauli ad Senecam, 1938 (abgedr. in MPL Supplementum 1, 673–678) – Lit.: HENNECKE-SCHNEEMELCHER II, 53–109 [mit dt. Übers.] – RAC II, 564–585 – ALTANER-STUIBER, Patrologie, 1978⁸, 140f. – W. SPEYER, Die lit. Fälschung im heidn. und christl. Altertum, 1971 – Laodic.-Br.: STEGMÜLLER, 233 – LThK² VI, 792f. – Tit.-Br.: STEGMÜLLER, 263 – B. VOLLMANN, Stud. zum Priscillianismus, 1965 – Sen.-Paul.: CPL 191, 193 – J. N. SEVENSTER, Paul and Seneca, 1961.

Briefmaler, seit dem 15. Jh. bekannter und im 16. Jh. weit verbreiteter Berufsstand, der sich mit der Herstellung, teilweise auch mit dem Vertrieb von kürzeren (Brief von lat. breve) Schriftstücken wie Urkunden, Anschlägen, Flugschriften, Ablaßbriefen oder Schmähbriefen, dann aber auch von Einzeldrucken, Bilderbögen und Blockbüchern beschäftigte. Die auf Pergament oder Papier als Unikate geschriebenen oder für eine größere Verbreitung gedruckten Texte wurden von den B.n ornamental oder mit wenigen, leicht kolorierten Umrißzeichnungen verziert, deren künstler. Wert meist gering ist, die jedoch aufgrund der Texte kulturgeschichtl. Bedeutung haben und für die Beurteilung der Volkskunst wesentl. Aspekte bieten. Als Hersteller von Spielkarten und Heiligenbildern nannte man die B. auch Kartenmaler sowie Heiligenmaler; ihre Bezeichnung »Briefdrucker« läßt annehmen, daß sie seit dem 16. Jh. mehrfach mit den Formschneidern identisch waren, jedoch weiterhin ihre Druckerzeugnisse selbst mit wenigen Farben, deren Auswahl offiziell eingeschränkt war, kolorierten. J. M. Plotzek

Lit.: RDK II, 1172–1178 – Lex. des gesamten Buchwesens I, 1935, 108.

Briefsammlungen → Brief, Briefliteratur, Briefsammlungen

Briefsteller → Ars dictaminis, →Brief, Briefliteratur, Briefsammlungen

Brieg (poln. Brzeg, altpoln. Wysoki Brzeg [1234], lat. Alta Ripa [1250], Brega), Stadt am linken Oderufer, Niederschlesien (heut. Woidwodschaft Wrocław).

Seit dem Anfang des 13. Jh. sind ein Herzogshof mit einem claviger (hzgl. Meier) und ein Marktflecken mit einer Kirche bezeugt, bald nach 1214 wurde ein Spital errichtet. Diese Siedlung hatte dörfl. Charakter (Dorf Alt Brieg, Antiqua Brega, villa Bregensis, Brygisches dorf) und wurde von Fischern und Ackerbauern bewohnt. Im Zuge der →Ostsiedlung wurde die erste Lokation um 1247 von Hzg. Boleslaus II. v. Niederschlesien nach dem Neumarkter Recht durchgeführt. 1250 wurde die Lokation von Hzg. Heinrich III. bestätigt. Der Rat der neuen Stadt erhielt von Hzg. Heinrich IV. die Rechte des Breslauer Rates (1280–89). Die Stadt- und Ratsprivilegien wurden von Hzg. Heinrich V. 1292 ergänzt. Um 1292 wurde die Stadtpfarrkirche St. Nikolaus gegründet.

1311 ist Bolko I. v. Schweidnitz als Stadtherr v. B. belegt, seit 1342 hatten die Hzg.e ihre Residenz in B. 1327 erhielt die Stadt Breslauer Recht und wurde mit neuen Privilegien ausgestattet. Hzg. Ludwig I. erbaute vor 1379 das hzgl. Schloß mit der Schloßkapelle (1360) und das St. Hedwig-Stift (1368). An seinem Hof entstand das Chronicon principum Polonorum (1384–85 von Peter v. Byczyna). Während der Hussitenkriege (1428–32) verwüstet, wurde die Stadt nach dem Wiederaufbau im SpätMA ein wichtiges Handels- und Gewerbezentrum. Im 14. Jh. hatte B. ca. 3000 Einw. Um 1520 war das Stadtareal groß, aber schwach besiedelt. →Schlesien. A. Gieysztor

Lit.: H. SCHOENBORN, Gesch. der Stadt und des Fsm.s B., 1907 – K. MALECZYŃSKI, Historia Śląska I, T. 1 und 2, 1960f. – Brzeg. Dzieje, gospodarka, kultura, hg. W. DZIEWULSKI, 1975.

Brienne, Grafenfamilie aus der →Champagne, die durch Unternehmungsgeist und glückhafte Heiraten zu einer der bedeutenden Dynastien des spätma. Europa aufstieg.

[1] *Grafschaft und Hauptlinie:* Der Name Brienne (B., Dép. Aube, Arr. Bar-sur-Aube) ist als »Briona« auf einer merowingerzeitl. Münze bezeugt; eine Vita des hl. Lupus (AASS, Jul., VII, 81) erwähnt »Brionenses«; Karl der Kahle, Kg. v. Westfranken, stellte eine Urkunde »in villa Brionna« aus (851). Zu dieser Zeit war B. Zentrum des »pagus Brionensis« (auch: Breonensis, Brianensis, Brenensis; das spätere Brenois, Briennois), von dem bald darauf ein Teil als Gft. →Rosnay abgetrennt wurde (schon das Kapitular v. Servais nennt »Brionisi duo«). Der Pagus korrespondierte anscheinend mit dem Archidiakonat B. der Diöz. Troyes. Allgemein wurde als urspgl. Vorort des Pagus der Ort Brienne-la-Vieille angesehen, während Brienne-le-Château zu das spätere Zentrum galt; tatsächl. dürfte jedoch, wie auch andernorts, eine Aufgliederung des →Fiscus Briona in castrum und villa erfolgt sein.

Der seit der Mitte des 10. Jh. belegte *Engelbertus* trug, soweit bekannt, als erster den Titel eines Gf.en v. B.; die Herrschaft hatte offenbar vorher zur Gft. →Troyes gehört. Ludwig IV., Kg. v. Westfranken, belagerte 951 die Burg des Engelbertus (Flodoardus, Annales, ed. LAUER, 31). Dessen Sohn *Engelbertus II.* († ca. 980; ∞ Adelaide, Tochter d. Gf.en v. Sens u. Witwe d. Gf.en v. Joigny) nahm ausdrückl. den Titel eines Gf.en v. B. an, er veranlaßte die Wiederherstellung der Abtei →Montierender, in welcher noch seine Nachkommen die Vogtei ausübten. Um 1035 ging die Gft. durch seine Erbtochter *Petronilla* an *Gautier (Walter) I.* († bald vor 1089) über; dieser vereinigte durch seine 2. Heirat mit der Erbin der Gft. →Bar-sur-Seine, Eustachie, die beiden Gft.en (1072). Nach seinem Tod wurden beide Gft.en zw. den beiden Linien des Hauses B. geteilt: die jüngere Linie, die auf *Milon I. v. B.* zurückgeht, hatte die Gft. Bar inne (Gui, um 1125–46; *Milon II.*, † 1151), die durch Milons II. Tochter, *Petronilla*, an deren Gatten *Hugues (Hugo) v.* →Puiset († 1189) kam. Der Begründer der älteren Linie, *Erard I.* (∞ Aaalis, Tochter des Gf.en v. Ramerupt, André v. Roucy), nahm am 1. Kreuzzug teil. Nach seinem Tod (vor 1125) ging die Herrschaft Ramerupt an seinen jüngeren Sohn *André v. B.* und dessen Nachkommen über, von denen insbes. *Erard v. B.* zu nennen ist, welcher 1214 Philippine, die Tochter Heinrichs II. v. Champagne, Kg. v. Jerusalem, und der Isabelle, geheiratet hatte und mit der Waffe in der Hand die Gft. Champagne forderte, die ihm in einem Urteil der Pairs v. Frankreich verweigerte.

Die Gft. B. ging dagegen an den älteren Sohn Erards I.,

Gautier II. († um 1158), über; er nahm am Kreuzzug Kg. Ludwigs VII. teil. Gautiers Sohn war *Erard II.* (∞ 1166 Agnès v. Montbéliard/Mömpelgard), der um 1188/92 starb. Der Aufstieg des Hauses vollzog sich indes v. a. unter dem abenteuerlustigen *Gautier III.*, der am Kampf von →Richard Löwenherz gegen →Philipp II. August teilnahm (1198), gleichzeitig mit seinem Vasallen Geoffroi de →Villehardouin das Kreuz nahm und i. J. 1200 Elvira, die ältere Tochter →Tankreds, Kg.s v. Sizilien, heiratete; der Kg. übertrug ihm sein Eigengut, die Gft. →Lecce, die beim Haus B. verblieb. Als Parteigänger Innozenz' III. ließ sich Gautier III. vom Papst, als dem Oberlehnsherrn des Kgr.es Sizilien, die Rechte auf die Gft. →Lecce und das Fsm. →Tarent bestätigen. 1201 begab er sich nach Unteritalien, wo er einen Teil des Erbes seiner Frau zurückerobern konnte, doch fiel er 1205 im Gefecht von Sarno. Die »Estoire de Eracles« nennt Gautier III. »einen tapferen Ritter, voll Heldenmut, großherzig und von edler Herkunft«. Gautier IV., sein posthumer Sohn, unterstand zunächst (bis 1221) der Vormundschaft seines Onkels, →*Johann (Jean de B.)*, des späteren Kg.s v. Jerusalem (zu der auf Johann v. B. zurückgehenden Linie Eu-Guines s. Abschnitt 2).

Gautier IV., gen. »der Posthume« oder »der Gr.«, Gf. v. B., Lecce und →Jaffa (∞ 1233 Maria v. →Lusignan, Schwester Kg. Heinrichs v. Zypern), war einer der aktivsten Verteidiger des fränk. Syrien; von den Muslimen 1244 gefangengenommen, wurde er in der Gefangenschaft getötet. Sein Leichnam wurde 1261 den Christen zurückgegeben und in St. Johann zu Akkon bestattet. →Joinville rühmt Gautiers Tapferkeit, Freigebigkeit und Frömmigkeit. Seiner Ehe mit *Maria v. Lusignan* entstammten zwei Söhne: *Johann II.*, der ältere, wurde 1247 Gf. v. B., hielt sich aber zumeist am zypr. Hof in Nikosia auf; kinderlos verstorben, hinterließ er B. seiner Witwe Maria v. Enghien als Wittum. Der jüngere Sohn, *Hugo*, Gf. v. Lecce (seit 1246?), blieb bis 1267/68 im Osten, darauf diente er →Karl v. Anjou in Italien (Schlacht v. →Tagliacozzo, 1268). In einer Urkunde, gegeben zu Marseille am 23. Juni 1270, anerkennt er, Thibaud IV., Gf.en v. Champagne, seinem Lehnsherren, 2000 livres tournois zu schulden für: 1. die Abtretung der Gft. B., die ihm infolge des Todes seines älteren Bruders Johann zugefallen war; 2. die Erbfolge für seinen Bruder Aimeric. Hugo nahm an den militär. Auseinandersetzungen zw. den →Anjou und den →Aragón, welche der →Siz. Vesper (1282) folgten, als Anhänger der Anjou teil. Bereits 1272 hatte Hugo die Witwe des Hzg.s v. →Theben und Schwester Hzg. Wilhelm I. v. →Athen, *Isabella de la →Roche*, geheiratet, die ihm Gautier (V.) gebar; 1291 vermählte sich Hugo in 2. Ehe mit *Helene Komnene*, die, als Witwe Hzg. Wilhelms I. († 1287), Regentin des Hzm.s Athen war; aus dieser Ehe ging *Johanna* hervor (∞ Niccolò Sanudo, Hzg. v. →Naxos). Hugo v. B. war somit, durch Einheirat in die Familie de la Roche, zum Beherrscher des Hzm.s Athen geworden. Er fiel 1296 bei Lecce in einem Gefecht gegen den aragones. Admiral →Roger de Lauria.

Die Gft. B. fiel nun an Hugos Sohn, *Gautier V.*, der sie durch seinen Schwager Gaucher de Châtillon, Connétable de France, verwalten ließ. Gautier V. regierte in Athen mit angevin. Unterstützung und nahm auch an der Seite der Anjou den Kampf im Kgr. Sizilien, allerdings erfolglos, wieder auf. Bald nach 1300 vorübergehend nach Frankreich zurückgekehrt, eroberte er ab 1308 große Teile Griechenlands und herrschte als Hzg. v. Athen, wobei er sich zunächst auf die Söldnertruppe der →Katal. Kompagnie stützte (1310), mit der er aber bald in Konflikt geriet. Im Gefecht am →Kephisos (15. März 1311) unterlag er den Katalanen und fand den Tod. Die Katalanen bemächtigten sich anschließend des Hzm.s Athen, so daß Gautiers Nachkommen, trotz aller Rückeroberungspläne, nur der leere Herzogstitel blieb. Die Großnichte Gautiers, Maria v. Enghien, ließ den Leichnam des Hzg.s später in den Dom v. Lecce überführen.

Gautiers Witwe, *Jeanne de Châtillon* († 1355), führte die Vormundschaftsregierung für *Gautier VI.*, Gf. v. Conversano, während dessen Minderjährigkeit. Gautiers VI. weitgespannte militär. und polit. Aktivitäten als Parteigänger der Anjou in Italien gipfelten in seiner Herrschaft als Signore v. →Florenz 1342–43 (→Brienne, Gautier VI.). Nach Gautiers Tod in der Schlacht v. →Poitiers (1356) erbte seine Schwester *Isabella*, deren Gatte Gautier IV. v. Enghien ebenfalls bei Poitou gefallen war, die Gft.en B., Conversano und Lecce, die, gemeinsam mit dem Titularhzm. Athen, somit an das Haus →Enghien fielen (Sohier, † 1367; Gautier, † 1381; Louis). 1386 ging B. durch die 2. Heirat der Tochter des Louis d'Enghien, Marguerite, mit →Johann v. Luxemburg an das Haus →Luxemburg über. Nach der Hinrichtung des Ludwig v. Luxemburg, Gf.en v. →St-Pol und Connétable de France (1475), unter Kg. Ludwig XI. übertrug sie dieser im Jan. 1476 an Karl I. v. →Amboise, doch wurde sie von Kg. Karl VIII. an Anton I. v. Luxemburg, den Sohn des Hingerichteten, zurückgegeben.

Der Ort B. war Sitz eines Archidiakonats. Im 12. Jh. wurde ein Kapitel (ỏ Petrus und Paulus) installiert, das zu Beginn des 12. Jh. Priorat v. Montier-en-Der wurde. – Im Innern des Parks von B. stifteten die B. im frühen 12. Jh. die Abtei OPraem →Bassefontaine, die in der Folgezeit mit Landschenkungen und Reliquien bedacht wurde. – Erard I. gründete in seiner Herrschaft das Augustinerchorherrenstift Bernilla, das um 1140 an die Prämonstratenser überging, unter dem Namen Notre-Dame de Beaulieu (-sur-Aube) reiche Schenkungen von den B. erhielt und seinerseits die Abteien Chartreuve und Bassefontaine gründete. Gautier VI. wurde in Beaulieu beigesetzt.

R.-H. Bautier/Ph. Contamine

[2] *Die Linie Eu-Guines:* Johann v. B. (s. o.) hatte i. J. 1210 Frankreich verlassen, da ihn Kg. Philipp II. August mit einer Gesandtschaft nach Akkon betraut hatte. In Akkon heiratete er *Maria*, die Tochter →Konrads v. →Montferrat, und wurde am 3. Okt. 1210 zum Kg. v. →Jerusalem gekrönt. Die Tochter von Johann und Maria, *Jolande*, wurde mit Ks. →Friedrich II. vermählt, dem sie das Kgr. Jerusalem in die Ehe brachte. Johann, der von den Baronen des →Lateinischen Ksr.es nach →Konstantinopel gerufen wurde, übte dort die Regentschaft aus und veranlaßte, daß seine Tochter *Maria*, die der Ehe mit *Berengaria (Berenguela) v. Kastilien* entstammte, mit seinem Mündel, →Balduin II., vermählt wurde. Einer der Söhne Johanns, *Alfons*, wurde durch Heirat mit *Alix v. Issoudun* (um 1249) der Stammvater der Gf.en v. Eu; aus dieser Linie des Hauses B. gingen hervor: *Raoul I. v. B.*, der Gf. v. Eu und (aufgrund der Erbschaft seiner Mutter Jeanne) auch Gf. v. Guines war; er übte seit 1330 das Amt des →Connétable de France aus und leitete die Kriegführung gegen die Engländer im Languedoc und in der Guyenne, 1344; *Raoul II.*, ebenfalls Connétable de France, geriet 1346 in engl. Gefangenschaft und verpfändete als Lösegeld seine Gft. Guines; dies trug ihm den Verdacht des Verrates ein, und er wurde 1350 hingerichtet, die Gft. Guines konfisziert, während seine Herrschaft im Morvan (Château-Chinon und Lormes) an seine Schwester Jeanne (∞ mit seinem Vetter Gautier VI. v. B.) fiel.

R.-H. Bautier

Q.: H. D'ARBOIS DE JUBAINVILLE, Catalogue des actes des comtes de B., BEC XXXIII, 1877, 141–186 – Archiv (chartrier) der Gft. B., Paris, Arch. nat. 4 AP (Titel der Gft. 11.Jh., Kopie 1244–18.Jh.: 4 AP 112–159; Rechnungen 1443 u. ab 1510: 4 AP 193ff.; masch. Inventar) – *Lit.*: DBF VII, 296–299 – DBI XIV, 233–259 – Dict. hist. de la Champagne méridionale I, 1942, 241–255 [A. ROSEROT] – K. HOPF, Walther VI. v. B., Hzg. v. Athen und Gf. v. Lecce, Hist. Jb., 1854 – F. DE SASSENAY, Les B. de Lecce et d'Athènes, 1869 – Pagart d'Hermansart, Ambassade de Raoul de B., comte d'Eu et de Guines ... en Angleterre, 1330 (Bull. phil. et hist. 1896, 165–168) – CH. LALORE, Le pagus de B.-le-Château: ses limites, Mém. Soc. académ. de l'Aube, 41, 1877, 211–214 – M. CHAUME, Les origines du duché de Bourgogne, IIe part, fasc. 3, 1931, 1236–1243 [Karte des pagus B.] – M. ORZA, Gualterio III, conte di B., 1939 – J. LONGNON, L'Empire latin de Constantinople et la principauté de Morée, 1949–50 – A. BON, La Morée franque. Recherches hist., topogr. et archéologiques sur la principauté d'Achaïe I, 1969 – M. BUR, La formation du comté de Champagne v. 950–v. 1150, 1977 – J. LONGNON, Les compagnons de Villehardouin. Recherches sur les croisés de la quatrième croisade, 1978.

1. B., Gautier VI. (Gualtier[i]), Gf. v., nomineller Hzg. v. Athen, frz. Heerführer und Lehnsträger, entstammte dem Haus →Brienne, * zw. 1304 und 1305 vielleicht auf den Hausgütern der B. in der Champagne, ✠ am 19. Sept. 1356 bei Poitiers. Nach dem Tod seines Vaters, Gautiers V., Hzg.s v. Athen, im Gefecht am Kephisos gegen die Katal. Kompagnie (1311) waren dessen Witwe, Jeanne de Châtillon, und der kleine G., dessen Nachfolgerechte unangetastet blieben, gezwungen, sich eilig in Richtung Neapel einzuschiffen. Von dort setzten sie alles in Bewegung, um das Hzm. Athen wiederzugewinnen. Anscheinend erschöpfte die Mutter hierbei ihr Vermögen, so daß G. 1321, nachdem er seine Großjährigkeit erlangt hatte, sich insolvent erklären mußte. Er gab die Ansprüche auf sein Lehen jedoch nicht auf. 1321 gelang es ihm, die Hand Beatrices, der Tochter Philipps v. Tarent, des Bruders des Kg.s v. Neapel, Robert v. →Anjou, zu gewinnen; die Heirat fand in Brindisi statt. Durch diese Ehe zum Neffen des mächtigen Herrschers geworden, wurde er von diesem mit bedeutenden Aufgaben betraut: Von Mai bis August 1326 regierte er anscheinend als Stellvertreter Hzg. Karls v. Kalabrien in Florenz. In der Folge kämpfte er – weiterhin in Diensten des Kg.s von Neapel – gegen Ks. Ludwig den Bayern; im Sommer 1331 versuchte er mit der formellen Unterstützung des Papstes und des Kg.s v. Neapel, in einem waghalsigen Blitzunternehmen seine Herrschaft in Griechenland wiederzugewinnen. Der allzukühne Handstreich, der zu stark auf dem Einsatz der Reiterei basierte, mißlang. G. v. B. mußte, in Schulden verstrickt, sein unstetes Leben wieder aufnehmen, das ihn abwechselnd an die päpstl. Kurie in Avignon und an den frz. und den neapolitan. Hof führte. Um dort Unterstützung für seinen Traum einer Rückeroberung zu gewinnen. Sein großer Augenblick kam 1341–42, als einige florent. Kaufleute ihn entweder aus eigener Initiative oder unter dem Druck der Anjou nach →Florenz holten, das damals infolge des Krieges mit Pisa um den Besitz von Lucca in Aufruhr war. Der Krieg nahm für Florenz einen schlechten Verlauf, und nicht einmal der Generalkapitän →Malatesta dei Malatesti hatte die florent. Waffen zum Sieg führen können. G. begann von März 1342 an, in zunehmendem Maße die Geschicke von Florenz zu lenken. Am 8. Sept. des gleichen Jahres machte er sich in einer Art Handstreich – unterstützt von einigen Magnaten und dem »popolo grasso« – zum →Signore der Stadt, die ihn bereits zum »Verteidiger der Kommune und der Guelfenpartei« und »Bewahrer und Schutzherrn« proklamiert hatte. Als Signore auf Lebenszeit enttäuschte er – der sich gern mit seinem formellen Titel Hzg. v. Athen nennen ließ – die Erwartungen der Florentiner, da er, statt einen Gegenschlag gegen Pisa zu führen, es vorzog, Frieden zu schließen. Er machte sich viele, die ihn an die Macht gebracht hatten, durch sein offen zur Schau getragenes tyrann. Gebaren zu Feinden und stieß sie dadurch ab, daß er sich mit geldgierigen Fremden umgab. Dagegen gelang es ihm, beim »popolo minuto«, den niederen Schichten, Popularität zu erringen. Den untergeordneten Arbeitern der Wollzunft erlaubte er sogar, eine eigene Körperschaft zu bilden. Die harte und vom sozialen Standpunkt aus »fortschrittliche« Politik des Hzg.s v. Athen ließ viele Verschwörungen der florent. Oberschicht entstehen (an einer von ihnen beteiligte sich der Bf. Angelo →Acciaiuoli). Am 26. Juli 1343 brach der Aufstand aus (seit damals bedeutete der »Annentag« das Fest der Freiheit des »Populus von Florenz«), und am 1. Aug. mußte der Hzg. der Gewalt weichen. Er begab sich am 5./6. in das Kastell Poppi zu den Gf.en →Guidi und verkündete von dort seine definitive Abdankung. Seit jenem Zeitpunkt nahm er sein unstetes Wanderleben als Prätendent wieder auf. Er war in Bologna bei Taddeo →Pepoli, in Venedig, Neapel, am Hof des frz. Kg.s und an der päpstl. Kurie. Überall trug er seine Sache vor und bat um Unterstützung für die Wiedergewinnung von Florenz. Verfolgt vom Unglück lief er 1352 jedoch Gefahr, sogar seine Besitzungen in Apulien zu verlieren. Schließlich suchte er in Frankreich Zuflucht, dort wurde er im Mai 1356 zum →Connétable de France ernannt. Sein Tod in der Schlacht v. Poitiers (1356) gegen die Engländer, seinem frz. Lehensherrn getreu, war der ehrenvolle Abschluß eines Lebens voll ehrgeiziger Pläne, denen kein Erfolg beschieden war. F. Cardini

Lit.: DBI XIV, 237–249 – C. PAOLI, Della signoria di Gualtieri duca d'Atene in Firenze, Giornale stor. degli Arch. toscani VI, 1862, 81–121, 169–286 – A. v. REUMONT, Der Hzg. v. Athen, HZ 26, 1871, 1–74 – C. PAOLI, Nuovi documenti intorno a Gualtieri VI duca d'Atene a signore di Firenze, ASI III/XVI, 1872, 22–66 – G. GUERRIERI, Gualtero VI di B. Contributo alla storia del feudalismo in Terra d'Otranto, 1896 – DERS., Nuovi documenti intorno a Gualtieri VI di Brienne duca d'Atene, ASI V/XXI, 1898, 297–309 – M. B. BECKER, Gli di B...., ASI CXIII, 1955, 245–250; CXIV, 1956, 734–740 – G. A. BRUCKER, Florentine Politics and Society, 1343–1378, 1962 [Ind.] – M. B. BEKKER, Florence in Transition. The Decline of the Commune, 1967 [Ind.].

2. B., Johann, Kg. v. Jerusalem → Johann v. Brienne

Brieuc, hl. → Briocus

Brigantine. Um 1350–60 aus dem →Plattenrock entstandene Panzerjacke aus eisernen Lamellen, die an der Innenseite des gewöhnl. leinernen, mit farbigem Samt überzogenen Kleidungsstücks festgenietet wurden. Die meist vergoldeten Nietköpfe erschienen an der Außenseite als eine Art Musterung (Beispiel: Brüder v. Klausenburg, St. Georgs-Statue, 1373, Prag, Hradschin). Noch mit größeren Brust- und Rückenplatten versehen, bildete die B. bis gegen 1420 einen Hauptteil des →Harnisches. Vom stählernen Brust- und Rückenstück des Plattenharnisches schließlich verdrängt, wurde die B. Schutzwaffe der leichten Reiterei und der Infanterie, nur in Westeuropa trug der Ritter weiterhin Mischformen von B. und Plattenharnisch (vgl. Nuño Gonsalvez, Retablo, um 1475, Lissabon). Der Name B. stammt von den räuber. Söldnerbanden (*brigands,* Briganten) des →Hundertjährigen Krieges (→Söldner, Söldnerwesen).

In Italien hieß die B. *corazzina.* Hier erlebte sie als Prunk-Ausrüstung vornehmer Personen im 16. Jh. eine neue Blüte (vgl. Tizian, sog. Hzg. v. Atri, Kassel) und verschwand erst um 1580. Diese späten B.n bestanden innen aus annähernd gleichgroßen verzinnten Lamellen.

O. Gamber

Lit.: G. F. Laking, A Record of European Armour and Arms II, 1920, 189ff.

Brigantium → Bregenz

Brigid(a), hl., * ca. 455 in Faughart bei Dundalk, † ca. 525, verehrt als Gründerin des Doppelkl. Kildare ('Kirche der Eiche') in der gleichnamigen ir. Gft., wo 655 Cogitosus mit Abfassung ihrer Vita betraut wurde. Die Überlieferung wurde in der Folgezeit durch lat. und ir. Texte, bes. in Oxf. Bodl. Rawl. B 512 enthaltene, reich ausgeschmückt. B. soll von einem Schüler des hl. Patrick zur Äbtissin einer von ihr gegr. Gemeinschaft bestimmt worden sein und sogar Vollmacht erhalten haben, den Abt des zu Kildare gehörenden Männerkl. zu ernennen. Das Datum ihres Festes (1. Febr., eines der vier Jahreszeitenfeste) und die reiche volkskundl. Tradition um die Hl. lassen Zusammenhang mit einer vorchr. Gottheit vermuten. Anderseits heißt B. »Maria der Gälen«. 878 wurden ihre Reliquien vor den Normannen nach Downpatrick in Sicherheit gebracht und im Grab der hl. →Patrick und →Columba (»die drei Patrone Irlands«) beigesetzt. Viele Teile der Reliquien gelangten auf das Festland. Von keinem ir. Hl. hat sich die Verehrung so früh und weit verbreitet wie von B. In England, Schottland und Wales und an vielen Orten im deutschsprachigen Gebiet wurde ihr Fest gefeiert und waren ihr Kirchen geweiht. Auch in Skandinavien, Frankreich, Italien und Portugal, ja bis auf die Kanar. Inseln verbreitete sich ihr Kult. B. wurde vielfach dargestellt als Beschützerin der Armen, der Krüppel, der Kinder sowie (bes. in der Schweiz) der Kühe. Die Segnung von Kerzen an ihrem Fest steht sicher mit der an den folgenden Tagen (Lichtmeß und Blasius) üblichen in Verbindung. – Das von B. gegr. Nonnenkl. zu Kildare bestand bis zu seiner Aufhebung 1540. Das mit ihm verbundene Mönchskl., das zunächst auch B., später aber Äbten unterstand, soll an die Augustinerchorherren gekommen und unter Heinrich VIII. aufgehoben worden sein. J. Hennig

Q. und Lit.: Bibl. SS III, 1963, 430–437 – DHGE X, 719 – J. F. Kenney, The sources for the early hist. of Ireland, 1929 [Neudr. 1980], 356–366 – L. Gougaud, Les Saints Irlandais hors d'Irlande, 1936 – Vitae Sanctorum Hiberniae, ed. W. W. Heist, 1965, 1–37 – D. N. Kissane, Vita metrica sanctae Brigidae, PRIA 77 C, 1977, 57–192 – Bethu Brigte, ed. Donncha O hAodha, 1978 – *zum Kl. Kildare:* P. Helyot, Hist. des ordres religieux, 1792, Kap. XXI – A. Gwynn – R. N. Hadcock, Medieval religious houses, Ireland, 1970, 190, 319f. – *Zur volkstüml. Überl.*: EM II, 790–792 [Lit.].

Brigitta v. Kildare → Brigida

Brigitta v. Schweden → Birgitta

Brille

I. Vorgeschichte und Erfindung – II. Die mittelalterlichen Brillentypen – III. Literarische und ikonographische Belege.

I. Vorgeschichte und Erfindung: Die B. gehört zusammen mit Einglas, Leseglas, Lesestein, Monokel und Lupe zu den Sehhilfen. Abgesehen von modernen Spezialbrillen unterscheidet man im wesentl. B.n mit Sammellinsen für Alterssichtige und Übersichtige, und B.n mit Zerstreuungslinsen für Kurzsichtige. Die B. ist eine Schöpfung des MA. In der Antike lassen sich weder in Europa noch in anderen Kulturräumen irgendwelche Sehhilfen nachweisen. Es gibt keinen Beweis für opt. Anwendungen der gefundenen antiken Linsen, die z. T. Spuren von Leder oder Geweben aufweisen, also eher Schmuckstücke waren. Frühe chines. Augengläser waren Gegenstände des Aberglaubens: Glas vor den Augen sollte Augenkrankheiten heilen. In alten chines. Enzyklopädien wird die B. als ausländ. Erfindung bezeichnet.

Auch den Römern waren B.n unbekannt. Cicero beklagte sich in gereiftem Alter, er könne nicht mehr lesen und schreiben. Der von Plinius d. Ä. erwähnte Smaragd Neros (»Nero princeps gladiatorum pugnas spectabat smaragdo«) wurde wegen seiner angenehmen Farbe getragen und diente dem Ks. allenfalls als Sonnenschutz. Claudius Ptolemaeus (ca. 100–178) kannte die vergrößernde Wirkung einer wassergefüllten Glaskugel. Der Araber Ibn al-Haitam (Alhazen, ca. 965–1039) beschreibt ein gläsernes Kugelsegment als mögliche Sehhilfe. Sein Werk »K. al-Manāẓir«, seit F. Risners Baseler Druck vom Jahre 1572 im Abendland als »Thesaurus Opticus« bekannt, war seit der Mitte des 13. Jh. in lat. Übersetzung in europ. Klosterbibliotheken verfügbar. 1267 erklärte der engl. Franziskanermönch → Roger Bacon, Kugelsegmente seien vorzügl. Instrumente für alte und schwachsichtige Menschen. Vor allem im Klosterleben mit seinen vielfältigen geistl., wissenschaftl., künstler. und kunsthandwerkl. Tätigkeiten gelangten Sehhilfen zu Bedeutung; die Alterssichtigkeit war für Mönche und Nonnen bes. störend. Im Kl. und nur dort waren also Bedürfnis, Kenntnis und Fähigkeit zur Entwicklung von Sehhilfen zugleich vorhanden. Dort wurden um die Mitte des 13. Jh. die ersten Lesesteine geschliffen, stark gewölbte → Linsen aus Bergkristall oder Beryll (einem berylliumhaltigen Edelstein), die direkt auf die Lektüre gelegt wurden und dem Leser so eine etwas vergrößerte Schrift darboten. Das Wort »Brille«, eine Pluralform, ist von »Beryll« abgeleitet.

Nach den zur Zeit bekannten Quellen ist die eigtl. B. gegen Ende des 13. Jh. in Norditalien erfunden worden. In einem Predigtmanuskript von 1305 erwähnt der Dominikanermönch Giordano da Rivalto aus Pisa die erst wenige Jahre zurückliegende Erfindung der Brille. Wichtige Dokumente sind die Erlasse des Hohen Rates v. Venedig (1300, 1301 und 1319), in denen Einzelheiten über Herstellung und Verkauf von Lesesteinen (lapides ad legendum) und B.n bzw. Lesegläsern (vitreos ab oculis ad legendum) geregelt wurden. Ein »Erfinder« der B. ist nicht bekannt. R. Greeff hat 1919 nachgewiesen, daß die Grabmalsinschrift, in der Salvino degli Armati als Erfinder der B. gerühmt wird (Florenz, S. Maria Maggiore), eine Fälschung ist.

II. Die mittelalterlichen Brillentypen: [1] *Nietbrille:* Vermutl. wurden nach den Lesesteinen gestielte Eingläser mit flacheren Linsen entwickelt, die zw. Lektüre und Auge gehalten wurden. Zwei Eingläser, mit einem Niet zusammengefügt, bildeten schließl. die Nietbrille, die man auf die Nase klemmte oder von Hand vor die Augen hielt. Diese erste Brillenform war lange Zeit nur aus der bildenden Kunst bekannt. 1953 wurden im ehem. Zisterzienserinnen-Kl. → Wienhausen bei Celle (Niedersachsen) unter dem Chorboden neben Gebrauchs- und Andachtsgegenständen u. a. zwei Nietbrillen und neun Teile von solchen (wohl Mitte 14. Jh.) gefunden, die offenbar durch die Spalten des Holzbodens gefallen waren. Bei diesen B.n unterscheidet man: Typ I mit geraden Stielen, Typ II mit gebogenen Stielen, beide mit Nuten, in die die Gläser eingeklemmt sind, und mit geschlitzten Fassungen, die zum Einfügen der Gläser vorsichtig auseinandergebogen wurden, Typ III mit zwei verleimten Holzschichten, bei denen die inneren Fassungsränder leicht angeschrägt waren und so gemeinsam eine Nut für die Gläser bildeten. Die Gläser dieses Fundes sind plankonvexe Sammellinsen von meist gelblicher oder grünlicher Farbe. Die Wienhauser B.n sind im Kl. Wienhausen, Kopien im Optischen Museum des Zeiss-Werks in Oberkochen ausgestellt. Während die Wienhausener B.n aus Buchsbaum- bzw. Lindenholz gearbeitet sind, besteht die 1974/75 bei Trig Lane, Blackfriars, durch das Museum of London im Schutt zwischen Uferbefestigungen ausgegrabene zerbrochene Nietbrille aus Ochsenbein; sie stammt etwa aus der Zeit vor 1440. Ihre Gläser sind nicht erhalten.

[2] *Bügelbrille:* Im 14. oder 15. Jh. kam die Bügelbrille auf, die aus einem Stück besteht. (Der »Bügel« ist hier der die Nase überspannende bogenförmige Teil der Fassung.) Als Material diente z. B. Bronze, Silber, Horn und Fischbein.

[3] *Lederbrille:* Bügelbrillen aus Leder wurden um 1500 entwickelt und – da sie bequem und dauerhaft waren – bis ins 18. Jh. hergestellt. Alte Lederbrillen finden sich im Germanischen Nationalmuseum Nürnberg sowie im Wienhausener Fund.

[4] Eine sehr frühe *Drahtbrille* aus geplättetem Draht mit verwitterten Bikonvexlinsen wurde 1965 in Böttingen, Gemeinde Dornstadt, Alb-Donau-Kreis, ausgegraben. Sie konnte stratigraph. dem 15. Jh. zugeordnet werden.

Die beschriebenen B.n waren für Alterssichtige gedacht. Es ist umstritten, ob es bereits im MA auch B.n für Kurzsichtige gab. Nikolaus v. Kues (1401–64) erwähnt u. a. einen konkaven Beryll. 1517 malte Raffael den extrem kurzsichtigen Papst Leo X. mit einem Einglas, dessen Reflexe auf eine Zerstreuungslinse schließen lassen.

Die B. ist eine der kulturgeschichtl. bedeutsamsten Erfindungen des MA. Sie verlängert die produktive Lebensphase des geistig und künstler. tätigen Menschen, da sie dem Alterssichtigen einwandfreies Sehen ermöglicht. Darüber hinaus spielt die B. eine Rolle in der Literatur und als Bildungssymbol in der Kunst.

III. LITERARISCHE UND IKONOGRAPHISCHE BELEGE: [1] *Literatur:* Das erste Zeugnis finden wir im »Jüngeren Titurel« (um 1270): »Sam der berillus grozzet die schrift ...« ('Wie der Beril vergrößert die Schrift ...'). Auch →Konrad v. Würzburg († 1287) erwähnt die vergrößernde Wirkung des »kristalînen steines«. In der Maness. Liederhandschrift besingt der alte Missener (um 1270) den Lesestein als »lîchten spiegel«.

[2] *Plastik:* Die erste Darstellung einer Sehhilfe wird häufig an der Figur des Hypokras in der Mauritiusrotunde (um 1270) des Konstanzer Münsters gesehen. Ob es wirklich ein Leseglas ist, was Hypokras in seiner linken Hand hält, ist jedoch umstritten. Eine Skulptur am Portal der Kirche S. Maria in Pontevedra (Galicien, Spanien) stellt Hieronymus mit B. dar, einer der übl. Anachronismen.

[3] *Malerei:* Das MA ist reich an bildl. Darstellungen von Sehhilfen. Als älteste gelten die Fresken von 1352 im Kapitelsaal des Dominikanerklosters S. Nicolò in Treviso (Venetien). →Tomaso da Modena stellte hier die Kardinäle Nikolaus v. Rouen mit einem Einglas und Hugo von der Provence mit einer Nietbrille dar. Friedrich →Herlin verdanken wir einen Petrus (Rothenburg ob der Tauber, St. Jakob, Hochaltar, 1466) und einen Schriftgelehrten (früherer Hochaltar von St. Georg, Nördlingen, Stadtmuseum, 1462) mit präzise gemalten Nietbrillen. →Geertgen tot St. Jans stellte in seinem Gemälde »Hl. Sippe« von 1470 die hl. Anna mit einer Bügelbrille dar, die vor ihr auf einem Buche liegt (Amsterdam, Rijksmuseum). Weitere Brillendarstellungen gibt es von Van Eyck, Pacher, Schongauer, Konrad v. Soest und vielen anderen Meistern des MA. Abbildungen von B.n findet man auch in der Buch- und Glasmalerei, in Holzschnitten und Kupferstichen, in der Holz- und Elfenbeinschnitzerei sowie in Allegorien, Emblemen, Glüheisen für Pferde, Münzen, Siegeln, Wappen und Wasserzeichen. W. Pfeiffer

Lit.: RDK I, 1248–1252 [s. v. Augenglas] – H. APPUHN, Wie alt sind die Nietbrillen von Wienhausen?, Zeiss-Werkzeitschr. 6, Nr. 30, 1958, 62–65 – H. A. WILLAM [Bearb.], Beitr. zur Gesch. der B., hg. C. ZEISS und MARWITZ & HAUSER, 1958 – G. KÜHN–W. ROOS, Sieben Jahrhunderte B. (Dt. Mus., Abh. und Ber. 36, H. 3, 1968) – G. P. FEHRING–H. A. WILLAM, Ma. Befunde und Funde aus SS. Petrus und Paulus in Böttingen, Fundber. Baden-Württ. 1, 1974, 665–671 – M. RHODES, A pair of late medieval spectacles from the Trig Lane site, The London Archaeologist 4, Nr. 1, 1980, 23–25.

Brimeu, Guy de, * 1433/34, † 3. April 1477 (enthauptet), Herr v. Humbercourt (Dép. Somme), Gf. v. Megen in Brabant (16. Febr. 1470), aus altadliger, seit ca. 1400 in burg. Diensten stehender pikard. Familie, einer der engsten Räte Hzg. →Karls des Kühnen v. →Burgund. B. wurde am 9.(?) Sept. 1466 Statthalter im Fürstbm. Lüttich, dann auch in den angrenzenden Territorien Namur (Ende 1468/Anfang 1469), Overmaas (1. Juni 1473), Geldern (Juni/Juli 1473), die er durch eine neue Ratkammer zu Maastricht zentral verwalten ließ; außerdem in der Gft. Marle (26. Okt. 1472) und ztw. im Hzm. Luxemburg (2. Aug. 1473–Juli/Aug. 1474). Seit 1471 auch in der hohen Diplomatie tätig, am 9. Mai 1473 Ritter des Ordens vom →Goldenen Vlies, heißt er während des Neußer Kriegs 1474–75 der erste Mann nach dem Herzog. Während der Schweizer Feldzüge des Hzg.s Mitglied des Regentschaftsrates der Niederlande. Nach dem Tod Karls des Kühnen (5. Jan. 1477) brach seine Machtstellung in den Maaslanden zusammen; mit dem Kanzler →Hugonet wurde er trotz persönl. Intervention der Hzgn. Maria im aufständ. Gent hingerichtet. – B. hinterließ seine Frau Antonia v. Rambures (aus dem Ponthieu, Ehevertrag vom 19. März 1453, † 1517), zwei Söhne und drei Töchter. Die Familie gehörte nunmehr dem Hochadel der Niederlande an. W. Paravicini

Lit.: P. GORISSEN, De Raadkamer van de hertog van Bourgondië te Maastricht (1473–1477), 1959 – W. PARAVICINI, G. de B., 1975.

Brinckerinck, Jan (Johannes), Mitträger der Bewegung der →Devotio moderna, * 1359 in Zutphen, † 1419 in Deventer. Am Ende seines Studiums an der Kapitelschule in Deventer lernte J. B. dort 1380 Geert (Gerhard) →Groote kennen. Er wurde sein vertrauter Schüler und Helfer während dessen Predigtreisen. 1384 wurde er einer der ersten Bewohner des Heer Floris Huis in →Deventer. Geert Groote und Florens (Florentius) →Radewijns waren für J. B. maßgebend. Nach seiner Priesterweihe trat er 1392 unter schwierigen Umständen die Nachfolge Jan van den Grondes als Rektor der Schwestern im Meester-Geertshuis an. 1400 begann er mit d. Gründung des Kl. für Regularkanonissen in Diepenveen. Dieses doppelte Rektorat übte er erfolgreich bis zu seinem Tode aus. Er war sowohl auf weltl. als auch auf geistl. Gebiet ein sehr befähigter Rektor. Seine geistl. Orientierung kann man noch aus einer Anzahl in Deventer und Diepenveen aufgezeichneter Kollationen ersehen, die durch einen späteren Rektor, Rudolf Dier van Muiden (1384–1459), in einer Ausgabe gesammelt wurden. Er verteidigte erfolgreich eine Kreuzspiritualität mit vier Schwerpunkten: Liebe zu Christus, Liebe zum Mitmenschen, Gehorsam, Gelassenheit und Demut. Obgleich er ein strenger Rektor war, konnte er doch durch sein vorbildliches und einfühlsames Rektorat diese Spiritualität zu einer als sinnvoll erfahrenen Mentalität und Lebensinterpretation in Deventer und Diepenveen ausbilden. Er erntete, was Geert Groote und Florens Radewijns gesät hatten. H. Vekeman

Lit.: DSAM I, 1959–60 – W. MOLL, Acht collacien van J. B., Kerkhist. Archief, 1866, 97–168 – W. DE VREESE, »Van Swighen«. Eene collatie van J. B., Het Belfort, 1898, 97ff. – W. BRINKERINK, »Vita Iohannis Brinckerinck, Nedel. Arch. v. Kerkgeschiedenis 1901, 314ff. – D. A.

BRINKERINK, Biographieën van beroemde mannen uit den Deventerkring, Arch. geschied. Aartsbisdom Utrecht, 1902, 22ff. – DERS., Van den doechden der . . . susteren van Diepenveen, 1902–04 – W. J. KÜHLER, J. B. en zijn klooster te Diepenveen, 1908 – Thomas a Kempis, Vita domini I. B., Opera, ed. POHL, t. VII, 1922, 222ff. – L. A. M. GOOSSENS, Een onbekende Collatie van J. B., Arch. Aartsbisdom Utrecht, 1953, 184ff. – W. J. ALBERTS, Moderne Devotie, 1958 – A. HYMA, The Christian Renaissance, 1924, 1965² – A. AMPE, Een kritisch onderzoek van de »Institutiones Taulerianae«, Ons geestelijk erf, 1966, 167–240 – R. P. POST, The Modern Devotion, 1968 – G. EPINEY-BURGARD, Gerard Grote (1340–84) et les débuts de la Dévotion Moderne, 1970 – P. J. BEGHEYN, De handschriften van het St.-Agnietenklooster te Arnhem, 1971, 3–44 – DERS., Drie collaties van J. B., Archief geschied. Katholieke Kerk in Nederland, 1971, 77–90 – L. BREURE, J. B., Spiegel Historiael, 1979, 553–558 – E. PERSOONS, Het dagelijks leven in de Windesheimse vrouwenkloosters, ebd. 1980, 342–349.

Brindisi, alte Stadt im südl. Apulien mit einem natürl. Adriahafen in Form eines Hirschkopfs; daher ihr in Brundisium latinisierter Name messap. Ursprungs. Mytholog., bisher nicht gesicherte Überlieferung spricht von früher griech. Besiedlung. Die messap. Stadt wurde nach 89 v. Chr. röm. Municipium. Als Zentrum des Handels zw. dem Orient, Dalmatien und Rom, mit dem es durch die Via Appia und die Via Traiana verbunden war, nahm B. Kaufleute jeder Rasse und Herkunft auf und war Sitz einer das ganze MA hindurch blühenden jüd. Gemeinde. Nach dem frühen Eindringen des Christentums war B. einer der ersten Bischofssitze im Salento. Der erste Bf. Leucius (Leokios) muß spätestens im 3. Jh. gelebt haben. Nach dem Untergang des Weström. Reiches blühte die Stadt bis zur letzten Phase des byz.-got. Krieges (540–549), in der sie schwere Schäden erlitt und sich dem Ostreich unterwerfen mußte. Nachdem B. von den Langobarden in der zweiten Hälfte des 7. Jh. erobert worden war, stellte es die südl. Grenze des Hzm.s →Benevent dar, mit dem es Sprache, Sitten und Recht gemein hatte, die sich über das MA hinaus erhielten. Die Feindschaft zw. Konstans II. und Leo III. konnte nicht bewirken, daß sich B. Byzanz unterwarf, unter dessen Herrschaft es erst im späteren 10. Jh. zurückkehrte. Sarazen. Streifzüge setzten im 9. Jh. der Stadt hart zu, so daß sie 838 zerstört wurde; daraufhin verlegte B. den Bischofssitz nach Oria, wo er bis zum Ende des 11. Jh. verblieb. Um 1000 wurde B. von Lupos Protospatharios wieder aufgebaut und von dem Patriarchen v. Konstantinopel zum Ebm. erhoben. Nach mehreren Eroberungsversuchen von verschiedenen Seiten wurde B. 1071 von →Robert Guiscard eingenommen. Bis 1156 versuchten die Byzantiner vergebl., seine Eingliederung in das Hzm. →Apulien rückgängig zu machen. Unter den Normannen vertiefte die Stadt ihre Beziehungen mit dem päpstl. Stuhl, und Urban II. selbst weihte 1089 die Kathedrale ein, aber der gr. Ritus und die orthodoxe Gemeinde blieben erhalten; die Stadt und der Hafen kamen zu neuer Blüte, wobei sie beträchtl. Vorteile von den Kreuzfahrern zogen, deren Ritterorden in B. Hospize in der Stadt besaßen. Als sicherer Handels- und Kriegshafen gewährte B. den Juden, den Langobarden von Amalfi, Scalea und Ravello und v. a. den Venezianern Zollfreiheit; mit den letzteren schloß es 1199 einen Bündnisvertrag, der bis zur Machtergreifung der Aragonesen im wesentl. eingehalten wurde. B. war auch Sitz von Emporien der Pisaner und Genuesen und später der Florentiner, Albaner und der Stadt →Ragusa (Dubrovnik). Normannen und Staufer förderten seine Entwicklung, und B. war abwechselnd unabhängige domaniale Stadt oder Teil des Fm.s Tarent. Roger II. baute die Kathedrale wieder auf, während Friedrich II., der 1225 dort seine Hochzeit mit Isabella v. Brienne feierte, das →Arsenal anlegte, die Burg erbaute, die Stadtmauern errichtete und die Münze gründete. Nur Wilhelm I. verwüstete 1156 die Stadt sowie die Region. Auch die Anjou gewährten B. Begünstigungen, da sie es als Ausgangshafen für ihre Expansionsbestrebungen im Epirus und auf der Peloponnes brauchten. Nach dem Scheitern dieser Ziele verfiel die Stadt, nicht zuletzt infolge der Thronfolgekämpfe. Im 15. Jh. verschlechterten – mehr noch als die Pest – die inneren Zwistigkeiten zw. den Familien Ripa und Cavaliere sowie die Hungersnot und die Einfälle der Ungarn die ohnehin schon prekäre Lage von B., das wiederholt geplündert wurde und mehrmals gezwungen war, zu den Waffen zu greifen. Nach der Belagerung durch Ludwig v. Anjou wurde B. von Giovanni Antonio Del Balzo Orsini, Fs. v. Tarent, angegriffen, der 1449 den Hafen zum Teil blockierte, indem er mit Blei beladene Flöße darin versenkte. 1456 wurde B. von einem Erdbeben heimgesucht. Von der Pest geschwächt, vom Krieg zw. Venezianern und Aragonesen in Mitleidenschaft gezogen und von den Türken bedroht, verfielen der Handel und das öffentliche Leben in B. endgültig, als der Hafen 1532 völlig blockiert wurde. P. De Leo

Lit.: KL. PAULY I, 952f. – RE III, 902–906; Suppl. I, 258–IP IX, 383 – N. KAMP, Kirche und Monarchie . . . II, 1974, 662.

Brink (Brinkkötter, Brinklieger, Brinkmänner, Brinksitzer). Als B. wird im nd. Sprachgebiet eine allmendeartige unbebaute Fläche im Zentrum oder am Rande von lockeren Gehöftgruppen bezeichnet, die als im Gemeinbesitz befindlicher Versammlungsplatz eine rechtl. Sonderstellung besaß. Für den Dorfplatz findet sich in vielen eb. Gebieten auch das alte Wort *Tie*. Dem nd. B. und *Tie* entspricht im obdt. Bereich der Begriff Anger (*anger*) als Bezeichnung für den dörfl. Versammlungsplatz. Dem nd. B. (auch in Holland bekannt) entspricht als fläm. Bezeichnung das Wort →Driesch.

Seit Beginn des 16. Jh. bis ins 18. Jh. hinein errichteten in weiten Teilen des nwdt. Anerbengebietes (→Anerbenrecht) Brinkkötter auf den B. en Häuser, wodurch es zu erhebl. Verdichtungen der Eschsiedlungen kam. Die Ansiedlung der Brinkkötter erfolgte meist auf Betreiben der Landesherren gegen den Willen der Bauern. Von den im SpätMA angesiedelten Köttern unterschieden sich die Brinkkötter durch die spezif. Lage ihrer Häuser und die geringere Landausstattung, die keine hauptberufl. Landwirtschaft ermöglichte und zur Ausübung eines Handwerks oder Gewerbes zwang. Ihre Rechtsstellung in der ländl. Gemeinde blieb zwar trotz mancher Verbesserungen bis zum Ende des Alten Reiches durchweg schlechter als die der Erb- und Markkötter, übertraf aber diejenige der jüngsten Nachsiedlerschicht des 18. Jh. (Insassen, Heuerlinge) bei weitem. K. Fehn

Lit.: K. S. BADER, Stud. zur Rechtsgesch. des ma. Dorfes III, 1973, 117 – M. BORN, Die Entwicklung der dt. Agrarlandschaft, Erträge der Forsch. 29, 1974 – B. LIEVENBRÜCK, Der Nordhümmling. Zur Entwicklung ländl. Siedlungen im Grenzbereich von Moor und Geest, Siedlung und Landschaft 10, 1978.

Briocus (kelt. Brigomaglos, frz. Brieuc), hl., Hauptfest 1. Mai (Fest in Rennes und Vannes 11. Mai, in Quimper 13. Mai), * ca. 410, † um 502 (nach traditioneller Auffassung). B. missionierte zunächst in seiner Heimat (Cardigan, Südwales) und der armorikan. Dumnonia (Bretagne), wo er in →Tréguier ein erstes Kl. gründete; seine zweite Klostergründung gilt als Ausgangspunkt der heut. Stadt →St-Brieuc. Nach R. COUFFON geht das Kl. St-Brieuc jedoch nur bis in die Zeit um 560/565 zurück. Im übrigen gab B.' erster Biograph, ein angevin. Geistlicher des 11. Jh. (BHL 1463), der sich auf die Viten des →Samson v. Dol und des →Martin v. Tours stützte, an, eine Vita in bret. Sprache benutzt zu haben (peregrinae linguae idioma, BHL 1463 a). Diesem Biographen waren nahezu alle tatsächl. Lebensumstände seines Helden unbekannt, den er unter Nichtberücksichtigung der Chronologie mit den verschiedensten Personen in Verbindung brachte. Eine fragmentar. Vita in Versform verfaßte zu Beginn des 12. Jh. Pierre d'Angers (BHL 1436 b). B. war zweifellos niemals Bf., allenfalls Abt-Bf. in kelt. Kirchentradition, auch wenn P. Le Baud († 1505) eine verlorene Vita erwähnt, nach der B. in »Großbritannien« zum Bf. geweiht worden sein soll. Allerdings bezeichnet ihn eine in seinem Grab in Angers gefundene Inschrift des 11. Jh. als Ef. (vgl. c. 58 der Vita). Unter →Erispoë, Hzg. der Bretagne († 857), wurden B.' Gebeine nach St-Serge d'Angers übertragen, eine weitere Translation fand im 10. Jh. nach Paris statt (BHL 5147, c. 3). Die Verehrung des Hl. ist für das 10. Jh. beiderseits des Kanals bezeugt. Am 31. Juli 1166 erfolgte in Anwesenheit Heinrichs II., Kg. v. England (aus dem Hause Angers-Plantagenêt), die feierl. Translation des Hl. nach Angers, wo sich sein Kult bis zur Frz. Revolution erhielt. Einige Reliquien wurden 1210 wieder nach St-Brieuc übertragen (BHL 1464).

J.-C. Poulin

Lit.: G. BATAILLE, Brioco, Bibl.SS 3, 1963, 534–536 – R. COUFFON, Essai critique sur la Vita Briocii, Mém. Soc. hist. archéol. Bretagne 48, 1968, 5–14.

Briones, Vertrag v. (31. März 1379). Karl II., Kg. v. Navarra, erklärte 1378, angestiftet vom Hzg. v. Lancaster, der die Erbschaft Peters I. v. Kastilien für sich erstrebte, Kastilien den Krieg, wurde aber besiegt. Der zwischen Karl II. und Heinrich II. Trastámara geschlossene Vertrag, vermittelt durch Fernández de Luna, Ebf. v. Zaragoza, führte zu einer Art kast. Schutzherrschaft über Navarra, das als Sicherheit acht Städte und zahlreiche Burgen ausliefern mußte, darunter Viana, Estella und Tudela, und darüber hinaus Laguardia als Pfand für die von Karl II. zu zahlende Entschädigung. Zur Absicherung des Vertrages heiratete der Erbsohn von Navarra, der spätere Karl III., Heinrichs II. Tochter Leonore v. Kastilien.

L. Fernández Suárez

Q.: López de Ayala, Crónica del rey D. Enrique II, ed. E. LLAGUNO Y AMIROLA, II, Madrid 1780, 101–103 – *Lit.*: P. E. RUSSELL, The Engl. Intervention in Spain and Portugal in the Time of Edward III. and Richard II., 1955, 275ff.

Brionne, Ort und Gft. in der →Normandie (Dép. Eure), gallo-röm. Breviodurum (Brevoduro in der Tabula Peutingeriana, 3. Jh. n. Chr.). Der Ort befand sich in günstiger Lage an den Grenzen der gall. Civitates der Lexovii, Aulerci Eburovices und Veliocasses. Der kelt. Name deutet auf eine Brücke, wohl über die Risle, hin. Durch die verkehrsgeograph. Situation am Schnittpunkt von vier röm. Straßen wurde B. zu einem wichtigen Umschlagplatz innerhalb des Pagus Rotomagensis (→Rouen).

980 übertrug Richard I., Hzg. der →Normandie, einem seiner Söhne, Gottfried, Gf.en v. →Eu, B., das zur Gft. erhoben wurde. 1045 wurde Wido (Guy) v. Burgund, der Vetter des Hzg.s Wilhelm, mit B. belehnt. Wido beteiligte sich am Aufstand gegen den Hzg., den dieser mit Unterstützung des frz. Kg.s im Val des Dunes 1047 niederwarf; Hzg. Wilhelm konnte B. jedoch erst nach dreijähriger Belagerung erobern, da sich sein Widersacher in einer Burg, die er auf einer Insel zw. zwei Armen der Risle errichtet hatte, verschanzt hielt. 1050 wurde in B. ein Konzil abgehalten, da sich →Berengar v. Tours, welcher der Häresie angeklagt war, an den Hzg. um Hilfe gegen Rom gewandt hatte (→Brionne, Konzil v.). Mit der großen monast. Bewegung, in deren Verlauf im Umkreis von B. die Abteien Le→Bec, →Préaux und →Grestain gegründet wurden, nahm die Bedeutung von B. erheblich zu.

Kg. Philipp IV. der Schöne übergab B. 1287 an die mächtige Familie →Harcourt. Als deren ältere Linie ausgestorben war, ging B., nach den Zerstörungen der engl. Besatzungszeit des →Hundertjährigen Krieges, im 15. Jh. an den Gatten der Marie v. Harcourt, Anton (Antoine) v. Lothringen, Gf. v. Vaudemont, über und diente bis zum 18. Jh. verschiedenen Mitgliedern des Hauses Lothringen als Residenz.

Teilweise erhalten ist der mächtige Donjon von B., der im 1. Viertel des 12. Jh. (nicht, wie früher angenommen, unter Heinrich II. Plantagenêt) errichtet wurde und mit viereckigem Grundriß auf drei Strebepfeilern einen verbreiteten Typus der norm. Festungsbaukunst repräsentiert. Die drei ma. Kirchen, die Pfarrkirche St-Martin (gen. »la paroisse«), St-Denis (mit Kirchenschiff aus dem 12. Jh.) und Notre-Dame sind ebenfalls erhalten.

C. Lannette

Lit.: Dictionnaire des églises de France IV B, Normandie, 1968 – Congrès archéologique de France, 56ᵉ session, EVREUX, 1889 (1890), 101–104 – A. GUILMETH, Le château de B. Annuaire des Cinq départements de la Normandie, 66ᵉ année, 1899, 111–125 – L. REGNIER, B. Le donjon, les églises, le musée, 1899 – H. PRENTOUT, B. au temps de Guillaume le Conquérant, Annuaire des Cinq départements de la Normandie, 101ᵉ année, 1934, 222–229 – Nouvelles de l'Eure, N° 17, 3ᵉ trim., 1963, 27–28 – A. CHATELAIN, Donjons romans des pays d'Ouest, 1973, 115–117.

Brionne, Konzil v. (1050). →Durandus, Abt v. St-Martin de Troarn († 11. Feb. 1088), berichtet in seiner Streitschrift »De corpore et sanguine Domini«, die gegen →Berengar v. Tours und seine Abendmahlslehre (→Abendmahl, Abendmahlsstreit) gerichtet war, unter dem falschen Datum 1053 von einer Versammlung von Theologen. Sie wurde von Hzg. Wilhelm II. v. der Normandie, dem späteren Kg. v. England, nach dem gerade eroberten →Brionne einberufen, um die Ansichten der Theologen über Berengars Lehren zu hören, da sich Berengar damals an ihn mit der Bitte um Unterstützung gewandt hatte. In Brionne, unweit von der Abtei Le→Bec gelegen, verdammte man in der Disputation Berengars Lehre. Diesem Urteil schloß sich Hzg. Wilhelm an.

U.-R. Blumenthal

Q. und Lit.: MANSI 19, 773 – HEFELE-LECLERCQ IV/2, 1053ff. – R. HEURTEVENT, Durand de Troarn et les Origines de l'Hérésie bérengarienne, 1912, bes. 101 – A. J. MACDONALD, Berengar and the Reform of Sacramental Doctrine, 1930, 66ff. [bes. zum umstrittenen Datum] – O. CAPITANI, Per la Storia dei rapporti tra Gregorio VII e Berengario di Tours, StGreg 6, 1955–61, 99ff., hier 116 [Nachdr.: DERS., Studi su Berengario di Tours, 1965–66, mit weiterer Lit.] – J. DE MONTCLOS, Lanfranc et Bérenger: La controverse eucharistique du XIᵉ s., 1971, 91ff.

Brioude, Stadt in Mittelfrankreich (Auvergne, Dép. Hte-Loire). Der vicus B., Sitz einer Urpfarre, an einer großen Nord-Süd-Route gelegen, verdankt seine Bedeutung dem Grab und der Hinrichtungsstätte des hl. Martyrers →Julian, der dort mindestens seit der Mitte des 5. Jh. verehrt wird. In der Karolingerzeit wurde in der Kirche, die sich über dem Grab des Hl. befand, ein Kapitel gegründet. Die Karolinger und später die Hzg.e v. Aquitanien setzten den Abt ein; die Kanoniker vermochten sich erst im 11. Jh. aus dieser Schutzherrschaft zu lösen. Das Wohnviertel der Kanoniker war seit der Karolingerzeit mit einer Mauer befestigt; diese umgab ebenfalls den Pfalzbau der Gf.en v. →Auvergne (mit Münzprägung). Die Streitigkeiten innerhalb des Kapitels waren einer der Gründe für die Intervention Ludwigs VII., Kg.s v. Frankreich, in der Auvergne (1163). Eine neue, erweiterte Mauer wurde im

13. Jh. zum Schutz der nördl. der Kirche St-Julien gelegenen Stadtviertel erbaut. 1363 wurde die Stadt von Söldnertruppen *(routiers)* besetzt. Im 14. und 15. Jh. umfaßte das Kapitel 80 Kanoniker. Exemt gegenüber den kgl. Beamten und dem Bf. v. St-Flour, übte das Kapitel die volle Stadtherrschaft aus; die Einwohner vermochten – trotz mehrerer Emanzipationsbestrebungen seit dem 13. Jh. – kein städt. Privileg zu erlangen. – Erst in späterer Zeit bezeichneten sich die Kanoniker – wie die Angehörigen anderer hochgestellter Stifte – als »Grafen«.   G. Fournier

Lit.: LThK² V, 1196f. [ältere Lit.] – J. Lachenal, Une église hist. d'Auvergne ou l'église de B., 1879 – G. Fournier, Le peuplement rural en Basse Auvergne durant le haut MA, 1962, 160–169 – E. Magnou-Nortier, Le diplôme de Louis le Pieux pour St-Julien de B. (895), CCMéd, 1978, 313–323 – P. Cubizolles, Le chapitre de St-Julien de B., 1980 – allg.: Almanach de B. [jährl. Erscheinen seit 1920].

Bris, droit de → Strandrecht

Brisebar(r)e, Jean Le Court, gen. B., frz. Dichter aus Douai, † vor 1340. Neben einigen geistl. Liedern und *serventois* zum Lob Mariens verfaßte er in den »Règles de Seconde Rhétorique« erwähnte, angebl. des Lesens und Schreibens unkundige Dichter noch vor 1337 im Anschluß an die »Voeux du Paon« des →Jacques de Longuyon (→Alexander d. Gr., V c) das Alexandergedicht »Restor du Paon« sowie ein allegor. didakt. Traumgedicht »Le Plait de l'Evesque et de Droit«. Die erbaul. Kompositionen »Escole de Foy« (1327) und »Trésor de Notre Dame« sind lit. ohne Bedeutung.   D. Briesemeister

Ed. und Lit.: HLF 36, 35–66 – E. Dunhim, Le plagiat de J. B., Romania 86, 1965, 395–403 – Le Restor du Paon, éd. R. J. Carey, 1966 – E. M. Donkin, A crit. ed. of Le restor du paon, a 14th cent. poem by B. [Diss. London, Birkbeck College 1972/73] – J. Kjaer, Présentation d'un texte inédit du XIVᵉ s., Li Plais de l'Evesque et de Droit, Revue Romane 10, 1975, 328–342 – St. Millen Taylor, A crit. study and ed. of the unpubl. Le Dit de l'Evesque et de Droit by B. [Diss. Wayne State Univ. 1976] – Le Plait de l'Evesque et de Droit, éd. J. Kjaer, 1977.

Bristol

I. Geschichte und Topographie – II. Wirtschaft und Bevölkerung.

I. Geschichte und Topographie: B., Stadt in England (Co. Avon), am Avon. B. liegt westl. des römerzeitl. Hauptübergangs über den Avon und hatte den röm. Siedlung Sea Mills (Abona), die mit den Römerstädten Bath (Aquae Sulis) und Gloucester (Glevum) durch Strassen verbunden war. Der Ortsname, von ae. *brycg stow*, deutet auf einen Versammlungsplatz (von Kaufleuten?) an der untersten Brücke über den stark dem Gezeitenwechsel ausgesetzten Flußlauf des Avon hin. Erste sichere Belege stellen Münzen aus der Zeit um 1020 dar, die voraussetzen, daß B. zu dieser Zeit eine mit kgl. Zustimmung errichtete Befestigung *(burh)* war. Diese befestigte Siedlung (8 ha) war in vier Viertel unterteilt, von denen ein jedes eine Pfarrkirche hatte, obwohl die vermutl. älteste Kirche die unmittelbar außerhalb der ursprgl. Befestigung gelegene Peterskirche war. Die ma. Stadt entstand auf einer schmalen Landzunge, die fast völlig von den Flüssen Avon und Frome eingeschlossen ist; der Landzugang wurde von einer mächtigen Burg kontrolliert. Ein neuer Hafen wurde in den 40er Jahren des 13. Jh. angelegt, wobei es zu ständigen Konkurrenzkämpfen zw. B. und der jenseits der Brücke gelegenen Vorstadt Redcliff kam, die sich im Besitz der Herren des Berkeley Castle befand. Um 1300 umschloß das ummauerte Areal nördl. des Avon mehr als 60 *acres* (24,3 ha), dazu kamen noch 70 acres (28,3 ha) südl. des Flusses. Größte ma. Kirche in B. war die 1148 von den Augustinerchorherren begründete Abteikirche, die heut. Kathedrale. Die im 13. Jh. von den Dominikanern, Franziskanern und Karmelitern errichteten Kl. wurden zu Ausgangspunkten der Stadterweiterung an der nördl. Peripherie.

Während des größten Teils des 12. Jh. war B. Teil des Earldom Gloucester; während der Bürgerkriege zw. den Anhängern des Hauses Anjou (Plantagenêt) und denen des Hauses Blois in den 40er Jahren des 12. Jh. (→England) war die Stadt das Hauptquartier der angevin. Kräfte. Kg. Heinrich II. Plantagenêt belohnte die Treue der B.er Bürger i. J. 1155 mit einem städt. Privileg. Außerdem wurde, im Zuge der engl. Expansion nach Irland, 1171 die Ansiedlung von Bürgern aus B. in →Dublin gefördert, was die Verbindungen der Stadt mit Irland verstärkte. 1189 gingen Stadt und Burg durch Heirat an Prinz Johann über. Die anomale administrative Situation der Stadt, die durch die Lage an der Grenze der Gft. en Gloucestershire und Somerset bedingt war, wurde 1373 durch Schaffung einer eigenen Gft. B. beseitigt. Die neue Gft. hatte Gerichtsbarkeit über insgesamt 755 acres (305,8 ha); sie umfaßte das Avongebiet bis zu dessen Mündung in den Severn.

Im 13. und 14. Jh., nach der Übertragung von Burg und Stadt an den späteren Kg. →Johann i. J. 1189, stand B. zumeist unter der Aufsicht der *Constables* der Burg, was eine Quelle ständiger Spannungen mit der städt. Bevölkerung darstellte. Die Möglichkeiten einer städt. Selbstverwaltung waren stets begrenzt; wichtigster Vorkämpfer der städt. Freiheit war die Kaufmannsgilde. Der erste überlieferte *lord mayor* (Bürgermeister) wurde 1216 gewählt, schließl. wurde die *Guild Hall* zum Sitz der Administration und Jurisdiktion der Stadt. Die Zahl der Mitglieder des regulären städt. Rates ist unbekannt, doch hatte sich bis zur Mitte des 14. Jh. ein allgemeiner Bürgerausschuß ('common' council) mit 48 Mitgliedern herausgebildet; seine Aufgabe bestand in der Abwehr willkürl. Handlungen durch den *mayor* oder die *bailiffs*. Trotz dieser Institution des Bürgerausschusses blieb die städt. Verwaltung wesentl. oligarchisch.

II. Wirtschaft und Bevölkerung: B.s wirtschaftl. Stärke beruhte auf dem reichen und ökonom. vielseitigen Hinterland der Stadt und ihrer günstigen Verkehrslage mit Zugang zum Atlantik. Im FrühMA unterhielt B. bereits Handelsbeziehungen mit dem südl. Wales, Irland und möglicherweise auch mit Norwegen; wichtigste Ware waren Sklaven. Der Bericht über B. im →Domesday Book ist unvollständig, zeigt aber eine Handelsbedeutung des kgl. Hofes Barton Regis, der 84 Pfund jährl. Abgaben zu entrichten hatte. Die obenerw. polit. Entwicklung um die Mitte des 12. Jh. (Parteinahme von B. für das siegreiche Haus Plantagenêt) führte zu wirtschaftl. Aufschwung, der u. a. auf der Einfuhr von Wein aus den engl.-angevin. Besitzungen in Aquitanien beruhte. In den späten 60er Jahren des 14. Jh. wurden über B. ca. 60% aller engl. Tuche exportiert, welche hauptsächl. in die Gascogne, nach Portugal und nach Irland gingen. B. war auch Umschlagplatz für Waren aus Westfrankreich, die nach Irland weiterbefördert wurden. Die Reichweite des lokalen B.er Handels wird durch die Verbreitung der Keramik aus Ham Green, dem Sitz einer bedeutenden, 6 km nw. von B. gelegenen Töpferwerkstatt, dokumentiert. Für das ma. B. sind keine genauen Bevölkerungszahlen überliefert, doch ergibt sich aus den Steuerlisten der Kopfsteuer *(poll tax,* →Steuerwesen) von 1377, d. h. eine Generation nach der ersten Pestwelle von 1348, die Zahl von 6 345 Steuerpflichtigen, woraus sich eine ungefähre Zahl von 9 500 Einwohnern ermitteln läßt.

Seit dem späten 14. Jh. wurden durch die polit. Verbindungen zw. England und Portugal die Handelsbeziehungen von B. mit der Iber. Halbinsel gefördert, auf denen der

Wohlstand der Stadt in der 2. Hälfte des 15. Jh. im wesentl. beruhte. Bes. bemerkenswert ist die B.er Fischerei in den isländ. Gewässern. Die Konkurrenz der Hanse zwang die B.er Fischer zur Suche nach neuen, weiter außerhalb im Atlantik gelegenen Fanggebieten. Es ist sehr wahrscheinl., daß Neufundland von B.er Fischern entdeckt wurde und diese damit noch vor Kolumbus' Reise von 1492 amerikan. Gebiet erreichten. H. B. Clarke

Q.: vgl. die Quelleneditionen der Bristol Record Society, bes.: The Great Red Book of B., ed. E. W. W. VEALE, 5 Bde, 1931-53 – B. Charters, 1378-1499, ed. H. A. CRONNE, 1946 – Cartulary of St. Mark's Hospital, B., ed. C. D. ROSS, 1959 – Some Manorial Accounts of St. Augustine's Abbey, B., ed. A. SABIN, 1960 – The Overseas Trade of B. in the Later MA, ed. E. M. CARUS-WILSON, 1967² – vgl. auch: William Worcestre, Itineraries, ed. J. H. HARVEY, 1969 – The Chantries of William Canynges in St. Mary Redcliffe, ed. E. E. WILLIAMS, 1950 – Lit.: K. MARSHALL, Excavations in the City of B., 1948-51, Transactions of the Bristol and Gloucestershire Archaeological Society (i. f. abgekürzt: TBGAS), 70, 1951, 5-50 – J. T. DRIVER, Parliamentary Burgesses for B. and Gloucester, 1422-37, TBGAS, 74, 1955, 60-127 – J. A. WILLIAMSON, The Cabot Voyages and B. Discovery under Henry VII, 1962 (Hakluyt Society) – K. J. BARTON, A Medieval Pottery Kiln at Ham Green, B., TBGAS, 82, 1963, 95-126 – J. W. SHERBORNE, The Port of B. in the MA, 1965 (Hist. Association, Port of B. Series) – E. M. CARUS-WILSON, The Overseas Trade of B. in the Fifteenth Century (Medieval Merchant Venturers, 1967²), 1-97 – Y. RENOUARD, Les relations de Bordeaux et de B. au MA (Études d'hist. médiévale, 1968), 993-1008 – D. B. QUINN, England and the Discovery of America, 1481-1620, 1974 – M. D. LOBEL–E. M. CARUS-WILSON, B. (Hist. Towns, hg. M. D. LOBEL, Bd. 2, 1975) – W. R. CHILDS, Anglo-Castilian Trade in the Later MA, 1978.

Britannia. Lateinische Adaption der griech. Bezeichnung Πρεττανική bzw. Βρεττανία, die von dem Namen der einheim. Bevölkerung Πρεττανοί bzw. Βρεττανοί (→Briten) abgeleitet ist. Sie wurde zunächst auf die gesamten Brit. Inseln angewandt, dann, nach der Eroberung unter Ks. Claudius, auf die röm. Provinz und nach der Neuordnung durch Diokletian auf die →Diözese (diocesis Britannarum).

[1] *Römische Provinz:* Das im 1. Jh. v. Chr. weitgehend von →Kelten bewohnte B. wurde in seinem südl. Teil nach Caesars Britannien-Expedition (55/54 v. Chr.) nominell röm. Bundesgenossengebiet, aber erst unter Claudius seit 43 n. Chr. systemat. erobert und röm. Provinz, in flavischer Zeit bis Forth und Clyde ausgedehnt (Sieg des Agricola am Mons Graupius), unter Hadrian auf der Linie Carlisle – Newcastle gesichert (Hadrianswall 127 vollendet). Eine kurze Wiedereroberung nördl. Gebiete unter Antoninius Pius blieb ohne Bestand. 259-268 war B. Teil des gall. Sonderreiches unter Postumus, entging aber mit seinen befestigten Städten der Zerstörungen des 3. Jh. So erfreuten sich unter diesen Zentren bes. die Hauptstädte von B. Superior, Londinium (→London) und B. Inferior, Eboracum (→York) sowie Calleva Atrebatum (Silchester), Camulodunum (Colchester), Glevum (Glouchester), Lindum (Lincoln) und Verulamium (St. Albans) bis ins 5. Jh. einer gewissen Blüte. Die Usurpation des Carausius (286-293) und seines Mörders und Nachfolgers Allectus (293-297) beendete der Caesar Constantius Chlorus. Zum Augustus erhoben (305), besiegte er die →Pikten in Schottland, starb aber in Eboracum (→York). Das Heer rief seinen Sohn Constantinus zum Augustus aus. Für die wenigen Monate vor seinem Abzug bezeugen sechs Meilensteine Straßenreparaturen. In diokletian.-konstantin. Zeit wurde die Diöz. B., verwaltet von dem vicarius Britanniarum, in die vier Provinzen B. prima, B. secunda, Maxima Caesariensis, Flavia Caesariensis unterteilt. Der im Jahre 369 zurückeroberte nördlichste Teil wurde als 5. Provinz eingerichtet und nach Ks. Valentinian Valentinia-na oder Valentia benannt (RE VII A, 2158). Als militär. Befehlshaber erscheinen im 4. Jh. ein dux Britanniarum für die Verteidigung der Nordgrenze, ein comes litoris Saxonici (→litus Saxonicum) für die Verteidigung der Küste und ein comes Britanniarum (erst um 400?). Christen in B. werden zuerst von Tertullian (adv. Jud. 7, 4) erwähnt. Am Konzil v. Arles (314) beteiligten sich bereits drei brit. Bischöfe. B. erlebte eine letzte Epoche der Prosperität, kaum unterbrochen von Unruhen i. J. 343, die einen Aufenthalt des Ks.s Constans veranlaßten, und von der Usurpation des Magnentius (350-353), dem sich B. anschloß. 360 führte Julians magister militum Lupicinus einen Feldzug gegen Pikten und →Schotten. Gemeinsam mit Franken und Sachsen verwüsteten diese aber seit 367 B. Der comes rei militaris Theodosius stellte die röm. Herrschaft wieder her (368/369) und sorgte für Reparaturen am Hadrianswall (→Limes) und Verstärkung der Stadtbefestigungen. Nach wiederholten Truppenabzügen durch den Usurpator Magnus Maximus (383-388), Stilicho (401) und den auf die ephemeren Marcus (406) und Gratian (407) folgenden Constantinus III. (407-411) löste sich B. 409 vom Reich (Zos. 6, 5, 2f.) und blieb sich selbst überlassen (Brief des Honorius bei Zos. 6, 10, 2). 429 errang Germanus, Bf. v. Auxerre, noch einen Sieg über Pikten und →Sachsen. Ein letzter Hilferuf an →Aëtius blieb ohne Antwort (um 446). Danach endete die spätröm. Zivilisation.→Angelsachsen,→Briten,→England.

J. v. Ungern-Sternberg

Lit.: Regelmäßige Berichterstattung in der Zs. Britannia (1, 1970ff.) – Verschiedene Beitr. in: Aufstieg und Niedergang der Röm. Welt II, 3, 1975 – Kl. Pauly I, 946-948 – LAW, 502-504 – RE III, 1, 858-879 – R. G. COLLINGWOOD – R. P. WRIGHT, The Roman Inscriptions of Britain, I: The Inscriptions on Stone, 1965 – Christianity in Britain, A. D. 300-700, hg. M. W. BARLEY – P. P. C. HANSON, 1968 – J. MORRIS, The Age of Arthur. A Hist. of the British Isles from 350 to 650, 1973 – E. A. THOMPSON, Britain, A. D. 406-410, Britannia 8, 1977, 303-318 – J. WACHER, Roman Britain, 1978 – S. S. FRERE, Britannia, 1978³ – The End of Roman Britain, hg. P. J. CASEY, 1978 – A. L. F. RIVET – C. SMITH, The Placenames of Roman Britain, 1979 – E. A. THOMPSON, Gildas and the Hist. of Britain, Britannia 10, 1979, 203-226 – S. JOHNSON, Later Roman Britain, 1980 – P. SALWAY, Roman Britain, 1981.

[2] *Verwendung des Begriffs »Britannia« im Mittelalter:* a) Die ma. Geographen, die sich völlig oder teilweise auf antike Quellen stützten (so→Dicuil usw.), begannen, den Begriff »Britannia« für die gesamten Britischen Inseln zu gebrauchen, d. h. England, Schottland, Wales und Irland. b) Frühe engl. Chroniken und Urkunden verwendeten diesen Begriff zeitweise in Königstiteln, bes. wenn beabsichtigt war, den Anspruch einer Oberherrschaft des Kg.s über eine Anzahl von Königreichen oder Territorien geltend zu machen (→Bretwalda). c) Spätestens seit dem 7. Jh. (→Geographus Ravennas) wurde B. gleichzeitig auch für die Halbinsel »Armorica« gebraucht, die später oft zum Unterschied als B. minor bezeichnet wurde (→Bretagne). d) Im 12. Jh. sorgte →Galfred (Geoffrey) v. Monmouth für eine neue und weitere Verbreitung des Begriffs B., der fortan eng mit der Artussage verbunden war (→Artus, Abschnitt I, IV). e) Andere engl. Chronisten verwendeten den Begriff gleichzeitig als ein Äquivalent für England, das sehr weit verbreitet war; in der Form »maior B.« schloß er dann auch Schottland ein, bes. seit den Bestrebungen der engl. Krone, Schottland zu annektieren.

D. A. Bullough

Lit.: M. DEUTSCHBEIN, Stud. zur Sagengesch. Englands I, 1906, 139-149 – J. P. S. TATLOCK, The Legendary Hist. of Britain, 1950 – D. HAY, The use of the term »Great Britain« in the MA', Proc. Soc. Ant. Scotl. LXXXIX, 1955/56, 55-66 – E. JOHN, Orbis Britanniae, 1966, 1-36.

Briten
I. Geschichte und Sprache – II. Archäologische Erforschung des britischen England.

I. GESCHICHTE UND SPRACHE: B. (kelt. * Pritani, * Priteni; gr. Πρεττανοί, später Βρεττανοί; lat. Brit(t)anni, später Brittones, auch Brettones [so bei →Beda und danach die übliche mlat. Form]) ist der Name der kelt. Einwohner des größten Teils des heut. England, Wales und Schottland in den letzten Jahrhunderten v. Chr. und während der Zeit der röm. Herrschaft (→Britannia) und später für die Nachkommen, die jenseits der Grenzen des ags. Eroberungsgebietes lebten. Die B. sprachen eine P-kelt. Sprache, die Vorläufer aller späteren 'Brittonic'-Sprachen (→Keltische Sprachen) war und als das eigtl. 'Britisch' für die Zeit bis zum 6. Jh. bezeichnet wird. Als im 1. Jh. röm. Armeen auf die Insel vordrangen, trafen sie auf eine Anzahl selbständig verfaßter Stämme der B., die in Gebieten von sehr unterschiedl. Größe und wirtschaftl. Entwicklung lebten; in der Regel waren diese Stämme einem Kg., Kämpfe zw. den Nachbarstämmen waren häufig. In den von den Römern eroberten Gebieten wurden – analog zur Gallia – städt. Zentren errichtet, die meist einen brit. Namen hatten und von denen aus die alten Stammesgebiete (civitates) oder Teile von ihnen verwaltet wurden. Die concilii und magistrati dieser städt. Territorien, in der Regel aber nicht die Oberprovinzialbeamten, wurden von einheim. brit. Landbesitzern gestellt. Im 2. und 3. Jh. wurden auch immer mehr B. in das röm. Militär eingegliedert. Die Angehörigen beider Gruppen, der Beamten wie der Soldaten, sprachen und schrieben hauptsächlich Latein. Vermutl. waren die meisten Stadtbewohner zweisprachig, doch sprach die einfache Landbevölkerung wahrscheinlich nur Britisch. Es wird angenommen, daß sich vereinzelt Elemente des kelt. Landbesitzrechts erhielten, aber überzeugende Nachweise sind hierfür nicht vorhanden. Die alten religiösen Bräuche bestanden jedoch sicherl. in der Römerzeit fort und erlebten in der Mitte des 4. Jh. eine Erneuerung. Das Christentum war, sowohl vor als auch nach →Konstantin d. Gr., nur die Religion der Stadtbewohner und einiger Besitzer von villae, zu denen etwa auch der Vater und Großvater des hl. →Patrick gehörten. Im frühen 5. Jh. schlossen sich viele Christen in Britannien den häret. Auffassungen des →Pelagius an, eines Briten, der in Rom lebte.

Mehrere Bewerber um den Kaiserthron der Zeit um 400 fanden ihre Basis in Britannien; nach 409 wurde das Gebiet sich selbst überlassen und mußte eigene Schutzmaßnahmen gegen die Angriffe von außen treffen und für eine eigene Regierung der Provinz sorgen. Die Herrschaft ging allerdings bald auf lokale Befehlshaber (reges) über. Hinsichtl. des Zeitpunktes der einzelnen Etappen dieser Entwicklung gibt es keine zeitgenöss. oder zuverlässige spätere Quellen. Der eine oder andere dieser reges könnte – wie →Gildas im 6. Jh. meinte – germ. Krieger als Söldner angeworben haben, welche später jedoch rebellierten und sich mit anderen germ. Gruppen vereinigten, die selbst auf der Suche nach neuem Siedlungsland waren (→England).

Zw. etwa 450 und 580 wurden die romanisierten B. gezwungen, den größten Teil des südl. und östl. Britannien aufzugeben, obwohl ein Sieg um 500 (der aber nicht dem sagenhaften →Artus oder einem anderen lokalen Führer zugeschrieben werden kann) für einige Jahrzehnte eine Ruhepause und vielleicht eine zeitweilige Rückgewinnung einiger Gebiete zur Folge hatte. Eine starke Auswanderung in die Armorica (→Bretagne) ist zu verzeichnen. Die gesprochene Sprache änderte sich schnell und durchgreifend. Zur selben Zeit wurde für die B. das Christentum zur vorherrschenden Religion, auch für die jenseits der alten Grenzen des Imperiums lebenden B.; die ersten monast. Gemeinschaften wurden gegründet. Es konnte noch nicht geklärt werden, wo sich die Sitze der frühen Bf.e und Kg.e befanden; lagen sie zumeist in den erhalten gebliebenen röm. Städten, in wiederbenutzten alten Burganlagen (hill-forts) oder an anderen Orten? Die archäolog. Forschungsergebnisse konnten jedoch aufzeigen (vgl. Abschnitt II), daß ein Kontakt auf dem Seeweg mit Gallien, Spanien und den Mittelmeerländern noch bis zum 7. Jh. bestand.

In den letzten Jahrzehnten sind kühne Hypothesen über den Einfluß der nachröm. brit. Kgr.e auf die polit. Struktur und die Wirtschaft des frühen ags. England aufgestellt worden. In der Tat kann angenommen werden, daß es im Osten und Süden Englands für längere Zeit Kontakte zw. den B. und den eingewanderten →Angelsachsen gegeben hat; letztere könnten von den B. bestimmte Formen der Agrarverfassung und der Agrartechniken übernommen haben. Der Annahme eines allgemein starken brit. Einflusses steht aber die Tatsache entgegen, daß nur vereinzelt brit. Ortsnamen weiterbestanden und die brit. Sprache aus den Gebieten, die bis zum 7. Jh. erobert wurden, völlig verschwand. Das eigentl. Erbe der B. besteht in den nachfolgenden Kgr.en und Fsm.ern von →Cornwall, →Wales und →Strathclyde, die sich auch zu verschiedenen Sprachräumen entwickelten. Diese abgeschlossenen Territorien bewahrten durch ihre mündl. und schriftl. tradierte kelt. Literatur u. durch die fortbestehenden oder neu geknüpften Verbindungen zw. Kl. und Bm.ern der kelt. Gebiete das gemeinsame brit. Erbe.   D. A. Bullough

Lit.: K. H. JACKSON, Language and Hist. in Early Britain, 1953 – M. DILLON – N. K. CHADWICK, The Celtic Realms, 1972² [Lit.]. – D. DUMVILLE, Sub-Roman Britain: hist. and legend, History 62, 1977, 173–192 – S. PEARCE, The Kingdom of Dumnonia, 1978 – C. THOMAS, Christianity in Roman Britain to A.D. 500, 1981 [Lit.] – vgl. auch die Lit. zu →Britannia.

II. ARCHÄOLOGISCHE ERFORSCHUNG DES BRITISCHEN ENGLAND: Die B. sind archäolog. (Münzen, Ausrüstung) nachgewiesen. Die unter regionalen Kg.en mit großen Oppida als Zentralorten lebenden Stämme wurden seit Caesar, v. a. seit Claudius unterworfen, anfängl. foederierte Stammesbezirke (z. B. Regni unter Cogidubnus) wurden eingegliedert. Die einheim. Bevölkerung blieb größtenteils in den alten Sitzen, die ländl. Siedlungen der fruchtbaren Lowlands organisierte man nach dem röm. Villa-System, der Adel (equites) wurde in den neuen Städten ansässig. In den weniger fruchtbaren Gebieten blieb die alte ländl. Siedlungsform erhalten, auf die teilweise die Überreste von *celtic fields* (→Flurformen) hinweisen. Ursprgl. Dorfsiedlungen (villages) im fruchtbaren Gebiet der Lowlands sind in den letzten Jahren versuchsweise identifiziert worden. In den westl. Zonen und den Highlands sind ländl. Siedlungen im alten Stil ergraben.

Ländliche Siedlungen nach alter Art führen sehr grobe einheim. Ware, die durch mediterrane Terra sigillata und anderes Importgut datiert werden kann (4.–6. Jh.). Durch das westl. Gallien oder auf dem Seeweg um Spanien haben noch im 5.–7. Jh. Verbindungen bestanden. Hauptfundstellen der Keramik vom Typ Tintagel sind Tintagel (Cornwall) und Dinas Powys (Glamorgan).

Auch das →Metallhandwerk hatte eine große Bedeutung. Kunstvolle, meist als ir. bezeichnete Arbeiten wie die *hanging bowls*, sakrale Bronzebecken mit Email- und Glasflußeinlagen, die vorwiegend als Raubgut in England und Skandinavien zu finden sind, scheinen auch in Wales entstanden zu sein. Auch gewisse Fibelarten wie die *penan-*

nular brooches, Rundfibeln mit Vogelkopfenden, sind brit. Erbe, auf röm. Traditionen fußend.

Neben ländl. Siedlungen ist eine größere Anzahl von Befestigungen, teils adaptierte eisenzeitl. *hill-forts,* bekannt, bes. ist das gut ausgegrabene South →Cadbury (Somerset) zu nennen. Burgen spielen in den Abwehrkämpfen gegen die Angelsachsen offenbar eine große Rolle.

Kelt.-röm. Umgangstempel sind bezeugt; unter den villae sind auffallend viele nichtröm. basilikale Anlagen. Zahllose Funde und Denkmäler beweisen den Einzug des Christentums in das röm. Britannien, so z. B. die Ausmalung der Villen, Friedhofsfunde (bes. Poundburg in Dorset) und Silber aus dem 4. Jh. Es gab vermutl. in den castra christl. Bauwerke. Infolge der Loslösung vom Römischen Reich kam es in der Mitte und in der 2. Hälfte des 5. Jh., bes. im Südosten, bei den Zeugnissen aus der röm. Periode zu großen Verlusten. Auf eine Fortdauer des Christentums bei den B. in Mittelengland, im Westen und in Nordengland deuten Inschriften und das Aufscheinen des Patroziniums des hl. →Gildas in Ortsnamen hin. Auf der anderen Seite wurde das Land – falls die Schlüsse von HOPE-TAYLOR für das nördl. Nordhumbrien zutreffend sind – auch von heidn. B. bis zur Zeit der ags. Landnahme im 6. Jh. bewohnt.

Die Einwanderungswelle aus Irland wird u. a. auch durch die Grabsteine mit →Ogham-Inschriften bezeugt, die im späten 4. Jh. einsetzen. Die jüngste Inschrift könnte aus dem frühen 7. Jh. stammen, ist vielleicht aber älter. – Vgl. →Angelsachsen, →Britannia, →England.   H. Hinz

Lit.: HOOPS² III, 465 f. – F. HENRY, Hanging bowls, Journal Society of Antiqu. of Ireland 66, 1936, 209–246 – H. E. KILBRIDE–JONES, Brit. hanging bowls (Proceedings Society Antiqu. Scotland 71, 1937), 206–249 – C. A. R. RADFORD, Imported pottery found in Tintagel (Dark age Britain, 1956), 59–70 – H. N. SAVOY, Some sub-romanobritish brooches from South Wales (Fschr. LEEDS, 1956), 40–58 – F. HENRY, Irish enamels of the Dark-Ages and their relation to the cloisonné technique (Fschr. LEEDS, 1956), 71–88 – C. THOMAS, Imported pottery in Dark-age Western Britain, MArch 3, 1959, 89–111 – The Cambridge Medieval Hist., hg. J. P. WHITNEY, II, 1962, 476–479, 496–502 – L. ALCOCK, Dinas Powys, 1963 – F. HENRY, Irish art in the Early-Christian-Period (to 800 AD), 1965 – C. THOMAS, Grass-marked pottery in Cornwall (Stud. in Ancient Europe, 1968), 311–331 – L. ALCOCK, Arthur's Britain. Hist. and Archaeology AD 367–634, 1971 – DERS., By South Cadbury is that Camelot. The Excavations of Cadbury Castle, 1972 – L. LAING, The Archaeology of Late Celtic Britain and Ireland, 1975 – B. CUNLIFFE, The Regni, 1975 – B. CHERRY, Ecclesiastical architecture. Anglo-Saxon England, hg. D. WILSON, 1976, 156–158 – B. HOPE-TAYLOR, Yeavering. An Anglo-British centre of early Northumbria, 1977 – L. LAING, Celtic Britain, 1979 – B. CUNLIFFE, The Celtic World, 1979 – H. E. KILBRIDE-JONES, Celtic Craftsmanship in Bronze, 1980.

Britonia, Bm. → Mondoñedo

Briugu, air. Wort für eine soziale Schicht von hohem Rang, vergleichbar einem kleineren Kg. oder Bf., wird gewöhnl. mit dem engl. Wort »hospitaller« ('Gastgeber') übersetzt. Während sich der Adelsrang von der Zahl seines Gefolges und der Rang der →*fili* von der Dauer ihrer Ausbildung und des Umfangs ihrer Kenntnisse herleitet, hängt der Rang der b. von ihrer Verpflichtung ab, unbegrenzte Gastung zu gewähren; deshalb muß ein Angehöriger dieses Ranges auch den Reichtum besitzen, der die Gewährung solcher Gastung erlaubt. Dieser Reichtum besteht aus den üblichen Klientelen eines Herrn in Verbindung mit einem ungewöhnlich großen Grundbesitz. Eine Quelle berichtet von einem b., der doppelt so viel Land wie ein Herr (Lord) besaß. →Bíathad.

T. M. Charles-Edwards

Lit.: Críth Gablach, ed. D. A. BINCHY, 1941, 79.

Brixen, Bm. und Stadt in Südtirol (it. Bressanone). Das Bm. umfaßte das Eisacktal nördl. von Klausen und das Pustertal in Südtirol sowie das Wipptal und das Inntal vom Reschen bis zum Ziller in Nordtirol mit den dazugehörenden Nebentälern. Vorgänger von B. als Bischofssitz war Säben bei Klausen. Als dessen wohl frühester nachweisbarer Bf. begegnet in einem Brief Pelagius' I. vom März 559 ein Marcellus (F. HUTER). 579 (?) und ca. 590 sind Materninus und Ingenuin v. Säben auf Synoden in Grado und Marano bezeugt. Ingenuin, der spätere Bistumspatron, wird auch als episcopus secundae Raetiae bezeichnet, doch ist der bisweilen vermutete Zusammenhang zw. dem spätantiken Bischofssitz von →Augsburg und Säben (O. MENGHIN) umstritten. Aus dem 7. und dem beginnenden 8. Jh. liegen kaum schriftl. Quellen für das Bm. Säben vor. Die schon seit einigen Jahren im Gang befindl. Grabungen auf dem Säbener Burgberg könnten neue Erkenntnisse bringen.

Spätestens im ausgehenden 8. Jh. wurde Säben aus dem Metropolitanverband von →Aquileia gelöst und der neu errichteten bayer. Kirchenprovinz →Salzburg unterstellt. Bf. Alim (erwähnt 769–ca. 800) stand in enger Verbindung mit Hzg. →Tassilo III. v. Bayern und Karl d. Gr. 769 wurde von Tassilo im Sprengel von Säben das Benediktinerkloster (seit ca. 1143 Kollegiatstift) →Innichen im Pustertal gegründet. Von den Karolingern erhielt Säben die Immunität. Schenkungen durch Ks. Arnulf »v. Kärnten« und Ludwig das Kind an Zacharias (893–907) erweiterten den Besitzstand um Forstrechte und den Meierhof Prichsna (Brixen), wohin seit ca. 960 der Sitz des Bm.s verlegt wurde.

Die Erneuerung des Imperium Romanum durch die Ottonen hatte auf Grund der geogr. Lage des Bm.s an der Nahtstelle zw. Deutschland und Italien eine bedeutende Aufwertung des bescheidenen Bischofssitzes im Gebirge zur Folge, dessen Oberhirten sich im 10. und 11. Jh. aus verläßl. Parteigängern der Herrscher rekrutierten. Bf. Albuin (ca. 975–1006) erhielt von den Ottonen den Hof →Villach (später wieder verloren) und die umfangreiche Herrschaft Veldes (Bled) in Krain. Ks. Konrad II. übertrug 1027 der Kirche von B. die Grafschaftsrechte im Eisack- und Inntal, Ks. Heinrich IV. 1091 die Gft. Pustertal, so daß die Bf. e v. Brixen, parallel zu den Oberhirten v. Trient im Etschtal, zu den Bf. en v. Regensburg im Gebiet zw. Ziller und Kufstein und den Freisinger Bf. en im Cadore, über die öffentl.-rechtl. Gewalt im Großteil ihrer Diöz. geboten. Bf. Poppo (1039–48) bestieg als Damasus II. für 23 Tage den päpstl. Stuhl; sein Nachfolger in B., Altwin (1049–97), erwies sich während der Auseinandersetzungen zw. Kaiser und Papst als bes. getreue Stütze Ks. Heinrichs IV. 1080 fand in B. die bekannte Synode (→Brixen, Synode v.) statt. Unter den Bf. en Reginbert (1125–39) und →Hartmann (1140–64) machte sich auch hier der neue Geist der Gregorianischen Reform bemerkbar; Kl. wurden errichtet oder reformiert (St. Georgenberg b. Schwaz, Wilten b. Innsbruck, Neustift b. Brixen). Obwohl das Bm. von Ks. Friedrich I. und seinen Nachfolgern eine Reihe von Regalien bestätigt erhielt, konnten die Bf. e nur in einem bescheidenen Rahmen eine landesherrl. Gewalt entwickeln: im Gebiet in und um B. selbst, im Pustertal sowie um Veldes. In den übrigen Teilen der Diöz. übten schon bald die Hochstiftsvögte, an welche die Grafschaftsrechte weiterverliehen worden waren, die Herrschaft aus. Die Vogtei über B. lag ursprgl. in Händen der Gf. en v. Morit (b. Bozen), dann der Gf. en v. →Andechs und schließlich der Gf. en v. →Tirol (um 1210). Bes. Gf. →Meinhard II. v. Tirol (1259–95) schuf zu einem nicht unwesentl. Teil das Land Tirol auf Kosten des Bm.s Brixen.

Unter den zumeist von der Kurie providierten Bf.en des 14. Jh. war der Niedergang des äußeren Glanzes des Hochstifts unverkennbar. Die Übergabe Tirols an die →Habsburger (1363) brachte eine verstärkte Abhängigkeit des Bm.s und seiner Oberhirten von den Tiroler Landesfürsten mit sich, da jene mehrmals engsten polit. Mitarbeitern die Bischofswürde von B. verschafften, und endl. die Habsburger seit 1446 von Papst Eugen IV. die Ernennung der Bf.e von B. offiziell zugestanden erhielten. Von den spätma. Bf.en ragen hervor: Johann IV. v. Lenzburg (1364-74), der Kanzler Rudolfs IV. v. Österreich; Ulrich II. Putsch (1427-37) und bes. Kard. →Nikolaus v. Kues (1450-64), der sich mit großem Eifer um die Reform der Kl. und des Klerus bemühte, aber in der heftigen Auseinandersetzung mit dem Landesherrn Siegmund v. Tirol um die Wiedererlangung schon lange verlorener weltl. Rechte der Kirche von B. den kürzeren zog. Bf. Georg Golser (1469-88) arbeitete ebenfalls auf die Besserung der religiösen Verhältnisse in seinem Sprengel hin.

Der Stadt B. kam im MA nur eine sehr bescheidene wirtschaftl. und polit. Bedeutung zu. Sie erwuchs seit dem 11. Jh. im Schatten der bfl. Residenz und erlangte ledigl. eine beschränkte Selbstverwaltung, die sich erst um 1500 etwas entwickelte, als der Bf. einen Stadtrat bewilligte. Schon um 1230 hatten die Klarissen ein Kl. in B. errichtet. Die räuml. Ausdehung der Stadt war gering. Das Geviert von ca. 300 × 250 m bot Platz für den Dom, die Pfarrkirche, das Kollegiatskapitel und für zwei mit Lauben versehene Straßenzüge. Die bfl. Burg neben dem Dom wurde um 1250 in die SW-Ecke der Siedlung verlegt. Mit der Ausschaltung einzelner Ministerialengeschlechter durch die Bf.e seit dem 13. Jh. verloren die Stadtburgen dieser Familien ebenso ihre Bedeutung wie die Ministerialenburgen in der Umgebung v. Brixen. J. Riedmann

Q.: O. REDLICH, Die Traditionsbücher des Hochstifts B., 1888 – GP I, 140–153 – L. SANTIFALLER, Die Urkk. der Brixner Hochstifts-Archive 845–1295, 1929 – DERS. – H. APPELT, Die Urkk. der Brixner Hochstifts-Archive 1295–1336, 1941–43 – Lit.: Hist. Stätten Österr. II², 550–553, 607f. [Lit.] – F. A. SINNACHER, Beyträge zur Gesch. der bfl. Kirche Säben und B., 9 Bde, 1821–34 – A. SPARBER, Das Bm. Sabiona in seiner gesch. Entwicklung, 1942 – J. KÖGL, La réforma dei vescovi di Trento e di Bressanone, 1964 – A. SPARBER, Die Brixner Fürstbischöfe im MA, 1968 – O. MENGHIN, Von Pfaffenhofen nach Säben, Tiroler Wirtschaftsstud. 26, 1969, 263–278 – F.-H. HYE, Die Städte Tirols am Ausgang des MA (Die Stadt am Ausgang des MA, Beitr. zur Gesch. der Städte Mitteleuropas, hg. W. RAUSCH, III, 1974), 155–172 – O. TRAPP, Tiroler Burgenbuch IV, 1977 – F. HUTER, Säben. Ursprung der bfl. Kirche B., Der Schlern 51, 1977, 6–13 – I. ROGGER, I principati ecclesiastici di Trento e di Bressanone... (Annali dell'Istituto storico italo-germanico. Quaderno 3, 1979), 177–223.

Brixen, Synode v. (1080), Versammlung von 30 it. und dt. Bf.en (u. a. Patriarch Heinrich v. Aquileia, die Ebf.e Thedald v. Mailand, Wibert v. Ravenna, →Liemar v. Bremen und Bf. →Benno II. v. Osnabrück) im Beisein Kg. Heinrichs IV. als Reaktion auf dessen neuerl. Exkommunikation durch Papst Gregor VII. auf der Fastensynode 1080 (7. März); die Wahl des Ortes fiel auf →Brixen wegen seiner geogr. Lage und wegen der königstreuen Haltung seines Bf.s Altwin. Nach einer Anklagerede des Kard. Hugo Candidus v. S. Clemente, der den Papst des mehrfachen Mordes beschuldigte und die Rechtmäßigkeit seiner Wahl bestritt, setzte die Synode Gregor VII. am 25. Juni ab, belegte seine Anhänger (Rudolf v. Rheinfelden, Welf IV. v. Baiern) mit dem Bann und erhob Ebf. Wibert v. Ravenna zum Papst (→Clemens III.). Als Beginn eines jahrzehntelangen Schismas der abendländ. Kirche bedeu-

tet die B. S. einen wichtigen Einschnitt in der Auseinandersetzung zw. imperium und sacerdotium. L. Auer

Q.: Briefe Heinrichs IV., hg. C. ERDMANN, 1937, 1978², 69–73, Anh. C (MGH Const. I, 118–120, n. 70) – Lit.: JDGH.IV, Bd. 3, 1900, 1965², 284–296 – A. FLICHE, La réforme grégorienne et la reconquête chrétienne (HE VIII, 1950), 148–151 – H.-G. KRAUSE, Das Papstwahldekret von 1059 und seine Rolle im Investiturstreit, StGreg 7, 1960, 181ff. – P. G. FISCHER, Wibert v. Ravenna [Diss. masch. Wien 1970], 59ff.

Brixworth, Ort in England (Co. Northants.) mit berühmter ags. Kirche, die nach A. W. CLAPHAM »das eindrucksvollste Architekturdenkmal, das sich aus dem 7. Jh. nördl. der Alpen erhalten hat«, darstellt. Es handelt sich um eine Basilika von vier Joch mit Seitenschiffen, Apsis und Westwerk, aus wiederverwendeten röm. Backsteinen erbaut; die Seitenschiffe heute zerstört. Die Kirche dient heute als Pfarrkirche (ὃ Allerheiligen). – Eine insgesamt zuverlässige Quelle des 12. Jh. bezeugt, daß B. um 675 als Kl. von Medehamstede (→ Peterborough) gegr. wurde. Eine Identifizierung B.s mit Clofeshoh, wo im 8.–9. Jh. Synoden stattfanden, ist unwahrscheinlich. In spätags. Zeit war B. Königsgut; die Domäne und der Grundbesitz, mit dem die Kirche bewidmet war, wurden getrennt voneinander, unter Kg. Wilhelm II. (1087–1100) oder Heinrich I. (1100–35) veräußert. In späteren Jahrhunderten wurde am Bonifatius-Tag ein Jahrmarkt abgehalten. D. A. Bullough

Lit.: VCH Northants. IV, 152–157 – H. M. und J. TAYLOR, Anglo-Saxon Architecture, 1965, I, 108–114 – Mercian Stud., ed. A. DORNIER, 1977, 173–184 [Parsons].

Brjačeslav, Fs. v. →Polock, † 1044; Enkel →Vladimirs I., der nach dem vorzeitigen Tod von B.s Vater →Izjaslav († 1001) dem B. das Fsm. Polock übertrug. B. und sein Sohn →Vseslav waren die eigtl. Gründer der Polocker Linie der →Rjurikiden, welche das Polocker Land bis in die 1. Hälfte des 13. Jh. besaß. B., der sich in den Wirren von 1015–19 um den Thron von →Kiev zurückhielt, versuchte sich im nördl. Teil der Kiever →Rus' ein polit. Übergewicht zu sichern. I. J. 1021 überrannte B. →Novgorod, plünderte die Stadt und verschleppte ihre Einwohner. Von seinem Oheim →Jaroslav, der aus Kiev zum Entsatz herangeilte, besiegt, vermochte B. jedoch die Selbständigkeit seines Fsm.s zu behaupten. Zur Zeit B.s bestanden in Polock noch starke Reste des Heidentums, selbst am Fürstenhof standen heidn. »Magier« (Wahrsager) weiterhin in hohem Ansehen. A. Poppe

Q.: PSRL² I, 129, 146, 155 – NPL 15, 168, 180, 186 – Lit.: →Polock.

Brjansk (Ortsname von Debrjansk 'Dickicht'; Hinweis auf die ursprgl. dichte Bewaldung, aruss. Burg, Stadt und Fsm. am Oberlauf der Desna. Vom Fs.en v. Černigov um 1140 errichtet (wie auch aus den archäolog. Belegen hervorgeht), diente B. als Festung und Zollstelle am wichtigen Wasserweg zw. Dnepr- und Okabecken. Zur Stadt entwickelte sich B. erst infolge der Flucht von Bevölkerungsteilen, die sich vor den Tataren-Mongolen in dieses riesige, dichte Waldgebiet zurückgezogen hatten. Nach 1246 wurde B. zur fsl. und bfl. Residenz statt des von den Mongolen zerstörten →Černigov. B. blieb bis 1500 Kathedralstadt der Černigover Bf.e. Im religiösen Leben des Landes von B. gewannen die um die Mitte des 13. Jh. gegr., 3 km von B. entfernt gelegenen Svensk-Klöster an Bedeutung. Vom Ende des 13. Jh. bis 1356 wurde B. von Fs.en aus der Smolensker Linie der →Rjurikiden regiert. Dabei spielte die burgstädt. Volksversammlung, das →veče von B., das vom Bojarenadel beherrscht wurde, eine wichtige Rolle. Dem Druck des →Goldenen Horde und des Gfsm.s →Litauen ausgesetzt, unterstellte sich B. um 1358 dem Gfs.en v. Litauen, →Olgerd, und erkannte die von ihm und seinen Nachfolgern ernannten Fs.en und Statthalter an (u. a. →Świtrigiełło, →Sigismund Kejstutovič). Gfs. →Kasimir IV. Jagellończyk setzte B. als Zufluchtsort von Emigranten aus Moskau bei seinem polit. Spiel gegen das Gfsm. →Moskau ein: 1446/67 wurde B. zur Ausgangsbasis für die Parteigänger des Gfs.en→Vasilij II. v. Moskau im Kampf gegen →Dimitrij Šemjaka; 1465–85 wurde das Fsm. B. den Fs.en Ivan und Andrej v. →Možajsk, die als heftige Gegner der Moskauer Gfs.en →Vasilij II. und →Ivan III. aus deren Herrschaftsgebiet hatten fliehen müssen, anvertraut. Die Einsetzung des Možajsker war auch durch eine innenpolit. Zielsetzung bestimmt; sie sollten als Gegengewicht gegen die Olelkoviči v. Kiev, Nachkommen Olgerds, die ein eigenes Fsm. innehatten, wirken. Während des gesamten Zeitraums der litauischen Herrschaft blieb das einflußreiche Bojarentum v. B. ständig in Fühlung mit den anderen russ. Fsm.ern, insbes. dem Gfsm. Moskau, was sich u. a. in einem zunehmenden Übergang in Moskauer Dienste zeigte. Die Vertrauenskrise des Brjansker Adels gegenüber dem litauisch-poln. Staat, die sich nach 1490 verschärfte, führte i. J. 1500 zum fast kampflosen, 1508 durch einen Frieden endgültig bestätigten Anschluß des Fsm.s B. und der benachbarten Teilfürstentümer an den Moskauer Staat. Im 14. und 15. Jh. entwickelte sich B. zu einem bedeutenden Transit- und Handelszentrum; die internationalen Kaufmannskarawanen aus dem Schwarzmeerraum und aus Polen passierten B. auf ihrem Weg nach Moskau. Das Gebiet von B. war durch Bienenhaltung (→Bienen) und Waldnutzung bekannt. Deren Erzeugnisse (u. a. Pottasche, Holzteer) wurden im 15. Jh. auf dem Wasserwege zum Danziger Markt geführt. A. Poppe

Q.: PSRL 32, 35, 1975, 1980 [Register] - *Lit.*: N. I. PETROV, Istoriko-archeologičeskij očerk g. Brjanska Orlovskoj gub. i jego otnošenije k Kievu, Trudy Kievskoj duchovnoj akademii, Bd. 1, 1901, 3–33 – M. HRUSEVŚKYJ, Istorija Ukrainy-Rusi, Bd. 3, 4, 6, 1905–07 [Lit.] – S. M. KUCZYŃSKI, Ziemie Czernihowsko-siewierskie pod rządami Litwy, 1936 [Lit.] – O. BACKUS, Motives of West Russian Nobles in Deserting Lithuania for Moscow 1377–1514, 1957 [Lit.] – T. V. RAVDINNA, O vremeni vozniknovenija Brjanska, KSIA 135, 1973, 66–71 – P. NITSCHE, Die Mongolenzeit und der Aufstieg Moskaus (1240–1538) (HGeschRußlands I, 1), 534–715 [Lit.] – M. HELLMANN, Das Gfsm. Litauen bis 1509, ebd. I, 2, 719–848 [Lit.].

Brno → Brünn

Brocarda, Brocardica (von lat. broccus 'mit hervorstehenden Zähnen') waren, im Jargon der Bologneser Rechtsschule (→Bologna), allgemein gefaßte jurist. →Argumente (generalia), v. a. Paare einander widersprechender Argumente, für die Lösung von Rechtsfällen (→Quaestiones de facto, »brocardi«). Man gewann sie durch Induktion aus den Rechtsquellen und gab zu ihrer Abstützung und Abgrenzung der Belegstellen an (allegationes), z. B.: »Licite cum universitate transit, quod alias transire non potest (D. 41, 1, 62; D. 49, 16, 9, 1; D. 50, 2, 4 usw.) – Contra (C. 8, 16, 5; D. 31, 69, 3 usw.).« Legisten und Kanonisten formulierten generalia bei der Auslegung der Rechtsquellen im Rahmen der Vorlesungen (→Lectura) und Glossenapparate (→Apparatus glossarum). Seit etwa 1180 vereinigten sie B., themat. geordnet oder ungeordnet, in bes. Schriften. Diese Werke boten dem Theoretiker und v. a. dem Praktiker zahlreiche Argumente zur Verteidigung beliebiger Standpunkte dar. Ob ein Argument stichhaltig war, mußte im Einzelfall durch Auslegung der Belegstellen ermittelt werden. Die wichtigsten Brocardasammlungen aus den Jahren 1180/85 sind: die anonyme kanonist. B. de praesumptionibus 'Hic locus in iudiciis', der Libellus disputatorius von→Pilius und die B. 'Dolum per subsequentia purgari', wahrscheinl. von →Otto Papiensis. Seit etwa 1195 suchte man die Widersprüche zw. den konträren generalia aufzulösen und gelangte dabei zur Herausarbeitung von Rechtsregeln mit gesichertem, aber auch beschränktem Geltungs- und Anwendungsbereich. Brocardasammlungen mit Lösungen sind: die 2. Fassung des Libellus disputatorius von Pilius (etwa 1195), die B. des →Richardus Anglicus (vor 1198), die gedruckten B. des →Azo (vor 1204/09), die anscheinend aus einer Bearbeitung der B. des Otto Papiensis hervorgegangen sind und Zusätze von Azos Schüler Cazavillanus enthalten, sowie die B. des →Damasus (1210/15), bearbeitet (nach 1234) von →Bartholomaeus Brixiensis und von einem Unbekannten. →Argument. P. Weimar

Ed.: Brocardica aurea D. Azonis Bononiensis, Neapoli 1568 [Neudr. 1967 (CGIC IV. 3)] – Brocardica Damasi, Lugduni 1519 [Bearb. des Bartholomaeus] – Brocarda Damasi, Coloniae 1564 [Bearb. des Anonymus] – *Lit.*: SAVIGNY III, 567–570 – KUTTNER, 239–242, 416–422 – DERS., Réflexions sur les brocards des glossateurs (Mél. J. DE GHELLINCK, II, 1951), 767–792 – L. SPITZER, Latin médiéval brocard(ic)a > français brocard, MLN 70, 1955, 501–506 – P. WEIMAR, Argumenta brocardica, SG 14, 1967, 89–123 – G. OTTE, Dialektik und Jurisprudenz, 1971, 186–226 – COING, Hdb. I, 143f., 237–241 [P. WEIMAR].

Broederlam, Melchior, franco-fläm. Maler, * und tätig in Ypern, ab 1381 für Ludwig v. Maele, Gf. v. Flandern, seit 1385 *valet de chambre* Hzg. Philipp des Kühnen v. Burgund, zw. 1390 und 1393 in Paris, letzte Nennung 1409. Neben verlorenen Dekorations-Arbeiten, v. a. für Schloß Hesdin, sind die Außenflügel zu dem von Jacques de →Baerze skulpierten Altar für die Kartause von Champmol dokumentiert (Auftrag 1392, Bezahlung 1394, aufgestellt 1399; Dijon, Musée). In der Übertragung der künstler. Probleme insbes. der Raumbehandlung, aus der Buchmalerei in die Tafelmalerei, der reich differenzierten, farblich leuchtenden maler. Ausführung und dem Reichtum an realist., symbol. zu interpretierenden Details dürfen die beiden Flügel, Verkündigung, Visitatio, Darstellung im Tempel und Flucht nach Ägypten darstellend, das bedeutendste Werk der Gattung vor van →Eyck genannt werden. Ch. Klemm

Lit.: G. RING, A century of French painting, 1949, 244 – E. PANOFSKY, Early Netherlandish painting, 1953, 86–89, 132f. – D. M. HINKEY, The Dijon altarpiece by M. B. and Jacques de Baerze: a study of its iconographic integrity [Diss. abstracts, section A, 1976/77, 37, No. 5, 2462a].

Brogne (heut. Name St-Gérard; Belgien, Prov. Namur), Männerkloster, OSB, im 10. Jh. bedeutendes Zentrum der monast. Reformbewegung (→Benediktiner). – B. wurde 919 vom hl. Gerhard (Gérard), einem Adligen aus der Gft. Lomme (Namur), gegründet. Die ursprgl. Gemeinschaft umfaßte Mönche aus→St-Denis bei Paris (von wo aus Reliquien des hl. Eugenius übertragen wurden, vgl. Translatio S. Eugenii, RevBén 74, 1964, 98–100); ihnen gesellten sich bald Gefährten aus der Umgebung hinzu. 15 Jahre nach der Gründung von B. wurde Gerhard zunächst vom Hzg. v. Lothringen, dann auch vom Gf.en v. Flandern dazu bewogen, mehrere Abteien in den Herrschaftsgebieten der beiden Fs.en zu reformieren. So übernahm Gerhard, teils persönl., teils über seine Schüler, die Leitung von mindestens elf Monasterien: u. a. St-Ghislain, St-Remi in →Reims, St. Peter (Blandinum) und St. Bavo zu →Gent, St-Bertin, St-Riquier, St-Amand, St-Wandrille de→Fontenelle, →Mont-St-Michel. Diese monast. Erneuerungsbewegung übte auch Einfluß auf die engl. Benediktinerreform aus, einerseits durch den hl. →Dunstan, der sich in Gent aufgehalten hatte, andererseits über die Genter Mönche, die an der Synode von →Winchester i. J. 970 (→Regularis Concordia) teilnahmen. Nachfolger des hl. Gerhard (kanonisiert 1131) war Heribert, Kapellan Ottos III., der selbst B. besuchte und ihm 992 eine Urkunde, welche dem Kl. Immunität bestätigte, gewährte.

Die von B. ausgehende Reformbewegung ist in erster Linie auf den starken persönl. Einsatz Gerhards, der damit den Appellen der weltl. Territorialfürsten folgte, zurückzuführen. Seine monast. Konzeption blieb dabei im Bereich der überkommenen karol. Kirchen- und Verfassungsstrukturen, von denen er sich nicht freizumachen vermochte. Gerhard war stets den Vorstellungen des →Eigenkirchenwesens verhaftet. Er selbst war Eigenherr seiner Abtei B.; ebenso betrachtete der Gf. v. Flandern die Reformklöster in seiner Gft. als sein persönl. Gut. Gerhard blieb bei seiner Reformtätigkeit stets von dem Fs.en abhängig, der ihn materiell und durch seine polit. Autorität unterstützte. Diese herrschaftsbezogene Ausrichtung der Reform von B. könnte wohl durch Gerhards Erziehung in St-Denis, dem der Kg. als Abt vorstand, bedingt sein. Gerhards Reform blieb durchaus kurzlebig, sie war an seine Person gebunden; nach seinem Tod 959 mußte sie von neuem in Angriff genommen werden. Dieser erneute Reformansatz erfolgte 60 Jahre nach Gerhards Tod durch →Richard v. St-Vanne. Die von Gerhard reformierten Kl. wurden nie zu einer festeren Organisation zusammengeschlossen, so daß Gerhard auch keineswegs als Gründer und Leiter eines Ordens betrachtet werden kann. So blieb die Reform von B. offen für andere monast. Strömungen im Raum von Lothringen, insbes. für die Reform des →Johann v. Gorze (→Gorze) und diejenige des Eilbert v. Florennes (→Florennes).

Bei dem Vorgehen Gerhards v. B. lassen sich drei Schritte erkennen: 1. die Sicherung der materiellen Grundlagen der Kl. (Bau oder Instandsetzung der Klostergebäude, Rückerwerb des Grundbesitzes); 2. die Sorge um die Einsetzung oder Wiedereinsetzung eines Regularabtes; 3. die Durchsetzung der →Regula Benedicti als Norm des Gemeinschaftslebens.

Größenordnung und Ausstrahlung der Abtei B. waren stets bescheiden. Doch besaß B. seit dem 10. Jh. eine Schule; der Katalog der libri scolares vom Ende des 12. Jh. ist erhalten, er zeigt ein beachtliches Bildungsniveau. Mönche aus B. traten auch als Autoren hervor; an dort verfaßten Schriften sind zu nennen: »Sermo de Adventu S. Eugenii« (10. Jh.), »Virtutes S. Eugenii« und »Miracula S. Eugenii« (10. Jh.) sowie eine »Vita Gerardi« (11. Jh.). Die Bibliothek des Großen Seminars von Namur bewahrt mehrere kostbare Hss. aus dem Skriptorium des Klosters (10.–14. Jh.). D. Misonne

Q. und Lit.: DHGE X, 829–832; XX, s. v. Gérard de B. [im Dr.] – W. SCHULTZE, Gerhard v. B. und die Klosterreform in Niederlothringen und Flandern, Forsch. zur dt. Gesch. XXV, 1885 – L. v. HEINEMANN, Die älteren Diplome für das Kl. B. und die Abfassungszeit der Vita Gerardi, NA 15, 1890 – Monasticon belge I, 1890, 28–38 – U. BERLIÈRE, L'étude des réformes monastiques des Xe et XIe s. (Bull. de la Classe des Lettres de l'Académie royale de Belgique, 5e sér., Bd. XVIII, 1932), 137–156 – L. M. COTTINEAU, Rép. topo-bibliogr. des abbayes et prieurés I, 1935, 510 – F.-L. GANSHOF, Note sur une charte de s. Gérard pour l'église de B. (Étude d'hist. et d'archéol. namuroises ..., F. COURTOY, 1952), 219–255 – Gérard de Brogne et son oeuvre réformatrice: Études publiées à l'occasion du Millénaire de sa mort, Éd. de Maredsous, 1960 (RevBén LXX, 1er Fasc., 1960).

Brogny, Jean de (gen. Allarmet oder Fraczon), Kard. der Zeit des Großen→Abendländ. Schismas, * 1342 bei Annecy (Savoyen), † 15. Febr. 1426 in Rom, ▭ in Genf. B. stand Robert v. Genf, dem späteren Papst→Clemens VII., und wohl auch Philipp dem Kühnen, Hzg. v. Burgund, nahe. Als Dr. jur. stellte B. für Amadeus, Mgf. v. Saluzzo, ein »Breviarium juris« zusammen. Kämmerer unter dem avignones. Papst Clemens VII., war er Bf. v. Viviers (1382) und Kard. v. S. Anastasia (1385); von 1391 bis zu seinem Tod stand er der Kanzlei vor. Er war Testamentsvollstrecker Peters v. Luxemburg und förderte die Niederlassung der →Coelestiner in Avignon (1393). In der Zeit nach der Wahl →Benedikts XIII. (1394) war B. seit Juni 1395 Anhänger der via cessionis (→Abendländ. Schisma); er bemühte sich im Zuge der via subtractionis, der Obödienz Benedikts XIII. den Boden zu entziehen (Sept. 1398); im April 1403 unterwarf er sich jedoch wieder Benedikt. Reisebegleiter des Papstes, wurde er im Juni 1405 zum Kard. v. Ostia erhoben. Er brach jedoch endgültig mit Benedikt und schloß sich dem Konzil v. →Pisa an. B. diente sodann den pisan. Päpsten Alexander V. und Johannes XXIII. Administrator des Ebm.s Arles (1410–24), residierte B. in Rom, darauf präsidierte er 1415–17 dem Konzil v. →Konstanz. In Florenz schloß er sich Papst →Martin V. an. Im Dez. 1423 administrierte er das Bm. Genf. – B. begründete eine Kollegiatskirche in Verbindung mit seiner Grabkapelle zu Genf (sein Grabmal, 1414 von Jean Prindale vollendet, ist zerstört), er stiftete das Dominikanerkl. in Annecy und das Kollegium St-Nicolas d'Annecy in Avignon. M. Hayez

Q. und Lit.: DBF II, s. v. – DHGE II, s. v. – F. DUCHESNE, Hist. de tous les card. fr., 1660, 692–697; Pr. 514–520 – L. BINZ-J. F. GENEQUAND, Chapelle des Macchabées, 1979 – L. BINZ, Le népotisme de Clément VII et le dioc. de Genève (Actes du colloque, Genève et débuts du Grand Schisme, Paris, 1980), 109–123 – Helvetia sacra: Genève, 1980, 98–101 [L. BINZ] – G. CHARVIN, Statuts... et visites de l'ordre de Cluny, IV–V [zu B.s Priorat St-Marcel de Chalon-sur-Saône] – Suppl. de Benoît XIII, Analecta Vaticano-Belgica XXVI, 60f., 318–321; XXVII, 143 [zu B.s Familie 1394].

Broich (Mülheim a. d. Ruhr, Nordrhein-Westfalen), eine spätkarol. Befestigung. Unter dem Schloß B. konnten 1965/69 südl. der alten Handelsstraße, des →Hellweges, der den 13 m zur Ruhr hin steil abfallenden Hang in einer Mulde überwindet, Teile eines 2,90 m breiten Sohlgrabens mit Holzwand an der inneren Grabenböschung sowie das über Erdbrücke zugängl. Tor ausgegraben werden. Es ist anzunehmen, daß diese kurzfristig erstellte Holz-Erde-Anlage sehr bald nördl. des Hellweges durch die aus Ruhrsandsteinen in Lehm erbaute Ringmauer mit einem direkt vorgelagerten etwa 3,80 m breiten Sohlgraben mit Erdbrücke ersetzt worden ist. Auf der 40 × 60 m großen Innenfläche stehen entlang der Ringmauer drei große Saalbauten mit Holzfußböden, neben dem Tor ein kleineres Haus mit Kamin, neben der östl. Ausfalltür zur Ruhr hin ein zweischiffiger Pfostenbau und in der Mitte ein teilweise in Mörtel errichteter Hauptbau, dessen eingeschossiger Hauptsaal von zweigeschossigen Räumen flankiert ist. An den Hauptbau sind vier Anbauten angelehnt: im NO ein kleiner von außen zugängl. Raum mit Eckkamin, im SO mit dem Hauptsaal durch eine Tür verbunden ein eingeschossiger und im N ein zweigeschossiger Abtritt sowie im NW ein zweiräumiger teilweise durch Eintiefung zweigeschossiger Anbau, der für die Treppe des Nordraumes Abstand vom Hauptbau hält. Brunnen und Wirtschaftsbauten fehlten dieser Anlage. Die aus der Bauzeit stammenden →Badorfer und →Reliefbandamphoren-Scherben lassen an eine Gründung in der zweiten Hälfte des 9. Jh. denken. Wie die Abtrittfüllungen und die unbenutzten Kamine erkennen lassen, ist die Anlage kaum oder gar nicht bewohnt worden. Da wir annehmen, daß es sich hier um das von Hzg. Heinrich v. Ostfranken im Winter 883/884 gegen die in Duisburg verschanzten Normannen errichtete Sperrfort von Ruhr und Hellweg handelt (→Regino v. Prüm), war nach Abzug der Normannen im April 884 die Anlage bedeutungslos. Nach einem

Hinweis von U. LEWALD hat sie anscheinend 923 dem Treffen Kg. Heinrichs I. mit Ruotbert v. Niederlothringen zu Verhandlungen über die dann 925 vorgenommene Angliederung des Niederrheins an das Ostreich gedient. Erst im ausgehenden 11. Jh. wurde die verfallene Anlage teilweise wiederhergestellt und um 1200 zu einer Festung ausgebaut.

Nach dem Aussterben der Herren von B., die 1093 erstmals genannt wurden, war B. seit 1372 im Besitz der Gf.en v. →Limburg, deren Seitenlinie, die Herren v. Limburg-Styrum, 1385 den Altenhof Mülheim im Ruhrtal erwarben, der zum Ausgangspunkt für eine dörfl. Siedlung wurde. Im 14. Jh. eine der stärksten Festungen des Niederrheins, blieb B. bis 1508 im Besitz der Gf.en v. Limburg-Broich. G. Binding

Lit.: G. BINDING, Die spätkarol. Burg B. in Mülheim a. d. Ruhr (Rhein. Ausgrabungen 4), 1968 – DERS., Schloß B. in Mülheim/Ruhr (Kunst und Altertum am Rhein 23), 1970 [mit den Grabungsergebnissen von 1969 und den endgültigen Plänen] – Hist. Stätten Dtl. III, 1970, 532ff. – G. BINDING, Spätkarol.-Otton. Pfalzen und Burgen am Niederrhein, Château-Gaillard 5, 1972, 23–35.

Brok, tom (van dem Broke, Kenesna), spätma. ostfries. Häuptlingsgeschlecht (→Ostfriesland). Es entwickelte nach dem Verfall der hochma. →Friesischen Freiheit und dem Aufstieg von →Häuptlingen durch Übernahme feudaler Formen eine Herrschaft, die den gewohnten Rahmen sprengte. Die Kenesna zählten zu Anfang des 14. Jh. zu den führenden Familien des Norderlandes. Gegen Mitte des 14. Jh. wurde *Keno I.* († 1376) von der Landesgemeinde die Führung des Brokmerlandes, verbunden mit einer Burg Broke, übertragen. Damit wurde der Bf. v. Münster als formeller Inhaber der Grafenrechte ausgeschaltet; seine Oldeborg kam später an die tom B. Mit einer zweiten Burg in Aurich festigte Ocko I. die alte Verbindung mit dem Auricherland neu: »dominus terre Brocmannie et Auerice« nannte er sich. Die Kenesna erlangten als tom B. eine dynast. Stellung. *Ocko I.* dehnte seine Macht zielstrebig weiter aus. Als junger Mann am Königshof in Neapel zum Ritter geschlagen, ließ er sich von einem Weltbild leiten, welches das Feindbild der freien Friesen darstellte. Er kehrte den Ritter und Herrn heraus und drückte in Siegel und Wappen fürstl. Ambitionen aus. Die Provokation führte 1389 zu seiner Ermordung. Aber die Expansion ging, auch zum Schaden der →Hanse, unter seinen Nachfolgern weiter und fand 1413 mit der Eroberung Emdens durch *Keno II.* vorerst ihren Höhepunkt: Er war nun Häuptling »in Oestvreeslant«. Zuflucht und Beistand des Emder Häuptlings jenseits der Ems lenkten die tom B. nun dorthin. Als Keno II. 1417 starb, hinterließ er seinem Sohn Ocko II. die Vorherrschaft beiderseits der Ems. *Ocko II.* erstrebte eine gesamtfries. Herrschaft und entsprechenden Adelsrang; die Heirat mit der Oldenburger Grafentochter markiert seinen Standort. Aber die gemeinen Friesen, für deren Freiheit sich auch Kg. Siegmund einsetzte, geboten Ocko II. 1420 Einhalt. Ihre Bewegung erfaßte nun auch viele ostfries. Anhänger Ockos II., um für sich selbst daraus Gewinn zu ziehen. Ocko II. suchte sein Heil bei den Gf.en v. Oldenburg und deren Freunden. Ihre Unterstützung wurde zur Demonstration der Solidarität mit einem Standesgleichen. Aber das feudale Aufgebot unterlag dem freiheitl. Widerstand. 1426 und 1427 wurde es besiegt und Ocko II. gestürzt. Er starb 1435 kinderlos. H. van Lengen

Lit.: H. VAN LENGEN, Gesch. des Emsigerlandes (Abh. und Vortr. zur Gesch. Ostfrieslands 53), I, 1973, 34ff.; II, 1976, Stammtafel 21 – H. SCHMIDT, Polit. Gesch. Ostfrieslands (Ostfriesland im Schutze des Deiches 5, 1975), 72ff.

Brokat, unpräzise, in ma. Quellen kaum vorkommende Bezeichnung für einen gemusterten, unter Verwendung von Gold- und Silberfäden hergestellten Stoff, der aufgrund der angewandten Technik in den meisten Fällen korrekter als *Lampas* zu bezeichnen wäre. Grundmaterial ist zumeist Seide, die Metallfäden finden als Lancier- oder Broschierschüsse zur Musterbildung Verwendung.

Verwenden chin. B.e vergoldete Lederriemchen als Metallfäden, so entstehen die Muster auf byz. Geweben zumeist aus Fäden, deren Leinen- oder Seidenseele mit einem vergoldeten oder versilberten Darmhäutchen umwunden ist. Diese sog. cypr. Gold- und Silberfäden werden zur Produktion von B. in die it. Webereizentren →Lucca und →Venedig eingeführt. Erst im 16. Jh. bestehen diese Fäden aus Metallahn, der um die Seidenseele gewunden wird und so den Stoffen eine größere Steifheit verleiht. In der Musterung folgen B.e den gebräuchl. Ornamenten der Seidenweberei. Die frühen it. Stoffe schließen sich eng dem Formenkanon der byz. Seiden an; es dominieren Kreisscheibenmuster, die durch Löwen, Adler und dgl. bereichert werden; daneben trifft man auf kleinteilige geometr. Muster. Einen Höhepunkt it. B.e bilden im 13. und 14. Jh. die »Diasperstoffe«, die zahlreich in diversen Kircheninventaren angeführt werden. Im 14. Jh. nimmt der durch importierte Stoffe hervorgerufene Einfluß der chin. Ornamentik zu. Chin. Fabeltiere und Pflanzenformen beherrschen die Motivwahl. Im 15. Jh. dominiert das Granatapfelmuster, während Tier- und Menschendarstellungen weitgehend verschwinden. →Diasper, →Seide. E. Vavra

Lit.: RDK II, 1179–81 – V. GAY, Glossaire archéol. I, 1887, 222 – H. SCHMIDT, Alte Seidenstoffe 1958 – B. MARKOWSKY, Europ. Seidengewebe des 13.–18. Jh., Kunstgewerbemus. der Stadt Köln, 1976.

Brokmerbrief, altostfries. Rechtsquelle, die in zwei Hss., B_1 (Oldenburg, Nds. Staatsarchiv, Best. 24–1, Nr. 3) und B_2 (Hannover, Nds. Landesbibl., Sign. XXII, 1423) erhalten ist. Erstere wurde um 1300, letztere 1345 niedergeschrieben. Der B. überliefert uns das Recht des Brokmerlandes, eines ursprgl. Moorgebietes, das am Ende des 12. Jh. von Emsiger Friesen besiedelt wurde und dem sich später die auf dem Geestrücken liegende Auricher Gegend angeschlossen hat. In der B. selbst erwähnt als Hauptorte Marienhafe, Engerhafe, Victorbur und Aurich. Der B. behandelt ausführlich die Landes- und Gerichtsverfassung und ist ein Zeugnis des fries. Freiheitssinnes und demokrat. Prinzipien. Brokmerland war eine der kleinen ma. fries. Bauernrepubliken, in denen der Volkseinfluß sich noch auf allen Gebieten des Rechtes und Gesetzes geltend machte. Aus mehreren Paragraphen ersieht man, daß sie in der Gerichtsversammlung aller freien Erbgesessenen angenommen und festgesetzt wurden. Bezeichnend ist u. a. das Verbot, Burgen und Steinhäuser höher als 12 Rutenfuß zu bauen. Zur Kontrolle der mit der Rechtspflege betreuten *Redjeven* war ein Kollegium von *Talemannen* ('Zählmännern') bestellt, ein früher Vorläufer des späteren Rechnungsamtes. Strenge Strafen wurden für Amtsvergehen verhängt: Amtsenthebung, Niederbrennen des Richterhauses und eine feste Geldbuße. Der 227 Paragraphen zählende B. gibt uns weiter manche wertvolle Auskunft über die damaligen privat- und erbrechtl. Verhältnisse. W. J. Buma

Ed. und Lit.: W. J. BUMA, Die Brokmer Rechtshandschriften, 1949 – DERS. – W. EBEL, Das Brokmer Recht, 1965 – Hist. Stätten Dtl. II, s. v. Brokmerland, 75f. [MÖHLMANN].

Bromyard, Johannes → Robert v. Basevorn

Bronze, Bronzeguß

I. Material – II. Technik – III. Geschichte – IV. Bronze als Beschreibstoff.

I. MATERIAL: Bronze (mlat. bronzium, it. *bronzo*, 17. Jh.). Der Traktat des Presbyters→Theophilus (um 950 oder um 1100) verwendet die Ausdrücke aes und aeramentum sowie aurichalcum für eine höherwertige vergoldefähige Legierung. In ma. Sprachgebrauch werden die Bezeichnungen B., Messing, Erz und Glockenspeise gleichbedeutend nebeneinander benutzt. B. ist heute Sammelbezeichnung für eine Gruppe von Kupferlegierungen (→Kupfer), die auch bei feinster Bearbeitung und dünnwandiger Formung stat. Festigkeit und Widerstandsfähigkeit gegen Witterungseinflüsse aufweisen und daher für den Guß plast. Bildwerke und Glocken vorzügl. geeignet sind. Zinnbronzen gehören zu den ältesten, seit der Bronzezeit bekannten Legierungen und enthalten als Gußlegierungen 4–20% Zinn. Je größer der Zinnanteil, desto härter und spröder ist das Material, je geringer, desto weicher und geschmeidiger ist es. Im MA wurden sowohl →Kupfer als auch Zinn in Europa gewonnen; Kupfer z. B. im schwed. Dalarna, in Ungarn, Schlesien und Siebenbürgen, Zinn z. B. in Cornwall und Sachsen. Falun-Kupfer gelangte seit dem 13. Jh. über Lübeck auf den Kontinent.

Gebräuchlich war im MA eine Mischung von ca. 80% Kupfer und ca. 20% Zinn, wobei das im deutschsprachigen Raum vorkommende Kupfer nicht wie beispielsweise in Schweden und Spanien gediegen, sondern meist als Kupferschiefer durch Gangart und fremde Erze verunreinigt ist. Die Bronzelegierung trägt im handwerkl. Gebrauch die Bezeichnung Rotguß im Gegensatz zum →Gelbguß oder Messingguß, einer Kupfer-Zink-Legierung. Durch Witterungseinflüsse entsteht eine natürliche Oxidation oder Patina. Wohl schon vor der Renaissance hat man durch Farben, Firnisse und Säuren eine künstliche Tönung erreicht.

B. ist ein Material, das weder im Erdboden noch durch normale Witterungsverhältnisse einer schnellen Vergänglichkeit unterworfen ist. Dennoch ist nur ein verhältnismäßig kleiner Teil der ehemals vorhandenen Fertigprodukte aus B. überliefert, weil das Material immer wieder einschmelzbar war und damit zerstörte oder anderweitig unbrauchbar gewordene Objekte erneut verwertet werden konnten.

II. TECHNIK: Grundbestandteile des Bronzegusses sind Form, Schmelzmaterial und Schmelzofen. Seit vorgeschichtl. Zeit kennt man Voll- und Hohlguß. Beim Vollguß, dem offenen Herdguß, wurde die in Stein, Lehm oder Ton eingearbeitete Form mit flüssigem Metall ausgefüllt. Zur Erzielung von Hohlräumen setzte man einen Stein- oder Tonkern ein. Für etwas kompliziertere oder größere Objekte wurde die lange unverändert wieder verwendbare zweiteilige Form gebraucht; davon zeugen etwa an Bronzegefäßen die oft noch verbliebenen Gußnähte. Einteilige wie auch zweiteilige Formen konnten aus sehr unterschiedl. Material bestehen. Belegt sind z. B. Ton, Speckstein und B. selbst, die dann verwendbar war, wenn sie vorgewärmt wurde und ihre Legierung einen höheren Schmelzpunkt aufwies als die Gußbronze und wenn ein Trennmittel benutzt wurde.

Für den Guß dünnwandiger Kunstwerke benutzte man das sog. Wachsausschmelzverfahren, den Guß mit verlorener Form (frz. *à cire perdue*), weil das Modell beim Ausschmelzprozeß zerstört wird. Der meist durch ein Gerüst verstärkte Kern wird mit einer Wachsschicht von der Dicke der späteren Bronzewandung belegt, die genau mit dem Bildhauermodell übereinstimmt, oder das Bildwerk wird direkt in Wachs modelliert und dann mit einem Formmantel aus Lehm umgeben. In diesen sind die Einguß- und Luftröhren (Windpfeifen) eingeschlossen. Beim Erhitzen der Form schmilzt die Wachsschicht heraus. In den so entstandenen Hohlraum der durch das Brennen gefestigten Form kann die B. einfließen. Nach Erkalten wird der Formmantel zerschlagen, Kern und Hilfsröhren werden entfernt und der Rohguß gereinigt sowie ziseliert. Ein Wachsmodell konnte zwar in Serien hergestellt werden, doch ergaben sich dabei durch die notwendige Überarbeitung immer geringfügige individuelle Unterschiede.

Von größerer Bedeutung als zuvor wurde im hohen und späten MA der Sandguß. Der Formsand oder Formlehm wurde im MA oft mit Ziegelmehl, Pferdedung, Kälberhaaren oder anderem gemischt, um eine größere Standfestigkeit zu gewährleisten. Der Sandguß war für große Gegenstände notwendig. Als ein besonderes, aus alter Tradition fortgeführtes Verfahren sei noch der Überfangguß erwähnt, der zur Verbindung zweier Teile diente. Aus Gründen der Materialersparnis wurde nach Möglichkeit hohl gegossen; Massivguß ist lediglich bei kleineren Produkten geübt worden.

Bis zum 19. Jh. überwog das Verfahren des Bronzegusses à cire perdue, da es nur eine geringe Überarbeitung des fertigen Gusses bei Wegfall von Gußnähten erforderte. Seit dem 16. Jh. wurden nach Benvenuto Cellinis Traktat (1568) Verbesserungen vorgenommen, wodurch eine mechan. Wiederholung des Wachsmodells für mehrere gleiche Güsse sich ermöglichen ließ.   H. Reuther/T. Capelle

III. GESCHICHTE: [1] *Frühmittelalterliche Kleinbronzen:* Die Kleinbronzen der röm. Kaiserzeit (RKZ) und der Wikingerzeit (WZ) vermitteln durch ihre Funddichte Aufschlüsse über Handwerker und Wirtschaftsverbindungen. Während der RKZ wurden B.n als Schmuck und Gefäße importiert, doch ist der Anteil der Importfibeln gering. Geraubte und gehandelte B.n waren Rohstoff. Nach dem röm. Zusammenbruch lebte der Bronzeguß mit autochthonen und röm. Traditionen weiter. Rohstoff lieferten jetzt auch röm. Bauwerke, die geplündert wurden. Herdguß, Klappformen, auch mit Zwischenmodel, waren üblich.

Im 5. Jh. sind in den »alemann. Frühburgen« bei Urach und auf dem Glauberg (→Befestigungen, Abschnitt A III, 5) Werkstätten nachgewiesen. Große Werkstätten gab es am Mälar auf →Helgö, deren Produkte bis nach Finnland streuten. Neben Werkstätten gab es wandernde und ortsfeste Handwerker, wie den Gießer von Smiss, Gotland. In der WZ sind größere Produktionsstätten in →Birka und →Sigtuna, später in →Lund (Schonen), zu erschließen. Weiterhin ist ein Handwerkerzentrum in →Haithabu nachgewiesen, dessen Produkte im Ostseeraum gehandelt wurden, während eine kleinere Produktion in Ribe (→Ripen) zu lokalisieren ist. Zahlreiche Werkstattfunde wurden im ir.-ags. Bereich gemacht. Auch in frühslav. Burgwällen von →Bosau über Tornow (Lausitz) bis →Mikulčice sind Bronzegießer nachgewiesen.

Die Werkstätten sind an Gußabfall, Tiegeln, Gußformen, Modeln und Modellen und im Inventar der »Schmiedegräber« zu lokalisieren. Auch die regional sehr stark differenzierten Fibeln ab dem 5. Jh. im ags.-skand. Bereich weisen auf lokal arbeitende Meister hin.   H. Hinz

[2] *Hoch- und SpätMA:* Am Ausgang der röm. Antike steht das urspgl. ca. 5 m hohe Bronzestandbild eines Kaisers (Marcianus?), der sog. Koloß v. Barletta, der in der 1. Hälfte des 5. Jh. gegossen sein dürfte. Die Wiederaufnahme röm. Bronzekunst im frühen MA geht – wohl auch von Byzanz beeinflußt – auf Karl d. Gr. zurück, der im karol. Pfalzhof zu Aachen eine Gießhütte begründet hat, aus der die Türflügel und die Brüstungsgitter der Emporen des Münsters hervorgingen. Doch bald erlosch

der karol. Bronzeguß. Der Presbyter→Theophilus hat im Kapitel III, 60 und 84 seiner »Schedula diversarum artium« (um 950 oder um 1100) erstmals das Wachsausschmelzverfahren, allerdings nur für den Guß von Rauchfässern und Glocken, in allen Arbeitsvorgängen beschrieben. Um 1000 erlebte der Bronzeguß eine neue Blüte. Die beiden schmucklosen bronzenen Türflügel des Ebf.s →Willigis (975–1011) am Mainzer Dom, von Meister Berengar aus einem Stück gegossen, stehen am Anfang; nach der Inschrift handelte es sich um den ersten Guß derartiger Werke seit Karl d. Gr. Um 1010 entwickelte sich unter tätiger Anteilnahme von Bf. →Bernward die Hildesheimer Gießhütte, die Kupfererze vom Rammelsberg bei →Goslar verarbeitet hat. Für die Vermittlung der Kenntnisse des dortigen Bronzegusses sind die angefügten Rezepte in der um 850 bis 863 in Köln entstandenen Vitruv-Handschrift des Abtes →Goderamnus († 1031) vom St. Michaelskloster zu Hildesheim (London, Brit. Libr., Harley 2767) maßgebend gewesen. Die doppelflügelige, figürl. reliefierte Domtür (1015) und die nach Vorbild der röm. Trajanssäule geforme Christussäule (um 1020), beide ursprgl. für die dortige Michaelskirche geschaffen, gelten als Hauptwerke bernwardin. Bronzeplastik. Im Gegensatz zu Aachen, Mainz und Hildesheim sind die beiden mit Reliefplatten versehenen Türflügel des Augsburger Domes nicht in einem Stück gegossen, sondern nach der schon von den Byzantinern und danach von it. Werkstätten bevorzugten Technik in einzelnen Teilen auf einem Holzträger montiert. Neben den Türen der Hagia Sophia in Konstantinopel aus der Erbauungszeit 532–537 seien die Schöpfungen der im späten 11. und 12. Jh. in Verona nachweisbaren Gießhütte am Portal von S. Zeno genannt, ebenso wie die Werke des Barisanus v. Trani (Trani 1175–79, Monreale 1186, Ravello 1179) und des Bonanus v. Pisa (Pisa um 1180, Monreale 1186). Bedeutende Einzelwerke aus der 2. Hälfte des 11. Jh. sind u. a. das in drei Teilen gegossene Werdener Kruzifix (um 1060), ein weiteres im Mindener Dom und die Grabplatte des Gegenkönigs Rudolf v. Schwaben († 1080) im Dom zu Merseburg. Kurz nach 1100 bestand im Maastal eine hochentwickelte Gießhütte, in der das Lütticher Taufbecken (1107/1118) von →Reiner v. Huy entstand. In Magdeburg goß man die Grabplatte des Bf.s Friedrich v. Wettin († 1151) im Dom und die mit den Meisternamen Riquinus und Waismuth belegten Platten der Türflügel der Sophienkirche zu Novgorod. Der Burglöwe Heinrich des Löwen in Braunschweig entstand 1166 als monumentalisiertes Löwenaquamanile. Wohl in Polen gegossen sind die Türen mit der Adalbertlegende in Reliefdarstellung am Dom zu Gnesen (um 1170), die infolge fehlender Erfahrung der Handwerker techn. Gußmängel aufweisen. Die Werke des 13. und 14. Jh. lassen trotz reicher Produktion liturg. Geräte ein Erlahmen der Schöpferkraft verspüren. Beachtung verdienen das Hildesheimer und Osnabrücker Taufbecken (um 1220, bzw. vor 1216), beide Stiftungen von Wilbernus. Kurz nach 1261 goß man die Grabfigur des Ebf.s Konrad v. Hochstaden im Kölner Dom, und beim Grabmal des Bf.s Wolfhart v. Roth († 1302) im Augsburger Dom weist die Inschrift (»Otto me cera fecit, Cunratque per era«) auf die Schöpfer. In Norddeutschland führend war seit dem 14. Jh. Lübeck. Neben Grabplatten und kunsthandwerkl. Arbeiten entstand nach Entwurf des Goldschmiedes Claus Rughese das fast 10 m hohe Sakramentshäuschen in St. Marien, ein Bronzeguß von Claus Grude (1476–79), ein in Deutschland einzig erhaltenes Beispiel in dieser Technik. An kleineren Zeugnissen sind ferner zu nennen liturg. Geräte und Pilgerzeichen sowie aus dem Alltagsleben Schmuck, Schnallen, Knöpfe, die dreifüßigen Grapen (→Grapengeter) und andere Bronzegefäße.

Mit der von Hermann Vischer (Fischer) d. Ä. 1453 begründeten Gießhütte zu Nürnberg gewann der dt. Süden für 100 Jahre internationale Bedeutung. Mit Beginn der Arbeit am Sebaldusgrab 1507, einem der figurenreichsten Werke des Bronzegusses, setzte sich in dieser Werkstätte, der 1514 die städt. Gießhütte angegliedert wurde, die neue Formensprache der Renaissance, die bereits in Italien auf dem Gebiet des Bronzegusses reiche Anwendung erlebt hatte, endgültig durch.

Der Bronzegießer war im MA ohne Zweifel ein Spezialist. Er arbeitete in der Regel standortgebunden in einer festen Werkstatt, so wie dies bereits für die röm. Kaiserzeit hinreichend belegt ist. Nur bei Aufträgen für größere Objekte wie Türen oder Glocken wird er seinen Arbeitsplatz vorübergehend in eine eigens eingerichtete Gießerhütte am Aufstellungsort verlegt haben. Er war dadurch aber noch kein Wanderhandwerker; vielmehr kann er als ein ztw. mobiler Handwerker bezeichnet werden. – Vgl. allgemein →Glocke, →Tür, →Aquamanile, →Rauchfaß, →Taufbecken, →Chorschranken, →Grabmal, Grabplatte, →Leuchter.
H. Reuther/T. Capelle

IV. BRONZE ALS BESCHREIBSTOFF: [1] *Antike:* B., in Mesopotamien seit dem 3. Jt. hergestellt, fand als universal verwendbares Metall in der Antike große Verbreitung, so für Werkzeuge, Waffen, Beschläge, Dächer, Gefäße, Spiegel, Schmuck, Münzen, Plastiken; aber auch Schrifttafeln sind – v. a. in der röm. Antike – verwendet. Zu nennen sind die röm. Militärdiplome, die »tabulae honestae missionis«, bestehend aus je zwei beschriebenen Bronzetafeln, mit Ringen verbunden, verschlossen und versiegelt, Abschriften des Originals am Tempel des Augustus. Senatsbeschlüsse (senatus consulta) konnten auf Rollen, Holz- oder Bronzetafeln festgehalten und publiziert werden. B. war für die röm. Verwaltung typ. Material für die Aufzeichnung bedeutender und dauerhafter Staatsakte. Metallene Grenzurkunden dienten der Festlegung der Grenzen von Grundstücken; Pläne für Landverteilung in Kolonien wurden gleichfalls auf B. festgehalten.

[2] *Mittelalter:* Das im MA für Inschriften am häufigsten verwendete Material war wie in der Antike der Stein. An zweiter Stelle folgen härtere Gußmetalle wie B. und →Messing. Aufschriften auf diesen Metallen finden sich hauptsächl. auf Glocken und Metallplatten, die teils als Grabplatten, teils als Epitaphien zu bezeichnen sind. Die Schrift kann mitgegossen oder nachträglich in das Metall eingraviert worden sein. Am Anfang des 16. Jh. wurde die Ätztechnik erfunden. Vgl. auch→Schrift-Amulett.
O. Mazal

Lit.: B. CELLINI, Trattati dell'oreficeria e della scultura, 1568; ed. J. BRINCKMANN, 1867 – RDK II, 1182–1216 [H. R. WEIHRAUCH] – H. LÜER, Technik der Bronzeplastik, 1902 – DERS. – M. CREUTZ, Gesch. der Metallkunst, I: Kunstgesch. der unedlen Metalle, 1904 – H. ALKER, Technisches über Bronzekunstguß (Kunst und Kunsthandwerk, 1924), 70ff. – Technik des Kunsthandwerks im 10. Jh. Des Theophilus presbyter »Schedula diversarum artium«, ed. W. THEOBALD, 1933 – R. WESENBERG, Bernwardin. Plastik, 1955, 151–156 – H. LEISINGER, Roman. B.en – Kirchentüren im ma. Europa, 1956 – W. BRAUNFELS, Karls d. Gr. Bronzewerkstatt (W. BRAUNFELS – H. SCHNITZLER, KdG III, 1965), 168–702 – A. OLDEBERG, Metallteknik under vikingatid och medeltid, 1966 – D. W. LAGING, The methods used in making the bronze doors of Augsburg cathedral, The Art Bull. XLIX, 1967, 120ff. – H. DRESCHER, Ma. Dreibeintöpfe aus B., NAFN 4, 1969 – I. FINGERLIN, Gürtel des hohen und späten MA, 1971 – vgl. bes.: *zu [III/1]:* HOOPS[2] III, s. v. Bronze, -gefäße, -schilde, bes. 490–505 [H. J. EGGERS, H. ROTH, T. CAPELLE; Lit.] – H. JAHNKUHN, Haithabu, ein Handelsplatz der WKZ, 1963 – T. CAPELLE, Der Metallschmuck von

Haithabu, 1968 – W. HOLMQUIST, Excavations at Helgö. IV Workshop, I, 1972 – H. DRESCHER, Der Guß von Kleingerät, dargestellt an Funden aus provinzialröm. Werkstätten, Ant. arkiv 53, 1973, 48ff. – J. WERNER, Zur Verbreitung frühgesch. Metallarbeiten, Ant. arkiv 38, 1970, 65ff. – J. REICHSTEIN, Die kreuzförmige Fibel (Offa-Bücher 34), 1975 – H. VIERCK, Eine südskand. Relieffibel. Zum Feinguß im frühen MA, Slg. Sem. f. Ur- und Frühgesch., Münster 9, 1976, 137ff. – K. LAMM, Early metallworking in Central Sweden, Symposium London 1977 – zu [IV]: RE Suppl. VI, 808ff. – W. WATTENBACH, Das Schriftwesen im MA, 1896, 42–44 – L. WENGER, Q. des röm. Rechts, 1953, 65ff., 381ff. – R. M. KLOOS, Einführung in die Epigraphik des MA und der frühen Neuzeit, 1980.

Bronzetür → Tür

Brosse, Burg, Herrschaft und Adelsfamilie in W-Frankreich (Dép. Indre, arr. Le Blanc, cant. St-Benoît-du-Sault, Gemeinde Chaillac), im Grenzgebiet zw. →Limousin, →Marche und →Berry gelegen. Die Kastellane von B. nahmen im 10. Jh. den Titel von Vicecomites an, der Ursprung dieses Vizgrafen-Amtes bleibt dabei im dunkeln. Um 975 gehörte die Burg B. dem Vicecomes v. Limoges, Geraldus (Géraud). Boso d. Ä., Gf. von der Marche, versuchte erfolglos, die Burg zu erobern; bei diesen Kriegshandlungen wurde die Gegend von St-Benoît-du-Sault, einem Priorat, das der Abtei Fleury unterstand, verwüstet. Später heiratete Geraldus die Tochter dieses Boso, Rothilde. Der Vicecomes v. Limoges, Ademar, besaß am Ende des 10. Jh. eine Hälfte der Burg, die andere gehörte Hugo (Hugues) v. Gargilesse. Im 1. Viertel des 11. Jh. belagerte Wilhelm d. Gr., Hzg. v. Aquitanien, mit seinen Vasallen erfolglos die von Guido (Guy), Sohn des Vicecomes v. Limoges, verteidigte Burg. Die am besten bezeugten Vicecomites sind: *Bernhard I.* (1080), *Gerhard* (1136), *Bernhard III.* (1154), *Bernhard IV.* und schließlich *Hugo III.*, der die Schwester des Gf.en v. →Angoulême heiratete. Die Familie spielte eine bedeutende Rolle in Militärwesen, Verwaltung und Kirche. Ihr entstammen zwei Ebf.e: *Guillaume (Wilhelm) I.*, Ebf. v. Sens († 1269; 1. B.) und *Guillaume (Wilhelm) II.* († 1338; 2. B.), der Bf. v. Meaux, Ebf. v. Bourges und später von Sens war. 1310 fiel die Vicomté durch Heirat der Erbin *Jeanne de B.* an die poitevin. Familie →Chauvigny, 1502 schließlich an das Haus →Bourbon. Die bedeutenden Kastellaneien Ste-Sévère und Boussac im Berry waren mit B. vereinigt. *Jean I. de B.*, Herr v. Boussac und Ste-Sévère (3. B.), war 1426 Maréchal de France und Vater *Jeans II.* (4. B.). J. Boussard

Q.: Aimoin, Miracles de saint Benoît, ed. E. DE CERTAIN, 1858 – Ademar de Chabannes, ed. J. CHAVANON, 1898 – *Lit.*: E. DE BEAUFORT, Le château et la vicomté de B., 1863 – R. DE LASTEYRIE, Étude sur les comtes et vicomtes de Limoges antérieurs à l'an 1000, 1874 – E. HUBERT, Dict. ... de l'Indre, 1879 – G. THOMAS, Les comtes de la Marche de la maison de Charroux, 1925 – J. BOUSSARD, Le gouvernement d'Henri II Plantegenêt, 1956 – B. BACHRACH, Toward a reappraisal of William the Great duke of Aquitaine, Journal of Medieval Hist., 1979 – R. H. BAUTIER, Les origines du comté de la Marche (Mél. d'archéologie et hist. H. HEMMER [Mém. Soc. des sciences nat. et arch. de la Creux], 1979), 15, 19.

1. B., Guillaume de, Ebf. v. Sens, † Febr. 1269, ⌐ Sens, Kathedrale (Grab während der Frz. Revolution zerstört, Zeichnung von Gaignières erhalten [Paris, Bibl. Nat. ms. lat. 17046, fol. 77]). B. entstammte einer Adelsfamilie den Berry. Er war nacheinander Kanoniker, Offizial, cellerarius, Praecentor und Dekan der Kirche v. Sens. 1258 zum Ebf. v. Sens erhoben und am 3. Aug. in Gegenwart des Ebf.s v. Rouen, Eudes Rigaud, inthronisiert, resignierte er 1267 aus Gesundheitsgründen und zog sich nach Brienon (Yonne) zurück, wo er auch verstarb. M.-C. Gasnault

Q.: A. COULON, Les registres d'Alexandre IV, Nr. 3113 – J. GUIRAUD, Les registres d'Urbain IV, Nr. 353, 442 – E. JORDAN, Les registres de Clément IV, Nr. 732, 733, 734, 1521 – TH. BONNIN, Journal des visites pastorales d'Eudes Rigaud, 313 – *Lit.*: GChr XI, 65–66.

2. B., Guillaume de, frz. Prälat und Staatsmann, zuletzt Ebf. v. Sens, † 13. Dez. 1338, ⌐ Sens, Kathedrale (Grab während der Frz. Revolution zerstört, Zeichnung von Gaignières erhalten [Paris, Bibl. Nat. ms. lat. 17046, fol. 137]). Sohn des Roger, Herrn v. Boussac und Ste-Sévère, und der Marguerite v. Déols; Großneffe von 1. – G. de B. war Kanonikus und Dekan an der Kathedrale v. Bourges, Lizentiat des kanon. Rechts, 1315–17 *conseillerclerc* am Parlement v. Paris. Am 19. Okt. 1317 wurde er von Papst Johannes XXII. zum Bf. v. Le Puy erhoben, nachdem er den neugeschaffenen Bischofssitz von Rieux abgelehnt hatte. Am 14. Febr. 1318 auf den Bischofssitz von Meaux transferiert, erhielt er am 27. Febr. 1321 das Ebm. Bourges. Als solcher ließ G. de B. seinen Vorgänger Philippe → Berruyer kanonisieren (1323) und bereitete die Weihe der Kathedrale vor. Seit dem 14. Dez. 1330 Ebf. v. Sens (als Nachfolger von Pierre Roger), konsekrierte er die Kirche St-Louis de Poissy (in Gegenwart des Kg.s) sowie die eigene Kathedrale. G. de B. bekümmerte sich in aktiver Weise um die religiösen und administrativen Angelegenheiten der von ihm geleiteten Diözesen. Daneben wurde er mehrfach von den Kg.en Philipp V. und Philipp VI. mit diplomat. und polit. Aufgaben betraut: So führte er Friedensverhandlungen mit dem Gf.en v. Flandern; 1329 nahm er an der Versammlung von →Vincennes teil; 1336 wurde er, am Vorabend des Hundertjährigen Krieges, in diplomat. Mission nach England entsandt.

M.-C. Gasnault

Q.: E. BOUTARIC, Actes du parlement de Paris II, Nr. 4482A, 4490B – G. MOLLAT, Jean XXII. Lettres communes, passim – R. GANDILHON, Inventaire des sceaux du Berry, Nr. 512 – *Lit.*: DBF VII, 49f. – DHGE IX, 848–850 – GChr II, 79f. – P. LEHUGEUR, Hist. de Philippe de Long, roi de France, 1897.

3. B., Jean I., seigneur de Boussac, *Maréchal de France*, *ca. 1375, † im Juni 1433, ⌐ Abtei Pré-Benoît (Bm. Limoges). B. spielte erst eine größere Rolle, als sich der Dauphin Karl VII. nach dem Verlust von Paris (1418) in das Gebiet südl. der Loire zurückgezogen hatte (→Bourges). 1423 verpflichtete Karl VII. B. für seine Leibwache. Dank der Förderung durch Arthur de →Richemont, connétable de France, wurde B. am 14. Juli 1426 zum Maréchal de France erhoben. Er nahm aktiv an den militär. Aktionen 1429–32 teil und wurde im Dez. 1430 zum *lieutenant du roi* für die Führung des Krieges in den Gebieten jenseits der Seine, Marne und Somme (unter Ausschluß der Champagne) eingesetzt. – B. machte Boussac (Dép. Creuse) zum Sitz der Vicomté Brosse und ließ hier das (erhaltene) Schloß erbauen. Ph. Contamine

Lit.: M. MICHON, J. de B., maréchal de Boussac, Mém. Soc. sciences naturelles et archéologiques de la Creuse, XXX, 1947–49, 465–512; XXXI, 1950–53, 17–64, 172–219, 353–400; XXXII, 1954–56, 33–94.

4. B., Jean II. de, Sohn von 3, frz. Heerführer, † 1481. Er nahm an allen Kriegsereignissen der Zeit teil: Belagerung von Pontoise durch Karl VII., Rückeroberungen des Périgord und der Normandie unter dem Connétable de Richemont (Formigny, 1450). B. besetzte Bayonne (21. Aug. 1451), belagerte Chalais und kämpfte bei Castillon (1453). Rat *(conseiller)* und *chambellan* des Kg.s seit 1449, nahm B. an der Schlacht v. →Montlhéry (1465) teil. Durch seine Heirat (1435) mit Nicole de Blois, Tochter von Charles de Blois, gen. d'Avaugour, erbte er die Gft. Penthièvre und die Vicomté Limoges, die er aber nicht in Besitz nehmen konnte, so daß er sie schließl. für 50 000 Francs an die Krone – unter Beibehaltung der Titel – veräußerte. R.-H. Bautier

Brot

I. Brotgetreide, Brotsorten, Herstellung – II. Broterträge und Brotverbrauch – III. Obrigkeitliche Reglementierung, Besteuerung – IV. Volksglaube und Brauchformen.

I. BROTGETREIDE, BROTSORTEN, HERSTELLUNG: Die im MA üblichen Getreidearten sind in Europa bereits in vorgeschichtl. Zeit nachgewiesen. Neu ist die hochma. Ausbildung von Anbauzonen mit dominierenden Sorten: Roggen im Norden und Osten, Dinkel (Triticum spelta) in Teilen Mitteleuropas, Weizen im Westen und Süden. Grundsätzl. wurden im FrühMA alle Getreidearten, auch Hafer und Gerste, zu B. verbacken, doch setzten sich Roggen, Dinkel und Weizen als bevorzugte Brotfrucht durch. Andere Beimischungen wurden weitgehend auf Krisenzeiten beschränkt. Die unterschiedl. Brotqualitäten, seit der Karolingerzeit belegt, werden genauer erkennbar durch die seit dem 13. Jh. überlieferten, meist städt. Erlasse zur Brotherstellung. Die aus bes. feinem Mehl gebackenen Sonderformen wie Semmeln, Brezeln, Wecken sind seit dem HochMA bekannt, aber zweifellos hat im SpätMA die Sortendifferenzierung zugenommen, bis hin zu den als Speiseunterlage verwendeten Tellerbroten.

Neben der Bäckerei für den eigenen Bedarf gab es die gewerbl. Brotherstellung. In den Dörfern, wo die herrschaftl. bzw. genossenschaftl. Backöfen benutzt werden mußten, blieb die gewerbl. Brotherstellung Ausnahme, in den Städten ist sie dagegen als Regel zu unterstellen, die →Bäcker gehören hier zu den ältesten Berufen des Lebensmittelsektors. Die Produktion der feineren Brotsorten war den Feilbäckern vorbehalten, die Hausbäcker, die im Hause der Kunden buken, waren auf gröbere, dunkle Sorten beschränkt. Der Brotteig wurde in Mulden geknetet, auf Brettern zu runden oder längl. Laiben geformt und mit Holzschaufeln in Steinöfen eingeschossen, die schon im FrühMA für größere Produktionskapazitäten eingerichtet sein konnten. Wohl wegen der Haltbarkeit galt trockenes Ausbacken als Qualitätsmerkmal.

II. BROTERTRÄGE UND BROTVERBRAUCH: Städt. Backproben belegen, bezogen auf das Getreideausgangsgewicht, sehr unterschiedl. Broterträge (z. B. Marseille 1273: panis albus 67%, panis cum toto 89%). Im SpätMA wurden nur in Mangeljahren bei Roggenbrot Erträge von 100% und darüber erzielt, bei den Weißbroten sinkt die Ausbeute bis weit unter 50%. Neben der Getreidequalität (niedrige Quellfähigkeit?) ist dafür wohl die Mahltechnik verantwortlich: Bei den feinsten Mehlen lag der Ausmahlungsgrad im 15. Jh. bei ca. 35% gegenüber ca. 68% im 17. Jh. und gegenwärtig 50% (in Deutschland).

Es wird vermutet, daß der menschl. Nahrungsbedarf im MA etwa zur Hälfte mit Getreideprodukten gedeckt wurde. Obwohl Brei und Mus als Zubereitungsform bis weit in die NZ nachweisbar sind, war zweifellos B. das pflanzl. Hauptnahrungsmittel. Klosterregeln und Urbare belegen bereits für das FrühMA den Konsum von B. auch durch Hörige und Bauern. Deutlich erkennbar werden Zusammenhänge zw. Status und Verbrauch: Feines Weißbrot war – außer in West- und Südeuropa – überwiegend Herrenspeise, in Großhaushalten wurden abgestuft gröbere Brotsorten zugeteilt, bis hin zur Substituierung von B. durch Mus. Im 14. und 15. Jh. wurde in den Städten allgemein das hellere B. bevorzugt, doch zeigen z. B. Verpflegungsordnungen, daß sich die Verbrauchsunterschiede keineswegs verwischt haben. In Zahlen ist für das SpätMA ein jährl. Getreideverbrauch bis über 600 kg/Person (z. B. Arles, 1430) zu ermitteln. Angesichts der niedrigen Broterträge der Zeit kann der tatsächl. Verzehr aber niedriger gelegen haben, Beispiele aus dem mediterranen und mitteleurop. Bereich lassen für das 14. und 15. Jh. einen Brotverbrauch bis über 200 kg/Jahr möglich erscheinen.

III. OBRIGKEITLICHE REGLEMENTIERUNG, BESTEUERUNG: Neben öffentl. Versorgungsmaßnahmen in Notjahren bestätigt die Häufigkeit obrigkeitl. Vorschriften die Bedeutung des B.s als Grundnahrungsmittel: Karl d. Gr. erließ 794 eine Preistaxe für B., in den it. Städten gab es seit der Karolingerzeit Brotordnungen, in England wurden spätestens seit dem 13. Jh. für B. und andere Lebensmittel von der Krone landeseinheitl. Ordnungen *(assizes)* erlassen. In Deutschland nahmen Zahl und Ausführlichkeit der städt. Erlasse seit dem 14. Jh. zu, während die territorialstaatl. Gesetzgebung überwiegend bis in das 16. Jh. zurückstand. Vorgeschrieben wurden Qualität, Gewicht, Produktionsvorgang und die Menge des herzustellenden B.s. Der Preis (Heller- bzw. Pfennigbrot) wurde fixiert, das Gewicht schwankte entsprechend den Bewegungen des Getreidepreises. Um diese Relation festzulegen, wurden Backproben veranstaltet, die z. B. aus Marseille, Tarascon, Augsburg, Basel, Frankfurt, Nürnberg und Straßburg überliefert sind. Zahllose Auseinandersetzungen wegen quantitativer und qualitativer Mängel bei der Brotversorgung zeigen, daß die obrigkeitl. Ordnungsvorstellungen nur unvollständig durchgesetzt werden konnten.

Trotz der mit Getreide- und Brotversorgung verbundenen sozialen Aspekte wurde der Verbrauch auch fiskal. belastet. Mit zunehmender Tendenz verteuerte sich im SpätMA das Brot durch städt. Ungelder auf das Getreide oder den Mahlvorgang. Wie bei der Getränkesteuer versuchten die Städte, möglichst alle Bewohner zu erfassen und die Sonderrechte der Geistlichkeit einzuschränken. Da Landbäcker auch wegen der steuerl. Minderbelastung billiger produzieren konnten, wurde ihnen der Zugang zum städt. Markt erschwert oder ganz versperrt.

U. Dirlmeier

Bibliogr.: Die Brotnahrung. Auswahlbibliogr. zu ihrer Gesch. und Bedeutung, bearb. F. BINDER. Erster Nachtrag, bearb. M. FRANZ (Schriftenreihe des Dt. Brotmuseums 9 und 9A, 1973/79) – *Lit.*: A. MAURIZIO, Die Getreidenahrung im Wandel der Zeit, 1927 – K. HINTZE, Geographie und Gesch. der Ernährung, 1934 – L. STOUFF, Ravitaillement et alimentation en Provence, 1970 – E. SCHMAUDERER, Stud. zur Gesch. der Lebensmittelwiss., 1975 – U. DIRLMEIER, Unters. zu Einkommensverhältnissen und Lebenshaltungskosten in dt. Städten des SpätMA, 1978, 328–357 – W. HABERMANN, Der Getreidehandel in Dtl. im 14. und 15. Jh., Scripta Mercaturae 11, 2, 1977; 12, 1978.

IV. VOLKSGLAUBE UND BRAUCHFORMEN: Eine wichtige Stellung bei der Sicherung der Ernährung nahm die Kirche ein, die an bestimmten Festen B. an die Armen verteilte. So richtete 1279 Lambertus v. Winteren, Stiftsherr an St. Cassius in Bonn, eine Stiftung ein, mit der alljährl. an Karfreitag B. an die Armen ausgeteilt werden sollte; geläufig sind auch Legate für Brotspenden in den ma. Testamenten.

Die zentrale Bedeutung, die das B. im tägl. Leben des MA genoß, und die ihre Spuren in zahlreichen Redewendungen, v. a. aber im Volksglauben und in vielen Brauchformen hinterließ, beruht allerdings nicht nur auf seiner Funktion als Nahrungsmittel, sondern muß auch mit seinem Bezug zur →Eucharistie (vgl. etwa Joh 6, 25) und der sich daraus ergebenden Anwendung im Sakramentaliengebrauch erklärt werden. Seit dem 3. Jh. wurde geweihtes B. den Gläubigen gegeben, die nicht die Kommunion empfangen hatten (→Eulogie; vgl. →Hinkmar v. Reims, Capitula c. VII von 852). Pilger verzehrten an

Wallfahrtsorten geweihte B.e im Vertrauen auf deren Heilkraft. Das bekannteste solcher »hl. Brote« ist das *Agathenbrot*, das seit dem 16. Jh. am Fest der hl. Agathe (5. Febr.) geweiht wurde. Den mit dem Bild des Hl. gestempelten »Heiligenbroten« schrieb man bes. Wirksamkeit bei Krankheit und Unglücksfällen zu. Sicherl. im Zusammenhang mit dem kirchl. sanktionierten Brotbrauchtum und nicht als vorchr. Relikte entwickelten sich regional oft begrenzte Formen von *Gebildbroten*, die man zu den jährl. Brauchterminen, als Paten- oder Liebesgeschenke (vgl. Rastatter Hofweistum, 1370) und als Opfergaben verwendete (Allerseelenbrot). Die Achtung, die das B. im tägl. Leben erfuhr, zeigte sich schließlich in der Segnung des B.s vor dem Verzehr. Darin aber wie auch in den zahlreichen ma. Erzählungen von Brotfrevel und dessen Bestrafung (z. B. →Caesarius v. Heisterbach) wird die Komplexität eines Gegenstandes der Alltagskultur zw. sakramentalem Bezug und alltägl. Gebrauch deutlich.

Ch. Daxelmüller

Lit.: HWDA I, 1590–1659 – LThK² II, 706 – A. Franz, Die kirchl. Benediktionen im MA I, 1909, 229–278 – F. Eckstein, Die frühesten Zeugnisse über Gebildbrote im FrühMA, Obdt. Zs. für VK 9, 1935, 48–55 – L. A. Veit, Volksfrommes Brauchtum und Kirche im dt. MA, 1936 – H. Meise, So backt der Bauer sein B., 1959 – J. Dietz, Vom B. im kirchl. Brauch des Bonner Landes, Rhein.-westfäl. Zs. für VK 9, 1962, 18–27 – L. Kriss-Rettenbeck, Bilder und Zeichen religiösen Volksglaubens, 1963, 1971² – E. Kjersgaard, Mad og øl i Danmarks middelalder, 1978 – EM II, 805–813 [Lit.].

Brotbrechen (fractio panis) bezeichnet die vom jüd. Mahlbrauch herkommende, schon im Altertum ritualisierte und symbol. gedeutete Zerteilung des eucharist. Brotes für die Kommunion. Das B. geschieht im Westen seit Gregor d. Gr. statt nach dem Hochgebet nach dem Vaterunser. Seit dem 11. Jh. beschränkt es sich wegen Einführung vorgeformter Hostien für die Gläubigen auf die Hostie des Priesters. Ma. Meßerklärungen bieten reiche allegor. Deutungen.

H. B. Meyer

In den östl. Liturgien wird seit ältesten Zeiten das in der Proskomidii vorbereitete Brot je nach Zahl der Kommunikanten unmittelbar vor Spendung gebrochen und geteilt. Myst.-allegor. Deutung: Symeon Thess., De sacra liturgia, MPG 155, 299. Die byz. Liturgie kennt einen eigenen Ritus des B.s (die sog. »Artoklasia«), der an hohen Fest- und Feiertagen am Ende der Vesper, nach dem Apolytikion, Anwendung findet.

B. Plank

Lit.: L. Haberstroh, Der Ritus der Brechung und Mischung nach dem Missale Romanum (St. Gabrieler Stud. 5), 1937 – J. A. Jungmann, Missarum sollemnia II, 1962⁵, 375–385 – M. Righetti, Manuale di storia liturgica III, 1966³, 484–497.

Brotstempel (auf antike Vorbilder zurückgehend, vgl. B. aus dem späthellenist. Ägypten und Brote aus Pompeji) sind in den orth. Kirchen bis heute unentbehrl. für verschiedene liturg. Verwendung geweihten Brotes: 1. Das Brot für die Eucharistie, 2. das Brot für das Antidoron und 3. das Brot für die Eulogia. Die frühen B. sind nur z. T. einem der gen. Zwecke mit Sicherheit zuzuordnen. Aus Terrakotta, Holz, Bronze oder Stein gefertigt, tragen sie symbol. Dekor, der sich erst im Laufe der Jahrhunderte zu eindeutiger Zweckbestimmung entwickelte. Symbole wie Kreuz, Christogramm, Fisch, Kreuz mit X in jedem Kreuzwinkel oder mit IC XC NI KA an diesen Stellen lassen auf Verwendung für die Eucharistie schließen. Später wird durch den B. das Brot entsprechend seiner Zerteilung in der Prothesis eingeteilt. Schwieriger noch ist die Unterscheidung der B. für das Antidoron (geweihtes Brot für Kleriker anderer Gemeinden und für solche Glieder der eigenen Gemeinde, die an der Eucharistie nicht teilnehmen können oder dürfen also Katechumenen, Büßer o. ä.) und die Eulogia (geweihtes Brot, das an bes. Festtagen an Pilger usw. ausgegeben wurde), da beide Arten von B. die Aufschrift »Eulogia« tragen können. Eindeutig der zweiten Art sind alle B. zuzuordnen, die Bilder von Festen (z. B. Koimesis), Hl. oder hl. Stätten tragen (z. B. Darstellung des Komplexes der Grabeskirche in Jerusalem). Dieser Art von B. sind diejenigen kommemorative Charakters, d. h. mit Inschriften zur Erinnerung an Verstorbene, verwandt. Daneben scheint es auch B. mit chr. Dekor für den privaten Gebrauch gegeben zu haben, in denen der antike Brauch fortlebte, vornehml. in altchr. Zeit.

K. Wessel

Lit.: RbyzK I, 747–752 – G. Galavaris, Bread and the Liturgie. The Symbolism of Early Christian and byz. Bread Stamps, 1970.

Brotvermehrung → Wunder Christi

Brou, Kl. und berühmte Grablege des 15.–16. Jh., nahe Bourg-en-Bresse (Dép. Ain), Diöz. Belley. B. wurde in einem Hain am Platz eines röm. und völkerwanderungszeitl. vicus errichtet (mit Heiligtum [fanum] und galloröm. sowie burg. Gräberfeld, Ausgrabungen von 1953). Die Einsiedelei von B. wurde um 927 durch Gerhard, Bf. v. Mâcon, errichtet, der hier 958 verstarb. In der Folge war B. ein dem hl. Petrus geweihtes Priorat (1084 erwähnt), das im 14. Jh. von der Abtei →Ambronay abhängig wurde und dem benachbarten Städtchen Bourg als Pfarrkirche diente.

I. J. 1480 gelobte die Gattin des Gf.en Philipp v. Bresse, Margarete v. Bourbon, die Stiftung einer Abtei OSB für B., doch starb sie bald darauf. 1505 griff →Margarete v. Österreich, die Tochter Maximilians, Witwe Philiberts des Schönen († 1504), des Hzg.s v. Savoyen, und Sohnes der genannten Margarete v. Bourbon, den Plan der Klostergründung in B. auf und beschloß die Gründung einer Abtei mit Grablege für ihren Gemahl und ihre Schwiegermutter. Die Wahl des Ortes erklärt sich durch die Tatsache, daß Bourg-en-Bresse Hauptort des Wittums der Margarete v. Österreich war. Während die Pfarrrechte für Bourg an die dortige Kirche Notre-Dame transferiert wurden, installierte Papst Julius II. durch Bulle vom 16. Juli 1506 einen Konvent der Augustinereremiten in B. (ð Nikolaus v. Tolentino). Nach ihrer Ernennung zur Statthalterin der Niederlande durch Maximilian (1506) betrieb Margarete von ihrer Residenz in Mecheln aus die Errichtung und Ausschmückung von Kirche und Kloster. B. wurde zu einem der kostbarsten Ensembles der Kunst des frühen 16. Jh. ausgestaltet. Die erhaltene Korrespondenz ist eines der wichtigsten Zeugnisse der europ. Geistes- und Kulturgeschichte im Zeitalter des Humanismus. Der große Humanist und Geschichtsschreiber der Margarete, Jean Lemaire des Belges, beschäftigte sich mit dem Projekt und beabsichtigte, seine Leitung zu übernehmen. Der berühmte Jean Perréal lieferte 1509–11 mehrere Skizzen des Bauwerks, und der größte frz. Bildhauer der Zeit, Michel →Colombe, schuf 1511 die Skulpturen des Portals und begann an den Grabdenkmälern zu arbeiten. Heftige Streitigkeiten flammten zw. diesen Künstlern und einem einheim. Bildhauer, Thibaut Landry aus Salins, über die Wahl des Werkstoffs (Alabaster oder Carrara-Marmor) und die Art der Ausführung auf. Schließl. errichtete der fläm. Meister Ludwig van Boghem die Kirche, deren Fundamente 1513 erbaut worden waren, und die drei Kreuzgänge im Flamboyantstil. Die Liegefiguren schuf der zu dieser Zeit hauptsächl. in den Niederlanden tätige süddt. Meister Konrad →Meit (1526). Die hervorragenden Glasmalereien wurden nach Brüsseler Entwürfen in Lyon ausgeführt. Hinter dem überaus reichen Lettner ist das Chorgestühl, Meisterwerk des bresson. Schreiners

Pierre Berchod, gen. Terrasson (1530), erhalten. Nach ihrem Tod in Mecheln (Dez. 1530) wurde Margarete im Juni 1532 in dem Grab, das sie für sich in der Kirche von B. hatte errichten lassen, beigesetzt. Ihre Devise »Fortune, Infortune, Fort une« findet sich überall in der Kirche. Bestimmten Arbeiten zogen sich noch bis 1548 hin; einige Umbauten erfolgten 1659 und 1759. Während der Frz. Revolution wurde das Kl. in ein Gefängnis umgewandelt; es ist heute Museum des Dép. Ain. R.-H. Bautier

Lit.: L'église de B., o. J. (Petites monographies) – C^{TE} DE QUINSONNAS, Matériaux pour servir à l'hist. de Marguerite d'Autriche, 1860 – V. NODET, Jean Perréol et Marguerite d'Autriche, Ann. Soc. Émulation Ain, XXXVI, 1903, 237–245 – Les vitraux de B., ebd., XXXVIII, 1905; XXXIX, 1906 – Les cloitres de B., ebd. XLIII, 1910 – CL. COCHIN, Jean Lemaire de Belges, Michel Colombe et Jean Perréal, Comptes rendus des séances de l'acad. inser. et belles lettres, 1913, 653ff. – DERS., Michel Colombe et ses projets pour l'église de B., Revue de l'art ancien et moderne, 35, 1914, 111–116 – M. BRUCHET, Marguerite d'Autriche, 1927 [grundlegend] – F. BAUDSON, B., église-monastère, La France illustrée, 1951 [Plan reproduziert auch in: J.-Y. MARIOTTE-A. PERRET, Atlas hist. français Savoie, 1979, pl. LXXXVI, 8] – Ausstellungskataloge des Musée de l'Ain: B., l'histoire du site, le chantier de construction au XVIe s., 1980; Marguerite d'Autriche, 1981.

Brown (Le Brun), Thomas, Mitglied des →Exchequer, * um 1120, † um 1180. Seit 1137 magister capellanus Rogers II., Kg. v. Sizilien, fungierte B. gelegentl. stellvertretend für den Kanzler als Datar und war in den 40er Jahren als Mitglied des dīwān in der Finanzverwaltung tätig (→Finanzwesen, Sizilien). Nachdem er bei Kg. Wilhelm in Ungnade gefallen war, wurde er in den 60er und 70er Jahren unter Kg. Heinrich II. v. England am Exchequer tätig; er leitete die Anfertigung von speziellen Akten *(records),* welche die für den Kg. bes. interessanten Bestandteile des Geschäftsverkehrs des Exchequer umfaßten. J. Critchley

Q.: C. JOHNSON, Dialogus de Scaccario, 1950 – *Lit.:* R. PAULI, Magister Thomas Brunus, Nachrichten, 1878, 523–540 – E. CASPAR, Roger II., 1904, 317f. – C. H. HASKINS, England and Sicily in the 12th c., EHR, 1911, 651–655 – G. STOLLBERG, Die soziale Stellung der intellektuellen Oberschicht im England des 12. Jh., 1973, 112–115 – C. BRÜHL, Urkk. und Kanzlei Kg. Rogers II. v. Sizilien, 1978, 48–50, 227, 256.

Browne, John, engl. Komponist, * 1426? Buckinghamshire?, † Febr. 1498 London. Vielleicht ist er identisch mit dem J. B., der 1445 als Neunzehnjähriger am King's College Cambridge zugelassen wurde, 1480–90 rector der Pfarrkirche West Tilbury war, anschließend Kanoniker an St. Stephen, Westminster, von dort enge Beziehungen unterhielt zu Kg. Heinrichs VII. Chapel Royal und vor dem 19. Febr. 1498 starb. Drei engl. Madrigale, zwei anthems, neun lat. geistl. Kompositionen sind von ihm in London und Eton vorhanden, von vier Magnificat-Vertonungen hat sich nur ein Bruchstück erhalten.
H. Leuchtmann

Ed.: The Eton Choirbook, ed. F. LL. HARRISON, Musica britannica X–XII, 1856–61 – Early Tudor Songs and Carols, ed. J. STEVENS, Musica britannica XXXVI, 1975 – *Lit.:* EITNER – GROVE's Dict. of Music and Musicians – W. H. G. FLOOD, Early Tudor Composers, 1925.

Brucato, archäol. Fundstätte nahe der Nordküste von Sizilien, 6 km von Termini Imerese, 2,5 km von der Küste entfernt, in beherrschender Situation auf einer Bergkuppe von 367 m gelegen. B. wurde als Wüstung einer zentralörtl. Siedlung für die siedlungsgeschichtl. und archäolog. Erforschung von Sizilien ausgewählt; 1972–75 fanden hier von der École Française de Rome veranstaltete Ausgrabungen unter Leitung von J.-M. PESEZ statt. – B. war befestigte Siedlung in arab. Zeit (Ḥiṣn Abī Ruqqād) wie auch in norm. Zeit (Lehen mit Stellung von sechs Rittern).

1157 wurde der Ort durch Wilhelm I. an die Kirche v. Palermo geschenkt, im 13. Jh. (wahrscheinl. während der arab. Aufstände) aufgegeben. Als offenes →*casale* um 1270 wiederbesiedelt, wurde es von Kg. Friedrich III. v. Sizilien ausgebaut, befestigt und als *terra* organisiert. Dies erfolgte v. a. in Hinblick auf die Küstenverteidigung. Der Ort wurde 1338 bei einer Landung der →Anjou zerstört und bald darauf aufgegeben. Die Grabungen haben eine Reihe wichtiger Aufschlüsse über materielle Kultur und städt. Lebensformen in einem siz. Agrarzentrum der Zeit um 1330 ergeben. H. Bresc

Lit.: J.-M. PESEZ, Recherches à B. (Termini Imerese) et Calathamet (Calatafimi), Beni culturali e ambientali, Sicilia 1, 1980, 89–92 – B., École Française de Rome [im Dr.].

Bruce, Familie → Carrick, Earls of; →David II. Bruce; →Robert I. Bruce; →Eduard (Edward) Bruce

Bruchrechnen → Rechnen, Rechenkunst

Brücke
A. Römischer Brückenbau – B. Die Brücke im europäischen Mittelalter – C. Byzantinischer Brückenbau – D. Arabischer und osmanischer Brückenbau

A. Römischer Brückenbau

Rückgreifend auf etrusk. und griech. Brückenbauerfahrungen wurde in röm. Zeit der Brückenbau als Ingenieurdisziplin im militär. und zivilen Bereich als bedeutende Aufgabe (u. a. Münzdarstellungen) angesehen und zur Perfektion geführt. Militärische, verkehrsgeograph. und wirtschaftl. Gründe waren für die Bauentscheidungen gleichermaßen ausschlaggebend. Dies galt sowohl für Fernstraßenbrücken als auch für Binnenbrücken.

Bis in die Spätantike werden je nach unmittelbarer Notwendigkeit und örtl. Verhältnissen Holzbrücken in Zimmermannstechnik (Bockbrücken, Jochbrücken), zum Teil mit Steinpfeilern errichtet (z. B. Donaubrücken bei Turnu Severin/Rumänien, 104/105 n. Chr. von Apollodoros geplant, Länge 1126 m; Moselbrücken in Trier, Rheinbrücken in Koblenz und Köln [konstantin., 420 m, 19(?) Pfeiler]) oder ganz aus Naturstein gebaut (z. B. Mérida/Spanien, Länge 792 m, 60 Bögen). Eine nicht unbeträchtl. Zahl von mehr als eintausend nachweisbaren röm. Steinbrücken (179 v. Chr. erste Steinbrücke in Rom) in einer Kombination mit Zementgußmauerwerk (opus caementicium) und Quadertechnik blieb auch im MA in Funktion, in Einzelfällen bis in die Neuzeit. Die Mehrzahl der Holzbrücken ist wohl im FrühMA untergegangen.

Die Baufinanzierung war unterschiedl. geregelt: aus Gemeindekassen nächstliegender Orte, aus dem Vermögen der Kaiser, aus dem Steueraufkommen der Provinzen. Statthalter und Beamte walteten jedenfalls als Baubeauftragte des Kaisers in den Provinzen, soweit der Bauauftrag Reichsinteressen berührte. H. Hellenkemper

Lit.: EArteAnt VI, 370–374 [Lit.] – RE XXI, 2428–2452 [Lit.] – P. GAZZOLA, I Ponti Romani, 2 Bde, 1963 [dazu notwendig: Rezension, J. BRIEGLEB, Gnomon 43, 1971, 66–78] – TH. PEKARY, Unters. zu den röm. Reichsstraßen (Antiquitas 17, 1968) – H. CÜPPERS, Die Trierer Römerbrücken (Trierer Grabungen und Forsch. 5, 1969).

B. Die Brücke im europäischen Mittelalter

I. Brückenbau und -konstruktion – II. Funktionen der Brücke – III. Glaubensvorstellungen.

I. BRÜCKENBAU UND -KONSTRUKTION: Die B. ist ein Bauwerk, das der Überwindung von Hindernissen, insbes. naturgegebenen wie Flüssen und Tälern, für den Verkehr dient. Zur Unterscheidung der ma. B.n gibt es verschiedene Kriterien: Vom Material her sind B.n aus Holz und aus Stein zu unterscheiden, während das Eisen noch keine Rolle spielte. Es gab Balken-, Bogen- und Zugbrücken. Die Binnenbrücke verband einzelne, durch einen Fluß oder Kanal getrennte Stadtteile oder Einzelgebiete eines

Territoriums miteinander, während die Außenbrücke in Randlage aus der Stadt oder dem Territorium in andere Räume herausführte.

Der Überbau der B., d. h. das *Tragwerk*, übertrug das Eigengewicht, die Verkehrslasten, Wind und Schnee über die Auflager auf die Pfeiler und Widerlager, die mit dem Fundament den Unterbau der B. bildeten, der den Druck auf den Fluß- und Uferboden leitete. Der Seitendruck des strömenden Wassers wurde durch Vorlagen der Brückenpfeiler abgefangen. Bei Holzbrücken wurden von einem Boot aus Pfähle in den Grund gerammt. Bei Steinbauten ruhten die Pfeiler auf einem durch Holzpfähle gebildeten, mit Steinen aufgefüllten Rost. Die Verdrängung des Wassers für die Bauarbeiten erfolgte durch eine sog. *Brunnenstube*.

Die *römische Brücke* wurde zum Vorbild für die ma. B., wobei die Kenntnisse des Brückenbaus zunächst von Geistlichen überliefert wurden. Die harmon. Formen der röm. B. wurden jedoch im MA nicht wieder erreicht. Der Durchlaß der B. bestand in einem halbkreisförmigen Bogen (Tonnengewölbe); im späteren MA hatte er auch Segmentrund und war damit flacher. Die Pfeiler waren zur Minderung des Wasserdrucks oft durchbrochen. Im Gegensatz zu den röm. B.n waren die *Bogenweiten* einer ma. B. verschieden, die Fahrbahn unterschiedl. breit, der Scheitel nicht in der Mitte, der Bau nicht geradlinig; die Steine waren schlechter behauen und verarbeitet.

War die Baukonzeption auch oft kühn, so blieben im MA Handwerk und Technik im Brückenbau doch hinter dem röm. zurück. Die *lichte Weite* der Bögen lag am häufigsten zw. 30 und 50 m. Die bei Trezzo (Prov. Mailand) über die Adda führende, 1377 vollendete B., deren einziger Bogen eine Weite von 82,5 m besaß, hatte das größte Ausmaß. Die 16 Halbkreisbögen der B. von Córdoba über den Guadalquivir hatten eine lichte Weite von je 14 m, die sechs Joche des im frühen 14. Jh. erbauten Pont Valentré bei Cahors je 18 m. Die *Gesamtlänge* hing von der Flußbreite ab; es seien z. B. die Längen folgender B.n genannt: St-Savourin du Port mit 1000 m, die Karlsbrücke in Prag mit 607 m, Regensburg mit ca. 300 m, Montauban mit 250 m, Córdoba mit 223 m, Carcassonne mit 110 m. Die Fahrbahn der Teufelsbrücke über den Serchio bei Lucca aus der Zeit um 1000 war nur 2,94 m breit, die ganze Breite betrug 3,93 m. Sie wurde aus militär. Gründen so eng gehalten. Stand eine Kapelle oder ein Wachtturm auf der B., so entstand ein »Flaschenhals«, der die Sicherheit noch erhöhte. In Carcassonne, Prag und anderen Städten, aber auch bei ländl. B.n wie der von Haywood (Staffordshire) wurden die Vorlagen der Pfeiler bis zur Fahrbahn hochgeführt und in die Brüstung einbezogen; auf den so entstandenen Erkern konnten Wagen sich ausweichen. Die Binnenbrücken von Paris hatten Maße, die dem Verkehrsaufkommen einer Großstadt entsprachen: Pont Notre Dame 106 : 20 m, Pont St-Michel 62 : 30 m, Pont au Change 103 : 30 m.

Die *Dauer der Bauzeit* hing v. a. von den Finanzierungsmöglichkeiten ab. Es waren für die B.n in Avignon die Jahre von 1177–85, in Montauban 1291–1335, in Paris (Notre Dame) 1507–12, in Regensburg 1135–45, in London 1176–1209 (der erste Bogen war nach 18 Monaten fertig, das Gegenufer wurde aber erst nach 33 Jahren erreicht). Die Prager Moldaubrücke übertraf mit 146 Jahren (1357–1503) alle anderen an Bauzeit.

Der *gotische Stil*, dessen Anfänge mit dem Aufschwung des Brückenwesens zeitl. zusammenfielen, erreichte die B. als Bauwerk nicht eigentlich. Der Rundbogen blieb beherrschend. Wo es Spitzbögen gab, wie in Spanien und Südfrankreich, entstanden sie unter dem Einfluß des maur. Mudéjarstils und als Ergebnis des arab. Bauhandwerks. Sie finden sich auch sonst. Erst mit der Renaissance setzten sich neue Stilformen durch.

II. FUNKTIONEN DER BRÜCKE: Nach früheren Vorläufern – Karl d. Gr. versuchte vergebens, eine Rheinbrücke zu schaffen – gab es in Europa seit dem 12. Jh. eine Welle von Brückenbauten, die u. a. durch eine Steigerung des Fernhandels, auch mit Massengütern (bes. Getreide), notwendig wurden. Dieser verstärkte Fernhandel war eine Folge der Bevölkerungszunahme, der Rodung und Siedlung, der Stadtgründungen und -erweiterungen in Verbindung mit einer langfristigen Konjunktur. Für den Brückenbau war es auch von Bedeutung, daß sich als techn. Fortschritt das Pferdegeschirr, mit dem das Pferd an der Deichsel befestigt war, und die bewegl. Vorderachse an vierrädrigen Wagen durchsetzten. Viele Miniaturen zeigen Bilder der verschiedenen Landfahrzeuge auf den B.n der Zeit, z. B. 1317 für die Pariser B.n (Egbert-Codex). Die Tragfähigkeit der B.n steigerte sich weiterhin. Auf der Muldebrücke in Grimma (Sachsen) zahlten 1438 Salzwagen mit acht Pferden den höchsten Zoll.

Über den Verkehrszweck hinaus hatte die B. vielseitige Funktionen, so daß auch die Verantwortlichkeit für den Brückenbau sehr unterschiedl. war. Wie Straße und Strom, war auch die B. *königliches Regal*, nutzbares Hoheitsrecht. Die dt. Kg.e und Ks. griffen öfters in Bau und Nutzung von B.n ein: Ks. Friedrich I. 1182 in Regensburg und 1188 in Lübeck; Friedrich II. hob 1220 Zoll und Brückengeld für die B. von Donauwörth auf und veranlaßte, daß die hölzerne B. durch eine steinerne ersetzt wurde. Kg. Karl VI. v. Frankreich schlug im Mai 1413 feierl. den ersten Pfahl der Holzbrücke ein, welche die 1406 zerstörte B. von Notre Dame ersetzte. Kg. Heinrich II. v. England entschied 1162 als Hzg. der Normandie einen Streit zw. einem Kl. und den Bürgern und Rittern von Saumur wegen des Brückenzolls. Wie andere Regalien, ging auch die B. an geistl. und weltl. Fs.en und an Reichsstädte über. Klöster bauten B.n, aber auch Grundherren und Genossenschaften verfügten mit allen dazugehörigen Pflichten und Rechten über B.n.

Benutzer der B. konnte jedermann sein: Ein Ablaßbrief von 1300 für die Frankfurter Mainbrücke nannte Menschen, Vieh, Wagen und Fahrzeuge; die Wiener Donaubrücke sollte nach einer Urkunde von 1439 für jeden sein, der »reiten, fahren, gehen, treiben und tragen mochte«; und der Gf. v. Blois bestimmte 1035 die Loirebrücke bei Tours »für alle, Fremde oder Einheimische, Pilger oder Kaufleute, Arme oder Reiche, zu Fuß oder beritten, beladen oder unbeladen«. Deutlich herausgehobene Zielgruppen, an die beim Brückenbau gedacht wurde, waren Pilger und Kaufleute. Sie weisen auf die beiden wichtigsten Merkmale und Zweckbestimmungen der B. hin.

Doch die B.n konnten auch eine andere Bestimmung haben: Während die Binnenbrücken in den Städten einzelne Stadtteile miteinander verbanden, hatten die Außenbrücken eine *militär. Bedeutung*. Sie waren Ausfalltor in Feindesland, wie z. B. die B., die Straßburg 1388 im Kampf gegen Baden über den Rhein schlug. Sie waren aber auch Einbruchspforte und die gefährdetste Stelle in städt. Mauergürteln und herrschaftl. Befestigungsanlagen, mit denen sie eine organ. Einheit bildeten, wie z. B. die 1344 erbaute B. zum Castelvecchio in Verona. Das häufigste und gewiß wirksamste Schema solcher B.n sah den Ausbau der beiderseitigen Brückenköpfe zu Festungen und einen Wehrturm in der Mitte der B. vor. In großartigen Maßstäben entsprach dem der Pont Valentré bei Cahors, in bescheideneren die von Esslingen. In Spanien verbanden sich röm., maurische und abendländ. Bauteile miteinander gerade in den Wehranlagen der B., wie etwa in Córdoba bei der B. über den Guadalquivir. Die 1176 erbaute Old London Bridge in London war durch Türme und eine Ziehbrücke gegen Angriffe gesichert. Der zweibogige sog. Henkersteg in Nürnberg war ein Teil der Stadtbefestigung des 13. Jh. und führte, überdacht und seitl. geschlossen, direkt auf einen Wehrturm zu.

Neben der militär. hatte die B. auch eine *politische Funktion*. Nicht selten endete an ländl. B.n das *Geleitrecht*, das eine territoriale Abgrenzung bezeichnete. So reichte 1065 der Ruhrgau von der Ruhr bis zur Werdener Brücke mit der Kölner Straße oder 1475 das Geleitrecht des Gf.en Eberhard v. Württemberg bis zur steinernen B. von Rottweil. Brücken über Grenzflüsse hatten einen neutralen Charakter, so daß auf ihrer Mitte diplomat. Verhandlungen geführt wurden, so das Treffen zw. dem Dauphin Karl [VII.] und Johann Ohnefurcht, Hzg. v. Burgund, auf der B. von Montereau i. J. 1419, bei dem der Hzg. ermordet wurde. Es konnte zum Zweck polit. Zusammenkünfte sogar eine B. gebaut werden, wie 1475 über die Somme bei Amiens für das Treffen zw. Ludwig XI. v. Frankreich und Eduard IV. v. England. Die Ausgewogenheit des Risikos bzw. der Sicherheit war für diese Ortswahl das entscheidende Motiv. Als Mittel der Absicherung polit. Ansprüche oder Rechte diente die B. der Territorienbildung. Mgf. Dietrich v. Meißen suchte sie nach 1210 durch die Zerstörung der B. von Pegau und den Bau einer B. in Verbindung mit der Kaufmannssiedlung Groitzsch zu fördern.

Die B. zeigte neben dem Geleitrecht auch andere *rechtliche Funktionen*. Nicht selten wurde auf der B. Gericht gehalten, so z. B. in Dresden unter Vorsitz des advocatus pontis und in Würzburg unter dem des Brückenschultheiß. Ebenso war sie Richtstätte für den Strafvollzug. In Prag wurden zum Tod durch Ertrinken Verurteilte von der Moldaubrücke aus ins Wasser geworfen (bekannt die Ertränkung des ebfl. Vikars→Johannes v. Pomuk [Johann Nepomuk] i. J. 1393). Auf der Baseler Rheinbrücke geschah das Gleiche mit liederl. Weibern und Kindsmörderinnen, auf der Regensburger B. mit Wucherern. Auf der Old London Bridge in London wurden die Köpfe von Verrätern aufgespießt.

Vor allen anderen Funktionen war die B. für den Verkehr bestimmt. Sie war sicherer als Furt und Fähre, aber beim damaligen *Stand der Technik* doch gefährdet. Hochwasser und Eisgang, Sturm und Schnee machten immer wieder Reparaturen nötig. Für die Old London Bridge z. B. kamen Ebbe und Flut hinzu. Die Basler Rheinbrücke wurde u. a. 1268, 1274, 1275, 1302, 1340 und 1343 aufgerissen, der 1186 in Stein erbaute Pariser Petit Pont vom linken Ufer zur Seineinsel u. a. 1196, 1205, 1280, 1296, 1408, 1409. Feuer vernichtete oft die hölzernen B.n und die auf B.n stehenden hölzernen Wohnhäuser. Auch die zu starke Belastung war gefährlich. Als 1190 ein engl.-frz. Kreuzfahrerheer die Rhônebrücke von Lyon überschritt, stürzte diese ein. Die Steinbrücken waren kaum weniger bedroht als die Holzbrücken. Daher verursachten nicht nur die Neubauten, sondern auch die Reparaturen ständig Kosten. Manchmal genügten die B.n auch nicht den Anforderungen des Verkehrs. Bekannt ist ein Unfall auf der Engelsbrücke in Rom, die damals noch mit Buden bebaut war, im Heiligen Jahr 1450. Am Nachmittag des 19. Dezember stieß eine Menschenmenge mit Pferden und Maultieren zusammen. Etwa 200 Menschen kamen im Gedränge um; die nahe gelegene Kirche S. Celso diente daraufhin als Leichenschauhaus (L. v. PASTOR, Gesch. der Päpste I, 1925⁵⁻⁷, 457ff.). Der techn. Seite des Brückenbaus war am schwersten zu genügen, wenn es am Ort keinen geeigneten Baumeister gab. Der Bf. v. Prag ließ 1333 einen Fachmann aus Avignon für eine B. über die Elbe bei Rudnitz anwerben. Nach dem Tode des geistl. Erbauers der Old London Bridge schlug der Kg. einen frz. Architekten Isembert als Nachfolger vor, der die B.n in Saintes und La Rochelle gebaut hatte.

Die *Finanzierung* der B. war nach der techn. Aufgabe das schwierigste Problem. Ihre ma. Eigenart tritt hierbei am ausgeprägtesten hervor. Sie war sowohl weltl.-kommerziell wie kirchl. bestimmt. Einmalige Spenden aus Sammlungen und Legaten waren im weltl. Bereich weniger wichtig als regelmäßige Einkünfte. Privatrechtl. flossen sie aus den zur B. gehörigen Rentenbriefen und Kuxen, Naturalzehnten, Mieten von den Häusern und Läden auf der B.; öffentl. Einkünfte waren Zölle, Geleitgelder, Gebühren für Menschen, Tiere und Lasten bei Benutzung der B., Abgaben von Mühlen und Badstuben u. a. Baukosten wurden 1385 in Paris beim Bau des Pont St-Michel gespart, indem Spieler, Vaganten und Diebe in den Straßen zusammengetrieben und zum Brückenbau gezwungen wurden. Die B. besaß ein Eigenvermögen, das durch Brückenmeister verwaltet wurde. Sie wurde zur Rechtsperson. Aus Konstanz und Regensburg sind die schönen Brückensiegel bekannt. Alfons II. v. Aragón bestätigte 1179 der Stadt Lérida alle Lehen und Rechte, deren Eigentümer die dortige B. über den Segre war. Der Rat v. Lérida bestätigte 1224 der B. alle ihre Rechte und die Suzeränität über ihre Lehen und Güter. Der *pont-seigneur* wurde durch eine Bruderschaft mit 20 Mitgliedern vertreten. Hinter der Zuteilung von Vermögen und anderen Rechten stand der Gedanke des gemeinen (allgemeinen) Nutzens. Kg. Wenzel bestätigte 1393 der Stadt Straßburg ihre neue B., da sie durch den lebhaften Verkehr über den Rhein »dem reich und dem lande nuetz« sei. Schon Ks. Friedrich I. hatte 1182 die Privilegierung der Regensburger B. mit deren communis utilitas begründet.

Ebenso war die B. dem *religiösen Bewußtsein* eingeordnet. Der Gf. v. Blois legte 1035 die Abgabenfreiheit beim Verkehr über die von ihm erbaute Loirebrücke bei Tours fest, da er »himmlischen Lohn nicht durch irdische Gewinnsucht verwirken wollte«. Heinrich II. v. England ging 1162 in einer Rechtsentscheidung davon aus, daß Stadtadel und Bürger von Saumur eine Holzbrücke über die Loire zum Wohl ihrer Seelen gebaut hatten. Die B., durch Fluten und Eis bedroht, und doch unentbehrl. für die Menschen, war ein Werk der Nächstenliebe.

Im *kirchlichen Bereich* wurde der Ablaß zum wichtigsten Finanzierungsmittel. Die Hilfe für die B. galt als gutes Werk. Geldzahlungen, Naturalleistungen und Arbeitseinsatz für die B. wurden von der Kirche seit dem 12. Jh. unter den üblichen Voraussetzungen mit dem Ablaß belohnt. Für die Koblenzer Rheinbrücke, deren Bauzeit freilich 85 Jahre gedauert hatte, umfaßte um 1500 die Gesamtzahl aller ihr verliehenen Ablässe 9746 Tage und 12 Stunden. Die wichtigsten Helfer beim Bau und der Reparatur von B.n waren die *Brückenbrüder*. Ihr Vorbild war die Bruderschaft, die der heiliggesprochene Bénézet gegründet hatte und dessen Initiative die B. von Avignon zu verdanken war, die für die B.n Europas zum Modell wurde. Es gab diese Bruderschaften in Italien, Frankreich, Spanien und für kürzere Zeit in England.

Gerade B.n, die zur Förderung des Pilgerwesens und des damit verbundenen Handels oder zur Intensivierung der Besiedlung gebaut wurden, konnten auch der Ursprung neuer Siedlungen sein, so z. B. Pont-St-Esprit an der Rhône, Puente la Reina und Santo Domingo de la Calzada in Nordspanien. Viele B.n trugen *Aufbauten*, die wiederum eine weltl. oder eine kirchl. Bedeutung hatten. War die B. bes. für Kaufleute bestimmt, so führte sie diese und ihre Kunden, wie in Würzburg, direkt zum Stadtzentrum und Markt. Darüber hinaus wurde sie selbst zum Markt. In Erfurt, Basel und anderen Städten gab es Verkaufsbuden auf den Brücken. Auf der Nahebrücke in Kreuznach standen kleine Häuser. Der Ponte Vecchio in Florenz, der nach einer röm. B. und einer von 1177 i. J. 1345 errichtet wurde, trägt bis heute beiderseits Juwelierläden und eine Galerie zw. dem Palazzo Pitti und den Uffizien. Starke Pfeiler und schnabelförmige Vorlagen tragen die überhängenden Gebäude. Auf der Old London Bridge gab es trotz der Feuersgefahr schon vom 14. Jh. an fünfstöckige Häuser, die unten Läden und oben Wohnungen enthielten. Auch auf den Pariser Seinebrücken standen Häuser. Auf dem Pont Notre Dame gab es auf jeder Seite 30 elegante Häuser, die 1499 in einer Flutkatastrophe mit der B. versanken. Auf der 1501-12 an ihrer Stelle erbauten Steinbrücke gab es wieder ja 34 Häuser mit reichem Schmuck und von bes. Eleganz. Goldschmiede und Wechsler saßen auf dem Pont au Change. In Zaragoza standen auf den Vorlagen vor den Pfeilern Häuser, die nur zu Schiff zugängl. waren.

Den Wohn- und Geschäftsbauten entsprachen im kirchl. Bereich die Kapellen. Häufig waren sie dem hl. Nikolaus geweiht, dem Patron der Schiffer und Kaufleute, später Johannes Nepomuk. Der hl. Bénézet, der der berühmten Brücke von Avignon den Namen gab (Pont St-Bénézet), wurde 1185 in der noch unvollendeten Brückenkapelle beigesetzt. Auch Peter v. Colechurch erhielt seine Grabstätte in einer Brückenkapelle in London. Schließlich waren mit der B. auch andere Bauten verbunden. Im weltl. Bereich waren es die Mühlen, die inmitten eines Flusses gelegen, über sie zugängl. waren (wie sogar in Paris) oder der B. gehörten (wie z. B. in Regensburg). In Regensburg war auch die Badstube im Besitz der Brücke. Mehrfach standen auf den B.n Wasserräder zur Wasserversorgung einer Stadt. Im kirchl. Bereich war das Spital räumlich, rechtl. und finanziell von der B. abhängig und mit ihr verbunden.

Im Laufe des 15. Jh. ging die Zahl bedeutender Brückenbauten sehr zurück. Es war eine gewisse Saturierung eingetreten. Bevölkerungs- und Konjunkturentwicklung machten neue große B.n nicht nötig.

III. GLAUBENSVORSTELLUNGEN: Im ma. Volksglauben war die *Jenseitsbrücke* der Zugang zur Hölle über den Fluß, der die Hölle begrenzte, eine Vorstellung, die bereits aus vorchristl. Zeit stammte. Diese erscheint auch in der Legende des hl. Bénézet, eines Schäferburschen in Avignon, dem Gott angebl. den Auftrag erteilte, eine B. zu bauen. Der Bf. prüfte ihn durch die Forderung, einen übermenschl. schweren Felsbrocken dorthin zu tragen, wo die B. entstehen sollte, was Bénézet ohne Mühe gelang.

Auch die Bezeichnung *Teufelsbrücke* taucht häufig auf, die mit der Legende in Verbindung steht, daß der Teufel für seine Hilfe beim Bau der B. auf die Seele des Baumeisters oder des ersten, der die B. überschreitet, Anspruch hat.

Wurden in Norddeutschland bis tief in die NZ hinein Feste und Trinkgelage auf der B. gefeiert, so war sie im Volksglauben doch eher die Stätte unheiml. Begegnungen und Wirkungen. Wassergeister hockten unter der B.,
andere Geister, Gestalten ohne Kopf, die Weiße Frau, Hexen, die sich in Lichter verwandeln konnten, begegneten dem, der nachts die B. überschritt. Der Weg über die B. konnte auch das Schicksal eines Neugeborenen bestimmen. Er brachte, je nach der Tageszeit, Heilung oder Erwerb von Krankheiten. E. Maschke

Lit.: EM II, 823–835 – HOOPS² III, 555–580 – HWDA I, 1660–1665 – RDK II, 1228–1259 – P. ZUCKER, Die B., 1921 – N. PAULUS, Gesch. des Ablasses im MA, II, 1923, 26off.; III, 1923, 44off. – H. AUBIN, Die Rheinbrücken im Altertum und MA, RhVjbll 7, 1937 – E. B. MOCK, The Architecture of Bridges, 1949 – D. B. STEINMAN–S. R. WATSON, Bridges and their Builders, 1957² – O. BORST, Die Esslinger Pliensaubrücke (Esslinger Stud., Schriftenreihe III), 1971 – P. DINZELBACHER, Die Jenseitsbrücke im MA [Diss. Wien 104, 1973] – V. W. EGBERT, On the Bridges of Mediaeval Paris, 1974 – M. WARNKE, Bau und Überbau. Soziologie der ma. Architektur nach den Schriftquellen, 1976 – M. N. BOYER, Medieval French Bridges. A History, 1976 – R. SCHNEIDER, Ma. Verträge auf B.n und Flüssen, ADipl 23, 1977, 1–24 – E. MASCHKE, Die B. im MA (Die Stadt am Fluß = Stadt in der Gesch. IV), 1978, 9–39 – DERS., Die B. im MA, HZ 224, 1977.

C. Byzantinischer Brückenbau

Auf der Grundlage des Brückenbaues der röm. Kaiserzeit wurden im Zuge der Instandhaltung und des geringfügigen Ausbaues des Fernstraßennetzes B.n im östl. Mittelmeerraum als Kunstbauten und Ingenieurwerke errichtet. Zeugnisse des 4. und 5. Jh. liegen nur in geringer Zahl vor (vgl. u. a. überdachte Brücke in Antiocheia 386; Schiffsbrücke Babylon/Kairo 5. Jh.). Naturkatastrophen, Überschwemmungen, Erdbeben, gewaltsame Zerstörungen und zuweilen auch Konstruktionsfehler erzwangen Wiederherstellungen, die jedoch selten bezeugt sind. Das relativ dichte antike Wegenetz mit B.n für den lokalen und Fernverkehr machte in byz. Zeit ein ausgedehntes Bauprogramm nicht notwendig. Es scheint, daß der Brückenbau seit der Spätantike kontinuierlich abnimmt.

Da systemat. und detaillierte Bauaufnahmen und Materialsammlungen zu byz. B.n weitgehend fehlen, lassen sich nur wenige Bauten mit hinreichender Sicherheit benennen und hist. einordnen. Erschwerend tritt zur bisherigen Kenntnisstand hinzu, daß die konstruktiven Merkmale des Brückenbaues (Materialwahl, Materialbearbeitung, Pfeilerbau, Widerlager, Lehrbögen, Einrüstung u. a.) seit röm. Zeit bei Steinbrücken unverändert blieben. So erlauben oft nur einzelne Indizien eine Zuweisung. Dies gilt ausschließl. für Steinbauten, da Holzkonstruktionen im Befund oft nicht nachweisbar sind. Einige Brückenumbauten, bzw. -wiederherstellungen aus justinian. Zeit überliefert Prokop; sie sind teilweise archäolog. nachweisbar.

Im Zuge einer Wiederherstellung der Via Egnatia baut Justinian am sog. Rhegion (bei Büyükçekmece) als Ersatz für eine Holzbrücke eine Steinbogenbrücke (Prokop, Bauten IV 8, 10ff.), über eine versumpfte Einbuchtung des Marmara-Meeres (Einsturz bei einer Flutkatastrophe 1563; charakterist. Neubau durch Sinan 1667 [s. u.]), außerdem zwei B.n über den Drakon bei Helenopolis/Drepanon (Hosek) am Marmara-Meer im Zuge einer Fluß- und Wegeregulierung (Hochwasser, Versumpfung), eine B. bei Nikaia über einen Gießbach anstelle einer älteren B. (angeblich durch Konstruktionsfehler fortgerissen), eine hochwasserfeste B. über den Siberis/Ala Daği Su bei Sykeon (7 Pfeiler aus mörtelgebundenem Bruchsteinmauerwerk mit vorgeblendeten Werksteinquadern; Oberbau aus Holz verloren) mit Wellenbrecher (Promachos) im Vorfeld der B. (Prokop, Bauten V 4, 1ff., Vita des Theodoros v. Sykeon). Als Ersatz für eine Schiffsbrücke (Pontogephyra) erfolgte der Bau einer B. über den Sangarios/Sakarya im Jahre 560, 5 km südl. von Adapazarı (336,

35 m, mit 12 Steinbogen, Militärpostenbau, Kapelle, Triumphbogen; jetzt im Flußlauf des Melas/Çarksu; Prokop, Bauten V 3 und spätere literar. Zeugnisse). Der Ausbau der Straße Antiocheia/Antakya – Innerkleinasien brachte die Wiederherstellung der röm. bezeugten B.n in Mopsuestia über den Pyramos/Çeyhan (heute 9 Bogen, letzte Restaurierung in osman. Zeit) und in Adana über den Saros/Seyhan (eine durchgreifende Neugestaltung der Bogenbrücke läßt sich aus der Nachricht einer zeitweiligen Flußbettumlegung für den Brückenbau erschließen, Prokop, Bauten V 5, 4ff.). In Tarsos wurde der Kydnos wegen der jährl. Hochwasser in ein zusätzl. Bett zur Flußteilung geleitet und die B. hochwassersicher verstärkt.

Neben diesen lit. bezeugten und im hist. Baubestand teilweise noch erkennbaren Brückenbauten gibt es vereinzelt weitere B.n in frühbyz. Zeit, wie die Karamağara Köprü über den Arapkir Çay (5./6. Jh.) mit Inschrift (Psalm 120 Vers 8) auf den Keilsteinblöcken des hochgespannten Bogens. Eine seit frühbyz. Zeit offenbar neu erprobte Baukonstruktion liegt in zwei Beispielen vor: B.n bei Limyra/Lykien (Länge 360 m, 28 Ziegelbögen, mit Reparaturen) und über den Makestos/Mysien (Länge 234 m, 13 Bögen aus Ziegelwerk und Quadern) zeichnen sich durch bes. flache Segmentbogen aus, die im HochMA wohl Vorbild für eine Reihe von Einbogenbrücken sind.

Seit mittelbyz. Zeit finden sich nur noch vereinzelt Neubauten für den lokalen Verkehr. Eine Inschrift von ca. 1027 bezeugt den Bau einer Kapelle und einer B. über den Fluß Iris/Eurotas beim Kastron Lakedaimon/Sparta durch den Mönch Nikodemos. Konstantin VIII. gewährt für die B. Immunität und stellt sie unter den Schutz des Strategen des Themas Peloponnes. Unter frk. Herrschaft wird im 13. Jh. eine B. (Länge ca. 50 m, 5 Bögen, 1441 erneuert) mit einer Marienkapelle über den Alpheios bei Karytaina/Peloponnes gebaut. Die Achureanbrücke (mit Brückenkopfbefestigungen wohl nach ostanatol. Vorbildern) bei Ani/Armenien, wie auch verschiedene B.n bei armen. Kl. stammen aus dem 13. und 14. Jh.

Die sagenumwobene B. von Arta/Epirus (Länge 142 m, 4 Bogen, 1603 [durchgreifende?] Wiederherstellung) gehört in ihrer Anlage wohl noch in die Despotatszeit, die B. am Michaelskloster bei Prizren als Stiftung des Zars Stefan Dušan Uroš IV. in die Mitte des 14. Jh.

Die Finanzierung der Reichsstraßenbrücken oblag in frühbyz. Zeit dem Fiskus, seit mittelbyz. Zeit war sie wohl ausschließl. Sache der lokalen Auftraggeber.

H. Hellenkemper

Lit.: Ein Sammelwerk fehlt. – RAMSAY, Hist. Geography of Asia Minor, 1890 [Repr. 1962] – J. G. C. ANDERSON, Journal Hellenic Stud. 19, 1899, 65ff. – TH. WIEGAND, Reisen in Mysien, Athen. Mitt. 1904, 300f., Taf. 24 – DÖLGER, Reg. I, 2, Nr. 826 – A. ORLANDOS, Archeion 2, 1936, 195ff. – A. BON, La Morée franque (Bibl. Écoles françaises d'Athènes et de Rome, 213, 1969), 678–680 – S. EYICE, Monuments byzantins anatoliens inédits ou peu-connus, Corsi Ravennati 18, 1971, 317 – C. MANGO, Byz. Architektur, 1975 – G. A. MEGAS, Die Ballade von der Arta-Brücke, 1976 – An Historical Geography of the Balkans, hg. F. W. CARTER, 1977 [bes. den Artikel von G. SKRIVANIĆ] – F. HILD, Das byz. Straßensystem in Kappadokien (Veröff. der Kommission für die Tab. Imp. Byz., II, 1977) – W. W. WURSTER-J. GANZERT, Eine B. bei Limyra in Lykien, ArchAnz, 1978, 288–307 – Tabula Imperii Byzantini, hg. von der Kommission für die Tab. Imp. Byz., unter der Leitung von H. HUNGER, I, 1976; II, III, 1981 [s. v. Brücken].

D. Arabischer und osmanischer Brückenbau

Als Erben der röm.-frühbyz. Brückenbautradition erweisen sich die muslim. Herrschaften des hohen MA. Neben literar. überlieferten Schiffsbrücken ist die Mehrzahl der seit dem 11. Jh. nachweisbaren B.n aus Naturstein gebaut, seltener aus Ziegeln. Als konstruktive Merkmale erscheinen kräftige Fundamentpfeiler und gedrückte Spitzbogen. Je nach örtlichen Bedingungen werden regelmäßige Bogen aneinandergereiht oder Spannweiten und Höhen variiert, so daß sich steigende Rampen ergeben.

Bedeutende Baugruppen haben sich in Anatolien im Gebiet der Artuqiden (Diyarbakır 1063; B. über den Batman-Su 1147, mit Toren und Zollstelle; Hasankeyf 12. Jh.) und Rumseldschuken (weitgespanntes Brückenbauprogramm des 13. Jh.) erhalten. Unter Mamlūken (Ludd/Palästina; Yubnā bei Kairo) und Osmanen (z. B. Uzunköprü/Thrakien 1443, mit 174 Bögen auf 1266 m) erfolgte ein weiterer Ausbau der Kunstbauten innerhalb des Fernstraßennetzes. Im Werkverzeichnis des osman. Reichsbaumeisters Sinan sind u. a. acht B.n aufgeführt (z. B. Büyükçekmece Köprüsü 1567, in 4 Einzelbrücken mit insgesamt 28 Bögen, Gesamtlänge 638 m). Unter den jüngeren B.n ragt die zweigeschossige Allāhwardī Ḫān-B. in Iṣfahān (um 1600, 33 Bogen) durch ihren architekton. Entwurf heraus.

Um einige bedeutende Brückenbauten ranken sich Märchen und volkstüml. Erzählungen. H. Hellenkemper

Lit.: A Survey of Persian Art, hg. A. U. POPE, Bd. 2, 1939 – A. GABRIEL, Voyages Archéologiques dans la Turquie Orientale, 2 Bde, 1940 – C. ÇULPAN, Türk taş köprüleri. Ortaçağdan Osmanlı devri sonuna kadar (Türk Tarih kurumu Yayînlarîndan VI. Dizi-Sa. 16, 1975) – G. TUNÇ, Taş Köprülerimiz (T. C. KARAYOLLARİ GENEL MÜDÜRLÜĞÜ, Yayîn, No. 237, 1978).

Brüder des freien Geistes. Unter dieser Bezeichnung, für die es zumindest in Italien eine Variante gibt, die in Umbrien auftretende »secta spiritus libertatis« (bekämpft von →Clara v. Montefalco und →Ubertino v. Casale), versteht man eine Anzahl häret. Gruppen, die zuerst in Köln von →Albertus Magnus als Ketzer erkannt wurden und die sich im ganzen europ. Abendland, v. a. jedoch in Frankreich und in Mitteleuropa ausbreiteten. Während es schwierig ist, den Ursprung dieses komplexen Phänomens, das sich bis in das 15. Jh. erstreckte, genauer festzulegen, lassen sich einige seiner bedeutendsten Manifestationen und interessantesten Persönlichkeiten aus den Quellen erkennen. Die B. verbreiteten sich in Mittel- und Nordfrankreich, unter Beginengruppen in den Niederlanden, in den Gebieten am Rhein sowie in Italien von Umbrien bis zur Lombardei.

Wir besitzen mehrere Aufzählungen der Irrlehren der B., ein genaueres Bild von ihnen können wir uns jedoch v. a. aus dem »Miroir des simples âmes« der Margarete →Porrete machen, die durch das Konzil von →Vienne verurteilt wurde und kurz darauf auf dem Scheiterhaufen den Tod fand. Sowohl aus den Aufzählungen der Irrlehren der B. wie in erster Linie aus dem Werk von Margarete läßt sich erkennen, daß die fundamentale Lehre der Bewegung sich mit einer bes. Konzeption der →Mystik verbindet, die von durchaus orthodoxen und der gesamten zeitgenöss. Mystik gemeinsamen Ausgangspunkten zu Ergebnissen von ausgesprochen pantheist. Charakter gelangt. Es muß dabei vorausgeschickt werden, daß der Ausgriff in eine pantheist. Konzeption, wie er sich bei d. B.n zeigte, in der myst. Erhebung der Seele von der Welt zu Gott (→Askese) leicht eintreten kann (man denke an die Diskussionen um die Lehre des Meister →Eckhart, der doch ein hochbedeutender Theologe war). Diese pantheist. Tendenz bietet sich so geschickt an, daß sich auch gute Theologen täuschen ließen, so daß der »Miroir« in der Geschichte der abendländ. Spiritualität auch unabhängig von den B.n unbezweifelbare Bedeutung besaß. Der Typus der Mystik, den diese häret. Bewegung propagierte, fand v. a. in den weiblichen religiösen Gemeinschaften weithin Eingang.

Am augenscheinlichsten tritt das häret. Moment in der Bewegung der B. bei folgender Lehre zutage: Die Seele, die sich zur myst. Vereinigung mit Gott erhoben hat, verliert schließl. die Kennzeichen ihrer persönl. Individualität, die sozusagen vom Wirken Gottes ersetzt wird, der also durch sie selbst handelt und aus ihr ein Werkzeug seines göttl. Handelns macht. Daraus ergibt sich die Auffassung, daß jeder, der die Vereinigung mit Gott erreicht hat, bei allen seinen Handlungen sündlos ist. Ein weiteres Merkmal dieser Konzeption ist die Abwendung von der Welt und der Gesellschaft, um ein Werkzeug Gottes zu werden. Aus diesen Glaubenssätzen, über die verschiedentl. teils übertriebene und paradoxe Theorien kursierten (falls diese Ideen den B.n nicht verleumderisch von ihren Gegnern zugeschrieben wurden), wird eine verinnerlichte und tiefe Religiosität sichtbar, die schließl. jedes Wirken des Klerus und der kirchl. Hierarchie von sich weist. Das Heil hängt von der Erhebung der Seele zu Gott, nicht von der Vermittlertätigkeit der Kirche ab. In diesem Sinn können die B. als eine der zahlreichen Manifestationen der Loslösung der Gläubigen von der kirchl. Hierarchie aufgefaßt werden.

Seit Albertus Magnus von der Kirche energisch bekämpft, hatten die B. große Verfolgungen zu erleiden, sowohl als eigenständige myst. Strömung wie auch in ihren Erscheinungsformen, die sich in die Religiosität v. a. des 14. Jh. einfügten. Während der Verfolgungen verbargen sie sich auf verschiedenste Weise und verkündigten unter divergierenden Formen ihre Ideale, die schließlich bis in die myst. Richtungen der Reformation und der Gegenreformation fortwirkten. R. Manselli

Lit.: DHGE 18, 1977, 1344ff. [Lit.] – H. GRUNDMANN, Bibliogr. zur Ketzergesch. des MA, 1967 – DERS., Die religiösen Bewegungen im MA, 1961² – R. GUARNIERI, Il movimento del Libero Spirito. Testi e Documenti, Arch. Ital. per la Storia della Pietà 4, 1965 – G. LEFF, Heresy in the Later Middle Ages, 1967, 308–407 – N. COHN, The Pursuit of the Millennium, 1970³ [umstritten] – R. E. LERNER, The Heresy of the Free Spirit, 1972.

Brüder und Schwestern vom gemeinsamen Leben, gegen Ende des 14. Jh. in den Niederlanden entstandene religiöse Gemeinschaft, die auf Gerhard (Geert) →Groote zurückgeht.

[1] *Ursprung der Bewegung:* Bereits im Zeitalter der Hochscholastik erwachte das Bestreben, dem Bedürfnis frommer Menschen zu entsprechen und erbaul. Schriften in der Volkssprache zu schaffen. Aber erst durch die Collationen Meister →Eckharts kam diese Intention in Gang. Die →Gottesfreunde aus dem Oberland und Johannes →Tauler auf der einen, Johannes (Jan) →Ruysbroek in Brüssel auf der anderen Seite kamen diesem Wunsche entgegen. Diesen Weg betrat auch Geert Groote. Er nahm Beziehungen zu Jan Ruysbroek auf und bestimmte die Frömmigkeit, die Johannes →Busch und →Thomas a Kempis bereits die →Devotio moderna nennen.

Der aus Deventer stammende Pariser Magister, der anscheinend ein höheres kirchl. Amt erstrebte und Pfründen in Aachen und Utrecht besaß, erlebte 1372 eine scharfe Wendung in seinem Leben: er verzichtete auf seinen Besitz und zog nach klösterl. Vorbereitung seit 1379 als Bußprediger in den Niederlanden umher. 1383 untersagte ihm der Bf. v. Utrecht wegen seiner Kritik an Hierarchie und Kirche das Predigen. Seitdem lebte Groote in seiner Vaterstadt im geistigen Austausch mit Freunden und widmete sich dem sozialen Dienst.

Nach dem Zeugnis seiner Biographen Pieter →Horn und Thomas a Kempis hat Groote nicht nur das Ideal des Gemeinschaftslebens beschrieben, sondern bereits die Lebensordnung (regula religiose vivendi et exercitia spiritualia conversandi) niedergelegt. Tatsächl. zeichnet er in seinen 73 erhaltenen Briefen immer wieder das Bild des innerlichen Menschen. Vermutl. noch 1384 (nach Th. a Kempis schon 1381) entstand in Deventer das erste Haus der Fratres vitae communis, dessen Leitung der Kaplan Florens (Florentius) →Radewijns († 1400) übernahm. Satzungen des Hauses sind nicht erhalten. (A. HYMA will sie in einem späten Text sehen.)

[2] *Organisation:* Die Consuetudines (Hausordnung), die sich jedes Haus geben sollte, beschreiben die Ausrichtung und den Tageslauf. Im allgemeinen gehen sie auf einen Urtypus zurück: caste, concorditer et in communi vivere. Im einzelnen werden örtl. Gegebenheiten berücksichtigt. Alles beruht auf Freiwilligkeit, zum Unterschied vom klösterl. Leben werden keine ewigen Gelübde verlangt. Tägl. fromme Übungen fördern das geistl. Leben und bewirken die Reinheit des Herzens. Es gilt, sich zu prüfen, seine Fehler zu erkennen und zu bekämpfen. Die Ordnung schreibt volle Aufrichtigkeit vor und mahnt, keinen Ehrgeiz und keine Neugier an den Tag zu legen. Das Reich Gottes erlangt man nur puritate cordis. Das fromme Leben soll nicht gesetzl. bestimmt sein. Es wird durch tägl. Schriftlektüre und Meditation gefördert. Die Thematik der Meditationen wird im »Rosetum« des Johannes →Mauburnus (Monbaers) aufgezählt.

Die Consuetudines der einzelnen Häuser sind meist ein Gemeinschaftswerk. Alle tragen zum Inhalt bei, doch einer führt die Feder. Oft sind sie von folgenden Generationen mehrfach überarbeitet worden. Sie sind ausführlicher als eine Ordensregel und vielfach von Traktaten beeinflußt: Gregors d. Gr. »Moralia«, Bernhard v. Clairvaux, Johannes Gerson u. ä.

Trotz der Scriptorien, die die Brüder zum Zwecke ihres Unterhalts betrieben, ist ihre eigene Literatur nicht groß. Die ältesten Traktate schrieb Gerard Zerbolt von Zutphen († 1397), »De reformatione animae« und »De ascensionibus spiritualibus«, Betrachtungen schrieb Florens Radewijns, prakt. Anleitungen Dirk van Herxen, in späterer Zeit (Ende des 15. Jh.) ist Johannes Veghes »Wyngaerden der Sele« zu nennen, v. a. aber Thomas a Kempis. Über den Kreis ihrer Gemeinschaft gingen die Brüder hinaus bei ihren Collationen, zu denen auch Schüler ihrer Wohnheime und Bürger der Stadt Zutritt hatten. Dort wurden bibl. Ansprachen mit anschließender Besprechung gehalten.

Das einzelne Haus bestand aus 12 (seltener 24) Brüdern. Von diesen mußten 4 Priester sein. Laienbrüder kamen hinzu. Die Brüder wählten den Rektor (Vorsteher), Prokurator (Wirtschaftsleiter) und verteilten die übrigen Ämter. Für schwere Entscheidungen war ein Ältestenrat vorgesehen. In der zweiten Generation schlossen sich die Brüderhäuser zu Colloquien zusammen: Colloquium Swollense, Monasteriense, Hildense. Bei den jährl. Tagungen wurden gemeinsame Fragen erörtert, neue Rektoren bestätigt, Visitatoren bestimmt. Eine Zusammenfassung aller Bruder- und Schwesternhäuser war anfangs nicht erstrebt. Erst 1499 gelang es dem Rektor von Deventer, eine solche zu erreichen. Zusammengetreten ist dieses Colloquium universale jedoch anscheinend nie.

[3] *Sonderformen:* Geert Groote hatte schon geraten, sich in ein Kloster zu begeben, wenn die Bruderschaft keine kirchl. Anerkennung fände. Einige Brüder erbauten 1387 bei Zwolle das Kl. →Windesheim, dem sich andere Klöster anschlossen und 1394 eine Kongregation bildeten. Um die Mitte des 15. Jh. gehörten ihr bereits über 30

Klöster an. Da in Rom das Gemeinschaftsleben ohne Gelübde und feste klösterl. Ordnung nicht bekannt war, erfolgte die päpstl. Bestätigung 1424 für alle B. als Regularkanoniker. Seitdem wurde die Anlehnung an die Lebensform der Chorherrn stärker. Daher haben sich die im späteren 15. Jh. in Süddeutschland entstandenen Häuser diese Verfassung gegeben. Unter einem Propst konnte die Bruderschaft strenge organisiert werden. Sie wurden in einem Generalkapitel zusammengefaßt. Nach R. R. Post bildeten sie eine »Besondere Gruppe«, die wenig Beziehungen zu den norddt. B.n hatte. Ihre Prägung hatte sie durch Gabriel→Biel erhalten, sie hatte mit der Devotio moderna wenig zu tun. Diese Richtung konnte ihre Eigenart kaum entwickeln, da sie schon 1516 aufgehoben wurde.

[4] *Ausbreitung*: Hatte sich die Bewegung der B. zuerst in den Niederlanden ausgebreitet, so entfaltete sie sich seit 1401 auch auf dt. Boden. Erfuhr sie einerseits viel Zuspruch, so fehlte es auch nicht an Gegensatz, v. a. von Seiten der Bettelmönche, die vergeblich ihre Verurteilung auf dem Konzil v. →Konstanz betrieben. Von Münster, Herford und Hildesheim breitete sich das bruderschaftl. Gemeinschaftswesen nach Osten wie nach Westen und Süden aus. Eine noch größere Ausbreitung fanden die *Schwesternschaften*. In den Niederlanden gab es ihrer um die Mitte des 15. Jh. über 80, allein in Zwolle 6 mit über 500 Insassen. Die bedeutendste Niederlassung war das von Johannes →Brinckerinck 1391 gegründete Diepenveen. Die Verfassung entsprach der der Brüderhäuser, freilich mit einem Unterschied: An der Spitze standen eine Meisterin (»meesterke«) und ein Beichtvater. Um 1470 machte sich auch hier eine »verkloostering« bemerkbar. Der Einfluß der Meisterin wurde größer. Eine Altersgrenze gab es für die Aufnahme nicht. Auch Witwen über 50 wurden noch aufgenommen. Es war keine einheitl. Tracht vorgesehen, doch glichen sich die »Süstern« häufig den →Beginen an.

Den Angehörigen dieser Bewegung lag daran, ihre Frömmigkeit der Jugend nahezubringen. Die ältere Auffassung, daß sie Schulen unterhielten, läßt sich jedoch nicht halten. Nur ganz vereinzelt treten sie als Schulträger oder erst recht als Lehrer auf. In den meisten Fällen haben sie die Erziehung in den Alumnaten übernommen. Obwohl sich unter den Brüdern bisweilen auch namhafte Humanisten befanden, fehlte es ihnen an Gelehrten, die den Unterricht in den Lateinschulen übernehmen konnten. Die Aufgaben blieben ohnehin groß, da einige der Schulen wie Deventer oder Emmerich bis zu 2000 Schüler hatten. Die Generation der älteren dt. Humanisten verdankt dieser Erziehung viel. Auch→Erasmus von Rotterdam gesteht dies trotz einiger Kritik zu.

Das Haus der B. in Herford war das einzige, das sich bei Reformation anschloß, die meisten anderen blieben bei ihrer alten Auffassung und haben sich gegen Ende des 16. Jh. aufgelöst. R. Stupperich

Bibliogr.: J. M. G. Dols, Bibliogr. der Moderne Devotie, 1941 – W. Jappe Alberts, Zur Historiographie der Devotio moderna und ihrer Erforsch., WF, 1958, 51–67 – E. Persoons, Recente publicatus over de moderne devotie (1959–1972), 1972 – TRE s. v. – DIP IV, 754–762 – Q. *und Lit.*: Monasticon fratrum vitae communis edd. W. Leesch, E. Persoons, A. G. Weiler, I.: Belgien und Nordfrankreich; II.: Deutschland, 1977/79ff. – Monasticon Windeshemense, edd. W. Kohl, E. Persoons, A. G. Weiler, 1977ff. – R. Doebner, Annalen und Akten, 1903 – W. J. Kühler, J. Brinkerinck, 1908 – K. Löffler, Heinrich v. Ahaus und die B., HJ 30, 1909, 762–798 – O. Meyer, Die B. in Württemberg [Diss. Tübingen 1913] – E. Barnikol, Stud. z. Gesch. d. B., 1917 – P. H. J. Knierim, Dirk van Herxen, 1920 – J. van Rooij, Gerard Zerbolt van Zutphen, 1936 – A. Hyma, The Brethren of the Common Life, 1950 – B. Windeck, Die Anfänge der B. [Diss. Bonn 1951] – C. van der Wansem, Het ontstaan en de geschiedenis der broederschap van het gemeene leven tot 1400, 1958 – I. Crusius, Die B. in Dtl. [Diss. masch. Göttingen 1961] – R. R. Post, The modern devotion, 1968 – K. H. Kirchhoff, Die Anfänge des Fraterhauses in Münster (1400–1409), WZ 121, 1971, 9–36 – A. Hyma, The Christian Renaissance, 1965² – R. Stupperich, Das Herforder Fraterhaus und die Devotio moderna (Hist. Komm. f. Westfalen, H. 10, 1975) – Das Herforder Fraterhaus, 2 Bde (Texte), hg. W. Leesch und R. Stupperich, 1974/79 – R. Stupperich, Erasmus und seine Welt, 1977.

Brüdergemeinde

I. Allgemein – II. Wirken außerhalb Böhmens und Mährens.

I. Allgemein: Die B. (Böhm. und Mähr. Brüder) war urspgl. eine aus hussit. und z. T. waldens. Strömungen erwachsene Sekte, aus der sich eine der reformator. Kirchen in Böhmen entwickelte. Die B. wurde 1457 in dem kleinen Dorf Kunvald (Ostböhmen) durch den Zusammenschluß einiger religiöser Gruppen, nämlich der Brüder von Chelčice, Anhänger des radikalen hussit. Denkers Petr→Chelčický, der taborit. Prediger (→Taboriten) und der radikalen →Utraquisten, gegründet. Bruder Gregor, ein Verwandter des hussit. Ebf.s→Rokycana und ehemaliges Mitglied der utraquist. Kirche, wurde zum Organisator der ersten Gemeinden, die anfangs vom böhm. Kg. Georg Podiebrad vor Verfolgung geschützt wurden. Die Mitglieder der B. orientierten sich ausschließl. an der Hl. Schrift als einziger Grundlage des chr. Glaubens und der chr. Lebensführung. Das Gesetz der Nächstenliebe und das Prinzip des Glaubens beherrschten diese Gemeinden von Bauern und armen Handwerkern, die bestrebt waren, sich ganz von der Welt abzuschließen. Die Häuser der armen Bauern dienten ihnen als Kirche, die Messe verwandelte sich in Vorlesen und Auslegen der Hl. Schrift, in das Gebet und den Gesang der traditionellen hussit. Lieder. Jeder Laie, jeder Bruder durfte einen solchen Gottesdienst abhalten; die ersten Prediger und die Älteren wurden 1467 durch die Gemeinde gewählt, waldens. Priester weihten sie, dadurch wurde jeder Zusammenhang mit der röm. Kirche aufgehoben. Die zentrale Stellung der Bibel im Glauben der B. führte zur Gründung von Schulen, in denen Lesen und Schreiben gelehrt wurde. In der Frage der →Transsubstantiation vertraten die Brüder die Auffassung, daß es sich beim Abendmahl nur um gesegnetes Brot und gesegneten Wein handelte. Bald nach der Gründung wurde die B. von dem utraquist. Kg. Georg Podiebrad und dem kath. Adel und Klerus als »pikard.« Ketzergruppe (→Pikarden) verfolgt. Nach 1471, unter Kg. Ladislaus, konnte die B. wieder ungestört leben und neue Anhänger bes. in Nord- und Ostböhmen und später auch in Mähren gewinnen. Nach dem Jahre 1494 begann sich die B. in eine reformator. Kirche zu verwandeln. Die innere Organisation unter den »Bischöfen« der Gemeinde wurde straffer, es erweiterte sich auch die soziale Basis, denn auch dem Adel und den Gelehrten wurde der Eintritt in die B. gewährt. Bes. unter dem hervorragenden Theologen Bf. Lukas v. Prag änderte sich auch der Standpunkt der B. dem Staat und der Herrschaft gegenüber; der Untertaneneid, zunächst abgelehnt, wurde den Mitgliedern der B. nun gestattet. Bf. Lukas betonte auch stärker die Bedeutung des Glaubens für die Erlösung. Die B. wurde durch diese Umorientierung gespalten, eine kleine Gruppe, die sog. »kleine Seite«, trennte sich unter der Führung des Bruders Amos von der Mehrheit, die von den Anhängern des Bf.s Lukas gebildet wurde. Am Ende des 15. Jh. stellte die B. neben Katholiken und Utraquisten die dritte Kirche in Böhmen dar und behauptete auch in der Zeit der von Deutschland her eindringenden Reformation ihre Selbständigkeit. J. Schwarz

II. Wirken ausserhalb Böhmens und Mährens: Für weitgespannte missionar. Unternehmungen fehlte der B. die Kraft, doch bemühte man sich um Kontakte mit wirklichen oder vermeintl. Glaubensverwandten. Vier Gesandte, unter ihnen Lukas v. Prag, bereisten 1491-92 - freilich ohne Erfolg - die Balkanländer, Rußland, Klein-Asien, Palästina und Ägypten. Verbindungen zu it. Waldensern durch Besuche (1498 Lukas; 1512-15) und durch Austausch von Schriften führten nicht zur organisator. Vereinigung, sondern nötigten eher zu einer Distanzierung. Intensiver und folgenreicher waren die Beziehungen zu den hussit. beeinflußten österr. und nordostdt. Waldensern. Der 1467 in Wien verbrannte »Waldenserbischof« →Stephan war ihnen gut bekannt; aus seinem Kreis stammten wahrscheinl. jener Senior, der der B. die ersten Weihen vermittelte, und jene Flüchtlinge, die sich bereits um 1470 der B. angeschlossen haben sollen. Aus Brandenburg/Pommern, bes. aus der Uckermark und der Neumark, sind sogar mehrere Hundert Waldenser den verschärften Verfolgungen der Jahre 1478ff. durch Wegzug zu der B. ausgewichen und haben vornehml. in der Herrschaft Fulnek das deutschsprachige Element in der Unität erheblich verstärkt. Bei der Ausgestaltung der Lehre und bei den späteren, im ganzen fruchtlosen Verbindungen der B. zu Erasmus sowie zu Luther und anderen dt. Reformatoren haben sie keine erkennbare Rolle gespielt. →Waldenser. D. Kurze

Q. und Lit.: LThK² II, 563-565 - J. Goll, Quellen und Unters. zur Gesch. der Böhm. Brüder I, 1878 - J. Th. Müller, Gesch. der Böhm. Brüder I, 1400-1528, 1922 - Ders.-F. M. Bartoš, Dějiny Jednoty bratrské I, 1923 [tschech., erweiterte Fassung des vorgen. Werkes] - P. Brock, The political and social doctrines of the Unity of czech brothern in the fifteenth and early sixteenth centuries, 1957 - A. Molnar, Les Vaudois et l'Unité des Frères Tschèques, Boll. della società di studi valdesi 86, Nr. 118, 1965, 3-16 - D. Kurze, Märk. Waldenser und Böhm. Brüder (Fschr. W. Schlesinger II = Mitteldt. Forsch. 74/II, 1974) - Ders., Quellen zur Ketzergesch. Brandenburgs und Pommerns, 1975 - J. K. Zeman, The Hussite Movement and the Reformation in Bohemia, Moravia and Slovakia (1350-1650). A Bibliographical Study Guide, 1977, bes. 97-112 [Lit. Verz.].

Bruderkrieg, Sächsischer →Sächsischer Bruderkrieg

Brüderlichkeit. Die vorchristl. Idee der B. (in Familie und Freundschaft) wird in der hellenist. und v. a. in der stoischen Philosophie ausgeweitet auf alle Menschen, die Brüder sind in der Teilhabe an der einen Weltvernunft als Glieder des kosmischen Leibes, als Söhne Gottes (Epiktet). In der bibl. atl. Tradition hat die Idee ihren Sitz im Selbstverständnis →Israels als Volk Gottes und bestimmt dessen Ethik (Ps 133); sie wird in der Urgeschichte durch den Gedanken der Abstammung aller Menschen von Adam und des Noah-Bundes universaliert. Die ntl. Botschaft der B. ist sehr komplex: sie umfaßt den spezifisch jüd. Gedanken des Glaubensbruders und die spezifisch christl. der Jüngerschaft und der (kirchl.) Bruderschaft. Die Vätertheologie übernahm das doppelte Erbe und vertiefte in der Theologie der Heilsökonomie die humanist. Idee der B. Im spezifisch christl. Verständnis kommen Engführungen auf: B. in der Gemeinschaft der Mönche und Kleriker.

Die scholast. Theologie kannte die bibl. und patrist. Tradition der B.; reflektierte diese aber nicht thematisch. Im MA wirkt sich der Gedanke der B. in zwei Organisationsformen aus. Im weltl. Bereich - der infolge der kulturellen Umwelt durchaus mit dem religiösen Bereich verbunden war - bildeten sich →Bruderschaften. - Im religiösen Bereich führte die B. zur Bildung verschiedener Gruppierungen, die sich z. T. sektiererisch von der Kirche entfernten. Innerhalb der Kirche wird diese Idee zentral im Orden der Minderen Brüder (Ordo Fratrum Minorum; →Franziskanerorden). Die neue Brüdergemeinschaft ist eher personal als lokal gebunden, räumlich wie zeitlich mobil, mit starken Demokratisierungstendenzen. Eine bes. Äußerungsform der B. ist die sog. Correctio fraterna, die brüderl. Zurechtweisung als Ausdruck des Strebens nach Vollkommenheit in der Gemeinschaft. - Bei Franziskus schließt die B. in kosm. Überhöhung sogar die ganze Natur ein. A. Huning

Lit.: Kittel I, 144ff., s. v. H. v. Soden - Dict. Spiritualité V, 1964, 1141-1167 - L. Hardick, Ihr alle seid Brüder, Vita Seraphica 32, 1951, 249-256 - R. Schnackenburg, Die sittl. Botschaft des NT, 1954, 230-234 - Werkbuch zur Regel des Hl. Franziskus, hg. von den dt. Franziskanern, 1955, 194-200, 304-307 - J. Brun, Le Stoicisme, 1958, 59f., 122f. - J. Ratzinger, Die christl. B., 1960 - F. De Beer, La Genèse de la Fraternité Franciscaine, FSt 49, 1967, 350-372 - L. Spätling, Der hl. Franziskus und das kluniazens. Mönchtum, FSt 58, 1976, 112-121.

Bruderschaft. Die Erscheinungsformen der B.en zeigen im MA eine sehr große Mannigfaltigkeit. Das Spektrum reicht von den Gebetsverbrüderungen, der im FrühMA häufigsten Form der B.en, den städt.-bürgerl. B.en, die nicht mit →Gilden oder →Zünften identisch sind, bis hin zu den rein religiös ausgerichteten Bruderschaften. Ähnlich vielfältig sind auch die Bezeichnungen, die in den ma. Quellen für die B.en erscheinen. So werden die Gebetsverbrüderungen u. a. in den lat. Quellen genannt: amicitia (fraternae dilectionis), ferner caritas (fraterna), caritas et unanimitas, auch familiaritas, societas (fraterna), außerdem consortium fraternitatis, communio, unitas fraternae dilectionis und conventio oder foedus. Zahlreich sind auch die Benennungen für mehr genossenschaftl. ausgerichteten Personenvereinigungen in den Städten, ohne daß von der ma. Bezeichnung her allein die Art der Vereinigung zu bestimmen wäre, z. B.: societas, congregatio, fraternitas, confraternitas, confratria, geldonia, gilda, convivium, caritas, amicitia, universitas, collegium, neben Bruderschaft auch Einung, Gesellschaft und mit pejorativer Wertung conspiratio, colligatio, comessatio. Handwerks- und Gesellenbruderschaften, Priesterbruderschaften und Klerikervereine, Laien- und Frömmigkeitsbruderschaften spiegeln die Vielfalt des von verschiedenen Faktoren geprägten religiösen und sozialen Lebens des MA wider.

[1] *Entstehung:* Eine entscheidende, wenn auch nicht die einzige Ursache für die ma. B.en ist die schon auf Ansätze in der Kirche des Altertums aufbauende Form der *Gebetsverbrüderung,* das Totengedächtnis, gegenseitiges Gebetsgedächtnis. Historisch deutl. faßbar ist die auf der Synode von →Attigny 762 geschlossene Gebetsverbrüderung von Bf.en und Klöstern. Sie sollte das Gedächtnis für die Toten garantieren durch Gewährleistung von zahlreichen Totenmessen und Gebeten für die Verstorbenen. Austausch von Bruderschaftslisten, Todesnachrichten und auch die Einbeziehung von einfachen Priestern und Laien führte zu einer ersten Blüte des Bruderschaftswesens im 11. und 12. Jh. Im Hoch- und SpätMA erfuhren die Priesterbruderschaften eine bes. Förderung. Ähnlich wie die Kanonikerstifte das Gemeinschaftsleben forderten und den feierl. Gottesdienst förderten, bildeten die Priester innerhalb der verschiedenen Landkapitel eine Gemeinschaft, die sich regelmäßig zu gemeinsamem Gottesdienst und Gebet sowie zum Gedächtnis der verstorbenen Mitbrüder traf. V. a. in Norddeutschland kamen die Priester regelmäßig, zumeist am ersten des Monats (Calendae) zusammen. Daraus entwickelten sich die sog. Kalanden oder Kalandsbruderschaften (→Kalandsbrüder). In manche dieser B.en wurden v. a. gegen Ende des MA auch Laien mit unterschiedl. Rechten aufgenommen. Eine theol. Wurzel dieser so verstandenen B.en war die Überzeugung von der kon-

stitutiven Gemeinschaft in der Kirche (Corpus Christi Mysticum und Gemeinschaft der Heiligen), die Lehre vom »Kirchenschatz«, die Möglichkeit der Gewinnung und des Austausches geistl. Güter (Ablaßprivilegien).

Das *genossenschaftl. Element* wie auch das persönl. Entscheidungsmoment waren für die B.en ebenfalls konstitutiv; kulturelle, sozial-caritative und auch wirtschaftl. Zielsetzungen waren mit ihnen verbunden. In der frei gewollten B. wurde eine Form der Verbindung von Individuum und Gemeinschaft (Freundschaft) gefunden, die dem ma. Menschen entsprach und die geistl. und weltl. Elemente zu einer Einheit verbinden konnte.

[2] *Kirchliche Gesetzgebung:* Die B.en lebten unter dem kirchl. Recht, zogen aus dieser Rechtsstellung manche Vorteile gegenüber den Städten und Gemeinden (Vermögensrecht, Zuständigkeit) und bildeten ein Bindeglied zw. Kirche und Gesellschaft. Bereits →Hinkmar v. Reims versuchte in einem Kapitular von 852 die B.en (und Gilden) auf den kirchl. und caritativen Bereich einzuschränken: »Ut de collectis, quas geldonias vel confratrias vulgo vocant, ... in omni obsequio religionis conjungantur, videlicet in oblatione, in luminaribus, in oblationibus mutuis, in exsequiis defunctorum, in eleemosynis et caeteris pietatis officiis« (MPL 125, 777). Provinzial-Synoden des Hoch- und SpätMA wollten Mißbräuchen im Bruderschaftswesen vorbeugen oder solche abstellen. Die B.en hatten keine amtl. Zuständigkeit im kirchl. und auch nicht im ständisch-städt. Bereich. Der Gefahr sektierer. Abspaltung (→Geheimbünde) und dem starken Anstieg des Bruderschaftswesens (bes. im 15. Jh.) wurde durch Verbot von Neugründungen oder wenigstens mit der Forderung bfl. Genehmigung oder kirchl. Errichtung für die B.en begegnet. R. Weigand

[3] *Bruderschaften und Stadt:* Zumindest in einigen europ. Städten hatten (nicht mit Stadtführung oder Gilden identische) B.en anscheinend konstituierenden Einfluß auf die gemeindl. Organisation und zivile Verwaltung ausgeübt (nach P. MICHAUD-QUANTIN z. B. Marseille, Avignon, Tournai; vgl. auch die →Richerzeche zu Köln). Für die baul. und topograph. Gestaltung der Stadt ist ferner an die zahlreichen Baubruderschaften (Straßen, →Brücken, →Brunnen, Kathedralen) zu erinnern (→Bauhütte). V. a. im 14. und 15. Jh. zählten die städtisch-bürgerl. B.en zu den bedeutendsten Organisationsformen innerhalb des städt. Soziallebens. Sie waren gekennzeichnet durch gemeinsame Statuten (mündl. oder schriftl.), Mahlzeiten und Trinkgelage sowie religiöse Verrichtungen an bestimmten Kirchen, Kapellen und Altären. Das Vermögen wurde durch Eintritts- und Jahresgelder, Spenden und Vermächtnisse eingebracht und in der Regel selbstverwaltet. Sie wurden im allgemeinen der weltl. und (oder) geistl. Genehmigungspflicht unterworfen, obgleich keine bindenden Vorschriften bestanden. Die Zahl der B.en schwankte in den einzelnen Städten von 0 bis über 100; hinsichtl. der sozialen Zusammensetzung bestanden jeweils bedeutende Unterschiede. Es lassen sich zwei Grundformen unterscheiden: Diejenigen B.en, die sich parallel zu den bestehenden sozialen und wirtschaftl. Organisationsformen und Korporationen gebildet haben (B.en der Zünfte, Gilden, des Rates usw.), sowie diejenigen, die allgemeine Zusammenschlüsse verschiedener Personen (teilweise beiderlei Geschlechts) zur Verfolgung eines festgelegten Bruderschaftszweckes darstellten. Von der letzteren Gruppe sind v. a. die →Elendsbruderschaften zu nennen, denen vielfach, bes. nach Aufkommen des bürgerl. Spitals (→Bürgerspital), insbes. die Pflege der Armen, Kranken und Fremden zukommt. Je nach Zugehörigkeit trugen diese B.en somit entweder zur Verfestigung der innerstädt. →Sozialstrukturen bei oder zur Überwindung gesellschaftl. Schranken; bei der Analyse innerstädt. Konflikte sind diese Unterschiede notwendig zu beachten.

Die Bezeichnung 'B.en' wurde auch häufig von primär gesellschaftl. Vereinigungen, meist führender Schichten, übernommen (→Patriziat, städt.; →Gesellschaft, städt.); diese trafen sich vielfach in eigenen Häusern und widmeten sich Festen, Spielen, Wettkämpfen und der Pflege gemeinsamer Bräuche. Vgl. allgemein auch→Stadt.

B. U. Hergemöller

[4] *Rein religiöse Bruderschaften:* V. a. im 15. Jh. wurden die rein religiös ausgerichteten B.en immer zahlreicher: Corporis Christi B. zur bes. Verehrung des Altarsakramentes, verschiedene marianische B.en (oft in Verbindung mit einem Marien-Wallfahrtsort), bes. Rosenkranzbruderschaften zur Förderung des →Rosenkranzes, Pilgerbruderschaften (z. B. der →Pilger nach →Santiago de Compostela). Die nach einem Heiligen benannten B.en hatten neben der Verehrung des Heiligen oft noch andere Ziele, bes. beruflicher Art (z. B. Sebastianibruderschaften für Schützen, Urbanusbruderschaften für Winzer usw.). Eine wichtige Rolle spielte bei diesen B.en die Sicherung des eigenen Seelenheils und des Gedächtnisses für die Verstorbenen, speziell bei den Annabruderschaften. Manche B.en waren fast ausschließl. zur Garantie eines Jahrestages oder mehrerer Jahresgedächtnisse für die Verstorbenen gegründet worden. Einige B.en hatten nur örtl. Bedeutung, andere waren überregional verbreitet.

[5] *Statuten und Regeln:* In den sehr verschiedl. Statuten wurde u. a. das Ziel der B. festgelegt, wurden Bestimmungen über die Aufnahme und Mitgliedschaft getroffen, die Rechte und Pflichten der Mitglieder umschrieben und Vorschriften über die Leitung der B. erlassen, so über Durchführung d. vielfach jährl. Wahl der Vorstandschaft, Rechenschaftspflicht der Leitung (Meister oder Schaffer) gegenüber den Mitgliedern bei der (Jahres-)Versammlung, Beerdigung verstorbener Mitglieder und deren Gedächtnis, Vorbereitung des gemeinsamen Mahles. Die Mittel für die Aufgaben der B. (Förderung des Gottesdienstes, gemeinschaftl. Leben, caritative Tätigkeit) wurden v. a. aufgebracht durch Aufnahmegebühren in Geld oder Naturalien (bes. Wachs), durch Jahresbeiträge, Spenden und Stiftungen, testamentar. Verfügungen und Pachtzinsen. Reine Frömmigkeitsbruderschaften erhoben vielfach keine Aufnahmegebühren oder Jahresbeiträge, was ihre schnelle und überörtliche Verbreitung förderte und die gleichzeitige Mitgliedschaft in mehreren B.en ermöglichte. Auf diese Weise konnte das eigene Seelenheil um so mehr »gesichert« werden. R. Weigand

Lit.: E. v. MOELLER, Die Elendenbrüderschaften, 1906 – A. WERMINGHOFF, Verfassungsgesch. der dt. Kirche im MA, 1913² – A. SELLMANN, Von den westfäl. Kalanden, Jb. des Vereins für westfäl. Kirchengesch. 33, 1932, 48–62 – G. G. MEERSSEMAN, Die Klerikervereine von Karl d. Gr. bis Innozenz III., Zs. für schweiz. Kirchengesch. 46, 1952, 1–42, 81–112 – W. ENGEL, Das Seelbuch der Liebfrauenbruderschaft zu Würzburg (XII.-XV. Jh.), 1953 – H. HOBERG, Das Bruderschaftswesen am Oberrhein im SpätMA, HJb 72, 1953, 238–252 – R. HENGGELER, Die kirchl. B.en und Zünfte der Innerschweiz, 1955 – G. LE BRAS, Les confréries chrétiennes (DERS., Études de sociologie religieuse 2, 1956), 423–462 – J. DESCHAMPS, Les confréries au MA, 1958 – W. KLIEM, Die spätma. Frankfurter Rosenkranzbruderschaft als volkstüml. Form der Gebetsverbrüderung, 1963 – T. REINTGES, Ursprung und Wesen der spätma. Schützengilden, 1963 – P. MICHAUD-QUANTIN, Universitas, Expressions du Mouvement Communautaire dans le MA Latin, 1970 – W. SCHIEDER, »Brüderlichkeit, Bruderschaft, Brüderschaft, Verbrüderung, Bruderliebe« (Gesch. Grundbegriffe 1, 1972), 552–581 – W. PÖTZL, Heiligenverehrung in B.en. Die St. Anna-B. in Baisweil, Jb.

des Vereins für Augsburger Bistumsgesch. 6, 1972, 165–187 – K. SCHMID-O. G. OEXLE, Voraussetzungen und Wirkung des Gebetsbundes von Attigny (Francia 2), 1974, 71–121 – R. AMTMANN, Die Bußbruderschaften in Frankreich, 1977 – G. G. MEERSSEMAN, Ordo fraternitatis. Confraternite e pietà dei laici nel medioevo (in Zusammenarbeit mit G. P. PACINI), 3 Bde (Italia sacra 24–26), 1977 – R. EBNER, Das Bruderschaftswesen im alten Bm. Würzburg, 1978 – R. LAUFNER, Die »Elenden-Bruderschaft« zu Trier im 15. und 16. Jh., Jb. für westdt. Landesgesch. 4, 1978, 221–237 – L. REMLING, B. en als Forschungsgegenstand, JbV NF 3, 1980, 89–112.

Brudzewski → Blar(er), Albert

Bruech (auch Bruoch). Vom lat. brac(c)ae (DU CANGE I, 726; MlatWb I, 1551) abgeleitet, erhält B. die Bedeutung der lat. femoralia (DU CANGE III, 430) als neben dem Hemd wichtigster Teil der männl. Unterkleidung. Ergänzt wird die B., die v. a. als Bekleidung des Rumpfes anzusehen ist, durch die Beinkleider und ist somit im Schnitt nicht nur von Art und Form der Oberkleidung, sondern auch vom Zuschnitt der Beinkleider abhängig. Material ist zumeist Leinen.

Die B. ist zunächst lang, etwa bis zu den Knien reichend, und weit geschnitten; sie wird in der Taille vom Bruechgürtel gehalten und bisweilen in die Beinkleider gezogen. Mit der Verlängerung der Beinkleider, die dann am Bruechgürtel befestigt werden, verkürzt sich die B. Der zunehmend kürzere und engere Schnitt der Oberkleidung im 14. und v. a. im 15. Jh. macht eine weitere Veränderung der Bruech notwendig. Sie wird zu einem kurzen, engen Kleidungsstück; da die Beinkleider nicht mehr am Bruechgürtel, sondern direkt am Wams angenestelt werden, wird der Bruechgürtel durch einen einfachen Durchzug für eine Kordel abgelöst.   E. Vavra

Lit.: V. GAY, Glossaire archéol. I, 1887, 209–210 – M. HEYNE, Körperpflege und Kleidung bei den Dt., Dt. Hausalthertümer III, 1903 – A. HARMAND, Jeanne d'Arc. Ses costumes, son armures, 1929, 73–97 – PH. und C. W. CUNNINGTON, The Hist. of Underclothes, 1951.

Brügge
I. Topographie und Stadtgeschichte – II. Wirtschaft.

I. TOPOGRAPHIE UND STADTGESCHICHTE: B. (ndl. Brugge, frz. Bruges), Stadt in →Flandern (heut. Belgien, Prov. Westflandern), im MA zum Bm. Tournai (seit 1559 eigenes Bm. Brügge). Wenn der Aufstieg von B. zum ma. Welthandelsplatz auch erst im 11./12. Jh. begann, so gehen die Ursprünge der Stadt doch viel weiter zurück: Die Existenz einer gallo-röm. Siedlung, deren Blütezeit in die 1. Hälfte des 3. Jh. n. Chr. fällt, ist durch archäolog. Funde im Viertel Fort Lapin nördl. der ma. Stadt bezeugt. Die reichen Importfunde an Keramik und die Entdeckung eines Schiffes vom Ende des 2. Jh. belegen die Handelsfunktion des Ortes, welche dieser einer bedeutenden Meeresbucht, die durch die Meerestransgression »Dünkirchen I« gebildet wurde, verdankt. Ein zweiter Siedlungskern bildete sich wahrscheinl. näher dem späteren Zentrum der Stadt, entlang der röm. Straße Oudenburg-Aardenburg, doch konnte dessen Lage noch nicht eindeutig lokalisiert werden. Während die Siedlung am Fort Lapin im 3. Viertel des 3. Jh. durch Germanen zerstört und die Siedlungsreste vom Meer überflutet wurden (Transgression »Dünkirchen II«), blieb offenbar die kleine Ansiedlung nahe dem späteren Stadtzentrum erhalten und wurde vielleicht sogar durch ein castellum befestigt.

In den folgenden Jahrhunderten fehlen Nachrichten über B.; erst im 1. Viertel des 8. Jh. erwähnt die Vita des hl. →Eligius das »municipium Flandrense« als Hauptort des »pagus Flandrensis«. Diese Stelle kann sich nur auf B. beziehen, das demnach bereits ein kleines urbanes Zentrum mit herrschaftl., militär., administrativen und zweifellos auch kirchl. Funktionen war. Es war sicher nicht unbefestigt, doch war seine Bedeutung wohl geringer als die der gleichfalls als municipia erwähnten Orte Tournai, Gent und Kortrijk.

Die erste schriftl. Erwähnung des Namens B. findet sich auf Münzen aus der Regierungszeit Karls des Kahlen (Flandern gehörte damals zur Francia occidentalis), was die Existenz einer Münzstätte in B. vor 877 belegt; doch hatte diese nur regionale Bedeutung. 879 drangen die Normannen in das Gebiet ein. Jedenfalls verfügte B. 892 (erneut?) über ein castrum, da in diesem Jahr Balduin II., Gf. v. Flandern, dem Heer Odos, Kg. v. Westfranken, durch Rückzug nach B. entkam. Einige Jahre später, um 900, wird B. gleichzeitig mit →Antwerpen als vicus erwähnt, ein Jahrhundert später heißt B. jedoch portus, was die steigende Bedeutung der Stadt als Handelszentrum dokumentiert. In den 40er Jahren des 11. Jh. gibt das »Encomium Emmae Reginae« die erste, sehr summar. Beschreibung der Stadt mit ihrer Burg und dem nicht weit davon entfernten Hafen. Der Hafen, dessen genaue Lage unbekannt ist (mögliche Lokalisierungen: nahe dem Markt, an der St-Annarei, am »Ketelwiik«, am »Wiik«, nahe der späteren St-Gilliskerk), war zu dieser Zeit dank der Transgression »Dünkirchen III a« (1. Hälfte des 11. Jh.) leicht zugänglich. Das castrum war von Gf. Balduin V. (1035–67) an dem noch heute »Burg« gen. Platz (östl. des Marktes) errichtet worden; der Platz behielt bis zum Ende des MA Festungscharakter. Er wurde in westöstl. Richtung von einem wichtigen Straßenzug (Steenstraat, Hoogstraat) axial durchzogen. Der Teil des Platzes südl. dieser Achse galt als gräflich. Hier lag der »Steen«, die gfl. Wohnburg, und die »Loove«, der neue, um die Mitte des 11. Jh. erbaute Grafensitz, sowie weitere Bauten des Gf. en. Neben dem »Steen« ließ Dietrich v. Elsaß, Gf. v. Flandern, um die Mitte des 12. Jh. eine Kirche erbauen, die offensichtl. als gfl. Privatkapelle dienen sollte. Von Anfang an war diese Kapelle als Doppelkirche (mit zwei übereinanderliegenden Kirchenräumen) errichtet; sie war der hl. Maria und dem hl. Basilius geweiht, wobei das letztere Patrozinium zur tatsächl. Benennung diente. Der Legende nach wurde die Kapelle zur Aufbewahrung des Hl. Blutes (→Blutwunder), das Gf. Dietrich aus dem Hl. Lande mitgebracht haben soll, errichtet; tatsächl. gelangte diese Blutreliquie, die sich noch heute in der Basiliuskapelle befindet, aus Konstantinopel nach B. und zwar zw. 1204 und 1256. Am südl. Ende der Burg befand sich stets das Schöffenamt der Kastellanei von B. (→Brugse Vrije). Den nördl. Teil des Platzes dagegen nahm die »Burgkirche« (→Burg, Abschnitt Flandern) St. Donatian ein, welche – wie aus archäolog. Untersuchungen hervorgeht – schon in der 2. Hälfte des 9. Jh. als Oktogon in unmittelbarer Nachfolge der Pfalzkapelle in Aachen entstanden war; ferner befanden sich an der Nordseite des Platzes Gebäude des von Balduin V. neugebildeten Kollegiatstiftes, dem der Gf. administrative Aufgaben übertragen hatte (seit 1089 hatte der Propst das Kanzleramt inne, und die Geistlichen des Stiftes wurden seitdem zu Verwaltungstätigkeiten durch den Gf. en oder den Kanzler herangezogen). Vor der Zeit Balduins V. befand sich am gleichen Platz ein älteres und kleineres castrum, das aus einigen Bauwerken, von denen wohl nur der »Steen« einen Steinbau darstellte, und einem Erdwall bestand. Es war unter Balduin II. oder Arnulf I. errichtet worden, an der Stelle einer noch älteren Befestigung, die manchmal Balduin I. zugeschrieben wird, doch vielleicht sogar – direkt oder indirekt – auf gallo-röm. Zeit zurückgeht.

Im 11. Jh. wurde die Stadt erweitert. Das bedeutendste Stadtviertel war das Gebiet westl. des castrum, nahe dem

Markt und entlang der Steenstraat. Sein Kern war der Oud(e)burg, wahrscheinl. das ursprgl. Suburbium, das an den Burgbereich angrenzte und von Anfang an eine eigene Befestigung besaß. Unmittelbar im W des Oudeburg befand sich ein Marktplatz (heute Simon Stevinplein), auf den die Mariastraat, welche die Verlängerung der Straße nach Kortrijk und der alten Straße nach Gent war, mündete. Ein zweites Stadtviertel, das stärker vom Handel geprägt war, erstreckte sich nördl. und nordöstl. des castrum und war von Flußarmen der Reie umgeben. Aufgrund des Berichtes des →Galbert v. Brügge über die Ermordung Gf. Karls des Guten 1127–28, in dem erstmals ein genaues Bild der Stadt vermittelt wird, ergibt sich folgendes: Das Gebiet von ca. 86 ha zw. den »binnenreien«, den inneren Kanälen, war so dicht besiedelt, daß die großen Versammlungen und Aufläufe der städt. Bevölkerung bei wichtigen polit. Ereignissen auf dem »Zand«, außerhalb der Stadt, stattfanden.

Die Entwicklung nach dem gewaltsamen Tod →Karls des Guten in St. Donatian war ganz offensichtlich das auslösende Moment für das erstmalige tatkräftige Eingreifen der flandr. Städte, mit B. an der Spitze, in die polit. Angelegenheiten der Grafschaft. Im Zuge dieser Emanzipation erlangte B. das Recht, ein eigenes städt. Gericht mit den →Schöffen *(schepenen)* als Richter zu bilden; ebenso errang die Stadt die Befreiung von den Zöllen und dem Grundzins, welchen die Einwohner bis dahin dem Gf. en schuldeten. Auch die erste eigtl. städt. Befestigung entstammt den Jahren 1127–28. Sie wurde auf Initiative der Bewohner von B. in größter Eile errichtet. Der Mauerzug folgte dem Lauf der inneren Kanäle (Kapucijnrenei, Speelmansrei, Augustijnrei, Goudenhandrei, St-Annarei, Groenerei, Dijver, Reie), die größtenteils noch heute bestehen.

Um 1134 überschwemmte das Meer erneut einen Teil der flandr. Küstenebene (Transgression »Dünkirchen III b«), wodurch der Zwin entstand. Diese schiffbare Wasserrinne, die in den folgenden Jahrhunderten B. zu einem internationalen Handelsplatz höchsten Ranges machen sollte, entstammt also erst dem 12. Jh., was nicht bedeutet, daß vorher kein Seehandel in B. betrieben wurde. Die Stadt dürfte während des MA zu keiner Zeit völlig vom Meer abgeschnitten gewesen sein. Am Grenzsaum zw. der Zandstreek, dem flandr. Binnenland und der Küstenebene gelegen, war B. auch der Ort, an dem zahlreiche kleinere Flüsse und Wasserläufe zusammenflossen, um in einem gemeinsamen Bett ins Meer einzumünden. Während der Dünkirchener Transgressionsphasen (ab 500 v. Chr.) strömte durch diesen Meeresarm Wasser mit starker Strömung ein, so daß er sich vertiefte und ztw. in eine breite Bucht verwandelt wurde; während der Perioden, in denen das Meer sich zurückzog, verhinderte die Erosionstätigkeit des Flußwassers eine völlige Versandung des Mündungsarms, so daß auch zu diesen Zeiten Schiffe zumindest bei Flut bis nach B. fahren konnten. Daher hatte B. stets natürl. Zugang zum Meer, wenn auch keineswegs unter idealen naut. Bedingungen; letztere verschlechterten sich, als man vom 11. Jh. an, bes. aber nach der Transgression »Dünkirchen IIIa«, mit dem Bau von Deichen begann. Das ins Meer strömende Flußwasser wurde durch den Kanal Oude Zwin abgeleitet, und die natürl. Meeresbucht verlandete, was die Schiffahrt nach B. nicht gerade begünstigte. Im 12. Jh. war nur noch die Bucht Sincfal (nahe dem heut. Seebad Knokke) ohne Deiche; sie bildete den Ausgangspunkt für den tiefen Meeresarm des Zwin, der sich in südwestl. Richtung bis 5 km vor B. erstreckte. Kurz vor 1180 gelang es, B. durch einen neuen Kanal mit dem Zwin zu verbinden; am Ausfluß des Kanals wurde die kleine Stadt →Damme gegründet (vgl. als berühmten lit. Beleg für den Deichbau bei B. Dantes »Divina Commedia« Inf. XV, 4).

Der rasche ökonom. Aufstieg, der in B. aufgrund des Handelsverkehrs durch den Zwin erfolgte, führte zu beachtl. Bevölkerungswachstum. Das Gebiet innerhalb der Mauern von 1127–28 wurde bis ca. 1200 vollständig besiedelt, wobei eine Parzellierung durch bestimmte Grundbesitzer, die ihr Terrain in kleine, von winzigen Grundstükken gesäumte Gassen aufgliederten, erfolgte. Außerhalb der Mauer bildeten sich im Lauf des 13. Jh. neue Viertel, die zum größten Teil von einer vom Patriziat ausgebeuteten Unterschicht-Bevölkerung bewohnt waren. Diese Vorstädte waren die Keimzellen künftiger städt. Unruhen; für die innere Stadt stellten sie eine ständig wachsende Bedrohung dar, noch verstärkt durch die Tatsache, daß die Vorstädte nicht der städt. Gerichtsbarkeit, sondern der Jurisdiktion verschiedener ländl. Grundherren unterstanden. Diesen lästigen Umstand vermochte die Stadt jedoch zw. 1275 und 1283 durch Auskauf der genannten Grundherren zu beseitigen. Doch hinderte auch die Existenz einer städt. Obrigkeit die Bevölkerung, namentl. der Vorstädte, nicht, sich 1280 und 1281 zu erheben (sog. »Grote Moerlemaaie«). Von dieser Zeit an (wobei die städt. Unruhen sicher eine Rolle spielten) gaben die Gf. en v. Flandern allmähl. ihr castrum auf; die Stadt machte sich dies zunutze und verlegte die städt. Verwaltung von der Halle und dem Belfried (die kurz vor 1250 auf dem Markt errichtet worden waren, 1280 aber teilweise einem Brand zum Opfer fielen) in das Innere der Burg (die folglich zu diesem Zeitpunkt keine militär. Bedeutung mehr besessen haben kann), und zwar in das Ghiselhuus, an dessen Stelle 1377–1420 der got. Neubau des Rathauses entstand. Das Bevölkerungswachstum machte auch eine neue Pfarreinteilung notwendig. Abgesehen von der Burg, die eine eigene Pfarrkirche (St. Donatian) besaß, war nahezu das gesamte Stadtgebiet in nur zwei Pfarreien aufgeteilt gewesen: St. Salvator und Liebfrauen; beide bestanden schon vor 1089 und waren jeweils von einer ländl. Urpfarre von beträchtl. Ausdehnung (Snellegem bzw. Sijsele) abgetrennt worden. Aus der Pfarrei St. Salvator wurde 1239 St. Walburga, 1240 St. Jakob herausgelöst. 1311 wurde die Pfarrei St-Gillis (St. Aegidius) aus dem Sprengel der Liebfrauenkirche ausgegliedert. Nur der NO der Stadt gehörte bis 1668 zur ländl. Pfarrei Hl. Kreuz. Noch im 13. Jh. siedelten sich in der Stadt mehrere Bettelorden an: Franziskaner (ca. 1225), Dominikaner (1234), Karmeliter (1266), Augustiner (1276). Der Beginenhof »Ten Wijngaard« wurde vor 1244 gegr. Das St-Jansspital geht zumindest auf das letzte Viertel des 12. Jh. zurück (erste erhaltene Urkunde von 1188). 1297–1305 spielte B. im Kampf der fläm. Handwerker und Bauern, die vom flandr. Gf. en →Guy v. Dampierre und der gfl. Familie unterstützt wurden, gegen den Kg. v. Frankreich und die fläm. Patrizier eine entscheidende Rolle. I. J. 1297 besetzte Philipp IV., Kg. v. Frankreich, die Stadt und ließ die zweite Stadtmauer, die ein Areal von 430 ha umfaßte, errichten. Die Stadt stand nun unter der Herrschaft der Franzosen, die B. im Einvernehmen mit den Patriziern beherrschten, bis sich im Mai 1302 die Bevölkerung erhob und unter Führung von Jan →Breidel und Pieter de →Coninc die frz. Herrschaft stürzte (→Brügge, Mette v.; 18. Mai 1302). Damit stellte sich B. an die Spitze der flandr. Aufstandsbewegung und wurde infolgedessen im Vertrag v. →Athis-sur-Orge (1305), der die flandr. Niederlage besiegelte, mit den härtesten Vergeltungsmaßnahmen belegt. So sah der Vertrag u. a. die

Schleifung der neuen Mauer vor, die 1328 tatsächl. erfolgte. Doch gestattete Kg. Philipp VI. den Bürgern von B. zehn Jahre später die Wiedererrichtung ihrer Befestigungen im Umfang von 1297. Die antikönigl. Haltung der Stadt trug ihr einige Privilegien von seiten des Gf.en v. Flandern ein. Die Handwerkergilden, etwa 50 an der Zahl, wurden am Stadtregiment beteiligt. Während eines kurzen Zeitraumes spielte B. sogar faktisch (wenn auch nicht offiziell) die Rolle der Hauptstadt der Grafschaft. 1323–28 war B. führend am seeflandr. Bauernaufstand beteiligt. Doch als 1379–85 neue Revolten die Gft. Flandern erschütterten, verhielt sich die Bevölkerung von B. weitgehend passiv; die Einwohner von →Gent standen nun an der Spitze der Erhebung. Die Genter vermochten B. sogar ztw. zu besetzen und einen Teil seiner Befestigungen zu zerstören (1382). Nach dem Übergang der Landesherrschaft in Flandern an die Hzg.e v. →Burgund war B. im 15. Jh. trotz mehrerer Aufstände deren bevorzugte Residenz. Bei der schwersten dieser Erhebungen (1438–39) wurde Hzg. →Philipp der Gute gefangengesetzt und zahlreiche Mitglieder seines Gefolges, unter ihnen Marschall Jean de →Villiers, von der Menge ermordet.

B. war im 15. Jh. eines der bedeutendsten kulturellen und künstler. Zentren Europas und hatte bes. an der Blüte der fläm. →Tafelmalerei führenden Anteil (Jan Van →Eyck, Petrus →C(h)ristus, Hans →Memling, Gerard →David u. a.). Zu gleicher Zeit wurden jedoch erste Anzeichen des Niederganges sichtbar. Die Bevölkerungszahl, die im 14. Jh. nahezu 40 000 Einwohner betragen hatte, stagnierte. Der Zwin versandete zunehmend. Mit dem letzten großen städt.-ständ. Aufstand in B., der 1488 in der über dreimonatigen Gefangensetzung →Maximilians und der Hinrichtung mehrerer seiner Räte gipfelte (→Flandern), setzte die Periode eines offenkundigen und langdauernden Verfalls und einer allmähl. Verarmung ein. Hierfür ist wohl nichts bezeichnender als die Tatsache, daß die unbebauten Flächen, die in die Ummauerung von 1297–1300 einbezogen waren, bis zum Ende des 19. Jh. für die Bedürfnisse der städt. Siedlung ausreichten.

M. Ryckaert

II. WIRTSCHAFT: B. erfüllte bereits Handelsfunktionen im Altertum und verdankte diesen im 9. und 10. Jh. seine Bezeichnung als vicus bzw. portus. Bes. aber, nachdem Anfang des 12. Jh. die Bildung des Zwin die Hafenverhältnisse, wenn nicht in der Stadt selbst, so doch in einer Reihe von Vorhäfen (v. a. →Damme, seit Ende d. 13. Jh. →Sluis) bedeutend verbesserte, blühte der Verkehr auf, und B. wurde der wichtigste Handelsplatz in →Flandern. Dabei stand offenbar die Verbindung mit →England an erster Stelle. Das fläm. Wollgewerbe (→Wolle, →Textilverarbeitung und -handel), das auch in B. ausgeübt wurde, freilich nicht im gleichen Umfang wie in →Gent und →Ypern, verarbeitete seit dem 12. Jh. wachsende Mengen engl. Wolle, die über B. importiert wurden. Die Vorzugsstellung, die B. in England einnahm, förderte auch seinen Handel mit dem angevin. Festlandbesitz, wobei die Normandie hauptsächl. Getreide lieferte, dazu auch die Schwelle des Seinebeckens war; die Gft. Anjou (→Angers, Anjou) spielte dieselbe Rolle in bezug auf die verbreiteten Loire-Weine; auch die →Gascogne lieferte Wein (→Bordeaux). Die Brügger Kaufleute handelten auch, allerdings in bescheidenerem Maße, mit Deutschland sowie mit →Genua und traten auch bei den →Champagnemessen auf, weshalb sich der →Hanse der XVII Städte anschlossen; wichtiger war ihre Rolle in den nach England gerichteten fläm. Hanse v. London (→Hanse, fläm.), in der sie sogar während der 2. Hälfte des 13. Jh. die Vorherrschaft erlangten. Die Ausfuhr fläm. Tuche ging in viele europ. Länder.

Im Laufe des 13. Jh. gelangten eine Reihe von europ. Gebieten, die sich gegenüber Flandern anfänglich in wirtschaftl. Rückstand befanden, gerade unter dem Einfluß des fläm. Handels zur vollen Entfaltung und führte zur Bildung eines eigenen unternehmenden Kaufmannsstandes, der sich nun von der fläm. Handelshegemonie zu befreien versuchte, indem er selbst in wachsender Anzahl nach Flandern, insbes. nach B. vorstieß. Eine aufgrund des Vertrags v. Montreuil (1274) nach einem engl.-fläm. Handelskrieg ins Leben gerufene Entschädigungskommission stellte fest, daß doppelt so viel engl. Besitz in Flandern beschlagnahmt worden war wie fläm. Besitz in England. Die Errichtung des engl. Wollstapels (1294) entzog diese wichtige Ware der fläm. Initiative. Auch die dt. Kaufleute kamen zunehmend nach B., bes. die Mitglieder der im Entstehen begriffenen →Hanse. 1252 erlangten →Lübeck und →Hamburg wichtige Zollprivilegien und erhöhte Rechtssicherheit für ihren Verkehr im Zwin, jedoch scheiterte ihr Versuch, eine weitgehend exterritoriale Handelskolonie in der Art der anderen auswärtigen Hansekontore zu gründen, am Streben der flandr. Landesherren, ihre polit. Autorität zu stärken. Von entscheidender Bedeutung war weiter das Aufkommen der it. Atlantikfahrt über →Gibraltar, die erstmals 1277 in →Genua bezeugt ist. Sie hatte einen relativen Bedeutungsrückgang des Landweges und, in diesem Zusammenhang, der Champagnemessen zur Folge, deren zentrale Stelle im europ. Handel auf B. überging.

Die Konkurrenz fremder Kaufleute verringerte unvermeidlich die Gewinnchancen der Brügger Fernhändler in ihren Absatzgebieten. Auch der Weinhandel der frz. Küstenplätze ging großenteils an die aufkommende bask.-galiz. Schiffahrt über (→Biskaya, →Baskische Provinzen, Abschnitt A II). Zudem erschütterten die polit.-sozialen Wirren des ausgehenden 13. Jh., die 1302 mit dem Zusammenbruch des patriz. Stadtregiments endeten, die wirtschaftl. Stellung der dem Patriziat angehörenden Kaufleute. Insbes. untergrub die wachsende Macht der Zünfte die Möglichkeiten der Kaufleute, als gewerbl. Unternehmer auf die Produktionskosten Einfluß zu nehmen. Die wachsende Macht der Zünfte drängte den Einfluß der Kaufleute als Kapitalgeber für die Gewerbe, v. a. die Tuchproduktion, zurück. Diese Umstände trugen, gemeinsam mit dem Vorstoß der fremden Kaufmannschaft, dazu bei, daß der Brügger Fernhandel großenteils aufgegeben wurde und B.s wirtschaftl. Rolle seit dem 14. Jh wesentl. in einer passiven, auf der Tätigkeit von Fremden gegründeten Marktfunktion bestand. Die Stadt bemühte sich auch, diese auszubauen und zu schützen. Als es Anzeichen gab, daß ihr Vorhafen →Sluis einen Teil des Handels an sich ziehen könnte, erzwang B. 1323 ein Stapelprivileg, nach dem alle in den Zwin eingeführten Waren, mit wenigen Ausnahmen, ausschließl. in B. verhandelt werden durften. Dazu wurden sie von den Seeschiffen auf Kähne oder Karren umgeladen und nach B. transportiert.

B. war im 14. Jh. unbestritten der bedeutendste Markt Europas, zumindest außerhalb des Mittelmeerraumes. Hier brachten Kaufleute aus der ganzen westl. Christenheit die Waren aus aller Herren Länder zum Verkauf. Der Handel unter Gästen war erlaubt; faktisch waren die Importe aber zu großen Teilen für die Niederlande selbst bestimmt, die aufgrund ihrer Bevölkerungsdichte und ihres Wohlstandes über hohe Kaufkraft und Aufnahmefähigkeit verfügten. Die meisten fremden Händler waren zusammengefaßt in sog. »Nationen«; die it. und span.

Nationen hießen »Konsulate«, die der Hansen, die zahlreichste der Nationen, wurde das »Kontor« genannt (→Hanse). Diese Körperschaften übten über ihre Angehörigen weitgehend eigene Rechtsprechung aus und vertraten deren Interessen gegenüber den gfl. bzw. städt. Behörden. V. a. das hans. Kontor hat zur Wahrung seiner Privilegien wiederholt zur Waffe der Verkehrssperre (→Boykott, →Blockade) gegriffen und seinen Sitz zeitweilig verlegt. Wie zahlreich diese fremden Handelskolonien waren, ist leider nicht festzustellen. Nach einer (unvollständigen) Aufzählung der Nationen sollen im Dez. 1440 (also in einer Jahreszeit, die keine Hochsaison des Handels war) 334 fremde Kaufleute an einem Umzug teilgenommen haben. Die größte Intensität der Handelstätigkeit war in der Regel während der im Mai veranstalteten Messe (1200 verliehen) zu verzeichnen.

Der Aufenthalt der zahlreichen fremden Kaufleute erforderte eine ausgebildete Organisation. Neben den verschiedenen Hilfskräften des Frachtverkehrs brauchten die Fremden, soweit nicht dauernd ansässig, Unterkunft in den Herbergen. Die Wirte, die vielfach zu den angesehenen Bürgern gehörten, trugen zur Sicherheit des Geschäftslebens bei, indem sie für die Handelsschulden ihrer Gäste zu haften pflegten. Die Makler, deren Vermittlung den Gästen gesetzl. vorgeschrieben war, standen meistens im Dienst dieser Wirte. Die Herberge »zur Börse«, die sich in der Nachbarschaft der wichtigsten it. Konsulate befand und von vielen it. Kaufleuten besucht wurde, hat ihren Namen auf den Platz, an dem sie lag, übertragen und weiter auf das Institut der →Börse. Hier wurden im 15. Jh. bargeldlose (Wechsel)geschäfte von Italienern, die bekanntl. in der Technik des Geldverkehrs am weitesten fortgeschritten waren, abgewickelt. Die eigtl. Wechsler befaßten sich nicht nur mit dem Münzgeschäft, sondern besorgten bereits Mitte des 14. Jh. für ihre Kunden auch Girogeschäfte (→Giroverkehr; vgl. auch →Buchgeld).

Aber schon nach wenigen Jahrzehnten erlitt die anfänglich einzigartige Stellung B.s die ersten Beeinträchtigungen. An erster Stelle verlor es das flandr. Tuchgewerbe, das ja die wichtigste Rückfracht für die Schiffahrt nach Flandern liefern sollte, seine frühere Vorherrschaft; sie wurde zunächst vom Brabanter und Mechelner Tuch zunehmend in Frage gestellt, das wesentl. in →Antwerpen auf den Markt gebracht wurde, bald aber v. a. von den engl. Sorten. Die flandr. Städte versuchten, sich gegen Konkurrenz des letzteren zu schützen, indem sie ein Verbot der Einfuhr engl. Tuche in die Gft. erlangten. Sie konnten das Eindringen der engl. Tuche jedoch nicht verhindern. Der fläm. Protektionismus hatte dabei zur Folge, daß B. die Chance, die sich rasch verbreitenden engl. Tuche auf seinen Markt zu ziehen, versäumte. Der Handel mit engl. Tuchen erfolgte schließlich über die Antwerpener Messen, v. a. durch Vermittlung der Kaufleute des Rheinlands, die ihnen den Weg nach Mitteleuropa öffneten. Bereits um 1400 war es nicht ungewöhnlich, daß it. Schiffe, nachdem ihre Ladung in Sluis gelöscht worden war, die Rückfahrt im Ballast antreten mußten. Dabei verloren die Seeroute und der übliche Landweg von Italien nach Flandern über Frankreich während des Hundertjährigen Krieges wegen der Kampfhandlungen zu Wasser und zu Lande an Bedeutung; der Verkehr verlagerte sich stärker auf die schweiz. und österr. Alpenpässe. Diese Paßstraßen mündeten in Oberdeutschland (Schwaben oder Bayern), dessen Verbindungen mit dem Rheinland bewirkten, daß das wichtige it. Warensortiment von Kaufleuten aus →Köln u. a. rhein. Städten, bald auch von Oberdeutschen selbst, als Rückfracht v. a. für engl. Tuche zu den Antwerpener Messen statt nach B. befördert wurde. Immer mehr verlagerte sich der Handelsbetrieb dahin, und zumal zur Messezeit wurde B. nahezu völlig von der Kaufmannschaft verlassen. Ein anderer Grund für den Rückgang des Brügger Marktes war der siegreiche Einbruch der Holländer in das hans. Handelsgebiet, so daß immer mehr Waren nach →Amsterdam eingeführt wurden und dortselbst zum Verkauf kamen. Der Versuch Lübecks und der wend. Hansestädte, die von dieser Entwicklung stärkstens betroffen waren, einen Stapelzwang zugunsten des Brügger Kontors durchzusetzen, scheiterte vollständig. In dieser Zeit schritt auch die Versandung des Zwin trotz verschiedener Regulierungsmaßnahmen großen Stiles unaufhaltsam fort. Am Ende des 15. Jh. fiel auch Sluis als Vorhafen für größere Seeschiffe aus; diese mußten auf der Reede von →Arnemuiden anlegen, was die Kosten der Weiterbeförderung nach B. noch erhöhte. Die flandr. Wirren veranlaßten Maximilian, die fremden Kaufleute 1484 und 1488 aufzurufen, B. zu verlassen. Die meisten übersiedelten nun endgültig nach Antwerpen. Freilich kamen die Nations- bzw. Konsulatsbehörden ab 1493, nach Wiederherstellung des Friedens, nach B. zurück, aber auch sie verlegten ab 1501 schließlich ihren Sitz mit Ausnahme des Konsulats von Spanien, d. h. von Kastilien. Wolle aus Kastilien, die im flandr. Tuchgewerbe die Stellung der engl. übernommen hatte, war ja die einzige Ware, die zur Verarbeitung in den westfläm. Tuchzentren weiterhin in bedeutender Menge über B. importiert wurde. Als im Verlauf des niederländ. Aufstandes die Besetzung von B. durch die span. Armee 1582 seine Verbindung mit Sluis zerschnitt, erlosch die alte Bedeutung der Stadt endgültig.

J. A. van Houtte

Lit.: zu [I]: A. Duclos, Bruges, hist. et souvenirs, 1910 [Neudr. 1976] – J. A. van Houtte, Bruges, essai d'histoire urbaine, 1967 [Lit.] [niederländ. Ausg.: Brugge, vroeger en nu, 1969] – A. Verhulst, An Aspect of continuity between Antiquity and MA..., Journal of Medieval Hist. 3, 1977, 175–206 – G. Maréchal, De sociale en politieke gebondenheid van het Brugse hospitaalwezen in de middeleeuwen (Standen en landen, LXXIII), 1978 – M. Ryckaert, Brugge, van Romeinse vicus tot middeleeuwse stad, Spiegel Historiael 13, 1978, 630–637 [Lit.] – V. Vermeersch, Brugge. Duizend jaar kunst, Kap. 1–3, 1981 [ndl. und frz. Ausg.] – J. A. van Houtte, Geschiedenis van Brugge [erscheint 1982]: zu [II]: R. Häpke, B.s Entwicklung zum ma. Weltmarkt, 1908 – R. de Roover, Money, Banking and Credit in Mediaeval Bruges. Italian Merchant-Bankers, Lombards and Money-Changers, 1948 – J. A. van Houtte, The Rise and Decline of the Market of Bruges, EconHR, 2. Ser., 19, 1966–67 [abgedr. in: Ders., Essays on Medieval and Early Modern Economy and Society, 1977, 249–274] – W. Brulez, Brugge en Antwerpen in de 15e en 16e eeuw: een tegenstelling?, TG 83, 1970, 15–37.

Brügge, Freiamt v. → Brugse Vrije

Brügge, Mette v. Durch die Geschichtsschreibung des 19. Jh. geprägte Bezeichnung für den erfolgreichen Aufstand der Einwohner von →Brügge in den frühen Morgenstunden des 18. Mai 1302 gegen die frz. Besetzer der Stadt, welche dem allgemeinen Massaker zum Opfer fielen. Die zeitgenöss. fläm. Quellen bezeichnen das Ereignis als »Goede Vrijdag«, die frz. Quellen sprechen vom »fait dou venredi de Bruges«. Die M. v. B. war der Höhepunkt des Konfliktes zw. den Brügger Zünften und Gilden einerseits und dem frz. Gouverneur Jacques de Châtillon und dem Brügger Patriziat andererseits. Diese Erhebung gab dem flandr. Aufstand neuen Auftrieb und rief gleichzeitig den Zorn Philipps IV., Kg.s v. Frankreich, hervor; die Gegensätze hatten sich nun so verschärft, daß die große Konfrontation zw. den städt. Aufgeboten und dem kgl. Heer unvermeidl. geworden war. →Kortrijk, Schlacht v.; →Flandern.

M. Ryckaert

Lit.: A. VIAENE, De Brugse Metten als historienaam, Biekorf, 53, 1952 – J. F. VERBRUGGEN, 1302 in Vlaanderen. De Guldensporenslag, 1977 – DERS., De Goede Vrijdag van Brugge, Het Brugs Ommeland, 17, 1977 – F. DEBRABANDERE, Scilt en Vrient, De Leiegouw, 19, 1977.

Brügge, Vertrag v. (1488) → Flandern

Brugh na Bóinne, 'Befestigung (oder Burg, Stadt) am Fluß Boyne', wird in air. Quellen, so im »Seanchus na Relec« ('Geschichte der Friedhöfe') und im »Dinnsheanchus« ('Über Ortsnamen') erwähnt. B. soll der Bestattungsort der frühen ir. Kg.e gewesen sein, insbes. des myth. Kg.s Tuatha Dé Danainn. Der Ort wurde allgemein mit dem spätneolith. Gräberfeld Passage Grave am Boyne, das die einzelnen Friedhöfe Knowth, Dowth und Newgrange einschließt, identifiziert. Bei Ausgrabungen in Knowth, das mit Cnogba, dem Sitz der Kg.e v. → Brega im 9. und 10. Jh., gleichgesetzt wurde, wurden ma. Reste, u. a. unterirdische Gänge, freigelegt. P. Harbison

Lit.: The Beauties of the Boyne, hg. W. R. WILDE, 1949, 161–163 – S. P. O'RÍORDÁIN – G. DANIEL, Newgrange, 1964, 43–45 – G. EOGAN – F. J. BYRNE, PRIA 66c, 1968, 299–400.

Brugman, Jan, OFM, * ca. 1400, † 1473 Nijmegen. Über diesen Vorkämpfer der franziskan. Observanz, zugleich als berühmter Volksprediger in den Niederlanden und im Rheinland, ist bis zum Jahre 1447 fast nichts mit Sicherheit bekannt. Am Studium Generale der Franziskaner in Paris genoß er eine gründl. theol. und philos. Ausbildung. Aus Gouda herübergekommen, arbeitete er 1447–51 mit an der Niederlassung der Observanz in Mechelen. Hier schrieb er sein »Speculum Imperfectionis«, vermutlich als rigorist. Empfehlung für das Kapitel von Mechelen im Jahre 1451. Beten sei besser als theol. Diskussionen, und jeder müßte die Pflichten seines Amtes gewissenhaft erfüllen. Gleichzeitig sammelte er damals schon Material für seine »Vita Lydwine de Schiedam«, die 1456 erscheinen sollte und in der ein starker Einfluß →Davids v. Augsburg und →Bonaventuras (»Legenda Maior«) spürbar ist. Von 1451–56 reiste und predigte er eifrig für die Observanz, allerdings mit mäßigem Erfolg. Seine gelegentl. Volkspredigten hinterließen dennoch einen unvergängl. Eindruck durch ihre packende Sprache und ihre Kritik an den Mächtigen. In Deventer lernte er die Ideen und die Methodik der →Brüder vom gemeinsamen Leben kennen: der Anfang einer zunehmenden Wertschätzung. Von 1456–58 war er Theologielektor in Sint-Omaars. Er vollendete die »Vita Lydwine« und große Teile seines »Devotus Tractatus«. In diesem Traktat, der eine Anzahl theolog. Fragen behandelt, entfernte er sich von der franziskan. Theologie und suchte Inspirationen bei der nordfrz. Spiritualität des 12. Jh. und bei den rheinländ. Dominikanern. Man kann ihn als voluntarist. PassionsTraktat bezeichnen. Von 1458–63 reiste er wieder als Prediger umher. In Roermond begegnete er wahrscheinlich →Dionysus dem Kartäuser, und möglicherweise war er im Windesheimer Kl. in Doetinchem zu Gast. 1462 wurde er Provinzial-Vikar der Kölner Provinz. Aber schon 1463 trat er aus gesundheitl. Gründen zurück. Die Zeit bis zu seinem Tode, 1473 in Nijmegen, war durch weitere schriftsteller. Aktivität gekennzeichnet. Er vollendete die »Devote Oefeninge«, inspiriert durch →Ubertino v. Casale (»Arbor Vitae crucifixae«). Weiterhin blieben einige observant. Briefe und franziskan. Lieder erhalten, eine »Regula« und »Puncta 25 spiritualia«, sowie eine beträchtl. Anzahl durch Zuhörer aufgezeichneter Predigten, v. a. von seiner letzten Predigtreise.

Sein Stellenwert innerhalb der ndl. Spiritualität steht noch nicht fest. Natürlich befindet er sich auf einem Schnittpunkt von Observanz und →Devotio moderna. Es bestehen große Einflüsse durch →Franziskus, →Bonaventura, →Bernhard v. Clairvaux und Ubertino v. Casale. H. Vekeman

Lit.: Repfont II, 588 – DSAM VIII, 311–312 – W. MOLL, Johannes B. in het godsdienstig leven onzer vaderen in de vijftiende eeuw, 1854 – W. SCHMITZ, Het aandeel der minderbroeders in onze middeleeuwse literatuur, 1937 – P. GROOTENS, Onuitgegeven Sermoenen van J. B., 1948 – A. VAN DIJK, J. B. Onuitgegeven Sermoenen, 1948 – F. A. H. VAN DEN HOMBERGH, Leven en werk van J. B., 1968 – DERS., Ein unbekannter Brief des J. B., AFrH 64, 1971, 337–366 – B. DE TROEYER, L. MEES, Bio-bibliographia Franciscana Neerlandica ante saeculum XVI, I, 1974, 65–102 – H. VAN OERLE, Tleven van Liedwy die maghet van Scyedam, Ons geestelijk erf 54, 1980, 241–266.

Brugse Vrije (frz. Franc de Bruges, dt. Brügger Freiamt), seit dem 13. Jh. Bezeichnung für die →Kastellanei von →Brügge, größte und bedeutendste Kastellanei in →Flandern. Diese Kastellanei hatte sich seit dem Jahre 1000 auf der Grundlage der drei alten pagi (Flandrensis, Rodanensis und eines Teiles der pagus Mempiscus; vgl. →Flandern) herausgebildet. Sie erstreckte sich entlang der Küste zw. dem Fluß IJzer im Westen und dem Braakman, nahe Biervliet, im Nordosten. Im SO war das Territorium durch mehrere Herrschaften begrenzt, welche zwar ihre eigene Verwaltung besaßen, fiskal. aber dem B. V. unterstanden (Eeklo, Maldegem, Kaprijke, Lembeke, Male). Das Territorium der Stadt Brügge lag zwar im Herzen der Kastellanei, gehörte aber nicht zu ihrer Administration und Gerichtsbarkeit.

Das B. V. wurde von →Schöffen verwaltet. Im 11. Jh. amteten zwölf Schöffen, die zusammen eine Schöffenbank bildeten. Diese Verwaltungsinstitution ging unmittelbar auf den karol. →mallus des pagus Flandrensis zurück. Die Schöffen hatten ihren Sitz in der »Burg« zu Brügge (→Brügge, Abschnitt I). Am Beginn des 12. Jh. wurden sieben neue lokale Schöffenbänke eingerichtet, von denen eine jede sieben Mitglieder umfaßte: Aardenburg, Oostburg, IJzendijke, Camerlincxambacht, Woutermansambacht, Gistel und Vladslo. Zusammen mit den zwölf ländl. Schöffen, die in Brügge residierten (nicht mit den städt. Schöffen zu verwechseln!), ergab das eine Zahl von 61 gleichberechtigten Schöffen. 1266 wurde die Zahl der Schöffenbänke auf drei verringert (die »Hoge Vierschaar« in Brügge und die beiden »vierscharen« in Oudenburg und Aardenburg). Seit 1268 bestand wieder nur eine einzige Schöffenbank, die große »vierschaar« des B. V. mit 61 Mitgliedern. Zu Beginn des 14. Jh. wurde das System von drei Schöffenbänken wiederaufgenommen. 1330 erfolgte eine Reduzierung der Schöffen auf 31.

Das B. V. hatte ein eigenes Schöffenhaus im Innern der Burg von B. Der ursprgl. bescheidene Holzbau wurde 1434–40 durch ein steinernes Gebäude ersetzt. Im 16. und 17. Jh. wurden neue Flügel angebaut, u. a. am Platz der ehem. »Loove«. Noch 1722 war das B. V. wohlhabend genug, um sich einen äußerst aufwendigen Neubau leisten zu können.

Innerhalb dieser größten und reichsten flandr. Kastellanei hatten zahlreiche Adlige ihre Besitzungen. Ebenso gab es eine sehr große Anzahl freier Bauern und kleiner Grundbesitzer. Der Wohlstand und die beachtl. Steuereinnahmen, die aus dem B. V. flossen, waren die Grundlage für die im SpätMA zunehmende selbständige Rolle, welche die Kastellanei im polit. Leben der Gft. Flandern spielte. Diese Bedeutung äußerte sich in der Beteiligung am Kollegium der »Vier Glieder von Flandern« *(vier leden van Vlaanderen)* am Ende des 14. Jh. Diese ständ. Institution, welche die Gesamtheit der fläm. Untertanen gegenüber dem Landesherrn repräsentierte, setzte sich aus den drei großen Städten Gent, Brügge und Ypern und eben dem B. V. zusammen. M. Ryckaert

Lit.: W. Prevenier, Het Brugse Vrije en de leden van Vlaanderen, Hand. Soc. d'Emulation Brugge 96, 1959 – E. Warlop, De vorming van de grote schepenbank van het Brugse Vrije (11de–13de eeuw), Standen en Landen 44, 1968.

Brühl. [1] *Definition:* B. (lat. broilus, broilum; brogilus, brogilum; frz. *breuil*; it. *broglio*). Die sprachl. Herkunft des v. a. im Altsiedelland stark verbreiteten Wortes ist umstritten. Als Bedeutungen werden u. a. genannt 'naßfeuchtes Gelände', 'gutbewässertes Wiesland', 'Gehölz', 'Waldteil'; B. scheint auf alte, vor der Dreizelgenwirtschaft bestehende Strukturen zurückzuweisen. L. Carlen

[2] *Frühmittelalter:* Schon sehr früh verband sich mit dem B. die Vorstellung eines umfriedeten Geländes. In frk. Zeit ist die am meisten verbreitete Bedeutung die des →Wildgeheges, das von einer Hecke oder Mauer eingefaßt war; die meisten Königspfalzen (vgl. auch →Tierpark) und Domänen adliger Grundherren verfügten über eine derartige Parzelle, die der Wildhege und Jagd diente (hierzu Cap. de villis, 46). Aufgrund der Toponymik wird das Bestehen eines B. bei den karol. Königspfalzen deutlich. Außerdem bezeichnete B. schon sehr früh die grundherrl. →Wiese. G. Fournier

[3] *Hoch- und Spätmittelalter:* Im Hoch- und SpätMA war der B. ein geschlossenes Gelände, das zum Herrenland, der terra salica, gehörte und in der Nähe des grundherrl. Hofes, der curtis oder villa, gelegen, aus der Zelgenwirtschaft (→Zelge) herausgenommen war. Als Mähland war es zum Schutz gegen die genossenschaftl. Weide abgehegt. Namengut und zahlreiche Quellen belegen den herrschaftl. Ursprung. Grund- und Hofherrschaft bewirtschafteten selber den B., verpachteten oder verkauften ihn, wodurch der Herrschaftsbrühl zersplitterte. In der dörfl. Wirtschaft war der B. Sondernutzungsgebiet, innerhalb des Dorfetters (→Dorf) aber aus der Gesamtfläche des Wiesen- und Weidelandes herausgelöst und hatte eine besondere Stellung im Zehntrecht (z. B. Zehntfreiheit). L. Carlen

Lit.: zu [1]: Du Cange, I, 755f. – MlatWb I, 1584f. – Kluge-Mitzka, 1960[18], 104 – Grimm, DWB II, 426 – Lexer I, 364 – DtRechtswb II, 543 – Fischer, Schwäb. WB I, 1467f. – Schweizer. Idiotikon V, 594 – Rhein. WB I, 1040 – *zu [2]*: Ph. Lauer, Le sens du mot »brolium« dans des diplômes carolingiens, Bull. soc. nat. des Antiquaires de France, 1937, 159f. – R. Hennebicque, Espaces sauvages et chasses royales dans le nord de la France VIIe–IXe s., Revue du Nord, 1980, 35–57 – *zu [3]:* V. Ernst, Entstehung des dt. Grundeigentums, 1926, 99ff., 124ff. – K. Bohnenberger, B., Espan, Eschbach, Württ. Vjs. LG 33, 302ff. – K. S. Bader, Rechtsformen und Schichten der Liegenschaftsnutzung im ma. Dorf, 1973, bes. 127–160.

Bru(i)de. Die hochma. »Pikt. Königslisten« verzeichnen mindestens dreißig angebl. Kg.e der →Pikten mit Namen B. (auch mit anderen Namensformen wie Bridei usw.); B. war vielleicht urspgl. ein Titel oder eine Amtsbezeichnung; die Etymologie bleibt unsicher (→Pikten). Von der Mitte des 6. Jh. an werden Kg.e mit Namen B. auch unabhängig von den pikt. Listen in ir. und ags. Quellen erwähnt, und die in den Listen genannten Regierungszeiten haben offenbar einen hist. Kern.

1. B. mac Maelchon (B. 'Sohn des Maelchon'; sein Vater Maelchon sonst unbekannt), Kg. ca. 554–584. B. wird in den (zeitgenöss?) Einträgen von →Iona innerhalb der ältesten »Ir. Annalen«, bei →Adamnanus u. Hy und →Beda erwähnt. Der Kg. besaß eine befestigte Residenz in der Nähe von Inverness; er kontrollierte die →Orkney-Inseln und deren regulus. B. gestattete dem hl. →Columba v. Hy die Missionspredigt in seinem Kgr., blieb selbst aber wahrscheinl. ungetauft. In späterer Zeit (Beda) wurde ihm zu Unrecht die Übertragung des Kl. →Iona an Columba zugeschrieben.

2. B. mac Bile, Kg. ca. 672–693, war über seine Mutter und Großmutter mit brit. wie nordhumbr. Königsfamilien verwandt. Er kämpfte für die Erhaltung und Ausdehnung seiner Herrschaft über einen großen Teil des Gebietes des späteren Schottland; ein entscheidender Sieg über nordhumbr. Angreifer i. J. 685 führte zu einer gesicherten Bildung der Südgrenze seines Reiches am Forth.

3. B. mac Oengus, 731–736, führte im Auftrag seines Vaters, Oengus, eine Reihe von Feldzügen im westl. Schottland und fand bei der letzten dieser Expeditionen den Tod. D. A. Bullough

Lit.: M. O. Anderson, Kings and Kinship in Early Scotland, 1973 [Quellen: 235–291] – A. A. M. Duncan, Scotland I, 1975, ch. 3 – M. Miller, SHR 58, 1979, 7ff.

Brulé, Gace → Gace Brulé

Brumel, Antoine (Brummel, Brommel, Brunel), * um 1460, † um 1515, franko-fläm. Komponist, Schüler von Ockeghem, 1483 als Knabenchormeister an der Kathedrale zu Chartres nachweisbar, 1486–92 als Magister Innocentium an St. Peter in Genf, ab 1497 als Domherr in Laon, 1498–1500 als Knabenchormeister an Notre Dame in Paris. 1501–02 war er Sänger in der hzgl. savoyischen Kapelle in Chambéry und leitete 1506 bis zu ihrer Auflösung 1510 die Hofkapelle Hzg. Alfons' I. in Ferrara. B. war ein von den Zeitgenossen öfter erwähnter, hochgeschätzter Komponist hauptsächl. geistl. Musik, die wegen ihrer techn. wie klangl. Meisterschaft und Ausdruckskraft sich in Abschriften und Sammeldrucken bis zum Ende des 16. Jh. tradierte. Sein Schaffen umfaßt 13 Messen (12 vierstimmig, eine, die Lasso in München noch aufführte, zwölfstimmig); 3 Magnificat, 35 Motetten (meist vierstimmig), 7 frz. Chansons (11 vierstimmig, 6 dreistimmig) und ein Exemplum octo modorum, eine Komposition, deren acht Stimmen in jeweils einer anderen Kirchentonart stehen.

H. Leuchtmann

Q.: Gedr. Messen: Venedig (RISM 1503[1]; 1505[1]; 1509[1]); Rom (1516[1]; 1522); Nürnberg (1539[1]; 1539[2]; 1564[1]) und Basel (1553) – Gedr. Motetten: Venedig (1501, 1503[2], 1504[2]; 1521[1]; 1503[1]; 1504[1]; 1505[1]; 1514[1]); Nürnberg (1538[9]; 1549[16]; 1553[6]; 1563); Wittenberg (1538[8]; 1545[6]) und Lauingen (1590[30]!) – Gedr. frz. Chansons: Venedig (1502[2]; 1504[3]); Nürnberg (1538[9]) und Basel (1553). Die gedr. Kompositionen sind auch in Hss. über sehr viele europ. Bibl. verstreut. Nichtgedr. Kompositionen sind noch erhalten in Annaberg, Berlin, Brüssel, Erlangen, Florenz, Greifswald, Heilbronn, Leipzig, Rom, St. Gallen, Turin und Wien – *Ed.:* A. B., Opera omnia, hg. A. Carapetyan, 1951ff.; erw. Neuausg., hg. B. Hudson, 1969 – *Lit.:* Eitner – Grove's Dict. of Music and Musicians – MGG – Riemann – J. N. Forkel, Allg. Gesch. der Musik II, 1807, 628–647 – A. W. Ambros, Gesch. der Musik III, 1868, 243–246 – O. Gombosi, J. Obrecht, 1925, 47, 51, 57ff. [Anh. 45–48 Ed.] – A. Pirro, Dokumente über A. B., L. van Pullem und Crispin van Stappen, Zs. für Musikwiss. XI, 1929, 349–353 – J. Schmidt-Görg, N. Gombert, 1938, 156, 163, 204, 236f. – A. Pirro, Hist. de la Musique de la fin du XIVe s. à la fin du XVIe, 1940, 232–234 – Ll. Biggle jun., The Masses of A. B. [Diss. Univ. of Michigan 1953] – P. Pidoux, A. B. à Genève (1486–92), Revue de musicologie L, 1964, 110–112 – Chr. Maas, Josquin – Agricola – Brumel – De la Rue, Tijdschrift der Vereeniging vor Nederlands Muziekgeschiedenis XX, 1967, 120–139 – Cl. A. Miller, The Musical Source of B.'s »Missa Dringh«, JAMS XXI, 1968, 200–204 – Cl. Gottwald, A. B.s Messe »Et ecce terrae motus«, AMW XXV, 1969, 236–247.

Brun (s. a. Bruno)

1. B., Hzg. v. →Sachsen, 866–880. Auf ihn bezieht sich der Bericht der Fuldaer Annalen zum Jahre 880 von einer großen Abwehrschlacht gegen Normannen »in Saxonia«. Das Treffen, das nicht genauer zu lokalisieren ist, brachte für das sächs. Aufgebot schwere Verluste. An der Spitze der langen Liste gefallener Gf.en wird Brun genannt, »dux und Bruder der Kgn.«. Dieser dux war der Sohn des 866 verstorbenen →Liudolf (Xantener Annalen), der schon zur Zeit Ludwigs d. Dt. als erster Mann in Sachsen galt und das Stift Gandersheim gründete. B.s Mutter war Oda, eine hochgestellte frk. Frau aus dem Hause des Billung (Hrotsvith, Primordia Coenobii Gandersheimensis, 21ff.). Die Bezeichnung dux für B. in einer kritischen Phase erneuter Wikingergefahr im Ost- und Westreich macht deutlich, daß ein militär. Oberbefehl auf Dauer in Sachsen notwendig geworden war. Das führte zur Stabilisierung des »Stammesherzogtums« im Geschlecht der →Liudolfinger. Nach B.s Tod folgte ihm im Dukat daher sein jüngerer Bruder →Otto (»der Erlauchte«), der Vater des späteren Kg.s →Heinrich I., unmittelbar nach. B.s Schwester Liudgard war mit Kg. Ludwig d. J. vermählt, ein weiteres Zeichen für den hohen Rang, den die Familie der Liudolfinger in Sachsen und im Ostreich erlangt hatte. Von Kindern und Enkeln B.s wissen wir nichts, doch lebte sein Name als Leitname im Geschlecht weiter.   W. Lammers

Lit.: B. W. LÜDERS, Die Ludolfinger – ein altsächs. Geschlecht, Zs. des Harzvereins für Gesch. und Altertumskunde 70, 1937, 14–32 – A. K. HÖMBERG, Gesch. der Comitate der Werler Grafenhauses, WZ 100, 1950, 9–133 – S. KRÜGER, Stud. zur sächs. Grafschaftsverfassung im 9. Jh. Stud. und Vorarb. zum Hist. Atlas Niedersachsens, 19. H., 1950 – K. JORDAN, Hzm. und Stamm in Sachsen während des hohen MA, NdsJb 30, 1958, 1–27 – R. WENSKUS, Sächs. Stammesadel und frk. Reichsadel, AAG, 1976.

2. B. (Bruno), Bf. v. →Augsburg seit 1006, † 24. April 1029 in Regensburg, ⊐ in Augsburg, St. Moritz, Sohn des bayer. Hzg.s Heinrich (II.) des Zänkers und Bruder Ks. Heinrichs II. Als Mitglied des liudolfing. Königshauses (→Liudolfinger) spielte B. schon vor seiner bfl. Amtszeit eine Rolle in der Politik: Vermutl. weil ihn sein Bruder bei der nach 1002 fälligen Neubesetzung des bayer. Hzm.s nicht berücksichtigte, schloß er sich dem Empörerkreis um Hzg. →Bolesław Chrobry v. Polen und Mgf. →Heinrich v. Nordgau an. Jedoch nahm Heinrich II. den Bruder 1004 wieder in Gnaden auf. 1005 berief er B., der ztw. dem Domstift in Hildesheim angehörte, an die Spitze der kgl. Kanzlei und betraute ihn ein Jahr später mit der Bischofswürde in Augsburg. In der Folgezeit ist B. häufig in der Umgebung des Kg.s nachweisbar. Allerdings kam es zu neuen Spannungen zw. den Brüdern, vermutl. wegen der Gründung des Bm.s Bamberg und wegen B.s Eintreten für die eigenwillige Kirchenpolitik Ebf. →Aribos v. Mainz. 1024 mußte B. auf Geheiß Heinrichs II. in die Verbannung gehen. Konrad II. hingegen zählte B. zu seinen engsten Vertrauten und übertrug ihm 1026 die Vormundschaft über seinen Sohn und damit die Regentschaft für die Zeit seiner Abwesenheit. – Über B.s kirchl. Amtsausübung ist wenig bekannt. Um 1012 wurde das Kanonikerstift St. Ulrich und Afra, bis dahin mit dem Augsburger Domkapitel verbunden, als Benediktinerkloster verselbständigt. Ca. 1020 hat B. das Kollegiatstift St. Moritz gegründet, in dem er seine letzte Ruhestätte fand.

Th. Zotz

Lit.: F. ZOEPFL, B., Bf. v. Augsburg, Lebensbilder aus dem Bayer. Schwaben 2, 1953, 47–59 – F. ZOEPFL-W. VOLKERT, Die Reg. der Bf.e und des Domkapitels v. Augsburg I, 2, 1965, Nr. 217–263 – J. FLECKENSTEIN, Die Hofkapelle der dt. Kg.e 2, 1966 [Register s. v.].

3. B. I. (Bruno), Ebf. v. →Köln seit 953, * im Mai 925 als jüngster Sohn Kg. Heinrichs I. und der Kgn. Mathilde, † 11. Okt. 965 in Reims, ⊐ nach seinem Wunsch in dem von ihm begründeten Kl. St. Pantaleon in Köln. Für B.s Lebensweg und Wirksamkeit war und blieb entscheidend, daß er der Bruder →Ottos d. Gr. war: er hat Zeit seines Lebens als dessen geistl. Helfer fungiert und wie kein anderer Geistlicher seiner Zeit die Verbindung von Kgtm. und Kirche verkörpert. Bereits als Knabe zum Geistlichen bestimmt, wurde er als Vierjähriger dem Bf. Balderich v. Utrecht zur Erziehung übergeben, in dessen Domschule er sich mit Eifer den liberalibus litterarum studiis widmete (Ruotgeri vita Brunonis cap. 4); sie hat seine tiefe Liebe zur Welt der Bücher geweckt. Noch nicht 15jährig, wurde er 939 auf ausdrückl. Wunsch seines Bruders, Kg. Ottos, an den Hof berufen, um hier unter der Leitung des schott. Bf.s Israel und später auch des von seinem Bischofssitz vertriebenen →Rather v. Verona seine Bildung zu komplettieren. Bald nahm er selbst an den Disputationen der gelehrten Griechen und Lateiner, die sich am Hof um den Kg. versammelten, teil (vita Brunonis cap. 7); gleichzeitig wurde er zunehmend mit den Geschäften des Reiches vertraut gemacht. 940 (25. Sept.) fungiert er bereits als Kanzler seines kgl. Bruders, um dieses wichtige Hofamt bis 953 (25. Sept.) auszuüben (DDO I 35–164). Dabei zeichnet sich an der wachsenden Zahl seiner Interventionen sein zunehmender polit. Einfluß ab. Er hat sich als Kanzler nicht nur um die allgemeine Verwaltung, sondern auch um eine Verbesserung der Ausbildung der Hofgeistlichen bemüht (vita Brunonis cap. 8) und, wie er persönlich selbst von tiefer Frömmigkeit erfüllt war, auch stets den religiös-geistl. Bedürfnissen Geltung verschafft. So hat er sich insbes. für die Ausbreitung der Gorzeschen Reform (→Gorze) eingesetzt – dies v. a. in den Kl., die Otto ihm früh unterstellte, so nachweislich in der großen Abtei →Lorsch. Die überragende Stellung, die er als Kanzler erlangt hatte, wird darin deutlich, daß er 951 – noch vor seiner Erhebung zum Bf., was außergewöhnlich war – von Otto zum Erzkapellan, d. h. zum Haupt der kgl. Kapelle (→Hofkapelle), erhoben wurde (DO I 139, dazu vita Mathildis reg. cap 9). Die Übertragung des höchsten geistl. Hofamtes, das B. bis zu seinem Tode innehatte, läßt erkennen, daß er jedenfalls für eines der großen Ebm.er vorgesehen war. Dementsprechend wurde er zwei Jahre später (953) im Beisein Bf. Gotfrieds v. Speyer als kgl. Gesandten zum Ebf. von Köln gewählt und wenig später, im August 953, inthronisiert (Reg. der Ebf.e v. Köln Nr. 383ff.). Bereits Anfang Sept. 953 übertrug Otto ihm dazu die Verwaltung des Hzm.s Lothringen, weshalb Ruotger (cap. 20) ihn treffend als »archidux« bezeichnet. Er umschreibt damit die Doppelstellung, in der B. sich in den folgenden Jahren als Ebf. wie als Reichsfürst mit allen Kräften für die Sache seines kgl. Bruders eingesetzt hat, stets bestrebt, Reich und Kirche dabei in gleicher Weise zu dienen. So hat er als dux die Beruhigung und Sicherung Lothringens durchgesetzt (s. a. →Konrad der Rote; →Friedrich, Hzg. v. Oberlothringen; →Oberlothringen), während er als Ebf., weit über seinen Sprengel hinauswirkend, den dt. Episkopat eng an das Kgtm. heranzog und damit praktisch eine Neuorganisation der Reichskirche in die Wege leitete (→Ottonisch-salisches Reichskirchensystem). Wesentl. dafür war, daß er in Köln die Leitung der Domschule selbst in die Hand nahm, hier aus dem ganzen Reichsgebiet begabte Schüler um sich scharte und mit ihnen die wichtigsten Bischofsstühle besetzte, damit sie nach dem Zeugnis seines Biographen (cap. 37) in seinem Sinne »rem publicam suo quisque loco fide et viribus tuerentur«. Es bezeichnet den Höhepunkt seiner Wirksamkeit, daß B. am 26. Mai 961 seinen Neffen Otto II. in Aachen zum Kg. salbte und anschließend während der Abwesenheit Ottos d. Gr. in Italien (bis Febr. 965) zusammen mit Ebf. →Wilhelm v. Mainz die Sorge für den jungen Kg. und das Reich (custodiam regni Cisalpini) wahrnahm. Über der Sorge für das Reich hat er seine Kölner Kirche nicht vergessen: er hat sie um mehrere

Neugründungen bereichert, so um das Kl. St. Pantaleon und die Stifter Groß St. Martin und St. Andreas in Köln. Zahlreiche andere Kl. und Stifter hat er mit reichen Reliquienschenkungen und Wohltaten bedacht, darunter v. a. auch seinen eigenen Dom, den er von Grund auf erneuert hat. Unter der Fülle seiner Aufgaben hat der rastlos Tätige früh seine Kräfte aufgezehrt. Erst 40jährig ist er auf der Heimreise von einer diplomat. Mission in Frankreich am 11. Okt. 965 in Reims gestorben, bis zuletzt dem Gebet und seinen Büchern hingegeben. Bald erzählte man von einer Vision des Klerikers Poppo, wonach B. wegen seiner »übertriebenen« weltl. Studien (ob inanem philosophiae executionem) vom höchsten Richter angeklagt, aber vom hl. Paulus verteidigt und gerechtfertigt worden sei (Thietmari Chronicon II. cap. 16). In der Tat gehört die Sorge für die Pflege der weltl. wie der geistl. Studien wesentl. zu seinem Lebenswerk: Es ist die Verbindung seines Dienstes für Kirche, Reich und Bildung, durch die er uns als Prototyp des otton. Reichsbischofs erscheint. – Zur Vita Brunonis→Ruotger v. Köln. J. Fleckenstein

Q.: Ruotgeri vita Brunonis archiep. Colon., ed. I. OTT (MGH SRG NS 10, 1951) [Hauptquelle] – für alle weiteren Quellen s. F. W. OEDIGER, Die Reg. der Ebf.e v. Köln I, 1954–61 – *Lit.: allg.:* HAUCK III⁶, 1952, 41ff. – H. SPROEMBERG, Die lothring. Politik Ottos d. Gr., RhVjbl 11, 1941, 53ff. – W. NEUß – F. W. OEDIGER, Gesch. des Ebm.s Köln I, 1964, 165ff. – J. FLECKENSTEIN, Die Hofkapelle der dt. Kg.e 2 (MGH Schr. 16,2, 1966), s. v. – *im einzelnen:* H. SCHRÖRS, Ruotgers Lebensgesch. des Ebf.s B.v. Köln, ebd. 88, 1910 – DERS., Ebf. B. v. Köln, AHVN 100, 1917 – J. FLECKENSTEIN, B.s Dedikationsgedicht als Zeugnis der karol. Renovatio unter Otto d. Gr., DA 11, 1954/55 – DERS., Königshof und Bischofsschule unter Otto d. Gr., AK 38, 1956 – H. M. KLINKENBERG, Noch einmal zu Brunos Dedikationsgedicht, DA 12, 1956 – F. LOTTER, Die Vita Brunonis des Ruotger (BHF 9, 1958) – DERS., Das Bild Brunos I. v. Köln in der Vita des Ruotger, JbKGV 40, 1966 – H. STEHKÄMPER, Ebf. B. I. und das Mönchtum, ebd. – Die Reichsabtei Lorsch. Fschr. zum Gedenken an ihre Stiftung 764, hg. F. KNÖPP, I, 1973 [dort die Beitr. von J. SEMMLER und H. STEHKÄMPER].

4. B. v. Querfurt (Bonifacius), hl., Missions-Ebf. der östl. Heiden seit 1004, * ca. 974 als Sohn des sächs. Edlen Brun und der Ida in Querfurt (Hassegau), † vermutl. 9. März 1009 im Gebiet von Suwałki. Als Brüder B.s werden Gebhard, Dietrich und Wilhelm genannt. Ein Vaterbruder B.s, Ricbert, war Gf. im Hassegau (bis 1009), eine Vaterschwester, Mathilde, Großmutter →Thietmars, Bf. v. Merseburg (1009–18). Gemeinsam mit Thietmar wurde B. unter Ebf. →Giselher v. Ekkehard Rufus und Geddo an der Domschule von →Magdeburg unterrichtet. Schärfer noch als Thietmar rügt B. die 981 erfolgte Aufhebung seines Heimatbistums →Merseburg durch Otto II. und sieht in den Katastrophen seiner Zeit die Strafe Gottes und des hl. Laurentius. Demgegenüber lobt er die Politik Ottos I. Als Magdeburger Domherr wurde B. wohl im Sommer 997 Hofkapellan Ks. Ottos III. Durch den Märtyrertod →Adalbert-Vojtěchs (15. A.) erschüttert, beschloß er, diesem nachzueifern und trat im Febr. 998 in Rom in dessen Kl. SS. Bonifacius et Alexius ein. Spätestens jetzt nahm er den Namen Bonifacius an. Mit Otto III. verbanden B. weiterhin dessen Adalbertverehrung und asket. Neigungen, doch lehnte er dessen Rompolitik ab. In Italien übten der Einsiedler →Romuald, Vorkämpfer einer monast. Reformbewegung, und der griech. Eremitenabt →Neilos Einfluß auf B. aus. I. J. 1001 gewann Romuald außer den Priestermönchen Benedikt und Johannes aus Monte Cassino auch B. dafür, unter seiner Leitung eine Eremitenkolonie in den Sümpfen des Po bei Pereum nördl. Ravenna zu beziehen. Als Otto III. dort ein Kl. erbaute, kam es wegen der Abtwahl und der Gestaltung des monast. Lebens zeitweilig zu Spannungen zw. B. und Romuald. Im Nov. 1001 brachen Benedikt und Johannes auf Veranlassung Ottos III. und B.s, der ihnen zu folgen versprach, zur Heidenmission nach Polen auf. B. ließ sich erst im Herbst 1002 von Papst Silvester II. den Missionsauftrag erteilen und das ebfl. Pallium überreichen. Der Papst übermittelte Kg. Heinrich II. die Bitte, B. zum Ebf. der Heiden weihen zu lassen. Wegen des inzwischen ausgebrochenen Krieges mit →Bolesław I. Chrobry, Hzg. v. Polen, ging B. zunächst nach Ungarn, wo er nach einer Begegnung mit Kg. →Stephan und dem Adalbertschüler→Anastasius (Ascherich, Astric), Ebf. v. Gran, die Mission bei den noch überwiegend heidn. »schwarzen Ungarn«, den →Széklern in Siebenbürgen, aufnahm. Benedikt und Johannes warteten inzwischen lange vergebl. auf B. und wurden schließlich in ihrer Einsiedelei von Räubern ermordet. B. suchte im Sommer 1004 den Hof Heinrichs II. auf, wurde von Ebf. →Tagino v. Magdeburg zum Missions-Ebf. geweiht und stiftete in seiner Vaterstadt Querfurt die Burgkirche mit vier Kollegiatpriesterstellen. Nach erneuter längerer Missionstätigkeit bei den Széklern ging B. Ende 1007 zum Gfs.en Vladimir I. v. Kiev und begann Anfang 1008 die Missionspredigt bei den Petschenegen am unteren Dnjepr. Im Sommer vermittelte er einen Frieden zw. Vladimir und den Petschenegen, setzte einen seiner Begleiter zum Bf. ein und reiste dann nach Polen. Von hier aus entsandte er einen Bf. auch nach Schweden. Ende 1008 wies er in einem Brief an Heinrich II. Warnungen des Kg.s zurück und tadelte ihn, weil er, statt die vom Glauben abgefallenen →Lutizen gewaltsam in die Gemeinschaft der Kirche zurückzuführen, im Bündnis mit diesen Heiden einen chr. Fürsten, Bolesław, bekriege. Anfang 1009 brach er zur Preußenmission ins Gebiet der Jadwinger auf und erlitt dort mit 18 Gefährten den Märtyrertod. – Ein um die Mitte des 12. Jh. bezeugter »Liber gestorum Brunonis« ist verloren, eine um 1400 vorliegende »Vita et passio« von geringem Wert. Wichtigste Zeugnisse für B.s Leben sind neben einem Bericht Thietmars (VI, 94f.) seine eigenen Schriften, die Vita Adalberts (zwei Redaktionen) als bewußtes Gegenstück zur »röm.« Vita, die »Vita Quinque Fratrum« (der Märtyrer in Polen) und der Brief an Kg. Heinrich II. Der Kult des hl. Brun(o) hielt sich in Querfurt bis zur Reformation. F. Lotter

Ed.: Krit. Ausg. der Werke, ed. J. KARWASIŃSKA, MPH NS, Ser. n. IV, 2/3, 1969/73 – *Lit.:* NDB II – H. G. VOIGT, B. v. Qu., 1907 [mit Übersicht der Schriften und Quellen] – R. WENSKUS, Stud. zur hist.-polit. Gedankenwelt B.s v. Qu., Mitteldt. Forsch. 5, 1956 – WATTENBACH-HOLTZMANN III, hg. F.-J. SCHMALE, 1971, 18*–21* – J. KARWASIŃSKA, Świadek szasów Chrobrego, Brunon z Kwerfurtu (Polska w Świecie, red. J. DOWIAT u. a., 1972), 91–105.

5. B. (Candidus), Maler und Schriftsteller, † 845. B. Candidus, der wohl ein Franke war, erhielt zur Zeit des Abtes →Baugulf (780–802) im Kl. Fulda seine erste Ausbildung als Mönch; vermutl. war er etwas älter als der gleichfalls in Fulda ausgebildete →Hrabanus Maurus. Abt →Ratgar (802–817) schickte ihn zu fortgeschrittenem Unterricht, bes. in der bildenden Kunst, zu →Einhard an die Hofschule. Nach seiner Rückkehr wurde ihm die Ausmalung der Apsis über dem zukünftigen Grab des hl. →Bonifatius (Translation i. J. 819) in der Salvator-Basilika aufgetragen. Auf Anregung des Abtes→Eigil (818–822) verfaßte er eine »Vita Baugulfi«, welche jedoch verloren ging. Wie er selbst bezeugt, war er auch als Lehrer in Fulda tätig. In den frühen vierziger Jahren schrieb er die »Vita Eigili« in zwei Büchern; in Nachahmung der Form von Hrabans »De laudibus sanctae crucis« faßte er das eine Buch in Prosa (ed. G. WAITZ, MGH SS XV, 222–233), das andere in Versen (ed. E. DÜMMLER, MGH PP II, 96–114). Inhaltl.

ergänzen sich beide Bücher. Die einzige Hs. des Werkes ist verloren; sie soll nach Feststellung von CH. BROWER Zeichnungen enthalten haben. Einige früher dem Candidus Brun zugeschriebene theol. Werke stammen von Candidus→Wizo. C. E. Eder

Lit.: DHGE X, 986f. – NDB II, 691f. – LThK² II, 736 – TH. RICHTER, Wizo und Bruun (Programm des städt. Realgymnasiums zu Leipzig, 1890) – BRUNHÖLZL I, 341–343, 557 – H. SPILLING, Ags. Schrift in Fulda (Von der Klosterbibl. zur Landesbibl., Beitr. zum zweihundertjährigen Bestehen der Hess. Landesbibl. Fulda, hg. A. BRALL, 1978), 64f. – C. E. EDER, C. B. v. Fulda (Rabanus Maurus, Fschr., 1980).

6. B., Rudolf, Bürgermeister v. →Zürich 1336, * 1300/1310, † 17. Sept. 1360 (vielleicht durch Gift). B. stammte aus ritterl. Ratsgeschlecht (Ministerialen der Fraumünster-Abtei) in Zürich. Er verdrängte 1336 die patriz. Kaufleute vom Regiment und gab der Reichsstadt mit dem 1. Geschworenen Brief eine auf Dienstadel und 13 Zünfte abgestützte Verfassung, die ihm selber als erstem Bürgermeister auf Lebenszeit diktator. Gewalt einräumte. Anschläge innerer und äußerer Gegner (z. B. Zürcher Mordnacht 1350) wehrte er ab und lavierte geschickt zw. dem Reich, Habsburg und der →Eidgenossenschaft, an deren Entwicklung er durch Zürichs Bund mit den Waldstätten 1351 und den Beitritt→Berns 1353 großen Anteil hatte.
U. Helfenstein

Lit.: A. LARGIADÈR, Bürgermeister R. B. und die Zürcher Revolution von 1336 (Mitt. der Antiquar. Ges. Zürich XXXI/5, 1936) – H. C. PEYER, Die Entstehung der Eidgenossenschaft (Hdb. der Schweizer Gesch. 1, 1972), 208–216.

7. B. v. Schönebeck, aus führendem Patriziergeschlecht Magdeburgs stammender Dichter des 13. Jh. Seine in md. Sprache abgefaßten Werke sind nur z. T. erhalten. Vollständig überliefert ist einzig seine 1275–76 entstandene, sich an ein patriz.-höf. Publikum wendende »Hohelied«-Auslegung (12 719 V.), deren primär mariolog. Deutungshorizont vornehml. der »Expositio in C. C.« des →Honorius Augustodunensis folgt. Bei der Darstellung der anspruchsvollen theol. Materie stand dem schon betagten Dichter der Magdeburger Prediger und Lesemeister Heinrich v. Höxter beratend zur Seite (→Hohelied). Aus vielfältigen Allusionen ergibt sich für den Autor und wohl auch sein Publikum Kenntnis der höf. mhd. Lit., bes. →Wolframs v. Eschenbach. – Wesentl. schlichter und wohl auch älter als das »Hld« sind die anderen geistl. Dichtungen Bruns. Eine breit angelegte »Ave Maria«-Auslegung, von der im wesentl. nur der Anfangsteil (rd. 750 V.) erhalten ist, und die (wie in anderer Form auch B.s »Hld«) die →Theophiluslegende als Einschub enthält, ist Ausdruck der innigen Marienverehrung Bruns. Welcher ursprgl. Zusammenhang zw. einigen kleineren katechet. Gedichten besteht, ist angesichts ihrer fragmentar. Überlieferung unklar. – Gänzlich verloren sind die durch die →»Magdeburger Schöppenchronik« bezeugten weltl. Dichtungen B.s, so v. a. seine Darstellung eines um 1270 vom Magdeburger Patriziat veranstalteten Ritterfestes, bei dem die Teilnehmer in der Rolle von Artus- und Gralsrittern auftraten. H. Beckers

Ed.: B. v. Sch., ed. A. FISCHER, 1893 [Neudr. 1973] – Lit.: Verf.-Lex.² I, 1056–1061.

Brunanburh. Bei dem Ort Brun(n)anburh im nw. England (nicht eindeutig identifiziert, auch abweichende Namensformen überliefert) errang das engl. Heer unter Kg. →Æthelstan und seinem Bruder (und späteren Nachfolger)→Edmund i. J. 937 den entscheidenden Sieg über die verbündeten Streitkräfte der Wikinger von Dublin (unter Olaf Guthfrithson), der Schotten (unter →Konstantin II.) und der Briten des Kgr. →Strathclyde. – Die Hss. A (mit G) und BCD der Angelsächs. →Chronik enthalten als Eintrag zu diesem Jahr einen ae. poet. Text (73 streng gebaute alliterierende Langzeilen), der dieses Ereignis (unter Bezugnahme auf buchmäßige Historiographie) im Stil eines »Preislieds« feiert. Der Text spricht die hist. Vorfälle nur in großen Zügen an (u. a. Olafs Flucht nach Dublin, Tod eines schott. Prinzen) und bedient sich im übrigen vorwiegend konventioneller Formeln und Bilder aus der episch-heroischen Tradition (z. B. Rabe, Adler, Wolf als Schlachtfeldbegleiter). D. K. Fry/W. Steppe

Bibliogr.: G. K. ANDERSON, The Lit. of the Anglo-Saxons, 1966, 104 – RENWICK-ORTON, 165–167 – NCBEL I, 239–240 – S. B. GREENFIELD – F. C. ROBINSON, A Bibliogr. of Publications on OE Lit., 1980, 116–119 – Q.: A. CAMPBELL, The Battle of B., 1938 – E. V. K. DOBBIE, The Anglo-Saxon Minor Poems, ASPR 6, 1942 – Lit.: HOOPS² II, 92f. [K. WEIMANN]; III, 587f. [H. R. Loyn] – N. D. ISAACS, Battlefield Tour. Brunanburg, NM 63, 1962, 236–244 – J. WORMALD, Bloodfeud, Kindred and Government in Early Modern Scotland, PP 87, 1980, 54–97.

Brunelleschi, Filippo, it. Architekt, Bildhauer und Ingenieur, * 1377 in Florenz, † 15. April 1446 ebd., ◻ S. Maria del Fiore ebd., gilt als Erfinder des zentralperspektiv. Projektionsverfahrens. B. stand in künstler. Wechselbeziehung u. a. zu →Donatello, →Ghiberti und →Masaccio. Auf zwei Romreisen (ca. 1402 und 1433) beschäftigte er sich eingehend mit den Resten der röm. Antike und betrieb math. sowie geometr. Studien.

Der Sohn des Notars Ser Brunellesco di Lippo absolvierte nach einer humanist. Ausbildung eine Goldschmiedelehre und nahm 1401 an dem Wettbewerb für die zweite Bronzetür des Baptisteriums in Florenz teil. Sein Wettbewerbsstück, das Bronzerelief der »Opferung Isaaks«, hat sich als eine der wenigen bildhauer. Arbeiten B.s erhalten (Nat. Mus. Bargello, Florenz). Neben Palastbauten, deren Zuschreibung teilweise umstritten ist, schuf B. 1421–44 das Florentiner Findelhaus (Ospedale degli Innocenti), das sowohl antik-röm. wie toskan. Elemente aufweist und oft als das erste im Renaissancestil errichtete Bauwerk bezeichnet wird. Mit den Kirchenbauten v. S. Lorenzo (begonnen 1420) und S. Spirito (begonnen 1434) in Florenz errichtete B. zwei Säulenbasiliken mit Rundbogenarkaden, die sich an Vorbildern der toskan. Romanik des 11./12. Jh. orientieren. Als Zentralbauten gestaltete er die Pazzi-Kapelle an S. Croce (begonnen 1429) und das unvollendete Oratorium des Kl. S. Maria degli Angeli in Florenz (begonnen 1434).

Für die Entwicklung der →Bautechnik erzielte B. wertvolle Leistungen. Als Hauptwerk seines techn. Könnens ist die Einwölbung der Florentiner Domkuppel anzusehen, für die er 1420 gemeinsam mit Ghiberti den Auftrag erhielt. Schon 1418 hatte B. ein Kuppelmodell in Mauerwerk entworfen, das eine Einwölbung der Kuppel ohne Gerüst beweisen sollte. Die Möglichkeit einer Einwölbung ohne Lehrgerüst hatte er zuvor schon an der Ridolfi-Kapelle in S. Jacopo Oltrarno (teilweise zerstört) und der Barbadori-Kapelle in S. Felicita (zerstört) erprobt und prakt. erwiesen. Die Florentiner Domkuppel wurde als Zweischalenkuppel ohne Gerüst nur über Lehrbögen unter den Rippenverstrebungen errichtet. Ihre Einweihung erfolgte 1436, die Laterne wurde 1446–67 nach B.s Entwürfen ausgeführt. In der Alten Sakristei von S. Lorenzo und der Pazzi-Kapelle bei S. Croce schuf B. zwei weitere Kuppelüberwölbungen, die wegen ihrer Form, die an aufgespannte Segel erinnert, als Schirmgewölbe 'a creste e a vele' bezeichnet werden. Aufgrund seines techn. Wissens wurde B. oft zu bautechn. Begutachtungen und Entwürfen herangezogen, u. a. 1404 zu einem Gutachten über die Strebemauern der Chortribünen des Doms in Florenz, 1432 und 1436 bei Dammanlagen am Po und zu nicht näher bezeichneten Arbeiten in Mantua und Ferrara. Eine wesentl. Bedeutung kommt auch B.s Aufträgen als Kriegsingenieur und Festungsbaumeister zu; 1430 leitete er das gescheiterte Unternehmen, die belagerte Stadt Lucca durch Ableitung des Flusses Serchio unter Wasser zu setzen; in Pisa war er 1426 bei Befestigungsarbeiten des ponte al mare tätig, 1435 und 1439 bei Erbauung einer Zitadelle in Vicopisano. B. entwickelte zahlreiche Baumaßnahmen, Sicherheitsvorkehrungen und Baumaschinen, um seine neuartigen techn. Ideen prakt. durchführen zu können. S. Christink/G. Binding

Lit.: DBI XIV, 534–545 – THIEME-BECKER V, 125ff. – E. BATTISTI, F. B., 1976 – G. FANELLI, B., 1977 – C. BOZZONI-G. CARBONARA, F. B. Saggio di bibliogr., 2 Bde, 1977–78 – F. B. La sua opera e il suo tempo, 2 Bde, 1980 – H. SAALMAN, F. B. The cupola of Santa Maria del Fiore, 1980.

Brunetto Latini → Latini, Brunetto

Bruni. 1. B., Francesco, päpstl. Sekretär, Humanist, * vermutl. um 1315, Florenz (auch die Jahre bis 1325 kämen als Geburtsdatum in Frage), als Sohn des Bruno di Orlando di Bruno da Vespignano; † wahrscheinl. 1385. Sein Wohnsitz ist im Quartiere San Giovanni belegt, 1353 wurde er dort zum Notar der Prioren gewählt. Im gleichen Jahr trat er erstmals mit →Boccaccio in Verbindung, was zu intensiven humanist. Kontakten führte. 1360 begann seine diplomat. Karriere mit einer Mission in der Romagna; im Dez. des gleichen Jahres wurde er auch auf den Rhetorik-Lehrstuhl des florent. Studio berufen. Auf das Jahr 1361 geht seine Freundschaft mit Petrarca zurück, die jedoch immer auf den Briefwechsel beschränkt blieb. Er trat mit diesem durch die Vermittlung des Signore v. Rimini, Pandolfo Malatesta in Kontakt, der seinerseits die Intervention von Francesco da Carrara benötigte, um die stolze Sprödigkeit des großen Dichters zu besiegen. Bald darauf begab sich B. nach Avignon, um dem eben gewählten Papst Urban V. seine Dienste anzubieten. Dieser erhob ihn am 3. Febr. 1363 anstelle des verstorbenen Zanobi da Strada zum päpstl. Sekretär. 1366 kehrte er nach Italien zurück, wahrscheinl., um Vorbereitungen für die Rückkehr des Papstes nach Rom, die im Jahr darauf erfolgte, zu treffen. Kurz danach wurde Coluccio →Salutati, mit dem ihn ebenfalls herzliche Freundschaft verband, sein Koadjutor und stand ihm während des ganzen Aufenthalts der päpstl. Kurie in Rom zur Seite. Als 1370 der Papst nach Avignon zurückkehrte, begab sich auch F. B. mit seiner Familie dorthin. Nach dem Tode Urbans V., der im gleichen Jahr erfolgte, bestätigte sein Nachfolger Gregor XI. B. in seinem diplomat. Amt. In jener Periode bemühte sich B., die Zwistigkeiten von Florenz und Siena mit dem Papst beizulegen. Zusammen mit der Kurie kehrte er 1376 nach Rom zurück. 1378 bestätigte ihn der neue Papst Urban VI. in seinem Amt, von dem er sich jedoch vermutl. 1382 zurückzog. Er kehrte nach Florenz zurück, wo er von Juli 1383 bis Aug. 1384 Gonfaloniere di Giustizia war und vermutl. 1385 starb.

B. war ein hochgebildeter Mann und vorzügl. Diplomat. Von seinem reichen Briefwechsel mit den größten Literaten seiner Zeit (unter ihnen Zanobi de Strada, Petrarca, Boccaccio, Coluccio Salutati) ist von ihm selbst nur ein einziger Brief (Cod. Landi 31, Bibl. Com. Passerini, Piacenza) erhalten. Außer von den gen. Humanisten wurde seine Bedeutung auch von Franco →Sacchetti (Rime, hg. A. DEL MONTE, 1936, 285, v. 151) gewürdigt.

G. Busetto

Q. und Lit.: Francesco Petrarca, Epistole, hg. U. DOTTI, 1978 [Ind.] – DBI XIV, 610–614 [Bibliogr.] – P. O. KRISTELLER, Iter Italicum I, II, 1963–67 [Ind.].

2. B., Leonardo (gen. Aretino; Leonardus Brunus Aretinus), Hauptvertreter eines stadtbürgerl.-polit. Ziele verfolgenden »Bürger-Humanismus« (BARON) in Florenz. * 1370 (?) in Arezzo, kam er als Knabe (1384?) nach Florenz, † 1444 ebd. Seine humanist.-rhetor.-jurist. Bildung verdankte er Giovanni Malpaghini v. Ravenna sowie dem Kanzler der Republik Coluccio→Salutati, dem er zeitlebens in tiefer Verehrung verbunden blieb, und – seit 1397 – Manuel →Chrysolaras, bei dem er Griechisch lernte. Er widmete sich einem intensiven humanist. Studium, das den Angelpunkt des von Salutati propagierten neuen Bildungsprogramms der →Studia humanitatis bildete. In diese Zeit fällt sein erstes erhaltenes Werk, das an Kg. Wenzel gerichtete »Carmen de adventu imperatoris« (1397–98), in dem bereits in nuce die polit. Thematik seines Schaffens vorhanden ist, die er 1401–05 in den beiden »Dialogi ad Petrum Paulum Istrum« (P. P. →Vergerio v. Capodistria) sowie in der »Laudatio florentinae urbis« ausführte und präzisierte. In diesen Werken entwickelte er den Gedanken einer kulturellen und polit. Funktion von Florenz (das er mit Athen vergleicht) als Bollwerk der städt. Freiheit und des polit. Gleichgewichts in Italien. Gleichzeitig begann er griech. Autoren zu übersetzen, v. a. Platon, Aristoteles, aber auch Demosthenes, Aischines, Plutarch u. a. Seine Übersetzungsprinzipien faßte er in seiner themat. Schrift »De interpretatione recta« 1423/26?) zusammen. Übersetzen heißt für ihn, die Bedeutung (significatio) griech. Worte zu verstehen und in gutes Latein zu übertragen (HARTH). In seiner Eigenschaft als päpstl. Sekretär (1406–15) war B.s Geschick mit dem der Päpste Innozenz VII., Gregor XII. und Johannes XXIII. eng verbunden. Die Absetzung des letzteren zwang B., das Konzil v. Konstanz fluchtartig zu verlassen und in Florenz Schutz zu suchen, wo er durch die Förderung von Cosimo de'Medici 1416 das Bürgerrecht und 1427 das Kanzleramt erhielt, das er bis zu seinem Tode innehatte. Seit seiner Rückkehr nach Florenz arbeitete er an seinem Hauptwerk »Historia florentini populi«. Die Arbeit daran beschäftigte ihn bis zu seinem Tod. Seine philolog. Akribie, die krit. Benutzung der Archivurkunden, eine objektive Darstellung, die es vermied, zur Motivation der Ereignisse übernatürl. Mächte oder die Vorsehung zu bemühen und die geschilderten Vorgänge auf eine rein menschl. Ebene verlegte, sowie die Eleganz des an den klass. Vorbildern geschulten Stils lassen die als Quelle benutzte ma. Chronistik weit hinter sich. Die Verherrlichung der von der demokrat. Struktur der Republik garantierten und verteidigten Freiheit ist das Leitmotiv des Werkes: Jedem Bürger sind von Rechts wegen die öffentl. Ämter zugänglich, er hat die Möglichkeit, seine virtus, seine Fähigkeiten, zu entfalten und seine persönl. Bildung beständig zu erweitern und zu vertiefen.

Unter B.s zahlreichen Werken verdienen bes. Erwähnung: die hist.-polit. Abhandlungen wie »De militia« (1421), eine vergleichende Untersuchung des Militärwesens in Griechenland, Rom und Florenz; die »Commentarii«, die die »Historia« begleiten: »Commentaria tria de primo bello punico« (1419), eine Bearbeitung des Polybios; »Commentaria rerum graecarum« (1439); »Rerum suo tempore gestarum commentarius« (1441); »De bello italico adversus Gothos« (1441); der seiner Übersetzung der pseudoaristotel. »Oeconomica« beigefügte Kommentar (1420–21); der polem. Traktat gegen die Sterilität des Mönchslebens »Oratio in hypocritas« (1417); das »Isagogicon moralis disciplinae« (1423?), das als Kommentar zu seiner Übersetzung der Nikomach. Ethik des Aristoteles entstand und die studia humanitatis feiert. Die Thematik wird auch in der kleinen Schrift »De studiis et litteris« (1423/26?) wiederaufgenommen, welche die Quintessenz der pädagog. Philosophie bietet, die B. A. in seinem polit. engagierten Humanismus vertritt; die »Oratio in funere Iohannis Strozzae« (1427), deren endgültige Fassung von 1428 sich in einen neuerlichen Panegyricus auf Florenz verwandelt; schließlich sei noch auf die 1436 entstandenen Biographien »La vita di Dante« und »La vita di Petrarca« verwiesen, beide in Volgare, in denen B. die Größe und Bedeutung der beiden Florentiner bekräftigt. G. Busetto

Ed.: H. Baron, L. B. A. Humanist.-philos. Schriften, 1928 [Nachdr. 1970]–Laudatio florentinae urbis, ed. V. Zaccaria, StM 3, VIII, 1967, 529–554 – Dialogi ad P. P. Istrum, ed. E. Garin (Prosatori latini del Quattrocento, 1952, 39–99) – Historiae Florentini populi, Muratori² XIX, 3, 3–288, ed. E. Santini – Rerum suo tempore gestarum commentarius, ebd., hg. C. Di Pierro, 403–469–De militia (C. C. Baley, War and Society in Renaissance Florence. The »De Militia« of L. B., 1961, 360–397)–Lit.: Repfont II, 588–591–DBI, s. v. – E. Garin, Der it. Humanismus, 1947 – H. Baron, Humanistic and Political Lit. in Florence and Venice, 1955, 69–184 – B. L. Ullman, L. B. and Humanistic Historiography, Stud. in the Italian Renaissance, 1955, 321–344–H. Baron, The Crisis of the Early Italian Renaissance, 1966² – Ders., From Petrarch to L. B., 1968, 107–201 – H. Harth, L. B.s Selbstverständnis als Übersetzer, AK 50, 1968, 41–63 – N. S. Struever, The Language of Hist. in the Renaissance, 1970.

Brunichild, frk. Kgn., †613, Tochter des westgot. Kg.s Athanagild. ∞1. Sigibert I., Kg. des frk. Ostreichs (Reims), seit 566/567, Kinder: u. a. Childebert (II.); ∞2. Merowech († 577), Sohn Chilperichs I., seit 576. Bestimmendes Motiv für die Politik der frühen B. war Rache für die Ermordung ihrer Schwester →Galswintha durch deren Gatten Kg. →Chilperich wegen dessen Frau vor und nach Galswintha, →Fredegunde. So war B. treibende Kraft im Kampf →Sigiberts gegen Chilperich. Gemeinsam mit zumindest einem Großen, gestützt auf die gentes Sigiberts konnte B. 575 die Herrschaft ihres unmündigen Sohnes →Childebert im ostfrk. Reich seines Vaters durchsetzen. Die Unmündigkeit Childeberts war Anlaß für den Machtkampf zw. den ostfrk. Großen und dem Kgtm., vertreten durch Kg. Gunthramn, B. und dem unter ihrer tuitio stehenden Childebert; er endete mit der Zurückdrängung der Großen und führte zum Vertrag von →Andelot (587/586), der eine Stärkung des Kgtm.s bedeutete und an dem B. maßgebl. Anteil hatte. Childebert († 596) folgten dessen unmündige Söhne →Theudebert II. in Austrien und →Theuderich II. in Burgund »cum avia B.« (Vita Columbani, I, 18; MGH SRM IV, 86). 598/599 wurde B. von den Austriern vertrieben und nahm seitdem in Burgund eine ähnliche Position ein wie unter Childebert in Austrien. Durch sie gelangten Romanen in höchste Ämter. Mit der Ermordung des Hausmeiers Protadius durch Burgunder wurde deren Opposition zu B. zum ersten Mal deutlich. Wegen der Legitimität der Söhne Theuderichs von concubinae geriet B. in Konflikt mit →Columban. Kämpfe zw. den Enkeln B.s führten zum Tod Theudeberts (612). Nach Theuderichs Tod (613) ließ B. dessen unmündigen Sohn Sigibert (II.) unter Ausschluß seiner Brüder zum Kg. erheben. Die Opposition der Großen gegen B. wuchs in beiden Reichen. Nachdem die Austrier →Chlothar II. eingeladen hatten, verließen auch die Burgunder B., die 613 grausam getötet wurde. Die z. T. verzerrte Darstellung B.s in den Quellen täuscht nicht darüber hinweg, daß sie Vorkämpferin eines mächtigen Kgtm.s gegenüber den Großen und Verfechterin der Reichseinheit war. H. Grahn-Hoek

Lit.: G. Kurth, La reine Brunehaut (Études franques I, 1919), 265–356 – M. Brion, Frédegonde et Brunéhaut, 1935 – E. Ewig, Die frk. Teilungen und Teilreiche (511–613), AAMz, 1952, Nr. 9, 681ff., 712ff. –H. Grahn-Hoek, Die frk. Oberschicht im 6. Jh. Stud. zu ihrer rechtl. und polit. Stellung (VuF, Sonderbd. 21), 1976.

Bruning → Hildesheim, Bm.

Brunkeberg, Schlacht am, fand am 10. Okt. 1471 nördl. von Stockholm statt. Dem schwed. Aufstand von 1464 folgte der Abbruch der erneuerten skand. Union (→Kalmarer Union). In Schweden standen sich zwei Gruppierungen gegenüber: Die eine war die von den Geschlechtern der →Wasa und →Oxenstierna sowie Mitgliedern der dän.-schwed. Grenzadels geführte stärker unionsfreundl. Gruppe; an der Spitze der anderen stand →Karl Knutsson, der von der nationalen Bewegung in →Dalarna unterstützt wurde. Mit der Wahl von →Erik Axelsson (Thott) zum alleinigen Reichsverweser (1466) und der (erneuten) Thronbesteigung Karl Knutssons (1467) verloren die Oxenstierna und Wasa ihre dominierende Stellung; die Hoffnung Kg. →Christians I. v. Dänemark auf Wiederherstellung der Union schwanden dahin. Nach Karls Tod im Frühjahr 1470 versuchte Christian jedoch, seine Rechte auf die Herrschaft über Schweden erneut geltend zu machen. Ihm stellte sich Sten →Sture, ein naher Verwandter Karls, der den Titel des →Reichsverwesers annahm, entgegen. Sten Sture gelang es, die Brüder→Ivar und Erik Axelsson, die seit 1466 Gegner Kg. Christians waren, durch Zusicherung bedeutender Lehen auf seiner Seite zu halten. Der dän. Kg. untermauerte seine Prätentionen seinerseits durch verstärkte Kriegsvorbereitungen. Verhandlungen im Frühjahr 1471, an denen der Ebf. v. Uppsala, →Jakob Ulfsson, führend beteiligt war, blieben ergebnislos. Diese Gespräche wurden fortgeführt, als Christian im Hochsommer 1471 mit Heer und Flotte an der schwed. Küste erschien, womit er den schwed. Reichsrat überrumpelte. Eine Waffenruhe von einem Monat wurde festgesetzt, welche Sten Sture zur Aufstellung eines Heeres in der Landschaft Dalarna nutzte; dies sollte eine Einigung zw. Christian und dem schwed. Reichsrat verhindern. Der dän. Kg. führte seinerseits die Landung seiner Truppen durch und ließ den Brunkebergås am nw. Stadtrand von Stockholm befestigen. Dem Kg. schlossen sich ein Bauernheer aus dem Uppland sowie adlige Truppen an. Diese dän.-schwed. Streitmacht wurde am 10. Okt. von dem schwed. Heer, das von Sten und Nils Sture befehligt wurde, angegriffen. Die Sture errangen einen vollständigen Sieg; Christian I. entkam nur knapp und mußte sich nach Dänemark zurückziehen. Die Schlacht am B., die in der zeitgenöss. Sture-Chronik plastisch beschrieben wird, war für die Fortdauer der nord. Union eine Katastrophe; die Voraussetzungen der Schlacht und ihre Auswirkungen auf die polit., Sozial- und Wirtschaftsgeschichte des spätma. Skandinavien sind im einzelnen jedoch äußerst umstritten. →Dänemark, →Schweden.

Th. Jexlev

Lit.: E. Lönnroth, Slaget på B. och dess förhistoria, Scandia, 1938– S. Kraft, Slaget på B. dess förhistoria och betydelse, HTD, 1939–41 – Ders., Slaget på B. ur handelspolitisk synpunkt, HTSt, 1940 – G. Carlsson, Karl Knutssons testament, HTSt, 1943 – S. U. Palme, Sten Sture den äldre, 1950, 1968² – H. Yrwing, Från riksföreståndarevalet 1470 till slaget på Brunkeberg, Scandia 1966 – Ders., Sten Sture, Ivar Axelsson och unionsfrågan 1471–84, Scandia, 1968 – K. Hørby, Danmarks historie 2,1, 1980, 194–198.

Brünn (tschech. Brno; lat. Brunna), Burg und Stadt an der Mündung der Zwittawa in die Schwarzawa in Mähren; der Name wird vom alttschech. *brn* ('Ton, Lehm') bzw. seiner Adjektivform *brnen* abgeleitet (also 'Burg auf dem Tonhügel'). Die älteste Erwähnung (Brynen, Birnen, Byrno, Brnno) findet sich bei →Kosmas v. Prag (1091), die lat. und dt. Überlieferung ist etwa ein Jahrhundert jünger. Nach den Siedlungsfunden aus der Burgwallzeit, die eine Kontinuität zeigen, entstand die ma. Siedlung in einem Burgwall. Die landesherrl. Burg wurde wahrscheinl. bald nach der Erwerbung Mährens durch Břetislav I. am Petrov errichtet, in den siebziger Jahren des 12. Jh. wurde die roman. Peterskirche gegründet. Die älteste Kirche ist allerdings die Großpfarre St. Michael in der Vorburg.

Die Brünner provincia war bis 1182 ein mähr. Teilfürstentum, ab 1197 wechselte sich B. als Verwaltungszentrum v. Mähren mit→Olmütz ab. Infolge des wirtschaftl. Aufschwungs in Mähren wuchs die Bedeutung des burgus Brunnensis als Handelsort, in dem auch viele Kl. errichtet wurden (Benediktiner, Prämonstratenser, Zisterzienser). Neben der einheimischen Bevölkerung siedelten sich auch fremde Kolonisten und Händler an (Romanen, Flamen, Deutsche und Juden). Es entstand neben der älteren Siedlung westl. der Burg, die bald Altbrünn genannt wurde, nun im Norden und Osten der Burg eine neue Siedlung mit Jakobskirche und Nikolauskirche. Bereits 1237 wurden die Einwohner Bürger genannt, 1243 wurde B. als Stadt bezeichnet, für 1247 ist das Stadtsiegel belegt, für 1315 das Stadtwappen. Nachdem die alte, halbverfallene Burg in die Stadt eingegliedert worden war, entstand am 283 m hohen Spielberg eine neue Burg. Im 13. Jh. errichtete man in der neuen Stadt drei Kl.: 1227–39 das Dominikanerkl. (auf Initiative des Mgf.en Přemysl), um 1230 das Minoritenkl. (von Wenzel I. gegr.) und 1240–41 das Augustinerinnenkl. (nach der ersten Priorin Herburg Herburgen genannt, auch als Dominikanerinnenkl. bezeichnet, da es den Dominikanern unterstand, gestiftet von dem Bürger Ulrich Niger).

1243 wurde B. in Anlehnung an das Wiener Recht durch Privilegien Wenzels I. (»Gloria principum« und »Hae sunt libertates«) ein eigenes Recht verliehen. An der Spitze des städt. Gemeinwesens standen 24 Schöffen, die ihre Macht auch über die Güter der Bürger außerhalb der Stadt ausübten. B. entwickelte sich bald nicht nur zu einem wichtigen wirtschaftl., sondern auch zu einem polit. Zentrum. Nach dem Sieg Rudolfs I. v. Habsburg über Přemysl Ottokar II. v. Böhmen erhielt B. von diesem verschiedene Privilegien und wurde sogar zur Reichsstadt erhoben. Allerdings ist nicht erwiesen, daß diese Privilegien tatsächl. ausgestellt wurden, da sie nur in Formelbüchern erhalten sind; sie kamen jedenfalls nie zum Tragen. Die engen Beziehungen zu den Habsburgern hatten zur Folge, daß B. bald seine Vorrangstellung in Mähren einbüßte und erst wieder unter Johann v. Luxemburg eine neue Blüte erlebte, bes., als Karl IV. mit seiner Gattin Blanka als Mgf. v. Mähren seinen Hof in B. hielt (ab 1334). Karl IV. folgte in B. sein Bruder Johann Heinrich und 1375–1441 dessen Sohn Jodok.

Seit 1348 wurden in B. wie in Olmütz die mähr. →Landtafeln geführt. Zwischen beiden Städten entwickelte sich eine starke Konkurrenz, da in ihnen auch die Landtage zusammentraten. B. erhielt weitere kirchl. Institutionen: ab 1296 war die alte Peterskirche Kollegiatkirche; Johann v. Luxemburg gründete 1312 ein Dominikanerkl. bei St. Anna; Elisabeth Rejčka, die Witwe Wenzels II., gründete 1323 ein Zisterzienserinnenkl. in Altbrünn und Johann Heinrich 1356 ein Kl. der Augustinereremiten; 1375 entstand die Kartause Königsfeld nördl. der Stadt.

Um die Mitte des 14. Jh. hatte die Stadt einen Umfang von 36,4 ha. Sie war in fünf Stadtviertel (davon ein Judenviertel) unterteilt und hatte vier Vorstädte. Die Einwohnerzahl schwankte in der vorhussit. Zeit zw. 8000 und 10 000 Einw. (fünf Achtel in der Stadt, drei Achtel in den Vorstädten). Die Sozialstruktur B.s zeichnete sich durch eine starke »Patrizierschicht« aus, 45% der Einw. gehörten zur Unterschicht, fast 53% zur Mittelschicht. Ein starker Anteil des Gewerbes war für die Stadt charakteristisch. Die Patrizier betätigten sich vorwiegend im Fernhandel. War der dt. Anteil an der Bevölkerung ursprgl. sehr groß, so verschob sich jedoch infolge der großen Seuchen, bes. im dritten Viertel des 14. Jh., das Verhältnis zugunsten der Tschechen. Die städt. Selbständigkeit erreichte 1372 einen Höhepunkt, als es gelang, dem Mgf.en die Hochgerichtsbarkeit abzukaufen. Die bekanntesten Stadtschreiber der Zeit waren Johann und →Johann v. Gelnhausen, beide angesehene Juristen. Von dem Stadtschreiber Johann stammt die Aufzeichnung des Brünner Schöffenbuchs aus der Mitte des 14. Jh., das neben den Schöffensprüchen auch Zusätze mit Ausführungen zum röm.-kanon. Prozeß enthielt. Die hussit. Bewegung ließ auch B. nicht unberührt, doch blieben die Anhänger des Hussitentums in der Minderheit, und die Versuche der Hussiten, sich der Stadt 1424 und 1428 zu bemächtigen, scheiterten. B. blieb die Stütze Ks. Siegmunds und seines Schwiegersohns Albrecht II. Während des Aufenthalts des →Johannes v. Capestrano wurde 1451 in der südl. Vorstadt ein Bernhardinerkloster gegründet. 1454 wurden die Juden aus B. vertrieben. →Georg v. Podiebrad, Kg. v. Böhmen (1458–71), besetzte gleich am Anfang seiner Regierung Stadt und Burg, 1467 fiel jedoch B. von ihm ab. B. blieb dem ung. Kg. Matthias I. Corvinus (1458–90) bis zu dessen Tod unterstellt. Erst dann wurde B. gemeinsam mit Mähren wieder mit Böhmen zusammengeschlossen.

I. Hlaváček

Bibliogr.: Bibliografie města Brna Iff., 1974ff. – Q. und Lit.: Codex diplomaticus et epistolaris Moraviae, Bd. 3–15, 1841–1903 – E. F. RÖSSLER, Die Stadtrechte v. B. aus dem XIII. und XIV. Jh. (Dt. Rechtsdenkmäler aus Böhmen und Mähren II), 1852 [Nachdr. 1963] – E. OTT, Beitr. zur Receptionsgesch. des röm.-kanon. Processes in den böhm. Ländern, 1879 – B. BRETHOLZ, Gesch. der Stadt B. I bis 1411, 1911 – FR. SUJAN, Dějepis Brna, 1928² – B. MENDL, Knihy počtů města Brna z let 1343–1365, 1935 – G. SCHUBART-FIKENTSCHER, Röm. Recht im Brünner Schöffenbuch. Ein Beitr. zur Receptionsgesch., ZRGGermAbt 65, 1947, 86–176 – W. WEIZSÄCKER, Wien und B. in der Stadtrechtsgesch., ZRGGermAbt 70, 1953, 125–158 – J. DŘÍMAL, Brněnské městské knihy, právo a listiny za písaře Jana z Gelnhausen, Sborník archiv. prací 8, H.1, 1958, 109–129 – Brno v minulosti a dnes, Bd. 1ff., 1959ff. – J. KEJŘ, Zwei Stud. über die Anfänge der Städteverfassung in den böhm. Ländern, Historica 16, 1969, 101–103 – Znaky a pečeti jihomoravských měst a městeček, 1979, 17ff.

Brünne. Anscheinend vom kelt. Wort *bruin* ('Leib') abgeleitete Bezeichnung für das in der kelt. Spät-La-Tène-Zeit entstandene Ringelpanzerhemd (frz. *broigne*), die hauptsächl. Körperschutzwaffe des Früh- und HochMA (→Ringelpanzer). In der mhd. Lit. waren dafür die Wörter *halsberc* und *ringe* geläufig.

O. Gamber

Lit.: SAN-MARTE, Zur Waffenkunde des älteren dt. MA, 1867.

Brunnen

A. Römische, germanische und frühmittelalterliche Brunnen – B. Mittelalterliche Brunnen in Mittel- und Westeuropa – C. Byzantinische Brunnen – D. Brunnen im arabisch-islamischen und osmanischen Bereich

A. Römische, germanische und frühmittelalterliche Brunnen
I. Römische Brunnen – II. Germanische und frühmittelalterliche Brunnen.

I. RÖMISCHE BRUNNEN: Die Wasserversorgung der großen Siedlungen im Röm. Reich erfolgte meist durch Leitungen von z. T. beträchtl. Länge (50 km in Nîmes und Köln). In der Regel arbeitete man mit natürl. Gefälle und Aquädukten (Pont du Gard bei Nîmes), seltener mit Druckleitungen nach dem Prinzip der kommunizierenden Röhren, um extreme Höhenunterschiede zu überwinden (z. B. bei Lyon). Die Leitung führte zum Wasserschloß (castellum divisorium) und von dort zu den öffentl. und privaten Brunnen (→Wasserversorgung und Kanalisation). Neben Nutzbrunnen gab es Springbrunnen, Wasserspiele und Kaskaden mit künstler. Schmuck, selbst in Kleinstädten (z. B. Brunnenbecken mit Venusrelief von Schwarzenakker). Das Nutz- und Trinkwasser wurde jedoch auch aus Grundwasser- und Quellbrunnen entnommen, bes. in flachen oder wasserarmen Regionen (Saalburg mit 99 B., Hof- und Straßenbrunnen in der Colonia Ulpia Traiana [Xanten], sechs B. im kleinen Ausschnitt in Portchester).

Die runde Brunnenröhre wurde meist aus Bruchstein oder geschnittenem Sand- und Tuffstein gemauert. Am Brunnenfuß waren in der Regel Holzkonstruktionen mit Spundbohlen (rund) oder als Rahmenbau (rechteckig) angewandt worden. Das Wasser wurde von Hand, mit einer Stange und Schöpfeimer oder auch über eine Seilwinde und Welle entnommen. Überdachungen des Brunnenmundes sind bekannt. Die Brunnenröhre war meist in einer Baugrube aufgemauert, im unteren Teil durchlässig für das Grundwasser, oben mit einer Lehm-Ton-Bettung oder Mörtel gegen Schmutzwasser abgedichtet. Die B. waren bis 50 m tief. Es wurden auch B. in den Fels eingetieft. In den Bergsiedlungen (Magdalensberg/Kärnten) sammelten die Bewohner das Wasser der Felsquellen.

Die Römer übernahmen auch alte Heil- und Kultquellen des kelt. Bereiches, die meist Gottheiten geweiht waren (Quellenheiligtum in Nîmes [Nemausus], Felsquelle der Seine [Sequana] oder die anonymen Heilquellen und B. der Hallstattzeit [HaZ] in Fontaines-Salées). Bei den beiden letzteren entstanden in röm. Zeit Badebezirke. Sie reichten bis in Spätantike und Völkerwanderungszeit (VWZ) und wurden erst dann zerstört, die Seinequelle vielleicht durch den hl. →Martin.

II. Germanische und frühmittelalterliche Brunnen: Der Brunnenbau reicht im Alpenraum und nördl. der Alpen bis weit in die vorröm. Zeit. Im Flachland und in den Bergen stand zwar Fließwasser reichlicher als im Mittelmeergebiet zur Verfügung, doch sind schon seit der Bronzezeit (BZ) komplizierte Brunnenbauten bekannt. Aus stat. Gründen war die Brunnenröhre häufig rund, und wie bei den Römern wurde die Brunnengrube meist ausgehoben; Senkverfahren waren selten. Brunnenfuß und Brunnenröhre unterschieden sich auch im Holzbau oft in der Konstruktion. Der B. ruhte auf einer festen Schicht, auf Holzsubstruktionen oder auch auf Reisigbündeln, die zugleich Filter waren.

Räuml. und zeitl. weit verbreitet waren Baumstammbrunnen. Es wurde entweder ein ganzer Stamm oder ein gespaltener, der wieder verdübelt wurde, ausgehöhlt. Belege für diese Brunnenform sind aus der BZ (Quellenfassung von St. Moritz, Berlin-Lichterfelde oder Budsene/Dänemark) bekannt. Die Funde von Fontaines-Salées und Haps (Niederlande) stammen aus der HaZ bzw. Eisenzeit, die von Gristede aus der röm. Kaiserzeit (RKZ), die von Haffen aus der Merowingerzeit, der Fund von Schöppingen ist karol., und der von Lund (Schweden) entstammt dem HochMA.

Aus Brettern oder Bohlen hergestellte B. waren meist viereckig, häufig quadratisch, da sie so am leichtesten zu zimmern sind, wie schon bei den Brunnenfüßen röm. B. zu beobachten war. Die Baumstammbrunnen von St. Moritz und Haps waren noch durch einen äußeren Viereckrahmen geschützt, in St. Moritz sogar zweifach in Blockbauweise und als Bohlenkasten mit Schwalbenschwanznut. Als feste Rahmen abgezimmerte Brunnenschächte sind aus der RKZ und VWZ Schlesiens mehrfach belegt.

Häufiger als diese frei verspannten Rahmen waren indes Brunnenschächte, deren Wände in der Regel durch vier Eckpfosten gesichert waren. Die Pfosten konnten gelegentl. durch Spannrahmen versteift werden (Wijster/Niederlande, RKZ; oder Münster-Domplatz, spätsächs.). Die Wandverkleidung aus Bohlen verschiedenen Zuschnitts oder Brettern wurde zw. Pfosten und Erdreich geklemmt, konnte aber auch an den Ecken verzahnt sein (Hamburg-Farmsen, RKZ). Neben primitiven Brunnenwänden, wie sie auf den Hinterhöfen ma. Stadtgrundstücke nicht selten waren (Kiel), gab es auch kunstvolle, fast an Schreinerwerk erinnernde B., bei denen die Wandbohlen in Nuten der Eckpfosten eingelassen, unter sich verfalzt oder durch zusätzl. Anker verspannt waren. Sie sind von der RKZ bis zum MA belegt (Algermissen, Stickenbüttel, Haffen, Lund). Selten waren Brunnenwände aus Flechtwerk: Am Fuß des B.s in Haffen und Elisenhof (merow.-frühma.), als Brunnenwand im ma. Lund.

In der baumarmen Küstenzone wurden Brunnenschächte aus Gras-, Torf- oder Kleisoden aufgesetzt. Man findet sie noch heute in den Watten als Brunnenringe, die von den im MA untergegangenen Dörfern Nordfrieslands stammen. Als man seit dem FrühMA Wein in Fässern öfter bis in den Norden transportierte, wurden die leeren Fässer auch als B. benutzt (Haithabu), wie schon Fässer als Brunnenfuß bei den Römern üblich waren. Mit der Merowingerzeit treten aus Steinen aufgesetzte und gemauerte Brunnenschächte auf (Gladbach-Neuwied; karol. B. in Assum), die wohl unter dem Einfluß röm. Mauerbrunnen entstanden sind. Klöster und Städte gingen bald zum Bau von Steinbrunnen über, im norddt. Flachland oft aus Ziegelsteinen. Der Brunnenmund war gelegentl. erweitert. Eine Leiter (Haffen) oder Steintreppe (Flögeln-RKZ) führte zur Schöpfstelle. Sonst wurde wie bei den Römern Wasser entnommen. Schon nach →Vitruv waren Zisternen wenig beliebt, die man im Norden auch kaum brauchte. Eine röm. Zisterne gab es im Legionslager Nijmegen, Zisternen waren auf der Altenburg bei Niedenstein (Mattium ?, um Chr. Geb.) und auf dem Dünsberg (karol.).

Neben den kelt. Kult- und Opferbrunnen, die u. a. lit. überliefert sind, gab es auch Opferbrunnen in germ. Bereich. Die B. von Budsene und von Berlin-Licherfelde (jüngere BZ) waren auch Opferbrunnen. Bekannt ist der reiche Quellopferbrunnen von Pyrmont mit Fibeln der RKZ. Aus der VWZ (Vendelzeit) stammt ein Opferbrunnen auf dem Gräberfeld von Gödäker (Schweden) mit Menschenopfern, die auch im Opferbrunnen bei →Alt (Gamla-)Uppsala nachgewiesen sind.

Bes. wichtig waren B. für die Burgen. Bei frühgesch. Burgwällen war die Quelle am Hang mit einbezogen oder durch Stichwälle der Zugang geschützt. Bei großen Burgen lag der B. meist auf dem Hof und war gemauert oder in den Fels geschlagen. Tiefen bis zu 150 m sind nachgewiesen. Bei →Motten oder →Donjons war der B. durch den Erdhügel gegraben (Hoverberg) oder mit dem Hügel als Röhre aufgeführt, so in Xanten (turris episcopi), Hammaburg (Bischofsturm), Doué-La-Fontaine (Motte); alle Beispiele stammen aus dem 10.–12. Jh. Brunnenkammern und Brunnentreppen waren in Burgen vorgesehen.

Der hohe Stand der röm. Brunnentechnik hat sich im Siedlungsbild unmittelbar niedergeschlagen. Die röm. ländlichen Siedlungen lagen breitflächig über die nutzbare Region verstreut, die nachfolgenden germ. Siedler hatten sich wieder in der Nähe der Wasseradern niedergelassen, wie Kartierungen z. B. in der Lößbörde (Krs. Bergheim) oder im Flußgebiet des Avon für die röm. und die frk. bzw. ags. Zeit zeigen. H. Hinz

Lit.: Hoops[2] IV, 1–16 [Lit.] – O. G. S. Crawford, Air survey and archeology, 1924, 8–9 – G. Eckholm, Gravfältet vid Gödåcker, Fornvännen 20, 1925, 326ff. – A. Grenier, Manuel d'archéologie galloramaine IV, 1960 – Ders., Villes d'eau et sanctuaires de l'eau, 1960 – A. von Müller, Die jungbronzezeitl. Siedlung von Berlin-Lichterfelde, 1964, 26 – J. Bergmann, Die Altenburg bei Niedenstein V, 1965 – W. Haberey, Die röm. Wasserleitung nach Köln, 1965 – O. Piper, Burgenkunde, 1967[2], 507–514 – H. Hinz, Archäolog. Funde und Denkmäler des Rheinlandes, II: Krs. Bergheim, 1969, Taf. 54–55 – A. Kolling, Funde aus der Römerzeit Schwarzenacker, 1971, T. 33 – H. Hinz, Xanten zur Römerzeit VI, 1976 – Rijksmus. G. M. Kam, Noviomagus. Auf den Spuren der Römer in Nijmegen – E. Bogaers – J. K. Haalebos, Das Lager auf dem Hunerberg, 1979/80, 38–50 – Westfäl. Museum für Archäologie, Neujahrsgruß, 1981, 47.

B. Mittelalterliche Brunnen in Mittel- und Westeuropa

I. Technik und materielle Kultur – II. Künstlerisch gestaltete Brunnen – III. Städtische und ländliche Rechts- und Sozialgeschichte – IV. Brunnendarstellungen – V. Volkskunde.

I. Technik und materielle Kultur: [1] *Quellen:* Unsere Kenntnisse über ma. B. in West- und Mitteleuropa und ihre konstruktionsmäßigen, funktionell bedingten Merkmale resultieren im wesentl. aus einer Fülle einschlägiger Darstellungen der jeweiligen zeitgenöss. Kunst vom 9. bis zum Ende des 15. Jh. sowie aus einigen, teils vollständig, teils in Resten erhaltenen, teils archäolog. erschlossenen Anlagen. Die zeitl. Eingrenzung auf immerhin doch sieben Jahrhunderte ergibt sich einerseits aus den ältesten datierbaren künstler. Zeugnissen (Utrechtpsalter und Codex Aureus von St. Emmeram in Regensburg) sowie einem noch im Original erhaltenen Rest einer Brunnenanlage (Aachener Pinienzapfen), alles aus karol. Zeit, und auf der anderen Seite aus der um das Jahr 1500 in etwa abgeschlossenen, durch Adaption antiker Vorbilder wie durch mehrfache Innovationen gekennzeichneten techn. Entwicklung im Brunnenbau, welcher in der Folge bis zum 19. Jh. technischerseits nur geringfügige Modifikationen erfuhr. Die künstler. Zeugnisse bezügl. ma. B. in Europa in Form von Illustrationen in Ikonographien, Miniaturen in Gebetbüchern und Evangeliaren, steinernen und metallenen Reliefs sowie textilen Abbildungen haben z. T. bereits eine krit. Würdigung, wenngleich unter vorwiegend kunsthist. Gesichtspunkten, erfahren. Für die technikgesch. Interpretation eignet sich diese Quellengattung allerdings nur begrenzt, da z. B. wegen der starken stilist. Gebundenheit der frühma. Malerei an antike und byz. Vorbilder eine Brunnendarstellung nicht unbedingt als Wiedergabe der Erfahrungswirklichkeit des Künstlers, sondern u. U. lediglich als Kopie eines ihm bekannten älteren Motivs, ggf. noch phantasievoll verfremdet, zu sehen ist. Weitere Aufschlüsse gewinnen wir aber aus bislang noch nicht hinreichend ausgewerteten rechtl. Bestimmungen (z. B. Sachsenspiegel), aus Rechnungsbüchern und Verordnungen der Städte über Brunnenbau und -nutzung (vgl. Abschnitt III), v. a. jedoch aus den erhaltenen Brunnenanlagen auf Burgen, in Städten und Landgemeinden sowie in Kirchen und Klöstern.

[2] *Definitionen:* Das MA kannte bezügl. der Bezeichnung B. keine sachlich eigtl. angebrachte etymolog. Differenzierung. Unter B. wurden sowohl die im Gelände zutage tretende →Quelle, die zum Sammeln von Niederschlägen angelegte →Zisterne, der zum Zwecke der Grundwassergewinnung gebohrte und eingefaßte Schacht wie auch die mechan. Vorrichtung zum Abzweig von Wasser aus Bächen und Flüssen verstanden. Für unseren Zweck sei dieser relativ grobe Raster noch um den vielfältig ausgeformten Aspekt der jeweils angewandten, konstruktionsbedingten Fördertechnik des Wassers ergänzt. Bezügl. ihrer technolog. Strukturen gehen ma. Brunnenwesen und Wasserverteilung zunächst auf die bis zum 4. Jh. vorwiegend in den als röm. Gründungen entstandenen Siedlungen und Städten sowie als Kunstbauten im Gelände errichteten Anlagen zurück. Die Überreste der B. und Wasserleitungssysteme in den Limeskastellen, in Xanten (Castra vetera I und II und Colonia Ulpia Traiana), Köln (Colonia Agrippina), Mainz (Moguntiacum), in der röm. Villa bei Katzenbach und die der bekannten Eifelwasserleitung geben noch heute davon Zeugnis (vgl. Abschnitt A).

[3] *Typologie:* a) *Brunnentypen nach der Art der Wassergewinnung:* α) *Quell-, Loch- oder Beckenbrunnen:* Wo das Wasser auf natürl. Wege an die Oberfläche trat, wurde es in gemauerten oder aus grob behauenen Steinen zusammengefügten Becken von runder oder rechteckiger Form je nach Örtlichkeit aufgemauert oder ins Erdreich eingelassenen Behältnissen aufgefangen, aus denen es mit Gefäßen geschöpft bzw. über eine in der Wandung eingelassene Öffnung abgeleitet werden konnte. Der Zufluß erfolgte entweder am Ort der Quelle direkt oder über ein Rohr bzw. eine Rinne von der Quelle in das tiefergelegene Becken. Die Becken dienten ggf. auch als Viehtränke, wie sie sich in der Form eines hölzernen, aus einem Baumstamm oder aus Brettern gebildeten Trog in ländl. Gegenden bis heute erhalten haben (vgl. die Berner Chronik 1483).

β) *Zisternenbrunnen:* Die Zisterne zählt zu den ältesten Brunnenformen überhaupt und diente überwiegend zum Sammeln des von Dächern oder bes. Sammelflächen rinnenden Regenwassers. Sie weist in der Regel eine weite Öffnung bei nur geringer Tiefe auf (Burg Hohenfels/Niederbronn im Elsaß: 2 m zu 3 m) und besteht entweder aus einer Art gemauertem Kessel oder einer in entsprechender Form ausgebildeten Erdgrube. Zum Schutz vor Verunreinigungen ließ sich die Zisterne in den meisten Fällen durch einen aufklappbaren hölzernen Deckel verschließen oder führte das Regenwasser über Rinnen in ein ohnehin ganz überdachtes Sammelbecken, das zudem oft noch mit einem Sandfilter ausgestattet war (wie die zu Beginn des 15. Jh. auf der Wartburg angelegte Zisterne). Hierbei wurde als Entnahmegefäß innerhalb der Zisterne ein Zylinder von 0,9 m Durchmesser und 1 m Höhe aufgemauert, in den das Wasser erst durch eine zw. diesem und dem Zisternenrand eingebrachte Sandschicht gelangte. In günstigen Lagen (Lehmböden oder Kies) konnte auch bei geringer Tiefe der ins Erdreich gegrabenen Zisterne des damit verbundenen Anschnitts wegen wasserführender Schichten zusätzl. Grundwasser gewonnen werden.

γ) In der Regel diente diesem Zwecke aber der *Schacht- oder Kesselbrunnen*. Dabei wurde ein im Grundriß kreisförmiger, bis zu 1,5 m im Durchmesser betragender Schacht bis ca. 1 m unter den niedrigsten Grundwasserstand gegraben bzw. gebohrt. (Nürnberger Burg 70 m, Marienberg in Würzburg 104 m Tiefe!) Im oberen Teil war der Schacht innen mit Holz, Steinen oder Mauerwerk ausgekleidet, und seine Öffnung erhielt meistens eine, wie schon im Sachsenspiegel festgelegt, etwa kniehohe Brüstung, auf welcher die Fördervorrichtung angebracht werden konnte. Der Verzicht auf eine Ausschalung bis zum Wasserspiegel hinunter hatte seine Ursache nicht allein in den Problemen mit der Bewetterung bei größerer Tiefe während des Baues, sondern auch im Bestreben, durch möglicherweise zusätzl. seitlichen Zufluß die Ergiebigkeit des B.s zu steigern. Deswegen kam es v. a. in den Städten häufig zu

Verunreinigungen und sogar Verseuchungen, wenn, wie z. B. in Straßburg, B. in unmittelbarer Nähe von Aborten und Gerbereien lagen. Quell-, Zisternen- oder Schachtbrunnen lassen sich gemäß ihrer Konstruktion zur Wasserförderung wie folgt noch näher klassifizieren: Reichte für die Wasserentnahme aus Zisternen ein Schöpfeimer aus Holz oder Kupfer, der in das Becken geworfen wurde und mittels eines an seinem Henkel befestigen Seiles gefüllt hochgezogen wurde, so erwies sich die Methode bei größerer Tiefe als zu mühsam. (Vgl. Abb. 5.)

b) *Brunnentypen nach der Konstruktion zur Wasserförderung:* α) Der *Ziehbrunnen* bestand aus einem Rundbalken, über den das Seil geführt wurde, in einem Bockgestell quer über die Brunnenöffnung. Beim Fördern ging der Zug nach unten, damit änderte sich die Kraftrichtung und die Anstrengung war geringer. Einen techn. Fortschritt bedeutete die Rolle mit Nut für die Seilführung auf einer Welle, weil die Reibung am Seil geringer und der Zug leichter war. (Vgl. Abb. 1.)

β) Der *Schöpfbrunnen* war ebenso häufig wie der Ziehbrunnen und wurde oft mit diesem verwechselt, er reichte nur für Fördertiefen bis ca. 10 m. Er hatte einen zweiarmigen Hebel, der in Gabelpfosten lagerte und dessen Lastarm verdickt oder durch Gewicht beschwert war. Am Ende des Kraftarms hing an einer Rute oder einem Seil der Eimer. Zum Schöpfen wurde dieser Teil des Hebelbalkens zum Wasserspiegel hinabgesenkt, der gewichtigere Lastarm bewirkte dann das mühelose Fördern des gefüllten Eimers. (Vgl. Abb. 3.)

γ) Der *Windenbrunnen* war geeignet für die Wasserförderung aus größerer Tiefe. Das Seilende war an einer zylindrischen, im Bockgestell bewegl. gelagerten Welle befestigt, die mittels einer Kurbel, bei größeren Anlagen auch über ein Tretrad (Breisach), gedreht wurde und dabei die Windungen des Seils abspulte bzw. zum Heben des Eimers aufwickelte. Größere Übersetzungen erlaubten das Aufwinden mehrerer Eimer gleichzeitig. Zieh- und Windenbrunnen wurden im MA oft mit Göpeln betrieben. (Vgl. Abb. 6.)

δ) Der *Radbrunnen* diente zur Förderung von Bach- oder Flußwasser. Dabei schöpfte ein unterschlächtiges, durch die Strömung angetriebenes Wasserrad mit seinen Kammern das Wasser und entleerte es während der weiteren Umdrehung oben in eine Laufrinne (Zürich).

ε) Der *Laufbrunnen* war eine Brunnenart mit Ausformungen als *Stock-* oder *Schalenbrunnen* am Ende einer Wasserleitung. Kennzeichen war das über eine Rohröffnung aus einem runden oder eckigen Holzpfosten (Stock gen.) ständig in einen Trog oder eine Auffangschale fliessende Wasser. Beim Schalenbrunnen, der nach der Anzahl der übereinander angebrachten Schalen bezeichnet wird, quillt das Wasser dank seines Druckes in kleiner Fontäne aus dem Leitungsende am Fußpunkt der Schale (Kl. Lüne). Im Falle des mehrschaligen B.s ist die Leitung bis zur obersten Schale verlängert, von der es durch Überläufe oder Wasserspeier in die tiefer gelegenen Schalen gelangt. Aus der untersten Schale wird geschöpft, sie enthält auch einen Bodenabfluß. (Vgl. Abb. 4 u. 2.) V. Schmidtchen

II. KÜNSTLERISCH GESTALTETE BRUNNEN: [1] *Brunnen im kirchlichen Bereich:* B., zu unterscheiden von Taufanlagen (→Taufbecken) und Weihwasserbehältern (→Weihwasserbecken), können v. a. auf Kirchenplätzen, in Atrien und Kreuzgängen, in pavillonhaften Ausweitungen von Kreuzgangsflügeln bei Refektorien und in allen Teilräumen von Kirchen stehen. Während im Klosterplan von St. Gallen (um 820) alle Einzelheiten zur Wasserversorgung fehlen, zeigt die als Wasserleitungsplan entstandene

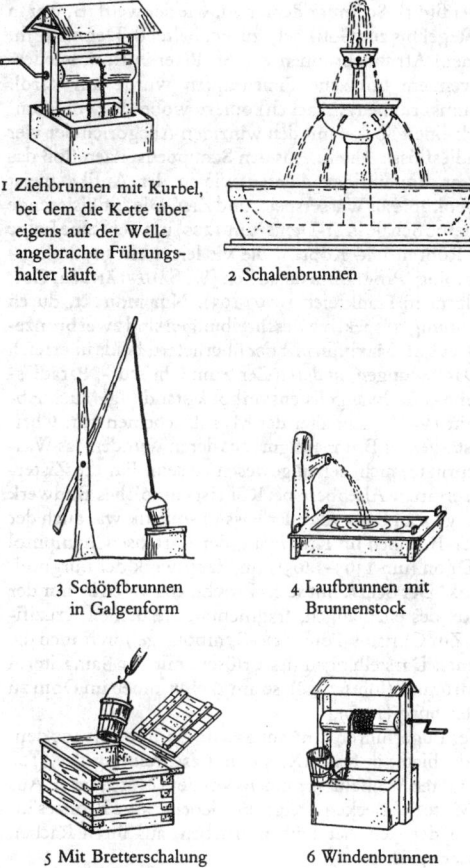

1 Ziehbrunnen mit Kurbel, bei dem die Kette über eigens auf der Welle angebrachte Führungshalter läuft

2 Schalenbrunnen

3 Schöpfbrunnen in Galgenform

4 Laufbrunnen mit Brunnenstock

5 Mit Bretterschalung verkleidete Brunnenöffnung

6 Windenbrunnen

Fig. 2: Brunnentypen

Planansicht von Canterbury um 1160 sämtl. Brunnentypen und die Vielzahl der B. einer großen Abtei- und Kathedralanlage. Als repräsentativste Gestalt erscheint dabei der – im Freien durch ein Ciborium geschützte – mehrpaßförmige *Schalenbrunnen.* In der Tat war allgemein der ein- bis dreischalige steinerne oder metallene, kreisrunde oder polygonale Schalenbrunnen die bevorzugte Form des kirchl. Brunnens. Von den vielen, teils verändert oder fragmentar. erhaltenen Stücken seien genannt: Eberbach, Sayn bei Koblenz, Maulbronn, Heiligenkreuz, Fossanova, Poblet, Monreale, St-Denis (die meisten aus dem 13. Jh. in Brunnenhäusern am Kreuzgang). Die aus der Antike stammende Grundform kann unter dem Einfluß des *Stockbrunnens* vertikal gestreckt werden. Schon beim B. in Monreale um 1200 steigt aus der einzigen Schale eine hohe Säule, deren Abschlußknauf den Kranz winziger Löwenköpfe als Wasserspeier trägt. Unter dem Einfluß der it. Renaissance entstanden Mischformen von Schalen- und Stockbrunnen, im Münster zu Freiburg i. Br. (1511), in St. Wolfgang im Salzkammergut (1516), der erstere aus Stein, zweischalig, der letztere aus Bronze, einschalig (RDK II, 1290, 1288, Abb.). Selten ist die anspruchsvolle künstler. Gestaltung von *Ziehbrunnen* wie desjenigen im Dom zu Regensburg (1500) nach dem Vorbild von Altar- und Taufsteinbaldachinen (RDK II, 1289, Abb.).

Der figürl. Schmuck der kirchl. wie der weltl. B. war in der Regel bis zur Gotik sehr zurückhaltend. Der im 4. Jh. auf dem Atriumsbrunnen von St. Peter in Rom wiederverwendete bronzene Pinienzapfen wurde am karol. Atriumsbrunnen zu Aachen kopiert, wobei das wohl röm. Stück einen Sockel mit den winzigen Allegorien der vier Paradiesflüsse erhielt. Aus den Schuppenspitzen floß das Wasser. Im übrigen dienten wie in der Antike meist Löwenköpfe als Wasserspeier und Zier. Die antikisierende steinerne Schale in St-Denis (um 1200) umzieht eine Folge von Röhren und Köpfen, die vielleicht ein mytholog.-kosmolog. Programm darstellen (W. SAUERLÄNDER, Got. Skulptur in Frankreich 1970, 103). Nur indirekt, durch Zeichnung, respektive Beschreibungen sind zwei bronzene B. aus St. Maximin in Trier überliefert, beide überreich an Darstellungen, in deren Zentrum Christus-, Paradiesströme- und Evangelistensymbolik stand (vgl. auch Abschnitt IV). Im Zeitalter der Mystik scheinen got. Christusstatuen als Brunnenfigur, aus deren Wunden das Wasser spritzte, nicht selten gewesen zu sein. Für die Zisterzienserkirche Altenberg bei Köln ist ein solches Bildwerk bezeugt. Ein Fons vitae der Passionsmystik war auch der Sluter-Brunnen im Kreuzgang der Kartause Champmol bei Dijon (um 1395–1405), ein Hauptwerk der burgund. Plastik. Der Schaft mit sechs Prophetenstatuen ist nur der Sockel des ehemaligen, fragmentar. erhaltenen Kruzifixus. Zur Christus-Fons vitae-Symbolik gehören auch die seltenen Darstellungen des Erlösers mit der Samariterin am Brunnen (Joh 4, 1–38), so am Ziehbrunnen im Dom zu Regensburg (1500).

Der Pilgerführer von Santiago de Compostela aus dem 12. Jh. bietet in Kap. IX, 5 eine Beschreibung des 1122 errichteten Wallfahrtsbrunnens vor dem Nordportal. Aus der Mitte des Beckens steigt eine siebeneckige Bronzesäule, auf der sich vier Löwen erheben, aus ihren Rachen Wasser speiend.

[2] *Brunnen im profanen Bereich:* Von den zahlreichen im MA auf städt. Plätzen und Straßen errichteten B. haben sich Beispiele fast nur in Italien und Deutschland erhalten. Weit über ihre prakt. Aufgabe hinaus sind die Haupt-, oft aber auch die Nebenbrunnen einer Stadt künstler. als Teil der Platzgestaltung, als repräsentatives, rechtl. brauchtüml. oder religiöses Zeichen gestaltet worden. Mit ihnen können sich Aufgaben verbinden, welche anderwärts z. B. durch die →Marktkreuze (v. a. in England), durch monumentale Bildstöcke oder Rolandsfiguren (→Roland) erfüllt wurden (vgl. auch Abschnitt III). Solche B. bilden auch eine Vorform des neuzeitl. Denkmals. Dementsprechend ist sowohl den Gestalttypen wie den Figurenprogrammen der B. Beachtung zu schenken. Die erhaltenen Exemplare setzen mit dem 13. Jh. ein. – Die Gestalttypen der Profanbrunnen bilden keine direkte Weiterentwicklung antiker Formen, sondern wurzeln in den sakralen B. und Taufbecken. Am auffallendsten ist dies bei den runden *Schalenbrunnen,* welche direkt an klösterl. B. erinnern: Der bronzene Zweischalenbrunnen auf dem Markt in Goslar, aus dem 13. Jh., und der bleierne Dreischalenbrunnen auf dem Altstadtmarkt in Braunschweig, gegossen 1408. Im allgemeinen ist der Schalenbrunnen eher Zier- und Symbolform, im MA daher selten als profane Nutzform verwendet, bezeichnenderweise in der Renaissance wiederaufgegriffen. Das bezeugen auch Bilddokumente wie der Ziergartenbrunnen auf dem Wandbild der Verkündigung, um 1200, in der Karthaus-Prüll bei Regensburg (RDK II, 1283, Abb.), der Jungbrunnen in der Fauvelhandschrift E, Paris um 1316/20 (Bibl. Nat. Paris fr. 146, fol. 42; vgl. A. RAPP, Der Jungbrunnen,

1976, Abb. 1), der B. mit Schildhalter im Vorhof eines Badehauses im »Mittelalterlichen Hausbuch«, um 1480, Schloß Wolfegg (J. G. WALDBURG-WOLFEGG, Das ma. Hausbuch, 1957, Abb. 20/21).

Brunnenbecken von zentrierter Form, mit senkrechten Brüstungen, die direkt auf dem Gelände oder Stufensockel stehen, sind formal von den Immersionsbecken frühchristl. und ma. Baptisterien herzuleiten; sowohl die Grundform des griech. Kreuzes, wie sie der 1206 begonnene B. auf der Piazza di Fontana Grande in Viterbo besitzt, als auch die acht- und mehreckigen Becken der meisten B., eine Gestalt, die im provinziellen Bereich bis ins 18. Jh. weiterlebt. Hingegen ist die Form der Fontana Maggiore in Perugia, 1277–79 von Nicola und Giovanni →Pisano, mit der Gattung der Kanzeln dieser Familie und ihrer Vorläufer in Zusammenhang zu sehen: Aus einem fünfundzwanzigeckigen Becken erhebt sich auf einer Hauptstütze und achtundfünfzig Säulen das zwölfeckige obere Becken, aus dem etwas unvermittelt eine bronzene oberste Schale wächst.

Die frz., ndl. und dt. Gotik entwickelte in freier Abwandlung von Formen der Kathedralarchitektur Kleinarchitekturen wie →Sakramentshäuser oder Turmmonstranzen (→Monstranz), manchmal mehr zentralbau-, baldachin-, turm- oder fialenhaft (z. B. die Brunnenbekrönung von Quinten Metsys, Antwerpen, spätes 15. Jh.). Dieser Gattung folgt von der 1. Hälfte des 14. Jh. bis um 1500 auch der aus der Mitte des Beckens repräsentativer Brunnen steigende *Stock.* Sozusagen alle erhaltenen Beispiele stehen in süddt. Regionen. Doch läßt sich das erste dt. Exemplar eines solchen B.s mit Bild- und Schriftquellen in Aachen nachweisen; er entstand gegen 1334, vielleicht zusammen mit dem neuen Rathaus, auf dem Marktplatz, und existierte bis 1620. Auch für Rouen ist ein B. dieses Typs bezeugt. Der got. Steinbrunnen in Grammont (Flandern), 15. Jh., besitzt einen kompakten achteckigen Pfeiler mit Turmhelm über Ziernischen. Bildquellen der burg.-franz. Malerei, wie der Paradiesb. in den Très Riches Heures des Johann, Hzg. v. Berry, um 1413–16, spiegeln sicher reale zeitgenöss. B. wider. Die erhaltenen B. sind von großer Vielfalt: der »Schöne Brunnen« in Nürnberg (um 1385–96) vertritt den mehr zentralbauhaften Typ, die unräuml. schlankere, fialenhafte Form erscheint in Basel, am Fischmarkt (Ende 14. Jh.), in Rottenburg am Neckar (1470) in Luzern (1481), in Ulm (1482) und in Urach (um 1500).

Der öffentl. B. ist im MA und darüber hinaus einer der wichtigsten profanen *Bildträger,* vergleichbar Altar oder Kanzel im sakralen Bereich. Die ältesten sparsamen figürl. Motive sind von der Antike übernommen, am häufigsten der Löwe (vgl. z. B. Tomba dei Tori, Tarquinia, 6. Jh. v. Chr.), ganzfigurig oder als Maske, meist Wasser speiend. Solche Löwen erscheinen z. B. im karol. Utrechter Psalter zu Ps 25 (um 830, nach Vorlage des 5. Jh.) oder auf dem oben erwähnten Fresko um 1200 in der Karthaus-Prüll (Regensburg). Löwenhalbfiguren schmücken die Fassade der Fonte Branda (1246) in Siena. Löwenköpfe als Wasserspeier erscheinen sowohl in Bildern wie an B. selbst sehr häufig. Ein herald. stilisierter, gekrönter Adler des 13. Jh. steht auf dem Schalenbrunnen in Goslar, wohl als Zeichen ksl. Privilegien. Auch antike figürl. Spolien konnten zur Brunnenzier verwendet und dabei umgedeutet werden. In Limoges ist seit etwa 1300 ein Konstantinsoder Reiterbrunnen bezeugt, dessen Bronzefigur erst im 17. Jh. verschwand und ohne Zweifel ein antikes Reiterstandbild war. Die Reihe der mit plast. Bildprogrammen ausgestatteten B. setzt mit dem überragenden Hauptwerk der Gattung ein, also ohne sichtbare Vorstufe: Der Bilderschmuck der Fontana Maggiore in Perugia bietet in 50 Reliefs am unteren und 24 Statuen am oberen Becken ein kompliziertes kosmolog., religiöses, mytholog., polit. und lokalhist. Programm, dem nur Fassadenprogramme frz. Kathedralen vergleichbar sind. Dies wurde möglich durch Übertragung formaler und inhaltl. Gestaltungsweise aus den Gebieten der Portal- und Kanzelplastik auf den B. als Bildträger. Von einem zweiten B. in Perugia, den Arnolfo di Cambio 1281 vollendete, haben sich im dortigen Museum fünf figürl. Fragmente erhalten, die ein Gesamtthema annehmen lassen. Es wurde bisher vorwiegend allegor.-genrehaft als die »Wohltaten des Wassers« gedeutet, neuerdings sakral-biblisch als Lebensbrunnen. Auch in Deutschland steht das bedeutendste Figurenprogramm eines B.s am Anfang der Reihe. Der »Schöne Brunnen« in Nürnberg (Originalfragmente im Germ. Nat. Mus.) ist ein Hauptdenkmal der Parlerzeit, von der Prager Domhütte beeinflußt. Auf dem Beckenrand Sitzfiguren der antiken →Sieben freien Künste und der →Philosophie, überragt von den vier →Evangelisten und vier →Kirchenvätern. Im Hauptgeschoß die →Neun guten Helden, je drei heidn., jüd. und christl., und die Sieben →Kurfürsten, im zweiten Geschoß Moses und sieben Propheten. Wie ein metallener Schalenbrunnen ein ähnliches Programm ohne Fernwirkung mit seinen Mitteln bewältigen muß, zeigt der B. von Braunschweig mit Reliefbändern und Inschriften: An der unteren Schale die Patronin St. Katharina und 19 Propheten mit ihren auf das Thema Wasser bezogenen Texten, in der Wappenreihe des oberen Beckens die aufs Heraldische reduzierte polit. Thematik: Das Reich, die Sieben Kurfürstentümer, die Landesfürsten aus dem Welfenhaus und die Phantasiewappen der Neun Helden. Am 1406 gegossenen Bronzebrunnen im maasländ. Huy (Belgien) ist der Stock zum herald. Stadtmodell mit vier Toren und einem Mittelturm ausgestaltet, mit den Statuen der drei Ortsheiligen Katharina, Mangold und Domitian und der stadtgeschichtl. Persönlichkeit Anfrid. An den südt. spätgot. Brunnenstöcken trennen oder vermengen sich sakrale und profane Bildwerke. Ausschließl. religiös ist das Programm des Basler Fischmarktbrunnens: Maria, Petrus und Johannes Evangelista als Hauptfiguren, drei hl. Jungfrauen, drei Propheten und musizierende Engel als Begleiter. Am B. in Rottenburg am Neckar hat die Stifterin Erzhzgn. Mechthildis im Sockelgeschoß mit den drei Fürstenstatuen ihrer Familie ihre Rechtsansprüche verteidigt. Die Heiligenfiguren der Obergeschosse, insbes. aber der Schmerzensmann, aber auch die Gestalt des Stocks stehen unter dem Einfluß spätgot. Sakramentshäuser. Die dominierenden Bildwerke der B. in Urach, Ulm und Luzern sind Krieger in zeitgenöss. Rüstung, ohne Zweifel Repräsentanten der selbstbewußten wehrhaften Gemeinwesen. Auf einfacheren B. mit pfeiler- oder säulenförmigen Stöcken standen sakrale oder profane Statuen, meist hl. Patrone oder krieger. Bannerträger, auch volkstüml. Figuren, wie der bronzene Musikant, um 1380, vom Spitalbrunnen in Nürnberg (im Germ. Nat. Museum).

Sonderformen: Die ven. Zisternenfassungen, »vera da pozzo« genannt, im 9. Jh. einsetzend, haben ursprgl. Würfelform, sie wird im 12. Jh. zylindrisch und nähert sich im 14. und 15. Jh. der Kapitellform (vgl. Abschnitt C. II). Die Reliefzier der früh- und hochma. Stücke entstammt dem Motivschatz der Flechtwerkplatten und anderer frühma. Bauplastik. – Den Typ des Wandbrunnens mit Rückwand als Bildträger vertritt, schon in Renaissanceformen, die Fonte Gaia (1409–19) auf dem Campo in Siena. Ein deutsches spätgot. Beispiel, der B. am Markt in Schwäbisch Hall von 1509, wurde davon beeinflußt. – Ein Sonderfall ist das zwölfeckige Brunnenhaus des Wasserkastens von 1497 in Kuttenberg, Mähren. – Zum rituellen Bad im Judentum *(Mikwe)* vgl. →Bad B. III; →Baukunst C.　　　　　　　　　　　　　　　　　A. Reinle

III. STÄDTISCHE UND LÄNDLICHE RECHTS- UND SOZIALGESCHICHTE: [1] *Eigentümer:* Die öffentl. oder gemeinen B. waren Eigentum der Gemeinde, weshalb sie auch als »Straßen- oder Allmendbrunnen« bezeichnet werden. Private B. gehörten einer Einzelperson oder einer Mehrzahl von Berechtigten oder einer Brunnengemeinschaft. »Halbe Brunnen«, wie sie in Frankfurt und Nürnberg erscheinen, standen teils auf Gemeinde-, teils auf Privatboden, gehörten aber Privaten. Meist gehörte dem Grundeigentümer der Brunnen. Die Kölner Schreinsbücher von 1248 zeigen, daß es wohl auch vereinzelt Brunneneigentum auf fremdem Boden gab. Im deutschsprachigen Raum wurde das private Brunneneigentum vielfach durch Aufsichtsrechte, Zugrechte u. a. der Gemeinden eingeschränkt, während im Bereich des altfrz. Rechts das röm. Prinzip der vollen Verfügungsfähigkeit des Eigentümers stärker ist.

[2] *Errichtung:* Brunnenbau wurde von der Herrschaft und den Gemeinwesen gefördert. Man gab dazu Material, bes. Holz, unentgeltl. oder verbilligt ab oder leistete Beisteuern, z. B. 1450 der Bf. v. Konstanz an den B. in Zurzach. Die Herrschaft verlangte auch Brunnenbau im Frondienst und stellte Benutzungsvorschriften auf. Die Städte investierten ansehnl. Summen in Brunnenbau und Wasserversorgung. Ein Beispiel hierfür sind die ausgedehnten und techn. hochentwickelten öffentl. Wasserleitungen, etwa der großen fläm. Städte (Brügge, Ypern; vgl. dazu ausführl. →Wasserversorgung und Kanalisation). Wie die Städte auch die Anlage privater B. begünstigten, zeigt, daß in Lübeck ein Rentenkäufer von der Obrigkeit gezwungen werden konnte, aus eigenen Mitteln seinem Rentenschuldner, der einen B. graben wollte, den nötigen Boden zu kaufen (H.-G. P. GENGLER, 220).

[3] *Nutzung:* Jeder durfte den öffentl. B. benutzen, da dieser Allmendgut war. Am privaten B. konnte mit Genehmigung oder durch Dienstbarkeit ein Mitbenutzungsrecht bestehen. Die hallischen Schöffenbücher (13./14. Jh.) zeigen, daß Höfe mit allen Rechten, jedoch ohne die B. verkauft wurden. Wegrechte (Brunnenweg) garantierten den Berechtigten den Zugang zum B.; daher das Rechtssprichwort: »Der Brunnen muß Weg und Steg haben« (GRAF-DIETHERR, Dt. Rechtssprichwörter, 1869, 84). Manche Orte untersagten das Waschen am B. oder schränkten es ein; z. B. in Dietmannsdorf durfte 1488 beim Waschen keine Asche verwendet werden. Manchmal wurde das Waschen von Schuhen, Windeln, Kleidern, Tüchern, Fleisch, Fisch, Kraut u. a. im B. verboten. Im it. Volterra wurde 1319 bestimmt, daß keine Lebensmittel in den B. geworfen werden dürfen. Ähnliches sagen die Statuten von Siena. In Konstanz durften keine Weinfaßböden in die B. gelegt werden. In Schweizer Städten untersagte man zu Pestzeiten Leuten, die mit Kranken Umgang hatten, »zuo gebruchen die brunnen in der stadt« (Schw. Id. II, 1738). Ländl. Rechtsquellen verboten, »krankes, räudiges und unsauberes Vieh« am B. zu tränken.

[4] *Unterhalt:* Verschiedene Städte bestimmten für das Brunnenwesen beeidete *Brunnenmeister* (Röhrenmeister, Brunnenseher, -hüter, -herren, *fontenier,* »comites dulcis aquae« oder »pipemeesters« [Ypern], »engijnmeester vanden waterhuse« [Brügge]), die einen ganzen Stab von Hilfskräften und Handwerkern unter sich hatten, und

Ratsausschüsse als Aufsichtsbehörden, die zu bestimmten Zeiten (z. B. in Weinzierl am St. Georgstag 1455) die B. besichtigten. Das von den Gemeindegenossen zu bezahlende *Brunnengeld* oder der *Brunnenzins*, als Personal- oder Reallast ausgestaltet, diente zur Bezahlung der Fachleute, aber auch zur Errichtung von Brunnen. In Basel verpflichteten sich 1316 die Domherren, jährl. 2 Pfennig für die Erhaltung des Burgbrunnens beizuschießen (H.-G. P. GENGLER, 220). Für gesteigerte Nutzung wurde ein höheres Brunnengeld verlangt, z. B. in Königsberg 1400 für Back-, Miet- und Kaufhäuser, in Krakau für Brauereien, in Frankfurt für jene, die auf dem Marktplatz Fische feilboten. – An manchen Orten hatten die Gemeindegenossen die öffentl. B. instand zu halten, wobei die Eigentums- oder Nutzgröße von Land eine Rolle für die Leistung der einzelnen spielen konnte.

Vielerorts schlossen sich Leute, die einen bestimmten B. nutzten, zu *Brunnengenossenschaften* zusammen, die den Brunnenunterhalt besorgten, Rechte, Pflichten und Ereignisse in *Brunnenbüchern* niederlegten und auch geselliges Leben pflegten (→ Bruderschaften). Es bestanden auch Verpflichtungen zur Wahrung herrschaftl. Brunnen: z. B. hatten die alten Höfe für das Schloß Tirol die B. im Schloßhof zu betreuen. Zahlreich sind die Bestimmungen über Brunnenreinigung, die z. B. in Einbeck und Gars einmal jährl. oder nach Bedarf (Röttingen 1490 »zu zeiten«) zu erfolgen hatte. *Brunnenfege* war mancherorts mit Zechgelagen verknüpft. Über den Unterhalt von B. kam es auch zu Streitigkeiten und Prozessen, z. B. 1459–71 im Amt Zurzach, 1483 zw. den bern. Gemeinden Aeschi und Reichenbach (Slg RQ Aargau V 50, Bern II/2 134); in Berlin vermittelte 1454 der Rat in einem Brunnenstreit (Berliner Stadtbuch V 225). In Feldkirch wurde ein Privater, der durch einen öffentl. Brunnenbau geschädigt wurde, 1414 entschädigt (C. E. JANOTTA, Das Privilegienbuch der Stadt Feldkirch, 1979, 29).

[5] *Rechtsorte*: Brunnen waren Rechtsorte. Es scheint, daß auch der germ. Raum in den kelt.-röm. Vorstellungsbereich eines Brunnenkults einbezogen war. In Gallien und Britannien hielt er sich länger, wie die Verbote der Konzilien v. Arles (ca. 452), Tours (567), Auxerre (578) und noch Erlasse Karls d. Gr. (789) belegen. Bei der →Taufe, die rechtl. die Kirchenmitgliedschaft begründete, wurden die Täuflinge in Taufbrunnen (→Taufe, Taufbekken) eingetaucht, was, abgesehen von der oriental., anglikan. und der Mailänder Kirche, seit dem 15. Jh. durch Begießen über oder am Brunnenbecken verdrängt wurde. In ma. Texten genannte fontes-Quellen sind zumeist aus dem Kontext als Taufbecken zu erkennen, z. B. im Dom zu Trier oder in der Altenberger Zisterzienserkirche.

Kultstätten waren häufig auch Rechtsstätten. Sagen berichten, daß man an B. zu Gericht saß. Danach hielten Götter und Nornen unter dem Weltenbaum am Urdarbrunnen Gericht. Nach einer fries. Sage saßen 13 Friesen um den B., um Recht zu finden. 1391 wird der »Richtbrunnen« zu Stulingen genannt. Verschiedene Weistümer erwähnen das Gericht am B. (z. B. Freiburg a. d. Unstrut 1412, Pfungstadt 1423, Neuss, Dreihorn 1419, Wieltingen a. d. Saar 1504). An B. wurden Prangerstrafen vollzogen (Riedlingen, Grafenwöhr, Sinterstetten, Schweiz) und waren zu diesem Zweck Halseisen angebracht. Dirnen und schmähsüchtige Weiber (Aalen) wurden strafweise dreimal um B. geführt. Bei B. wurden Bekanntmachungen erlassen; in Zürich wurden sie an den Brunnensäulen angeschlagen; in Luzern riefen schwarze Fähnlein, die an die Brunnenrohre geheftet wurden, dazu auf, sich in Kriegszeiten zu sammeln. In Posen (Poznań) wurde die Proskription geflüchteter Missetäter an den vier Ecken des Ringes publiziert, auf denen sich die B. befanden (W. MAISEL, Poznaskie prawo karne do koca XVI wieku, 1963, 104f.). Verschiedentl. tätigte man an B., bes. an Markt- und Ratsbrunnen, private Rechtsgeschäfte (Verkauf, Versteigerung, Dienstbotenmiete). In Grenzbeschreibungen und →Weistümern erscheinen B. als Grenzzeichen (Scheitbrunnen, Dreihorn; Schweiz: Bennwil 1342, Erlinsbach 1351, Stüsslingen 1354, Fischbach 1479, Farnsburg 1497, Zofingen/Willisau 1456, Biberstein/Solothurn 1485). Mit dem B. als Rechtsort hängen teilweise auch die *Gerechtigkeitsbrunnen* zusammen, so genannt, weil die symbol.-mytholog. Gestalt der Justitia die Brunnensäulen bekrönt. Die meisten dieser B. (die Schweiz besitzt deren seit dem 16. Jh. zwölf) reichen allerdings nicht mehr ins MA zurück. Auffallend ist, daß sie häufig bedeutende Standorte haben. Das läßt die Frage aufwerfen, ob und wieweit sie auch als Symbole städt. Freiheit und Gerichtsbarkeit zu verstehen sind. Beim »Schöppenbrunnen« in Frankfurt tagte das alte ksl. Gericht. Rats- und Marktbrunnen (z. B. Marktbrunnen aus dem 14. Jh. zu Aachen, Basel, Viterbo, aus dem 15. Jh. zu Rottenburg am Neckar, Luzern, Ulm, Ettlingen, Urach) übertrafen die übrigen »Straßen- oder Allmendbrunnen«, da sie neben dem Rathaus auch Zeichen der gemeindl. oder herrschaftl. Repräsentation waren; so krönt z. B. der Reichsadler den Markt-B. in Goslar, setzte man auf die B. Wappen (z. B. im 14. Jh. in Cittaducale und Salerno, im 15. Jh. in Endingen, Ettlingen, Urach).

Wappenbesetzte Fähnlein auf dem Brunnenstock waren Hoheitszeichen des Besitzers. Perugia setzte 1278 die Figur des Podestà Matteo di Correggio auf die Fontana maggiore. In der Schweiz stehen häufig Bannerträger auf dem B., den Schild mit dem Stadtwappen gegen ein Bein gelehnt, Fahne oder Flagge in der Hand schwingend. Häufig sind die Bannerträger nur Wappenhalter der Stadt, manchmal auch Verkörperung hist. Persönlichkeiten (Bürgermeister Stüssi in Zürich, Ratsherr Sevogel in Basel, Albrecht V. v. Österreich in Schaffhausen). Der »schöne B.« auf d. Marktplatz zu Nürnberg ist ein Erinnerungsmal an Rechtsverleihungen durch Karl IV. Der in der Rechten das Stadtwappen haltende Gewappnete auf dem Fischmarktbrunnen in Regensburg wurde im Volksmund als »Roland« bezeichnet, womit die Rolandsverwandtschaft (→Roland) solcher Figuren angedeutet ist. Repräsentation spielt auch in Aachen bei dem nach röm. Vorbild geschaffenen Atriumsbrunnen der Pfalzkapelle Karls d. Gr. eine Rolle, welcher bestrebt war, seiner Aachener Pfalz eine gewisse Gleichrangigkeit mit Rom zu verleihen. Wieweit auch Löwenbrunnen (z. B. Alhambra in Granada) rechtssymbol. Bedeutung hatten, steht nicht fest. In Posen bringt W. MAISEL die Ikonographie des Proserpina-Brunnens in Zusammenhang mit der Verfestigung am Brunnen (vgl. zum B. als Bildträger auch Abschnitt II).

[6] *Strafrecht*: Das Strafrecht schützte den Brunnen. Verunreinigung und Schädigung des B.s zog harte Strafe nach sich, im Stadtrecht von Freiburg i. Br. den Ertränkungstod. In den Comes formarum urbis werden schon z. Z. Theoderichs Bestimmungen zum Schutz der B. erlassen in Anlehnung an das alte Rom, wo B. religiös und rechtl. geschützt waren. In it. Stadtrechten des 13. Jh. (z. B. Siena) wird das wiederholt. Brunnenröhren und -tröge durften nicht angebohrt werden; Bern büßte solches 1405 mit 5 Pfund. Wer einen B. zugrub, mußte nach ostfries. Landrecht (III 95) 12 Schilling Buße entrichten. Verschiedene Städte verboten aus feuerpolizeil. Gründen das Zu-

schütten von B. (Nürnberg, Wismar) oder die Beeinträchtigung des Zulaufs (Altenburg). Zahlreiche Vorschriften drohten für Verunreinigung gemeiner B. Strafen an, die Lex Baiuwariorum (2, II, 137) 6 Schilling. Der Rat von Murten bestrafte das Lagern von Mist oder sonstigen Abfällen an Brunnenröhren oder -stöcken. Bestraft wurde nach österr. und württ. Rechtsquellen, wer ein Gefäß in den B. fallen ließ. Strafe mußte Schadensersatz traf den, der durch schlechte Brunnenverwahrung Menschen oder Tiere schädigte. Für den am B. tödlich Verunglückten fordert der Sachsenspiegel (II 38) volles Wergeld, im österr. Eibestal bezahlte er 32 Pfund Pfennig und leistete Totschlagsühne. Der Schwabenspiegel (201 d) verlangt für ein Stück Vieh, das in den B. fällt, vollen Schadenersatz, das tote Tier gehörte dem Brunnenbesitzer. Das langob. Recht spricht den Besitzer eines B.s, in den jemand hineingefallen ist, frei, da der B. zum gemeinen Nutzen angelegt wurde und nicht, um jemandes Tod herbeizuführen (Edictum Rothari 306). In österr. Gemeinden (Geiselberg, Hanftal) wurden Gemeindemitglieder, die bei Unterhaltsarbeiten für B. nicht mithalfen, bestraft. Der Vorwurf d. →*Brunnenvergiftung* traf häufig die Juden, aber auch Aussätzige (Lepröse). Ein Urteil in Siena bestimmt 1262, daß eine Brunnenvergifterin lebendig gehäutet werde. Im Pactus legis Salicae (XL, § 2, 612) von 507/511 erscheint das Werfen einer Frau oder eines Mannes ins Wasser oder in einen Tiefbrunnen als Missetat, die mit schweren Bußen bedroht ist. Das Bad im B. war aber auch beliebter Scherz- und Rügebrauch an Mittfasten, Fastnacht und Pfingsten, oder auch Aufnahmeritus bei Zünften und Handwerkern (z. B. Gesellentaufe der Metzger in München). In der Schweiz wurden Braut oder Bräutigam in den B. geworfen (Bern 1480, Luzern und Zürich 16. Jh.).

Eine andere Seite des Strafrechts, namentl. in der Volksjustiz, war die *Brunnenwüstung* als Strafe. Sie begleitete die Hauswüstung oder eine ihrer Nebenformen und berührt sich mit der röm. aquae et ignis interdictio. In ihr wird die Friedlosigkeit bewirkt, indem dem Friedlosen sein B. entzogen wird (→Wüstung, →Friedlosigkeit). Ein Urteil von Reggio ordnete 1315 mit der totalen Wüstung auch die Zerstörung der »Cisterna« an. Nach der Verfestigungsformel der Posener Stadtbücher wird dem Missetäter auch »Wasser und Feuer« entzogen. L. Carlen

IV. BRUNNENDARSTELLUNGEN: Brunnendarstellungen des MA haben zumeist symbol. Bedeutung. Sie sind häufig als Metapher Christi, als Bild Mariens oder als Heiligenattribut zu verstehen. Bereits in der frühchristl. Kunst finden sich Darstellungen von Tieren, die aus einem Quell oder einem Wassertrog trinken. Zwischen »Quelle« und »Brunnen« wird hierbei bedeutungsmäßig nicht unterschieden: Beide können im Sinne des *Lebensbrunnens* (Fons vitae) Bilder Christi als »Quell des Lebens« sein (Gen 2, 10–14; Ps 35, 9ff., 41, 2; Hld 4, 1215; Joh 4, 10; Offb 22, 1ff.). Die in der Katakombenmalerei, der Sarkophag- und Mosaikkunst (Mausoleum der Galla Placidia, Ravenna) zu findenden Tiere am Quell symbolisieren vielleicht die Erquickung der Seele im Paradies. Diese Bildvorstellung hat sich bis an das Ende des MA erhalten (Fläm. Bildteppich um 1500, Tiere am Fons vitae im Hortus conclusus, Bergisches Museum, Schloß Burg). In der karol. Kunst wird v. a. in Miniaturen der Hofschule Karls d. Gr. der Lebensbrunnen in Form eines Rundtempels dargestellt (Evangeliar aus St. Médard, Soissons, Paris, Bibl. Nat., Anfang 9. Jh.; Codex Aureus v. St. Emmeram in Regensburg, um 870). Verschiedentl. wurde darauf hingewiesen, daß diese jeweils am Anfang der Evangelien stehenden Lebensbrunnen-Miniaturen dem →Kantharus entsprechen, der sich bereits in den Atrien der frühchristl. Kirchen als B. oder Brunnenhaus befand und nicht nur funktionale, sondern auch symbol. Bedeutung hatte. Im Zusammenhang mit der Passion wurde die Seitenwunde Christi als Quelle des NT, aus dem das Taufwasser und die Erlösungsgnade strömen, verstanden. Häufig wird diese Vorstellung mit dem Bild des Lebensbrunnens verquickt. So findet sich in otton. Zeit das Brunnenbild häufig in Zusammenhang mit Pfingstdarstellungen. Die brunnenartigen Wasserbehältnisse werden hier zumeist als »Vita communis« bezeichnet (Engelbertcodex, Trier, um 980). Hiermit ist nicht nur die brüderl. Gemeinschaft, sondern auch der Lebensbrunnen im Paradies gemeint. Von diesen *Paradiesbrunnen* gehen die vier →Paradiesesflüsse aus, die in Zusammenhang mit den Passions-Ikonographie in Golgatha-Darstellungen eine wichtige Rolle spielen. Hier sind sie häufig als das Blut Christi verstanden, das erlösend über die Grabstätte Adams fließt (Mauritius-Tragaltar, Siegburg). Im Evangeliar des →Kuno v. Falkenstein (Trier, Dom, c. 1380) erscheinen auf dem Wasser des Lebensbrunnens in der Pfingstdarstellung Hostien, womit auf den Doppelcharakter der Brunnensymbolik hingewiesen wird. Im späten MA tritt das Bild des *Blut-Christi-Brunnens* in den Vordergrund, durch die myst. Verehrung des Blutes Christi angeregt (→Blutwunder). Vom Gekreuzigten strömt das Blut in ein brunnenartiges Behältnis, aus dem es zumeist durch vier Masken (= Evangelisten) in eine untere Brunnenschale fließt (dt. Holzschnitte des 16. Jh., mit »Fons Misericordiae« bezeichnet). Statt des Gekreuzigten kann auch der Schmerzensmann erscheinen, und z. T. verbindet sich der Bildgedanke mit demjenigen des »Christus in der Kelter« (→Jesus Christus). Die Deutung des B.s als Mariensymbol geht auf frühchristl. Überlieferung zurück, die Maria als die reine Jungfrau bezeichnen, die den Fisch (Ichthys = Christus) am Quell gefangen hat (Aberkios-Inschrift). Aufgrund einer Stelle im Hld (4, 12 und 15) wurden durch die Exegese der Kirchenväter »fons« und »puteus« geläufige Symbole Mariens. Hierauf beziehen sich jene Darstellungen, die Maria mit dem Kind, z. T. innerhalb eines Hortus conclusus, neben einem B. zeigen (Jan van Eyck, 1439, Antwerpen, Kgl. Museum; Oberrhein. Meister, Paradiesgärtlein, Frankfurt, Städel; Stefano da Zevio, um 1410, Verona, Museo del Castelvecchio). Schließlich dient der B. auch als Attribut solcher Heiliger, die einen Brunnen oder Quell wundersam entdeckt haben (Clemens, Amalburga) oder in einem B. Martyrium bzw. Bestattung fanden (Calixtus). D. Kocks

V. VOLKSKUNDE: »Wenn seit dem 16. Jh. in der nhd. Schriftsprache 'Quelle' und 'Brunnen' geschieden werden, so ist das nie volkstüml. geworden« (HWDA I, 1672). Heilige B. und Heilbrunnen sind sowohl kultgeschichtl. wie medizinhist. Phänomene, ohne daß sich für die Vergangenheit, aber auch noch in der Gegenwart Heiliges und Profanes trennen lassen, also die subjektive Erfahrbarkeit von 'Gnadenwirkungen' und der objektive Tatbestand chem. Wasseranalysen. Seit der Antike bekannte Aachener Badequellen waren im Barock als Marienbrunnen gefaßt (Kupferstich des 17. Jh. bei ST. BEISSEL). Heilkräftigkeit ist zu allen Zeiten auch eine Kategorie des seel. Haushalts der Brunnenbenutzer gewesen und damit abhängig vom jeweiligen kulturellen Selbstverständnis des Menschen im Umgang mit der Natur. Darum müssen die im Gefolge von J. GRIMMS »Deutscher Mythologie« (XX, 1, s. v. Wasser) handhabbar gewordenen Beschreibungsbegriffe wie 'Quellenkulte' (K. WEINHOLD) unzureichend bleiben. Sie legen ledigl. Deutungsmuster fest und verstellen damit die Notwendigkeit einer noch zu leistenden hist. Phänomenologie. Vieles, was die Sekundärliteratur über ma. Heilbrünnel oder B. im Zusammenhang angeblicher Wallfahrtsstätten weiß, ist interpolierender Rückschluß aus späteren Bezeugungen. Es gilt daher stets, krit. Unterscheidungen zu treffen.

Die religionsgeschichtl. nachweisbare Ubiquität der Bedeutung von fließendem Wasser als tatsächl. oder symbol. Reinigungsmacht (Wasser des →Jordans, →Judenbad, →Taufe, →Weihwasser) darf nicht dazu verleiten, jede Wasserstelle im Umkreis kirchl. Bauten für spezielle Kultplätze auszugeben; es geht nicht einmal an, die Benutzung von fließendem Wasser für bes. Praktiken superstitiöser oder sakramentaler Art zu Sonderkulten im Sinne von Wallfahrten zu stilisieren. Wasser aus der Zisterne der Kiliansgruft des Neumünsters in Würzburg war einst natürl. nicht irgendein Wasser, aber dennoch lassen sich der B. und sein Ort nur in ganz entfernter Weise dem gegenwärtigen Phänomen Lourdes vergleichen. Die Kathedrale v. Chartres kannte im MA Inkubationsbrauch in der Krypta, deren B. im 17. Jh. verschüttet wurde, und die ma. Brunnenkapelle im Chorumgang des Trondheimer Domes stand gewiß in Zusammenhang mit dem Grab des hl. Olav, zumal sie einen Abfluß ins Freie besitzt, doch nicht jeder Dombrunnen (in Bamberg, Regensburg, Würzburg) ist oder war zu jeder Zeit ein hl. Brunnen. Zeitgenöss. Bezeichnungen kennen sowohl Quellen mit dem allgemeinen Namen »heiligbrunn« (1329 in Lehen bei Freiburg/Br.), »heiliger brunn« (1341 in Jechtingen am Kaiserstuhl und ca. 1368 in Hecklingen im Schwarzwald) als auch die spezielle Zuweisung zu einem Heiligen, z. B. »sant Nykcolaus brunn« (1368 in Bamlach) oder »sant Johannes brunne« (1423 in Wolfenweiler). Wohl erstere meint im 13. Jh. →Berthold v. Regensburg, wenn er im Zusammenhang eines Aberglaubenskataloges davon spricht: »eteliche geloubent an heilige brunnen« (F. PFEIFFER–J. STROBL, II, 1880 [Neudr. 1965], 70, 28ff.). Der Prediger spricht offensichtl. jene B. an, die ohne christl. Patronat zu Heilszwecken dienten. Schwankende Bezeichnungen am gleichen Ort wie in Bahlingen 1341 »heilige brunnen« und 1491 »Hailbrunn« machen die Offenheit der Gebrauchsfunktion deutlich, während man später auf protestant. Seite um so klarer zu scheiden suchte, wie dies v. a. für Dänemark nachgewiesen worden ist. Dort haben sich ma. Kultplätze z. T. bis ins 19. Jh. als theol.-med. begründete und gebilligte öffentl. Gesundbrunnen erhalten, teilweise mit Marktleben und Quasivotivbrauch. Berühmte »Helligkilde« dieser Art sind von allen Schichten der Bevölkerung, so auch von Mitgliedern des Königshauses besucht worden.

In kath. Landen hingegen haben sich die alten Verhältnisse durch nachma. Innovationen verwischt. Mittelalterl. Heiligtümer wurden durch barocke Gnadenbrünnel belebt (z. B. der Hostienwunderort Burgwindheim) oder ma. »Quellkulte« wurden durch jüngere Heiligenverehrung überdeckt (z. B. Amorsbrunn im Odenwald), zugleich ein gut bezeugtes Beispiel kontinuierl. Heilkultes mit gemauertem Freibecken, jedoch erst im 15. Jh. unter Einbeziehung der Quelle in die Kapellenerweiterung, ohne daß die immer wieder behaupteten Zusammenhänge bis in vorchristl. Zeit nachweisbar oder gar nur wahrscheinl. blieben.

Eine instruktive bildl. Schilderung von Besuch und Gebrauch eines hl. B.s um 1500 bietet das Gemälde A. Altdorfers mit der Darstellung der Florianskirche in Oberösterreich (Titelabb. bei L. A. VEIT). Ein Holztafeldruck um 1490 mit dem hl. Landolin zu Nonnenweier im Breisgau zeigt u. a. eine Pilgerin im Fußbad der dem Grab entspringenden Quelle (SCHREIBER, 1582). W. Brückner

Lit.: *zu [I]:* F. M. FELDHAUS, Die Technik der Antike und des MA, 1931, 254, 283 – M. MENGERINGHAUSEN, Die häusl. Wasserverwendung und Abwasserwirtschaft im MA (Technikgesch. 25, 1936), 43–56 – G. EHLERS, Die Wasserversorgung der dt. Städte im MA (Technikgesch. 25, 1936), 13–25 – F. M. FELDHAUS, Die Maschine im Leben der Völker, 1954, 239 – A. RAUTENBERG, Ma. B. in Dtl., 1965 [Lit.] - R. J. FORBES, Hydraulic, Engineering and Sanitation (CH. SINGER, A Hist. of Technology II, 1965), 633–695 – N. SMITH, Man and Water, 1976 – C. WIJNTJES, The watersupply of the medieval town (Rotterdam, 1979) – *zu [II]:* LCI, 330–336 – RDK II, 1278–1318 – VIOLLET-LE-DUC V, 526–533; VII, 561–570 – P. MEINTEL, Schweizer B., 1931 – Das Erste Jahrtausend I, 1962, 332–335 [H. HOFFMANN, bes. zum Konstantinsb. in Limoges] – K. HOFFMANN-CURTIUS, Das Programm der Fontana Maggiore ..., 1968 – Zum »Schönen B.« vgl. Parler-Katalog I, 1978, 367–369 – zu den »Vere da Pozzo. . .« vgl. Lit. zu Abschnitt C. II – A. REINLE, Zum Programm des B.s von Arnolfo di Cambio in Perugia 1281 (Jb. der Berliner Museen, 1980), 121–151 – *[zu III]:* H.-G. P. GENGLER, Dt. Stadtrechts-Altertümer, 1882 [Repr. 1964] – A. COLASANTI, La fontana d'Italia, 1926 – H. SPINDLER, Der B. im Recht, 1938 – P. BOUFFARD – R. CREUX, B., Spiegel der Schweiz, 1973 – G. BINDING, Quellen, B. und Reliquiengräber in Kirchen, ZAMA 3, 1975, 37ff. – B. SCHWINEKÖPER, Der Marktbrunnen in Rottenburg am Neckar (Fschr. O. HERDING, 1977) – R. BOONE, Overheidszorg voor drinkwater in Vlaanderen, o. J. – *[zu IV]:* W. v. REYBEKIEL, Der »Fons vitae« in der chr. Kunst, Niederdt. Zs. für VK 12, 1934, 87–136 – A. UNDERWOOD, The Fountain of Life in Mss. of Gospels, DOP 5, 1950, 42–138 – A. THOMAS, Ikonograph. Stud. zur Darstellung des Lebensbrunnens in trier. Hss. des MA, Kurtrierer Jb. 8, 1968, 59–83 – L. CARLEN, B. und Recht in der Schweiz (Forsch. zur Rechtsarchäologie und Rechtl. Volkskunde IV, 1982, 42–69) – *zu [V]:* EM II, 941–950 – HWDA IX, 107–122, s. v. Wasser; I, 1672–1685, s. v. Brunnen – LMK I, 978–985 – K. WEINHOLD, Die Verehrung der Quellen in Dtl. (AAB, 1898) – ST. BEISSEL, Wallfahrten zu ULF in Legende und Gesch., 1913, 22–24 – A. F. SCHMIDT, Danmarks Helligkilder (Danmarks Folkeminder 33, 1926) – L. A. VEIT, Volksfrommes Brauchtum und Kirche im dt. MA, 1936 – L. PFLEGER, Wasserkult und hl. Quellen im Elsaß (Volk und Volkstum 3, 1938), 192–211 – B. SCHELB, Hl. B. im Breisgau, Freiburger Diöz. Archiv 3. F. 1, 1949, 204–227 – Kontinuität?, hg. H. BAUSINGER–W. BRÜCKNER, 1969, 40–42 – F. MUTHMANN, Mutter und Quelle. Stud. zur Quellenverehrung im Altertum und im MA, 1975 – CH. DAXELMÜLLER–M.-L. THOMSEN, Ma. Wallfahrtswesen in Dänemark, JbV NF 1, 1978, 155–202 – P. JACKSON, The holy wells of Co. Kildare, Journal of the Co. Kildare Archaeological Society XVI, 2, 1979–80, 133–161.

C. Byzantinische Brunnen

I. Archäologie – II. Künstlerisch gestaltete Brunnen.

I. ARCHÄOLOGIE: In den Siedlungszonen des oström.-byz. Reiches war die Wasserversorgung in hohem Maße von unterschiedl. geol.-morpholog. und klimat. Bedingungen abhängig. Tiefbrunnen waren neben Fernwasserleitungen (zumeist in Städten) und Zisternenanlagen in der Regel nur in geschlossenen Hochflächen (z. B. Kappadokien) oder in fluß- und küstennahen Gebieten ausgebaut. Daneben erscheinen Laufbrunnen als Endpunkte von Quellwasserfassungen und Fernwasserleitungen.

Die Mehrzahl der Ziehbrunnen war je nach Zweck und Aufwand in Bruch- oder Werkstein kranzförmig bis zu den Wasseradern geführt, je nach der geol. Struktur in verschiedenen Landschaften waren die Brunnenwände nicht verbaut oder gesichert. In Einzelfällen erreichten B. Tiefen bis zu 45 m, der lichte Durchmesser betrug zw. 0,90–1,30 m. Bautechn. Details sind nahezu unbekannt, da archäolog. Untersuchungen selten bzw. unveröffentlicht sind; dies gilt bes. auch für Bauzeit und Nutzungsdauer. Daher ist die Bestimmung, ob die Anlagen röm., byz. oder islam. Ursprungs sind, erschwert. Oft scheinen Tiefbrunnen über Jahrhunderte genutzt (z. B. in Oasen und Karawanenplätzen Syriens, Palästinas und Nordafrikas) oder nach langen Unterbrechungen gereinigt und reaktiviert (Nordafrika) worden zu sein. In Einzelfällen waren Oasenschöpfstellen auch durch Kleinkastelle gesichert. Da nahezu alle Fernwasserleitungen der Städte spätestens im 7. Jh. durch mangelnde Pflege zusammenbrachen, wurden Tiefbrunnen und Zisternen Grundlagen der Versorgung mit Brauch- und Trinkwasser. In ländl. Gebieten waren wohl seit jeher Brunnenanlagen (in röm. Tradition) die Regel.

Als Sonderformen erscheinen Reinigungsbrunnen in Kirchenanlagen (zumeist im Atrium; Taufbrunnen) und in jüd. Kultanlagen (Mikwe). Noch in frühbyz. Zeit konnten Brunnenanlagen in Städten als architekton. gestaltete Brunnenhäuser (z. B. Ephesos) gebaut werden. In Einzelfällen sind Brunnenbauten als Sonderformen in Burgen bezeugt: ein großes Brunnenhaus mit Treppenanlage liegt innerhalb der Rumkale/Hromgla am Euphrat, im Kreidefelsen der Burg von Birecik führt ein Felsgang wohl bis zur Euphratsohle. In Eski Kâhta ist die Schöpfstelle durch einen zum Fluß geführten Treppenbau gesichert.

Regional bedingte Brunnenformen, wohl vorislam. Ursprungs, sind in Syrien *Foggaras (fuġar)*, d. h. vielfach kilometerlange unterird. Kanäle mit geringem Gefälle, die unterird. Stauwasser aufnehmen und an deren Endpunkten brunnenähnl. Ziehwerke liegen.

Bau und Besitz der B. spielten vermutl. eine wesentl. Rolle. Aus der topograph. Lage läßt sich nebeneinander öffentl., kirchl. und privater Besitz erschließen. Analogieschlüsse erlauben die Annahme, daß in Dörfern mehrfach Brunnenanteile rechtl. gesichert und vererbt werden.

H. Hellenkemper

II. KÜNSTLERISCH GESTALTETE BRUNNEN: Die häufigste Form des in der byz. Kunst dargestellten B.s ist der *Ziehbrunnen*, der seit dem Fresko im christl. Haus von Dura-Europos (Samariterin am B., um 240) bis in spätbyz. Darstellungen vorkommt. In seiner einfachsten Form, einer meist runden Brunnenmündung, in die das Schöpfgefäß mit einem Seil hinabgelassen wird, finden wir ihn in Dura, im Evgl. Cod. Laur. VI, 23, Florenz (Anfang 12. Jh.), in Monreale (um 1280) und in der Chora-Kirche in Istanbul (um 1320); unterschiedl. ist nur die Zahl der Stufen unter der Brunnenmündung. Manchmal kann die Brunnenmündung auch vierpaß- (Athen, Nat. Bibl. Cod. gr. 93, Ende 12. Jh.) oder fünfpaßförmig sein (Cod. Laur. VI, 23). Solche Brunnenmündungen sind in Venedig und in Rom erhalten (vgl. F. ONGANIA; sowohl rund als auch viereckig; sechseckig ist der B. des Wissaslaw, Venedig, Mus. Correr, rund der B. im Kreuzgang von S. Giovanni in Laterano, Rom); alle diese Brunnenmündungen sind reich ornamentiert, sie stammen aus dem 8. bis 10. Jh. Diese Form des B.s wird durch ein Gestänge, an dem ein Rad hängt, über das das Seil läuft, überbaut sein (Wiener Genesis, um 500; Theodor-Psalter, London, Brit. Mus., 1066; Barberini-Psalter, Rom, Bibl. Vat., 11./12. Jh.) oder mit einer Spindel als Auflage für das Seil (Ravenna, S. Apollinare Nuovo, um 520; Chludov- und Pantokrator-Psalter, 9. Jh.). Brunnenmündungen dieser Art können auch gemauert sein (Maximians-Kathedra, Ravenna; Elfenbeintafel der Slg. Uvarov, Moskau; beide 6. Jh.).

Neben dieser sehr geläufigen Form des Ziehbrunnens, wie er der öffentl. Wasserversorgung diente (vgl. die ven. Beispiele, Abschnitt B. II), gibt es auch andere Brunnendarstellungen, die offenbar mehr *Zier- oder Repräsentationszwecken* dienten, so die Brunnenschale, als einfache flache Schale in den ältesten Darstellungen Marias als »lebenspendende Quelle« (Zoodochos Pegē) in der Chora-Kirche (Istanbul) und im Serb. Psalter, München (14. Jh.), aufwendiger mit kelchförmiger Schale auf hoher Säule mit mittlerem Pinienzapfen, aus dem zwei Wasserstrahlen kommen, auf einem ven. Relief (um 1000; Berlin-Ost, Staatl. Mus.), ähnlich auf dem Autorenbild im Cod. gr. 401 im Sinai-Kloster (Mitte 12. Jh.), wo daneben auch ein B. mit drei Schalen übereinander dargestellt ist. Diese beiden B., die Gregorios v. Nazianz als »Quelle der Weisheit« symbolisieren, sind Wiedergaben von Zier-Brunnen, die man sich in Gärten wie auf öffentl. Plätzen vorstellen kann.

In der Verkündigung an Anna (sie und ihr Gatte werden als bes. reich und angesehen geschildert) sind B. dargestellt, die einen Eindruck vom Luxus solcher B. in den Gärten der Vornehmen in Konstantinopel und anderen Städten des byz. Reiches vermitteln. In Daphni (Ende 11. Jh.) sehen wir eine dreistufige Anlage: aus einer vierpaßförmigen marmornen Brunnenmündung erhebt sich auf einem Schaft eine flache Schale mit mittlerem Pinienzapfen, aus dem vier Wasserstrahlen fließen; vor der Brunnenmündung liegt ein viereckiges Becken, in das das Wasser aus einem Loch in der Wandung der Brunnenmündung fließt (ähnlich im Cod. Vat. gr. 1162, 12. Jh.). Anders, aber ähnlich aufwendig, ist der B. in der Chora-Kirche wiedergegeben: aus einem rechteckigen Brunnen aus weit vorspringendem Sockel fließt durch einen Löwenkopf Wasser in ein davorliegendes querrechteckiges Becken (ähnlich in Sv. Kliment in Ochrid, nach 1295, und in der Uspenje-Kirche auf dem Volotovo-Feld in Novgorod, um 1380).

K. Wessel

Lit.: zu [I]: Wiss. Lit. fehlt. B. werden vielfach nur beiläufig erwähnt in: P. GAUCKLER, Enquête sur les installations hydrauliques romaines en Tunisie (Nouvelles archives des missions scientifiques et littéraires 10, 1901) – ST. GSELL, Enquête administrative sur les travaux hydrauliques anciens en Algerie, 1902 – A. POIDEBARD, La Trace de Rome dans le désert de Syrie: Le Limes de Trajan à la Conquête Arabe, 1934 [s. v. puits] – F. K. DÖRNER–R. NAUMANN, Forsch. in Kommagene (Istanbuler Forsch. 10, 1939), 84–86 – PH. KOUKOULES, Byzantinon Bios kai Politismos IV (Collection de l'Institut Français d'Athènes 73, 1951), 315–317 – G. TCHALENKO, Villages antiques de la Syrie du Nord: Le massiv du Belus à l'époque romaine, 3 Bde, 1953–58 [s. v. puits] – J. KEIL, Führer durch Ephesus, 1957⁴, 60, Abb. 30 – A. M. MANSEL, Die Ruinen von Side, 1963, 169f., Abb. 136 – Türk Arkeoloji Dergisi 14, 1–2, 1965, Abb. 52, 54 [H. GÜRÇAY–M. AKOK] – S. EYICE, La Fontaine et les Citernes Byz. de la citadelle d'Afyon-Karahisari, DOP 27, 1973, 303–307 [Abb.] – H. HELLENKEMPER, Burgen der Kreuzritterzeit in der Gft. Edessa und im Kgr. Kleinarmenien (Geographica Historica 1, 1976), 57 – Tabula Imperii Byzantini, hg. von der Kommission für die Tab. Imp. Byz., unter der Leitung von H. HUNGER, I, 1976; II, III, 1981 – S. EYICE, Byz. Wasserversorgungsanlagen in Istanbul (Symposium über hist. Wasserversorgungsanlagen. Leichtweiss-Inst. für Wasserbau. Mitt. H. 64, 1979), 1–16; bes. 14f. – *zu [II]:* F. ONGANIA, Raccolta delle vere da pozzo in Venezia, 1891 – Le Vere da Pozzo pubbliche di Venezia e del suo Estuario. Suppl. del Boll. dei Musei Civici Veneziani, 1976.

D. Brunnen im arabisch-islamischen und osmanischen Bereich

I. Brunnen im arabisch-islamischen Bereich – II. Brunnen im osmanischen Bereich.

I. BRUNNEN IM ARABISCH-ISLAMISCHEN BEREICH: Das für B. geläufigste Wort *biʾr* (Pl. *biʾār, abʾur, ābār*) ist allgemein semit. Ursprungs, daneben gibt es zahlreiche Synonyme, die einem bestimmten Typ gerecht werden. In den Trockengebieten der arab. Halbinsel hängt jede Form des Lebens von der Erschließung unterirdischer Wasservorkommen mit Hilfe von B. ab. Dies findet seinen Niederschlag auch in der Poesie. Es handelt sich dabei stets um Ziehbrunnen, deren runder oder quadrat. Schacht mit Steinen befestigt wird. Das Wasser wurde mit Ledereimern an Seilen aus Leder oder Palmfasern herausgezogen, auch mit Hilfe von Rollen, die an Pfosten oder mitgeführten Holzbalken, die gabelartig in die Erde gesteckt wurden, befestigt waren. Wasser ist nach Mohammed Allgemeinbesitz, damit ist jeder B., auch in einem bestimmten Stammesgebiet, allen zugänglich. Im Ödland gehören B. demjenigen, der sie baut und pflegt. Juristisch unterschieden werden B., deren Wasser für Mensch und Tier bestimmt ist *(ʿaṭan)* und B. zur Bewässerung *(nādiḥ)*. Entsprechend variieren die Schutzzonen zum nächsten B., dessen Bau erlaubt ist, selbst wenn das Wasser des ersten versiegt. Dafür ist der Besitzer verpflichtet, Wasser unentgeltl. an Mensch und Tier zu geben, kann aber Wasser für Herden verkaufen. Das Wasser öffentl. B. wird in der Reihenfolge des Alters der Kulturen verteilt, bei Wasserknappheit müssen sich die Teilhaber entsprechend einigen. B. gehören zur Sicherung des Wegenetzes; Bau und Wartung oblag dem Herrscher, v. a. längs der Pilgerrouten, wo B. häufig in Verbindung mit Zisternen zu finden sind. In aṭ-Ṭalḥāt sind im Schacht die Namen der Steinmetzen eingemeißelt. Für die Bewässerung der Felder wurde das Wasser aus den B. meist über Rollen, auch Balken, die sich um eine Achse drehen, seltener über Schöpfräder von Tieren gehoben, die im Kreis oder nur eine Strecke weit geführt wurden. Dazu wurden häufig Rampen angelegt, auch im städt. Bereich, z. B. Ṣanʿāʾ. Abgesehen von Ziehbrunnen gab es in den Städten auch Laufbrunnen, z. B. im Fusṭāṭ des 9. Jh., deren Wasser durch Leitungen befördert wurde, und zwar öffentl. B. *(sabīl)* und private. Dabei wurde unterschieden zw. B. für Trink- und Reinigungswasser und zur Bewässerung. Jedes Haus besaß B., aber nicht in jeder Stadt, in Mahdīya, Šīrāf z. B. wurde Wasser in Schläuchen verkauft. Im Haus, im Palast, in der Medrese, im Bad und im Krankenhaus diente der B. im Hof auch der Zierde und Kühlung und spielte in Verbindung mit Gartenanlagen eine große Rolle (vgl. Häuser in Fusṭāṭ, Sāmarrā usw.). Dabei unterliegt die Gestaltung des B.s *(fawwāra, fisqīya)* einem völlig anderen ästhet. Empfinden als in Europa: einer flachen Marmorschale entquillt in der Mitte ein kurzer Strahl, der auf den Stein schlägt, um durch einen schmalen Kanal in ein Becken zu fließen (Fusṭāṭ, Zīza in Palermo, Palast in Bougie), auch im Innenraum. Nach →Ibn Ḫaldūn ist Brunnenbauen eine Sparte der Architektur, Höhepunkt der Gestaltung in Palast und Garten, u. a. in der Alhambra (14. Jh.) und im Generalife. Abfolgen von axial angelegten B., z. B. Löwenhof, Alhambra, unterlagen einem althergebrachten Schema kosm. Bedeutung, das in Iran entwickelt worden war, der Löwenbrunnen verkörpert darüber hinaus die Macht des Emir. Kosm. Bedeutung besitzen Palastbrunnen in Kuppelbauten mit rundem und mehreckigem Becken, oft mit Quecksilber gefüllt, von Bäumen, Tieren aus Gold und Silber umstanden, die Wasser speien (Palast in Bagdad, 10. Jh., Madīnat az-Zahra, Bougie, 11. Jh.). Zur Herstellung artesischer B. u. ä. gab es Anleitungen in Büchern, oft mit Miniaturen, z. B. von al-Ġazārī in der Übernahme antiken Gedankengutes. Selbst beim Šādirwān, einer Art Wandbrunnen, können kosm. Ideen anklingen, meist strömt aus einem Löwenkopf Wasser über Marmorplatten in ein Becken, wie z. B. in der Zīza, Palermo, dargestellt an der Decke der Capella Palatina. Paradies. Vorstellungen werden lebendig in B. mit Kioskanlagen in Gärten nach Schilderungen im Koran, wie auf Abbildungen der Mosaiken in der Moschee von Damaskus, in Ḫirbat al-Mafǧar z. T. erhalten. Der Tradition der *fons vitae* folgen B. in Moscheehöfen, die in der Frühzeit für Waschungen nicht erlaubt sind, z. B. in der Ṭūlūnidenmoschee in Kairo, 9. Jh. Der Paradiesbrunnen schlechthin ist der B. Zamzam in Mekka, der nach der Überlieferung

die vier Weltströme speist und unterird. mit anderen B. in Verbindung steht. Damit sind auch diese heilkräftig, wie auch B., die von Propheten gegraben sind oder von Heiligen bewohnt werden. Vgl. auch →Bewässerung, →Noria, →Wasserrecht. B. Finster

II. BRUNNEN IM OSMANISCHEN BEREICH: In den osman. Kernländern Anatolien und Rumelien erlebte das Brunnenwesen in Verbindung mit bedeutenden Ingenieurbauten der Wasserspeicherung und Wasserverteilung (→Wasserversorgung) seinen Höhepunkt im 16.–18. Jh. Sicher mit Hilfe von Inschriften datierbare Beispiele liegen erst aus dem späten 15. und frühen 16. Jh. vor (etwa Küçükçekmece/Thrakien von 1538/39). Eine wachsende Zahl von »öffentlichen« und privaten Auftraggebern errichtete B. in den Wohnbezirken der Städte, an Überlandstraßen und in Verbindung mit den meisten Stiftungsbauten. Brunnen galten wie Wasserleitungen und Zisternen stiftungsrechtl. als Immobilie, ihr Wasser als deren Ertrag. Aufteilung (unter Verwendung bestimmter Wassermaße) und Instandsetzung regelte die Stiftungsurkunde. Die knappen Wasservorräte ermöglichten das Gewerbe der Wasserträger, denen nicht jeder B. zugänglich gemacht werden durfte. Geschätzt wurden bestimmte Quellen wegen ihrer Wasserqualität (vgl. die Schrift Meḥmed Ḥafīds Mehâhü'l-Miyâh) oder ihrer Rolle im Volksglauben (osman. *ayazma* von gr. ἁγίασμα). Das osman. Gattungswort für B. *çeşme* meint im engeren techn. Sinn einen Wandbrunnen, oft in einer (Spitz-)Bogennische. Freistehende B. heißen *meydân çeşmesi*. Sie unterscheiden sich vom »Brunnenhaus« *(sebîl-ḫâne)* durch das fehlende Gitterfenster, hinter dem ein Wärter Vorübergehenden Getränke reichte. Umstritten ist, ob die frühosman. B. im Moschee-Inneren *(şādırvân)* tatsächl. der Ablution vor dem Gebet dienten. Mit den im späten 14.Jh. aufkommenden Vorhöfen (etwa Ulu Câmiʿ von Manisa) begegnen wir auch Waschbrunnen in ihrer Mitte, die ihre Funktion jedoch bald an die Reihe von Hähnen außerhalb abgeben. Die Palastarchitektur kennt kunstvolle Wandbrunnen, die das Wasser kaskadenförmig verteilen *(selsebîl)* oder Springbrunnen *(fiskîye)*. Wohngebäude verfügten meist über einen schlichten Ziehbrunnen. K. Kreiser

Lit.: zu [I]: EI², s. v. Biʾr – E. SACHAU, Muhammedan. Recht nach Šafiitischer Lehre, 1897, 594ff. – E. WIEDEMANN, Beitr. zur Gesch. der Naturwiss., 1906, 315, 335ff. – J. J. HESS, Bemerkungen zu Eutings Darstellungen ... des arab. B.s, Der Islam 4, 1913, 316ff. – ABŪ YŪSUF YAʿQŪB n. E. FAGNAN, Le Livre de l'Impôt Foncier, 1921, 152ff. – E. BRÄUNLICH, The Well in ancient Arabia, Islamica I, 1924–25, 46ff., 288ff., 454ff. – R. KRISS–H. KRISS–HEINRICH, Volksglauben im Bereich des Islam, 1960, 21ff. – W. MARÇAIS, Salsabīl et Šādirwān (Études d'Orientalisme dédiées à la Mémoire de Lévi – Provençal, II, 1962), 639ff. – J. BERMÚDEZ PAREJA, El Generalife despues del Incendio de 1958 (Cuadernos de la Alhambra I, 1965), 9ff. – A. U. POPE–PH. ACKERMAN, The Persian Garden (A Survey of Persian Art, 1967), 1427ff. – G. T. SCANLON, Housing and Sanitation (The Islamic City, hg. A. H. HOURANI–S. M. STERN, 1970), 185ff. – J. LASSNER, The Topography of Baghdad in the Early Middle Ages, 1970, 90f. – B. FINSTER, Die Reiseroute Kufa-Saʿūdīarabien in frühislam. Zeit (Baghdader Mitt. 9, 1978), 83ff. – O. GRABAR, Die Alhambra, 1981, 91ff. – zu [II]: H. GLÜCK, Türk. B. in Konstantinopel, Jb. der asiat. Kunst 1, 1924, 26–30 – İ. H. TANIŞIK, İstanbul çeşmeleri, 2 Bde, 1943–45.

Brunnenhaus → Kloster

Brunnenvergiftung. Der Vorwurf der B. scheint erstmals im Zusammenhang mit den antijüd. Unruhen im SW Frankreichs zu Beginn der zwanziger Jahre des 14. Jh. und dem darauf folgenden Ausweisungsbefehl von 1322 (durch Philipp V.) erhoben worden zu sein. 1348/49 suchte man sich – mit den schrecklichsten Folgen – auf diese Weise die verheerende Ausbreitung der Pest, des Schwarzen Todes, verständlich zu machen. Die wahnhaften Vorstellungen und die damit Hand in Hand gehenden, meist blutigen Verfolgungen breiteten sich – wie die Pest – von Nordspanien und Südfrankreich über Savoyen und die Schweiz nach Deutschland und zum Teil bis Polen aus, wobei sie in Frankreich dem Auftreten der Krankheit folgten, in Deutschland dagegen vorausgingen. Ende September 1348 nahm Papst Clemens VI. (von Avignon aus) in einer Bulle (Quamuis perfidiam) gegen diese Haftbarmachung der Juden Stellung, ohne sich wirkl. Gehör verschaffen zu können.

Unter den durchweg massiven, meist völlig fiktiven Anschuldigungen, die – aus dem Haß geboren und ihn schürend – die ma. Judenverfolgungen (→Judenfeindschaft) als mehr oder weniger nachträgl. Rechtfertigungen oder Rationalisierungen der Ausschreitungen begleiteten, nimmt der Vorwurf der B. neben dem der →Hostienschändung und der →Ritualmordbeschuldigung einen hervorragenden Platz ein. H. Greive

Lit.: EJud (engl.) IV, 1063–1068 – H. GREIVE, Die Juden, 1980, 93, 104f.

Bruno (s. a. Brun)

1. B. I., *Ebf. v. Köln* →Brun v. Köln (3. B.)

2. B. II., *Ebf. v. Köln* 1131–37, * um 1100, † 29. Mai 1137 in Apulien, ▭ Bari, aus der Grafenfamilie v. Berg und Onkel der späteren Kölner Ebf. e →Friedrich II. und Bruno III. B. lehnte nach dem Tode Ebf. Meginhers v. Trier 1130 die Wahl zum Ebf. dort ab. In Köln wurde er Ende 1131 im Beisein Kg. Lothars III. und päpstlicher Legaten auf Betreiben seiner Verwandten Nachfolger Ebf. →Friedrichs I. v. Köln, nachdem der zuvor gewählte Propst Gottfried v. Xanten zum Verzicht bewogen worden war. B. war vorher Propst von St. Castor in Koblenz, Kanoniker in Trier und Propst von St. Gereon in Köln. Er widmete sich vorwiegend seinem Erzstift. Darüber geriet er mit Lothar III. in Streit, der an seiner statt →Norbert v. Xanten, Ebf. v. Magdeburg, zum Erzkanzler in Italien machte (1132/33). I. J. 1136 aber folgte B. dem Ks. nach Italien, wo er in Apulien starb. G. Droege

Q. und Lit.: R. KNIPPING, Die Reg. der Ebf. e v. Köln im MA II, 1901 – A. LAUSCHER, Ebf. Bruno II. v. Köln, 1902.

3. B. IV. v. Sayn, *Ebf. v. Köln* 1205–08, † 2. Nov. 1208 in Blankenberg/Sieg; Sohn Gf. Eberhards I. (1139–76) und Bruder Gf. Heinrichs I. v. →Sayn (1176–1202), der seit 1176 Kölner Domvogt war, die Kl. Sayn und St. Maximin/Köln gründete und die Stadtfestung Blankenberg/Sieg erbaute. B. wurde 1180 Propst des Kölner Mariengradenstifts als Nachfolger Hugos v. Are, 1182 Propst von St. Kastor/Koblenz, 1192 Propst von St. Cassius/Bonn als Nachfolger Lothars v. Are-Hochstaden, 1198 welf. Gegenpropst an St. Marien/Aachen. Er ging 1199 als Gesandter Kg. Ottos IV. nach Rom und wurde als dessen Anhänger gegen den Philipp v. Schwaben übergangenen →Adolf I. v. Altena (5. A.) am 25. Juli 1205 zum Ebf. v. Köln erhoben. Während er aus Familienrücksicht in den letzten Jahrzehnten des 12. Jh. gegen die in der Kölner Kirche mächtig aufstrebende Partei der Gf. en v. →Berg sich zur Partei der →Are-Hochstaden gehalten hatte, zog er sogleich nach der Bischofswahl gegen die Gf. en v. Hochstaden, zu →Jülich und →Geldern ins Felde. Als Kg. Philipp, Ebf. Adolf und Hzg. →Heinrich I. v. Brabant am 29. Sept. 1205 vor Köln erschienen, zog er sich eilends in die Stadt zurück und verlor Neuss. In der Schlacht bei Wassenberg wurde er am 27. Juli 1206 von Kg. Philipp gefangengenommen und bis 30. Nov. 1207 auf dem Trifels, in Hohenems bei Bregenz, in Würzburg und in Rothenburg o. der Tauber festgehalten. Im Frühjahr verhandelten B. und sein Vorgänger Adolf in Rom über das Kölner Schisma (→Köln, Ebm.). Papst Innozenz III. verschob die Entscheidung bis auf den nächsten Advent; bis dahin sollten B. die bfl. Leitungsgewalt und Adolf alle bis zu B. s Gefangenschaft besessenen Burgen behalten. Nach Kg. Philipps Ermordung (1208) vereitelte B. mit dem Mainzer Ebf. →Siegfried II. und Pfgf. Heinrich die vom frz. Kg. Philipp II. August unterstützte Königskandidatur Hzg. Heinrichs v. Brabant und kürte Kg. Otto IV. Erst am 11. Sept. 1208 kehrte B. nach Köln zurück, starb aber bald darauf. Gegen seinen Vorgänger vermochte er sich nicht durchzusetzen.

H. Stehkämper

Q. und Lit.: R. KNIPPING, Die Reg. der Ebf. e v. Köln im MA III 1, 1909 – M. GROTEN, Priorenkolleg und Domkapitel v. Köln im Hohen MA, 1980, 159, 231f.

4. B. v. Roucy, *Bf. v.* →*Langres*, * 956, † zw. dem 27. und 31. Jan. 1016, jüngerer Sohn von Rainald, Gf. v. Roucy, und Alberada, der Tochter des Gilbertus v. Lothringen und der Gerberga v. Sachsen; trat in die Domschule v. Reims unter →Gerbert v. Aurillac (damals ebd. Domscholaster) ein. Zum Reimser Archidiakon erhoben, erhielt er durch seinen Halbbruder, Kg. Lothar v. Westfranken, 980 das Bm. Langres und wurde in St-Étienne de Dijon durch Burchard, Ebf. v. Lyon, geweiht. Nachdem er →Hugo Capet als Kg. anerkannt hatte, wurde er von →Arnulf, Ebf. v. Reims (10. A.), an den karol. Thronbewerber →Karl v. Niederlothringen ausgeliefert, in Laon gefangengehalten und schließlich gegen Stellung von Geiseln wieder freigelassen. Er bewog Gerbert v. Aurillac, sich Hugo Capet anzuschließen, und intervenierte auf der Synode von St-Basle zu →Verzy (991), bei der die Absetzung und Degradation des Ebf. s Arnulf v. Reims wegen Verrates an Kg. Hugo Capet ausgesprochen wurde, zugunsten der Erhebung Gerberts zum Ebf. v. Reims (→Reims, Ebm., →Frankreich). Sosehr B. das robertin.-kapet. Kgtm. gegen den letzten karol. Thronprätendenten unterstützt hatte, so wenig begünstigte er den Ansatz zu einer direkten kgl. Herrschaft über das Hzm. →Burgund unter Kg. →Robert II. (ab 1004); vielmehr förderte er die Ansprüche seines Schwagers Otto-Wilhelm auf das Hzm. und verwehrte dem Kg. die Besitzergreifung von →Dijon, so daß der Kg. die Gft. Dijon erst nach dem Tod des Bf.s in seine Hand bekam. B.s Bischofsherrschaft in Langres weist ihn als exemplar. Vertreter des Reformepiskopates aus: freigebig in der Almosenvergabe, war er wohlwollend, reagierte bisweilen aber auch streng gegenüber seinem Klerus. Er förderte die Erneuerung des monast. Lebens in den Kl., die der mensa episcopalis unterstanden. Nacheinander berief er für St-Bénigne de →Dijon →Adso v. Montierender und →Wilhelm v. Volpiano, dem er auch die Leitung der Kl. →Bèze, →Moutier-St-Jean, St-Michel de →Tonnerre und →Molesme anvertraute. Er erweiterte den Besitz dieser Abteien wie auch die Temporalien von →Fruttuaria durch Schenkungen. Ebenso zeigte er Interesse für die Kanonikerstifte, denen er vorstand (St-Geosmes, St-Étienne de Dijon) und gründete das Kollegiatstift Notre-Dame in Châtillon-sur-Seine. Bei aller Reformfreundlichkeit läßt sich aber keine größere geistige Aktivität des Bf.s feststellen. J. Richard

Lit.: F. LOT, Le règne d'Hugues Capet, 1885 – DERS., Les derniers Carolingiens, 1891 – PH. LAUER, Le règne de Louis IV, 1900 – M. CHAUME, Les origines du duché de Bourgogne I, 1925, 192 – M. CHAUNEY, Deux évêques bourguignons de l'an mil, CCMéd, 1978.

5. B. v. Schauenburg, *Bf. v. Olmütz*, * vermutl. 1204, † 17. Febr. 1281. Aus der Familie der →Schauenburger (Gf.en v. →Holstein) stammend, wurde er zunächst Propst v. Lübeck, Domherr in Magdeburg sowie Propst v. Hamburg. Papst Innozenz IV. bestimmte ihn 1245 zum

Bf. v. Olmütz, sein Amt konnte er jedoch erst 1247 antreten. B. wurde zum wichtigsten, aber eigenständigen Berater Kg. →Wenzels und bes. Kg. Přemysl →Ottokars II., mit zahlreichen polit. Aktionen betraut, seit 1262 kgl. Stellvertreter in der →Steiermark, 1274 Verfechter des böhm. Kg.s auf dem Konzil v. →Lyon. Nach dem Tode Ottokars wurde er von →Rudolf v. Habsburg zum Statthalter Nordmährens ernannt. Auch die großen Leistungen B.s in seiner Diözese: die Reform der Kirchenorganisation, die umfangreiche, vorwiegend dt. Kolonisation Nordmährens, der planmäßige Ausbau des Lehenssystems wie überhaupt die herrschaftl. Erfassung seines zunächst von Mongolen und Kumanen bedrohten Territoriums erweisen ihn als einen der bedeutendsten Olmützer Bf.e des Mittelalters. P. Hilsch

Lit.: NDB II, 672 – M. EISLER, Zur Gesch. B.s v. Sch., Zs. des dt. Vereins für die Gesch. Mährens und Schlesiens VIII–XII, 1904–08 – K. TILLACK, Stud. über B. v. Sch. [Diss. Münster 1959] – M. SOVADINA, Lenní listy biskupa Bruna, Sborník archivních prací 24, 1974, 426–460 – H. STOOB, B. v. Olmütz, das mähr. Städtewesen und die europ. Politik 1245–1281 (Die ma. Städtebildung im südöstl. Europa, 1977), 90–133.

6. B., *Bf. v. Toul* → Leo IX., Papst

7. B., *Ebf. v.* → *Trier* (6. Jan. 1102–25. April 1124), Sohn des Gf.en Arnold v. Bretten und Lauffen, kam durch seinen Verwandten, Ebf. →Udo v. Nellenburg (1066–78), nach Trier und war unter Ebf. →Egilbert (1079–1101) Dompropst (1084), Archidiakon und Propst von St. Florin in Koblenz (1092) sowie Propst in Speyer. Auf Bitten der Trierer principes et cives bestellte ihn Heinrich IV. zum Ebf. Am 6. Jan. 1102 wurde er durch Ebf. Adalbero v. Mainz geweiht. Bis zu seiner ersten Reise nach Rom, wo ihm Papst Paschalis II. nach Genugtuungsleistung für seine Bestallung durch den Kg. das Pallium verlieh, weilte er häufig in der Umgebung Heinrichs IV., hielt sich in dessen Auseinandersetzung mit Heinrich V. zunächst zurück, ging aber schließlich zum Sohn über, für den er Anfang 1106 an einer Gesandtschaft zu Paschalis II. teilnahm. Nach Heinrichs IV. Tod hatte B. als vicedominus regiae curiae (MGH SS VIII, 193) großen Einfluß auf die Politik (auch wenn er später hinter seinen Rivalen, den einflußreichen Kanzler →Adalbert [I.], den späteren Ebf. v. Mainz [11. A.], zurücktreten mußte). Im Okt. 1106 nahm B. als legatus Romanorum regis an der Synode teil, die Paschalis II. nach →Guastalla berufen hatte, um über den Zustand der Kirche, die concordia regni et sacerdotii und ein Zusammentreffen mit Heinrich V. zu beraten. In Châlons-sur-Marne übermittelte B. (Mai 1107) dem Papst die Forderungen Heinrichs V. auf Anerkennung der im Reiche geübten Praxis der Bischofserhebung. Nach Abbruch der Verhandlungen sprach Paschalis auf der Synode zu Troyes erneut das Verbot der Simonie und der Laieninvestitur aus. Ende 1109/Anfang 1110 gehörte B. zu einer Gesandtschaft, die mit Paschalis über die Kaiserkrönung verhandeln sollte. Nach den Verhandlungen zw. Paschalis II. und Heinrich V. (Anfang Febr. 1111) und der Kaiserkrönung (12. Febr.) ging B.s Einfluß auf die Reichspolitik zurück, in der er stets eine Politik des Ausgleiches zw. sacerdotium und imperium angestrebt hatte. Am Reimser Konzil (1119) nahm B. nicht teil, besuchte jedoch Papst Calixt II. in Autun (Weihnachten 1119) und begleitete ihn nach Cluny, wo ihm der Papst am 3. Jan. 1120 die Metropolitanrechte bestätigte und ihn von der Gewalt der päpstl. Legaten mit Ausnahme der legati a latere (→Legaten) befreite (JAFFÉ 6801/02). An den Verhandlungen in Worms (1122; →Wormser Konkordat) war B. nicht beteiligt, doch soll der Ausgleich sua prudenti mediatione zustandegekommen sein (Gesta Treverorum, c. 19, SS VIII, 193).

B.s Wirken innerhalb der Erzdiöz. galt insbes. dem Domkapitel, dem Stift St. Florin in Koblenz und dem Euchariuskloster (St. Matthias). B. unterstützte und privilegierte die Gründung des Augustinerchorherrenstiftes →Springiersbach, bekämpfte die Anhänger →Berengars v. Tours (8. B.) und bemühte sich um die Friedenssicherung (Bannung des Gf.en v. Luxemburg, 6. Dez. 1122). B. vollendete den Westchor des Trierer Domes mit der Weihe des Nikolausaltares (1121) und errichtete die Neubauten von St. Paulin in Trier und St. Florin in Koblenz. Auf seinem Eigengut in Odenheim (Diöz. Speyer) gründete er ein Kl., das er dem Papst unterstellte und dem er freie Abts- und Vogtwahl zugestand. R. Kaiser

Q.: Gesta Treverorum, Additamentum et continuatio prima, c. 18–25 (MGH SS VIII, 192–198) – H. BEYER, UB zur Gesch. der mittelrhein. Territorien I, 1860 – Lit.: ADB III, 434 – NDB II, 672f. – DHGE X, 970f. – G. MEYER v. KNONAU, JDG H. IV. und H. V., V–VII, 1904, 1907, 1909 – N. GLADEL, Die trier. Ebf.e in der Zeit des Investiturstreites [Diss. Köln 1931] – H. SCHLECHTE, Ebf. B. v. Trier [Diss. Leipzig 1933] – F. PAULY, Aus der Gesch. des Bm.s Trier, I.: Von der spätröm. Zeit bis zum 12. Jh., 1968.

8. B., *Bf. v. Würzburg* seit 1034, † 27. Mai 1045, hervorragender Repräsentant des otton.-sal. Reichskirchensystems. Der Sohn Hzg. Konrads d. Ä. v. Kärnten und der Mathilde v. Schwaben, Vetter Kg. Konrads II. und Neffe Papst Gregors V., wurde Mitglied der →Hofkapelle und it. Kanzler Konrads II. Er gehörte zu den einflußreichsten Vertrauten auch Heinrichs III., für den er um →Agnes v. Poitou (1. A.) warb. Er plante und begann den Bau eines neuen Domes in Würzburg, verfaßte einen kompilator. Ps.-Kommentar und vielleicht noch andere Schriften (MPL 142, 9–568). Er starb, während er Heinrich III. nach Ungarn begleitend, am 27. Mai 1045 in Persenbeug a. d. Donau (heut. Niederösterreich) nach einem Einsturzunglück. Bemühungen um Kanonisation des schon früh lokal verehrten Bf.s führten nicht zum Ziel. A. Wendehorst

Lit.: G. HENSCHENIUS, AASS Maii IV, 1685, 38–41 – NDB II, 673 – A. WENDEHORST, Das Bm. Würzburg I, GS NF 1, 1962, 92–100 – DERS. (Bavaria Sancta 3, 1973), 125–137 – H. KNAUS, Der hl. Bruno v. Würzburg und sein Psalmenkomm., Würzburger Diöz. Gesch. Bll. 37/38, 1975, 143–147.

9. B. der Kartäuser

I. Leben und Wirken – II. Ikonographie.

I. LEBEN UND WIRKEN: B. der Kartäuser, hl., * um 1030 in Köln, †6. Okt. 1101 in S. Maria dell'Eremo (La Torre), ▭ ebd. Wahrscheinl. studierte B. zunächst in seiner Geburtsstadt, vielleicht in St. Kunibert, wo er Kanoniker wurde. Er vervollständigte seine Studien in →Reims, dessen Domschule durch →Gerbert v. Aurillac Berühmtheit erlangt hatte. Um 1056 wurde B. zum Leiter der Domschule ernannt; der in den Quellen gebrauchte Titel magister rührt daher. Von seinem Werk sind nur zwei Kommentare überliefert, zu den Psalmen und zu den Paulinischen Briefen. In beiden, in Reims abgefaßt bzw. in Kalabrien vollendet, ist der klare, kurze und verständl. Stil des Lehrers erkennbar; B. wertet den hl. Augustinus aus, dem er getreulich folgte.

Unter Ebf. →Manasses I. (seit 1067) scheint Magister B. nicht in seiner Lehrtätigkeit beeinträchtigt worden zu sein, die simonist. Praktiken des Prälaten anfangs auch nicht gerügt zu haben. 1075 übertrug Manasses ihm das Kanzleramt des Erzbistums. B. geriet fortan in einen unüberbrückbaren Gegensatz zum Ebf. und leistete beharrl. Widerstand gegen Manasses, der 1077 vom päpstl. Legaten →Hugo v. Die vor das Konzil v. Autun geladen wurde. Anstatt nach Autun begab sich Manasses jedoch nach Rom, wo er sich rechtfertigen konnte. Nach Reims zurückgekehrt, entzog er allen seinen Anklägern – an erster Stelle dem Magister B. – Ämter und Güter, änderte aber seine simonist. und kirchenpolit. Haltung nicht. Drei Jahre später lud Hugo v. Die den Ebf. erneut, diesmal vor das Konzil v. Lyon. Manasses verteidigte sich in einer Apologie, in der er seine Gegner heftig angriff, auch B., über den er neben wenig Schmeichelhaftem doch präzise Angaben mitzuteilen weiß. Nachdem Papst Gregor VII. 1080 die Kleriker von Reims zur Wahl eines neuen Ebf.s aufgefordert hatte, mußte Manasses das Ebm. räumen. B. ging 1082 mit zwei Begleitern zu Abt Robert v. Molesme auf ein Gut, das 1081 dem Abt übergeben worden war, zwei Meilen nördl. von →Molesme in Sèche-Fontaine (Commune Avirey, Dép. Aube). Nach einer urkundl. Aufzeichnung im Kartular v. Molesme lebte B. dort als Eremit. Nach einem Jahr verließ er jedoch diesen Ort und begab sich mit neuen Gefährten nach Grenoble. Sie erschienen bei dem Bf. Hugo v. Grenoble, der ihnen die Einsiedelei von La Chartreuse anwies, wo sie sich einrichteten. La Chartreuse war jedoch kein herrenloses Land, und Magister B. konnte sich dort nicht ohne sorgfältige Vorbereitung und mächtige Gönner niederlassen. Zu diesen gehörten →Hugo, Bf. v. Grenoble (1080–1132), und Seguinus, Abt v. →La Chaise-Dieu (1078–94), dem die Priorate v. St-Maurice-de-Miribel und von St-Robert-de-Cornillon unterstanden. Bereits die Mönche hatten die Eremiten sich ins Tal von Currière zurückziehen lassen, ein Gebiet, das abgeschiedener war und ein milderes Klima besaß als das von La Grande-Chartreuse.

Die erste Urkunde, welche die »Wüstenei« der Chartreuse betraf, datiert vom 9. Dezember 1086. Lange kämpften die Kartäuser gegen Leute, die in diesem Gebiet Eisenminen abbauen oder Heu ernten wollten.

Zwei Jahre nach ihrer Ankunft im Juni 1084 konnten B. und seine Gefährten auf ihrem Besitz zwei Häuser errichten, eines für Laien und eines für Kleriker. Das untere Haus ist heute noch an Ort und Stelle erhalten. Das obere Haus erbauten sie dort, wo sich heute die Kapelle Notre-Dame-de Casalibus erhebt. Nach der Zerstörung durch eine Lawine am 30. Jan. 1132 wurde das Kl. an seinem heutigen Platz errichtet. Anders als die damals zahlreichen unwissenden herumziehenden Eremiten, glaubte B., niemals auf die Kenntnis der hl. Schriften verzichten zu dürfen. Angeregt von den »Wüstenvätern« und dem hl. Hieronymus sowie dem hl. Benedikt, teilte er den Tageslauf in Gebet und Arbeit ein, echter Handarbeit wie auch geistiger Arbeit, worunter bes. das Abschreiben von Büchern verstanden wurde, die sich einer solchen Wertschätzung erfreuten, daß →Guibert v. Nogent, als er die Chartreuse ein Vierteljahrhundert später beschrieb, bemerkte, daß ihre Mönche, obwohl sie in größter Armut lebten, sich bereits eine sehr reichhaltige Bibliothek geschaffen hätten.

Papst Urban II., der Schüler B.s in Reims gewesen war, lud diesen nach Rom ein. B. folgte der Einladung und ging in Begleitung von einigen Schülern nach Rom, während er die Zurückgelassenen der Leitung seines Gefährten aus den Anfangstagen, Landuinus, anvertraute.

Doch der allzufrühe Fortgang des Gründers ließ die Gemeinschaft bald zerfallen, denn allein B.s Persönlichkeit hatte sie zusammengehalten. Magister B. übertrug nun den von ihm geschaffenen Besitz urkundl. der Abtei La Chaise-Dieu. Als kurze Zeit darauf jedoch einige Gefährten unter der Leitung von Landuinus nach La Chartreuse zurückkehrten, ordnete Papst Urban II. die Rückgabe des Kl. an. Diese wurde feierlich am 17. September 1090 in La Chaise-Dieu vollzogen.

Auch an der Kurie fand Magister B. nicht die Lebensweise, die er erträumt hatte. Mag er auch großes Ansehen genossen haben, so deutet dort doch keine Spur auf sein Wirken. Einer sagenhaften Überlieferung zufolge, die sich auf eine zweifelhafte Urkunde stützt, soll der Papst ihm die Kirche St. Cyriakus in den Diokletiansthermen angewiesen haben, wo 1561 Papst Pius IV. die Kartäuser ansiedelte (S. Maria degli Angeli). In der zweiten Junihälfte 1090 floh B. mit Papst Urban II. vor Heinrich IV. aus Rom nach Capua, später nach Salerno. Als ihm das Ebm. v. Reggio angeboten wurde, lehnte er aber ab. B. begab sich nach Kalabrien: ins »Gelobte Land« der Eremiten. Wohl 1092 ließ er sich in der Diöz. Squillace nieder, in der Nähe von Serra (heute Serra San Bruno), in dem Ort La Torre, einer Einsiedelei, die unter dem Patronat Mariens stand. Hier verbrachte Magister B. seine letzten Lebensjahre.

Bei S. Maria errichtete er eine weitere Kartause, S. Stefano del Bosco, die bedeutender wurde als die erste. Er wünschte nur, in Ruhe und Frieden ein heiligmäßiges Leben zu führen. Am 6. Okt. 1101 starb er im Kl. S. Maria dell'Eremo, als Abt dieser seiner Gründung. Magister B. wurde in S. Stefano del Bosco begraben, 1122 aber nach S. Maria überführt, wo sein Leichnam zahlreiche Wunder gewirkt haben soll, so daß man ihn in Kalabrien wie einen Hl. verehrte. Aber während Bf. Hugo v. Grenoble, der 1132 starb, seit 1135 in La Grande-Chartreuse gefeiert wurde, blieb der Gründer des Kartäuserordens für mehrere Jahrhunderte nur der »Magister Bruno«.

Auf Beschluß des Ordenskapitels wurde das Fest des hl. B. in die liturg. Bücher der Kartäuser aufgenommen. Durch ein Dekret der Ritenkongregation vom 19. Nov. 1622 fand es Aufnahme im Missale Romanum und im Breviarium Romanum als Fest semiduplex ad libitum. Erst durch Papst Clemens X. erhielt es am 14. März 1674 den Rang des festum duplex und allgemeine Verbindlichkeit. →Kartäuserorden.　　　　　　　　　　　　J. Dubois

II. IKONOGRAPHIE: Früheste bildl. Darstellung am Triptychon-Flügel des Meisters der Hl. Familie, 15. Jh., mit Olivenzweig in der Hand (Wallraf-Richartz-Mus. Köln). Alle anderen Darstellungen erst nachmittelalterlich, bes. barock.　　　　　　　　　　　　　　　　G. Binding

Ed.: Expositio in omnes psalmos davidicos (MPL 152, 637–1420) – Expositio in omnes Epistolas b. Pauli Apostoli (MPL 153, 11–566) – »De contemptu divitiarum« (Sermo) (MPL 153, 569–570) – Briefe: Acta SS. 6. Oct. III, 1869, 674–675; 675–677 – SC 88, 66–80; 82–92 [mit Übers.] – cf. A. WILMART, RevBén 51, 1939, 257–274 – Q. und Lit.: DIP I, 1606–1615 – LCI V, 447–450 – LThK² II, 730f. – A. WILMART, La chronique des premiers Chartreux, RevMabillon 16, 1926, 77–142 – B. BLIGNY, Recueil des plus anciens actes de la Grande-Chartreuse (1086–1196), 1958 – M. LAPORTE, Aux sources de la vie cartusienne, I: Eclaircissements concernant la Vie de saint B., 1960 – A. RAVIER, Saint B., 1967 – B. BLIGNY, CCMéd 15, 1972, 344f.

10. B. v. Longoburgo, it. Chirurg, * um 1200 zu Longobucco (volksetymolog. Longoburgo) in Kalabrien, studierte in Bologna unter Ugo dei →Borgognoni, konkurrierte als Chirurg mit dessen Sohn Tederico und übersiedelte später nach Padua (sowie Verona), wo er 1252 sein grundlegendes Werk, die »Chirurgia magna« herausbrachte. Einen praxisbezogenen Leitfaden wundärztl. Wissens, die »Chirurgia parva«, ließ er kurz darauf folgen. Das Erscheinen von Tederico Plagiat (um 1265) hat er wahrscheinl. nicht mehr erlebt.

B.s »Chirurgia magna« bildet einen Angelpunkt ma. Chirurgiegeschichte: Sie steht am Ende der Entwicklung, die mit der »Salerner →Roger-Glosse« um 1195 einsetzt und in deren Verlauf sich die abendländ. →Chirurgie am Schrifttum der zweiten arabist. Rezeptionswelle – v. a. an →Abū 'l-Qāsim (Abulcasis) – ausrichtet; sie bildet zugleich aber auch den Anfang eines Prozesses, in dessen Fortgang die nordit. operative bzw. traumatolog. Technik auf der Abulcasis-Grundlage weiterentwickelt wird: Das Werk erfuhr kurz nach seinem Erscheinen eine Überarbeitung durch Tederico dei →Borgognoni, der die Zweitfassung unter seinem eigenen Namen erscheinen ließ; doch hielt sich neben der Bearbeitung auch die ursprgl. Textfassung, die →Guy de Chauliac weit günstiger als die Tederico-Redaktion wertete (Chir. magna, cap. sing.) und für deren prakt. Bedeutung nicht zuletzt landessprachige Übersetzungen (mhd., mnl., afrz., it., hebr.) sowie zahlreiche Druckausgaben (Venedig 1498, 1499, 1519, 1546 [jeweils zusammen mit der »Chirurgia parva«]; ebd. 1510 [it.]) den Beweis liefern. G. Keil

Lit.: Verf.-Lex.² I, 1070f. – E. GURLT, Gesch. der Chirurgie I, 1898, 725–740 – K. SUDHOFF, Beitr. zur Gesch. der Med. im MA II, 1918, 461–463 – W. v. BRUNN, Kurze Gesch. der Chirurgie, 1928, 160 – SARTON II, 2, 1931, 1077f. – WICKERSHEIMER, Dict. I, 1979², 93; supplém., 1979, 51 – L. BELLONI, Les schémas anatomiques (sér. des cinq systèmes et l' oeil) du cod. Trivultianus 836 (XIVᵉ s.), AIHS 7, 1954, 282–297 – G. EIS, Nachr. über eine med. Sammelhs. aus dem it. Kl. Farfa in Latium, Med. Monatsschr. 13, 1959, 514–516 – G. KEIL, Die 'Cirurgia' Peters v. Ulm, 1961, 26 – M. TABANELLI, La chirurgia italiana nell'alto medioevo I, 1965, 208f., 481–491 – P. HUARD – M. D. GRMEK, Mille ans de chirurgie en occident: Vᵉ–XVᵉ s., 1966, 26 – R. J. DURLING, Cat. of sixteenth c. printed books in the Nat. Library of medicine, 1967, 738, 2234f. – M. TABANELLI, Un chirurgo italiano del 1200: B. da L., 1970 – W. HOFFMANN-AXTHELM, Die Gesch. der Zahnheilkunde, 1973, 111 – R. JANSEN-SIEBEN, Mnl. vakliteratuur (Fachprosaforsch., hg. G. KEIL – P. ASSION, 1974), 24–70, bes. 46 – P. MICHELONI, Il mondo dei denti e la sua storia II, 1977, 502 – O. H. und S. D. WANGENSTEEN, The rise of surgery, 1978, 11.

11. B. v. Magdeburg (B. v. Merseburg), sächs. Kleriker und Geschichtsschreiber, für den alleinige Quelle sein einziges Werk »Saxonicum bellum« (»Buch v. Sachsenkrieg«) ist, gehörte zur Umgebung des Ebf.s Werner v. Magdeburg und des Bf.s Werner v. Merseburg; daß er in deren Kanzleien tätig war, legen die z. T. von ihm selbst verfaßten Briefe nahe, die er in das Werk inserierte. Er starb nach 1082 (letztes Datum des »Saxonicum bellum«) oder erst nach 1100, wenn er der zu diesem Jahr erwähnte Magdeburger Scholaster B. war. Unbeweisbar ist die Identität mit dem Kanzler B. des Gegenkönigs Hermann v. Salm. Das Bf. Werner v. Merseburg gewidmete »Saxonicum bellum« entstand wohl 1082, doch sind spätere Abfassung und unvollständige Überlieferung nicht auszuschließen. B. schildert darin den Bürgerkrieg →Heinrichs IV. gegen die Sachsen, den nach B.s Ansicht allein der von Jugend auf verderbte Kg. verschuldete, von dem einleitend ein entsprechendes Charakterbild gezeichnet wird. Die Darstellung der Auseinandersetzungen selbst fußt auf eigener Erfahrung, Mitteilungen der Antiköniglichen und Briefen; Benützung anderer schriftl. Vorlagen ist unerwiesen. B. berichtet als leidenschaftl., von der eigenen Sache überzeugter Sachse und Gegner Heinrichs IV. und arbeitet bei Wahrung der Chronologie die Komplexität und kausale Verknüpfung des Geschehens heraus. Ironie und Spott, nuancenreiche Sprache und anekdot. Darstellung machen das »Saxonicum bellum« zugleich zu einem lit. Meisterwerk. F.-J. Schmale

Ed.: MGH DMA 2, ed. H.-E. LOHMANN, 1937 – AusgQ 12, ed. F.-J. SCHMALE, 1963, 190–405 [mit dt. Übers.] – Lit.: Verf.-Lex.² I, 1071–1073 [F.-J. SCHMALE] – O.-H. KOST, Das östl. Niedersachsen im Investiturstreit (Stud. zur KG Niedersachsens 13, 1962) – F.-J. SCHMALE, Zu B.s Buch v. Sachsenkrieg, DA 18, 1962, 236–244 – K. SPRIGADE, Über die Datierung v. B.s Buch v. Sachsenkrieg, DA 23, 1967, 544–548 – WATTENBACH-HOLTZMANN-SCHMALE II, 591–594, III 168*.

12. B., Bf. v. Segni, hl., * um 1040/50 bei Asti, † 18. Juli 1123 zu →Segni, stammte aus einf. Familie, erhielt eine solide bibl. Bildung im Benediktinerkloster S. Perpetua, einer Filiale von →Fruttuaria. Nach 1073 war er Kanonikus in Siena. Seine aktive Teilnahme an der röm. Fastensynode von 1079 und der Disput mit →Berengar v. Tours sind sehr unsicher; wahrscheinl. beruht die Nachricht auf einer Erfindung eines Hagiographen, um B.s frühzeitige Wahl zum Bf. v. Segni (1079/80) zu rechtfertigen, die nach dem Wunsch Gregors VII. in loco von Petrus »Igneus«, Bf. v. Albano, vollzogen wurde. Dieses Interesse des Papstes setzt voraus, daß B. einige Zeit an der Kurie verbracht hatte und in engem Kontakt mit Gregor VII. gestanden war und dort Gelegenheit fand, seine prakt. Fähigkeiten zu entwickeln und zu beweisen, die ihn für die Leitung einer Diöz. wie Segni prädestinierten, die infolge ihrer Lage in der Nähe Roms als privilegiertes Experimentierfeld für das Programm der Kirchenreform galt, das von Gregor vertreten wurde. Obwohl Segni nicht ständig unter der Zahl der suburbikar. Bm. er auftrat, erfüllte B. de facto die Funktion eines Kardinalbischofs. Eines seiner Hauptanliegen bestand darin, die Besitzungen des episcopium wiederzugewinnen, weil er darin eine Voraussetzung für die Durchführung des Reformwerks sah. Dieses Bestreben und sein engagierter Einsatz zur Erhaltung des öffentl. Friedens ließen ihn in starken Gegensatz zu dem Adel der näheren Umgebung treten und förderte andererseits eine Interessengemeinschaft mit der lokalen Bevölkerung. (Ein Zeugnis dafür ist die ihm zugeschriebene Prophezeihung in articulo mortis über die künftigen kommunalen Freiheiten in Segni.) Die Seelsorgepflichten bildeten jedoch nur einen Teil seiner Tätigkeit. Unter Viktor II. war er →Bibliothecarius der röm. Kirche (1087). Von den Päpsten Urban II. und Paschalis II. wurde er mehrmals mit Aufgaben außerhalb seiner Diöz. betraut. So begleitete er Urban auf seiner Reise nach Frankreich (1095–96) und zum Konzil v. →Clermont. 1103 zog er sich ganz unerwartet nach Montecassino zurück, offensichtl. als eine Art Rückkehr zu den Ursprüngen. Diese erneute Wahl der monast. Lebensform hinderte ihn jedoch nicht, weiterhin als päpstl. Legat, v. a. in Frankreich, tätig zu sein und an der Vorbereitung zum Kreuzzug mitzuwirken. 1107 wurde er zum Abt v. Montecassino gewählt, behielt jedoch sein Bischofsamt in Segni bei. I. J. 1111 wandte er sich öffentl. gegen die Kompromißhaltung Paschalis' II. in den Verhandlungen mit Heinrich V. über die Laieninvestitur der Bischöfe. In der Lateransynode vom 18. März 1112 wurde das diesbezügl. Übereinkommen aufgehoben. In der Zwischenzeit war jedoch Paschalis zur Gegenoffensive gegen seinen Kritiker geschritten und befahl ihm, die Abtswürde v. Montecassino niederzulegen und sich wieder in seine Diöz. zu begeben. B., dessen Stellung im Kl. sehr schwierig geworden war, kam dieser Aufforderung sofort nach. Unter Gelasius II. und Calixtus II. scheint er über den Wirkungskreis seiner Diöz. hinaus nicht tätig geworden zu sein. Er starb am 18. Juli 1123 in Segni, wo er von Lucius III. 1181 (oder 1183) kanonisiert wurde. Sein Kult verbreitete sich sofort in allen Gebieten, in denen er zu seinen Lebzeiten gewirkt hatte.

B. verfaßte die erste Redaktion der Vita des Petrus, Bf. v. Anagni (1062–1105), die nur in einer späteren Bearbeitung erhalten ist. Seine eigene Biographie wurde zw. 1178 und 1182 von einem Kleriker der Bischofskirche v. Segni geschrieben. In diesen Biographien erscheint der neue hagiograph. Typus des Bf.s, der als Reformator seiner Diöz. wirkte. B. verfaßte ferner zahlreiche bibelexeget. Werke, die von der monast. Theologie, jedoch noch nicht von der beginnenden scholast. Methode geprägt sind, sowie rund 150 Homilien, in denen in anderer Form die

Materie der exeget. Schriften wiederaufgegriffen wird. Ebenfalls homilet. Charakter haben seine »Sententiae« (sechs Bücher). Sein bekanntestes Werk ist jedoch der »Libellus de symoniacis«. Zw. 1085 und 1102 geschrieben, besteht er aus einer Biographie Leos IX. und einer Abhandlung, in der B. für die Gültigkeit der von simonist. Priestern vorgenommenen Weihen eintritt, sofern der Geweihte von der Irregularität, in der der Weihende lebte, keine Kenntnis hatte. G. Arnaldi

Lit.: Repfont II, 594–595 – DBI XIX, 644–647 – B. GIGALSKI, B., Bf. v. S. und Abt von Montecassino, 1898 – R. GRÉGOIRE, B. de S. Exégète médiéval et théol. monastique, 1965 – P. TOUBERT, Les structures du Latium médiéval II, 1973, 807–829 – Medioevo latino I, 1980, 73; II (1979), 1981, 79.

Brunonen. Grafen- und Markgrafengeschlecht im Hzm. Sachsen, der Mark →Meißen und in →Friesland. Im Mannesstamm sind die B. nur über vier Generationen hinweg zu verfolgen, vom späten 10. bis zum späteren 11. Jh.; Zusammenhänge mit den →Liudolfingern sind aufgrund von Personennamen und gelegentl. nachweisbarer Besitzkoinzidenz wahrscheinlich. Brun (I.) versuchte nach dem Tode Ottos III. vergeblich, die Königswürde zu erringen, und erweist sich schon dadurch als eine der führenden Gestalten des sächs. Adels. Grafschaftsübertragungen Heinrichs III. und Heinrichs IV. an die Bf.e v. →Hildesheim und →Utrecht sowie an den Ebf. v. Hamburg-Bremen führten die B. in Lehnsbindungen zur Reichskirche; die Mgft. Meißen besaßen die Brunonen seit 1067 als Reichslehen. Anderweitige Quellen bieten für die räuml. Dimensionen brunon. Herrschaft kaum zusätzl. Informationen. Die Mgft. Meißen und die Rechte in Friesland verlor →Ekbert II. durch den Spruch eines Fürstengerichts (1086, 1089). Grundherrl. Rechte v. a. beiderseits der Oker schenkten die B. an die von ihnen gegr. Kl. und Stifter in →Braunschweig. In die den B. verbliebenen Herrschaftspositionen rückten durch Heirat →Heinrich der Fette, der von →Northeim, dann v. a. →Lothar III. ein. M. Last

Lit.: R. SCHÖLKOPF, Die Sächs. Gf.en (919–1024) (Stud. und Vorarbeiten zum Hist. Atlas Niedersachsens 22), 1957 – H. W. VOGT, Das Hzm. Lothars v. Süpplingenburg 1106–1125 (Q. und Darstellungen zur Gesch. Niedersachsens 57), 1959 – W. HEINEMANN, Das Bm. Hildesheim im Kräftespiel der Rechts- und Territorialpolitik vornehml. des 12. Jh. (Q. und Darstellungen zur Gesch. Niedersachsens 72), 1968.

Brunschwig, Hieronymus, Wundarzt, * um 1450 in Straßburg, † ebd. 1512/13. B. entstammte einem Straßburger Bürgergeschlecht, zog als Wundarztgeselle durch den südtt. Raum, nahm, bewaffnet mit einer 'strîtax', um 1475 an den Burgunderkriegen teil und entfaltete anschließend als Straßburger Stadtwundarzt bis zu seinem Tod eine rege kompilator. Tätigkeit. Ermutigt durch den Erfolg seines »Buch der Cirurgia« (1497), veröffentlichte er 1500 einen Pesttraktat (»Liber pestilentialis de venenis epidemie«), worin er auch die Syphilis erwähnt. Ebenfalls 1500 brachte er das sog. Kleine Destillierbuch (»Liber de arte distillandi de simplicibus«) heraus: eines der frühesten gedruckten Werke über die Destillationstechnik, in dessen zweitem Teil die hierbei verwendeten Arzneipflanzen abgebildet und beschrieben sind; noch weiterer Ausgaben in veränderter Form, auf die sein Straßburger Verleger Johann Grüninger nicht ohne Einfluß war, erschien dann 1512 das wesentl. umfangreichere und durch einen ›Thesaurus pauperum‹ vermehrte sog. Große Destillierbuch (»Liber de arte distillandi de compositis«), das gleichsam zum Ausgangspunkt für die nachfolgende Lit. auf diesem Gebiet wurde. – Neben Erfahrungen aus der eigenen Praxis verwertete B. hauptsächl. die Werke anderer Autoren. So schlachtete er die ›Chirurgia magna‹ →Guys de Chauliac aus, exzerpierte das Arzneibuch →Ortolfs v. Baierland, entlehnte Abschnitte aus der obdt. →Wilhelm v. Saliceto-Übersetzung, schrieb weitgehend →Stainhöwels Pestbuch ab und fügte seinen Kompilaten versatzstückmäßig kleinere Traktate ein. Erfolg und Verbreitung seiner durchwegs in dt. Sprache verfaßten, jeweils reich illustrierten Bücher waren beachtlich: v. a. das äußerst populäre Destillierbuch erlebte eine Vielzahl von (mehr oder minder bearbeiteten) Auflagen, wurde erstmals 1517 (gekürzt) ins Ndl. und 1527 ins Engl. übersetzt und auszugsweise bis an die Schwelle des 19. Jh. nachgedruckt. Auch von der »Cirurgia« sind Übersetzungen ins Nd. (1518), Engl. (London 1525), Ndl. (Utrecht 1535) und Tschech. (Olmütz 1559) bekannt. G. Keil (mit P. Dilg)

Neudrucke: 1. der »Cirurgia«: München 1911, Mailand 1923 [mit einem Nachw. v. H. E. SIGERIST: H. B. and his work], Gertenbach 1967 [am wertvollsten], München-Allach 1968 [vgl. PBB (Tübingen) 93, 1970, 475–477] – 2. des sog. Großen Destillierbuches: Basel 1971, Leipzig 1972; der ›Ars destillandi‹ [bearbeitete Ausg. von 1610]: München-Grünwald o. J. [Kölbl] – Lit.: DSB II, 546f. – Verf.-Lex. ²I, 1073–1075; II², 1086f. – F. W. E. ROTH, H. B. und Walther Ryff, zwei dt. Botaniker des XVI. Jh., Zs. für Naturwiss. 75, 1902, 102–123 – WICKERSHEIMER, Dict. I, 508f. – C. NISSEN, Die botan. Buchill., II, 1966², 26f. – J. BENZING, Bibliogr. der Schr. H. B.s, Philobiblon 12, 1968, 113–141 – R. J. FORBES, A short hist. of the art of distillation [1948], 1970, 109–119 – W. SCHNEIDER, Gesch. der pharm. Chemie, 1972, 46–48.

Brunshausen, ehem. Kl. in Niedersachsen, 1,5 km n. Bad Gandersheim in hervorragender Paßlage am Südausgang der Heberbörde gelegen. B. war, wie erst die diplomat. Untersuchung der gefälschten älteren Gründungsurkunde des Reichsstifts →Gandersheim ergab, ein schon Ende des 8. Jh. von der Reichsabtei →Fulda unter dem Schutz der frühen →Liudolfinger zur Missionierung des Nordharzraumes vorgeschobenes Benediktinerkl. Seine Identität mit der »Cella sancti Bonifatii« des Mönchs- und Schülerverzeichnisses der Fuldaer Außenklöster (9. Jh.) wies E. E. STENGEL nach. Archäolog. Untersuchungen (1960–69) erbrachten unter dem heutigen spätgot. Bau vier ältere Kirchengrundrisse. Die erste Missionskirche wurde Anfang und Mitte des 9. Jh. zweimal erweitert (Funde spezif. Fuldaer Keramik), das zweite Mal im Zusammenhang mit der provisor. Unterbringung des ersten Gandersheimer Kapitels, das von 852 bis zur Übersiedlung in das 881 fertiggestellte Stift in Gandersheim selbst die Kl.-Kirche B. mitbenutzte (Ausgrabung der Kanonissenunterkunft westl. des Kl.-bezirks). Im 10. Jh. ging B. aus Fuldaer Besitz in das Eigentum des Reichsstifts Gandersheim über und wurde im 1. Drittel des 12. Jh. dem Abt des neugegr. Reformkl. →Clus unterstellt, zugleich die Kirche in aufwendiger Form neu erbaut. Am Ende des 12. Jh. erfolgte die Umwandlung des bisherigen Männerkl. in ein Benediktinerinnenkl., das noch nach der Reformation gegen Ende des 16. Jh. als evangel. Frauenstift fortbestand. H. Goetting

Lit.: Hist. Stätten Dtl. II, 78–80 [H. GOETTING] – H. GOETTING – F. NIQUET, Die Ausgrabung des Bonifatiuskl., NAFN, 1963, 194–213 – M. SCHOTT-KEIBEL, Kirchengrabung in B., Nds. Denkmalpflege 6, 1970, 34–42 – H. GOETTING, Das Benediktiner(innen)kl. B., GS NF 8, 1974.

Brunward, Bf. v. Schwerin, † 14. Jan. 1238, aus einer nach Mecklenburg eingewanderten nds. Ritterfamilie stammend, Domdekan von →Schwerin, wurde hier nach dem Tod Bf. →Bernos (wohl noch 1191) mit Hilfe der mecklenburg. Fs.en gegen den Hamburger Dompropst Hermann, Gf.en v. Schwerin, zum Bf. erhoben. Ein von Papst Coelestin III. veranlaßter Kompromiß erkannte ihn 1195 endgültig an. B.s Pontifikat war ausgefüllt mit Kämpfen um die Sicherung der Schweriner Diözesangrenzen gegen die Nachbarbistümer →Kammin und →Havelberg und um die Schaffung eines bfl. Territoriums. Verdienste hat sich B. insbes. durch den Ausbau der Pfarreiorganisation und die Ansässigmachung von Kl. erworben. J. Petersohn

Q.: Mecklenburg. UB I, 1863 – *Lit.:* W. BIEREYE, Bf. B. v. Schwerin, Jbb. des Vereins für Mecklenburg. Gesch. und Altertumskunde 98, 1934, 101ff. – K. SCHMALTZ, Kirchengesch. Mecklenburgs I, 1935 – K. JORDAN, Die Bistumsgründungen Heinrichs des Löwen, 1939 – J. PETERSOHN, Der südl. Ostseeraum im kirchl.-polit. Kräftespiel des Reichs, Polens und Dänemarks vom 10. bis 13. Jh., 1979.

Bruoch → Bruech

Brussa → Bursa

Brüssel (ndl. Brussel, frz. Bruxelles, mlat. Bruocsella [10. Jh.], mndl. Brusele [1277], afrz. Broussele [1282], Name abgeleitet von 'Siedelplatz im Bruch'), Stadt in →Brabant, heut. Hauptstadt von Belgien, an der Zenne (frz. Senne). Durch die Zerstörung der Archive bei der frz. Beschießung i. J. 1695 wird die Erforschung der Anfänge von B. erschwert. Nach der traditionellen Hypothese ist die älteste Niederlassung diejenige auf einem Hügel rechts des Zenneflusses, wo im 9. Jh. eine dem hl. Michael geweihte Pfarrkirche gestiftet worden sein soll. 977 kam B. an das Hzm. →Niederlothringen; es wurde durch Ks. Otto II. an Karl, den jüngeren Bruder des westfrk. Kg.s Lothar, übertragen, um ersteren in die Koalition gegen die westfrk. Karolinger einzubeziehen. Karls Mißerfolge in Laon (978) und Cambrai (979) nötigten ihn, in B. zu residieren (wohl Ende 979). Er errichtete ein castrum auf einer Insel in der Zenne, prägte Münzen (mit der Aufschrift »Bruocsella«) und ließ den Schrein der hl. Gudula aus der alten Abtei von Moorsel in seine dem hl. Gorik geweihte Burgkapelle übertragen. Nach einer anderen Hypothese soll sich hieraus B. als →Portus an der Zenne entwickelt haben. Die zwei Kerne auf dem Hügel mit der Michaelskirche und an der Zenne mit castrum und St. Gorikskirche sollen dann im Laufe des 11.–12. Jh. zusammengewachsen sein. Um 1015 beerbte Lambert I., Gf. v. →Löwen, den Gf.en v. B. Damit trat B. als Herrschaftszentrum an die zweite Stelle. Folglich basierte alle spätere polit. Bedeutung von B. auf der Wiedergewinnung der führenden Position innerhalb des entstehenden Fsm.s →Brabant, dessen Hzg. seit 1106 auch die Titel des Hzg.s v. Niederlothringen und des Mgf.en v. Antwerpen führte. Lambert II. (1041–63) schuf die Grundlagen der weiteren Stadtentwicklung. Der Kult des hl. Michael wurde zwölf Kanonikern, denen auch der Schrein der hl. Gudula übergeben wurde, anvertraut (1047). Die Anhöhe Coudenberg wurde statt des castrum an der Zenne zur neuen fsl. Residenz. Eine Stadtmauer umgürtete Ende des 12. Jh. die alte Stadt und die Zenne sowie das St.-Gudula-Viertel und den Coudenberg. Die Verfassung war bis ins 13. Jh. herrschaftlich: Die Kontrolle wurde wahrgenommen durch den Kastellan (1095), einen ministerialis, an dessen Stelle allmähl. der →Amman (seit 1125), ein abrufbarer Beamter, trat; dieser war bis zum Auftreten eines Steuereinnehmers (seit ca. 1250) auch mit den fiskal. Aufgaben betraut. Ursprgl. Bestandteil des Gerichtsbezirkes der Schöffen v. →Ukkel, entwickelte sich ein eigenes Brüsseler Schöffenamt, das mit Dienstleuten (ministeriales) und oppidani (1179) oder Bürgern (1186) besetzt wurde.

Die Bürgerschaft gewann seit dem hohen 12. Jh. schrittweise mehr Selbständigkeit: Nach der ersten →Keure (electio), einer Strafrechtssammlung (1229), unterstanden die Einwohner sieben Schöffen und 13 Geschworenen (die möglicherweise schon 1213 auftreten), die ihre Ämter, die stets fsl. Bestätigung bedurften, 1235 auf Jahresfrist ausübten. Die zunehmende Unabhängigkeit drückte sich in der Übertragung von Waage und Kran durch Hzg. Johann (Jan) I. an die Stadt aus (1291); um 1295 wurde der Stadt auch die Steuererhebung zugestanden. B. erweiterte sein Territorium durch Erwerb von St-Gillis(1296), Schaarbeek (1301), Laken (1331), Anderlecht und Vorst (1394); in dieser Periode errichtete die Stadt auch eine umfangreichere Mauer (um 1357–79). Allein die Patrizier waren Inhaber der Schöffenämter, Mitglieder der Tuchgilde (1282 erwähnt), des Rates (1282) und der Finanzverwaltung (Ernennung von Einnehmern um 1334). Sie gliederten sich in sieben mächtige Geschlechterverbände, die 1306, nach dem Aufstand der Zunftbürger (1303–06), bezeugt sind. Zünfte waren seit 1366 förml. zugelassen, doch erlangten sie erst nach dem Aufstand gegen den brabant. Hzg. Anton (→Antoine de Bourgogne) i. J. 1421 Mitspracherecht in den städt. Finanzangelegenheiten. Durch die Übernahme der Herrschaft in Brabant durch die Hzg.e v. →Burgund erwuchs B. eine zentrale Rolle innerhalb eines weiträumigen Territorialgefüges; die Funktion einer Hauptstadt (caput) fand ihren Ausdruck in der Einrichtung einer Rechenkammer (1404), der Kanzlei und des hzgl. Rates. Die Bedeutung der Stadt als Residenz und Verwaltungszentrum und ihr Reichtum, bes. durch ein vornehml. im 14. Jh. blühendes Tuchgewerbe und den beträchtl. Handel mit Tuchen und Erzeugnissen der Kunst und des Kunsthandwerks, ließen im 14.–15. Jh. bedeutende Bauten entstehen; zu nennen sind insbes.: die städt. Tuchhalle (1353), das Rathaus (1402 begonnen), das hzgl. Schloß und die Pfarrkirche St. Michael und Gudula (im 15. Jh. vollendet). M. Martens

Lit.: Hist. de Bruxelles, hg. M. MARTENS, 1976, 1979² – C. DICKSTEIN-BERNARD, La gestion financière d'une capitale à ses débuts, 1977 – Bruxelles Millénaire 1979 [M. MARTENS, C. DICKSTEIN-BERNARD, R. LAURENT, A. VANRIE] – St-Michel et sa symbolique, 1979 [M. MARTENS, A. VANRIE, M. DE WAHA] – Bruxelles, naissance d'une capitale, hg. J. STENGERS u. a., 1979 – zur Topographie vgl. auch: H. SCHWARZMAIER, B. und Bruchsal. Zur Topographie zweier Städte im HochMA (Oberrhein. Stud. III), 1974 – vgl. allg. die Beitr. in: Les Cahiers Bruxellois.

Brüsseler Kreuz. Im Besitz der Kirche SS. Michael und Gudula in Brüssel befindet sich (seit 1650) ein hölzernes Kreuz (ca. 47 × 29 cm), in das eine (heute verlorene) Kreuzpartikel eingelassen war, die vielleicht mit der von Papst Marinus I. i. J. 883 Kg. →Alfred d. Gr. übergebenen Reliquie identisch ist. Von dem ehemals reichen Schmuck ist nur die alte silberne Einfassung erhalten, in die u. a. Inschriften in ae. (westsächs.) Sprache eingraviert sind (datierbar auf ca. 1000). Sie nennen den ausführenden Künstler, die Auftraggeber und die Bestimmung des Reliquiars und bieten darüber hinaus zwei alliterierende Langzeilen, die an die Z. 44 und 48 des →»Dream of the Rood« anklingen. C. T. Berkhout

Bibliogr.: NCBEL I, 267 – S. B. GREENFIELD, F. C. ROBINSON, A Bibliogr. of Publications on OE Lit., 1980, 197 – Q.: E. V. K. DOBBIE, The Anglo-Saxon Minor Poems, ASPR 6, 1942, CLXXVI, 115, 204 – *Lit.:* S. T. R. O. D'ARDENNE, The OE Inscription on the Brussels Cross, ESts 21, 1939, 145–164, 271–272 – E. OKASHA, Hand-List of Anglo-Saxon Non-Runic Inscriptions, 1971, 57–58, Taf. 17a–c.

Brustkreuz (crux pectoralis, Pectorale). [1] *Beschreibung:* Als B. wird ein an Halskette oder Schnur über der Brust getragenes Kreuzchen von ungefähr 5–10 cm Höhe (bis 13 cm bei den B.en der Bf.e etc.) bezeichnet, das üblicherweise aus Metall (Bronze, Kupfer, Silber oder Gold) besteht. Der Begriff überschneidet sich z. T. mit dem des →Enkolpion. Form und Stil entsprechen denen der etwa gleichzeitigen großen Altar- oder Vortragekreuze; meist sind die B.e mit etwas längerem unteren Balken (crux oblonga), seltener mit gleich langen Balken (crux quadrata) versehen. Die Endstücke der Balken sind seit dem 10./11. Jh. oft trapezförmig oder (quer-)rechteckig bzw. quadratisch gebildet, später dann häufig dreipaß- oder lilienartig. Hauptschmuck ist die Darstellung des Gekreuzigten auf der Vorderseite; daneben auf den Balkenenden oft die Evangelistensymbole, Brustbilder Marias und Johannes', von Aposteln oder von Heiligen. Die Rückseite zeigt überwiegend nur ornamentalen Schmuck, doch findet sich öfter auch eine Darstellung Marias oder eines Heiligen. Der Schmuck ist in der Regel graviert oder zieliert. Andere Techniken begegnen v. a. bei den älteren B.en, zumal im byz. Bereich (Email, Niello, plast. Gestaltung, Ritzung). Reliquien (bes. Kreuzpartikel) wurden gerne in die B.e eingeschlossen (die dann zum Öffnen eingerichtet waren), in die B.e der Bf.e später immer.

Das nichtliturg. B., das von jedermann getragen werden konnte, als Zeichen der Verehrung oder als religiöses Schutzmittel (Phylacterium), läßt sich sowohl im Osten als auch im Westen bereits in altchr. Zeit nachweisen, das liturgische B. für den Papst, die Kard.e, Bf.e oder Äbte erst relativ spät. Zahlreiche B.e haben sich erhalten, z. B. im Museo Sacro Vaticano in Rom (5./6. Jh.), im Domschatz zu Monza (6. Jh.), im Schatz der Kathedrale v. Durham (Ende 7. Jh.), im Brit. Museum und im Victoria and Albert Museum in London, im Statens Historiska Museum in Stockholm, im Ung. Hist. Museum Budapest oder in den Domschätzen von Aachen (12. Jh.) und Prag (15. Jh.). W. Arenhövel

[2] *Theorien zur Entwicklung des Brustkreuzes:* Als Insignie des Bf.s läßt sich das B. erstmals im 12. Jh. nachweisen. Man hat seine Entstehung mit der in Ägypten im 13. Jh. v. Chr. und in Assyrien im 9.–7. Jh. nachweisbaren, mit Götterbildern geschmückten, vom König getragenen Brustplatten zusammengebracht. Die Christen haben schon in der Märtyrerzeit in Kapseln, die man an Bändern oder Ketten um den Hals trug, Reliquien bei sich getragen (Enkolpien), woraus das B. entstanden sei (DÖLGER, KLAUSER, NUSSBAUM). Der liturg. Ornat im MA kann jedoch auch als abhängig von dem des atl. Priestertums, hier insbes. des Ephod und Choschen (Vulg.: Superhumerale, Rationale) aufgefaßt werden (HONSELMANN). Im MA finden sich Spuren vom Gebrauch des →Rationale durch Bischöfe. Das metallene Brustschild (Bischofsstatuen in Reims, Grabplatte Clemens II. in Bamberg) ist zur Zeit der Kreuzzüge zum vielgestaltigen Pektorale mit unterschiedl. christl. Motiven, darunter auch v. a. der Kreuzdarstellung umgewandelt. Im atl. Brustschild hat der Hohepriester Urim und Tummim (vermutlich die Losstäbe) getragen. Reliquien in Brustschilden und Pektoralien sind nachweisbar. Die Ableitung des B.es aus dem im MA getragenen metallenen, Reliquien umschließenden Brustschmuck könnte auch dessen Vorbehalt für den Bischof (und Abt) erklären. Das röm. Missale 1570 setzt das Tragen des B.es durch den Bischof als vorgeschrieben voraus. Die von Kanonikern getragenen Kreuze gehören nicht zu dieser Gruppe. K. Honselmann

Lit.: LThK² II, 736–RbyzK I, 157–161–RDK II, 1318–1326 [mit Abb.] – PH. JAFFÉ, Monum. Mogunt., 1866, 620f. – F. J. DÖLGER, Das Anhängerkreuzchen der hl. Makrina und ihr Ring mit der Kreuzpartikel, Antike und Christentum, 3, 1932, 81 – J. BRAUN, Reliquiare, 1940, 488ff., Abb. 533 – TH. KLAUSER, Ursprung der bfl. Insignien und Ehrenrechte, 1953² – M. BÁRÁNY-OBERSCHALL, Byz. Pektoralkreuze aus ung. Funden (Wandl. christl. Kunst im MA, 1953), 207–251 – O. NUSSBAUM, Das B. des Bf.s, 1964 – J. BECKWITH, A Byz. Gold and enamelled Pectoral Cross (Beitr. zur Kunst des MA, Fschr. H. WENTZEL zum 60. Geburtstag, 1975), 29, 31 – K. HONSELMANN, Das Rationale der Bf.e, 1975, 34ff., Abb. 80f., 84, 86. – Vgl. auch die Lit. zu → Enkolpion.

Brustlatz (afrz. *pièce [d'estomac]*, engl. *stomacher*), ein dekorativer Stoffteil aus Samt oder besticktem Wollstoff, der sowohl von Männern als auch von Frauen getragen wurde. Der B. reichte von den Achseln bis zur Taille und diente als Ersatz für ein bis zur Hüfte reichendes Untergewand, er war durch die Öffnung des Obergewandes auf der Vorderseite sichtbar. Der B. erschien zunächst im 15. Jh. und gewann im 16. Jh. sehr an Beliebtheit.

St. M. Newton/J. Harris

Lit.: C. W. und PH. CUNNINGTON, A Dict. of Engl. Costume, 1960.

Brustplatte. Eine über den Ringelpanzer geschnallte eiserne »plate« wird lit. schon im frühen 13. Jh. erwähnt. Sie blieb bis zu Beginn des 14. Jh. im →Waffenrock verborgen. Um 1330 wurde sie Bestandteil des jackenartigen →Plattenrocks und ebenso um 1350 der knappsitzenden armierten Jacke. Erst um 1370 wurde sie sichtbar an der Außenseite dieser Jacke angebracht, in Deutschland in Form eines rundl. Plastrons, in Italien als richtige B. mit Hals- und Armausschnitten und geradem Taillenschluß, am Rücken durch Riemen festgehalten. Um 1370 erhielt sie eine breite, stark vorgewölbte Gestalt und zur selben Zeit eine v-förmige →Brechleiste und einen →Rüsthaken als Auflager für die Lanze. Um 1400 wurde sie in Italien mit einem stählernen Harnischrücken (→Harnisch) sowie →Bauchreifen und →Gesäßreifen vereinigt, um 1420 als →Schiftbrust in einen bewegl. verschnallten Ober- und Unterteil zerlegt. In Deutschland bevorzugte man noch bis um 1430 die über dem Waffenrock getragene einfache B., dann wurde sie mit dem →Tonnenrock kombiniert. Erst nach 1450 setzte sich hier die it. Schiftbrust durch. In Westeuropa gab es sogar weiterhin ungeschiftete Brustplatten. O. Gamber

Lit.: O. GAMBER, Harnischstud. V; VI, JKS 50; 51, 1953, 1955 – L. BOCCIA–E. COELHO, L'Arte dell' Armatura in Italia, 1967.

Brustriemen → Sattel

Brustschild → Rationale

Brustschleier (afrz. und anglonorm. *barbe, barbette, gorget;* engl. *wimple*), ein Schleier aus weißem Leinen, der Hals und Ohren bedeckte und der unter einem anderen, das Haupt krönenden Schleier befestigt war. Er wurde von verheirateten Frauen getragen, bei Witwen und Nonnen bedeckte er auch das Kinn, wo er manchmal von einem zusätzl. Stoffstück in senkrechten Falten ergänzt wurde. Der B. war in verschiedenen Formen vom 12. bis zum 16. Jh. verbreitet. St. M. Newton/J. Harris

Lit.: C. W. und PH. CUNNINGTON, A Dict. of Engl. Costume, 1960, 10.

Brustwerk → Orgel

Brut, Roman de → Wace, →Layamon

Brut y Tywysogyon ('Chronik der Fürsten'), wichtigste walis. Chronik für das 12. und 13. Jh., erhalten in drei verschiedenen, wenngleich verwandten Fassungen in walis. Sprache, wohl im 14. Jh. aus dem Lat. übersetzt und damals auch bearbeitet. Die lat. Vorlagen sind nicht erhalten, waren aber den drei Fassungen der in lat. Sprache verfaßten »Annales Cambriae« sehr nahe, deren Anfänge, unter dem Einfluß der ältesten ir. Annalen, im 8. Jh. in Menevia (St. David's) anzusetzen sind. Während die »Annales Cambriae« später bis ins 5. Jh. ergänzt wurden, beginnt B. i. J. 682 n. Chr. und ist als Fortsetzung der (romanhaften) »Historia Regum Britanniae« (walis. »Brut y Brenhinedd«) des →Galfred v. Monmouth konzipiert worden. M. Richter

Ed.: TH. JONES, 4 Bde, mit engl. Übers. 1941, 1952, 1955, 1971 – *Lit.:* TH. JONES, Hist. Writing in Medieval Welsh, Scottish Stud. 12, 1968, 15–27 – K. HUGHES, Celtic Britain in the Early MA, 1980, 67–100.

Bruun → Brun, →Bruno

Bryennioi, byz. Magnatenfamilie. Die B. waren eine der wenigen Familien aus dem europ. Teil des Byz. Reiches, denen es gelang, sich in Macht und Ansehen den zahlreichen kleinasiat. Magnatengeschlechtern (→Phokaden, →Skleroi, →Argyroi), die das polit. Leben des Ksr. es im 9. und 10. Jh. beherrschten, anzunähern. Die B. sind als Familie mit recht großer Sicherheit seit der Mitte des 9. Jh. (*Theoktistos* B., Protospatharios und Strateg des Themas Peloponnes zur Zeit Ks. Michaels III.) zu identifizieren; zu einem echten Aufstieg kam es jedoch erst im 11. Jh. Wie die großen anatol. Geschlechter sind auch die B. typ. Vertreter des Militäradels, welche ihre usurpator. und antizentralist. Einstellung allmähl. sichtbar werden ließen. Kennzeichnend ist, daß die Vertreter dieser Familie fast alle ihre militär. und Verwaltungsämter im europ. Teil von Byzanz ausgeübt haben (Strategen von Peloponnes, Dalmatien, Makedonien usw.). Adrianopel war vermutl. ihre engere Heimat. Ihre größte Zeit hatten die B. in den Thronkämpfen der 2. Hälfte des 11. Jh., aber selbst in dieser Periode erreichten sie nicht die Macht und das Ansehen der anatol. Geschlechter. *Nikephoros* (?) B., Strateg v. Kappadokien und Makedonien, nahm 1057 an der Verschwörung teil, die →Isaak Komnenos (→Komnenen) auf den Thron brachte, der Strateg selbst aber wurde gefangengenommen und geblendet. Sein Sohn *Nikephoros*, Dux v. →Dyrrhachion und Sieger über die aufständ. Slaven i. J. 1072, ließ sich 1077 zum Kaiser ausrufen und versuchte, nachdem er die europ. Truppen vereinigt hatte, Konstantinopel einzunehmen. Der asiat. Adel aber war auch diesmal stärker, und der neue Ks. →Nikephoros Botaneiates (gekrönt am 3. April 1078) entsandte sogleich seinen Feldherrn, (den späteren Ks.) →Alexios Komnenos, gegen Nikephoros B., welcher dem Komnenen unterlag. In der Zeit der Komnenen wurden die B. trotz ihres hohen Ranges (→Bryennios Nikephoros, Historiker) aus der Teilnahme am aktiven polit. Leben verdrängt, aber man findet Mitglieder der Familie noch bis in das 15. Jh. als Verwandte der jüngeren feudalen Familien (→Tarchaneiotes, →Dukas, →Vatatzes, →Laskaris, →Philanthropenoi) in den Quellen. I. Djurić

Lit.: CH. DU CANGE, Hist. byzantina, A. Familiae Augustae Byzantinae, Paris 1680, 176f. – K. I. AMANTOS, Κεφαλληνιακά ἐπώνυμα, Ἑλληνικά 10, 1937–38, 119–120 – N. B. TOMADAKIS, Ὁ Ἰωσὴφ Βρυέννιος καὶ ἡ Κρήτη κατὰ τὸ 1400, 1947, 20 – S. WITTEK-DE JONGH, Le césar Nicéphore Bryennios, l'historien et ses ascendants, Byzantion 23, 1953, 463–468 – A. CARILE, Il problema della identificazione del cesare Niceforo Briennio, Aevum 33, 1964 – D. POLEMIS, The Dukai. A Contribution to Byzantine Prosopography, 1968, 112–115 – A. P. KAŽDAN, Socialnij sostav gospodstvujščego klassa Vizantii XI–XII vv., 1974, 59f., 90f. – I. DJURIĆ, Porodica Foka, Zb. rad. Viz. inst. 17, 1976, 208f., 216 – J. FERLUGA, L'amministrazione bizantina in Dalmazia, 1978, 160–162, 170–172.

Bryennios

1. B., Joseph, Mönch und bedeutender byzantin. Theologe, * um 1340/50, † 1431, befreundet mit Ks. →Manuel Palaiologos II. (1425 wurde er vom Ks. zum Testamentsvollstrecker eingesetzt). B. stammte anscheinend aus Konstantinopel. Von 1382/83–1402/03 lebte er als orth. Missionar auf der Insel Kreta, die unter ven. Herrschaft stand. Hier wirkte er beständig für eine chr.-moral. Erneuerung der orth. Kreter, bei denen offensichtl. lockere Sitten herrschten. Dabei stieß er auf den heftigen Widerstand eines Teiles des orth. Klerus, welcher den dortigen lat. Geistlichen freundlich gegenüberstand. Wegen seiner streng orth. Haltung geriet er auch mit den ven. Herren der Insel in Konflikt und mußte bei Nacht die geliebte Insel verlassen. Nach Konstantinopel zurückgekehrt, ließ er sich im →Studiu-Kl. nieder und wirkte als Prediger am Hof und an der Hagia Sophia. I. J. 1406 begegnet er als Vertreter des Patriarchen v. Konstantinopel auf →Zypern, um die Frage der Anerkennung der dortigen Kirche seitens des Patriarchats zu lösen. Nach einer lokalen Synode, die hier unter seinem Vorsitz stattfand, lehnte er die Union der zypriot. Kirche mit Konstantinopel ab. B. war Anhänger des →Hesychasmus; sein theol.-dogmat. Werk diente vornehml. der Verteidigung der orth. Trinitätslehre gegen die lat. Auffassung vom Ausgang des Hl. Geistes. Dazu gehören zunächst drei Dialexeis (Disputationen), die er mit Freunden der Lateiner wie Maximus →Chrysobergis in Kreta, mit dem Gesandten des Papstes Martin V. (1422) und mit anderen lateinerfreundl. Persönlichkeiten in Konstantinopel (1422) führte. Mit dem gleichen Thema befassen sich auch seine 21 Reden über die Hl. Trinität. Zu dieser Kategorie gehört auch seine Rede an Ks. Manuel Palaiologos II. i. J. 1419, in der er gegen die angestrebte Union mit der lat. Kirche Stellung nimmt.

Dogmat. Inhalt hatten auch seine Reden über die Inkarnation des Logos, über die Ungeschaffenheit des Taborlichtes, über den Glauben, seine Stellungnahme zur Apokatastasislehre des Origenes und sein Dialog mit einem Moslem. Er verfaßte auch eine Fülle von Homilien zu verschiedenen Festtagen. Zu dieser Gattung gehören auch seine Predigten auf Kreta, die den Titel Κεφάλαια tragen. Sie bilden eine wichtige Quelle für die sozialen Verhältnisse der Insel in jener Zeit, für die dortigen abergläub. Vorstellungen, Sitten und Bräuche und für die innere Struktur der zeitgenöss. Kirche von Kreta.

E. Konstantinou

Ed.: Eugenios Bulgaris – Th. Mandakases, Leipzig 1768–84 – zu Einzelausg. und Lit. vgl.: BECK, Kirche, 750ff. – N. B. TOMADAKIS, Ὁ Ἰωσὴφ Βρυέννιος, 1947 – EEBS 19, 1949, 130–154; 32, 1963, 26–39.

2. B., Manuel, byzantinischer Astronom und Musiktheoretiker, * ca. 1260, † ca. 1320, Lehrer des Theodoros →Metochites (1270–1332). Er verfaßte um 1300 eine musiktheoret. Schrift (Ἁρμονικά, die hs. ab dem 14. Jh. erhalten ist und bereits im ausgehenden 15. Jh. ins Lat. übersetzt wurde. Die Ἁρμονικά des B. behandeln die altgriech. Musiktheorie (reine Instrumentalmusik) und lehnen sich stellenweise stark an frühere Schriften wie das Περὶ μουσικῆς des Aristeides Quintilianus an. In seiner Einteilung der Musikgeschichte berücksichtigt B. jedoch die zeitgenöss. Musiker (νεώτεροι μελοποιοί) und gleicht ihre Terminologie mit jener der Pythagoreer (κανονικοί). Ch. Hannick

Ed. und Lit.: GROVE's Dict. s.v. – Wallis, Opera mathematica III, Oxford 1699 [mit lat. Übers.] – The Harmonics of M. Bryennius, ed. G. H. JONKER, 1970.

3. B., Nikephoros, byz. Staatsmann und Historiker aus der Familie der →Bryennioi, * 1062/64 in Adrianopel als Sohn (so u. a. CARILE, KRESTEN) oder um 1080 als Enkel (so u. a. GAUTIER, HUNGER; eindeutige Entscheidung aus den Quellen nicht möglich) des gleichnamigen Usurpators (1077 Erhebung gegen Michael VII., geblendet, später amnestiert, s. auch den Artikel über die Familie), † vor Okt. 1136 in Konstantinopel, ∞ vor April 1097 →Anna Komnene. N. B. wurde zum Panhypersebastos ernannt, später (vor 1111) zum →Caesar (καῖσαρ) erhoben und erwarb sich große militär.-diplomat. Verdienste (1097 Verteidigung der Mauern Konstantinopels gegen die Kreuzfahrer, 1108 Frieden v. Deabolis [Devol] mit →Bohemund v. Tarent, 1116 Schlacht v. Polybotos gegen die Seldschuken). N. B. widersetzte sich beim Tod Alexios' I. (1118) dem Versuch von Gattin und Schwiegermutter, ihm zum Thron zu verhelfen, und hielt auch in der Folge dem neuen Ks. Johannes II. die Treue. Auf einem Feldzug nach Syrien schwer erkrankt, starb er wohl vor Okt. 1136 in Konstantinopel. – In seinem Geschichtswerk behandelte er die Jahre 1070–79, also die Vorgeschichte der Regierung seines Schwiegervaters. →Historiographie, byz.

W. Hörandner

Ed.: P. GAUTIER (Corpus fontium historiae Byzantinae 9, 1975) [mit Einl., frz. Übers. und Anm.] – Lit.: BLGS I, 264 [O. KRESTEN] – F. CHALANDON, Les Comnène, 2 Bde, 1900–12 – E. KURTZ, Uned. Texte aus der Zeit des Ks.s Johannes Komnenos, BZ 16, 1907, 69–119 – A. CARILE, Il problema della identificazione del Cesare Niceforo Briennio, Aevum 38, 1964, 74–83 – DERS., Il »cesare« Niceforo Briennio, Aevum 42, 1968, 429–454 – HUNGER, Profane Lit. I, 394–400.

Brynolf Algotsson, Bf. v. Skara (Västergötland, Schweden), mlat. schwed. Dichter, in Schweden als Hl. verehrt, * etwa 1240/50, † 6. Febr. 1317, ◻ Skara. B. entstammte einem mächtigen Adelsgeschlecht aus Västergötland, dessen bedeutendster Vertreter d. →Rechtssprecher Algot Brynolfsson, der Vater B.s, war. Seine Söhne, die sog. »Algotssöhne«, hatten an den polit. Auseinandersetzungen während der Regierungen der Kg.e Magnus Ladulås (1275–90) und Birger Magnusson (1290–1318) bedeutenden Anteil.

Nach langjährigen theol. Studien in Paris wurde B. 1278 zum Bf. v. Skara gewählt. In seiner amtl. Tätigkeit, die von seiner frz. Ausbildung, aber auch von einheim. Traditionen geprägt war, sorgte er für eine Verbesserung der Priesterausbildung (u. a. durch die Errichtung eines Kollegiums für schwed. Studenten in Paris), reorganisierte die kirchl. Administration und richtete neue Benefizien ein. Die auf B. zurückgehenden →Statuten des Bm.s Skara aus der Zeit um 1280 folgen den Beschlüssen des Laterankonzils (bes. im Falle der Beicht- und Aufgebotspflicht), während in späteren Statuten der Einfluß des →Odo v. Paris erkennbar ist. In einer Verordnung von 1281 (»Biskop Brynolfs stadga«, SGL I, 70–73) wird u. a. der Anspruch der Kirche auf den Zehnten bekräftigt.

Als Bf. und Anhänger des Kg.s Magnus Ladulås nahm B. an verschiedenen Reichstreffen teil (z. B. Alsnö 1279), war Mitglied des kgl. Rates und gehörte zu den Exekutoren des kgl. Testaments und war schließlich Mitglied der Vormundschaftsregierung für Kg. Birger Magnusson.

B. gilt als der erste lat. Dichter Schwedens. Vier →Reimoffizien werden ihm zugeschrieben: Für die Festtage der hl. Helena (Elin) von Skövde (31. Juli), des hl. Bf.s Eskil (6. Okt.), der Dornenkrone Christi (2. Sept.) und ein Marienoffizium für alle Samstage, auf die kein kirchl. Fest fiel. Sie sind im »Breviarium Scarense«, das 1498 in Nürnberg gedruckt wurde, überliefert. Mit der Betonung schwed. Hl. (Elin, Eskil) und der Erwähnung v. Reliquien in schwed. Kirchenbesitz (Dornenkronenpartikel) ist B. bestrebt, die schwed. Kirchen- und Glaubenstraditionen mit der kontinentalen kirchl. Kultur und Literatur in Verbindung zu setzen. Ob diese Offizien in ihrer lit. Ausformung eigenständige Züge tragen oder nach herkömml. Muster gedichtet sind, ist indessen – ebenso wie neuerdings die Urheberschaft B.s – in der Forschung umstritten.

Der Beginn des B.-Kults geht auf einen Besuch der Hl. →Birgitta zurück, die 1349 – vor ihrer Abreise nach Rom – im Dom zu Skara eine Offenbarung über B. hatte. Kg. Erich (von Pommern) brachte 1417 die Kanonisierungsfrage vor das Konzil v. Konstanz. Das Kanonisierungsverfahren wurde jedoch nie zu Ende geführt. Der Bericht über sein Leben und die Wunder wurden 1492 in Lübeck als »Vita beati Brynolphi« gedruckt. Mit Erlaubnis von Innozenz VIII. fand am 16. Aug. 1492 die Translation statt, die, wie der Todestag (6. Febr.), in der Diöz. Skara als Festtag begangen wurde.   J. P. Ægidius/Th. Jexlev

Q.: Acta sanctorum, 1863, 933–935 – Scriptores rerum Svecicarum III/2, 43, 399–404 – Sweriges Gamla Lagar, ed. D. H. S. COLLIN – D. C. J. SCHLYTER (SGL) I, 1827 [Nachdr. 1976] – Lit.: P. LEHMANN, Skandinaviens Anteil an der lat. Lit. des MA (1936) (Erforsch. des MA V, 1962, 275–429) – C.-A. MOBERG, Die liturg. Hymnen in Schweden, 1947, 297–300 – Ny illustrerad svensk litteraturhistoria I, 1967, 144–150 – T. LUNDÉN, Svenska helgon, 1976 – A. ÖNNERFORS, Zur Offiziendichtung im schwed. MA (DERS., Mediaevalia, Abh. und Aufsätze, 1977), 221–266.

Buc(c)ellarii (abgeleitet von lat. bucca, būca 'Backe', 'Bissen', Deminutiv buccella, wohl wegen der »Nahrungsgemeinschaft mit dem privaten Anführer« [BEHRENDS in HOOPS² IV, 28] – daneben auch andere Deutungen) heißen die als persönl. Garde neben regulären Truppen verwendeten, oft zahlreichen (Belisar besaß 7000: Prokop. bell. Goth. 7, 1, 20) und in Rangstufen gegliederten barbar. Privatsöldner (Cod. Theod. 14, 7, 5) spätröm. Feldherrn (vergl. Agath. 1, 5) und Beamter (Prokop. Anekd. 1, 4), daneben auch anderer Personen (Cod. Iust. 9, 12, 10). Andere Benennungen sind comites, protectores, domestici, gr. δορυφόροι, μισθοφόροι, ὑπασπισταί, ἑπόμενοι. Der Buccellariat, nach SEECK aus dem →Gefolgschaftswesen der →Germanen entwickelt (eingeschränkt von BEHRENDS) und auch in germ. Reichen der Völkerwanderung als Institution beibehalten (Cod. Eur. 310), beruht auf der Basis von Grundherrschaft und Patronat und umschreibt im Militärischen ein Dienstverhältnis mit Gewährung von Ausrüstung und Versorgung bei entsprechender Mobilität. Wegen ihrer Loyalität werden die b. als Verband von bes. Zuverlässigkeit verwendet (Not. Dign. or. 7, 25). Der Konkurrenz zu den offiziellen Streitkräften und einer möglichen Gefährdung der innerstaatl. Ordnung durch Stärkung einzelner Dienstherrn wird durch Treueid der b. auf den Kaiser (vgl. Coripp. 4, 266) zu begegnen gesucht, der nach Auflösung zumindest von militär. Buccelariatsverhältnissen auch über ihre Weiterverwendung (Cod. Theod. 7, 1, 10) entscheidet. Die Institution, ein in den Kämpfen der Völkerwanderungszeit bis ins 6. Jh. weit verbreitetes und vielfältig genutztes Reservoir elitärer Elemente der Kriegsführung (zahlreiche Zeugnisse bei Prokop) wie auch der inneren Stabilisierung privater Territorialherrschaft, verschwindet im 7. Jh. angesichts einer veränderten militär. Struktur.   G. Wirth

Lit.: HOOPS² IV, 28–31 [O. BEHRENDS] – RE III, 934–939 [O. SEECK] – TH. MOMMSEN, Röm. Militärwesen seit Diocletian, Hermes 24, 1889, 195–279, bes. 233ff. (= Ges. Schr. 6, 1910, 206–299, bes. 241ff.) – C. LECRIVAIN, Les soldats privés au bas empire, MEFRM 10, 1890, 267 – R. GROSSE, Röm. Militärgesch., 1920, 293 – H. J. DIESNER, Das Buccellariertum von Stilicho und Sarus bis auf Aetius (454/455), Klio 54, 1972, 321–350 – DERS., Westgot. und langob. Gefolgschaften und Untertanenverbände, SB Sächs. Akad. der Wiss., phil. hist. Kl. 120, 2, 1978.

Buch
A. Allgemein und abendländischer Bereich – B. Byzantinischer Bereich – C. Arabischer Bereich – D. Jüdischer Bereich

A. Allgemein und abendländischer Bereich

I. Form und Aufbau des Buches – II. Aufbewahrung des Buches – III. Buchherstellung, Buchgewerbe und -handel, Verbreitung von Büchern – IV. Buch als Heiligenattribut.

I. FORM UND AUFBAU DES BUCHES: Etymolog. ist das B. abzuleiten von urgerm. *bōkiz (Pl.), got. bōkōs, ahd. buoh: ursprgl. Bezeichnung für zusammengeheftete Tafeln aus Buchenholz, auf die man Texte einritzte. Mhd. 'lesen an den buochen' deutet noch auf die ursprgl. Bedeutung hin, im Ahd. dann auch schon buoh (Slg.) im Sinne von nhd. 'Buch'.

Die Papyrusrolle (→Rolle), die Überlieferungsform lit. und archival. Quellen im Altertum, wurde seit dem 4. Jh. mit dem Auftreten des →Pergaments zurückgedrängt, das wiederum seit dem 14./15. Jh. durch das →Papier ersetzt wurde. Die verbreitetste Buchform für diese Schreibstoffe war im MA der →Codex, der bereits in der Antike für amtl. Bescheinigungen, Korrespondenzen und vor allen Dingen für die großen Gesetzessammlungen benutzt wurde. War das Codexformat im Altertum of quadratisch, so war es im MA vorzugsweise hochrechteckig, selten quer (insular). Die *Größe* variierte von der winzigen Taschenbibel bis zu den Riesenbibeln. Im *Aufbau* bildete die Grundeinheit das *Doppelblatt* (plicatura, diploma, arcus). Mehrere zusammen ergaben eine *Lage*. Je nach ihrer Anzahl spricht man von Binionen (2 Doppelblätter), Ternionen (3), Quaternionen (4), Quinternen (5). Im Gegensatz zur Antike (Quinternen) besteht das ma. B. überwiegend aus Quaternen. Höhere Lagen (Sexternen usw.) erscheinen seit dem starken Überhandnehmen des Papiers. Gegenüber den Lagen aus einzelnen Doppelblättern stellen die sog. *manuscrits imposés* aus großen Häuten zu acht Blättern bzw. zu 16 Seiten gefalteten Lagen dar, die zur Beschriftung aufgeschnitten wurden. Bis zum 11./12. Jh. legte man für die *Liniierung* auf dem Kontinent die Blätter im Umfang einer Lage vor der Faltung aufeinander, und zwar kehrte man meist die F (Fleischseite) gegen F, die H (Haarseite) gegen H, während die Insularen nach der Faltung jedes einzelne Blatt liniierten. Für die Einstiche *(Prickings)* diente der Zirkel (circinus, punctorium), zum Ziehen der vertikalen Randlinien und der horizontalen Schriftzeilen das Lineal (linea, canon, regula, praeductale). Sodann drückte man mit dem Griffel (stilus) auf dem obersten Doppelblatt die Liniierung der ganzen Lage in einem einzigen Arbeitsgang durch. Es entstanden konkave und konvexe *Blindlinien.* Seit dem 12. Jh. gebrauchte man häufig Blei und überwiegend Tinte. Das späte MA mechanisierte den Liniierungsvorgang unter anderem mit speziellen Kämmen. Der Wechsel der Schriftgrößen bedingte kleinere oder größere Abstände zw. den einzelnen Linien.

Die *Zählung der Lagen* geht ins Altertum zurück. Römische Zahlen mit einem Q (Quaternus) wurden verwendet. Seit dem 5. Jh. bildeten lat. Majuskeln in Verbindung mit röm. Zahlen die *Kustoden*, oft in der unteren rechten Ecke auf der letzten Seite der Lage, später in der Mitte des Randes. In der Regel stammen diese Kustoden von den Codexschreibern; sie sind oft verziert und bilden so einen Anhaltspunkt für die Provenienz der Handschrift. Seit dem 12. Jh. begegnet immer häufiger die *Reklamante*, vereinzelt schon im 10. und 11. Jh. Hier wurde das erste Wort der neuen Lage auf der letzten Seite der vorausgehenden Lage angebracht. Kustoden und Reklamanten waren Hilfen des Buchbinders zur Kontrolle der Vollständigkeit und richtigen Aufeinanderfolge der einzelnen Lagen.

Seit dem 12. Jh. war die *Foliierung* verbreitet, seit dem 13. Jh. auch die *Paginierung*. Der *Blattspiegel* (Bildspiegel, Textspiegel) der einzelnen Seite, der in der Antike häufig in drei und vier Kolumnen unterteilt wurde, war im MA sehr oft ein- oder zweispaltig. Zur Aufnahme von Scholien und Kommentaren wurden vielfach die Seitenränder breit angelegt, manchmal auch bes. liniiert. Zum bequemeren Auffinden von Textstellen dienten beschriftete Pergamentstreifen, die am Außenrand des Blattes angeklebt oder angenäht waren. In vielen Büchern gab es Lesezeichen, geflochtene oder Leinenbänder, die am oberen *Kapital* (Wulstkante am Buchblockrücken) befestigt wurden, bzw. am Seitenrand eingeflochtene Ledersenkel. Selten waren Lesestäbchen, die in einem hölzernen Lädchen, das im Deckel eingelassen war, aufbewahrt wurden. Der fertige Codex bedurfte des →Bucheinbandes.

II. Aufbewahrung des Buches: Das B. war ein sehr geschätzter Wertgegenstand, bes. wenn es sich um ein kostbares bibliophiles Werk handelte. Zu sehr wertvollen Stücken zählten die kostbar illuminierten liturg. Bücher (→Buchmalerei). Diese wurden verschenkt, testamentar. vermacht, etwa gegen eine lebenslängl. Rente ausgeliehen. Die Bücher wurden getauscht, verkauft und in fremden Auftrag gegeben. Die häufige Ausleihe eines B. es war vielfach an die Bedingung geknüpft, daß der Entleiher ein gleichwertiges B. zum Pfand gab. In Form eines Memoriale wurde der Tausch schriftl. festgehalten. Trotz der Sorgfalt, mit der im MA mit den Büchern umgegangen wurde, ist das heute noch Erhaltene nur noch ein bescheidener Teil des ehemals vorhandenen. Im MA wurden die Bücher in der →Bibliothek aufbewahrt u. in →Katalogen verzeichnet. Die in der Kirche liegenden Bücher gehörten zum Schatz und wurden oft bes. inventarisiert. Im späteren MA standen die Bücher einem breiten Leserkreis öffentl. zur Verfügung; um zu verhindern, daß sie verlegt oder gar entwendet wurden, schloß man sie an Ketten an, sei es im Bücherregal oder am Lesepult. Für die Überlieferung der ma. Bücher sind die →*Besitzvermerke* bes. wichtig. Sie können in die Zeit der Entstehung des B. es zurückgehen, wenn sie von der Hand des Codexschreibers herrühren. In diesem Fall ist der Codex ein Beweis, daß die Schriftheimat genau fixiert ist. Solche Provenienzangaben gehören zu den wichtigsten Bestandteilen der Codicologie. Die meisten Besitzvermerke stammen freilich aus der Zeit nach der Entstehung des Codex. A. Bruckner

III. Buchherstellung, Buchgewerbe und -handel, Verbreitung von Büchern: [1] *Spätantike:* Die Einrichtung von Bibliotheken setzt bereits in hellenist. Zeit einen verbreiteten Buchhandel voraus. Buchherstellung und -handel sind in Rom im 1. Jh. v. Chr. nachweisbar. Abschriften werden von Schreibsklaven (ταχυγράφοι, scribae mercennarii) nach Diktat gewerbsmäßig oder für den Privatgebrauch angefertigt. Von Rom aus wurden die lit. Werke im ganzen Imperium vertrieben, vom 2. Jh. nach Chr. an finden wir auch in den Provinzen selbständige Buchproduktion. Im 4. Jh. besitzt Rom 28 Bibliotheken; Diokletians Preisedikt gibt auch eine Preisverordnung für verschiedene Schriftqualitäten. Der Übergang von der Papyrusrolle zu Pergament und Codex ist im 4. Jh. vollzogen, zahlreiche klass. Autoren werden neu herausgegeben, wobei sich der senator. Kreis um →Symmachus und →Nicomachus bes. hervortut, was durch subscriptiones am Ende der Werke bezeugt ist, die sich in ma. Abschriften erhalten haben.

Das älteste Zeugnis eines chr. Buchhandels, der nach den Toleranzedikten einen starken Aufschwung nahm, ist der von Th. Mommsen (Ges. Schr. 7, 1909, 286ff.) herausgegebene, wahrscheinl. in Karthago entstandene stichometr. Indiculus der bibl. Bücher und der Werke Cyprians. Konstantin selbst gab den Auftrag zur Herstellung von 50 griech. Bibeln (B. Bischoff, 230); Hieronymus tadelt chr. Bücherluxus (Prol. in Iob, s. Ed. R. Weber, 48 f.). Die Verbreitung der chr. Literatur geschah jedoch insgesamt wohl weniger durch Handel als durch privaten Austausch und Abschriften interessierter Leser. J. Gruber

[2] *Mittelalter:* a) *Buchherstellung:* Das hochstehende Buchgewerbe der Spätantike mit seinem weit verzweigten Buchhandel fand, wenn überhaupt, nur in geringem Umfange eine Fortsetzung in der Zeit des Übergangs zum MA, am ehesten in Italien und Gallien (Frankreich). Die Kl. mit ihren →Skriptorien übernahmen die Aufgabe, Bücher herzustellen und zu verbreiten. Die Buchproduktion war im frühen MA bis ins HochMA hinein vorwiegend Angelegenheit der Mönche, zumal das Bücherab-

schreiben (multiplicare) in Cassiodors Regel (Inst. I 30; →Cassiodor) als »löbliches Bemühen« gepriesen wird, wobei auch heidn. Schriften einbezogen werden, was nicht immer in gleicher Weise bei anderen kirchl. Schriftstellern geschah. – An der Herstellung des B.es waren neben jenen, die sich mit dem codicotechnischen Aufbau des B.es befaßten, auch der Kalligraph (→Kalligraphie), der Buchmaler (→Buchmalerei), der →Korrektor usw. beteiligt. Näheres über sie, die Zeit und den Ort ihrer Tätigkeit erfahren wir aus dem →Kolophon, das aber erst im späten MA häufiger wurde und auch dann nicht ohne weiteres alle wesentl. Angaben enthielt. Bis zum 13. Jh. ist daher die große Masse der →Schreiber, →Miniatoren, →Rubrikatoren, Illuminatoren anonym. – Rechtshandschriften und Handschriften weltl. literarischer Werke wurden am ehesten außerhalb der Kl. abgeschrieben (von Klerikern im Dienste des Adels, von Notaren, Gerichtsschreibern u. ä.). Sofern die Herstellung von Codices nicht im Auftrag der Abnehmer geschah, erfolgte die Buchdistribution lange Zeit vornehml. durch Tausch, Ausleihe von Handschriften (→Leihverkehr) für die Herstellung von Abschriften, Erwerb von Büchern von Vorbesitzern u. ä. Sie wurde an den Universitäten (meist ab 13. Jh.) durch Vorschriften geregelt, so in Bologna, Paris, Neapel; vereidigte →stationarii erhielten von den Universitätslehrern überprüfte Exemplare der Werke, die für den Unterricht in vorgeschriebener Form von berufsmäßigen Schreibern kopiert wurden, wobei die Bezahlung nach *Petien* (peciae, daraus frz. *pièce*) berechnet wurde (1 pecia = ½ quaternio). In Deutschland wurden die Texte für den Unterricht an den Universitäten meist von den Lehrern diktiert (so oft auch noch lange nach Erfindung des Buchdrucks). Neben den stationarii war den librarii unter bestimmten Bedingungen der Handel mit Büchern erlaubt (Erwerb und Verkauf von Büchern bis zu einem bestimmten Preis, Verkauf nur mit Erlaubnis der Universität), so z. B. in Paris.

b) *Buchgewerbe und -handel:* Seit dem HochMA geht das Buchgewerbe in zunehmendem Maße in bürgerl. Hände über. So werden die Berufe des Schreibers und (oft zugleich) Rubrikators, des Miniators und Illuminators (seit dem 13. Jh. meist identisch) sowie des Buchbinders zu selbständigen Berufen in den Städten. Vielfach wird aber der Beruf des Schreibers oft noch von Klerikern (vgl. engl. *clerk*) ausgeübt.

Das SpätMA bringt eine beträchtl. Ausweitung des Buchgewerbes und des Buchhandels. Der steigenden Zahl der Leser und Buchkäufer entspricht eine immer größer werdende Zahl von Buchherstellern und -händlern. Für das 15. Jh. sind bereits größere Werkstätten nachweisbar, die Bücher auch auf Vorrat herstellen und über ein weites Gebiet vertreiben. Bekanntestes Beispiel dafür ist im dt. Sprachraum →Diepolt Lauber (Diebold Louber) in Hagenau (Elsaß), der zw. 1427 und 1465 als Schreiber, Schreiblehrer (»dypold laber schreyber lert die kinder«) und Inhaber eines Schreibateliers tätig ist, Schreiber und Illuminatoren (Zeichner) beschäftigt und vornehml. dt., aber auch lat. Handschriften erbaulichen, belehrenden und unterhaltsamen Inhalts nachweisl. an (nicht nur adlige) Kunden des Raumes zw. der Eifel und dem alamann. Gebiet bis nach Augsburg verkaufte und dafür in Anzeigen warb. Dagegen belieferte Vespasiano da →Bisticci (1421–98), der bekannte Buchhändler in Florenz, hauptsächl. reiche Kreise mit vornehml. neu entdeckten Codices und wurde damit ein wichtiger Förderer der humanist. Buchkultur. Auch Frauen betätigten sich im Buchgewerbe und lieferten Handschriften, in der Regel wohl auf Bestellung, so die Nürnbergerin Clara Hätzlerin (bezeugt für die Zeit von 1452–76). Dazu kommt eine unübersehbare Zahl von Schreibern, (Schreib-)Lehrern und Illuminatoren (Miniatoren), die Bücher herstellten und verkauften.

Während die Bedeutung der Kl. für die Buchherstellung im SpätMA im allgemeinen zurückging, erhielt das Buchgewerbe andrerseits neue Impulse durch die religiösen Gemeinschaften der (eng mit der →Windesheimer Kongregation verbundenen) →Brüder vom gemeinsamen Leben, die insbes. erbauliche Texte gewerbsmäßig abschrieben (und auch verliehen).

Zentren des Buchhandels waren in Italien hauptsächl. Rom, Florenz, Venedig und die wichtigen Residenzstädte, in Frankreich Paris (alle anderen Städte zumindest im 14. Jh. überragend), in England neben Oxford und Cambridge London, wo sich die *writers of text-letters,* Illuminatoren *(limners),* Buchbinder und Buchhändler spätestens 1403 (frühere Nachrichten: 1357) zu einer eigenen Gilde zusammengeschlossen hatten, woraus später die *Stationers' Company* entstand. Bücher waren sehr teuer, Bücherpreise kennen wir bes. aus Italien.

Zentren des Buchgewerbes und Buchvertriebs waren →Konstanz und →Basel während der Konzile in diesen Städten (1414–18 bzw. 1431–49). Von Bedeutung wurden (zumindest ab Ende des 15. Jh.) für den Buchhandel die Handelsmessen, so in →Nördlingen, →Frankfurt a. M.

Mit Erfindung der Typographie durch Johannes →Gutenberg (um die Mitte des 15. Jh.) erhielt das Buchgewerbe ein neues Gesicht, auch wenn bis ins 17. Jh. Bücher durch Abschreiben vervielfältigt wurden. Die Zahl der durch den →Buchdruck verbreiteten Titel stieg schnell (bis 1500 etwa 30000). Der Buchhandel knüpfte an die bisher ausgebildeten Formen des Buchvertriebs an; hinzu kam der (selbständige) Beruf des Buchführers, der den Buchverkauf teils in Läden, teils in nichtstationärer Weise betrieb. Es blieb noch längere Zeit die Regel, daß der Buchdrucker zugleich Verleger und Buchhändler war. Nur allmähl. setzte sich (ab Ende des 15. Jh.) eine Spezialisierung dieser Berufe durch.

c) *Verbreitung von Büchern:* Der Übergang von der Spätantike zum MA bedeutete auch eine Einschränkung des Leserkreises der Bücher. Jahrhunderte lang waren die Laien nun weitgehend vom »literarischen Leben« ausgeschlossen. Die Tradierung der volkssprachigen Literaturdenkmäler erfolgte zu einem großen Teil lange Zeit durch mündl. Überlieferung, nicht selten bis in die Neuzeit hinein. Dies zu wissen ist wichtig, v. a., wenn aufgrund von erhaltenen Handschriften oder Fragmenten auf die Verbreitung bestimmter Werke geschlossen werden soll. Latein und die lat. Literatur wurden im Früh- und HochMA vorwiegend in den geistl. Institutionen gepflegt, wo die kostbaren Bücher in der Regel für den Gebrauch der Geistlichen hergestellt wurden. Die Schulen waren vornehml. Einrichtungen für die Ausbildung des Kleriker-Nachwuchses, selbst die Kinder regierender Häuser waren oft illiterati, zumindest in der ersten Generation. Die Masse der Bevölkerung dagegen konnte weder lesen noch schreiben. Freilich gab es auch Ausnahmen. Bestimmte Ansätze einer neuen Buchkultur werden unter Karl d. Gr. (→Bildungsreform Karls d. Gr.) und seinen Nachfolgern, in England unter →Alfred d. Gr. sichtbar. Während in England durch Alfred die Grundlagen für die engl. Prosa gelegt wurden, verloren sich die Ansätze zu einer Literatur in dt. Sprache, die vornehml. aus dem 9. Jh. überliefert sind, im 10. und beginnenden 11. Jh. fast gänzlich.

Die zunehmende Bedeutung von →Wissenschaft und

→Theologie (u. a. erste →Universitäten, →Scholastik) zw. dem 11. und 13. Jh. führte zu einem Aufschwung der lat. Bildung und auch zu einer größeren Verbreitung des lat. Buches. Einen neuen Abschnitt markiert die Entstehung volkssprachl. Literaturen, deren Leserkreis sich vornehml. aus Adligen und mit der zunehmenden Ausprägung einer städt. Gesellschaft und Kultur, bes. im Spätmittelalter, auch aus dem Bürgertum zusammensetzte. Allerdings wurde diese Literatur weithin zunächst von Klerikern niedergeschrieben, bis im 14. Jh. auch Nichtkleriker als Schreiber allmähl. nachweisbar werden. Der Kreis der Leser hatte sich im SpätMA insgesamt wesentl. vergrößert, auch durch die erweiterten Möglichkeiten der Benutzung von Bibliotheken. Die Überlieferung der Codices im Privatbesitz von Laien, soweit bis heute tradiert, vermittelt sicher ein einseitiges Bild, da die Handschriften fast ausschließl. nur insoweit bis heute erhalten sind, als sie aus adligem Besitz stammen, während solche aus nichtadligem Besitz zum größten Teil offenkundig verlorengegangen sind.

Das Publikum des MA ist nicht auf die Buchbesitzer beschränkt. Da lat. und noch mehr volkssprachl. Texte vorwiegend für das Vorlesen bestimmt sind, ist die Menge der »Konsumenten« bedeutend höher anzusetzen als die der Buchbesitzer. Freilich kann auch gezeigt werden, daß mehr als bisher allgemein angenommen, Lesen für sich allein – meist laut oder halblaut – seit dem HochMA anzutreffen ist. Hinzu kommt, daß zumindest kürzere Werke in unverhältnismäßig höherem Maße auswendig gelernt und vorgetragen wurden, als dies heute der Fall ist, insbes. Gedichte und nicht lange andere Verswerke. Das ist auch ein Grund dafür, daß bis in die Frühdruckzeit die Zahl solcher überlieferten Handschriften und Bücher geringer ist als die der vielen weitverbreiteten Werke epischen Inhalts. Erst in der Frühdruckzeit ändert sich das Bild des Publikums und ändern sich die Lesegewohnheiten. Auch in dieser Epoche werden Bücher noch häufig als »kurzweilig zu hören und zu lesen« (auf den Titelblättern und ersten Seiten) angepriesen. Vgl. auch die Artikel →Erziehung und Bildungswesen, →Bibliothek, →Lesen.

H.-J. Koppitz

IV. BUCH ALS HEILIGENATTRIBUT: Das B. ist das älteste Attribut Christi, der Propheten, Apostel (soweit sie als Verfasser von Briefen angesehen werden), Evangelisten und Kirchenväter, ständiges Attribut von hl. Priestern (Gregor v. Spoleto), Bf.en (→Petrus Damiani, →Martin v. Tours, mit dem Schwert durchbohrt bei →Bonifatius), Gelehrten, Äbten und Äbtissinnen (→Albertus Magnus, →Thomas v. Aquin, →Benedikt v. Nursia, →Antonius v. Padua, →Bernhard v. Clairvaux, →Bern(h)ardin v. Siena, →Nikolaus v. Tolentino, Johannes vom Kreuz, Ildefons, →Dominikus, →Bonaventura, →Klara, →Gertrud v. Nivelles, →Gertrud und →Mechthild v. Helfta, Theresa v. Avila, →Hildegard v. Bingen, →Scholastika, →Adelheid, →Walburga) und Päpsten (Zacharias, Gregor I., Leo I., Silvester, Urban). Häufig wird es auch Märtyrern (Diakon →Stephanus, →Laurentius, →Vinzenz, →Ivo, →Lucia, →Margareta) und anderen Heiligen (u. a. →Johannes d. Täufer, →Anna, →Joachim) beigegeben. Die in frühchristl. Zeit gebräuchl. Buchrolle (bei Aposteln bis ins 13. Jh.) wird im MA durch das meist geschlossene, seltener durch das geöffnete B. ersetzt, das die Heiligen in den Händen halten, in einem Buchbeutel tragen oder am Gürtel hängen haben. Das B. hat verschiedene Bedeutung: bei Märtyrern als B. des Glaubens; bei den Aposteln steht es für das Evangelium, das sie verkünden, bei Evangelisten für das von ihnen selbst verfaßte B.; Päpste, Bf.e und Priester sind durch das B. als Verwalter des Predigtamtes gekennzeichnet. Hl. Äbte und Äbtissinnen tragen das Regel-Buch ihres Ordens; als Attribut eines Kirchenlehrers weist es auf schriftsteller. Tätigkeiten hin. Die Weissagungen des AT vom kommenden Messias symbolisiert es bei den Propheten und bei Johannes d. T., die messian. Hoffnung bei Joachim und Anna. Der lehrende Christus hält das Evangelium, Christus als Weltenrichter das →»Buch des Lebens« (Offb Joh 3,5; 20,12; 21,27) in Händen. Ein verschlossenes B. gleicht der jungfräul. Materie; ist das B. geöffnet, so ist die Materie befruchtet (Luk 1,26f.). Vgl. auch→Buchrolle mit sieben Siegeln.

G. Zeitler-Abresch/G. Binding

Lit.: zu [I und II]: HBW I – HOOPS² IV, 34–37 – KLUGE, 1960¹⁸, 106 – RDK II, 1334–1338 – Ma. Bibliothekskataloge Dtl. und der Schweiz Iff., 1918ff. – Lex. des gesamten Buchwesens, 1935–37 – W. WATTENBACH, Das Schriftwesen im MA, 1896³ [Neudr. 1958] – P. LEHMANN, Blätter, Seiten, Spalten, Zeilen, Zentralbl. für Bibliothekswesen 53, 1936, 333–361, 411–442 [= Erforsch. des MA III, 1960², 1–59] – L. W. JONES, Pricking manuscripts: The instruments and their significance, Speculum 21, 1946, 389–403 – G. BATTELLI, Lezioni di paleografia, 1949³, 25ff. – Cat. des manuscrits en écriture latine (datés) Iff., 1959ff. – H. FOERSTER, Abriß der lat. Paläographie, 1963², 37ff. – G. CENCETTI, Lineamenti di storia della scrittura latina, 1954, 18ff. – DERS., Compendio di paleografia latina, 1968, 8ff. – Litterae textuales Iff., 1972ff. – Codicologica Iff., 1976ff. – L. GILISSEN, L'expertise des écritures médiévales, 1973 – DERS., Prolégomènes à la codicologie, 1977 – zu [III, 1]: KL. PAULY I, 960f. – RAC II, 664–668 – RE III, 939–971, 973–985 – B. BISCHOFF, Paläographie des röm. Altertums und des abendländ. MA, 1979 [Lit.] – zu [III, 2a–b]: A. KIRCHHOFF, Die Handschriftenhändler des MA, 1853 – DERS., Weitere Beitr. zur Gesch. des Handschriftenhandels im MA, 1855 [Neudr. beider Titel 1966] – F. KAPP, Gesch. des Dt. Buchhandels bis in das 17. Jh., 1886 [Neudr. 1970] – R. KAUTZSCH, Diebold Louber und seine Werkstatt in Hagenau, Zentralbl. für Bibliothekswesen 12, 1895, 1–32, 57–112 [Erg. = Archiv für Buchgewerbe und Gebrauchsgraphik 63, 1925, 42–45] – J. DESTREZ, La Pecia dans les manuscrits universitaires du XIII⁰ et du XIV⁰ s., 1935 – K. CHRIST, Patia, Zentralbl. für Bibliothekswesen 55, 1938, 1–44 – W. FECHTER, Der Kundenkreis des Diebold Lauber, ebd. 55, 1938, 121–146, 650–652 – H. FICHTENAU, Mensch und Schrift im MA (VIÖG 5, 1946) – C. M. CIPOLLA, Money, prices and civilisation in the mediterranean world, 1956 – A. B. LORD, The Singer of Tales, 1960 [dt.: Der Sänger erzählt, 1965] – W. OESER, Die Brüder des gemeinsamen Lebens in Münster als Bücherschreiber (Archiv für Gesch. des Buchwesens 5, 1964), 197–398 – F. A. MUMBY–IAN NORRIE, Publishing and bookselling, 1970, 5 ed., 1974 – H. WIDMANN, Gesch. des Buchhandels vom Altertum bis zur Erfindung des Buchdrucks, 1975 – zu [III, 2c]: K. J. HOLZKNECHT, Literary Patronage in the MA, 1923 [Nachdr. 1966] – W. FECHTER, Das Publikum der mhd. Dichtung, 1935 [Nachdr. 1966] – F. SCHALK, Das Publikum it. Humanismus, 1955 – H. J. CHAYTOR, From Script to Print, 1945 [Nachdr. 1950] – E. AUERBACH, Literatursprache und Publikum in der lat. Spätantike und im MA, 1958 – J. W. THOMPSON, Literacy of the Laity in the MA, 1960 – P. O. KRISTELLER, Der Gelehrte und sein Publikum im späten MA und in der Renaissance (MAe, Fschr. W. BULST, 1960), 212–230 – C. E. PICKFORD, Fiction and the Reading Public in the 15ᵗʰ C. (Bull. of the J. Rylands Library 45, 1962/63), 432–38 – F. H. BÄUML, Transformation of the Heroine: From Epic Heard to Epic Read (The Role of Woman in the MA, hg. R. T. MOREWEDGE, 1975), 23–40 – DERS., Lesefähigkeit und Analphabetismus als rezeptionsbestimmende Elemente (Akten des V. Internat. Germanisten-Kongr. Cambridge 1975), 1976 [= Jb. für Internat. Germanistik, R. A, Bd. 2, 4], 10–16 – DERS., The Unmaking of the Hero (The Epic in Medieval Society, hg. H. SCHOLLER, 1977), 86–99 – CURTIUS, bes. 312–334 [B. als Symbol] – H.-J. KOPPITZ, Stud. zur Tradierung der weltl. mhd. Epik im 15. und beginnenden 16. Jh., 1980 – M. G. SCHOLZ, Hören und Lesen, 1980 – zu [IV]: LCI I, 337; V–VIII, passim – RDK II, 1339 – J. BRAUN, Tracht und Attribute der Heiligen, 1943.

B. Byzantinischer Bereich

Der Siegeszug der Buchform des Codex über die Rolle und des Pergamentes als Beschreibstoff im 4. Jh. vollzog sich auch im Bereich des byz. Buches. Papyrus hat sich gleichwohl als Beschreibstoff für Urkunden und Briefe noch Jahrhunderte gehalten; so ist etwa im Kaiserbrief von St.-Denis ein byz. Auslandsschreiben der Kaiserkanzlei aus dem 9. Jh. erhalten. Auch die Rolle wurde noch als Form für Urkunden und liturg. Texte verwendet. Gleichwohl zeigen sich die neuen Möglichkeiten, die Pergament und Codexform brachten, bereits im Aufschwung des frühbyz. Buchwesens. Prachthandschriften aus dem 6. Jh. wie die →Wiener Genesis (s. a. →Buchmalerei, byz.) oder der →Codex Rossanensis sind Zeugen einer hochstehenden Buchkunst und der Verwendung neuer kompositioneller Möglichkeiten. Die feinen Pergamente der konstantinopolitan. Werkstätten sind für das ganze MA bekannt; im Gegensatz dazu stehen oft schlecht bearbeitete Blätter provinzieller Werkstätten wie im byz. Süditalien. Die Purpurfärbung des Pergaments war mit dem Hof des Ks.s eng verbunden. Mehr oder weniger vollständige Pergamentcodices begegnen im Osten seit dem 4. Jh., so die Codices Vaticanus und Sinaiticus der Bibel. Die erste datierte Handschrift ist der Wiener →Dioskurides aus Konstantinopel um 512. Eine bedeutsame Epoche der byz. Buchgeschichte lag im 9. Jh., als die alten Unzialcodices in Minuskelhandschriften umgeschrieben wurden; eine der Schlüsselfiguren war →Arethas v. Kaisareia. Das von den Arabern erzeugte →Papier, das im 9. und 10. Jh. sich in den islam. Ländern durchsetzte, wurde den Byzantinern bald bekannt; oriental. Importpapier diente für frühe Papierhandschriften. Als ältester griech. Papierhandschrift gilt ein aus Damaskus stammender Codex des 8./9. Jh. in der Biblioteca Vaticana (Vat. gr. 2200). Datierte griech. Papierhandschriften sind erst seit dem Beginn des 12. Jh. bekannt, wenngleich es schon im 11. Jh. griech. Papierhandschriften aus eigener Produktion gab. Die Wichtigkeit des Papiers ergibt sich aus der großen Fülle von Papierhandschriften des 14. bis 16. Jh. mit Texten griech. und byz. Autoren. Freilich trat das Pergament nicht völlig zurück und blieb Beschreibstoff für anspruchsvolle Texte auch im Spätmittelalter. Da byz. Handschriften oft reich mit Scholien versehen sind, sah man oft breite Ränder hierfür vor. Für die Erstellung von Linienschemata gab es eine große Vielfalt in den angewendeten Möglichkeiten; eine Klassifizierung der Schemata kann Ansatzpunkt für die Lokalisierung von Schreibgewohnheiten werden. Die Linien wurden in byz. Handschriften meist nur auf der Haarseite eingedrückt; ein Rahmen um den Schriftspiegel ist in den meisten Fällen verwendet. Die Zahl der Kolumnen schwankt zw. eins und zwei; in frühbyz. Codices können auch drei bis vier Kolumnen vorkommen. Der Quaternio ist in byz. Handschriften als Lage am häufigsten vertreten, wenngleich andere Lagenverhältnisse nicht fehlen. Haar- und Fleischseite liegen in der Regel einander zugekehrt. Bei der Heftung der Lagen wurde auf Bünde verzichtet; der Heftfaden sorgte sowohl für die Verbindung der Lagen untereinander wie auch für deren Verbindung mit den Buchdeckeln (→Bucheinband). Kustoden dienten der Sicherung der richtigen Reihenfolge der Lagen; Reklamanten sind in griech. Handschriften erst ab dem 14. Jh. bezeugt.

Für Konstantinopel ist ein blühendes Bibliothekswesen vorauszusetzen (→Bibliothek). Die erste ksl. Bibliothek scheint von Constantius nach 353 gegründet worden zu sein. Unter Theodosios II. wurde 425 eine Reorganisation der Universität vorgenommen, die auch der Bibliothek zugute kam; auch die Erneuerung der Hochschule unter Caesar →Bardas 863 setzt eine große Bibliothek voraus. Die Kulturgeschichte der mittel- und spätbyz. Zeit ist ohne große Bibliotheken nicht denkbar. Neben der ksl. Bibliothek sind die Patriarchatsbibliothek, Klosterbibliotheken und Sammlungen von Gelehrten bedeutsam gewesen.
O. Mazal

Lit.: V. GARDTHAUSEN, Griech. Paläographie, 1911–13 – K. S. LAKE, Dated Greek Minuscle Manuscripts to the year 1200, 10 Bde, 1934–45 – M. NORSA, La scrittura letteraria del secolo IV. a. c. all VIII. c. C., 1939 – J. IRIGOIN, Les premiers manuscrits grecs écrits sur papier et le problème du bombycin (Scriptorium 4, 1950), 194–204 – L. SANTIFALLER, Beitr. zur Gesch. der Beschreibstoffe im MA, 1953 – B. VAN REGEMORTER, La reliure des manuscrits grecs (Scriptorium 8, 1954) – R. DEVREESSE, Introduction à l'étude des manuscrits grecs, 1954 – H. HUNGER, Antikes und ma. Buch- und Schriftwesen (Gesch. der Textüberlieferung der antiken und ma. Lit. I, 1961), 25–147 – O. MAZAL, Komm. zur Wiener Genesis, 1980.

C. Arabischer Bereich

Die große Blüte des arab. Schrifttums setzte mit der fabrikmäßigen Herstellung des Hadernpapiers (→Papier) seit Beginn des 9. Jh. ein. Jedes B. wurde – und wird – mit den Worten: »Im Namen Gottes, des Erbarmers, des Barmherzigen«, eingeleitet. Häufig findet sich am Ende ein →Kolophon, in welchem sich der Schreiber nennt, oft mit Datums-, seltener mit Ortsangabe. Autorisierte Abschriften enthalten entsprechende, zumeist bis auf den Verfasser zurückführende Vermerke. Die Produktion von B.ern in Schulen und Akademien (→Madrasa), öffentl. und privaten →Bibliotheken, →Kanzleien und Schreibbüros sowie der Handel mit ihnen waren gewaltig und weit verzweigt. Das Hochformat in Quarto war allgemein verbreitet, Folio- oder Querformate blieben bes. Anlässen vorbehalten, z. B. Dedikationsexemplaren. Einband, Beschreibstoff, Ausstattung, Schriftart und -form richteten sich nach diesen Zwecken. Zeitl. und örtl. bedingte Eigenarten lassen sich exakt feststellen und bestimmen. Ein B. bestand aus Lagen, die in der Regel fünf Doppelblätter umfaßten; sie wurden geheftet und mit anderen Lagen zum Buchblock, auch mit Hilfe des Kettenstiches, vereint. Frühzeitig lassen sich Kustoden zur Kontrolle der Blätter der in Worten gezählten Lagen nachweisen. Blatt- oder Seitenpaginierungen kommen erst später auf. In nachmongol. Zeit wurden die Formate und mit ihnen die Schrift kleiner, die Papiere dünner, fester und glatter. Die Rußtinte wurde schwärzer und glänzender, der Schriftspiegel häufiger durch Linien in verschiedenen Tinten, auch in Gold, umrahmt und erste Seiten reich verziert. Illustrationen blieben in der Regel Prachtausgaben vorbehalten (→Buchmalerei, arab.).
R. Sellheim

Lit.: EI² V, 207f., s. v. kitāb.

D. Jüdischer Bereich

Die Juden, lange Zeit von den arab. Nachbarn neben den Christen »Volk des Buches« (→ahl al-Kitāb) genannt, wurden unter arab. Herrschaft ein Volk vieler Bücher. Zw. dem 10. und 13. Jh. blühte die jüd. religiöse und weltl. Literatur. Neben dem geistigen Klima eröffneten Herstellung (Verwendung von Papier gegenüber kostbarem Papyrus und Pergament) und Vertrieb (der den gesamten Mittelmeerraum umfassende Handel) den Zugang zum Buch. Von gebildeten und sachkundigen Schreiber(familien) kopiert, war es aufgrund langer Fertigungszeit sehr teuer. Die Kosten für eine gewöhnl. Torarolle (→Tora), deren Anfertigung präzises Arbeiten und weniger Spezialkenntnisse voraussetzte, betrugen das 2,5fache eines Jahresunterhalts für eine Person. Verbunden mit dem Beruf des Schreibers, zu dem in Italien im 13. Jh. aufgrund des Mangels auch Frauen Zugang fanden, waren die Tätigkeiten der Buchmaler und Buchbinder. Häufig wurde das Ausmalen von Schreibern vorgenommen; eine Aufgabentrennung fand in den begüterten span. u. mitt. Gemeinden statt. Hier arbeiteten jüd. Schreiber mit chr. Illuminatoren und Buchbindern zusammen, und umgekehrt. Der häufig von konvertierten Juden ausgeübten kirchl. →Zensur kam im Laufe der Zeit eine jüd. Vorzensur zuvor. Formale und nicht gekennzeichnete inhaltl. Korrekturen der Schreiber riefen das Verlangen nach alten, authent. Texten hervor. Hier half den Gelehrten die jüd. Sitte, aus Wertschätzung und Sorge um die Profanierung unbrauchbar gewordene B. er in Gefäßen in Synagogen zu bewahren oder auf Friedhöfen beizusetzen. In der Renaissance nahm das Interesse von Nichtjuden an hebr. B.ern zu. Jüdische (→Soncino) und chr. (Bomberg) Pressen sowie der Buchtausch zw. jüd. und chr. Gelehrten förderten und stillten das Verlangen nach hebr. Literatur. Berühmt ist die Bibliothek von →Pico della Mirandola, zu der u. a. 107 hebr. Handschriften und Inkunabeln sowie 17 aram. und arab. Werke und zahlreiche Übersetzungen aus dem Hebr. ins Lat. zählten. →Buchmalerei im Judentum.

Rolf Schmitz

Lit.: BARON VII, 135-140; XII, 68-80; XIII, 168-171.

Buch, Johann v., Jurist aus ritterl. Geschlecht der Altmark (Buch b. Tangermünde). * ca. 1290, † nach 1356. Vorbereitet durch ein Studium in Bologna (1305), war er nach dem Vorbild von Vater und Großvater, die den →Askaniern dienten, von 1333 bis 1355 am Hof der wittelsbach. Mgf.en v. →Brandenburg tätig, u. a. als Hofrichter und capitaneus generalis der Mark (1336). Mit der Glosse zum Sachsenspiegel Landrecht (nach 1325) und dem »Richtsteig Landrechts« (um 1335) legte er die ersten am Vorbild der gelehrten Rechtsliteratur orientierten wiss. Bearbeitungen des sächs. Rechts vor und schuf damit Grundlagen für das bis zum 19. Jh. neben dem Jus commune anerkannte gemeine→Sachsenrecht.

I. Buchholz-Johanek

Ed.: Nachdr. Sachsenspiegel mit Glosse (Ausg. 1516, in: Bibliotheca Rer. Hist., Nachdr. 10, ed. K. A. ECKHARDT, 1978) – E. STEFFENHAGEN, Die Landrechtsglosse des Sachsenspiegels, I: Einleitung und Glossenprolog, DAW phil.-hist. Kl. LXV, 1925 – G. HOMEYER, Richtsteig Landrechts, 1857–Lit.: ADB III, 463f. – NDB II, 697f. – HRG I, 526f. – H. COING, Röm. Recht in Dtl., IRMAE V, 6, 1964, 177–182 [ges. ältere Lit.] – K. KROESCHELL, Rechtsaufzeichnung und Rechtswirklichkeit: Das Beispiel des Sachsenspiegels, VuF 23, 1977, 349–380.

Buch der Alaune und Salze, behelfsmäßiger Titel für eine arab. Alchemieschrift des 11./12. Jh., die zu den bedeutenden Zeugnissen aus der Frühgeschichte der Mineralsäuren und synthet. Chemie zählt. Ihr Verfasser, ein praktizierender Alchemist und vermutl. in Spanien lebend, ist unermittelt. Dem lat. Westen wurde sie als ein Werk →ar-Rāzī's bekannt. In Wirklichkeit gehört »De aluminibus et salibus« zu einem Schriftenkreis, der im Anschluß an ar-Rāzī's »Kitāb al-Asrār« ('Die Geheimnisse') die techn.-stoffkundl. akzentuierte Alchemie ar-Rāzī's weiterbildete.

Unter Verzicht auf allegor. Darstellungsmittel wird nüchtern-sachlich 1. über Geister (Arsenike, Schwefel, Quecksilber), 2. Metalle, 3. Glas und Edelsteine, 4. Alaune und Salze und deren chem. Behandlung unterrichtet. Die Operationen zielen auf Elixierbereitung, Gewinn künstl. Silbers und Goldes und Edelsteinfalsifikate. Eine Hauptquelle des Verfassers war das →Ǧābir-Corpus. Zitiert werden ferner →(Ps.-)Ḫālid ibn Yazīd, Pythagoras, »Anfridius« (wohl aus Kenntnis der →»Turba philosophorum«) und ibn Ǧulǧul.

Bislang sind zwei Übersetzungen bekannt. Eine dritte wurde im →»Liber claritatis« verarbeitet. →Vinzenz v. Beauvais, →Roger Bacon oder der Verfasser des »Tractatulus Avicennae« (auch: Ps.-Albertus Magnus, »Liber octo capitulorum de lapide philosophorum«) haben das Buch zitiert. Seine frühneuzeitl. Geltung sicherte ein Abdruck unter dem Titel »De mineralibus liber« im »Compendium alchimiae« des Johannes Garlandius (Basel 1560, 93–171; auch enthalten in der L. Ventura-Ausgabe Basel 1571). Das Werk übte seit dem 13. Jh. einen vermutl. beträchtl. Einfluß auf die lat. alchimia practica aus, doch sind Überlieferung und wirkungsgeschichtl. Zeugnisse unzureichend erfaßt.

J. Telle

Lit.: HO 1. Abt., Ergbd. VI/2, 1972, 228 [M. ULLMANN] – R. STEELE, Practical Chemistry in the Twelfth C., Rasis de aluminibus et salibus. Translated by Gerard of Cremona, Isis 12, 1929, 10–46 [mit Wiedergabe einer lat. Kleinfassung] – J. RUSKA, Die Alchemie des Avicenna, Isis 21, 1934, 14–51, hier 48 – DERS., Über die Q. des Liber Claritatis, Archeion 16, 1934, 145–167 – Das B. der A. und S. Ein Grundwerk der spätlat. Alchemie, hg., übers. und erläutert v. J. RUSKA, 1935 [grundlegend; mit Abdr. eines arab. Fragm. und der lat. Großfassung] – W. GANZENMÜLLER, Die Alchemie im MA, 1938, 43f. – J. RUSKA, Pseudepigraphe Rasis-Schriften, Osiris 7, 1939, 31–94, hier 39f. – R. P. MULTHAUF, The origins of chemistry, 1966, 160–163 – D. GOLTZ, Stud. zur Gesch. der Mineralnamen in Pharmazie, Chemie und Medizin von den Anfängen bis Paracelsus, SudArch, Beih. 14, 1972, 306–310 [zur Übers. der arab. Mineralnamen].

Buch von Bern → Dietrichs Flucht, → Rabenschlacht

Buch von geistlicher Armut. »Das Buch von geistlicher Armut« (BgA), ein umfangreicher spätmhd. myst. Traktat, ist stets anonym überliefert. Von D. Sudermann 1621 Johannes →Tauler zugeschrieben, galt das in der Folgezeit häufig gedr. BgA als dessen (Haupt-)Werk, bis es ihm H. S. DENIFLE in seiner Ausgabe von 1877 aus stilist. und inhaltl. Gründen absprach. Es behandelt die Frage der äußeren und inneren (geistl.) Armut sowie die einzelnen Erfordernisse und Möglichkeiten, letztere zu erlangen. Deutl. zeigt sich der Einfluß von Meister→Eckhart, doch sind auch franziskan. Züge zu spüren. Noch ungeklärt ist der Zusammenhang mit →Marquard v. Lindau und dessen Schülerkreis wie auch mit lat. Texten gleicher Thematik. Die Untersuchung der Überlieferung des BgA (bis jetzt fand man es vollständig oder exzerpiert in 19 Hss. vom ausgehenden 14. bis ins beginnende 16. Jh.) als Vorstufe zur Lösung der Autorfrage steht noch aus. DENIFLES (nicht kritische) Ausgabe beruht auf der ältesten datierten (1429) von 9 ihm bekannten Handschriften.

U. Montag

Ed.: Das Buch von geistlicher Armuth, ..., ed. H. S. DENIFLE, 1877 – Lit.: DSAM I, 1976–78 – Verf.-Lex.² I, 1082–85 – A. RITSCHL, Unters. des Buches Von geistlicher Armut, ZKG 4, 1880/81, 337–359.

Buch der Heiligen Dreifaltigkeit, alchemist. Werk in dt. Sprache, begonnen 1410, datiert auf die Jahre 1415 bis 1419, wohl aus der Feder eines wandernden Franziskaners. Der Autor nannte sich »der von der juncfrawen art« und hielt sich 1416/17 während des Konzils in Konstanz auf. Nach absicherungsbedürftiger Auffassung älterer Tradenten ist er mit einem ansonst unbekannten Minoritenfrater Almannus (auch: Ulmannus, Utmannus) identisch. Er widmete sein Werk dem Nürnberger Burggrafen Friedrich VI. v. Hohenzollern; eine »ußgeschrift« empfing Ks. Sigmund in Konstanz. Die als von Gott offenbartes Wissen dargebotene Alchemie sollte dem 'rechten Kaiser Friedrich' Machtmittel zur Verfügung stellen und dem Wohle der 'armen kranken Christenheit' dienen.

Der Verfasser vertritt die Sulphur-Mercurius-Theorie und andere unter spätma. Alchemisten allgemein übliche Anschauungen und verrät Interesse an der chem. Praxis. Neben astrolog. Wissensgut wurden theol. Lehren verarbeitet, die u. a. den sieben Todsünden und Tugenden gelten. Zu den darsteller. Eigentümlichkeiten gehören Buchstaben-, Zeichen- und Bildsymbolik. Seinen singulären Charakter verdankt das Werk einer kühn-allegorist. Verbindung alchem. Lehren mit christl. Vorstellungen und eschatolog. Elementen. Analogien zw. naturkundl. und religiösem Wissensgut (Stein der Weisen/Hl. Trinität; chem. Vorgänge/Passion Christi) und alchem. Deutungen christl. Überlieferung (Auferstehung Christi/Vollendung des Opus alchemicum; Evangelisten-Attribute/aristotelische Elemente) verleihen ihm den Rang eines bedeutenden Repräsentanten des religiös-myst. akzentuierten Flügels der spätma. Alchemieliteratur. Eine befriedigende Klärung der Quellengebundenheit des Verfassers steht noch aus.

Die Illustrationen setzen sich aus konventionellen Bildtypen der christl.-sakralen Kunst (Gottvater-, Christus- und Maria-Bilder), Darstellungen alchem. Gerätschaften und genuin alchem. Schöpfungen (Rebis-Darstellungen) zusammen.

Ein frühneuzeitl. Abdruck ist nicht bekannt. Jedoch bekunden Abschriftnahmen, eine frz. Übersetzung, Zitate und Erwähnungen (z. B. im Briefwerk G. →Klets, um 1500; »Viatorium spagyricum«, 16. Jh.) wie auch manche Bilder in Sonderformen des Bildgedichtes »Sol und Luna« oder in der »Pandora« (ed. H. Reusner, 1582), daß das bedeutende Frühwerk der deutschsprachigen Alchemieliteratur bis ins 18. Jh. unter Alchemisten Ansehen genoß. – Für Bekanntheit in der Alchemiehistoriographie des 20. Jh. sorgten hauptsächl. die Illustrationen. Eine krit. Ausgabe fehlt.   J. Telle

Lit.: H. PETERS, Die Chemie des Mgf. en Friedrich I. v. Brandenburg, Mitt. aus dem germ. Nat.-Mus., Jg. 1893, 98–108 – G. F. HARTLAUB, Signa Hermetis (Zwei alte alchemist. Bilderhss.), ZDVKW 4, 1937, 93–112, 144–162, hier 93–112 – W. GANZENMÜLLER, Das B. der Hl. D., eine dt. Alchemie aus dem Anfang des 15. Jh., 1939¹ (DERS., Beitr. zur Gesch. der Technologie und der Alchemie, Weinheim 1956), 231–272 [grundlegend] – D. DUVEEN, Notes on some alchemical books, The Library V/1 (=Transactions of the bibliogr. society, III/1), 1947, 56–61 (58f.: On the origin of the figures contained in 'Pandora', by Reusner) – DERS., Le Livre de la Très Sainte Trinité, Ambix 3, 1948, 26–32 [mit Bilderwiedergabe] – G. F. HARTLAUB, Der Stein der Weisen. Wesen und Bildwelt der Alchemie (Bibl. des Germ. Nat.-Mus. zur dt. Kunst- und Kulturgesch., 12), 1959 [Bildproben] – J. VAN LENNEP, Art & Alchimie. Étude de l'iconographie hermétique et de ses influences, 1971 (1966¹), 37–40 [Bildproben] – H. BUNTZ, Dt. alchimist. Traktate des 15. und 16. Jh. [Diss. München 1968], 24–38 – DERS., Die europ. Alchimie vom 13. bis zum 18. Jh. (E. E. PLOSS [u. a.], Alchimia. Ideologie und Technologie, München 1970), 119–209, hier 164–169 [Bildproben] – DERS., Das 'B. der hl. D.'. Sein Autor und seine Überlieferung, ZDA 101, 1972, 150–160 – M. NOIZE, Le Grand Œuvre liturgie de l'alchimie chrétienne, RHR 186, 1974, 149–183, hier 154–156 – J. TELLE, Sol und Luna. Literar- und alchemiegesch. Stud. zu einem altdt. Bildgedicht (Schr. zur Wissenschaftsgesch. 2), 1980.

Buch des Lebens. Der Ausdruck B. schließt an die im Mittelmeerraum geläufige Vorstellung einer himml. Bürgerliste an. Es gibt eine Namensliste der Auserwählten (Ps 69, 29; 87, 6; Jes 4, 3; Lk 10, 20; Phil 4, 3), die im Gottesgericht gerettet werden (Dan 12, 1; Hebr 12, 22f.; Offb 3, 5). Ebenso lebt die Vorstellung eines senatus deorum (Cicero, De nat. deorum 3, 15, 39) und die röm. Rekrutierung und Volkszählung, bereits im Taufregister verkirchlicht, im B. weiter (Tert., De bapt. 17; Ps-Dion., De eccl. hier. 2, 3, 4). Im MA wird die Genealogie der Heilsanwärter bzw. die conscriptio salvandorum B. genannt (Albertus M., Super Is IV, 3; Thomas v. A., S. th. I, 24, 1). Damit wird auf Aufzeichnung und Verlesung der Opfernden und das Totengedächtnis in der Liturgie Bezug genommen. Das B. gehört zur Gedenküberlieferung – Diptychen, Consuetudines monasticae, Nekrologien, Namensreihen in Sakramentarien, Missalen (vgl. Liber Vitae Dunelmensis, ed. J. STEVENSON, 1841). Besonders im Umkreis der Klöster bilden sich aus dem Totengedenken Gebetsverbrüderungen, oft mit karitativen Leistungen verbunden und mit der Tendenz zur Überschreitung sozialer Schranken. Ältere Vorstellungen vom Schicksalsbuch (z. B. libri fatales der Sibylle bei Livius 5, 14, 4) und Astrologie werden zurückgedrängt, seitdem das Himmelsbuch geöffnet ist (Offb 5, 1ff.). Zuweilen wird im Rahmen der himml. Bürokratie bzw. des Weltgerichts von einer Vielzahl von Büchern gesprochen (vgl. die Kontobücher im Judentum: Offb 20, 12, 15; Augustinus, De civ. Dei 20, 14). Spätma. Bilddarstellungen zeigen Auserwählte und Verdammte mit ihrem Buch in Händen bzw. um den Hals gehängt. Mit ausgehendem MA wird der Teufel Buchhalter Gottes (ARIÈS).   H. Kohlenberger

Lit.: RAC II, 725–731; III, 1143ff. – E. R. CURTIUS, Schrift- und Buchmetaphorik in der Weltlit., DVjs 20, 1942, 359–411 – CURTIUS, 304ff. – L. KOEP, Das himml. Buch in Antike und Christentum, 1952 – K. SCHMID – J. WOLLASCH, Societas et Fraternitas, 1975, 33ff. – PH. ARIÈS, L'Homme devant la mort, 1977, 103ff. – H. BLUMENBERG, Die Lesbarkeit der Welt, 1981, 23ff.

Buch der Natur. In Zusammenhang mit der antiken Vorstellung, daß ein unendlicher Geist das Weltall geordnet und in einer Art Chiffreschrift der Natur beschrieben habe (1), die von den christl. Apologeten dahingehend interpretiert wurde, daß diese 'Beschreibung' als Bewegung selbst göttl. Natur sei (descriptio divina) (2), ist im MA die Rede von einem Buch der Natur (B.d.N.; liber naturae) bzw. von einem Buch der Schöpfung (B.d.S.; liber creaturae). Der Ausdruck B.d.N. findet sich wohl zuerst bei Augustinus (3). Das früheste dichter. Zeugnis für B.d.S. begegnet uns bei Alanus ab Insulis in dessen Rosenhymnus (4). Sowohl d. einen wie d. anderen Wendung steht der Begriff eines liber scripturae gegenüber. Diese sog. Zwei-Bücherlehre als »liber scriptus intus et foris« (5) scheint in d. Bibel eine Stütze zu finden (6). Solange beide Vorstellungen in einem schöpfungstheol. Kontext stehen – was im MA der Fall war –, sind sie gegeneinander austauschbar, weil Natur und Kreatur unter dieser Rücksicht übereinkommen, obwohl im 12. Jh. die Unterscheidung von Opus Dei und Opus naturae immer mehr eine Rolle zu spielen beginnt. Die im Begriff des 'liber naturae' bzw. 'creaturae' enthaltenen Vorstellungen einer 'ars Dei' und eines 'mundus sensibilis' rücken seit der Aristoteles-Rezeption immer stärker auseinander. Durch Abstraktion vom religiösen Inhalt tritt anstelle Gottes bzw. eines unendl. Geistes die 'natura agens' als 'forma substantialis' bzw. die 'natura agens' eines jeden einzelnen Dinges. Im Physikkommentar von Robert Grosseteste heißt es dementsprechend: »Die natura agens hat die entstehenden Naturwesen auf irgendeine Weise geformt und beschrieben in sich. Diese Formung und Beschreibung der entstehenden Dinge in der natura selbst wird vor ihrer Entstehung 'notitia naturae' genannt« (7). Thomas v. Aquin bezeichnet die Natur als »sinnträchtigen Grund (ratio) einer den Dingen von Gott eingegebenen Kunst« (8). Da nach Aristoteles die Natur (physis) selbst als Künstlerin (technites) gilt, wurde das Kennzeichen der 'ars Dei' im Begriff des B.d.N. ersetzt durch dasjenige der 'potentia Dei' (9), und Nikolaus v. Kues sagt dementsprechend am Ende des MA: die Schöpfung sei ein Buch für die Sinne. Die Dinge aber sind Ausfluß des göttlichen Willens (10), ein Gedanke, der sich im Ansatz bereits bei Hugo v. St. Viktor findet (11). Nachdem Bonaventura betont hatte, daß Gott durch beide Bücher erkannt werden wolle (12), verschmolz innerhalb der Predigtliteratur des späten MA der Begriff B.d.N. mit demjenigen des liber creaturae zur 'scientia creaturarum'. Das in der Tradition des Albertinismus im 15. Jh. entstandene Werk des →Konrad v. Megenberg B.d.N., eine paraphrasierte Übersetzung der

Enzyklopädie 'de naturis rerum' von →Thomas v. Cantimpré des 13. Jh., knüpft noch einmal an die Methode frühma. Gelehrter an, im Sinne der Zwei-Bücherlehre wissenschaftl. Naturbetrachtung und gläubiges Schöpfungsverständnis aufeinander abzustimmen (13).

H. M. Nobis

Q.: (1) Cicero, De natura Deorum I, 26 – (2) Minucius Felix 19, 6 – (3) Augustin, De Gen. ad litt., MPL 32, 219 ff. – (4) Alanus ab Insulis, MPL 210, 579a – (5) Bonaventura, Breviloquium, II, 11. 5. 12 – (6) Ez 2, 9; Offb 5. 1 – (7) Grosseteste, In phys. Arist. [noch nicht ed., zit. nach A. CROMBIE, Robert Grosseteste, 1953, 56] – (8) Comm. in Phys. lib. II. lect. 14, nr. 8 – (9) Mat 22, 29 – (10) Nicolaus v. Cues, Predigten v. 1430–1441 (17. 15 und 18. 19). Schriften, hg. E. HOFFMANN, 1952, 398 f., 423 – (11) Hugo v. St. Viktor, MPL 176, 217 – (12) Bonaventura, Breviloquium II. 5 – (13) Konrad v. Megenberg, Buch der Natur, hg. F. PFEIFFER, 1861 [Neudr. 1962] – Lit.: E. R. CURTIUS, Europ. Lit. und lat. MA, 1969⁷, 321 ff. – H. M. NOBIS, Die Umwandlung der ma. Naturvorstellung. Ihre Ursachen und ihre wissenschaftsgesch. Folgen, Arch. für Begriffsgesch. XIII, 1969, 34–57 – N. SCHIFFERS, Fragen der Physik an die Theologie, 1968, 490 ff. [darin: 'Die Zwei-Büchertheorie' 188–193].

Buch der Rügen, in zwei Hss. tradiertes anonymes mhd. Gedicht (1656 paargereimte Vierheber), das Fehler, Sünden und Laster der geistl. und weltl. Stände rügt. Der wohl vor 1334 (v. 168, 257: »babst Johan« = Johannes XXII. [† 1334]?) entstandene, nicht sicher zu lokalisierende Text ist eine freie Bearbeitung der in einer Berliner Hs. (SBPK mgo 138) überlieferten lat. →»Sermones nulli parcentes« (1088 in durchgereimte Hymnenstrophen gegliederte Verse, voraus geht ein Prosaprolog), die im 13. oder frühen 14. Jh. in dominikan. (?) Milieu entstanden. Gegenüber der Vorlage, aus der Aufbau und Reihenfolge der Stände genau übernommen werden, zeichnet sich das B. d. R. durch größere Konkretheit (Ritter als Raubritter) und Aktualität (namentl. Nennung des Papstes) aus. Bes. hart und detailliert werden Kreuzherren, Ritter und Kleinhändler getadelt. Wie die S. n. p. unterscheidet der Bearbeiter allein bei den Bauern zwischen »obedientes« und »rebelles«. Ähnlich wie des→»Teufels Netz« bietet das B. d. R. ein »unter ständischen Aspekt gerücktes Sündenbild« (EHLERS), verbunden mit der mitunter sehr konkreten Aufforderung, ein dem eigenen Ordo gemäßes, gottgefälliges Leben zu führen. Das stilist. der mündl. Predigt angenäherte Werk wendet sich wie die S. n. p. eingangs an die »predigaer«, die die »bôsheit« der Welt nicht verschweigen sollen.

V. Honemann

Ed.: TH. v. KARAJAN, ZDA 2, 1842, 6–92 [mit den S. n. p.] – Lit.: Verf.-Lex. I, 314–317 [H. NIEWÖHNER] – W. HEINEMANN, Zur Ständedidaxe ..., T. 2, PBB (Halle) 89, 1968, 309–315 – A. EHLERS, Des Teufels Netz, 1973, 120–123 – zur bisher verschollenen Hs. und zur Datierung vgl.: N. HENKEL, Weiteres zu 'Verbleib unbekannt'. Die Kuppitsch-Hs. von 'Buch der Rügen' und 'Von dem Anticriste', ZDA 110, 1981, 23–27 – DERS., 'Sermones nulli parcentes' und 'Buch der Rügen'. Überlegungen zum Gattungscharakter und zur Datierung (Reihe Siegen. Beitr. zur Lit. und Sprachwiss., 1982) [im Dr.].

Buchdruck (Typographie)
A. Allgemein – B. Verbreitung des frühen Buchdrucks und bedeutende Druckorte
A. Allgemein
I. Anfänge und Druckverfahren – II. Typenarten und Erscheinungsbild des gedruckten Buches – III. Buchdruckgewerbe.

I. ANFÄNGE UND DRUCKVERFAHREN: Der B., ein Hochdruckverfahren, wie →Zeugdruck, →Holz- und →Metallschnitt, arbeitet aber nicht, wie diese, mit starren Platten, sondern benützt zur mechan. Vervielfältigung von Texten mit Hilfe des Handgießinstrumentes aus einer Legierung von Blei, Zinn und Antimon gegossene bewegl. und auswechselbare Lettern (Typen), die nach dem Abdruck abgelegt und für einen neuen Satz verwendet werden. Der Erfinder dieses »künstl. Schreibens«, J. →Gutenberg, war wohl um 1450 schon imstande zu »drucken«. Die ältesten mit Hilfe des Ausgabedatums sicher zu datierenden Druckerzeugnisse, die Mainzer Ablaßbriefe, stammen von Ende 1454; das bekannteste Frühwerk, die »Zweiundvierzigzeilige Bibel«, wurde spätestens im Juli/August 1456 vollendet, und das älteste Druckwerk, das ein →Kolophon (Schlußschrift) enthält, ist das von J. →Fust und P. →Schöffer am 14. Aug. 1457 vollendete »Psalterium Moguntinum«, das auch schon gedruckte →Initialen und Mehrfarbendruck (neben Schwarz auch Rot und Blau) aufweist. Als Bedruckstoff benützte man am Anfang häufig noch →Pergament (wenigstens für einen Teil der Auflage), ganz überwiegend aber und allmähl. fast ausschließl. →Papier, das als einmal (Folioformat), zweimal (Quartformat) oder dreimal (Oktavformat) gefalteter Bogen bedruckt und jeweils zu *Lagen* (Zweierlage = Binio, Dreierlage = Ternio/Ternus, Viererlage = Quaternio/Quaternus, Fünferlage = Quinternio/Quinternus, Sechserlage = Sexternio/Sexternus) zusammengefaßt wurde. Die mit dem Gießinstrument, das aus zwei verstellbaren Metallwinkeln, die zusammengeklappt einen rechtwinkligen Hohlraum ergaben, bestand, der oben mit der *Matrize* (der mit Hilfe des handgeschnittenen Punzens hergestellten Hohlform des Buchstabens) abgeschlossen und unten für den Einguß des Schriftmaterials offen war, gegossenen Einzellettern (Typen) wurden vom Setzer mit Hilfe des *Winkelhakens* zu Zeilen und auf dem *Setzschiff*, einer mit einem festschließenden Rahmen umgebenen Platte, zu Seiten bzw. zu Spalten zusammengesetzt. Der Abdruck von dem mit Druckerschwärze (Mischung aus Leinöl und Ruß) eingefärbten Satz erfolgte auf der *Druckerpresse*, die wohl nach dem Vorbild der Traubenpresse für diesen Zweck konstruiert worden war.

II. TYPENARTEN UND ERSCHEINUNGSBILD DES GEDRUCKTEN BUCHES: Schon in der frühesten Mainzer Zeit wurden Typen sehr verschiedener Größe verwendet: die beiden Ablaßbrieftypen, die »Catholicon-Type« und die »Durandus-Type«, waren die des kleinen Grades; mittleren Grades waren die »Donat-Kalender-Type« (zuletzt »Type der Sechsunddreißigzeiligen Bibel«) und die »Type der Zweiundvierzigzeiligen Bibel«; dem größten Grad gehörten die beiden Psaltertypen an. Sowohl die beiden Bibeltypen wie die beiden Psalter-Typen zählen zur Textura (Gitterschrift, Black Letter), für die die Prunkschrift spätma. Handschriften als Vorbild diente. Diese Typenart wurde später und v. a. in Deutschland bes. für liturg. Drucke (Meßbücher, Breviere, Psalterien) verwendet und deshalb auch *Missalschrift* bzw. (der größere Grad) *Kanonschrift* genannt. Die got. Typen (vgl. →Got. Buchschrift) entwickelten sich im 15. Jh. außerordentl. vielfältig und ästhet. reizvoll. Sie fanden regional und bei vielen Druckern ein höchst individuelles Gepräge, so erscheinen in Deutschland die *halbgot. Schrift* (Gotico-Antiqua, Fere humanistica), seit Anfang der 70er Jahre die *Bastardschriften* (»Schwäbische Buchkursive«, »Oberrheinische Type« und »Schwabacher«; vgl. auch →Bastarden). Aus der »Schwabacher« entwickelte sich im 2. und 3. Jahrzehnt des 16. Jh. die →*Fraktur*, die für Jahrhunderte die »Deutsche Schrift« wurde. Italienischen Ursprungs ist die →*Rotunda*, die aber auch in Frankreich, Spanien und Deutschland Anwendung fand. In Frankreich wurde die frz. Bastarda fast zur Nationalschrift. Eine engl. Ausprägung der Bastarda benützten W. →Caxton und seine Nachfolger. Für die *Antiqua*, die 1465 schon in Subiaco, 1467 in Straßburg und Rom und 1469 in Venedig aufkam, dienten die →Karol. Minuskel (für die Kleinbuchstaben) und die röm. →Capitalis quadrata (für die Versalien) als Vorbild. Die

Erfindung der *lat.* →*Kursive* (Cancellaresca, Italique) wird dem F. Griffo zugeschrieben. Zum B. wurde sie zuerst 1501 von A. →Manutius in Venedig verwendet. Einzelne griech. Buchstaben und Wörter erscheinen schon 1465 in Drucken in Mainz und Subiaco; das erste ganz mit griech. Typen gedruckte Buch erschien 1476 in Mailand, die ältesten hebr. Bücher wurden 1475 gedruckt. Bücher mit glagolit. Typen wurden seit 1483 in Venedig, solche mit kyrill. Typen seit 1491 in Krakau und seit 1493 in Cetinje (oder Obod?) und Zengg gedruckt. In der Frühzeit benutzte man außer den Hauptformen auch noch viele Nebenformen, Abbreviaturen, Ligaturen, bes. Zeichen, wie sie in den Handschriften üblich waren.

Gedruckte *Initialen* benutzten schon Fust und Schöffer 1457. Später gebrauchte man auch Holzschnittinitialen (mit bildl. Darstellungen). Doch wurde auch sehr häufig der Raum ausgespart, damit der →Rubrikator die Initiale einmalte bzw. einzeichnete. Ebenso ließ man (z. B. in der »Zweiundvierzigzeiligen Bibel«) Raum frei für den Textanfang; für den Rubrikator druckte man ein bes. Rubrikenverzeichnis.

Handschr. *Bogensignaturen* kommen schon bei A. Pfister in Bamberg vor. Bogen- und Blattsignaturen waren das beliebteste Mittel, um die Reihenfolge der Lagen und Blätter festzuhalten (sie wurden am Schluß im Registrum zusammengestellt); demselben Zweck dienten auch die *Kustoden* (das erste Wort des folgenden Blattes wird auch schon unter die letzte Zeile des vorhergehenden gesetzt). Ein vollständ. →*Kolophon* (Schlußschrift) enthält Angaben über den Drucker (Verleger), den Druckort und die Zeit der Vollendung (häufig auch mit dem Tagesdatum). Sie finden sich aber nur in einem Teil der →Inkunabeln. Überdies bieten sie noch Probleme in der Auflösung des nach ma. Art meist in Beziehung zu einem Heiligenfest angegebenen Tagesdatums und sind häufig nicht eindeutig zu klären, da das Jahr wegen des in den einzelnen Ländern variierenden Jahresanfangs (in Deutschland Weihnachten; in Frankreich Ostern; in England am 25. März, ebenso nach dem Stilus Florentinus bzw. St. Pisanus; in der großen Druckerstadt Venedig am 1. März) oft nicht einwandfrei festzustellen ist. Das Erscheinungsjahr kann gelegentl. mit Hilfe der »Mora« gefunden werden, in vielen Fällen wenigstens annähernd mit Hilfe der Typen, der bekannten Tätigkeit des Druckers, der Wasserzeichen, der Rubrikatorenvermerke, der Kaufeinträge und anderer Faktoren.

Die Schlußschrift ist nicht selten von einer *Drucker- bzw. Verlegermarke (Signet)* begleitet. Zum ersten Male ist eine solche Marke von J. Fust und P. Schöffer in der »Achtundvierzigzeiligen Bibel« vom 14. Aug. 1462 verwendet (im Wiener Exemplar des »Psalterium Moguntinum« von 1457 ist sie sicher erst nachträgl. eingestempelt). Sie zeigt zwei Schilde an einem Ast; der linke (herald. rechte) zeigt das Wappen Fusts, zwei gekreuzte Wolfsangeln; der rechte das Schöffers, einen Sparren, begleitet von drei Sternen. Die Zweischildmarke wurde von einer Anzahl dt. Drukker (wie M. →Wenssler, B. →Richel, N. →Kessler, P. →Drach, K. →Winters) und v. a. ndl. Drucker nachgeahmt. Die letzteren verwendeten in einem Schild sehr häufig das Stadtwappen. Öfters erscheinen auch redende Wappen, wie die gekreuzten Sensen des J. Sensenschmidt. Unter den Signeten it. Drucker herrscht der dreigeteilte Erdkreis mit Doppelkreuz (und wechselnden Beigaben) vor (zuerst 1481 in Venedig verwendet). Erdkreis und Doppelkreuz zeigen auch die Signete zahlreicher frz., bes. Lyoneser Inkunabeldrucker. Im national geeinten Frankreich enthalten die Signete häufig Hinweise auf Kgtm.;

künstler. eindrucksvoll sind die »Wappenhalter«. W. Caxton, der engl. Typograph, benützte ein großes Signet, das neben seiner Handelsmarke die Initialen seines Namens enthält. Sein Nachfolger, W. de Worde, übernahm es unter Beifügung seiner eigenen Initialen.

Der Gebrauch von *Titeln* und *Titelseiten* bzw. von *Titelblättern* setzte sich nur sehr langsam durch, obwohl schon der »Türkenkalender« vom Dez. 1454 einen Kopftitel aufweist und obwohl P. Schöffer, auch hier richtungweisend, schon die lat. u. die dt. Ausgabe der »Türkenbulle« Papst →Pius' II. vom 22. Okt. 1463 mit einem Titelblatt (aber ohne Angabe von Drucker, Ort und Jahr) und den »Herbarius« von 1484 mit einem Titelblatt, das auch Ort, Jahr und das Signet des Druckers enthält, ausstattete. – Als ältestes Frontispiz gilt der großartige →Holzschnitt auf der ersten Versoseite der 1486 in Mainz gedruckten »Peregrinationes in Terram Sanctam« des →Bernhard v. Breidenbach. Mit Holzschnitten geschmückte Titelseiten waren im 15. Jh. aber noch relativ selten; erst im 16. Jh. wurden sie allgemeiner Brauch. Schon 1461/63 hatte A. Pfister in Bamberg seine (deutschsprachigen) Drucke mit Holzschnitten illustriert. Der Holzschnitt wurde seit etwa 1470 v. a. zum Schmuck von volkstüml. Texten in lebenden Sprachen üblich. →Metallschnitt und bes. →Kupferstich haben in der Frühzeit eine sehr bescheidene Rolle gespielt. – Vorlagen für den Buchholzschnitt haben auch die bedeutendsten Künstler, wie Hans Burgkmair, Hans Holbein, Michael Wolgemut, Albrecht Dürer, Lucas Cranach, geliefert. F. Geldner

Verwendung von Musiknoten: Schon in dem 1457 von Fust und Schöffer in Mainz gedruckten Psalterium war die Verwendung von Musiknoten nicht zu umgehen, und so wurde der dafür benötigte Platz zur handschriftl. Eintragung (auch der Notenlinien) freigehalten, wie man es ja auch bei anderen drucktechn. schwierig wiederzugebenden Dingen, z. B. reicheren Initialen und dgl., hielt. Die schnell zunehmende Zahl liturg. Drucke, v. a. Meßbücher, machte die Herstellung gedruckter Musiknoten (→Notendruck) jedoch bald erforderlich. Die Schwierigkeit, Noten und Linien auf jeweils einer einzigen Type zu vereinigen, wurde dadurch umgangen, daß man Noten und Linien in zwei aufeinanderfolgenden Druckvorgängen herstellte, was um so weniger Umstände bereitete, als die liturg. Bücher sowieso zumeist Rot- und Schwarzdruck auch in den Textteilen benötigten und auf diese Weise das von den Handschriften her gewohnte Erscheinungsbild (schwarze Noten auf roten Linien) beibehalten wurde. Die ersten Drucke dieser Art, wovon wir heute nahezu 200 aus der Zeit vor 1500 kennen, sind ein Konstanzer Vollbrevier in got. *Choralnotation* (sog. *Hufnagelnoten*) eines süddt. Druckers um 1473 (G. →Zainer in Augsburg?) und ein Missale in röm. *Quadratnotation* von 1476 (U. →Han in Rom).

Neben diesem sog. Doppeldruckverfahren wurden Noten, v. a., wenn es sich um kurze Beispiele in theoret. Schriften handelte, auch als Blockdrucke, zumeist Holzschnitte, hergestellt. Gelegentlich wurden auch die Notenlinien allein vorgedruckt, um bei liturg. Büchern unterschiedl. Melodiefassungen verschiedener lokaler Traditionen handschriftl. eintragen zu können und so den Verbreitungsbereich des Druckes zu erweitern. Gedruckte Mensuralnoten erscheinen zuerst in einer Tanzlehre des Michel de Toulouse (Paris, zw. 1488 und 1496), ihr Druck gewinnt jedoch erst mit den Erzeugnissen des O. dei Petrucci (Privileg Venedig 1498, erster Druck »Odhekaton« 1501), dann allerdings recht schnell, allgemeine Bedeutung. Die techn. dem B. völlig adäquate Zerlegung des

Notenbildes samt der dazugehörigen Linien in beliebig kombinierbare und in einem einzigen Druckvorgang reproduzierbare Einzeltypen gelang erst frz. Druckern in den zwanziger Jahren des 16. Jh. H. Schmid

III. BUCHDRUCKGEWERBE: Die *Auflagenhöhe* eines Druckwerks lag am Anfang gelegentl. wohl unter 100, betrug in der Frühzeit meist um 200 bis 300, in der Folge aber oft auch 500 und mehr und stieg in manchen Fällen auf 2000 und darüber. – Da es keine allgemeinen Autorenrechte und keinen Schutz des geistigen Eigentums gab, suchte man sich durch *Privilegien* – das älteste bekannte Privileg erhielt 1469 der erste venezian. Drucker J. de Spira – gegen Nachdrucke und Raubdrucke zu sichern. Doch galten diese nur innerhalb des Herrschaftsbereiches der betreffenden Obrigkeit. Die *Druckkosten* waren hoch. Gutenbergs große »Zweiundvierzigzeilige Bibel« mußte mit 800 Gulden vorfinanziert werden, womit sich zehn Häuser in Mainz hätten kaufen lassen.

Die gedruckten Texte waren ganz überwiegend in der lat. Sprache abgefaßt und dienten mitunt. religiös-kirchl. Zwecken im weitesten Sinn (Bibelausgaben, patrist. und liturg. Texte, die Teile des →Corpus iuris canonici, v. a. allgemein theol., scholast. und homilet. Schriften). Sie waren deshalb der kirchl. →Zensur unterworfen, die auch in einer Reihe von Fällen aktiv wurde. Das nationalsprachl. Schrifttum trat im frühen B. gegenüber dem lat. prozentual zurück; es überwog nur im engl. B. und war am schwächsten im dt. vertreten (hier v. a. die »Volksbücher« und Schriften belehrenden Inhalts).

Die Mehrzahl der frühesten *Typographen* hatte wohl die Universität besucht, viele hatten auch akadem. Grade erworben; andere waren ursprüngl. Goldschmiede, Schönschreiber, Briefmaler, Heiligendrucker u. ä. Die frühesten *Drucker* waren auch *Verleger*. Es gab schon im 15. Jh. Großbetriebe (A. →Koberger, P. →Drach, v. a. auch in Venedig und Paris), die auch weitausgedehnten Buchhandel betrieben, daneben Kleinstbetriebe (Winkeldrucker), Wanderdrucker, die nirgends seßhaft wurden (wie J. →Numeister), Lohndrucker, die nur in fremdem Auftrag arbeiteten.

B. Verbreitung des frühen Buchdrucks und bedeutende Druckorte

I. Deutschland – II. Schweiz – III. Italien – IV. Frankreich – V. Spanien – VI. Portugal – VII. Niederlande – VIII. England – IX. Skandinavien – X. Ost- und Südosteuropa.

I. DEUTSCHLAND: Die ältesten sicher datierbaren Erzeugnisse des Mainzer B.s stammen von Ende 1454. J. Gutenberg lebte seit 1448 in →Mainz und hatte mit J. Fust eine Druckerei gegründet (»Zweiundvierzigzeilige Bibel«), die von P. Schöffer und seinen Nachkommen fortgeführt wurde. Von Mainz aus wurde der B. eingeführt in: →Bamberg (wohl H. Keffer, »Sechsunddreißigzeilige Bibel«, später J. Sensenschmidt und H. →Sporer), →Straßburg (J. →Mentelin, H. Eggestein, A. →Rusch, J. →Grüninger u. a.), →Köln (1464, U. →Zell, H. Quentell, J. →Koelhoff d. Ä. und d. J. u. a.), →Eltville (1467), →Basel (um 1468, B. →Ruppel, B. →Richel, M. →Wensser, J. →Amerbach, J. →Froben, J. Bergmann u. a.), →Marienthal (1474) und →Würzburg (1479, G. Reyser, S. Dold und J. Beckenhub; von Straßburg aus wurde der B. eingeführt in →Augsburg (1468, G. →Zainer, J. Schüssler, A. Sorg, J. →Schönsperger, E. →Ratdolt). Druckorte waren: In Süddeutschland, bes. wichtig, →Nürnberg (1469/70, J. Sensenschmidt, A. →Koberger, F. Creussner; ferner: →Konstanz (1468/69?), →Speyer (1471, P. Drach, J. und K. Hist), Lauingen (1472), →Ulm (1473, J. →Zainer), →Esslingen (1473?, K. Fyner), Blaubeuren (1475, K. Mancz), →Reutlingen (1477?, M. Greyff, J. Otmar), Schussenried (1478), Urach, (1479/80), →Memmingen (1480), →Passau (1480), →München (1482), Eichstätt (1483/84), Ingolstadt (1484), Heidelberg (1485), →Regensburg (1485), Stuttgart (1486), Freising (1487), Dillingen (1488), Freiburg i. Br. (1490?), Offenburg (1496), Tübingen (1498), Oppenheim (1499); in Österreich: →Wien (1482); in Mitteldeutschland: →Leipzig (1481, die Brüder Brandis, K. Kachelofen, M. Lotter), →Erfurt (1473), Magdeburg (1480), Meißen (1483), Freiberg (1495); in Norddeutschland: →Lübeck (1473, L. und M. Brandis, B. Ghotan, St. Arndes, Druck der nd. Bibel von 1494, »Mohnkopfdruckerei« [Verlag]), Münster i. W. (1485), Schleswig (1486), Stendal (1488), →Hamburg (1490), Lüneburg (1493); im Osten: Breslau (1475), →Marienburg (1492), →Danzig (1499); im Westen: →Trier (1481), Zweibrücken (1487?). – In Frankfurt a. M. wurde 1511 das erste Buch gedruckt, in Berlin 1540.

II. SCHWEIZ: B. Ruppel, ein Schüler Gutenbergs, führte wohl um 1468 den B. in →Basel ein. Weitere bedeutende Drucker in Basel waren: B. Richel, M. Wenssler, J. Amerbach, J. Froben. Die Druckerei des Chorherrn Helyas Helyae in Beromünster arbeitete von 1470–73. 1475/76 war ein unbekannter Drucker in Burgdorf (Kanton Bern) tätig, um 1479 arbeitete S. Rot (gen. Langschnitter) in Zürich. 1500 druckte ein unbekannter Drucker in Sursee (Kanton Luzern) Niclas Schradiens »Chronik dieses Krieges«. 1478 wurde das erste Buch in Genf gedruckt (durch A. Steinschaber; später L. Cruse), 1481 in Rougemont, 1482 in Promenthoux und Sitten (Sion) und 1493 in Lausanne.

III. ITALIEN: Das erste in Italien gedruckte Buch ist wohl die »Passio D. N. J. C.« (it. Text mit dt. Metallschnitten; wohl Foligno 1463). 1464 gründeten K. Sweynheym und A. Pannartz eine Druckerei in →Subiaco (östl. Rom), 1467 zogen sie nach →Rom, wo U. Han am 31. Dez. 1466(?) den ersten Druck vollendet hatte. Die röm. Drucker arbeiteten v. a. für die Kurie. In →Venedig, der bedeutendsten europ. Bücherstadt des 15. Jh., führte J. de →Spira 1469 die Typographie ein (1. Privileg!). Weitere bedeutende Meister waren: W. de →Spira, N. →Jenson, J. de →Colonia, E. →Ratdolt, A. →Manutius (im 15. Jh. insgesamt über 150 Offizinen). Zwischen 1470 und 1480 fand der B. in über 40 it. Städten Eingang, so 1470 in Trevi und Foligno (1463 hatte nur ephemere Bedeutung; 1472 Erstdruck der »Divina Commedia« Dantes durch J. Numeister), 1471 in →Bologna (Universität mit der führenden Rechtsschule; deshalb v. a. Druck von jurist. Werken; 1477–86 war hier der »Wanderdrucker« H. de Colonia tätig), in Ferrara, →Florenz (Nic. Laurentii stattete Drucke mit Kupferstichen aus; Druck der Schriften →Savonarolas zeigte erstmals den B. als Massenmedium), in →Mailand, Padua, Neapel (S. Riessinger; der Verleger F. del Tuppo und seine »Germani fidelissimi«, 1485 ein »Aesop« mit 88 Holzschnitten), in Perugia (Verträge zw. Braccio II. dei Baglioni und dt. Druckern; jurist. Werke; S. Arndes), in Treviso (H. Liechtenstein, 1475–80 in Vicenza, seit 1482 in Venedig als Drucker gelehrter Werke tätig), in Genua (M. Scopo), 1472 in Parma (A. Portilia, 1473 St. Corallus), in Mantua (1472 Druck der »Divina Commedia« Dantes durch G. und P. v. Butzbach), in Verona (»De re militari« des R. Valturius), 1473 in Brescia (H. de Colonia; seit 1491 druckte Gersom ben Moses Soncino hier hebr. Bücher), in Pavia, Cremona u. a., 1474 in Como, Savona (Augustinerkloster), Vicenza (L. Achates, druckte einen lat. Euklid und griech. Schriften, H. Liechtenstein, St. Koblinger [Koglinger], seit 1482 in Wien), Turin, 1475 in Modena,

Piacenza (B. Azzoguidi), Reggio di Calabria u. a., 1476 in Faenza, Palermo, Trient (A. Kunne, »Geschichte des Knaben Simon«), 1477 in Ascoli Piceno und Lucca (B. Civitali), 1478 in Cosenza, Messina u. a., 1480 in Cividale und Reggio nell'Emilia. In den beiden letzten Jahrzehnten des 15. Jh. stieg die Zahl der Wiegendruckorte noch weiter, zu den bedeutenderen Städten gehören: Pisa (1482), →Soncino (1483, bedeutsam durch die hebr. Druckerei der »Soncinos«), Siena und Udine (1484), Vercelli (1485), Gaeta (1487), Capua (1489), Urbino (1493), Cagliari (1493), Cesena und Forlì (1495).

IV. FRANKREICH: Im heutigen Frankreich zählt man (einschließl. Straßburg, Hagenau, Kirchheim und Metz, die damals zum Reich gehörten) 45 Wiegendruckorte. Die weitaus bedeutendste Rolle spielt →Paris, mit etwa 55 Offizinen, die zweite europ. Bücherstadt (nach Venedig). 1470 gründeten drei dt. Drucker, gerufen von zwei Professoren, in Räumen der Sorbonne die erste Pariser Druckerei. Die von A. Vérard, J. Dupré, P. Pigouchet, S. Vostre, T. Kerver gedruckten →Stundenbücher (Livres d'heures) sind heute beliebte Sammelobjekte. Spätestens 1502 begann der gelehrte H. Estienne (Henricus Stephanus) mit dem Druck von Bibelkommentaren u. ä. In der großen Handelsstadt →Lyon errichtete G. Le Roy (aus Lüttich) 1473 die erste Druckerei. Unter den Lyoneser Druckern des 15. und 16. Jh. befanden sich zahlreiche Deutsche (Martin und Matthias Huss, J. Numeister, J. Trechsel, J. Clein, S. Gryphius u. a.). Verglichen mit Paris und Lyon, stehen die übrigen frz. Druckerstädte weit zurück. Es folgen chronologisch: 1474 Albi (J. Numeister), 1476 Toulouse (H. Turner, J. Parix), 1477 Angers, 1478 Chablis und Vienne, 1479 Poitiers, 1480 Caen, 1482 Chartres, 1483 Salins-les-Bains und Troyes, 1484 Béhan-Loudéac, Chambéry, Rennes, Tréguier und Rouen (bekannt durch den Druck liturg. Werke), 1486 Abbéville und Moutiers, 1487 Besançon (P. Metlinger) und Lantenac, 1489 Embrun, 1490 Dôle, Grenoble und Orléans (erst im 16. Jh. bedeutender), 1491 Angoulême, Dijon (P. Metlinger), Couplières und Narbonne, 1492 Cluny (M. Wenssler), 1493 Mâcon, Nantes, Tours und Uzès, 1495 Limoges, 1496 Provins, 1497 Avignon, 1498 Périgueux, 1500 Perpignan und Valenciennes.

V. SPANIEN: Der Kaufmann Jakob Vizlant aus Isny, Hauptfaktor der Großen →Ravensburger Handelsgesellschaft in Valencia, ließ dort 1473 auf seine Kosten eine Druckerei einrichten, für die er drei Drucker (L. Palmart, J. v. Salzburg und P. Hurus) angeworben hatte. Während in Valencia später N. Spindeler, J. Rosenbach, P. Hagenbach u. a. tätig waren (1478 katal. Bibel), zogen J. v. Salzburg und P. Hurus 1475 nach Barcelona, wo sich schon 1473 eine Gesellschaft dt. Drucker niedergelassen hatte und wo später N. Spindeler, J. Rosenbach und J. Luschner tätig waren. Von den insgesamt 28 span. Wiegendruckorten sind noch bedeutsam: Zaragoza (1475 M. Flander; die Brüder P. und H. Hurus, die u. a. wichtige Werke der span. Literatur herausbrachten), Sevilla (1477; 1490 druckten die »Cuatro Compañeros Alemanes« auf Veranlassung der Kgn. Isabella das wichtige »Vocabulario universal en latin y en romance« des →Fernandez de Palencia; 1491 M. Ungut und St. Polonus, Inhaber seit 1504 Jacob Cromberger, dessen Sohn J. van Cromberger 1539 die erste Druckerei in Amerika [Mexiko] gründete), Salamanca (1481; bes. Druck klass. Autoren für die Univ.), Toledo (1484, P. Hagenbach), Tarragona (1484, N. Spindeler und J. Rosenbach), Burgos (1485, F. Biel, bes. span. Unterhaltungsliteratur), Murcia (1487), Granada (1496, religiöse Schriften zur Christianisierung der Mauren), Kl. auf dem Montserrat (1499, J. Luschner). Auf Veranlassung des Kard. Ximenes wurde 1514–17 in Alcalà de Henares die erste Polyglottenbibel (»Polyglotta Complutensis«) von A. G. de Brocar gedruckt.

VI. PORTUGAL: Im 15. Jh. wurden folg. Druckereien gegr.: 1487 in Faro (hebr. Drucke), 1489 in Lissabon (1495 die portugies. Übersetzung der »Vita Christi« des Ludolfus de Saxonia, gedruckt von N. de Saxonia und V. Fernandez), 1489 in Chaves, 1492 in Leiria, 1494 in Braga und 1497 in Porto. 1494 sandte Kg. Johann II. dt. Drucker nach São Tomé (Golf v. Guinea); über ihr Schicksal ist nichts bekannt.

VII. NIEDERLANDE: Der Anfang des ndl. B.s ist noch nicht völlig geklärt (Beginn wohl in Utrecht vor 1470; erster datierter Druck 1471; N. Ketelaar und G. de Leempt 1473). Im 15. Jh. wurde der B. noch eingeführt in: 1477 Delft (J. van der Meer), Deventer (R. Paffraet), Gouda (G. Leeu), Sint Martinsdijk und Zwolle, 1479 Nijmegen, 1481 Kuilenburg, Leiden und Haarlem, 1484 's Hertogenbosch, 1495 Schoonhoven und 1498 Schiedam, um 1501 Rotterdam, und 1506 Amsterdam. Typengestaltung, Holzschnitte und Signete verliehen dem ndl. B. ein bes. eigenartiges Gespräge.

1473 gründeten J. de Westfalia und P. Martens in Aalst die erste Druckerei im Gebiet des heut. Belgien.

Chronologisch folgen: 1473/74 Brügge (W. →Caxton, vgl. auch Abschnitt VIII), 1474 die Universitätsstadt Löwen (J. Veldener), 1475 Brüssel (»Brüder vom gemeinsamen Leben«), 1480 Hasselt und Oudenaarde, 1481 Antwerpen (M. van der Goes, P. Leeu, G. Baeck) und 1483 Gent.

VIII. ENGLAND: Der als Kaufmann und Agent Kg. Edwards IV. in Brügge tätige W. Caxton erlernte den B. in Köln (1471/72), gründete 1473 (mit Hilfe J. Veldeners?) eine Druckerei in Brügge, druckte 1473/74 »The recueyll of the historyes of Troy« (von ihm selbst aus dem Frz. übersetzt), übersiedelte nach Westminster und druckte v. a. engl. Texte (darunter →Chaucers »Canterbury Tales« – insgesamt 74 engl. Werke gegen 16 lat.). Die Offizin wurde nach Caxtons Tod (1491) von W. de Worde nach London verlegt (»Vater der Fleet Street«); hier auch R. Pynson (seit 1492) u. a. Im 15. Jh. entstanden noch Druckereien in Oxford (1478) und St. Albans (1480). F. Geldner

IX. SKANDINAVIEN: Die Buchdruckerkunst kam über Lübeck nach Skandinavien. In den Jahren 1482–87 druckten die Lübecker Buchdrucker L. Brandis, J. Snell, St. Arndes und B. Ghotan die ersten dän. und schwed. Bücher: in Dänemark zuerst das Missale und das »Breviarium Ottoniense« für das Bm. Odense (1482–83), in Schweden einen »Dialogus creaturarum« (Stockholm 1483). In den folgenden Jahren wurden teils liturg. Bücher (Meßbücher, Psalterien, Breviere), teils Gebetbücher, Legenden u. a. »typische« Inkunabeln gedruckt. Die ersten Drucke in dän. und schwed. Sprache entstanden 1495 in Kopenhagen und Stockholm. Von eigtl. Inkunabeln (vor dem Jahre 1500) sind in Dänemark 9 (?), in Schweden 15 bekannt. Vor der Reformation wurden auch mehrere skand. Bücher im Ausland gedruckt: so z. B. in Paris die Editio princeps des →Saxo Grammaticus (1514) u. das »Breviarium Nidrosiense« für das norweg. Bm. →Nidaros (1519). Die ersten Druckereien in Finnland und Norwegen entstanden erst im 17. Jh. Auf Island wurde vor der Reformation ein einziges Werk, das »Breviarium Holense« (1534), gedruckt. M. Tveitane

X. OST- UND SÜDOSTEUROPA: [1] *Böhmen und Mähren:* Nach jüngsten Forschungen gewinnt die Behauptung, daß schon 1468 in Pilsen ein Buch in tschech. Sprache gedruckt wurde, an Glaubwürdigkeit. Erst 1484 folgte Winterberg, 1485 Brünn, spätestens 1487 Prag (Druck einer tschech. Bibel), 1489 Kuttenberg (ebenfalls tschech. Bibel) und 1499 Olmütz.

[2] *Polen:* In Krakau druckte seit 1473/74 ein Unbekannter (C. de Bawaria = C. Straube?), 1490/91 S. Feiel (fünf Liturgica in kleinruss. Sprache, mit kyrill. Lettern) und 1502–05 K. Hochfeder.

[3] *Ungarn:* Am 5. Juni 1473 vollendete A. Hess in Buda/Ofen die »Chronica Hungarorum«. Um 1480 hat vielleicht ein ung. Wanderdrucker in Preßburg (damals ung.) gearbeitet.

[4] *Südslav. Bereich:* 1483 wurde ein kroat. Missale in Kosinj (lt. anderer Meinung in Venedig) gedruckt. Seit 1493 druckte der Mönch Makarios serb. Liturgica in Cetinje (oder Obod?), und 1496 soll ein Drucker in Zengg tätig gewesen sein. – Vgl. allgemein auch →Bibeldruck, →Buch.   F. Geldner

Bibliogr. und Lit.: AGB–GW, 1925ff. [Neudr. 1–7, 1963]–HBW I–KL II, 35–45–RDK II, 1346–1357–The Library, 1889ff. – A. CLAUDIN, Hist. de l'imprimerie en France au XVe et au XVIe s., 1–5, 1900–15–K. HAEBLER, Typenrepertorium der Wiegendrucke, 1–5, 1905–24 [Neudr. 1968] – G. FUMAGALLI, Lex. typographicum Italiae, 1905 – Veröff. der Ges. für Typenkunde des XV. Jh., 1907–39 [Neudr. 1968] – Cat. of Books printed in the XVth Century now in the Brit. Museum I–X, 1908–19 [Neudr. I–VII, 1963] – W. L. SCHREIBER, Manuel de l'amateur de la gravure sur bois et sur métal au XVe s., 5, 1910 – L. NIELSEN, Dansk Bibliografi 1492–1550, 1919 – A. SCHRAMM, Der Bilderschmuck der Frühdrucke, 1–23, 1920–43 – Die Drucker- und Buchhändlermarken des 15. Jh., 1–4, 1924–29 – K. HAEBLER, Die dt. Buchdrucker des 15. Jh. im Ausland, 1924 – DERS., Hb. der Inkunabelkunde, 1925 [Neudr. 1966; engl. 1933; Neudr. 1967] – Gutenberg-Jb., 1926ff. – G. A. BOGENG–H. BARGE, Gesch. der Buchdruckerkunst, 2 Bde, 1930–41 [Neudr. 1973] – L. NIELSEN, Dansk typografisk Atlas 1482–1600, 1934 – A. M. HIND, An introduction in the hist. of woodcut, Bd. I. 2., 1935 [Neudr. 1963] – I. COLLIJN, Svensk bibliografi intill år 1630. I: 1478–1530, 1938 – A. RUPPEL, J. Gutenberg, 1939 [Neudr. der 2. Aufl. 1967] – F. VINDEL, El arte tipográfico en España durante el siglo XV, 1–10, 1945–54 – I. COLLIJN, Svensk typografisk atlas, 1400 – och 1500-talen, 1952 – S. H. STEINBERG, Five Hundred Years of Printing, 1955 [dt. 1958] – H. SALLANDER, Boktryckarkonstens historia, De nordiska länderna (Nordisk håndbog i bibliotekskundskab I, 1957), 280–284, 302–316 – F. J. NORTON, Italian Printers, 1501–1520, 1958 – J. BENZING, Die Buchdrucker des 16. und 17. Jh. im dt. Sprachgebiet, 1963 – R. TEICHL, Der Wiegendruck im Kartenbild (Bibl. und Wiss. I, 1964) – W. und L. HELLINGA, The Fifteenth Century Printing Types of the Low Countries, 1–2, 1966 – F. J. NORTON, Printing in Spain, 1500–1520, 1966 – R. HIRSCH, Printing, selling and reading, 1450–1550, 1966 [Neudr. 1974] – F. GELDNER, Die dt. Inkunabeldrucker, I, II, 1968–70 – H. LÜLFING, J. Gutenberg und das Buchwesen des 14. und 15. Jh., 1969 – C. WEHMER, Dt. Buchdrucker des 15. Jh., 1971 – Der gegenwärtige Stand der Gutenberg-Forsch., hg. H. WIDMANN, 1972 – M. B. STILLWELL, The Beginning of the World of Books, 1450 to 1470, 1972 – H. KUNZE, Gesch. der Buchillustration in Dtl. I, 1975 – A. KAPR, J. Gutenberg, 1977 – F. GELDNER, Inkunabelkunde, 1978 – *Zur Verwendung von Musiknoten:* MGG IX, 1667–1680 – RIEMANN – GROVE's Dict. of Music and Musicians, s. v. Printing and publishing of music – R. MOLITOR OSB, Dt. Choralwiegendrucke, 1904 – H. BOHATTA, Liturg. Bibliogr. des XV. Jh., 1911 – K. MEYER – E. J. O'MEARA, The Printing of Music 1473–1934 (The Dolphin II, 1935).

Buche → Laubhölzer
Bucheinband

I. Abendländischer und byzantinischer Bucheinband – II. Islamischer Bucheinband.

I. ABENDLÄNDISCHER UND BYZANTINISCHER BUCHEINBAND: Die Gesch. des B.es ist untrennbar mit der Codexform des →Buches verbunden: ein aus einer oder mehreren Lagen von Papyrus, Pergament- oder Papierblättern gebildeter Buchblock wird durch Heftfäden und Bünde zusammengehalten und von einer schützenden Hülle umgeben. Urformen des →Codex dürfen in den röm. Notizbüchern (→Diptycha oder →Polyptycha) erblickt werden, die ab dem 1. Jh. v. Chr. bekannt sind. Ursprgl. waren die äußeren Tafeln der Diptycha die alleinige Hülle der Codices; erst später wurden sie teilweise oder ganz mit Leder überzogen. Seit dem 4. Jh. gibt es vollständige Ledereinbände. Die ältesten bekannten B.e lassen sich in Ägypten nachweisen; sie bestanden aus Pappe, die aus Papyrusmakulatur hergestellt und mit Leder überzogen wurde. Für den abendländ. Kulturbereich sind die mit Leder überzogenen Holzdeckel kennzeichnend.

[1] *Bindeverfahren:* Die Verbindung von Buchblock und Einband wurde am Rücken des Buches durch Bünde aus verschiedenartigem Material hergestellt; andere Bindeverfahren haben im Abendland nur eine untergeordnete Rolle gespielt. Die *Heftung auf Bünde* ist im Westen seit 600 n. Chr. bezeugt; seit dem 12. Jh. kam zur Herstellung der Heftung die *Heftlade* in Gebrauch. Neben der Heftung auf Bünde ist die *Kettenstichheftung* und die *Langstichheftung* in Verwendung.

Der byz. B. unterscheidet sich von den abendländ. in techn. Hinsicht nicht unwesentlich. Die Heftung verzichtet auf Bünde, der Zusammenhalt der Lagen wie auch deren Befestigung an den Buchdeckeln geschieht allein durch den Heftfaden. Der Faden wird in Rillen an der Außenseite der Holzdeckel verlaufend geführt und an mehreren Stellen nach Art eines Kettenstiches mit den Lagen verbunden. Infolge des Fehlens der Bünde entsteht ein glatter Rücken. Das Kapital (s. a. →Buch) kann daher dem Einband ledigl. aufgesetzt werden und nicht unter dem Rückenbezug zu liegen kommen; solche aufgesetzten Kapitale, die durch Fäden, die durch den Buchdeckel gezogen werden, befestigt sind, bilden ein typ. Erkennungsmal byz. Einbände. Charakteristisch ist auch, daß Deckel und Buchblock in gleicher Ebene abschließen; zum Zwecke des bequemen Öffnens sind daher an den Kanten derselben Rillen eingeschnitten.

[2] *Bezug des Buchdeckels:* Zum Bezug der Buchdeckel wurde in früher Zeit weißgegerbtes Wildleder verwendet; auch rotgefärbtes Schafleder ist im frühen MA viel gebraucht worden. Seit dem 14. Jh. stand das glatte Kalbsleder und das starke Rindsleder in bevorzugtem Gebrauch. Schweinsleder fand im 15. und 16. Jh. bes. im deutschsprachigen Raum für *Blinddruckbände* Verwendung. Das kostbare Ziegenleder *(Maroquin)* ist für den Süden Europas charakteristisch. Auch Pergamenteinbände sind angefertigt worden.

[3] *Verzierung des Einbandes:* Alle Epochen kannten Gebrauchseinbände und bibliophile Einbände; Art und Reichtum der Verzierung d. B.es richteten sich je nach der Stellung des Buches im Besitz des Bestellers, der Bogen reicht vom schmucklosen Buch bis zum Prachtband. Kirchliche Prachteinbände der Spätantike und des MA, die mit Elfenbein, Edelmetallen und Edelsteinen geschmückt waren, sind nur aus ihrer sakralen Funktion zu verstehen (→Zimelien). Die normale Verzierung des ma. Einbandes erfolgte durch Linien, die mit dem *Streicheisen* gezogen wurden, und mit *Stempeln*, mit deren Hilfe Ornamente ohne Verwendung von Farbe auf die Deckel gepreßt wurden *(Blinddruck)*. In Europa trat der Blinddruck um 700 auf; er blieb bis zur Renaissance vorherrschende Technik der Verzierung. Aus dem Stempel entwickelten sich im Lauf der Zeit neue Werkzeuge: die *Platte*, die *Rolle*, die *Filete*, der *Linien- und Bogensatz*. Rolle und Platte wurden bereits im MA gebraucht, die anderen Werkzeuge erst in der Neuzeit. Die Platte ist in Europa seit dem 13. Jh. in Verwendung und diente der Blindpressung; die Rolle wurde seit der Mitte des 15. Jh. gebraucht. Noch im 15. Jh.

drang die *Handvergoldung* in das Buchgewerbe ein. Eine ältere Technik war die Bemalung mit Muschelgold. Von Golddruck spricht man, wenn Einzelstempel zur Erzielung des Ornaments mit Hilfe von Blattgold verwendet werden; Platten dienen zur Goldpressung. Eine für kostbare Bücher verwendete Verzierungstechnik war der *Lederschnitt;* das Wesen dieser nach zaghaften Ansätzen erst im 14. und 15. Jh. blühenden Kunst bestand im Einschneiden einer Zeichnung in das Leder des Deckels. *Lederzeichnung* liegt bei flächiger Einritzung vor, während Lederschnitt plast. gestaltet werden konnte.

Für die Ausschmückung kostbarer sakraler Handschriften wurden viele Techniken der *Goldschmiedekunst* und des *Kunsthandwerkes* verwendet: Elfenbeinschnitzereien antiker Provenienz (etwa von Konsulardiptychen) oder genuin chr. Ikonographie, Goldschmiedearbeiten, Emailtechnik, Fassung von Edelsteinen, Holzschnitzerei. Zu bevorzugtem Kompositionsschmuck zählte das Kreuz (→Cruxgemmata-Gruppe, Kruzifixgruppe, →Codex-aureus-Gruppe der →Prachteinbände); daneben ist die Gliederung in Mittelfeld und Rahmen (Bild- oder Rahmentypus) beherrschend; das Mittelfeld ist der Hauptträger figürl. Schmuckes; die Rahmen tragen Schmuck und ergänzende Szenen.

Lederschnittbände sind im Abendland seit dem 7. Jh. bekannt; die eigtl. Blütezeit der Kunst liegt im 14. und 15. Jh. und ist für die Gotik charakteristisch. Als Schmuck sind pflanzl. Ornamente, groteske Tiergestalten, ornamentale Buchstaben, Wappen, profane Menschendarstellungen, Engel und Heilige zu beobachten.

In der Verwendung des Blinddruckes können drei große Perioden unterschieden werden, zw. denen Zeitspannen geringer Kunstübung lagen: die Epoche der karol., der roman. und der got. *Blindstempelbände.*

Karol. Einbände sind aus dem 9. und 10. Jh. erhalten; bisher sind an die 80 Exemplare bekannt, die Werkstätten von Fulda, Freising, St. Gallen, Reichenau, Salzburg, Corbie, Rapallo, Auxerre, Chur, Jarrow, Mainz, Luxeuil, Toul und Würzburg zugewiesen werden können. Die Deckel tragen einfachen Schmuck: ein aus Streicheisenlinien gebildeten Rahmen umgibt ein Mittelfeld, das durch Diagonalen, Rauten und Kreuze in weitere Felder zerlegt werden kann, in denen die Stempel locker verstreut eingepreßt wurden. Zum Ornament gehörten meist Flechtwerk, Schlingen, Spiralen, Punkte, Kreise, Polygone, florale oder zoomorphe Elemente (Rosette, Palmette, Akanthusblatt, Dreiblatt, Baum, Hirsch, Vögel).

Nach einer Zäsur im 11. Jh. erschienen als geschlossene Gruppe die *roman.* Blinddruckeinbände des 12. u. 13. Jh., von denen an die 110 Exemplare erhalten sind. Die meisten Bände stammen aus Frankreich, begrenzte Gruppen aus England, Deutschland und Österreich. Die Komposition zeigt feste und dichte Schemata: Gruppen, Friese, Reihen, Rosetten und Kreuze fassen zahlreiche Stempel zusammen; selbst Szenen sind nicht unbekannt. Lineare und geometr. Formen sowie pflanzl. Motive (Palmetten und Blätter) behaupten sich; die figürl. Motive werden stark vermehrt: Vögel, Hirsche, Hunde, Bären, Löwen, Drachen, Fabelwesen, Grotesken, mytholog. Gestalten, Ritter, Könige, Engel, Heilige, Evangelistensymbole, Christusfiguren bevölkern die Deckel. Gegenüber den figürl. betonten westeurop. Einbänden bevorzugen dt. Einbände abstrakten ornamentalen Schmuck.

Nach einer spärlichen Kunstübung im 14. Jh. fällt im 15. Jh. die Fülle der *got.* Einbände auf, die zu Tausenden erhalten sind. Der größte Teil stammt aus dem alten dt. Kulturgebiet; Italien, die Niederlande, Frankreich, England, Spanien, Ungarn folgen in immer größerem Abstand. Neben Klosterwerkstätten arbeiten immer mehr bürgerl. Werkstätten in Handels- und Universitätsstädten. Mit dem Einsetzen des →Buchdrucks nimmt die Zahl der Buchbindereien sprunghaft zu. Der got. Einbandstil hielt sich im Raum nördl. der Alpen bis in die ersten Jahrzehnte des 16. Jh., während in Italien, Spanien und Südosteuropa bereits im 15. Jh. die Zierformen und die Einbandtechnik des Orients eindrangen, die eine entscheidende Rolle in der Revolution des Buchwesens in der Renaissance spielten.

Der Schmuck der got. Einbände war lokal sehr differenziert. Kompositionsprinzipien waren ein oder mehrere Rahmen und Mittelfelder in variierender Gliederung (Rauten, Dreiecke, Streifen, Diagonalbänder).

Viele neue Stempelformen in geschlossenen und freien Umrissen tauchen auf: Kreise, Tropfenform, Raute, freie Stempel, Spitzovale, Schilde, Polygone, Vierpässe, geschweifte Rauten, Winkelhaken, Kopfstempel, Spruchbänder.

Die *Motive* sind dem Tier- und Pflanzenreich, dem profanen und sakralen Bereich, der Heraldik und dem abstrakten Ornament entnommen. Christl. Symbolik, naturalist. Formwille und Freude am Ornament gehen auf got. Einbänden eine reizvolle Symbiose ein. Viele figürl. Stempel sind dem Bereich der Bibel und des kirchl. Lebens entnommen: Christus, Maria, Heilige, Osterlamm, Geisttaube, Evangelistensymbole, Symboltiere, Anrufungen (ave maria, maria hilf, Jesus maria). Weltl. Motive (z. B. Jagdszenen) fehlen nicht. Das Tierreich ist hauptsächl. durch Adler und Löwe vertreten; daneben scheinen aber auch viele andere Tiere auf. Pflanzenbilder sind teils stilisiert, teils naturalist. aufgefaßt. Rose, Lilie, Ranken, Blattformen, einzelne Blumen, Laubstäbe, Granatapfelmuster, Blumenvasen sind beliebt. Aus Kopfstempeln wurden große formschöne Blattgebilde erzeugt. Knoten, Flechtwerk und Winkelhaken sind die am meisten verwendeten geometr. Stempel. Schriftbänder, selbst Spruchbänder und Einzelbuchstabenprägung ergänzen das Spektrum. Die Verzierungen durch die Rolle bedeuten einen Schritt zur Mechanisierung ebenso wie die Aufpressung größerer Bildflächen durch Platten. Auf den Frührenaissancebänden dominierte das Flecht- und Knotenwerk. Während got. Traditionen in den Ländern nördl. der Alpen noch im 16. Jh. nachwirkten, revolutionierte die Begegnung mit dem Orient das Buchwesen in Südeuropa seit dem 15. Jh.: neue Ledersorten, Pappdeckel statt Holzdeckel, Verzierung durch Gold und Silber, Bemalung, neue Schmuckformen wie Mauresken und Arabesken, oriental. Kompositionsprinzipien, Lederausschnittarbeit sind Elemente einer völlig veränderten Verzierung des Buches. Die Einbandkunst der Renaissance drang im Verlauf des 16. Jh. auch in den Raum nördl. der Alpen vor.

Die Verzierung des byz. B.es geschah nach Auskunft der erhaltenen Stücke durch Blindstempel, deren Motivschatz in paläolog. Zeit dem abendländ. nicht unähnlich ist. Der byz. Einbandstil hat im gräkoslav. Kulturkreis seine Fortsetzung gefunden; auch Nachahmungen in der it. Renaissance sind bekannt.   O. Mazal

Lit.: H. LOUBIER, Der B. von seinen Anfängen bis zum Ende des 18. Jh., 1926[2] – E. KYRISS, Verzierte Got. Einbände im alten dt. Sprachgebiet, Textbd., Tafelbd., 1–3, 1951–58 – F. A. SCHMIDT-KÜNSEMÜLLER, Gesch. des B.es (HBW I, 1952), 782ff. – F. STEENBOCK, Der kirchl. Prachteinband im frühen MA von den Anfängen bis zum Beginn der Gotik, 1965 – H. HELWIG, Einf. in die Einbandkunde, 1970 – O. MAZAL, Der ma. B. (Liber librorum. 5000 Jahre Buchkunst, 1972), 342–370 – DERS., Buchkunst der Gotik, 1975 – DERS., Buchkunst der Romanik, 1978 – Laufende Fachartikel im Gutenberg-Jb. und im AGB.

II. Islamischer Bucheinband: Der islam. B. des MA unterscheidet sich vom abendländ. durch die *Klappe*. Sie ist durch einen Steg mit dem Rückdeckel fest verbunden und wird unter den Vorderdeckel eingeschlagen oder durch Schlaufe und Stift auf diesem festgehalten. Nur an den oberen und unteren Kanten, auf denen sich in der Regel der Titel des Werkes geschrieben findet, bleibt der Buchblock offen. Selbst der einfachste Ledereinband (Kamel, Rind, Ziege), einschließlich Klappe, weist eine Umrahmung auf. Sie besteht aus Linien, die den Rändern entlang mit dem Streicheisen gezogen sind; Anzahl und Abstand dieser Linien ließen sich vielfältig variieren, durch sie das Innenfeld von den Seiten her einengen, durch Diagonalen, Seitenhöhen und Punkte weiterhin unterteilen, oder die Ecken abschrägen und von ihnen ausgehend geometr. Figuren, v. a. Rauten- und Sternornamente, mit der Linienrolle gestalten. Hinzu kamen Stempel, vom einfachen S-Stempel, mit dem sich Zopf- und andere Muster pressen ließen, über Halbmonde und Kreuze, Flechtwerk- und Pflanzenwerkstempel bis hin zu der für das Mittelfeld viel verwendeten, aus dem Kreis entstandenen Mandel; sie ist mit geometr. oder floralen Arabesken gefüllt. Kostbarere Einbände sind einschließl. ihrer Stege in mannigfaltiger Weise, ähnlich den phantasievollen Erzeugnissen der islam. Kleinkunst, ornamentiert, zum Teil vergoldet und farbig, auch mit Schriftzeilen oder dem Namen des Meisters in Blindpressung versehen. Trotz individueller künstler. Gestaltung geben lokale Eigentümlichkeiten und Stilelemente Hinweise auf Entstehungsort und -zeit (→Bibliothek). R. Sellheim

Lit.: EI² V, s. v. kitāb – M. Weisweiler, Der islam. B. des MA, 1962.

Bücherzensur → Zensur

Buchgeld (Giralgeld). Die Blütezeit des städt. Gewerbes im 11.–13. Jh. und der sich daraus ergebende Handel waren die Voraussetzung für die Entwicklung des B.s im MA. Entscheidend für die Verwendung des B.s wurde die Ausprägung eines seßhaften Händlertyps seit dem Beginn des 14. Jh., was auch eine Änderung der Buchhaltungstechnik (→Buchhaltung) im Zahlungs- und Kreditverkehr zur Folge hatte. Im Mittelpunkt steht dabei das Entstehen von Depositenbanken (vgl. auch →Bankwesen). Zunächst muß die Finanztätigkeit der →Templer, die seit dem Ende des 12. Jh. vor allen Dingen in Frankreich und England den Gebrauch laufender Rechnungen zeigt, erwähnt werden. Ihre finanzielle Aktivität – vielfach in Zusammenhang mit den Kreuzzügen – endete 1312 mit der Aufhebung des Ordens durch Papst Clemens V. In bescheidenem Umfang übernahmen nun die →Johanniter ihre Aufgabe. Die frühesten Hinweise auf eigtl. Depositenbanken stammen aus Italien. In der Tradition des it. *bancherii* (in Genua, seit der Mitte des 12. Jh.), die bes. im Wechselgeschäft tätig waren, wird im Laufe des 13.–14. Jh. in örtl. Banken die Funktion eines Geldwechslers mit der einer Überweisungs- und Depositenbank verbunden. Der Überweisungsauftrag (*giro di partita*) wurde hauptsächl. mündl. erteilt, die Eintragung in das Geschäftsbuch des Bankiers bildete den einzigen Nachweis. In Italien besaß diese Eintragung die Beweiskraft einer Notariatsurkunde. Neben dem mündl. Auftrag kamen auch schriftl. Aufträge wie Schecks zur Anwendung (ältestes Beispiel: Pisa, Mitte des 14. Jh.). Gegen Ende des 13. Jh. gelangte das System der Depositenbank durch die Kontakte zw. fläm. und it. Kaufleuten während der Champagnemessen auch nach Flandern, wo sich der Geldverkehr hauptsächl. in →Brügge konzentrierte. Die Tätigkeit von Willem Ruweel und Colaert van Marke, die als zwei Prototypen Brügger Bankiers gelten können, konnte durch die Arbeit von R. De Roover aufgezeigt werden: Sie nahmen Depositen auf, liehen Geld, betätigten sich als Geldwechsler und investierten bes. in sehr riskanten Handelsgeschäften, machten aber – hauptsächl. durch Liquiditätsmangel – Konkurs. In einer späteren Entwicklungsphase (gegen Ende des 14. Jh./am Anfang des 15. Jh.) wurde die Aufgabe dieser Bankiers von einer Bankkette, vielfach Filialen einer Handelsgenossenschaft mit zentralem Sitz, aber mit einer dezentralisierten Organisation übernommen. Auf diese Weise konnte ein Konkurs eher vermieden werden (→Medici).

An den internationalen Handelsplätzen, wo die Depositenbanken sich durchsetzten, fand das B. rasch Verbreitung. In Brügge hatte sich das B. nach De Roover im dritten Viertel des 14. Jh. so durchgesetzt, daß anzunehmen ist, daß wahrscheinl. einer von zehn oder einer von 25 aller Brügger Hausvorstände eine laufende Rechnung bei einem der 16 Geldwechsler in der Stadt besaß. Staatsgläubigerkonsortien (voran in Genua die →Casa di San Giorgio) vergaben quasi Aktien *(luoghi)* und zahlten gleichsam Dividenden *(paghi)*, die als B. durch die Bücher der Notare wanderten. Die Kontakte der Hansestädte, v. a. mit Brügge, führten dazu, daß das B. auch in die norddt. Handelszentren gelangte. Aus den Handelsbüchern des Hamburgers Vicko van Geldersen (1367–92) geht z. B. hervor, daß man noch sowohl mit Waren, als auch mit Hilfe der →Assignation und der Depositen bezahlte. Die Kreditentwicklung in den süddt. Firmen, die v. a. mit →Venedig in direktem Kontakt standen (vgl. die →Ravensburger Handelsgesellschaft, 1380–1530), besaß ein höheres Niveau, konnte aber it. Maßstäbe nicht erreichen. Die Tätigkeit v. a. der Depositenbanken führte dazu, daß das Bankgeld die Bezahlung in Bargeld in erhebl. Umfang ersetzte. De Roover errechnete, daß Depositenbanken durch B. die Geldmenge gegenüber dem Metallgeld vervierfachten. Früh war sich die Obrigkeit dieses Wandels bewußt. 1421 machte man in Venedig einen Unterschied zw. *contadi di banco* (Bankgeld), später *moneta di banco* einerseits und den *denari contadi* (Bargeld) andererseits; auch erkannte man die inflatorischen Folgen der Einführung des Bankgeldes. Durch ihre Tätigkeit betrieben die Depositenbanken Geldschöpfung in einem Umfang, als ob sie die Genehmigung hätten, Banknoten auszugeben (De Roover). Die große Blüte der Depositenbanken fiel mit period. Geldschwierigkeiten (14. Jh.) und einem Mangel an Edelmetall zusammen. Was die Anwendung des →Wechselbriefs (an sich eine Perfektionierung des *instrumentum ex causa cambii*) angeht, so ist klar, daß dieser eine Kreditfunktion besaß, man ihn aber schwerlich ohne weiteres als B. betrachten kann. Die hierfür charakterist. Indossierungen *(girata sul titulo)* sind im MA zu selten nachweisbar (höchstens vier Fälle bis zur Mitte des 15. Jh.), zu dieser Ansicht gelangte 1970 auch De Roover. Seit der 2. Hälfte des 15. Jh. gewinnt dann diese Technik an Bedeutung. Vgl. auch →Giroverkehr. M. Boone

Bibliogr.: Laufende Bibliogr. in: Annali della Fondazione italiana per la storia amministrativa – *Lit.*: A. P. Usher, The Origin of Banking: the Primitive Bank of Deposit, 1200–1600, EconHR IV, 1934, 399–428 – R. De Roover, Money, Banking and Credit in Mediaeval Bruges, 1948 – Ders., L'évolution de la lettre de change, XIVᵉ–XVIIIᵉ s., 1953 – J. Heers, Gênes au XVᵉ s., 1961 – R. De Roover, The Rise and Decline of the Medici Bank, 1397–1494, 1963 – Ders., The Organization of Trade (Cambridge economic hist. of Europe III, 1963) – Ders., Le marché monétaire au MA et au début des Temps Modernes, RH 495, 1970, 5–40 – J. Bernard, Trade and Finance in Medieval Europe (Fontana economic hist. of Europe. The middle ages, hg. C. M. Cipolla, 1971), 274–338 – F. Melis, Guida alla mostra internazionale di storia della banca, secoli XIII–XVI, 1972 – R. Sprandel, Das ma. Zahlungssystem nach hansisch-nordischen Q. des 13.–15. Jh., 1975.

Buchhaltung

A. Westen – B. Byzantinisches Reich – C. Islamischer Bereich

A. Westen

I. Nördliches Europa – II. Italien.

I. Nördliches Europa: Ein Fernhandelskaufmann, der sich moderner Handelstechniken bediente, nämlich mittels einer Korrespondenz seinen Geschäftsbetrieb intensivierte, Waren auf Kredit verkaufte und bei Wareneinkäufen auch Kredite in Anspruch nahm (→ Brief, Abschnitt F), konnte seine vielfältigen nebeneinanderlaufenden Handelsgeschäfte (und die mit ihnen verbundenen Kreditgeschäfte) nur dann gewinnbringend abwickeln, wenn darüber Buch geführt wurde. Eine B. muß es demnach im Betrieb eines jeden Fernhandelskaufmanns gegeben haben (aber auch bei einem Großteil der weniger bedeutenden Kaufleute und sogar bei Handwerkern). Interne geschäftl. Aufzeichnungen, die ja nach ihrer Erledigung ohne Interesse waren und deshalb in der Regel vernichtet wurden (weshalb Kaufleute für Notizen und Berechnungen vielfach auch Wachstafeln benutzten), sind nur ausnahmsweise in öffentl. Archive gelangt und folglich nur ganz vereinzelt überliefert. Dabei handelt es sich um verschiedenartige Aufzeichnungen, die jeweils unterschiedl. Funktionen hatten und die für einen kaufmänn. Betrieb alle gleichermaßen von Bedeutung waren. Um einen Überblick zu haben über die bei Wareneinkäufen eingegangenen Zahlungsverpflichtungen sowie über die aufgrund von Verkäufen zu erwartenden Einnahmen, haben Kaufleute sog. »Handlungsbücher« geführt, in denen sie für ihre Forderungen und Verbindlichkeiten notierten, wer sie ihnen schuldete bzw. bei ihnen einfordern konnte, in welcher Höhe und in welcher Währung die Gelder fällig waren und zu welchem Termin und an welchem Ort sie bereitgestellt werden mußten bzw. ihnen bezahlt werden sollten. Auf welche Geschäftsabschlüsse sich die Zahlungen beziehen, ist längst nicht immer erwähnt. So unsystemat. und unübersichtl. derartige Bücher auf den ersten Blick auch angelegt zu sein scheinen, so haben sie offenbar dennoch ihren Zweck erfüllt und es dem Kaufmann ermöglicht, seine laufenden Kreditgeschäfte zu übersehen. Das hat es ihm erleichtert, Fälligkeitstermine einzuhalten (was wichtig war für die Kreditwürdigkeit und wodurch auch die Kosten für Verzugszinsen eingespart wurden) und Außenstände rechtzeitig einzumahnen, v. a. aber bei Geschäftsabschlüssen die Zahlungsvereinbarungen so zu treffen, daß die zu erwartenden Einnahmen für die Bezahlung von Verbindlichkeiten verwendet und entsprechend transferiert werden konnten. Ob ein Geschäft gewinnbringend oder verlustreich gewesen war, ließ sich nur feststellen, wenn ein Kaufmann für alle Handelsunternehmungen im einzelnen darüber Buch führte, zu welchem Preis er eine Ware eingekauft und wieder verkauft hatte und welche Unkosten angefallen waren für Transport, Lagerung, Verzollung, Spesen etc. Soweit derartige Aufzeichnungen von Kaufleuten der →Hanse überliefert sind, handelt es sich nur um Bruchstücke, die vermuten lassen, daß deren Buchführungstechnik bis zum Ausgang des MA bei weitem nicht den Standard der oberdt. (vgl. W. v. Stromer, 1967) oder gar it. Kaufleute erreicht hatte. Wie die überlieferten oder auch nur in Briefen erwähnten Abrechnungen zw. Gesellschaftern *(rekenschopen)* zeigen, waren Hansekaufleute wie die →Veckinchusens aber durchaus in der Lage, für ihre vielfältigen Handelsgeschäfte genau zu ermitteln, ob sie Gewinn oder Verlust erbracht hatten. – Zur Buchführung in der städt., staatl. und landesherrl. Verwaltung vgl. →Finanzwesen, -verwaltung.

I. M. Wülfing

Q.: Johann Tölners Handlungsbuch von 1345–1350, ed. K. Koppmann, 1885 – Das Handlungsbuch Vickos v. Geldersen, ed. H. Nirrnheim, 1895 – F. Bruns, Die Lübecker Bergenfahrer und ihre Chronistik, 1900 (Hans. Geschichtsquellen NF 2) – Das Handlungsbuch von Hermann und Johann Wittenborch, ed. C. Mollwo, 1901 – B. Kuske, Q. zur Gesch. des Kölner Handels und Verkehrs im MA, I, 1923, 66, 123; Nr. 196, 367 – A. v. Brandt, Ein Stück kaufmänn. Buchführung aus den letzten Viertel des 13. Jh. (Aufzeichnungen aus dem Detailgeschäft eines Lübecker Gewandschneiders), Zs. des Vereins für Lübeck. Gesch. und Altertumskunde 44, 1964 – F. Rörig, Das Einkaufsbüchlein der Nürnberg-Lübecker Mulichs auf der Frankfurter Fastenmesse des Jahres 1495 (Ders., Wirtschaftskräfte im MA, hg. P. Kaegbein, 1971²) – Ders., Das älteste erhaltene Kaufmannsbüchlein (ebd.) – Die Handelsbücher des hans. Kaufmanns Veckinchusen, hg. M. P. Lesnikov, 1973 (Forsch. zur ma. Gesch. 19) – S. W. Rowan, Die Jahresrechnungen eines Freiburger Kaufmanns 1487/88 (Stadt und Umland, hg. E. Maschke–J. Sydow, 1974 (Veröff. Komm. für geschichtl. Landeskunde in Baden-Württemberg B/82) – Lit.: B. Penndorf, Gesch. der B. in Dtl., 1913 – A. Schulte, Die Gesch. der großen Ravensburger Handelsgesellschaft 1380–1530, 1923 (Dt. Handelsakten 1–3) – R. de Roover, Money, Banking and Credit in Mediaeval Bruges, 1948 – W. v. Stromer, Das Schriftwesen der Nürnberger Wirtschaft vom 14. bis zum 16. Jh. – Zur Gesch. Obdt. Handelsbücher (Beitr. zur Wirtschaftsgesch. Nürnbergs 2, 1967) – M. Ricker, Beitr. zur älteren Gesch. der B. in Dtl. (Nürnberger Abh. zu den Wirtschafts- und Sozialwiss. 25, 1967), 111 ff. – I.-M. Peters, Das ma. Zahlungssystem als Problem der Landesgesch. II, BDLG 113, 1977, 180–199 – W. v. Stromer, Zur Buchführung der Juden im SpätMA (Fschr. H. Kellenbenz [Beitr. zur Wirtschaftsgesch. 4/I], 1978).

II. Italien: In der Untersuchung der Geschichte der Buchhaltung der ma. it. Handelsfirmen und Bankhäuser stand lange Zeit die Frage nach den Ursprüngen der Methode der doppelten Buchführung im Vordergrund. F. Besta gab 1890 den Anstoß zur hist. Erforschung der B., lenkte seine Schüler auf dieses Gebiet hin und gab in seinem wichtigsten Werk einen Abriß der hist. Entwicklung der doppelten Buchführung, wobei er diese Methode der Buchführung nur in den Büchern der Kommune Genua aus dem Jahre 1340, in den toskan. aus dem Ende des 14. Jh. und in den ven. seit 1406 als gegeben ansah und in den Büchern der anderen it. Städte sogar erst für das 15. Jh. ansetzte. Seine Schlußfolgerungen wurden bis 1950 allgemein angenommen, obwohl er dabei von zu rigoros formalist. Kriterien ausging, und sich einige Stimmen gegen seinen Ansatz erhoben. 1950 behandelte F. Melis in einer gewichtigen Untersuchung die Geschichte der B. von den Anfängen bis ins 19. Jh., wobei er den Schwerpunkt u. a. in die Periode vom 13. bis 15. Jh. setzte und den Aufschwung der B. im allgemeinen und ihre spätere Entwicklung bis zur Erreichung der Methode der doppelten Buchführung darlegte, die er mit dem Aufkommen des →Frühkapitalismus – nach Sombart – in der Toskana in der 2. Hälfte des 13. Jh. in Verbindung brachte.

Die wirtschaftl. Blüte, die in Italien nach dem Jahr 1000 einsetzte, führte auch zum Aufschwung der Buchhaltung, die zuerst nur die Aufzeichnung der äußeren Geschäftsbedingungen der Firma umfaßte, also sich nur auf Verbindlichkeiten und Kredite und ihre Tilgung bzw. Vergabe bezog, wobei die gegensätzl. Posten in zwei verschiedenen Sektionen einander gegenübergestellt wurden. Ein derart geführtes Kreditkonto wies den Namen des Schuldners mit dem Vermerk »deve dare« (muß geben) und andere ihn charakterisierende Elemente auf. Die Tilgung wurde in der Zeile darunter mit dem Ausdruck »ha dato« (er hat gegeben) oder »abbiamo avuto« (wir haben erhalten) – auf den Schuldner oder die Firma bezüglich – vermerkt, danach folgten die näheren Angaben zu dem

Vorgang. Handelte es sich um eine Schuld der Firma, setzte man dem Namen des Kreditgebers ein »deve avere« nach (muß erhalten), und bei der Registrierung der Tilgung, wie im ersten Fall, den Vermerk »abbiamo dato« (wir haben gegeben) oder »ha avuto« (er hat erhalten) darunter. Das Konto wies also übereinandergestellte Posten auf.

Das älteste Zeugnis, das den Aufschwung der Buchführung beweist, ist ein Pergament-Fragment eines Geschäftsbuchs florent. Bankiers, die im Jahr 1211 in Bologna tätig waren. Es ist in Volgare geschrieben und weist die oben geschilderten Elemente auf. Die Firmen, die diese Methode der B. verwendeten, entstammten der Sphäre der kleinen Handwerker, ihr wirtschaftl. Ziel lag nur in dem Unterhalt der Familie des Unternehmers.

Die Bildung von Handelskompanien und Entwicklung der wirtschaftl. Aktivitäten, die ihren Höhepunkt im 13. und in den ersten Jahrzehnten des 14. Jh. erreichte, führten sehr bald zu einer quantitativen Vermehrung der Buchführungskonten. Neben die Kredit- und Debitorenkonten – die stets individuell geführt wurden, d. h. für die einzelnen Debitoren und Kreditoren eröffnet – traten bald Konten für die anderen Elemente des Vermögens: für die Waren, den Hausrat und die Kasse (die lange Zeit in dem Buch der Ein- und Ausgänge eigens vermerkt wird). Nur für den Hausrat wird ein Kollektivkonto eingerichtet, während die Waren entsprechend den einzelnen Lieferungen verzeichnet werden. Dafür werden anfänglich die Ausdrücke »comprammo« (wir haben gekauft) und »vendemmo« (wir haben verkauft) verwendet, die bald durch die Siglen »dare« (Soll) und »avere« (Haben) ersetzt werden, die man wie math. Symbole zur Bezeichnung von Abnahme oder Zunahme einsetzte. Auch die Form des Kontos änderte sich, von den ursprgl. übereinandergestellten Sektionen ging man zu Konten über, auf denen die Sektionen »dare« und »avere« auf der gleichen oder auf zwei nebeneinanderliegenden Seiten gegenübergestellt wurden. Die ältesten Belege für derartige Konten finden sich zu Beginn des 14. Jh. in der Toskana, später wurden sie dort aufgegeben, entwickelten sich jedoch in Mailand und Venedig weiter, so daß sie bei ihrem Wiederauftreten in den toskan. Registern am Ende des gleichen Jh. die Bezeichnung »alla veneziana« führten.

Sehr bald, sicher vor dem Ende des 13. Jh., erschien das *Kapitalkonto* in einer ganz spontanen Form, d. h. das Kollektiv der Socii wurde bei den Summen, die sie in den *corpo* der Kompanie investierten, vermerkt. Neben dieses Konto traten bald andere, die die verschiedenartigsten Gewinne und die Verluste oder Ausgaben betrafen, die, soweit sie das Kapital direkt beinflußten, dem Kollektiv der Socii akkreditiert oder zu Lasten geschrieben wurden. Es handelte sich dabei um persönl. Konten, aus denen klar die Gegenüberstellung von Eigenvermögen und Firmenkapital ersichtlich ist; dabei erscheint die Firma als Organisation, die zu dem Zweck geschaffen ist, das ihr von den Socii anvertraute Kapital zu mehren und Gewinn zu erbringen. Darin scheint eine Grundtendenz der kapitalist. Wirtschaft auf. Mit dieser Kontoform hatten die toskan. Buchhalter spontan die Methode der *doppelten Buchführung* entwickelt, als eine Konsequenz der neuartigen Vermögensinvestition in einem neuartigen Firmentypus. Das älteste Dokument, in dem sich Spuren dieser neuen und vollständigen Methode, Geschäftsvorgänge aufzuzeichnen, finden, stammt aus dem Jahre 1293. Es handelt sich um eine notarielle Kopie einer Seite aus einem Rechnungsbuch der Compagnia→Peruzzi; als nächstes schließt sich eine Reihe von Registern vom Ende des 13., Anfang des 14. Jh. an. Unter diesen erregt zweifellos das Buch der Compagnia→Fini in Florenz (1297–1303) Interesse, sowie das der florent. Compagnia Farolfi, das in den Jahren 1299–1300 in Nîmes geführt wurde. Darin finden wir zum ersten Mal den Begriff des »Rechnungsabgrenzungspostens« (Aufwendungen, die das neue Rechnungsjahr betreffen und im alten Geschäftsjahr nicht verbucht werden); ferner: die erhaltenen Bücher der Peruzzi, der Sieneser Kompanie Gallerani (1305–07); die Bücher der Compagnia di →Calimala des Francesco Del Bene (1318–24), in denen man den ältesten Beleg für Amortisation des Mobiliars findet; zusammen mit einigen anderen sind diese Bücher sichere Zeugnisse für die Anwendung der Methode der doppelten Buchführung vor den Büchern der Kommune Genua vom Jahr 1340. Leider sind diese Belege nur teilweise erhalten, wenn auch auf das Erscheinen dieser neuen Methode der B. eindeutig hinweisen – da die ma. B. mittels verschiedener Geschäftsbücher abgewickelt wurde.

Vom Jahr 1383 an ist uns die B. der Firmen des Francesco →Datini erhalten; sie liefert uns für mehrere Jahrzehnte ein Beispiel einer kompletten Buchführung, von der sowohl die Haupt- wie die Nebenbücher auf uns gekommen sind. Der Komplex, dessen Hauptmasse mittelalterl. ist, umfaßt zwei Hauptgruppen von Registern, zu denen noch eine dritte Gruppe mit bes. Registern tritt. Dieser Typus der B. bezieht sich auf Handelsfirmen und Bankhäuser, während die Buchhalter der Produktionsbetriebe eine für diesen Sektor typische B. erarbeiteten. Die erste Gruppe umfaßt die vorläufigen Aufzeichnungen, die ihrerseits in zwei Sektoren gegliedert sind: alle Geschäftsvorgänge, die einen Geldtransfer bewirkten, wurden zuerst in den Kassenbüchern bzw. -heften vermerkt (Kassenbuch, Verzeichnis der Warenangaben, Verzeichnis der eingegangenen und abgeschickten Warenballen, Haushaltsbuch); Verbindlichkeiten und Kredite wurden zuerst im »Memorial(e)« verzeichnet.

Die zweite Gruppe der Register umfaßte die definitiven oder systemat. Aufzeichnungen, die in einem Hauptbuch (il »mastro« – 'der Meister', oder il »libro grande« – 'das große Buch') zusammengefaßt werden mußten, jedoch häufig nach ihrem Gegenstand in verschiedene Bücher aufgeteilt waren: Kreditoren- und Debitorenbuch; Warenbuch; Eingangs- und Ausgangsbuch. Es existierte noch ein »geheimes Buch«, das heißt ein Vermögensverzeichnis, in dem außer für die »patti di compagnia« (Geschäftsabmachungen der Kompanie) für jeden Socius Konten für das eingebrachte Kapital und die erreichten Gewinne eröffnet waren.

Die dritte Registergruppe trug dem Bedürfnis nach Aufzeichnung verschiedener Fakten Rechnung und umfaßte auch »Erinnerungsvermerke«. Nur in einigen Fällen wurden dabei Geldwerte festgehalten. Es gibt zahlreiche Beispiele, die häufigsten waren: Aufzeichnung der erhaltenen und abgesandten Ballen; das den Postverkehr einer Firma enthaltende Botenbuch (→Botenwesen); das Besitztümerverzeichnis (das die Güter des Kaufmanns in der Stadt und auf dem Land vermerkte), das Buch der »ma' debitori« – 'schlechten Schuldner' –, in welches die zahlungsunfähigen Schuldner aus dem »mastro«, aus dessen Aktiva sie gestrichen worden waren, übertragen wurden; das Wechselbuch (das die Bewegung der Wechselbriefe [→Wechsel] vermerkte); etc.

Die B. wurde durch die Einführung des *Journals* vereinfacht, das die Aufzeichnung der Geschäftsvorgänge in chronolog. Ordnung erlaubte und ihre Übertragung in den »mastro« erleichterte. Das bis jetzt aufgefundene älteste Exemplar stammt aus dem Jahr 1391 und gehörte der florent. Kompanie von Francesco Del Bene und Salvi Lippi, die am Ende des 14. Jh. in Padua tätig war. In den Datini-Firmen wurde dieses neue Instrument der B. seit 1403 eingeführt. Die Sukkursalen und abhängigen Gesellschaften der großen it. Firmen, die in Westeuropa und im Mittelmeerraum verstreut waren, waren im allgemeinen in ihrer Verwaltung autonom, so daß ihre B. ähnlich aufgebaut war, wie die ihrer Mutterfirmen, und nur im Bereich der Gewinne dieser rechenschaftspflichtig war. Die Firmen führten eine B., die mittels eines langen Kontos, auf dem alle Vorgänge aufgezeichnet wurden, und auf den Namen der Mutterfirma lautete, mit dieser verbunden war.

Die B. der ma. it. Firmen ist also ein wirksames Instrument, die Geschäftsvorgänge zu verfolgen und zu studieren. Sie war viel stärker entwickelt, als man aus ihrer ersten Behandlung bei Luca →Paciolo (1494) schließen könnte. Wenn uns die Kontoführung der Buchhalter in den toskan. Städten entwickelter als die der anderen Städte erscheinen mag, so ist darauf hinzuweisen, daß die erreichten fortschrittl. Methoden sich sehr rasch verbreiteten, wie die Bücher der Kommune Genua seit 1340, die Mailänder Register von Giacomo da Giussano (1356–58) und der Gesellschaft Serrainerio und Dugnano (1396–97) beweisen, ferner in Venedig die Bücher der »Fraterna« Soranzo (1406–33), der Barbarigo (1430–1582) und von Jacomo Badoer (1336–39). Letztere zeigen Charakteristiken der Anpassung an die typ. Handelsform der Stadt mit den »Reise-Konten«, welche die Geschmeidigkeit beweisen, mit der die it. Buchhalter des MA das Instrument der B. handhabten. – Zur Buchführung in der staatl., kommunalen und fsl. Verwaltung vgl. →Finanzwesen, -verwaltung in Italien.　　　　　　　　　　　　　　　　B. Dini

Lit.: F. BESTA, La ragioneria, 1922 – F. MELIS, Storia della ragioneria, 1950 – R. DE ROOVER, The development of Accounting prior to Luca Paciolo according to the Account Books of Medieval Merchants, 1956, 114–174 – F. MELIS, Aspetti della vita economica medievale, 1962, 339–452.

B. Byzantinisches Reich

Die verhältnismäßig wenigen Angaben, die man über die B. in Byzanz machen kann, beruhen auf noch unedierten Kontobuchfragmenten (→ Kontobücher, byz.) und besitzen daher ganz den Charakter der Vorläufigkeit. Die Kontoführung von Gesellschaften (συντροφίαι, analog den it. *aziende* oder *compagnie*) ist unbekannt, da sich die bisher gefundenen Beispiele nur auf Einzelpersonen (Kaufleute) beziehen, obwohl manche Kontonotizen Personen erwähnen, die sich mit anderen zu einer συντροφία zusammengeschlossen haben. Insgesamt gesehen ist die byz. Kontoführung, durch Dokumente belegbar erst seit dem 14. Jh., im Vergleich zum damaligen Italien noch sehr rudimentär und einfach; sie ist damit wohl auch symptomat. für die wirtschaftl. Verhältnisse im späten Byzanz. Man begegnet in den Dokumenten drei Typen von Kontoführung: 1. Wahllose Aneinanderreihung einzelner Notizen mit Erwähnung des Schuldners, der Ware, der ausstehenden Summe, aber ohne Datenangaben. – 2. Ad hoc angefertigte Kassenunterlagen, nicht getrennt nach Einnahmen und Ausgaben, aber vielfach mit Monats- und Tagesdatum versehen. Diese Art der Kontoführung begegnet in der Mehrzahl der bisher gefundenen Texte. Es sind dies vielleicht Unterlagen für: 3. die systemat. Niederschrift von Konten, für die nur ein Dokument angeführt werden kann. Es handelt sich dabei um Verkaufskonten mit Angaben der Käufer, der Waren, teilweise des Warenpreises, Höhe der Anzahlung *(acconto)* – sofern überhaupt geleistet – und Höhe der Schuld, aufgelistet nach den Monatstagen. Wenn die Schuld beglichen wurde, ist die Position gestrichen. Wurde nur ein Teil der Schuld bezahlt, ist der Eintrag zwar ebenfalls gestrichen, doch begegnet dann der Name des Käufers unter Angabe der Ware und der Höhe des Restbetrages in einem eigenen »Schuldverzeichnis«. Dies ist die systematischste Art der Kontoführung, die für das Byz. Reich zu nennen ist. Eine »doppelte Buchführung« ist nirgends nachweisbar. Ein Einfluß it. Buchführungsmethodik ist nach den bis jetzt bekannten Beispielen nicht anzunehmen.　　P. Schreiner

Lit.: Ed. der Kontobücher durch P. SCHREINER in Vorber. (StT) – P. SCHREINER, Kupcy i tovary Pričernomor'ja: fragment vizantijskoj kontorskoj knigi 14-go veka, Byzantinobulgarica 7, 1981, 215–219.

C. Islamischer Bereich

Die islam. B. blickt auf eine lange oriental. und mediterrane Tradition zurück. Im FrühMA behielten die östl. Provinzen des Kalifats die sasanid.-pers., in den westl. die röm.-byz. Verwaltung. Ebenso führte die Erhebung des Arabischen zur alleinigen Amtssprache nicht zu einer Veränderung der pers. bzw. spätröm. Buchführung oder des Rechnungswesens im islam. Reich. Im 11. Jh. drangen pers. Buchführungsmethoden so weit vor wie die seldschuk. Militärmacht. Die Ayyūbiden förderten ihrerseits in den von ihnen regierten Gebieten – v. a. in Ägypten, Syrien und Yemen – diese Entwicklung. Doch ist es irrig, an der landläufigen Vorstellung festzuhalten, nach der allein diese pers. Buchhaltungsmethoden im Ayyūbiden- und Mamlūkenreich vorherrschten, denn die alten, von den → Kopten ausgeübten Rechnungs- und Buchhaltungsmethoden bewährten sich gegenüber den pers., so daß damit das beabsichtigte Ziel der Verdrängung der Kopten aus der Finanzverwaltung scheiterte. Die entscheidende Auseinandersetzung zw. den kopt. und pers. Methoden fand während der spätfāṭimid. Ära statt und wurde von den die Finanzverwaltung beherrschenden Kopten gegen die aufstrebenden rivalisierenden eingewanderten šīʿit. Perser geführt. Diese Feststellung geht aus Maḥzūmīs Angaben im 11. Jh. eindeutig hervor.

Die arab. Siyāq-Ziffern (→Rechnen, Rechenkunst), die sich sowohl im Osten als auch im Westen des Kalifats spätestens im 9. Jh. durchsetzten, schlossen Verfälschungen der B. mittels Anfügen einer Null oder Vorsetzen einer Ziffer aus. Gerade die oriental. Buchhaltung hatte neben der Verbuchung von Einnahmen und Ausgaben v. a. das Ziel der Geheimhaltung der Beträge und die Erschwerung von Unterschlagungen (→Korruption). Die uns als schwerwiegende Nachteile erscheinenden Techniken der oriental. Buchhalter und Sekretäre wurden von diesen daher nicht als solche empfunden. Im Gegenteil galten die Siyāq-Ziffern und das umständl. Rechnen mit den Fingern im Gegensatz zum einfachen Rechnen mit ind. Ziffern (→Rechenkunst) auf Papier als angemessener für »gehobene« Persönlichkeiten. Diese Form der B. erforderte ein gutes Gedächtnis und ständige Übung. Der Buchhalter mußte nicht nur lernen, Zahlen und Brüche mit den Fingern zu addieren, sondern er mußte seine Finger darin bis zur völligen Geläufigkeit üben – dies gehörte zu den Kunstfertigkeiten der Buchhalter. Dies darf uns nicht darüber hinwegtäuschen, daß eine Buchführung mit Soll- und Habenspalten im Orient des MA nicht unbekannt war. Sie war aber in den Finanzkammern eher ungebräuchlich. Gerade diese Feststellung führt zu der diffizilen Frage: Gab es eine doppelte Buchführung in der islam. Welt? Zwar liefert das vorhandene Quellenmaterial keinen Beweis für eine eindeutige, positive Antwort auf diese Frage; dabei ist aber zu bedenken, daß die Erforschung der islam. B. noch in den Anfängen steckt, da wir bis heute über keine detaillierten Bücher von Großkaufleuten oder Firmen verfügen bzw. nicht alle entsprechenden Materialen bekannt sind, so daß sich auch die Nichtexistenz einer doppelten Buchführung im islam. Raum nicht definitiv beweisen läßt. Einiges legt doppelte Buchführung nahe: Es existierte in größerem Umfang ein Bankwesen in Form von Einlagen, Giro- und Wechselverkehr seit dem HochMA in den Großstädten und in den Hafenstädten der islam. Welt (→Wirtschaft, islam.). Hier entwickelten sich in beträchtl. Umfang Rechnungswährungen (→Währung) und →Wechselgeschäft. Die arab. Literatur über das Notarwesen berichtet sogar vom Indossamentverfahren (→Indossament). In der Tat fehlt es uns hier nicht an lit. Quellen, durch die wir gut unterrichtet sind, sondern an überlieferten Rechnungsbüchern.

Besser unterrichtet sind wir über die hochentwickelte B. der staatl. Finanzverwaltung in den islam. Reichen. Eine gut organisierte Finanzbehörde führte mindestens sieben Bücher: 1. Das *Journal* zur Eintragung sämtl. Vorgänge des Großdiwans (→Dīwān) einschließl. aller Ausfertigungen der Geheimen Hof- und Staatskanzlei (→Kanzlei), soweit der Fiskus daran in irgendeiner Form beteiligt war. – Das betreffende Registerfragment Friedrichs II. (→Register, →Finanzwesen, -verwaltung in Sizilien) ähnelt so sehr einem oriental. Journal, daß »sarazenische« Vorbilder möglicherweise nicht ausgeschlossen werden dürften. – 2. Das *Kassenstandbuch*, in welches Tag für Tag die Finanzvorgänge aus dem Journal übertragen wurden, war nach Städten und Provinzen gegliedert. Die Ausgaben wurden unter dem betreffenden Fonds verbucht, so daß sich durch Abzug der Ausgabensumme jederzeit der noch verfügbare Habenstand bzw. der Stand von Soll und Haben ermitteln ließ. – 3. Das *Auszahlungsbuch*, das im Gegensatz zum Kassenstandbuch (das Rechenschaft über den Habenstand gab) über das Soll des Fiskus Auskunft gab, unterschied sich im wesentl. dadurch, daß das Kassenstandbuch nach Steuerquellen aufgeschlüsselt war, das Auszahlungsbuch jedoch nach Geldempfängern (Hofhaltungsbedarf für Herrscher, Harem und Prinzen, Besoldung bzw. Pensionen der Emire, Würdenträger und Beamte bei Hof bis hin zu den Betriebsmitteln der Hofbetriebe einschließl. Marstall, Zeughaus und Manufakturen; ebenso über Gratifikationen an die Beamtenschaft und Fürsorgeausgaben für Fromme und Arme). – 4. Das *Betriebsmittelbuch* war im Grunde ein Zweig des Ausgabenbuches. – 5. Das *Einzelhaushaltsbuch* enthielt die gesamten Einnahmen und Ausgaben jeder einzelnen Stadt, jedes Dorfes und jeder Provinz des Reiches. – 6. Das *Reichshauptbuch* enthielt die Steuerleistungen aller Länder des Reiches. Aus diesem Buch wurde jährlich ein Auszug für den Herrscher gefertigt, der ihm zeigte, wie hoch das Gesamtsteueraufkommen des Reiches belief, wieviel davon auf Ausgaben entfiel und wieviel davon als Reinertrag für den Kronschatz übriggeblieben war. An dieser Stelle ist die Tatsache zu unterstreichen, daß die Bestallungsurkunden die »Beamten« immer wieder darauf hinwiesen, daß sie sich für einen höheren Gewinn aus ihren Ressourcen anzustrengen hatten. – 7. Das *Reichshebebuch*, das die Höhe der Besteuerung regelte und das aufgrund der Unterlagen des Katasteramtes ausgearbeitet wurde. Es war die Grundlage des oriental. →Steuerwesens. Eigtl. gab es zwei derartige Bücher, eines für die Produktionssteuern nach alten und neuen Steuern gegliedert, und eines für die Handelssteuern mit den Sätzen der Umsatzsteuer und der Binnenzölle. →Finanzwesen, -verwaltung, islam. S. Labib

Lit.: EI², s. v. Daftar – M. Weber, Wirtschaftsgesch., Abriß der universalen Sozial- und Wirtschaftsgesch., 1958³ – L. Massignon, L'influence de l'Islam du MA sur la fondation et l'essor des banques juives, BEO 1, 1931 – W. Fischel, The Origin of Banking in Medieval Islam, JRAS, 1933 – W. Hinz, Ein oriental. Handelsunternehmen um 15. Jh. (Die Welt des Orients I, 1947–52) – Ders., Das Rechnungswesen oriental. Reichsfinanzämter im MA, Islam 29, 1950 – Ders., Die Resālā – Ye Falakiyya: Ein pers. Leitfaden des staatl. Rechnungswesens (um 1363), 1952 – J. F. P. Hopkins, Medieval Muslim Government in Barbary until the 6th century of the Hijra, 1958 – S. Labib, Handelsgesch. Ägyptens im SpätMA, 1965 – S. D. Goitein, A Mediterranean Society, The Jewish Communities of the Arabic World as Portrayed in the Documents of the Cairo Geniza, 1ff., 1967f. – H. Rabie, The Financial System of Egypt (A. H. 564–741/A. D. 1169–1341), 1972 – C. Cahen, Makhzūmiyyāt, Etudes sur l'hist. économique et financière de l'Egypte médiévale, 1977 – A. L. Udovitch, Partnership and Profit in Medieval Islam, 1979 – S. Labib, Ein kopt. Märtyrer des 13. Jh.: Al-Habīs Būluṣ ar-Rāhib al-Qibṭī, Islam 58, 1982.

Buchhorn, Grafen v. Der Ort B. (jetzt Friedrichshafen am Bodensee) war ein Herrschaftssitz der Gf.en aus dem Geschlecht der sog. Udalrichinger. Seit einer Erbteilung um 1032/40 nannte sich eine Linie dieses Geschlechtes »Gf. en v. B.«. Sie ist jedoch bereits mit Otto II. v. B. 1089 ausgestorben, der, im Investiturstreit auf ksl. Seite kämpfend, wegen einer Missetat exkommuniziert und in einer Verwandtenfehde erschlagen wurde. Das B. er Erbe traten nach einer Fehde mit den Gf.en v. →Bregenz die →Welfen an, die auch die Vogtei über das im Bereich des Herrschaftssitzes von der letzten Gfn. v. B. namens Bertha gegründete Kl. Hofen ausübten. – 1189 fiel B. an die Staufer. Die vielleicht noch unter den Welfen begründete neue Marktsiedlung B. wurde unter den Staufern zur Stadt ausgebaut und war nach dem Ende der stauf. Herrschaft Reichsstadt. K. Schmid

Q.: Bernoldi chron. ad a. 1089, MGH SS 5, 455 – *Lit.*: E. Knapp, Die älteste B.er Urk., Württ. Vierteljahrshefte für Landesgesch. 19, 1910, 155–265 – K. O. Müller, Die oberschwäb. Reichsstädte (Darstellungen aus der Württ. Gesch. 8, 1912), 216–229 – B. Bilgeri, Gesch. Vorarlbergs 1, 1971², 107ff., 181f., 286 – vgl. zur Orts- und Stadtgesch. auch: Hist. Stätten Dtl. 6, 192–194.

Büchlein (»zweites B.«). Der 820 Reimpaarverse umfassende mhd. Text mit sechszeiliger Schlußmarkierung ist ausschließl. in der Ambraser Hs. (16. Jh.) zw. Werken Hartmanns v. Aue überliefert. Wegen fehlender sprachl. Anhaltspunkte durch die Überformung des Schreibers Hans Ried muß die Datierung vage bleiben. Zwar ergeben vielfältige Entlehnungen aus den Werken →Hartmanns und →Gottfrieds v. Straßburg die ersten Jahrzehnte des 13. Jh. quasi als terminus post quem, doch erscheint die Entstehung in zeitlicher Nähe zu diesen Werken und überhaupt im 13. Jh. (Saran, Zutt, Glier) wegen der Inkompatibilität mit der höf. Minne höchst fragwürdig. Wenn der Vorspann zu der Iwein-Hs. J aus dem 1. Viertel des 14. Jh. eine Reminiszenz an das B. enthält (L. Wolff), wäre das ein terminus ante quem.

Der Titel des ersten Herausgebers M. Haupt greift eine Selbstbezeichnung des Textes auf; thematisch handelt es sich um die Liebesklage, Treueversicherung und Ermahnung eines Ritters an seine Geliebte, der er das kleine »büechel« (V. 811) zur Versicherung unverbrüchl. Liebe zueignet. Beklagt wird die Trennung der Liebenden durch die »huote«, deren Bedingungen nicht erkennbar werden. Eine sinnlich erfüllte Liebe bildet den Hintergrund der Klage, körperl. Nähe wird vermißt und erstrebt. Der Umschlag von »herzeliebe« in »herzeleit« gründet nicht in der antithet. Struktur der Minne, sondern ist durch äußeren Zwang veranlaßt. Dargestellt und damit propagiert wird die Unauflösbarkeit einer einmal geschlossenen Liebesverbindung, das gemeinsame Altwerden; denn alle

Versuche, wegen des bedrängenden Leides von der Geliebten loszukommen, auch in den Armen anderer Frauen Trost zu finden, haben sich als erfolglos erwiesen. Ethisch vervollkommnend wirkt das »leit« in keiner Weise. »triuwe« und »staete« werden für den Mann gleichsam wesenhaft vorausgesetzt, die Frau dagegen ist von Natur wankelmütiger und bedarf der Ermahnung.

Das Sprach- und Gedankenreservoir der höf. Literatur hat der unbekannte Autor äußerlich geschickt benutzt, nicht mehr verfügbar war ihm deren konzeptionelle Substanz; z. B. erscheint das Problem, Gott und der Welt zu dienen, bei entsprechendem Einsatz zu bewältigen. Die Überlieferung in Verbindung mit Hartmanns Werken hat dem Text eine seiner literar. Qualität unangemessene Beachtung verschafft. Die von HAUPT angenommene Verfasserschaft Hartmanns gilt heute aus sprachl. und inhaltl. Gründen als unhaltbar. U. Schulze

Ed.: Der Arme Heinrich und die Büchlein von Hartmann v. Aue, ed. M. HAUPT, 1842 – Hartmann v. Aue, Die Klage/Das (zweite) B. aus dem Ambraser Heldenbuch, ed. H. ZUTT, 1968 – Das Klagebüchlein Hartmanns v. Aue und das Zweite B., ed. L. WOLFF, 1972 – Lit.: Verf.-Lex². I, 1107–1108 [H. ZUTT] – Die Einleitung zu den Ed. von H. ZUTT und L. WOLFF – F. SARAN, Hartmann v. Aue als Lyriker. Eine literarhist. Unters., 1889, passim – C. v. KRAUS, Das sog. II. B. und Hartmanns Werk (Abh. zur germ. Philologie [Fschr. R. HEINZEL, 1898]), 111–172 – I. GLIER, Artes amandi, 1971, 46–49.

Buchmalerei
A. Abendländische Buchmalerei – B. Byzantinische Buchmalerei – C. Einflußbereiche der byzantinischen Buchmalerei – D. Islamische Buchmalerei

A. Abendländische Buchmalerei

I. Allgemeine Voraussetzungen – II. Spätrömische Buchmalerei – III. Insulare Buchmalerei – IV. Merowingische Buchmalerei – V. Karolingische Buchmalerei – VI. Ottonische Buchmalerei – VII. Spanische und katalanische Buchmalerei des 10. und 11. Jahrhunderts – VIII. Englische Buchmalerei des 10. und 11. Jahrhunderts – IX. Französische Buchmalerei des 10. und 11. Jahrhunderts – X. Buchmalerei in Italien vom 10.–12. Jahrhundert – XI. Buchmalerei des 12. Jahrhunderts in Frankreich, England und Deutschland – XII. Skandinavische Buchmalerei vom 11.–15. Jahrhundert – XIII. Deutsche Buchmalerei 1200–1500 – XIV. Französische Buchmalerei von 1200–1500 – XV. Südniederländische Buchmalerei von 1200–1500 – XVI. Nordniederländische Buchmalerei bis 1500 – XVII. Englische Buchmalerei (1200–1500) – XVIII. Italienische Buchmalerei von 1200–1500 – XIX. Europäische Jüdische Buchmalerei bis 1500.

I. ALLGEMEINE VORAUSSETZUNGEN: Der Pergamentcodex als Träger von B. im eigtl. Sinn löste in der Zeit zw. dem 2. und 4. Jh. n. Chr. die Papyrusrolle (→Papyrus, →Pergament) ab. Mit der Buchseite stand eine in sich abgeschlossene Fläche zur Verfügung, die zur Aufnahme eines – nun vielfach auch gerahmten – Bildes geeignet war. Der flach liegende Malgrund gestattete das Auftragen dickerer Farbschichten, die Illustration konnte großflächiger und vielgliedriger angelegt werden, wobei die Möglichkeit geboten war, großformatige Bilder auch in ihrem Stil auf Bildseiten nachzuahmen.

An dem durch die Form der Rolle bedingten Prinzip, die Illustration in die fortlaufende Textkolumne einzuschieben und damit eine unmittelbare Verbindung von Text und Bild herzustellen – bei naturgemäß räuml. begrenzter Ausdehnung der Einzelszene –, wurde allerdings noch länger festgehalten.

II. SPÄTRÖMISCHE BUCHMALEREI: Der älteste datierte Codex mit *ganzseitigen Darstellungen* ist der Kalender des →Philocalus aus dem Jahr 354. Das Original ist ebenso wie seine karol. Kopie verloren, erhalten sind Nachzeichnungen aus dem 16. und 17. Jh. Zur Ausstattung gehören neben offiziellen Herrscherbildern (Constantius II. und Constantius Gallus) Illustrationen zu einem astrolog. Kalender und Monatsdarstellungen. Unsere Kenntnis von spätantiken Illustrationen zu astronom. Texten beruht auf frühma. Kopien. Am bedeutendsten sind die beiden karol. Aratus-Hss. in Leiden (Univ. Bibl. Voss. lat. qu. 79) und in London (Brit. Libr. Harley 647). Die großen epischen Dichtungen des Altertums sind mehrfach illustriert worden. Aus dem lat. Westen, vermutl. aus Rom selbst, stammen die 50 Illustrationen einer Vergilhs. der Zeit um 400 oder des frühen 5. Jh. (sog. Vergilius Vaticanus, Rom, Bibl. Vaticana Cod. lat. 3225), von einer zweiten, etwas später, vielleicht noch in der ersten Hälfte des 5. Jh. entstandenen Vergilhs. sind 16 Miniaturen erhalten (sog. Vergilius Romanus, Rom, Bibl. Vaticana Vat. lat. 3867). V. a. die stilist. und möglicherweise auch die ikonograph. Unterschiede zw. beiden Hss. sind nicht zuletzt wohl darauf zurückzuführen, daß die eine sehr wahrscheinl. in Rom, die andere in der Provinz (Oberitalien, Gallien oder Spanien) hergestellt wurde. Von den gleichfalls häufig illustrierten Dramentexten ist kein spätantikes Original erhalten. Um eine Vorstellung von dem Verlorenen zu gewinnen, sind wir wiederum auf karol. Kopien angewiesen, beispielsweise die des Terenzhs. in Rom (Bibl. Vaticana Vat. lat. 3868) nach einem Original des 5. Jh. Vermutl. aus demselben Skriptorium wie der Vergilius Vaticanus stammen die ältesten Zeugnisse von Bibelillustrationen, die in fragmentar. Zustand aus Einbänden Quedlinburger Archivalien ausgelöst wurden (sog. Quedlinburger Itala, Berlin, Dt. Staatsbibl. Theol. lat. fol. 485). In Form von ornamental geschmückten *Arkadenrahmen* für die von →Eusebios v. Kaisareia († 339/340) aufgestellten Konkordanztabellen zu den Evangelien, den Kanontafeln, kommt eine weitere Art von Buchschmuck in Gebrauch, die schnell Verbreitung findet. Obwohl sicher ursprgl. zugehörig, ist diese Schmuckform erst seit dem 6. Jh. in Beispielen zu belegen: sehr qualitätvoll auf zwei Blättern in Rom (Bibl. Vaticana Vat. lat. 3806), vollständig in einer Hs. in London (Brit. Libr. Harley 1775). Beide Codices sind italischen Ursprungs, der erste wohl aus Rom, der zweite aus Oberitalien. Reste einer Bilderserie eines Evangelienbuches (mit Sammelminiatur und Evangelistenporträt) haben sich auf zwei Seiten einer Hs. in Cambridge (Corpus Christi College Cod. 286) erhalten, die Ende des 6. Jh. sehr wahrschein. in Rom entstand. Einen Höhepunkt der atl. Bibelillustration des Abendlandes stellt der sog. →Ashburnham Pentateuch in Paris dar (Bibl. Nat. Nouv. acq. lat. 2334), der auf 19 erhaltenen Bildseiten einen zuvor unbekannten Szenenreichtum ausbreitet. In einer Provinzwerkstatt, vermutl. in Nordafrika oder Spanien, ist er im 7. Jh. hergestellt worden.

Die Anfänge der Initialzier sind unscheinbar. Die Gepflogenheit, auf jeder Buchseite den ersten Buchstaben einer Textkolumne zu vergrößern, ist seit dem 4. Jh. in lat. Hss. nachweisbar. Bei diesen 'Kolumneninitialen' ist auf Text und Satzzusammenhang noch keine Rücksicht genommen, in der Regel sind sie unverziert. In einer fragmentar. erhaltenen Prachtausgabe von Vergiltexten (sog. Vergilius Augusteus, Rom, Bibl. Vaticana Vat. lat. 3256 und Berlin, Staatsbibl. Stift. Preuß. Kulturbesitz Lat. fol. 416; 2. Hälfte 4. Jh., vielleicht Rom) sind sie erstmals mit einfachen, meist geometr. Ornamenten gefüllt: ein erster Schritt zur (ornamentierten) *Initiale*. Zeichner. Hilfsmittel sind Zirkel und Lineal. Im 6. Jh. vollzieht sich in Italien ein für die Entwicklung der Initialornamentik entscheidender Schritt: Einzelne Buchstabenteile werden durch zoomorphe Elemente ersetzt. In einer vor der Mitte des 6. Jh. in Ravenna geschriebenen Orosius-Hs. in Florenz (Bibl.

Laurenziana Plut. LXV. 1) sind es zunächst Fische, die einen Teil des unzialen a ersetzen, in einer weiteren italischen Hs. der 1. Hälfte des 6. Jh. in Rom (Bibl. Nazionale Sessor. 13) begegnen unziale e-Buchstaben mit paarweisen Fischen. Insgesamt seltener und erst um einiges später, etwa um 600, werden Vögel als Buchstabenteile verwendet (so in der italienischen Canones-Hs. in Oxford, Bodleian Libr. e Mus. 101). Beliebt sind Vögel v. a. auch als Besatzornament – auf Initialstämmen sitzend – wie in dem nach seinem Schreiber genannten Valerianus-Codex in München (Bayer. Staatsbibl. Clm 6224), einer wohl vom lat. Balkan stammenden Hs. aus dem Beginn des 7. Jh. Die Fisch-Vogel-Initialen sind nicht im Osten, wie man lange Zeit glaubte, sondern im Westen entstanden. Nach C. Nordenfalk darf als Ursprungsland Italien bezeichnet werden, wobei in Spanien und Gallien, auch Nordafrika, schon früh Parallelentwicklungen zu beobachten sind (vgl. Köln, Dombibliothek Cod. 212, aus Gallien um 600).

III. Insulare Buchmalerei: Unter diesem Begriff wird die B. Englands und Irlands in den Jahren 650–800 zusammengefaßt. Den Hauptanteil nimmt die *hiberno-sächs. Buchkunst* ein, die von Hss. repräsentiert wird, die in einer aus Irland und Nordhumbrien gemeinsam gebildeten Kunstprovinz beheimatet sind.

Der Ausgangspunkt liegt in *Irland*, das nach seiner Christianisierung (Hl. Patrick) seit dem 6. Jh. über ein Klosterwesen verfügte. Hier begann man mit der Herstellung von Hss., die in einer aus der spätantiken Halbunziale entwickelten, eigenen irischen Schrift geschrieben sind. Der erste Schritt in Richtung Buchschmuck ist um 625 im sog. Cathach des Hl. →Columba (Dublin, Royal Irish Academy) vollzogen. Seine aus elast. Körpern gebildeten Initialen besitzen die Spannkraft kelt. La-Tène-Ornamentik, deren – aus dem einheim. Kunsthandwerk übernommene – Formen zusammen mit dem mediterranen Flechtband und dem germ. Tierstil die wesentl. Bestandteile der insularen Buchornamentik darstellen.

Die ir. Mission *Nordhumbriens* ging von dem Kl. Columbas auf der Insel Iona aus; ihr wichtigstes Missionszentrum war das 635 gegründete Kl. →Lindisfarne auf einer kleinen Insel vor der Ostküste des nordhumbr. Reiches. – Aus einem nordhumbr. Kloster kommt das älteste Beispiel der hiberno-sächs. B., ein Evangeliarfragment in →Durham (um 650 Cathedral Library A. II. 10;). Die Reihe der großen insularen Prachthandschriften – überwiegend Evangeliare – beginnt mit dem →Book of Durrow (660–670 oder um 680; Dublin, Trinity College 57), dessen Entstehungsort in Irland wie in Northumbrien vermutet worden ist. Die Ausstattung besteht aus Teppichseiten (ornamentales Dekor), ganzseitigen Evangelistensymbolen und großen Initialen zu Beginn der Evangelientexte. In seiner Nachfolge steht das sog. Evangeliar des Hl. →Willibrord (kurz vor 690; Paris, Bibl. Nat. lat. 9389), das dieser im Zuge seiner Missionstätigkeit mit auf das Festland nahm. Eine der Klostergründungen Willibrords, →Echternach, ist zu einem der wichtigsten Stützpunkte insularer Kultur auf dem Kontinent geworden. In der Folgezeit ist es hier auch zu einer Zusammenarbeit insularer und einheim. -merow. Schreiber gekommen, wie das Evangeliar in Trier (Dombibliothek Cod. 61 olim 134; um 730) beweist. Den Höhepunkt der Entfaltung hiberno-sächs. B. verkörpert das →Book of Lindisfarne (London, Brit. Library Cotton Nero D. IV), das einem nachträglich hinzugefügten Kolophon zufolge von Eadfrith, dem Bf. v. Lindisfarne, geschaffen wurde, vermutlich noch vor seiner Ernennung i. J. 698. In Ausstattung und Ornamentik ist zum Teil eine Veränderung gegenüber den älteren Hss. eingetreten: geblieben sind die Teppichseiten, neu hinzugekommen sind Arkadenrahmen der Kanontafeln und v. a. Bilder der Evangelisten mit ihren Symbolen. Die Darstellung des menschl. Körpers in diesen Miniaturen ist ohne das Vorbild der gleichzeitigen byz. Kunst nicht denkbar. Auch die Tierornamentik ist in ein neues, von Naturalismus geprägtes Stadium getreten, das auf mediterranen Einfluß schließen läßt. Von den übrigen hibernosächs. Prachthandschriften der Zeit um 700 und danach ist keine so gut erhalten wie das Book of Lindisfarne (vgl. →Book of Chad in Lichfield, Cathedral Library und Evangeliarfragment Durham II, Cathedral Library A. II. 17); →Durham-Evangeliar).

Ein zweites Zentrum der B. Nordhumbriens ist in dem Doppelkloster *Wearmouth-Jarrow* angesiedelt. Es wurde 674/681 in Zusammenhang mit der von Rom ausgehenden Missionierung Nordhumbriens von →Benedict Biscop gegründet. Seine B. vertritt eine stark von it. Hss. abhängige Richtung. Hauptwerk der Schule ist der berühmte →Codex Amiatinus in Florenz (Bibl. Laurenziana, Amiat. I; vor 716), eine Kopie nach →Cassiodors Codex Grandior, der durch Benedict Biscop auf die Insel gelangte. Miniaturen und Schrift folgen getreu den spätantiken Vorbildern. Ganz unbekannt war die hibernosächs. Art von Buchschmuck allerdings auch in Wearmouth-Jarrow nicht (vgl. Durham, Cathedral Library B. II. 30; um 725).

Das Zentrum der röm. Mission im Süden Englands war *Canterbury*. Erst verhältnismäßig spät – angeregt von der hiberno-sächs. B., aber auch abhängig von spätantiken und merow. Vorbildern – ist hier auch die Produktion von Hss. belegbar. Eines der ältesten Beispiele ist der Vespasian-Psalter (um 735; London, Brit. Library, Cotton Vespasian A. I), das prachtvollste der Codex Aureus in Stockholm (um 750; Kungl. Bibl. A. 135).

Den Endpunkt der Entwicklung der engl. B. des 7. und 8. Jh. bezeichnet das →Book of Kells (Dublin, Trinity College 58), die letzte große hiberno-sächs. Hs., so reich ausgestattet wie keine zuvor. Das Ausstattungsschema ist um weitere Miniaturen erweitert worden: Maria mit Kind, Gefangennahme und Versuchung Christi. Am bewundernswertesten ist die Ornamentik, die – dicht gedrängt und in den kompliziertesten Mustern – die Seiten der großformatigen Hs. beherrscht. Zu der Fülle von verschiedenen aus den älteren Hss. bekannten Motiven sind zwei neu hinzugekommen: neben der Weinstockranke v. a. die menschl. Figur.

IV. Merowingische Buchmalerei: Mit merow. B. bezeichnet man den Schmuck kontinentaler Hss. der 2. Hälfte des 7. und 8. Jh. Nahezu ausschließl. Zierelement ist Ornamentik, die bei Initialen und ganzseitigen Titeldern (meist Arkade mit eingestelltem Kreuz) Verwendung findet. Spätantiker Tradition folgend, bestimmen wieder Lineal und Zirkel das Erscheinungsbild der Initialen. Pflanzl. Füllmotive, teilweise zu kleinteiligen Mustern zerlegt oder in Rankenform ausgebildet, gehören ebenso wie Rosetten-, Dreiecks- und Kreuzmuster zur ornamentalen Grundausstattung. Im Laufe des 8. Jh. gewinnt zoomorphe Ornamentik zunehmend an Bedeutung, eine Entwicklung, die schließlich zu reinen Bildbuchstaben führt. Dabei sind dann alle Buchstaben einer Schriftzeile ausschließlich aus Tieren (Vögeln, Drachen, Fische) gebildet (v. a. anzutreffen in Chelles-Hss. s. u.). Etwa seit der Mitte des 8. Jh. dringt im Zuge der ags. Mission (Bonifatius) verstärkt insulares Formengut auf den Kontinent, was u. a. zur Ausbildung der Flechtbandornamentik geführt hat. Mehrheitl. beinhalten die Hss. liturg. und patrist. Texte, Evangeliare sind relativ selten. Hervorzuheben ist deshalb das nach seinem Schreiber genannte Gundohinus-Evangeliar (Autun, Bibl. mun. Ms. 3), das mit einer Majestas Domini und ganzseitigen Evangelistenbildern am Schluß der Hs. ausgestattet ist, die auf spätantike Vorbilder zurückgehen. Der Codex ist in einem nicht identifizierten Kl. Vosevio (Burgund?) 754 geschrieben worden.

Eines der bekanntesten und zugleich ältesten Skriptorien ist das von →Luxeuil, gegründet 590 von dem Iren →Columba. Seine älteste datierte Hs. stammt aus dem Jahr 669 (New York, Pierpont Morgan Library Ms. 333). In der Blütezeit des Kl. – um 700 – entstanden Hss. wie das Missale Gothicum (Rom, Bibl. Vaticana Reg. lat. 317), das Lektionar aus Luxeuil (Paris, Bibl. Nat. Lat. 9327) und eine Gregor-Hs. in Leningrad (Öffentl. M. E. Saltykow-Schtschedrin Staatsbibl. Q. v. I. N. 14). Mit der Zerstörung des Kl. 732 endet die Hss.-Produktion.

Der Buchschmuck in dem 662 gegründeten Kl. →Corbie folgt anfängl. den aus Luxeuil übernommenen Formen (vgl. Basilius-Hs. in Leningrad F. v. I. N. 2). Schon mit einer Hs. wie dem Codex der Vallicelliana (B. 62) setzt eine eigene Stilentwicklung ein, die um 700 bereits einen bestimmten Formenschatz ausgebildet hat (vgl. Paris, Bibl. Nat. lat. 17655). Während des ganzen 8. Jh. entfaltet das Kl. eine rege Schreibtätigkeit. Der Ornamentschatz ist um das Flechtband erweitert worden, die Blattformen werden üppiger (Leningrad, F. v. I. N. 6 aus dem 3. Viertel des 8. Jh.).

Eine dritte, weniger umfangreiche, aber sehr qualitätvolle Hss.-Gruppe ist nach →Chelles lokalisiert worden. Ausgehend von dem Hauptwerk, dem Sacramentarium Gelasianum in Rom (Bibl. Vaticana Reg. lat. 316), das im Jahrzehnt vor 750 entstand, über eine Hs. der Mitte des 8. Jh. (Oxford, Bodleian Library Laud. Misc. 126) läßt sich die Tätigkeit des Skriptoriums bis in das beginnende 9. Jh. verfolgen (Köln, Dombibliothek Cod. 67 und Oxford, Bodleian Library Douce 176).

Aus der Vielzahl merow. Hss., von denen eine ganze Reihe im nordostfränk. Raum und den angrenzenden Gebieten beheimatet ist, hebt sich auf Grund ihrer Geschlossenheit eine weitere kleine Gruppe ab, die az-Hss. aus →Laon. Das Hauptwerk aus d. Mitte des 8. Jh. befindet sich in Paris (Bibl. Nat. Lat. 12168). Eine der schönsten und zugleich interessantesten merow. Hss. ist das Sakramentar von Gellone (Paris, Bibl. Nat. Lat. 12048) aus dem Ende des 8. Jh., entstanden in der Diöz. Meaux. Auf den Seiten dieses Codex ist ein großartiger Figurenreichtum (Tier und Mensch) neben einer Fülle von Ornamenten in farbenfroher Malerei vor uns ausgebreitet.

V. KAROLINGISCHE BUCHMALEREI: Die karol. B. verdankt ihre Entstehung dem Gedanken der Erneuerung der geistigen Kräfte des Abendlandes, die sich →Karl d. Große (768–821) zum Ziel gesetzt hatte. Sein *Hof* wird zu einem Zentrum geistigen Lebens, dessen Ausstrahlungskraft bis in die entferntesten Teile des Reiches spürbar wird. Waren bisher ausschließl. die Klöster Produktionsstätten von Hss., so tritt nun auch der Hof mit einem eigenen Skriptorium in Erscheinung.

Den Anfang der Reihe von Prachtsss., die im Auftrag Karls d. Gr. hergestellt wurden, bildet das →Godescalc-Evangelistar, zw. 781 und 783 entstanden (Paris, Bibl. Nat. Nouv. acq. lat. 1203). Zeitlich folgen das Evangeliar in der Arsenalbibliothek (Paris, Bibl. de l'Arsenal 599) und der vor 795 geschriebene Dagulf-Psalter (Wien, Österr. Nationalbibl. Cod. 1861), zwei weitere vor 800 geschriebene Hss. (London, Brit. Library Harley 2788 und Abbeville, Bibl. Mun. Ms. 4), zu Beginn des 9. Jh. das Evangeliar aus Soissons (Paris, Bibl. Nat. Lat. 8850), der spätere Teil der →Ada-Handschrift (Trier, Stadtbibl. Cod. 22) und zuletzt das Evangeliar aus Lorsch (Bukarest, Nationalbibl. und Rom, Bibl. Vaticana Pal. lat. 50). Zur Ausstattung gehören von prachtvollen Arkaden gerahmte Kanontafeln, Initialseiten zu Beginn der großen Textabschnitte und Bilder der Evangelisten. Die große künstler. Leistung der Buchmaler am Hofe Karls d. Gr. bestand darin, das Erbe der antiken Malerei anzutreten, den Figuren Körperlichkeit, dem Raum Dreidimensionalität zurückzugeben. Davon unabhängig konnte sich das Ornament, v. a. nach insularem Vorbild, auf Initialseiten neu entfalten.

In unmittelbarer Nachbarschaft entstanden am Hof andere, ganz der hellenist. Stiltradition verpflichtete Werke wie das →Wiener Krönungsevangeliar (Wien, Weltl. Schatzkammer) und das Evangeliar in Aachen (Domschatz).

Nach d. Tod Karls d. Gr. übernimmt das in →Reims unter Ebf. →Ebbo (816–835, 840–845) tätige Skriptorium die Führungsrolle. Den charakter. Stil seiner Hss., den eine von expressiver Lebendigkeit erfüllte illusionist. Malweise auszeichnet, veranschaulicht am schönsten das Hauptwerk, das →Ebo-Evangeliar in Epernay (Bibl. mun. Ms. 1). An Bedeutung gleichrangig ist ein zweites Reimser Werk, der Utrecht-Psalter (Utrecht, Bibl. der Rijksuniversiteit). Er enthält in Federzeichnung ausgeführte Illustrationen zu jedem Psalm. Die dritte große Reimser Hs. dieser Zeit ist ein illustrierter Physiologus in Bern (Burgerbibliothek Cod. 318).

Neben Reims ist v. a. das Kl. St. Martin in →Tours Hauptsitz der karol. B. Auf seine Anfangszeit unter Abt →Alkuin (796–804) gehen großformatige Bibeln zurück, die hauptsächl. mit Initialen und Kanontafeln geschmückt sind (z. B. Bamberg, Staatsbibl. Bibl. 1), noch ohne Bilderzyklus wie die Bibeln, die →Theodulf v. Orléans um 800 schreiben ließ (Le Puy, Trésor de la Chathédrale und Paris, Bibl. Nat. Lat. 9380). Unter den Äbten Adalhard (834–843) und →Vivian (844–851) werden in Tours jene meisterhaften Codices hergestellt, die das Skriptorium weithin berühmt gemacht haben. Für die Bilder der Evangelisten und die Darstellung der Majestas Domini wird eine vielfach nachgeahmte, gültige Form gefunden, frühestes Beispiel ist ein Evangeliar in Stuttgart (Landesbibl. Ms. II. 40). Etwa ab 840 wird die →Bibelillustration aufgenommen und dabei antike Vorbilder weiterentwickelt, so in der Grandval-Bibel in London (Brit. Library Add. 10546) und in noch reicherem Maße in der→Vivian-Bibel, der sog. ersten Bibel Karls des Kahlen (Paris, Bibl. Nat. Lat. 1). Der künstler. Höhepunkt ist mit dem →Lothar-Evangeliar aus der Jahrhundertmitte erreicht (Paris, Bibl. Nat. Lat. 266).

Zur gleichen Zeit entfaltet →Metz unter Ebf. →Drogo (seit 823 Bf., 844 Ebf., † 855) seine besten künstler. Kräfte. Aus seinem Skriptorium stammt eine der schönsten karol. Hss.: das →Drogosakramentar (Paris, Bibl. Nat. Lat. 9428). Sein Schmuck besteht vorwiegend aus Initialen bes. Typs. In die von Akanthusranken dicht umwundenen Buchstaben sind häufig einzelne kleine Figuren oder figürl. Szenen eingeflochten.

Eine der beiden großen Schulen der zweiten Jahrhunderthälfte ist die *Hofschule Karls des Kahlen* (840–877). Das erste aus ihr hervorgegangene Werk ist sein Gebetbuch in München (Schatzkammer der Residenz), den voll ausgebildeten Stil vertreten Werke wie der Psalter Karls des

Kahlen in Paris (Bibl. Nat. Lat. 1152), ein Sakramentarfragment (Paris, Bibl. Nat. Lat. 1141). Höhepunkt der Prachtentfaltung in diesen Hss. verdeutlicht das Spätwerk, der Codex Aureus in München (Bayer. Staatsbibl. Clm 14000). Gleichzeitig, um 870 wird - vermutl. in Reims - für einen Kg. Karl (wohl Karl den Kahlen) eine Bibel angefertigt, die heute in San Paolo fuori le mura in Rom aufbewahrt wird. Ihr großartiger Miniaturenzyklus (24 ganzseitige Bilder zum AT und NT) erscheint als die Summe dessen, was die B. in Tours, Reims und in der Hofschule Karls des Kahlen hervorgebracht hat.

Aus den Kl. Nordfrankreichs sind die Werke der sog. *franko-sächs. Schule* hervorgegangen, die das Bild der karol. B. in der 2. Hälfte des 9. Jh. entscheidend mitgeprägt haben. Der Schmuck dieser Hss. besteht vorwiegend aus Ornamentik. Ein Frühwerk stammt aus *St-Bertin*, es ist ein für Ludwig d. Dt. (840–876) geschriebener Psalter in Berlin (Staatsbibl. Stift. Preuß. Kulturbesitz theol. lat. fol. 58). Der Höhepunkt der Entwicklung ist mit der zw. 871 und 877 in *St-Amand* entstandenen sog. zweiten Bibel Karls des Kahlen erreicht (Paris, Bibl. Nat. Lat. 2). Ein Evangeliar aus *St-Vaast* (Prag, Kapitulní Knihovna Cim. 2, Ende 9. Jh.) ist nicht nur eine der wenigen franko-sächs. Hss. mit Bildschmuck, es ist zugleich entscheidendes Vorbild für die sächs. B. des 10. Jh. gewesen.

Auch an anderen Orten des karol. Reiches, in *Fulda, Würzburg* und *St. Gallen* sind hervorragende Werke karol. B. entstanden, vgl. beispielsweise das Psalterium Aureum aus St. Gallen (St. Gallen, Stiftsbibl. Cod. 22, 2. Hälfte 9. Jh.).

VI. OTTONISCHE BUCHMALEREI: Unter otton. B. versteht man die dt. B. von der 2. Hälfte des 10. bis gegen Ende des 11. Jh.

Für die Anfangsphase der otton. B. ist Sachsen, das Stammland der Ottonen, von Bedeutung. In dem Weserkloster →*Corvey* waren die Formen der spätkarol., v. a. franko-sächs. Schulen weiter gepflegt worden, wie die Ausstattung eines Evangeliars in New York (Pierpont Morgan Library M. 755) aus der Mitte des 10. Jh. deutlich macht. Eine der am reichsten ausgestatteten sächs. Hss. aus der Mitte des 10. Jh. ist ein Evangelistar in New York (Public Library Ms. Astor 1), das den Einfluß auch anderer karol. Schulen (v. a. Karls des Kahlen) sichtbar macht.

Gegen Ende des 10. Jh. verlagert sich das Zentrum der sächs. B. nach →*Hildesheim*, das seinen Aufstieg Bf. →Bernward (993–1022) verdankt. In seinem Auftrag entstanden hier u. a. ein Evangeliar in Hildesheim (Dom, Ms. 61) und eine der wenigen illustrierten otton. Bibeln (Hildesheim, Dom, Ms. 61).

In →*Fulda*, das schon zur Karolingerzeit ein wichtiges Skriptorium besaß, wird 970–980 nach einer Bildvorlage der Hofschule Karls d. Gr. der sog. →Codex Wittekindeus (Berlin, Dt. Staatsbibl. Ms. theol. lat. fol 1) ausgemalt. Charakterist. Beispiel für die otton. Fuldaer Malerschule ist v.a . das Göttinger Sakramentar (Niedersächs. Staats- und Univ. Bibl. Cod. theol. fol. 231).

Gegen Ende des 10. Jh. entstand in *Mainz* das Gebetbuch Ottos III. (Pommersfelden, Schloßbibl. Ms. 347).

Eines der großen Zentren otton. B. liegt in Süddeutschland, auf der Insel →*Reichenau*. Im ornamentalen Bereich knüpft man auch hier an Spätkarolingisches–und zwar aus St. Gallen–an. Dies verdeutlichen Hss. der Frühstufe, die nach den Namen ihrer Schreiber Eburnant- oder Annogruppe genannt werden, wie der Gerocodex in Darmstadt (Hess. Landes- u. Hochschulbibl. Cod. 1948) um 969 und das Petershausener Sakramentar in Heidelberg (Universitätsbibl. Salem IX). Bei der zeitlich folgenden Hss.-Gruppe ist eine Veränderung des Formenschatzes eingetreten, seine Hauptmerkmale sind nun die Knollenblätterranke und mit Goldtinte gemusterte Purpurhintergründe. Datierung und Name der Gruppe sind auf ihre zentrale Hs. bezogen: der im Auftrag Ebf. →Egberts v. Trier (977–993) von Ruodprecht geschriebene Psalter (Cividale, Museo Archeol. Naz. Ms. CXXXVI, →Egbert-Psalter). Die Hs. ist mit zahlreichen Miniaturen u. a. Dedikationsbildern ausgestattet. Die zweite große für Egbert geschaffene Hs., der Egbert-Codex (Trier, Stadtbibliothek Cod. 24), ist ein Evangelistar, dessen Ornamentik Parallelen zu den beiden genannten Reichenauer Hss.-Gruppen aufweist. Sein großartiger Bilderzyklus hingegen, in dem die spätantike Malerei lebendig wird, lenkt den Blick in eine neue Richtung. Für die Ikonographie der Miniaturen ist die byz. Kunst Vorbild (→Codex Egberti). Der Trierer B. unter Ebf. Egbert gibt eine überragende Künstlerpersönlichkeit das Gepräge. Seinen Namen trägt er nach zwei Einzelblättern in Chantilly (Musée Condé) und Trier (Stadtbibliothek), beide um 984 entstanden, sie gehörten zu einer Hs. des Registrum Gregorii. Wie sehr seine Kunst von plast. und räuml. Werten bestimmt ist, zeigen auch die (in Auswahl genannten) übrigen Werke: Miniaturen des Codex Egberti (Trier, Stadtbibliothek Cod. 24), Evangelistenbilder in Prag (Kl. Strahov, Ms. D. F. III, 3) und das Evangeliar der Sainte-Chapelle (Paris, Bibl. Nat. Lat. 8851). Den Höhepunkt der otton. B. auf der Reichenau bilden die Hss. der Liuthar-Gruppe. In ihren Miniaturen haben ausgewogene Bildkompositionen eine vollendete künstler. Form gefunden. Am Beginn der Hss.-Gruppe steht das Evangeliar Ks. Ottos (um 990; Aachen Domschatz), ihm folgen vier Hss. in Bamberg (Staatsbibliothek Bibl. 22, Bibl. 76, lit. 5, Class. 79). Um 1000 entstand das sog. Evangeliar Ottos III. (München, Bayer. Staatsbibl. Clm 4453). Am Ende der Reihe stehen das Perikopenbuch Heinrichs II. (1007–12; München, Bayer. Staatsbibl. Clm 4452) und eine Apokalypse in Bamberg (um 1020; Staatsbibl. Bibl. 140).

Zu d. Zentren otton. B. zählt auch →*Köln*. Hier geschaffene Hss. wie das Sakramentar von St. Gereon (zw. 996 und 1002; Paris, Bibl. Nat. lat. 817) und das Evangeliar der Äbt. Hitda (Anfang des 11. Jh.; Darmstadt, Hess. Landes- u. Hochschulbibl. Cod. 1640) besitzen einen maler., fast impressionist. Stil, der sie von den übrigen otton. Schulen absetzt. Nach 1030 setzt in Köln eine etwas veränderte Stilrichtung ein, repräsentiert durch die Hss. der sog. Reichen Gruppe (vgl. Bamberg, Staatsbibl. Bibl. 94). In der Zeit um 1020/30 sind auch *Mainz* und *Fulda* mit guten Leistungen vertreten (Mainzer Missale aus Sankt Alban in Privatbesitz und Fuldaer Sakramentar in der Vaticana, Vat. lat. 3548). Die Hauptwerke der B. v. →*Echternach* setzen erst im 2. Drittel des 11. Jh. ein: in der Zeit um 1039 der Codex Aureus Epternacensis in Nürnberg (vor 1039, German. Nationalmus.), das Perikopenbuch in Bremen (um 1039, Staatsbibliothek b. 21) und der Codex Aureus von Speyer im Escorial (Cod. Vit. 17, zw. 1043 und 1046).

Im 11. Jh. gewinnt auch der Südosten – mit den Zentren →*Regensburg* u. →*Salzburg* – zunehmend an Bedeutung. Zu Beginn des 11. Jh. kopierte man in Regensburg in einem Sakramentar für Heinrich II. (München, Bayer. Staatsbibl. Clm 4456) die Bilder des karol. Codex Aureus, der zum Besitz des Kl. St. Emmeram gehörte. Etwa zur gleichen Zeit entstand ein zweites Meisterwerk, das Evangelistar der Äbt. Uta v. Niedermünster (München, Bayer. Staatsbibl. Clm 13601). Die qualitätvollsten Beispiele der Salzburger B. stammen hingegen erst aus der Mitte des 11. Jh. (New York, Pierpont Morgan Library M. 781 und G.

44 München, Bayer. Staatsbibl. Clm 15713). Das ganze 11. Jh. hindurch läßt sich die Arbeit der sog. Bayerischen Klosterschulen verfolgen, Hauptzentren sind *Tegernsee*, *Niederalteich* und *Freising*.

VII. SPANISCHE UND KATALANISCHE BUCHMALEREI DES 10. UND 11. JAHRHUNDERTS: Auch zur Merowinger- und Karolingerzeit gab es in *Spanien* B. bescheidenen Umfanges, die sich überwiegend auf ornamentalen Schmuck beschränkt (vgl. die Bibel von La Cava dei Tirreni bei Neapel, Bibl. della Badia Ms. mem. I). Das 10. und 11. Jh. ist für die span. Buchmalerei eine Zeit der Hochblüte, ihre dekorativ-schemat. Formensprache verleiht ihr den Charakter von Volkskunst. Eine Renaissance wie die karol. hat Spanien nicht erlebt. Trotz der arab. Besetzung des Landes konnte die Christentum weiterleben. Der Einfluß der islam. Kultur, der sich mit der christl. zur mozarab. vermischt, ist in den einzelnen Landesteilen unterschiedl. stark wirksam geworden. Die wichtigsten Kl. sind im Norden des Landes, in *Kastilien* und *León*, beheimatet. Das Hauptwerk der älteren leonesischen B. ist eine Bibel in der Kathedrale v. León (Kathedral-Archiv Cod. 6) aus dem Jahr 920. Ihre Bilder verkörpern eine merow.-byz. geprägte Stilphase, die unter dem Primat von Farbe und Ornament steht. Gregors des Gr. Moralia, die 945 in dem kast. Kl. →Valeránica abgeschrieben wurden (Madrid, Bibl. Nacional Cod. 80), besitzen eine Majestas-Domini Miniatur, die als Nachleben einer antiken Bildform in Spanien zu sehen ist. Eine zweite Bibel in León (Colegiata de San Isidoro Cod. 2) von 960 leitet über zur nächsten Periode leonesischer B., die unter karol.-islam. Einfluß steht. Karol. Flechtwerkornamentik, islam. Blattformen, eine Verstärkung des Körperzusammenhanges gepaart mit formelhafter Faltenbildung, kennzeichnen diesen Stil, ohne daß die flächenhafte Darstellung, unterstützt durch die Farbgebung, aufgegeben wird.

Das große Thema der span. B. ist die Illustration des Apokalypsenkommentars des →Beatus v. Liébana, den er um 776 verfaßte. Die erste Textfassung war vermutl. noch nicht illustriert, wohl aber die zweite von 784. In der Überlieferungsgeschichte der verschiedenen Bildfassungen sind zwei Gruppierungen zu unterscheiden, die eine wird vertreten durch die Apokalypse von Saint-Sever aus der Mitte des 11. Jh. (Paris, Bibl. Nat. Lat. 8878), die andere ist Ausgangspunkt für die im 10. Jh. einsetzende Tradition der B., die sich in zahlreichen Kopien niedergeschlagen hat. Im 10. Jh. sind auch die einleitenden Evangelistenbilder in Form von Doppelbildnissen hinzugefügt worden. Noch vor der Mitte des 10. Jh. entstand der ältere Beatus-Codex der Bibliotheca Nacional in Madrid (Vitr. 14-1), aus der Mitte des 10. Jh. stammt das New Yorker Exemplar (Pierpont Morgan Library M 644), 970 fertiggestellt wurde die Hs. in Madrid (Nationalarchiv Cod. 1240) aus Tábara, eine zweite, auf das Jahr 975 datierte Hs. ist wahrscheinl. ein Werk des gleichen Skriptoriums (Gerona, Kathedral-Archiv). Alle bisher genannten Hss.-Beispiele sind Zeugnisse der B. des Kgr.s León.

Zwei Beatusss. des ausgehenden 10. Jh. sollen die B. des benachbarten *Kastilien* vertreten, beide stammen aus dem Kl. →S. Millán de la Cogolla (Madrid, Real Academia de la Historia Cod. Aemil. 33 und Escorial, Bibl. del Monasterio & II. 5). Aus dem 11. Jh., datiert 1047, ist der jüngere Beatus-Codex der Biblioteca Nacional in Madrid (Vitr. 14-2) zu nennen, in dem sich die Aufgabe des leonesischen Stiles schon andeutet, eine Entwicklung, die sich in der zweiten Jahrhunderthälfte unter dem Einfluß Frankreichs weiter verstärkt. Ein Endpunkt der leonesischen B. ist in der Beatus-Hs. aus →Santo Domingo de Silos (London, Brit. Library Add. 11695) erreicht, deren Bildausstattung 1091 begonnen und 1109 vollendet wurde.

Die *katalanische* B. ist durch eine andere Formensprache geprägt. Kennzeichnend ist ein bewegl. Figurenstil, nicht ohne Sinn für natürliche Körperbildung. Von den beiden großen Bilderbibeln aus dem Anfang des 11. Jh. stammt die eine aus Roda (Paris, Bibl. Nat. Lat. 6) und die andere aus Ripoll (Rom, Bibl. Vaticana Vat. lat. 5729).

VIII. ENGLISCHE BUCHMALEREI DES 10. UND 11. JAHRHUNDERTS: Bedeutendste engl. Hss.-Schule ist die Schule v. *Winchester*. Unter ihrem Namen wird eine ganze Reihe von südengl. Hss. zusammengefaßt, die sich durch enge Verwandtschaft untereinander zusammenschließen. Gemeinsames Merkmal ist das Akanthusornament in einem illusionist. Zeichenstil. Die Blattformen greifen auf die karol. Metzer Schule (Drogo-Sakramentar) zurück, und auch im Figurenstil wird an Karolingisches angeknüpft. Die Frühphase repräsentiert ein Werk wie der Æthelstan-Psalter in London (Brit. Library Cotton Ms. Galba A. XVII) aus dem 2. Viertel des 10. Jh. Erst in der zweiten Jahrhunderthälfte entstanden Hauptwerke der Schule wie das Benediktionale des hl. Æthelwold (zw. 971 und 984; London, Brit. Library Add. 49598) und das Pontifikale des Ebf.s Robert (Ende 10. Jh.; Rouen, Bibl. mun. Ms. 369), die Oberfläche der Gewänder ist hier in kleinteilige Falten zerlegt, Figur und Ornament sind von einer starken Bewegung ergriffen. In Zusammenhang mit dem Einfluß Reimser B. (Utrechtpsalter) gegen Ende des 10. Jh. wird die Technik der Federzeichnung auch in der Schule von Winchester eingesetzt (vgl. den Psalter im Brit. Mus. Harley 2904). Hier wie in *Canterbury*, wo um 1000 der dort aufbewahrte Utrecht-Psalter kopiert wird (London, Brit. Library Harley 603), ist die Zeichnung – anders als im karol. Vorbild – mit verschiedenfarbigen Federstrichen ausgeführt. Zwei weitere Hss., die vermutl. aus Canterbury stammen, gehören in den gleichen zeitlichen Zusammenhang, ein Caedmon-Codex in Oxford (Bodleian Library Junius XI) und die Ælfric-Paraphrase zum Heptateuch in London (Brit. Library Cotton Ms. Claudius B. IV).

Wichtiger Zeuge einer stilist. Weiterentwicklung im 11. Jh. ist das Missale des Robert v. Jumièges (Rouen, Bibl. mun. Ms. 274) aus den Jahren 1016–20. Überlange Figuren von noch größerer Bewegtheit kennzeichnen dieses Werk, das vielleicht aus Ely stammt.

Die Ausdruckskraft des engl. Zeichenstiles aus dem zweiten Viertel des 11. Jh. veranschaulicht ein Psalter aus *Bury Saint Edmunds* in Rom (Bibl. Vaticana Reg. lat. 12). Der Endpunkt in einer Phase der Stilisierung ist in einer Gruppe von südengl. Hss. erreicht, die in die Zeit vor der Normannischen Eroberung um 1050/60 datiert wird. Zu ihnen gehören zwei Evangeliare, die in das Kl. Weingarten geschenkt wurden (New York, Pierpont Morgan Library M 708 und M 709). Nach der Jahrhundertmitte schlägt die engl. B. eine andere, schon auf den roman. Figurenstil weisende Richtung ein (vgl. das Tropar in London, Brit. Library Cotton Ms. Caligula A. XIV und den Psalter Arundel 60).

IX. FRANZÖSISCHE BUCHMALEREI DES 10. UND 11. JAHRHUNDERTS: Im 10. Jh. wird in Frankreich auf provinzieller und künstler. wenig hochstehender Form an vor- und frühkarol. und franko-sächs. Formen angeknüpft. Vor allem Heiligenviten (S. Omer, Bibl. mun. Ms. 764) sind häufig abgeschrieben und illustriert worden. Im einzelnen sind starke regionale Unterschiede zu beobachten. Der Südwesten Frankreichs ist vertreten durch das Zentrum

Limoges (vgl. das Lektionar von Saint-Martial, Paris Bibl. Nat. Lat. 5301 aus dem Ende des 10. Jh.). Bedeutendste südfrz. Hs., aus der Mitte des 11. Jh., ist die Apokalypse von Saint-Sever (Paris, Bibl. Nat. Lat. 8878), die einzige illustrierte Beatus-Hs., die außerhalb Spaniens entstanden ist. Sie ist zugleich wichtiger Zeuge für die Bildtradition der Beatus-Handschriften. Die B. des Loiregebietes geht von *Fleury* aus. Durch einen it. Maler wird hier zu Beginn des 11. Jh. für kurze Zeit die otton. Reichenauer B. lebendig (Evangeliar in Paris, Bibl. Nat. Lat. 1126 und Sakramentar von Beauvais, Köln, Schnütgen-Mus., Ludwig Ms. V 1).

Unter den Skriptorien im Norden Frankreichs nimmt →*St-Bertin* die führende Rolle ein. Seinen Aufstieg verdankt es Abt Odbert (986 – um 1007), der engl. Maler an sein Skriptorium holte (vgl. Boulogne, Bibl. mun. Ms. 107). Neben engl. sind auch karol. Formen entscheidend an der Ausprägung des Stiles der Odbert-Hss. beteiligt. Die beiden berühmtesten Werke sind ein nach ihm benannter Psalter (Boulogne, Bibl. mun. Ms. 20) und ein Evangeliar in New York (Pierpont Morgan Library M 333). Wenig später begann man in *St-Vaast* in Arras mit der Herstellung großangelegter Bilderhandschriften. Die Arbeit an einer Bibel (Arras, Bibl. mun. Ms. 559) erstreckte sich bis in das zweite Viertel des 11. Jh. Um die Mitte des 11. Jh. ist mit dem Missale von St-Denis (Paris, Bibl. Nat. Lat. 9436) der Höhepunkt erreicht. Zur gleichen Zeit treten auch die Skriptorien von *St-Amand* (Valenciennes, Bibl. mun. Ms. 50) und *Saint-Germain-des-Prés* (Paris, Bibl. Nat. Lat. 11550) mit bedeutenden Werken der B. hervor.

X. BUCHMALEREI IN ITALIEN VOM 10.–12. JAHRHUNDERT: Erst gegen Ende des 10. Jh. und verstärkt im 11. Jh. ist in Italien ein Neuanfang auf dem Gebiet der B. zu beobachten. So entsteht in *Ivrea* um 1001 das Sakramentar des Bf.s Warmund (Ivrea, Bibl. Capitolare Cod. 86). In *Umbrien* und *Rom* wird mit der Herstellung sog. *Riesenbibeln* begonnen, die die Grundlage für die roman. B. Mittelitaliens bilden: vgl. die Bibel Heinrichs IV. in München (Bayer. Staatsbibl. Clm 13001, Rom um 1075) und die Pantheon-Bibel in Rom (Bibl. Vaticana Vat. lat. 12958, Rom erstes Drittel 12. Jh.).

Die B. Süditaliens begegnet in einer Sonderform, den *Rotuli.* Diese liturg. Rollen fanden bei der Osterfeier Verwendung, sie werden nach dem in der Osterliturgie angestimmten Hymnus »Exultet iam turba caelorum« →Exultet-Rollen gen. Die ältesten Beispiele stammen aus Benevent, sie gehören der 2. Hälfte des 10. Jh. an (Rom, Bibl. Vaticana Vat. lat. 9820; Rom, Bibl. Casanatense Cod. 724 I und II); etwas später, um 1000, entstand das Exemplar in Bari (Kathedrale Ms. 1), ein Beispiel 12. Jh. hat sich in Troia (Archivio Capitolare Ms. 3) erhalten. *Monte Cassino* wird erst unter Abt→Desiderius (1058–87) zu einem Zentrum der B. (vgl. das um 1071 geschriebene Lektionar in Rom, Bibl. Vaticana Vat. lat. 1202).

XI. BUCHMALEREI DES 12. JAHRHUNDERTS IN FRANKREICH, ENGLAND UND DEUTSCHLAND: Im 12. Jh. nimmt die Produktion von Hss. beträchtl. zu – Ausdruck einer gesteigerten Nachfrage, nicht zuletzt im Zusammenhang mit zahlreichen Klosterneugründungen. Die Gründe dafür sind auch in einer Verbesserung des Schulunterrichts und einer starken Betonung des Wissens zu suchen; verstärktes Interesse galt auch der exeget. Literatur. Ein keineswegs geringer Teil der angesprochenen Hss. ist mit Buchschmuck versehen worden – darüber hinaus haben sich die Buchmaler des 12. Jh. in bes. Maße der Bibelillustration gewidmet.

Französische Buchmalerei des 12. Jahrhunderts: Hauptwerke der frz. B. aus der Zeit um 1100 und dem frühen 12. Jh. kommen aus *Cluny,* so eine Ildefonsus-Hs. in Parma (Bibl. Palatina lat. 1650) und ein Lektionar in Paris (Bibl. Nat. nouv. acq. lat. 2246). Der Stil beider Hss. ist durch byz. Vorlagen beeinflußt. In der Tradition engl. B. stehen hingegen die Werke des neugegründeten Kl. *Cîteaux,* dem zw. 1109–33 ein Engländer als Abt vorsteht. Unter Mitwirkung engl. Buchmaler entstand hier zunächst eine vierbändige Bibel (Dijon, Bibl. publique Ms. 12–15), wenig später eine vierbändige Ausgabe von Gregors Moralia (Dijon, Bibl. publ. Ms. 168–170, Ms. 173). Die weitere Stilentwicklung in Cîteaux kennzeichnet eine Hs. von 1130 (Dijon, Bibl. publ. Ms. 132). Unter den Skriptorien Nordostfrankreichs nimmt nun →*St-Amand* eine hervorragende Stelle ein. Hauptwerk ist eine Hs. d. Vita d. Hl. Amandus aus der Zeit um 1140 (Valenciennes, Bibl. mun. Ms. 501). Auch in *St-Bertin* haben die künstler. Kräfte im 12. Jh. nicht nachgelassen (vgl. Boulogne, Bibl. mun. Ms. 14 aus dem 2. Viertel des 12. Jh.). Etwas später, um die Mitte des 12. Jh., tritt das Skriptorium von *Marchiennes* mit einem Werk wie dem Augustinus-Codex in Douai (Bibl. mun. Ms. 250) hervor. Vermutlich aus einem nordfrz. Kl. stammt eine der schönsten frz. Bibelhss. der 2. Hälfte des 12. Jh. (Moulin, Bibl. mun. Ms. 1).

Die *normannische,* unter engl. Einfluß stehende B. ist u. a. in *Mont-Saint-Michel* beheimatet (vgl. Avranches, Bibl. mun. Ms. 210, um 1160). Eine norm. Hs. wie die Carilef-Bibel in Durham (Cathedral Library A II. 4) ist Zeuge der engen, von wechselseitiger Abhängigkeit geprägten Beziehungen zw. engl. und norm. B. am Ende des 11. Jh.

Zu Beginn des 12. Jh. setzt in *England* eine eigene Entwicklung ein, die zu neuen künstler. Höhepunkten führt. Eines der wichtigsten Werke aus dem ersten Viertel des 12. Jh., das die Abkehr von den Formen des 11. Jh. anschaulich macht, ist der Albani-Psalter (Hildesheim, St. Godehard), dessen Stil wenig später nach *Bury St. Edmunds* übertragen wurde (vgl. New York, Pierpont Morgan Library M 736 von 1130/35). Im 2. Viertel des 12. Jh. entstand hier eine der reich ausgestatteten engl. Bibelhss. (Cambridge, Corpus Christi College Ms. 2). *Canterbury,* das schon um 1000 mit einer Kopie des karol. Utrecht-Psalters hervorgetreten war, fertigt um 1150 eine weitere, die eine noch stärkere Umsetzung in den eigenen Stil zeigt (Cambridge, Trinity Coll. Ms. R. 17 I). Zur gleichen Zeit entsteht in Canterbury eine große illustrierte Bibel (London, Lambeth Palace Library Ms. 3), deren Bilder zu einem gleichzeitigen Werk aus *Winchester,* dem Psalter des Heinrich v. Blois (London, Brit. Library Cotton Nero C IV), in Beziehung gesetzt wurden. Winchester ist auch der Ort, an dem die bedeutendste engl. Bibel des 12. Jh. geschaffen wird, sie wird heute in der dortigen Kathedrale aufbewahrt. Stilist. zugehörig ist ein Einzelblatt in New York (Pierpont Morgan Library M 619).

Hauptzentrum der roman. B. des *Kontinents* ist das *Maasgebiet* (heut. Belgien). Seine Ausstrahlungskraft reicht bis an den Rhein, nach Westfalen und Sachsen. Die entscheidenden Schritte für die Ausbildung des roman. Stiles, der auf otton., byz. und auch spätantike Vorbilder zurückgreift, sind an einer Hs. wie der Bibel von Stavelot (London, Brit. Library Add. 28107, vollendet 1097) ablesbar. Wichtige Beispiele der mosanen Buchkunst stammen aus der Zeit nach der Mitte des 12. Jh., so die Bibel von Floreffe (London, Brit. Library Add. 17736, 1150–70) und das Evangeliar von Averbode (Lüttich, Bibl. de l'Université Ms. 363 C).

Die B. in den Skriptorien des *Rheinlandes* ist überwiegend von westlichen – v. a. aus dem Maasgebiet – Vorbildern abhängig. Ein Werk wie die kurz nach 1100 entstandene Bibel aus St. Kastor in Koblenz (Pommersfelden, Gräfl. Schönbornsche Schloßbibl. Ms. 333/334) weist in ihrem Schmuck v. a. Beziehungen zur Kölner B. auf, die sich kurz vor der Mitte des 12. Jh. in einer Hs. wie dem Evangeliar aus St. Pantaleon (Köln, Stadtarchiv Ms. 312a) repräsentiert. Ganz andersartig zeigt sich eine gleichzeitige Kölner Hs., ein Lektionar in Paris (Bibl. Nat. Lat. 17325), die unter dem Einfluß it. Riesenbibeln steht. Aus dem *Rhein-Weser-Gebiet* ist ein Perikopenbuch in Paris (Bibl. Nat. Lat. 17325, um 1140/50) zu nennen.

Eines der Hauptwerke der *westfälischen B.* des 12. Jh. ist das Evangeliar Heinrichs des Löwen (ehem. Gmunden, Schloß Cumberland, um 1175) aus →Helmarshausen. Die *sächsische B.* vertritt das Missale des Heinricus de Midel aus Hildesheim (um 1160, Privatbes.). Das große Vorbild der mosanen Buchkunst wird auch in einem Codex wie der Bibel aus Arnstein (Lahn) lebendig (um 1172, London, Brit. Library Harley 2799). Im ausgehenden 12. Jh. entstanden am Mittelrhein das sog. Evangelistar des Speyerer Domes (Karlsruhe, Bad. Landesbibl. Bruchs. I) und das sog. Gebetbuch der Hl. Hildegard v. Bingen (München, Bayer. Staatsbibl. Clm 935). Das Hauptwerk der *elsässischen* Buchkunst aus dem letzten Viertel des 12. Jh. ist 1870 in Straßburg verbrannt: Der Hortus Deliciarum d. →Herrad v. Landsberg. Unsere Kenntnis von diesem einzigartigen enzyklopäd. Sammelwerk beruht auf Nachzeichnungen des 19. Jh.

Hervorragendstes Beispiel für die Entstehung und Entwicklung des roman. Stiles in der *schwäbischen B.* ist ein dreibändiges Passionale aus Hirsau (Stuttgart, Württ. Landesbibl. Bibl. fol. 56–58), an dem die ersten beiden Drittel des 12. Jh. gearbeitet wurde. Größere zusammenhängende Hss.-Bestände sind v. a. aus →*Weingarten* u. *Zwiefalten* erhalten. Für die Weingartener B. ist die Aufnahme flandr. und engl. Vorbilder von Bedeutung, die auf Hss. zurückgeht, die durch Schenkung in den Besitz der Klosterbibliothek gelangt waren. In der Frühzeit des Skriptoriums läßt sich auch der Einfluß der sog. Bayer. Klosterschule und der otton. Reichenauer B. erkennen (Fulda, Hess. Landesbibl. Aa 35). Hauptvertreter einer Gruppe von Hss. aus dem letzten Viertel des 12. Jh. ist die →Welfenchronik mit dem berühmten Bild Ks. Friedrich Barbarossas (Fulda, Hess. Landesbibl. D. 11). Zur gleichen Zeit entstanden die Hss. des Mönches Konrad (Fulda, Hess. Landesbibl. C 1 und Aa 39). Neben Zwiefalten (vgl. Stuttgart, Württ. Landesbibl. Brev. 100 und 128, Hist. 415 und 418) besaß auch *Ottobeuren* ein hervorragend arbeitendes Skriptorium (Evangeliar in München, Bayer. Staatsbibl. Clm 21255).

Für die *bayerische B.* des 12. Jh. ist Salzburg von überragender Bedeutung. In seinen Werken verbinden sich neue italo-byz. Einflüsse mit der aus dem 11. Jh. übernommenen Tradition. Eine ganze Reihe von Prachtss. stammt aus der Mitte und zweiten Hälfte des 12. Jh., so das Perikopenbuch von St. Erentrud (München, Bayer. Staatsbibl. Clm 15903), die Admonter Bibel und das Antiphonar von St. Peter (Wien, Österr. Nationalbibl. ser. nov. 2701–02 und 2700). Beispiel für den gegen Ende des 12. Jh. erneut auftretenden byz. Einfluß ist das Orationale von St. Erentrud (München, Clm 15902). Die für Salzburg charakterist. Vorliebe für Deckfarbenmalerei ist auch in Passau zu beobachten, dessen B. nur teilweise in Abhängigkeit von der Salzburger zu sehen ist (vgl. München, Bayer. Staatsbibl. Clm 16003 und 16002). Unter den übrigen bayer. Skriptorien treten Regensburg-St. Emmeram und v. a. Prüfening hervor (vgl. München Clm 13002 und Clm 13031 und Clm 14159).   K. Bierbrauer

Lit.: A. BOINET, La miniature carolingienne, 1913 – G. SWARZENSKI, Die Salzburger Malerei von den ersten Anfängen bis zur Blütezeit des roman. Stils, 1913 – E. H. ZIMMERMANN, Vorkarol. Miniaturen, 1916 – W. NEUß, Die katal. Bibelillustration um die Wende des ersten Jahrtausends und die altspan. B., 1922 – A. BOECKLER, Die Regensburg-Prüfeninger B. des 12. u. 13. Jh., 1924 – CH. OURSEL, La miniature du XIIe s. à l'Abboye de Cîteaux, 1926 – P. TOESCA, Miniature romane dei sec. XI et XII, Bibbie miniate, 1929 – W. KÖHLER, Die Karol. Miniaturen, 1930ff. – M. AVERY, The exultet rolls of South Italy, 1936 – C. NORDENFALK, Die spätantiken Kanontafeln, 1938 – A. BOECKLER – A. A. SCHMID, Die B. (HBW I), 249ff. – E. B. GARRISON, Stud. in the hist. of medieval Italian painting, 1953–61 – K. WEITZMANN, Ancient Book Illumination, 1959 – C. NORDENFALK, Die B. (E. GRABAR-C. NORDENFALK, Das frühe MA vom 4. bis zum 11. Jh., 1957) – C. NORDENFALK, Die B. (E. GRABAR-C. NORDENFALK, Die roman. Malerei, 1958) – CH. OURSEL, Miniatures cisterciennes (1109–1134), 1960 – P. BLOCH – H. SCHNITZLER, Die otton. Kölner Malerschule, 1967/70 – C. NORDENFALK, Die spätantiken Zierbuchstaben, 1970 – DERS., Codex Caesareus Upsaliensis, 1971 – F. MÜTHERICH – F. WORMALD (Die Zeit der Ottonen und Salier [Universum der Kunst], 1973) – Rhein u. Maas, Kunst und Kultur 800–1400, 1972–73 [Kat.] – E. TEMPLE, Anglo-Saxon manuscripts 900–1066, 1976 – C. M. KAUFFMANN, Romanesque manuscripts 1066–1190, 1975 – F. MÜTHERICH – J. E. GAEHDE, Karol. B., 1976/79 – C. NORDENFALK, Insulare B., 1977 – K. WEITZMANN, Spätantike und frühchristl. B., 1977 – J. WILLIAMS, Frühe span. B., 1977 – J. J. G. ALEXANDER, Insular manuscripts from the 6th to the 9th c., 1978 – HOOPS[2] IV, 69ff. [G. HASELOFF].

XII. SKANDINAVISCHE BUCHMALEREI VOM 11.–15. JAHRHUNDERT: Die B. spielt eine bescheidene Rolle in der skand. Kunst des MA. Das erhaltene Material ist fragmentarisch und selten von hoher künstler. Qualität. Dieser Umstand kann allgemein einen Mangel an Ressourcen ausdrücken, jedoch sind mehrere Skriptorien in Dänemark, Norwegen und Schweden bekannt. Auf Island ist die umfassende Buchproduktion des SpätMA nicht ausschließl. an Skriptorien gebunden. Das Material als Ganzes steht unter ags. und/oder dt. Einfluß, die Resultate können mit wenigen Ausnahmen als provinzielle Derivate betrachtet werden.

Die älteste illuminierte Hs., die man einer skand. Werkstatt zuschreiben kann, ist das Dalby-Evangeliar (2. Hälfte des 11. Jh., Kopenhagen, Kgl. Bibl., Gl. kgl. Saml. 1325,4°) mit 16 Kanon- und 4 Evangelistenbildern. Der Stil ist schematisch und primitiv, ist die Hs. ist sowohl künstler. als auch techn. ein Abglanz ihrer Vorbilder: für den Hintergrund wurde z. B. gelbe Farbe anstelle von Gold verwendet. Während der Stil schwer bestimmbar ist, weisen einzelne Namen in Perikopenlisten auf einen Zusammenhang mit Norddeutschland – bezeichnend für die Periode, in der der Norden zum Ebm. →Hamburg-Bremen gehörte.

Mehrere Hss. des 12. Jh. können einem Skriptorium des Laurentiuskl.s in →Lund zugeschrieben werden. Einige sind mit recht primitiven Initialen illuminiert, wobei Pflanzen- und Bänderornamentik u. ä. benutzt wurde. Ein wichtiges Beispiel ist das Necrologium Lundense (Lund, U. B. Medeltidshs. nr. 6) aus der Zeit um 1120 und später, das weiter ausgestaltete Initialen mit Fabeltieren von höherer künstler. Qualität aufweist. 2 Evangeliare aus der Mitte des 12. Jh. sind reich illuminiert: Cod. Ups. C 83 und Kopenhagen, KB, Thott 21,4°. Die Hs. in der kgl. Bibliothek mit drei Evangelistenbildern (Matthäus fehlt) ist qualitativ die bedeutendste; der Stil der Hss. jedoch ist so ausgeprägt deutsch (Helmarshausen), daß nicht zu entscheiden ist, ob sie in Lund oder in Helmarshausen ausgeführt wurden. Möglicherweise wurden sie in Lund von dt. Mönchen illuminiert.

Eine Besonderheit in dieser Gruppe stellen die Annales Colbacenses (Staatsbibl. Berlin, Cod. Berol. theol. 149,2°) dar, das älteste annalistische Werk des Nordens, ausgeführt im 2. Viertel des 12. Jh. Die Hs. gelangte 1174 nach Colbaz (Pommern), einer Gründung des dän. Kl. →Esrom. In dem weltgeschichtl. Teil, mit dem das Buch beginnt, finden sich eine Reihe bemerkenswerter Federzeichnungen (Schöpfungsbericht, Kreuzigung und unmittelbar vor dem Kalendarium eine Darstellung der Erd- und Himmelsscheiben). Die Zeichnungen wurden später überarbeitet, aber der Stil zeigt ags. Einfluß.

Neben dieser einzigen bedeutenden und teilweise zusammenhängenden schon. Hss.-Gruppe aus dem 12. Jh. ist noch ein Missale aus der 1. Hälfte des Jh. in der Stiftskirche von Skara mit Illuminationen der Kreuzigung und Majestas Domini zum Canon missae in einem archaisierenden, ir. beeinflußten Stil von größerem Interesse.

Im 13. Jh. finden sich in Dänemark einzelne künstler. wertvolle B.en, wie das Necrologium Nestvediense (Kopenhagen, Kgl. Bibl., E. don. var. 52,2°), geschr. 1228–50: die 5 ganzseitigen Illuminationen sind provinziell, verraten aber eine stilist. Beeinflussung sowohl durch sächs.-thür. als auch engl. Buchmalerei. Von bes. Interesse ist das Horne-Buch (Kopenhagen, Nationalmus.), ein Evangeliar vom Beginn des 13. Jh. Es beinhaltet außer 14 Kanonbildern eine Dedikationsseite, vier Evangelistendarstellungen, die Kreuzigung und Majestas Domini. Der Stil ist verfeinert und elegant und mischt englischen (die Figuren) mit deutschem (die Ornamentik) Einfluß. Das Resultat ist ein eigenwilliger Beitrag zur europ. B. von bedeutender künstl. Qualität. Der Stil ist überdies wegen seiner Parallelen zur zeitgenöss. seeländ. →Kalkmalerei interessant. In der folgenden Zeit sind die Illuminationen in bes. Maß mit Rechtsbüchern verknüpft. Unter den schwed. Beispielen verdient Magnus Erikssons Reichsrecht von ca. 1440 (Stockholm, Kgl. Bibl., B 172) mit Illuminationen zu künstler. und kulturhist. Wert hervorgehoben zu werden.

In der 2. Hälfte des 13. Jh. gibt es in *Norwegen* eine lebhafte lit. Tätigkeit. Mehrere Skriptorien sind bekannt, u. a. in den Kl. →Munkeliv und →Lyse bei Bergen, jedoch sind sehr wenige Zeugnisse norw. B. bewahrt. Darunter sind wiederum eine Reihe von Gesetzessammlungen, bes. vom Beginn des 14. Jh., viele davon Abschriften des Reichsgesetzes von →Magnús Hákonarson. Künstler. wertvoll ist der sog. Codex Hardenbergianus (Kopenhagen, Kgl. Bibl., Gl. kgl. Saml. 1154,2°), vermutl. in Bergen zw. 1325–50 geschrieben. Die Illuminationen sind in Initialen und als Marginalen plaziert, der Stil durch engl. Einfluß geprägt. Die Illuminationen in diesem Codex gewannen Bedeutung für gewisse isländ. Hss.

Von den mehr als 700 erhaltenen *isländ. Pergamenthss.* aus der Mitte des 12. bis zur Mitte des 16. Jh. sind nur wenige illuminiert. Die B. tritt bes. in Gesetzessammlungen und in geringerem Maße in Hss. hist. (mit der →Flateyarbók als hervorstechender Ausnahme) und religiösen Inhalts auf. Letzteres hängt wohl mit Zerstörungen durch die Reformation zusammen.

Die ältesten Beispiele für B. sind zwei Fragmente der Physiologus-Hss. (A. M. 673a), ca. 1200, die unter engl. Einfluß stehen. Die B. des 13. Jh. ist sonst hauptsächl. auf Initialen in archaisierendem roman. Stil konzentriert. Um 1300 setzt sich der got. Stil in engl. beeinflußten Kalendarien mit Zodiakzeichen und Monatsbildern durch, sowie auch in Hss. mit Initialminiaturen.

Der Hauptteil der illuminierten isländ. Hss. gehört dem 14. Jh. an. Beispiele sind eine Stjórn-Hs. (→Stjórn), eine Übersetzung verschiedener Texte des AT sowie Auszüge aus theol. Schriften (A. M. 227 fol.), Ausgaben der Jónsbók, der Gesetzessammlung, die das am häufigsten kopierte Buch Islands ist (die bedeutendste Ausgabe ist Skardsbók, A. M. 350,2°, dat. 1363), sowie die herausragende Flateyarbók (Kopenhagen, Kgl. Bibl., Gl. kgl. Saml. 1005, fol.), Islands umfangreichste und am besten bewahrte illuminierte Hs. Sie wurde um 1390 von zwei Priestern geschrieben, von denen der eine, Magnús Thórhallson, sie mit Initialen und marginalen Illuminationen aus Motiven des Textes versah.

Im 15. Jh. stagnierte die skand. B., vom Beginn des Jh. stammt jedoch das einzige bekannte Beispiel eines Skizzenbuchs im Norden (A. M. 673a, 4°) mit Vorlagen für Szenen des NT, Apostel- und Heiligenbildern (Hl. Olav), weltl. und ornamentalen Motiven.

Aus der Mitte des 15. Jh. ist weiterhin der einzige vollständig bewahrte Psalter, eine norw. Arbeit, überliefert. Es handelt sich um den Munkeliv-Psalter (Prag, Knihova Metropolitni Kapituli Ms. B 4/1 4°) mit 11 figürl. Initialen – 7 davon mit Szenen aus der Genesis – im Anschluß an die Psalmen Davids. Ø. Hjort

Lit.: KL VII, 355–359 – K. KÅLUND, Kat. over den arnamagnæanske håndskriftsamling, 1–2, 1889–94 – H. FETT, En islandsk tegnebog fra middelaldren, 1910 – DERS., Norges malerkunst i middelaldren, 1917 – Greek and Latin Illuminated Mss. from the X–XIII C. in Danish Collections, 1921 – E. WRANGEL, Lunds domkyrkas konsthistoria, 1923 – Corpus Codicum Islandicorum Medii Aevi (CCIMA), 1930ff. – H. HERMANSSON, Icelandic Illuminated Mss. of the MA, 1935 (CCIMA, VII) – L. NIELSEN, Danmarks middelalderlige Haandskrifter, 1937 – H. HERMANSSON, The Icelandic Physiologus, 1938 – C. NORDENFALK, Romanska bokmålningar i Skara Stiftsbibliotek, 1941 – Gyldne Bøger, Ausst.kat. 1952 – J. KRISTJÁNSSON, Icelandic Sagas and Mss., 1970 – Norwegian medieval art abroad, Ausst.kat. 1971 – S. JÓNSDÓTTIR, Illumination in a Ms. of Stjórn, 1971 – S. KASPERSEN, Munkeliv-psalterens figurinitialer, Genesis Profeta, 1980, 186–225.

XIII. DEUTSCHE BUCHMALEREI VON 1200–1500: Die *romanische Tradition* war in den Gebieten des dt. Kulturraumes bis in das 13. Jh. wirksam geblieben. Zum Weiterwirken roman. Gestaltungsprinzipien trug sicher auch der Umstand des Fehlens eines Hofes oder einer nationalen Idee, wie sie am Beginn der frz. Gotik stand, bei. Klösterl. Skriptorien hatten ein längeres Weiterleben zu verzeichnen; neben ihnen traten bürgerl. Werkstätten allmählich immer mehr in den Vordergrund. Auch der byz. Einfluß, der die Romanik bestimmt hatte, wurde erst allmählich zurückgedrängt; man löste sich nur langsam vom zackigen Faltenstil; es dauerte geraume Zeit, bis der straff und klar artikulierte Körper die bewegten Gewandmassen durchdrang. Das 13. Jh. zeigte eine Steigerung des spätroman. Stiles zu einem »barocken Stil«. Ein dynam. Element kennzeichnet die Draperie der Gewandung, körperl. Bewegungen wurden locker, die plast. Tendenz nahm zu. Selbst die Ornamentik der Zierbuchstaben wurde von neuer Dynamik ergriffen; die Ranken der Initialen verschlangen sich, die fleuralen Elemente wucherten um die sich auflösenden Buchstabenkörper. Erst in der zweiten Hälfte des 13. Jh. erfolgte nach einer Phase der Manieriertheit der Übergang zur frühgot. Formensprache.

Die Kunstlandschaft *Schwabens* war in der spätroman. Epoche von keinem einheitl. Stil gekennzeichnet; unter den Schulen ragten →Hirsau, →Weingarten und →Engelberg hervor. Die Weingartner Schule entfaltete bis ins 13. Jh. schöpfer. Kräfte; die Epoche des Abtes Berthold (1200–30) bedeutete einen Höhepunkt, an dem mittelrhein. und frz. Einflüsse mitformten. Repräsentativ ist der Meister des Berthold-Missales (New York, Pierpont Morgan Library Ms 711) wie auch der Meister des Hainricus-Missales. Salem ist durch eine Visionenhandschrift der Hildegard v. Bingen (Heidelberg, Univ. Bibl., Cod. Sal. X, 16) vertreten. Der östl. Teil der Diözese Augsburg stand dem Regensburger Kunstkreis nahe, andere Orte sind durch oberrhein. und frk. Einflüsse gekennzeichnet. Zahlreiche Psalterien deuten auf eine werkstattmäßige Produktion. Die Schule von→Regensburg und Prüfening zählt zu den großen *bayer. Schulen;* sie begann mit flächigem Figurenstil um 1140 und endete im 13. Jh. in der Häufung reicher Formen und Bewegung; um 1260/70 zeigt sich der Wandel zu frühgot. Formen an. Der Regensburger Stil beherrschte zahlreiche bayer. Klöster, unter denen bes. Scheyern hervorzuheben ist. In *Franken* heben sich die Regionen von →Würzburg, →Bamberg, →Heilbronn und →Eichstätt ab; auch hier bilden Psalterien bedeutende Denkmäler. Die Kraft zahlreicher monast. Zentren war im 13. Jh. erschöpft; dies gilt etwa für den *Oberrhein.* Zu den wichtigsten Denkmälern der *B. im Westen Deutschlands* des 13. Jh. gehören der Rheinauer Psalter (Zürich, Zentralbibl., Rh. 167), das Aschaffenburger Evangeliar (Aschaffenburg, Schloßbibl., Cod. 13) und der Psalter von Bonmont (Besançon, Bibl. mun. Ms. 54). Am *Mittelrhein* entstanden wichtige Codices der Hildegard v. Bingen; unter den *rhein. Schulen* sind →Trier, Arnstein, →Mainz, →Köln, →Siegburg hervorzuheben. Eine letzte Phase der sächs. roman. Malerei ist durch einen erhebl. byz. Einfluß gekennzeichnet; eine Vollendung erfuhr diese Entwicklung in der *thür.-sächs. Malerschule.* Um einzelne Hauptwerke wie den Landgrafen-Psalter (Stuttgart, Württ. Landesbibl., HB II, fol. 24), den Psalter der hl. Elisabeth (Cividale, Museo archeologico, Cod. CXXXVII) gruppiert sich eine größere Anzahl kostbarer Handschriften. *Salzburg* hatte im 12. Jh. ebenfalls eine byzantinisierende Kunstprovinz gebildet; die Nachfolge dieser Schule reicht bis ins 13. Jh., Salzburger Einfluß strahlte auch auf andere österr. Skriptorien aus; nur der zisterziens. Zeichenstil hob sich aus der Welle des spätroman. byzantinisierenden Stils heraus.

Um 1300 begann der Siegeszug der *gotischen* Form in der dt. Malerei. Allerdings steht dem Aufstieg der Tafelmalerei ein gewisser Rückgang der Buchmalerei gegenüber. Die Einführung des Papiers als Beschreibstoff neben dem Pergament brachte im 14. Jh. neue techn. Möglichkeiten und Stilentwicklungen, v. a. im Bereich der volkstüml. Buchillustration. Miniaturen besaßen im 14. Jh. meist noch den Charakter von Luxusprodukten; es handelte sich vorwiegend um gerahmte Deckfarbengemälde. Neben ihnen spielen Initialen und Randleisten eine gewichtige Rolle. Die Erweiterung des Lesepublikums in den Städten förderte eine Verbreitung der Produktion; die sog. Volkshandschriften sind durch flüchtige Schrift und einfache Federzeichnungen charakterisiert. Das Fehlen eines Zentrums hatte auch in der Gotik eine Zersplitterung der Kunstprovinzen zur Folge.

Wegbereitende Funktion hatte *Köln.* Die beiden von Johann v. Valkenburg 1299 gemalten Gradualien (Bonn, Univ. Bibl., Cod. 384, Köln, Diözesanmuseum) waren wichtige Werke der dt. Frühgotik. Der Stil, der eine franko-fläm. Prägung erhielt, wirkte weit bis ins 14. Jh. hinein. Ein zweiter Schwerpunkt waren der *Oberrhein* und der *Bodenseeraum.* Eine bezeichnende Gruppe stellen Bilderchroniken dar. In den Bereich um *Zürich* mag die →Manessesche Liederhandschrift (Heidelberg, Pal. germ. 848) zu lokalisieren sein, deren Grundstock an den Beginn des 14. Jh. reicht und die bis 1330/40 fertig wurde; auch die →Weingartner Liederhandschrift (Stuttgart, Württ. Landesbibl., HB XIII poet. germ. 1) sei hier genannt.

Im frühen 14. Jh. traten der *Südosten* und *Österreich* hervor. Bedeutende Werke der Klosterkunst stehen am Anfang, so aus →St. Florian, →Kremsmünster, →Admont, →Seitenstetten, →Lilienfeld, →Zwettl und →Klosterneuburg. Prachthandschriften wie die Bibel des Friedrich v. Aich (Kremsmünster CC 351–354) oder die Zwettler »Bärenhaut« seien beispielhaft erwähnt. Um 1330 machte sich in Österreich ein Wandel von einem weichen Stil und idealtyp. Figuren zu einem neuen Realismus bemerkbar; Einflüsse der Schule von Giotto und aus dem Nordwesten waren beteiligt.

In der zweiten Hälfte des 14. Jh. wurde auch die *böhmische* Malerei von Bedeutung. In Böhmen entwickelte sich eine höf. Kunst am Hofe der Luxemburger; Karl IV. (1347–78) und Wenzel IV. (1378–1419) waren die großen Mäzene. Die Wenzelswerkstätte brachte etwa in der Zeit zw. 1387 und 1405 kostbarste Hss. hervor; die→Wenzelsbibel (Österr. Nationalbibl., Cod. 2759–64), die Goldene Bulle (ibidem, Cod. 338), eine Willehalmhandschrift (ibidem, Cod. Ser. n. 2643) seien erwähnt. Zum Einfallstor der böhm. Malerei wurde *Wien.* Albrecht III. rief um 1380 eine höf. Buchmalerwerkstatt ins Leben, die bis in die Mitte des 15. Jh. arbeitete. Zu bedeutenden Künstlern zählten die Meister Michael und Veit, der Albrechtsmeister und Martinus Opifex. Nach einer Zäsur von etwa 15 Jahren lebte um 1465 die höf. Buchkunst wieder auf. An erster Stelle steht der sog. Lehrbüchermeister, benannt nach für Maximilian I. bestimmten Lehrbüchern. Neben Wien hat im 15. Jh. nur *Salzburg* im Alpenraum einen höheren Platz eingenommen; die Schule der Grillingerbibel um 1430 oder der Buchkünstler Ulrich Schreier seien hervorgehoben; in die Spätphase fällt eine *Salzburg–Augsburgische Werkstätte.* Der bedeutendste *steirische* Illuminator war Heinrich Aurhaym (zw. 1399 und 1415). Die österr. Buchkunst der Zeit Maximilians I. steht bereits am Beginn der Renaissance, wobei spätgot. Traditionen noch nachwirkten. Unter den dt. Werkstätten, die Volkshandschriften produzierten, ist jene des Diepolt Lauber in *Hagenau* (zw. 1425 und 1467) die bekannteste. *Köln* rückte nach 1400 abermals zu einem künstler. Mittelpunkt auf; Stephan →Lochner († 1451) war auch als Illuminator tätig. Der Vorrang der Tafelmalerei drängte die Buchkunst zurück, so daß nur selten Beziehungen von Malerateliers zu Illuminatoren bestanden; eine Ausnahme bildete etwa der →Hausbuchmeister um 1480 am *Mittelrhein.* Der *Oberrhein* konnte mit ansehnl. Werken aufwarten: Konstanz und der Bodenseeraum sind hervorzuheben. Die Rolle der Bilderchroniken des 15. Jh. in der *Schweiz* ist zu betonen. Die bayer. Schulen hoben sich im 15. Jh. selten über handwerkl. Niveau hinaus; letzte Höhepunkte sind in Passau, Regensburg und Augsburg zu fassen. In *Schwaben* und *Franken* wich die Malerei vor dem Holzschnitt stärker zurück. Zu betonen ist auch die Verschiebung der Thematik in der dt. Buchmalerei: Chroniken und Historienbibeln treten hervor, illustrierte Werke der schönen Literatur werden gefragt, die prakt. Literatur ist mit Feuerwerks-, Kriegs- und Fechtbüchern repräsentiert, in der theol. Literatur stehen Heiligenviten und dt. Bibeln voran. Durch den Vorstoß des gedruckten Buches wurde die Hs. wieder mehr zum Luxusartikel, während das Holzschnittbuch (→Holzschnitt) an die Stelle der Volkshandschriften trat.
O. Mazal

Lit.: *[Auswahl]:* F. JACOBI, Die dt. B., 1923 – A. STANGE, Dt. Malerei der Gotik, 11 Bde, 1934–61 – HBW, 1–3, 2 – A. BOECKLER, D. B. der Gotik, 1959 – D. DIRINGER, The illuminated Book, 1967[2] – Liber librorum, 5000 Jahre Buchkunst, Genf 1972 – F. UNTERKIRCHER, Die B., 1974 – O. MAZAL, Buchkunst der Gotik, 1975 – DERS., Buchkunst der Romanik, 1978.

XIV. Französische Buchmalerei von 1200–1500: Um die Wende vom 11. zum 12. Jh. vollzieht sich in der frz. Kunst ein tiefgreifender stilist. Wandel, der im Bereich der B. mit dem Ingeborg-Psalter (Chantilly, Musée Condé, Ms. 1695) zum ersten Mal voll in Erscheinung tritt. Damit wird eine Stilphase eingeleitet, die etwa ein halbes Jahrhundert gültig bleibt. Dieser als Protorenaissance bezeichnete Abschnitt zw. Romanik und eigtl. Gotik ist u. a. durch eine neue Körperlichkeit gekennzeichnet, bei deren Wiedergabe der Einfluß antik-klass. Draperiebildung zum Ausdruck kommt. Zu den hervorragendsten Beispielen dieses Stils gehört eine Gruppe von Bibles moralisées (außerordentl. reich bebilderte kommentierte Bibelhss.) aus dem 2. Viertel des 13. Jh. (Wien, Österr. Nat. Bibl., Cod. 1179 und 2554; Kathedrale v. Toledo).

Im 3. Viertel des 13. Jh. konstituiert sich der eigtl. got. Stil in der frz. Buchmalerei. Repräsentative Beispiele sind etwa ein Pariser Psalter von ca. 1250, der Psalter des hl. Ludwig, zw. 1253 und 1270, das Evangeliar der Ste-Chapelle, ca. 1260/70, oder der »Roman de la Poire«, ca. 1275 (Paris, Bibl. Nat., lat. 10434, lat. 10525, lat. 17326 und fr. 2186). Alle vier Hss. weisen, abgesehen von ihrem allgemein got. Habitus mit seiner betonten Eleganz und dem geschmeidigen, kurvig linearen Duktus, auch schon spezif. Charakteristika auf, die in der gesamten Gotik ihre Bedeutung haben werden: 1. der zeitgenöss. Architektur entlehnte Formen für die dekorative Gliederung der Bildfelder (Giebel, Friese, Fialen als Bekrönung der Miniaturen, oder Miniaturfelder in Gestalt von Maßwerk auf Mustergrund; letztere, an Glasfenster erinnernde Bildstruktur hat ihre Vorläufer in den Medaillonfolgen der erwähnten Bibles moralisées). 2. die betont musterhafte, mit gegenseitigen Farbverschränkungen arbeitende Farbverteilung; nirgends sonst als in Frankreich gibt es in der got. B. derart ausgearbeitete, über die ganze Seite wirkende Farbmuster.

Frankreich hat sich im Verlauf des 13. Jh. als die führende Kulturmacht des Abendlandes etabliert: seine Lyrik und höf. Epik finden überall ungeteilte Bewunderung und zahllose Nachahmer, im Bereich der bildenden Kunst strahlt die in Frankreich entwickelte Gotik auf ganz Europa aus. (Der ganz bes. Ruf der frz. B. dieser Zeit ist u. a. in einer berühmten Stelle der »Göttlichen Komödie« Dantes belegt, in der die B. als »die Kunst, die in Paris illuminieren heißt« definiert wird, Purg. XI, 80f.) Den Hintergrund dieser unbestrittenen kulturellen Vormachtstellung bilden eine Reihe von Faktoren, die Frankreich vom übrigen Abendland abheben: eine fortgeschrittene Zentralisierung des Staatswesens, eine nationale Idee, ein stark höf. geprägtes Königtum und eine brillante Universität mit einer immensen Anziehungskraft, Schauplatz tiefgreifender philos.-theol. Umwälzungen, in deren Folge der Vernunft und der Realitätserfahrung ein neuer Platz eingeräumt wird.

Die grundlegenden Strukturveränderungen in allen Bereichen haben auch die Handschriftenproduktion an sich erfaßt, insofern als diese Tätigkeit in steigendem Maß von professionellen Laien-Ateliers ausgeführt wurde, statt, wie es jahrhundertelang nahezu ausschließl. – und in anderen Ländern Europas noch immer – der Fall war, von klösterl. Skriptorien. Am Ende des 13. Jh. kristallisiert sich mit →Maître Honoré, dem ersten namentl. bekannten Buchmaler der frz. Gotik, nochmals ein neuer, zukunftsweisender Typus von Künstler heraus: der nur für die kgl. Familie und den Hochadel arbeitende Hofmaler.

Die Arbeiten von Maître Honoré und einigen seiner Zeitgenossen verraten ein gesteigertes Interesse an der dritten Dimension, was bes. in der fein abgestuften plast. Modellierung von Gewändern, Gesichtern und Haaren zur Geltung kommt, die den Figuren insgesamt einen reliefartigen Charakter verleiht (Brevier Philipps d. Schönen, Paris, Bibl. Nat., lat. 1023). Diese erste Stufe der Dreidimenionalität wird uns auch in der 1317 datierten Vie de St-Denis (Paris, Bibl. Nat., fr. 2090–2092) vor Augen geführt, mit einer fast bildhauer. Behandlung der Figuren, kombiniert mit anschaulichen Darstellungen der zeitgenöss. Wirklichkeit. Jean →Pucelle bleibt es vorbehalten, die dritte Dimension auch in das räuml. Ambiente der Figuren einzuführen, zweifellos unter dem Einfluß der it. Trecento-Kunst, mit der er Frankreich als erster bekannt gemacht hat: im Stundenbuch der Jeanne d'Evreux, Gemahlin Kg. Karls IV. d. Schönen (New York, Metropolitan Museum of Art, The Cloisters), begegnen wir den ersten dreidimensionalen Innenraumdarstellungen nördl. der Alpen. Die Hs. ist gleichzeitig das erste große Meisterwerk der frz. B. in →Grisaille (Grau-in-Grau-Malerei), einer Technik, die das ganze 14. Jh. sehr beliebt bleiben sollte. Pucelle spielt auch eine prägende Rolle für die typ. Seitenrahmung der Hochgotik: die den Bild- und Textspiegel umklammernde, mit Drolerien und kleinen Szenen durchsetzte Blattranke. Obwohl Pucelle kaum mehr als ein Jahrzehnt tätig war († 1334), hatte er eine enorme Wirkung, einmal auf Grund seiner hervorragenden entwicklungsgeschichtl. Stellung, zum anderen weil er einen Nachfolger bekam, der seinen Stil bis gegen 1370 fortführte.

Zu dieser Zeit, um 1370, taucht in der frz. B. eine wichtige Neuerung auf: dem bislang vorherrschenden ornamentalen Bildhintergrund gesellen sich Landschaftsgründe hinzu, oder besser Ansammlungen von Landschaftsmotiven, die tapetenartig bis fast an den oberen Bildrand reichen (bes. typ. beim Boqueteaux-Meister, Paris, Bibl. Nat., fr. 1584). Zu eben dieser Zeit setzt auch unter Kg. Karl V. eine forcierte Einwanderung ausländ. Künstler nach Paris ein (z. B. Jean Bondol aus Brügge, später Zebo da Firenze u. a.). In diesem internationalen Milieu entfaltet sich eine reiche Buchproduktion, die im Zusammenhang mit dem ganz außerordentl. Mäzenatentum dieses Kg.s gesehen werden muß, der als einer der größten Bibliophilen schlechthin gelten kann (seine Brüder, allen voran Johann, Hzg. v. Berry und Philipp d. Kühne, Hzg. v. Burgund, stehen ihm kaum nach und führen diese Phase bes. intensiver Kunstförderung noch mehrere Jahrzehnte über den Tod Karls, 1380, hinaus, bis ins 15. Jh.). Das Mäzenatentum Kg. Karls V. beschränkt sich nicht auf rein künstler. Aspekte, er hat auch zahlreiche Übersetzungen lat. und griech. Autoren angeregt (u. a. des →Aristoteles), womit nicht nur die lit. Produktion gefördert und neue Inhalte zugänglich gemacht, sondern auch der B. wieder neue – und zwar profane – Themenkreise erschlossen wurden. Damit reiht sich Karl V. aktiv in eine seit den Anfängen der Gotik wirksame Entwicklungstendenz ein: dem wachsenden Interesse an nicht religiös bestimmten, rein weltl. Themen, seien sie lit. oder hist. Provenienz oder auch aus der unmittelbaren Umwelt bezogen. Der daraus resultierende massive Aufschwung der Profanmalerei in der Gotik ist bekannt. Aber auch innerhalb der relig. Thematik haben sich die Schwerpunkte verlagert, sowohl bei den Texten wie den Illustrationen, was z. B. zu so völlig neuen Konzeptionen wie dem →Stundenbuch geführt hat, diesem ganz auf die persönl. Andacht des Individuums ausgelegten Gebetbuch für Laien. Frankreich hatte an der Ausarbeitung dieses Buchtyps maßgebl. Anteil.

Gegen Ende des 14. Jh. beginnt mit den aus Geldern stammenden Brüdern→Limburg, dem Meister des Hzg.s v. Bedford und dem Meister des Marschalls v. Boucicaut ein neuer Stilabschnitt, der bis ins 3. Jahrzehnt des 15. Jh. hineinreicht und vielleicht am ehesten als Symbiose von internationaler Gotik, it. Trecento-Kunst und einer neuen realist. Haltung charakterisiert werden kann. Die Brüder Limburg haben in der Kalenderfolge der Très riches Heures des Hzg.s v. Berry (Chantilly, Musée Condé, Ms. 65) die ersten großen Landschaftsporträts in der Kunst nördl. der Alpen geschaffen, ferner haben sie, angeregt von der it. Trecento-Kunst, eine neue Dramatik in die Darstellung christolog. Szenen eingebracht. Im Werk des Boucicaut-Meisters finden sich die ersten zentralperspektiv. Innenräume (Paris, Musée Jacquemart-André, Ms. 2). Ihm und den Limburgs wird die Einführung der it. Akanthusranke in die frz. B. zugeschrieben, die bis zur Ablösung der vegetabilen Rankenbordüre durch den rein architekton. Rahmen (ca. 1470/80) ein beherrschendes Ziermotiv bleiben sollte. Der zukunftsweisende Beitrag des Bedford-Meisters besteht darin, Hauptminiatur und umgebende Randszenen als themat. Einheit zu gestalten (z. B. Wien, Österr. Nat. Bibl., Cod. 1855). Eine Sonderstellung nimmt der sog. Rohan-Meister ein, dessen Miniaturen ein ganz ungewöhnl. Pathos zum Ausdruck bringen, z. T. erzielt durch Nichtbeachtung von in der frz. B. längst verbindl. Darstellungsregeln wie etwa der Einhaltung »realist.« Größenverhältnisse (Paris, Bibl. Nat., lat. 9471).

Im 2. Viertel des 15. Jh. verliert Paris – im Zusammenhang mit den Niederlagen gegen England und der Schwäche des Kgtm.s – seine Rolle als dominierendes Kunstzentrum, die es seit gut zwei Jahrhunderten innehatte (nur die Papststadt→Avignon konnte sich, im 14. Jh., als eigenständiges Zentrum behaupten). Die Hauptaktivität und die wichtigen Entwicklungen verlagern sich nunmehr in die Provinz (Westfrankreich, Loire-Gegend). Allerdings erschweren die polit. Wirren dieser Zeit die Kenntnis einer Entwicklungsphase, in der ein fundamentaler Stilumbruch durch das Einströmen der neuen niederländ. Kunst stattgefunden haben muß. Einziger Vermittler zu dem mit Jean→Fouquet unmittelbar nach der Jahrhundertmitte auftauchenden neuen Stil ist der Meister des Jean Jouvenel des Ursins, der eine traditionelle Schulung mit den Errungenschaften der niederländ. Kunst verbindet. Mit Fouquet (Begründer der Schule v. Tours) kommt als weitere neue Komponente der Einbruch it. Renaissance-Kunst hinzu, der er Anregungen zur Raumkomposition, zur Darstellung von Körperbewegung und zur Organisation von Massenszenen entnimmt (Stundenbuch des Etienne Chevalier, in Einzelblättern, Chantilly, Musée Condé). Fouquet ist der letzte wirkl. große Künstler der frz. Buchmalerei. Die gesamte weitere Entwicklung ist nicht ohne seine grundlegenden Neuerungen und seinen Einfluß zu denken (er markiert ja auch den Beginn der Renaissance in Frankreich), auch wenn noch ganz persönl. und durchaus bedeutende Buchmaler zu verzeichnen sind wie Jean →Colombe, Begründer eines B.-Ateliers in Bourges, Jean Bourdichon, der die Schule v. Tours fortführt, oder auch Maître François, der eines der produktivsten B.-Ateliers der 2. Hälfte des 15. Jh., wieder in Paris, leitet. Der einzig wirkl. originelle Meister neben Fouquet, von einer entwicklungsgeschichtl. ganz exzeptionellen Stellung, ist der sog. Coeur-Meister (höchstwahrscheinl. René d'Anjou, »le bon roi René«, selbst) mit seinen unerhört poet. Darstellungen verschiedener Lichtstimmungen (Sonnenaufgang, flimmernde Mittagshitze, Abendlicht, etc., Wien, Österr. Nat. Bibl., Cod. 2597).

Mitten in diesen Zeitabschnitt, der schon eine Spätphase der B. darstellt, fällt die Erfindung des Buchdrucks, der nicht nur dem handgeschriebenen Buch an sich, sondern mit seinen neuen drucktechn. Illustrationsmöglichkeiten auch der B. den Kampf ansagt. Die neue Technik breitet sich von Deutschland über ganz Europa aus. In Paris erscheinen ca. 1470/72 die ersten gedruckten Bücher. Es zeigt sich jedoch, daß gerade in Frankreich die B. nicht so leicht von der Druckgraphik zu verdrängen ist, ebenso wenig setzt sich das Papier gegenüber dem Pergament durch. Der lange Zeit die vorantreibende Kraft darstellende, eminent höf. Charakter der frz. B. erweist sich nun als retardierendes Moment. Die neuen, adäquaten Darstellungsmittel setzen sich nur sehr langsam durch, das Buch verliert seine Aura als Luxusprodukt nicht so leicht. Man versucht noch lange Zeit – neben einer fortbestehenden reichen Handschriftenproduktion – selbst gedruckten Büchern durch Verwendung von Pergament statt Papier und durch Übermalung der Holzschnitte oder Stiche den Anschein von Hss. zu verleihen. D. Thoss

Lit.: J. PORCHER, Frz. B., 1959 – R. BRANNER, Manuscript painting in Paris during the reign of Saint Louis. A Study of Styles, 1977 – F. AVRIL, B. am Hofe Frankreichs (1310–1380), 1978 – D. THOSS, Frz. Gotik und Renaissance in Meisterwerken der B., Ausstellungskat. Wien, 1978 – M. THOMAS, B. aus der Zeit des Jean de Berry, 1979 – Les Fastes du Gothique, le siècle de Charles V., Ausstellungskat. Paris 1981, 276–362 [F. AVRIL].

XV. SÜDNIEDERLÄNDISCHE BUCHMALEREI VON 1200–1500: Das 13. Jh. war für Flandern eine Zeit großer Blüte und großen Reichtums. Die fläm. Gebiete, die damals zur frz. Krone gehörten, wurden stark von der Kunst dieses Landes beeinflußt. Von konventionellen, den roman. Kunst eigenen Elementen ging man um 1200 allmähl. zu einer realistischeren B. mit monumentalem Charakter über, in der architekton. Details des neuen got. Kirchenbaus wiederzufinden sind. Obwohl neben religiösen Darstellungen vereinzelt weltl. Themen auftreten, sind uns bis ungefähr 1250 nur einige illuminierte liturg. Hss. überliefert. Die darin befindl. Miniaturen sind durch starke Umrißzeichnung der Figuren und geringe Ausschmückung der Hintergründe gekennzeichnet.

Um die Mitte des 13. Jh. war der Übergang von der Romanik zur Gotik vollzogen. Die B., die in zunehmendem Maße von Laien ausgeübt wurde, zeigte allmählich stärker realist. Züge. Als ein vorsichtiger Ausläufer von Initialen entfaltete sich eine bescheidene Marginal-Verzierung an den Rändern, die durch einige humorist. Darstellungen mit weltl. Themen aufgelockert wurden. In d. Hss. wurde nicht mehr nur Latein, sondern nun auch vereinzelt die Volkssprache gebraucht. Einige typische Beispiele hierfür sind u. a. eine Kopie von »Li ars d'amour«, eine Sammlg. von→fabliaux (Brüssel, Kgl. Bibl., ms. 9543 u. 9411–16). Ein anderes schönes Beispiel dieser B. ist Willem van Affligems »Leven van Sinte Lutgart« (Kopenhagen, Kgl. Bibl., Ny Kgl. Saml. 168, 43).

Was die beginnende Gotik in den südl. Niederlanden betrifft, sind bisher noch eine ganze Reihe von Problemen ungelöst geblieben. Nur einzelne illustrierte Hss. sind uns bekannt, deren Datierung und Lokalisierung mit einiger Genauigkeit festgestellt werden kann. Es wäre deshalb voreilig, anhand dieser Hss. von regionalen Schulen zu sprechen. Während des 14. Jh. blieb noch immer Frankreich und zwar speziell Paris das wichtigste Zentrum der Buchmalerei. Die fläm. Buchmaler folgten dem Stil ihrer frz. Kollegen. Erst nach 1350 trachtete man wahrscheinl. unter it. Einfluß nach einer dreidimensionalen Raumdarstellung. In der Wiedergabe der Figuren wurde nach mehr

Naturtreue gestrebt, bes. was Gesichtsausdruck und Drapierung betrifft. Ein realist. Verhältnis zw. Raum und Personen erreicht man erst gegen Ende des 14. Jh. In derselben Periode fand ebenfalls eine Entwicklung in der Randverzierung statt, die als ein schüchterner Ausläufer der Initiale sich zu einem harmon. Ganzen zu entwickeln beginnt, wobei das Randwerk im letzten Viertel des 14.Jh. den ganzen Blattspiegel oder die Miniatur umgibt. Kennzeichnend ist wohl, daß in dieser Zeit der übergroße Mehrheit der Miniaturisten anonym bleibt, nur ausnahmsweise sind die Namen von Buchmalern bekannt, so u. a. Jehan de Grise, der i. J. 1344 einen »Roman d'Alexandre« (Oxford Bodl. Libr., Bodley 164) verzierte, während der Buchmaler aus Tournai Pierart dou Tielt etwas später, i. J. 1351, die Illumination einer »Queste del Saint-Graal« (Paris, Bibl. de l'Arsenal, ms. 5218) beendete. Die Miniaturkunst stand von ca. 1375 bis ca. 1420 unter dem Einfluß des sog. Internationalen Stils, der damals gleichzeitig in vielen europ. Ländern dominierend war. Raffinement und Verfeinerung und ein zögernder Realismus gingen Hand in Hand, bes. an frz. Höfen, die seit dem letzten Viertel des 14. Jh. viele Künstler anzogen. Viele fläm. Künstler, unter ihnen zahlreiche Buchmaler, zogen nach Paris. Im ersten Viertel des 15. Jh. kam es zu wichtigen Veränderungen in der fläm. Miniaturkunst. Ungefähr seit der Mitte des 15. Jh. wurde die B. durch den burg. Hof beeinflußt. Dies war eine goldene Zeit für die fläm. Miniaturkunst, die mit dem Mäzenatentum Philipps des Guten und seiner Umgebung zusammenfiel. Der frz. Einfluß verschwand, und die B. in den südl. Niederlanden prägte immer stärker eigene Merkmale aus. Die eine auffallende Gleichförmigkeit aufweisenden Hss. sind in einer schweren Bastarda geschrieben. Die Darstellungen in den Miniaturen sind für die höf. Atmosphäre dieser Zeit sehr typisch. Der spontane, den fläm. Primitiven eigene Realismus tritt darin noch nicht auf. Philipp der Gute vergab als bedeutender Bibliophile viele Aufträge an Kopisten und Buchmaler. In fast allen Hss. prunkt vorn ein Frontispiz mit der Darstellung des von Höflingen umringten Philipp d. Guten, dem feierlich ein Buch überreicht wird. Von den zahlreichen Buchmalern, die damals in den südl. Niederlanden tätig waren, sind die meisten anonyme Meister. In Flandern erfuhr die Miniaturkunst zu Ende der burg. Periode, ungefähr um 1475, einen deutlichen Wandel. In dieser Zeit bestand die Handschriftenproduktion zum großen Teil aus Stundenbüchern, die bis in die ersten Jahrzehnte des 16. Jh. zu Tausenden hergestellt wurden. Die Seiteneinteilung änderte sich stark. Das Verhältnis des Blattspiegels (Miniatur oder Textteil) zur Randverzierung erfuhr eine derartige Veränderung, daß man deshalb die Zeit nach 1475 als eine neue Phase in der B. betrachtet, die man gewöhnlich die sog. Gent-Brügger Schule nennt. Auch was die Miniatur selbst betrifft, gab es einen aufsehenerregenden Wandel. Während man in der burg. Periode der Realität in den Miniaturen wenig oder keine Aufmerksamkeit geschenkt hatte, zeugen diese jetzt von einem echten Wirklichkeitssinn. Die Personen wurden stärker individualisiert, auch das Kolorit änderte sich. Motive wurden begierig von den fläm. primitiven Tafelmalern übernommen. Auffallend ist, daß ebenso wie unter den burg. Herzögen, wenige Meister mit Namen bekannt sind. Es ist in jeder Hinsicht bemerkenswert, daß sich die fläm. Buchmaler zu einem Zeitpunkt, wo die Kupferstichkunst die Miniaturkunst überflügelt, noch zu solchen Leistungen fähig erwiesen.

G. Dogaer

Lit.: P. Durrieu, La miniature flamande au temps de la cour de Bourgogne, 1921 – F. Lyna, De Vlaamsche miniatuur van 1200 tot 1530, 1933 – O. Pächt, The Master of Mary of Burgundy, 1948 – E. Panofsky, Early Netherlandish painting, 2 Bde, 1953 – L. Delaissé, De Vlaamse Miniatuur. Het mecenaat van Filips de Goede, Ausstellungskat. 1959 – G. Dogaer – M. Debae, De Librije van Filips de Goede, Ausstellungskat. 1967 – A. de Schryver, Gothic manuscripts in Belgium and the Netherlands (The Book through five thousand years, 1972), 260–275 – F. Winkler, Die fläm. B. des XV. und XVI. Jh., 2. Ausg., 1978 – Vlaamse kunst op perkament. Handschriften en miniaturen te Brugge van de 12de tot de 16de eeuw. Gruuthusemuseum, 18. Juli – 18. Oktober 1981, Brugge, Stedelijke, Musea 1981 [Kat.].

XVI. Nordniederländische Buchmalerei bis 1500: Die B. hat sich in den nördl. Niederlanden ziemlich spät entwickelt, im Gegensatz zu derjenigen in den umliegenden Ländern. Abgesehen von dem berühmten Evangeliar der Abtei Egmond (Den Haag, Kgl. Bibl., 76 F 1) mit seinen zwei Widmungsminiaturen, das aus dem 10. Jh. stammt, kann man für dieses Gebiet keine einzige einigermaßen interessante illustrierte Hs. nennen, die vor dem 14. Jh. anzusetzen ist. Selbst aus diesem Jahrhundert sind nur einige wenige bedeutende Hss., die dort sicher zu lokalisieren sind, zu vermelden, nämlich die Reimbibel von Jacob van →Maerlant, die aus der Prämonstratenserabtei von Marienweerd stammt (Groningen, Universitätsbibl. 405) und »Der naturen bloeme« von demselben Verfasser (Leiden, Universitätsbibl., B.P.L. 14 A). Von beiden Werken in der Volkssprache wurden damals für das Laienpublikum verschiedene Exemplare hergestellt. Das 15. Jh. beginnt mit der »Tafel van den kersten gheloeve«, einer popularisierenden Zusammenfassung der Theologie für Laien, vom Dominikaner Dirc van Delft, die in verschiedenen Hss. bewahrt ist, u. a. in London, Brit. Library, Add. Ms. 22288, deren Verzierung aus 69 historisierenden Initialen besteht, von denen mehr als die Hälfte in der Hs. Baltimore, Walters Art Gallery, 171 kopiert sind. Obwohl das 15. Jh. eine Zeit großer Aktivität war, sind uns leider kaum Namen von Buchmalern bekannt, so daß wir auf verschiedene Notnamen zurückgreifen müssen, wie z. B. Meister der Maria van Gelder, Meister des Zweder van Culemborg, Meister des Otto van Moerdrecht, Meister des Evert van Soudenbalch und dem bis vor kurzem weniger bekannten Meister des Zyclus der Kindsheid, dessen Hss. v. a. durch ihre ungemein reiche ikonograph. Verzierung Bedeutung haben. Die prächtigsten Miniaturen und Randverzierungen finden wir in den Hss. des Meisters der Katharina von Kleve, der im 2. Viertel des 15. Jh. tätig war. Für diese Dame wurde in diesem Atelier ein Stundenbuch hergestellt, das mehr als 150 Miniaturen und Randverzierungen enthält (New York, Pierpont Morgan Library, M 917 und 945), die durch ihre unvergleichliche Pracht und phantast. Originalität beeindrucken. Obwohl die Miniaturkunst immer mehr in Laienhände kam, kennen wir doch verschiedene Klosterwerkstätten wie die der Regularkanonissen von St. Agnes in Delft, die für ihre Grisaillen und ihr typisches Randwerk bekannt war. Zweifellos das wichtigste Zentrum der B. ist Utrecht, wo außer schönen Stunden- und Gebetbüchern eine beträchtl. Anzahl großformatiger →Historienbibeln entstanden. Zu Ende des 15. Jh. wurden hauptsächl. noch Stundenbücher hergestellt, deren Randverzierung deutlich unter dem Einfluß derjenigen aus den südl. Niederlanden stand. Um diese Zeit wurde in den nördl. Niederlanden die B. allmählich durch die Gravierkunst verdrängt. Die Qualität der aus dem 16. Jh. erhaltenen B. muß in kunsthist. Hinsicht nicht sehr hoch eingeschätzt werden. Wenn wir die nordniederländ. B. in ihrem ganzen Umfang charakterisieren wollen, muß man sagen, daß obwohl schwerlich von einer Einheit in der B. gesprochen

werden kann, es doch einige typ. Elemente gibt, wodurch sie sich von anderen Miniaturschulen unterscheidet. Die B. weist einen realist. Blick auf die Dinge auf. Sie ist allem Manierismus abgeneigt und hat ein tiefes Gefühl für die Umwelt. In dieser Hinsicht ist die Wiedergabe der Landschaft charakteristisch, die, wie einfach sie auch sei, doch sehr viel Atmosphäre aufweist. Schließlich darf die große Verschiedenheit in der Randverzierung unterstrichen werden.
G. Dogaer

Lit.: A. W. Byvanck – G. J. Hoogewerff, Noord-Nederlandsche miniaturen in handschriften der 14^e, 15^e en 16^e eeuwen, 3 Bde, 1922–25 – A. W. Byvanck, La miniature dans les Pays-Bas septentrionaux, 1937 – J. Marrow, Dutch manuscripts illumination before the Master of Catherine of Cleves: The Master of the Morgan Infancy Cycle (Nederlands Kunsthist. Jb. 19, 1968), 51–113 – La miniature hollandaise, Kat. Ausst. Bibl. Royale Albert Ier, Bruxelles, 1971 – F. Gorissen, Das Stundenbuch der Katharina v. Kleve, 1973 – S. Hindman, Text and image in 15th c. illustrated Dutch bibles, 1977 – R. G. Calkins, Distributions of Labor. The illumination of the Hours of Catherina of Cleves and their workshop (Transactions of the American Philosophical Society 69, 1979), 3–83 – Schatten van de Koninklijke Bibl. ['s Gravenhage]. Tentoonstelling..., 1980, passim.

XVII. Englische Buchmalerei (1200–1500): Um 1200 vollzog sich ein stilist. Wandel von der roman. zur got. Kunst, der seinen Ausdruck in der B. durch graduelle Veränderungen hinsichtl. der Art der illustrierten Bücher, hinsichtl. des Personenkreises der Auftraggeber und auch des sozialen Selbstverständnisses der Handwerker, welche die Abschriften und Illustrationen schufen, fand. An die Stelle der großformatigen Bibeln und liturg. Bücher, die für Mönchs- und Klerikergemeinschaften bestimmt waren, treten nun zunehmend kleinere Bücher für die private Andacht, z. B. tragbare Bibeln und illustrierte Bücher zur persönl. Lektüre. Zur gleichen Zeit erfolgten gewisse Verschiebungen bei den Personenkreisen, die Bücher abschrieben und illustrierten. Zwar endete die Tätigkeit der monast. Skriptorien nicht abrupt, doch verlagerte sich der Schwerpunkt nun mehr auf professionelle Schreiber und Buchmaler aus dem Laienstand, deren Wirken etwa durch Lohntabellen, wie sie aus dem Oxford des 13. Jh. überliefert sind, belegt ist. Es können jedoch nur wenige Hss. namentl. bekannten berufsmäßigen Künstlern sicher zugewiesen werden; eine bemerkenswerte Ausnahme bildet das Werk des Oxforder Buchmalers William de Brailes, der mehrere Miniaturen, die er um die Mitte des 13. Jh. schuf, signierte.

Zahlreiche hervorragend gestaltete Exemplare des verbreitetsten Werkes unter den privaten Andachtsbüchern, nämlich des →Psalters, haben sich erhalten; kostbarste Psalter-Handschriften sind mit Personen und Orten in ganz England verbunden. Längst nicht alle Werkstätten sind mit einiger Sicherheit zu lokalisieren, doch darf angenommen werden, daß in Zentren wie Oxford, Salisbury und London, wo es bes. zahlungskräftige Käufer von Hss. gab, bedeutende Ateliers bestanden. Unter den besten Psalter-Handschriften sind zu nennen: Westminster Psalter, um 1200 (London, Brit. Library); einige Codices, die mit Peterborough in Verbindung gebracht werden (Cambridge, Fitzwilliam Mus.; London, Society of Antiquaries); ein für eine Nonne in Amesbury um die Mitte des 13. Jh. geschaffener Psalter (Oxford, All Souls College) und ein weiterer Psalter für einen Abt v. Evesham um 1250 (London, Brit. Library). Der mit ungewöhnl. reichem Buchschmuck versehene Oscott Psalter (London, Brit. Library), um 1270, wurde möglicherweise für den päpstl. Legaten Ottobuono Fieschi, den späteren Papst Hadrian V., angefertigt. Alle diese Hss. sind mit einer wechselnden Anzahl von ganzseitigen, reich mit Gold und anderen kostbaren Farben geschmückten Miniaturen ausgestattet, unter denen sich manchmal lange Illustrationsreihen aus dem Leben Christi, stark verzierte Initialen und – auf den normalen Textseiten – kleinere Ornamente finden.

Zur gleichen Zeit waren die engl. Buchmaler bes. bekannt für ihre Illustrationen allgemein verbreiteter Texte, u. a. der Apokalypse, aber auch des Bestiariums sowie zahlreicher Heiligenleben. Wurden einige dieser Codices in Gold und polychromen Farbtönen ausgeführt, so machten die Illustratoren vielfach aber auch von der kolorierten oder der teilweise in Farbe ausgeführten Zeichnung äußerst wirkungsvollen Gebrauch. Diese Technik war bereits vor der norm. Eroberung Englands (1066) in der engl. B. verbreitet gewesen. Eine Anzahl von Hss. aus dem 13. Jh., die derartige Zeichnungen enthalten, wird mit dem Geschichtsschreiber und Künstler →Matthaeus Parisiensis (Matthew Paris, † 1259), Mönch v. St. Albans, in Beziehung gebracht. Dieser stand mit den einflußreichsten Persönlichkeiten seiner Zeit in Verbindung, darunter den meisten führenden Mitgliedern des engl. Königshauses; sein Lebensweg ist ein geradezu klass. Beispiel für die engen Beziehungen, die ein individueller Künstler des MA zu seinen Auftraggebern und Mäzenen haben konnte.

Waren noch zahlreiche Werke des Matthaeus Parisiensis, wie etwa seine illustrierte Vita →Eduards des Bekenners (Original verloren, zeitgenöss. Kopie in Cambridge, Univ. Library), für Auftraggeber aus der kgl. Familie bestimmt, so können im späten 13. und frühen 14. Jh. nur noch eine vergleichsweise geringe Auswahl der illustrierten Bücher dem Kg. und seiner Familie zugewiesen werden. Die geringe Förderung der B. durch die engl. Kg.e steht in auffälligem Gegensatz zur gleichzeitigen Blüte der B. am frz. Königshof; die Diskrepanz fällt noch stärker ins Auge, wenn die engen Beziehungen des engl. und frz. Königshauses und der starke Einfluß der frz. Kunst, namentl. in der B., zu dieser Zeit in Betracht gezogen werden. Eine bemerkenswerte Ausnahme bildet lediglich der Alphonso Psalter (London, Brit. Library), der kurz vor dem Tod des vorgesehenen Besitzers, eines Sohnes von Kg. Eduard I. († 1284), vollendet wurde. Der Buchschmuck dieses Codex umfaßt auch marginale, vom Text weitgehend losgelöste Abbildungen; er bildet damit den Auftakt zu einer neuen Phase der engl. B.: In den letzten Jahren des 13. Jh. bis in die zwanziger und dreißiger Jahre des 14. Jh. schufen engl. Künstler eine Reihe herrlicher Psalter, bei denen die obengenannte Art des Buchschmucks ein hervorstechendes Stilmerkmal war. Die B. dieser Periode und ihr Stil wird wenig zutreffend als »East Anglian« (ostangl.) bezeichnet, weil eine Anzahl dieser hervorragenden Codices, so der Ormesby Psalter (Oxford, Bodleiana) und der Gorleston Psalter (London, Brit. Library), mit Personen oder Orten in East Anglia verbunden sind. Doch werden Codices dieser Stilrichtung auch anderen Regionen zugewiesen: so z. B. der Peterborough Psalter (Brüssel, Kgl. Bibl.) den Fenlands, der prachtvolle Queen Mary Psalter (London, Brit. Library) und die mit ihm verbundenen Hss. wohl London oder Südengland, eine weitere Gruppe dieses Typs stammt anscheinend aus den östl. Midlands. Bemerkenswert ist, daß die Auftraggeber, soweit sie identifiziert werden konnten, weder dem Königshaus noch dem Hochadel, sondern dem wohlhabenden Landadel und Grundbesitzerstand entstammen. Ebenso auffällig ist, daß zu einer Zeit, in der im kontinentalen Europa schon bei Auftraggebern vergleichbarer Standeszugehörigkeit das →Stundenbuch verbreitet war, in England weiterhin der Psalter als wichtigstes privates Andachtsbuch galt.

Die Geschichte der engl. B. in der 2. Hälfte des 14. Jh. wird beherrscht von einer Reihe von Codices, die für die Mitglieder der Hochadelsfamilie →Bohun geschaffen wurden; sie sind in einem Stil gehalten, der teilweise in die engl. Form der »Internationalen Gotik« (→Gotik) um 1400 einmündet. Manche Hss. der Zeit der »Internationalen Gotik« wetteifern in ihrem Umfang und Format mit den großen liturg. Büchern der Romanik. Hier ist zu nennen das Sherborne Missale (Alnwick, Slg. des Duke of Northumberland) und das Lovel Lektionar, das als Schenkung für die Kathedrale v. Salisbury geschaffen wurde (heute London, Brit. Library); beide Werke sind mit John Siferwas signiert. Von vergleichbaren Ausmaßen sind das Karmeliter-Missale und die Große Bibel Richards II. (beide London, Brit. Library); an beiden Werken arbeitete eine Vielzahl von Händen, und beide sind von der flandr. und niederrhein. B. stark beeinflußt. Bücher aus diesen Gebieten wurden zu jener Zeit in relativ großer Zahl eingeführt, und die wichtigsten Elemente dieses Stiles finden sich bes. bei einem Buchmaler des frühen 15. Jh., Herman →Scheerre, der offensichtl. rhein. Herkunft war, nach England übersiedelte und dort eine lange Reihe von Jahren für einen großen Kreis von Auftraggebern, unter ihnen Johann (John), Hzg. v. Bedford, Bruder Kg. Heinrichs V., arbeitete.

Bücher, welche die Charakterzüge von Herman Scheerre und seiner Werkstatt trugen, wurden in England mindestens bis zur Mitte des 15. Jh. hergestellt. Zur gleichen Zeit wurden in steigendem Maße Bücher importiert: sowohl aus Frankreich, wo zahlreiche potentielle Abnehmer unter dem Hzg. v. Bedford im engl. Heer dienten, als auch aus Flandern, wo ein hochentwickeltes Buchgewerbe für den Export tätig war. Engl. Werke von ausgeprägt einheim. Charakter finden sich nach 1450 nur noch selten, obwohl die engl. B. auch noch nach der Einführung des →Buchdrucks i. J. 1476 blühte.

J. Backhouse

Lit.: E. G. Millar, Engl. Illuminated Manuscripts from the Xth to the XIIIth C., 1926 – Ders., Engl. Illuminated Manuscripts of the XIVth and XVth C., 1928 – O. E. Saunders, Engl. Illumination, 1928 – M. J. Rickert, Painting in Britain; the Middle Ages (Pelican Hist. of Art), 1965² – R. Marks – N. Morgan, Engl. Buchmalerei der Gotik, 1980 – Dies., The Golden Age of Engl. Manuscript Painting, 1200–1500, 1981.

XVIII. Italienische Buchmalerei von 1200–1500: Im 10. bis 12. Jh. umfaßt die überwiegende Mehrheit der illuminierten Hss. liturg. Bücher. Obwohl auch in dieser Epoche mit Illustrationen ausgestattete kanonist. Sammlungen, Handbücher und Traktate nicht fehlen, finden sich doch die bedeutendsten Zeugnisse der B. in den Bibeln, Evangeliaren, Kommentaren, Missalien und Passionaren, die, in den Kirchen und Klöstern benutzt, häufig Hinweise auf die liturg. Gepflogenheiten der Kathedralen, Abteien und Kommunitäten enthalten, in denen sie entstanden waren.

In den folgenden Jahrhunderten führt v. a. in Italien die Herausbildung komplizierter institutioneller Gefüge und expandierender städt. Strukturen im Bereich der Handschriftenproduktion zu einer wachsenden Nachfrage. Zahlreiche neue Produktionszentren entstehen. Eine bedeutende Rolle spielen bei diesem Prozeß die universitären *societates*, die u. a. neue Formen der Verbreitung von Texten erforderlich machen. Auch wenn heute verschiedenen Studienzentren (z. B. Padua und Neapel) eine rege autonome Aktivität zuerkannt wird, besteht kein Zweifel, daß Bologna sowohl in der Handschriftenproduktion als auch durch seine engen Beziehungen mit anderen europ. Kulturzentren größte Bedeutung besaß.

Im 12. Jh. ist bereits – wenn auch vereinzelt – das Auftreten von Illuminatoren und Schreibern aus dem Laienstand bezeugt, jedoch liegt der Schwerpunkt noch bei den kirchl. Skriptorien. Seit dem 13. Jh. wächst die Zahl der von Laien geführten Ateliers ständig an. Die Ausstattungsprinzipien unterscheiden sich jedoch nicht wesentl. von den in den Klosterwerkstätten üblichen, und auch die Verschiedenheit der Inhalte und Adressaten bringt keine entscheidenden Änderungen mit sich. Im Vergleich zu den zahlreichen Riesenhandschriften in den Jahrhunderten zuvor ist eine Verringerung der Dimensionen festzustellen: Das Großformat bleibt nur einigen Genera, wie den Chorbüchern vorbehalten, während andere für den liturg. Gebrauch bestimmte Texte in kleinerem Format angefertigt werden. Im allgemeinen wird bei den zum Nachschlagen und zum Studium bestimmten Büchern auf ihre Handlichkeit geachtet. Innerhalb der Ausstattung ist zu bemerken, daß die Buchstabeninitiale ihren eigtl. Wert als Bestandteil des Alphabets verliert: Wenn sie große Ausmaße zeigt, wandelt sie sich zu einem Rahmen, in dem mehr oder weniger komplexe figurale Darstellungen hineinkomponiert sind, so daß auch ihre Lesbarkeit vermindert. In anderen Fällen wird das Format der Initiale verkleinert; Figuren und Szenen finden in einem eigens dafür vorgesehenen Abschnitt ihren Platz oder nehmen eine volle Seite ein. Ein zunehmend größerer Raum wird der Zierleiste zugeteilt, die aus Ranken, Voluten und treppchenförmigen Ornamenten gebildet wird und sich rund um die Textkolumnen bis zu den Rändern der Seite erstreckt.

Die große Buchtradition des byz. Ostens liefert weiterhin maßgebende Vorbilder, die in Süditalien (hier wurde wahrscheinl. die berühmte Bibel von S. Daniele del Friuli aus dem Ende des 12. Jh. angefertigt) und im Veneto eifrige Nachahmung finden: Erwähnt sei in diesem Zusammenhang nur das auf 1259 datierte Epistolar des Giovanni da Gaibana (Padua, Seminario). Andere Kultureinflüsse stammen jedoch aus dem transalpin. Raum. In der 1. Hälfte des 13. Jh. ist unter den Staufern der Einfluß frz. und dt. Kunst in Süditalien bemerkbar. Zeugnisse dafür sind nicht nur in der Architektur und Skulptur zu finden, v. a. in den im Auftrag Friedrichs II. entstandenen Werken, sondern auch in der Buchmalerei: dies gilt sowohl für die Hss., die mit der Person Friedrichs und seines Sohns Manfred verbunden sind (der berühmte Traktat »De Arte venandi« in der Bibl. Vaticana, und die Schrift »De Balneis puteolanis« der Bibl. Angelica, Rom), als auch für die im Umkreis der Anjou entstandenen Hss. der folgenden Epoche, bei denen die frz. Einflüsse noch stärker hervortreten. Ebenfalls trifft dies auf viele der in Bologna entstandenen Codices wie das Infortiatum des Justinian. Corpus iuris der Bibl. Nazionale in Turin zu.

Im Lauf des Trecento werden die Beziehungen der B. zur Monumentalmalerei und Architektur noch ausgeprägter, auch zeichnen sich einige Unterscheidungsmerkmale nach Gebieten und Schulen deutlicher ab. Nach neuesten Forschungen kann man sogar eine gewisse Anzahl von Miniaturisten identifizieren, und die Entwicklung der Handschriftenproduktion im Veneto, der Lombardei, der Toskana, Emilia, in Neapel und Sizilien, um nur einige Kunstprovinzen zu nennen, genau verfolgen. Außerdem wurden die wechselseitige Einflußnahme zw. verschiedenen Gebieten und die weiteren lokalen Unterteilungen untersucht, so z. B. in der Toskana die Besonderheiten der B. in Florenz, Siena und Pisa.

In Trecento und v. a. im Quattrocento nimmt die Zahl jener Hss. zu, deren Texte neue Illustrationsschemata erfordern. Es seien hier zwei zu völlig verschiedenen Zwecken angefertigte Hss. nebeneinandergestellt: der »Biadaiolo« der Bibl. Laurenziana mit dem Tagebuch des in den ersten Jahrzehnten des 14. Jh. in Florenz tätigen Kaufmanns Domenico Lenzi und der Kg. Robert v. Neapel gewidmete »Panegirico« (um 1340; jetzt in der Brit. Libr. London). Im »Biadaiolo« finden sich ganzseitige Illustrationen und kleinere Bildfelder, fast wie Fenster, durch die man auf die Straßen und Läden der Stadt sieht; alle sind vom Text getrennt und werden von farbigen Leisten eingerahmt. Im zweiten Codex sind hingegen Schrift und Illustration, die ungerahmt in den Text einbezogen sind, unmittelbar miteinander verbunden. Das Überwiegen der Illustration über den Text zeigt sich in einem bes. reich ausgestatteten Beispiel, der Paduaner Historienbibel (»Bibbia historialis«), von der sich ein Teil in Rovigo, der Rest in London befindet: Der Text spielt in dieser Hs. nur die Rolle von Bildlegenden zu den überaus zahlreichen Vignetten, von denen je vier auf einer Seite angeordnet sind. Die wachsende Nachfrage nach illustrierten Texten erfaßt auch die Literatur, Geschichtsschreibung und die Naturwissenschaften: Die berühmtesten Autoren des griech. und röm. Altertums – Homer, Ptolemaios, Vergil, Plutarch, Seneca, Plinius, um nur einige Namen zu nennen –, die Ritterromane, die Werke der Zeitgenossen – Dantes »Divina Commedia«, Petrarcas »Trionfi«, der »Trattato di archittettura« des Filarete – werden mit zunehmend luxuriöseren und detailreicheren Illustrationen ausgestattet. Die Bildtafeln der in der Lombardei entstandenen »Tacuina sanitatis«-Handschriften veranschaulichen Diätvorschriften, bieten aber auch lebhafte Szenen aus dem bäuerl. Leben und dem städt. Alltag. Werke von hoher Gelehrsamkeit wie der astrolog. Traktat »De Sphera«, der im 15. Jh. im Auftrag der Sforza entstand (Modena, Bibl. Estense), enthalten verschiedenste Kombinationen von erzählenden, symbol. und lehrhaften Motiven.

Die Ausweitung der figurativen Elemente ist ein Charakteristikum der illuminierten Hss. am Ende des 14. Jh. und im 15. Jh. In der Lombardei im Umkreis der Visconti und an den anderen Höfen der Poebene sowie in Neapel erleben die für die private Andacht bestimmten Buchtypen (Missalien, Breviere, Stundenbücher) eine Blüte; sie sind mit einem raffinierten got. Dekor, der frz.-fläm. Einfluß zeigt, ausgestattet. Die bekanntesten Werke sind im Auftrag von Gian Galeazzo und Filippo Maria Visconti sowie ihrer Angehörigen entstanden, für die Buchmaler wie Giovannino de' Grassi, Belbello da Pavia und Michelino da Besozzo arbeiteten. Andere it. Höfe folgten und förderten die Entstehung bedeutender Werke. Mit immer größerem Personal ausgestattete und gut organisierte Ateliers wetteiferten in der Herstellung von Prachthandschriften, die von Einzelpersonen – Fürsten, Machthabern und Bibliophilen – in Auftrag gegeben worden waren. Auch Künstler, die zudem auf anderen Gebieten als der B. tätig waren, lieferten Beiträge. Unter den so entstandenen Werken seien einige bes. bedeutende Beispiele herausgegriffen: das Missale der Barbara v. Brandenburg, Mutter von Francesco Gonzaga (Mantua, Palazzo Ducale), das Stundenbuch der Bona Sforza (London, Brit. Library), die Hss. der »Göttlichen Komödie« des Federico da Montefeltro (Bibl. Vaticana) und des Alfonso v. Aragón (London, Brit. Library), der dem jungen Sohn von Ludovico il Moro, Massimiliano, gewidmete »Liber Jesus« und das Stundenbuch der Isabella v. Aragón (beide in Mailand, Bibl. Trivulziana), das Brevier des Ercole d'Este (Modena, Bibl. Estense) sowie die Stundenbücher und Missalien der Medici aus dem letzten Viertel des 15. Jh., die in verschiedenen Sammlungen und Bibliotheken verstreut sind. Wegen der komplexen Fülle ihrer Bildprogramme sind einige Bibeln hervorzuheben: Die Bibel des Borso d'Este (Modena, Bibl. Estense), diejenige des Federico d'Urbino (Bibl. Vaticana) sowie die im Auftrag fremder Souveräne in Italien angefertigten: die Bibeln des ung. Kg.s Matthias Corvinus (Bibl. Laurenziana) und Johanns II. v. Portugal (Lissabon, Arquivo Nac.). In der 2. Hälfte des 15. Jh. entfalteten geschickte Unternehmer eine rege verleger. und buchhändler. Tätigkeit, um den Bedürfnissen und dem Enthusiasmus der Bibliophilen zu entsprechen. Ein Beispiel ist Vespasiano da →Bisticci, der im Kolophon der Bibel des Federico da Montefeltro genannte »Vespasiano... librario procurante«, der auch eine wichtige Rolle für die Entstehung der berühmten Bibliothek des Matthias Corvinus spielte.

Im Bereich der Choralbücher finden sich ebenfalls hervorragende Beispiele der it. Buchmalerei: In der Toskana läßt sich bereits am Ende des 14. Jh. in der Hss.-Gruppe, die der Schule des Kamaldulenserkonvents degli Angeli entstammt, eine bemerkenswerte Ausweitung des dekorativ-illustrierenden Elements feststellen. Diese Tendenz behauptet sich in der Folge auch in anderen Hss.-Gruppen: z. B. die wahrscheinl. in Ferrara für Kard. Bessarion hergestellten Codices (Cesena, Bibl. Malatestiana u. a. o.) und die in der Libreria Piccolomini (Siena, Dom) befindl. Choralbücher, die nach 1467 bei →Girolamo da Cremona und →Liberale da Verona in Auftrag gegeben worden waren.

Gegen Ende des 15. Jh. verliert die illuminierte Hs., die für Auftraggeber von hohem Rang und konservativem Geschmack oder für religiöse Institutionen angefertigt wurde, an Bedeutung. Einige Versuche werden gemacht, Buchdruck und B. miteinander zu verbinden, aber die Konkurrenz des gedruckten Buches ist zu stark. Im 16. Jh. läßt die Verbindung der bewegl. Lettern und des Papiers mit der Buchillustration in Form von Holzschnitten oder Kupferstichen neue Formen der Buchproduktion und des Vertriebs entstehen. Die Miniaturmalerei beschränkt sich auf die Umsetzung von Bildinhalten der Monumentalmalerei in kleines Format. Miniaturisten wie Giulio Clovio fertigen noch sehr qualitätvolle Arbeiten an, greifen aber nurmehr von einer vergleichsweise niederen Position aus die Resultate der Monumentalmalerei und Architektur auf.   G. Dalli Regoli

Lit.: M. SALMI, It. B., 1956 – L. DONATI, Bibliogr. della miniatura, I, 1972, 106–125 – B. DEGENHART – A. SCHMITT, Corpus der it. Zeichnungen, 1968, I/2, 666–692 [Lit.]; II/2, 1980, 425–438 [Lit.] – J. J. G. ALEXANDER, B. der it. Renaissance, 1977 – La Miniatura italiana in età romanica e gotica, 1979 (Atti del I Congr. Nazionale di Storia della miniatura it., Cortona 1978).

XIX. EUROPÄISCHE JÜDISCHE BUCHMALEREI BIS 1500: Jüd. Buchmalerei hebr. Mss. tritt im Orient, ohne figürl. Darstellungen, seit dem 9. Jh., in Europa seit dem 13. Jh. in Büchern, Rollen und Einzelblättern auf. Torarollen sind nie illustriert, Haftara- und Omerrollen nur geringfügig. Vorwiegend sind Bibel, Mahzor (Festtagsgebete), Siddur (tägl. Gebete) und Haggada (Schrift zum Pessah-Fest) reich illuminiert, angepaßt an den zeitgenöss. Stil des betreffenden Landes; der Künstler war, sofern namentl. bekannt, Jude. – Span. und südfrz. Bibeln beschränken sich auf wenige Blätter mit der Darstellung der Tempelgeräte; die Haggadot besitzen dagegen einen reichen zusammenhängenden Bilderzyklus zu Genesis und Exodus, wobei das Blatt als ganzseitige Miniatur verwendet oder in mehrere Bildszenen aufgeteilt ist. Im aschkenaz. Raum tritt jüd. B. neben wenigen frz. Mss. bes. in Deutschland und Italien auf. Bibeln, Machsorim, Siddurim und Haggadot sind mit figürl. Szenen zum AT und zum Alltagsleben (bes. in den Haggadot) in erzähler. Weise ausgeschmückt, wobei die aschkenaz. Haggadot auf den Bildzyklus zugunsten einzelner, in den Text eingestreuter Bildchen verzichten. Daneben sind seit dem 13. Jh. illuminierte Schriften des →Maimonides, Josef Albo u. a. erhalten. Als Umrahmung der Textkolumne dienen Ranken und Blumen sowie kleine Bildszenen. Wortinitialen, fast nie Buchstabeninitialen, in Goldillumination, mit Bildszenen zu einem geschlossenen Bildfeld vereint, bestimmen oft die Blattkomposition. Es überwiegen die Farben blau, rot, weiß und gold.

Nach der Erfindung des Buchdrucks im 15. Jh. bilden Estherrollen und Ketubbot (Heiratsverträge) die Hauptquelle jüd. B., wobei diese vergleichbar den anderen Druckwerken stilist. auf die älteren illuminierten Hss. zurückgehen oder aber sich der zeitgenöss. Komposition und Ausdrucksform bedienen. H. Künzl

Lit.: EJud (engl.) VIII, 1257-1288 [Lit.] – A. A. COHEN, The Hebrew Bible in Art (Ausst. Kat. New York, 1963) – D. DAVIDOVICZ, The Ketuba, 1968 – B. NARKISS, Illuminated Hebrew Mss., 1969 – M. METZGER, La Haggada enluminée I, 1973 [Bd. II in Vorber.] – J. LEVEEN, The Hebrew Bible in Art, 1944 (1974).

B. Byzantinische Buchmalerei
I. Frühbyzantinische Zeit – II. Die Zeit des Bilderstreites – III. Die »Makedonische Renaissance« – IV. Das 11. und 12. Jahrhundert – V. Die Zeit der lateinischen Herrschaft – VI. Die spätbyzantinische Buchmalerei.

I. FRÜHBYZANTINISCHE ZEIT: Nur wenige Hss. und Fragmente geben einen schwachen Eindruck von den Möglichkeiten der frühbyz. B. Die ältesten Zeugen sind die 58 Miniaturen zur Ilias (Mailand, Bibl. Ambros. Cod. F. 205 Inf.) und eine Sammelhs., die die Pflanzenkunde des →Dioskurides, ein Gedicht über die Heilkräfte der Pflanzen, eine Abhandlung über Vögel und eine über Heilkräuter gegen Schlangenbisse enthält (Wien, Österr. Nat. Bibl. Cod. med. gr. I). Die Bilder zur Ilias lassen den Rückgriff auf Vorlagen des 1.–5. Jh. erkennen, neben sich neue Bilderfindungen stellen (wohl Ende 5. Jh.). Die Lokalisierung ist umstritten, Konstantinopel scheint möglich. Die Wiener Hs. entstand um 512 in Konstantinopel für Anicia Juliana (Urenkelin der Galla Placidia). Sie enthält außer dem Stifterbild fast ausschließlich Kopien älterer Illustrationen von ungewöhnl. Naturnähe, die z. B. die Vögel und Schlangen einwandfrei identifizierbar macht; die Pflanzenbilder sind wie für ein Biologiebuch exakt. Die Autorenbilder sind gute Kopien etwa des 2. Jh. Mehrere Miniatoren waren beteiligt.

Die ältesten christl. Fragmente gehören auch der Zeit um 500 an: die der Cotton-Genesis (294 angekohlte Reste einer 1731 durch Brand schwer beschädigten Hs. mit ursprgl. ca. 330 Miniaturen; wohl alexandrinisch; London, Brit. Libr.; die Hs. diente den Mosaizisten der Eingangshalle von S. Marco, Venedig, als Vorlage) und die der ikonograph. ganz abweichenden 48 Miniaturen einer auf Purpurpergament geschriebenen und je Seite mit einem Bild geschmückten Genesis-Hs. in Wien (Österr. Nat. Bibl. Cod. theol. gr. 31; mehrere im Stil sehr unterschiedl. Miniatoren, die z. T. in einem Bild verschiedene Szenen vereinen; der stark gekürzte Text hat nur erklärende Funktion). Die Herkunft der →Wiener Genesis wie der beiden anderen Purpurhss. (→Codex Rossanensis, Rossano, Bibl. arcivescovile, vielleicht 527, und Fragmentum Sinopense, Paris, Bibl. Nat. Suppl. gr. 1286, wohl um 570; beide Reste von Evangeliaren) ist umstritten. Der Purpur spricht für ksl. Auftrag, also für Konstantinopel. Stilzusammenhänge sind nicht festzustellen. Daß keine Stilverbindungen zum Dioskurides bestehen, sagt nichts, das klass.-antike Figurenideal dieser Hs. ist durch die Vorlagen bestimmt. Konstantinopel war auch im 6. Jh. noch ein Sammelbecken für Künstler verschiedenster Herkunft, es kann durchaus der Entstehungsort sein. Das gilt auch für die Kanontafeln der Brit. Libr. (Add. 5111) mit ihren ausdrucksvollen AposteIporträts (Parallelen zu ihnen finden sich in der Ikonenmalerei), die wohl in die Nähe der »Pfeiler von Acre« vor S. Marco, Venedig (524/527) gehören.

Voll erhalten sind nur zwei syr. Hss., das Rabula-Evangeliar (Florenz, Bibl. Laur. Plut. I, 56, 586 im Kl. Zaqba, Mesopotamien, fertiggestellt) mit Randminiaturen zu den Kanontafeln und 7 ganzseitigen Miniaturen (mehrere Miniatoren, z. T. von paläst. Monumentalmalerei abhängig) und die syr. Bibel in Paris (Bibl. Nat. Ms. syr. 341, 6./7. Jh.) mit je einer Anfangsminiatur zu jedem Buch (stilist. uneinheitlich, eklektisch wohl aus byz. Zyklen auswählend).

Aus paläograph. Gründen gehört der Cod. 171 des Johannes-Kl. auf Patmos (Hiob) dem 7./8. Jh. an. Aus dieser Zeit stammen wohl auch die Miniaturen zu Kap. 1 und 2 (schlecht erhalten), die schwache Ähnlichkeiten zum Hiobbild der Pariser syr. Bibel aufweisen (kleinasiatisch?).

Diese wenigen disparaten Reste lassen eine Geschichte der frühbyz. B. so wenig zu wie ein Urteil über die stilist. Möglichkeiten der einzelnen Reichsteile. Daß es aber eine sehr ausgedehnte B. gegeben haben muß, die »mit dem Pinsel die Worte der Hl. Schrift begleitete«, ist lit. bezeugt.

II. DIE ZEIT DES BILDERSTREITES: Die Illumination wissenschaftl. Werke ging offenbar ungebrochen weiter, vgl. eine Hs. der ptolemäischen Astronomie (Bibl. Vaticana gr. 1291), 813/820 nach einer Hs. von 672/673 kopiert, die eindeutig Vorbilder aus der röm. Kaiserzeit kopiert. Die kirchl. B. dagegen beschränkt sich auf Kreuze und ornamentale Motive, vgl. z. B. das Evangeliar von 835 in der Öffentl. Bibl. Leningrad (Ms. gr. 219). Aber es gibt auch Werke, die die christl. Thematik fortsetzen. Drei Evangelistenbilder, in ein 1055 geschriebenes Evangeliar eingeklebt, sind aus paläograph. Gründen in das 8. oder frühe 9. Jh. zu datieren (Paris, Bibl. Nat. Suppl. gr. 905). Die kräftige, ursprgl. wohl nur lavierte Zeichnung ist eine Vorstufe für die nachikonoklast. B., die vielleicht in die Zeit zw. 780 und 815 anzusetzen ist. Wohl in die Umgebung des Patriarchen Nikephoros (815 abgesetzt) gehören die vor 837 entstandenen, stark polem. Randminiaturen des Chludov-Psalters (Moskau, Hist. Mus. add. gr. 129; im 12./13. Jh. stark übergangen) mit einer ebenso eigenwilligen Ikonographie und einem Stil, der zwar in den Psalterien des Pantokrator-Kl. (Athos, Cod. 61) und in Paris (Bibl. Nat. Ms. gr. 20, Fragment) eine direkte, aber weniger polem. Nachfolge fand, dessen expressive, Häßlichkeit wie Groteske nicht scheuende Stärke sonst ohne Nachfolge blieb. Außerhalb des Reiches, wohl in Palästina, entstand eine Hs. der Johannes v. Damaskus zugeschriebenen Sacra Parallela (Paris, Bibl. Nat. Ms. gr. 923), die Hunderte von Randminiaturen (mindestens zweier Miniatoren) enthält, kraftvolle knappe Federzeichnungen, die Gewänder und die Architektur mit Gold belegt, Inkarnat und sparsam verwendete sonstige Farben laviert, so daß der Eindruck der Zeichnung nicht aufgehoben wird. Neben meist frei im Raum stehenden, gelegentl. auf eine Standlinie gesetzten Szenen gibt es auch Reihen von gerahmten Büsten auf Goldgrund, die eine Urform der Ikonen wiedergeben (vgl. entsprechende Medaillons im

Chludov-Psalter und im Menologion Basileios' II., s. u. III). Ikonograph. eine unerschöpfl. Quelle, bleibt der Stil ohne Nachwirkung (9. Jh.).

III. DIE »MAKEDONISCHE RENAISSANCE«: Der Wiederbeginn der kirchl. B. nach 843 war schwierig, die Tradition abgerissen. Die Miniaturen des Ms. Garett 6 (Princeton, Univ. Libr.; 9. Jh.) zeigen in ihrer steifen Haltung, den maskenhaften Gesichtern und linearen Faltenstil die Mühe des Neubeginns. Den Auftrieb zu einem »Goldenen Zeitalter« der B. brachte die Herrschaft der makedon. Dynastie, die dieser »Renaissance« den Namen gab. Am Anfang stehen zwei für →Basileios I. geschaffene Hss., das Ms. gr. 510 der Bibl. Nat., Paris (880/886; Homilien des Gregor v. Nazianz) und der Vat. gr. 699 (Kosmas Indikopleustes). Während diese Hs. ikonograph. weitgehend von einem Vorbild des 6. Jh. abhängig ist und nur in den eigenen Zutaten den Rückgriff auf antike Menschenbilder erkennen läßt (z. B. fol. 72ʳ, die Berufung des Jesaja), zeigt der Pariser Gregor in seiner dichten Bebilderung die Anfänge des neuen Stils in zahlreichen Varianten von Bildseiten, die z. T. in Querstreifen oder Bildkästen aufgeteilt, z. T. ganzseitig angelegt sind. Alle Bilder sind gerahmt und haben Standflächen und blauen Hintergrund. Die meisten figürl. Darstellungen knüpfen an antike Figurenschemata an, zeigen aber z. T. gedrungene Gestalten, die Gewandbehandlung ist teilweise manieriert. Aber in doppelter Hinsicht wird vorweggenommen, was im 10. Jh. vorherrschend wird: im Durchzug durch das Rote Meer (fol. 264ᵛ) erscheint erstmals die Personifikation des Abgrundes als nackter Jüngling, der Pharao hinabzieht, und in dem stilist. herausragenden Bild der Ezechiel-Vision (fol. 438ᵛ) sind alle Merkmale der Hochphase dieser Renaissance voll ausgebildet (Landschaft mit Atmosphäre, klass. Figurenkanon und ausdrucksvolle, malerisch durchgestaltete Gesichter).

Dieser sich an der Antike orientierende Stil wird im 10. Jh. durch eine Reihe von Meisterwerken verkörpert, die jedes ein individuelles Kunstwerk darstellen, aber durch den Geist einer gleichartigen Auseinandersetzung mit der Antike verbunden sind. So setzt das Evangeliar Cod. 43 im Athos-Kl. Stauronikita die antiken Sitzstatuen nachempfundenen Evangelisten vor räumlich wiedergegebene Architektur mit Bäumen und Himmel als Hintergrund. Ein Hauptwerk dieser Phase ist der Pariser Psalter (Bibl. Nat. Ms. gr. 139), der neben einem Zyklus von ganzseitigen David-Szenen zu jeder der angefügten Oden aus dem AT ein Bild bringt. Das hervorragendste Bild unter allen, in der Qualität ungleichen Miniaturen ist das erste: David als Hirt, den Psalter spielend, von naturgetreu wiedergegebenen Tieren und drei Personifikationen umgeben (Melodeia und Echo als hellenist. Schönheiten, der Berggott Bethlehem als Sitzakt mit allen antiken Attributen), sitzt in einer pompejanisch anmutenden Landschaft mit Raumtiefe und Atmosphäre. Keine andere Miniatur erreicht diese Nähe zur Antike, aber alle sind durch die Verwendung antiker Vorlagen für ihre Figuren verbunden und viele enthalten Personifikationen, so die Dynamis, die Prahlerei, die Buße, die Nacht (alles rein hellenist. aufgefaßte Gestalten), den Abgrund, Amphitrite und, eine byz. Neuschöpfung, das Morgengrauen als Putto (fol. 435ᵛ). Eine noch vollkommenere, durchgehend auf gleicher Höhe bleibende antikisierende Haltung zeigen die leicht lavierten Federzeichnungen des Josua-Rotulus (Vat. Palat. gr. 431; eine Bildrolle mit Textauszügen), ebenfalls voller antikischer Personifikationen. Die hervorragende Zeichnung der eleganten Gestalten, die zarte Andeutung von Landschaft und Architektur, das Geschick der szen. Komposition sind einmalig und ließen früher an das 6. Jh. denken, heute ist die Datierung in das 10. Jh. unumstritten. Neben diesen christl. Werken steht eine profane Hs., die Theriaka des Nikander (Paris, Bibl. Nat. suppl. gr. 247), die hellenist. und spätröm. Vorbilder direkt und gekonnt kopiert hat.

Die Fülle der erhaltenen Hss. aus dem 10. Jh. erlaubt hier nur die Nennung der wichtigsten Zeugen, zunächst jener, die die antikisierende Richtung wenig verändert fortsetzen, wie die Fragmente einer Bibel, die heute auf verschiedene Bibliotheken verteilt sind: ein Einzelblatt in Kopenhagen (Kgl. Bibl. Ms. gr. 6; Salomo), die wie Porträts wirkenden Medaillons der kleinen Propheten in Turin (Bibl. Naz. ms. B. I. 2) und Jesaja in Florenz (Bibl. Laur. Plut. V, 9). Einen gewissen Abstieg von dieser künstler. Höhe zeigen die Miniaturen der Bibel des Patrikios Leon (Bibl. Vat. Ms. Reg. gr. 1), deren Ausführung kraftloser und trockener wirkt (eher ein Qualitäts- als ein Stilproblem). Eine andere Gruppe setzt die hl. Gestalten in antikisierender Haltung vor Goldgrund, d. h. in einen naturfernen Raum, der wohl die jenseitige Sphäre andeuten soll, so z. B. das Evangeliar von 964 in Paris (Bibl. Nat. Ms. gr. 70), ein Evangeliar in Athen (Nat. Bibl. Ms. 56) und eines im Brit. Mus. (Add. 28815) sowie die unter einer rahmenden Architektur stehenden Gestalten des Ms. 210 in Athen (Bibl. Nat.). In dieser Gruppe macht sich gegen Ende des 10. Jh. ein Stilwandel bemerkbar: der Sinaiticus 204 und ein Einzelblatt in Baltimore (Walters Art Gall. Cod. W 350a) lassen eine gewisse Verhärtung der Binnenzeichnung der Gesichter erkennen, die auf das Knochengerüst des Schädels keine Rücksicht mehr nimmt und so seit etwa der Mitte des 11. Jh. herrschend werdenden Stil vorwegnimmt, von dem ihn aber die antikische Figurendarstellung unterscheidet.

All das sind hauptstädt. Werke aus dem Umkreis des Hofes. Daß es in den Provinzen daneben auch Arbeiten von so rührender Primitivität gibt wie den Cod. 2 des Athos-Kl. Dionysiou oder den Cod. 123 der Athener Nat. Bibl., bei denen die Frage der Herkunft umstritten ist, darf nicht verschwiegen werden. Die von K. WEITZMANN 1935 vorgelegte Zuweisung vieler Werke der B. an verschiedene Provinzen bedarf wohl neuer Durchdenkung.

Zwei Hss., die für Basileios II. geschrieben wurden, lassen den Stilwandel im späten 10. und beginnenden 11. Jh. deutlich erkennen: das →Menologion (ca. 985; Vat. gr. 1613; 436 Miniaturen zu den Hl. von September bis Februar, von neun Miniatoren signiert) und der Psalter (nach 1018; Venedig, Bibl. Marc. Ms. Gr. Z 17). Im Menologion ist jede Seite mit einem querformatigen Bild geschmückt, das Szenen aus der Vita oder Passio eines Hl. oder nur den Tages-Hl. frontal wiedergibt. Das stets gleichbleibende Format zwingt die Miniatoren, den Bildraum um einen einzelnen Hl. mit oft kulissenartiger Landschaft oder Architektur auszufüllen, während szen. Darstellungen gelegentl. eng gedrängt sind. Bes. in diesen sind die Gestalten häufig in lebhafter Bewegung, die im Vergleich etwa zum Stil des Josua-Rotulus manieriert wirkt. Auch die scharfe, anaturalist. Durchzeichnung der Gesichter wie im Sinait. 204 wird z. T. übernommen. Der Hintergrund ist stets golden. Im jüngeren Psalter sind in den 6 auf einer Seite vereinten David-Szenen (auch vor Goldgrund) die Manierismen noch verstärkt. Damit ist die »Makedonische Renaissance« im Grunde bereits überholt. Menologien, wie das für Januar (Baltimore, Walters Art. Gall. Cod. W 521; um 1040), das wohl werkstattgleiche für Februar und März (Moskau, Hist. Mus. Cod. gr. 183) u. a. setzen den Stil des Vat. gr. 1613 fort, sind aber deutlich durch neue Stiltendenzen (s. u. IV.) beeinflußt. Vereinzelt aber wirkt die »Makedonische Renaissance« noch weit ins 11. Jh. nach, vgl. z. B. den Sinaitischen Psalter mit Randminiaturen v. J. 1075 (Cod. 48) oder die Kaiserbilder des Coisl. 79 (1078/81; Paris, Bibl. Nat.).

IV. Das 11. und 12. Jahrhundert: Neben den Nachläufern der »Makedonischen Renaissance« entwickelt sich im frühen 11. Jh. eine Stilrichtung, die in der byz. B. bis zum Zusammenbruch von 1204 vorherrschend werden sollte. Am Beginn stehen Hss. wie das Evangeliar Ms. gr. 64 der Bibl. Nat. Paris mit seinen Evangelisten, die ohne Rücksicht auf die Anatomie oder den natürl. Faltenfluß und mit scharf charakterisierten Gesichtern vor einem wirklichkeitsfernen Architekturhintergrund sitzen, und seine je 4 um die in den in Kreuzform geschriebenen Evangelienbeginn gesetzten Figuren oder Gruppen, deren überlängte und hagere Gestalten mit schmalen, z. T. unschönen Gesichtern etwas steif agieren. Mit dieser Art beginnt eine Reaktion auf den antikisierenden Stil des 10. Jh. An diese, gelegentl. monast. genannte Stilrichtung schließen sich Hss. wie das Lektionar Cod. 205 und Homilien des Johannes Chrysostomos Cod. 364 (1042/50) des Sinai-Kl. an. Trotz klass. Reminiszenzen ist das Neue deutlich, im Cod. Sinait. 205 in der Art, wie die markanten Köpfe völlig unorganisch auf dem Hals aufsitzen, im Cod. Sinait. 364 in dem weitgehenden Verzicht auf Körperlichkeit (da es sich um eine ksl. Gabe handelt, darf die Bezeichnung »monastisch« in Frage gestellt werden). Diese Stilrichtung wird im Laufe des 11. Jh. z. B. vertreten von dem Cod. 587m des Athos-Kl. Dionysiou (Lektionar, 1059) mit seinen 74 Miniaturen, die an den Par. gr. 64 anknüpfen, aber manchmal Gesichter fast karikaturhafter Häßlichkeit bringen, den Evangelisten des Evangeliars 588m ebd., dem Einzelblatt mit Matthaeus in Cleveland (1063; Museum of Art) und den Evangelisten des Evangeliars Cod. 57 und des Lektionars Cod. 2645 der Nat. Bibl. Athen. Den Evangelistenbildern ist fast durchweg die schön geschwungene Kurve gemeinsam, die vom Nacken bis zum Gesäß führt, die nicht selten einen ganz unanatomischen Ansatz des rechten Armes bedingt und den Gestalten bei allen Unterschieden der Gewandbehandlung eine unverkennbare Familienähnlichkeit verleiht. Dazu kommt die Durchzeichnung der Gesichter in fast ornamentaler Art, mit blasenartigen und V-förmigen Falten, die das Knochengerüst des Schädels bewußt überspielen und negieren. Daß daneben im Athener 2645 eine Christusfigur vorkommt, die deutlich an die »Makedonische Renaissance« erinnert, zeigt das Festhalten auch in dieser Stilphase an einzelnen traditionellen Bildtypen, auch wenn sie aus dem Zeitstil herausfallen.

Der zweidimensionale Stil, der sich im Sinaiticus 364 ankündigte, wird im Scriptorium des Chora-Kl. in Konstantinopel im Theodor-Psalter (1066; London, Brit. Mus. Add. 19352) durch die Goldhöhung der Falten der Gewänder bei den steifen, überschlanken Figuren verstärkt, die die Figuren ganz in die Fläche binden. Ihm folgen aus dem gleichen Genre (Psalterien mit Randminiaturen) der Barberini-Psalter (Bibl. Vaticana Barb. gr. 372; um 1092) und ein Psalter in Baltimore (Walters Art Gall. Cod. W 733; um 1100). Z. T. noch dünner, aber in gleicher Art gemalt, sind die Miniaturen des Evangeliars Ms. gr. 74 (Paris, Bibl. Nat.), dessen mehr als 300 Szenen wiedergebende Miniaturen als Streifen zw. den Text geschoben sind. Der Hiob des Sinai-Kl. (Cod. gr. 3) gehört der gleichen Stilrichtung an (sicher hauptstädtisch), unterscheidet sich von den erwähnten Werken des Chora-Scriptoriums jedoch durch die Rahmung der Bilder und deren Hintergrund, enthält aber auch frei auf dem Pergament stehende kleine Randszenen. Stilverwandt, wenn auch ohne Goldhöhungen, ist die »Himmelsleiter« in Princeton v. J. 1081 (Univ. Libr. Cod. Garett 16). Mit Goldhöhungen, aber stilist. abweichend, bewegter und weniger schlank, sind die ebenfalls in Bildstreifen angeordneten Miniaturen des Evangeliars in Florenz (Bibl. Laur. VI, 23), die auch ikonograph. anderen Vorlagen folgen als der Parisinus gr. 74. Die großen Evangelistenbilder fügen sich gut in die o. a. Reihe ein.

Eine Sonderform der byz. B. wird uns durch eine liturg. Rolle (Jerusalem Gr. Patriarchat Hag. Taph. 109) erstmals überliefert. Es handelt sich um eine Buchrolle mit dem Text der Liturgie des hl. Johannes Chrysostomos (auch Akoluthia = neugriech. Messe gen.). In vollendetem Stil des späten 11. Jh. wird der Text der Messe von zahlreichen Randminiaturen begleitet, die Szenen aus dem NT und die himml. Liturgie usw. darstellen. Ähnl. liturg. Rollen sind uns aus dem 12. Jh. (Athen, Nat. Bibl., Cod. 2759) und aus dem 13. Jh. (Patmos, Johanneskloster Cod. 707) erhalten, die im Unterschied zu der Jerusalemer Rolle nur Kopfbilder zeigen, die die Autoren der beiden Meßformulare als Ministranten darstellen.

Aus dem Stil der szen. Bilder des Dionysiou 587m (gerahmte Miniaturen mit Goldgrund, Randminiaturen auf dem Pergament und figürl. Initialen), der an den Stil des Parisinus gr. 64 anschließt, ihn aber durch stärkere Verhäßlichung der Gesichter und stärkeres Abweichen von der Anatomie weiterführt, entwickelt sich ein Figurenstil von steigender Manieriertheit, vgl. z. B. den Cod. 61 ebd. (Homilien des Gregor v. Nazianz), das Evangeliar in Parma (Bibl. Palat. 5), das Lektionar in New York (Pierpont Morgan Libr. Cod. M 639) u. a. m. Hierher gehört wohl auch das sog. Phokas-Evangeliar (Athos-Kl. Lavra, Schatzkammer). Von diesen großen Hss. leitet sich stilist. auch eine Gruppe von kleinen Hss. her, Psalterien für den Privatgebrauch aus dem späten 11. Jh., wie z. B. dem Psalter und NT in Washington (Dumbarton Oaks Coll. Ms. 3; 1084; früher Cod. 49 des Athos-Kl. Pantokratoros), der Psalter in Paris (Bibl. Nat. Suppl. gr. 610), der Psalter von 1088 im Athos-Kl. Vatopedi (Cod. 761; ein Einzelblatt in Baltimore, Walters Art Gall. Cod. W 530b) und der (1945 zerstörte) Psalter der Berliner Universität. In diesen Psalterien lebt trotz des großen Stilunterschiedes noch etwas vom Erbe der »Makedonischen Renaissance« fort, da sie z. T. antikisierende Personifikationen, in den Zeitstil umgesetzt, enthalten.

Völlig abweichend und aus dem frühen 12. Jh. bekannte Stilkriterien vorwegnehmend (gedrungenere Figuren, breitere Gesichter u. ä.) ist eine Gruppe von Hss., für die hier der Cod. Vat. gr. 333 (einzige illuminierte Hs. der Bücher der Könige) und der Pseudo-Oppian in Venedig (Bibl. Marc. gr. 479) als bezeichnende Beispiele stehen mögen.

Im 12. Jh. werden die unterschiedl. Stiltendenzen des 11. Jh. fortgesetzt. Auf der einen Seite stehen Hss. wie der Oktateuch in Istanbul (Saray-Bibl. Cod. 8), der unter der Mitwirkung des Prinzen Isaak Komnenos wohl vor 1118 entstand, und sein (1922 verbranntes) Parallelstück in Smyrna. Eleganter in der Ausführung, nehmen sie doch die Stiltendenzen der Gruppe um den Cod. Vat. gr. 333 auf. In epischer Breite der Erzählung wie im Stil stehen ihnen die beiden Hss. der Homilien des Jakobos v. Kokkinobaphu (Vat. gr. 1162 und Par. gr. 1208) sehr nahe. Auffällig stark ist die fehlende Raumtiefe dieser Miniaturen, bei denen sogar Landschaften wie ornamentierte Wandbehänge wirken können.

Wichtiger aber als diese Gruppe ist die Fortentwicklung des seit dem Par. gr. 64 sich entwickelnden Stiles, den das um 1100 entstandene Evangeliar in Melbourne (Nat. Gall. Ms. 710) und das Lektionar Cod. 2 des Athos-Kl. Panteleimonos in das neue Jh. vermitteln. Ein kleinformatiger Psalter v. J. 1105 in Oxford (Bibl. Bodl. Barocci 15) setzt mit nur drei Miniaturen diese Gruppe fort, läßt aber das sinkende Interesse erkennen. Dagegen kann das NT ebd. (Auct. T. inf. 1, 10), der »Codex Ebnerianus«, sowohl im Figurenstil als auch in der herausragenden Ornamentik (die sich im 11. Jh. zu ungeahnter Höhe entwickelt hatte) geradezu als »Leit-Handschrift« der Stilentwicklung in komnen. Zeit gelten. Seine Autorenbilder, größtenteils in kanontafelartige Arkaden gesetzt, deren Tympana je ein Bild enthalten (Ausnahmen sind nur Jakobus und Judas), sind die vollendetsten Ausprägungen des im Cod. Sinait. 205 begonnenen Typus. Die Tympanon-Szenen nähern sich z. T. den Figurentypen der Gruppe um die Oktateuche und der Hss. des Jakobos v. Kokkinobaphu. Die ausgewogene Schönheit der Farbpalette ist sonst kaum je erreicht. Eine dritte Hs. ebd. (E. D. Clarke 10), von geringerer Qualität, zeigt die gleichen Tendenzen, indem sie in große Ornamentquadrate kleine Szenen setzt (vier den Evangelisten-Bildern gegenüber), die den Tympanon-Bildern des Ebnerianus stilverwandt sind. An weiteren Verwandten seien das Evangeliar Cod. 68 in Athen (Nat. Bibl.), der Cod. 60 des Athos-Kl. Kutlumusiu, die Homilien des Gregor v. Nazianz Ms. gr. 550 in Paris (Bibl. Nat.) und der Cod. gr. 339 im Sinai-Kl., die »Himmelsleiter« des Johannes Klimakos ebd. (Cod. 418) u. a. m. genannt.

Eine weitere »Leit-Handschrift« ist das für Johannes II. Komnenos geschriebene Evangeliar in der Bibl. Vaticana (Urb. gr. 2), das kurz vor 1142 entstanden sein muß (Todesjahr des auf fol. 19ᵛ als Mitkaiser seines Vaters dargestellten Alexios). Es stellt den in quadrat. Ornamentrahmen gesetzten, den Stil des Jh.-Anfanges manieriert übersteigernden Evangelisten-Bildern je ein Vollbild gegenüber, das den Figurenstil seiner Vorläufer ebenfalls ins z. T. karikaturhaft Häßliche steigert und zugleich das Körpervolumen schwinden läßt. Hier schließen sich Hss. an wie ein Psalter im Brit. Mus. (Egerton Ms. 1139; von dem Maler Basileios nach 1131 illuminiert), das Menologion ebd. (Add. 11870), das sich durch bes. hagere Überlängung der Figuren auszeichnet, das Evangeliar Suppl. gr. 27 der Bibl. Nat. Paris, das Evangeliar Cod. gr. 93 der Nat. Bibl. Athen und das Evangeliar Cod. Burney 19 im Brit. Mus., dessen Evangelisten die überscharfe Durchzeichnung der Gesichter kennzeichnet, die wir in den sechziger Jahren auch in der Wandmalerei finden.

Gegen Ende des Jh. finden wir in der B. wie in der Monumentalmalerei einen Stil, der sich bewußt von dem spätkomnen. Manierismus absetzen wollte und zu einem beruhigten Neoklassizismus hinstrebte. Schönstes Beispiel dafür ist die Hs. der Propheten in Oxford (Bibl. Bodl. Ms. New College 44). Die Zerschlagung des Byz. Reiches durch den 4. Kreuzzug 1204 setzte diesem Neubeginn ein abruptes Ende.

V. DIE ZEIT DER LATEINISCHEN HERRSCHAFT: Im Unterschied zur Monumentalmalerei fand die byz. B. anscheinend keine Zufluchtsstätte in den orth. südslav. Staaten. Aus Konstantinopel selbst stammt mit einiger Sicherheit nur das gr.-lat. Evangeliar Ms. gr. 54 der Bibl. Nat. Paris, dessen Evangelisten- und szen. Bilder mit denen des Cod. 5 des Athos-Kl. Iberon verwandt sind. Der Stil ist eine beruhigte Fortentwicklung des spätkomnenischen. Ob das Gleiche auch für den Cod. 118 der Nat. Bibl. Athen gilt, dessen Evangelisten lat. Schriftrollen halten (wohl vor 1240), ist fraglich.

Aus den byz. gebliebenen Reststaaten, dem Despotat Epiros und dem Ksr. Nikaia, ist wohl nur aus diesem eine Gruppe von mehr als 15 Hss. erhalten, die sich stilist. um das Karahissar-Evangeliar (Leningrad, Öffentl. Bibl. Cod. gr. 105), das NT Ms. Coisl. 200 (Paris, Bibl. Nat.) und das Rockefeller-MacCormick-NT (Chicago, Univ. Libr. Cod. 965, früher 2400) ordnet und sich in ihrem Stil weitgehend an dem des 12. Jh. orientieren. Der terminus ante quem ist 1269, als Delegierte Michaels VIII. Palaiologos zur Vorbereitung der Union von Lyon die Hs. Coisl. 200 nach Frankreich brachten. Man hat daraus geschlossen, die Hs. sei ein Geschenk des byz. Ks. s an Ludwig IX. gewesen. Das ist kaum möglich, denn sie befand sich zunächst im Besitz eines Johannes Porastrus und gehörte nie zu den kgl. Sammlungen. Die mindere künstler. Qualität spricht auch gegen ein ksl. Geschenk. Man wird eher annehmen dürfen, die ganze Gruppe von Hss. sei noch in Nikaia entstanden und 1261 nach Konstantinopel mitgebracht worden. Nikaia hatte sich ernsthaft bemüht, das Erbe der Zeit vor 1204 zu bewahren, das würde die Antiquiertheit des Stiles erklären können. Die nähere Zeitstellung ist umstritten.

Es wäre verführerisch, den mit 241 erhaltenen Miniaturen umfangreichsten Hiob-Zyklus in Oxford (Bibl. Bodl. Barocci 201) und den Alexander-Roman ebd. (Barocci 17) dem Epiros zuzuweisen, wären die Miniaturen beider Hss. nicht so schlecht erhalten, daß ein Vergleich mit der Wandmalerei im Epiros nicht mehr möglich ist. Was sie noch erkennen lassen, zeigt einen provinziellen Absenker der komnen. B. Auch hier ist die nähere Datierung ungeklärt.

Was sonst gelegentl. dieser Periode zugewiesen wird, ist so umstritten, daß es hier beseitegelassen werden muß.

VI. DIE SPÄTBYZANTINISCHE BUCHMALEREI: Nach der Rückgewinnung Konstantinopels knüpft die B. zunächst in einigen Werken an die »Makedonische Renaissance« an, v. a. in Psalterien mit ganzseitigen Bildern (sog. aristokrat. Typ) wie dem Cod. Hag. Taph. 51 (Jerusalem, Orth. Patr.), Cod. 38 des Sinai-Kl. samt den aus ihm herausgeschnittenen Miniaturen in Leningrad (Öffentl. Bibl. Cod. 269) und dem Pal. gr. 381 der Bibl. Vaticana. Ikonographisch recht getreu kopierend, setzen sie den Stil in die aus der Monumentalmalerei bekannten Formen der palaiolog. Epoche um. Vielleicht kann man zu dieser retrospektiven B. auch den hinsichtl. seiner Datierung sehr umstrittenen Oktateuch des Athos-Kl. Vatopedi (Cod. 602) rechnen, der an die Oktateuche des 12. Jh. anknüpft, stilist. sich aber ebenfalls der spätbyz. Auffassung annähert.

Obwohl wir eine große Zahl datierter Hss. besitzen, ist die spätbyz. B. wissenschaftl. noch nicht aufgearbeitet. Das liegt z. T. daran, daß der ksl. Hof, der vor 1204 die große Kunst bestimmte, als Auftraggeber weitgehend ausfiel. An seine Stelle traten der hohe Adel und der höhere Klerus, wodurch der persönl. Geschmack der Besteller sich stärker bemerkbar machen konnte und ein einheitl. Stil nicht mehr zustandekam.

Kurz nach 1310 entstand das Typikon des Konstantinopler Kl. »Theotokos von der Sicheren Hoffnung« (Oxford, Bibl. Bodl. Ms. Lincoln Coll. gr. 35). Dem Text geht eine im Zeitstil gemalte Darstellung der Klosterpatronin voraus, der auf der folgenden Seite die Klostergründerin, Theodora Palaiologina, mit ihrer Tochter in Nonnentracht gegenüberstehen. Dem folgen acht Bilder von Ehepaaren, Verwandten der Stifterin (vgl. →Bildnis, Abschnitt B. 5, 178). Eine Nachfolge scheint diese delikate und in den Details sehr präzise Arbeit nicht gefunden zu haben.

Ein Evangeliar in Florenz (Bibl. Laur. Cod. Plut. VI, 28) v. J. 1285 bildet mit dem Apostolos und dem Evangeliar der Palaiogina in der Bibl. Vaticana (Ms. gr. 1208 und Ms. gr. 1158) eine sicher hauptstädt. Gruppe von großer Eleganz und Schönheit mit sehr ausdrucksvollen Gesichtern, der sich noch 1333 ein Evangeliar im Athos-Kl. Lavra (Cod. A 46) und ein Evangeliar im Johannes-Kl. Patmos (Cod. 81) als Nachläufer anschließen. Etwas ferner steht dieser Gruppe ein Evangeliar in Pistoia v. J. 1330 (Bibl. Fabroniana Cod. 307), dessen Evangelisten gedrungener und großköpfiger sind.

Etwa um die gleiche Zeit wie die späteren Vertreter dieser Gruppe entstand die einzige Hs., die wir als Werk eines Miniators aus Thessalonike ansehen können, das sehr kleine (12,6 : 9,5 cm; Oxford, Bibl. Bodl. Gr. th. f. 1) Menologion des Despoten Demetrios v. Thessalonike (1322–ca. 1340), eine reine Bilder-Hs. (einziger Text ist das Widmungsgedicht des Despoten) mit dem →Dodekaortion, den (nicht vollständig erhaltenen) Bildern der Tages-Hl. des Kirchenjahres und einem Demetrios-Zyklus; die Mehrzahl der Seiten des Menologion enthält vier gerahmte Einzelbilder, Monatsanfänge sind gelegentlich durch ein Bild doppelter Breite herausgehoben. Der Miniator folgt bei den Festbildern der Ikonenmalerei, im Menologion der Wandmalerei, was zu starker Verkürzung des Bildinhaltes zwang. Diese Art von B. blieb ohne Nachfolge.

Zwei Hss. aus Konstantinopel zeigen deutlich, daß es auch in der Hauptstadt keinen einheitl. Stil mehr gab: eine Hs. von Werken des Hippokrates (Paris, Bibl. Nat. Ms. gr. 2144) mit den nachträglich eingefügten Bildern des Autors und des Besitzers (Megas Dux → Alexios Apokaukos, 1341–45 Leiter der Regierung) und das Evangeliar des Isaak Asen (vorübergehend Nachfolger des Apokaukos in der Macht) v. J. 1346 im Sinai-Kl. (geschrieben von Georgios Galesiotes; Cod. gr. 152). Die beiden Bilder der Pariser Hs. sind stilist. verschieden (Hippokrates ist in einem etwas trockenen Zeitstil gemalt, Apokaukos so entindividualisiert wie die Bilder des Typikon in Oxford), die eigenwilligen und einzigartigen Bilder der Evangelisten im Cod. Sinait. 152 (die Evangelisten überreichen in demütiger Haltung ihr Evangelium dem sie segnenden Christus) gleichen dem fortgeschrittenen Stil der gleichzeitigen Wandmalerei.

In der zweiten Hälfte des 14. Jh. wird in Konstantinopel das Skriptorium des Hodegon-Kl. mit den Arbeiten des Mönches (später Abtes) Joasaph führend, von dem 30 signierte und datierte Hss. erhalten sind (zw. 1360 und 1405), die aber nur z. T. Ornamentschmuck aufweisen. Die einzige Hs. mit vier Miniaturen ist die Sammlung der theol. Schriften des abgedankten Ks.s Johannes VI. Kantakuzenos (als Mönch Joasaph), deren erster Teil 1370, der zweite 1375 fertiggestellt wurde (Paris, Bibl. Nat. Ms. gr. 1242). Die Miniaturen zeigen das vom Ks. präsidierte Konzil von 1351, auf dem der →Hesychasmus dogmatisiert wurde, das große Bild der Verklärung Christi, das für den Hesychasmus entscheidende Ereignis im Leben Jesu, ein Bildnis des Gregorios v. Nazianz und das Doppelporträt des Autors als Ks. und als Mönch unter dem Bild der atl. Trinität (vgl. →Bildnis, Abschn. B. 5, 175). Die ungewöhnl. expressive Darstellung der Verklärung wirkt wie ein verspätetes Produkt der Zeit um 1315/20, so stark erinnert sie stilist. an die Hohe Zeit der spätbyz. Kunst. Sie mutet mehr wie eine auf Pergament gemalte Ikone denn wie eine Miniatur an und darf als hesychast. Bekenntnisbild angesehen werden. Stilverwandt sind das Johannes-Bild des Cod. 62 des Athos-Kl. Kutlumusiu und die Evangelisten des Ms. gr. 1160 der Bibl. Vaticana sowie der →Akathistos-Hymnus in Moskau (Hist. Mus. Synodal gr. 429). Alle diese Hss. sind in der Farbigkeit ebenfalls miteinander verbunden.

Aus dem Bereich der frk. Herrschaft seien zwei datierte Hss. angeführt, beide in der Bibl. Nat. Paris, die Werke des Nikolaos Myrepsos (Ms. gr. 2243), geschrieben 1339 von Kosmas Kamelos in Athen, und ein Hiob (Ms. gr. 135) v. J. 1362 mit lavierten Zeichnungen von Manuel Tzykandylos. Beide Hss. zeigen unverkennbare Einflüsse der got. Malerei. In diese Richtung gehört wohl auch der Barlaam und Joasaph ebd. (Ms. gr. 1128).

An den Anfang des 15. Jh. sind die beiden, stilist. grundverschiedenen Bildnisse Kaiser Manuels II., das Familienbild im Louvre (Ivoires A 53; vor 1407) und das Repräsentationsbild in der Leichenrede für seinen Bruder Theodor († 1407; Paris, Bibl. Nat. Suppl. gr. 309) zu setzen (vgl. →Bildnis, Abschn. B. 5, 175). Mit Sicherheit dem 15. Jh. außerdem zuzuweisende Hss. mit Miniaturen kennen wir nicht. Bekannt ist nur noch Federzeichnungen, wie sie schon im 14. Jh. vorkommen, vgl. z. B. das Blatt aus dem Cod. A 76 des Athos-Kl. Lavra in Baltimore (Walters Art. Gall. Ms. 530g). Zu nennen sind für das 15. Jh. neben den Ks.-Bildern (vgl. →Bildnis, Abschn B. 5, 175f.) und dem Bildnis des Patr. Joseph II. (vgl. →Bildnis, Abschnitt B. 5, 177) das Evangeliar v. J. 1427 im Johannes-Kl. auf Patmos (Cod. 330), in dem die Evangelisten schlicht nach Musterbuchvorlagen kopiert sind, ohne den Versuch zu machen, sie zu Miniaturen auszuarbeiten.

Daß es neben diesen an den Zeitstil gebundenen Werken der spätbyz. B. auch noch direkte Rückgriffe auf antike Vorlagen gegeben hat, zeigt eine Sammelhs. in Paris (Bibl. Nat. Ms. gr. 2832), in der zu den Idyllen des Theokrit zwei Randminiaturen mit Dosiades (Kommentator des Theokrit) und Apollon und mit Theokrit und Pan beigefügt sind, beides antiken Vorbildern eng folgende Bilder (wohl 14. Jh.).

K. Wessel

Lit.: [Auswahl]: J. Ebersolt, La miniature byz., 1926 – H. Gerstinger, Die griech. B., 1926 – H. Omont, Miniatures des plus anciens manuscrits grecs de la Bibl. Nat. du VIe au XIVe s., 1929^2 – K. Weitzmann, Die byz. B. des 9. und 10. Jh., 1935 – E. C. Colwell-H. R. Willoughby, The Four Gospels of Karahissar, 1936 – S. Der Nersessian, L'illustration du roman de Barlaam et de Joasaph, 1937 – P. Buberl-H. Gerstinger, Die byz. Hss. (Beschreibendes Verz. der illuminierten Hss. in Österreich NF 4, 2), 1938 – H. Buchthal, The Miniatures of the Paris Psalter, a Study in Middle Byz. Painting, 1938 – K. Weitzmann, The Joshua Roll, a Work of the Macedonian Renaissance, 1948 – Ders., Das klass. Erbe in der Kunst Konstantinopels (Alte und neue Kunst III, 1954), 41ff. – J. R. Martin, The Illustration of the Heavenly Ladder of John Climacus, 1954 – A. Grabar, La peinture byz., 1957, 159ff. – O. Demus, Die Entwicklung des Palaiologenstils in der Malerei, 1958 – Byzance et la France médiévale, Kat. der Ausstellung Paris, 1958 – K. Weitzmann, Geistige Grundlagen und Wesen der Makedon. Renaissance, 1963 – Ders., Manuscripts (Byz. Art a European Art, Kat. der Ausstellung Athen 1964), 291ff. – G. Galavaris, The Illustrations of the Homilies of Gregory Nazianzenus, 1969 – H. Belting, Das illuminierte Buch in der spätbyz. Gesellschaft, 1970 – K. Weitzmann, Illustration in Roll an Codex, 1970^2 – Ders., Stud. in Classical and Byz. Manuscripts Illumination, 1971 – Illuminated Greek Manuscripts from American Collections, Kat. der Ausstellung Princeton 1973 – S. M. Pelikanidis, P. C. Christou, Ch. Tsioumis, S. N. Kadas, The Treasures of Mount Athos. Illuminated Manuscripts, seit 1974 – K. Weitzmann, W. C. Loerke, E. Kitzinger, H. Buchthal, The Place of Book Illumination in Byz. Art, 1975 – Corpus der byz. Miniaturenhandschriften, hg. O. Demus, Redaktion I. Hutter, seit 1977 – O. Mazal, Die byz. B. (Kat. der Ausstellung Stift Herzogenburg 1977), 61ff. – K. Weitzmann, Spätantike und frühchristl. B.,

1977 – Catalogue of the Illuminated Byz. Manuscripts in the Nat. Library of Greece, seit 1978 – Z. KÁDÁR, Survivals of Greek Zoological Illuminations in Byzantine Manuscripts, 1978 – H. BUCHTHAL–H. BELTING, Patronage in Thirteenth-Century Constantinople, 1978 – H. BELTING–G. CAVALLO, Die Bibel des Niketas, 1979 – G. GALAVARIS, The Illustrations of the Prefaces in Byz. Gospels, 1979.

C. Einflußbereiche der byzantinischen Buchmalerei

I. Kopten – II. Syrien – III. Armenien – IV. Georgien – V. Altrußland – VI. Bulgarien und Rumänien – VII. Serbien.

I. KOPTEN: Am Anfang der kopt. B. stehen die Papyrus-Fragmente der »Alexandrinischen Weltchronik« (Moskau, Staatl. Mus. der bildenden Künste Inv. Nr. 310), die wohl im 5. Jh. entstand. Lavierte Miniaturen in primitiver Zeichnung sind dem Text eingefügt, gedrungene Figuren ohne jede Plastizität, in allen Gesichtern sind rechter Nasenflügel, Nasenrücken und linke Augenbraue in der gleichen spiegelverkehrten Z-Form gestaltet. Eine elegantere Form zeigt der »Wagenlenker-Papyrus« in London (The Egypt Exploration Society), der bessere Proportionierung und größere Modifizierungen der Haltungen aufweist, aber mit ähnlich schlichten Mitteln zeichnet (wohl auch 5. Jh.). Vereinzelte Papyrus-Blätter sind kaum datierbar. Erst im 7. Jh. findet sich wieder ein Zeugnis, die Darstellung Hiobs mit seinen Töchtern im Ms. I. B. 18 der Bibl. Naz. Neapel. Da es sich wahrscheinl. um die Kopie eines Bildes des Ks.s Herakleios mit Gattin, Schwester und Tochter handelt (vgl. RbyzK III, 781), die bei größerer künstler. Qualität ähnliche Stilmerkmale wie der »Wagenlenker-Papyrus« zeigt, wird die Stilkontinuität deutlich.

Ein neuer Stil wird dann auf einem Pergamentblatt im Kopt. Mus. Kairo (8./9. Jh.) greifbar, der Darstellung zweier Mönche (?): strenge Frontalität paart sich mit reiner Flächigkeit, linearem Faltenstil und Gesichtern mit großen, starren Augen und U-förmig zusammengezogenen Nasen und Brauen, eine Darstellungsweise, die bis ins 10. Jh. mit manchen Detailabweichungen in *saïdischen Hss.* (oberägypt.) wiederkehrt, z. B. in einer hagiograph. Hs. v. J. 848 (New York, Pierpont Morgan Libr. Ms. 583), in Hss. gleichen Typs v. J. 893 (ebd. Ms. 612; Maria lactans), v. J. 895 (ebd. Ms. 577; Maria lactans), v. J. 903 (ebd. Ms. 603), v. J. 906 (ebd. Ms. 600; Kreuz mit mittlerem Christus-Medaillon, von Engeln auf den Kreuzarmen gehalten, auf dem Kreuzstamm Maria lactans, in den Kreuzzwickeln Evangelistenmedaillons; oberer Teil nicht erhalten) und v. J. 914 (ebd. Ms. 597). Trotz z. T. beträchtl. Qualitätsunterschiede kann man diese Hss. als stilist. zusammenhängende Gruppe ansehen, was auch durch die allen gemeinsame Verwendung des saïdischen Dialektes bestätigt wird. Kunstgeschichtl. Auswirkungen lassen sich in der chr.-nubischen Malerei erkennen.

Wesentl. uneinheitlicher ist das Bild bei den *bohairischen* (unterägypt.) *Hss.*, die etwa zu dem Zeitpunkt einsetzen, als die saïdischen aufhören. Als unterscheidendes ikonograph. Merkmal fällt das Fehlen der Maria lactans auf, die in der oberägypt. Wandmalerei alt verwurzelt ist. In einem Pentateuch (9./10. Jh.; Bibl. Vat. Ms. copt. 1) sehen wir eine Moses-Darstellung, die farbig modellierend der Figur Körperhaftigkeit zu geben versucht (byz. beeinflußt?). Im radikalen Unterschied zu dieser Gestalt stehen die Bilder der Reiterhl. Theodoros und Merkurios in einer hagiograph. Hs. der Bibl. Vat. (Ms. copt. 66; um 1000), karikaturhafte Federzeichnungen ohne Parallelen. Das Bild des hl. Menas in einem Enkomion auf ihn in Manchester (Rylands Libr., Cop. ms. suppl. 33) dagegen erinnnert mehr an die saïdische Gruppe. Solche Stildivergenzen sind für alle bohairischen Hss. kennzeichnend. Sie verstärken sich noch in der Blütezeit der bohairischen B. vom späten 12. bis zum endenden 13. Jh. Ein Evangeliar v. J. 1173 in Oxford (Bodl. Libr. Ms. copt. Huntington 17; bohairisch-arabisch) hat außer dem Bild der zu Seiten des Fußes eines Flechtband-Kreuzes sitzenden diktierenden Christus und schreibenden Matthäus drei weitere Evangelistenbilder in architekton. Rahmen; alle Figuren lassen starke byz. Einflüsse erkennen; das Flechtband-Kreuz scheint allgemein-kopt. Bildgut zu sein (vgl. z. B. die saïdischen Hss. v. J. 890 und eine nicht genau datierte Hs. in der Pierpont Morgan Libr. Ms. 580 und 608, ein Einzelblatt im Kopt. Mus. Kairo, die schon erwähnte Hs. 603 v. J. 903 in der Pierpont Morgan Libr. sowie noch zu nennende bohairische Hss.), die Rahmenornamentik ist z. T., bes. bei Markus, islam. beeinflußt. Das Evangeliar v. J. 1180 (Paris, Bibl. Nat. Ms. copte 13) verrät Kenntnis der byz. Streifenillustration und z. T. auch der byz. Ikonographie, setzt das aber in einen ebenso flächigen wie groben Stil mit z. T. starren Figuren um, zu dem wir keine Parallelen kennen. Das bohairisch-arab. Evangeliar v. J. 1205 der Bibl. Vaticana (Ms. copt. 9) zeigt einerseits ein Flechtbandkreuz mit mittlerem Christus-Medaillon und vier Evangelisten-Medaillons in den Kreuzwinkeln, die im Stil wie ein Nachklang saïdischer B. wirken, andererseits vier ganzseitige Bilder der Evangelisten: Matthäus bietet sein Evangelium dem thronenden Christus dar, Markus schreibt nach dem Diktat Michaels, Lukas nach dem Gabriels und Johannes liest den Anfang seines Evangeliums angesichts der betenden Maria (eine in dieser Form einmalige Ikonographie). Der Stil ist stark byzantinisierend, die Beischriften und der Text auf Johannes' Buch sind griechisch; man wird an einen Byzantiner oder einen in Byzanz geschulten Miniator denken dürfen. Hinzu kommen ein von arab. Koranzierseiten angeregtes Zierblatt und arabisierende Zierleisten, z. T. mit kufischer Schrift, wohl von der Hand eines dritten Miniators. Keine andere kopt. Hs. vereint in sich derart divergierende Stilmöglichkeiten. Byzantinisierend ist auch, wenn auch künstler. schwächer, das Bild im Ms. copt. 60 der Bibl. Vaticana, ebenfalls mit gr. Beischriften. Dagegen ist das bohairisch-arab. Evangeliar v. J. 1250 in Paris (Inst. Cath. Ms. copte-arabe 1; ebenso der Apostolos vom gleichen Jahr Ms. 94 im Kopt. Mus. Kairo) im Stil rein oriental. und auch ikonograph. in vieler Hinsicht völlig vom orth. Schema abweichend. Ein Evangeliar v. J. 1272 (Kairo, Kopt. Mus. Ms. 92) beschränkt sich auf arabisierende Blütenmuster und ein Flechtbandkreuz. Im Ms. copt. 8 der Bibl. Vaticana sind die Evangelisten wieder wie Nachkommen der saïdischen Vorbilder gestaltet (13. Jh.), während ein arab. Evangeliar des 13. Jh. in Kairo (Kopt. Mus. Ms. arab. 95) wieder stark byzantinisiert.

Aus dem 14. Jh. kennen wir nur noch Flechtband-Kreuze (Evangeliar von 1319 in Oxford, Bibl. Bodl. Ms. Marshall Or. 6; Ms. 359 v. J. 1362 im Kopt. Mus. Kairo; Basileios-Gregorios-Liturgie v. J. 1398 in der Bibl. Vat., Ms. copt. 24) und arabisierende Zierseiten (vgl. z. B. das Ms. copt. 24 der Bibl. Vat.). Aus dem 15. Jh. kennen wir keine kopt. B. mehr. K. Wessel

Lit.: W. E. CRUM, Cat. of the Coptic Manuscripts in the Brit. Museum, 1905 – H. HYVERNATH, A Check List of the Coptic Pierpont Morgan Manuscripts, 1919 – G. GRAF, Cat. des manuscrits (coptes) arabes conservés au Caire, 1934 – H. HEBBELING–A. VAN LANTSCHOOT, Codices Coptici Vaticani I, 1937 – A. VAN LANTSCHOOT, Codices Coptici Vaticani II, 1947 – M. CRAMER, Kopt. B., 1964 – N. S. H. JANSMA, Ornements des manuscrits coptes du Monastère Blanc, 1973.

II. SYRIEN: Die syr. B. der vorislam. Periode gehört z. T. in den Rahmen der frühbyz. B., weist aber auch Besonderheiten auf, die sie von dieser abheben. Unter den Miniatoren, die das Rabula-Evangeliar (Florenz, Bibl. Laur. Plut. I, 56) illuminiert haben, finden sich einige, die mit der byz. B. wenig gemein haben; so erinnert das Bild der Zuwahl des Mathias (fol. 1ʳ) eher an gleichzeitige kopt. Wandmalereien, und die Darstellungen der Evangelisten (fol. 9ᵛ und 10ʳ) wirken in ihrer linearen Flächigkeit wie Produkte eines provinziellen Sonderstiles. An diese Richtung lehnen sich im späten 6. Jh. schließen sich z. B. das kreuzförmige Kolophon der Hs. 31.300 der Bibl. Wolfenbüttel v. J. 633 oder das Christus-Bild des Evangeliars in der syr.-orth. Kirche Mar Jakob von Sarug in Diabakir an. Ebenfalls dem Rabula-Evangeliar verwandt, freilich stärker dessen Randminiaturen zu den Kanontafeln, sind die z. T. durch Beschneiden beschädigten, weniger zahlreichen Randminiaturen des Evangeliars Ms. syr. 33 der Bibl. Nat. Paris.

Eine Besonderheit der frühen syr. B. sind ihre Kanontafeln. Mit Ausnahme des Rabula-Evangeliars haben wir es stets mit stabartig dünnen Säulchen zu tun, die durch hufeisenförmige Bögen miteinander verbunden werden ohne die in Byzanz, Armenien, Georgien usw. üblichen übergreifenden Bögen: Florenz, Bibl. Laur. Plut I, 58 und 40; Diabakir, Evangeliar in Mar Jakub von Sarug; Damaskus, Nat. Bibl. Ms. 58; Dublin, Chester Beatty Libr. Cod. syr. 3; Paris, Bibl. Nat. Ms. syr. 33; London, Brit. Mus. Add. 14540 und 17123; Berlin, Staatsbibl. Philipps 83. Gelegentl. wird diese Form der Kanontafeln später wiederaufgenommen, so z. B. im 10. Jh. im Ms. syr. 268 der Bibl. Vaticana, wo Dreiecksgiebel die Hufeisenbögen ersetzen, und im 13. Jh. im Ms. syr. 54 der Bibl. Nat. Paris, wo an ihre Stelle Rechteckfelder treten.

Neben diesen Kanontafeln gibt es noch ähnlich strukturierte »capitularia lectionum«, ältestes bekanntes Beispiel ist das Evangeliar Add. 14445 des Brit. Mus. Im 8. Jh. folgen dem gleichen Schema noch die Evangeliare Add. 14429 ebd. und das Ms. syr. 27 der Bibl. Nat. Paris. Weitere Verbreitung scheint diese Form nicht gefunden zu haben.

Erst im 11. Jh. beginnt wieder eine figürl. B. in Syrien. Die konfessionelle Aufsplitterung der chr. Minderheit im ma. Syrien (Jakobiten, Maroniten, seit 1215 mit Rom uniert, Melchiten, Nestorianer) verhinderte eine einheitl. Stilbildung. Hinzu kommen gelegentl. Einflüsse der →Kreuzfahrerkunst einerseits und der islam. Kunst andererseits. Im großen und ganzen aber orientiert sich die ma. chr. B. an byz. Vorbildern. Am Anfang steht die Bibel v. J. 1013 in der Kirche Mar Tuma in Mossul, für die wohl ursprgl. für jedes bibl. Buch ein Titelbild geplant war. Ausgeführt sind nur drei Miniaturen: Moses und auf der gegenüberliegenden Seite Kyrill von Alexandria sowie die Ezechiel-Vision in dem frühbyz. Bildtyp, dem wir in H. David in Latomos-Kl. in Thessaloniki erstmals begegnen. Während die beiden Personenbilder an provinzialbyz. Kunst erinnern, ist das szen. Bild völlig abweichend und geht im Stil vielleicht auf ein verlorenes vorislam. Vorbild zurück. Die Hs. ist jakobitisch. Klarer ist das Bild bei dem Evangeliar v. J. 1054 in der Patriarchatsbibel in Homs (jakobitisch), dessen fünf ganzseitige Miniaturen eindeutig auf byz. Vorbilder zurückgehen (Maria und Johannes d. T. halten Schriftrollen mit gr. und syr. Aufschriften). Erst im späten 12. Jh. setzt sich diese byzantinisierende Richtung wieder in einer Bibel in Cambridge (Univ. Bibl. Ms. syr. 001/002) durch, deren drei Miniaturen in unterschiedl. Maße von der byz. Malerei in Kleinasien abhängig sind, der einzigen Miniatur eines Evangeliars in Paris (Bibl. Nat. Ms. syr. 30), das um 1190 entstand, und einem Evangeliar in Manchester (J. Rylands Libr. Ms. syr. 66). Sicher kann man auch den Psalter v. J. 1203 in London (Brit. Mus. Add. 7154) hierzu rechnen, wenn seine Bilder auch größtenteils nur – z. T. sehr gute – Vorzeichnungen sind (die wahrscheinl. spätere Ausmalung einiger Miniaturen verdirbt ihre Wirkung erheblich). Aus dieser byzantinisierenden Stilrichtung ragt ein Lektionar des 13. Jh. aus Melitene (Paris, Bibl. Nat., Ms. syr. 355) heraus, von dessen ursprgl. 23 Miniaturen acht, z. T. beschädigt, erhalten sind. Der Stil zeigt starke Einflüsse der kappadok. Wandmalerei, die Anordnung der Szenen folgt der byz., nicht der syr. Liturgie, die Ornamentik hat enge Beziehungen zum Ms. lat. 5974 der Bibl. Vaticana, einer Hs. aus dem Kgr. Jerusalem (→Kreuzfahrerkunst), andererseits aber auch mit armen. Hss. So ist der Par. syr. 355 das klass. Beispiel für die Ströme, die in Syrien zusammenfließen können, und sich zu einer überzeugenden Einheit zu verbinden. Auch das Lektionar des Kl. St. Markus der Syrer in Jerusalem, 1221 von Bakos in einem Kl. bei Edessa geschrieben, gehört in dieselbe Richtung, allerdings ohne Beziehungen zur Kreuzfahrerkunst. Völlig byzantinisierend ist das Evangeliar im syr.-orth. Patriarchat von Midyat, 1226 von Sahdā in einem Kl. im Tur Abdin geschrieben, in seinen dem Dodekaortion entnommenen Festbildern und in der Darstellung von Konstantin und Helena, während die übrigen Miniaturen stilistisch abweichen, ohne recht eingeordnet werden zu können. Die wenigen Miniaturen der Anaphora-Sammlung, 1238 in einem Kl. bei Edessa für Melitene geschaffen (Oxford, Bibl. Bodl. Dawkins 58), sind absolut byzantinisch. Diese drei Hss. sind zweifellos für Jakobiten geschrieben worden, wie schon ihre Kolophone zeigen: sie datieren nach der Ära der Griechen (seleukid. Ära), wobei sie die Griechen mit Attributen wie pervers, lügnerisch oder treulos bedenken. Trotz dieser Einstellung zu den Griechen, und das bedeutet zur byz. Orthodoxie, kann sich diese syr.-jakobit. B. dem Stil und dem Bildrepertoire der gehaßten orth. Kirche nicht entziehen. Das Gleiche gilt auch für das Evangeliar im syr.-orth. Bm. in Mardin (13. Jh.) und das Lektionar in Deir es-Za'faran (um 1250), beides ebenfalls jakobit. Hss.

Sieht man von Arbeiten ab, in denen der byz. Einfluß zwar noch spürbar, aber schwächer ist, wie z. B. dem Ms. syr. 41 der Pariser Bibl. Nat. (um 1190; geschrieben von demselben Šim'un wie der Par. syr. 30) oder dem Ms. or. 3372 des Brit. Mus. (12./13. Jh.; nur zwei Bildseiten mit drei Szenen und den nebeneinander thronenden Evangelisten; leichte islam. Einflüsse), so wäre zunächst noch eine Hs. zu nennen, ein Pontificale v. J. 1238/39 aus Melitene, das für den jakobit. Patriarchen Ignatios v. Antiochien geschrieben wurde und dessen Miniaturen die Weihen vom Subdiakon bis zum Bf. darstellen, dazu zwei Bilder des Palmsonntagsegens. Diese im chr. Orient einmalige Bilderfolge läßt den Einfluß der B. des Kgr.es Jerusalem erkennen. Ihm schließt sich stilistisch das nestorian. Evangeliar Ms. syr. Sachau 304 (Berlin, Staatsbibl.) an (13. Jh.), ein Zeichen dafür, daß die konfessionelle Gegnerschaft keineswegs auf verschiedene künstler. Wege führen mußte.

Eine dritte Gruppe läßt stärkere Auswirkungen der islam. Kunst erkennen, so v. a. zwei der bildreichsten Hss., das Ms. syr. 559 der Bibl. Vaticana v. J. 1219/20 mit 50 Miniaturen und die diesem Lektionar eng verwandten Hss. in London (Brit. Mus. Add. 7170; Lektionar mit 48 Miniaturen) und Birmingham (Mingana syr. 590; nur ein Blatt mit einer Miniatur, das zu der Londoner Hs. gehört), beides jakobit. Werke. Etwas jünger dürfte das Evangeliar in der Kirche Mar Giwargis in Qaraqoš sein, das dem Ms.

copte-arabe 1 des Inst. Cath. in Paris eng verwandt ist. Diese Stilrichtung setzt sich im Evangeliar v. J. 1499 aus Mossul fort (Brit. Mus. Rich. 7174).

Vielleicht auf ältere syr. Vorbilder geht die einzige, recht vereinfachende Miniatur der Bibel in der Bibl. Vaticana (Barberini orient. 118) v. J. 1092 zurück. Sie wird in Richtung auf Primitivierung noch übertroffen durch die einzige Miniatur eines Florilegiums in der Patr. Bibl. in Homs (11. Jh.). Abschließend muß noch ein Lektionar des 12./13. Jh. im Brit. Mus. (Add. 7169) wegen seiner rührenden Primitivität angeführt werden, die ihresgleichen im ganzen chr. Orient nicht hat.   K. Wessel

Lit.: J. Leroy, Les Manuscrits syriaques à Peintures conservés dans les Bibl. d'Europe et d'Orient, 1964.

III. Armenien: Die armen. B. der Frühzeit wird nur durch die nachgehefteten Miniaturen des Edschmiadzin-Evangeliars (7. Jh.?) bezeugt, die eine oriental. Variante des frühbyz. Stils zeigen. Im 10. Jh. beginnt die B. in reicherem Maße durch Hss. sehr unterschiedl. Charakters belegt zu werden: Evangeliar der Kgn. Mlke (902; Venedig, S. Lazzaro Cod. 1144; starke, eigenwillig abgewandelte Einflüsse der frühen syr. B., die Evangelisten byzantinisierend), Evangeliar von Edschmiadzin (989; Erevan; flacher, stark linear bestimmter Stil, der noch. Malerei des 6.–8. Jh. ähnlich), ihm verwandt sind die Hss. im Armenischen Patriarchat Jerusalem Cod. 2555 (sehr viel primitiver) und im Mechitaristen-Kl. Wien, Cod. 697. Im übrigen aber überwiegt der byz. Einfluß, bes. deutlich im Cod. 887 in S. Lazzaro und, im 11. Jh., im Cod. 1400 ebd., der sich an die byz. B. der 2. Hälfte des 11. Jh. anschließt.

Im 11. Jh. entstehen Miniaturenschulen an verschiedenen Orten: Turuberan (sehr linear, ohne Bildraum, starke Farben, vgl. z. B. das Evangeliar v. J. 1038, Erevan Ms. 6201), von Sebaste (stark byzantinisierend, vgl. z. B. das Evangeliar v. J. 1066, Erevan Cod. 311) und vielleicht die Hofschule von Kars (Bilder z. T. byz. beeinflußt, z. T., bes. im Bilde Kg. Gagiks mit seiner Familie im Evangeliar Nr. 2556 im Armen. Patriarchat Jerusalem, innerasiatische, vielleicht turkestan. Vorbilder wirksam, in den Initialen koptische).

Aus dem 12. Jh. ist wenig bekannt. Wichtig ist das Evangeliar Cod. 2877 in Erevan (1. Hälfte 12. Jh.) mit seinen reichen und leuchtenden Farben in den sehr provinziellen Miniaturen, an denen das Nachlassen der byz. Einflüsse deutlich wird. Etwa gleichzeitig beginnt die B. in Kilikien (Kleinarmenien ab 1080): Evangeliar aus Hromkla (Mitte 12. Jh.; Erevan Cod. 7737) und das v. J. 1166 (ebd. Cod. 7344); der sehr lineare Stil mit gebrochenen Farben zeigt provinziell abgewandelte byzantinisierende Bildschemata und Ornamentik. Das Gebetbuch des Gregor v. Narek v. J. 1173 (ebd. Cod. 1568) übernimmt komnen. Stilformen aus Byzanz.

In Groß-Armenien löst sich die B. im 13. Jh. in lauter vereinzelt dastehende Werke auf: z. B. das Evangeliar von Haghbat (1211; ebd. Nr. 6288) mit sehr orientalisierendem Stil, flach, mit starker Größendifferenzierung, ornamental gestalteten Bäumen und vereinzelten typ. Details der armen. Architektur (illuminiert von Margar); das Evangeliar v. J. 1224, für Prinzessin Vaneni in Khatschen geschaffen, mit rührendem Primitivismus, der die byz. Vorbilder kaum noch erahnen läßt (ebd. Cod. 4823); das Evangeliar von Tagmantschatz, 1232 von Grigor illuminiert (ebd. Cod. 2743), mit grüngrau gebrochenen Farben und starker Verhärtung ursprgl. byzantinisierender Formen und z. T. auch mit ornamentaler Linearität. In Kilikien hingegen erlebt die armen. B. eine neue Blüte (das »Silberne Zeitalter«). Die kilikische B. verarbeitet starke byz. mit abendländ. Einflüssen, die wohl durch die →Kreuzfahrerkunst vermittelt wurden. Als ein bedeutendes Werk der Mitte des 13. Jh. kann das Evangeliar für den Prinzen Sembat gelten (ebd. Cod. 7644); hier wirkt der byz. Einfluß noch beherrschend, westl. Einflüsse sind nur z. T., z. B. bei den Personifikationen der Völker im Pfingstbild, zu spüren. Ein Evangeliar v. J. 1249 (ebd. Cod. 7690) zeigt im Figürlichen ähnliche Tendenzen, während die ornamentalen Kopfstücke u. ä. eine eigene, für Armenien bezeichnend werdende Form vorbereiten. Die Umsetzung byz. Formen der Kanontafeln in Richtung auf diesen armen. Ornamentstil zeigen ein Evangeliar von 1249 für den Priester Vardan (ebd. Cod. 3033) und die Weihinschrift eines zw. 1248 und 1267 für den Katholikos Konstantin I. wohl in Hromkla geschriebenen Evangeliars (Dublin, Chester Beatty Libr. Ms. 588). Das um die Mitte des 13. Jh. begonnene Evangeliar der sechs Meister (1320 von Sargis Pitzak und einem Schüler vollendet und z. T. überarbeitet), das mit Rand- und Streifenminiaturen geschmückt ist (Erevan Cod. 7651), zeigt eine starke Neigung zu fast karikaturhafter Charakterisierung, die später von Toros Roslin zum bewußten Ausdrucksmittel gesteigert wird. Dieser überragende Künstler hat auch die byz. Ikonographie z. T. sehr eigenwillig geändert, indem er z. B. im Evangeliar Cod. 1956 in Armen. Patriarchat Jerusalem bei Christi Hadesfahrt den Hades als eine von Mauern umzogene Stadt darstellt oder im Cod. 539 der Walters Art Gall. Baltimore im Jüngsten Gericht Christus zw. Maria und Johannes dem Täufer aus der Mitte der mitritenden Apostel herausnimmt und sie mitsamt den Engeln von zwei antithetisch aufgestellten Engeln, den Himmel aufrollen, gleichsam überkuppeln läßt (1262). Solche z. T. wohl aus der Kreuzfahrerkunst übernommenen ikonograph. Freiheiten finden sich in all seinen Werken, bes. auch in dem Evangeliar Nr. 32 der Freer Gall., Washington, wo z. B. der Judaslohn ausgewogen wird. Toros Roslin hat sieben signierte Hss. hinterlassen (fünf davon im Armen. Patriarchat Jerusalem), die aus den Jahren 1256–68 stammen. Außerdem werden ihm sechs weitere Hss. zugeschrieben, deren hohe Qualität diese Zuschreibung wahrscheinl. macht. Zu diesen gehört z. B. ein Evangeliar von 1287 (Erevan Cod. 197), dessen Initiationsbild sich durch einen kühlen, klaren Stil von den Evangelisten- und szen. Bildern abhebt, die lebhaft bewegte Häßlichkeit mit eigenwilliger Komposition verbinden. Das Gleiche gilt von einem Evangeliar in Erevan, Cod. 9422, in dem sich der Evangelist Markus ähnlich wie das Initiationsbild im Cod. 197 abhebt; die Kanontafeln zeigen erstaunl. Motive wie z. B. Darstellungen der Seelenwanderung (?). Schließlich ist als spätestes Roslin zugeschriebenes Werk das Kollektenbuch von 1288 (ebd. Cod. 979) für Kg. Hethum zu nennen. Hier ist die eigenwillige Ornamentik mit Fabeltieren, Lebensbäumen, dreigesichtigem Kopf usw. in vollendeter Form ausgebildet. Die Häßlichkeit übertrifft noch die der früheren Werke, zudem sprengt das Bild gelegentl. den Rahmen, z. B. wenn der Walfisch Jonas aus dem Bildfeld gleichsam hinauskatapultiert.

Diesem Höhepunkt einer fast manierierten Expressivität folgt ein rascher Zerfall in die verschiedensten Stilformen im endenden 13. und im 14. Jh. In Surkhat (Krim) z. B. entstand 1332 ein Evangeliar, gemalt von Grigor in Wasserfarben auf Papier (eines der ältesten Beispiele für diese Technik), das außergewöhnl. qualitätvoll in rein byz. Stil gemalt wurde (ebd. Cod. 7664). In Groß-Armenien wurden kilikische Einflüsse gelegentl. spürbar, so z. B. bei Toros v. Taron in seinem Evangeliar v. J. 1307

(Venedig, S. Lazzaro Cod. 1917), freilich in weniger manierierter Art, als wir sie bei Toros Roslin fanden, mit schöner Farbigkeit, aber einer gewissen Schwäche der Zeichnung wie der Komposition und ärmlicherer Ornamentik. Der gleiche Miniator illuminierte 1318 eine Bibel (Erevan Cod. 206) mit zahlreichen gerahmten Miniaturen, die viele Merkmale abendländ. Einflüsse aufweisen und in der armen. B. verhältnismäßig allein stehen, sowie ein Evangeliar i. J. 1323, dessen interessanteste Miniatur das Kopfstück z. Johannes-Evangelium ist: eine thronende, gekrönte Maria lactans zw. zwei Engeln, die dem Kind Kelche reichen; seitlich der Beine Mariae links eine ihr Kitz säugende Ricke, rechts ein Hirsch; rechts von diesem Kopfbild ein Lebensbaum mit einem gekrönten Frauenkopf an der Spitze (Maria?), links über zwei Fabeltieren ein Hl., der den Thron des jugendl. Christus trägt (ebd. Cod. 6289). Parallelen zu dieser Ikonographie sind nicht bekannt, die Maria lactans ist in Armenien ungewöhnlich. Ansonsten wird der innerarmen. Stil sehr rasch vereinfacht und orientalisiert; spürt man bei dem Evangeliar v. J. 1304 von Simeon in Nachitschewan noch schwaches Nachleben byz. Ikonographie, so beginnt mit dem Evangeliar aus Turuberan v. J. 1316 ein bäuer. Stil, der auch ikonograph. nicht einzuordnen ist. Ein rein flächiger, völlig unräumlich komponierender, farbenfroher in der Figurengestaltung völlig orientalisierender Stil begegnet zuerst in einem in der Gegend des Van-Sees 1332 illuminierten Evangeliars (ebd. Cod. 9423), setzt sich in dem Evangeliar des Sakarja Achtamartsi aus Waspurakan v. J. 1357 (ebd. Nr. 5332) und einem etwa gleichzeitigen Evangeliar aus der gleichen Gegend (ebd. Nr. 316), ebenso in einem Lehrbuch (ebd. Cod. 4777) fort, und bleibt herrschend bis ins späte 15. Jh., vgl. z. B. ein Menologion von 1489 aus Karkar (Dublin, Chester Beatty Libr. Ms. 602).

K. Wessel

Lit.: F. MACLER, Miniatures arméniennes, 1913 – DERS., Documents d'art arménien. De arte illustrandi, 1924 – DERS., L'enluminure profane arménienne, 1928 – K. WEITZMANN, Die armen. B. des 10. und beginnenden 11. Jh., 1933 – S. DER NERSESSIAN, Manuscrits arméniens illustrés des XIIe, XIIIe et XIVe s. de la Bibl. des Pères Makhitaristes de Vénise, 2 Bde, 1937 – L. A. DURNOVO, Armen. Miniaturen, 1960 – S. DER NERSESSIAN, Armenian Manuscripts in the Freer Gallery of Art, 1963 – L. A. DURNOVO – R. G. DRAMPIAN, Miniatures arméniennes, 1967 – S. DER NERSESSIAN, The Chester Beatty Library. A Cat. of the Armenian Manuscripts, 2 Bde 1968 – W. GRAPE, Grenzprobleme der byz. Malerei [Diss. Wien 1973; zur kilikischen B.].

IV. GEORGIEN: Das älteste Zeugnis der georg. B. ist das Evangeliar von Adiši v. J. 897 (Mestia, Hist.-ethnograph. Mus. von Svanetien), geschrieben von Michael im Kl. Satberdi. Die ein wenig steifen, aber gut gezeichneten Figuren der Evangelisten und das zarte Kolorit erinnern an die byz. B. der beginnenden »Makedonischen Renaissance«. Enge Beziehungen zu Byzanz waren polit. gegeben. Das westl. →Georgien stand unter der nominellen Oberhoheit der byz. Ks.s, der den einzelnen Teilherrschern byz. Hoftitel verlieh; seit Einführung des Kgtm.s (888) führte der Kg. zusätzl. den Titel Kuropalates (zuerst dem Bagratiden Asot, 786–826, verliehen). Diese Beziehungen wurden für die georg. chr. B. bestimmend. Aus dem 10. Jh. kennen wir zwei wichtige Hss., das 1. Evangeliar von Džruči v. J. 940, in dem jedem Evangelium das Bild des stehenden Evangelisten unter einer Arkade und auf der gegenüberliegenden Seite ein Heilungswunder Christi, ebenfalls unter einer Arkade, vorangestellt sind (Hss.-Inst. der Akad. der Wiss., T'blisi, Nr. 1660), provinzieller anmutend als die Malerei im Evangeliar von Adiši (vielleicht von der kappadok. Malerei beeinflußt), und die nicht zum Text gehörigen Bilder von Matthäus und Markus im Cod. georg. 38 des Sinai-Kl., die in der etwas trockener gewordenen Tradition von Adiši stehen, deren Arkaden aber denen im 1. Evangeliar von Džruči entsprechen.

Im 11. Jh. wird der byz. Einfluß, bes. aus der Hauptstadt, in Georgien voll beherrschend. Das Synaxar des Sakarja Varaškarteli v. J. 1030 (T'blisi, Hss.-Inst. A 648; 74 erhaltene Miniaturen) dürfte in einem georg. Kl. in Konstantinopel oder in dem georg. Kl. Iberon auf dem Athos (weniger wahrscheinlich) entstanden sein und gehört stilist. in die Nachfolge des Menologions Basileios II. (s. Abschnitt B. III), unterscheidet sich von diesem aber durch den Verzicht auf Martyrium-Darstellungen. Das Evangeliar von Alaverdi v. J. 1054 (ebd. Nr. 962) ist von gleichzeitigen byz. Miniaturen stilist. nicht zu unterscheiden. Im 12. Jh. folgt das Triodion (ebd. Nr. 734) vollkommen dem komnen. Stil von Byzanz. Das Evangeliar von Gelati (ebd. A. 908; 244 in den Text eingeschobene Miniaturen auf Goldgrund) und das 2. Evangeliar von Džruči (ebd. H. 1667; 359 in den Text eingefügte Miniaturen) gehören in die gleiche Stilrichtung, wobei das Evangeliar von Gelati den komnen. Stil reiner repräsentiert, während Džruči II. z. T. härter, linearer und expressiver wirkt (in beiden Hss. sind jeweils mehrere Miniatoren tätig, von denen in Džruči II einige denen von Gelati recht nahe stehen) und die Darstellungen gelegentl. den Bildrahmen sprengen. Das Evangeliar von Vani (ebd. A. 1335) folgt im Aufbau seiner Evangelisten-Bilder recht eng dem Codex Ebnerianus (s. Abschnitt B. IV), gehört aber im Stil eher zu den Werken um die Jahrhundertmitte oder kurz danach. Im radikalen Unterschied zu diesen chr. Miniaturen stehen die Zeichnungen der Sternbilder des Tierkreises (Zodiakos) in einem astronom. Traktat v. J. 1188 (ebd. N. 65), der einzigen erhaltenen profanen illuminierten Hs. des georg. MA; sie sind rein oriental. und erinnern an innerasiat. Vorbilder.

Um die Wende zum 13. Jh. entstand eine Hs. der liturg. Homilien des Gregor v. Nazianz (ebd. A. 109), deren 13 Miniaturen einen Schritt vom Wege des Byzantinisierens bedeuten: ganzseitig komponiert, sind sie ohne gemeinsamen Bildraum, mit starker Größendifferenzierung kleine Szenen um ein größeres Zentralbild setzend, mit ornamentartig flachen Bäumen, eher von monumentaler als von Miniaturmalerei abhängig. Das Evangeliar von Largvisi (13. Jh.; ebd. Nr. 26) dagegen zeigt den beruhigten nachkomnen. Stil der ersten Jahrhunderthälfte. Im Evangeliar von Mokvi v. J. 1300 (ebd. Q. 902) ist dann der Anschluß an die palaiolog. B. in Byzanz erreicht. Leichte abendländ. Einflüsse sind in einem Psalter des späten 13. Jh. (ebd.) in Bewaffnung und Kleidung zu erkennen, ohne daß die byz. Grundlage völlig verwischt würde (vielleicht kleinarmen. Einflüsse?). In der Zeit nach →Timur, der auch Georgien seinem Reich einverleibt hatte, sinkt die georg. B. auf ein provinzielles Niveau ab, vgl. z. B. das Evangeliar Nr. 845 ebd. oder den Psalter N. 1665 ebd. Das byz. Erbe bleibt maßgebend, aber neue Impulse fehlen. Das sterbende Byzanz konnte sie nicht mehr aussenden.

K. Wessel

Lit.: S. AMIRANAŠVILI, Grusinskaja miniatura, 1966 – G. ALIBEGAŠVILI, L'art de la Miniature géorgienne du XIe–début XIIIe s. (Atti del primo simposio internazionale sull'arte georgiana, 1977), 19–31 – R. MEPINAŠWILI-W. ZINZADSE, Die Kunst des alten Georgien, 1977, 254f. – A. ALPAGO-NOVELLO, W. BERIDZE, J. LAFONTAINE-DOSOGNE, Art and Architecture in Medieval Georgia, 1980, 34, 38f.

V. ALTRUSSLAND: Die Rezeption der byz. durch die russ. B. ist ein komplizierter und langwieriger Prozeß gewesen. Einflüsse nicht nur aus Byzanz, sondern auch aus Kleinasien, dem Orient und dem Kaukasus, v. a. aber bedeutende Illuminatoren des 14. und 15. Jh. haben aus der künstler. Interpretation byz. Prototypen eine eigenständige russ. B. entstehen lassen. Sie umfaßt Biblica, Liturgica, Patristica, Chroniken, Sammlungen (Sborniki), kanonist. und naturwissenschaftl. Werke. Wegen ihrer Dialektik als Kunst- und Erbauungsbild mit spezif. religiöser Intimität und Hermeneutik darf die Bibelillustration als repräsentatives Beispiel der aruss. B. dienen.

Ein im 11. Jh. illuminiertes Einzelblatt des 1188 oder 1215 in Novgorod geschriebenen Domka-Evangeliars zeigt die Charakteristika dieser wichtigen russ. Kunstprovinz (rustikaler Archaismus verbunden mit einer an hellenist. Traditionen orientierten Expressivität), während die Luxuscodices des Ostromir-Ev. (1056/57 in Kiev) und des Mstislav-Ev. (1103/17 in Novgorod) ähnl. wie die →Ikone der Vladimirskaja den gewissen elitären Ästhetizismus der Komnenenkunst reflektieren. Der Ende 10. Jh. in einem Trierer Skriptorium geschriebene, 1078/87 illuminierte Gertrud-Psalter zeigt neben byz. und roman. auch russ. Meister am Werk. In Galič-Volhyńien, einem wichtigen Kulturvermittler zw. Ost und West, konnten sich fruchtbare Ansätze wegen des Mongoleneinfalls und der Annexion durch Litauen nicht voll entfalten (Dobrilovo-Evangeliar, 1164; Služebnik des Varlaam Chutinskij, Ende 12./Anfang 13. Jh.; Homilien des Gregorios Dialogos, 13./14. Jh.). Gleichzeitig konnten sich in Novgorod, Jaroslavl', Rostov, Vladimir-Suzdal' und anderen Städten aufblühende Werkstätten der B. entwickeln.

Unter den Arbeiten des 13. Jh. ist eine Gruppe zu nennen (z. B. Apostolos von 1220; Spaskij Evangeliar, 1. Hälfte 13. Jh., beide aus Rostov), die sich durch ihre ästhet. Qualitäten (schlanke Gestalten, erlesenes Kolorit, Großköpfigkeit) und durch ein vertieftes religiöses Selbstverständnis auszeichnet, wie es in der gleichzeitigen Predigt Serapions von Vladimir († 1275) zum Ausdruck kam. Wie in Rostov, Vladimir, Jaroslavl' und anderen zentralruss. Werkstätten entstanden Denkmäler der B., die den Weg zu den Meisterwerken des 14.–16. Jh. vorbereiteten. Die Novgoroder Miniaturistik vom 13. zum 14. Jh. zeigt neben dem archaisierenden Stil (z. B. Služebnik des Antonij Rimljanin; Viten-Hs. der Boris und Gleb) im Chludov-Psalter Rezeption und erste Auseinandersetzung mit der Ästhetik der paläolog. Renaissance. Sie kommt in der Hochblüte der aruss. B. in den Schulen eines Theophanes des Griechen (→Feofan Grek, † um 1410) und Andrej →Rublev († um 1427/30) zum Austrag, vermehrt um das in der Forschung noch kontrovers behandelte Problem des Einflusses des spätbyz. →Hesychasmus. Dank ihrer jeder übertriebenen Expressivität abgeneigten Spiritualität konnte die russ. B. eine bemerkenswerte Modifikation dieser byz. Stilrichtung hervorbringen. Von den der Schule Feofans zugeschriebenen Arbeiten sollen hier nur der Psalter Ivan Groznyj's (letztes Viertel 14. Jh.) und der Kiever oder Spiridon-Psalter von 1397 erwähnt werden. Mit deutl. Zurückhaltung gegenüber der dynam. Ausdruckskunst des Griechen und eng verbunden mit der Spiritualität des Dreieinigkeits-Sergij-Klosters gelang es Rublev, einen eigenen Stil des Ausgleichs und der Verinnerlichung zu finden (z. B. Evangeliar aus dem Dreieinigkeits-Kl., Anfang 15. Jh.; Chitrovo-Ev., Ende 14./Anfang 15. Jh., u. a.). Wie in der Literatur sind balkan., valachische und moldauische Einflüsse festzustellen. Die hermeneut. Beziehungen von Bild und Text erfahren durch in den letzteren eingestreute Illustrationen eine interessante Orientierungshilfe für den Benutzer (z. B. Pogodin-Prolog, 2. Hälfte 14. Jh.). Zahlenmäßig tritt die B. in Konkurrenz mit der Monumentalmalerei, wodurch ihre Zwischenbeziehungen (einschließlich der Ikonenmalerei) intensiviert wurden.

Eine tiefgreifende Problematisierung der künstler. Auffassungen der Vergangenheit fand unter →Dionisij († nach 1502) statt. Einer zunächst betonten und dem asket. Ideal des »bezmolvie« (Hesychia, Schweigen) entsprechenden Verinnerlichung der äußeren Form (zahlreiche Hss. des Dreieinigkeits-, Kirill- und Volokolamskij-Kl., ein Psalter und ein Prophetologium der Staatl. Lenin-Bibl., Moskau, beide schon auf Papier) folgten Übertreibung in der Anwendung Rublev'scher Prinzipien, Kalligraphismus und Raffinement in Form- und Farbgebung (z. B. Evangeliar des Feodosij, Sohn Dionisij's von 1507). Die eingangs skizzierte Aufgabe der Bibelillustration, insbes. die der Lehrmitteilung, geriet zunehmend in Vergessenheit. Die erwähnten und neue Schulen in den Städten entwickelten eigene Stilkriterien mit dem Ergebnis einer stärkeren Differenzierung und Individualisierung des Rublev'schen Erbes. Mit Aufkommen des Buchdruckes im 16. Jh. verdrängte der Holzschnitt die alte Kunst der B., ohne sofort ihre künstler. Traditionen aufzugeben.

K. Onasch

Lit.: Gesch. der Russ. Kunst, Iff., 1957ff. – O. J. Podobedova, Miniatjury Russkich Istoričeskich Rukopisej, 1965 – D. S. Lichačev, Razvitie Russkoj Literatury X–XVII vekov, 1973, Reg.: Rukopiś – Drevnerusskoe Iskusstvo. Rukopisnaja kniga I, 1972; II, 1974 – O. Popova, Les Miniatures Russes du XIe au XVe s., 1975 [Lit.] – G. Vzdornov, Issledovanie o Kievskoj Psaltiri, 1978 – Kievskaja Psaltiŕ 1397 goda, 1978 (Faks.-Ausg.)

VI. Bulgarien und Rumänien: Die glagolit. Hss. der frühen *bulgarischen Buchmalerei* zeigen nur eine in wenigen Farben gehaltene Flechtbandornamentik in den Überschriften (vgl. z. B. das Evangeliar Assemani 10. Jh., Bibl. Vat. Cod. slav. 3, das Zograph-Evangeliar, 10. Jh., Leningrad, Öffentl. Bibl., Cod. 1, den Sinai-Psalter, 11. Jh., Sinai-Kl. Cod. slav. 38, und das Euchologion, ebd. Cod. slav. 37) und selten schlichte Initialen (vgl. z. B. den Apostolos v. Enina, 11. Jh., Sofia, Nat. Bibl. No. 1144). Im 12. Jh. wird diese Ornamentik eleganter (vgl. z. B. die Hs. No. 38 der Akad. Bibl.). Die Vorliebe für diese Art von B. hält sich auch im 13. Jh. (vgl. z. B. den Apostolos in Zagreb, Archiv der Akademie Cod. IIIa 48 u. a. m.), theriomorphe Initialen können hinzukommen (vgl. z. B. den Psalter in Bologna, Univ. Bibl. Cod. 2499, 1231/40 u. a. m.). Erstmals tritt nun auch figürl. B. auf im Evangeliar des Popen Dobrejšo: der Stifter kniet vor Johannes, eine fast bäuerisch-primitive Malerei, unberührt von der großen Kunst der Zeit (Sofia, Nat. Bibl. No. 17). Figürl. B. bleibt rar, nur um die Wende zum 14. Jh. zeigt ein Evangeliar Evangelisten in etwas vergröbertem byz. Stil (Sofia, Nat. Bibl., No. 22). Eine unerwartete, unvorbereitete Hochblüte erlebt die bulg. B. z. Z. des Zaren Ivan Alexander (1331–71), für den Werke stark byzantinisierenden Stiles geschaffen wurden: der Psalter in Sofia (1337; Akad. Bibl. No. 2), eine in Ornamentik und Figurenstil trotz schlechter Erhaltung rein byz. anmutende Hs.; die bulg. Übersetzung der Chronik des Konstantinos Manasses (1345/46; Bibl. Vaticana Cod. slav. 2), die mit zahlreichen Miniaturen geschmückt ist, die z. T. wohl auf ein älteres byz. Vorbild zurückgehen, z. T. im gleichen Stil Ereignisse der bulg. Geschichte behandeln, die im Text fehlen; zum bulg. Anteil der Illumination gehören auch das →Stifterbild, das den von einem Engel gekrönten Zaren zw. dem ihm zugewandten Christus und Manasses zeigt, ein Zeichen ungewöhnl. Selbstbewußtseins, die Darstellung des der →Koimesis angeglichenen Bildes des Sohnes Ivans und am Schluß das Bild des Zaren mit seiner Familie, etwas harte Nachahmungen byz. ksl. Repräsentationsbilder; das Evangeliar des Zaren (London, Brit. Mus. Add. 39627) v. J. 1356, eine Hs., die einem byz. Evangeliar vom Typ. des Par. gr. 74 (s. a. Abschnitt B. IV) folgt, ihn aber stilist. in spätbyz. Formen umsetzt; auch hier zusätzl. zum byz. Vorbild Bilder des Zaren und seiner Familie, dazu Darstellungen des Zaren im Gespräch mit den einzelnen Evangelisten. Stilist. eng verwandt ist der Tomić-Psalter v. J. 1360 (Moskau, Hist. Mus. Cod. 2752), der sehr reich illuminiert ist und zudem eine Ornamentik ganz spätbyz. Art zeigt. Das letzte figürlich illuminierte Stück ist eine Hs. der »Himmelsleiter« des →Johannes Klimakos aus der Wende zum 15. Jh. (Leningrad, Öffentl. Bibl. Cod. 1054), ebenfalls rein byz. anmutend. Im 15. Jh. finden wir nur noch Hss. mit z. T. ausgezeichneter Ornamentik (vgl. z. B. das Evangeliar von 1407, Sofia, Hist. Arch. Mus. No. 214, den Sbornik von 1469, Zagreb, Akad. Archiv Cod. IIIa 47, den Sbornik von 1473, Rila No. 3/6 u. a. m.). Figürl. B. findet sich erst im 16. Jh. vereinzelt wieder.

Die ältesten Zeugnisse der B. in Rumänien sind byz. Hss.: z. B. das Evangeliar Ms 1 des Kunst-Mus. Bukarest (13./14. Jh.) oder das Evangeliar von 1434 (ebd. Ms. 3, geschrieben von dem Mönch Nathanael). Zu den ältesten rumän. Werken gehört das Evangeliar von 1404/05 (ebd. Ms. 2, ausgeschmückt vom Popen Nicodim), das eine ausgezeichnete spätbyz. Ornamentik zeigt. Das Evangeliar von 1429 (Oxford. Bodleian Libr. Can. gr. 122) bringt ganzseitige Evangelistenbilder von der Hand des Gavril Uric in einem etwas verdünnten und altertüml. wirkenden byz. Stil. Er schuf auch u. a. die sehr komplizierte und vollendete Ornamentik des Evangeliars von 1435/36 (Bukarest, Kunst-Mus. Ms. 4). Starke it. Einflüsse läßt das Stifterbild des Evangeliars von 1473 (von Nicodim im Kl. Putna für Stefan Voevod [d. Wojwode] geschrieben, ebd. Museum) erkennen: Stefan Voevod, mit abendländ. Zakkenkrone und prunkvollem Brokatmantel, bietet das Evangeliar der über ihm thronenden Madonna an, die sehr ven. bzw. kretovenezianisch wirkt. Die große Zeit der beste byz. Traditionen tradierenden rumän. B. beginnt dann anfangs 16. Jh. mit dem für Stefan d. Gr. von Spiridon aus Putna geschriebenen Evangeliar (Bukarest, Kunst-Mus. Ms. 5) und dem Evangeliar von 1504–07 im Mus. des Kl. Putna. Sie dauert das ganze 16. Jh. an.

K. Wessel

Lit.: [zu Bulgarien]: M. V. Sčepkina – I. S. Dujčev, Bolgarskaja Miniatura XIV v. Issledovannie Psaltyri Tomiča [russ.], 1963 – I. Dujčev, Die Miniaturen der Manasses-Chronik, 1965 – B. Rajkov – A. Džurova, Bulgarska Rekopisna Kniga X–XVIII W. Kat., 1976 – Lj. Shivkova, Das Tetraevangeliar des Zaren Ivan Alexandar, 1977 – [zu Rumänien]: C. Nicolescu, Miniatura şiornamentul cărţii manuscrise din ţările Romîne, Sec. XIV–XVIII, 1964.

VII. Serbien: Wissenschaftl. bedeutend und bekannt als älteste serb. B. ist das gegen Ende des 12. Jh. entstandene Evangeliar des serb. Stifters, Fs. Miroslav v. Hum, Bruder des Großžupan Stefan Nemanja, auch »Miroslav-Evangeliar« genannt. Schon die Größe der Pergamentseiten (41,8×28,4 cm) deutet darauf hin, daß die Hs., ein Auftrag des Fs.en für seine Kirche Sv. Petar in Bijelo Polje, zu kirchenfürstl. Repräsentation angefertigt wurde. Sie ist eine kyrill. Übertragung eines älteren griech. Evangeliar der Hagia Sophia in Konstantinopel, vielleicht original eine Übersetzung des slav. Kirchenlehrers Kyrillos, und besteht aus 181 Seiten und 296 hauptsächl. roman. illuminierten, teils seitlich, teils zw. die Textkolumnen gesetzten Miniaturen und Initialen. In ihnen wird eine Stilmischung aus den beiden großen Kultureinflußsphären Byzanz und dem lat. Westen erreicht, die das Miroslav-Evangeliar für die Kunst der serb. Kunst kulturell höchst bedeutend macht, da deren Entwicklung bis zu einer entscheidenden Übergangsphase der originellen Verbindung zw. byz. Wandmalerei und roman. Architektur und Plastik hier deutlich wird. Außerdem kann das Evangeliar für die polit. und kulturellen Trendentscheidungen der serb. Herrscher als hist.-symbol. Repräsentationsobjekt angesehen werden, das nicht nur zwei polare Kunstrichtungen widerspiegelt, sondern auch die damalige theol. Ausrichtung im serb. Staat (mit Zeta und Hum im Westen, Raška im Osten). Durch ihre persönl. Stifterentscheidungen für eine künstler. Verbindung zweier grundverschiedener Stilarten setzten sich die serb. Herrscher Miroslav und Nemanja über vorgeschriebene Konfessionszwänge hinweg, womit sie für die gesamte byz. Kunst in Serbien eine breitere Basis schufen und ihr für die folgenden Jahrhunderte eine neue Dimension eröffneten. Von den Schreibern des Miroslav-Evangeliars ist namentl. nur der »sündige« Diakon Gligorie bekannt, der nach Aussage seiner Marginalien die Hallelujas im Text schrieb und die Initialen zusätzlich vergoldete, wohingegen in der Forschung divergierende Meinungen darüber bestehen, ob ihm auch die gesamte Initialdekoration zuzuschreiben sei. Die anderen Meister der Initialen sind unbekannt geblieben. Die Initialen sind durch metaphor. Figuren und florale Motive in Verbindung mit vorroman. Flechtwerkornamenten in den Hauptfarben grün, gelb, rot und gold lebhaft gestaltet worden. Die stilist. Charakteristiken weisen auf benediktin. roman. Skriptorien in Italien hin. Oft stehen die Initialen in keinem Sinnzusammenhang mit dem Text, was darauf hindeutet, daß sie zuerst entstanden und der Text des Evangeliars danach eingefügt wurde.

Später im 13. Jh. entwickelt sich die B. in Serbien im ganzen auch noch nicht parallel zur hochqualitativen byz. Wandmalerei. Das führt in der Forschung zur Datierungsfragwürdigkeit z. B. beim Evangeliar des Fs.en Vukan (Sohn des Nemanja), das auch als Vukans- oder Simeons-Evangeliar bekannt ist. Nach der im mazedon.-spätkomnen. Stil ausgeführten Illumination sowie der Widmung des Schreibers Simeon für Vukan am Schluß auf einer ausradierten Stelle, ist die Hs., an deren Illuminierung außer dem genannten Simeon noch einige Künstler des Herkunftsortes Ras tätig waren, bereits Ende des 12. Jh. entstanden, so daß Vukan als Stifter »zweiter Hand« anzusehen ist. Hervorzuheben ist auch das sog. Prizren-Evangeliar (1941 in der Nationalbibl. von Belgrad verbrannt), das sich in der Figurenbildung an südit., roman. illuminierte Hss. anlehnt, wobei die oriental. wuchernden Dekorationsformen bei den affrontierten Tieren betont sind.

Erst im 14. Jh. erreicht die Handschriftenmalerei ihre Blütezeit als rein byz. Buchillumination und damit parallel die gleiche künstler. Qualitätsstufe wie die Wandmalerei in Serbien. Die Hss. bekommen ganzseitige Illuminationen mit mehreren, reich dekorierten Initialen und großen Fahnen, die Maler pflegen eine zeitgenöss., klassizist. Figurenmodellierung. Einige Hss. im Athoskloster Hilandar haben bedeutende Miniaturen von hoher künstler. Qualität (wie Evangeliar von 1360, Evangeliar des Patriarchen Sava, die Hss. Nr. 12, 13, 16), die gewisse Lücken in der erhaltenen Malerei aus der zweiten Hälfte des 14. Jh. in Serbien füllen können. Dem Stil der sog. Milutinschule etwa ähnlich ist das Evangeliar Nr. 69 in der Serb. Akademie der Wissenschaften und Künste, ebendort auch das Evangeliar von Kumanica von Anfang des 14. Jh. Der Paläologenmalerei in Serbien zur Milutinzeit ebenfalls angenähert ist das repräsentativ illuminierte Vorsatzblatt des serb. Cod. slav. 42 in der Österr. Nationalbibl. Wien, das im Athoskloster Zographou geschrieben wurde. Von hohem künstler. Niveau sind die Miniaturen vom Ende des 14. Jh. im Serb. Psalter mit 154 Kompositionen, die stilist. Parallelen mit der Wandmalerei aus der Zeit Zar Dušans aufweisen (Bayer. Staatsbibl. München, Cod. slav. 4).

Zahlreiche, für die serb. Kunst wichtige Hss. sind zur Zeit der Wandmalerei aus der sog. →Morava-Schule in serb. Kl. illuminiert worden, wie Ende des 14., Anfang des 15. Jh. im Kl. Resava (Manasija) im Skriptorium der sog. →Resava-Schule am Hofe des Despoten Stefan Lazarević. Berühmt ist das Evangeliar des Meisters→Radoslav (1429, heute in Leningrad), dessen Miniaturen vorbildlich für die Morava-Malerschule wurden, außerdem auch einen engen Stilzusammenhang mit der Wandmalerei der Klosterkirche von Kalenić aufweisen. Ebenso gehören hierher das Evangeliar der Alten Kirche von Sarajevo und die Alexandrida, in der die Aufnahme weltl. Themen in die Buchmalerei ihren Anfang nimmt. (Sie verbrannte 1941 in Belgrad, blieb aber durch eine Doublette in Sofia erhalten.) D. Nagorni

Lit.: Miroslavljevo jevandjelje (Faks.-Ausg.), ed. JL. STOJANOVIĆ, 1897 – A. GRABAR, Récherches sur les influences orientales dans l'art balkanique, 1928, 57–91 – S. RADOJČIĆ, Minijature u srpskim Aleksandridama (Umetnički pregled 1937/38), 138–141 – DERS., Stare srpske minijature, 1950 – L. MIRKOVIĆ, Miroslavljevo jevandjelje, 1950 – S. RADOJČIĆ, Elemente der westl. Kunst des Frühen MA in den ältesten serb. Miniaturen. Actes du XVIIme Congrès internat. d'hist. de l'art, La Haye 1955, 199–206 – D. MILOŠEVIĆ, L'évangéliaire de Miroslav, 1972 – J. MAKSIMOVIĆ, La place de l'Évangéliaire de Miroslav au sein de l'art médiéval serbe, CahArch XXV, 1976, 123–130 – S. DUFRENNE, SV. RADOJČIĆ, R. STICHEL, I. SEVČENKO, Der Serb. Psalter, hg. H. BELTING (Faks.-Ausg.), 1978.

Zur B. der Kreuzfahrerstaaten des lat. Ostens vgl. →Kreuzfahrerkunst.

D. Islamische Buchmalerei
I. Arabische und allgemein-islamische Buchmalerei – II. Osmanische Buchmalerei.

I. ARABISCHE UND ALLGEMEIN-ISLAMISCHE BUCHMALEREI: Alle Völker, die vom 7. Jh. an bis auf Minoritäten zum Islam übertraten, besaßen seit langem Schrift und Malerei, so auch die Bewohner des arab. Subkontinents. Der zuverlässige Historiker von Mekka, al-Azraqī (gest. 837), berichtet, 630 habe der Prophet Mohammed aus dem Inneren der Ka'ba Wandbilder entfernen lassen. Nur eines, mit Maria und auf ihren Knien Jesus, beließ er am Ort. Der pers. Historiker Mas'ūdī sah 915 oder 916 in Iṣṭaḫr ein arab. Buch, das für den omayyadischen Kalifen Hišām aus dem Persischen übersetzt und mit Kopien der pers. Darstellungen aller sāsānid. Könige ausgestattet worden war. Das Kolophon war am 24. Aug. 731 geschrieben. Reflexe des Buches sind in der sitzenden Herrscherfigur vom Portal des von Hišām erbauten syr. Palastes Qaṣr al-Ḥair al-ġarbī (Nat. Mus. Damaskus) erkennbar. Beispiele der sāsānid. oder der omayyad. B. sind nicht erhalten. Für den berühmten Zodiak in Freskomalerei in der Kuppel des Caldariums des Palastes in Quṣair 'Amra (Jordanien), zwischen 705 und 715 für al-Walīd I. gebaut, müssen astronom. Handschriften vom Typ Cod. Vat. Graec. 1087 und 1291 vorgelegen haben. Zufalle der Erhaltung ebenso wie die Zerstörung von Bibliotheken (400 000 Hss. von al-Ḥakam II. in Córdoba nach seinem Tod 976 und im 11. Jh.; 500 000 Hss. der Fāṭimiden in Kairo von der 2. Hälfte des 12. Jh. an und vollständig nach 1171), die sicher auch die artist. Entwicklung der islam. Malerei behindert haben, bewirken, daß dem Bestand an Mosaiken (Felsendom, Jerusalem 691–692; Große Moschee von Damaskus 706–715; nach d. Quellen gleichzeitig in Madīna; Quṣair 'Amra; Ḥirbat al-Mafǧar; Qaṣr Ḥair al-ġarbī; al-Samarra, Irak zwischen 839 und 869; Nišāpūr, Iran, 10. Jh.; Lašqarī-Bāzār, Afghanistan, Anfang 11. Jh.) nur kleine Fragmente an B. gegenüberstehen. Im Gegensatz zu den Mosaiken bilden sie – wie die Wandmalerei – auch Menschen ab: einen Reiter, wohl aus einer hippolog. Abhandlung, 10. Jh., signiert Abū Tamīm Ḥaidara (Wien, PERF 954), und aus einer erot. Handschrift eine einschlägige Illustration aus dem 9.–10. Jh. (Wien, PER, Inv. Chart. A. 25613). Daß mehr Malerei vorhanden gewesen sein muß, ist aus Abhandlungen darüber sowie aus dem großen Bestand auch figürlich bemalter Keramik zu folgern. Erhalten sind die Deckenmalereien der nach 1140 ausgeschmückten Cappella Palatina in Palermo, Bilder aus einem Bad in Kairo (Mus. f. Isl. Kunst) und eine Reihe von meist vereinzelten Blättern höchst unterschiedlicher Qualität aus Fusṭāṭ bei Kairo (z. B. Sammlung Keir, London), alle im fāṭimid. Stil. Seiten aus illuminierten Koranen, auch mit Golddekoration, sind häufig seit etwa 700 erhalten. Gehen wir von einem 1000–01 datierten Prachtkoran von Ibn Bawwāb aus (Dublin, Chester Beatty, ms. K. 16), scheint Bagdad ein frühes Zentrum auch für die Theorie der Kalligraphie gewesen zu sein, denn die Regel, Buchstabenlängen auf ein Mehrfaches des Punkts zu gründen, dürfte schon auf den abbasid. Minister und Kalligraphen Ibn Muqla (gest. 940) zurückgehen. Etwa zeitgenössisch ist die »Abhandlung über die Fixsterne« von aṣ-Ṣūfī (Oxford, Bodleian Libr., Marsh 144), 1009 datiert, aber eine Handschrift des Vaters des Malers kopierend, die also etwa 970 anzusetzen wäre und die auf einen Himmelsglobus zurückgeht. Ein weiteres Indiz dafür, daß wissenschaftl. Manuskripte bes. der Illustrierung bedurften, sind die Automata. Mehrere der etwa 20 Werke der drei Banū Mūsā, die in Bagdad für mehrere Kalifen übersetzten und forschten, waren illustriert (Vatikan 317; Berlin-Gotha, datiert 1210, vgl. AHLWARDT 5562, PERTSCH 1349; Istanbul, Topkapısaray A 2474). Die wissenschaftl., vor allem die geogr. Ordnung der islam. B. begann später als die westliche, und daher kann man nur vorläufig sagen, daß sich mehrere Zentren abzeichnen, die wechselnde Affinitäten zur Malerei der Nachbarländer aufweisen u. wohl auch ethnisch differenziert sind (z. B. waren die Mamlūken in Ägypten und Syrien vorwiegend Türken). Für Syrien seien die »Versammlungen« von al-Ḥarīrī genannt, die 1222 datiert sind (Paris, Bibl. Nat. ms. arabe 6094), für den Nordirak das »Buch der Gegengifte«, ein Pseudo-Galen, 1199 datiert (Paris Bibl. Nat. ms. arabe 2964), für den Südirak mit Bagdad »De Materia Medica« des Dioskurides, 1224 datiert (New York, Metropolitan Mus. of Art, Nr. 57.51), das »Buch der Pferdeheilkunde« d. Aḥmad ibn al-Ḥusain, 1210 datiert (Istanbul, Topkapısaray, Ahmet III, 2115) und die »Schriften der Lauteren Brüder«, 1287 datiert (Istanbul, Süleymaniye-Moschee, Esad Efendi 3638), für Spanien und Nordafrika die »Geschichte von Bayāḍ und Riyāḍ«, 13. Jh. (Vatikan, ms. ar. 368) und die »Abhandlung über die Fixsterne« von aṣ-Ṣūfī, 1224 in Ceuta gemalt (Vatikan Ross. 1033). Im mamlūk. Ägypten sind wahrscheinl. die »Versammlungen« von Ḥarīrī entstanden, die 1334 datiert sind (Wien, ÖNB, A.F. 9).

Trotz Ausnahmen wie der »Wunder der Schöpfung« von al-Qazwīnī, die um 1375 im Irak entstanden sein dürften (Washington, D.C., Freer Gallery of Art, 54.33–114), bewirkte der Einbruch der Mongolen in die arab. Welt um 1350 ein Nachlassen der künstler. Kraft.

Pers. und zentralasiat. Schulen bringen von jetzt an bis weit in das 18. Jh. B. hervor, deren Werke teilweise zu den erstrangigen Schöpfungen in der Geschichte der Weltkunst zählen. Aus der vormongol. Malerei Persiens ragt der Roman »Warqa ua Gulšāh« des Dichters ʿAyyūqī hervor; die einzige Handschrift dürfte kurz nach 1200 illustriert worden sein (Istanbul, Topkapısaray, Hazine 841) und verbindet irak. Malerei mit der türk.-seldschukischen. In der mongol. Zeit wurde 1298 ein Bestiarium illustriert, das ursprgl. 941 in Arabisch von dem christl. Arzt Baḫtīšūʿ in Bagdad verfaßt worden war (New York, Pierpont Morgan Libr., ms. 500). Einige aus der Gruppe der sog. »kleinen« Königsbücher, Šāhnāma von Firdausī, werden jetzt nicht mehr nach Persien, sondern in das Indien der Sultanatszeit lokalisiert und in die 1. Hälfte des 14. Jh. datiert (früher Slg. W. Ph. Schultz, Leipzig, jetzt New York, Metropolitan Mus. Nr. 74.290 [neuer Besitzer nach Versteigerung London nicht sicher bekannt]). Der belebende wissenschaftl. und künstler. Einfluß aus China in der Mongolenzeit ist ablesbar an mehreren »Universalgeschichten«, die der Minister Rašīd ad-Dīn in seiner Werkstatt in Tabrīz schreiben ließ (1307–08 datiert Edinburgh, Libr. of the University, Arab. 161; 1314 datiert früher London, Royal Asiatic Society, Arab. ms. 26). Sehr berühmt ist auch das »Königsbuch«, das nach einem Händler Demotte-Šāhnāma genannt wird; das jetzt verstreute Buch ist jüngst rekonstruiert worden und wird um 1335 datiert (z. B. Dublin, Chester Beatty Library, Pers. ms. 111).

In der um 1400 beginnenden Malerei der Timuriden ragen die Malschulen von Tabrīz und Herat heraus. Für Tabrīz ist z. B. eine Anthologie von Muḥammad ibn Badr Ġarġamī zu nennen, 1341 datiert (Cleveland Mus. of Art, Nr. 45385), für Herat ein Gipfel der B. überhaupt, die Ḫamsa, Fünfepenzyklus d. Niẓāmī mit Miniaturen des Bihzād; es ist 1494 datiert (London, British Libr. Or. 6810). Zunehmend wird die Bedeutung der turkmen. Malerei erkannt; obgleich es noch nicht gelungen. ist, Bücher durch Kolophone mit Herrschern zu verbinden, müssen einige als für den Hof gemalt angesehen werden, so die »Annalen« des Ṭabarī, die 1470 in Tabrīz gemalt worden sind. Gemeinsame Kennzeichen der islam. B. trotz aller geogr. und stilist. Unterschiede sind: Analog zur Schrift (auch Persisch und Türkisch werden mit dem arab. Alphabet geschrieben) ist in der Regel rechts Vergangenheit und links Zukunft; die Zentralperspektive (→Perspektive) wird nicht angewendet, obgleich ihre Einführung in Europa auf dem Begriff ∞ beruhte, der aus der arab. Mathematik entlehnt wurde; immer wird die Integration von Schrift und Bild angestrebt, so daß oftmals die Umrisse der Schriftfelder zugleich die Hauptlinien der piktoralen Komposition werden. K. Brisch

Lit.: K. A. C. Creswell, A Bibliogr. of the Architecture, Arts and Crafts of Islam, 1961, 979–1094; Suppl., 1973, 291–316 – A. Grohmann, Beitr. zur frühislam. Kunstgesch., AOr 1, 1929, 199–208 – H. H. Schaeder, Über das 'Bilderbuch der Sasaniden-Könige', Jb. der Preuß. Kunstslg. 57, 1936, 231 f. – K. Holter, Die islam. Miniaturhss. vor 1350, Zentralbl. für Bibliothekswesen 54, H. 1/2, 1937, 1–34 – H. Buchtal, O. Kurz, R. Ettinghausen, Supplementary Notes to K. Holter's Check List of Islamic Illuminated Manuscripts before A. D. 1350, Ars Islamica 7, 1940, 147–164 – D. S. Rice, The Unique Ibn Bawwāb Manuscript in the Chester Beatty Library, 1955 – B. Gray, Pers. Malerei, 1961 – R. Ettinghausen, Arab. Malerei, 1962 – A. S. Melikian-Chirvani, Le Roman de Varque et Golšāh, 1971 – D. R. Hill, The Book of Knowledge of Ingenious Devices by Ibn al-Razzāz al-Jazarī, 1974 – The Illustrations of the 'World History' of Rashīd al-Dīn, hg. D. S. Rice-B. Gray, 1976 – The Keir Collection, Islamic Painting and the Arts of the Book, hg. B. W. Robinson, 1976 – B. Gray, The World Hist. of Rashid al-Din, A Study of the Royal Asiatic Society Manuscript, 1978 – D. Schlumberger, Lashkari Bazar, 1 A, L'architecture, 1978, 101–110 – The Arts of the Book in Central Asia, 14th–16th Centuries, hg. B. Gray, 1979 – The Book of Ingenious Devices (Kitab al-Ḥiyal) by the Banū (sons of) Mūsā bin Shākir, übers. D. R. Hill, 1979 – M. S. Simpson, The Illustrations of an Epic, The Earliest Shahnama Manuscripts, 1979 – O. Grabar–S. Blair, Epic Images and Contemporary Hist., The Illustrations of the Great Mongol Shahnama, 1980 – D. James, Islamic Masterpieces of the Chester Beatty Library, 1981.

II. Osmanische Buchmalerei: Die Konfrontation mit einer hochentwickelten byz. Bildkunst in den unterworfenen Gebieten mag die religiösen Bedenken gegen bildl. Darstellungen bei den Osmanen verstärkt haben. Aus ideolog. Gründen scheint daher die figürl. Malerei zunächst nicht dieselbe Förderung wie etwa Baukunst und Dichtung gefunden zu haben. Hingegen hatte die Ausführung wertvoller, reich verzierter Koran-Handschriften eine alte Tradition, man vgl. den prächtigen Koran vom Ende des 15. Jh., der für Bāyezīd II. geschrieben sein soll (heute zweigeteilt in Dublin, Chester Beatty Libr., Ms. 1492, und in der Gulbenkian Stiftung, Lissabon). Am Anfang der Entwicklung stehen 20 Miniaturen im »Iskendernāme« (ʿAlexanderbuch') des →Aḥmedī (Paris, Bibl. Nat., Col. 4187), das von Ḥāǧǧī Bābā aus Siwās 819 h./ 1416 in Amāsya kalligraphiert worden ist. Die Miniaturen zeigen einen antiquierten pers.-mamluk. Mischstil. Für die Zeit Meḥmeds II. Fātiḥ (1451–81) sind mehrere Künstlernamen dem 1586 verfaßten Malerlexikon »Menāqib-i hünerverān« des ʿĀlī zu entnehmen, darunter der eines Schülers des it. Meisters Paolo, eines gewissen Sinān Bey, dem man ein bekanntes Porträt Meḥmeds II. im Album H. 2153 (Fol. 10ʳ) des Topkapısaray zugeschrieben hat. Außer Gentile→Bellinis Aufenthalt 1479–81 am Hofe des Eroberers, der das berühmte Porträt des Herrschers (London, Nat. Gallery) malte, und des Medailleurs Costanzo da Ferrara 1477/78, ließ sich die Tätigkeit anderer it. Künstler daselbst bisher nicht sicher nachweisen. Gewiß ist, daß Meḥmed II. – polyglott, gebildet und künstler. begabt – Künstler aus Italien bestellt hat. Er war in dieser Hinsicht den Vorurteilen seiner Umgebung weit überlegen, aber auch seinem Sohn und Nachfolger Bāyezīd II. (1481–1512), der, puritanischer gesinnt, die von seinem Vater gesammelten europ. Kunstwerke auf dem Basar verkaufen ließ. Beide förderten jedoch die B. nach pers. Vorbild und bezogen illustrierte Hss. aus Persien selbst, die ihren Malern als Vorlagen dienten. Eines der wichtigsten Dokumente für die frühe o. B. ist ein »Iskendernāme« Aḥmedī's inkl. einer osman. Geschichte aus der Mitte des 15. Jh. in der Bibl. Marciana zu Venedig (Ms. Or. Turc. XC-57). Angaben zu dem ungefähren halben Dutzend weiterer für die beiden Herrscher gesicherter illustrierter Hss. entnehme man dem Lit.-Verzeichnis. Trotz starker Abhängigkeit von den süd- und nordwestters. Malrichtungen der Turkmenendynastien bei gelegentl. mamlukischen, aber auch byz. und abendländ. Anleihen macht sich die spätere Eigenständigkeit der o. B. schon früh bemerkbar. Wesentl. sind ihr eine modellierende Maltechnik, leuchtende Farben, starke Kontraste, ein ausgesprochener Realismus und erzählerische Intensität. D. Duda

Lit.: F. Babinger, Ein weiteres Sultansbild von Gentile Bellini, SAW 237, 240, 1961, 1962 – I. Stchoukine, La peinture turque d'après les manuscrits ill., Ire partie, 1966, 9–19, 45–50 – Ders., Un manuscrit ill. de la bibl. de Bāyazīd II, Arts Asiatiques 24, 1971, 9–22 – E. Atıl, Ottoman Miniature Painting under Sultan Mehmed II, Ars Orientalis 9, 1973, 103–120 – G. M. Meredith-Owens, Ottoman Turkish Painting (Islamic Painting and the Arts of the Book, ed. by B. W. Robinson, 1976), 221–226 – I. Stchoukine, Les Peintures des manuscrits de la »Khamseh« de Niẓāmī au Topkapı Sarayı Müzesi d'Istanbul, 1977, 36–41 – E. J. Grube, The Miniatures in Ahmedi's Iskandar-name in the

Marciana Library in Venice (Akten des VI. Internat. Kongr. für Türk. Kunst in München 1979 [im Dr.; s. auch Kurzfassungen der Kongreßreferate, 1979, 46f.]) – F. ÇAĞMAN, Türk. Miniaturmalerei (Kunst in der Türkei, hg. E. AKURGAL, 1980), 231, Abb. 158f. – D. JAMES, Qur'ans and Bindings from the Chester Beatty Library, 1980, 88–91 – J. RABY, El Gran Turco, Mehmed the Conqueror as a Patron of the Arts of Christendom [Diss. Oxford Univ. 1980, im Dr.] – D. JAMES, Islamic Masterpieces of the Chester Beatty Library, 1981, 25–27.

Buchrolle mit sieben Siegeln. Das βιβλίον (Buchrolle, Buch) in Offb 5 war, dem Gebrauch der Zeit entsprechend, als B. aufgefaßt (innen und außen beschrieben, mit sieben Siegeln versiegelt). Eine bildl. Darstellung dieses →Apokalyptischen Motivs wird möglicherweise bereits um 400 durch die »Tituli Historiarum« des →Prudentius in der Szene der Anbetung des Lammes durch die Vierundzwanzig Ältesten greifbar. Für das Mosaik der Apsisstirnwand in SS. Cosma e Damiano in Rom (6. Jh.?) ist die B. auf dem Fußschemel des Lammes aus einer Zeichnung des 17. Jh. in Windsor (WAETZOLD, Abb. 39) und der Mosaik-»Kopie« in S. Prassede in Rom (9. Jh.) zu erschließen. Als eschatolog. Herrschaftsattribut erscheint die B. auf dem Fußschemel des Thrones (→Thronbild) mit den Insignien Christi in S. Maria Maggiore in Rom (um 430), auf dem Thron selbst in der Matronakapelle in Capua Vetere, in der Hand Christi im Apsismosaik in S. Vitale in Ravenna (Mitte 6. Jh.). Dagegen ist in den frühma. Hss. der →Apokalypse und des Apokalypsekommentars des →Beatus v. Liébena das Buch mit sieben Siegeln als Codex wiedergegeben. J. Engemann

Lit.: LCI I, 143; IV, 307 – F. VAN DER MEER, Maiestas Domini, Théophanies de l'Apocalypse dans l'art chrétien, 1938 – CH. IHM, Die Programme der chr. Apsismalerei vom 4. Jh. bis zur Mitte des 8. Jh., 1960 – ST. WAETZOLD, Die Kopien des 17. Jh. nach Mosaiken und Wandmalereien in Rom, 1964 – J. WILPERT-W. N. SCHUMACHER, Die röm. Mosaiken der kirchl. Bauten vom 4.–13. Jh., 1976 – R. PILLINGER, Die Tituli Historiarum oder das sog. Dittochaeon des Prudentius, 1980.

Buchsbaum (Buxus sempervirens L./Buxaceae). Die dt. Bezeichnung des immergrünen, starkriechenden Strauches ist aus lat. *buxus* (von gr. πύξος) entlehnt (MlatWb I, 1635). Hauptsächl. als Zierpflanze zur Einfassung von Gartenbeeten, seltener in der Med. verwendet, war der B. – wie schon in der Antike – auch wegen seines harten, für Schnitzarbeiten (daher 'Büchse') geeigneten Holzes sehr geschätzt (Albertus Magnus, De veget. 6, 45; Konrad v. Megenberg IV A, 9). Im Volksaberglauben schrieb man dem B. teufelabwehrende Kräfte zu und ließ seine Zweige – häufig Bestandteil des sog. Palms – am Palmsonntag weihen; ferner sollte das B.-Holz als Antaphrodisiacum wirken (Gart, Kap. 70). P. Dilg

Lit.: MARZELL I, 702–704 – HWDA I, 1694–1696.

Buchschmuck → Buch, →Bucheinband, →Buchmalerei, →Buchdruck.

Büchse. In den Quellen des 14. und 15. Jh. ist B. (auch *Puchse* und *Pixe*) der allgemeine Ausdruck für eine Feuerwaffe. Die ma. B.n waren entweder aus Eisen um einen Dorn geschmiedet, aus Stäben und Ringen zusammengesetzt oder aus Bronze gegossen. Nach der Geschoßart wurden sie →Stein- oder→Bleibüchsen genannt. E. Gabriel

Lit.: B. RATHGEN, Das Geschütz im MA, 1928 – W. HASSENSTEIN, Das Feuerwerkbuch von 1420, 1941.

Büchsenmeister. Vom 14. bis zum 16. Jh. die Berufsbezeichnung jener Männer, die es verstanden, →Büchsen herzustellen und fachgerecht zu bedienen. Um den Lehrbrief eines Büchsenmeisters zu erlangen, mußte nicht nur eine Prüfung über das nötige Fachwissen abgelegt, sondern auch eine Reihe charakterl. Voraussetzungen erfüllt werden. Der Büchsenmeister war nur für die Bedienung von schweren Geschützen zuständig, kleinere Geschütze wurden von seinen Gehilfen, den Schützen, bedient. Die Besoldung eines B.s war genau geregelt: Neben einem vierfachen Sold hatte er nach erfolgreichem Abschluß einer Belagerung auch Anspruch auf einen bestimmten Teil der Beute. E. Gabriel

Lit.: W. HASSENSTEIN, Das Feuerwerkbuch von 1420, 1941.

Buchstabe (littera, apex, ahd. *puochstab*, ags. *bōcstaef;* das germ. Wort besteht aus den Begriffen Stab [senkrechter Hauptstrich der Runen] und Buch [gefaltete und zu Lagen zusammengestellte Buchenblätter]) ist der graph. Vertreter eines Phonems. Eine bestimmte Anzahl von B.n ergibt das →Alphabet, das die Grundlage für die Buchstabenschrift bildet, welche die Ideen- und Wortschrift abgelöst hat und im semit. Raum entstanden ist. Buchstaben können kalligraphisch oder kursiv geschrieben und mitunter zu →Ligaturen verbunden werden. Bestimmte Buchstabenformen kennzeichnen die verschiedenen →Schriftarten. Als →Initialen sind die B.n Gegenstand der kunsthist. Forschung. – Das ganze Alphabet wie auch einzelne B.n spielen in Magie und Mystik sowie im Volksglauben eine bedeutsame Rolle (vgl. hierzu →Buchstabensymbolik). Auch lit. Buchstabenspielereien sind von Bedeutung: →Abecedarien, →Akrostichon. Im Urkundenwesen konnte beim →Chirograph eine alphabet. Buchstabenreihe verwendet werden, die, durchschnitten, zum Echtheitserweis herangezogen wurde. In der theol. Hermeneutik bedeutet B. Wortlaut, Literalsinn. P. Ladner

Lit.: KLUGE, 109 – TH. LEWANDOWSKI, Linguist. Wb. I, 1973, 126f. – LThK² II, 749f. – RAC II, 775ff. – F. DORNSEIFF, Das Alphabet in Mystik und Magie, 1925² – G. MENSCHING, Das hl. Wort, 1937 – B. BISCHOFF, Paläographie des röm. Altertums und des abendländ. MA, 1979, bes. 67.

Buchstabensymbolik
I. Christentum – II. Judentum – III. Islam.

I. CHRISTENTUM: Der Glaube, daß sich dem Eingeweihten hinter dem durch Buchstaben gebildeten Wortsinn eine tiefere Bedeutung erschließt, beruht auf der universalist. Vorstellung von der zeichenhaften Verschlüsselung des Makrokosmos in der Dingwelt des Mikrokosmos. Dabei war für Entstehung und Systematisierung der bereits in der Antike voll entwickelten B. neben der Identität von Laut- und Zahlzeichen im hebr. und griech., später auch arab. und lat. Schriftsystem (hebr. 'āläf = 1, usw.), der oft sekundären Theorienbildung um die Ableitung der Schriftzeichen aus Ideogrammen (z. B. hebr. rêš: Kopf; vgl. z. B. Hieronymus, De nominibus Hebraicis 71) auch die Buchstabenform von Bedeutung: Das aus drei Strichen zusammengesetzte A bezeichnete die Dreifaltigkeit; griech. und lat. T wurde wegen seiner Kreuzform (»crux dissimilata«; Barnabasbrief, 2. Jh. n. Chr.) zum Schutzzeichen für Haus und Mensch. Ein solchermaßen differenziertes Bedeutungs- und Zeichensystem erlaubte die pythagoräische Verbindung von Alphabet und Musik, der gnost. Esoterik die Bezeichnung der den Planeten zugeordneten Sphärenmusik durch Vokale und der Astrologie die Symbolisierung der Tierkreiszeichen durch Konsonanten(paare). Ma. Naturmystik entwickelte v. a. in Auseinandersetzung mit den Methoden der kabbalist. Buchstaben- und Zahlenexegese (Gematria, Temura, Notarikon) antikes Erbe fort (vgl. Abschnitt II). Deutlich wird dies u. a. in den Onomatomantien (z. B. Phisitors Onomatomantie, 2. H. 14. Jh.; Cod. Berol. 244) und B.en psychognost. Charakters (z. B. Cod. Vind. 2245; 12. Jh.).

Seit der Antike blieben die Grenzen zw. symbol. Auslegung und mag. Gebrauch der Buchstaben fließend

(→Amulett, →Beschwörung). Gemäß dem Glauben an die Heiligkeit der Schrift galten Abkürzungen und Buchstabensymbole (Kontraktionen) von Gottes-, Engel- und Heiligennamen auf Amuletten und Gebetszetteln als bes. wirksam: das Tetragrammaton JHWH (Jahwe) enthält in der griech. Schreibung Ἰάω den ersten, mittleren und letzten Vokal des Alphabets und galt schon in der gnost. Pistis Sophia (3. Jh.) als Zauberwort. Christussymbole sind das seit dem 3. Jh. durch Ligatur der griech. Anfangsbuchstaben gebildete Christusmonogramm (XP), das durch die konstantin. Legende rasche Verbreitung erfuhr (Lactantius, Liber de mortibus persecutorum 44; MPL 7, 261) und noch in der ma. Malerei die Darstellung Gottes ersetzte, und die das gesamte Alphabet umspannende Formel A-Ω (Offb 1, 8 u. ö.). Vor dem Hintergrund dieser B. ist auch die Einzeichnung des Alphabets in ein Aschenkreuz bei der Kirchenweihe zu sehen (Sacramentarium Gelasianum [5. Jh.]?; Remigius v. Auxerre [† ca. 908], Tractatus de dedicandis ecclesiis; MPL 131, 851). ABC-Reihen finden sich auch auf ma. Münzen und Glocken.

Von großer Bedeutung im Zauber waren mag. Quadrate (abaci); das gebräuchlichste, das seit dem 1. Jh. n. Chr. nachweisbare Palindrom SATOR AREPO TENET OPERA ROTAS wurde anagrammat. u. a. als christl. Bittformel »Pater, oro te, pereat Satan roso« ausgelegt. Andere Kombinationen können als mit den Anfangsbuchstaben der einzelnen Wörter eines Gebetes oder Segensspruches gebildete Akrosticha aufgelöst werden; auf ma. Zauberringen belegt und später auf Amuletten häufig verwendet ist AGLA (aus hebr. ʾattāh gibbôr leʿôlām, ʾadonaj: 'Du bist gewaltig in Ewigkeit, Herr'). Der Verwendung solcher interpretierbaren Abkürzungen zusammen mit krypt. Buchstabenfolgen (z. B. ABRACADABRA) auf apotropäischen Gebilden in ma. und nachma. Zeit stützt allerdings die Annahme, daß spekulativ deutbare und damit sinnhafte B. in populärer Aneignung zu unverstandenen, damit geheimnisvollen und als bes. wirksam betrachteten Zeichen erstarren, gegen deren superstitiöse Anwendung sich die kirchliche Obrigkeit immer wieder wandte. Ch. Daxelmüller

Lit.: HWDA I, 1697-1699 – LThK²II, 749 – RAC II, 775-778 – F. DORNSEIFF, Das Alphabet in Mystik und Magie, 1925² – D. DIRINGER, L'alfabeto nella storia della civiltà, 1937 – A. BERTHOLET, Die Macht der Schrift in Glauben und Aberglauben, 1949 – D. HARMENING, Zur Morphologie mag. Inschriften, Jb. für VK 1, 1978, 67-80.

II. JUDENTUM: Im Judentum des MA wurde die B., ein Erbe der rabbin. Zeit, als Instrument der Bibelauslegung (→Bibel) reichlich verwendet. Folgende Methoden waren in Gebrauch: 1. *Notarikon:* Jeder Buchstabe eines Bibelwortes wurde als Abkürzung eines ganzen eigenen Wortes verstanden. – 2. *Temura:* Die Buchstaben eines Bibelwortes wurden vertauscht oder nach bestimmten Regeln durch andere Alphabetbuchstaben ersetzt. – 3. *Gematrie:* Die Buchstaben eines Textwortes wurden in Zahlen umgerechnet, summiert und die Gesamtzahl mit heilsgeschichtl. oder gesetzl.-ritueller Signifikanz belegt; auch ersetzte man ein Textwort durch ein anderes, das ihm an Zahlenwert gleich war.

Zu bes. Entfaltung gelangte die Buchstabenspekulation in der →Kabbala, wo die hebr. Lettern auch mag. Praktiken dienstbar gemacht wurden. Krit.-rationalist. Exegeten des Judentums bekämpften die myst.-esoter. Buchstabenspekulation anhand des Bibeltextes heftig, weil sie damit der subjektivist. Interpretationswillkür Tür und Tor geöffnet sahen. H.-G. v. Mutius

Lit.: EJud II, 442ff., s. v. Alphabet; VII, 170ff., s. v. Gematria – EJud (engl.) VII, 369ff., s. v. Gematria; XII, 1231ff., s. v. Notarikon.

III. ISLAM: Buchstabenmystik ist im ma. Islam in ṣūf. und šīʿit., v. a. ismāʿīlit. Kreisen verbreitet. Von antiker Magie und Gnostik beeinflußt, beruht sie auf kosmolog. Theorien, die den Buchstaben des arab. Alphabets als Verkörperung des Wortes Gottes eine bedeutende Rolle in der Schöpfung zuschreiben, und liegt verschiedenen Formen von Buchstabenmagie, Weissagung und symbol. Sinndeutung von Namen und heiligen Texten zugrunde. Prakt. wird v. a. der Zahlenwert, der den arab. Buchstaben ursprgl. zu Rechenzwecken zugelegt wurde, für myst. Spekulation und mag. Bräuche, wie mag. Buchstabenquadrate, benutzt. Andererseits werden die Buchstaben entsprechend den vier Elementen aufgeteilt, deren Eigenschaften ihnen dann insbesondere in der Heilpraxis zugeschrieben werden. Auch die Form der Buchstaben und ihr Austausch innerhalb des Wortes spielt bei der Sinndeutung eine Rolle. Bes. Interesse wird der Deutung der Buchstabengruppen am Anfang einiger Suren des Korans und der »99 schönsten Namen« Gottes entgegengebracht. W. Madelung

Lit.: EI², s. v. Ḥurūf – Ibn Khaldūn, The Muqaddimah, übers. F. ROSENTHAL, 1958, III, 171-227.

Buckelquader → Bosse, Bossenquader

Buckfast Abbey (Buckfaesten 1046), Abtei in Devonshire, Bm. Exeter, ō Maria. Die lokale Tradition führt die Gründung von B. auf den hl. →Patrick v. Bangor (Mitte 6. Jh.) zurück, doch ist die kelt. Wurzel umstritten. Wohl im Zusammenhang mit der Klosterreformbewegung des späteren 10. Jh. wurde B. zur Benediktinerabtei (→Benediktiner, Abschnitt B. VI); ob dies 962, 980 oder 1018 erfolgte, ist nicht eindeutig erkennbar. Wie das Exon Domesday (→Domesday Book) erkennen läßt, gehörte B. gegen Ende der ags. Periode nicht zu den reichsten Kommunitäten in Wessex, doch erfolgten bis 1086 beträchtl. Schenkungen von seiten norm. Herren. In der Zeit Kg. Wilhelms II. Rufus fiel B. der Auflösung anheim; der Klosterbesitz wurde zur Beute weltl. und geistl. Großer. Unter Kg. →Stephan v. Blois kam B. an die Kongregation von →Savigny (Neubesiedlung 1134/27. April 1136), die bald dem →Zisterzienserorden angegliedert wurde (1147). Die Abtei entwickelte sich zu einem religiösen Zentrum mit Patronat über viele Kirchen, weitverstreutem Besitz, weltl. Jurisdiktion. Während des 13./14. Jh. gingen von B. bedeutende Impulse im Kirchenbau aus (Kingsbridge). 1377 umfaßte der Konvent 14 Mönche. Abt William →Slade (um 1380-1400) schrieb philos. Werke auf aristotel. Grundlage. Prior John King wurde 1460 Vorsteher des zisterziens. Kollegs in Oxford. Letzter Abt war Gabriel Donne, der das Kl. 1538 an Kg. Heinrich VIII. übergab. Um 1806 wurden die Ruinen der Abtei größtenteils abgerissen. 1882 kauften frz. Benediktiner das Areal. Ihre Nachfolger erbauten Kirche und Kloster neu, in norm. Stil des 12. Jh. (Kirchweihe 1931). K. Schnith

Q.: G. OLIVER, Monasticon Dioecesis Exoniensis, 1846, 54 – W. DUGDALE, Monasticon Anglicanum V, 1849 – F. C. HINGESTON-RANDOLPH, The Register of John de Grandisson III, 1899 [1563ff.: Fragm. eines Chartulars von B. A.] – A. STAERK, Monumenta Bulfestrensia I-II, 1914 – DERS., Monuments de l'Abbaye Celtique de B.: Période Savinienne, 1914 – *Lit.:* DHGE X, 1034f. – VCH Devon I, 1906 – A. HAMILTON, Hist. of St. Mary's Abbey of B., 1907 – D. GUILLOREAU, Les fondations anglaises de l'abbaye de Savigny: RevMab 5, 1909, 317 – J. STEPHAN, B. A., Neuaufl. 1962 – F. BARLOW, The Engl. Church 1066-1154, 1979, 206f. – vgl. auch die Lit. zu →Benediktiner (Abschnitt B. VI), →Savigny, Kongregation v., →Zisterzienser.

Buckingham, Earls und Hzg.e (Dukes) von. Der Titel des Earl v. B. wurde wahrscheinl. 1097-1102 von Walter →Giffard v. Longueville geführt, dem sein gleichnamiger Sohn († 1164) nachfolgte. Die Würde wurde dann von

Richard de →Clare, Earl v. Pembroke († 1176), angenommen. →Thomas v. Woodstock, der jüngste Sohn Eduards III., wurde 1377 zum Earl v. B. erhoben (1385 außerdem zum Hzg. v. Gloucester). Er stellte sich gegen Kg. Richard II. und wurde, wahrscheinl. auf kgl. Geheiß, 1397 in Calais ermordet. Posthum wegen Verrats verurteilt, wurden seine Güter eingezogen. Sein Enkel Humphrey, Earl of →Stafford, wurde Earl nach dem Tod seiner 1438 verstorbenen Mutter und 1444 zum Hzg. v. B. erhoben (✗ 1460 in der Schlacht v. →Northampton). Sein Enkel Henry, 2. Hzg. v. B., rebellierte gegen Richard III. und ergriff die Partei Heinrich Tudors, er wurde am 2. Nov. 1483 ohne Gerichtsverfahren enthauptet und geächtet. Nachdem Heinrich VII. das Ächtungsurteil aufgehoben hatte, wurde sein Sohn Edward 3. Hzg. v. B. Seine Nähe zum Thron machte ihn jedoch Heinrich VIII. verdächtig, der ihn am 17. Mai 1521 hinrichten ließ. – Vgl. auch →Stafford. Ch. Given-Wilson

Lit.: Peerage II – A. GOODMAN, The Loyal Conspiracy, 1971 – C. RAWCLIFFE, The Staffords, Earls of Stafford and Dukes of B., 1978.

Buckler. Kleiner Rundschild mit zentralem Handgriff. Aus der oriental. Früheisenzeit stammende Form, im Hoch- und SpätMA bei Zweikämpfen und als Fechterwaffe benützt, im 15. Jh. häufig vom Fußvolk zusammen mit der →Blankwaffe getragen. O. Gamber

Lit.: SAN-MARTE, Zur Waffenkunde des älteren dt. MA, 1867 – V. GAY, Glossaire Archéologique, 1887 [s. v. Bouclier].

Bucy, Simon Matifas de, Bf. v. Paris (seit 1289) und bedeutender Berater Kg. →Philipps IV. v. Frankreich, † 22. Juni 1304 in Gentilly nahe Paris, ▭ Paris, Notre-Dame. B. war Jurist, er übte zunächst das Amt des Offizials im Ebm. Reims aus (1269–81) und war dort anschließend Archidiakon des Ebm.s (1282–89). Danach wechselte er in den Dienst Kg. Philipps IV. über: als kgl. »clerc le roi« wurde er 1287 mit Pierre de →Mornay (mit dem er sich später polit. eng verband) nach Südfrankreich, 1288 zur päpstl. Kurie entsandt. Zum Kanoniker von Notre-Dame erhoben, wurde er 1289 zum Bf. v. Paris gewählt. (Unter seinen bfl. Amtshandlungen ist insbes. die in der Ste-Chapelle zelebrierte Trauung der Margarete v. Brabant, Nichte der Kgn.-Witwe Maria, i. J. 1292 hervorzuheben.)

B. entwickelte sich gleichsam zum führenden jurist. Ratgeber Kg. Philipps: 1289 leitete er die Grands Jours von →Troyes, 1289, 1290 und 1291 den →Echiquier der Normandie; 1290 war er Richter des →Parlement und rangierte an zweiter Stelle nach dem Ebf. v. Reims; 1294 ist er erneut beim Parlement, dessen Präsident er 1296 wurde, bezeugt. Er gehörte zu verschiedenen Malen dem kgl. Rat (→Conseil du roi) an und wurde bei delikaten diplomat. Missionen eingesetzt (Laon, Tournai, Orléans). B. siegelte das Abkommen, das der Kg. am 2. März 1295 mit Otto, Gf. v. Burgund, schloß, sowie den Ehevertrag der Marie de Boubon (einer leibl. Kusine des Kg.s) mit Johann, Mgf. v. Montferrat IV., ebenso die Verträge mit Norwegen und Schottland (22. und 23. Okt. 1295). B. wurde 1291 von Papst Nikolaus IV. beauftragt, dem Kg. die Quittung über den Ertrag des →Zehnten für drei Jahre, nach Überweisung des der Kirche zustehenden Anteils, zu übermitteln. 1295 wandte sich Bonifatius VIII. an B. (wie an die anderen führenden Räte des Kg.s), um Beistand für seine Abgesandten zu erbitten.

Nahm B. noch an der Ratssitzung im Louvre am 21. Jan. 1297 teil, so wird er während seiner letzten sieben Lebensjahre nicht mehr in kgl. Urkunden erwähnt. Dies dürfte eher auf Alter oder Krankheit des Bf.s als auf Ungnade des Kg.s zurückzuführen sein, da die (innerhalb des Konflikts zw. Philipp IV. und →Bonifatius VIII. so wichtige) Versammlung vom 10. April 1302, in der die Unterstützung Kg. Philipps gegen Bonifatius' VIII. Bulle »→Auscuta fili« beschlossen wurde, in Notre-Dame stattfand. Ebenfalls waren es persönl. Handlungen B.s, die Bonifatius in seinem Gespräch mit dem frz. Kanzler →Flote und den übrigen frz. Gesandten (Juni 1302) zur Zielscheibe seiner Angriffe erkor: Der Papst klagte an, daß B. zwei im Kindesalter stehende Neffen zu Kanonikern seiner Kathedrale ernannt hatte. (Einer von ihnen, Simon, wurde übrigens 1312 *clerc* und Prokurator des Kg.s.)

B. nahm 1296 die Bauarbeiten an seiner Kathedrale wieder auf und ließ durch den Werkmeister Pierre de Chelles die Chorkapellen und wohl auch die großen, für die Apsis von Notre-Dame charakterist. Strebepfeiler errichten. Sein Grabdenkmal (einst in der von ihm gegr. Kapelle St-Rigobert, heute im Umgang hinter dem Hochaltar) ist das einzige erhaltene der einst zahlreichen ma. Grabmäler in Notre-Dame.

Das Nekrologium von Notre-Dame (vgl. A. LONGNON, Obituaires de la province de Sens, I, 142–144) enthält einen detaillierten Auszug aus B.s Testament. Der Bf. hinterließ ein beträchtl. Vermögen; die Abwicklung seiner Erbschaft, an welcher der Kg. persönl. Anteil nahm, zog sich über mehrere Jahre hin. R.-H. Bautier

Q. und Lit.: [künftig]: Gallia regia Philippica, ed. R. FAWTIER–R.-H. BAUTIER; vgl. bis zur Drucklegung die entsprechende Dokumentation (Paris, Arch. nat.).

Buda und Pest

I. Antike – II. Mittelalter.

I. ANTIKE: Im Siedlungsgebiet der kelt. Eravisker am Schnittpunkt der Donau mit einem alten ost-westl. Handelsweg wurde zur strateg. Sicherung der Donaugrenze der Prov. Pannonia (→Pannonien) i. J. 89 n. Chr. nach schon vorhergehenden Befestigungen das Militärlager Aquincum (A.) am rechten Donauufer im heut. III. Bezirk von Budapest angelegt und im 2. Jh. ausgebaut (Thermen, Amphitheater, Palast des Statthalters). Nördl. des Legionslagers, ebenfalls am breiten Flußufer, entwickelte sich eine Bürgersiedlung mit Mauerring, Thermen, Amphitheater, Palästra und Heiligtümern, die um 106 Hauptstadt der Prov. Pannonia inferior wurde und 194 den Rang einer Colonia erhielt. Nach Zerstörungen durch →Sarmaten und →Quaden 260 entfaltete sich im Stadtzentrum nochmals eine rege Bautätigkeit. Vom kulturellen Niveau, das auf einem ausgedehnten Handel beruhte, zeugt auch der singuläre Fund einer antiken Orgel. Das städt. Leben erlosch gegen Ende des 4. Jh., während die Benutzung des Legionslagers bis zum Anfang des 5. Jh. nachweisbar ist: I. J. 409 wurden A. und seine Provinz den →Hunnen durch Vertrag abgetreten. Die bis dahin in A. stationierten röm. Truppen wurden daraufhin ins Rheinland verlegt, wo die Inschrift »ACINCENSES« auf Ziegelstempeln erscheint. Die Räumung von A. konnte ungehindert stattfinden. – Neben der »Doppelstadt« A. dienten mehrere Castra der Sicherung der Donauübergänge und der Grenze der Pannonia. Am linken Donauufer befand sich das Castrum Trans Aquincum (heute im XIII. Bezirk); im späteren Stadtzentrum von Pest (V. Bezirk) lag Contra Aquincum. Die Ausgrabungen (seit 1778) haben bisher freigelegt: zwei Amphitheater, sechs große Bäder, den Statthalterpalast, zwei Mithräen, acht frühchr. Kultbauten, das Forum u. a. J. Gruber/J. Szilágyi

Lit.: KL. PAULY I, 480f. [J. SZILÁGYI] – RE SUPPL. XI, 61–163 [J. SZILÁGYI] – T. NAGY, A., Stadt und Lager im 4. Jh., Acta Antiqua Acad. Scient. Hung. 24, 1976, 369–382 – DERS., Das zweite Lager der Legio II Adiutrix in A. (Óbuda). Stud. zu den Militärgrenzen Roms II,

BJ Beih. 38, 1977, 359-366.- K. Póczy, Beitr. zur Baugesch. des 3. und 4. Jh. im Legionslager A. Vorber. über die Grabungen 1973-74, ebd., 373-378.

II. MITTELALTER: Im Gebiet von Budapest lagen im MA die beiden kgl. Freistädte Buda (Ofen) und Pest sowie die Marktsiedlung Óbuda (Alt-Ofen). Kontinuität zum Legionslager und zur Bürgerstadt Aquincum ist unbeweisbar, doch beeinflußte das »röm. Erbe«, d. h. die verfallenen, aber noch stehenden Gebäude und die röm. Straßenführung die Besiedlung im Anschluß an die ung. Landnahme. Um 900 wurde das Gebiet von den Ungarn unter ihrem Gfs. en →Arpád (→Arpaden) in Besitz genommen. Über dem Grabe Arpáds († nach 907) wurde in der Zeit der Christianisierung, zu Beginn des 11. Jh., eine chr. Kirche errichtet (Alba ecclesia). Für die Entstehung der ma. Stadt war die geogr. Lage mit drei Donauübergängen entscheidend: Megyer (an der Stelle der heut. Árpádbrücke), Jenö (heut. Margaretenbrücke) und Kelenföld (Kreinfeld/Elisabethbrücke). Beim erstgenannten Übergang, an der Stelle des röm. Legionslagers, entstand Óbuda, seit dem 11. Jh. mit einem Stift ausgestattet, der Ort war seit der Wende des 12. zum 13. Jh. Königssitz; an der letzteren Furt bildete sich als Siedlung von »Sarazenen« (im 10. Jh. eingewanderte oriental. Kaufleute) Pest ('Ofen') heraus. Das ganze Gebiet gehörte seit dem 11. Jh. zu einem kgl. Fronhofverband (Cilicium Budense), der noch eine Reihe anderer Siedlungen umfaßte.

Nach 1233 mußten die Sarazenen das Land verlassen; noch in den 1230er Jahren erfolgte an ihrer Stelle die Ansiedlung deutschstämmiger Bewohner, die auch das am linken Ufer liegende Kreinfeld (von nun an Minor Pest gen.) besiedelten, 1234-35 ein Stadtprivileg erhielten und somit eine städt. Siedlung begründeten, die schon 1241, anläßl. des Mongolensturmes (→Mongolen), als »magna et ditissima Theutonica villa« bezeichnet wird. Ihre Einwohner wurden jedoch zum größten Teil von den Mongolen getötet. Nach dem Wiederaufbau bestätigte Kg. Béla IV. 1244 in einer Goldenen Bulle das Privileg der »hospites de Pesth«. Die Hiobsnachricht von einem neuen Mongoleneinfall (1247) veranlaßte Kg. Béla, die Pester auf den heut. Ofener Burgberg umzusiedeln und damit B. zu gründen.

Der aus einem nördl. (höheren) und südl. (niedrigeren) Plateau bestehende dreieckige und schmale Berg sowie auch seine Umgebung waren damals schon teilweise besiedelt. Im N des Berges lag der Ort Szombathely, mit wöchentl. Markt (er heißt daher »locus fori sabbati«), möglicherweise auch Sitz einer Pfalz (späterer Kammerhof?). Seine Kirche (ö Magdalena) wurde 1257 als eigene Pfarrkirche der ung. Bevölkerung errichtet, war später aber der Hauptpfarre von B. als Filialkirche mit Zinspflicht und eigenem Sprengel unterstellt. Szombathely wurde 1258-64 in die Stadt einbezogen, die nun den ganzen höhergelegenen Teil des Berges einnahm. Die am Fuß des Berges um eine Peterskirche liegende Siedlung und die spätere sog. Wasserstadt am Donauufer wurden zu Vorstädten (suburbia).

Das von den Deutschen nicht völlig verlassene P. wurde ebenfalls Vorstadt von B. Den Mittelpunkt bildete das ehem. röm. Castrum, in dem die Pfarrkirche (ö Maria) stand. Ein Dominikanerkl. (ö Antonius) entstand vor 1258, ein Franziskanerkl. (ö Petrus) vor 1288. Die Siedlung war mit einem Wall (magnum fossatum) befestigt. Die von einem villicus (Meier) geleitete Vorstadt erwarb das umliegende Gelände, das als Viehweide diente.

B. wurde in geradezu fieberhaftem Tempo ausgebaut. Mit dem Bau der Liebfrauenkirche, der Hauptpfarrkirche in der Stadtmitte am Marktplatz (heute nach dem dort angebrachten Wappen von Kg. Matthias Corvinus allgemein Matthiaskirche gen.), wurde 1248 begonnen; ein Dominikanerkl. (ö Nikolaus) entstand 1254, ein ihm angeschlossenes Beginenhaus 1276, das Franziskanerkl. (ö Johannes Baptista) wurde 1270 gegr.; ihm war gleichfalls ein Beginenhaus unterstellt (vor 1296). In der Wasserstadt ließen sich 1276 Augustinermönche (ö Stephanus Protomartyr) nieder. Von bes. Bedeutung war die Gründung eines Dominikanerinnenkl. auf der Haseninsel (heut. Margareteninsel), dem 1255 der Marktzins von B. und P. und das Patronatsrecht der B.er Pfarre geschenkt wurde; letzteres konnten jedoch die Bürger zurückerwerben. Ferner wurde eine Stadtmauer mit vier Toren (Samstag-, Johannes-, Kreinfelder und Judentor) errichtet. 1300-04 entstand in der Gemarkung von B. das Zentrum des →Pauliner, das Kl. →Szentlörinc (St. Lorenz).

Die Bevölkerung von B. umfaßte Deutsche und Ungarn sowie eine Judengemeinde (vor 1278), in den Vorstädten wohnten auch Slaven. Die Pfalz wurde dem aus →Gran übersiedelten kgl. Münzer übergeben. Die Bevölkerung von P. bestand überwiegend aus zugewanderten Ungarn.

Im Zentrum des Wirtschaftslebens stand der Handel, der B. mit Wien und Regensburg, Prag, Siebenbürgen sowie Belgrad verband. Er bildete den Haupterwerb der führenden Bürgerfamilien, der sog. Gewölb- und Kramherren; mehrfach war die Bürgerschaft in Prozesse mit kirchl. Körperschaften verwickelt, bes. um Pfarrechte sowie um Zoll- und Zinsrechte, da mehrere geistl. Institutionen innerhalb und außerhalb der Stadt wichtige Donauzölle und Marktabgaben in ihrem Besitz hatten. Wirtschaftl. Bedeutung besaßen auch der Weinbau (v. a. Produktion eines begehrten Rotweins) und der Ackerbau im Stadtbereich und -umland: demgegenüber war das Handwerk anscheinend nur schwach entwickelt. Die zahlreichen Wüstungen um P. schufen Raum für die Entwicklung einer ausgedehnten Viehzucht (→Ungarn, Wirtschaft).

Aufgrund des Privilegs von 1244 entstand das B.er Stadtrecht, das seit 1263 auch anderen Städten übertragen wurde, wodurch sich eine eigene Stadtrechtsfamilie herausbildete (→Ofener Recht). Das Stadtsiegel stammte aus den Jahren 1234-35 (mit Arpaden-Wappen und dem Bild einer befestigten Stadt; die Umschrift: S NOUI CASTRI PESTIENSIS wurde auch als Intitulatio verwendet). Eine volle städt. Selbstregierung erlangte B. unter den Arpaden jedoch nicht, da die Stadt keine eigene Richterwahl durchzusetzen vermochte; B. wurde von einem durch den Kg. ernannten rector regiert. Endergebnis der städt. Entwicklung war der offizielle Vorrang von B., »ubi est sedes regni, que est maxima civitatum«, gegenüber den anderen ung. Städten (seit 1308).

B. spielte seiner Bedeutung entsprechend eine wichtige Rolle in den Thronkämpfen nach dem Aussterben der →Arpaden (1301). Im Verlauf dieser Auseinandersetzungen stellte sich B., das von einer antipäpstl. Partei beherrscht wurde, gegen den Papst und die mit ihm verbundenen →Anjou; 1304 wurde über die Stadt daher der päpstl. Bann verhängt, doch leistete sie auch weiterhin Widerstand gegen die Anjou (s. a. →Ungarn). Nachdem Kg. →Karl I. Anjou die Stadt erobert hatte, ging der Aufstieg von B. jedoch ungehindert weiter; 1347 gestand Kg. Karl I. den Bürgern auch die Richterwahl zu. Im Rahmen des Stadtausbaus wurde eine neue Straße erschlossen, in einer Vorstadt 1372 ein dt. Karmeliterkloster ö Barmherzige Gottesmutter) gegründet. 1381 erhielt

Szentlőrinc von Kg. Ludwig I. die Reliquien des hl. Paulus Protoeremita aus Venedig, die eine bedeutende Wallfahrt der Einwohner von B. entstehen ließen. Von höchster Bedeutung war die B.er Königsresidenz am Südrand des Berges (errichtet 1330–52). B. entwickelte sich zur größten Stadt in Ungarn mit schätzungsweise 8000–10000 Einw. (1436). Der Zuzug von dt. Bewohnern erfolgte aus den dt. Städten Ungarns und aus dem süddt.-österr. Raum, v. a. aus Wien; Ungarn wanderten aus den Märkten des Landes zu. Die 1360 vertriebenen Juden durften fünf Jahre später zurückkehren, eine neue Synagoge wurde im N der Stadt erbaut. Der glanzvolle Hof der Anjou zog ausländ. Geistliche und Laien, vielfach Adlige, an; u. a. waren es Italiener und hier v. a. Florentiner, die in Handel, Finanzwesen und Königsdienst tätig waren. Nach dem Übergang der ung. Krone an die →Luxemburger wurden sie von Kg. →Siegmund 1403 als Anhänger des Gegenkönigs →Ladislaus v. Neapel (→Ungarn) jedoch ausgewiesen.

Der Aufschwung des Handels ließ das schon 1244 gewährte Stapelrecht zur vollen Wirkung kommen, das aber 1402 durch die Handelsreformen unter Siegmund praktisch annulliert wurde. Dagegen wurden B.er Maße und Gewichte landesgültig (1405). Dazu kam noch, daß B. bis 1382 eine Münzstätte besaß.

Die alte ritterbürgerl. Führungsschicht verschwand um die Mitte des 14. Jh., an ihre Stelle traten reichgewordene Kaufleute, die sich in der Corpus-Christi-Gilde zusammenschlossen. Der Richter war stets ein Deutscher, ein Teil der Schöffen waren Ungarn. Soziale Unruhen traten schon 1402 auf, wurden aber mit kgl. Hilfe unterdrückt. Die Spannungen zw. der dt. und der ung. Führungsschicht entluden sich 1438 in einem blutigen Aufstand, der von den Zeitgenossen als nationale Auseinandersetzung begriffen wurde, obwohl er in erster Linie sozialen Gegensätzen entsprang. Der Aufstand wurde niedergeworfen, danach erfolgte aber eine Reform des Stadtregiments: Ein aus 50 Deutschen und 50 Ungarn parität. zusammengesetzter Bürgerausschuß wählte nun den aus jeweils 6 Deutschen und Ungarn bestehenden Rat; er bestellte, jährl. wechselnd, einen Deutschen und einen Ungarn zum Richter und →Geldrichter. Die Selbstregierungsrechte der Stadt wurden durch die Stellung des Kastellans der kgl. Burg eingeschränkt: dieser war zugleich Richter über Juden und Schiffleute, die letztere auch nach der Stadtgründung kgl. Hintersassen blieben.

Im 16. Jh. erreichten B. und die seit 1467 selbständige Freistadt P. einen neuen Aufschwung. P. war der Mittelpunkt des Vieh- und Weinhandels, B. das Handels- und Finanzzentrum Ungarns mit internationalen Verbindungen. Beide Städte arbeiteten in ihrer Wirtschaftspolitik eng zusammen. Das einheitliche dt. Patriziat, das in regen Heiratsverbindungen mit süddt.-österr. Städten stand, geriet allerdings teilweise in finanzielle Abhängigkeit von süddt. Firmen. Der bürgerl. Mittelstand bekannte sich zum Protestantismus, der sog. »dt. Religion«. In die ung. Führungsschicht drangen in zunehmendem Maße Adlige ein. Kulturell behaupteten die beiden Schwesterstädte ihre herausragende Stellung. Hierzu trugen vornehml. bei: der Königshof, der seit →Matthias Corvinus vom →Humanismus geprägt war; das örtl. Dominikanerstudium sowie der Besuch der Universität →Wien durch zahlreiche Mitglieder der Oberschicht. – Nach dem Sieg der Osmanen bei →Mohàcs (1526), der eine zunächst vorübergehende türk. Eroberung zur Folge hatte, setzte die Flucht der Bürger ein. Die Deutschen wurden teilweise ausgewiesen. 1541 warfen die Türken den letzten Widerstand blutig nieder. Der nach Eperies geflüchtete Magnat Loboczky schreibt darüber in die Zips: »Unsere Deutschen sind bei Buda von den Türken gänzlich hingestreckt worden ... Wir beraten hier, wie wir uns von der Hand der Türken retten können.« Beide Städte blieben bis 1686 unter türk. Herrschaft.
E. Fügedi

Bibliogr.: Budapest történetének bibliográfiája, hg. J. Zoltán-L. Berez, I–VII, 1967–74 – Q.: Budapest történetének okleveles emlékei (Monumenta Diplomatica civitatis Budapest), I, 1148–1301, ed. A. Gárdonyi, 1936 – Das Ofner Stadtrecht, ed. K. Mollay, 1959– *Lit.:* zu [I]: Kl. Pauly I, 480f. [J. Szilágyi] – RE Suppl. XI, 61–163 [J. Szilágyi] – T. Nagy, Aquincum, Stadt und Lager im 4. Jh., Acta Antiqua Acad. Scient. Hung. 24, 1976, 369–382 – Ders., Das zweite Lager der Legio II Adiutrix in Aquincum (Óbuda), Stud. zu den Militärgrenzen Roms II, BJ, Beih. 38, 1977, 359–366 – K. Póczy, Beitr. zur Baugesch. des 3. und 4. Jh. im Legionslager Aquincum. Vorber. über die Grabungen 1973–74, ebd., 373–378 – zu [II]: Budapest története, hg. K. Szendy, I, 1942; III, 1944 – L. Huszár, A budai pénzverés története a középkorban, 1958 – E. Fügedi, Topografia és városi fejlödés a középkori Obudan, Tanulmányok Budapest Multjából 13, 1959 – A. Kubinyi, Topographic growth of Buda up to 1541, Nouv. études ... du XIIe CISH ..., 1965 – L. Gerevich, A budai vár feltárása, 1966 – G. Székely, Ratsgeschlechter, Finanzleute und Tagelöhner in Ofen-Pest vom 14. bis zum 16. Jh., Jb. für Regionalgesch. 3, 1968 – Budapest története, I–II, hg. L. Gerevich, 1973 – A. Kubinyi, Die Anfänge Ofens (Gießener Abh. zu Agrar- und Wirtschaftsforsch. des europ. Ostens 60, 1972).

Budai Nagy, Antal (Anton), ung. Führer eines Bauernaufstandes, * wohl im Dorf Buda nördl. von Klausenburg, † 10./14. Dez. 1437 bei Klausenburg. Er gehörte dem ung. Kleinadel an, der sich wegen der ungerechten Zehntforderungen des Bf.s Georg Lépes dem Bauernaufstand anschloß. B. behielt die militär. Führung auch nach der Anerkennung der Zehntfreiheit des Kleinadels und fiel in der viertägigen Schlacht, in welcher das Bauernheer von den Truppen der in der Union v. →Kápolna verbündeten Adelskomitate, Székler und Sachsen vernichtend geschlagen wurde.
Th. v. Bogyay

Lit.: BLGS I, 267f. – J. Held, The Peasant Revolt of Bábolna, SlR 36, 1977, 25–38.

Buden waren – wenn nicht der »am häufigsten gebaute Typus der Volkswohnung während des MA und der Frühen Neuzeit« (P. H. Ropertz) – dem Worte nach eine in SpätMA und Früher Neuzeit für nord- und mitteldt. Städte kennzeichnende Kleinwohnung und/oder Geschäftsstätte; der Sache nach gehörten auch Gademen, Krame (u. a. Köln) und →Schrangen sowie →Zinshäuschen (Köln, Nürnberg u. a.) hierher. Die fast ausschließl. schriftliche Überlieferung, dazu mit verschiedenen und auch am Ort wechselnden Bezeichnungen, läßt selbst bei regionaler und lokaler Begrenzung einheitl. Merkmale nur mit Vorbehalt erkennen. Folgende Bauformen der B. lassen sich unterscheiden: kleiner oder größer; hölzern oder (selten) steinern; freistehend, zusammengefügt (»unter einem Dach«) oder (selten) eingebaut (bis in Scheune oder Stall).

Sieht man von den vielfältigen →*Gewerbebuden*, deren Lage und Besitzverhältnisse für die Theorie der Stadtgründung durch ein Unternehmerkonsortium (→Stadtgründungen) wichtig waren, und den Wohnstiftungen der →*Gottesbuden* ab, so erscheinen *Wohnbuden* bedingt durch Zuzug ärmerer Bevölkerung und Gewinninteresse der Grundeigentümer. Bes. in Seestädten führen die Grundstücksverhältnisse durch Parzellentiefe und -lage zu dieser Form der Hofbebauung, die bei hochwertigen Grundstücken (Brauerben) und zugunsten massiverer, insbes. handelsdienlicher Gebäude verdrängt werden kann, bei schwer zugängl. Gelände (ohne Fleete und Twieten) dagegen in Gängevierteln bis ins 19. Jh. verdichtet wird. Aus der Einraumwohnung entwickelt man seit dem 14. Jh. z. T. unterkellerte und/oder mehrgeschossige (Obergeschosse mit Absonderung durch eigene Treppe sind sog. Sä[h]le) schmale, u. a. in Reihe gegen die B. des Nachbargrundstücks gelehnte Bauten mit bleibenden Merkmalen der Unselbständigkeit (Zugang, Abort, Wasserversorgung). Neuerdings betont die Forschung wieder, daß die ärmsten Bevölkerungsteile sich selbst solche Behausung, und sei es zur Miete, nicht leisten konnten (Wohnkeller; →Wohnformen, städt.). Eine weitgehende Wertdifferenzierung zeigt sich schon für das 14. Jh. anhand der Liegenschaftspreise und der städt. Steuern. So finden sich die verschiedensten Bewohnergruppen von relativ vermögenden Altenteilern bis zu Handlangern; laut Steuerlisten sind selbständige Frauen vergleichsweise stärker auf B. angewiesen; die zugleich gewerbl. Nutzung durch Handwerker ist meistens nur zu vermuten. Budenbewohnern wird allgemein, wiederum örtl. differenziert, nur niedriger sozialer/rechtl. Status zuerkannt (vgl. →Erbgesessenheit). An Verfügungsformen treten Eigentum (auch nur an Teilen), Erb- und Zeitleihe, Miete und Untermiete auf. Konjunkturellen Wertschwankungen sind B. in bes. Maße ausgesetzt (Preisfall nach der Großen Pest um 1350). Als Kapitalanlagen werden selbst einfache Wohnbuden Gegenstand mannigfaltiger Rechtsgeschäfte, nicht selten mit Renten belastet. Bei Liegenschaftsbesteuerung und anderen Zahlungen (z. B. für Hebammen), auch in der Waffenhaltungspflicht, kann die wirtschaftl. Lage ihrer Bewohner pauschal in geringeren (zum 'Haus': halben) Sätzen berücksichtigt werden. Andererseits ist mancherorts den B. als Wohnstätten minderen Rechts die Realgerechtsame des Bierbrauens vorenthalten (Hannover: trotz vergleichsweise höherer Bauqualität und Straßenlage; Budenbewohner mit größerer Steuerleistung dürfen gelegentl. im fremden Haus brauen: Göttingen 14./15. Jh.) sowie die Nutzung der Gemeinweide. Schweinehaltung erscheint *bodenern* beschränkt (Bremen, 14./15. Jh.) oder innerhalb der B. untersagt (Hamburg 15./16. Jh.). Budenmietern kann der Wiederaufbau der 'untergegangenen' B. auferlegt bleiben; spätestens in der Frühen Neuzeit haben sie mit kürzeren Kündigungsfristen zu rechnen. Brandfurcht, Sorgen von Hausvermietern und Gewerbegruppen vermögen die Ratspolitik gegen B. oder spezifische Budennutzung zu richten. Ihre zahlenmäßige Bedeutung ist teilweise bekannt aus der Beschreibung bestimmter Grundstücke, Eigentumsaufstellung vermögender Einzelner, Umsatzzahlen von Liegenschaftsmärkten und Steuerlisten nach Behausungen. Wenigstens in Lübeck, Wismar und Rostock machen sie in der 2. Hälfte des 15. Jh. die Masse der Bauten aus. Soweit das in der Forschung noch nicht deutlich wird, teilen die B., auch wegen ihrer je begrenzten Dauerhaftigkeit und problemat. Abgrenzung (bes. zum 'kleinen Haus'), das Schicksal ihrer Bewohner. J. Ellermeyer

Lit.: A. LONKE, Das älteste Lassungsbuch von 1434–1558 als Quelle für die Topographie Bremens, 1931 – H. THOMSEN, Der volkstüml. Wohnbau der Stadt Braunschweig im MA, 1937 – K. FRITZE, Am Wendepunkt der Hanse, 1967 – P. H. ROPERTZ, Kleinbürgerl. Wohnbau vom 14. bis 17. Jh. in Dtl. und im benachbarten Ausland [Diss. Aachen 1976] – J. ELLERMEYER, Grundeigentum, Arbeits- und Wohnverhältnisse (Lübecker Schr. zur Archäologie und Kulturgesch. 4, 1980), 71–95.

Budimir, sagenhafter Herrscher der Südslaven, der nur in den Annalen des Priesters von Dioklea (2. Hälfte des 12. Jh.) erwähnt und einer fiktiven Dynastie von angebl. Nachkommen des Ostgotenherrschers Totila (541–552) zugerechnet wird, die einen Staat, dessen Gebiet von Istrien bis Valona reichte, beherrscht haben soll. B. soll sein Reich christianisiert haben. In der lat. und it. Version der genannten Quelle heißt der »König« Svetopelek, nur die altkroat. Version (14. Jh.) hat die Form Budimir. Vergebl. hat man versucht, B. mit hist. Persönlichkeiten, zumeist mit kroat. Herrschern, zu identifizieren. S. Ćirković

Q. und Lit.: F. ŠIŠIĆ, Letopis Popa Dukljanina, 1928.

Büdingen, Stadt in der Wetterau am SW-Rand des Vogelsberges. Nahe einer später Großendorf genannten Siedlung mit karolingerzeitl. Remigiuspatrozinium erbaute wohl 1180–90 der in Reichsdiensten stehende Hartmann v. B. zw. zwei Armen des Seemenbaches am Rande des B.er Reichsforsts die Burg B. (→Gelnhausen). Die edelfreie Familie (belegt 1131–1239) stand in enger Beziehung zu den Staufern. Mit →Gerlach II., dem ersten Landvogt der Wetterau, erlosch das Geschlecht auf seinem Höhepunkt. 1241 zerstörte die antistauf. Koalition Burg und wohl bereits vorhandene Burgmannensiedlung. Nach 1245 kam der Ort (zuerst zusammen mit Breuberg und Trimberg) in den Besitz der verwandten Isenburger (→Isenburg). 1330/53 wurden dem 1321 erstmals Stadt genannten B. Markt- und Stadtrechte verliehen; nach 1353 entstand nördl. der Altstadt die bis 1428 selbständige Neustadt. Die vorher einzeln befestigten Stadtteile umgab man 1490–1503 mit einer gemeinsamen Mauer. Ende des 15. Jh. übernahm die 1377 auf dem alten Markt errichtete Marienkapelle (eigtl. Bau der Kirche 1456/95) die Pfarrrechte von Remigius. Um 1500 sind bei einer ummauerten Fläche von 3,51 ha (Burg 0,52; Stadt 1,64; Festungsbereich 1,35) max. 600 Einw. anzusetzen. F. B. Fahlbusch

Lit.: CH. F. MEYER, Gesch. der Stadt und Pfarrei B., 1868 – K. HEUSON-P. NIESS, B. Seine Gesch. und Denkmäler, 1927 – H. PHILIPPI, Territorialgesch. der Gft. B., 1954 (Schr. des hess. Amtes für gesch. LK 23) – K. E. DEMANDT, Die Herren v. B. und das Reich in stauf. Zeit, HJL 5, 1955, 49–84 – DERS., Der Endkampf des stauf. Kaiserhauses im Rhein-Maingebiet, ebd. 7, 1957, 102–164 – DtStb IV, 1, 1957, 73–76.

Budissin → Bautzen

Budoc, hl. In Lokaltraditionen der Bretagne und Cornwall lassen sich mehrere Hl. dieses Namens unterscheiden: 1. ein mit dem hl. →Gildas in die Bretagne gekommener und dort ermordeter Eremit (6. Jh.); 2. der Sohn einer bret. Prinzessin, der in Irland aufwächst, Mönch wird, in die Bretagne (Finistère) zurückkehrt, die er missioniert (bes. Halbinsel Bréhat) und wo er Kl. gründet. Lehrer des hl. Tudy und →Winwaloeus' (Guénolé), Bf. v. Dol als Nachfolger des hl. →Maglorius (um 600), verehrt am 29. Nov. und 8. Dez.; 3. ein Mönch in Lavret (nördl. von Paimpol), ebenfalls Lehrer des hl. Winwaloeus, 4. ein Bf. v. Vannes (7. Jh.?), verehrt am 9. Dezember. J. Hennig

Lit.: F. G. HOLWECK, Biographical Dict. of the Saints, 1924, 174 – J. F. KENNEY, The sources for the early hist. of Ireland I, 1929, 181 – G. BATAILLE-A. M. RAGGI, Budoco, Bibl. SS III, 1963, 586f. – M. V. BRANDI, Budoco, ebd. 587f.

Budva (Buthua, Civitas antiqua, Starigrad, Buda, Budua), Stadt an der jugoslaw. Adriaküste. Ursprgl. wohl illyr., dann antike griech. Siedlung, nach Plinius »oppidum civium Romanorum«. B. überstand den Slaveneinfall, wurde aber 840 und 867 von den Sarazenen geplündert und wechselte in den 40er Jahren des 11. Jh. von der byz. zur serb. Herrschaft (Zeta) über. Vom Ende 12. bis zur Mitte 14. Jh. war B. Bestandteil des Staates der →Nemanjiden, unter denen es wahrscheinl. sein Stadtstatut erhielt. Nach dem Zerfall des Nemanjidenreiches kam es unter die Herrschaft der →Balša, war 1405–13 erstmals und ab 1442 endgültig Teil von »Albania veneziana«. Die Stadt, die weder polit. noch wirtschaftl. eine größere Rolle spielte (von Bedeutung war lediglich die Salzgewinnung), war seit 1143 Bischofssitz (das Bm. wurde seit 1571 nicht mehr besetzt und 1830 aufgehoben). P. Bartl

Q. und Lit.: Š. LJUBIĆ, Statuta et leges civitatis Buduae, civitatis Scardonae et insulae Lesinae, 1882-83 (Monumenta historico-juridica Slavorum meridionalium 3) – I. SINDIK, Odnos grada Budve prema vladarima iz dinastije Nemanjića, Istoriski časopis 7, 1957, 23-36 – G. VALENTINI, Acta Albaniae Veneta 1-25, 1967-79 – P. MIJOVIĆ-M. KOVAČEVIĆ, Gradovi i utvrdjenja u Crnoj Gori, 1975.

Budweis → České Budějovice

Budyšin → Bautzen

Bueil, Adelsfamilie aus der Touraine (Bueil-en-Touraine, Dép. Indre-et-Loire, arr. Tours, cant. Neuvy-le-Roi), die ihren Aufstieg in der 2. Hälfte des 14. Jh. erlebte, bes. dank der Protektion durch →Ludwig I., Hzg. v. Anjou. *Jean III.* v. B. († 1390), dessen Vater i.J. 1366 sein Testament machte, diente ab 1365 in den Kriegen gegen die Engländer. *Chambellan* des Hzg. s v. Anjou, danach chambellan des Kg. s, bekleidete er außerdem folgende Ämter: Seneschall v. Beaucaire und Nîmes (1373-77), Seneschall v. Toulouse (1377-82), *capitaine général* unter dem Hzg. v. Anjou und dessen *lieutenant* im Languedoc (1375-80). Von den aus seiner Ehe mit Anne d'Avoir, die einer Adelsfamilie des Anjou entstammte, hervorgegangenen Kindern seien genannt: 1. *Jean (IV.)* (⚔ 1415 bei Azincourt), Marschall Ludwigs I., Hzg. s v. Anjou, bei dessen Feldzug nach Neapel (1382), Kastellan der Festung →Loches (1387), am Ende des 14. Jh. ztw. *maître des →arbalétriers de France* (Meister der kgl. Armbrustschützen). – 2. *Hardouin* (* 1347, † 1439), Bf. v. Angers (1374-1439), Präsident der *chambre des comptes* unter Ludwig I., Hzg. v. Anjou. Er erließ Synodalstatuten (1423) und intervenierte beim Papst zugunsten der Errichtung von jurist., med. und theol. Fakultäten in →Angers (Bulle Eugens IV., 1432). – 3. *Guillaume,* maître des →eaux et forêts (kgl. Forstverwaltung) in der Touraine (1388-89). – 4. *Pierre,* Bailli der Touraine (1392-1411, 1413-14).

Aus der zweiten Ehe Jeans IV. mit Marguerite, der Tochter des Béraud, →Dauphin v. Auvergne, und der Marguerite, Gfn. v. Sancerre, gingen u. a. folgende Kinder hervor: 1. *Jean (V.),* das berühmteste Familienmitglied; vgl. →Bueil, Jean (V.) de. – 2. *Louis,* der seine militär. Laufbahn 1427 begann, war eine Zeitlang im Dienst des Dauphins Ludwig; † 1447 beim Turnier (Tjost) von Tours. Ph. Contamine

Q. und Lit.: DBF VII, 615-621 – DHGE X, 1054f. – PH. CONTAMINE, Guerre, État et Société, 1972, 570 – A. DEMURGER, Guerre civile et changements du personnel administratif dans le royaume de France de 1400 à 1418: l'exemple des baillis et sénéchaux, Francia 6, 1978, 239.

Bueil, Jean (V.) de. [1] *Leben:* * 1405/06, † 7. Juli 1477, erzogen durch seinen Onkel Hardouin; nach seinen ersten Waffentaten unter dem Vicomte v. Narbonne (Schlacht v. Verneuil, 1424) nahm er an den Kriegen gegen die Engländer teil; er bewies gegenüber den Anjou eine unwandelbare Treue. Eine Zeitlang Anhänger der Partei des Dauphin Ludwig, gelangte er bei Karl VII. wieder zu Gnaden und wurde zum →*Amiral de France* ernannt (1450-61). 1451 wurde er Graf v. Sancerre. Bei Ludwig XI. fiel er sogleich nach dessen Regierungsantritt (1461) in Ungnade. Er zog sich auf sein Schloß Vaujours (Gemeinde Château-La Vallière, Dép. Indre-et-Loire, Arr. Tours) zurück und verfaßte dort sein Werk »Le Jouvencel«. Nach dem Aufstand der →Ligue du bien public (1465) versöhnte sich B. mit Ludwig XI. und erhielt eine *compagnie d'ordonnance* (→Ordonnanzkompagnie), die er bis 1476 beibehielt, obwohl er sich 1471 vom aktiven Waffendienst zurückgezogen hatte. 1469 wurde er Ritter des →Michaelsordens.
Ph. Contamine

[2] *Werk:* B.s Erziehungsschrift in Romanform, »Le Jouvencel« oder »Jouvencel introduit aux armes« (ca. 1462/65), erwuchs aus seinen militär. und polit. Erfahrungen. Sie schildert, gestützt auf hist. Reminiszenzen, den exemplar. Weg eines verarmten jungen Adligen, der aus eigener Kraft zum vorbildl. Ritter und Heerführer aufsteigt. Sein Verzicht auf ein versprochenes Königtum stellt die bedingungslose Loyalitätserklärung gegenüber der Zentralmacht dar. Die Entschlüsselung der vielen autobiograph. Elemente erlaubt ein Kommentar (1477/83) von B.s Knappen G. Tringant. Das erfolgreiche Werk spiegelt zwar bereits den Übergang vom feudalen Rittertum zu den →compagnies d'ordonnance; B. orientiert sich aber noch weitgehend am Ideal des Ritters. Die Schrift, zw. 1493 und 1529 fünfmal gedruckt, verlor bald an erzieher.-militär. Wert, bleibt aber ein wichtiges kulturgeschichtl. Dokument. M. Tietz

Ed.: Le Jouvencel, suivi du commentaire de G. Tringant, ed. C. FAVRE-L. LECESTRE, 2 Bde, 1887-89 [mit immer noch grundlegender Biographie B.s] – Lit.: R. L. KILGOUR, The Decline of Chivalry, 1937 [Nachdr. 1966] – PH. CONTAMINE, Guerre, État et Société, 1972 – ST. JAUERNICK, Stud. zu J. de B.s Le Jouvencel, 1975.

Bueve d'Aigremont, frz. →Chanson de geste aus der 2. Hälfte des 12. Jh. in assonierenden Alexandrinern; sie ist nicht in der Originalfassung, sondern als erster Teil (2/3000 V.) der Chanson →»Renaut de Montauban« (oder »Quatre fils Aymon«) in frz. und franco-it. Überlieferung erhalten. Die Redaktionen weisen mehrere Textdivergenzen auf. Eine krit. Gesamtedition fehlt bis jetzt, es gibt jedoch verschiedene Teilausgaben.

Das Werk handelt von dem Kampf zw. Bueve (Beuve) d'Aigremont und Karl d. Gr., der die Souveränität über B.s Lehen beansprucht. Die Einmischung von Ganelon verhindert eine Versöhnung, und B. wird in einem Hinterhalt getötet. Die Chanson, die eine gewisse Eigenständigkeit besessen haben muß, dient hauptsächl. als Vorgeschichte zur Entwicklung der Handlungsstränge des Epos »Renaut de Montauban« und der mit ihm verbundenen Chansons.

F. CASTETS setzt den fernen Ursprung der Chanson mit Geschehnissen der Karolinger- und sogar Merowingerzeit in Beziehung, seine These erscheint jedoch nicht belegbar. A. Vitale-Brovarone

Ed.: La chanson des Quatre fils Aymon, ed. F. CASTETS, 1909 [Nachdr. 1974] – Der erste Teil des B. d'A. ... nach den Hss. Mz, M, A, P, D, ed. K. KAISER [Diss. Greifswald 1913] – Der zweite Teil des B. d'A. ... nach den Hss. Mz, M, ed. E. GEIPEL [Diss. Greifswald 1913] – Der zweite Teil des B. d'A. nach den Hss. P, A, D, ed. J. THEEK [Diss. Greifswald 1914] – Der B. d'A. nach der venediger Hs. V, ed. K. TRIEBEL [Diss. Greifswald 1913] – B. d'A. nach B, C, ed. M. KAPROLAT [Diss. Greifswald 1914] – Lit.: J. BEDIER, Les Légendes épiques IV, 1967, 209ff. – K.-H. BENDER, König und Vasall, 1967 – E. MELLI, I cantari di Rinaldo di Montalbano, 1973 (Collezione di opere inedite o rare pubbl. dalla Commissione per i testi di lingua, 133).

Bueve de Hanstone (Beuve de Hampton), afrz. Versepos. Im Gegensatz zu den klass. ep. Zyklen der →chansons de geste ist der B. reich an Motiven der Volksliteratur.

Bueve, der Sohn des alten Guy d'Hanstone (Southampton), wird nach der Ermordung seines Vaters auf Veranlassung des Liebhabers seiner Mutter, Doon v. Mainz (einem Angehörigen der berühmten Verräterfamilie), gedungenen Mördern übergeben, die ihn jedoch in ein fernes Land verkaufen. Als der Kg. v. Armenien, an dessen Hof Bueve aufwächst, von dessen – erwiderter – Liebe zu seiner Tochter Josiane erfährt, sendet er ihn, uneingedenk der vielen Heldentaten B.s, zum Kg. v. Damaskus, um ihn töten zu lassen. Dieser setzt ihn jedoch nur gefangen. Nach einer abenteuerl. Flucht findet der Held Josiane wieder, die mit dem afrikan. Kg. Yvorin verheiratet wurde, aber durch ein Zaubermittel ihre Keuschheit bewahrt hat. Nach einer Reihe von Abenteuern (Kampf mit Löwen und dem Riesen Açopart) gelangen die Liebenden nach Köln, wo sie der Bf., B.s Onkel, traut. Mit der Hilfe alter treuer Freunde zieht B. gegen Doon zu Feld, tötet ihn in einem Zweikampf, wirft seine unmenschl. Mutter in den Kerker und erobert Hanstone zurück. Seine Abenteuer sind jedoch noch nicht zu Ende: er kämpft gegen den Sohn des Kg.s Wilhelm v. England, den die Familie Doons gegen ihn aufgehetzt hatte. Trotz seines Sieges muß B. mit Josiane nach Afrika gehen, wo seine beiden Söhne zur Welt kommen. Josiane und die Kinder fallen Yvorin in die Hände. Erst nach vielen Abenteuern werden die Liebenden wieder vereint. B. wird zum Kg. v. Jerusalem gekrönt und überläßt seine anderen Königreiche den Söhnen.

Das Epos ist in vier unterschiedl. langen Fassungen aus dem 13. Jh. erhalten, einer anglonormann. (3850 Verse) und drei sog. festländischen (10614, 19127 und 16391 Verse), die in zahlreichen Einzelheiten voneinander abweichen und die feudalen, die romanesken und die hagiograph. Komponenten verschieden betonen. Die aprov. chanson de geste→»Daurel et Beton« sowie Anspielungen bei katal. Troubadours bezeugen eine weite Verbreitung des Stoffes schon im 12. Jh. Im 15. Jh. entstand aus der Fassung II eine frz. Prosaversion, die im 16. Jh. mehrmals gedruckt wurde. Auf dieser Version fußt das niederländ. Volksbuch »Buevijn van Austoen« (16. Jh.). Aus der anglonorm. Fassung sind eine engl. Versromanze, eine kymrische Prosafassung (13. Jh.), eine ir. Prosabearbeitung (15. Jh.) und die nord. »Bevers saga« hervorgegangen. Der auf frz. Texte zurückgehende it. →»B(u)ovo d'Antona« hat eine eigene Tradition begründet.

C. Cremonesi/M.-R. Jung

Q.: A. STIMMING, 1899 [anglonorm.], 1911–20 [festländ., Fassung I, II, III] – A. S. KIMMEL, 1971 [Daurel et Beton] – E. KÖLBING, EETS ES 46, 48, 65 [Beues of Hamtoun] – M. WATKIN, Ystorya Bown de Hamtwn, 1958 – F. N. ROBINSON, Zs. celt. Philol. 6, 1908 – G. CEDERSCHIÖLD, Fornsögur Suðrlanda, 1884 [Bevers saga] – Lit.: EM II, 270 – Kindlers Literaturlex. II, 1685 – C. BOJE, Über den afrz. Roman von B., 1909 – H. PAETZ, Über das gegenseitige Verhältnis der venetian., der frankoit. und der frz. gereimten Fassungen des B., 1913 – P. A. BECKER, BSAW, PH 93, 1941.

Büffel → Rinder

Buffone → Gaukler

Büge, →Strebe, die im frk. und sächs. →Fachwerkbau den Deckenbalken verriegelt und den Überhang gegen die Wand abstützt; die B. kann ornamental oder figürlich verziert sein und wird im Laufe des 15. Jh. von der →Knagge abgelöst.
G. Binding

Lit.: G. BINDING, U. MAINZER, A. WIEDENAU, Kleine Kunstgesch. des dt. Fachwerkbaus, 1977² [Lit.].

Bugni, Chiara, Mystikerin, * 4. Okt. 1471 in Venedig, † 17. Sept. 1514 ebd. Schon als Kind von bes. Frömmigkeit, trat Ch. B. achtzehnjährig in das ven. Kl. S. Sepolcro der Franziskanertertiarinnen ein, das sie jahrelang leitete. Ausgezeichnet mit Ekstasen und Erscheinungen, der myst. Hochzeit und den Stigmen, sowie bes. Verehrung des Hl. Blutes, zog sie so viele Bewunderer (darunter die Dogen) an, daß sie bei einer Visitation 1512 gezwungen wurde, sich in Einsamkeit zurückzuziehen. Ihrem Beichtvater, dem Architekten P. Francesco Zorzi, verdanken wir ihre Lebensbeschreibung.
P. Dinzelbacher

Q.: Franciscus Georgius Venetus, Vita, in: Barth. Cimarelli, Delle Croniche dell'Ordine de' Frati Minori, Venedig 1621 – Lit.: Lucas Waddingus, Annales Minorum XV, Rom 1736², 456–462 – AASS Sept. V, 1755, 465ff. – B. Mazzara, Leggendario Francescano IX, Venedig 1722³, 240ff. – BSS III, 590f. – I. M. GIULIANI, Splendori di Santità, Le Venezie Francescane 20, 1953, 145–202, 162f.

Buhurd, ritterlicher sportl. Massenkampf mit stumpfen Waffen. →Turnier.
O. Gamber

Lit.: vgl. →Turnier.

Builth, Lordship of, anglonorm. Herrschaft in Wales. Builth (auch: Buellt), vor 800 als walis. →cantref erwähnt, wurde ca. 1095 Wilhelm v. Braose, einem Normannen aus der Gegend von Falaise, überlassen. Die Herrschaft in strateg. wichtiger Lage zw. Gwynedd und Powys im Norden sowie Süd- und West-Wales, verblieb bis 1229 bei der Familie Braose, mit Ausnahme der Zeit zw. 1208 und 1215, in der sie von Kg. Johann konfisziert war, sowie einiger Perioden walis. Angriffe (1217, 1223). 1229 kam B., das stets überwiegend von Walisern besiedelt war, infolge der Heirat von Isabella de Braose mit David ap Llywelyn in walis. Hände. Kg. Heinrich III. eroberte die Herrschaft 1241 und übertrug sie 1254 seinem Sohn Eduard. 1256 besetzte jedoch →Llywelyn ap Gruffydd B., der es 1259 wieder einbüßte, jedoch 1260 erneut in Besitz nehmen konnte. Infolge der Feldzüge Kg. Eduards I. 1276–77 ging die Herrschaft dem walis. Fs.en jedoch endgültig verloren; 1282 starb Llywelyn ap Gruffydd während eines erneuten, gescheiterten Rückeroberungsversuches in der Nähe von B. Nach Eduards Eroberung wurden die Befestigungen der Burg B. verstärkt und ausgebaut; die Siedlung bei der Burg wurde 1278 zum →borough erhoben. Die Herrschaft selbst hatten nacheinander John Giffard und Humphrey, Earl of Hereford, inne; 1328 kam sie gegen eine Summe von £ 113 6s. 8d. als erbl. Lehen an die Familie →Mortimer, die B. – außer in den Jahren 1330–59 – stets zu den obigen Bedingungen bis 1425 besaß; durch die Beteiligung der Mortimer am Aufstand von →Owain Glyn Dŵr (Glendower) gegen Heinrich IV. (1402) war auch die Herrschaft B. in diesen großen Konflikt verwickelt. Nach dem Tod des kinderlosen Edmund Mortimer, Earl of March († 1425), erbte sein Neffe Richard, Hzg. v. York, die Herrschaft. Aus seinem Besitz ging B., möglicherweise nach den Ächtungen von 1459 und den Amnestien von 1460 (vgl. hierzu →Rosenkriege), an Kg. Eduard IV. über, der, wie auch →Richard III., der herausragenden strateg. Bedeutung der Herrschaft Rechnung trug, indem er sie in die Reihe der wichtigsten kgl. Festungen und Grenzgrafschaften in Wales, die stark mit Garnisonen ausgerüstet waren, aufnahm.
D. J. Corner

Lit.: J. E. LLOYD, A Hist. of Wales from the Earliest Times to the Edwardian Conquest, 1911 – H. T. EVANS, Wales and the Wars of the Roses, 1915 – W. REES, South Wales and the March 1284–1415, 1924 – J. E. LLOYD, Owen Glendower, 1931 – R. R. DAVIES, Lordship and Society in the March of Wales, 1978.

Bukarest (rumän. București; Castrum Bokoresth, Castrum fluvii Dombowicza), Stadt in der →Valachei, am Fluß Dâmbovița gelegen, heut. Hauptstadt von Rumänien. Seit der 2. Hälfte des 15. Jh. Fürstensitz; die Gründung der Stadt, welche sich aus mehreren alten Siedlungen entwickelte, wurde einem sagenhaften Hirten namens Bucur zugeschrieben. Als Castrum Dombowicza ist B. 1368 belegt (erste sichere Erwähnung). Wład Țepeș (erste Kanzleiurkunde aus B. vom 20. Sept. 1459) ließ die Befestigungsanlagen der Stadt erneuern. Unter seinem Nachfolger →Radu III. wurde B. Hauptresidenz der valach. Fs.en; dadurch beschleunigte sich die wirtschaftl. Entwicklung der Stadt, die sich zu einem bedeutenden Handels- und Handwerkszentrum entwickelte. Seit dem 15. Jh. wurde die Stadt B. zum Umschlagplatz auf der wichtigen Handelsstraße, die →Kronstadt (Brașov) mit dem Schwarzen Meer und SO-Europa verband. In der 2. Hälfte des 15. Jh. wurde auch die Münzstätte nach B. verlegt.
Ș. Papacostea

Lit.: N. IORGA, Istoria Bucureştilor, 1939 – D. BERINDEI, Oraşul Bucureşti, reşedinţă şi capitală a ţării Româneşti (1459–62), 1963.

Bukolik
A. Literatur – B. Bildende Kunst (Guter Hirte)

A. Literatur

I. Antike Voraussetzungen (Griechische Literatur, Lateinische Literatur) – II. Spätantike – III. Lateinische Literatur des Mittelalters – IV. Byzantinische Literatur.

I. ANTIKE VORAUSSETZUNGEN (GRIECHISCHE LITERATUR, LATEINISCHE LITERATUR): [1] *Griechische Literatur:* Verschiedene Elemente haben zur Entstehung der B. beigetragen: Volkstüml. Hirtenlieder, Liederwettstreit, lit. Mimus, Texte und Formeln des Dionysos-Kultes; Einzelheiten werden in der Forschung noch kontrovers diskutiert. Bukol. Themen wurden in größerem Umfang zuerst von Theokrit (3. Jh. v. Chr.) gestaltet, allerdings in krit. Distanz ohne idealisierende Verklärung des Hirtenlebens, während diese für die spätere B. wie auch für die europ. Schäferpoesie entscheidende Wendung zur Zivilisationsflucht und Idylle erst nach Theokrit vollzogen wird. Im Roman des Longos (»Daphnis und Chloe«; 2. Jh. n. Chr.) wirken bukol. Motive nach.

[2] *Lateinische Literatur:* Nach gelegentl. Übernahmen durch ältere röm. Dichter hat Vergil die B. in die lat. Lit. eingeführt; Arkadien wird (vielleicht nach späthellenist. Vorbild) zur bukol. Ideallandschaft. Entscheidend ist nun der Bezug zur hist.-polit. Realität und zur Person des Dichters, der in der Mehrzahl der Eklogen faßbar wird. Die aus der Thematik bukol. Dichtens herausfallende Verkündigung der Wiederkehr eines Goldenen Zeitalters, verbunden mit der Geburt eines Kindes (ecl. 4), wird in der Spätantike (→Lactantius, →Konstantin) als Prophezeiung der Geburt Christi verstanden. Die ebenfalls in Vergils Eklogen vorhandenen panegyr. Züge verstärken sich in den Carmina Einsidlensia und bei Calpurnius Siculus z. Z. Neros, die Thematik von Vergils 3. Georgikabuch wird in das bukol. Dichten mit einbezogen und bleibt von da an für die Gattung vorbildlich mitbestimmend. Nemesianus (3. Jh.) erweitert die bukol. Themen durch dionys. Motive.

II. SPÄTANTIKE: Bei →Claudian und →Prudentius lassen sich Einflüsse aus Vergils bukol. Dichtung nachweisen, bes. in der Darstellung des Guten Hirten Prud. cath. 8, 33ff. Den Versuch einer bukol. Gedichts unternimmt der gall. Rhetor Endelechius um 395 (De mortibus boum; Text und Übersetzung bei D. KORZENIEWSKI, 58–71): Die mit dem Kreuzeszeichen versehene Herde des Tityrus wird während einer Viehseuche bewahrt; Tityrus gewinnt durch seinen Bericht darüber, der mit einer kurzen chr. Glaubenslehre verbunden ist, andere vom Unglück betroffene Hirten für das Christentum. B. und chr. Predigt verbindet auch der Vergil-Cento des Pomponius (4./5. Jh.; Anth. Lat. 719a = CSEL 16, 609–615) in der Gestalt des Tityrus. Einen anderen Weg wählte →Paulinus v. Nola, wenn er bei der Darstellung von Wundertaten des hl. Felix bukol. Motive verwendete. In dem um 408 in Südgallien entstandenen Epigramma Paulini (CSEL 16, 503–508) tritt an die Stelle der bukol. Ideallandschaft das Kloster, der Hirtendialog wird durch den Mönchsdialog ersetzt. Zeitgeschichte (Vandalen- und Alamanneneinfall) wird wie bei Vergil einbezogen. Für →Boethius ist durch das Anecdoton Holderi (4, 16 ed. H. USENER, 1877) ein verlorenes Carmen bucolicum bezeugt, das die Tradition der alten B. fortgeführt haben dürfte. Über bukol. Elemente in der spätantiken Centonenpoesie→Cento. Abgesehen von den gen. Beispielen hat sich eine dauerhafte und bedeutende lit. Gattung einer chr. B. in der Spätantike nicht entwickelt, während die Hereinnahme von bukol. Motiven in die Heiligenpoesie für die ma. geistl. Eklogen bedeutsam wurde.

J. Gruber

Lit.: KL. PAULY I, 964–966 [Lit.] – LAW, 517f. – RAC I, 786–800 – G. WOJACZEK, Daphnis. Unters. zur griech. B., 1969 – F. CORSARO, L'autore del De mortibus boum, Paolino da Nola e la politica religiosa di Teodosio, Orpheus 22, 1975, 3–26 – T. ALIMONTI, Struttura, ideologia ed imitazione virgiliana nel De mortibus boum di Endelechio, 1976 – Europ. B. und Georgik, hg. K. GARBER, 1976 [Lit.] – D. KORZENIEWSKI, Hirtengedichte aus spätröm. und karol. Zeit, 1976 – B. EFFE, Die Genese einer lit. Gattung: Die B., 1977 – R. KETTEMANN, B. und Georgik, 1977 – ST. BENKO, Virgil's Fourth Eclogue in Christian Interpretation, Aufstieg und Niedergang der röm. Welt II, 31, 1980, 646–705.

III. LATEINISCHE LITERATUR DES MITTELALTERS: Obwohl im MA verhältnismäßig viele Eklogen entstehen, ist eigtl. B. überraschend selten. Sie wird erst mit oder nach den it. Frühhumanisten zu einer verbreiteten Gattung. [1] *Antike Vorbilder:* Vorbild für die ma. bukol. Dichtung ist in erster Linie→Vergil. Calpurnius und Nemesianus sind vor dem 15. Jh. äußerst selten; jedoch konnte anscheinend gerade dort, wo man auch sie kannte, eine Gattungsvorstellung entstehen, die eine Fortführung der traditionellen bukol. Dichtung ermöglichte: sowohl→Modoin als auch Marcus →Valerius zeigen ihren Einfluß, danach erst wieder →Boccaccio. Endelechius ist nur aus einer heute verlorenen Hs. bekannt. Ebenso dürften die Einsiedler Eklogen und das noch im 9. Jh. in Lorsch vorhandene Corpus eines christl. Anti-Vergil mit Eklogen, von dem jedoch nur Fragmente erhalten sind, die nicht aus den Eklogen stammen, kaum Wirkung ausgeübt haben.

[2] *»Rein« bukol. Ekloge und Pastourelle:* Die Hauptform der bukol. Dichtung ist auch im MA zunächst die bukol. Ekloge (→Ekloge). Der im 9. Jh. verbreitete »Conflictus veris et hiemis«, der unter→Alkuins Werken gedruckt ist, legt den Rahmen einer Hirtenbegegnung um einen Wechselgesang, der ein wichtiges Verbindungsglied zw. Ekloge und→Streitgedicht darstellt. Im 12. Jh. bedient sich der Bukoliker Marcus (Martius) Valerius der Ekloge als einer traditionellen poet. Form, in der er das Hirtenmilieu in außergewöhnl. Reinheit und Poesie wahrt, ohne daß hinter dem vordergründig Gesagten weitere Mitteilungen zu suchen wären. Von dieser Art sind auch die ersten beiden Gedichte aus →Boccaccios bucolicum carmen und schließlich die ersten der überaus erfolgreichen Eklogen des →Baptista Mantuanus (1498), die zur Schullektüre wurden. Auch wenn sie die realist. geschilderten Verhältnisse moral. betrachten, so sind sie doch nicht von vornherein als Allegorien angelegt.

Als eine neue Form der B. kommt im 12. Jh. die →Pastourelle auf. Sie handelt von der Begegnung eines Angehörigen einer höheren Schicht mit einer Hirtin in bukol. Umgebung.

[3] *Verschlüsselte und allegor. Bukolik:* Da manche Gestalten und Begebenheiten der vergil. Eklogen, wie man wußte oder zu wissen glaubte, bukol. Einkleidungen realer Verhältnisse, ja tiefer philos. Weisheiten waren, dienten bukol. Eklogen gewöhnlich als Vehikel einer hinter dem primären Wortsinn liegenden Aussage. Einfache Verschlüsselungen sind Alkuins ecloga de cuculo und Modoins Eklogen. Die Bucolica des →Metellus v. Tegernsee (12. Jh.) berichten von Wundern des hl. Quirinus an Rindern. Hinter den Hirtengestalten sind Bauern, Klosterbedienstete, Äbte verborgen. Ohne Bruch im Bereich der Hirtenwelt, bei leicht erkennbarem realen Hintergrund, bleibt auch noch Dante, der mit Giovanni del Vergilio Eklogen wechselt.

Wohl rein allegor. sind die Gestalten der karol. →Ecloga

Theoduli, eines Hirtenwettgesangs zw. dem mytholog. Trug (Pseustis) und der christl. Wahrheit (Alethia). Das Gedicht war Schullektüre und dementsprechend überaus verbreitet. →Paschasius Radbertus (9. Jh.) läßt die Kl. Corbie und Corvey unter den Namen Phillis und Galathea um Adalhard trauern, verzichtet jedoch auf weitere bukol. Züge (ähnliches →Ekloge). Ebenso ist wohl als allegor. Einkleidung der Streit zw. anmaßenden und nachlässigen Großviehhirten und einer schwer arbeitenden Kleinviehhirtin in CB 89 »nos duo boni sub aere tetrio« zu verstehen. Der Text ist eher Ekloge als Pastourelle. →Johannes de Garlandia hat in seinem »carmen bucolicum« jede Einzelheit seiner Vordergrundfabel so konsequent als Allegorie seines theol.-moral. Hintergrundtextes gesetzt, daß er hierin wie in der daraus resultierenden Schwierigkeit seines Textes wie ein Vorläufer →Petrarcas erscheint. Bei diesem sind Verschlüsselung (polit. und kirchl. Verhältnisse mit bitterster Satire) und Allegorie (z. B. poet. Inspiration) auf die Spitze getrieben. Seine Darstellung ist auf Kosten der Verständlichkeit und in gewollter Dunkelheit bis in jede Einzelheit mit tieferer Bedeutung befrachtet. Etwas maßvoller zeigen sich Boccaccio und Baptista Mantuanus in ihren späteren Eklogen. Gemeinsam ist diesen späteren Bukolikern eine gar nicht idyll. Sicht des Hirtenlebens voller Plagen und Heimsuchungen.

[4] *Sonstiges:* Außerhalb der genannten Traditionen scheint Bukolisches eher selten zu sein. Zwar hätte gerade der christl. Bereich mit Abel, Iacob, David, dem Hohenlied, den Hirten auf dem Felde, mit den Vorstellungen vom Guten Hirten und vom Hirtenamt reichl. Ansätze bieten können, doch die bukol. Komponente fand wohl wenig Interesse. Immerhin verbindet beide Bereiche, das Vergilisch-Bukolische und die Besinnung auf die Hirten-Patriarchen, →Walahfrid Strabo, Vita Mammae (II, 22ff., IV, 7ff., V, 1ff., VI, 6, 21, MGH PP II, 278ff.). Auch der gefangene Malchus gedenkt der Hirten Moses und Iacob, doch ist im übrigen sein Hirtenleben vorwiegend als Qual und Leiden geschildert (The Vita S. Malchi of Reginald of Canterbury, ed. L. R. LIND, Urbana 1942 – Illinois Studies in Language and Literature 27 – II 329ff., 415ff.). G. Bernt

Ed.: Confl. veris et hiemi's: MGH PP I, 270f. [D. SCHALLER 2750] – Alkuin ecl. de cuculo: MGH PP I, 269, ZDA 86, 1955, 193ff. [D. SCHALLER, 12034] – Joh. de Garlandia: The Parisiana Poetria of John of Garland, ed. T. LAWLOR, 1974 – *Lit.:* (Corpus in Lorsch:) B. BISCHOFF, Lorsch im Spiegel seiner Hss. (Münchener Beitr. zur Mediävistik und Renaissance Forsch. Beih.), 1974, 70, 91, 125 – E. CARRARA, La poesia pastorale (Storia dei generi letterari italiani), Milano o. J. – SZÖVERFFY, Weltl. Dichtungen, 729 ('Bukoliker') – H. COOPER, Pastoral, Mediaeval into Renaissance, 1977 – W. L. GRANT, Neo-Latin Literature and the Pastoral, Chapel Hill 1965.

IV. BYZANTINISCHE LITERATUR: Obwohl die Überlieferung der griech. bukol. Dichter überwiegend Byzantinern der Paläologenzeit, insbesondere Maximos →Planudes (um 1255–1305) und seinem Schüler Manuel →Moschopulos, zu verdanken ist, hat diese Art Dichtung bei den Byzantinern selbst doch kaum Nachahmung gefunden, jedenfalls wurden bislang nicht mehr als zwei bukol. Dichtungen der byz. Lit. namhaft gemacht: 1. Das sog. »Idyllium« aus 270 Hexametern, das bezeichnenderweise von Planudes selbst stammt (neueste Ausgabe nach Cod. Rav. Class. 183 und Neapolit. 165, aber noch immer ohne Berücksichtigung in der Lit. längst angeführten Berolin. 411, durch PH. PONTANI, Univ. di Padova, Istituto di studi biz. e neogr., Quaderni 7, 1973). Es handelt sich um eine in die Form eines Dialogs zw. den Bauern Kleodemos und Thamyras gekleidete, fiktive und mit vielen myth. Elementen durchsetzte Geschichte vom Kauf einer in einen Ochsen verwandelten und wieder zurückverwandelten Maus. 2. Ein anonymes, ebenfalls in Dialogform (hier zw. den Hirten Xenophon und Philemon) abgefaßtes Gedicht aus 63 Hexametern, überliefert im Cod. Vat. gr. 1898 (hg. von J. STURM, Ein unbekanntes griech. Idyll aus der Mitte des XV. Jh., BZ 10, 1901, 433–452 [Text 435–437]). Die Hirten, die beide böse Erfahrungen mit Banditen und räuber. Adligen gemacht haben, rühmen die Gerechtigkeit eines gewissen κῆρυξ Paulos, der seinem Lande nun Ruhe und Frieden, ja das Goldene Zeitalter (vgl. oben!) wiedergebracht habe. Das Gedicht soll nach Ansicht des Hg. (dem noch H. HUNGER, Prof. Lit., folgt) von einem sich hinter der Gestalt des Xenophon verbergenden Byzantiner verfaßt sein und sich inhaltl. auf die Verhältnisse in der genues. Kolonie von Caffa unter dem Konsul Paulus Imperialis (1438) beziehen. Zweifel daran äußerte aber P. CANART, der geneigt ist, im kret. Schreiber E. Provataris (16. Jh.) auch den Verfasser zu sehen; wenn die Vermutung richtig ist, müßte das Gedicht freilich aus der byz. Literaturgeschichte gestrichen werden.

Ansonsten finden sich auch in anderen Gattungen der byz. Lit. Elemente der B., so in der Epistolographie (Briefe des →Theophylaktos Simokattes) oder im Roman (Niketas Eugenianos: Drosilla und Charikles).

Die B. der kret. Dichtung des 16. und 17. Jh. muß hier außer Betracht bleiben. G. Prinzing

Lit.: RE 40. Hbd., 1950, 2219, s. v. Planudes – TH. NISSEN, Die Aristeas-Legende im Idyll des Planudes, BZ 36, 1936, 291–299 – M. BUREI, L'idillio di Massimo Planude, 1968 – P. CANART, Bibliothecae apost. Vaticanae codices manu scripti recensiti, cod. Vatic. graeci, codices 1745–1962, I, 1970, 562, VIII – HUNGER, Prof. Lit. II, 148.

Für den volkssprachl. Bereich vgl. →Hirtendichtung, →Pastourelle.

B. Bildende Kunst (Guter Hirte)
I. Spätantike und Frühchristentum – II. Mittelalter.

I. SPÄTANTIKE UND FRÜHCHRISTENTUM: Als in der röm. Spätantike bukol. Motive in Darstellungen der Grabkunst (→Sarkophage, Malerei der →Katakomben) bes. beliebt wurden (aus der Zeit zw. 260 und 320 sind mehr als 400 Sarkophage mit Themen der B. erhalten), waren die Bilder von Hirten und Schafträgern mit den Tieren ihrer Herde nicht realistisch (als retrospektive Bilder aus dem Berufsleben) gedacht, sondern als Allegorie eines erhofften Friedens und Glücks. In der Hirtenlandschaft wurden häufig Hirten, bes. der Schafträger mit Lamm oder Widder auf den Schultern, herausgezogen und als Einzelbild verwendet, etwa zur Personifizierung einer der vier Jahreszeiten oder als Pendant zu anderen Einzelgestalten, etwa einem stehenden Fischer, einem oder mehreren weiteren Hirten oder Schafträgern, oder der Frau in Haltung der →Orans (als Personifikation der Frömmigkeit, Pietas, bzw. Verstorbene in Gestalt der Pietas). Da Hirtenlandschaften wie einzelne Hirten auch in frühchr. Kunst und Grabkunst bes. der vorkonstantin. Zeit häufig Verwendung fanden (frühestes Beispiel eines Schafträgers in der Hauskirche in Dura-Europos, Mitte 3. Jh.), erlag die chr. Archäologie seit ihren Anfängen oft der Versuchung, möglichst jeden Schafträger als Bild des »Guten Hirten« Christus (Joh 10, 11. 14) mit dem verlorenen Schaf (Lk 15, 5–6) zu deuten, zumal diese Deutung in der Vita Constantini (3, 49) des Eusebius belegt ist. Noch 1954 wurde die Ansicht vertreten (SCHMID, 787), es sei »festzuhalten, daß nicht etwa der Weg von einer am Anfang stehenden allgemeinen Hirtenidyllik zur Gestalt des Guten Hirten führt, sondern vielmehr der dieser Symbolik entspringende religiös-pastorale Gedankenkreis nachträgl. eine Verallgemeinerung des Hirtenthemas bewirkt«. Erst in den letzten Jahrzehnten hat sich eine entgegengesetzte und auch differenziertere Betrachtungsweise durchgesetzt, die den heidn. Ursprung des Schaftträgerbildes anerkennt und sowohl die nichtchr. wie chr. allegor. Verwendung bukol. Hirtenbilder einschließl. des Schaftträgers berücksichtigt, wie auch in chr. Zusammenhang nicht jeden Schaftträger ohne weitere Hinweise des Kontextes als den »Guten Hirten« Christus ansieht. Kontextbezogene Interpretation ist ebenso wie für das Bild des Guten Hirten auch für das des bisweilen in eine bukol. Landschaft versetzten →Orpheus notwendig. Auch in ma. Monatsdarstellungen der ö. wie w. Kunst und vereinzelten Bildern des Guten Hirten lebten spätantike Anregungen weiter. Neue Blüte erlebte die antike B. im Sinne idyll. Naturschwärmerei in der Lit. und Kunst der Renaissance. – Vgl. auch →Lämmerallegorien. J. Engemann

Lit.: RAC II, 786–800 [SCHMID] – A. LEGNER, Der Gute Hirte, 1959 – E. A. SCHMIDT, Arkadien: Abendland und Antike, AuA 21, 1975, 36–57 – Europ. Bukolik und Georgik, hg. K. GARBER, 1976 – W. N. SCHUMACHER, Hirt und »Guter Hirt«, 1977 – N. HIMMELMANN, Über Hirten-Genre in der antiken Kunst, 1980.

II. MITTELALTER: Die ma. Kunst des Ostens kennt im Grunde die Darstellung des Guten Hirten (G. H.) nicht. In den byz. Hss. wird nicht das johanneische Gleichnis vom G. H. (Joh 10, 1–16) illustriert, sondern der das Gleichnis sprechende Christus gezeigt. Im Westen erscheint um 1007 in der Apsis von S. Vicenza a Galliano Christus im erweiterten Maiestas-Domini-Typus: vor der Mandorla schwebend, mit dem aufgeschlagenen Buch, darin »Pastor ovium bonus« zu lesen. Als eigene Schöpfung wohl der Buchmalerei prägt sich ein neues Bild des G. H.: bärtig, bekleidet mit langem Gewand und dem Schaf auf der Schulter in den Illustrationen des G. H.-Gleichnisses nach Johannes (Evangeliar des Speyerer Domes fol. 38, um 1200; Evangeliar Ste. Chapelle, Paris, Nat. Bibl., um 1260/70), in dem häufiger dargestellten lukanischen Gleichnis: Christus, das verlorene Schaf suchend, inmitten seiner Herde (Tetraevangelar, Paris, Nat. Bibl., 11. Jh.). Frz. Psalterien des 13. Jh. zeigen die Schafe weidenden Christus (Psalter der Kgn. v. Navarra, 13. Jh.). Auch in den großen Bilderzyklen des 12. Jh. finden sich G. H.-Darstellungen (Teppichfolge in den Chören von St. Afra und St. Ulrich, Augsburg, 12. Jh.). In der ma. Monats- und Jahreszeitenbildern vertritt der G. H. häufig – wie bereits auf antiken Jahreszeitensarkophagen – den Monat April (Hauptportal S. Marco, Venedig, 11./12. Jh.; Mosaikfußboden S. Savino, Krypta, Piacenza, Anfang 12. Jh.), in Stundenbüchern, Brevieren und Kalendern finden sich Bilder des Hirtenlebens. Ebenfalls bukol. Szenen zeigen die Illustrationen der Verkündigung an die Hirten nach Lk 2, 8 (Holztüren St. Maria im Kapitol, Köln, 11. Jh.; Bronzetüren Dom, Pisa, 12. Jh.; Portale von Chartres, La Charité s. Loire und der Kathedrale v. Poitiers, 12. Jh.; Mosaik S. Maria in Trastevere, Rom, 13. Jh.) und die Anbetung der Hirten (Lk 2, 15/Kapitelle in St. Pierre de Chauvigny, 12. Jh. und im Kreuzgang der Kathedrale v. Tarragona, 13. Jh.). Neben den Gleichnis- und Geburtsillustrationen stehen die mehr dogmat. Verkörperungen Christi: Darstellungen der Taufe und des Schaftträgers erscheinen nebeneinander (der getaufte Christus mit dem Lamm zu seinen Füßen, roman. Wandmalerei, Lambach, Westwerk, wohl um 1080). In der Spätgotik wird das Bild des G. H. oft mit dem des Schmerzensmannes verbunden, und bes. der Bußcharakter des verlorenen Schafes betont. Durch Holzschnitt und Kupferstich findet die G. H.-Darstellung als Andachtsbild v. a. im 16. Jh. große Verbreitung. G. Binding/G. Zeitler-Abresch

Lit.: LCI II, 289–299 [mit Lit.].

Bukovina (Bucovina, Buchenwald), Teil des ma. rumän. Fsm.s →Moldau, im NW des Landes entlang dem Karpatengebirge gelegen. In der B., im Tal des Moldovaflusses, ist der zweite rumän. Staat des MA entstanden, dessen früheste Ansätze bereits in der 2. Hälfte des 13. Jh. feststellbar sind. Die Gesch. der B. im SpätMA deckt sich im wesentl. mit der Gesch. der Moldau in ihrer Entstehungs- und Blütezeit. Ein wichtiger Handelsweg, welcher die westruss. Städte →Galič und →Lemberg mit dem nö. →Siebenbürgen verband, durchquerte die B. zu dieser Zeit. Ende des 14. Jh. und Anfang des 15. Jh. hatte sich die Haupthandelsverbindung zw. den Handelsgebieten der Hanse im Ostseeraum und Mitteleuropa einerseits und der Schwarzmeerregion andererseits von Podolien und den tatar. beherrschten Gebieten Südrußlands zur Moldau hin verlagert. Die Entstehung der Städte der B. (Baia, Siret, Suceava, Czernowitz) ist teilweise durch ihre Rolle als Umschlagplätze auf diesem internationalen Handelsweg zu erklären. In der B. befinden sich die berühmten Denkmäler der Baukunst und Malerei der Moldau mit ihrem byz. Gepräge: die Kl. Voronet, Putna, Humor, Moldovita und Sucevita. Ș. Papacostea

Lit.: D. ONCIUL, Istoria Bucovinei, înainte de unirea cu Austria (Scrieri istorice I, hg. A. SACERDOTEANU, 1968), 494–559.

Bulcsu, ung. Fs. und »Richter« *(karchas)*, †955. Als Gesandter 948 zusammen mit Tormas, einem Enkel→Árpáds, in Byzanz, wo er die Taufe empfing und von Ks. Konstantin VII. zum Patrikios erhoben wurde. B. war an mehreren ung. Streifzügen in den Westen beteiligt und zeitweise mit den bayer. und schwäb. Hzg.en gegen Otto d. Gr. verbündet. 955, nach der Schlacht auf dem →Lechfeld, wurde er auf Befehl Hzg. Heinrichs v. Bayern hingerichtet. H. Göckenjan

Lit.: TH. V. BOGYAY, Lechfeld. Ende und Anfang, 1955 – GY. MORAVCSIK, Byzantium and the Magyars, 1970 – J. P. RIPOCHE, La Hongrie entre Byzance et Rome: Problème du choix religieux, Ungarn-Jb. 6, 1974–75, 9ff.

Bulgar (Bulghar) →Bolgar

Bulgari → Katharer

Bulgaria, frühma. it. Gft., erstmals im Testament der Ksn. →Angilberga (877) erwähnt; ihre Ursprünge sind aber bereits gegen Ende des 6. Jh. anzusetzen. Sie repräsentiert ein typ. Beispiel eines langob. Wehrbezirks, der Ländereien umfaßte, die vom kgl. Fiskus mehreren benachbarten Dukaten entzogen worden waren. Unter diesem Gesichtspunkt stellt die B. ein exemplar. Modell der von den Langobarden angewandten territorialen Organisation dar. Die B. wurde in einer Schlüsselstellung zur Verteidigung der Hauptstadt des Kgr.s angelegt, d. h. an beiden Ufern des Ticino entlang der Achse Novara-Pavia. Die ma. Karten und auch die moderne Toponomastik bezeugen dort die sehr zahlreichen, von langob. Wörtern abgeleiteten Ortsnamen. Die bis in die Zeit der Visconti erhaltene Bezeichnung B. hat keine ethn. Grundlage: sie erinnert nicht an eine Siedlung von mit den Langobarden verbündeten Bulgaren, wie Paul. Diac., Hist. Lang. II, 26, denken lassen könnte. Das Toponym ist von burgus (Burgaria) abzuleiten und bezeichnet einen mit einem Verteidigungssystem von Burgen überzogenen Wehrbezirk. A. Cavanna

Lit.: A. CAVANNA, Fara, sala arimannia nella storia di un vico longobardo, 1967, 21ff., 75ff., 98ff. [Q. und Lit.].

Bulgarien

I. Spätantike und Einwanderungszeit – II. Politische Geschichte von Bulgarien im Früh-, Hoch- und Spätmittelalter – III. Wirtschaft und Gesellschaft – IV. Religions- und Kirchengeschichte.

I. Spätantike und Einwanderungszeit: Die bulg. Nation bildete sich im 7.–10. Jh. n. Chr. aus der Verschmelzung dreier ethn. Elemente, der →Thraker, →Slaven und Protobulgaren. Das Gebiet des neuen Staates erstreckte sich über das Territorium der ehem. röm. Provinzen →Moesia Inferior und (teilweise) Moesia Superior, →Scythia Minor und →Thracia, d. h. es umfaßte den östl. und südöstl. Teil der Balkanhalbinsel. Das seit Ende der Bronzezeit (ca. 12.–10. Jh. v. Chr.) in diesen Gebieten ansässige indoeurop. Volk der Thraker geriet unter starken Einfluß der antiken griech. Kultur dank der lebhaften Handelsbeziehungen mit den Hellenen, v. a. durch Vermittlung der vom 8.–6. Jh. v. Chr. am Schwarzen Meer (Pontos Euxeinos), an der Propontis und am Ägäischen Meer gegründeten griech. Kolonien. Solange die Thraker lediglich als einzelne Stämme konstituiert waren, stellten sie polit. und militär. keine bedeutende Macht dar. Im 6. Jh. v. Chr. entstand das Odrysen-Reich, das 352 v. Chr. von Kg. Philipp II. v. Mazedonien erobert wurde. I. J. 29 v. Chr. wurde das Territorium der Thraker trotz heftigen Widerstandes von den Römern unterworfen. Es zählte zur Osthälfte des Röm. Reiches und wurde infolgedessen seit der Reichsteilung im späten 4. Jh. Bestandteil des Oström. Reiches (→Byzantinisches Reich). In der röm. Kaiserzeit wurden zahlreiche Siedlungen ausgebaut und zu Municipia erhoben; Straßen, Brücken und Stationen (mansiones, mutationes) wurden angelegt. Die bereits bestehenden bedeutenden Bergwerke wurden weiter ausgebeutet und neue erschlossen, auch wurde eine Reihe von Bädern errichtet. Die thrak. Bevölkerung wurde durch demograph. Einbrüche, v. a. infolge von Angriffen der Barbaren sowie von Epidemien, zwar geschwächt, vermochte sich aber bis zum 6./7. Jh. zu erhalten. Sie wurde von der Hellenisierung und Romanisierung in nur begrenztem Umfang erfaßt. Die Thraker, die stets als gute Soldaten galten, wurden zu Tausenden von Ks. →Justinian I. (527–565) für seine großen Feldzüge rekrutiert. Diese Teilnahme an den justinian. Kriegen schwächte einerseits die thrak. Bevölkerung in erhebl. Ausmaß, andererseits beschleunigte sie die Hellenisierung und Romanisierung. Die Teile der thrak. Bevölkerung, die in schwer erreichbaren Gebirgsregionen lebten, wurden dagegen vor der Dezimierung bewahrt.

Vom Ende des 5. und Anfang des 6. Jh. an drangen erstmals →Slaven in die Balkangebiete ein; diese Bewegung verstärkte sich noch unter Justinian I., der wegen seiner Kriege im Osten und Westen den Schutz der Nordgrenze des Reiches vernachlässigte. An der Invasion der Slaven waren zwei Stämme beteiligt; die →Sklavenen und die Anten (letztere nur bis zum Anfang des 7. Jh.). Mit mehreren tausend Kriegern drangen sie in die südl. Gebiete der Halbinsel ein und erreichten sogar die Umgebung von Konstantinopel. Zuerst gingen die Eindringlinge auf Beute aus, allmählich jedoch wurden sie im Balkangebiet mit seinem milden Klima und fruchtbaren Boden seßhaft. In der 2. Hälfte des 6. Jh. entstanden die ersten slav. Siedlungen. In der 1. Hälfte des 7. Jh., unter den Ks,n →Phokas (602–610) und →Herakleios (610–641), faßten die Slaven auf der Halbinsel festen Fuß. Diese Ansiedlung wurde durch die Tatsache begünstigt, daß die Nordgrenze wegen der inneren Unruhen und der Kriege gegen die Perser ungeschützt blieb. Schon Mitte des 7. Jh. hatten sich die ethn. Verhältnisse in den nördl. und östl. Gebieten der Balkanhalbinsel gründlich verändert: Die Slaven bewohnten die weiten Ebenen und die Gebirge, und die Assimilation der alten Bewohner durch die weitaus zahlreicheren Slaven blieb nicht aus. Ihrerseits wurden den Slaven von der thrak.-oström. Vorbevölkerung wichtige Bestandteile des einheim. wie des griech.-röm. Erbes vermittelt; dies fand seinen Niederschlag in Elementen der Toponymik und Hydronymik, im Wortschatz sowie im Brauchtum. Die neuen Ansiedler teilten sich in kleine und größere Stämme, die sich untereinander befehdeten und daher gegen die byz. Militärmacht keinen ernsthaften Widerstand leisten konnten.

Bereits während ihrer Einfälle waren die Slaven mit den Bulgaren in Berührung gekommen. Die Bulgaren (für die frühe Periode vor und während der Landnahme, bis zur ethn. Verschmelzung mit den Slaven, üblicherweise als Protobulgaren bezeichnet) gehörten der Völkerfamilie der →Türken an (einzelne protobulg. Stämme: Kutriguri, Utiguri, Onogunduri usw.). Die Slaven hatten gemeinsam mit den Bulgaren Streifzüge gegen das innere oström. Reichsgebiet unternommen; i. J. 626 belagerten sie unter Führung der →Avaren Konstantinopel. Die Bulgaren breiteten sich im 5.–7. Jh. an der unteren Wolga aus, wo sie mit anderen, gleichfalls der türk. Völkerfamilie angehörenden Stämmen das Großbulgarische Reich bildeten (→Wolgabulgaren). Um 642, nach dem Tod des Khan →Kubrat, zerfiel dieses Reich. Von den an der Wolgamündung wohnenden →Chazaren bedrängt, setzten sich einzelne Stämme unter Führung der Söhne Kubrats in Bewegung. Dessen dritter Sohn →Asparuch (auch: Isperich, Ispor) zog mit seinem Volk nach Westen, an der nördl. Schwarzmeerküste entlang, erreichte um 678/679 die Donaumündung und begann in das Gebiet südl. des Flusses einzudringen. Die byz. Regierung war zunächst an einer angemessenen militär. Reaktion im Donauraum gehindert, da das Vordringen der Araber in Kleinasien und der religiöse Konflikt während des VI. Ökumen. Konzils in der Hauptstadt die Kräfte des Reiches anderweitig banden. Erst im April–Mai 681 konnte Ks. →Konstantin IV. einen Feldzug gegen die Bulgaren unternehmen, den er aber nach Mißerfolgen abbrechen mußte. Das Heer Asparuchs drang über die Donau in die Scythia Minor (heut. Dobrudža) und in den östl. Teil der Moesia Inferior ein. Der bulg. Fürst unterwarf einige der dortigen slav. Stämme, die nun »ipo pakton« lebten, während die Severi östl. der Kleisura v. Veregava angesiedelt wurden. So bildete sich der bulg. Staat, dessen erste Hauptstadt →Pliska aus einer älteren slav. Siedlung hervorging. Die Masse der Bevölkerung des entstehenden Staates war slavisch, die aus Bulgaren bestehende Oberschicht wurde im 8.–9. Jh. weitgehend assimiliert (→Bulg. Sprache, →Bulg. Literatur). Mitte Sept. 681 schloß Ks. Konstantin IV. einen Friedensvertrag mit den Bulgaren: Das Reich verpflichtete sich, den Bulgaren jährlichen Tribut zu entrichten; die Bulgaren versprachen ihrerseits, nicht mehr in Reichsgebiete einzufallen. Mit diesem Vertrag erkannte Byzanz den neuen Staat »de facto« an. Sein Name 'Bulgaria' wird ausdrücklich im Aug. 681 erwähnt.

II. Politische Geschichte von Bulgarien im Früh-, Hoch- und Spätmittelalter: Innere Unruhen in Konstantinopel hinderten Byzanz, gegen die Bulgaren eine repressive Politik zu verfolgen; sie trugen indirekt sogar zu einer Verbesserung der Beziehungen zw. den beiden Staaten bei. Der 695 abgesetzte Ks. →Justinian II. blieb bis 705 als Verbannter in →Cherson. Im Frühjahr dieses Jahres floh er zu Asparuchs Nachfolger, Khan →Tervel (ca. 701–ca. 718), mit dessen Hilfe er sich wieder des Kaiserthrones bemächtigte. Als Gegenleistung des Byzantiners erfolgte eine Erneuerung des Friedensvertrages von 681; der Khan erhielt den →Caesar-Titel und reiche Geschenke. Die Beziehungen waren im Laufe der nächsten Jahrzehnte mehrfachen Wechseln unterworfen, wobei die Konsolidierung des bulg. Staates jedoch fortschritt. Bis ca. 739 gehörten die bulg. Herrscher stets dem Geschlecht der Dulo an. Bald nach Mitte des 8. Jh. brach eine Krise in den Beziehungen zw. Byzanz und Bulgarien auf. Das bulg. Heer, aus einer vermeintl. Stärkeposition heraus, drang im Süden und Südwesten vor, in Gebieten, deren slav. Bevölkerung verwandt mit den slav. Stämmen in der Moesia und Scythia Minor war. Ks. Konstantin V. Kopronymos unternahm 756–775 jedoch nicht weniger als zehn Feldzüge zu Wasser und zu Lande, mit dem Ziel, verlorene Gebiete zurückzuerobern und schließl. sogar den bulg. Staat zu vernichten. Die byz. Siege schwächten die Herrschaftsstrukturen in B.: Die Herrscher vermochten keine solide Machtposition aufzubauen; häufige Thronwechsel, teilweise mit Tötung oder Verbannung der gestürzten Fs.en, waren die Folge. Die Quellen über diese Periode sind sehr dürftig, so daß wir bisweilen nur den Namen eines Herrschers und wenige Einzelheiten über seine Regierung kennen. So herrschten nach Khan →Kormisos (Kormesios; 739–756) in den folgenden zwei Jahrzehnten vier Fürsten. Zwei Herrscher des ma. B.s, Savin (765–767) und →Telerig (772/3–777), dessen Regierung auf die kurzdauernden Herrschaften von Umor (766), Toktu (767–772) und Bajan (772) folgte, waren genötigt, Zuflucht bei den Byzantinern zu suchen. Mit Khan →Kardam (ca. 777–802) trat eine neue Dynastie hervor, die über ein Jahrhundert herrschen sollte.

Nach Überwindung der Krisen von 756–775 wagten die Bulgaren erneut den Vorstoß nach Süden. I. J. 802 bestieg →Krum den Thron, einer der größten Herrscher des ma. Bulgarien. Um 804–805, einige Jahre nach dem großen Avarenkrieg →Karls d. Großen (795–796), zog er gegen die östl. der Donau wohnenden →Avaren, eroberte einen Teil ihrer Gebiete und machte zahlreiche Gefangene. Krum zeichnete sich als Gesetzgeber aus, seine Gesetze sind teilweise in der →Suda, einem zeitgenöss. byz. Sammelwerk, überliefert. Seine Gesetzgebung trug zur Verschmelzung der widerstreitenden ethn. Elemente, der Protobulgaren und Slaven, bei. In den letzten Jahren seines Lebens gelang es Krum, durch Expansion nach Süden und Südwesten verwandte slav. Stämme seinem Reich einzugliedern. 809 eroberte er die wichtige, an der »Via diagonalis« gelegene Festung Serdica, das heutige →Sofia, womit er für B. den Weg nach SW eröffnete. Am Ende des Frühjahrs 811 drang Ks. →Nikephoros I. jedoch mit einer großen Armee bis zur bulg. Hauptstadt Pliska vor und zerstörte sie. Mit reicher Beute auf dem Rückweg, wurde sein Heer, wohl am Verigava-Paß (heute Vŭrbiški prochod), von den Bulgaren aus dem Hinterhalt überfallen und vernichtet. Ks. Nikephoros selbst wurde gefangengenommen und getötet. In den folgenden Jahren setzte Krum seine Feldzüge nach Süden fort und belagerte sogar Konstantinopel. Mitten in den Vorbereitungen einer neuen Belagerung starb er plötzlich (April 814).

Sein Sohn und Nachfolger →Omurtag (814–831) schloß mit den Byzantinern einen 30jährigen Friedensvertrag, der es ihm ermöglichte, sich der Befestigung der südl. Grenzen und einer ausgedehnten Bautätigkeit (Erweiterung der Residenz →Pliska) zu widmen. Anschließend nahm er die militär. Sicherung und den Ausbau der Grenzgebiete im Nordwesten in Angriff. Dabei geriet er jedoch mit den Südostinteressen des Frankenreiches in Konflikt.

Unter den folgenden Herrschern (Malamir 831–836, Persian 836–852, →Boris 852–889) breitete sich das Staatsgebiet weiter aus, vorwiegend im SW. Da die Quellen kaum über Feindseligkeiten berichten, liegt die Annahme nahe, daß die Expansion in diesen Gebieten auf keinen größeren Widerstand stieß. Dies könnte möglicherweise mit der Tatsache zusammenhängen, daß diese Gebiete von slav. Stämmen bewohnt waren, welche zu den in den bulg. Staat einverleibten ethn. Gruppen von Slaven gehörten. Am Beginn der Regierung des Fs.en Boris stand eine kurzdauernde Konfrontation mit den →Serben, in deren Verlauf letztere siegten. Die Annäherung zw. Byzanz und dem →Großmähr. Reich veranlaßte Boris anschließend, sich an das ostfrk. Reich unter →Ludwig d. Dt. anzunähern und damit B. auch einer Bekehrungstätigkeit der ostfrk.-bayer. Kirche zu öffnen. Doch nötigte der byz. Druck (Feldzug Ks. Michaels III.) den bulg. Fs.en, ca. 864 einen 30jährigen Frieden mit Konstantinopel zu schließen, der mit dem offiziellen Übertritt des Fs.en und seines Volkes zum (byz.) Christentum bekräftigt wurde (Frühherbst 865). Bulg. Versuche, im Verlauf des →Filioque-Streites die kirchl. Abhängigkeit B.s von Byzanz durch Anschluß an das Papsttum abzustreifen (→»Responsa ad consulta Bulgarorum«), blieben insgesamt erfolglos. Die Regelung der Beziehungen mit Byzanz ermöglichte es dem bulg. Fs.en, sich den inneren Angelegenheiten zuzuwenden. Diese waren durch eine rasch voranschreitende ethn. Umformung gekennzeichnet. Die herrschende protobulg. Minderheit schwand in den Kriegen dahin, der Anteil der Slaven nahm dagegen, im Zuge der Einverleibung umfangreicher Gebiete mit slav. Bevölkerung, weiter zu. Nach der Annahme des Christentums durch Fs.en und Volk wurde die Liturgie in der slav. Sprache eingeführt (→Liturgie, Ostkirchen). Auf der Synode v. →Konstantinopel (8. Ökumen. Synode) wurde B. 870 gegen den Widerstand der Vertreter der röm. Kirche unter Gewährung von Sonderrechten dem Patriarchen v. Konstantinopel unterstellt, der einen bulg. Ebf. sowie einige Bf.e weihte. Die Schaffung des slav. Alphabets durch die hl. →Konstantin-Kyrill und Method hatte die Ausprägung einer eigenständigen slav. Schriftkultur und Literatur zur Folge (→Bulg. Literatur). Mit der Entstehung einer slav. kirchl. Hierarchie erreichte die Slavisierung B.s ihren Höhepunkt.

I. J. 889 übergab Boris seinem Sohn →Vladimir die Regierung und zog sich ins Kl. zurück. Vladimir begünstigte das wiedererstarkte Heidentum und versuchte außerdem, das Land dem byz. Einfluß zu entziehen und in Koalition mit dem Papsttum und dem ostfrk. Kg. →Arnulf v. Kärnten eine Politik gegen Byzanz und das Großmähr. Reich zu treiben. All dies trug ihm die Gegnerschaft des Vaters ein, der die heidn. Reaktion blutig niederwarf und seinen jüngeren Sohn →Symeon anstelle Vladimirs auf den Thron berief (893). Auf einem Reichstag wurde nun neben der Einsetzung Symeons auch die allgemeine Einführung der slav. Sprache und die Erhebung der Stadt →Preslav zur Hauptstadt proklamiert. Nach einem Krieg, den Symeon gegen Byzanz und die →Ungarn führte (894–896), brach für B. eine fast 20jährige Friedenszeit an. Symeon, der als Prinz in Konstantinopel eine hohe Bildung erhalten hatte, zeichnete sich als Förderer von Literatur, Wissenschaft und Kunst aus; er ließ seine Hauptstadt Preslav mit prachtvollen Bauten schmücken. Man hat Symeons Regierung als die kulturelle Blütezeit des ma. B. bezeichnet.

Nach dem Tod Ks. Leons VI. (912) und seines nur kurz regierenden Nachfolgers Alexander (913) trat eine Verschlechterung der Beziehungen zw. den beiden Staaten ein. Byzanz wurde von einem Regentschaftsrat unter Leitung des Patriarchen und Staatsmannes →Nikolaos I.

Mystikos, der im Namen Konstantins VII. handelte, regiert. Ein von Byzanz aus noch unter Alexander begonnener Bulgarienfeldzug fand ein für Byzanz negatives Ende. Noch im Aug. 923 unternahm Symeon im Gegenzug eine Expedition, die ihn bis vor die Mauern von Konstantinopel führte. Das Heer konnte die Umgebung der byz. Hauptstadt verwüsten, ohne auf Widerstand zu stoßen. Der siegreiche bulg. Herrscher, durch seine engen persönl. Beziehungen zu Byzanz und sein byz. Bildung von der Idee des Kaisertums durchdrungen, versuchte, in Verhandlungen mit der byz. Regierung aus der inneren Krise des Reiches Nutzen zu ziehen, um selbst ein byz.-bulg. Reich zu begründen. Ein Markstein war für Symeon hierbei der Erhalt einer Krone und eines vergleichbaren Herrschaftszeichens im Zuge dieser Verhandlungen; eine Geste, zu der sich Byzanz unter dem Druck der bulg. Übermacht bereitfand. Unter der Regentschaft Ksn. Zoes kam es zu einer Gegenreaktion; jedoch endete der Feldzug gegen B. bei →Anchialos (am Schwarzen Meer) am 20. Aug. 917 erneut mit einer byz. Niederlage.

Doch änderte sich die Lage mit der Machtübernahme durch →Romanos I. Lakapenos (920) grundlegend: Byzanz beschritt den Weg der Konsolidierung. Trotz mehrerer Feldzüge gegen Byzanz (zuletzt 924) gelang es Symeon nicht, das Reich seinen polit. Bestrebungen gefügig zu machen. Die Konfrontation der beiden Mächte wurde durch beiderseitige Einflußnahme in den nördl. Reichen der Balkanhalbinsel, →Serbien und →Kroatien, begleitet. Der bulg. Kriegszug gegen das Byzanz zuneigende Serbien, wo sich bulg. und byz. Einflüsse kreuzten, endete mit einer serb. Niederlage (ca. 924); ein sich anschließender Feldzug gegen →Tomislav, den Begründer des kroat. Reiches, mündete jedoch in ein militär. Fiasko der Bulgaren ein (926), doch wurde durch päpstl. Vermittlung der Frieden wiederhergestellt. Nun sollte Symeon auch die lange erstrebte Anerkennung des Zarentitels (→Zar) durch Rom erhalten. Aber die päpstl. Legaten erreichten die bulg. Hauptstadt Preslav erst nach Symeons Tod († 27. Mai 927). Der Tod des Herrschers befreite Byzanz von einem seiner gefährlichsten Gegenspieler; Symeon, von den polit. und kulturellen Vorstellungen Byzanz' tief geprägt, war einer der bedeutendsten Feldherren und Politiker des ma. Bulgarien.

Nach wenigen Monaten wurde im Okt. 927 ein Friedensvertrag zw. Preslav und Konstantinopel geschlossen, der dem imperialen Streben des bulg. Herrschertums eine Reihe von Teilerfolgen einbrachte: Dem neuen Zaren →Peter (927–969) wurde der →Basileus-Titel zuerkannt; er erhielt die Hand einer byz. Prinzessin, Maria (auch Irene gen.), einer Nichte des Ks.s Romanos Lakapenos; das Oberhaupt der bulg. Kirche wurde zum Patriarchen erhoben, und die byz. Regierung verpflichtete sich, den Bulgaren einen jährlichen Tribut zu entrichten. In den folgenden vier Jahrzehnten unterhielten die beiden Staaten gute Beziehungen. Solange der Frieden dauerte, nahm der polit. und kulturelle Einfluß, den Byzanz auf den bulg. Hof ausübte, stetig zu. Nach dem Tode der Kgn. Maria-Irene (um 963) jedoch trat eine Wandlung in den Beziehungen ein. Ks. →Nikephoros II. Phokas weigerte sich, den seit 927 entrichteten Tribut weiter zu zahlen. Auf Anstiftung von Byzanz unternahm 968 der Fürst v. Kiev, →Svjatoslav, einen Feldzug gegen B., verwüstete nordbulg. Gebiete und kehrte anschließend in seine Heimat zurück. 969 kam er für längere Zeit wieder, diesmal jedoch als (zeitweiliger) Verbündeter der Bulgaren gegen die Byzantiner. Ende Jan. 969 starb Zar Peter. Seine Regierung war im Innern v. a. durch das Auftreten der Häresie der →Bogo-milen und durch polit.-soziale Krisen und Unruhen gekennzeichnet. Auf Peter folgte sein Sohn →Boris II. (969–971). Im Frühjahr 971 erschien Ks. →Johannes I. Tzimiskes vor der bulg. Hauptstadt Preslav und nahm sie ohne große Mühe ein. Der Zar und seine Familie wurden gefangengenommen. Der Fs. v. Kiev verschanzte sich nach aussichtslosem Kampf gegen Tzimiskes in der Festung Drŭstŭr (Silistria). Erzürnt über die Schwäche seiner bulg. Verbündeten, nahm Svjatoslav an ihnen furchtbare Rache: Er ließ 300 bulg. Bojaren (Adlige) und Heerführer töten und 20 000 bulg. Soldaten einkerkern. Nach dem Friedensschluß mit Svjatoslav (Ende Juni 671) kehrte Johannes Tzimiskes im Triumph nach Konstantinopel heim; das zu einem Widerstand unfähige Ostbulgarien wurde dem Byz. Reich einverleibt.

Während der byz. Eroberung von Ostbulgarien entfachten die vier Söhne des lokalen Herren Nikola, nämlich →David, →Moses, →Aaron und →Samuel (Samuil), im Westen und Südwesten von B. einen erfolgreichen Aufstand und begründeten die Herrscherdynastie der sog. Komitopuli. Innere Unruhen nach dem Tode Johannes I. Tzimiskes hinderten den neuen Ks., →Basileios II., an der Fortsetzung des Kampfes gegen die Bulgaren. Das Zentrum des polit. und kirchl. Lebens in B. verlagerte sich allmähl. von →Preslav nach Sredetz (Sofia), dann nach Voden (→Edessa) sowie →Prespa und endlich nach →Ochrid. Bald machte sich Samuel zum Alleinherrscher. Mehr als drei Jahrzehnte lang führte der als Ks. anerkannte Samuel den Kampf um die Existenz seines Reiches, mit wechselndem Erfolg. Am 29. Juli 1014 errang der byz. Heer unter Ks. →Basileios II. in der Schlucht Kleidion (bzw. dem Paß unterhalb) des Belasitza-Gebirges über Samuels Truppen den entscheidenden Sieg; von den bulg. Gefangenen ließ der byz. Kaiser eine große Anzahl (angebl. 14 000) blenden und dem aus der Schlacht entkommenen Samuel zurücksenden. Samuel erlag am 6. Okt. 1014 einem Herzschlag, der Überlieferung nach beim Anblick seiner geblendeten Soldaten. Die Beharrlichkeit der Nachfolger Samuels, →Gabriel Radomir (1014–15) und Johannes (→Ivan) Vladislav (1015–18), im Kampf gegen Byzanz konnte den Untergang des Staatswesens nicht abwenden. I. J. 1018 fielen auch die letzten Gebiete. Ks. Basileios II., der den ehrenden Beinamen 'Bulgaroktonos' (Bulgarentöter) erhielt, begnügte sich mit der Kontrolle über die Gebiete, ohne eine völlige Anpassung der bulg. Rechts- und Verwaltungsstrukturen an die des Byz. Reiches anzustreben; so blieben viele hergebrachte Rechtsinstitute, Gesetze und Gebräuche, so z. B. die Leistung der Steuern in Naturalien, in Anwendung. Doch wurde dem Oberhaupt der bulg. Kirche der Patriarchentitel aberkannt und ihm statt dessen der Erzbischoftitel gegeben; dem neuernannten Ebf. wurden aber durch mehrere ksl. Urkunden die Rechte seiner Kirche bestätigt und ihm sogar noch weitere Privilegien gewährt.

Unter den Nachfolgern Basileios' II. verschlechterte sich jedoch die wirtschaftl. und polit. Lage der unterworfenen Bevölkerung. Zwei Aufstände brachen im 11. Jh. aus, die jedoch erstickt werden konnten. An der Spitze des ersten, der 1040–41 stattfand, stellte sich →Peter Odeljan, der sich als Samuels Enkel ausgab. Als sich das Land i. J. 1072 erneut erhob, suchte das Volk einen geeigneten Herrscher. Direkte Nachkommen der alten bulg. Dynastie gab es nicht mehr, daher wurde Bodin, Sohn des serb. Fs.en v. →Zeta, in Prizren zum »bulg. Zaren« ausgerufen. Die byz. Kontrolle über die nördl. Gebiete von B. blieb während des 11.–12. Jh. verhältnismäßig schwach, so daß fremde Völker (→Petschenegen, →Kumanen, →Uzen) diese Gebiete angreifen und sich dort niederlassen konnten. Die Durchquerung der Balkanhalbinsel und insbesondere der bulg. Gebiete durch die Kreuzfahrer zeigt, wie machtlos das Byz. Reich trotz des äußeren Glanzes der →Komnenen und ihres Hofes zu diesem Zeitpunkt bereits geworden war. Der Einfall der Normannen (1185), die Thessalonike eroberten und dann gegen Konstantinopel zogen, wurde von den Brüdern Peter (→Theodor) und →Asen, die einer bulg.-kuman. Familie entstammten, ausgenutzt: Sie entfachten 1185 einen Aufstand der Bulgaren. Diese Erhebung hatte ihr Zentrum im Gebiet von →Tŭrnovo (Nordbulgarien). Die Versuche des Ks.s →Isaak II. Angelos, den Aufstand zu unterdrücken, scheiterten, so daß er sich genötigt sah, mit den Bulgaren einen Friedensvertrag zu schließen und den nun unabhängigen bulg. Staat »de jure« anzuerkennen. Als Ks. Friedrich Barbarossa 1189 mit seinen Kreuzrittern auf der Balkanhalbinsel erschien, boten Serben und Bulgaren ihm ein Bündnis gegen Byzanz an, das aber nicht zustande kam. Gleichzeitig mit dem Thronwechsel 1195 in Konstantinopel, bei dem Alexios III. seinen jüngeren Bruder Isaak II. absetzte, wurde in Tŭrnovo der bulg. Zar Asen I. ermordet, ein Jahr später ereilte seinen Bruder und Nachfolger Peter dasselbe Schicksal. Ihnen folgte der jüngste Bruder →Kalojan (Joanitza; 1197-1207), der sich als kluger Staatsmann erweisen sollte und einer der mächtigsten Herrscher des ma. B. wurde. Als im westl. Europa Vorbereitungen für den 4. →Kreuzzug getroffen wurden, wandte sich Kalojan an Papst Innozenz III. und schloß eine Union mit Rom. Nach der schließl. Eroberung Konstantinopels durch die Kreuzfahrer und der Gründung des →Lat. Ksr.es (1204) versuchte Kalojan, sich an die neuen Herren anzunähern; die »Lateiner«, die sich als Nachfolger des Byz. Reiches verstanden und dessen antibulg. Politik fortsetzten, wiesen seine Bündnisangebote jedoch ab. Daraufhin kam es zum Krieg: In der Schlacht bei →Adrianopel (14. April 1205) wurden die Lateiner vernichtend geschlagen; Ks. →Balduin I. wurde gefangengenommen, sein weiteres Schicksal ist unbekannt.

Der Krieg gegen die Lateiner wurde fortgesetzt. Im Verlauf dieser Kämpfe fand der lat. Herrscher von Thessalonike, →Bonifaz v. Montferrat, im Rhodope-Gebirge den Tod. Kalojan, der im Herbst 1207 eine Belagerung von →Thessalonike eingeleitet hatte, starb während dieser (vermutl. Okt. 1207). Nachfolger wurde sein Neffe →Boril (1207-17), der auch die Witwe Kalojans, eine Kumanin, heiratete, wodurch er seine Thronbesteigung und das Bündnis mit den Kumanen sicherte. Wegen dynast. und religiöser Unruhen und der Kämpfe mit den lat. Herren von Konstantinopel und den Ungarn geriet Boril bald in Schwierigkeiten. Ende 1217 kehrte jedoch der Sohn Asens I., →Ivan Asen II. (1218-41), der nach dem Tod seines Onkels Kalojan in das südwestl. Rußland entflohen war, nach B. zurück. Er ließ wenig später Boril absetzen und wurde zum Zaren erhoben. Als Nachkomme des einstigen Befreiers von B. erfreute er sich großer Popularität. Durch Vermählung mit einer ung. Prinzessin sicherte er den Frieden an der nordwestl. Grenzen, um gegen Konstantinopel und den Herrscher von →Epiros, →Theodor Komnenos, der als Vorkämpfer für die Wiederherstellung des Byz. Reiches auftrat, freie Hand zu haben. Im Frühjahr 1230 unternahm Theodoros Komnenos, der sich nach der Eroberung von Thessalonike (1224) zum Basileus und Autokrator der Rhomäer hatte krönen lassen, einen Feldzug gegen Bulgarien. In der Schlacht bei →Klokotnica (nw. von Chaskovo, Südbulgarien) wurde sein Heer vernichtet und er selbst gefangengenommen. Die Grenzen B.s erstreckten sich nach diesem Sieg im Süden bis zur Ägäis, im Südwesten bis zur Adria. Außerdem war nach der Ausschaltung des Theodoros Komnenos der byz. Reststaat von →Nikaia bei seinem Kampf um die Restauration des Byz. Kaiserreiches ohne ernsthaften Konkurrenten. Unter Ivan Asen II. vollzog sich der Aufstieg von B.: Es wurde die größte polit. und militär. Macht im südöstl. Europa.

Bald nach Ivan Asens Tod begann eine Epoche der Wirren und Machtkämpfe, während die mongol. Gefahr beständig die Grenzen B.s bedrohte. Zum Zaren wurde →Koloman Asen (1241-46) erwählt; nach kurzer Regierung übernahm sein minderjähriger Halbbruder Michael II. Asen (1246-56) die Herrschaft; für ihn übte seine Mutter Irene die Vormundschaft aus. Ende 1242 oder Anfang 1243 wurden die nordbulg. Gebiete von den aus den südruss. Steppen vordringenden →Mongolen (Tataren) überfallen und verwüstet. Ks. →Johannes III. Vatatzes v. Nikaia, der die Schwäche B.s ausnutzte, besetzte Thessalonike, wo der Sohn des Theodoros Angelos, Johannes, mit bulg. Unterstützung regierte. Dann setzte Johannes Vatatzes sein Vordringen mit der Eroberung weiterer bulg. Festungen fort. Ferner wurden einige Festungen in Nordbulgarien von den Serben und den Ungarn besetzt. Der Ks. v. Nikaia, der nicht vertragstreu geblieben war, besetzte bulg. Gebiete. Sein Nachfolger →Theodoros II. Laskaris, der mit Helena, einer Tochter Ivans II. Asen, vermählt war, setzte trotz dieser Eheverbindung zur bulg. Dynastie die Eroberung bulg. Gebiete, bes. im Rhodopenbereich, fort. Der Friedensschluß im Aug. 1256 zeigte deutlich, daß die Vormachtstellung auf der Balkanhalbinsel von B. auf das Ksr. v. Nikaia übergegangen war. Bald darauf wurde Michael II. Asen in Tŭrnovo von den unzufriedenen Bojaren gestürzt. Zum bulg. Zaren wurde von den Bojaren →Konstantin Tich gekrönt. Die Wahl fiel auf ihn, weil er der Sohn des Statthalters im Gebiet von →Skopje war; man bezweckte mit seiner Erhebung, das Band zu den südwestl. Gebieten von B. enger zu knüpfen. Um seine sonst schwache Regierung zu legitimieren und zu befestigen, heiratete er die Enkelin Ivans II. Asen; die Kriege, die er mit Ks. Michael VIII. Palaiologos, der 1261 Konstantinopel wiedererobert hatte, führte, brachten neue territoriale Verluste und Verwüstungen durch mongol. Einfälle. Hinzu traten eine schwere wirtschaftl.-soziale Krise und die Belastungen durch die antiunionist. Politik, der sich der Zarenhof unter dem Einfluß der 2. Gattin Konstantins, der byz. Kaisernichte Maria, und ihrer Tante Eulogia geöffnet hatte. Die Mißstände provozierten 1277 einen Aufstand, an dessen Spitze der Bauernsohn →Ivajlo stand. Er vermochte die Tataren zu vertreiben. Dann führte er seine Scharen gegen die Hauptstadt, tötete in einer Schlacht den Zaren und zog in Tŭrnovo ein, wo ihm die Zarin, um ihre Machtstellung nicht zu verlieren, Hand und Krone anbot. Nach kurzer Regierung wurde Ivajlo jedoch durch eine Bojarenverschwörung entthront und schließlich ermordet (ca. 1280). Der neue Zar, →Ivan (Johannes) III. Asen, Schwiegersohn Michaels VIII., war der schwierigen Aufgabe nicht gewachsen und zog sich bald nach Konstantinopel zurück, wo er die bekannte byz. Familie der →Aseniden begründete. Die zwei letzten Jahrzehnte des 13. Jh. stellen eine Verfallsperiode dar: Die Zaren Georgios I. Terter (1280-92) und Smiletz (1292-98) führten keine selbständige Regierung mehr, sie waren der Willkür der Tataren preisgegeben. Gegen Ende 1299 erschien Tzaka, der Sohn des Tatarenkhans →Nogaj, in Tŭrnovo und ließ sich als Herrscher von B. huldigen; ein Jahr später wurde er ermordet. Den

Thron bestieg nun →Theodor Svetoslav, Sohn von Georgios I. Terter (1300–22). Theodor Svetoslav war ein fähiger Herrscher, der sich hauptsächlich der Aufgabe widmete, das von den Tataren verwüstete B. neu zu ordnen und zu konsolidieren.

Im nordwestl. B. hatte sich inzwischen ein lokaler Herr, →Michael Šišman, abgespalten und sich in seinem Gebiet, dessen Zentrum die Stadt →Vidin war, zum unabhängigen Herrscher (Despoten) erklärt. Mit dem Tode Georgios II. Terter (1322–23), der kinderlos starb, erlosch auch die zweite bulg.-kuman. Dynastie. Um den Abfall der NW-Gebiete zu verhindern, wählten die Bojaren Michael Šišman zum Zaren (1323–30). Da Michaels Kerngebiet an →Serbien angrenzte, beteiligte er sich aktiv an den inneren Auseinandersetzungen in diesem Land, womit er sich die Gegnerschaft des serb. Herrschers →Stefan Dečanski zuzog. Durch Michaels Eingreifen in den Streit zw. →Andronikos II. Palaiologos und Andronikos III. um die Herrschaft in Byzanz wurde die außenpolit. Lage B.s noch weiter belastet. Die Byzantiner bemühten sich ihrerseits, den separatist. Tendenzen der bulg. Bojaren Auftrieb zu geben. 1328 schloß Stefan Dečanski mit Dubrovnik (→Ragusa) einen Vertrag über die Lieferung von Waffen, die er für seinen Krieg gegen die Bulgaren benötigte. In der Zwischenzeit hatten sich der byz. Ks. und Michael Šišman gegen Stefan Dečanski verbündet. Bevor sich aber ihre Heere vereinigten, überfiel der serb. Herrscher im Frühjahr 1330 die südwestl. Gebiete von B. und besiegte bei Velbužd (Küstendil) das bulg. Heer, nahm den Zaren gefangen und ließ ihn töten. Dann drang er ungehindert auf bulg. Gebiet vor. Ein Jahr später kam es zu einem dynast. Wechsel in den beiden Nachbarländern: In Tŭrnovo wurde Zar →Ivan (Johannes) Alexander (1331–71), in Serbien →Stefan Dušan erhoben. Die guten Beziehungen beider wurden schon am Anfang durch eine dynast. Ehe des serb. Herrschers mit der Schwester Johannes' Alexanders, Helena, gefestigt. Während des byz. Bürgerkrieges nach dem Tod von Andronikos III. blieb Johannes Alexander zumeist neutral oder unterstützte die Regierung in Konstantinopel, während Stefan Dušan freundschaftl. Beziehungen mit dem Usurpator →Johannes (VI.) Kantakuzenos anknüpfte und dieses Bündnis zur Expansion der serb. Herrschaft nach Makedonien und Thrakien nutzte. Die lange Regierung von Ivan (Johannes) Alexander war, außenpolit. gesehen, zumeist eine Friedenszeit, in der an den Staatsgrenzen Ruhe herrschte. Im Innern jedoch wurde B. von sozialen und religiösen Unruhen erschüttert. Die Lage wurde durch die dynast. Politik des Zaren, die zur Aufteilung von B. führte, noch erschwert. Um 1344/45 hatte er seine erste Frau, die Valachin Theodora, verstoßen und eine konvertierte Jüdin geheiratet. Der Sohn der ersten Frau, →Ivan (Johannes) Strazimir, erhielt das Gebiet von NW-Bulgarien (um 1356), das er als halbselbständiger Fs. regierte, während der Sohn der zweiten Gemahlin, Ivan (Johannes) Šišman, als künftiger Nachfolger seines Vaters in Tŭrnovo verblieb. Der Versuch eines bulg. Rebellen, →Momčil, ein Lokalfürstentum im Rhodopegebirge zu errichten, wurde von Johannes Kantakuzenos mit Hilfe türk. Söldner vereitelt und Momčil ermordet (1345). Zu Anfang der 2. Hälfte des 14. Jh. wurde das bulg. Staatsgebiet in drei Teilherrschaften aufgesplittert: das Fsm. Tŭrnovo, weiterhin das Fsm. Vidin, schließlich die Lokalfürstentümer der Fs.en Balik und Dobrotiza in der Scythia minor, der heut. Dobrudža. Die Herrscher der Balkanstaaten und bes. Johannes Kantakuzenos, der den byz. Thron erringen wollte, waren bei ihren Streitigkeiten so kurzsichtig, mit Hilfe der Osmanen gegen ihre Konkurrenten vorzugehen. Dadurch vermochten die Türken, v. a. nach 1354, in die südl. Gebiete der Balkanhalbinsel einzudringen und B. zu bedrohen. Auch von Norden her drohte B. Gefahr: 1365 wurde Johannes Strazimir von den Ungarn aus Vidin vertrieben, konnte es aber einige Jahre später zurückerlangen; gegen Ungarn wandte sich B. an die Türken. Diese hatten ihren Brückenkopf in Europa nach 1354 ständig erweitert. Die militär. Hilfe, die Gf. →Amadeus VI. v. Savoyen den Byzantinern geleistet hatte (wodurch einige Städte an der Schwarzmeerküste den Bulgaren und Türken abgenommen wurden), verbesserte die Lage nicht. Gegen das Vordringen der Türken stellten sich im Sommer 1371 die Brüder Vukašin und Uglješa aus Makedonien. Es kam bei Černomen (an der Marica unweit von Adrianopel) im Sept. 1371 zur Schlacht, in der die Türken siegten. Damit hatten die Türken endgültig auf europäischem Boden Fuß gefaßt.

Nun fielen die Städte und Festungen nacheinander in die Hände der Türken, und die eroberten Gebiete wurden dem entstehenden →Osman. Reich einverleibt und teilweise türkisch besiedelt.

Zar Johannes Alexander, der am 17. Febr. 1371 starb, hinterließ seinem Sohn Johannes Šišman (1371–94) die Regierung in einer verhängnisvollen Zeit. Um sich das Wohlwollen der Osmanen zu sichern, gab Johannes dem Sultan →Murād I. die eigene Schwester, Tamara-Mara, zur Frau. Dieses Ereignis bildet den Stoff vieler Volkslieder und Legenden, in denen die Treue der bulg. Fsn. zu ihrem christl. Glauben gepriesen wird.

Nach der türk. Eroberung von →Adrianopel (1362), das zur osman. Reichshauptstadt gemacht wurde, setzten die Türken ihre Streifzüge entlang den Hauptstraßen fort. Um 1385 wurde Sredetz (→Sofia) angegriffen und eingenommen. Mitte Juli 1389 erlitten die Serben in der Schlacht auf dem →Kosovo-polje (Amselfeld) die entscheidende Niederlage gegen die Osmanen. Ende des Frühjahrs 1393 standen die Türken vor der bulg. Hauptstadt Tŭrnovo, die Stadt wurde nach dreimonatiger Belagerung erobert und geplündert, der Patriarch Euthymios bald darauf vertrieben und mehr als 100 Bojaren getötet. Johannes Šišman befand sich zu dieser Zeit in der Festung Nikopolis an der Donau, wo er offenbar auf die Hilfe des Auslandes wartete. Das von dem Luxemburger →Siegmund, Kg. v. Ungarn, geführte Kreuzheer erlitt jedoch bei →Nikopolis im Sept. 1396 eine schwere Niederlage. Ihr folgte die Eroberung der zweiten bulg. Hauptstadt Vidin. So wurde trotz zähen Widerstandes in den Jahren 1393–96 das ganze bulg. Territorium von den Osmanen erobert. Über das Schicksal der letzten bulg. Herrscher schweigen die Quellen. Gleichzeitig mit der Zerschlagung der polit. und militär. Organisation endete auch die kirchl. Selbständigkeit gegenüber dem Patriarchat von Konstantinopel: Das Oberhaupt der bulg. Kirche, der große Schriftsteller →Euthymios, wurde abgesetzt, an seiner Stelle ein Bf. griech. Abstammung ernannt.

III. Wirtschaft und Gesellschaft: Die Grundlagen des Wirtschaftslebens der ma. B. waren Ackerbau, Viehzucht, Handwerk, teilweise auch Jagd und Fischerei. Die Protobulgaren und Slaven übernahmen im Zuge ihres Seßhaftwerdens auf der Balkanhalbinsel das Städtewesen und die städt. Wirtschaftsformen, wobei die Stadt sehr lange für sie vorrangige Bedeutung als Befestigung hatte. Vorherrschend war wohl der Tauschhandel, da während der frühesten Epoche des ma. B. keine eigenen Münzen geprägt wurden. Geld, das in erster Linie als Tribut oder Beute ins Land kam, als Zahlungsmittel diente. Bereits während des ersten halben Jahrhunderts nach der Entstehung des bulg. Staates wickelten die Bulgaren Tauschgeschäfte mit dem Byz. Reich ab, wie sich aus einem um 716 abgeschlossenen Vertrag ergibt. Gegen Erzeugnisse der Landwirtschaft und Viehzucht (Getreide, Honig, Wachs, Leder usw.) erhielten die Bulgaren von Byzanz Waren des gehobenen und Luxusbedarfs (kostbare Kleider, Schmuck, Lederwaren usw.). Charakterist. für diese Periode war die Existenz freier Bauern, vereinigt in größeren oder kleineren Familienverbänden (→Zadruga). Der Besitz von →Sklaven ist quellenmäßig belegt; es handelte sich entweder um Kriegsgefangene oder durch Kauf erworbene ehem. freie Leute (Kinder). Bis zur Christianisierung (865) war der Fürst nicht nur polit. Oberhaupt, sondern erfüllte auch die Funktion des obersten Priesters. Das heidn. Priestertum spielte keine wichtige polit. Rolle. Erst nach der Christianisierung und bes. während des zweiten bulg. Reiches (12.–14. Jh.) wurden die Kleriker, neben der Aristokratie (Boljaren/Bojaren) und den militär. Befehlshabern, ein einflußreicher Stand, der Großgrundbesitz und bes. Privilegien hatte. Fast bis zum Ende des 9. Jh. befand sich das Zentrum des byz.-bulg. Tauschhandels in Konstantinopel. Um 894 wurde der Markt nach Thessalonike verlegt, was den bulg. Interessen zuwiderlief, und so brach ein Krieg aus (894–896). Außer mit Byzanz handelte B. auch mit Mitteleuropa. Um 893/904 exportierte B. Salz nach Mähren. Die Handelsbeziehungen mit Byzanz (Export von Flachs und Honig ins Byz. Reich, Importe von Prachtgewändern) wurden Anfang des 10. Jh. vertraglich geregelt. Während der 2. Hälfte des 10. Jh. war die Hauptstadt→Preslav berühmt als Zentrum des Handels mit Byzanz (Gold, Seide, Wein, Früchte), Mähren und Ungarn (Silber, Pferde) und Rußland (Pelze, Wachs, Honig, Sklaven). →Thessalonike war im 12. Jh. ein bedeutender Umschlagplatz, u. a. für den Handel mit Westeuropa, bei dem auch Bulgaren auftraten. Der Sturz der byz. Ksm.s durch die Kreuzfahrer (1203/04) und die infolge der Gründung des Lat. Ksr.es verstärkten wirtschaftl. Beziehungen zw. Byzanz und dem westl. Europa trugen auch zu einer Umorientierung der bulg. Handelsbeziehungen bei. Um die wachsenden Bedürfnisse der bulg. Gesellschaft, bes. des Hofes und der Bojaren, zu befriedigen, knüpften die Bulgaren einen regen Tauschhandel mit den Handelsstädten im östl. Mittelmeer an, insbes. mit Dubrovnik (→Ragusa), →Venedig und →Genua, sowie durch Vermittlung der genannten Städte, mit weiteren Handelszentren des Okzidents. Diese wirtschaftl. Beziehungen sind durch Schriftquellen sowie archäolog. und numismat. Funde belegt. Zu nennen sind hier: ein Privileg Johannes' II. Asen von ca. 1230/31 für die Kaufleute v. Dubrovnik; ein Handelsabkommen und ein polit. Vertrag vom Juli 1253 mit derselben Stadtrepublik; Korrespondenz und Vertrag des Zaren Johannes (Ivan) Alexander um die Mitte des 14. Jh. mit Venedig u. a. Um die Mitte Mai 1387 schloß Genua einen Vertrag mit dem Lokalfürsten der Dobrudža, Ivanko. Die türk. Eroberung von B. am Ende des 14. Jh. hatte eine gänzliche Unterbrechung der polit. und wirtschaftl. Beziehungen B.s mit dem Ausland zur Folge und isolierte es vollständig vom westl. Europa.

IV. Religions- und Kirchengeschichte: Aus archäolog. und epigraph. Funden sowie aus Schriftquellen ergibt sich, daß das Christentum schon in frühchr. Zeit in den östl. und südl. Teilen der Balkanhalbinsel verbreitet war. Schon früh entstanden chr. Gemeinden mit Kirchenbauten und eigenem Klerus, so in Serdika (Sofia), Philippopolis, Odessos (Varna) usw. Für das 3.–4. Jh. sind neben zahlreichen Geistlichen niedrigen Ranges auch einige Bf.e bezeugt. Der erste bekannte Ebf. v. Serdika, Protogenes, nahm am Konzil v. Nikaia (325) und am Konzil v. Serdika (342/343) teil. Die oströmm. Regierung betrachtete die Christianisierung der ansässigen Bevölkerung als das beste Mittel, Autorität über sie auszuüben und sie allmählich zu assimilieren; daher sorgte Konstantinopel für den Bau zahlreicher Kirchen, die durch ihre Größe und Pracht die Bewohner beeindrucken sollten (die Basiliken des hl. Georg und der hl. Sophia in Serdika usw.). Während der sog. Barbareneinfälle des 4.–6. Jh. wurden diese Kirchen zumeist zerstört und das bestehende chr. Leben vernichtet. Trotzdem hielten sich kleine chr. Zentren über die bulg. und slav. Landnahme hinweg bis zur erneuten Christianisierung, von der die bulg.-slav. Bevölkerung im 8.–9. Jh., bedingt durch die Entwicklung der Beziehungen mit Byzanz, erfaßt wurde. So wurde die offizielle Christianisierung i. J. 865 durch byz. Missionare im wesentl. der Abschluß eines jahrhundertelangen hist. Prozesses.

Die unmittelbar nach der Bekehrung eingeleiteten Verhandlungen der bulg. Herrscher mit der röm. Kirche, insbes. mit den Päpsten Nikolaus I., Hadrian II. und Johannes VIII. (s. auch Abschnitt II), vermochten die kirchl. Abhängigkeit B.s von Byzanz nicht aufzuheben. Die bulg. Kirche wurde 870 der Jurisdiktion des Patriarchats v. →Konstantinopel unterstellt, Oberhirte der Bulgaren war anfangs ein griech. Ebf., Liturgie und Predigt wurden in griech. Sprache gehalten.

Die Einführung des slav. Alphabets (→Konstantin und Method) und die Entstehung einer altkirchenslav. Literatur begünstigten die Herausbildung einer slav. kirchl. Hierarchie, die dem byz. Einfluß entgegenwirkte. Um 918 erhob Zar Symeon, ohne die Zustimmung Konstantinopels einzuholen, den in →Preslav residierenden Ebf. der Bulgaren zum Patriarchen; seine Würde wurde von Byzanz erst im Vertrag von 927 anerkannt. Nach der Eroberung von Preslav 971 durch den byz. Ks. Johannes I. Tzimiskes mußte der Patriarch in den südwestl. Gebieten des Reiches Zuflucht suchen, er wandte sich schließl. nach →Ochrid (bis 1018). Basileios II. stufte nach 1018/19 den bulg. Patriarchat zum Ebm. v. Ochrid und »ganz Bulgarien« herab. Nach der Befreiung von der byz. Herrschaft 1185 und der Wiederherstellung des bulg. Staates wurde 1204/05, im Schatten des 4. →Kreuzzuges, eine Kirchenunion der Bulgaren mit Rom geschlossen. Während der Regierung Ivans II. Asen wurde das bulg. Patriarchat, mit Hauptsitz in →Tŭrnovo, im Einverständnis mit →Nikaia und dem östl. Patriarchen restauriert und gleichzeitig die Union mit Rom aufgelöst. Oberhaupt der bulg. Kirche in der Zeit der türk. Eroberung war der große Schriftsteller →Euthymios (1375–94), der nach der osman. Besetzung von Tŭrnovo in das →Bačkovo-Kl. verbannt wurde, wo er um 1403 starb. Die türk. Zentralregierung hob die kirchl. Autonomie B.s auf und setzte einen griech. Bf. zum geistl. Oberhaupt ein.

Die bulg. orth. Kirche sah sich während der gesamten ma. Epoche mit Häresien konfrontiert. Schon zur Zeit der Bekehrung verbreiteten sich derartige Vorstellungen unter der Bevölkerung. Diese häret. Bewegungen, vorwiegend dualist. Charakters, können wohl teilweise auf dem Fortwirken spätantiker religiöser Strömungen, vielleicht auch auf Einflüsse eines Dualismus im Volksglauben der Slaven und der Protobulgaren beruhen haben, teilweise gehen sie wohl auf ausländ., aus dem Orient und dem Byz. Reich stammende Einwirkungen zurück (→Manichäismus, →Paulikianer usw.). Aus derartigen religiösen Momenten entstand um das Ende des 9. und im frühen 10. Jh.

die dualist. Häresie der →Bogomilen, die in B. und anderen Gebieten der Balkanhalbinsel weite Verbreitung fand und auch die Ketzerbewegungen im südöstl. und schließlich auch im westl. Europa stark beeinflußte (→Byzantinisches Reich, →Serbien, →Bosnien, →Albigenser, →Katharer).

Die Kultur des ma. B. war Ergebnis einer Verschmelzung verschiedener Kulturelemente. Bei der Besiedlung der Balkanhalbinsel kamen die Slaven und die Protobulgaren einerseits in direkte Berührung mit dem reichen Erbe der antiken materiellen Kultur und, andererseits, durch Vermittlung der Thraker, mit der geistigen Überlieferung des Altertums. Die neuen Siedler brachten ihre eigene, teilweise stark vom Iran beeinflußte Kultur mit. Die engen Beziehungen mit Byzanz – ob nun friedl. oder feindl. Natur – erleichterten die Aufnahme der byz. Kultur. Während der ganzen ma. Epoche blieb B., ungeachtet aller polit. und militär. Konflikte, im Bannkreis der byz. Kirche und Kultur. Byzanz beeinflußte tiefgreifend alle bedeutenden Vertreter des geistigen Lebens im ma. B. Zar Symeon, der große Förderer der Literatur und Kunst, und die Schriftsteller seiner Zeit wie auch diejenigen des späteren bulg. MA waren von der griech.-byz. patrist. und sonstigen Literatur beeinflußt, ohne jedoch ihren eigenständigen Charakter einzubüßen. Unter dem Einfluß der byz. Kultur, die jahrhundertelang, fast bis zum Anfang des 13. Jh., die hochentwickeltste in Europa war, entstanden in B. eine Anzahl lokaler künstlerischer Zentren und Schulen, die bedeutende Schrift- und Kunstwerke, neben den Übersetzungen oder Adaptionen byz. Werke und Motive, schufen. Vgl. →Bulgarische Literatur, →Bulgarische Sprache. I. Dujčev

Q.: E. KALINKA, Antike Denkmäler in B., 1906–J. IVANOV, Bŭlgarski stariniz Makedonija, 1931 [Nachdr. 1970] – I. DUJČEV, Iz starata bŭlgarska knižnina, I–II, 1943–44 – G. I. KATZAROV, D. DEČEV u. a., Isvori za starata istorija na Trakija i Makedonija, 1949 – Fontes graeci historiae Bulgaricae, I–VIII, 1954–72 – G. MIHAILOV, Inscriptiones graecae in Bulgaria repertae, I–IV, 1956/1957, 1958, 1961, 1964, 1966 – Fontes latini historiae Bulgaricae, I–III, 1958–65 – vgl. auch GY. MORAVCSIK, Byzantinoturcica I: Die byz. Q. der Gesch. der Turkvölker; II: Sprachreste der Turkvölker in den byz. Quellen, 1958[2] – V. BEŠEVLIEV, Die protobulg. Inschriften, 1963 – DERS., Spätgriech. und spätlat. Inschriften aus B., 1964 – *Lit*.: allg.: K. JIREČEK, Gesch. der Bulgaren, 1876 – DERS., Cesty po Bulharsku, 1888 [bulg. Übers. mit Erl., 1974] – G. A. ILINSKIJ, Gramoty bolgarskich carej, 1911 [Neudr. 1970] – V. N. ZLATARSKI, Istorija na bŭlg. dŭržava prez srednite vekove, I–III, 1918–40 – ST. MLADENOV, Gesch. der bulg. Sprache, 1929 – I. SAKŬZOV, Bulg. Wirtschaftsgesch., 1929 – S. RUNCIMAN, A Hist. of the First Bulgarian Empire, 1930 – B. FILOV, Les origines sassanides et byz. de l'art bulg. (Mél. CH. DIEHL, II, 1930), 137–159 – DERS., Gesch. der altbulg. Kunst bis zur Eroberung des bulg. Reiches durch die Türken, 1932 – G. OSTROGORSKY, Die Krönung Symeons v. B. durch den Patriarchen Nikolaos Mystikos, Izvestija na Bŭlgar. archeol. institut 9, 1935, 275–286 – V. BEŠEVLIEV, Vjarata na pŭrvobŭlgarite, Godišnik na Sofijskija universitet. Filosofsko-istoričeski fakultet XXXV, 1939, 1–64 – K. IREČEK, Istorija na Bŭlgarite s popravki i dobavki, 1939 – G. I. BRATIANU, Le Commerce bulg. dans l'Empire byz. et le monopole de l'empéreur Léon VI à Thessalonique, Izvestija na Bŭlgar. istor. druž 16-18, 1940, 30–36 – F. BABINGER, Beginn der Türkensteuer in den Donaufürstentümern (1394 bzw. 1455), (SOF VIII, 1942), 1–35 – P. MUTAFČIEV, Istorija na bŭlgarskija narod, I–II, 1943–44 [mit Erg. von I. DUJČEV, 168–254] – F. BABINGER, Beitr. zur Frühgesch. der Türkenherrschaft in Rumelien (14.–15. Jh.), 1944 – I. DUJČEV, Proučvanija vŭrchu bŭlgarskoto srednevekovie, Sbornik na Bulgarskata akademija na naukite 41/1, 1945 – D. OBOLENSKY, The Bogomiles. A Study in Balkan Neo-Manichaeism, 1948 [Neuausg. 1972] – R. L. WOLFF, The »Second Bulgarian Empire«. Its Origin and Hist. to 1204, Speculum 24, 1949, 167–206 – F. DÖLGER, Byzanz und die europ. Staatenwelt, 1953 – I. DUJČEV, Estestvoznanieto v srednevekovna Bŭlgarija, 1954 – G. G. LITAVRIN, Bolgarija i Vizantija v XI–XII vv., 1960 – W. BEŠEVLIEV-J. IRMSCHER, Antike und MA in B.,

1960 – I. DUJČEV, Medioevo bizantino-slavo, I–III, 1965–71 – Z. KADAR, m. K. WESSEL, Bulgarien (RByzK I), 795–836 – D. ANGELOV, Bogomilstvoto v Bŭlgarija, 1969 – V. GJUZELEV, Knjaz Boris Pŭrvi. Bŭlgarija prez vtorata polovina na IX vek, 1969 – I. DUJČEV, Slavia Orthodoxa. Collected Stud. in the Hist. of the Slavic MA, 1970 – D. OBOLENSKY, The Byz. Commonwealth. Eastern Europe, 500–1453, 1971 – M. DRINOV, Izbrani sŭčinenija, I–II, 1971 – V. N. ZLATARSKI, Izbrani proizvedenija I, 1972 – I. DUJČEV, Bŭlgarsko srednovekovie. Proučvanija vŭrchu političeskata i kulturnata istorija na srednovekovna Bŭlgarija, 1972 – A. STAVRIDU-ZAFRAKA, Ἡ συνάντηση Συμεὼν καὶ Νικολάου Μυστικοῦ (Αὔγουστος 913) στὰ πλαίσια τοῦ βυζαντινοβουλγαρικοῦ ἀνταγωνισμοῦ, 1972 – P. MUTAFČIEV, Izbrani proizvedenija, I–II, 1973 – S. GEORGIEVA-V. VELKOV, Bibliogr. na bŭlgarskata archeol. (1879–1966), 1974[2] – SP. PALAUZOV, Izbrani trudove, I–II, 1974–77 – R. BROWNING, Byzantium and Bulgaria. A comparative Study across the early medieval frontier, 1975 – D. M. LANG, The Bulgarians. From Pagan Times to the Ottoman Conquest, 1976 – I. DUJČEV, V. VELKOV, J. MITEV, L. PANAYOTOV, Hist. de la Bulgarie des origines à nos jours, 1977, 55–244 – D. ANGELOV, Obrazuvane na bŭlgarskata narodnost, 1978 – P. KOLEDAROV, Političeska geografija na srednovekovnata bŭlgarska dŭržava I, 1979 – V. TĂPKOVA-ZAIMOVA, Byzance et les Balkans à partir du VIe s., 1979 – V. BEŠEVLIEV, Die Protobulg. Periode der bulg. Gesch., 1980 – D. ANGELOV, Die Entstehung des bulg. Volkes, 1980 – Enzyklopädie zur Frühgesch. Europas, 1980, 55–73 [D. ANGELOV].

Bulgarische Literatur. Der Dialekt der Slaven um Thessalonike, in den die Brüder →Konstantin-Kyrill (* um 826, † 869) und Method (* um 815, † 885) anläßl. ihrer Mission ins →Großmähr. Reich (863) die wichtigsten liturg. Texte übersetzten, wurde so zur ersten, damals allen Slaven verständl. Schriftsprache. Sie wird, wie das Schrifttum, meist akslav., von der bulg. Sprachwissenschaft altbulg. genannt.

Kyrills und Methods Schüler wurden vom bulg. Fs. en Boris (≈ 864, † 907) aufgenommen. Im O wird →Preslav, im W →Ochrid (Makedonien) Zentrum slav. Schrifttums. Die Schule um →Clemens v. Ochrid (Kliment v. Ochrid; * um 840, † 916) und →Naum (* um 830, † 910) sieht die jugoslaw. Wissenschaft als national-makedonisch, nicht als bulg. an. Kliment werden neben seiner Lehrtätigkeit Übersetzungen liturg. Bücher, Predigten *(slova)*, die ersten slav. rhetor. Texte, und eine Kyrill-Vita zugeschrieben. Naum kam 894 als Lehrer nach Makedonien, wo er in dem von ihm gegr. Kl. starb.

Die früheste Phase des bulg. Schrifttums ist eng mit der byz. Tradition verbunden. Byzanz ist für Preslav auf allen Gebieten Vorbild. Als Boris' Sohn hatte der spätere Zar Symeon (* 864/865, † 927) in Konstantinopel die griech. Erziehung eines byz. Aristokraten erhalten. Als Herrscher regte er in seiner Residenz die lit. Tätigkeit, vorwiegend Übersetzungen aus dem Griech., an, stellte dem Skriptorium die Aufgaben und war Mentor des kulturellen Lebens überhaupt. Voran stehen die für den kirchl. Bedarf unentbehrl. Übersetzungen bibl. und liturg. Texte, dann religiös-belehrende Kompilationen aus Schriften der oström. Kirchenväter Johannes Chrysostomos, Basileios d. Große u. a. Etwas eigenständiger sind dagegen Predigten und Homilien. Die Zusammenstellung bzw. Übersetzung von theol. und moral-.erbaul. Sammelschriften, slav.: *Sbornik* (z. B.: »Zlatostruj«; von anderen weiß man durch die russ. Hs. des Svjatoslavov Izbornik von 1073), geht auf Symeon zurück. Die lit. Erzeugnisse dieser Epoche sind meist in Hss. des 14. und 15. Jh., höchst selten des 12. Jh., erhalten. Bei der Christianisierung Rußlands (988 Taufe Vladimir) konnte Bulgarien als erstes christl. gewordenes Staatswesen die Übersetzungen aus dem Griech. beisteilen. Übersetzte Viten, byz. Chroniken und Apokryphen gelangten nach Kiev. Rußland empfängt nun – wie Bulgarien etwa 120 Jahre zuvor – kirchl. Bücher und christl.-ma. Geistesgut, jedoch überwiegend durch bulg. Vermittlung, also in akslav. Sprache, was neben dem geistig-ideellen einen wichtigen sprachl. Einfluß auf die Entwicklung des Russischen bewirkt. Es ist das sog. Goldene Zeitalter der altbulg. Lit. Das »Učitelnoe evangelie« (Belehrendes Evangelium) von 890/893 des →Konstantin v. Preslav (* Mitte 9. Jh., † Anfang 10. Jh.) enthält mit dem Alphabetgebet »Azbučna molitva« das erste slav. Gedicht und mit der hist. Zeittafel »Istorikii« die älteste slav. Chronik. Joan Exarch (→ Johannes Exarcha) (* Mitte 9. Jh., † 3. Jahrzehnt 10. Jh.) übersetzte das Hexaëmeron »Šestodnev«, dem er eine Beschreibung der bulg. Residenz Preslav beifügte. Der Mönch Hrabr (* 2. Hälfte 9. Jh., † Anfang 10. Jh.) verteidigt in seinem Traktat »O pismeneh« ('Über die Buchstaben') die slav. Sprache und Schrift. In der Regierungszeit Zar Peters (927–969) breitet sich die Häresie der →Bogomilen aus. Vom Priester Kozma (Kosmas, 10. Jh.) ist eine Predigt gegen die Bogomilen erhalten, die außer hist. Quelle auch originelle Satire ist. Das Bogomilenbuch »Tajnata kniga« (Liber secretus) hängt mit den sehr verbreiteten Apokryphen zusammen (Nikodemus- und Thomas-Evangelium, Legende von Adam und Eva, vom Kreuzesholz, Gang der Gottesmutter durch die Hölle u. a.). Bogomilisch beeinflußt ist auch die bulg. apokryphe Chronik (11. Jh.).

Im Zweiten bulg. Reich (1185–1393) kommt es in →Tŭrnovo zur zweiten Blüte des ma. Schrifttums. Neben Übersetzungen byz. Chroniken und des Physiologus erscheint auch die internationale ma. Unterhaltungsliteratur in mittelbulg. Sprache (Barlaam und Joasaph, Stephanites und Ichnilates, Digenes Akritas, Alexander-Roman, Trojanischer Krieg). Ende des 14. und im 15. Jh. weichen viele Träger des bulg. Schrifttums vor den Osmanen in (noch) nicht besetztes Gebiet aus (Serb. Staat bis 1459), andere fliehen nach Rußland und rufen dort den sog. »zweiten südslav. Einfluß« in der russ. Sprach- und Kulturentwicklung hervor. Die Türkenherrschaft bringt das slav. Schrifttum der orthodoxen Balkanländer in mehrfache Bedrängnis: Wegfall der Förderung durch einheim. Fs.en, Unterdrückung durch die neuen islam. Herren, Bestrebungen des griech. Klerus, das Slav. aus den Kirchen zu verdrängen. All das führt zu allgemeiner Niveauabsenkung und zum Verfall der ursprüngl. Sprachnormen, gelegentl. aber zur Verlebendigung durch Elemente der Volkssprache (z. B.: Vita des Sv. Georgi Novi von einem Popen Pejo, Sofia 16. Jh. u. a.).

→Teodosij v. Tŭrnovo († 1363) wurde als Schüler von →Gregorios Sinaïtes (* um 1265, † 1346) Anhänger des →Hesychasmus und übersetzte Schriften seines Lehrers ins Bulg. Sein bedeutendster Schüler war →Evtimij (* 1325/30, † 1401/12), dessen Hauptanliegen die Überprüfung der Kirchenbücher anhand der griech. Vorlagen war. Sein Werk umfaßte Viten (z. B. von Ivan Rilski, Gründer des Rila-Kl., * um 876, † 946), Episteln und Lobpredigten. Er wurde 1375 zum Patriarchen gewählt. Panegyr. Predigten und Viten im Stil seines Lehrers Evtimij sind das lit. Werk Grigorij Camblaks (→Gregor [I.] Camblak, * um 1364, † 1420). Er ging Ende des 14. Jh. nach Serbien und verfaßte die Vita des serb. Kg.s →Stefan Uroš III. Dečanski (1321–31), wurde 1415 Metropolit v. Kiev und nahm 1418 am Konzil v. Konstanz teil. →Konstantin v. Kostenec (* um 1380, † 1. Hälfte 15. Jh.) war Schüler Evtimijs, wandte sich nach 1410 nach Serbien, schrieb die Biographie von →Stefan Lazarević (1389–1427) und beeinflußte das serb. Schrifttum der Resava-Schule, obwohl seine Rechtschreibung »Skazanie o pismeneh« ('Über die Buchstaben') nicht angenommen wurde. Auf→Vladislav Gramatik (* vor 1430, † nach 1480) und Dimitar Kantakuzin (15. Jh.) gehen mehrere Sammelbände mit Viten, Predigten, liturg. Texten, hist. und polem. Beiträgen zurück. Von Kantakuzin stammt ein metr. Gebet eines reuigen Sünders an die Mutter Gottes.

Die bulg. Lit. bleibt bis ins 18. Jh. religiös bestimmt. Einer der ersten bulg. kyrill. Drucke ist das Gebet »Abagar« des kath. Bf.s Filip Stanislavov, Rom 1651. Die nach Damaskenos Studites († 1577) so gen. *Damaskini* sind zunächst (Ende 16. Jh.) die bulg. Übersetzungen des »Thesauros« dieses gr. Predigers. Sprachl. u. inhaltl. popularisiert u. vermischt sind die Sammelbücher unter diesem Namen bis ins 19. Jh. im Umlauf. R. Preinerstorfer

Ed.: J. IVANOV, Bogomilski knigi i legendi, 1925 – I. DUJČEV, Iz starata bălgarska knižnina, I–II, 1940, 1943²–1944 – P. DINEKOV, K. KUEV, D. PETKANOVA, Hristomatija po starobălgarska literatura, 1978⁴ – *Lit.:* M. MURKO, Gesch. der älteren südslaw. Lit.en, 1908, 57–100, 112–132 – J. BUJNOCH, Zw. Rom und Byzanz, 1958, 1972² – F. GRIVEC, Konstantin und Method, Lehrer der Slaven, 1960 – P. DINEKOV, Über die Anfänge der bulg. Lit., Internat. J. of Slavic Linguistics and Poetics 3, 1960, 109–121 – Istorija na Bălgarskata literatura, I: Starobălg. lit., 1963 – C. MOSER, A Hist. of Bulgarian Lit. 865–1944, 1972, 9–36 – Rečnik na bălgarskata literatura, I–II, 1976–77.

Bulgarische Sprache. Die b. Sp. gehört zusammen mit dem nahe verwandten Makedonischen, dem Serbokroatischen und dem Slowenischen zur südslav. Sprachgruppe. Der Name der Bulgaren stammt von dem Turkvolk der Protobulgaren, das im 7. Jh. den ersten Staat auf dem Gebiet des heut. Bulgarien bildete. In der Sprache hinterließen die Protobulgaren nur wenige Spuren, da sie bald von der slav. Mehrheitsbevölkerung assimiliert wurden. Die ältesten bulg. Denkmäler sind in glagolit. und kyrill. Schrift geschrieben und gehen bis ins 10. Jh. zurück. Zw. dem 12. und 15. Jh. (mittelbulgarisch) vollzogen sich in der b. Sp. weitreichende Veränderungen, die eine strukturelle Annäherung an nichtslav. Balkansprachen (neugriechisch, rumänisch, albanisch) mit sich brachten. Der Abstand zw. der Literatursprache und der gesprochenen b. Sp. vergrößerte sich. Die fast 500-jährige türk. Herrschaft hinterließ zahlreiche lexikal. Elemente und beeinflußte möglicherweise das Verbalsystem. Seit dem 16. Jh. (neubulgarisch) sind Werke in der Volkssprache (Damaskinen) zu finden. Die neubulg. Literatursprache bildete sich im 19. Jh. im Zuge der nationalen Wiedergeburt unter starkem Einfluß der wissenschaftl. und techn. Terminologie des Russischen. Die moderne Literatursprache wird in kyrill. Schrift (Orthographiereform 1945) geschrieben. Sie basiert auf den nordöstl. Dialekten, es machen sich aber westbulg. Einflüsse (Hauptstadt Sofia) in der Phonetik bemerkbar. Die beiden Hauptdialekte werden durch die Jat-Isoglosse (ĕ) (z. B. mljáko 'Milch' im Osten – mléko im Westen), die östl. von Sofia in nord-südl. Richtung verläuft, getrennt. Die wichtigsten morpholog.-strukturellen Merkmale sind: analyt. Nominalflexion (Vereinfachung des Kasussystems); Ausdruck der Kasusrelationen mittels Präpositionen; postpositiver bestimmter Artikel (*selo-to* 'das Dorf'); analyt. Komparativ und Superlativ (*dobăr* 'gut': *po-dobăr, naj-dobăr*); Verlust des Infinitivs, aber Formenreichtum im Temporalsystem (10 Tempora); konsequente Aspektkorrelation; bes. Modalform des Narrativs (drückt aus, daß der Sprecher nicht selbst Zeuge der beschriebenen Handlung ist). G. Neweklowsky

Lit.: S. MLADENOV, Gesch. der b. Sp., 1929 – Bălgarski ezik 1ff., 1951ff. [jährl. 6 Hefte, mit Bibliograph.] – S. GININA, A Bulgarian Textbook for foreigners, 1965 – K. P. POPOV, Po niakoi osnovni vŭprosi na bŭlgarskia knizhoven ezik, 1973 – S. STOJANOV, Gramatika na bălg. knižoven ezik, 1980³ – G. VENEDIKTOV, Iz istorii sovr. bolg. lit. jaz., 1981.

Bulgarus, Bologneser Rechtslehrer, * in Bologna, † um 1166 ebd. B. war der angesehendste der →Quattuor doctores und setzte seine strengrechtl. Betrachtungsweise gegen →Martinus Gosia an der Rechtsschule (→Bologna) durch. B. schrieb Glossen zum Corpus iuris civilis und verfaßte eine Einführung, in Briefform, in das Prozeßrecht und in einzelne Regeln des Zivilrechts für den Kard. Aimericus, Kanzler der röm. Kirche (1123–41), sowie ein →commentum zum Digestentitel »De diversis regulis iuris antiqui«. Aufzeichnungen aus seiner Vorlesung über den Codex Iustinianus scheinen die »Casus Codicis« des →Wilelmus de Cabriano (1157) zu sein; dieser hat vielleicht auch die →disputationes des B., das »Stemma (Kranz) Bulgaricum«, ausgearbeitet. Schüler des B. waren außerdem: →Rogerius, →Albericus de Porta Ravennate und →Johannes Bassianus. B. ist auch als Richter nachgewiesen (1151–59), u. a. als päpstl. iudex delegatus, wurde von Ks. Friedrich I. zur Feststellung der Regalien zum Reichstag bei →Roncaglia hinzugezogen und vertrat 1162 in Turin vor dem Ks. in dem Lehensprozeß um die →Provence die Interessen der Gf. en v. →Barcelona gegen die Herren v. →Baux. P. Weimar

Ed.: Anecdota quae processum civilem spectant, ed. A. WUNDERLICH, 1841, 1–26 – Excerpta legum edita a Bulgarino causidico (WAHRMUND, IV. 1) – Bulgari ad Digestorum tit. De diversis regulis iuris antiqui commentarius, ed. W. C. BECKHAUS, 1856 [Neudr. 1967] – Questiones in schola B. i disputate, ed. F. PATETTA (BIMAE II, 195–209) – *Lit.*: DBI XV, 47–53 – SAVIGNY IV, 75–123 – H. KANTOROWICZ, Stud. in the Glossators of the Roman Law, 1938 [Neudr. 1969], 68–85 [mit Ed. kleinerer Schr., 233–239, 241–253] – P. TORELLI, Glosse preaccursiane alle Istituzioni. Nota seconda: glosse di B., RSDI 15, 1942, 3–71 (= P. TORELLI, Scritti di storia del diritto italiano, 1959, 95–166) – G. DOLEZALEK, Die Casus Codicis des Wilhelmus de Cabriano (Stud. zur europ. Rechtsgesch., hg. W. WILHELM, 1972), 25–52 – COING, Hdb. I [mit weiterer Lit.].

Bullaria, Bullator, das päpstl. Siegelamt, welches alle Urkunden mit Bleibulle (→Bulle, Abschnitt II) passieren müssen, und die darin tätigen Bediensteten. In der Bullaria werden nicht nur die Urkunden besiegelt, sondern auch zahlreiche Gebühren erhoben. Die Aufsicht führen die magistri plumbi (Bullatoren im jüngeren Sinne; amtl. Titel: lector et taxator in bullaria). Sie prüfen, ob die Urkunde alle erforderl. Kanzleivermerke (→Kanzlei) aufweist, und setzen die endgültige →Taxe fest (Angabe in fl. rechts auf dem Umbug hinter dem Namen des Skriptors) und tragen ggf. einen eigenen Vermerk halblinks unter dem Umbug ein (Expedita kal. Martii anno tertio N. N. oder nur der Name). Das Anhängen des Siegels selbst ist Aufgabe zweier Mönche (Zisterzienserkonversen), die nicht lesen und schreiben können (fratres barbati, Bullatoren im älteren Sinne, später Plumbatoren). Die Gebühr für die Besiegelung ist eine Taxe in Höhe der Skriptorentaxe; da diese aber der Camera apostolica (→Kammer, apostolische) zusteht, erheben die Plumbatoren eine eigene Gebühr pro labore . Später fällt die Bullentaxe an verschiedene Vakabilistenkollegien, deren Beauftragte dann zur Kontrolle in der Bullaria anwesend sind. Bei der expeditio per cameram (→Expeditio) werden in der Bullaria auch die Registertaxe und die taxa quinta erhoben. Die Einziehung der Gebühren ist zunächst Sache der Plumbatoren (bzw. ihrer Gehilfen), später Aufgabe eines eigenen Kollegs, der collectores taxae plumbi, mit 52 Mitgliedern (seit 15. Mai 1486), später 104 Mitgliedern (seit 30. Jan. 1497); ihr Kanzleivermerk steht in der Mitte auf dem Umbug. Th. Frenz

Lit.: BRESSLAU I, 279, 308ff. – M. TANGL, Die päpstl. Kanzleiordnungen von 1200–1500, 1894, passim – L. SCHMITZ-KALLENBERG, Practica cancellariae apostolicae saeculi XV exeuntis, 1904, 50 – W. v. HOFMANN, Forsch. zur Gesch. der kurialen Behörden vom Schisma bis zur Reformation, 2 Bde, 1914, passim – W. EWALD, Siegelkunde, 1914, 170ff. – P. M. BAUMGARTEN, Aus Kammer und Kanzlei, 1930, 346ff. – P. HERDE, Beitr. zum päpstl. Urk.- und Kanzleiwesen im 13. Jh., 1967².

Bullarium, von Bulla im Sinn einer mit einem (Blei-)Siegel versehenen, seit Mitte des 13. Jh. üblichen Papsturkunde (vgl. →Urkunde, -nwesen, Abschnitt Papsturkunde; →Bulle, Abschnitt II), bezeichnet eine private Sammlung päpstl. Schriftstücke, ist also insofern unkorrekt, als darin verschiedene Arten päpstl. Erlasse zusammengetragen wurden. Dabei bemühte man sich sowohl um Aufnahme alter, in den Sammlungen des →Corpus iuris canonici nicht enthaltener als auch ganz bes. um die nach Abschluß dieser Rechtssammlung entstandenen Stücke. Am bedeutendsten ist das B. Romanum (Magnum), dessen Grundstock Laertius Cherubini 1586 in Rom edierte und das bis 1885 wiederholt in verschiedenen Ausgaben umfangreiche Erweiterungen und Fortsetzungen erfuhr. Daneben gibt es Bullarien mit den Acta einzelner Päpste sowie für bestimmte Orte, Sachgebiete und bes. Personengruppen, etwa die Bullarien der einzelnen Orden. H. Zapp

Ed.: H. MAINARDI-C. COQUELINES, Magnum B. Romanum, 32 Bde, Rom 1733–62 [Nachdr., 32 Teile in 13 Bänden, Graz 1964–67], mit Forts.: A. BERBERI, A. SPETIA, R. SEGRETI, 19 Bde, Rom 1835–57 [Nachdr., 19 Teile in 9 Bänden, Graz 1963–64] und 14 Bände (in 9), Prato 1840–56 – BDP – A. CHEVALIER, Magnum B. Romanum, 19 Bde, Luxemburg 1727–58 – *Lit.*: LThK² II, 766–767 – WETZER und WELTE's Kirchenlex. II, 1883, 1479–1482 – DDC II, 1121–1126.

Bulle
I. Byzantinische Bulle – II. Päpstliche Bulle (Siegel und Urkunde) – III. Verbreitung der Bulle im lateinischen Westen.

I. BYZANTINISCHE BULLE: Mit B. (bulla) in der Bedeutung 'sigillum' bezeichnete man im MA Metallsiegel aus Gold (vgl. auch →Goldbulle), Silber oder Blei, mitunter auch Ton- und Wachssiegel (vgl. auch →Siegel). Die Bullenform erscheint schon früh in Byzanz, wo in frühbyz. Zeit bereits Tonbullen verwendet wurden.

[1] *Tonbullen:* Bis in frühbyz. Zeit spielte bes. im Osten des Reiches, ebenso wie im →Sasanidenreich, die Siegelung in Ton eine wichtige Rolle. Für die Untersiegelung von Papyrusurkunden, -briefen und dgl. kamen nur leichtgewichtige Tonbullen in Frage.

[2] *Metallbullen:* a) *Entwicklung:* Byzantinische Privatpersonen, Beamte und Behörden bevorzugten für die Untersiegelung von (Pergament)urkunden sowie für die Versiegelung von Briefen, Waren usw. Bleibullen (Molybdobulla). Die Ks. siegelten bis zur Mitte des 9. Jh. ebenfalls nur in Blei, erst ab Basileios I. (867–886) finden sich für Privilegienurkunden (Chrysobulloi logoi) auch Goldbullen (s. a. →Chrysobull). Die silbernen Despotensiegel der Spätzeit spielen überhaupt nur eine sehr untergeordnete Rolle.

In der röm. Kaiserzeit hatte man zunächst mit einseitigen Bleiplomben begonnen; dabei wurde eine Gemme, ein Stempel oder ein Siegelring in das erwärmte Metall eingedrückt (die Rückseite ist unregelmäßig konusförmig gestaltet). Diese im ganzen Imperium Romanum verbreitete Sitte erlebte im 3. und 4. Jh. den Höhepunkt, kam ab dem 6. Jh. aber außer Gebrauch.

Spätestens in der Tetrarchie (Wende 3./4. Jh.) wurde die beidseitige Prägung von Bleischrötlingen mit Hilfe einer Siegelzange (Bulloterion) eingeführt. Die runden Bleischrötlinge (Durchmesser zumeist zw. 15 und 35 mm) wurden gegossen und wiesen jeweils in der Mitte einen Kanal für die Siegelschnur auf. Die neue Erfindung setzte sich schnell durch; den Höhepunkt erreichte die Entwicklung im 10.–12. Jh.; danach ging die Zahl der B. n jedoch rapid zurück. Außer dem Papst übernahmen auch mehrere Nachbarn des byz. Reiches diese Methode, bes. die Kreuzfahrerstaaten und Rußland, aber auch Bulgaren, Serben, Seldschuken u. a. Dagegen sind Bleisiegel mit hebr., arm., georg. oder syr. Schrift sehr selten. Insgesamt blieben mehr als 60000 Bleibullen erhalten.

b) *Typen:* B.n, die auf beiden Seiten nur Legenden aufweisen, lassen sich durchgehend nachweisen. Daneben waren im 6.–8. Jh. Monogramme beliebt, im 7. und frühen 8. Jh. Adlerdarstellungen, vom späten 7. bis früheren 10. Jh. Anrufungsmonogramme (z. B. »Θεοτόκε βοήθει« – mit dem Tetragramm »τῷ σῷ δούλῳ«, d. h. ʽGottesmutter, hilf deinem Dienerʼ). Patriarchenkreuze über Stufen finden sich vom späteren 9. bis frühen 11. Jh. Die Heiligendarstellungen waren zunächst (bes. im 7. Jh.) zumeist recht primitiv; in der Epoche des Ikonoklasmus (→Bilderstreit) setzten sie fast ganz aus; nach dessen Überwindung erreichten sie aber, bes. im 11. und 12. Jh., eine beachtliche künstler. Höhe, mit einer Vielzahl von Motiven (bis hin zu mehrfigurigen Szenen). Metrische Siegellegenden (bes. Zwölfsilber) erfreuten sich von der Mitte des 11. bis ins 13. Jh. großer Beliebtheit.

c) *Sondergruppen:* α) *Kaiser:* Bei den ksl. Bleibullen nimmt zumeist das Herrscherbild eine Seite des Siegels ein. Auf der Gegenseite wurde offenbar unter Justin II. (565–578) die geflügelte Nike durch die Madonna ersetzt. Während des Ikonoklasmus herrschte ein Siegeltypus vor, bei dem auf einer Seite ein Krückenkreuz über Stufen erscheint, auf der anderen Seite nur die Kaisernamen (inkl. Mitherrscher). Seit dem Sieg der Orthodoxie in der Mitte des 9. Jh. blieb die Aversseite fast ausschließl. einer Christusdarstellung vorbehalten.

β) *Patriarchen:* Bis zur Mitte des 11. Jh. schwankte der Averstypus der B.n der Patriarchen v. Konstantinopel (Monogramme, Christus, Theotokos, Michael, Heilige), dann setzte sich aber das Bild der thronenden Theotokos mit dem Kind auf dem Schoß durch. Die Reverslegende bringt stets den Namen des Patriarchen; sie lautet z. B. bei Kosmas I. (1075–81): »+Κοσμᾶς ἐλέῳ Θ(εο)ῦ ἀρχ(ι)επίσκο-π(ος) Κων(σταντινου)πόλεως Νέας Ῥώμης (καὶ) οἰκουμενι-κ(ὸς) π(ατ)ριάρχης«. Die Patriarchen v. Konstantinopel verwendeten bis in die NZ Bleibullen (z. T. mit sehr großem Durchmesser).

[3] *Wachssiegel:* Für die Kaiserkanzlei sind vom späteren 11. Jh. bis zum Beginn der Palaiologenzeit zur Untersiegelung bestimmter Urkundentypen *(Prostagmata, Prostaxeis, Horismoi)* Wachsbullen nachgewiesen, bes. wenn die Urkunde nicht auf Pergament, sondern auf Papier ausgefertigt war. In der Palaiologenzeit hatte der Ks. für die Siegelung mit Wachs sowohl den Siegelring *(Daktylios)* als auch ein großes Staatssiegel zur Verfügung; letzteres war einem hohen Beamten, dem Parakoimomenos τῆς (μεγάλης) σφενδόνης, anvertraut und an sich für Briefe an Mitkaiser bzw. Kaiserinnen reserviert (Ps.-Kodin 175, 23–32, Verpeaux).

Aufgrund von privaten Siegelringen und Petschaften, die erhalten geblieben sind (z. B. Menil Foundation, Houston, Texas), können wir auch sonst für mittel- und spätbyz. Zeit Siegelung mit Wachs in gewissem Umfang postulieren. W. Seibt

Lit.: G. Schlumberger, F. Chalandon, A. Blanchet, Sigillographie de l'Orient Latin, 1943 – G. Zacos-A. Veglery, Byz. Lead Seals I, 1972 – W. Seibt, Die byz. Bleisiegel in Österreich I, 1978 [mit weiterer Lit.] – N. Oikonomidès, Quelques remarques sur le scellement à la cire des actes impériaux byz. (XIIIᵉ–XVᵉ s.), Rec. de travaux de la Fac. de philosophie, Beograd XIV, 1, 1979, 123–128 – V. Laurent, Le corpus des sceaux de l'empire byz. II, 1981; V, 1963–72 – C. Morrisson, Projets de recherche et nouveaux aspects dans les sciences auxiliaires, Akten XVI. Internat. Byz. Kongr. I/1, 1981, 103–105 [Forschungsber.].

II. Päpstliche Bulle (Siegel und Urkunde): [1] *Siegel:* Die B. ist das gewöhnl. päpstl. →Siegel, aus Blei (bulla plumbea), ganz selten aus Gold (bulla aurea, →Goldbulle), neben das erst im SpätMA der →Anulus piscatoris (Fischerring) tritt. Die B. ist kreisförmig; der Durchmesser beträgt ca. 4 cm, die Dicke ca. 0,5 cm. Die Befestigung an der Urkunde erfolgt mit Hanffäden (filum canapis) oder Seidenfäden (sericum), →Litterae. Das Siegel wird beidseitig geprägt: Bis etwa zum 11. Jh. zeigt eine Seite den Namen, die andere den Titel des Papstes, und zwar beides im Genetiv, z. B. »Hadriani« und »Papae«. Seit etwa dem 12. Jh. zeigt eine Seite die Köpfe der Apostel Petrus und Paulus mit der Beischrift S. PA S. PE. (ʽsanctus Paulus, sanctus Petrusʼ; Apostelstempel), die andere den Namen des Papstes, aufgeteilt auf drei oder vier Zeilen, in der Form »Pius/Papa/II« (Namensstempel). Später weicht nur Paul II. (1464–71) von diesem Typ ab; seine B. zeigt auf der einen Seite die beiden Apostel in Ganzfigur, auf der anderen eine Audienzszene mit dem von Kard. umgebenen Papst auf dem Thron, mehreren Bittstellern und der nur sehr kleinen Beischrift »Paulus Papa II«. Beim Tode des Papstes wird der Namensstempel zerbrochen; der Apostelstempel wird vom Nachfolger weiterbenutzt. Der neugewählte Papst siegelt vor der Krönung mit der »bulla dimidia«: nur der Apostelstempel wird geprägt, die andere Seite bleibt flach; der Urkunde wird eigene, hierauf bezügl. Klausel eingerückt. Die Konzilien v. →Konstanz und →Basel führten eigene Bullen. Der Namensstempel lautet »Sacrosancta Synodus Constanciensis« bzw. »Basiliensis«. Als zweite Seite verwendete das Konzil v. Konstanz den päpstl. Apostelstempel, das von Basel ein eigenes Bild (Herabkunft des Hl. Geistes auf das Konzil). Die Schrift der B. ist bis zu Martin V. und dem Konzil v. Basel got. Majuskel, seit Eugen IV. Capitalis quadrata.

[2] *Päpstliche Urkunde:* Seit dem 13. Jh. wird die Bezeichnung B. vom Siegel auf die ganze Urkunde übertragen, und zwar zunächst nur auf eine bestimmte Urkundenart, später (etwa seit dem 15. Jh.) auf alle Urkunden mit Bleisiegel; für das Siegel selbst kommt dann die Bezeichnung »plumbum« auf. Der amtl. Sprachgebrauch und die moderne wissenschaftl. Terminologie halten aber an der engen Bedeutung fest. Diese B.n im engeren Sinne stehen auf der Mitte zw. den →Privilegien, die feierlicher, und den →Litterae, die minder aufwendig als sie ausgestattet sind. Die 1. Zeile wird ausgefüllt durch die Formel »Pius episcopus servus servorum dei, Ad perpetuam (oder: futuram) rei memoriam«; davon werden der Papstname und das »A« von »Ad« in got. Majuskel, der Rest in Elongata (→Urkundenschrift) geschrieben. In der 2. Zeile beginnt sofort die →Arenga; Adresse und Grußformel fehlen. Die übrige Ausstattung entspricht der der »litterae cum serico«, also diplomat. Abkürzungszeichen, ct- und st-Ligatur, Korroborationsformeln »Nulli ergo« etc. und »Siquis autem« etc., kleine Datierung (seit Eugen IV. mit Inkarnationsjahr) und Siegel an Seidenfäden. Zunächst seit Innozenz IV. nur für Urkunden von allgemeiner Wichtigkeit (z. B. für polit. bedeutsame Exkommunikationen) verwendet, wird der Typ im 15. Jh. häufiger, bes. bei der »expeditio per cameram« (regelmäßig für →Inkorporationen). Seit Eugen IV. gibt es die Konsistorialbullen: für bes. wichtige Urkunden werden der normalen Bullenform einige Elemente der alten, im 15. Jh. längst außer Gebrauch gekommenen Privilegien hinzugefügt, und zwar eine →Rota und die (eigenhändigen) Unterschriften von Papst und Kardinälen. Th. Frenz

Lit.: DDC II, 1126ff. – ECatt II, 1778ff. – LThK² II, 767f. – BRESSLAU I, 82f., II, 608ff. – A. SERAFINI, Le monete e le bolle plumbee pontificie I, 1910 – L. SCHMITZ-KALLENBERG, Papsturk., 1913², 74ff., 100f., 109f., – W. EWALD, Siegelkunde, 1914, 120f., 174, 214 – P. SELLA, I sigilli dell'archivio Vaticano I, 1937, 1ff. – P. HERDE, Beitr. zum päpstl. Urk.- und Kanzleiwesen im 13. Jh., 1967², 57ff. – E. KITTEL, Siegel, 1970, 167ff., 383ff.

III. VERBREITUNG DER BULLE IM LATEINISCHEN WESTEN: [1] Die *Verwendung des Bleis* für die B. war, vielfach unter byz., offensichtl. aber auch unter Einfluß von päpstl. Seite, am weitesten verbreitet. Die ältesten erhaltenen Bleib.n gehören wahrscheinl. noch d. 7. Jh. an. In Rom, Ravenna und Benevent haben nicht nur Ebf.e, Bf.e oder Äbte, sondern auch einfache Geistliche, Patrizier und Notare mit Blei gesiegelt. Dieser Brauch wurde später von den norm. Herrschern übernommen. In Oberitalien führten die Dogen v. Venedig nachweisl. seit dem 12. Jh., vermutl. aber schon vor allem Anfang an bis zum Untergang der Republik Bleibullen, zeitweilig auch die Patriarchen v. Grado. Von it. Kommunen sind Bleibullen aus Pisa, Florenz, Lucca und Genua bekannt. Ferner siegelten Kg.e sowie andere weltl. und geistl. Würdenträger auf Sardinien, in Spanien, Portugal, auf Mallorca und in Südfrankreich mit Blei. Auch die späteren Kg.e v. Sizilien haben sich im 14. Jh., möglicherweise nach südfrz. Vorbild, bleierner Siegel bedient. Daß der Gebrauch des Bleis in den Mittelmeerländern durch die klimat. Verhältnisse mitbestimmt wurde, bestätigt eine Urkunde Kg. Alfons' IX. v. León, die den Vorzug dieses Materials gegenüber dem leicht erweichenden Wachs hervorhebt.

[2] Bei d. *abendländ. Ks.n und Kg.en* sind Metallb.n seit den Karolingern üblich geworden, zuerst, »wohl mit einem Seitenblick auf Konstantinopel« (P. E. SCHRAMM), unter Karl d. Gr. Ikonograph. hängen seine B.n jedoch nicht mit Byzanz zusammen, sondern gehen auf röm. Münzen zurück. Bekannt sind von Karl d. Gr. je eine Bleibulle aus der Königs- und Kaiserzeit. Die einer Silbermünze Konstantins d. Gr. nachempfundene Königsbulle mit gekröntem Kopf und der Umschrift »Iesu nate dei Carlum defende potenter« auf der Vorderseite sowie dem von der Umschrift »Gloria Christo regi et victoria Carlo« umrahmten Herrschermonogramm auf der Rückseite diente Karl d. Kahlen, Otto III. und Heinrich II. als Vorbild. Häufiger wurde die Kaiserbulle Karls d. Gr. kopiert und abgewandelt. Sie zeigt auf der Vorderseite eine frontale Herrscherbüste mit der »Dominus noster Karolus imperator pius felix perpetuus augustus« aufzulösenden Umschrift und auf der Rückseite ein von einem Kreuz überragtes Stadttor mit der Unterschrift »Roma« sowie der sich um den Rand ziehenden Devise »Renovatio Roman(i oder -orum) imp(erii)«. Unter Ludwig d. Frommen wurde alles, was auf Rom deutete, weggelassen. Die Rückaufschrift lautete nunmehr »Renovatio regni Francorum«, wurde von Karl d. Kahlen, Karl III., Arnolf, Wido v. Spoleto beibehalten und taucht zum letzten Mal auf der Königsbulle Heinrichs II. auf. Lothar I. ließ auf die Renovatio-Legende seines Vaters durch die Inschrift »Gloria regni«, sein Sohn Ludwig II. durch die Formel »Decus imperii« ersetzen. Erst Otto III. nahm die »Renovatio-imperii«-Devise wieder auf. Die Darstellung der Roma als eine mit Schild und Fahnenlanze bewehrte Frau auf seinen ersten beiden Bullenstempeln blieb eine vereinzelte Erscheinung. Dagegen wirkten die auf der letzten B. Ottos III. eingeprägten Worte »Aurea Roma« lange fort (zusammen mit der seit den Saliern üblichen bildl. Darstellung der Stadt auch auf B.n der Päpste Viktor II., Stephan IX. und Nikolaus II.). Die B. Heinrichs II. läßt auf der Rückseite die Halbfigur des hl. Petrus inmitten eines Mauerkranzes erkennen, der schon an die Goldbullen Lothars III. und Friedrichs I. erinnert. Seit Konrad II. bis zum Ende des MA erscheint auf der Rückseite der B. das Bild der »Aurea Roma« als Burg, Kirche oder Palast, umgeben von dem wahrscheinl. dem Hofkapellan →Wipo zuzuschreibenden Hexameter »Roma caput mundi regit orbis frena rotundi«. Die letzte Verwendung von Bleibullen in der dt. Reichskanzlei ist für Heinrich IV. bezeugt. Seitdem kommt als Metallsiegel nur noch die →Goldbulle vor. Nur Kg. Alfons X. (der Weise) hat 1261 noch einmal eine Urkunde für Genua mit einer Bleibulle versehen lassen. Aus England ist offensichtl. nur eine Königsbulle aus dem 9. Jh. erhalten.

[3] Im übrigen kannte man im n. Mitteleuropa den Sondergebrauch der Bleiplomben als Güte- und Herstellungszeichen von Tuchen (→Beschauzeichen; →Blei, Bleiguß). Schließlich sind noch Bleibullen einiger dt. Bf.e des 11. und 12. Jh. bekannt. Umstritten ist eine Bleiplatte mit Eindrücken zweier Bullenstempel Bf. Altfrieds v. Hildesheim von angebl. 873.

Mit seltenen Ausnahmen (z. B. quadrat. Bleibullen aus Frankreich v. 1269) sind B.n stets rund und in der Größe konstanter als Wachssiegel. Die Verkleinerung des Bullenumfangs bei der Kaiserbulle Karls d. Gr. und der letzten B. Ottos III. läßt sich durch die Benützung einer Münze erklären. – Silberbullen sind im Westen im Gegensatz zu Byzanz nur vereinzelt nachzuweisen (Italien, Spanien).

A. Gawlik

Lit.: MlatWb I, 1610f. – RDK III, 84ff. – BRESSLAU II, 562ff. – A. EITEL, Über Blei- und Goldbullen im MA, 1912 – O. POSSE, Die Siegel der dt. Ks. und Kg.e V, 1913, 140ff. – W. EWALD, Siegelkunde, 1914, 143ff. – P. E. SCHRAMM, Die dt. Ks. und Kg.e in Bildern ihrer Zeit (751–1152), 1928 – W. ERBEN, Rombilder auf ksl. und päpstl. Siegeln im MA, 1931 – DERS., Kaiserbullen und Papstbullen (Fschr. A. BRACKMANN, 1931), 148ff. – P. E. SCHRAMM, Ks., Kg.e und Päpste II, 1968, 15ff. – DERS., Die Metallbullen der Karolinger: Ihre Rekonstruktion, ihre Interpretation, 1969 – E. KITTEL, Siegel, 1970, 163ff., 186ff. – G. C. BASCAPÉ, Sigillografia, 2 Bde, 1969, 1978 – J.-Y. MARIOTTE, Une bulle de plomb attribuée à Charles le chauve, ADipl 23, 1977, 104ff. [= Fschr. W. HEINEMEYER, 1979].

Bulle(n), Goldene → Goldene Bulle(n)

Bund, Alter und neuer (ikonograph.) →Ecclesia und Synagoge

Bund der Acht alten Orte → Eidgenossen, -schaft

Bund der Dreizehn Orte → Eidgenossen, -schaft

Bund Gottes → Heilsgeschichte

Bund vom Löwen (oder Panther) → Ritterbünde

Bund von St. Jörgenschild → Ritterbünde

Bundschuh. Der mit Riemen gebundene Schuh des Bauern (→Schuh) wurde im 15./16. Jh. reichsweit zum Symbol für bäuerl. »Aufruhr«. In der 1. Jahrhunderthälfte diente der B. vornehmlich als positives Integrationssymbol zur Abwehr fremdländ. Truppen (→Armagnaken), erst an der Wende zum 16. Jh. trat er als Symbol für Aufstand gegen adlige und geistl. Herrschaft in den Vordergrund (→Revolte). Zu den Bundschuhaufständen im engeren Sinn zählen jene von Schlettstadt (1493), Untergrombach (1502), Lehen (1513) und der »oberrhein.« B. (1517), während die Unruhen in Schliengen (1443) und im Hegau (1460) nur durch die Obrigkeiten als B. ausgewiesen sind. Zw. 1493 und 1517 lassen sich deutlich eine Radikalisierung, soziale Verbreiterung und regionale Erweiterung des B. nachweisen. Die anfängl. Beschwerden von 1493 gegen die (geistl.) Gerichtsbarkeit, gegen Zölle und Steuern, gegen Juden und gegen die Pfründenhäufung der Geistlichen werden schließlich 1513/17 auf ein antifeudales Programm zugespitzt, das außer Ks. und Papst keine Obrigkeit mehr anerkennt, damit im Prinzip die feudalen Lasten beseitigt und vage naturrechtl. Vorstellungen (persönl. Freiheit, Freigabe von Jagd und Fischerei) ausbringt. – Radikalität charakterisiert das Programm des B.; elitär, konspirativ und herrschaftsübergreifend sind Zusammensetzung und Organisation, für die schließlich Jos →Fritz verantwortlich wird – ein leibeigener Bauer des Bf.s v. Speyer, dem es dank seiner charismat. und organisator. Fähigkeiten gelingt, die letzten drei Bundschuhbewegungen zu inszenieren. Die straffe Organisation unterscheidet die durchweg frühzeitig aufgedeckten Bundschuhaufstände von anderen Bauernrevolten im Reich, die sich summar. durch Massenbasis, regionale Beschränkung auf eine Herrschaft und reformer. Forderungen kennzeichnen lassen. Beide Typen von Bauernunruhen münden in die »Revolution des Gemeinen Mannes«, den sog. Bauernkrieg von 1525.

Problemat. ist die kategoriale Einordnung des B. in die »göttlich-rechtlichen« Bewegungen (G. Franz), weil der Begriff selbst nur auf den Bundschuhfahnen (1502, 1513) nachzuweisen ist, das Bundschuhsymbol aber auch anderwärts (Württemberg 1514) auftaucht. Ungeklärt ist, inwieweit die Kriminalisierung bäuerl. Widerstands, die in die reichische (Speyer 1526) und die territoriale (Württemberg seit 1514, Tirol und Salzburg seit 1526) Gesetzgebung eingeht, durch die Bundschuhbewegung bzw. ihre Bekämpfung durch Maximilian und die Fs.en begründet ist. Eine neuere, die moderne sozial- und agrargeschichtl. Forschung berücksichtigende Analyse des B. im Rahmen der jüngst verstärkt betriebenen Erforschung bäuerl. Widerstandes fehlt. P. Blickle

Q. und Lit.: A. Rosenkranz, Der B., 2 Bde, 1927 – W. Andreas, Der Bundschuh, 1953² – G. Franz, Der dt. Bauernkrieg, 1975¹⁰, 53–91 – H. Wunder, »Altes Recht« und »göttliches Recht« im Dt. Bauernkrieg, ZAA 24, 1976, 54–66 – P. Blickle, Bäuerl. Erhebungen im spätma. dt. Reich, ZAA 27, 1979, 208–231.

Bunratty, Burg in Irland, an der Mündung des Shannon, ca. 10 km nw. von Limerick. B. lag auf Landbesitz, der ursprgl. den O'Briens gehörte und 1248 von Heinrich III., Kg. v. England, an Robert de Muscegros übertragen wurde. Die heute bestehende Burg hatte drei Vorgängerbauten; der erste, wohl aus Holz, wurde von de Muscegros errichtet; der zweite, wahrscheinl. aus Stein, wurde im späten 13. Jh. von Thomas de Clare errichtet, der dritte Bau entstand unter Thomas de Rokeby um 1353. Die heut. Burg wurde um 1450 von Maccon Macnamara begonnen und von seinem Sohn Seán Finn († 1467) vollendet. Später kam sie in den Besitz der O'Brien. Die Burg ist eine rechteckige Anlage, die an den vier Ecken mit starken Rechtecktürmen (im späten 16. Jh. neugedeckt) bewehrt ist. Die Räume im Hauptrechteck sind eingewölbt, die große Halle im dritten Stockwerk hat jedoch ein hölzernes Dach. Einzigartig ist u. a. Burgen ist der Nordsöller. Ausgrabungen in der Garderobe (um 1960, unpubliziert) haben ein fragmentar. erhaltenes seltenes Glas mit Diamantgravierung sowie Scherben von dt. Weinflaschen ergeben. Spätere (ebenfalls unpublizierte) Ausgrabungen ergaben regelmäßige Gartenanlagen im W der Burg. – 1649 wurde die Burg belagert. 1960 erfolgte die Restaurierung.
P. Harbison

Buonaccorsi, Filippo → Callimachus Experiens

Buonaccorso → Bonaccursus v. Mailand

Buondelmonti, Florentiner Familie aus dem Lehnsadel, deren Name von der Burg Montebuoni in Val di Greve, südl. von Florenz, abgeleitet wird. Die B. waren schon im 11. Jh. stadtsässig, wurden aber erst i. J. 1135 endgültig eingebürgert, nachdem das Heer der Kommune Florenz unter einem Vorwand die Burg Montebuoni angegriffen und zerstört hatte, die der aufsteigenden florent. Macht im Wege stand, da sie die Straße zw. Florenz und Siena beherrschte. Der Tradition nach sind die B. infolge einer blutigen Fehde mit den Amidei u. a. Magnatengeschlechtern, darunter den Uberti, für die Spaltung verantwortl., die seit 1215 Florenz in Guelfen und Ghibellinen schied. Wieweit es sich dabei um eine Legende handelt, ist nicht eindeutig zu klären, jedenfalls waren die B. im 13. Jh. treue Guelfen, so daß sogar ein berühmtes Mitglied der Familie, *Ranieri »Zingano«,* 1249 auf Befehl Ks. Friedrichs II. geblendet wurde. Von 1293 an nahmen die B., die zu »Magnaten« erklärt worden waren, eine unversöhnl. feindl. Haltung zu dem Popolarenregime ein und gehörten daher zu den Familien, die von jeglichem öffentl. Amt ausgeschlossen wurden. Im 14. Jh. verbanden sie sich mit den →Acciaiuoli, mit denen sie Verwandtschaftsverbindungen schlossen und Lehen in Morea und den Balkanländern eroberten. Unter den verschiedenen Persönlichkeiten der Familie ist im 14. Jh. *Benghi* hervorzuheben, ein eifriger Anhänger des aristokrat. Guelfentums, der nach dem Aufstand der →Ciompi (1378) aus Florenz verbannt wurde und in der Nähe der Ortschaft Impruneta, dem Sitz eines berühmten Marienheiligtums, über das die B. das Patronat ausübten, Straßenraub betrieb. Nach dem Aufstand der Ciompi ließ sich ein Teil der Familie als zum Populus gehörig eintragen, d. h. verzichtete auf ihre Magnatenwürde und änderte das Geschlechterwappen, so daß sie nun öffentl. Ämter bekleiden konnten. Dieser Familienzweig bezeichnete sich gewöhnl. als Montebuoni, obwohl er gelegentl. den Namen B. wieder aufnahm. Das Geschlecht erlosch im 18. Jh. F. Cardini

Q. und Lit.: Dino Compagni, Cronica delle cose occorrenti ne' tempi suoi, II, 24 – Giovanni Villani, Cronica, IV, 13; VI, 33, 89; VIII, 1, 39; X, 181; XII, 9 – DBI XV, 190–230 [Mitglieder der Familie] – R. Davidsohn, Gesch. v. Florenz, 1896 [Ind.] – N. Ottokar, Il comune di Firenze alla fine del Duecento, 1962, 49, 60, 97 – G. Salvemini, Magnati e popolani in Firenze dal 1280 al 1295, 1966, 9, 26, 54, 67.

Buondelmonti, Cristoforo, Priester, Reisender und Kartograph, * um 1385 wahrscheinl. in Florenz, reiste ab 1414 mehrere Jahre lang in der Levante, bes. im gr. Archipel; verfaßte eine »Descriptio Insulae Cretae« (1417, mit Karte) und einen »Liber Insularum Archipelagi« (1420, mit Karten, u. a. eine Weltkarte), dessen Kurzfassung von 1422 relativ weite Verbreitung fand. E. Woldan

Lit.: DBI XV, 198–200 – L. Bagrow-R. A. Skelton, Meister der Kartographie, 1963, 85, 473.

B(u)ovo d'Antona. Der afrz. →Bueve de Hanstone erfreute sich in Italien bes. Beliebtheit. Im 13. Jh. wurde er in zwei franko-it. Versionen in Verstiraden bearbeitet; später entstanden toskan. Versionen in →ottava rima und in Prosa. Auch →Andrea da Barberino hat den B.-Stoff in seine erfolgreiche Kompilation der »Reali di Francia« aufgenommen. B. wurde in den Kreis der Karlssagen integriert, wobei im Hinblick auf das bürgerl. Publikum der Comuni die Vendetta an die Stelle der feudalen Fehde trat. Als Ritterroman und als Volksbuch ist B. noch bis ins 17. Jh. gedruckt worden. – It. Fassungen bildeten auch die Grundlage jiddischer und slav. Bearbeitungen, deren Erfolg vom 16. Jh. bis in die frühe Neuzeit angehalten hat.
M.-R. Jung

Q.: P. Rajna, Ricerche intorno ai Reali die Francia, 1872, 491–566 (Bovo laurenziano) – Ders., Frammenti di redazioni it. del B. d'A., ZRPh 11, 1887, 153–184 (Bovo udinese); 12, 1888, 463–510; 15, 1891,

47–87 (toskan. Prosaversion) – J. REINHOLD, Die franco-it. Version des B. (Nach dem Codex Marcianus XIII), ZRPh 35, 1911, 555–607, 683–714; 36, 1912, 1–32, 512 – *Lit.*: L. MELZI-P. TOST, Bibliogr. dei romanzi di cavalleria, 1865, 102–109 (B. in ottava rima und Morte di B.) – H. KRAUSS, Epica feudale e pubblico borghese. Per la storia poetica di Carlomagno in Italia, 1980.

Büraburg, Burg und Bm. [1] *Geschichte:* Die B. (Hessen, sw. von Fritzlar, auf dem Büraberg; auch Buraburg, Buriaburg, Buriburg) ist eine vorgeschichtl. Anlage in der Ringwallkette um das Ursiedlungszentrum der Fritzlarer Ebene. Im Laufe der frk. Durchdringung Hessens wurde sie kastellartig in ungewöhnl. Größe und Stärke ummauert. Sie sicherte endgültig die frk. Herrschaft in Nordhessen, vornehml. gegen Sachsen, und ermöglichte die Vollendung der von iroschott. Mönchen eingeleiteten Christianisierung des Landes, wie das Brigidenpatrozinium der Büraburger Kirche gedeutet wird. Im unmittelbaren Schutz des Kastells konnte →Bonifatius 723 die Donareiche bei Geismar fällen und in seinen Mauern 741 das Hessenbistum B. errichten. Sein Sprengel umfaßte aus dem Bonifatius 738 zugewiesenen Missionsgebiet sicher den Hessengau (um →Fritzlar), den nördl. Teil des Lahngaus (um Amöneburg) und das Gebiet nördl. und nordöstl. des Vogelsberges. Der erste und einzige Bf. war Witta, nach dessen frühem Tod das Bm. wohl noch auf Veranlassung von Bonifatius zur Mainzer Diöz. gezogen wurde, in der es als Chorbistum noch einige Jahrzehnte lang schwache Spuren hinterlassen hat. Nach Aufgabe der Burg auf Grund der veränderten polit. Verhältnisse überdauerte von der Siedlung nur die Kirche, die 1340 der Scholasterie des Fritzlarer Petersstiftes inkorporiert wurde, aber Pfarrkirche der benachbarten Orte blieb.

K. E. Demandt

[2] *Archäologie:* Die Ausgrabungen auf dem Büraberg wurden zuletzt von N. WAND durchgeführt, der an ältere Grabungen von J. VONDERAU anknüpfte. Die archäolog. Funde datieren vom Ende des 7. Jh. bis 850, eine Restsiedlung ist bis 1300 nachgewiesen. Der Bergsporn ist mit einer zweiphasigen gemörtelten Mauer befestigt. Drei Steintürme, zwei in der Mitte der Langseiten, einer als Torturm an der SO-Ecke, sind bekannt, ebenso vor der Mauer Spitzgräben, an den schwächer geneigten O- und W-Seiten dreifach. Das Plateau war dicht besiedelt, ist aber nur an der SO-Ecke genauer erforscht. Hier lagen, kasemattenähnl. gereiht, hinter der Mauer schmale Pfostenbauten mit zwei Räumen, einer jeweils mit Herd, und eine Schmiede. Sie gleichen militär. Bauten, wie sie seit spätröm. Zeit üblich waren, und dienten wohl als Truppenunterkünfte. Die Bauten weiter innen waren größer, sind jedoch nur sporad. ergraben. Vor der Ostfront lag eine Vorburg, wo einfache Grubenhäuser verschiedener Bauart entdeckt wurden. Zwei Friedhöfe zur B. sind bekannt.

H. Hinz

Lit.: HOOPS² IV, 99–103 [N. WAND, F. SCHWIND] – W. CLASSEN, Die kirchl. Organisation Althessens im MA, 1929 – J. VONDERAU, Die Ausgrabungen am Büraberg bei Fritzlar 1926–31, 1934 – H. WUNDER, Die Wigberttradition in Fritzlar und Hersfeld, 1969 – N. WAND, Die B. bei Fritzlar, 1974.

Burchard (s. a. Burchardus, Burckhard, Burkhard)

1. B. v. Querfurt, *Burggraf v. →Magdeburg*, * um 1100, † um 1162. B. entstammte der hochadligen Familie der Gf.en v. →Querfurt, die den hl. →Brun zu ihren Vorfahren zählte. Der Ehe seines Vaters, Gebhards II., mit Oda, Schwester des Gf.en Milo v. Ammensleben, entsprossen außer B. Gf. Gebhard III. († 1126) und Konrad, 1134–42 Ebf. v. Magdeburg. Konrad erhob seinen Bruder 1136 zum Burggrafen v. Magdeburg und Hochvogt des Ebm.s 1142/43 söhnte sich B., der bisher die Welfen unterstützt hatte, mit Kg. Konrad III. aus. B. kaufte 1146 die Vogtei über das Kl. Lutisburg (wüst, w. Querfurt), das er nach Ilversdorf (wüst, 1 km w. Querfurt) verlegte und unter dem Namen Marienzell neu begründete sowie dotierte. B. unterhielt Beziehungen zum Bm. →Halberstadt. Seine Tätigkeit im Reichsdienst ist kaum bekannt. Sein Sohn Burchard II. folgte ihm in der Burggrafschaft.

D. Claude

Lit.: H. LÖTZKE, Die Burggrafen v. Magdeburg aus dem Querfurter Hause [Diss. masch. Greifswald 1950] – L. FENSKE, Adelsopposition und kirchl. Reformbewegung im östl. Sachsen, 1977.

2. B., *Markgraf in der →Ostmark und Burggraf v. →Regensburg*, entstammte einem niederen Adelsgeschlecht, wurde aber durch seine Ehe mit einer namentl. nicht bekannten Schwester der bayer. Hzgn. Judith mit den →Luitpoldingern und →Liudolfingern verwandt. Ihrer Fürsprache verdankte er wohl die Einsetzung in seine beiden Ämter durch Kg. Otto I. Die Burggft. in Regensburg wurde B. im Anschluß an den liudolfing. Aufstand 953/954 deswegen anvertraut, weil er als nun niederem Adel aufgestiegener Verwandter Königstreue erwarten ließ. Der Burggraf, der in keiner anderen dt. Stadt in diese Zeit zurückverfolgt werden kann, hatte die kgl. Interessen in Regensburg, dem Vorort Bayerns, zu vertreten (→Burggraf, -schaft). Ihm oblag als dem Nachfolger des karol. »vicarius regis« die Verwaltung der Pfalz und ihres Zubehörs. Durch die Einsetzung als Mgf. in der Ostmark nach der →Lechfeldschlacht 955 wurde B. maßgebl. an der Rückeroberung und Rekolonisierung des Grenzgebietes entlang der Donau zw. Erla und Kleiner Tulln beteiligt. In dunklem Zusammenspiel mit Hzg. →Burchard II. v. Schwaben hat er seinen Sohn Heinrich 973 als Nachfolger von →Udalrich auf den Bischofsstuhl zu Augsburg gebracht (→Heinrich I., Bf. v. Augsburg). Nach seiner Beteiligung am Aufstand Hzg. →Heinrichs II. v. Bayern (des Zänkers) gegen Kg. Otto II. 974 wurden B. auf der Regensburger Reichsversammlung 976 Mgft. und Burggft. aberkannt.

A. Schmid

Lit.: M. MAYER, Gesch. der Burggrafen von Regensburg [Diss. München 1883], 8f. – M. VANCSA, Geschichte Nieder- und Oberösterreichs I, 1905, 192–197 – K. LECHNER, Die territoriale Entwicklung von Mark und Hzm. Österreich, Unsere Heimat 24, 1953, 33–55 – P. SCHMID, Regensburg. Stadt der Kg.e und Hzg.e im MA, 1977.

3. B. I., *Hzg. v. Schwaben*, † 28. oder 29. April 926, war als Angehöriger der →Hunfridinger, die seit der 1. Hälfte des 9. Jh. Mgf.en in Rätien und Gf.en im →Thurgau und in Gebieten Innerschwabens waren und zu den führenden Familien im SW des ostfrk. Reiches zählten, maßgeblich an den Auseinandersetzungen um die Bildung des Hzm.s Schwaben am Anfang des 10. Jh. beteiligt. Bereits sein gleichnamiger Vater galt als princeps Alamannorum, traf aber 911 bei dem Versuch, sich als Hzg. weiterreichende Anerkennung zu verschaffen, auf den Widerstand Bf. →Salomos III. v. Konstanz und Pfgf. →Erchangers, der Sachwalter des Kgtm.s in Schwaben, und kam ebenso wie sein Bruder Adalbert ums Leben; B. mußte damals in die Verbannung gehen.

In der Folgezeit rebellierten zuerst Erchanger, dann der 914 aus dem Exil zurückgekehrte B. gegen Kg. →Konrad I.; 915 siegten sie gemeinsam bei Wahlwies über königstreue Landsleute, und Erchanger wurde als Hzg. ausgerufen. Nachdem dieser 917 auf kgl. Befehl hingerichtet worden war, setzte B. die Empörung gegen Konrad I. fort und beanspruchte für sich das Hzm. 919 wehrte B. durch seinen Sieg bei Winterthur die Gebietsansprüche Kg. →Rudolfs II. von Hochburgund ab und erkannte im gleichen Jahr die Oberhoheit des neugewählten dt. Kg. Heinrichs I. an. 922 bekräftigte B. den Frieden mit Burgund durch die Verheiratung seiner Tochter Bertha mit Kg. Rudolf. Als B. dessen oberit. Politik wohl auch mit eigenen Interessen unterstützte, wurde er 926 vor Novara erschlagen.

Über B.s Stellung in Schwaben und die Reichweite seiner Herrschaft sind wir nur knapp unterrichtet: In Stellvertretung Heinrichs I. hat B. Rechte gegenüber den Reichskirchen wahrgenommen, wie seine Eingriffe in die Verhältnisse von St. Gallen und der Reichenau zeigen; auf einem Hoftag in Zürich 926 urkundete er für die dortige Fraumünsterabtei. Seine Herrschaft versuchte B. über den rätisch-thurgauischen Kernraum hinaus auch in Ostschwaben (Einfluß bei der Erhebung seines Verwandten →Udalrich zum Bf. v. Augsburg) und im Breisgau (Gründung des Hausklosters St. Margarethen in →Waldkirch zusammen mit seiner Frau Reginlind) geltend zu machen. Dank seiner erfolgreichen Politik und trotz fortdauernder Widerstände gegen ihn von seiten seiner Landsleute gelang es B., das schwäb. Hzm. nach den Wirren der Entstehungszeit auf Dauer zu sichern. Th. Zotz

Lit.: NDB III, 28 [Lit.] – H. STINGL, Die Entstehung der dt. Stammesherzogtümer (Unters. zur dt. Staats- und Rechtsgesch. NF 19), 1974 – TH. L. ZOTZ, Der Breisgau und das alem. Hzm. (VuF Sonderbd. 15), 1974 – H.-W. GOETZ, »Dux« und »ducatus«, 1977 – H. MAURER, Der Hzg. v. Schwaben, 1978.

4. B. II., *Hzg. v. →Schwaben*, † 11. oder 12. Nov. 973, ▢ Reichenau, folgte 954 auf →Liudolf, der wegen des Aufstands gegen seinen Vater, Kg. Otto I., dem schwäb. Dukat entsagen mußte. Da B. als Sohn Hzg. →Burchards I. gelten darf, spielten bei seiner Erhebung offenbar Ansprüche des hunfriding. Hauses (→Hunfridinger) wie auch die Verwandtschaft B.s mit Kgn. →Adelheid eine Rolle. Die Verbindung zum otton. Königshaus bekräftigte B. durch seine Heirat mit Hadwig, der Tochter von Kg. Ottos I. Bruder →Heinrich.

B. gehörte häufig zum Gefolge →Ottos I. 955 beteiligte er sich mit einem schwäb. Aufgebot an der →Lechfeldschlacht, 962 und 967 begleitete er Otto auf seinen Italienzügen und führte 965 im Auftrag des Ks.s Krieg gegen →Adalbert, Kg. v. →Italien, und dessen Bruder Wido, welche die otton. Oberhoheit nicht anerkennen wollten.

In Schwaben läßt sich B.s Herrschaft im Bodenseegebiet und im Breisgau nachweisen: Zeitweise hatte der Hzg. die Gft. im Thurgau inne, Zürich und Breisach sind als hzgl. Münzstätten bekannt. Bes. Förderung ließ B. den Kl. Reichenau und Einsiedeln zukommen, und von den südöstl. Bf.en war ihm →Hartbert v. Chur eng verbunden. In der Burg →Hohentwiel, die als Herzogspfalz fungierte, gründeten B. und seine Gemahlin Hadwig ein Kl., das als Zentrum des Georgskultes und Stätte der Bildungspflege dienen sollte. Gleichzeitig tradierten sie das burcharding. Eigenkloster in →Waldkirch an Otto I., behielten aber für Hadwig eine Nutzung auf Lebenszeit vor.

Durch die Verwandtschaft Hadwigs mit den bayer. Liudolfingern geriet das schwäb. Hzm. z. Z. B.s unter den starken Einfluß →Heinrichs II. des Zänkers. Das zeigt deutlich die Nachfolgeregelung für Bf. →Udalrich v. Augsburg 973, in der B. eine wenig rühmliche Rolle spielte: Gegen den Willen Udalrichs und durch Täuschung des Domkapitels betrieb B. die Erhebung Heinrichs, eines Vetters der Hadwig, auf den Augsburger Bischofsstuhl (→Heinrich I., Bf. v. Augsburg). Nach dem im selben Jahr erfolgenden Tod des kinderlosen B. versuchte Ks. Otto II., das schwäb. Hzm. durch die Einsetzung seines gleichnamigen Neffen wieder stärker an die Krone zu binden. Th. Zotz

Lit.: CH. F. STÄLIN, Wirtembergische Gesch. I, 1841 – TH. MAYER, Das schwäb. Hzm. und der Hohentwiel (Hohentwiel, hg. H. BERNER, 1957), 88–113 – F. BEYERLE, Das Burgkl. auf dem Hohentwiel (ebd.), 125–135 – TH. L. ZOTZ, Der Breisgau und das alem. Hzm. (VuF Sonderbd. 15), 1974 – H. MAURER, Der Hzg. v. Schwaben, 1978.

5. B., *Gf. und Mgf. v. →Thüringen*, † 909. B., dem nach der Absetzung des Babenbergers Poppo II. i. J. 892 (→Babenberger, ältere) die sorb. Mark übertragen worden war, wurde der Dukat über Thüringen übertragen, als Gf. Konrad d. Ä., der Vater Konrads I., sich 897 aus dem westl. Teil des Landes nach Hessen zurückgezogen hatte. Auch außerhalb Thüringens trat B. in Erscheinung, viermal gemeinsam mit Ebf. →Hatto v. Mainz. Als die Babenberger in der sog. Babenberger Fehde gegen die →Konradiner 906 endgültig unterlegen waren, trat B. 908 als Gf. auch im Grabfeld, einem Schwerpunkt babenberg. Besitzes, in Erscheinung. In der Babenberger Fehde begegnet B. auf Seiten Kg. Ludwigs IV. und Bf. Rudolfs v. Würzburg, eines Konradiners, mit dem er 909 (dux Thuringorum) gegen die →Ungarn fiel. Als B.s Söhne gelten Burchard (II.) und Bardo, einer von ihnen war mit Kg. Konrad I. verschwägert. Letztere wurden von Hzg. Heinrich v. Sachsen, dem späteren Kg., aus Thüringen vertrieben und ihre Güter unter den Parteigängern des Liudolfingers aufgeteilt. Der gelegentl. angenommene genealog. Zusammenhang B.s mit dem späteren Hause →Wettin besteht wahrscheinl. nicht. H. Patze

Lit.: O. POSSE, Die Wettiner, 1897, 37f. – W. SCHLESINGER, Die Entstehung der Landesherrschaft I, 1941, 169 – R. SCHÖLKOPF, Die Sächs. Gf.en, 1957, 98ff. – H. PATZE, Die Entstehung der Landesherrschaft in Thüringen I, 1962, 65–67.

6. B. (Bouchard le Vénérable), *Gf. v. Vendôme, Paris, Corbeil und Melun*, * um 935, † 26. Febr. 1005 (nicht 1007!), erbte vom gleichnamigen Vater die Gft. →Vendôme (Lehen des Bm. Chartres), blieb in der robertin. Krise nach 956 →Hugo Capet treu und wurde von diesem im Pariser Raum mit Melun und Corbeil ausgestattet (Ehe mit Elisabeth, Witwe Haimos und Tochter des Gf.en Elisiernus/Elisiardus v. Corbeil, der 941 Mönch in der von ihm reformierten Abtei Fleury geworden war). B. trat auch die Nachfolge Teudos (des Bruders von Elisiernus/Elisiardus) an, der Vicomte, seit 937/941 sogar Gf. v. Paris war, und hat in Paris Münzen auf seinen Namen schlagen lassen. Als mächtigster Vasall des Hzg.s, seit 987 Kg.s Hugo Capet, war B. auch der neben Bf. Arnulf v. Orléans führende Ratgeber (Ostern 981 begleitete er Hugo an den Hof Ottos II. in Italien) und Feldherr seines Lehnsherren, den er 991 und in den nachfolgenden Jahren durch Erfolge über Odo I. v. Blois (Sieg bei Orsay, südl. Paris) entscheidend stützte. Unter Kg. Robert II. sank der Einfluß B.s, der – stets ein Gegner des Hauses →Blois – seine Tochter Elisabeth mit →Fulco Nerra v. Anjou vermählt hatte. Sein Sohn Reinaldus (Renaud) wurde 987/988 zum 1. Kanzler der Kapetinger und bald darauf als Nachfolger seines Vetters Elisiardus/Lisiernus Bf. v. Paris. Nach B.s Tod erhielt er zwar die Gft.en →Vendôme und Melun, nicht aber →Paris, das der Kg. der direkten kapet. Verwaltung vorbehielt. B.s Vita wurde ca. 50 Jahre nach B.s Tod von Eudes im Hauskl. →St-Maur des Fossés als panegyr. »Lectio« verfaßt. K. F. Werner

Q.: Vie de Bouchard le Vénérable par Eudes de St-Maur, ed. CH. BOUREL DE LA RONCIÈRE, 1892 – De consuetudinibus Burcardi comitis in Vindocino (BOUREL, s. o. 33–38: im Cartular der Trinité de Vendôme überliefertes, um 1020 entstandenes »Weistum« zur Verwaltung der Gft. unter B.) – Lit.: C. PFISTER, Études sur le règne de Robert le Pieux, 1885 – BOUREL, s. o., VI–XXIV – M. PROU, Les monnaies de B., Comte de Paris, Annuaire Soc. fr. de numism. et d'arch. 10, 1896, 279–286 – F. LOT, Études sur le règne de Hugues Capet, 1903 – L.

HALPHEN, Le comté d'Anjou au 11. s., 1906 – J. FAVIER, La fabrication d'un faux à Saint-Maur des Fossés à la fin du 11. s., BECH 119, 1961, 233–241 – J. BOUSSARD, Actes royaux et pontificaux des Xe et XIe s., du chartier de St-Maur des Fossés, Journal des Savants 1972, 81–109 – O. GUILLOT, Le comte d'Anjou et son entourage au 11. s., 1972, 1, 22f.; 2, 35 [zum Todesdatum] – K. F. WERNER, La région parisienne aux IXe et Xe s., Bull. Soc. Antiqu. de France 1975 [1978], 74ff. [Résumé, zum Haus Corbeil/Paris; künftig Journal des Savants] – R.-H. BAUTIER, Quand et comment Paris devint capitale, Bull. Soc. de l'hist. de Paris et de l'Ile-de-France 105, 1978, 17–46, dort 33f. – R. KAISER, Bischofsherrschaft zw. Kgtm. und Fürstenmacht, 1981, 482.

7. B., *Bf. v.* →*Cambrai* seit 1114/1116, † 3. Jan. 1130. B. gehörte dem Aachener Marienstift an. Mitglied der →Hofkapelle, war er auch Vertrauter Heinrichs V. Von ihm gestützt, wurde er im Dez. 1114 zum Bf. v. Cambrai, dem westl. Vorposten des Reiches an der Schelde, erwählt. Wegen des Widerstands der gregorian. Partei konnte er erst am 4. Juni 1116 geweiht werden. Befreundet mit dem hl. →Norbert v. Xanten, begünstigte er als Bf. bes. die Prämonstratenser, mit Stiftungen in Antwerpen, Tongerlo und Bonne-Espérance (alle im heut. Belgien). Auf karitativem Gebiet war er an der Stiftung von Hospitälern in Cambrai und Brüssel beteiligt. Mit den Gf.en v. Flandern geriet er wegen der →Burggrafschaft des Cambrésis (Kammerichgau) in einen langjährigen Konflikt. Aus seiner Amtsperiode sind etwa 100 Urkunden erhalten.   E. Van Mingroot

Q.: Gesta I Burch., ed. G. WAITZ, MGH SS XIV, 212–219; ed. CH. DE SMEDT, Soc. de l'hist. de France, 1880, 113–141 – Gesta II Burch., ebd., 220–224, 142–157 – *Lit.:* E. HOERES, Das Bm. Cambrai, 1882, 32–38 – E. DE MOREAU, Hist. de l'Église en Belgique 3, 1945, 37–40 u. a. – F. HAUSMANN, Reichskanzlei und Hofkapelle unter Heinrich V. und Konrad III., 1956, 87–89 – R. FAILLE, Iconographie des évêques et archevêques de Cambrai, 1974, 144–145 – E. VAN MINGROOT, Indictio secundum stilum Cameracensem, Bull. Comm. Roy. d'Hist. de Belgique 143, 1977, 139–205 – DERS., De oorkonden van bisschop Borchard v. Kamerijk betr. het altare van Mechelen (1116 en 1123), Hand. Kon. kring voor oudh. lett. en kunst v. Mechelen 82, 1978, 37–62.

8. B. II. (Bucco), *Bf. v.* →*Halberstadt* 1059–88, * um 1028, † 7. April 1088 in Ilsenburg, ▭ ebd. Als Neffe (consobrinus) der Ebf.e →Anno II. v. Köln (1056–75) und Werner/Wezilo v. Magdeburg (1063–78) sicherlich schwäb. Herkunft, wurde B. nach dem 30. März 1057 (Erhebung Gunters zum Bf. v. Bamberg) Stiftspropst in Goslar und Weihnachten 1059 von →Heinrich IV., d. h. von der Ksn. →Agnes, investiert. Er empfing Ostern 1060 den Königshof in Halberstadt, wo kurz darauf der Dom abbrannte. Von der sehr unter Annos Einfluß stehenden Augsburger Synode wurde B. Ende Okt. 1062 zur Bereinigung des röm. Schismas (→Honorius II./Cadalus) nach Italien entsandt und traf, fraglos auftragsgemäß, die Entscheidung für den Reformpapst →Alexander II.; von ihm erhielt er zum Dank das Pallium und andere Ehrenrechte (JAFFÉ 4498, 13. Jan. 1063), zum Mißfallen seines Metropoliten →Siegfried I. v. Mainz (GP IV 93f. n.*126.128). Wiederholte Interventionen und die Königsurkunden MGH DD H. IV 108–110 für seine Kirche bezeugen 1063–64 B.s hohes Ansehen am Hof. Offensichtl. der Autoritätsverlust Annos ließ ihn dann in den Hintergrund treten, aber seit 1068 erfreute er sich erneuter Gunst Heinrichs IV. (DD. 203f. 229ff. 254). Er führte 1068 einen Heereszug gegen die →Lutizen und empfing in Halberstadt an Pfingsten 1071, zur Weihe des wiederaufgebauten Domes, den Kg., der hier die Unterwerfung des abgesetzten Bayernhzg.s →Otto v. Northeim und anderer Sachsen entgegennahm.

Im Widerspruch dazu gehörte B. 1073 zu den Anführern des Sachsenaufstandes gegen Heinrich IV.; dabei kam er auch in Kontakt mit →Gregor VII. und seinen Legaten (MGH Epp. Greg. I 39, II 12.66). Er wohnte dem für die Aufständischen erfolgreichen Friedensschluß in →Gerstungen bei (2. Febr. 1074), mußte sich aber im Okt. 1075 mit den vom Kg. besiegten Sachsen im thür. Spier unterwerfen und wurde dem Bf. Rupert v. Bamberg zur Bewachung übergeben. Trotzdem erscheint B. am 24. Jan. 1076 als Teilnehmer der Wormser Versammlung im Absagemanifest an Gregor VII. – sicherlich widerstrebend, unter Zwang, allenfalls in kurzfristiger Aussöhnung mit dem Kg. Einer Verbannung nach Ungarn entzog sich B. im Juni 1076 durch die Flucht. Er blieb die Seele des sächs. Widerstandes gegen Heinrich IV., beteiligte sich wahrscheinl. an der Wahl des Gegenkönigs →Rudolf (Forchheim, 15. März 1077) und war Empfänger eines der beiden noch erhaltenen Diplome des Gegenkönigs →Hermann (Goslar, 13. April 1083). Im einzelnen ist sonst wenig bekannt. B. nahm Anfang 1085 an den vergebl. Ausgleichsverhandlungen in Gerstungen, bald darauf an einer Quedlinburger Synode seiner Partei teil, während ihn die ksl. Synode in Mainz für abgesetzt erklärte. Einem Vorstoß Heinrichs wich B. im Sommer 1085 zu den Dänen aus und mußte seine Stadt für kurze Zeit dem ksl. Gegenbischof Hamezo überlassen. In wechselnde Kämpfe und Gegensätze verwickelt, traf er sich 1088 in Goslar mit dem Mgf.en →Ekbert II. v. Meißen, wurde aber am 6. April bei einem (von Ekbert inszenierten?) Aufruhr schwer verletzt und sterbend nach Ilsenburg gebracht.

B.s Persönlichkeit wird für uns nicht recht deutlich, zumal es zwar Briefe an ihn, aber nicht von ihm gibt. Sicherlich war er der kirchl. Erneuerung zugetan: der von ihm (vor 1070) zum Abt berufene Herrand, sein Neffe, machte →Ilsenburg zu einem eigenen Reformzentrum. B. förderte überdies das seit 1070 aus einer Klause entstandene Doppelkloster Huysburg und gründete (1071? 1083/84?) das Chorherrenstift St. Pauli. Als kämpferischer »Gregorianer« ist er aber kaum zu verstehen; daß er sich schon vor Gregor VII. mit Heinrich IV. verfeindete, scheint eher persönl. und polit. Gründe zu haben.

Th. Schieffer

Q.: Die wesentl. zeitgenöss. Nachr. bei Lampert v. Hersfeld, Bruno v. Merseburg und (mittelbar) dem Annalista Saxo; ferner G. SCHMIDT, UB des Hochstifts Halberstadt I, 1883, 59–77; Briefslgn. der Zeit Heinrichs IV., hg. C. ERDMANN–N. FICKERMANN, MGH Epp. DK V, 1950 – O. MENZEL, Das »Chronicon Hujesburgense«, SMGB 52, 1934 – *Lit.:* DHGE X, 1232ff. – NDB III, 25 – LThK^2 II, 782f. – DG H. IV., Bd. I–IV, 1890–1903 – HAUCK III–G. SELLIN, B. II., Bf. v. Halberstadt, 1914 – C. ERDMANN, Stud. zur Brieflit. Dtl. im 11. Jh., 1938 – G. JENAL, Ebf. Anno II. v. Köln, 2 Bde, 1974–75 – L. FENSKE, Adelsopposition und kirchl. Reformbewegung im östl. Sachsen, 1977 – *Zu Einzelfragen:* D. LÜCK, Ebf. Anno II. v. Köln, AHVN 172, 1970, 44ff. [zur Familie]/ RUDOLF MEIER, Die Domkapitel zu Goslar und Halberstadt, 1967, 62.181.191 – H. BEUMANN, Beitr. zum Urkundenwesen der Bf.e v. Halberstadt, AU 16, 1938, 37–40 – K. HALLINGER, Gorze-Kluny I, 1950, 392ff. – K.-H. JÄSCHKE, ZKG 81, 1970 – K. BOGUMIL, Das Bm. Halberstadt im 12. Jh., 1972, 63ff. [zur Klosterreform].

9. B. III., *Ebf. v. Magdeburg* 1307–25, † Sept. 1325. B. gehört insofern zu den Schlüsselfiguren im 1. Drittel des 14. Jh., als seine Position in wesentl. Probleme von Kirche, Reich und eigener Kirchenprovinz verstrickte und als seine ebenso tatkräftige wie kompromißunfähige Haltung die Probleme plastisch hervortreten ließ oder sie dort, wo er unmittelbar und entscheidend mitwirkte, sogar bis zur Unlösbarkeit zuspitzte und verschärfte. Erhaltung, Wiedergewinnung und Ausweitung der ebfl. Rechte und Besitzungen war das oberste Ziel seiner alle verfügbaren geistl., militär., wirtschaftl. und jurist. Mittel einsetzenden Politik. – Der Sohn des Burchard v. Querfurt, Herrn v. Schraplau, gen. Lappe, war bei seiner Wahl zum Ebf. nicht nur Domherr in Magdeburg, sondern ohne päpstl. Dispens auch in Hildesheim und Halberstadt. Nach Erlangung der Weihen und des Palliums bewährte er sich in der Templerfrage (→Templer) als Parteigänger Papst Clemens' V. und später als zuverlässiger, weil von eigenen Interessen gegen den Wittelsbacher Kg. Ludwig d. Bayern geleiteter Anhänger Papst Johannes' XXII. Die erhofften großen Zugewinne in der Lausitz nach der Ermordung des thür. Lgf.en Diezmann, von Schloß und Stadt Wegeleben in Konkurrenz zum Bf. v. Halberstadt sowie nach dem Aussterben der brandenburg. Askanier in der Altmark und in Teilen der Mittelmark blieben ihm versagt. Die wiederholten Versuche, gegenüber→Magdeburg, →Halle und anderen Städten im Gerichts-, Münz- und Steuerwesen sowie in Produktions- und Handelsfragen den Herren herauszukehren, brachten ihm im Sept. 1325 in seiner Bischofsstadt den Tod von Mörderhand, während die Städte an den Rand des wirtschaftl. und polit. Ruins gerieten. Bestrebungen, B., dessen Ermordung großes Aufsehen erregt hatte, zum Märtyrer zu stilisieren und ihn heiligsprechen zu lassen, hatten keinen Erfolg. D. Kurze

Q.: Die Magdeburger Schöppenchronik (Chr. dt. Städte 7, 1869), bes. 179-199 – Päbstl. Urk. und Reg. a. d. Jahren 1295-1325, ed. G. Schmidt (Geschichtsq. d. Prov. Sachsen 21, 1886) – Gesta episc. Magdeb., ed. W. Schum, MGH SS 14, bes. 427-432 – UB der Stadt Magdeburg I, bearb. H. Hertel, 1892 – Lit.: ADB III, 559-561 – Dict. Hist. Géogr. 10, 1938, 1240 – NDB III, 26f. – G. A. v. Mülverstedt, Über einige Punkte in der Regierungsgesch. des 1325 erschlagenen Ebf.s v. Magdeburg, B., und seines Nachfolgers Heidenreich, Geschichtsbl. für Stadt und Land Magdeburg 7, 1872, 76-99 – G. Hertel, Die Ermordung Ebf. B.s III v. Magdeburg, ebd. 22, 1887, 53-72 – I. Koch, Das Leben Ebf. B.s III v. Magdeburg (1307-1325), ebd. 23, 1888, 213-278, 325-369 – K. Heine, B. v. Schraplau, Neue Mitt. aus dem Gebiet der hist.-antiquar. Forsch. 20, 1900, 456-542 – Gesch. der Stadt Magdeburg, hg. H. Ausmus, 1975, bes. 57-60.

10. B. (Bouchard d'Avesnes), *Bf. von Metz* Ende 1282–Nov. 1296, ▫ Metz, Kathedrale; entstammte dem Haus→Avesnes (Gf.en von→Hennegau). Er gehörte dem Domkapitel v. Lüttich an, wurde von einem Teil des Kapitels gegen Guillaume d'Auvergne zum Bf. v. Lüttich gewählt, erhielt dann jedoch als Nachfolger seines Vetters Johann auf Betreiben des Gf.en v. Flandern, Gui v. Dampierre, das Bm. →Metz. Die »Gesta episcoporum« bezeichnen B. als »erlaucht, klug, umsichtig und gelehrt«. Seine Politik war v. a. auf die Vergrößerung des weltl. Besitzes seines Bm.s gerichtet: Er kaufte die Gft. →Blieskastel zurück und unterstellte die Benediktinerabtei →Gorze seiner Kirche, um seine Schuldenlast tilgen zu können. B. geriet in Streitigkeiten mit dem Gf.en v. →Bar und dem Hzg. v. →Lothringen, war in die polit. Auseinandersetzungen der Niederlande verwickelt und wurde ligischer Lehnsmann des Kg.s v. Frankreich. 1286 fand in Metz in seiner Gegenwart ein Konzil statt. M. Parisse

11. B. der Rote, *Bf. v.* →*Münster* seit 1098, † 19. März 1118 bei Konstantinopel. Von Heinrich IV. Anfang 1098 zum Bf. v. Münster erhoben, gehörte B. zu dessen engsten Ratgebern bis zur erzwungenen Abdankung des Ks.s Ende 1105. Seines Amtes enthoben, trat B. Anfang 1106 auf die Seite Heinrichs V. über. Daraufhin mußte er seine kaisertreu gebliebene Stadt verlassen. Auf der Flucht geriet er in die Hände Heinrichs IV., der ihn gefangen nach Lüttich führte. Vom sterbenden Ks. empfing er hier Ring und Schwert, um sie dessen Sohn zu übergeben. Auch unter Heinrich V., von dem er zum Kanzler für Italien ernannt wurde, erwies sich B. als verläßl. Stütze des sal. Kgtm.s. 1110 begleitete er Heinrich V. nach Italien, wo auf seinen Rat hin die Gefangennahme Paschalis' II. erfolgt sein soll. Mehrfach exkommuniziert, nahm B. auch an Heinrichs zweitem Italienzug 1116 teil. Auf einer 1118 in dessen Auftrag unternommenen Gesandtschaftsreise nach Konstantinopel fand er den Tod. – Seinen Bischofssitz, der mehrmals schwer heimgesucht wurde, hat B. durch einen Mauerring gesichert. T. Struve

Lit.: DHGE X, 1242 – LThK² II, 783 – NDB III, 27 – A. Hechelmann, Burchard der Rote, ZVGA 26, 1866, 281-332 [mit Reg.] – G. Meyer v. Knonau, JDG H. IV und V, 5-7, 1904-09 [Nachdr. 1965-66], passim – K. Löffler, Die westfäl. Bf.e im Investiturstreit, Münstersche Beitr. zur Gesch.forsch. NF 2, 1903, 25-34 – H. Börsting – A. Schröer, Hb. des Bm.s Münster 1, 1946², 64-69 – H. Börsting, Gesch. des Bm.s Münster, 1951, 42f. – F. Hausmann, Reichskanzlei und Hofkapelle unter Heinrich V. und Konrad III. (MGH Schr. 14, 1956), 52-58 – Series episcoporum ecclesiae catholicae occidentalis V, 1, 1982, 127-129.

12. B., *Bf. v. Utrecht* seit 30. Mai 1100, † 16. Mai 1112, war bayer. Abkunft, Sohn des Gf. en Kuno v. →Graisbach-Lechsgemünd. Er war Dompropst von Straßburg, als er von Ks. Heinrich IV. zum Bf. v. Utrecht ernannt wurde. Im Investiturstreit hielt er treu zu Heinrich IV. und später Heinrich V. So fand am 10. April 1110 dessen Verlobung mit Mathilde v. England zu Utrecht statt. Insgesamt spielte B. nicht eine so wichtige polit. Rolle wie sein Vorgänger→Konrad. D. P. Blok

Lit.: R. R. Post, Kerkgeschiedenis van Nederland in de Middeleeuwen, 1957, 102-104.

13. B. I., *Bf. v. Worms*
I. Leben und politisches Wirken – II. Kirchenrechtliche Sammlung und Hofrecht.

I. Leben und politisches Wirken: B., * um 965, im April 1000 zum Bf. v. Worms geweiht, † 20. Aug. 1025, stand »wahrscheinl. in einem genealog. Zusammenhang mit den führenden Grafen- und Adelsgeschlechtern des nördl. Hessen«, die »im Gebiet der oberen Eder Besitz- oder Grafschaftsrechte« besaßen und gleichzeitig Beziehungen zu St. Florin in Koblenz unterhielten (W. Metz). In Koblenz, vielleicht in St. Florin, erzogen (canonice nutritus), besuchte er aus Studiengründen weitere Orte, scheinte aber nicht, wie nach einer Notiz bei →Johannes Trithemius häufig angenommen worden ist, in Lobbes ausgebildet worden zu sein (V. Bubenheimer). Ebf. →Willigis (975-1011) berief ihn nach Mainz, erhob ihn zum Propst des restaurierten Kanonikerstiftes St. Viktor, weihte ihn am 10. März 997 zum Priester und machte ihn zu suae camerae magistrum et civitatis primatem. Kg. Otto III. schenkte 994 und 995 dem clericus B. Güter im Hessengau (DD O. III. 148, 184), »um oder nach 995« nahm der Kg. B. in die Hofkapelle auf (J. Fleckenstein). Nach dem Tode seines Kanzlers, des Bf.s →Hildebald v. Worms († 4. Aug. 998), bestimmte Otto III. B.s Bruder Franko, der ebenfalls der Hofkapelle angehörte und ein bes. eng vertrauter Freund Ottos III. war, zum Nachfolger († 28. Aug. 999). Otto setzte zunächst von Italien aus zwei andere Mitglieder der Hofkapelle, Herpo v. Halberstadt und Razo aus Bremen, als Bf.e ein, die noch vor ihrer Amtsübernahme starben. Schließlich bestellte Otto III., wohl auf Drängen Ebf. →Willigis' v. Mainz, den von seinem Bruder als Nachfolger empfohlenen B. zum Bf. v. Worms und ließ ihn im April 1000 auf der Rückreise von Polen in Heiligenstadt durch Willigis weihen. B. blieb zeitlebens ein treuer Helfer Ottos III. und seiner Nachfolger. Er nahm am Italienzug Ottos III. im Winter 1001/02 und am zweiten Italienzug Heinrichs II. 1013/14 teil und war auf zahlreichen Reichssynoden sowie auf der Provinzialsynode in Seligenstadt (1023) anwesend. Anfang Juni 1002 unterstützte B. zusammen mit Willigis die Wahl Hzg. Heinrichs v. Bayern zum Kg. erst, nachdem dieser dem Bf. versprochen hatte, ihm den Hzg. →Otto v.

Kärnten verbliebenen Grafenbesitz in Worms zu übertragen, da Otto – obwohl die Grafenrechte seit 979 an die Bf. e v. Worms übergegangen waren (DO. II. 199) – nach seiner Rückkehr aus Kärnten (985) die alten Rechte erneut beanspruchte. B. hatte bei seinem Amtsantritt die entfestigte Stadt in einem desolaten Zustand vorgefunden, von Fehden erfüllt, von einem Teil des cives verlassen und von den Parteigängern Ottos verunsichert. B. befestigte nun nicht nur sofort den Bischofshof gegen den Salier, sondern wünschte, den Rechtszustand von 979 wiederherzustellen und die als Kämmerer in Mainz kennengelernte ungeteilte Stadtherrschaft zu erlangen. Mit Willigis' und Heinrichs II. Hilfe gelang ihm dies 1002. Hzg. Otto tauschte seinen Grundbesitz und seine Rechte in Worms im Tausch mit dem Königshof Bruchsal an B. ab (D H. II. 20). Dadurch wurde Worms »befreit« und der Herrschaft der Bischofskirche unterstellt. An Stelle der geschleiften Salierburg ließ B. das Stift St. Paul, gen. ecclesiam ob libertatem civitatis, errichten. B. baute auch wie Willigis in Mainz einen neuen Dom, der am 9. Jan. 1018 im Beisein Heinrichs II. eingeweiht wurde. Ferner verlegte er die Stiftskirche St. Andreas in die Stadt (südwestl. des Domes), gründete als drittes Stift St. Martin und reformierte das Nonnenkloster Marienmünster, wo er seine Schwester Mathilde als Äbt. einsetzte. In Anlehnung an die drei Stifter und die Domkirche teilte er die Stadt in vier Pfarren ein und legte damit den Grund für die Aufgliederung der städt. Verwaltung, die er von seinen Ministerialen wahrnehmen ließ. Der Vereinheitlichung und Sicherung der Rechtsverhältnisse in den bfl. Grundherrschaften v. a. außerhalb des Wormser Stadtbezirkes dienten die durch Heinrich II. verbriefte Abgrenzung vogteilicher und gfl. Gerichtsgewalt und die Schlichtung der Streitigkeiten zw. der Wormser und der Lorscher familia (DD H. II. 319, 501). Doch galt B.s Hauptsorge der kirchl. und weltl. Rechtseinheit innerhalb der Bm.s und der bfl. familia. Sein »Decretum« und seine »Lex familiae Wormatiensis ecclesiae« (vgl. Abschnitt II) zielten ausdrücklich darauf, die aus der Rechtsvielfalt entstandene Rechtsverwirrung und -unsicherheit durch Aufzeichnung von kirchl. und Gewohnheitsrecht und durch Rechtssatzung zu beseitigen. B., dessen Rechtskunde und Charakter viel gerühmt wurden (discretus in appetendo, fortis in tolerando, iustus in iuditio, D H. II. 393), hatte den von seinen Verwandten zurückgesetzten Salier Konrad erzogen und seine Wahl 1024 unterstützt. Kurz nach dem Empfang Kg. Konrads in Worms (Juli 1025) ist B. gestorben. Über sein Leben berichtet die von einem Wormser Geistlichen, vielleicht dem Domschulmeister Ebbo, geschriebene »Vita Burchardi«, die starke Anleihen bei →Alberts (Alpertus) v. Metz Schrift »De diversitate temporum libri duo« macht.

R. Kaiser

II. Kirchenrechtliche Sammlung und Hofrecht: [1] »Decretum Burchardi«: Die wahrscheinl. zw. 1008 und 1012, sicherl. aber vor 1023 entstandene, in 20 Büchern eingeteilte und systemat. geordnete kirchenrechtl. Sammlung des Bf.s B. v. Worms behandelt die verschiedensten Fragen der kirchl. Hierarchie und Diszipln, des sakramentalen Lebens und Bußwesens. Angeregt wurde sie nach Aussage des Dekretprologs durch den Propst des Wormser Domkapitels Brunicho, den die »Vita Burchardi« neben Bf. →Walter v. Speyer auch als Helfer bei der Abfassung bezeichnet. Folgt man →Sigebert v. Gembloux, dann hat auch Olbert, Mönch in Lobbes und späterer Abt v. Gembloux, am Dekret mitgearbeitet. Aufgrund dieser mutmaßl. Mithilfe ist das Dekret verschiedentl. der Reformtradition einer Lütticher oder loth-

ring. Rechtsschule zugeordnet worden, was jedoch keineswegs als gesichert gelten kann.

Etwa 80 Manuskripte – nicht eingerechnet die eigenständige Überlieferung des 19. Dekretbuches über Bußfragen – bezeugen noch heute die weite hs. Verbreitung des Dekretes im Westeuropa des 11. und 12. Jh. An die wohl verlorene Urschrift reichen zeitl. nahe die Dekrethandschriften bzw. -auszüge der Codd. Bamberg, Can. 6, Vat. Pal. lat. 585/586 und Wolfenbüttel 35 (Helmst. 32) heran. Die heute faßbare frühe Überlieferung erstreckt sich auf das damalige Deutschland (Bamberg, Konstanz, Eichstätt, Mainz, St. Gallen, Freising (?), Hildesheim (?) und Lüttich (?), aber auch auf Italien (Nonantola, Parma, Novara (?), Pistoia, Montecassino) und Frankreich (St. Omer). Bei der it. Dekretrezeption, die insbes. in der gregorian. Reformzeit, aber auch schon vorher einsetzte, soll es zu einer reformer. Umarbeitung durch →Humbert v. Silva Candida gekommen sein, was allerdings die diesbezügl. Dekrethandschriften – der vielleicht aus Mittelitalien stammende Cod. Vat. lat. 3809 und der wohl nach Chur gehörende Clm. 4570 – aufgrund ihres Ursprunges nur schwer belegen können.

Die heutige Dekretforschung hat nicht nur innerhalb der bekannten hs. Überlieferung eine Gruppe meist jüngerer Codd. herausgefunden, die auf den ca. 1080 entstandenen Cod. Köln, Dombibl. 119, zurückgeht und an vier größeren Textlücken erkennbar ist, sondern sie hat auch festgestellt, daß für die Rekonstruktion des ursprgl. Wortlauts die vollständigen und meist älteren Textzeugen heranzuziehen sind. Wichtig ist auch der Hinweis, daß Editionen des Dekretes, die fast durchweg auf die Kölner Erstausgabe von 1548 und diese wiederum auf eine mit den Codd. Vat. Pal. lat. 585/586 verwandte Vorlage zurückgehen, bis auf einzelne, allerdings bedeutsame Unterschiede – vgl. etwa die unterschiedl. Form des Prologs – eine verläßl. Textgrundlage bilden. Dies gilt auch für den Text bei MPL 140, 537–1058, der ein Abdruck der Pariser Dekretedition des J. Foucher von 1549/50 ist.

Über die von B. benutzten Vorlagen gibt dieser im Dekretprolog folgende Auskunft: »ex ipso enim nucleo canonum, quod a quibusdam corpus canonum vocatur« habe er unter dem Gesichtspunkt der Zeitnotwendigkeit Texte der Bibel, Apostel, Kirchenväter, Konzilien, Päpste und Bußbücher exzerpiert. Hinter diesem »nucleus canonum« bzw. »corpus canonum« nur eine der von B. tatsächl. herangezogenen Kanonessammlungen zu vermuten, also etwa die Dionysio-Hadriana (→Dionysiana), die →Pseudo-Isidorischen Dekretalen, die Sammlung →Reginos v. Prüm oder die Collectio Anselmo dedicata, ist wahrscheinl. falsch. Am ehesten handelt es sich bei den genannten Bezeichnungen um einen Sammelbegriff, vielleicht für die an der Wormser Kathedralkirche vorhandenen kirchenrechtl. Materialien.

In der Forschung ist man quellenanalyt. weit vorangekommen: Die meisten der insgesamt 1785 Dekretkapitel sind trotz der zahlreichen falschen Inskriptionen identifiziert und fast alle von B. benutzten Kanonessammlungen bekannt, manche sogar in der genauen, von ihm exzerpierten Überlieferungsform. So konnte festgestellt werden, daß B. beim Sendhandbuch Reginos, aus dem er nahezu ein Drittel seiner Dekretkapitel übernahm, eine Fassung benutzte, die der Reginohandschrift Wien, Österr. Nat. Bibl. Lat. 694, sehr nahekommt. Ähnliches kann auch für das Pseudo-Isidor. Corpus gesagt werden, für das er eine bestimmte Form der Lang- wie auch der Kurzversion heranzog.

Über die Tendenz des Dekretes bestehen sehr unterschiedl. Einschätzungen: Die einen vermuten eine papstgünstige und königsfeindl. Ausrichtung, andere eine episkopale Absicht und wiederum andere ein zurückhaltend formuliertes Streben nach kirchl. Freiheit. Manche Forscher sprechen B. eine kirchenpol. Tendenz geradezu ab und sehen ledigl. in der stärkeren Straffung und Ordnung des Rechtsstoffes, in der dadurch gegebenen größeren Rechtssicherheit und vielleicht noch in der Anpassung an die eigene Zeit, keinesfalls aber in einer Rechtneubildung die eigentl. Absicht B.s. Eines dürfte sicher sein: B. war weder ein Befürworter eines ausgeprägten Konservatismus, etwa aufgrund einer betont herausgestellten kgl. Kirchenhoheit, noch war er durch eine breite Hervorhebung des päpstl. Primates ein Vorläufer gregorian. Positionen. Das Dekret scheint eher das Werk eines »conservateur modéré« (P. Fournier) bzw. eines vorsichtigen Reformers zu sein.

Den Einfluß des Dekretes belegt deutl. die schnelle und weite hs. Verbreitung. Aber auch andere Zeugnisse direkter Benutzung lassen sich finden: Textanalogien in den Kanones von Seligenstadt 1023 sowie kürzere Auszüge in DK II 41 von 1025 und in zwei Freisinger Pontifikalbüchern (Clm. 6245 und 21587), ebenfalls aus dem beginnenden 11. Jh. Ähnlich früh ist der Dekreteinfluß in Italien, so bei →Petrus Damiani, vielleicht auch bei →Humbert v. Silva Candida und später bei →Deusdedit und Atto. Entscheidende Bedeutung erlangte das Dekret dann bei der Vermittlung zahlreicher kirchenrechtl. Materials an →Ivo v. Chartres und durch diesen an →Gratian. Begründet sein dürfte diese erstaunl. Rezeption in der Reichhaltigkeit des dargebotenen kirchl. Rechtsstoffes, in dessen systemat. Ordnung sowie in der damit erleichterten Benutzbarkeit des Dekretes.

[2] »*Lex familiae Wormatiensis ecclesiae*«: Das allein abschriftl. und in nur wenigen ma. und frühnz. Textzeugen erhaltene Hofrecht des Bf.s B. v. Worms gilt als ein hervorragendes Zeugnis zur Rechts- und Sozialgeschichte des frühen 11. Jh. In der Zeit um 1023/25 abgefaßt, enthält es 32 Rechtsbestimmungen des bfl. Grundherren B. für den Hörigenverband (»familia«) der Wormser Domkirche St. Peter, die grundherrl. Besitz nicht nur in Worms selbst, sondern auch im Neckarraum, im südl. Odenwald sowie um Heidelberg und Weilburg besaß. Nach dem Text der Einleitung war B.s Rechtsaufzeichnung notwendig geworden durch die Bedrückungen der Wormser *Grundholden* seitens des Vogtes bzw. seines Stellvertreters und seitens der grundherrl. Wirtschaftsbeamten, die offenkundig ihre Kompetenzen und Funktionen in Verwaltung und Gerichtsbarkeit für eigene Zwecke benutzt hatten.

B.s Festsetzungen behandeln neben eherechtl. Bestimmungen und Fragen des Besitz- und Erbrechtes das grundherrl. Gerichtswesen. Wie nötig eine Rechtssicherung gerade auf letzterem Felde war, belegt B.s Bestimmung über Tötung und Blutrache (c. 30, vgl. auch DH II. 501 v. 1023), der ausführlichste Paragraph des Hofrechts, in dem es heißt, daß allein in einem einzigen Jahr 35 Grundholde aus nichtigem Anlaß umgebracht worden seien.

Über die rechtl. Ordnung hinaus läßt das Hofrecht auch die soziale Gliederung der Wormser »familia« erkennen. Auf der untersten Stufe stehen die »mancipia«, unfreie Knechte, die wie eine Sache behandelt werden (vgl. cc. 2, 11, 21). Von ihnen zu unterscheiden sind die *Dagewarden*, landlose Hörige, die im rechtl. wie sozialen Status (vgl. cc. 13, 16, 22) den *Fiskalinen*, d. h. ehemaligen Königsleuten, deutl. nachgeordnet sind. Die letzteren scheinen über eine wahrscheinl. zensualenähnliche (→Zensualität) Stellung hinaus nicht nur genossenschaftl. organisiert gewesen zu sein (vgl. c. 13 in Verbindung mit DArn 158 v. 897), sondern auch bessere Möglichkeiten zu sozialem Aufstieg besessen zu haben. Denn offenbar nur sie durften vom Bf. zum ausschließl. gehobenen Hofdienst eines Kämmerers oder Stallmeisters bzw. zum Amt eines Meiers herangezogen werden (vgl. c. 29), was bei Übernahme dieses höheren »servitium« zu einem eximierten Gerichtsstand (vgl. c. 30) sowie vielleicht auch zu einer Ausstattung mit einem Dienstgut (vgl. c. 14) führte. War der Bf. zu einem solchen qualifizierten Angebot an einen Fiskalinen nicht bereit, konnte dieser sich unter Beibehaltung bestimmter Verpflichtungen einen anderen Dienstherren suchen (vgl. c. 29, mit allerdings verderbten Stellen).

Neben den hier deutl. werdenden Anfängen von Ministerialität befassen sich B.s Bestimmungen auch mit der Wormser Stadtherrschaft, die die bfl. »civitas« etwa in Fragen der Bannbuße oder des Besitzrechtes (vgl. cc. 26-28) deutl. als eigenen Rechtsraum von den übrigen Herrschaftsbereichen des Bf.s abgrenzen (→Worms). Begründet ist diese Eigenständigkeit durch die Hochgerichtsbarkeit (→Gerichtsbarkeit), die innerhalb des Stadtgebietes bei aller sonstiger rechtl. Konkurrenz eine für alle gültige Rechtsnorm schafft und auf diese Weise der Entstehung eines eigenen Stadtrechts vorarbeitet.

Bei einem Vergleich zw. B.s Hofrecht und Dekret – aufgezeigt an den Beispielen von Meineid, Frauenraub und Blutrache (cc. 12, 20, 23 und 30) – lassen sich Gemeinsamkeiten, aber auch Unterschiede feststellen. Letztere dürften trotz der Rechtsneubildung des Hofrechtes in dessen wahrscheinl. volksrechtlicher Bindung begründet sein. Dies läßt sich gut in der Frage der Blutrache (Decr. Burch. VI, 32 bzw. c. 30) belegen und damit den weistumsähnl. Charakter des Hofrechtes deutlich werden.

M. Kerner

Bibliogr.: bis 1959 in Repfont II, 610 – Q. *und Lit. zu [1]*: Q.: Vita Burchardi ep. Wormatiensis, MGH SS IV, 829–846 – Q. zur Gesch. der Stadt Worms III, hg. H. Boos, 1893, 97–126 und XXVI f. – Ders., UB der Stadt Worms I, 1886–*Lit.*: ADB III, 563f. – DHGE X, 1245ff. – Hauck III, 437–442 – Manitius II, 56–61 – HRG I, 541–543 – LThK²II, 783f. – NDB III, 28f. – Verf.-Lex.² I, 1121–1127 – S. Hirsch, JDG H. II., 3 Bde, 1862–75 – H. Bresslau, JDG Ko. II., 2 Bde, 1879–84 – H. Grosch, B. I., Bf. v. Worms [Diss. Leipzig 1890] – H. Boos, Gesch. der rhein. Städtekultur I², 1897, 235–309 – A. M. Koeniger, B. I. v. Worms und die dt. Kirche seiner Zeit (1000–1025), 1905 – M. Uhlirz, JDG O. III., 1954 – H. Büttner, Zur Stadtentwicklung von Worms im Früh- und HochMA (Fschr. F. Steinbach, 1960), 389–407 – J. Flekkenstein, Die Hofkapelle der dt. Kg.e, II (MGH Schr. 16/II, 1966), 79, 86–89 – G. Theuerkauf, B. v. Worms und die Rechtskunde seiner Zeit (Frühma. Stud. 2, 1968), 144–161 – U. Bubenheimer, Der Aufenthalt B.s v. Worms im Kl. Lobbes als Erfindung des Johannes Trithemius, ZRGKanAbt 58, 1972, 320–337 – W. Metz, Zur Herkunft und Verwandtschaft B.s I. v. Worms, HJL 26, 1976, 27–42 – *zu [II, 1]*: Q.: MPL 140, 537–1058 – *Lit.*: G. Fransen, La tradition manuscrite du Décret de B. de Worms (Fschr. K. Mörsdorf, 1969), 111–118 – Ders., Une suite de recherches sur le Décret de B. de Worms, Traditio 25, 1969, 514f. – Ders., B. de Worms, Quête des manuscrits, ebd. 26, 1970, 446f. – E. v. Balberghe, Les éditions du Décret de B. de Worms, RTh 37, 1970, 5–22 – M. Kerner, Stud. zum Dekret des Bf.s B. v. Worms [Diss. Aachen 1971] – H. Mordek, Handschriftenforsch. in Italien, I: Zur Überlieferung des Dekrets B. v. Worms (QFIAB 51, 1971), 626–651 – G. Fransen, Les Collections canoniques (TS Fasc. 10), 1973 – H. Fuhrmann, Einfluß und Verbreitung der pseudoisidor. Fälschungen (MGH Schr. 24, 2, 1973), 442–485 – G. Fransen, Les sources de la Préface du Décret de B. de Worms (BMCL 3, 1973), 1–9 – Ders., Le manuscrit de B. de Worms conservé à la Bibl. municipale de Montpellier, Recueil de mém. et travaux (Mel. R. Aubenas, 1974), 301–311 – P. Brommer, Unbekannte Fragm. von Kanonessammlungen im Staatsarchiv Marburg, HJL 34, 1974, 231 – Ders., Kurzformen des Dekrets Bf. B. v. Worms, Jb. für westdt. Landesgesch. 1, 1975, 19–45 – M. Kerner, F. Kerff, R. Pokorny, K. G. Schon, H. Tills, Textidentifikation und Provenienzanalyse im Decretum Burchardi (SG 20, 1976), 19-63 – H. MORDEK, Bemerkungen zum ma. Schatzverzeichnis von Porto/Rom (SG 20, 1976), 231-240 – G. FRANSEN, Le Décret de B. de Worms, ZRGKanAbt 63, 1977, 1-19 – *zu [II, 2]:* Q.: MGH Const. I, ed. L. WEILAND, 639-644 – *Lit.:* H. G. GENGLER, Das Hofrecht des Bf. B. v. Worms, 1859 – C. RODENBURG, Die Stadt Worms in dem Gesetze des Bf.s B. um 1024 (Fschr. K. ZEUMER, 1910), 237-246 – L. DASBERG, De Lex familiae Wormatiensis ecclesiae en de herkomst van de middeleeuwse koopman, TG 71, 1958, 243-249 – K. SCHULZ, Das Wormser Hofrecht und die rechtl.-sozialen Probleme der Grundherrschaft des 10. und 11. Jh., Hosei shi Kenkyu 24, 1974, 195-207 – DERS., Zum Problem der Zensualität im HochMA (Fschr. H. HELBIG, 1976), 86-127 – T. ZOTZ, Bf. Herrschaft, Adel, Ministerialität und Bürgertum in Stadt und Bm. Worms (11.–14. Jh.) (Veröff. des Max-Planck-Inst. für Gesch. 51, 1977), 92-136.

14. B. I. (altengl. Burgheard), hl., Bf. von → Würzburg 742-753, † 2. Febr. 753 (kaum 754). Wie → Bonifatius, dessen Mitarbeiter auf dem Festland er ca. 735 wurde, aus Südwestengland stammend, wurde er von diesem am 21. Okt. 742 zum 1. Bf. v. Würzburg geweiht. Er nahm 743 am → Concilium germanicum, 747 an der gesamtfrk. Synode teil, deren Treueerklärung er 748 nach Rom brachte. 750/751 zog er mit Abt → Fulrad v. St. Denis nochmals nach Rom, um die päpstl. Zustimmung zur Königserhebung Pippins einzuholen. Als Sitz für den Domklerus gründete B. das Andreaskl., am 8. Juli 752 erhob er die Gebeine des hl. → Kilian. B.s Abdankung (Vita II) ist sicher legendär. Am 14. Okt. (an welchem sein Fest begangen wird) 986 hat Bf. Hugo seine Überreste erhoben und in das Würzburger Kl. St. Andreas transferiert, das seitdem St. Burkard heißt. A. Wendehorst

Q.: MGH Epp. I – Vita I, MGH SS XV, 47-50 – Vita (II) s. Burkardi, ed. F. J. BENDEL, 1912 – *Lit.:* W. LEVISON, England and the continent in the eighth century, 1946 – TH. SCHIEFFER, Angelsachsen und Franken, AAMz, 1950, Nr. 20 – DERS., Winfrid-Bonifatius, 1954 [Neudr. 1972] – A. WENDEHORST, Das Bm. Würzburg 1, GS NF I, 1962, 18-25, 68f. – DERS., Frk. Lebensbilder 1, 1967, 1-9 – DERS., Bavaria Sancta II, 1971, 22-31.

15. B., Kaplan Kaiser Friedrichs I., als Weltkleriker in der Abtei → Siegburg erzogen und in der Gft. Berg begütert. Seine Tätigkeit im Umkreis Friedrich Barbarossas für die Jahre 1160-62 ist in seinen privaten Briefen und in Schreiben, die er im Auftrage des Ks.s verfaßte, nachweisbar; sie können zu den Selbstaussagen der frühstauf. Kaiseridee gezählt werden. Der Ks. verwendete ihn auch zu diplomat. Missionen; ein Brief berichtet von seiner Reise nach Aquileia, Kärnten, Ungarn und Salzburg. Mit dem 1176-79 in der ksl. Kanzlei tätigen Notar Burchard ist er wahrscheinl. nicht identisch. Beide wiederum sind nicht mit dem Straßburger Vitztum Burchard zu verwechseln. O. Engels

Lit.: P. SCHEFFER-BOICHHORST, Der ksl. Notar und der Straßburger Vitztum Burchard, seine wirkl. und angebl. Schriften, ZGO NF 4, 1889, 456-477 (P. SCHEFFER-BOICHHORST, Ges. Schr. II, 1905, 225-247) – F. GÜTERBOCK, Le lettere del notaio imperiale Burcardo intorno alla politica del Barbarossa nello scisma ed alla distruzione di Milano, BISI 61, 1949, 1-65 [krit. Ed. der Briefe] – *zum Notar Burchard:* J. RIEDMANN, Stud. über die Reichskanzlei unter Friedrich Barbarossa in den Jahren 1156-1166, MIÖG 76, 1968, 80, 90 – W. KOCH, Die Schrift der Reichskanzlei im 12. Jh. (1125-1190), 1979, 249-253.

16. B. (Purchart) v. **Reichenau,** Kantor im Kl. → Reichenau, verfaßte 994/995 im Auftrag seiner Mitbrüder ein (lückenhaft erhaltenes) Gedicht in leonin. Hexametern zum zehnjährigen Amtsjubiläum des Abts (Gesta Witigowonis, hg. K. STRECKER, MGH PP 5, 260-279, nach dem Original) mit Prosavorrede an den Konvent. Im Dialog mit dem Dichter klagt das als Gattin des Abts personifizierte Kloster über die häufige Abwesenheit des Gemahls, findet aber in der Schilderung von Witigowos Verdiensten (bes. Bautätigkeit und Kunstaufträge) Trost. In einer Fortsetzung pries B. 996/997, kurz vor Witigowos Amtsenthebung, dessen Gottvertrauen angesichts feindl. Nachstellungen. J. Prelog

Lit.: A. DUCH, Lücken in dem Gesetz Witigowonis (Liber floridus. Fschr. P. LEHMANN, 1950), 241-252 – H. MAURER, Rechtl. Anspruch und geistl. Würde der Abtei Reichenau unter Ks. Otto III. (Die Abtei Reichenau, hg. H. MAURER, 1974), 255-275.

17. B. v. Ursberg, Geschichtsschreiber, Propst in Ursberg (Bayern, Landkreis Günzburg), * vor 1177 in Biberach, † an einem 11. Jan., frühestens 1231. Nachdem er 1202 die Priesterweihe empfangen hatte, trat er 1205 in das Prämonstratenserkloster Schussenried ein, 1207 erfolgte die Profeß, 1209 seine Wahl zum Propst. 1215 wurde er Propst in Ursberg. B. verfaßte 1229/30 eine bis ins Frühjahr 1230 reichende Weltchronik, wobei er sich bei der Schilderung bis zum Tod Heinrichs V. (1125) ausschließl. auf → Frutolf v. Michelsberg, → Ekkehard v. Aura (Rezension IV), dann vorzugsweise auf schwäb. Vorlagen stützte: → Historia und Genealogia Welforum, Weingartener (→ Weingarten) und Zwiefaltener (→ Zwiefalten) Annalen, u. a. Für das erste Jahrzehnt Barbarossas benutzte er das verlorene Geschichtswerk des → Johannes v. Cremona. Ab etwa 1190 schrieb er aus eigenem Erleben, wozu ihn mehrfache Reisen (u. a. nach Rom 1198, 1210/11) und informierte Gewährsleute befähigten. Trotz vereinzelter Irrtümer ist B.s Chronik eine der wichtigsten Quellen für die Reichsgeschichte zu Beginn des 13. Jh. Das bewußt stauferfreundl. Werk kritisiert scharf die päpstl. Einmischung in die Reichsangelegenheiten und bestreitet prinzipiell das Absetzungsrecht des Papstes. B.s Chronik wurde von der späteren Historiographie nicht beachtet; die einzige vollständige Hs. stammt aus dem späten 15. Jh.
W. Maleczek

Ed.: O. HOLDER-EGGER - B. v. SIMSON, MGH SRG 1916[2] – *Lit.:* Verf.-Lex.[2] I, 1119-1121 – WATTENBACH-SCHMALE I, 115-119 – N. BACKMUND, Die ma. Geschichtsschreiber des Prämonstratenserordens, 1972, 8-33.

Burchardus. 1. B., Bf. v. → Chartres 853-855; Verwandter des Ebf. s → Wenilo v. Sens, zunächst Diakon im Reich Lothars I., 853 auf Betreiben des westfrk. Kg.s Karl des Kahlen zum Bf. v. Chartres erhoben. Schwere Vorwürfe gegen seine Integrität ließen nach dem »Liber revelationum« des → Audradus v. Sens den Ebf. Wenilo trotz Anerkennung der polit. Fähigkeiten des Eingesetzten Zweifel hegen, die Weihe vorzunehmen. Ende April 853 befaßte sich die Synode v. Soissons mit diesen Vorwürfen und kam, nachdem B. sich – falls erforderlich – zu einem Reinigungsverfahren bereit erklärt hatte, zu dem Ergebnis, seine Wahl sei anzuerkennen und er sei zu ordinieren. Auf einer Bischofsversammlung in Sens im Mai oder Juni wurden offenbar erneut Einwände gegen B. laut, doch erfolgte, da man sich dem Druck des Kg.s beugte, bereits im Juni seine Weihe durch Wenilo. Seine Bedeutung in der Politik des Kg.s erhellt aus der Tatsache, daß er im Kapitular v. Servais (Nov. 853) unter den neu eingesetzten → Missi dominici erscheint. Zusammen mit zwei anderen wurde ihm ein Missatdistrikt zw. Loire und Seine westl. einer Linie Orléans-Paris zugewiesen. 854 gelang es ihm mit seinem Kollegen Agius v. Orléans, die vor Blois und Orléans stehenden → Normannen durch Abwehrnahmen zum Rückzug zu veranlassen. Doch hatte B. seinen Sitz nicht mehr lange inne: am 24. Aug. 855 bereits ist Frotbaldus als Bf. v. Chartres bezeugt. H. H. Anton

Q.: Audradus Modicus, ed. L. TRAUBE, AAM I. Cl. XIX, 2, 1891, 386ff. – Synode v. Soissons 853, MGH Cap. II, 1897, Nr. 258 – MANSI XIV, 982ff. – Cap. Missorum Silvacense, MGH Cap. II, 1897, Nr. 260 – Annales de St-Bertin, ed. F. GRAT u. a., 1964, 69 – J. HAVET,

Questions mérov. IV, BEC 48, 1887, 235ff. – *Lit.:* DHGE X, 1231 – DUCHESNE, FE II, 429f.

2. B. de Monte Sion OP, * Barby bei Magdeburg (?), bietet in seiner um 1283 entstandenen »Descriptio terrae sanctae« eine selbständige, sachkundige Beschreibung der von ihm bereisten Gegenden des Nahen Ostens. Er schildert die von seinem Ausgangspunkt Akkon in alle Richtungen führenden Wege durch Palästina und den Libanon; eingehend beschreibt er das Gebiet von Jerusalem. Es folgt ein Überblick über Fauna und Flora, Bevölkerung und religiöse Verhältnisse. Mit auffallender Sympathie erzählt B. von den schismat. oriental. Christen, die seinen Angaben zufolge Asien bis nach Indien bevölkern, aber wegen ihrer Friedfertigkeit unter die Herrschaft krieger. Ungläubiger geraten sind. Zum Abschluß wird von einer Reise nach Kleinarmenien, Zypern und Ägypten berichtet. – Das in einer älteren und einer jüngeren, überarbeiteten und erweiterten Fassung überlieferte Werk stand im 14. und 15. Jh. in hohem Ansehen und wurde ins Dt. und ins Frz. übersetzt. J. Prelog

Ed.: Burchardus de Monte Sion, Liber de descriptione terrae sanctae, hg. W. A. NEUMANN, 1880 – *Lit.:* Repfont II, 609 – TH. KÄPPELI, Scriptores Ord. Praed. I, 1970, 257-260.

Burchielleske Dichtung (poesia Burchiellesca). Einem nicht näher identifizierten, florent. Maler Orcagna aus dem Ende des Trecento oder der ersten Hälfte des Quattrocento (der nicht mit dem viel berühmteren Andrea Orcagna zu verwechseln ist) wird traditionellerweise die Erfindung des Dichtens *alla burchia* (nach Art einer Schiffsladung, das heißt kunterbunt) zugeschrieben. Für diese Dichtung wurde auch eine Herkunft von den frz. *vers batalés* des 12. Jh. vermutet; sie verdankt ihre Ausbreitung, wenn nicht sogar ihren Namen →Burchiello, in dessen Gedichten auch Orcagna erwähnt wird. Die Barbierstube Burchiellos in der Calimala könnte man als wahre Akademie der B. D. bezeichnen, zu deren Mitgliedern Niccolò Cieco, Rosello Roselli, Niccolò Tinucci und Giovanni →Gherardi da Prato gehören; ferner sind Anselmo Calderoni, Mariotto Davanzati, Francesco d'Altobianco Alberti, Leonardo Dati und Leon Battista→Alberti dazuzurechnen, die beim *certame coronario* des Jahres 1441 nicht zufällig für die Verwendung des Volgare eintraten. Als akademisch ist ebenfalls der in der B. D., die in mancher Hinsicht Antonio→Pucci und Franco→Sacchetti zu ihren Vorläufern zählt, weit verbreitete Brauch der→Tenzonen zu bezeichnen, der gelegentl. auch von Filippo→Brunelleschi geübt wird; außerdem haben sich Antonio di Cola Boncioni, Antonio di Guido, Giovanni Maffeo da Barberino, Antonio Megli und später Antonio Alamanni, Francesco Cei, Antonio→Cammelli gen. il Pistoia, Bernardo →Bellincioni und außerhalb der Toskana Matteo Franco, Baldassare da Fossombrone, Tifi Odasi und Antonio da Molin (der ebenfalls den Beinamen Burchiello trug) in der B. D. versucht. Charakterist. für die Poesie, die an die toskanische, komisch-realistische Tradition anknüpft, ist die Groteske, die mit stark satir. Elementen durchsetzte Unsinndichtung, die Vorliebe für das Absurde, die verbale Erschaffung einer unbeschwerten und spielerisch-scherzhaften Realität. G. Busetto

Lit.: →Burchiello.

Burchiello, Domenico di Giovanni gen. B., *1404 in Florenz als das erste von acht Kindern eines armen Holzarbeiters und einer Weberin, † 1449 in Rom. B. lernte den Barbierberuf, den er in der Calimala ausübte; seine Bottega wurde Zentrum eines Kreises von Gegnern der Medici, der diese zur Zielscheibe seines Spottes machte. Als 1434 die Faktion der von ihm unterstützten→Albizzi unterlag, mußte B. daher nach Siena fliehen, wo er bis 1443 blieb, wobei er jedoch auch als Folge seines heftigen und aufrührer. Charakters eine Zeit im Gefängnis zubringen mußte. Als kranker Mann ging er nach Rom, wo er trotz einer Annäherung an die Medici, die ihm die Protektion von Giovanni di Cosimo einbrachte, mit großen Schwierigkeiten zu kämpfen hatte. Er starb im Jan. 1449. Sein Beiname Burchiello (Schiffchen) ist von seiner Dichtweise *alla burchia* (→burchielleske Dichtung [poesia burchiellesca]) abgeleitet. Seine Dichtungen erfreuten sich in der zweiten Hälfte des 15. Jh. größter Beliebtheit, ihre Verbreitung läßt sich mit der des Petrarca vergleichen, dessen Gegenpol sie darstellen.

Seine Dichtung hat komisch-realist. Charakter und äußert sich vorwiegend in der Form satir. und unkonventioneller Profanierung bislang gültiger Werte. Die scheinbare Zufälligkeit der phantast. Erfindung, die mit Oxymora reich durchsetzte Sprache, das zu einer Regel der Dichtkunst erhobene Absurde, die animistische Schöpfung einer auf diabol. Weise grotesken und chaot. Welt zeugen von einer rhetor. Begabung, die im Rahmen des beständig angewendeten Metrums des »sonetto caudato« jedes Gedicht zu einem vollendeten Kunstwerk macht. Seine Sprache, die vor Derbheiten und Dreistigkeit nicht zurückscheut, ist immer von beschwörender Kraft und läßt sich nicht in die Schranken irgendeiner log., moral. oder semant. Konvention pressen. Das Ergebnis ist eine Dichtung, die sich oft der Entschlüsselung entzieht und von überschäumender Vitalität erfüllt ist. Die Schwierigkeiten der Interpretation erhöhen sich durch die Situation der Handschriftenüberlieferung: Die Texte wurden zerstreut, häufig verändert und mit fragl. Zuschreibungen versehen. Dem Gestrüpp der unklaren Anspielungen und der sich wie im Fiebertaumel überschlagenden Metaphern vermochten die Zeitgenossen jedoch durchaus einen deutlichen Sinn abzugewinnen, sowohl in polit. Hinsicht, wie der Bann, der B. 1434 traf, beweist, als auch auf kultureller Ebene, wo seine Suche nach einer neuen Sprache, die ein Abkömmling der toskan., komisch-realist. Tradition ist, die übertriebene Formenstrenge der Petrarkisten und Humanisten angreift und paradoxerweise zum dichter. Ausdruck der Wirklichkeit wird. G. Busetto

Bibliogr.: DLI II, 3-11 – *Lit.:* M. FUBINI, Sulla poesia del B., Studi sulla letteratura del Rinascimento, 1972² – A. TARTARO, B. dell'immaginazione grottesca (Il manifesto di Guittone e altri studi fra Due e Quattrocento, 1974) – A. TUSCANO, Il polisenso delle parole nel B., Forum Italicum 4, 1976 – M. MESSINA, Per l'edizione delle »Rime« del B., I. Censimento dei manoscritti e delle stampe, Filologia e critica 2-3, 1978.

Burckard, Johannes, päpstl. Zeremonienmeister, * um 1450 in Haslach (Elsaß), † 16. Mai 1506 in Rom. Nach einigen Delikten (Urkundenfälschung und Diebstahl) aus Straßburg vertrieben, machte B. seit 1467 Karriere in Rom. Als Familiar verschiedener Kardinäle, dann des Papstes erwarb B. außer einigen Elsässer Pfründen verschiedene kuriale Ämter: er wurde acolitus pape und abbreviator (1478), apostol. Protonotar (1481), Zeremonienmeister (1483), magister der Supplikenregisters (1490), schließlich Bf. v. Orte und Civita Castellana (1503, geweiht 1504) und Referendar (1504). Häufig in seine Heimat zurückreisend, ließ er sein röm. Haus als einziges noch existierendes Beispiel im spätgot. Stil errichten und nahm als leitendes Mitglied der Deutschen Bruderschaft Einfluß auf die spätgot. Architektur der dt. Nationalkirche (S. Maria dell' Anima). Als Zeremonienmeister verfaßte er zusammen mit Agostino →Patrizi einen neuen »Liber pontificalis« (1485) und ein »Caeremoniale«

(1488), die beide für die folgenden Jahrhunderte maßgeblich blieben. Weitere Werke sind ein »Ordo missae« und andere kleinere Ordines. Für den Historiker am wichtigsten ist jedoch sein »Liber notarum«, das älteste erhaltene zeremonielle Diarium, in dem B. nicht nur die päpstl. Zeremonien von 1483 bis 1506 beschrieb, sondern auch zahlreiche, sonst nicht überlieferte Details zum Leben am päpstl. Hof verzeichnete. B. Schimmelpfennig

Ed.: LP, 1485 u. ö. – Caeremoniale Romanum, 1516 u. ö. – Ordo missae secundum consuetudinem S. R. E., 1498 u. ö. – Liber notarum, ed. E. Celani (Muratori² 32, 1, 1910/42) – *Lit.*: DBI XV, 405–408 – DHGE X, 1249–51 – NDB III, 34 – Repfont II, 611f. – J. Schmidlin, Gesch. dt. Nationalkirche in Rom Santa Maria dell'Anima, 1906 – W. v. Hofmann, Forsch. zur Gesch. der kurialen Behörden vom Schisma bis zur Reformation II, 1914, 85 u. ö. – J. Lesellier, Les méfaits du cérémonier Jean Burckard, MAH 44, 1927, 11–31 – P. Paschini, A proposito di Giovanni Burckardo ceremoniere pontificio, ASRSP 51, 1928, 33–59 – A. Petrignani, Il restauro della casa del Burcardo in via del Sudario in Roma, Capitolium 9, 1933, 191–200 – L. Oliger, Der päpstl. Zeremonienmeister J. B. v. Straßburg 1450–1506, Archiv für elsäss. Kirchengesch. 9, 1934, 199–232 – F. Wasner, Eine unbekannte Hs. des Diarium Burckardi, HJb 83, 1964, 300–331 – Ders., Ein unbekannter liturg. »libellus« des päpstl. Zeremonienmeisters J. B., EL 80, 1966, 294–308 – B. Schimmelpfennig, Die Zeremonienbücher der röm. Kurie im MA, 1973, 136–138.

Burdinus, Mauritius → Gregor VIII, Gegenpapst.

Bureau

1. B., Gaspard, Herr v. Villemonble, entstammte einer Familie der Champagne, Sohn von Simon Bureau, Bürger von Paris, und Bruder von 2, † Okt. 1469; begann seine Laufbahn als Zahlmeister des kgl. Bauwesens, nahm 1439 an der Belagerung von Meaux teil. Anfängl. *commis* (Verwalter) bei d. kgl. →Artillerie (1442), stieg er 1444 zum Leiter des kgl. Geschützwesens (*maître de l'Artillerie*) auf. Dieses Amt, in dem er wichtige militär. und administrative Reformen durchführte, hatte er bis zu seinem Tode inne. Am Beginn der Regierung Ludwigs XI. zum Ritter geschlagen, war er *capitaine* (Befehlshaber) von Beauté-sur-Marne (1444), capitaine des Louvre (1461–65) und capitaine v. Poissy (1446–66). Er erhielt wie sein Bruder Jean 1447 von Kg. Karl VII. einen Adelsbrief. →Heer, -wesen, französisches. Ph. Contamine

Lit.: vgl. →Bureau, Jean (2. B.).

2. B., Jean, Herr von Montglas, Leiter und Organisator der kgl. frz. Artillerie, † 5. Juli 1463 in Paris; Bruder von 1. – J. B. ist zw. 1425 und 1435, während der engl. Herrschaft, als *commissaire* und *examinateur* bezeugt. Nach der Rückeroberung von Paris durch Karl VII., Kg. v. Frankreich, wurde J. B. *receveur ordinaire* (Leiter der Steuerbehörde) und *voyer* (kgl. Straßenaufseher) v. Paris (1436), wobei er letzteres Amt 1441 an seinen Bruder Hugues abtrat; kgl. Rat (*conseiller du roi*; 1437); *trésorier* (kgl. Schatzmeister) für das →Languedoïl (1438). Er befehligte die kgl. →Artillerie, für die er Spezialist war, bei den Belagerungen von Montereau (1437), Meaux (1439), Creil und Pontoise (1441), Dax (1442), Metz (1444–45), bei der Rückeroberung der Normandie (1449–50) und während der beiden Guyennefeldzüge (1450–51, 1453). Er war eine Zeitlang →*prévôt des marchands* (Vorsteher d. Stadtverwaltung) in Paris (1450–52) und *maire* (Bürgermeister) von →Bordeaux; die Errichtung der dortigen Festungen Château-Trompette und Fort du Hâ, mit denen der frz. Kg. seine Herrschaft über Bordeaux sicherte, gehen mit auf J. B. zurück. Oft an den Sitzungen des Kronrates unter Karl VII. bis zum Ende von dessen Regierung beteiligt, übte er verschiedene diplomat. Missionen aus, nahm mit Ludwig (XI.) schon vor dessen Regierungsantritt Verbindungen auf und stand auch nach 1461 beim Kg. in Gunst. Anläßl. der Salbung Ludwigs XI. wurde er von diesem zum Ritter geschlagen. Kurz vor seinem Tod nahm er noch am katal. Feldzug teil (1463). Wie sein Bruder Gaspard erhielt J. B. 1447 von Karl VII. einen Adelsbrief. Ph. Contamine

Lit.: H. Dubled, L'artillerie royale française à l'époque de Charles VII et au début du règne de Louis XI (1437–1469): les frères B., Mémorial de l'Artillerie française 50, 1976, 555–637.

3. B., Jean, Bf. v. Béziers 1456–90, † 2. Mai 1490 in Paris, ▭ ebd., Coelestinerkirche; Sohn von 2, 1456 als »maior archidiaconus« von Reims und kgl. Rat (*conseiller du roi*) belegt, im gleichen Jahr von Papst →Calixt III. in Nachfolge seines Bruders Pierre B. (5. B.) zum Bf. v. Béziers ernannt, wo er 1461 einzog. Im Juli dieses Jahres nahm er zu Paris an den Begräbnisfeierlichkeiten für →Karl VII. teil, im März 1472 an der Ständeversammlung (→États) des Languedoc in Béziers; 1487 führte er vor dem →Parlement v. Toulouse einen Prozeß gegen Katharina v. Navarra. Seine Kathedrale bedachte er mit reichen Stiftungen, die Sakristei mit einem Wandteppich. Er war auch (Kommendatar-)Abt von →Morigny (Diöz. Sens). H. Müller

Lit.: DBF VII, 687 – DHGE X, 1251f. – GChr VI, 362f.; XII, 182 – P. Anselme, Hist. généalogique VIII, 1733, 137 – vgl. auch die Lit. zu → Bureau, Pierre (5. B.).

4. B., Laurent (Burelli, Laurentius), OCarm, Beichtvater der frz. Kg.e Karl VIII. und Ludwig XII., Bf. v. Sisteron seit 1499, Theologe, Humanist, * 1448, † 5. Juli 1504 in Blois, ▭ in Orléans, stammte aus einfacher, armer Familie in Liernais (Côte d'Or). Er trat jung dem Karmeliterorden in Dijon bei, dem er neben kgl. Protektion seine Karriere verdankte. Als Dr. theol. der Universität von Paris (seit 1480) und Prediger in Lyon, Paris und Dijon wurde er schließlich →Beichtvater zweier Könige. Seit 1493 Provinzial seines Ordens in Narbonne, behielt er dieses Amt mit Erlaubnis Papst Alexanders VI. bis 1501 bei, als er am 15. Mai 1499 Bf. v. Sisteron wurde, zumal er sich in seiner Diöz. nicht durchsetzen konnte. Erst nachdem er vergebl. seine Resignation angeboten und im März 1502 die Verwaltung seines Bm. s dem Bf. v. Digne abgetreten hatte, konnte er (am 5. Juli 1502) seine Kathedrale offiziell in Besitz nehmen. Nie verlor er den Bezug zum Hof, in dessen Dienst er viele diplomat. und polit. Missionen wahrnahm. 1501 führte er mit kgl. und päpstl. Vollmacht eine Inquisition gegen →Waldenser in der Dauphiné durch, 1504 wurde er mit einer Gesandtschaft zu Ks. Maximilian I. geschickt. Noch im gleichen Jahr starb er in Blois und wurde bei den Karmeliten in Orléans beigesetzt, sein Herz nach Dijon gebracht. Der gelehrte Höfling, Diplomat und Bücherfreund (zu seiner Bibliothek gehörten etwa auch die kirchenpolit. interessanten Mss. Paris BN lat. 3184, 3205 oder Vatican, Borghese 29; vgl. außerdem Lyon 460, 461, 644 sowie Paris Ste. Gen. 1013) schrieb eine Gesch. bedeutender Karmeliten, stellte das »Livre vert« (Bischofsliste und Kartular) der Kirche von Sisteron zusammen und verfaßte ein Epos über Elias, den alttestamentl. Heros seines Ordens. J. Miethke

Q. und Lit.: DBF VII, 687 [T. de Morembert] – DHGE X, 1252f. [P. Calendi] – LThK² II, 785 [Valentinus a S. Maria] – GChr I, 500f. – GChrNov I, 754–756, Instrumenta 509f. – Daniel a Virgine Maria, Speculum Carmelitanum II, Roma 1680, 939f. – K. A. de Meijer, Paul en Alexandre Petau en de geschiedenis van hun handschriften [Diss. Leyden 1947], 201–205.

5. B., Pierre, Bf. v. Orléans, später v. Béziers, * 1422, † Juli 1456 (?) in Lignan bei Béziers, ▭ Béziers, Kathedrale, Sohn von 2 (zur Frage der Genealogie vgl. N. Valois); 1444 Kanoniker und Archidiakon in Reims, apostol. Protonotar; 1447 Kanoniker und Scholaster in Orléans, wo er sich 1447/50 nach Provision durch →Nikolaus V. als kgl. Kandidat gegen den Kapitelelekten Thibaut d'Aussigny mit Hilfe des der Familie verpflichteten, die →Pragmatique Sanction verletzenden →Karl VII. durchsetzte. 1451 wurde er von Nikolaus V. nach Béziers transferiert; bis auf einige Akte von lokaler Bedeutung ist über seinen dortigen Pontifikat kaum etwas bekannt. H. Müller

Lit.: DBF VII, 688 – DHGE X, 1253 – GChr VI, 361f.; VIII, 1479 – E. Sabatier, Hist. de la ville et des évêques de Béziers, 1854, 321 – H. Fisquet, France pontificale: Montpellier II [1870], 158f. – A. de Foulques de Villaret, Élection de Thibaut d'Aussigny..., Mém. Soc. arch. hist. Orléanais 14, 1875, 65–114 – N. Valois, Hist. de la Pragmatique Sanction..., 1906, CIII f., 171–190, 200ff. – J. Segondy, Les évêques de Béziers, 1961 (Ms. in Bibl. Municipale Montpellier), 226f.

Bureau de la Rivière → Rivière, Bureau de la

Büren, Adelssitz in Schwaben. Die im Zusammenhang mit der Ehescheidung Kg. →Friedrich Barbarossas von seiner 1. Gemahlin Adela v. Vohburg um 1153 gefertigte Abstammungstafel, die sich im Briefbuch des Abtes→Wibald v. Stablo erhalten hat, nennt als Vater des 1079 zum schwäb. Hzg. erhobenen Staufers Friedrich einen »Friedrich v. Büren«. Diese nur einmal erwähnte Nomenklatur hat aus geogr. Gründen dazu geführt, den ältesten Stammsitz der →Staufer in dem Ort Wäschenbeuren (Baden-Württemberg, Krs. Göppingen; am Fuße des Hohenstaufen und wenige km südl. des stauf. Hauskl. →Lorch gelegen) zu suchen, ehe im ausgehenden 11. Jh. die Höhenburg auf dem Hohenstaufen erbaut wurde, die dem späteren Kaisergeschlecht den Namen gab. Allerdings kommt das dem 13. Jh. zuzuordnende »Wäscherschlößchen« bei Wäschenbeuren als stauf. Stammburg ebensowenig infrage wie der ebd. gelegene Burgstall »Burren«. Trotz vieler Beuren-Orte, die man in Erwägung gezogen hat, blieb schließlich die Annahme, der im Besitz der Staufer befindliche Wohnplatz (Wäschen)beuren habe, wegen seiner Nähe zu Lorch und dem Staufen, einem ortsunkundigen Historiographen aus späterer Zeit als Hilfsbezeichnung für den Staufer Friedrich gedient. Dessen Vorfahren waren indessen, nach neueren Forschungen, insbes. im Riesgau begütert, dessen Gft. sie, zusammen mit dem schwäb. Pfalzgrafenamt, innehatten.

H. Schwarzmaier

Lit.: H. Bühler, Zur Gesch. der frühen Staufer (Hohenstaufen. Veröff. des Gesch. und Altertumsvereins Göppingen 10. Folge, 1977), 1–44 – Staufer III, 1977, 344 – H.-M. Maurer, Hohenstaufen. Gesch. der Stammburg eines Kaiserhauses, 1977, 12–20, 177 [Lit.].

Burg
A. Allgemeiner Überblick über die Bauformen der europäischen Burg – B. Terminologie – C. Europäische Entwicklung nach Ländern und Regionen unter besonderer Berücksichtigung der Rechts- und Verfassungsgeschichte – D. Sonderentwicklungen in den Lateinischen Königreichen, im Lateinischen Kaiserreich und im islamischen Vorderen Orient

A. Allgemeiner Überblick über die Bauformen der europäischen Burg

I. Definition – II. Burgtypen – III. Fortifikatorische Anlage – IV. Wohn- und Nutzgebäude.

I. Definition: Die B. ist ein bewohnbarer Wehrbau, den eine Person oder eine Gemeinschaft zu ihrem Schutz als ständigen oder zeitweiligen Wohnsitz errichtet. Hervorgegangen ist sie in Nord- und Osteuropa aus der nur in Notzeiten aufgesuchten, dem Gelände angepaßten vor- und frühgeschichtl. Fluchtburg (vgl. auch→Befestigung, Abschnitt A. III) und dem mehr oder weniger geschützten frk. Herrenhof, in Süd- und Westeuropa, bes. in Gallien, Italien und Spanien, aus dem regelmäßigen, von Türmen flankierten röm. →Kastell (castrum, castellum). Für die Entstehung und Entwicklung der B. sind die rechtl. und verfassungsgeschichtl. sowie die polit. Verhältnisse in den einzelnen Regionen und Ländern Europas entscheidend (vgl. hierzu die einzelnen Artikel im Abschnitt C). Allgemein beginnt der Burgenbau in Europa am Ende des 9. Jh. und erreicht seinen Höhepunkt im 12. und 13. Jh. Seit dem 15. Jh. vollzieht sich der Übergang von der B. zum Schloß bzw. zur frühneuzeitlichen Festung. Ursache hierfür sind einmal die Weiterentwicklung der Kriegstechnik, die eine weitere fortifikator. Verwendung der ma. B. unmöglich machte (→Kriegführung), und zum anderen das Bedürfnis zum komfortableren Wohnen.

II. Burgtypen: Für die europ. B. lassen sich allgemeine Grundformen erkennen. Nach der *Lage* werden unterschieden: die Höhenburg auf schwer zugängl. Berggipfel mit Rundsicht, als Gipfelburg, Kammburg, Spornburg oder Hangburg, und die Niederungsburg, zumeist mit Wasser umgeben, als Wasserburg oder Turmhügelburg (Hausberg, →Motte). Hinsichtl. ihrer *Bauherren* unterscheiden sich die Volks- und Fluchtburg, →Pfalz und Reichsburg, Fürstenburg, Grafenburg, Hochadels- (Ritter-), Ministerialen- oder Dienstmannenburg, →Stadtburg und →Kirchenburg.

Nach der *Form* gliedern sich die B.en in:

[1] *Zentralanlagen:*
  a) *Turmhügelburg, Hausberg oder Motte* (Motte Ickt in Düsseldorf-Lohausen, 15. Jh. – Gaiselberg in Niederösterreich – Linn bei Krefeld, 12. Jh.).
  b) *Ring-, Randhaus oder Gadenburg*
    α) ohne Turm (Restormel in Cornwall/England, 12./13. Jh. – Seinsfeld, Krs. Wittlich, 14./15. Jh.)
    β) mit Mittelturm (Steinsberg bei Sinsheim/Kraichgau, Mitte 13. Jh. – Marksburg über Braubach am Rhein, 13./14. Jh. – Lindenfels im Odenwald, 13. Jh.)
    γ) mit radialem Turm (Büdingen bei Frankfurt, um 1180)
    δ) mit mehreren Türmen (Hanstein im Eichsfeld, nach 1308 – Hülchrath, Krs. Grevenbroich/Rheinland, 14. Jh.).
  c) α) *Turmburg* (La Roche-Guyon an der Oise, 1. Drittel 12. Jh. – Oberburg in Rüdesheim, 11./12. Jh.)
    β) *Wohnturmburg* (Hedingham in Essex/England, 1. Hälfte 12. Jh. – Haus Heyden im Rheinland, 14. Jh.).
    γ) *Palasburg* (Balduinstein im Taunus, um 1320).
  d) α) *Quadratische Burg* (Babenhausen bei Darmstadt, um 1200 – Deutschordensburg Rheden in Westpreußen, ab 1310 – Lahr am Oberrhein, 1218/20 – Deutschordensburg Heilsberg in Ostpreußen, 2. Hälfte 14. Jh. – Kastell Ursino in Catania/Sizilien Anfang 13. Jh.)
    β) *regelmäßig mehreckige Anlage* (Egisheim im Elsaß, 2. Hälfte 12. Jh. – Castel del Monte in Apulien, Anfang 13. Jh. – Büdingen bei Frankfurt, um 1180)

[2] *Axialanlagen:*
  a) *rechteckige Burg*
    α) mit Zentralturm (Brömserburg in Rüdesheim am Rhein, 12. Jh. – Staufeneck Schwäb. Alb, Anfang 12. Jh. – Fustenburg über Stromberg im Hunsrück, 14. Jh.)
    β) mit Frontturm (Gutenfels am Rhein, 1. Hälfte 13. Jh. – Wildenburg im Odenwald, um 1170/80 – Kinzheim bei Schlettstadt/Elsaß, um 1200).

b) *Mehreckige Burg*
   α) mit Frontturm (Burgschwalbach im Rhein-Lahn-Kreis 1368–71 – Ortenberg im Elsaß, Mitte 13. Jh. – Spesburg im Elsaß, um 1250)
   β) mit mehreren Türmen (Coucy bei Paris, 13. Jh. – Frankenburg im Elsaß, Ende 12. Jh.).
c) *Ovale Burg*
   α) mit Mittelturm (Otzberg im Odenwald, Anfang 13. Jh. – Godesburg am Rhein, 1210)
   β) mit zwei Türmen (Münzenberg in der Wetterau, um 1155/70, Westturm 1250 – Thurandt über Alken an der Mosel – Saaleck an der Saale, 13. Jh. – Wimpfen am Neckar, Ende 12. Jh.)
   γ) ohne Turm (Broich in Mülheim/Ruhr, 883/84).
d) *Schildmauerburg*
   α) ohne Frontturm (Neuscharfeneck bei Landau/Pfalz, 13. und 16. Jh.)
   β) mit Frontturm (Burgschwalbach im Rhein-Lahn-Krs. 1368–71 – Liebenzell an der Nagold, Anfang 13. Jh. – Lützelburg im Elsaß, Ende 12. Jh. – Weineck bei Katzenthal/Elsaß, um 1200)
   γ) mit zwei flankierenden Fronttürmen (Ehrenfels am Rhein, 1356 Ausbau – Nolleck bei Lorch am Rhein, 14. Jh. – Berneck Krs. Calw, um 1200 – Reichenberg bei St. Goarshausen, nach 1319).
e) *Keilförmige Burg* (Château-Gaillard bei Rouen, 1196/97 – Baldenau im Hunsrück, 14. Jh. – Kaisersberg im Elsaß, Anfang 13. Jh.).
f) *Mehrgliedrige Burg ohne beherrschenden Turm* (Elten am Niederrhein, 1. Hälfte 10. Jh. – Salzburg bei Neustadt am Main, 2. Hälfte 12. Jh.).
g) *Abschnittsburg* (Château-Gaillard bei Rouen, 1196/97 – Burghausen an der Salzach, 13. Jh. und später).

Die dem Gelände angepaßten nord. Höhen- und Wasserburgen lassen in stauf. Zeit, unter it. und arab. Einfluß, das Bemühen erkennen, geometr. Grundformen anzustreben. Die Entwicklung von der otton.-sal. zur spätstauf. B. bedeutet räuml. Konzentration, Vereinfachung des Grundrisses, Aneinanderrücken weniger Bauten, fortifikator. Verstärkung, v. a. durch Erhöhung der Ringmauer. Die B.en der frk. Kreuzritter in Griechenland und Kleinasien verbinden heimisch-byz. Entwicklungen im Fortifikationsbau mit arab. und arm. Einflüssen sowie europ. Anlagen und Bauformen des 12. Jh. zu einem eigenständigen Burgenbau seit der 1. Hälfte des 12. Jh. und im 13. Jh., der dann teilweise auf Europa zurückgewirkt hat (vgl. Abschnitt D).

III. FORTIFIKATORISCHE ANLAGE: Die *Ringmauer*, auch *Zingel* und bes. die Höhe *Mantel* genannt, umschließt den Burgbering. Ihr vorgelagert ist ein Wasser- oder Trockengraben, letzterer als Sohlgraben mit u-förmigem oder als Spitzgraben mit v-förmigem Querschnitt ausgebildet. Bei Höhenburgen trennt der bes. tiefe und breite Halsgraben die B. vom anschließenden Bergrücken. Zwischen Mauer und Graben kann ein Absatz, die *Berme*, die Verteidigungszone verbreitern. Als vorgeschobenes Hindernis dienen Gebücke aus verwachsenen Sträuchern und Hecken oder Palisaden aus dicht nebeneinander eingeschlagenen Pfählen. Seit den Kreuzzügen werden die Verteidigungsringe verstärkt und vervielfacht. Dem inneren Bering vorgelagerte Mauern bilden einen eingeebneten Zwischenraum, den *Zwinger*, der als →Tier- und Burggarten benutzt wird. Aus der Flucht der Ring- und Zwingermauer vorspringende rechteckige oder runde Türme ermöglichen eine seitl. Bestreichung. Sie überragen die Mauer nur wenig und sind häufig zur Innenseite offen (*Schalentürme*), um bei ihrer Erstürmung durch den Angreifer diesem keinen Schutz gegen die Verteidiger zu bieten. Im späteren MA werden die Mauern der Türme dicker und zur Aufstellung von Geschützen eingerichtet. Auf der Mauerkrone dient ein Wehrgang (*Letze, Rondengang* oder *Mordgang*) mit Brustwehr zum Schutz der Verteidiger. Er liegt entweder hinter einer Mauer als innen vorkragende Holzkonstruktion oder hinter einer steinernen Brustwehr, die auf Konsolen mit dazwischen geöffneten Bodenlöchern ruht (*Maschikulis*, Kreuzfahrereinfluß aus Palästina und Syrien, aber auch in Frankreich bereits im 11./12. Jh. angewendet). Ebenso kann der Wehrgang auf der Mauer aufsitzen als beiderseits auskragender Holzaufbau (*Hurde*). Die Brustwehr hat entweder Schießscharten oder besteht aus wechselnd rechteckigen nicht überdeckten Maueröffnungen (*Zinnenfenster, Zinnenscharte*) und geschlossenen Mauerstücken (*Zinne*), die je nach Gegend und Zeit verschieden geformt sind: rechteckig, schwalbenschwanzförmig (*Kerbzinne*, bes. in Italien in der zweiten Hälfte des 12. und 13. Jh.) oder gestuft (*Doppelzinne*). In den Zinnen befinden sich auch Schlitze als Spählöcher. Die Zinnen und Scharten werden in der zweiten Hälfte des 12. Jh. mehr nach Fernwirkung als für die Verteidigung bemessen. Im späteren MA werden die Zinnen häufig vermauert und mit Schießscharten versehen. Auf die Ecken der Ringmauer werden kleine vorgekragte Türmchen aufgesetzt (*Scharwachtturm, Hochwacht, Pfefferbüchse, Tourelle*). Die Wehrgänge können auch in der Höhe gestaffelt sein.

In der Ringmauer und in den Türmen sind Schießscharten so angebracht, daß das Angriffsfeld von Pfeil- oder Armbrustschützen beherrscht wird. Um das Schießen mit der →Armbrust und später mit →Handfeuerwaffen in einem möglichst großen Winkel nach den Seiten und nach unten zu gestatten, sind die schlitzartigen Schießscharten innen oder nach außen (*Schartenmaul*) auf beiden Seiten, häufig auch nach unten, erweitert. Es finden sich auch große, breite, oft mit Sitzbänken ausgestattete Mauernischen, die nach außen durch eine Hausteinplatte mit Schartenschlitz verschlossen sind. Die älteren Scharten sind vorwiegend hochrechteckig, jüngere für Handfeuerwaffen haben die unterschiedlichsten Formen. Zu den häufigsten zählt die *Schlüssellochscharte*, bei der die runde untere Öffnung zum Durchstecken des Büchsenlaufes, der darüberliegende Schlitz als Zielloch für den Schützen dienen, auch als Doppelschlüssellochscharte vorkommend. Die flache breite Maulscharte kann durch eine Schlüssellochscharte zur *Schlüsselmaulscharte* erweitert sein. Die *Kreuzscharte (Ballistrarium)* kann auch mit der Maul- oder Schlüssellochscharte verbunden sein. Ist die Schießscharte nach unten gerichtet, wird sie *Senkscharte* genannt. Kugeln oder Zylinder, drehbar in die Scharte eingebettet, mit einem Loch zum Durchstecken des Büchsenlaufes, oder andere Holzlager zum Auflegen dienen dem sicheren Führen der schweren →Büchsen.

Über Toren, Eingängen und an Türmen finden sich *Pechnasen* oder *Gußerker*, kleine auf Kragsteinen oder Konsolen ruhende Erker, die nach unten offen sind und nach vorne häufig ein Spähloch haben. Sie dienen zum Hinabschütten von heißem Wasser, Öl oder Pech. Mit den Pechnasen häufig verwechselt, befinden sich in der Ringmauer über dem Graben oder am Bergfried *Aborterker* (→Abtritt), mannshohe, auf Konsolen auskragende, nach unten offene, mit Sitzbrett versehene Anlagen. Schräge, durch die Außenmauer geführte Röhren oder Schächte sind seltener; aber auch durch mehrere Geschosse geführte Abortkanäle kommen vor.

Das *Burgtor* ist ein wichtiges und empfindl. Glied in dem Verteidigungsring. Zunächst wird es als ein einfacher Torbogen mit eisenbeschlagenen Holzflügeln, eingeschlagener Zugbrücke oder Fallgatter gestaltet. Die Torgewände können gestuft sein und durch eingestellte Säulen verziert werden (Wildenburg im Odenwald um 1180; Burgprozelten am Main, Ende 12. Jh.) oder von turmartigen Vorbauten flankiert (Landeck in der Pfalz, Ende 12. Jh.). Häufiger sind gewölbte Torwege (Münzenberg in der Wetterau, Marksburg am Rhein), auch Torhallen (Wildenburg im Odenwald, um 1180; Pfalz Gelnhausen, um 1170). Reichere fortifikator. Gestaltung erfährt das Tor dann als *Zwingertor* und als *Torburg* mit flankierenden Türmen. Schließlich bildet sich ein System von hintereinanderliegenden Torbefestigungen und halbkreisförmiger, mit Schießscharten versehener Vormauer *(Barbakane)* heraus, die seit dem 15. Jh. vergrößert und mit Türmen versehen wird *(Bastille)*. Im Belagerungsfall kann ein versteckter Ausgang in der Ringmauer oder auch ein kurzer Gang durch Mauerdicke und Wall *(Poterne)* für einen Ausfall benutzt werden (Münzenberg in der Wetterau, um 1160).

Erfordert die Lage der B. – meist auf einem Bergrücken – einen bes. Schutz auf einer Seite, so wird dort die Ringmauer dicker und höher ausgebaut als *Schildmauer*, die gleichzeitig die Aufgabe des →*Bergfrieds* übernehmen kann oder auch mit einem Bergfried verbunden ist, der hinter ihr stehen, in sie eingebaut oder seitl. angebaut sein kann. Die Schildmauer ist wie der Bergfried ein selbständiger Verteidigungsbau, oben abgeschlossen von einem Wehrgang, oft vorgekragt und zur Verteidigung nach allen Seiten eingerichtet. Wie beim Bergfried liegt der Eingang hoch und ist nur über eine Leiter oder einen Holzsteg zugänglich. Turmartig vorkragende Ausbauten *(Scharwachturm)* können an beiden Enden der Mauer den Abschluß bilden. Der Bau von Schildmauern setzt um 1200 ein, bes. in Südwestdeutschland, im Elsaß und in der Pfalz, erreicht in der zweiten Hälfte des 13. Jh. seinen Höhepunkt und geht im 14. Jh. zurück. Mit dem Aufkommen der Pulvergeschütze werden in der zweiten Hälfte des 15. Jh. und im 16. Jh. wieder mächtige Schildmauern gebaut. Der Schildmauer sind schwächere und niedrigere Verteidigungsbauten oder ein Halsgraben vorgelagert, um den Angriff mit Mauerbrechern unmöglich zu machen.

IV. Wohn- und Nutzgebäude: Zumeist frei im Burghof, in seiner Mitte oder in der Nähe der angriffsgefährdeten Seite, steht der Bergfried, der Hauptturm der B., der bes. in frz. und engl. B.en als mächtiger Wohnturm ausgebildet sein kann (→*Donjon, Keep*). Entlang der Ringmauer, mit dieser verbunden oder innen frei vorgestellt, nehmen →*Palas* und →*Kemenate* eine Seite des Burghofes ein, häufig mit der →*Burgkapelle* verbunden, die aber auch in einen Bau eingefügt sein oder frei im Hof stehen kann. Der von Bauten weitgehend freie *Burghof* dient auch für Kampfspiele (→Turniere). Im SpätMA ist er teilweise von →*Galerien* umgeben *(Arkadenhof)*, die die Zuschaumöglichkeit von Fenstern, Freitreppen und Holztribünen ersetzen und dann in Renaissanceschlössern reiche Ausgestaltung erfahren *(Cortile)*. Die Nutzbauten für Gesinde, Wirtschaft und Vieh sowie die Küche mit großem Kamin, häufig als Fachwerkbauten, sind zumeist an die geschlossene Ringmauer angelehnt, oder sie befinden sich in der Vorburg. Wichtig für jede Höhenburg ist der →*Brunnen*, der bis zu 110 m tief in den Felsen gehauen oder gemauert werden mußte. Er liegt vereinzelt auch unter gesonderten, auch außerhalb der B. gelegenen Türmen (Trifels,

13. Jh.). Bei zu großer Höhe oder ungeeigneten Bodenverhältnissen genügt eine *Zisterne,* ein zumeist unterird. Raum zum Sammeln von Regenwasser. Wasserleitungen zu B. en kommen erst im 16. Jh. auf. G. Binding

Lit.: RDK III, 126–173, 221–225, 1304–1312 [Lit.] – O. Piper, Burgenkunde, 1912³ [Repr. 1967] – B. Ebhardt, Der Wehrbau Europas im MA I, 1939; II, 1958–H. Graf Caboga, Die ma. B. Rappersvil, 1951– R. A. Brown, English Mediaeval Castles, 1954 – A. Tuulse, B. en des Abendlandes, 1958 – W. Kiess, Die B. en in ihrer Funktion als Wohnbauten [Diss. Stuttgart 1961] – H. Wäscher, Feudalburgen in den Bezirken Halle und Magdeburg, 1962 – W. Bornheim gen. Schilling, Rhein. Höhenburgen, 1964 – C. A. Willemsen, Die Bauten der Hohenstaufen in Süditalien, 1968 – G. Binding, u. a., B. und Stift Elten am Niederrhein, 1970 – Ders., Schloß Broich in Mülheim/Ruhr, 1970 – H.-J. Mrusek, B.en in Europa, 1973 – G. Anghel, Ma. B.en in Transsilvanien, 1973 – C. Rocolle, 2000 ans de fortification française, 2 Bde, 1973 – C. Meckseper, Ausstrahlungen des frz. Burgenbaus nach Mitteleuropa im 13. Jh. (Beitr. zur Kunst des MA, Fschr. H. Wentzel, 1975), 135–144 – G. Seebach, Der Burgenbau der Babenberger Zeit (Stift Lilienfeld, Ausst.-Kat., 1976), 454–471 – C.-L. Salch, L'atlas des châteaux forts en France, 1976 – R. Gutbier, Zwinger und Mauerturm (B.en und Schlösser 17, 1976), 21–29 – H.-M. Maurer, B.en (Die Zeit der Staufer, Kat., Bd. 3, 1977), 119–128 – R. Huber–R. Rieth, Glossarium artis, I: B.en und feste Plätze, 1977² – A. Antonow, B.en des südtl. Raumes im 13. und 14. Jh. unter bes. Berücksichtigung der Schildmauern, 1978 – R. Will, Les châteaux de plan carré de la plaine du Rhin et le rayonnement de l'architecture militaire royale de France au XIII°s. (Cah. Alsaciens d'archéologie d'Art et d'Hist. 21, 1978), 65–86 – W. Meyer–E. Widmer, Das große Burgenbuch der Schweiz, 1979³ [mit Lit.] – W. Hotz, Kleine Kunstgesch. der dt. B., 1979⁴ [Lit.] – Ders., Pfalzen und B.en in der Stauferzeit, 1981 [Lit.] – H. Hinz, Motte und Donjon, 1981 – G. Streich, B. und Kirche im dt. Sprachraum, T. I [Diss. masch. Göttingen 1981] – W. Meyer, B.en, 1982.

B. Terminologie

I. Allgemein – II. Lateinische Bezeichnungen – III. Deutsche Bezeichnungen.

I. Allgemein: Die Weite des Begriffs 'B.', der die Wehranlagen der Frühgeschichte (Volks- oder Fluchtburgen) ebenso umfaßt wie jene des MA (Ritterburg, Burgschloß, Motte, Kloster- und Kirchenburg, befestigte Stadt, Residenz, Pfalz, Palast, Klause, Schanze, Adels- und Patrizierturm) und der frühen NZ (Schloß, Festung), bedingt eine stark differenzierte Terminologie (vgl. L. Villena). Zeitliche Übergänge in der Verwendung der Termini sind zu beachten, desgleichen die Tatsache, daß in verschiedenen Regionen die burgl. Termini verschiedenes bedeuten konnten. Dazu kommt die Willkür der Urkundenschreiber, Historiographen und Dichter bei der Wortwahl und die sehr häufige Synonymie. Deshalb ist es gewagt, etwa nur von den lat. oder dt. Burg-Bezeichnungen generell auf Bauform, Größe, Wehrbedeutung oder auf andere burgl. Funktionen rückschließen zu wollen. Am ehesten vermag noch die zeitl. Abfolge Turm/Haus – Feste – Schloß eine baul. Entwicklung auszudrücken, doch darf auch hier nur mit Vorsicht auf den Kern der Wehranlage geschlossen werden. Zu prüfen ist auch, ob die Vielfalt der Termini der fortschreitenden Differenzierung der Wehrbauten Rechnung trug. Adjektiva geben die Wertigkeit von Wehranlagen an ('firmissima' und 'nobilissima castra'; 'castellum satis munitum', 'castra immunita' etc.).

II. Lateinische Bezeichnungen: Das Wort 'B.' hat seine Geschichte und seinen Sachinhalt. Zunächst die lat. Bezeichnungen für B.: arx (firmissima) war Teil eines oppidum oder einer befestigten urbs. In karol. Zeit wurden Herrenhöfe und befestigte Gutshöfe arx genannt. Seit dem 2. Jh. n. Chr. bezeichnete →burgus die steinerne Wehr; schon früh wurde das Wort mit dem germ. *burgs* (Gesamtkomplex von Wehrbau und Siedlung, Wohnturm, kleines Kastell) kontaminiert. Seit dem 7. Jh. bedeutete burgus (syn. →civitas) die städt., seit dem 9. Jh. die unbefestigte Siedlung bei einer B., bes. die Vorstadt einer civitas, seit dem 12. Jh. im dt. Sprachraum den Markt.

Castellum (castellarium, castellus [im 8. Jh. aus Holz und Erde gebaut]; syn. arx, burgus, castrum, civitas, munitio und urbs) wird außer für B.en auch für Bischofssitze, Kl., befestigte Stadthäuser und Ortschaften, für Städte, Schanzen und Festungen verwendet; teils sieht man in diesem Terminus auch die Diminutivform von castrum. Eine kleine B. wurde parvum castellum (castellatus, castelletum, castellulum, castellucium, parvum munitiuncula/munimentum) genannt; it. *castiglione*, span. *castillo*, afrz. *chastillon, chastelet*, engl. *castle*. Die kleinräumige, stark befestigte Ritterburg, das umwallte Lager, aber auch Pfalz, Hofburg, Schloß, Festung und Schanze erscheinen als castrum *(burch)*, seit der 2. Hälfte des 11. Jh. und in lat. Texten des 14. und 15. Jh. ist es die fast ausschließl. Bezeichnung für Burg. Im 6. Jh. und noch 817 unterschied sich castrum rechtl. von castellum, das nicht Zentrum eines civitas-Bezirks, sondern diesem zugehörig war. Slavische B.en wurden in frk. Quellen stets civitates genannt (vgl. auch →Burgbezirk, slav.). Weitere lat. burgl. Termini sind: casaturris, claustrum (Schloß, Schanze), clausura/clusura (Grenzfeste, im Byz. Reich →Kleisura), communitio, curtis (imperialis, regalis, ducalis), domus (vom 12.–15. Jh. als domus lapidea = Steinhaus für kleine B. und für einzelne steinerne Burggebäude verwendet), firmitas (im 9. Jh. zusammen mit castellum und *haia* genannt), fortalicium (ung. *eröd, erösseg, vár*; syn. arx munita, propugnaculum, fortia, forticilium, fortis locus, fortitudo, locus munitus, metropolis munita = Hauptburg, municipium (vor 900 ident. mit germ. burgs), municiuncula, munimentum publicum, munitio (altersgleich mit domus = *veste*; älter als fortalicium), oppidum, palatium, propugnaculum, sedes (munita) principis, turris, urbs (bei →Widukind v. Corvey Pfalz und Burg; 937 urbs regia, syn. civitas [Magdeburg], im Sinn von Bischofsburg). Schon im 13. Jh. ist neben der starken Synonymie auch eine zunehmende Vereinheitlichung und Vereinfachung der lat. Nomenklatur erkennbar.

III. DEUTSCHE BEZEICHNUNGEN (entsprechend lat. burgus/burgum, got. *baurgs*, ahd. *burg*, mhd. *burc*, frz. *bourg*, engl. →borough, →burgh, an. borg, it. →borgo/borge, aslav. grad [aruss. *gorod*], tschech. *hrad*; syn. arx, castellum, castrum, clausura, metropolis): Das ahd. burg ist als befestigte Siedlungsanlage einer größeren Gruppe mit 'Volks-' oder 'Fluchtburg' zu umschreiben und inhaltl. gleichbedeutend mit dem heutigen Wort 'Stadt'. In England wurde ursprgl. burgh (syn. *port*) für Volksburg, Herrenburg und privilegierte kgl. Burgstadt verwendet; castell/castle ist auf die Normannen zurückzuführen. Die Römerstadt (civitas, urbs) wurde als 'B.' bezeichnet. In der mhd. Dichtung blieb diese Verwendung des Wortes 'burc' bis in die 2. Hälfte des 12. Jh. lebendig, bis es von dem seit Ende des 11. Jh. dafür verwendeten Wort *stat* abgelöst wurde. Um 1170 hatte sich in der Dichtung der Terminus stat für →Stadt durchgesetzt. Das Wort burc wurde für die Ritterburg frei, wie sie in der höf. Dichtung im 13. Jh. vorherrscht. Mit dem Aufkommen der dt. Urkundensprache im 13. Jh. entsprach im Gefolge der seit dem 12. Jh. bemerkbaren Begriffsverengung dem lat. castrum das dt. Wort burc. Das Suffixum -burg kann auf eine B. als Kern einer Stadtanlage hinweisen. Da sich aus Orten mit der Endung -burg vielfach Städte entwickelten, gilt im Mhd. die Gleichsetzung burc und stat, zumal burc nicht nur für den befestigten Platz, sondern bis ins 13. Jh. auch für die Stadt verwendet wurde. Das Suffixum -burg bei Ortsnamen verträgt sich fast immer mit den Termini castrum und castellum bzw. urbs und munitio. Fraglich ist, ob civitas bei Ortsnamen auf -burg auf einen alten Stammesvorort hinweist. In Urkunden wird der Terminus burc im 13. Jh. häufig von 'Haus' (festes Haus, syn. domus [lapidea], *stein*, z. B. bei ndl.-fläm. Stadtburgen, ndl. *steen*, z. B. Gravensteen in Gent) abgelöst. Im 14. Jh. wird »Feste« (veste, vestenunge, vestunge, syn. munitio, fortalicium), seit der Mitte des 15. Jh. Schloß verwendet. Seit dem 16. Jh. ist Schloß die alleinige Bezeichnung für Burg. Daneben finden sich die Termini (An-)Sitz (→Ansitz), Behausung (seit Ende des 14. Jh. – syn. habitatio – Sammelbegriff für einen ritterl. Ansitz, aber auch für Gebäude innerhalb der B.), Gesäß (Sitz, Sitzlein; für kleinere Edelsitze, die zu Schlössern ausgebaut werden konnten oder die durch Zerstörung von Schlössern entstanden waren). In der frühmhd. Dichtung erscheint öfters das roman. Lehnwort *kastel* für B., das auch in westmitteldt. Ortsnamen (Kastel bei Mainz, Bernkastel an der Mosel) erhalten blieb. Ostoberdt. wird kastel als befestigter Herrensitz in der Wiener Genesis bereits um 1060 genannt; in der Regensburger Kaiserchronik (1139–47) steht es syn. mit burch. Um 1200 war kastel bereits veraltet. Im Zuge der hochhöf. Rezeption frz. Literatur (seit dem letzten Viertel des 12. Jh.) erfuhr das endbetonte *castêl* aus Gottfrieds 'Tristan' bes. im Ndl. eine Neubelebung. Erst Mitte des 13. Jh. erscheint in der Epik das lat. Lehnwort *klûse*, das im 14. Jh. zum Schloß wurde. Das Wohngebäude der Klause hieß *hûs* oder *palas*. Demnach bestand Synonymie der mhd. Burgenbezeichnungen burc, hûs und veste, teilweise auch kastel. Im 15. Jh. wird *Tabor (Täber)* für provisor. Erdschanzen, befestigte Kirchen, Blockhäuser und Höhlen üblich (→ Tabor). Zu den burgl. Termini gehören ferner →Turm (-haus, -hof; →*Donjon*), *Verloren Cost* (in den Niederlanden), *Wale* (in der 2. Hälfte des 14. Jh. umwallte Fronhöfe in Oberfranken) sowie *Berfes* (im 10. Jh. erbaute Tieflandsburgen am Niederrhein). Viele dieser Wörter wurden auch synonym verwendet: Haus = Sitz, Schloß; Sitz = Hof, Turm; Feste = Behausung, Schloß.

Zu erwähnen ist letztl. der mehrdeutige Terminus 'Burgstall' *(burgstall[um], purchstall*, locus castri, aslav. *gradišče* [aruss. *gorodišče*]) als Bezeichnung für einen Burgplatz, für Altburgstelle, für öde, also unbefestigte B. (castrum immunitum) oder für abgekommene bzw. zerstörte B. (Ruine). Unbewohnte Schlösser wurden als 'Schloß und Burgstall' bezeichnet, funktionstüchtige dagegen als 'erbaute Burgställe'. Burgstall hieß auch eine in Bau befindliche B., die erst durch Türme und Mauern befestigt werden mußte. – Zur Terminologie vgl. auch die einzelnen Artikel im Abschnitt C.   H. Ebner

Lit.: HOOPS² IV, 117ff. – HRG I, 572ff. [s. v. burgus, K. KROESCHELL] – F. GEPPERT, Die B. en und Städte bei Thietmar v. Merseburg, 1927 – J. F. VERBRUGGEN, Note sur le sens de mot, castrum, castellum et quelques autres expressions, qui désignent les fortifications, RBPH 28, 1950 – W. SCHLESINGER, B. und Stadt (Fschr. TH. MAYER, 1955), 97ff. – H. EBNER, B., Haus, Feste, Schloß (Mitt. des Steir. Burgenvereins 6, 1957), 6ff. – M. PFÜTZE, »Burg« und »Stadt« in der dt. Dichtung des MA (Beitr. zur Gesch. der dt. Sprache und Lit. 80, 1958), 271ff. – W. SCHLESINGER, Stadt und B. im Lichte der Wortgeschichte (Studium Generale 16, 1963), 433ff. – K. S. BADER, stat, BDLG 101, 1965, 8ff. – G. KÖBLER, burg und stat – B. und Stadt, HJb 87, 1967, 305ff. – G. WREDE, Castrum und Curtis (Fschr. H. JANKUHN, 1968), 235ff. – H. VETTERS, Zum »episcopus in castellis«, AAWW 106, 1969, 75ff. – A. HEIDELBERGER, Die röm. Stadt in Britannien, VSWG 59, 1972, 449ff. – Beitr. in der Fschr. E. ENNEN, 1972, 192ff., 210ff. – M. RUSN, Castrum, Urbs, Civitas, BeIKSA 3, 1973, 109ff. – B. STACHL, Die Bezeichnungen von B. und Stadt in der oberdt. Dichtung, 1974 – L. VILLENA, Glossaire, Burgenfachwb. des ma. Wehrbaus, 1975 – H. EBNER, Die B. als Forschungsproblem ma. Verfassungsgesch. (Die

B. en im dt. Sprachraum, hg. H. PATZE [VuF XIX/1], 1976), 11ff. – P. WIESINGER, Die B. in der mhd. Dichtung (Mitt. der Kommission für Burgenforsch. 17, 1976) – H. EBNER, Die B. in den historiograph. Werken des MA (Fschr. F. HAUSMANN, 1977), 120ff.

C. Europäische Entwicklung nach Ländern und Regionen unter besonderer Berücksichtigung der Rechts- und Verfassungsgeschichte

I. Deutschland – II. Flandern – III. Italien – IV. Frankreich – V. Spanien – VI. Ostmitteleuropa – VII. Ungarn – VIII. Serben und Kroaten – IX. Siebenbürgen, Moldau und Walachei – X. England, Wales, Schottland – XI. Irland – XII. Skandinavien – XIII. Baltische Ostseeländer und Litauen – XIV. Altrußland.

I. DEUTSCHLAND: [1] *Allgemeine rechts- und verfassungsgeschichtliche Bedeutung*: Das Recht, B.en zu errichten oder ihren Bau zu genehmigen *(Befestigungsrecht)*, wurde seit alters her vom Kgtm. als Regal (→Regalien) in Anspruch genommen. Während die engl. Kgtm. mit der sich im 12. Jh. verdichtenden Königsherrschaft diesen Anspruch auch in der Praxis durchsetzen konnte, war der Kg. in Deutschland von Anfang an kaum in der Lage, den Bau von Befestigungen durch den Adel unter Kontrolle zu halten. Neben den Hzg.en, Mgf.en und später auch den Gf.en, die das Befestigungsrecht wohl kraft kgl. Delegation im Rahmen ihres Amtsauftrages ausübten, waren schon seit den ältesten Zeiten zahllose adlige Herren dazu übergegangen, Befestigungen auf ihrem Allodgut aus eigener Machtvollkommenheit und ohne jede erkennbare kgl. Legitimation zu errichten, so daß die wenigen überlieferten Zeugnisse kgl. Baugenehmigungen als Ausnahmeerscheinungen innerhalb dieser Praxis gewertet werden müssen. Anderseits hat aber das Kgtm. auch in den Fürstengesetzen von 1220 (→Confoederatio cum principibus ecclesiasticis) und 1231/32 (→Statutum in favorem principum) nicht generell auf den formalen Anspruch, die Befestigungshoheit im Reich auszuüben, verzichtet, wie aus späteren kgl. Bauerlaubniserteilungen an Fs.en hervorgeht, wenn auch nicht zu bezweifeln ist, daß in der Praxis der Folgezeit geistl. und weltl. Reichsfürsten von dem Recht, B.en zu bauen, ganz im Sinne einer selbstverständl. Befugnis Gebrauch gemacht haben. – In engem Zusammenhang mit dem Befestigungsrecht stand der *Burgbann*, d. h. das Recht des Burgherrn, die umwohnende (freie) Bevölkerung zum Bau und zur Erhaltung der B. *(Burgwerk)* heranzuziehen, gegen die Verpflichtung, den Umwohnern in Krisenzeiten Schutz innerhalb der B. zu gewähren. Dieses Recht leitete sich wohl aus der allgemeinen Wehrverfassung ab und ist für England seit dem Beginn des 9. Jh., für das frk. Reich seit dem Reichstag von →Pîtres (864) nachweisbar. In dem Maße, wie die B. ihre Bedeutung als Zufluchtsstätte in Krisenzeiten und damit ihren Charakter als Wehranlage der Allgemeinheit einbüßte und zur dynast. Herrenburg wurde, verloren auch die von den Umwohnern zu erbringenden Burgwerksleistungen ihre innere Rechtfertigung, so daß sich das Burgbannrecht in der Folgezeit nur mehr schwer durchsetzen ließ. – Wie das Haus, so genoß auch die B. einen bes. *Haus- oder Burgfrieden*, der sich räuml. auf die gesamte Burganlage mit den zugehörigen Nebengebäuden erstreckte. Die Friedenswahrung innerhalb der B. oblag dem Burgherrn, der hierzu mit einer umfassenden Gerichts- und Disziplinargewalt über das Burgpersonal ausgestattet war, wobei im Falle, daß mehrere Burgherren – etwa im Rahmen von Erbschaftsteilungen (*Ganerbenburg*; vgl. →Ganerbe, -nschaft) – Mitbesitz an der B. hatten, bes. vertragl. Burgfriedensvereinbarungen erforderl. wurden, die oft bis ins Detail reichende Regelungen für das Zusammenleben vorsahen. – Die Bewachung und Verteidigung der B. *(Burghut)* war in der Regel einer ständigen Burgbesatzung

anvertraut, die sich aus dem Burgkommandanten, der oft auch den Titel →*Burggraf* führte, den (ritterbürtigen) *Burgmannen* und dem zugehörigen niederen Hilfspersonal (Torwarte, Türmer) zusammensetzte, wobei die Entlohnung der adligen Burgmannschaft regelmäßig durch die Verleihung von →*Burglehen* erfolgte.

Neben ihrer rein militär. Bedeutung hat das röm.-dt. Kgtm. auch die herrschaftsbildende Funktion der B.en frühzeitig erkannt. Dabei ist zunächst an die *Burgwardverfassung* zu denken, die Otto d. Gr. – wohl in Anlehnung an das Vorbild der karol.-ostfrk. Militärkolonisation – in den östl. Marken eingerichtet hat, wo das gesamte Land in ein Netz von *Burgbezirken* (→Burgward, Burgwardverfassung) aufgeteilt wurde, die nicht nur als Militärbezirke, sondern auch als Wirtschaftseinheiten und Verwaltungssprengel (Einhebungsbezirke für Abgaben) dienten. Während ähnl. Organisationsformen auch in England, Flandern (→Kastellaneien), in den slav. Gebieten (→Burgbezirk, slav.) und in Ungarn *(Komitate)* nachweisbar sind, endete im altdt. Reichsgebiet der Immunitätsbereich der B. in der Regel bei der Burgmauer; die außerhalb der Mauern wohnende Bevölkerung war mit der B. allenfalls innerhalb des Burgbannbereichs durch die Verpflichtung zum Burgwerk rechtl. verbunden, im übrigen aber der Hausgewalt des jeweiligen Gerichts- und Grundherren unterworfen.

Mit fortschreitender Entwicklung auf dem Wege zum Ausbau von Flächenherrschaften wurde die B. regelmäßig zum Mittelpunkt einer adligen Grund- oder Gerichtsherrschaft, oder – innerhalb des sich verfestigenden Territorialstaates – eines landesherrl. Amtes. K.-F. Krieger

[2] *Reichsburgen*: Die Reichsburgen erlangten ihre weiteste Verbreitung und größte Bedeutung in der Zeit der →Staufer und →Rudolfs v. Habsburg. Aber auch vorher schon spielten B.en im Besitz bzw. in der Verfügungsgewalt der frk. und dt. Kg.e eine wichtige Rolle. Seit dem 8. Jh. lassen sich B.en erkennen, die vom frk. Kgtm. zur Sicherung von neu dem Reich eingefügten Gebieten, zum Schutz von Nachschubwegen und Grenzräumen errichtet wurden und z. T., wie im Hassegau und in der thür. Germarmark, offenbar unter strateg. Gesichtspunkten aufeinander bezogen waren.

Auch in der Ottonenzeit behielten Reichsburgen ihre Bedeutung. Sie erscheinen im Rahmen der Verteidigungsmaßnahmen Heinrichs I. gegen die Ungarn (→Burgenbauordnung Heinrichs I.) ebenso wie als Hauptburgen der östl. →Marken und als Befestigungen am Hauptort der Burgwardbezirke (→Burgward, Burgwardverfassung) sowie als Vororte von Burgbezirken im Westen des Reiches. Z. T. waren diese B.en nur zeitweilig bewohnt, charakterist. war für sie jedoch, daß ihre Verteidigung und wirtschaftl. Unterhaltung von der umwohnenden Bevölkerung getragen wurde (Burgbann, Burgwerk), die dafür ein Zufluchtsrecht in diesen B.en besaß.

Seit Heinrich III. und Heinrich IV. läßt sich ein Wandel in Richtung auf die in der Stauferzeit üblichen Funktionen und Organisationsformen der Reichsburgen erkennen. Zwar wurde auch jetzt noch durch Burggründungen die Grenzsicherung angestrebt (→Hainburg, →Cham, →Nabburg), aber immer deutlicher tritt die Schutz- und Mittelpunktfunktion der Reichsburgen für das umliegende, z. T. neuorganisierte Reichsgut hervor (→Sachsen). Zugleich wurde in immer stärkerem Maße die Verteidigung der Reichsburgen kgl. Dienstleuten, →Ministerialen, anvertraut, denen als wirtschaftl. Grundlage ihres Burgdienstes Dienstgüter übertragen wurden.

Für die Staufer, die dem erstarkenden Territorialfürstentum Gebiete eigener intensiver Königsherrschaft entgegensetzen mußten (terrae imperii, Reichsländer), und für Rudolf v. Habsburg, der nach dem →Interregnum die Königsmacht wieder stärker zur Geltung zu bringen suchte, wurden neben der Gründung und Förderung kgl. Städte die Errichtung und der Ausbau von Reichsburgen zu einem wichtigen Instrument ihrer Politik. Dabei wurden häufig Reichsburg und kgl. Stadt aufeinander bezogen: Reichsburgen wurden in oder bei Städten errichtet, kgl. Städte entstanden im Anschluß an Reichsburgen.

Reichsburgen wurden geschaffen bzw. neu organisiert als militär. Stützpunkte der kgl. Macht, als Verwaltungsmittelpunkte für das umliegende Reichsgut, als Bezugspunkte und »Dienstorte« für die →Reichsministerialität eines bestimmten Raumes. Sie entstanden v. a. in Gebieten, wo noch umfangreiches Reichsgut vorhanden war oder wiedergewonnen werden konnte (im →Pleißnerland, →Egerland, in →Thüringen, um →Nürnberg, im →Elsaß, in der Pfalz, im Mittelrheingebiet, in der →Wetterau) oder als Zentren kleinerer Reichsgutbezirke (Landskrone/Sinzig, Hammerstein, →Kaiserswerth, Nimwegen [→Nijmegen] u. a.). Dabei werden hier für die Stauferzeit und die 2. Hälfte des 13. Jh. nur solche B.en als Reichsburgen angesehen, die in der unmittelbaren Verfügungsgewalt des Kgtm.s standen (also nicht Reichsministerialenburgen oder zu Lehen ausgegebene B.en) und die von einer Reichsburgmannschaft besetzt waren. Deren Größe konnte von einigen wenigen Leuten bis zu 20–30 Burgmannen (→Friedberg, →Oppenheim) reichen. Die Reichsburgmannschaften rekrutierten sich zum großen Teil aus den Reichsministerialenfamilien des Umlandes, die durch Dienstgüter oder, v. a. unter Rudolf v. Habsburg, bes. →Burglehen wirtschaftl. in die Lage versetzt wurden, den Burgdienst zu leisten. Es hat den Anschein, daß gerade der Dienst auf Reichsburgen den sozialen Aufstieg zahlreicher Reichsministerialen gefördert hat.

Zumindest während der Stauferzeit scheint die unbeschränkte persönl. Residenzpflicht der Reichsburgmannen gegolten zu haben; sie wurde erst allmählich gemildert. Daher gehörte zur Ausstattung der Burgmannen stets ein Sitz auf oder nahe bei der Burg. Die damit gegebene Lebensgemeinschaft der Burgmannen, die zugleich Kampf- und Rechtsgemeinschaft war, förderte ihr genossenschaftl. Selbstbewußtsein, und als geschlossene Korporation erwarben die Reichsburgmannschaften von ihren kgl. Herren Privilegien, und sie erstritten sich gegenüber ihren »Partnerstädten« bes. Rechte.

Die Leitung der einzelnen Reichsburgen wurde auf unterschiedl. Weise geregelt. Im mitteldt. Osten hatte schon Konrad III. edelfreie Burggrafen eingesetzt und sie z. T. mit umfangreichen Burggrafenlehen ausgestattet. Diese Regelung, die auch für →Nürnberg galt, förderte die Erblichkeit und die Territorialisierung dieser Burggrafschaften. Derartige Tendenzen wurden im Westen durch die Einsetzung reichsministerial. Burgbefehlshaber vermieden, die z. T. aus den Burgmannschaften selbst genommen wurden. Ob nun bes. Burggrafen eingesetzt wurden oder ob die Leitung der Reichsburgen den →Schultheißen benachbarter kgl. Städte anvertraut wurde – in der Regel waren es Amtsträger, die der Kg. zunächst nach Belieben ein- und absetzen konnte. Erst im 14. Jh. erlangten einige Reichsburgmannschaften das Recht, den Burggrafen zu wählen.

Auf die Bedeutung der Reichsburgen für die Erfassung des Reichsgutes wurde schon hingewiesen. Unter diesem Gesichtspunkt erlangten zahlreiche Burggrafen Verwaltungs- und Gerichtskompetenzen über umliegendes Reichsgut, freilich in unterschiedlichem Ausmaß. Zahlreichen Burgmannengeschlechtern gelang es, eigene kleine Herrschaften zu errichten und eigene B.en oder feste Sitze zu erbauen. Charakterist. dafür ist die Häufung von Reichsburgmannen- bzw. Reichsministerialenburgen um wichtige Reichsburgen wie Nürnberg, →Kaiserslautern und →Hagenau, wodurch die kgl. Herrschaft mittelbar auf das umliegende Land ausgedehnt wurde.

Bes. Interesse verdient das Verhältnis der einander zugeordneten Reichsburgen und -städte (vgl. →Reichsstadt). In Friedberg konnte die B. dank der überragenden Stellung des Burggrafen das Übergewicht über die Stadt gewinnen, in Oppenheim war das ritterl. Element, aus dem sich die Burgmannschaft rekrutierte, von Anfang an bestimmend, in Kaiserslautern nahmen die Burgmannen die führende Stellung unter den »Gliedern des Reiches« ein, während es der Stadt Nürnberg gelang, die Verwaltung der von Friedrich I. errichteten neuen Reichsburg an sich zu ziehen. Die Verteilung der Gewichte zw. Reichsburg und Stadt war also häufig auf lokale Bedingungen zurückzuführen.

Mehrere Reichsburgen waren zugleich Königspfalzen, oder, um es umgekehrt zu formulieren: stauf. Pfalzen wie →Gelnhausen, →Wimpfen, Eger, Kaiserslautern und Hagenau erfüllten zugleich die Funktion von Reichsburgen. Das mag zum einen darin begründet sein, daß jetzt die →Pfalz als kgl. Aufenthaltsort einen stärkeren Schutz verlangte als früher und daher Burgcharakter annahm, zum anderen aber dürften wirtschaftl. und verfassungsmäßige Wandlungen darauf eingewirkt haben, daß die früher während der Abwesenheit des Kg.s vom Pfalzherrn durch den kgl. Wirtschaftshof und die Kirche gegebene Kontinuität jetzt durch den Organismus der Reichsburg mit ihrer Burgmannschaft gewährleistet wurde. In diesem Sinne wäre mehreren Reichsburgen eine Funktion im Rahmen der allgemeinen kgl. Herrschaftsausübung zugekommen.

Vom 14. Jh. an erlitten die Reichsburgen das Schicksal des übrigen Reichsgutes, d. h. sie wurden verpfändet, als Lehen vergeben und gingen dem Reich verloren. Nur die Reichsburgen Friedberg und Gelnhausen bewahrten ihre Reichsunmittelbarkeit bis zum Ende des Alten Reiches. Zur dt. Reichsburgenpolitik in Italien vgl. →Italien; →Reichsverwaltung in Italien; →Neapel, →Sizilien.

F. Schwind

[3] *Adelsburgen*: Seit dem Beginn des HochMA gehörte die B. ebenso zur adligen Lebensform wie die Herrschaft über Land und Leute; seit dieser Zeit überwiegen die Adelsburgen zahlenmäßig Pfalzen und Reichsburgen. Anscheinend hat es im Reich zwei große Wellen adligen Burgenbaus gegeben: von der Mitte des 11. Jh. bis weit ins 13. Jh. baute fast ausschließl. der hohe Adel – hzgl., gfl., bedeutende edelfreie Familien – seine B.en; um die Mitte des 13. Jh. begann in großem Maße die Burgenbautätigkeit des Niederadels, also der →Ministerialen und kleineren Edelfreien, die etwa gleichzeitig zu einer Schicht verschmolzen.

Hinsichtlich der Funktion gab es erhebl. Unterschiede zw. der frühma. B. und der Adelsburg des hohen und späten MA: Der frühma. Adel lebte in leicht befestigten Herrenhöfen nahe bei oder mitten in dörfl. Siedlungen. Burgen gab es im frühen MA entweder als Fluchtburgen (Volksburgen, Gauburgen), nicht ständig bewohnt, aber groß genug, um im Kriegsfall der Bevölkerung zahlreicher Siedlungen Schutz zu bieten, oder in der Form kleiner Grenzbefestigungen.

Die Adelsburgen des hohen und späten MA waren

dagegen ihrem Wesen nach private Befestigungen: sie sollten einer, in manchen Fällen mehreren, adligen Familien und ihrem unmittelbaren Gefolge, nicht aber der Bevölkerung eines Dorfes oder Territoriums eine gegen militär. Angriffe geschützte Wohnung gewähren; sie sollten die adlige Herrschaft über Land und Leute sichern und festigen, und sie sollten schließlich soziale Stellung, Macht und Lebensweise des Adels repräsentieren. Der eklatante Unterschied zu den Funktionen frühma. B.en ist, wie es z. B. die sächs. Reaktion auf die Burgenbauten →Heinrichs IV. zeigt, der Bevölkerung auch sofort bewußt geworden.

Der Bau einer Adelsburg mußte grundsätzlich vom Kg., einem Gf.en oder einem öffentl. Richter genehmigt werden. Die Rechtsspiegel nennen genau die Kriterien, die eine Befestigung genehmigungspflichtig machten, und geben so eine zeitgenöss. Definition der B.: Gräben ab einer bestimmten Tiefe, Mauern oder Palisaden ab einer bestimmten Höhe, Häuser mit mehr als drei Geschossen und/oder hochgelegenen Eingängen, sowie Türme, Zinnen, Schießscharten und Wehrgänge. Der Abbruch nicht genehmigter B.en konnte durch Richterspruch erzwungen werden, allerdings ist selten solch ein Abbruch urkundl. belegt. Interessant sind in diesem Zusammenhang die Beschränkungen, die der →Brokmerbrief, ein ostfries., von bäuerl.-gemeindl. Freiheitsvorstellungen geprägtes Landschaftsrecht, dem privaten Burgenbau von seiten der Gemeinde auferlegte. Es ist allgemein jedoch anzunehmen, daß sehr viele B.en ohne Genehmigung errichtet wurden und das Kgtm. nur bedingt in der Lage war, den Befestigungsbau des Adels zu kontrollieren. Hatte eine B. eine Zeitlang gerichtl. unangefochten bestanden – genehmigt oder nicht –, konnte die Konzession nicht mehr entzogen werden; das Befestigungsrecht des Platzes blieb auch nach einer Zerstörung der B. bestehen.

Eine Adelsburg konnte auf allodialem oder auf Lehnsbesitz gebaut werden; sehr häufig nutzte der Adel allerdings tatsächl. oder vorgebl. Vogteirechte zum Bau von B.en auf dem Land der bevogteten Kirche (→Vogt, Vogtei). Gern wurden B.en dort errichtet, wo bes. Rechte – Zoll, Geleit, Bergbau und dgl. – wahrgenommen und geschützt werden mußten. Die Häufung von B.en über Flußtälern kann aber nicht allein dadurch erklärt werden, denn viele Burgherren waren nicht im Besitz der entsprechenden Regalien und viele mit B.en reich besetzte Flußtäler waren im MA keine überregionalen Verkehrswege. Man suchte wohl auf diese Weise das Offenland des Tales und die Wälder der Höhenzüge gleichermaßen zu beherrschen. B.en, die in Waldgebieten erbaut wurden, bildeten meist einen Ausgangspunkt für Rodungen, die wiederum im Regelfall dem Burgherren eine Intensivierung seiner Herrschaft ermöglichten.

Die Verbindung zw. B.en und allodialen, in Lehnsbesitz befindl. oder zur Vogtei gehörigen Herrschaftsrechten machten die B.en zu Zentren von Herrschaft und Verwaltung; die B. diente dazu, wie es treffend bildhaft gesagt worden ist, die adlige Herrschaft im Land »festzunageln«. B.en wurden zu beliebten Orten für den Vollzug feierl. Rechtsakte und der dazugehörigen, oft großen und festl. Versammlungen, wie die Vielzahl der auf B.en ausgestellten Urkunden beweist. B.en konnten zu Gerichtsstätten werden: allerdings tagten die Gerichte vor dem Tor oder im Burghof bei geöffnetem Tor, weil die B. eben immer auch als privates Haus galt. Der Aufbau adliger Territorien erfolgte fast ausnahmslos durch Bau, Kauf und Anpfändung von B.en mit ihren Herrschaftspertinenzien. Dabei bestand die Tendenz, immer mehr Verwaltungskompetenzen auf die B.en zu verlagern und alte Herrschaftsstrukturen durch neue, auf B.en ausgerichtete, zu überlagern. Viele B.en wurden gerade dort gebaut, wo der Burgherr bis dahin keine oder nur sehr unklare Rechte hatte: die B. wurde dann zum Kristallisationspunkt einer erst zu schaffenden Herrschaft. Solche Versuche veranlaßten oft genug konkurrierende Herren zur Anlage konkurrierender Burgen. Das Ergebnis dieser Entwicklungen zeigt sich darin, daß im SpätMA so oft B.en und nicht nahe dabei gelegene Siedlungen Mittelpunkte von Amtsbezirken und Sitze der Amtmänner sind.

B.en, die man nicht erwerben konnte, konnten durch Öffnungsverträge (→Öffnungsrecht) für die eigene Herrschaft nutzbar oder zumindest unschädl. gemacht werden. Darin verpflichteten sich Burgbesitzer, ihre B.en im Kriegs- oder Fehdefall (außer gegen sich selbst) zur Kriegführung den Truppen des Vertragspartners uneingeschränkt zur Verfügung zu stellen. Viele Fs.en und Reichsstädte haben im SpätMA dieses Instrument zur Sicherung ihres Territoriums angewendet. Im östl. Franken gab es neben der Öffnung die (etwas eingeschränkte) Sonderform des Gewartens mit einer Burg.

Burgen waren auch bedeutende Wirtschaftsbetriebe: ein großer Haushalt war zu versorgen, Vorräte mußten beschafft und gelagert werden. Viele B.en waren an die Stelle der dörfl. Meierhöfe getreten, so daß Abgaben auf die B.en zu liefern waren, →Frondienste (v. a. Transportleistungen, die eigtl. Burgwerkfronen, nahmen an Bedeutung ab) dort geleistet werden mußten. Zu fast allen B.en gehörten landwirtschaftl. Betriebe, Burghofstätten, die im Burgbering oder in unmittelbarer Nachbarschaft lagen, sowie eine Mühle. Die Felder der Burghöfe bildeten meist Sonderbezirke innerhalb der Dorfmarken. Die zu Landesherren aufstrebenden Hochadelsfamilien besaßen meist eine ganze Reihe von B.en, die sie nicht selbst bewohnten.

Der Wach- und Wehrdienst wurde Burgmannen übertragen, die ständig auf der B. wohnen mußten und deren Dienstpflichten genau festgelegt waren. Als Entlohnung erhielten sie ein Burggut, das urspgl. immer in Geld oder Naturaleinkünfte bestand; erst am Ende des MA glichen die Burggüter sich regulären Lehen an (→Burglehen). Der Burgmannendienst mit seiner adligen Lebensweise bedeutete für viele den Aufstieg in den Niederadel. Burgmannen siedelten sich zuweilen mit eigenen B.en in der Nähe ihrer Dienstburg an.

Rechtlich war eine B. ein Haus wie andere, jedoch bot die B. als Festung größere Möglichkeiten zur Friedensbrechung oder -wahrung als andere Häuser. Es gab daher die rechtl. Möglichkeit, die B. selbst als Raubburg oder Landfriedensbrecherin anzuklagen und auf Richterspruch hin niederreißen zu lassen.

Militärischen Wert hatte eine B. nur, wenn ihre Besatzung friedl. zusammenlebte. Burgfriedensverträge, die von allen Burgbewohnern und meist auch von Gästen beschworen werden mußten, regelten das Leben auf der Burg. Verwandte Familien oder – v. a. im SpätMA – Gruppen von (ehemaligen) Burgmannenfamilien konnten eine B. gemeinsam besitzen. Solche Familien schlossen sich gewöhnlich vertragl. zu einem Ganerbenverband (→Ganerbe, -nschaft) zusammen. Die Verträge regelten das Zusammenleben auf der B., den Ausbau des Sonderbesitzes, die Verpflichtungen des einzelnen Ganerben für die Instandhaltung des Gemeinschaftsbesitzes und beschränkten die Möglichkeiten des Besitzwechsels: nicht standesgemäße oder fremden Lehnhöfen zugehörige Bewerber hatten bis zum Ende des MA kaum Chancen einzudringen. Wurde ein Ganerbe in eine Fehde verwickelt, waren die anderen zu Hilfe oder Neutralität verpflichtet.

Burgfrieden- und Ganerbenverträge wurden zu Vorläufern der frühneuzeitl. adligen Kondominate und →Hausgesetze, sie förderten die Entwicklung adliger Standesrechte. Die B. en selbst waren zweifellos das wichtigste Substrat für die Bildung fester adliger Familien und Familienverbände; ein Beweis dafür sind die große Zahl der Adelsfamilien, die nach ihrer B. genannt werden, aber auch die schon im frühen 12. Jh. urkundl. belegten Bestimmungen, wonach nur der Besitzer der Familienstammburg bestimmte wichtige Lehen oder Herrschaftsrechte der Familie innehaben soll, und auch die Verträge über Unteilbarkeit oder Verbot der Verpfändung der Stammburg. Die Festigkeit und Permanenz der B. übertrug sich gewissermaßen auf die Adelsfamilie.

Bau und Instandhaltung von B.en waren sehr teuer; das Wohnen auf schwer zugängl. Höhenburgen war kostspieliger als im Tal. Das Bauen und Bewohnen einer B. befriedigte daher nicht nur ein Sicherheitsbedürfnis, sondern war immer auch eine Demonstration von Reichtum und Macht (auch wenn de facto das Leben auf manchen B. en sehr ärmlich gewesen sein mag). Der räuml. Abstand zu den Beherrschten schuf und signalisierte auch soziale Distanz. Die Wahl des Platzes und die architekton. Gestaltung einer B. waren daher nicht nur von Sicherheitsüberlegungen bestimmt, sondern sie waren auch ein unübersehbares Symbol adligen Selbstbewußtseins. Burgenbeschreibungen in ritterl. Epen bestätigen diese Funktion des adligen Burgenbaus. – Vgl. allgemein auch →Adel, →Amt, IV, 3, →Grundherrschaft, →Landesherrschaft, →Kirche, →Stadt. H.-P. Baum

Lit.: zu [1]: HOOPS[2] II, 140–145; IV, 120–122 – HRG I, 348f., 573f. – RÖSSLER-FRANZ I, 149f. [K. BOSL] – H. HELBIG, Der wettin. Ständestaat, Unters. zur Gesch. des Ständewesens und der landständ. Verfassung in Mitteldtl. bis 1485, 1955, 36ff., 204ff. – H. FISCHER, Burgbezirk und Stadtgebiet im dt. Süden, 1956 – G. DROEGE, Über die Rechtsstellung der B. en und festen Häuser im späteren MA, Niederrhein. Jb. 4, 1959, 22–27 – W. SCHLESINGER, B. en und Burgbezirke (Mitteldt. Beitr. zur dt. Verfassungsgesch. des MA, 1961), 158–187 – DERS., Die Verfassung der Sorben, ebd., 7–47 – DERS., Zur Gerichtsverfassung des Markengebietes östl. der Saale im Zeitalter der dt. Ostsiedlung, ebd., 48–132 – K.-U. JÄSCHKE, Burgenbau und Landesverteidigung um 900, Überlegungen zu Beispielen aus Dtl., Frankreich und England (VuF Sonderband 16, 1975) – Die B. en im dt. Sprachraum, hg. H. PATZE, 2 Bde (VuF XIX, 1976) [wichtig auch für 2 und 3] – zu [2]: O. REDLICH, Rudolf v. Habsburg, 1903, 429–478 [Repr. 1965] – H. NIESE, Die Verwaltung des Reichsgutes im 13. Jh., 1905 [Repr. 1969] – W. SCHLESINGER, Egerland, Vogtland, Pleißenland, 1937 [Neudr. in: Mitteldt. Beitr. zur dt. Verfassungsgesch. des MA, 1961, 188–211] – DERS., Die Anfänge der Stadt Chemnitz und anderer mitteldt. Städte, 1952 – A. ECKHARDT, Burggraf, Gericht und Burgregiment im ma. Friedberg (Wetterauer Geschichtsbll. 20, 1971), 17–81 – V. RÖDEL, Die Reichsburgmannschaft von Lautern (Jb. zur Gesch. von Stadt und Landkreis Kaiserslautern 14/15, 1976/77), 93–111 – DERS., Die Oppenheimer Reichsburgmannschaft (Archiv für hess. Gesch. und Altertumskunde NF 35, 1977), 9–48 – F. SCHWIND, Nachstauf. Reichsministerialen in der Wetterau und am Oberrhein (Beitr. zum spätma. Städtewesen, hg. B. DIESTELKAMP, 1982), 72–93 – zu [3]: F. HILLEBRAND, Das Öffnungsrecht bei B.en, seine Anfänge und seine Entwicklung in den Territorien des 13.–16. Jh. unter bes. Berücksichtigung Württembergs [Diss. Tübingen 1967] – H. KUNSTMANN, Mensch und B. (Veröff. der Ges. für frk. Gesch., R. IX, Bd. 25, 1967) – H.-M. MAURER, B.en im Die Zeit der Staufer III, 1977), 119–128 – K.-H. SPIEß, Lehnsrecht, Lehnspolitik und Lehnsverwaltung der Pfalzgrafen bei Rhein im SpätMA, 1978, 216–220 – W. R. BERNS, Burgenpolitik und Herrschaft des Ebf.s Balduin v. Trier (1307–1354) (VuF Sonderbd. 27, 1980).

II. FLANDERN: Die im Gebiet des späteren →Flandern bestehenden röm. Befestigungsanlagen (in Oudenburg und Aardenburg, wahrscheinl. auch in Gent und Brügge) verfielen offenbar im FrühMA vollständig oder beinahe vollständig. Die Normanneneinfälle der Jahre 879–883 machten die Errichtung neuer Befestigungen notwendig. Entlang der Küste und auf den seeländ. Inseln wurden eine Reihe von B.en errichtet, die in einem Quellentext kurz vor 891 als »castella recens facta« bezeichnet werden: Bourbourg, Bergues (St. Winnoksbergen), Veurne, Oostburg, Souburg, Middelburg und Burg-op-Schouwen. Da sie in auffälliger Weise in Grundriß und Befestigungstechnik übereinstimmen (kreisförmiger Grundriß, Durchmesser ca. 200 m, Befestigung mit Erdwall und breitem Graben), liegt die Annahme einer einheitl. gfl. Planung nahe. Demgegenüber lassen andere gleichzeitige Befestigungen in Flandern, deren Bau auf lokale Initiative zurückgeht, diese Einheitlichkeit vermissen (Gent, Brügge, St-Omer, Arras). Die Gf.en erreichten es erst im 10. Jh., im Zuge einer allmähl. Entwicklung, alle B.en in ihrer Hand zu vereinigen und ein Monopol der Errichtung neuer B.en durchzusetzen.

Für diesen letzten Punkt ist die Regierung Gf. →Balduins V. (1035–67) von entscheidender Bedeutung. Er drängte den Einfluß lokaler Herren, insbes. der Klostervögte, zurück, welche unter Ausnutzung der Schwäche der gfl. Gewalt zw. 965 und 1035 eine starke Unabhängigkeit erlangt hatten und mancherorts →Motten und sonstige B.en errichtet hatten. Balduin V. verlieh den gfl. B.en neben ihrer bisherigen rein militär. Bedeutung auch die Rolle von Zentren der Administration und Jurisdiktion. Diese Maßnahmen erfolgten im Rahmen einer durchgreifenden Reorganisation von Herrschaft und Verwaltung in Flandern, die sich v. a. in der Schaffung von castellaniae (Kastellaneien), an deren Spitze ein in der B. residierender Kastellan (castellanus) oder Burggraf (burggraaf) stand (→Burggraf, -schaft), zeigte. Im Innern einer jeden B. wurde eine Kapitelkirche errichtet, deren Kleriker vielfach an der Verwaltung der zur jeweiligen B. gehörenden gfl. Domäne beteiligt waren.

Im Laufe des 12. Jh. verloren die B.en zunehmend wieder diese Bedeutung: An die Stelle der Burggrafen traten →baillis, der Klerus wurde aus der Domanialverwaltung verdrängt, und die Befestigungen der expandierenden Städte (→Stadt) ließen die militär. Bedeutung der B.en schwinden. Die Gf.en selber begannen zunehmend, ihre Residenz aus den alten B.en in die neuerrichteten Jagdschlösser, die sie außerhalb der Städte hatten errichten lassen, zu verlagern (Male, Wijnendale, Nieppe u. a.). Die alten B.en wurden durch die Städte gleichsam »absorbiert«; in →Brügge z. B. diente die alte B. seit dem Ende des 13. Jh. als Sitz der städt. Verwaltung.

Hinsichtl. der inneren topograph. Struktur der B.en besitzen wir für die früheste Zeit nur wenige nähere Kenntnisse. Die Existenz eines befestigten Bauwerks, zunächst meist aus Holz, später aus Stein errichtet, normalerweise auf einer künstl. Anhöhe erbaut, ist das einzig Sichere, das uns bekannt ist. Die Reorganisation der Verwaltung unter Balduin V. führte zu tiefgreifenden Wandlungen der Struktur der gfl. castra. Von nun an ist eine topograph. Gliederung der B. in zwei Teile erkennbar, von denen der eine gfl., der andere mit der Burgkirche, geistl. war. Bei bestimmten B.en (z. B. in Brügge) war der gesamte Baukomplex mit einer starken Mauer befestigt. In anderen Fällen, v. a. in →Gent, war der gfl. Teil nur mit einem einfachen Graben umgeben, und es wurde allein das feste steinerne Haus (domus lapidea) des Gf.en in eine Festung von größeren Dimensionen umgewandelt (beim Genter Gravensteen erfolgte dies um 1180).

Abschließend sei für bestimmte flandr. Städte (Gent, Brügge) auf die Existenz von Siedlungen, die sich an B.en anlehnten, hingewiesen. Diese Siedlungen, die z. T. (so in Gent) eine Einheit mit der B. bildeten, trugen Namen wie vetus burgus, vetus urbs, *Oudburg*. Bei ihnen handelt es sich offensichtl. um alte städt. Siedlungskerne, deren Namen nach mehreren Historikern (so VAN WERVEKE) nicht auf B. im ursprgl. Sinne wie 'Befestigung', sondern in der romanisierten Bedeutung von 'Stadt, befestigte Siedlung' zu deuten sind (→burgus). M. Ryckaert

Lit.: P. FEUCHÈRE, Les castra et les noyaux pré-urbains en Artois du IXe au XIe s., 1949 – J. F. VERBRUGGEN, Het leger en de vloot van de graven van Vlaanderen, 1960, 25–85 – H. VAN WERVEKE, De oudste burchten aan de Vlaamse en de Zeeuwse kust, 1965 – DERS., »Burgus«: versterking of nederzetting?, 1965 – A. VERHULST, Die gfl. Burgenverfassung in Flandern im HochMA (Die B.en im dt. Sprachraum, hg. H. PATZE [VuF XIX/I], I, 1976), 267–282.

III. ITALIEN: Die sozialgeschichtl. und rechtl. Entwicklung der B. in Italien ist eng mit der Erscheinungsform der castra (castella), die hier auf spätröm. und z. T. langob. Tradition zurückgehen, verbunden.

[1] *Zum Begriff:* Die Nennung von castrum oder castellum (zu weiteren Bezeichnungen s. u.) nimmt in den Quellen seit dem 1. Viertel des 10. Jh. zu. Diese Begriffe bezeichnen im allgemeinen nicht den befestigten Bau eines adligen Herrn, sondern eine Dauersiedlung von unterschiedl. großer Bedeutung, die stets befestigt war und oft im Innern der Mauer einen ebenfalls befestigten Kern hatte, in dem sich die Wohnung des Herrn befand (rocca castri).

[2] *Hochmittelalter:* Den Problemen der Entstehung und Verbreitung dieser castra, ihrer Morphologie, ihrer sozialgeschichtl. Bedeutung und ihrer Rechtsstellung hat sich die Forschung in größerem Umfang erst seit dem Ende des 19. Jh. zugewandt. Die ersten bedeutenden Beiträge zu ihrer Erforschung leisteten F. GABOTTO für Piemont und G. VOLPE für die Toskana. In sehr unterschiedl. Weise brachten sie die Entwicklung des castrum mit der Geschichte des lokalen Kleinadels in Verbindung. Der Rechtshistoriker P. VACCARI warf die Fragen der Beziehungen zw. castrum und territorium castri auf. F. SCHNEIDER untersuchte die Genese des castrum und betonte hinsichtl. der Toskana die spätröm. und langob. Kontinuität im Hinblick auf die Grenzburgen in Tuszien. Er führte auch den umstrittenen Begriff der spontan entstandenen »Kollektivburg« ein. Die Ergebnisse der wirtschaftsgeschichtl. Forschung (G. LUZZATTO, J. PLESNER u. a.) sind in der klass. Synthese von F. CUSIN zusammengefaßt. Diese bildete die Grundlage für zahlreiche neuere Untersuchungen (G. FASOLI). Zu gleicher Zeit markierten jedoch die Arbeiten von M. DEL TREPPO für Unteritalien, von P. TOUBERT für Latium, von R. FRANCOVICH für die Toskana und die Arbeiten aus der Turiner Schule (R. BORDONE, R. COMBA, A. S. SETTIA u. a.) für Piemont eine Wende in der Erforschung des castrum in Italien.

Alle neueren Studien betonen die Notwendigkeit einer Periodisierung bei der Entwicklung des castrum. Die Bedeutung des spätröm. und langob. Erbes wird zunehmend geringer eingestuft. Insbes. wird der →arimannia der langob. Periode nicht mehr eine so entscheidende Rolle zugebilligt (G. TABACCO). In Kampanien (M. DEL TREPPO) ebenso wie in Latium (P. TOUBERT) und in Piemont (R. BORDONE, R. COMBA, A. S. SETTIA) wird die intensivste Entstehungsphase der neuen castra-Siedlungen für das 10.–12. Jh. angesetzt (→incastellamento). Überall begann die große Welle der Neuerrichtung von B.en im 1. Viertel des 10. Jh. Die früher als wichtigster, ja, einziger Grund für die Gründung von B.en angeführte Sorge um den Schutz der örtl. Bevölkerung vor den Einfällen der →Sarazenen und →Ungarn sowie vor der ständigen Räuberplage kann nicht bestritten werden, ihr wird von der heutigen Forschung jedoch ein weniger bedeutender Platz zugewiesen. Die Verbreitung der castra nach 900 muß vielmehr auf allgemeinere sozio-ökonom. Ursachen und Entwicklungen von längerer Dauer zurückgeführt werden, nämlich auf den demograph. Aufschwung sowie auf die wirtschaftl. Entwicklung, die eine Form der Grundherrschaft, die nach besserer Kontrolle des Bauerntums (→Bauer, Bauerntum) und einer rationelleren Nutzung der Agrarflächen strebte, entstehen ließ. Diese generelle Entwicklung vollzog sich mit charakterist. Nuancen, die durch Regionalstudien erschlossen wurden.

In Oberitalien, wo die Domänenverfassung (curtes; →Fronhof, →Domäne) stärker gefestigt war, erscheint das castrum im 10.–11. Jh. manchmal als zusätzl. Element der Verteidigung und des Schutzes für bestehende curtes (castelli curtensi; vgl. R. BORDONE). In Latium und Kampanien zeigen die Untersuchungen, die der Erforschung von Farfa (P. TOUBERT) und S. Vincenzo al Volturno (M. DEL TREPPO) ausgingen, einen klareren Einschnitt: vom 10. Jh. an löste das castrum die curtis ab, wobei gleichzeitig neue Siedlungen und ländl. Grundbesitzeinheiten, die das territorium castri darstellen, entstanden. Die Typologie dieser castra ist einfach. Der vorherrschende Typus umfaßte ein castrum für die Bevölkerung, das durch eine Dorfsiedlung mit →Befestigung gebildet wurde und oft auf einer natürl. Erhebung (podium, pesclum) oder einem Bergsporn mit Sperriegelfunktion lag. Dieser charakterist. Typ des castrum in Mittelitalien war in der Regel mit einer inneren B., der rocca castri, ausgestattet, dem Wohnsitz des dominus castri oder der Gruppe der milites castri und dem Sitz der grundherrl. Verwaltung und Gerichtsbarkeit (curia castri). Neben diesen besiedelten Burgtyp gab es einfachere Formen, die lediglich militär. oder strateg. Zwecken dienten (Schutz von Grenzen, Zollstellen, Märkten usw.). In Oberitalien war seit dem Anfang des 10. Jh. die Verbindung von castrum und portus bes. häufig, wie sie etwa bei den castra, die mit Genehmigung Berengars I., Kg. v. Italien, errichtet worden waren, zum Ausdruck kommt. Die aktive Entstehungsphase dieser Castra-Siedlungen (primo incastellamento) endete z. T. im ausgehenden 11. Jh. (Latium), setzte sich jedoch zumeist bis ins 12. Jh. fort, so im norm. Italien (P. TOUBERT). In Oberitalien läßt sich vom 13. Jh. an eine große morpholog. und funktionelle Vielfalt befestigter Siedlungen feststellen, bedingt durch zwei Hauptursachen, einerseits durch den Fortschritt in der Baukunst sowie bei der Militär- und Befestigungstechnik, andererseits durch die Einbindung der castra in die polit. Organisation der it. Stadtstaaten (vgl. auch →contado). Der Aufstieg der →Kommunen und die nachfolgende Herausbildung der →Signorien ließ seit dem 13.–14. Jh. neue ländl. Burgtypen entstehen, deren bekannteste die florent. *terre nuove* des 14. Jh. sind (CH. HIGOUNET, D. FRIEDMAN). Diese haben mit den castra des primo incastellamento nichts mehr gemein und lassen sich eher mit den →bastides und →villeneuves des südl. Frankreich vergleichen (CH. HIGOUNET, A. S. SETTIA). Die Vielfalt der Typologie der B.en im SpätMA spiegelt sich in der Nomenklatur wider, die neben den traditionellen Bezeichnungen (castrum, castellum, oppidum, rocca) neue Namen aufnimmt (receptum, castellare, reductum, recinctum, bastita etc.). Mit diesen Benennungen werden neue Typen von Befestigungen charakterisiert – wie z. B. das *ricetto* (receptum) der Gegend von Biella, das eine doppelte Funktion – als Speicher für den Ernteertrag und als ztw. Zufluchtsort für die in den Siedlungen der Umgebung lebende Bevölkerung – erfüllte. Typen von befestigten Plätzen wie das ricetto konnten dabei mit befestigten Herrensitzen verbunden sein, ohne daß die Dorfsiedlungen insgesamt befestigt sein mußten.

Die aktuellen Forschungen haben sich bes. dem Problem der wüstgefallenen castra (Burgställe; →Wüstung) zugewandt und mit der Katalogisierung der Wüstungen begonnen (P. TOUBERT, A. S. SETTIA). Einige wenige wüstgefallene Dörfer (in Ligurien, Toskana, Kampanien, Kalabrien, Sizilien) sind bisher Gegenstand neuer archäolog. Untersuchungen geworden. Die weithin übereinstimmenden Forschungsergebnisse weisen auf die Existenz einer ersten Wüstungsphase hin, die sich im 10.–12. Jh. gleichzeitig mit dem primo incastellamento vollzog (P. TOUBERT, A. S. SETTIA). Kriegsfolgen oder natürl. Faktoren (Malaria usw.) scheinen als Auslösungsmomente für den Wüstungsprozeß überall nur eine untergeordnete Rolle gespielt zu haben. Teilwüstungen und nachfolgende Umstrukturierungen der Territorien der castra können auch für Oberitalien als bedeutungsvoll angesehen werden (R. COMBA).

In mehreren Regionen (Piemont, Toskana, Latium) wurde festgestellt, daß – nach der spätma. Wüstungsphase – im 15.–16. Jh. ein Wiederbesiedelungsprozeß durch neue Formen ländl. Streusiedlung (*cascine, casali* usw.) einsetzte, was eine Neugruppierung der Landbauparzellen (*appoderamento*) bedingte und damit eine Verlegung der älteren Territorien nach sich zog, soweit deren castra nicht seit der Renaissance wieder bewohnt wurden. P. Toubert

[3] *Spätmittelalter:* Auch im späteren MA (12.–15. Jh.) blieb die Zahl der castra (castelli) im Sinne von befestigten Siedlungszentren v. a. in Gebieten hoch, die abseits von den Städten und den Hauptverkehrswegen lagen: Dies gilt bes. für das Gebiet südl. der Alpen (von Piemont bis Friaul) und für verschiedene Gebiete im Apennin (Lunigiana, Montefeltro etc.). Hier hielt sich das castrum entweder als festes Haus einer adligen Familie (oft Mittelpunkt einer →Grundherrschaft oder eines →Lehens) oder als Siedlungskern einer nicht von einem Grundherrn abhängigen Bevölkerung; derartige castra-Siedlungen unterscheiden sich von der einfachen villa durch größere Autonomie und Privilegien, die von dem Territorialherrn oder der Stadt, von denen sie abhingen, anerkannt worden waren, wobei andererseits manchmal ein Abhängigkeitsverhältnis kleinerer Dorfsiedlungen zu ihnen selbst bestehen kann. In anderen Gebieten, in denen sich zw. dem 12. und 13. Jh. Stadtstaaten (→Stadt, it.; →Kommune) bildeten, die ihr Umland mit einem Netz polit.-militär. Organisation überzogen, und wo für die einzelnen ländl. Siedlungskerne die Notwendigkeit abnahm, selbst für ihre Verteidigung zu sorgen, fand ein »Decastellamento«-Prozeß statt: Viele ländl. Siedlungen verzichteten auf eigene Befestigungen, die auch von den Stadtkommunen, die um ihre Autorität fürchteten, verboten wurden. Ihrerseits errichteten jedoch die Stadtkommunen in verschiedenen Gebieten ihres Territoriums, v. a. an den Grenzen und längs der Verkehrsstraßen, castella, d. h. militär. Befestigungsanlagen mit einer Besatzung, sowie andererseits neue, fast durchweg befestigte castra-Siedlungen, die von der Stadt oder anderen Orten des →Contado mit Privilegien ausgestattet wurden; die sog. *borghi franchi* (→Borgo, borgo franco) oder *villenuove*, die in ihrer planmäßigen Anlage einen dauerhaften Bestandteil der ländl. Siedlungsformen darstellen und bis auf die heutige Zeit bedeutende Spuren in den Ortsnamen hinterlassen haben.

Neue (autonome und nicht-kommunale) castra wurden während der Kämpfe der einzelnen Städte untereinander in der Krisenzeit des Stadtstaaten-Systems errichtet (in der Poebene zum Beispiel in der 2. Hälfte des 13. Jh.). Hierbei handelt es sich um B. en und Befestigungsanlagen, die teils von den Bewohnern der dörfl. Siedlungen zu Verteidigungszwecken errichtet wurden, oder die teils vom städt. oder ländl. Adel als bedeutende Stützpunkte in den innerstädt. Kämpfen oder Kriegen mit anderen Stadtstaaten angelegt wurden. In diesen castra-Anlagen umschloß der Mauerkranz neben dem Wohnhaus des Herrn weitere Wohngebäude und Ställe sowie Kornspeicher für die Leute, die rund um das castrum oder in den benachbarten Dörfern wohnten. Um im Krieg oder in Krisenzeiten in der B. Zuflucht finden zu können, waren diese Leute gehalten, für die Erhaltung und Verteidigung der B. (*guardie, cavalcate*) zu sorgen. In den meisten Fällen standen sie in einem grundherrschaftl. Abhängigkeitsverhältnis zum Burgherrn. Viele dieser B. en und der von ihnen abhängigen Siedlungen waren nur sehr kurzlebig, da sie dem raschen Wechselspiel des Kriegsglücks und der polit. Bündnisse zw. den Kommunen, Faktionen der *extrinseci* und *intrinseci* und einzelnen Signoren allzusehr unterworfen waren. In einigen Gebieten, in denen Kriege und polit. Instabilität beinahe zum Dauerzustand wurden (z. B. im Zentrum der Poebene), hielten sich diese B. en und Burgsiedlungen und bildeten oftmals den Mittelpunkt der polit.-administrative Organisation des umliegenden Territoriums. Viele von ihnen wurden in den neuen Fsm. ern der Renaissance in das Lehnsgefüge eingebunden und erhielten auf diese Weise ihre Legitimation. Gerade im 14. und 15. Jh. kommt es zur letzten großen Welle des Burgenbaus (deren Zeugnisse sich als landschaftl. Charakteristikum in vielen Regionen bis heute erhalten haben).

Städtische Burgen: Burgartige Anlagen finden sich bes. zw. dem 14. u. 15. Jh. auch in den Städten: Dazu gehören verschiedene öffentl. kommunale Bauten (z. B. Palazzo della Signoria in Florenz), die aus Repräsentationsgründen in dieser Form errichtet wurden. V. a. mit dem Aufkommen der →Signorie nimmt der Sitz der signorilen Familie das Aussehen einer B. an, was z. T. wieder auf Repräsentationsgründe, z. T. auch auf das Bestreben um größere Sicherheit zurückgeführt werden kann (z. B. Castello di San Giorgio der Gonzaga in Mantua; Castelvecchio der Scaliger in Verona; Visconti-Kastelle in Pavia und Mailand; Castello Estense in Ferrara). Die meist am Stadtrand errichteten Bauten sollten Verteidigung und Schutz gegen militär. Angriffe von außen als auch gegen eventuelle Aufstände und Unruhen der Stadtbevölkerung bieten. Mit den gleichen Intentionen erbaute man zw. dem 15. und 16. Jh. zahlreiche städt. Festungen, häufig *cittadella* (Zitadelle) genannt, die zur Aufnahme einer Besatzung bestimmt waren: Sie sollten als letztes Bollwerk bei der Verteidigung der Stadt gegen äußere Angriffe dienen, aber auch für die Aufrechterhaltung der öffentl. Ordnung sorgen (ein spätes, aber bedeutendes Zeugnis ist die »Fortezza da basso« in Florenz [1533–35], die von den Medici nach der definitiven Restauration ihrer Machtstellung errichtet wurde). Vgl. auch →Kirchenstaat. G. Chittolini

Lit.: P. VACCARI, Il »castrum« come elemento di organizzazione territoriale, RIL. 1923 [Neudr. in: DERS., La territorialità come base dell'ordinamento giuridico del contado medievale, 1963²] – F. SCHNEIDER, Die Entstehung von Burg und Landgemeinde in Italien, 1924 – J. PLESNER, L'émigration de la campagne à la ville libre de Florence au XIIIe s., 1934 – F. CUSIN, Per la storia del castello medioevale, RSI, Ser. V, IV, 1939, 491–542 – M. Del Treppo, La vita economica e sociale in una grande abbazia del Mezzogiorno: S. Vincenzo al Volturno nell' alto Medio Evo, ASPN, NS, XXXV, 1955, 31–110 – Ch. Higounet, Les »terre nuove« florentines du XIVe s. (Studi in onore di A. Fanfani, III, 1962), 3–17 – G. Fasoli, Castelli e signorie rurali (Sett. cent. it. XIII, 1966), 531–567 – Ch. Higounet, Les villeneuves du Piémont et les bastides de Gascogne (XIIe–XIVe s.) (Comptes rendus des séances de l'acad. des inscriptions et belles lettres, 1970), 130–139 – G. Vismara, La disciplina giuridica del castello medioevale (secoli VI–XIII) (Stud. et documenta hist. et iuris XXXVIII, 1972), 1–122 – R. Francovich, Geografia storica delle sedi umane. I castelli del contado fiorentino, 1973 – R. Comba, La dinamica dell'insediamento umano nel Cuneese (s. X–XIII), BSBS LXXI, 1973, 511–602 – G. Fasoli, Feudo e castello (Storia d'Italia, V: I documenti, 1973), 263–308 – P. Toubert, Les structures du Latium médiéval, 1973 – D. Friedman, Le »terre nuove« fiorentine, ArchMed I, 1974, 231–247 – A. S. Settia, Insediamenti abbandonati sulla collina torinese, ArchMed II, 1975, 237–328 – R. Bordone, Paesaggio, possesso e incastellamento nel territorio di Asti fra X e XI secolo, BSBS LXXIX, 1976, 457–525 – A. S. Settia, Incastellamento e decastellamento nell'Italia padana fra X e XI secolo, BSBS LXXIX, 1976, 5–26 – Ders., Fortificazioni collettive nei villaggi medievali dell'Alta Italia: ricetti, ville forti, recinti, ebd. LXXIV, 1976, 527–617 – P. Toubert, Pour une hist. de l'environnement économique et social du Mont-Cassin (IXe–XIIe s.) (Comptes rendus des séances de l'acad. des inscriptions et belles lettres, 1976), 689–702 – A. S. Settia, I castelli medievali, un problema storiografico, Quaderni medievali 5, 1978, 110–120 – Ders., La struttura materiale del castello nei secoli X e XI, BSBS LXXVII, 1979, 1–70 – Ders., Castelli e strade del Nord Italia in età comunale: sicurezza, popolamento, »strategia«, BSBS LXXVII, 1979, 231–260 – P. Toubert, La terre et les hommes dans l'Italie normande au temps de Roger II: l'exemple campanien (Società, potere e popolo nell'età di Ruggero II, 1979), 55–71 – *zur städtischen Burg:* A. Cassi Ramelli, Dalle caverne ai rifugi blindati. Trenta secoli di storia dell'architettura militare, 1964 – J. R. Hale, The End of Florentine Liberty: the Fortezza de Basso (Florentine Stud. Politics and Society in Renaissance Florence, hg. N. Rubinstein, 1968), 501–532.

IV. Frankreich: [1] *Zum Begriff:* Die Erwähnungen der lat. Bezeichnungen castrum und castellum in den Quellen häufen sich in Frankreich ab etwa 950 und werden in der Zeit nach 1000 sehr zahlreich. Hierbei handelt es sich zumeist um individuelle Befestigungsanlagen, die auch manchmal, jedoch seltener mit den Termini turris, dunjio, munitio bezeichnet werden. Die Verbreitung der B. zu diesem Zeitpunkt ist Ausdruck eines polit. und sozialen Wandels. Zwar bleibt die Königsgewalt in Frankreich erhalten, doch schwächt sich ihr Einfluß beträchtl. ab. Gleiches gilt für einen Großteil der im frühen 10. Jh. entstandenen Fürstentümer. Ebenso gerät die →Pagus-Organisation selbst in Verfall; die Herrschaft auf lokaler Ebene wird nun faktisch von Burgherren ausgeübt, deren Macht sich auf ein begrenztes Territorium, das ca. 10–20 Pfarreien umfaßt, erstreckt (districtus, castellania). Damit ist das Hauptmerkmal der Periode der »unabhängigen Kastellane« (G. Duby) umrissen (vgl. weiterhin →Kastellan, Kastellanei).

[2] *Politische und militärische Bedeutung im Hochmittelalter:* Die frz. Forschung wurde über ein halbes Jahrhundert durch die Kontroverse um das Problem der Entstehung dieser B.en und des Charakters sowie des Umfangs der Herrschaft der Kastellane, d. h. ihres ban (Banngewalt), vorangetrieben. Da lange Zeit ungebrochen die Auffassung vorherrschte, daß das Befestigungsrecht ein Monopol des Kgtm.s gewesen sei, wurde folglich auch an der Vorstellung festgehalten, daß nur »öffentliche« B.en bestanden hätten und die Banngewalt des Kastellans ein »öffentliches«, d. h. vom Inhaber der öffentl. Gewalt (dem Kg. oder dem jeweiligen Territorialfürsten) an den Kastellan übertragenes Amt gewesen sei, selbst dann, wenn dieser sich – etwa durch Abfall von seinem Herrn – unabhängig gemacht hatte (R. Aubenas). Diese extreme Position mußte aufgrund der Forschung der letzten Jahre stark revidiert werden. Die immer mehr zunehmenden regionalen Untersuchungen, von denen bes. die Arbeiten über das südl. Mittelfrankreich bedeutende Aufschlüsse vermittelt haben, zeigen, daß die kgl. bzw. fsl. Gewalt ihr Befestigungsmonopol in vielen Fällen nicht zu behaupten vermochte. Neben den B.en, die unmittelbar oder mittelbar dem Fs.en unterstanden bzw. die mit seiner Erlaubnis errichtet worden waren und von ihm zu Lehen gingen, entstanden B.en, die von wohlhabenden Allodialbesitzern ohne Erlaubnis eines anderen gebaut wurden; ihre Zahl schwankt entsprechend der jeweiligen Region. Diese Befestigungen waren die Ausgangspunkte für die Ausübung der Banngewalt, die rechtl. zweifellos auf ihrem öffentl. Charakter beruhte, ihre Entstehung ist jedoch auf die Präsenz der B. als lokalem Herrschafts- und Machtzentrum zurückzuführen. Dabei ergeben sich große regionale Differenzierungen; in bestimmten Gebieten (Normandie; ebenso Flandern, vgl. Abschnitt II) blieb die fsl. Gewalt so stark, daß sie (außer in einigen Krisenzeiten) weiterhin die Kontrolle über die Errichtung neuer B.en und die Unabhängigkeitsbestrebungen der Kastellane bewahrte; in anderen Teilen Frankreichs, bes. in den Regionen südl. der Loire (Aquitanien, Gft. Toulouse), entzogen sich die Kastellane mehr oder weniger der Kontrolle.

Die konkreten Erscheinungsformen der B. in Frankreich sind Gegenstand zahlreicher Untersuchungen geworden. Es zeigt sich zunehmend, daß, außerhalb der Mauern der gallo-röm. civitates und der karolingerzeitl. Befestigungen, die B. des 11. Jh. zumeist von einer →*Motte* gebildet wurde (von einigen frühen →Donjon-Anlagen, wie etwa Langeais aus dem Jahre 994, abgesehen). Die Motte verbreitete sich seit dem Beginn des 11. Jh. im gleichen Rhythmus wie die Kastellaneiverfassung. Die steinerne B. fand nur langsam Verbreitung und wurde erst im 12. Jh. vorherrschend. Aufwendiger und schwieriger zu erbauen, war sie in erster Linie ein Instrument der Fs.en zur Wiedererringung und Sicherung ihrer Machtstellung.

Überall kämpften die Fs.en seit dem frühen 11. Jh. gegen die Verbreitung der B.en; sie versuchten, durch eine Kontrolle über die bestehenden Befestigungsanlagen eine echte Territorialherrschaft aufzubauen; dabei strebten sie zum einen nach der Wiedergewinnung der Lehnshoheit über die Kastellane, zum anderen nach dem Öffnungsrecht, das ihnen die Kastellane und Burgmannen dienst- und abgabenpflichtig machte und das bis zur Installierung einer fsl. Besatzung in den Mauern der B. reichen konnte. Hzg. Wilhelm erreichte sein Ziel in der →Normandie bereits nach 1047, →Raimund Berengar in →Katalonien nach 1060, doch kam es in der →Provence, die bekanntl. zum Imperium, nicht zum Kgr. Frankreich gehörte, erst in der 1. Hälfte des 12. Jh. zu der Bildung einer Territorialherrschaft, und in →Aquitanien wandelte erst Heinrich II. Plantagenêt (1154–89) das alte Hzm. in ein Territorialfürstentum (im Rahmen des →Angevin. Reiches) um. In der Folgezeit behaupteten die Kg. und die großen Lehnsfürsten ihre Monopolstellung bei der Kontrolle der B.en. Der →Hundertjährige Krieg führte zum erneuten Ausbau der B.en; dieser erfolgte allerdings unter anderen techn. und fortifikator. Gegebenheiten als im HochMA und hatte im übrigen keine Entstehung neuer polit.-administrativer Strukturen in seinem Gefolge.

[3] *Wirtschaftliche und soziale Bedeutung im Hoch- und Spätmittelalter:* Neben ihrer polit. und militär. Bedeutung spielte die B. – als Motte wie als befestigtes steinernes Haus – eine erstrangige Rolle im wirtschaftl. und sozialen Leben, bes. im 11.–13. Jh. Die B. war bestimmender Faktor

der Siedlungs- und Bevölkerungskonzentration; fast überall veranlaßten die Kastellane die Ansiedlung der abhängigen Bevölkerung am Fuße der Burg. Die Siedlung bei der B. war das entscheidende Instrument zur Überwachung der Bevölkerung (deren Zahl man bei Bedarf durch Zuzug vermehren konnte); sie garantierte stets das Vorhandensein von Leuten zur Verteidigung; durch sie wurde der Handel (und damit das Steueraufkommen des Herrn) in Form von Märkten und Jahrmärkten gefördert. Daher entstanden zahlreiche burgi (bourgs; →burgus), aus denen vielfach noch heute bestehende Kleinstädte erwuchsen (vgl. die Beitr. in: Colloque de Flaran, 1979). Darüber hinaus ließ sich feststellen, daß die umfangreichen Maßnahmen der Binnenkolonisation im 11.-13. Jh. (→Kolonisation und Landesausbau) vielfach auf Motten, die das kolonisierte Land schützten und die Bevölkerung überwachten, zentriert waren. Demgegenüber sind die Wechselbeziehungen zw. B. en, Verkehrswegen und Zollstellen erst wenig untersucht worden. Schließlich ist an die Beziehungen zw. den B. en und dem Kleinadel zu erinnern: Wie überall waren auch in Frankreich die B. en das Zentrum des ritterl. Lebens. Die Ritter der Kastellanei, die manchmal innerhalb des castrum ein Haus besaßen, kamen hierhin regelmäßig, sie bildeten den »Hof« des Kastellans und leisteten ihm im Falle der Verteidigung der B. Waffenhilfe. Im 12. Jh. strebten die kleinen Adligen, die infolge der günstigen Agrarkonjunktur reich geworden waren, selbst danach, ihren Wohnsitz burgartig auszubauen. So entstanden um die Wende des 12. zum 13. Jh. die »festen Häuser« (fortis domus, fortalicium, *maison forte*). Weniger stark befestigt als die echten B. en, begründeten diese festen Häuser zwar keine wirkliche Herrschaft, doch führte ihre große Zahl zu einer Schwächung der Position der Kastellane; manche dieser festen Häuser wurden im 14. und 15. Jh. zu B. en ausgebaut und in den Quellen auch als solche bezeichnet. A. Debord

Lit.: R. Aubenas, Les châteaux forts des Xe et XIe s., RHDFE, 1938, 548–586 – G. Duby, La Société aux XIe et XIIe s. dans la région mâconnaise, 1953 – G. Fournier, Le peuplement rural en Basse Auvergne durant le Haut MA, 1962 – A. R. Lewis, The development of Southern French and Catalan society (718–1050), 1965 – R. Fossier, La terre et les hommes en Picardie jusqu'à la fin du XIIIe s., 1968 – J. M. Pesez – F. Piponnier, Les maisons fortes bourguignonnes (Actes du Ve Colloque Château-Gaillard tenu à Hindsgavl [Danmark], 1972) – J. Gardelles, Les châteaux du MA dans la France du Sud-Ouest; La Gascogne anglaise de 1216 à 1327, 1972 – G. Duby, Guerriers et paysans (VIIe–XIIIe s.), 1973 – P. Bonnassie, La Catalogne du milieu du Xe à la fin du XIe s., 1975–76 – J. P. Poly, La Provence et la société féodale (879–1166), 1976 – G. Duby, Châteaux et peuplements en Europe occidentale du Xe au XVIIIe s. (Colloque de Flaran I [1979], 1980) – D. Cursente, Les Castelnaux de la Gascogne médiévale, 1980 – A. Debord, La société laïque dans les pays de la Charente (X^e–XIIe s.), 1982 – Les fortifications de terre en Europe occidentale du Xe au XIIe s. (Coll. de Caen [1980], 1981) – *allg.*: Arch. méd., 1972ff. [Chron.].

V. Spanien: Die Festungen oder Kastelle, die im christl. Spanien nach der arab. Eroberung der Iber. Halbinsel als Bollwerke zw. dem christl. und dem islam. Spanien errichtet wurden, erhielten offenbar nicht die spätlat. Bezeichnung 'burgus', sondern den Namen 'castrum' oder (in den volkssprachlichen Quellen) *castros*, gleichbedeutend mit Festung, Befestigung oder Kastell. Es ist jedoch möglich, daß eine Gruppe von kleinen Kastellen oder Verteidigungstürmen vor dem 9. Jh. burgus und nicht castrum genannt wurde und daß von ihnen das span. Toponym *Burgos* herstammt, das schon im 9. Jh. die Hauptstadt des alten Kastilien trug. Im islam. Spanien bauten die Araber zu Beginn des 10. Jh. die große B. v. Gormaz zur Verteidigung der Grenzlinie des Duero. In die kast. Sprache ist die arab. Bezeichnung *al-qaṣr* für B.

eingegangen (→Alcázar). Im selben Jahrhundert wurden im christl. Spanien zur Verteidigung des astur.-leonesischen Kgr.s eine große Anzahl von Kastellen (castella) gebaut, die ihren Namen einer ganzen Region gaben, die bis heute →Kastilien heißt. Im allgemeinen wurden die Befestigungen des christl. Spaniens nicht 'burgo', sondern 'castellum' oder 'castrum' genannt, sie wurden auf Erhebungen mit steilen Abfällen oder als Fluchtburgen in der Nähe von Ortschaften (vicos, vici) errichtet. Das 'castrum' oder 'castellum' wurde im christl. Spanien des 9., 10. und 11. Jh. an einer zur Verteidigung günstigen Stelle angelegt, die militär. Besatzung und die anderen Einwohner wurden von den nahegelegenen Agrargebieten versorgt. Als sich im 11. und 12. Jh. in León und Kastilien eine Senioratsherrschaft sowie einige Ansätze zum →Feudalismus entwickelten, spielte die B. eine wichtige Rolle bei der Ausprägung der gesellschaftl. und polit. Institutionen, als sie zum Zentrum eines Herrschaftsgebietes (*señorío*) wurde, das als beneficium einem *señor* unterstand (prestamum, tenencia, honor, encomienda). Im lehnsrechtl. geprägten →Katalonien konnte die B. (*castell*) *termenat* sein, wenn sie das Zentrum eines mit Grenzsteinen (*termes*) versehenen Gebietes war, und *no termenat*, wenn es sich nur um eine befestigte Verteidigungsanlage handelte. Die abgegrenzten Bezirke der 'castells termenats' wurden im spätma. Katalonien zu einer wichtigen Grundlage für die verwaltungsmäßige Erfassung des Landes. Die Burgendichte in Katalonien war schon im FrühMA außerordentl. hoch, und die meisten Ortsgründungen gingen im Kern auf B. en des 10. Jh. zurück. Die intensive Burgenpolitik Gf. →Raimund Berengars I. v. Barcelona im 11. Jh. ließ der B. als Herrschaftsinstrument eine Bedeutung zukommen, die dann durch den Landesausbau im Zuge der →Reconquista eher noch gesteigert wurde. L. García de Valdeavellano

Lit.: F. Carreras Candí, La institución del castlá en Cataluña (Boletín de la Real Academia de Buenas Letras de Barcelona 1, 1901–02), 4–24 – Els Castells catalans, hg. A. Dalmar, 4 Bde, 1968ff. – J. M. Font Rius, Les modes de détention des châteaux dans la »Vieille Catalogne«, Annales du Midi 80, 1968, 405–420 – J. Espinosa de los Monteros-L. Martín Artajo Saracho, Corpus de castillos medievales de Castilla, 1974 – P. Bonnassie, La Catalogne du milieu du Xe à la fin du XIe s., I–II, 1975–76, bes. 123ff., 174ff., 687ff. – C. Guitart Aparicio, Castillos de Aragón I–II, 1976 – L. García de Valdeavellano, Curso de Hist. de las Instituciones españolas, 1977^5 – *Zu den 'castells termenats' im 14. Jh.*: A. Pladevall, El castillo de Taradell y su primitivo término, Ausa 2, 1955–57, 492–501 – Ders., El castell de Taradell, 1959 – *Zur Einwirkung arab. Elemente*: P. Guichard, Le problème de l'existence de structures de type »féodal« dans la société d'Al-Andalus (L'exemple de la région valencienne) (Structures féodales et féodalisme dans l'occident méditerranéen [X^e–XIIIe s.], 1980), 699–725.

VI. Ostmitteleuropa: [1] *Die frühen westslawischen Burgen:* Unsere Kenntnisse über westslav. B. en beruhen für die ersten Jahrhunderte fast ausschließl. auf den Forschungen der Archäologie. Von den mehreren tausend B. en der westslav. Gebiete (zw. Weichsel, Donau und Elbe) sind nur sehr wenige gründl. untersucht worden. Eine grobe (sachl.-zeitl.) Gliederung der westslav. B. en in drei Phasen läßt sich nach den verfassungsstrukturellen Bedingungen z. Z. ihrer Entstehung vornehmen: 1. Einwanderungs- und Stammesphase (6.–8. Jh.); 2. prästaatl. Phase (9. und 10. Jh.); 3. die Phase der ausgebildeten westslav. Staaten (seit 10. Jh.). Diese Einteilung deckt indes nicht alle Entwicklungsstränge im westslav. Raum ab. So finden sich sowohl auf dem Gebiet des heutigen Polens wie auf dem der modernen ČSSR B. en, die früher als im übrigen westslav. Bereich prästaatl. Aufgaben erfüllten. Im Stammesgebiet der Lendzianer (Weichsel) entstand z. B. früh als Verwaltungsmittelpunkt die B. Chodlik

(6.–8. Jh.). In Mähren begann die Entwicklung von →Staré Město, →Mikulčice, →Pohansko, in der Westslowakei die von Nitra und in Böhmen die von Přistoupim im 6./7. Jh.; diese B.en werden zu Zentren des Großmähr. Reiches (8./9. Jh.). Während die in der Regel großflächigen B.en (Fluchtburgen, Volksburgen) im übrigen westslav. Bereich (hervorragende Beispiele für Volksburgen sind die großen Höhenburgen der Wilzen in Mecklenburg, die vermutl. einem ganzen Kleinstamm Platz boten) in der 1. Phase vorwiegend von einer Bevölkerung benutzt bzw. besiedelt wurden, die im agrar. Sektor arbeitete, sind mit den mähr. Anlagen schon für das 7. Jh. nicht-agrar. Zentren belegt (Handwerkerviertel, Hafenanlagen, Kirchen). Spät in der 1. Phase kamen zur üblichen westslav. B., deren funktionales Schwergewicht allgemein auf Schutz, Kult und Anfängen polit. Organisation lag, kleine B.en hinzu, die vermutl. von einer Oberschicht, die sich stärker von der Gesamtheit abhob, erbaut wurden. Die B.en der 2. Phase, deren Anzahl gegenüber den Anfängen offensichtl. zurückgegangen war (Herrschaftskonzentration), erfüllten im wesentl. die gleichen Funktionen wie früher, doch tritt v. a. ihre Aufgabe hervor, Sitz der herrschenden Gruppen, d. h. Herrschaftszentrum, zu sein. In den Größenverhältnissen der B.en werden die beiden Entwicklungstendenzen dieser Phase deutl. Die Verkleinerung der Burgfläche bzw. die Neuanlage kleiner B.en kann als Kennzeichen der Adels-(Herren-)burg oder der Befestigung mit rein militär. Charakter bezeichnet werden. Dominierend tritt jedoch die Landes- oder Fürstenburg als große Anlage hervor, bei der neben der B. im engeren Sinne auch Vorburgen (→Suburbien) angelegt wurden. Platzkontinuität ist weder bei der kleinen noch bei der großen B. in jedem Fall gegeben. Aus der überwiegenden Zahl der großen B.en entwickelten sich Wirtschaftszentren mit Stadtcharakter. Die agrar. geprägte Tätigkeit der Burgbewohner wandelte sich fast völlig zur frühstädt. (Handel, Handwerk) oder militär. (Gefolgschaft, →družina). Die charakterist. Anlage der 3. Phase ist die große Fürstenburg mit Suburbien. Neben Platzkontinuität (beispielsweise Kolberg/Pommern) findet sich auch Ortswechsel. So gab →Gnesen (Gniezno) z. B. seine Rolle an →Posen (Poznań) ab, ebenso wechselte in Böhmen die Funktion der zentralen Fürstenburg von →Levý Hrádec auf →Prag über. In die Entstehungs- und Konsolidierungsphase der westslav. Staaten fällt wohl auch ein Wechsel in der territorialen Organisation. An die Stelle des alten Burgbezirks, der sich vermutl. mit einer Siedlungskammer deckte, traten neu organisierte Burgbezirke, die den Macht- und Verwaltungsinteressen der Fs.en entsprachen. In Böhmen und Polen entstanden die Kastellanburgen (→Kastellan, Kastellanei) und die →Dienstsiedlungen. In der Regel verwuchsen Fürsten- oder Landesburgen, die Residenzen des Herrschers, mit ihren Suburbien zur Frühstadt bzw. ma. Rechtsstadt (→Stadt). Diese ist, obwohl sie befestigt ist, nur bedingt mit den frühen befestigten Siedlungen vergleichbar, da ein entscheidender Funktionswandel stattgefunden hat. B.en, die militär. Aufgaben zu erfüllen hatten, entwickelten sich mitunter in Richtung auf die Festung weiter. Vgl. auch →Burgwall, slav.; →Burgbezirk, slav. L. Dralle

[2] *Böhmen und Mähren:* Der älteste Burgentyp im hochma. Böhmen und Mähren ist von den älteren Burgwällen abzuleiten; im Ansatz (baulich) schon bei dem Burgwall in →Libice der →Slavnikiden (10. Jh.) zu fassen. Der Burgwalltyp des 12. Jh. ist bisher nicht erforscht. Der Chronist →Cosmas v. Prag (I, 19) betrachtet am Anfang des 12. Jh. die Errichtung einer neuartigen B. (romano opere) unter →Boleslav I. († 967/973) geradezu als eine Wende in der Gesch. des Landes. Eine Sonderstellung hatte die Prager B., die zum Zentralort des Landes wurde (seit dem 10. Jh.). Die neue archäolog. Forschung ermöglicht die Unterscheidung folgender Bautypen und -phasen: Bis zum 12. Jh. überwog bei weitem der sog. Burgwalltypus, daneben sind nur vereinzelt Steinbauten bezeugt. Die große Wende setzte mit den 30er Jahren des 13. Jh. ein, wo die neuen kgl. B.en (zunächst überwiegend Kastelle des IL Typus) die älteren hzgl./kgl. burgwallartigen Kastellanburgen mit ihrem System der →Dienstsiedlungen ablösten. Die neuen kgl. B.en wurden, neben den neugegründeten Städten, zu den wichtigsten Stützen der kgl. Macht. Bald folgten auch Adelsburgen (zunächst mit Bergfrieddisposition, dann gleichfalls Kastelltyp). Das SpätMA kennt ein überaus dichtes Netz von B.en verschiedener Bautypen in Böhmen und Mähren.

Die Rechtsgesch. der B.en in den böhm. Ländern ist kaum erforscht. Die kgl. B.en waren Mittelpunkte der Rechtsprechung (*cúdy/súdy*) und der militär. Organisation; darin sind sie unmittelbare Nachfolger der älteren hzgl. Burgwälle. Eine ähnliche Funktion ist auch bei den B.en der Prager Bf.e/Ebf.e und der Herren v. Rosenberg (Rožmerk in Südböhmen) bezeugt. →Karl IV. erklärte in der sog. →Maiestas Carolina die wichtigsten kgl. Burgen zum unveräußerl. Besitzstand der böhm. Krone. Die von ihm neugegründete B. →Karlstein (auch Bewahrungsort der Reichsinsignien) hatte eher symbol. als militär. Bedeutung. Noch während der Hussitenkriege (→Hussiten,-kriege) spielten B.en eine wichtige militär. Rolle; ihre Verwaltungsfunktionen büßten sie jedoch im 15. Jh. bereits weitgehend ein. F. Graus

[3] *Polen:* Mit der Entstehung und Konsolidierung einer staatl. Organisation in Polen ändert sich die Funktion der Burg. Im Bereich des frühen poln. Staates zw. Oder und Weichsel werden im Verlauf des 10. Jh. die kleinen gentilen B.en teilweise verlassen oder auch gewaltsam verbrannt und zerstört. An ihre Stelle treten in den wichtigsten Siedlungszentren neue stärkere B.en (der Typ des slav. →Burgwalls mit Hack- und Holzkastentechnik [poln. *izbica*], z. B. Gnesen, Posen und Danzig), die sich zu Sitzen der militär., administrativen und kirchl. Organe für den sie umgebenden Bezirk entwickelten. Um diese burgwallartigen Kastellanburgen (→Kastellan, Kastellanei) entstanden →Dienstsiedlungen. Der Burgenbau gehörte zu den Regalien des Hzg.s bzw. des Königs. Diese Form der Burgenverfassung geht mit dem Verfall der frühpoln. feudalen Monarchie um die Wende des 13./14. Jh. zu Ende; durch die Verteilung von →Immunitäten wurde den Kastellaneien die wirtschaftl. und polit. Grundlage entzogen.

Mit der Erneuerung des Kgtm.s in Polen (14. Jh.) wurden überall zur Sicherung der Grenzen, wie auch für die innere Administration, die alten B.en, meistens bei den neu entstandenen Städten, zu Festungen ausgebaut. Von Kg. →Kasimir d. Gr. (1333–70) heißt es, daß er viele Städte und B.en mit Mauern, Türmen und Vorwällen ausgestattet hat (»civitates et castra muris fortissimis, domibus et turribus altis, fossatis ...aliisque propugnaculis circumdedit«; Mon. Pol. Hist. II, 625–627). Namentl. werden über 40 B.en genannt, die meisten an der westl. und nördl. Grenze, zur Sicherung gegen Böhmen und den →Deutschen Orden. Nach der poln.-litauischen Union i. J. 1386 wurden auch viele neue B.en an der östl. Grenze gegen die →Osmanen und →Tataren errichtet. Zur Residenz wurde der Wawel in →Krakau ausgebaut. Als Baudenkmäler hervorzuheben sind die Türme in Kruschwitz (Kruszwica) und in Bunzlau (Bolesławiec) an der schles. Grenze.

G. Labuda

Lit.: *zu [1]*: BOSL, Böhm. Länder, 202–207 – HERRMANN, Slawen, 147–187 – HOOPS² IV, 202–208 [B. WACHTER] – SłowStarSłow II, 1964, 163–168, s. v. Grody [I. NALEPA, B. MIŚKIEWICZ, H. CHŁOPOCKA, W. HEJNOOZ, mit Lit.] – H. BOLLNOW, B. und Stadt in Pommern bis zum Beginn der Kolonisationszeit (BSt NF 38, 1936), 48–96 – H. UHTENWOLDT, Die Burgverfassung in der Vorgesch. und Gesch. Schlesiens, 1938 – K. VOGT, Die B. in Böhmen bis zum Ende des 12. Jh., 1938 – W. HÜLLE, Westausbreitung und Wehranlagen der Slawen in Mitteldtl., 1940 – K. H. MARSCHALLEK, Burgenprobleme zw. Elbe und Oder (Frühe B.en und Städte. Beitr. zur B.en- und Stadtkernforsch., 1954), 29ff. – K. PIERADZKA, Zagadnienie grodów i wczesnośredniowiecznej organizacji grodowej u Słowian północno-zachodnich (PamSłow 4, 1954), 267–303 – W. BASTIAN, Mittelslaw. Höhenburgen mit Hang- und Böschungsanlagen in Mecklenburg (Bodendenkmalpflege in Mecklenburg. Jb., 1955), 155ff. – H. LUDAT, Frühformen des Städtewesens in Osteuropa (Reichenau Vortr. 1955–56, 1958), 527–553 – P. GRIMM, Die vor- und frühgesch. Burgwälle der Bezirke Halle und Magdeburg (Hb. vor- und frühgesch. Wall- und Wehranlagen I, 1958) – J. HERRMANN, Die vor- und frühgesch. Burgwälle Groß-Berlins und des Bezirkes Potsdam (Hb. vor- und frühgesch. Wall- und Wehranlagen II, 1960) – DERS., Einige Fragen der slaw. Burgenentwicklung zw. Elbe und Oder (Slavia Antiqua 10, 1963), 185ff. – H. BOLLNOW, Unters. zur Gesch. der pommerschen B.en und Städte im 12. und 13. Jh., 1964 – M. ŠTEPÁNEK, Opevnĕná sídlište 8.–12. stoleti ve středni Evropě, 1965 – W. BASTIAN, Neue Forsch. zur slaw. Befestigung (Probleme der frühen MA in archäolog. und hist. Sicht, hg. H. A. KNORR, 1966) – J. HERRMANN, Gemeinsamkeiten und Unterschiede im Burgenbau der slaw. Stämme westl. der Oder, ZA I, 1967), 206ff. – Z. FIALA, Die Anfänge Prags, 1967 – I. BORKOVSKÝ, Die Prager B. zur Zeit der Přemyslidenfürsten, 1972 – W. ŁOSIŃSKI, Początki wczesnośredniowiecznego osadnictwa grodowego w dorzeczu dolnej Parsęty (VII–X/XIw.), 1972 – A. GARDAWSKI, Siedlungen und B.en des 6. bis 9. Jh. in Chodlik, Wojew. Lublin (Ber. des II. Internat. Kongr. für slaw. Archäologie, Berlin 1970, III, 1973), 307–312 – H. LUDAT, Zum Stadtbegriff im osteurop. Bereich (Vor- und Frühformen der europ. Stadt im MA. Bericht über ein Symposium in Rheinhausen bei Göttingen vom 18.–24. April 1972, T. 1, hg. H. JANKUHN, W. SCHLESINGER, H. STEUER, 1973) – W. HENSEL, Unters. über die Anfänge der Städte in Polen (ebd.) – F. GRAUS, Die Vorläufer der Städte auf westslaw. Gebiet (Sett. cent. it. 21, 1974), 231–266 – B. CHROPOVSKÝ, Nitra – archäolog. Erforsch. slaw. Fundstellen, 1975 – J. OLCZAK – K. SIUCHNIŃSKI, Typolog. Klassifikation der frühma. Burganlagen in Mittelpommern, Ethn.-Archäolog. Zs. 16, 1975, 443–474 – K. W. STRUVE, Die B.en in Schleswig-Holstein I (Offa-Bücher 35, 1981) – *zu [2]*: A. SEDLÁČEK, Hrady, zámky a tvrze královstvi českého, I–XV, 1882–1927 – A. HEJNA, České tvrze, 1961 – D. MENCLOVÁ, České hrady, I–II, 1976² – T. DURDÍK, Nástín vývoje českých hradů 12.–13. stol. (archaeologia historica 3), 1978 – *zu [3]*: Z. KACZMARCZYK, Organizacja obrony kraju w czasach Kazimierza Wielkiego (Studia historyczne ku czci S. KUTRZEBY II, 1938), 313–339 – W. HENSEL, Najdawniejszw stolice Polski, 1960 – B. MISKIEWICZ, Stałe punkty obrony w średniowiecznej Polsce, 1967 – K. OLEJNIK, Obrona polskiej granicą zachodniej od połowy XII do połowy XIV wieku, 1970 – K. MOZELEWSKI, Organizacja grodowa wczesnośredniowiecznego państwa polskiego, 1976.

VII. UNGARN: Nach den frühesten Angaben aus dem 11. Jh. waren in Ungarn →Komitate (civitas, parochia, provincia, seit dem 13. Jh. comitatus, ung. *megye*) die Hauptverwaltungseinheiten mit einer B. als Mittelpunkt; der →Gespan (comes, ung. *ispán*) hatte die militär. (Befehl über Komitatstruppe und Amt des castellanus [→Kastellan]) und jurisdiktionellen (Gericht über alle Einwohner) Befugnisse inne und erhielt ein Drittel aller Einkünfte. In seiner Eigenschaft als Kastellan wurde er vom maior castri, als Richter vom comes curialis und bei militär. Aufgaben von den iobagiones castri (→Jobagie, Jobagiones), die nach den ihnen zugeteilten Erbgütern Kriegsdienst leisteten, unterstützt. Im 11. Jh. gab es 45 Komitate, deren Zahl im Zuge des Landesausbaus bis zum Ende des 12. Jh. auf 72 anwuchs. Die Namen der B.en sind meistens ung., seltener slav. Herkunft. In der Regel entsprachen die Archidiakonate den Komitaten, doch gab es auch Archidiakonate mit B.en, die keinem Komitat entsprachen. Seit dem 13. Jh. wurden die B.en in den Quellen stärker hervorgehoben (comitatus castri X, terra castri X.).

Über die Herkunft der Burgenverfassung gehen die Ansichten auseinander. Früher suchte man das Vorbild im frk. →pagus (PAULER, B. HÓMAN, HOLUB). Sicherlich stammt die lat. Bezeichnung aus dem frk. Bereich, doch wurden starke Abweichungen festgestellt. Andere suchten es im Slavischen (A. HUBER, H. F. SCHMID, E. MOLNÁR), konnten aber nicht beweisen, daß 1. das Komitatsystem schon im Großmähr. Reich bestand, 2. es die ung. Landnahme überlebte und 3. bei den Bulgaren auch bekannt war. Sicher sind dagegen ispán und megye slav. Lehnwörter. G. GYÖRFFY sprach sich neuerlich für eine autochtone Entwicklung aus, wobei von den Gütern der ung. Sippen zwei Drittel enteignet und zu kgl. Komitaten wurden. Die kgl. Komitate wurden im 13. Jh. in adlige Selbstverwaltungsorgane umgewandelt. Ein neues System kgl. B.en führte Kg. →Karl I. ein, indem er um eine B. als Herrschaftsmittelpunkt kgl. Güter gruppierte (dominium); die B. und die Burgdomänen wurden in nomine regio von einem Kastellan mit wirtschaftl. und richterl. Vollmacht verwaltet. Unklar bleibt die Teilung des Einkommens zw. Kg. und Kastellan. Träger von Landeswürden (Schatzmeister, →Banus, Landesrichter) und auch vom Kg. ernannte Gespane waren meistens zugleich Kastellane, manchmal mehrerer B.en; die Verwaltung der B.en übernahm tatsächl. der von ihnen gestellte →vicecomes bzw. vicecastellanus.

E. Fügedi

Lit.: HÓMAN, bes. II, 328f. – Gy. GYÖRFFY, István király és müve, 1977 [dort ältere Lit.] – E. FÜGEDI, Vár és társadalom a 13–14. századi Magyarországon, 1977.

VIII. SERBEN UND KROATEN: [1] *Zum Begriff*: Das Wort 'Burg' ist erst im SpätMA in Dalmatien und Kroatien in die Volkssprachen eingedrungen. Es bezeichnete aber unter it. Einfluß einen unbefestigten Marktort oder Marktplatz in einer Siedlung (Burg, *borgo*). Der ursprgl. Bedeutung des Wortes B. entspricht im Serbokroat. das Wort *grad*, das zugleich auch die Festung, manchmal nur die Mauern, aber auch die Stadt bezeichnet. Für die städt. Siedlung prägten sich andere Bezeichnungen aus wie *trg, podgradije* und *varoš* (→Stadt); 'grad' dagegen blieb bis in die NZ der Name für die Befestigung.

[2] *Früheres Mittelalter*: In den dürftigen Quellen aus der Zeit der Landnahme werden slav. Befestigungen nicht erwähnt. Es gibt auch keine Angaben von eventueller Benutzung röm. Befestigungsanlagen oder Siedlungen. Auch archäolog. ist eine solche Nutzung durch die eingewanderten Slaven nicht nachweisbar. Erst am Anfang des 9. Jh. tritt eine Änderung ein. Aus dem Jahre 822 wird berichtet, daß →Ljudevit, Fs. der Kroaten in Pannonien, von den frk. Heer bedrängt, seine Burg Sisak verließ und sich zu den benachbarten Serben begab, wo er sich einer B. (→'civitas' in den Reichsannalen) bemächtigte. In seiner Beschreibung der Gebiete im Hinterland der dalmat. Küste berichtet der byz. Ks. →Konstantin VII. Porphyrogennetos von 'besiedelten Burgen' (κάστρα οἰκούμενα), die im Gegensatz zu den ἐρημόκασφα, den verwüsteten röm. Städten, Mittelpunkte des polit. Lebens der kleinen slav. Fsm.er waren. Insgesamt 36 solcher »besiedelter B.en« sind verzeichnet, die meisten lagen in den Gebieten unmittelbar an der Küste (im dalmat. Kroatien, im Fsm. der Narentaner, Zachlumien, Travunien, Diokleia). Dem Namen nach waren nur Salines und Stagnon mit röm. Siedlungen verbunden. Nur ein Drittel von ihnen existierte als spätma. B. oder Stadtsiedlung fort (→Nin, →Biograd na

moru, Skradin, Livno, Knin im damaligen Kroatien, Ston in Zachlumien, Trebinje, Vrm, Risan in Travunien und Soli-Tuzla im damaligen Serbien). Andere sind später wüst geworden, so daß sich ihre Lage nicht bestimmen läßt. Bisher sind sie archäolog. nicht erforscht; einige hatten wahrscheinl. Burgwälle aus Erde und Holz. An die Befestigungsanlagen aus Erde erinnern die nicht seltenen Ortsnamen Zem'ln, Zemun, Zemunik u. ä. Türme aus Holz (ξυλίνοι πύργοι) längs der serb.-byz. Grenze werden noch im 12. Jh. erwähnt, die wichtigsten B.en waren jedoch damals schon aus Stein gebaut (Ras, Zvečan, Galič).

[3] *Späteres Mittelalter:* In dem Gebiet, das 1018 unter die unmittelbare byz. Herrschaft kam (etwa östl. der Flüsse Drina und Lim), wurden die Ruinen der antiken Städte erneut benutzt und zu Stützpunkten des byz. Verwaltungssystems gemacht. Sie wurden zum Sitz von Garnisonen und Statthaltern sowie von wiedererrichteten oder neugegründeten Bistümern. Aus ihnen entwickelten sich später wichtige Städte (wie →Skopje, →Prizren, →Niš, →Belgrad, →Braničevo). Durch die Benützung röm. Ruinen und durch Neubauten entstanden die charakterist. byz. Festungsanlagen mit einer Zitadelle *(akropolis, kula, višegrad)*, die auch bei den wenigen spätma. städt. Neugründungen (z. B. →Smederevo, 1428-30) als Vorbild gedient haben. Nach der Verdrängung der Byzantiner am Ende des 12. Jh. wurden in allen Gebieten des serb. Staates neue B.en errichtet. Sie hatten alle einen geringeren Umfang und kaum bedeutende Siedlungen. Die seit Mitte des 13. Jh. entstandenen Bergbaustädte erhielten Mauern und Türme oder besondere B.en in der Nachbarschaft erst nachträgl. (Ostrovica bei Rudnik, Srebrnik bei Srebrnica, Novo Brdo u. a.). Um die Mitte des 14. Jh. hatte jede →*župa* (Gau) üblicherweise eine B. als Zentrum.

Im 14. Jh. waren die Bewohner jedes Gaues nach dem Gesetz des Zaren Dušan (Art. 127) verpflichtet, ihre B. zu bauen und instandzuhalten (»gradozidanije«). Mit dem Tod des Zaren (1355) hörte diese Kontrolle durch die Zentralgewalt auf, und die Landesherren machten die B.en zu Stützpunkten ihrer Macht. Selten entstand bei ihnen eine bedeutende Siedlung, eine Ausnahme bildeten nur Residenzen neuer Machthaber (z. B. Kruševac im Lande des Fs.en Lazar Hrebeljanović). Im Zeitalter der Despoten (1402-59) unterstanden die B.en wieder dem Herrscher, der bes. für die B.en entlang der Grenze sorgen mußte.

In Bosnien sind die meisten B.en zw. 1350 und 1450 erbaut worden. Nach den zeitgenöss. Berichten sollen die Türken im Sommer 1463 in Bosnien 117 B.en erobert haben. Kein Vorrecht des Banus bzw. des Kg.s zum Burgenbau ist hier bekannt. Für das Land des Hzg.s Stefan Vukčić sind aus den Jahren 1444, 1448 und 1454 Besitzverzeichnisse erhalten, aus denen hervorgeht, daß 47 B.en mit Gauen, 19 weitere B.en und nur zwei Gaue ohne B.en existierten. In der gebirgigen und dünn besiedelten Landschaft der Herzegovina haben sich in der Nähe der B.en keine Siedlungen entwickelt. Im eigtl. Bosnien dagegen sind an den B.en Suburbien entstanden mit Benennungen, die sich von dem Namen der B. herleiten: Visoki-Podvisoki (Sottosochi), Borač-Podborač (Sottoborach), Soko-Podsoko (Sottosochol) usw. In der späteren Zeit der türk. Herrschaft wurden die weit von der Grenze entfernt gelegenen B.en vernachlässigt und verfielen. Mit ihnen verschwanden auch die meisten Suburbien.

Unter den ung. Kg.en war der Burgenbau in den kroat. Ländern ein Vorrecht des Kg.s (→Burg, Abschnitt VII, Ungarn). Nur mit seiner ausdrückl. Genehmigung durfte ein Adliger eine B. auf seinem Besitz errichten. Der ung. Kg. Bela IV. (1235-70) erteilte freigiebig solche Genehmigungen, um nach dem Mongolensturm die Verteidigung des Landes zu stärken. Gleichzeitig sicherte er die kgl. B.en und versuchte, ihren alten Besitz wiederherzustellen. Inzwischen war ein Teil der Burgdienstleute von den kirchl. und weltl. Herren abhängig geworden. Die freien Burgmannen wurden von der Steuer befreit, einige auch in den Adelsstand aufgenommen. Während der Wirren am Ende des 13. Jh. fielen alle B.en in die Hände der »Oligarchen« oder des lokalen Adels. Die Kg.e aus dem Hause →Anjou haben die kgl. B.en zuerst in Slavonien, später (um 1345) in Kroatien zurückerobert. Alle verbliebenen Burgdienstleute wurden damals dem Gemeindeadel (veri nobiles regni Croatie) zugeordnet und durch das Gesetz aus dem Jahre 1351 rechtl. gleichgestellt. Auch die Lage des Burgbesitzes änderte sich, da nunmehr die Abgaben der Bauern zum Unterhalt der Burgbesatzung dienten. Das Problem der Versorgung der B. wurde dadurch nicht gelöst, es führte aber zu einer dauernden Verbindung der B. mit einer Anzahl von Dörfern, die später eine feste Einheit im Rahmen des adligen Großgrundbesitzes bildeten. Seit dem Ende des 14. Jh. kamen wiederum die meisten kgl. B.en in die Hände der kroat. Großherren. Der Versuch des Kg.s Matthias Corvinus (1458-90), sie zurückzugewinnen, hatte einen geringen und nur vorübergehenden Erfolg. In der Zeit der Türkengefahr sind zahlreiche neue B.en erbaut worden. Nach der türk. Eroberung Bosniens entstand in den kroat. Ländern eine lange, mit B.en besetzte Grenzlinie, die es Jahrzehnte hindurch ununterbrochen zu verteidigen galt. Die Kg.e waren verpflichtet, die B.en an der Grenze mit Mannschaft und Ausrüstung zu versorgen.

Die verbreitetsten Haupttypen der Hoch- und Wasserburg sind auch bei Kroaten und Serben vertreten. Die Grundrisse sind dem Gelände angepaßt. Im 15. Jh. wurden Türme polygonal und rund gebaut. Tore und Fenster zeigen meistens got. Merkmale. In Kroatien wurden die B.en kontinuierl. bewohnt, so daß oft die älteren Teile erneuert oder durch völlige Neubauten umgeformt wurden.

S. Ćirković

Lit.: C. JIREČEK, Staat und Gesellschaft im ma. Serbien (Denkschr. der Ksl. Akad. der Wiss. in Wien 56, 1912; 58, 1914; 64, 1919) – D. SZABO, Sredovječni gradovi u Hrvatskoj i Slavoniji, 1920 – A. DEROKO, Srednjevekovni gradovi u Srbiji, Crnoj Gori i Makedoniji, 1950 – K. - D. GROTHUSEN, Entstehung und Gesch. Zagrebs bis zum Ausgang des 14. Jh., 1967 – N. KLAIĆ, Povijest Hrvata u ranom srednjem vijeku, 1971 – DIES., Povijest Hrvata u razvijenom srednjem vijeku, 1976 – D. KOVAČEVIĆ-KOJIĆ, Gradska naselja srednjovjekovne bosanske države, 1978.

IX. SIEBENBÜRGEN, MOLDAU UND WALACHEI: [1] *Siebenbürgen:* Die ersten, schriftl. belegten B.en im heutigen rumän. Raum stammen aus dem 10. Jh. Es waren Erdburgen der rumän. →Wojwoden aus Nordwestsiebenbürgen und dem Temesvárer Banat, von denen aus der eindringenden Magyaren Widerstand geboten wurde. Im Zuge der Landnahme Siebenbürgens durch die Ungarn errichteten diese mehrere Komitatsburgen (→Burg, Abschnitt VII, Ungarn; →Komitate) von bescheidenem Ausmaß, die im 12. Jh. angesiedelten Sachsen aber Stadt- und Dorfburgen um ihre Kirchen (insbes. im 15.-16. Jh.), die sich gegen die wiederholten Türkeneinfälle bewährten. Der →Dt. Orden baute im →Burzenland (südöstl. Siebenbürgen), in den Karpaten und wahrscheinl. auch jenseits des Karpatenbogens mehrere Steinburgen, von denen sich keine in ihrer ursprüngl. Form erhalten hat (aufschlußreiche Ruinen bei →Marienburg am Alt). Andere abendländische Einflüsse auf das siebenbürg. Burgenwesen erfolgten durch die Zisterzienser (Kerzer Abtei) und während der Herrschaft der ungar. Anjou-Kg.e (→Anjou, Abschnitt III; Törzburg) durch Siegmund v. Luxemburg und insbes. durch Johannes →Hunyadi (Burgschloß bei Hunedoara).

[2] *Moldau und Walachei:* Der Burgenbau in der Moldau und Walachei steht zunächst unter byz. Einfluß (Klosterburgen), es prägt sich aber dann ein spezifisches rumän. Burgenwesen aus, das durch eine bes. Rechts- und Verwaltungslage gekennzeichnet ist. Die Bautechnik steht allerdings in beiden Ländern unter unverkennbarem siebenbürg. Einfluß, in der Moldau zeigen sich vorübergehend auch it. und poln. Einflüsse. Es handelt sich dabei vorwiegend um Grenzburgen (im Flachland längs der Grenzwasserläufe oder im Karpatenvorland) derjenigen Fs.en, die während ihrer Regierung den Kampf gegen die Osmanen und gegen die Übergriffe der angrenzenden Kgr.e Ungarn und Polen in den Vordergrund ihrer Außenpolitik stellten. A. Armbruster

Lit.: G. Oprescu, Die Kirchenburgen der Sachsen in Siebenbürgen, 1956 C. C. Giurescu, Tîrguri sau orașe și cetăți moldovene, 1967–J. Fabritius-Dancu, Sächs. Kirchenburgen aus Siebenbürgen, 1980.

X. England, Wales, Schottland: [1] *Vor der normannischen Eroberung von 1066:* Die Befestigungen des frühma. England (→*burh*) waren überwiegend Volksburgen, Rückzugs- und Schutzanlagen für bedeutende weltl. und kirchl. Gemeinschaften. Viele von ihnen entwickelten sich zu Städten, wurden Siedlungszentren, Mittelpunkte des Handels, des Rechtswesens und der Verwaltung (→*borough*).

Durch die erfolgreiche Politik der westsächs. Dynastie, eine öffentliche Verteidigung aufrechtzuerhalten, ergab sich keine Notwendigkeit für die engl. Adligen und Herren, Privatburgen zu errichten, wie sie vom zeitgenöss. frk. Adel erbaut worden waren. Die Wohnsitze des ags. Adels waren indessen bereits im 8. Jh. in gewissem Umfang (durch Hecken und Zäune?) geschützt, da Rechtstexte aus dieser Zeit Bußen aufführen, mit denen der Einbruch *(burgbryce)* in den burh eines Kg.s, Bf.s oder Adligen, gleich von welchem Rang, geahndet wurde; im 11. Jh. war der Besitz eines burh mit einem stattlichen Tor *(burhgeat)* eine der Voraussetzungen für adligen Status *(thegnriht)*. Aber wir erfahren im Hinblick auf die Kriegsführung des 10. Jh. und des frühen 11. Jh. nichts von privaten befestigten Adelssitzen, und die Annalen zeigen, daß die frühesten B.en (castellum, ae. *castel*) die B.en sind, die von den norm. bzw. frz. Adligen, die Kg. →Eduard der Bekenner (1042–66) in England angesiedelt hatte, errichtet worden sind, welche die Angelsachsen als lästige Neuerungen ablehnten. Es gab in der Zeit vor der norm. Eroberung in England keine castella außer denjenigen, die bei Ewyas Harold, Hereford und Richard's Castle (alle in Herefordshire), bei Clavering in Essex und bei Dover in Kent ermittelt wurden. Was bis jetzt von der Ausgrabung der ags. kgl. →Pfalzen bekannt ist, deutet nicht darauf hin, daß sie irgendeine bedeutende Befestigung besaßen (→Cheddar, →Yeavering).

Bei einem einzigen frühen norm. castellum (Sulgrave, Northamptonshire) ließ sich nachweisen, daß es an dem Sitz eines ags. Herrn errichtet gewesen sein muß, aber es fand sich kein Beleg für irgendwelche Verteidigungsanlagen aus der Zeit vor der norm. Eroberung. N. P. Brooks

[2] *Nach der normannischen Eroberung von 1066:* a) *Zur Frage der Kontinuität älterer Befestigungsanlagen in Britannien (Hochland und Tiefland):* Auch nach 1066 blieb in Britannien eine kulturelle Vielfalt erhalten, die auf prähist. Zeiten zurückgeht. Im kelt. Norden und Westen blieben alte Befestigungen auch während des HochMA in Gebrauch, zumindest als besiedelte Plätze, wobei allerdings archäolog. Untersuchungen kein klares Bild ergeben. Die letzte Besiedlungsphase der Wüstung Dinas Powys (südl. Wales) wird mit einem starken Burgwall des späten 11. Jh. in Verbindung gebracht; ein aus Stein errichtetes *dún* in Kildonan Bay (Kintyre) hatte bis zu 4,27 m dicke Mauern und wurde im 14. Jh. wiederbenutzt. Doch ist zu wenig bekannt, um allgemeine Aussagen über Art, Zweck und Verbreitung derartiger Befestigungen im brit. Hochland zu treffen. Dennoch sollte die Grenze zw. den Befestigungen vor und nach der norm. Eroberung nicht allzu scharf gezogen werden, da anscheinend kelt. Befestigungsanlagen im Hochland so lange in Gebrauch blieben, bis der Typ der B., wie er sich nach kontinentalem Vorbild in den Tiefländern verbreitet hatte, auch in den Hochländern Nachahmung fand; am längsten blieb der traditionelle Befestigungstyp jedoch in der ursprgl. skand. Herrschaft der →Hebriden im westl. Schottland, die erst 1493 an die Krone fiel, erhalten.

Die B. erfuhr auf den Brit. Inseln die Ausprägung einer Reihe unterschiedl. Formen, entsprechend den Erfordernissen der militär. Technik sowie den wirtschaftl. Grundlagen und auch den jeweiligen »Modetrends«; infolgedessen wandelte sich ihre Rolle für Rechtsleben, Sozialverhältnisse und Verwaltungswesen während des MA.

b) *Die normannische Eroberung:* Die im Anschluß an die norm. Eroberung von 1066 entstandenen B.en lassen sich in zwei Gruppen unterteilen: kgl. und adlige Burgen. Die engl. Kg.e waren in der Lage, den Burgenbau unter Kontrolle zu halten und unrechtmäßig oder eigenmächtig errichtete B.en schleifen zu lassen; dies ist bekanntlich eine große Besonderheit des engl. →Feudalismus. In Zeiten polit. Krisen versuchten das Kgtm. ebenso wie die mit ihm konkurrierenden Adligen, die Kontrolle über den Burgenbau vollständig an sich zu ziehen. Sowohl die kgl. B.en als auch die B.en des Adels hatten herrschaftl. Charakter: die kgl. B.en waren Amtssitze eines →*constable* oder eines →*sheriff;* in den B.en des Adels saßen Beamte des Hofhalts oder Mitglieder der Adelsfamilie.

Die typ. B. nach 1066 war die Erde-Holz-B. mit→Motte und Baillie *(motte-and-bailey)*. Derartige Befestigungen konnten rasch und ohne allzugroße Kosten errichtet werden; sie entsprachen ideal den Erfordernissen, welche die Herrschaft über neuerobertes Land und Sicherung mit sich brachten. Bis 1086 wurden ca. 500 B.en dieses Typs in England errichtet. Die bes. dichtbesiedelten Städte mit ihren strateg. wichtigen Straßen, Brücken und Furten, wurden mit einer Motte-und-Baillie-Anlage versehen, die manchmal an der Stelle von niedergelegten Häusern errichtet wurde. Ebenso wurden B.en auf dem Lande zu Ausgangspunkten für neue städt. Entwicklungen. Im Zuge des ersten Ausgreifens der Anglo-Normannen nach →Wales in den Jahren nach 1090 entstanden neue Motte-und-Baillie-Anlagen, v. a. im Süden. In Ceredigion (→Cardigan) wurde beim zentralen Hof (→*llys*) eines jeden walis. →*commote (cymwd)* in den Jahren 1110–36 eine B. errichtet, die den Kern für jeweils eine anglo-norm. Herrschaft bildete. B.en spielten bei den internen Kämpfen in Wales um die Mitte des 12. Jh. eine wichtige Rolle, wobei walis. Fs.en bei ihrem Burgenbau norm. Vorbildern nacheiferten (so die B.en von Llanrhystud und Pengwern). In Schottland war die Verteilung der Motten sehr ungleichmäßig: Die stärkste Verbreitung findet sich zw. dem Clyde und dem Solway Firth, was in der halbeigenständigen Stellung des Fsm.s →Galloway begründet ist. Einige wenige schott. Motten (Lanark, Peebles) stellen

Zentren der Administration dar, die sich in der Errichtung von kgl. Städten und Verwaltungsbezirken *(sheriffdoms)* dokumentierte.

Neben den Motten wurden während der norm. Periode in England und Wales ca. 200 ringförmige Anlagen geschaffen, die ihre Entstehung wohl der persönl. Vorliebe des jeweiligen Herrn verdanken. Einige wenige wichtigere B.en wurden von Anfang an aus Stein errichtet (Colchester, London u. a). Die Burgwacht variierte wahrscheinl. entsprechend dem jährl. Turnus bei den Lehnsverpflichtungen, sie war dabei das wesentl. Kennzeichen des militär. Systems der Normannen in England und sicherte den Erfolg der norm. Dynastie und der ihr unterstehenden, vom Kontinent stammenden Aristokratie.

c) *Das Zeitalter der großen Burgen:* Der vorübergehende Machtzuwachs, den die feudale Aristokratie während des Bürgerkrieges in den Jahren nach 1140 erlangte, wurde nach dem Sieg des Hauses →Plantagenêt durch Kg. Heinrich II. (1154–89) rasch wieder reduziert. Das Haus Plantagenêt sicherte seine Herrschaft einerseits durch Schleifung von eigenmächtig errichteten B.en, andererseits durch Ausbau des kgl. Befestigungswesens, wobei große Summen in Wiederherstellung bestehender und die Errichtung neuer B.en investiert wurden. Zw. 1155 und 1172 wandte Heinrich II. mehr als jeweils £ 200 für zehn B.en auf; diese Maßnahmen zahlten sich beim großen Aufstand von 1173–74 aus. Die Zahl der B.en verringerte sich; ihre militär. Stärke wurde dagegen durch den Bau mächtiger steinerner →Donjons *(keeps)*, Mauern und Toranlagen vergrößert. Die Rekonstruktion der B. in →Dover zw. 1179 und 1191 verschlang mehr als £ 6800. Seit der 2. Hälfte des 12. Jh. wurde die Burgwacht, wohl als Ergebnis kollektiver Verhandlungen, in eine Geldabgabe umgewandelt. Zunehmend wurden Besatzungen nur noch im militär. Bedarfsfalle in die B.en gelegt. Die den Rebellen zugehörige Besatzung der B. Framlingham umfaßte i. J. 1216 26 Ritter, 20 Bewaffnete, sieben Armbrustschützen und einen Kaplan. Weiterhin spielten die B.en eine bedeutende Rolle für die Verwaltung, sowohl in England als auch in Schottland. Um 1296 bestanden in Schottland 32 *sheriffdoms*, deren Kern in der Regel eine kgl. B. bildete.

Die Konstruktion von B.en erreichte in Britannien ihren größten Höhepunkt im späten 13. Jh., als zur Sicherung der engl. Herrschaft über das nördl. Wales eine Reihe aufwendiger B.en erbaut wurden. Kg. Eduard I. (1272–1307) wandte ca. £ 80 000 für die acht walis. B.en auf, mit deren Bau während seiner Herrschaft begonnen wurde. Etwa zwei Drittel der Gesamtkosten bildeten Lohnzahlungen: So umfaßte die Zahl der Arbeiter beim Bau von Beaumaris im Sommer 1295 3500 Mann, unter denen auch einige Zwangsarbeiter waren.

d) *Der Niedergang im Spätmittelalter:* Die großen B.en des 12. und 13. Jh. erfuhren einen Niedergang seit dem 14. Jh., nicht durch die Fortschritte der militär. Technologie, sondern durch die hohen Unterhaltskosten in einer Zeit wirtschaftl. Rezession. Lebensmittel und sonstige Materialien mußten im Zuge feudaler Lasten geliefert werden, was unpopulär war. Während der Regierung Eduards II. (1307–27) erfolgte eine immer stärkere Tendenz zur Verringerung der Besatzungen: Die am besten ausgestatteten kgl. B. im nördl. Wales, →Caernarfon, verfügte nur über Waffen für zwei Dutzend Mann. So ergaben sich B.en im Kriegsfall meist sehr schnell, oder sie wurden von den Feinden umgangen (so die B.en im nördl. England von den schott. Truppen). Einige B.en wurden noch ausgebaut: Die Arbeiten, die Eduard III. (1327–77) an der B. von →Windsor durchführen ließ, kosteten schätzungsweise £ 50 000. Dabei ging die Tendenz dahin, für einen größeren Wohnkomfort zu sorgen: Viele B.en an der engl. und schott. Ostküste wurden mit Kohle, die bei Newcastle-upon-Tyne abgebaut wurde, beheizt. Manche der spätma. B.en waren in Wirklichkeit große befestigte Herrenhäuser bzw. Schlösser, z. B. Oxburgh Hall (Norfolk) und Herstmonceaux (Sussex), das im 15. Jh. aus Backsteinen errichtet wurde und über Schießscharten verfügte.

Die charakterist. Befestigungsanlage im spätma. Nordengland und Südschottland wurde die Turmburg *(towerhouse, pele tower)*. Dieser Typ, vergleichbar der hoch- und spätma. Adelsburg in Mitteleuropa, wurde bevorzugt von Adligen mit geringerem Besitz, von kleineren Landeigentümern und sonstigen Angehörigen der →Gentry errichtet. Das tower-house verband die Bedürfnisse der Verteidigung und diejenigen eines gewissen Wohnkomforts in günstiger Weise. Ein viereckiger Donjon *(keep)*, umgeben von ummauerten Höfen, war Kernstück der Anlage; sie vermochte im Falle militär. Gefahr, Menschen und Vieh Schutz zu bieten. Im mittleren und südl. England, wo die kgl. Autorität stärker war, wurden bestehende Adelssitze erst nach Erlangung einer kgl. Erlaubnis mit Zinnen und Schießscharten befestigt. H. B. Clarke

Q. und Lit.: zu [1]: LIEBERMANN, Gesetze, bes. I, 108, 456 – B. K. DAVISON, Origins of the Castle in England, Archaeological Journal 124, 1967, 202–211 – R. A. BROWN, Origins of the castle in England, ebd., 126, 1969, 131–148 – K.-U. JÄSCHKE, Burgenbau und Landesverteidigung um 900 (VuF, Sonderbd. 16), 1975 – zu [2]: E. NEAVERSON, Mediaeval Castles in North Wales, 1947 – S. CRUDEN, The Scottish Castle, 1960 – N. TRANTER, The Fortified House in Scotland, 5 Bde, 1962–70 – A Hist. of the King's Works, hg. H. M. COLVIN, 1–2, 1963 – Univ. of Caen, Centre de recherches archéologiques médiévales, Château-Gaillard: Études de castellologie médiévale, 1964ff. – J. BEELER, Warfare in England, 1066–1189, 1966 – S. TOY, The Castles of Great Britain, 1966[4] – D. F. RENN, Norman Castles in Britain, 1973[2] – A. SORRELL, Brit. Castles, 1973 [Rekonstruktionen] – L. LAING, The Archaeology of Late Celtic Britain and Ireland, c. 400-1200 A. D., 1975 – An Historical Atlas of Scotland, c. 400-c. 1600, hg. P. McNEILL-R. NICHOLSON, 1975 – R. A. BROWN, Engl. Castles, 1976[3] – J. FORDE-JOHNSTON, Castles and Fortifications of Britain and Ireland, 1977.

XI. IRLAND: Die befestigten Sitze in der einheim. kelt. Tradition traten in mehreren Formen auf; die Haupttypen sind: a) *ráth*, eine ringförmige Erdbefestigung, die auch als *ring-fort* bezeichnet wird; b) *caiseal*, ein steinerner Ringwall; c) *crannóg*, eine hölzerne Befestigung inmitten eines Sees. – Die älteste kontinentale Form der B., die vom anglo-norm. England her Irland erfaßte, war die →Motte- und Baillie-Anlage *(motte-and-bailey)*. Bedeutende Motten wurden nach 1169 vornehml. an wichtigen Flußübergängen, kleinere auch andernorts errichtet. Die erstgenannten Motten waren oft Ausgangspunkt für Städte, die letzteren beherrschten grundherrl. Dorfsiedlungen. Ca. 400 derartige Burganlagen wurden bisher festgestellt und zwar vorwiegend im südöstl., mittleren und nordöstl. Irland; sie sind der zuverlässigste Hinweis auf die Verteilung anglo-norm. Landnahme. Seit dem frühen 13. Jh. kamen steinerne Burganlagen auf (Carlow, Carrickfergus, Trim, Dublin u. a.). Carrickfergus, die größte B. in Ulster, hatte 1211/12 eine Besatzung von 10 Rittern, 16 Fußsoldaten, 5 Bogenschützen, 1 Kaplan und 8 Knechten. Seit dem 15. Jh. verbreiteten sich *tower-houses* (Turmburgen) mit kleinen steinernen Donjons *(keeps)* von 3–4 Stockwerken. Die Herrenfamilie bewohnte die oberen Stockwerke, während im Erdgeschoß das Vieh gehalten wurde. Mehrere Tausend solcher tower-houses bestehen noch, einige wurden auch in den Städten (Galway, Youghal u. a.) erbaut. Nach 1429/30 erhielten Ansiedler zur Errichtung derartiger Burganlagen finanzielle Beihilfen. Außerhalb des →Pale, des engl. verwalteten Gebietes von

Irland, errichteten sich die ir. und anglo-ir. Adligen ebenfalls tower-houses, welche ihnen bei den wenig stabilen polit. und sozialen Verhältnissen im spätma. Irland, ähnlich wie im engl.-schott. Grenzgebiet, Schutz boten.

H. B. Clarke

Lit.: H. G. Leask, Irish Castles and Castellated Houses, 1944² – R. E. Glasscock, Mottes in Ireland, Château-Gaillard VII, 1975, 95–110 – T. E. McNeill, Anglo-Norman Ulster: the Hist. and Archaeology of an Irish Barony, 1177–1400, 1980.

XII. SKANDINAVIEN: [1] *Dänemark:* Die Mehrzahl der dän. B.en des HochMA wurden im ausgehenden MA stark verändert. Der ma. Burgenbau ist also nur noch über schriftl. und archäolog. Quellen faßbar.

Der dän. Burgenbau beginnt – nur durch spärl. Beispiele bezeugt – frühestens mit dem 12. Jh. Bauherren waren in der Anfangszeit die Königsmacht und die Mächtigen des Reiches. Die ältesten Anlagen scheinen Turmburgen gewesen zu sein, von denen einige bereits in Steinbauweise errichtet wurden, wie z. B. der Bastrupturm in Nordseeland, der auch nach europ. Maßstab über gewaltige Ausmaße verfügte. Die ebfl. B. Søborg (Nordseeland) hatte dagegen bereits Mitte des 12. Jh. eine Umfassungsmauer aus Ziegelsteinen, einen Palas und eine Kirche. Ob es auch B.en mit Holz-Erde-Befestigungen gegeben hat, ist nicht mit Sicherheit nachzuweisen.

Erst Ende des 12. Jh. setzt ein systemat. Burgenbau ein. Nahezu ausschließl. tritt die Königsmacht als Bauherr auf: Die B.en Lilleborg (Bornholm), Tårnborg (Seeland), Vordingborg (Seeland), Rævshaleborg (Lolland), Skanderborg und Sønderborg (Jütland) u. a. stammen aus dieser Zeit und können – zusammen mit der Verstärkung des →Danewerk – als Reichsbefestigungen angesehen werden. Das gilt auch für Kalundborg und →Kopenhagen (beide Seeland), obwohl es sich hierbei um Adelsburgen handelt. Die Mehrzahl dieser B.en liegt an exponierten Punkten der Küste und an der Südgrenze. Es handelt sich dabei um Turmburgen und um Anlagen mit Umfassungsmauern. Natürl. Gegebenheiten wurden bei der Plazierung ausgenutzt, z. B. küstennahe Inseln oder Halbinseln, die leicht durch Gräben abgetrennt werden konnten.

Wohl aufgrund polit. Instabilität entstanden um die Mitte des 13. Jh. eine Reihe von Königsburgen in der Nähe von Städten (z. B. Kolding). Zunehmend beteiligte sich auch die Kirche am Burgenbau: So hat die ebfl. B. Hammershus auf Bornholm Ausmaße einer Königsburg.

Im Zuge zunehmender Adelsmacht wurde es um die Mitte des 14. Jh. üblich, daß der Adel seine Wohnsitze nach Bedarf und Vermögen befestigte. Das führte zu unterschiedl. Formen des Burgenbaus: Von größeren Ringmauerburgen bis zu kleineren, turmartigen Holzbefestigungen, die abseits der Wohn- und Wirtschaftsgebäude lagen. Zeitgenössische Quellen sprechen dabei von »castrum et curia«. Viele dieser Anlagen waren entweder nur kurze Zeit in Gebrauch oder wurden möglicherweise niemals richtig fertiggestellt (z. B. die Edriksvolde auf Lolland). Viele andere verschwanden Ende des 14., Anfang des 15. Jh., als die erneute Konsolidierung der Königsmacht Konfiszierungen und Niederlegung zahlreicher Adelsburgen mit sich brachte. Zwischen 1397 und 1483 war es Adligen verboten, ihre Wohnsitze zu befestigen, und es deutet vieles darauf hin, daß das Verbot befolgt wurde.

Schon die Bischofsburg Gjorlev (Seeland, 15. Jh.) war eher ein Prachtbau als eine Befestigung. Im 16. Jh. hatten die Befestigungsanlagen der Adelsburgen dann nur noch symbol. Charakter. Eines der wenigen privaten, auf Verteidigung eingerichteten festen Häuser, war Glimminge-hus in Schonen, das aber zur Zeit seiner Errichtung um 1500 bereits veraltet war. Dagegen waren die bfl. B.en Spøttrup und Hald in Jütland schon um 1530 mit hohen Wällen zum Schutz gegen Kanonen ausgestattet.

Die Krone hatte seit dem 14. Jh. außer Krogen (Seeland) und Visborg (Gotland) keine B.en mehr gebaut, so daß die alten Reichsburgen nur unzureichend gegen Feuerwaffen geschützt waren. Nach der Reformation 1526 wurde es daher notwendig, neben dem Neubau von Festungen (z. B. Landskrona in Schonen), umfassende Änderungen an den bestehenden Anlagen vorzunehmen.

R. A. Olsen

[2] *Schweden:* Der ma. schwed. Burgenbau setzte – im Zuge der beginnenden Reichseinheit unter Kg. →Knut Eriksson († 1196) – im 12. Jh. ein und diente zunächst in Form von Turmburgen *(kastaler)* der Sicherung der schwed. Ostküste. Unter Knut Eriksson wurden indessen auch B.en nach mitteleurop. Stil geschaffen – mit Ringmauern, Bergfried, Palas und Wohngebäuden (z. B. Näs auf Visingsö im Vättersee und →Kalmar im archäolog. rekonstruierbaren Zustand des 12. Jh.).

Die ausgedehnten Fehden innerhalb des Adels und zw. Adelsgruppierungen und Königsmacht während des 13. Jh. förderten Neuanlage und Erweiterung von B.en, die immer mehr zu militär. und polit. Faktoren wurden. Die B.en des 13. Jh. dokumentieren die Entstehung eines schwed. Feudaladels nach kontinentalem Vorbild (→Frälse). Die kgl. Reichsverwaltung stützte sich ebenfalls zunehmend auf B.en, bisweilen auf solche, deren Architektur (Vierkantanlagen mit flankierenden Ecktürmen) vermutl. vom Burgenbau des Dt. Ordens (→Deutschordensburgen) beeinflußt wurde (z. B. Stäkeholm in Västervik; Königsburgen anderer Art sind Stegeborg bei Söderköping, Täljehus bei Södertälje, insbes. aber Bohus am Göta-Fluß u. das in der Renaiss. umgebaute Schloß Kalmar.

Bereits um 1300 finden sich jedoch kgl. Burganlagen, die weniger als Befestigungen dienten, sondern eher repräsentative Königssitze mit reichen plast. und ornamentalen Ausschmückungen waren (so z. B. Alsnöhus auf Adelsö im Mälarsee und der Königshof →Vadstena am Vättersee).

Eine beträchtl. Anzahl von adeligen Lehenssitzen waren befestigte Bauernhöfe, die an exponierten Stellen lagen und meist über Wassergraben, Turm und Holzbefestigungen verfügten (z. B. der befestigte Hof Vädersholm in Västergötland oder Hultaby in Småland).

Ein in Schweden häufig anzutreffender Burgentyp waren die sog. »Festen Häuser« *(fasta hus)*: mehrgeschossige, turmähnl. Steinhäuser mit aufgesetzten Türmen, Wehrgängen, Wall und Graben. Bes. gut ist bis heute Glimminge-hus bei Simrishamn in Schonen (errichtet 1499) erhalten. Wik in Uppland erreichte die Höhe von neun Geschossen, etwas kleiner sind der Vasaturm bei Rydboholm und Örbyhus, beide in Uppland, Bergkvara hus bei Wäxiö in Småland und Husaby in Västergötland.

Obwohl in der Regel die zentralen Teile der Burganlagen in Stein ausgeführt waren, lebte, vornehml. auf den Herrenhöfen, die alte, einheim. Holzarchitektur das ganze MA hindurch fort. Noch Anfang des 16. Jh. wurde eine so bedeutende Anlage wie die Festung Älvsborg am Göta-Fluß ganz in Blockhausbauweise errichtet.

Während der →Kalmarer Union gab es ab 1396 von seiten des dän. Unionskönigtums (Kgn. →Margarete v. Dänemark) Bestrebungen, dem schwed. Adel Neubau oder Erweiterung von B.en zu untersagen. Das Verbot galt bis zum Ende des 15. Jh., wurde jedoch kaum beachtet. Immerhin stammen die meisten bewahrten Adelsburgen gerade aus dem 15. Jh.

Mit der Gründung eines nationalen schwed. Kgtm.s unter Gustav Vasa 1523 veränderten sich die alten lehensrechtl. Bindungen zugunsten eines Kgtm.s mit zentralen Funktionen. Der Burgenbau wurde nun wesentl. vom Kgtm. bestimmt. Schloß Gripsholm ist ein Ausdruck dieser Tendenz. E. B. Lundberg/B. Söderberg

[3] *Norwegen:* Früheste Zeugnisse des ma. Burgenbaus in Norwegen sind Holzkastelle und einfache Wallanlagen aus dem 11. und 12. Jh. Erst im späten 12. Jh. wurden in →Bergen und Trondheim (→Drontheim) Steinburgen gebaut, wie z. B. die »Sverresburg« in Trondheim (errichtet wohl unter Kg. Sverrir Sigurdsson, 1177–1202): ein kleiner, auf einer steil aufsteigenden Anhöhe gelegener Bau, mit einer dem Gelände angepaßten unregelmäßigen Ringmauer. Der einzige Zugang zur B. führte über eine Zugbrücke und durch den Torturm. Die nächstliegenden Parallelen finden sich im dt., bes. im rhein. Burgenbau.

Im 13. Jh. ließ Kg. Hákon Hákonarsson an den Steinburgen in Bergen und Trondheim weiterbauen. In Bergen, im MA Norwegens größter Stadt, fanden ca. 1250–1300 die umfangreichsten Ausbauarbeiten im Bereich des Königshofes (Holmen) statt. Am ältesten sind zwei steinerne Hallenbauten, die eine längs des Ufers, die andere parallel dazu. Die letztere, die »Håkonshalle«, 1261 fertiggestellt, ist noch bewahrt. Sie hatte im unteren Stockwerk ursprgl. drei gewölbte Räume. Das obere Stockwerk besteht aus einem großen Saal. Fenster und Türen haben got. Profile, die deutlich engl. Einfluß verraten. Im Königshof befand sich auch die kgl. Kapelle. Die Landseite ist durch eine unregelmäßige Ringmauer geschützt. Über dem von einer Mauer flankierten Eingang steht der Torturm. Ca. 1270 wurden am Ufer ein Turm mit Wohnräumen und Privatkapelle und noch vor 1300 eine weitere Halle gebaut.

Auch in →Tønsberg wurden im 13. Jh. ausgedehnte Bauarbeiten durchgeführt. Der »Schloßberg« bot schon von Natur aus einen sehr großen Burgbereich. Dieser wurde mit einer Ringmauer befestigt, die der natürl. Abgrenzung folgte. Im übrigen finden sich die gleichen Elemente wie in Bergen: Torbefestigung, flankiert von der Ringmauer, Hallenbauten und ein großer Wohnturm. Unten in der Stadt wurde gleichzeitig ein Königshof aus Stein errichtet. Auch in →Oslo wurde der Königshof jetzt aus Stein gebaut, ebenso in Trondheim.

Anders als Tønsberg ist die nach Süden gerichtete Grenzbefestigung Ragnhildsholm (bei Kungälv) eine kleine, einfache, viereckige Anlage mit einem außerhalb stehenden Hauptturm (Bergfried?), der laut G. Fischer aus dem späten 13. Jh. stammt.

Zu Beginn des 14. Jh. wurden zur Festigung der Königsmacht in Norwegen weitere drei bedeutende B.en gebaut: Vardøhus in der Finnmark und Bohus (bei Ragnhildsholm) sowie Akershus bei Oslo. Die beiden ersteren dienten als Grenzbefestigungen im äußersten Norden und Süden des Reiches. Bohus war eine traditionelle Anlage, unregelmäßig viereckig mit viereckigem Eckturm und einem großen Torturm, der wahrscheinl. auch bewohnbar war. Keiner dieser Türme ragte ursprgl. über die Mauerfluchten hinaus. Die B. Akershus wurde nach zeitgemäßeren Prinzipien angelegt. Sie liegt auf einem natürl. Klippenvorsprung und hat dadurch einen unregelmäßigen Grundriß. Sie bestand aus einem äußeren und einem inneren Burghof, jeder mit vorstehendem Torturm. Im inneren Burghof, der einen Teil der Außenmauern flankierte, stand der große Bergfried. Die B. hatte eine Zugbrücke und einen überdachten Zugang mit einer Reihe von Fallgattern und Toren mit Querbäumen und war

zusätzl. mit Hilfe eines gegenüberliegenden Geheimgangs gesichert. Das Flankierungsprinzip gewann zuerst im frühen 14. Jh. in Norwegen Eingang. Auch die Mauern der B. von Tønsberg wurden dann mit kleineren Rondellen ausgestattet.

Außer dem Kg. bauten auch die Bf.e in den Städten befestigte Höfe aus Stein. Anlagen mit rechteckigem Grundriß sind aus Oslo, Bergen und Trondheim bekannt. Der Hof des Ebf.s in Trondheim hat noch erhaltene Räume aus dem ausgehenden 12. Jh. oder später. Der norw. Burgenbau ging somit in der Regel vom Kgtm. und der Kirche aus. Der Adel war ökonom. zu schwach, um eigene B.en zu bauen. Die wenigen Adelssitze hatten eher den Charakter fester Häuser. P. B. Molaug

Lit.: *zu [1]*: KL II, 119–138, 232–235 – V. la Cour, Danske Borganlæg, 1972 – R. A. Olsen, Danish, Medieval Castles at War (Château Gaillard 9 [im Dr.]) – Dies., The Buildings on Danish Moated Sites in the 15th and early 16th Century (Château Gaillard 10 [im Dr.] – *zu [2]*: KL II, 119–127 – Atlas över Sverige. Kulturella förhållanden, Blad 135f., 1968 [mit engl. Zusammenfassung] – B. Fritz, Hus, land och län. Förvaltningen i Sverige 1250–1434, 1972 [mit dt. Zusammenfassung] – *zu [3]*: G. Fischer, Norske kongeborger I–II, 1951–80 – Ders., Norske borger (Nordisk Kultur 17, 1952), 133–159 – W. D. Simpson, The Castle of Bergen an the Bishop's Palace at Kirkwall (Aberdeen Univ. Stud. 142, 1961) – H. Trætteberg, Borg i segl, mynt og våpen, 1967.

XIII. Baltische Ostseeländer und Litauen: Burghügel als die weithin sichtbaren Zeugnisse menschl. Siedlung bilden in den balt. Ostseeländern und in Litauen ein charakterist. Landschaftselement. In Schutzlage auf leicht zu befestigenden Hügelkuppen oder Geländespornen an Fluß- und Seeufern, aber auch auf künstl. Aufschüttungen in umgebendem Flachland sind sie vom nördl. Estland bis zum südl. Litauen zu finden, freilich nur zu einem kleinen Teil genau erforscht. Verschieden in Form, Lage und Größe, spiegeln sie den Gang der Besiedlung wider. Seit der ältesten Eisenzeit (5. Jh. v. Chr. – 1. Jh. n. Chr.) waren derartige »befestigte Lager« (so die archäolog. Bezeichnung) nur leicht befestigt und wurden in Notzeiten als Fluchtburgen benutzt; sie wandelten sich seit dem 3. nachchristl. Jahrhundert, d. h. in der Periode der älteren und mittleren Eisenzeit (bis zum 9./10. Jh. n. Chr.), in Form und Benutzung. Holz wurde neben Feldsteinen und Erde zur Verstärkung der Ringwälle verwendet. Die B.en lagen nunmehr inmitten oder am Rande dichter besiedelter, landwirtschaftl. genutzter Flächen. Mit der fortschreitenden Konsolidierung der ethn. Gruppen in den balt. Ländern und in Litauen wuchs die Zahl der Burghügel. Sie wurden jetzt z. T. ständig bewohnt; neu waren B.en auf Inseln in Seen mit dichter Bebauung innerhalb der Befestigung. Zwischen 650 und 850 wurden auch →Wikingerburgen (neben größeren Siedlungen) in →Sæborg bei Grobin und bei Apuolė errichtet, Herrschaftszentren also, die ihrerseits wieder auf das Burgenwesen der einheim. Stammeseinheiten zurückwirkten. In der späten Eisenzeit oder letzten heidn. Zeit (9./10.–12. Jh.) entstanden die zahlreichen Herrenburgen mit Holz-Erde-Befestigungen, Wallgräben, komplizierten Toranlagen usw., die die Deutschen vorfanden, als sie seit den 80er Jahren des 12. Jh., zunächst an der unteren Düna, Fuß faßten. Sie stießen hier aber auch schon auf zwei altruss. Fürstenburgen in Kukenosis (→Kokenhusen) und →Gerzike. Auch in Litauen gab es zu dieser Zeit schon Herren- bzw. Kleinfürstenburgen, auch wenn es daneben noch Fluchtburgen für die ländl. Bevölkerung ohne ständige Einwohner gegeben haben dürfte, wie dies auch für Estland nachweisbar ist.

Der erste steinerne Burgenbau wurde von dt. Steinmetzen erbaut, die der Missionar und 1. Bf. für das →Livland,

→Meinhard, in →Üxküll an der Düna errichten ließ (1186). Eine zweite Steinburg folgte auf der benachbarten Dünainsel →Holme. Damit begann eine bald sehr rege Burgenbautätigkeit der Deutschen, sowohl der Bf.e wie des →Schwertbrüderordens, der 1237 im →Dt. Orden aufging. Auch die Städte, allen voran das 1201 gegründete →Riga, dann auch das 1219 von den Dänen eroberte, von Deutschen ausgebaute →Reval trugen als befestigte Plätze zunächst den Charakter von Burgen. Der Dt. Orden brachte seine im Hl. Land ausgebildete Form des Burgenbaus mit viereckigem Hauptstock und zwei Ecktürmen mit, paßte sie aber den oft von den Einheimischen übernommenen Burghügeln an. Daher ist z. B. in Estland, aber auch in Livland die runde oder hufeisenförmige Form charakteristisch. Neben den Ordens- und den Bischofsburgen gab es die B.en der bfl. Vasallen (Adelsburgen), die seit ca. 1250/70 auf die ihnen verliehenen Grundbesitzungen hinauszogen, wo sie befestigte Gutshöfe oder Vasallenburgen errichteten, wie die Üxkülls, Tiesenhausen u. a. Familien. Im Ordensland, in dem es keine großen Vasallen und erst seit dem Beginn des 16. Jh. in größerer Zahl kleine Vasallen gab, wurden steinerne Gutshäuser mit festen Palisadenzäunen errichtet. Insgesamt sind in den balt. Ostseeländern ca. 150 Steinburgen im MA erbaut worden.

Das Burgenwesen in Litauen behielt länger altertüml. Züge bei. Es überwogen die Holz-Erde-Befestigungen; erst im 14. Jh. wurden am Sitz der Gfs.en – in Wilna, →Traken, wohl auch an einigen anderen Orten – steinerne B.en errichtet, deren Vorbild in der altruss. B.en bzw. Burgstädten, aber auch beim Dt. Orden gesucht werden muß. Zu den B.en des Dt. Ordens vgl. →Deutschordensburgen.   M. Hellmann

Lit.: K. v. Löwis of Menar, Burgenlex. für Alt-Livland, 1922 – E. Brastiņš, Latvijas pilskalni I (Kurland), 1923; II (Semgallen und kurl. Oberland), 1926; III (Lettgallen), 1928; IV (Livland), 1930 – Hwb. des Grenz- und Auslanddeutschtums III, s. v. Deutschbalten u. balt. Lande (Abschnitt: P. Johansen, Siedlungsgesch. der Deutschen), 1936, 168ff. – R. Volkaitė-Kulikauskienė, Lietuviai IX–XII amžiais. Vilnius, 1970 [Lit.] – Latvijas PSR Arheoloģija, 1974 [Lit.] – Z. Ivinskis, Lietuvos istorija, 1978 [Lit.].

XIV. Altrussland: [1] *Terminologie*: Die aruss. schriftl. Quellen verwenden für die B. das Wort *gorod*; neben dieser vollautl. Namensform findet sich auch die aslav. Form *grad* (vom urslav. Appellativum * *gord*, als verwandt gelten got. *gards* 'Haus', ahd. *garto* 'Gehege, Garten', altisl. *garðr* 'Zaun, eingezäuntes Land'). Gorod und grad konnten jedoch nicht nur die B. selbst, sondern jeden befestigten Platz sowie ebenso die Wehranlagen (und, damit zusammenhängend, auch die befestigte städt. Siedlung) bezeichnen. Der als Nebenform belegte Begriff *gorodišče* diente bereits seit dem 13./14. Jh. auch zur Bezeichnung des Burgstalls, der wüstgewordenen Burg. Alle Formen sind in der ma. Toponymik der Ostslaven wie auch im Ortsnamenschatz der übrigen slav. Siedlungsräume reich bezeugt. In der ma. Übersetzungsliteratur stehen für gorod die Begriffe: πόλις, καστέλλον, τεῖχος, κώμη (letztere u. a. mit dem Diminutiv *gradec* wiedergegeben), castellum, castrum, murus, oppidum, urbs, civitas. Bei mehrteiligen B.en u. insbes. bei burgstädt. Anlagen wird in den aruss. Quellen zw. der eigtl. B. (*kromnyj*, *dnešnij gorod* 'innere B.', *detinec*) und der äußeren Befestigung (*okolnyj gorod*) unterschieden.

[2] *Frühzeit*: Die ältesten bekannten ostslav. Burgwälle entstammen dem 8. Jh. Der →Geographus Bavarus (9. Jh.) nennt bei einigen im SW siedelnden ostslav. Stämmen (Bužanen, Uličen, Tivercen, Volynjanen) eine große Zahl von →civitates, bei denen es sich wohl mehrheitl. um Burgsiedlungen mit Holz-Erde-Befestigung oder nur um umwallte Plätze gehandelt haben wird.

Reste befestigter Siedlungen (*gorodišča*) aus dem 8.–10. Jh. auf Flußinseln, an Steilufern, in Sumpfgebieten, auf Hügeln und bes. zahlreich an Zusammenflüssen zeigen die weitgehende Ausnutzung topograph. Gegebenheiten, wobei neben der günstigen Verteidigung auch ein möglichst geringer Arbeits- und Materialaufwand eine Rolle spielte. Frühslavische Siedlungen auf Flußinseln und in Sümpfen (bes. im Smolensker und Polocker Raum) waren häufig nur mit einem Palisadenzaun umgeben, und der eine topograph. Ecklage nutzende Siedlungstyp (*mysovoj tip*) machte eine künstl. Befestigung nur zu einer Seite hin, oft ohne zusätzl. Holzkonstruktion (verbreitet im Bereich der Waldsteppe links des Dnepr im 8.–10. Jh., gut erforschtes Beispiel Novotroickoe aus dem 9. Jh.), erforderlich. Burgwälle als Teile unbefestigter Siedlungen im steppennahen Grenzbereich und primitive, den Verteidigungsmöglichkeiten des Reliefs angepaßte Befestigungen im NW der Rus' lassen deren Typisierung als nicht ständig bewohnte Fluchtburgen zu. Als Sitz eines duleb. Stammesführers mit seiner Gefolgschaft oder aber als vorübergehend genutzte Kultburg bzw. Versammlungsstätte der umwohnenden freien Bewohnerschaft ist das frühslav. *gorodišče* v. Zimno (6./7. Jh.?) gedeutet worden. Die in der Nestorchronik (→Povest' vremennych let) erwähnten und archäolog. nachweisbaren *grady* im Drevljanenland als isolierte und befestigte Teile einer daneben vorhandenen unbefestigten Siedlung können als Herrschaftssitze der drevljan. »Fürsten« und »besten Männer« gedeutet werden, obwohl jede weitergehende Charakterisierung des frühostslav. polit. und sozialen Stammesdaseins als System von »Burgherrschaften« beim derzeitigen Forschungsstand vorerst hypothetisch bleiben muß. Verschiedene Burgsiedlungen sind seit dem 9. Jh. von skandinav. Warägern besetzt worden, die von dort aus Tributherrschaften über die umliegenden Gebiete errichteten (→Novgorod, →Alt-Ladoga, →Beloozero, →Izborsk, →Kiev u. a.).

[3] *Kiever Rus'*: Seit dem 9. und bes. seit dem 10. Jh. entstanden zahlreiche befestigte Siedlungen im Zuge einer Ausbauphase, die in enger Verbindung mit der ostslav. Kolonisation (→Kolonisation und Landesausbau) sowie der Verstärkung und Erweiterung von Territorialherrschaft und Grenzverteidigung des Kiever Reiches (→Kiev) stand. Die ersten mehrteiligen B.en erscheinen gegen Ende des 10. Jh. Die 2. Hälfte des 12. Jh. und die ersten Jahrzehnte des 13. Jh. markieren den Höhepunkt des Burg- und Befestigungsbaues in der Kiever Rus.

In der von mächtigen Wall- und Palisadenanlagen geschützten Stadt saß der Fs. mit seiner Gefolgschaft im »inneren Burg«, dem detinec (seit dem 14. Jh. *kreml'*, in Pskov *krom*, in Novgorod weiterhin detinec). Für die Umwallung der inneren B. von Kiev (gorod Jaroslava), an der ca. 1000 Menschen 1250 Tage an der Arbeit sein mußten, wie man berechnet hat, wurde etwa 630000 m³ Erde und 50000 m³ Eiche benötigt, der Wall war 3,5 km lang, am Fuß teilweise mehr als 20 m breit und erreichte eine Höhe von 16 m. Im Normalfall war die Höhe der Wälle allerdings wesentl. niedriger (ca. 2–4 m, in Vladimir aber 8 m, in Rjazan' 10 m). Viele Wälle des 11.–12. Jh. wiesen die erwähnten Balkenkonstruktionen, die abweichend vom Normaltypus im Novgoroder detinec und in Minsk aus unzusammenhängenden Balkenschichten bestanden, nicht auf. Die Vorderseite des Walles war häufig mit einer Lehmschicht verblendet. Auf dem horizontal abgeflachten Wallkamm befand sich die 3–5 m hohe Holzmauer mit Wehrgang und Spitzdach. Ziegel- oder Steinmauern sind Ausnahmen und haben dort, wo sie errichtet wurden (z. B. Ziegelmauern des Metropolitensitzes an der Sophienkathedrale in Kiev und um das dortige Höhlenkloster, Steinmauern um das fsl.-bfl. Zentrum in → Vladimir, um Bogoljubovo und Cholm), keine militär., sondern monumental-repräsentative Bedeutung. Über dem auf Höhe der Wallbasis liegenden Eingangstor befand sich ein Holzturm (nur selten gab es neben diesem noch weitere Türme), die schmale Holzbrücke vor dem Eingang über dem Graben wurde bei Gefahr zerstört. Zugbrücken gab es im aruss. Herrschaftsbereich wohl nicht vor Ende des 15. Jh. Nur in Kiev, Novgorod und Vladimir existierten Steintore (an das byz. Vorbild angelehnte »goldene« in Kiev und Vladimir, deren Reste erhalten sind). Der Mongolensturm (1236–42) und die nachfolgende Mongolenherrschaft unterbrachen die weitere Entwicklung des Burgenbaus; zahlreiche Burgwüstungen belegen dies. Doch bereits im 14. Jh. und stärker noch im 15. Jh. wurden eine Reihe von B.en neu errichtet, z. T. allerdings nur alte Burgställe wiederbesiedelt. Deutlich zeigt sich die Tendenz, die natürl. Schutzgegebenheiten zu berücksichtigen.

In den westl. ostslav. Ländern prägten sich infolge west- und mitteleurop. Einflüsse eine Reihe von Besonderheiten aus: B.en mit steinernen Bauteilen waren selten (Alt-Ladoga im 12. Jh.); sie blieben auch im 13. und 14. Jh. zumeist auf Volhynien und den NW beschränkt: Seit dem 13. Jh. treten zuerst im Fsm. → Volhynien auch Steintürme an bes. gefährdeten Stellen auf, meist innerhalb der Umwallung errichtet (Kamenec-Litovskij, Grodno, Berest'e), im NO dagegen werden die Schwachstellen der Verteidigungsanlage durch mächtigere Wälle, Gräben, Holzmauern und mehrere Holztürme geschützt. Nur die Mauern des kreml' in Moskau aus dem Jahre 1367/68 waren aus Stein. Dagegen gab es im NW schon im 14./15. Jh. eine Reihe von Steinburgen (Ostrov, Orešek, Jam, Izborsk), von denen Porchov (erbaut 1387, erweitert 1430) fast vollständig erhalten ist. Novgorod und Pskov wiesen zu dieser Zeit bereits Steinmauern auf. Seinen Höhepunkt erreichte der ma. Burg- und Befestigungsbau im Moskau →Ivans III. (vgl. Abschnitt 4).

Die Zahl der archäolog. festgestellten ma. B.en und Burgwüstungen beträgt ca. 1600–1700, von ihnen sind über 400 durch schriftl. Quellen des 10.–13. Jh. namentl. bezeugt. Etwa 150 von ihnen zählten zu den mehrteiligen burgstädt. Anlagen. Auch bei Berücksichtigung der Tatsache, daß nicht alle aruss. B.en und Burgwüstungen archäolog. ermittelt werden konnten, wird man von keiner höheren Zahl als von ca. 2000 B.en in Altrußland ausgehen können. Im Land → Smolensk mit seiner Fläche von ca. 90 000 km² (ca. 6,5% des Gesamtterritoriums des Kiever Reiches) gab es um die Wende des 12./13. Jh. etwa 135 B.en, davon etwa 10% burgstädt. Anlagen. Das etwa um die Hälfte kleinere Land Rjazan' besaß zur selben Zeit ca. 65 Burganlagen. Wenn auch die Zahl der aruss. B.en nicht so hoch war, wie oftmals angenommen wird, so waren die B.en doch auch dort ein kennzeichnendes Element im ma. Landschaftsbild: Daher wurden die Rus' von den Skandinaviern seit dem 10. Jh. als Garðar ('B.en') und seit der 2. Hälfte des 12. Jh. als Garðariki ('Reich der B.en') bezeichnet.

Die Fläche der überwiegenden Mehrzahl der aruss. B.en betrug unter 1 ha. Oft schloß sich an die B. eine unbefestigte Siedlung an. Burgen mit einer Ausdehnung von 2–3 ha begegnen seltener. Bei den mehrteiligen burgstädt. Anlagen umfaßte die innere B. 2–3 ha; selten war ihre Ausdehnung größer (in wenigen Einzelfällen bis zu 10–15 ha). Die Wehranlagen der Vorburg umfaßten dann 40–60 ha, ausnahmsweise bis zu 100 ha.

Bei aller Vielfalt der äußeren Formen waren die B.en und ihr Wehrsystem zumeist den natürl. Schutzverhältnissen, entsprechend dem Gelände und seinem Relief, angepaßt. Vom 11. Jh. an verfügten die Burgwälle über stärkere künstl. Befestigungen (Erdwälle, Holz-Erde-Konstruktionen, Gräben, Holzwehrbauten) und variierten stärker nach Typ und Konstruktion.

Das Auftreten mehrteiliger Burganlagen stand in Verbindung mit der Ausbildung städt. Siedelformen. Seit der 2. Hälfte des 11. Jh. wurden Rundburgen (mit einem Durchmesser von selten mehr als 100 m) angelegt, deren Zahl bis ins frühe 13. Jh. stark anstieg.

Das Recht, B.en zu errichten oder ihren Bau zu genehmigen, zählte zu den Regalien der aruss. Fs.en; in den Perioden der polit. Zersplitterung wurde die Befestigungshoheit von allen Teilfürsten wahrgenommen. Der Burgbann (gorodovoe delo), d. h. das Recht, die Bevölkerung zum Bau und zur Instandhaltung der B.en zu verpflichten, war Teil des fsl. Befestigungsrechtes. Die Ausübung lag in den Händen des fsl. Burgwerkmeisters (gorodnik).

Die Bedeutung der aruss. B. als Zufluchtsstätte der Landbevölkerung des Umlandes blieb deutlich sekundär. Vielmehr lassen sich die herrschaftsbildende Funktion der B. und ihre gewichtige Rolle bei der Organisation des ma. russ. Staatswesens erkennen: Die B.en waren Zentren der unterschiedl. großen, von →posadniki (»Burggrafen«) verwalteten Bezirke. Der Einfluß der B.en und insbesondere der burgstädt. Anlagen auf die sozioökonom. Entwicklung ist in der einschlägigen Literatur auch für Altrußland zutreffend gewürdigt worden: Die Rolle der B. als Platz, an dem die Abgaben erhoben und gelagert wurden, stimulierte ihre wirtschaftl. Funktionen als lokales Marktzentrum mit Herausbildung einer in der Vorburg siedelnden Handwerkerbevölkerung, die für die Bedürfnisse der Landbewohner in der Umgebung produzierte.

Die militär. Bedeutung der aruss. B.en tritt bes. deutlich in den Grenzgebieten des Kiever Reiches hervor: Hier wurden ganze Ketten von Grenzburgen errichtet, v. a. entlang den Flußläufen von Sula, Ros' und Dnepr an der südl. Grenze gegen die Steppenvölker. Einen Höhepunkt erlebte dieses Grenzburgenwesen im 12. Jh., bedingt durch die Polovcergefahr (→Polovcer). Die Grenzburgen wurden mit speziellen Besatzungen aus Umgesiedelten, Ausgehobenen und Kriegsgefangenen belegt, die in Wehrsiedlungen lebten und in Friedenszeiten Ackerbau trieben. Zum Burgdienst an der Grenze wurden ferner Föderaten der russ. Fs.en, im Süden auch einzelne türk. Stämme, herangezogen.

Die Adelsburg, durch eine kleinere Innenfläche, eine dünnere Kulturschicht und eine mächtige Wehranlage gekennzeichnet, war der Sitz einzelner Grundherren; sie gewann jedoch erst in später Zeit an Bedeutung. Der Adel des Kiever Reiches, eng mit Fürstenhof und Fürstendienst verbunden, residierte zunächst meist in den fsl. B.en und Städten. Erst seit dem 13. Jh. und insbesondere im 14. und 15. Jh. wuchs die Zahl der von adligen Grundherren errichteten befestigten Adelshöfe. Diese späten B.en der Grundherren dürfen nicht verwechselt werden mit den B.en des frühen Stammesadels des 8.–10. Jh., die im Zuge der Festigung der Herrschaft der Rjurikiden bereits im 10. Jh. unter Ausnutzung des fsl. Burgregals in die fsl. Burgorganisation einverleibt wurden. A. Poppe/H. Rüß

[4] *Moskauer Rus'*: Mit der allmählichen Konsolidierung der Territorialherrschaft der Fs.en bzw. Gfs.en von Moskau, aber auch von Tver', und mit der zunehmenden Schwächung des Khanats der Goldenen Horde der Mongolen wandelten sich Funktion und Gestalt der Burgen. Während die Hauptburgen zu Fürstenresidenzen wurden, v. a. Moskau und Tveŕ, entstand schon im Laufe des 14. Jh. eine Reihe neuer B.en (Možajsk, Ruza, Vereja, Radonež, Serpuchov u. a.) als Verteidigungsring der sich festigenden territorialen Fürstentümer, v. a. des zunehmend mächtiger werdenden Moskau. Die Holz-Erde-Befestigungen wurden seit der zweiten Hälfte des 14. Jh. – seit 1367 in Moskau – durch Steinbauten aus Naturstein oder Ziegeln ersetzt. In gleicher Weise wurden die großen Kl. befestigt. Ivan III. ließ seit 1485 die noch erhaltene Mauer um den Moskauer Kreml erbauen. Auch die Teilfürsten ließen solche B.en errichten, die damit zu Residenzen wurden. Sie alle überflügelte an Größe und Wehrhaftigkeit Moskau selbst, in dessen Kreml nicht nur der Gfs., sondern auch der Metropolit der russ.-orthodoxen Kirche (seit 1328) seinen Sitz nahm. Als klass. frühes Beispiel für den Typ der Burgfestung mit quadrat. oder rechteckigem Grundriß und Türmen kann das zur Reichsverteidigung 1492 unter Gfs. Ivan III. errichtete steinerne Ivangorod gelten. Beim Festungsbau Ivans III. machte sich bereits die neuere Wehr- und Belagerungstechnik geltend. Der Gfs. ließ daher it. Baumeister kommen. Erst viel später sind auch die Vorstädte, in Moskau der »große posad« 1534, befestigt worden, blieben aber von der eigentlichen B., dem Kreml, durch Mauern getrennt. M. Hellmann

Lit.: V. A. Boguševič, Voenno-oboronitel'nye sooruženija Novgoroda, Staroj Ladogi, Porchova i Kopor'ja, 1940 – P. A. Rappoport, Iz istorii voenno-inženernogo iskusstva Drevnej Rusi, 1952 – Ders., Očerki po istorii russkogo voennogo zodčestva X–XIII, 1956 – Ders., Očerki po istorii vojennogo zodčestva Severo-Vostočnoj i Severo-Zapadnoj Rusi X–XV, 1961 – V. V. Kostočkin, Russkoe oboronitel'noe zodčestvo konca XIII načala XVI, 1962 – M. Hellmann, Slaw., insbesondere ostslaw. Herrschertum (VuF 3, 1963), 243–278 – V. V. Kostočkin, Drevnie russkie kreposti, 1964 – P. A. Rappoport, Voenoe zodčestvo zapadnorusskich zemeľ X–XIV, 1967 – Ders., Die aruss. Burgwälle, ZA I, 1967, 61–87 – Ders., O tipologii drevnerusskich poselenij (KSJA 110, 1967), 3–9 – V. I. Dovženok, Storoževye goroda na juge Kievskoj Rusi (Slavjane i Ruś, 1968), 37–45 – P. Rappoport, Russian Medieval Military Architecture (Gladius, VIII, 1969), 39–62 – V. I. Dovženok-P. A. Rappoport, Oboronitelnye sooruženija drevnej Rusi VI, 1970, 11, 56–64 – M. Ch. Aleškovskij, Kamennye straži, 1971 – V. I. Dovženok, Pro typy horodišč Kyïvskoï Rusi, Archeolohia 16, 1975, 3–14 – W. Knackstedt, Moskau. Stud. zur Gesch. einer ma. Stadt, 1975 [Lit.] – A. V. Kuza, Archeologičeskoe izučenie drevnerusskich gorodov v 1962–76 (KSJA 155, 1978), 10–19 – V. V. Sedov, Gorodišča Smolenskoj zemli (Drevnjaaja Ruś i Slavjaane, 1978), 143–149 – P. Bushkovitch, Towns and Castles in Kievan Rus': Boiar Residence and Landownership in the Eleventh and Twelfth Centuries (Russian Hist./Hist. Russe 7, 1980), 251–264.

D. Sonderentwicklungen in den Lateinischen Königreichen, im Lateinischen Kaiserreich und im islamischen Vorderen Orient
I. Lateinische Königreiche – II. Lateinisches Kaiserreich – III. Islamischer Vorderer Orient.

I. Lateinische Königreiche: [1] *Baugeschichte:* Die Begegnung mit byz. und arab. Befestigungsanlagen im östl. Mittelmeerraum und der Druck, sich in einer fremden Umwelt zu behaupten, zwang die Kreuzfahrer, nach unterschiedl. Sicherungskonzepten und -bauten zu suchen. Ausgangspunkte der Landsicherung sind Anfang des 12. Jh. die Übernahme der Stadtfestungen und B.en in Syrien und Palästina als ältere Stützpunkte der Byzantiner und Araber. Der Übernahme folgt seit der 1. Hälfte des 12. Jh. ein eigenständiger Burgenbau, der in den Entwürfen europ. (normann.) und traditionelle (röm.-frühbyz.) Vorbilder aufgreift; die Bautechnik mit teilweise großformatigen Quadern (aber von lokalen Handwerkern) setzt die Bauten von den älteren Anlagen ab (z. B. Ṣaḥyūn/Saone). In der ersten Periode sind mehrstöckiger Donjon und castrum (Viereckanlage mit quadrat. Ecktürmen) vorherrschend. Die unterschiedl. Funktionen – zuweilen auch Funktionswechsel – der B.en bedingen teilweise die verschiedenen Formen. Für den Burgenbau sind folgende Faktoren ausschlaggebend: äußere Gefahr, innere Unsicherheit und Feudalherrschaft. Der fortdauernde polit. Belagerungszustand zwingt zur intensiven Auseinandersetzung mit dem Burgenbau.

Der Donjon, ein kombinierter rechteckiger Wohn- und Wehrbau, ist zwar als Typ u. a. aus frühbyz. Zeit in Nordsyrien bekannt, in den erhaltenen Beispielen aber eine Importvorlage aus Westeuropa, teilweise von einer Vormauer geschützt (Safitā, Ṭarṭūs, Ġubail, Chastel Rouge u. a.). Die Kastra, in der Regel auf niedrigen Höhen als viereckige Anlagen mit Seitenlängen von 50–60 m und quadrat. Ecktürmen, nehmen mehrheitl. Vorbilder des östl. Mittelmeerraums aus röm.-frühbyz. Zeit auf (als fortgeschrittenes Beispiel: →Belvoir). An Plätzen mit älteren Höhenburgen entwickeln sich umfangreiche Burganlagen der Militärorden und der führenden Familien als Mittelpunkte der Gebietsherrschaften. Isolierten Donjons (→Tripolis/Mons Peregrinus, Baġras/Gastin, Beaufort) werden in späteren Phasen Ringmauern, Türme, Kapellen, Versorgungsbauten u. a. angefügt. Ziel ist die umfassende Sicherung und der Ausbau der zu befestigenden Höhen (al-Karak, Qalʿat Subaiba/Paneas). Nur bei wenigen Großburgen sind gegen Ende des 12. Jh. – im Gegensatz zur additiven Bauweise – größere Planungen erkennbar (→Margat, →Krak des Chevaliers), seit dieser Zeit treten zunehmend Rundtürme dazu. Bei den Großburgen wird das natürl. Geländerelief mit einer Staffelung mehrerer Stockwerke am Hang genutzt.

Die durch Vorgängerbauten, Ortslagen, Funktionen, materielle Voraussetzungen und lokale Bauerfahrungen vorgegebenen Bedingungen erlauben so nur in beschränktem Umfang, den Bestand der Kreuzritterburgen typolog. zu gliedern. Die Überschichtungen und der Wandel der Funktionen lassen wenige Gemeinsamkeiten benennen. In Syrien und Palästina erscheinen als allgemeine Charakteristika gegenüber den byz. und arab. Befestigungsanlagen die relative Breite der *Kurtinen*, die verstärkte Sicherung der (gebrochenen) Torwege (seit Ende 12. Jh.), außerdem Grabenanlagen, Hangpflaster, Quaderbauweise, dazu als bautechn. Elemente Maschikulis, Fallgatter und Schartenkammern. Die B.en in den Städten liegen als Zitadellen teilweise inmitten der Siedlungen (Ṭarṭūs) oder in Randlage (Ġubail, →Jerusalem, →Akkon u. a.), als Sonderform erscheinen die Hafenburgen in den Seestädten (Caesarea, Atlīt, →Sidon, Arṣūf u. a.). Mit den B.en eng verbunden war die Landsicherung durch feste Häuser des niedrigen Adels, durch befestigte Wirtschaftsbetriebe und Versorgungsanlagen.

Die wenigen B.en in Zypern gründen sich teilweise auf byz. Vorgänger, sowohl in den Städten als auch auf der nördl. Gebirgskette. Diese B.en nehmen seit Anfang des 13. Jh. Vorbilder und Anregungen des byz., syrisch-palästinens. und kilikisch-armen. Burgenbaus (vorspringende Halbrundtürme) auf. Neben der Übernahme und dem Ausbau byz. Befestigungsanlagen in Mittelgriechenland, der Peloponnes und auf den ägäischen Inseln wird eine Reihe von Adelssitzen neu gebaut. Diese B.en sind den landschaftl. Traditionen noch stärker als jene in der Levante verpflichtet und von geringerer bautechn. Qualität.

Typische Kennzeichen sind: polygonale Höhenanlagen

mit vielfach geländebedingten gebrochenen Kurtinen, unterschiedl. Turmformen, einfache Toranlagen, mehrheitl. Bruchsteinmauerwerk, zuweilen mit antikem Spolienmaterial. In Kleinarmenien wird auf der Grundlage byz. Burgformen des 11./12. Jh. im 13. Jh. eine Vielzahl von B.en in der Regel als Adelsburg errichtet, deren äußeres Kennzeichen polygon geführte Mauerringe mit gestelzt vorspringenden Halbrundbastionen aus Bossenquaderwerk sind. Armenischer Einfluß auf die Kreuzritterbauten ist nicht zu beobachten, vielmehr zeigt die Bauchronologie eine geringe zeitl. Verschiebung gegenüber den älteren Bauten des 12. Jh. in Syrien und Palästina.

Die zuweilen in der Forschung hervorgehobene (und überbetonte) Übernahme von byz. und arab. Wehrbauelementen und die Weitergabe an den europ. Wehrbau erscheint indessen gering, da die Entwicklung des nahöstl. Burgenbaus im 12. und 13. Jh. – u. a. bedingt durch geringe Mannschaftsstärken, andere Verteidigungstaktiken und Belagerungstechniken – zur Anwendung der verfügbaren Baumuster zwingt, deren Ursprung und Entwicklung in frühbyz. und früharab. Zeit liegt. Nationale bzw. landsmannschaftl. Eigenheiten sind nur bei der Bauplastik erkennbar. H. Hellenkemper

[2] *Verfassungsgeschichte:* Die →Assisen v. Jerusalem bestimmten, daß kgl. B.en nicht weiter vergeben werden durften; ebensowenig durften Lehensleute geistl. Orden die ihnen übergebenen B.en in irgendeiner Form weiter veräußern. Eine staatl. Kontrolle über den Burgenbau scheint jedoch nicht bestanden zu haben; offenbar waren die lat. Zentralgewalten froh, wenn private Grundherren Befestigungen errichteten oder instand hielten. Im Fsm. Antiochia und wahrscheinl. auch im Kgr. Jerusalem mußte Burgwache geleistet werden. Die B.en waren Verwaltungszentren. Ihre Existenz konnte der Erhebung von Abgaben Nachdruck verleihen (z. B. Mons Glavianus, Darum); einige (z. B. Toron, al-Karak) kontrollierten Handelswege. Die Einrichtung von B.en führte häufig zu verstärktem landwirtschaftl. Ausbau (z. B. Blanchegarde); in vielen Dörfern gab es kleine Verteidigungstürme (z. B. in Qalansuwa, Qula). Einige der B.en wurden Ausgangspunkte für die Besiedlung, da im Umkreis der B.en Siedlungen gegründet wurden (z. B. Montreal, Bethgibelin). J. Riley-Smith

Lit.: E. G. Rey, Étude sur les monuments de l'architecture militaire des Croisés en Syrie et dans l'Île de Chypre, 1871 – G. Gerola, Monumenti veneti nell'isola di Creta, 4 Bde, 1905–32 – Ders., I monumenti medievali delle 13 Sporadi, Annuario Scuola Atene 2, 1915, 1ff. – P. Deschamps, Les entrées des châteaux des Croisés et leurs défenses, Syria 13, 1932, 369–387 – Ders., Les Châteaux des Croisés en Terre Sainte, Bd. I: Le Crac des Chevaliers: Étude hist. et archéologique, 1934; Bd. II: La défense du Royaume de Jérusalem, 1939; Bd. III: La défense du Comté de Tripoli et de la Principauté d'Antioche, 1977–A. Bon, Forteresses médiévales de la Grèce centrale, Bull. correspondance hellénique 61, 1937, 136–208 [dazu: ebd. 62, 1938, 441ff.] – J. Prawer, Colonization activities in the Latin Kingdom of Jerusalem, RBPH 29, 1951, 1063–1118 [abgedr. in: Ders., Crusader Institutions, 1980, 102–142] – R. C. Smail, Crusader's Castles of the Twelfth Century, CHJ 10, 1951, 133–149 – K. Andrews, Castles of the Morea, 1953 – R. C. Smail, Crusading Warfare, 1956, 1972³ [Lit.] – R. Fedden–J. Thomson, Kreuzfahrerburgen im Heiligen Land, 1959–W. Müller-Wiener, Burgen der Kreuzritter im Heiligen Land, auf Zypern und in der Ägäis, 1966 [Lit.] – A. Bon, La Morée franque, Recherches hist., topographiques et archéologiques sur la principauté d'Achaïe (1205–1430), Texte et Album, 1969–M. Benvenisti, The Crusaders in the Holy Land, 1970 – J. Riley-Smith, The Feudal Nobility and the Kingdom of Jerusalem, 1973, 8, 28–31 – H. Eberhard, Ma. B.en auf den Kykladen, Epeteris Eteirias Kykladikon Meleton 10, 1974–78, 501–585 – H. Hellenkemper, B.en in der Kreuzritterzeit in der Gft. Edessa und im Kgr. Kleinarmenien (Geographica Historica 1, 1976) [Lit.]–T. S. R. Boase, Military Architecture in the Crusader States (K.

M. Setton, A Hist. of the Crusades, Bd. 4: The Art and Architecture of the Crusader States, hg. H. W. Hazard, 1977), 140–164 [Lit.].

II. Lateinisches Kaiserreich: Die in archäolog. Hinsicht noch wenig erforschten B.en des→Lat. Kaiserreiches v. Konstantinopel weisen die gleiche architekton. Struktur auf, die überall in der unter westl. Herrschaft stehenden byz. Levante verbreitet war. Im eigtl. Lat. Kaiserreich, das sich mit seinen Nachfolgestaaten in →Morea bis in das 15. Jh. hielt, bildeten die B.en in jurist. und administrativer Hinsicht den Mittelpunkt des Verteidigungssystems und dienten zur Kontrolle und Regierung der örtl. Bevölkerung. Die wirtschaftl. Grundlage für die Wahrnehmung dieser Funktionen gewährleisteten die Ausstattung mit Grundbesitz sowie eine Reihe von Zöllen, Marktabgaben *(Kommerkion)*, Steuern und Frondienste *(laboraggio)*, so z. B. beim Weintransport, der im Handel von Morea eine große Rolle spielte. Bei einer starken Akkumulation von Rechten verpachtete der Burgherr öfters einzelne Rechte, wie es z. B. beim *chomerchio del mercato* v. Korinth (1357) und der *prigionia* (Rechte auf Gefangene) der Fall war. Die vergleichsweise schwachen Burgbesatzungen bestanden neben dem Kastellan, den Burghauptleuten, manchmal aus Bogenschützen *(Zacconi)* und Wachen sowie auch aus abhängigen Bauern, die auf den zur Kastellanei (→Kastellan, Kastellanei) gehörigen Feldern *(stasie)* ansässig waren und wegen ihrer Beteiligung an der Verteidigung und Instandhaltung der B. von den üblichen Hand- und Spanndiensten (48 Tage im Jahr im Gegenwert von fünf iperperi) sowie den Naturalzinsen befreit waren. Der Dienst eines Ritters kostete zw. 1338–41 acht Florinen im Monat, er war jedoch nur in den größeren Kastellaneien vorgesehen. Die Kastellanei, der Mittelpunkt einer lokalen Herrschaft, war das polit.-administrative Grundelement der größeren Lehensverbände innerhalb des Lat. Kaiserreiches. 1377 bestand z. B. das Fsm. Achaia aus 54 B.en, von denen 16 direkt vom Fs.en abhingen, 15 von den →Acciaiuoli, sieben vom Baron-Ebf. v. →Patras und die anderen von kleineren Lehnsherren. – Zur allgemeinen Entwicklung des Befestigungswesens im Byz. Reich und in den byz. beeinflußten angrenzenden Ländern vgl. die Artikel→Befestigung und→Kastron. A. Carile

Lit.: N. Mutsopulos–G. Demetrokalles, Bibliogr. principale des Châteaux-forts de la Grèce, Annales Techniques/Τεχνικά Χρονικά 37, Fasc. 500, o. J., 145–148 – G. Gerola, Monumenti veneti nell' isola di Creta, 4 Bde, 1905–32 – A. Traquair, Frankish Architecture in Greece, Journal of the Royal Inst. of British Architects 31, 1923, 3, 33–50, 73–86 – R. Carpenter–A. Bon, The defenses of Acrocorinth and the lower Town (Results of the excavations conducted by the American School of Classical Stud. of Athens III, 2, 1936) – K. Andrews, Castels of Morea, 1953 – A. Bon, La Morée franque, Recherches hist., topographiques et archéologiques sur la principauté d'Achaïe (1205–1430), Texte et Album, 1969–J. Koder, Negroponte, Unters. zur Topographie und Siedlungsgesch. der Insel Euboia während der Zeit der Venezianerherrschaft, 1973 – A. Carile, La rendita feudale nella Morea latina del XIV secolo, 1974 – M. Balard, La Romanie génoise (XIIᵉ–début du XVᵉ s.) I, 1978, 215–227–A. Carile, La signoria rurale nell'impero latino di Costantinopoli (1204–61) (Actes du XVᵉ Congr. Internat. d'Études Byzantines IV: Hist., Communications, 1980), 65–77.

III. Islamischer Vorderer Orient: Bei der B. im Vorderen Orient kann grundsätzl. von der Lage her nach Höhenburg und Niederungsburg unterschieden werden. Die wichtigsten Burg-Typen bzw. burgähnl. Typen sind die isolierte Bergburg, die Zitadelle (Stadtburg) und der Ribāṭ. Alle diese Typen knüpfen an vorislam. Vorbilder an.

Die isolierte Bergburg ist schon im 1. Jt. v. Chr. in Anatolien und Nordwestiran unter den Urartäern belegt. Im sasanid. Feudalstaat (3.–7. Jh. n. Chr.) war sie als Fürstenburg und Herrscherburg in Gebrauch. Die Bergburg des Gründers dieser Dynastie, Ardašīr, in der Nähe von Fīrūzābād (Südpersien) ist erhalten. Vom 10. bis 13. Jh. spielten Bergburgen als Zentren der Ismāīliten (→Assassinen) in Iran und im 12./13. Jh. in Syrien eine wichtige Rolle. In Syrien ließen sich die Anhänger dieser Sekte in schon bestehenden B.en, die sich hier aus befestigten Teilsiedlungen heraus entwickelt haben dürften, nieder oder bauten neue. Hier flossen alte lokale, byz. und später westl. Elemente (durch die Kreuzfahrer) im Burgenbau des späten MA in den Anlagen der →Mamlūken zusammen.

Die Zitadelle (Stadtburg) ist als Sitz der Obrigkeit (Herrscher, Gouverneur) fester Bestandteil der islam. Stadt und geht auf altoriental. Vorbilder zurück. Sie kann entweder eine Bergburg (z. B. in →Aleppo und →Kairo) oder eine Niederungsburg (z. B. →Damaskus) sein, und enthält in der Regel Palast, Kaserne, Bad, Moschee und Stallungen.

Zu den Niederburgen im weiteren Sinne kann der Ribāṭ gezählt werden. Formal und funktional leitet er sich vom röm.-byz. Kastell ab. Ribāṭs waren B.en, in denen islam. Glaubenskrieger in der Nähe der Front in einer Art klösterl. Gemeinschaft lebten. Gute Beispiele dieses Bautyps haben sich in Tunesien erhalten. H. Gaube

Lit.: J. Sauvaget, La Citadelle de Damas, Syria 11, 1930, 59–90, 216–241 – A. Lezine, Le Ribat de Sousse, 1956 – P. Willey, The Castles of the Assassins, 1963.

Burgau, Mgft., umschließt ein Gebiet im heut. bayer. Regierungsbezirk Schwaben, das im Norden von der Donau, im Osten bis Augsburg vom Lech, dann bis Schwabegg von der Wertach, im Süden von einer Linie Schwabegg-Ritzisried, im Westen etwa von einer Linie Leipheim-Weißenhorn begrenzt wird. Der B. ist keine karolingerzeitl. Gft., sondern als Herrschaft in einem allmähl. Prozeß aus Gütern und Rechten der mit den Staufern verwandten Gf.en v. Berg zwischen 1132/60 und 1213 zusammengewachsen. Die Gf.en v. Berg nahmen den Markgrafentitel nach den 1212 ausgestorbenen Mgf.en v. Ronsberg an und übertrugen ihn, ohne daß damit bes. Rechte verbunden gewesen wären, auf den B. Nach dem Erlöschen des burgauischen Zweiges der Gf.en v. Berg 1301 gelangte der B. an →Österreich, das ihn im Zuge seiner Expansionspolitik in Schwaben erwarb. Grundherrl. und niedergerichtl. Rechte Österreichs im B. waren im wesentl. auf die Orte Burgau, Günzburg, Scheppach und Hochwang begrenzt; sonst standen Habsburg nur Geleit, Zoll, Forst und Hochgericht zu. Während des 14. und 15. Jh. war der B. bevorzugt an die einheim. Adelsgeschlechter der Westernach, Ellerbach und Knöringen verpfändet. Der Versuch →Bayerns, sich 1486 in den Besitz des B. zu setzen, blieb ohne dauernden Erfolg. Mit der finanziellen Hilfe der burgauischen »Insassen« konnte Kg. Maximilian 1492 den B. wieder auslösen, mußte diesen jedoch in dem »Freiheitsbrief« von 1492 Rechte zugestehen, die die volle Durchsetzung einer österr. Landeshoheit im B. bis 1805 unmöglich machten. Der spätma. Territorialisierungsprozeß ist im B. nicht zum Abschluß gekommen, so daß die Mgft. mehr ein Rechtsbezirk als ein Territorium geblieben ist. Von 1498–1559 war der B. an den Bf. v. Augsburg verpfändet. Zw. 1564 und 1665 zählte er zu den Ländern der Tiroler Nebenlinie des Hauses Habsburg; von 1609 bis 1618 war er im Besitz des unebenbürtigen Sohnes Ehzg. Ferdinands, des Mgf.en Karl v. B. In der theresian. Verwaltungsreform von 1750 wurde der B. zum Mittelpunkt eines erweiterten Oberamtes. Im Frieden v. Preßburg (1805) trat Österreich den B. an Bayern ab. F. Quarthal

Lit.: Hist. Stätten Dtl. VII, 110f. – J. v. Sartori, Staats-Gesch. der Mgft. B., 1788 – L. Brunner, Beitr. zur Gesch. der Mgft. B., Jahresber. des hist. Kreis-Vereins im Regierungsbezirke von Schwaben und Neuburg, 29/30, 1863/64, 1–116; 31, 1865, 1–150 – G. Nebinger, Entstehung und Entwicklung der Mgft. B. (F. Metz, Vorderösterreich. Eine gesch. Landeskunde, 1978³), 753–772 – G. Nebinger-N. Schuster, Das B.er Feuerstattguldenregister, Das obere Schwaben 7, 1963, 77–124 – Johann Lamberg Kolleffel, Schwäb. Städte und Dörfer um 1750. Geogr. und topograph. Beschreibung der Mgft. B. 1749–1753, hrsg. R. Pfaud (Beitr. zur Landeskunde von Schwaben 2), 1974.

Burgbann → Burg

Burgbezirk, slavischer. Bei den B.en der Slaven sind zwei Entwicklungsstufen zu unterscheiden: Die zum 1. Typ des B.s gehörenden →civitates des sog. →Geographus Bavarus stellen vermutl. die stammeszeitl. Form des B.s dar. Einem naturräuml. abgegrenzten Siedlungsgebiet (einer oder mehrerer Sippen) diente eine →Burg als Zufluchtsort, eventuell auch als zentraler Kultort und als Herrschaftsmittelpunkt. Der 2. Typ des B.s entwickelte sich während des Staatswerdungsprozesses im slav. Raum. Er löste sich von den geogr. Gegebenheiten und orientierte sich an den Verwaltungs- und Machtinteressen des Fs.en. Meist umfaßten die B.e der zweiten Phase mehrere B.e der ersten Ausprägung. In Böhmen und Polen entwickelten sich aus den Anfängen die Kastellaneien (→Kastellan, Kastellanei) und die →Dienstsiedlungen. Vgl. auch →Burg, →Burgwall, slavischer. L. Dralle

Lit.: H.-F. Schmid, Die Burgbezirksverfassung bei den slav. Völkern in ihrer Bedeutung für die Gesch. ihrer Siedlung und ihrer staatl. Organisation, JKGS, NF 2, H. 2, 1926, 81ff. – D. Třestik-B. Krzemieńska, Zur Problematik der Dienstleute im frühma. Böhmen (Siedlung und Verfassung Böhmens in der Frühzeit, hg. F. Graus-H. Ludat, 1967), 70ff. – K. Modzelewski, Organizacja gospodarcza państwa piastowskiego. X–XIII wiek. , 1975 – K. Buczek, Organizacja służebna w pierwszych wiekach państwa polskiego (StHistSlov 20, 1977), 353ff.

Burgenbauordnung Heinrichs I. Den erneuten Kriegszügen der →Ungarn von 926 in Deutschland hatte Kg. →Heinrich I. nicht endgültig Einhalt gebieten können, er fand zweimal Zuflucht in einer Burg (Püchau bei Wurzen an der Mulde und →Werla, bei Werlaburgdorf, nö. Goslar). Nach seinem Waffenstillstand mit den Ungarn (926) erließ Heinrich I. Bestimmungen zum Burgenbau. Den »Miracula Sti. Wigberhti« zufolge (entstanden um 936 im Stift Hersfeld) ordnete der Kg. an, die »absonderten Orte für die Konventikel ehrbarer Männer und Frauen« zu befestigen (munitionibus firmis murisque); auch die 'neue' Befestigung in →Hersfeld führte der »Miracula«-Verfasser auf diese Anordnung zurück. →Widukind v. Corvey teilt folgende Bestimmung mit: Leistungsgemeinschaften von jeweils neun milites agrarii werden einer solchen neuen Befestigung (urbs) zugeordnet. Einer von ihnen weilt jeweils ständig dort, die restlichen bevorraten die Befestigung mit einem Drittel ihrer Einkünfte; in Zeiten der Gefahr verteidigen alle die Befestigung. Die Neuanlagen dienen als Versammlungsorte (v. a. wohl als Gerichtsstätten).

Die Frage, in welchem Umfang diese Anordnung Heinrichs I. in die Wirklichkeit umgesetzt wurde, ist schwer zu beantworten, ähnl. auch die Frage, in welchem Maße bereits vorhandene Befestigungen den neuen Zwecken dienten. Für die Nutzung von Befestigungen in der in Betracht kommenden Zeit (bis zur Schlacht auf dem →Lechfeld, 955) gibt es kaum schriftl. Zeugnisse. Die zu diesem Zweck herangezogenen Funde und Befunde zahlreicher Ausgrabungen lassen sich nicht auf eine Generation genau datieren, können also nur sehr bedingt zur Identifizierung von »Heinrichsburgen« herangezogen werden. Schließlich bleibt unklar, welche Funktion(en) den auf die B. zurückgehenden Befestigungen nach dem Ende der Ungarneinfälle zuwuchsen. Strittig ist endlich die Einschätzung der milites agrarii; man wird diese Personengruppe am ehesten als eine Unterschicht des Adels (vasalli inferioris conditionis; MGH.DArn 3, verf. Mitte 10. Jh.) begreifen können, jedenfalls kaum →Königsfreie in ihnen sehen dürfen. – Mit der B. griff Heinrich I. auf eine Organisationsform zurück, wie sie sich bereits im 9. Jh. bei der Abwehr der →Wikinger in England und auf dem Kontinent bewährt hatte (→burh). Vgl. auch →Burg.

M. Last

Q. und Lit.: Miracula Sti Wigberhti [Auszüge], hg. G. WAITZ, (MGH SS IV), 224–228 – W. ERDMANN, Die B. Heinrichs I., DA 6, 1943, 412–441 [Neudr.: DERS., Otton, Stud., hg. H. BEUMANN, 1968, 131–173] – H. BÜTTNER, Die B. Heinrichs I. (Bll. für dt. Landesgesch. 92, 1956), 1–17 – G. BAAKEN, Königtum, Burgen und Königsfreie (VuF 7, 1961), 9–95 – H. JANKUHN, Heinrichsburgen und Königspfalzen (Dt. Königspfalzen II, Veröff. des Max-Planck-Inst. für Gesch. 11/2, 1965), 61–69 – K. LEYSER, Henry I and the Beginnings of the Saxon Empire, EHR 88, 1968, 1–32 – K. U. JÄSCHKE, Burgenbau und Landesverteidigung um 900 (VuF, Sonderband 16, 1975).

Burgenbruch →Kriegführung

Burger. Das Wort ist zunächst einfach der mhd. Lautstand von Bürger (→Bürger, Bürgertum). In spätma. Quellen wird der Begriff einerseits auf alle angewandt, die das Bürgerrecht besitzen, andererseits nur auf Angehörige des →Patriziats bezogen. Die Begriffe B. und Bürger werden in der Lit. oft unscharf verwendet. Neben dem Gebrauch in den Quellen wirkt sich dabei die obdt.-schweiz. mundartl. Verwendung von B. für alteingesessene Familien bzw. für die Institutionen der Bürger – im Gegensatz zur Einwohnergemeinde – und damit die neuzeitl. Verfassungsentwicklung aus. Als Dublette zu Bürger ist der Begriff jedoch wissenschaftl. sinnlos. Im engeren Sinn wird er in süddt. und schweiz. Quellen auf die ratsfähigen Familien des →Patriziats oder gar nur auf dessen bürgerl. Teil beschränkt, der dadurch aus der Gesamtheit der Bürger herausgehoben und sowohl dem →Stadtadel wie den im 14. Jh. Ratsfähigkeit erlangenden →Zunftbürgern gegenübergestellt wird. Diese B. im engeren Sinn werden oft samt dem Adel als »achtbare, erliche Geschlechter« u. ä., die Zunftbürger dagegen als »gmein B.« bezeichnet. In einigen Städten beanspruchten sie neben Adel und Zünftigen eine feste Anzahl von Sitzen im Rat und weitere polit. und Standesvorrechte. Obwohl die Grenze zw. bürgerl. und adligem Patriziat durchlässig ist, beide oft in →Gesellschaften, Herrenzünften und Trinkstuben zusammengeschlossen sind, werden sie von der Ratsbesatzung her unterschieden. Bes. klar ist dies bei dem quellenmäßigen Terminus »Achtburger« für das bürgerl. Patriziat Basels, das acht Vertreter in den Rat entsendet, sowie in der Einteilung der Räte in die Gruppen: von Rittern, von B.n, von den Handwerken. Diese Dreiteilung der Bürgerschaft findet sich auch in Städten, in denen keine damit zu verbindenden polit. Vorrechte erkennbar sind.

H.-J. Gilomen

Lit.: Spezialuntersuchungen fehlen; nur Andeutungen bietet die Lit. zu Bürger, Patriziat.

Bürger, Bürgertum
A. Forschungsbegriff und -geschichte; Problemstellung – B. Deutschland – C. Italien – D. Westeuropa – E. Iberische Halbinsel – F. England – G. Skandinavien – H. Östliches Europa – I. Byzantinisches Reich und Lateinischer Osten – J. Islamischer Bereich

A. Forschungsbegriff und -geschichte; Problemstellung

Die Forschungsbegriffe Bürger und Bürgertum (B.) sind so stark von Bedeutungsgehalten der Neuzeit – bes. des 18. und 19. Jh. – bestimmt, daß ihre unreflektierte Anwendung auf das MA ebenso die Gefahr des Anachronismus in sich birgt, wie dies bei dem vergleichbar wichtigen Zentralbegriff 'Staat' der Fall ist. Bürgertum ist anscheinend ohnehin erst seit dem 16. Jh. in den Quellen bezeugt, und zwar zunächst als Synonym für →Bürgerrecht oder noch allgemeiner für Stadt (RWB II, 615). Mit der Reduzierung oder sogar Aufhebung der städt. Autonomie und der damit verknüpften Einebnung des Bürgerrechts durch den absolutist. Staat wie auch unter dem Einfluß der Rezeption des röm. Rechts und der Souveränitätslehre wird der zuvor ebenfalls an das Bürgerrecht gebundene Begriff 'Bürgerstand' zunehmend im Sinne einer sozialen Schicht von Staatsuntertanen verstanden, die weder dem Adel noch dem Bauernstande angehören. Schon im 18. Jh. wurde dieser Bürgerstand in Groß- und Kleinbürger unterteilt, wobei unter ersteren vornehmlich Beamte, Gelehrte, Kaufleute und Unternehmer verstanden wurden. Auf diesen Grundlagen verfestigte sich seit der Frz. Revolution mit der Durchsetzung des modernen Staates, der die legitime Gewaltanwendung monopolisiert und die *bürgerliche Gesellschaft* weitgehend auf den wirtschaftl. und sozialen Bereich beschränkt hat, die soziale Differenzierung der *Staatsbürger* nach Besitz und Bildung. Daran knüpfte in Deutschland seit etwa 1840 die Gleichsetzung von B. und dem in Frankreich schon länger üblichen Terminus 'Bourgeoisie' an, so daß der Bürgerbegriff in diesem Sinnzusammenhang auf die selbständig handel- und gewerbetreibenden Schichten (Besitzer von Arbeitswerkzeugen und Kapital) verengt wurde. Damit ist die Abgrenzung von den wirtschaftl. Abhängigen, den Arbeitern bzw. dem Proletariat, vorgegeben, worauf das marxist. Klassenkampfschema gründet. Neben diesem Klassenbegriff des Bürgers blieb aber noch weiterhin der ältere Standesbegriff, der bereits weit über das Stadtbürgertum hinausgriff, wirksam. Der so wesentl. wirtschaftlich-sozial bestimmte moderne Bürgerbegriff besitzt darüber hinaus noch einen antifeudalen Akzent. Dieser ist in den polit. Auseinandersetzungen um die Aufhebung der Sonderrechte des Adels und der Geistlichkeit während des 18. und 19. Jh. grundgelegt und von den Befürwortern des Staatsbürgertums geprägt worden. Darin ist auch der Antagonismus *feudal-bürgerlich* begründet, der im marxist.-leninist. Periodisierungsschema als welthist. Epochenscheide festgeschrieben worden ist.

Die angedeuteten polit., wirtschaftl. und ideolog. Vorgänge haben sich in mehr oder weniger differenzierter Form auf die Erforschung des ma. Stadtbürgertums seit dem 19. Jh. ausgewirkt und sind auch heute noch spürbar. Hervorgehoben sei die Neigung der liberalen Geschichtsschreibung des 19. Jh., das moderne Staatsbürgertum in das ma. Stadtbürgertum zurückzuprojizieren. Die damit verbundene »antifeudale« Festlegung dieser keineswegs einheitl. Formation findet sich ebenso in der marxist.-leninist. Historiographie, in der bis weit in die Zeit nach dem Zweiten Weltkrieg das ma. Stadtbürgertum als ein »schon in der Blütezeit des Feudalismus gegebenes gesellschaftsfremdes Element verstanden« wurde (MÜLLER-MERTENS, 214). Aus ähnl. Gründen ist auch lange Zeit die Bedeutung der noch leibrechtlich gebundenen Gruppen – wie bes. der Ministerialen und Zensualen – in den mitteleurop. Städten des HochMA gegenüber den »freien« Kaufleuten, bes. den Fernkaufleuten, unterschätzt worden. Unter dem Eindruck des Deutungsschemas der

Trennung von Staat und Gesellschaft, die im späteren 19. Jh. in den Vordergrund trat und in der das B. der Gesellschaft zugeordnet wurde, traf sich die »bürgerliche« Historiographie mit der materialist. Geschichtsschreibung auch in der Tendenz, das wirtschaftl. Tätigkeitsfeld der ma. Stadtbewohner zum entscheidenden Charakteristikum und wichtigsten sozialen Geltungskriterium zu erheben und deren Einbindung in das über die Stadt hinausgreifende Herrschaftsgefüge zu vernachlässigen. Letzteres äußert sich auch noch gleicherweise in der west- und ostdt. Historiographie in Abhandlungen über sog. innerstädt. Auseinandersetzungen des späteren Mittelalters. Neuerdings wird freilich in der Städteforschung der DDR die These diskutiert, daß »die entscheidende Besonderheit der gewerblich-handwerklich-kaufmännischen Stadtbevölkerung im Okzident« nicht »in der Ökonomik, sondern in der Politik zu suchen« ist (ebda., 217). Bis jetzt dominiert bei der Erforschung des B.s – v. a. für das auch in dieser Hinsicht lange vernachlässigte SpätMA – noch immer ein engeres sozial- und wirtschaftsgeschichtl. Interesse. – Die inhaltl. Gleichsetzung des Sammelbegriffs B. mit Bürgerrecht (s. o.) ist eine Konsequenz der Abhängigkeit des Bürgerrechts vom Stadtrecht. Aufgrund der divergierenden Bestimmungen der Stadtrechte über die Gewährung des Bürgerrechts ist jedoch die soziale Zusammensetzung der Inhaber des Bürgerrechts zumindest in Mitteleuropa oft von Stadt zu Stadt unterschiedlich; sie kann zudem auch in derselben Stadt im Laufe der Zeit erhebl. Veränderungen unterliegen. Ohnehin ist v. a. in hochma. Zeit in vielen Fällen der Geltungsbereich des Bürgerrechts schon aufgrund der Quellenlage nicht zu fixieren. Da während desselben Zeitraums in zahlreichen mitteleurop. Städten eine größere Anzahl von Bewohnern noch in unterschiedl. Formen leibrechtl. abhängig war und unter diesen zumindest die Ministerialen sogar eine führende Rolle in der Stadtgemeinde spielen konnten, ist eine generelle Eingrenzung des Bürgerbegriffs auf die rechtl. freie Stadtbevölkerung jedenfalls fragwürdig. Tatsächlich werden im ausgehenden MA vereinzelt (z. B. Mgft. Baden) ganze Stadtgemeinden der Territorialleibeigenschaft unterworfen. Ebensowenig kann der Stadtadel, der in den alten mediterranen Städtelandschaften (Altkatalonien, Südfrankreich, Italien, Dalmatien) schon früh eine hohe Bedeutung auch bei der Ausbildung der Stadtkommunen besitzt, aus dem Bürgerbegriff ausgeschlossen werden. Die Abgrenzung des Bürgerbegriffs wird auch noch dadurch erschwert, daß der Stadtbegriff sich einer allgemeingültigen Definition entzieht. Diese Problematik wird in einer überregionalen Betrachtungsweise noch verschärft. Sie äußert sich in extremer Weise in jenen Landschaften, die – wie weite Gebiete des byz. Reichs – über wirtschaftl. hochentwickelte urbane Zentren verfügen, in denen jedoch die Stadtbewohner infolge der Weiterwirkung des röm. Bürgerrechts kein gesondertes Bürgerrecht besaßen, so daß sie sich rechtl. nicht oder nur ansatzweise von der Bevölkerung in ländl. Siedlungen unterschieden. In den Städtelandschaften mit stark ausgeprägter Kontinuität zur Spätantike, in denen jedoch – wie in Reichsitalien – im Laufe des frühen MA eine herrschaftl. und rechtl. Aussonderung der Stadt aus dem Umland erfolgte, stellt sich die Frage nach den Anfängen des B.s in zugespitzter Form, zumal diese Städte vielfach schon weit vor der Ausbildung der Kommunalverfassung über einen eigenen polit. Handlungsspielraum verfügten und rechtl. auch als Einwohnergemeinde oder Privileggenossenschaft agierten. Die angedeutete Vielfalt und das weite Spektrum der Bürger im MA typolog. sachgerecht zu erfassen, bleibt eine wichtige Forschungsaufgabe, für die bisher nur unzureichende Ansätze vorliegen.

A. Haverkamp

Lit.: HRG I, 543ff. – Gesch. Grundbegr. I, 1972, 672ff. – Marxismus im Systemvergleich, Geschichte I, 1974, 256ff. – M. WEBER, Wirtschaft und Gesellschaft, hg. J. WINCKELMANN, 2 Bde, 1964 – O. BRUNNER, Neue Wege der Verfassungs- und Sozialgesch., 1968² – A. HAVERKAMP, Die »frühbürgerliche« Welt im hohen und späteren MA, HZ 221, 1975, 571ff. – A. HEIT, Die ma. Städte als begriffl. und definitor. Problem, Die alte Stadt 5, 1978, 350ff. – Altständ. B., hg. H. STOOB, 2 Bde, 1978 – G. DILCHER, Zum Bürgerbegriff im späteren MA. Versuch einer Typologie am Beispiel von Frankfurt am Main (Über Bürger, Stadt und städt. Lit. im SpätMA 1980), 58ff. [in dem Bd. auch weitere Beitr. u. a. von E. ENNEN] – K. SCHREINER, »Kommunebewegung« und »Zunftrevolution«. Zur Gegenwart der ma. Stadt im hist.-polit. Denken des 19. Jh. (Fschr. E. NAUJOKS, 1980), 139ff. – E. MÜLLER-MERTENS, Bürgerl.-städt. Autonomie in der Feudalgesellschaft, ZfG 29, 1981, 205ff.

B. Deutschland

I. Terminologie und rechtliche Stellung – II. Sozial-, Verfassungs- und politische Geschichte.

I. TERMINOLOGIE UND RECHTLICHE STELLUNG: [1] *Etymologie:* Das nhd. Wort Bürger geht zurück auf mhd. *burgaere, burger* 'Bewohner einer *burc* (d. h. Burg, Schloß, Stadt)' und ahd. *burgari, burgari* 'Bürger, Einwohner eines Ortes, einer Stadt, Angehöriger einer Bürgerschaft'. Es ist vermutl. eine Verbindung des Substantives *burg* mit dem Kompositionssuffix *warja* 'bewohnend', das in den germ. bzw. ahd. Völkernamen Chasuarii, Ampsivarii, Angrivarii, Baiuvarii, Ripuarii etc. sowie in den ae. Bezeichnungen *burgware, Centware, Wihtware* etc. enthalten ist, aber schon im Altdt. durch den Schwund des *w* verdunkelt und mit dem Suffix *-arja* zusammengefallen ist. Das Wort *burg* selbst ist in den lat. Quellen in Namen wie Asciburgium, Teutoburgiensis saltus, Visburgi etc. mehrfach überliefert und gehört zu idg. **bhrgh* 'befestigte Höhe'. Demnach ist ahd. *burgari* am ehesten der Bewohner einer *burg* im Sinne einer befestigten Siedlung.

[2] *Frühmittelalter:* Ahd. *burgari* erscheint erstmals in den am Ende des 8. Jh. verfaßten Mondseer Fragmenten in der Wendung »alle dhea burgera fuorun ingegin Ihesuse«, welche lat. »tota civitas exiit obviam Jesu« (Mt 8,34) wiedergibt und damit alle *burgari* mit einer nicht näher bezeichneten *civitas* (bei Luther: *stad*) gleichsetzt. In einer Lorscher Handschrift des 9. Jh. findet sich *burgara* in einer Glosse zu Aldhelms »De laudibus virginum« »für lat. (facti) municipes (in summis arcibus). → Notker v. St. Gallen (N. Labeo) verwendet um das Jahr 1000 das Wort *burgari* in der dt. Erklärung: »so ist diu burg gezimberot. so er die burgara gesamenot«, welche zu Ps 146,2 gehört, in dem es heißt »aedificans ierusalem dominus. dispersos israhel congregabit«, was Notker mit die »himeliscun ierusalem zimberondo gesamenot er die zeuuorfenen liute. die uidentes dominum heizent« wiedergibt. Danach tritt *burgera* in einer Echternacher Handschrift für »oppidani (magna atque insolita re perculsi, nihilo segnius bellum parare)« einer Salluststelle auf. Schließlich übertragen jüngere Glossare urbanus mehrfach durch *burgari*.

Demnach vertritt *burgari* im Ahd. (civitas) (Ierusalem), municeps, oppidanus und urbanus. Von diesen wird municeps durch (burgari), *furdarosto, gibur(o), muntboro* glossiert (oppidanus durch burgari) sowie urbanus durch (burgari und) *burgliut*. Dieses wiederum begegnet außer für urbanus und civitas v. a. für civis, gleich ob es sich um einen civis regionis, einen civis Romanus oder einen civis supernus handelt. Daraus wird man schließen dürfen, daß ahd. *burgari* weitgehend bedeutungsgleich mit *burgliut* ist, lat. am ehesten civis, urbanus, oppidanus und municeps entspricht und den Bewohner einer burg meint. Die

Bezeichnung burg ihrerseits wird v. a. mit lat. civitas, urbs, castrum, castellum und arx verbunden, ist also eine befestigte Siedlung, die in den antiken Vorlagen, wie die Beispiele Jerusalem und Rom unzweideutig ergeben, Stadtcharakter haben kann (vgl. auch →Burg, Abschnitt B.).

Hieraus für ahd. burgari, burgliut aber bereits eine bes. rechtl. Bedeutung (»Bürger«) für die einheim. Wirklichkeit zu erschließen, wäre nur dann zulässig, wenn die gleichzeitigen hist. Quellen, die durchweg lat. abgefaßt sind, mit den lat. Wörtern civis, urbanus, oppidanus, municeps usw. einen bes. rechtl. Inhalt verbänden. Dies ist aber bis in das 11. Jh. nicht nachzuweisen. Darüber hinaus ergibt die nähere Betrachtung, daß im FrühMA civis an vielen Stellen einfach den Nachbarn und Anwohner, ahd. den gibur(o), meint und daß das von Notker an zwei Stellen verwandte Wort burgreht, aus dem W. SCHLESINGER ein Konstanzer Stadtrecht für das Jahr 1000 erschlossen hat, nichts anderes ist als eine wörtl. Wiedergabe des antiken Begriffes ius civile, mit der lediglich das positive Recht im Gegensatz zum Naturrecht angesprochen ist (→Burgrecht).

[3] *Ausbildung des Rechtsbegriffes 'Bürger':* Seit dem Ausgang des FrühMA werden örtl. Bereiche in ihrer Geschlossenheit rechtl. bes. erfaßt. So vergibt schon i. J. 927 Heinrich I. die »exactio comitatus eiusdem civitatis« in →Toul. Otto I. schließt 946 den öffentl. Richter aus Meppen aus und verleiht 965 den Bann »in urbe Magdeburg« an die Magdeburger Moritzkirche, deren Leiter er die Juden und die übrigen ansässigen Kaufleute allein unterstellt (→Magdeburg). Otto II. erweitert dies 977 dahin, daß kein anderer Amtsträger als Ebf. und Vogt die Macht haben soll, über die Bewohner der civitas zu richten. Auf Grund dieser und ähnlicher Urkunden für Speyer, Straßburg, Worms, Verden, Gandersheim und andere Orte läßt sich schon für das Ende der otton. Zeit feststellen, daß eine Anzahl von rein gebietsmäßig abgegrenzten Sonderrechtsbereichen vorhanden ist, für welche es im Gegensatz zur Immunität nicht mehr auf die grundherrschaftl. Beziehung, sondern allein auf die örtl. Zugehörigkeit ankommt. Als deren Folge werden die Bewohner eines Ortes in einer bestimmten Beziehung rechtl. bes. gestellt.

Heinrich II. trennt dann allgemein die publicae civitates dadurch von sonstigen Gebieten, daß er für die publicae civitates die 60-Schilling-Buße vorsieht. Dementsprechend ist nach dem Hofrecht →Burchards v. Worms (um 1023/25) bei Tötungsdelikten in der civitas eben diese 60-Schilling-Buße zu entrichten. Außerdem wird für die erbl. Hausstätten in der civitas der Rechtssatz hervorgehoben, daß sie nur nach dreijähriger Zinssäumnis verloren werden können.

Nachdem sich dann um die Mitte des 11. Jh. Urkunden der Bf.e von Naumburg und Halberstadt an die Gruppe der Kaufleute in der civitas gewandt hatten, findet sich unter Heinrich IV. erstmals ein an die cives eines Ortes adressiertes Privileg, das den civitatis habitatores bzw. den urbis cives von →Worms den Zoll in allen kgl. Zollstätten erläßt (1074). Fast gleichzeitig wird andernorts ein urbanum ius bzw. eine urbana lex sichtbar. Im Jahre 1101 wird von einem bes. ius civium bzw. ius civile in →Speyer gesprochen. Dort darf nach einer weiteren Urkunde Heinrichs V. kein civis gezwungen werden, außerhalb des Umgangs der Mauer ein Ding seines Vogtes zu besuchen. Ähnlich urkundet der Ebf. v. Mainz für die »habitantes infra ambitum muri«. Schließlich legt Lothar v. Süpplingenburg 1129 für Straßburg darüber hinaus ausdrückl.

fest, daß Vögte, deren abhängige oder zinspflichtige Leute in der civitas wohnen, den Zins in der civitas holen oder Recht und Genugtuung vor den Richtern in der civitas suchen sollen.

Damit ist der Bewohner dieser civitas, die nun zunehmend nicht mehr als burg, sondern als *stat* bezeichnet wird, als solcher rechtl. aus der Allgemeinheit herausgehoben. Er wird lat. als civis (civitatis im Gegensatz zum v. a. im Norden weiter belegten civis villae), urbanus oder (v. a. im Norden zur Abgrenzung vom civis villae) burgensis bezeichnet. Deutsch entspricht dem mhd. *burgaere*, das in der Regel auf die Stadt und nur selten auf die Burg bezogen ist.

[4] *Abgrenzung:* Den wichtigsten Gegensatz zum Bürger bildet notwendigerweise derjenige, »qui non infra ambitum muri habitat«, d. h. lat. der extraneus, advena oder hospes, mhd. der *uzman* oder *gast*. Damit sind v. a. die auswärtigen Ritter und Bauern gemeint, aber auch – von der jeweiligen civitas aus gesehen – die Bürger fremder Städte (vgl. →Fremde, →Gäste). Innerhalb der Stadt werden von den Bürgern die bloßen →Einwohner *(medewoner, beisasse)* geschieden, die zwar in der Stadt wohnen, aber das Bürgerrecht nicht erlangt haben. Hierzu zählen v. a. Angehörige der städt. Unterschicht. Vielfach sind auch die Geistlichen (→Kleriker, Klerus) sowie die →Juden nicht Bürger der jeweiligen Stadt, doch bestehen dabei zeitl. und örtl. Unterschiede.

Innerhalb der Bürger wird gelegentl. auf Grund einzelner Quellenstellen eine rechtl. Sonderstellung sog. Großbürger angenommen, welche aus dem vermuteten sprachl. Gegensatz zw. civis und burgensis erschlossen wird. Dabei wird aber verkannt, daß den beiden lat. Wörtern nur ein einziges dt. Wort entspricht und daß das Aufkommen von burgensis v. a. durch die Weite des Begriffes civis im FrühMA, wo er einfach den Nachbarn und Anwohner (ahd. gibur[o]) meint, und die Notwendigkeit einer klaren Bezeichnung nach Trennung von Bürger und Bauer bedingt ist. Die genauere Betrachtung auf Grund breiteren Quellenmaterials ergibt daher, daß die Bürger einer Stadt abgesehen von der Ratsfähigkeit trotz sozialer und wirtschaftl. Unterschiede rechtl. völlig gleichgestellt sind.

[5] *Erwerb und Verlust:* Da die Stellung als Bürger mit der Privilegierung der Bürger als eigener Gruppe einen Vorzug bedeutet, der den Bürger von anderen Gruppen unterscheidet, entwickeln sich bald über das »habitare infra ambitum muri« hinaus bes. Voraussetzungen für den Erwerb der Stellung als Bürger. Als solche finden sich in den Quellen v. a. das Haben eines Grundstückes oder Hauses von bestimmtem Wert innerhalb der Stadt, die Zahlung einer bestimmten Summe an die Stadt, die Gestellung eines Bürgers als Bürgen für den Erwerber oder die Leistung eines Eides.

Nicht Voraussetzung ist dagegen die Ausübung einer gewerbl. Tätigkeit, die persönl. Freiheit oder die Nichtadligkeit. Vielmehr sind viele Bürger v. a. der kleineren Städte von ihrer Tätigkeit her Bauern (Ackerbürger; →Ackerbürgerstadt) oder von ihrem Status her hörig oder auch adlig. Allerdings schließen einzelne Städte Adlige oder einzelne Stadtherren ihre Hörigen vom Bürgerrecht aus.

Verloren wird die Stellung als Bürger außer durch den Tod v. a. durch die Aufgabe seitens des Bürgers oder durch den Ausschluß seitens der Stadt.

[6] *Inhalt:* Der Inhalt der Stellung als B. besteht aus Rechten und Pflichten, die nach Art und Herkunft sowie von Stadt zu Stadt sehr verschieden sein können.

Bei den Rechten ist eine allgemeine Tendenz zur Freiheit kennzeichnend. Der Bürger ist grundsätzl. von auswärtiger Gerichtsbarkeit befreit und braucht sich nur vor dem Gericht seiner Stadt zu verantworten. Vielfach entlastet ihn das Stadtrecht von der sog. Prozeßgefahr *(vare)* sowie vom Beweismittel des Zweikampfs. Daneben ist seine sachen- und erbrechtl. Rechtsstellung freier. Außerdem genießt er Freizügigkeit. In den meisten Städten bildet sich schließl. die Rechtsnorm →»(Stadt)luft macht frei« aus.

Zu den Rechten des Bürgers gehört auch die Teilhabe an der für die Stadt kennzeichnenden Selbstverwaltung. Allerdings sind hier die führenden Ämter vielfach faktisch einem engen Kreis von (ratsfähigen) Familien (→Rat, Ratsfähigkeit) vorbehalten. Als Recht des Bürgers ist letztl. auch der Anspruch auf Schutz durch die Mitbürger und die Stadt anzusehen.

Bei den Pflichten des Bürgers steht die allgemeine Pflicht zu Treue und Gehorsam gegenüber der Stadt und den Mitbürgern im Vordergrund. Außerdem sind Wehr- und Wachdienste zu leisten. Schließlich ist der Bürger an den städt. Lasten in der Form von Steuern (Ungeld [→Akzise], →Schoß) beteiligt.

[7] *Sonderfälle:* Eine besondere Art von Bürger sind die außerhalb der Stadt lebenden→Ausbürger oder Pfahlbürger. Bei ihnen handelt es sich oft um Adlige oder auch Klöster. Sie haben teilweise Rechte und Pflichten eines Bürgers. G. Köbler

Lit.: AhdWb I, 1530f. – Hb. der dt. Sozial- und Wirtschaftsgesch. II, 1959, 452–456 [H. Freyer] – HRG I, 1971, 543–553 [K. Kroeschell] – Dt Rechtswb II, 1935, 558–617 – Rössler-Franz, 138–141 [K. Bosl] – StL II⁵, 306–311 [F. Steinbach] – H. Pesch, Bürger und Bürgerrecht in Köln [Diss. phil. Marburg 1907/08] – G. Andres, Der Erwerb und Verlust des Bürgerrechts in den Städten der östl. Provinzen Preußens [Diss. jur. Greifswald 1910] – H. Behn, Über die Voraussetzungen des Bürgerrechtserwerbs in den dt. Städten des MA [Diss. jur. Göttingen 1911] – A. Vagedes, Bürger und Bürgerrecht in Ahaus [Diss. phil. Münster 1912] – E. Hoffmann, Die Herkunft des B.s in den Städten des Hzm. Schleswig [Diss. phil. Kiel 1951] – H. Mitteis, Über den Rechtsgrund des Satzes »Stadtluft macht frei« (Fschr. E. E. Stengel, 1952), 342–358 – G. Düll, Das Bürgerrecht der freien Rechtsstadt Nürnberg [Diss. jur. Erlangen 1954] – W. Schlesinger, Burg und Stadt (Fschr. Th. Mayer I, 1955), 97ff. – E. Sandmann, Das Bürgerrecht im ma. Frankfurt [Diss. jur. Frankfurt 1957] – H. Conrad, Dt. Rechtsgesch. I, 1962², 330ff. – G. Köbler, Civis ius civile im dt. FrühMA [Diss. jur. Göttingen 1965] – H. Krahe – W. Meid, Germ. Sprachwiss. III, 1967, 81, 223 – Vor- und Frühformen der europ. Stadt im MA., hg. H. Jahnkuhn, W. Schlesinger, H. Steuer, 1973 – G. Köbler, Lat.-germanist. Lex., 1975, 69, 268, 291, 445 – Ders., Germ. Wb., 1982², 87.

II. Sozial-, Verfassungs- und politische Geschichte: Die Entstehung des B.s in Deutschland ist mit der Entwicklung der ma. dt. Stadt, der Bildung von städt. Gemeinden oder Kommunen verbunden. Während in den vor- und frühstädt. Siedlungen des 10.–11. und vielleicht noch des 12. Jh. Gruppen aus verschiedenen Rechtskreisen nebeneinander lebten (→Ministeriale, →Zensuale, →Hörige, →Kaufleute, →Fernhändler), entstand im 12. und 13. Jh. aus diesen Gruppen in den sich entfaltenden Städten das B., das unter einem eigenen, für alle gemeinsamen Recht lebte, obwohl die alten Rechtsbindungen noch lange fortwirken konnten und der Teilbereiche die Rechtsgleichheit aufhoben; zu nennen sind hier v. a. Sonderrechte der →Ministerialen, aus denen vielfach der spätere Stadtadel hervorging.

Die wenigstens prinzipielle Gleichheit vor dem Recht verhinderte nicht, daß erhebliche soziale Unterschiede bestehen blieben und neue entstanden. Die wesentl. aus der Ministerialität kommenden Stadtadligen ragten durch ihren Reichtum hervor, der sich auf Grundbesitz, Verwaltung oder Pacht der stadtherrl. Einkünfte wie →Zoll, →Münze, →Mühlen stützte, ebenso z. T. durch ihren bes. sozialen Rang (etwa Verbindungen zum niederen Adel des Stadtumlandes). Ihnen gleich kamen Kaufleute, die ihr Vermögen dem Handel verdankten und in der Regel ebenfalls über erheblichen städt. und z. T. auch ländl. Grundbesitz verfügten. Vertreter beider Gruppen bildeten im 12. und 13. Jh. die Führungsschicht, das sog. →Meliorat. Allerdings gab es nicht in allen Städten aus der Ministerialität stammende Stadtadlige. Namentlich in den →Gründungsstädten setzte sich die Führungsschicht in dieser Zeit fast ausschließl. aus Kaufleuten zusammen. Mitglieder des Meliorats saßen in städt. Entscheidungsgremien, den →Schöffenkollegien, den Versammlungen der jurati und bes. seit dem 13. Jh. in den zentralen Räten, die sich schließlich in allen Städten zu zentralen Behörden entwickelten. Das Meliorat führte die Auseinandersetzungen mit dem →Stadtherrn um die städt. →Freiheit, verhandelte mit ihm und vertrat die Interessen der Stadt.

Von den städt. Entscheidungsgremien waren die Handwerker und Krämer noch weitgehend ausgeschlossen. Sie waren vielfach schon im 12. Jh. zu →Zünften zusammengeschlossen. 1106/07 ist die Wormser Fischhändlerzunft, 1128 die Würzburger Schuhmacherzunft, vielleicht schon 1099 die Mainzer Weberzunft belegt. Mit dem Zurücktreten des Stadtherrn gewannen die Genossenschaften und die neu entstehenden Zünfte an Eigenleben. Sie erhielten meistens das Recht der Meisterwahl, der Kontrolle über die Produktion der Zunftgenossen, das Versammlungsrecht und damit die Möglichkeit, in →Morgensprachen ihre Belange selbst zu regeln. Unter den Zunftmeistern gab es Arme und Reiche, die ihr Vermögen zumeist durch Handel vermehrt hatten.

Bildeten Kaufleute und Stadtadel die Ober- und Krämer und Handwerker die Mittelschicht einer Stadt, so gehörten die Lohnarbeiter, Gesellen und unzünftigen Handwerker zu einer Unterschicht, die durch Hausarme und Bettler vermehrt wurde (→Sozialstruktur). Sie besaßen nur ein geringes oder gar kein Vermögen und waren den wirtschaftl. Krisen hilflos ausgeliefert. Sie hatten vielfach nicht das Bürgerrecht erwerben können und lebten als minderberechtigte Beiwohner (Eingesessene) in der Stadt (→Beisassen).

Ein bes. Merkmal der Städte war die soziale Mobilität ihrer Einwohner. Auf Grund ihres Rechts der Freizügigkeit konnten sie ihre Vaterstadt verlassen, in eine andere Stadt ziehen und dort das Bürgerrecht erwerben. Das Recht nutzten Handwerker und Kaufleute, die sich in der neuen Heimat bessere Verdienstmöglichkeiten versprachen. Für den Bereich der →Hanse, bes. in den Ostseestädten, ist immer wieder hervorgehoben worden, daß Kaufmannsfamilien seit dem 13. Jh. in den für sie wichtigen Städten Verwandte hatten, mit denen sie Handel trieben. Die kaufmänn. Führungsschichten dieser Städte waren nicht nur durch wirtschaftl. Interessen, sondern oft auch durch Verwandtschaft miteinander verbunden. Analoges läßt sich, wenn auch nicht immer in gleichem Ausmaß, an anderen Handelsstädten beobachten. Ebenso gab es innerhalb der Stadt soziale Mobilität. Ehemals reiche Familien verarmten und schieden aus der Führungsschicht aus. Handwerkern gelang der Aufstieg meist durch den Handel mit ihren Produkten, bis sie unter Aufgabe ihrer handwerkl. Produktionstätigkeit Kaufleute wurden. Selbst aus den Unterschichten konnten Aufsteiger kommen. Der Aufstieg wurde dadurch erleichtert, daß das B. nicht nach ausschließl. geburtsständischen, sondern weitgehend nach ökonom. Kriterien geschichtet war. Wirtschaftl. Reichtum war dabei häufig der wesentl. Gradmesser und entschied faktisch über die Zugehörigkeit zur Führungsschicht.

Die soziale Mobilität konnte den Frieden in der Stadt gefährden, wenn es einzelnen Familien gelang, Herrschaftspositionen zu besetzen und Aufsteiger von der polit. Macht fernzuhalten. Innerstädt. Auseinandersetzungen innerhalb der Führungsschicht und zw. mächtigen Familien und aufstrebenden reichen Kaufleuten sind seit dem 13. Jh. immer wieder nachzuweisen. Allerdings waren die Aufstände während des 12. und 13. Jh. noch häufig mit dem Streben der Bürger nach Unabhängigkeit vom Stadtherrn verquickt. In den →Bischofsstädten im Westen des Reiches richtete sich die Stoßrichtung oft gegen eine alte Führungsschicht, die durch Ämterpacht, Schöffeneid, Zugehörigkeit zur Ministerialität und anderes dem Stadtherrn verbunden war und dadurch die Freiheit der Stadt zu bedrohen schien.

Als selbständig Handelnde spielten die Handwerker in den frühen Auseinandersetzungen nur eine geringe Rolle. Erst nachdem ihre genossenschaftl. Organisationen, die Zünfte, immer größere Eigenständigkeit errungen hatten, gewannen sie innerhalb der Stadt an polit. Gewicht. Den Städten, in denen die Zünfte unter der Kontrolle des Rats standen, blieben im 14. und 15. Jh. zumeist innerstädt. Auseinandersetzungen erspart. Wo dagegen den Zünften ein größerer Freiheitsraum gewährt war, konnten sie stärker in die städt. Politik eingreifen und auch zur treibenden Kraft in den Konflikten jener Zeit werden. Diejenigen, welche die Politik der Zünfte dann formulierten und durchzusetzen versuchten, waren in der Regel nicht die einfachen Meister, sondern vielfach reiche Zunftgenossen, die neben ihrem Gewerbe Handel trieben oder ihr Handwerk zugunsten des Handels, manchmal verbunden mit einem Verlag, aufgegeben hatten.

In den innerstädt. Auseinandersetzungen des 14. und 15. Jh. ging es v. a. um die Beteiligung breiterer Schichten des B.s an der Macht. In Lübeck und anderen ausgesprochenen Handelsstädten mit geringer handwerkl. Produktion haben sich die Zünfte nicht durchsetzen können. In anderen Städten sind Zunftvertreter an Ratsentscheidungen in verschiedenen Formen und unterschiedl. Abstufungen beteiligt worden. Trotz häufig gleicher Interessen der Aufständischen in den Städten blieben die Konflikte lokal begrenzt. Das Übergreifen der Unruhen von einer Stadt auf die andere ist bislang nicht erwiesen.

Bes. in südwestdt. Städten hatten sich Gesellen einiger Handwerke zusammengeschlossen und auch regionale Absprachen getroffen. In den Auseinandersetzungen mit ihren Zunftmeistern riefen sie gelegentl. sogar zum →Streik auf, ohne daß sie zu einer tatsächl. Bedrohung der städt. Gesellschaftsordnung hätten werden können, wie überhaupt Unterschichten, zu denen auch die meisten Gesellen gehörten, in den innerstädt. Auseinandersetzungen noch nicht selbständig hervortraten. Erst am Ende des 15. Jh. begann der soziale Protest gegen Macht und Reichtum sich in den Unterschichten ansatzweise zu einem neuen Kollektivbewußtsein zu verdichten, welches dann in der Reformationszeit eine größere Rolle spielte.

Zur Bewältigung der großen Gemeinschaftsaufgaben wie der Ordnung des Marktverkehrs, v. a. aber des Mauerbaus, hatten die Stadtgemeinden schon früh Verwaltungsgremien geschaffen, die anfangs verschiedene Namen trugen, oder es hatten ältere Korporationen, wie namentl. in rhein. Städten die Schöffenkollegien, kommunale Verwaltungsaufgaben an sich gezogen. Seit dem 12. Jh. wurden diese älteren Gremien vom →Rat verdrängt oder in ihren Kompetenzen beschnitten. Im Gegensatz zu anderen dt. Städten hat sich die Ratsverfassung in den alten rhein. Bischofsstädten relativ spät durchsetzen können. Im Unterschied zu den älteren Organen mußten die Ratsmitglieder in der Regel nach einjähriger Amtstätigkeit zurücktreten, konnten aber nach ein oder zwei Jahren wiedergewählt werden. Mit dem Rat hatte sich das B. eine zentrale kollegiale Behörde geschaffen, die seit dem 13. Jh. eine in zunehmendem Maße auf Schriftlichkeit basierende, von ihr abhängige Verwaltung aufbaute. Der Rat schuf sich eine eigene Gerichtsbarkeit, eine Finanzverwaltung, Aufsichtsorgane über den Marktverkehr und den Handel. Er vertrat die Stadt nach außen, sorgte in der Stadt für die Einhaltung des Friedens, indem er jedes eigenmächtige Vorgehen der Bürger untersagte (Fehdeverbot) und nahm spätestens seit dem 15. Jh. für sich in Anspruch, Obrigkeit über seine Bürger und Einwohner zu sein. In Einzelheiten zeigte die Ratsverfassung in den Städten beträchtliche Unterschiede. – Zur polit. Rolle des B.s, bes. im SpätMA, vgl. →Stadt, →Deutschland/Imperium, →Reichsstadt, →Städtebünde, →Landesherrschaft, →Landstände.

In den Städten konzentrierte sich die handwerkl. Produktion und differenzierte sich in den größeren Gewerbezentren immer mehr. Namentl. im Metallgewerbe entwickelte sich ein ausgeprägtes Spezialistentum, wie es bes. in Nürnberg bezeugt ist. Die hohe techn. Ausbildung war die Voraussetzung für Erfindungen und techn. Weiterentwicklungen des SpätMA.

Von ausschlaggebender Bedeutung für den Handel war seit dem 13. Jh. die Einführung der schriftl. Buchführung (→Buchhaltung). Sie gestattete dem Kaufmann, seine Geschäfte vom Kontor aus zu führen. Dadurch wurde er stärker an die Heimatstadt gebunden und konnte sich mehr als früher ihren Geschicken widmen. Er förderte durch sein Kapital die handwerkl. Produktion, namentl. in Süddeutschland durch den →Verlag, der in norddt. Städten seltener anzutreffen ist. Verkauf und Einkauf seiner Waren tätigte der Fernhändler v. a. auf den →Messen, zu denen er auch häufig noch selbst reiste, zumindest einen Bevollmächtigten schickte. In den südlichen Handelsstädten, aber auch in Köln, entstanden langlebige →Handelsgesellschaften, von denen die größeren Handel in der ganzen damals bekannten Welt trieben. In norddt. Städten herrschten kurzfristiger angelegte Zusammenschlüsse von Kaufleuten vor, mit deren Hilfe die Kaufleute der dt. Hanse den Warenverkehr im Ostseeraum beherrschen konnten. Auch außerhalb der Hanse gelang es den Kaufleuten, durch Kapitaleinsatz und wirtschaftl. Druck das Land und sogar kleinere Städte von sich abhängig zu machen.

Neben den Handels- und Gewerbezentren, wie Köln, Nürnberg, Augsburg, Lübeck, Danzig u. a., gab es zahlreiche kleinere und kleinste Städte, deren Bürger sich in ihrer Produktionsweise und Lebenshaltung kaum von den Bewohnern größerer Dörfer unterschieden. In ihnen blieben Ackerbau und Viehzucht und in manchen Gegenden der Weinbau die Haupterwerbsquellen. Der Besitz von Ackerland und Weingärten bildete in ihnen die Grundlage für das Sozialprestige der führenden Schichten.

Innerhalb der ma. Stadt spielte die Kirche eine Rolle. Zahlreiche kirchl. Institutionen, neben den Pfarrkirchen auch Klöster, Stifte usw. (vgl. u. a. →Bettelorden, →Beg[h]inen), beeinflußten die topograph., verfassungsmäßige und soziale Entwicklung der Stadt und waren ein fester Bestandteil des bürgerl. religiösen Lebens. Sie wurden

von den Bürgern auch mit →Stiftungen bedacht. Diese enge Verbindung von Stadtgemeinde und Kirchengemeinde ließ die Stadt zur »Sakralgemeinschaft« (vgl. K. FRÖLICH, 266f.) werden. Aufgrund ihrer Standesprivilegien nahmen die Kleriker im städt. Leben eine Sonderstellung ein. Zu diesen →Privilegien gehörten v. a. der eigene Gerichtsstand (privilegium fori) und die Abgaben- und Steuerfreiheit (privilegium immunitatis; s. a. →Akzise). In vielen Städten versuchten die Bürger, gegen diese Vorrechte der Geistlichen vorzugehen und auch die Pfarrerwahlen in die Hand zu bekommen sowie den Grunderwerb der →Toten Hand einzudämmen (→Amortisationsgesetze). Ein Gegenstand von Konflikten war auch die Tatsache, daß sich kirchl. Institutionen unter Ausnutzung ihrer fiskal. Privilegien wirtschaftl. betätigten (z. B. bei Bier [→Bier und Brauwesen], Wein [→Weinhandel, Weinzapf] und →Getreide). Um die rechtlichen und wirtschaftlichen Vorrechte der Geistlichen einzuschränken, waren die Städte bestrebt, den Klerus ins Bürgerrecht (Ablegung des Bürgereids) aufzunehmen. Die städt.-bürgerl. Bestrebungen gegen die Sonderstellung der Geistlichen stießen auf den Widerstand von Welt- und Ordensklerus, und in vielen Städten gestaltete sich das Verhältnis zw. Bürger und Kleriker spannungsreich; im SpätMA kam es in größeren Städten, etwa in den →Bischofsstädten wie →Köln oder →Straßburg, wo die →Sozialstruktur durch die Geistlichen stark geprägt wurde, sogar zu polit. Auseinandersetzungen.
K. Militzer

Lit.: F. KEUTGEN, Ämter und Zünfte, 1903 [Nachdr. 1965] – K. FRÖLICH, Kirche und städt. Verfassungsleben im MA, ZRGKanAbt 22, 1933, 188–287 – Stud. zu den Anfängen der europ. Städtewesens (VuF 4, 1958, 1975⁴) – Unters. zur gesellschaftl. Struktur der ma. Städte in Europa (VuF 11, 1966, 1974²) – D. KURZE, Pfarrerwahlen im MA (Forsch. zur kirchl. Rechtsgeschichte und zum Kirchenrecht 6, 1966) – K. FRITZE, Am Wendepunkt der Hanse (Veröff. des Hist. Inst. der Ernst-Moritz-Arndt-Univ. Greifswald 3, 1967) – P. EITEL, Die oberschwäb. Reichsstädte im Zeitalter der Zunftherrschaft (Schriften zur südwestdt. LK 8, 1970) – M. MOLLAT–P. WOLFF, Ongles bleus, Jacques et Ciompi, 1970 – R. KIESSLING, Bürgerl. Gesellschaft und Kirche in Augsburg im 14. und 15. Jh., 1971 – B. MOELLER, Kleriker als Bürger (Fschr. H. HEIMPEL, Bd. 2, 1972), 195–224 – H. PLANITZ, Die dt. Stadt im MA, 1973³ – Die Stadt des MA, hg. C. HAASE, 3 Bde (WdF 243–245, 1976–78) – Bischofs- und Kathedralstädte des MA und der frühen NZ, hg. F. PETRI (Städteforschung A 1, 1976) – Stadt und Städtebürgertum in der dt. Gesch. des 13. Jh., hg. B. TÖPFER (Forsch. zur ma. Gesch. 24, 1976) – E. ENNEN, Gesammelte Abhandlungen zum europ. Städtewesen und zur rhein. Gesch., hg. G. DROEGE u. a., 1977 – Altständ. Bürgertum, hg. H. STOOB, 2 Bde (WdF 352, 417, 1978) – E. ENNEN, Die europ. Stadt des MA, 1979³ – Hb. der europ. Wirtschafts- und Sozialgesch., hg. H. KELLENBENZ II, 1980, 552–584 [E. ENNEN] – Städt. Führungsgruppen und Gemeinde in der werdenden NZ, hg. W. EHBRECHT (Städteforschung A 9, 1980) – W. REININGHAUS, Die Entstehung der Gesellengilden im SpätMA, VSWG, Beih. 71, 1981 – E. VOLTMER, Reichsstadt und Herrschaft. Zur Gesch. der Stadt Speyer im hohen und späten MA, 1981 – s. a. die Lit. zu Abschn. C.

C. Italien

In der Sozialgeschichte der ma. Städte Mittel- und Norditaliens kann der Terminus *borghesia* nur als (anachronist.) Hilfsbegriff zur Bezeichnung jener Schichten verwendet werden, die eine handwerkl. oder kaufmänn. Aktivität ausübten, mehr oder weniger ausgedehnten Grundbesitz besaßen und eine (wechselnde) Rolle im Stadtregiment spielten, teils gemeinsam mit anderen Schichten, teils in Konkurrenz oder sogar im Gegensatz zu diesen (den Inhabern öffentl. Ämter, Juristen, Großgrundbesitzern, kirchl. Lehensträgern oder gfl. oder signorilen Vasallen). Nicht immer sind sie in dem vielfältigen Netz von Beziehungen, das seit den frühesten Zeiten die Stadt, deren Ausdehnung mehr oder weniger dem antiken »municipium« entsprach, mit dem Umland verband, klar von den anderen Schichten oder Gruppen zu unterscheiden. Diese wenigen Sätze mögen genügen, um zu zeigen, daß das sog. Bürgertum des ma. Italien in sozialer, wirtschaftl. und polit. Hinsicht Unterschiede zum B. des übrigen Europa aufweist und daß der Kaufmannsstand nur eine Komponente der städt. Bevölkerung und der regierenden Schicht darstellt.

Die ma. it. Städte gehen zum Großteil auf antike röm. Städte zurück, die später Bischofssitze und als solche Zentren einer kirchl. Diözese wurden. Wie in der Antike blieben sie weiterhin Sitz der polit., militär., richterl. und Verwaltungsorgane, die an der Spitze der Stadt und des mit ihr verbundenen Umlands standen. Auch in langob.-frk. Zeit waren sie Zentren von handwerkl. und kommerzieller Aktivität, wobei letztere – wie eine ausreichende Quellenüberlieferung zeigt – mancherlei Schwankungen erfuhr. Wie in der Antike waren in der Stadt aber auch die »possessores« präsent. Die vielfältige Zusammensetzung der städt. Bevölkerung findet implizit in den Königs- und Kaiserurkunden des 10. und 11. Jh. ihren Ausdruck, die von »cives maiores, mediocres et minores« sprechen. Darunter sind nicht in sich geschlossene, jurist. klar definierte Klassifikationen zu verstehen, sondern »soziale« Gruppierungen, die aufgrund ihrer Lebensform und des Ansehens des einzelnen, das auf dem Kreis seiner Verwandten bzw. Freunde und seinem Grundbesitz beruhte, gekennzeichnet waren. Zu welcher Position Kaufleute aufsteigen konnten, geht deutlich aus ihrer Bezeichnung als »magni, honorabiles et multum divites« in den zu Beginn des 11. Jh. verfaßten →»Honorantie civitatis Papie« hervor, die auch Nachrichten über die Organisation des Handwerks liefern. Eigentum und Grundbesitz der cives sind für diese Zeit gut bezeugt. Bekanntl. vermochten diese Gruppen im Lauf des 10. Jh. bei verschiedenen Gelegenheiten, in unterschiedl. Ausmaß und mit ungleicher Wirkung, ihre Forderungen den lokalen Gewalten zur Kenntnis zu bringen und bisweilen auch mit Nachdruck durchzusetzen.

Die Schicht der stadtsässigen possessores, die häufig in die ländl. Lehnsbeziehungen eingegliedert waren und nicht selten eine kaufmänn. Tätigkeit ausübten, verstärkte sich in der Folgezeit durch den Zuzug anderer ländl. Grundbesitzer, Vasallen und Kriegsleute in die Stadt, die dem Erscheinungsbild der Städte durch die Errichtung von Wehr- und Wohntürmen auf Jahrhunderte ein neues Gepräge gaben. Gleichzeitig vergrößerten sich, angesichts des allgemeinen ökonom.-demograph. Aufschwunges, auch die Zahl sowie der Reichtum der Kaufleute, die einerseits ihre durch den Handel erzielten Gewinne in Landbesitz anlegten und andererseits die aus dem Grundbesitz stammenden Einkünfte im Handel investierten. In diesem Zusammenhang ist bezeichnend, daß die Statuten der Städte den Bestimmungen über Landbau und Schutz des Grundbesitzes großen Raum gewähren. Negotiatores und possessores brachten ihre bes. Forderungen sowie polit. Fähigkeiten und Haltungen in den Bewegungen, die zur Bildung von →Kommunen führten, zum Tragen; die kommunale Bewegung wird in der modernen Historiographie nicht mehr als revolutionäre und antifeudale Strömung interpretiert, sondern als Transformation der feudalen Welt, an der die oberen sozialen Schichten der städt. Bevölkerung teilhatten, und damit als Struktur, in der sich der Überlebenswille der alten und neuen städt. Aristokratie mit den sozio-ökonom. Interessen der Kaufleute und Handwerker verbanden. Die Bestätigung dafür finden wir in den Listen der Personen, welche die neue polit. Organisation verkörpern, in der Namen von Vasallen und bfl. oder gfl. Amtsträgern neben denen von vermutl. Grundbesitzern oder Kaufleuten – oder beides zusammen – sowie Richtern, Notaren und Rechtskundigen (→iurisperiti) stehen. Auch Richter und Juristen konnten zu der Schicht der maiores aufsteigen, wenn sie in ihrem Beruf zu Reichtum gekommen und Grundbesitzer geworden waren, sie wurden bfl. oder signorile Vasallen und verbanden sich durch Heirat mit großen städt. und ländl. Familien.

Dieser relativ kleine, aber verschiedenartig zusammengesetzte Kreis von Personen und Familien monopolisierte bis gegen Ende des 12. Jh. die Besetzung von Ämtern, zog sowohl in der Heimatstadt wie auswärts durch die Ausübung des Podestariats (→Podestà) die Macht an sich und leitete das polit.-militär. Ausgreifen in das Umland ein – dies ein characterist. Phänomen des it. Städtewesens –, wobei den Landgemeinden und lokalen Signoren die Autorität der Kommune aufgezwungen wurde. Die landsässigen Herren wurden zu temporären Aufenthalten in der Stadt genötigt. Dabei eröffnete sich ihnen die Möglichkeit der Eingliederung in das städt. Leben. Schließlich erfolgte die vollständige Assimilierung der verstädterten und der alteingesessenen Aristokratie hinsichtl. Besitzstand, Beschäftigungen, Lebensgewohnheiten und Ambitionen. Die nicht selten auftretenden inneren Kämpfe, welche die einzelnen Städte erschütterten, waren ursprgl. keine Auseinandersetzungen sozialer Schichten, sondern Machtkämpfe zw. Einzelpersonen und Familien bzw. deren →Klientelen; erst gegen Ende des 12. Jh. zeigten sich – jedoch nicht überall – polit. Gruppierungen, die auf sozialen Differenzen basierend, milites und populares einander gegenüberstellten. Der im Handel, in der Landwirtschaft und im gewerbl. Bereich erreichte Fortschritt hatte in ökonom. und sozialer Hinsicht eine Stärkung der Bevölkerungsschichten mit sich gebracht, die de facto vom Konsulat ausgeschlossen waren und sich mit bestenfalls zweitrangigen Ämtern begnügen mußten, obwohl ihre wirtschaftl. Funktion von fundamentaler Bedeutung war und ihre Zahl sich durch das natürliche Anwachsen der Familien und den Zustrom von ländl. Bevölkerungsgruppen vergrößerte, die sich erfolgreich in das städt. Wirtschaftsleben eingliederten. Die popularen Schichten benutzten die »arti« (→Zünfte) und andere militär. organisierte Verbände, um ihre Macht bei der konsularen Aristokratie zur Geltung zu bringen und eine ihren Interessen entsprechende Beteiligung am Stadtregiment durchzusetzen. Es war nicht immer und nicht überall leicht, die Großkaufleute, Bankiers und Rechtsgelehrten von der konsularen Aristokratie, mit der diese Gruppen seit Generationen verbunden waren, zu trennen und sie auf die Seite der popularen Bewegung zu ziehen.

Den popularen Verbänden traten jedoch auch Angehörige des Adels bei, die entweder tatsächl. ökonom. Aktivitäten ausübten oder ein neues Betätigungsfeld für ihren Ehrgeiz suchten. Dem Populus gelang es auf diese Weise, die Exklusivität der alten Führungsschicht zu überwinden, neue Wahlsysteme durchzusetzen und neue polit. Organe zu schaffen, die für die Mitglieder der popularen Verbände reserviert waren, wobei der jeweilige Vermögensstand – entsprechend der Veranlagung zur Steuer (→estimo) – für die passive Wahlfähigkeit maßgebend war. Um die Mitte des 13. Jh. hatte sich die bis dahin einheitl. kommunale Verfassung zu einer dualist. Struktur gewandelt, die sowohl auf legislativer wie exekutiver Ebene durch die Einsetzung des *consiglio del popolo* und des *capitano del popolo*, dessen Vorrechte zum Nachteil der *consigli del comune* und des Podestà ständig zunahmen, den

Interessen des Populus diente. Aber auch das Amt des capitano del popolo wurde – ebenso wie dasjenige des Podestà – von den Angehörigen des Feudaladels angestrebt. Zur gleichen Zeit setzte eine Reihe von gesetzl. Verfügungen, die von Stadt zu Stadt mit unterschiedl. Strenge gehandhabt wurden, den Ausschluß der sog. *magnati* von den popularen Verbänden und generell die Beschränkung ihrer polit. Rechte fest. Bei diesen magnati handelte es sich um Angehörige alter und mächtiger städt. Geschlechter, feudaladliger Familien oder reichgewordener Kaufmannsfamilien, die Lehen und Burgen gekauft hatten und für einzelne ihrer Mitglieder die Ritterwürde (→Ritter, -tum) erlangt hatten; sie alle wurden von der »öffentlichen Meinung« wegen ihrer Macht und Präpotenz als, auch gesehen, gefährlich eingestuft. Dagegen gestatteten die →Kleiderordnungen den weibl. Mitgliedern der Magnatenfamilien das Tragen bestimmter Gewänder und Schmuckstücke, die den Frauen aus Familien, deren Oberhaupt bestimmte andere Tätigkeiten ausübte, nicht erlaubt waren, wobei diese jedoch im Vergleich zu Frauen aus Familien, in denen wieder andere berufl. Tätigkeiten ausgeübt wurden, einen höheren Aufwand an Kleiderluxus und Schmuck treiben durften: ein letzter Rest der alten Abstufung in maiores, mediocres und minores.

Daß die Angehörigen der alten städt. oder feudalen Familien ein hohes Selbstwertgefühl besaßen und ihre Gruppe im Vergleich zu den reichgewordenen Kaufleuten und allen denen, welche die →artes mechanicae ausübten, als überlegen und höherstehend betrachteten, liegt auf der Hand. Es ist auch nicht verwunderlich, daß die reichen Kaufleute und generell alle erfolgreich in der Wirtschaft Tätigen die in der höf. Literatur verherrlichten Lebensformen des Adels als Ideal ansahen. Dieser Lebensstil wurde in seinen diversen Erscheinungsformen in allen sozialen Schichten begierig rezipiert und diente als Vorbild bei der Organisation von Zeremonien, Festen, Schauspielen, Turnieren und Wettkämpfen, welche die ganze städt. Bevölkerung vereinten und in bemerkenswerter Weise mit der eher kleinlichen und konformist. Mentalität kontrastierten, die in den »Libri di ricordi« und »Trattati di buoni costumi« zum Ausdruck kommt (→Feste und Wettkämpfe, städt.). Der alte und neue Stadtadel teilte jedoch mit allen anderen sozialen Schichten jenen polit. und religiösen Patriotismus, der Kommune und Lokalkirche, Stadt und Stadtpatron, polit. Freiheit und göttl. Gnade miteinander identifizierte, und der sich in Chroniken und lit. Werken, Kirchenbauten und sonstigen Stiftungen sowie repräsentativen bildl. Darstellungen ausdrückte. Diese Grundzüge prägten die ökonom.-soziale Struktur und die komplexe, oft widerspruchsvolle Mentalität der it. Stadtbevölkerung im MA. Die Teilnahme der verschiedenen Schichten am Stadtregiment, wie es sich im Laufe des 13. Jh. herausgebildet hatte, variierte: Revolutionäre Bewegungen, wie z. B. der Aufstand der →Ciompi in Florenz, führten zu einer Ausweitung des Kreises der an der Stadtführung Beteiligten; es gab jedoch auch Phasen der Restriktion, wenn das populare Regime sich in eine Oligarchie verwandelte oder sich eine →Signorie durchsetzte, die aus der städt. Aristokratie – mit allen ihren Komponenten – willkürl. ihre Helfer wählte, einen neuen »Hofadel« schuf und andere Gruppierungen und Schichten in eine Randposition abdrängte.   G. Fasoli

Lit.: G. DILCHER, Die Entstehung der lombard. Stadtkommune, 1967 – G. FASOLI, R. MANSELLI, G. TABACCO, La struttura sociale delle città ital. dal V al XII secolo (VuF XI, 1963–64, 291–320) – A. M. NADA PATRONE, L'ascesa della borghesia nell'Italia comunale, 1974 – PH. JONES, Economia e società nell'Italia medievale; il mito della borghesia

(Storia d'Italia-Annali, a cura di R. ROMANO – C. VIVANTI, 1978), 287–372 – G. FASOLI, Città e feudalità, Ec. fr. de R., Coll., 1980 – La città in It. e in Germ. ..., hg R. ELZE–G. FASOLI, 1981.

D. Westeuropa
I. Südliche und nördliche Niederlande – II. Nördliches Frankreich – III. Südliches Frankreich.

I. SÜDLICHE UND NÖRDLICHE NIEDERLANDE: Der Prozeß der Urbanisierung läßt sich seit dem 9. Jh. in →Flandern und dem Bm. (später Fürstbm.) →Lüttich beobachten. Bei den ersten Stadtbewohnern handelte es sich zum einen um ehem. →Zensualen weltl. oder geistl. Grundherren auf derjenigen Domäne, auf der sich die werdende Stadt befindet, zum anderen um Zuwanderer. Die Angehörigen dieser kleinen frühstädt. Welt betrachteten sich als frei und konnten ihre Ansprüche auf Freiheit vergleichsweise leicht durchsetzen, bes. angesichts der Normanneneinfälle, welche die Macht der bisherigen Herrschaftsträger geschwächt oder ganz beseitigt hatten. Der Grundzins wurde in der Folgezeit durch die städt. Gemeinden abgelöst (Arras, möglicherweise auch Gent), erworben (Brügge, 1127) oder gewaltsam in Besitz genommen (Tournai). Seit der 2. Hälfte des 11. Jh. begegnen in →Gent die viri hereditarii, d. h. Leute, die einen Teil des städt. Grund und Bodens ihren Erben zu vollem Eigen hinterlassen konnten. Wahrscheinl. geht das →Patriziat, das – nach sporad. Erwähnung in den spärlichen Quellen des 12. Jh. – im 13. Jh. klar hervortritt, aus den Nachkommen derjenigen hervor, die den Grundzins abgelöst hatten. Erbl. Besitz an städt. Boden (eine →hereditas) hat damit sicherl. zur Bildung einer städt. Elite, deren Stellung ebenfalls erbl. war, beigetragen. Alteingesessene Bewohner konnten auf diese Weise die Zuzüglinge abhängig halten; diese mußten sich entweder in den Dienst der viri hereditarii stellen oder von ihnen ein Stück ihrer mansio gegen Zinsleistungen übernehmen. In beiden Fällen trug die zugewanderte Bevölkerung zur Vermögensbildung in den Händen des Patriziats bei.

Der →Fernhandel der Patrizier mit den Handwerkserzeugnissen ihrer Städte (fläm., brabant. und holl. Tuche; maasländ. Metallarbeiten) sowie mit wichtigen Rohstoffen bildete seit dem 10. Jh. die materielle Grundlage, die den Patriziern nicht nur die Befreiung von ihren ehem. Grundherren gestattete, sondern sie auch zu einer gewichtigen polit. Größe im ndl. Fürstentümern werden ließ. →Gent besaß eine Kaufmannsgilde (→Gilde) ebenso wie eine →Hanse, die 1199 auch Bewohner anderer Städte und der Vorstädte umfaßte. Wahrscheinl. von der 2. Hälfte des 11. Jh. an verliehen die Gf.en v. Flandern Privilegien an diese Großkaufleute und Tuchhändler, wobei ein gemeinsames Interesse von Fs. und Patriziern an der Eindämmung adliger Machtpositionen bestand. In den ersten städt. Statuten (St-Omer und Gent 1127) hatten die Patrizier eine privilegierte Rechtsstellung inne, die einen günstigen Status bei Prozessen, Kontrolle über die städt. Verwaltung und Monopolstellung bei der Besetzung der Schöffenämter (→Schöffen) umfaßte. In Brügge war die Zugehörigkeit zum Patriziat, das als *poorterie,* d. h. Bürgerschaft im engen Sinne, bezeichnet wurde, an die Mitgliedschaft in der Hanse v. London (→Hanse, fläm.) geknüpft. Diese Stellung verschaffte auch als einzige den Zugang zu den Schöffenämtern. Nach dem Privileg von 1241 konnten Handarbeiter nicht Schöffen werden.

Die gleiche Entwicklung vollzog sich in den anderen ndl. Fsm.ern, wenn auch mit einiger Verzögerung. In Brabant vermochten die Patriziergeschlechter sogar ihre Stellung mit besserem Erfolg gegen den »demokrat.« Druck der Zünfte zu behaupten als in Flandern oder im Fürstbm. Lüttich. Die Kaufmannsgilde beherrschte als exklusiver Geschlechterverband Wirtschaft und Politik in Städten wie →Löwen oder →Brüssel. Die Zahl der Schöffenstühle entsprach hier vollständig der Zahl der Geschlechter: sieben in Brüssel, sechs in Antwerpen, während die Gesamtzahl der Ämter generell 14 oder zwölf betrug. Im Laufe des 13. Jh. setzten die Fs.en die jährl. Neubesetzung des Magistrats anstelle der bisherigen Unabsetzbarkeit durch. 1209 wurde in →Ypern die jährl. Amtsdauer eingeführt, wobei die fsl. Einflußnahme auf die Auswahl der Magistratsmitglieder ausgeschlossen wurde. 1228 modifizierte das Genter Patriziat den ihm 1211 aufgezwungenen jährl. Amtswechsel dergestalt, daß 39 Personen jährl. für die zweimal 13 vorhandenen Schöffenämter gewählt wurden; d. h. ein Drittel des Personenkreises blieb ohne Amtstätigkeit. Freiwerdende Ämter wurden auf dem Wege der Kooptation besetzt. In Brüssel führte die jährl. Besetzung der Ämter seit 1235 gleichfalls nur zu einer geringen Verbreiterung des beteiligten Personenkreises.

Durch die städt. →Revolten der beiden letzten Jahrzehnte des 13. Jh. wurde der Zusammenhalt des Patriziats stark beeinträchtigt. In Löwen (seit 1265) und in Gent (seit ca. 1300) befehdeten sich patriz. Familienclans. In Flandern und im Fürstbm. Lüttich büßten die Patrizier um 1300 die meisten ihrer sozialen und polit. Privilegien ein. In Brabant konnten sie ihre Monopolstellung im Stadtregiment bis 1360 (Löwen), 1421 (Brüssel) und 1435 (Antwerpen) bewahren. Auch nach diesen Zeitpunkten blieben die Einflußmöglichkeiten der Handwerker recht gering. Der Einfluß der neuen Patrizier in Flandern, die sich aus Nachkommen der alten Geschlechter und aus Neureichen zusammensetzten, wechselte je nach den Beschränkungen, die ihnen die revolutionären Handwerker auferlegten. In Gent vermochte die poorterie nur sechs von 26 Schöffenstühlen zu behaupten, darunter allerdings die beiden ersten; in Brügge behielt sie acht, darüber hinaus die Ämter der Vorsteher der einzelnen Stadtviertel. In Lüttich besetzten die Zünfte seit 1384 alle Sitze im Rat; das Patriziat konnte nur eines der beiden Bürgermeisterämter behaupten.

In den Städten Hollands, in denen sich die Ausbildung eines B.s später vollzog und die städt. Entwicklung bescheidenere Ausmaße hatte als in Flandern und Brabant, wurden in →Dordrecht und →Leiden im Laufe des 13. Jh. Kommunen gebildet. Es handelte sich hierbei jeweils um ein Gremium mit v. a. finanziellen Kompetenzen, in dem die wohlhabendsten und angesehensten Bürger saßen; es trug die Bezeichnung »de rijkdom« (vgl. →Reich und arm). Im Laufe des 14. Jh. schloß sich ihm ein Teil des verarmten stadtsässigen Adels an; aus der Verschmelzung entstand die in den nördl. Niederlanden charakterist. Form des Stadtrates, die →*vroedschap.* Im 15. Jh. erfolgte die Abschließung dieses Personenkreises, zu dem nur noch Zugang fand, wen die reichsten Bürger kooptierten. Das Kollegium der vroedschap, das aus 80, 40 oder 24 Mitgliedern auf Lebenszeit bestand, schlug dem Fs.en die Kandidaten für die Ämter der Schöffen oder Ratsherren vor. Oft wurden die früheren Magistratsangehörigen Mitglieder der vroedschap. Mit der mehr oder weniger starken Entmachtung des Patriziats in den südl. Niederlanden wurde der Rechtsstatus des Bürgers offensichtl. auf alle Einwohner einer Stadt, die in den städt. Steuerregistern verzeichnet waren, ausgedehnt. Die Begriffe «Bürger« oder »Poorter« erhielten nun eine weitere Bedeutung, wobei sie aber weiterhin die Elite der nicht von Handarbeit lebenden Stadtbewohner bezeichneten. Darüber hinaus läßt sich, bes. in Brabant, beobachten, daß Adlige das Bürgerrecht einer großen Stadt kauften, um die jurist. und polit. Vorteile dieses Status wahrnehmen zu können. Dieses Bestreben, das sich zw. 1380 und 1450 stark bemerkbar machte, verschwand mit der Entstehung des burg. Staates (→Burgund, Hzm.). Eine dritte Ausdehnung des Bürgerrechts betraf die →Ausbürger *(buitenpoorter, bourgeois forain):* Landbewohner kauften zu Tausenden das Bürgerrecht in Städten, um von der Besteuerung in ihren Dörfern freizukommen und vom städt. Rechtsschutz zu profitieren. Diese Ausdehnung der Zugehörigkeit zum B. von einer ursprgl. Elite, die einen Schwurverband bildete, auf die unterschiedlichsten sozialen Gruppen und Schichten ist nur vor dem Hintergrund der Macht der Städte zu verstehen.

Schließlich sei bemerkt, daß das städt. Patriziat seit dem 13. Jh. eine ununterbrochene Tendenz zur Verschmelzung mit dem Adel zeigt. Dies äußert sich im Rückzug aus dem aktiven Handelsleben, im Kauf von ländl. Grundbesitz (nach Möglichkeit adligen Grundherrschaften), in Heiratsverbindungen selbst mit verarmten Adligen, in der sozialen Herausheburg mit Hilfe von »Statussymbolen«, wie sie etwa eine steinerne Stadtburg *(steen),* ein Gefolge von Dienern in Livrée, ein eigenes Wappen usw. darstellen. Im 15. Jh. erfaßte dieses Streben der städt. Oberschicht nach adligen Lebensformen auch die Neureichen.

W. P. Blockmans

Lit.: F. BLOCKMANS, Het Gentsche stadspatriciaat tot omstreeks 1302, 1938 – J. VERBEEMEN, De buitenpoorterij in de Nederlanden, BGN 12, 1957, 81–99, 191–217 – PH. GODDING, Seigneurs fonciers bruxellois (ca. 1250–1450), Cah. bruxellois 4, 1959, 194–223; 1960, 1–27, 85–113 – DERS., La bourgeoisie foraine de Bruxelles du XIV⁰ au XVI⁰ s., ebd., 7, 1962, 1–64 – R. VAN CAENEGEM, Coutumes et législation en Flandre aux XI⁰ et XII⁰ s. (Les Libertés urbaines et rurales du XI⁰ au XIV⁰ s., 1968), 245–279 – Sonderh. der Zs. Holland 1, 1969, 97–177 [mit Beitr. zu Dordrecht, Haarlem, Leiden, Amsterdam, Gorinchem] – W. PREVENIER, La bourgeoisie en Flandre au XIII⁰ s., Revue de l'Univ. de Bruxelles, 1978, 407–428 – R. VAN UYTVEN, Les bourgeois dans les villes brab. au XIII⁰ s., ebd. 1978 – Alg. Gesch. Ned. I, 1981, 442f.

II. NÖRDLICHES FRANKREICH: Der Begriff des Bürgers wird im nördl. Frankreich in drei unterschiedl. Bedeutungen, die jedoch untereinander eng zusammenhängen, gebraucht. Bürger *(bourgeois)* sind: a) die Bewohner von Städten, abgehoben von den Bewohnern der ländl. Gebiete; b) diejenigen, welche die Rechtsstellung von Bürgern innehaben, d. h. die Bürger *(citoyens)* in ihrer bes. Rechtsstellung gegenüber den bloßen Einwohnern; c) diejenigen, die als reichste unter den Bürgern in der städt., durch Nichtvorhandensein einer feudal-adligen Oberschicht gekennzeichneten Gesellschaft sozial dominieren und deren polit. Führung innehaben; sie werden in der hist. Literatur als →»Notabeln« oder, kollektiv, als →»Patriziat« bezeichnet. Im folgenden sollen diese unterschiedl. Definitionen von Bürgern und B. für das nördl. Frankreich nacheinander behandelt werden:

[1] Die Gesch. der Gesamtheit der ma. Stadtbewohner ist in vielerlei Hinsicht mit der Entwicklung der Stadt als solcher identisch: Hunderte von Städten erlebten in N-Frankreich während der Periode des großen demograph. und wirtschaftl. Aufschwungs vom 11. bis zum frühen 14. Jh. ihren Aufstieg. Diese sehr zahlreichen Städte bieten, typolog. gesehen, ein vielfältiges Bild. Die Mehrzahl waren bloße Marktorte für den Absatz von Agrarprodukten; sie entwickelten sich häufig bei der Burg eines Herrn mit Banngewalt (z. B. Le Neubourg, Loches, La Ferté Bernard, Montfort l'Amaury, Toucy). Bestimmte Städte von größerer Ausdehnung verfügten über Gewerbe, die eine größere Anzahl von Arbeitskräften erforderten (z. B. Abbeville, Compiègne, Arras, Evreux, Chartres). Andere wiederum besaßen Bedeutung für Handel sowie überregionales und z. T. internationales Kreditwesen (z. B. Bar-sur-Aube, Troyes, Dijon, Rouen, Nantes). Das Wachstum einer Stadt rührte oftmals vom Willen eines Herrn her, der in dieser Stadt Kapital investierte, um der Produktion in einer ganzen Region Auftrieb zu geben und von dieser wirtschaftl. Entwicklung zu profitieren (z. B. St-Omer, La Rochelle). So reicht das Spektrum der nordfranz. Städte von einem kleinen Flecken, der nur anläßl. eines Marktes eine größere Anzahl von Personen in seinen Mauern versammelt sieht, bis hin zur Weltstadt →Paris, einer der größten Städte des ma. Westens. Die großen Wanderungsbewegungen, die für den Zuwachs dieser berufsständ. vielfältig gegliederten Stadtbevölkerung sorgen, haben in Nordfrankreich ihren Ursprung in der Regel im engeren Umkreis der Städte selbst; so stammten, wie die Forschung ergeben hat, die Zuzüglinge nach →Arras nur aus einem Radius von bis zu ca. 50 km Entfernung von der Stadt.

[2] Ein Teil der städt. Bevölkerung war schon früh mit einer bestimmten Reihe von Privilegien ausgestattet. Ausgehend von den Kommunalprivilegien *(chartes de commune;* →Kommune; →St-Quentin, →Rouen, →Amiens, →Soissons, →Beauvais) und den Statuten (→*franchises;* →Lorris, →Beaumont-en-Argonne) lassen sich folgende Hauptprivilegien erkennen: Zunächst wird derjenige definiert, der Anteil an der Kommune, d. h. dem Schwurverband (s. a. →coniuratio), hat oder die Rechtsstellung der →franchise genießt. Der rechtl. und sozial herausgehobene *bourgeois-citoyen* wird in der Regel zunächst nach Zahl und Umfang seiner Güter, insbes. seines Grundbesitzes, eingestuft; ein großer Teil der städt. Einwohner, der über keinen oder nur sehr geringen (Grund)besitz verfügt, scheidet damit schon als Teilhaber an der Rechtsstellung des Bürgers aus. Später tritt als Qualifikativ der ständige Wohnsitz in der Stadt hinzu (vgl. aber →Ausbürger, →Königsbürger). Der Bürger genießt persönl. Freiheit, die allerdings für die Frühzeit schwer zu definieren ist. Ihm wird Sicherheit seiner Person und seiner Güter garantiert, die beide eine Sonderstellung vor Gericht innehaben. Er unterliegt nicht den willkürl. Abgaben- und Dienstleistungen, den sog. Feudallasten 'à merci«. Er kann das →dominium utile seiner Liegenschaften nach Belieben weiterverleihen. Darüber hinaus strebt die Gemeinschaft der Bürger nach dem Erwerb einer gewissen Autonomie, die zunächst oft eine bloß fakt. Autonomie ist. Erst vom 13. Jh. an geben die Urkunden nähere Aufschlüsse über die Art des Stadtregiments. An der Spitze der Städte in Nordfrankreich, die über eigenes Regiment verfügten, standen in der Regel →Schöffen und Bürgermeister (maiores/→maires), wobei die Rechte nach Kompetenzen im einzelnen ungemein differenzierten: Die Zahl und Bedeutung der Angelegenheiten, welche eine Stadt selbständig wahrnahm, hing stark von ihrer Finanz- und Wirtschaftskraft ab. Dennoch konnte auch die Haltung des →Stadtherrn gegenüber seiner Stadt entscheidend sein. So erlangte →Paris, das als Hauptstadt des Kgr.es stets von den eifersüchtig über ihre Rechte wachenden Kapetingern abhängig war, nie ein echtes bürgerl. Stadtregiment, und auch in →Orléans, das gleichfalls eng an das Kgtm. gebunden war, blieb die städt. Selbstverwaltung lange Zeit schwach. Andererseits gab es kleinere Städte, die von ihrem Stadtherrn mit Privilegien geradezu überhäuft wurden. So gestaltete sich der Erwerb städt. Freiheiten und Privilegien mancherorts rasch und problemlos, mancherorts jedoch erst im Zuge von Spannungen oder gewaltsamen Ausein-

andersetzungen. Auf welche Weise diese Rechte auch immer erworben wurden, das jeweilige Stadtregiment beanspruchte stets gegenüber den anderen polit. Gewalten, die Gemeinschaft der Bürger in allen Fragen, insbes. aber den fiskal. Angelegenheiten, zu repräsentieren.

[3] Lange Zeit wurde – in Anschluß an die bürgerl.-liberale frz. Geschichtsschreibung des 19. Jh. – angenommen, daß die Gremien und Verbände der Bürger ausgesprochen demokrat. Charakter besessen hätten. Sowenig dies der Fall war, man begegnet in den stadtbürgerl. Gremien doch einem relativ breiten Spektrum von verschiedenen Gruppen und sozio-ökonom. Schichtungen. Im Lauf der Entwicklung finden sich, zunehmend abgestuft nach Vermögensklassen, an der Spitze der städt. Gesellschaft →Kaufleute, →Handwerker und Brauer. Die notablen Bürger sind in erster Linie Rentiers, oft mit dem Kleinadel versippt, obwohl sie sich manchmal schwer von den Kaufleuten abgrenzen lassen. Häufig aus den familiae der grundherrl. ministeriales aufgestiegen, dürften sie schon seit den Anfängen der städt. Entwicklung eine beherrschende Stellung in ihrer Stadt eingenommen haben. Allgemein versuchten sie, sich die städt. Machtpositionen vorzubehalten, was ihnen in unterschiedl. Maße gelang. Seit dem 13. Jh. standen ihnen häufig die »neuen Reichen« als konkurrierende Schicht gegenüber. Diese polit.-sozialen Konflikte wurden in Nordfrankreich in der Regel weniger gewaltsam ausgetragen als im benachbarten Flandern, was u. a. mit der stärkeren Kontrolle der frz. Krone über die Städte zusammenhing. Die Spannungen im SpätMA eskalierten anscheinend nur in Zeiten, in denen sich die frz. Monarchie in einer Krise befand, etwa um die Jahre nach ca. 1350, 1380 und 1410. Üblicherweise sorgte das Kgtm. dafür, daß die Oligarchie nicht zu selbstherrl. wurde, wobei die Krone die bestehende städt. Gewalt jedoch gegen Opponenten verteidigte. Die Ziele der Opposition in den innerstädt. Konflikten werden oft nicht ganz klar. Häufig ist angenommen worden, daß die Macht der Oligarchien von der Krone nivelliert wurde, entsprechend der Aushöhlung der Autonomie der großen Städte, die von machtvollen »Kommunen« zu einfachen »bonnes villes« degradiert wurden. Doch verdeutlicht etwa die Entwicklung in →Tours, wie sehr die dortige Oligarchie der »honorables hommes« von der Unterstellung unter das Kgtm. profitiert hat. Dieses Ergebnis zeigt die Notwendigkeit weiterer Untersuchungen über die spätma. Periode, welche bei Historikern oft nur geringes Interesse gefunden hat. →Sozialstruktur. R. L. de Lavigne

Bibliogr.: Ph. Dollinger-Ph. Wolff, Bibliogr. d'hist. des villes de France, 1967 – *Lit.*: P. Joanne, Dict. géogr. et administratif de la France, 7 Bde, 1890-1905 – F. Vercauteren, Etude sur les civitates de la Belgique seconde..., 1934 – E. Chapin, Les villes de foires de Champagne..., 1937 – F. Ganshof, Essai sur le développement des villes entre Loire et Rhin au MA, 1943 – Ch. Perrin, Chartes de franchise et rapports de droits en Lorraine, RecA 52, 1946 – M. Boulet-Sautel, L'émancipation urbaine dans les villes du centre de la France; La formation de la ville médiévale dans les régions du centre de la France, RecJean Bodin VI-VII, 1954-55 – R. Pernoud, Hist. de la bourgeoisie en France I, 1960 – Ph. Wolff, Univers de la France, 1967 – Ch. Petit-Dutaillis, Les communes françaises, 1970² – M. Parisse, La noblesse lorraine XI-XIII° s., 2 Bde, 1976 – M. Bur, Notes sur quelques petites foires de Champagne (Studi... F. Melis I, 1978) – J. Le Goff (Hg.), Hist. de la France urbaine II, 1981 [auch zu III] – R. Kaiser, Bischofsherrschaft zw. Kgtm. und Fürstenmacht. Stud. zur bfl. Stadtherrschaft..., 1981 – vgl. auch die allg. Werke zur Regionalgesch. und Stadtgesch. unter den jeweiligen Stichwörtern.

III. Südliches Frankreich: In den Gebieten des frz. Südens (Provence, Languedoc, Aquitanien) war die Entstehung eines städt. B.s wie andernorts mit dem Aufschwung der Städte im 11.-12. Jh. verbunden, wobei diesem oft der vom Land ausgehende Impuls der Neubelebung des wirtschaftl. Austausches voranging. Allgemein erfolgte die Entwicklung des B.s im frz. Süden etwas später als in Italien und in den Niederlanden; eine Besonderheit im Süden Frankreichs war die bedeutende Rolle, welche die Landbesitzer und das stadtsässige Rittertum in den Reihen des südfrz. B.s spielten. Im provenzal. →Arles gab es 1067 bereits majores und zahlreiche Ritter, die Allodialgüter im Umkreis der Stadt besaßen; beim ersten Auftreten des →Konsulats i. J. 1129 besteht die städt. Körperschaft aus milites und probi homines. In →Marseille ist die späte Erwähnung eines Konsulats i. J. 1178 ein Zeichen für die Schwäche der kaufmännn. Oligarchie im 12. Jh. In den languedoc. Städten sind am Ende des 11. Jh. und im 12. Jh. ebenfalls civites od. burgenses u. milites belegt (so in Béziers, Narbonne, Nîmes, Carcassonne), und in →Toulouse konstituierte sich das Patriziat im 1. Viertel des 12. Jh. mit den *prud'hommes* (probi homines), den durch Wertzuwachs ihres Grundbesitzes oder durch Handel reichgewordenen →Notabeln sowie den *cabalerii*, stadtsässigen Rittern. In →Bordeaux bildete sich die Gemeinschaft der Bürger etwas später heraus: Die ersten bourgeois (burgenses) werden 1122 erwähnt, die Gruppe der »milites et burgenses« erscheint 1147. In den anderen größeren Städten Aquitaniens, wie Angoulême, Agen, Bayonne, Périgueux, Dax, entstammte das B. zum großen Teil der Schicht der Grundbesitzer, es tritt hier kaum vor dem Ende des 12. Jh. in Erscheinung. Einen geringen Anteil hat in den aquitan. Städten das Rittertum; nur in den sehr kleinen Städtchen und Flecken (St-Gaudens, Rabastens) ist das ritterl. Element stark vertreten.

Der Übergang des B.s zu einer eigenständigen städt. Verwaltung und Regierung vollzog sich in Südfrankreich, entsprechend den Herrschaftsverhältnissen, in zwei unterschiedl. Strömungen: In der Provence und Languedoc legt die Entstehung von Konsulaten eine Beeinflussung durch das Städtewesen Italiens nahe, die Ausbreitung der Konsulatsverfassung vollzog sich mit der Rezeption des →röm. Rechtes. Die Einrichtung von Konsulaten in folgenden Städten ist Ausdruck dieser Entwicklung: Avignon und Arles (1129), Béziers (1131), Narbonne (1132), Nîmes (1144), Toulouse (1152), Marseille (1178). Im Unterschied zu den nordfrz. und mitteleurop. Stadtgemeinden, die sich z. T. erst im Verlauf von gewaltsamen Auseinandersetzungen gegen die stadtherrl. Gewalten durchsetzten, emanzipierten sich die Konsulate im frz. Süden von ihren Herren zumeist im Zuge einer friedlichen und allmähl. Entwicklung. So gab es in Toulouse zunächst einen »commun conseil« (1152), der mit Einverständnis des Gf.en die jurist. und wirtschaftl. Angelegenheiten der Stadt regelte; in einer nachfolgenden Phase handelte dieses als »chapitre« bezeichnete Gremium offenbar fakt. eigenständig, da von einer Zustimmung des Gf.en in den Quellenbelegen von 1176 und 1180 keine Rede mehr ist, und endlich wandelte es sich zu einem Kollegium von 24 Konsuln (→Konsulat), die in voller Unabhängigkeit das Stadtregiment ausübten (1189). Demgegenüber wurde etwa in →Montpellier 1141 ein Aufstand durch den Stadtherrn unterdrückt, und auch in mehreren Städten der Haut-Languedoc leisteten die bfl. Stadtherren Widerstand gegen die Bildung eines Konsulats (→Lodève, →Uzès, →Mende). Im Aquitanien der Plantagenêt, die in ihren Festlandbesitzungen ebenso wie in England die Errichtung einer straffen Zentralgewalt anstrebten, konnte sich eine bürgerl. Beteiligung am Stadtregiment erst im Zuge eines langsamen Prozesses entfalten. In →Bordeaux gab es zwar um die Mitte d. 12. Jh. Ansätze zu einer »coalitio« der Bürger, eine städt. Kommune ist aber erst für 1206 belegt. Städte wie St-Emilion, →Angoulême, La Réole ließen sich zw. 1199 und 1215 durch die Kg.-Hzg.e Privilegien als Kommunen verleihen, →Dax und →Bayonne erst 1243. Alle diese →*jurades* (kommunale Schwurverbände) waren nach dem Vorbild der »Etablissements de Rouen« (→Rouen, Etablissements de) organisiert.

Im Zuge dieser Emanzipation bildete sich eine Art von städt. Dualismus aus: einerseits gab es eine herrschende »Bourgeoisie«, bestehend aus reichen Grundbesitzern und Kaufleuten, den majores, andererseits existierte mancherorts eine Schicht kleiner stadtsässiger Adliger, stets war aber eine Masse von Landarbeitern, städt. Handwerkern und »pauperes« oder »minores« vorhanden. Die Ritter (milites) wurden, außer in den kleinen Städten und Flecken, in der Regel rasch in die städt. Aristokratie integriert. Der Gegensatz zw. majores und mediocres äußerte sich v. a. in Konflikten um den Zugang zum Konsulat und die Verteilung der Steuern. Die niedere Stadtbevölkerung verband sich manchmal mit dem Stadtherrn gegen die städt. Bourgeoisie (Cahors); die Auseinandersetzungen, die wegen der Besetzung der Konsulate und der Erhebung der direkten Steuer (→Taille) in der Languedoc ausbrachen, wurden in der 2. Hälfte des 13. Jh. zumeist jedoch auf dem Weg des Kompromisses beigelegt. Dagegen waren das 14. und 15. Jh. von zahlreichen Unruhen erschüttert. In bestimmten Fällen blieb die Besetzung der Konsular- und Geschworenenämter, trotz ihrer Verknüpfung mit der Einsetzung durch die kgl. Beamten, fakt. in den Händen der alten Oligarchie; zumeist hatte aber jede städt. Gruppe nur eine eigene Vertretung. Tatsächl. waren alle städt. Konflikte mit persönl., polit. oder fiskal. Momenten verquickt; soziale Auseinandersetzungen »reiner« Prägung lassen sich nicht erkennen.

Ch. Higounet

Lit.: P. DOGNON, Les institutions politiques et administratives du pays de Languedoc, 1895 – A. DUPONT, Les cités de la Narbonnaise première, depuis les invasions germaniques jusqu'à l'apparition du consulat, 1942 – PH. WOLFF, Les luttes sociales dans les villes du Midi français du XIIIe au XVe s., Annales, 1947, 443-454 – P. TIMBAL, Les villes de consulat dans le Midi de la France, RecJean Bodin VI, 1954 – E. ENGELMANN, Zur städt. Volksbewegung in Südfrankreich. Kommunefreiheit und Gesellschaft. Arles 1200-50, 1959 – A. CASTALDO, Le consulat médiéval d'Agde XIIIe-XVe s., 1974 [mit allg. Einl. und Bibliogr.] – CH. HIGOUNET, Die milites in den Städten SW-Frankreichs vom 11.–13. Jh. (Beitr. zum spätma. Städtewesen, hg. B. DIESTELKAMP, 1982) – Angesichts des Mangels an übergreifenden Unters. zum südfrz. B. vgl. auch die allg. Werke zur Regionalgeschichte (Aquitanien, Languedoc, Provence usw.) und Stadtgesch. (Aix, Arles, Bordeaux, Marseille, Toulouse usw.) unter den jeweiligen Stichwörtern.

E. Iberische Halbinsel

I. Krone Aragón – II. Kastilien und León.

I. KRONE ARAGÓN: Die vom übrigen Europa z. T. stark abweichende Entstehung und Entwicklung des B.s auf der Iber. Halbinsel weist in den Ländern der Krone →Aragón kein einheitl. Bild auf. Die Gebiete Altkataloniens (karol. Eroberungen) kennen zunächst noch de facto und de jure die karol. Form der →Hörigkeit, die aber im 12. Jh. ihre Bedeutung verliert (→*remensa*). In den ab ca. 1100 eroberten Gebieten (→Lérida, →Tortosa, →Jaca, →Calatayud, →Zaragoza, →Valencia u. a.) gibt es – abgesehen von →Sklaverei, die stets nur einzelne Nichtchristen betrifft – keine Unfreiheit mehr. Bestimmende Faktoren waren nun: die Umstände der →Repoblación nach der →Reconquista, ständige und z. T. enge Kontakte zwischen christl. und islam. Reichen und die Anwesenheit starker maur. und jüd. Minoritäten in den christl. Gebieten. In den Poblationsurkunden gelten für alle Siedler (populus, homo) die gleichen rechtl. und fiskal. Bedingungen. Sie unterstehen kgl. bzw. seniorialen Beamten (baiulus, *batlle;* →bayle) und Richtern *(juicio,* →*veguer).* Alle Siedler (z. T. vasalli genannt), auch ausdrücklich als Handwerker gekennzeichnete, schwören dem König »hominium et fidelitatem« bzw. »et sacramentum«. Teilweise gelten die Poblationsurkunden als Stadtrecht, teilweise werden besondere →*fueros* als solches erlassen. Aus der Zeit Kg. Alfons I. el Batallador († 1131) stammen die ersten Erwähnungen, daß sich innerhalb der Bürger (habitatores, vecinos) ein concilium herausbildet, das zunächst die kgl. Beamten beraten soll, bald aber auch in Gegensatz zu diesen geraten kann. Auch der Reconquista-Adel wurde großenteils stadtsässig, lebte unter demselben Recht, wurde am entstehenden Stadtregiment beteiligt und übte Berufe aus, die anderswo als bürgerl. gelten (Handel, Bankwesen). Dieses B. lebte in *comunidades* von unterschiedlicher Größe, die von *ciudades* über *vilas* bis *aldeas* reichten. Die *aldeanos* wurden im Laufe des 15. Jh. von der Vertretung ihrer Gemeinden *(sindicos, procuratores, omes buenos;* →boni homines) bei den →Cortes ausgeschlossen.

Die Rechte der altkatal. Städte (civitates) mit Kontinuität seit dem Imperium Romanum bestehen teilweise aus Privilegien, von denen diejenigen →Barcelonas oft einmalig waren. Allgemeine gültige Rechte wurden um 1050 in den →*Usatges* kodifiziert. Die Bürger (cives, vecinos, habitatores) bauten hier ihre Rechte in Analogie zu den Poblationsgebieten aus. Seit dem 13. Jh. (Barcelona 1249/60) wird die von den Bürgern aufgebaute städt. Verwaltung schriftl. faßbar, in Barcelona mit 6 *paers,* später 4 *consellers* und einem beratenden *Consell de Cent* (zeitweise *Consell de trenta;* in →Gerona 6, später 4 *jurats* und beratendem *Concell* von 80 *ciutadans,* später 60). Differenzierungen innerhalb der Bürgerschaft, die von Stadt zu Stadt unterschiedl. waren, machen sich in der polit. Partizipation deutlich: zum *Conseller* konnte nur ein Mitglied der Oberschicht (manus maior, *ma mayor* – →probi homines, *prohoms*) gewählt werden, dazu gehören Adel – wenn zugelassen –, *Ciutadans honrats*, reiche Kaufleute, teilweise Artisten. In den Consell konnten auch Mitglieder der *ma mitjans* gewählt werden: Artisten, *mercaders, menestrals.* Popularenbewegungen sorgten im 14. und 15. Jh. (Barcelona, Gegensatz zw. →busca und →biga, Popularenregiment 1453/62) dafür, daß *mayors* und *mitjans* zu etwa gleichen Teilen im Consell saßen. Die *minores (menuts),* d. h. Tagelöhner, Unselbständige konnten sich nur indirekt vertreten lassen.

Das Bürgerrecht war an vergleichsweise einfache Bedingungen geknüpft: 1. ständiger Wohnsitz in der *comunidad* (kann Untermiete sein), 2. eigene Einkünfte, 3. Zahlung städt. Steuern, 4. Erfüllung gewisser Verpflichtungen: Kauf von städt. Korn, Beteiligung an Mauer- und Grabenbau, Messassistenz bei hohen Feiertagen. In den altkatal. Städten dringt der Adel Ende des 14. Jh. in das Stadtregiment ein, in Barcelona erst 1493 durch ein Dekret Kg. Ferdinands II. Berufsbedingte Aufnahmebeschränkungen in das B. sind bislang nur für die zu zahlreich werdenden Ärzte bekannt. Von der Gerichtshoheit des Stadtherrn (meist des Kg.s) haben die Städte der Krone Aragón sich nicht befreit.

U. Lindgren

Lit.: J. M. FONT RIUS, Orígines del regimen municipal de Cataluña, AHDE I: 16, 1945; II: 17, 1946 – C. CARRÈRE, Barcelone, centre économique à l'époque des difficultés 1380-1462, 1967 – J. M. FONT RIUS, Cartas de población y franquicia de Cataluña, I–II, 1969-82 – C. BATLLE GALLART, La crisis social y económica de Barcelona a mediados del siglo XV, 1973 – M. I. FALCÓN PÉREZ, Organización municipal de Zaragoza en el siglo V, 1978 – L. PILES ROS, La población de Valencia a través de los »Llibres de Avehinament« 1400-1449, 1978 – U. LIND-

GREN, Bedürftigkeit, Armut, Not. Stud. zur spätma. Sozialgesch. Barcelonas, 1980.

II. KASTILIEN UND LEÓN: Das Aufkommen der Bürger und des B.s in →Kastilien und →León war bedingt durch eine Neubelebung des Handels im 11. Jh. In einigen Gegenden war es eine Folge der Wiedererrichtung und Ausdehnung von Bevölkerungszentren, in denen sich durch die Ansiedlung von Kaufleuten und Handwerkern in Städten, Kl., Dörfern (*villas*) und Burgen (*castros*), Kaufmannsviertel (*vicos, burgos*) herausbildeten, deren Bewohner in bestimmten Gebieten »burgueses« genannt wurden. Diese Ausbildung einer Bürgerschaft war zum Teil durch die Pilgerfahrten nach →Santiago de Compostela bedingt, zum anderen durch die Einwanderung von Fremden, die man »francos« nannte, auf dem Jakobusweg. Tatsächl. gab es diese Kaufmannsviertel oder »burgi« nur in jenen Gegenden, die unter frz. Einfluß standen, sowie in jenen Landstrichen, durch welche die Pilger nach Compostela zogen und in denen sich Franken (*francos*) niedergelassen hatten. Einzig hier kam auch der Begriff Bürger zur Bezeichnung freier Bewohner städt. Siedlungszentren in Gebrauch. Jedoch erfolgte die Ausbildung von 'burgi' manchmal auch durch die Wiederbevölkerungspolitik des Adels (→repoblación). Dieser versuchte, dem Wirtschaftsleben neue Impulse zu geben, indem er die Einwanderung von Kaufleuten, Handwerkern und Bauern förderte. Nachdem diese sich in Städten und Dörfern niedergelassen hatten, brachte ihnen der Status des Bürgers auch weiterhin Sonderrechte ein. Außerhalb jener Zonen, die unter frz. oder sonstigen fremden Einflüssen standen, vollzog sich die Ausbildung einer Bürgerschaft in anderer Weise. Einerseits waren die vom Islam im 11., 12. und 13. Jh. zurückeroberten Städte (→Toledo, →Sevilla, →Burgos u. a.) schon unter muslim. Herrschaft blühende Zentren von Handel und Handwerk gewesen, wo man bereits von bestimmten Ansätzen zu einem B. sprechen könnte (vgl. Abschnitt J), in das sich die neuen christl. Siedler einfügten, zum anderen erfuhr das Aufkommen des B.s in weiten Teilen von León und Kastilien (zw. den Flüssen Duero und Guadiana) eine bes. und weniger markante Ausprägung. Hier hatte der Kaufmannsstand nur wenig Einfluß auf die Entwicklung der Städte und Ortschaften, da deren Bevölkerung v. a. aus Kriegern, Geistlichen, Bauern und Viehzüchtern bestand. Diese cives oder *ciudadanos* genossen dank einer Privilegierung durch Kg. oder Stadtherrn Freiheiten, die sie in sozialer und rechtl. Hinsicht den burgueses der anderen Städte gleichstellten. Die Aktivitäten von Handel und Handwerk in diesen Städten waren niemals so bedeutend, daß sich eine zahlreiche und wohlhabende Bürgerschaft herausbilden konnte; Bürger waren im ma. Kastilien stets in der Minderheit.

Die bürgerl. Schichten setzten sich auf der Iber. Halbinsel ursprgl. aus heterogenen Elementen zusammen: auswärtigen freien Kaufleuten (*francos*), Bauern oder Landbewohnern (*villanos*), die den Status von Freien erreichten, indem sie sich aus dem Herrschaftsbereich des Grundherrn lösten, Pächter und verschuldete Bauern, die sich auf der Suche nach Freiheit in die Städte flüchteten. Auf diese Weise zogen die städt. Zentren mit Munizipalverfassung Kaufleute und Handwerker an, die unterschiedslos als Städter oder Bürger bezeichnet wurden (cives et burgenses) oder manchmal auch als »ruanos«, da sie ihre Stände und Werkstätten in den »ruás«, den Straßen der Städte, aufzuschlagen pflegten. Ihre soziale und rechtl. Stellung war die von Freien. Es handelte sich dabei um Kaufleute, Handwerker, Geldwechsler, Geldverleiher, Wundärzte,

Ärzte, Juristen und Rechtsgelehrte. Aber dieses B. konnte sich im ma. Spanien in nur beschränktem Maße entfalten, wenngleich einige Bürger in den Städten sich zu einem Patriziat formierten, das die Führung des Stadtregiments einzig für sich beanspruchte und in vielen Fällen als städt. Ritterschaft (»caballeros ciudadanos«) versuchte, eine adelsähnl. Stellung zu erreichen. →Concejo.

L. Garcia de Valdeavellano

Lit.: I. MUÑOZ Y ROMERO, Colección de Fueros Municipales y cartas pueblas de los reinos de Castilla, Léon, Corona de Aragón y Navarra, 1847 [Nachdr. 1972] – R. CARANDE, Sevilla, Fortaleza y mercado, AHDE 2, 1925 [Taschenbuch 1972] – A. BÓ – M. DEL CARMEN CARLÉ, Cuando empiezan a reservarse a los caballeros el gobierno de las ciudades castellanas, CHE 4, 1946 – M. DEL CARMEN CARLÉ, La ciudad castellana a comienzos de la baja edad media, Anuario del Instituto de Investigaciones Historicas 3, 1958 – DIES., Del Concejo medieval castellano-leonés, 1968 – M. GONZALEZ JIMENEZ, El concejo de Carmona a fines de la edad media (1464-1523), 1973 – L. GARCIA VALDEAVELLANO, Orígines de la burguesía en la España medieval, 1975² – J. J. MARTINENA RUIZ, La Pamplona de los burgos y su evolución urbana, siglos XII-XVI, 1975 – L. GARCIA VALDEAVELLANO, Curso de Hist. de las Instituciones españolas, 1977⁵ – A. COLLANTES DE TERRAN, Sevillaen la baja edad media. La ciudad y sus hombres, 1977 – J. A. BONACHIA HERNANDO, El concejo de Burgos en la baja edad media (1345-1426), 1978 – B. ARIZAGA BOLUMBURU, El nacimiento de las villas guipuzcoanas en los siglos XIII y XIV: morfología y funciones urbanas, 1978 – J. GAUTIER DALCHÉ, Hist. urbana de León y Castilla en la edad media (siglos IX-XIII), 1979 – M. DELOS L. MARTINEZ CARILLOS, Revolución urbana y autoridad monarquica en Murcia durante la baja edad media (1395-1420), 1980 – J. SANCHEZ HERRERO, Cádiz, la ciudad medieval y cristiana, 1981.

F. England
Die engl. Bezeichnung für den Bürger, *burgess*, ist in ihrer me. Form (*burgeise, borgeys* usw.) erstmals im 13. Jh. belegt. Von den ae. Formen *burhwara, burga man, burgleoda* ist burhwara vom 8. bis 12. Jh. bezeugt (im 12. Jh.: *burgwere*), während das lat. Wort burgensis in mlat. engl. Quellen erstmals 1086 auftritt. Entsprechend den synonymen Wörtern in den dt. Quellen scheinen diese Begriffe in ihrer hauptsächl. Bedeutung den Bewohner eines →*borough* oder einer Stadt bezeichnet zu haben: vom 12. Jh. an erlangten diese lat. und me. Bezeichnungen in bestimmten rechtl. Zusammenhängen jedoch spezifischere jurist. und verfassungsmäßige Begriffsinhalte; dies erfolgte im Zuge rechtl.-institutioneller Entwicklungen, wie sie sich in ähnlicher Weise auch in anderen Ländern, etwa Deutschland (→Bürger, Abschnitt B. I), vollzogen.

Der Gebrauch von Wörtern wie burhwara oder *portmenn* legt nahe, daß bereits seit dem 9. Jh. oder sogar noch früher die Bewohner einer frühstädt. Siedlung (eines *borough* oder →portus/*port*) als eine von der Bevölkerung, die außerhalb dieser urbanen Siedlungen ansässig war, abgehobene Gruppe betrachtet wurden. Spätestens seit dem 11. Jh. besaßen diese Bewohner bes. Gewohnheitsrechte, so v. a. in bezug auf Landbesitz innerhalb des borough und wahrscheinl. teilweise auch hinsichtl. der Anwendung von Rechtsverfahren, die bei Streitfällen zw. Kaufleuten üblich waren. Im →Domesday Book (1086) erscheinen die burgenses als diejenigen Bewohner eines borough, die ihren Teil zu den Abgaben, die auf dem borough lasteten, beitrugen. In der Regel waren dies die Hausbesitzer, deren Anwesen später als burgagia (→bourgage) bezeichnet wurden. In einigen Städten, zumeist kleineren, blieben diese rechtl. Strukturen das ganze Mittelalter hindurch erhalten, doch wurde in größeren Städten vom 12. Jh. an die →franchise, der bes. Rechtsstatus des Bürgers, häufig auf diejenigen Hausbesitzer, die als Meister in einer Kaufleute- oder Handwerkerkorporation vollberechtigt waren, beschränkt. Der erste Quellenhinweis auf die Befreiung der Bürger von Rechtsansprüchen, die von außerhalb der Städte erhoben wurden, entstammt dem frühen 12. Jh.: bei →Glanvill (1187/89) steht, daß eine Person, die ein Jahr und einen Tag lang (→Jahr und Tag) »in communam scilicet gildam« einer privilegierten Stadt »tanquam civis« Aufnahme findet, als freier Mann gilt.

Über den Ursprung bürgerl.-städt. Reichtums gibt es für die Zeit vor dem 12. Jh. wenig Hinweise, doch kann v. a. die →Münzprägung als bedeutende Quelle des Wohlstandes vermutet werden. Vom 11. Jh. an waren Handel und städt. Grundbesitz der Bürger die Hauptgrundlagen für bürgerl. Vermögen, wobei sich Kaufleute und Grundbesitzer kaum voneinander abgrenzen lassen. Die meisten Bürger entstammten anscheinend dem näheren Umland der Städte, doch konnten wahrscheinl. auch Zuwanderer aus weiter entfernten Gebieten bis zum 13. Jh. relativ leicht Mitglieder der lokalen städt. Gesellschaft werden. Nach der norm. Eroberung (1066) bildeten sich bei einigen größeren Städten eigene Siedlungen von Franzosen (franci); diese integrierten sich aber im Laufe weniger Generationen in die jeweilige örtl. Stadtgesellschaft. Mit Ausnahme von →London und einigen wenigen anderen großen Städten bewegten sich die Höhe und Abstufung der bürgerl. Vermögen in vergleichsweise bescheidenen Dimensionen, und die Kaufleute bildeten in der Regel keine eigene, aus dem übrigen Bürgertum herausgehobene Gruppe. Anscheinend wurde die Vermögensbildung der engl. Stadtbürger durch die dominierende Stellung der ausländ. Händler und Finanzleute, bes. der Italiener und Flamen, damals in Schranken gehalten. Später, als der einheim. Anteil am Außenhandel zunahm, bildeten sich weitaus größere Vermögen, die jedoch auf relativ wenige Orte und Personen beschränkt blieben.

Die machtvolle engl. Monarchie verhinderte eine volle Unabhängigkeit der engl. Städte, doch vermochten seit dem späten 12. Jh. zahlreiche Städte immerhin ein bestimmtes Maß an Autonomie zu erlangen; sie blieben jedoch der kgl. Kontrolle unterworfen und mußten in einigen Fällen auch kirchl. →Immunitäten mit entsprechendem fiskal. Sonderstatus in ihren Mauern dulden. An der Spitze des Stadtregiments stand seit ca. 1200 in der Regel der →*mayor*; in einigen Fällen zogen jedoch die Städte lediglich die Wahl des →*reeve* oder →*bailiff*, die vorher als Beauftragte des Kg.s oder eines anderen Stadtherren fungiert hatten, an sich. Vom 13. Jh. an sind Stadträte *(councils)*, oft mit zwölf oder vierundzwanzig Mitgliedern, belegt, doch läßt sich für ihr Auftreten kein signifikantes Datum in den Quellenzeugnissen, die ja häufig zufälligen Charakter tragen, ausmachen; die städt. Räte wurden von den Zeitgenossen offenbar als Verkörperung traditioneller Formen kollektiver Beratung und Rechtsprechung betrachtet. In vielen kleineren Städten wurde von den Amtsträgern weiterhin bei Bedarf eine Vollversammlung der Bürger zur Beratung einberufen, ohne daß ein Rat im eigtl. Sinn bestand. Selbst in größeren Städten traten derartige Vollversammlungen zur Wahl der wichtigsten Amtsträger und zur Anhörung der Rechnungslegung der Magistrate zusammen. Für die Verfahren bei der Wahl von Magistraten und Stadträten bestanden nur in wenigen Fällen klar definierte Richtlinien, doch waren indirekte Wahlen üblich.

Unzufriedenheit mit Stadtregimenten war verbreitet; Hauptgravamina waren ungerechte Steuerforderungen, korrupte Amtsführung und Mißstände bei der Rechtsprechung. Für das Bestehen genuin »demokrat.« Bewegungen mit entsprechenden Forderungen nach radikalen Änderungen der städt. Verfassung gibt es wenig Zeugnisse.

Die Zeitgenossen teilten die stadtbürgerl. Gesellschaft in Reiche und Arme (→*potentes* und →*pauperes*) oder in Reiche, »Mittelstand« (→*mediocres*) und Arme ein (vgl. auch →Sozialstruktur, →Sozialtheorien); bei beiden Einteilungsschemata wurden nur die tatsächl. Bürger berücksichtigt. Obwohl die »Reichen« herrschten und die »Armen« häufig Repressionen zu erleiden hatten, wurde von den Anhängern einer Reform lediglich die gerechte Anwendung der bestehenden Rechtsgrundsätze gefordert. Eine »Zunftrevolution« bzw. Ansätze zu einer solchen Bewegung oder auch nur das Bewußtsein eines grundsätzl. sozialen Gegensatzes zw. Kaufleuten und zunftmäßigen Handwerkern läßt sich kaum nachweisen; der Ausschluß der Weber und Färber von den bürgerl. Privilegien blieb auf einige wenige frühe Textilstädte beschränkt und wurde selbst dort nicht ständig aufrechterhalten. Die häufigeren Hinweise auf Handwerk und Handwerker in den spätma. Quellen reichen für die Annahme eines Wechsels der städt. Führungsschichten in dieser Periode nicht aus. Die Zeitgenossen verstanden soziale Konflikte in den Kategorien individueller Sünde und Habgier, nicht in sozio-ökonom. Klassenbegriffen, und sie suchten eine Abhilfe sozialer Mißstände etwa durch eine strengere Rechnungslegung der Magistrate und bessere Handhabung der polit. Gewalt, nicht aber durch fundamentale Wandlungen der institutionellen oder sozialen Strukturen. Auseinandersetzungen um die bürgerl. Vorrechte wurden offenbar in erster Linie wegen der Handelsprivilegien, die mit ihnen verbunden waren, geführt, weniger aber wegen der polit. Rechte. S. Reynolds

Lit.: J. Bosworth – T. N. Toller, An Anglo-Saxon Dict., 1898–1921 – H. Kurath – S. M. Kuhn, Middle Engl. Dict., 1956ff. – R.E. Latham, Dict. of Medieval Latin from British Sources, 1975 – J. Tait, The medieval Engl. borough, 1936 – S. L. Thrupp, The merchant class of medieval London [Diss. Ann Arbor 1948] – S. Reynolds, An introduction to the hist. of Engl. medieval towns – 1977 – vgl. auch die Lit. zu einzelnen Städten, insbes. zu →London.

G. Skandinavien

Während die ma. Kultur in Europa, zumindest im Spät-MA, oft als stark städt. oder bürgerl. geprägte Kultur bezeichnet wird, trifft dies für den Norden nicht zu. Schon zur Wikingerzeit und in der Zeit kurz danach findet man hier eine hochentwickelte Kultur mit bedeutenden techn., rechtl. und künstler. Zeugnissen ohne Verbindung mit städt. Leben. Ein Beispiel dafür ist Island; dort gab es keine Städte und kein B. Die Voraussetzungen für ein B. in Skandinavien unterschieden sich von denen Mitteleuropas in zweierlei Hinsicht. Erstens gab es in großen Teilen Norwegens und Schwedens wegen dünner Bevölkerung keine Städte. Zweitens lassen sich Bürger von den übrigen Einwohnern nicht immer unterscheiden: Zur Zeit der Wikinger waren mehrere frühstädt. Siedlungen (*vici*, *civitates*) vorhanden, deren rechtl. Stellung nicht überliefert ist. Außerdem sind aus dem ganzen skand. MA zahlreiche Handelsplätze bekannt, an denen die Einwohner wahrscheinl. als eine Art Bauernkaufleute gelebt haben (→Fernhandel).

In Skandinavien konnte man – wie in Dänemark und Norwegen heute noch – dasselbe Wort für ein Dorf wie für eine Stadt verwenden: *by*. Die Einwohner nannten sich *by*-Männer. Die lat. Bezeichnungen für die Bürger waren vorwiegend *cives* und *villani*, seltener und relativ spät auch *burgenses*. Letztere Bezeichnung ist in der mnd. Form in die skand. Sprachen eingedrungen (dän. und norw. *borger*, schwed. *borgare*).

Mit wachsender Überlieferung zeigen sich die auch anderweitig bekannten Bedingungen für den Erwerb des Bürgerrechts: eine feste Wohnung, ein bestimmtes Vermögen, ein bürgerl. Beruf und die Ablegung eines Bürgereides. In Dänemark kommt auch das Prinzip »(Stadt)luft macht frei« vereinzelt vor, jedoch betonten noch Bestimmungen des 15. Jh. die rechtl. korrekte Freigabe des Zuwanderers durch den ehemaligen Herrn.

Die Rechtsstellung der Bürger ähnelte sonst insgesamt derjenigen im übrigen Europa. Dazu kam die frühe Entwicklung eines »Gästerechts«, wobei die wichtigsten Probleme Konkurrenzbegrenzung (einheim. Bürgern gegenüber), Jurisdiktion und Erbfähigkeit waren (→Gast, Gästerecht).

Im allgemeinen läßt sich die Stellung des B.s in Dänemark und Schweden oft als Analogie oder aber als Abweichung im Verhältnis zum B. der norddt. Städte verstehen. Häufig sind daher die Quellen nicht in der skandinavischen Volkssprache, sondern in Latein oder Niederdeutsch abgefaßt. In Norwegen gab es nur wenige Städte und weniger rege Verbindungen zu dt. Städten als in Dänemark und Schweden, mit Ausnahme der engen Beziehungen zw. →Bergen und →Lübeck. Dennoch wurden unter →Magnús Hákonarson Lagabøter (1263–80) schon früh einheitl. Rechtsverhältnisse durch ein gemeinsames →Stadtrecht (1276) geschaffen, das in enger Anlehnung an das →Landrecht (1274) formuliert wurde. Etwas Vergleichbares geschah in Schweden erst um die Mitte des 14. Jh. mit Kg. →Magnus Erikssons Stadtrecht. In Dänemark ist es nie zu einem allgemeinen Stadtrecht gekommen.

Das B. als Sammelbegriff kommt in Dänemark und Schweden in den lat. Formen communitas und universitas vor. Derartige Institutionen waren aber wohl – genau wie die über mehrere Städte hinausgreifenden Städtetagungen des 15. Jh. – sozusagen »von oben« geschaffen. Von städt. Selbstbewußtsein wissen wir nur wenig. Nur in →Kopenhagen erlebte man i. J. 1296 den Ansatz zu einem Aufruhr gegen den bfl. Stadtherrn. Im übrigen waren während des SpätMA die Handwerker vom Rat ausgeschlossen, doch scheinen städt. Unruhen in erster Linie von Gegensätzen innerhalb des Patriziats ausgelöst worden zu sein. Die relative soziale Ruhe in den skand. Städten läßt sich damit erklären, daß die Städte weder ökonom. noch machtpolit. von großer Bedeutung waren. Die Bürger waren nicht zahlreich, und um zu überleben, hatten sie gegen mehrere konkurrierende Mächte einen Kampf zu führen – v. a. gegen Adel, Kirche, Bauern und dt. Kaufleute.

Dt. Kaufleute – bes. aus Lübeck – spielten, wenn auch in unterschiedl. Ausmaß, in Skandinavien eine bedeutende Rolle. In →Bergen (Norwegen) traten sie rechtl. als exterritoriale Korporation auf, in →Schweden wurden sie dagegen durch die Hälfte des Stadtrates und der Bürgermeister repräsentiert. In Dänemark wiederum waren sie v. a. am großen Markt in →Schonen (heute schwed.) interessiert. Nichtsdestoweniger gab es in zahlreichen dän. Städten große dt. Minderheiten, die offenbar weit stärker integriert waren als die dt. Kaufleute in Norwegen und Schweden. Die Ursachen mögen zweierlei sein: Einerseits lagen die dän. Städte so nahe, daß dt. Kaufleute nicht unbedingt dort zu überwintern brauchten. Das Wohnen als Gast oder Bürger setzte also wahrscheinl. bes. Interessen voraus. Andererseits wurde das Auftreten von dt. Kaufleuten als regelrechte Bürger oder als Gäste vermutl. von den dän. Bürgern begrüßt, denn eine alternative Möglichkeit konnte gefährlicher sein; nämlich der (verbotene) direkte Handel mit den Bauern an den Küsten und in den Förden.

H. Schledermann

Q. und Lit.: KL II, 138ff.; XVI, 546ff.; XVII, 1ff. – Magnus Lagabøters Bylov, ed. K. ROBBERSTAD, 1923 – A. SCHÜCK, Studier rörande det svenska stadsväsendets uppkomst och äldsta utveckling, 1926 – P. J. JØRGENSEN, Dansk Retshistorie, 1947² [Neudr. 1965] – Stadtrecht des Königs Magnus Hakonarson für Bergen, ed. R. MEISSNER (Germanenrechte NF, 1950) – Danmarks gamle Købstadlovgivning, ed. E. DROMAN, I–V, 1951–61 – G. AUTHÉN BLOM u. a., Hansestæ derne og Norden, 1957 [Neudr. 1972] – A. HOLMBÄCK – E. WESSÉN, Magnus Erikssons Stadslag i nusvensk tolkning (Rättshist. Bibl. I:7), 1966 – O. VESTERGAARD, Forkøb, landkøb og forprang i middelalderlig dansk handelslovgivning (Festskrift A. E. CHRISTENSEN, 1966), 185–218 – G. AUTHÉN BLOM, Kongemakt og privilegier i Norge inntil 1387, 1967 – Quellenslg. zur Frühgesch. der skand. Stadt (bis 1300), ed. B. FRITZ (Elenchus fontium historiae urbanae, ed. C. VAN DE KIEFT – J. NIERMEIJER, I, 1967), 505–577 – A. HERTEIG, Kongers havn og handels sete [Bergen], 1969 [dazu H. SCHLEDERMANN, Norwegian Archaeological Review 7, H. 1, 1974, 89–95] – Samfunnsmaktene brytes, ed. A. HOLMSEN – J. SIMENSEN, 1969, 389–461 (Norske historikere i utvalg II) – H. ANDERSSON, Urbanisierte Ortschaften und lat. Terminologie. Stud. zur Gesch. des nordeurop. Städtewesens vor 1350, 1971 [über Dänemark und Schweden im Vergleich mit Westfalen] – DOLLINGER, Hanse² – H. JANKUHN, Haithabu. Ein Handelsplatz der Wikingerzeit, 1976⁶ – TH. JEXLEV, Københavns borgere 1377 og 1510, Historiske Meddelelser om København, Årbog, 1978, 39–59 – N. LUND – K. HØRBY, Samfundet i vikingetid og middelalder 800–1500 (Dansk Socialhistorie 2, 1980).

H. Östliches Europa

I. Ostmitteleuropa – II. Alt-Livland und Litauen – III. Ungarn – IV. Südosteuropa.

I. OSTMITTELEUROPA: [1] *Allgemein. Böhmen, Mähren, Slowakei*: Stadtähnl. Agglomerationen sind in Ostmitteleuropa zweifellos bereits im FrühMA vorhanden (→Frühstadt, slav.); die Existenz eines B.s ist jedoch erst mit der dt. Ostkolonisation (→Ostsiedlung) verbunden, bezeugte it. Einflüsse blieben dagegen minderrangig. Die Rechte der Bürger waren in Ostmitteleuropa nicht in einer langen Entwicklung erkämpft, sondern durch Privilegien (meist bereits bei der Stadtgründung) gewährt worden (sowohl persönl. Rechte der Bürger als auch wirtschaftl. Vorrechte der Städte; vgl. auch →Meilenrecht). Eine bürgerl. Oberschicht von Ministerialen ist nicht nachzuweisen; lange dominierte eine deutschsprachige Kaufmannsschicht, die oft bis in das SpätMA auch verwandtschaftl. mit Fernhändlern in dt. Städten verbunden war. Der Versuch des Patriziats, gegenüber dem Adel eine selbständige Rolle zu spielen, blieb auf Einzelfälle (→Prag, →Kuttenberg) beschränkt und scheiterte insgesamt.

Die bedeutendsten Städte standen in kgl. Besitz, seit dem 13. Jh. waren sie auch eine der wichtigsten Stützen des Kgt.s. Eine bes. Rolle spielten in dieser Hinsicht die Bergstädte wie etwa →Kuttenberg oder die →Zipser Städte. Erst im 15. und 16. Jh. ist ein Aufstieg der Adelsstädte zu verzeichnen, welche (neben der adligen →Gutswirtschaft) auch wirtschaftl. die Dominanz der kgl. Städte zu bedrohen begannen. (Zu den wichtigsten Streitpunkten gehörte der Anteil am →Getreidehandel und das →Gewerberecht.)

Seit dem 14. Jh. ist eine Bildung von städt. Gemeinden innerhalb der Städte und der Zusammenschluß der Handwerker in →Zünften (meist als *czecha* bezeichnet) bezeugt. Eine Eigenart der ostmitteleurop. Entwicklung besteht darin, daß der Zuzug aus dem umliegenden Lande das nichtdeutsche B. stärkte, das Vordringen der mittleren und niederen Schichten die Dominanz des deutschen B.s bedrohte, was in Böhmen (14./15. Jh.) und Mähren (15. Jh.) sowie etwas später in den anderen Gebieten zur Verdrängung der dt. Ober- und Mittelschicht führte. Angehörige der Oberschicht erwarben zuweilen Grundbesitz und gingen im Kleinadel auf; der Grundbesitz der Städte hielt sich in relativ bescheidenen Grenzen, ebenso wie die Existenz von →Pfahlbürgern. Selbständige Herrschaftsgebiete der Städte sind unbekannt.

Im 15. Jh. ist die Tendenz zur Herausbildung des B.s zu einem echten Stand zu verzeichnen, jedoch ohne Emanzipation vom Kgtm. Als Sonderfall ist auf die Entwicklung im hussit. →Böhmen zu verweisen, wo →Prag mit Hilfe eines Städtebundes versuchte, eine politisch selbständige Rolle zu spielen (s. a. →Hussiten); dies blieb jedoch ein bloßes Intermezzo. Am Ausgang des MA spielte das B. v. a. wirtschaftl. eine bedeutsame Rolle, wurde jedoch zunehmend selbst auf diesem Gebiet durch die wirtschaftl. Expansion des Adels bedroht. Polit. Bedeutung erlangte es teilweise erst durch die Reformation. Wichtig war seine Rolle (seit dem 14. Jh.) auf kulturellem Gebiet, bes. im Zusammenhang mit der Gründung von →Universitäten (→Prag). Der Anteil des B.s an der Herausbildung der einzelnen Schriftsprachen war nach Ländern unterschiedlich. F. Graus
Lit.: J. MEZNÍK, Venkovské statky pražských měšťanu v době předhusitské a husitske, 1965 – J. KEJŘ, Les privilèges des villes de Bohême.., Pro Civitate n. 19, 1968, 127–160 – DERS., Organisation und Verwaltung des kgl. Städtewesens in Böhmen z. Z. der Luxemburger (Stadt und Stadtherr im 14. Jh., hg. W. RAUSCH, 1972), 79–90 – F. GRAUS, Prag als Mitte Böhmens (Zentralität als Problem der ma. Stadtgesch., 1979), 22–47.

[2] *Polen:* In Polen entwickelten sich – ähnlich wie in den anderen westslav. Gebieten – seit dem 10. Jh. vor- und frühstädt. Siedlungen (→Frühstadt, westslav.), in der Regel als Suburbien (poln. *podgrodzie*) bei den größeren Burgen. In diesen Suburbien gab es neben den Häusern und Werkstätten der Kaufleute und Handwerker auch Höfe (curiae) weltl. und geistl. Großer, die hier mit ihren Dienstleuten (→familia) wohnten (z. B. Wyszak in →Stettin 1124; →Peter Włast in →Breslau, Mitte des 12. Jh.; ähnliche Verhältnisse bestanden in →Krakau und →Płock im 13. Jh.). Zu Beginn des 13. Jh. finden wir in den Suburbien →hospites (Gäste), etwa in →Oppeln und Płock; sie genossen die gleiche günstige Rechtsstellung wie die poln. →milites (ius terrestre, später auch →ius Polonicum). Aus diesen Vorstufen entwickelten sich im Verlauf des 13. Jh. die Städte nach dt. Recht.

Verfassungsmäßige und soziale Verhältnisse entwickelten sich in den Städten Polens ähnlich wie in denjenigen der übrigen ostmitteleurop. Länder; es bildeten sich auch hier im wesentl. drei Schichten in der städt. Bevölkerung heraus. Auch in Polen verfügten die →Juden als →Kammerknechte (servi camerae) über eine rechtl. Sonderstellung mit direktem Bezug auf Kg., Hzg. oder Stadtherrn. Nach der Eroberung von →Galič durch den poln. Kg. →Kasimir d. Gr. (1340) sind für die Städte dieses Fsm.s noch als bes. ethn. Gruppe die Armenier zu nennen; sie waren in der Regel als Kaufleute tätig und bildeten in einigen Städten (z. B. →Lemberg) Gemeinden mit eigenem Recht.

In den größeren Städten zw. Oder, Weichsel und Bug (→Stettin, →Breslau, →Danzig, →Krakau, →Posen, →Płock, →Oppeln) hatte sich bis zur 2. Hälfte des 13. Jh. die städt. Sozialstruktur vollständig ausgebildet; in den kleineren Städten zog sich diese Entwicklung noch bis zum 14. und 15. Jh. hin. Die ersten Nachrichten von städt. Unruhen (→Revolten) stammen aus den Städten in →Schlesien, wo Spannungen zw. Zunftmeistern und Gesellen sowie zw. Zünften und Rat schon im 14. Jh. auftraten (Weberaufstand in Breslau 1333, Schweidnitz 1361, Löwenberg 1365); auch im Kgr. Polen sind, wenngleich seltener, solche Konflikte bezeugt (Krakau 1368, 1375). Auch im 15. Jh. brachen in den schles. Städten, bes. in Breslau, wiederholt Unruhen aus. Innerhalb des Gebietes des →Dt. Ordens war der größte Aufstand derjenige in →Danzig (1416).

Seit der 2. Hälfte des 15. Jh. gewann auch in Polen der Adel immer stärkeren Einfluß auf die Städte, u. a. im Bereich des Handels. Die Adligen nutzten ihre Vorrechte zur Bekämpfung der rechtl. und ökonom. Stellung der Bürger, was schließlich zum Niedergang des poln. Städtewesens führte. G. Labuda
Lit.: K. MALECZYNSKI, Die ältesten Märkte in Polen und ihr Verhältnis zur Kolonisierung nach dem dt. Recht, 1930 – H. LUDAT, Vorstufen und Entstehung des Städtewesens in Osteuropa, 1955 – S. PIEKARCZYK, Studia z dziejów miast polskich w XIII–XIV w., 1955 – H. LUDAT, Frühformen des Städtewesens in Osteuropa (VuF IV, 1958), 527–553 – S. PAZYRA, Geneza i rozwój miast mazowieckich, 1959 – Les origines des villes polonaises, hg. P. FRANCASTEL, 1960 – A. RUTKOWSKA-PŁACHCIŃSKA, Zur Frage der Stadtgemeinde in Polen zu Beginn des 13. Jh. (L'artisanat et la vie urbaine en Pologne médievale, 1962) – ST. GRODZISKI, Obywatelstwo w szlacheckiej rzeczypospolity, 1963 – K. BUCZEK, Targi i miasta na prawie polskim, 1964 – J. BARDACH, Hist. państwa i prawa Polski I, 1965³ – H. KUHN, Die deutschrechtl. Städte in Schlesien und Polen in der 1. Hälfte des 13. Jh., 1968 – T. ROSŁANOWSKI, Polens Städte und B. am Ausgang des MA (Stadt und Stadtherr im 14. Jh., hg. W. RAUSCH, 1972), 391–417 [Lit.] – I. IHNATOWICZ, A. MĄCZAK, B. ZIENTARA, Społeczeństwo polskie od X do XX w., 1979.

II. ALT-LIVLAND UND LITAUEN: Die Entstehung des B.s in *Alt-Livland* ist mit der Einwanderung von Deutschen in die Länder des Ostbaltikums verbunden. Als Bf. →Albert 1201 die Stadt →Riga gründete und als nach 1219, nach der Eroberung der Estenburg auf dem späteren Domberge durch Kg. →Waldemar II. v. Dänemark, zu deren Füßen die Stadt →Reval entstand, war auch die Voraussetzung für die Entstehung eines B.s geschaffen. Etwas später folgten Dorpat, →Pernau und andere kleinere Orte. In Riga und wohl auch in Reval standen Bürger (cives) und Kaufleute (mercatores), die als Fernhändler (→Fernhandel) zunächst nicht seßhaft waren, nebeneinander, verschmolzen aber bald zu einem Gemeinwesen (commune civium in Riga, 1225) mit Rat (1226 in Riga erstmals erwähnt) und Bürgermeister an der Spitze. Es entstanden genossenschaftl. Zusammenschlüsse der Kaufleute (Gilden) und der Handwerker (»Ämter«) mit gewählten Älterleuten und Ältesten an der Spitze. Auch »Undeutsche«, in Riga v. a. Liven, Letten, Litauer, vereinzelt Skandinavier, in Reval von Anfang an Dänen, Schweden, aber auch Esten, wurden Bürger, z. T. als Kaufleute, v. a. aber in dienenden Berufen, als Lastträger, Fuhrleute, Lotsen, Fischer, aber auch im Handwerk. Erst mit der Verfestigung des Gildewesens wurden die »Undeutschen« seit dem 14. Jh. aus verschiedenen Gilden und Ämtern ausgeschlossen. Um 1450 betrug der Anteil der »Undeutschen« an der Stadtbevölkerung in Riga etwa die Hälfte; in Reval stellten Skandinavier (Schweden und Dänen) zur gleichen Zeit ein Drittel der dienenden Leute. Das Handwerk war hier zu einem großen Teil in esten. Händen. Auch Russen lebten in eigenen Niederlassungen in den Städten Alt-Livlands, zählten aber nicht zur Bürgerschaft. Das Stadtregiment war in allen livländ. Städten in dt. Hand. Die Bürgerschaften erkämpften sich gegen die Stadtherren (Bf.e, Dt. Orden) eigene Aktionsräume. Riga, Reval und Dorpat gehörten der →Hanse an, auch manche kleineren Städte. Seit der Mitte des 14. Jh. sind Städtetage bezeugt, auf denen die auswärtige und die innere Politik behandelt wurden. Gegen die Stadt- bzw. Landesherren vermochten sie sich freilich nur selten durchzusetzen. Innerhalb des Hansebundes und im Verkehr mit auswärtigen Städten dagegen konnten sie eine eigene Stellung, insbes. im Zwischenhandel zw. der westl. Ostsee und den russ. Städten gewinnen und behaupten. Im St. Peterhof in →Novgorod, dem Hansekontor, besaßen Reval und Dorpat maßgebenden Einfluß, während für Riga der Handel dünaaufwärts nach →Polock und →Litauen von bes. Wichtigkeit war. Im inneren Leben der livländ. Städte gewannen seit dem 14. Jh. die Kaufmannsgilden neben dem Rat früh Mitspracherecht, in Reval auch die Handwerkerämter. Der Herkunft nach stammten die Deutschen der livländ. Städte ganz überwiegend aus Niederdeutschland, wobei →Lübeck als Zwischenstation eine bes. Rolle spielte. Nd. war daher die städt. Amtssprache bis ins 18. Jh. Rechtl. gehörte Riga zum Kreis des Stadtrechts von →Visby, nahm aber Ende des 13. Jh. hamburg. Stadtrecht an, das zu einem eigenen rigischen Recht (→Riga) weiterentwickelt wurde, das fast alle anderen livländ. Städte (Dorpat u. a., insgesamt 17) erhielten, für die Riga Oberhof war. Reval erhielt →lüb. Recht (auch →Narva, das aber dich der Hanse angehörte, und →Wesenberg); der Rechtszug ging hier zuerst nach Visby, seit dem 14. Jh. nach Lübeck.

In *Litauen* entstand ein städt. B. erst nach der Übertragung dt. (hier: magdeburg.) Rechts (→Magdeburger Recht) auf bereits bestehende oder neu gegründete städt. Ansiedlungen. Versuche des Gfs.en →Gedimin, dt. Kaufleute und Handwerker ins Land zu holen (1323/24), scheinen kaum Erfolg gehabt zu haben, obwohl es kleine Niederlassungen dt., vor allem wohl rigischer Kaufleute, in →Wilna, bei der Hauptburg der litauischen Gfs.en, schon vor der Union mit Polen (1385/86) gegeben zu haben scheint. Aber eine Stadtgemeinde entstand erst, als Gfs. →Jagiełło 1387 Wilna das magdeburg. Stadtrecht verlieh, das sich auf alle Einwohner der Stadt, Litauer, Polen und Russen bezog. 1390 erhielt →Brest am Bug vom gleichen Herrscher das magdeburg. Recht, das sich auf Deutsche, Polen und Russen bezog; nur die Juden waren ausgenommen. 1408 begründete Gfs. →Witowt die Stadt Kauen (→Kaunas) an der Memel und verlieh ihr magdeburg. Recht. Es sollte sich hier allerdings nicht auf Heiden (d. h. noch ungetaufte Litauer und Juden) und Orthodoxe beziehen. Seit ca. 1440 bis 1532 bestand hier ein Hansekontor (Danziger, Königsberger, Elbinger und Thorner Kaufleute). Weitere Neugründungen erfolgten nicht, aber das Magdeburger Stadtrecht wurde bereits bestehenden Stadtsiedlungen (1430 Belsk, 1432 →Luck, 1438 Kremenec/Wolhynien, 1498 →Polock, vor 1494 →Kiev, 1499 →Minsk) verliehen. Auch Magnaten begründeten auf ihren Besitzungen Märkte und Städte nach Magdeburger Recht (1528 Ostrog, 1564 Olyka, 1572 Schoden u. a.). Ein B. entwickelte sich indes nur in den großen Städten, wo der Handel Kaufleute anzog. Es blieb auch auf die Kaufmannschaft beschränkt, denn das Handwerk und das Gewerbe gerieten zunehmend in die Hände der →Juden, denen die Kg.e von Polen und Gfs.en v. Litauen seit der Austreibung aus Süd- und Westdeutschland Zuflucht gewährten und die Ansiedlung in Märkten und Städten erlaubten. Sie lebten aber in eigenen Gemeinden, erhielten zwar auch Ämter (als Vögte, Münzmeister usw.) von den Stadtherren, waren aber nicht Angehörige der Bürgerschaft. Soweit Deutsche Träger städt. Lebens waren, wie in Wilna und Kauen, bildete sich ein B., das fast ausschließl. dem Kaufmannsstande angehörte. Von Gilden und Zünften wird nichts berichtet. Wie in Polen, unter dessen Einfluß Litauen bald geriet, spielte das städt. B. politisch keine Rolle, zumal der landbesitzende Adel auch Stadthäuser besaß, aber nicht den städt. Behörden mit Bürgermeister und Rat unterworfen war. M. Hellmann

Lit.:: A. S. Gruševskij, Goroda Velikogo Knjažestva Litovskogo XIV–XVII vv., 1918 [ältere Lit.] – P. Reklaitis, Die St. Nikolaikirche in Wilna und ihre stadtgesch. Bedeutung, Zs. für Ostforsch. 8, 1959, 500ff. [Lit.] – K. Forstreuter, Kauen, eine dt. Stadtgründung (Ders.,

Dtl. und Litauen im MA, 1962), 61ff. [vollst. Lit.] – A. Šapoka, Senasis Vilnius, 1963 [Lit.] – J. Jurginis, V. Merkys, A. Tauta, Vilnius, 1968 [Lit.; unbefriedigend].

III. Ungarn: Vor dem 16. Jh. findet man in Ungarn eine Reihe von Ansätzen zur Ausbildung eines einheitl. B.s, sowohl in sozialer als auch in polit. Hinsicht. Die Bürger der ersten Städte waren vielfach →Latini, die einen Personenverband bildeten; sie strebten Selbstverwaltung, aber kein bes. Stadtrecht oder eine rechtl. Filiation gegenüber einem städt. Oberhof an. Nach dem →Stuhlweißenburger Privileg (→Stuhlweißenburg) begünstigte der Kg. im 13. Jh. Neugründungen, deren Führungsschicht aus kgl. Dienstleuten (→iobagiones castri) und – meist dt. – Einwanderern bestand. Sie waren Ritterbürger (→Patriziat) und (bes. in den →Gründungskonsortien der →Bergstädte) Unternehmer. Dem Adel zugewandt, nahmen sie an der Politik teil und nannten sich comites und, in Abhebung von den →hospites der Stadt, cives. Ein landesweites B. entstand durch die Heiratsverbindungen dieser städt. Oberschicht. Durch die Entwicklung des 14. Jh. erfolgte eine Differenzierung der Städte untereinander, wozu die im 13. Jh. entstandenen →Stadtratsfamilien beitrugen. Die Führungsschicht bestand jetzt aus Kaufleuten, die sich vom Adel abschlossen und Verbindungen mit dem süddt.-österr. und schles. B. anknüpften. Unter ihnen wandelten sich die Städte von Genossenschaften zu Körperschaften. Das Appellationsgericht des →Tarnakmeisters und des →Personalis für je sieben Fernhandelsstädte förderte den Zusammenhalt des B.s ebenso wie auf geograph. oder wirtschaftl.-gewerbl. Grundlage entstandene Städtebünde: so die Fünf Städte um →Kaschau, die nieder- und oberung. Bergstädte. Weitere Möglichkeiten einer polit. aktiven Rolle des B.s bot die Reichsstandschaft der Städte. Seit den Thronwirren (1440) wurden die größten Städte allerdings unregelmäßig zum →Reichstag geladen; Matthias I. versuchte, eine Städtekammer (curia) zu errichten. Diese Versuche einer Einbindung der Städte in das Ständewesen scheiterten jedoch an der Furcht des B.s vor Finanzlasten. Endergebnis war ein zahlenmäßig (2% der Bevölkerung Stadtbewohner) wie polit. schwaches, seit dem Ende des 15. Jh. vom Auslandskapital abhängiges ung. Bürgertum.

Jeder Freie konnte anläßl. und auch nach der Gründung einer Stadt in das B. aufgenommen werden, jedoch wurde seit Beginn des 15. Jh. in den meisten Städten für das Bürgerrecht ein Nachweis legitimer Abstammung, der Besitz bzw. Erwerb von Grundbesitz oder die Stellung einer Bürgschaft, die Zahlung einer Gebühr (oder Abgabe gewerbl. Produkte) sowie die Leistung des Bürgereides (mit Zustimmung des Rates) gefordert. Das Bürgerrecht sicherte das aktive und passive Wahlrecht und verpflichtete zur Beteiligung an den allgemeinen Lasten. Die Grundlage der Steuerverteilung bildeten ausschließl. Immobilien, deren Wert in Silbermark (1 M = 4 ung. Gulden) taxiert wurde, wobei die Steuer mit einem entsprechenden Prozentsatz veranschlagt wurde. E. Fügedi

Lit.: J. Szücs, Das Städtewesen in Ungarn im 15.–17. Jh. (Studia Historica 53, 1963), 97–164 – A. Kubinyi, Der ung. Kg. und seine Städte (Stadt und Stadtherr im 14. Jh., hg. W. Rausch, 1972), 193–200 – Ders., A magyarországi városok országrendiségének kérdéséhez, Tanulmányok Budapest multjából 21, 1979, 7–48.

IV. Südosteuropa: [1] *Zentrale und westliche Balkanhalbinsel:* In den zentralen und westl. Gebieten der Balkanhalbinsel war im SpätMA das dt. Wort Bürger in der Form *purgar* (von mhd. *burger*) bekannt und verbreitet. Der Terminus ist an und für sich kein Beweis für das Bestehen eines B.s im mittel- und westeurop. Sinne. Er ist aber ein wichtiges Zeugnis für eine Autonomie der städt. Siedlungen, die eine Voraussetzung des ma. B.s bildet. Mit dem Wort »purgari« (im MA übersetzt als *gragjani, borghesani*) hat man die Geschworenen Bürger (iurati cives) bezeichnet, die neben dem →knez (comes) die Verwaltung einer Stadt oder eines Marktortes ausübten (→jurati). Eine solche Selbstverwaltung gehörte, gemeinsam mit der Schürf- und Abbaufreiheit und der Religionsfreiheit, zu den ursprgl. Privilegien, mit welchen die dt. Bergleute (*Sasi*, →Sachsen) um die Mitte des 13. Jh. in →*Serbien* eingewandert waren. Die Autonomie blieb aber nicht auf die eigtl. »Sachsen« beschränkt, sondern umfaßte bald die ganze Berggemeinde. In *Bosnien* wurde dieser Typ der Autonomie auch auf die Marktorte ohne Bergbau übertragen. Kennzeichnend für die Lage der Bewohner solcher Gemeinden waren die persönl. Freiheit, freies und vererbbares Eigen, die Zuständigkeit der lokalen Gerichtsbarkeit für die meisten Streitfälle und eine rege nichtagrar. Wirtschaftstätigkeit. Polit. waren die Bürger aber nahezu ohne Bedeutung und wurden als ein eher fremdes Element im Staat betrachtet. Bei der Schlichtung von Streitigkeiten der Bürger mit anderen Untertanen desselben Herrschers war das gleiche Verfahren üblich wie bei Streitigkeiten mit den Fremden (Schlichtung durch ein Schiedsgericht, das aus der gleichen Zahl von Angehörigen der beiden Gruppen zusammengesetzt war). Die Sonderstellung der Bürger der Bergbau- und Handelsstädte als quasi Fremde wurde verstärkt durch die ständige Anwesenheit von Bürgern aus den dalmat. Städten, die im rechtl. Sinne Fremde waren und nach dem Recht ihrer Mutterstadt lebten. Im gleichen Sinne wirkte die kirchl. Teilung. Nicht alle Berg- und Kaufleute waren kath., es gab aber immer wohlhabende Nachkommen der Sachsen oder Dalmatiner, die imstande waren, eine kath. Kirche zu errichten und einen Pfarrer zu unterhalten. Eng mit dem B. verbunden, drang so der Katholizismus tief in die orthodox geprägten Regionen ein, über Bosnien und Serbien bis nach Westbulgarien und Nordmakedonien.

Die schon erwähnte bes. Entwicklung des B.s in →*Dalmatien* hat ihren Ausgangspunkt in der selbständigen Entwicklung der adriat. Küstenstädte nach der Verdrängung der byz. Herrschaft gegen Ende des 12. Jh. Die ung., serb. und ven. Schutzherrschaft ließ genügend Raum für die Ausbildung von eigenständigen städt. Rechtsverhältnissen sowie Herrschafts- und Verwaltungsinstitutionen, die später in den städt. Statuten eine feste Form erhielten. Trotz der Selbständigkeit einer jeden Stadt bildeten sich überall ähnliche Verwaltungseinrichtungen, Rechtsbräuche und bes. eine vergleichbare soziale Schichtung aus. Allen Städten galt →Venedig als Vorbild. In jeder Stadt fand sich eine zahlenmäßig recht kleine Gruppe, die sich – wie in Venedig – als →Patriziat konstituierte. Sie war hauptsächl. aus Nachkommen der alteingesessenen roman. Bevölkerung zusammengesetzt. Ihr gegenüber stand das Stadtvolk (*puk, popolo*), dessen Zahl während des wirtschaftl. Aufschwungs im 13. Jh. durch Zuwanderung aus dem slav. bzw. alban. Hinterland anwuchs. Die als »maiores«, »seniores« oder am häufigsten »nobiles cives« bezeichneten Angehörigen der städt. Elite ragten durch relativen Reichtum hervor und hatten auch eine führende Stellung im polit. Leben der meisten kleineren Gemeinden inne. Nachdem die allgemeine Versammlung der Gemeinde (*communitas, universitas, opkina*) durch einen Großen Rat (*maius* oder *generale consilium*) ersetzt worden war, waren die Patrizier bzw. »Stadtadligen« bestrebt, die »popolari« völlig aus den öffentl. Funktionen zu verdrängen. Ein bes. geeignetes Mittel dazu war eine lokale »serrata del consiglio«. Mit zwei bis drei Ausnahmen wurde in allen dalmat. Städten während des 14. Jh. beschlossen, daß Mitglieder des Großen Rates nur diejenigen Bürger sein könnten, deren Väter und Großväter schon ratsässig waren. Dadurch wurde die Zugehörigkeit zum Patriziat mit der Mitgliedschaft im Großen Rat gleichgesetzt und das Monopol der Patrizier auf alle durch den Rat verliehenen öffentl. Ämter gesichert. Ein eigenständiges Patriziat grenzte sich dadurch rechtl. und personell ab. Ehen zwischen patriz. und bürgerl. Familien waren verboten. Als Zeichen der kulturellen Überlegenheit betonte das Patriziat seine roman. Abkunft: Überall leiteten die Patrizier ihre Abstammung von den röm. Bürgern her, in Split, dem einstigen Alterssitz Diokletians, rühmten sie sich sogar angeblicher Privilegien dieses Kaisers.

Dennoch erfuhr von den 15 Stadtgemeinden in Dalmatien ledigl. Dubrovnik (→Ragusa) eine ähnliche verfassungsmäßige Entwicklung wie Venedig. Nur in Dubrovnik entstand ein Patrizierregiment, das ungebrochen bis in die napoleon. Zeit bestand. In allen anderen Gemeinden brachen früher oder später Konflikte aus, die Generationen hindurch andauerten und wo gewaltsamen Auseinandersetzungen, Pogromen und Verbannungen begleitet waren. Mancherorts wurde auch die →Geistlichkeit in die Gegensätze verwickelt. Im 15. Jh., nach Errichtung der ven. Herrschaft über Dalmatien, trugen die städt. Parteien hauptsächl. ihre Zwistigkeiten mit jurist. und polit. Mitteln vor den aus Venedig entsandten Statthaltern oder vor der Signoria selbst aus. Der »uralte und unauslöschliche Haß zwischen dem Adel und dem Volk« hat noch im 16. und 17. Jh. die polit. Situation mancher Städte bestimmt. Kompromisse wurden erzielt durch die Errichtung von parallelen Räten der »popolari« oder durch die Aufnahme einiger Familien in den Stadtadel, was jedoch nur den führenden Familien der »popolari« zugute kam. Im Laufe der Zeit, hauptsächl. erst in der Neuzeit, wurde die Zweiteilung nobiles-populares durch eine Dreiteilung nobiles-cives (*cittadini*)-populares ersetzt. In der Organisation und Bewahrung eigener Interessen der »cives« haben die Bruderschaften (fraternitates) eine große Rolle gespielt. Am wenigsten bekannt ist über die Verhältnisse, welche in den unter der byz. Herrschaft (1018–85) entstandenen oder erneuerten Städten nach der Verdrängung der Byzantiner herrschten. Meistens waren es Bischofssitze und Verwaltungszentren, in denen auch in den »Nachfolgestaaten« Bf.e mit dem Klerus und die vom Herrscher ernannten Statthalter (*kefalije*) maßgebend in Gerichtswesen und Stadtverwaltung waren. Über die soziale Schichtung ist wenig bekannt. Stadtbewohner konnten wie Bauern mit Hab und Gut an Klöster tradiert werden. Es ist auch der Umstand zu berücksichtigen, daß nach der Bildung lat. Staaten bzw. Kolonien auf ehemals byz. Reichsgebiet dort teilweise Ansätze zu einem westl. geprägten Städtewesen entstanden und sich damit ein andersartiges B. ausprägte, insbes. im frk. Morea (s. a. Abschnitt I, I.), im katal. Hzm. Athen und in den ven. Besitzungen in der Levante, der sog. Romania Veneta. Die Besonderheiten können hier nicht erörtert werden, es soll nur auf die großen Unterschiede hingewiesen werden zw. den ven. Städten in der Levante und in Dalmatien hinsichtl. des Grades der Autonomie, der sozialen Schichtung und der Beteiligung der Stadtbewohner am polit. Leben. S. Ćirković

[2] *Siebenbürgen, Moldau und Valachei:* In der Entwicklung der frühma. städt. Bevölkerung aus Siebenbürgen, der Moldau und Valachei zum ma. B. spielte die Ansiedlung von Kolonisten aus dem dt. Sprachraum die entschei-

dende Rolle. Verfassungsrechtl. war das B. auf dem →Königsboden der ung. Krone unterstellt (Grundvoraussetzung zur Erringung des Bürgerrechts war die dt. Zugehörigkeit); innenpolit. war es dem süddt. Recht angeglichen, seine wirtschaftl. Machtstellung basierte auf einer regen Handels- und Gewerbetätigkeit (Blütezeit im 14. Jh.), die eine entsprechende polit. Breitenwirkung innerhalb der →Sächsischen Nationsuniv. und in der siebenbürg. Ständeverfassung als leitender Träger des dritten (sächs.) Standes bedingte; die polit. Bedeutung des siebenbürg.-sächs. B.s entfaltet sich allerdings nach dem Beginn seines unaufhaltsamen wirtschaftl. Rückgangs. In der Entstehung des B.s in der Valachei und Moldau spielten neben den dt. Ansiedlern auch Vertreter anderer Volksgruppen eine große Rolle (Byzantiner, Italiener, Slaven, Ungarn, Polen, Armenier, Juden). Das unbestimmte Verhältnis zw. Stadt und Landesfsm. behindert eine genaue Ermittlung des Rechtsstandes des B.s aus diesen beiden Fsm. ern bis ins 17./18. Jh. A. Armbruster

Lit.: zu [1]: C. JIREČEK, Staat und Gesellschaft im ma. Serbien. Stud. zur Kulturgesch. des 13–15. Jh., Denkschr. der Ksl. Akad. der Wiss. Wien, Phil.-hist. Kl., LVI, 1912, 60–68 – M. ŠUFFLAY, Städte und Burgen Albaniens hauptsächl. während des MA, Denkschr. der Akad. Wiss. Wien, Phil.-hist. Kl., 63, 1924 – F. THIRIET, La Romanie vénitienne au MA. Le développement et l'exploitation du domaine colonial vénitien (XIIe–XVe s.), 1959 – S. N. LIŠEV, Bulgarskijat srednovekoven grad. Obščestveno-ikonomičeski oblik, 1970 – B. KREKIĆ, Dubrovnik in the 14th and 15th Cent.: A City between East and West, 1972 – N. KLAIĆ, Povijest Hrvata u razvijenom srednjem vijeku, 1976 – M. BALARD, La Romanie génoise (XIIe–début du XVe s.), 2 Bde, 1978 – D. KOVAČEVIĆ-KOJIĆ, Gradska naselja srednjovekovne bosanske države, 1978 – S. ĆIRKOVIĆ, Continuité et rupture des hiérarchies: le cas des villes dalmates et de leur arrière-pays, XII settimana di studio, Istituto internaz. »Francesco Datini« Prato, 1980 [im Dr.] – B. KREKIĆ, Dubrovnik and Venice in the XIVth Cent. [in Vorber.] – zu [2]: H. WECZERKA, Das ma. und frühneuzeitl. Deutschtum im Fsm. Moldau, 1960 – C. C. GIURESCU, Contribuțiuni la studiul originilor și dezvoltării burgheziei române pînă la 1848, 1972.

I. Byzantinisches Reich und Lateinischer Osten
I. Byzantinisches Reich – II. Lateinischer Osten.

I. BYZANTINISCHES REICH: [1] *Bürger des Byzantinischen Reiches:* Im Unterschied zu den westl. Staaten des MA hat das Byz. Reich bis zu seinem Ende einen Bürgerschaftsbegriff im Sinne des civis Romanus der Constitutio Antoniana (a. 212) gekannt. Der πολίτης 'Ρωμαίων ist der freie Bewohner im Gegensatz zum →Sklaven. Dieses Bürgerrecht war im Normalfall mit der Geburt erworben. Sklaven wurde es durch eine bes. Urkunde verliehen (P. LEMERLE, Cinq études, 1977, 26 lin. 194); K. SATHAS, Mesaionikē Bibliothekē VI, 1877, 618; BISI 33, 1912, 23). Durch spezielle ksl. Verfügung (F. MIKLOSICH – I. MÜLLER, Acta et diplomata III, 1865, 189 für Venezianer) konnten auch Ausländer (ξενοπολῖται) byz. Bürger werden (vgl. auch Bull. Inst. Belge). Ebenso war es, wenigstens nach 1204, möglich, daß Byzantiner gleichzeitig Untertanen eines anderen Staates waren (QFIAB 57).

[2] *Bürger als Bewohner einer Stadt:* Alle Bewohner einer Stadt waren rechtlich gleich, soweit sie πολῖται Ῥωμαίων waren. Es gab, wenigstens seit dem 7. Jh., kein eigenes städt. Bürgerrecht, wohl aber Privilegien für bestimmte Gruppen. Für den Stadtbewohner finden sich in jurist. Texten (Urkunden) die Benennungen ἀστός, ἔποικος, καστρηνός und οἰκέτης wahllos nebeneinander. Geschichtsschreiber verwenden in Nachahmung der att. Prosa auch die Bezeichnung πολίτης. Βουργέσιοι werden bisweilen die Angehörigen der westl. Nationen genannt.

a) *Frühbyz. Zeit (bis Anfang 7. Jh.):* Erscheinungsformen dieser Zeit sind nicht gültig für spätere Jahrhunderte, da Relikte aus der röm. Kaiserzeit noch weiterleben (z. B. Garnisonsrechte von Asemos an der unteren Donau). Vgl. allgemein CLAUDE, 150f.

b) *Mittelbyz. Zeit (7. Jh. – Anfang 13. Jh.):* Der Niedergang der Stadtkultur in allen Reichsteilen (7.–8. Jh.) und die gleichzeitige neue administrative Strukturierung (→Themenordnung) beseitigte auch alte Stadtrechte. Die Städte, vielfach Sitz der Themenverwaltung, waren fest in ksl. Hand. Es kam auch kaum zu Neugründungen, sondern nur zu einem Ausbau alter Orte. Wirtschaft und Handel waren zentralen Interessen untergeordnet und wurden vom Eparchen v. Konstantinopel überwacht (→Eparchenbuch). Im 11. Jh. siedelten sich auch verstärkt die reichen Landbesitzer in den Städten an, im 12. Jh. trifft man in zunehmendem Maße Kolonien westl. Ausländer. Für die Entstehung eines genuinen, von Handel und Handwerk getragenen B.s wie im Westen boten sich keine Voraussetzungen.

c) *Spätbyz. Zeit (13.–15. Jh.):* Die Eroberung Konstantinopels 1204 und die Verlegung der Hauptstadt nach →Nikaia hemmten die zentralist. Kräfte des Reiches und förderten eine freiere Entwicklung der Städte, die unterstützt wird von den Palaiologenkaisern im Kampf gegen die Handelsmonopole westl. Nationen. Es kam zu umfangreichen Privilegien für einzelne Städte (vgl. KIRSTEN; Misc. di storia genov.). Mit Ausnahme von →Monembasia, wo der westl. Begriff »(Stadt)luft macht frei« wenigstens für begrenzte Zeit Wirklichkeit zu werden schien (Misc. di storia genov.), galten die Privilegien nur einer bestimmten Schicht, nicht der Stadt als polit. Einheit. Auch das Selbstbewußtsein der Stadtbevölkerung manifestierte sich seit dem 14. Jh. Die Bewohner →Thessalonikes suchten im →Zelotenaufstand die Unabhängigkeit zu erreichen, die Bürger →Philadelpheias sandten 1352 eine eigene Gesandtschaft nach Avignon. Allerdings standen die Städte weiterhin unter einem ksl. Gouverneur. Gesandtschaften wurden von Angehörigen der aristokrat. Oberschicht geleitet. Das Vordringen der Osmanen und interne Auseinandersetzungen im Byz. Reich erstickten aber alle Ansätze zu einer selbständigen Entwicklung des Bürgertums. P. Schreiner

Lit.: RAC II, 778–786 [L. WENGER] – G. I. BRATIANU, Privilèges et franchises municipales dans l'Empire Byz., 1936 – E. KIRSTEN, Die byz. Stadt, Ber. IX. Internat. Byz.-Kongr. V, 3, 1958 – D. CLAUDE, Die byz. Stadt im 6. Jh., 1969 – J. CHRYOSOSTOMIDES, Studi Veneziani 12, 1970, 267–356 – P. SCHREINER, QFIAB 57, 1977, 339–346 – R. S. LOPEZ, Bull. Inst. Hist. Belge de Rome 44, 1977, 341–352 – P. SCHREINER, JÖB 27, 1978, 203–228 – LJ. MAKSIMOVIĆ, Charakter der sozialwirtschaftl. Struktur der spätbyz. Stadt, JÖB 31, 1981, 149–188 – P. SCHREINER, Miscellanea di storia genovese 3, 1982.

II. LATEINISCHER OSTEN: Die burgenses, welche in den Kreuzfahrerstaaten des Lat. Ostens die Masse der lat. Bevölkerung darstellten, waren freie röm.-kath. Christen, die keine Lehen hielten, aber bürgerl. Besitz (*borgesies*) innehatten. In Zypern wurden auch einige griech. Stadtbewohner als burgenses betrachtet. Burgenses waren nicht nur in den Städten im engeren Sinne, sondern (als Ackerbürger) auch in den landwirtschaftl. *villes-neuves* zu finden (→Minderformen, städt.). Die borgesies waren vererbl. Liegenschaften, die der Gerichtsbarkeit der *Cours des Bourgeois* unterstanden, und für die dem Herrn, der ein Obereigentum besaß und Vorkaufsrecht hatte, Zins gezahlt werden mußte. Die Cours des Bourgeois in Jerusalem, in Akkon (deren Rechtsprechung vom röm. Recht beeinflußt wurde) und in Nikosia sind gut bezeugt, weitere derartige Gerichtshöfe amtierten sowohl auf den Lehen als auch in der Krondomäne. Ihre Zusammensetzung und Zuständigkeit war offenbar überall die gleiche: Sie umfaßten einen Vicomte sowie bürgerl. Geschworene und übten volle Jurisdiktion über die gesamte lat. Bevölkerung ohne feudalen Rang und – bei ernsten Streitfällen – auch über die nichtlat. Einheimischen aus. Im Akkon des 13. Jh. finden sich Mitglieder einiger führender Familien, bei denen verschiedene Ansätze zu einem städt. Patriziat erkennbar sind, stets unter den Richtern an den Cours des Bourgeois.

J. Riley-Smith

Lit.: C. Cahen, La Syrie du Nord, 1940, 547–549 – J. Richard, Le comté de Tripoli, 1945, 81–85 – G. Hill, A Hist. of Cyprus, 2, 1948, 8, 52 – J. Prawer, The Latin Kingdom of Jerusalem, 1972, 76–85 – J. Riley-Smith, The Feudal Nobility and the Kingdom of Jerusalem, 1973, 82–87 – J. Richard, The Latin Kingdom of Jerusalem, 1979, 121–129, 259–261 – J. Prawer, Crusader Institutions, 1980, 102–142, 250–295, 315–339, 358–468.

J. Islamischer Bereich
In der klass. islam. Welt von »Bürgern« und »Bürgertum« zu sprechen ist in gewissem Sinne paradox, denn eines der Kennzeichen dieser Welt ist eben das Fehlen eines spezif. bürgerl. Standes von jenem Typus, wie er damals in Westeuropa existierte und in einer bestimmten Form auch in der griech.-röm. Antike existiert hatte. In einem weiteren Sinne indes hat sich die islam. Welt bekanntlich im Maßstab ihrer Zeit teilweise urbanisiert, was die Annahme der Existenz einer Art von B. nahelegt. Gewiß lebten in den Städten – zumindest anfangs – Elemente der Militäraristokratie, die nicht als Bürger bezeichnet werden können, und am Fuß der sozialen Stufenleiter gab es Arme und Sklaven, die ebensowenig zum B. gerechnet werden können. Dazwischen jedoch bilden die jurist.-religiösen und administrativen Funktionsträger und v. a. die (in den Quellen oft nicht voneinander unterschiedenen) Handwerker und Kaufleute einen komplexen Mittelstand, den man durchaus als B. bezeichnen kann. Wenn auch die Institutionen, in deren Rahmen diese sich bewegen (z. B. die ḥisba), nicht als von denen der islam. Gesamtgemeinde gesondert aufgefaßt werden, so funktionieren sie doch in der Stadt für eben diese »Bürger«. Zudem darf man sich nicht zu dem Schluß verleiten lassen, was nicht in den jurist. Texten erwähnt werde, habe auch in der Wirklichkeit nicht existiert. Volkstüml. Organisationen wie die der →futūwa in der östl. Hälfte des islam. Welt oder die Milizen der aḥdāt im westl. arab. Raum spielen im hohen MA in den Städten eine beträchtl. Rolle. In manchen Fällen entwickelte sich damals sogar eine gewisse städt. Autonomie unter der Führung von ru'asā' (Pl. zu ra'īs) meist bürgerl. Herkunft, die, wenn sie auch nicht lange Bestand hatte, uns doch davon abhalten muß, den Gegensatz zw. den europ. »Bürgern« und den städt. Gesellschaften des Orients zu übertreiben, ohne daß man indes auf diesem Gebiet – was darüber auch gesagt worden sein mag – einen Einfluß der einen Kultur auf die andere annehmen dürfte.

C. Cahen

Lit.: EI, s. v., ḥisba, futuwwa – G. E. V. Grunebaum, Die islam. Stadt, Saeculum VI, 1955; vgl. C. Cahen, ebd., IX, 1958.

Bürgerbauten ist die architekturhist. Sammelbezeichnung für alle vom →Bürgertum entwickelten Gebäudeformen; sie werden nach privaten und öffentl. B. unterschieden und bestimmen das städtebaul. Gefüge durch Lage, Größe und Gestaltung mit. Zahlenmäßig an erster Stelle stehen die privaten B., die →Bürgerhäuser für Wohnung, Handwerk und Handel. Die öffentl. oder kommunalen B. sind je nach Stadt und Zweck sehr verschieden in Größe, Form und künstler. Aufwand: →Rathaus (domus civium, domus burgensium), Zeughaus, →Kornhaus (Speicher), →Gewandhaus (Tuchhalle), Mühle, →Bauhof, Schule und Universität, Gilde- und →Zunfthaus, →Hochzeits- und Tanzhaus, →Hospital; →Profanarchitektur, städt.

G. Binding

Lit.: K. Junghanns, Die öffentl. Gebäude im ma. Stadtbild, 1956 – Weitere Lit. siehe unter den angegebenen Stichworten.

Bürgerbuch. Als bes. Gattung der →Stadtbücher – häufig auch in ihnen enthalten – sind Bürgerbücher im MA zur jahrweisen Verzeichnung der in die Stadtgemeinde aufgenommenen Neubürger angelegt und teilweise noch bis in das 20. Jh. fortgeführt worden. Der vorangegangenen Zahlung des Bürgergeldes und Ablegung des Bürgereides folgte in der Regel die Eintragung des Namens unter dem Eintrittsjahr. Herkunft und Zusammensetzung der Bürgerschaft sind häufig aus detaillierteren Angaben zu den Neubürgern zu erschließen; auch können Eidesformeln oder chronikal. Nachrichten in das B. einfließen. Eine frühe Kölner Liste verzeichnet Neubürger und Mitglieder der Kaufleutegilde (1130–70), weitere Bürgerbücher folgen in Wismar (1250), Rostock (1258), Lübeck (1259), Hamburg (1277), Bremen (1288), Lüneburg (1289) und Dortmund (1296). Im 14. Jh. nimmt die Überlieferung von Bürgerbüchern zu.

H. Walberg

Lit.: DW, Nr. 8267–8285 – HRG I, 553 [K. Kroeschell] – H. v. Loesch, Die Kölner Kaufmannsgilde im 12. Jh., Westdt. Zs., Ergh. 12, 1904 – H. Rothert, Das älteste B. der Stadt Soest, 1958 [Lit. und Datierung einzelner Bürgerbücher].

Bürgereid. Unter B. (im engeren Sinne) versteht man sowohl den Gesamtschwur der Bürgergemeinde *(Gesamt-B.)* als auch den Beitritt einzelner Personen zu diesem Eid *(Einzel-B.)*. In zahlreichen europ. Kommunen des 11./12. Jh. gingen dem B. vielfältige Formen von Schwureinung und Eidverbrüderung (→coniuratio, iuramentum commune) unternehmender Kaufleute und gewerbetreibender Marktsiedler u. a. Gruppen voraus (→Bruderschaften, →Gilden, →Gottesfrieden), die in bestimmten Gebieten (z. B. Nordfrankreich) bereits zu einer Identität von Eidgenossenschaft und raumgebundener Gemeinde führen konnten. Chronolog. und inhaltl. zu differenzierende Autonomiebestrebungen im allgemeinen freier und haushäblicher Bürger wurden uxsächl. für die eidl. Verwillkürung (→Willkür) als Grundlage aller stadtrechtl. Statuten. Dabei fungierte der bürgerl. Gesamteid als »Geltungsgrund und Gestaltungsprinzip des deutschen mittelalterlichen Stadtrechts« (Ebel). Als *coniuratio reiterata* mußte er (urprgl. jährlich) erneuert werden; die »Schwörtage« standen meist in Verbindung mit Bürgerversammlungen (→Burspraken) und Verlesung der →Ratswillküren. Inhaltl. umfaßte der B. gegenseitige Treueverpflichtung sowie Gehorsam gegenüber Rat und Stadtherrn, verbunden mit wichtigen Einzelbestimmungen (Rügepflicht, Waffenbesitz, Fernhalten von Aufruhr). Da der Gesamt-B. alle Rechtssatzungen der Stadt als eidlich verwillkürt erscheinen ließ, wurde er auch zum Mittel, auf die Erfüllung der Rechtspflichten und Ratserlasse hinzuwirken; er begründete bei Strafe an Leib und Gut den Erfüllungszwang gegenüber dem Rat (Pflicht bei dem Eide). Zahlreiche Verbote (u. a. Goldene Bulle, C. XV.) konnten nicht verhindern, daß in Zeiten von →Aufruhr das in der Schwureinung konkretisierte genossenschaftl. Prinzip durch eidgebundene Protestgruppen gegen den bestehenden Rat und die diesem geschworene Gehorsamspflicht gekehrt werden konnte. – Der Einzel-B. galt v. a. für emanzipierte Söhne und Zuzügline und wurde, unter örtlich verschiedenen Bedingungen (im allgemeinen Bürgergeld, Bürgen) und Symbolhandlungen (in Braunschweig z. B. Berühren des Kopfes des Bürgermeisters), zum Geltungsgrund der kommunalen Rechte und Pflichten des Neubürgers.

B.-U. Hergemöller

Lit.: W. Ebel, Die Willkür, 1952 – Ders., Der B., 1958 – H. Stoob, Forsch. zum Städtewesen in Europa I, 1970 – E. Ennen, Die europ.

Stadt des MA, 1975² – H. Planitz, Die dt. Stadt im MA, 1980⁵ – W. Ehrbrecht, Städt. Führungsgruppen und Gemeinde in der werdenden Neuzeit (Städteforsch. A 9), 1980 – B. Diestelkamp, Beitr. zum hochma. Städtewesen (Städteforsch. A 11), 1982.

Bürgergemeinde → Gemeinde, städt.

Bürgerhaus ist das Wohn-, Werkstatt- und Handelshaus des städt. Bürgers seit dem 12. Jh. Entsprechend der Entstehungsgeschichte der ma. Stadt und der Herkunft der meisten Bürgerfamilien aus dem ländl. Bauerntum und Handwerk hat das B. seine Ursprünge im → Bauernhaus; eine zweite Quelle ist der feudale Wohn- und Repräsentationsbau des 11./12. Jh., der als Turmhaus (arx), Wohnturm (turris), → Burg und → Pfalz ausgebildet war und häufig im Siedlungsverband lag. Je nach den lokalen Traditionen lassen sich in den einzelnen Ländern und Landschaften verschiedene Typen verfolgen; auch die Bevorzugung von Holz im Fachwerk- oder Blockbau und Naturstein oder Backstein ist regional sehr verschieden. Während nördl. der Alpen der Holzbau durch das ganze MA vorherrschend ist, findet sich in Italien und Spanien sowie auf dem Balkan vornehml. der Steinbau, auch für bescheidene B.er. In den großen Handelsstädten übernehmen die Geschlechter im 13. Jh. den feudalen Steinbau bzw. im Ostseeraum den Backsteinbau, während in der gleichen Gegend Orte wie Rouen, Hildesheim, Braunschweig u. a. bis ins 17. Jh. an reich geschnitzten Fachwerkhäusern festhalten.

Das B. ist Eigentum des Bewohners und dient ihm im Erdgeschoß als Werkstatt, Laden oder Kontor, im Obergeschoß als Wohnbereich und im Dach als Lagerraum; Hintergebäude, die auch winklig bzw. mit einer Galerie um einen Hof angeordnet sein können (Süddeutschland, Auvergne, Bretagne), vergrößern notwendige Flächen. Seit dem späten MA wohnen in den Neben- und Hintergebäuden außer den Familienangehörigen des Besitzers auch sog. Inwohner oder Mieter. Außerdem gab es in den → Seelhäusern seit dem 13. Jh. Vorgänger desnz. Miethauses (Köln, Nürnberg, Gent). Das Ackerbürgerhaus stellt eine Kombination zw. dem jeweiligen landesüblichen Bauernhaus und dem städt. B. dar und dient dem landwirtschaftl. Nebenerwerb, ebenso das B. des Winzers mit der notwendigen Kelter und den erforderl. Nebenräumen und Kellern. Durch häufige Brände und spätere eingreifende Umbauten bes. im Innern ist das ma. B. in seiner ursprgl. Gestalt nur sehr fragmentar. überliefert. Bei der Erneuerung oder Aufstockung werden Parzellengrundriß und Reihung beibehalten, die ursprgl. häufig vorhandenen Traufgäßchen aber überbaut, auch wurde das Haupthaus zur Straße und häufiger zum Hof hin erweitert. Übermäßiges Vorkragen der Obergeschosse (Überhang), aufwendige Gestaltung der → Erker und der Verkehr behinderndes Vorstehen von → Beischlag und Kellerhalsüberbau wurden durch → Bauordnungen ebenso eingedämmt wie die Brandgefahr durch Ausbau in Stein (Nürnberg, Lübeck) und Ersetzen der Schindel-, Stroh- und Rieddeckung durch Ziegel- bzw. Schieferdeckung. So hat sich das Bild des ma. B.es gewandelt, immer jedoch ist ein Bemühen um Repräsentation bei den Bürgerhäusern zu beobachten. So wird nicht nur wegen der einfacheren Balkenüberdeckung das ursprgl. traufständige Haus (Cluny) bei den schmalen tiefen Bauparzellen durch das giebelständige Haus ersetzt, sondern auch wegen der Möglichkeit, den hohen Giebel als Blendgiebel reich gestalten zu können (Overstolzenhaus Rheingasse 8 in Köln um 1230, Haus am Markt 11 in Greifswald 15. Jh., Wismar, Rostock, Lüneburg).

Um die Mitte des 12. Jh. setzt eine Umstrukturierung der überkommenen feudalen Bautypen wie des Turmbaus (arx) auf längsrechteckigem Grundriß und abschließendem Zinnenkranz (Trier, Mainz) und des drei Geschosse hohen Wohnturms (turris) auf annähernd quadrat. Grundriß (Köln) ein und verschmilzt mit dem Immunitätsbau (Winkel um 1150, Münstereifel 1167), bei der der längsrechteckige Baukörper durch eine Längsmauer in zwei unterschiedl. breite Hausteile gegliedert wird (Lincoln 1170/80, Köln Rheingasse 8 um 1230), hinzukommen Arkadenreihen, die vom Pfalzen- und Burgenbau übernommen, aber in Reihung und Wandbezug verändert werden. Am Ende des 12. Jh. setzt eine Gestaltung durch kräftige Stockgesimse ein, im 13. Jh. einhergehend mit reichen gestuften Blendgiebeln. Die Kombination von Eingang und durch Bogen zur Straße geöffnetem Laden-Werkstatt-Raum sowie in Arkaden geöffnetem Wohngeschoß darüber ist im späteren 12. Jh. voll ausgebildet (Gelnhausen, Seligenstadt, Cluny, Vézelay). Diese an überlieferten Bauten ablesbare Entwicklung läßt sich nur für den gehobenen Steinbau feststellen. Die frühesten Fachwerkhäuser haben sich in Deutschland erst aus der Zeit um 1300 erhalten (Limburg 1296, Marburg vor 1320, Kobern 1321, Bad Windsheim ab 1318), in England und Frankreich zumeist erst aus dem 15. Jh. Der Fachwerkbau des 14./15. Jh. ist in seiner Konstruktion landschaftl. verschieden, in der räuml. Organisation den Steinhäusern ähnlich.

Das *oberdt.* B. in Süd- und Mitteldeutschland ist gekennzeichnet durch eine konstruktive Teilung in mehrere Räume neben- oder übereinander. Es war entweder ein Zweifeuerhaus mit einem Herdraum für Küche und Werkstatt oder Ware und einer Ofenstube, oder ein Geschoßbau, wie er im Schwabenspiegel und in den ahd. Bezeichnungen *ûfhûs* und *solari* überliefert ist. Das in Fachwerk oder Blockverband errichtete Haus stand zumeist mit dem Giebel zur Straße und war mit Stroh oder Schindeln gedeckt. Massivbau beim mittelgroßen B. ist für das 14. Jh. vereinzelt festgestellt im Südwesten und in Breslau, ab 15. Jh. auch in Nürnberg; das B. führender Geschlechter wird in Anlehnung an den Feudal- und Immunitätsbau schon zu Beginn des 13. Jh. vereinzelt in Stein gebaut (Worms), ansonsten überragen Wohntürme und sog. → Geschlechtertürme die Fachwerkhäuser u. a. in Regensburg, Nürnberg und Schwäb. Hall. Mit zunehmender Bevölkerungsdichte stellte man die Häuser enger, auf Traufgassenbreite oder ganz zusammen. Das führte zur Ausbildung eines Durchganges im Hause zum Hof, entweder gleich von der Straße oder vom Vorderraum. Eine Wendel- oder Leitertreppe erschloß die über den ebenerdigen Laden- und Werkstatträumen gelegene Wohnung mit dem Wohn-Kochraum und zur Straße hin mit der Stube. Schon im 14. Jh. gab es drei- bis vierstöckige Häuser. Der im 1., aber auch im 2. Obergeschoß gelegene Hauptwohnraum war durch Erker oder Chörlein gekennzeichnet; im Donaugebiet und im südl. Böhmen wurden die Erker sehr breit und stellenweise zu ausladenden Geschossen. Die Keller waren zunächst mit Balkendecken abgeschlossen und wurden zumeist erst dem 14. Jh. überwölbt. Die Erweiterung des Haupthauses geschah in Ober- und Mitteldeutschland durch Neubauten im Hof, die vom Haupthaus abgesetzt waren und mit diesem durch Gänge oder mehrgeschossige Galerien verbunden wurden. So entstanden die ein- oder doppelseitigen Arkadenhöfe in Holz oder Stein, die bes. in Niederösterreich sehr dekorativ gestaltet wurden.

Das *niederdt.* B. entwickelte sich aus dem nordwesteurop. Hallenhaus. Kennzeichnend für diese Halle, die sog.

Diele, sind Weiträumigkeit und seit dem 14./15. Jh. auch große Höhe (Wohndielenhaus). Sie bot Raum für die einzige Feuerstelle, den Herd, »der Wärme, Licht, Kochgelegenheit und Werkstattfeuer zugleich bot« (A. BERNT). Unterkellerung war im 14. Jh. vereinzelt, im 15. Jh. bereits allgemein üblich. Gleichzeitig baute man an der der Straße zugewandten Seite der Diele eine Stube ein, was auf oberdt. Einfluß zurückgeführt wird. Da die Dielenhöhe auf 4 bis 6 m angewachsen war, konnten Hängekammern an den Deckenbalken angebracht werden. So kam es im 15. Jh. zu einer weiteren Stube über der ersteren. Seitlich hinter diesen Stuben befand sich der Herd und in der rückwärtigen Ecke die Bodentreppe, von der man über einen Laufsteg, später eine Galerie, am Rauchfang vorbei zu der vorderen Stube gelangen konnte (nach A. BERNT). Erst im 16. Jh. baute man an der Straßenseite beiderseits der Haustür ebenfalls Stuben. Seit dem 14. Jh., zahlreicher seit dem 15. Jh., wurden die oberen Speichergeschosse ebenfalls teilweise als Wohnräume genutzt, bes. bei den Häusern im Ostseegebiet, deren Diele niedriger war. Die ebenerdige Dielenwohnung wurde durch →Beischlag und Auslucht (seitl. durchfensterte erkerähnliche auf dem Boden aufsitzende Anbauten) auf die Straße vorgeschoben. Die Wohn- und Geschäftsräume wurden mit großen Erdgeschoßfenstern ausgestattet. Seit dem 13. Jh. beeinflußt die Verwendung von Backstein den Aufbau entscheidend (Lüneburg, Lübeck): mehrgeschossig, großräumiger, seit dem 15. Jh. lag im Obergeschoß gewöhnl. ein großer Saal (Saalgeschoßbau), der sich in reichen Fensterfolgen zur Straße öffnete, dazu reiche Ausgestaltung der Fassade und Verwendung des gestaffelten Blendgiebels mit Fialenbekrönung. Die Raumunterteilung setzte zwar zeitig ein, doch erst mit dem ausgehenden MA wurden die ofenbeheizten Stuben zahlreicher. Die Einführung der Fensterverglasung im 14./15. Jh. war hierfür eine Voraussetzung.

In England war das mehrstöckige Holzhaus mit dem Laden auf Straßenebene das ganze MA hindurch üblich, zumeist mit Überhang in jedem Stockwerk und charakterist. schmalen, mit Stock unterteilten Fenstern.

In Frankreich standen die ma. Bürgerhäuser ebenfalls zumeist mit dem Giebel zur Straße: im Erdgeschoß Küche, Werkstatt-Laden und Vorratskammer, zumeist über einem kreuzgewölbten Keller; ein Gang führte von der Straße zu einer Treppe zum Obergeschoß und in den Hof mit dem Brunnen und einem Nebengebäude mit Stall, Waschraum und Räumen für die Dienstleute. In der ersten Etage, zu der man über eine gerade Treppe oder eine Wendeltreppe emporstieg, befand sich der Wohnraum mit einer Reihe von Fenstern zur Straße und zum Hof, beheizt von einem Kamin zw. den Fenstern oder an der Seitenwand; der Raum konnte durch leichte Wände geteilt sein. Zuweilen befand sich darüber noch eine zweite Etage sowie der Söller, der einen Teil des Dachstuhls einnahm, und der Speicher, der die ganze Höhe des Daches ausfüllte. Da Frankreich sowohl an Steinen wie an Holz reich ist, werden diese beiden Materialien das ganze MA gleicherweise angewendet. Während sich Steinhäuser seit dem 12. Jh. bes. in Burgund erhalten haben, sind Fachwerkhäuser selten älter als 15. Jh. Die frühen Steinhäuser zumeist traufenständig mit Ladenlokal und Eingangstür im Erdgeschoß und arkadengeöffnetem Saal im Obergeschoß, teilweise auch mit zweitem Obergeschoß. Im späteren MA allgemein giebelständige mehrgeschossige Häuser, im Fachwerk durch dichtgestellte Ständer und reiche Streben charakterisiert.

Seit dem Ende des 14. Jh. führt bes. in den fläm. Städten der Reichtum der Bürger zu Komfort und Luxus sowie größerer Bequemlichkeit, was sich auch in den Fassaden der B. deutlich macht. Die Eingangstür führt direkt in den vorderen Raum des Erdgeschosses, der hoch und verhältnismäßig hell war und entweder als Werkstatt oder als Laden benutzt wurde, aber auch als Wohnraum. Der hintere Raum, durch eine hölzerne Wand getrennt, diente dem Leben der Familie um den Herd; die Betten standen zumeist in Alkoven, durch Bretter vom Hauptraum abgetrennte Nischen. Im Obergeschoß das Wohnzimmer, teilweise auch Schlafräume. Die Fassade ist weitgehend durch Fenster geöffnet, dazwischen horizontale reichgeschmückte Gesimse, Maßwerkblenden, Verdachungen u. ä. sowie vorgeblendete Säulen oder Pilaster, abgeschlossen von reichen Stufengiebeln.

Für Italien und Spanien sind wegen geringer Erhaltung und mangelhafter Forschung Typen und Entwicklung des ma. B. es nicht darzustellen, da das ma. Straßenbild durch die in Stein reich gestalteten Palazzi des Adels bestimmt wird. Vgl. auch →Profanarchitektur, →Fachwerkbau, →Bauernhaus.   G. Binding

Lit.: J. HÄHNEL, Hauskundl. Bibliogr. 1961–1970, 3 Bde, 1972–75 – RDK III, 180–221 [Lit.] – S. O. ADDY, Evolution of the Engl. House, 1935 – Arbeitskreis für dt. Hausforsch. Tagungsber. 1950–77ff. – Das dt. B., begr. A. BERNT, hg. G. BINDING, I–XXXI, 1959–82, wird fortgesetzt [Lit.] – B. SCHIER, Hauslandschaften und Kulturbewegungen im östl. Mitteleuropa, 1966² [Lit.] – A. BERNT, Deutschlands B.er, 1968 – E. CAMESASCA, Storia della Casa, 1968 [dt. 1971] – J. SCHEPERS, Vier Jahrzehnte Hausforsch., 1973 [Lit.] – M. WOOD, Norman Domestic Architecture, 1974 [Lit.] – L. DEVLIEGHER, Les maisons à Bruges, 1975 – A. WIEDENAU, Der roman. Wohnbau in Rheinland, 1979 [Lit.].

Burgericht erscheint – nach *burrichte* 1247 – erstmals 1258 in Köln (»iudicant secundum eius formam quod burgeriethe vulgariter dicitur«) und 1259 in Westfalen (»civili iure quod vulgariter burgerichte dicitur eidem curie attinente«). Es gehört zu mnd. *bur* ('Bauer, Nachbar'; lat. civis, ius civile) und bezeichnet das örtl. Gericht (→Gerichtsbarkeit), das in der Stadt liegen oder ländl. Gemeinde- oder Hofgericht sein kann (→Burschaft). Seine Zuständigkeit betrifft in Herford im 14. Jh. »de sake de deghelikes vallet«. Ob das Nürnberger Bauerngericht (→Nürnberg) damit in Zusammenhang steht, erscheint eher fraglich.   G. Köbler

Lit.: DtRechtswb I, 1267 – A. LÜBBEN, Mnd. Wb., 1868, 70 – K. KROESCHELL, Weichbild, 1960, 65ff. – Zum Nürnberger Bauerngericht: R. SCHIELEIN, Die Entwicklung der Gerichtsverfassung in Nürnberg [Diss. Erlangen 1953], 114ff.

Bürgerkämpfe, städtische. Der Forschungsbegriff hat ältere, mißverständl. Bezeichnungen wie Zunftrevolution oder Verfassungskämpfe abgelöst, da innerstädt. Auseinandersetzungen selten von Handwerkerzünften allein getragen, nur zum Teil von einem Defizit an polit. Mitbestimmung geleitet wurden. Fragen nach Ursache, Anlaß, Beteiligung, Verlauf, Ziel und Wirkung haben vielmehr deutl. gemacht, wie komplex der Wirkungszusammenhang von Möglichkeiten zur Mitwirkung aller Bürgergruppen an der polit. Willensbildung (Abkömmlichkeit), über die Ziele wirtschaftl. aufgestiegener Gewerbe, bis zur Mißwirtschaft städt. Führungsgruppen oder deren obrigkeitl. Tendenzen ist. Dabei spielte die Wiederherstellung bzw. Sicherung »alter Rechte« eine zentrale Rolle, so daß Recht und Form von Protest diskutiert werden (→Aufruhr). Eine Typisierung steht aus, wobei die sozialen und wirtschaftl. Verschränkungen mit dem Umland, die Gravamina gegen die Geistlichkeit und ihre Institutionen sowie die Beziehungen zu Kräften der jeweiligen Ortsherrschaft, allgemein die Beteiligung nichtbürgerl. Gruppen beachtet werden müssen. Wenn man darüber hinaus die Kämpfe seit Bildung der Bürgergemeinde lokal oder regional vergleicht und auf die jeweiligen sozialen Voraussetzungen eingeht, zeigen sich in den Trägergruppen Unterschiede. Unter diesen Voraussetzungen wird sich erweisen müssen, ob B. als Begriff auch nur für einen Teil der Gesamterscheinung städt. Kämpfe verwendbar ist. → Revolte, städtische. W. Ehbrecht

Lit.: K. Czok, Zunftkämpfe, Zunftrevolutionen oder Bürgerkämpfe, Wiss. Zs. Univ. Leipzig 8, 1959 (Gesellschaftl. und sprachwiss. R. 1) – E. Maschke, Dt. Städte am Ausgang des MA (Beitr. zur Gesch. der Städte Mitteleuropas III, Linz 1974) – Städt. Führungsgruppen und Gemeinde in der werdenden Neuzeit, hg. W. Ehbrecht, 1980.

Bürgerlehen, an Bürger verliehene Lehen, was eigtl. dem Grundgedanken des →Lehnswesens im Sinne eines auf den ritterl. Adel beschränkten Herrschafts- und Organisationsprinzips widerspricht. So vertrat auch der →Sachsenspiegel die Auffassung, daß Bürger außerhalb der →Heerschildordnung stünden und daher nur mit erhebl. Einschränkungen (Beschränkung auf bestimmte Lehnsobjekte, Minderung der Vasallenrechte) fähig seien, Lehen zu besitzen. Die v. a. im 13. Jh. einsetzenden und im Laufe des SpätMA sich häufenden Belege über B. haben die Forschung dazu bewogen, dem Sachsenspiegel hier jeden Bezug zur Rechtswirklichkeit abzusprechen. Dabei ist jedoch zu differenzieren. So blieb die Auffassung des Rechtsbuches in der nord- und ostdt. Rechtspraxis noch bis ins 15. Jh. hinein lebendig, was sich in der Form rechtl. Diskriminierungen des bürgerl. Vasallen (z. B. Forderung einer →Lehnware bei der Erbfolge) niederschlug. Dagegen gingen die meisten Lehnsherren im west- und süddt. Raume, wie auch das Kgtm., grundsätzl. von der rechtl. Gleichstellung bürgerl. und schildbürtiger Vasallen aus. K.-F. Krieger

Lit.: HRG I, 553–556 – K.-F. Krieger, Die Lehnshoheit der dt. Kg.e im SpätMA (ca. 1200 bis 1437), 1979, 123–125, 137–151, 225–230.

Bürgermeister. Der Begriff erscheint mhd. als *burgermeister* und mnd. als *borgermeester* seit der Mitte des 13. Jh. (Köln 1258, Basel 1261, Köln 1262, 1263, 1264). Etwas älter sind lat. Entsprechungen, welche allerdings auch auf mhd. *burmeister* oder mnd. *burmeester* (nhd. →Bauermeister) beruhen können. Vor ihnen treten *magister civium* im Recht des Kölner Burggf.en auf, in welchem der *magister* neben →Schöffen und Amtleuten der →Richerzeche über das geltende Recht befragt wird (→Köln), und *magister civilis* 1196 in Hildesheim-Dammstadt auf, *magister burgensium*, *magister burgensis* sowie *burgimagister* etwas später.

Die Herkunft und die Bedeutung dieses älteren *magister civium* ist unklar. Ihm gehen allerdings bereits →*magister navis*, →*magister equitum* oder →*magister universitatis* in der Antike sowie →*magister militum* oder →*magister servorum* der frk. Zeit voraus. Die Weichbildglosse stellt den B. den →Bürgern wie einen Lehrer den Schülern gegenüber. Der ältere *magister civium* dürfte mit dem städt. →Rat bzw. der Ratsverfassung noch nichts zu tun gehabt haben, da dieser erst seit 1214 (Straßburg) erscheint. Die genauen Funktionen des B.s sind wenig erforscht, dürften aber auch örtlich-zeitlich verschieden gewesen sein. Vielfach ist der B. Vorsitzer eines kollegialen Verwaltungsorgans und Repräsentant einer anfangs nur städt. Gemeinschaft. Ihm kommen sowohl exekutive als auch judikative Aufgaben und Befugnisse zu. An vielen Orten gelingt ihm ein allmähl. Ausbau seiner Stellung. Teils wird er gewählt, teils eingesetzt. Vielfach finden sich mehrere B. nebeneinander. G. Köbler

Lit.: DtRechtswb II, 603 – Heumann-Seckel, 326 – W. Türk, Die Entstehung und Entwicklung des Bürgermeisteramtes in Breslau [Diss. Breslau 1937] – H. Planitz, Kaufmannsgilde und städt. Eidgenossenschaft in niederfrk. Städten im 11. und 12. Jh., ZRGGermAbt 60, 1940, 1ff. – O. Gebhardt, Die Verwaltung des Fleckens Fürth [Diss. Erlangen 1941] – K. Rabus, Der Ulmer B. bis 1548 [Diss. Tübingen 1952] – W. Rörig, Die Entwicklung der rhein. Bürgermeistereiverfassung [Diss. Mainz 1957] – H. Conrad, Dt. Rechtsgesch. I, 1961², 332ff. – B. Diestelkamp, Die Städteprivilegien Hzg. Ottos des Kindes, 1961, 213ff. – Die Anfänge der Landgemeinde und ihr Wesen, hg. Th. Mayer, I, 2, 1964 (VuF VII) – G. Köbler, Civis und civile [Diss. Göttingen 1964] – H. Rabe, Der Rat der niederschwäb. Reichsstädte, 1966, 220ff. – H. Planitz, Die dt. Stadt im MA, 1980⁵, 323ff. – K. Kroeschell, Dt. Rechtsgesch. II, 1981⁴, 61 – H. Drüppel, Iudex civitatis, 1981.

Bürgerrecht → Bürger, Bürgertum

Bürgerspital. Unter B. oder bürgerl. Spital versteht man im Sinne S. Reickes (im Unterschied zum klösterl., stift. und bruderschaftl. Spital) die spätma. Hauptform des städt. Spitals, die im Zuge von Kommunalisierungstendenzen seit der 2. Hälfte des 13. Jh. verstärkt auftritt und durch folgende Änderungen charakterisiert wird: Die volle Leitung geht auf ratsabhängige Prokuratoren (→Pfleger) über, während das Vermögen meist in Form der selbständigen Hauptgeldstiftung eingebracht wird. Trotz dieser »Pflegschaftsverfassung« (S. Reicke; →Pflegschaft) bleibt das B. kirchl. Anstalt (mit Priester und Gotteshaus) unter dem →Corpus Juris Canonici. Das B. dient v. a. der sozialen Sicherung einheim. Bürger (Alte, ledige Frauen); es ist wirtschaftl. (Groß)Betrieb und Kapitalanstalt sowie nicht selten durch das Kirchenrecht geschützter Garant städt. Umlandinteressen. Die Versorgung von Elenden und Kranken geht vielfach auf andere Institutionen über (→Bruderschaft, →Hospital, -wesen). Es gab viele städt. Sonderformen (vgl. auch →Stadt). B.-U. Hergemöller

Lit.: S. Reicke, Das dt. Spital und sein Recht im MA II, 1932 [Nachdr. 1961] – S. Schröcker, Die Kirchenpflegschaft, 1934 – D. Pleimes, Weltl. Stiftungsrecht, 1938 – U. Craemer, Das Hospital als Bautyp des MA, 1963 – J. Sydow, Spital und Stadt in Kanonistik und Verfassungsgesch. des 14. Jh. (VuF XIII), 1970, 175–196 – J. v. Steynitz, Ma. Hospitäler der Orden und Städte als Einrichtung der sozialen Sicherung, 1970.

Burgfriede → Burg

Burggraf, -schaft. Der Titel 'Burggraf' (B.; mlat. *burggravius*, *praefectus*, *praefectus urbis*, *castellanus*, seltener *comes urbis*, *comes urbanus*, *praefectus civitatis*, *praetor urbanus*, *urbicomes*, *burgicomes*, *praeses urbanus*) wurde von kgl., bfl. und landesherrl. Amtsträgern geführt, die in einer →Burg, einer →Stadt oder einem Burgbezirk teils militär., teils jurisdiktionelle und administrative Aufgaben wahrnahmen. Amt und Amtsbereich hießen meist *burggraviatus* oder *praefectura*. Herrschaftsrechte und Funktionen des B.en konnten unterschiedl. Art sein.

In der verfassungsgeschichtl. Forschung des 19. Jh. sah man im B.en einen kgl. Amtsträger, der in der ummauerten Stadt die gfl. Rechte, v. a. die Hochgerichtsbarkeit (→Gerichtsbarkeit), wahrnahm. Da es auch B.en ohne Hochgerichtsbarkeit gab, unterschied man zw. »echten« und »unechten« B.en. Dagegen vertrat S. Rietschel 1905 die Auffassung, der B. sei keineswegs ein »Stadtgraf« gewesen, sondern ursprgl. nur der militär. Befehlshaber der älteren befestigten dt. Städte. Die Hochgerichtsbarkeit stehe in den →Bischofsstädten nicht dem B.en, sondern dem Stiftsvogt (→Vogt, -ei) zu; die Ausübung durch den B.en beruhte nach S. Rietschel nur auf einer Vereinigung von Burggrafenamt und Stiftsvogtei in einer Hand. Diese Theorie hat sich trotz der Einwände von P. Sander und K. A. Eckhardt weitgehend durchgesetzt. Allerdings sind in der neueren Forschung nur die ostmitteldt. Burggrafschaften genauer untersucht worden (H. Helbig, W. Schlesinger).

[1] Im *Dt.en Reich* treten B.en im 10. Jh. in Regensburg, im 11. und 12. Jh. in Köln, Mainz, Straßburg, Augsburg, Trier, Magdeburg, Würzburg, Utrecht, Toul, Cambrai, Worms und Speyer in Erscheinung. Charakterist. ist die Abhängigkeit vom jeweiligen bfl. Stadtherrn, der kraft seiner →Immunität Rechtsnachfolger des Kg.s war. Eine Ausnahme bildete →Regensburg, wo der Kg. seine Rechte gegenüber dem B.en gewahrt hatte.

Burggrafschaft und Stiftsvogtei waren häufig in einer Hand vereinigt, doch ist fraglich, ob die jurisdiktionellen Befugnisse des B.en generell aus einer solchen Personalunion resultierten. Auf keinen Fall lassen sich die unterschiedl. Funktionen der B.en in den Bischofsstädten wie Baupolizei, Stangen- oder Räumungsrecht, Marktaufsicht, Gerichtsbarkeit, Aufsicht über einzelne Erwerbszweige aus einer urspgl. Stellung als »Festungskommandant« ableiten, zumal seit dem 11./12. Jh. Mauerbau und Stadtverteidigung dem Bf. und der Bürgerschaft zukamen.

Die Inhaber der Burggrafschaften in den Bischofsstädten waren edelfreier Herkunft; nur vereinzelt traten →Ministeriale an ihre Stelle. In der Regel war das Amt in den Familien erblich (z. B. →Babonen in Regensburg, →Henneberger in Würzburg, →Querfurter in Magdeburg).

Während in den genannten Bischofsstädten der Amtsbereich des B.en im wesentl. auf die Stadt beschränkt war, gab es in Ostmitteldeutschland Burggrafschaften, die aus einer Burg und einem mehr oder weniger ausgedehnten Burgbezirk bestanden. Dieser Typ findet sich im 12. Jh. häufig zw. Saale und mittlerer Elbe, vereinzelt in der Mark Brandenburg (Arneburg, Brandenburg), der Niederlausitz (Cottbus, Lübben, Guben) und der Oberlausitz (Bautzen). Die ostmitteldt. Burggrafschaften waren urspgl. Reichslehen, die Inhaber grundsätzl. edelfreien Standes. Wahrscheinl. handelt es sich um eine relativ geschlossene Gliederung des Markengebietes in Wehr- und Gerichtsbezirke, die vielleicht von Kg. Konrad III. in Anlehnung an ältere Institutionen geschaffen worden ist. Dahinter steht der Versuch des Kgtm.s, mit Hilfe dieser »Reichsburggrafen« die Position der Reichsgewalt im mitteldt. Osten zu stabilisieren und auszubauen (H. HELBIG). Dieser Versuch ist jedoch an der zielstrebigen Territorialpolitik der Mgf.en gescheitert, die die Burggrafschaften zugunsten der landesherrl. Vogteiverfassung zurückdrängten. In der Mark Brandenburg verschwanden sie bereits im 13. Jh., im wettin. Machtbereich im 14. und 15. Jh. (1329 Altenburg, 1356 Leisnig und Döben, 1402 Dohna, 1426 Meißen).

Das ostmitteldt. Burggrafengericht scheint urspgl. für die slav. Bevölkerung zuständig gewesen zu sein. Der B. selbst nahm am mgfl. Landding teil und fungierte als Vertreter des Mgf.en im Landgericht. Darauf bezieht sich vermutl. Ssp. Landrecht III 52 § 3, wonach der B. über den Mgf.en richtet, wenn dieser Partei ist (»went klaget men over den richtere, he scal antwarden vor deme sculteiten, went de sculteite is richtere siner scult; alse is de palenzgreve over den keiser, unde de borchgreve over den markgreven«).

Unter den Staufern sind im Zusammenhang mit den Bemühungen um die Reorganisation des Reichsgutes und der Reichsrechte auch in anderen Teilen des Reiches, bes. im Rhein-Main-Gebiet, kgl. B.en eingesetzt worden, denen wichtigere Reichsburgen zur Verwaltung übertragen wurden. Im Unterschied zu den B.en der Bischofsstädte und des ostmitteldt. Raumes waren sie in der Regel Angehörige der →Reichsministerialität.

Eine Sonderstellung nahmen die B.en v. →Nürnberg und →Friedberg/Wetterau ein. Die edelfreien B.en v. Nürnberg (von Raabs, seit 1191 Hohenzollern) konnten sich im Interregnum in die Verwaltung des Reichsgutes und der Reichsforsten um Nürnberg einschalten und den Vorsitz im ksl. Landgericht an sich bringen. Rudolf v. Habsburg mußte ihnen ihre Position bestätigen, die sie zum Aufbau einer territorialen Herrschaft nutzten (→Nürnberg, Burggrafschaft). – Der B. auf der Reichsburg Friedberg war mit der Burghut und der Wahrnehmung der kgl. Belange in Burg und Stadt betraut und hatte den Vorsitz im Stadtgericht und im Burggericht inne. Er gehörte der Reichsministerialität an und wurde in stauf. Zeit vom Kg. eingesetzt, später von den Burgmannen gewählt und vom Kg. bestätigt (»Burgfriedensprivileg« Karls IV., 1349). Bis 1818 fungierte er als Leiter der relativ autonomen Genossenschaft der Friedberger Burgmannen.

Vereinzelt im 12., häufiger im 13. und 14. Jh. führten auch landesherrl. Burgverwalter den Titel 'B.' (Ostmitteldeutschland, Niederösterreich, Salzburger Land, Steiermark, Kärnten, Tirol). Ihre Stellung entsprach der eines Burgvogtes (→Vogt). Sie waren überwiegend Angehörige der landesherrl. Ministerialität.

[2] *Burggrafschaft, flandr.*: Eine offenbar ganz eigenständige Entwicklung vollzog sich in der Gft. Flandern, deren Kerngebiete seit dem 10./11. Jh. in Burggrafschaften (castellaturae, castellaniae, territoria, ndl. *kasselrijen*, frz. *châtellenies*) gegliedert waren, vermutl. nach dem Muster der benachbarten Reichsmarken (z. B. →Ename; →Balduin IV.). Mittelpunkt war jeweils eine gfl. Burg, die dem B.en zur Verwaltung übertragen war. Der B. hatte nur das Amt, nicht die Burg oder die Burggrafschaft als Lehen. Als Befehlshaber der Burg sorgte er für die Burghut; seine Lehnsleute waren zu Wachdiensten (estagium) verpflichtet, die Bewohner der kasselrij hatten das Burgwerk (*balfart*) zu leisten. Als oberster Richter übte der Kastellan im Auftrag des Gf.en v. Flandern die öffentl. Gerichtsbarkeit aus. Die flandr. kasselrijen waren von unterschiedl. Größe, und auch hinsichtl. der Funktion der Verwalter gab es Abstufungen. In den älteren und ausgedehnteren Bezirken gelten sie als die Nachfolger der karol. Gf.en, während sie in den jüngeren und kleineren kasselrijen wohl an die Stelle niederer Amtsträger getreten sind (A. VERHULST). Da die Kastellane schon im 12. Jh. de facto ihr Amt erblich machten und sich der landesherrl. Gewalt entzogen, haben die Gf.en v. Flandern die Burggrafschaften wieder an sich gebracht und den B.en durch den →Bailli ersetzt. – Vgl. auch →Burg.   H. K. Schulze

Lit.: DtRechtswb II, 623ff. – H. W. MEYER, Das stauf. Burggrafentum [Diss. Leipzig 1900] – S. RIETSCHEL, Das Burggrafenamt und die hohe Gerichtsbarkeit in den dt. Bischofsstädten während des frühen MA, 1905 – A. MEISTER, Burggrafenamt oder Burggrafentitel?, HJb 27, 1906, 253–265 – P. SANDER, Stadtfestungen und Burggrafenamt im früheren MA, HVj 13, 1910, 70–82 – K. A. ECKHARDT, Präfekt und B., ZRGGermAbt 46, 1926 – W. SCHLESINGER, Zur Gerichtsverfassung des Markengebietes östl. der Saale im Zeitalter der dt. Ostsiedlung, JGMODtl 2, 1953, 1–93 – H. HELBIG, Der wettin. Ständestaat (Mitteldt. Forsch. 4, 1955), 204–274 – F. L. GANSHOF, La Flandre (F. LOT-R. FAWTIER, Hist. des institutions françaises au MA, I, 1957), 395ff. – A. C. F. KOCH, Die flandr. Burggrafschaften, ZRGGermAbt 76, 1959, 153–172 – A. VERHULST, Die gfl. Burgenverfassung in Flandern im HochMA (Die Burgen in dt. Sprachraum, hg. H. PATZE [VuFXIX/I], I, 1976), 267–282 – A. C. F. KOCH, Het graafschap Vlaanderen 9e eeuw–1070 (Algemene Gesch. der Nederlanden I, 1981), 370ff.

Burggraf v. Regensburg, mhd. Minnelyriker aus dem letzten Viertel des 12. Jh., der dem Geschlecht der Gf.en v. Steffling und Riedenburg entstammt, das von 970 bis 1185 das Regensburger Burggrafenamt (→Regensburg,

Burggft.) innehatte. Unter den Burggf.en Heinrich III. († wohl 1174/77) und seinen Söhnen Friedrich († 1181/82), Heinrich IV. († 1184/85) und Otto (urkundl. bezeugt bis 1185) ist der Dichter nicht sicher zu identifizieren. Wertet man formale und inhaltl. Differenzen zu den Liedern des →Burggf.en von Rietenburg, der dem gleichen Geschlecht angehört, chronologisch, so erscheint der B. v. R. als der ältere Lyriker, und es kämen Heinrich III. oder sein Sohn Friedrich am ehesten in Frage. Beide besaßen enge Kontakte zu den Staufern. Wichtig für die Soziologie des Minnesangs ist die Zugehörigkeit dieses Sängers zum hohen Adel.

Die lyr. Sammelhss. A und C (→Maness. Hs.) überliefern von dem B. v. R. zwei Lieder zu je zwei Strophen, die ähnlich der »Kürenberges wîese« und der Nibelungenstrophe vier Langzeilen umfassen. Die Reime sind nur z. T. rein. Die Lieder werden dem frühen donauländ. →Minnesang zugerechnet; sie sind unbeeinflußt von der Form und der Minnekonzeption der frz. Lyrik, nehmen aber Kernwörter der höf. Literatur *(ritter, vrouwe, tugende, hôher muot)* auf. In zwei Strophen besingt eine Frau ihre glückliche Beziehung zu einem Ritter; sie gründet sich auf Erfahrungen, die in der späteren Minnekonzeption als Fernziel erscheinen: erot. Erfüllung, vielfältige Qualitäten des Ritters, die ihm gesellschaftl. Bestätigung gebracht haben und Selbstbewußtsein rechtfertigen. Die Haltung der Frau gegenüber dem Geliebten besteht in treuer Ergebenheit, die Beziehung ist frei gewählt und untrennbar. Im zweiten Lied, einem →Wechsel von Männer- und Frauenstrophe, beklagen zwei Liebende die durch gesellschaftl. Zwänge veranlaßte Trennung. Die Jahreszeiten Winter und Sommer korrespondieren mit der gegenwärtigen schmerzlichen und der vergangenen glücklichen Situation. U. Schulze

Ed.: Des Minnesangs Frühling I, 1977[36], 32 f. – *Lit.:* Verf.-Lex. III, 1019–1021 – M. MAYER, Gesch. der Burggf.en v. Regensburg [Diss. München 1883] – J. BUMKE, Ministerialität und Ritterdichtung, 1979, passim – C. v. KRAUS, Des Minnesangs Frühling. Unters., 1939, 43 – G. JUNGBLUTH, Zum Text des B. v. R., GRM 34, 1953, 345–348 – Des Minnesangs Frühling II, 1977[36], 68.

Burggraf v. Rietenburg, mhd. Lyriker aus dem Geschlecht der Gf.en v. Steffling und Riedenburg, die bis 1185 die Burgft. Regensburg (→Regensburg, Burggft.) als Reichslehen besaßen. Da die Lieder im Vergleich zu denen des →Burggrafen v. Regensburg, eines anderen Angehörigen des Geschlechts, durch den Einfluß prov. Vorbilder »moderner« wirken, kommen als Dichter einer der jüngeren Söhne Heinrichs III. († wohl 1175/77), Heinrich IV. († 1184/85) oder Otto (urkundl. bezeugt bis 1185), und als Entstehungszeit die 80er Jahre des 12. Jh. in Frage. Durch die hochadlige Herkunft des Sängers wird der Minnesang als Kunst des Adels ausgewiesen.

Die 7 in den lyr. Sammelhss. B u. C (→Maness. Hs.) überlieferten Strophen zeigen formal und thematisch die erste Berührung des donauländ. →Minnesangs mit der prov. Lyrik, wohl vermittelt durch die engen stauf. Kontakte der Burggrafenfamilie. 8 oder 10 Kurzzeilen mit wechselnden Reimformen (Paar-, Kreuz- und umarmender Reim) sind strophisch verbunden, die Reime fast durchgehend rein. Ein →Wechsel aus Frauen- und Männerstrophe thematisiert eine glückliche Liebesbeziehung und Abwehr äußerer trennender Einflüsse. Im Sinne der höf. Liebestheorie wird als Voraussetzung für die Zuwendung der Geliebten wiederholt die männl. Diensthaltung betont. Die Frau ist die Erhöhte und Gewährende, Schönheit und Güte zeichnen sie aus. Sie erprobt die Qualität des Geliebten wie Gold im Schmelzprozeß. In einer Strophe, in der die Frau die Trennung veranlaßt, wird die Diskrepanz von Dienst und versagter Anerkennung als gleichsam tödlich reflektiert. U. Schulze

Ed.: Des Minnesangs Frühling I, 1977[36], 34–37 – *Lit.:* Verf.-Lex. III, 1078–1080 – M. MAYER, Gesch. der Burggf.en v. Regensburg [Diss. München 1883] – J. BUMKE, Ministerialität und Ritterdichtung, 1979, passim – C. v. KRAUS, Des Minnesangs Frühling. Unters., 1939, 45 – Des Minnesangs Frühling II, 1977[36], 68–69.

Burgh (Burke), de, engl. Hochadelsfamilie in Irland, stammt von *William de Burgh* (gen. »William the Conqueror«, † 1206), dem Bruder von *Hubert,* Gf.en v. Kent, ab. William gehörte zur ersten Generation der engl. Eroberer Irlands; er heiratete die Tochter des Domhnall Mór Ó Briain, Kg. v. →Limerick, und erhielt von Kg. Johann Landbesitz in den Gft.en Tipperary und Limerick zu Lehen, darüber hinaus die (spekulative) Verleihung fast des gesamten ir. Kgr.es →Connacht, das zu diesem Zeitpunkt jedoch noch autonom war. Sein Sohn *Richard Mór* († 1243) wandelte die Anwartschaft in Besitz um, indem er Connacht eroberte. Richards Sohn *Walter* († 1271) erhielt weiterhin von Kg. Heinrich III. das Earldom →Ulster. Walters Sohn *Richard* (gen. »the Red Earl of Ulster«, † 1326) war somit Herr von halb Irland und wurde zum Schwiegervater des schott. Kg.s →Robert the Bruce. Doch fiel sein Enkel und Erbe, *William* (gen. »the Brown Earl«, † 1333), einem Mordanschlag rebellierender Lehnsleute zum Opfer. Er hinterließ eine minderjährige Erbtochter, die den Prinzen →Lionel v. Clarence heiratete und zur Begründerin der Familie →Mortimer und des Hauses →York wurde. Die Familie de B. in der Provinz Connacht lehnte die Ansprüche dieser engl. Deszendenten ab und errichtete zwei unabhängige Herrschaften *(lordships):* Clan Rickard in der Gft. Galway, der von den Onkeln des Brown Earl herstammte, und Clan William in der Gft. Mayo, der auf einen Bruder des Earl Walter de B. zurückgeht. Beide Zweige nahmen die gäl. Sprache und Kultur an und entzogen sich der engl. Herrschaft in Dublin, bis sie unter Heinrich VIII. wieder der engl. Hoheit unterstellt wurden. K. Simms

Lit.: H. T. KNOX, The de Burgo Clans, Galway Archaeological Society Journal I, 1900, 124–131; III, 1903–04, 46–58 – G. H. ORPEN, Ireland under the Normans, 4 Bde, 1968, passim.

B., Hubert de, Gf. (Earl) of Kent (ernannt 1227), Justitiar v. England, † 12. Mai 1243 in Banstead (Co. Surrey), ⌑ London, Dominikanerkl.; ⚭1. Beatrice († 1214), Tochter des Wilhelm v. Warenne; 2. Isabella († 1217), Tochter von Wilhelm, Earl of Gloucester und Witwe Kg. Johanns; 3. Margaret († 1259), Tochter Wilhelms des Löwen, Kg. v. Schottland. Kinder von 1: Johann; von 3: Margaret. – H. de B. war bis 1205 →Chamberlain von Johann, Gf. v. Mortain und Kg. v. England. Er befehligte die Burg Chinon in der Normandie bis zu ihrer Einnahme durch Philipp II. August, Kg. v. Frankreich. Unter Kg. Johann und während der Minderjährigkeit Heinrichs III. war er →*Sheriff* mehrerer engl. Gft.en, 1214 Seneschall v. Poitou, 1215–32 →*Justitiar* v. England. 1216–17 verteidigte H. de B. die Festung Dover gegen den frz. Thronfolger →Ludwig (VIII.) und die aufständ. Barone. Er befehligte auch die engl. Flotte, welche die Franzosen bei Sandwich (Kent) besiegte (1217). H. de B. erweiterte seine Machtposition durch seine Heiraten und den Erwerb von Land und Burgern, bes. im südl. Wales. 1232 gelang es jedoch seinen Gegnern, an deren Spitze Pierre (Peter) des Roches, Bf. v. Winchester, stand, H. de B. zu stürzen; er wurde seiner Ämter enthoben, verlor sein Earldom und wurde unter der Anklage zahlreicher Verbrechen in Devizes Castle (Wiltshire) gefangengesetzt.

1233 konnte er fliehen. 1234 erlangte er die Versöhnung mit Kg. Heinrich III. und erhielt sein Earldom zurück. 1236–37 und 1239 erneut unter Anklage gestellt, wurde er jedoch begnadigt. B. E. Harris

Lit.: DNB VII, 315–321 – F. M. POWICKE, King Henry III and the Lord Edward, 1947, Kap. I, II, App. C – S. PAINTER, The Reign of King John, 1949.

Burgh, Benedict, um 1413–83, erwarb 1433 in Oxford den Magistergrad; er war danach Inhaber verschiedener Pfründen in Essex und Suffolk und wurde schließl. Archidiakon v. Colchester (1466), Kaplan am Königshof (1470) und Kanoniker an der Kathedrale St. Paul's in London (1472). Als seine Hauptwerke sind zu nennen die Fortsetzung von John→Lydgates Versübertragung der →»Secreta Secretorum« und eine Vers-Paraphrase der →»Disticha Catonis«. A. S. G. Edwards

Bibliogr.: NCBEL I, 648 – H. S. BENNETT, Chaucer and the Fifteenth Century, The Oxford Hist. of Engl. Lit., II, 1, 1947, 266f. – Q. und Lit.: R. STEELE, Lydgate and Burgh's Secrees of old Philisoffres, EETS ES 66, 1894 – M. FÖRSTER, Die Burghsche Cato-Paraphrase, ASNSL, 115, 1905, 298–323; 116, 1906, 25–40.

Burgh Castle, frühma. Befestigung in England (Co. Suffolk). Die Wälle aus dem späten 3. oder 4. Jh. entstammen wahrscheinl. der röm. Befestigung Gariannon(um), die dem Verteidigungssystem des →Litus Saxonicum angehörte. Außerhalb der Wälle wurden röm. und heidn. ags. Gräber gefunden, weiterhin ein ausgedehnter chr. Friedhof; in diesem ließ sich ein Oratorium nachweisen. B. C. wird meist mit dem »castrum quod lingua Anglorum Cnobheresburg vocatur« gleichgesetzt, das dem Iren →Fursa um 631/632 zwecks Gründung eines Kl. tradiert wurde und das bald darauf in die Hände seines Bruders überging; doch ist diese Auffassung umstritten. – Archäolog. Belege für eine spätere kirchl. Bedeutung der Burg weisen wohl darauf hin, daß B. C. vielleicht kurze Zeit Bischofssitz von Ostanglien war. D. A. Bullough

Q. und Lit.: Beda, Hist. Eccl. III, 19 – MGH SRM IV, 437f. – H. M. TAYLOR-J. TAYLOR, Anglo-Saxon Architecture, 1965, 117f. – S. JOHNSON, The Roman Forts of the Saxon Shore, 1976.

Burghal Hidage, in den Jahren 914–924 entstandenes Verzeichnis aus dem Kgr. →Wessex, in dem 30–33 →boroughs und die Zahl der jeweils zugehörigen hides ('Hufen') aufgeführt sind. Das Verzeichnis beleuchtet das von Kg. Alfred d. Gr. begonnene Befestigungssystem im Kgr. Wessex. Zur Verteidigung und Instandhaltung des borough hatte jede Hufe einen Mann zu stellen, so daß für jeden gyrd (Wallabschnitt von 22 Fuß) vier Leute verantwortlich waren. N. P. Brooks

Q. und Lit.: Anglo-Saxon Charters, ed. A. J. ROBERTSON, 1939, 246–248 – N. P. BROOKS, The Unidentified Forts of the B. H., MArch 8, 1964, 74–90 – D. HILL, The B. H: the Establishment of a Text, ebd. 13, 1969, 84–92.

Burghausen

I. Stadt und Burg – II. Grafenfamilie.

I. STADT UND BURG: B., Stadt mit Burganlage in Bayern westl. der Salzach an engster Stelle zw. Fluß und Burgberg gelegen. Als Reichsgut 1025 erstmals erwähnt, setzt der Name die frühe Existenz einer Burg voraus, die um 1100 Sitz der gleichnamigen Gf.en (s. Abschnitt II) wurde. Unter ihnen wurde hier 1130 ein Zoll genannt, fand die erste Marktverleihung (Jakobimarkt) statt und wurde 1140 die spätere Stadtpfarrkirche St. Jakob geweiht. 1168 wurde der bayer. Hzg. Erbe der Burgsiedlung, 1229 der Talsiedlung, die schon 1130 als »urbs« bezeichnet wurde, 1183/1200 Bürger kennt und 1235 das Stadtrecht erhielt. Nach 1255 erfolgte ein großartiger Ausbau der Festung B. durch die Hzg.e v. Niederbayern, die sie zu ihrer zweiten Residenz erhoben. Ihre endgültige Ausdehnung von 1 km Länge auf dem mächtigen, Stadt und Umgebung beherrschenden Höhenrücken erhielt die größte deutsche Burg erst Ende des 15. Jh. Wirtschaftl. Grundlage für die Stadt waren die Salzachschiffahrt und der Salzhandel aus der bayer. Saline →Reichenhall und der salzburg. Saline →Hallein sowie die Mittellage zum bayer. Innviertel östl. der Salzach; 1272 wird die Brücke erstmals genannt. Der Bürgerschaft mit hzgl. Richter und Zwölferrat an der Spitze wurde weitgehende Mit- und Selbstverwaltung zugestanden, ein schriftl. fixiertes Stadtrecht existiert von 1307; das Stadtgericht wurde 1407 aus dem Landgericht (Neu-)Ötting (→Ötting) ausgeschieden.

H. Reindel-Schedl

II. GRAFENFAMILIE: Die Gf.en v. B. waren ein Zweig der bayer.-österr. Adelsfamilie der →Sighardinger, die sich ab dem 11. Jh. nach ihren Burgen Tengling, Schala, Peilstein und B. zu nennen begannen. Erste gleichzeitige Nennungen als Gf.en v. B. für die Söhne des 1104 bei einem Aufruhr in Regensburg ums Leben gekommenen Gf.en Sigehard und seiner Gattin Ita, einer Schwester Ks. Lothars: Sigehard († 1142), Heinrich († 1127) und Gebhard I. († 1163). Gebhard I. v. B. vereinigte mit ausgedehnten Besitzungen in Salzburg und Niederösterreich die Vogtei über die Kl. St. Peter in Salzburg, Michaelbeuern, Ranshofen und Admont. Nach dem Tod seines Sohnes Gebhard II. († 1168) fiel die Burg B. an den Hzg. v. Bayern, →Heinrich den Löwen, und die Vogtei über St. Peter und Admont an die →Babenberger; der Eigenbesitz kam an die verwandten Gf.en v. →Schala und →Peilstein sowie an die Töchter Gebhards I., Ita († nach 1210) und Liutgard († ca. 1195), die mit den Gf.en Liutpold v. Plain-Hardegg (→Hardegg) bzw. Berthold II. v. →Bogen vermählt waren. L. Auer

Lit.: Bayer. Städtebuch 2, 1974, 117–122 – G. LEIDL, Rechtsgesch. der Stadt B. bis zum Ausgang des MA, Burghauser Gesch.bll. 27, 1960, 1–90 – F. TYROLLER, B. in der Grafenzeit, ebd. 28, 1960, 1–53 – Genealog. Tafeln zur ma. europ. Gesch., hg. W. WEGENER, 1962–69, 89–107 [Lit.]. – K. LOHRMANN, Ita v. Burghausen und das Gut »quod Azonis vocatur«, Jb. d. Ver. f. LK v. NÖ NF 46/47, 1980/81, 111–119.

Burghut → Burg

Burginda, vermutl. eine Nonne südengl. Herkunft, die um 700 als Briefschreiberin tätig war, doch ist ihre Heimat nicht mit Sicherheit zu bestimmen, weil die Form ihres Namens nicht rein ags. ist. Der einzige Beleg für ihre Tätigkeit ist ein an einen nicht genannten Jugendlichen gerichteter Brief, der am Ende einer frühen südengl. Handschrift vorkommt, die einen Kommentar des Aponius enthält. Daß der vorhandene Text nicht eine eigenhändige Kopie der Verfasserin ist, läßt sich durch etliche Schreibfehler beweisen. Der Brief ist ein Gefüge von Zitaten aus Vergil und spätantiken christl. Dichtungen, bes. dem anonymen »Carmen ad Flavium Felicem« und →Arators »De actibus apostolorum«. Doch waren B.s eigene Lateinkenntnisse recht mangelhaft. M. Herren

Ed. und Lit.: P. SIMS-WILLIAMS, An Unpublished Seventh- or Eighth-Century Anglo-Latin Letter in Boulogne-sur-Mer MS 74 (82), MAe 48, 1979, 1–22 [mit Übers. und ausführl. Komm.].

Burgkapelle. Sie wird als Raum für den Gottesdienst in dem in sich geschlossenen Wohnbezirk der →Burg ebenso wie bei der →Pfalz aus der religiösen Bindung des ma. Lebens heraus verlangt. Bei der räuml. Enge mancher Burg ist die B. oft nur von geringen Ausmaßen. Die im Burgenbau verwendeten Burgkapellentypen sind nicht auf diesen beschränkt; die B. ist kein Bautyp, sondern eine auf vielfältige Weise lösbare Bauaufgabe. Die B. kann als kleiner verschließbarer Altarerker (Chörlein, Ronneburg/Hessen) in den Saal einbezogen sein oder als eigener Raum im →Palas erscheinen (Wartburg), so auch bei →Deutschordensburgen in großartiger Ausprägung. Auch im →Bergfried (Rieneck/Sinn), →Donjon (White Tower/London, Nideggen/Eifel) oder in einem Mauerturm (Marksburg/Rhein) kann die B. untergebracht sein, auch über dem Burgtor (Münzenberg, Wildunburg), hier sogar zwei- und mehrschiffig (Gelnhausen, Donaustauf) oder in komplizierten Raumformen (Rheda/Westfalen). Bei der Turmlage steht der Altar häufig in einem an der Ostseite auskragenden Chörlein (Trifels, Wildenburg, Leofels). Bei größeren Burgen schließt die B. als selbständiges Gebäude an den Palas an (Wimpfen, Nürnberg, Büdingen, Burghausen) oder steht frei im Hof, zumeist als einfache Saalkirche mit Chor, auch mit Westempore, als →Zentralbau (Vianden, Goslar, Bamberg) oder als →Doppelkapelle (Eger, Schwarzrheindorf/Bonn), auch mit zusätzl. Empore im Obergeschoß. Burgkapelle und Palas sind die repräsentativen und am reichsten gestalteten Bauten einer Burg, deshalb und auch der räuml. Verbindung wegen schließt die B. häufig an den Palas an. Vereinzelt liegt die Kapelle auch in der Vorburg (Reichenberg/Odenwald, Godesburg). Die Vielfalt der nebeneinander bestehenden Bautypen hört in der Mitte des 13. Jh. auf, es entstehen kaum noch aufwendige Raumschöpfungen (Karlstein, Marburg, Meißen). →Kapelle. G. Binding

Lit.: RDK III, 221–225 – J. Hacker-Sück, La Sainte-Chapelle de Paris et les chapelles palatines du MA en France, CahArch 13, 1962, 217–257 – J. Naendrup-Reimann, Weltl. und kirchl. Rechtsverhältnisse der ma. B.n (Die Burgen im dt. Sprachraum, hg. H. Patze [VuF XIX/I], I, 1976), 123–153 – F. Arens, Stauf. Pfalz- und Burgkapellen (ebd.), 197–210 – U. Stevens, B.n im dt. Sprachraum, 1978 [Lit.] – G. Streich, B. und Kirche im dt. Sprachraum, T. I [Diss. masch. Göttingen 1981].

Burglehen, eine in Deutschland seit der ersten Hälfte des 12. Jh. nachweisbare und v. a. im 13. und 14. Jh. übliche bes. Lehnsform, die der wirtschaftl. Ausstattung der adligen Burgenbesatzungen (*Burgmannen*) diente. Vom normalen Ritterlehen (vgl. Lehen, -swesen) unterschied sich das B. v. a. in der vom Burgmannen zu erbringenden Dienstleistung, die sich in aller Regel auf die Bewachung und Verteidigung der →Burg *(Burghut)* beschränkte. Gegenstand des B.s war nicht die Burg oder ihre Bestandteile, sondern meist eine feste Geldsumme, wobei sich v. a. zwei Auszahlungsmodalitäten unterscheiden lassen. War der Burgherr dazu finanziell in der Lage, wurde die Summe dem Burgmannen sofort mit der Maßgabe angewiesen, hiervon dem Geldwert entsprechende Eigengüter zu erwerben und dem Burgherrn zu Lehen aufzutragen, wobei die Erträge der Güter dem Burgmann als Unterhalt dienen sollten. In den meisten Fällen wurden dem Burgmann jedoch an Stelle der versprochenen Geldsumme halbjährl. oder jährl. auszuzahlende Einkünfte des Burgherrn – in der Regel in Höhe von 10% des Kapitalwertes – so lange verpfändet, bis die versprochene Kapitalsumme eingelöst wurde. In diesem Falle war der Burgmann wiederum gehalten, entsprechende Eigengüter zu erwerben und dem Burgherrn zu Lehen aufzutragen. – Die Pflicht zur Burghut setzte voraus, daß der Burgmann grundsätzl. auf der Burg anwesend war (→Residenzpflicht), wozu ihm hier regelmäßig auch eine Wohnung *(burgsess)* angewiesen wurde. Die enge Bindung an die Burg hatte wiederum zur Folge, daß sich die Burgmannschaften der einzelnen Burgen zu bes. Rechts- und Gerichtsgenossenschaften, z. T. mit eigener Siegelführung (→Friedberg), zusammenschlossen. – Vgl. auch→Burg. K.-F. Krieger

Lit.: HRG I, 562ff. – B. Diestelkamp, Das Lehnrecht der Gft. Katzenelnbogen (13. Jh. bis 1479), ein Beitr. z. Gesch. des spätma. dt. Lehnrechts, insbes. zu seiner Auseinandersetzung mit oberit. Rechtsvorstellungen, 1969, 72–76, 124f., 129f., 150ff. und passim – Die Burgen im dt. Sprachraum, hg. H. Patze, 2 Bde (VuF XIX, 1976); Bd. 1, 119–121, 521–526; Bd. 2, 135–189, 318–323, 436 – V. Rödel, Die Reichsburgmannschaft von Lautern, Jb. für die Gesch. von Kaiserslautern 14/15, 1976/77, 93–111 – Ders., Die Oppenheimer Reichsburgmannschaft, Archiv für Hess. Gesch., NF 35, 1977, 9–48 – K.-H. Spiess, Lehnsrecht, Lehnspolitik und Lehnsverwaltung der Pfgft. bei Rhein im SpätMA, 1978, 91–97, 220–228 – V. Rödel, Reichsburgwesen, Ministerialität, Burgmannschaft und Niederadel (Stud. zur Rechts- und Sozialgesch. des Adels in den Mittel- und Oberrheinlanden während des 13. und 14. Jh., 1979) – K. F. Krieger, Die Lehnshoheit der dt. Kg.e im SpätMA (ca. 1200 bis 1437), 1979, 58–64.

Burgmannen → Burg
Burgmannensiedlungen → Dienstmannensiedlungen
Burgos
I. Stadt – II. Bistum.

I. Stadt: B., Stadt und Bm. im nördl. Spanien am Arlanzón (Kastilien). Der Ort ist nach dem »Chronicón Burgense« schon i. J. 884 nachgewiesen. B. wurde vom Gf. en Diego R. Porcelos auf Befehl von Alfons III. v. León (866–910) besiedelt. Unter dem Schutz einer auf einem kleinen Tafelberg gelegenen Burg gelangte es zu großer Bedeutung im 10. Jh., als es zur Hauptstadt der Gft. →Kastilien wurde (932), die sich 950 vom Kgr. →León unabhängig machte und 1037 zum Kgr. aufstieg. Als die kast. Kg.e ihre Vormachtstellung gegenüber León und →Navarra festigten, die →Reconquista vorantrieben und damit ihre Herrschaft in den Süden Spaniens ausweiten konnten, fiel ihr Residenz B. (11.–13. Jh.) der Vorrang zu vor den anderen span. Städten. Unter der Burg lag schon im 12. Jh. ein eigenes Judenviertel, in welchem der Geldhandel blühte (Cid I, 7–9). Der Reichtum von B. fand seinen Ausdruck in den Bauwerken: einer roman. Kathedrale (1075), an deren Stelle 1221 der got. Dombau trat; dem Kloster →Las Huelgas (1187), der Grablege der Kg.e von Kastilien (→Grablege) sowie in hervorragenden Beispielen weiterer Kirchen und Klöster im roman. und got. Stil des 12. bis 15. Jh. Die im 9. Jh. begonnene und im 13. Jh. vollendete Burg mit ihren (heute verfallenen) Mauern und fünf noch bestehenden Toren wurde von den Truppen Napoleons gesprengt (13. Juni 1813). Das ma. B. erlebte seine wirtschaftl. Blüte im 15. Jh., als seine Bevölkerung auf über 25 000 Einwohner stieg. Es war häufig Residenz der Kath. K.e (1474–1504) sowie Statthaltersitz der →Condestables v. Kastilien, die in der Casa del Cordón Hof hielten. Die Handelsaktivität der Stadt bildete den Ursprung für den berühmten »Consulado« von B.

II. Bistum: B. ist als Nachfolgebm. von →Oca zu betrachten, dessen Existenz bis ins 5. Jh. zurückreicht, wenn auch der erste Beleg erst beim III. Konzil v. Toledo erscheint (589). Nach seiner Zerstörung durch die Mauren (713–717) wurde Oca nach vorübergehendem Sitz in →Valpuesta, Muño und Sosamón 1068 mit Sitz in B. wieder errichtet – eine Entscheidung, die Gregor VII. 1074 auf der Fastensynode approbierte, worauf erst die Verlegung der Residenz von Muño nach B. erfolgte. Im März 1095 bestätigte Urban II. den auf der Synode v. →Husillos (1088) verfügten Grenzverlauf zw. den Diöz. Burgos und →Osma (Jaffé 5549) und erklärte 1096 B. zum exemten Bistum (Jaffé 5653; spätere Bestätigungen Jaffé 5801, 6209, 6245), womit die Bestrebungen der Ebm. er →Toledo und →Tarragona, B. in ihre jeweilige Kirchenprovinz einzugliedern, gescheitert waren. Das Bm. B. erlangte während des MA einen bedeutenden Rang unter den Bm. ern Spaniens. Sein Ertrag belief sich auf bis zu 34 000 Dukaten im Jahr; die an die Kurie abzuführende Servitientaxe betrug im SpätMA jedoch nur 2400 Florin. Das

Diözesangebiet umfaßte den größten Teil der Provinz B., die gesamte Provinz Santander, Teile der von Palencia und Bilbao. Das Klosterwesen nahm einen außerordentl. Aufschwung, wenn auch viele dieser Konvente Tochtergründungen von Arlanza, →Cardeña, →Silos und →Oña waren. In B. wurden wichtige Konzilien abgehalten: 1080 wurde die Abschaffung des→mozarab. Ritus beschlossen; 1117 und 1136 die Diözesanstruktur v. Kastilien-León sowie die Grenzstreitigkeiten zw. B. und Osma bereinigt; 1379 über das →Abendländ. Schisma beraten; verschiedene Reformkonzilien tagten im 15.Jh. Von Burgenser Prälaten sind hervorzuheben: Bf. →Mauricio (1213–38), der am IV. Laterankonzil teilnahm (1215) und den Bau der heutigen Kathedrale begann (1221); der Kard. →Petrus Hispanus, erster päpstl. Referendar (1300–03); Pablo de Santamaría (1414–35; →Paulus v. Burgos), berühmt wegen seiner Kenntnis der Hl. Schrift; →Alfons de Cartagena (1435–56), Luis de Acuña (1457–95) und Pascual de Ampudia (1496–1512), welche durch Diözesansynoden und Synodalstatuten die kirchl. Reform vorantrieben.

D. Mansilla

Lit.: DHEE I, 290–295 [D. Mansilla]–L. Serrano, El obispado de B. y Castilla primitiva desde el siglo V al XIII, 3 Bde, 1935–36–Ders., Los conversos don Pablo de Santamaría y don Alonso de Cartagena, 1942–Ders., Los Reyes Católicos y la ciudad de B. desde 1451 a 1492, 1943– A. Lopez Mata, La ciudad y castillo de B., 1949–F. Cantera Burgos, Alvar García de Santa María y su familia de conversos. Hist. de la Judería de B. y de sus conversos más egregios, 1952–D. Mansilla, El Card. »Petrus Hispanus«, Obispo de B. (1300–03), Hispania sacra 9, 1956, 243–280 – N. Gonzalez, B., La ciudad marginal de Castilla. Estudio de geografia urbana, 1958–J. Perez Carmona, Arquitectura y escultura románicas en la provincia de B., 1959–N. Lopez Martinez, Don Luis de Acuña, el cabildo de B. y la reforma, Burgense 2, 1961, 185–317–M. Basas Fernandez, El Consulado de B. en el s. XVI, 1963 –N. Lopez Martinez, Sínodos burgaleses del s. XV, Burgense 7, 1966, 211–406–J. Garcia Sainz de Baranda, La ciudad de B. y su Concejo en la E. M., 2 Bde, 1967–O. Engels, Papsttum, Reconquista und span. Landeskonzil im HochMA, AHC I, 1969, 37–49, 241–287–J. Ortega Martin, Un reformador pretridentino: Don Pascual de Ampudia, Obispo de B. (1496–1512), 1973.

Burgos, Alonso de, OP, * um 1415 in Burgos; † 8. Nov. 1499 in Palencia, konvertierter Jude, verwandt mit dem ebenfalls konvertierten Pablo de Santamaría. A. de B. studierte am Dominikanerkloster S. Pablo in Valladolid, an dem er Lektor für Theologie und später Prior wurde. Er war Beichtvater und Kaplan der Kgn. →Isabella der Katholischen sowie Bf. v. Córdoba (1477–82), Cuenca (1482–85) und Palencia (1485–99). Er war ein großer Prediger und Kirchenreformer und hielt als Bf. Synoden in Cuenca (ca. 1484) und Palencia (1486–88) ab. Zur Behebung der Unbildung des Klerus gründete er das Colegio de S. Gregorio in →Valladolid, das er großzügig dotierte. Er ließ auch die Kathedrale von Palencia und das Colegio de S. Pablo in Valladolid ausschmücken.

A. García y García

Lit.: DHEE I, 295 – Gonzalo de Arriaga, Hist. del Colegio de S. Gregorio de Valladolid. Ed. corregida y aumentada por M. M. Hoyos, I, 1928, 15–136.

Burgrecht (ahd. *burgreht*; entspricht dem mlat. ius civile, ius urbanum, castrense, forense, emphyteuticum, theutonicum, theutonicale). Das Wort 'burgreht' erscheint erstmals um das Jahr 1000 bei dem St. Gallener Mönch →Notker Labeo (Teutonicus). Dieser gebraucht es im Rahmen seiner kommentierenden Übersetzung des Buches »De consolatione philosophiae« des →Boethius an zwei Stellen. Sie lauten abgekürzt: »ze romo iuridici hiezen, die das purgreht in dinge sageton« bzw. »magistratus sazen in curulibus, tanne sie burgreht scuofen demo liute«.

Hieraus hat v. a. W. Schlesinger für die Burg (Großsiedlung) Konstanz des Jahres 1000 ein ortsbezogenes Recht erschlossen. Dieses sei weder mit dem →Kaufmannsrecht identisch noch bloßes →Gewohnheitsrecht, sondern zeige die für das Recht germ. Siedelverbände typische Mischung herrschaftl. und genossenschaftl. Elemente. Man werde von einer Frühform des →Stadtrechts sprechen dürfen.

Diese Ansicht vernachlässigt den Kontext, aus dem sich ergibt, daß Notker nur die antike Unterscheidung von ius gentium (ius naturae) einerseits und ius civile (consuetudine ius) andererseits in die dt. Kunstwörter *tietreht* (Völkerrecht, überpositives Recht) und burgreht (röm. Recht, positives Recht) überträgt. Daß diese Unterscheidung seiner Zeit vertraut ist, beweist auch das →»Summarium Heinrici« (wohl zw. 1007 und 1022 entstanden), das ius civile als »quod quisque populus vel civitas sibi proprium constituit« erklärt.

Fast 100 Jahre später erhält der Begriff ius civile auch prakt. Bedeutung, indem er zur Bezeichnung des jetzt entstandenen bes. Rechts der burg (civitas), d. h. insbes. des Stadtrechts, wird (Speyer 1101, Köln 1135, Mainz 1147). Wenig später ist ius civile im Südosten daneben auch ein wohl erbliches, veräußerliches entgeltl. Recht an Grundstücken (freie Erbzinsleihe, später Rentenkauf), bei dem eine Bindung an eine burg nicht mehr notwendig ist. Außerdem beschreibt es die Rechtsstellung als →Bürger (Bürgerrecht, Freiburg 1120?) bzw. eine damit zusammenhängende Pflicht oder Abgabe. Als dt. Ausdruck erscheint wiederum erst einige Zeit später dann B. (1164, 1167), das neben anderen Bezeichnungen diesem ius civile entspricht. Verbreitet ist dieses Wort an Donau und Oberrhein.

G. Köbler

Lit.: AhdWb I, 1537 – DtRechtswb II, 632 – HRG I, 564 [K. Kroeschell] – E. F. v. Hess, Das B. (ius civile), SAW. PH II, 1853, 761 – S. Rietschel, Markt und Stadt, 1897, 178 – W. Schlesinger, Burg und Stadt (Fschr. Th. Mayer, I, 1954), 97 [Beitr. zur dt. Verfassungsgesch. des MA II, 1963, 92] – G. Köbler, civis und ius civile [Diss. Göttingen, 1964], bes. 8off. – Ders., Stadtrecht und Bürgereinung bei Notker von St. Gallen, 1974 – St. Sonderegger, Notker der Deutsche und Cicero (Fschr. J. Duft, 1980), 243.

Burgred, Kg. v. →Mercien 852/853–874, † in Rom, ∞ Æthelswith, Tochter Æthelwulfs, Kg.s v. Wessex. B. war ein unabhängiger Kg. des gesamten Mercien. Möglicherweise der Sohn seines Vorgängers Berhtwulf, gehörte er offensichtlich zu der späten mercischen Herrschaftsdynastie, deren Mitglieder Namen mit »B« als Anfangsbuchstaben trugen (im Unterschied zu den Familien mit Initialen »W« oder »C«). Ein Jahr nach seiner Thronbesteigung verbündete er sich mit Æthelwulf, Kg. v. Wessex, führte gemeinsam mit ihm einen größeren Feldzug gegen die Waliser durch und heiratete Æthelwulfs Tochter Æthelswith. Dies Bündnis ist das erste Zeugnis für gute Beziehungen zw. Mercien und →Wessex seit 802. Wie auch bei anderen späten mercischen Kg.en ist über B.s Regierung sonst wenig bekannt. Seine Urkunden werden in den Archiven von Worcester und Gloucester aufbewahrt; er fungierte auch als Zeuge bei Traditionsurkunden für Abingdon und Peterborough. Seine Münzprägung, die er in London durchführen ließ, ist reicher als die aller bisherigen ags. Kg.e; von ca. 871 an erfolgte allerdings eine Münzverschlechterung. 868 kämpfte er, wieder gemeinsam mit dem Kg. v. Wessex, bei Nottingham gegen die Dänen, die den Rückzug antraten. 872 besetzten die Dänen jedoch London, 873 eroberten sie Lindsey und 874 Mercien. B. entfloh und starb in Rom, kurz nachdem ihn Papst Johannes VIII. wegen der Lebensführung seiner Untertanen ermahnt hatte.

C. P. Wormald

Q. und Lit.: EHD I, Nr. 1, 174, 176, 178; 90; 91; 92; 220 – H. E. PAGAN, Coinage in the Age of B., Brit. Numismatic Journal, 1965, 11ff. – STENTON³, Chapter 8.

Bürgschaft

I. Justinianisches und gemeines Recht – II. Deutsches Recht.

I. JUSTINIANISCHES UND GEMEINES RECHT: Mit einer B. (fideiussio) wird eine Forderung gesichert, indem ein Bürge sich neben dem Hauptschuldner zu der geschuldeten Leistung verpflichtet. Die fideiussio kommt dadurch zustande, daß der Gläubiger den Bürgen fragt, ob er die Leistung des Hauptschuldners auf seine Treue nehme: »Fide tua esse iubes quod illi credidi?«, und der Bürge dies mit denselben Worten bejaht: »Fide mea esse iubeo«. In der Praxis werden Frage und Antwort meist durch eine Urkunde ersetzt. Die Verpflichtung des Bürgen wird als zur Hauptschuld »hinzutretend« gedacht und kann deshalb nicht über diese hinausgehen (sog. Akzessorietät der B.). Hat der Bürge eine höhere Leistung versprochen, so wird im MA meist die ganze B. als ungültig angesehen. Allerdings haftet der Bürge auch dann, wenn die Hauptschuld eine (nicht einklagbare) naturalis obligatio ist, und er wird nicht gehört mit Einwendungen, die nur in der Person des Hauptschuldners begründet sind, z. B. wegen dessen Unmündigkeit. Solange der Gläubiger nicht die Zwangsvollstreckung gegen den Hauptschuldner betrieben hat, kann der Bürge seine eigene Verurteilung mit einer aufschiebenden Einrede (→Exceptio) abwehren (beneficium excussionis oder ordinis, →Beneficium I). In der ma. Praxis verzichtet man, im Anschluß an partikuläre Rechtsgewohnheiten, durch →Renuntiation oder durch Übernahme der Schuld als »fideiussor et debitor principalis« oft auf diese Einrede. Der Bürge braucht nur zu leisten, wenn der Gläubiger ihm seine Klagen (→Actio) gegen den Hauptschuldner abtritt (beneficium cedendarum actionum). Dadurch erhält er die Möglichkeit, gegen den Hauptschuldner Regreß zu nehmen.

Ähnl. Wirkungen wie die B. haben der Kreditauftrag (sog. mandatum qualificatum) und das constitutum debiti alieni. Beim mandatum muß derjenige, der den Gläubiger mit der Kreditgewährung an einen Dritten beauftragt hat, dessen Aufwendungen ersetzen. Beim constitutum verpflichtet sich jemand, eine fremde Schuld an einem bestimmten Tag zu erfüllen. Die ma. Doktrin faßt beide Rechtsinstitute systemat. mit der fideiussio zusammen; durch die Anerkennung der selbstschuldner. oder Solidarbürgschaft werden im Anschluß an die justinian. Nov. 99 die Grenzen zur Gesamt- oder Solidarschuld verwischt.

P. Weimar

Lit.: W. GIRTANNER, Die B. nach gemeinem Civilrechte, 1850–51 – M. KASER, Das röm. Privatrecht II, 1975², 457–461 – Enciclopedia del diritto XVII, 1968, 322–345 [M. TALAMANCA] – R. FEENSTRA, Die B. im röm. Recht und ihr Einfluß auf die ma. und spätere Rechtslehre, Rec Jean Bodin XXVIII, 1974, 295–325.

II. DEUTSCHES RECHT: [1] *Allgemein*: Erst im 14. Jh. entstand der neue einheitl. Bürgschaftsbegriff (Zahlungsbürgschaft) aufgrund des Durchbruchs der allgemeinen Vermögenshaftung. Zwar lassen sich Zahlungsbürgen schon in frk. Zeit nachweisen (F. BEYERLE). Aber vom 9.–13. Jh. klafft eine dokumentar. Lücke, die für die westl. Schweiz im wesentl. geschlossen werden konnte; hieraus ergeben sich für die Entstehung des Schuld- und Bürgschaftsrechts neue Erkenntnisse (P. WALLISER). So bildet die Zeit vom 11.–14. Jh. für die persönl. Sicherheiten eine spez. Epoche: Vor den Bürgen erscheinen selbständige Sicherheitsleister, die dinglich gebunden waren. Garanten dieser Art sind die →Salmannen, qualifizierte Zeugen, Laudatoren, Friedens-, Gestellungs- und Währschaftsgaranten; Vermögensgaranten gab es als redditores. Unter Beibehaltung der bisherigen Sicherungsaufgaben wandelten sich die Garanten zu schuldrechtl. *Treubürgen,* d. h. zu Salbürgen, Laudationsbürgen, Währschaftsbürgen; die redditores wurden durch Zahlungsbürgen abgelöst. Diese Bürgschafts-Typen bildeten die Grundform der (aktiven) Treubürgen. Neben dieser Gruppe entwickelte sich als zweite Grundform die *Giselbürgschaft* (→Einlager). Giselbürgen waren passive Bürgen. Das Einlager entwickelte sich aus der alten Geiselschaft. Der →Geisel war Menschenpfand, daher kein Bürge; er kann nicht den Urtyp des Bürgen bilden. Die Treu- und Giselbürgen hatten eine Tätigkeit oder ein Verhalten des Verbürgten sicherzustellen; sie übernahmen selbständige Verpflichtungen.

Nachdem die Vermögenshaftung sich durchgesetzt hatte, zerfiel das System der Treubürgen (fideiussores) und der Einlagerbürgen (obsides). An ihre Stelle trat der Vermögensbürge (Zahlungsbürge), der sich aus dem redditor entwickelt hat. Der neuartige akzessor. Vermögenshafter verpflichtete sich zunächst ausdrückl. als »fideiussor et debitor« bzw. als »gelte und burge«. Diese Haftungserklärung wurde bald obsolet, da der Zahlungsbürge ohnehin mit seinem Vermögen einzustehen hatte. – Auch der Schuldner versprach in dieser Übergangszeit, als sein eigener Bürge haften zu wollen. Diese *Selbstbürgschaft* war für die Entstehung der Vermögenshaftung von großer Bedeutung.

Der neue Vermögensbürge, der sich als Selbstzahler obligierte, hatte vor dem Schuldner zu haften. Die primäre Bürgenhaftung blieb in der Schweiz bis ins 17. und 18. Jh. bestehen. Auch die solidar. Haftung entstand spät. Dies gilt (im Gegensatz zu dt. Rechten) auch für die subsidiäre Bürgenhaftung. die dt. Lit. beschränkt sich auf Darstellungen der B. seit dem SpätMA.

Die *Amtsbürgschaft* ist eine Sonderform der Zahlungsbürgschaft und erscheint seit Mitte des 14. Jh. in der Westschweiz. Dieses Rechtsinstitut erreichte im 19. Jh. seinen Höhepunkt. Auch für die Amtsbürgschaft fehlt in der dt. Lit. eine Darstellung der hist. Entwicklung.

P. Walliser

Lit.: HRG I, 565–569 [E. KAUFMANN] – Publications de la Société Jean Bodin XXIX, 1971 (u. a. Beitr. v. W. OGRIS, Die persönl. Sicherheiten in den westeurop. Rechten des MA) – F. BEYERLE, Der Ursprung der B., ZRGGermAbt 47, 1927, 567ff. – E. KAUFMANN, Die B. im Recht des Ingelheimer Oberhofes, ZRGGermAbt 74, 1957, 198ff. – R. MARTIN, Die B. Nord- und Ostdeutschlands im späten MA [Diss. Frankfurt am Main 1960] – W. OGRIS, Die persönl. Sicherheiten im SpätMA, ZRGGermAbt 82, 1965, 140–189 – P. WALLISER, Das B. recht in hist. Sicht, dargestellt im Zusammenhang mit der Entwicklung des Schuldrechts in den schweiz. Kantonen Waadt, Bern und Solothurn bis zum 19. Jh., 1974 [Lit. zum B. recht, XXII–XXXI] und den Lehrmeinungen, 1–17] – DERS., Zur Entwicklung des Schuldrechts und der persönl. Sicherheiten in westschweiz. Rechten im MA (Berner Festg. zum Schweiz. Juristentag 1979), 99–128 – DERS., Die Amtsb. im schweiz. Recht, ZRGGermAbt 96, 1979, 100–182.

[2] *Anwendungsbereich der Bürgschaft im SpätMA*: Der Anwendungsbereich der B. war innerhalb wie außerhalb des Gerichtsverfahrens sehr groß, ihre Funktionen daher verschiedenartig. Zwei große Gruppen lassen sich unterscheiden: einmal die Traditions- oder Sachbürgen, die bei der Veräußerung von Grundstücken die Übertragung selbst (Salbürgen), die erforderl. Zustimmung der Erben (Laudationsbürgen) oder die Gewährleistung (Währschaftsbürgen) zu sichern hatten, und zum anderen die Personalbürgen, die v. a. als Gestellungsbürgen, Prozeßbürgen und Friedensbürgen erschienen. Doch gab es auch Mischformen, so daß das Gesamtbild v. a. im SpätMA von verwirrender Mannigfaltigkeit ist; viele Einzeler-

scheinungen sind noch unerforscht. Prinzipiell läßt sich für das SpätMA feststellen, daß grundsätzl. Rechtsgeschäfte und Verpflichtungen jeglicher Art durch die Hingabe dieses Sicherungsmittels bestärkt werden konnten. Wie die folgenden Beispiele zeigen, hatte die B. insgesamt zum Teil das äußere Verhalten des Verbürgten zu gewährleisten, selbst wenn an seinem Leistungswillen und an seiner Leistungsfähigkeit kein erkennbarer Zweifel besteht.

Die meisten Städte machten die Aufnahme von Neubürgern im Regelfall davon abhängig, daß der Bewerber einen oder mehrere Bürgen aus dem Kreis der Altbürger stellte, wobei die Dauer der B.-Verpflichtung im allgemeinen zw. 5–10 Jahre schwankt. Inhaltl. bezog sich die B. auf das gesamte Verhalten des Neubürgers während seiner Zugehörigkeit zum städt. Schwurverband (→Bürgereid). In Anlehnung an die Lehnseide und städt. Rechtsgewohnheiten wurden ähnliche Rechtsformen zw. den Landesherren und deren Untertanen ausgebildet. Die Bürgen garantierten, oft unter Einsatz ihrer eigenen Person, daß sich der Huldigende nicht ohne Erlaubnis seiner Herrschaft entziehen werde.

In der Strafrechtspflege v. a. der Städte spielte die Urfehdebürgschaft eine wesentl. Rolle. Sie sicherte die Erfüllung der beschworenen →Urfehde, die ursprgl. ein Friedensgelöbnis nach abgeschlossener →Fehde war, als Racheverzicht im SpätMA aber zunehmend als Versprechen des aus der Haft entlassenen und der Stadt verwiesenen Täters erscheint, zu halten, was man ihm auferlegt hat. Ihre Erscheinungsformen waren verschieden. Zunächst war sie eine bloße Verwendungsbürgschaft, wobei der Herr oder die Verwandten für den Verbürgten »gut sagten«. Diese Form wurde dann von einer Schadlosbürgschaft abgelöst, bei welcher die Urfehde durch das Versprechen einer hohen Bürgschaftssumme gesichert wurde. Daneben spielte aber am Ende des MA auch die Gestellungsbürgschaft eine Rolle, wenn der Urfehder geschworen hatte, sich bei Zuwiderhandeln in ewige Gefangenschaft zu begeben.

Die Anwendung des Rechtsinstituts der B. umfaßt auch das Gebiet der »zwischenherrschaftlichen« Verträge zw. einzelnen Körperschaften und Territorialherren oder zw. den Landesherren untereinander. Die B. als Sicherungsmittel bot sich v. a. deswegen an, weil die Territorialherren nicht bereit waren, sich einer territorialen Gerichtsgewalt zu unterwerfen und auch den Kg. als oberste Reichsgewalt möglichst aus ihren Vereinbarungen fernhalten wollten. Die B. mit ihrem breiten Spektrum von dinglichen und persönlichen Sicherungsmöglichkeiten, war durchaus ein geeigneter Ersatz, fehlende Zwangsmaßnahmen eines übergeordneten staatl. Rechtsträgers zu ersetzen.

Auch im schuldvertragl. Bereich kam der B. eine große Bedeutung zu (→Schuld, -vertrag). Nicht nur der vermögenlose Schuldner, der keine anderen Sicherheiten offerieren konnte, sondern auch der Besitzende hatte in vielen Fällen Bürgen zu stellen. So begegnen im SpätMA fast regelmäßig in den süddt. Schuldverträgen des Adels Bürgen, z. T. in Verbindung mit einer Einlagerverpflichtung (→Einlager). Die B. sollte in diesen Fällen den rechtl. unterlegenen Gläubiger schützen und diesem die Möglichkeit geben, außergerichtl. den Schuldner zur Vertragstreue anzuhalten. In einzelnen Verträgen wurden die Bürgen sogar verpflichtet, im Falle des Leistungsverzugs von sich aus gegen den Schuldner vorzugehen, um so die vertragl. Ansprüche des Gläubigers zu befriedigen. In den meisten Fällen stellten die Territorialherren von ihnen abhängige Dienst- und Lehnsleute oder landesherrl. Städte als Bürgen. Das Treueverhältnis zw. dem Verbürgten und den Bürgen verhinderte zumeist, daß die Bürgen ein gerichtl. Vollstreckungsverfahren gegen ihren Herrn einleiteten. Auf diese Weise konnten die Landesherren unter Ausnutzung der Sicherheiten ihrer Untertanen ihren Kreditrahmen erheblich erweitern. P.-J. Schuler

Lit.: R. EGGERT, Die B. im süddt. Recht des späten MA [Diss. Frankfurt am Main 1962] – H.-M. MAURER, Masseneide gegen Abwanderung im 14. Jh. Q. zur territorialen Rechts- und Bevölkerungsgesch., Zs. für württ. Landesgesch. 39, 1980, 30–99 – P.-J. SCHULER, Das Vertragswesen der Gf. en v. Württemberg unter den Gf. en Ulrich III. und Eberhard II. (1324–1392) [Habil. Schr. masch., Bochum 1981].

Burgstall → Burg, →Wüstung

Burgtal → Tal

Burgund

(1. Zum Burgund-Begriff – 2. Burgund, fränkisches Teilreich – 3. Burgund, Herzogtum – 4. Burgund, Königreich – 5. Burgund, Freigrafschaft.)

1. Zum Burgund-Begriff. Burgund (Burgundia, Bourgogne), auf die ostgerm. →Burgunder zurückgehender Landesname, der nach der frk. Eroberung ihres Reiches (534) auf folgende Gebiete Anwendung fand: das in Bevölkerung und Umfang erheblich abweichende frk. Teilreich B. (→2. Burgund, fränkisches Teilreich); das Reich von Lothars I. Sohn Karl (855–863) sowie von →Boso (ab 879) und dessen Sohn (→Bosoniden), auch Kgr. →Provence und modern »Nieder-B.« gen.; das Reich der →Rudolfinger (888ff.), regnum Iurense und modern »Hoch-B.« gen.; das aus der Vereinigung von »Hoch-« und »Nieder-B.« im 10. Jh. hervorgegangene Kgr. B. (→4. Burgund, Königreich), das seit dem 12. Jh. auch →Arelat hieß; die in diesem Kgr. sich entwickelnde »Freigft. B.« (Franche-Comté; →5. Burgund, Freigrafschaft); endlich der im Vertrag v. →Verdun 843 an das Westreich gefallene Nordwesten des frk. Teilreichs B., der im 9. und 10. Jh. regnum Burgundiae genannt wurde und erst seit dem 11. Jh. nach den seit dem 10. Jh. dort regierenden Herzögen »ducatus« hieß (duché de Bourgogne; →3. Burgund, Herzogtum). Die in diesem Hzm. regierende Nebenlinie des frz. Königshauses →Valois (Fürstenhaus B.; →3. Burgund, Herzogtum, Abschnitt D) hat seit dem 14. Jh. weite Teile der Niederlande erworben und einen »burg. Staat« geschaffen, dessen von Hof, Adel und Städten entwickelte »burg. Kultur« starken Einfluß auf West- und Mitteleuropa ausgeübt hat, auch wenn das polit. Gebilde nach 1477 zw. Frankreich und dem Hause Habsburg aufgeteilt wurde.

Den erwähnten hist. Regionen sind trotz unterschiedl. Grenzen und Bewohner schwer definierbare »burg.« Traditionen gemeinsam, so etwa die Erinnerung an das burg. Recht (die nach den Burgunder-Kg. →Gundobad benannte »Loi Gombette«) bzw. landschaftl. entwickelte Coutumes einer späteren Zeit (s. a. →3. Burgund, Herzogtum, Abschnitt B I, 2). V. a. dürfte jedoch der Name B. als Symbol regionalen Behauptungswillens eine Rolle gespielt haben. K. F. Werner

2. Burgund, fränkisches Teilreich

I. Unter den Merowingern – II. Unter den Karolingern.

I. UNTER DEN MEROWINGERN: Zwar wurde das 534 von Chlodwigs Söhnen eroberte Reich der →Burgunder aufgeteilt (Childebert I. v. Paris erhielt den Reichskern mit Lyon, Vienne, Grenoble, Mâcon; Theudebert v. Reims den Norden mit Avenches, Sitten/Sion, Besançon, Langres, Autun, Chalon; Chlothar I. vielleicht den Süden bis zur Durance), doch blieben nach dem Rückfall aller Reichsteile 555 bzw. 558 an den allein überlebenden Chlothar I. bei der erneuten Reichsteilung nach dessen

Tod 561 alle einst burg. Gebiete im Anteil Kg. →Guntrams († 592) vereint, der außerdem noch den einstigen Reichsteil Chlodomers mit der Hauptstadt Orléans sowie die Provence erhielt (außer Marseille, Uzès und Avignon, die an Sigibert v. Reims kamen). Guntram erwarb 567 beim Tode Chariberts die Civitas Troyes und gegen Ende seiner Regierung Territorien bis Paris und Chartres. Sein Erbe fiel 592 an →Childebert II. v. »Austrasien«, erhielt aber schon bei dessen Tod 595 mit seinem jüngeren Sohne →Theuderich II. wieder einen eigenen Kg., für den die Mutter, →Brunichild, die tatsächl. Macht ausübte, die sie im Reich ihres älteren Sohnes Theudebert II. dem austras. Adel hatte überlassen müssen. Zu Beginn des 7. Jh. wird die noch bei →Gregor v. Tours stets auf die altburg. Gebiete bezogene Bezeichnung Burgundia ein Name für das gesamte, unter Theuderich II. fortdauernde Guntram-Reich, obgleich weder das einstige Orléans-Teilreich noch Troyes je zum Burgunderreich gehört hatten. Dieses frk. Teilreich B. bildete bis zur Mitte des 9. Jh. zusammen mit →Austrien und →Neustrien den Kern des →Frankenreichs, die tria regna. Dabei hat sowohl eine Frankisierung des einstigen romano-burg. Kgr.es als auch eine »Burgundisierung« des übr. Teilreichs stattgefunden, wobei folgende Faktoren bes. Beachtung verdienen: 1. Schon Childebert I. hat sich stark auf den kath. Episkopat und die diesem eng verbundenen galloroman. Senatorenfamilien (→Senatorenadel) um Lyon gestützt und die vor 534 bestehenden engen Kontakte zu Ostrom zur Übertragung diplomat. Missionen beim Ks. an Romanoburgunder genutzt. – 2. Die im burg. Bereich, ähnlich wie in der →Provence, stärker fortlebenden röm. Institutionen wurden vielfach beibehalten bzw. erneuert, so der schon vor 561 auftretende →Patricius-Titel für den leitenden Feldherrn, zu dessen Amt mehrfach Romanen, so der stark hervortretende →Mummolus, ernannt wurden. – 3. Der archäolog. Befund weist für den Kernraum der altburg. Gebiete gerade auch nach 534 eine große Geschlossenheit (»Trachtprovinz«, z. B. Gürtelschnallen) auf, die sich aber nach neuen archäolog. Erkenntnissen (M. MARTIN, J. WERNER) mehr auf spezif. Traditionen der dortigen roman. Bevölkerung, als auf eigtl. burg. Erbe stützt (→Burgunder). – 4. Die im engeren Sinne burg. Rechtstraditionen wurden respektiert: die nach der Lex Gundobadi (deren Name in Frz. als »Loi Gombette« fortbestand) lebenden Personen wurden Guntbadingi genannt. Im allgemeinen Formular für d. frk. Herzogsernennung ist von »Franci, Romani, Burgundionis vel reliquas nationis« die Rede, um die der frk. Verwaltung unterstehende Bevölkerung zu kennzeichnen. – 5. Guntram hat in den 70er Jahren des 6. Jh. seine Residenz von der offiziellen Hauptstadt Orléans nach →Chalon-sur-Saône ins altburg. Gebiet verlegt und nahebei die wichtige Abtei →St-Marcel gegründet (Königsgrablege). – 6. Der den Herrscher des frk. Teilreichs B. umgebende Adel hatte eine für das regnum spezifische Zusammensetzung aus Franken, Römern und Burgundern.

Trotz dieser zu einer Kohäsion um den Gebietsnamen B. tendierenden Elemente hat es an Konflikten nicht gefehlt, wobei es v. a. zu mehrfach erfolgreichem Widerstand einer frk.-burg. Adelsopposition gegen das auf roman. Hausmeier (Protadius, Claudius) sich stützende Kgtm. kam. Daneben dürfte eine altburg., auch gegen den frk. Einfluß gerichtete autonomist. Tendenz längere Zeit fortbestanden haben. In den Wirren, die nach Konflikten zw. den Söhnen Brunichilds (dabei wurden 609/610 die 596 von Austrasien an B. abgetretenen Territorien Saintois, Krembs- und Thurgau, Elsaß retrozediert) zum Untergang beider Brüder, aber auch der Brunichild und ihrer Enkel führten (613), erwies sich, wie für Austrasien, das polit. Gewicht des Adels von B., der sich unter dem Maiordomus Warnacharius, Brunichild und ihre Enkel preisgebend, mit Chlothar II. arrangierte und in den Gesetzen der Reichsversammlung und Synode von 614 in Paris zusichern ließ, daß die Beamten (iudices) jeweils dem betreffenden Teilreich zu entnehmen seien. B. bestand also auch unter einem Gesamtherrscher des Frankenreichs als eigenes Regnum mit eigenem Hausmeier fort. Bei der damals vorgenommenen Neufestlegung der Grenzen von Neustrien, Austrien u. B. sind offenbar Orléans, Auxerre, Sens und Troyes bei B. geblieben. Der Fortbestand von B. wurde auch nicht in Frage gestellt, als nach dem Tode des Warnacharius 626/627 trotz vergebl. Versuche seines Sohnes Godinus das burg. Hausmeieramt – wohl im Einvernehmen von Kgtm. und Mehrheit des Regionaladels – unbesetzt blieb (abgesehen von der →Flaochad-Episode, 642). Zwar wurde B. im Unterschied zu Austrasien, dessen Adel sich mit Chlothars II. Sohn Dagobert und nach dessen Übernahme des Gesamtkönigtums (629) mit dessen Sohn Sigibert III. jeweils einen eigenen, minderjährigen Unterkönig sicherte, vom Pariser Kgtm. (»neustroburg. Kgr.«) direkt administriert, aber es blieb eine eigene Verwaltungseinheit, was am stärksten im einheitl. Einsatz seiner Armee (exercitus Burgundionum) zum Ausdruck kommt, die Dagobert I. als wichtigstes militär. Machtinstrument gegen Reichsfeinde (Basken/Wascones, Bretonen) einsetzte. Zu 635 wird die Zusammensetzung ihrer duces überliefert (Fred. IV 78): 8 Franken, 1 Sachse, 1 Römer, 1 Burgunder, »Willibadus patricius genere Burgundionum«. Bei diesem Titel handelt es sich nicht mehr um den inzwischen abgeschafften burg. »Zentralpatriziat« mit militär. Oberbefehl, sondern um einen in Provence und B. weiterhin üblichen Rang, dessen Inhaber in der Dignität über, de facto neben den duces stand.

Die sorgfältigen Herkunftsdistinktionen im hohen Adel sind nicht repräsentativ für die Gesamtbevölkerung in B., die den Namen B. spätestens seit der 1. Hälfte des 8. Jh. ebenso für die eigene Herkunft und Geschichte in Anspruch nahm, wie es die Bewohner Galliens nördl. der Loire um diese Zeit taten, die sich sämtl. für Franci hielten (ZÖLLNER, EWIG). Entsprechend erklärt die damals verfaßte »Passio S. Sigismundi regis« das vermeintl. Verschwinden der Römer in B. mit ihrer restlosen Ausrottung durch die eindringenden Burgunder. Gegen 750 meint »gens Burgundionum« die gesamte Bevölkerung des frk. Teilreichs B.; »die natio Burgundionum hatte ihr Wesen gewandelt, ... ihre völk. Grundlage mit der landschaftl. vertauscht« (KIENAST). Entscheidend ist dabei der Name (Burgundia, Burgundi) in der Verbindung mit langfristig beisammenbleibenden Territorien gewesen, auch für die Rechtstradition, denn als Ebf. →Agobard v. Lyon von Ks. Ludwig d. Frommen die Außerkraftsetzung der Lex Burgundionum, das Werk des »Häretikers« (Arianers) Gundobad (in Wahrheit in der erhaltenen Form weitgehend von Sigismund erlassen, der zum Katholizismus konvertierte), forderte, konnte er behaupten, daß nur noch wenige nach ihr lebten.

II. UNTER DEN KAROLINGERN: Die arnulfing.-pippinid. Hausmeier haben, als sie nach der Schlacht von →Tertry (687) die Vorherrschaft im Gesamtreich beanspruchten, mit B. und seiner Aristokratie häufig erhebliche Schwierigkeiten gehabt, wie die Konflikte zw. Godinus, Bf. von Lyon, mit dem dux Burgundionum zeigen, in dem man Drogo († 708), den Sohn Pippins II., erkennen darf (KRUSCH, EWIG), ebenso die Feldzüge Karl Martells, seines Halbbruders Hildebrand (733ff.) und seines Sohnes, Pippins III. (740/741), in den burg.-prov. Raum bzw. nach Lyon. Es ist zeitweilig zu fast autonomen, prinzipatartigen Sonderbildungen gekommen, wie z. B. im Fall der weit über ihr Bm. hinausreichenden Macht der Bf.e v. →Auxerre. Hier wie im Raum Langres wurden die Karolinger erst nach Mühen und unter Einsatz landfremder (z. B. bair.) Geschlechter der Widerstände gegen die Zentralregierung Herr. Als die missatica, Sprengel für die →missi dominici, eingeführt und systematisiert wurden (letzteres erst 802), gehörte das Teilreich B. mit Austrien und Neustrien, im Unterschied zu den anderen Teilgebieten (regna) des Reichs, zu den dabei erfaßten Gebieten (K. F. WERNER).

Es mag mit diesen Schwierigkeiten zusammenhängen, daß die Karolinger bei ihren Reichsteilungen, im Unterschied zur Merowingerzeit, B. nicht als geschlossenes regnum beisammenließen, sondern mehrfach zerschnitten. Am folgenreichsten blieb dabei die Teilung von →Verdun 843, weil durch sie die pagi westl. der Saône, die an →Karl d. Kahlen fielen, dauernd vom übrigen, einstigen Teilreich B. getrennt wurden. Aber gerade dieser nordwestl., kleinere und zu weiten Teilen eher frankoroman. als »burg.« Teil führte im 9. Jh. und fortan die Bezeichnung regnum Burgundiae und galt als eines der regna, aus denen das (westfrk.) Reich Karls d. Kahlen bestand. So blieb an ihm der Name Burgundia (frz. Bourgogne) bis heute haften. Im Anschluß an die sich dort ausbildende hzgl. Gewalt sprach man erst später vom ducatus Burgundiae, duché de Bourgogne (→Burgund, Herzogtum).

Im Osten entstand 855 bei der Teilung des Reiches Lothars I. für dessen jüngsten Sohn Karl ein regnum Provinciae, zu dem außer der →Provence der Dukat →Lyon (ducatus Lugdunensis mit →Vienne) gehörte. Dieses Kgr. lebte auch nach Karls Tod (863) als polit. Gebilde fort und bildete den Kern der Gebiete, die 879 unter Lösung vom westfrk. Reich den Nichtkarolinger →Boso zum Kg. erhoben. Bosos offensichtl., wenn auch gescheiterter Versuch, das ganze einstige frk. Teilreich B. in seiner Hand zu vereinen, unterstreicht die Kraft des mit »B.« bezeichneten hist.-polit.-geogr. Kontinuums. Das nach Bosos Untergang unter seinem Sohn →Ludwig d. Blinden wiederhergestellte Kgr. Provence ist schließlich an die welf. →Rudolfinger gefallen, eine Dynastie, die durch die Erhebung Rudolfs I. zum Kg. (888) im NO des einstigen Teilreichs B. zur Macht gekommen war, zunächst Lothringien an sich bringen wollte, sich dann mit dem Gebiet beiderseits des Schweizer Jura (regnum Jurense) bescheiden mußte und erst im otton. Mittelreich von 843 angehörenden Teile des frk. Teilreichs B. unter sich vereinen konnte. Fortdauer und geogr. Ausweitung des Burgund-Begriffs im frk. Teilreich erklären, zusammen mit den karol. Teilungen, warum der Name B. an zahlreichen Gegenden haften blieb.

Die hist. Bedeutung des Teilreichs war auch auf dem kulturellen (Mittlerstellung zw. Gallien und Germanien einerseits, Italien/Provence und Nordgallien andererseits) und namentl. auf dem kirchl. Sektor beträchtlich, wobei ebenso an die maßgebl. Synoden unter Guntram zu denken ist wie an die Bedeutung von →Luxeuil als monast. Zentrum und Ausgangspunkt der iro-schott. Mission im südöstl. Raum. - Zur archäolog. Erforschung des frk. Teilreiches B. s. →Burgunder, II, 2. K. F. Werner

Lit.: HOOPS² IV, 271-274 [H. H. ANTON] – HRG Lfg. 16, 1978, 1901-15, bes. 1913 [H. NEHLSEN] – R. POUPARDIN, Le royaume de Provence sous les Carolingiens, 1901 – DERS., Le royaume de Bourgogne (888-1038), 1907 – A. KLEINKLAUSZ, Hist. de Bourgogne, 1909, 1924² – P. E. MARTIN, Etudes critiques sur la Suisse à l'époque mérovingienne, 534-715, 1910 – M. CHAUME, Les origines du duché de Bourgogne, 2 Bde in 4 T., 1925-31 – E. JARRY, Formation territoriale de la Bourgogne, 1948 (Prov. et pays de France 3,2) – E. ZÖLLNER, Die polit. Stellung der Völker im Frankenreich, 1950 – B. BLIGNY, Le royaume de Borgogne (BRAUNFELS, KdG, Bd 1, 1965, 247-268) – W. KIENAST, Stud. über die frz. Volksstämme des FrühMA, 1968, 23ff. – L. BOEHM, Gesch. B.s, 1971, 1977² – E. EWIG, Spätantikes und frk. Gallien, hg. H. ATSMA (Beih. der Francia 3), I, 1976, 130ff., 135ff., 139ff., 146ff., 157f., 160-165, 181f., 184f., 192f., 208, 211-217, 226-229, 247, 255-264, 269-273, 285, 291f., 320ff., 384f., 417, 433f., 567; II, 1979, 66, 204ff., 210ff., 224ff., 246ff., 319ff., 432ff., 453f. – Hist. de la Bourgogne, hg. J. RICHARD, 1978 – K. F. WERNER, Missus-Marchio-Comes (Hist. comparative de l'Administration, IVᵉ–XVIIIᵉ s., hg. W. PARAVICINI – K. F. WERNER [Beih. der Francia 9], 1980), 196ff., 204f. – weitere Lit. → 3. Burgund, Hzm., →Burgunder.

3. Burgund, Herzogtum
A. Entstehung und Entwicklung bis zum 12. Jahrhundert – B. Politische und territoriale Geschichte im 13.–15. Jahrhundert – C. Institutionen und Rechtsgeschichte – D. Das Fürstenhaus Burgund (Valois)

A. Entstehung und Entwicklung bis zum 12. Jahrhundert

Das Gebiet der 19 pagi (von insgesamt 42, CHAUME) des frk. Teilreichs B. (→2. Burgund, fränkisches Teilreich), die mit ihren 8 civitates (Mâcon, Chalon, Autun, Nevers, Auxerre, Sens, Troyes, Langres) 843 an Karl d. Kahlen fielen, wurde bis weit ins 11. Jh., auch von den Päpsten, als »Regnum Burgundiae« bezeichnet (MGH Cap., nr. 274 (865); QUANTIN nr. 43 (c863); JAFFÉ 3185/6 (878), 4013 (1016); RI II 5 – ZIMMERMANN 115, 161, 170 (933, 943, 944). Das jetzt westfrk. Teilreich B. gehörte wie sein Vorgänger zum Missatica-System des frk. Reichskerns und rangierte entsprechend hinter der »Francia«, aber vor den andern regna des Westreichs. Die Existenz dieses »Kgr.es B.« lange übersehend, hat die Forschung voreilig vom »Hzgm. B./duché de Bourgogne« gesprochen, obwohl »ducatus Burgundiae« in einer nicht auf die hzgl. Funktion, sondern auf das Territorium bezogenen Bedeutung erst 1075 begegnet (Urk. bei: PETIT I, 386f.). Wie in andern spätkarol. regna war es auch im westfrk. Teilreich B. zum Wettbewerb führender Geschlechter um die Position eines über den Gf.en des regnum stehenden princeps gekommen, der zunächst den »marchio« –, dann auch den »dux«-Titel führte, und dessen vom Kg. anerkannter »ducatus« (hzgl. Gewalt, nicht Territorium) sich in vizekgl. Funktion auf das Gesamtgebiet des regnum erstreckte, was für B. ausdrücklich bezeugt ist (z. B. Hzg. Robert I., 1053: ». . . post obitum patris mei Roberti regis Francorum, Burgundie regnum, eius destinatione, ducis auctoritate adeptus . . .«, PETIT I, 378).

Aus der Rivalität der →Welfen und →Robertiner im Norden B. ging der →Bosonide →Richard, seit 880 Gf. v. →Autun, erfolgreich hervor: Durch seine Ehe mit Adelhaid (Adelais), Tochter Konrads II. v. Auxerre und Schwester Kg. Rudolfs I. v. »Hoch-B.«, konnte er sich als Erbe der Welfen in B. ansehen. Offenbar als Preis seiner Anerkennung des Kgtm.s Odos (888) trat Richard ungestört die Nachfolge des Welfen →Hugo d. Abtes († 886) in der Laienabtswürde der bedeutenden Abteien →St-Germain in Auxerre und →St-Colombe bei Sens an, mußte aber den Einfluß von Odos Bruder Robert in →Auxerre und →Sens hinnehmen, wo Ebf. Walter, der Odo gekrönt hatte, zur robertin. Partei gehörte. Als die Gegner Odos 893 den jungen Karl III. zum Kg. erhoben, lavierte Richard geschickt zw. den Parteien und nutzte den Tod des mit den Robertinern verwandten Gf.en Adalhelm v. Troyes, um 894/895 gemeinsam mit seinem Neffen Manasse, Gf.en v. Chalon und Beaune, die Gft.en →Troyes, wo er Warnarius zum Grafen machte, Auxerre, wo Ragenardus (Renard), ein Bruder des Manasse, Vicomte wurde, und Sens, wo Warnarius v. Troyes Vicomte wurde, an sich zu bringen. Einen anderen Bruder des Manasse, Walo, machte er zum Bf. v. Autun. Als der Konsekrator Walos, Ebf. Argrim v. Lyon, als Metropolit beim Papst von Bf. Tedbald v. Langres angefochten wurde, wodurch auch Walos Amt in Gefahr geriet, ließ Manasse den Tedbald blenden. 896 wird dem nun unbestrittenen »princeps« Richard in einer Gerichtsversammlung außer von Gf.en und Vicomtes auch von einem »yppocomes palatii« assistiert (stellvertr. Pfgf.), woraus erhellt, daß Richard sich auch als Pfgf. für das regnum B. betrachtete. Nach Odos Tod (898) wurde er von Karl III. offiziell als »marchio« (für das regnum B., nicht etwa als »Mgf. v. Autun«, wie man vermutet hat), anerkannt. Glanzvolle Siege über die Normannen, 898 bei →Argenteuil, 911 vor →Chartres, erhöhten das Prestige des in der Nachwelt als »Justiniarius« fortlebenden Fs.en, der in burg. Urkunden der Jahre 918–920 als »comes et dux«, »excellentissimus« bzw. »piissimus dux« begegnet.

Nach Richards Tod (921) lebte der von ihm im regnum durchgesetzte Prinzipat unter seinen Nachfolgern mit wechselnder Titulatur seiner Inhaber fort: Auf Richards Sohn →Rudolf, der schon 923 westfrk. Kg. wurde, folgte dessen Bruder →Hugo d. Schwarze, der 944 als marchio und princeps, 946 in Diplomen Ludwigs IV. als »dux Burgundionum« erscheint. Während Hugos Besitz jenseits der Saône (→5. Burgund, Freigrafschaft) zusammen mit der Gft. →Mâcon an Leutald/Liétaud, seinen Schwiegersohn, kam, folgte ein anderer Schwiegersohn, →Giselbert, Sohn des Manasse, in Autun u. a. Gft.en im regnum B., die er mit seinen eigenen Gft.en →Chalon, →Avallon, →Beaune und dem zuvor hinzugewonnenen →Troyes vereinte. Er wurde »princeps«, in einer Urkunde Kg. Lothars 954 »Burgundiae praecipuus comes« genannt, aber nicht als dux anerkannt. Das war die Folge robertin. Expansion: →Hugo d. Gr. führte 936 den von ihm beherrschten jungen karol. Kg. Ludwig IV. gegen →Hugo d. Schwarzen und zwang diesen zur Abtretung der Gft. →Langres (mit Dijon) an den Kg., der Gft.en Sens und Auxerre an den Robertiner. Giselbert hatte also in einem reduzierten Territorium die Nachfolge angetreten und mußte überdies Hugo d. Gr. als Lehnsherrn anerkennen, da dieser sich 943 vom Kg. das regnum B. hatte verleihen lassen, sich in der Lehnshierarchie also zw. den Karolinger und den regionalen princeps schob. Entsprechend hat Giselbert unmittelbar vor seinem Tod (956) den Heimfall seiner von Hugo d. Gr. zu Lehen gehenden Rechte an diesen bestätigt: »Gislebertus princeps Burgundionum ... regni sui monarchiam manibus ... committens Hugonis« (Ann. S. Columb. Senon., MGH SS 1, 105). Gleichzeitig überließ er seine Gft.en (mit Ausnahme von Troyes, das an den Gemahl seiner Tochter Adelais, Gf. Robert v. Meaux aus dem Hause »Vermandois«, fiel und Grundstock der Gft. →Champagne wurde, aber stets Lehen des Hzm.s B. blieb) dem Gatten seiner Tochter Lietgard, Otto. Dieser Sohn Hugos d. Gr., 960 von Kg. Lothar mit B. belehnt, trat also wieder in karol. Kronvasallität ein. Nach seinem erbenlosen Tod (965) folgte ihm sein Bruder Odo, der zum Kleriker bestimmt gewesen war und als Hzg. den Namen Heinrich annahm. Als auch er 1002 ohne direkten Erben starb, kam es zu einer Nachfolgekrise mit erhebl. Folgen für B. Kg. Robert II. wollte als Lehnsherr und Vertreter der robertin.-kapet. Hauptlinie B. der Krone zuschlagen und fand in →Hugo, Gf. v. Chalon, und seit 999 auch Bf. v. Auxerre, polit.-militär. Unterstützung gegen den »burg.« Prätendenten →Ott-Wilhelm (Oth-Guillaume), Enkel Kg. Berengars II. v. Italien und Gf. v. Mâcon, dem außer dem Gf.en →Landricus (Landry) v. Nevers v. a. sein Schwager →Bruno v. Roucy zur Seite stand, der als Bf. v. Langres über die seinem Bm. 967 von Kg. Lothar verliehene Gft. Langres (mit Dijon) verfügte. Robert II. zwang Landricus 1005 nach heftigen Kämpfen, v. a. im Auxerrois, zur Unterwerfung, bewog bald darauf Ott-Wilhelm zum Verzicht und regelte 1016, nach dem Tode Brunos v. Roucy, der den Widerstand fortgesetzt hatte, die Verhältnisse des Bm.s Langres so, daß das wichtige castrum Dijon, künftige Residenz der Hzg.e, ihm abgetreten wurde. Dennoch mußte er 1016 dem burg. Adel in der Person seines Sohnes →Heinrich (spät. Kg. H. I.) einen eigenen Hzg. geben. Aus dessen Bereich blieben jedoch Sens, Nevers, Auxerre ausgeschlossen: Auxerre, das Robert II. zunächst in eigener Hand behielt, kam durch die Ehe von Rainaldus (Renaud), Sohn des Gf.en Landricus v. Nevers, mit Hadwig (Advise), der Tochter Kg. Roberts, an das Haus →Nevers, das sich 1065 noch um die Gft. →Tonnerre vergrößerte und einen direkt vom Kg. zu Lehen gehenden Riegel zw. der Krondomäne und dem beim Hzg. verbliebenen Teil des regnum B. bildete. Als »ducatus« im territorialen Sinn verwendet wurde, deckte der Begriff demnach im 11. Jh. nicht mehr den ganzen Umfang des westfrk. regnum B. ab, und es waren schließlich nur einige Gft.en, die im engeren Sinn den »duché féodal« bildeten (Autun, Chalon, Dijon, Beaune, Avallon, Auxois [um Semur]), von denen jedoch einige unter eigenen Gf.en standen. Als Hzg. Heinrich 1032 als Nachfolger Roberts II. Kg. v. Frankreich wurde, folgte ihm sein Bruder Robert I., den man zuvor zeitweilig als Thronprätendenten gegen Heinrich aufgestellt hatte, im Herzogtum nach. Der Sohn Roberts I. (1032–76) namens Heinrich starb vor dem Vater, so daß der Enkel, Hugo I., im Hzm. folgte, der aber schon 1078 Mönch in Cluny wurde. Bis ins 13. Jh. sind dann Angehörige dieser kapet. »Sekundogenitur« in direkter Vater-Sohn-Folge und mit den alternierenden Leitnamen Odo und Hugo Hzg. v. B. gewesen: Odo I. bis 1101, Hugo II. bis 1143, Odo II. bis 1162, →Hugo III. bis 1182, Odo III. bis 1218, etc. Dem kapet. Kg. sind sie im ganzen treue Vasallen gewesen, haben v. a. seine Gegner aus dem Hause Plantagenêt nicht unterstützt. An der Kreuzzugsbewegung nahmen sie wie andere frz. Fs.en aktiven Anteil: Odo I. starb auf dem 1., Hugo III. auf dem 3. Kreuzzug. Heinrich, ein jüngerer Bruder Hugos I., wurde als Teilnehmer an der →Reconquista Gf. v. Lusitanien und Stammvater der ptg. Kg.e (→Portugal). B. ist im 11. und 12. Jh. mehr durch die immense Rolle von →Cluny und die Blüte der burg. →Romanik bedeutend gewesen als im polit. Bereich. Sieht man von dem vergeblichen Versuch Roberts I. ab, den verlorenen Auxerrois zurückzugewinnen, so gab es nur kleinere Arrondierungen der hzgl. Domäne: Schon Heinrich I. hatte, in Kondominium mit dem Bf. v. Langres, →Châtillon-sur-Seine erworben. Robert I. fügte Semur-en-Auxois der Domäne ein, während der übrige Auxois unter dem Namen einer Gft. Grignon an einen jüngeren Sohn Odos I. kam und erst Ende des 12. Jh. wieder heimfiel. Hugo III. konnte das zum Imperium gehörige Cuisery erwerben und hat dafür dem Ks. gehuldigt.

K. F. Werner

Q. und Lit.: [zu Entstehung und Entwicklung Burgunds bis zum 12. Jh.]:
Q.: Gesta pontificum Autissiodorensium, ed. L. M. DURU, Bibl. hist. de l'Yonne 1, 1850 – M. QUANTIN, Cart. général de l'Yonne, 2 Bde, 1854–60 – A. DE CHARMASSE, Cart. de l'église d'Autun, 2 Bde, 1865–1900 – A. BERNARD – A. BRUEL, Recueil des Chartes de l'abbaye

de Cluny, 5 Bde, 1876–94 [vgl. A. BRUEL, BEC 41, 1880; M. CHAUME, Observations sur la chronologie des chartes de l'abb. de Cluny, RevMab 29–31, 1939–41] – G. CHEVRIER – M. CHAUME, Chartes et documents de St-Bénigne de Dijon, 2 (990–1124), 1943 – vgl. auch die Reg. der Hzg. e v. B. in E. PETIT, Hist. . . . (wie folgt) – *Lit.:* E. PETIT, Hist. des ducs de Bourgogne, 9 Bde, 1883–1905 – F. LOT, Fidèles ou vassaux?, 1904 – J. FLACH, Les Origines de l'ancienne France, 4, 1917, 325–360 – M. CHAUME, Le sentiment national bourguignon de Gondebaud à Charles le Téméraire. Essai de synthèse sur l'hist. de la Bourgogne, 1922 – DERS., Les Origines du duché de B., 1, 1925; Bd 2 (in 3 Teilen), 1927–37 (bes. 1, 361ff.) – J. DHONDT, Note sur les deux premiers ducs capétiens de B., Annales de Bourgogne 13, 1941 – G. DUBY, Recherches sur l'évolution des institutions judiciaires pendant le Xe et le XIe s. dans le Sud de la Bourgogne, M–A 52–53, 1946–47 [abgedr. in: G. DUBY, Hommes et structures du MA, 1973, 7ff.] – DERS., La Société aux XIe et XIIe s. dans la région mâconnaise, 1953, 1971^2 – J. RICHARD, Les ducs de Bourgogne et la formation du duché du XIe au XIVe s., 1954 – DERS., Châteaux, châtelains et vassaux en Bourgogne aux XIe–XIIe s., CCMéd, 1960, 433ff. – SZABOLCS DE VAJAY, A propos de la »Guerre de B.« Note sur la succession de Bourgogne et de Mâcon aux Xe et XIe s., Annales de Bourgogne 34, 1962 – K. J. CONANT, Cluny. L'abbatiale et la maison du chef d'ordre, 1968 – R. OURSEL, Bourgogne romane, 1968 – E. HLAWITSCHKA, Lotharingien und das Reich an der Schwelle der dt. Gesch., 1968, 31ff., 95ff., 133ff., 241ff. (vgl. DERS., in Mél. SZABOLCS DE VAJAY, 1971, 321ff.) – J. WOLLASCH, Reform und Adel in B. (VuF XVII, 1973) – M. CHAUNEY Le recrutement de l'épiscopat bourguignon aux XIe et XIIe s., Annales de Bourgogne 47, 1975 – HEG I, 1976, 737ff., 746ff., 758f., 769 [K. F. WERNER] – Hist. de la Bourgogne, hg. J. RICHARD, 1978, 111–166 – M. CHAUNEY, Brunon de Langres et Hugues Ier d'Auxerre, CCMéd 21, 1978 – L. BOEHM, Gesch. B.s, 1979 – Y. SASSIER, Recherches sur le pouvoir comtal en Auxerrois du Xe au début du XIIIe s., 1980 – J. RICHARD, Auxerrois et B.: leurs liens hist., Bull. de la Soc. des Sciences hist. et natur. de l'Yonne 112, 1980 – K. F. WERNER, La genèse des duchés en France et en Allemagne (Sett. cent. it. XXVII, 1981), bes. 197–200 – DERS., Le problème des origines du duché de B., Mém. Acad. Dijon [in Vorber.].

B. Politische und territoriale Geschichte im 13.–15. Jahrhundert
I. Das Herzogtum im 13. und 14. Jahrhundert – II. Die Territorialentwicklung des burgundischen Staates, Grundzüge seiner Struktur – III. Das Verhältnis Burgunds zum Königreich Frankreich – IV. Das Verhältnis Burgunds zum Reich – V. Der Übergang an das Haus Habsburg – VI. Die »burgundische Kultur«.

I. DAS HERZOGTUM IM 13. UND 14. JAHRHUNDERT: Das Hzm. hatte sich im 12. Jh. konsolidiert, ohne umfangreiche territoriale Erweiterungen zu erfahren. Es gruppierte um die Burgen →Dijon, →Beaune, →Autun, →Avallon, →Semur und →Châtillon-s.-Seine eine Reihe hzgl. Vasallen. Bedeutendster von ihnen war der Sire v. →Vergy. Die hzgl. Domäne erfuhr im 13. und frühen 14. Jh. eine kontinuierliche Vergrößerung; →Hugo IV. (1218–72) gliederte ihr die Gft. en Grignon (der vormalige →Auxois) und →Chalon ein, letztere mit ihren Annexen, dem →Charolais und der Terre d'Auxonne, die der Hzg. im Austausch gegen die (1225 gekaufte) Herrschaft →Salins erwarb. Außerdem brachten Hugo IV. und sein Sohn Robert II. (1272–1306) das ganze linke Ufer der Saône unter ihre Kontrolle und bereiteten auch die Einverleibung der Franche-Comté (→Burgund, Freigrafschaft) vor. Unter Odo (Eudes) IV. (1315–49) wurde dieser Territorialerwerb durch die Heirat (1318) des Hzg.s mit der Tochter Kg. →Philipps V. abgeschlossen.

Der Tod der beiden älteren Söhne Hugos IV., die nur weibl. Nachkommen hatten, veranlaßte diesen, seinen dritten Sohn Robert zum Erben einzusetzen; dieser hatte seine beiden Nichten abzufinden, wobei die eine von ihnen das Charolais zu Lehen erhielt; die hzgl. Domäne wurde aber von nun an als untrennbar von der Herzogswürde betrachtet. Der Ausbau d. Gerichtswesens sowie der Finanzverwaltung und damit die Vergrößerung der hzgl. Einkünfte vollzog sich parallel zur Erweiterung der Domäne.

Der Enkel von Odo IV. war →Philipp (Philippe de Rouvres); er war Sohn von Philipp, † 1346, Gf. en v. Artois (1335) und Burgund (1338), und der Jeanne, Gfn. v. Auvergne und Boulogne († 1366), in zweiter Ehe mit Johann (II.), dem Hzg. der Normandie und späteren Kg. v. Frankreich vermählt. Nach dem Tod Odos IV. fiel an seinen Enkel eine weiträumige Territorialherrschaft, die neben dem Hzm. B. die Freigrafschaft B., die →Auvergne, das →Artois und die Gft. →Boulogne umfaßte. Der minderjährige Philippe de Rouvres stand zunächst unter der Vormundschaft seines Stiefvaters, Kg. →Johann II., welcher die burg. Verwaltung durch Einführung neuer Rechts- und Verfassungselemente nach kgl.-frz. Vorbild z. T. neugestaltete. 1360, angesichts der drohenden engl. Invasion, schloß Philippe de Rouvres jedoch mit Eduard III., Kg. v. England, den Vertrag v. →Guillon, durch den er sich, allerdings mit bemerkenswerten Vorbehalten, von der Bindung an Johann II. löste.

Philippe de Rouvres starb am 21. Nov. 1361, ohne Kinder aus seiner Ehe mit Margarete v. Flandern zu hinterlassen. Kg. →Johann beanspruchte das Hzm. ebenso wie sein Gegenspieler →Karl der Böse, Kg. v. Navarra, während die übrigen Territorien an andere Erben fielen: Artois, Nevers und die Gft. B. gingen an seine Großtante →Margarete (Marguerite de France), die Mutter →Ludwigs v. Male, Gf. en v. Flandern, über, Auvergne und Boulogne an seinen Großonkel Johann v. Boulogne. Das Hzm. B. wurde sogleich von Kg. Johann in Besitz genommen; er erklärte zunächst die unauflösliche Vereinigung des Hzm.s mit der Krondomäne, rückte nach Verhandlungen mit den Etats de Bourgogne, den burg. Ständen, von diesem Anspruch jedoch wieder ab. Der Kg. räumte nun den Burgundern eine Reihe wichtiger Privilegien ein und übertrug im Sept. 1363 seinem vierten Sohn, →Philipp dem Kühnen, damals Hzg. der Touraine, der bereits seit dem 27. Juni 1363 das Amt des *lieutenant général* (kgl. Statthalters) in der Provinz Lyon ausübte, das Hzm., zunächst als →Apanage. Nach dem Tod seines Vaters wurde Philipp zum Hzg. v. B. erhoben (2. Juni 1364). – Zu den dynast. Verhältnissen des Hauses Burgund-Valois vgl. im einzelnen den Abschnitt D (Burgund, Fürstenhaus).

II. DIE TERRITORIALENTWICKLUNG DES BURGUNDISCHEN STAATES, GRUNDZÜGE SEINER STRUKTUR: [1] *Territorialentwicklung:* Durch seine am 13. Juni 1369 geschlossene Heirat mit →Margarete, der Tochter des Ludwig v. Male, Gf. en v. Flandern, gewann Philipp die Gft. en →Flandern, →Artois, →Nevers, →Rethel, die Freigrafschaft B. (→Burgund, Freigrafschaft), die Herrschaften →Salins und →Mecheln, von denen er nach dem Tod seines Schwiegervaters (1384) Besitz ergriff. Sein Bruder Karl V. mußte ihm die Kastellaneien →Lille, →Douai und →Orchies, die 1309–12 von Flandern abgetrennt worden waren, zurückgeben. Philipp erlangte ferner von Johanna v. Brabant, der Tante seiner Frau, die Anwartschaft auf die Hzm. er →Brabant und →Limburg für seinen zweitgeborenen Sohn, Anton. So fiel bei der 1405 erfolgten Erbteilung zw. den drei Söhnen Hzg. Philipps der überwiegende Teil des Erbes an den ältesten, Hzg. →Johann Ohnefurcht (1404–19), mit Ausnahme von Nevers und Rethel sowie des Grundbesitzes in der Champagne, die an den dritten Sohn kamen. Johann regierte auch im →Charolais, das mit Geld aus dem Wittum seiner Frau angekauft worden war und zur Apanage des jeweils ältesten Sohnes aus dem burg. Herzogshause verwandt wurde. In Ausnutzung der Parteikämpfe zw. →Armagnacs und Bourguignons, die von Johann geschürt wurden, vermochte der Hzg. auch die

Gft. →Tonnerre und die Städte nahe der Grenze seines Hzm.s zu erobern.

Johanns Sohn →Philipp der Gute (1419–67), der nach der Ermordung seines Vaters durch die Armagnacs die Regierung antrat, ließ sich für die Unterstützung der Engländer im →Hundertjährigen Krieg mit umfangreichen Gebietsabtretungen belohnen: Er erhielt durch den Regenten, den Hzg. v. Bedford, die sog. →Sommestädte unter dem Rechtstitel eines Wittums für seine Gemahlin Michaela (Michèle de France), die Gft.en →Mâcon und →Auxerre (1424) und die Gft.en →Champagne und Brie, die er aber nicht mehr in Besitz nehmen konnte (1430). Im Vertrag v. →Arras (20. Sept. 1435) bestätigte Karl VII., Kg. v. Frankreich, die Abtretung der Sommestädte, der Gft.en Mâcon, Auxerre und →Bar-sur-Seine sowie der Gft.en →Boulogne und →Ponthieu, während der Hzg. auf Tonnerre Verzicht leistete. Das Hauptinteresse Philipps des Guten konzentrierte sich auf das reiche Erbe seiner Verwandten aus dem Hause→Wittelsbach-Straubing und Burgund/→Brabant. Aufgrund der Designation durch Philipp v. St-Pol, Hzg. v. Brabant, als Erben ließ er sich 1430 als Hzg. v. Brabant und Limburg huldigen. Es gelang ihm ferner, nach langen Kämpfen seine Cousine→Jakobäa v. Bayern zur Übertragung der Gft.en →Hennegau, →Holland und Seeland sowie von Westfriesland (→Friesland) zu zwingen (1432). Philipps Tante →Elisabeth v. (Luxemburg-) Görlitz trat Hzg. Philipp ihre Rechte auf das Hzm. →Luxemburg ab, dessen er sich 1443 bemächtigte. Schon 1429 hatte er die Gft. →Namur in Besitz genommen, nachdem er sie bereits 1421 durch Kauf erworben hatte. Philipps Einfluß erstreckte sich auch auf das Fürstbm. →Utrecht, das mit seinem unehel. Sohn →David besetzt wurde.

Der Sohn Philipps, →Karl der Kühne, der 1465 die Sommestädte, die sein Vater 1463 wieder an den Kg. v. Frankreich, →Ludwig XI., zurückgegeben hatte (und die ein steter Zankapfel zw. Kg. und Hzg. blieben), erneut besetzte, erhielt die Herrschaft Château-Chinon durch seine Heirat mit Isabelle v. Bourbon (→Bourbon). 1468 kamen durch ihn die von den Hzg.en v. Brabant ererbten Ansprüche auf das Fürstbm. →Lüttich zum Siege, das von nun an seiner Verwaltung unterstand. 1472 erhielt Hzg. Karl von Kg. Ludwig XI. Teile des Vermandois (Gft. Marle). Karl ließ sich anschließend zum Erben des Hzm.s →Geldern und der Gft. →Zutphen einsetzen; letztere besetzte er i. J. 1473. Entscheidendes Ziel der expansiven Politik Karls des Kühnen war die Vereinigung der beiden großen Territorialkomplexe: des »pays de par delà« oder »de Bourgogne« (der alten burg. Besitzungen) und des »pays de par deçà« (der burg. Niederlande). Diese Vereinigung konnte nur durch Einverleibung der elsäss.-oberrhein. und lothr. Territorien erreicht werden: Der Hzg. hatte bereits 1469 die Rechte des Habsburgers →Siegmund, Hzg. v. →Tirol, an →Elsaß, →Sundgau, Gft. →Pfirt (Ferrette) und →Breisgau erworben und installierte hier seinen Landvogt →Peter v. Hagenbach zur Durchsetzung der burg. Machtinteressen. Ferner benutzte Karl den Bruch eines Abkommens, das ihm freien Durchzug durch Lothringen zugesichert hatte, um sich 1475 zum Hzg. v. →Lothringen zu erklären. Doch erlangte Siegmund im Bunde mit den oberrhein.-elsäss. Städten ab 1474 (Hinrichtung Peters v. Hagenbach) das Elsaß zurück, und auch der Hzg. v. Lothringen, →René II., vermochte Ende 1476 die Kontrolle über sein Hzm. zurückzugewinnen (s. auch →Niedere Vereinigung; →St-Omer, Vertrag v.). Damit war der Versuch der Vereinigung beider Reichshälften gescheitert.

[2] *Grundzüge der Struktur:* Der »burg. Staat« war ein Konglomerat von einzelnen unterschiedl. verfaßten Herrschaften; nur die Person des Hzg.s bildete zunächst das einigende Moment. Die Hzg.e waren sorgsam darauf bedacht, die Rechte der einzelnen Teilstaaten zu respektieren, was in der Beeidung der jeweiligen ständ.-landschaftl. Verfassungsurkunden zum Ausdruck kam (z. B. feierl. Anerkennung der→Joyeuse Entrée/Blijde Inkomst von →Brabant durch den Burgunder, 1430). Auf die Stände der jeweiligen Teilstaaten war Rücksicht zu nehmen, sie mußten – in tatsächl. oder scheinbarer Weise – an der Gestaltung der burg. Politik beteiligt werden, wobei eine Propagandatätigkeit, die auf die individuelle Interessenlage des jeweiligen Teilstaates oder der jeweiligen Stadt abgestimmt war, entfaltet wurde; ebenso war den wirtschaftl. Interessen einer Landschaft oder Stadt Rechnung zu tragen (wobei sich etwa Hzg. Philipp der Gute mit den gegensätzl. Interessen der Bürger von →Brügge, das als Sitz des Hansekontors enge Verbindungen zur →Hanse unterhielt, und der Stände von Holland, das in Konkurrenz zur Hanse stand, konfrontiert sah).

Führungsschichten des burg. Staates waren der Adel und, namentlich in den stark urbanisierten niederländ. Gebieten, das städt. Bürgertum. Der Adel hatte seinen Lebensmittelpunkt am glanzvollen hzgl. Hof; seine Mitglieder wurden mit lukrativen Ehrenämtern, hzgl. Geschenken, Pensionen sowie kirchl. Benefizien (für die geistlichen Angehörigen der Adelsfamilien) bedacht. Es scheint, daß die Hzg.e mit dieser auffälligen Bevorzugung, ja geradezu Verhätschelung des Adels am Hof bestimmte polit. Ziele verfolgten: Heiraten zw. den großen Familien förderten die Verbindungen zw. den verschiedenen Fürstentümern; ebenso trug die Stiftung des Ordens vom →Goldenen Vlies (1430) entscheidend zur Herausbildung eines Zusammengehörigkeitsgefühls des burg. Hochadels bei, da im Orden die vornehmsten Adligen zusammengeschlossen waren und ihre Vereinigung völlig auf die persönl. Treue zum Hzg. als dem »souverain« des Ordens fixiert war. Dem in Finanzgeschäft und -verwaltung sowie im Gerichts- und Administrationswesen engagierten Bürgertum wiederum eröffnete der hzgl. Beamtendienst einträgliche Karrieren, die oft in einer Erhebung in den Adelsstand gipfelten. So waren auch die Interessen der städt. Oberschicht mit der hzgl. Dynastie eng verknüpft.

Hauptproblem bei der Bildung eines homogenen burg. Staatswesens waren die starken Partikularinteressen; diese blieben bes. lebendig in den »pays d'entre deux« (d. h. in den Gebieten, die zw. den beiden »Kerngebieten«, dem Hzm. Burgund als älterem und den burg. Niederlanden als jüngerem Gebiet, lagen). Die Schaffung zentraler Verwaltungsinstitutionen seit 1386, welche die Grundlage für einheitl. Finanzverwaltung und polit. Leitung in den beiden großen Territorialkomplexen bilden sollten – hier bes. zu nennen die Rat- und Rechnungskammern (*chambres du conseil, chambres des comptes*) –, erregten den Argwohn der Stände in den einzelnen Territorien (was z. B. die Vorgänge 1431 im Hzm. Burgund zeigen). Die Städte mit ihren eigenständigen Institutionen opponierten ebenfalls gegen die hzgl. Regierung, insbes. stießen die Versuche der Zentralgewalt, ein Recht auf die Besetzung der Magistrate durchzusetzen, die Gerichtsbarkeit aktiv auszuüben und v. a. die Steuererhebung wahrzunehmen, auf Widerstand. Die Unruhen in →Dijon hörten zwar nach 1443 auf; doch die großen Städte im fläm. Norden erhoben sich mehrfach, die größte→Revolte dieser Art war der Aufstand in Gent (1451–53), dem während der Krise nach Karls des

Kühnen Tod (1477) weitere Auseinandersetzungen folgten.

Die Bischofsstädte, welche zumeist, wenn auch in unterschiedl. Maße, die Oberhoheit ihrer geistl. Stadtherren akzeptiert hatten, zeigten sich gegenüber der Kontrolle der Hzg.e (die diese häufig über Hilfeersuchen der Bf.e, so 1406 in →Lüttich, zu erlangen suchten) bes. ablehnend. Lüttich mußte seinen Widerstand gegen Karl den Kühnen i.J. 1468 mit verheerender Brandschatzung bezahlen, während →Besançon seine autonome Stellung als Reichsstadt insgesamt zu behaupten vermochte.

Entscheidendes Merkmal der staatl.-polit. Struktur des Hzm.s B. war das Fehlen einer echten Hauptstadt. →Dijon erfüllte diese Funktion unter den ersten Hzg.en, die allerdings noch vorrangig in Paris residierten. Philipp der Gute brachte durch Verlegung des Sitzes des Ordens vom →Goldenen Vlies nach Dijon (1431) zum Ausdruck, daß diese Stadt die Hauptstadt der vornehmsten seiner Besitzungen war, welcher er den Titel des ersten →Pair de France verdankte. Doch schon seit 1420 wurden alle Rechnungen durch die Rechenkammer in →Lille kontrolliert, das damit zentrale administrative Bedeutung erlangte (Sitz der *recette générale*, der zentralen Finanzbehörde, und des *Hôtel ducal*, der hzgl. Hausverwaltung). 1455 ließ Philipp die Bauarbeiten an seinem Palast zu Dijon unterbrechen, da ihm klar wurde, daß er seinen Wunsch, hier den Lebensabend zu verbringen, nicht würde verwirklichen können: Seit dem großen Aufstand von Gent war die nahezu ununterbrochene Anwesenheit des Hzg.s in seinen nördl. Territorien erforderlich; auch infolge dieser Tatsache begann der Aufstieg des brabant. →Brüssel zur hzgl. Residenzstadt. Karl der Kühne versuchte 1475 demgegenüber, die lothr. Hauptstadt →Nancy zu seiner Residenz zu machen, was im Zuge seiner Bestrebungen lag, die lothr. Gebiete als Verbindungsglied zw. Burgund und den niederländ. Territorien dem burg. Staat einzuverleiben. Die burg. Valois haben das Problem der Notwendigkeit einer zentral gelegenen Hauptstadt somit zwar erkannt, nicht aber zu lösen vermocht. – Vgl. zum Ämterwesen im einzelnen Abschnitt C.

III. Das Verhältnis Burgunds zum Königreich Frankreich: Das Hzm. B., das den Titel der ersten Pairie (Pairschaft) des Kgr.es trug, unterstand der lehnsherrl. und souveränen Gewalt des Kg.s v. Frankreich, ebenso wie der burg. Besitzungen Flandern, Artois, Nevers und Rethel. Doch waren die fläm. und burg. Territorien, die östl. der im Vertrag v. →Verdun (843) festgelegten Grenzlinien lagen, Reichslehen. (Übrigens wurde anläßl. der Frage der teils diesseits, teils jenseits der oberen Saône gelegenen, zur Gft. Burgund gehörigen Territorien im 15. Jh. eine gelehrte Diskussion über die Vertragsbestimmungen von Verdun geführt.) Von 1315 an zogen die Hzg.e einen klaren Trennungsstrich zw. den Lehen der frz. Krone und ihren übrigen Besitzungen. In den links der Saône gelegenen Gebieten übten sie eigenständige Münzprägung, und die kgl. Verbrauchssteuer (→gabelle) wurde hier nicht entrichtet; vom hzgl. Gericht, den *grands jours* in St-Laurent-lès-Chalon, waren keine Appellationen nach Paris zugelassen. Ähnliches galt für die flandr. Besitzungen rechts der Schelde, das Gebiet von Aalst und die →Vier Ambachten. In seinen vom frz. Kg. lehnsrührigen Besitzungen hatte der Hzg. dagegen die kgl. Edikte (→ordonnances) zu beachten und mußte Appellationen an das →Parlement v. Paris dulden.

Dennoch hielt schon Hzg. Philipp der Kühne – trotz der Verpflichtungen gegenüber seinem kgl. Bruder – im Einklang mit den Interessen der Etats de Bourgogne das Hzm. von den kgl. Steuerforderungen frei. Die kgl. Steuern wurden in B. zugunsten des Hzg.s und nach den von den Ständen festgelegten Modalitäten erhoben. Die von Karl V. daraufhin gegen seinen Bruder ergriffenen Maßnahmen (1367 Entzug des Titels des →*lieutenant général*) blieben wirkungslos. Die kgl. Steuern wurden auch in Flandern nicht erhoben, während im Artois ein Kompromiß (die sog. »composition d'Artois«) Anwendung fand.

Philipp der Kühne hatte – zu seinem Vorteil – aktiv an der Regierung des Kgr.es teilgenommen. Sein Sohn, Hzg. Johann Ohnefurcht, sah sich jedoch von dieser Teilhabe an der Macht ausgeschlossen (s. hierzu →Armagnacs et Bourguignons), und auch sein Kampf gegen Ludwig v. Orléans und dessen Anhänger, die Armagnacs, vermochte ihm nicht die Machtstellung seines Vaters wiederzugeben. Auf diese Verdrängung reagierte er mit der Einsetzung einer Art »Gegenregierung« ab 1417, womit er sich eine Kontrolle über Kgn. →Isabella und ihre Regierung verschaffte. Johanns Ermordung (1419) trieb dessen Sohn Philipp den Guten ins engl. Lager, wobei die Hoffnung, jemals wieder an der Regierung des Kgr.es Frankreich beteiligt zu werden, dahinschwand. Der Hzg. fand sich schließlich zur Anerkennung des legitimen frz. Kgs., Karls VII., bereit (1435, Vertrag v. →Arras), dies aber nur gegen eine Reihe von Zugeständnissen, nämlich die Befreiung von der persönl. Lehenshuldigung gegenüber dem Kg., das Recht zur Ernennung der kgl. Beamten in bestimmten Verwaltungsbezirken *(bailliages)*, das Recht zur Einziehung der kgl. Steuern in diesen bailliages sowie in den kgl. Enklaven innerhalb der geschlossenen burg. Herrschaftsgebiete. Bei alledem bestand der Hzg. aber auf seiner Stellung als frz. Fs. und Kronvasall; dies äußerte sich z.B. in der Forderung des Burgunders, vor dem Aufbruch zum →Kreuzzug die →Oriflamme, das kgl. Banner, zu erhalten. Ledigl. die Nichtausführung mehrerer Bestimmungen des Vertrags v. Arras und die Behinderung der Tätigkeit kgl. Amtsträger führten zu Streitigkeiten, in deren Verlauf die Aufnahme des flüchtigen Dauphins Ludwig (XI.) i.J. 1456 und die Intervention des Kg.s bei den Auseinandersetzungen um →Luxemburg fast zum Bruch geführt hätten.

Trotz dieser schwelenden Gegensätze leistete der Hzg. v. Burgund dem Kg. Ludwig XI. bei seinem Regierungsantritt die Huldigung, und der junge Hzg., Karl der Kühne, betrachtete sich als frz. Fs., als der er sich 1465 allerdings auch führend an der →Ligue du Bien Public, der großen Adelsfronde, beteiligte. Bei der Konferenz von →Péronne (1468) nötigte der übermächtige Hzg. dem Kg. die Schlichtung aller bestehenden Zwistigkeiten in einem für B. äußerst günstigen Sinne auf; so wurde nun auch die Exemtion Flanderns von der Appellation an das Parlement v. Paris festgesetzt. Doch widerrief Kg. Ludwig 1470 diesen für ihn schimpflichen Vertrag; Karl erklärte sich daraufhin, gestützt auf entsprechende Vertragsbestimmungen, als von der kgl. Souveränität befreit. Folgerichtig wandelte er die Rechts- und Verwaltungsinstitutionen in seinen Besitzungen um, dergestalt daß alle Bezüge auf Souveränitätsrechte des Kg.s aufgehoben wurden; bes. Bedeutung hatte in diesem Zusammenhang die Schaffung eigener hzgl. Parlements in →Mecheln (1473, für die Niederlande) und →Beaune (1474, für die burg. Gebiete). Der Waffenstillstand von →Souleuvres (13. Sept. 1475) änderte nichts an dieser Grundkonstellation.

IV. Das Verhältnis Burgunds zum Reich: Hzg. Philipp der Kühne hatte 1362 von Ks. Karl IV. die Belehnung mit der Freigrafschaft Burgund gefordert, doch ohne prakt. Wirkung. Nachdem er durch Erbfall in den Besitz des Territoriums gelangt war, scheint er jedoch diesen diplomat. Vorstoß nicht wiederholt zu haben. Kg. Siegmund übertrug seinerseits das →Reichsvikariat im Arelat an Ludwig v. →Chalon (1421) und bestätigte dessen Sohn Philipp 1422 in der (von den Burgunderherzögen zunehmend angefochtenen) Schutzherrschaft über →Besançon, offensichtl. in der Hoffnung, dem Burgunder hiermit Schwierigkeiten zu bereiten.

Die Übernahme →Brabants durch die burg. Hauptlinie (1430) provozierte einen schweren Konflikt. Siegmund verweigerte (vorwiegend aus lux. Hausinteressen) die Übertragung von Brabant, das →Fahnenlehen des Reiches war, an einen ausländ. Fs.en; er belehnte formell zunächst den Hzg. v. Österreich, dann den Lgf.en v. Hessen mit Brabant und wiegelte sogar die Brabanter zur Revolte auf, ohne jedoch die burg. Machtübernahme verhindern zu können. Beim Konzil v. Basel riefen die Ansprüche B.s den Zorn Siegmunds hervor; die burg. Gesandten hatten für ihren Herren als einen Fs.en von kgl. Geblüt den Vorsitz im Kurfürstenkolleg gefordert (1433). Doch führte der Regierungsantritt Ks. →Friedrichs III. aus dem Hause →Habsburg zu einer Verbesserung der Beziehungen (Friedrich und Philipp trafen sich 1442 in Besançon). Danach wurden die polit. Beziehungen von der Auseinandersetzung um das Hzm. →Luxemburg, dessen Besitz mehrere Fs.en (der Hzg. v. Sachsen sowie Ladislaus v. Ungarn) beanspruchten, bestimmt.

Der Kanzler Friedrichs III., Kaspar →Schlick, verfolgte den Plan, das Problem des Besitzes von Reichslehen durch einen ausländ. Fs.en mit der Verleihung einer Königskrone von seiten des Reichs zu lösen, und zwar sollte die vom Hzg. v. B. getragene Herzogswürde von Brabant zur Königswürde erhöht werden. Hzg. Philipp lehnte dieses Anerbieten jedoch ab (1447). Der Hzg. bot seinerseits dem Reich Hilfe im →Türkenkrieg an und besuchte aus diesem Grund 1454 den Reichstag v. Regensburg. Doch hatte auch dieses Projekt keine konkreten Auswirkungen. (Zur burg. Kreuzzugs- und Orientpolitik und ihren Voraussetzungen s. allgemein →Kreuzzüge, →Türkenkrieg).

Unter Karl dem Kühnen wurden erneut Verhandlungen aufgenommen. Karl forderte für sich zunächst den →Reichsvikariat. Danach schlug er – auf Rat Hzg. →Siegmunds v. Tirol – dem Habsburger ein Heiratsprojekt vor: Seine einzige Tochter →Maria sollte Friedrichs Sohn →Maximilian heiraten; Karl selbst sollte die röm. Königswürde erhalten und Friedrich nach dessen Tod als Ks. nachfolgen, während Maximilian dann röm. Kg. werden sollte. Ein noch weitergehendes Projekt sah vor, Karl für seine Reichslehen vor Abschluß des Ehevertrages die Königswürde zu verleihen. Vom 21. Okt. bis 24. Nov. 1473 verhandelten Friedrich und Karl dieserhalb in →Trier; die Vorbereitungen zur Krönung des Burgunders wurden bereits getroffen. Doch veranlaßten die hohen Forderungen des Hzg.s (er verlangte die Lehnshoheit über mehrere weltl., u. a. die Hzm.er →Savoyen und →Lothringen, sowie geistl. Fsm.er) und die passive Resistenz der Kurfürsten den Ks. zum abrupten Abbruch der Verhandlungen. Ein offener Konflikt brach aus, als Karl der Kühne in die Auseinandersetzungen zw. dem Ebf. v. →Köln und seinen Städten eingriff. Karl konnte vor →Neuß in Schach gehalten werden (1474-75), doch band er seinerseits wiederum das Reichsheer. Die Führung des Krieges gegen B. als Reichskrieg hatte ernsthafte Konsequenzen; schon 1474 hatten sich das Elsaß und Oberrheingebiet (→Niedere Vereinigung) gegen das burg. Vordringen gestellt und im Bunde mit den →Eidgenossen (→Ewige Richtung) sowie mit Hzg. Siegmund v. Tirol die Expansionspolitik Karls im Südwesten des Reiches eingedämmt (Hinrichtung →Peters v. Hagenbach). Trotz des energ. Vorgehens gegen Karls Neußer Feldzug war dem Habsburger aufgrund der eigenen Hausinteressen jedoch keineswegs an einer grundsätzl. und dauerhaften Schwächung der burg. Position gelegen. Daher kam es zu einem neuen Abkommen, dessen Hauptbestandteil die Vermählung von Maximilian und Maria war. Diese Heirat sollte in erster Linie eine Lösung bieten für die Frage der burg. Reichslehen, die unter Vermeidung eines burg. Ersuchens um Belehnung geregelt werden sollte.

V. DER ÜBERGANG AN DAS HAUS HABSBURG: Karl der Kühne, der durch seine Unterstützung des Hzg.s v. →Savoyen in die Auseinandersetzung mit den →Eidgenossen gedrängt worden war, unterlag diesen bei →Grandson und →Murten (1476). Bei der Belagerung von →Nancy, das sich wieder von den Burgundern vertriebene lothr. Hzg. angeschlossen hatte, fand der Hzg. 1477 den Tod. Die sich anschließende Auflösung eines Teils des burg. Heeres ermutigte die Bevölkerung in den neuerlich oberten Territorien, sich von der burg. Herrschaft zu befreien (→Lüttich, →Geldern), während die fläm. Städte die völlige Wiederherstellung ihrer Privilegien forderten. Die Stände der Niederlande erlangten von der Hzgn. →Maria das →Große Privileg, durch welches das Parlement v. Mecheln aufgehoben wurde und die Stände auf Kosten des burg. Zentralstaates wieder weitreichende Kompetenzen erhielten (26. Jan. 1477). Kg. →Ludwig XI. ließ währenddessen, unter dem Vorwand der Wahrung der Rechte seines Patenkindes Maria, seine Truppen in das Artois und das Hzm. Burgund einmarschieren. Die Mitglieder des hzgl. Rates von Dijon und der Fs. v. →Orange (Oranien) ließen Ludwig die Städte im Hzm. und in der Franche-Comté öffnen; der Kg. zeigte sich gegenüber den bestehenden Sonderrechten des Hzm.s B. durchaus entgegenkommend (Erneuerung des Privilegs Johanns II. und sogar Aufrechterhaltung des Parlement v. Beaune). Bald aber führte ein Aufwallen legitimist. Gefühle, ausgelöst auch durch das rücksichtslose Gebaren mancher neueingesetzter kgl. Beamter, zu mehreren Aufständen, die erst nach der Belagerung von Beaune und der Zerstörung von Dole (1477-79) ihr Ende fanden.

In den Niederlanden verstand es Kg. Ludwig, Zwietracht zw. der Hzgn. und den Generalständen der Niederlande zu säen; im Verlauf eines großen Aufstandes in Gent wurden die beiden führenden burg. Staatsmänner aus der Zeit Karls des Kühnen, Kanzler →Hugonet und Guy de →Brimeu, hingerichtet. Gleichwohl wurden die Stände durch das Vorrücken der frz. Truppen in Alarmbereitschaft versetzt; Maximilian erschien im Lande und vermählte sich am 18. Aug. 1477 in Brügge mit der Hzgn. Maria. Der fläm. Widerstand formierte sich; am 7. Aug. 1479 wurde die kgl.-frz. Armee bei →Guinegate von den Truppen Maximilians und dem mit ihm verbündeten fläm. Aufgebot geschlagen. Nach dem frühen Tod der Hzgn. Maria († 24. März 1482) verstand es Ludwig XI. jedoch, die Generalstände insgesamt auf seine Seite zu bringen: Durch den Vertrag v. Arras wurde die Heirat der Tochter von Maria und Maximilian, →Margarete v. Österreich, mit dem Dauphin →Karl (VIII.) festgesetzt und die Auslieferung der Freigrafschaft, des Artois, der Gft.en Mâcon, Auxerre und Bar-sur-Seine an die frz. Krone verfügt (23. Dez. 1483). Maximilian protestierte und forderte vergebl. die Rückführung seiner Tochter. Ein mehrjähriger Krieg brach zw. ihm und seinen, ihm nunmehr feindlich gegenüberstehenden niederländ. Untertanen aus.

Doch die Heirat Karls VIII. mit 'Anne de Bretagne (→ Anna [8.]) führte den Vertrag von Arras ad absurdum; Maximilian bemächtigte sich nach der Rückkehr seiner Tochter wieder der Freigrafschaft. Der Vertrag v. Senlis (23. Mai 1493) verfügte die Rückgabe von Artois (außer Hesdin, Aire und Béthune), Freigrafschaft, Charolais und Château-Chinon an die Nachkommen der Maria; Mâcon, Bar und Auxerre verblieben provisorisch bei Frankreich. Im Gegenzug ließ der frz. Kg. die Rückkehr des Hzm.s Burgund als erledigte →Apanage in Kronbesitz proklamieren, eine Maßnahme, deren Berechtigung von der Gegenpartei jurist. beständig angefochten wurde. Faktisch waren, mit Ausnahme des Hzm.s B., die bedeutendsten Besitzungen des Hauses Burgund-Valois an das Haus Habsburg übergegangen.

VI. DIE »BURGUNDISCHE KULTUR«: Die zum Haus B. gehörigen Territorien waren zu verschieden und, geograph. gesehen, zu weit voneinander entfernt, als daß sie einheitl. Kultur und Lebensformen hätten entwickeln können. Es wurden in ihnen drei Sprachen (Französisch, Niederländisch und Deutsch) und zahlreiche Mundarten gesprochen. Die Hzg.e achteten darauf, daß Kanzlei und Gerichtshöfe sich teilweise auch des Niederländischen bedienten (Karl der Kühne schrieb den Gebrauch dieser Sprache v. a. vor, um Appellationen von Flamen beim Parlement v. Paris zu erschweren); Französisch war aber die übliche Sprache am Hof.

Die »burg.« Literatur ist eine ausgesprochen höf. Literatur; sie umfaßt bes. Auftragswerke für die Bibliotheken des Hzg.s und der Großen in seiner Umgebung (etwa des »Grand-Bâtard« →Antoine). Die berühmten →»Cent nouvelles Nouvelles« geben sich als geschriebene Fassung der in den Privatgemächern des Hzg.s erzählten Anekdoten, der sich dort tatsächl. jedoch auch aus Werken seiner Wahl vorlesen ließ. Dichter wie Michault →Taillevent und →Antoine de la Salle schrieben Gelegenheitswerke; der Hzg. protegierte Geschichtsschreiber wie →Monstrelet, →Cha(s)tel(l)ain und →Molinet durch Gewährung von Pensionen; Olivier de la →Marche verfaßte seine Memoiren. Die Valois ließen Chroniken, welche die Taten ihrer Vorgänger (der Gf.en v. Flandern und Hennegau sowie der Hzg.e v. Brabant) zum Inhalt hatten, abschreiben und neu redigieren, ebenso Romane, welche den Ruhm ihrer Vorfahren besangen (so die Heldentaten des legendären Hzg.s v. Burgund, →Girart de Roussillon). Vielleicht ist hierin ein bewußtes polit. Wollen zu erkennen, wie es sich wohl auch im Aufbau einer kostbaren →Bibliothek durch Philipp den Guten ausprägte. Den Schwerpunkt dieser berühmten Bibliothek bildeten Werke über d. →Kreuzzüge, ein Zeichen für das Festhalten der Burgunderherzöge an der Kreuzzugsidee. Allgemein waren diese Bestrebungen Ausdruck einer chevaleresken literar. Mode; am Hofe des Hzg.s entstanden eine Reihe von Ritterromanen in Versen. Doch wurden - bes. unter dem Einfluß der Hzgn. →Isabella v. Portugal - auch antike Werke übersetzt; der Portugiese →Vasco de Lucena verfaßte mehrere derartige Übertragungen, und Karl der Kühne war für dieses Wiederaufleben antiker Traditionen im Zeichen der beginnenden Renaissance äußerst empfänglich. (Vgl. weiterhin →Französische Literatur, →Mittelniederländische Literatur, →rhétoriqueurs, →rederijkers, →Historiographie, →Kreuzzugsliteratur, →Rittertum, →Humanismus, →Renaissance).

Auf religiösem Gebiet, wo im zeitgenöss. niederländ. Bürgertum und Adel gerade die →devotio moderna ihre Blüte erlebte, förderten die Hzg.e die franziskan. Erneuerung, die sich bes. in der hl. →Colette v. Corbie verkör-

perte. Der Kanzler Nicolas →Rolin stiftete 1443 das bedeutende Hospital (Hôtel-Dieu) in →Beaune nach dem Vorbild des Hospitals von →Valenciennes.

Die Hzg.e waren große Bauherren, welche die Residenzen ihrer Vorgänger erweiterten und ausschmückten (Rouvres, Argilly, Hesdin usw.). Philipp der Kühne ließ den Herzogspalast von →Dijon modernisieren, Philipp der Gute ihn neuerrichten. Mit der Verlegung der Hauptresidenz Philipps des Guten nach →Brüssel wurden große Bauten am festen Haus auf dem Coudenberg ausgeführt. Unter den sakralen Bauten der Hzg.e kommt der Kartause von Champmol bei →Dijon, die von Philipp dem Kühnen zur →Grablege der hzgl. Familie bestimmt wurde, ein bes. Rang zu. Zur Ausführung der hzgl. Grabmäler wurde eine Bildhauerwerkstatt in Dijon begründet (→Grabplastik, →Skulptur); in hzgl. Auftrag wirkten hier Meister aus den Niederlanden (Claus →Sluter, Claus de →Werve), aus Aragón (Juan de la →Huerta) und aus Avignon (Antoine le →Moiturier), die, bei recht unterschiedl. Stilmerkmalen, aus Dijon ein künstler. Zentrum mit weit über B. hinausreichender Ausstrahlungskraft machten. Im Laufe des 15. Jh. erfolgte in den an Burgund gekommenen Niederlanden die Hochblüte der →Buchmalerei und v. a. der →Tafelmalerei (Hauptmeister: Robert →Campin, Rogier van der →Weyden, Jean →Malouel, Henri →Bellechose, die Brüder Van →Eyck, Petrus →C(h)ristus, Hugo van der →Goes, Dieric →Bouts, →Geertgen tot Sint Jans, →Joos van Wassenhowe/Justus v. Gent, Hans →Memling, Quinten →Metsys u. v. a.). Die »burg.« Tafelmalerei, von bedeutender internationaler Ausstrahlung, so auf Frankreich, die Provence, die Iber. Halbinsel, Italien und Deutschland, fand einen weiten Kreis von Auftraggebern, unter denen die Hzg.e und ihr Hof sowie das Patriziat der reichen fläm.-burg. Städte (Brügge, Gent, Löwen, Brüssel, Tournai, Antwerpen, Haarlem usw.) den ersten Platz einnehmen. Die Großen am Hofe, wie die →Rolin, →Ternant, →Chaugy, zogen diese Künstler auch für die Ausstattung der von ihnen in den südl. burg. Ländern gestifteten Kirchen heran; über Agenten der it. Bank- und Handelshäuser gelangten fläm. Kunstwerke - und auch Künstler - in mehreren Fällen in die Städte und an die Fürstenhöfe Italiens. Die Teppichwirkerei sowie die Zier- und Kleinkunst, namentl. die Goldschmiedekunst, nahmen an diesem künstler. Aufschwung vollen Anteil.

Der hzgl. Hof war, nicht zuletzt aus Gründen der Propaganda gegenüber seinen Untertanen, bestrebt, einen Lebensstil zu pflegen, welcher die Ideale der höf. Romane reflektierte: Hoffeste, Turniere und Ritterspiele erreichten monumentale Dimensionen. Die Hzg.e suchten in Hoftracht und Ausstattung erlesensten Luxus und Geschmack zum Ausdruck zu bringen. Unter Philipp dem Kühnen wurde noch die Etikette des Pariser Königshofes gepflegt; Philipp der Gute entwickelte ein eigenes →Hofzeremoniell, das minutiös den Tagesablauf des Hzg.s und seines Hofes regelte; dies burg. Hofzeremoniell ist durch Maximilian und seinen Enkel Karl V. grundlegend für das Hofzeremoniell der span. und österr. Habsburger geworden.

Innerhalb des burg. Hoflebens nahm die weltl. wie geistl. Musikausübung einen bedeutenden Platz ein; die burg. Niederlande haben durch die Entwicklung der →Polyphonie einen der wesentl. Beiträge zur europ. Musikgeschichte geleistet. Guillaume →Dufay, Gilles →Binchois, Jan van →Ockeghem und viele andere bedeutende Musiker wirkten in der hzgl. →Kapelle; andere - wie →Josquin Desprez - waren durch Herkunft und Ausbildung der niederländ.-burg. Musik eng verbunden. Die

Blüte der Musik in den burg. Niederlanden hat – ähnlich wie diejenige der Tafelmalerei – noch über den Zerfall des selbständigen burg. Staatswesens bis weit in das 16. Jh. hinein fortgewirkt und insbes. durch ihre Verbindungen zu Italien und Süddeutschland die europ. Renaissancemusik entscheidend geprägt.

Angesichts der glanzvollen Erscheinungsformen der burg. Kultur im Leben des Adels wie der bürgerl. Oberschicht muß die Frage gestellt werden, wieweit es einen allgemeinen Wohlstand bei der Gesamtbevölkerung der burg. Länder gab. Die zahlreichen Epidemien und Kriegswirren der Zeit haben die Besitzungen der beiden ersten Valois-Hzg.e nicht verschont; ihre Nachfolger, die um die Erhaltung einer stabilen Währung besorgt waren und auf die Interessen der Städte und der sozialen Schichten, die über die Stände polit. Mitsprache ausübten, Rücksicht nahmen, scheinen die Maßnahmen des »Wiederaufbaus« im 15. Jh. nachhaltig gefördert zu haben.   J. Richard

C. Institutionen und Rechtsgeschichte
I. Institutionen und Gewohnheitsrecht des Herzogtums Burgund – II. Institutionelle Entwicklung in den burgundischen Niederlanden.

I. INSTITUTIONEN UND GEWOHNHEITSRECHT DES HERZOGTUMS BURGUND: [1] *Institutionen (bis 1435):* Bis zum Ende des 12. Jh. regierte und verwaltete der Hzg. v. B. sein Fsm. mit Hilfe der großen Amtsträger *(grands officiers)*, die von ihm Lehen hatten, und der *prévôts*, welche als Pächter von hzgl. Einkünften fungierten. Dieses Ämtergefüge verschwand im 13.–14. Jh. mit Ausnahme der Ämter des →Marschall *(maréchal)* und des →chambellan; der hzgl. →Hofhalt *(hôtel ducal)* erhielt eine dem kgl. Hofhalt *(hôtel royal)* entsprechende Organisation, an deren Spitze *maîtres d'hôtel* standen. Die Rechtsprechung lag auf der unteren Ebene in den Händen der prévôts; über diesen standen Reiserichter, die »viers de Bourgogne« (vicarii), welche als außerordentl. hzgl. Beauftragte amtierten. I. J. 1262 setzte der Hzg. drei →baillis an ihre Stelle, deren Zahl in der Folgezeit auf fünf erhöht wurde. Schon bald gab es für das Gericht dieser baillis eine Appellationsinstanz, die »auditeurs des causes d'appel«, welche in Beaune (seit 1280?) tagten; es konnte auch an die volle Versammlung des hzgl. Hofes (»Parlements«) appelliert werden. Seit 1271 verfügte der hzgl. Hof über ein Siegel, mit dem im Auftrag des Kanzlers auch von Notaren Privaturkunden gesiegelt wurden (»chancellerie aux contrats«).

Hzg. Hugo IV. übertrug um 1250 die Verwaltung seiner Grundbesitzeinheiten →Kastellanen *(châtelains)*, die über ihre Amtsführung Rechnung zu legen hatten, im Unterschied zu den prévôts und den Bürgermeistern *(maires)* der kommunal verfaßten Städte. Die Kastellane hatten die Einnahmen in Geld dem Einnehmer *(receveur)*, der seit ca. 1280/90 auftritt, abzuliefern, den Ertrag in Getreide dem *grenetier* v. Rouvres. Dieses Verwaltungssystem wurde von Kg. Johann II. während der Zeit der direkten kgl. Verwaltung des Hzm.s B. (bis 1363) gestrafft und zentralisiert: Johann ernannte einen allgemeinen *receveur* und einen *clerc des comptes*, einen speziellen Beamten zur Kontrolle der Rechnungen, während bisher das Rechnungswesen allgemein vom hzgl. Rat, ohne spezialisierten Beamten, beaufsichtigt worden war. Seit 1366 flossen auch die Einnahmen, welche die lokalen Beamten in ihren Verwaltungsbezirken erwirtschafteten, beim Einnehmer (receveur) des jeweiligen bailliage zusammen, mit Ausnahme der Einkünfte aus den Forsten, welche vom *gruyer de Bourgogne* verwaltet wurden. Das Amt des grenetier verschwand 1415.

1352 erscheinen erstmals die →Etats de Bourgogne, die Stände, und zwar im Zusammenhang mit der Bewilligung der →aides, der außerordentl. kgl. Steuern. Trotz des Widerstandes Kg. Karls V. setzte Hzg. Philipp der Kühne durch, daß die aides im Hzm. B. nach einem von der Erhebung im übrigen Frankreich verschiedenen Modus und zugunsten der hzgl. Kasse erhoben wurden. Seit diesem ersten Auftreten wurden die Etats häufig vom Hzg. einberufen.

Hinsichtl. des hzgl. Rates erfolgte 1386 eine Zweiteilung: Der Hzg. errichtete eine *Chambre du Conseil* (Ratkammer) und eine *Chambre des comptes* (Rechenkammer) in Dijon und zwei entsprechende Kammern in Lille. Durch Erweiterung des Conseil in Dijon bildeten sich die »grands jours« als zentrales Appellationsgericht aus, das in Beaune seinen Sitz hatte.   J. Richard

[2] *Das Gewohnheitsrecht des Herzogtums Burgund:* Die Coutume de Bourgogne (C. de B.) erscheint seit dem 12. Jh., in dem der »mos Burgundionum« oder »mos in Burgundia«, d. h. das ältere, auf einer angenommenen Stammesverwandtschaft beruhende Gewohnheitsrecht allmähl. außer Gebrauch kam und sich unter Bezeichnungen wie »usus et consuetudo Burgundiae« oder »usus et laudabiles consuetudines Burgundiae« neue Rechtsformen verbreiteten. Seit dem 13. Jh. verknüpfte sich die C. de B. enger mit den hzgl. Besitzungen; um die Mitte des 14. Jh. erfolgte die Abgrenzung zw. dem Recht der Gft. B. (»Us et coutume du comté de Bourgogne«) und dem des Hzm.s B. (»Générale coutume du duché de Bourgogne«). Von dieser Zeit an wurde die C. de B. in zahlreichen, privaten Versionen, in lat. und afrz. Sprache, verbreitet. Die C. de B. war dabei nicht nur Gegenstand zahlreicher offiziöser oder privater Kompilationen, sondern sie wurde am Ende des 14. Jh. auch Gegenstand eines bedeutenden Kommentars in Form lat. Glossen, die für die Unterrichtung der burg. Magistrate bestimmt waren. Die offiziellen C.s de B. (für Hzm. und Gft.), 1459 redigiert und damit eines der frühesten offiziellen Gewohnheitsrechte in Frankreich, sind kurz und lückenhaft. Sie lassen über die Voraussetzungen ihrer Abfassung manche Unklarheit bestehen. Im Hzm. markieren sie dennoch den Abschluß der gewohnheitsrechtl. Entwicklung; sie verhinderten ein Weiterleben der – wenig entwickelten – lokalen Gewohnheitsrechte. Stattdessen wurde ausdrücklich das – zu dieser Zeit in B. schon weit verbreitete – röm. Recht als zusätzl. Rechtsquelle in Anspruch genommen; es sollte Anwendung finden in Fällen, für welche die C. de B. keine Vorschriften enthielt. Die C. de B. wurde nie Gegenstand einer Reform. Eine solche wurde zwar in der 2. Hälfte des 16. Jh. begonnen; sie endete aber mit einem nahezu vollständigen Mißerfolg: nur elf Artikel, davon neun zu Erbschaftsfragen, wurden modifiziert. Es existieren aus dem 16.–18. Jh. eine Reihe bedeutender Kommentare zur C. de B.; die wichtigsten seien hier genannt: [B. de Chasseneuz], Commentaria, Ed. pr. Lyon 1517; [M. Taisand], Coutume générale de pays et duché de Bourgogne..., Dijon 1698; [Président Bouhier], Les coutumes du duché de Bourgogne..., 2 Bde, Dijon 1742–46; [G. Davot–J. Bannelier], Traités sur diverses matières du droit francais à l'usage de Bourgogne..., Dijon 1751–65; weiterhin: Les coutumes glosées de Bourgogne (Ende 14. Jh.), Neuausg. durch das Centre National de la Recherche Scientifique in Vorber.; vgl. zu den burg. Rechtsquellen ferner: COING, Hdb. I, 650, 661 u. ö. [mit Lit.].   M. Petitjean

II. INSTITUTIONELLE ENTWICKLUNG IN DEN BURGUNDISCHEN NIEDERLANDEN: Die zunehmende Eingliederung der verschiedenen Fsm.er der Niederlande in den Verband des burg. Staates führte im Laufe des 15. Jh. u. sogar bis z. Mitte des 16. Jh. zur Anwendung der Bezeichnung »burgundisch« auf ein weiträumiges Konglomerat von unterschiedl. verfaßten Territorien. Im Laufe des 15. Jh. verlagerte sich das Schwergewicht zunehmend auf die »pays de par deçà«, die burg. Niederlande, so daß die niederländ. Stände sich auch noch nach dem Übergang an das Haus Habsburg und d. erneuten Einverleibung des »Stammlandes«, des Hzm.s B., in das Kgr. Frankreich (1477) als »burgundisch« verstanden und bezeichneten. Dieses »burgundische« Selbstverständnis, das aus der weithin stabilen Regierung der burg. Hzg.e resultiert, fand seinen Ausdruck im Testament der Regentin →Margarete v. Österreich (1530) und im sog. »Burgundischen Vertrag« von 1548, durch der (formell bereits seit 1512 bestehende) Burgundische Reichskreis gebildet wurde, der zwar innerhalb des Reichsverbandes stand, durch weitreichende Exemtionen aber eine Sonderstellung einnahm.

Die Kontinuität der burg. Politik läßt sich am besten auf institutionellem Gebiet verfolgen. Zwei Jahre nach der Machtübernahme in Flandern und Artois errichtete Hzg. Philipp der Kühne eine *Chambre du conseil* (Ratkammer) für Flandern, bestehend aus einer Finanzbehörde und einem Gerichtshof. Mit dieser Maßnahme wurde eine schon unter den Vorgängern der Burgunder zu beobachtende Tendenz zur Differenzierung des hzgl. Rates systematisiert. Die erste Kammer hatte die Rechnungen der hzgl. Beamten und der Städte zu überprüfen. Ihr Sitz war stets →Lille, und sie erhielt bald den Namen *Chambre des Comptes* (Rechenkammer). Die zweite Kammer bildete den obersten Gerichtshof, der für die casus reservati, die Prozesse, die sich der Fs. zu eigener Entscheidung vorbehalten hatte, zuständig war (u. a. Falschmünzerei, Aufruhr sowie von Beamten begangene Verfehlungen). Zunehmend zog dieser Gerichtshof die Auseinandersetzungen zw. Städten oder anderen Trägern öffentl. Herrschaft an sich, ebenso auch privatrechtl. Auseinandersetzungen, welche die Parteien lieber vor dem fsl. Gerichtshof als vor der Schöffenbank austrugen, u. a. weil sie am hzgl. Gericht eine günstigere, stärker an den Regeln des röm. Rechtes orientierte Prozeßführung zu finden hofften. Damit entwickelte sich die Chambre du conseil, die allein den urspgl. Namen beibehielt, zu einem Appellationsgericht mit Recht auf Urteilsschelte, wobei die Chambre durch Evokation bestimmte Fälle schon in der ersten Instanz den »natürl. Richtern« entziehen und selbst übernehmen konnte. Bei dieser Entwicklung trafen das Interesse der hzgl. Zentralgewalt und dasjenige der Parteien zusammen, und es fand eine Zurückdrängung der nichtprofessionellen lokalen Richter statt. Unter dem Druck der Untertanen wurde die Chambre du conseil in den niederländischsprachigen Teil der Gft. Flandern verlegt, wo sie seit 1407, meist in Gent, tagte. Die Magistrate der großen Städte widersetzten sich lange der Einflußnahme der Chambre du conseil; so fügten sich die Schöffen der Stadt Gent erst nach Unterdrückung der Aufstände von 1453 und 1492 der Kontrolle durch die fsl. Räte.

Im erst spät (1430) an Burgund gekommenen Hzm. →Brabant konnte der aus der vorburgundischen Periode überkommene Rat unter Hzg. Philipp dem Guten seine Souveränität mit eigenem »Kanzler« bewahren, doch unterstellte ihn Karl der Kühne 1473 wie die anderen territorialen Gerichtshöfe dem Parlement v. →Mecheln. Die Verbindung von (taktisch bedingtem) Respekt vor regionalem Herkommen und einer dennoch klar erkennbaren Tendenz zu Neuordnung und Vereinheitlichung des Verwaltungswesens findet sich auch in den Institutionen der anderen Fsm.er: In Holland schuf Philipp der Gute einen Gerichtshof, den »Hof von Holland«, dem der *stadhouder* (Gouverneur) vorstand, welcher aus Flandern oder dem Hennegau stammte. Die adligen Mitglieder waren Holländer, die gelehrten Räte zumeist aber Flamen. Im Haag und in Brüssel wurden ebenfalls Rechenkammern installiert. Im Hennegau und in der Gft. Namur behielt man das jeweilige Amt des *grand bailli* bei, das meist von Mitgliedern der Familie v. →Croy ausgeübt wurde. Das Lehnsgericht des Hennegaus konnte, selbst unter Karl dem Kühnen, seinen Status als souveräner und letztinstanzlicher Gerichtshof wahren. 1473 schuf Karl der Kühne auch Oberhöfe in Maastricht (mit Gerichtsbarkeit im Fürstbtm. →Lüttich und den Landen jenseits der Maas), Arnheim und Zutphen.

Führte die territoriale Vereinheitlichung unter den Hzg.en v. B. zu Neuschöpfungen oder Neuordnungen auf der Ebene der einzelnen Fsm.er, so wird ebenso das Bestreben der hzgl. Administration deutlich, in den niederländ. Territorien eine einheitl. »Superstruktur« zu schaffen. Nach einer Phase starker Expansion durch Gebietserwerb zw. 1428 und 1443 (Einverleibung von Holland, Seeland, Hennegau, Brabant, Limburg, der Picardie und Luxemburgs in den burg. Staatsverband) erlaubte eine Periode relativer äußerer Ruhe der burg. Regierung unter Hzg. Philipp dem Guten eine Umorganisierung und Anpassung der administrativen Strukturen an die Bedürfnisse des burg. Staats: Im Laufe der Jahre 1435–45 vollzog sich eine zunehmende faktische, jedoch nicht formalisierte Differenzierung der Kompetenzen zw. dem hzgl. Rat und dem sog. »Grand Conseil«, der sich urspgl. aus Mitgliedern des ersteren zusammensetzte. Um 1445 hatte der Grand conseil fast vollständig die hohe Gerichtsbarkeit in den burg. Territorien an sich gezogen. Ähnlich wie die Einrichtung der Chambres du conseil in den Fsm.ern trug auch der Grand Conseil zum Eindringen der Zentralgewalt bei, bes. durch Anwendung der Appellation, der Urteilsschelte und der Evokation von Prozessen, die bei Schöffenbänken und regionalen Gerichtshöfen anhängig waren.

Wie der hzgl. Rat urspgl. ohne festen Sitz, entwickelte der Grand Conseil sich zu einer Institution mit festem Beamtenapparat, bestehend aus 16 Gerichtsräten *(maîtres des requêtes,* 'Untersuchungsrichtern') i. J. 1449 (gegenüber nur vier i. J. 1433), einem Gerichtsschreiber *(greffier)*, einem Prokurator *(procureur général)* und, i. J. 1464, einem Einnehmer (der Zustellungsurkunden) *(receveur des exploits)*. Unter Karl dem Kühnen ließ sich der Kanzler von B. üblicherweise beim Vorsitz des Grand Conseil durch einen Amtschef vertreten, ein klares Indiz für die Abtrennung des Grand Conseil vom hzgl. Rat.

Zum Zeitpunkt der größten territorialen Ausdehnung B.s, 1473, und ungeachtet der diplomat. Niederlage durch das Scheitern der Verhandlungen von Trier mit Ks. Friedrich III., brachte Karl der Kühne die Institutionalisierung des Grand Conseil zum Abschluß, indem er es als Parlement in →Mecheln konstituierte und damit für seine von der frz. Krone lehnsrührigen Besitzungen das jurist. Band zum Parlement v. Paris durchtrennte. Dieser oberste Gerichtshof der Niederlande, vergleichbar den entsprechenden Institutionen in →Dijon (für das Hzm. B.) und →Dole (für die Freigrafschaft), bestand aus zwei Präsidenten, vier adligen Mitgliedern, 20 gelehrten Räten, sechs Untersuchungsrichtern (maîtres des requêtes), vier Prokuratoren, vier Sekretären, drei Schreibern (greffiers) und zwölf Gerichtsvollziehern *(huissiers)*. Die meisten dieser Beamten stammten aus Burgund, nur fünf Richter waren des Niederländischen mächtig. Dieser Umstand trat zum ohnehin vorhandenen Widerstand der Schöffenbänke, die durch die Prozesse »omisso medio« ihre hergebrachten Rechte verletzt sahen, noch hinzu, so daß nach dem Tod Karls des Kühnen das Mechelner Parlement 1477 durch das →Große Privileg formell aufgehoben wurde. Das Parlement existierte faktisch allerdings unter dem Namen des »Grand Conseil de Malines« fort. Parallel zum Parlement errichtete Karl der Kühne zentrale Behörden mit Sitz in Mecheln für die allgemeinen und außergewöhnl. Finanzen (→Finanzwesen, -verwaltung), welche nach seinem Tod das Schicksal das Parlement teilten.

Was den Adel betraf, so waren die Hzg.e bestrebt, Repräsentanten der Aristokratie in den neuerworbenen Fsm.ern durch Hofämter an sich zu binden. 1426 gab es 94 *chambellans* (Kammerherren), *maîtres d'hôtel* (Leiter des Hofhaltes) und *écuyers* (Knappen) »des quatre états« (näml. *pannetier* 'Brotmeister', *échanson* 'Mundschenk', *écuyer tranchant* 'Vorschneider' und *écuyer d'écurie* 'Stallknappe'), von denen 76 aus dem Hzm. B., dem Artois, dem wallon. Flandern und der Picardie stammten. Der Erwerb von Brabant gab zur Anstellung von 28 brabant. Adligen Anlaß, deren Zahl stets in etwa gleich blieb. Für andere, später erworbene Gebiete wurde allerdings keine entsprechende Angleichung geschaffen. Auch als 1456 die Gesamtzahl der dem Hofhalt angehörenden Adligen auf 214 angestiegen war, stammten von ihnen nahezu 64% aus Burgund, Flandern, Artois und Picardie, und 16% aus Brabant; die anderen Fsm.er waren nur jeweils mit wenigen Repräsentanten vertreten. Die Adligen aus französischsprachigen Gebieten nahmen stets mehr als zwei Drittel der Gesamtheit der Hofchargen ein. Der Vorherrschaft der Adligen aus Burgund (39% i. J. 1458) entsprach die Situation bei den Legisten und den Finanzagenten. Unter den Rittern vom →Goldenen Vlies traten die Burgunder zugunsten der Adligen aus den Landen »de par deçà«, namentl. den Pikarden und Wallonen, etwas stärker zurück. Zeigt sich hierin der Orden vom Goldenen Vlies als Ehrenkollegium mit der Zielsetzung einer Integration des Adels aus den neuerworbenen Gebieten, so wird deutlich, daß in den Institutionen, die mit den alltägl. Verwaltungsdingen betraut waren, die Hzg.e erwiesenermaßen loyale Untertanen bevorzugten; dies führte naturgemäß zu einem zahlenmäßigen Übergewicht der Leute aus denjenigen Fürstentümern, die schon längere Zeit unter burg. Herrschaft standen.

Außer dem hzgl. Hof, dem Hofrat und dem Orden vom Goldenen Vlies begegnen wenige Institutionen, welche die Fsm.er »de par delà« mit denjenigen »de par deçà« verbinden. Doch dürfte der Gedanke einer gemeinsamen Ständeversammlung aller burg. Besitzungen bestanden haben, worauf die 1464 erfolgte Aufstellung einer Liste für eine allgemeine Ladung hindeutet. Tatsächl. kam es aber nie zur Durchführung einer solchen Versammlung, und es waren allein die Generalstände der Niederlande, die eine gewisse Regelmäßigkeit der Tagungen erreichten. Wie so viele charakterist. Institutionen des burg. Staates waren die Generalstände keine eigtl. polit. Neuschöpfung, sondern entstanden spontan aus einem Zusammentreffen der Interessen des Hzg.s mit denjenigen der Untertanen. Was die ständ. Institutionen der einzelnen Territorien betraf, so wurden sie – soweit sie nach Brauch und Herkommen nicht schon in vorburgundischer Zeit bestanden – von den burg. Hzg.en aus eigenem Interesse errichtet. Das war z. B. in Flandern der Fall, wo die großen Städte die Repräsentativgremien längst monopolisiert hatten und Versammlungen der drei Stände erst 1384, im Jahr des Regierungsantritts des ersten burg. Hzg.s als Gf. v. Flandern, aufscheinen. Auch in Namur trat die erste Versammlung der Etats zum Zeitpunkt der Ernennung Philipps des Guten zum Mitregenten auf (1421).

Insgesamt blieben die Verbindungen zw. Hzm. und Gft. B. auf der einen, den Niederlanden auf der anderen Seite peripher. Wirtschaftsgeograph. gesehen, divergierte die jeweilige Orientierung stark. Den Hzg.en scheint klar geworden zu sein, daß eine integrierende Wirtschaftspolitik nicht realisierbar war. In der Gesamtheit des burg. Staates offenbart sich das Gewicht der »Stammlande« in einer Überrepräsentation im Regierungs- und Verwaltungsapparat, doch in einer Unterrepräsentation im Steueraufkommen, wie letzteres bei dem Ungleichgewicht der Wirtschaftskraft zw. »Stammlanden« und burg. Niederlanden naheliegt. Eine Schätzung der Einkünfte und Ausgaben des Staates, die 1445 aufgestellt wurde, ergibt für die Domäne folgende Verteilung der Staatseinkünfte zw. den bedeutenden Territorien:

Burgund, Hzm./Freigft.	26,00%
Flandern	24,00%
Artois	10,60%

Bei Berücksichtigung des Aufkommens aus den außerordentl. Steuern, v. a. den →aides, dürfte dieses Bild noch klarer hervortreten.

1442 erreichten die in Flandern eingenommenen Einkünfte, die in der allgemeinen Kasse (*Recette générale des Finances*) zusammenflossen, 34,9% des Gesamtaufkommens. Tatsächl. entsprachen die im Zeitraum 1439-49 in Flandern erhobenen aides im Durchschnitt 84% des innerhalb dieser Gft. aus der hzgl. Domäne eingenommenen Betrages. In den folgenden Jahrzehnten nahmen die als aides erhobenen Summen noch zu, bes. ab. 1472, und sie überstiegen nun beträchtl. die Einnahmen aus der hzgl. Domäne.

Die Stabilität der »burg.« Institutionen in den Niederlanden beruhte also auf sehr soliden wirtschaftl. Fundamenten; von daher betrachtet, kann der burg. Staat seit ca. 1435 als im wesentl. niederländ. gelten. Hier in den Niederlanden besaß er seine stärksten Grundlagen und übte er seine dauerhaftesten Wirkungen aus.

Zum burg. Militärwesen und zu seiner Ämterstruktur vgl. den Artikel →Heerwesen (Abschnitt über das Hzm. Burgund); vgl. ferner →Finanzwesen, -verwaltung; →Hofordnungen. W. P. Blockmans

D. Das Fürstenhaus Burgund (Valois)

Das Hzm. B., dessen Grundlagen von →Richard »dem Justitiar« geschaffen wurden, kam um die Mitte des 10. Jh. an die →Robertiner. Von 1016 bis zum Tode von →Philipp (Philipp de Rouvres, † 1361) regierte eine jüngere Linie der →Kapetinger. Danach beabsichtigte →Johann II., Kg. v. Frankreich aus dem Haus →Valois, B. der Krondomäne einzugliedern; doch er sah sich mit Rücksicht auf den burg. Adel genötigt, das Hzm. fortbestehen zu lassen und es seinem ersten Sohn, →Philipp dem Kühnen, als →Apanage zu übergeben.

Philipp der Kühne, der Begründer des Hauses B., sicherte sich durch Heirat mit→*Margarete v. Flandern* die Erbschaft des Hauses Nevers-Flandern (→Nevers, →Flandern) und diejenige der Hzgn. →Johanna v. Brabant (→Brabant). Der gesamte Territorialbesitz wurde 1405 zw. seinen Söhnen —*Johann Ohnefurcht* (∞→Margarete v. Bayern), *Anton* (→Antoine) v. Brabant und →*Philipp v. Nevers* geteilt. Aus der Ehe Antons mit *Johanna v. Luxemburg* gingen zwei Söhne hervor: 1. *Johann IV.*, Hzg. v. Brabant, † 1427, ∞→*Jakobäa v. Bayern*, Gfn. v. Hennegau; 2. *Philipp*, Gf. v. St-Pol und Ligny, † 1430; beide starben kinderlos. Der Sohn von Johann, →*Philipp der Gute,* der bereits vom niederländ. Erbe der →Wittelsbacher (Wittelsbach-Straubing) Besitz ergriffen hatte (→Holland, →Seeland, →Hennegau), erbte 1430 auch →Brabant und →Limburg und ließ sich auch für die Erbfolge der →Elisabeth v. Görlitz, Hzgn. v. →Luxemburg, designieren. Da aus Philipps drei Ehen *(Michèle de France, Bonne d'Artois, Isabella v. Portugal)* nur ein Sohn hervorging, →*Karl der Kühne,* erbte dieser die gesamte Ländermasse. Seine eigenen Eroberungen (→Geldern, →Lothringen) gingen bald wieder verloren. Karl, der sich dreimal verehelichte *(Catherine de France, Isabella de Bourbon, Margarete v. York)* hatte nur eine Tochter, →*Maria* († 1482). Maria ging nach dem Tod ihres Vaters (5. Jan. 1477 bei Nancy) die seit 1473 mehrfach projektierte Ehe mit dem Habsburgererben →*Maximilian* ein (sog. »Burgundische Heirat«, 19. Aug. 1477). Demgegenüber suchte sich Ludwig XI., Kg. v. Frankreich, unter verschiedenen Rechtsansprüchen und Vorwänden des Erbes Karls des Kühnen zu bemächtigen. Er behauptete sich jedoch nur in den Gebieten, die er mit Waffengewalt besetzt hatte, unter dem (mehr oder weniger konstruierten) Rechtstitel der »Mitgift« für die (am frz. Hof festgehaltene und mit dem Dauphin→Karl [VIII.] verlobte) Tochter von Maria und Maximilian, →*Margarete v. Österreich*. Nachdem jedoch Karl VIII. mit →Anna v. Bretagne verheiratet und Margarete nach Österreich zurückgeschickt worden war, mußte Frankreich diese Territorien dem Habsburger zurückgeben, bis auf das Hzm. Burgund, das Karl VIII. unter dem Rechtstitel einer erledigten →Apanage einbehielt. Die Nachkommen der Maria v. Burgund übertrugen die Rechte des Hauses B. auf das Haus→Habsburg; der polit.-dynast. Konflikt um das burg. Erbe mündete ein in die globale Auseinandersetzung zw. dem »Haus Österreich« und dem Kgr. Frankreich. J. Richard

Q. und Lit.: *[zum Herzogtum Burgund im Spätmittelalter]: [allg. polit. und territoriale Gesch.]:* U. PLANCHER, Hist. générale et particulière de Bourgogne, 4 Bde, 1739–81 – E. PETIT, Hist. des ducs de Bourgogne, 1883–1905 – DERS., Ducs de Bourgogne de la Maison de Valois d'après les doc. inédits, I: Philippe le Hardi, 1909 – J. CALMETTE, Les grands ducs de Bourgogne, 1949 [Neuausg. 1979] [dt.: Die großen Hzg. e v. B., 1963] – H. HEIMPEL, Karl d. Kühne und der burg. Staat (Fschr. G. RITTER, 1950) – J. RICHARD, Les ducs de Bourgogne et la formation du duché du XIe au XIVe s., 1954 – R. VAUGHAN, Philip the Bold, 1962, 1979[2] [Lit.] – K. BITTMANN, Ludwig XI. und Karl d. Kühne. Die Memoiren des Philippe de Commynes als hist. Q., 2 Bde, 1964–70 – R. VAUGHAN, John the Fearless, 1966, 1979[2] [Lit.] – DERS., Philip the Good, 1970 [Lit.] – DERS., Charles the Bold, 1973 [Lit.] – W. PARAVICINI, Guy de Brimeu. Der burg. Staat und seine adlige Führungsschicht unter Karl dem Kühnen, 1975 [Lit.] – R. VAUGHAN, Valois Burgundy, 1975 [Lit.] – W. PARAVICINI, Karl der Kühne: Das Ende des Hauses B., 1976 – Charles le Téméraire [Kat. 1977] – Hist. de la Bourgogne, hg. J. RICHARD, 1978 – N. STEIN, B. u. die Eidgenossenschaft zur Zeit Karls d. Kühnen, 1979 (Eur. Hochsch.schr., Reihe III) – Algemene Geschiedenis der Nederlanden 4, 1980 – Y. LACAZE, Philippe le Bon et l'Empire, Francia 9, 10, 1981–82 – C. A. M. ARMSTRONG, England, France and Burgundy in the 15th cent., 1982 – *Zur Institutionsgeschichte:* J. DE LA CHAUVELAYS, Les armées de Charles le Téméraire dans les deux Bourgognes, 1879 – DERS., Les armées des trois premiers ducs de Bourgogne de la maison de Valois, 1881 – E. PETIT, Itinéraires de Philippe le Hardi et de Jeans sans Peur, ducs de Bourgogne (1363–1419), 1888 – E. LAMEERE, La cour de Philippe le Bon, Annales de la Société royale d'archéologie de Bruxelles 14, 1900, 150–172 – DERS., Le grand conseil des ducs de Bourgogne, 1906 – Les ordonnances des ducs de Bourgogne, ed. E. CHAMPEAUX, 1908 – H. NÉLIS, Chambre des comptes de Lille. Cat. des Chartes du Sceau de l'Audience, 1915 – J. BILLIOUD, Les Etats de Bourgogne aux XIVe–XVe s., 1922 – T. S. JANSMA, Raad en Rekenkamer in Holland en Zeeland tijdens hertog Philips van Bourgondië, 1932 – H. VAN DER LINDEN, Itinéraires de Marie de Bourgogne et de Maximilien d'Autriche (1477–82), 1934 – DERS., Itinéraires de Charles, duc de Bourgogne, Marguerite d'York et Marie de Bourgogne (1467–77), 1936 – B. A. POCQUET DU HAUT-JUSSÉ, Les chefs des finances ducales de Bourgogne sous Philippe le Hardi et Jean sans Peur (1363–1419), Mém. de la Société pour l'hist. du droit et des institutions des anciens pays bourguignons, comtois et romands 4, 1937, 5–77 – H. VANDER LINDEN, Itinéraires de Philippe le Bon, duc de Bourgogne (1419–1467) et de Charles, comte de Charolais (1433–1467), 1940 – J. RICHARD, Enclaves royales et limites des provinces: les élections bourguignonnes, Annales de Bourgogne 20, 1948, 89–113 – Actes des Etats Généraux des Anciens Pays-Bas, 1., 1427–1477, ed. J. CUVELIER, J. DHONDT, R. DOEHAERD, 1948 – J. BARTIER, Légistes et gens de finances au XVe s., 1955 – U. SCHWARZKOPF, Stud. zur Hoforganisation der Hzg. e v. B. aus dem Hause Valois [Diss. masch. Göttingen 1955] – J. RICHARD, Les institutions ducales dans le duché de Bourgogne (F. LOT – R. FAWTIER, Hist. des institutions françaises au MA, 1957), 209–247 – DERS., Les états de service d'un noble bourguignon au temps de Philippe le Bon, Annales de Bourgogne 29, 1957, 113–124 – Les Croy, conseillers des ducs de Bourgogne. Documents extraits de leurs arch. familiales (1337–1487), ed. M. R. THIELEMANS, Bull. de la Comm. royale d'hist. 124, 1959, 1–141 – Handelingen van de Leden en van de Staten van Vlaanderen, 1384–1506, bisher 5 Bde ersch., ed. W. P. BLOCKMANS, W. PREVENIER, A. ZOETE, 1959–82 – U. SCHWARZKOPF, La Cour de Bourgogne et la Toison d'Or, Publications du Centre européen d'études burgondomédianes 5, 1963, 91–104 – CH. BRUSTEN, L'armée bourguignonne de 1465 à 1468, o. J. – Comptes généraux de l'Etat bourguignon entre 1416 et 1420, ed. M. MOLLAT – R. FAVREAU, 3 Bde, 1965–69 – Ordonnances de Philippe le Hardi et de Marguerite de Male, 1381–1405, ed. P. BONENFANT, J. BARTIER, A. VAN NIEUWEHUYSEN, 2 Bde, 1965–74 – Les arrêts et jugés du Parlement de Paris sur appels flamands, 1320–1521, ed. R. C. VAN CAENEGEM, 2 Bde, 1966–77 – D. SCHMIDT-SINNS, Stud. zum Heerwesen der Hzg. e v. B. 1465–77 [Diss. masch. Göttingen 1966] – U. SCHWARZKOPF, Die Rechnungslegung des Humbert de Plaine über die Jahre 1448 bis 1452, 1970 – W. PREVENIER, Ambtenaren in stad en land in de Nederlanden. Socio-professionele evoluties (veertiende tot zestiende eeuw), Bijdragen en mededelingen Geschiedenis der Nederlanden 87, 1972, 44–59 (auch engl.: Acta historiae neederlandicae 7, 1974, 1–17) – U. SCHWARZKOPF, Zum höf. Dienstrecht im 15. Jh. Das burg. Beispiel (Fschr. H. HEIMPEL II, 1972), 422–442 – M. A. ARNOULD, Une estimation des revenus et des dépenses de Philippe le Bon en 1445 (Recherches sur l'hist. des finances publiques en Belgique. Acta Hist. Bruxellensia 3, 1973), 131–219 – COING, Hdb. I, 420–423, 650f. – J. VAN ROMPAEY, De grote Raad van de hertogen van Boergondië en het Parlement van Mechelen, 1973 – W. WELLENS, Les Etats Généraux des Pays-Bas (1464–1506), 1974 – W. PARAVICINI, Soziale Schichtung und soziale Mobilität am Hof der Hzg. e v. B., Francia 5, 1977, 127–182 – Consilium Magnum 1473–1973 (Kongreßber.), 1977 – W. P. BLOCKMANS, De volksvertegenwoordiging in Vlaanderen in de overgang van middeleeuwen naar nieuwe tijden, 1978 – W. PARAVICINI, Expansion et intégration. La noblesse des Pays-Bas à la Cour de Philippe le Bon, Bijdragen en Mededelingen Geschiedenis der Nederlanden 95, 1980, 298–314 – J. RICHARD, Les Pays bourguignons méridionaux dans l'ensemble des états des ducs valois, ebd., 335–348 – Miscellanea Consilii Magni, 1980 – A. VAN DEN NIEUWENHUYSEN, Bull. de la Comm. Royale d'hist. 146, 1980, 69–312 – P. COCKSHAW, La chancellerie bourguignonne en Flandre et en Brabant, 1982 – J.-M. CAUCHIES, La législation princière pour le comté de Hainaut, 1982 – W. PARAVICINI, Die Hofordnungen Hzg. Philipps d. Guten v. B. I, Francia 10, 1982 – R.-H. BAUTIER – J. SORNAY, Les sources de l'hist. économique et sociale du MA: Les Etats de la maison de Bourgogne (Bd I, Lfg. 1 [nördl. Gebiete], im Dr.; Lfg. 2 [Hzm. und Gft. B.], in Vorber.) – J. SCHNEIDER, Lorraine et Bourgogne (1473–78). Choix de Documents, 1982 – *[zur Kulturgeschichte]:* L. E. S. J. DE LABORDE, Les Ducs de Bourgogne. Etudes sur les lettres, les arts et l'industrie pendant le XVe s...., I–II, 1849–51 – J. HUIZINGA, Herfsttij der Middeleeuwen, 1919 [dt.: Herbst des MA, 1975[11]] – O. CARTELLIERI, Am Hofe der Hzg. e v. B., 1926 – J. MARIX, Les musiciens de la cour de Bourgogne, 1937 – G. DOUTREPONT, La littérature française à la cour des ducs de Bourgogne, 1939 – Le grand siècle des ducs de Bourgogne [Kat. Dijon 1951] – H. HEIMPEL B., Macht und Kultur, Gesch. in Wiss. und Unterricht 4, 1953, 257–273 – L. M. J. DELAISSÉ, De Vlaamse Miniatuur. Het mecenaat van Filips de Goede [Kat. 1959; ndl. und frz. Ausg.] – La Toison d'or... [Kat. 1962] – G. DOGAER – M. DEBAE, De Librije van Filips de Goede [Kat. 1967] – P. QUARRÉ, La sculpture en Bourgogne à la fin du MA, 1978 – V. VERMEERSCH, Brugge. Duizend jaar kunst, Kap. 2–3, 1981 [ndl. und frz. Ausg.] – s. a. die Lit. zu den einzelnen Hzg.en (bes. →Philipp d. Gute und →Karl d. Kühne), den einzelnen

Territorien (→Flandern, →Hennegau, →Brabant usw.) und zu Einzelereignissen (z. B. →Murten, →Nancy).

4. Burgund, Königreich. Das hochma. Kgr. B. umfaßte das geogr. vielfältig gegliederte Gebiet der Rhoneländer, das sich von den Kämmen der Westalpen im O bis zur Saône-Rhône-Furche im W und vom Fuße der Vogesen im N bis zur Mittelmeerküste im S erstreckte. Neben dem alten Ebm. er geprägten Kulturland der→Provence und des Rhône-Saône-Beckens (→Rhône) mit einem dichten Netz von Römerstädten gehörten dazu nicht nur die noch kaum erschlossenen Westalpen mit den wichtigen frühma. Pässen (→Mont Genèvre, Mont Cenis, Gr. St. Bernhard), sondern auch der unwirtliche Jura und im NO das alem. besiedelte Schweizer Mittelland. Nicht weniger als sieben Ebm. er und ca. 30 Bm. er zählten zum hochma. B.

Das Kgr. B. ist aus dem Zerfall des Karolingerreiches und der Auflösung des lotharing. Mittelreiches (→Lotharingien) hervorgegangen. Im Süden knüpfte das in Analogie zu Burgundia superior (888) (Hochburgund) in der Forschung häufig als »Niederburgund« bezeichnete Reich des 879 zum Kg. gewählten →Boso v. Vienne an das Teilreich →Karls d. J. an, das die Provence mitsamt dem Dukat→Vienne/Lyon umfaßte. Bosos Sohn→Ludwig d. Blinde, der 890 in Valence zum niederburg.-provenzal. Kg. gewählt wurde, wies der burg. Expansion den Weg nach Italien: Im Okt. 900 zum it. Kg. ausgerufen, im Febr. 901 zum Ks. gekrönt, mußte er sich jedoch schon 902 aus Italien zurückziehen (→Italien, Kgr.). 905 wurde er bei seinem zweiten Zug gegen →Berengar I. von diesem geblendet († 5. Juni 928?). Der eigtl. Machthaber der Provence war Gf. →Hugo v. Arles, der 926 die it. Königswürde erlangte. Als Ludwig der Blinde starb (928), konnte sich sein Sohn →Karl Konstantin nur als Gf. v. Vienne behaupten und mußte die Hoheit des westfrk. Kg.s Rudolf anerkennen, der sich 930, offenbar im Einvernehmen mit Hugo v. Arles/Italien, des Dukats→Lyonnais bemächtigte. Hugo hat schließl. in einem Vertrag mit dem Welfen Rudolf II. (um 933) auf seine prov.-burg. Ansprüche verzichtet, um sich dadurch gegen ein erneutes Eingreifen der Rudolfinger in Italien zu sichern.

Das hochburg. Kgr. hatte der →Welfe →Rudolf I. (888–912) begründet, als er sich 888 in dem altburg. Königskl. →St-Maurice zum Kg. erheben ließ (→Rudolfinger). Sein Versuch, das Reich Lothars II. zu erneuern, scheiterte am Widerstand Arnulfs, der 895 seinen Sohn →Zwentibold als Kg. in B. und Lotharingien einsetzte. Die von Arnulf schließlich anerkannte Herrschaft Rudolfs blieb nach dem Verlust des Gebietes um Besançon und Basel (895) im wesentl. auf den von seinem Vater →Konrad ererbten Besitz, den transjuran. Dukat um den Genfer See, beschränkt (vgl. auch die zeitgenöss. Bezeichnung seines Kgr.es als regnum Jurense). →Rudolf II. (912–937) versuchte zunächst, seine Herrschaft im NO auf Kosten des schwäb. Hzg.s auszudehnen, richtete seine Expansionspolitik aber nach der Niederlage gegen Hzg. →Burchard I. v. Schwaben bei Winterthur (919) und dem Friedensschluß mit dem schwäb. Gegner (Vermählung mit des Hzg.s Tochter Bertha um 922) auf Italien, wo er tatsächl. zw. 921/922 und der Königserhebung Hugos v. Arles (926) als Kg. anerkannt war. 926 trat Rudolf in eine engere polit. Verbindung zum dt. Kg. Heinrich I. Gegen Überlassung Basels und Regelung wohl alter Grenzprobleme zw. B. und Alemannien übergab Rudolf die ihm von it. Großen übertragene→Heilige Lanze dem dt. König. Der um 933 mit Hugo v. Arles geschlossene Vertrag leitete die Vereinigung von Hoch- und Niederburgund ein, doch wurde die wohl auf dem→Dreikönigstreffen am

Chiers 935 von dem westfrk. Kg. →Rudolf (923–936) versprochene Rückgabe von Lyon und Vienne nicht vollzogen. Nach Rudolfs II. Tod (12./13. Juli 937;◻St-Maurice) versuchte Hugo, von Italien aus durch seine Eheverbindung mit der Witwe Rudolfs, Bertha, und die Verlobung ihrer Tochter →Adelheid (der späteren Gemahlin Ks. Otto I.) mit seinem Sohn Lothar das Rhônegebiet mit seiner it. Herrschaft zu verbinden, wobei das Lyonnais/Viennois weiterhin beim westfrk. Reich verblieben wäre, wo der Karolinger Ludwig IV. auf Rudolf gefolgt war. Der dt. Kg. Otto I. durchkreuzte diese Pläne, indem er →Konrad, den jungen, 936 gekrönten Sohn Rudolfs II., an seinen Hof holte. Mit Ottos Unterstützung wurde nicht nur Konrads Kgtm. gefestigt, der Kg. konnte 942 sogar die Anerkennung seiner Herrschaft im Lyonnais/Viennois durchsetzen. Es läßt sich erschließen, daß Ludwig IV. im Frieden v. →Visé (Nov. 942) mit Otto I. auf den Dukat Lyonnais verzichtete, sich dafür aber →Forez, Uzège (→Uzès) und den→Vivarais vorbehielt. Nach Kg. Hugos Tod (948) wurde Konrad auch in der Provence anerkannt, und um 962 fiel ihm das Erbe Karl Konstantins in Stadt und Gft. Vienne zu. Eine Schlüsselstellung erlangte das rudolfing. Reich schließlich in der 951 von Kg. Otto I. aufgenommenen Italienpolitik und seiner Anknüpfung an die ostfrk.-karol. Tradition (951 auch Vermählung Ottos mit Adelheid, der Tochter Rudolfs II. und Witwe Kg. Lothars v. Italien). Die Anlehnung der Rudolfinger an die Ottonen mündete unter →Rudolf III. (993–1032) i.J. 1016 in den in Straßburg geschlossenen Erbfolgevertrag mit Ks. Heinrich II., der schon 1006 Basel in Besitz genommen hatte. Widerstand gegen Heinrichs Nachfolge leisteten unter den burg. Kronvasallen insbes. Gf. →Ott-Wilhelm v. B., der die 1018 in Mainz erneuerte Übertragung des Kgr.es B. auf Heinrich nicht anerkannte und auch durch einen Feldzug Heinrichs nicht zu bezwingen war. Nach dem Tode Heinrichs II. mußte der dt. Kg. Konrad II. seinen Nachfolgeanspruch staats- und lehensrechtl. gegen die näheren Erbansprüche Gf. →Odos II. v. Blois (996–1037), einen Neffen Rudolfs III., begründen. Rudolf versöhnte sich 1026 mit Ott-Wilhelm, Gf. v. B., schloß 1027 in Basel Frieden mit Ks. Konrad II. und designierte ihn kurz vor seinem Tode (5./6. Sept. 1032) zum Nachfolger, indem er ihm die Reichsinsignien übersandte. Mit Unterstützung Gf. →Humberts I. v. Savoyen und der Witwe Rudolfs III., Irmgard, konnte sich Konrad, der am 2. Febr. 1033 im otton.-rudolfing. Kl. →Payerne (Peterlingen) gewählt und gekrönt wurde, gegen Odo v. Blois, der eine große Anhängerschaft im burg. weltl. Adel besaß, behaupten. Konrads Bündnis mit Kg. Heinrich I. v. Frankreich in →Yvois (1033) zwang Odo zum Verzicht auf seine burg. Ansprüche und führte zu seiner Unterwerfung 1034 bei einer Befestigungskrönung (→Krönung) in Genf. Die 1038 auf einem Hoftag in Solothurn vollzogene Krönung Heinrichs III. zum burg. Kg. bekräftigte die Vereinigung des Kgr.es B. mit dem Dt. Reich und Italien zur Trias des ma. »Röm. Reiches«.

In dem von den Saliern übernommenen Kgr. B. war nach dem berühmten Urteil Thietmars v. Merseburg (VII, 30) das Kgtm. z. Zt. Rudolfs III. auf einem Tiefpunkt seiner Macht angelangt. Konrads und Rudolfs Herrschaft war in der Tat durch den Aufstieg von vier Großgrafschaften, in deren Abhängigkeit auch die Mehrzahl der Bm. er geraten war, mehr und mehr auf den hochburg. Kernraum um→Lausanne eingeengt worden. Im S übernahm der Gf. v. →Arles (979 marchio) mit der Sarazenenabwehr (972 →Fraxinetum) auch die polit. Neuorganisation der Provence; das südl. Viennois und Grenoble waren der Ausgangspunkt für die Herrschaftsbildung der →Wigonen (später→Albon-Dauphiné), die insbes. den Mt. Genèvre-Paß kontrollierten; ihre nördl. Rivalen waren die→Humbertiner, welche die Gft. en →Belley, →Maurienne, →Savoyen, →Aosta vereinigten und die Pässe Mt. Cenis und Gr. St. Bernhard beherrschten; westl. des Jura bildete sich, ausgehend von →Mâcon und →Besançon, die Gft. Burgund (später Freigft. B.; →5. Burgund). Um ein Gegengewicht gegen d. wachsende Macht der weltl. Großen zu schaffen, stützten sich Konrad und v. a. Rudolf III., wohl in Anlehnung an das otton. Vorbild, verstärkt auf die Königsklöster des Kernraumes zw. Besançon und Vienne und auf den Episkopat (vgl. →Otton.-sal. Reichskirchensystem). Den Aufbau einer burg. Reichskirche bezeugen die Bestellungen von Verwandten zu Bf. en, so in Lyon (Burchard II.), Vienne (Burchard), Lausanne (Hugo), Aosta (Anselm), ferner die Übertragung von Grafschaftsrechten an die Bf. e v. →Tarentaise 996, →Sitten (Sion) 999, →Lausanne 1011, →Vienne 1023. Der Episkopat bildete auch (abgesehen vom gegen Ende des 11. Jh. ausbrechenden Investiturstreit und dem Schisma während der Pontifikate Alexanders III. und Victors IV. im 12. Jh.) stets eine sichere Stütze des dt. Kg.s gegen den auf Unabhängigkeit bedachten weltl. Adel. Heinrich III. fand in Ebf. →Hugo v. Besançon (1031–66), den er 1041 zum Erzkanzler für Burgund machte, einen verläßl. Helfer. In Besançon verlobte er sich 1043 mit →Agnes v. Poitou. Hier nahm er auch Anregungen der burg. →Gottesfriedensbewegung auf. Die Verlobung seines Sohnes Heinrich mit Bertha, der Tochter des Gf. en Humbert v. Savoyen, sicherte die Verbindung mit Italien über die Westalpenpässe, die später Ks. Heinrich IV. auch noch 1076/77 bei seinem Zug nach→Canossa offenstanden. Kgn. Agnes hatte nach dem Tode Heinrichs III. während der vormundschaftl. Regierung →Rudolf v. Rheinfelden mit dem Hzm. Schwaben und den Reichsrechten in B. betraut. Während im Rhôneraum die Probleme der Kirchenreform, der Simonie und der Investitur in der Auseinandersetzung regionaler Kräfte mit den Vertretern der Reform gelöst werden konnten, geriet der Kernraum des hochburg. Reiches zw. Jura und Alpen in die polit. Auseinandersetzung zw. Heinrich IV. und dem Gegenkg. Rudolf v. Rheinfelden. 1079 entzog Heinrich seinem Gegenspieler sämtliche Güter und Rechte in diesem Gebiet und übertrug sie teilweise den Bf. en v. Lausanne und Sitten. Auf Lausanne, Genf, Besançon und die Gft. B. beschränkte sich auch der Einfluß Ks. Heinrichs V. Als Exponenten der Kirchenreform, die über monast. Zentren wie→Cluny, →Cîteaux, St-Victor in →Marseille und →Chartreuse rasch Fuß faßte, wirkten v. a. →Hugo v. Die (um 1040–1106) und Guido v. Vienne, der als Papst Calixt II. (1119–24) im Wormser Konkordat 1122 erst die Voraussetzungen für eine Erneuerung der Reichsherrschaft in B. schuf.

Während des 11. Jh. hatte der wiederbelebte Handel die Bedeutung B.s als verkehrs- und handelspolit. Zwischenglied zw. Italien und dem europ. NW erhebl. gesteigert, wofür v. a. die Messen in →Fréjus, →St-Raphael, →St-Gilles, →Chalon-sur-Saône und in der Champagne (→Champagnemessen), ferner die vielen Pilgerreisen zeugen (1125 Gründung des Hospizes auf dem →Gr. St. Bernhard). Die polit. Gliederung des burg. Raumes und sein Verhältnis zum dt. Kgtm. waren im 12. Jh. vielen Schwankungen unterworfen. Im N setzte Ks. Lothar III. den Enkel Rudolfs v. Rheinfelden, →Konrad v. Zähringen, als Nachfolger des 1127 verstorbenen Gf. en Wilhelm v. Burgund ein und übertrug ihm den principatus Burgundiae. Die →Zähringer behielten auch unter dem dt. Kg. Konrad III. den→Rektorat über B., doch konnten sie ihre Herrschaft westl. des Jura faktisch nicht durchsetzen. 1152 wies Friedrich Barbarossa→Berthold IV. v. Zähringen (1152–86) die potestas über die terra Burgundiae et Provinciae zu, beschränkte jedoch durch seine Vermählung mit→Beatrix v. Burgund (1156) den zähring. Tätigkeitsbereich auf den Raum zw. Jura und Alpen, zu dessen Sicherung Berthold IV. 1157 die Stadt→Freiburg i. Üchtland (Fribourg) gründete. Die Gft., seit 1189 Pfgft. B. stand seitdem unter Friedrichs bzw. Beatrix' († 1189) direkter Verwaltung (Bau der Königspfalz →Dole am Doubs). Im äußersten S des Kgr.es B. setzte sich der Entfremdungsprozeß im 12. Jh. fort. 1125 wurde die →Provence geteilt. Das Gebiet südl. der Durance fiel an den Gf. en v. →Barcelona, Lehnsträger des Kg.s v. →Aragón, das Gebiet zw. Durance und Isère an den Gf. en v. →Toulouse, Lehnsträger des frz. Kg.s. Abgesehen von einem vorübergehenden, 1162 vertragl. abgesicherten Ausgleich mit Gf. →Raimund Berengar v. Barcelona war das Verhältnis zu Friedrich I. meist gespannt. Die Streitpunkte ergaben sich u. a. aus dem alexandrin. Schisma sowie der Unterstützung rivalisierender Herren, wie der Herren v. Les →Baux, Crémieux, →Forcalquier oder der Bf. e. Da auch die Unterstützung durch die Gf. en v. Dauphiné und Savoyen keineswegs auf die Dauer gesichert war, nahm Friedrich I. seit 1157 wieder die schon von Konrad III. vorgezeichnete Politik der Privilegierung der Bischofskirchen auf. Lehenrechtl. begründete Reichsunmittelbarkeit und Regalienrecht verknüpften sich in den zahlreichen Diplomen, welche die Stellung der Episkopates, insbes. auch durch die Übertragung der Stadtherrschaften, stärken sollten. Bes. ausgezeichnet wurden die Erzstühle →Arles, →Besançon, →Lyon, →Vienne. Die Zeit Friedrichs I. bedeutete zweifellos den Höhepunkt stauf. Herrschaft in B., das seit der Mitte des 12. Jh. auch Kgr. →Arelat genannt wurde. R. Kaiser

Q.: R. POUPARDIN, Recueil des actes des rois de Provence (855–928), 1920 – TH. SCHIEFFER, MGH. Die Urkk. der burg. Rudolfinger, 1977 –
Lit.: P. FOURNIER, Le royaume d'Arles et de Vienne (1138–1378), 1891 – G. DE MANTEYER, Les Origines de la Maison de Savoie en Bourgogne (910–1060), 3 Bde, 1899–1904 [Neudr. 1978] – R. POUPARDIN, Le royaume de Provence sous les Carolingiens (855–933?), 1901 – L. JACOB, Le royaume de Bourgogne sous les empereurs franconiens (1038–1125), 1906 – R. POUPARDIN, Le royaume de Bourgogne (888–1038), 1907 – G. DE MANTEYER, La Provence du Ier au XIIe s., 2 Bde, 1908–26 – E. FOURNIAL, La souveraineté du Lyonnais au Xe s., M–A 62, 1956, 413–452 – F. BAETHGEN, Das Kgr. B. in der dt. Kaiserzeit des MA (DERS., Mediaevalia I, 1960), 25–50 – B. BLIGNY, L'Eglise et les ordres religieux dans le royaume de Bourgogne au XIe et XIIe s., 1960 – J.-Y. MARIOTTE, Le royaume de Bourgogne et les souverains allemands (888–1032), Mém. soc. pour l'hist. du droit et des institutions des anciens pays bourguignons, comtois et romands 23, 1962, 162–183 – H. BÜTTNER, Heinrichs I. Südwest- und Westpolitik, 1964 – Die Alpen in der europ. Gesch. des MA (VuF 10, 1965 [mit Beitr. von: H. E. MAYER, H. BÜTTNER, B. BLIGNY, G. TABACCO u. a.]) – H. BÜTTNER, Friedrich Barbarossa und B. Stud. zur Politik der Staufer während des 12. Jh. (VuF 12, 1968), 79–119 – H. GERNER, Lyon im FrühMA. Stud. zur Gesch. der Stadt, des Ebm.s und der Gft. im 9. und 10. Jh., 1968 – H. D. KAHL, Die Angliederung B.s an das ma. Imperium, Schweizer. Numismat. Rundschau 48, 1969, 13–105 – J.-P. POLY, La Provence et la société féodale (879–1166), 1976 – HEG I, 642–649 [TH. SCHIEFFER] – TH. SCHIEFFER, Gesch. Überblick im Spiegel der Urkk., in: MGH. Die Urkk. ... (s. o. unter Q.), 3–35 [grundlegend] – L. BOEHM, Gesch. B.s, 1979 – vgl. auch die Lit. zu →Arelat – zum Recht: COING, Hdb. I, 627f., 635.

5. Burgund, Freigrafschaft. Die Entstehung der Freigft. (Franche-Comté) B. (diese Bezeichnung ist erst seit dem 14. Jh. belegt), später auch »comté de Bourgogne d'Outre-Saône« (Gft. v. B. jenseits [d. h. links] der Saône)

gen., geht auf die Machtstellung zurück, die sich im Norden des Kgr.es der →Rudolfinger der zweite Sohn →Richards des Justitiars, →Hugo der Schwarze (914–952), geschaffen hatte. Noch zu dessen Lebzeiten hat dann Letald, der Sohn des Gf.en Alberich von Mâcon, begonnen, sich in dieser Region festzusetzen, ebenso sein Bruder Humbert, erster bekannter Herr v. →Salins. Die Gft.en Amous, Portois, Varais und Escuens fielen an Letald (952–965); nach dem Tod seines zweiten Sohnes Alberich (Aubry) II. gelangte B. an seine Enkelin (?) Gerberga und danach an →Ott-Wilhelm († 1027), den Sohn der Gerberga und des Adalbert v. Ivrea. Als Nachkommen Ott-Wilhelms regierten nacheinander Rainald I. (1027–57), →Wilhelm d. Gr. (1057–87) und Rainald II.; die Fs.en erkannten die Oberherrschaft der dt. Kg.e aus dem Haus der Salier an. Die Heirat Rainalds II. mit Regina v. Oltingen hatte ein Ausgreifen in das Gebiet östl. des Jura zur Folge; doch wurde diese Expansion nach der Ermordung Wilhelms des Deutschen (1126) und Wilhelms III. (1127), des Sohnes bzw. Enkels Rainalds II., unterbrochen; die →Zähringer gewannen in diesem Gebiet die Oberhand.

Ein anderer Zweig der Familie, der auf Stephan I., einen anderen Sohn Wilhelms d. Gr., zurückging, besaß die Gft.en zw. Saône und Jura. →Beatrix, die Tochter Rainalds III. (1127–48), brachte sie in ihre Ehe mit →Friedrich Barbarossa ein, welcher die Gft. seinem Sohn →Otto I. (1190–1208) übertrug, dem mit dem Titel »Pfalzgraf v. B. (comes palatinus de Burgundia)« sein Schwager Otto II., Gf. v. →Andechs und Hzg. v. →Meranien, und dessen Sohn Otto III. (1231–48) nachfolgten. Daneben führte eine jüngere Linie, die von Wilhelm, dem Bruder Rainalds III., abstammte, den Titel »Gf. v. B.«: Etienne (Stephan) II. und Etienne III. besaßen als hauptsächl. Herrschaftszentrum die Festung →Auxonne. Doch trat der Sohn von Etienne III., Jean (Johann), i. J. 1237 Auxonne und die (durch Heirat erworbene) Gft. →Chalon an den Hzg. v. Burgund ab und erhielt im Austausch dafür die Terra →Salins (mit reicher Saline), die zum Ausgangspunkt für die Bildung eines bedeutenden Territoriums wurde, in deren Verlauf der Regionaladel gezwungen wurde, den Gf.en als Oberherrn anzuerkennen. Dies setzte Johann in die Lage, seinen ältesten Sohn, Hugues (Hugo) v. Chalon, mit Beatrix, Tochter Ottos III. und Witwe Philipps v. Savoyen, zu verheiraten: Otto IV., Pfalzgraf und Herr v. Salins 1279–95, war der Enkel des Jean de Chalon.

Auf die Nachkommen des zweimal wiederverheirateten Otto IV. gehen die beiden Linien Chalon-Arlay und Chalon-Auxerre zurück. Sie konkurrierten miteinander sowie mit der pfalzgräfl. Hauptlinie; an diesen Machtkämpfen beteiligte sich auch eine weitere Nebenlinie des gfl. Hauses, deren ältestes Mitglied den Titel »Gf. v. Vienne« führte.

Jean de Chalon-Arlay trat, gegen Pfalzgraf Otto IV., als Parteigänger →Rudolfs v. Habsburg auf, der ihm seine Herrschaftsrechte über die Reichsstadt →Besançon, das Münzrecht und den Zoll am Col de Jougne abtrat. Otto, der enge Beziehungen mit →Robert II., Hzg. v. Burgund, unterhielt, entschloß sich dagegen, seine Grafschaftsrechte in Burgund an Philipp IV., Kg. v. Frankreich, abzutreten; dieser übertrug sie seinem zweiten Sohn Philipp, der Ottos Tochter Jeanne heiratete.

Der Gf. v. B. hatte seine Macht am Anfang des 11. Jh. auf den nördl. Teil der Gft. →Atuyer im Westen der Saône ausgedehnt. Doch gelang es ihm nicht, den →Elsgau (Ajoie) um →Montbéliard (Mömpelgard) zu erwerben. Die Hzg.e v. Burgund erweiterten demgegenüber im Lauf des 13. Jh. den Bereich ihrer Lehnshoheit, die sich nun auch über einen beträchtl. Teil der gfl.-burg. Besitzungen erstreckte. Die Ebf.e v. →Besançon, bes. Hugo v. Salins (1031–66) und seine Nachfolger, hatten ihrerseits die Stadtherrschaft über Besançon gefestigt; es gelang den Gf.en nicht, sie aus dieser Position zu verdrängen. Daneben bedrohte ein mächtiger Adel zunehmend die Position der Gf.en.

Bedeutendste Besitzungen der Gf.en waren: →Dole, dessen Burg von Friedrich Barbarossa neuerrichtet wurde; →Gray, für das Otto IV. die Errichtung einer Univ. plante; Vesoul, Arbois und Poligny. Neben den landwirtschaftl. genutzten Gütern war das einträglichste Besitztum der Gf.en die Saline von Salins, deren Förderung unter Jean de Chalon reaktiviert worden war und deren Erträge bald diejenigen der Salinen von Grozon und Lons-le-Saunier in den Schatten stellten. Der Kg. v. Frankreich, der in den Jahren 1295–1301 den Widerstand des Adels in der Gft. brach, setzte das Werk der grundherrl. und administrativen Reorganisation fort; die Gft. wurde in zwei *bailliages* (→bailli) aufgeteilt: Amont und Aval; einer dieser beiden Gerichtsbezirke dürfte dem Wittum der Gfn. →Mahaut d'Artois, Witwe des Gf.en Otto († 1303), entsprechen.

Kg. Philipp V. überließ die Gft. seiner Tochter Jeanne (Johanna), die sie ihrem Gemahl Odo IV., Herzog v. Burgund, in die Ehe einbrachte (1330). Dieser hatte mit Aufständen des Lehnsadels in der Gft. zu kämpfen, an deren Spitze sich das Haus Chalon-Arlay gestellt hatte, ebenso mit Widerständen von seiten des Ebf.s. Sein Enkel →Philippe de Rouvres folgte ihm als Gf.; nach seinem Tod (1361) kam die Gft. an eine andere Tochter Kg. Philipps, Margarete v. Frankreich, die Mutter des Gf.en v. Flandern, →Ludwig v. Maele, dem sie →Philipp der Kühne, Hzg. v. Burgund, allerdings nur für kurze Zeit, bestritt. Durch seine Heirat mit der Tochter von Ludwig, →Margarete v. Flandern (1386), konnte sich Philipp dann den Besitz der Gft. endgültig sichern. Die Freigft. B. war bis 1493 mit dem Hzm. B. vereinigt; dann verblieb sie, im Unterschied zum Hzm., beim Haus Habsburg (bis zur »Réunion« mit Frankreich 1674–78). J. Richard

Lit.: P. FOURNIER, Le royaume d'Arles et de Vienne, 1891 – J. Y. MARIOTTE, La Franche-Comté sous les Hohenstaufen, 1963 – Hist. de Besançon, hg. C. FOHLEN, Bd. 1: Des origines à la fin du XVIe s., 1964 [dort Livre II: B. DE VREGILLE, S. J., Les Origines chrétiennes et le haut MA, 143–321] – Hist. de la Franche-Comté, hg. R. FIÉTIER, 1977 – G. MOYSE, La Bourgogne septentrionale et particulièrement le diocèse (de) Besançon de la fin du monde antique au seuil de l'âge carolingien (V^e–VIIIe s.) (VuF XXV, 1979, 467–488). – J. P. REDOUTEY, La F.-C. au MA, XIIIe–XVe s., 1979 – Recht: COING, Hdb. I, 628f., 635.

Burgunder

I. Geschichte – II. Archäologie.

I. GESCHICHTE: [1] *Landnahme und Herrschaftsbildung:* B. oder Burgunden (Burgundi, Burgundiones), ostgerm. Volk, das von der Weichselmündung her über die Gebiete der späteren Lausitz und Mark Brandenburg bis an den oberen Main und in den Odenwald gewandert war und danach teilweise den Rhein überschritt und sich in der Gegend von Worms (Borbetomagus) ansiedelte. Hier ist 413 der burg. Kg. →Gundahar (Gunther) als röm. Foederatenkönig nachweisbar. Die östl. des Rhein verbliebenen Burgunder wurden von den →Hunnen, die 437 das burg. Kgr. vernichteten, unterworfen; die Erinnerung an diese gewaltsamen Auseinandersetzungen lebt in der Nibelungensage fort (→Nibelungen, -sage, -lied); in ihr sind auch die Namen dreier kgl. Brüder genannt, die im Prolog der →»Lex Burgundionum« als Gundahar, Gislahar und Gundomar erscheinen.

Der röm. Feldherr →Aëtius führte die überlebenden B. 443 in die →Sapaudia (und zwar wohl in die Region zw. dem Neuenburger und Genfer See und das Gebiet südl. des letzteren), wo sie gegen die →Alamannen eingesetzt wurden. Andere burg. Gruppen schlossen sich um 451 an, weitere nach dem Zusammenbruch des Attila-Reiches, das linksrhein. B. freisetzte. Ihnen hatten sich offensichtl. hunn. Volksteile hinzugesellt, die sich innerhalb der burg. Gräberfelder durch die von den Hunnen praktizierte artifizielle Schädelverformung identifizieren lassen (s. Abschnitt II). Als Zeitraum der Neubildung des burg. Königreiches können die Jahre zw. 451 und 457 angenommen werden; seine Dynastie ging wohl – wie die früheren Burgunderkönige – auf →Gibica zurück, war aber ebenfalls eng mit den Kg.en der →Westgoten versippt. 457 schloß der weström. Ks. →Avitus mit den B.n einen Vertrag, der ihnen Foederatenrecht (→Foederaten) verlieh, und die röm. Großgrundbesitzer, die ja bereits 456 die B. nach Lyon gerufen und dort 461 aufgenommen hatten, mußten sich zur Abtretung von Teilen ihrer Domänen bereitfinden (Übergabe von zwei Dritteln der Pächter und eines Drittels des indominicatus, des Domänenlandes, an die burg. *faramanni*, die Teilnehmer der zur Landnahme führenden Heerfahrt). 463 wurde der burg. Kg. →Gundiok (Gundowech) magister militum per Gallias (→magister militum). Folgende burg. Herrscher waren ebenfalls röm. Heermeister: →Chilperich I. (477); →Gundobad, der vor seinem Kgtm. in Burgund höchster Befehlshaber der weström. Truppen (magister militum praesentialis) war, doch wegen seiner Unterstützung des Usurpators →Glycerius (473) von Ks. →Nepos aus Italien verdrängt wurde; schließlich→Sigismund, der den →Patricius-Titel erhielt. Mit dem Oberbefehl über das (mit burg. Bevölkerungsteilen durchsetzte) röm. Heer in Gallien betraut, drängten die burg. Kg.e die Alamannen bis zur Aar und zur Reuss und nahmen ihnen die civitates →Langres u. →Besançon (ca. 475–480) ab. Das Verhältnis zu den Westgoten war von der Anerkennung der westgotischen Selbständigkeit durch Rom (475) bestimmt, so daß nur noch der SO Galliens vom romano-burg. Heer zu verteidigen war. Zur Sicherung des Westreiches gegen die →Ostgoten führten die B. 491 einen Feldzug nach Oberitalien durch, bei dem die Poebene geplündert wurde; schließlich gelangten sie jedoch zu einem Modus vivendi mit den Ostgoten. Gundobad war auch bestrebt, einen Ausgleich mit dem Kg. der Franken, →Chlodwig, herbeizuführen. In der 2. Hälfte des 5. Jh. sicherten sich die B. zunächst durch den magister militum →Ricimer (463), dann durch Ks. Nepos (475) den Besitz des Gebietes von →Vienne.

I. J. 500 wurde Gundobad von Chlodwig angegriffen und durch seinen Bruder →Godegisel verraten; in Avignon belagert, kam ihm der Westgotenkönig →Alarich II. zu Hilfe, so daß Gundobad den Nordteil seines Königreiches (wohl ohne das Gebiet von →Nevers) wiedererobern und Godegisel ausschalten konnte (507). Gundobad verstärkte die Verbindung mit seinen röm. Untertanen und trat in ein Bündnis mit Chlodwig ein, wobei er an einem Feldzug des Frankenkönigs gegen die Westgoten teilnahm. Die Intervention des ostgot. Kg.s hinderte Gundobad jedoch, die bereits besetzten Territorien zu halten und warf die B. wieder auf die Durance-Linie zurück (507–510). Damit umfaßte das burg. Kgr. ein Gebiet, das sich mit den späteren Kirchenprovinzen →Lyon, Besançon, Vienne und →Tarentaise nahezu deckte.

[2] *Das Burgunderreich und seine romanischen Untertanen:* Anscheinend hatten die B. schon während der Regierung des Gundahar das kath. Christentum angenommen; nach ihrer Ansiedlung in der Sapaudia gingen sie aber – wohl unter westgot. Einfluß – zum Arianismus über. In dieser Periode entstanden Kirchenbauten, und ein arian. Klerus bildete sich heraus. Doch wurde dadurch das Einvernehmen mit den (kath.) Romanen nicht nennenswert getrübt, auch nicht mit dem Episkopat. Teile der burg. Oberschicht bekannten sich auch weiterhin zum Katholizismus, so die Kgn. Caretene, Witwe Chilperichs I., die ihre Nichten, die Töchter Chilperichs II., kath. erzog; unter ihnen war die hl. →Chrodechilde, die später den frk. König →Chlodwig heiratete und zu dessen Übertritt zum kath. Christentum beitrug. Nach 502 knüpfte Gundobad engere Beziehungen zum hl. →Avitus, Bf. v. Vienne, an; seine beiden Söhne traten zum Katholizismus über, und der ältere, Sigismund, gründete 515 das Kl. →St-Maurice d'Agaune. Nach dem Tod des Vaters (516) berief Sigismund die Synode v. →Epaône (Epao) ein, die den Arianismus verbot.

Auf weltl. Gebiet scheint die gallo-röm. Bevölkerung die burg. Herrschaft ohne Widerstände akzeptiert zu haben. Der Briefwechsel des →Sidonius Apollinaris bezeugt gutes Einvernehmen. Mitglieder des Senatorenadels hatten bedeutende Positionen am burg. Königshof inne. So wurde ein Syagrius als »Solon der Burgunder« bezeichnet, wohl weil er dem kgl. Pfalzgericht vorstand. Möglicherweise waren in jeder civitas zwei comites eingesetzt: ein Römer, der die Rechtsprechungs- und Verwaltungsbefugnisse für die röm. Bevölkerung ausübte, und ein Burgunder mit entsprechenden Kompetenzen für die germ. Bewohner. Die Existenz zweier Rechte ist ein Zeugnis dieses Dualismus: Unter Gundobad entstanden die »Lex Burgundionum« und die »Lex Romana Burgundionum«. Wie es scheint, wurde die »Lex Burgundionum« revidiert, um den Römern das gleiche Recht zum Waffentragen und das gleiche Wergeld wie den B.n einzuräumen (25. März 502).

[3] *Machtverteilung und dynastische Auseinandersetzungen:* Die Königsgewalt wurde offenbar gleichzeitig von Gundiok und seinem Bruder Chilperich I. ausgeübt; später von den Söhnen des Gundiok: Gundobad, Chilperich II., Gundomar und Godegisel. Der älteste dürfte Oberherrscher gewesen sein, er residierte in →Lyon; einer der jüngeren Brüder hatte →Genf als Sitz; im Umkreis dieser Stadt scheint, nach den archäolog. Funden, die dichteste burg. Besiedlung bestanden zu haben. Es sind Gerichtsverhandlungen belegt, die bei Volksversammlungen geführt wurden und in deren Verlauf der Kg. seine constitutiones erließ.

Wie aus anderen Reichen der Völkerwanderungszeit sind auch bei den B.n dynast. Auseinandersetzungen überliefert. Godegisel verband sich mit Chlodwig gegen Gundobad, der ersteren jedoch ausschaltete, Sigismund ließ seinen Sohn Sigerich i. J. 522 töten, vielleicht weil er ihn des geheimen Paktierens mit den Ostgoten, die wiederum die Arianer im Burgunderreich unterstützt haben sollen, verdächtigte. Wie dem auch gewesen sein mag: die Ostgoten griffen das Burgunderreich an, um Sigerichs Tod zu rächen.

[4] *Das Ende des Burgunderreiches:* Unter Ausnutzung des ostgot. Angriffes fielen die drei Söhne des frk. Herrschers Chlodwig, →Chlodomer, →Childebert I. und →Chlothar I., in das Burgunderreich ein, und Chlodomer bemächtigte sich des Kg.s Sigismund, den er 523 mit Frau und Kindern töten ließ; doch wurde er im folgenden Jahr, 524, selbst bei Vézeronce von Sigismunds Bruder →Gundomar besiegt und erschlagen. Damit konnte der Bestand

des burg. Reiches – durch das Bündnis des Kg.s Gundomar mit dem ostgot. Kg. →Theoderich – noch bis zum Tod des letzteren und einige Jahre darüber hinaus gesichert werden. 532 wurde der burg. Kg. bei Dijon geschlagen und mußte fliehen. Das burg. Kgr. wurde dem→Frankenreich eingegliedert (→Burgund, Fränkisches Teilreich).

J. Richard

Q.: MGH AA VI, 2: Alcimi Ecdicii Aviti Vienensis episcopi Opera, ed. R. PEIPER, 1883 [Neudr. 1961; Briefe, auch der Kg.e]–MGH LNG I, 2: Leges Burgundionum, ed. L. R. v. SALIS, 1892 [Neudr. 1973] – Die Gesetze der B., ed. F. BEYERLE, 1936 (Germanenrechte, 10; vgl. H. NEHLSEN, HRG III) – *Lit.*: HOOPS² IV, 224–271 [H. BECK, G. NEUMANN, H. ROSENFELD, H. H. ANTON, P. BERGHAUS, M. MARTIN] – C. BINDING, Das burg.-roman. Kgr. von 443 bis 532, 1868 – A. JAHN, Gesch. der Burgundionen und Burgundiens, 2 Bde, 1874 – F. DAHN, Die B. (Die Kg.e der Germanen 11, 1908) – E. STEIN, Die Organisation der weström. Grenzverteidigung im 5. Jh. und das Burgunderreich am Rhein, Ber. der Röm.-Germ. Kommission des Dt. Archäol. Instituts Berlin 18, 1928, 92–114 – A. COVILLE, Recherches sur l'hist. de Lyon du Ve au XIe s., 1928 – F. LOT, Les invasions germaniques, 1935, 1945², 172ff. – E. GAMILLSCHEG, Romania Germanica 3, 1936 – H. ZEISS, Stud. zu den Grabfunden aus dem Burgunderreich an der Rhône, SBA. PPH 7, 1938 – K. D. SCHMIDT, Die Bekehrung der Germanen zum Christentum, 1939 L. SCHMIDT, Die Ostgermanen, 1941², 129ff. [Neudr. 1969] – R. WENSKUS, Stammesbildung und Verfassung, 1961 (vgl. DERS., HEG I, 230–235) – J. BLEIKER, Das Burgunderproblem in germanist. Sicht, Vox Romanica 22, 1963, 13–58 – M. BECK, R. MOOSBURGER-LEU, S. SONDEREGGER, Volks- und Sprachgrenzen in der Schweiz im FrühMA, SchZG 13, 1963, 433–534 – R. GUICHARD, Essai sur l'origine du peuple burgonde, 1965 – O. PERRIN, Les Burgondes, 1968 – W. KIENAST, Stud. über die frz. Volksstämme des FrühMA, 1968, 23ff. – L. GANSHOF, Royaume burgonde, V^e–VIe s., Teil von J. GILISSEN [Hg.], Introduction bibliographique à l'hist. du Droit et à l'Ethnologie juridique, 1972 [mit weiterer Lit.] – E. DEMOUGEOT, La formation de l'Europe et les invasions barbares II, 2, 1979, 491ff., 649ff. – Von der Spätantike zum FrühMA, hg. J. WERNER – E. EWIG, VuF XXV, 1979, 411ff., 447ff., 469ff. [M. MARTIN, J. WERNER, G. MOYSE] – R. W. MATHISEN, Francia 7, 1979 (1980), 597ff., 604ff. – W. GOFFART, Barbarians and Romans, A.D. 418–584. The Techniques of Accomodation, 1980, 127ff. – Des Burgondes à Bayard. Mille ans de MA (Kat. Grenoble 1981).

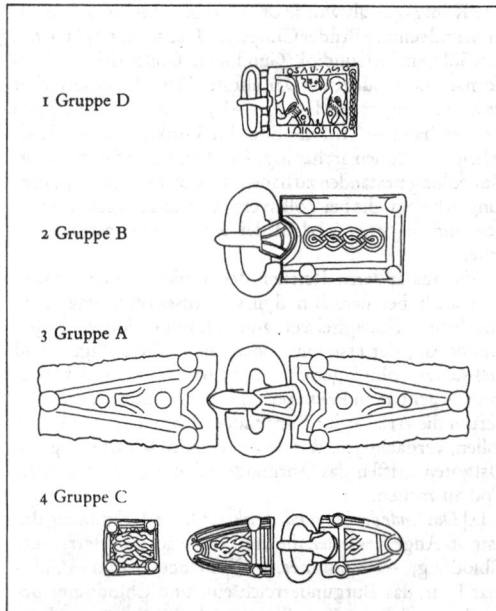

Fig. 3: Gürtelschnallen und -garnituren des frk. Teilreichs Burgund (Gruppe D: Bronze – Gruppen B, A, C: Eisen, oft tauschiert oder plattiert).

II. ARCHÄOLOGIE (443–700): Der archäolog. Fundstoff aus dem burg. Kgr. (bis 534) und aus den (innerhalb seiner Grenzen gelegenen) Gebieten des frk. Teilreiches Burgund (nach 534; →2. Burgund, frk. Teilreich) stammt fast durchweg aus Gräbern, weshalb Überlieferung und Auswahl durch das Totenbrauchtum, d. h. die Sitte der Grabbeigabe, bestimmt sind; Funde anderer Art, bauliche Reste und sakrale Gegenstände sind vergleichsweise selten. – Im 5. Jh. bestattete die provinzialröm. Bevölkerung und auch die Mehrheit der zugezogenen B. beigabenlos. Der größte Teil der Funde stammt aus Gräbern der Zeit nach 534, da erst nach 500 und noch mehr seit der frk. Eroberung die Toten zunehmend mit Beigaben ausgestattet wurden. Wegen ungenügender Edition der sich laufend vermehrenden Bodenfunde sind die archäolog. Aussagen über die B. und Romanen z. Z. noch stark eingeschränkt.

[1] *Die Zeit von 443–534:* Archäolog. Zeugnisse der i. J. 443 in der Sapaudia einquartierten reliquiae Burgundionum sind spärlich und nur dank histor. Quellen interpretierbar: Durch Kontakte mit den →Hunnen im früheren Kgr. um →Worms sind östl. Metallspiegel und artifizielle Schädelverformung zu erklären. Diese Elemente sowie germ. Fibeln der 2. Hälfte des 5. Jh. konzentrieren sich auf die Landschaften um →Genf, d. h. die Sapaudia; im Westen reichen sie vereinzelt bis zur Saône. Die polit. Entfaltung des burg. Kgr.es, die nicht mit größeren Bevölkerungsverschiebungen verbunden gewesen sein muß, dürfte kaum archäolog. Spuren hinterlassen haben. – Die Zahl der einquartierten B. wird auf 10 000–25 000 geschätzt. Die einheim. Romanen dürften selbst in der Sapaudia etwa drei Viertel (in den anderen Gebieten einen größeren Teil) der Bevölkerung gebildet haben. Diese Zahlenverhältnisse, das Kulturgefälle und das Eherecht zwischen B.n und Romanen begünstigten die rasche Assimilierung der Burgunder. Laut den Schriftquellen und nach dem fast gänzlichen Aussterben der burg. Sprache muß diese von der frz. Forschung als »fusion progressive« bezeichnete Verschmelzung der beiden ungleich großen Gruppen früh eingesetzt haben und rasch vor sich gegangen sein. Dies bestätigen auch die archäolog. Funde des 6. und 7. Jh.

[2] *Die Zeit von 534–700:* Seit der Eingliederung ins frk. Reich (→Frankenreich; →2. Burgund, fränkisches Teilreich), zum Teil schon vorher, wächst der archäolog. Fundstoff stetig an, in erster Linie eine Folge der sich nach frk. Vorbild einbürgernden merow. Beigabensitte. Seit etwa 600 dürfte aber auch ein mit dem Landesausbau (→Kolonisation und Landesausbau) verbundener Bevölkerungsanstieg hinzugekommen sein. Im Verlaufe des 7. Jh. geht die Beigabensitte bereits wieder zurück und stirbt gegen 700 aus.

Die große Masse der sog. »burg.« Gräber und -felder enthält die Bestattungen beider Bevölkerungsteile, d. h. der roman.-burg. Gesamtbevölkerung. Viele Friedhöfe sind nur wegen der früheren Beigabenlosigkeit nicht ins frühere 5. Jh. zurückzuverfolgen. Der archäolog. Fundstoff des 6. und 7. Jh. läßt sich ethnisch nicht mehr trennen und ist größtenteils romanischer Tradition u. Produktion. Eine eigenstl. burg. Handwerkstradition und Funde burg.-germ. Art sind nach 534 nicht mehr nachzuweisen, wohl aber einzelne Grabgruppen mit frk. Grabbrauch und Fundmaterial, die auf frk. Ansiedlungen (an verkehrsgeograph. wichtigen Stellen) schließen lassen.

Der Fundüberlieferung entsprechend sind uns v. a. Schmuck, die (erhalten gebliebenen) Bestandteile der Tracht, Bewaffnung, Gerät und Geschirr bekannt. Diese Belege der materiellen Kultur vermitteln auch Einblick in

Bereiche wie Kunsthandwerk, Wirtschaft und Handel; durch die Gräber und Gräberfelder sind Totenbrauchtum und teilweise auch religiöse Vorstellungen zu erschließen, wogegen beim Siedlungswesen erst allgemeine Angaben zu Siedlungsweise und -dichte möglich sind, da kaum Siedlungen bekannt sind.

Bei den Frauen bildete ein breiter →Gürtel mit metallenen Gürtelteilen ein markantes Trachtelement: Auf ältere, aus spätantiker Tradition erwachsene Schnallen mit rechteckigem Beschlag aus Bronze (vgl. Abb. 1, Gruppe D) und aus (oft durch→Tauschierung verziertem) Eisen (vgl. Abb. 2, Gruppe B) folgten im mittleren 7. Jh. zweiteilige eiserne Garnituren mit trapezförmigen Beschlägen (vgl. Abb. 3, Gruppe A); die Schnallen der noch ins 6. Jh. zu datierenden Gruppe D, darunter die Danielschnallen (Darstellung von Daniel in der Löwengrube) und verwandte Serien mit christl. Bildthemen, wurden auch von Klerikern getragen (Reliquiarschnallen, vgl.→Reliquiar). Alle diese Gürtelteile, die früher aufgrund ihrer Verbreitung für burg. gehalten wurden, waren typischer Trachtschmuck der roman. (und romanisierten) Bevölkerung des frk. Teilreiches Burgund. – Zum Schmuck gehörten ferner insbes. auch Scheibenfibeln, Ohr- und Fingerringe.

Beim Mann war gemäß der Entwicklung im gesamten merow. Kulturkreis im 6. Jh. noch ein schmaler Gürtel mit kleiner Schnalle üblich, der um 600 von einem breiteren, oft mit 2–3 Beschlägplatten geschmückten Gürtel (vgl. Abb. 4, Gruppe C) abgelöst wurde. Unter den spärlicher als im frk. und alamann. Gebiet mitgegebenen Waffen steht das einschneidige Schwert (Skramasax) an erster Stelle; daneben finden sich vereinzelt auch Lanzen und Pfeile.

Den Hauptteil des Geschirrs stellt die sog. »burg.« →Keramik, durchweg Scheibenware aus roman. Werkstätten. Glasgefäße sind seltener und wie das Bronzegeschirr einer wohlhabenden Bevölkerungsschicht vorbehalten. M. Martin

Lit.: HOOPS² IV, 248–271 [M. MARTIN; Lit.] – J. WERNER, Die roman. Trachtprovinz Nordburgund im 6. und 7. Jh., VuF XXV, 1979, 447ff. – H. GAILLARD DE SEMAINVILLE, Les cimetières mérovingiens de la Côte chalonnaise et de la Côte mâconnaise, Revue archéologique de L'Est et du Centre-Est, 3ᵉ Suppl., 1980.

Burgundio v. Pisa, * ca. 1110, † 30. Okt. 1193, ⌐S. Paolo a Ripa d'Arno, Pisa; Richter und Gesandter, bedeutender Übersetzer. [1] *Leben:* Eltern quellenmäßig nicht eindeutig erfaßbar, zwei seiner Söhne gelangten in Pisa zum Konsulat. B. war bereits in jüngeren Jahren durch seine (im Pisanerviertel zu Konstantinopel erworbene?) Kenntnis des Griech. bekannt, wie aus seiner Erwähnung als sprachkundiger Beobachter bei der Disputation →Anselms v. Havelberg 1136 mit dem Metropoliten Niketas v. Nikomedeia über polit. und theol. Differenzen zw. Byzanz und dem Westen hervorgeht. Seit 1140 fungiert B. in Urkunden über Rechtshandlungen als rechtskundiger Zeuge. 1151 erfolgte der Abschluß der im Auftrag des aus Pisa stammenden Papstes Eugen III. angefertigten Übersetzung der Homilien zum Matthäusevangelium des →Johannes Chrysostomos. Von 1152 bis zum Schisma 1159 führt B. regelmäßig den Titel »iudex sacri Lateranensis palacii« bzw. »apostolice sedis«. 1155 und 1164 wird er als einer der jährl. wechselnden öffentl. bestellten Richter (iudices publici) der Kommune →Pisa erwähnt. Urkunden aus dieser Amtstätigkeit fehlen, wohl aber ist seine Teilnahme an geistl. Gerichten dokumentiert. Diplomat. Missionen führten ihn im Auftrag seiner Heimatstadt 1156 nach Arborea (Sardinien) und 1168–71 nach Konstantinopel. Im Anschluß an diese Gesandtschaftsreise übersetzte er für das Seelenheil seines in Konstantinopel verstorbenen Sohnes die Homilien zum Johannesevangelium des Johannes Chrysostomos, die 1173 fertiggestellt und dem Laterankonzil von 1179 vorgelegt wurden. Die Widmung seiner Übersetzung der Abhandlung »De sectis medicorum« das Galen an einem Kg. Heinrich (Heinrich VI.?) datiert von 1185. B.s Grabinschrift in S. Paolo a Ripa d'Arno in Pisa ist dort erhalten.

[2] *Übersetzungen:* Woher B. die griech. Hss. erhielt, die ihm als Übersetzungsvorlagen dienten, ist nicht bekannt, doch ist Konstantinopel zu vermuten. (Von ihm sind lat. Adnotationes zu folgenden griech. Hss. erhalten: Laur. 74.5, 74.18, 74.25, 74.30 und Paris. gr. 1849 [N. G. WILSON, unpubl. Information].) Als Hauptwerk seiner theol. Übersetzungen (neben den bereits genannten Chrysostomos-Homilien muß noch die Übertragung von Basileios' »In Isaiam« angeführt werden) ist »De fide orthodoxa« anzusehen (dritter Teil der πηγή γνώσεως des Johannes v. Damaskos, ebenfalls auf Anregung Eugens III. entstanden). Mit diesem weitverbreiteten Werk vermittelte B. der frühscholast. Theologie starke Impulse. Der Radius seiner Übersetzungstätigkeit umfaßte jedoch auch philosoph.-anthropolog. Abhandlungen wie »De natura hominis« des →Nemesios v. Emesa (1165, Ks. Friedrich I. gewidmet), Schriften über die Landwirtschaft (Auszüge aus den →Geoponika) sowie verschiedene med. Abhandlungen des →Galen, darunter »De complexionibus«, »De interioribus« und »De naturalibus facultatibus« (B.s Version dieser Schrift hatte kein arab. Gegenstück). Für die scholast. Rechtswissenschaft ist B. durch seine Übersetzungen der griech. Stellen der Digesten (→Corpus iuris civilis) wichtig. Alle Übersetzungen B.s sind äußerst zuverlässig und – in den Grenzen der von ihm angewandten Methode der Wiedergabe »de verbo ad verbum« (die er im Prolog zu seiner Übersetzung der Chrysostomos-Homilien zum Johannesevangelium darlegt) – auch durchweg verständlich formuliert. Er war ein recht behutsamer Sprachschöpfer: Die Neologismen, die er in seiner (undatierten) Übersetzung von »De interioribus« verwendet, machen nur 6,16% des gesamten dort benutzten Wortschatzes aus. B., der bei seinen Zeitgenossen als Autorität für das Griechische galt, verdient vollauf das Epitheton »optimus interpres«, als den ihn seine Grabinschrift rühmt. R. Durling

Ed.: Johannes Chrysostomos, De fide orthodoxa: E. M. BUYTAERT, 1955 – Nemesios, De natura hominis: G. VERBEKE – J. R. MONCHO, 1975 – Galen, De complexionibus: R. J. DURLING, 1976 – Galen, De interioribus: DERS. [in Vorber.] – *Lit.:* C. H. HASKINS, Stud. in the Hist. of Medieval Science, 1927², 144ff., 197–206 – P. CLASSEN, B. v. P., Richter, Gesandter, Übersetzer (SAH. PH 4, 1974).

Burgundofarones, merow. Adelsfamilie aus Meaux. Die B. zählen in der ersten Hälfte des 7. Jh. zu den herausragenden Familien der austrischen Führungsschicht. Nach dem Bericht des →Jonas v. Bobbio (Vitae Columbani I, II) ist für die Wirksamkeit dieser Familie in der Region Brie die Nähe zum kolumban. Mönchtum (→Columban) und zum Kgtm. bestimmend geworden. Durch Jonas kennen wir den als vir nobilis und conviva →Theudeberts II. (I, 26) bezeichneten *Chagnerich* und dessen Ehefrau *Leudegund* sowie zwei seiner fünf Kinder: *Burgundofara* (hl. Fara), die durch Columban als Kind bereits geweiht wird (I, 26), die spätere Äbt. des auf Eigengut errichteten Kl. Eboriacum (→Faremoutiers; II, 7), und *Chagnoald* (I, 26), der 626/627–vor 633/634 als Bf. v. Laon amtiert. Jonas erwähnt auch *Burgundofaro* (hl. Faro) als Bf. v. Meaux (vor 637–673/75; II, 21), ohne ihn jedoch als Sohn Chagnerichs zu bezeichnen. Als solcher findet er sich im Testament der Burgundofara von 633/634 (RHE 60, 1965, 816–820), die daneben auch *Chagnulf*, den comes des pagus Meaux, und *Agnetrade* als weitere Geschwister nennt. Der Besitzschwerpunkt der Familie liegt um Meaux (II, 7). Weiterer Besitz wird in Louvres bei Paris überliefert. Chagnerich entstammt ohne Zweifel der frk. Führungsschicht. In seiner auch frk. versippten Familie (Gibitrud: II, 12) finden sich ausnahmslos zweigliedrige germ. Personennamen; drei seiner Kinder variieren den Namen des Vaters. Die auffälligen Namen Burgundofaro bzw. -fara der wohl erstgeborenen Kinder sind ein Indiz dafür, daß diese frk. Familie aus Burgund nach Austrien kommt, zunächst als Anhänger Theuderichs II., ehe sie dann in der Umgebung Dagoberts I. angetroffen wird (Burgundofaro und Chagnulf). H. Ebling

Lit.: DHGE XVI, 506–531, 643–665 [J. GUEROUT]– E. EWIG, Spätantikes und frk. Gallien I. (Beih. der Francia 3/1, 1976), 256–258.

Burgus. Der mlat. Begriff 'burgus' und seine Entsprechungen in den germ. und roman. Volkssprachen kann einerseits eine Befestigung, andererseits eine Siedlung bezeichnen. 'Burgus' scheint ursprgl. ein terminus technicus des röm. Militärwesens gewesen zu sein; es bezeichnete in der Kaiserzeit einen befestigten Wehrbau (oft turmartig) von geringen Ausmaßen; in diesem Sinn wird der Begriff in einer lat. Inschrift aus dem Jahre 185 n. Chr. und auch bei Vegetius (Ende des 4. Jh.) und Sidonius Apollinaris (2. Hälfte 5. Jh.) gebraucht. Im 8. Jh. erscheint erstmals in den »Formulae turonenses« 'b.' als Bezeichnung für eine Siedlung. Der Gebrauch des Wortes in dieser Bedeutung erfährt im 9. und 10. Jh. weite Verbreitung in der urkundl. Überlieferung des Loire- und Saônetals, d. h. im alten regnum Burgund und im Norden des regnum Aquitanien. Burgus bezeichnete nun die sich an die →civitas, den Kern der (→Bischofs-)Stadt, anschließenden Stadtviertel, die außerhalb der Mauern des castrum lagen und (häufig) ihren topograh. Ausgangspunkt von suburbanen Monasterien nahmen; der Gebrauch von 'b.' wurde rasch auf alle Siedlungen, die einem Kl. unterstanden, ausgedehnt, auch wenn diese rein agrar. Charakter trugen. Diese frühesten burgi waren in der Regel offene unbefestigte Siedlungen. Doch wurde seit dem 10. Jh. eine bestimmte Anzahl derartiger Siedlungen durch Mauerbau verteidigungsbereit gemacht. 'B'. scheint insgesamt eine den Begriffen →'vicus', →'suburbium' und →'portus', welche die ältesten Kaufleutesiedlungen bezeichnen, sehr nahe liegende Bedeutung besessen zu haben. Schließlich wurde im 11. und 12. Jh. – und zwar in den gleichen Regionen – der Begriff auch auf rein agrar. und unbefestigte Siedlungen angewandt, die zugleich von den alten Städten mit antiker Tradition (civitas) und dem traditionellen →Dorf (villa) abgehoben wurden; diese burgi wurden von weltl. oder geistl. Grundherren planmäßig gegründet, um in ihnen die wachsende Bevölkerung zu konzentrieren; sie schlossen sich topograph. an bestehende Burgen, Kl. oder Dörfer an.

Damit hat das Wort 'b.' in den roman. Sprachen schon frühzeitig vielfältige Bedeutungen, die sich voneinander ableiten und keinen direkten Bezug zum ursprgl. Wortsinn haben, angenommen: extra muros gelegene Vorstadt einer civitas; an eine Burg oder an ein Kl. angelehnte Siedlung städt. Charakters; Siedlung ländl. Charakters, welche einer Burg oder einem Kl. unterstand. Diese semant. Entwicklung scheint sich – bei allen Verschiebungen und differierenden Nuancen – sowohl in Frankreich, Spanien als auch in Italien parallel vollzogen zu haben.

Dagegen blieb in den germ. Ländern der ursprgl. Wortsinn weit länger erhalten. In Deutschland bezeichnet *burg* bis zum 12. Jh. zwar manchmal eine civitas in Hinblick auf ihr Verteidigungssystem, meist aber doch die →Burg im engeren Sinne. Doch wurde seit dem 12. Jh. der Begriff 'b.' auf neugegr. Siedlungen, die nicht notwendig befestigt waren, ausgedehnt. In dem einen oder anderen Sinn wurde -burg(us) zum Bestandteil zahlreicher Ortsnamen. In den fläm.-ndl. Gebieten bezeichnete 'b.' zunächst die Befestigungen; doch verwischte sich seit den letzten Jahren des 11. Jh. die Unterscheidung zw. dem befestigten Siedlungskern und der von ihm abhängigen Agglomeration; von dieser Zeit an wurde 'b.' insgesamt für diejenigen Teile der Stadt, die aus einem castellum mit zugehörigen, mehr oder weniger stark befestigten Siedlungseinheiten bestand, gebraucht.

Im ags. England bezeichnete der Begriff →*burh* ursprgl. alle Befestigungen, von denen nur einige wenige um bereits bestehende Siedlungen angelegt wurden. Im Zuge der städt. Entwicklung, die nach der norm. Eroberung Englands (1066) einsetzte, wurde das von burh abgeleitete Wort →*borough* zur speziellen Bezeichnung der mit städt. Privileg *(franchise)* ausgestatteten Städte. In den Gebieten germ. Sprache schwand zwar ebenso wie in den roman. Ländern die Assoziation des Begriffs 'b.' mit 'Befestigung' weitgehend, doch wurde der Begriff im allgemeinen nicht auf eine ländl. Siedlung, sondern auf eine Stadt angewandt.

Rechtl. gesehen, besaßen die Bewohner der als b. definierten Siedlungen, die auf ein mehr oder weniger hohes Alter zurückblicken konnten, eine Sonderstellung gegenüber der sonstigen Bevölkerung. Hieraus resultierend entwickelte der Begriff 'burgensis', der in den roman. Ländern seit dem Beginn des 11. Jh. auftritt und eben den 'Bürger' dieser privilegierten b.-Siedlungen bezeichnete, bald eine weitreichende rechtl.-verfassungsmäßige und soziale Dynamik; der Begriff benannte nun diejenigen, die, in welcher Form auch immer, an den Privilegien, die diese städt. Siedlungen besaßen, partizipierten.

Topographisch waren die Siedlungen dieses Typs im allgemeinen auf engem Grundriß und häufig als regelmäßige Plansiedlung errichtet. Die Lage zu der ursprgl. Kernsiedlung war entweder die einer seitl. Erweiterung (etwa vor einem Tor), oder die Siedlungen lagen in konzentr. Kreisen um die Kernsiedlung, oder aber der b. lag als topograph. eigenständige Siedlung in der Nähe, aber nicht in unmittelbarer Nachbarschaft eines Kl., etwa bei einer Brücke oder entlang einer Straße. Diese Form von b.-Siedlungen, welche die stärkste Dynamik entfalteten, befanden sich in stetigem Wachstum. Handelte es sich zunächst um offene Siedlungen, so wurden nachfolgend mehrere Mauerzüge errichtet, was zur Isolierung dieser Siedlungen vom flachen Land entscheidend beitrug. Bei den Befestigungen der b.-Siedlungen gab es zwei Haupttypen: zum einen eine gewachsene und regellose Form, bei der öfter – entsprechend der allmähl. Herausbildung neuer Viertel – Erweiterungen, die sich an die alten Befestigungsanlagen anlehnten, erfolgten; zum anderen eine planmäßige Form der Befestigung, deren Entstehung allerdings selten vor dem 13. Jh. einsetzte: sie umfaßte die Gesamtheit der einzelnen gewachsenen Viertel, die vorher ein Eigenleben geführt hatten, zu einem topograph.-städtebaulichen Ensemble; damit schloß sie auch unbebaute Flächen zw. einzelnen Vierteln ein. →Stadt. G. Fournier

Lit.: R. GENESTAL, La tenure en bourgage dans les pays régis par la coutume de Normandie, 1901 – J. TAIT, The medieval Engl. Borough, 1936 – R. LATOUCHE, Un aspect de la vie rurale dans le Maine au XIe et au XIIe s.: L'établissement des bourgs, M-A, 47, 1937, 44–64 – G. FASOLI, Ricerche sui borghi franchi dell'alta Italia, RSDI 15, 1942,

139–214 – P. A. Fevrier, Le développement urbain en Provence de l'époque romaine à la fin du XIVᵉ s., 1964 – H. van Werveke, »Burgus«: versterking of nederzetting?, 1965 – L. Musset, Peuplement en bourgage et bourgs ruraux en Normandie du Xᵉ au XIIIᵉ s., CCMéd 9, 1966, 177–183 – M. W. Beresford – H. P. R. Finberg, Engl., medieval boroughs: a Hand-list, 1973 – S. Reynolds, An introduction to the hist. of Engl. Medieval Towns, 1977 – E. Ennen, Frühgesch. der europ. Stadt, 1979³ – A. A. Settia, Lo sviluppo degli abitati rurali in alta Italia: villaggi, castelli e borghi dall'alto al basso medioevo, Medioevo rurale, 1980, 172–184 – A. Debord, Les bourgs castraux dans l'ouest de la France, Châteaux et peuplements en Europe occidentale du Xᵉ au XVIIIᵉ s. (Flaran I, 1980), 57–73.

Burgvogt → Vogt

Burgwall, slavischer. Von den vielen tausend slav. Burgwällen haben bes. Interesse die geweckt, die durch die schriftl. Überlieferung als Fürstensitze identifiziert werden konnten. Häufig waren sie zwei- bzw. mehrteilig, d. h. von Beginn an oder zu einem frühen Zeitpunkt (8./9. Jh.) sind vor der Burg gelegene offene Siedlungen in die Befestigungsanlagen einbezogen worden. Charakteristische Beispiele derartiger Anlagen sind die Burgwälle von →Brandenburg, →Gnesen, →Posen oder →Danzig. Alle sind in günstiger Verteidigungslage und am Schnittpunkt wichtiger Kommunikations- und Handelslinien angelegt worden. Brandenburg und Gnesen gaben freilich später ihre Funktion an die günstiger gelegenen Burgwälle von →Spandau und Posen ab, die zu landesherrl. Residenzen wurden. Fast ausnahmslos entwickelten sich Burgwälle solcher Art zu frühma. Städten. In den Vorburgsiedlungen konnten Handwerke nachgewiesen werden, die vermutl. den Bedarf des Burgherrn und seiner Leute deckten. Im Maß früher Urbanität unterscheiden sich Küstenanlagen wie Danzig oder auch →Kolberg, →Alt-Lübeck bzw. →Oldenburg/Holst. deutlich von binnenländ. Burgwällen. In Danzig z. B., das spät gegen Ende des 10. Jh. aus wilder Wurzel gegründet wurde, konnten z. B. Goldschmiede, Schuhmacher, Gerber, Schmiede, Töpfer, Drechsler, Zimmerleute, Böttcher, Bootsbauer nachgewiesen werden. Andere Teile der Bevölkerung lebten vom Fischfang bzw. der Schiffahrt (Handel und Seeraub). Innerhalb des Walles fanden sich ca. 250 Häuser, die auf etwa 1000 Einw. im 10./11. Jh. schließen lassen. Neben Fischern, Seeleuten, Händlern und Handwerkern haben wir auch mit dem Fs.en und seiner Gefolg- und Dienerschaft zu rechnen. Im alten Hafenbereich befand sich die Zollstelle und der Handelsplatz. Vgl. auch →Burg; →Burgbezirk, slavischer. L. Dralle

Lit.: A. Warschauer, Gesch. der Stadt Gnesen, 1918 – E. Keyser, Neue Forsch. über die Entstehung der Stadt Danzig, Zs. des westpreuß. Geschichtsvereins 75, 1939, 55–137 – W. Hensel, Najdawniejsze stolice Polski, 1960 – Ders., Les origines de la ville Poznań (Ergon 3, 1962), 459–464 – A. Zbierski, The Early Mediaeval Gdańsk in the Light of Recent Researches (KHKM 10, 1962), 418–434 – K. Jażdżewski, La genèse de la ville de Gdańsk, son développment et son artisanat au haut MA (KHKM 10, 1962), 410–417 [auch: Ergon 3, 1962] – K. Żurowski, Gniezno, stołeczny gród pierwszych Piastów, w świetle źródeł archeologicznych (Początki państwa polskiego II, 1962), 61–90 – W. Hensel-J. Żak, Poznań im frühen MA (ArchPol 7, 1964), 258–276 – A. Zbierski, Początki Gdańska w świetle najnowszych badań kompleksowych (Sprawozd. Gdańskiego Tow. Nauk 2, 1975), 253–256 – K. Grebe, Die Brandenburg(Havel) – Stammeszentrum und Fürstenburg der Heveller (Ausgrabungen 21, 1976), 156–159 – H. H. Andersen, Der älteste Wall von Alt-Lübeck (Lübecker Schr. zur Archäologie und Kulturgesch. 5, 1981), 81–94 – K. Struve, Starigard-Oldenburg-Brandenhuse (Offa-Ergbd. 7 [im Dr.]).

Burgward, Burgwardverfassung. Im Zusammenhang mit der Errichtung der Markgrafschaften im Zuge der expansiven Ostpolitik unter Otto I. wurden auch die Burgwarde (B.e) als kleinste administrative Einheiten geschaffen. Sie dienten der Sicherung der Reichsgrenze, der Beherrschung des eroberten Slawenlandes und dem Schutz der Bevölkerung. Ein System von Burgbezirken bestand bereits seit karol. Zeit an der Saalelinie; es diente wahrscheinl. als Vorbild für die B.e der otton.-salischen Zeit. Die →Marken wurden in Burgbezirke gegliedert, die in den Quellen seit der Mitte des 10. Jh. als *burgoware, burgwardium* oder *burgwardum* bezeichnet werden. Das Auftreten eines neuen Namens deutet auf qualitative Veränderungen in der Sache hin. Der Zusammenhang mit der ersten Phase der dt. Ostexpansion ist aus der Verbreitung der B.e ablesbar (vgl. die Karten bei W. Schlesinger; W. Hessler). Das sorbische Siedlungsgebiet bis zur Elbe ist mit einem dichten Netz von B.en überzogen, dgl. der Magdeburger Raum etwa bis zur Havel. Der weitere Ausbau der Burgwardverfassung wurde in der →Nordmark durch den →Slavenaufstand 983 verhindert.

Ein B. bestand aus einer Befestigung am Burgwardhauptort und einem dazugehörigen Landbezirk von unterschiedl. Größe (10–20 Dörfer). Die Burg dürfte eine einfache Holz-Erde-Konstruktion mit einem Wachtturm gewesen sein. Manche Anlage bestand aus Vor- und Hauptburg, denn die Bevölkerung des B.s, die im 10. und 11. Jh. noch fast ausschließl. slav. Herkunft war, fand dort Zuflucht (961 DO I 222a:»omnes Sclavani, qui ad predictas civitates confugium facere debent«). Sie war zum Burgenbau (Burgwerk, →Burg), Wachtdiensten und Abgaben *(Burgkorn, Wachkorn)* verpflichtet. Befehlshaber war wohl der *custos, praefectus* oder *dominus urbis*. Ob die erst später bezeugten Burgmannen (castresnes, castellani) aus der Burgwardverfassung stammen, ist unsicher. Die Wehrorganisation der Hauptburgen der Marken (→Meißen) kann nicht ohne weiteres auf die der B.e übertragen werden.

Da zumindest das Altsiedelland von der Burgwardverfassung lückenlos erfaßt wurde, dürfte der B. auch eine Funktion in Verwaltung und Rechtspflege gespielt haben. Bezeugt ist die Erhebung von Abgaben, Zehnten und Tributen im Rahmen des Burgwards. Der Burgwardhauptort mit Befestigung und Wirtschaftshof besaß gewiß eine örtl. Zentralfunktion. In der älteren Forschung ging man davon aus, daß die B.e auch die Grundlage für die Pfarrorganisation gebildet haben, so daß sich B. und Parochie entsprechen. In der neueren Forschung wird die Theorie von der »Burgward-Kirche« abgelehnt. Allerdings sind manche Burgwardhauptorte auch zu kirchl. Mittelpunkten geworden.

Die Blütezeit des Burgwardsystems war die 2. Hälfte des 10. und das 11. Jh., dann setzte ein rascher Verfall der Burgwardverfassung ein. Der fortschreitende Landesausbau mit dt. Kolonisten (→Ostsiedlung, →Kolonisation und Landesausbau) und die Ausbildung der Territorialfürstentums (→Landesherrschaft) führten zur Schaffung andersartiger Verwaltungseinrichtungen. Auf der einen Seite suchte das Kgtm. seine Position durch die Errichtung von kgl. Burggrafschaften (→Burggraf, -schaft), der Ansiedlung von Reichsministerialen (→Reichsministerialität) und den Ausbau des Reichsterritoriums →Pleißnerland zu sichern, auf der anderen Seite schufen sich die Landesherren in den Ämtern und Vogteien eigene Verwaltungsbezirke. Die Frage der räuml. Kontinuität zw. den B.en und der späteren Landesgliederung bedarf weiterer Untersuchungen.

In der Forschung wird die Herleitung der Burgwardverfassung unterschiedl. beurteilt. In der älteren Forschung nahm man an, daß diese Institution slav. Ursprungs ist, da das Burgenwesen bei den slav. Völkern stets eine wichtige Rolle gespielt hat (→Burg, →Burgbezirk, slav.). In der neueren Forschung hat sich hingegen die Auffassung vom dt. Ursprung weitgehend durchgesetzt. Man sieht in der Burgwardverfassung die Übertragung des Systems der frk. Burgbezirke auf die östl. Marken. Eine vermittelnde Position nahm R. KÖTZSCHKE ein, der in der Burgwardverfassung eine Mischung aus dt. und slav. Elementen sieht. H. K. Schulze

Lit.: B. KNÜLL, Die Burgwarde [Diss. Tübingen 1895] – E. O. SCHULZE, Die Kolonisierung und Germanisierung der Gebiete zw. Saale und Elbe, 1896 – R. KÖTZSCHKE, Die dt. Marken im Sorbenland (Festg. G. SEELIGER zum 60. Geburtstag, 1920), 79–113 – H. F. SCHMID, Die Burgbezirksverfassung bei den slav. Völkern, JKGS, NF 2, H. 2, 1926, 81–132 – W. SCHLESINGER, Burgen und Burgbezirke (Von Land und Kultur, Fschr. R. KÖTZSCHKE, 1937), 61–91 [Nachdr. W. SCHLESINGER, Mitteldt. Beitr. zur dt. Verfassungsgesch. des MA, 1961, 158–187) – W. HESSLER, Mitteldt. Gaue des frühen und hohen MA, AAL, Philol.-hist. Kl. 49, H. 2, 1957.

Burgwerk →Burg

Burh (ae. 'befestigter Platz') bezeichnete ursprgl. alle Formen von →Befestigungen, ihre Errichtung und Instandsetzung war eine der drei allgemeinen militär. Verpflichtungen, die zuerst in Urkunden aus →Mercien ab ca. 750 bezeugt sind (→Trimoda necessitas). Außer über Hereford und Tamworth ist jedoch wenig über die ältesten b.s in Mercien bekannt. Die b.s des frühma. England, die bis jetzt archäolog. identifiziert wurden, waren überwiegend Volksburgen, die weltl. und kirchl. Gemeinschaften Rückzugsmöglichkeit und Schutz boten. Sie erhielten im 9. Jh. eine entscheidende militär. und polit. Bedeutung als Zentren des Widerstandes gegen die Einfälle aus Skandinavien. Aus vielen dieser Burgen gingen Städte hervor, das von b. abgeleitete Wort →borough wurde zur spezif. Bezeichnung befestigter Städte. N. P. Brooks

Lit.: M. BIDDLE, The Development of the Anglo-Saxon Town, Sett. cent. it. 21, 1974, 217–230 – P. RAHTZ, The Archaeology of West Mercian towns (Mercian Studies, hg. A. DORNIER, 1977), 107–130.

Burh-gemōt, burh-riht. Das burh-gemōt, die Gerichtsversammlung des →borough, der engl. Frühstadt, tagte um die Mitte des 10. Jh. dreimal jährlich (III Edgar 5. 1; LIEBERMANN, Gesetze der Angelsachsen I, 202), es kann in London eher mit der späteren Dingversammlung als mit dem →husting verglichen werden. Der Aufgabenkreis des burh-gemōt umfaßte neben anderen Rechtsangelegenheiten Streitfälle um Grundbesitz. Die burh-witan (→witan) von Exeter, Totnes, Lydford und Barnstaple, die von dem Bf. v. Crediton i. J. 1018 in Kenntnis gesetzt wurden, daß er ein Grundstück auf Lebenszeit gegen eine Anleihe verpfändet habe (A. S. NAPIER-W. H. STEVENSON, Crawford Charters IV, Dorsalnotiz), sowie die zwölf judices von Chester, die zwölf *lagemen* von Lincoln und Stamford und die vier judices von York (Domesday Book I, 262f, 298a, 336a, b) gehörten in ihren boroughs wahrscheinl. den dortigen burh-gemōts an. Diese Richter sind alle in Quellen des 11. Jh. belegt. Im frühen 11. Jh. wurde das burh-riht, das Recht des borough, vom ländl. *landriht* abgehoben (Episcopus 6; LIEBERMANN, Gesetze I, 477). Das burh-riht dürfte bes. Handelsvorschriften und andere Fälle, die rascher Rechtshilfe bedurften, betroffen haben; die Rechtsprechung wurde vermutl. von den →*reeves* des borough *(port gerefan)* geleitet sowie von den in den boroughs ernannten Zeugen. Kg. Edgar schrieb in großen boroughs 36 Zeugen, in kleineren 12 vor (IV Edgar 3; LIEBERMANN, Gesetze I, 210). Kg. Knut d. Gr. versuchte, hinsichtl. der Reinigungseide den boroughs einheitl. Regelungen aufzuerlegen (II Cn 34; LIEBERMANN, Gesetze I, 336). Eine große Vielfalt anderer Regelungen findet sich im→Domesday Book. P. H. Sawyer

Lit.: J. TAIT, Medieval Engl. Borough, 1936, 30–66 – S. REYNOLDS, An introduction to the Hist. of Engl. Medieval Towns, 1977 – B. LYON, A constitutional and legal hist. of medieval England, 1980², 69–73.

Buridan, Jean → Johannes Buridanus

Büriden (Böriden), türk. Dynastie, die 1104–54 →Damaskus und sein Umland beherrschte, gegr. von dem Atabeg Tuġtakîn. Je nach der Interessenlage der Stadt, deren wirtschaftl. und kulturelles Leben, eingebettet in ein System halbautonomer Institutionen, aufblühte, koalierten die B. mit den verschiedenen muslim. und chr. Parteien; der 2. →Kreuzzug gegen Damaskus machte diese Politik unglaubwürdig und bereitete die Annexion durch →Nūr ad-Dīn v. Aleppo, den Promotor islam.-orthodoxer Erneuerung im Kampf gegen die Christen, vor.
U. Haarmann

Lit.: R. LE TOURNEAU, Damas de 1075 à 1154, 1952.

Burke, ir. Familie → Burgh

Burkhard v. Hall, Geschichtsschreiber, * in Schwäbisch Hall, † 4. Aug. 1300 in Wimpfen im Tal, ☐ ebd. Der Priester B. trat nach 1278 in das Säkularkanonikerstift St. Peter zu →Wimpfen im Tal ein und wurde dort 1296 Dekan. Er verfaßte neben Besitz- und Zinsverzeichnissen eine knappe Gesch. seines Stifts, die ab 1250 (cap. 6–14) eigenständige Nachrichten bringt und um 1330 durch Diether v. Helmstatt bis in diese Zeit fortgesetzt wurde.
R. Jooß

Ed.: H. BOEHMER, MGH SS 30,1, 659–677 – *Lit.:* H. BOEHMER, Die Reform des Ritterstifts St. Peter zu Wimpfen im Tal, Archiv für hess. Gesch., NF 4, 1906, 283–347.

Burkhart. 1. B. IV. v. Fenis, Bf. v. →Basel seit 1072, * um 1040, † 12. April 1107 in Basel. Sohn des burg. Gf.en Ulrich v. Fenis (Stammburg Vinelz am Bieler See). An der Domschule zu Eichstätt zum Geistlichen erzogen, kam B. spätestens 1069 nach →Mainz, wo er Kämmerer Ebf. Siegfrieds I. wurde und möglicherweise auch Propst (von St. Alban?) war. Von →Heinrich IV. wurde er 1072 zum Bf. erhoben, dem er zeitlebens treu ergeben blieb. B. nahm an der Wormser Synode 1076 (→Worms, Reichstag und Synode) teil, auf welcher die Absetzung →Gregors VII. ausgesprochen wurde. Auf →Canossa empfing er zusammen mit Heinrich IV. die Absolution (1077). In der Folge unterstützte er diesen in der Abwehr des Gegenkönigtums →Rudolfs v. Schwaben. 1084 folgte er Heinrich IV. nach Italien, der noch am Tage der Einnahme Roms seine treuen Dienste durch die Schenkung der Burg Rappoltstein im Elsaß (DH. IV. 356) honorierte. Bereits 1080 hatte er von diesem Herrscher die Gft. Härkingen im Buchsgau (DH. IV. 327) erhalten. Auf einer Synode kaiserfeindl. Bf.e zu Quedlinburg 1085 wurde B. erneut gebannt. Auch während der letzten Regierungsjahre Heinrichs IV. weilte er mehrfach in der Umgebung des Ks.s, von dem er 1095 mit der Abtei →Pfäfers (DH. IV. 443) begabt wurde.

Trotz unbeirrbarer Parteinahme für Heinrich IV. war B. gleichwohl aufgeschlossen gegenüber den monast. Bestrebungen seiner Zeit. Das 1083 von ihm gegr. Kl. St. Alban (→Basel, Abschnitt IV) unterstellte er →Cluny. Nach Kräften förderte B. die wirtschaftl. und polit. Entwicklung Basels, insbes. durch die von ihm veranlaßte Ummauerung der Stadt. T. Struve

Q. und Lit.: DHGE X, 1228f. – LThK² II, 793 – NDB III, 24 – Helvetia Sacra, I, 1, 1972, 169f. [Lit.] – A. BURCKHARDT, Bf. Burchard v. Basel 1072–1107, JSchG 7, 1882, 59–89 – G. MEYER v. KNONAU, JDG H. IV. und V. 2–5, 1894–1904 [Nachdr. 1964–65], passim – R. MASSINI, Das Bm. Basel z. Z. des Investiturstreites [Diss. Basel 1946], 103–162 – P. RÜCK, Die Urkk. der Bf.e von Basel (Q. und Forsch. zur Basler Gesch. 1, 1966), 37–40, 40–54.

2. B. v. Hohenfels, späthöf. Lyriker der 1. Hälfte des 13. Jh. B.s Stammburg ist Hohenfels bei Sipplingen, nahe dem Bodensee; der Autor wird mit dem (staufischen?) Ministerialen identifiziert, der von 1212 bis 1227 bei Friedrich II., Heinrich (VII.) und 1242 beim Bf. v. Konstanz bezeugt ist. Die 18 in der Großen→Heidelberger Liederhs. vorzüglich überlieferten Lieder entfalten die im frühen 13. Jh. verfügbare Minnethematik: »Klassische« Lieder (IV, VI), unterschiedl. allegorisierende (II, IX, XVI, XVII), didakt. (XIII) und szen. im Stil →Walters von der Vogelweide und →Neidharts (I, VII, XI, XV). Letzterer Typ verwendet rondelartige Formen, daneben stehen gleichversige Kanzonen für Rational-Allegorisches und solche aus Vierheberstollen und komplizierten Abgesang für eher frei Metaphorisches. Während diese Form unabhängige Neuentwicklung zu sein scheint, ist bei den anderen der Einfluß nordfrz. Unterhaltungskunst zu vermuten (RANAWAKE).

B.s Verwendung des ornatus difficilis (→Ornatus) in der Minnelyrik läuft parallel mit Tendenzen in der Epik (→Wolfram v. Eschenbach). In seinem Werk artikuliert sich die Verfügung über die lit. Themen und Typen, die durch formale und sprachl. Komplexität aktualisiert und neu aussagekräftig werden; daneben steht virtuose Eleganz des Metrisch-Rhythmischen, die ihn mit→Gottfried v. Neifen verbindet. Mit diesem rechnet man ihn dem Literaturkreis um König Heinrich (VII.) zu, sein Liederkorpus ist in diesem Rahmen das vielgestaltigste und differenzierteste. B.s artist. Position, in der Beherrschung der lit. Tradition »meisterliche« Bildung und Gedankenführung zu demonstrieren, wird von späteren Autoren wie →Heinrich Frauenlob weiterentwickelt. – B.s Lied I wurde von Hugo v. Hofmannsthal in den »Jedermann« übernommen. V. Mertens

Ed.: Dt. Liederdichter des 13. Jh., ed. C. v. KRAUS, 1978², I, 33–51 [Text]; II, 31–52 [Komm.] – Lit.: Verf.-Lex.² I, 1135f. – HUGO KUHN, Minnesangs Wende, 1967², 7ff., 188 u. ö. – H. JAEHRLING, Die Gedichte B.s v. H., 1970 – S. RANAWAKE, Höf. Strophenkunst (MTU 51), 1976 [Register] – J. VORDESTEMANN, Zu B. v. H. »Mich müet daz sô maniger sprichet« [ed. C. v. KRAUS, Liederdichter, 6, XVI] (K. RUH–W. SCHRÖDER, Beitr. zur weltl. und geistl. Lyrik des 13. bis 15. Jh., 1973, 40ff.) – CH. GERHARDT, B.s v. H. »Nâch des aren site ir êre« [ed. C. v. KRAUS, Liederdichter, 6, II] (ebd., 54ff.) – W. MOHR, Goethes Gedicht »Wiederfinden« und der Frühlingsreigen B.s v. H. (Fschr. F. BEISSNER, 1974), 256ff. – H. RÖLLEKE, Mhd. Lieder in Hugo v. Hofmannsthals »Jedermann«, Jb. des Freien Dt. Hochstifts 1978, 488ff.

Burleigh, Walter → Walter Burleigh

Burley, Simon, Günstling →Richards II., Kg. v. England, * 1336, † im Mai 1388. B. wird von Jean →Froissart als kluger und edler Ritter geschildert. Er durchlief eine bemerkenswerte militär. Karriere; in der Schlacht v. →Nájera (1367) diente er unter dem Schwarzen Prinzen. 1377 Erzieher Richards, wurde er dessen enger Freund und Vertrauter. B. war eines der führenden Mitglieder des Hofkreises der frühen 1380er Jahre. Vom Kg.reich mit Besitzungen und Ämtern ausgestattet, wurde B. bald zur Zielscheibe der baronialen Opposition, die sich gegen Kg. Richards Politik gebildet hatte. 1388 wurde er angeklagt, den jungen Kg. angestiftet zu haben, sich mit einem korrupten Hof zu umgeben. Nach langwierigen Diskussionen um B.s Schicksal wurde dieser im Mai 1388 hingerichtet. Der Kg. hat denjenigen, die ihm die Hinrichtung seines Freundes aufgezwungen hatten, nie verziehen.
J. A. Tuck

Lit.: T. F. TOUT, Chapters in Medieval Administrative Hist. III, 1928 – A. TUCK, Richard II and the Engl. Nobility, 1973.

Burnell, Robert, seit 1274 Kanzler *(chancellor)* v. England, seit 1275 Bf. v. Bath und Wells, † 25. Okt. 1292. Vertrauter Eduards I., dem er seit seiner Jugend diente, wurde 1274 Kanzler und spielte bei der Rechts- und Verwaltungsreform, in den walis. Kriegen und bei der strittigen Thronfolge in →Schottland eine bedeutende Rolle. Seine Stellung ermöglichte es ihm, sich in Shropshire einen umfangreichen Besitz zu errichten. Eduard versuchte zweimal erfolglos, ihn zum Ebf. v. Canterbury wählen zu lassen, was u. a. an seinem schlechten Lebenswandel scheiterte. Als Bf. v. Bath und Wells zeigte er große Fähigkeiten. M. C. Prestwich

Lit.: DNB, s. v. – F. M. POWICKE, The 13th Century, 1953.

Burnus (im Maghrib *barnūs* [marokkan. *səlhām*] < aram. < lt. *birrus* [gall.?], βίρρος), bes. in N-Afrika üblicher Pelerinenumhang mit (oder ohne) Ärmel und Kapuze, aus weißem oder dunkelfarbigem Wollstoff oder Seide, v. a. winters getragen; geht vielleicht auf das sagum der röm. Soldaten (< kelt. σάγος?) zurück. →Kleidung.
H.-R. Singer

Lit.: R. DOZY, Dict. . . des noms des vêtements, 1845, 73–80, 194f. [falsch *zulḥām*] – LexArab, 276f. – S. FRAENKEL, Die aram. Fremdwörter im Arab., 1886 [1962], 50 – L. BRUNOT (Mél R. BASSET I, 1923), 109–111 – W. MEYER-LÜBKE, Roman. etymolog. Wb., 1935³, Nr. 1117a – W. v. WARTBURG, Frz. Etymolog. Wb., 19, 1967, 27f.

Bürokratie →Beamtenwesen

Bursa (in dieser Form schon in den osman. Quellen des SpätMA), Stadt in der Türkei (NW-Anatolien), 20 km südl. des Marmarameers am Fuße des Ulu Dağ/Olympos, von 1326 bis zur Einnahme von →Adrianopel Residenz der türk. Sultane (→Osmanen, Osman. Reich). Das schon in der Antike wegen seiner Warmbäder beliebte Prusa ad Olympum wird in byz. Zeit seltener als andere bithyn. Orte genannt. Erst Ks. Isaak II. Angelos erhob es am Ende des 12. Jh. zur Metropolie Prusa. Nach längerer Belagerung erzwang →Orhan zw. dem 3. und 6. April 1326 die Übergabe der Festung. Gegen hohen Tribut wurde freier Abzug gewährt. Die Entwicklung B.s zum blühenden Mittelpunkt von Handel und Gewerbe wurde durch die Brandschatzung timurid. Truppen 1402, die Kämpfe der Thronbewerber und eine teilweise Belagerung durch Mehmed Qaraman 1413 unterbrochen, aber nicht aufgehalten. Der schon von frühen Beobachtern wie →Ibn Battuta (1332), →Schiltberger (nach 1396) und De la →Broquière (1432) als bedeutendste anatol. Stadt beschriebene Ort trat nun in Fernhandelsbeziehungen ein, denen zahlreiche Gewerbebauten dienten. Über Karawanenwege mit →Antalya, →Aleppo und →Tabriz verbunden, bildete B. den nach Ägypten wichtigsten Markt für Gewürze, Farben, Rohseide und Textilien zw. dem Osten und den it. Handelsrepubliken bzw. den Schwarzmeerländern. Grundlage des lokalen Handwerks war die Verarbeitung iran. Seide. Die ganz überwiegend muslim. Stadt entwickelte sich v. a. um die Moscheebauten und nekropolen Kerne der ersten fünf Sultane. Der überlieferte Baubestand repräsentiert rund ein Viertel der frühosman. Architektur (namentlich unter →Murād II.) mit Beispielen der Vielkuppelmoschee (Ulu Cami um 1400) und des typprägenden »B-Schemas« (vier Kuppelräume auf dem Grundriß in der Form eines umgekehrten T: →Moschee Murāds I. nach 1366), zu denen zahlreiche Bäder und Basargebäude treten. – Vgl. für die Provinz, deren Zentrum B. bildete, →Hudāvendigār vilāyeti. K. Kreiser

Q. und Lit.: RE XXIII, 1071–1086 – KL. PAULY IV, 1203f. – EI² I, 1333–1336 – İNALCIK, OE – E. H. AYVERDI, Osmanlı Mi'marîsinin ilk devri, 1966 – K. LIEBE-HARKORT, Beitr. zur sozialen und wirtschaftl. Lage B.s am Anfang des 16. Jh. [Diss. 1970] – E. H. AYVERDI, Çelebi ve II. Sultan Murad devri, 1972 – DERS., Fâtih devri, 1973–74 – R. JANIN, Les églises et les monastères des grands centres byz., 1975 – P.

SCHREINER, Die byz. Kleinchroniken, T. 2, 1977, 231f. – H. SAHILLIOĞLU, Onbeşinci yüzyıl sonunda Bursa'da iş ve sanayi hayatı: kölelikten patronluğa, 1980 (Mémorial Ömer Lûtfi Barkan, 179–188).

Bursa studiorum → Scholares

Burschaft, nhd. Wissenschaftsterminus zur Wiedergabe des mnd. Wortes *(gi)burskap* bzw. des mhd. Wortes *(gi)-burskaf.* Etymolog. gehört es zu ahd. *bur* (?) 'Landmann, Bauer (?)', *gibur* 'Hausangehöriger, Hausgenosse, Mitbewohner, Familiengenosse, Stammesgenosse, Dorfgenosse, Dorfnachbar, Nachbar, Anwohner, Umwohnender, Bürger (?), Bauer (?)', *giburo* 'Familiengenosse, Stammesgenosse, Dorfgenosse, Anwohner, Nachbar, Bürger (?), Bauer (?)', bzw. and. *'bur, gibur* 'Nachbar'. Dazu kennt schon das Abrogansglossar (→Abrogans) des 8. Jh. ein Adjektiv *giburskaflich,* das in der Wendung »gifeht giburskaflich hiwisklih« zur Übertragung von »(bellum) civile (domesticum)« dient und als 'die Stammesgemeinschaft, die Mitbürgerschaft betreffend' erklärt wird.

Dieser frühe Beleg ist allerdings ganz vereinzelt. Abgesehen von einer problematischen, in das Jahr 1025 gesetzten Nachricht vom Niederrhein über »viciniae, que vulgo burscaf vocantur«, finden sich Zeugnisse für *(gi)burskap, (gi)burskaft* nämlich erst am Ende des 12. Jh. (1180, 1187). Nach ihnen ist B. ein Personenverband (collegium, corpus, legio), zu welchem die Grundbesitzer (Vollerben, Halberben, evtl. Erbkötter in Westfalen) eines kleineren örtl. Bereiches gehören. Von daher stellt die B. eine lose, nicht notwendigerweise dörfl. Realgenossenschaft dar. Erst allmählich entwickelt sich aus ihr auch ein Gerichtsverband (Burding, → Burgericht) mit einem Burmeister (→Bauermeister) oder Burrichter an der Spitze, wobei hierfür vielfach herrschaftl. Einfluß entscheidend geworden sein dürfte.

Daß die B. ursprgl. ein loser →Nachbarschaftsverband war, zeigt sich nicht zuletzt daran, daß es B. außer auf dem Land auch in der Stadt gibt. Dort kann B. dann nicht nur das Bürgerrecht (Köln 1180), sondern auch bürgerl. Pflichten und Abgaben bezeichnen. Außerdem werden in Norddeutschland viele Städte in B.en geteilt. Von der B. sind →Gilde und →Markgenossenschaft zu unterscheiden. – Im 19. Jh. wird die Bauerschaft neben dem Kirchspiel als kleine ländl. Gemeinde eingeordnet. G. Köbler

Lit.: AhdWb I, 1968, 1555 – DtRechtswb I, 1281 – GRIMM, DWB I, 1183 – LEXER I, 398 – R. SCHILLER – A. LÜBBEN, Mnd. Wb. I, 1880, 456 – J. B. DEERMANN, Ländl. Siedlungs-, Verfassungs-, Rechts- und Wirtschaftsgesch. des Venkigaues..., 1912 – TH. ILGEN, Q. zur inneren Gesch. der rhein. Territorien I, 1, 1921 – F. STEINBACH, Stadtgemeinde und Landgemeinde, RhVjbll 13, 1948, 11 – W. SCHLESINGER, Burg und Stadt (Fschr. TH. MAYER, I, 1954, 97 [Beitrg. zur dt. Verfassungsgesch. des MA II, 1963]), 92 – A. HÖMBERG, Ortsnamenkunde und Siedlungsgesch., WF 8, 1955, 24 – K. S. BADER, Das ma. Dorf als Friedens- und Rechtsbereich, 1957 – K. KROESCHELL, Weichbild, 1960 – Die Anfänge der Landgemeinde und ihr Wesen, hg. TH. MAYER, (VuF VII, VIII, 1964).

Bursenreliquiar. Reliquienbehälter in Form und Funktion einer Bursa, aus dem griech. βύρσα 'Leder- bzw. Stoffbeutel'. Der entsprechende lat. Terminus byrsa (bursa) meint einerseits die liturg. Tasche für das →Corporale der Messe, zum andern als Hängevorrichtungen tragbare Reliquientasche. Textiles Beispiel ist ein byz. B. des 11. Jh. in Nürnberg (Germ. Nat. Mus.), wie aus Quellen und Abbildungen bezeugten abendländ. Parallelen aus kostbarem Zeug mit Zieraten, mit Zug verschließbar. – Der Begriff B. wurde auf nicht-textile Reliquiare des entsprechenden Typs übertragen, die zwischen dem 7. und 12. Jh. in Mitteleuropa sehr verbreitet waren. Sie bestehen in der Regel aus hölzernem Kern mit Beschlägen in verschiedenen Materialien: Kupferblech, Bronze, Silber, Gold, Bein. Die Maße variieren von ca. 5 bis 20 cm Breite bzw. Höhe, von ca. 2 bis 7 cm Durchmesser. Die charakterist. Tragevorrichtung, ganz oder fragmentarisch erhalten, entfällt bei der späteren Weiterentwicklung zum Kastenreliquiar. Morpholog. bestehen beträchtl. Unterschiede. Gemeinsam ist stets die rechteckige Grundfläche. Neben hausförmigen Beispielen (Utrecht, Beromünster, Andenne, St-Maurice, Chur, Dublin, Conques) sind trapez- bzw. keilförmige Stücke (Sitten, St-Maurice, Hildesheim) erhalten. Bes. häufig sind Exemplare mit eingezogenem Oberteil (St-Bonnet d'Avalouze, Berlin, Wien, Vercelli, Monza, Paris, Emmerich). Im oberen Abschluß Satteldach (Chur, Sens, Mortain) oder Walmdach (Utrecht, Muotathal, Conques). Als Bekrönung erscheinen Wulst (Andenne, St-Maurice, Paris), Kreuz mit Eckakroterien (Mortain), Firstkamm mit Löwenprotomen (Berlin, Monza), Steinbesatz (Wien), Figurengruppe (Ennabeuren). Verschluß durch Klappdeckel, meist durch Schiebedeckel am Boden. – Die künstler.-techn. Ausstattung der B. e ist bes. vielfältig und reicht von glatter Blechbekleidung mit Perlrändern, getriebenem oder graviertem Flechtband – u. a. Mustern, über Modeln gepreßten Motiven, getriebenen figürl. Darstellungen, bis zu Auflagen von Glasflüssen oder Edelsteinen, Zelleneinlagen sowie Zellenschmelzen. An den mit Bein beschlagenen B.en finden sich gravierte, geritzte oder reliefische Muster (Tournai, New York). – Auch die ikonograph. Kennzeichnung der frühma. B.e ist abwechslungsreich und durchdacht. Sie reicht von schlicht linearer Kennzeichnung über plumpe Darstellungen (St-Bénoit s. L.) zu unfigürl. oder figürl. Kompositionen, in denen sich das komplexe Bildprogramm des christl. Gotteshauses spiegeln kann (Berlin, Engerer B.). Bes. die Kreuzsymbolik spielt eine wichtige Rolle. Aus der materiellen und bildl. Gestaltung der B.e insgesamt geht die hohe Wertschätzung von Heiligenreliquien im frühen MA hervor. Wiederholt scheinen B.e auch als Chrismale (für die Eucharistie) gedient zu haben (Chur, Mortain, Muotathal). Einige B.e lassen die Verbindung zum frühma. Königtum erkennen (Stephansburse Wien, Reliquiario del Dente Monza). Auch im Herrscherzeremoniell (Krönungsordo) erwähnte, von Bf.en am Halse getragene Reliquiare sind wohl auf den Typus des B.s zu beziehen. V. H. Elbern

Lit.: RDK III, 225ff., 231ff. [J. BRAUN], – J. BRAUN, Die Reliquiare der christl. Kultes, 1900, 198ff., 505ff. – H. SCHNITZLER, Die Willibrordiarche (Der Mensch und die Künste, 1962), 394ff. – V. H. ELBERN, Das erste Jahrtausend – Tafelband, 1962, Nr. 139, 280, 285–287, 292, 314, 346–347, 394 – DERS., Das frühma. B. von Muotathal (Corolla Heremitana, 1964), 15ff. – Kat. Les Trésors des Eglises de France, 1965, Nr. 191, 403, 814, 1234 – V. H. ELBERN, Das Engerer B. und die Zierkunst des frühen MA, Ndt. Beitr. zur Kunstgesch. 10, 1971, 41; 13, 1974, 37ff.

Bursfelder Kongregation (Bursfelder Reform)
I. Geschichte – II. Verfassung – III. Spiritualität.

I. GESCHICHTE: Die Abtei Bursfelde OSB (an der Weser, nördl. Münden, Niedersachsen), gegr. 1093 von Gf. Heinrich v. →Northeim, geriet nach einer bescheidenen Blüte um 1240/50 im 14. Jh. in einen Niedergang, der erst 1433 durch die Wahl des Johannes →Dederoth, Mönches v. Northeim, zum Abt. v. B. beendet wurde. Der auf Betreiben Hzg.s Otto des Einäugigen v. Braunschweig Gewählte war bereits seit 1430 Abt v. →Clus bei Gandersheim. Nach 1433 leitete er beide Kl. in Personalunion, verlegte aber das Zentrum seines Wirkens nach B. Da Clus zur Erneuerung von B. personell nicht in der Lage war, erhielt Dederoth 1434 von Abt Johannes →Rode von St. Matthias/Trier (→Trier, Klöster) je zwei Reformmönche für Clus und B. sowie die Consuetudines et observantiae der Reform v. St. Matthias, doch lebten die Mattheiser Statuten in der späteren B.r Lebensordnung »nur mit einem sehr bescheidenen Anteil« (P. BECKER) fort. Nachfolger Dederoths († 1439) als Abt v. B. wurde der von diesem designierte Johannes Hagen (1439–69), der eigtl. Gründer der B. K. Nachdem schon 1435 die Reform in die Abtei →Reinhausen bei Göttingen getragen worden war, übernahm 1444 →Huysburg bei Halberstadt die B.r Lebensweise. Die dabei ausgestellte Urkunde (VOLK, Urkunden Nr. 1) ist die erste Bezeugung einer Kongregationsbildung der von B. reformierten Klöster. Bestätigung der B. K. am 11. März 1446 durch den Kardinallegaten Louis →Aleman im Auftrag des Baseler Konzils (VOLK, a.a.O. Nr. 4), erneuert 1451 durch →Nikolaus Kues als Legaten, 1459 durch Papst Pius II. (Bulle »Regis pacifici«) mit Verleihung der Privilegien der it. OSB-Kongregation v. →S. Giustina (VOLK, a.a.O. Nr. 24). Die Zahl der Konvente, die sich der Union anschlossen, wuchs ständig. Von größter Bedeutung für die Ausbreitung der Reform wurde der Beitritt von St. Peter/Erfurt (1449/51; →Erfurt, Klöster) und St. Jakob/Mainz (1450; →Mainz, Klöster). Die von Abt Johannes Vorst (St. Matthias/Trier) vergeblich versuchte kölnisch-trier. confederacio (St. Pantaleon/Köln, St. Marien und St. Matthias/Trier) trat zw. 1455 und 1458 der B. K. bei und begründete damit den rhein. Zweig der Union, der nach dem Verlust der meisten norddt. Klöster durch die Reformation zum Mittelpunkt der Kongregation werden sollte. Mit dem Beitritt von →Hirsau 1458 überschritt die B. K. zum ersten Mal die Mainlinie, 1469 Hinübergreifen in den niederländ. Raum (→Oostbroek), 1488 →Vor(e) in Dänemark, 1505 im heutigen Belgien →Gembloux, 1506 Luxemburg (Münsterabtei). Das Schwergewicht lag jedoch in Norddeutschland zw. Weser und Elbe (u. a. 1505 →Corvey). 1517 war die Kongregation auf 94 (Männer-)Klöster angewachsen. Der im 15. Jh. unternommene Versuch, die drei OSB-Reformbewegungen von →Kastl, →Melk und B. zu einer »deutschen Kongregation« zu verschmelzen, scheiterte nicht zuletzt am Widerstand der Bursfelder, die ihre Sonderbräuche nicht aufgeben wollten. Durch die luther. Reformation wurde die B. K. schwer getroffen. Das Ursprungskloster B. ging endgültig 1634 dem Orden verloren, doch behielt man den Namen B. K. bei. Bis 1803 lebte sie (in veränderter Form) v. a. in den Gebieten von Köln, Belgien, Trier, Westfalen in über 30 Klöstern fort.

II. VERFASSUNG: Im Unterschied zu den Reformbewegungen von Kastl und Melk war die B. K. ein straff organisierter Verband (unum corpus et capitulum), allerdings nicht so zentralisiert wie die Kongregation v. S. Giustina. Die B. K. hielt an der Autonomie des Einzelklosters fest. Stärkstes Band der Einheit der B. K. war das (grundsätzlich jährl.) Generalkapitel, an dem alle Äbte der Union teilnehmen mußten. Ihm stand neben der Legislativgewalt volle Administrativ- und Koerzitivgewalt zu. Bis zum Verlust von B. war stets der Abt v. B. Präsident der B. K. Außerhalb des Generalkapitels standen ihm zwei Mitpräsidenten und zwei Definitoren zur Seite. Bes. wichtig war das Amt der Visitatoren (meist Nachbaräbte), die über die Einhaltung der B.r Observanz und die Durchführung der Generalkapitelsbeschlüsse zu wachen hatten. Ihre Visitationsberichte hatten sie jeweils dem nächsten Generalkapitel vorzulegen. Die Union als ganze war nicht exemt, wohl aber einzelne ihrer Klöster. Bei der Reform eines Kl. (neue wurden nicht gegründet) ging die B. K. in engem Einvernehmen mit Landesherr und Diözesanbischof vor. Die B. K. hatte auch über 60 Frauenkonvente unter ihrer Leitung; eigtl. inkorporiert waren jedoch nur zwei (Klaarwater, Siloe), die anderen hatten nur Reform und Observanz übernommen.

III. SPIRITUALITÄT: Das Ideal der B.r Reform war die Beobachtung der Regula Benedicti möglichst ad litteram. Die Mönche sahen den Gottesdienst als ihre Hauptaufgabe an. Seit Mitte des 15. Jh. lag dazu eine erste Fassung des Liber ordinarius vor, spätestens seit 1458 auch die Cerimoniae, die das übrige monast. Leben regelten. Neben der strikten Gleichförmigkeit des officium divinum (ab 1479 erschienen die ersten gedruckten Chorbücher) teilte die B. K. das Anliegen der it. OSB-Reform des 15. Jh. nach Verkürzung des Offiziums im Interesse der devotio. Dieser diente auch die Einführung der verpflichtenden täglichen Meditation. Charakterist. das geistl. Handbuch der B. K. (»Liber de triplici regione claustralium« des Abtes Johannes →Trithemius), das 1498 u. ö. vom Generalkapitel verbindlich gemacht wurde. Die B. K. öffnete sich in ihren Frömmigkeitsformen unbefangen den Einflüssen der geistl. Erneuerung, die im 15. Jh. in ganz Europa spürbar wurde, bes. der Kartäuserspiritualität (→Kartäuser) und der Devotio moderna. Trotz aller Nähe zur letzteren (Verinnerlichung, method. Meditation, Passionsfrömmigkeit) ging die B.r Reform aber nicht darin auf, sondern ist eher als eine »benediktin. Ausprägung der niederländisch-deutschen Reformbewegung« (DÖRRIES) zu bezeichnen. Aus ihrem kontemplativen Grundansatz heraus stand die B. K. sowohl der pastoralen Tätigkeit (Pfarrseelsorge) als auch der Universitätsausbildung und Wissenschaftspflege eher ablehnend gegenüber, doch wurden Ordensgeschichte (Nikolaus v. Siegen, Johannes Trithemius) und geistl. Literatur (Adam Mayer, Konrad v. Rodenberg) gefördert. P. Engelbert

Q.: Die Generalkapitels-Rezesse der B. K., 1–4, ed. P. VOLK, 1955–72– Urkk. zur Gesch. der B. K., ed. DERS. (Kanonist. Stud. und Texte 20), 1951 – Die erste Fassung des Bursfelder Liber ordinarius (Fünfhundert Jahre B. K.), ed. DERS., 1950, 126–192 – J. Busaeus, Ioannis Trithemii... opera pia et spiritualia, Mainz 1605 – Lit.: LThK²II, 796–798 [P. VOLK] – J. LINNEBORN, Die Reformation der westfäl. Benediktinerklöster im 15. Jh. durch die B. K., SMBO 20, 1899; 22, 1901 – DERS., Die B. K. während der ersten hundert Jahre ihres Bestehens, Dt. Gesch. Bll. 14, 1912 – H. HERBST, Die Anfänge der Bursfelder Reform, Der Gesellschaft für nds. KG 36, 1931 – P. MIKAT, Kl. Corvey und die B. K. (Kunst und Kultur im Weserraum 800–1600, 1966), 235–247 – H. DÖRRIES, Bursfelde und seine Reform (Wort und Stunde II, 1969), 295–321 – B. FRANK, Das Erfurter Peterskloster im 15. Jh. Stud. zur Gesch. der Klosterreform und der Bursfelder Union, 1973 – N. HEUTGER, Bursfelde und seine Reformklöster, 1975² – Germania Benedictina, 6 und 7: Norddeutschland und Nordrhein-Westfalen, 1979 – P. BECKER, Benediktin. Reformbewegungen im SpätMA (Unters. zu Kl. und Stift, hg. Max-Planck-Institut für Gesch., 1980), 167–187.

Bursprake, ein zum Jahre 1270 in Hamburg und Rostock erstmals belegter und bis in das 19. Jh. zw. Utrecht, Bremen, Stockholm, Åbo, Reval, Novgorod, Brandenburg und Bielefeld verbreiteter mnd. Ausdruck (as. *bur* 'Nachbar, Mitbewohner', *spraka* 'Sprache, Rede, Unterredung'). Er bedeutet zum einen eine Versammlung der *buren*. Sie wird in Hamburg vom Rat durchgeführt. Zu ihr wird der *bur* geladen und muß kommen. Vor sie gehören bestimmte Angelegenheiten. Zum anderen meint b. die örtl. Rechtsregeln, welche in dieser Versammlung urspgl. vielleicht beschlossen, jedenfalls in regelmäßigen Abständen vorgelesen und bewilligt werden. Inhaltl. betreffen sie den Stadtfrieden, den Feuerschutz, die Straßenreinigung, die Kleiderordnung und ähnliche polizeil. Gegenstände (→Verwaltung, städt.). Dabei besteht trotz erheblich unterschiedlichen, meist allmähl. wachsenden Umfangs (zw. 7 und 225 Bestimmungen) eine relative

Übereinstimmung des Inhalts dieser Bestimmungen in den meisten Orten. – Sammlungen solcher Regeln sind aus zahlreichen Städten vom 14. bis zum 19. Jh. überliefert. Daneben findet sich der Ausdruck b. auch auf dem flachen Land. An manchen Orten fällt die b. mit→*echteding* oder *eddach* zusammen. G. Köbler

Lit.: DtRechtswb I, 1285 – H. Sievert, Die Kieler B.n [Diss. Kiel 1941] – J. Bolland, Hamburg. B.n, 1960 – W. Ebel, B., Echteding, Eddach in den nd. Stadtrechten (Ders., Rechtsgesch. aus Niederdeutschland, 1978), 1975.

Bürstadt, Königshof am rechten Rheinufer bei Worms mit fünf Königsaufenthalten zw. 861 und 882 (u. a. Pfingstfeier 870 und Reichstag 873). Seine Bedeutung beruhte wesentl. auf den nahegelegenen Rheinauen, insbesondere auf der im →Lorscher Reichsurbar gen. rechtsrhein. Maraue, auf der Karl d. Gr. in den Sachsenkriegen viermal Truppen zusammenzog. 984 trafen auf den Wiesen bei B. Parteigänger →Ottos III. zweimal mit Hzg. →Heinrich dem Zänker zusammen. Die Auen wurden auch nach dem Abbrechen der Königsaufenthalte (994) und dem Übergang des Königshofs an das Kl. →Lorsch vom Reich weiter genutzt, z. B. 1122 die zu D. gehörige Laubwiese zur Verkündung des →Wormser Konkordats.

Das Königsgut in B. lag in Gemenge mit umfangreichem Privatgut in der Hand der →Rupertiner. Diese zum höchsten Reichsadel zählende Familie war spätestens seit Ausgang des 7. Jh. in B. und der zugehörigen Mark ansässig und gründete 764 hier das Kl. Lorsch. M. Gockel

Lit.: M. Gockel, Karol. Königshöfe am Mittelrhein, 1970 – Ders., Der Königshof B., Geschichtsbll. Krs. Bergstraße 12, 1979, 5–23.

Burton-on-Trent, Abtei OSB im mittleren England (Co. Stafford), gegr. von Wulfric kurz vor 1004; in diesem Jahr bestätigte Kg. Æthelred die Güter des Kl. und verlieh ihm Privilegien. Wulfric vermachte der Abtei in seinem Testament von ca. 1002/04 ausgedehnte Ländereien und unterstellte sie der Oberhoheit des Kg.s und den Schutzherrschaft des eigenen Bruders, Ealdorman Ælfhelm, sowie des Ebf.s v. Canterbury, →Ælfric. Vor 1065 hatte B. jedoch einen Großteil seines Grundbesitzes wieder eingebüßt; in der Zeit nach der Eroberung wurden zwei Äbte, Geoffrey (1094) und Robert (1159), wegen Entfremdung von Abteigütern abgesetzt. In der 2. Hälfte des 11. Jh. erhielt B. neue Schenkungen von Kg. Eduard dem Bekenner und Kg. Wilhelm I. dem Eroberer. Der Besitz von B. wurde im → Domesday Book auf nahezu £ 40 geschätzt; im Zusammenhang mit der Säkularisation wurde es i. J. 1535 zweimal taxiert: die höhere Schätzung beläuft sich auf £ 513, einschließl. £ 99 geistl. Einkünfte. Ursprgl. dem hl. Benedikt geweiht, hatte B. 1008 auch alle Heiligen zu Patronen. Im Domesday Book begegnet das Patrozinium der hl. Jungfrau Maria und später das der hl. Maria und Modwenna; letzteres wurde mit der religiösen Gemeinschaft, an deren Stelle die Abtei OSB gegr. worden war, in Verbindung gebracht. In B. lebten i. J. 1295 31 reguläre Mönche, i. J. 1525 22 und zur Zeit der Aufhebung 1539 noch ca. zwölf; von ihnen begründeten vier gemeinsam mit dem Abt i. J. 1541 ein neues Collegium, das aber 1545 schon wieder aufgelöst wurde. Von der Abtei sind keine Baureste mehr vorhanden, doch können Lage und Grundriß mit Hilfe eines Planes aus dem 16. Jh. und archäolog. Spuren bestimmt werden. – Die Annalen des 13. Jh. (ed. H. R. Luard, RS 36) sind eine wichtige Quelle für die Regierung Kg. Heinrichs III. P. H. Sawyer

Q. und Lit.: VCH, Staffordshire III, 1970, 199–213, 297f. – P. H. Sawyer, Charters of B. Abbey, 1979.

Burtscheid, Abtei, südl. von Aachen, auf einem Hang des Wurmtals, kurz vor 1000 (bis 997?) von Ks. Otto III. mit Hilfe des aus Unteritalien stammenden →Gregorius, Abt v. »Cerchiara«, als benediktin. Reichskloster gegr., das 1018 durch Ks. Heinrich II. aus Aachener Reichsgut mit einem Novalbezirk ausgestattet wurde, aus dem ein bis um 1800 bestehendes Reichskirchenterritorium hervorging. Trotz Siegburger Reform (→Siegburg, Klosterreform) um 1130 kam es allmähl. zum Niedergang; 1220 wurden die Benediktiner durch Zisterzienserinnen ersetzt, die seit Ende des 12. Jh. auf dem Salvatorberg nördl. Aachen lebten. Am Weg von Aachen zur Abtei entwickelte sich zunächst das (Alt)dorf B., das sich dann über die spätere »Hauptstraße« nach Norden ausdehnte. Neben der Abteikirche St. Johann Baptist (älteste Patrozinien: Apollinaris und Nikolaus) ist seit 1252 die Pfarrkirche St. Michael belegt. Die Vogtei war mindestens seit Ende des 12. Jh. bei den Herren v. Frankenberg, einer bachabwärts erbauten Wasserburg. Die Gerichtshoheit im Dorf ging 1351 auf einen von der Stadt Aachen eingesetzten Meier über. Textilgewerbe (seit 1306 nachweisbare Tuchmacherzunft) und Badevergnügen (v. a. der benachbarten Aachener) in den heißen Thermalquellen brachten erheblichen Wohlstand. E. Meuthen

Lit.: Vgl. die Lit. zu →Aachen – J. Semmler, Die Klosterreform v. Siegburg, 1959, 102–104 – L. Falkenstein, Aquensia aus der Champagne, I: Gebetsvereinigungen der Abtei St-Remi unter Berücksichtigung von Mönchen aus B. und Kornelimünster, Zs. des Aachener Geschichtsvereins 84/85, 1977/78, 414f. – Germania Benedictina VIII, 1980, 232–236.

Bury St. Edmunds, ehem. Abtei OSB und Stadt in England, Co. Norfolk (ö. Cambridge). [1] *Abtei:* Der ostangl. Kg. Sigeberht gründete um 630 ein Kl. in Beadericesworth. Die Reliquien des am 20. Nov. 870 von den Dänen getöteten Kg.s →Edmund, der bald Verehrung als Hl. erfuhr, wurden um 903 an diesen Ort gebracht, der in »St. Edmunds Stow« oder »St. Edmunds Bury« umbenannt wurde. Kg. Knut gründete hier 1020 das Benediktinerkl., wobei die Säkularkanoniker entfernt wurden; der steinerne Kirchenbau (ð 1032) enthielt eine Rotunde (→Canterbury) für die Reliquien des Hl. Die 1080–95 von Abt Baldwin neuerrichtete Kirche war das größte engl. Gotteshaus der Zeit. Das Kl. wurde von den späteren engl. Kg.en sehr gefördert; es entwickelte sich zu einem der wohlhabendsten in England und hatte ein blühendes Skriptorium (→Jocelin v. Brakelond) sowie eine reiche Bibliothek. Über die Bauten des Klosterbereichs sind wir durch Schriftzeugnisse und Ausgrabungen unterrichtet. Am besten erhalten sind die klösterl. Umfassungsmauer und eine Brücke, zwei Tore und zwei Pfarrkirchen für die städt. Bevölkerung (St. James, um 1510–30, heute Kathedrale; St. Mary 1428–81).

[2] *Stadt:* Abt Baldwin (1065–97) gründete eine Stadt westl. der Abtei mit rechtwinkligem Straßennetz (→Ludlow) auf bis dahin agrar. genutztem Land (→Abteistadt). Die Stadt war mit Wall und Graben befestigt und hatte fünf Tore, eines davon wurde von der Abtei bewacht. Die Bürger kämpften für städt. Autonomie gegenüber der Abtei; bei einem Aufstand 1327 plünderten und brandschatzten sie die Klostergebäude. Das große Tor des Kl. wurde nach diesen Ereignissen neuerrichtet, mit Bauplastik verziert und mit Schießscharten versehen. Die Stadt erhielt erst nach der Aufhebung der Abtei gemeindl. Selbstverwaltung. M. W. Barley

Lit.: M. Lobel, B., 1935 – Archaeol. Journal 108, 1951, 161–187.

Burzenland (Țara Bîrsei, Barcaság). [1] *Frühmittelalter:* B., Tieflandgebiet mit natürl. Grenzen im sö. →Transilvanien (Siebenbürgen), zw. den →Karpaten, Perșani-Gebirgen, dem Alt und seinem Nebenfluß Rîul Negru. Mit der dazugehörigen Gebirgszone umfaßt das B. ein Gebiet von über 2000 km²; es ist durch vier Pässe mit der →Valachei und der südl. →Moldau verbunden. Die Landschaftsbezeichnung leitet sich vom Flußnamen Bîrsa her. Archäolog. Forschungen haben hier eine bedeutende dakoröm. Besiedlung festgestellt (4.–7. Jh., Fundverbände bei Hărman/Honigberg, Sînpetru/Petersberg, Cristian/Neustadt, Braşov/Kronstadt usw.), welche seit dem 8. Jh. von einer wohl rumän. Besiedlung fortgesetzt wurde (Fundverbände bei Rotbav/Rotbach, Hărman, Braşov usw.). Für die letzte Periode (12. Jh.) vor dem Auftreten schriftl. Quellen kennen wir im B. einen byz. Schatzfund (Braşov) und eine auf dem Hügel Lempeş erforschte Erdburg. R. Popa

[2] *Die Herrschaft des Deutschen Ordens:* Das B. spielte ab 1211 in der Aufstiegsphase des →Dt. Ordens durch dessen an sich überraschende Berufung nach →Ungarn eine kurze, polit. bedeutsame Rolle. Seitens des ung. Kg.s →Andreas II. war der Dt. Orden, der aber das spezielle Ziel eines geschlossenen Herrschaftsgebietes verfolgte, die Aufgabe zugedacht, die Ostgrenze des christl. Ungarn gegen die heidn. →Kumanen zu schützen. Die Königsurkunde von 1211 übertrug dem Dt. Orden die »terram Borzam nomine ultra silvas versus Cumanos« zu dauerndem, freien Besitz; die Grenzen des neuen Ordenslandes umfaßten das Gebiet zw. dem Burzenländer Gebirge im Süden, dem Fluß Alt im Norden, der Burg Halmagen im Westen und dem Tartlaubach im Osten; diese Ostgrenze wurde durch eine kgl. Urkunde 1212 aus der Ebene an die strateg. wichtigen Karpatenpässen ausgeweitet. Das letzte Diplom Andreas' II. für den Orden legte 1222 wahrscheinl. auf Grund eines weiteren Sieges über die Kumanen, eine abermalige bedeutende Vergrößerung des Ordenslandes über das eigtl. B. hinaus nach Süden bis zur Donau und nach Osten in nicht gesichertem Umfang fest. Zur Intensivierung der Besiedlung des B.es gründeten die Ordensritter →Kronstadt und eine Reihe Dörfer, zur besseren Verteidigung errichteten sie wohl sechs Burgen aus Stein (→Marienburg am Alt, Kreuzburg am Tatarenpaß, Rucărburg jenseits des Törzburger Passes, Schwarzburg bei Zeiden und Heldenburg bei Heldsdorf sowie zuletzt ein noch nicht lokalisiertes »castrum munitissimum« im Kumanengebiet). Kirchl. bestand seit 1213 für das B. eine nahezu völlige Exemtion, die aber seitens des siebenbürg. Bf.s spätestens seit 1223 streitbefangen war (Einsetzung eines Dechanten mit bfl. Befugnissen für B. durch Honorius III.). Offener Konflikt, an dem neben der akuten kirchl. Eximierungsfrage das Problem der Besiedlung des B.es mit Deutschstämmigen entscheidenden Anteil hatte, lösten 1224 mit dem ung. Monarchen die vom Dt. Orden erbetenen päpstl. Schutzmaßnahmen Honorius' III., der das B. »in ius et proprietatem beati Petri« erklärt hatte, aus; 1225 erfolgte (auf Betreiben des Mitregenten→Bélas IV. ?) die gewaltsame Ausweisung der Deutschordensritter aus dem B. Dieser Akt wurde vom ung. Kgtm. auch angesichts der bis 1245 währenden Bemühungen des Hochmeisters →Hermann v. Salza und der Kurie um Restitution nicht revoziert bzw. rückgängig gemacht.

Auch der zweite Anlauf des Dt. Ordens, im B. Fuß zu fassen, dieses Mal gerufen vom röm.-dt. Kg. Siegmund, blieb Episode; die Ordensritter bzw. die Urkunden des ersten Besitzes des B.es mit sich führten, konnten erst gar nicht dorthin gelangen, sondern mußten die ihnen zugedachte Schutzaufgabe von 1429 bis 1437 bei Orsova am Eisernen Tor wahrnehmen. C. A. Lückerath

[3] *Spätmittelalter:* Das Archidiakonat des B.es wurde dem 1227/28 gegr. Kumanenbistum B. eingegliedert, während die orthodoxe Bevölkerung der rumän. Dörfer des B.es ein eigenes geistl. Zentrum hatte, das sich im 14.–15. Jh. in Şchei (bei Braşov) befand. Der Hauptort des B.es wurde von Feldioara/Marienburg nach Braşov/Kronstadt verlegt, wo (»in .. Corona«) 1234 ein Prämonstratenserstift bestand (→Kronstadt). Noch vor 1288 war das B. als →Komitat von Kronstadt organisiert, 1331 ist es als districtus bezeugt. Vier Kirchen (Feldioara, Sînpetru, Hărman, Prejmer), die sich »in Burcia« befanden, wurden 1240 vom Kg. den Zisterziensern übertragen, doch konnten bisher keine Denkmäler, die sich in die Zeit vor der Mitte des 13. Jh. datieren lassen, festgestellt werden. Die erhaltenen roman. Denkmäler entstammen der Zeit nach 1250, zu denen sich im 14.–15. Jh. wichtige got. Bauten (Schwarze Kirche in Kronstadt) hinzugesellten. Um die Mitte des 14. Jh. gab es im B. ungefähr 50 Siedlungen, welche schriftl. belegt sind bzw. in den folgenden Jahrzehnten (entsprechend ihrer Eingliederung in die Gerichts- und Verwaltungsstruktur) erwähnt werden. 1395 fand der erste türk. Feldzug gegen das B. statt. Trotz der osman. Gefahr und der schwankenden polit. Beziehungen zu den benachbarten rumän. Fsm.ern erlebte das B. im 15. Jh. einen wirtschaftl. Aufschwung, der sich v. a. auf Kronstadt, das eine steigende wirtschaftl. Rolle spielte, stützte. R. Popa

Q.: UB zur Gesch. der Deutschen in Siebenbürgen, ed. F. Zimmermann – C. Werner, I, 1892 – Reg. Historico - Diplomatica Ordinis S. Mariae Theutonicorum 1198–1525, Pars II, ed. E. Joachim – W. Hubatsch, 1948 – Q. zur Gesch. der Siebenbürger Sachsen, I, ed. E. Wagner, 1976 – *Bibliogr.*: K. H. Lampe – K. Wieser, Bibliogr. des Dt. Ordens bis 1959, 1975 – B. Herter, Bibliogr. zur Gesch. des Dt. Ritterordens im B. (Siebenbürgen), Zs. für siebenbürg. LK I, 1978, 213–219 – *Lit.*: A. L. Schlözer, Krit. Slg. zur Gesch. der Deutschen in Siebenbürgen, I-III, 1795–97 [Neudr. 1979] – A. Gf. v. Bethlen, Gesch. Darstellung des dt. Ordens in Siebenbürgen, 1831 – F. Philippi, Die dt. Ritter im B., 1861 – Das B., hg. E. Jekelius, I-IV, 1928–29 – O. Mittelstrass, Beitr. zur Siedlungsgesch. im MA, 1961 – A. Prox, Die Burgen des B.es, Siebenbürg. Archiv I, 1962, 29–62 – Gy. Györffy, Az Árpád-kori Magyarország történeti földrajza, I, 1966², 821–832 – C. A. Lückerath, Paul v. Rusdorf, 1969, 81ff. – H. Glassl, Der Dt. Orden in B. und in Kumanien (1211–25), Ungarn-Jb. 3, 1971, 23–49 – G. Adrianyi, Zur Gesch. des Dt. Ritterordens in Siebenbürgen, ebd., 9–22 – J. Schütze, Bemerkungen zur Berufung und Vertreibung des Dt. Ordens durch Andreas II. v. Ungarn, Siebenbürg. Archiv 8, 1971, 277–283 – H. Göckenjan, Hilfsvölker und Grenzwächter im ma. Ungarn, 1972 – Ţara Bîrsei, hg. M. Dunăre, I-II, 1972–74 – H. Zimmermann, Kreuzritter in Siebenbürgen, Kirche im Gespräch, 1975 3–15 – Th. Nägler, Die Ansiedlung der Siebenbürger Sachsen, 1979 – H. Zimmermann, Der Dt. Ritterorden in Siebenbürgen (VuF 26, 1980), 267–298 – M. Holban, Din cronica relaţiilor româno-ungare în secolele XIII-XIV, 1981.

Burzio, Nicolò (Burtius, Burci), it. Musiktheoretiker, * um 1445 Parma, † nach Febr. 1518 ebendort, Schüler des Musiktheoretikers J. Gallicus. 1472 nahm er die niederen Weihen und studierte Kirchenrecht in Bologna, wo er bei →Ramos de Pareja auch Musik hörte. 1487 lehrte er dort selbst und wurde 1503 Rektor des Oratorio S. Pietro in Rom. Sein Buch »Musices opusculum« (Bologna 1487), eines der frühesten Beispiele für →Notendruck mit Holzschnitt (fünf Tafeln mit Mensuralmusik), verteidigt →Guidos Hexachordsystem gegen Ramos' siebentöniges System in dessen »De Musica practica« (gedr. 1482) und verursachte eine Gegenschrift von G. Spataro (1491), auf die Gaffori 1520 antwortete. H. Leuchtmann

Lit.: Eitner–Riemann, s. v. Burtius – The New Groves Dict. of Music and Musicians, 1980 – A. W. Ambros, Gesch. der Musik III, 1868, 152 – A. Auda, La Musique et les Musiciens de l'Ancien Pays de Liège, 1930, 67 – F. Rizzi, Un Parmeggiano a Bologna, N. B., Aurea Parma XXXIX, 1956 – G. Massera, N. B. di Parma, Aurea Parma XLIX,

1965 – Ders., N. Burtii Parmensis Regulae cantus commixti, Quadrivium VII, 1966; VIII, 1967.

Busant, Der, anonyme mhd. Kleindichtung (1074 vv.), zu Beginn des 14. Jh. im Elsaß entstanden, gehört zum Kreis ma. Dichtungen, die sich aus der Eustachius-Placidus-Legende (→Eustachius) entwickelt haben und wesentl. Momente der →Magelona vorformen (wie »Syr Ysambrace«, »Die gute Frau«, »L'Escoufle«, »Guillaume d'Engleterre«). Der B. variiert stereotype Momente der Magelonendichtungen: Königskinder verlieben sich und fliehen miteinander. Ein *busant* (Bussard) raubt den Ring der Königstochter, die Verfolgung des Raubvogels durch den Prinzen trennt die Liebenden. Aus Schmerz über den Verlust der Geliebten verfällt der Königssohn in Wahnsinn. Rettung der Königstochter, schließlich Wiederbegegnung der Liebenden und Heilung des Prinzen. Der B. weist sowohl in Stil wie Motivwahl Einflüsse →Konrads v. Würzburg wie Gemeinsamkeiten mit anderen elsäss. Dichtungen auf, jedoch sind Beziehungen wie z. B. zu →Egenolf v. Staufenberg nicht mit Sicherheit zu bestimmen. Vornehmlich hat Konrads »Partonopier« auf den B. eingewirkt, so in Motiv und Darstellung des Wahnsinns; hier diente auch →Hartmanns »Iwein« als Vorbild. Als Quelle des B. ist eine verlorene Version der in Frankreich verbreiteten Magelona anzusehen, die dem afrz. Escoufle nahestand. Gegenüber dieser Quelle hat der Dichter des B. Änderungen vorgenommen, so die Umgestaltung des Schmerzes über den Verlust der Geliebten zur Wahnsinnsszene nach dt. lit. Vorbildern. I. Hänsch

Ed.: N. Meyer – L. F. Mooyer, Altdt. Dichtungen, 1833 – H. Meyer-Benfey, Mhd. Übungsstücke, 1920 – *Lit.:* Verf.-Lex.² I, 1146f. – R. Köhler, Das altdt. Gedicht »Der B.« und d. afrz. l'Escoufle, Germania 17, 1872, 62–64 – E. Glaser, Über das mhd. Gedicht »Der B.«, 1904 – H. Fischer, Stud. zur dt. Märendichtung, 1968 – K.-H. Schirmer, Stil und Motivunters. zur mhd. Versnovelle, 1969.

Busca ('Splitter, Span'; kleiner Teil von *viga* 'Balken'), städt. Partei in →Barcelona. Der Name hängt mit dem geringen sozialen und wirtschaftl. Gewicht der Anhänger dieser Partei gegenüber demjenigen ihrer Gegnerin, der →Biga (von *viga* 'Balken'), zusammen. Die B. entstand aus dem Syndikat der Drei Stände (*Sindicat dels Tres Estaments*) und des Volks von Barcelona, wurde von Kgn. Maria bestätigt und umfaßte rund hundert Zunftmeister. Diese bildeten zusammen mit den Kaufleuten und einigen Patriziern (*cives honorati*/*ciudadans honorats*), welche die Führung innehatten, eine volkstümlichere Gruppierung als die oligarch. Biga. Unterstützt vom Gouverneur Galceran de→Requesens, beherrschte die B. schließlich das Stadtregiment (1453). Damit besetzten zum ersten Mal Handwerker die Ämter der Räte (*consellers*), und es bahnte sich eine gewisse Demokratisierung an. Polit. Ziel der B. war die Verminderung des Defizits der kommunalen Finanzen und die Verschleierung der Auswirkungen der allgemeinen Krise auf den Handel und die Produktion. Hierzu sollten eine Währungsreform sowie protektionist. Maßnahmen beitragen. Doch kamen diese Bestrebungen nicht zum Tragen, da die Biga 1462 an die Macht zurückkehrte und die Führer der B. hinrichten ließ. Carmen Batlle

Lit.: C. Carrère, Barcelone, centre économique à l'époque des difficultés, 1380–1462, 2 Bde, 1967 – Carmen Batlle, La crisis social y económica de Barcelona a mediados del siglo XV, 2 Bde, 1973 – Dies., Barcelona a mediados del siglo XV, Hist. de una crisis urbana, 1976 – J. N. Hillgarth, The Span. Kingdoms II, 1978, 70f., 259ff.

Busch, Johannes CanA, Klosterreformer, * 1399 in Zwolle, † 1479/80 in Hildesheim. – Durch die Begegnung im Elternhaus mit Gerhard (Geert) →Groote und durch die Schule in →Zwolle schon von der →Devotio moderna beeinflußt, trat er 1417 in das Augustinerstift →Windesheim ein; seit 1424 Priester. Im Zuge der Klosterreform in Mitteldeutschland, mit der das Konzil v. Basel 1435 Windesheim beauftragt hatte und die sein Lebenswerk werden sollte, kam B. 1436 als Subprior nach Wittenburg (Diöz. Hildesheim) und wurde 1440 Propst in Sülte. 1447 wurde er durch den Ebf. Friedrich v. Magdeburg zur Reform des Stiftes Neuwerk bei Halle berufen und dort zum Propst gewählt. Als solcher war er Archidiakon über 120 Pfarreien mit Einfluß auf den Weltklerus. Kard. →Nikolaus v. Kues ernannte ihn als päpstl. Legat 1451 zum Apostol. Visitator der Augustiner von Sachsen und Thüringen. Infolge eines Zerwürfnisses mit dem Ebf. dankte er als Propst v. Neuwerk ab (1454) und schrieb in Windesheim die Chronik des Kl. und der Kongregation und die Lebensbilder der ersten 24 Windesheimer Brüder. 1459 als Propst v. Sülte wiedergewählt, widmete er sich in verstärktem Maß der Klosterreform, bis er 1479 abdankte. – In seinen Schriften gibt uns B. Einblick in die Reformbedürftigkeit der Kirche seiner Zeit und ist zugleich Zeuge für ihre Reformbereitschaft. E. Iserloh

Q.: Chronicon Windeshemense, 1456–1464, ed. K. Grube (Geschichtsq. der Prov. Sachsen 19, 1886), 1–375 - Liber de reformatione monasteriorum, 1470–75, ed. K. Grube (ibd.), 377–799 – De kleinere geschriften, ed. J. M. Wüstenhoff, 1890 – Speculum exemplorum, ed. B. Kreitwagen (Bijdragen voor de geschiedenis van het Bisdom Haarlem, 1905) – Brief über das Leben und Leiden unseres Herrn Jesu Christi, ed. H. Gleumes, 1948 – *Lit.:* DHGE X, 1410–1413 – LThK² II, 799f. – NDB III, 62f. – P. Lehmann, Reste einer Frühfassung von J. B.s Windesheimer Chron., HJb 54, 1934, 230ff. – S. van der Woude, J. B. Windesheimer klosterreformator en kroniekschrijver, 1947 – J. Meyer, J. B. und die Klosterreform des 15. Jh., Jb. der Ges. für niedersächs. KG 47, 1949, 43–153 – M. Heimbucher, Die Orden und Kongregationen der kath. Kirche I, 1965², 402f., 427f.

Busche, Hermann von dem (Hermannus Buschius), Humanist, * 1468 auf Schloß Sassenberg, † 1534 in Dülmen, entstammte dem schaumburg. Geschlecht von Büschen, nicht der Familie von dem Busche. H. B. wurde von seinem Verwandten Rudolf v. →Langen humanist. erzogen; von Alexander Hegius in Deventer für die Antike begeistert, ging er zu Rudolf→Agricola nach Heidelberg, dann nach Italien, wo er→Pomponius L(a)etus und Philippus→Beroaldus hörte. Nach fünf Jahren kehrte er zurück, lehrte Poetik in Köln und las über klass. Autoren in Rostock, Greifswald und Leipzig. Bei der Eröffnung der Univ. Wittenberg 1502 hielt er die Festrede. In Leipzig edierte er Plinius und Silius. 1514 begegnete er seinem Schulfreund →Erasmus in Mainz wieder, trat für →Reuchlin ein und lieferte einige Beiträge für die Epistulae obscurorum virorum. In seiner wichtigsten Schrift »Vallum humanitatis« (Köln 1518) gab B. einen Durchblick durch die röm. Geschichte, um dem Leser zu zeigen, was er daraus lernen könne: plus est esse philosophum quam principem. V. a. aber definierte er darin das Wesen der humanitas und bestimmte den Nutzen der humanist. Studien wie auch ihren Wert für das Verständnis der Hl. Schrift, indem er gegen die Vorwürfe aus der Kirche das Lob der Dichtkunst als ars movendi sacra erhebt (H. O. Burger) und die Bedeutung der Eloquenz auch für die öffentl. Aufgaben herausstellt. Nicht nur in der Theorie, auch in seiner Praxis steht die Dichtkunst im Vordergrund. Bereits in Italien begann er zu dichten. Abgesehen von religiösen Dichtungen (Hymnen an Maria u. die hl. Katharina) besang er nach antikem Vorbild Städte (Köln, Leipzig, Roermond) sowie Männer der Geschichte und Gegenwart (von Maximilian I. bis zu seinen Lehrern, Freunden und Verwandten). Neben langen Gedichten verfaßte er eine Fülle von Epigrammen. Eine seiner Elegien nahm →Erasmus in die »Querela pacis« auf.

Als Humanist stand B. bei den Zeitgenossen in hohem Ansehen. In Köln kam es zu seiner mira tragoedia, über die er sich nicht weiter ausläßt. Von da ab war er Luthers Anhänger. 1527 ist er als Professor in Marburg bezeugt.

R. Stupperich

Lit.: ADB III – NDB III – H. J. Liessen, H. v. d. B. Sein Leben und seine Schriften (Programm des Ks. Wilhelm Gymnasiums, Köln 1884/89, 1905/09 [Nachdr. Nieuwkoop 1965] – Vita H. Buschii in Hamelmanns Gesch. Werke, ed. H. Detmer, I, 1908 [dort Werke und ältere Lit.] – H. Kalkoff, Der Humanist H. v. d. B. (ARG 8, 1910/11), 341–379 – A. Bömer, H. v. d. B. Anteil an den Epp. obsc. vir. (Festg. für F. Philippi, 1923), 86–99 – H. Weirich, H. v. d. B. [Diss. Masch. Heidelberg, 1923] – H. O. Burger, Renaissance, Humanismus, Reformation, 1969, 323ff., 388f., 443ff. – Schr. der Münst. Täufer und ihrer Gegner I, (hg. R. Stupperich) 1970, 94–119.

Buskenblaser, einer der sechs in der Handschrift →Van Hulthem (Brabant, etwa 1410) überlieferten mndl. Schwänke. Man nimmt an, daß sie in der Mitte oder in der 2. Hälfte des 14. Jh. entstanden sind. Der B. behandelt, in 208 paarweise reimenden Versen, die ewige Geschichte des eitlen alten Mannes, der in der törichten Hoffnung, wieder jung zu werden, sein Geld an einen Quacksalber verschwendet und, nachdem er in die Wunderbüchse geblasen hat, rußgeschwärzt statt verjüngt nach Hause zurückkehrt, wo der arme Tropf von seiner jungen Frau gescholten und geschlagen wird. In der Hs. geht dem Text das →abel spel »Gloriant« voraus, das mit der Ankündigung des Schwanks endet. Trotz dieses deutl. Hinweises auf den Brauch, nach einem ernsten Stück als heiteren Abschluß einen Schwank zu spielen, kann der B. auch gesondert aufgeführt worden sein.   H. van Dijk

Ed.:Middeln. dram. poëzie, ed. P. Leendertz, 1907, 70–77 – Het abel spel »Gloriant van Bruuyswijc« en de sotternie »De Buskenblaser« na volghende, ed. G. Stellinga, 1976 – Lit.: H. C. N. Wijngaards (Hand. v. d. Zuidndl. Maatsch. voor Taal- en Ltk. en Gesch. 22, 1968, 411–424 – H. Pleij, Spektator 5, 1975–76, 108–127.

Busketus von Pisa wird in zwei Pisaner Urkunden vom 10. Febr. 1100 und 2. Dez. 1105 als Prokurator der Canonica bzw. als Mitglied der Domopera genannt sowie in einer metr. Doppelinschrift auf seinem aus dem Anfang des 12. Jh. stammenden Grabmal am Pisaner Dom, wo er mit Ulysses und Daedalus verglichen und sein »ingenium« gelobt wird, das B. beim Dombau entwickelt habe. Daraus ergibt sich, daß B. entgegen der ma. Gewohnheit, im →Baubetrieb Baubehörde und Architekt zu trennen, beide Funktionen in seiner Person vereinigt hat. Welchen Anteil B. an Planung und Ausführung des 1063 begonnenen Pisaner Domes hatte, ist bis heute strittig.   G. Binding

Lit.: Thieme-Becker V, 289.

Busnois, Antoine, franko-ndl. Komponist, † wahrscheinl. 6. Nov. 1492 in Brügge, mehrfach nachweisbar am Hofe Karls d. Kühnen – schon vor 1467 –, Margaretes v. Burgund und – nach 1477 – Maximilians v. Österreich. B. dichtete auch und unterhielt Beziehungen zu J. →Molinet; ein Teil der von ihm vertonten Texte stammt von ihm selbst. Sein Ruhm wird u. a. dadurch bezeugt, daß J. →Tinctoris ihm und J. →Ockeghem eine musiktheoret. Abhandlung widmete. Wie Ockeghem scheint B. nicht in Italien gewesen zu sein. – Das Schwergewicht von B.' Schaffen liegt auf dem Gebiet der weltl. Musik. Von 71 erhaltenen drei- und vierstimmigen Chansons sind ihm 63 sicher zuzuschreiben. Einige davon waren sehr verbreitet und dienten Komponisten wie Josquin →Desprez und J. →Obrecht als Vorlage für Messen. Demgegenüber tritt das geistl. Schaffen – u. a. eine oder mehr Messen, sieben Motetten, zwei Magnificat – stark zurück. Musikal. Hauptmerkmal von B.' elegantem, noch überwiegend dreistimmigem und in dreizeitiger Mensur stehendem Satz ist die starke Neigung zur →Imitation und damit zur Gleichberechtigung aller Stimmen.   R. Bockholdt

Ed.: Denkmäler der Tonkunst in Österreich VII, 1900; XI/1, 1904 – Trois chansonniers français du XVe s., hg. E. Droz, Y. Rokseth, G. Thibault, 1927 – Der Kopenhagener Chansonnier, hg. K. Jeppesen, 1927 – Monumenta polyphoniae liturgicae, hg. L. Feininger, Ser. I, Bd. I, Fasz. II, 1948 – Lit.: MGG II, s. v. – Riemann^{12} I; Ergbd. 1, 1972, s. v. [mit weiteren Ed. und Lit.] – The New Groves Dict. of Music and Musicians – G. Reese, Music in the Renaissance, 1954.

Bussard → Greifvögel

Bußbrüder → Sackbrüder

Bußbücher

I. Definition – II. Lateinische Bußbücher – III. Frühe volkssprachliche Übersetzungen.

I. Definition: B. (libri paenitentiales) sind katalogartige Zusammenstellungen von Verfehlungen (Sünden) mit Angabe der Buße, die im kirchl. Bußverfahren auferlegt werden sollte (Bußtarife).

II. Lateinische Bussbücher: Die ältesten erhaltenen B. sind im 6. und 7. Jh. (vermutl. bald nach Patrick, † 463?) in Irland verfaßt worden, genauer wohl in ir. Klöstern, deren Vorsteher, Äbte wie Äbtissinnen, die höchste kirchl. Autorität im Lande darstellten. Die umfangreicheren ir. B. sind durchweg unter dem Namen eines Abtes überliefert (→Vinnian v. Clonard, →Columban v. Luxeuil/Bobbio, →Cummean v. Clonfert). Wahrscheinl. im Gefolge der Mission von Iren bei den Angelsachsen und auf dem Kontinent seit dem Ende des 6. Jh. sind B. auch dort bekannt geworden, auf dem Kontinent vielleicht zuerst durch Columban († 615).

Die B. bezeugen ein gegenüber Glauben und Praxis in der alten Kirche (→Buße) in wesentl. Punkten neues Bußverständnis und Bußverfahren: 1. Während früher nur eine einmalige Buße schwerer Schuld erlaubt war, ist nun die Möglichkeit eingeräumt, beliebig häufig dem Priester (sacerdos = Bischof oder Presbyter) Sünden zu bekennen, die Rekonziliation zu erhalten und eine angemessene Buße zu übernehmen. 2. Während im altkirchl. Bußverfahren das Schuldbekenntnis wohl in der Regel geheim gewesen ist, insbes. bei geheimen Sünden, die Bußleistung jedoch (u. a. Ausschluß von Teilen des Gottesdienstes) und die Wiederaufnahme (Rekonziliation) öffentlich, fanden nun auch die Bußleistung (v. a. Fasten, Gebet, Geld zur Wiedergutmachung) und die Rekonziliation in der Regel unter Ausschluß der Öffentlichkeit statt (Ausnahme: Exil als Buße), zumal bei geheimen Sünden. 3. Während altkirchl. Lasterkataloge nur einige bes. schwere Sünden nennen – z. B. die u. a. von →Cassian und noch einigen frühma. Autoren überlieferten »Achtlasterkataloge« –, ist in den B.n in von Buch zu Buch verschiedener Ausführlichkeit versucht worden, die objektiven und subjektiven Unterschiede von Vergehen zu berücksichtigen, insbes. durch die von den Autoren einiger Bücher ausdrücklich geforderte Würdigung der Motive sowie des Standes (z. B. Kleriker – Laie, Freier – Knecht), der wirtschaftl. Verhältnisse (reich – arm), des Alters, der Gesundheit, des Geschlechts eines Sünders, aber ggf. auch der Umstände des Vergehens (vgl. etwa den oft zitierten Beginn des Prologs zum Paenit. Columbani B: »Diversitas culparum diversitatem facit paenitentiarum« [Bieler, 98]). Solchen Unterschieden in der Beurteilung der Schuld sollten auch die auferlegten Bußleistungen entsprechen.

An den Priester, der das Schuldbekenntnis entgegennahm und die Bußleistung bestimmen sollte (nach der verbreiteten karol. Instruktion »Quotiescumque« konnte dies nur in Notfällen ein Diakon übernehmen [Schmitz II, 291]), waren daher durch das neue Bußverfahren höhere

Anforderungen gestellt. Die B. sollten ihm dabei Hilfe bieten, auch wenn sie es ihm im Einzelfall überließen, das Bußmaß genau zu bestimmen. Obwohl die B. also nicht der Unterweisung der Laien dienten und ihr Inhalt den durchweg leseunkundigen Laien verschlossen blieb, mögen manche Bußangaben auch über den Kreis der Priester hinaus bekannt geworden sein. Zumindest stellten die Bußangaben für die Priester bei der Bußzumessung Orientierungswerte dar. Dadurch könnten diese Bücher dazu beigetragen haben, Bußwillige vor allzu willkürl. auferlegten Bußen zu schützen.

Eine solche Schutzfunktion der B. wurde bes. wichtig, seitdem Sündern die Möglichkeit eröffnet wurde (schon im 7./8. Jh. in Irland), eine auferlegte Buße durch eine andere, als gleichwertig erachtete, zu ersetzen – z. B. ein längeres Fasten durch ein in kürzerer Zeit zu verrichtendes hohes Gebetspensum –, ein Bußfasten durch eine bestimmte Zahl von Messen – z. B. 4 Fastenmonate durch 10 Messen –, eine beschwerliche oder zeitaufwendige Buße durch Geldleistungen abzulösen oder eine Buße durch einen Stellvertreter leisten zu lassen (seit der 1. Hälfte d. 8. Jh. bezeugt).

Auch zur Festsetzung solcher commutationes oder redemptiones sind Hilfen in Form von Listen mit äquivalenten Bußleistungen aufgekommen. Sie begegnen zuerst ohne unmittelbaren Zusammenhang mit einem Bußbuch in Überlieferungen des 7./8. Jh. aus Irland (Canones Hibernenses II und ein ir. Traktat »De arreis« [BIELER, 162–166, 278–283]), seit dem 8. Jh. in unmittelbarer Verbindung mit einigen der größeren kontinentalen B. (Exc. Cummeani und Paenit. Remense: vgl. ASBACH, 73–76; Paenit. Ps.-Bedae und Ps.-Egberti: vgl. SCHMITZ II, 698–700), auch in Reginos »Sendhandbuch« (»De synodalibus causis« II, 446–454: ed. WASSERSCHLEBEN, 389–392) und in Burchards »Decretum« l. XIX, cc. 12–25 (MPL 140, 981 D–984 B).

Nach Herkunft, Formulierung, Aufbau und Zahl wie Differenzierung der aufgenommenen Vergehen hat es von den Anfängen an beträchtl. Unterschiede unter den B.n gegeben. Übereinstimmungen in der Textfolge oder gar im Wortlaut sind selten; manche erhaltene Zusammenstellungen sind unverkennbar aus verschiedenartigen, u. a. lokalen oder regionalen Interessen erwachsen. Nicht das Bußbuch, sondern nur die B. können daher als lit. Einheit behandelt werden.

Die B. sind bis ins 9. Jh. hinein anscheinend nie von einer kirchl. Autorität, etwa einem Konzil oder einem Bischof, für ihren Hoheitsbereich als Hilfsmittel der Seelsorge verordnet worden, die Bußsatzungen waren nicht autoritativ erlassene kirchl. Normen wie etwa Konzilsbestimmungen. Ihrer Rechtsnatur nach waren die B. vielmehr Privatarbeiten, aus der Praxis geschaffen, und bis ins 9. Jh. konnte fast keine Bestimmung dieser Bücher mit einer allgemein verbindlichen kirchl. Entscheidung gestützt werden. Zwar sind nicht nur die großen älteren B. der Iren unter dem Namen eines ihrer als Autorität geachteten Äbte überliefert (s. o.), auch als Verfasser der größeren ags. Paenitentialkompilationen, die seit Ende des 7. Jh. entstanden, werden in der Überlieferung weithin bekannte Autoritäten genannt: Ebf. →Theodor v. Canterbury († 690), →Beda Venerabilis († 735) und Ebf. Egbert v. York († 766). Während aber die unter den Namen der ir. Äbte Vinnian, Columban und Cummean sowie des »griechischen Angelsachsen« Theodor überlieferten Bußsatzungen wahrscheinl. in irgendeiner Weise auf diese Männer zurückgehen – auf Äußerungen oder Entscheidungen von ihnen oder die Praxis in ihrem Umkreis –, ist die seit dem 9. Jh. begegnende Zuschreibung eines Bußbuches an Egbert sehr wahrscheinl., die an Beda so gut wie sicher unzutreffend: das älteste, nur fragmentar. Zeugnis des Egbert-Paenitentiale (Vat. Pal. lat. 554, foll. 5–13, 8./ 9. Jh.) stammt vielleicht aus einem ags. Zentrum im Osten des frk. Reiches, vielleicht aus England, die zeitlich folgenden Hss. bis zum 10. Jh. sind ausnahmslos kontinentaler Herkunft; in der Liste der Werke Bedas am Ende seiner »Historia ecclesiastica gentis Anglorum« (V 24) ist ein Bußbuch nicht genannt, und die ältere hs. Überlieferung des Beda-Paenitentiale stammt lediglich aus kontinentalen Scriptorien.

Im Gefolge der insularen B. und aus ihnen schöpfend, sind v. a. im 8. Jh. auf dem Boden des Frankenreiches zahlreiche größere und kleinere Sammlungen von Bußsatzungen entstanden, ohne Verfassernamen und ohne das Bemühen, Bußen möglichst für alle Sünden vorzusehen (die meisten dieser Sammlungen heute benannt nach den Aufbewahrungs- oder Herkunftsorten der sie überliefernden Hss., z. B. Parisiense, Bobbiense, Floriacense usw.). Eine bes. Gruppe bilden unter ihnen Anfang des 8. Jh. kompilierte Sammlungen, die mit Angabe der Quelle Bußsatzungen aus den Werken Cummeans, Columbans und Theodors bieten, die sog. Paenitentialia tripartita (bes. Capitula iudiciorum, Sangallense tripartitum, sog. Exc. Cummeani und Paenitentiale Remense). Um 800 waren die B. in der frk. Kirche so weitgehend rezipiert, daß die Vertrautheit mit einem Bußbuch von Priestern schon vor der Weihe ebenso erwartet wurde und geprüft werden sollte, wie die anderer Hilfsmittel der Seelsorge, z. B. eines Lektionars, Homiliars, Computus usw. (vgl. MGH Cap. I Nr. 81, 20; Nr. 116, 3; Nr. 117, 7; Nr. 119, 4). Erst später scheinen sie in der röm. Kirche bekannt geworden zu sein. Jedenfalls ist c. 75 der Responsa ad consulta Bulgarorum Papst Nikolaus' I. (858–867) das älteste Zeugnis für die Bekanntschaft eines Papstes mit den B.n (MGH Epp. VI Nr. 99, 593). Das von SCHMITZ als Kronzeuge für den röm. Ursprung der B. angesehene, schon in karol. Zeit recht verbreitete Paenitentiale Romanum stammt hingegen aus dem Bereich der westfrk. Kirche und ist sehr wahrscheinl. von Bf. →Halitgar v. Cambrai (817–831) als 6. Buch seines Paenitentiale verfaßt, dann aber auch unabhängig von diesem Werk überliefert worden (vgl. die letzte der von Regino, »De synodalibus causis«, zusammengestellten Visitationsfragen: Notitia Nr. 96. »Si habeat paenitentialem Romanum . . .«: ed. WASSERSCHLEBEN, 26).

Das Werk Halitgars war ebenso wie die beiden etwa ein bzw. zwei Jahrzehnte jüngeren, für Ebf. Otgar v. Mainz bzw. Bf. Heribald v. Auxerre geschaffenen B. des →Hrabanus Maurus (ca. 780–856) im Gefolge einer noch zu Zeiten Karls d. Gr., v. a. aber unter Ludwig d. Fr. in der frk. Kirche laut gewordenen Kritik an den B.n entstanden. Kritisiert worden sind jedoch nicht die B. generell und nicht überall im Frankenreich, sondern 813 auf lediglich einem der fünf Reformkonzilien nur die fehlerhaften und anonym überlieferten (Conc. Cabill. c. 38: »certi errores, incerti auctores«: MGH Conc. II, 281); die gleichzeitigen Konzilien zu Reims und Tours haben sich ebenfalls mit Fragen der Bußdisziplin befaßt, ohne sich negativ über die B. zu äußern (vgl. vielmehr Conc. Tur. c. 22: ». . . edoceri, cuius antiquorum liber paenitentialis potissimum sit sequendus«: MGH Conc. II, 289). Auch die Forderung der Pariser Synode 829 (c. 32), die Bf.e sollten »erroneos codicillos« feststellen und verbrennen lassen (MGH Conc. II, 633), richtete sich nicht gegen alle B.; jetzt wie 813 waren es nicht die unter den Namen bekannter Autoritäten wie Columban, Cummean, Theodor, Beda oder Egbert überlieferten Paenitentialia, die das Mißfallen von Reformern erregten.

Mit dem Kampf der karol. Reformer gegen die anonymen B. und gegen »irrige«, nämlich von kirchl. Normen abweichende Bußsatzungen, stand in einem inneren Zusammenhang das Bemühen, kanon. Bußbestimmungen (Konzilskanones und Papstdekretalen) in der kirchl. Bußdisziplin mehr Geltung zu verschaffen und die Öffentlichkeit des Bußverfahrens wenigstens für öffentl. Vergehen wieder durchzusetzen. Es scheint jedoch, daß diese Bemühungen allenfalls einen sehr begrenzten Erfolg hatten. Es sind nämlich auch in die neuen, aus dem Geist der karol. Reform verfaßten Werke, zu denen außer den B.n Halitgars und Hrabans v. a. der Quadripartitus (Mitte 9. Jh.) zu rechnen ist, nicht nur kanon. Bußbestimmungen aufgenommen worden, sondern ebenfalls Satzungen älterer B. V. a. aber sind diese älteren Kompilationen selbst weiterhin verbreitet worden, was die relativ große Zahl erhaltener Hss. des 9. und 10. Jh. mit diesen Werken, insbes. Theodors, des Excarpsus Cummeani sowie bes. Ps.-Bedas und Ps.-Egberts bezeugt (allein mit diesen beiden B.n, die bereits seit dem Ende des 8. Jh. auch aneinandergereiht oder verzahnt überliefert sind, konnten bislang ca. 40 Hss. frk. Herkunft des gen. Zeitraumes festgestellt werden). Auch noch nach Regino (»De synodalibus causis« Not. Nr. 59 und 96: ed. WASSERSCHLEBEN, 23, 26) sollte der Priester die Buße »non ex corde suo sed sicut in penitentiali scriptum est« erteilen, und bei der Visitation sollten die Priester gefragt werden, welches Bußbuch sie besitzen: das Paenit. Romanum, Theodori oder Bedae.

Auf der Grundlage der älteren B. entstanden obendrein im 9. und 10. Jh. auch in Italien und Spanien neue Sammlungen von Bußsatzungen (bes. erwähnenswert das in einer Reihe von Hss. des 10.-12. Jh. erhaltene, wohl in Oberitalien kompilierte Paenitentiale Vallicellianum I). In England fanden seit der 2. Hälfte des 10. Jh. außer Halitgar gerade die älteren kontinentalen B. Eingang (s. u.). Aus älteren und karol. Werken hat schließlich →Burchard v. Worms († 1025) bei der Kompilation des Bußbuches geschöpft, das er seinem Decretum als l. XIX einfügte und das als Teil des Gesamtwerks wie auch – offenbar wegen seines prakt. Nutzens – getrennt von ihm noch weit verbreitet worden ist.

Etwas mehr als ein Jahrhundert nach Burchard haben Mitte des 12. Jh. – also bald nach →Gratian und →Petrus Lombardus – die vorgratian. B. ihre Bedeutung offensichtl. verloren. Seit diesem Zeitpunkt sind nämlich nur noch wenige weitere Abschriften erfolgt. Jedenfalls endet das Zeugnis der erhaltenen Hss. (insgesamt ca. 300) sowie der alten Bibliothekskataloge/Bücherverzeichnisse fast abrupt zu jener Zeit.

Eine gerechte Würdigung der frühma. B. und ihres Einflusses auf Sitte, Moral und Recht wird erschwert durch die bislang ungenügenden Bemühungen um ihre Erforschung. Insbes. fehlt es an krit. Editionen – abgesehen von der vorzügl. Ausgabe der ir. B. durch L. BIELER – als zuverlässiger Grundlage für sachorientierte Untersuchungen. Die theol. Disqualifikation der B. als »Dokumente einer extremen Verrechtlichung und Veräußerlichung des Bußwesens« (VORGRIMLER, 97) verkennt jedenfalls die hist. Bedeutung dieser kirchen- und dogmengeschichtl., rechts,- moral- und v. a. sozialgeschichtl. äußerst wertvollen Quellengattung. R. Kottje

Ed. und Lit.: DTC XII, 1, 1160-1179 – NCE XI, 86f. – LThK² II, 802-805 – HRG, 22. Lfg., 1982, s. v. Paenitentiale Theodori – Reginonis libri duo de synodalibus causis et disciplinis ecclesiasticis, ed. F. G. A. WASSERSCHLEBEN, 1840 – MPL 105, 651 D–710 A (Halitgar) – MPL 110, 467 C–494 C (Hrabanus ad Heribaldum) – MPL 112, 1397 D–1424 D (Hrabanus ad Otgarium) – MPL 140, 943 B–1014 C (Burchard, Decr. l. XIX) – MGH Epp. V, 462–465 (Hrabanus ad Otgarium: Epist. und Exc.); 509–514 (Hrabanus ad Heribaldum: Epist. und Exc.); 617 (Halitgar: Epist. Ebonis et Halitgarii) – H. J. SCHMITZ, Die B. und die Bußdisziplin der Kirche, 1883 [Nachdr. 1958] – DERS., Die B. und das kanon. Bußverfahren II, 1898 [Nachdr. 1958] – P. W. FINSTERWALDER, Die Canones Theodori Cantuariensis und ihre Überlieferungsformen, 1929 – J. T. MCNEILL-H. M. GAMER, Medieval handbooks of penance. A translation of the principal 'Libri poenitentiales' and selections from related documents (Records of Civilization. Sources and Stud. XXIX), 1938 [Nachdr. 1965] – The Irish Penitentials, ed. L. BIELER, with an appendix by D. A. BINCHY (Scriptores Latini Hiberniae V), 1963 – C. VOGEL, Le pécheur et la pénitence au MA, Textes choisis, traduits et présentés, 1969 – F. B. ASBACH, Das Poenitentiale Remense und der sog. Excarpsus Cummeani [Diss. Regensburg 1975] – C. VOGEL, Les »Libri Paenitentiales« (Typologie des sources du MA occidental. Fasc. 27), 1978 – H. VORGRIMLER, Buße und Krankensalbung (HDG IV, 3, 1978), 95-113 – M. G. MUZZARELLI, Una componente della mentalità occidentale: i Penitenziali nell'alto medio evo, 1980 [mit Artikeln von u. a. G. LE BRAS, TH. P. OAKLEY, J. T. MCNEILL (diese in it. Übers.), B. HONINGS, R. MANSELLI] – R. KOTTJE, Die B. Halitgars v. Cambrai und des Hrabanus Maurus. Ihre Überlieferung und ihre Q. (Beitr. zur Gesch. und Quellenkunde des MA 8), 1980 – DERS., Überlieferung und Rezeption der ir. B. auf dem Kontinent (Die Iren und Europa im früheren MA, hg. H. LÖWE, 1982), 511-524 – DERS., Ehe und Eheverständnis in den vorgratian. B.n (Love and Marriage in the Twelfth C. [Mediaevalia Lovaniensia I, 8], 1981 [tatsächl. 1982], 18–40 – F. KERFF, Der Quadripartitus – ein Hb. der karol. Kirchenreform (Q. und Forsch. zum Recht im MA 1), 1982.

III. FRÜHE VOLKSSPRACHLICHE ÜBERSETZUNGEN: Ins Altenglische wurden B. zum erstenmal im 10. Jh. übersetzt, als man im Rahmen von kirchl. Reformbestrebungen auch volkssprachl. Material für die Predigt und die Einhaltung der Kirchendisziplin benötigte, das man den Priestern an die Hand geben konnte. Drei ae. B. sind bekannt. Wenn sie sich auch in Form und Inhalt unterscheiden, verfolgen sie doch ähnliche Ziele. Weil die erhaltenen Hss. alle aus dem 11. Jh. stammen, ist es nicht leicht festzustellen, welches der drei B. ist. Eine ungefähre Chronologie kann jedoch aufgrund der benützten lat. Quellen und ihrer Behandlung durch die ae. Übersetzer herausgearbeitet werden. 1. Demnach ist das früheste, am wenigsten umfangreiche und am schlechtesten gegliederte der Handbücher das sog. »Confessionale Ps.-E(c)gberti« (ed. SPINDLER); seine Kapitel sind aus kontinentalen und frühen, in England entstandenen B.n geschöpft, bes. demjenigen →Theodors v. Canterbury, und ohne erkennbaren Plan angeordnet. 2. Das zweite, sog. »Poenitentiale Ps.-E(c)gberti« (ed. RAITH) besteht aus vier Teilen. Die ersten drei sind frei nach dem 3., 4., und 5. Teil des Poenitentiales →Halitgars v. Cambrai übersetzt; eine so späte Quelle ist im »Confessionale« nicht benützt. Der vierte Teil des »Poenitentiale« beruht auf verschiedenen kontinentalen Handbüchern und dem »Confessionale«. Daß das »Confessionale« und das »Poenitentiale« tatsächl. etwas mit →E(c)gbert zu tun haben, ist von der hs. Überlieferung her wenig wahrscheinl. Beide B. enthalten einleitend einen Beichtordo mit Hinweisen für den Priester, der wohl ursprgl. zum »Poenitentiale« gehörte und dann auch in das »Confessionale« eingefügt wurde. Er ist in allen Hss. außer einer (KER, Nr. 45B.6) fragmentar. überliefert. 3. Am spätesten entstand das spätae. Handbuch für den Beichtvater (ed. FOWLER); der vermutete Zusammenhang mit →Wulfstan I. ist aber unsicher. Gegenüber den beiden anderen B.n stellt es einen Fortschritt dar, weil es mehr Material zur Unterweisung des Beichtvaters bietet. In der Edition ist es in sechs Teile gegliedert, ursprgl. bestand es wahrscheinl. nur aus vier (Teil I, III,

IV, V); Teil IV, ein kurzes Poenitentiale, entstammt dem vierten Teil des ae. »Poenitentiale« (oben 2.; vgl. auch →Beichtformeln C. III). – Die me. Bußbücher weisen nur noch eine entfernte Ähnlichkeit zu den ae. auf. Im allgemeinen fallen sie eher in den Bereich der →Bußsummen.

A. J. Frantzen

Bibliogr.: Vgl. →Beichtformeln C. III – J. E. WELLS, A Manual of the Writings in ME, 1050–1400, 1916 (and suppl.), bes. VI, Nr. 2, 4, 9, 12, 17 – N. R. KER, Cat. of Mss. containing Anglo-Saxon, 1957, Nr. 10, 45B, 49, 53, 338, 343 – CAMERON, OE Texts, Nr. B 10 und 11 – P. S. JOLLIFFE, A Check-List of ME Prose Writings of Spiritual Guidance, 1974, bes. 76–79 (class E) – S. B. GREENFIELD-F. C. ROBINSON, A Bibliogr. of Publications on OE Lit., 1980, 373f. – *Ed.:* ae. Texte: R. SPINDLER, Das ae. Bußbuch (sog. Confessionale Ps.-Egberti), 1934 – J. RAITH, Die ae. Version des Halitgar'schen Bußbuches (sog. Poenitentiale Ps.-Ecgberti), 1964² – R. FOWLER, A Late OE Handbook for the Use of a Confessor, Anglia 83, 1965, 1–34 – *Lit.:* H. G. PFANDER, Some Medieval Manuals of Religious Instruction, JEGP 35, 1936, 243–258 – D. W. ROBERTSON Jr., Frequency of Preaching in Thirteenth-century England, Speculum 24, 1949, 376–388 – M. W. BLOOMFIELD, The Seven Deadly Sins, 1952 – A. J. FRANTZEN, The Tradition of Penitentials in Anglo-Saxon England, Anglo-Saxon England 11, 1982, 23–56 – M. F. BRASWELL, Confession and Characterization in the Lit. of the Engl. MA, 1982.

Buße (liturgisch-theologisch)
A. Buße im AT – B. Buße im NT (I. Individuelle Buße – II. Kirchliche Buße) – C. Buße im christlichen Osten (I. Buße als Grundzug im Christenleben – II. Bußpredigt – III. Bußdisziplin: 1. Bußübungen; 2. Bußzeiten; 3. Bußgebet; 4. Die Frage der Beichtpflicht – IV. Bußsakrament) – D. Westkirche (I. Bußdisziplin und Bußriten: 1. Allgemeine Grundzüge; 2. Entwicklung bis zum Bußsakrament; 3. Bußgebet; 4. Bußzeiten; 5. Bußübungen; 6. Bußpredigt – II. Scholastische Bußtheologie) – E. Buße im (späteren) Judentum (I. Allgemeine Grundzüge – II. Bußliturgie – III. Bußgebet – IV. Bußzeiten – V. Bußübungen) – F. Buße im Islam

A. Buße im AT
Der für das frühe Judentum schon grundlegende terminus technicus für Buße (B.) – *tešuvah* – fehlt im AT. Das ihm zugrunde liegende Verb – *šuv* – im Sinne von 'kommen, umwenden, an den Ausgangspunkt zurückkehren' führt jedoch in seiner theol. Verwendung in das Umfeld von Buße. Von Fasttagen, die u. a. bei Kriegsbedrohung oder Naturkatastrophen abgehalten wurden, zeugen frühe Texte. Die Liturgie eines solchen Tages ist durch ein Gebet mit Anrede und Lobpreis, Klage, Bitte, Heilszusage und Lobpreis bestimmt (2 Chr 20). Den »Bußcharakter« erhält sie dadurch, daß in ihr »umkehren zu Gott« die Rede ist (Joel 2, 12; Jon 3,8). Eingebettet in die Opferliturgie zeigen individuelle Klage-(Buß-) Lieder (Ps 35,13; 69,11) den gleichen Aufbau. Seit der Zeit des Exils beinhaltet das Verb *šuv* – ein Begriff für 'Buße' ist noch nicht vorhanden – 'umkehren, Buße tun'. In der deuteronomist. und chronist. Literatur soll Israel die Mahnreden – Segens- und Fluchworte – zu Herzen nehmen, zu JHWH, seinem Gott, umkehren und auf sein Wort – Gebote und Satzungen – hören. Eingedenk der Herausführung aus Ägypten wird JHWH dann sein Schicksal wenden (1 Kg 8,46–51). Dem Wortpaar 'Not' und 'Umkehr' entspricht 'suchen' und 'finden' (2 Chr 15, 1–4). Eine enge Beziehung zu dieser Literatur weisen die Mahnreden und Heilsworte in den Propheten-Büchern Hosea, Jeremia, Amos und Jesaja auf. Israel wird zugesagt, daß es umkehren wird: Es erkennt, daß JHWH sein Gott ist, sucht und findet ihn und erhält schließlich Segen. Wie schon in nachexilischer Zeit setzen die prophet. Mahn- und Heilsworte weder kult. Handlungen noch Institutionen voraus. In der vorexilischen Zeit weisen die Textstellen, in denen von 'umkehren' die Rede ist, sowohl Bezüge zu Bußtagsliturgien als auch zu Mahnreden auf. Hierbei ist jedoch zu berücksichtigen, daß 'umkehren' sowohl im Sinne theol. geprägter Sprache als 'ablassen' von fremden Göttern, JHWH sich 'zuwenden' verwendet wird als auch in wörtlicher Bedeutung (Jesaja). Es scheint, daß beide Ausprägungen des Wortes *šuv:* das Einbetten der gemeinschaftlichen und individuellen Umkehr in Kult und Liturgie sowie in Droh- und Mahnreden ohne institutionellen Bezug, sich parallel entwickeln und erhalten konnten.

Rolf Schmitz

Lit.: E. K. DIETRICH, Die Umkehr (Bekehrung und B.) im AT und im Judentum, 1936 – E. LIPIŃSKI, La liturgie pénitentielle dans la Bible, 1969 – G. FOHRER, Gesch. der israelit. Religion, 1969.

B. Buße im NT
I. Individuelle Buße – II. Kirchliche Buße.

B. bedeutet nach dem NT Umkehr. Als innerl. Bekehrungsgeschehen ist sie die Abwendung von der sündhaften Vergangenheit; sichtbar wird sie in einem öffentl. Zeichen der Lossprechung und Lösung von dieser Schuld.

I. INDIVIDUELLE BUSSE: Der zentrale ntl. Begriff für die Bekehrung ist Metanoia, wörtl. »Umdenken/Sinnesänderung«. *Johannes der Täufer* hat offenbar die radikale Abkehr vom Bisherigen gefordert (vgl. Mt 3,7–10.12). Angesichts des unmittelbar bevorstehenden Zorngerichts (Vv. 10.12) ist sogar die vermeintl. Sicherheit der Abrahamskindschaft aufzugeben (V. 8). Solches Aufgeben des Überkommenen manifestiert sich im Hinausziehen in die Wüste (Mk 1,5).

Auch *Jesus* verlangt die Umkehr Israels; aber diese steht bei ihm nicht im Zentrum seiner Verkündigung, er ist kein Bußprediger wie Johannes. Obwohl beider Predigt aus der eschatolog. Situation des Endes erwächst, ist ihr Ausgangspunkt unterschiedlich. Während Johannes apodiktisch das Gericht ankündigt, ruft Jesus grundsätzl. die Heilsbotschaft von der anbrechenden Gottesherrschaft aus. Der Hörer des Johannes soll sich durch die Umkehr vor dem »Feuer« retten; der Hörer Jesu dagegen soll das im Wirken Jesu sich anbietende Heil annehmen, und wer dieses ausschlägt, verfällt dem Gericht (vgl. Lk 10, 13–15; 11, 31f.). Umkehr ist demnach die Folge der in Jesus sich offenbarenden vorgängigen Vergebungstat Gottes (vgl. Lk 7, 41–43).

In den Anfängen der *Kirche* ist dieses Bewußtsein weitgehend lebendig geblieben. Bei Paulus zeigt sich das darin, daß die Begrifflichkeit der Umkehr fast bedeutungslos und durch die des Glaubens ersetzt ist. Nicht die Rückkehr zum Gesetz rechtfertigt vor Gott, sondern im Glauben an die Rechtfertigungstat Gottes wird der Mensch neu (Gal 3, 11–14). Johannes spricht überhaupt nicht von der Umkehr, sondern von der Entscheidung des Glaubens oder Nichtglaubens, und diese identifiziert er mit dem Gericht selbst. Bei Lukas dagegen wird die Umkehr ethisch verstanden. Nach ihm ruft Jesus die Sünder nicht zum Mahl, sondern »zur Umkehr« (Lk 5, 32), und Johannes der Täufer möchte »Früchte« der Umkehr sehen (3,8; vgl. Vv. 10–14). Bußfertiges Verhalten im Sinn der Rückkehr zu den Ursprüngen wird schließlich wie von den Propheten auch in den Sendschreiben der Apokalypse gefordert (2, 5.16.21f; 3, 3.19).

II. KIRCHLICHE BUSSE: Ziel der Bußpredigt Johannes des »Täufers« ist die »*Taufe* der Umkehr zur Vergebung der Sünden« (Mk 1,4). In ihr sieht er das letzte Angebot Gottes vor dem Hereinbrechen des Gerichts. Das Bewußtsein, in der letzten Stunde zu leben, hat, gerade nach Jesu Auferweckung, auch die Urgemeinde. So übernimmt sie die Taufe als Zeichen der Umkehr und der Vergebung, und zwar, da sie nun »auf den Namen Jesu« vollzogen wird, speziell als Dokumentation des – für die Juden nachträglichen – Glaubens an Jesus und als Sammlung des wahren Israel für das Ende (vgl. Apg 2, 38). Im christolog. Verständnis des Paulus bedeutet die Taufe nicht nur Abkehr von der Sünde, sondern Absterben und Mitbegrabenwerden mit Christus, das zu neuem Leben führt (Röm 6, 4f).

Das Problem, das sich von hier aus stellt, ist die Sünde des Getauften, das Faktum selbst und die Reaktion der Kirche darauf. Dieser geht es nämlich nicht nur darum, sich als Gemeinde der »Heiligen« von einem sündigen Mitglied zu distanzieren (Röm 16, 17; 1 Kor 5,2.11.13; 2Thess 3,6.14; 2Tim 3,5), sondern den »Bruder« (Mt 18,15) noch zu retten (vgl. 2Kor 2,5-11). Dem dient ein *Bußverfahren*, das Paulus 1Kor 5,4f für einen konkreten Fall anordnet. Er läßt den Betroffenen von der versammelten Gemeinde »dem Satan übergeben zum Verderben seines Fleisches, damit sein Geist am Tag des Herrn gerettet wird« (vgl. 1Tim 1,20), d. h. der ausgeschlossene Sünder wird in seiner welthaften Existenz dem Verderben preisgegeben wie die Welt selbst am Ende auch (vgl. 1 Kor 11, 32), während die durch die Taufe in ihm konstituierte Christuszugehörigkeit gleichsam nur suspendiert, aber nicht annulliert wird. Die Möglichkeit einer wiederholten Erneuerung »zur Umkehr« wird Hebr 6,4-6 ausdrücklich (wenn auch nicht dogmatisch) verneint (vgl. 10, 26; 12,15-17). Matthäus dagegen scheint eine Regelung der Vergebung für Getaufte zu kennen. Das rabbinische Wort vom »Binden« und »Lösen« bezieht sich zwar (Mt 16,19) eher auf die Lehrvollmacht des Petrus, der etwas für »verbindlich« oder »unverbindlich« erklären, 18,18 dagegen auf die Disziplinargewalt der Gemeinde, die den Unverbesserlichen (V. 16f.) auf seine Sünde »festlegen« oder den Reuigen, und dies auch schon unter vier Augen (V. 15), von ihr lösen kann. Eindeutig auf disziplinar. Entscheidungen der Kirche bezieht sich die Traditionsvariante des Vollmachtswortes Joh 29,23, die vom »Nachlassen« und »Festhalten« der Sünden spricht. W. Radl

Lit.: R. BOHREN, Das Problem der Kirchenzucht im NT, 1952 – W. DOSKOCIL, Der Bann in der Urkirche, 1958 – B. RIGAUX, »Lier et délier«. Les ministères de réconsiliation dans l'Église des Temps apostoliques, La Maison-Dieu 117, 1974, 86-135 – G. LOHFINK, Der Ursprung der christl. Taufe, TQ 156, 1976, 35-54 – H. VORGRIMLER, B. und Krankensalbung (HDG IV/3, 1978), 10-27 – H. MERKLEIN, Die Umkehrpredigt bei Johannes dem Täufer und Jesus von Nazaret, Bibl. Zs. 25, 1981, 29-46.

C. Buße im christlichen Osten
I. Buße als Grundzug im Christenleben – II. Bußpredigt – III. Bußdisziplin – IV. Bußsakrament.

I. BUSSE ALS GRUNDZUG IM CHRISTENLEBEN: Dem im christl. Osten stark verankerten Bewußtsein von Gottes Heiligkeit entspricht tiefe Betroffenheit über das Ungenügen des Menschen, der nicht nur aktuell Sünden begeht oder Gutes unterläßt, sondern erkennen muß, daß er habituell unzulänglich und Sünder ist. Entsprechend tief geht das Sehnen nach Neuwerden, und die Frömmigkeit im christl. Osten ist bes. empfindsam für die Tatsache, daß Gottes Erlöserliebe jenen Sündern offen steht, die ihre Sündhaftigkeit erkennen und verurteilen. Dieser Frömmigkeit galt die B. stets als das Medikament gegen die Sünde, die »Krankheit der Seele«; zu allen Zeiten war sie sowohl in ihrer Idealform, die man lehrte, als auch in ihrem konkreten Vollzug in starkem Ausmaß von Bußfertigkeit gekennzeichnet. »Tränen der Reue« müssen als »zweite Taufe«, als »Tränentaufe«, das Christsein erneuern; sie erfließen sowohl aus B. *(Metanoia)* um bestimmter sündhafter Taten willen, für die der Büßende Vergebung erfleht, als auch aus Zerknirschung des Herzens *(Penthos)* wegen der eigenen (habituellen) Sündhaftigkeit und wegen der Sündigkeit insgesamt, von der die Welt erfüllt ist.

Jeder Christ, bes. der Mönch als »radikaler Christ« hat einen »Weg der Reinigung« zu gehen. An dessen Anfang steht Bußfertigkeit, denn zuerst muß eine Abkehr von der Sünde und eine Zuwendung zu Gott geschehen. Sie bleibt das Geleit, denn die Anfechtbarkeit des Menschen, der Sünder ist, setzt ihn bis zum Tod der »Versuchung« aus. Ihr kann nur ein »Herz, das zerknirscht ist«, widerstehen. »Unablässige Tränen« müssen fließen. Dies ist eine bildhafte Sprechweise, denn die seel. Disposition ist wichtiger als die körperl. Tränen; dennoch haben wir hier kein reines Bildwort, denn selbst Schriftsteller, die sonstigen Begleitphänomenen des Betens mit viel Skepsis begegnen, lassen in der Regel die Tränen ausdrücklich gelten. Aber sie »reinigen«, sind »gottgemäße Betrübnis« und Zeichen der Hoffnung, nicht Ausdruck von Selbstvorwürfen oder Verzweiflung. Es bedarf der Beratung und geistl. Führung durch erfahrene »Väter«, damit das »zerknirschte Herz« das rechte Maß der Bußfertigkeit findet und weder nachlässig wird noch falsche Wege einschlägt, indem es Schamgefühle und lediglich aus verletztem Selbstbewußtsein erwachsende Traurigkeit bereits für B. hält.

II. BUSSPREDIGT: Entsprechend zentral ist das Bußthema im homilet. Erbe und asket. Schrifttum der gr. und syr. Väter. Zahlreiche einschlägige Texte sind aufgenommen in handbuchartige Auswahlsammlungen von Väterpredigten für den gottesdienstl. Gebrauch bzw. von asket. Schriften für die Lektüre im Kloster; die vielen Bearbeitungen und erhaltenen Manuskripte sowie mehrfache Übersetzungen solcher Sammlungen bezeugen ihre rege Verwendung. Doch gab der Osten wie in der gottesdienstl. Glaubensverkündigung überhaupt, so bes. in der Bußpredigt der dichterischen und bildhaften Rede vor der diskursiven Darlegung den Vorzug. Bes. Wirksamkeit erlangte daher die in Hymnenform vorgelegte Bußpredigt, soweit sie in die gottesdienstl. Bücher einging, zum festen Bestandteil der Gebetsgottesdienste wurde und den Gläubigen immer wieder in eindringl. musikal. Vortrag zu Gehör kommt. Insbes. der große Bußkanon des hl. →Andreas v. Kreta wie überhaupt die Hymnen des Triodions, die in der Vorfasten- und Fastenzeit zu singen sind, führen zur B. und zwar weniger durch theoret. Belehrung als durch lebendiges Vorstellen der großen Büßergestalten aus der Hl. Schrift und dem Heiligenkalender sowie von Beispielen der Unbußfertigkeit. Sie werden zu Symbolen, in denen die Gottesdienstteilnehmer sich selbst gemeint erkennen. Die zahlreichen Ikonen hl. Büßer im Gotteshaus unterstützen die Botschaft der gottesdienstl. Lieder, denn auf ihnen sind die Gesichter derer, die Buße geübt haben, von lichtvoller Gotterfülltheit gekennzeichnet und bezeugen bildhaft und augenfällig, daß den Sündern, die sich der Tränentaufe unterziehen, die Heiligung geschenkt wird.

III. BUSSDISZIPLIN: [1] *Bußübungen:* Zur Tilgung von Sünden, die nach der Taufe begangen wurden, empfahl Origenes: Martyrium; Almosen; dem Mitbruder verzeihen; Sünder zur Umkehr führen; große Liebe; B. vor der Gemeinde (hom. in Lev. 2,4). Die Tradition ließ diese Aufzählung weiter gelten, benannte jedoch nach dem Ende der Verfolgungen statt des Martyriums das Zeugnis eines asket. Lebens. Die Werke monast. Frömmigkeit, bes. das Fasten, erlangten so Bedeutung als Bußübungen. Dies um so mehr, als die geistl. Väter über eine Metanoia, die nur bestimmte Einzelsünden bereut, hinausführten und zum Penthos über das Ungenügen und über die Sündhaftigkeit schlechthin anleiteten und dabei die Bußübungen nicht nur zur Tilgung von großen und kleinen Vergehen gegen Gottes Gebote empfahlen, sondern auch zur Reinigung von den »Hauptsünden« (d. h. von den Wurzeln der bösen Taten, deren man 8 bzw. 7 zählte), desgleichen als Mittel im Kampf gegen die Macht des Bösen und als Hilfen zur Festigung in der Tugend sowie als Waffen gegen die Versuchungen. »Asket« und »Büßer« wurden so in etwa Synonyma. Wenn öffentl. B. vor der Gemeinde geübt wurde, war dies mit Verdemütigung verbunden: Zum Erweis echter Umkehr und zur Bewährung (Dokimasia) mußten die exkommunizierten Büßer vor dem Gotteshaus stehen bzw. durften nur unter Auflagen für einen Teil des Gottesdienstes eintreten; die uns verfügbaren einschlägigen Nachrichten und die wenigen erhaltenen Segensformeln für Büßer, die teilweise beiwohnen durften und vorzeitig entlassen wurden, erlauben kein exaktes Rekonstruieren der bei den Griechen tatsächl. geübten Praxis, die uneinheitlich gewesen sein dürfte. Zeitweiliger Ausschluß von der Eucharistie, der wesentl. Bestandteil des öffentl. Bußverfahrens war, bestand als Bußauflage weiter, als privates Beichten die öffentl. B. ersetzte.

[2] Bußzeiten: Schon im 4. Jh. war ein 40-tägiges »großes Fasten« vor Ostern üblich. Mit der Zeit setzten die Griechen im Kirchenjahr 3 weitere Fastenzeiten fest; gegen Ende des 12. Jh. war die heutige Regelung erreicht: man hält ein »Weihnachtsfasten« ab 15. Nov., ein »Apostelfasten« ab Montag nach der Pfingstwoche bis Peter und Paul, das nach der 50-tägigen Osterfeier zu neuem Ernst mahnt, und ein »Marienfasten« (1.–14. Aug.). Strenges Beachten der Bußzeiten war bei öffentl. B. »Dokimasia« echten Büßens für die dem Verfahren zugrundeliegenden Vergehen, bei privater Beichte häufige Epitimie (= Bußauflage an den Pönitenten) für die gebeichteten Sünden. Wegen der bleibenden Notwendigkeit, die Reinigung des Herzens und das Wachsen in der Tugend zu erstreben und im Kampf gegen die Mächte des Bösen nicht nachzulassen, waren die Bußzeiten für alle übrigen Gemeindeglieder ebenso verpflichtend. Erstrebte Früchte der Bußzeiten: Zerknirschung der Herzen; Wachsen des Vertrauens auf Gottes Erbarmen; Mehren der Geduld und der Freude am Guten, das mächtig werden kann, wenn die Sünde zurückgeht. Die geistl. Praxis der Bußzeiten umfaßt: a) längeres Fasten, wobei die Abstinenz von leiblicher Speise und das Begnügen mit einfachen Nahrungsmitteln Ausdruck sein muß für Abstinenz von Laster und übergroßer Weltlichkeit; b) reichlichere Almosen, denn das Wegräumen des Bösen eröffnet Möglichkeit zum Gutsein; c) häufigere Gebete, weil Bußzeit zu Gott führen soll. In Kl. übten einzelne in den Bußzeiten darüber hinaus völliges Schweigen oder andere bes. asket. Werke. Da die Eucharistie nach orthodoxem Herkommen als himml. Freudenfest gilt und an Bußtagen nicht gefeiert wird, entstand für die großen Fasten eine »Liturgie der vorgeweihten Gaben«, bei der man im Rahmen der Vesper mit früher konsekrierten Gaben kommuniziert. Die Feier wird seit dem MA Papst Gregor d. Gr. zugeschrieben, der als Apokrisiar in Konstantinopel angeregt haben soll, sie einzuführen.

[3] Bußgebete: Klösterl. Gebetszeiten und Gottesdienste der Kirchengemeinden sind in erster Linie als Gotteslob verstanden. Die liturg. Überlieferung der östl. Kirchen hielt jedoch die Bitte um Gottes heilendes Erbarmen für das vordringl. Gotteslob aus dem Mund von Sündern. Ein Großteil der für den tägl. Gottesdienst vorgesehenen Psalmen, Hymnen, Priestergebete, Diakonsrufe und Akklamationen des Volks galt in allen Phasen der orthodoxen Gottesdienstgeschichte dieser Bitte; er gilt ihr weiterhin in den gottesdienstl. Büchern, die die Grundzüge ihrer heutigen Gestalt zw. dem Bilderstreit und der Jahrtausendwende erhielten. Auch an den höchsten Festtagen haben die Bußtexte großes Gewicht. Für die speziellen Bußzeiten weisen die Gottesdienstbücher zahlreiche zusätzl. Hymnen und Priestergebete mit Bußcharakter auf. Neben den Gebeten, die der Bußgesinnung der Gottesdienstgemeinde und ihrer einzelnen Glieder Ausdruck verleihen bzw. diese anspornen, nimmt im tägl. Gottesdienst auch das Fürbittgebet um Sündenvergebung für die Gläubigen und um Beharrlichkeit der Büßenden einen wichtigen Platz ein, weil das Gebet der Kirche, nicht individuelle Anstrengung, vor Gott Sündenvergebung erwirkt. Nach alter Überlieferung ist der geistl. Vater verpflichtet, für jene viel zu beten, die ihn zu individueller Beratung bzw. zur sakramentalen Beichte aufsuchen.

[4] Die Frage der Beichtpflicht: Die (nicht sehr zahlreichen) Quellen legen nahe: a) daß die öffentl. B. als theoret. Möglichkeit fortbestand bis zum Untergang des byz. Reichs; b) daß aber das öffentl. Verfahren seit der Wende vom 4. zum 5. Jh. aus nur andeutungsweise bekannten Gründen selten wurde; c) daß sich mit der Zeit eine Art sakramentaler B. in Form von Privatbeichte herausbildete aus der sog. »Mönchsbeichte« (= eine Gewissensoffenlegung vor dem geistl. Vater mit dem Ziel, Beratung betreffs der geeigneten geistl. Übungen – auch der Bußübungen – und eventuell einen tröstenden Zuspruch hinsichtl. Gottes verzeihender Güte zu erlangen; sie war schon im anachoret. Mönchtum üblich, wurde vom Zönobitentum, bes. vom Mönchtum basilianischer Prägung, sehr gepflegt und hatte ursprgl. nichts mit sakramentaler Sündenvergebung zu tun); d) daß es nach dem Selten-Werden der öffentl. B. bis zum Untergang des Reichs zu keiner formellen Verpflichtung kam, wenigstens für schwere Sünden in privater Beichte um sakramentale Sündenvergebung einzukommen (zumindest ist eine solche Verpflichtung nicht nachweisbar); e) daß die Privatbeichte – entweder in der Zielsetzung einer »Mönchsbeichte« oder als sakramentale Bußfeier oder auch ohne klare Unterscheidung zw. beidem – von bestimmten Kreisen gerne angenommen wurde; f) daß mitunter die »Gebetssalbung« (Euchelaion, was der abendländ. »unctio infirmorum« entspricht), die man auch den »an der Seele erkrankten« Sündern erteilte, neben dem Beichtinstitut, eventuell sogar an seiner Stelle, als die sakramentale Bußfeier der Kirche galt. In Zusammenhang mit den Unionsbemühungen des Konzils v. →Lyon (1274) begegnen auf griech. Seite ausdrückl. Bekenntnisse zur Siebenzahl der Sakramente und zum Vorhandensein eines Bußsakraments, wobei allerdings in Verzeichnissen »Euchelaion« und »Metanoia« miteinander als nur ein Sakrament aufscheinen konnten.

IV. BUSSSAKRAMENT: Schon zur Zeit der noch allgemein üblichen öffentl. B. betonten die Griechen den medizinalen Charakter der kirchl. Bußdisziplin, wiewohl Ausschluß, »Dokimasia« und Wiederaufnahme des vor Gott und der Gemeinde schuldigen Büßers durch den Bf. bzw. den von ihm beauftragten Bußpriester jurid. Aspekt besaß. Über die Praxis in der ersten Zeit des Schwindens der öffentl. B. fehlen eindeutige Quellen. Nach dem Bilderstreit genießen Mönche großes Vertrauen; die Kl. wurden die fast ausschließl. Beichtzentren. Obgleich der im Kl. gefundene »geistliche Vater« nicht selten Priester war, wurde er doch nicht wegen seiner Weihe, sondern als Asket und erfahrener »Arzt« aufgesucht. Unsere bruchstückhafte Kenntnis der Entwicklung erlaubt zwei Deutungen: a) die griech. Kirche blieb nach Schwinden der öffentl. Buße dabei, daß schwere Sünder nur nach ausdrückl. Absolution Wiederzulassung zur Eucharistie erlangen, und billigte als »privilegium monachorum« den Mönchen die Absolutionsvollmacht zu; b) eine förmliche Absolution wurde nicht weiter gefordert, aber den Sündern wurde geraten (sie wurden eventuell verpflichtet), das Genügen oder Ungenügen ihres bisherigen Bußverhaltens nicht eigenmächtig zu beurteilen, sondern sich diesbezügl. vor einem neuerlichen Eucharistieempfang mit Meistern des geistl. Lebens zu beraten, und sie haben im Kl. eigtl. »Mönchsbeichten« abgelegt. Um die Jahrtausendwende wurde die übliche Beichtpraxis zum dogmat. Problem: es begann eine Diskussion, ob die Geistträger (Mönche) oder die Amtsträger (Priester) zur Lossprechung von Sünden bevollmächtigt seien. Seit →Balsamon († nach 1195) und →Symeon von Thessalonike († 1429) besteht an der ausschließl. Vollmacht der Bf. e bzw. der von ihnen beauftragten Priester kein Zweifel mehr. Die bis heute in der griech. Kirche üblichen Beichtgebete, bei denen der Beichtvater nicht mit einer richterspruchartigen Formel von Sünden lossprichtg (= indikative Beichtformel), sondern als Bruder des Büßenden mit diesem Gott um Lossprechung bittet (= deprekative Beichtformel), gehen auf die Zeit vor Balsamon zurück. In ihnen spricht der Beichtvater (im Gegensatz zu älteren Gebeten aus der Zeit der öffentl. B.) nicht formell eine Wiederzulassung des Pönitenten zur kirchl. Gemeinschaft aus. Seit eben dieser Zeit wird der Epitimie nur mehr medizinaler Charakter zugeschrieben und ihr satisfaktor. Aspekt, der eine richterl. Strafzumessung im Sinn der früheren öffentl. B. mit einschlösse, wird mit Schweigen übergangen, manchmal sogar bestritten. Daß der Beichtvater keine eigtl. Absolution von den gebeichteten Sünden über den Pönitenten ausspräch, sondern die Vergebung in Gebetform Gott anheimstellte, macht verständlich, daß er von alters her befugt (und verpflichtet) ist, in bestimmten Fällen dem Beichtenden, über den er bereits die (deprekative) Beichtformel rezitierte, als Epitimie ein weiteres Fernbleiben von der Eucharistie für bestimmte Zeit aufzuerlegen. Die byz. Tradition kennt Bußbücher als Anleitung zum Auferlegen der Epitimie bei Privatbeichten. Die ältesten werden mit dem Namen des Patriarchen Johannes IV. des Fasters (582–595) verknüpft, sind aber jünger, jedoch ins 1. Jahrtausend zu datieren. Darin wird die Möglichkeit eingeräumt, den Ausschluß von der Eucharistie, der als Epitimie aufzuerlegen wäre, durch Intensivierung der Bußübungen zeitl. abzukürzen. So wird erstrebt, was ursprgl. Ziel des abendländ. Ablaßwesens war. Da jedoch das Beichtinstitut im Osten mehr von Geistträgern und »Ärzten« beeinflußt wurde als von Jurisdiktionsträgern, blieb dies in engen Grenzen.   E. Ch. Suttner

Lit.: DSAM II, 136–152 [R. Pierret – E. Flicoteaux, Carême (spiritualité du)]; II, 1312–1321 [J. Pegon, Componction]; VIII, 1175–1179 [H.-J. Sieben, Dossier patristique sur le jeûne]; IX, 287–303 [P. Adnès, Larmes] – DThC XII, 1127–1138 [M. Jugie, La pénitence dans l'église grecque après le schisme]; XIV, 1129–1210 [P. Gallier, Satisfaction] – G. S. Debol'skij, Dni bogosluženija pravoslavnoj kafoličeskoj vostočnoj cerkvi, 1894 – K. Holl, Enthusiasmus und Bußgewalt im griechischen Mönchtum, 1898 – Ders., Die Entstehung der 4 Fastenzeiten in der griechischen Kirche (Ges. Aufsätze II, 1928), 155–203 – M. Jugie, Theologia dogmatica christianorum orientalium, 3, 1930 – I. Hausherr, Penthos. La doctrine de la componction chez l'orient chrétien (Orientalia Christiana Analecta 132), 1932 – Ders., Direction spirituelle en orient autrefois (Orientalia Christiana Analecta 144), 1955 [Auszug in DSAM III, 1008–1060] – Beck, Kirche – K. Kirchhoff, Die Ostkirche betet. Hymnen aus den Tagzeiten der byz. Kirche, 1962/63 – F. van de Paverd, La pénitence dans le rite byz., Questions liturgiques 54, 1973, 191–203 – Liturgie et rémission de péchés (EL, Subsidia 3), 1975 – K. Rahner, Schr. zur Theologie, 11, 1975 – Th. Spidlík, La spiritualité de l'orient chrétien (Orientalia Christiana Analecta 206), 1978 – H. Vorgrimler, B. und Krankensalbung (HDG IV/3), 1978 – E. Ch. Suttner, Glaubensverkündigung durch Lobpreis. Zur Interpretation der byz. gottesdienstl. Hymnen (Fschr. v. Lilienfeld, 1982).

D. Westkirche

I. Bußdisziplin und Bußriten (1. Allgemeine Grundzüge – 2. Entwicklung bis zum Bußsakrament – 3. Bußgebet – 4. Bußzeiten – 5. Bußübungen – 6. Bußpredigt) – II. Scholastische Bußtheologie.

I. Bussdisziplin und Bussriten: [1] *Allgemeine Grundzüge*: Im Westen sind drei Phasen festzustellen: im Altertum die kanon. Kirchenbuße, im frühen MA die Tarifbuße, ab dem 12. Jh. die Privatbeichte (vgl. Abschnitt 2). Die Neuordnung nach dem Vaticanum II kennt neben der Privatbeichte auch gemeinschaftl. Formen: a) mit Einzelbeichte und Einzelabsolution, b) mit allgemeinem Bekenntnis und gemeinsamer Absolution, c) Bußgottesdienste ohne sakramentale Absolution.

Die *kanonische Kirchenbuße* bedeutet eine Weiterführung des jüd. Synagogenbannes: Ausschluß des Sünders aus der Gemeinschaft (»Binden«), durch Reue und B. Wiederaufnahme (»Lösen«). Der gemeinschaftl. Charakter wird betont: Unmittelbares Ziel ist die Wiederaufnahme in die kirchl. Gemeinschaft, die mit der Vergebung der Sünden durch Gott einhergeht. Ihre Kennzeichen sind: die Unwiederholbarkeit (seit dem Pastor Hermae, begründet durch: eschatolog. Naherwartung und Analogie zur Taufe); die Tilgung von Todsünden (Trennung von der kirchl. Gemeinschaft), für andere Sünden wurde die »tätige Buße« (Gebete, Almosen, Fasten usw.) angewendet; der längerdauernde Vorgang (Tertullian: »Exhomologese« De Paenit. 7ff.): Aufnahme in den Büßerstand, Bußzeit, Wiederaufnahme (vgl. Abschn. 2); B. für den Klerus ist die Absetzung. In der Friedenszeit kommt es zu einer Institutionalisierung: Beginn der Bußzeit wird der Montag nach dem 1. Fastensonntag (seit dem 7. Jh. der Aschermittwoch); Abschluß ist der Gründonnerstag (Spanien: Karfreitag) mit einer Büßermesse. Harte Bußauflagen (vgl. Abschnitt 2), die für das ganze Leben gelten, machen die Kirchenbuße zu einem »Sterbesakrament«. Der Verfall der Kirchenbuße führt zu Betonung der persönl. B. (Fastenzeit!). Beschreibung der Liturgie: Sacr. Gel. Vet. Nr. 78ff. (Eintritt in den Büßerstand), Nr. 352ff. (Rekonziliation); Weiterführung Pontif. Rom.-German. (10. Jh.), Pontif. Rom. (bis 20. Jh.).

Die durch iro-schott. Mönche (vermutl. unter östl. Einfluß) auf das Festland gebrachte *Tarifbuße* erfährt eine rasche Verbreitung, obwohl sie durch Synoden (z. B. →Toledo 589) verurteilt wird. Ihre Merkmale sind: Einzelbekenntnis vor dem Priester (Mönch), kein Büßerstand; Zugänglichkeit für alle Christen (Laien und Kleriker); Anwendung für alle Sünden; beliebige Wiederholbarkeit, Festlegung des Bußwerks für jede Sünde, keine bleibenden Bußauflagen, die Absolution (deprekativ oder optativ) erfolgt nach geleistetem Bußwerk, bzw. dessen Ableistung erwirkt die Vergebung ohne Absolution. Mängel: Individualisierung und »Privatisierung« von Sünde und Vergebung, Nivellierung und Verdinglichung des Sündenbegriffs, einseitige Betonung der Bußleistung (vergleichbar dem germ. Wergeld). Die Karol. Reform versucht vergeblich, die kanon. Kirchenbuße wiederherzustellen: z. B. Synode v. →Paris 829). Es kommt zu einem Kompromiß: Die Kirchenbuße wird für öffentl. schwere Sünden von Laien, sonst jedoch die Tarifbuße angewendet.

Die oft unerfüllbaren Bußauflagen der Tarifbuße werden durch Kommutationen und Redemptionen abgelöst (Wallfahrten, Gebete, Geldspenden). Seit dem 12. Jh. ist das Sündenbekenntnis wichtigster Teil der Buße, dem

unmittelbar die Absolution folgt *(Privatbeichte).* Das Bußwerk erhält eine sekundäre Bedeutung und folgt erst auf die Absolution. Mängel: die Bußliturgie verkümmert (die Handauflegung tritt zurück), die ekklesiale Bedeutung (Versöhnung mit der Kirche) gerät in Vergessenheit; die Absolutionsworte sind indikativisch (»Absolutionsgewalt« des Priesters). F. Nikolasch
Lit.: Vgl. Abschnitt 2.

[2] *Entwicklung bis zum Bußsakrament:* a) *Antike Kirchenbuße* (p. canonica), nur auf dem Festland; bis zum 7. Jh. erhalten.

α) *Urform:* Erster Hinweis aus dem Anfang des 3. Jh. bei Tertullian (De paenit. I, IX, 3–6): der Büßer hüllt sich zur Selbsterniedrigung in dunkle Lumpen (corpus sordibus obscurare), liegt auf Sack und Asche (sacco et cineribus incubare), in steter Trauer; er fastet, jammert, weint und schreit auf (mugire), wälzt sich vor den Presbytern auf der Erde (presbyteris advolvi), kniet hin vor den Lieben Gottes (Märtyrer?: charis Dei adgeniculari). Ein Absolutionsritus ist nicht erwähnt, doch unterliegt der ganze Vollzug der Aufsicht der Hierarchie.

β) *Klassisches Ritual:* In Ermangelung von liturg. Schriften, Sakramentaren oder Ordines bis zum Ende des 6. Jh. sind die Kulthandlungen, auch die Bußriten (Br.), nur in lit. Quellen faßbar. Die Br. der antiken Kirchenbuße in ihrer klass. Entfaltung (4. bis 6. Jh.) lassen sich mit großer Sicherheit aus den Werken des Augustinus († 430), des Caesarius v. Arles († 542), dem Briefwechsel zw. den Bf.en aus Südgallien und dem Bf. v. Rom wiederherstellen. Das Ritual wickelt sich in drei, chronolog. getrennten, öffentl. Kulthandlungen ab: 1. Die Eröffnung der Kirchenbuße (petere, dare, accipere p.), im 5. oder 6. Jh. zu Beginn der Quadragesima, erfolgt durch Handauflegung des Bf.s und Übergabe des cilicium (grobes Gewand aus Ziegenhaaren); die Haare werden abgeschnitten, Bußkleider in dunkler Farbe angezogen. Am Ende des Rituals erfolgt die Entlassung des Büßer, die aber keiner Exkommunikation gleichkommt (der Büßer behält einen bes. Platz in der Kirche), sondern symbol. den Ausschluß von der Eucharistiefeier und der Kommunion verdeutlicht. Dem Aufnahmeritus geht kein öffentl. Bekenntnis der begangenen Sünden voraus, nur ein Gespräch mit dem Bf. 2. Der Büßerstand (ordo oder status paenitentiae, -ium) von unterschiedl. Dauer (Jahre, aber auch nur eine Quadragesima oder Carena) bedeutet für den Sünder allgemein asket. Lebensweise (vgl. Abschnitt 5, Bußübungen), liturg. Verpflichtungen (Kniebeugen, Handauflegen) und soziale sowie private Einschränkungen: Trennung vom Ehepartner (deshalb Einwilligung des anderen Teils erforderlich), Ausschluß aus dem cursus honorum (Militär- und Staatsdienst); Handel und Ausübung ziviler Gerichtsbarkeit sind verboten. Diese sog. Bußinterdikte bestehen auch nach dem Ablauf der paenitentia und zeichnen den Büßer bis zu seinem Ende. 3. Die Rekonziliation der Büßer am Sonntag, später am Gründonnerstag, durch Handauflegung des Bf.s erfolgt nach einer Mahnrede und einer Warnung vor dem Rückfall in die Sünde. Der gesamte liturg. Vollzug unter bfl. Leitung findet coram publico statt und ist unwiederholbar; deshalb bleibt der Büßerstand jüngeren Männern oder Frauen verschlossen. Kleriker sind nicht zugelassen.

Krankenbuße (p. in extremis). Die Gläubigen in ihrer Mehrheit verschoben die p. canonica bis an das Lebensende. Aufnahme in den Büßerstand und Rekonziliation fallen zusammen; der Sterbende entgeht den Härten des Büßerstandes und dessen zivilrechtl. Folgen. Sollte der Kranke aber genesen, tritt er in den ordo paenitentium ein, um nach angemessener Zeit der reconciliatio absolutissima teilhaftig zu werden. Die reconciliatio in extremis erfolgt durch Handauflegung des Presbyters (hier nicht des Bf.s) oder durch Spendung der Eucharistie (→Viaticum) allein kraft ihrer sündenvergebenden Wirkung.

b) *Tarifbuße* (p. taxata) vom 6. Jh. (Irland und Schottland) oder 7. Jh. (Festland) bis zum 12. Jh.

α) *Gestaltung:* Die ma. Bußdisziplin (Bd.) als paenitentia taxata (Tarifbuße) steht in keinem Zusammenhang mit der antiken Kirchenbuße (weder als Fortentwicklung noch Umformung). Es entfallen in der ma. Bd. Büßerstand (ordo paenitentium), Unwiederholbarkeit des Verfahrens, Bußinterdikte (Eheverbot, Verzicht auf den cursus honorum), öffentliche Bußriten unter der Leitung des Bf.s und Unvereinbarkeit zw. status paenitentium und status clericalis (kein Büßer kann Kleriker, kein Kleriker kann Büßer werden).

Die paenitentia taxata lehnt sich im wesentl. an die anglo-ir. Klosterdisziplin und an die compositio legalis (Wergeld) an, jedoch ohne unmittelbare Ableitung. Jede Sünde oder jedes Vergehen (auch gegen Speisegesetze und Hygiene) ist mit einer Sühne in Form von Kasteiung, von Psalter-Abbeten, bes. aber Fasten, belegt (Tage, Monate, Jahre), nach der Gleichung tale peccatum – tale ieiunium (Brot und Wasser, Getränke- oder Speiseverbote: Wein, Fett, Öl, Eier). Die unter sich sehr verschiedenen Tarife sind mit den Sündenkatalogen in den →Bußbüchern (Libri paenitentiales) zusammengestellt. Die Dauer des Bußfastens addiert sich mit den begangenen Vergehen und überschreitet oft, von Beichte zu Beichte, die Lebenszeit. Sog. Kommutations- oder Redemptionslisten sind deshalb von Anfang an den Bußbüchern beigegeben. Dem Büßer steht offen, ein längeres Fasten entweder durch ein kürzeres, aber härteres abzulösen, oder durch Hiebe, Geißelung, körperl. Züchtigung, bes. aber durch Buß-Messen, Messestipendien, oder auch durch Ersatzfasten mittels dritter, dafür entlohnter Personen (meist Mönche). Praktisch ergeben sich folgende Gleichungen: Sündenkenntnis seitens des Büßers, Taxierung seitens des confessor, also Buße = Fasten = Messelesen = Messestipendium, d. h. der Büßer entrichtet am Ende seiner Beichte ein Lösegeld: solidi, denarii, Freilassung von servi und ancillae (Wert der Leibeigenen in Federvieh umgerechnet: 1 ancilla = 12 altilia; Canon. Hibernen. I, 9), Schenkungen in Form von Feld, Wald, Fischteichen. Da der Beichtvater meistens Ordensmann ist (Aufkommen der Priestermönche!) und nicht Pfarrgeistlicher, gehen die Ersatzbußleistungen an das Kl. und tragen nicht wenig zu dessen Reichtum bei. Zeitgenöss. Quellen (z. B. Caesarius v. Heisterbach) berichten über Habsucht vieler Beichtväter. Die Sündenverzeichnisse (dazu gehören auch Vergehen gegen Speisesatzungen und Hygiene) liefern hochwertiges, kaum ausgewertetes Material zur Moral- und Kulturgeschichte (Sexualvergehen, Mord, Brandstiftung, Diebstahl).

β) *Vollzug:* Ältere Form (vom 6. und 7. Jh. bis zum 9. Jh.): Die ältesten →Bußbücher kennen keinen liturg. Ordo. Den (kultischen?) Vollzug wird man sich wie folgt vergegenwärtigen: 1. Geheimes und ausführl. Bekenntnis vor dem Beichtvater. 2. Auferlegung der Bußtaxe. 3. Nach Erfüllung der B. oder deren Kommutationen gilt die Sünde als vergeben. Um privaten Bußtaxierungen vorzubeugen, bleibt das Bußbuch dem Beichtvater (Bischof, Presbyter oder Diakon) vorbehalten.

Jüngere Form (vom 9. Jh. bis zum 12. Jh.): Vom 8. Jh. an erscheinen in den Bußbüchern liturg. Beichtordines. Der Verlauf ist folgender: 1. Geheimes, ausführl. Bekenntnis nach längeren Gebeten des Beichtvaters mit dem oder für den Beichtenden. 2. Auferlegung der Bußtaxe. 3. Nach Absolvierung der B. oder der Begleichung der Kommutationen tritt das Beichtkind erneut vor den Beichtvater zur Lossprechung durch eine deprekative oder indikative Formel. Das klass. Ego te absolvo erscheint im 12. Jh. bei Radulfus Ardens, Hom. 64 (MPL 155, 1902).

γ) *Die karolingische Dichotomie:* Die Reformbestrebungen der Karolinger (Konzil v. Chalon-sur-Saône 813, c. 25, 38; Paris 829, c. 32) bezweckten die Abschaffung der Bußbücher quorum certi errores, incerti auctores, also auch die Abschaffung der entsprechenden Bd. und die Wiederherstellung des antiken Paenitentialverfahrens, führten aber de facto zu einer Dichotomie. Es gilt vom 9. Jh. an der Satz: öffentliche B. (= ma. Entwicklung der antiken Bd.) für öffentlich schwere Vergehen und paenitentia taxata für geheime schwere Vergehen (so z. B., Theodulf v. Orleans, Capitulare I; MPL 105, 215 A/D). Maßstab ist also der Grad der Öffentlichkeit, nicht die Schwere der Sünde.

δ) *Ursprung und Chronologie:* Ursprung, Chronologie und Ausbreitung der paenitentia taxata sind durch die Bußbücher in ihrem Aufkommen und ihrer Entfaltung dokumentarisch belegt. Geburts- und Heimatstätte der Tarifbuße sind die ir. und ags. Klostergemeinschaften (nicht Rom!) mit den angegliederten Pfarrsprengeln im 6. Jh. Von den Inseln verpflanzt sich das neue B.-System auf das Festland, und zwar, aber nicht ausschließlich, im Zuge der missionar. Tätigkeit der ir. und ags. Mönche (→Columban). Erste insulare Zeugnisse sind die Synoden des Patricius, Isserninus und Auxilius (um 457), erste kontinentale Zeugnisse die Konzilien von Toledo (589) c. 11 (ablehnend: exsecrabilis praesumptio) und von Chalon-sur-Saône (644/656) c. 8 (zustimmend: medela, var. medulla, animae). Die Verbreitung der paenitentia taxata erfolgte bes. in Spanien, in Nordgallien und im Rheinland sowie in Norditalien bis Bobbio. Die paenitentia taxata in Form der Doppelbuße hielt sich seit dem 9. Jh. in ihren wesentl. Zügen bis zur Umgestaltung des Bußwesens an der Wende des 12. zum 13. Jh.

c) *Öffentliche Kirchenbuße* (p. publica) vom 8. Jh. bis Ende des 12. Jh.

Die alte Kirchenbuße (auch paenitentia canonica; nicht öffentl. Buße!), die infolge ihrer Rigorosität (Bußinterdikte, Unwiederholbarkeit, Ausschluß der Kleriker, der Verheirateten und der Gläubigen in jüngeren Jahren) praktisch unanwendbar war, überlebte nur in Form der auf dem Sterbebett gespendeten p. in extremis. Seit Ende des 7. Jh. verändert sich die alte Kirchenbuße und geht zur paenitentia publica über. Ihr unterliegen im MA die schweren öffentl. Vergehen. Ort des Vollzugs ist die Bischofskirche, nicht die Pfarrkirche. Liturge ist der Bischof. Die Liturgie (ordo und Formeln) der p. publica erscheint zum ersten Mal im Sacramentarium Gelasianum (Vat. Reg. 316), 8. Jh.: Ordo agentibus publicam paenitentiam. 1. Am Aschermittwoch: Aufnahme in den Büßerorden mit entsprechenden Orationes et preces super paenitentes, Handauflegung, Überschütten mit Asche und Übergabe des cilicium. 2. Während der folgenden Quadragesima Einschließung (nicht Einkerkerung!) des Büßers (I, 15 und 16). 3. Am Gründonnerstag: Der Büßer verläßt den Ort seiner B. und streckt sich vor der versammelten Gemeinde zu Boden hin. In dreifachem Abstand (Venite-Ritus) wird er in die Kirche eingeführt. Es folgt der eigtl. Rekonziliationsakt: postulatio des Diakons (Adest, o venerabilis pontifex), Ermahnungsrede, Weihwasserbesprengung und deprekative Lossprechungsformeln (I, 38).

Der Ort der Haft ist vor dem 13. Jh. nicht genannt; eher als ein Gefängnis scheint er eine relegatio gewesen zu sein, eine Art libera custodia, in einer Klosterzelle oder in den secretaria, aeraria, diaconia (Anbauten der Bischofskirche), wie aus den Quellen hervorgeht: decani aut archipresbyteri parochiarum cum testibus i. e. presbyteris paenitentium qui eorum conversationem diligenter inspicere debent (Regino, Pont. Rom.-germanicum X. s.). Ein bes. Platz ist den Büßern im Kirchengebäude angewiesen, im Narthex (wenn Basilika-Bau) oder im Eingang, in Nähe der Adamspforte. Während der Bußzeit bleibt der Büßer aus der missa fidelium sowie vom Empfang der Eucharistie ausgeschlossen.

d) *Der dreifache Ausgang des Bußverfahrens (Anfang 13. Jh.):* Ende des 12. Jh. lösen die →Bußsummen (Summae confessorum) die →Bußbücher ab. Als letzter Liber paenitentialis gilt mit Recht der »Corrector sive Medicus« →Burchards v. Worms (1008/1012). Die Umgestaltung des Bußverfahrens ist belegt durch die ältesten Summae confessorum und zwar, nach dem heutigen Stand der Forschung, durch den »Liber poenitentialis« des →Alanus ab Insulis (1175/1200) und den »Liber poenitentialis« des →Robert v. Flamesborough (1189/1215). Den Summae confessorum entsprechend sind zu unterscheiden:

α) Feierliche Kirchenbuße (p. publica solemnis) vom Anfang des 13. Jh. (letzte Entwicklungsform der ma. p. publica und der p. canonica); formell erhalten bis zur Reform des Pontificale Romanum i. J. 1962. Außer Gebrauch seit drei Jahrhunderten.

Der liturg. Vollzug ist ohne zivilen Beistand oder koerzitive Maßnahmen nicht denkbar (→Sendgericht). Das vom Pontificale Rom.-germ. X. s. (VOGEL-ELZE, PRG II, 14–21 und 59–67) sowie von Regino v. Prüm († 915), De synod. causis I, 295, beschriebene Ritual ist Fort- und Ausbau des Ordo agentibus publicam p. des Sacrament. Gelasianum. Hier die Erweiterungen: 1. Am Aschermittwoch: Die Büßer erscheinen in Bußtracht vor der Bischofskirche unter Führung der jeweiligen Pfarrer; Handauflegen, Asche- und Weihwasserritus, Übergabe des cilicium; Mahnpredigt. 2. Die Büßer werden eingeschlossen bzw. eingekerkert für die Dauer der Quadragesima (vgl. Ordo offic. Eccl. Senensis, an. 1213). Ohne weltl. Mithilfe ist die inclusio paenitentis, wie immer sie auch sei, undenkbar. 3. Gründonnerstag morgens werden nach der üblichen allocutio diaconi die Büßer unter dreifachem Venite und dreifachem Kniebeugen in die Kirche eingeführt; der Klerus beendet die Antiphon: Venite filii, audite me. Die Büßerreihe tritt in das Gotteshaus ein (manuatim restituuntur Ecclesiae gremio). Es folgen die Absolutionsformeln und die Weihwasserbesprengung mit der Formel Exsurge qui dormis.

Die p. publica solemnis ist unwiederholbar und wird auferlegt für bes. schwere, von Laien begangene Verbrechen (parricidium, uxoricidium, filiorum oppressio, sacerdotum interfectio et huiusmodi enormia). Getreu der alten Kirchenbuße sind Kleriker von der p.p. solemnis ausgeschlossen.

β) Die Bußwallfahrt (p. publica minus solemnis oder peregrinatio) vom Anfang des 13. Jh. steht unter Verwaltung des jeweiligen Leutpriesters (plebanus). Im Prinzip wiederholbar, wird die p.p. non solemnis für öffentl. minderschwere Vergehen der Laien oder für schwere Verbrechen der Kleriker auferlegt.

Eine ältere Form ist bekannt: Rastlosigkeit und Umherirren (ambulare pro deo). Das eigtl. Rituale ist erfaßbar im Pont. Rom.-germ. X. s. (VOGEL-ELZE II, 362): Benediccio super capsellas et fustes et super eos qui cum his limina ac suffragia sanctorum apostolorum petituri sunt. Die vom Dorfpfarrer ausgesandten Bußpilger, gekennzeichnet durch Pilgertasche und Pilgerstab, ziehen mit Empfehlungsbrief ausgerüstet von Kloster zu Kloster, bis zu den im MA bes. verehrten Wallfahrtsorten. Mit Ende der Pilgerreise gilt das Vergehen als gesühnt (mit oder ohne Absolutionsformel). In gewissen Fällen wird eine Pilgerfahrt nach Rom auferlegt; es sind die sog. päpstl. Reservatfälle (seit 1364 in der Bulle In Caena Domini aufgezählt; Gedächtnisreim: Incestum faciens, deflorans aut homicida / Pontificem quaeras Papam si miseris ignem / Sacrilegus, patris percussor vel sodomita / Si percussisti clericum simonve fuisti). Die Geißlerprozessionen sind eine Abart der Bußpilgerfahrten. Auch die Teilnahme an den →Kreuzzügen (iter transmarinum) gilt als Bußwallfahrten.

γ) *Übergang zu der Privatbuße (Beichte), das Bußsakrament:* Paenitentia privata, d. i. das sakramentale Bußsakrament als Schlußentwicklung der p. taxata (Tarifbuße), wird auferlegt für geheime schwere Vergehen aller Art. Die p. privata ist Laien wie Klerikern zugänglich.

Die Kommutationspraxis verdrängt jegl. Bußleistung des Sünders (Fasten, Kasteiung irgendwelcher Art). Es bleibt als actus paenitentiae nur noch das Sündenbekenntnis, seit dem 12. Jh. als maxima pars paenitentiae bezeichnet (zuerst bei →Petrus Cantor, † 1197). Einer sofortigen Absolution nach der Beichte steht also nichts mehr im Wege, auch ohne die geringste Bußleistung von seiten des Beichtkindes. Der Übergang und somit die Entstehung des sakramentalen Bußsakramentes ist mit dem 12. Jh. abgeschlossen. Vollzug: Ursprgl. kniet das Beichtkind vor oder neben dem Beichtvater. Dem ma. Beichtstuhl, zuerst offen im Chor oder hinter dem Altar aufgestellt, wird seit dem Konzil v. Trient zur Verhütung etwaiger Mißbräuche ein das Beichtkind vom Beichtvater trennendes Gitter beigegeben.

Seit der Mitte des 12. Jh. wird das Bußverfahren in die Siebenzahl der Sakramente eingereiht und ist bedingt durch den Sakramentsbegriff als solchen. Erst im 13. Jh. ist dieser Begriff endgültig geprägt und zwar bei →Thomas v. Aquin († 1274) und →Johannes Duns Scotus († 1308) (vgl. Abschn. II: Scholastische Bußtheologie). C. Vogel

Lit.: RAC II, 802–812 – LThK² II, 805–815 – H. J. Schmitz, Die Bußbücher und die Bußdisziplin der Kirche, 1883 – Ders., Die Bußbücher und das kanon. Bußverfahren, 1898 [mit Vorbehalt] – B. Poschmann, Die abendländ. Kirchenbuße im Ausgang des christl. Altertums, 1928 – Ders., Die abendländ. Kirchenbuße im frühen MA, 1930 – J. A. Jungmann, Die lat. Bußriten in ihrer gesch. Entwicklung, 1932 – C. Vogel, La discipline pénitentielle en Gaule, 1952 – Ders., Composition légale et commutations dans le système de la pénitence tarifée, RDC 8, 1958, 280–318; 9, 1959, 1–38, 341–359 – Ders., Le pelerinage pénitentiel, 4° Convegno storico internaz., 1963, 39–94 – Ders., Les rites de la pénitence publique aux X° et XI° s., Mél. R. Crozet, 1966 – R. Laszcz, Organisation de la pénitence tarifée d'aprés les »Ordines« des »Libri paenitentiales« jusqu'au »Corrector sive Medicus« de Burchard de Worms [Diss. masch. Strasbourg, 1971] – C. Vogel, Les Libri paenitentiales. Typologie des sources du MA occidental 27, 1978 – R. Kottje, Die Bußbücher Halitgars v. Cambrai und des Hrabanus Maurus, 1980.

[3] *Bußgebet (Bg.):* Bg. ist im strengeren Sinne weder Gebet als Ausdruck von Reue und Umkehrbereitschaft noch Bitte um Verzeihung der Sünden (Privatgebete oder liturg. Kollekten wie z. B. die collectae Quadragesimae), sondern eine in die Bußliturgie eingebaute oratio super paenitentes, wogegen die orationes supra populum keine Buß-, sondern Segensgebete sind.

Die ersten uns erhaltenen Formeln der Orationes super paenitentes stehen im Sacrament. Gelasianum (Vat. Reg. 316) des 8. Jh., am Eingang des Bußverfahrens (I, 15), während der Bußzeit sowie bei ihrem Abschluß, als Rekonziliationsformeln (I, 38 und 39).

Die ältesten →Bußbücher enthalten keine Ordines, also auch keine Bußgebete. Vom 8. Jh. an erscheinen auch dort Bg.e teils aus den Sakramentaren übernommen, teils eigener individueller Prägung. Auffällig ist die Verbindung der Bg.e mit den sog. →Bußpsalmen (schon bei Augustinus als Sterbegebete; MPL 32, 63). Regino (De synod. Causis, I, 295) kennt nur Bußpsalmen als eigtl. Bußgebet.
C. Vogel

Lit.: J. A. Jungmann, Die lat. Bußriten, 1932 (Ind.: Oration, Psalmen) – G. Bernini, Le preghiere penitenziali del Salterio, 1953.

[4] *Bußzeiten (Bz.):* Im engeren Sinn die Zeit, die der Büßer im ordo paenitentium zubringt (paenitentia publica), oder die Dauer des Bußfastens im Falle der Tarifbuße (p. taxata; →Abschn. 2b). Im weiteren Sinn bezeichnet Bz. alle Zeiten des offiziellen kirchl. Fastens, also die Fastenzeit oder →Quadragesima, den Aschermittwoch und die →Quatembertage (Fronfasten, angariae) Mittwoch, Freitag und Samstag nach Pfingsten, nach dem 3. Septembersonntag, nach dem 3. Adventssonntag und nach dem 1. Fastensonntag (über die Unsicherheiten gegenüber dem Quatembertermin im Frühjahr vgl. B. Kleinheyer, Die Priesterweihe im röm. Ritus, 1962, 38–47). Hauptsächl. asket. Übung in den Bz. ist das Fasten. Dieses als unvollständige Sättigung verstanden, ist von der Abstinenz zu unterscheiden (Verbot des Fleischgenusses; im Osten unter dem Namen *xerophagia*, auch Fisch-, Milch-, Fett-, Eier- und Weinverbot). Das altkirchliche und ma. Fasten als Bz. (nicht als statio, Rüstzeit!) war von sehr verschiedener Härte: Ausfallen einer Mahlzeit am Tag, Fasten mit Brot und Wasser, vollständiges Hungern. Als Einheit der Fastenzeit als Bz. gelten zwei Tage (biduana), drei Tage (triduana) und superpositio (zwei aufeinanderfolgende Tage ohne jegliche Nahrung), bes. aber die Quadragesima, als 40tägiges vorösterl. Fasten, die für alle geltende Bußzeit. Außer der Enthaltung von Nahrung werden in der Bz. alle anderen Bußübungen (vgl. Abschnitt III. 1) empfohlen oder geboten. C. Vogel

Neben der österl. Bz., den »großen 40 Tagen«, kannte auch die Westkirche die 40tägige Bz. vor oder nach dem Johannes-Fest (24. Juni) bzw. nach Pfingsten und vor Weihnachten. Die Praxis der dreimaligen 40-Tage-Bußzeit in der altir. Kirche und Liturgie ist für die Westkirche bedeutsam geworden. Über die drei Bz. im ostfrk. Reich vgl. die Kanones 9 und 11 des Konzils v. →Mainz 852 (MG Cap. II 189) und Kanon 58 des Konzils v. →Tribur 895 (ebd. 245). In einer Sammlung von Bußkanones aus dem 12. Jh. ist noch die Rede von 3 Quadragesen. Kg. Ludwig d. Dt. hielt sich in der Regel in der österl. Bz. in einer seiner Pfalzen auf, ließ die Regierungsgeschäfte ruhen und widmete sich dem Gebet (vgl. R. Kottje, Mysterium der Gnade, Fschr. J. Auer, 1975, 307–311). Auch die Regel des hl. Franziskus v. Assisi kennt (Kap. 3) drei Fastenzeiten im Kirchenjahr. L. Hödl

Lit.: Siehe auch unter →Fasten, →Quadragesima, →Quatember – L. Fischer, Die kirchl. Quatember, 1914 – G. Kunze, Die gottesdienstl. Zeit, Leiturgia I, 1954, 437–534 – G. Schreiber, Liturgie und Abgabe, HJb 76, 1957, 1–14.

[5] *Bußübungen (Bü.):* Bü. als Askese, auch außerhalb der christl. Tradition bekannt, wurzeln in der Annahme eines gottgewollten Schicksals. Es sei hier nur auf die in der Bußpraxis üblichen B. verwiesen. a) *Antike Kirchenbuße* (bei Tertullian, Augustinus und Caesarius v. Arles): Ehelosigkeit, Enthaltsamkeit, Fasten, Verzicht auf Fleisch und Wein, Tränenvergießen, Kniefall, Totengräberdienst

(fossor; in Gallien), Aufschreien und asket. Lebenswandel. b) Die *Tarifbuße* (p. taxata) besteht, wie bekannt, in Bü. als Genugtuung für begangene Vergehen. Die Arten der Bü. sind hier mannigfaltig und sittengeschichtl. wertvoll. α) Im irischen Raum: Fasten in den verschiedensten Spielarten (biduana, triduana, superpositio [vgl. →Abschnitt D. 4]), Abbeten des Psalters (nicht des Paternoster!), Kniebeugungen, Stehen Tag und Nacht, dreitägiges Übernachten in der Grabkammer (Krypta?) eines Heiligen (cum mortuo sancto in sepulchro) oder in der Kirche, lebensbedrohende Kasteiung (ut dubius sit de vita), Verweilen in Kot und Unrat, Mißachtung jeder Hygiene, Kettentragen, Barfußgehen). β) Angelsächsischer Raum und Festland: mehrmaliges Abbeten des Psalters, Kniebeugung, Stockhiebe (plaga: 50 im Winter und Herbst; 100 im Frühling; 150 im Sommer), Schläge mit der flachen Hand (palmatae), Freilassung von Leibeigenen, Meßstipendien, Geldbußen und Geißelung (Selbstgeißelung der Büßer und Büßerinnen oder durch den Beichtvater): Dantur autem ex more tria millia scoporum (!) pro unius anni paenitentia sive 20 psalteria aut 25 missae (Petrus Damianus, Opusc. 14; MPL 145, 332). Noch zu erwähnen sind die Freiheitsstrafe und die Haft im Kerker (inclaudere, carcer) als Bestandteil der p. publica solemnis sowie das Umherirren (ambulare pro peccatis) und die Pilgerfahrten, die Rast- und Heimatlosigkeit im Falle der p. publica minus solemnis (peregrinatio). Die Geißelung bildet den Ansatz der späteren (14. Jh.) →Geißlerprozessionen. C. Vogel

Lit.: LThK² II, 842-843 – RAC II, 812-814, s. v. Bußkleid – E. FISCHER – FR. UNGER, Die Geißler, 1904 – L. GOUGAUD, Dévotions et pratiques ascétiques du MA, 1925 – H. v. CAMPENHAUSEN, Die asket. Heimatlosigkeit im altkirchl. und frühma. Mönchtum, 1930.

[6] *Bußpredigt (Bp.):* Unter Bußpredigt versteht man ein doppeltes: a) Bp. als Kerygma, so alt wie das Christentum, die sich ursprgl. mit der Gerichtspredigt (Strafgericht Gottes) deckt: Abkehr von der Sünde und Hinwendung zu Gott (Lk 4, 18; Mt 4, 17); die Bp. ist dementsprechend eschatolog. ausgerichtet, und zwar universal. Im Laufe der Zeit tritt das eschatolog. Moment hinter die moralisierenden Paränese zurück (Gebotserfüllung, Abtötung als Mittel zum persönl. Heil). So schon die Bp.en des Augustinus und des →Caesarius v. Arles. Bedeutende Bußprediger des MA waren →Berthold v. Regensburg († 1272), Vinzenz →Ferrer († 1419), →Savonarola († 1498) und die Franziskaner Bern(h)ardinus v. Siena († 1444), →Johannes v. Capistrano († 1456) und →Robert v. Lecce († 1495). b) Bp. als Bestandteil der Bußliturgie: so die postulatio des Diakons »Adest, o venerabilis Pontifex, tempus acceptum«, auf welche die im Wortlaut nicht erhaltene admonitio episcopi folgt (Sacrament. Gelasianum I, 38). Die angegebene postulatio diaconi geht über in das Bußrituale des Pontificale Romano-Germanicum X, von dort in das röm. Pontifikale. C. Vogel

Lit.: LThK² II, 821f. – H. THEBILLE, Theologie und Predigt der Buße, Kirche und Kanzel 11, 1928, 99–116 – R. SCHNACKENBURG, Typen der Metanoia-Predigt, Münchener Theol. Zs. I, 4, 1950, 1–13.

II. DIE SCHOLASTISCHE BUSSTHEOLOGIE: Die scholast. Theologie handelt von der B., sofern sie 'sacramentum' und 'virtus' (vgl. Thomas v. Aquin S. th. III q.84). Die Tugend der B., die in der antiken philosoph. Ethik keinen Platz hatte, war ebenso fest im höf. Tugendspiegel wie in der Moraltheologie verankert. B. ist Umkehr, Umwandlung und Erneuerung der sündeverfallenen Existenz aus der Kraft der Reue und Vergebung: sie kommt auf im 'timor servilis', in der Furcht des Knechtes vor dem Gericht Gottes, sie kommt voran in der Hoffnung und im Vertrauen auf die Vergebung durch Gott und vollendet sich im 'timor filialis', in der Sohnesfurcht, in welcher der verlorene Sohn (des Gleichnisses Lk 15, 11–32) seine Verfehlung bereut und die Chance der Wiedergutmachung wahrnimmt. Wiedergeburt und Erneuerung auf dem Weg der Reue sind ganz und gar Gnade Gottes und ebenso Tugend des Menschen, 'in esse' das schöpfer. Werk Gottes und 'in fieri' das (Mit-)Wirken des Menschen (Thomas v. Aquin ebd. q.85 a.5). Dieses Verständnis der erneuernden Kraft der B. (=Reue) und ihrer sakramentalen Überformung und Durchformung hat wesentl. zur Erneuerung des Bußsakramentes (und damit auch der Kirche) im MA beigetragen. Die bibl. Zeugnisse der individuellen Buße und Reue wurden neu gelesen.

[1] Die Geschichte des Begriffes poenitentia=Buße nahm in der frühscholast. Theologie eine entscheidende Wende, indem sich die Bedeutung auf die inwendige Buße=Reue konzentrierte. »Dreierlei wirkt die Versöhnung des Sünders mit Gott: Reue (poenitentia), Beichte und Genugtuung«, schrieb P. →Abaelard in der Ethica c.17 (MPL 178, 660) und führt dann zum Begriff von contritio=Reue aus: »Mit dem inwendigen Aufseufzen und mit der Zerknirschung des Herzens – wir nennen dies die wahre poenitentia! – währt die Sünde nicht, die Verachtung Gottes und die Zustimmung zum Bösen, denn die Gottesliebe beseelt dieses Aufseufzen, und diese duldet die Schuld nicht. Augenblickl. werden wir mit dem Aufseufzen mit Gott versöhnt und erlangen Verzeihung der vorhandenen Schuld gemäß jenem Wort des Propheten (Ez 33, 12): »Zur nämlichen Stunde, in welcher der Sünder aufseufzt, erlangt er das Heil« (ebd. c.19, 664). Die Verinnerlichung der B. im Sinne von Reue des Herzens bedeutet zugleich auch ein verinnerlichtes Verständnis von Sünde. Wenngleich die meisten frühscholast. Theologen Abaelards Begriff der Sünde und des bösen Wollens nicht teilten, so differenzierten alle Theologen im Begriffsfeld von peccatum Sünde und doppeltes Band der Schuld und Strafe ('reatus culpae', 'reatus poenae'). In der umgreifenden Bedeutung von Unheil besagt 'peccatum' beides: die Schuld- und Strafverhaftung. Letztere umfaßt die ewigkeitl. Verdammung und die lebzeitl. Buß-Strafe, die im Sakrament der B. auferlegt und vom Büßer aufgearbeitet werden muß.

Unter der unbestrittenen Voraussetzung, daß Gott allein die Schuld vergibt, richten sich Schlüsselgewalt der Kirche und Bußfertigkeit des Sünders auf die Tilgung und Lösung der Schuldverstrickung und Strafbande. In vielfach diskutierten und umstrittenen Theorien suchten die frühscholast. Theologen den inneren Zusammenhang von heilshafter Reue, schlüsselmächtigem Handeln der Kirche und Genugtuung des Büßers zu bestimmen. Bei aller Freiheit der Theoriebildung forderten die Theologen zur wahren (Buß-)Reue die Beichte als (äußeres) Zeichen der Reue, als Bedingung der Absolution und als Voraussetzung der Bußauflage.

→Simon v. Tournai deutete die Präposition 'con' im Begriff von 'con-tritio' dahingehend, daß die 'attritio' = Reue den Vorsatz und Willen zur Beichte und Genugtuung »mit«-umfaßt. Für →Alanus ab Insulis ist die Reue ohne das Sündenbekenntnis fruchtlos. Von →Petrus Lombardus (Sent. IV d.22 c.2) an differenzierte und einte die Schule das ganze (äußere und inwendige) Bußgeschehen nach dem dreigliedrigen Begriffsschema von 'sacramentum', 'sacramentum et res' und 'res' und bezog so das zeichenhafte sakramentale Geschehen über die Reue auf die Gnade der Sündenvergebung. Die Theologen des 13. Jh. erblickten in den Akten des Büßers das materiale und in der priesterl. Lossprechung das formale Element.

Materie und Form zusammen konstituieren das Bußsakrament, und zwar so, daß nach →Albertus Magnus und →Thomas v. Aquin (Sent. IV. d.22 q.2 a.1 sol.3 ad 1; S.th.suppl.q. 18 a.1) die Schlüsselvollmacht der Kirche im voraus, d. h. im Verlangen nach dem Sakrament wirksam ist. Für den konkreten Fall, der aber für Thomas in der Tat die Ausnahme bleibt, kann dies auch heißen, daß die Reue des 'attritus' durch das Sakrament vervollkommnet werden muß. →Johannes Duns Scotus kennt zwei Wege der (Erneuerung der) Rechtfertigung, die Reue, welche die Sünde tilgt, und die sakramentale B., die ggf. die (durch die Reue) empfangene Gnade nur vermehren kann (Ord. IV d. 14 q.4 n.9). Die spätscholast. Theologie diskutierte fortwährend die Frage, unter welchen Bedingungen die 'attritio' hinreichende Disposition zum fruchtbaren Empfang des Bußsakraments sei, dabei wurde der Grenzfall des 'attritus' der Regelfall. Gegenüber dem sog. »Attritionismus« forderten die Vertreter des »Kontritionismus« die aus der Gottesliebe hervorkommende Reue als Voraussetzung für den heilsamen Empfang des Bußsakraments. In den theol. Schulen werden Kontritionisten und Attritionisten unterschieden. Die angespannte Frage nach dem Unterscheidenden der vollkommen bzw. unvollkommen motivierten Reue verlagerte die Blickrichtung hinsichtl. der Reue merklich weg vom Vorgang der Rechtfertigung hin auf die Psychologie der Reue, die auch in der →Devotio moderna alle Beachtung fand.

[2] a) Ausgehend von der Wortbedeutung von 'contritio' (vgl. Ps 51 19b 'cor contritum'=gebrochenes Herz) verstand die frühscholast. Theologie die Reue als Akt der inwendigen, gnadenhaften Bekehrung, wie sie David im AT (2 Sam 12, 13) und Petrus im NT (Lk 22,62) bezeugen. In der Reue ist Gottes zuvorkommende Gnade wirksam; in ihr offenbart sich für die Porretaner Simon v. Tournai, Alanus ab Insulis u. a. die uns zugewandte Liebe Gottes (nach Lk 7,47). Die Gnade der Vergebung setzt die Reue voraus und vollendet sie. Die kleinste Regung der Gottesliebe ist gewichtiger als die Schwere der Sünde. In dieser Überzeugung entdeckte die nämliche Schule den meritorischen, »verdienstlichen« Charakter der Reue: Reue verdient Gottes ganze Liebe, weil diese in der Reue offenbar und wirksam ist. Die Unterscheidung der Reue nach (vollkommenen und unvollkommenen) Motiven bahnte sich im 13. Jh. an und wurde bei den Skotisten im 14. Jh. üblich. Eine auf Sünde und Strafe bezogene »Furchtreue« hieß 'attritio', die Reue aus Liebe zu Gott 'contritio'. Beide Arten der Reue wurden in den Schulen weiter differenziert. Die reformator. Theologie lenkte das Augenmerk wiederum auf die eine ungeteilte und unteilbare Reue der inwendigen Buße, wie sie die frühe Scholastik lehrte.

b) Ein wesentl. Element der Reue ist die Beschämung und Bloßstellung in der Beichte. Die vollständige (nicht: vollkommene) Reue umfaßt auch den Vorsatz zum Sündenbekenntnis. Die Notwendigkeit der Beichte vor dem Priester wurde durchwegs mit dem Hinweis auf die Schlüsselvollmacht des Priesters begründet. Im typolog. Verständnis von Lk 17,14 (Aussätzigenheilung) verweist Jesus die vom Aussatz der Sünde Geheilten an das Urteil der Kirche. Für die Auswahl des Bußpriesters (»Beichtvaters«) galt einerseits die Forderung des pseudo-augustin. Liber de (vera et falsa) poenitentia, zur Beichte den diskreten, urteilsfähigen Priester aufzusuchen, andererseits schrieb das 4. Laterankonzil 1215 im vieldiskutierten can. »Omnis utriusque sexus« (DENZINGER-SCHÖNMETZER 812) vor, dem 'proprius sacerdos', d. h., dem Pfarrgeistlichen zu beichten. Die Frühscholastik ließ in einem begrenzten Rahmen auch die Laienbeichte gelten. In der Auseinandersetzung mit den Irrlehren, welche das Sündenbekenntnis für unnötig erachteten, wurde die Beichte so sehr in den Vordergrund gerückt, daß →Petrus v. Poitiers vom »Sakrament der Beichte« handelte.

Die individualethische Normierung von Sünde und B. forderte ein detailliertes Sündenbekenntnis. Die ungedruckte Bußsumme des Ps.-Präpositinus zählt aus den hl. Schriften nicht weniger als 90 verschiedene Formen der schweren Sünde auf. Die notwendige Berücksichtigung der sittl. relevanten Umstände der Sünde kompliziere zusätzlich das Beichten. Die Mitglieder der Büßerorden und die Beginen beichteten sehr häufig, ja oft täglich. →Robert de Sorbon verteidigte die religiöse Praxis dieser als 'papelardi' verrufenen Frommen. In einem pastoralen Handbuch des 12. Jh. (Clm 7698 fol. 43-73) erfahren wir aber auch umgekehrt, daß viele sich mit dem allgemeinen und öffentl. Bekenntnis im Stundengebet (bei Prim und Komplet) und vor der Messe begnügen wollten, und von der liturg. Absolution die Vergebung aller Sünden erwarteten.

c) Die priesterl. Vollmacht der Absolution ist die →Schlüsselgewalt, die mit der Konsekrationsgewalt im Weihesakrament übertragen wird. In dem für die scholast. Theologie maßgebenden Verständnis Bedas ist die Schlüsselgewalt Mt 16,19 (18,18) zweifacher Natur: Binde- und Lösegewalt und Unterscheidungswissen. Diese Theorie von den zwei Schlüsseln (claves!) wurde im 12. Jh. im Verständnis einer zweifach-verschiedenen Autorität vielfach diskutiert und auch (von Theologen und Kanonisten) bestritten; Thomas v. Aquin S.th. suppl. q. 17 a.3 sprach von der Schlüsselgewalt im Singular und bezog den Plural von claves auf den doppelten Aspekt des diskreten und des bevollmächtigten Handelns im Bußsakrament. Die Binde- und Lösegewalt ist nach Joh 20,23 die priesterl. Dienstgewalt der Sündenvergebung, zu deren Ausübung neben der Weihevollmacht die kirchl., hoheitl. Gewalt (executio bzw. jurisdictio) notwendig ist. Den einen und umgreifenden Wirkbereich der Schlüsselgewalt »auf Erden« und »im Himmel« (Mt 16,19; 18,18) differenzierte die scholast. Theologie in das 'forum internum' und 'externum'. Für die Ausbildung der Lehre von den beiden Foren war die Überlegung maßgebend: das schlüsselmächtige Handeln der Kirche ist nicht das göttl. Werk der Gnade – das eine ist nicht das andere, aber auch nicht ohne das andere.

Die einzelnen Funktionen der Schlüsselgewalt faßte Petrus Lombardus, Sent. IV d.18 c.6 schulmäßig zusammen: Kraft der 'claves' zeigt der Priester die von Gott gewirkte Vergebung der Sünden an; vermöge dieser Gewalt legt er die Buße auf bzw. mindert und erläßt sie durch den Ablaß; ebenso kann nur der Träger der Schlüsselgewalt exkommunizieren bzw. von der Strafe der Exkommunikation lossprechen. Anzeige und Zuspruch der von Gott vergebenen Schuld ist der kirchl. Dienst der Sündenvergebung. Die Viktoriner, allen voran →Richard v. St. Victor (Tract. De potestate ligandi et solvendi, ed. MPL 196, 1159-1178), kritisierten das deklarative Verständnis der priesterl. Vollmacht der Sündenvergebung und setzten Vergebung der Sünde und Nachlaß der ewigen Sündestrafe durch Gott und sakramentale Lossprechung und Bußauflage durch den Priester in Zusammenhang. Zu den gen. Funktionen der Schlüsselvollmacht der Kirche tritt integrierend die Fürsprache der Kirche für den Sünder. Wie kaum ein anderer Theologe hat Magister →Gratianus (Decretum, dictum post c.60 De poen.d.1 ed. FRIEDBERG I 1175-1177) neben der strafsetzenden auch die fürbittende Autorität der Kirche betont. Bis in die Frage der indikativen bzw. deprekativen Form der Absolutionsformel hinein ist dieses Verständnis der Schlüsselvollmacht der Kirche wirksam geblieben. Zum ursprgl. Verständnis und sakramentalen Vollzug der kirchl. B. gehörten auch die →Exkommunikation und der →Ablaß; beide Elemente der B. verlagerten sich im HochMA aus dem Bereich des Bußsakramentes.

Die frühma. Synoden, die kirchl. →Bußbücher und die scholast. →Bußsummen fordern für das Bußsakrament die Auferlegung einer der Sünde entsprechenden Buße. Die Bußauflage ist Sache des Priesters, der nach Maßgabe der Bußkanones und nach dem klugen Urteil des Seelenarztes die rechte B. bestimmt. In den Schulen Abaelards und des Magisters Gratianus wurde der satisfaktor. Charakter der B. betont, und zwar mit dem Hinweis, daß die jenseitige Läuterungsstrafe (→»Fegfeuer«) stets größer sein wird als die diesseitige B. zur Besserung. Alanus ab Insulis und die Porretaner unterstreichen den medizinalen Charakter der heilsamen Buße. Gebet und Fasten sind heilsam gegen die Habsucht, →Bußpsalmen und Schriftlesung gegen die Trägheit und Faulheit, Almosen gegen den Geiz u. a. m. Der Rechtsgelehrte →Gandulfus v. Bologna hat in seinem (zw. 1150-70) geschriebenen Sentenzenwerk (Lib. IV §§ 141-156) Strafe und Buße kreuzestheol. vertieft. →Bonaventura ordnete in der Bußtheologie (Sent. IV d.15) die 'satisfactio' der Reue und Beichte vor und gibt so zu erkennen, daß das christl. Leben seines (sakramentalen) Zeichens halber in Gebet, Fasten und Almosen bußfertiges Leben ist. L. Hödl

Lit.: Übersicht in: H. VORGRIMLER, B. und Krankensalbung (HDG IV, 3), 117–119 – TRE VII, 471–473, s. v. Buße, V [G. A. BENRATH] – N. KRAUTWIG, Die Grundlagen der Bußlehre des Johannes Duns Scotus, 1938 – P. ANCIAUX, La théologie du sacrament de pénitence au XIIe s., 1949 – LANDGRAF, Dogmengeschichte IV, 1–2 – L. HÖDL, Die Gesch. der scholast. Lit. und der Theologie der Schlüsselgewalt von ihren Anfängen bis zur Summa Aurea des Wilhelm v. Auxerre, 1960 – C. VOGEL, Le pécheur et la pénitence au MA, 1969 – J. CH. PAYEN, Le motif du repentir dans la litt. française médiévale (des origines à 1230), 1967 – Collect. Franciscana 43, 1973 (Beitr. zum Kongr. 3.–5. Juli 1970, Assisi): »L'Ordine della penitenza di san Francesco nel secolo XIII« – Una componente della mentalità occidentale: I penitenziali nell' alto medio evo (Il mondo medievale. Studi di storia e storiografia 9, hg. M. G. MAZARELLI, 1980).

E. Buße im (späteren) Judentum
I. Allgemeine Grundzüge – II. Bußliturgie – III. Bußgebet – IV. Bußzeiten – V. Bußübungen.

I. ALLGEMEINE GRUNDZÜGE: Philos.-theol. und myst.-esoter. Strömungen prägen in Anlehnung an →Bibel und →Midrasch die Bußvorstellungen des ma. Judentums. Durch arab./griech. Philosophie, später auch christlicherseits beeinflußt, behandeln jüd. Religionsphilosophen – wie →Maimonides (Mišneh Tôrāh, Tešûvāh) und Albo (Iqqārîm IV, 25–28) – »Buße« im Spannungsfeld von menschl. Willensfreiheit und göttl. Vorherwissen in eigenen Traktaten. B. aus Furcht oder Liebe – frei von Zweckbestimmung wandelt sie menschl. Sünde durch göttl. Gnade in Verdienst – ist das Bekenntnis der Schuld und macht den Menschen zum Genuß des zukünftigen Lebens geeignet (→Eschatologie). Beeinflußt von christl. Vorstellungen kannten die »Frommen« in Deutschland (12./13. Jh., →Hasidismus) vor geistl. Ratgebern aufgrund von persönl. Bekenntnissen auferlegte Bußübungen, die gemeinsam mit einer →Askese das Streben nach Vervollkommnung fördern sollten (→Sefär Ḥasîdîm). In der →Kabbala versöhnt B. nicht nur den Menschen mit seinem Schöpfer; sie fördert vielmehr die kosmische Harmonie (→Zohar). Rolf Schmitz

Lit.: A. BÜCHLER, Stud. in Sin and Atonement, 1958 – L. JACOBS, A Jewish Theology, 1973 – DERS., Theology in the Responsa, 1975.

II. BUSSLITURGIE: Als Fast- und Bußtag am 10. Tischri (→Kalender, jüd.) gefeiert, ist der Versöhnungstag – →Yom Kippur – sowohl liturg. Höhepunkt der zehn Bußtage als auch des Jahres. Hinweis auf Fasttagstraditionen zur Zeit des 2. Tempels sind die nur ihm eigenen fünf Gebetszeiten. Einleitendes Vorabendgebet des Versöhnungstages ist das Kol Nidre, das alle unbesonnenen und unbeabsichtigten persönl. Gelübde des kommenden Jahres aufheben soll. Kernstück jeder Gebetszeit ist der Segensspruch, daß Israels Sünden durch Gottes Vergebung gesühnt werden. Die Gebete des Neujahrs- und des Versöhnungstages haben vieles gemeinsam, so daß Gebete der Neujahrsliturgie in die Liturgie des Yom Kippur Eingang fanden. Charakteristisch für die Liturgie des Versöhnungstages ist das Sündenbekenntnis, das individuell und vom Vorbeter sowohl im Vorabendgottesdienst als auch in den Gebetszeiten des Yom Kippur gesprochen wird und dessen Wurzel bis in die Zeit des Frühjudentums reicht. Bis in diese Zeit reichen Piyyutim (→Poesie, jüd.) und Seliḥot (→Abschnitt E. II), die in die Gebetsliturgie des Versöhnungstages Aufnahme fanden. Unter ihnen nehmen die Piyyutim, die die Tempelliturgie – Abodah – zum Gegenstand haben, einen bedeutenden Platz ein. Obwohl sich die Piyyutim großer Beliebtheit erfreuten, gab es Rabbiner, die an ihrer Stelle Ausführungen über religiöse Themen – Reue, wahrer Glaube – bevorzugten. Tora- und Prophetenlesung des Versöhnungstages sind auf die Themen Fasten, Sinn des und Opfer am Yom Kippur etc. ausgerichtet. Beendet wird der Versöhnungstag durch das Blasen des Schofars, das Ausrufen von Segenssprüchen und Glückwünschen, die in der Bitte münden: Nächstes Jahr in Jerusalem. Rolf Schmitz

Lit.: H. SCHAUSS, Guide to Jewish Holy Days, 1962 – I. ELBOGEN, Der jüd. Gottesdienst in seiner gesch. Entwicklung, 1962[4].

III. BUSSGEBET (Bg.): In der Liturgie an hist. Unglückstagen oder Fasttagen haben Bg.e in der Synagoge von alters her ihren festen Platz. Schon die Fastenliturgie aus der Zeit des 2. Tempels bestand u. a. aus Litaneien, die in die Bg.e Eingang fanden. Im Laufe der Zeit wurde dieses Material durch Kunstdichtung ersetzt, die zu einer poet. Gattung von Bg.en, den Seliḥot, führte. In der bes. Bußzeit vom Neujahrsfest bis zum Versöhnungstag werden die Seliḥot vor Tagesanbruch in der Liturgie gebetet. Sie bilden eine eigene Untergattung, die die Aqedah (Opferung Isaaks), ein Kernstück jüd. Glaubens, zum Thema hat. In ihr münden die trag. Erfahrungen der Kreuzzugsgreuel in eine Theologie des Martyriums. Rolf Schmitz

Lit.: EJud (engl.) XIV, 1133f. – L. ZUNZ, Die synagogale Poesie des MA, 1855.

IV. BUSSZEITEN: Seit dem frühen 3. Jh. gelten die Tage vom Neujahrsfest bis zum Versöhnungstag – die ersten zehn Tage des neuen Jahres – als Zeit bes. Gottesnähe, in der B. erforderlich und wirksam ist. Sie entscheidet das Schicksal derer, die weder vollkommen gerecht noch vollkommen böse sind. Daher fand der Bußgedanke sowohl in der Liturgie für »die zehn Tage der Buße«, wie die Zeit seit der Entstehung des Jerusalemer →Talmuds genannt wird, als auch im häusl. Leben einen breiten Raum. Rolf Schmitz

Lit.: EJud (engl.) XV, 1001f. – A. BÜCHLER, Stud. in Sin and Atonement, 1958.

V. BUSSÜBUNGEN: B. bedarf im allgemeinen keiner weiteren Sühnehandlung – abgesehen vom →Fasten –, da Gott weiß, ob sie aufrichtig ist oder nicht. Sie wirkt für sich allein. Dennoch kennt das Judentum Verhaltensweisen, die Menschen von der Aufrichtigkeit des Büßers überzeugen können. So wird tradiert, daß der Versöhnungstag zwar Sühne für die Sünden Gott gegenüber verschafft, jedoch für Vergehen gegen Menschen deren materielle bzw. geistige Entschädigung erfordert. Die Wiedergutmachung muß angemessen sein; sie darf nicht solche Forderungen enthalten, die den Bußfertigen von seiner B. abschrecken. Ein sichtbarer Beweis ihrer Aufrichtigkeit wird bes. von Menschen verlangt, die wegen moral. Vergehen bei einem Gerichtshof als Zeuge bzw. Richter ausgeschlossen wurden. Als traditionelle Bußübung bzw. Ausdruck der Trauer gilt das Fasten. Neben dem asket. Fasten zur Läuterung der Seele für bes. Offenbarungen bzw. ekstat. Erfahrungen und dem privaten Fasten (z. B. jährl. Todestag der Eltern) kennt das Judentum eine Anzahl von bibl. und in der rabbin. Tradition begründeten Fasttagen: z. B. Tag der Versöhnung, der Tempelzerstörung, den Vorabend des Pesaḥ-Festes. Rolf Schmitz

Lit.: S. Lowy, The Motivation of Fasting in Talmudic Lit., JJS 9, 1958, 203–217.

F. Buße im Islam

Dem Islam ist die B. als »Umkehr« (vergleichbar der christl. Metanoia) im Sinne einer Abkehr von der Sünde und Zuwendung zu Gott, arab. *tauba*, von Anfang an vertraut. Die koranische tauba ist wechselseitig: die Umkehr des Menschen bedingt eine entsprechende Zuwendung Gottes zu ihm, die ebenfalls tauba heißt und sinngemäß einem Verzeihen gleichkommt.

Mehr über das Wesen der tauba erfahren wir im Ḥadīt, dem Corpus der Mohammed zugeschriebenen Äußerungen: Essenz der Umkehr ist die Reue. Umkehr stellt den ursprgl. Zustand der Sündlosigkeit wieder her. Hierzu genügt schon die Absicht umzukehren. Doch wird andererseits auch die sündentilgende Kraft der Sühne hervorgehoben. Daß man dabei mit christl. Einfluß rechnen muß, zeigt die Mohammed in den Mund gelegte Abwandlung von Mt 18, 12–14: »Gott freut sich über die Umkehr seines Knechtes mehr als einer von euch, der in der Wüste sein verlorenes Schaf findet«.

Wesentl. Impulse zur Ausbildung einer Bußethik verdankt der Islam den *zuhhād* (Asketen), bes. den baṣrischen. Aus ihren Kreisen erwuchsen die *bakkā'ūn*, die 'Weiner', die die geforderte »Umkehr« in Koran und Ḥadīt zu einer generellen Zerknirschung des Herzens steigerten und ihr Leben in Gottesfurcht verbrachten. Einflüsse des chr. Mönchstums sind dabei nicht auszuschließen. Von Baṣra führen Fäden zum Bagdader Muḥāsibī (gest. 857), der die Verfeinerungsgrade der Umkehr untersucht und die Technik der Gewissenserforschung entwickelt hat.

Entscheidend bereichert wurde die islam. Bußethik von der Sufik (→ Mystik). Der Weg des Sufi beginnt mit der Umkehr und jeder höhere geistige Stand impliziert eine Umkehr von den Mängeln des vorausgehenden, bis man schließlich bei der »Umkehr vom Denken an anderes als Gott« und der »Umkehr von der Umkehr« anlangt. Danach weicht auch das baṣrische Prinzip der Umkehr durch Vergegenwärtigung der Sünden einer Konzeption, die die wahre Umkehr gerade im Vergessen der Sünden erkennt (Ǧunaid aus Bagdad, † 910). Die sufische Denkweise postuliert ferner eine Umkehrung von Ursache und Wirkung bei der koran. tauba: Die Umkehr des Menschen ist Folge oder Manifestation der Zuwendung Gottes zu ihm.

Bußübungen allgemeiner Natur wie Fasten, Almosen, Freilassung von Sklaven, kennt der Islam generell. Spezifischere Formen der *Bußdisziplin* haben sich jedoch vornehmlich in der → Šīʿa ausgebildet. Dazu gehören neben der Geißelung am ʿĀšūrāʾ-Tag auch die Riten von Sündenbekenntnis und Sündenvergebung, die sich in gewissen Derwischorden entwickelt und unter den Safawiden sogar die Form einer öffentl. B. angenommen haben. B. Reinert

Lit.: R. Paret, Der Koran, 1979² – Ders., Der Koran. Komm. und Konkordanz, 1977² – Muslim, Ṣaḥīḥ, Kapp. Ḥudūd und Tauba – Ibn Māǧa, Sunan, Kap. Zuhd – A. J. Wensinck, Concordance... de la tradition Musulmane, 1936, s. v. tāba – EI², s. v. bakkāʾ [F. Meier] – J. v. Ess, Die Gedankenwelt des Ḥāriṯ al-Muḥāsibī, 1961, 140f. – Muḥāsibī, Ri'āya, ed. 1940, 19ff. – R. Gramlich, Die schiitischen Derwischorden Persiens, 2, 1976, 280–286 – Kalābāḏī, Ta'arruf, ed. 1934, 64 – Qušairī, Risāla, Kap. Tauba – R. Gramlich, Die schiitischen Derwischorden Persiens, 3, 1981, 26–29, 94f. – R. Savory, Iran under the Safavids, 1980, 237.

Buße (weltliches Recht)

I. Römisches und gemeines Recht – II. Deutsches Recht – III. Skandinavisches Recht.

I. Römisches und gemeines Recht: B. oder Privatstrafe (poena) ist im röm. und im ma. gemeinen Recht eine Geldsumme, die der Rechtsbrecher zur Sühne für ein privatrechtl. → Delikt an den Verletzten oder dessen Sippe zahlen muß. Die B. war ursprgl. die Abgeltung der Rache, die der Verletzte an der Person des Rechtsbrechers nehmen konnte, ist aber schon früh zu einer privaten Strafe geworden; im XII-Tafel-Gesetz (um 450 v. Chr.) finden sich beide Auffassungen nebeneinander. Die B. ist bei einzelnen Delikten fest beziffert, entspricht im klass. und justinian. Recht aber meist dem Wert des verletzten Gutes – so bei der Schadenszufügung (damnum iniuria datum) – oder dessen doppeltem oder vierfachem Wert – so beim → Diebstahl (furtum) – oder wird vom Richter festgesetzt – so bei → Beleidigung (iniuria). Mehrere Täter haften kumulativ; die Erben des Täters haften nicht. Für Delikte der Gewaltunterworfenen, insbes. der Hauskinder und Sklaven, haftet im Rahmen der sog. Noxalhaftung (von noxa 'Schaden') der Gewalthaber, doch kann er sich durch Auslieferung des Täters befreien. Ähnliches gilt beim → Tierschaden (pauperies).

Die B. wird mit einer Bußklage (actio poenalis) im ordentl. Zivilprozeß (→ Gerichtsverfahren) geltend gemacht. Bei Sachentziehungsdelikten, v. a. bei Diebstahl und Raub, kommen außerdem sachverfolgende Klagen (actiones rem persequentes) in Betracht, die die Rückgabe der entwendeten Sache bezwecken. Seit dem Prinzipat werden Delikte im ksl. Beamtenprozeß auf Antrag des Verletzten auch mit öffentl. Strafen geahndet, die, wenn es sich um Geldstrafen handelt, der Staatskasse zufließen. Dieses außerordentl. Verfahren drängt in der Praxis die Pönalklagen zurück. Im → Vulgarrecht der Spätzeit wird der Unterschied zw. Pönalklagen und sachverfolgenden Klagen verwischt, indem man die B. als (verschärften) → Schadensersatz ansieht; es kommen sogar B.n in Form von Naturalleistungen vor. Das justinian. Recht faßt die B. wieder als private Strafe auf, doch sind die meisten Delikte nun auch mit öffentl. Strafen bedroht. Die ma. gemeinrechtl. Doktrin beschäftigt sich mit zahlreichen Einzelfragen, insbes. mit dem Verhältnis zw. Privat- und Kriminalstrafe. P. Weimar

Lit.: M. Kaser, Das röm. Privatrecht I, 1971², 148f., 498ff., 610f.; II, 1975², 342ff., 425ff. – H. Lange, Schadensersatz und Privatstrafe in der ma. Rechtstheorie, 1955, 129–150 – H. J. Wieling, Interesse und Privatstrafe vom MA bis zum Bürgerl. Gesetzbuch, 1970, 263–283.

II. Deutsches Recht: Die Beschreibung der B. im germ. und ma. dt. Recht, einer Einrichtung von fundamentaler Bedeutung, wird dadurch erschwert, daß es weder in der rechtshist. Fachlit. noch in den Quellen selbst einen einheitl. Sprachgebrauch gibt. Die Fachlit. hat sich in stillschweigender wiss. Konvention zwar dahingehend geeinigt, abweichend von dem Verständnis eines Teiles der ma. Quellen, dem Begriff B. nur Sach- und Geldleistungen des Täters zu subsumieren, nicht aber Strafen an Leib und Leben und Sanktionen wie Vermögens-, Freiheits- und Ehrverlust. Divergenzen in der fachsprachl.

Verwendung des Terminus B. zeigen sich aber im Hinblick auf die Stellung des Empfängers. Fällt die Leistung des Täters an die öffentl. Hand, bevorzugen einzelne Autoren den Terminus Strafe, während andere von öffentl. B. oder B. im weiteren Sinne oder auch nur schlicht von B. sprechen. Selbst die moderne Gesetzessprache ist hier im dt. Sprachraum nicht einheitlich. Die keineswegs immer quelleninhärente Unterscheidung von Schadensersatz und Privatstrafe führt zu weiteren Verständigungsproblemen. Zur Verwirrung trägt schließlich auch bei, wenn Termini aus der romanist. und kanonist. Forschung vorbehaltlos auf sämtliche ma. Quellen übertragen werden.

Das Substantiv B. und das Verb 'büßen' sind in den germ. Sprachen durchgängig überliefert: *bota, botjan* (got.); *buoza, buoz, buozen* (ahd.); *bota, botian* (as.); *bot, boetan* (ae.); *bote, beta, beteria* (afries.). Im Bereich der lat. Übersetzungen und Glossen dominieren in den ältesten lit. Texten eindeutig *emendatio* und *emendare*. Darüber hinaus begegnen *satisfactio, satisfacere, restitutio, restituere, restaurare, reddere, satiare, sarcire, solvere, pretium, compositio, componere, solari, piaculum, poenitentia, poenitere*. Der Akzent bei diesen früheren Zeugnissen liegt auf dem Ausgleich der Unrechtsfolgen durch Leistungen des Täters. Primär bezweckt sind nicht Umkehr (griech. Metanoia) und Besserung des letzteren, sondern Wiedergutmachung, Heilung und Trost für den Verletzten. Vielleicht beruht es nicht auf Zufall, wenn die kirchl. B. (*poenitentia, poenitere*) von dem Zeitpunkt an, da unter den Bußvoraussetzungen die *satisfactio operis* stark an Bedeutung gewinnt, nicht mehr nur mit *(h)riuwa, (h)riuwon* (ahd.), *hreowe, hreowsian* (ae.), sondern vereinzelt auch mit *buoza, buozen* (ahd.), *daedbote, (ge)boetan* (ae.) umschrieben wird.

Von den frühma. Rechtsaufzeichnungen überliefern nur die Leges der Angelsachsen den Terminus B. (z. B. »L sceatta to bote« [Æthelberht 33]), während er in den nationalsprachl. Glossenbestand der kontinentalen Leges der germ. Stämme fehlt. Für diese Quelle ist daher auf die hier in verwirrender Breite vorhandenen lat. Entsprechungen (*compositio, componere, satisfactio, satisfacere, emendatio, emendare, solvere, reddere, restituere, reformare, sarcire, poena, mul[c]ta, mul[c]tari* etc.) zurückzugreifen.

Vor einer vorschnellen Annahme eines einheitl. Sprachgebrauchs der Leges bei Verwendung der lat. Termini ist allerdings dringend zu warnen. Selbst innerhalb einer einzelnen Lex sind, z. T. bedingt durch verschiedene Redaktionsstufen, Schwankungen zu verzeichnen. Während z. B. die Leges Visigothorum *poena* durchweg im Zusammenhang mit der Vertragsstrafe (z. B. LVis. 2, 5, 17) oder noch häufiger für peinliche öffentl. Strafen verwenden, verbinden die Lex Burgundionum und die Leges Langobardorum mit diesem Terminus auch den bei Verletzung fremder Rechtsgüter vom Täter aufzubringenden Geldbetrag (vgl. LBurg. 73, 1 und 2, Edictum Rothari 256, 280, 281, 341, 376). Nicht minder groß ist die Divergenz bei *mul(c)ta*. Die LBurg. bezeichnet hiermit ausschließl. die vom Täter an den Kg. zu zahlende Summe, während z. B. die Lex Saxonum und die Lex Frisionum *multa* als Zahlung an den Verletzten begreifen (LSax. 16; 56; 60; LFris. I, 13).

Die seitens der Fachliteratur als lat. Entsprechungen für B. i. S. von Sach- oder Geldleistung stark favorisierten Termini *compositio* und *componere* erringen ihre umfassende Dominanz erst in den jüngeren Leges. Urspngl. war die *compositio* der zw. den Parteien errichtete →Vergleich. Deutlich tritt diese alte Bedeutung noch in einzelnen Vorschriften der LBurg. hervor (LBurg. 71, 1; LBurg. Extravag. 21, 11). Erst eine jüngere verkürzende Betrachtung läßt die aufgrund der *compositio* (Vergleich) geschuldete B. zur *compositio* schlechthin werden.

Für die immer noch herrschende Ansicht, daß das die Leges der germ. Stämme prägende sog. Kompositionen- oder Bußsystem unter den Einfluß der Kirche alte germ. Todes- und Körperstrafen bzw. die Friedloslegung des Täters als entscheidende Unrechtsfolge abgelöst habe, bieten die Quellen keine Anhaltspunkte. Im Gegenteil: Der Ausgleich durch Bußleistung dürfte schon in germ. Zeit stark verbreitet gewesen sein (vgl. das hier durchaus glaubwürdige Zeugnis des Tacitus, Germania c. 12, c. 21). Freilich ist, abweichend von der bisher noch in der rechtshist. Literatur vorherrschenden Neigung, bereits für die frühe Zeit ein möglichst lückenloses System von Normen anzunehmen, noch nicht von festumrissenen Tatbeständen und festgelegten Tarifen auszugehen. V. a. kann auch noch nicht die Rede sein von einem »Recht« des Verletzten, unter Verzicht auf Fehde von dem Täter die B. auf gerichtl. Wege einzuklagen. Die Grenze zw. dem Druck der Gesellschaft auf die Parteien, auf die friedensstörende Selbsthilfe zu verzichten und sich zu versöhnen, und einem sich allmähl. verfestigenden Gewohnheitsrecht ist hier fließend.

Obrigkeitl. fixiert wird das Bußwesen erst seit dem Ausgang des 5. Jh. Mit langen Bußkatalogen (*forma satisfactionis, forma compositionis*), die z. T. auf Bußsätzen beruhen dürften, die sich in langer Vergleichspraxis herausgebildet hatten, versuchen die germ. Herrscher nunmehr, in ihren neuen oder erweiterten Herrschaftsgebieten die Selbsthilfe zurückzudrängen. Der Langobardenkönig Rothari erhöht in seinem Edikt v. J. 643 die bisher übliche B. für Hieb- und Stichwunden unter Freien mit dem erklärten Ziel: ». . . ut faida (quod est inimicitia) post accepta suprascripta compositione postponatur et amplius non requiratur, nec dolus teneatur, sed sit sibi causa finita amicitia manentem« (Ed. Roth. 74). Obwohl die germ. Gesetzgeber hier keineswegs immer ihr Ziel erreichten, d. h. die Selbsthilfe nach wie vor einen erheblichen Platz einnahm, und mancher Vergleich nur durch Zahlung einer beträchtl. höheren B., als sie die Leges vorsahen, zustandegekommen sein dürfte, kann den Bußkatalogen der Leges Effektivität kaum abgesprochen werden. Es gibt sogar gute Gründe für die Annahme, daß selbst die begüterte roman. Bevölkerung in den Germanenreichen unter Vernachlässigung der strengen spätröm. Kriminalstrafen auch bei schweren Unrechtstaten (Tötung, Frauenraub etc.) auf die Bußpraxis der germ. Nachbarn zurückgegriffen hat.

Einzelne Leges schreiben die Beteiligung der Obrigkeit an dem Ausgleich der Parteien zwingend vor (z. B. LBurg. 71, 1; LBurg. Extravag. 21, 11). Zum einen soll auf die Weise der Bestand des Vergleichs besser gewährleistet werden, zum anderen spielen fiskal. Erwägungen eine Rolle, denn die schon von Tacitus (Germania c. 12) bezeugte Übung, einen Teil der B. an die mitwirkende Obrigkeit abzuführen, ist in frk. Zeit fest institutionalisiert, wobei man entweder die Gesamtbuße nach einem bestimmten Schlüssel aufteilt (Lex Salica z. B. 50, 3) oder den Betrag für die öffentl. Hand von vornherein gesondert festlegt (so z. B. LBurg.).

Die seitens der Literatur überbewertete Frage, ob die B. auch den Schadensersatz umfaßte, läßt sich für die Leges nicht einheitlich beantworten. So kennt z. B. die LSal. bei diversen Tatbeständen neben den festen Bußen das sog.

capitale, d. h. vollen Wertersatz, dessen Zahlung man terminolog. jedoch dem componere zurechnet: »cum lege conponat, hoc est capitale reddat et solidos XV culpabilis iudicetur« (LSal. 103). Bei nicht heilenden Wunden spricht LSal. 17, 7 dem Opfer neben der B. einen zusätzl. Betrag für die medicatura zu. Der langob. Gesetzgeber bestimmt, daß bei Verletzung von →Alden und Sklaven nicht nur die festgesetzten Taxen zu zahlen sind, sondern auch Arbeitsausfall und Kosten für den Arzt (Ed. Roth. 128). Die Diebstahlsbuße (poena furti) wird bei Ed. Roth. 341 mit den Worten: »id est actogild, sibi nonum« glossiert. Die LBurg. dagegen verzichtet auf diese Trennung und nennt nur das *novigild* (LBurg. 9), ebenso die Lex Baiuvariorum: »Si quis liber aliquid furaverit qualecumque re, niungeldo conponat, hoc est nove capita restituat« (LBai. 9, 1).

In einzelnen Leges tritt der Versuch der germ. Herrscher, bei bes. schweren Unrechtstaten den inneren Frieden durch Todes- und Körperstrafen zu sichern, deutlich hervor. Vgl. als Beleg für die Übergangsstufe etwa Decretio Childeberti 2 § 3, wo der Frankenkönig Childebert II. klarstellt, daß derjenige, der zu töten wisse, auch zu sterben lerne, und einen Ausgleich durch Bußleistung verbietet. Für den Fall, daß es dem Täter dennoch gelungen sein sollte, sich mit den Angehörigen des Opfers zu einigen, wird den Verwandten und Freunden des Totschlägers unter Androhung der B. mit dem eigenen Wergeld untersagt, den Täter in irgendeiner Weise zu unterstützen. V. a. auch auf Sklaven, für deren Unrechtstaten nach altem Recht der Herr ohne Auslieferungsmöglichkeit die volle B. aufzubringen hatte und auf Freie, denen es an Mitteln für die B. fehlt, finden nunmehr peinliche Strafen Anwendung. Das Herauswachsen dieser Strafen aus dem alten umfassenden Bußsystem zeigt sich an keineswegs seltenen Wendungen wie ». . . de vita conponat« (LSal. 13,7); »Servus vero aut III solidos reddat aut de dorsum suum conponat« (Decr. Child. 3 § 7); ». . . non aliter admissum crimen conponat quam sanguinis sui effusione conponat« (L.Burg. 2, 1).

Die Schwächung der Zentralgewalt in der späten Merowingerzeit führt dazu, daß die Ansätze eines öffentl. Strafrechts schon bald wieder vom Bußsystem überlagert werden. Hieran haben, von der Behandlung von Sklaven und insolventen Freien abgesehen, auch die legislativen Maßnahmen Karls d. Gr. wenig geändert.

Erst die Gottes- und Landfrieden (→Gottesfrieden, →Landfrieden) bringen eine Stärkung des öffentl. Strafrechts zu Lasten des Bußsystems. Nunmehr wird auch den bisher an einen Ausgleich durch B. gewöhnten Gesellschaftsschichten bei Bruch des Friedens angedroht: »Si liber vel nobilis eam (pacem) violaverit, id est si homicidium fecerit aut aliquem vulneraverit vel quolibet alio modo defecaverit, absque omni sumptuum aut amicorum interventione a finibus confinium suorum expellatur totumque praedium eius heredes sui tollant« (Kölner Gottesfriede v. J. 1083, MGH Const. I Nr. 424). Todes- und Körperstrafen bleiben hier allerdings noch auf den Unfreien beschränkt.

Die →Rechtsbücher des 13./14. Jh., die bis in die Neuzeit hineinreichenden →Weistümer, aber auch Schöffensprüche und sonstige Gerichtsentscheidungen zeigen jedoch, daß das Bußwesen keineswegs zur Bedeutungslosigkeit herabsinkt. Auch die sog. Scheinbußen, die sich u. a. im Sachsenspiegel, Schwabenspiegel und spätma. bäuerl. Weistümern finden und dort als B.n für Rechtsverletzungen gegenüber Personen minderer sozialer und rechtl. Stellung (vgl. etwa Ssp. III, 45 § 9, wo u. a. der Spielmann genannt wird, dem man als B. den Schatten eines Mannes zubilligt) und in Fällen bes. Beweisnot (ein typischer Fall dieser Gruppe ist die Tötung des Lauschers, dem man z. B. als B. ein kleineres Geldstück oder drei Finger auf die Wunde legen soll) begegnen, zeugen keineswegs für einen umfassenden Niedergang des Bußwesens, sondern belegen vielmehr durch ihre Existenz dessen starke Verwurzelung im ma. Rechtsbewußtsein. Auch dort, wo aufgrund der sozialen Verhältnisse faktisch keine Bußzahlung mehr angebracht war und wo sich bereits das alte formale Beweisrecht in Richtung auf die Erforschung der materiellen Wahrheit zu verändern begann, hielt man am Prinzip des Ausgleichs durch Bußleistung fest.

Wie in der Literatur häufig übersehen, wird nach wie vor ein breites Spektrum von Rechtsverletzungen durch B. ausgeglichen. Bestimmte Körperverletzungen, Angriffe auf die Ehre, kleinere Diebstähle, Beeinträchtigungen fremden Eigentums jeder Art (z. B. Versuch ungerechtfertigter Pfändung, Zufügung von Flurschaden, Verletzung nachbarschützender Bauvorschriften), fahrlässig begangene Taten, u. a. auch die fahrlässige Tötung (vgl. etwa Ssp. II, 38; ferner Leipziger Schöffenspruch v. J. 1502, abgedr. bei KROESCHELL II, 122), sühnt der Täter durch Zahlung einer B. Die Peinliche Gerichtsordnung Karls V. v. J. 1532 hält für den minderschweren Diebstahl an der »geltbuß« fest und bestimmt in Kap. 157, daß der Richter den Dieb anhalten solle, dem »beschedigten den diebstall mit der zwispil zu bezalen«.

Wie zur Zeit der Leges erhält auch im Hoch- und SpätMA die Obrigkeit ihren Anteil an der B., wobei die Abgrenzung gegenüber der Leistung an den Verletzten nicht zuletzt wegen der terminolog. Ungenauigkeit vieler Quellen häufig Schwierigkeiten bereitet. Während z. B. der Sachsenspiegel mit *bute, buze* nur die Zahlung des Täters an den Verletzten und mit *wedde, gewedde* nur die Zahlung an die Obrigkeit (vgl. Ssp. III 32 § 10) verbindet und in diesem Zusammenhang auch die Verben *buten* und *wedden* genau nimmt, läßt der Schwabenspiegel den Täter gegenüber »dem clager und dem richter pussen« (z. B. Schwsp. 5c). Die »puß« ist man nach dem Sprachgebrauch des Schwabenspiegels sowohl dem Verletzten als auch dem Richter schuldig (vgl. Schwsp. 312).

In vielen Quellen begegnet das Begriffspaar Besserung und B., bzw. bessern und büßen (vgl. etwa Augsb. StR 49 § 2: ». . . dem vogte gebezzert und dem clager gebuzet«), wobei es allerdings auch hier häufig Überschneidungen gibt und z. B. die Bußleistung an den Verletzten als Besserung bezeichnet wird. Als weitere Bezeichnungen für die Zahlung an die Obrigkeit sind u. a. noch bezeugt: *bruch* (u. ä.), *frevel, pene, wandel*, wobei letzterer teilweise aber i. S. eines umfassenden Ausgleichs verstanden wird.

Diese terminolog. Verwirrung, die schonJ. GRIMM (RA II, 658) zu der zutreffenden Bemerkung veranlaßte: »Nach zeit und ort schwanken diese namen, laufen ineinander über oder bestimmen sich eigenthümlich«, sollte nicht verdecken, daß sich in der Rechtspraxis auch des späten MA bei solventen Tätern die Sühneleistung durch Geldzahlungen an die Obrigkeit und Verletzten gegenüber den peinlichen Strafen behauptet hat. Die Versuche der an hohen Einnahmen interessierten öffentl. Hand, die Leistungen an die Obrigkeit u. a. auch auf Kosten der an den Verletzten zu zahlenden B. zu erweitern, haben nur begrenzten Erfolg gehabt. Man wird sogar sagen müssen, daß die Fiskalisierung des öffentl. Strafrechts und der damit verbundene Verzicht auf Vollzug der peinlichen Strafen gegenüber zahlungskräftigen Tätern auch dem Bußwesen zugutekam. Wie seit alters her paßten Zahlung an den Staat und den Verletzten besser zusammen als peinliche Strafen und Bußleistung. Mit einem Täter, dessen Leben oder Körper, wenn auch primär aufgrund fiskal. Interessen, geschont werden konnte, ließ sich wesentl. erfolgreicher über eine angemessene Bußleistung an den Verletzten verhandeln als mit jemandem, dessen Hinrichtung oder Verstümmelung ohne Ausweichmöglichkeit auf alternative öffentl. Vermögensstrafen oder Lösungstaxen zwingend vorgeschrieben war. Schließlich hat auch die Rezeption des röm. Rechts in Deutschland eher zum Überleben als zum Aussterben des Bußwesens beigetragen. Eine zentrale Rolle spielt hier die röm. rechtl. actio iniuriarum, die schon gegen Ende des 14. Jh. rezipiert wird und deren außerordentl. erfolgreiches Vordringen nur aus der ungebrochenen heim. Rechtsvorstellung zu erklären ist, wonach privates Unrecht dem Verletzten mit einer Geldbuße zu büßen ist.

Bei dieser Sachlage vermag nicht zu überraschen, daß man den Injurienbegriff extrem weit faßte. In einem aus dem 16. Jh. stammenden Anhang zum Eisenacher Rechtsbuch heißt es z. B. unter der Rubrik »von unrecht«: »Alles das nicht mit rechtt geschieht, also hohnliche wort, schade, misszuhandel, schlege und dergleichen, das heist alles unrecht, und darum magk man einen beklagen zu buesse, ut in instituti. juris.« Mit einem in dieser Weise definierten Injurienbegriff hatte man ein Instrument geschaffen, mit dem auch weiterhin auf breiter Front Rechtsverletzungen durch private Bußzahlungen ausgeglichen werden konnten.   H. Nehlsen

Lit.: DtRechtswb II, 655ff. – GRIMM, DWB II, 570ff. – GRIMM, RA II, 647ff. – HRG I, 575ff., 1466ff. – BRUNNER, DRG I, 221ff.; II, 761ff., 794ff. – H. CONRAD, Dt. Rechtsgesch. I³, 46ff., 435ff. – R. HIS, Das Strafrecht des dt. MA I, 1920, 263ff., 342ff., 583ff. – E. KAUFMANN, Das späthma. dt. Schadensersatzrecht und die Rezeption der actio iniuriarum aestimatoria, ZRGGermAbt 78, 1961, 93ff. – E. SCHMIDT, Einf. in die Gesch. der dt. Strafrechtspflege, 1965³, 24ff., 57ff. – R. STRATMANN, Die Scheinbußen im ma. Recht (Rechtshist. R 5), 1978 – K. KROESCHELL, Dt. Rechtsgesch. I⁴, 1981, 43ff.; II⁴, 1981, 207ff. – H. MITTEIS–H. LIEBERICH, Dt. Rechtsgesch., 1981¹⁶, 34ff., 91ff., 277ff.

III. SKANDINAVISCHES RECHT: Im ma. Recht der skandinav. Länder konnte die überwiegende Mehrzahl aller Vergehen und Verbrechen durch die Zahlung einer B. (anord. *bót* 'Besserung', pl. *bœtr*, aschw. *bot*) kompensiert werden. Nur einige bes. schwere und niederträchtige Verbrechen (anord. *úbótamál* 'unbüßbare Rechtssachen') zogen die →Friedlosigkeit nach sich. Die Todesstrafe traf in der Regel allein den in flagranti ertappten Dieb und den Ehebrecher. Andere Körperstrafen sind frühestens aus der Landrechtsperiode (Ende 13. Jh., Mitte 14. Jh.) belegt.

Die Voraussetzung für die starke Stellung der B. im skand. Recht ist wohl im Vergleichsgedanken (→Vergleich) zu suchen, der als ein für das skand. Rechtsdenken bestimmendes Element in der Rechtsterminologie, in den Rechtsquellen und auch in der anord. Sagaliteratur hervortritt. Die B. hat im Rahmen des Vergleichs (anord. *sætt*) nur bedingt den Charakter einer Strafe. In erster Linie ging es darum, den Kläger bzw. bei Totschlagsachen die Erben des Erschlagenen, durch eine B. zu versöhnen und den Frieden wieder herzustellen. Diese zweiseitige, privatrechtl. Regelung eines Rechtsstreits, die mit der Bußzahlung des Beklagten oder dessen Familie endete, mag in einer frühen Phase der Rechtsentwicklung die alleinige Form der Bußentrichtung gewesen sein. Mit wachsender Rechtspflegefunktion des Kgtm.s aber, wie sie sich in Landfrieden (→Eidschwurgesetzgebung) und Reichsrecht dokumentiert, wird ein Rechtsbruch immer mehr als Bruch der Rechtsordnung aufgefaßt. Aus diesem Grunde kam es, bes. bei Vergehen gegen den Landfrieden, bei Mißachtung von Thing- und Gerichtsentscheiden, bei Angriffen auf kgl. Amtsträger, aber auch bei Mord, Totschlag und Verwundungen außerhalb bes. geschützter Friedensbereiche in Schweden zu einer Dreiteilung der B.: Jeweils ein Drittel ging an den Kläger, an die Hundertschaft (→Herad) und an den Kg. (resp. an den Bf. bei Bruch des Kirchenrechts). In Dänemark kam es dagegen nicht zur Teilung einer Summe, sondern die festgesetzte B. wurde in voller Höhe sowohl an den Kläger, wie an die übrigen Bußberechtigten (Kg. und/oder Bf.) gezahlt. Ähnlich waren die Verhältnisse in Norwegen.

Diese Entwicklung ist bereits in den ältesten Schichten der skand. →Landschaftsrechte greifbar, genauso wie die Tendenz zur Systematisierung der vielfältigen Bußtaxen im Zuge wachsender staatl. Konsolidierung im HochMA. Die B. bekommt jetzt zusätzlich den Charakter einer nach objektiven – nicht kasuist. – Normen bemessenen Strafe. Ein Ausgleich zw. den unterschiedl. lokalen Bußtraditionen gelang in Norwegen und Schweden jedoch erst mit der Einführung des Reichsrechts.

Die Bemessung einer B. richtete sich grundsätzlich nicht nur nach der Höhe des Schadens, sondern auch nach dem gesellschaftl. Rang des Klägers und nach dem Ausmaß der persönl. Kränkung. Nach den Auskünften v. a. der norw. Rechtsbücher hatte der Angehörige einer gesellschaftl. Gruppe – von der untersten bäuerl. Schicht (→Bauer, Abschnitt VIII) bis zu Bf. und Kg. – einen bestimmten Rechtsanspruch (anord. *réttr*), der je nach Grad der Kränkung entweder ganz, geteilt oder vervielfacht geltend gemacht werden konnte. Allein die Stadtbürger hatten einen gleichhohen Bußanspruch.

Diese ständ. Struktur des norw. Bußensystems läßt sich in Dänemark und in Schweden nicht beobachten. Es scheint, daß dort – hinsichtl. der B.n – alle rechtsfähigen Leute gleichgestellt waren. Es gibt aber auch hier eine »Kränkungsbuße« (aschw. *þokkabot*), die nach der gesellschaftl. Stellung des Geschädigten bemessen wurde und meist als Zusatzbuße bei bestimmten Ehrenkränkungen erhoben wurde. Als Kränkung des Kg.s galt beispielsweise die Tötung oder Verwundung eines kgl. Amtsträgers oder Gefolgsmannes. →Birger Jarl erhöhte Mitte des 13. Jh. die Kränkungsbuße des Kg.s von 12 auf 40 Mark. Die entsprechende B. für einen Bauern betrug 3 Mark (vgl. auch →Wergeld). Die Kränkungsbuße kann somit als Reflex einer sich etablierenden Herrenschicht angesehen werden.

Die skand. Bußtaxen variierten nicht nur von Rechtsbezirk zu Rechtsbezirk, sondern zeigten auch innerhalb der jeweiligen Rechtsaufzeichnungen ein unterschiedl. und häufig verwirrendes Bild. Das mag zunächst an einem Nebeneinander älterer und neuerer Überlieferungen und an der Kasuistik der Texte liegen. Häufig hängt es aber auch mit der Berechnungsgrundlage der B.n, die sich zum einen vermutl. auf gewogenes Silber, ein anderes Mal auf gemünztes Silber bezog, zus. Einen Hinweis auf Verwendung ungemünzten Silbers gibt u. a. die norw. Bezeichnung *baugr* ('Ring', Silberreif, von dem man Stücke abbrechen konnte) für die B.n an den König. Sonst werden überall in Skandinavien die B.n in der Gewichts- und Münzeinheit →mark und in den Untereinheiten Öre, Örtug und →Pfennig angegeben.

In der Forschung hat sich eine Systematik zur Charakter- und Altersbestimmung der vielfältigen B.n herausgebildet, die sich vornehml. auf die schwed. und dän. Texte bezieht. Danach gehen die meisten Bußbeträge auf ein Duodezimalsystem und ein Dezimalsystem zurück. Die Duodezimalreihe baut (mit Teilung und Multiplikation) auf der 3-Mark-B., der am häufigsten belegte Betrag, auf, das Dezimalsystem auf der 40-Mark-B., die bes. im schwed. →Östgötalagh und →Upplandslagh, im dän. Gefolgschaftsrecht (Vederlov), im norw. Reichsrecht und in den Stadtrechten belegt ist. Während die 3-Mark-Reihe als älter und volkstümlicher angesehen wird, gilt die 40-Mark-Reihe, weil sie u. a. eng mit der kgl. Landfriedensgesetzgebung verknüpft ist, als eine vom Kgtm. im 13. Jh. eingeführte B. (WILDA, LEHMANN). Nach WENNSTRÖM geht die 40-Mark-B. aufgrund von Münzverschlechterung im 13. Jh. aus der 3-Mark-Reihe hervor, die Anbindung der 40-Mark-B. an ausgesprochen kgl. Gesetzgebungsinitiativen wird durch diese differenzierte Sicht indessen nicht geleugnet. H. Ehrhardt

Lit.: W. E. WILDA, Das Strafrecht der Germanen, 1842 – K. V. AMIRA, Nordgerm. Obligationenrecht I, 1882; II, 1895 – K. LEHMANN, Der Königsfriede der Nordgermanen, 1886 – R. HEMMER, Studier rörande straffutmätningen i medeltida svensk rätt, 1928 – K. MAURER, Vorlesungen über anord. Rechtsgesch. 5, 1938, 174ff. [Neudr. 1966] – T. WENNSTRÖM, Brott och böter, 1940 – G. HASSELBERG, Studier rörande Visby stadslag och dess källor, 1953, 212ff. – K. V. SEE, Anord. Rechtswörter, 1964, 25ff.

Büßerinnen → Magdalenerinnen

Büßerkongregation, regulierte Chorherren (Ordo Canonicorum Regularium Beatorum Martyrum de Poenitentia), nach der Augustinerregel in kleinen Gruppen lebende, meist als Prediger oder in pfarrlicher Seelsorge tätige Priester und – als ihre Gehilfen – einige Laienbrüder. Die B. nahm ihren Anfang im 13. Jh. in Rom an der Kirche S. Maria de Metri, in der Nähe des Konstantin-Bogens (die Kirche ist schon im 14. oder 15. Jh. aus unbekannten Gründen zugrunde gegangen). Die früheste sichere Nachricht findet man im Schutzprivileg Alexanders IV. (1256). Damals besaßen die Chorherren außer der Kirche in Rom noch zwei Kirchen in Kujawien (Polen). 1263 kam die Kirche St. Markus in Krakau hinzu; daher die Bezeichnung Markowie, die man ihnen in Polen gab. Um die gleiche Zeit ließen sie sich in Prag an der Hl. Kreuz-Kirche nieder. In einem Privileg Bonifatius' VIII. (1295) sind im ganzen acht Kirchen und zwei Kapellen genannt, davon drei in der Prager und zwei in der Krakauer Diözese. Nachdem die B. infolge hussitischer Wirren Böhmen verlassen mußte, blieb sie nur in Polen-Litauen bestehen, bis das zarist. Regime 1832 die meisten ihrer Kl. aufhob und 1845 das letzte Kl. in Wilna geschlossen wurde. Aus Litauen stammte Michael Giedraitis (Giedroyć, † 1485 in Krakau), der in der B. via facti als Seliger verehrt wurde.
P. Rabikauskas

Q.: AASS Maii I, 552ff. [zu M. Giedraitis] – Reg. Alexander IV, Nr. 1310 – Mon. Vat. res. gestas Bohemicas illustrantia 5, 1903, 374ff., 1121f. – G. FALCO, Il catalogo di Torino delle chiese... di Roma nel sec. XIV, ASRSP 32, 1909, 433 – Reg. Urban V.: Litterae comm. Nr. 11441 – Lit.: DHGE V, 609, Nr. 8 – Enc. Lituanica I, 1970, 457f. – Podręczna Enc. Kościelna 19/20, 1910, 254ff. – Hagiografia Polska I, 1971, 365ff. [zu M. Giedraitis] – S. Rodkiewicz, Opus miserentis Dei, 1699 – HELYOT (MIGNE) II, 952ff. und Abb. 240f. – DIP VI, 1980, 1392ff.

Bußgang → Prozession

Bussi, Giovanni Andrea → Vatikanische Bibliothek

Bussière, La, Abtei OCist in Burgund (Diöz. Autun). Die Abtei wurde unter dem Namen Val-Sainte-Marie in direkter Filiation von →Cîteaux 1131 durch den hl. →Stephan Harding zunächst in L'Oiserolle (heute Gemeinde La Bussière, Dep. Côte-d'Or) gegr.; sie umfaßte zwölf Mönche unter dem Abt Wilhelm. Als bedeutender Stifter betätigte sich der Herr v. Sombernon, Garnier; die Abtei war die Grablege seiner Familie. Cîteaux übergab dem Tochterkloster die eigenen Besitzungen in →Auxois; 1175 wurde eine Grenzlinie zw. dem Grundbesitz beider Abteien festgelegt. Die Abtei brannte 1145 ab; anschließend wurde sie an ihren endgültigen Standort, nämlich La B., nahe der Ouche, verlegt. Die dort errichtete Abteikirche besteht noch. Die Gründung hatte insgesamt nur bescheidene Bedeutung; sie besaß aber im 14. Jh. eine der größten Schafherden, welche die berühmte burg. Wolle lieferten. J. Richard

Lit.: J. MARION, Notice sur l'abbaye de la B., BEC 4, 549–563 – E. FYOT, L'abbaye de la B., 1925² – Arch. dép. Côte d'Or, Sér. H.: Abbaye de la B., Rép. numérique, 1953 – J. RICHARD, Les débuts de la B. et de Fontenay, Mém. Soc. hist. Droit bourguignon 5, 1953, 123–129.

Bußkapelle, kleine, meist rechteckige Kapelle an der Ostseite des Querschiffs oder Chores einer Zisterzienserkirche für die Bußübungen der Mönche. G. Binding

Bussone, Francesco, gen. Carmagnola, it. Kondottiere, * zw. 1380 und 1385 in Carmagnola, gehörte zu der Kompagnie des Facino →Cane und übernahm nach dessen Tod (1412) das Kommando über die Truppen, die in den Dienst des Hzg.s v. Mailand, Filippo Maria →Visconti, übertraten. Sein Mut und die kluge militär. Strategie, die er als *Capitano generale* in den Kriegen anwandte, die zur Wiederherstellung des nach dem Tode Gian Galeazzos zerfallenen Herrschaftsterritoriums der Visconti geführt wurden, machten ihn unter den Condottieri seiner Zeit berühmt. Zum Lohn für seine Taten verlieh ihm Filippo Maria zahlreiche Lehen (Castelnuovo Scrivia, Chiari, Caselle, Sale usw.). Zugleich mit dem Grafentitel erhielt er auch das Privileg, den Namen und das Wappen der Visconti zu führen, mit denen er sich durch seine Heirat mit Antonia verschwägerte. In den zehn Jahren seines Dienstes eroberte er für Mailand alle bedeutenden Städte in der Poebene zurück, die zur Zeit des Hzg.s Giovanni Maria verlorengegangen waren, und brachte das Tessin-Gebiet wieder unter die Visconti-Herrschaft, wodurch die Straße nach Bellinzona und dem St. Gotthard-Paß, bedeutende Zugänge zu den Handelsplätzen nördlich der Alpen, kontrolliert wurden. Um ihn von seinen Truppen zu entfernen, machte man ihn zum Gouverneur von Genua (Ende 1422 – Oktober 1424). Der Konflikt mit dem Hzg. v. Mailand trat 1423 offen zutage, als man C. zu Beginn der Feindseligkeiten mit Florenz überging und an seiner Stelle bei dem Beistandskrieg für Johanna II. v. Neapel und Martin V. Guido Torelli als Kapitän der Truppen nach Genua sandte. 1424 kam es wieder zu einer Annäherung zw. dem Carmagnola und Filippo Maria; aber die Atmosphäre bei Hof war F. B. stets sehr feindlich gewesen, und er sah die Hoffnung schwinden, zum Generalkapitän der Visconti-Truppen ernannt zu werden; ebenso löste sich sein geheimer Traum, der Regierungsnachfolger des Hzg.s (der keine legitimen Erben hatte) zu werden, in Nichts auf. Daher zog er sich auf seine Besitzungen in Piemont zurück. Später verließ er seine Familie und seine Güter wieder und bot den Mgf.en v. Saluzzo, v. Monferrat, den Hzg.en v. Savoyen und Venedig seine Dienste an (1425). Die Seerepublik, die die stärkste Gegnerin von Mailand war, da es dessen territoriale und wirtschaftl. Expansion fürchtete, stellte ihn als Söldnerführer ein und ernannte ihn später zum Generalkapitän. Filippo Maria entzog ihm daher seine Lehen und Einkünfte und befahl, seine Familienangehörigen gefangenzusetzen, falls sie die Grenze überschreiten wollten. Seine Kenntnis des Verteidigungssystems des Visconti-Staates brachte dem C. bei seinen militär. Unternehmen große Erfolge ein (1426 Einnahme von Brescia; 1427 Schlacht v. Maclodio). Am Ende der krieger. Auseinandersetzungen hatte Venedig die Territorien von Brescia und Bergamo und einen Teil des Gebiets von Cremona in seinem Besitz. 1429 war der

C. noch Generalkapitän der Serenissima, aber seine Haltung wurde trotz des Vertrauens, das ihm die Regierung der Republik ständig bewies, immer zweideutiger, seine militär. Erfolge verringerten sich oder hörten ganz auf, statt dessen ging er daran, wieder Kontakte zu Filippo Maria anzuknüpfen. Schließlich verdichtete sich in Venedig der Verdacht, er plane Verrat. Am 7. April 1432 wurde er in der Stadt gefangengenommen, einem Prozeß unterzogen (dessen Akten nicht erhalten sind) und gefoltert. Am Abend desselben Tages wurde er öffentl. enthauptet. Die Geschichte seines Lebens, die viele unklare Punkte aufweist, erregte das Interesse vieler Historiker, Dichter und Schriftsteller, unter ihnen verdient die Behandlung des Stoffes durch Alessandro Manzoni bes. Aufmerksamkeit.
G. Soldi Rondinini

Q. und Lit.: EnclX, s. v. [F. Fossati] – P. C. Decembrio, Vita Philippi Mariae, tertii Ligurum ducis, MURATORI XX, I, fasc. 1–3, passim – Inventari e regesti del r. Archivio di Stato in Milano II, 1929, S. I, 1026, 1126, 1128, 1134, 1516; II, S. II, 78, 218, 822, 522 – A. BATTISTELLA, Il conte Carmagnola, 1889.

Bußpsalmen. [1] *Westen:* Auch in jüd. Gebets- und Gottesdienstordnungen gibt es eine Auslese aus dem Psalter, die als B. bezeichnet wird. Eine Gebetsordnung von ca. 875 nennt folgende acht B.: 17, 25, 33, 51, 65, 67, 103, 104, unter denen sich nur Ps 51 in der christl. B.-Reihe wiederfindet. In der jüd. Liturgie haben die B. im Morgengottesdienst des Versöhnungstages ihren Platz.

Augustinus († 430) ließ sich auf seinem Sterbelager B. so anbringen, daß er sie ständig vor Augen hatte. Dabei handelte es sich jedoch noch nicht um die spätere Siebenerreihe. Diese begegnet erstmals in der Psalmenerklärung des Cassiodor († 563; MPL 70, 60), der sich freilich auf eine schon vorhandene Tradition stützt. Es sind die Pss 6, 32, 38, 51, 102, 130, 143. Das Zustandekommen der Siebenerreihe wäre von der Deutungsgeschichte der B. her zu erklären (B. FISCHER). Schon im früheren MA wurden die B. an bestimmten Tagen in Verbindung mit den kanon. Tagzeiten gebetet. Bis Pius V. († 1572) waren sie an den Freitagen der Fastenzeit verpflichtend vorgeschrieben. Darüber hinaus standen sie bis zur jüngsten Liturgiereform in Verbindung mit einer Reihe von durch die →Buße geprägten gottesdienstl. Handlungen wie Krankenbuße und Krankensalbung, Eröffnung der Kirchenbuße zu Beginn der Quadragesima, Rekonziliation der Büßer am Gründonnerstag, Absolution eines Anathematizierten, Abtbenediktion, Konsekration von Kirche und Altar, Friedhofssegnung. Schon früh hat man die atl. B. durch ntl. Gebete (Kyrie-Rufe, Allerheiligenlitanei) angereichert.
G. Langgärtner

Lit.: LThK² II, 823 – RGG III, 1538f. – V. THALHOFER-L. EISENHOFER, Hb. der kath. Liturgik II, 1912², 627–629 – I. ELBOGEN, Der jüd. Gottesdienst in seiner gesch. Entwicklung, 1913 [Nachdr. 1962⁴] – J. A. JUNGMANN, Die lat. Bußriten in ihrer gesch. Entwicklung, 1932 – Die Psalmenverdeutschung von den ersten Anfängen bis Luther, hg. H. VOLLMER, 1932 – HLG II, 514 [Ind.].

[2] *Christlicher Osten:* Die Ostkirche kennt keine ausgesprochene Reihe von B., aber auch sie spricht bestimmten Psalmen einen Bußcharakter zu, etwa den Ps 6, 130, 143, bes. dem Ps 51. Er wird zum Eingang der Liturgie bei der Beräucherung gebetet, bei der Spendung des Bußsakraments, in der Krankenliturgie. Er hat seinen Platz in den Begräbnisriten und beim Totengedenken (Pannychiden), bezeichnenderweise hier nicht selten zusammen mit dem Vertrauenspsalm 91. Als Bußgebet ist er fester Bestandteil des Stundengebets (Orthros, Terz, Komplet).
H. M Biedermann

Lit.: Liturgie et Rémission des Péchés. Conférences Saint-Serge, XXᵉ Semaine d'Études Liturgiques, EL Subs. 3, 1975.

Bußsakrament →Buße (liturg.-theol.)

Bußsummen (Summa de poenitentia, S. de confessionibus, S. confessorum, S. de casibus, S. de virtutibus et vitiis). Die vom germanischrechtl. Wergeld beeinflußten →Bußbücher mit einfacher Fallsammlung und starrer Buße erwiesen sich angesichts der Differenzierung der europ. Gesellschaft des 11. Jh. (Kreuzzüge, Technik) als unzulängl. Hilfsmittel des Beichtvaters.

Ab dem 12. Jh. begann dagegen die Kirche ihre Stellung als Leiterin und Richterin der Gesellschaft mit dem röm. Recht auszubauen, dem damals ausgefeiltesten Mittel sozialer Gestaltung. Dessen Kasuistik half mit, kirchl. Werturteile für alle Lebensbereiche zu formulieren, verwies damit aber auch auf die Einzigartigkeit eines jeden Falles und unterstützte so die Forderung nach dem selbständig urteilenden Beichtvater. Da die Sünde Kenntnis des mißachteten göttl., kirchl. und weltl. Gesetzes voraussetzte, oblag den B. neben der Ausbildungsaufgabe künftiger Beichtväter auch Aufklärung über das geltende Recht. Auf Vollständigkeit bedacht, verwerteten die B. dazu das in den Glossenapparaten und Rechtssummen aufgearbeitete kanon. und röm. Recht unter zunehmendem Verzicht auf theol. pastorale Ausführungen. Ohne selbst Ort der Rechtsentwicklung zu werden, betonen die B. Fragen der polit. Gerechtigkeit, eine Fixierung auf das Sexuelle ist ihnen fremd.

Nach Auftreten der ersten B. um 1180 besorgten v. a. die Mendikanten Aufschwung und Verbreitung der Bußsummen. Nach einer letzten Blüte um 1500 ließ die Tridentin. Ausbildungsreform die B. entbehrlich werden.

In den B. – als Privatarbeiten zu charakterisieren – finden sich drei Arten der Stoffdarbietung: dem von →Raimundus v. Peñaforte (Summa de casibus conscientiae et de matrimonio, vor 1225 bis nach 1234) gewählten Aufbau folgten bis ins 15. Jh. B., so v. a. die Summa Confessorum (1280–98) des →Johannes v. Freiburg. Mit dem Ausgang des 13. Jh. setzte sich die alphabet. Anordnung immer stärker durch (so die Summa Monaldina, vor 1274). Eigenwillige Ansätze prägen die Summa Confessorum (um 1300) des →Johannes v. Erfurt, der den Stoff unter einen Laster- und Dekalograster einreiht, und die Summa Astesana (um 1300). B. wurden v. a. im späteren MA häufig in die Volkssprachen übersetzt. Das Material wurde bis jetzt aber noch nicht umfassend aufgearbeitet.
N. Brieskorn

Bibliogr.: H. VORGRIMLER, Buße und Krankensalbung (HDG IV, Fasz. 3, 1978), 116–119 [Aufzählg. der ungedr. Q. und Ed. bis 1977; nachzutragen ist: Johannes v. Erfurt, Die Summa Confessorum (ed. N. BRIESKORN), 1980] – Lit.: M. W. BLOOMFIELD, A Preliminary List of Incipits of Latin Works on the Virtues and Vices, Mainly of the 13th, 14th, and 15th Cent., Traditio 11, 1955, 259–379 – C. BERGFELD, Kath. Moraltheologie und Naturrechtslehre, I: Beichtjurisprudenz (COING, Hdb. II, 999–1033) – P. MICHAUD-QUANTIN, Sommes de casuistique, Anal. mediaevalia Namurcensia 13, 1962 – TH. N. TENTLER, Sin and Confession on the Eve of the Reformation, 1977 – R. WEIGAND, Zur Lehre von der Dispensmöglichkeit des Gelübdes in den Poenitentialsummen, AKKR 147, 1978, 2–34.

Bussy, John, Ratgeber Kg. →Richards II., † 29. Juli 1399; Ritter aus Lincolnshire, seit 1380 im Gefolge von →John of Gaunt. B. war 1387–97 elfmal Mitglied des Parliament für Lincolnshire, wobei er 1393, 1394, Febr. 1397 und Sept. 1397 die Funktion des →*Speaker of the Commons* wahrnahm. Er unterstützte 1383 die Lords Appellant (→Appellants), doch nahm ihn Kg. Richard II. 1391 auf Lebenszeit in sein Gefolge auf. Von nun an diente er sowohl dem Kg. als auch John of Gaunt und unterstützte die extremen Maßnahmen des Kg.s (1397–98). Als fähiger Speaker vermochte er bei den beiden Parliaments von 1397 die Commons zugunsten der kgl. Politik zu beeinflussen;

seine für Richard II. entscheidende Unterstützung wurde von diesem reich belohnt. Doch machte sich B. als einer der führenden Ratgeber des Kg.s in der Öffentlichkeit verhaßt. Nach der Invasion Bolingbrokes (→Heinrich IV.) wurde B. in Bristol gefangengesetzt und hingerichtet. J. A. Tuck

Lit.: R. B. SOMERVILLE, Hist. of the Duchy of Lancaster I, 1953 – J. S. ROSKELL, The Commons and their Speakers in Engl. Parliaments 1376-1523, 1965.

Büste

I. Abendland – II. Byzanz – III. Berührung byzantinischer und abendländischer Kunst im Gebiet des heutigen Jugoslawien.

I. ABENDLAND: »Büste« wird im kunstgeschichtl. Sprachgebrauch für alle Variationen von Köpfen, Brustbildern und Halbfiguren, vollrund oder in Relief, verwendet. Der Begriff *busto* entstand erst in der it. Renaissance, zunächst für Grabporträts der Antike. Lat. bustum für Grab, Grabmal war durch falsche Trennung aus comburere 'verbrennen' entstanden. Die Arten der ma. plast. Bildgattung B. sind ganz verschiedenen Ursprungs.

Votivköpfe, aus dem MA kaum erhalten, doch vielfach belegt, setzen in funktioneller Form antiken Wallfahrtsbrauch fort. Kopf- und Brustreliquiare hingegen, zur Bergung und Verehrung entsprechender Heiligenreliquien, sind eine ma. Neuschöpfung, desgleichen das Kultbild der →Johannesschüssel mit dem abgeschlagenen Haupt Johannes des Täufers. Die antike Bildnisbüste, Hauptaufgabe der Gattung in der etrusk., röm., galloröm. und frühbyz. Kunst, wird im MA nur sporadisch als bewußter Rückgriff wiederbelebt, in der Siegel-, Münzen- und Gemmenkunst, im Cappenberger Kopf Friedrich Barbarossas, in den unterit. Skulpturen zur Zeit Friedrichs II. und dann im it. Quattrocento zuerst in Florenz (→Donatello). Eine Fülle von Erstlingen der Renaissancebüste enthält das Rahmenwerk der Bronzetüren Ghibertis am Baptisterium (1403/24 bzw. 1425/52) und Luca della Robbias an der Neuen Sakristei (um 1445), Brunelleschi zugeschriebene B.n finden sich im Rahmenwerk des Jacobusschreins in Pistoia, ab Mitte 15. Jh. kommt es zu einer Blüte der autonomen Bildnisbüste (z. B. Desiderio da Settignano) und Medaille.

Sporadisch treten Ableitungen von Nischenbüsten röm. Grabsteine auf. Spätromanisch Anfang 13. Jh. am sog. »Zähringer«-Grabmal aus St. Ursen in Solothurn und am Portal der Pfarrkirche Tulln, Niederösterreich. Eher um Neuschöpfungen im Sinne des got. Repräsentationsbildes handelt es sich bei der B. Bonifatius' VIII. von seinem Grabmal in St. Peter in Rom und beim Epitaph des Sir Foljambe und Gemahlin um 1376 in Bakewell, Derby, um ein Devotionsbild beim Epitaph des Kanonikus C. von Busnang, 1467 von Niklaus Gerhaert von Leiden, um ein Humanistenporträt beim Grabmal des Dr. A. Occo von 1503 in Augsburg. Schließlich hat die Bildform der Imago clipeata von antiken Sarkophagen, wie auch der Büsten- und Halbfigurenbilder in weström. und byz. Wandgemälden, Mosaiken, Ikonen und Kleinplastiken im MA Nachfolge gefunden: Goldaltar von S. Ambrogio in Mailand und Reliquiar aus Ellwangen in Stuttgart, karolingisch, Reliquienkästchen Mitte 12. Jh., in Reichenau-Mittelzell, Tischaltar v. 1096 in St-Sernin in Toulouse, an der Fassade der Kathedrale in Angoulême, um 1136. Viele Halbfiguren in Tympana v. a. des 12. und beginnenden 13. Jh. sind Umsetzungen von byz. Bildern, so an St. Godehard in Hildesheim, an der Stiftskirche Gandersheim, an der Pfarrkirche Brenz, Württemberg, dasselbe Prinzip im Kleinformat der Siegburger Madonna (um 1150/60) in Köln, Schnütgen-Museum.

Eine Sichtung nach Standorten zeigt B.n oft als sparsame Akzente, zuweilen aber auch als üppige dekorative Reihe an Bauten, ohne daß in den meisten Fällen ein ikonolog. Sinn erkennbar wird. Konsolen unter Gesimsen, Bogen, Bogenfriesen, Wandvorlagen, Gewölben, Statuensockeln usw.: Pisa, Dom, unterste Loggia der Hauptfassade, Bogenträger; S. Domingo de la Calzada in Kastilien, unter dem Gesimse des Chores; Ely, Cambridgeshire, am Westmassiv der Kathedrale; an südwestfrz. Kirchen wie Melle, Rioux, Echillais, alles roman. Skulpturen des 12. Jh. In der Gotik, v. a. in England und Frankreich, kommt es zu freierer Anbringung von Büsten unter Ansätzen von Gewölben, Bögen, Fenstergewänden: Frankreich: Reims, an verschiedensten Stellen der Kathedrale, vor 1241; am inneren Konsolenfries der Kathedrale von Poitiers; Semur-en-Auxois am Triforium; Dijon, Notre Dame, alle 13. Jh., Auxerre, Kathedrale, 14. Jh., schließlich noch in der Chapelle de Bourbon der Kirchenruine von Cluny, 1456–85. England: Noch verbreiteter und vielseitiger als in Frankreich, so an den Kathedralen und Abteikirchen von Wells, Salisbury, Lincoln, York, Westminster, Exeter, St. Albans, Ely im Oktogon, vom 12. bis zum 14. Jh. Deutschland: Das Motiv des Konsolbüste erlebt hier eine einzigartige – wohl kaum, wie vermutet, von England inspirierte – Ausformung durch die →Parlerfamilie. Zuerst, ohne Vorbild und Nachfolge, die Bildnisbüsten des unteren und oberen Triforiums am Chor des Prager Doms, um 1380–85. Neben dieser »Neuschöpfung« der Gattung Bildnisbüste stehen die Parlerschen Konsolbüsten im Langhaus des Ulmer Münsters und die Kölner Frauenbüste mit dem Parlerzeichen, Schnütgen-Museum (um 1390), in der Funktion von Konsolen. Desgleichen die Parlersche Halbfigur des Moses (um 1390/1400) an der Konsole der Schönen Madonna von Thorn. Davon wiederum gehen Künstlerbildnisse als Konsolbüste aus, wie diejenige von Meister Hans →Stethaimer 1432 an St. Martin in Landshut; Anton Pilgram, Orgelfuß, Wien, St. Stephan. – An Kapitellen, Kämpfern und Kämpferfriesen erscheinen B.n deutlich angeregt durch Köpfe an antiken Kapitellen, wie sie, z. B. im Dom von Monreale, Sizilien, wiederverwendet wurden. B.n finden sich deshalb auch am häufigsten an bes. stark antikisierenden Kapitellen, wie in der Kathedrale von Le Mans (um 1150), in der Kathedrale von Vienne, Isère (nach Mitte des 12. Jh.), Arezzo, S. Maria della Pieve (12. Jh.). Zwischen Antike und Romanik stehen die mit Büsten geschmückten Stuckkapitelle (Anfang 9. Jh.) in Mals, Südtirol, und die otton. Kapitelle der Stiftskirche Gernrode im Harz (letztes Drittel 10. Jh.). Aus diesen ikonograph. neutralen oder sakral aufgefaßten B.n haben sich betont entweder dämon. oder heilige Figuren entwickelt: Beispiel für dämon. Kapitellköpfe in Aulnay, Saintonge, für sakrale die Chorkapitelle der Kathedrale in Rouen, das Säulenkapitell mit Kranz von 21 Heiligenköpfen in der Kirche von Rosheim (12. Jh.) im Elsaß. An Gewölbeschlußsteinen ist die medaillonartige Unterseite oft mit Halbfiguren oder Köpfen verziert, so z. B. in Angers, St-Serge, in der Kathedrale v. Poitiers, im Münsterchor von Aachen, im Kreuzgang und Refektorium von Rorschach-Mariaberg, Kt. St. Gallen (1513–19), Bern, Münsterchor (1517). Die Seiten der Schlußsteintrommel wie auch die Zwickel der anschließenden Rippen werden zuweilen mit Köpfen und B.n besetzt, so in den Kathedralen v. Noyon, Poitiers, Paris-Ste-Chapelle, Straßburg, Münsterlanghaus. Die reichen Holzdecken der engl. Gotik zeigen Reihen von Halbfiguren, meist Engeln als Konsolplastik. Unter und in den Archivolten roman. und got. Stufen- und Trichterportale erscheinen zuweilen Zyklen von B. n. Horizontal an der Basis der Archivolten die Königsköpfe am rechten Nebenportal des Nordquerhauses in Chartres (um 1210), primitive Maskenreihe in der Kämpferzone am Portal aus Münchsmünster in Landshut, Heiligenreihe als »Kniestücke« in der Kämpferzone der Gnadenpforte (um 1220) am Dom zu Bamberg und am Riesentor von St. Stephan in Wien. Gleichmäßige tangential geordnete Reihen von Engelsbüsten in Orantenhaltung rahmen am spätroman. Portal (letztes Drittel 12. Jh.) in Arles das Tympanon mit dem Weltenrichter. Am Weltgerichtsportal (1220/30) von Notre Dame in Paris hingegen beugen sie sich, mit individuell auf die »Brüstung« der Archivolte gelegten Armen, dem Erlöser im Tympanon zu. Im linken, marian. Westportal daselbst (um 1210/20) sind, abgesehen von einer untersten Statuenreihe, alle Archivolten mit B. n von Engeln und Heiligen besetzt. Dieses Prinzip wird um 1270 am Portal des Basler Münsters aufgegriffen, im 14. und 15. Jh. am Münster in Freiburg i. Ue. abgewandelt. Vielfältig kommen B. n an der Goldenen Pforte von Freiberg in Sachsen (um 1230) vor.

B. n, freier in Wandfeldern oder gerahmten Vertiefungen angebracht, erscheinen selten: (Am primitiven Portalgiebel [12. Jh.] von Clonfert, Irland, erinnern sie an Köpfe gallo-röm. Zeit.) Candes, St-Martin (um 1230), am Gewändesockel des inneren Nordportals; Peterborough, Fassade der Kathedrale (Anfang 13. Jh.); Siena und Orvieto, quadrat. Rahmen der Rose an den Domfassaden (14. Jh.), Angoulême, Kathedralfassade, um 1136.

Gleichsam realist. begründet sind B. n als verist. Fenster- und Brüstungsfiguren, wie am Palais des Jacques Coeur in Bourges, an den Straßburger Werken Niklaus Gerhaerts und seiner Nachfolger, v. a. bei Künstlerbildnissen und Epitaphien. Am Triumphkreuzbalken um 1220 im Dom zu Halberstadt und in den Predellen got. Altäre haben die Apostel- und Prophetenfiguren oft – in der Nachfolge der Büstenreliquiare – Büstenform, so in Blaubeuren, Heilbronn und Breisach. Desgleichen an Kanzelbrüstungen wie in Wien (St. Stephan, Kirchenväter, A. Pilgram) und in Freiberg in Sachsen, an Taufsteinen wie in Ulm (Münster), reihenweise auch an Chorgestühlen, sowohl an der Rückwand wie an den Misericordien, aber auch verselbständigt auf den stelenhaften Seitenwangen: Bedeutendes Beispiel Ulm (Münster, 1469–74). Ohne Zweifel entstand eine große spätma. Zahl von B. n unter dem Eindruck der it. Renaissanceplastik.

B. n an Gegenständen des Kunstgewerbes gehen durch alle Stilepochen. Prononciert können sie an Gefäßen auftreten, wie am bronzenen Aquamanile (um 1215) im Aachener Münsterschatz in Gestalt einer antikisierenden bekränzten Männerbüste oder an Geräten wie den sog. Leuchterweibchen.

Schließlich ist darauf hinzuweisen, daß figurenreiche ikonograph. Kompositionen aller Art die Ausbildung von B. n gefördert haben, so z. B. der Stammbaum Jesse: Bronzetüre an S. Zeno in Verona (um 1100), Steinretabel (1488) im Dom zu Worms.

Rein aus ikonograph. und brauchtüml. Voraussetzungen ist die plast. Gattung der Johannesheäupter (→Johannesschüssel) entstanden, Kultbild St. Johannes d. T.

Viele B. n in Museen sind Überreste oder Teilrepliken von Statuen. Anderseits sind auch B. n zu ganzen Figuren ergänzt worden, wie der spätantike Goldkopf der St. Fidesfigur in Conques zeigt. Vgl. auch →Bauplastik, →Bildnis. A. Reinle

Lit.: RDK III, 255–274 – L. Hager, B. und Halbfigur in der dt. Kunst des ausgehenden MA, 1938 – Allg. Lit. bei den Artikeln →Bauplastik und →Bildnis – Vgl. ferner Ausstellungskat. Spätgotik am Oberrhein, Karlsruhe 1970.

II. Byzanz: Die B. als antike Form des →Bildnisses bleibt in frühbyz. Zeit als Erbe der röm. Kunst lebendig, auch wenn die Zahl der erhaltenen Zeugnisse gering ist. An den Anfang gehört eine in Athribis (Nildelta) gefundene Porphyrbüste eines Ks. s der Tetrarchie, die die typisierende Art des byz. Ks.-Bildnisses vorwegnimmt. Erst aus dem 5. Jh. sind mehrere gesicherte Beispiele erhalten: Die großen B. n eines Beamten und seiner Gattin im Mus. in Thessaloniki, der »Eutropios« aus Ephesos in Wien, die B. eines Philosophen oder Dichters im Akropolis-Mus., Athen, und die aus einer Statue entstandene B. eines Beamten im Nat. Mus., ebd. (nicht hierher gehört die in der Klausur von San Giovanni in Laterano, Rom, seit dem MA als Porträt der hl. Helena verehrte B. der Ksn. Ariadne, da Kopf und B. nicht zusammengehören). Im 6. Jh. werden die Zeugnisse seltener, vgl. z. B. die 1969 in Ephesos gefundene frühjustinian. B. eines Beamten (Selçuk, Mus.). Wahrscheinl. ist auch die B. einer jungen Frau (vielleicht auch aus einer Statue entstanden) im Metr. Mus., New York, der Zeit Justinians I. zuzuweisen (Datierung umstritten). Jüngere Zeugnisse fehlen. Als provinzielle Sonderform sei auf die B. einer jungen Frau im Ikonenmuseum Recklinghausen verwiesen, die angeblich aus Antinoë stammt (4. Jh.).

In der frühbyz. Reliefplastik ist die Verwendung der B. ebenfalls durch vereinzelte Beispiele belegt. Die Evangelisten-Tondi im Arch. Mus., Istanbul, bezeugen das Fortleben der antiken Würdeform der imago clipeata (5. Jh.). In H. Polyeuktos (Saraçhane) in Istanbul wurden rechteckige Platten mit den B. n Christi und von sechs Aposteln gefunden (vorikonoklastisch, urspgl. Verwendung nicht geklärt, Schmuck des →Templons?). Das Fragment einer Nischenrahmung im Arch. Mus. ebd. (6./7. Jh.?) zeigt eine Engel-B. in der oberen Ecke und drei aus dem Bogenwulst herauswachsende Apostel-B. n, eine in spätbyz. Zeit ähnl. nachweisbare Art des bauplast. Schmuckes, vgl. z. B. das Fragment Nr. 937 im Arch. Mus. Istanbul (wohl frühes 13. Jh.) und den »Apostelbogen« aus dem Lips-Kl. ebd. (Anfang 14. Jh.). Die B. spielt überdies in der frühpalaiolog. Zeit in Konstantinopel (von anderen Kunstzentren kennen wir keine Beispiele) eine bedeutende Rolle in plast. Ikonenrahmen und an den architekton. Rahmungen von Grabmälern; das betreffende Material ist weitgehend von H. Belting und Ø. Hjort publiziert. Im gleichen Zusammenhang finden sich auch weitere Büsten-Kapitelle (→Bauplastik).

Eine weitere B., die als Auftakt des →Bilderstreits zerstört und nach seinem Ende offenbar wiederhergestellt worden ist, können wir wenigstens ihrem Aussehen nach rekonstruieren, die B. Christi an der Chalke in Konstantinopel, dem Eingangsbau des Ks.-Palastes: Christus war in Halbfigur mit Segensgestus und Codex dargestellt, ein Gemmenkreuz statt des Kreuznimbus hinter dem Kopf (vgl. RbyzK I, 1020–1022); älteste Bildzeugnisse sind Aurei Justinians II.; für die Wiederherstellung dieser B. und ihre weitreichende Nachwirkung zeugen zahlreiche Elfenbeinreliefs und Ikonen.

In mittel- und spätbyz. Zeit begegnet die B. als Schmuck von Templonbalken, vgl. z. B. ein Fragment des 9. Jh. im Mus. von Theben und eines im Arch. Mus. von Chios (9./10. Jh.) sowie das »Apostelgebälk« aus dem Pammakaristos-Kl. im Aya Sofya-Mus. Istanbul (frühes 14. Jh.).

B. bzw. Halbfigur sind auch ein beliebtes Motiv bei

→Reliefikonen, vgl. z. B. den Serpentintondo im Victoria & Albert-Mus., London, mit der betenden Maria, laut Inschrift eine Votivgabe mit Heilswunsch für Nikephoros III. Botaneiates (1078–81), eine Hodegetria (→Marienbild) in Trani und eine in Istanbul, beide 11. Jh., eine Christus- und eine Marien-B. in Serrai (wohl 12. Jh.), B.n dreier Hl. über den Ganzfiguren von Kosmas und Damian in S. Marco, Venedig (12. Jh.?), eine Engel-Deesis in Istanbul (Datierung ungewiß) und eine betende Maria in Serrai (spätbyz.; nach dem 2. Weltkrieg zerstört).

Die B. als Bildform zur Darstellung hl. Gestalten ist aus zahlreichen Kunstzweigen reich bezeugt: →Elfenbeinplastik, →Medaillons (Gold, Silber, Bronze, Email, Kameen usw.), auf →Bullen, →Münzen, →Siegeln, →Ikonen und in der malerischen Ausgestaltung der Kirchen in →Mosaik und →Wandmalerei. K. Wessel

Lit.: H. Belting, Zur Skulptur aus der Zeit um 1300 in Konstantinopel, MüJb, 3. F. XXIII, 1972, 63–100 [mit älterer Lit.] – Ø. Hjort, The Sculpture of Kariye Camii, DOP 33, 1979, 199–290.

III. Berührung byzantinischer und abendländischer Kunst im Gebiet des heutigen Jugoslawien: Die Büstenkunst knüpft im FrühMA an die späthellenist. und frühbyz. Tradition an. In Dalmatien ist sie in der Protoromanik im Relief am Giebelfeld der Altarschranke vertreten (Giebel mit dem byz. Typus der Madonna-B. aus Biskupija bei Knin (11. Jh.) und mit dem Erzengel Michael der Marienkirche auf der Insel Koločep in Donje Čelo (11. Jh.), die eine eigenartige ikonograph. und stilist. Verbindung zw. roman. und byz. Kunst darstellen. In romano-got. Stil sind die Kopfbüsten in Dubrovnik an den Kapitellen des Franziskanerkreuzgangs vom Magister Mihoje Brajkov aus Stari Bar modelliert (14. Jh.). Got. und Renaissance-Stil zeigen die B.n häufig in den Feldern der Portaltympana und an den Kirchenfassaden (Portale von Trogir; in Dubrovnik, auf Lapad: W-Portal der Hofkapelle Rašica (14. Jh.); Fries der Kopfbüsten des Bildhauers Juraj →Dalmatinac an den Kathedralfassaden von Šibenik (1444). Meisterwerke sind die Apostelbüsten der silbernen Altarpala der Kathedralschatzkammer in Split (Mitte des 14. Jh.) und die Reliquienbüsten in den Schatzkammern in Zadar (die Hl.: Martha, Leonhard, Georg Juraj; zweite Hälfte des 14. Jh.), Katharina (15. Jh.).

In byz. Stilauffassung erscheint die B. vielfältig im O-Teil des heut. Jugoslawien in verschiedenen Kleinkunstgattungen (Darstellungen der byz. Ks., serb. Könige, Christus und des Erzengels Michael). Die bedeutenden B.n sind im reifen roman. und romano-got. Stil vom Westen tief ins serb. Binnenland in den Kulturbereich der byz. Bautradition eingedrungen; vgl. die Konsolb.n an den Kirchenfassaden: Muttergottesbüste der Kl. Studenica (1183–96); Klosterkirche Dečani (1327–35) des Franziskanerbaumeisters u. Bildhauers Fra →Vita aus Kotor; Kirche Hl. Erzengel Michael bei Prizren (um 1351). D. Nagorni

Lit.: I. Petricioli, Pojava romaničke skulpture u Dalmaciji, 1960 – J. Maksimović, La sculpture médiévale Serbe, 1971 [serb.].

Bustron, Georgios (fälschl. Bustronios, originale griech. Namensform: Boustrous, Tzortzes), zypr. Chronist der 2. Hälfte des 15. Jh., entstammte einer zypr. Familie, der u. a. ein in der Schlacht von Khirokitia (1426) gefallener Schneider sowie mehrere Beamte der Finanzverwaltung angehörten. B. war Anhänger des Ebf.s Jakob v. →Lusignan, der seine Schwester, Kgn. →Charlotte, entthronte (1458–60). Jakob II. machte B. zum Befehlshaber von Salines (Larnaka). – Als Kontinuator des Leontios Machairas verfaßte B. eine Chronik, welche den Zeitraum von 1456 bis zur Annexion des Kgr.s →Zypern durch →Venedig (1489) behandelte (→Chronik v. Zypern). B. ist sehr genau orientiert, er berichtet sogar von kursierenden Gerüchten und verrät ebenso gute Kenntnis der Einzelheiten von Intrigen. Sein Blick ist allerdings auf eine lokale Perspektive beschränkt. B. schreibt kunstlos und, wie ein anderer zypr. Geschichtsschreiber, Florio Bustron, bemerkte, »ohne jegliche Leidenschaft«. J. Richard

Ed.: K. M. Sathas, Μεσαιωνική βιβλιοθήκη II, 1873 [Neudr. 1972], 413–543 – Engl. Übers.: R. M. Dawkins, The chronicle of George Boustronios, hg. J. R. Stewart, 1965.

But, Adrian de, fläm. Chronist, Mönch der →Dünenabtei (Abtei Ter Duinen, Westflandern), OCist., * 1437 in Saaftinge (Zeeland), † 24. Juni 1488. B. schrieb die Randglossen (»Rapiarium« gen.; betr. 1384–1414) und eine Fortsetzung (1431–78) zum »Chronodromon« (Weltchronik) des Jan Brandt (oder Brando; † 1428); er ist weiterhin Autor einer Chronik der Dünenabtei, eines »Chronicon Flandriae« (792–1419) und eines »Chronicon« (1467–87), die reich an Nachrichten über die fläm. Geschichte sind. In Erinnerung an seine Studien am Collège St-Bernard zu Paris (1463–64) verfaßte er um 1471 eine Sammlung von 25 sehr lebensvollen (fingierten) Briefen, die er angebl. von mehreren Korrespondenten aus der Dünenabtei erhalten hatte. A. Vernet

Ed.: [F. Van de Putte], Cronica abbatum monasterii de Dunis, per fratrum Adrianum B. (Soc. d'Emulation Bruges), 1839 – P.-F. X. De Ram, Documents relatifs aux troubles du Pays de Liège (Comm. roy. d'Hist.), 1844, 362–371 – [F. Van de Putte – D. Vande Casteele], Cronica et cartularium monasterii de Dunis (Soc. d'Emulation Bruges), 1864 – C. Kervyn de Lettenhove, Chroniques relatives à l'hist. de Belgique sous la domination des ducs de Bourgogne, [I]: Chronique des religieux des Dunes (Comm. roy. d'Hist.), 1870 – A. De Poorter, Un recueil de lettres adressées à A. de B., Annales Soc. d'Emulation Bruges 62, 1912, 104–136 – *Lit.:* DHGE X, 1436 – Nieuw Nederl. Biogr. Woordenboek I, 1911, 516f. – Repfont II, 129 – V. Fris, Les Chroniques d'A. de B., Bull. Comm. roy. d'Hist. 70, 1901, 517–544 – Molinier IV, 1904, 199f. – Vlaamse kunst op perkament [Kat. Gruuthusemuseum Brugge, 1981], 194f.

Buticularius → Mundschenk, →Hofämter, →Kurie

Butigler → Mundschenk

Butilin, Alemannenherzog, kann als frühester merow. Amtsträger alem. Herkunft gelten. Die Nachrichten über ihn setzen bald nach der Abtretung alem. Gebiete durch die Ostgoten an das Frankenreich (536/537) ein: 539 war B. an dem Feldzug Kg. →Theudeberts I. nach Italien beteiligt, mit dem dieser in die ostgot.-oström. Kämpfe eingriff. 553/554 unternahmen B. und sein Bruder Leutharis als ostgot. Bundesgenossen auf eigene Faust einen weiteren Kriegszug durch ganz Italien, während sich Kg. →Theudebald I. mit Rücksicht auf Byzanz zurückhielt. Das Unternehmen endete mit der Niederlage und dem Tod B.s in der Schlacht gegen den byz. Feldherrn →Narses bei Capua. – Über die Stellung des dux Francorum B. in Alemannien gibt es keine Zeugnisse; insofern ist strittig, ob er als »Stammesherzog« angesprochen werden kann. Vermutl. lag sein Tätigkeitsfeld links des Rheins im alem.-burg. Grenzraum. Th. Zotz

Lit.: E. Zöllner, Gesch. der Franken bis zur Mitte des 6. Jh., 1970 – B. Behr, Das alem. Hzm. bis 750 (Geist und Werk der Zeiten 41), 1975 – H. Keller, Frk. Herrschaft und alem. Hzm. im 6. und 7. Jh., ZGO 124, NF 85, 1976, 1–30.

Butler (Botiller), anglonorm. Hochadelsfamilie in Irland, stammt von *Theobald Walter* († 1206), Bruder Huberts, des Ebf.s v. Canterbury, ab. Theobald bekleidete unter Kg. Johann das Hofamt des *Chief Butler* (frz. →*bouteiller,* anglofrz. *boteillier,* lat. pincerna), des obersten →Mundschenken; er erhielt vom Kg. Landbesitz in den ir. Gft.en Wicklow, Limerick und Tipperary verliehen. Seine Nachkommen wurden erbliche Butler von Irland mit dem Recht, die Prise auf den Wein (»the prise of wine«), eine Steuer von 10% auf allen nach Irland eingeführten Wein (→Wein,- handel), einzunehmen. Während des Einfalls der Schotten unter →Edward the Bruce nach Irland (1315) war *Sir Edmond B.* als→Justitiar von Irland mit der Verteidigung der engl. besetzten Gebiete Irlands betraut. Wenn auch nur ein mittelmäßiger Stratege, erwies er sich jedoch als loyal und erhielt zum Dank von Kg. Eduard II. den Titel des Earl of Carrick. Die Verleihung dieses Earldoms wurde nie recht wirksam, dafür wurde Edmonds Sohn, *James B.*, 1328 zum 1. Earl of →Ormond erhoben, womit die Pfalzgerichtsbarkeit in der Gft. →Tipperary verbunden war. Im 15. Jh. wurde der Sitz der Butlerschen Herrschaft *(lordship)* in die Stadt →Kilkenny verlegt; *James*, gen. »the White Earl«, 4. Earl of Ormond († 1452), hatte die Gerichtsbarkeit über die kgl. Gft. Kilkenny unter Ausschaltung der verfallenden Dubliner Zentralgewalt usurpiert. James' drei Söhne, der 5., 6. und 7. Earl of Ormond, residierten in England und unterstützten in den →Rosenkriegen die Partei der →Lancaster, weswegen ihr Landbesitz zeitweiliger Konfiskation verfiel. Während dieser Zeit wurden die Güter der B. in ihrem Namen von den Mac Richard Butlers, einem gäl. Zweig der Familie, der von *Richard*, dem Bruder des 4. Earl abstammte, verwaltet. Wohl i. J. 1515 erhielt *Piers*, der Urenkel Richards, die offizielle Anerkennung als Oberhaupt der Familie B. Als 8. Earl of Ormond begründete er die noch heute bestehende Familie der Marquis of Ormond. K. Simms

Lit.: G. H. ORPEN, Ireland under the Normans, 4 Bde, 1968, passim - C. A. EMPEY, The B. lordship, Journal of the Butler Society I, Nr. 3, 1970-71, 175-181.

Büttel (in den Quellen als *bodel, butel, putil, pedel* u. a. bezeichnet, vgl. DtRechtswb II, 663ff.), Gerichts- und/oder Gemeindediener in nachgeordneter Position, mit regional und zeitl. differierenden Befugnissen ausgestattet.

Als Bote, Gerichtsgehilfe und Vollzugsbeamter war der B. (auch *praeco* ['Ausrufer'], →Fronbote oder Frone, Häscher, Heimberger, Knecht, Nachrichter, Scherge oder Weibel genannt) vorrangig zuständig für den ordnungsgemäßen Ablauf eines Gerichtsverfahrens (daher zunächst Beamter des →Vogtes oder des →Schultheißen), d. h. für die Ladung streitender Parteien, die z. T. zwangsweise Vorführung der eines Vergehens Beschuldigten, die Platzzuweisung und Aufrechterhaltung von Ruhe und Ordnung im Gericht, die Vorstellung der Zeugen und Eideshelfer, schließlich zumeist auch für die Vollstrekkung des Gerichtsurteils. Ihm oblag die Verhaftung und Festsetzung von Straftätern sowie ihre Verwahrung in der Büttelei, einem Haus, das häufig zugleich als Gefängnis, Amtsstube des B.s und Wohnung seiner Familie diente. Die Urteilsvollstreckung umfaßte auch den Vollzug des Todesurteils, soweit dieses nicht nach geltendem Recht anderen Personen zukam oder später durch einen fest angestellten→Scharfrichter wahrgenommen wurde. Aus der Weisungsgebundenheit des B.s erwuchs mancherorts eine Stellvertreterfunktion, die dem B. oder Fronboten in Abwesenheit oder Vertretung des Richters das Recht zu eigenständiger Urteilsfindung in Angelegenheiten des Niedergerichts zusprach (zum Fronbotengericht vgl. →Fronbote).

Auch über den Rechtsvollzug hinausgehende Aufgaben wurden dem B. übertragen, so die Ladung zum Waffendienst, die Verkündung und Einziehung städt. Steuern und die Wahrnehmung polizeil. Aufsichtsfunktionen.

Die Vielfalt der Aufgaben zwang offenbar in manchen Städten zur Erweiterung des Kreises der unteren Stadtbediensteten, indem dort von mehreren B.n oder von einem Büttelmeister mit untergebenen Knechten oder Schergen die Rede ist.

Wie der Aufgabenkatalog, so ist auch die Stellung des B.s in der sozialen Hierarchie regionalen Schwankungen und einem zeitl. Wandel unterworfen. War er zunächst als Helfer und Vertreter des Richters in seiner Amtsvollmacht geachtet, so galt er schon im späten MA nur noch als niederes Vollzugsorgan. Menschl. Schwächen und die Mißachtung der Gesellschaft gegenüber denen, die mit Missetätern Umgang hatten, begründeten bis in die NZ hinein das gesunkene gesellschaftl. Ansehen des Büttels. H. D. Homann

Lit.: DtRechtswb II, 663ff. – HRG I, 597f. [G. BUCHDA] – G. L. v. MAURER, Gesch. der Städteverfassung in Dtl. III, 1870 [Neudr. 1962] – W. DANCKERT, Unehrliche Leute, 1963, 23–49 – R. WISSELL, Des alten Handwerks Recht und Gewohnheit, hg. E. SCHRAEPLER, 1971² [erw. und bearb. Ausg.].

Butter (gr. βοῦτυρον, lat. butyrum, ahd. *butir*, mhd. *buter*, it. *burro*, frz. *beurre*), aus Kuhmilch gewonnene Fett-Wasser-Emulsion, hatte im Norden Europas einen zeitl. und örtl. unterschiedlich großen Anteil am ernährungsbedingten Fettverbrauch, im Süden wurden Olivenöl und Schweineschmalz bevorzugt; exakt quantifizierende Angaben sind nicht möglich. Die Nichterwähnung der B. in den germ. Volksrechten, ihre med. Anwendung und die auf Getreideerzeugung ausgerichtete Landwirtschaftsstruktur gelten als Indizien dafür, daß bis in das 12. Jh. der Butterverbrauch niedrig und auf die Oberschicht beschränkt war. Die Intensivierung der Viehhaltung in den Grünlandzonen, ihre Ausbreitung im Bergland (Schwaighöfe) und Belege für Butter- und Käseexporte deuten für das 12. und 13. Jh. auf eine gestiegene Wertschätzung von Molkereiprodukten. Im 14. und 15. Jh. bewirkte v. a. die städt. Kaufkraft eine deutl. Produktionsumstellung auf tier. Nahrungsmittel, auch Butter. Auf zunehmenden Verbrauch deuten zahlreiche Handelsreglementierungen, die Ausbreitung der Weidewirtschaft und die im 15. Jh. häufigen kirchl. Fastendispensen (→Butterbriefe). Butter war ein wichtiges Handelsgut der Hanse. Im 14. Jh. z. B. übertraf B. im Export Schwedens alle anderen Güter und sicherte einen gewissen Anschluß Schwedens an den europ. Fernhandel. Das Problem der Konservierung wurde im Norden durch Salzen gelöst, im südl. Mitteleuropa wurde die B. zu Schmalz (alem. *Anken*) gesotten, das auch in reichen Haushaltungen bevorzugt wurde. Techn. Produktionsverbesserungen begegnen nicht vor dem 17. Jahrhundert. U. Dirlmeier

Lit.: HOOPS² IV, 285–290 [Lit.] – K. KUMLIEN, Stockholm, Lübeck und Westeuropa zur Hansezeit, HGBll 71, 1952, bes. 18f. – W. MOHR-K. KOENEN, Die B., 1958 – B. H. SLICHER VAN BATH, The Agrarian Hist. of Western Europe, 1963 – W. ABEL, Gesch. der dt. Landwirtschaft, 1978³ – Europ. Wirtschaftsgesch., hg. C. M. CIPOLLA-K. BORCHARDT, Bd. 1-2, 1978/79.

Butterbriefe, allgemeine Fastendispensen (→Fasten, Fastendispens), auf Grund bes. örtl. Verhältnisse vom Papst oder eigens bevollmächtigten Legaten auf entsprechende Bittgesuche gewährt, um die Mitte des 15. und zu Beginn des 16. Jh. v. a. im süddt. und schweizer. Raum stark verbreitet, waren Milderungen der strengen kirchl. Fasten- und Abstinenzgesetze, die vom Laktizinienverbot befreiten. Als Dispensgrund galt der Mangel bzw. hohe Preis der vorgeschriebenen Fastenspeisen, insbes. des Olivenöls. Deshalb wurde an Fasttagen und in der Fastenzeit, häufig sogar selbst in der Karwoche, Genuß von →Butter – daher die volkstüml. Bezeichnung 'Butterbrief' – und

von anderen Milchspeisen (Käse zuweilen ausdrücklich ausgenommen) erlaubt. H. Zapp
Lit.: D. LINDNER, Die allg. Fastendispensen in den jeweils bayer. Gebieten seit dem Ausgang des MA, 1935 – E. ETTLIN, B. Beitr. und Q. zur Gesch. der Fastendispensen in der Schweizer. Quart des Bm.s Konstanz im SpätMA, 1977.

Butzbach, Johannes, OSB (Piemontanus), humanist. Schriftsteller, * 1478 in Miltenberg, † 29. Dez. 1516 in Maria Laach. Nachdem er mehrere Jahre als fahrender Schüler in Süddeutschland und Böhmen (1488–94) verbracht hatte, die er in seinem »Odeporicon« (»Wanderbüchlein«, 1506) beschrieb, trat er ins Kl. Johannisberg ein. 1498–1500 Studium in Deventer. Als Prior in Maria Laach verfaßte er als der bedeutendste Vertreter des rhein. Klosterhumanismus in Nachahmung seines Vorbildes →Johannes Trithemius eine Reihe von zumeist ungedruckten literarhist. und asket. Schriften (»Macrostroma« und »Microstroma . . . de laudibus tritemianis«, »Auctarium de scriptoribus ecclesiasticis«). K. Arnold

Ed. und Lit.: D. J. BECKER, Chronica eines fahrenden Schülers oder Wanderbüchlein des J. B., 1869 [verkürzte Ausg. 1912²] – H. FERTIG, Neues aus dem lit. Nachlasse des Humanisten J. B., 1907 – J. B., Von den berühmten Malern, ed. und übers. O. PELKA, 1925 – K. RÜHL, Das Auctarium de scriptoribus ecclesiasticis des J. B., 1937 – M. FRANC, Das »Odeporicon« des J. B. [Diss. masch. Wien 1945] – DE BOOR-NEWALD IV, 1, 1970, 674f. [H. RUPPRICH].

Butzenscheibe, runde Fensterscheibe von ca. 10–12 cm Durchmesser mit einer einseitigen Erhöhung in der Mitte und wulstartig verdicktem Rand. Herstellung aus einer mit der Glasmacherpfeife geblasenen und dann an einem Hefteisen befestigten Kugel, die zu einer flachen Schale geweitet und durch Drehen zu einer Scheibe abgeplattet wird. Wo das Hefteisen abgesprengt wird, bleibt als verdickte Narbe der Butzen zurück. Die Drehbewegung hinterläßt unregelmäßige, konzentr. Ringe. In geraden (1. Hälfte 15. Jh.) oder versetzten Reihen miteinander verbleit, ergibt sich die B.n-Verglasung. Erste urkundl. Erwähnung in Frankreich 1330, gesichertes Auftreten, durch Gemälde bezeugt (Jan van Eyck), seit der 1. Hälfte des 15. Jh. Selten sind mit Schwarzlot bemalte oder durch Blasen in eine Form reliefartig gemusterte B.n. B. Lymant

Lit.: RDK III, 292–298 – H. OIDTMANN, Die rhein. Glasmalereien vom 12. bis zum 16. Jh., I, 1912, 9 – L. SPRINGER, Lehrbuch der Glastechnik, 1935.

Buvalelli, Rambertino → Tro(u)bado(u)rs

Buxhövden (Bekeshovede, Buxhoeveden), Ministerialengeschlecht der Ebf.e v. Bremen (→Hamburg-Bremen), der Gf.en v. Hoya und von →Oldenburg. Stammsitz: Bexhövede, Krs. Wesermünde, Wappen: gezinnter Sparren. Als ein Angehöriger des Geschlechts, →Albert (I.), zum Bf. v. →Livland gewählt wurde (1199), zog er eine Reihe von Brüdern als Geistliche (→Hermann, Bf. v. Dorpat; Engelbert, Propst der rigischen Kirche; Rothmar, Propst v. Dorpat), als Vasallen (Dietrich, Stammvater des Geschlechts de Rope = von der Ropp), auch einen Schwager (Engelbert de Tisenhusen, Stammvater des Geschlechts der Freiherren v. Tiesenhausen) und einen Vetter (Johannes, Stammvater der livländ. Familie von Buxhövden) nach Livland. Während das Geschlecht im Erzstift Bremen 1397 erlosch, lebte es in verschiedenen Linien in Altlivland fort und blüht noch heute. M. Hellmann

Lit.: Deutschbalt. Biogr. Lex. (1710–1960), 1970, 136 – G. GNEGEL-WAITSCHIES, Bf. Albert v. Riga, 1958 [Lit.] – Familiengesch. Buxhoeveden, bearb. Baron H.-A. v. BUXHOEVEDEN, 2 Bde, 1962/65 [Lit.].

Būyiden (nach arab. Aussprache: Buwayhiden), iran. Dynastie, die 945–1055 in den zentralen Gebieten des →Kalifats, im südl. →Irak und westl. Iran, an die Stelle der →Abbāsiden trat. Die B. sympathisierten mit der – Šīʿa, doch bekannten sie sich nicht eindeutig zu einer der bestehenden šīʿitischen Glaubensrichtungen und beließen mit Rücksicht auf ihre mehrheitl. sunnit. Untertanen den – polit. entmachteten – Abbāsiden Titel und Stellung des Kalifen. Nur die letzten beiden dieser Abbāsiden-Kalifen besaßen gegenüber ihren būyid. »Hausmeiern« eine bestimmte Eigenständigkeit und vermochten einen gewissen religiös-moral. Einfluß auszuüben. Die Regierungspraxis der B. war v. a. durch eine Aufteilung der Territorien unter verschiedene Familienmitglieder (Brüder, später Vettern) mit bestimmten Hauptresidenzen (Bagdad, Ray und Schiras) geprägt. Damit antizipierten die B. das System der familiären Aufteilung der Macht, das häufig auch von späteren islam. Dynastien im Nahen Osten (Seldschuken, Ayyūbiden) angewandt werden sollte. Die zahlreichen kleinen Höfe der B. wetteiferten in der Förderung der Wissenschaften, so daß islam. Philosophie und Theologie sowie arab. Dichtung in dieser Periode eine Blüte erlebten. Die zunehmende Finanznot der būyid. Höfe, die teilweise durch die hohen Kosten der türk. Militärsklaven in den Armeen verursacht wurde, führte zur Entstehung des *iqṭāʿ*, einer spezifischen Form der Zuerkennung staatl. Einkünfte, mit welcher die Regierung geleisteten Dienste (bes. Militärdienst) vergolten wurden (→Finanzwesen, arab.-islam.). Das iqṭāʿ-System war – neben einer Wiederbelebung bestimmter Traditionen des iran. Herrschertums – das wohl wichtigste Erbe, das die B. den späteren Regierungen im Nahen Osten hinterließen. R. P. Mottahedeh

Lit.: EI³ I, 1350–1357 – H BUSSE, Chalif und Großkönig, 1969 – R. P. MOTTAHEDEH, Loyalty and Leadership, 1980.

Buyruldu → Urkunde, -nwesen

Buzançais, kleine Stadt und ehem. Herrschaft in W-Frankreich (Dép. Indre, arr. Châteauroux), im MA Sitz einer bedeutenden Adelsfamilie. B. liegt am Fluß Indre, z. T. auf der Anhöhe, z. T. auf Flußinseln, am Durchgang einer Römerstraße, die das Berry mit dem Poitou verband und noch im FrühMA Bedeutung besaß (vgl. hierzu die Vita des hl. Honoratus v. Thénezay, der auf dieser Route seine Ochsen trieb). B. war sicherlich alter kgl. →Fiscus und ging als solcher wohl auf die röm. Kaiserzeit zurück; er dürfte den alten Saltus Brionnis (der späteren Landschaft Brenne, einem von zahllosen kleinen Seen übersäten Gebiet) entsprochen haben. Der burg. Hausmeier →Flaochad, der durch die merow. Kgn. →Nanthild (und den jungen Kg. →Chlodwig II.) dieses Amt i. J. 641 erhielt und die Nichte der Kgn., Ragnoberta, heiratete, dürfte zugleich auch den Saltus von Brenne empfangen haben, da er – allerdings nach apokryphen Urkunden – als Gründer zweier mächtiger Abteien in der Region, → Meobec und St-Cyran-en-Brenne, auftritt (letztere galt als vorheriges Königsgut Dagoberts). In der Folgezeit waren die Pfarreien von B. stets von der Abtei Meobec abhängig. Auch die Karolinger müssen im Besitz des Fiskalgutes geblieben sein, da nach den Ann. Bertiniani (a. 866) der Tod des jungen Sohnes von Karl dem Kahlen, Karl, Kg. v. Aquitanien, am 29. Sept. 866 in einer »villa secus Bosentiacas« erfolgte.

Einen möglichen Hinweis auf die weitere Geschichte von B. gibt eine späte und zweifelhafte Quelle, der »Liber de compositione castri Ambaziae« (12. Jh.); dieser berichtet von einer angebl. Schenkung Kg. Karls des Kahlen an einen Adelaudus aus Orléans (castrum Loches und zwei Drittel des oppidum Amboise) und an einen fidelis seines Palastes, Haimo, welcher das letzte Drittel von Amboise, B. und die »Motte« von Châtillon empfing; nach einer Variante in der »Chronica de gestis consulum Andegavorum« sollen die beiden genannten Personen jedoch Brüder gewesen sein und die Burgen vom Gf. en v. Angers und Tours, dem halblegendären →Ingelgerus, empfangen haben, welcher sie wiederum durch seine Heirat mit der Nichte des Kg. s erhalten haben soll; der Zweck der Übertragung sei der Schutz des Landes vor den Aufständen in Aquitanien gewesen. Ludwig der Stammler soll den Brüdern die Schenkung bestätigt und die Burgen befestigt haben. Doch bleibt der Quellenwert dieser Nachrichten äußerst fraglich, so daß weder G. TESSIER noch R.-H. BAUTIER bei ihrer Edition der Urkunden Karls des Kahlen und Ludwigs des Stammlers sie berücksichtigt haben. Gleichwohl könnte die erwähnte Überlieferung einen echten Kern haben, denn die »Gesta Ambiaziensium dominorum« gibt eine präzise Genealogie des Hauses B., das auf Aymon (Haimo) und seinen Sohn, Sulpice (Sulpicius) aux Mille boucliers (Mille clipei), zurückgeführt wird.

Seit dem Ende des 10. Jh. und während des 11. Jh. spielte die Familie B. eine bedeutende Rolle in den feudalen Auseinandersetzungen der Region: So stellten sich die B. auf die Seite des Gf. en v. Anjou, →Fulco Nerra (987–1040); B. wurde damit zum wichtigen Vorposten der Machtposition des Anjou im →Berry, bei seinem Kampf gegen den konkurrierenden Gf. en v. →Blois; B. behauptete sich gegen →Odo I. v. Blois (975–996). Um 1000 wurde Hervé (Herveus) v. B., der im Kl. →Fleury erzogen worden war, der Schatzmeister von St-Martin in →Tours; er gründete die Abtei OSB →Beaumont-lès-Tours, und er war auch der Adressat der Widmung →Aimoins v. Fleury für seine bedeutende Vita des hl. →Abbo v. Fleury. Nach Hervé war auch Sulpice v. B. Schatzmeister von St-Martin; er ererbte außerdem von seinem Bruder Archambaud (Erchembald) den in Hausbesitz der B. befindlichen Teil von →Amboise: Hier ließ er einen steinernen →Donjon errichten, übertrug dann jedoch seinen Besitz in Amboise gemeinsam mit Morée und Verneuil an seine Nichte Heresindis, die er mit Lisoie, Herrn v. Amboise, vermählte. Die Familie B., somit in ihrem Hausbesitz reduziert, verblieb im 12. Jh. in der Vasallität der Anjou-Plantagenêt; B. wurde dadurch Teil des →Angevin. Reiches; die Burg wurde zum Flußufer hin verlegt und die Stadt befestigt. 1188 nahm sie der Kg. v. Frankreich →Philipp II. August während seines Krieges mit →Richard Löwenherz ein; Richards Bruder und Stellvertreter, →Johann Ohneland, leistete 1194 auf B. wie auf →Loches und →Châtillon-sur-Indre Verzicht. 1204 wurde B. definitiv von Frankreich erobert und war fortan von →Châteauroux lehnsabhängig. Im 2. Viertel des 13. Jh. ging die Stadt an die Familie v. Prie über, welche sie bis etwa 1530 innehatte. Aymar de Prie, verschwägert mit dem Hause →Chabannes, spielte seit Ludwig XI. eine wichtige Rolle im frz. Militär; in der Schlacht v. →Marignano (1515) war er *grand-maître des →arbalétriers de France*. 1533 wurde B. für Philippe de Chabot zur Gft. erhoben; es war für die Baronie B. von Châteauroux lehnsabhängig, für die Kastellanei Argy, die ebenfalls zur Lehnsherrschaft B. gehörte, aber von Tours. R.-H. Bautier

Q. *und Lit.:* Fredegar, c. LXXXIX – L. HALPHEN-R. POUPARDIN, Chroniques des comtes d'Anjou (Coll. de textes pour servir à l'étude et à l'enseignement de l'hist.), 1913, 21, 30, 80, 83–87 – E. HUBERT, Rec. de chartes ... dép. de l'Indre, 1899, 83–90 – Lit.: E. HUBERT, Inv. somm. des Arch. dép. Indre, Série A ... Duché de Châteauroux, LIII–LIX, 1901 – Dict. hist. ... Indre, 1889, 29–30 – J. BOUSSARD, L'origine des familles seigneuriales dans la région de la Loire moyenne, CCMéd, 1952 – CH. DE LA VÉRONNE, La Brenne, Bull. philol. et hist. du C. T. H. S., 1962, 1–11 – G. DEVAILLY, Le Berry du XIe au XIIIes., 1973.

Bužanen, ostslav. Stamm mit Wohnsitzen am oberen Bug. In der Chronik→»Povest' vremennych let« aus dem frühen 12. Jh., der sog. Nestorchronik, welche die Verhältnisse der vorausgehenden Jahrhunderte schildert, werden die B. in einer rätselhaft knappen Nachricht als Vorgänger der Volhynier (→Volhynien) und Nachfolger der →Duleben bezeichnet und ihr Name vom Fluß Bug abgeleitet. Beim →Geographus Bavarus (9. Jh.) sind die B. als großer territorialer Verband bezeugt (»Busani habent civitates 231«); ihre soziale und polit. Organisation bleibt dabei im dunkeln: sind unter den→»civitates« der B. Burgbezirke, welche kleinere territoriale Einheiten umfaßten, oder aber einfach nur→Landgemeinden zu verstehen? Das Problem der Verhältnisses von B., Duleben und Volhynien hat zu einer umfangreichen und kontroversen Literatur geführt; in ihr steht v. a. die Frage im Vordergrund, ob es sich bei den drei obengenannten Stammesbezeichnungen um bloße allmähl. Namensänderungen oder aber tatsächl. um das Auftreten dreier verschiedener aufeinanderfolgender Stämme handelt. Das archäolog. Material hat zur Feststellung des Siedlungsraums der B. vergleichsweise wenig beitragen können. Versuche, die B. aufgrund der archäolog. Funde ethnisch zuzuordnen, müssen als gescheitert angesehen werden. Unhaltbar sind die Hypothesen, welche die B. als westslav. Stamm oder aber als ethnisch nicht näher definierbaren slav. Stamm betrachten, da diese Auffassungen nicht die linguist. Forschungsergebnisse sowie die Kontinuität der ma. Siedlungsgeschichte des Gebietes berücksichtigen. →Ostslaven.   A. Poppe

Lit.: SłowStarSłow I, 1961, 212 [Lit.] – LOWMIAŃSKI, Początki Polski II, 106, 110; III, 70–72; V, 88f. – HGeschRußlands I, 237ff. [Lit.] – M. KUČINKO, Material'naja kul'tura naselenija meždurečja Zapadnogo Buga i Vepra v IX–XIII vv. (Issledovanija po istorii slavjanskich i balkanskich narodov, 1972), 78–91 – A. NOWAKOWSKI, Górne Pobuże w wiekach VIII–XI, 1972 (hierzu K. MYŚLIŃSKI, in: Rocz. Hist. XLII, 1976, 181–185) – Naselennja Prykarpattja i Volyni za doby rozkladu pervisnoobščinnoho ladu ta v davnjorus'kyj čas, 1976 – Vgl. auch die Lit. zu →Duleben, →Volhynien, →Ostslaven.

Byblos. Der 20 km nördl. von Beirut gelegene, seit dem Neolithikum (5. Jt. v. Chr.) besiedelte Ort wurde in der 2. Hälfte des 3. Jt. v. Chr. zu einer bedeutenden Hafen- und Handelsstadt mit engen Beziehungen zu Ägypten ausgebaut. In hellenist. Zeit war B. Hauptort des Adonis- und Osiriskultes und Umschlagplatz für →Papyrus (vgl. βύβλος, Bibel); auch unter den Römern hielt die Bautätigkeit an (Tempel, Theater, Thermen). Nur wenige Spuren haben sich aus der Zeit der byz. (bis 636) und arab. Herrschaft erhalten (arab. Namensform Gubail, daraus frz. Gibelet). 1108 wurde B. von den Kreuzfahrern unter →Raimund VI. v. St-Gilles erobert und kam an die Kommune Genua, welche das genues. Geschlecht di→Embriaco mit der Stadt belehnte. Guglielmo di Embriaco (1103–87) errichtete die Kreuzfahrerburg. Unter den Mamlūken (bis 1517) noch ein wichtiger Handelsplatz, verlor B. unter den Osmanen an Bedeutung. 1860 begannen die frz. Ausgrabungen, die noch andauern.   J. Gruber

Lit.: M. DUNAND, Fouilles de B., 1939ff. – E. WEIN-R. OPIFICIUS, 7000 Jahre B., 1963 – N. JIDEJIAN, B. through the Ages, 1971 [Lit.] – B. SOYEZ, B. et la fête des Adonies, 1977.

Bychovec, Chronik des → Chronik

Byline(n) (russ. *byliny, byloe* – praet. v. *byt'* 'sein' – 'das Gewesene, etwas, das sich wahrhaftig zugetragen hat'), literaturhist.-folklorist. Kunstbegriff (SACHAROV), bezeichnet die großruss. versifizierten, oft gereimten, musikal. (bei deutl. Prädominanz der Wortkunst) Heldenepen des 10. bis 18. Jh. Eigtl. und volkstüml. Bezeichnung *stariny* (»das Alte, längst Vergangene«), ausschließl.

mündlich, von grundsätzlich analphabet. Rhapsoden *(starinščiki*, auch *skazateli)* tradiert. Erstaufzeichnungen um die Mitte des 18. Jh. (KIRŠA DANILOV), davor findet man lediglich reminiszenzenhafte Erwähnungen in chronograph. Kompilationen. Die Aufzeichnung und Erforschung von B. ist während des 19. Jh. zunächst stark von der Slavophilenbewegung getragen (P. V. KIREEVSKIJ, A. F. GIL'FERDING), in sowjet. Zeit gilt den B. bes. Interesse als »demokratisch«-volkstümliche, in mancher Beziehung tatsächlich antifeudalist. Dichtungsform. Träger dieser mündl. Heldendichtung waren zunächst wohl höf. Rhapsoden, später wandernde Spielleute *(skomorochi)*, schließlich Sänger v. a. aus dem bäuerlichen und Handwerksmilieu, Frauen wie Männer. Überliefert werden die B. als inhaltl. wie formal unveränderbares Lied, häufig jedoch, je nach der Qualität der lokalen Tradition in zahlreichen, oft 60–70 Varianten, oftmals im Familienkreis als bes. gutem Garanten wortgetreuer Überlieferung; die Anzahl der Lieder, die ein Sänger beherrschte, ist unterschiedlich, oft gehen die Verszahlen jedoch in die Zehntausende; der durchschnittl. Liedumfang liegt bei 250 Versen, oft auch darunter, je nach Überlieferungsqualität. Improvisation und Textabänderung gelten als Verfälschung, auch werden vom Sänger nicht mehr verstandene Passagen und Begriffe tradiert.

Geteilte Meinungen bestehen über die Entstehungsweise der B.-Dichtung: Einerseits wird angenommen, daß die B. gleichzeitig mit den jeweiligen hist. Ereignissen entstanden sind, andererseits besteht die wohl überzeugendere Ansicht, daß die B. nach dem Zerfall des ersten ostslav. Staates, des Kiever Reichs, entstanden sind (in der Moskauer Zeit, als hist. Reminiszenz – ČIČEROV). Grundsätzl. sind *Heldenbylinen* mit dem Grundthema des Kampfes gegen den äußeren, östl. Feind der alten Rus' und *novellistische Bylinen* zu unterscheiden, die bisweilen recht lebendige Bilder des altruss. Lebens bieten.

Nach dem Fall des Kiever Reichs (1240) bilden Moskau und Novgorod die Zentren der B.-Dichtung, Blütezeit ist das 16. und 17. Jh.; die klassischen B.-Landschaften liegen im Norden Großrußlands, jenseits des großen Waldgürtels (Olonec-Gebiet, Zaonež'e, Archangel'sker Raum, Winterküste am Weißen Meer und die großen Flußlandschaften des Nordens an der Pinega, am Kuloj, an Mezen' und Pečora (TRAUTMANN).

Die B. des Kiever Liederzyklus um den nicht eigtl. agierenden Fs. en Vladimir Svjatoslavovič (→ Vladimir der Heilige, der »milde Fürst, die rote Sonne«, † 1015) haben zu Haupthelden Il'ja Muromec, den »heiligrussischen Recken« (»Iscelenie Il'i Muromca«, »Il'ja Muromec i Solovej-Razbojnik«, »Il'ja Muromec i Svjatogor«, »Il'ja Muromec i Idolišče«, »Il'ja i Kalin-car'«), bemerkenswert in diesem Zusammenhang ist auch das weltlit. Motiv des Kampfes des Vaters mit dem Sohn (»Boj Il'i Muromca s synom«), daneben Aleša Popovič (»Aleša Popovič i Tugarin Zmeevič«), Dobrynja Nikitič (»Dobrynja i zmej«, »Dobrynja i Vasilij Kazimirovič«, »Dobrynja i Aleša«), Vasilij Ignat'evič, Gleb Volod'evič, Stavr Godinovič, Suchman Odichmant'evič u. a. Die Hauptgestalten des galizisch-volhynischen Zyklus sind die Fs. Roman und Djuk Stepanovič, die Protagonisten des Novgoroder Zyklus sind Sadko, der reiche Kauffahrer, Solovej Budimirovič, Vasilij Buslaevič, Choten Bludovič. Neben dem Liederkreis um Vladimir den Hl. unterscheidet man (TSCHIŽEWSKIJ) einen zeitl. davorgelagerten paganischen Zyklus, dessen Haupthelden der zauber. Volch Vseslav'evič, der gewaltige Ackermann Mikula Seljaninovič und Svjatogor sind, bzw. einen B.-Zyklus um → Vladimir Monomach (1053–1125), einen Černigover Zyklus und schließlich das Hauptkontingent des Moskauer B.-Zyklus.

Formal und poetolog. ist die B. von geradezu ikonograph. Stabilität: die klass. B. ist stets dreigeteilt – Liedeingang *(začin)*, Hauptteil und (meist sehr kurzer) Abgesang. Liedende *(koncovka)* und einstimmender Aufgesang *(zapev)* sind die meist wenig umfangreichen Bereiche, in denen sich der Rhapsode eingeschränkte Improvisation erlaubt. Der zapev ist eine dem Liedeingang vorangestellte, häufig formelhafte, geogr.-topograph. Gegebenheiten nachzeichnende Textpartie, die eigtl., auf Nebenhandlungen weitgehend verzichtende Liedhandlung bringt einen Höhepunkt und die Lösung am Liedende, oft unter Verwendung stark dialogisierender, dramat. Passagen.

Für die Sprachgestaltung der B. sind bes. Wortstellungen und -wiederholungen, Reduplikationen von Präpositionen und höheren syntagmat. Einheiten (Mehrfachwiederholungen umfangreicherer, mehrere Verse umfassender Passagen) ebenso charakterist. wie der bloß paratakt. Satzbau, sich steigernde Vergleiche, Parabeln und Parallelismen; typisch ist die große Zahl stehender Epitheta etwa für Naturerscheinungen und Landschaftsformationen (feuchte Erde, blaues, hochberühmtes Meer, freies, wildes Feld, Steppe, dunkler Wald, reißender Fluß, steiles Ufer), für Tiere (grauer Wolf, brauner Ur, graublauer Adler, heller Falke), aus weißem Stein sind Stadt und Palast, weit ist der Hof, die Waffen sind scharf und gehärtet, der Bogen ist straff gespannt, die Peitsche aus Seide, der Sattel ist tscherkess. Herkunft, die Mädchen sind schön, die Jünglinge stattlich, ihr helles Haupt ist kühn, die Gefolgsmannschaft ist tapfer. Zahlensymbolik spielt eine große Rolle. G. Birkfellner

Ed.: Drevnie ross. stichotvorenija (KIRŠA DANILOV), hg. A. F. JAKUBOVIČ, 1804, 1818[2] – dass., hg. P. N. ŠEFFER, 1901 – dass., hg. S. K. ŠAMBINAGO, 1938 – dass., hg. A. P. EVGEN'EVA, B. N. PUTILOV, 1958 [Lit. pam.] – Pesni, hg. P. N. RYBNIKOV, 1–4, 1861–67; 1–3, 1909–10[2] – Onežskie byliny, hg. A. F. GIL'FERDING, 1–3, 1873 – dass., 1–3, 1949–51[4] – Pesni, hg. P. V. KIREEVSKIJ, 1–10, 1860–74 – Russ. byliny, hg. N. S. TICHONRAVOV, V. F. MILLER, 1894 – Belomorskie byliny, hg. A. V. MARKOV, 1901 – Archangel'skie byliny, 1–3, 1904, 1939, 1910 – Pečorskie byliny, hg. N. E. ONČUKOV, 1904 – Byliny..., hg. V. F. MILLER, 1908 – Byliny Severa, hg. A. M. ASTACHOVA, 1–2, 1939–51 – Byliny M. S. Krjukovoj, hg. E. G. BORODINA, R. S. LIPEC, 1–2, 1939–41 – Byliny P. I. Rjabinina-Andreeva, hg. V. G. BAZANOV, 1940 – Onežskie byliny, hg. JU. M. SOKOLOV, V. I. ČIČEROV, 1948 – Russ. nar. epos, hg. N. V. VODOVOZOV, 1947 [Bibl. poeta] – Byliny, hg. V. N. PUTILOV, 1957[2] – Byliny, hg. V. JA. PROPP, V. N. PUTILOV, 1–2, 1958 – Il'ja Muromec, hg A. M. ASTACHOVA, 1958 [Lit. pam.] – Byliny...XVII–XVIII vv., hg. A. M. ASTACHOVA u. a., 1960 – Byliny Pečory i Zimnego berega, hg. A. M. ASTACHOVA u. a., 1961 – Dobrynja Nikitič i Aleša Popovič, hg. JU. I. SMIRNOV–V. G. SMOLIKIJ, 1974 [Lit. pam.] – Novgorodskie byliny, hg. JU. I. SMIRNOV–V. G. SMOLICKIJ, 1978 [Lit. pam.] – Byliny. Russ. muzikal'nyj epos, hg. M. DOBROVOL'SKIJ–V. V. KORGUZALOV, begr. v. D. D. ŠOSTAKOVIČ, 1981 [mit musikal. Notation] – *Lit.:* BROKGAUZ-EFRON, Enc. slovar' 5, 1891, 142–146 [Lit.] – KLL I, 1997–2001 [Lit.; Nachdr. 1974, 1703–1705] – R. ABICHT, Die aruss. Heldensage, 1907 – A. P. ŠKAFTYMOV, Poetika i genezis bylin, 1924 – R. TRAUTMANN, Die Volksdichtung der Großrussen I, 1935 [zahlr. Übers.] – V. JA. PROPP, Russ. geroičeskij epos, 1955 – B. N. PUTILOV, Russ. bylinnyj epos (in Byliny, Einl.), 1958 – B. A. RYBAKOV, Drevnjaja Rus', 1963 – J. TAUER, Über zapevy und koncovki [Diss. masch. Wien] – W. TSCHITSCHEROW, Russ. Volksdichtung, 1968 [Übers. Russ. nar. tvorčestvo, 1959] – K. HARTMANN, Volksepik am Weißen Meer, 1974 [umfangr. Lit.] – Vgl. bes. auch die Einl. und Komm. zu den Textausgaben.

Byrhtferth, * ca. 960, † 1012, Mönch der Abtei Ramsey, Schüler des → Abbo v. Fleury; Verfasser eines mit Diagrammen illustrierten lateinisch-ae. komputistisch-naturwissenschaftl. »Handbuchs« (entstanden 1011) mit Exkursen über Grammatik, Metrik und Rhetorik, sowie eines lat. »Proemiums« zu einer wahrscheinl. von ihm zusammengestellten Sammlung komputist. Schriften (→Beda, →Helpericus, Abbo u. a.); wahrscheinl. Autor der lat. »Vita S. Oswaldi« und »Vita S. Ecgwini« sowie zweier zusammen mit dem »Handbuch« überlieferter ae. homilet. Texte. Die Zuschreibung des ae. »Poenitentiale« und eines Teils der ae. Hexateuch-Übersetzung ist nicht sicher. W. Hofstetter

Bibliogr.: St. B. Grenfield-F. C. Robinson, A Bibliogr. of Publications on OE Lit. to the End of 1972, 1980, 344f. – NCBEL I, 333 – Renwick-Orton, 250f. – *Ed.*: S. J. Crawford, B.'s Manual (A. D. 1011), EETS OS 177, 1929–*Lit.*: C. Hart, B. and his Manual, MAe 41, 1972, 95–109–M. Lapidge, The Hermeneutic Style in Tenth-Century Anglo-Latin Lit., ASE 4, 1975, 90–95 – C. E. Lutz, Schoolmasters of the Tenth Century, 1977, 53–61, 168f. – M. Lapidge, B. and the Vita S. Ecgwini, MSt 41, 1979, 331–353 – P. S. Baker, The OE Canon of B. of Ramsey, Speculum 55, 1980, 22–37.

Byrhtnoth, von 956–991 →*ealdorman* v. Essex, ▭ Ely, Kathedrale. Mit führenden engl. Adelsfamilien verwandt und verschwägert, erbte B. im Spätjahr 956 das Amt des ealdorman v. Essex wohl als Nachfolger seines Schwiegervaters, Ælfgar († um 951), und des Byrhtferth. Sein Ruhm als heroischer engl. Heerführer, der mit den meisten seiner Männer während der Schlacht von →Maldon im Kampf gegen die Dänen den Heldentod starb, wurde in ae. Versen besungen (»Byrhtnoths Tod«). Weiterhin blieb er als Wohltäter und Schützer von Reformklöstern im Gedächtnis; unter diesen ist an erster Stelle Ely zu nennen, ebenso förderte er auch Ramsey, Canterbury und Winchester. N. P. Brooks

Q. und Lit.: Vita Oswaldi Archiepiscopi Eboracensis, ed. J. Raine, RS I, 1879, 455f. – The Battle of Maldon, ed. E. V. Gordon, 1937–Liber Eliensis, ed. E. O. Blake, CS 92, 1962, 133–136 – H. Gneuss, Die Battle of Maldon als hist. und lit. Zeugnis, SBA. PPH 5, 1976.

Byrhtnoths Tod → Maldon, Battle of

Byzacene, Teil der Prov. Africa proconsularis (→Afrika), nach dem karthag. Ort Byzacium benannt. Durch Diokletian zur eigenen Prov. unter einem Praeses (später Consularis) und eigenem Dux erhoben (Hauptort Hadrumetum), bildet ihre Nordgrenze etwa eine Linie von Theveste zum Meer, im S wird sie in vandal. Zeit um Gebiete der w. Syrte vergrößert. Das Land war fruchtbar (bes. Ölbaumkulturen) und vorwiegend in Großgrundbesitz und Domänen aufgeteilt (Cod. Theod. 11, 28, 13 a. 422). Im 4. Jh. entwickelte die B. ein reiches kirchl. Leben und wurde in die donatist. Streitigkeiten (→Donatisten) verstrickt. Seit 431 in vandal. Hand (→Vandalen), erscheint die Prov. als kgl. Krongut (im Gegensatz zu der an das Volk zur Besiedlung übergebenen Proconsularis). Obwohl auch hier die kath. Bevölkerung Verfolgungen erlitt, wurde offensichtl. die Enteignung der röm. Grundbesitzer nicht rigoros und konsequent durchgeführt oder aber rückgängig gemacht (Ferrandus, Vita Fulg. 10). Seit 484 wurde die Prov. zunehmend von maur. Invasionsbewegungen bedroht, die sich auch nach der byz. Eroberung 535 fortsetzten (Prokop. bell. Vand. 2, 8ff.). Versuche zur Stabilisierung (Befestigung der Städte, Klostergründung bes. durch →Fulgentius) blieben auf die Dauer erfolglos. 647 fiel die B. in die Hand der Araber. G. Wirth

Lit.: RE III, 1114–1116 – Ch. Diehl, L'Afrique byz., 1896 [Neudr. 1959] – Ch. Courtois, Les Vandales et l'Afrique, 1955 – B. H. Warmington, The Northafrican Prov. from Diocletian to the Vandal Conquest, 1971².

Byzantinische Kunst

A. Periodisierung – B. Einflußbereiche der byzantinischen Kunst

A. Periodisierung

I. Frühbyzantinische Kunst – II. Die Zeit des Bilderstreits – III. Mittelbyzantinische Kunst – IV. Die byzantinische Kunst im Exil – V. Spätbyzantinische (palaiologische) Kunst – VI. Die Anfänge der nachbyzantinischen Kunst.

Die Geschichte der b. K. wird üblicherweise in drei große Abschnitte eingeteilt, die als die früh-, mittel- und spät-b. K. (auch nach der herrschenden Dynastie »palaiologisch« genannt) bezeichnet werden. Zw. diese drei Abschnitte schieben sich die Epoche des →Bilderstreites und des Lateinischen Kaiserreichs.

I. Frühbyzantinische Kunst: Die frühbyz. Kunst ist die genuine Fortsetzung der spätröm.-spätantiken Kunst im Osten des röm. Reiches. Während in der älteren Forschung (vgl. z. B. O. Wulff, Altchr. und b. K. II, 1914, 361ff.) der Beginn der b. K. irgendwo im 5. Jh. (ohne genauere Spezifizierung) angesetzt wird, hat schon L. Bréhier (Manuel d'art byzantin, 1925²) auf ihr Herauswachsen aus dem breiten Spektrum der östl. Spätantike hingewiesen. Will man die byz. Kunstgeschichte mit der Gesch. des byz. Staates koordinieren, so kann man entweder die Erringung der Alleinherrschaft durch Konstantin d. Gr. (324) oder die Weihe der neuen Hauptstadt (330) oder schließl. die Teilung des Reiches (395) als Anfangspunkt setzen. Wir beziehen hier in Übereinstimmung mit der modernen Forschung (vgl. z. B. Ch. Delvoye und J. Beckwith) die Zeit Konstantins d. Gr. in die frühbyz. Periode mit ein. Das Ende der frühbyz. Kunst ist leichter zu bestimmen: Mit dem Beginn des Bilderstreites, d. h. mit dem Verbot der Darstellung religiösen Inhaltes, geht sie zu Ende, nachdem schon der islam. Einfall, der seit 636 in rascher Folge die östl. Provinzen unter arab. Herrschaft brachte und 678 zur ersten Bedrohung Konstantinopels (Kpl.s) von See her führte, offenbar die künstler. Produktion stark zurückgehen ließ.

Der mit dem Bilderstreit verbundene Bildersturm hat nur geringe Bruchteile einer einst offenbar immensen künstler. Tätigkeit überleben lassen, weit weniger als aus denselben Jahrhunderten aus dem Westen erhalten geblieben ist. Abgesehen von der Architektur und der Münzprägung (→Münze) gibt es keinen Kunstzweig, von dessen frühbyz. Entwicklung wir ein einigermaßen geschlossenes Bild gewinnen könnten. Aber eines läßt sich mit Sicherheit sagen: Die Kunst in frühbyz. Zeit war in hohem Maße lokal differenziert. In einzelnen Provinzen bildeten sich durchaus eigenständige Stilformen heraus, so z. B. in Syrien, bes. im nordsyr. Kalksteinmassiv und im Hauran, sowie in Ägypten, wo die kopt. Kunst (vgl. →Ägypten, V), in sich selbst uneinheitl. und von zwei verschiedenen Völkern getragen, das Feld beherrschte. Ebenfalls ging das z. T. nur schwach oder nur oberflächl. hellenisierte Innere Kleinasiens in manchen Provinzen eigene Wege, z. B. in Phrygien. Teile des Byz. Reiches auf europ. Boden gehörten kirchl. zur Obödienz Roms, das in Thessalonike den Ebf. zum »apostolischen Vikar« des Illyricum ernannt hatte (erst 731 wurde das Gebiet im Zuge des Bilderstreites dem Patriarchat von Kpl. unterstellt). Gewisse röm. Einflüsse sind also im Illyricum durchaus möglich, freilich schwer nachweisbar und umstritten. Die beiden großen alten Zentren des Hellenismus, Antiochia und Alexandria, mußten im Laufe der frühbyz. Zeit schwere Bedeutungsverluste hinnehmen, Antiochia durch die Perserkriege und Naturkatastrophen, bes. im 6. Jh., Alexandria durch die sich steigernden kirchl. Auseinandersetzungen, nachdem es schon in der spätröm. Kaiserzeit strafweise Zerstörungen erlitten hatte. Aus Antiochia kennen wir vornehml. hervorragende Fußbodenmosaiken. Die Kunst Alexandrias ist nur aus wenigen, umstrittenen Beispielen bekannt.

Kpl. war im 4. und 5. Jh. noch nicht das bestimmende Kunstzentrum, das es später werden sollte. Aber in doppelter Hinsicht wurden von Anfang an die Grundlagen für diese Rolle gelegt, einmal durch den grandiosen Kunstraub, den die oström. Ks. seit Konstantin d. Gr. zugunsten der neuen Hauptstadt betrieben, zum anderen durch die Anziehungskraft, die diese infolge der ksl. Förderung und des raschen Wachstums auf Künstler aus allen Teilen des Reiches ausübte. Zum Kunstraub vgl. Eusebios v. Kaisareia: »Die ganze nach dem Kaiser benannte Stadt war völlig gefüllt mit den aus allen Völkern herbeigeholten ehernen Weihgeschenken« (Vita Konst. III, 54), und den hl. Hieronymus: »Constantinopolis wurde geehrt durch die Nacktheit fast aller Städte« (Chron. ad. ann. 334). Dieser konstantin. Tradition folgten die byz. Ks. noch Jahrhunderte hindurch; so ließen z. B. Theodosius II. die Zeus-Statue des Phidias aus Olympia und Justinian I. die Athena Promachos (oder Enhoplos) von der Athener Akropolis nach Kpl. bringen. Wenn man auch spätantiken und ma. Zahlenangaben nicht unbedingt trauen darf, so können doch zwei Angaben eine Vorstellung davon vermitteln, in welchem Grade die Kaiserstadt zum Museum antiker Kunst geworden war: In der H. Sophia sollen 427 antike Bildnisse, in den Bädern des Zeuxippos am →Hippodrom mehr als 80 Statuen aus Griechenland gestanden haben (geblieben sind uns davon nur die Schlangensäule aus Delphi auf dem At Meydan in Instanbul und die Pferde auf der Loggia von S. Marco in Venedig, Kriegsbeute von 1204). Diese Ansammlung antiker Kunstwerke war zweifellos der Grund dafür, daß die b. K. sich stets aufs neue mit der klass. und hellenist. Antike auseinandersetzte und daß antike Elemente zumindest in der Kunst Kpl.s immer, wenn auch nicht immer bestimmend, lebendig blieben. Infolgedessen sind Begriffe wie »Renaissance« im Sinne einer Rückbesinnung auf die Antike, von der man durch Jahrhunderte getrennt ist (wie z. B. die karol., stauf. oder die Renaissance des 15./16. Jh.), für die b. K. nicht angebracht, da sie in der steten Berührung und Auseinandersetzung mit der Antike lebte, und nur gelegentl. eine wohl bewußt anti-antike Stilphase sich neben oder vor die antikisierende Richtung setzen kann.

In welchem Maße Künstler höchst unterschiedl. Könnens und Stilwollens in die Hauptstadt gezogen wurden, lassen die wenigen Fragmente an Steinplastik erkennen, die erhalten blieben. Fast jedes Stück ist in Stil und künstler. Vollendung (oder Schwäche) ein Unikum. Die Skala der Gestaltungsmöglichkeiten reicht von dem schönen, kühlen Klassizismus des Prinzen-Sarkophages aus Sarigüzel (Arch. Mus. Istanbul; spätes 4. Jh.) über die Sockelreliefs des Theodosius-Obelisken auf dem At Meydan (ebd.; um 390) bis zu dem sich jeder Datierung entziehenden rührenden Primitivismus eines Sarkophagfragmentes aus Çapa (Arch. Mus. Istanbul). Wie wenig noch gegen Ende des 4. Jh. von einem hauptstädt. Stil gesprochen werden kann, zeigen die Sockelreliefs des Theodosius-Obelisken: An diesem Staatsmonument waren fünf verschiedene Meister beteiligt, von denen nur einer über handwerkl. Mittelmäßigkeit herausragt. Anderes, wie die spärl. Reste der Theodosius-Säule (in der Mauer eines türk. Bades in Istanbul; um 400) oder eine Victoria im Arch. Mus., ebd. (5. Jh.?), knüpfen an die spätröm. Triumphalkunst an; weitere Bruchstücke, wie z. B. ein Fragment mit der Blindenheilung in der Dumbarton Oaks Collection, Washington (um 400), stehen in der Tradition des gr. Reliefs. Alles ist noch ohne inneren Zusammenhang, auch die Porträts (→Bildnis, →Büste) lassen keine einheitliche Entwicklung erkennen.

In der →Toreutik finden sich um 400 Werke von hoher künstler. Qualität wie das Missorium Theodosius' I. v. J. 388 in Madrid (Academia de la Historia), die Vase von Conçesti in der Eremitage in Leningrad oder das →Reliquiar von Nea Herakleia (Chalkidike) in Thessalonike (Mus.), denen man aus der Elfenbeinplastik (→Elfenbeinschnitzkunst) die sog. Abrahams-Pyxis in Berlin (Staatl. Mus.) und die Orpheus-Pyxis in Bobbio (Klosterschatz) sowie ein Kästchen mit der Tyche von Alexandria und gr. Göttern in der Dumbarton Oaks Collection zur Seite stellen kann. Obwohl verschiedenster Herkunft, repräsentieren diese Werke der Kleinkunst eine aktive und positive Auseinandersetzung mit dem hellenist. Erbe, der im röm. Westen die sog. theodosian. Renaissance entspricht.

Das 5. Jh. ist, vom Bildnis abgesehen, so arm an erhaltenen Kunstwerken, daß es weitgehend ein Schemen bleibt und Datierungen in dieses Jahrhundert meist mehr Vermutung als These, geschweige denn Gewißheit sind. Erst im 6. Jh. werden die Zeugnisse wieder dichter und lassen erkennen, daß Kpl. seine Rolle als, wenn auch nicht allein bestimmendes, Kunstzentrum angetreten hat. Die Bedürfnisse des ksl. Hofes, der hohen Beamtenschaft und des hohen Klerus bestimmen das Bild, soweit wir es noch erkennen können, bes. unter einem so verschwender. Mäzen wie Justinian I. (vgl. Prokopios v. Kaisareia, De aedificiis). Mehrere Werkstätten der Elfenbeinschnitzerei wie der Toreutik lassen sich feststellen, z. T. wieder in direkter Anknüpfung an die Antike, wobei der Reichtum der zur Verfügung stehenden antiken Vorbilder in der Vielfalt der Stilimitationen zum Ausdruck kommt. Erstaunlich hoch ist der Anteil profaner wie heidn. Themen, die z. T. die antiken Mythen ins Groteske umdeuten. Nach einer v. a. in der Toreutik spürbaren vorübergehenden Abkehr von dem antikisierenden Kunstwollen im ausgehenden 6. Jh. wird dieses im 7. Jh. unter Herakleios I. und seinen Nachfolgern wieder aufgenommen, ebenfalls nur in toreut. Kunstwerken erhalten. Auch in dieser Phase der Entwicklung spielen heidn. Themen eine große Rolle, z. T. der Antike hervorragend nachempfunden. Daneben gibt es in justinian. wie herakleian. Zeit auch Kunstwerke, die sich bewußt von jedem Antikisieren abwenden; neben einigen Reliquiaren sind bes. die →Mosaiken von H. Demetrios in Thessalonike als Zeugen für diese antiklassische Richtung zu nennen.

Schon das Wenige, das aus frühbyz. Zeit erhalten blieb (vgl. auch →Buchmalerei), läßt erkennen, daß die oft geäußerte Ansicht, die b. K. sei wesensmäßig sakral bestimmt, falsch ist. Wenn auch in erster Linie Kunstwerke christl. Inhaltes auf uns gekommen sind, so liegt das am Zufall der Erhaltung. Literarische sowie verstreute künstler. Zeugnisse zeigen, daß es eine umfangreiche offizielle und private Profankunst gegeben hat, von Mosaiken und →Wandmalereien zu Ehren der Ks. über Triumphsäulen, bei Triumphzügen mitgeführten Schlachtenbildern bis hin zu wissenschaftl. Buchillustrationen, kostbaren Schmuckstücken und kunstvoll verziertem Gebrauchsgut.

II. DIE ZEIT DES BILDERSTREITS: Sie bedeutet keineswegs das Ende aller künstler. Tätigkeit. Wir wissen aus lit. Überlieferung, daß Kirchen statt mit religiösen Bildern mit Darstellungen von Jagden u. ä. oder aber rein ornamental ausgemalt wurden. Die erstgenannte Art von Bildern ist nicht erhalten; bei einigen Kirchen auf Naxos, auf Kreta oder in Kappadokien, die eine rein ornamentale Ausstattung zeigen, ist die Datierung in die Zeit des Bilderstreits umstritten, da wir Wandmalereien ohne figürl. Darstellungen (sog. anikonische Programme) sowohl gelegentl. in frühbyz. Zeit, z. B. im Tur Abdin, als auch aus mittelbyz. Zeit kennen. Zur Buchmalerei dieser Periode vgl. o. Sp. 868f.

Eine byz. angeregte künstler. Produktion geht auch während des Bilderstreites in Gebieten weiter, die nicht der Hoheit des byz. Ks.s unterstehen, z. B. in Palästina und in den ehemals byz. Gebieten Italiens: Rom, bes. S. Maria Antiqua, und Castelseprio.

Die kurze Zwischenperiode von 780 bis 815 bleibt für uns dunkel. Da die alte Annahme, das Apsis-Mosaik der Koimesis-Kirche von Nikaia stamme aus dieser Friedensperiode, sich nicht halten läßt (das Mosaik ist 1922 zerstört worden), kennen wir kein monumentales Kunstwerk dieser Zeit. Es ist auch kaum anzunehmen, daß die künstler. Produktion sich damals auf religiöse Bilder konzentriert habe, bes. wenn man bedenkt, wie lange es nach dem endgültigen Ende des Bilderstreites gedauert hat, bis wir ein Neuaufleben der kirchl. Kunst durch gesicherte Denkmäler belegen können.

In die zweite Phase des Bilderstreites (815-842) gehören wahrscheinl. der Chludov-Psalter und seine Verwandten (vgl. →Buchmalerei). Außerdem wird ein Goldkelch im Arch. Mus. Istanbul dieser Phase zugewiesen. Der letzte ikonoklast. Ks., Theophilos, erscheint auf einem Stoffragment in Lyon als Wagenlenker. Vielleicht gehören einige große Textilfragmente, die Ks. auf der Jagd zeigen, ebenfalls in diese Periode. Wenn das zutrifft, können wir uns eine ungefähre Vorstellung von dem Prunk machen, der am Kaiserhof und in den führenden Schichten von Byzanz herrschte.

III. MITTELBYZANTINISCHE KUNST: Die mittelbyz. Kunst setzt erst in den 60er Jahren des 9. Jh. ein. Unter dem Patriarchen →Photios wurde die Apsis der H. Sophia in Kpl. ausmosaiziert (vor 869). Etwa gleichzeitig wurde die H. Sophia in Thessalonike mit einem Kuppelmosaik geschmückt. Diese beiden Werke zeigen deutlich, daß zwei sehr unterschiedl. Stilrichtungen nebeneinander existierten: ein schöner, z. T. etwas blasiert wirkender Klassizismus in Kpl. und ein die menschl. Proportionen mißachtender, die Häßlichkeit pflegender anti-antiker Stil in Thessalonike. Ein solches Nebeneinander grundverschiedener Stilrichtungen ist bis weit in das 11. Jh. hinein ein Charakteristikum der Entwicklung der byz. Kunst. Mit dem Regierungsantritt der makedon. Dynastie i. J. 867 beginnt ein erstaunl. Aufschwung der künstler. Produktion, den man die »makedonische Renaissance« zu nennen pflegt. Zu den bedeutendsten Erzeugnissen dieses »Goldenen Zeitalters« gehören die hervorragenden Buchmalereien (vgl. →Buchmalerei), ein Teil der Mosaiken in der H. Sophia in Kpl., nämlich die Kirchenväter in den Schildbogen, und die Erzeugnisse der verschiedenen Elfenbeinschnitzschulen, von denen mindestens drei in Kpl. ansässig waren. Auch die Emailkunst (→Email) steigert sich von bescheidenen Anfängen im endenden 9. Jh. zu großer Raffinesse und Eleganz. Diese Entwicklung zieht sich bis in das 11. Jh. hinein, um dann neuen Stilrichtungen Platz zu machen. War die »makedonische Renaissance« bestimmt durch eine ständige Auseinandersetzung mit antiken Vorbildern der verschiedensten Zeitphasen und gekennzeichnet durch eine große Vorliebe für Pasticcios und Personifikationen antikisierender Art, so macht sich in ihrer Endphase bereits eine Strömung bemerkbar, die mehr auf Emotion oder Expressivität abzielt. Neben diesem inneren Wandel des bis dahin vorherrschenden Stiles tritt eine Stilrichtung, die eher wie eine Fortsetzung der Mosaiken der H. Sophia in Thessalonike wirkt. Beispiel dafür sind die Mosaiken und Wandmalereien im Kl. Hosios Lukas und ein Teil der Mosaiken der Sophienkirche in →Kiev. Es wäre aber falsch anzunehmen, wie das gelegentl. zu lesen ist, daß diese abweichende Stilform provinziell oder monastisch sei: Die Mosaiken von Hosios Lukas sind von hauptstädt. Künstlern geschaffen, die in der Sophienkirche in Kiev von Mosaizisten, die aus Kpl. berufen worden waren. Das zeigt, daß auch die b. K. der Hauptstadt in sich nicht einheitl., sondern januskoöpfig war.

Um die Mitte des 11. Jh. setzt in allen Kunstzweigen eine Stilrichtung ein, die mit den pathet. Figuren in der Sv. Sofija in Ochrid beginnt, Figuren mit großäugigen, scharf durchgezeichneten Gesichtern, leicht manieriert wirkenden Bewegungen und gelegentl. Mißachtung der natürl. Proportionen. Da diese Stilrichtung sich bis in das endende 12. Jh. fortsetzt und im 12. Jh. zumindest in der hauptstädt. Kunst die absolute Vorherrschaft gewinnt, hat man sich daran gewöhnt, sie nach der von 1081 an regierenden Dynastie der Komnenen zu benennen, was insofern nicht ganz zutrifft, als die richtungsweisenden ältesten Monumente bereits rund eine Generation früher entstanden sind. Aus der mittelbyz. Periode kennen wir auch in nicht geringer Zahl plast. Kunstwerke. Sie widerlegen die oft wiederholte, darum nicht richtiger werdende Behauptung, das Konzil v. Nikaia habe i. J. 787 die Plastik in der Kirche verboten. Das genaue Gegenteil ist der Fall, denn der Horos dieser Synode fordert ausdrückl. auch Kunstwerke aus Stein, worunter wohl nur Skulpturen verstanden werden können. Freilich haben sich nur Relief-Ikonen erhalten, aber wir wissen aus Chroniken und der →Patria, einer Art Stadtführer durch Kpl., daß es in großer Zahl vollplast. Denkmäler, in erster Linie von Ks.n, gegeben hat. Alle vollplast. Werke, die zu einem großen Teil den schriftl. Quellen zufolge aus vergoldeter oder versilberter Bronze bzw. Porphyr bestanden, sind der osman. Eroberung zum Opfer gefallen.

Auch in der mittelbyz. Kunst setzt sich fort, was wir für die frühbyz. konstatieren konnten: Sie ist keineswegs nur kirchl. bestimmt, vielmehr sind uns zahlreiche Denkmäler der ksl. Selbstdarstellung und nicht wenige Illustrationen wissenschaftl. Werke erhalten geblieben, so z. B. ein hervorragend illustriertes Werk des antiken Arztes Soranos über die Verbände oder eine anonyme Hs. mit Darstellungen von Belagerungsmaschinen.

Besonders reich sind die erhaltenen Schmuckstücke, die einen hervorragenden Eindruck vom Kunsthandwerk der mittelbyz. Periode vermitteln. Manches von dem, was uns aus diesem Bereich erhalten blieb, läßt uns auch Bilder richtiger verstehen; so macht z. B. ein Paar von Epikarpia (breite, manschettenartige Armbänder), die vor einigen Jahren in Thessalonike gefunden wurden und zu den schönsten Emailarbeiten der Zeit um 900 gehören, deutlich, daß diese in vielen Bildern dargestellten Teile der männl. Bekleidung nicht aus Stoff, sondern aus Metall bestanden.

Sehr umstritten ist die Frage der Textilkunst in der mittelbyz. Zeit. Obwohl wir zahlreiche Fragmente besitzen, die meist als Reliquienhüllen im kath. Abendland Verwendung gefunden hatten, besitzen wir keinen rechten Anhaltspunkt für eine zeitl. Ordnung. Wohl das einzige mit einigermaßener Sicherheit zu datierende Stück ist das »Gunther-Tuch« im Bamberger Domschatz; es stellt ohne Zweifel den triumphierenden Ks. Basileios II. nach seinem Sieg über die Bulgaren i. J. 1018 dar. Diese zwar kostbare, aber künstler. nicht sehr befriedigende Seidenstickerei dürfte zu jenen Tüchern gehört haben, von denen uns Chronisten berichten, daß sie bei ksl. Triumphzügen an den Häusern Kpl.s aufgehängt wurden. Was uns sonst an Textilien erhalten blieb, ist durchweg Seidenweberei, in der Tiermotive bei weitem vorherrschen, von Elefanten bis zu Adlern und zu stilisierten Jagdmotiven. Auch dieser Kunstzweig widerlegt die Anschauung von der reinen Kirchlichkeit der b. Kunst.

Gegen Ende des 12. Jh. zerfiel die im 12. Jh. erreichte weitgehende Einheitlichkeit des Stiles: Neben eine an die Karikatur grenzende Überspitzung des spätkomnen. Stiles tritt eine Rückbesinnung auf die Antike, die man als »neoklassizistisch« oder »neohellenistisch« zu bezeichnen pflegt. Dieser Ansatz einer neuen Auseinandersetzung mit der Antike wurde durch die Zerschlagung des Byz. Reiches durch die Teilnehmer am 4. →Kreuzzug i. J. 1204 abgeschnitten. Die Eroberung von Kpl. durch die Kreuzfahrer und die Schaffung »fränkischer« Feudalstaaten bedeuten das Ende der mittelbyz. Periode.

IV. DIE BYZANTINISCHE KUNST IM EXIL: In welchem Umfange byz. Künstler in Kpl. unter der Herrschaft der Lat. Ks. weiterarbeiten konnten, ist unbekannt oder zumindest umstritten. Es ist möglich, daß die beiden Madonnenbildnisse aus Calahorra in Washington (Nat. Gall.) für den lat. Patriarchen oder den lat. Kaiserhof geschaffen worden sind. Fraglich aber bleibt, ob byz. Künstler oder aber Maler aus Italien, die der *maniera greca* folgten, sie geschaffen haben. Abgesehen von den beiden Reststaaten, die noch unter byz. Herrschaft standen, dem Ksr. Nikaia und dem Despotat Epiros, wurden die serb. Kg.e zu Patronen der byz. Künstler, die in großer Zahl zur Ausschmückung der Kirchen im Kgr. der →Nemanjiden herangezogen wurden, beginnend mit der Ausmalung der Nemanja-Kirche im Kl. →Studenica i. J. 1209, deren älteste Malereien unmittelbar an die neohellenist. Richtung der mittelbyz. Zeit anschließen. In der Ausmalung dieser Kirche tritt übrigens zum erstenmal das sog. Scheinmosaik auf, d. h. die Vergoldung des Hintergrundes unter Auftragung von schwarzen Quadraten, die die Mosaikfugen andeuten sollen. Während im Ksr. Nikaia, von dessen Kunst sehr wenig erhalten ist, und im Despotat Epiros die Bestrebungen dahin gehen, möglichst viel vom Erbe der komnen. Zeit zu erhalten und zu pflegen, vollzieht sich im serb. Kgr. eine Fortentwicklung der byz. Malerei durch die Entdeckung und Anwendung der Erfahrungsperspektive, andeutungsweise zunächst in der Kirche des Kl. →Milesevo (kurz vor 1234), vollendet dann in der Kirche des Kl. →Sopoćani (um 1266). In Serbien hat sich auch der neohellenist. Stil in einem hervorragenden Werk bis in die Mitte des 13. Jh. erhalten, den Malereien im Diakonikon der Klosterkirche von →Morača (1251). Die etwa gleichzeitige Apostelkirche im Patriarchat →Peć (Mitte 13. Jh.) zeigt neben vereinzelten Bildern im Stil des Neohellenismus Figuren, deren pralle Lebendigkeit sich in einem Teil der Heiligenfiguren in Sopoćani fortsetzt und zu einer Vorstufe des sog. schweren Stils im letzten Jahrhundertdrittel wird.

Vieles, was dem 13. Jh. zugerechnet werden muß, läßt sich nicht mit Sicherheit datieren oder lokalisieren. Vereinzelte datierte Denkmäler, wie z. B. die Kirche der H. Triada bei Kranidi im Argolis vom J. 1244, zeigen, daß auch unter der »fränkischen« Herrschaft das Erbe der komnen. Kunst weiter gepflegt und entwickelt wird.

V. SPÄTBYZANTINISCHE (PALAIOLOGISCHE) KUNST: Mit der Rückeroberung Kpl.s i. J. 1261 durch die Truppen Ks. Michaels VIII. Palaiologos läßt die Forschung die spätbyz. Periode der Kunst beginnen, obwohl dieses Ereignis zunächst keinen Wandel in der Kunst hervorgerufen hat. Zwar siedelte der Ks. wieder in die alte Hauptstadt über, aber von einer künstler. Tätigkeit zeugt zunächst nur die in ihrer Datierung umstrittene Mosaikdarstellung der →Deesis auf der S.-Empore der H. Sophia. Diese hervorragende Arbeit zeigt noch wenig von dem Geist der reifen palaiolog. Kunst, läßt vielmehr im Bilde des Johannes deutl. Erinnerungen an den komnen. Stil erkennen, während die Bilder Christi und Mariä den entsprechenden Darstellungen al fresco in Sopoćani gleichen.

Während in der →Buchmalerei z. T. direkt an die »makedonische Renaissance« angeknüpft wird, stehen in der Monumentalmalerei und in der Mosaikkunst sehr unterschiedl. Stilformen nebeneinander. Für das Mosaik sei verwiesen auf die beiden Wandikonen im Kl. Porta-Panhagia (1283) und den Kuppelschmuck der Paregoretissa in →Arta (um 1295). Während die Ikonen von Porta-Panhagia steif und überschlank sind, zeigen die Mosaiken in Arta deutl. Nachklänge des gemilderten spätkomnen. Stiles. Als eine dritte Möglichkeit stehen daneben die Mosaiken der Kilise Camii in Istanbul, in deren Kuppel die Figuren atl. Kg.e ausgesprochen in die Breite entwickelt sind, mit kräftigen Schultern und in schweren Falten fließenden Gewändern. Diese Art der Figurendarstellung führte zu der Bezeichnung »schwerer Stil«. Der gleiche schwere Stil begegnet uns in der monumentalen Wandmalerei in der Kirche Sv. Kliment (Peribleptos) in Ochrid v. J. 1295, einem Werk der Meister Michael und Eutychios, und in den Fresken des Protaton in Karyais auf dem →Athos (um 1300, angebl. Werk des Manuel Panselinos). In diesen Malereien verbinden sich athlet. Gestalten mit scharflinear charakterisierten Gesichtern der älteren Männer und breit-weichen Gesichtern der jüngeren Männer und der Frauen. Dieser schwere Stil bleibt eine kurze Phase, die zu Beginn des 14. Jh. auch von ihren Protagonisten Michael und Eutychios in ihren Arbeiten im Dienste Kg. Milutins v. Serbien zugunsten einer fast den ganzen Raum der byz. Welt umfassenden Koiné aufgegeben wird. Die Gestalten werden schlanker, die Beine im Verhältnis zur Gesamtgröße der Figuren länger, die Bewegungen gezierter, die Gesichter auch der älteren Männer schöner und zugleich ausdrucksschwächer. Diese Stilrichtung finden wir im Mosaik der Apostelkirche in Thessalonike (um 1215/20), in der Fethiye Camii (H. Pammakaristos; um 1320) in Istanbul und in ihrer reichsten Form in der Kahriye Camii (Chora-Kirche; um 1220–25), ebd. In der Wandmalerei gehören hierher die von Michael und Eutychios ausgemalten Kirchen in Serbien und des Serben-Kl. Chilandar auf dem Athos, die Malereien des Kallierges in Beroia, der Dekor von H. Nikolaos Orphanos in Thessalonike u.a.m.

Ein neues Kunstzentrum entsteht im ausgehenden 13. Jh. in Mistra auf der Peloponnes. Hier nahm der byz. Statthalter, später ein Despot, des byz. →Morea seine Residenz, nachdem die Burg von Mistra an den byz. Ks. hatte abgetreten werden müssen. Hier beginnt die Wandmalerei in der Metropolis am Ende des 13. Jh. in einem verhältnismäßig konservativen Stil. Während im ständig schrumpfenden Reichsgebiet und in Kpl. selbst Zeugnisse der monumentalen Malerei aus dem fortgeschrittenen 14. Jh. fehlen, kennen wir aus Mistra Wandmalereien bis in das erste Drittel des 15. Jh. hinein. Zunächst sich der erwähnten Koiné anschließend, wächst die Malerei in Mistra in der Peribleptos-Kirche (um 1360) zu einem farbkräftigen und in den Bewegungen zurückhaltenden Stil. In der Kirche des Pantanassa-Kl. (15. Jh.) wird dieser Stil durch landschaftl. Motive und eine ungewohnte ikonograph. Freiheit der Gestaltung zu einem Höhepunkt geführt, der freilich infolge der osman. Eroberung keine Nachwirkungen haben sollte.

Die spätbyz. Ikonenmalerei ist noch wenig untersucht. In der Plastik läßt sich eine für den byz. Raum ganz ungewöhnl. flache Zweischichtigkeit des Reliefs feststellen. - Zur spätbyz. Buchmalerei vgl. →Buchmalerei, Abschnitt B. VI.

VI. Die Anfänge der nachbyzantinischen Kunst: Erst infolge der osman. Eroberung wird die Kunst im byz. Raum zu einer rein kirchl. Angelegenheit. Da zudem der Patriarch v. Konstantinopel als Ethnarch der gesamten orthodoxen Untertanen des Sultans eingesetzt wurde, konnte die Kunst nach dem Untergang des Reiches, dem die Unterwerfung der südslav. Völker schon vorangegangen war, noch einmal für längere Zeit bestimmend werden. Als die großen Zentren dieser nachbyz. Kunst bildeten sich neben Konstantinopel v. a. die Athos-Kl., die dem bes. Schutz des Sultans unterstanden, und die →Meteora-Kl. in →Thessalien, die von den Herrschern der Donau-Fsm.er gefördert wurden, heraus. Ein weiteres Zentrum wurde seit der 2. Hälfte des 15. Jh. das unter ven. Herrschaft stehende →Kreta.

B. Einflußbereiche der byzantinischen Kunst
I. Allgemein – II. Die süd- und ostslavischen Staaten – III. Rumänien – IV. Italien – V. Mittel- und Westeuropa – VI. Der christliche Orient.

I. Allgemein: Die Ausstrahlung der b. K. erklärt sich in erster Linie aus der beherrschenden Stellung, die das Byz. Reich und seine Hauptstadt polit., kirchl. und kulturell während des Früh- und Hoch-MA, v. a. in Ost- und Südosteuropa, einnahmen (vgl. →Byz. Reich, dort insbesondere die Abschnitte über den polit. und kulturellen Einfluß von Byzanz). Die Kaiserstadt am Goldenen Horn erfreute sich nicht nur als der Sitz der Nachfolger des Augustus und Konstantin d. Gr. höchsten Ansehens, sondern zog auch wegen ihres ungeheuren Reliquienschatzes Neid und Begehrlichkeit der gesamten Christenheit auf sich. Ein gern genutztes Mittel, auswärtige Fs.en, soweit sie Christen waren, für das Reich zu gewinnen, bestand darin, aus diesem Reliquienschatz mehr oder weniger große Geschenke zu machen, wobei →Staurotheken bes. beliebte Geschenke waren. Ein weiterer Grund für die Ausstrahlungskraft der b. K. auf die neu zum Christentum gewonnenen Völker bestand in der Pracht der byz. Gottesdienste, die einem russ. Chronisten zufolge den Eindruck vermittelten, im Himmel zu sein. Zudem brachten die byz. Missionare außer Baumeistern für die Kirchen auch die notwendigen liturg. Geräte, Ikonen usw. mit, die dann für die Neubekehrten als Vorbilder dienten. Außerdem sind des öfteren byz. Künstler in andere orth. Länder und sogar in das maur. Spanien und nach Deutschland ausgewandert (Mosaizisten für die große →Moschee in →Córdoba, Architekten und Bauhandwerker für die unter Bf. →Meinwerk 1017 errichtete Bartholomäus-Kapelle in →Paderborn, s. a. →Otton. Kunst).

II. Die süd- und ostslavischen Staaten: Mit der Christianisierung *Bulgariens,* dessen Zugehörigkeit zur Obödienz des Patriarchen von Kpl. gegen Rom erzwungen wurde, rückte das erste südslav. Volk in den Bannkreis der b. Kunst. Wenn auch die Architektur des 1. Bulg. Reiches einige nicht aus byz. Traditionen zu erklärende Besonderheiten zeigt, so wird sie doch bald sich den Raumformen der Mutterkirche anpassen. Die wenigen Reste monumentaler Malerei, die aus der Zeit vor 1018 erhalten sind, fügen sich ohne Schwierigkeiten in diese Entwicklung ein. Umstritten ist noch, ob die Vorliebe der Bulgaren für keram. Ikonen und keram. Raumschmuck autochthon ist oder ob sie aus Byzanz hergeleitet werden kann. Zwar sind die byz. Beispiele für diese Technik etwas jünger als die ältesten bulg. Exemplare, zeigen aber einen so hohen künstler. Standard, daß man eine uns nicht mehr greifbare ältere Tradition voraussetzen muß.

Die Kunst des 2. Bulg. Reiches ist in ihrer Ikonographie und in den künstler. herausragenden Werken völlig byzantinisch. Was stilistisch von den byz. Möglichkeiten abweicht, ist entweder provinziell (Zemen, 14. Jh.?) oder versucht, den byz. Stil zu eigenen, neuen Formen fortzuentwickeln (z. B. Sv. Todor bei Boboševo, um 1300). Mit der osman. Eroberung (1396) reißt die Entwicklung keineswegs ab, gerät aber zunächst noch stärker unter den Einfluß des spätpaläolog. Stiles (z. B. die Petrus- und Paulus-Kirche in Tărnovo, 15. Jh.).

Die Frühentwicklung der *serb.* Kunst vor der Gründung des Nemanjiden-Reiches (1180) ist so fragmentar. belegt, daß wir kein klares Bild von ihr gewinnen können. Mit dem Regierungsantritt →Stefan Nemanjas beginnt eine künstler. Entwicklung, die eindeutig unter byz. Vorzeichen steht. Die b. K. hat ein solches Übergewicht, daß sogar kath. Kirchen in Serbien von byz. Künstlern ausgemalt werden können, so z. B. Sv. Luka in →Kotor (1195), wo ein byz. Maler ein Fresco mit einem kath. Bf. zw. den hll. Katharina und Barbara in rein byz. Ikonographie geschaffen hat. Die Rolle Serbiens für die Fortentwicklung der byz. Wandmalerei wurde bereits hervorgehoben (vgl. o. Sp. 888). Ebenfalls wurde erwähnt, daß Kg. Milutin die gr. Maler Michael und Eutychios als seine Hofmaler beschäftigte. Folgt man den gut begründeten Ansichten von V. Durić, so ist auch die weitere Wandmalerei in Serbien fast ausschließl. von Byzantinern geschaffen worden. Manche der Wandmalereien im Serb. Reich können Lücken schließen, die der Verlust der meisten byz. Denkmäler gerissen hat. Als eines der hervorragendsten Beispiele seien die ungemein kraftvollen Fresken in der kleinen Kirche Sv. Andrija an der Treska (Ende 14. Jh.) genannt. Freilich gilt diese enge Beziehung der serb. Kunst zu Byzanz in erster Linie für die Wandmalerei, die Ikonen und in gewissem Grade auch für die Buchmalerei, während die →Baukunst und v. a. die →Bauplastik starke westl. Einflüsse aufweisen.

Bulgaren wie Serben haben gleichermaßen den byz. Kaiserornat für ihre Kg.e bzw. Zaren übernommen, wie ja auch beide Völker, richtiger ihre Herrscher, Anspruch auf die byz. Kaiserkrone erhoben haben.

Wenn auch die Anfänge des Christentums in *Rußland* keineswegs unumstritten sind, so ist doch chronikal. überliefert, daß →Vladimir d. Hl. aus →Cherson(es) auf der Krim nicht nur Priester und Ikonen, sondern auch Ikonenmaler mitgenommen hat. Sein Sohn →Jaroslav d. Weise wollte Kiev in seiner Baustruktur Kpl. ähnlich gestalten. Er berief dazu Baumeister und Mosaizisten, wahrscheinl. auch Freskenmaler aus Kpl. Die Sophienkirche in Kiev zeigt in der Kuppel und im Apsisraum noch große Teile der ursprgl. Mosaikausstattung, an der byz. Künstler verschiedenster Schulen beteiligt waren (nach 1037), während die Fresken, soweit freigelegt, denen in Ochrid verwandt sind. Auch die Mosaiken des goldkuppeligen Michaels-Kl. (1108, ebd.) sind Arbeiten byz. Meister; sie schließen eine Lücke in der Gesch. der byz. Mosaikkunst. Recht umstritten ist, was von den frühen russ. Ikonen aus Kiev stammen könnte. Vieles von dem, was der Frühzeit der russ. Ikonenmalerei angehört, zeigt ausgesprochen starke byz. Einflüsse.

Auch in →Novgorod ist zumindest die Wandmalerei stark byz. beeinflußt, vgl. die traurigen Reste in der

Sophienkirche. Besonders stark sind dann die Einflüsse in der Wandmalerei im 12. Jh., vgl. z. B. die Fresken von Staraja Ladoga oder die der Kirche auf dem Volotovo-Feld in Novgorod. Auch die ältesten Novgoroder Ikonen sind entweder von byz. Künstlern gemalt oder Arbeiten von Schülern byz. Ikonenmaler, die eine vollendete Ausbildung im spätkomnen. Stil genossen hatten.

Im späten 14. Jh. kommt Theophanes d. Grieche (→Feofan Grek) nach Novgorod, wo er die Verklärungskirche ausmalt (1378). Von Novgorod aus ging er nach →Moskau, wo einige Ikonen v. J. 1405 in der Verkündigungskathedrale im Kreml von seiner Hand erhalten sind. Im Raum des Gfsm.s Moskau ist übrigens die Tätigkeit Feofan Greks nicht das erste Wirken byz. Meister, vielmehr hat Ende des 12. Jh. ein hervorragender, leider anonymer byz. Freskenmaler eine Darstellung des Jüngsten Gerichtes in der Demetrios-Kathedrale von →Vladimir geschaffen. – Zu meist über die Rus' vermittelten Einflüssen der b. K. in Skandinavien s. →Byz. Reich (Abschnitt G).

III. RUMÄNIEN: Die rumän. Kunst beginnt mit der Nikolaus-Kirche in Curtea de →Argeş (um 1340), die um 1352 im byz. Stil ausgemalt wurde. Die gesamte Entwicklung in den Donaufürstentümern bleibt bis ins ausgehende 18. Jh. von der byz. Tradition bestimmt.

IV. ITALIEN: Wenn man von der frühbyz. Zeit absieht, gibt es in Italien zwei Hauptzentren der b. K. bzw. des byz. Einflusses: Sizilien und Venedig. Während →Sizilien und das östl. Unteritalien bis zur arab. bzw. norm. Eroberung Bestandteile des Byz. Reiches gewesen waren und die b. K. dort zuhause war, gehörte →Venedig zwar de iure ebenfalls zum Byz. Reich, war aber kulturell und künstler. stärker mit dem Westen verbunden. Unter stärkstem byz. Einfluß bzw. z. T. von byz. Künstlern gearbeitet sind v. a. die Höhlenkirchen in *Apulien*. Auf *Sizilien* sind aus der vorsarazen. Zeit keine nennenswerten Denkmäler erhalten. Dennoch wird gerade diese Insel zu einem Schatzkasten byz. Mosaikkunst. Kg. Roger II. und sein Enkel Wilhelm II. hatten sich mit militär. Gewalt sowohl Mosaizisten als auch Seidenweber aus Thessalonike in ihr Reich geholt, um ihre Dome ausschmücken zu lassen: Cefalù, die Cappella Palatina und die Martorana (S. Maria dell' Ammiraglio) in →Palermo unter Roger II. und der Dom von →Monreale unter Wilhelm II. Neben diesen kirchl. Werken gibt es noch im Palast zu Palermo Prunkgemächer Rogers II., die offenbar islam. Einflüsse zeigen. Da ihre Mosaiken aber die einzigen sind, deren Motive rein profanen Charakter tragen, kann nicht ausgeschlossen werden, daß sie trotz der vermuteten sarazen. Einflüsse byz. Mosaiken widerspiegeln. Die norm. Kirchen auf Sizilien sind in ihrer Architektur entweder von westl. Traditionen oder Mischungen von byz. und westl. Elementen bestimmt. Ikonographisch sind in den Mosaiken viele westl., wohl in erster Linie von Rom beeinflußte Züge festzustellen, stilist. aber sind sie rein byzantinisch, auch wenn mit Sicherheit konstatiert werden kann, daß eine nicht geringe Zahl siz. Schüler der byz. Meister mitgearbeitet haben. Die unverkennbare Vorliebe der siz. Kg.e für die b. K. dürfte sich aus den polit. Ansprüchen der Normannen erklären, die seit →Robert Guiscard nach dem byz. Thron strebten. Sowohl Roger II. als auch Wilhelm II. haben sich denn auch in Mosaiken in ihren Kirchen im byz. Kaiserornat nach dem Vorbild von byz. Kompositionen, die die Krönung des Ks.s durch Christus zeigen, darstellen lassen.

In *Venedig* war das Byzantinisieren stets nur eine Sache der führenden Klassen (vgl. A. PERTUSI, Venezia e Bisanzio: 1000–1204, DOP 33, 1979, 1–22). Die ältesten Beispiele byzantinisierender Mosaiken in Venetien finden sich in der Kathedrale von →Torcello. In dieser Basilika ist das älteste Mosaik in einem Bogen des Diakonikons eine jüngere Kopie des Mosaiks im Presbyterium von S. Vitale in →Ravenna (7. Jh.). Es folgen die stärker röm. bestimmten Mosaiken der rechten Nebenapsis. Die Hauptapsis und die Westwand zeigen Mosaiken des 12. Jh., an der Westwand das berühmte Weltgericht und darüber die Anastasis. In sehr stark restaurierter Form erhalten, sind diese Mosaiken wahrscheinl. Werke von byz. Meistern. In Venedig selbst beschränkt sich das Byzantinische bzw. Byzantinisierende auf S. Marco. Schon in seiner architekton. Gestalt, die wahrscheinl. die Apostelkirche in Kpl. kopiert, ist S. Marco ein Fremdkörper in der Architektur der Stadt. Als Kirche des Dogen soll der Bau nicht nur die in den rivalisierenden it. Städten etwa gleichzeitig entstehenden Dombauten übertrumpfen, sondern auch das gewachsene Selbstbewußtsein der Republik von S. Marco zum Ausdruck bringen, die gerade zum wichtigsten Bundesgenossen des byz. Ks.s Alexios I. Komnenos in seinem Kampf gegen die norm. Ansprüche und Angriffe geworden war und dafür große Handelsprivilegien im Byz. Reich errungen hatte. Die musiv. Arbeiten beginnen am Ende des 11. Jh. in der Hauptapsis und am Hauptportal. Offensichtlich vom komnen. Stil angeregt, haben wir aber wahrscheinl. ven. Arbeiten vor uns. Es kann hier nicht die gesamte Entwicklung der Ausmosaizierung von S. Marco behandelt werden, die sich über Jahrhunderte hinzieht. Durch das ganze 12. Jh. hindurch entstehen Mosaiken im Inneren der Kirche. Seit Beginn des 13. Jh. werden auch die Kuppeln der Vorhalle und die sie tragenden Wände in den Mosaikschmuck miteinbezogen. Von diesen Mosaiken der Vorhalle ist bes. die Kuppel der Schöpfung ganz eig ikonograph. verwandt mit der Cotton-Genesis (→Buchmalerei), einer frühbyz. Handschrift. Im Laufe des 13. Jh. und dann v. a. im 14. Jh. entfernt sich die Mosaikkunst in S. Marco immer mehr von den byz. Vorbildern, um im Baptisterium (1342–54) und der gleichzeitigen Kapelle des hl. Isidor unter got. Einfluß zu geraten (s. a. →Mosaik).

Venedig, in erster Linie S. Marco, aber auch vereinzelte andere Kirchen, wurden außerdem durch die Beute des 4. Kreuzzuges zu Museen mittelbyz. Plastik. In und an S. Marco sind mehr byz. Steinreliefs als sonst irgendwo im eigentl. byz. Raum. Der Schatz von S. Marco enthält eine große Zahl schönster byz. Emailarbeiten, Glasgefäße u.a.m. Auf der Galleria zum Markusplatz hin fanden die vier Pferde Aufstellung, die aus Kpl. mitgebracht worden waren, ebenso, zum Canal Grande blickend, ein Porphyr-Bildnis Justinians I. und an der SW-Ecke der beiden Porphyr-Gruppen der Ks. der ersten Tetrarchie (vor 305). So wurde S. Marco zu einem Siegesdenkmal der Republik ausgestaltet, deren Oberhaupt sich fortan als Herr von drei Achteln des röm. Reiches bezeichnen konnte.

Erwähnt werden soll noch, daß sich unweit von Rom ein gr. Kl. mit Mosaiken erhalten hat: Grottaferrata (Ende 12. Jh.).

Die *benediktinische Malerei*, vom Kl. Montecassino ausgehend, wurde von Byzanz her beeinflußt, da die Äbte des Kl. nachweisl. des öfteren Aufträge nach Kpl. gegeben hatten. Außerdem bildete das Innere der Kirche Sant'Angelo in Formis (1056–86) ein bes. stark von komnen. Traditionen beeinfl. Werk der it. Wandmalerei, bei dem manche Gestalten wie von Byzantinern gemalt wirken.

Besonders wichtig wird der Einfluß der byz. Tafelmalerei in der *Toskana* im 13. Jh. (sog. maniera greca, als bedeutendster Vertreter ist →Duccio zu nennen).

V. MITTEL- UND WESTEUROPA: Durch den Import byz. Reliquiare, Stoffe und anderer Werke der byz. Kleinkunst nahm die b. K. auch Einfluß auf die Kunst in *Frankreich* und *Deutschland* (byz. wirkende Einflüsse in Skandinavien dürften eher über Novgorod vermittelt worden sein). Eine große Rolle spielten auch die Kreuzzüge, durch die Fs.en und Ritter des Abendlandes in direkte Berührung mit Byzanz und seiner Kunst kamen. Für Deutschland ist außerdem schon mehr als ein Jahrhundert vor dem 1. Kreuzzug die Heirat Ks. Ottos II. mit der byz. Prinzessin Theophanu (972) von Bedeutung gewesen. Die →otton. Kunst wurde bes. unter ihrem Sohn Otto III. stärker byz. beeinflußt, v. a. die Reichenauer Malerschule (vgl. →Buchmalerei, →Reichenau). In der roman. Wandmalerei, bes. in Südtirol, Österreich und z. T. in Süddeutschland, sind, vielleicht über →Aquileia vermittelt, die byz. Einflüsse, v. a. des reifen komnen. Stils, so stark, daß manches wie von direkten Schülern der byz. Freskomaler geschaffen scheint (vgl. hierzu O. DEMUS, Roman. Wandmalerei).

In stauf. Zeit werden v. a. im niedersächs. Raum die byz. Einflüsse bes. in der Buchmalerei stark (→Romanik). Eine vermittelnde Rolle hat wahrscheinl. das sog. Wolfenbütteler Skizzenbuch gespielt. Auch in der Kleinkunst werden byz. Formen verwendet, vgl. z. B. das Kuppelreliquiar aus dem Welfenschatz, das wohl für Heinrich d. Löwen gearbeitet worden ist und die Form einer byz. Kuppelkirche nachahmt (Berlin, Preuß. Kulturbesitz, Staatl. Mus.). Eine neue Welle byz. Einflusses erreicht den kath. Westen nach dem Untergang des byz. Reiches. Jetzt werden nicht Formen oder Stilelemente, sondern ikonograph. Motive übernommen. Als ein kennzeichnendes Beispiel dafür kann das Mariahilf-Bild von Lucas Cranach in Innsbruck (St. Jakob, 1537) gelten.

In *Frankreich* sehen manche Forscher Einflüsse in der frühgot. Kathedralplastik, z. B. in Laon und am Nordtransept von Reims. Diese Beziehungen sind nicht einwandfrei nachzuweisen. Ikonographische Einflüsse finden sich gelegentl. in der frz. Buchmalerei, vgl. z. B. den Psalter der Kgn. Ingeborg (Chantilly, Mus. Condé; 13. Jh.). – Vgl. auch →Ottonische Kunst, →Romanik.

VI. DER CHRISTLICHE ORIENT: Was die christl. Kunst des ma. *Syrien* und die *koptische Kunst* anlangt, so beschränken sich die byz. Einflüsse auf die →Buchmalerei. Im christl. *Nubien* sind v. a. im 7. Jh. deutl. Übernahmen aus der b. K. in den Erzengeln von Faras zu bemerken.

Anders liegen die Dinge in *Armenien* und *Georgien*. Die Wandmalereien von Aghthamar z. B. (10. Jh.) sind ohne byz. Vorbilder nicht erklärbar. Zur Buchmalerei s. o. Sp. 881f. In Georgien sind mehrfach byz. Maler tätig gewesen, so z. B. in der Sioni-Kirche in Ateni der Hauptmeister, dem die Fresken in der Apsis und einige der qualitätvolleren Fresken im Naos, z. B. Jakobs Traum, zuzuschreiben sind (2. Hälfte 11. Jh.). Bedeutender und auch durch Nameninschrift gesichert sind die Fresken des Malers Kir Manuel Eugenikos in Calendžiha (um 1390). Zum Einfluß auf die georg. Buchmalerei s. o. Sp. 883f. In der Reliefplastik sind byzantinisierende Züge sehr deutlich, vgl. z. B. die Fragmente einer Altarschranke in Sapara (1. Viertel 11. Jh.). Ebenso sind georg. Ikonen z. T. ganz stark byzantinisierend, vgl. z. B. eine Ikone des Erzengels Michael aus Che (11. Jh.), eine Ikone der Kreuzigung Christi aus dem 12./13. Jh. in Zchumari und ein Triptychon des 14. Jh. aus Ubisi (Tiflis, Staatl. Mus.). Bei der Emailkunst sind drei Platten eines Dodekaorteon aus dem Kl. Gelati (12./13. Jh.; Tiflis, Staatl. Mus.) Zeugnisse einer intensiven Nachahmung von mittelbyz. Vorbildern, von denen sie sich v. a. durch die eigenwillige Hintergrundsarchitektur und das Fehlen von Beischriften unterscheiden (die restl. Platten gehörten früher zur Slg. Botkin, St. Petersburg, und sind verschollen). Vieles von dem, was als georg. Emails von der georg. Forschung beansprucht wird, scheint eher byz. Ursprungs zu sein mit nachträgl. zugefügten georg. Beischriften. K. Wessel

Lit. *[zu A]*: RByzK – CH. DIEL, Manuel d'art byzantin, 2 Bde, 1925/26 – PH. SCHWEINFURTH, Die byz. Form, 1954² – J. BECKWITH, The Art of Constantinople, 1961 – CH. DELVOYE, L'art byzantin, 1967 – A. GRABAR, Byzanz. Die b. K. des MA (vom 8. bis zum 15. Jh.), 1964 – W. F. VOLBACH – J. LAFONTAINE-DOSOGNE, Byzanz und der christl. Osten (PKG III, 1968) – CH. SCHUG-WILLE, Byzanz und seine Welt, 1969 – J. BECKWITH, Early Christian and Byzantine Art (The Pelican History of Art, 1970) – ST. RUNCIMAN, Kunst und Kultur in Byzanz, 1978 – K. WESSEL, Byzanz (Heyne Stilkunde, Bd. 18, 1979) – *[zu B]*: E. KITZINGER, Röm. Malerei vom Beginn des 7. bis zur Mitte des 8. Jh. [Diss. München 1934] – O. DEMUS, Die Mosaiken von S. Marco in Venedig 1100–1300, 1935 – S. BOTTARI, Chiese basiliane della Sicilia e della Calabria, 1939 – A. MEDEA, Gli affreschi delle cripte eremitiche pugliesi, 2 Bde, 1939 – ECatt II, 1949, 1225ff. [L. COLETTI, Arte benedettina] – O. DEMUS, The Mosaics of Norman Sicily, 1949 – J. EBERSOLT, Orient et Occident. Recherches sur les influences byz. et orientales en France avant et pendant les croisades, 1954² – O. MORISANI, Bisanzio e la pittura Cassinese, 1955 – R. DÖLLING, Byz. Elemente in der Kunst des 16. Jh., Aus der byzantinist. Arbeit der Deutschen Demokrat. Republik II, 1957, 148–186 – V. N. LAZAREV, Freski Staroj Ladogi, 1960 [russ., mit frz. Resumé] – J. WETTSTEIN, Sant'Angelo in Formis et la peinture médiévale en Campanie, 1960 – O. DEMUS, The Church of San Marco in Venice, 1960 – G. CAMES, Byzance et la peinture romane en Germanie, 1966 – F.-W. DEICHMANN, Byzanz und sein Einfluß auf Dtl. und Italien (Byzantine Art and European Art, 1966) – R. OERTEL, Die Frühzeit der it. Malerei, 1966² – J. H. STUBBLEBINE, Byzantine Influence in Thirteenth-Century-Italian Painting, DOP 20, 1966, 85ff. – K. WEITZMANN, Various Aspects of Byzantine Influence on the Latin Countries from the Sixth to the Twelfth Century, DOP 20, 1966, 1ff. – V. N. LAZAREV, Theophanes der Grieche, 1968 – O. DEMUS, Byzantine Art and the West (The Wrightsman Lectures 3, 1970) – C. NICOLESCU, Moștenirea artei bizantine în Româia, 1971 – DIES., Die alte Kunst Rumäniens und ihre Beziehungen zu Byzanz (Kunst und Gesch. in Südosteuropa, hg. K. WESSEL, 1973), 61ff. – SV. RADOJCIĆ, Werdendes Europa im frühen und hohen MA (ebd.), 35ff. – K. WESSEL, Die b. K., ihr Lebensraum und Ausstrahlungsbereich (ebd.), 11ff. – V. J. DURIĆ, Byz. Fresken in Jugoslawien, 1976 – E. KITZINGER, The Art of Byzantium and the Medieval West, 1976 – H. BELTING, Le peintre Manuel Eugenikos de Constantinople, en Georgie, CahArch 28, 1979, 103ff. – Les pays du Nord et Byzance [Kongreßakten Uppsala], red. R. ZEITLER, 1981.

Byzantinische Literatur (und ihre Rezeption bei den Slaven)

A. Byzantinische Literatur – B. Rezeption der byzantinischen Literatur bei den Slaven

A. Byzantinische Literatur

I. Allgemeine Grundzüge, methodologische Überlegungen – II. Übergangsperiode und frühbyzantinische Zeit (4.–6. Jh.) – III. Mittelbyzantinische Zeit (7. bis frühes 13. Jh.) – IV. Spätbyzantinische Zeit (13.–15. Jh.).

I. ALLGEMEINE GRUNDZÜGE, METHODOLOGISCHE ÜBERLEGUNGEN: Eine alte, zwar vereinfachende, aber doch brauchbare Formel besagt, daß Byzanz als polit. und kulturelle Größe auf der Tradition des hellen. Geisteslebens und des röm. Staates, verbunden mit der christl. Weltanschauung, aufgebaut war. Für die b. L. bedeutet dies zunächst die feste Verwurzelung in der antik-heidn. Literatur. Sie erstreckt sich vom Formalen mit weitgehender Nachahmung (Mimesis) der klass., bes. att. Vorbilder (Attizismus) auf das Inhaltliche der meisten lit. Genera (Rhetorik samt Briefliteratur, Roman, Dichtung, Geschichtsschreibung, Fachwissenschaften). Das Imperium Romanum hinterließ den Byzantinern eine röm. geprägte Rechtsliteratur, die auf dem Fundament der Kodifikation Ks. Justinians I. beruhte; daneben läßt sich der röm.

Einfluß in den gar nicht seltenen Latinismen des byz. Griechisch (Sprache der Verwaltung und des Militärs) beobachten.

Der Sieg des Christentums im 4. Jh. spiegelt sich in der b. L. in der Phase der Auseinandersetzung mit dem Heidentum (4.–5. Jh.), wobei sich jener Antagonismus von Philosophie und Theologie ausbildete, der durch das byz. Jahrtausend andauern sollte. Seit dem 6. Jh. konzentrierte sich die Polemik innerhalb der theol. Literatur auf interne Probleme der Orthodoxie bzw. auf die Bekämpfung von Häresien sowie des Islam und der Lateiner (kath. Kirche des Westens). Die sonstige theol. Literatur verteilt sich auf Dogmatik, Exegese, Homiletik, Hagiographie, Kirchengeschichte und Kirchenrecht. Einen relativ breiten Raum nimmt die vom Mönchtum getragene asket.-myst. Literatur ein.

Die Trennung der profanen und theol. Lit. der Byzantiner, die auch dem Aufbau unserer Handbücher zugrundeliegt, relativiert sich angesichts der Tatsache, daß die theol. Fragen im Leben der Gesellschaft und des Einzelnen im MA eine weitaus größere Rolle spielten als in der Neuzeit, und viele Byzantiner auf beiden Gebieten zugleich lit. tätig waren. Die zahlreichen Beschreibungen (→Ekphraseis) von Kirchen und kirchl. Objekten sowie eine unübersehbare Zahl von Epigrammen auf religiöse Gegenstände stammen von byz. Laien, die sich ansonsten ganz anderen Aufgaben widmeten. Anderseits ist das Oeuvre der griech. Kirchenväter, beginnend mit den großen Kappadokiern des 4. Jh., ohne die heidn. Grundausbildung und die formal-rhetor. Schulung antiker Tradition überhaupt nicht zu verstehen. Führende Persönlichkeiten der b. L. - →Photios und →Arethas zur Zeit der Makedon. Renaissance, →Psellos und →Mauropus im 11. Jh., →Eustathios, →Prodromos und →Niketas Choniates im 12. Jh., →Metochites und die Ks. Johannes VI. und Manuel II. in der Palaiologenzeit – hinterließen viele, teils umfangreiche Werke, die einerseits der profanen, anderseits der theol. Lit. zuzurechnen sind.

Eine andere Trennungslinie, nämlich die nach dem Sprachniveau, wird durch die b. L. gezogen, wenn man, wie üblich, von hochsprachl. und volkssprachl. Literatur spricht. Daß die erhaltenen volkssprachl. Texte zahlenmäßig weit unterlegen sind, kommt von der strengen, jahrhundertelang den Schulbetrieb beherrschenden Verachtung alles Volkssprachlichen, ja schon der Umgangssprache. So hielten fast alle Autoren, ebenso die Briefschreiber, die nichthochsprachl. Texte einer Aufbewahrung nicht für wert. Mehr als einmal entschuldigen sich byz. Literaten wegen des umgangssprachl. Kolorits dieses oder jenes Werkes. Die Byzantinistik ist gerade erst in unseren Tagen darangegangen, das Phänomen der byz. Umgangssprache in den Griff zu bekommen. Die in der Volkssprache geschriebenen erhaltenen byz. Texte datieren erst ab ca. 1100. Sie verteilen sich v. a. auf eine volkssprachl. Version des →Digenes Akrites-Epos, epische Lieder (Armuris), mehrere →Chroniken, die sog. byz. Ritterromane (→Roman), →Satiren wie die →Ptochoprodromika, →Spaneas, →Spanos, →Sachlikes, →Pulologos, →Porikologos, →Fabeln, →Sentenzensammlungen u. a.

Aufgrund der vorstehenden Überlegungen soll in diesem räumlich eng begrenzten Artikel auf die Trennung zw. theol. und profaner Literatur ebenso verzichtet werden wie auf die zw. hochsprachl. und volkssprachl. Werken. Im ganzen wurde der chronolog. Darst. gegenüber anderen Einteilungsmöglichkeiten der Vorzug gegeben.

II. ÜBERGANGSPERIODE UND FRÜHBYZANTINISCHE ZEIT (4.–6. JH.): [1] Das 4.–5. Jh.: Die geistig-kulturelle Atmosphäre des 4.–5. Jh. ist die eines Transitoriums, des Übergangs vom heidn.-antiken zum christl.-ma. Staat und seiner Gesellschaft. Die profanen Geschichtsschreiber dieser Periode, →Eunapios, →Olympiodoros, →Priskos und →Malchos, sind uns nur durch die »Excerpta de legationibus« Konstantinos' VII. bzw. durch die »Bibliotheke« des →Photios in Fragmenten bekannt. Der schon an der Wende zum 6. Jh. lebende →Zosimos, der im Kontrapost zu Polybios ein Bild vom Untergang des Röm. Reiches zeichnen wollte, hat uns ein (fast) vollständiges Werk hinterlassen. Als Ursachen für die bevorstehende Katastrophe gelten ihm die Ausbreitung des Christentums, die Unterdrückung der heidn. Kulte, die Charaktere und Handlungen der christl. Ks., insbes. Konstantins und Theodosios' I.

In der Dichtung herrscht ebenfalls die heidn. Komponente vor: →Nonnos von Alexandreia versuchte in seinem Riesenepos »Dionysiaka« Ilias und Odyssee zusammenzufassen und zu übertrumpfen. Das barock präsentierte Thema (Zug des Gottes Dionysos nach Indien) und die metr. Umgestaltung des homer. Hexameters erweisen die Eigenwilligkeit des Autors, dem eine »Schule« von Epikern folgte, die durchweg die heidn.-antiken Themen in Hexametern behandelte: Tryphiodoros (Einnahme Trojas), Kolluthos (Raub der Helena), →Musaios (Hero und Leandros; →Epos). →Quintus v. Smyrna beschrieb in 14 Büchern die von Homer nicht mehr erzählten Ereignisse bis zum Schiffbruch der aus Troja heimkehrenden Griechen. Characterist. für diese Übergangszeit ist ferner →Nemesios v. Emesa, der seine christl. Anthropologie (Περὶ φύσεως ἀνθρώπου) auf Plotin, Aristoteles und Platon aufbaute. →Synesios v. Kyrene, Bf. der Pentapolis, der einige Dogmen der christl. Kirche nicht akzeptierte, war Schüler und Freund der heidn. Philosophin und Mathematikerin →Hypatia, die dem Fanatismus afrikan. Mönche zum Opfer fiel (415). Er schrieb seine christl. Hymnen in den damals schon aussterbenden metr. Formen der antiken Lyrik. Synesios, der in seinem Dialog »Dion« ein Bekenntnis zum umfassenden Bildungsideal der hellen. Antike ablegte, erscheint uns heute als trag. Gestalt. – Sein Zeitgenosse Pallados aus Alexandreia (→Anthologie A. II) erinnert mit seinen schlagkräftigen, oft derben Epigrammen an protestierende Versemacher unserer Tage. Seine Epigramme nahm man in dieselbe große Sammlung (»Anthologia Palatina«) auf, welche die 250 christl. Epigramme des →Gregor v. Nazianz enthält. Dieser Kirchenlehrer wurde mit mehreren großen autobiograph. Gedichten in verschiedenen Versformen, aber auch mit seinen Vierzeilern (»Gnomika tetrasticha«) zu einem von den Byzantinern späterer Jahrhunderte oft nachgeahmten Vorbild. – Aus dem 5. Jh. stammen die kuriosen »Homerokentra« der Ksn. →Eudokia und des Bf.s →Patrikios, ein Versuch, große Partien des NT in der Form eines Flickgedichts (→Cento) aus homer. Versen und Halbversen wiederzugeben. Die christl. Heilsgeschichte sollte in den kostbarsten Rahmen, das Metrum und die Sprache Homers, gefaßt werden und zugleich der Ersatz der olymp. Götterwelt durch Jesus Christus und seine Apostel dokumentieren.

Das 4. Jh. kann man als Blütezeit der Rhetorik ansehen. Ks. →Julian, der in seiner kurzen Regierungszeit (361–363) den Kulturkampf nicht mehr zugunsten des Heidentums entscheiden konnte, hinterließ ein reichhaltiges Oeuvre an Enkomien, Übungsreden, Satiren und Briefen, das sich zwar nicht an Umfang, jedoch an Bedeutung sehr wohl mit den Werken eines Libanios und Themistios messen kann. →Libanios gehört mit seinen 143 Progymnasmata (Musteraufsätzen für den Rhetorikunterricht) zu den wichtigen Theoretikern der Rhetorik, mit seinen über 1600 Briefen zu den fruchtbarsten Epistolographen; von den 25 Briefen seiner Korrespondenz mit →Basileios d. Gr. darf man einen Teil als echt ansehen. →Themistios hielt ein rundes Dutzend offizieller »Staatsreden« unter sechs Kaisern (zw. 350 und 386) und verfaßte daneben die verschiedensten Gelegenheits- und Übungsreden; Paraphrasen zu aristotel. Schriften sind zum Teil erhalten. – Im 4. Jh. lebte auch *Aphthonios*, dessen praxisbezogene Progymnasmata zusammen mit der »Techne« des Hermogenes (2./3. Jh.) etwa an der Wende des 5. Jh. in der Form eines Corpus kanonisiert wurden. In Verbindung mit den beiden unter dem Namen des Rhetors →*Menandros v. Laodikeia* (ca. 300) überlieferten Lehrschriften über die verschiedenen Formen prakt. Rhetorik bildete das Corpus des Hermogenes die feste Grundlage für die byz. Beredsamkeit aller folgenden Jahrhunderte, und zwar für die theol. Literatur ebenso wie für die profane.

Inhaltl. sind die Zeichen des weltanschaul. und polit. Umbruchs in den Schriften christl. Autoren deutlich zu beobachten. →*Eusebios v. Kaisareia* (Palästina) verfaßte nicht nur eine erste Kirchengeschichte, schuf eine krit. Ausgabe des AT sowie Konkordanzen zum NT und schrieb zwei breit angelegte, reich dokumentierte apologet. Schriften gegen Vorwürfe der Heiden bzw. der Juden gegenüber dem Christentum. Er war auch ein »homo politicus«, der in seinem Enkomion auf Ks. Konstantin und in der Rede zu dessen 30. Regierungsjubiläum bereits alle grundlegenden Thesen der byz. Kaiserideologie ausbreitet, deren sich noch Dutzende Generationen byz. Kaiser und ihrer höf. Rhetoren bedienen sollten. Mit den vier großen Kirchenlehrern des 4. Jh. gelang der neuen Weltanschauung, wenngleich nur mit Hilfe der antiken Bildung, der Durchbruch auf geistig-lit. Gebiet. →*Basil(e)ios (us) d. Gr.*, wie sein Bruder →Gregor v. Nyssa und Gregor v. Nazianz aus Kappadokien gebürtig, studierte in den Rhetorenschulen von Konstantinopel und Athen, wo er zu Libanios in Beziehung trat. Seine Schriften sind in dogmat. Hinsicht dem Kampf gegen den →Arianismus und gegen die →Pneumatomachen gewidmet, das große Corpus seiner Homilien trägt zum Teil exeget. (Kommentierung des Hexaëmeron), zum Teil asket.-moralischen Charakter. Er verfaßte auch Mönchsregeln für die von ihm gegründeten und organisierten Klöster. Unter dem Titel »An die Jugend über den Nutzen der heidnischen Literatur« empfiehlt er die Lektüre der alten hellen. Dichter und Philosophen, soweit sie nicht für Weltanschauung und Charakter Gefahren mit sich brächten. Das kleine Büchlein wurde bis in die Neuzeit, bes. zur Zeit der Renaissance, viel gelesen. Das sog. »Bildungsgedicht« des →*Amphilochios v. Ikonion* vertritt aggressiv die aus älterer Tradition stammende Forderung: »Der Wissenschaft von Gott (Theologie) hat die Magd (Philosophie) zu dienen«. – Nicht leicht zu überschätzen ist der Einfluß, den →*Gregor v. Nazianz*, im Hinblick auf seine fünf sog. theol. Reden auch als »der Theologe« bezeichnet, auf die byz. Lit. nehmen sollte. Auf Grund seiner christl. Herkunft und seines Bildungsganges zeitlebens um den Ausgleich zw. heidn.-antiken und christl. Anschauungen im ethischen Bereich bemüht (vgl. seine autobiograph. Dichtungen), hinterließ er in 45 Reden und 243 Briefen ein imponierendes Oeuvre, das die vollkommene Beherrschung der antiken Rhetorik mit dem starken Zeugnis einer christl. Individualität und eines ringenden Menschen verbindet. Platonismus und neuplaton. Denken sind bei Gregor wie bei allen Kappadokiern deutlich spürbar. Die Nachwirkung seines Werkes in Byzanz, nicht nur in Bezug auf antiquar.-

gelehrte Interessen (zahlreiche Scholien und Kommentare), können wir noch nicht in vollem Umfang ermessen. – →*Gregor v. Nyssa* hat viele Homilien exeget. und allegor. Charakters hinterlassen (u. a. 15 Homilien zum Hohenlied). Dogmat. kämpfte er Seite an Seite mit seinem Bruder Basileios gegen den Arianismus. Neben zahlreichen Gelegenheitsreden und 25 Briefen sei der Dialog »Über die Seele und die Auferstehung« genannt, der auf einem Gespräch mit seiner im Sterben liegenden Schwester Makrina beruht. Gregor verstand es, platon. Elemente der Seelenlehre zu verchristlichen und den Dualismus sowie die platon. Emanationslehre zu überwinden. →*Johannes Chrysostomos*, dessen Beiname »Goldmund« seine hohe Schätzung als Redner bezeugt, hat nicht nur das umfangreichste Oeuvre aller gr. Kirchenväter aufzuweisen, sondern übertrifft auch in der Überlieferung durch die Zahl der Hss. alle griech. Texte mit Ausnahme der Hl. Schrift. Sein Lebensweg, der ihn von Antiocheia, wo er lange als Prediger wirkte, auf den Patriarchenstuhl von Konstantinopel (398–403) führte, endete nach Auseinandersetzungen mit dem Kaiserhof, wo man seine sozial und asket. orientierten Reformen ablehnte, in der Verbannung. Die Zahl der Homilien zu Schriften des AT und NT geht in die Hunderte (allein 90 zu Matth, 88 zu Joh); daneben stehen zahlreiche Reden aus verschiedensten Anlässen und rund 240 Briefe. Dem berühmten Namen wurden auch Hunderte unechte Predigten zugewiesen; unsere Generation hat einen neuen Anlauf genommen, um das Riesenoeuvre neu zu sichten (Echtheitsfrage und Aufarbeitung des Handschriftenbestandes). – Riesensammlungen didakt.-theol. (Kurz)Briefe (insgesamt rund 3000) sind unter den Namen →*Isidoros v. Pelusion* und *Neilos* auf uns gekommen, weisen aber auch Überschneidungen mit Texten des Johannes Chrysostomos auf; es scheint sich um asket.-exeget. Gemeingut in der Form von Kurzunterweisungen zu handeln.

Die vom *Mönchtum* getragene Literatur setzt im 4. Jh. mit der Vita des Wüstenvaters Antonios aus der Feder des hl. →*Athanasios v. Alexandreia* ein; sie ist zugleich Anfang und Vorbild der späteren byz. Hagiographie. Schon die Heiligenviten der ersten Jahrhunderte enthalten reiches kultur- und sozialhist. wie realienkundl. Material. Hier sei nur auf zwei Beispiele, die Vita des hl. →*Porphyrios v. Gaza*, geschrieben von *Markos Diakonos,* und die fälschlich dem *Basileios v. Seleukeia* zugeschriebene Vita (und Miracula) der hl. →*Thekla* verwiesen. Das schnelle Aufblühen des Mönchtums in Ägypten und anschließend in den übrigen Provinzen des byz. Reiches spiegelt sich in den Sammlungen über das Leben der Mönche, die zumeist schon dem 5. Jh. entstammen (→*Palladios,* »Historia Lausiaca«; »Historia monachorum in Aegypto«). Die in zahlreichen Hss. und schwer überschaubaren Versionen überlieferten →»Apophthegmata Patrum« bieten ein anschauliches Bild der geistig-sittl. Haltung und Lebensführung der ägypt. Anachoreten (vielfach auf die sketische Wüste bezogen).

[2] *Das 6. Jh.:* Der Geschichte des 6. Jh. in Byzanz hat Ks. Justinianos I. das Signum seiner Politik und seiner Persönlichkeit aufgeprägt. Hier beginnt auch die lange Reihe byz. Geschichtsschreiber, deren Werke ohne nennenswerte Unterbrechung unsere wichtigsten Quellen für die Kenntnis der Geschichte von Byzanz bilden, zugleich aber für die lit. Fähigkeiten der jeweiligen Autoren Zeugnis ablegen. →*Prokopios v. Kaisareia* (Palästina) beschrieb in seiner »Kriegsgeschichte« die Kämpfe gegen die Sasaniden (B.1.2), den Vandalenkrieg (B.3.4) und die Gotenkriege (B.5–7, bis 550); B.8 bringt Ergänzungen bis 553

(Ende der Ostgoten). Prokop, der als Sekretär →Belisars einen Gutteil der beschriebenen Ereignisse aus Autopsie kannte und die Darstellung weitgehend zugunsten seines Vorgesetzten manipulierte, verstand es, durch Einschaltung vieler Exkurse und persönl. Beobachtungen den Eindruck eines allgemeinen Bildes der Regierung Justinians zu geben. In den »Anekdota« steigerte Prokop seine in der Kriegsgeschichte maßvolle Kritik an Justinian zu haßerfüllter Aggression gegen das Kaiserpaar, die auf sozialem Hintergrund (der Vertreter der aristokrat. Oberschicht gegen die Emporkömmlinge auf dem Kaiserthron) zu verstehen ist. In dem Auftragswerk »Über die Bauten« gibt er eine konventionell loyale Übersicht über die globale Bautätigkeit des Kaisers. – Während Prokop zwar an dem Kaiser, nie aber an dem polit. System Kritik übt, legte sein Zeitgenosse →Petros in einer fragmentar. erhaltenen Schrift das Modell einer konstitutionellen Monarchie vor, das an Dikaiarchos erinnert. – →Agathias aus Myrina (Westkleinasien) beschränkte seine Geschichtsdarstellung in Fortsetzung des Prokopios auf die Jahre 552–559 mit Berichten aus West und Ost; Exkurse über die pers. Religion und die Sasanidenkönige sowie über Erdbeben sind bemerkenswert. 100 Epigramme des Agathias wurden in die »Anthologia Palatina« aufgenommen (→Anthologie). – Menandros Protektor führte das Werk des Agathias für die Jahre 558–582 fort. Erhalten sind die in den »Excerpta de legationibus« überlieferten Gesandtschaftsberichte, v. a. auf Persien, ferner auf die Avaren, Türken und Slaven bezüglich. Die Regierungszeit des →Maurikios (582–602) wählte → Theophylaktos Simokattes zum Vorwurf seines Geschichtswerkes. Nach der Tyrannenherrschaft des →Phokas (602–610), der seinen Vorgänger und dessen Familie liquidiert hatte, war es wieder möglich, über Maurikios zu schreiben; das schärft je der Autor seinen Lesern in einem mit mytholog. Anspielungen gesättigten Dialog ein, den er die personifizierte Philosophie und Geschichte – an Stelle eines Prooimions – abführen läßt. Bei der Darstellung des Zweifrontenkrieges (Sasaniden im Osten, Avaren im Westen) konnte sich Theophylaktos Simokattes nicht auf Autopsie stützen. Trotzdem blieb er objektiv und überlieferte verschiedene sonst unbekannte Informationen (Skythenexkurs). Überreicher rhetor. Figurenschmuck tut seiner Wahrheitsliebe keinen Abbruch. Er schrieb auch Paradoxographisches (»Quaestiones physicae«: Zoologie und Alchemie) und 84 Briefe. – Dem Jahrhundert Justinians entstammt die älteste erhaltene byz. Chronik des Johannes →Malalas, typisch für zahlreiche Werke dieser Art in Byzanz. Als Weltchronik reicht sie von der Erschaffung der Welt bzw. Adams über die bibl. Geschichte, vermischt mit griech. Mythologie und Überlieferungen des Alten Orients, über die röm. Republik und Kaiserzeit bis zur byz. Epoche (in der Haupts. bis 563). Malalas scheint Antiochener gewesen zu sein, der aber lange in Konstantinopel lebte. Er erweist sich als loyaler Staatsbürger und Anhänger der absoluten Monarchie Justinians. Die Fülle der Informationen wird, wie in den Chroniken üblich, kritiklos aneinandergereiht; auch die Umgangssprache paßt zur Unterhaltungs- und Trivialliteratur.

In der Kirchengeschichte galt es im 6. Jh. bereits, ältere Werke zusammenfassend zu exzerpieren und fortzusetzen. So verfaßte → Theodoros Anagnostes in der sog. »Historia tripartita« eine Mélange aus den einschlägigen Werken des →Sokrates, →Sozomenos und →Theodoretos v. Kyrrhos (alle 5. Jh.). Der letztere, ein Schüler des Johannes Chrysostomos, hatte u. a. eine große Apologie des Christentums gegenüber dem Heidentum und eine Mönchsgeschichte geschrieben. Im frühen 6. Jh. erschien das unter dem Namen des →Dionysios Areopagites überlieferte Corpus (Über die göttlichen Namen, Über die himmlische Hierarchie, Über die kirchliche Hierarchie, Über die mystische Theologie, 10 Briefe), dessen Autor bis heute nicht mit Sicherheit eruiert werden konnte. Ähnlich wie einst die kappadok. Kirchenväter auf die Emanationslehre reagierte Pseudo-Dionysios Areopagites nun auf die Herausforderung durch das philosoph. System des späten Neuplatonismus (Proklos) nicht mit Polemik, sondern mit dem Versuch der Überwältigung des weltanschaul. Gegners durch Anpassung und Übersteigerung. Die Kommentierung des Corpus durch →Maximos Homologetes und Georgios →Pachymeres im Osten, sowie durch →Johannes Scotus Eriugena und →Thomas v. Aquin im Westen beweist die weitgespannte Nachwirkung dieser theol. Konzeption. Etwa gleichzeitig verlagerte sich der byz. Aristotelismus durch die Schließung der Philosophenschule von Athen (529) nach Alexandreia. Die byz. Aristoteles-Kommentatoren des 6./7. Jh. (Ammonios, Olympiodoros, →Johannes Philoponos, →Simplikios, Elias, David, →Stephanos u. a.), weltanschaul. keineswegs konform, bieten interessante Einblicke in den Philosophieunterricht ihrer Zeit und die zw. Heidentum und Christentum strittigen Probleme: Erschaffung der Welt aus dem Nichts sowie Zeitlichkeit der Welt und ihre Auflösung, Erschaffung der unsterbl., persönl. Seele und Auferstehung des Leibes. Philoponos polemisierte gegen die aristotel. Auffassung von der Ewigkeit der Welt, Simplikios opponierte seinem Kollegen. Beide bedienten sich immer wieder aristotel. Begriffe, wodurch das log. Instrumentarium des Aristotelismus endgültig in die christl. Theologie einging. Philoponos (7 Aristoteleskommentare sind erhalten) war ein ebenso eigenständiger wie vielseitiger Denker, den man als frühen Vorläufer der modernen Physik ansehen kann (Fallgesetz, Massebegriff). Die Christen →Aineias v. Gaza und →Zacharias Scholastikos versuchten in fingierten Dialogen (»Theophrastos« bzw. »Ammonios«), die Gegner durch ihre Argumente zu überzeugen. Gaza war damals Sitz einer berühmten Rhetorenschule, in der man es auch verstand, von weltanschaul. Fragen zu abstrahieren und dem formalen Ideal der antiken Rhetorik in verschiedenen Gattungen zu frönen. Hier sind →Prokopios v. Gaza, →Chorikios, →Johannes v. Gaza und Dionysios v. Antiocheia zu nennen; bemerkenswert die →Ekphraseis (Beschreibungen) einer Kunstuhr und eines großen Mosaikgemäldes in Gaza durch Prokopios.

Unter die Epistolographen dieser Zunft ist auch →Aristainetos mit seinen Klischee-Briefen zu zählen, der nach neuer Beobachtung in die Regierungszeit Ks. Justinians I. gehört. Während →Prokopios v. Kaisareia die Bauten des Ks.s katalogartig zusammenfaßte, bot Paulos Silentiarios (→Anthologie) eine ausführl. Beschreibung der von Justinian wieder aufgebauten H. Sophia und ihres Ambon (Kanzel) in Konstantinopel (563), insgesamt rund 1300 Verse (Hexameter und Trimeter) im Dienste der Propaganda justinian. Kulturpolitik. Der Ks. selbst bewies sein über das traditionelle »Soll« hinausgehendes Interesse an der Theologie durch mehrere Schriften (Gegen die Monophysiten, Gegen die Origenisten, Darlegung des orthodoxen Glaubens, Edikt über die »3 Kapitel« [nur in einer Replik erhalten]). →Boethius und →Leontios v. Byzanz orientierten sich am Denkmodell des chalkedon. Dogmas, um eine neue Philosophie des personalen Seins zu entwickeln. – Der bedeutendste Hagiograph des Jahrhunderts war wohl →Kyrillos v. Skythopolis, in dessen Sammlung von Mönchsviten ein eindrucksvolles Bild des palästinens. Mönchtums geboten wird. Um die Wende des 6. Jh. verfaßte →*Johannes Moschos*, zusammen mit →*Sophronios v. Jerusalem*, das »Pratum spirituale« ('Geistliche Wiese'), eine Sammlung erbaulicher Erzählungen mit interessanten Informationen über das Leben vieler ägypt. Mönche. Ein Zeitgenosse Justinians war →*Romanos Melodos*, der bedeutendste byz. Dichter, von Geburt Syrer oder Jude, der in Konstantinopel eine neue liturg. Dichtungsgattung, das →*Kontakion*, erfand, das man als metr. geformtes Gegenstück zur Prosapredigt verstehen kann. Zu den aus zwei bis drei Dutzend Strophen (mit Refrain) bestehenden Hymnen schrieb Romanos selbst die Musik. Blühende Rhetorik, lebendige Dramatik, Einschub von exeget. Exkursen und moral. Nutzanwendungen verbinden sich in den Kontakia zu einmaligen Mitteln der Pastoral.

Die große Kodifikation des röm. Rechts im Corpus Justinians (→*Corpus iuris civilis*) ist auch als sprachlich-lit. Leistung zu werten. Im Sinne der »röm.« Tendenzen des Ks.s schrieb →*Johannes Lydos* über das System der alten röm. Bürokratie (»De magistratibus populi Romani«); das lit. Niveau des altgedienten Beamten liegt freilich unter dem Durchschnitt.

In die fachwissenschaftl. Lit. führt →*Hierokles* mit seinem Vademecum (Synekdemos) für den byz. Verwaltungsdienst, das sämtl. Provinzen und Städte des Reichs verzeichnet. →*Kosmas Indikopleustes* verband in seiner »Christlichen Topographie« die wörtl. verstandenen Aussagen der Bibel mit dem antiken Weltbild (Erde als Scheibe und darüber der Himmel wie ein gewölbtes Zimmer) zu einem in sich geschlossenen Kosmos, einer Art Hohlwelttheorie.

Die Medizin ist im 6. Jh. durch die großen Kompilationen des →*Aetios v. Amida* (16 B.) und des →*Alexandros v. Tralleis* (12 B. Θεραπευτικά: Pathologie und Therapie der inneren Krankheiten) vertreten. Des letzteren Bruder →*Anthemios*, berühmter Mathematiker und Architekt, führte zusammen mit dem Ingenieur →*Isidoros v. Milet* den Wiederaufbau der →*Hagia Sophia* nach 532 durch; beide Männer publizierten fachwissenschaftlich. – Etwa um die Wende des 6. Jh. entstand das wichtigste erhaltene kriegswissenschaftl. Werk der Byzantiner, das dem Ks. →*Maurikios* zugeschriebene »Strategikon«. Der Autor ist mehr sachlich als sprachl.-stilist. interessiert und schreibt für den prakt. Alltag des Soldaten und des Offiziers. Bemerkenswert sind die von ihm empfohlenen taktischen »Anpassungsmaßnahmen« gegenüber den damaligen Feindvölkern der Byzantiner.

III. MITTELBYZANTINISCHE ZEIT (7. BIS FRÜHES 13. JH.): [1] *Die frühmittelbyzantinische Periode (7. u. 8. Jh.)*: Seit langem hat man sich daran gewöhnt, die frühmittelbyz. Jahrhunderte, jedenfalls das 7. und 8. Jh., als »dunkle Jahrhunderte« zu bezeichnen. Einmal ist die polit.-gesellschaftl. und kulturelle Zäsur mit dem Beginn der Herakleios-Dynastie (610) nicht zu bezweifeln; zum anderen ist die Zahl bedeutender Autoren und die gesamte Überlieferung dieser Zeit bescheiden zu nennen. Die Dichtungen des →*Georgios Pisides* dienten zwar weitgehend der Verherrlichung seines ksl. Herrn Herakleios (610–641), behalten aber ihren Wert als hist. Quelle und als Zeugnisse höf. Enkomiastik. Über 1000 Zwölfsilber schildern den 622 begonnenen Perserfeldzug (»Expeditio Persica«), etwa die Hälfte davon die Belagerung Konstantinopels durch Avaren und Perser 626 (»Bellum Avaricum«). Die »Herakleias« beschreibt den Sieg des byz. Ks.s über den Sasaniden→Chušrō (Chosroes II., 627/628), ein Dokument byz. Kreuzzugsmentalität und geschickter Kaiserpropaganda.

In dem didakt.-theol. Gedicht über das Hexaëmeron (ca. 1900 Zwölfsilber) erweist sich Georgios Pisides als Anhänger der Lehre von der Sympathie aller Naturerscheinungen. Der Aristoteleskommentator →*Stephanos*, den Herakleios aus Alexandreia nach Konstantinopel kommen ließ, widmete dem Ks. einen Kommentar zu den astronam. Tabellen der Theon; er war in der Hauptstadt als Professor der Philosophie tätig. →*Sophronios* wurde noch zur Regierungszeit des Herakleios Patriarch v. Jerusalem (633/634). Er schrieb, abgesehen von der Mitarbeit am »Pratum spirituale«, Homilien, Hagiographisches und Dogmatisches sowie 23 anakreont. Oden über religiöse Stoffe. Sein Zeitgenosse →*Leontios v. Neapolis* (Kypros) hinterließ neben mehreren Homilien die Viten des Patriarchen →*Johannes Eleemon* v. Alexandreia und des →*Symeon Salos* (Narren in Christo) v. Edessa. Beide Texte sind umgangssprachl. gehalten und zeichnen sich durch lebendiges Erfassen der Situationen des Alltagslebens aus. Die erste Vita wirft interessante Schlaglichter auf die Zustände in Alexandreia zur Zeit der (vorübergehenden) pers. Besetzung. Der wissenschaftl.-lit. Betrieb in der Metropole Alexandreia verebbte nach der arab. Eroberung (642) erst allmählich gegen Ende des Jahrhunderts.

In Ermangelung von Historikern sind wir für die frühmittelbyz. Jahrhunderte auf die →*Chroniken* angewiesen. Als wichtigster Text gilt die Chronographie des →*Theophanes Homologetes* (= *Confessor*), dessen Person als Autor freilich gelegentlich angezweifelt wurde. Die Chronik umfaßt die Jahre 285–813; sie ist unter Heranziehung zahlreicher Quellen und auf der Basis eines mehrfachen chronolog. Gerüstes abgefaßt. Der Bekenner Theophanes, der unter Ks. Leon V. mit dem Wiederaufleben des →*Ikonoklasmus* Gefängnis und Verbannung erdulden mußte, schrieb, abgesehen von verschiedenen Irrtümern und unkrit. Mitteilungen, auf relativ gutem Niveau u. z. in gehobener Umgangssprache. →*Nikephoros*, wie Theophanes strenger Antiikonoklast, von 806–815 Patriarch v. Konstantinopel, von Leon V. abgesetzt und verbannt, kämpfte in seinen »Antirrhetikoi« (3 B.) gegen Konstantinos V. In seinem »Breviarium« (Ἱστορία σύντομος) bringt Nikephoros im Anschluß an Theophylaktos Simokattes eine Übersicht über die polit. Ereignisse von 602–769. Die kirchl. und theol. Fragen sind nicht überbetont, manche Exkurse (Bulgaren!) bemerkenswert. Ein Musterbeispiel der sog. Mönchschronik bietet →*Georgios Monachos*, dessen Text von Adam bis 842 reicht. Der Autor wendet sich an ungebildete Mönchskreise, deren Interesse auf das Feindbild des Heidentums mit der antiken Mythologie und die Abgrenzung gegenüber verschiedenen Häresien beschränkt ist. Unmäßige Polemik und unflätige Beschimpfungen gelten den →*Manichäern* und den Ikonoklasten. – Zwei Fragmente aus dem sog. »Scriptor incertus de Leone Armenio« (Regierung Michaels I. und Leons V.: 811–820) stellen Einordnungs- und Überlieferungsprobleme. Zwei Chroniken reichen nur bis in die 1. Hälfte des 7. Jh.: *Johannes v. Antiocheia*, dessen Text bis 610 führte, ist nur in Fragmentgruppen (aus den Konstantin. Exzerpten) erhalten. Die sog. Osterchronik (→»Chronicon Paschale«), von der christl. Zeitrechnung und dem Osterzyklus ausgehend, reichte von Adam bis 629. Neben verschiedenen Lesebuchgeschichten und sonstigen Exkursen steht die Chronologie im Vordergrund des Interesses; teils wörtl. Übereinstimmungen mit Malalas sind nicht selten.

Welch große Unterschiede zw. zeitgenöss. theol. Autoren in Byzanz bestehen können, zeigt ein Blick auf →*Maximos Homologetes* (=Confessor, 580–662) und Johannes

Klimakos (Klimax). Maximos, Kommentator des »Corpus Areopagiticum«, zeigt sich als selbständiger Denker, der sowohl die aristotel. wie die platon.-neuplaton. Philosophie endgültig in die christl. Theologie integrierte. Johannes Klimakos, nach langem Anachoretenleben Abt des Sinaiklosters, schrieb die in 30 Kapitel gegliederte »Leiter« (Klimax), die dem Mönch in der Form von Definitionen aufgrund von Askese und Mystik den möglichen Aufstieg ins Paradies vor Augen führt. →Johannes v. Damaskos (ca. 650–ca. 750), großer Sammler und Kompilator, leitete seine »Quelle der Erkenntnis« (Πηγὴ γνώσεως) mit einer Dialektik ein, in der alle wichtigen philosoph. termini, auch in ihrer Umwertung durch vorangegangene Kirchenväter, übersichtl. dargebotenwerden. Es folgt eine ausführl. Geschichte der Häresien und eine Darstellung des orthodoxen Glaubens. Durch seine drei Reden gegen die Ikonoklasten griff Johannes Damaskenos entscheidend in den Bilderstreit ein. Seine Verknüpfung der Bilderlehre mit der →Christologie bot gewichtige Argumente für die Verehrung und Herstellung von Ikonen. Ferner sind ihm eine Reihe von Homilien und sehr wahrscheinl. der hagiograph. Roman →»Barlaam und Joasaph« (umgangssprachlich) zuzuschreiben. Bei den liturg. Dichtungen (Kanones) ist wie bei den übrigen Gruppen des Oeuvres zw. Echtem und Unechtem oft schwer zu unterscheiden. →Andreas v. Kreta (ca. 660–740) gilt als der Erfinder einer neuen liturg. Dichtungsgattung, des Kanons, einer Erweiterung des →Kontakions zu neun Oden mit jeweils mehreren Strophen. Daneben dürften rund 50 Homilien und Enkomien auf Heilige von Andreas stammen.

→Theodoros Studites (759–826) nahm im Kampf gegen die Ikonoklasten wiederholt Verfolgungen und Verbannung auf sich. Seine umfangreiche Briefsammlung (ca. 550 Nr. sind erhalten) legt Zeugnis von seiner starken Persönlichkeit ab, die aufrechtes Bekenntnis und christl. Nächstenliebe zu verbinden wußte. Sein Interesse galt auch dem koinobit. Klosterleben nach dem Ideal Basileios' d. Gr.; zwei Serien von Katechesen bezeugen dies. Unter den Epigrammen treten die 27 Mönchsgedichte hervor, in welchen die einzelnen Funktionäre der Klöster in liebenswürdiger Weise an ihre Pflichten erinnert werden. Die Epigrammatik wurde auch im 9. Jh. verschiedentl. gepflegt. →Kassia, die (neben Eudokia) einzige dichtende Frau der b. L., schrieb außer liturg. Dichtungen auch Epigramme und Sentenzen. Das Mönchsleben und allgemein-menschl. Themen wie Freundschaft, Glück und Unglück, Reichtum und Armut, Schönheit usw. behandeln ihre Verse, denen eine gewisse Originalität nicht abzusprechen ist. Auch zwei Patriarchen aus der Mitte des 9. Jh., →Methodios und Ignatios, schrieben Epigramme. →Ignatios Diakonos (ebenfalls 9. Jh.) ließ in seinem Gedicht über den Sündenfall Gott, Adam, Eva und die Schlange in jeweils abwechselnden Dreizeilern sprechend auftreten. Von ihm stammen aber auch zwei wichtige Biographien der Patriarchen Tarasios und Nikephoros.

[2] *Die sog. »Makedonische Renaissance« (9.–11. Jh.):* Die beiden Hauptexponenten der sog. Makedonischen Renaissance des 9./10. Jh. waren →Photios und →Arethas. *Photios*, der bedeutendste und einer der streitbarsten Kirchenfürsten der byz. Orthodoxie, Patriarch von Konstantinopel 858–867 und 877–886, ist mit seinen Verdiensten um die Slavenmissionierung, um die Machtstellung des Patriarchats gegenüber dem Kaiser, als Theologe mit seiner selbständigen und krit. Exegese und v. a. als gelehrter Humanist in die Kirchen- und Kulturgeschichte eingegangen. In seinem dogmat. Hauptwerk bekämpft Photios das →Filioque der kath. Kirche mit allen erreichbaren Argumenten; eine andere Polemik richtete sich gegen die →Paulikianer. Der Exeget Photios wird außer in verschiedenen Katenenzitaten in seinen »Amphilochia« greifbar, rund 300 Frag-Antworten zu philosoph. und bibl. Themen, wobei die philolog. Erklärung eine große Rolle spielt. Die Predigtsammlung des Patriarchen zählt heute noch 17 Nr.; eine große Briefsammlung und die Redaktion der »Epanagoge« kommen hinzu. Schon in der Jugend verfaßte Photios sein Lexikon (gegen 8000 Lemmata zu Wörtern attischer Autoren als prakt. Hilfe bei Lektüre und eigenen Publikationen), das wegen seiner unzähligen sonst nicht bekannten Zitate seit Jahrhunderten von Philologen sehr geschätzt wird. Als philolog. Hauptwerk gilt die sog. »Bibliotheke«, eine Sammlung von 279 »Codices«, Werken heidn. und christl. Autoren, über die Photios vorwiegend vom stilist. Standpunkt aus referiert. Zahlreiche antike Historiker, die heute verloren sind, finden sich in dieser bibliographie raisonnée des großen Gelehrten. Von vielen byz. Autoren wüßten wir ohne die »Bibliotheke« nicht mehr als ihren Namen.

→*Arethas v. Kaisareia*, der als Schüler des Photios gilt, jedenfalls bei →*Leon*, dem Mathematiker und Philosophen, hörte und gegen die Mitte des 10. Jh. starb, errang bei den Byzantinern durch seinen Kommentar zur Apokalypse großen Erfolg. Viele Frag-Antworten und Katenenzitate zu mehreren bibl. Büchern lauten auf seinen Namen. Verschiedene Reden und Abhandlungen betreffen Zeitgenossen und v. a. den →Tetragamiestreit um Leon VI. Als gelehrter Philologe spielte Arethas bei der Umschrift aller wichtigen Bücher aus der Majuskel in die Minuskel eine Rolle. Seine Platonausgabe (samt Prolegomena) läßt sich mit einiger Sicherheit rekonstruieren. Eine stattl. Briefsammlung ergänzt das Bild seiner Persönlichkeit. Der ksl. Partner der beiden großen Gelehrten, →*Leon VI.,* der hochgebildete Sohn eines Analphabeten auf dem Kaiserthron, verfaßte rund drei Dutzend Homilien sowie einige liturg. Dichtungen.

Schlüsselfigur für Fortführung und Höhepunkt der Makedonischen Renaissance im 10. Jh. war →*Konstantin VII. Porphyrogennetos* (* 905). Obwohl legitimer Thronerbe mußte er jahrzehntelang als Mitkaiser Romanos' I. Lakapenos auf polit. Machtausübung verzichten und konnte erst 945–959 als Alleinherrscher regieren. So führte er in der langen Wartezeit ein Leben voll kultureller Aktivitäten als Literat, Maler und Musikfreund; zugleich initiierte er ein großes enzyklopäd. Unternehmen: Die hist. Literatur der Griechen und Byzantiner wurde gesammelt und in 53 Sachgruppen geordnet. Von diesem Riesenwerk sind zwar nur Fragmentgruppen erhalten, als wichtigste die »Excerpta de legationibus« (Gesandtschaftsberichte); sie haben jedoch so manchen Text eines byz. Historikers zumindest teilweise gerettet. Konstantin VII. erweiterte sein Unternehmen auf eine landwirtschaftl. Sammlung (→Geoponika), ein med. Handbuch (»Iatrika«) und eine veterinärmed. Sammlung (»Hippiatrika«). Der Auftrag und ein gewisser Anteil an Textfassung bzw. Redaktion kommen Konstantin bei drei erhaltenen Werken zu. »De administrando imperio«, für seinen Sohn Romanos (II.) bestimmt, enthält wertvolle Anweisungen für das außenpolit. Verhalten eines byz. Herrschers mit Charakteristiken der Feindvölker und Nachbarn, aber auch sonst viele Informationen hist., topograph. und antiquar. Natur. Das sog. Zeremonienbuch (»De ceremoniis«) besteht aus einer reichen Materialsammlung zum Hofzeremoniell mit anschließenden Berichten über die Kür frühbyz. Kaiser (offenbar aufgrund von Archivmaterial); im 2. Buch (mit wesentl. bunterem Inhalt) gibt es u. a. Berichte über Staatsbesuche. Beide Werke sind umgangssprachl. gefärbt. In »De thematibus« schließlich werden zu den einzelnen Themen (Provinzen) des byz. Reiches Erklärungen ihrer Namen und ihrer Entstehung, nicht ohne zahlreiche Irrtümer und Mißverständnisse, geboten. In den sechs Büchern der sog. »Scriptores post Theophanem (= Theophanes Continuatus«) stand der Sammlungsauftrag Konstantins im Dienst der polit. Propaganda für die makedon. Dynastie; die Erinnerung an die düsteren Anfänge des Herrscherhauses sollte getilgt werden. B. 5 (»Vita Basilii«) ist eine von Konstantin in diesem Sinn enkomiastisch geschriebene Biographie seines Großvaters. Die »Kaisergeschichte« (Βασιλεῖαι) des Joseph →Genesios, die von 813–886 reicht, wurde zwar von Konstantin angeregt, weist aber eher eine diskrete promakedon. Tendenz auf. Die sog. Chronik »des Logotheten«, d. h. des →Symeon Magistros, mit der Darstellung der Zeit von 842–948 nimmt hingegen mehr oder weniger unverhohlen für Romanos I. und gegen die makedon. Dynastie Stellung.

Ein sensationelles hist. Ereignis, die Eroberung Thessalonikes durch die Araber (904), wurde von Johannes →Kaminiates in einer Monographie behandelt. Die Darstellung des Selbsterlebten, einschließlich arab. Gefangenschaft, wirkt, nicht zuletzt durch naturalist. Züge, reizvoll. Ein etwas früheres Analogon bildet der Brief des →Theodosios v. Syrakus über die Einnahme dieser Stadt durch die Araber (878), der von Kaminiates durch seine rhetor. Patina abstichr. – Die Regierungszeit des unmittelbaren Nachfolger Konstantins VII. (959–976) stellte→Leon Diakonos in seiner Ἱστορία (10 B.) dar. Dem Palastkleriker im Dienst Ks. Basileios' II. war es wohl erst nach seinem Abschied vom Hof möglich, ein objektives Urteil über Romanos II. abzugeben und die beiden »Usurpatoren«, Nikephoros II. Phokas und Johannes I. Tzimiskes, wohlwollend zu charakterisieren. Kriegsgeschichte und Charakterbilder der Hauptfiguren werden, nach dem Vorbild der antiken Geschichtsschreibung, lebendig wiedergegeben.

Die zeitl. anschließende Χρονογραφία (976–1078) hat in Michael →Psellos den führenden Literaten des 11. Jh. zum Autor. Wendiger Höfling, der immer wieder die Gunst eines neuen Ks.s zu erlangen verstand, hochgebildeter Humanist mit ausgedehnten philosoph., aber auch naturwissenschaftl. Kenntnissen, Meister der Sprache und Rhetor par excellence, gehört Psellos zu den schillerndsten Persönlichkeiten seiner Zeit. Seine Verehrung für Platon (ohne Verletzung der Orthodoxie) verteidigte er gegenüber dem (späteren) Patriarchen und Freund →Johannes VIII. Xiphilinos in einem berühmten Brief, einem klass. Dokument des christl. Humanismus. Das Geschichtswerk enthält viele glänzend gezeichnete Charakterbilder von Männern und Frauen der führenden Klasse, dazwischen immer wieder Analysen der eigenen Motivationen, die Psellos als egozentr. Menschen erscheinen lassen. Das rhetor. Oeuvre, Enkomien, Epitaphioi, Gelegenheitsreden und Essays aller Art, umfaßt auch einige Hunderte von Briefen, die durch die Vielfalt der Thematik und des Stils bestechen. Der Polyhistor verstand sich außerdem auf Astrologie und Alchemie, aber auch auf die Volkskunde. Nicht zu vergessen sind mehrere exeget. Schriften und Katenenzitate, einige Homilien und hagiograph. Arbeiten sowie liturg. Dichtungen.

Interessante Vergleichsmöglichkeiten für den Historiker und den Literarhistoriker bietet das Geschichtswerk des Michael →Attaleiates, das sich zum Teil über denselben Zeitraum, nämlich 1034–1079/80, erstreckt. Attaleiates beschrieb die Feldzüge Romanos' IV. (1067–71), an denen er als Militärrichter teilnahm, aufgrund von Autopsie mit gebührender Kritik an der Vernachlässigung der Truppe, ihrer Ausrüstung und Besoldung. Der Held seines Werkes ist Ks. Nikephoros III. Botaneiates (1078–81).

Johannes →Skylitzes knüpft mit seiner Kaiserchronik (Σύνοψις ἱστοριῶν) an Theophanes an und schildert die Ereignisse von 811–1057. In einem Prooimion kritisiert er mehrere seiner Vorgänger wegen der subjektiven Behandlung der Zeitgeschichte und der einseitigen Auswahl ihres Materials. Der Autor bleibt im Rahmen der byz. Chroniken mit ihrem Charakter der Trivialliteratur, bietet aber seine Informationen in ausgewogener Abwechslung; die Darstellung ist promakedonisch gefärbt. Eine »Fortsetzung« des Skylitzes (1057–79) ist sehr wahrscheinl. ihm selbst zuzuschreiben. Die Chronik des Georgios →Kedrenos erweist sich für die Zeit ab 811 als eine fast wörtl. Wiedergabe des Skylitzes-Textes.

Ein wesentl. Merkmal der Makedonischen Renaissance war der seit dem 10. Jh. deutlich verstärkte Klassizismus, der auf die Lit. vielfach abfärbte. Schon bei Genesios und Leon Diakonos fühlbar, kulminiert er in zahlreichen Schriften des Michael Psellos und seiner Zeitgenossen, insbes. in allen rhetor. beeinflußten Genera. Als Beispiele erwähne ich des →Theophylaktos v. Ochrid Fürstenspiegel (Παιδεία βασιλική), sein Enkomion auf Ks. Alexios I. und seine Briefe, des Johannes →Mauropus Essays, Briefe und Gedichte, weitere panegyr. Produkte eines Manuel→Straboromanos, Michael →Italikos, →Nikephoros Basilakes und anderer bereits dem 12. Jh. angehörender Autoren. Charakterist. für diesen Klassizismus der Makedonischen Renaissance ist die stilist. Umarbeitung des gesamten hagiograph. Bestandes durch →Symeon Metaphrastes im 10. Jh. Das umgangssprachl. Kleid dieser vormetaphrastischen Texte, verbunden mit einer gewissen Ungezwungenheit, manchmal auch Derbheit, veranlaßte den Redaktor zu seiner Metaphrase im rhetor.-klassizist. Sinn. Leider ging ein Großteil der vormetaphrastischen Texte durch diesen Vorgang verloren.

In den klassizist. Rahmen der Zeit paßt auch die Redaktion der sog. »Anthologia Palatina« (→Anthologie). Vor der Wende des 9. Jh. sammelte der Protopapas Konstantinos Kephalas, vielleicht auf Wunsch Leons VI., die aus der Antike überlieferten »Kränze« von Epigrammen und die in frühbyz. Zeit hinzugekommenen Gedichte (z. B. des Paulos Silentiarios und Agathias). Die →Suda, das große für das Jahrhundert der Enzyklopädien bezeichnende »Konversationslexikon« der Byzantiner mit rund 30000 Artikeln, zitierte 430 Epigramme aus dieser Sammlung. Um 980 wurde die Anthologie des Kephalas erweitert, nach Sachgruppen geordnet und in 15 Bücher eingeteilt, die etwa 3700 Epigramme mit zusammen rund 23000 Versen umfassen. Drei Jahrhunderte später lieferte der Philologe Maximos →Planudes (1255–1305) eine neue Redaktion von rund 2400 Epigrammen, die gegenüber Kephalas 388 zusätzl. Gedichte aufwies; sie wurden in den modernen Ausgaben als B. 16 der »Anthologia Palatina« hinzugefügt. B. 15 enthält die Gedichte so mancher mittelbyz. Autoren wie →Theophanes, →Arethas, →Ignatios Diakonos und Konstantinos Rhodios. Von dem zuletzt Genannten (10. Jh.) besitzen wir eine Beschreibung der Architektur der Apostelkirche zu Konstantinopel in fast 1000 Zwölfsilbern. Sein Zeitgenosse, der Diplomat →Leon Choirosphaktes, hinterließ eine Ekphrasis der Thermalbäder in Pythia, dem heutigen Yalova (Εἰς τὰ ἐν Πυθίοις θερμά) in Anakreonteen; die vornehme Welt Konstantinopels pflegte diese nahe gelegenen Bäder zu besuchen.

Die »Eroberung Kretas« (Ἅλωσις τῆς Κρήτης) in über 1000 Zwölfsilbern des →Theodosios Diakonos feierte den Sieger von 961, Nikephoros Phokas, der nach seiner triumphalen Rückkehr nach Konstantinopel (963) zum Ks. gekrönt wurde. Ein Anhänger dieses Ks.s war Johannes →Geometres (Kyriotes), der von der modernen Kritik als einer der besten byz. Dichter eingeschätzt wird. Seine Spuren finden sich in der theoret. rhetor. Literatur, er schrieb sechs Progymnasmata (drei auf den Apfel, eines auf die Eiche), zwei Ekphraseis seines Gartens und eine Ethopoiie auf den Ks. Nikephoros II. in der meisterhaften Kürze von 12 Versen. Seine reiche Epigrammsammlung zeigt bunten Inhalt. Bemerkenswert für Byzanz, daß derselbe Mann zwei Homilien und Hymnen auf die Theotokos und ein Enkomion auf den hl. Panteleemon verfaßte. Es gibt aber auch Scholien des Johannes Geometres zu den Reden des Gregor v. Nazianz.

Auf Werke in gebundener Rede beschränkt sich das Oeuvre des →Christophoros v. Mitylene (1. Hälfte des 11. Jh.). Neben einem bunten Strauß von Epigrammen, darunter viel Zeitgeschichtliches und dem Alltag entnommene Themen, zum Teil von beachtl. Länge, hat er einen metr. Kalender für das Kirchenjahr (je 1 Distichon für jeden Tag des Jahres) verfaßt. Von seinem Zeitgenossen Johannes →Mauropus hingegen besitzen wir noch 13 vorzügl. Predigten und hagiograph. Arbeiten, ferner weit über 100 Kanones (Hymnen). Unter den rund 100 Epigrammen (teils größeren Umfangs) betreffen so manche, bes. schöne, den autobiograph. Bereich. Zu erwähnen ist ferner ein etymolog. Lehrgedicht in fast 500 Zwölfsilbern, das von Theologie, Astronomie und Geographie ausgehend Menschen, Tiere und Pflanzen einbegreift.

In den zuletzt behandelten Zeitraum (10./11. Jh.), der nach den Eroberungen im Osten eine längere Friedens- und kulturelle Blütezeit brachte, fällt das Leben eines der größten Mystiker, des →Symeon Neos Theologos (ca. 949–1022). Er steht in der myst. Tradition zw. Johannes Klimakos und der spätbyz. Mystik. Die zu Dutzenden zählenden Katechesen und »Logoi« sind, wie so oft in der asket.-myst. Überlieferung, schwer zu entwirren und sinnvoll einzuordnen. In Versform, u. z. in Fünfzehnsilbern, sind die 57 myst. Hymnen (Τῶν θείων ὕμνων οἱ ἔρωτες) gehalten, eines der persönlichsten Dokumente byz. Geisteslebens. Zwei Zenturien religiöser Aphorismen, die sog. Kephalaia, fußen auf dem Vorbild von Symeons geistl. Lehrer →Symeon Eulabes. Der Lieblingsschüler des »Neuen Theologen«, →Niketas Stethatos, griff in der Krisenzeit um das große Schisma v. 1054 in die Lateinerpolemik ein (»Dialexis« bzw. »Antidialog«).

In dieselbe Periode (10./11. Jh.) fallen wahrscheinl. auch die lit. Anfänge des heutigen →Digenes-Akrites-Epos, d. h. Emir-Lied und Digenes-Roman. Die volkssprachl. Eskorialversion ist jünger als die Grottaferrataversion.

[3] *Komnenenzeit:* Das Jahrhundert der *Komnenendynastie* (1081–1185) kann aus polit., wirtschafts- und sozialhist. Sicht als eine mehr oder weniger in sich geschlossene Periode betrachtet werden (Versuch der Stabilisierung nach dem Substanzverlust durch den Seldschukeneinbruch). Die sozialen Veränderungen fanden auch in der Lit., zumindest in der Geschichtsschreibung, ihren Niederschlag. Die Machtergreifung der Komnenen spiegelt sich in den Geschichtswerken eines Ehepaares, des →*Nikephoros* →*Bryennios* und der →*Anna Komnene*. Bryennios schildert in seiner Ὕλη ἱστορίας nur ein Jahrzehnt Zeitgeschichte (1070–79). Seine memoirenhafte Familiengeschichte stellt die Kampfhandlungen in den Mittelpunkt und versucht, in mehrfachen Retuschen Komnenen, Dukai und Bryennioi in möglichst vorteilhaftem Licht erscheinen zu lassen. Ritterl. Szenen, Betonung militär. Fähigkeiten und der an Homer erinnernde Ehrencodex der Helden entsprachen dem Ideal des herrschenden Feudaladels. Der Titel »Alexias« des Werkes der Anna Komnene verrät die Hauptperson, den Vater der Autorin, Alexios I. Die 15 Bücher der Anna, wohl in den letzten Jahren vor ihrem Tod (ca. 1153/54) entstanden, sind unsere wichtigste Quelle für die Geschichte der Regierungszeit des ersten Komnenen (1081–1118): Die Schwierigkeiten nach der Machtergreifung, der Normannenkrieg im Westen (Robert Guiscard), die Kämpfe mit den →Pečenegen, mit den →Türken in Kleinasien, innere Auseinandersetzungen mit Usurpatoren und Häretikern, ferner der 1. Kreuzzug mit seinen vielfältigen Problemen, der zweite Ansturm der Normannen (→Bohemund im Westen, →Tankred im Osten), neue Kämpfe mit den Seldschuken und die »Bekehrung« der →Bogomilen, schließlich Krankheit und Tod des Alexios. Anna stützte sich nicht nur auf die Werke ihrer Vorgänger, sondern auch auf Archivmaterial (Urkunden, Briefe), Informationen aus dem Familienkreis und seitens der Veteranen ihres Vaters. Von ihrer Objektivität gilt das über Nikephoros Bryennios Gesagte; ein Enkomion kann nicht objektiv sein. Auch Annas Antipathie gegen die Kreuzfahrer, die westl. Lateiner und Barbaren, tritt deutlich zutage. Trotzdem bietet sich ein eindrucksvolles Gesamtbild mit einer Fülle wertvoller einmaliger Details. Ihr Attizismus und Purismus haben sie nicht gehindert, eine Reihe sehr lebendiger dramat. Szenen zu zeichnen.

Johannes →*Kinnamos* begleitete Ks. Manuel I. (1143–80) als ksl. Sekretär auf dessen Feldzügen in Europa und Asien. In seinem Geschichtswerk, das von 1118–76 reicht, hat er nur die Regierungsjahre Manuels ausführlich behandelt. Kriegsgeschichte und Soldatenleben stehen im Mittelpunkt, wobei die Sicht – wie bei Bryennios – jene des zeitgenöss. Feudaladels ist. Ks. Manuel erscheint als der Held des Werkes. Bemerkenswert sind Exkurse über die Flucht des (späteren Ks.s) →Andronikos und über die perfide Politik Friedrich Barbarossas; die Ablehnung der Lateiner hat Kinnamos mit Anna u. a. Zeitgenossen gemein. Klare und einfache Sprache verbindet sich mit klassizist. Eigenheiten (attische Monatsnamen, Mythologie).

Johannes →*Zonaras* hinterließ uns eine Weltchronik (18 Bücher, Ἐπιτομὴ ἱστοριῶν), die bis 1118 reicht. Wenn er in einem Prooimion seine Vorgänger wegen der fehlerhaften Gewichtung einzelner Punkte aufgrund rhetor. Ambitionen tadelt, so gelang es ihm immerhin, trotz starker Betonung der Kirchengeschichte und theol. Fragen, einen geordneten Überblick über seinen Stoff zu geben. Zonaras war zugleich einer der drei angesehensten Juristen und Kanonisten des 12. Jh. (neben *Alexios* →*Aristenos* und *Theodoros* →*Balsamon*). Er verfaßte einen ausführl. Kommentar zu den Kanones der Apostel, der Synoden und der Kirchenväter.

Eine Weltchronik in Versen (über 6700 Fünfzehnsilber) unter dem Titel Χρονικὴ σύνοψις stammt von *Konstantinos* →*Manasses*, der unter Ks. Manuel lebte, sein Werk aber 1081 enden ließ. Die bunten Bilder seiner Darstellung sind von routinierter Rhetorik getränkt; inhaltl. fügt sich das Werk nahtlos in die Reihe der byz. Chroniken. Manasses verfaßte neben Enkomien und Epitaphioi v. a. Ekphraseis (auf Kunstwerke und Vogeljagden), ein astrolog. Lehrgedicht (fast 600 Fünfzehnsilber) und den Roman »Aristandros und Kallithea«, der zu den vier hochsprachl. Romanen der Komnenenzeit gehört, freilich nur in einer größeren Zahl von Fragmenten überliefert ist. Ein Reisebericht (fast 800 Zwölfsilber) stammt von der Brautwerbungsfahrt nach Jerusalem, die Ks. Manuel nach dem Tod seiner ersten Frau angeordnet hatte.

Die Weltchronik des *Michael →Glykas*, die von der Erschaffung der Welt bis 1118 reicht, hat rein didakt. Charakter (für den Sohn des Autors bestimmt) und wendet allein für die Schöpfungsgeschichte zwei Fünftel ihres Umfangs auf. Theol. Diskussionen und Erklärung von Naturereignissen nehmen einen breiten Raum ein. Vieles ist aus Skylitzes und Zonaras übernommen. Glykas hinterließ ferner 95 »Lösungen« zu Aporien der Hl. Schrift in Briefform, ein Gedicht auf den Ungarnsieg Ks. Manuels und ein weiteres mit der Bitte um Entlassung aus dem Gefängnis (fast 600 Fünfzehnsilber).

→*Eustathios v. Thessalonike*, einer der markantesten und vielseitigsten Autoren des 12. Jh., beschrieb die Eroberung seiner Bischofsstadt durch die Normannen (1185) aufgrund von Autopsie zwar rhetor.-hochsprachl., aber trotzdem lebendig und weitgehend naturalistisch. Wir kennen Reden an Kaiser, Patriarchen u. a. hochstehende Persönlichkeiten, darunter einen umfangreichen Epitaphios auf Ks. Manuel. Mit der Ethopoiie auf den Badeluxus eines Metropoliten serviert Eustathios humorvoll ein rhetor. Kabinettstück. Neben Predigten stehen die Schriften zur Reform des mönch. Lebens, die v. a. gegen Heuchelei und Bildungsfeindlichkeit kämpfen. Ein liturg. Kanon gilt dem Stadtheiligen von Thessalonike Demetrios. Die großen Homerkommentare (zu Ilias und Odyssee) sowie jener zu dem geogr. Lehrgedicht des Dionysios Periegetes (2. Jh.) erweisen Eustathios als den größten byz. Gelehrten der Komnenenzeit. Sein Interesse erstreckt sich über das Grammatisch-Stilistische und Antiquarische hinaus u. a. auf die Volkskunde und auf die Umgangssprache sowie auf das Alltagsleben (Realienkunde!). Ein Pindarkommentar ist bis auf die Einleitung verloren.

Der Philologie, und zwar kommentierender Tätigkeit, widmete sich auch der etwas ältere *Johannes → Tzetzes*, dem die Verse sehr leicht von der Hand gingen, was zu einer unübertroffenen Logorrhöe des Vielschreibers führte. Seine von der Mythenallegorie beherrschten Kommentare zu Ilias und Odyssee (zusammen fast 10 000 Fünfzehnsilber), »Carmina Iliaca«, eine Verschronik = Weltchronik, von der bloß der Anfang mit rund 500 Zwölfsilbern erhalten ist), das größte überlieferte Lehrgedicht, die »Chiliaden« (über 12 000 Fünfzehnsilber, ein Monsterkommentar zu den eigenen Briefen), Lehrgedichte zur Rhetorik und Metrik, eine »Theogonie« (nach Hesiod) und Verse zur Εἰσαγωγή des Porphyrios (rund 1700 Zwölfsilber) ergeben ein Riesenopus, das sich aus der materiellen Abhängigkeit des Intellektuellen erklärt, der im geistigen und menschl. Format an Eustathios nicht heranreicht. Seine diffusen Kenntnisse sind oft oberflächlich, der Ton ist stets schulmeisterlich, nicht selten mürrisch-grob bis penetrant. Ein ausführl. Kommentar zu Aristophanes und Scholien zu Lykophron sind in Prosa gehalten. Von dem etwa gleichzeitigen →*Gregorios v. Korinth* gibt es neben einem Kommentar zu Hermogenes und einer Einführung über die genera dicendi eine für den prakt. Unterricht berechnete Syntax sowie eine große, unübersichtl. Arbeit über die Dialekte. Des Metropoliten Gregorios Kommentar zu den Kanones des Kosmas v. Jerusalem und des Johannes v. Damaskos ist weitgehend grammatisch ausgerichtet. Jüngst sind hübsche Gedichte (Zwölfsilber) des Gregorios zu den Hauptfesten des Kirchenjahres aufgetaucht.

In *Theodoros →Prodromos* begegnen wir dem vielseitigsten Autor des 12. Jh.: Neben 55 Gedichten auf Ks. und Angehörige der ksl. Familie, Beispielen höf. Rhetorik, die zugleich interessante Informationen über das Zeremoniell und die verschiedensten Realien bieten, 20 Gedichten auf weitere Persönlichkeiten und drei autobiograph. poet. Zeugnissen stehen ein astrolog. Lehrgedicht (rund 600 Fünfzehnsilber), zahlreiche Epigramme religiösen und profanen Inhalts, größere Gedichte wie »Die Freundschaft in der Verbannung« (ein philosoph. Dialog in rund 300 Zwölfsilbern) und der Roman »Rodanthe und Dosikles« (4614 Zwölfsilber). Außer dem »Katz-Mäuse-Krieg« (»Katomyomachia«, 384 Zwölfsilber), einer Parodie auf die antike klass. Tragödie mit zeitkrit., satir. Einschlag, kennen wir mehrere satir. Gedichte und Prosaschriften (darunter die Maushumoreske), die in den Kreis der mittelbyz. Lukianimitationen gehören. 7 Reden und 30 Briefe ergänzen das profane Oeuvre des Prodromos. Großer Beliebtheit erfreuten sich sowohl sein Kommentar zu den Kanones des Kosmas v. Jerusalem und des Johannes v. Damaskos (erst zu einem Drittel ediert), als auch die vielen religiösen Epigramme (zumeist Tetrasticha); schließlich ist eine Heiligenvita des Prodromos bekannt. Echtheitsfragen sind zum Teil gelöst – soweit sie einen gleichnamigen Zeitgenossen (Manganeios Prodromos) betreffen –, zum Teil noch offen (Ptochoprodromika). Diese vier volkssprachl. Bettelgedichte behandeln in satir. Form die ärmlichen Verhältnisse in der eigenen Familie, soziale Mißstände in byz. Klöstern und das materielle Elend des Intellektuellen.

Das Oeuvre der dichtenden Zeitgenossen tritt hinter dem des Prodromos zurück. Von *Nikolaos →Kallikles* besitzen wir nicht einmal drei Dutzend sicher zugewiesener Epigramme, die sich auf Epitaphioi und Widmungsgedichte beschränken. Zum Teil will man ihm die Satire »Timarion« zuschreiben, die neben dem älteren »Philopatris« (10. Jh.) und dem späteren »Mazaris« (frühes 15. Jh.) als wichtigste Lukianimitation anzusehen ist. Der »Timarion«, eine Hadesfahrt, behandelt die Toten, die besucht werden, mit Ironie und Respektlosigkeit und mokiert sich sowohl über verschiedene Berufsstände wie Ärzte, Juristen und Philosophen, als auch über das Christentum. Aus dem Beginn der Komnenenära stammt des →*Philippos Monotropos* (= Mönch) »Dioptra« (etwa Tugendspiegel), ein Streitgespräch zw. Leib und Seele (4 Bücher zu je 1700 Versen) nach dem Vorbild der »Psychomachia« des Prudentius. Ein 5. Buch unter dem Titel Κλαυθμοί καὶ θρῆνοι (Tränen und Klagen), asket. Selbsterkenntnis dienend, ist in der Regel der »Dioptra« vorangestellt. In dem über 2600 Zwölfsilber umfassenden anonymen Gedicht Χριστὸς πάσχων (Christus patiens) wird die Passion Christi in dramat. Form (fiktive Szenen in Übereinstimmung mit dem Evangelientext) dargestellt, wobei rund ein Drittel der Verse antiken Vorbildern entlehnt ist. Der Cento speist sich vorwiegend aus Euripides, mit Abstand aus Aischylos und Lykophron, aber auch aus AT und NT. Die vier hochsprachl. Romane der Komnenenzeit verdanken inhaltlich, in Motiven und Handlungsführung, sehr viel ihren antiken Vorbildern. Sie entbehren aber nicht durchweg der aktuellen Bezüge und sind insofern auch ein Spiegel der zeitgenöss. sozialen und kulturellen Verhältnisse. Außer den bereits erwähnten Romanen des Manasses und des Prodromos ist des →*Niketas Eugenianos* »Drosilla und Charikles« zu nennen (über 3500 Zwölfsilber und 83 Hexameter). »Hysmine und Hysminias« des *Eustathios →Makrembolites* ist in Prosa geschrieben. Die von Philologen früherer Generationen in Acht und Bann getanen Komnenenromane haben moderne Byzantinisten zu neuen Untersuchungen, etwa in Hinsicht auf die Psychologie, angeregt.

Manche Autoren des 12. Jh. sind in der Überlieferung nur durch rhetor. Werke vertreten. →Nikephoros Basilakes, der in einem Prologos ein »curriculum vitae« und eine Werkliste zusammenfaßte, hinterließ eine ganze Reihe von Enkomien auf Ks. und hohe Persönlichkeiten sowie jeweils mehrere prakt. Beispiele für die verschiedenen Formen des rhetor. Progymnasma.

Michael →Italikos versuchte, nach eigener Aussage, die alten Feindinnen Rhetorik und Philosophie in seiner Person zu vereinen. Er pflegte die große Form der Enkomien und Epitaphioi auf Ks. und Patriarchen ebenso wie die kleine Ethopoiie (der hl. Stephanos, dessen Ikone von einem Mesner an die Venezianer verkauft wurde) und die Monodie (auf sein Rebhuhn). Michael Italikos führte auch eine bemerkenswerte Korrespondenz (u. a. mit seinem Schüler Prodromos).

Im Dienste der Orthodoxie stand des Euthymios→Zigabenos »Dogmatische Rüstkammer« (Πανοπλία δογματική), eine Widerlegung sämtl. Häresien, im Auftrag Ks. Alexios' I. geschrieben; Zigabenos war auch ausgiebig exegetisch tätig. Ein bes. fruchtbarer, wenn auch nicht überdurchschnittl. theol. Autor tritt uns in dem zeitgenöss. Mönch →Neophytos Enkleistos aus Zypern entgegen, der sich durch seine Predigten, v. a. aber durch die Menge asket. Schriften einen Namen machte.

Das Brüderpaar Niketas und Michael →Choniates erlebte die Jahrzehnte bis zur Katastrophe von 1204 und die darauffolgenden Jahre der Auflösung. Das Geschichtswerk des Niketas Choniates (Χρονική διήγησις) reicht von 1118-1206, zugleich wichtigste Quelle und lit. hervorragende Leistung in der Beschreibung dieser Periode. Die Akzente sind auf Außenpolitik und Kriegsgeschichte, Innenpolitik und Hofintrigen, Porträts der hist. Akteure, Genreszenen und Informationen aller Art geschickt verteilt. Kaiserkritik, Vorliebe für naturalist. Szenen (bes. kraß die Lynchjustiz an Ks. Andronikos), mangelndes soziales Empfinden, hochrhetor. Stil (kombinierte und versteckte Zitate) kennzeichnen die Darstellung. Ein Anhang (»De signis«) beschreibt die in Konstantinopel 1204 zugrundegegangenen Statuen und Kunstwerke. Wir besitzen ferner eine Reihe von Reden und Briefen des Niketas. Er publizierte auch eine erweiterte und verbesserte Neuausgabe der Πανοπλία des Zigabenos, die unter dem Titel Θησαυρός ὀρθοδοξίας läuft. – Michael Choniates, Schüler des Eustathios und 1182-1204 Metropolit von Athen, trat als theol. Autor mit Homilien, Katechesen und hagiograph. Enkomien hervor. Er hielt die obligaten Lobreden auf Ks. und Patriarchen sowie mehrere Epitaphioi. Seine pessimist. Äußerungen über den Verfall der einstigen kulturellen Metropole Athen gipfeln in einer bekannten Elegie. Das Streitgespräch zw. Leib und Seele steht in einer alten Tradition. Neben der Briefsammlung wären zahlreiche Essays in Prosa und teils autobiograph. Gedichte zu nennen.

IV. SPÄTBYZANTINISCHE ZEIT (13.–15. JH.): Die polit. Zäsur von 1204 und die Periode des Lateinischen Kaiserreichs (bis 1261) bewirkten einen Rückgang an schöpfer. Kräften in der b. L. Nikolaos→Mesarites beschrieb die Palastrevolution →Johannes' des Dicken (1200), die Mosaiken der Apostelkirche in Konstantinopel, ferner seine Reise von der Hauptstadt nach Nikaia (1208, in Briefform), verfaßte einen Epitaphios auf seinen Bruder und manche Texte zum Verhältnis von Lateinern und Byzantinern in den Jahren nach 1204.

Trotz seiner kurzen Regierungszeit (1254–58) ist Theodoros II. Dukas Laskaris eine Galionsfigur der kulturellen Aufrüstung des Nikänischen Reiches. Die im Geiste des christl. Humanismus geschriebene Kosmologie (Κοσμική δήλωσις) behandelt Elemente, Himmel, Makro- und Mikrokosmos; der Schluß bringt ein Zeugnis für den Pessimismus des Autors im Hinblick auf die eigene Insuffizienz. Ein Enkomion auf Georgios Akropolites und ein Epitaphios auf Ks. Friedrich II. gehören zur offiziellen Rhetorik, die Briefsammlung gibt ein buntes Bild der Persönlichkeit und ihrer Umwelt. Das Enkomion auf Nikaia enthält programmat. Sätze über die kulturellen Aufgaben der Stadt bis zur Wiedereroberung von Konstantinopel. Die Χριστιανική θεολογία ist aus Einzelhandlungen unsystemat. zusammengestellt. Theodoros schrieb auch hagiograph. Enkomien und asket. Texte. Nikephoros →Blemmydes, der Lehrer des Theodoros, der während dessen Kronprinzenzeit auch einen Fürstenspiegel (Βασιλικός ἀνδριάς) für seinen Schüler verfaßte, ist uns durch seine ausführliche Autobiographie (und seine Briefe) als Mensch und Gelehrter gut greifbar. Blemmydes schrieb Handbücher der Logik und Physik sowie zwei geogr. Texte (Kugelgestalt der Erde und Paraphrase zu Dionysios Periegetes). Als Polyhistor bekundete er Interesse nicht nur für Hss. und Philologie, sondern auch für die Fächer des Quadriviums. Med. Texte in der Form kirchl. Kanones werden ihm zugeschrieben. Der Theologie galten sein Psalmenkommentar, die eher milde Lateinerpolemik und asket. Schriften. – Der zweite berühmte Schüler des Blemmydes, Georgios→Akropolites, wurde nach einer glänzenden polit.-diplomat. Laufbahn nach 1261 »akademischer« Lehrer in Konstantinopel. Mit seinem Geschichtswerk (Χρονική συγγραφή), einer Fortsetzung des Niketas Choniates, schuf er die maßgebende Quelle für die Geschichte des Nikän. Reiches während der Lateinerherrschaft in Konstantinopel. Trotz seiner Stellungnahme für Michael VIII. wahrte er die Objektivität; die handelnden Personen werden knapp und treffend charakterisiert. Theodoros →Skutariotes begnügte sich damit, in seiner Chronik den Text des Akropolites um weniges zu erweitern. (Ephraim machte daraus eine ungefüge Verschronik [9588 Zwölfsilber].) Ein Epitaphios auf die Ksn. Irene (Gattin Johannes' III.) und die Einführung zur Briefausgabe Theodoros' II. sind in gebundener Rede gehalten. Akropolites, der 1274 die Union von Lyon unterzeichnete, hinterließ zwei Texte über den Ausgang des Hl. Geistes.

Der erste Palaiologenkaiser→Michael VIII., der seit 1261 wieder in Konstantinopel regierte, verfaßte seine Autobiographie gegen Ende seines Lebens als Rechtfertigung seiner Politik. Sein offizieller Lobredner Manuel (Maximos) →Holobolos, von dem wir vier Enkomien und 20 Hymnen auf höf. Zeremonien kennen, mußte wegen offener Kritik am Ks. Strafen (Verstümmelung) hinnehmen. Von Johannes→Apokaukos und Demetrios Chomatenos besitzen wir Sammlungen von Briefen und kanonist. Texten, die kultur- und sozialgeschichtl. interessant sind.

→Georgios (Gregorios) v. Kypros, Patriarch v. Konstantinopel, zunächst Unionsfreund, später Unionsgegner, publizierte mehrfach im Zusammenhang mit der Lateinerpolemik (über den Ausgang des Hl. Geistes) und schrieb mehrere Enkomien auf Heilige. Seine Autobiographie (Διήγησις μερική) ist bildungsgeschichtl. wertvoll und erweist den Autor als byz. Humanisten. Der Rhetorenschule verdankt Georgios verschiedene Progymnasmata (z. B. Fabeln, Enkomion auf das Meer) und eine Briefsammlung.

Die beiden Jahrhunderte der *Palaiologendynastie*, die letzten des Byz. Reiches (1259–1453), brachten noch einmal den Versuch einer Großmachtpolitik unter Michael VIII. und dann das unaufhaltsame territoriale Schrumpfen des Kleinstaates, der durch die Expansion der osman. Türken in Europa seines Hinterlandes immer mehr beraubt wurde, bis ihm die Eroberung Konstantinopels ein Ende setzte. *Georgios →Pachymeres* schloß mit seinem Geschichtswerk (Συγγραφικαὶ ἱστορίαι) an die Darstellung seines Lehrers Georgios Akropolites an (1261–1308). Sein Ton ist angesichts der außen- und innenpolit. Lage von Pessimismus geprägt. Als Diakon und Patriarchatsbeamter beschreibt Pachymeres Kirchengeschichtliches allzu ausführlich, zeichnet sich aber durch Objektivität aus. Die »humanistische« Komponente kommt in Stil und Zitaten sowie in den rhetor. Arbeiten (13 Übungsreden und Beispiele fast aller Progymnasmata) zum Ausdruck. Für den asket. Fanatismus des Patriarchen →*Athanasios I. v. Konstantinopel*, dessen Briefe u. a. sozialhist. interessant sind, hatte Pachymeres wenig übrig. Das achtunggebietende Quadrivium erweist ihn als gediegenen Gelehrten; er schrieb auch ein langes autobiograph. Gedicht in Hexametern. Um 1320 hatte *Nikephoros Kallistos →Xanthopulos* neben zahlreichen liturg. und hagiograph. Werken seine Kirchengeschichte geschrieben.

Nikephoros →Gregoras und sein Geschichtswerk stehen unter dem Einfluß der zunehmenden Macht der Kirche und der langjährigen Auseinandersetzungen zw. Palamiten und Antipalamiten. Gregoras verdankte seinem Ruf als Gelehrter die Freundschaft der Ks. und mächtiger Männer wie *Theodoros →Metochites*. Seine Gegnerschaft zu *Gregorios →Palamas* – er schrieb zwei Serien »Antirrhetika« gegen ihn – entzweite ihn mit Johannes Kantakuzenos. Die 37 Bücher »Römische Geschichte« (Ῥωμαϊκὴ ἱστορία) des Gregoras leiden an mangelhafter Disposition – überproportionale Darstellung der theol. Diskussionen –, behalten aber ihren Wert als Quelle, insbes. für die Jahre 1308–58. Seinen Lehrer Theodoros Metochites unterstützte Gregoras bei der Popularisierung der Astronomie; zwei Schriften über das Astrolabium sind erhalten. Das rhetor. Oeuvre umfaßt offizielle Reden (Epitaphioi auf Andronikos II. und Metochites; Dankrede für Johannes VI. a. 1347), verschiedene Essays, die Ekphrasis seiner Heimatstadt Herakleia, Prooimia zu Urkunden, Gedichte und eine Briefsammlung. An Theologischem sind eine Reihe von Enkomien auf Heilige und Predigten zu nennen.

→*Johannes VI. Kantakuzenos* schrieb seine Memoiren (Ἱστορίαι) als Rechtfertigung seines polit. Weges, nachdem er 1354 zur Abdankung gezwungen worden war. Die Darstellung reicht von 1320–56, in Details bis 1362. Einheitlichkeit in Stil und Aufbau, v. a. aber Autopsie eines Mannes, der selbst Geschichte gemacht hatte, verleihen dem Werk seinen hohen Rang. Der Quellenwert der von Manipulation nicht freien Memoiren läßt sich zum Teil durch den Vergleich mit Gregoras kontrollieren. Das Werk enthält viele direkte Reden und Briefe; Kantakuzenos schätzte die antike Literatur (vgl. seine aktualisierende Thukydides-Mimesis). Als Parteigänger und Förderer des Palamas schrieb der Alternde mehrere Polemiken gegen Antipalamiten. Wir kennen auch eine ausführl. Konfrontation mit dem Islam. Kantakuzenos war von dem Vorrang des byz. Kaisertums und der Wichtigkeit des Zeremoniells überzeugt. In seine Lebenszeit fällt das unter dem Namen des *Georgios →Kodinos* überlieferte Gegenstück zum Zeremonienbuch Konstantins VII., das unter dem konventionellen Titel »De officiis« läuft. Die Memoiren des Kantakuzenos bieten auch manche sozialhist. beachtl. Informationen; um die Mitte des 14. Jh. schrieb übrigens *Alexios →Makrembolites* einen Dialog zw. Reichen und Armen, der auf die soziale Unruhe der Zeit schließen läßt.

Geistesgeschichtl. ist das 14. Jh. einmal durch den *Hesychastenstreit* und den →*Palamismus*, zum anderen durch die Blüte der profanen Geisteswissenschaften in Byzanz charakterisiert. →*Gregorios Sinaites*, der über Kypros und den Sinai auf den Athos kam, gilt als der Anreger des Hesychasmus in seiner spätbyz. Form. Überliefert sind von ihm zwei Sammlungen »Kephalaia«, asket.-myst. Kapitel, die sich weitgehend mit der Erläuterung der hesychast. Gebetsmethode befassen. *Gregorios →Palamas* hinterließ in erster Linie polem. Schriften, die der Verteidigung seiner Lehre und Angriffen auf die Gegner, bes. Gregorios Akindynos, Nikephoros Gregoras und die Lateiner galten. Sein Homiliar enthält nicht weniger als 61 Predigten, 150 »Kephalaia« stehen im Dienst der asket.-myst. Unterweisung. *Gregorios →Akindynos* und *Barlaam* verfaßten zahlreiche antipalamit. Schriften; diejenigen des Barlaam sind jedoch zum Großteil verloren. Der Patriarch →*Philotheos Kokkinos* verteidigt Palamas u. a. in einer Polemik von 15 Abhandlungen gegen Gregoras, dem er auch in der hagiograph. Publizistik Konkurrenz machte. Der Palamit *Neilos →Kabasilas* wandte sich in einer langen Arbeit über den Ausgang des Hl. Geistes gegen die Verwendung der Syllogismen in der Theologie, wie sie →Thomas v. Aquin und der Scholastik vertraut, Palamas aber ein Greuel waren. Der Neffe des Neilos, *Nikolaos →Kabasilas*, verfaßte zwei bedeutende theol. Schriften, eine »Erklärung der Liturgie« und »Über das Leben in Christus«; er schrieb Enkomien auf Mitglieder der ksl. Familie, mehrere Predigten und hagiograph. Texte; bemerkenswert ist die Schrift gegen den Wucher. – Von →*Makarios Chrysokephalos*, Metropolit v. Philadelpheia, besitzen wir eine Jugendarbeit, den »Rosengarten« (Ῥοδωνιά), eine Sammlung von Aussprüchen berühmter Autoren von der Antike bis ins 14. Jh. Seine Matthaios- und Lukas-Katene sind von →Niketas v. Herakleia beeinflußt.

Der bedeutendste Gelehrte und Literat der frühen Palaiologenzeit war zweifellos *Theodoros →Metochites*, der als Megas Logothetes Andronikos' II. praktisch die Politik bis 1328 bestimmte. Der Rhetor und Staatsmann verfaßte u. a. Epitaphioi auf die Kaiserinwitwe Theodora und auf den Philosophen und Enzyklopädisten →*Joseph Rhakendytes*, eine Ekphrasis auf Nikaia (Νικαεύς), Enkomien auf Andronikos II. und auf Konstantinopel (Βυζάντιος), aber auch ein rundes Dutzend enkomiast.-rhetor. Heiligenviten. Der Polyhistor schrieb eine Sammlung von 120 Essays (Ὑπομνηματισμοί), die philosoph., hist., lit. und naturwissenschaftl. Fragen behandeln. Bei Manuel →*Bryennios*, dem wir ein geschätztes Handbuch zur Harmonik verdanken, lernte Metochites Astronomie und publizierte nach wenigen Jahren eine Einführung in diese Wissenschaft. 20 Gedichte (insges. über 9000 Hexameter) haben weitgehend autobiograph. Charakter. Das gilt auch von dem Essay Ἠθικός, der Metochites als christl. Humanisten ausweist, der klass. Ideale mit der Treue zur Orthodoxie verbindet. Metochites schrieb ferner Paraphrasen zu einer Reihe von aristotel. Schriften. An Einzelfragen der Astronomie entzündete sich eine Kontroverse mit seinem Rivalen in der polit. Karriere *Nikephoros →Chumnos*; an ihn hatte Metochites auch seinen Gesandtschaftsbericht (πρεσβευτικός) über seine Reise zu Kg. Milutin gerichtet. Chumnos polemisierte als Philosoph gegen Platonismus, Aristotelismus und Neuplatonismus. Als Rhetor verfaßte er Enkomien auf Andronikos II. und auf Thessalonike,

Urkundenprooimia im Rahmen der Kaiserkanzlei, Epitaphioi und Trostreden, die zum Teil stark theol. gefärbt sind; so gibt es von ihm auch Predigten, eine Lateinerpolemik und schließlich eine Briefsammlung.

Einer späteren Generation gehörte *Demetrios → Kydones* an. Nicht daß er Enkomien auf Kaiser und Prooimia zu Kaiserurkunden schrieb, Predigten verfaßte und eine große Briefsammlung hinterließ, sondern seine geistige Entwicklung, die Konversion zum Katholizismus aufgrund eingehenden Studiums der lat. Theologie, machen ihn interessant. Kydones übersetzte Thomas v. Aquin und Augustinus; er verteidigte Thomas gegen die Angriffe des Neilos Kabasilas. Da er sich selbst schweren Vorwürfen seitens der Orthodoxie gegenüber sah, schrieb er eine ausführl. Rechtfertigung seiner Konversion (»Apologia de vita sua«).

Der fruchtbarste Dichter des Jahrhunderts war *Manuel → Philes*, von dem mehrere Zehntausende Verse überliefert sind. Eine »Zoologie« (Περὶ ζώων ἰδιότητος) besteht aus über 2000 Zwölfsilbern, eine Ekphrasis des Elefanten begnügt sich mit 381 derartigen Versen. Die Themen der Epigramme erstrecken sich auf unzählige profane und religiöse Stoffe; sog. Bettelgedichte sind nicht selten.

Zu einer beachtl. Blüte brachte es die *Philologie:* Die vier bekannten Gelehrten aus Konstantinopel (*Manuel [Maximos] → Planudes* und *Manuel → Moschopulos*) und Thessalonike (→ *Thomas Magistros* und *Demetrios → Triklinios*) haben (früher unterschätzte) Verdienste um Überlieferung und Kritik vieler klass. griech. Texte, bes. der Tragiker und des Aristophanes. Planudes übersetzte zahlreiche lat. Autoren ins Griech. und schuf eine neue Ausgabe der »Anthologia Palatina«. Neben Grammatischem, einem Rechenbuch und einer Diophantausgabe, Editionen des Plutarch und Ptolemaios sowie einem bukol. Gedicht sind auch Predigten und theol. Schriften bekannt. Von Thomas Magistros ist eine größere Zahl von Enkomien und Gelegenheitsreden, aber auch Übungsreden überliefert. → *Konstantinos Armenopulos* faßte 1345 in seiner »Hexabiblos« das gesamte Zivil- und Strafrecht zusammen. Das praxisbezogene Werk wurde in der Turkokratia viel benützt und später sogar zum offiziellen Gesetzbuch des wiedererstandenen Hellas erklärt.

Nach mehrjähriger Blockade Konstantinopels durch die Türken um die Wende zum 15. Jh. gewährte der Sieg der Mongolen über Bāyezīd I. bei Ankara (1402) den Byzantinern noch einmal eine Atempause von wenigen Jahrzehnten bis zur unwiderruflichen Katastrophe von 1453. Die Literatur befindet sich wie die gesamte Kultur im Zustand der Auflösung; die besten Kräfte wandern nach dem Westen und befruchten dort → Renaissance und → Humanismus. *Laonikos → Chalkokondyles*, der »letzte Athener« – seine Ἀπόδειξις ἱστοριῶν reicht von 1298–1463 –, schreibt als erster Byzantiner die Geschichte der osman. Türken, wobei er die Auseinandersetzung mit Byzanz nach dem Vorbild Herodots welthistorisch zu sehen versucht. → *Dukas*, Freund der Kirchenunion und nach 1453 im Dienste der genues. → Gattilusi, schildert die Halosis in lebendiger, umgangssprachl. gefärbter Darstellung. Moderne Kritiker loben seine Wahrheitsliebe. *Georgios → Sphrantzes* baute sein Tagebuch in seine Memoiren ein, die in der Form des sog. »Chronicon Minus« (von 1413–77) als echtes Werk des Sphrantzes anzusprechen sind. Das erweiterte »Chronicon Maius« hingegen hat sich als Kompilation des Metropoliten von Monembasia Makarios Melissenos (2. Hälfte des 16. Jh.) erwiesen. Im Gegensatz zu Dukas lehnt Sphrantzes als Unionsgegner das Konzil von → Ferrara-Florenz ab. *Michael → Kritobulus*, der nach der Halosis vorübergehend in türk. Diensten stand, schildert die Zeit von 1451–67 durchwegs aus türk. Sicht. Für ihn ist Meḥmed II. (Widmungsbrief!) an die Stelle der byz. Ks. getreten. Einzelereignisse beschrieben *Johannes → Kananos* (Angriff der Türken auf Konstantinopel 1422), *Johannes → Anagnostes* (Eroberung von Thessalonike durch die Türken 1430) und *Silbestros → Syropulos* (Konzil v. Ferrara-Florenz). → *Symeon v. Thessalonike* hinterließ ein vielfältiges und reiches theol. Oeuvre; er lebte in den prekären Jahren der Venezianerherrschaft (vor 1430) in Thessalonike. Die alte rhetor. Tradition finden wir in den Schriften des Ks. *Manuel II.* (1391–1425), der seine Islampolemik (»Dialoge mit einem Perser« [= Türken]), ein Jugendwerk, auf persönl. Erfahrung aufbauen konnte. Ansonsten scheint er in der lit. Betätigung (stark klischeegebundener Fürstenspiegel; sieben ethisch-polit. Reden an den Thronfolger; Riesenepitaphios auf den Bruder und Rhetorisches aus allen Genera) eher die Flucht aus der Realität gesucht zu haben.

Die innerkirchl. Gegensätze ließen die einen, wie *Manuel → Chrysoloras*, → *Isidoros v. Kiev*, → *Bessarion, Johannes → Argyropulos, Theodoros → Gazes* (Gaza), *Michael Apostoles* (Apostolios), den Weg nach dem Westen (und in den Katholizismus) antreten, verschärften die Haltung vieler Orthodoxer, wie *Markos → Eugenikos* und *Joseph → Bryennios*, und riefen in *Georgios → Gemistos Plethon* einen selbständigen Denker auf den Plan, der eine Restituierung des Heidentums unter gleichzeitiger Druchführung wichtiger sozio-ökonom. Maßnahmen forderte. Der Philosoph schrieb über die Unterschiede der aristotel. und platon. Philosophie, über die Tugenden (im platon. Sinn) und über die Gesetze *(περὶ νόμων;* sein Staatskonzept). Von diesem Werk sind nur Exzerpte erhalten, da es → *Gennadios Scholarios*, der erste Patriarch unter türk. Herrschaft, 1460 verbrennen ließ. Gemistos Plethon arbeitete als Aristoteliker in Lehre und Forschung; in seinem umfangreichen Oeuvre spielt Autobiographisches eine große Rolle.

Der knappe Raum verbietet es, so manche Humanisten und Rhetoren dieser letzten Generation anzuführen, wie auch viele ihrer Vorgänger im 12. und 14. Jh. nicht genannt werden konnten. → Humanismus; → Griechische Literatur im abendländischen Mittelalter.   H. Hunger

Lit.: K. KRUMBACHER, Gesch. der byz. Literatur von Justinian bis zum Ende des Oström. Reiches (527–1453), 1897²–BECK, Kirche–BECK, Volksliteratur–HUNGER, Profane Lit.–Tusculum-Lex., 3. erw. Aufl., hg. W. BUCHWALD, A. HOHLWEG, O PRINZ, 1982.

B. Rezeption der byzantinischen Literatur bei den Slaven

Mit der Übernahme des Christentums aus Byzanz gerieten die Süd- und Ostslaven in den Einflußkreis der byz. Kultur und Literatur. Abgesehen von der hist. Umrahmung (Gesandtschaft von → Konstantinos-Kyrillos und Methodios nach Mähren 863, Hinwendung des bulg. Zaren → Boris nach Rom, serb. Nemanjiden zw. westl. und östl. Machtsphäre, die Kiever Fsn. → Ol'ga und die westl. Missionare am russ. Hof usw.) stellen sich bei der Übernahme der b. L. durch die Slaven folgende Fragen: Periodisierung der Übersetzertätigkeit, Umfang und System des übersetzten Schrifttums, Persönlichkeit der Übersetzer und die von ihnen verfolgten Ziele, Richtungen der Übersetzungstechnik, Einfluß der Übersetzungsliteratur auf die original slav. Schriften, Beitrag der slav. Literatur zur Kenntnis der im Griech. verlorenen byz. Schriften.

Nur in den seltensten Fällen lassen sich Zeit und Umstände der in späteren Abschriften erhaltenen Übersetzungen bestimmen, zumal die Tatareninvasion im Rußland des 13. Jh. und die lange Türkenherrschaft auf dem Balkan ab dem ausgehenden 14. Jh. verheerende Auswirkung auf die Handschriftenbestände hatten.

Eine rege Übersetzertätigkeit entfaltete sich in →Preslav unter dem bulg. Zaren →Symeon (893–927), wovon die russ. Sborniki aus den Jahren 1073 und 1076, aber auch die Übertragung der Schrift »Contra Arianos« des →Athanasios v. Alexandreia durch den Mönch *Todor Doksov* (907) oder die altslav. Version der Chronik des Johannes →Malalas durch den *Hieromonachos (Prezviter) Grigorij* ein beredtes Zeugnis ablegen. Der Kiever Gfs. →Jaroslav der Weise (1019–54) versammelte ebenfalls um sich eine Gruppe von Übersetzern, wie die altruss. Chronik→Povest' vremennych let s. a. 1037 berichtet: »Und er (= Jaroslav) versammelte viele Kopisten, und sie übersetzten aus dem Griechischen in die slavische Sprache.« Im 14. und 15. Jh. setzt eine neue Welle der Übersetzertätigkeit in den athonit. Kl. der →Megiste Laura, →Chilandar, →Hagiu Paulu, →Xenophontos und den Kl. →Studiu und Peribleptos in →Konstantinopel ein, sowie im Kreis um den bulg. Patriarchen →Evtimij v. Tŭrnovo oder in der von 1345 bis 1371 von den Serben verwalteten Stadt →Serrhes, wo 1371 der Mönch →*Isaia der Serbe* Werke des Ps.-Dionysios Areopagites übertrug. Als letzter großer Übersetzer aus dem Griech. erhebt sich die trag. Gestalt des *Maksim Grek* (1480–1555), der im Auftrag des Moskauer Metropoliten Daniil (1522–39) im Čudov-Kloster theol. und exeget. Schriften ins Kirchenslav. übertrug. Die Werke des Maksim Grek stellen die letzte Schicht der Übersetzungen in den von dem Metropolit Makarij (1482–1563) und seinen Mitarbeitern zusammengestellten Velikie Minei Četii dar, einer gewaltigen, einzigartigen zwölfbändigen Sammlung der gesamten im Rußland des 16. Jh. bekannten kirchenslav. theol. Literatur.

In der kirchenslav. Übersetzungsliteratur nehmen theol. und religiöse Schriften den Hauptanteil ein. Zum Zwecke des Gottesdienstes wurden neben den bibl. Büchern (die erste Vollbibel wurde erst 1499 in Novgorod durch Metropolit Gennadij zusammengestellt) die gesamten liturg. Hymnen- und Gebetssammlungen gelegentl. mehrfach übertragen. Die ältesten erhaltenen Menaia russ. Redaktion stammen aus den Jahren 1095–97. Byz. Hymnographen des 14. Jh. wie Nikephoros Kallistos →Xanthopulos (ca. 1256–1335) oder Patriarch →Philotheos Kokkinos (1300–79) liegen bereits in slav. Übersetzung im 14. Jh. vor. Hagiographie und Homiletik wurden von Anbeginn der slav. Literatur gepflegt, wie die zwei Codices des 11. Jh., der glagolit. Clozianus und der kyrill. Supraslensis (darin eine Homilie des Patriarchen →Photios aus dem 9. Jh.) zeigen. Einen Aufschwung erlebte die homilet. Übersetzungsliteratur bei der Kompilation der →Studiu-Sammlung, jenes anonymen Unternehmens, das auf dem Athos im Studiu-Kloster am Beginn des 14. Jh. in Angriff genommen wurde; hierfür wurde des öfteren ohne Rücksicht auf ältere slav. Übersetzungen nochmals aus dem Griech. übertragen, wobei zeitgenöss. Autoren wie Gregorios →Palamas (1296/97–1359), Joseph Bryennios (ca. 1340/50–1431), Michael →Balsamon (1347) einen nicht unwesentl. Platz neben patrist. und byz. Kanzelrednern wie Johannes Staurakios, Photios Diakonos, Philagathos Kerameus einnehmen.

Aus dem Bereich der Dogmatik fanden Werke wie die Dialektik (*Πηγὴ γνώσεως*) des →Johannes v. Damaskos sehr früh und nicht selten in mehreren Übersetzungen ihren Weg ins Slavische, aber auch polem. Schriften des Michael →Kerullarios und des Patriarchen →Petros III. v. Antiocheia (11. Jh.), die *Πανοπλία δογματική* des Euthymios →Zigabenos (11.–12. Jh.; auf dem Athos für den serb. Despoten →Stefan Lazarević im 15. Jh. abgeschrieben) oder des Gregorios →Palamas (Schrift gegen den Islam in russ. Hss. des 15. Jh. unter dem Titel »Besedovanie«). In dieser Hinsicht spielten kanonist. Florilegien (»Kormčaja kniga«) oder die Pandekten und das Taktikon des →Nikon vom Schwarzen Berge (11. Jh.; im Slav. ab dem 12. bzw. 14. Jh. erhalten) eine wichtige Rolle als Überlieferungsträger.

Dem monast.-asket. Schrifttum widmeten die slav. Übersetzer große Aufmerksamkeit. Die Vita des Antonios durch→Athanasios v. Alexandreia sowie die Vita des hl. Sabas durch →Kyrillos v. Skythopolis (6. Jh.) waren bereits →Kozma Prezviter um die Mitte des 10. Jh. in slav. Fassung bekannt. Ein Paterikon wie das Leimonarion des Johannes Moschos (6.–7. Jh.) war ab dem 10. Jh. übersetzt und ist in einem altruss. Codex des 11.–12. Jh. erhalten (Moskau GIM Sin. 551). Die Kephalaia des →Niketas Stethatos begegnen in russ. Abschriften des 14.–15. Jh.

Auf dem Gebiet der Exegese stellen für die Slaven des MA die patrist. Kommentare oft auf dem Umweg der Eklogen (so im »Evangelie učitel'noe« des Priesters →Konstantin v. Preslav am Anfang des 10. Jh.) und der Katenen (wie im kommentierten mittelbulg. Psalterium bononiense aus dem 13. Jh. oder im glagolit. Psalter des Fraščić aus dem Jahre 1463) die meist gelesenen Bibelkommentare dar. Die Evangelienkommentare des →Theophylaktos von Ochrid (11. Jh.), die in russ. und serb. Hss. ab dem 14. Jh. erhalten sind, wurden vom Metropoliten Kiprian (Kyprian) v. Kiev († 1406) zur Lektüre empfohlen. I. J. 1412 übersetzte der Mönch *Gavriil* im Kl. Chilandar den Job-Kommentar des→Olympiodoros v. Alexandreia (6. Jh.).

Im Vergleich zur theol. Übersetzungsliteratur fallen Gattungen des profanen Schrifttums viel dürftiger aus. Lediglich auf dem Gebiet der Chronistik zeigten die Slaven einen überaus großen Übersetzungseifer. Schon im beginnenden 10. Jh. wurde in Bulgarien die Weltchronik des Johannes →Malalas übersetzt. Aber auch die Weltchronik des →Georgios Monachos (Hamartolos) erfreute sich bei den Slaven großer Beliebtheit. In der bulg. Redaktion begegnet sie unter dem Namen »Vremennik«, in der serb. Redaktion als »Lětovnik«; da die altruss. Chronik →Povest' vremennych let sie benutzt, muß ihre Übertragung spätestens im 11. Jh. verlegt werden. Sogar vor versifizierten Chroniken wie der des Konstantinos →Manasses aus dem 12. Jh. machten slav. Übersetzer keinen Halt. Sie wurde unter dem bulg. Zaren →Ivan Aleksander in den Jahren 1335–40 in Prosa übersetzt und ist in einer prachtvoll illuminierten Hs., dem Vat. Slav. II aus den Jahren 1345–46, erhalten.

Geogr. Kenntnisse wurden aus der *Χριστιανικὴ τοπογραφία* des →Kosmas Indikopleustes (6. Jh.) entnommen, die in Bulgarien im 10. Jh. übertragen wurde.

Antikes Gut kam vorwiegend durch Florilegien und Sentenzensammlungen in die slav. Literatur des MA. Der erwähnte Sbornik des Svjatoslav aus dem Jahre 1076 enthält bereits Sprüche, während die →Melissa des Antonios aus dem 11. Jh. (slav. »Pčela«) bei Serben, Bulgaren und Russen in verschiedenen Redaktionen Verbreitung erlangte. Für den Schulbedarf war die Übersetzung des Traktates *Περὶ τρόπων ποιητικῶν* des Georgios →Choiroboskos (7.–8. Jh.) angefertigt worden, die im altruss. Sbornik von 1073 überliefert ist und somit auf die Zeit des Zaren Symeon zurückgeht.

In mehreren süd- und ostslav. Übersetzungen begegnet das naturwissenschaftl. Haus- und Handbuch →Physiologos, während die Tierfabeln aus Stephanites und Ichnelates (→Pančatantra) erst im 14. Jh. in Rußland übertragen wurden.

Denkmäler des Zivilrechtes fanden bei den Slaven verständlicherweise weniger Anklang als Bestimmungen des Kirchenrechtes. Hier spielte Serbien eine wesentl. Vermittlerrolle. Der Begründer der serb. autokephalen Kirche, der hl. →Sava, Sohn des →Stefan Nemanja (13. Jh.), begnügte sich nicht mit der seit der Zeit des Methodios (9. Jh.) bekannten slav. Fassung der Ἐκλογὴ τῶν νόμων (726) oder »Zakon sudnyi ljudem«, sondern übertrug auch neben den kirchenrechtl. Kommentaren des →Aristenos und des →Zonaras (12. Jh.) den Πρόχειρος νόμος, jenes Gesetzbuch Ks. Basileios' I. aus dem Jahre 879.

Es nimmt kein wunder, daß die byz. Profandichtung bei slav. Übersetzern wenig Anklang fand, hätte sie doch in fremdsprachl. Gewand den wesentl. metr. Charakter eingebüßt. Erst im 14. Jh. unternahm *Dimitrije Zograf*, ein Südslave, der infolge der Türkeninvasion Zuflucht in Rußland gesucht hatte, eine Prosaübersetzung (1385) des in Zwölfsilbern verfaßten langen Gedichtes Ἐξαήμερον ἢ κοσμουργία des →Georgios Pisides (1. Hälfte des 7. Jh.). Aus dem gleichen Jahrhundert stammt wohl auch die südslav. Prosaübersetzung der »Dioptra« des →Philippos Monotropos, ein Tugendspiegel in Fünfzehnsilbern aus dem späten 11. Jh. Auf mehr Zuspruch von seiten der Leser stieß das vulgärgriech. Lehrgedicht→»Spaneas« aus dem 12. Jh., dessen Übersetzung im südslav. Raum entstand. Im Falle des mittelbyz. Epos →»Digenes Akrites« wird gelegentl. eine altbulg. Übersetzung postuliert, die freilich nicht erhalten ist. Die relativ späten russ. Hss. des »Devgenievo dějanie« erweisen sich jedoch im Gestrüpp der griech. Überlieferung als sehr wichtig.

Die Frage des Einflusses der Übersetzungsliteratur auf die original slav. Schriften kann in diesem Zusammenhang lediglich gestreift werden: in fast allen Gebieten übte die b. L. eine normative Rolle aus, nach deren Idealen sich slav. Literaten richteten. Bisweilen verbergen sich in slav. Schriften Umarbeitungen von griech. Texten, wie in der Lobrede des Evtimij von Tŭrnovo auf Konstantinos und Helene, die auf langen Strecken die griech. Legende BHG 364 in vollem Wortlaut übernimmt.

Die kirchenslav. Literatur als Hüterin von im Griech. verlorenen Werken hat bisher keine angemessene Aufmerksamkeit auf sich ziehen können, obwohl der Ertrag verheißungsvoll erscheint. Es seien hier als Beispiel die Homilie auf die Taufe Christi des Bf. s Iulianos v. Tavia aus dem 5. Jh. genannt, deren griech. Originalfassung verloren, im Georg. bereits im 8. Jh. bezeugt ist und ins Slav. bei der Zusammenstellung der Studiu-Sammlung im 14. Jh. übersetzt wurde. Ohne die im 14. Jh. einsetzende slav. Überlieferung wäre auch eine marianische Festrede des →Maximos Holobolos (13.-14. Jh.) unbekannt geblieben. In der Kirchendichtung begegnen in slav. Hss. des öfteren Hymnen, deren griech. Vorlage nicht bezeugt ist.

Von einer Behandlung der Rezeption byz. Literaturwerke bei den Armeniern und Georgiern wurde in diesem Zusammenhang wegen der nicht genügenden Aufarbeitung der hs. Bestände abgesehen, sei jedoch darauf hingewiesen, daß im Gegensatz zu den Slaven Armenier und Georgier auch Werke aus dem nichtkirchl. Bereich übersetzt haben. In vielen Fällen setzt die hs. Überlieferung byz. Autoren in Übersetzungen in Sprachen des Kaukasus früher als die griech. Überlief. ein. Ch. Hannick

Lit.: A. POPOV, Istoriko-literaturnyi; obzor drevne-russkich polemičeskich sočinenij protiv Latinjan (XI-XV v.), 1875 [Neudr. 1972] – IOSIF, Podrobnoe oglavlenie Velikich Četiich minej vserossijskogo mitropolita Makarija, chranjaščichsja v Moskovskoj Patriaršej (nyne Sinodal'noj) biblioteke, I-II, 1892 – M. MURKO, Gesch. der älteren südslav. Literaturen, 1908 – M. WEINGART, Byzantské kroniky v literatuře církevněslovanské, I-II, 1922-23 – W. NAMYSŁOWSKI, Bizantyjskie elementy w prawie serbskim (Słownik starożytności słowiańskich I. Ossolineum 1961), 131f. – I. U. BUDOVNIC, Slovar' russkoj, ukrainskoj, belorusskoj pis'mennosti i literatury, 1962 – I. DUJČEV, Les rapports litt. byzantino-slaves, Medioevo bizantino-slavo II, 1968, 3-27 – B. V. SAPUNOV, Kniga v Rossii v XI-XIII vv., 1978 – K. TROST, Unters. zur Übersetzungstheorie und -praxis des späteren Kirchenslavischen. Die Abstrakta in der Hexaemeronübersetzung des Zagreber Zbornik von 1469, 1978 – F. J. THOMSON, The nature of the reception of christian byz. culture in Russia in the 10th to 13th centuries and its implications for Russian culture, Slavica Gandensia 5, 1978, 107-139 – G. PODSKALSKY, Zum Projekt einer theol. Literaturgesch. der Kiever Rus' (988-1237), OrChrP 44, 1978, 154-169 – H. MIKLAS, Ergebnisse und Perspektiven bei der Erforsch. der kirchenslav.-griech. Übersetzungstheorie und Übersetzungspraxis, Palaeobulgarica 4, 1980/3, 98-111 – CH. HANNICK, Maximos Holobolos in der kirchenslav. homilet. Lit., Wiener byzantinist. Stud. 14, 1981.

Byzantinische Medizin → Medizin

Byzantinische, altslavische, georgische und armenische Musik

I. Einleitung – II. Quellen – III. Notationen – IV. Theoretische Schriften – V. Darstellungen aus dem musikalischen Alltag – VI. Narrative Quellen zur Geschichte der byzantinischen Kirchenmusik – VII. Musiksammlungen des byzantinischen Ritus – VIII. Aus der Theorie der byzantinischen Musik – IX. Formen des byzantinischen Gesanges.

I. EINLEITUNG: Daß ein nicht unbeträchtl. Teil der byz. Literatur aus der patrist. Zeit oder aus späteren Jahrhunderten lediglich im Georg. oder im Kirchenslav. erhalten ist, wird zwar oft übersehen, darf jedoch bei einer eingehenderen Betrachtung der lit. Strömungen im Byz. Reich nicht außer acht bleiben. In bezug auf die byz. Musik gilt diese Erweiterung über die Grenzen des griech. Sprachgebiets hinaus als noch berechtigter, umfaßt doch das byz. Kulturgebiet den östl. Mittelmeerraum und die südl. Balkanhalbinsel.

Mit der Frage der Kontinuität der antiken griech. Musik in der byz. Kultur ist sogleich die Definition des erschließbaren Umfangs beider Musikbereiche verbunden. Die antike griech. Musik kennen wir lediglich aus umfangreichen theoret. Schriften der ersten christl. Jahrhunderte sowie aus sehr geringen notierten Fragmenten; es handelt sich einerseits um eine Kunstmusik, die mit dem Alltag wahrscheinl. wenig Gemeinsames aufwies, andererseits bildete die aus der Antike ererbte Musiktheorie einen Teil des math. Unterrichts und somit des späteren Quadrivium. Als theoret. Fach wurde die antike Musik im byz. Unterricht rezipiert und weiterentwickelt. In der Praxis geriet sie wohl in der patrist. Zeit infolge ihrer zu engen Verbindung mit dem heidn. Kult in Vergessenheit. Die Musiktheorie der Antike war vorwiegend instrumental; in der byz. Zeit begegnen wir in erster Linie – dem liturg. Bedarf entsprechend – einer Vokalmusik. Das Instrumentarium war aus der orthodoxen Kirche seit den wiederholten Verboten der Kirchenväter ab Klemens v. Alexandreia ausgeschlossen. Im Alltag und im halblitur. Zeremonien im Kaiserpalast konnten Musikanten ihre Kunst am Instrument unter Beweis stellen. Die Kunde der Instrumentalmusik aus der byz. Zeit, die sich auf Abbildungen in Hss. und knappen Erwähnungen in hist. Quellen beschränkt, wird durch die Fülle der Zeugnisse zur vokalen Kirchenmusik erdrückt. Aus Mangel an Notation für die Instrumentalmusik fällt diese aus dem Blickfeld der Philologie in den Bereich der Laographie und der Realienkunde. Verschiebt man die Gesichtspunkte und ersieht man im nichtkirchlich geprägten Volksschaffen die Hauptkomponente der musikal. Kultur, wie dies in der sowjet.

Forschung geschieht, so ergibt sich ein völlig anderes Bild der Musikkultur des MA. Daraus ergibt sich eine erste Verbindung zwischen slav. und byz. Kultur: Bei der Übersetzung byz. hist. oder bibl. Texte ins Altslav. wurden die Abbildungen ebenfalls übertragen, so daß spielende Musikanten am Rande einer altruss. Psalterhandschrift sowohl die byz. als auch die altruss. Wirklichkeit wiedergeben können. Andererseits stammten Musikanten oft aus den oriental. Provinzen des Byz. Reiches. Entsprach dann ihre Tonkunst nicht eher dem semit. oder kaukas. Milieu? Dies zu beantworten wäre Aufgabe der Musikethnographie. Daher beschränken sich die folgenden Ausführungen auf die Kirchenmusik, eine der originellsten künstler. Ausdrucksformen der byz. Kultur.

Die chronolog. Grenzen der byz. Kirchenmusik als liturg. Musik des byz. Ritus fallen nicht etwa mit den Grenzen der byz. Literatur zusammen, die in einer Kontinuität mit der Antike über die patrist. Zeit steht. Wenn auch einige Typen der byz. gesungenen Kirchendichtung ihren Ursprung aus der Liturgie der Frühkirche herleiten, weist der musikal. Charakter jener Hymnen, etwa des 12. Jh., sicherlich doch wenig Gemeinsamkeiten mit der liturg. Tonkunst der Frühkirche auf. Vom liturgiegeschichtl. Standpunkt ist es unmöglich, die hist. Entwicklung der Riten und Texte anhand der erhaltenen liturg. Denkmäler und der Angaben im patrist. Schrifttum zu verfolgen; was die Kirchenmusik anbelangt, können zuverlässige Angaben nur aus den musikal. Quellen gezogen werden, die erst ab dem 9.–10. Jh. einsetzen, als der byz. Ritus als Ritus der Hauptstadt die lokalen Liturgien von Antiocheia, Jerusalem, Alexandreia bereits verdrängt hat. Auf der anderen Seite hört die musikal. Tradition mit dem Fall von Konstantinopel 1453 nicht auf, so daß postbyz. Quellen wichtige Zeugnisse der musikal. Praxis in der byz. Zeit sein können. Da die orthodoxen Kirchen im Prinzip jede Sprache als liturg. Sprache zulassen, wurden und werden in byz. Ritus Hymnen und Psalmen in verschiedenen Sprachen gesungen. Der Begriff byz. Kirchenmusik als liturg. Musik des byz. Ritus kann daher nicht ohne weiteres auf den griech. Bereich beschränkt werden. Es ist vielmehr angebracht, die musikal. Entwicklung in den einzelnen Sprachgebieten des byz. Ritus zu betrachten, um Parallelerscheinungen feststellen zu können, die eventuelle Überlieferungslücken im Hauptgebiet des Griech. zu füllen verhelfen.

Vom musikhist. Standpunkt weist die kopt. Liturgie kaum noch Berührungen mit dem byz. Ritus auf, zumal die *koptische Musik* nie notiert wurde, ihre Entwicklung somit nicht nachvollziehbar ist. In der jüngsten Zeit konnte die ung. Musikologin I. BORSAI einige an byz. Melodien erinnernde Motive im heutigen kopt. Gesang feststellen.

In der Geschichte der byz. Hymnographie wird oft auf die *syrischen Vorbilder* des →Kontakion hingewiesen. Die musikal. Ausführung sowohl des griech. Kontakion des 7. Jh. als auch der syr. Madraša bleibt aber unbekannt. Darüber hinaus nahmen infolge der Verselbständigung der syr. Liturgien bei den →Jakobiten und den →Nestorianern die Berührungspunkte mit der byz. Kirchenmusik ab. Lediglich bei den →Melkiten blieb die syr. Sprache innerhalb des byz. Ritus etwa bis zum 15. Jh. in Gebrauch, bis sie dann allmählich durch das Arabische verdrängt wurde. Sämtliche liturg. Bücher des byz. Ritus sind somit – mit gelegentl. Reminiszenzen aus dem antiochenischen Ritus – in syr. melkit. Hss. erhalten. Eine philolog.-musikolog. Untersuchung, die das metrische – und infolgedessen das musikalische – Verhältnis zw. griech. und syr. Hymnen herauskristallisieren würde, steht noch aus.

Es seien hier die Arbeiten von L. BERNHARD genannt. *Neumierte syrische Handschriften* des byz. Ritus begegnen selten. Nach den ersten Entdeckungen durch J. PARISOT und J. B. THIBAUT am Beginn dieses Jahrhunderts gelang es H. HUSMANN, mehrere neumierte syr. Tropologia und Sticheraria (u. a. Sin. syr. 261 aus den Jahren 1233/34) zu untersuchen und herauszugeben. Diese Codices enthalten eine paläobyz. Notation (darunter auch die Theta-Notation) mit gelegentl. diastematischen Zusatzzeichen aus der mittelbyz. Notation.

Ab dem 5. Jh. siedelten Armenier, Georgier und kaukas. Albaner in palästinens. Klöstern, später auch in der Umgebung von Antiocheia und im Sinaikloster. Vom kaukas. alban. Schrifttum ist nichts erhalten. Armenier und Georgier hingegen feierten ihre Gottesdienste in ihrer Sprache. Ja sogar die alte Jerusalemer liturg. Ordnung kennen wir ausschließl. aus georg. und arm. Quellen. Am Beginn der byz. Hymnographie und somit der byz. Kirchenmusik stehen die *Werke der hagiopolitischen (= Jerusalemer) Meloden*, wie des Patriarchen→Sophronios (634–638) oder der Mönche von S. Sabas (Mar Saba), →Johannes v. Damaskos und →Kosmas, des späteren Bf.s v. Maiuma (8. Jh.). Ihnen ging das Schaffen anonymer Hymnographen und Meloden voran, deren liturg. Dichtung im Griech. weitgehend durch spätere, im klass. Stil verfaßte Hymnen verdrängt wurde, sich jedoch in georg. oder arm. Übersetzung erhalten hat. Das altarm. Lektionar gibt den liturg. Zustand vor der Mitte des 5. Jh. wieder, das georg. Lektionar *(kanoni)* stellt eine Kompilation aus dem 5. bis 8. Jh. dar. Die georg. Liturgie folgte dann der Entwicklung des byz. Ritus. Bes. unter dem Einfluß der Übersetzerschule im athonit. Kl. →Iberon (Iviron; gegr. 980–983) verstärkten sich die liturg. Beziehungen zw. Byzanz und Georgien.

Die ältesten *neumierten georgischen Handschriften*, Hirmologia und Tropologia *(iadgari)*, gehen auf das 10. Jh. zurück und weisen ein einfaches, daher noch rätselhaftes Bild auf. Nicht mehr als ein Dutzend Zeichen oberhalb und unterhalb der Textzeile markieren einige Silben jedes Kolon. Eine Verwandtschaft mit byz. Musikzeichen läßt sich nur schwer erkennen. Die Melodie, die diese Zeichen notieren, muß aber wohl aus dem Griech. entnommen worden sein, da die Silbenzahl im georg. und im griech. Text weitgehend übereinstimmt und v. a. die griech. Musterstrophe in georg. Schrift stets angegeben ist (z. B. *Umetitrop'iḥrant'es* = Οἱ μὴ τῇ τροφῇ χρανθέντες). Die Vermutung liegt nahe, daß unter diesem georg. Gewand eine byz. Melodie aus der Zeit vor ihrer Fixierung in den uns erhaltenen griech. Denkmälern vorliegt. Es nimmt daher nicht wunder, daß in georg. Hss. lediglich →Hirmoi und →Stichera neumiert werden, zumal diese zwei Hymnengattungen im palästinens. Raum entstanden. Um das 12. Jh. geriet das georg. Neumensystem in Vergessenheit, so daß die Mehrzahl der liturg. Hss. des MA unneumiert blieb. Der georg. Begriff für »Neume« *nišani* (σημεῖον, σύμβολον in der altgeorg. Bibelübersetzung) ist übrigens arm. Ursprungs (arm. *nšan* 'Zeichen'). Erst ab dem 9. Jh. sind *armenische neumierte Handschriften* erhalten, deren System mit den paläobyz. →Notationen Ähnlichkeiten aufweist (z. B. eine Zusammensetzung von Piasma und Petaste). In dieser Zeit hat sich der arm. Ritus bereits wesentl. vom byz. entfernt, so daß Verbindungen melod. oder theoret. Art sich lediglich über die gemeinsamen Wurzeln aus der Jerusalemer liturg. Ordnung ableiten lassen können. Im Grundbestand des Hymnarium (*Šaraknoc'*) haben wir etwa 25 Neumen *(xaz)*, die oberhalb der Textzeile geschrieben werden, und 12 Buchstaben aus dem arm.

Alphabet unter der Zeile. Wie im byz. Gesang bestehen in der arm. Kirchenmusik verschiedene Stile; syllabisch, melismatisch, sehr melismatisch. Letzterer Stil, im →Manrusmun vertreten, weist in der Neumenanordnung eine Ähnlichkeit mit der byz. Kondakarnotation auf, wie wir sie aus altslav. Hss. des 12.-13. Jh. und aus dem Asmatikon kennen: in die Textzeile werden buchstabenähnliche Zeichen eingeschoben, deren genaue Funktion noch nicht feststeht. Zur Kenntnis der byz. Kirchenmusik tragen die arm. neumierten Hss. des MA unmittelbar nichts Wesentliches bei, zumal das Hymnenrepertoire in beiden Riten stark abweicht. Ob byz. Anschauungen in die zahlreichen arm. theoret. Schriften zur Kirchenmusik aus dem späten MA Eingang fanden, wurde bisher nicht untersucht.

Etwa vergleichbar mit den syr. Melkiten blieb ein Teil der Armenier mit den chalkedonit. Orthodoxen verbunden und übernahm die byz. liturg. Bücher in vollem Umfang. Diese Gemeinschaften, die mit den mit Rom unierten Armeniern nicht zu verwechseln sind, hießen *Armenier-Rhomäer (Hay-hořomn)* oder *Tzaten (cat')* und begegnen des öfteren in byz. Quellen. Sie besiedelten z. B. Klöster im Hinterland von Antiocheia im 11. Jh. Das Schrifttum der *Armenier-Chalkedoniten* harrt noch einer Untersuchung. Im 13. Jh. übersetzte Siméon Płnjahanec'i die→Oktoechos aus dem Georgischen ins Armenische für den Bedarf der nach dem byz. Ritus lebenden Armenier. Seine Übersetzung ist in einigen Hss., darunter im Cod. Vened. Mech. 630 aus dem Jahre 1584 erhalten. Ob der liturg. Gesang der Armenier-Chalkedoniten mit der byz. Kirchenmusik übereinstimmte, bleibt unerforscht.

Als jüngstes Glied des byz. liturg. Zweiges im MA ist die *slavische Welt* zu nennen. Die Slavenlehrer →Konstantinos (Kyrillos) und Methodios übersetzten nach 863 die grundlegenden Teile der byz. liturg. Bücher, darunter sicherlich ein gekürztes Hirmologion (ἐκλεκταὶ ἀκολουθίαι, wie die slav. Vita Methodii XV 4 berichtet). Wir können davon ausgehen, daß in *Rußland* bis ins 14. Jh. Notation und Melodie der liturg. Gesänge mit der byz. Tradition voll übereinstimmen. Bei den *Südslaven* begegnen wir in Serbien des 15. Jh. Meloden, die ihre Kompositionen in beiden Sprachen, griech. und kirchenslav., nach der damaligen mittelbyz. Notation niederschrieben.

II. QUELLEN: Abgesehen von der heutigen Praxis des liturg. Gesangs in der griech. Kirche, die in vielen Punkten die ma. Tradition fortsetzt, auf der anderen Seite jedoch von ihr in wesentl. Aspekten wie Melodiebildung und liturg. Funktion der einzelnen Gesangspartien abweicht, kann die byz. Musik von mehreren Seiten her erschlossen werden. Als Quellen gelten zunächst die in verschiedenen Systemen notierten Musikhandschriften, dann die theoret. Schriften zum Kirchengesang und – dies aber nach vorsichtiger Verwertung – die aus der byz. Zeit stammenden Traktate zur klass.-griech. Musik, weiter Abbildungen aus dem Musikleben v. a. in Handschriftenilluminationen, schließlich Nachrichten über die musikal. Ausführung, Komponisten, Musiktheorie usw. in lit. Quellen, u. a. in Typika oder liturg. Ordnungen.

III. NOTATIONEN: Die Notationssysteme der byz. Kirchenmusik im MA sind ausschließl. *neumatisch* und kennen weder das im Westen ab→Guido v. Arezzo im 11. Jh. entwickelte Pentagramm noch die Anordnung der Zeichen für die Tonunterschiede in campo aperto um eine fiktive Zeile, wie in der aquitan. Notation. Byz. Neumen werden oberhalb der Textzeile (lediglich in der ekphonet. Notation begegnen auch Zeichen unterhalb der Textzeile; über Eigenarten der georg. und der arm. Notation vgl. oben) auf gleicher Höhe geschrieben und beinhalten vorwiegend relative Intervalle (φωνή). Erste Transkriptionsversuche auf dem westl. Pentagramm gehen auf Hieronymos Tragodistes aus Zypern (Mitte des 16. Jh.) zurück. In den theoret. Schriften werden byz. Neumen σημάδια (σημεῖον in der klass.-griech. Musik) genannt. Der in der Musikwissenschaft gebrauchte Begriff »Neume« (νεῦμα) ist zwar griech. Ursprungs, wird aber in der griech. musikolog. Terminologie nie als terminus technicus verwendet; in westl. Musiktraktaten des FrühMA ist er aus dem Bereich der Cheironomie (Gesangsleitung durch Handbewegungen) entnommen. Die ältesten griech. Hss. mit ekphonet. Zeichen stammen aus dem 8. Jh. Es sind bibl. Lektionare (Evangelia, Apostoloi, Prophetologia). Diese Notation, die aus den prosod. Zeichen entwickelt wurde und somit grundlegend von dem syr., aus Punkten bestehenden System abweicht, war bis zum 14. Jh. in Gebrauch; die ältesten griech. Zeugen sind Palimpsesthandschriften. Die Bezeichnung *ekphonetisch* geht auf I. TZETZES 1885 zurück. Die Entzifferung stößt auf große Schwierigkeiten, da die 14 Zeichenkombinationen, aus denen die byz. ekphonet. Notation besteht, Anfang und Ende eines Satzteiles markieren und die Ausführung der »lectio solemnis« lediglich symbolhaft andeuten. Zwar besitzen wir einige Tabellen wie im Cod. Sin. gr. 8, in denen die durch ekphonet. Zeichen vermerkten Modulationen der Stimme mit Neumen festgehalten werden; eine Auflösung des Systems bleibt jedoch nur eine annähernde. Man unterscheidet im griech. Bereich eine archaische (z. B. in der nachträgl. liturg. Adaptation des Cod. Ephraemi rescriptus – Paris. gr. 9 – aus dem 5. Jh.) und eine klass. (ab dem 11. Jh.) Periode in der Geschichte der ekphonet. Notation. Zeichen für die lectio solemnis nach dem byz. System fanden auch in einigen slav. Hss. des 11. Jh. aus Rußland Anwendung, nicht aber in den fragwürdigen Kiever Blättern, einem glagolit. Fragment aus einem Sakramentar nach dem westl. Ritus, in welchem gelegentl. Zusatzzeichen vorkommen, die nicht die geringste musikal. Bedeutung haben können. In Ermangelung zuverlässiger Vorarbeiten muß die Frage der Anwendung der byz. ekphonet. Notation in georg. Denkmälern offen bleiben: →Georgios Hagioreites (Mt'acmideli' um 1009-65) soll sie eingeführt haben.

Bes. Aufmerksamkeit verdient der Gebrauch der ekphonet. Notation außerhalb von Lektionarien wie im Oxforder Cod. Holkham gr. 6. In dieser Hs., einem →Synodikon aus der Mitte des 11. Jh. (1050-52), werden sowohl das Glaubensbekenntnis als auch dogmat. Ausrufungen mit Gesangszeichen notiert (Abb. im Repertorium der griech. Kopisten 800-1600: I. Großbritannien, Pl. 140. Wien 1981). Inwieweit diese Tradition in den für Feiertage vertonten Glaubensbekenntnissen des Metropoliten Markos v. Korinth (15. Jh.) oder des Manuel Gazes (Mitte 15. Jh.), beide im Cod. Athous Doch. 315 aus dem späten 16. Jh. erhalten, weiterlebt, bleibt zu untersuchen. Als nicht geklärt gilt weiterhin die Notation eines mittelbulg. Psalteriums aus Bologna (Bibl. univ. 2499), in welchem auf lange Strecken ein eigenartiges Neumensystem jede Silbe markiert.

Ab dem 10. Jh. sind griech. neumierte Hymnenhandschriften (v. a. Hirmologia und Sticheraria) erhalten, in denen in der Regel jede Silbe ein Musikzeichen trägt, das entweder die relative Tonhöhe oder die Tonlänge bzw. den Ausdruck angibt. Notationssysteme des byz. Gesangs werden im Gegensatz zu dem Erkenntnisstand in der Geschichte der Gregorianik nicht nach ihrer geogr. Verbreitung, sondern nach dem Grad der Fixierung der

Intervalle (klassisch: διάστημα; in der byz. Kirchenmysik φωνή) eingeteilt. Es wäre allerdings ein Irrtum zu glauben, daß die Notationssysteme innerhalb des byz. Reiches keine lokale Differenzierung erfahren hätten; solche Merkmale sind jedoch in der bisherigen Forschung nicht herausgearbeitet worden. Daher unterscheidet man *paläobyzantinische, mittelbyzantinische* und *neobyzantinische* Notationen, wobei die paläobyz. (im griech. Bereich bis zum 12. Jh., im syr. bis zum 13. Jh., im slav. bis zum 14. Jh.) neumat. Systeme adiastematisch, die mittelbyz. Notationen (im griech. Bereich vom 12. bis zum 18. Jh. verwendet) durchwegs diastematisch sind; die neobyz. Notation entstand infolge einer Reform durch die sog. »Drei Lehrer« Chrysanthos v. Madytos, Gregorios Protopsaltes, Churmuzios Chartophylax am Beginn des vorigen Jahrhunderts.

Die *paläobyz. Neumensysteme* werden in der Forschung der letzten Jahrzehnte auf verschiedene Weise eingeteilt: als Haupttyp gelten die *Coislin-Notation*, benannt nach dem Cod. Paris. Coisl. gr. 220, einem Hirmologion aus dem 11.-12. Jh., in welchem fünf Grundzeichen allein oder in Zusammensetzung verwendet werden, und die *Chartres-Notation*, benannt nach dem jetzt verschollenen Fragment aus dem Cod. Athous Laura Γ 67 aus dem 10.-11. Jh., das in →Chartres aufbewahrt war und auf das AMÉDÉE GASTOUÉ 1907 erstmalig aufmerksam machte. Die Coislin-Notation stammt wahrscheinl. aus Palästina, die Chartres-Notation erlangte eine auf die Hauptstadt Konstantinopel und den Athos beschränkte Verbreitung. Charakteristisch für die Chartres-Notation ist die Verwendung von Neumen, die melod. Figuren angeben. Für eine wahrscheinl. noch archaischere Notationsstufe, die in griech., slav. und syr. Hss. begegnet, schlug J. RAASTED den Namen *Theta-Notation* vor; in dieser Notation dient ein griech. Theta als Symbol für ein je nach Tonart und Kadenz verschiedenes Melisma; im späteren russ. Gesang finden wir solche Melismata im Gesangbuch Fitnik aufgeschlüsselt. Um das Jahr 1050 gewann die Coislin-Notation die Oberhand, was aus dem abrupten Verschwinden der Chartres-Notation zu schließen ist. Ende des 12. Jh. geriet auch im griech. Bereich die Coislin-Notation in Vergessenheit und wurde durch die *mittelbyzantinische* (früher auch *runde Notation* genannt) abgelöst. Das Verhältnis zw. beiden Notationstypen veranschaulicht am besten der Cod. Hieros. Sab. 83, ein Hirmologion aus dem Beginn des 12. Jh., in dem die Coislin-Notation im späten 13. oder beginnenden 14. Jh. den Erfordernissen der mittelbyz. Notation angepaßt wurde.

Im slav. Bereich verlief die Entwicklung anders: Die ältesten neumierten Hss. stammen aus dem Rußland des ausgehenden 11. Jh. und gehören dementsprechend dem Typus der Coislin-Notation an. In Bulgarien, dem slav. Land, das als erstes das Christentum zur Staatsreligion erhob, blieb das Griechische vermutl. die herrschende gesangsliturg. Sprache bis zu Beginn des zweiten bulg. Reiches (1185). Um diese Zeit entstand auch das Triodion von Bitola (Sofia BAN 38), das umfangreichste und älteste Denkmal der bulg. Hymnographie mit byz. Musikzeichen. Vermutl. wegen der durch die Übersetzung bedingten Schwierigkeiten der Adaption von Text und Melodie in den Musterstrophen und den nach diesen metrisch gleich aufgebauten Hymnen (→Hymnographie) übernahmen die Slaven die voll diastemat., jede Silbe eines Wortes mit einem Musikzeichen versehende mittelbyz. Notation nicht. Daher blieb in slav. Hss. – ausgenommen die unten erwähnten serb. Gegebenheiten – das alte, von der Coislin-Notation abhängige Neumensystem ohne durchgreifende Änderung bis zum Ende des 15. Jh. in Gebrauch, ein Umstand, der bei der Erforschung der paläobyz. Notation bisher viel zu wenig in Betracht gezogen wurde.

Nimmt man als Merkmal der paläobyz. Notation den Mangel an Fixierung der Tonhöhe an, so muß auch in diesem Zusammenhang die *kondakarische* Notation genannt werden, die – abgesehen von dem späteren, aus dem 14. Jh. stammenden Cod. Kastoria 8 – lediglich in fünf altruss. Hss. des 12.-13. Jh. bezeugt ist und deren Entzifferung durch die bahnbrechenden Arbeiten von C. FLOROS und K. LEVY in den 60er Jahren vorangetrieben wurde. Die spärl. Zeugen der kondakar. Notation weisen kein einheitl. Bild auf, vielmehr gehen sie auf verschiedene Vorlagen zurück. Neben dem äußerst melismat. Charakter, der aus den langen Silbenwiederholungen hervorgeht, fällt hier die zweigliedrige Aufteilung der Neumen auf, wobei die obere Neumenreihe für die sog. »Großen Hypostasen«, d. h. die aus der Cheironomie entnommenen symbol. Zeichen zur Andeutung von melod. Formeln, reserviert ist. Eine ähnliche Neumenverteilung begegnet ebenfalls in der arm. Notation des Manrusmun (vgl. oben).

Der voll diastemat. Charakter der mittelbyz. Notation hatte zur Folge, daß die byz. Kirchenmusik zunächst und immer noch vorwiegend in der Forschung durch die in dieser Notationsstufe überlieferten Hss. erfaßt wird. Wenn auch die Transkriptionsregeln der Neumen in bezug auf Intervalle feststehen, bleiben doch Probleme in bezug auf den Rhythmus oder der – in Fortführung von K. A. PSACHOS (1917) – in jüngster Zeit von GR. STATHIS aufgeworfenen Frage der Exegesis, d. h. der notwendigen Erläuterung des in den Neumen fixierten melod. Gerüsts anhand der späteren, bis in die Gegenwart reichenden Überlieferung, noch ungelöst.

IV. THEORETISCHE SCHRIFTEN: Nachdem einzelne Traktate, bes. ab dem Ende des vorigen Jh., entdeckt und veröffentlicht wurden, gelang es erstmalig L. TARDO, einen, wenn auch vorläufigen und vorwiegend auf Grund von äußeren Kriterien gewonnenen, dennoch zuverlässigen und bis heute noch gültigen Gesamtüberblick über die in zahlreichen, meist späteren Musikhandschriften überlieferten Abhandlungen über die ψαλτική τέχνη zu geben. Das innerhalb der Monumenta Musicae Byzantinae in Angriff genommene Corpus scriptorum de re musica soll für die byz. Musik eine Arbeitsgrundlage bieten, wie sie die »Musici scriptores graeci« von C. JAN (Leipzig 1895) auf dem Gebiet der antiken Musiktheorie darstellen. Der Beitrag der klass.-byz. Musiktheoretiker des 13.-14. Jh., wie Georgios →Pachymeres oder Manuel →Bryennios, zur Kenntnis der byz. Kirchenmusik dürfte bes. in bezug auf die Kompositionslehre und die Ästhetik höher veranschlagt werden, als bisher angenommen. Vielleicht gerade aus diesem Grunde beschränken sich die speziell der Kirchenmusik gewidmeten Lehrschriften auf Fragen der Notation und verraten wenig von dem Wesen des Achttonsystems (→Oktoechos). Anonyme Traktate wie der →Hagiopolites oder die →Papadike lassen sich nur schwer datieren, bezeugen jedoch einen Wandel in der Anwendung der Neumen. Theoret. Schriften mit Angabe des Verfassers (Johannes →Kukuzeles, →Gabriel Hieromonachos, Johannes →Laskaris, Manuel →Chrysaphes) gehen auf die Paläologenzeit zurück und behandeln in der Regel einzelne Fragen der Praxis der ψαλτική τέχνη.

V. DARSTELLUNGEN AUS DEM MUSIKALISCHEN ALLTAG: Der Wert der Musikikonographie, deren Erforschung u. a. durch die Arbeiten von E. WINTERNITZ oder das 1971 gegründete Répertoire International d'Iconographie Musicale gefördert wurde, ist in bezug auf die Instrumentenkunde unbestritten. Handschriftenilluminationen in Psaltern und Chroniken, Fresken, Mosaiken zeigen oft Musikanten und gewähren somit einen Einblick in den musikal. Alltag des MA. Was die ausschließl. vokale Kirchenmusik anbelangt, ließ sich ihre Ausführung in der darstellenden Kunst schwieriger und daher seltener fassen. Um so größere Aufmerksamkeit verdienen die in griech. und slav. Musikhandschriften erhaltenen Abbildungen von Gesangsmeistern im Unterricht, die neben den zu didakt. Zwecken angefertigten Diagrammen die Praxis der musikal. Ausbildung verdeutlichen.

VI. Narrative Quellen zur Geschichte der byzantinischen Kirchenmusik: Es war das Verdienst von J. Handschin, mit einer musikgeschichtl. Analyse (1941) der Schrift »De Caeremoniis« des Ks. s →Konstantinos VII. Porphyrogennetos (905–959) auf den konkreten Niederschlag der musikal. Praxis in den lit. ma. Quellen hingewiesen zu haben, während die Kirchenmusik betreffende Nachrichten aus dem patrist. Schrifttum in früheren Untersuchungen (z. B. Gerold, 1931) aus Mangel an Kenntnissen über die damalige Musikpraxis eine volle Auswertung nicht ermöglichen. Klostertypika, Heiligenviten, Reiseberichte, Chroniken oder auch Psalmenkommentare enthalten eine Fülle von Angaben zum damaligen Musikleben, die noch einer Bearbeitung harren. So berichtet Nikolaos →Mesarites († um 1220) in seiner Ekphrasis über die Apostelkirche in Konstantinopel über den Gesangsunterricht und liefert wichtige Angaben zur Bedeutung der Cheironomie oder Gesangsleitung durch Handbewegung. Aber auch die georg. Vita des →Georgios Hagiorites (Mt'acmideli) führt in die byz. Chorpraxis ein. Überaus wichtig erweisen sich die Kommentare des Johannes →Zonaras (12. Jh.) zu den κανόνες ἀναστάσιμοι des Johannes v. Damaskos.

VII. Musiksammlungen des byzantinischen Ritus: Griech. neumierte Hss. sind erst ab dem 10. Jh. erhalten und vermögen somit wegen des chronolog. Abstands kaum ein Bild über die Musiktradition zur Zeit der größten Meloden der byz. Kirche, →Romanos Melodos und Johannes v. Damaskos, zu liefern. Die jüngsten Handschriftenfunde im Sinaikloster werden wahrscheinl. einige liturg. Texte früherer Jahrhunderte zu Tage bringen, die das bisherige Entwicklungsschema der liturg.-musikal. Hymnensammlungen des byz. Ritus präzisieren können. Vielleicht wird dann durch griech. Hss. eine Überlieferungsstufe bestätigt werden, die georg. Codices des 9. und 10. Jh. (Tbilisi H-2123, Sin. iber. 18, 40, 41) bezeugen, nämlich die alte Form des →Tropologion als älteste Hymnensammlung mit Kanones und Stichera für den Monatszyklus und die Fastenzeit, entsprechend der Jerusalemer liturg. Ordnung, welche dem arm.-georg. Jerusalemer Lektionar zugrundeliegt. Das georg. Tropologion (iadgari), dessen älteste Zeugen leider nicht neumiert sind, dürfte wohl den liturg.-musikal. Gepflogenheiten des ausgehenden 7. Jh. entsprechen. Beim Einsetzen der griech. Überlieferung der neumierten liturg. Hss. im 10. Jh. stellen wir einen grundlegenden Wandel fest: Die Hymnen werden nunmehr gemäß ihrer liturg. Funktion und ihren metr.-musikal. Merkmalen in verschiedene Sammlungen, →Hirmologion und →Sticherarion, eingeteilt. Gesänge des Hirmologion gehören zum syllab. Stil, Hymnen des Sticherarion zum leicht melismat. Stil. Dem tägl. Bedarf des Offizium entsprechend werden sehr bald neben den durchwegs neumierten, nach Gattungen geordneten Hss. und den nicht-neumierten Hymnensammlungen liturg. Hss. angefertigt, die – sei es Menaion, Triodion, Euchologion, Oktoechos – Neumen für die im Lauf des Kirchenjahres selten gesungenen Hymnen (u. a. stichera idiomela) aufweisen. Diesem Mischtypus entspricht ebenfalls das georg. Tropologion (iadgari) des Mik'ael →Modrekili (Tbilisi S 425) aus den Jahren 978–988. Inwieweit Modrekili Redaktor oder nur Kopist war, läßt sich noch nicht abschätzen. In seiner Hymnensammlung heißt es: »Ich stellte zusammen, was ich an Gesängen in georgischer Sprache vorfand: meḥurni, griechische und georgische«. Was unter »Meḥuri-Gesänge« zu verstehen ist, bleibt unklar. Sollte Mik'ael Modrekili im ausgehenden 10. Jh. noch griech. Hss., vielleicht neumierte Codices, bei seinem Iadgari herangezogen haben? Hirmologion und Sticherarion als Sammlungen von Musterstrophen, deren Melodien im Laufe des Kirchenjahres tausendfach wiederholt werden, stellen die gebräuchlichsten Chorbücher des byz. Ritus dar. Einem kleineren Kreis von Sängern waren das Asmatikon und das →Psaltikon vorbehalten, wobei das Psaltikon als Buch des Psalters lediglich Solistengesänge enthielt. Beide Gesangbücher gehören zum melismat. Stil. Aus dem Umstand, daß Asmatikon und Psaltikon lediglich in südit. Hss. des 13. und 14. Jh. erhalten sind, darf nicht geschlossen werden, daß diese Stilgattungen nur in dieser Periode und in diesen Randprovinzen gepflegt wurden: Das Psaltikon enthält u. a. eine so alte Hymnengattung wie z. B. das →Kontakion, deren frühere Ausführung sich freilich unserer Kenntnis entzieht. Somit sind auch die oben erwähnten altruss. »Kontakaria« mit ihrer eigentüml. Notation als Psaltika bzw. Asmatika zu betrachten.

Etwa um die Mitte des 14. Jh. und sicherlich in Zusammenhang mit dem Wirken des Sängers und Komponisten Johannes →Kukuzeles fand eine Reform der Musikbücher statt, die gelegentlich als byz. ars nova bezeichnet wird; die neue τάξις τῶν ἀκολουθιῶν (Akoluthiai) erfaßt die Gesänge des Commune für Hesperinos, Orthros und Liturgie und kodifiziert in vielen Fällen die bisherige mündl. Überlieferung, z. B. beim Psalmengesang. Andererseits fanden in ihr zahlreiche zeitgenössische Kompositionen Eingang. Vom musikal. Standpunkt aus setzt die Sammlung der Akoluthiai die Tradition des Asmatikon und des Psaltikon fort. Nach dem 15. Jh. und bei dem ständigen Wechsel, dem die Hss. der Akoluthiai unterzogen wurden, verschwanden die Gesänge des Asmatikon- und Psaltikon-Repertoires. Die Hss. der τάξις τῶν ἀκολουθιῶν stellen eine vorzügl. Quelle zur Erfassung der byz. Komponisten des 14. und 15. Jh. dar. Viele prosopograph. Daten können nur aus diesen Denkmälern gezogen werden; hinzu kommt, daß Akoluthiai nicht selten datiert sind und deutl. Spuren ihres Entstehungsortes (z. B. Vind. theol. gr. 185 aus Thessalonike, Athen BN 2406 aus Serrhes) tragen. Aus dem 14.–15. Jh. sind auch einige Namen von südslav. Meloden, die griech. oder kirchenslav. Hymnen vertont haben, bekannt. Es sei hier auf den Mönch Ioakeim Charsianites δομέστικος Σερβίας (ca. 1347–1385) oder den Domestikos Stefan den Serben (15. Jh.) hingewiesen. Letztgenannter vertonte in beiden Sprachen mit gleicher Melodie das Cherubikon für die Praesanktifikatenliturgie Νῦν αἱ δυνάμεις (ehem. Cod. Beograd NB 93 aus dem 15. Jh.). Die Erschließung des musikal. Oeuvres der Meloden der Paläologenzeit steht noch in den Anfängen, zumal die Hss. zahlreich sind und ihre Auswertung auf große Schwierigkeiten stößt. Als bahnbrechend in dieser Hinsicht ist die Abhandlung (1973) von A. Jakovljević über David Raidestinos (1. Hälfte des 15. Jh.) zu nennen.

VIII. Aus der Theorie der byzantinischen Musik: Grundlage der byz. Musik ist das Achttonsystem (→Oktoechos oder eine Verteilung des melod. Repertoire nach acht verschiedenen Tonleitern). Daß das ma. Oktoechos-System von dem gegenwärtigen, am Beginn des vorigen Jh. kodifizierten tonalen System der griech. Kirche, sowie von der klass. griech., vorwiegend der Instrumentalmusik entsprechenden Einteilung der Tonleitern abwich, kann als sicher gelten. Unklar bleibt das Ausmaß der Verschiedenheiten und somit der wahre Charakter der byz. Oktoechos. Hatten sich die Begründer der Monumenta Musicae Byzantinae für eine strenge Diatonik entschieden, so muß man wohl heute Chromatismen als Bestandteile des ma. tonalen Systems erkennen. Das Repertoire von einigen großen Festen wie Mariä Entschlafung (15. August) enthält feierl. Gesänge, deren Melodie durch die acht Töne abwechselnd läuft. Dem Achttonsystem nicht unterworfen sind lediglich die 11 Exaposteilaria der Auferstehung, als deren Verfasser Ks. Konstantinos VII. Porphyrogennetos gilt. Abweichend von den sonstigen metr. Regeln der byz. Hymnographie bestehen diese Hymnen aus Fünfzehnsilblern (στίχος πολιτικός), ein Versmaß, das sicherlich aus der Profandichtung in die Liturgie übernommen wurde. Die Melodie dieser Exaposteilaria ist selten überliefert, z. B. im Cod. Ohrid gr. 53, einem Sticherarion aus dem 11.-12. Jh. in paläobyz. Notation. Die Vermutung liegt nahe, daß mit dem Versmaß auch die Melodie aus der weltl. Musik übernommen wurde und daher wegen ihrer allgemeinen Bekanntheit fast nie abgeschrieben wurde.

Das Achttonsystem bestimmt – wenn auch mit einer anderen Verteilung der melod. Motive (slav. *popěv*) – die arm., die georg. und die altslav. Kirchenmusik. Im *Armenischen* bestehen neben den vier authentischen (einfach *jayn* = ἦχος genannt) und den vier plagalen *(kołm)* Tönen noch 8 Nebentöne *(darcuack')*, die der Entstehung nach den byz. ἦχοι μέσοι entsprechen. Authent. und plagale (sowie im arm. Gesang der *darcuac jayn*) Töne unterscheiden sich v. a. durch die tonale Lage: der plagale Ton beginnt jeweils eine Quinte tiefer als der entsprechende authent. Ton, der armen. darcuac jayn weist in dieser Hinsicht keine Regelmäßigkeiten auf.

IX. FORMEN DES BYZANTINISCHEN GESANGES: Der rein vokale Charakter des byz. liturg. Gesanges und der seit den Anfängen der christl. Kirche immer wieder betonte Vorrang des Wortes bestimmen die Entwicklung verschiedener Formen des Gesanges im byz. Gottesdienst. Viel mehr als im Westen und der orthodoxen kirchl. Innenarchitektur entsprechend, konnten auch die Bewegungen der Solisten und der Chöre dem Gesang eine Pluralität verleihen, die die Ausdruckskraft der strengen ma. *Monophonie* unterstrich. Gegen die Monophonie verstoßen weder das gleichzeitige Übereinandersingen etwa von Diakon und Chor noch gelegentl. Übergänge in die Heterophonie, die in neumierten Hss. als Variante durch Wechsel der Tinte gekennzeichnet sind, noch das Festhalten eines von der Tonart abhängigen festen Tones, des für den byz. Gesang charakterist. Ison, das ab dem 15. Jh. bezeugt ist. Betrachtet man das monast. Offizium als den echtesten Ausführungsort der liturg. Musik, so hat sich die Monophonie bis in unsere Tage im griech. und im arm. Kirchengesang behaupten können. Polyphon. Versuche begegnen in byz. Hss. so selten, daß sie hier eine Erwähnung verdienen, wobei eine ästhet. Wertung außer acht bleiben soll. Im Cod. Athous Doch. 315 aus dem späten 16. Jh., einer sorgfältig geschriebenen Anthologie vorwiegend mit Werken von Meloden aus der Paläologenzeit, begegnet ein Koinonikon mit dem Vermerk διπλοῦν μέλος κατὰ τὴν τῶν Λατίνων ψαλτικήν. Es handelt sich um ein anonymes zweistimmiges Stück im 4. plagalen Ton mit schwarzer und roter Notation. Die Stimmführung verläuft zunächst in parallelen Quarten, fällt gelegentl. in parallele Quinten, bisweilen kreuzt die Melodie der unteren, rot neumierten Stimme sogar die obere. GR. STATHIS, der auf diese Hs. aufmerksam machte, zieht als mögl. Komponisten den auch sonst in der Kirchenmusik bekannten→Johannes Plusiadenos (ca. 1429–1500) in Erwägung.

In Rußland – und nur dort innerhalb der slav. orthodoxen Welt – entwickelte sich ab dem späten 16. Jh. eine Art kontrapunktierte Polyphonie, meistens dreistimmig, in der die führende Stimme *(put')* die mittlere Lage einnimmt. Diese an die westl. Renaissance-Musik erinnernde Polyphonie, die in neumat. Notation überliefert ist, wurde dann durch die aus Polen und der Ukraine bekannte, vierstimmige Polyphonie ab dem 17. Jh. allmählich verdrängt.

Was die georg. dreistimmige Polyphonie anbelangt, so wird angenommen, daß sie aus der Volksmusik stammt und schon sehr früh in die Liturgie eingeführt wurde. Es wird in diesem Zusammenhang oft auf den Philosophen des 11. Jh. Iovane Petric'i verwiesen, der die Dreistimmigkeit als Beweis für die Existenz der hl. Dreifaltigkeit anführt. Solche Annahmen werden durch die neumierten Hss. nicht bestätigt.

Nach dem Achttonsystem, d. h. unter Ausschluß der nach der ekphonet. Notation gesungenen bibl. Perikopen und der nicht neumierten, mit freien Stimmbewegungen vorgetragenen Gebete, werden im byz. Ritus Psalmtexte und Hymnen auf verschiedene Art gesungen. Das Hymnenrepertoire (→Hymnographie) bieten die Sammlungen →Hirmologion, →Sticherarion, →Kontakarion; gesungene Psalmtexte hingegen finden sich in verschiedenen Gattungen von Musikhandschriften. Im folgenden werden ledigl. die Ausführungsarten und der liturg. Ort der *Psalmen* behandelt.

Den Psalmen werden die Cantica (ᾠδή) des AT zugerechnet, die überlieferungsgeschichtl. mit dem Psalterion zusammenhängen und den Grundstock des Kanon bilden: Ex 15, 1–20; Dt 32, 1–44; 1 Kön 2, 1–11; Hab 3, 2–19; Jes 26, 9–21; Jona 2, 3–11; Dan 3, 26–45. 52–56; Dan 3, 57–88; Lk 1, 46–56.

a) *Psalmodie in directum:* Ein Solist trägt einen oder mehrere Psalmen (Kathisma) aus einem nichtneumierten liturg. Buch (Horologion, Psalterion) vor. Die Ausführung in der byz. Zeit kann nur aus Typika-Anweisungen entnommen werden. Es handelt sich um eine schlichte Rezitation mit gelegentl. Kadenzen. Einen im Chor gemeinsamen Vortrag bezeugen zwei Hss. des 12. Jh., Hieros. Patr. gr. 1096 und Sin. gr. 973. In Rußland sind ab dem 16. Jh. Notationen für den Psalmengesang erhalten, in denen der Vortrag des Kanonarches bei bestimmten Versen durch den Chor unterbrochen wird.

b) *Responsoriale Psalmodie:* Ein Sänger singt die Psalmverse, zw. denen der Chor einen Refrain einschiebt; der Refrain kann einfach Alleluia wie im Ps 1 (Μακάριος ἀνήρ) am Beginn des Hesperinos sein oder ein gleichbleibendes Hypopsalma (bzw. Epiphonema, Epiphthegma) wie in dem Canticum trium puerorum in der Liturgie des Karsamstags (Τὸν κύριον ὑμνεῖτε καὶ ὑπερυψοῦτε εἰς πάντας τοὺς αἰῶνας oder ein wechselndes Hypopsalma (Ephymnion) wie im Ps 103 oder im Ps 140 (Κύριε ἐκέκραξα) im Hesperinos. Typ 1 und 3 sind gut bezeugt ab dem 14. Jh. in der τάξις τῶν ἀκολουθιῶν und weisen eine Vielfalt an lokalen Traditionen (Konstantinopel, Athos, Thessalonike, Jerusalem, παλαιός) auf. Viele Melographen, bes. in der Palaiologenzeit, haben Kompositionen für einzelne Verse in den verschiedenen Tonarten hinterlassen, in denen das Versende bes. melismat. ausgeschmückt wird.

c) *Antiphonale Psalmodie:* Beide Chöre singen abwechselnd die jeweiligen Psalmverse, mit oder ohne eingeschobene Texte. Die erste, schlichte Form ist am Beginn der Liturgie mit den Ps 102 und 145 (τὰ τυπικά) bezeugt, die zweite am selben Ort in den sog. ἀντίφωνα oder ausgewählten Psalmversen mit dem Refrain Ταῖς πρεσβείαις τῆς Θεοτόκου. Beide Formen dieser Antiphonie sind in der τάξις τῶν ἀκολουθιῶν ab dem 14. Jh. erhalten und weisen einen syllab. Charakter auf. Einer viel entwickelteren Antiphonie begegnen wir in den *Anabathmoi* (psalmi graduum), die jeden Sonntag am Orthros nach den 8 Tönen gesungen werden. Die Troparia der Anabathmoi stellen eine →Theodoros Studites (759–826) zugeschriebene Paraphrase der einzelnen Verse der psalmi graduum (Ps 119–133) dar. Die älteste musikal. Überlieferung geht auf Hss. des 10.–11. Jh. in der Chartres-Notation zurück. Die Troparia der Anabathmoi und die Psalmverse waren nicht nur dem Inhalt nach ähnlich; wie O. STRUNK darlegte, wurden in den Anabathmoi Motive des üblichen Psalmgesangs übernommen. Überliefert sind die Anabathmoi im Sticherarion oder auch in der neumierten Oktoechos (z. B. Sin. gr. 795 aus dem 12. Jh.).

d) *Prokeimena und Alleluiarion:* Der Funktion nach dem lat. →Responsorium entsprechend, stellt das Prokeimenon ein Beispiel der elaborierten Psalmodie dar. Das Prokeimenon wird vor einer bibl. Lesung alternierend vom Solisten und vom Chor gesungen und besteht aus zwei Psalmversen. Bei den sog. Großen Prokeimena (bei bestimmten Festen und in der Fastenzeit) werden mehrere Psalmverse gesungen; als Großes Prokeimenon gilt auch der Gesang des Κατευθυνθήτω in der Praesanktifikatenliturgie. Das Alleluiarion besteht aus zwei Psalmversen und dem Refrain Alleluia und wird wie folgt ausgeführt: Der Solist kündigt den Gesang mit ἀλληλουΐα, ψαλμὸς τῷ Δαυίδ an; nach dem Ausruf des Diakon singt der Solist Alleluia und den ersten Psalmvers, dem der Chor Alleluia anschließt; der Solist folgt dann mit dem zweiten Vers, dem der Chor nochmals einen Refrain Alleluia folgen läßt. Charakterist. für das Alleluiarion ist, daß das letzte Wort der jeweiligen, vom Sänger vorgetragenen Verse nicht ausgeschrieben ist; man nimmt daher an, daß der Chor in den Gesang des Solisten einfiel und die letzten Silben des Psalmverses als eine Art Intonation für den Refrain Alleluia benutzte. Die Solistenpartien bei Prokeimenon und Alleluiarion gehören dem Psaltikon-Repertoire an, während die Reprisen des Chores (δοχή) beim Prokeimenon im Asmatikon überliefert sind. Diese Einteilung wird in den Gesangbüchern so streng eingehalten, daß die gesamte musikal. Struktur dieser Psalmverse nur durch Heranziehung beider Buchtypen, Psaltikon und Asmatikon, ersichtlich wird.

e) Dem Repertoire des Asmatikon gehören die *Koinonika,* d. h. die während der Kommunion gesungenen Psalmverse an, die in wenigen Hss. des 13. Jh. überliefert sind.

f) Die Reform des Kukuzeles, die in der Zusammenstellung der τάξις τῶν ἀκολουθιῶν ihren Niederschlag fand, öffnete einer neuen Richtung in der Ästhetik und in der Kompositionslehre den Weg in die Liturgie: Ab dem 14. Jh. gewinnt die *Kalophonie* immer mehr an Bedeutung; ältere, klass. Melodien im syllab. Stil werden verschönert (καλλωπισθέν) durch jüngere Meloden wie Xenos→Korones (Mitte des 14. Jh.). Bes. die Hirmoi, aber auch Stichera werden einer kalophon. Bearbeitung unterzogen. Für Psalmverse wie den Polyeleos (Ps 135) entsteht ein mannigfaltiges Repertoire an kalophon. Bearbeitungen. Die Kalophonie erfüllt etwa die Rolle eines vokalen Interludium. Die Worte lösen sich in Töne auf, aber der tonale Charakter des Gesangs wird bewahrt. Anders beim *Prologos* und *Kratema,* einer musikal. Erscheinung, die sich aus der Lehre des →Hesychasmus ableiten läßt. Hier wird die Funktion des Interludium durch die Loslösung vom Wort derart unterstrichen, daß als artikulator. Stütze des Gesangs sinnlose Silben wie »teretere tiritiri torotoro« seitenlang wiederholt werden. Der Prologos, der einem Psalmvers folgt, stellt eine kalophon. Bearbeitung dieses Psalmverses dar unter Beibehaltung der tonalgebundenen melod. Motive. Es folgt dann ein aus »teretere« bestehendes Melos, das Kratema, das zwar die →Martyriai als tonale Merkmale benutzt, in der Komposition jedoch vom üblichen tonalen Aufbau radikal abweicht und sich einer Art experimenteller Musik nähert, ein kunstvoller, heute kaum nachzuempfindender Gesang, der frei von Worten die Meditation der Zuhörer umrahmt. Die Beliebtheit, aber auch das ausgesprochen hohe Niveau der Gesangsausbildung im letzten Jahrhundert des byz. Reiches bezeugt die große Zahl der Teretismoi und Kratemata aus dem 14. und 15. Jh., die dann in den nachbyz. Handschriften weiter tradiert werden. Ch. Hannick

Ed.: *Byz. Musikdenkmäler:* C. HØEG, H. J. W. TILLYARD, E. WELLESZ, Sticherarium (Vind. theol. gr. 181), MMB 1, 1935 – C. HØEG, Hirmologium athoum (Athous Iber. 470), MMB 2, 1938 – L. TARDO, Hirmologium cryptense (Crypt. E. γ. II), MMB 3, 1951 – C. HØEG, Contacarium ashburnhamense (Laur. Ashb. 64), MMB 4, 1956 – J. RAASTED, Hirmologium sabbaiticum (Hieros. Sab. 83), MMB 8, 1970 – E. FOLLIERI – O. STRUNK, Triodium athoum (Athous Vatop. 1488), MMB 9, 1975 – *Slav. Musikdenkmäler:* E. KOSCHMIEDER, Die ältesten Novgoroder Hirmologien-Fragmente (AAM, Phil.-hist. Kl., NF 35, 37, 45, 1952–58) – Fragmenta chiliandarica palaeoslavica. A: Sticherarium, B: Hirmologium (Athous Chil. slav. 307, 308), MMB 5, 1957 – A. BUGGE, Contacarium palaeoslavicum mosquense (Mosq. GIM Usp. 9), MMB 6, 1960 – A. DOSTÁL – H. ROTHE, Der altruss. Kondakar' auf der Grundlage des Blagoveščenskij Nižegorodskij Kondakar', 1976ff. – F. V. MAREŠ, Fragments du sticherarion de Chilandar à Prague (Fundamental problems of early slavic music and poetry, ed. CH. HANNICK [MMB Subs. 6], 1978), 121–141.
Lit.: Allg.: C. FLOROS, Universale Neumenkunde, 3 Bde, 1970 – M. HAAS, Byz. und slav. Notationen (Paläeographie der Musik I/2, 1973) – C. FLOROS, Zu den ältesten Notationen einstimmiger Musik des MA (Beiträge zur Musikkultur des Balkans, ed. R. FLOTZINGER, I, 1975), 11–28 – *Zur byz. Musik:* G. I. PAPADOPULOS, Συμβολαὶ εἰς τὴν ἱστορίαν τῆς παρ' ἡμῖν ἐκκλησιαστικῆς μουσικῆς, 1890 [Nachdr. 1977] – A. GASTOUÉ, Introduction à la paléographie musicale byz. Cat. des manuscrits de musique byz. de la bibl. nat. de Paris et des bibl. publiques de France, 1907 – J. B. THIBAUT, Monuments de la notation ekphonétique et hagiopolite de l'église grecque, 1913 [Nachdr. 1976] – C. HØEG, La notation ekphonétique, MMB Subs. I/2, 1935 – L. TARDO, L'antica melurgia bizantina nell'interpretazione della scuola monastica di Grottaferrata, 1938 – O. TIBY, La musica bizantina. Teoria e storia, 1938 – J. HANDSCHIN, Das Zeremonienwerk Ks. Konstantins und die sangbare Dichtung, 1942 – C. HØEG, Musik og digtning i byzantinsk kristendom, 1955 – E. WELLESZ, A hist. of byz. music and hymnography, 1961² – O. STRUNK, Specimina notationum antiquiorum, MMB 7, 1966 – H. J. W. TILLYARD, Handbook of the middle byz. musical notation, MMB Subs. I/1, 1970² – E. V. WILLIAMS, A byz. ars nova: the 14th-century reforms of John Koukouzeles in the chanting of great vespers (Aspects of the Balkans. Continuity and change, ed. H. BIRNBAUM – SP. VRYONIS, 1972), 211–229 – A. JAKOVLJEVIĆ, David Raidestinos, Monk and Musician. Stud. in Eastern Chant 3, 1973, 91–97 – G. HINTZE, Das byz. Prokeimena-Rep., Hamburger Beitr. zur Musikwiss. 9, 1973 – N. K. MORAN, The ordinary chants of the byz. Mass, I–II, ebd. 12, 1975 – GR. TH. STATHĒS, Τὰ χειρόγραφα βυζαντινῆς μουσικῆς. Ἅγιον ὄρος, I–II, 1975–76 – O. STRUNK, Essays on Music in the Byz. World, 1977 – E. TONČEVA, Zvučali li sa melodii v Joan Kukuzel v Tǔrnovo prez XIV v.? Muzikoznanie 1, 1977, 39–52 – CH. HANNICK, Byz. Musik (HUNGER, Profane Lit. II), 183–218 – KR. STANČEV – E. TONČEVA, Bŭlgarskite pesnopenija vŭv vizantijskite akolutii. Muzikoznanie 2, 1978, 39–70 – D. TOULIATOS-BANKER, State of

the discipline of byz. music, Acta musicologica 50, 1978, 181–192 – GR. TH. STATHĒS, Ἡ ἐξήγησις τῆς παλαιᾶς βυζαντινῆς σημειογραφίας, 1978 – DERS., Οἱ ἀναγραμματισμοί καὶ τὰ μαθήματα τῆς βυζαντινῆς μελοποιΐας, 1979 – DERS., Μορφολογία καὶ ἔκφραση τῆς βυζαντινῆς μουσικῆς, 1980 – K. LEVY, Byz. rite, music of the (The New Grove Dict. of Music and Musicians III, 1980), 553–566 – *Zu den syr. Denkmälern der byz. Musik:* H. HUSMANN, Ein syro-melkit. Tropologion mit altbyz. Notation: Sinai syr. 261, 2 Bde, 1975–76 – DERS., Ein syr. Sticherarion mit paläobyz. Notation (Sinai syr. 261.), Hamburger Jb. für Musikwiss. 1, 1975, 9–57 – J. RAASTED, Musical notation and quasi notation in Syro-Melkite liturgical manuscripts. Cah. de l'institut du MA grec et latin 31 A, 1979, 11–37; 31 B, 1979, 53–77 – *Zur Arm. Musik:* N. AKINEAN, Siméon Płnjahanec'i ew ir t'argmanut'iwnnerē vrac'erēnē, Handes Amsorya 64, 1950, 1–21 – CH. S. KUŠNAREV, Voprosy istorii i teorii armjanskoj monodičeskoj muzyki, 1958 – Ṙ. A. AT'AYAN, Haykakan xazayin notagrut'yunĕ (usumnasirut'yan ev vercanut'yan harc'er), 1959 – B. OUTTIER, Recherches sur la genèse de l'octoèchos arménien. Etudes grégoriennes 14, 1973, 127–211 – N. K. TAGMIZJAN, Teorija muzyki v drěvnej Armenii, 1977 – CH. HANNICK, Armenian rite, Music of the (The New Grove Dict. of Music and Musicians I, 1980), 596–599 – K. G. Č'ALIKSAN, Aṙajin ev aṙajin koṙm jayneḷanakneri kaṙuc'vack'n u xazayin hamakargi harc'erĕ, 1981 – *Zur georg. Musik:* J. B. THIBAUT, Notnye znaki v gruzinskich rukopisjach. Christianskij Vostok 3, 1914, 207–212 – V. A. GVAḪARIA, K'art'ul musikalur sistemat'a ganvit'areba, 1962 – H. LEEB, Die Gesänge im Gemeindegottesdienst von Jerusalem (vom 5. bis 8. Jh.), 1970 – CH. HANNICK, Georgian rite, Music of the (The New Grove Dict. of music and musicians VII, 1980), 241–243 – E. METREVELI, C'. ČANKIEVA, L. ḤEVSURIANI, Udzvelesi Iadgari, 1980 (vgl. frz. Résumé »Le plus ancien tropologion géorgien« (Bedi Kartlisa 39, 1981), 54–62 – M. VAN ESBROECK, L'hymnaire de Michel Modrekili et son sanctoral (Xe s.), Bedi Kartlisa XXXVIII, 1980, 113–130 – *Zur altslav. Musik:* O. v. RIESEMANN, Die Notationen des alt-russ. Kirchengesanges, 1909 – R. PALIKAROVA VERDEIL, La musique byz. chez les Bulgares et les Russes, MMB Subs. 3, 1953 – C. HØEG, The oldest slavonic tradition of byz. music, PBA 39, 1953, 37–66 – M. VELIMIROVIĆ, Byz. elements in early slavic chant: The Hirmologium, MMB Subs. 4, 1960 – V. BELJAEV, Drevnerusskaja muzykal'naja pis'mennost', 1962 – N. USPENSKIJ, Drevnerusskoe pevčeskoe iskusstvo, 1971 – M. V. BRAŽNIKOV, Drevnerusskaja teorija muzyki, 1972 – M. VELIMIROVIĆ, The present status of research in Slavic chant, Acta musicologica 44, 1972, 235–265 – D. STEFANOVIĆ, Izvori za proučavanje stare srpske crkvene muzike (Srpska muzika kroz vekove, 1973), 113–141 – DERS., Stara srpska muzika. Primeri crkvenih pesama iz XV veka, 2 Bde, 1974–75 – E. TONČEVA, Problemi na starata bŭlgarska muzika, 1975 – ST. V. SMOLENSKIJ, Paläograph. Atlas der altruss. linienlosen Gesangsnotationen (AAM Phil.-hist. Kl. NF 80, 1976) – J. V. GARDNER, System und Wesen des russ. Kirchengesanges, 1976 – JU. V. KELDYŠ, Ob izučenii drevnerusskoj muzyki v SSSR (Beitr. zur Musikgesch. Osteuropas, ed. E. ARRO, 1977), 5–15 – K. LEVY, The earliest slavic melismatic chants (Fundamental problems of early slavic music and poetry, ed. CH. HANNICK [MMB Subs. 6], 1978), 197–210 – B. KARASTOJANOV, Tonemite v znamennija razpev. Bŭlgarski muzikoznanie 4, 1980, 50–66 – M. VELIMIROVIĆ, Russian and Slavonic Church music (The New Grove Dict. of music and musicians XVI, 1980), 337–346.

Byzantinische Philosophie → Philosophie

Byzantinisches Recht

I. Allgemein – II. Die byzantinische Rechtsliteratur nach Epochen.

I. ALLGEMEIN: Die Konsequenz der von den Byzantinern vertretenen Anschauung der → translatio imperii, wonach Ks. → Konstantin den röm. Staat insgesamt nach der Stadt am Bosporus verpflanzt habe, bestand in der völligen Kongruenz der polit. und rechtl. Tradition des alten und neuen Rom. Die Aneignung des röm. Rechts vollzog sich auf der Basis der staatsrechtl. Identität derart nahtlos, daß das oft vertretene Bild einer Rezeption des röm. Rechts durch Byzanz dem Vorgang inadäquat erscheint. Denn ebensowenig wie es im polit. Denken zw. den beiden Erscheinungsformen der antiken und der ma. ʿΡωμανία (Romania) eine Zäsur gibt, ist eine solche in der Weitergeltung der Normenmasse des röm. Rechts festzustellen. Der Inhalt des Quellenmaterials wurde in byz. Zeit freilich vielfach umgestaltet: die byz. Ks. als Gesetzgeber veränderten und ergänzten es, aber auch die geänderten Umstände seiner Anwendung – z. B. durch Subsumption neuer sozialer Verhaltensweisen unter die gleichbleibenden Tatbestände – bedingten materielle Rechtsänderungen, die sich zumeist erst allmählich in den Texten niederschlugen. Die insgesamt doch zahlreichen Neuerungen im Recht des röm. Staates nach 330 rechtfertigten es, sein Recht gleichlautend mit der Bezeichnung des polit. Gebildes als byz. zu benennen, wenngleich die Epoche zw. Konstantin und Justinian vornehml. in der rechtshist. Literatur als der nachklassische Abschnitt der röm. Rechtsgeschichte bezeichnet wird. Die Gründe hiefür liegen einerseits bloß im Herkommen, andererseits aber auch in der engen Verbundenheit der nachklass. Rechtsentwicklung des östl. (= byz.) Reichsteils mit jener des Westens. Die Einheit der frühbyz. Rechtsquellen mit den röm. ist aber auch in ihrer äußeren Erscheinung begründet, da auch im Osten zunächst noch die lat. Sprache in den Quellen vorherrschte, obgleich das Rechtsleben (Unterricht und Vollzug) bereits deren Transponierung ins Griech. eingeleitet hatte. Diese Sprache trat aber erst in nachjustinian. Zeit in der Rechtstradition der Byzantiner voll in Erscheinung. Da auch dann noch das röm. Recht diese Tradition materiell bestimmte, verwendet die gelehrte Literatur nahezu bis zur Gegenwart den Kunstausdruck »ius Graeco-Romanum« zur Bezeichnung des byz. Rechts. Die mit diesem Ausdruck signalisierte Dominanz der aus den vorbyz. Rechtsquellen eingeflossenen Normenmasse rechtfertigt gewiß diesen Terminus, wenngleich dadurch der geänderte Anwendungsbereich dieser Rechtstexte zu kurz kommt. Leider ist aber die eben angesprochene, sich oftmals bloß aus dem Vollzugskonnex ergebende byz. Dimension im einzelnen mangels Zeugnissen prakt. Anwendung bis heute weitgehend im dunkeln geblieben und wird dies in Anbetracht der schwerlich sich grundlegend bessernden Quellenlage auch künftig bleiben. Somit besteht die Darstellung des b. R.s auf weite Strecken lediglich in der Dokumentation der Literaturgeschichte dieses Rechts mit nur geringen Durchblicksmöglichkeiten auf die soziale Relevanz der in ihrer lit. Gestalt relativ häufig variierten Quellen des röm. Rechts oder der von den Ks.n neu eingebrachten Normen. Die Entwicklungszüge dieser Geschichte werden im folgenden kurz dargestellt, die byz. Rechtsquellen als solche erfahren unter den jeweiligen Stichworten ihre eigene Beschreibung. Die Unterteilung des zu behandelnden, mehr als 1000 Jahre umfassenden Zeitraums der byz. Rechtsgeschichte orientiert sich angesichts der Quellenlage wie auch des Forschungsstandes ausschließlich an rechtsliterar. Gegebenheiten (s. a. → Römisches Recht).

II. DIE BYZANTINISCHE RECHTSLITERATUR NACH EPOCHEN: [1] Den ersten Abschnitt bildet die Epoche von Konstantin bis Justinian I. Ihre Leistung besteht in der systemat. Konservierung und Sammlung der Schriften der klass. röm. Juristen sowie in der Dokumentation der von den Ks.n seit Hadrian erlassenen Konstitutionen in drei Codices. Auf der Basis des durch Neuausgaben der alten Juristenschriften stabilisierten Juristenrechts (ius) und des materiell nach den Einteilungskriterien der Juristenschriften geordneten und in eine chronolog. Folge gebrachten Kaiserrechts (leges) schufen die Lehrer der Rechtsschulen v. Berytos (→ Beirut, Rechtsschule v.) und Konstantinopel (aus justinian. Sicht: die »Heroen«) eine neue Dogmatik des röm. Rechts. Sie entzieht sich jedoch infolge des Verlustes der Unterrichtslektüre dieser Schulen bis auf wenige Reste unserer Kenntnis; der Ruhm der frühbyz. Schulen beruht v. a. auf der Hochachtung, welche ihnen die antecessores (→Antecessor) Justinians zollten. Dem b. R. ist aber auch – vornehml. unter dem Aspekt künftiger Entwicklung – die Herausbildung eigener kirchl. Rechtsquellen zuzuzählen. Sie vollzog sich anfangs noch im Rahmen der gesamtkirchl. Tradition. In ihr war der byz. Einfluß bedeutend, da auch die rechtl. παράδοσις (paradosis 'Überlieferung') der Kirche größtenteils auf der griech.-byz. Tradition der östl. Väter und auf der Gesetzgebungstätigkeit der stets im spezifisch byz. Raum abgehaltenen Konzile beruhte. An lit. Produkten sind als die wichtigsten das Corpus canonum der Reichskirche, die apostol. canones und die einzelnen Vätern zugeschriebenen Canonessammlungen zu nennen (→Kanonisches Recht, Ostkirche). Zwar stellte vor Justinian das in Ausbildung begriffene Recht der Kirche noch nicht einen Bestandteil des staatl. b. R.s dar, wirkte sich aber – neben der vom Christentum über die Kaisergesetzgebung auf das staatl. Recht ergangenen Impulse – bes. auf die Rechtspraxis aus, wenn es vermöge der spirituellen Zwangsmittel der Kirche und im Rahmen der in ihrem Umfang freilich strittigen episcopalis audientia sogar gegenüber anderslautendem staatl. Recht die Oberhand behielt.

[2] Die zweite Epoche der byz. Rechtsgeschichte beginnt mit der Kodifizierung des Schulprogrammes der leges und des ius durch Justinian und endet mit dem Verschwinden der direkt nach der Kodifikation erstellten Übersetzungen ins Griech. etwa im Zeitalter des Herakleios, d. h. in der 1. Hälfte des 7. Jh. Justinian vereinte zunächst die bislang in den drei spätantiken Codices gesammelten leges in seinem Codex, wobei das gesamte Material in Hinsicht auf seine Brauchbarkeit gesichtet und auf den aktuellen Stand gebracht wurde. Sodann erstellte eine vom Ks. eingesetzte Kommission eine Auswahl aus den zu diesem Zweck gesammelten Juristenschriften, die Digesten, welche wohl vornehml. Unterrichtszwecken dienen sollten. Ein ebenfalls unter der Autorität des Gesetzgebers verfaßtes Anfängerlehrbuch (Institutiones) auf der Basis älterer gleichartiger Schriften, vornehml. der Gaius-Institutionen, rundete die lit. Bereinigung der älteren Rechtsquellen durch Justinian ab. Die nach Beendigung der Kodifikationsarbeit erlassenen neuen Gesetze Justinians, die →Novellen, vollendeten teils die stabilisierende Wirkung des Corpus iuris – so etwa vollzog der Kaiser erst im Novellenrecht die Harmonisierung von zivilem und prätor. →Erbrecht –, zum überwiegenden Teil führten sie aber rechtl. Neuschöpfungen ein. Sie erbrachten v. a. im öffentl. Recht (Gerichtsorganisation, religiöse Angelegenheiten, Verwaltungsgliederung u. a.) tiefgreifende Änderungen (s. a. →Corpus iuris civilis). Die Novellen bildeten in der Folgezeit ein eigenes lit. Genus, wurden aber schließlich in die Tradition integriert. Da die Sprache der justinian. Kodifikation vorwiegend das Lat. war, bedurfte es zu ihrem Verständnis im großenteils Griech. sprechenden Byz. Reich der Transponierung dieser Texte in das Griechische. Soweit das Corpus im Unterricht verwendet wurde, besorgten diese Arbeit die antecessores. Die der Lehre zugrundeliegenden Übersetzungen wurden zusammen mit den Kommentaren der Professoren nach den Mitschriften der Studenten zu neuen lit. Schöpfungen verarbeitet. Diese Werke bildeten neben den weniger anspruchsvollen Summen, welche die Texte insgesamt ins Griech. übertrugen, die Grundlage für die weitere Rechtstradition. Die lat. Originale gerieten im byz. Raum wohl bald nach dem Tod Justinians in Vergessenheit. In den Jahrzehnten nach 565 verarmte aber allmählich auch die in Griech. geschriebene Rechtsliteratur. An die Stelle der Bearbeitungen des Corpus iuris der antecessores und →scholastikoi scheinen alsbald Auszüge aus diesen Texten getreten zu sein. Am geringsten war der Schwund wohl im Bereich des Novellenrechts, das noch am Ende des 6. Jh. von zwei Juristen systemat. bearbeitet worden war. Die lit. Produktion erlosch vermutl. noch in der Regierungszeit Herakleios' (610–641). Bis zur Entstehung neuer lit. Produkte um die Mitte des 8. Jh. wird man an Fragmenten der →Theophilosparaphrase der Institutionen, dem Syntomos Kodex des →Theodoros Scholastikos und den Bearbeitungen der justinian. Novellen nebst einigen Exzerpten aus den griech. Bearbeitungen der Digesten in der Praxis Genüge gefunden haben. Die Wiedergewinnung der justinian. Rechtsliteratur zur Zeit der Makedonendynastie läßt in ihren eben damals nicht mehr heilbaren Lücken erkennen, wie groß die Verluste jurist. Lit. in den »dunklen Jahrhunderten« nach Justinian gewesen sind. Die Entwicklung des byz. Kirchenrechts erfolgte zeitverschoben als Nachblüte des weltl. Rechts. Justinian bereicherte die byz. Rechtstradition durch die formelle Inkorporation der canones der vier bis auf seine Zeit abgehaltenen Konzile (Nov. 131 c. 1 [545]) in das staatl. Recht. Die große Relevanz des kirchl. Rechts im byz. Staat wird weiterhin durch die Abfassung eigener kirchl. Rechtsbücher im 6. Jh. unterstrichen. Diese Arbeiten zerfallen zunächst noch in zwei gesonderte Teile. Zuerst sammelten die Verfasser – als deren bedeutendster sei der spätere Patriarch von Konstantinopel, →Johannes Scholastikos, hervorgehoben – die canones, welche sie entsprechend der Methodik der justinian. Kodifikation innerhalb eines Systems von Titeln wechselnder Zahl chronol. geordnet wiedergaben. Danach kompilierten sie in einem Anhang entweder wörtlich oder in Auszügen die weltl. νόμοι (nomoi) – insbes. die Novellen Justinians –, soweit sie kirchl. Materien betrafen. Etwa zu Beginn des 7. Jh. entstanden auf der Basis der eben genannten Werke die ersten →Nomokanones, welche nach dem Titelsystem der bisherigen Kanonesliteratur die kirchl. und weltl. Rechtsquellen einheitl. darstellen. Als wichtigste Arbeit unter ihnen ist der →Nomokanon in 14 Titeln des jüngeren Anonymos zu nennen, der in den folgenden Jahrhunderten die Grundlage der byz. Kirchenrechtsliteratur bildete.

[3] Nach einer Zeit völligen Stillstands lit. Produktion und des weitgehenden Verschwindens der auf justinian. Textbasis beruhenden Quellenbearbeitungen ist, beginnend mit dem 8. Jh., die dritte Epoche der byz. Rechtsgeschichte anzusetzen. Sie endet mit der Wiederentdeckung der griech. Versionen des justinian. Rechts am Vorabend der »makedonischen Renaissance«. Kennzeichnend für diese Epoche ist das Entstehen einer neuen Rechtsliteratur, welche zwar nach wie vor auf dem justinian. Recht beruhte, es aber nicht wortgetreu referierte, sondern aus dessen Texten kurze, merksatzartige Regeln formulierte. Der völlige Verzicht auf theoret. Erörterung rückt die neuen Werke – die →Ekloge und Rechtsbücher wie die νόμοι γεωργικοί (→Nomoi Georgikoi) seien beispielsweise genannt – ihrem wiss. Standort nach in die Nähe des nachklass. Vulgarrechts. Der Verzicht auf Wissenschaftlichkeit hatte freilich den Vorteil, daß die Texte dieser Epoche sich durch sprachl. und sachl. Verständlichkeit auszeichneten. Die kurzen, rasch überschaubaren Werke sind im lebendigen Griech. ihrer Zeit abgefaßt. Dadurch gewinnen sie eine ansprechende prakt. Frische und vermitteln den Eindruck lebendigen Rechts. Der innovator. Gehalt der Rechtsbücher war wohl allein durch die in ihnen verarbeitete Kaisergesetzgebung bestimmt, welche ihrerseits – zumindest verbal – v. a. vom Tenor weiterer Christianisierung des Rechts getragen war. Auf das gleiche

Bemühen geht wohl die Aufnahme einer neuen Quelle, inhaltl. eine Kompilation der Mosaischen Gesetze, in die byz. Rechtstradition zurück. In seiner jurist. Anspruchslosigkeit und leichten Faßlichkeit entsprach dieses Rechtsbuch ebenfalls voll den Grundzügen isaur. Rechtspolitik. Die kirchl. Wirren des →Bilderstreits machen es verständlich, daß aus dieser Epoche der byz. Rechtsgeschichte kanonist. Literatur nicht erhalten ist.

[4] Die vierte Epoche der byz. Rechtsgeschichte umfaßt die Zeit von Beginn der Makedonendynastie bis zur Eroberung Konstantinopels (1204). Ihr wesentl. Merkmal ist die Renaissance des justinian. Rechts, welcher in der späten Makedonenzeit ein Aufblühen der Rechtsliteratur folgte. Die lit. Produktion verflachte in der Komnenenzeit, ihr Schwerpunkt verlagerte sich auf die Kanonistik und erlosch schließlich in der Katastrophe von 1204. Die seit dem Beginn des 9. Jh. sich regenden klassizist. Neigungen in Literatur und Kunst griffen allmähl. auch auf die Rechtswissenschaft über. Man begann die von den antecessores und scholastikoi geschaffenen griech. Texte des justinian. Rechts zu sammeln und sie wiederum handschriftl. zu verbreiten. Mit dem Regierungsantritt Basileios' I. erfuhren die bislang von Privaten getragenen Bestrebungen auch die offizielle Förderung des Kaiserhauses. Basileios initiierte eine rechtl. Erneuerungsbewegung, die zur Wiederverlautbarung des justinian. Rechts führen sollte. Sie entsprach dem Kulturprogramm der »makedonischen Renaissance« und verfolgte unter dem Schlagwort der ἀνακάθαρσις τῶν παλαιῶν νόμων (Anakatharsis ton palaion nomon 'gereinigte Wiederherstellung der alten Gesetze') die Reinigung des Rechts von den Textprodukten der isaur. Epoche. Die legist. Ergebnisse dieser Bestrebungen waren der Procheiros Nomos (→Prochiron), die →Basiliken und die →Novellen der Makedonen, vornehml.→Leons VI. Aber auch Rechtsbücher wie die →Epanagoge, die →Epitome legum und die sog. →leges fiscales entsprangen denselben Intentionen. Alle diese Werke bildeten in der Folgezeit die Grundlage der weiteren Rechtstradition. Anonyme Verfasser schufen zumeist aus mehreren dieser Werke synkretist. Rechtsbücher I, indem sie, dem System einer Quelle folgend, darum herum Material aus anderen Werken lagerten. Weiter existierte in der späten Makedonen- und frühen Komnenenzeit auch eine reiche Literatur der Legalquellen, die darauf abzielte, deren prakt. Anwendbarkeit zu erleichtern (→Synopsis Maior, →Tipukeitos und →Ecloga Basilicorum). Einen Beweis für das Streben der Zeit nach jurist. Bildung bietet auch die Existenz der reichen isagog. Lit., als deren Glanzstücke die →Synopsis Pselli und das Kompendium πόνημα νομικὸν (ponema nomikon) des Michael →Attaleiates gelten. Daneben gab es auch eher triviale Kurzerklärungen und Kleintraktate zu jurist. Begriffen (lat. Rechtstermini und Klagsbezeichnungen), wie sie in großer Zahl entweder selbständig als Appendix zu größeren Werken sich in den Hss. finden oder im Rahmen der sog. →nomischen Glossen oder der Basilikenscholien (→Basiliken) gesammelt sind. Darüber hinaus sind uns aber auch einige Monographien größeren Umfangs wie etwa die →meditatio de pactis nudis und die Traktate →de peculiis und →de creditis erhalten. Das Bild der klassizist. Epoche der weltl. Rechtsliteratur runden zwei Sammlungen ab, die →Peira und die Appendix zur Synopsis Maior. Während uns die Peira einen Einblick in die Entscheidungstätigkeit des byz. Höchstgerichts eröffnet, vereinigte die Appendix zur Synopsis Maior verschiedene ältere Texte, deren Auswahlkriterium die Verwendbarkeit im prakt. Alltag eines byz. Justizfunktionärs des 10.–13. Jh.

bildete. Nach einer längeren Anlaufzeit bis hin zum 11. Jh., in der lediglich kleinere Arbeiten zum kanon. Recht entstanden (Bußkanones und versch. κανονικαί ἀποκρίσεις [kanonikai apokriseis]), ist das 12. Jh. die große Zeit der kanonist. Lit. der Byzantiner. Als ihre Hauptvertreter sind das Dreigestirn Johannes →Zonaras, Alexios →Aristenos und Theodoros →Balsamon zu würdigen. Diese Männer waren nicht nur mit den kanonist. Quellen vertraut, sondern besaßen auch profunde Kenntnisse des weltl. Rechts und seiner Geschichte. Es scheint so, als ob die militär. Orientierung der Komnenenzeit die Beschäftigung mit dem Recht kirchl. Amtsträgern – welche selbst zunächst wie Johannes Zonaras gar nicht Kleriker waren – überantwortet habe. Wie die Bearbeiter des weltl. Rechts nahmen auch die Kanonisten die ältere Rechtsliteratur zum Ausgangspunkt ihrer Werke und verfaßten hierzu ihre enzyklopäd. Großkommentare. Darüber hinaus schrieben sie und eine größere Zahl weiterer Autoren, zu denen häufig Bf.e und Patriarchen zählen, auch kleinere Monographien, in welchen sie wissenschaftl. fundiert zu aktuellen Tagesproblemen Stellung bezogen. Sie sammelten auch ihre in Erfüllung ihrer Ämter (z. B. als →Nomophylax oder →Chartophylax) gefällten Entscheidungen.

[5] Die letzte Epoche der byz. Rechtsgeschichte umfaßt das Ksr. v. →Nikaia (1204 bis zur Restauration des Byz. Reiches) und die sich anschließende Palaiologenzeit (→Palaiologen). Die kulturellen Einbußen, welche die Lateinereinbrüche verursacht hatten, konnten nicht mehr rückgängig gemacht werden. Die Rechtstradition blieb in ihrem handschriftl. Bestand zwar gesichert, doch ließ die Komposition neuer Werke in den beiden letzten Jahrhunderten des Reiches deutlich nach. Die zentrifugalen Kräfte, die auf das Reich einwirkten, hinterließen auch in der Rechtsliteratur ihre Spuren: die Zyprischen Prozeßprogramme und die griech. Übersetzung der Assisen Zyperns (s. a. →Assisen v. Jerusalem) bezeugen den Einbruch der Welt des Westens in das ius Graeco-Romanum. Die Auswirkungen der sog. Palaiologenrenaissance auf die Rechtstradition sind viel bescheidener als etwa im Bereich der Philologie. Um die Mitte des 14. Jh. entstanden einige jurist. Werke kompilativen Charakters, die aber insofern an klassizist. Strömungen vergangener Tage erinnern, als sie danach trachteten, ein Maximum an Quellen auszuwerten. Hauptbelege dieser Strömung sind die →Hexabiblos des Armenopulos, die Scholien hiezu und das →Procheiron auctum. Ihre Autoren wollten das weltl. Recht von der Überwucherung durch die canones freihalten und als individuelle Rechtsmasse darstellen. Dies fällt bes. deswegen auf, weil die meisten Verfasser dem Klerikerstande angehörten. Der gleiche Zug zur Enzyklopädie, welcher im weltl. Recht vorherrscht, ist auch in der Kanonistik zu konstatieren. Das Syntagma des Matthaios →Blastares beruht kanonist. v. a. auf den Kommentaren des 12. Jh. Neben dem Synodenbericht und einer Sammlung von Entscheidungen des Neilos Diasorenos ist aus der Spätzeit noch die systemat. Umarbeitung des alphabet. geordneten Syntagma des Blastares durch Makarios Chrysokephalos erwähnenswert. Schließlich ist Konstantinos Armenopulos in Anbetracht seiner Epitome canonum auch als kanonist. Autor zu nennen. Sein bedeutendstes Werk freilich ist die Hexabiblos, eine handbuchartige Zusammenfassung des bürgerl. Rechts aus dem Jahre 1345. Sie bildete bis zum Ende des Reiches und darüber hinaus auch noch während der Türkenherrschaft die Grundlage der Rechtsprechung.   P. E. Pieler

Ed. und Lit.: bis 1978 nachgewiesen bei P. E. PIELER, Byz. Rechtslit. (HUNGER, Profane Lit. II), 341–480 – Neuere wichtigste Lit. zu Quellenfragen (nebst Ed.) findet sich in der Reihe Fontes Minores I–V, hg. D. SIMON, 1976ff. – P. E. PIELER, Entstehung und Wandel rechtl. Traditionen in Byzanz (W. FIKENTSCHER, H. FRANKE, O. KÖHLER, Entstehung und Wandel rechtl. Traditionen, 1980), 669–728 – zum Kirchenrecht: Zusammenfassung bei BECK, Kirche, passim.

Byzantinisches Reich

A. Geographische Grundlagen – B. Allgemeine und politische Geschichte – C. Sozial- und Wirtschaftsgeschichte – D. Byzanz und das südöstliche Europa – E. Byzanz und das östliche Europa – F. Byzanz und das Abendland – G. Byzanz und Skandinavien – H. Byzanz und seine östlichen Nachbarn. Die Ostgrenze des Reiches

A. Geographische Grundlagen

I. Landschaft und Klima – II. Verkehrsgrundlagen – III. Verwaltungsgliederung – IV. Kirchliche Gliederung – V. Siedlungs- und Bevölkerungsfragen.

I. LANDSCHAFT UND KLIMA: Das B. R., dessen Zentrum an einer Nahtstelle zw. Asien und Europa liegt, umfaßte während des Großteils seines Bestehens wesentl. Räume dieser beiden Kontinente. Es war zudem – in der Tradition des Imperium Romanum – auf das →Mittelmeer ausgerichtet und prägte daher die wirtschaftl. und kulturelle Entwicklung der Anrainerstaaten dieses Binnenmeeres entscheidend mit. Die dominierende Sprache des B. R. es war ab dem 7. Jh. das Griechische (→Griechische Sprache); es bewahrte einerseits auch außerhalb der Staatsgrenzen seine Bedeutung als Kultur- und Handelssprache und vermochte sich andererseits gegenüber den Sprachen von Neuansiedlern auf Reichsboden zumeist nach einigen Generationen durchzusetzen. Die Sprache war schließlich neben der Religion ein Hauptfaktor des Überlebens für das postbyz. Griechentum der Turkokratie.

Die Grenzen des B. R. es nahmen in einer über elf Jahrhunderte umspannenden Entwicklung einen häufig und stark wechselnden, sehr unterschiedl. Verlauf. Doch lassen sich – sieht man einmal von der frühbyz. Zeit ab – drei existentiell notwendige und auf die Hauptstadt Konstantinopel ausgerichtete Kernräume feststellen, deren gesicherte Zugehörigkeit zum Reichsterritorium langfristig für den Bestand des Staates in polit. und wirtschaftl. Hinsicht unabdingbare Voraussetzung ist: 1. Der Ostteil des Mittelmeeres und das Schwarze Meer, 2. Kleinasien und 3. die Balkanhalbinsel.

[1] *Der Ostteil des Mittelmeeres und das Schwarze Meer* (mit den zugehörigen Küstenlandschaften und Inseln): Den Kernraum der Meeresgebiete stellt die →Ägäis dar, ein Binnenmeer zw. Griechenland und Westkleinasien, durch zahlreiche Buchten, Halbinseln, Inseln und durch Meeresstraßen gegliedert, mit einer erheblichen Anzahl guter Häfen, welche für die ma. Schiffahrt von großer Bedeutung waren. Die Ägäis-Inseln (etwa sechzig ständig bewohnt) gliedern sich in mehrere Gruppen (Thrak. Inseln, Hellespont-Inseln, Inseln vor der türk. W-Küste, nördl. und südl. Sporaden, Kykladen) und werden durch den südägäischen Inselbogen (Kreta – Karpathos – Rhodos) im S begrenzt. Im Gegensatz zur Ägäis sind das Ionische Meer und die →Adria weitgehend frei von Inseln, sieht man von denen ab, die der westgriech. Küste und Dalmatien unmittelbar vorgelagert sind. Für den aus dem Reichszentrum Konstantinopel, aber auch aus der Adria (→Venedig) in Richtung Levante strebenden Schiffsverkehr waren daher die südl. Außenposten (Methone und Korone auf der sw. Peloponnes, Kreta, Rhodos) zentrale Drehscheiben. Durch die →Dardanellen ist die Ägäis im NO mit dem Marmarameer und weiterhin durch die Meerenge des →Bosporus mit dem fast insellosen →Schwarzen Meer verbunden. Vor der W- und der N-Küste des Schwarzen Meeres erschlossen zudem mehrere schiffbare Flüsse (→Donau, →Dnjestr, →Dnjepr, →Don) und das östl. der Halbinsel →Krim gelegene Asowsche Meer das jeweilige Hinterland dem Handel.

[2] *Kleinasien:* Es läßt sich in mehrere Großlandschaften einteilen; ein Hochland (800–1300m), das in sich stark untergliedert und infolge der nördl. und südl. Gebirgsbegrenzungen z. T. abflußlos ist (Salzseen, v. a. Van Gölü und Tuz Gölü), z. T. nach N ins Schwarze Meer entwässert (Sangarios/Sakarya, Halys/Kızılırmak, Iris bzw. Lykos/Yeşilirmak). Sowohl das nördl. pont. Randgebirge (bis 4000m) als auch die Inneranatolien südl. begrenzenden Gebirgsketten des Taurus und des Antitaurus (bis 3000 bzw. knapp 4000m) stellen markante Klima- und Landschaftsgrenzen sowie erhebliche Verkehrshindernisse dar (charakteristisch die »Kilik. Pforte, gr. Πύλαι Κιλικίας [Pylai Kilikias], mit urspgl. nur 10 m Breite). Während der nördl. Küstenstreifen am Schwarzen Meer kaum gegliedert und sehr schmal ist und nur an wenigen markanten Küstenpunkten bedeutendere Siedlungen zuläßt (Herakleia, Sinope, Amisos/Samsun, Trapezunt), hatte die stärker gegliederte südl. Küste Kleinasiens mit einem durchschnittlich 100 km breiten Streifen fruchtbaren Hinterlandes eigenständige wirtschaftl. und polit. Bedeutung. Der wichtigste Teil des Großraums ist bis heute zweifellos das der Ägäis (bzw. dem Marmarameer) zugewandte W-Kleinasien mit seiner vielfach gegliederten Küste und den fruchtbaren, tief in die Landmasse hineingreifenden Flußtälern (Makestos/Megestus, Kaïkos/Bakyr, Hermos/Gediz, Maiandros/Menderez, Indos/Dalaman) mit bedeutenden städt. Siedlungszentren.

[3] *Die Balkanhalbinsel:* Zum B. R. gehörte ein erheblicher Teil Südosteuropas, inklusive Griechenlands, mit stark variierender nördl. Begrenzung, welche bis an den Unterlauf von Donau und Save reichen konnte. Während in Thrakien, dem unmittelbaren Hinterland Konstantinopels, ein wenig gegliedertes, mäßig hohes Tafelland dominiert, wird der Charakter der Balkanhalbinsel durch bis an die 3000 m (Olymp 2911 m) ansteigende Gebirgszüge bestimmt, welche im W vorwiegend in südöstl. Richtung streichen (Karst, Dinar. Erzgebirge, Montenegro, Inneralban. Bergland, Pindos) und teilweise (Dalmatien, Epirus) bis unmittelbar an die Küste reichen, während die Gebirgsketten im Osten (Balkan, Rhodope) in westöstl. Richtung verlaufen. Die Gebirge setzen sich an den stark gegliederten Küsten in Halbinseln und Inseln fort (z. B. Olymp – Ossa – Pelion – Halbinsel Magnesia – Euböa). Natürl. Siedlungs- und Verkehrszentren sind neben den Küstenebenen die wenigen großen Flußtäler, welche – entsprechend dem jeweiligen Gebirgsverlauf – z. T. in die Adria bzw. das Ionische Meer (Neretva, Drin, Shkumbin, Aoos/Vjosë, Kalamas, Acheloos), z. T. in die Ägäis (Spercheios, Peneios, Aliakmon, Axios/Vardar, Strymon/Struma, Nestos, Ebros/Marica) und z. T. in Save bzw. Donau (Drina, Morava, Iskar) entwässern.

So unterschiedlich wie der Landschaftscharakter ist das – im Prinzip subtropische – Klima dieser Kernregionen des B. R. es: Die Inseln und Küsten des Mittelmeeres (und – soweit dies die Gebirgsbarrieren zulassen – ihr Hinterland) haben warme, trockene Sommer (charakterist. die Etesien), deren Hitze durch das Meer gemildert ist, und warme, unterschiedl. niederschlagsreiche Winter. Das Innere Kleinasiens und die Gebirgslandschaften der Balkanhalbinsel zeichnet stark kontinentales Klima mit starken Tages- und Jahrestemperaturschwankungen aus; die Niederschläge sind in Anatolien mäßig bis gering, auf der Balkanhalbinsel z. T. erheblich. – Im Gegensatz dazu ist das Klima der Schwarzmeerküsten, welches auch die Hauptstadt Konstantinopel beeinflußt, feucht-warm mit geringen Temperaturschwankungen, hoher Luftfeuchtigkeit und reichlichen Niederschlägen, die auch im Sommer nicht selten sind.

Diese zentralen byz. Großräume umfassen eine Landfläche von etwa 1 220 000 km² (was knapp dem Fünffachen des Gebiets der Bundesrepublik Deutschland entspricht). Sie mögen zeitweise nicht oder nur teilweise Staatsgebiet gewesen sein, bleiben aber – die Palaiologenzeit ausgenommen – immer polit. Einfluß- oder zumindest Interessengebiet und konnten zumeist auch – nach Überwindung polit. Schwächeperioden – wieder zurückgewonnen werden. Die Lage Konstantinopels an der Nahtstelle zw. Europa und Kleinasien einerseits und der engen Meeresverbindung (Bosporus, Marmarameer, Dardanellen) zw. dem Schwarzen Meer und der Ägäis andererseits bedingt die Notwendigkeit der polit. Beherrschung dieser Großräume, um die wirtschaftl. Existenz des Staates zu sichern.

II. VERKEHRSGRUNDLAGEN: Aus den geogr. Voraussetzungen des B. R.es ergeben sich seine Verkehrsgrundlagen (→Abschnitt C sowie die Artikel→Schiffahrt[swege], →Straßen[netz]). Das Straßennetz des B. R.es konnte im Prinzip auf dem röm. aufbauen. Selbst wenn die Qualität der Straßen sank, so blieb doch der grundsätzl. Verlauf durch die phys.-geogr. Gegebenheiten, die Lage der wichtigen Siedlungen und die Substruktur (Straßenstationen/ Karavanserays mit Wasser- und Lebensmittel/Futterversorgung in regelmäßigen Abständen von mindestens einer Tagesetappe = ca. 30 km) weitgehend festgelegt. Er orientierte sich an der Hauptstadt Konstantinopel, den großen Handelszentren und Hafenstädten sowie den Bedürfnissen von Handel und Militär (spätere Kreuzfahrerrouten). Ohne auf das Straßensystem im Detail eingehen zu wollen, sei auf die überregionale Bedeutung folgender Hauptverbindungen hingewiesen: Konstantinopel – Thessalonike – Dyrrhachion bzw. Apollonia (Via Egnatia, als kürzester Weg nach Rom); Konstantinopel – Adrianopel/Edirne – Serdika/Sofia – Naïssos/Niš – Belgrad – Budapest; Konstantinopel – Nikomedeia – Ikonion – Kilik. Pforte – Antiocheia – Euphrat; Sinope bzw. Trapezunt bzw. Theodosiupolis/Erzurum (mit Anschluß an die pers. Karawanenwege) – Sebasteia/Siwas – Kaisareia – Kilik. Pforte – Antiocheia.

Neben den festländ. Karawanenstraßen standen aus den genannten Gründen gleichwertig die Schiffahrtswege, deren Kontrolle – insbes. zur Zeit der arab. Besetzung →Kretas (ca. 827–961) – zum Teil für einige Zeit an die →Araber überging, in mittelbyz. Zeit aber weitgehend wiedergewonnen wurde und erst nach dem 12. Jh. endgültig an die Venezianer (Stützpunkte in Konstantinopel sowie Dalmatien, Griechenland, Kreta, westl. Ägäis, Zypern) und Genuesen (nordöstl. Ägäis, Galata, Schwarzes Meer) fiel (vgl. THIRIET, Romanie vénitienne; BALARD, Romanie génoise). Die schiffbaren Flüsse im Einzugsgebiet des Schwarzen Meeres erweiterten, v. a. vor 1204, den Aktionsradius des byz. Handels beträchtlich.

III. VERWALTUNGSGLIEDERUNG: Am Beginn einer Neuorientierung des Imperium Romanum, welche zur Herausbildung des byz. Staates führen sollte, steht der, nach einigem Zögern (auch Chalkedon, Nikomedeia und Troja wurden in Betracht gezogen) gefaßte, glückliche Entschluß Konstantins d. Gr., Byzantion seinen Namen zu geben und als »Neues Rom« Νέα Ῥώμη auszubauen (Inauguration 11. Mai 330). Trotz der unleugbaren Absicht, dadurch ein mit dem alten Rom konkurrierendes neues Zentrum zu schaffen, war damals eine Teilung des Reiches weder beabsichtigt noch zwangsläufig impliziert. Die administrativ-militär. Herrschaftsteilungen seit Diokletian haben das ganze 4. Jh. über lediglich internen Charakter. Dementsprechend galten die verwaltungsreformer. Maßnahmen der diokletian.-konstantin. Ära unterschiedslos für das Gesamtreich und bewirkten im Vergleich zum früheren Zustand eher ein größeres Ausmaß an Einheitlichkeit und Zentralisierung. Als Ergebnis der Reformen gliederte sich das Imperium Romanum im 4. Jh. in ca. 100 (5. Jh.: 120) Provinzen (anstelle der 45 des 3. Jh.) unter der Zivilverwaltung von praesides, consulares oder correctores, neben welchen – streng getrennt – die militär. Führung unter den duces stand. Die Provinzen waren in zwölf (5. Jh.: fünfzehn) Diözesen, jeweils unter einem vicarius als höchstem Beamten, zusammengefaßt und umschlossen das gesamte Mittelmeer. Bestand das Reichsgebiet in Afrika und dem Nahen Osten in erster Linie aus der Küstenzone und ihrem Hinterland, soweit letzteres jeweils eine dauerhafte Besiedlung gestattete, so griff es in Europa über die Küstenzone und die drei Halbinseln (Iberien, Italien, Balkan) weit hinaus und umfaßte, neben Süd- und Mittelengland, West-, Mittel- und Südosteuropa bis zur befestigten Flußgrenze (limes) von Rhein und Donau; hinzu trat Kleinasien, wo die Ost-Grenze – damals die einzige Staatengrenze im eigtl. Sinn – infolge wiederholter Auseinandersetzungen mit dem sasanid. Perserreich schwankte. Dieses – heute auf über zwei Dutzend Staaten verteilte – enorme Reichsgebiet war (um 400) in vier übergeordnete, polit. und hist. wirksame Präfekturen gegliedert, an deren Spitze jeweils ein praefectus praetorio stand: Oriens, Illyricum, Italia (et Africa), Gallia. Herausgehoben aus diesem System waren Rom und (seit Constantius II.) das »Neue Rom« Konstantinopel, welche je von einem praefectus urbi geleitet wurden.

Die wirtschaftl., sozialen und militär. Belastungen der Völkerwanderungszeit, verbunden mit starken Zentrifugalbestrebungen in der westl. Reichshälfte, bewirkten den »Untergang« des röm. Westens, wobei die geogr. Voraussetzungen mitbestimmend waren: Die vom Osten, von Asien her, in Wellen unterschiedlicher Stärke auf das Reichsgebiet heranströmenden Völker konnten teilweise bereits an den Grenzen der östl. Reichshälfte abgewehrt werden, worauf sie entlang der Nord-Grenze nach Westen weiterzogen und erst dort in das Reichsgebiet eindrangen, teilweise aber nach ihrem Eindringen in das Imperium Romanum seßhaft gemacht oder unter diplomat. und militär. Druck nach Westen abgeschoben wurden. So konnte sich der Osten der Angreifer nach und nach entledigen, wogegen der Westen als »Auffangbecken« diente. Die bevorzugte Stellung des Ostens deutet sich – klarer als in den wiederholten Reichsteilungen – in den →Notitiae Dignitatum (Anfang 5. Jh.) an, welche den Präfekten von Oriens, Illyricum und Konstantinopel im Rahmen des an erster Stelle genannten »Ostens« den Vorrang vor den Präfekten des »Westens« (Italia, Gallia und Rom) geben.

Die endgültige Grenzziehung zwischen östl. und westl. Reichshälfte mit allen, bis in die Neuzeit wirkenden, ethnischen, sprachl. und kulturellen Konsequenzen, erfolgte kurz nach der – wie sich zeigen sollte – entscheidenden Herrschaftsteilung beim Tod Ks. →Theodosios' I. (395): Die schon länger strittigen Diözesen Dacia und Macedonia wurden als *Präfektur* Illyricum (orientale) der östl. Reichsregierung unterstellt, Pannonia kam als *Diözese* Illyricum an den Westen; die nach dem Fall des westl. Kaisertums erfolgte Abtretung des Ost-Teiles der Pannonia II an den Osten (Friedensschluß zw. dem ostgot. Kg. Theoderich und Ks. Anastasios I., 511) ergab einen Grenzverlauf zw. Sirmium/Sremska Mitrovica und der Bucht

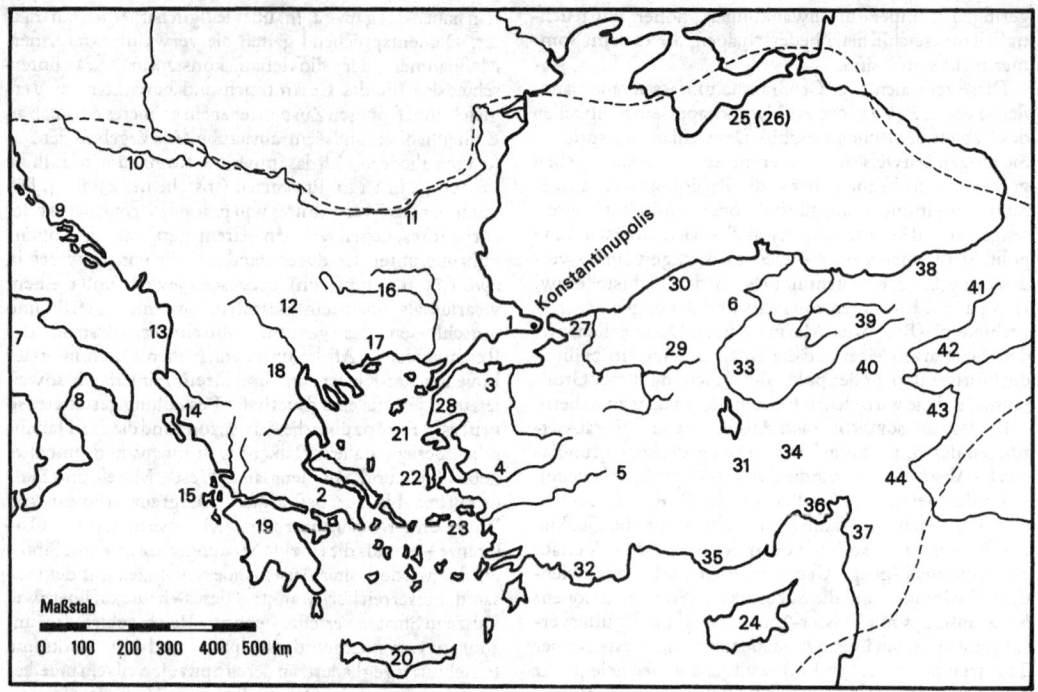

Fig. 4: Byzantinisches Reich. Reichsgebiet und Themen um 1025 (--- = ungefährer Verlauf der Reichsgrenze)

Verzeichnis der Themen: Die Themen 1–6 stellen die ältesten, bis zum Ende des 7. Jh. errichteten Themen (sog. »Ur-Themen«) dar. Im übrigen besteht kein Zusammenhang zwischen der numerischen Abfolge der Themen und dem Zeitpunkt ihrer Entstehung. Die Themen Iberia, Taron und Vaspurkan liegen östlich des abgebildeten Kartenausschnittes.

1 Thrake	12 Bulgaria	23 Samos	34 Lykandos
2 Hellas	13 Dyrrhachion	24 Kypros	35 Seleukeia
3 Opsikion	14 Nikopolis	25 Cherson	36 Kilikia
4 Thrakesion	15 Kephallenia	26 (Klimata)	37 Antiocheia
5 Anatolikon	16 Makedonia	27 Optimaton	38 Chaldia
6 Armeniakon	17 Strymon	28 Abydos	39 Koloneia
7 Longibardia	18 Thessalonike	29 Bukellarion	40 Sebasteia
8 Kalabria	19 Peloponnesos	30 Paphlagonia	41 Theodosiupolis
9 Dalmatia	20 Krete	31 Kappadokia	42 Mesopotamia
10 Sirmion	21 Aigaion Pelagos	32 Kibyrrhaioton	43 Melitene
11 Paristrion	22 Chios	33 Charsianon	44 Teluch

von Kotor, welcher sich in dem 527/528 entstandenen Synekdemos (»Reisebegleiter« – für byz. Beamte?) des Hierokles widerspiegelt. Dieser beruht auf einem Werk der Mitte des 5. Jh. und überliefert die damaligen Namen der Verwaltungseinheiten; er katalogisiert für die sechs östl. Diözesen Thrakike, Illyrikon, Asiane, Pontike, Anatolike und Aigyptiake 64 Provinzen mit 923 πόλεις (poleis), jeweils unter Angabe der μητρόπολις (metropolis). Unter Justinian I. konnte der Machtbereich des oström. Ksm.s nochmals in universalen Dimensionen erweitert werden: Das Reich erstreckte sich bei dessen Tod über die östl. Hälfte hinaus auf Dalmatien, Italien und Sizilien, Korsika und Sardinien, SO-Spanien (samt der Meerenge von Gibraltar) und die nordafrikan. Küste (mit Ausnahme eines Teiles von Mauretanien); es umfaßte also den gesamten Mittelmeerraum und beherrschte die Zugänge zu den angrenzenden Meeren. Die Ausdehnung, die das Imperium Romanum somit ein letztes Mal erreichte, brachte Byzanz, trotz ihrer oft betonten Kurzlebigkeit und der vielfältigen negativen Folgen, doch langfristige territoriale Gewinne oder mindestens Ansprüche, die machtpolit. und ideolog. bis zur Kreuzzugszeit wirksam waren. Im einzelnen verblieben folgende Gebiete der ehem. westl. Reichshälfte länger beim B. R.: (bis 751) das Exarchat v. →Ravenna, mit Rom durch einen Korridor im Verlauf des Tiber-Tales (Ancona, Perugia) verbunden; →Neapel, →Kalabrien und →Apulien, die Inseln →Sardinien und →Sizilien, schließlich – zumindest nominell – auch →Venetien (Kulturraum der »Italia byzantina«); wesentl. ist weiterhin der Verbleib der dalmat. Küstenstädte (als Stützpunkte) und – bis 698 – des Exarchats v. →Karthago bei Byzanz.

Der fast unausgesetzte schwere militär. und polit. Druck, dem Byzanz ab dem ausgehenden 6. Jh. sowohl in seinen asiat. (Perser, dann islam. Araber) als auch in seinen europ. (Bulgaren [→Bulgarien], →Avaren und v. a. →Slaven) Territorien ausgesetzt war, bewirkte ab der 1. Hälfte des 7. Jh. einen administrativen Wandel, aus dem sich schließlich eine Abkehr vom strikten Prinzip der Trennung zw. ziviler und militär. Provinzverwaltung ergab. Bereits unter Justinian I. lassen sich für gefährdete Reichsteile, insbes. in Kleinasien, Heeresreformen nachweisen, welche dem militär. Oberbefehlshaber einer Region die Zivilverwaltung (zum Teil) übertrugen. Durch ähnliche Maßnahmen erfuhren spätestens unter Ks. Maurikios (582-602) die vom Reichsgebiet abgeschnittenen, bedrohten »Exarchate« v. Ravenna u. Karthago die Zusammenlegung der militär. und zivilen Leitung unter einem militär. Oberbefehlshaber (ἔξαρχος, exarchos). Der schnelle Verlust von Mesopotamien, Syrien, Palästina und Ägypten in den Jahren nach 636 machte eine Reorganisation und Neuaufstellung der byz. Heere in Kleinasien, hinter der Taurosgrenze, erforderlich, um das Reichszentrum und den wirtschaftl. nun bes. wichtigen westl. Teil Kleinasiens durch ein tief gestaffeltes Verteidigungssystem zu schützen, wobei die alten Bezeichnungen der Heeresteile beibehalten wurden. So entstanden, wohl noch vor der Mitte des 7. Jh., die →Themen (griech. θέμα thema = Protokoll > protokollierter Truppenkörper > Territorium des Truppenkörpers, als Operationsbasis und Siedlungsgebiet) Opsikion, Anatolikon, Thrakesion und Armeniakon, wozu vor dem Ende des 7. Jh. die ersten europ. Themen Thrake und Hellas kamen. Die Themenorganisation stellt den Ausgangspunkt des Wiedererstarkens des B. R. nach den Tiefpunkten des 7. Jh. dar. Der Aufbau einer arab. Kriegsmarine und der daraus resultierende partielle Verlust der byz. Seeherrschaft führte ab dem Ende des 7. Jh. auch zur Reorganisation des byz. →Flottenwesens. So verfügten schließlich nicht nur viele Themen im Küstenbereich über eigene Flotten, sondern es wurden auch eigene Marinethemen gebildet (Kibyrraioton, Aigaion Pelagos, Chios, Samos). Waren die Themen ursprgl. mit rein militär. Aufgaben betraut, so übernahmen sie ab dem 8. Jh. auch zivile Verwaltungsfunktionen und lösten so allmähl. die alte Provinzverwaltung ab. Zugleich vermehrte sich ihre Zahl ständig, sei es durch Wiedererwerb des verlorenen Reichsgebietes (Einrichtung von Grenzwachzonen, κλεισούραι, kleisurai, die sich zu Themen entwickelten), sei es durch Teilung der ursprgl. sehr großen Distrikte (wodurch aus Thementeilen, τούρμαι, turmai, selbständige Themen wurden), so daß um die Mitte des 10. Jh. das gesamte Reichsgebiet in 33 Themen gegliedert war (das nach 944 entstandene Werk »περὶ τῶν θεμάτων« [De thematibus] des Ks. Konstantin VII. Porphyrogennetos nennt 17 »östliche« und 12 »westliche« Themen, ist aber in manchem unvollständig und wird u. a. durch offizielle Ranglisten der Zeit ergänzt: N. OIKONOMIDÈS, Listes de préséance, 1972). Weitere Themen wurden - entsprechend den militär. Erfolgen - im Nahen Osten und am Balkan bis in das erste Drittel des 11. Jh. gebildet (zu den Themennamen im einzelnen und zur geogr. Lage vgl. Karte im Anschluß an diesen Artikel). Während die Namen der ersten Themen die ursprgl. Truppenbezeichnungen reflektieren, lehnen sich die späteren Namen meist an traditionelle Landschaftsnamen (Thrake, Hellas, Paphlagonia) sowie an aktuelle Städte- (Dyrrhachion, Abydos, Theodosiupolis) und Völkernamen (Bulgaria, Iberia) an. Die als Folge der Bulgarenkriege Basileios' II. dem B. R. wiedergewonnenen Gebiete - Bulgaria und Paristrion (Paradunavon) - wurden nicht als Themen, sondern als Katepanate (unter einem →Katepan) und später als →Dukate (unter einem Dux) geführt, was sie in ihrer Bedeutung in die Nähe von Katepanaten wie Longibardia (Italia) und von Dukaten wie Dyrrhachion und Thessalonike stellt.

Verloren die Themen ab dem ausgehenden 10. Jh. viel von ihrem militär. Charakter, so erfolgte nach dem Einschnitt von 1071 (Niederlage v. →Mantzikert, mit dem nachfolgenden Verlust großer Teile von Kleinasien; Verlust von Bari) mit der teilweisen Rückeroberung verlorener Gebiete unter den →Komnenen wieder eine schrittweise Neuformung und Militarisierung der Verwaltung. Die nun neugebildeten, kleinen Themen umfaßten häufig nur das Gebiet eines befestigten Siedlungszentrums (Garnisonsstadt) und seiner weiteren Umgebung unter dem Kommando eines Dux wie z. B. Trapezunt (Chaldia), Paphlagonia, Nikaia und Nikomedeia (Bithynien), Neokastra, Mylassa und Melanudi (Kibyrraioton) Anchialos, Naïssos, Dyrrhachion, Ochrid und Diokleia. Zugleich lassen sich bei einigen älteren Themen, wie Hellas-Peloponnes und Makedonia-Thrake, Untergliederungen in kleinere Verwaltungsbezirke (κατεπανίκιον, katepanikion, ὅριον, horion, δρούγγος, drungos) nachweisen.

Die Ereignisse des 4. Kreuzzuges bewirkten, daß die administrative Gliederung im 13. Jh. weitgehend den polit. und militär. Entwicklungen der zahlreichen nun entstandenen Kleinstaaten unterworfen war. Beruhte der ursprgl. Teilungsplan der Kreuzfahrer 1204 (vgl. die sog. »Partitio terrarum Imperii Romaniae«, ed. A. CARILE, 1965) noch weitgehend auf der byz. Verwaltungseinteilung des 12. Jh., so kristallisierte sich in der Praxis sogleich ein Konglomerat von »fränkischen« Feudalstaaten in loser Abhängigkeit vom »lateinischen« Ksr. (Fsm. Achaia [→Peloponnes], Hzm. →Athen, das kurzlebige Kgr. →Thessalonike u. a.), venezian. Handels- und Marinestützpunkten (Hafenstädte und Inseln, teils direkt unter venezian. Verwaltung, teils in Abhängigkeit von Venedig, wie das Hzm. →Naxos) und griech. Reststaaten als Ausgangspunkt der Rückeroberung (Ksr. v. →Nikaia, →Epiros u. a.) heraus. Neue administrative Ansätze nach 1261 standen unter dem Eindruck westl. feudaler Vorbilder und wurden nach der Epoche Michaels VIII. von den polit. Entwicklungen überholt. So wurden im 14. und 15. Jh. immer neue Improvisationen notwendig. Die jeweils dem B. R. noch angehörigen, isolierten Territorien (Despotat v. →Mistra, →Thessalonike, Städte am Marmarameer und am Schwarzen Meer) wurden als →Apanagen von Angehörigen der Kaiserfamilie oder von lokalen Adligen als Stadt- bzw. Festungskommandanten (Kephale, eigtl. 'Haupt', z. B. Zetuni/Lamia) verwaltet. Die fallweise Wiederverwendung des Terminus *Thema* bezieht sich zumeist auf Kleinlandschaften (im Despotat Epiros z. B. Acheloos, Vagenetia, Dryinupolis, Ioannina u. a.).

IV. KIRCHLICHE GLIEDERUNG: Ähnlich der polit. Gliederung, an die sie von ihren Anfängen her stark angelehnt ist, orientiert sich auch die kirchl. Verwaltung zunächst am Gesamtreich, um sich erst mit dem Zunehmen der Entwicklungsdifferenzen zw. den beiden Reichshälften in frühbyz. Zeit mehr und mehr auf den Osten und →Konstantinopel einzustellen. So entsprachen die kirchl. Verwaltungszentren (Μητροπόλεις, Metropoleis, geleitet von Metropoliten) weitgehend der weltl. nach der diokletian.-konstantin. Reform, ebenso die Metropolitensprengel. Das Konzil v. Nikaia bestätigte 325 erstmals Oberrechte der Kirchen Roms, Alexandreias und Antiocheias sowie einen Ehrenvorrang Jerusalems, das Konstantinopeler v. 381 den zweiten Rang des »Neuen Rom« Konstantinopel gleich nach dem »Alten« Rom. Im 5. Jh. formte sich endgültig das pentarch. Führungs- und Gliederungsprinzip, das durch Ks. Justinian (Nov. 123) bekräftigt wurde: 1. Rom, 2. Konstantinopel, 3. Alexandreia, 4. Antiocheia, 5. Jerusalem. Die Quellen für Gliederung und Grenzen der Patriarchate und für diesbezügl. Veränderungen sind v. a. die →»Notitiae Episcopatuum« und die Teilnehmerlisten ökumen. und lokaler Synoden. Dem Patriarchat von Konstantinopel unterstanden damals

Kleinasien (ausgenommen das südl. des Taurus gelegene Kilikien), Thrakien und die byz. Gebiete an der Schwarzmeerküste, also das Gebiet der Diözesen Thrake, Asia und Pontos, sowie die Krim. Die älteste erhaltene Notitia (Not. I, wahrscheinl. um 650 abgeschlossen, ed. DARROUZÈS, 1981) weist hier 33 Metropolen (mit insgesamt 347 Suffraganen) und 34 autokephale Erzbistümer aus. Zahl und Zusammensetzung der Sprengel waren im Verlauf der Jahrhunderte starken Veränderungen unterworfen, welche – freilich mit Verzögerungen – der jeweiligen polit. Entwicklung des B. R. es entsprachen. Letztlich gilt dies auch für die Westgrenze des Patriarchats von Konstantinopel: Während die Diözesen Makedonia und Dakia (die Präfektur Illyricum) polit. seit 395 der östl. Reichshälfte angehörten, unterstanden sie kirchl. dem Papst, welcher hier durch Vikare (zunächst Ebf. v. Thessalonike, dann zusätzl. Ebf. v. Justiniana Prima, später auch Metropolit v. →Korinth u. a.) repräsentiert wurde. Frühe Annexionsversuche (Ks. Theodosius II., 421) des kulturell und sprachlich griech. dominierten Gebietes scheiterten, und erst die frühe Ikonoklastenzeit (732/733 oder nach 754?; vgl. ANASTOS, 1957) brachte das Illyricum samt Kalabrien und Sizilien unter die Jurisdiktion von Konstantinopel. Diese Expansion des Konstantinopler Patriarchats schlägt sich in der Notitia II (um 800) zum ersten Mal in unpräziser Form nieder und findet in der Notitia VII (901/907) eine offizielle Bestätigung (ed. DARROUZÈS, 1981). Während die südit. Gebiete dem Patriarchat im 11. Jh. verlorengingen, bewirkte die Erweiterung des Einflußsphäre auf das Illyricum die Zuwendung der Südslaven und Bulgaren zur Orthodoxie und hat letztl. bis heute religiöse und polit. Gültigkeit. Freilich folgte bei den Bulgaren und bei den Serben der polit. bald die kirchl. Autonomie des Staatsgebietes. Existierte der bulg. Patriarchat (vor 927–971 und wieder ca. 985–1018 mit Sitz in Ochrid, dann Ochrider Ebm. von 1018/20 bis ins 18. Jh.) nur kurz, um erst im 20. Jh. wieder zu erstehen, so konnte sich die serb. Kirche (1220 Autokephalie, 1346 eigener Patriarchat) seit spätbyz. Zeit ihre Unabhängigkeit ungebrochen bewahren.

V. SIEDLUNGS- UND BEVÖLKERUNGSFRAGEN: Die Besiedlung des B. R. es hatte, entsprechend den von Boden, Klima, Landwirtschaft, Handel (→Abschnitt C), Verkehr (Fernstraßen; Schiffahrt: →Portulane) und Verteidigung auferlegten Bedingungen regional und zeitl. stark unterschiedl. Dichten. Die Möglichkeit zur Einrichtung größerer Siedlungen boten im Mittelmeerraum unter den Voraussetzungen von Spätantike und MA v. a. Siedlungspunkte mit garantierter ganzjähriger Wasserversorgung und einem landwirtschaftl. ertragreichen Umland (→Bauer, Bauerntum): die Küsten und ihre Hinterländer (Küstenebenen), die Flußtäler und ihr näheres Einzugsgebiet, oasenähnliche Kleinlandschaften, in beschränktem Ausmaß schließlich die Quellhorizonte von Gebirgen. Daher wiesen weiträumige Territorien im Inneren Kleinasiens und des Balkan eine vorwiegend auf Viehzucht ausgerichtete, (halb)nomadische, extrem dünne Besiedlung auf. Erschwerend wirkten die oftmals lang andauernden Perioden polit. Unsicherheit in großen Teilen des Reiches, welche z. B. in der byz.-arab. Grenzzone des östl. Kleinasiens (→Abschnitt H) und in Teilen der Balkanhalbinsel zur Zeit der Slaveneinwanderung (→Abschnitt D) bis nahe an die Entvölkerung oder jedenfalls zu lediglich vereinzelten Festungssiedlungen mit insularem Charakter führen konnten. Die dünne Besiedlung erschwerte wiederum den erfolgreichen Widerstand gegen unvermutet angreifende Invasoren, selbst wenn sie an Zahl gering waren. Dem suchte bereits die von Prokop (De aedificiis)

ausführl. dargestellte justinian. Festungsbautätigkeit vorausschauend Rechnung zu tragen, die schon bei Anastasios I. einsetzt und sich nicht auf die Erneuerung verfallener Mauerringe von spätantiken poleis – selbst tief im Hinterland – beschränkte, sondern oftmals auch Siedlungsverlegungen von gefährdeten Tallagen in schwer zugängliche, benachbarte Rückzugsgebiete (im Gebirge) beinhaltete. Daß diese justinian. Gründungen oftmals kleiner waren als ihre Vorgängersiedlungen (durch Denkmäler belegt z. B. in Mokissos in Kappadokien, Arykanda/Arif in Lykien, Adrianupolis in Epirus), deutet u. a. auf einen bereits eingetretenen Bevölkerungsrückgang hin. Das Abrücken von fruchtbaren Tal- und Küstenlagen, welche durch ihre Nähe zu den Verkehrswegen (Straßen, Schiffahrt) zwar dem Handel, aber auch den militär. Angreifern besser zugänglich waren, in gebirgige Rückzugsgebiete erschloß zwar fallweise neue Siedlungsräume, führte aber infolge der geringeren Bodennutzbarkeit auch zu wesentl. Veränderungen der Siedlungsstruktur (Beispiel: das Dropulli-Tal in Alt-Epiros, wo an die Stelle von drei großen, spätantiken Siedlungszentren am Talboden etwa 50 kleine, frühma. Dörfer an den quellführenden Bergschultern beiderseits des Tales treten). Die Nachteile der Nähe zu den Verkehrswegen überwiegen in spätbyz. Zeit dann auch im unmittelbaren Meeresbereich infolge der Piraterie so deutlich, daß die Hauptorte mittelgroßer und kleiner Inseln in der Regel – in deutlicher Distanz zum (älteren) Hafenort – als Festungen auf schwer zugängliche Berge ihres Hinterlandes verlegt werden, und dies in evidentem Widerspruch zur berufsbedingten Meeresabhängigkeit eines Teiles ihrer Einwohner. Auch diese Maßnahmen konnten ab dem 13. Jh. in vielen Fällen die gänzliche Entvölkerung von Inseln nicht verhindern. In früh- und frühmittelbyz. Zeit sind neben die polit.-militär. Ursachen des regionalen Bevölkerungsrückgangs (Verschleppung, aber auch Massenflucht, bezeugt z. B. für die Peloponnes Ende des 6. Jh. durch die »Chronik von Monemvasia«, ed. DUJČEV, 1976) die Naturkatastrophen zu stellen (Mißernten und Hungersnöte; v. a. in Städten wirksam: Erdbeben und Epidemien, unter welchen die Pestwellen und die durch mangelnde Hygiene verursachten typhoiden Erkrankungen dominieren). Als – nicht immer erfolgreiches – Gegenmittel gegen regionale Entvölkerungen erwiesen sich systemat. Bevölkerungspflanzungen (LILIE, 1976, 227–254, mit älterer Lit.), welche aber auch aus innenpolit. und religiösen Gründen erfolgen konnten (→Paulikianer). Die großräumig sehr geringe Siedlungs- und Bevölkerungsdichte des B. R. es bezeugen indirekt auch die zahlreichen Klostergründungen (verstärkt seit dem Ende des Ikonoklasmus), welche aus ideolog. Gründen in der »Wüste«, d. h. in unbesiedeltem Gebiet, erfolgten (wenngleich sie fallweise eine Ansiedlung nach sich zogen, z. B. Patmos), aber aus prakt. Erwägungen dieselben, nur beschränkt verfügbaren Landschaftspunkte besetzten wie Dörfer (Quellhorizont oder Brunnen mit ganzjähriger Wasserführung, landwirtschaftl. nutzbarer Boden), ohne daß – von Ausnahmen abgesehen – die Verdrängung von Vorgängersiedlungen bezeugt wäre. Die →Städte werden im Vergleich zur Spätantike seltener und kleiner, sie verlieren zunehmend ihren Polis-Charakter.

Ab der Epoche der Komnenen, spätestens aber in spätbyz. Zeit handelt es sich zumeist um größere, ihrem Charakter nach von der Landwirtschaft bestimmte Siedlungen, mit einem kleinen, festungsartigen Kern, als Zentren der polit., kirchl. und militär. Verwaltung (→Kastron). Ausgenommen hiervon sind zu dieser Zeit ganz wenige »Großstädte« mit überregionaler wirtschaftl. und polit. Bedeutung (→Thessalonike, →Smyrna, →Nikaia, eventuell die spätbyz. Residenzen→Trapezunt und→Mistra) und v. a. Konstantinopel, welches mit einem befestigten Stadtgebiet von über 12 km² (Theodosian. Mauer) und einer Einwohnerzahl von vielleicht um 400000 (vor 1204) jede andere Stadt seiner Zeit, zumindest im europ. und vorderasiat. Raum, weit übertraf.

Der Mangel an entsprechendem Quellenmaterial läßt die Berechnung exakter Bevölkerungszahlen (→Bevölkerung) kaum zu. Hiefür in Frage kommende Bevölkerungserfassungen dienten Steuerzwecken und sind erst ab dem 14. Jh. für einige Regionen erhalten (Steuerkataster, byz. πρακτικόν, praktikon, frühosman. *defter*). Hinzu treten die zufälligen Angaben der hist. Quellen, Kleinchroniken, Reiseberichte, Briefe u. ä. Sie gestatten insgesamt die Berechnung von Annäherungswerten für die Bevölkerungsdichten von Kleinlandschaften und bestätigen eine geringe Siedlungs- und Bevölkerungsdichte für das Gesamtterritorium des B. R. es: im 14. Jh. Besitz von Athos-Klöstern in Makedonien 34,3 Einw./km² (LAIOU-THOMADAKIS, 1977, 39-42, unter Zugrundelegung des steuerfähigen Bodens), im 15. Jh. Dropulli/Epirus 11-15 Einw./km² (KODER, 1982), Euböa und Zypern 11-12 Einw./km² (KODER, 1973, 170ff.), diverse Ägäis-Inseln 8,5-15,5 Einw./km² (KODER, 1977). Diese Annäherungswerte lassen für das B. R. auf der eingangs angegebenen Fläche von etwa 1 220 000 km² einen Bevölkerungsrahmen von 13-20 Mill. Einw. als vertretbar erscheinen. J. Koder

Lit: Notitiae Dignitatum, ed. O. SEECK, 1876 [Neudr. 1962] – W. M. RAMSAY, The Hist. Geography of Asia Minor, 1890 [Neudr. 1962] – Le Synecdèmos d'Hiéroklès et l'opuscule géographique de Georges de Chypre, ed. E. HONIGMANN, 1939 – A. PHILIPPSON, Das B. R. als geogr. Erscheinung, 1939 – D. A. ZAKYTHENOS, Μελέται περὶ τῆς διοικητικῆς διαιρέσεως ἐν τῷ Βυζαντινῷ Κράτει, EEBS 17, 1941, 20–274; 18, 1942, 42–62; 21, 1951, 179–209 – M. CARY, The Geographic Background of Greek and Roman Hist., 1949 – A. PHILIPPSON, Die griech. Landschaften, I–IV, ed. E. KIRSTEN, 1950-59 – Constantino Porfirogenito, De Thematibus, ed. A. PERTUSI, 1952 – G. I. THEOCHARIDES, Κατεπανίκια τῆς Μακεδονίας. Συμβολὴ εἰς τὴν Διοικητικὴν Ἱστορίαν τῆς Μακεδονίας κατὰ τοὺς μετὰ Φραγκοκρατίαν Χρόνους, 1954 – M. V. ANASTOS, The Transfer of Illyricum, Calabria and Sicily to the Jurisdiction of the Patriarchate of Constantinople in 732/33, Silloge Biz., S. G. MERCATI, SBNE 9, 1957, 14–31 – J. KARAYANNOPULOS, Die Entstehung der Themenordnung, Byz. Archiv 10, 1959 – F. THIRIET, La Romanie vénitienne au MA. Le développement et l'exploitation du domaine colonial vénitien, XII°–XV° s., 1959 [Neudr. 1975 mit bibliogr. Erg.]. – D. JACOBY, La Population à l'époque byz.: un problème de démographie urbaine, Byzantion 31, 1961, 81–109 – E. KIRSTEN, Die byz. Stadt. Diskussionsbeitr. zum XI. Internat. Byzantinistenkongreß München 1958, 1961, 75–102 – A. BAKALOPULOS, Les Limites de l'empire byz. depuis la fin du XIV° s. jusqu'à sa chute (1453), BZ 55, 1962, 56–65 – P. LEMERLE, La Chronique improprement dite de Monemvasie: Le contexte hist. et légendaire, RevByz 21, 1963, 5–49 – R. JANIN, Constantinople byz. Développement urbain et rép. topographique, 1964² – A. HOHLWEG, Beitr. zur Verwaltungsgesch. des Oström. Reiches unter den Komnenen, 1965 – H. ANTONIADIS-BIBICOU, Villages désertés en Grèce. Un bilan provisoire, 1965 – A. CARILE, Partitio terrarum Imperii Romanie, StVen 7, 1965, 125–305 – A. KRIESIS, Greek Town Building, 1965 – H. AHRWEILER, Byzance et la mer, 1966 – H. ANTONIADIS-BIBICOU, Études d'hist. maritime de Byzance. À propos du »thème des Caravisiens«, 1966 – Constantine Porphyrogenitus, De administrando imperio, ed. G. MORAVCSIK - R. J. H. JENKINS, 1967, Comm., 1962 – A. BON, La Morée franque, I–II, 1969 (Bibl. Ecole franç. Athènes et Rome 213) – G. T. KOLIAS, Ἱστορικὴ Γεωγραφία τοῦ Ἑλληνικοῦ Χώρου, 1969² – H. AHRWEILER, Études sur les Structures administratives et sociales de Byzance [Variorum Reprints, 1971] – N. OIKONOMIDÈS, Les Listes de Préséance byz. des IX. et X. s., 1972 – LJ. MAKSIMOVIĆ, Vizantijska provincijska uprava u doba Paleologa, 1972 – P. CHARANIS, Stud. on the Demography of the Byz. Empire [Variorum Reprints, 1972] – J. KODER, Negroponte. Unters. zur Topographie und Siedlungsgesch. der Insel Euboia während der Zeit der Venezianerherrschaft, Veröff. der Tabula Imperii Byzantini 1, 1973 – LJ. MAKSIMOVIĆ, Geneza i karakter apanaža u Vizantiji, ZR VI 14/15, 1973, 103–154 [mit frz. Zusammenfassung] – CH. BOURAS, Κατοικίες καὶ οἰκισμοὶ στὴ Βυζαντινὴ Ἑλλάδα [mit engl. Zusammenfassung], Οἰκισμοὶ στὴν Ἑλλάδα, ed. O. B. ASYMANES - P. OLIVER, 1974, 30–52 – E. Y. KOLODNY, La Population des îles de la Grèce. Essai de Géographie insulaire en Méditerranée orientale, I–II [mit Atlas], 1974 – D. JACOBY, Société et Démographie à Byzance et en Romanie latine [Variorum Reprints, 1975] – R. JANIN, Les Églises et les monastères des grands centres Byz., 1975 – H. AHRWEILER, Byzance: le pays et le territoire [Variorum Reprints 1976] – D. ANGELOV, Zusammensetzung und Bewegung der Bevölkerung in der byzan. Welt. XV° Congr. Internat. d'Études Byz. Rapports et Co-Rapports I, 2, 1976 – C. ASDRACHA, La Région des Rhodopes aux XIII° et XIV° s., Étude de Géographie hist., 1976 – J. FERLUGA, Byzantium on the Balkans. Stud. on the Byz. Administration and the Southern Slavs from the 7th to the 12th Centuries, 1976 – I. DUJČEV, Cronaca di Monemvasia, Introduzione, testo critico e note, 1976 – J. KODER - F. HILD, Hellas und Thessalia, Tabula Imperii Byzantini 1, 1976 – R. J. LILIE, Die byz. Reaktion auf die Ausbreitung der Araber. Stud. zur Strukturwandlung des byz. Staates im 7. und 8. Jh., 1976 – R. M. HARRISON, Lycia in late Antiquity, Yayla 1, 1977, 10–15 – F. HILD, Das byz. Straßensystem in Kappadokien, Veröff. der Tabula Imperii Byzantini 2, 1977 – J. KODER, Topographie und Bevölkerung der Ägäis-Inseln in spätbyz. Zeit. Probleme der Quellen, Byz. Forsch. 5, 1977, 217–231 – A. E. LAIOU-THOMADAKIS, Peasant Society in the Late Byz. Empire. A Social and Demographic Study, 1977 – R. J. LILIE, »Thrakien« und »Thrakesion«, JÖB 26, 1977, 7–47 – M. BALARD, La Romanie génoise (XII°-début XV° s.), I–II, 1978 – J. FERLUGA, L'amministrazione bizantina in Dalmazia, 1978 – R. M. HARRISON - G. R. J. LAWSON, An Early Byz. Town at Arif in Lycia, Yayla 2, 1979, 13–17 – M. BERNATH - G. KRALLERT, Hist. Bücherkunde Südosteuropa, I: MA, 1980, 170–175, 314–316, 356–359, 440f., 543f. – H. KENNEDY, Arab Settlement on the Byz. Frontier in the Eighth and Ninth Centuries, Yayla 2, 1979, 22–24 – J. KODER, Zur Frage der Slav. Siedlungsgebiete im ma. Griechenland, BZ 71, 1978, 315–331 – F. THIRIET, Recherches sur le nombre des »Latins« immigrés en Romanie gréco-vénitienne aux XIII°–XIV° s., (Mél. I. DUJČEV, 1979), 421–436 – D. JACOBY, Recherches sur la Méditerranée orientale du XII° au XV° s. [Variorum Reprints, 1979] – M. KAPLAN, Quelques remarques sur les Paysages agraires byz. (VI° siècle-milieu du XI° s.), Revue du Nord LXII, 244, janvier-mars 1980, 155–176 – Geographica Byzantina, ed. H. AHRWEILER, Byz. Sorbon. 3, 1981 – CH. BOURAS, City and Village: Urban Design and Architecture. XVI. Internat. Byzantinistenkongreß Wien 1981, I, 2 (JÖB 31, 2, 1981, 611–653) – V. CHRISTIDES, The Raids of the Moslems of Crete in the Aegean Sea. Piracy and Conquest, Byzantion 51, 1981, 76–111 – J. DARROUZÈS, Notitiae Episcopatuum Ecclesiae Constantinopolitanae, 1981 – F. HILD, Il Sistema viario della Cappadocia. Atti del 5° Conv. Intern. di Studio sulla Civiltà rupestre medioevale nel mezzogiorno d'Italia. Le aree omogenee della Civiltà rupestre nell'ambito dell'Impero Bizantino: La Cappadocia, Lecce 1979 – F. HILD - M. RESTLE, Kappadokien, Tabula Imperii Byzantini 2, 1981 – P. SOUSTAL, unter Mitarb. v. J. KODER, Nikopolis und Kephallenia, ebd. 3, 1981 – H. AHRWEILER, Sur la date du »De thematibus« de Constantin VII Porphyrogénète, Travaux et Mémoires 8, 1981, 1–5 – A. DUCELLIER, La façade de l'Albanie au MA, 1981 – J. KODER, Προβλήματα τῆς σλαβικῆς ἐποίκησης καὶ τοπωνυμίας στὴ μεσαιωνικὴ Ἤπειρο, Epeirot. Chron. 24, 1982, 9–35.

B. Allgemeine und politische Geschichte

I. Der Ostteil des römischen Reiches – II. Das Byzantinische Reich bis zum Ende der herakleian. Dynastie – III. Das Zeitalter des Ikonoklasmus – IV. Die Herrschaft der makedonischen Dynastie – V. Die Herrschaft der zivilen Aristokratie und der Komnenen (bis zum 4. Kreuzzug) – VI. Lateinisches Kaiserreich und byzantinische Nachfolgestaaten – VII. Von der Restauration bis zum Ende des Reiches.

I. DER OSTTEIL DES RÖMISCHEN REICHES: Byzanz (Byzantion) ist der Name einer antiken griech. Kolonie am Bosporus. Ks. →Konstantin d. Gr. ließ die Stadt 324 neuerrichten und erhob sie am 11. Mai 330 feierlich unter dem Namen Konstantinopolis als »Neues Rom« zur Reichshauptstadt →Konstantinopel. Heute wird unter dem Begriff »byzantinisch« der östl. Teil des röm. Reiches, das nach dem Ende des westl. Teils des Reiches (476 n. Chr.) die Tradition des antiken röm. Staates während des gesamten MA fortsetzte, verstanden. Dabei stellen die Wörter »Byzanz« und »byzantinisch« von der Moderne geprägte Begriffe dar, die dazu dienen sollten, das röm. Reich des MA vom antiken röm. Reich abzuheben. Die Byzantiner selbst betrachteten sich als Römer und ihr Reich als »Romania«; der byz. Ks. führte vom 7. Jh. an den Titel des →Basileus (βασιλεύς Ῥωμαίων, 'Herrscher der Rhomäer/Römer') und verstand sich damit als Erbe der röm. Imperatoren dank einer polit. und verfassungsmäßigen Tradition, die über Konstantin auf Augustus zurückreichte. Bei aller Treue zur röm. Tradition verstand es das B. R. jedoch, sich den polit., sozialen und ökonom. Wandlungen anzupassen, dank seinem fundamentalen Reservoir an Möglichkeiten zur Erneuerung.

[1] *Der Dualismus im Reich:* Theodosius I. (379–395) war der letzte Ks., der im Gesamtreich herrschte. Nach seinem Tode erbten seine Söhne Arkadios (395–408; →Arcadius) und Honorios (395–423; →Honorius) die pars Orientis bzw. pars Occidentis des Imperiums. Polit. gesehen, stellt diese Reichsteilung den Endpunkt der verfassungsmäßigen Wandlungen dar, die der röm. Staat im 3. und 4. Jh. erfuhr. So hatte bereits Diokletian (284–304) das Prinzip der Kollegialität in der Ausübung der Staatsgewalt eingeführt, und tatsächlich waren die Perioden der Reichseinheit im 4. Jh. kurz (wenn auch andererseits die Reformen der diokletian. und konstantin. Zeit eine stärkere Vereinheitlichung auf institutionellem Gebiet herbeiführten); die konstantin. Restauration schuf eine monarch. Herrschaft, bei der das Reich zw. den verschiedenen Mitgliedern der Familie des Konstantin aufgeteilt war, so daß die Einheit des Reiches auf dynast. Grundlage beruhte. Erst nach dem Tode Konstantins (337) kündigte sich die Teilung des Reiches an, die unter den Nachfolgern des Theodosios endgültig wurde. Konstantin II. und Konstantios herrschten über den Westen, Konstans II. über den Osten; letzterer stellte 353 die Reichseinheit wieder her, die auch während der kurzen Regierung des Julian Apostata (361–363) erhalten blieb. 364 übertrug Valentinian jedoch, auf Verlangen des Heeres, den Westen seinem jüngeren Bruder Valens, und die beiden Hälften des Imperiums wurden erst wieder unter Theodosios I., und dies nur für wenige Monate, vereinigt. 395 erfolgte die definitive Teilung, wenn auch ein formeller Zusammenhalt zw. den beiden Zweigen der theodosian. Familie noch eine Zeitlang den Anschein der Reichseinheit wahrte: 424 wurde Valentinian III. durch den Hof v. Konstantinopel zum Ks. des Westens designiert; 438 erließen Theodosios II. für den Osten und Valentinian III. für den Westen gemeinsam den Codex Theodosianus.

Geograph. gesehen, stellt das Gebiet des B. R. es einen Raum dar, dessen Besiedlung sich nur an seinen Rändern verdichtet und der durch Steppe und Wüste begrenzt wird; hierin sind Reichtum wie leichte Verwundbarkeit des byz. Herrschaftsraumes begründet. Das B. R. wurde von allen Handelswegen zu See wie zu Land, die das östl. Europa, Asien und Afrika mit dem Mittelmeer verbanden, durchzogen; die Kontrolle dieser Verkehrswege war Streitobjekt der Völker an der Peripherie des Reiches, die als Träger des Handelsverkehrs bis zu den Reichsgrenzen fungierten. Das B. R. war geopolitisch auf das Mittelmeer orientiert, da dessen Kontrolle für den Zusammenhalt der sich weitläufig an den schmalen mediterranen Küstensäumen erstreckenden byz. Territorien lebensnotwendig war. Nachdem Byzanz im 6. Jh. die →Vandalen und →Ostgoten besiegt hatte, wurde es zur einzigen bedeutenden Seemacht im Mittelmeerraum; diese Stellung behielt das B. R. bis zum Erscheinen der ersten arab. Flotte im 7. Jh. Doch auch danach vermochte die byz. Flotte, deren Basen sich entlang der Küsten und über die Inseln der Ägäis verteilten, die Gegner zur See in Schach zu halten, dies zumindest bis zur Mitte des 11. Jh., dem Zeitpunkt, an dem die Seeherrschaft auf die Flotten der Venezianer, Genuesen und Pisaner überging.

[2] *Ethnische, religiöse und soziale Krisen des 5. Jahrhunderts:* Vom Tode des Ks.s Theodosios (395) bis zum Regierungsbeginn Justinians I. (527) war das B. R. durch heftige ethnische, religiöse und soziale Krisen in seinem Bestand bedroht.

a) *Das Barbarenproblem:* Stärker noch als im Westen waren im Osten die Völker, mit denen das B. R. während der Völkerwanderungszeit konfrontiert wurde, zu einer Aufnahme in die Strukturen des röm. Heerwesens bereit. Theodosios I. leitete eine Politik der Öffnung gegenüber den Barbaren ein, indem er einen ersten Vertrag mit den Goten abschloß (382); bereits unter Arkadios war am Hofe, angesichts des schon stärker germanisierten Heeres, die gotische Partei mit ihrem Führer →Gainas so stark, daß ihre Machtstellung einen antigermanischen Aufstand provozierte und eine Säuberung im Heer ins Werk gesetzt wurde. Das Problem der ethn. Gegensätze wurde damit jedoch nicht gelöst, auch nicht nach der Ablenkung der →Westgoten nach dem Okzident. Um die Mitte des 5. Jh. war die Macht des Alanen →Aspar bereits so gewachsen, daß er die beiden Nachfolger von Theodosios einzusetzen vermochte: Markianos (450–457) und Leon I. (457–474). Um sich von dieser gefährlichen Bevormundung zu befreien, nahm Leon I. Zuflucht zu den →Isauriern, deren Fürst Tarasikodissa in die Hauptstadt kam, den Namen →Zenon annahm und die Schwester des Ks.s, Ariadne, heiratete (466). Nach dem Tod Leons I. (474) bestieg der Sohn von Zenon und Ariadne, Leon II., den Thron, starb jedoch wenige Monate später, so daß die Herrschaft an Zenon überging, der (wie schon vorher Arkadios im Falle der Westgoten und Markianos im Falle der Hunnen verfahren waren) die Ostgoten unter Theoderich zum Weiterziehen nach Westen veranlaßte. Nach dem Tod Zenons (491) wählte seine Witwe auf Bitten des Volkes, das einen rechtgläubigen und röm. Herrscher begehrte, einen alten Hofbeamten, Anastasios (491–518), Decurio der →Silentiarioi, der sich als äußerst fähiger Administrator erwies. Er ließ nach langen Kämpfen die Isaurier massenhaft nach Thrakien umsiedeln und beendete damit 498 die ethn. Krise, die ein Jahrhundert lang das B. R. überschattet hatte.

b) *Der religiöse Konflikt:* Die innere Entwicklung des B. R. es war von Konstantin und Theodosios an eng mit der Entwicklung von Christentum und Kirche verquickt. Die Gegensätze in den christolog. Fragen provozierten tiefgreifende polit. und soziale Konflikte: Nach den Konzilien von →Nikaia (321) und →Konstantinopel (381) war die Religion Angelegenheit des Staates. Beide Konzilien hatten die theolog. Streitfrage der Koexistenz der beiden Naturen, der göttl. wie der menschlichen, in der Person Christi dahingehend entschieden, daß Christus zugleich Gott und Mensch sei. Die rationalist. Schule v. Antiocheia entwickelte demgegenüber eine Lehre, welche die beiden Naturen trennte und Christus als gottgewordenen Menschen auffaßte, wobei Maria einzig als die Mutter des Menschen Christus angesehen wurde. Der Patriarch v. Konstantinopel, →Nestorios (428–431), der aus Antiocheia stammte, unterstützte diese Anschauung. Im Gegensatz zu ihm sahen die myst. Schule des Patriarchen Kyrillos v. Alexandreia und seine Schüler in Christus den Gott-Menschen. Das Konzil v. →Ephesos (431) stellte sich auf die Seite der alexandrin. Theologie und setzte den Nestorios ab. Nach dem Tod des Kyrillos ging dessen Schüler →Eutyches so weit, die menschl. Natur Christi vollends zu leugnen; seine Lehre, der sog. →Monophysitismus, wurde von der Synode v. Konstantinopel verdammt, während der Bf. v. Rom, →Leo I., in seinem Tomus darlegte, daß nach der Fleischwerdung in Christus zwei Naturen, »ohne sich zu vermischen oder voneinander zu trennen«, seien. Es waren jedoch die Monophysiten, die 449 auf dem Konzil, das als sog. »Räubersynode von Ephesos« (→Ephesos, Räubersynode) in die Geschichte eingegangen ist, den Sieg davontrugen; der neue Patriarch v. Alexandreia, →Dioskoros, untersagte den Gegnern dieser Lehre, ihren Standpunkt darzulegen. Das vierte ökumen. Konzil, 451 von Ks. Markianos nach →Chalkedon einberufen, verwarf gleichermaßen Nestorianismus und Monophysitismus und formulierte das Dogma von den beiden Naturen Christi, der göttl. und der menschl. Natur, beide vollendet, unteilbar und voneinander abgegrenzt in einer einzigen Person. Dieses Dogma bildete die Grundlage der byz. Orthodoxie. Es fand jedoch keineswegs allgemeine Anerkennung. Bald griff der christolog. Streit auf das polit. Gebiet über. Ks. Zenon versuchte, in seinem Unionsedikt von 482, dem sog. →Henotikon, einen Kompromiß zu finden. Das Henotikon erkennt nur die Kanones v. Ephesos, Konstantinopel und Nikaia an und übergeht das Chalcedonense mit Schweigen; daher rief das Edikt das erste Schisma zw. Rom und Konstantinopel hervor, da der Papst, der im Chalcedonense den Ausdruck der Orthodoxie und der Lehraufsicht Roms erblicken mußte, das Unionsedikt verdammte und die Absetzung des Patriarchen Akakios (472–488) aussprach (→Akakianisches Schisma). Das Schisma sollte bis 519 andauern. Weit davon entfernt, die unbeugsamen Monophysiten in Ägypten und Syrien mit der Orthodoxie zu versöhnen, löste das Henotikon in den Gebieten, welche die Formel von Chalkedon anerkannt hatten, Unruhen aus. Anastasios wäre deshalb um ein Haar abgesetzt worden, und der Befehlshaber der Truppen in Thrakien, Vitalianos, revoltierte und erschien nach 513 dreimal mit einer Armee und einer Flotte vor den Mauern von Konstantinopel, um dem Herrscher die Rückkehr zur Orthodoxie aufzunötigen.

[3] *Die Regierung des Justinian:* a) *Innenpolit. und kirchenpolit. Maßnahmen:* Justinian I. (527–565) trat die Herrschaft in einer Situation an, die von einer Konsolidierung der Finanzen (durch Anastasius I.) und des Militärwesens (durch seinen Onkel und Vorgänger Justin I., 518–527) gekennzeichnet war. Die Lage im Innern war dagegen weiterhin von tiefen sozialen Unruhen erschüttert. Die beiden mächtigsten Faktionen der »Demen« (Volksparteien), die Blauen und die Grünen, machten 532 bei aller Rivalität, gemeinsame Sache gegen die ksl. Gewalt. Ihre Erhebung wurde mit härtester Gewalt unterdrückt: Der General →Belisar drang in das Hippodrom, den Versammlungsort der Aufständischen, ein und ließ dort Tausende durch seine Soldaten niedermetzeln. Der Nika-Aufstand (vom Imperativ: 'siege!', dem Schlachtruf der Aufständischen) war damit niedergeworfen (Jan. 532). Doch sollte der ksl. Absolutismus nach dem Tode Justinians erneut den aufstrebenden zentrifugalen Kräften, die im →Senat, in den Demen und in der Heeresorganisation verkörpert waren, unterliegen.

In seiner Kirchenpolitik war Justinian bestrebt, die byz. Kirche in eine einflußreiche, aber dem Staat dienende Institution umzuwandeln. Die ksl. Herrschergewalt verstand sich auf diesem Gebiet – wie in den anderen Bereichen des Staates – als prinzipiell unbegrenzt (→Autokratie); daher beinhaltete die ksl. Gesetzgebung detaillierte Regelungen für alle Fragen der geistl. Lebensordnung, des kirchl. Ämterwesens (Disziplin der Ordens- und Weltgeistlichkeit, Wahl von Bf. en und Klostervorstehern) und des geistl. Grundbesitzes. Auf der anderen Seite setzte sich der Ks. die Wiederherstellung der durch den christolog. Streit zerrütteten kirchl. Einheit zum Ziel, wobei er allen Formen der Häresie und des Paganismus den Kampf ansagte. So wurden 527–528 strengste Maßnahmen gegen Häretiker beschlossen und 529 die Akademie von Athen, einer der letzten Zufluchtsorte altheidn. Geisteslebens, geschlossen.

Die von Justinian in Angriff genommene Rückeroberung Italiens erforderte die polit. Beteiligung des Papstes: Die Feldzüge nach dem Westen waren daher von Verfolgungen gegen die Arianer (→Arius) und durch Nachgeben gegenüber Rom geleitet. Bei alledem wurde der Konflikt mit dem Monophysitismus nicht beigelegt, und die Ksn. →Theodora unterstützte – sei es aus takt. polit. Gründen, sei es aus Überzeugung – die Monophysiten und setzte bei Justinian die Einsetzung eines Häretikers, Anthimos I. (535–536), als Patriarchen durch. Doch zwangen die Reaktionen des Papstes →Agapet und der Synode v. Konstantinopel 536 den Ks., zu seiner früheren Politik zurückzukehren und erneute strenge Verfolgungen der Monophysiten einzuleiten. Wenig später gewann jedoch Theodora wieder die Oberhand und nötigte den Ks., die sog. »Drei Kapitel« durch ein Edikt zu verdammen (543–544); hierbei handelte es sich um die theol. Werke der drei Antiochener Kirchenväter →Theodor v. Mopsuestia, →Ibas v. Edessa und →Theodoret v. Kyros, die den Monophysiten wegen ihrer Unterstützung des Nestorios gegen Kyrill v. Alexandreia verhaßt waren (→Dreikapitelstreit). Durch die Verdammung dieser drei Kirchenväter, die durch das Konzil v. Chalkedon rehabilitiert worden waren, wollte Justinian die Monophysiten wieder an die chalkedonens. Orthodoxie binden. Der Papst →Vigilius wurde gewaltsam nach Konstantinopel verbracht und mußte hier das Verdikt über die Drei Kapitel aussprechen; dieses Verdammungsurteil wurde durch das 5. ökumen. Konzil, das 553 in Konstantinopel abgehalten wurde, bekräftigt. Zu einem Einlenken der Monophysiten führten diese Maßnahmen jedoch nicht.

b) *Die Rückeroberung des Westens:* Das B. R. mußte, um das Ziel der Wiedereroberung der ehemals weström. Gebiete verwirklichen zu können, zunächst die Kontrolle über das westl. Mittelmeer, die seit 468 in den Händen der →Vandalen lag, wiedergewinnen. 533 landete →Belisar mit einem 18 000 Mann starken Heer in Nordafrika und unterwarf den Vandalenherrscher →Gelimer; Belisar kehrte 535 im Triumph nach Konstantinopel zurück. Während im selben Jahr ein anderes byz. Heer Dalmatien besetzte, eroberte Belisar Sizilien und nahm, nicht ohne Schwierigkeiten, die Städte Neapel, Rom und Ravenna ein (540). Der ostgot. Kg. →Vitiges wurde als Gefangener nach Konstantinopel gesandt, doch vermochte →Totila in Italien den Widerstand gegen die byz. Eroberer zu organisieren. Dadurch konnte Belisars Nachfolger →Narses die Unterwerfung der Apennin-Halbinsel unter byz. Hoheit erst nach langen krieger. Auseinandersetzungen abschließen (555). Ein Jahr zuvor hatten ksl. Truppen einen Teil Spaniens von den →Westgoten zurückerobert. Im Osten war dagegen 540, trotz des mit dem B. R. beschworenen Friedens, der Sāsānide Chosroes I. (531–579) in Syrien einmarschiert. →Antiocheia wurde zerstört, →Armenien und →Iberien (Georgien) durch das pers. Heer geplündert und →Lazika dauernd besetzt. Erst 562 wurde ein fünfzigjähriger Friedensvertrag geschlossen, den Byzanz mit erhöhten Tributleistungen an die Perser erkaufen mußte. Durch die Eroberungspolitik im Westen war die Reichsgrenze im Osten militär. geschwächt worden, so daß sie gegenüber dem pers. »Erbfeind« nicht standhielt.

c) *Gesetzgebung*: Die Restauration der röm. Macht war von einer Neubelebung der röm. Rechtstradition begleitet (→Byzantinisches Recht, →Römisches Recht). Die byz. Juristen besaßen bereits den Codex Theodosianus, der sämtl. ksl. Edikte seit Konstantin umfaßte. Justinian setzte 528 eine Kommission ein, welcher schon der Jurist →Tribonian angehörte und deren Aufgabe die Schaffung einer neuen Sammlung der Reichsgesetze war. 529 wurde die erste, 534 die zweite Edition des Justinianischen Codex publiziert, welch letztere enthält sämtl. ksl. Konstitutionen von Hadrian bis zum Jahre 534; die nicht mehr in Gebrauch befindlichen Gesetze wurden eliminiert, die gültigen vereinheitlicht und emendiert. 530 wurde unter dem Vorsitz von Tribonian eine weitere Kommission eingesetzt, die 533 die Digesten (auch: Pandekten) herausgab, eine Sammlung von Schriften klass. röm. Juristen. 534 wurde erneut ein Rechtshandbuch für Juristen publiziert, die Institutiones. Die Novellen, eine Sammlung der Gesetze, die nach dem Abschluß der zweiten Fassung des Codex (534) erlassen worden waren, die meisten in gr. Sprache, vervollständigten das Gesetzgebungswerk des Justinian, das als »Corpus Iuris Civilis« in die Geschichte eingegangen ist.

II. DAS BYZANTINISCHE REICH BIS ZUM ENDE DER HERAKLEIAN. DYNASTIE: [1] *Die territorialen Verluste*: In weniger als einem Jahrhundert, vom Tode Ks. Justinians (565) bis zum Tode von Ks. Heraklios (641), erlitt das B. R. große territoriale Verluste. Zunächst fiel das von Justinian geschaffene, wenig homogene Großreich in sich zusammen, da die Verbindungen zw. dem alten ö. Teil des Reichs und den neueroberten byz. Westgebieten nur schwach waren. Die Exarchate von →Ravenna und von →Karthago (nach der jeweiligen Hauptstadt benannt), das nestorian. und monophysit. Syrien, das kopt. Ägypten – sie alle waren Keimzellen von Autonomiebestrebungen, welchen sowohl die zentrale Staatsmacht als auch die lokale Verwaltung mit ihrem religiösen Dogmatismus und ihren administrativen Regeln fast völlig machtlos gegenüberstanden. Auf der anderen Seite kündigte das Auftreten starker polit. Kräfte von außen die Lösung der byz. Randgebiete aus dem Reichsverband an. In Italien erschienen die →Langobarden; auf der Balkanhalbinsel zuerst die →Slaven, sodann →Serben und →Kroaten, in Spanien setzte sich der Aufstieg des Reiches der→Westgoten fort. Im übrigen sah sich das B. R. belastet durch die wiederholten Angriffe des Perserreiches der →Sāsāniden, das schließlich jedoch von Byzanz besiegt wurde, und der →Avaren und Slaven, die von Byzanz in Schach gehalten wurden. Angesichts dieser zahlreichen militär. Gegner war Byzanz nicht in der Lage, dem plötzl. Auftreten der →Araber erfolgreich Widerstand zu leisten. Die Araber besetzten zw. 634 und 640 →Mesopotamien, →Persien, →Syrien, →Palästina und →Armenien, nahmen 642 →Alexandreia ein und schlossen um 650 ihre Eroberung von →Ägypten und →Cyrenaika ab. Zunächst behielt zur See zwar die byz. Flotte die Oberhand über die arabische, doch vermochte diese, Zypern, Kreta, Rhodos sowie Sizilien zu verwüsten, und 674–678 wurde→Konstantinopel selbst erstmals belagert. Nach dem Friedensschluß von 678 zogen sich zwar die Araber aus Kleinasien zurück, doch erreichten sie in den nächsten Jahrzehnten→Karthago, die Landenge v. →Gibraltar und →Zypern. Die zweite arab. Belagerung Konstantinopels (717–718) konnte zurückgeschlagen werden. In Kleinasien erfolgten jedoch weiterhin zahlreiche arab. Einfälle bis zur Einnahme von Amorion in Phrygien (838); die Grenze, deren Verlauf dem Taurus und dem Lauf des Arsanios folgte, war nun in ihrer ganzen Länge Schauplatz beständiger Feindseligkeiten. Byzanz hatte so in kurzer Zeit den Südteil seines Territoriums, einschließl. Kreta und der Kornkammer Ägypten, den östl. Teil des Atlasgebietes und Teile von Sizilien eingebüßt.

Im 7. Jh. drangen die Avaren und Slaven in die Gebiete der Balkanhalbinsel vor, wobei die Avaren durch ihren militär. Vorstoß den ackerbautreibenden Slavenstämmen den Weg bahnten. Die Avaren verwüsteten die Reichsgebiete und zogen sich nach ihren Plünderungszügen in die Gebiete jenseits der Donau zurück. 626 versuchten sie, im Bunde mit den Persern, Konstantinopel zu erobern. Der Kriegszug, an dem sich auch große Verbände der von den Avaren abhängigen Slaven und Bulgaren beteiligten, schlug jedoch fehl und hat damit zum Niedergang der avar. Macht beigetragen. Ein massenhafter Ansturm slav. Stämme erfaßte im frühen 7. Jh. Thrakien; die Slaven belagerten Thessaloniké, überfluteten Thessalien, Mittelgriechenland und die Peloponnes, zerstörten die Städte Salona (beim heut. Split) in Dalmatien, Belgrad (Singidunum), Kostolac (Viminacium), Niš (Naissus) und Sofia (Serdika); die oströmische Bevölkerung zog sich aus dem Inland an die Küstensäume zurück. Die Festsetzung slav. Stämme in den sog. Sklavinien leitete insofern eine positive Entwicklung ein, als die äußerst schwach bevölkerten ländl. Regionen der Balkanhalbinsel nun von den Slaven verstärkt besiedelt wurden. In zwei Jahrhunderten wurden, von sehr wenigen Ausnahmen abgesehen, offenbar sämtliche Slaven, die auf byz. Reichsboden siedelten, hellenisiert (s. Abschnitt D). Nachdem die verbündeten Avaren und Slaven vor Thessaloniké und schließlich vor Konstantinopel (626) zurückgeschlagen worden waren, begründeten westslav. Stämme unter →Samo das erste slav. Reich, das sich höchstwahrscheinl. über Mähren und Böhmen erstreckte. Die Serben und die Kroaten, die aus den Gebieten jenseits der Karpaten stammten, siedelten sich im NW der Balkanhalbinsel an, vermutl. mit Unterstützung des B. R.es, dessen Oberhoheit sie anerkannten. Im Donaudelta erschienen die Bulgaren (→Bulgarien), die, nachdem sie die byz. Armee geschlagen hatten, sich zw. Balkangebirge und Donau ansiedelten; sie vermischten sich mit den slav. Bevölkerungsgruppen, die bereits in diesem Gebiet ansässig waren, und wurden durch diese 'slavisiert'; nach der Errichtung des ersten bulg. Reiches und dem Übertritt des Khans Boris zum orthodoxen byz. Christentum gelangten die Bulgaren vollständig in die polit.-kulturelle Einflußsphäre von Byzanz.

Zw. dem 7. und 9. Jh. verlor das B. R. seine Hegemonie im Mittelmeerraum, sein Reichsgebiet reduzierte sich auf einen Kranz von Territorien, die sich von Armenien bis Kalabrien erstreckten und die gesamten Küstenregionen des östl. Mittelmeerraumes umfaßten. Das Herrschaftszentrum lag in Kleinasien, einem Gebiet, das zahlreichen arab. Einfällen ausgesetzt war (s. auch Abschnitt H). Doch haben diese territorialen Verluste die Konzentration der Kräfte und insbes. die kulturelle Einheit Byzanz' stark gefördert. Das B. R. trat mit einer neuen Identität in die Welt des MA ein.

[2] *Die innere Krise*: Die Nachfolger von Justinian, Justin II. (565–578), Tiberios II. (578–582), Maurikios und Phokas (602–610), übernahmen von ihrem Vorgänger ein Reich, dessen soziale und wirtschaftl. Strukturen sich im

Zerfall befanden: Die Hauptstadt war Schauplatz polit.-sozialer Konflikte, in welchen die Demen die führende Rolle spielten; in den ländl. Gebieten schwächten die Bestrebungen der Großgrundbesitzer die Zentralgewalt. In dieser Situation war der große Plan einer Neuordnung des Reiches, der unter Maurikios reifte und die Schaffung der →Exarchate von →Ravenna und →Karthago beinhaltete, zum Scheitern verurteilt. Phokas errichtete nach der Ermordung des Maurikios und seiner Söhne eine Herrschaft, welche alle Züge eines Schreckensregiments trug. Das Reich wurde vom Bürgerkrieg zw. den Anhängern des Phokas, den Blauen, und deren Gegnern, den Grünen, erschüttert. Dabei versuchte Phokas durch seine Gewalttaten von den Mißerfolgen aufgrund seiner polit. und militär. Unfähigkeit abzulenken; in der Tat hatte er die Perser, die nach 591 von Maurikios besiegt worden waren, nicht an der Besetzung von Dara und Kaisareia und am Vordringen bis nach Chalkedon hindern können; zur selben Zeit erfolgte ein Wiederaufleben der slav. Invasionen in den Balkangebieten. Auf diese Mißerfolge reagierten die Kräfte an der Peripherie des Reiches rasch und nachdrücklich: Herakleios, Exarch v. Karthago, erhob sich gegen den Ks., versicherte sich der Unterstützung von Ägypten (607) und entsandte seinen gleichnamigen Sohn mit einer Flotte nach Konstantinopel. Bald nach dem Eintreffen des jungen Herakleios vor den Mauern der Hauptstadt (610) öffneten ihm die Grünen die Stadttore. Phokas wurde abgesetzt und zum Tode verurteilt. Am 5. Okt. 610 erhielt Herakleios aus der Hand des Patriarchen die Kaiserkrone.

[3] *Die herakleianische Dynastie:* Die Regierung des Herakleios hat die administrativen sowie – durch die →Themenorganisation – auch die militär. und sozio-ökonom. Grundlagen für eine Erneuerung des B. R.es geschaffen, dessen Strukturen sich dem neuen territorialen Gefüge anpaßten, wobei auch die Verbindung zw. der Reichshauptstadt und den Provinzen auf eine neue und tragfähige Basis gestellt wurde. Die Regierung des Herakleios markiert auch den Übergang zur entschiedenen Hellenisierung der Verwaltung und des öffentl. Lebens. Die militär. Fähigkeiten und Leistungen des Ks.s Herakleios waren bedeutend; es gelang ihm, gegenüber den Sāsāniden das Steuer herumzuwerfen. Nachdem der Ks. zw. 612 und 622 Syrien, Palästina und Ägypten zurückerobert hatte, zwang er die Sāsāniden, gegen die er ab 628 mehrere Kriege führte, sich auf ihr traditionelles Herrschaftsgebiet, Iran und Mesopotamien, zurückzuziehen. Herakleios eroberte auch die Heiligen Stätten zurück und überführte im Frühjahr 630 das 614 von den Persern eroberte Hl. →Kreuz im Triumph von Jerusalem nach Konstantinopel. Zur gleichen Zeit behauptete sich der Ks. gegen die Awaren und Slawen, die 626 Konstantinopel belagerten. Der Feind vermochte nicht den Mauerring zu durchbrechen und mußte die Belagerung aufheben; die Freude der Zeitgenossen war so groß, daß man in der geglückten Abwehr ein Wunder der →Theotokos, der Gottesgebärerin, sah, dessen Erinnerung im →Akathistos-Hymnon (er wird nämlich stehend gesungen) fortlebt. Herakleios starb am 11. Febr. 641, wenige Monate nach der Kapitulation von Alexandreia vor den arab. Truppen.

Die herakleian. Dynastie hielt sich, um den Preis heftiger Kämpfe, auf dem Thron bis zum Jahre 711; nach Herakleios Neos Konstantinos (III.) und Heraklonas regierte der Sohn von Konstantin III., Konstans II., der nicht zögerte, seinen jüngeren Bruder Theodosios töten zu lassen, um ihm den Weg zur Mitherrschaft zu versperren.

Konstans II. schlug seine neue Residenz im Westen, in Syrakus auf, wo er 668 ermordet wurde. Sein Sohn und Nachfolger, Konstantin IV., ließ seine beiden Brüder, Herakleios und Tiberios, verstümmeln. Sein Sohn, der gewalttätige Justinian II. (685-695, 705-711), wurde ebenfalls verstümmelt und nach Cherson verbannt; an seine Stelle trat zunächst ein Offizier, Leontios (695-698), der von den Blauen unterstützt wurde, nach ihm, mit Hilfe der Grünen, ein weiterer Offizier, Tiberios II. Apsimar (698-705). Gestützt auf den Bulgarenkhan Tervel, erkämpfte sich Justinian II. 705 jedoch erneut den Thron und regierte sechs Jahre lang mit blutigem Terror, dem die gestürzten Kaiser Leontios und Tiberios sowie der Patriarch Kallinikos (693-706) zum Opfer fielen; zwei Städte, Cherson und Ravenna, hatten unter Strafexpeditionen zu leiden. Der Armenier Bardanes, der schließlich Justinian II., den verhaßten »Kaiser mit der abgeschnittenen Nase (Rhinotmetos)«, stürzte, wurde von der Bevölkerung von Konstantinopel als Befreier begrüßt und als Philippikos (711-713) zum Ks. erhoben; der Kopf des getöteten Justinian wurde nach Rom und Ravenna gesandt und dem Volk zur Schau gestellt.

[4] *Die arabische und slavische Expansion:* Nach dem Tode des Herakleios handelte der Patriarch v. Alexandreia, Kyros, mit den Arabern die Räumung Alexandreias durch das byz. Heer aus (642). Zwar unternahm der byz. Heerführer Manuel nochmals eine Gegenoffensive, doch zwang ihn die Niederlage seiner Armee 646 zur Preisgabe Ägyptens, dessen kopt. Bevölkerung sich dem siegreichen arab. Feldherrn →'Amr ibn al-'Āṣ willig unterwarf. Der Statthalter von Syrien, →Muʿāwiya, marschierte in Kappadokien ein, eroberte Kaisareia und belagerte Amorion; er rüstete eine Flotte aus, der es gelang, die byz. Seeherrschaft zu erschüttern. Mit ihr griff Muʿāwiya Zypern an, er plünderte Rhodos, besetzte Kos und verwüstete Kreta (654); schließlich brachte er der byz. Flotte eine Niederlage bei, wobei Ks. Konstans II. nur mit knapper Not der Gefangennahme entging (655). Damit war die byz. Seeherrschaft vorübergehend geschwächt. Nach der Kampfpause, die dem Friedensschluß von 659 folgte, erschienen jedoch die Araber erneut in Kleinasien, besetzten Chios, die Halbinsel Kyzikos (670), Smyrna (672); in den Jahren 674-678 wurde Konstantinopel in jedem Frühjahr von der arab. Flotte belagert, doch vermochte sich die Reichshauptstadt, zuletzt dank des →Griechischen Feuers, erfolgreich gegen die Invasoren zu verteidigen. Muʿāwiya sah sich genötigt, einen Vertrag mit dem B. R. zu schließen, der später von ʿAbdalmalik erneuert wurde: Der von den Arabern dem B. R. zu zahlende Tribut wurde erhöht und die Steuereinnahmen aus Zypern, Armenien und Iberien mußten künftig zw. Arabern und Byzantinern geteilt werden.

Die Regierung Justinians II. war für das B. R. verheerend: 691-692 wurde das ksl. Heer bei Sebastopolis geschlagen, dadurch kam das byz. →Armenien unter arab. Oberhoheit. 697-698 eroberten die Araber den Exarchat v. Karthago trotz eines Seesieges des Patrikios Johannes; damit konnten die arab. Heere ihren Siegeszug im Westen, der sie bis nach Spanien führen sollte, fortsetzen. Während der zweiten Herrschaftsperiode Justinians II. ging Tyana an der kappadok. Grenze dem B. R. verloren, ebenso büßte es zahlreiche Festungen in Kilikien ein, und es erfolgte die ungehinderte Plünderung des gegenüber von Konstantinopel gelegenen Chrysopolis. Im Norden schloß sich an die slav. Invasion das Eindringen der Protobulgaren (→Bulgarien) in das Gebiet zw. Donau und Balkan an. 679 versuchte Konstantin IV., diese in einem

Feldzug zurückzudrängen; geschlagen, mußte er im Vertrag von 681 ihrer dauernden Niederlassung zustimmen; damit hatte sich der erste bulgaro-slav. Staat konstituiert.

Um das demograph. Vakuum in bestimmten Regionen zu füllen, bedienten sich die Herakleiden der Deportation. Konstans II. ließ starke slav. Bevölkerungsgruppen von Makedonien nach Kleinasien transferieren, und Justinian II. siedelte ganze slav. Stämme im Thema →Opsikion an, die als Gegenleistung für urbares Land 30000 Mann für das ksl. Heer zu stellen hatten. Doch diese Umsiedlungsaktionen betrafen nicht nur die Slaven. So wurden die →Mardaiten, eine christliche, räuberisch lebende Bevölkerungsgruppe aus dem Gebiet von Amanos (Libanon) an die Küsten der Peloponnes, nach Kephallenia und nach Nikopolis in Epiros, vielleicht sogar auch an die kleinasiat. Südküste, in die Gegend von Attaleia, verpflanzt. Noch unter Justinian II. wurden Zyprioten in das Gebiet von Kyzikos, dem es an Arbeitskräften fehlte, deportiert.

[5] *Die religiöse Politik der herakleian. Dynastie:* Mit der Rückeroberung der Ostprovinzen durch Herakleios stellte sich erneut das Problem des Monophysitismus. Zur Lösung des Konfliktes nahm der Patriarch →Sergios (610–638) die Lehre des →Monoenergetismus an, nach der in Christus zwar zwei Naturen seien, aber nur eine einzige Wirkungsweise (*ἐνέργεια*) bestehe; der Patriarch v. Jerusalem, →Sophronios, und auch Papst →Honorius widersetzten sich dieser christolog. Auffassung. Der Patriarch änderte seine Lehre daraufhin dahingehend ab, daß er in Christus einen einzigen Willen annahm; diese Anschauung, der →Monotheletismus, wurde durch den ksl. Erlaß →»Ekthesis« von 638 zur offiziellen Lehrmeinung. Doch wurde diese Kompromißformel von den Chalkedonensern wie von den Monophysiten abgelehnt. Infolge der Opposition des Papstes und der afrikan. Konzilien verfaßte Paulos, Patriarch v. Konstantinopel (641–653), den →»Typos«, der 648 von Ks. Konstantin II. zum Gesetz erhoben wurde: Im »Typos« wird der Inhalt der »Ekthesis« widerrufen und jede Diskussion über den Monoenergetismus wie den Monotheletismus verboten. Im Okt. 649 hielt Papst →Martin I. ein großes Konzil im Lateran ab, auf welchem die »Ekthesis« wie der »Typos« verurteilt wurden und der Patriarch Paulos wie auch seine Vorgänger Sergios und Pyrrhos (638–641, später nochmals Patriarch 654) exkommuniziert wurden. Konstans II. ließ 653 Papst Martin I. und wenig später →Maximos Homologetes, das Haupt der chalkedonens. Orthodoxie, verhaften und verbannen. Zur Wiederherstellung des religiösen Friedens berief Konstantin IV. das 6. Ökumen. Konzil ein (680–681; →Konstantinopel, Synoden), das den Monotheletismus verurteilte; während der ersten Regierungsperiode Justinians II. erließ die Reichssynode »in Trullo« (benannt nach ihrem Sitzungsort im Kuppelsaal des ksl. Palastes) eine Reihe von Kanones disziplinären Charakters (→Trullanum II), die einen frühen Ausdruck der Abgrenzung der Ost- und der Westkirche voneinander darstellen; sie waren der Ausgangspunkt für neue religiöse Streitigkeiten mit Rom, die simultan zu einer Schwächung des polit. Zusammenhaltes zw. der ital. Provinz und der Zentralgewalt in Konstantinopel auftraten.

III. DAS ZEITALTER DES IKONOKLASMUS: [1] *Die Dynastie der Isaurier und der erste Bilderstreit:* Auf den gewaltsamen Tod Justinians II. (711) folgte eine Periode der Wirren, die sich über die kurzzeitigen Regierungen der Ks. Philippikos (711–713), Anastasios II. (713–715) und Theodosios III. (715–717), die alle drei vom Militär eingesetzt und wieder entthront wurden, erstreckte. Diese anarch. Verhältnisse endeten mit dem Regierungsantritt von Leon III. »dem Isaurier« (717–741), dem Strategen des Themas Anatolikon in Kleinasien. Die Familie des Leon stellte bis zum Ende des 8. Jh. die Kaiserdynastie; im folgenden Jahrhundert setzte die amorische Dynastie das Werk der Isaurier fort. Dieser Abschnitt der byz. Gesch. wird durch den →Bilderstreit (Ikonoklasmus) geprägt, den Kampf gegen die Verehrung der Bilder oder →Ikonen; der Konflikt vollzog sich in zwei Phasen, denen ersten (726–780) und dem zweiten Bilderstreit (813–843); zw. beide schiebt sich die Periode der Ikonodulen, der (von den Bilderfeinden in polem. Weise so bezeichneten) Bilderverehrer.

Die zunehmende Verbreitung des Bilderkultes, eine der fundamentalen Formen byz. Religiosität während des 7. Jh., fand nicht überall im Reich Zustimmung; v. a. in den östl. Gebieten, wo sich eine transzendentale und überwiegend spirituelle Form des Christentums ausgeprägt hatte, wurde die Bilderverehrung abgelehnt. Den konkreten Anlaß des Bilderstreites bildete ein Vulkanausbruch im Norden von Kreta, der als Gottesgericht gedeutet wurde. Daraufhin ergriff Ks. Leon III. die Initiative: Er ließ das Christusbild am Tor von Chalke durch ein Bild des Kreuzes auswechseln und damit an die Stelle des »Götzendienstes« der Bilderverehrung das grundlegende Symbol der Bekehrung Konstantins setzen; diese Geste wurde von dem Patriarchen →Germanos, vermittelnd, als Argument zugunsten der Bilder interpretiert, bis Germanos jedoch schließlich 730 zurücktrat, um nicht länger die Kirche in den Dienst einer vom Kaisertum initiierten Auffassung stellen zu müssen. Der Ikonoklasmus entsprang so einer unterschiedl. Schriftexegese hinsichtl. der Frage der Idolatrie und der eher zufälligen Verbindung dieses Problems mit einer persönl. Initiative Leons III., der bei seinem Handeln wohl stark von seiner oriental. Herkunft beeinflußt war. Der (vielleicht 729) vom Patriarchen Germanos an →Thomas v. Klaudiopolis gerichtete Brief zeigt uns einerseits, wie sehr sich aus der Kontroverse um die Bilder heraus schon eine Reihe von Argumenten ausgeprägt hatten und andererseits, daß ein Teil des Klerus der Bilderverehrung nicht mehr wohlwollend gegenüberstand. Der Bf. v. Nakoleia, →Konstantin, hatte sich nach dem Vulkanausbruch auf Kreta in seinen Homilien gegen den Bilderkult gewandt. Germanos setzte ihn daraufhin ab. Leon III. stellte sich schließlich völlig auf die Seite der Bildergegner, und Germanos trat 730 zurück und zog sich auf seine Güter zurück, wodurch er sich der ksl. Forderung nach der Einberufung eines Konzils mit ikonoklast. Zielsetzung entzog. Der Nachfolger des Germanos, der Synkellos Anastasios, verbot die Bilderverehrung in den Kirchen. Welche Ausmaße die Kampagne zur Zerstörung der Bilder und die Verfolgungsmaßnahmen gegen Ikonodulen annahmen, bleibt unbekannt. Auf theol.-kirchenpolit. Gebiet wurde die anti-ikonoklast. Offensive von den Päpsten, Gregor II. und insbes. seinem Nachfolger →Gregor III., eröffnet; Gregor III. exkommunizierte die Ikonoklasten auf der röm. Synode von 731. Als bedeutendster theol. Gegner des Ikonoklasmus trat sodann →Johannes Damaskenos auf, ein Grieche, welcher eine hohe Stellung am Kalifenhof von Damaskus innehatte. In drei berühmten Homilien führte Johannes aus, daß das Bild ein Symbol sei, eine Vermittlerrolle besitze und daß sich das Bild Christi und seine Verehrung auf das Dogma der Inkarnation gründe; damit hatte die Bilderverehrung ihre theol. Legitimation gefunden und die Ideenwelt der Ikonodulen ihre Grundprinzipien erhalten. Mit dem Tod Leons III. nahm der Konflikt eine stärker polit. Färbung an: →Artabasdos, der Schwiegersohn Konstantins, des Sohnes und Nachfolgers Leons III., Patrikios, Kuropalates und Komes des Thema Opsikion, warf sich zum Vorkämpfer einer gemäßigten Ikonodulie auf, welche die Verehrung der Ikonen der Jungfrau Maria, nicht aber derjenigen Christi umfassen sollte. Es gelang Artabasdos, sich mit Unterstützung des Themas Armeniakon zum Ks. proklamieren zu lassen, während der rechtmäßige Ks., Konstantin V. (741–775), durch seinen Kampf gegen die Araber in Anspruch genommen war. Konstantin konnte jedoch den Thron mit Hilfe der Themen Thrakesion und Anatolikon zurückerobern, und er verfolgte – nach einer Periode des Abwartens – die ikonoklast. Politik seines Vaters mit noch größerem Nachdruck: Auf dem Konzil von 774 verdammten 338 Bf.e den Bilderkult.

Der Ikonoklasmus radikalisierte sich nun erheblich: Die Ikonen in den Kirchen wurden zerstört, der Heiligenkult und selbst die Verehrung der Theotokos wurden angegriffen und mit letzterem an einer der Grundfesten der byz. Liturgie gerüttelt; die Ikonodulen, Geistliche wie Laien, waren heftigen Verfolgungen ausgesetzt; so wurden i. J. 776 19 hohe Würdenträger und Beamte hingerichtet. Die Repressionen gegenüber den Mönchen waren bes. hart: Klöster wurden geschlossen und ihre Güter konfisziert, Mönche in den Laienstand zurückversetzt oder gezwungen, in den weniger der Verfolgung ausgesetzten Gebieten Asyl zu suchen. Allerdings liegt es angesichts des legendar. Charakters der Quellen nahe, bestimmte Übertreibungen bei der Schilderung dieser Verfolgungen anzunehmen. Gleichwohl war das Mönchtum offenbar die unmittelbare Zielscheibe der Repressionsmaßnahmen, und es entwickelte sich folglich zur stärksten Kraft der Opposition gegen die ikonoklast. Herrschaft. In den Reihen der Mönche fanden sich bald auch echte »Märtyrer« wie →Stephanos d. J., Hegumenos des Kl. vom Auxentiosberge, der 767 in Konstantinopel von der entfesselten Volksmenge gesteinigt wurde. Der Widerstand gegen den Ikonoklasmus konzentrierte sich bes. in den monast. Zentren Kleinasiens. Nach der kurzen Regierung Leons IV. (775–780), der im Alter von 30 Jahren verstarb, bestieg →Konstantin VI. (780–797) kaum zehnjährig den Thron. Seine Mutter →Irene aus Athen, eine Ikonodulin, führte die Regentschaft und benutzte ihre Stellung zur Wiederherstellung des Bilderkultes. Mit großer Vorsicht agierend, da es galt, keinen zu starken Widerstand der ikonoklast. gesonnenen hohen Geistlichkeit und der Armee zu provozieren, erreichte sie die Demission des Patriarchen Paulos IV. (780–784) und die Einsetzung des →Tarasios (784–806). Sie berief 786 ein Konzil ein, das jedoch sogleich von der Garde zerstreut wurde; daraufhin verlegte sie unter einem Vorwand die ikonoklast. Truppenverbände nach Kleinasien und ließ ikonodule Einheiten aus Thrakien nach Konstantinopel kommen; schließlich hielt sie im Sept./Okt. 787 ein Konzil in Nikaia ab, durch das die Bilderverehrung wiederhergestellt wurde. Konstantin, der zwar das regierungsfähige Alter erreicht hatte, von seiner Mutter jedoch nur – widerstrebend – zum Mitkaiser erhoben worden war, opponierte in der Folgezeit gegen die Umwandlung der Regentschaft Irenes in eine echte autokrat. Herrschaft. Dieser familiäre Machtkampf führte dazu, daß sich die Kräfte um den jungen Ks. scharten. Bilderfeindl. Truppeneinheiten proklamierten Konstantin im Okt. 790 zum Autokrator. Doch erwies sich Konstantin in der Folgezeit als ebenso despotisch wie unfähig (→Moicheanischer Streit), so daß er erneut unter die Vormundschaft seiner Mutter fiel, die ihn 797 schließlich entthronte und blenden ließ. Irene, die sich die Unterstützung der hauptstädt. Bevölkerung und der Mönchspartei erhalten wollte, verringerte die Sätze der städt. Steuern sowie die Einfuhrzölle und gewährte namentlich den Kl.n große fiskal. Privilegien; diese Maßnahmen schädigten die Staatsfinanzen auf das schwerste.

Zweifellos handelt es sich bei Irene ebenso wie bei Konstantin VI. um unfähige Politiker, die sich von den polit. Machenschaften der Interessengruppen, die von Mächtigen wie Michael Lachanodrakon, dem Magistros Petros, Alexios Musulem, Aetios, Staurakios und einigen anderen angeführt wurden, an den Rand drängen ließen. Neuere Forschungen zeigen dabei, daß die Mitglieder dieser Machtelite in ihrer großen Mehrheit keine sehr aktive Rolle bei den Auseinandersetzungen des Bilderstreites spielten; es handelte sich vielmehr um Karrieristen, die nach Kräften bestrebt waren, sich konform zur offiziellen Politik zu verhalten. Doch kann daraus nicht auf einen nur geringen Unterschied zw. den Auffassungen der Ikonodulen und denjenigen der Ikonoklasten geschlossen werden; die bilderfeindl. Opposition von 787 bis 815 darf in ihrer tatsächl. Bedeutung nicht verkannt werden.

[2] *Der zweite Bilderstreit:* Irene wurde nach einer Palastverschwörung, die den Leiter der Finanzverwaltung, den Logotheten →Nikephoros (802–811), auf den Kaiserthron brachte, abgesetzt; dieser zeichnete sich durch seine gemäßigte Haltung im ikonoklast. Konflikt aus. Er wurde von der radikalen Mönchspartei, deren Führer der Hegumenos des →Studiu-Klosters zu Konstantinopel, →Theodor, war, heftig bekämpft, bes. nachdem der Ks. nicht Theodor, sondern einen Laien, den bedeutenden Geschichtsschreiber →Nikephoros (806–815), zum Patriarchen erhoben hatte. Der Ks. fiel 811 bei einer vernichtenden Niederlage gegen den Bulgarenkhan →Krum; sein Sohn und Nachfolger Staurakios (811) starb bald nach dem Regierungsantritt an den Verwundungen, die er im selben Feldzug erlitten hatte. Nun kam der Schwager des Nikephoros, Michael I. Rangabe (811–813), an die Macht; er ließ sogleich Staatsgelder an Militärs, Hofkreise und bes. an den Klerus verteilen. Während seiner Regierung kehrten die Studiten aus dem Exil zurück, und ihr Hegumenos Theodor wurde zum allmächtigen Ratgeber des Herrschers, der von Theodor beredet wurde, den Krieg gegen die Bulgaren erneut zu eröffnen. Der Ks. unterlag bei Versinikia (813) und verlor damit auch seinen Thron.

Sein Nachfolger wurde der Stratege des Thema Anatolikon, Leon V., mit dem die zweite Phase des Bilderstreites begann. Der Ikonoklast →Johannes Grammatikos erhielt den Auftrag, Dokumente für eine neue bilderfeindl. Synode vorzubereiten; der Patriarch Nikephoros wurde zugunsten von →Theodotos Melissenos (815–821) abgesetzt; die Vertreter der Mönchspartei wurden mißhandelt oder vertrieben. Das in der Hagia Sophia zusammengetretene Konzil widerrief 815 die bilderfreundl. Beschlüsse von Nikaia, setzte die Bestimmungen von 754 wieder in Kraft und ordnete die Zerstörung der Ikonen an. Ks. Leon V. wurde 820 während des Weihnachtsgottesdienstes in der Hagia Sophia von einem seiner Waffengefährten, Michael v. Amorion, ermordet. Michael II. (820–829), der nach dieser Mordtat den Thron bestieg, war ein durchaus befähigter Mann; überzeugter Ikonoklast, verfolgte er doch eine gemäßigte und ausgleichende Politik. Er rief die Studiten aus dem Exil zurück; andererseits vertraute er die Erziehung seines Sohnes dem gelehrten Ikonoklasten Johannes Grammatikos an und setzte nach dem Tod des Theodotos einen anderen Ikonoklasten, Antonios (821–837), zum Patriarchen ein. Der Bilderstreit verlor von nun an seine frühere Heftigkeit; was jetzt noch folgte, waren lediglich schwächere Reflexe der früheren Streitigkeiten. Das B. R. hatte andere Probleme.

Gestützt auf einen großen Teil der asiat. Themen und mit arab. Hilfe, entfesselte →Thomas der Slave einen gewaltigen Aufstand, bei dem sich polit., soziale und religiöse Momente vermischten. An der Spitze von iber., armen. und abasg. Kontingenten, gelang es Thomas, Kleinasien, Thrakien und die Flotte des Thema Hellas für seinen Kampf gegen Michael II. zu gewinnen, in dem Thomas einen Usurpator und den Mörder seines ehem. Waffengefährten Leon V. sah. Vom Patriarchen v. Antiocheia, Job, zum Ks. gekrönt, belagerte Thomas 821 Konstantinopel; die Intervention des Bulgarenkhans Omurtag, der von Michael II. zu Hilfe gerufen wurde, nötigte die Aufständischen jedoch zur Aufgabe der Belagerung. Thomas, der sich nach dem Zusammenbruch seiner Revolte in Arkadiopolis verschanzt hielt, wurde von den Bewohnern der Stadt dem Ks. ausgeliefert und gepfählt. Fraglich bleibt, ob dieser Konflikt als echter Bürgerkrieg gelten kann. Er war sicher ein Ausdruck der Ablehnung der Provinz gegenüber der Hauptstadt und vielleicht auch ein Reflex der Erschütterungen, von denen das gesamte Kleinasien in dieser Zeit bewegt wurde.

Der Sohn Michaels II., Theophilos (829–842), Zögling des →Johannes Grammatikos, war ein hochgebildeter Herrscher, voll Liebe zu den Wissenschaften und Künsten, wobei er neben der byz. Gelehrsamkeit sich auch den arab. Wissenschaften, wie sie am Kalifenhof zu Bagdad gepflegt wurden, erschloß. Sein Lehrer, der 837–843 den Patriarchenthron innehatte, leitete alsbald eine neue Verfolgungswelle gegen Ikonodulen und Mönche ein; allmählich verebbte der Bilderstreit jedoch und erlosch nach dem Tode des Ks.s Theophilos.

[3] *Die Verteidigung des Reiches unter den isaurischen (bzw. syrischen) und amorischen Kaisern:* Die Propagierung des Ikonoklasmus durch die Ks. der isaur. Dynastie hat diesem Herrscherhaus ein vernichtendes Urteil von seiten der Historiker eingetragen. Dennoch sind gerade die Leistungen dieser Dynastie für die Erhaltung des Reiches bedeutend; erwähnt seien nur die großen Erfolge der isaur. Ks. bei der Verteidigung des B. R.es gegen die arab. Angriffe, vom Kampf um Konstantinopel i. J. 718 bis zur Eroberung von Theodosiupolis und Melitene 751 und 757, wodurch die Sicherung der Südostgrenze erreicht wurde. Das militär. Vorgehen der Isaurier gegen die Bulgaren war dagegen weniger erfolgreich. Leon III. unterhielt gute Beziehungen zu Khan Tervel. Sein Nachfolger Konstantin V. jedoch, dem die Bedrohung durch diese neue Macht stets vor Augen stand, führte neue Feldzüge gegen die Bulgaren und erfocht mehrere Siege (bes. bei Anchialos 763); bei alledem gelang es Konstantin aber nicht, den Krieg gegen die Bulgaren definitiv zu beenden, und er mußte bis zu seinem Tod, der ihn 775 auf einem dieser Feldzüge ereilte, ständig gegen die Bulgaren zu Felde ziehen. 792 wurde Konstantin VI. von den Bulgaren besiegt und mußte ihnen Tribut entrichten. Am 26. Juli 811 vernichtete das Bulgarenheer unter Krum die Armee des Ks.s Nikephoros, der im Kampfe fiel. Krum eroberte anschließend Develtos und Mesembria und zwang den Byzantinern einen drückenden Frieden auf. Auch Michael I. Rangabe wurde von den Bulgaren besiegt (813), v. a. aufgrund des Abfalls der Truppen Leons, des Strategen des Thema Anatolikon, der Michael als Ks. folgte. Krum verwüstete 813 die Gebiete um Konstantinopel, doch besiegte ihn Leon V. im selben Jahr bei Mesembria. Auf den plötzlichen Tod von Krum (814) folgte eine längere Periode der Ruhe, da Krums Nachfolger, Khan →Omurtag, sich stärker dem inneren Ausbau seiner Herrschaft widmete und seine expansive Tätigkeit mehr auf den Nordwesten richtete (vgl. im einzelnen Abschnitt D).

[4] *Der Verlust des byzantinischen Westens:* Unter Konstantin V. kamen der nördl. Teil des Exarchates v. →Ravenna und der Dukat v. →Rom unter die Herrschaft der →Langobarden, die 751 Ravenna eroberten. Doch hatten sich diese Regionen schon seit längerer Zeit sozial und wirtschaftl. eigenständig entwickelt. Papst Stephanus II., der die Zeichen der Zeit erkannte, wandte sich an das expandierende →Frankenreich, das ihm den Besitz eines Teiles der byz. Besitzungen in Mittelitalien und den byz. Dukat v. Rom, der sich in starkem wirtschaftl. Aufstieg befand, zusicherte. Zum Verständnis der polit. Neuorientierung der Päpste muß man sich die Entwicklung der Beziehungen zw. Byzanz und Rom seit Gregor III. vergegenwärtigen; dieser hatte den Ikonoklasmus verurteilt. In der folgenden Zeit hatte Leon III., im Zuge einer an sich realist. Verwaltungsreform des gesamten Reiches (mit vorrangig fiskal. Zielsetzungen), Unteritalien, Sizilien und Illyricum der Patriarchalgerichtsbarkeit Roms entzogen und diese Gebiete dem Patriarchat v. Konstantinopel unterstellt, dessen Jurisdiktionsbereich nach dem Verlust von Antiocheia an die Araber genau dem polit. Herrschaftsbereich von Byzanz entsprach. Die bilderfreundl. Beschlüsse des Konzils v. Nikaia (787), welche zwar eine Versöhnung zw. Byzanz und Rom auf dogmat. Gebiet begründeten, haben doch insgesamt wenig am grundsätzl. Gegensatz ändern können: Tatsächl. hat das Konzil weder von den Protesten Hadrians I. gegen die Wahl des Tarasios zum Patriarchen und die Führung des Titels »ökumen. Patriarch« durch Konstantinopel noch von der Bekräftigung der päpstl. Suprematie und der Vorrangstellung des Apostels Petrus Kenntnis genommen. Dieses Auftreten des Papsttums gegenüber Byzanz hatte auch nur noch zweitrangige Bedeutung, nachdem Rom sein Schicksal mit dem Frankenreich verbunden hatte; eine Entwicklung, die in der Kaiserkrönung Karls d. Gr. durch den Papst nach byz. Ritus ihre Bestätigung fand (vgl. Abschnitt F).

[5] *Die Gesetzgebung der isaurischen Dynastie:* Die isaur. Ks. haben das große Verdienst, dem Reich in seinen neuen Grenzen eine innere Organisation verliehen zu haben. In Fortführung der Reform, die im 7. Jh. begonnen hatte, vollendeten sie das System der Themenordnung. Weiterhin ist der Name der Dynastie mit einem Gesetzbuch verbunden, der →»Ekloge«, das die spätere Gesetzgebung im B. R. und ebenso die Rechtsentwicklung in den slav. Ländern stark beeinflußt hat. Am 31. März 726 im Namen des Ks.s Leon III. und seines Sohnes und Mitkaisers Konstantin erlassen, stellt dieser Codex eine Auswahl von Texten dar, die dem Justinian. Corpus entnommen sind, aber revidiert und modernisiert wurden. Die »Ekloge« faßt die wichtigsten Grundbestandteile des Zivilrechts für den prakt. Gebrauch der Richter zusammen, für welche die Gesetzgebung des Justinian mit all ihren formalen Mechanismen und Feinheiten zu kompliziert war; das Justinianische Gesetzwerk blieb gleichwohl in Kraft. Die »Ekloge« stellt also einen Versuch dar, das röm. Recht den Notwendigkeiten der Zeit anzunähern und den jurist. Formalismus zu überwinden (s. a. →Byz. Recht).

[6] *Theodora und der Sieg der Orthodoxie:* Am Anfang der langen Blütezeit, in der sich das B. R. bis zum 1. Viertel des 11. Jh. befand, steht die weitgespannte polit. Tätigkeit des Regentschaftsrates, der 842–856 für den jungen Michael III., den Sohn des Theophilos, die Regierungsgeschäfte ausübte. Diesem Gremium stand die Witwe des Theophilos, →Theodora, vor; sie amtierte seit dem 20. Jan. 842. Neben ihr waren ihre beiden Brüder, →Bardas und →Pe-

tronas, weiterhin →Sergios Neketiates, wohl ein Onkel von Theodora, und schließlich, als einflußreichster Staatsmann, der Günstling der Ksn., →Theoktistos, Logothet des Dromos, die maßgebenden Mitglieder des Rates. Die erste polit. Handlung dieses Regentschaftsrates war die Wiedereinführung der Bilderverehrung. An die Stelle des ikonoklast. Patriarchen Johannes Grammatikos trat der Syrakusaner →Methodios (843-847); am 11. März 843 wurde das Synodikon, der Konzilsbeschluß, durch den die Ikonoklasten und alle sonstigen Häretiker verdammt wurden, feierlich verlesen. Allerdings erbitterte die relative Milde, mit der Theoktistos und der neue Patriarch die Ikonoklasten behandelten, die strengen Ikonodulen und ganz bes. die Studitenmönche, welche schließlich von Methodios exkommuniziert wurden. Nach Methodios' Tod (847) bestieg →Ignatios (847-858, 867-877), Sohn des Ks.s Michael Rangabe, ein Mönch mit äußerst rigiden Auffassungen, den Patriarchenthron.

Durch ein starkes militär. Engagement gelang es dem Regentschaftsrat, bedeutende territoriale Gewinne zu erzielen. So eroberte Theoktistos, wenn auch nur für kurze Zeit, Kreta zurück (843-844); andererseits erlitt die ksl. Flotte im Bosporus, nahe der Mündung des Mauropotamos, eine Niederlage, ohne daß die Araber ihren Sieg zu nutzen vermochten. 853 verwüstete die byz. Flotte den Hafen→Damiette in Ägypten. Im Westen stand das B. R. dem arab. Vordringen in Sizilien allerdings machtlos gegenüber; selbst in →Bari konnte sich für einige Jahrzehnte ein Emir etablieren (841-871). Nach 856 errang das byz. Heer, dank der fähigen Kriegsführung durch Petronas, an der Ostgrenze eine Reihe von Siegen, welche die große Offensive unter dem Nachfolger von Michael III., Basileios I., ankündigte.

IV. DIE HERRSCHAFT DER MAKEDONISCHEN DYNASTIE: [1] *Der Aufstieg der makedonischen Dynastie:* 856 errang Michael III., im Bunde mit seinem Onkel Bardas, die Alleinherrschaft; der Logothet →Theoktistos wurde bei dem Staatsstreich ermordet. Zu eigenständiger Regierung jedoch untauglich, überließ der Ks. zunächst seinem Onkel fast sämtliche Machtbefugnisse; dieser setzte den Patriarchen Ignatios zugunsten des Laien→Photios ab. Eine bedeutende außenpolit. Tätigkeit, bes. durch die byz. Mission bei Bulgaren und Slaven (→Konstantin und Method), die dem päpstl. Vordringen entgegentreten sollte, kennzeichnet diese, durch das Wirken von Bardas und Photios geprägte Periode. Doch wandte sich Michael III. von Bardas ab und schenkte sein Vertrauen seinem Günstling Basileios, der seine Laufbahn am Hof als einfacher Pferdewächter begonnen hatte, vom Ks. nun jedoch mit der Stellung des →Parakoimomenos ausgezeichnet wurde und der - nachdem er auf Geheiß Michaels den Bardas ermordet hatte (865) - zur Heirat mit der früheren Geliebten des Ks.s, Eudokia Ingerina, genötigt wurde. Vom Ks. adoptiert und zum Mitkaiser erhoben, ermordete Basileios 867 seinen Protektor, um so die Alleinherrschaft zu erringen. Basileios I. begann seine Regierung mit der Absetzung des Photios und dessen Verbannung in ein Kl.; Ignatios wurde wieder als Patriarch eingesetzt und machte sich daran, alle von seinem Vorgänger geweihten Geistlichen mit dem Interdikt zu belegen. Bald darauf erlangte Photios jedoch wieder das Wohlwollen des Ks.s, der ihm sogar die Erziehung seiner Söhne anvertraute und ihm nach dem Tod des Ignatios (877) die Patriarchenwürde zurückgab. Die zweite Amtszeit des großen Patriarchen zeichnete sich durch eine konziliante Politik gegenüber den Anhängern des Ignatios und dem Papsttum aus: 879-880 rehabilitierte eine Synode, die zu Konstantinopel in Gegenwart der Legaten des Papstes Johannes VIII. stattfand, feierlich den gelehrten Patriarchen.

In der äußeren Politik war bes. die Befreiung Dubrovniks (→Ragusa) bemerkenswert, das von einer arab. Flotte eingeschlossen war. An der Ostgrenze erreichte Basileios I. 873 den Euphrat, er unterwarf die in den syr.-armen. Grenzgebieten ansässigen häret. →Paulikianer, deren Hauptstadt →Tephrike er dem Erdboden gleichmachte.

[2] *Die Regierung Leons VI.:* Basileios I. starb 886 durch einen Jagdunfall. Sein Sohn und Nachfolger, der gelehrte Leon VI. (886-912), setzte sogleich seinen früheren Lehrer Photios ab, um seinen erst 16jährigen Bruder→Stephanos (886-893) zum Patriarchen zu erheben. Photios starb im armen. Exil. Nachdem Leon VI. zweimal verwitwet und kinderlos geblieben war, ging er eine dritte - vom kanon. Recht verbotene - Ehe ein und heiratete schließlich in vierter Ehe seine Mätresse →Zoe Karbonopsina (905), die ihm einen Sohn gebar, Konstantin (getauft 6. Jan. 906). Der Patriarch →Nikolaos Mystikos untersagte dem Ks. jedoch als »Bigamisten« den Eintritt in die Hagia Sophia. Daraufhin erreichte Leon VI. beim Papst einen Dispens und setzte Nikolaos ab, an dessen Stelle Euthymios (907-912) trat, der 911 Konstantin zum Ks. krönte, seiner Mutter jedoch nach wie vor den Eintritt in die Kirche verwehrte.

[3] *Die Gesetzgebung der makedon. Dynastie:* Die Bedeutung Leons VI., der auf polit. Gebiet nicht in der Lage war, die so positive außenpolit. Bilanz, die sein Vater hinterlassen hatte, adäquat weiter auszubauen, liegt v. a. in seinem gewaltigen Gesetzgebungswerk. Mit seiner hohen Bildung verstand es Leon, die von Basileios begonnene Rechtskodifikation in großem Stil fortzusetzen und zu vollenden. Basileios I. hatte zwei Sammlungen erstellen lassen: den Proch(e)iros Nomos (→Procheiron), ein prakt. Handbuch für den forensischen Gebrauch, und - als Einleitung zu der geplanten großen Gesetzessammlung - die →Epanagoge. Die große Kompilation der →»Basiliken« in sechzig Büchern trat seit der Regierung Leons VI. an die Stelle der drei Sammlungen des Justinian, der Novellen desselben Ks.s sowie derjenigen der Ks. Justin II. und Tiberios. Die »Basiliken« wurden durch eine Sammlung von 113 Novellen vervollständigt (s. a. →Byzantinisches Recht).

[4] *Die Auseinandersetzung zwischen Byzanz und Bulgarien:* Die Christianisierung der Bulgaren (864) hatte für Byzanz die Schaffung einer neuen Kirchenprovinz zur Folge, die vom Patriarchat Konstantinopel abhängig war; für die Bulgaren bedeutete sie jedoch den Ansatz zur Bildung einer autonomen Kirche. Nach einer Periode, die durch Gegensätze und Streitigkeiten geprägt war, in deren Verlauf der Khan Boris sich sogar an den Papst wandte, fand der Patriarch Ignatios auf der Synode von 869 eine für das B. R. überaus günstige Lösung, indem er einen Ebf. und zehn Bf.e, denen eine begrenzte Autonomie gewährt wurde, weihte; der bulg. Ebf. erhielt einen bes. hohen Rang innerhalb der byz. Hierarchie. Es war eine insgesamt friedliche Zeit, was sich für die byz. Handelsverbindungen mit dem gesamten europ. Kontinent sehr günstig auswirkte; doch war diese Ruheperiode nicht von Dauer.

Der bulg. Zar →Symeon, Sohn des Boris, vernichtete das byz. Heer bei Bulgarophygon und zwang das B. R. zur Zahlung eines jährl. Tributs (896). Nachdem der Ks. Alexander (912-913) erstmals die Tributleistung verweigert hatte, erschien Symeon mit seinem Heer vor Konstantinopel. Dieser Feldzug leitete langjährige militär. und polit. Auseinandersetzungen zw. dem B. R. und Bulgarien ein, die mit Unterbrechungen bis 927 andauerten (vgl.

im einzelnen Abschnitt D); das Hauptziel des bulg. Herrschers war die Erlangung der Kaiserkrone und die Gründung eines bulg.-byz. Großreiches.

Symeons Nachfolger →Peter machte Frieden mit Byzanz, mit dem er durch die Heirat der älteren Tochter des Romanos auch dynast. verbunden wurde, und die byz. Kirche erkannte den Patriarchat v. Bulgarien an, der möglicherweise noch unter Symeon begründet worden war.

[5] *Von Romanos I. zu Basileios II.:* →Romanos I. Lakapenos, der ursprgl. formell gesehen, nach 920 Mitkaiser →Konstantins VII. Porphyrogennetos war, brachte bald als der faktisch Mächtigere auch offiziell seine Stellung durch Annahme des Titels Autokrator zum Ausdruck. Nach langer und überaus bedeutender Herrschaft wurde Romanos 944 durch seine Söhne, die er an der ksl. Macht beteiligt hatte, abgesetzt und starb in der Verbannung (948). Kurz nachher wurden auch die Söhne des Romanos Lakapenos durch die legitimist. Partei beseitigt, und Konstantin VII. regierte als Alleinherrscher (944–959). Er war ein Gelehrter hohen Ranges und bedeutender Förderer der Wissenschaften, aber kein starker Politiker. Sein Sohn Romanos II. (959–963) blieb unbedeutend; er hinterließ das Reich seinen beiden jungen Söhnen Basileios und Konstantin. Wegen deren Minderjährigkeit konnte sich der Feldherr →Nikephoros Phokas (963–969) aus der Magnatenfamilie der →Phokas des Throns bemächtigen; er heiratete die Witwe Romanos' II., Theophano. Er wurde 969 von dem Feldherrn →Johannes Tzimiskes, der mit Theophano im Bunde stand, durch Mord beseitigt. Johannes Tzimiskes (969–976) bestieg den Thron und heiratete eine Tochter Konstantins VII. Als äußerst fähige Strategen setzten sowohl Nikephoros als auch Johannes die byz. Expansionspolitik fort. Mit Basileios II. Bulgaroktonos ('Bulgarentöter'; 976–1025) kam (nach der Periode der Usurpation des Thrones durch die aus den Reihen der Magnatengeschlechter stammenden Generäle) wieder ein Mitglied der legitimen makedon. Dynastie zur Herrschaft; unter ihm erreichte das B. R. den Höhepunkt seiner Macht.

[6] *Das byz. Großreich der Makedonenzeit:* Zu Beginn des 10. Jh. schien die arab. Machtstellung im Mittelmeerraum unanfechtbar zu sein: arab. Angriffe und →Razzien gegen Sizilien, Thessalien, Thessalonike und die Bosporusmündung lösten einander kurzfristig ab. Doch unter Romanos I. Lakapenos vermochte die byz. Flotte ihre alte Stellung in der Ägäis zurückzugewinnen. Die Feldzüge von Romanos I., Nikephoros Phokas und Johannes Tzimiskes führten zur Rückeroberung von Edessa (934), Kreta (961), Zypern, Tarsos, Kilikien, Aleppo, Antiocheia (969), Damaskus, eines Teils von Palästina sowie eines Teils von →Armenien; die vollständige byz. Annexion dieses Landes erfolgte 1045 unter Konstantin IX. Durch die Vertreibung der →Rus' aus dem bulg. Gebiet und die Annexion des östl. Teils von Bulgarien (871) glaubte Johannes Tzimiskes der bulg. Unabhängigkeit ein Ende gemacht zu haben. Doch errichtete →Samuel, Sohn des Komes Nikolaos, zw. Donau, Thessalien und Adria ein Reich, das im wesentl. das Erbe des →Samuel, Reich des). Basileios führte bis 1018/19 fast ununterbrochen Krieg zur Rückeroberung dieser Territorien. Die eroberten Gebiete erhielten die Themenordnung (Thema Bulgarien), während Diokleia, Zachlumien, Rascien, Bosnien und Kroatien im NW der Balkanhalbinsel die Oberherrschaft des B. R. es anerkannten. Außerdem verstanden es die makedon. Ks., ihren Besitzstand in Unteritalien zu konsolidieren; um die Mitte des 10. Jh. begannen sie dort mit der Wiedererrichtung der byz. Administration, indem sie das →Katepanat Italien schufen; es umfaßte die Themen Langobardien, Kalabrien und Lukanien, die unter der Jurisdiktion des in →Bari residierenden Katepans standen.

[7] *Das Verhältnis zum Westen:* Die Anerkennung Photios' wurde vom Papst an die Erfüllung einer Reihe von Forderungen geknüpft, welche v. a. die Wiederherstellung seiner Jurisdiktion über Illyricum sowie Patrimonien in Sizilien und Kalabrien betrafen und damit eine Rücknahme der von Ks. Leon III. getroffenen Maßnahmen bedeutet hätten. Der Patriarch begegnete diesen Forderungen mit Angriffen auf die lat. Kirche auf disziplinärem, liturg. und dogmat. Gebiet: Er verurteilte das westl. Dogma vom Ausgang des →Heiligen Geistes vom Vater und Sohn (vgl. →Filioque). Die Synode von 867, deren Vorsitz Michael III. innehatte, verdammte das Filioque und exkommunizierte den Papst. Doch scheint sich Photios anschließend wieder mit dem Papst versöhnt zu haben; auf jeden Fall trat das Schisma zw. Rom und Byzanz noch nicht während des Patriarchats des Photios, sondern erst im 11. Jh. auf.

Die von Nikephoros Phokas restaurierte byz. Herrschaft in Unteritalien war stets durch langob. und arab. Angriffe gefährdet. Der Fall von →Taormina (902) markiert das Ende der byz. Herrschaft über →Sizilien. Die →Fāṭimiden setzten von Sizilien aus über die Straße v. Messina nach Reggio über und forderten Tribut. →Tarent wurde verwüstet und durch den Emir v. Sizilien besetzt (926). Doch schon 30 Jahre später konnte der byz. Stratege →Marianos Argyros den ksl. Einfluß in Kampanien wiederherstellen und mit dem Emir v. Sizilien einen Friedensvertrag schließen.

Mit dem Ziel, die Einheit des Regnum Italicum wiederherzustellen, griff Otto I., der 962 in Rom zum Ks. gekrönt worden war, Bari i. J. 968 an, er durchzog Apulien und Kalabrien und schlug 969 bei Ascoli eine byz. Armee. Johannes Tzimiskes bot ihm die Vermählung seiner Nichte →Theophano mit dem Thronerben Otto II. gegen Räumung der besetzten Gebiete an. Otto II. griff erneut Apulien an, wurde jedoch von den Arabern i. J. 982 in Kalabrien geschlagen und entkam nur, indem er sich inkognito auf ein byz. Schiff rettete. Um eine wirksamere Verteidigung der byz. Unteritaliens zu sichern, verbündete sich Basileios II. mit →Venedig, das gegen Gewährung von Handelsvorteilen versprach, im Bedarfsfalle byz. Truppen nach Italien zu verschiffen (992). I. J. 1004 entsandte Venedig eine Flotte zum Entsatz des von den Arabern belagerten Bari. Im folgenden Jahre vernichteten die Byzantiner eine arab. Flotte auf der Höhe von Reggio, dank der Flottenhilfe →Pisas. Diese beiden Interventionen sollten weitreichende Folgen haben: Venedig und Pisa, zunächst im Dienst, dann im Konflikt zu Byzanz stehend, begannen im östl. Mittelmeer eine überragende Rolle auf dem Gebiet der Politik wie dem des Handels zu spielen.

Auf die Jahrtausendwende folgten für das byz. Langobardien Jahre der Wirren. Die dortige Aristokratie erhob sich in mehreren Städten gegen die byz. Herrschaft. Der bedeutendste dieser Aufstände, derjenige des →Meles (Melo) in Bari, der beim dt. Kg. Heinrich II. Unterstützung gefunden hatte, wurde 1018 von Basilios →Boioannes unterdrückt; erst danach kann hier von einer echten Wiederherstellung der byz. Macht die Rede sein. Eine Kette von Festungen wurde danach im Norden des Thema errichtet, und die byz. Herrschaft vermochte sich einige Jahre später gegen die Angriffe Heinrichs II. zu behaupten. Basileios II. wollte auch Sizilien zurückerobern, doch die unter dem Befehl des Orestes entsandte byz. Armee wurde 1025 vernichtend geschlagen (s. a. →Capitanata). – Vgl. ausführlich Abschnitt F.

V. DIE HERRSCHAFT DER ZIVILEN ARISTOKRATIE UND DER KOMNENEN (BIS ZUM 4. KREUZZUG): [1] *Von Basileios II. zu den Komnenen:* Nach dem Tod Basileios' II. (1025) begann eine Periode des polit. und militär. Niedergangs, durch die das internationale Ansehen des B. R.es zunehmend geschwächt wurde. Die letzten Mitglieder der makedon. Dynastie, Konstantin VIII. (1025–28) und seine Töchter Zoe und Theodora, gewährleisteten nur dynast. den Fortbestand des Hauses. Nach Konstantins Tod (1028) folgten einander auf dem Thron Romanos III. Argyros (1028–34) aus der mächtigen Familie der →Argyroi und der Emporkömmling Michael IV. der Paphlagonier (1034–41), welche die Legitimität ihrer Herrschaft auf ihre Heiraten mit der Porphyrogennete Zoe gründeten, sodann Michael V. Kalaphates (1041–42), der Neffe Michaels IV. und Adoptivsohn der Zoe, schließlich Konstantin IX. Monomachos (1042–55), der sich ebenfalls mit Zoe vermählte. Während dieser Periode vollzog sich der Übergang zur Herrschaft der in der Hauptstadt konzentrierten zivilen Aristokratie, die den Staatsapparat kontrollierte und als Führungsschicht an die Stelle der zurückgedrängten Aristokratie der ländl. Großgrundbesitzer trat. Diese neue herrschende Schicht sah sich aber bald der Konkurrenz der Armee und des sie beherrschenden Militäradels gegenüber, der von seinen in der Provinz ansässigen Zweigen getragen wurde. Nach dem Tod der Theodora (1056), mit dem die makedon. Dynastie erlosch, stürzte ein Staatsstreich des Militärs den legitimen Ks., Michael VI. (1056–57); auf den Thron gelangte ein Vertreter des kleinasiat. Militäradels, Isaak I. Komnenos (1057–59). Mehr als zwanzig Jahre lang, 1057 bis 1081, sollte nun die ksl. Gewalt in den Händen der Militärs liegen, an deren Stelle sich anschließend wieder Herrscher aus den Kreisen der zivilen Amtsträger setzten. Die kurzlebige Dynastie der →Dukas repräsentierte die zivile Aristokratie und führte letztlich zum Niedergang der byz. Militärmacht. Demgegenüber kündigten die Regierung von Romanos IV. Diogenes (1068–71) und Nikephoros Botaneiates (1078–81) die Herrschaft des Militäradels an, der die Armee kommandierte und die Truppenaushebung in der Hand hatte. Mit Alexios I. Komnenos (1081–1118) wurde der Vorherrschaft des Militäradels fest verankert und erhielt sich über mehr als ein Jahrhundert (→Komnenen).

[2] *Das orientalische Schisma:* Es ist bezeichnend, daß der Bruch zw. der griech. und der röm. Kirche zu dem Zeitpunkt einsetzte, an dem die →Normannen mit der Eroberung des byz. Unteritalien begannen; Byzanz verlor in dem Maße, wie es sich den polit. Verhältnissen in Unteritalien entfremdete, jede Möglichkeit einer Verständigung mit dem Papst. Seit der Mitte des 11. Jh. überstürzten sich die Ereignisse: Um sein Vorhaben einer Kirchenreform durchzusetzen, griff Papst Leo IX. in die Verhältnisse Unteritaliens ein und schloß ein Bündnis mit →Argyros, dem Sohn des einstigen Rebellenführers Meles (Melo), mit dem Ziel, die Normannen aus Italien zu vertreiben; dieses Bündnis hatte die Unterstützung des Ks.s Konstantin Monomachos. Doch stieß er auf den Widerstand des Patriarchen →Michael Kerullarios (1043–58), der ein Gegner des Argyros war und eine Einmischung des Papstes in die Angelegenheiten des byz. Italien fürchtete. Wie schon zur Zeit des Photios wurde der Streit auf dem Gebiet dogmat. und liturg. Fragen ausgetragen; Konfliktstoff boten hier die Lehre vom doppelten Ausgang des Hl. Geistes, das Sabbatfasten, das Verbot der Priesterehe, der liturg. Gebrauch des Ungesäuerten Brotes in der röm. Kirche (→Azyma). Unversöhnlich standen sich in diesem Streit der ehrgeizige Patriarch Michael Kerullarios und, auf röm. Seite, der unnachgiebige Kard. →Humbert v. Silva Candida gegenüber. Dank eines Gnadenerweises des byz. Ks.s durfte sich Humbert an der Spitze einer Legation nach Konstantinopel begeben, wo er am 16. Juli 1054 eine gegen den Patriarchen gerichtete Bannbulle auf dem Altar der Hagia Sophia niederlegte. Doch gelang es Michael Kerullarios, welcher die gesamten griech., slav. und oriental. Kirchen und das Volk auf seiner Seite hatte, die für ihn bedrohl. Situation grundlegend zu seinen Gunsten zu verändern: Mit Zustimmung des Ks.s exkommunizierte eine Patriarchatssynode die päpstl. Legaten und verhängte das Anathem über die Lateiner. Dieser Bruch wirkte sich um so tiefgreifender aus, als sich die Päpste, die nach Nikolaus II. regierten, mit den Normannen verbündeten und die Byzantiner nicht die Macht hatten, diese zu vertreiben (vgl. auch Abschnitt F).

[3] *Das Vordringen der Normannen:* Zw. 1071 und 1081 traten Veränderungen ein, die für die weitere Geschichte des B. R.es tiefgreifende Folgen hatten. Im April 1071 fiel Bari in die Hände der Normannen; Byzanz verlor damit seine it. Besitzungen. Gleichzeitig drangen die →Seldschuken in Kleinasien vor: Am 19. August 1071 wurde der Ks. Romanos IV. Diogenes bei Mantzikert, nahe dem Van-See in Kleinasien, von einem seldschuk. Heer geschlagen und von ihrem Herrscher Alp Arslan gefangengenommen. Diesem Sieg der Seldschuken folgte bald der Sturz des Ks.s Romanos IV., der gegen das vertragl. Versprechen von Tributen u. a. Leistungen zwar aus der Gefangenschaft freigekommen war, in Konstantinopel aber von der Gegenpartei der Dukas beseitigt wurde. Dies gab den Seldschuken Anlaß zum Eroberungskrieg; im folgenden Jahrzehnt, bis zum Regierungsantritt von Alexios I. Komnenos, wurden große Teile Kleinasiens von den Türken erobert und zum Sultanat →Rum vereinigt. Einem kurzlebigen Bündnis des B. R.es mit Papst →Gregor VII. und dem Normannenherzog →Robert Guiskard folgte – nach der Absetzung Michaels VII. Dukas (1078) und der Thronbesteigung des Nikephoros III. Botaneiates – die Wiederaufnahme der Feindseligkeiten zw. Normannen und B. R. Die Normannen landeten auf der Balkanhalbinsel und nahmen →Dyrrhachion (Durrës) ein; Ks. Alexios I. Komnenos mußte gegen sie die venezian. Flotte herbeirufen, was ihn die Gewährung neuer außerordentl. Handels- und Steuerprivilegien kostete (1082). Der Zug der ersten Kreuzfahrer hat die Wege, die ihnen eben von den Normannen gebahnt worden waren, benutzt (vgl. a. Abschnitt F). Hinsichtl. der Kreuzfahrer machten die Byzantiner einen deutlichen Unterschied zw. zwei Kategorien: Waren sie voll Mitleid gegenüber den von →Peter dem Eremiten geführten Pilgern, die 1096 bei Nikaia niedergemetzelt wurden, so begegneten sie den von westl. Feudalherren geführten Kreuzfahrerscharen, die das Reich überfluteten, mit großem Mißtrauen. Die weitere Entwicklung hat ihnen recht gegeben; bereits der Normannenprinz →Bohemund v. Tarent, der das ihm entgangene väterl. Erbe durch die auf dem Kreuzzug zu erobernden Herrschaftsgebiete ausgleichen wollte, hat die norm. Expansionspolitik in den Osten, nach Antiocheia, verpflanzt, und schon er hat mit dem Gedanken gespielt, sich das ganze B. R. untertan zu machen.

[4] *Die Dynastie der Komnenen:* Unter der Herrscherfamilie der →Komnenen durchlebte das B. R. eine lange Periode der inneren Stabilität, was dem Ks. erlaubte, die Rückeroberung verlorengegangener Gebiete in Angriff

zu nehmen. Bereits während des 1. Kreuzzuges bediente sich Alexios I., der 1081–85 die Normannen besiegt hatte, der Kreuzfahrer, die ihm Nikaia, Smyrna, Ephesos und Sardes erobert hatten (vgl. auch →Kreuzzug, 1.). Bohemund v. Tarent, der 1098 das Fsm. →Antiocheia, den ersten Kreuzfahrerstaat, begründet hatte, wurde 1108 vor den Mauern v. Dyrrhachion geschlagen. Doch erst Johannes II. Komnenos (1118–43) vermochte Antiocheia zu erobern (1137); er stellte auch die byz. Herrschaft an der gesamten Schwarzmeerküste und in Klein-Armenien (→Armenien) wieder her. Manuel I. Komnenos (1143–80), der sich wie kein anderer byz. Herrscher dem westl. Ritterideal erschloß, trat zu dem Zeitpunkt der Regierung an, als die norm. Truppen Rogers II. v. Sizilien ihren Vormarsch auf der Balkan-Halbinsel wieder aufnahmen: Die Ionischen Inseln, Theben, Korinth und Athen gingen dem B. R. verloren; Manuel I. nahm den Kampf auf und besetzte die Häfen von Ancona und Bari, doch wurde das ksl. Heer bei Brindisi geschlagen. Inzwischen war die Sonderstellung der venezian. Kaufleute eine unerträgl. Belastung für die byz. Wirtschaft geworden. Weder die Verträge mit anderen it. Seerepubliken (→Genua, →Pisa) noch die Verhaftung von Venezianern und die Beschlagnahme ihrer Güter, Schiffe und Waren (12. März 1171) verbesserten die ökonomische Lage von Byzanz. Die militär. Erfolge in Kleinasien wurden mit der katastrophalen Niederlage gegen die Seldschuken bei →Myriokephalon (11. Sept. 1176) zunichte gemacht.

[5] *Die Dynastie der Angeloi:* Der Haß der Bevölkerung von Konstantinopel gegen die Lateiner nahm ein solches Ausmaß an, daß im Mai 1182 die Hauptstadt Schauplatz eines Massakers an den dort ansässigen Lateinern und der Plünderung ihrer Häuser wurde. Dies war das Vorspiel zur Machtübernahme→Andronikos' I. (1183–85), der den Nachfolger Manuels I., Alexios II. (1180–83), absetzte und versuchte, bestimmte Reformen durchzusetzen (vgl. auch Abschnitt C). Die Lateiner waren erbittert: Die Venezianer brandschatzten Reichsgebiete und besetzten mehrere Inseln, die Normannen eroberten Dyrrhachion und stießen bis Thessalonike vor, das erstürmt und geplündert wurde (1185). Ein Volksaufstand stürzte Andronikos und brachte Isaak II. Angelos (1185–95) an die Macht, der die Normannen vertrieb. Auf der Balkan-Halbinsel eroberten die Brüder Peter und Asen (→Asen), die Gründer des zweiten bulg. Reiches (→Bulgarien), den zentralen und östl. Teil der Halbinsel, während der Norden von dem serb. Herrscher→Stefan Nemanja, Großžupan v. →Rascien, besetzt wurde, welcher Isaak II. zwang, die Unabhängigkeit von →Serbien anzuerkennen.

[6] *Der Vierte Kreuzzug:* Die Teilnehmer des 4. →Kreuzzuges, deren ursprgl. Absicht die Landung in Ägypten gewesen war, wurden von den Venezianern, die v. a. eigene polit. und Handelsinteressen verfolgten, zunächst nach →Zadar (Zara) in Dalmatien, dann nach Konstantinopel abgelenkt. Vorwand für diese Expedition war der Plan, den von seinem Bruder Alexios III. (1195–1203) entthronten und eingekerkerten Ks. Isaak II. wieder in seine Rechte einzusetzen. Hinzu kam, daß der Sohn Isaaks, →Alexios (IV.), aus dem Gefängnis seines Onkels entfliehen und in den Westen gelangen konnte. Hier hatte er zunächst die Unterstützung→Innozenz' III. gesucht. Die Verhandlungen mit dem Papst blieben jedoch ergebnislos; dafür fand der byz. Prinz tatkräftige Unterstützung bei seinem Schwager, dem dt. Kg. →Philipp v. Schwaben. Der Staufer, der die aktive Byzanzpolitik →Heinrichs VI. fortsetzen wollte, an ein direktes Eingreifen wegen des Thronstreites mit→Otto IV. jedoch nicht denken konnte,

nahm Verhandlungen mit den in Zadar lagernden Kreuzfahrern auf, die, unter dem Einfluß des ven. Dogen Enrico →Dandolo, den Feldzug gegen Konstantinopel zugunsten der Thronrechte von Isaak II. und Alexios beschlossen. Nachdem die Kreuzfahrer Konstantinopel am 17. Juli 1203 in heftigem, aber kurzem Kampf eingenommen hatten, wurde – anstelle des entflohenen Alexios III. – wieder Isaak II. mit Alexios IV. als Mitkaiser eingesetzt. Ihre Regierung war dem doppelten Druck der vor den Mauern lagernden Kreuzfahrer, die immer dringender die ihnen für ihre Intervention versprochenen gewaltigen Geldsummen forderten, und der lateinerfeindl. byz. Bevölkerung, die in den beiden Angeloi Werkzeuge der Kreuzfahrer sah, ausgesetzt. So hielten sie sich nur wenige Monate; Ende Januar 1204 wurden sie von einem antilateinischen Volksaufstand hinweggefegt. Der Umsturz brachte Alexios V. Dukas Murtzuphlos, ebenfalls ein Mitglied der Angeloi, auf den Thron. Daraufhin erstürmten die Kreuzfahrer am 13. April 1204 erneut Konstantinopel, richteten ein entsetzliches Blutbad an und plünderten die Weltstadt mit ihren reichen Kirchen und Palästen. Das kurzlebige →Lateinische Kaiserreich wurde über einem Abgrund von Haß errichtet.

VI. LATEINISCHES KAISERREICH UND BYZANTINISCHE NACHFOLGESTAATEN: [1] *Das Lateinische Kaiserreich:* Am 16. Mai 1204 wurde →Balduin v. Flandern in der Hagia Sophia zum ersten lat. Ks. v. Konstantinopel gekrönt; die Wahl des Gf.en v. Flandern gegen seinen Konkurrenten →Bonifaz v. Montferrat ging auf den Dogen Enrico Dandolo zurück. Zum ersten lat. Patriarchen wurde ein Venezianer, Tommaso→Morosini, erhoben. Das Territorium des B. R.es wurde – ebenfalls unter dem beherrschenden polit. Einfluß des Dogen – zw. dem neuen Ks. und der Republik Venedig geteilt; letztere legte durch den Gewinn von wirtschaftl. und strateg. bes. wichtigen Gebieten (u. a. in Insel- und Küstengriechenland) den Grundstein zu ihrem spätma.-frühneuzeitl. Kolonialreich. Das Gebiet des Lat. Ksr.es wiederum zerfiel in den Eigenbesitz des Ks.s und eine Reihe von Lehensfürstentümer, welche sich die einzelnen Führer des Kreuzzuges sicherten: →Thessalonike fiel an Bonifaz v. Montferrat; das Hzm. →Athen und Theben ging an den Franken Otto v. →La Roche; das Fsm. Achaia (vgl. auch →Morea) wurde von Wilhelm Champlitte und Gottfried v. Villehardouin erobert. Dieses Konglomerat lehnsrechtl. gebundener Territorien litt von vornherein an seiner Dezentralisation und seiner allzu lockeren und unausgewogenen Herrschafts- und Verwaltungsstruktur.

Der Nachfolger Ks. Balduins, →Heinrich v. Flandern (1206-16), erwies sich im Krieg gegen die Bulgaren als erfolgreicher Heerführer und bemühte sich, das Vertrauen der griech. Bevölkerung zu gewinnen, denn es war sein Ziel, eine Oberschicht, die sich aus Lateinern wie Griechen zusammensetzte, zu schaffen und damit dem Reich eine stärkere Einheit zu verleihen. Nach Heinrichs Tod schmolz das Lat. Ksr. unter nur kurzzeitig regierenden und meist unfähigen Herrschern allmählich dahin; es beschränkte sich bald nur noch auf Konstantinopel und dessen weitere Umgebung, während die Staaten byz.-griech. Tradition, die aus den Provinzen an der Peripherie erwachsen waren (u. a. →Nikaia, →Trapezunt, →Epiros), sich konsolidierten; das Problem des Schismas behielt nach wie vor seine Brisanz.

[2] *Das Kaiserreich von Nikaia und der Staat von Epiros:* Der Despot Theodor Laskaris hatte sich vor den Kreuzfahrern nach Kleinasien zurückgezogen; zunächst nach Bursa, dann nach Nikaia, wohin er die Reichshauptstadt

verlegte; 1208 wählte dort eine Bischofssynode den Michael Autoreianos zum ökomen. Patriarchen (1208–14). Dieser salbte den neuen Basileus. Obwohl der byz. Nachfolgestaat von allen Seiten von Feinden bedroht wurde, gelang Theodor Laskaris (1204–22) und seinen Nachfolgern die Konsolidierung und sogar Ausdehnung ihres Machtbereichs. Nachdem die Lateiner 1205 von bulg. Truppen besiegt worden waren (Gefangennahme des Ks.s Balduin I.), führte Theodor Laskaris Krieg gegen den Sultan v. Ikonion (Konya), den er 1211 schlug. Sein Nachfolger Johannes III. Vatatzes (1222–54) drang wieder auf europ. Gebiet vor und eroberte Adrianopel.

Zur gleichen Zeit dehnte auch der Staat von →Epiros sein Gebiet in Richtung auf die Hauptstadt aus. Nach der Annexion des lat. Kgr.es Thessalonike (1224) empfing →Theodor Angelos (1215–30) aus den Händen des Ebf.s v. →Ochrid die Kaiserkrone und wurde damit unmittelbarer Konkurrent des Herrschers v. Nikaia. Doch wurde Theodor Angelos von dem bulg. Zaren Johannes II. Asen, dem Schwiegervater des lat. Ks.s Balduin II., bei →Klokotnica an der Marica geschlagen und gefangengenommen (April 1230). Theodors Nachfolger, der Despot Manuel II. (1230 – ca. 1237), mußte sich auf den Besitz von Thessalonike, Thessalien und Epiros beschränken. Nach dem Tod des bulg. Zaren (1241) eroberte Johannes III. Vatatzes v. Nikaia, dessen Sohn Theodor 1235 eine Tochter des Zaren heiratete, nacheinander Thrakien, Makedonien und schließlich Thessalonike (1246), womit er dem Reich v. Nikaia wieder die Kontrolle über die Ägäis sicherte.

Die Krönung dieser Restaurationsbestrebungen, die Eroberung von Konstantinopel, erfolgte nicht durch den gelehrten Ks. Theodor II. Laskaris (1254–58), den Sohn des Johannes Vatatzes und der Irene, Tochter des Theodor I. Laskaris, sondern durch Michael VIII. Palaiologos (1259–82). Dieser hatte bald nach dem Tode Theodors II. als Vormund des noch im Kindesalter stehenden Prinzen Johannes IV. Laskaris (1258–61) die Macht übernommen. Michael VIII. besiegte den Despoten v. Epiros und seinen Verbündeten Wilhelm v. Villehardouin, Fs.en v. Achaia, im Tal von Palagonia im westl. Makedonien (1259). Am 25. Juli 1261 wurde Konstantinopel, das kaum Widerstand leistete, zurückerobert; der lat. Ks. Balduin II. (1228–61) entfloh gemeinsam mit dem Patriarchen in den Westen. Am 15. Aug. wurde Michael VIII. in der Hagia Sophia zum Ks. gekrönt. Der legitime Nachfolger Johannes IV. wurde auf Befehl Michaels VIII. geblendet und verbannt; Michael war damit der Begründer der Dynastie der →Palaiologen, die den byz. Staat bis zu seinem Ende regieren sollte.

VII. VON DER RESTAURATION BIS ZUM ENDE DES REICHES: [1] *Die Regierung Michaels VIII. Palaiologos:* Der neue Herrscher strebte nach der Wiederaufrichtung des B. R.es und seiner Großmachtstellung, doch waren die militär. und finanziellen Grundlagen, v. a. infolge der Schwächung durch Jahrzehnte lat. Fremdherrschaft, zu labil für einen durchgreifenden Erfolg dieser Bemühungen, und auch die Existenz zahlreicher äußerer Gegner (Serbien, Bulgarien, Epiros, die lat. Kleinstaaten auf der Peloponnes, v. a. aber die islam. Herrschaften) ließen eine Rückkehr des Reiches zu seiner alten Macht nicht zu. Doch gelangen dem Palaiologen zunächst beachtliche Erfolge; zu nennen sind bes. die Rückeroberung einiger Festungen am Schwarzen Meer und in Bulgarien (1262), von →Mistra, Geraki und Monemvasia (1262), von Euböa (aber nicht seiner Hauptstadt →Negroponte) und zahlreicher Inseln in der Ägäis. Der Despot →Johannes Palaiologos, der Bruder des Ks.s, errang mehrere Siege über →Epiros (1264–67); der epirot. Despot Michael II. (um 1237–71) erkannte die Souveränität von Konstantinopel an, doch machte sein Nachfolger in Thessalien, Johannes Angelos (1271–96), seine Residenz Naupaktos zu einem Zentrum der Opposition gegen Konstantinopel. Im Rahmen seiner Restaurationspläne hatte Michael VIII. noch vor der Eroberung von Konstantinopel, am 13. März 1261, mit der Republik →Genua den Vertrag v. →Nymphaion geschlossen, welcher Genua weitreichende Handelsprivilegien gegen Gewährung von militär. Hilfe, die Michael für die Rückeroberung der Hauptstadt zu nutzen gedachte, zugestand. Doch wurden die Genuesen von ihren Konkurrenten, den Venezianern, im Golf v. →Nauplia geschlagen (1263). Der Ks. näherte sich nun den Venezianern an (1265), knüpfte aber aus Vorsicht 1266 erneute Beziehungen auch mit den Genuesen an, denen er die konstantinopolitan. Vorstadt →Galata einräumte.

[2] *Die Frage der Kirchenunion. Die Anjou:* Um das Lat. Ksr. zu isolieren, war Johannes III. Vatatzes 1254 in Verhandlungen mit der röm. Kurie eingetreten. Michael VIII. griff diese Politik einer Öffnung gegenüber Rom wieder auf. Damit wollte der Ks. der Gefahr eines neuen Kreuzzuges entgegentreten; an diesen wollte sich unter dem Vorwand der Restauration Balduin II. insbes. der stauf. Kg. v. Sizilien, →Manfred, Schwager Michaels II. v. Epiros, beteiligen. Solange jedoch die Spannungen zw. dem Papst und dem Kg. v. Sizilien andauerten, konnte Michael VIII. Geheimverhandlungen mit Papst Urban V. führen und eine Verständigung der beiden ihm feindl. Kontrahenten unterbinden.

Die Eroberung Siziliens durch das Haus →Anjou in den Jahren 1265–68 (vgl. auch →Karl v. Anjou) veränderte die polit. Lage für Byzanz tiefgreifend. Die Schlacht von →Tagliacozzo (1268) schien das Vorspiel zu einer Expedition gegen das B. R. zu sein. Michael VIII. beeilte sich, zunächst die bestehenden Spannungen zur griech. Kirche abzubauen, indem er →Joseph zum Patriarchen v. Konstantinopel (1267–75) erhob, der die noch von Arsenios gegen den Ks. ausgesprochene Exkommunikation wegen dessen Vorgehen gegen den Laskaris-Thronerben aufhob und Verhandlungen mit Papst Gregor X. einleitete. Byz. Gesandte überbrachten dem Konzil v. →Lyon ein ksl. Schreiben, das den Primat v. Rom, das Recht zur Appellation an den Papst und die Einsetzung des Papstnamens in die →Diptychen anerkannte. Am 6. Juli 1274 beschwor der Großlogothet Georgios Akropolites in der 4. Sitzung des Konzils im Namen des Ks.s die Union. Unmittelbares Ergebnis der Union war ein zweijähriger Waffenstillstand, zu dem sich Karl v. Anjou bequemen mußte. Doch war der Anjou, der sich bereits im Vertrag v. →Viterbo die Herrschaft über Achaia und zahlreiche weitere Rechte des Exkaisers Balduin II. hatte übertragen lassen, keineswegs gewillt, auf seine Kreuzzugsprojekte zu verzichten. Die Union stieß bei den Byzantinern auf heftigen Widerstand; in autoritärer Weise von dem Patriarchen →Johannes Bekkos (1275–82) der byz. Kirche und Bevölkerung aufoktroyiert, wurde sie von den Mönchen und den unbeugsamsten Gruppierungen des Klerus, die den Ks. eines schimpflichen Nachgebens gegenüber den lat. Ketzern bezichtigten, abgelehnt.

Nach dem Tod Gregors X. beherrschte die angevin. Partei die Kurie. Martin IV. exkommunizierte den byz. Ks. und unterstützte die Eroberungspläne Karls v. Anjou, der gemeinsam mit seinem Schwager Philipp, der als Sohn Balduins II. Titularkaiser v. Konstantinopel war, am 3. Juli 1281 in Orvieto einen Vertrag mit Venedig zwecks einer gemeinsamen Expedition gegen das B. R. abschloß. Gegen die angevin. Bedrohung spielte Michael VIII. daraufhin genial die aragon. Karte aus: Er verband sich mit →Peter v. Aragón, dem Schwager Manfreds. Offensichtl. haben byz. Intrigen entscheidend zum Ausbruch des antiangevin. Aufstandes der sog. →Sizilianischen Vesper (31. März 1282) beigetragen; vollauf vom Kampf gegen Sizilianer und Aragonesen in Anspruch genommen, mußte Karl v. Anjou auf seinen Orientfeldzug verzichten. Damit hatte Michael VIII. durch sein erfolgreiches diplomat. Vorgehen die Gefahr des Kreuzzuges gebannt.

[3] *Der Bürgerkrieg zwischen den beiden Andronikoi:* Der Sohn Michaels VIII., Andronikos II. (1282–1328), bestieg in einer für das B. R. äußerst ungünstigen Situation den Thron; das Reich war Angriffen von seiten der Serben, Bulgaren, epirot. Griechen und peloponnes. Lateiner ausgesetzt; in Kleinasien konnte es sich nur mit Mühe gegen den Druck der Türken und Mongolen behaupten. Die Zentren und Schaltstellen des Handels waren von den Genuesen und Venezianern monopolisiert worden. Die Kirchenunion fand Ablehnung; das geistl. und geistige Erbe der Orthodoxie begann allmähl. zu versteinern. Andronikos II. begann im Gegensatz zu seinem Vater eine Politik, welche die Kirchenunion verwarf (1282); darüber hinaus versuchte er, das staatl. Leben neu zu organisieren. Wenn er mit diesen Zielsetzungen gescheitert ist, so muß dies auch auf die militär. Lage, die durch die →Almogávares, eine katal. Söldnertruppe, entstanden war, zurückgeführt werden; die Katalanen, die zunächst im Dienst von Byzanz gegen die Türken kämpften, errichteten nach der Plünderung von Thrakien, der Halbinsel Kassandreia und Thessalien 1311 auf den Trümmern der fränk. Feudalherrschaften den katal. Staat von Athen und Theben (→Katal. Kompagnie). Während sich in Kleinasien die türk. Macht konsolidierte, brach im Innern nach 1320 aus dynast. Beweggründen ein heftiger Bürgerkrieg aus: Andronikos II. schloß seinen Enkel Andronikos (III.), den er für die Ermordung seines Bruders Manuel verantwortlich machte, von der Thronfolge aus; beider Vater, der Mitkaiser Michael IX. starb, als er von dem Verbrechen erfuhr. Es folgte eine Familienfehde zw. Großvater und Enkel. Andronikos III. zog sich nach Adrianopel zurück, wo er die Unterstützung jüngerer Mitglieder der Aristokratie, darunter →Johannes Kantakuzenos, fand. Der nun folgende Bürgerkrieg vollzog sich in mehreren Phasen; dem ersten Konflikt von 1321 folgte ein Abkommen, das eine Teilung der ksl. Herrschaftsgebiete beinhaltete; danach begann ein neues Kräftemessen, dem ein fünfjähriger Frieden, der wegen der Türkengefahr geschlossen werden mußte, folgte; die letzte Phase des Konflikts schloß mit der Absetzung des alten Andronikos und der Machtübernahme durch Andronikos III. Wenn bei diesem Bürgerkrieg auch wenig Blut floß, so war er doch für den polit. Zusammenhalt und das Wirtschaftsleben des Reiches verhängnisvoll.

[4] *Der Bürgerkrieg zwischen Palaiologoi und Kantakuzenoi:* Es gelang Andronikos III. (1328–41), der von seinem Feldherrn Johannes Kantakuzenos wirksam unterstützt wurde, für eine kurze Periode, die Risse im byz. Staatsgebäude zu kitten. Er nahm eine Reform des Rechtswesens in Angriff. Die alban. Stämme (→Albanien, Albaner) wurden unterworfen und sogar die ksl. Herrschaft über Thessalien, Epiros u. Akarnanien wurde restauriert. Doch vermochte der Ks. nicht den türk.-osman. Vormarsch in Kleinasien aufzuhalten: Nach dem Verlust von Nikaia (1331) und Nikomedeia (1337) schmolz die byz. Position dort auf den Besitz einiger weit voneinander entfernt liegender Städte zusammen. Doch wurden die Versuche der Türken, nach Europa vorzudringen, zunächst einmal aufgehalten. Nach Andronikos' III. Tod (1341) bildete sich um den jungen Thronfolger Johannes V. (1341–91) ein Regentschaftsrat, in dem der Patriarch Johannes→Kalekas (1334–47) und bes. Alexios→Apokaukos, ein reicher Emporkömmling, tonangebend waren. Johannes Kantakuzenos wurde von ihnen ausgeschaltet; daraufhin ließ er sich in Didymoteichon selbst zum Ks. ausrufen. Um das aristokrat. Bündnis, das Johannes Kantakuzenos stützte, zu schwächen, wiegelte Apokaukos die Volksmassen zur Revolte auf, die in eine Verfolgung der Aristokraten in Adrianopel und ganz Thrakien einmündete. Während dieser Wirren übernahm in →Thessalonike die Partei der →Zeloten die Herrschaft; sie umfaßte die entschlossensten Kräfte der Volksbewegung und brachte ein Regiment an die Macht, das – zumindest im Prinzip – die legitime Kaisergewalt unterstützte, sozial aber auf eine Enteignung der großen geistl. und weltl. Grundbesitzer zusteuerte. Thessalonike wurde zum wichtigsten Zentrum der Opposition gegen Johannes Kantakuzenos. Nach der Ermordung des Alexios Apokaukos (1345) geriet die Regentschaft in eine Krise, und Johannes V. versöhnte sich mit Kantakuzenos, dem er den Titel Autokrator verlieh (1347).

Während der Regierung Johannes' VI. Kantakuzenos (1347–54), als das B. R. der serb. Expansion ausgesetzt war und sich in den Konflikt zw. Venedig und Genua verstrickte, brach 1352 ein neuer Bürgerkrieg aus. Johannes VI. hatte eine familiär geprägte und stark dezentralisierte Herrschaftsstruktur geschaffen; so hatten seine Söhne Matthaios und Manuel als →Apanagen der eine das westl. Thrakien, der andere Morea erhalten. Dieses System wurde von den Legitimisten ebensowenig akzeptiert wie von Johannes V. Letzterer verbündete sich aus Furcht, ausgeschaltet zu werden, mit Venedig und Serbien und zog gegen Matthaios Kantakuzenos zu Felde. Um Thrakien und Makedonien wiederzugewinnen, trat Johannes VI. in Verbindung mit dem Osmanenherrscher →Orḫan, ferner verlieh Johannes VI. seinem Sohn Matthaios die Kaiserwürde (1354), wodurch er den völligen Bruch mit den Legitimisten und Johannes V. herbeiführte. Das Bündnis mit den Türken diskreditierte die neue Dynastie, zumal Süleymān, Orḫans Sohn, sich weigerte, Gallipoli, das im März 1354 eingenommen worden war, zu räumen. Einige Monate später segelte Johannes V. mit der Flotte des genues. Abenteurers Francesco →Gattilusio, dem er die Hand seiner Schwester Maria und die Insel Lesbos als Mitgift versprochen hatte, von Thessalonike ab. Die Bevölkerung von Konstantinopel huldigte ihm als Autokrator; Johannes VI. zog sich unter dem Mönchsnamen Joasaph in ein Kl. zurück, sein Einfluß in der Politik blieb aber weiter bedeutend. Doch behauptete sich Matthaios Kantakuzenos als Gegenkaiser im Gebiet von Adrianopel bis 1357, und Manuel Kantakuzenos verwandelte seinen Besitz in Morea in einen unabhängigen byz. Staat.

[5] *Das Byzantinische Reich zwischen Serben und Osmanen:* Die Bürgerkriege, die zw. 1321 und 1354 fast ununterbrochen andauerten, markierten den Beginn der Agonie des byz. Staates. Das Reichsgebiet wurde zersplittert, das polit., ökonom. und soziale Gefüge fing an sich aufzulösen. Unter Ausnutzung der innerbyzantinischen Bürgerkriege wie auch des Verfalls der bulg. Macht dehnte der serb. Zar →Stefan Dušan seine Herrschaft aus, indem er zw. 1334 und 1348 Makedonien, Albanien, Epiros und Thessalien eroberte; Ks. Johannes VI. vermochte ihm dies nicht zu verwehren, doch gelang es Johannes immerhin, die Zeloten an der Übergabe von Thessalonike an den

Serben zu hindern (1350). Stefan Dušan, der 1345 die Kaiserwürde angenommen hatte und sich Ks. der Serben und Griechen nannte, ließ sich 1346 krönen. Er strebte danach, an die Stelle des B. R. ein serb.-byz. Reich zu setzen. Doch zerfiel nach dem Tod des Zaren (1355) sein Reich und damit auch sein ehrgeiziges Projekt. Die Osmanen, bereits im Besitz von Gallipoli, nutzten die serb. Schwäche nach Dušans Tod aus, um Thrakien und Adrianopel, das sie 1361 besetzten und zu ihrer Reichshauptstadt machten, zu erobern.

[6] *Der Hesychasmusstreit:* Der →Hesychasmus (von griech. ἡσυχία 'kontemplative Ruhe') ist im eigtl. Sinne eine Art und 'Technik' des Gebets, die den Beter in den Stand setzen soll, das Licht vom Berge →Tabor zu empfangen. Die spirituelle Bewegung des Hesychasmus verbreitete sich unter den Mönchen des →Athos und fand in dem Mönch Gregorios →Palamas ihren eigtl. Theologen. Gregorios wurde von dem kalabr. Griechen →Barlaam, der nach Thessalonike emigriert war, bei dem Patriarchen Johannes Kalekas der Häresie angeklagt. Eine in der Hagia Sophia versammelte Synode (10. Juni 1341) lehnte es ab, die Streitigkeiten im Grundsätzlichen zu diskutieren und nötigte Barlaam, sich bei den von ihm angegriffenen Mönchen zu entschuldigen. Diese Niederlage veranlaßte Barlaam, in den Westen zurückzukehren, doch waren damit die Geister keineswegs besänftigt. Infolge der Angriffe des Mönches →Akindynos wurde Gregorios Palamas von einer erneut unter dem Vorsitz des Johannes Kalekas zusammengetretenen Synode verurteilt und als Freund des Johannes Kantakuzenos von der Regentin Anna eingekerkert (1345). Nach der Rückkehr des Kantakuzenos nach Konstantinopel und seiner Erhebung zum Autokrator kam Palamas wieder frei, und ein überzeugter Hesychast, →Isidor, Ebf. v. Monemvasia, bestieg den Patriarchenstuhl. Eine von Johannes VI. Kantakuzenos einberufene Synode im Blachernenpalast (27. Mai 1351) endete mit dem Sieg des Palamas. Der Ks. ließ sogar den gelehrten Widersacher des Palamas, Nikephoros →Gregoras, im Kl. Chora einsperren und mit Schreibverbot belegen. Der Triumph der Hesychasten war vollständig. Nach dem Sturz Johannes' VI. (s. o.) wendete sich jedoch das Blatt. Johannes V. ließ Gregoras wieder frei, und die Kontroverse begann aufs neue. In dieser Disputation, die Gregoras und Palamas in Gegenwart des Legaten Innozenz' VI., Paulus', Ebf.s v. Smyrna, führten, blieb Palamas Sieger, Gregoras wurde in der Folge Zielscheibe einer Reihe von verleumder. Angriffen, die wohl der im Kl. lebende Verteidiger des Hesychasmus, Johannes VI. Kantakuzenos, in Umlauf hatte setzen lassen; als Gregoras 1360 starb, zerrten die Palamiten seinen Leichnam durch die Straßen von Konstantinopel.

[7] *Das Ende des Reiches:* Die Regierung Johannes' V. stellt innerhalb der byz. Geschichte einen beklagenswerten Epilog dar. Der Ks. pilgerte nach Rom und schwor 1369 in der Peterskirche der Orthodoxie ab. Auf der Rückreise wurde er jedoch in Venedig in Schuldhaft genommen, bis sein Sohn Manuel zu seinen Gunsten intervenierte. Nach Konstantinopel zurückgekehrt, mußte sich Johannes V. zum Vasallen des türk. Herrschers Murād erklären und ihm bei einem Feldzug nach Kleinasien Heerfolge leisten (1373). In der Folgezeit wurde er von seinem Sohn Andronikos IV. (1376–79) abgesetzt und eingekerkert. Andronikos IV. stützte sich auf die Genuesen, welche die Insel →Tenedos, die Johannes V. den Venezianern versprochen hatte, in Besitz nehmen wollten. Von den Venezianern wieder als Kaiser eingesetzt, starb Johannes V. 1391, zwei Jahre nach dem Triumph des Sultans →Bāyezīd über die Serben auf dem Amselfeld (→Kosovo Polje 1389). Manuel II. (1391–1425) reiste wieder als Bittsteller durch Europa; er besuchte Venedig, Padua, Mailand, Paris und London (1399–1403) und brachte ein ganzes Paket von westl. Versprechungen mit. Aus der vernichtenden Niederlage, die →Timur 1402 den Türken unter Bāyezīd bei→Ankara beibrachte, und den inneren Kämpfen im Sultanat zog das verfallende B. R. nur geringen Nutzen. Mit Murād II. begann erneut die osman. Expansionspolitik; 1422 bedrohte er Konstantinopel und eroberte 1430→Thessalonike, welches das zu einer Verteidigung der Stadt unfähige B. R. vorher den Venezianern abgetreten hatte.

Johannes VIII. (1425–48) begab sich wie schon seine Vorgänger in den Westen, nach Venedig und Mailand, dann nach Ungarn (1423–24); schließlich erschien er auf dem Unionskonzil von →Ferrara und Florenz in Begleitung des Patriarchen →Joseph (1416–39) und der Bf.e →Bessarion v. Nikaia, →Isidor v. Kiev und →Markos Eugenikos v. Ephesos. Am 6. Juli 1439 wurde die Kirchenunion in der Kirche Santa Maria Novella zu Florenz feierlich proklamiert. Doch die orthodoxe Kirche in ihrer Mehrheit lehnte die Union beharrlich ab. Der Papst seinerseits verkündete nun den Kreuzzug, der dem vom Zusammenbruch bedrohten B. R. Hilfe schaffen sollte; an ihm beteiligten sich die Ungarn und Valachen. Doch endete diese Expedition, die von →Władisław (Laszlo) III., Kg. v. Polen und Ungarn, geführt wurde, im Desaster der Schlacht v. →Varna (1444).

1451 folgte Meḥmed II. seinem Vater Murād II. auf den Thron. In Byzanz regierte Ks. Konstantin XI. (1449–53), ehem. Despot v. Morea, der dort seine Fähigkeiten als Stratege und Staatsmann unter Beweis gestellt hatte, indem er durch die Annexion des lat. Fsm.s Achaia das byz. Hellas wiedervereinigt hatte. Das B. R. war in der letzten Phase seiner Existenz territorial auf die Stadt Konstantinopel und ihr Umland beschränkt, abgesehen von der dem Reich verbundenen Morea. Meḥmed II. eröffnete am 28. Aug. 1452 die Seeblockade der Stadt. Am 12. Dez. 1452 wurde angesichts der akuten türk. Bedrohung in der Hagia Sophia die Kirchenunion proklamiert. Konstantin XI. rief das Abendland zur Rettung auf; der starken unionsfeindlichen Partei in Konstantinopel erschien jedoch die Eroberung durch die Osmanen als das kleinere Übel. Im April 1453 schloß Meḥmed II. den Belagerungsring um Konstantinopel. Trotz des Entsatzes, den der Genuese Giovanni →Giustiniani der Stadt zu bringen vermochte, war das Schicksal Konstantinopels besiegelt. Am frühen Morgen des 29. Mai 1453 wurde die Stadt von den Türken erobert; Ks. Konstantin XI. fiel im Kampf.

Konnten sich auch Morea mit der Hauptstadt →Mistra und das Ksr. →Trapezunt noch einige Jahre, bis 1460 bzw. 1461, gegen die Türken behaupten, so hat das nach Byzanz verpflanzte Römische Reich mit der türk. Eroberung Konstantinopels sein Ende gefunden. Doch überlebte Byzanz den Fall der Hauptstadt: Der Patriarchat, dem Meḥmed II. eine rechtl. Sonderstellung einräumte, blieb auch unter der osman. Herrschaft das Zentrum der orthodoxen Tradition.   A. Guillou

Bibliogr. und Quellenkunde: Dix années d'études byz. Bibliogr. internat. 1939-48, 1949 – F. Dölger–A. M. Schneider, Byzanz (Wiss. Forschungsber. Bern. Geisteswiss. Reihe 5), 1952–Moravcsik, Byzturc–H. E. Mayer, Bibliogr. der Kreuzzüge, 1960 [Ind.] – J. Karayannopoulos–G. Weiss, Quellenkunde zur Gesch. von Byzanz (324–1453), 2 Halbbde, 1982 [im Dr.] – *Lexika:* BLGS – EBrit, 1974, s. v. Byzantine Empire (D. M. Nicol) – Gloss. ö. E. – Kl. Pauly – LAW – MEE–MLHG–PLP–RAC–RByz–RbyzK–RE–Repfont–SłowStarSłow–Tusculum-Lex, 3. erw. Aufl., hg. W. Buchwald, A. Hohlweg, O.

PRINZ, 1982 – *Lit.*: J. B. BURY, A Hist. of the Later Roman Empire from Arcadius to Irene (395–800), 2 Bde, 1889 – C. NEUMANN, Die Weltstellung des byz. Reiches vor den Kreuzzügen, 1894 – A. MÊLIARAKÊS, Ἱστορία τοῦ Βασιλείου τῆς Νικαίας καὶ τοῦ Δεσποτάτου τῆς Ἠπείρου, 1898 – F. CHALANDON, Les Comnènes, I–II, 1900–12 – J. B. BURY, A Hist. of the Eastern Roman Empire from the Fall of Irene to the Accession of Basil I (802–867), 1912 – A. GARDNER, The Lascarids of Nicaea, 1912 – J. KULAKOVSKIJ, Istorija Vizantii, 3 Bde, 1912–15 [Neuausg. 1973] – W. SCHUBART, Ägypten von Alexander d. Gr. bis auf Mohammed, 1922 – DÖLGER, Reg. – J. B. BURY, A Hist. of the Later Roman Empire from the Death of Theodosius I to the Death of Justinian (395–565), 2 Bde, 1923 [Neuausg. 1958] – F. LOT, La fin du monde antique et le début du MA, 1927 (H. BERR, L'évolution de l'humanité, 31) – P. WITTEK, Das Fsm. Mentesche. Stud. zur Gesch. W-Kleinasiens im 13.–15. Jh., 1934 – G. HILL, A Hist. of Cyprus, I–III, 1940–48 – C. DIEHL-G. MARÇAIS, Le monde oriental de 395 à 1081, 1944² – C. DIEHL, R. GUILLAND, L. OIKONOMOS, R. GROUSSET, L'Europe orientale de 1081 à 1453, 1945 – S. DER NERSESSIAN, Armenia and the Byz. Empire, 1945 – P. LEMERLE, Philippes et la Macédoine orientale à l'époque chrétienne et byz., 1945 – R. GROUSSET, Hist. de l'Arménie des origines à 1071, 1947 (Bibliogr. hist.) – A. PIGANIOL, L'Empire Chrétien (325–395), 1947 (G. GLOTZ, Hist. générale. Hist. Romaine IV, 2) – L. BRÉHIER, Le monde byz., 3 Bde, 1947–50 (H. BERR, L'évolution de l'humanité, 32) – St. RUNCIMAN, Byz. Civilization, 1948 – P. KOUKOULES, Βυζαντινῶν βίος καὶ πολιτισμός, 6 Bde, 1948–55 – A. BON, Le Péloponnèse byz. jusqu'en 1204, 1951 – D. A. ZAKYTHINOS, Βυζάντιον. Κράτος καὶ Κοινωνία – Ἱστορικὴ ἐπισκόπησις, 1951 – P. LÉMERLE, L'émirat d'Aydin, 1957 – D. M. NICOL, The Despotate of Epiros, 1957 – RUNCIMAN, Kreuzzüge – BECK, Kirche – D. J. GEANAKOPLOS, Emperor Michael Palaeologus and the West, 1959 – S. MAZZARINO, La fine del mondo antico, 1959 – K. I. AMANTOS, Ἱστορία τοῦ Βυζαντινοῦ Κράτους, I: 395–867 μ.X., 1963³; II: 867–1204, 1977² – OSTROGORSKY, Geschichte³ – C. TOUMANOFF, Stud. in Christian Caucasian Hist., 1963 – JONES, LRE – R. RÉMONDON, La crise de l'Empire romain de Marc Aurèle à Anastase, 1964 (Nouvelle Clio 11) – R. PORTAL, Les Slaves. Peuples et nations, 1965 – J. VOGT, Der Niedergang Roms. Metamorphose der antiken Kultur, 1965 (Kindler Kulturgesch.) – The Cambridge Economic Hist. I, 1966², Kap. V – CMH IV – R. JENKINS, Byzantium, The Imperial Cent. A. D. 610–1071, 1966 – HKG II, 1; II, 2; III, 1; III, 2 [Beitr. zur byz. Kirchengesch. von H. G. BECK] – S. D. SKAZIN, V. N. LAZAREV, N. V. PIGULEVSKAJA, A. P. KAZHDAN, E. E. LIPŠIC, E. C. SKRIŽINSKAJA, M. J. A. SJUZJUMOV, Z. V. UDAL' COVA, G. G. LITAVRIN, K. A. OSIPOVA, Istorija Vizantii, 3 Bde, 1967 – F. G. MAIER, Die Verwandlung der Mittelmeerwelt, 1968 (Fischer Weltgesch. 9) – W. E. KAEGI, Byzantium and the Decline of Rome, 1968 – P. DIACONU, Les Petchénègues au Bas-Danube, 1970 – ZLATARSKI, Istorija – D. OBOLENSKY, The byz. Commonwealth: Eastern Europe 500–1500, 1971 – P. BROWN, The World of Late Antiquity: from Marcus Aurelius to Muhammad, 1971 – D. M. NICOL, The last Centuries of Byzantium 1261–1453, 1972 – R. FOLZ, A. GUILLOU, L. MUSSET, D. SOURDEL, De l'Antiquité au monde médiéval, 1972 (Peuples et civilisations, 5) – S. DER NERSESSIAN, Etudes byz. et arméniennes. Byz. and Armenian Stud., 2 Bde, 1973 – F. G. MAIER, unter Mitarbeit von H. BECKEDORF, H. J. HÄRTEL, W. HECHT, J. HERRIN, D. M. NICOL, Byzanz, 1973 (Fischer Weltgesch. 13) – B. FERJANČIĆ, Tesalija u XIII i XIV veku, 1974 – A. GUILLOU, La civilisation byz., 1974 – M. ANGOLD, A Byz. Government in Exile (Government and Society under the Laskarids of Nicaea 1204–61), 1975 – R. BROWNING, Byzantium and Bulgaria, 1975 – D. A. ZAKYTHINOS, Le Despotat grec de Morée, Hist. politique [Variorum Repr. 1975] – HEG I [Beitr. von O. MAZAL, TH. SCHIEFFER] – P. LEMERLE, Cinq études sur le XIᵉ s. byz., 1977 – H.-G. BECK, Das byz. Jahrtausend, 1978 – V. von FALKENHAUSEN, La dominazione bizantina nell'Italia meridionale dal IX all' XI s., 1978 – A. GUILLOU, L'Italie byz. du IVᵉ au XIᵉ s. Etat des questions (Aggiornamento dell'opera di EMILE BERTAUX L'art dans l'Italie méridionale, sotto la direzione di A. PRANDI, 1978), 1–47 – DERS., L'Italia bizantina dall'invasione longobarda alla caduta di Ravenna (P. DELOGU, A. GUILLOU, G. ORTALLI, Longobardi e Bizantini, 1980 [Storia d'Italia, I]), 220–325 – P. DELOGU, A. GUILLOU, G. ORTALLI, Longobardi e Bizantini, 1980 – Hdb. der europ. Wirtschafts- und Sozialgesch. II, hg. J. A. VAN HOUTTE, 1980, § 19 [L. TH. HOUMANIDIS] – C. MANGO, Byzantium, 1980 – A. GUILLOU, F. BURGARELLA, A. BAUSANI, L'impero bizantino e l'Islamismo, 1981 – A. KAZHDAN – G. CONSTABLE, People and Power in Byzantium, 1982 – A. GUILLOU, Il Mezzogiorno d'Italia bizantino (IX–XI sec.) (G. ARNALDI, P. DELOGU, A. GUILLOU, U. RIZZITANO, G. ORTALLI, Venezia, Roma, Il Mezzogiorno e le isole fra Bisanzio e l'Islam [Storia d'Italia, 2]) [im Dr.] – vgl. auch die Lit. zu den Abschnitten A sowie C–H.

C. Sozial- und Wirtschaftsgeschichte

I. Im 5.–6. Jahrhundert – II. Im 7. Jahrhundert – III. Im Zeitalter des Ikonoklasmus – IV. Unter der makedonischen Dynastie – V. Im 11.–15. Jahrhundert.

I. IM 5.–6. JAHRHUNDERT: Die byz. Wirtschaft war durch Geldwirtschaft und agrar. Strukturen geprägt. Das Währungssystem beruhte auf dem →Solidus oder dem →Nomisma (im westl. MA später →Byzantius genannt), der 1/72 der röm. Libra repräsentierte; der Solidus war wiederum geteilt in den Semissis (¹/₂ solidus), Tremissis (¹/₃ solidus) und halben Tremissis (s. a. →Währung, byz.). Das Silbergeld, Miliaresion, verschwand im 6. Jh. An die Stelle der winzigen Kupfermünzen (nummi) trat zu dieser Zeit der Follis, eine schwere kupferne Münzsorte. Jeder Kaiser ließ Münzen auf seinen Namen prägen oder neuprägen. Im Gegensatz zum Westreich hielt sich im Osten – nach Überwindung der Krise des 3. Jh. – die staatl. gelenkte Geldwirtschaft ungebrochen und erweiterte noch ihren Einfluß, wenn auch der Naturalaustausch in einigen Bereichen verstärkt seinen Einzug hielt. So wurde die →Annona, die Getreideabgabe der Bauern an den Staat, wie die anderen Naturalsteuern rasch in Geldzahlungen umgewandelt, und das ganze System der ehem. Naturalabgaben hieß seit Anastasios I. (491–518) →Chrysoteleia. Anastasios I. verstand es, als guter Verwaltungsfachmann die Staatskasse zu füllen: Er zentralisierte die Steuererhebung und hob die unpopuläre und wenig effektive Steuer der →Chrysargyron, die Handel und Gewerbe in den Städten beeinträchtigte, auf; dabei glich er die Einnahmeverluste durch Ausbau und straffe Handhabung der →coemptio aus, die den Zwangsverkauf der von der öffentl. Hand benötigten Agrarprodukte an den Staat zu staatl. festgesetzten Preisen vorsah und damit eine Maßnahme darstellte, die den gesamten Agrarbereich im B. R., einschließl. der Großgrundbesitzer und der ksl. Latifundien, erfaßte.

Aus dem gleichen Geist heraus vereinigten Anastasios und ebenso Justinian I. die Einnahmen der ksl. Domänen zunächst in den Händen der Zentralverwaltung, schließlich in denen des Herrschers selbst. Der hohe Geldbedarf unter Justinian, bedingt durch seine Rückeroberungsfeldzüge und die großen Bauvorhaben, konnte dank der beharrl. und hingebungsvollen Tätigkeit des Prätorianerpräfekten →Johannes v. Kappadokien gedeckt werden. Dieser senkte die Personalkosten bei der Beamtenschaft, verschärfte die Bedingungen der coemptio, ließ unerbittlich die Steuerrückstände eintreiben, ersann neue Steuern und verzögerte schließlich aus Ersparnisgründen sogar die Beförderung der Offiziere. Der Ks., der in einem gewissen Maß auf die Interessen der Zünfte (collegia) Rücksicht zu nehmen hatte, verzichtete auf Aufrechterhaltung von Maximalpreisen – dies auch weil der Staat ja das monopolium auf die Handelsgewinne bei allen gewerbl. und kommerziellen Transaktionen erhob. Zu dieser Zeit war Konstantinopel das größte Handelszentrum zw. dem östl. Europa und Asien (bes. Indien und China). Dennoch scheint die Bilanz des Außenhandels, der in den Händen griech. und syr. Kaufleute lag, passiv gewesen zu sein. Byzanz exportierte kostbare Stoffe und Waren aus den syr. Werkstätten, importierte aber in weit größerem Umfang oriental. Luxusgüter, insbes. die →Seide, und hatte hierfür die von den pers. Transithändlern diktierten Preise zu zahlen. Justinian war zwar anfangs bestrebt, dem Reich einen direkten Zugang zum Ind. Ozean durch das Rote Meer zu erhalten und knüpfte daher Beziehungen mit dem äthiop. Kgr. Axum an; doch blieb der Handel im Ind. Ozean in den

Händen der pers. Kaufleute. Danach begann der Ks., wirtschaftl. Kontakte mit den Völkern in den Steppengebieten nördl. des Schwarzen Meeres aufzunehmen, ebenso mit den →Türken, die gleichfalls am Seidenhandel interessiert waren. Ziel dieser Politik war die Herstellung einer Landverbindung zw. den Grenzstützpunkten des B. R. es auf der Krim und China; doch war die Route durch Innerasien, an den Schwarzmeerküsten entlang, allzu gefährlich und langwierig. Durch einen glücklichen Zufall wurde dem Ks. jedoch das Geheimnis der Seidenverarbeitung enthüllt; er erhielt nämlich als Schmuggelware einige Seidenraupen. Bald entwickelte sich im B. R. eine blühende Seidenproduktion (wichtigste Zentren: Konstantinopel, Antiocheia, Tyros und Beirut), die eine der Haupteinnahmen des Staates bilden sollte.

Innerhalb der etatistisch geprägten Strukturen des Ostrom. Reiches bildeten sich die frühen byz. Gesellschaftsstrukturen aus. Die wirtschaftl. starken sozialen Schichten lebten in den Städten; viele dieser Städte waren befestigt, teils wurde das antike Stadtareal erweitert (Jerusalem), teils blieb es in vollem Umfang erhalten (Gerasa), teils mußte es reduziert werden (Antiocheia). Außerhalb der Stadtmauern gab es zahlreiche Kirchen und Kl., Herbergen und befestigte Dorfsiedlungen. Die wichtigsten öffentl. Bauten der byz. Stadt des 6. Jh. waren: das →Hippodrom in den großen Zentren, das öffentl. Bad (oder sogar mehrere Bäder), der ksl. Palast, die Verwaltungsgebäude, der Aquädukt (→Wasserversorgung), die in größeren Städten zahlreichen Kirchen, das Hospital und die Pilgerherberge, die in der Regel außerhalb der Mauern angelegten Friedhöfe, manchmal auch eine Synagoge. Der Rat der Archonten, der die Stadt verwaltete, umfaßte die bedeutendsten Notabeln, stadtsässigen Großgrundbesitzer und die führenden Repräsentanten der Zentralgewalt. Unter ihnen nahm der Bf. bereits in früher Zeit einen bes. wichtigen Platz ein; vom Ende des 6. Jh. an wurde er das eigtl. Oberhaupt der Stadt. Die Kirche erlangte eine immer beherrschendere Stellung, während die Gewalten, welche die alte röm. »Volkssouveränität« verkörperten, nämlich der →Senat, die in den →Demen organisierte Bevölkerung und das →Heer, in der Hauptstadt immer mehr an polit. Gewicht einbüßten. Die Demen von Konstantinopel, gespalten in die Faktionen der »Blauen« und »Grünen«, welche aus den Parteien im Hippodrom (»Zirkusparteien«) hervorgegangen waren, vermochten allerdings im 6. Jh. ihre polit. Bedeutung durchaus noch zu behaupten: Ihre wenig zahlreichen Mitglieder betätigten sich als Stadtmiliz, und ein Teil der Bevölkerung artikulierte sich zweifellos durch sie.

Die Stadt-Land-Beziehungen machten in dieser Periode eine allmähl. Wandlung durch. Das allgemeine Inventar der Staatsländereien und ihres Produktionsaufkommens, das durch den Staat stets auf dem neuesten Stand gehalten wurde, zeigt das Problem der Agrarproduktion, auf der zum einen die Versorgung der städt. Bevölkerung, zum anderen die Finanzierung von Heer und Verwaltung durch die Grundsteuer beruhte. Land war genügend vorhanden, doch mangelte es an Arbeitskräften. Infolgedessen band der Staat den Bauern (colonus, γεωργός) an die Scholle; er blieb zwar persönl. frei, durfte aber von seinem Feld nicht mehr wegziehen. Die gleiche Sorge bewog den Staat, die Grundbesitzer für die Verpflichtung ihrer Kolonen haftbar zu machen, sowie die freien Kleinbesitzer, die in der Dorfgemeinde (χωρίον) verfaßt waren, zu kollektiver Haftung heranzuziehen; aus eben diesen Gründen wurde auch die adjectio (sterilium) [ἐπιβολή], die den Mitgliedern der Gemeinde Bebauung oder aber Zahlung des Steuerbetrages für wüstgefallenes Land auferlegte, eingeführt. Das Verbot der Verknechtung Freier, erlassen durch Ks. Anastasios I., und der den Grundbesitzern erteilte Rat, ihre Sklaven freizulassen, hatte das Ziel, die Anzahl der Steuerpflichtigen zu erhöhen bzw. einer Verringerung entgegenzuwirken. Die Großgrundbesitzer besaßen Domänen, die eine Vielzahl von Parzellen umfaßten, welche durch Kolonen, aber auch durch Pächter und freie Halbpächter bebaut wurden; die Pachtform der →Emphyteusis war stark entwickelt. In den östl. Provinzen des Reiches befanden sich, zumindest bis zur demograph. Katastrophe, die durch die Pestepidemie (541–544) ausgelöst wurde, die Agrargebiete insgesamt durchaus in guter wirtschaftl. Verfassung, und die Bauern waren keineswegs verelendet.

II. IM 7. JAHRHUNDERT: Die beiden großen Entwicklungen in diesem Jahrhundert, die arab. Eroberung weiter byz. Reichsgebiete und das Einströmen der Slaven, haben die byz. Welt auch sozio-ökonom. tief beeinflußt. Der Verfall der aus der Spätantike überkommenen Städte beschleunigte sich; diese erhielten ganz oder teilweise agrar. Gepräge, und das Übergewicht des Landes verfestigte sich. Selbst die vergleichsweise bedeutenden Städte umfaßten nun – neben den üblichen Hausgärten – auch größere agrar. genutzte Flächen: bes. Weinberge, Obstgärten und selbst regelrechtes Ackerland; ebenso wurde auch in den größten Städten Vieh gezüchtet. Die zahlreichen kleineren Städte dienten mit ihren Befestigungen im Kriegsfalle als Zufluchtsort für Mensch wie Vieh; es hat anscheinend auch in der Bauweise zw. den Häusern der Bauern und denen der einfachen Stadtbevölkerung keinen großen Unterschied gegeben.

Das Anwachsen der Schicht der kleinen Landbesitzer, die ihren Grund mit Hilfe von Paroiken (πάροικοι), der neuen abhängigen Landbevölkerung, direkt oder indirekt ausbeuteten, zeigt ein Absinken der Schicht der Großgrundbesitzer, nicht aber deren Verschwinden an. Doch haben sich der Charakter und die soziale Zusammensetzung dieser Schicht geändert. Die traditionelle Großgrundbesitzeraristokratie war durch die demograph. Einbrüche und wohl auch durch die Klimaverschlechterung im 6. Jh. sowie durch die ethn. Verschiebungen (Barbareninvasionen) nachhaltig geschwächt worden. Es gelang ihr nicht mehr, den Kampf um die Ausbeutung des Bodens zu führen; das alte Großgrundbesitzertum sah sich vielerorts von anderen Personengruppen verdrängt. Die soziale Konstellation des 6. Jh., mit zivilen Großgrundbesitzern und hoher Geistlichkeit als Führungsschichten, die in der Tradition der spätröm. Gesellschaft standen, wurde nun von einem neuen Gefüge der sozial und polit. dominierenden Schichten abgelöst; an der Spitze standen jetzt hohe Geistlichkeit und Militär. Die Kirche des 7. Jh., die sich auf das Land zurückgezogen hatte, wurde zum Besitzer eines großen Teils des Bodens und damit der Agrarproduktion, sie beherrschte die Getreidespeicher und kontrollierte in den Provinzen selbst die Maße und Gewichte. Den Sitz hatten diese grundbesitzenden geistl. Institutionen jedoch in der Stadt. Die byz. Städte waren nun häufig Landstädte mit größtenteils agrar. Bevölkerung, neben der auch ländl. Notabeln (z. B. ausgediente oder noch aktive Offiziere) ansässig waren; eine solche Stadt war ebenso aber Zentrum der Rekrutierung von Soldaten. Diese neue Sozialstruktur war Ergebnis einer sozioökonom. Gewichtsverlagerung auf lokaler Ebene zw. Produzent und Konsument und Ausdruck einer wirtschaftl. Dezentralisierung, welche auf der einen Seite etwa die Urbarmachung neuer Böden auf der Basis von bäuerl.

Familienbetrieben förderte, auf der anderen Seite die wesentl. durch den lokalen Klerus bedingte Loslösung bestimmter Reichsgebiete (z. B. Exarchate v. Ravenna und Karthago, Ägypten, Palästina, Syrien) von Konstantinopel vorbereiten half.

III. Im Zeitalter des Ikonoklasmus: Die Stabilisierung von Wirtschaft und Staatsfinanzen war das Werk von Ks. Nikephoros I. (802–811). Er beendete die Politik der Steuerprivilegien, die unter Ksn. Irene betrieben worden war, und legte neue einheitl. Steuerrichtlinien für das ganze Reich fest. Alle Steuern wurden mit größter Genauigkeit erhoben und eingetrieben, die kollektive Steuerhaftung wurde wiederhergestellt (→Allelengyon). Der Geldverleih wurde zum Staatsmonopol, wobei der Zinssatz auf 16, 66% angehoben wurde. Weiterhin wurde die Soldatenaushebung reformiert. Die Verpflichtung zum Kriegsdienst, die vorher auf die Inhaber von Soldatengütern, die →Stratioten, beschränkt gewesen war, wurde nun auf die Dorfgemeinde ausgedehnt, die jährl. 18,5 Nomismata zur Ausrüstung der Soldaten beizusteuern hatte. Neben der stetig wachsenden Bedeutung des Militärs in der byz. Gesellschaft nimmt jedoch auch die Stadtbevölkerung, die sich mehrfach durch gewaltsame Aufstände artikuliert, und hier insbes. die Handwerkerschaft, eine wesentlichere soziale Rolle ein.

IV. Unter der makedonischen Dynastie: Die soziale und wirtschaftl. Entwicklung unter den Ks.n dieser Dynastie ist v. a. durch den Aufstieg einer größtenteils nicht grundbesitzenden Aristokratie gekennzeichnet. Die Sorge aller Herrscher dieser Dynastie war es, die Vernichtung der Kleingrundbesitzer durch die Mächtigen zu verhindern. Infolgedessen strebte die Zentralgewalt danach, Bestand und Funktionsfähigkeit der Steuergemeinde gegen das Vordringen der Reichen und Mächtigen zu schützen. Die Schicht der Mächtigen bestand aus hohen Beamten, Offizieren und Würdenträgern, Prälaten und Mitgliedern der großen Kl., also offenkundig den Angehörigen der großen Familien und ihrer zahlreichen Klientel. Doch waren nicht mehr alle Mitglieder dieser Oberschicht tatsächl. reich. Die Bewohner der Landgemeinden, die, sozial gesehen, zwar in schwacher Position waren, können, ökonom. gesehen, jedoch keineswegs als schwach gelten. Ziel der herrschenden Schicht war es offenbar, sich die kleinen Grundbesitzer unterzuordnen, um insgesamt eine ihrer sozialen Geltung entsprechende wirtschaftl. Macht zu erlangen oder wiederzuerlangen. Bei dem Versuch der makedon. Ks., die Steuergemeinde zu schützen, kam im wesentl. das Bestreben zum Ausdruck, die Bauern als Fiskalgemeinde (nicht aber einzelne Mitglieder derselben) zu schützen und damit die Steuerkraft des Reiches zu sichern, denn zu diesem Zeitpunkt war schon ein beträchtl. Teil des Steueraufkommens dem Staat durch Privilegien und Exemtionen der Großgrundbesitzer verlorengegangen. Unter fiskal. Aspekt hat die Gesetzgebung der Makedonen ihr Ziel erreicht, denn die Landgemeinde blieb erhalten; in sozialer Hinsicht, wofür sich ja die Gesetzgeber nicht interessierten, nahm die Landgemeinde faktisch stets auf die Interessen der Mächtigen Rücksicht; diese bildeten bereits die herrschende Klasse, die Revolten, welche die Großgrundbesitzer gegen die Zentralgewalt initiierten, zeigen es deutlich.

Die Städte im B. R. gewannen seit dem Ende des 10. Jh. infolge der Entwicklung des Außenhandels (mit der Kiever Rus', Bulgarien, Venedig, Amalfi usw.) erneut, trotz der Beibehaltung ihres teilweise ländl.-agrar. Charakters, ihre Bedeutung als Handels- und Gewerbezentren zurück. Diese urbane Entwicklung erfaßte sowohl die alten, aus militär. Gründen wiedererrichteten Städte als auch die neugegr. Festungsstädte (→Kastron). Eine handel- und handwerktreibende Schicht bildete sich heraus (→Bürgertum, Abschnitt I). Händler und Gewerbetreibende waren in Konstantinopel und wahrscheinl. auch in den anderen bedeutenden Städten in Korporationen, die vom Staat streng überwacht wurden, organisiert. Doch wurde die handwerkl. Produktion nun offenbar weniger eingeschränkt als in der Spätantike und in der frühbyz. Zeit. Wirtschaftl. weitgehend von der Staatsgewalt abhängig – von der Lieferung der Rohstoffe bis zum Verkauf der Produkte –, begannen die auf soliden ökonom. Grundlagen fußenden Korporationen (→Eparchenbuch) bald, eine nicht unbedeutende Rolle im polit. Leben zu spielen; sie waren, nachdem die »Zirkusparteien« und Demen ihren Einfluß verloren hatten, die einzige geschlossene Körperschaft, welche die städt. Bevölkerung repräsentierte.

Neben der Investition in Grundbesitz, die in Byzanz stets eine herausragende Rolle spielte, war die Staatsrente mittels Ämterkäuflichkeit verbreitet, welche zu einer durchaus normalen Erscheinung wurde. Leon VI. stellte einen Tarif auf, der die von den Bewerbern, die für ein Staatsamt kandidierten, zu zahlende Summe festlegte, und dehnte diese Verfahrensweise auch auf die Beamten aus, die ein Gehalt erhielten; der betreffende Beamte hatte eine seinem Gehalt entsprechende Summe vorzustrecken. Diese von den Gehaltsempfängern vorausgezahlten Beträge waren ein echte Staatsanleihe mit niedrigem Zinssatz von 2,31–3,47%. Zahlreiche Kandidaten zahlten zusätzl. Summen ein, um Einkommensverbesserungen, die einem Zinssatz von 9,72% entsprachen, zu erreichen. Dies war eine wichtige Einnahmequelle des Staates, denn ihm wurde von seinem »Gläubiger«, dem Beamten, in kurzer Zeit die lebenslängl. Rente vorgestreckt. Gerade bei den höchsten und teuersten Ämtern war die Einnahme der Staatskasse beträchtlich.

V. Im 11.–15. Jahrhundert: Mit dem Regierungsantritt Romanos' III. Argyros, eines typ. Vertreters der Schicht der Mächtigen, wurden die polit. Grundsätze Basileios' II. aufgegeben. Unter dem Druck der großen Grundbesitzer wurden die Sondersteuern, die auf den brachliegenden Landgütern lasteten (ἐπιβολή, Epibole; ἀλληλέγγυον, Allelengyon), aufgehoben. Die Großgrundbesitzer, die nun nicht mehr durch die rigide Agrargesetzgebung der makedon. Ks. gebunden waren, konnten – angesichts der wohlwollenden Passivität der Regierung – verstärkt Druck auf den Kleinbesitz ausüben. Die Enteignung der kleineren Bauern schritt ohne eigtl. Hindernis voran. Großgrundbesitzer bemächtigten sich bäuerl. Besitztümer sowie der Militärgüter; damit wurde der militär. und fiskal. Rückhalt des B. R.es ausgehöhlt und eine zunehmende Verarmung des Staates herbeigeführt. Den großen weltl. oder geistl. Landbesitzern wurde häufig teilweise oder sogar völlige Befreiung von den öffentl. Steuern und Abgaben gewährt. Dies alles schwächte die Zentralgewalt. Jetzt wurden den Großen auch als Gegenleistung für bestimmte, abgegrenzte Dienste ganze Gebiete zur Verwaltung überlassen (→Pronoia), deren Einkünfte sie voll nutzen konnten. Diese Rente, die dem Inhaber nur für einen abgegrenzten Zeitraum zuerkannt wurde, durfte allerdings nicht weiterveräußert oder vererbt werden. Die Zentralverwaltung verpachtete sogar die Steuern ganzer Regionen, was u. a. zu einer stärkeren Belastung der Bevölkerung führte. Die wirtschaftl. Krise verstärkte sich unter Ks. Michael VII. (1071–78) trotz der energ. Gegenmaßnahmen des Logotheten →Nikephoritzes, der u. a. den Getreidehandel zum Staatsmonopol machte.

Diese Maßnahmen bedeuteten aber für die Großgrundbesitzer, die auch die wichtigsten Getreidelieferanten waren, einen großen Nachteil. Der Getreidepreis stieg, ihm folgte ein Anstieg der Einkommen. Die Maßnahmen wurden wieder zurückgenommen. Das Nomisma, die Grundeinheit der Währung, das fünf Jahrhunderte lang so gut wie keine Schwankung erfahren hatte, entwertete sich rasch und verlor damit den großen Kredit, den es überall in der ma. Welt bisher genossen hatte. Wenige Jahre später sah sich das B. R. zu einer einschneidenden Maßnahme genötigt, die einen Rückschritt für seine wirtschaftl. Unabhängigkeit bedeutete: Ks. Alexios I. Komnenos verlieh i. J. 1082 den Venezianern als Gegenleistung für ihre Hilfe gegen die Normannen das Recht zu freiem Handel im gesamten B. R., einschließl. der Hauptstadt (außer im Schwarzen Meer), unter Befreiung von allen Zöllen und Abgaben sowie das Recht zur Unterhaltung von Läden in Konstantinopel sowie eines eigenen Hafens im Goldenen Horn (→Venedig). Unter der Regierung Alexios' I. erfuhren die Krisenerscheinungen (Steuerpacht, Abgabenbefreiung für Großgrundbesitzer und Münzverschlechterung) weiteste Verbreitung. Der wirtschaftl. Einfluß der it. Seerepubliken verstärkte sich: Durch einen im Okt. 1111 geschlossenen Vertrag wurden auch →Pisa weitgehende Handelsprivilegien eingeräumt. Geringwertige Münzen gelangten in Umlauf; neue schlechtere Münzsorten kamen auf: für diese Zeit sind sechs verschiedene Typen von Nomismata, die aus unterschiedl. Metallen bestehen, bekannt. Opfer dieser Entwicklung war der Steuerzahler; es war nicht ungewöhnlich, daß sich ein Steuerpächter verpflichtete, den doppelten Steuerertrag aus seinem Steuerbezirk herauszuwirtschaften. Neben den eigtl. Steuerleistungen hatte die Bevölkerung Materialien zu liefern und Fronarbeit für den Schiff-, Festungs-, Brücken- und Straßenbau zu verrichten; sie mußte den ksl. Beamten und Soldaten Gastung leisten usw. Von der Regierung Alexios' I. an erhielt die Pronoia eine militär. Funktion: Der Nutznießer dieser Leiheform hatte Militärdienst (als Reiter oder durch Stellung von Reitern) zu leisten, während die Inhaber anderer Grundbesitzformen und die geistl. Grundbesitzer für die Ausrüstung leichter Fußsoldaten sorgen mußten. Die Pronoiare waren Großgrundbesitzer, die von den Paroiken, die auf der Pronoia saßen, Abgaben erhoben, welche die eigtl. Rente der Pronoia-Inhaber ausmachte. Um die Besteuerung der Kl. zu erleichtern, wurde vielfach geistl. Grundbesitz zur Nutzung an Laien, die sog. →Charistikarier, ausgetan.

Die Herrschaft des sog. Militäradels begünstigte die weltl. Großgrundbesitzer, und im März 1158 erließ Ks. Manuel ein Amortisationsgesetz, das den Kl. in Konstantinopel und seiner Umgebung jede Erweiterung ihres ländl. Grundbesitzes verbot. Die Steuerauflagen des Staates wuchsen im gleichen Maße wie die Forderungen der Steuereintreiber; sogar in den Städten verkauften zahlreiche Bewohner ihre Freiheit, um im Dienst eines Großen dem Steuerdruck zu entfliehen. Der Aufstieg des Großgrundbesitzes mündete in die Schwächung des staatl. Organismus ein. Andronikos I. Komnenos (1183–85) versuchte die schlimmsten Mißstände zu beseitigen; doch geriet er dadurch in Konflikt mit der grundbesitzenden Aristokratie, die bereits seit langem die staatstragende Schicht geworden war. Sein tragischer Tod und die nachfolgende Reaktion zeigen offenbar den Zerfall des Staatswesens. Nach der Aussage eines Chronisten verkaufte Ks. Isaak II. Angelos (1185–95, 1203–04) die Beamtenposten wie ein Händler auf dem Markt sein Gemüse.

Brachte die Eroberung von Konstantinopel durch die Lateiner i. J. 1204 keine bedeutenden sozialen Veränderungen, so hatte sie im unter byz. Herrschaft verbliebenen Ksr. →Nikaia in Kleinasien einen bis dahin nicht gekannten Wohlstand zur Folge. Der Ks. bemühte sich erfolgreich um die Hebung von Agrarproduktion und Viehzucht. Er war außerdem bestrebt, sein Reich von der Abhängigkeit von Importwaren und damit von der wirtschaftl. Vorherrschaft der it. Städte zu befreien. Da die Türken vom Ksr. Nikaia Nahrungsmittel zu hohen Preisen (gegen Gold oder Waren) kauften, hatte Nikaia nicht unter einer Währungskrise zu leiden; seine ökonom. und finanzielle Situation war erheblich besser als die des B. R. unter den letzten Komnenen und den Angeloi.

Die byz. Rückeroberung von Konstantinopel und die Herrschaft der Palaiologen-Dynastie markiert den Sieg der hohen Aristokratie. Inmitten allgemeiner Verarmung lebten die Großgrundbesitzer auf ihren Latifundien in bequemer Isolierung und sonderten sich und ihre Herrschaftsgebiete mehr und mehr aus dem Staatswesen aus. Zu gleicher Zeit erlebten die nichtprivilegierten mittleren Grundbesitzer, die Güter und Arbeitskräfte verloren, einen Niedergang. Die Einkünfte des Staates sanken kontinuierlich, während die Pronoia erblich wurde. Die byz. Währung, die sich unter den Nachfolgern von Alexios I. Komnenos erholt hatte, sank, unter dem Namen →Hyperperon, auf die Hälfte ihres ursprgl. Feingehalts. Dies führte zu Teuerung und Hungersnot.

Die wachsende ökonom. Krise verschärfte die sozialen Gegensätze, denn in den Städten wie in den ländl. Gebieten war der Reichtum in den Händen einer zahlenmäßig kleinen Oberschicht konzentriert. Dabei war es die lokale Landbesitzeraristokratie, die im städt. Leben der spätbyz. Zeit dominierte: Das Abbröckeln des byz. Reichsgebietes und die Wirtschafts- und Finanzkrise haben das Überleben des B. R.es verhindert.
A. Guillou

Zu den sozio-ökon. Strukturen des B. R.es vgl. außer den im vorhergehenden Text genannten Stichwörtern auch folgende übergreifende Artikel: →Abgaben; →Adel; →Arbeit; →Autokratie; →Bauer, -ntum; →Beamtenwesen; →Bettlerwesen; →Bevölkerung; →Bürger, -tum; →Byzantinisches Recht; →Cäsaropapismus; →Dorf; →Erziehungs- und Bildungswesen; →Familie; →Fest; →Feudalismus; →Finanzwesen, -verwaltung; →Flotte; →Frau; →Fremde, -nrecht; →Garde; →Geld, -wirtschaft; →Gericht, -swesen; →Großgrundbesitz; →Handel; →Handwerk; →Heer; →Herrschaft; →Hof, -zeremoniell; →Humanismus; →Juden, -tum; →Kaiser, -tum; →Kastron; →Klerus; →Klientel; →Kolonen, Kolonat; →Kolonisation und Landesausbau; →Korruption; →Kreditwesen; →Landwirtschaft; →Lohnarbeit; →Mächtige; →Mönchtum; →Prostitution; →Ranglisten; →Revolten; →Seuchen; →Sexualität; →Sklaverei; →Söldnerwesen; →Sozialstruktur; →Spiele; →Sport; →Stadt; →Staat, -sauffassung; →Steuerwesen; →Währung; →Wüstung; →Zeloten; →Zoll, -wesen; →Zunft, -wesen u. v. a., vgl. auch →Konstantinopel.

Über die Handelsbeziehungen des B. R.es vgl. →Levantehandel; →Mittelmeerhandel; →Schwarzmeerhandel; ferner →Amalfi, →Venedig, →Pisa, →Genua, →Ragusa (Dubrovnik) sowie die Artikel zu einzelnen bedeutenden Handelsgütern; zum Handel zw. B. R. und der Kiever Rus' vgl. die Bemerkungen im Abschnitt E.

Lit.: J. STARR, The Jews in the Byz. Empire, 614–1204, 1939 (Texte und Forsch. zur byz.-neugriech. Philologie, 30) – S. MAZZARINO, Aspetti sociali del quarto secolo, 1951 – A. P. KAŽDAN, Agrarnye otnošenija v Vizantii (XIII–XIV vv), 1952 – M. ROSTOVTZEFF, Storia economica e sociale dell'impero romano, 1953 – G. TCHALENKO, Villages antiques de la Syrie du Nord. Le massif du Bélus à l'époque romaine (Inst. français d'archéologie de Beyrouth. Bibl. hist. et archéol. 50), 3 Bde, 1953–58 – E. BARKER, Social and political thought in Byzantium from Justinian I to the last Palaeologues, 1957 – E. E. LIPŠIC, Očerki istorii vizantijskogo obščestva i kul'tury, 1961 – S. D. GOITEIN, A Mediterranean Society: The Jewish Communities of the Arab World as Portrayed in the Documents of the Cairo Geniza, 3 Bde, 1967–78 – K. V. CHVOSTOVA, Osobennosti agrarnopravovych otnošenij v pozdnej Vizantii (XIV–XV vv.), 1968 – D. M. NICOL, The Byz. Family of Kantakuzenos ca. 1100–1460 (Dumbarton Oaks Center for Byz. Stud. 11), 1968 – E. ASHTOR, Hist. des prix et des salaires dans l'Orient médiéval (Ecole des Htes. Etudes. VIème section. Centre de Recherches Hist. Monnaies, prix, conjoncture, 8), 1969 – H. BELTING, Das illuminierte Buch in der spätbyz. Gesellschaft (AAH, Ph.-Hist. Kl., 1970, 1), 1970 – A. H. M. JONES, The Cities of the Eastern Roman provinces, 1971 – DERS., J. R. MARTINDALE, J. MORRIS, The Prosopography of the later Roman Empire, 2 Bde, 1971–80 – G. L. KURBATOV, Osnovnye problemy vnutrennogo razvitija vizantijskogo goroda v IV–VII vv., 1971 – E. WIPSZYCKA, Les ressources et les activités économiques des églises en Egypte du IVᵉ au VIIIᵉ s. (Papyrologia Bruxellensia, 10), 1972 – A. CAMERON, Porphyrius the Charioteer, 1973 – N. SVORONOS, Etudes sur l'organisation intérieure, la société et l'économie de l'empire byz. [Variorum Reprints, 1973] – S. FASSOULAKIS, The Byz. Family of Raoul-Ralles, 1973 – A. MOFFAT, Science Teachers in the Early Byz. Empire: Some Statistics, Byzslav 34, 1973, 13–18 – A. P. KAŽDAN, Socialnyj sostav gospodstvujuščego klassa Vizantii XI–XII vv., 1974 – E. WERNER, Gesellschaft und Kultur im 14. Jh.: Sozial-ökonom. Fragen, Actes XIVᵉ Congr. Internat. Et. Byz. I, Bucarest, 1974, 93–110 – A. GUILLOU, La civilisation byz., 1974 (Les grandes civilisations) – E. TENGSTRÖM, Bread for people. Stud. in the Corn-Supply of Rome during the Late Empire (Acta Inst. Rom. Regni Sueciae, 12), 1974 – G. DAGRON, Naissance d'une capitale. Constantinople et ses institutions de 330 à 451 (Bibl. byz. Etudes 7), 1974 [vgl. dazu: A. GUILLOU, BZ 70, 1977, 375–377] – W. GOFFART, Caput and Colonate: Towards a Hist. of Late Roman Taxation, 1974 – A. P. KAŽDAN, Armjane v sostave gospodstvujuščego klassa Vizantijskoj imperii v XI–XII vv., 1975 – P. A. YANNOPOULOS, La société profane dans l'empire byz. des VIIᵉ, VIIIᵉ et IXᵉ s., 1975 – F. GORIA, Studi sul matrimonio dell'adultera nel diritto giustinianeo e biz., 1975 – CH. HANNICK – G. SCHMALZBAUER, Die Synadenoi. Prosopograph. Unters. zu einer byz. Familie, JÖB 25, 1976, 125–161 – H. AHRWEILER, Recherches sur la société byz. au XIᵉ s., TM 6, 1976, 90–124 – A. CAMERON, Circus Factions. Blues and Greens at Rome and Byzantium, 1976 – I. E. FICHMAN, Oksirinch. Gorod papirusov. Socjal'no-ekonomičeskie otnošenija v egipetskom gorode IV – serediny VII v., 1976 – E. ASHTOR, A social and Economic Hist. of the Near East in the MA, 1976 – J. GASCOU, L'institution des bucellaires; les institutions de l'hippodrome en Egypte byz., Bull. de l'Inst. français d'Archéologie Orientale 76, 1976, 143–156, 185–212 – PLP, seit 1976 – W. SEIBT, Die Skleroi. Eine prosopograph.-sigillograph. Studie (Byzantina Vindobonensia, 9), 1976 – A. E. LAIOU-THOMADAKIS, Peasant Society in the Late Byz. Empire. A Social and Demographic Study, 1977 – G. G. LITAVRIN, Vizantijskoe obščestvo i gosudarstvo v X–XI vv. Problemy istorij odnogo stoletija: 976–1081, 1977 – E. PATLAGEAN, Pauvreté économique et pauvreté sociale à Byzance 4ᵉ–7ᵉ s. (Civilisations et sociétés, 48), 1977 [vgl. dazu: M. DE WAHA, Byzantion 49, 1979, 465–490; A. CAMERON, PP 88, 1980, 129–135; A. GUILLOU, BZ 74, 1981, 81–84] – F. TINNEFELD, Die frühbyz. Gesellschaft, 1977 – A. PERTUSI, I. SEVČENKO, N. SVORONOS, H.-G. BECK, C. MANGO, A. GUILLOU, H. BELTING, Università degli studi di Bari. Centro di studi bizantini. Corsi di studi I–III, 1977–80 – N. OIKONOMIDES, Hommes d'affaires grecs et latins à Constantinople, XIIIᵉ–XVᵉ s., 1979 – A. GUILLOU, Transformation des structures socio-économiques dans le monde byz. du VIᵉ au VIIIᵉ s., Zbornik Radova Viz. Inst., 19, 1980, 71–78 – D. STEIN, Der Beginn des byz. Bilderstreites und seine Entwicklung bis in die 40er Jahre des 8. Jh. (Misc. Byz. Monacensia 25), 1980 – Z. V. UDAL'COVA – K. V. CHVOSTOVA, Les structures sociales et économiques dans la Basse-Byzance, JÖB 31/1 (XVI. Internat. Byz. Kongr. Akten, I, 1, 1981), 131–147 – L. MAKSIMOVIĆ, Charakter der sozial-wirtschaftl. Struktur der spätbyz. Stadt (13.–15. Jh.), ebd. 149–188 – K. P. MATSCHKE, Sozialschichten und Geisteshaltungen, ebd. 188–212 – vgl. auch Lit. zu Abschnitt B.

D. Byzanz und das südöstliche Europa

I. Slavische Landnahme und bulgarische Staatsbildung (6.–9. Jahrhundert) – II. Byzantinische Mission und Kirchenpolitik (2. Hälfte des 9. Jahrhunderts) – III. Machtkampf zwischen Byzanz und Bulgarien (893–976) – IV. Die byzantinische Politik unter Basileios II. und das Reich Samuels (976–1025) – V. Zeitalter der zivilen Aristokratie und der Komnenen. Aufstieg der hochmittelalterlichen Balkanstaaten und Ungarns (1025–1204) – VI. Verhältnis zwischen Lateinischem Kaiserreich, byzantinischen Nachfolgestaaten sowie Bulgarien und Serbien (1204–1261) – VII. Von der Wiederherstellung des Byzantinischen Reiches bis zur osmanischen Eroberung. Verhältnis zwischen Serbien und Byzanz (1261–1453).

I. SLAVISCHE LANDNAHME UND BULGARISCHE STAATSBILDUNG (6.–9. JAHRHUNDERT): Im 6. Jh. trat das B. R. mit den Slaven erstmals in Beziehungen, die ununterbrochen bis zu seinem Zusammenbruch (1453) dauern sollten. Die →Slaven, →Sklavenen und Anten gelangten im Laufe ihrer Wanderung nach Westen gegen Ende des 5./Anfang des 6. Jh. an die byz. Donaugrenze und unternahmen schon unter Ks. →Justin I. (518–527) den ersten Angriff auf byz. Gebiet. Seit der Regierung →Justinians I. (527–565) und während des ganzen 6. Jh. fielen die Slaven, allein oder mit anderen Barbarenvölkern (Bulgaren [→Bulgarien], →Avaren etc.), in byz. Gebiete ein. Den Plünderungs- und Beutezügen in der 1. Hälfte des 6. Jh. folgten in der zweiten Jahrhunderthälfte die ersten Ansiedlungen, einige bis tief in die →Peloponnes hinein. Der Zusammenbruch der Verteidigung an der Donaugrenze gegen Ende des 6. Jh., der Aufstand der Grenztruppen unter Ks. Phokas (602–610) und die großen Angriffe der Avaren zu Beginn der Regierung Ks. Herakleios' (610–641) öffneten den Sklavenen die Wege zu den byz. Balkangebieten. Bald folgten →Serben und →Kroaten, die wahrscheinl. die Oberhoheit des byz. Ks.s anerkannten. Bis zur Mitte des 7. Jh. war die slav. Landnahme vollzogen; mit ihr hatten sich völlig neue ethn. Verhältnisse herausgebildet, die im wesentl. noch heute bestehen. Das B. R. hatte fast die ganze Balkanhalbinsel verloren, geblieben war ihm die Inselwelt, ein mehr oder weniger breiter, hier und da von slav. Siedlungen unterbrochener Küstenstreifen mit einigen Städten und Häfen. Im Innern der Balkanhalbinsel entstand eine Anzahl von sog. →Sklavinien; so werden fortan in den byz. Quellen die von den Slaven in Besitz genommenen Gebiete bezeichnet, in denen die byz. Gewalt faktisch nicht mehr besteht, die aber keine eigene Staatsorganisation haben. Sie prägen das Bild im Innern des Balkan bis zur Mitte des 9. Jh., außer im Gebiet zw. der Donau und dem Balkangebirge. Hier hatten die Bulgaren (→Bulgarien), nachdem sie unter →Asparuch Anfang der 80er Jahre des 7. Jh. die Byzantiner geschlagen, die Donau überquert und die dortigen Slavenstämme unterworfen hatten, den ersten unabhängigen Staat auf altem byz. Boden, der von Byzanz als solcher durch den Abschluß eines formellen Friedensvertrages und jährlicher Tributzahlung anerkannt wurde, gegründet. Inzwischen war, um die Mitte des 7. Jh., der größte Teil der byz. Ostgebiete (darunter Syrien, Palästina, Ägypten) endgültig an die →Araber verloren gegangen (s. a. Abschnitt H), und nur Kleinasien blieb Byzanz erhalten. Hier wurden die Grundsteine der Themenordnung (→Thema) gelegt, welche die Provinzialstruktur des byz. Staates für Jahrhunderte prägen sollte. Die Wiedereroberung der an die Slaven verlorengegangenen Gebiete, die bis zu den ersten Jahrzehnten des 11. Jh. dauern sollte, konnte erst in Angriff genommen werden, nachdem der erste Ansturm der Araber nachgelassen hatte. Ks. Konstans II. (641–668) zog i. J. 658 gegen die Sklavinien, vermutlich in Makedonien, wo er »viele gefangennahm und unterwarf«.

Seit 680 hatte sich aber die Lage auf dem Balkan verändert, und die byz. Ks. mußten seitdem den Kampf sowohl gegen die Slaven als auch gegen die Bulgaren führen.

→Bulgarien wurde während einiger Jahrhunderte für das B. R. zum zentralen Problem auf der Balkanhalbinsel, und die byz. Ks. ergriffen, sobald es ihnen die inneren Verhältnisse oder die Lage an den anderen Grenzen erlaubten, militär. Maßnahmen, um dieses Problem endgültig zu lösen. Das junge Bulgarenreich leistete aber allen byz. Angriffen Widerstand: den erfolgreichen Feldzügen unter →Justinians II. erster Regierung (685–695) und unter →Konstantin V. (741–775) folgte eine Reihe schwerer Niederlagen unter Konstantin VI. (780–797), →Nikephoros I. (802–811) und Michael I. Rangabe (811–813); Serdika (das spätere →Sofia), eine der wichtigsten byz. Festungen im Herzen des Balkan, ging 809 verloren. Erst nach dem Tode Khan →Krums (814), der in seinen letzten Lebensjahren mehrere Male die Byzantiner verheerend geschlagen hatte – in der Schlacht am 26. Juli 811 war Ks. Nikephoros I. gefallen –, gelang es Ks. Leon V. (813–820), einen Frieden auf 30 Jahre zu schließen und die Beziehungen mit Bulgarien zu regeln. Aber nicht nur krieger. Auseinandersetzungen kennzeichneten die byz.-bulg. Beziehungen bis zur Mitte des 9. Jh.: 705 half Khan →Tervel, Justinian II. den Thron wiederzuerobern, und 821 leistete Khan →Omurtag Michael II. Hilfe gegen den Rebellen →Thomas den Slaven; es gab u. a. im 8. Jh. Perioden, in welchen der byz. Einfluß so stark war, daß die Ks. die inneren Verhältnisse in Bulgarien zu bestimmen vermochten, ihnen freundlich gesinnte Khane an die Macht brachten und vertriebenen bulg. Fs. en in Byzanz Zuflucht gewährten. Auch sonst war der byz. Einfluß stark: Die Inschriften, die über Siege oder Verträge der Khane berichten, sind oft in gr. Sprache und Schrift abgefaßt, und auf ihnen erscheint der Khan mit dem byz. Titel ἐκ θεοῦ ἄρχων ('Herrscher von Gottes Gnaden'). Bald wurden Handelsbeziehungen angeknüpft: 716 wurde ein Vertrag geschlossen, nach dem Byzanz Weizen, Honig, Wachs, Leder etc. einführte und kostbare Stoffe, Luxusartikel und andere Fertigwaren nach Bulgarien ausführte.

Mehr Erfolg als gegenüber Bulgarien hatte die byz. Regierung bei der Restaurierung ihrer Macht in den von Slaven besetzten südl. Gebieten der Balkanhalbinsel. Nach der Wiederherstellung der Verbindung zw. der Hauptstadt Konstantinopel und Thessalonike (688/689) verging fast ein Jahrhundert, ehe die byz. Regierung, durch innere (Bilderstreit) und äußere Schwierigkeiten (Auseinandersetzungen mit Arabern und Bulgaren) am Handeln gehindert, weitere Schritte unternehmen konnte. In der Zeit der Ksn. →Irene wurden die Slaven in den Gebieten um Thessalonike und in →Hellas unterworfen und tributpflichtig gemacht, diejenigen auf der Peloponnes besiegt, wobei zahlreiche Kriegsgefangene gemacht wurden (783). Nikephoros I. mußte aber schon 805 einen neuen Feldzug gegen die Slaven der Peloponnes, die sich erhoben hatten, unternehmen; während ein Teil der Slaven der Kirche von →Patras als Hörige zugewiesen wurden, konnten die Slavenstämme am Taygetos (→Milingen und →Jezeriten) eine relative Unabhängigkeit erhalten, die sie bis ins 15. Jh. behaupteten. Die Erneuerung der byz. Macht spiegelt sich im Ausbau der Themenordnung auf dem Balkan wider, die dort wesentl. später als in Kleinasien eingeführt worden war – nur wo Themen bestanden, übte die byz. Regierung auch effektiv die Macht aus. Im ausgehenden 7. Jh. wurden auf dem Balkan nur zwei Themen gegründet, Thrakien zur Abwehr gegen die Bulgaren und Hellas in Mittelgriechenland sowie gegen Ende des 8. und in der ersten Hälfte des 9. Jh. die Themen →Makedonien, Peloponnes, →Kephalenia, Thessalonike, →Dyrrhachion, →Strymon. Die erste große Etappe bei der Wiederherstellung der byz. Macht auf dem Balkan war beendet; die Halbinsel war in ihrem südl. Teil, nach 200jähriger slav. Vorherrschaft, wieder fest unter byz. Herrschaft; der zentrale Teil blieb weiterhin außerhalb ihrer Reichweite. Parallel verfolgte die byz. Regierung eine systemat. Ansiedlungspolitik: Massen von Slaven wurden seit der 2. Hälfte des 7. und bes. im 8. und 9. Jh. fast nach jedem Feldzug aus den verschiedensten Balkangebieten nach Kleinasien, v. a. ins Thema →Opsikion, umgesiedelt, während Armenier, Mardaiten, Atziganen und Anhänger verschiedener häret. Bewegungen, aber auch Byzantiner aus den kleinasiat. Themen massenhaft unter Nikephoros I., vornehmlich entlang der bulg. Grenze, angesiedelt wurden. Diese Politik hatte zur Folge, daß dem byz. Staat neue Kräfte zugeführt wurden: Bauern und Kleingrundbesitzer für die Landwirtschaft sowie Soldaten, d. h. →Stratioten für das Heer; durch den erneuten Aufschwung der byz. Staats- und Gesellschaftsordnung wurden die Slaven beträchtlich geschwächt, und es erfolgte eine Wandlung sowohl der ethnischen als auch der sozio-ökonom. Struktur in vielen von den Slaven besetzten Gebieten, wodurch eine Rebyzantinisierung des südl. Balkanraumes schnelle Fortschritte machte. Die Zeit der Sklavinien war vorbei: Entweder gingen sie in den Themen auf oder sie wurden von den entstehenden südslav. Staaten aufgesogen. Außerhalb des von Byzanz wiedergewonnenen Bereichs blieb auch Bulgarien, das gewaltige Territorialgewinne errang: im ausgehenden 8. Jh. Gebiete zw. Donau und Karpaten, während der 1. Hälfte des 9. Jh. die makedon. Sklavinien bis zum Ochrid- und Prespa-See sowie die serb. Gebiete bis zur Donau und Save. Byzanz hatte seine Macht in einer breiten Küstenzone erneuert, während das Binnenland der Balkanhalbinsel weiterhin außerhalb seines Machtbereichs verblieb; es bildeten sich zwei kulturelle Sphären – eine slav. und eine byz., und noch heute verläuft die Grenze zw. Slaventum und Griechentum auf dem Balkan ungefähr dort, wo das Themengebiet des 9. Jh. endete.

II. BYZANTINISCHE MISSION UND KIRCHENPOLITIK (2. HÄLFTE DES 9. JH.): Seit der Mitte des 9. Jh. ging Byzanz nach Überwindung der inneren Unruhen (→Bilderstreit) und der Abwendung der arab. Gefahr auch im Westen zu einer aktiven Politik über, die von Ks. Michael III. (842–867) eingeleitet, von seinem Nachfolger →Basileios I. (867–886) energisch weitergeführt wurde. Das Erscheinen einer starken byz. Flotte 867 zwang die Araber, die einige dalmat. Städte angegriffen hatten und Dubrovnik (→Ragusa) seit 15 Monaten belagerten, sich nach Süditalien zurückzuziehen; dadurch wurde die Autorität von Byzanz im Westen der Balkanhalbinsel erhebl. gestärkt. Damals erkannten die südslav. Stämme der Diokleaten, der Terbunioten, der Kanaliten und der Zachlumier – die Narentaner (Paganen) aber erst i. J. 871 – die byz. Oberhoheit an und leisteten militär. Hilfe gegen die Araber von Bari. Die byz. Souveränität über die dalmat. Städte, die in der ersten Hälfte des 9. Jh. abgefallen waren, wurde wiederhergestellt und das Thema →Dalmatien eingerichtet; zwecks Festigung der Lage wurden die Beziehungen zu den Stämmen des Hinterlandes, die oft eine feindl. Haltung einnahmen, endgültig durch Tributzahlung von seiten der Städte geregelt. Der byz. Einfluß schwächte sich im Norden aber beträchtl. ab; zwar gelang es Basileios I. seinen Schützling →Zdeslav (878–879) in Kroatien zunächst an die Macht zu bringen, aber nach kaum einjähriger Herrschaft wurde er vertrieben, und diese Gebiete gelangten endgültig in die päpstl. und frk. Einflußzone.

Zur Wiederherstellung ihrer Macht im Innern des Balkans setzte die byz. Regierung neben den Waffen auch andere Mittel ein, nämlich die Verbreitung des Christentums und der byz. Kultur. Um die Mitte des 9. Jh. brach für Byzanz ein Zeitalter hohen kulturellen Aufschwunges an. →Photios, seit 858 Patriarch v. Konstantinopel, leitete eine Politik der chr. →Mission ein, die den polit. und kulturellen Einfluß von Byzanz, bes. unter den Slaven, weit über die Reichsgrenzen hinaus, nicht nur auf dem Balkan, sondern auch in der Rus' (s. Abschnitt E) und in Mitteleuropa ausdehnen sollte. Schon 862/863 hatte→Rastislav (846–870), der Fs. von →Mähren, Byzanz um die Entsendung von Geistlichen gebeten, nicht so sehr, um das Land zu bekehren, das sich schon länger dem Christentum geöffnet hatte, als vielmehr um den chr. Glauben in der slav. Sprache zu lehren und zu festigen und um eine Hierarchie aufzubauen, die Mähren vom polit. und kirchl. Übergewicht des Frankenreiches und namentl. Bayerns befreien sollte (→Frankenreich, Mission und Kirchengesch.). Dadurch hoffte Rastislav, sowohl seine Position im Innern zu stärken, als auch gegen den frk. und bulg. Druck ein Gegengewicht zu schaffen und sein Land von der Gefahr einer Umklammerung zu befreien. Die Durchführung der Mission wurde Konstantin (Kyrillos) anvertraut, der seinen Bruder Method (Methodios) mit heranzog (→Konstantin und Method). Sie entstammten einer hohen Beamtenfamilie aus Thessalonike, hatten in ihrer Jugend die slav. Sprache erlernt und besaßen schon große Erfahrung als Gesandte und Missionare. Konstantin schuf eine ausgearbeitete slav. Schrift (→Alphabet, glagolit.) und übersetzte die Hl. Schrift (→Bibelübersetzungen, Abschnitt XV) sowie einige liturg. Texte ins Slavische, d. h. in den südslav.-makedon. Dialekt. I. J. 863 erreichten die Brüder aus Thessalonike mit einigen Begleitern Mähren, wo ihre Arbeit von großem Erfolg gekrönt war, der bes. dem Gebrauch der slav. Sprache im Gottesdienst zu verdanken war. Aber es gab keinen Bf. und damit keinen missionar. Nachwuchs. So entschlossen sich die Brüder, nach Konstantinopel zu reisen, um dort Unterstützung zu suchen. Auf dem Hinweg hatten sie sich am Hof des pannon. Fs.en →Kocel aufgehalten, der schon damals großes Interesse für ihre Missionsarbeit bekundete. In Venedig erreichte sie 867 eine Einladung des Papstes nach Rom, wo sie →Hadrian II. (867–872) feierlich empfing und ihre Missionstätigkeit trotz der Widerstände (→Dreisprachenhäresie) bestätigte. Konstantin starb in Rom (869); Method wurde von Hadrian II. zum Ebf. v. →Sirmium (Sremska Mitrovica) ernannt. Das erneuerte pannon. Ebm. umfaßte einen viel größeren Bereich als das ursprüngliche; es reichte nämlich bis Mähren und enthielt auch Gebiete, auf die das Ebm. →Salzburg Jurisdiktionsansprüche erhob (→Conversio Bagoariorum et Carantanorum). Verärgert über diese Maßnahmen, ließ der frk. Klerus Methodios verhaften; erst 873, dank der Bemühungen des neuen Papstes →Johannes VIII. (872–882), wurde er befreit und kehrte endgültig nach Mähren zurück, mußte aber sein Leben lang mit einem immer stärkeren Widerstand der frk.-bayer. Kirche kämpfen, insbes. von seiten →Wichings, des Bf.s v. →Nitra, sowie der Ebf.e v. Salzburg. Nach Methods Tod (6. Juni 885) schwanden die Früchte seiner Missionsarbeit bald dahin; sein Nachfolger →Gorazd wurde samt seinen Schülern aus Mähren vertrieben; sie fanden Zuflucht in Byzanz, Bulgarien u. Dalmatien. Den Ost- und Südslaven blieb das große Werk der Brüder aus Thessalonike dennoch erhalten; ihnen, den »Aposteln der Slaven« oder besser den »Slavenlehrern«, verdanken die Slaven ihre Schrift, ihren Eintritt in die europ. Kultur des MA und endlich die Grundlagen ihrer eigenständigen Literatur und Kultur. Die kirchl. und kulturelle Mission des Konstantin und Method war eine hervorragende Leistung der byz. Politik dieser Zeit; für die Slaven behielt sie bis heute ihre Bedeutung.

Für Byzanz waren aber die Ereignisse in Bulgarien in jeder Hinsicht von größerem polit. Stellenwert. Hier hatte das Christentum auf verschiedenen Wegen Fuß gefaßt und sich bes. im 9. Jh. ausgebreitet. Die endgültige Christianisierung fand unter Khan →Boris (852–889) statt. Zw. Byzanz und dem Frankenreich schwankend, ließ er sich endlich, unter militär. Druck gesetzt, von Konstantinopel aus taufen. Diese Taufe fand am 25. Mai 866 (das Jahr 864 bezeichnet den Anfang des Katechumenats von Boris) statt, und Boris erhielt den Namen Michael nach seinem Paten, Ks. Michael III., mit dem er somit in ein neues Verhältnis als geistl. Sohn trat, womit er in die Staatenhierarchie, als deren Spitze sich der byz. Ks. betrachtete, aufgenommen war. Mit seinem Fs.en war nach der in Byzanz üblichen Auffassung auch das ganze bulg. Volk zum Christentum übergetreten. Boris erhielt von Konstantinopel, wo unterdessen der Konflikt mit Rom den Höhepunkt erreicht hatte (→Photios) und Ks. Basileios I. (876–886) eben die Macht übernommen hatte, für seine Kirche eine gewisse Autonomie: ein autokephales Erzbistum. Der bulg. Ebf., der von konstantinopolitan. Patriarchen nominiert und von seinen Suffraganbischöfen nur konsekriert wurde, erhielt innerhalb der byz. kirchl. Hierarchie einen sehr hohen Rang; zum Ebf. wurde ein Grieche erhoben. In der 2. Hälfte des 9. Jh. taten auch die Serben den endgültigen Schritt zur Bekehrung. Nichts ist bekannt über missionar. Aktivitäten oder die Anfänge einer Kirchenorganisation, doch ist wegen des Auftretens chr. Namen innerhalb der Herrschersippe und aufgrund byz. Berichte anzunehmen, daß während der ersten Regierungsjahre Basileios' I., zw. 867 und 874, die Serben sowie die Stämme der Küstengebiete (die Narentaner [Paganen] wohl nur wenig später) von Byzanz aus christianisiert wurden.

Der polit. und kulturelle Einfluß von Byzanz im Innern der Balkanhalbinsel wurde durch die Bekehrung der Bulgaren und Serben erheblich gefestigt. Der Christianisierungsprozeß bekam, bes. in Bulgarien und Makedonien, nach 885 einen neuen und kräftigen Auftrieb durch die Schüler Methods, die, aus Mähren verjagt, sich nach Bulgarien geflüchtet hatten, wo sie von Boris freundlich aufgenommen wurden. In Pliska und im Kl. Patleina, unweit von Preslav, gründete →Naum eine lit. Schule, die sich auf die Tradition Konstantins und Methods stützte, diese neubelebte und weiterentwickelte und eine Reihe von Autoren wie →Chrabar Černorizec, den Exarchen →Johannes und →Konstantin v. Preslav hervorbrachte. →Clemens begab sich schon 886 nach Ochrid und entfaltete im Laufe von 30 Jahren in Makedonien eine rege und vielseitige Aktivität. Er brachte übersetzte Bücher mit, darunter den →Nomokanon, übersetzte und verfaßte selber kirchl. Schriften; er soll 3500 Schüler unterrichtet haben, und er bemühte sich, den Slaven in Makedonien landwirtschaftl. Kenntnisse zu vermitteln. Clemens schrieb seine Werke nicht mehr in der glagolit., sondern in der neuen kyrill. Schrift und schuf so die Grundlage jenes Alphabets, das die östl. Südslaven und die Ostslaven noch heute benutzen. Der Weg, den Khan Boris mit der Christianisierung Bulgariens verfolgt hatte, bedeutete nicht nur eine Schwächung der Anhänger der alten Stammesverfassung bzw. der Feinde des Christentums, sondern auch die Festigung der Herrscherfamilie, den Aufbau einer starken Zentralgewalt nach byz. Muster, die Stärkung des slav. Elements gegenüber dem proto-bulg. Bevölkerungsteil und damit die Überwindung jenes ethn. und polit. Dualismus, der seit dem 7. Jh. den bulg. Staat so stark geprägt hatte. Das ging nicht ohne Widerstand ab; schon 866 hatte Boris 52 dem Christentum feindlich gesinnte Bojaren enthaupten lassen und 893 den Versuch seines älteren Sohnes und Nachfolgers Vladimir und eines Teils der Bojaren, das Heidentum wieder einzuführen, unterdrückt. Auf einer Reichsversammlung wurde beschlossen, →Symeon, den jüngeren Sohn Boris', zum Nachfolger zu ernennen, die Hauptstadt von →Pliska nach →Preslav zu verlegen und das Slavische anstelle des Griechischen zur offiziellen Sprache zu erheben; damit wurde der Weg, den Boris gegangen war, von seinem Nachfolger fortgesetzt.

III. Machtkampf zwischen Byzanz und Bulgarien (893–976): Symeon (893–927), der junge, von der byz. Herrschaftsauffassung durchdrungene bulg. Herrscher, eröffnete eine neue Epoche der byz.-bulg. Beziehungen, gekennzeichnet durch den Kampf um die Vormachtstellung auf dem Balkan. Der erste Konflikt brach wegen der Monopolisierung des bulg. Handels in den Händen zweier Kaufleute und der Verlegung des bulg. Marktes von Konstantinopel nach →Thessalonike aus; 896 beendete ein Friedensvertrag, durch den sich Byzanz zur Tributzahlung verpflichtete, diese erste Auseinandersetzung. Als der byz. Ks. Alexander I. (912–913) i. J. 912 die Zahlung des vereinbarten Tributes verweigerte, entbrannte zw. Bulgarien und Byzanz ein Krieg, der bis zu Symeons Tod fast ohne Unterbrechung andauern sollte. Es war kein gewöhnlicher Eroberungskrieg, sondern ein Kampf um die Hegemonie auf dem Balkan und um die Errichtung eines bulg.-byz. Reiches unter Symeon, das als universelles Reich der Kaiserideologie, wie sie der Bulgare während der Jahre seines Aufenthaltes in Konstantinopel kennengelernt hatte, entsprach. Symeons militär. Übermacht, Siege auf dem Schlachtfeld (Anchialos und Katasyrte 917), die Eroberung von Gebieten bis vor Dyrrhachion und Thessalonike (914) und bis zum Golf v. Korinth (918), die Einnahme byz. Städte (darunter 923 Adrianopel), die Vorstöße bis an die Mauern von Konstantinopel (914, 924) brachten ihn seinem größten Ziel, dem Kaiserthron von Konstantinopel, nahe, doch er vermochte es nicht zu erreichen. Die Regentschaften, die im Namen des minderjährigen byz. Ks.s Konstantin VII. Porphyrogennetos amtierten, hatten in verschiedener Weise auf Symeons Ansprüche reagiert: Der Patriarch →Nikolaos Mystikos hatte den Bulgaren feierlich empfangen, dessen Tochter dem jungen Ks. zur Ehe bestimmt wurde; Symeon selbst erhielt vom Patriarchen eine Art von Krone, wahrscheinlich diejenige eines Basileus v. Bulgarien. Die Kaiserinmutter →Zoe dagegen, die den Patriarchen bald in den Regierungsgeschäften ablöste, machte diese Zugeständnisse rückgängig, und es gelang erst →Romanos Lakapenos, dessen Tochter 919 Konstantin VII. heiratete und der 920 zum Mitkaiser erhoben wurde, die Beziehungen in ruhigere Bahnen zu lenken, indem Symeon der Kaisertitel, der aber auf Bulgarien beschränkt wurde, zuerkannt wurde. Symeons Tod am 27. Mai 927 setzte seinen hohen Zielen und dem langen Krieg ein Ende.

Im Kampf um die Vormachtstellung auf dem Balkan zogen Byzanz und Bulgarien auch Serbien in den Konflikt hinein und versuchten jeweils, es zu ihrem Verbündeten zu machen. In Serbien wechselten byz. und bulg. Einfluß ab: Byzanz u. Bulgarien unterstützten, je nach der polit. Lage des Augenblicks, den herrschenden Fs.en oder den Prätendenten, charakteristischerweise immer Angehörige jeweils derselben Sippe, und diese rechneten bei ihrem Kampf um die Herrschaft im Lande stets entweder mit der einen oder mit der anderen Macht. Der Kampf der zwei Großmächte wurde auch in den slav. Fsm.ern im Hinterland von →Dalmatien spürbar, aber der byz. Einfluß war hier viel stärker als im Innern der Balkanhalbinsel. Der Versuch Symeons, →Kroatien zu unterwerfen, endete kläglich mit der Vernichtung des bulg. Heeres. Mit dem Tod Symeons trat eine Reihe von Änderungen ein: In Serbien kam →Časlav, der aus Preslav geflohen war, an die Macht, erkannte die Oberhoheit von Byzanz an und bekam von hier aus Hilfe, um das verwüstete Land wiederaufzubauen; in →Zachlumien kehrte Fs. Michael Bulgarien den Rücken und erhielt vom byz. Ks. den Titel eines Anthypatos und Patrikios.

Nach 927 trat in den byz.-bulg. Beziehungen eine radikale Wende ein: der Nachfolger Symeons, sein Sohn →Peter (927–969), schloß mit Byzanz einen Friedensvertrag, wurde als bulg. Basileus anerkannt, und das bulg. Patriarchat, das Symeon in seinen letzten Regierungsjahren errichtet zu haben scheint, wurde bestätigt. Der Frieden wurde durch ein Ehebündnis gefestigt: Peter heiratete eine Enkelin des Ks.s Romanos Lakapenos, die Tochter seines ältesten Sohnes Christophoros. Seitdem herrschten zw. beiden Staaten freundl. Beziehungen; nie war der byz. Einfluß in Bulgarien so stark wie unter Peters Regierung. Auf der anderen Seite aber hatten sich noch unter Symeon die sozialen und ökonom. Gegensätze vertieft, was auch durch die langen Kriege, die das Land erschöpft hatten, mitbedingt war. So folgten während Peters Regierung Jahrzehnte der Unzufriedenheit und der inneren Unruhen; es trat die Sekte der →Bogomilen hervor, die mit größter Schärfe den wachsenden Einfluß der Kirche, den unangemessenen Reichtum des Klerus und den expandierenden Großgrundbesitz der Klöster verurteilte. Das Bogomilentum schlug nicht nur in Bulgarien und bes. in Makedonien in den breiten Volksschichten tiefe Wurzeln, es gewann auch in dem gesamten Gebiet der Balkan-Halbinsel (vgl. →Serbien, →Bosnien) und sogar in Byzanz Anhänger.

Der Friede um die Mitte des 10. Jh. auf dem Balkan war nicht von langer Dauer. Ermutigt durch die großen Erfolge gegen die Araber, beschloß Ks. →Nikephoros II. Phokas (963–969), dem unabhängigen bulg. Staat ein Ende zu setzen. Die 927 vereinbarte Tributzahlung wurde verweigert, die bulg. Gesandten wurden aus Konstantinopel verjagt und erfolgreiche Einfälle in Bulgarien durchgeführt. Um seine Kräfte für den Kampf im Osten zu schonen, veranlaßte der byz. Ks. den Kiever Fs.en →Svjatoslav, Bulgarien zu besetzen. Svjatoslav unterwarf rasch das innerlich geschwächte Land und setzte →Boris II. (969–971), Peters Sohn und Nachfolger, ab, doch nicht im Dienste des byz. Ks.s, sondern um eine eigene Herrschaft in Bulgarien aufzubauen. Zu spät sah Nikephoros II. ein, wie kurzsichtig seine Politik gewesen war. Sein Nachfolger →Johannes II. Tzimiskes (969–976) hatte alle Mühe, die Russen aus Bulgarien zu verdrängen, schließl. gelang es ihm 971, Svjatoslav und seine vom Hunger geschwächten Truppen in Dorostolon (→Silistria) an der Donau zur Kapitulation zu nötigen. Svjatoslav erhielt freien Abzug, mußte sich aber verpflichten, künftig keine Angriffe gegen byz. Gebiete durchzuführen (vgl. auch Abschnitt E). Die byz. Truppen besetzten das Land, das Bulgarenreich wurde nicht wiederhergestellt, Peters Söhne Boris und Roman wurden nach Konstantinopel verbracht und das bulg. Patriarchat aufgehoben.

IV. Die byzantinische Politik unter Basileios II. und das Reich Samuels (976–1025): Nach der Einverleibung Bulgariens erweiterte Byzanz seine Macht im Innern der Balkanhalbinsel beträchtlich, wenn auch nur für kurze Zeit. I. J. 976, kurz nach dem Tod von Johannes II. Tzimiskes, brach nämlich unter der slav. Bevölkerung im makedon. Gebiet ein Aufstand gegen die byz. Herrschaft aus, der unter der Führung der vier Brüder →David, →Aaron, →Moses und →Samuel, Söhne des Komes →Nikolaos und daher Kometopuli genannt, bald gewaltige Ausmaße annahm. Es entstand, seiner Zusammensetzung und seinem Charakter nach, ein neues Reich, mit dem Schwerpunkt in →Makedonien und den Hauptstädten →Ochrid und →Prespa, das sich aber auch auf die alte bulg. staatl. und kirchl. Tradition stützte.

Zw. diesem Reich und Byzanz sollte vier Jahrzehnte lang ein erschöpfender und aufreibender Krieg stattfinden. Bald war Samuel Alleinherrscher – wann und wie er sich zum Zaren krönen ließ, bleibt offen –, und es gelang ihm in wenigen Jahrzehnten, die Grenzen seines Reiches in allen Richtungen zu erweitern, nach Mittelgriechenland im Süden, bis zur Donau im Osten und bis zur Adria im Westen. Zwei Aufstände der kleinasiat. Aristokratie von 976–979 und 987–989 unter Bardas →Phokas bzw. Bardas →Skleros sowie eine klägliche Niederlage des byz. Heeres am sog. Trajanstor, südl. von Serdika, hatten die byz. Regierung gehindert, eine Offensive größeren Ausmaßes gegen Samuel zu organisieren. Sobald aber Basileios II. die inneren Schwierigkeiten überwunden hatte und er auch im Osten freie Hand hatte, leitete er mit größter Energie eine militär. und diplomat. Offensive ein; er griff 991 Samuel in Makedonien an und versuchte, →Vladimir, den Fs.en v. →Diokleia, als Verbündeten zu gewinnen. Schließlich schlug der byz. Feldherr →Nikephoros Uranos den Zaren Samuel am Fluß Spercheios in Mittelgriechenland (996), wo sich dieser auf dem Rückweg von einem Kriegszug befand. Trotz dieser Niederlage konnte Samuel noch →Rascien und →Diokleia sowie die wichtige Hafenstadt →Dyrrhachion (Durrës) erobern. I. J. 1001 begann aber die große byz. Offensive: bis zum Jahre 1004 erfolgte die Rückeroberung der Gebiete zw. Donau und Balkan-Gebirge mit →Pliska und →Preslav, des sw. Makedonien und Thessalien mit →Berroia, →Servia und →Voden, der Stadt →Vidin an der Donau und Skopje am Vardar sowie von Dyrrhachion (1005); damit wurde das Kerngebiet von Samuels Reich in die Zange genommen. Der entscheidende Schlag erfolgte i. J. 1014, als in der Schlucht von →Kleidion unterhalb des Belasica-Gebirges Samuels Heer von Ks. Basileios II., der seitdem den Beinamen Bulgarentöter, ›Bulgaroktonos‹, trug, völlig vernichtet wurde. Angeblich ließ der Ks. 14 000 Gefangene blenden, wobei nur jedem Hundertsten ein Auge gelassen wurde. Als diese traurige Kolonne Samuel vorgeführt wurde, erlitt dieser einen Schlaganfall, dem er kurze Zeit später erlag. Seine Nachfolger Gabriel Radomir (1014–15) und Johannes Vladislav (1015–18) führten den Kampf weiter, doch war das Reich nicht mehr zu retten. Nach drei Jahrhunderten war die ganze Balkanhalbinsel wieder von Byzanz erobert, und die byz. Herrschaft erstreckte sich bis zu den alten Grenzen an der Save und der Donau.

Basileios II., der während der Kämpfe unerbittlich und unnachgiebig vorgegangen war, zeigte sich bei der Neuordnung der eroberten Gebiete maßvoll und kompromißbereit. Anstelle des Patriarchats entstand ein autokephales Ebm. (→Ochrid), dem Ks. blieb aber das Ernennungsrecht des Ebf.s vorbehalten. Die Steuern wurden beim alten belassen, sie waren nicht in Geld, sondern in Naturalien zu entrichten. Die Kerngebiete des Reiches Samuels bildeten das →Katepanat Bulgarien, dessen Zentrum →Skopje wurde; die Länder südl. der Donau wurden zum Thema →Paristrion oder Paradunavon zusammengefaßt, und im Grenzgebiet um die Save und Donau entstand wahrscheinl. das Thema →Sirmium, während sich an der Adriaküste vom alten Thema →Dalmatien im Süden das Gebiet von Dubrovnik (→Ragusa) als eigenes Thema trennte. Es wurde auch ein Thema Serbien gegründet, dessen Gouverneure namentl. bekannt sind, dessen Lage aber ungeklärt ist. Die Fsm.er Dioklieia, Zachlumien, Rascien und Bosnien sowie Kroatien traten in eine Art von Vasallenverhältnis zum byz. Kaiserreich.

V. Zeitalter der zivilen Aristokratie und der Komnenen. Aufstieg der hochmittelalterlichen Balkanstaaten und Ungarns (1025–1204): Nach dem Tod Basileios' II. (1025) begann im B. R. eine Übergangsperiode, in welcher die frühere Ordnung und die alten Institutionen einen Zerfallsprozeß durchlebten, in dessen Verlauf unter der fast ununterbrochenen Herrschaft der hauptstädt. zivilen Aristokratie neue Strukturen entstanden, welche die Entwicklung des byz. Staates in neue Bahnen lenkten. Die maßvolle Politik Basileios' II. in den neu eroberten Gebieten im Inneren der Balkanhalbinsel wurde von seinen Nachfolgern im Rahmen der allgemeinen Entwicklung aufgegeben. Der steigende fiskal. Druck, die Umwandlung der Naturalabgaben in Geldsteuern, die Mißwirtschaft und Willkür der Provinzgouverneure und ihrer Beamten sowie Versuche der Hellenisierung – 1037 wurde in Ochrid zum Ebf. der Grieche →Leon ernannt – trieben die slav. Bevölkerung der Balkanhalbinsel zur Revolte. I. J. 1040 brach unter →Peter Odeljan ein Aufstand aus, der bald Nordgriechenland und →Epiros erfaßte, der aber infolge der Uneinigkeit der Führung und des Verrates von →Alusianos schon 1041 unterdrückt wurde. In Diokleia dagegen, die ab dem 11. Jh. immer öfter Zeta genannt wird, konnte →Stefan Vojislav, nachdem er zwei von Dyrrhachion aus unternommene byz. Strafexpeditionen in den Schluchten seines Landes völlig vernichtet hatte (1040 und 1042), seinem Fsm., dem bald Terbunien und Zachlumien einverleibt werden sollte, endgültig die Unabhängigkeit sichern. Byz. Unterwerfungsversuche nach 1042 – so etwa der Versuch des Strategen vom Thema von Dubrovnik, den Fs.en Stefan Vojislav durch List gefangenzunehmen – schlugen fehl. Der Nachfolger und Sohn Stefan Vojislavs, →Michael (1050–82), erneuerte die guten Beziehungen zu Byzanz und erhielt vom Ks. Konstantin IX. Monomachos (1042–55) den hohen Titel eines →Protospatharios.

Dem inneren Zerfall des byz. Staates folgte bald der außenpolit.: I. J. 1071 verlor das B. R. im Osten infolge der Katastrophe von →Mantzikert den größten Teil von Kleinasien, während im Westen die Eroberung von →Bari durch die Normannen der byz. Herrschaft in Italien ein Ende setzte. Die Macht des B. R.es erlebte um die gleiche Zeit auch auf dem Balkan einen Rückgang: Im Laufe des 11. Jh. verlor Byzanz durch lokale Aufstände, darunter einen Aufstand der Slaven, Griechen und →Walachen in Thessalien (1066), und durch die Einfälle von →Pečenegen, →Uzen und →Ungarn an Einfluß. 1072 traten durch den Aufstand von Georgios →Vojtachos in Makedonien neue Schwierigkeiten auf. Aus dem unabhängigen Fsm. Zeta entsandte Michael den Aufständischen eine Hilfstruppe unter dem Befehl seines Sohnes Bodin, welcher in Prizren zum Zaren der Bulgaren ausgerufen wurde. Die gegensätzl. Interessen der aufständ. Feudalherren, die schlechte militär. Führung und die Gleichgültigkeit breiter Schichten der Bevölkerung erleichterten den ksl. Feldherren die Unterdrückung des Aufstandes. Einen weiteren außenpolit. Mißerfolg mußte Byzanz in den nächsten Jahren hinnehmen, als →Peter Krešimir (1058–74) von →Kroatien und Michael von Zeta vom Papst die kgl. Insignien erhielten.

Nach längeren inneren Kämpfen kam in Byzanz Alexios I. Komnenos (1081–1118), ein Vertreter der Militäraristokratie, an die Macht. In den ersten Jahren seiner Regierung hatte sich Alexios I. zuerst mit den →Normannen auseinanderzusetzen, die 1081 von Süditalien aus in Dyrrhachion gelandet waren, um das Kaiserreich für sich zu erobern. In dieser Krisenzeit verließen ihn sowohl die dalmat. Städte (→Dalmatien) als auch der Fs. v. Zeta, Bodin; nur mit Hilfe von →Venedig gelang es dem byz. Ks., die Normannen zu besiegen.

Der byz. Statthalter v. Dyrrhachion, Johannes Dukas, nahm nach dem Sieg über die Normannen (1085) Bodin gefangen und konnte verlorene Gebiete zurückerobern, was zur Schwächung des Fsm.s Zeta führte. Nachdem Alexios I. die Pečenegen mit Hilfe von →Kumanen 1091 besiegt und fast vollständig vernichtet hatte, konnte er im Innern des Balkans, wo sich gegen Ende des 11. Jh. die Kampfhandlungen von den Küstengebieten weg verlagert hatten, stärker gegen die Serben vorgehen, bes. den →Župan von →Rascien, →Vukan. Vukan nutzte jede Gelegenheit, byz. Gebiete zu überfallen und die Grenzen seines Landes nach Süden auszudehnen, mußte aber jedesmal vor der byz. Gegenoffensive zurückweichen. Dem byz. Ks. gelang es aber nicht, die Serben endgültig zu unterwerfen, und er hatte sich mit kurzfristigen Lösungen zufriedenzugeben. Rascien war zu schwach, um den Kampf allein auszutragen und suchte Anlehnung an →Ungarn, das seit dem Beginn des 12. Jh. einen neuen Machtfaktor auf dem Balkan darstellte; es hatte sich Kroatien und Dalmatien einverleibt und trug sich mit Eroberungsplänen bezüglich byz. Gebiete. So wurde Rascien in die Kämpfe der zwei Mächte, die auf Jahrzehnte die Entwicklung auf der Balkanhalbinsel bestimmten, miteinbezogen. →Johannes II. Komnenos (1118–43) erfocht einen entscheidenden Sieg über die Serben und ließ eine Anzahl von Gefangenen als →Stratioten in Kleinasien ansiedeln, es kam aber erneut zu Aufständen, die oft von Ungarn unterstützt wurden. Ks. →Manuel I. Komnenos (1143–80) wurde noch stärker in die serb. Auseinandersetzungen verwickelt. Während seiner Regierung fanden in Rascien mehrere Aufstände statt (1149, 1150, 1170, 1172), aber weder die Strafexpeditionen noch die Ablösung untreu gewordener Župane konnten den Unabhängigkeitsbestrebungen ein Ende setzen. →Nemanja, seit 1066 Großžupan von Rascien und Gründer der Dynastie der →Nemanjiden, mußte Ks. Manuel bis an dessen Lebensende die Vasallentreue bewahren und Heerfolge leisten. Der äußere Glanz des byz. Staates unter den Komnenen beruhte nicht auf einer soliden Grundlage, was während der letzten Regierungsjahre Ks. Manuels I. durch die katastrophale Niederlage im Kampf gegen das Sultanat von →Ikonion bei →Myriokephalon (1176) und die Rückschläge im Westen deutlich zutage trat. Nach dem Tod Manuels stürzte das Reich in innere Unruhen, so daß auch die großen Erfolge auf der Balkanhalbinsel allmähl. dahinschwanden. Schon 1181 bemächtigte sich Ungarn Dalmatiens, Kroatiens und des Gebietes v. Sirmium, und 1183 drang →Stefan Nemanja, der nun von der byz. Oberhoheit befreit war, aber noch im Bund mit Ungarn stand, bis →Niš und →Sofia vor, erweiterte die Landesgrenzen nach Süden hin und dehnte im Westen seine Macht auf Zeta und einige süddalmat. Städte aus. Einen viel schwereren Schlag erlitt Byzanz Ende 1185. Kaum waren die Beziehungen zu Ungarn geregelt und ein Angriff der →Normannen zurückgeworfen, brach in Bulgarien ein Aufstand aus, der zur völligen Loslösung von Byzanz und zur Gründung des zweiten bulg. Reiches führte. Die ersten byz. Feldzüge gegen die aufständ. Brüder →Theodor-Petros und →Asen, sogar unter der persönl. Führung des Ks.s →Isaak II. (1185–95), brachten nur vorübergehende Erfolge, und als die Brüder mit starken kuman. Hilfstruppen von neuem den Kampf aufnahmen, sah sich die byz. Regierung gezwungen, Frieden zu schließen. Zw. Donau und Balkangebirge war das bulg. Reich wiedererstanden, und in der neuen Hauptstadt →Tŭrnovo wurde 1187 Asen durch den eigenmächtig erhobenen bulg. Ebf. zum Zaren gekrönt. Dabei ist bezeichnend, daß die bulg. Herrscher von Anfang an keine besseren Zeichen ihrer neuen Würde kannten als den byz. Titel »Basileus« (→Zar) und die roten Schuhe der byz. Kaiser.

Die gemeinsame antibyz. Haltung der Serben und Bulgaren erschwerte beträchtlich die Lage des B. R.es, als →Friedrich I. Barbarossa 1189 auf dem Weg zum 3. →Kreuzzug auf der Balkanhalbinsel eintraf. Der serb. Großžupan und bulg. Gesandte trafen in Niš mit Friedrich zusammen und boten ihm ein Bündnis gegen Byzanz an. Obwohl es nicht zu einem Vertrag kam, zog Nemanja aus der schwierigen Lage, in der sich die byz. Regierung befand, Nutzen und eroberte im Süden neue Gebiete, das Struma-Tal und die Städte Prizren und Skopje, während die Bulgaren Thrakien plünderten. Nach dem Abzug der Kreuzfahrer versuchte Isaak II., sich erneut auf dem Balkan zu behaupten. Im Herbst 1190 schlug er die Serben an der →Morava – es war das letzte Mal, daß ein byz. Ks. bis Belgrad vordrang. Anschließend wurde ein Friedensvertrag geschlossen, in welchem die serb. Unabhängigkeit anerkannt, ein Teil der eben besetzten Gebiete aber zurückgegeben wurde; Stefan, der zweite Sohn Nemanjas, der den hohen Titel eines →Sebastokrator erhielt, heiratete die Nichte des Ks.s Eudokia. Die Feldzüge gegen Bulgarien endeten, trotz anfänglicher Erfolge, mit Niederlagen (1190, 1194), und 1195, kurz nach Aufbruch zu einem neuen Feldzug, wurde Isaak II. von seinem älteren Bruder Alexios abgesetzt und geblendet. Die Erneuerung des bulg. Reiches und die Unabhängigkeit Serbiens machten der byz. Vormachtstellung auf dem Balkan ein Ende; das B. R. wurde allmählich ein Balkanstaat unter anderen.

Die Beziehungen zw. Byzanz und den südslav. Staaten hatten neben der polit. auch eine kulturelle Bedeutung, bes. auf dem Gebiet der Kunst. Der byz. Einfluß ist, trotz der wenigen erhaltenen Zeugnisse, am stärksten in der Architektur und der Wandmalerei bemerkbar; aus der Zeit der byz. Herrschaft stammen die Kirchen der Hl. Sophia in →Ochrid, die Klöster →Bačkovo bei Plovdiv und →Nerezi bei Skopje. Mit der Zeit fanden die Künstler von der engen Anlehnung an Byzanz zu eigenen Wegen bei Bau und Ausgestaltung der Kirchen, sowohl in Bulgarien als auch in Zeta und Rascien. Auch auf anderen Gebieten wurde ein kultureller Aufschwung bemerkbar, so in der Buchmalerei Konstantins v. Preslav und Miroslavs Evangeliar (→Byzantinische Kunst, Abschnitt B.II).

Durch den Thronwechsel in Konstantinopel wurde →Alexios III. (1195–1203) zum Schwiegervater des Sebastokrator Stefan. Als der alte Nemanja 1196 abdankte, wurde sein mit Byzanz verschwägerter Sohn Stefan sein Nachfolger; sein älterer Bruder Vukan mußte sich mit dem Gebiet von Zeta abfinden. Dadurch verstärkte sich der byz. Einfluß in Serbien aber nicht; im Gegenteil: Rom, Ungarn und Bulgarien mischten sich maßgebl. in die inneren Angelegenheiten des Landes ein. Vukan hatte es erreicht, 1202 mit ung. Hilfe in Serbien die Herrschaft zu übernehmen, aber nur für kurze Zeit, denn schon 1203 konnte Stefan, der in der Zwischenzeit seine byz. Braut verstoßen hatte, mit bulg. Unterstützung erneut, und diesmal endgültig, die Macht übernehmen. Byzanz hatte auf die Herrschaftswechsel jeden Einfluß verloren. Alle Versuche Alexios' III., durch Friedensverträge oder auf dem Schlachtfeld einen Ausgleich mit Bulgarien zu finden, schlugen fehl, und die byz. Regierung griff zu einem alten und erprobten Mittel, nämlich der Unterstützung der Opposition im feindlichen Lande. Zar Asen wurde 1196 beseitigt, aber sein Mörder und Nachfolger →Ivanko konnte sich nur für kurze Zeit an der Macht halten und suchte bald Zuflucht in Byzanz; sein Nachfolger Peter fiel schon 1197 einer Verschwörung zum Opfer. →Kalojan (1197–1207) schaffte wieder stabilere Verhältnisse im Lande; unter seiner energ. Regierung wurde Bulgarien zu einer der führenden Mächte auf dem Balkan. Auch er wandte sich Rom zu; nachdem sein Land die päpstl. Suprematie anerkannt hatte, wurde der Ebf. v. Tŭrnovo zum Primas v. Bulgarien erhoben und Kalojan zum Kg. gekrönt.

VI. VERHÄLTNIS ZWISCHEN LATEINISCHEM KAISERREICH, BYZANTINISCHEN NACHFOLGESTAATEN SOWIE BULGARIEN UND SERBIEN (1204–1261): Den verzweifelten Bemühungen der byz. Regierung, auf der Balkanhalbinsel noch etwas von der alten Macht zu retten, setzten Kreuzfahrer und Venezianer mit der Eroberung von Konstantinopel im 4. →Kreuzzug 1204 ein definitives Ende. Auf dem Boden des zerschlagenen B. R.es entstanden eine Reihe neuer Staaten: neben dem →Lateinischen Kaiserreich bildeten sich als die bedeutendsten byz. Nachfolgestaaten →Epiros (mit dem Zentrum →Arta) und →Nikaia. Entscheidend war aber für die südslav. Staaten Bulgarien und Serbien, daß ein ganz neues polit. Gefüge entstanden war, mit mehreren Machtzentren, mit denen sie zu rechnen hatten.

Zar Kalojan nutzte die neue Lage gleich aus: Er entriß dem Lat. Ksr., nachdem die Kreuzfahrer bei Adrianopel 1205 eine schwere Niederlage erlitten hatten, große Gebiete in Thrakien, konnte aber →Thessalonike nicht einnehmen. Dem schwächl. Herrscher →Boril (1207–18) folgte →Ivan II. Asen (1218–41), unter dem Bulgarien einen Gipfel seiner Macht erreichte. Ivan II. erstrebte, wie schon Symeon vor ihm, ein großes Ziel, die Schaffung eines bulg.-byz. Reiches. Er hatte im Gegensatz zu seinem Vorläufer nichts von Konstantinopel zu befürchten, wo eine kraftlose Regierung amtierte, die ihm später sogar die Regentschaft anzubieten gedachte, doch mußte er auf den emporstrebenden epirot. Staat Rücksicht nehmen. →Theodor I. Angelos Dukas Komnenos (1215–30), Halbbruder des Gründers des epirot. Staates Michael Angelos, setzte die Expansionspolitik seines Vorgängers fort, eroberte Thessalien und Teile Makedoniens, nahm 1224 Thessalonike ein, wo er sich vom Ebf. v. Ochrid, →Demetrios Chomatenos, zum Basileus und Autokrator der Rhomäer krönen ließ. Die Eroberung Konstantinopels, die das Werk des epirot. Herrschers krönen sollte, wurde aber von den Bulgaren, die in Epiros jetzt ihren gefährlichsten Widersacher sahen, zum Scheitern gebracht. Am Fluß →Klokotnica wurde das epirot. Heer vernichtend geschlagen (1230), Theodor gefangengenommen und später geblendet. Damit war Epiros als polit. Faktor auf dem Balkan endgültig ausgeschaltet, während Bulgarien sich durch die Einverleibung ehemals epirot. Gebiete in Thrakien, Makedonien (ohne Thessalonike) und Albanien beträchtlich nach Westen hin ausdehnte. Der byz. Einfluß war in Bulgarien sehr ausgeprägt: Die Ks. hatten eine griech. Kanzlei; vom Zaren wurden die hohen Titel →Despotes, →Sebastokrator und →Caesar verliehen, militär. und zivile Beamte trugen byz. Titel (Großlogothet, Protovestiarios, Protokeliothes, Primikerios u. a.), das Land war in Choren, diese in Katepanikia aufgeteilt, und an der Spitze der Chora stand ein Dux oder ein →Kephales. In der Zwischenzeit hatte →Theodor I. Laskaris (1204–22) den neuen byz. Staat in Kleinasien organisiert und konsolidiert. Für die Südslaven hatte das nikäische Reich das Erbe von Byzanz angetreten und wurde als Zentrum der Orthodoxie angesehen; hierhin wandten sie sich, um das geistl. Leben und die Organisation ihrer Kirchen zu erneuern. Nemanjas Sohn Sava reiste im Auftrag seines Bruders Stefan, der 1217 aus Rom die Königskrone erhalten hatte und als »Erstgekrönter« bezeichnet wird, nach Nikaia, wo ihn eine Synode i. J. 1220 zum Ebf. v. Serbien wählte und ihm die gewünschte →Autokephalie, trotz des Widerspruchs von seiten Ochrids, gewährte. Eine unabhängige Kirche hatte für den jungen serb. Staat außerordentl. Bedeutung, denn er hatte sich somit von äußeren Machtzentren befreit. Auch Ivan II. Asen war bestrebt, sich von Rom loszusagen und eine selbständige Kirche zu errichten. Nach langen Verhandlungen erhielt das Ebm. Tŭrnovo 1235 den Patriarchentitel, allerdings mit der Einschränkung, daß der ökumen. Patriarch v. Nikaia nach wie vor im Fürbittengebet zu erwähnen und die gewohnten Abgaben zu entrichten seien. Auf dem Wege der Gründung eines bulg.-byz. Reiches hatte Ivan II. Asen nach 1230 noch das nikäische Reich, den gefährlichsten Rivalen im Wettringen um Konstantinopel, zu beseitigen. Solange das Lat. Ksr. eine gewisse polit. Macht verkörperte, blieben das nikäische und das bulg. Reich Bundesgenossen. Der Sieg über das epirot. Reich, das Zusammenschrumpfen des Lat. Ksr.es auf die Hauptstadt und ihre Umgebung und die Erfolge der nikäischen Truppen in Europa trieben den bulg. Zaren jedoch dazu, das Bündnis aufzukündigen und sich sogar mit den Lateinern trotz ihrer Schwäche zu verbinden. Bald aber kehrte Ivan II. Asen wieder zum alten Bündnis zurück (1237). Nach dem Tod Ivans II. Asen begann sich in Bulgarien feudale Anarchie auszubreiten, und seine Nachfolger verzichteten auf jede Expansionspolitik. In Serbien widmete sich Sava nach der Rückkehr aus Nikaia der Organisation der Kirche; er gründete neue Bm.er und erstellte aufgrund byz. Texte eine Sammlung kirchl. und weltl. Gesetze, die entsprechend den serb. Verhältnissen redigiert waren (→Nomokanon, →Krmčija). Dieses Gesetzbuch wanderte von Serbien aus in andere slav. Länder, darunter noch während der ersten Hälfte des 13. Jh. nach Tŭrnovo und etwas später nach Rußland. Auch sonst sind in der Literatur dieser Zeit, sowohl in Serbien als in Bulgarien, byz. Einflüsse spürbar: man übersetzte hagiograph. Schriften aus dem Griech.; sehr populär waren die sog. →Apokryphen, und einige berühmte Werke wie der Alexanderroman (→Alexander d. Gr.) und die Erzählung von →Barlaam und Joasaph oder der →Physiologos wurden aus dem Griech. übertragen. Neben der Übersetzertätigkeit zeichnet sich die serb. und bulg. Literatur auch durch eigenständige Werke aus, unter denen in Serbien die Biographien lit. Bedeutung und v. a. auch hohen hist. Quellenwert besitzen, während in Bulgarien die Eigenschöpfungen (Lebensbeschreibungen, Lobschriften u. a.) des Patriarchen →Euthymios (Evtimij) und seiner Schüler in Tŭrnovo hervorzuheben sind.

Die polit. Veränderungen, die mit der Verschiebung der Vormacht auf dem Balkan von Epiros nach Bulgarien eintraten, spiegelten sich in Serbien wider; während der Regierung Radoslavs (1227–34) dominierte nämlich der epirot. Einfluß, der unter Vladislav (1234–43) dann vom bulg. abgelöst wurde.

Um die Mitte des 13. Jh. begann eine neue Etappe der Beziehungen zw. den Südslaven und dem durch die Rückeroberung von Konstantinopel (1261) wiederhergestellten B. R., die durch den Aufstieg Serbiens charakterisiert war. Die bulg. Macht war nach 1241 infolge der feudalen Anarchie und der Invasion der →Mongolen im Schwinden begriffen, so daß →Johannes III. Dukas Vatatzes (1222–54) in Thrakien und Makedonien den Bulgaren Gebiete entreißen konnte. →Konstantin Tich (1257–77) und →Theodor Svetoslav (1300–22) vermochten noch nach Ende der mongol. Hegemonie in Thrakien und Makedonien vorübergehend Gebiete zurückzuerobern, aber das bulg. Reich stellte keine echte Gefahr für Byzanz mehr dar. Trotz des inneren Verfalls und der später auftretenden türk. Gefahr wurden in Bulgarien prunkvolle Kirchen und Paläste, bes. in Tŭrnovo, aber auch u. a. in →Mesembria und →Bojana bei Serdika, gebaut und ausgeschmückt, wobei neben dem byz. Einfluß originale Züge zu finden sind; Miniatur- und Buchmalerei erlebten um die Mitte des 14. Jh. eine Blüte (Chronik des Manasses, Tomićs Psalter u. a.).

In Serbien, das sich in raschem Aufstieg befand, bildete die Entwicklung von Bergbau und Handel unter Kg. →Uroš I. (1243–72) die Grundlage seiner in südl. Richtung orientierten Expansionspolitik. Damit wurde die von Stefan Nemanja eingeleitete Politik der Eroberung byz. Gebiete wiederaufgenommen, welche die serb. Herrscher ein ganzes Jahrhundert konsequent durchführen sollten.

VII. VON DER WIEDERHERSTELLUNG DES BYZANTINISCHEN REICHES BIS ZUR OSMANISCHEN EROBERUNG. VERHÄLTNIS ZWISCHEN SERBIEN UND BYZANZ (1261–1453): Nach 1261 hatte man in Konstantinopel mit vielen Gegnern im Westen zu rechnen, welche die Eroberung des restaurierten B. R. es beabsichtigten. Als →Karl v. Anjou von Italien aus die Wiederherstellung des Lat. Ksr. es vorbereitete, boten sich ihm als Verbündete auf dem Balkan Serbien und Bulgarien an. Die diplomat. Kunst →Michaels VIII. Palaiologos (1259–82) triumphierte über diesen Plan: die sog. →Sizilianische Vesper (1282) machte sowohl der angevin. Herrschaft über Sizilien als auch den Angriffsplänen Karls v. Anjou gegen Byzanz ein Ende.

Michael VIII., Sieger im Kampf gegen den Westen, hatte auf dem Balkan weniger Erfolg; es gelang ihm, dem B. R. einige bulg. Gebiete einzuverleiben, aber von seiten des aufstrebenden serb. Reiches drohten neue Verluste. In Serbien mußte nämlich →Dragutin (1276–82) wegen seiner pro-ung. Politik die Macht seinem jüngeren Bruder →Milutin (1282–1321), der ein Vertreter des zur Eroberung von byz. Gebieten im Süden drängenden Adels war, überlassen. Die Nachricht vom Zusammenbruch der Macht der Anjou erreichte die Verbündeten auf dem Balkan zu spät: Ein serb. Heer eroberte 1282 große Gebiete in Makedonien, darunter →Skopje, das bedeutendste Zentrum der byz. Verwaltung im Herzen des Balkans, das nun den Byzantinern für immer verlorenging. Byzanz war nicht mehr in der Lage, sich der serb. Expansion zu widersetzen; nach den großen Anstrengungen unter Michael VIII. fehlte dem B. R. nun die Widerstandskraft. Die serb. Angriffe gegen die byz. Grenzgebiete wurden permanent fortgesetzt; auch die Gegenoffensive des fähigsten Feldherrn des Reiches, →Michael Glabas, blieb ergebnislos. Ks. →Andronikos II. (1282–1328) entschloß sich, einen Friedensvertrag mit Milutin zu schließen. →Theodor Metochites, der während der langwierigen Verhandlungen den serb. Hof mehrere Male besucht und lebendige Gesandtschaftsberichte hinterlassen hat, gelang es 1299, einen Friedensvertrag auszuhandeln, nach dem Milutin die noch im Kindesalter stehende Simonis heiraten und die eroberten Länder oberhalb der Linie Ochrid-Prilep-Štip als Mitgift behalten sollte. Die Einverleibung neuer Gebiete im Süden führte zur weiteren Verstärkung des byz. Einflusses in Serbien, und dieser steigerte sich weiterhin, je mehr das serb. Reich seine Grenzen auf Kosten des B. R. es erweiterte. An der Schwelle des 14. Jh. begann in Serbien eine Wandlung der inneren Strukturen und eine intensive Übernahme von byz. Elementen in Wirtschaft, Verwaltung, Militärwesen, Titulatur, Hofleben usw., die unter Stefan Dušan den Höhepunkt erreichen sollte. Auch in der Kunst wehte ein neuer Wind; der sog. Rascischen Schule, charakterisiert durch die Verflechtung byz. und roman. Elemente, folgt eine Epoche des verstärkten byz. Einflusses sowohl in der Architektur als auch in der Wandmalerei.

Der Bürgerkrieg in Byzanz zw. Andronikos II. Palaiologos und seinem Enkel →Andronikos III. (1328–41) bot dem eroberungslustigen und landhungrigen serb. Adel neue Möglichkeiten, sich weiterer byz. Gebiete zu bemächtigen. Der serb. Kg. →Stefan Dečanski (1321–31) leistete dem alten byz. Ks. Hilfe, eroberte dabei →Prosek, die Schlüsselfestung am Vardarfluß, während der Bulgarenzar →Michael Šišman (1302–30) mit dem jüngeren Ks. im Bunde war. Andronikos III. entschloß sich, gemeinsam mit den Bulgaren die Serben in ihren makedon. Gebieten anzugreifen und sie zu vernichten. Dieser Plan scheiterte aber kläglich, denn Stefan Dečanski griff seinerseits an, bevor sich die Verbündeten vereinigen konnten, und vernichtete in der Schlacht bei →Velbužd (Küstendil) das bulg. Heer; Zar Michael Šišman selbst wurde im Kampf tödlich verwundet (1330), und Andronikos III. gab die Offensive gegen Serbien auf.

Mit der Schlacht bei Velbužd trat ein Wendepunkt in der Geschichte Südosteuropas ein: Serbien trat im Kampf um die Vorherrschaft auf dem Balkan als stärkste Macht hervor. Bald folgte in Bulgarien und Serbien ein Umschwung; die bulg. Bojaren brachten nämlich →Ivan Alexander (1331–71) auf den Thron, während Stefan Dečanski vom serb. Feudaladel vertrieben wurde und an seine Stelle sein Sohn, der junge und ehrgeizige →Stefan Dušan (1331–55), Verfechter einer expansionist. Politik, trat. Bald danach schlossen die beiden Herrscher einen festen Frieden.

Während der Regierungszeit Stefan Dušans erreichte das Serbenreich den Höhepunkt seiner Entwicklung. Der junge serb. Herrscher und sein Adel beabsichtigten, neue Territorien zu gewinnen, darüber hinaus aber träumte Stefan Dušan von einem serb.-griech. Reich mit Konstantinopel als Zentrum. Die Voraussetzungen dafür waren äußerst günstig: Auf dem Balkan war Bulgarien als Konkurrent endgültig ausgeschieden, und das B. R. war durch die inneren Unruhen und die türk. Gefahr im Osten stark gebunden. Bald nach der Machtübernahme eroberte Stefan Dušan, in dessen Dienst der angesehene und kriegserfahrene übergelaufene byz. Feldherr →Syrgiannes stand, die makedon. Städte →Prilep, →Ochrid, →Strumica, →Kastoria, doch gelang es ihm nicht, Thessalonike einzunehmen. Der Friedensvertrag zw. Stefan Dušan und Andronikos III. von 1334 beließ den Serben die meisten Eroberungen. Nach dem Tod Andronikos' III. (1341) brach in Byzanz erneut ein Bürgerkrieg aus, in dem sich →Johannes Kantakuzenos, Anführer der aristokrat. Partei, der sich 1341 hatte zum Ks. ausrufen lassen, und der Regentschaftsrat für den minderjährigen Johannes V. unter der Kaiserinmutter →Anna v. Savoyen einen erbitterten Kampf um die Macht im B. R. lieferten. Der neu entbrannte Bürgerkrieg, begleitet von heftigen sozialen Auseinandersetzungen und schweren Verwüstungen, nahm Byzanz die letzten Kräfte und gab das Land weiteren serb. Eroberungen preis. Die aristokrat. Partei erlitt in Thrakien und Makedonien so schwere Niederlagen, daß Johannes Kantakuzenos Hilfe bei Stefan Dušan suchte. Ein Bündnis wurde geschlossen, das aber nicht lange hielt; bald darauf ging Stefan Dušan ein neues Abkommen mit der Regentschaft in Konstantinopel ein. Der Bürgerkrieg ermöglichte Stefan Dušan die Eroberung von Albanien, aber ohne Dyrrhachion, und des größten Teils von Makedonien außer Thessalonike. Der hl. Berg →Athos kam damals unter serb. Herrschaft.

Als Herr über ein so ausgedehntes Reich legte Stefan Dušan offen sein Ziel dar: das Byz. Reich durch ein serb.-griech. zu ersetzen. Kurz nach der Eroberung von Serrhes im Sept. 1345 ließ er sich zum Ks. der Serben und Griechen ausrufen, und 1346 fand auf dem Reichstag in Skopje die fcicrl. Kaiserkrönung statt, vollzogen von dem kurz zuvor zum serb. Patriarchen erhobenen Ebf. Johannikios und dem bulg. Patriarchen Symeon. Johannes Kantakuzenos wandte sich, nachdem er auf die serb. Unterstützung nicht mehr rechnen konnte, den →Türken zu, mit deren Hilfe er endlich, nach schwersten Verwüstungen der byz. Gebiete, über seine Feinde triumphierte, so daß er sich 1347 feierlich in Konstantinopel vom Patriarchen erneut zum Ks. krönen lassen konnte. Der Sieg Kantakuzenos' setzte dem Bürgerkrieg vorübergehend ein Ende, nicht aber der serb. Expansion nach Süden. Epiros, Arkanien, Ätolien und Thessalien wurden 1348 erobert, und das serb. Reich dehnte sich nun von der Donau bis zum Golf v. Korinth, von der Adria bis zur Ägäis aus. Es war in der Tat ein halb griech. Reich, und hier, in den südl. Gebieten, lag das Schwergewicht des neuen Kaiserreiches. Stefan Dušan teilte die Verwaltung des Reiches auf: Er überließ seinem Sohn, dem Kg. →Uroš, die alten serb. Gebiete im Norden und behielt sich den überwiegend griech. Südteil vor. Hier regierte Dušan »nach griech. Bräuchen«, wobei grundsätzlich die alten Verhältnisse aufrechterhalten wurden. Byz. Verwaltung und Gerichte bestanden weiter, und manche griech. Feudalherren traten in den Dienst des serb. Herrschers. Neu waren der Herrscher und die herrschende Schicht. Fast überall standen an der Spitze der eroberten Gebiete serb. Feudalherren, geschmückt mit byz. Titeln und gestützt auf reichen Landbesitz; ebenso hatten serb. Bf. e die griech. verdrängt. Nie zuvor war der byz. Einfluß in Serbien so stark gewesen wie während Stefan Dušans Regierung, sowohl im Hofleben (Zeremoniell, Kleidung, Küche etc.) wie auch in der Kaisertitulatur und in derjenigen der neuen Würdenträger (Despotes, Sebastokrator, Caesar), denen nur der Ks. diese Titel verleihen durfte; byz. geprägt waren auch Zentralverwaltung (→Logothet, →Protovestarios etc.), Provinzverwaltung (→Kephale, →Sebastos, →Kastrophylax etc.) und Armee, wo neben den »serbischen« die »griechischen« Pronoiare erscheinen (→Pronoia). Tief von Byzanz beeinflußt waren das Rechtswesen und das geistl. und kulturelle Leben. Stefan Dušan gab als Ks. mit seinem 1349 erlassenen und 1353-54 erweiterten Gesetzbuch dem Reich eine feste rechtl. Grundlage. Um die einflußreichen Mönche für sich zu gewinnen, wurden die Kl. des Athos, des größten Zentrums der Orthodoxie, von Stefan Dušan mit Geschenken und Privilegien überhäuft.

Im neuen Bürgerkrieg, der zw. Johannes VI. Kantakuzenos (1347-54) und dem jungen Ks. →Johannes V. Palaiologos (1341-91) 1352 ausgebrochen war, standen Serben und Bulgaren auf der Seite des jungen legitimen Kaisers. Kantakuzenos suchte wiederum Unterstützung bei den →Osmanen. Dies führte aber zu einer folgenschweren Entwicklung: Es ermöglichte den Osmanen, festen Fuß auf europ. Boden zu fassen. Schon 1354 war ein erster Brückenkopf um →Kallipolis und Tzympe, der eine vorzügl. Operationsbasis für die Eroberung Thrakiens darstellte, in sicherer türk. Hand. Stefan Dušan gelang es nicht, den Kampf gegen die Türken auf breiter Basis zu organisieren: auf sein Hauptziel, die Eroberung Konstantinopels, hatte er gleichwohl nicht verzichtet, doch starb er in den letzten Tagen des Jahres 1355 im Süden seines Reiches bei Berroia eines plötzlichen Todes.

Der junge und unerfahrene Zar →Uroš (1355-71) hatte nicht die Autorität, das weiträumige und heterogene Reich seines Vaters zusammenzuhalten. Die größte Gefahr für das Serbenreich kam von den Unabhängigkeitsbestrebungen der mächtigen Feudalherren. In den ehemals byz. Gebieten behielt →Symeon-Siniša, Stefan Dušans Halbbruder, die Macht, v. a. in Thessalien, wo der byz. Einfluß und die Tradition am stärksten waren; seine griech. verfaßten→Chrysobullen trugen die Unterschrift: Symeon Palaiologos, Basileus und Autokrator der Rhomäer und Serben; sein Nachfolger wurde Johannes Uroš Palaiologos, Gönner der →Meteora-Kl., wohin er sich 1381 zurückzog. In Epiros machte sich Thomas Preljubović unabhängig. Im südöstl. Makedonien, mit dem Zentrum in Serrhes, trat als einer der mächtigsten Herrscher der Despotes →Johannes Uglješa, Bruder von Kg. →Vukašin, hervor.

Auf dem Balkan gab es keine Macht mehr, die den Kampf gegen das Vordringen der Osmanen wirksam aufgenommen hätte. Johannes Uglješa, unmittelbar bedroht, war sich allerdings der türk. Gefahr bewußt und versuchte, die Verteidigung der Balkanhalbinsel zu organisieren. Es gelang ihm jedoch nicht, Byzanz als Verbündeten zu gewinnen, trotz der Anerkennung der Rechte des konstantinopolitan. Patriarchats in seinem Herrschaftsgebiet und der Verurteilung von Stefan Dušans Kirchenpolitik. Nach der türk. Eroberung von Thrakien zogen nur Uglješa und Vukašin gegen den vordringenden Feind ins Feld; bei Černomen an der →Marica erlitten sie 1371 eine vernichtende Niederlage und fanden beide den Tod. Die Folgen der Schlacht waren sowohl für das B. R. als auch für die Südslaven verhängnisvoll: Die Türken hatten endgültig auf europ. Boden Fuß gefaßt; der byz. Ks. und der bulg. Zar sowie einzelne Teilherrscher in Makedonien wurden Vasallen der Osmanen. Bald gingen neue Territorien an die Eroberer verloren: Thessalonike 1387, Thessalien 1393, während andere geplündert wurden, wie Griechenland und Morea 1395 und 1397. Auf dem Amselfeld (→Kosovo polje) wurden die Serben 1389 vernichtend geschlagen, und damit war das letzte Widerstandszentrum auf dem Balkan gebrochen; 1393 wurde Bulgarien endgültig unterworfen. Weder bei →Rovine (1395) noch bei →Nikopolis (1396) konnte der Vormarsch der Türken aufgehalten werden; damals fiel das Teilreich von →Vidin den Osmanen zu. Eine unerwartete Atempause verschaffte dem B. R. und den noch nicht eroberten Fsm.ern auf dem Balkan der Feldzug →Timurs, der bei →Ankara (Angora) 1402 das von →Bāyezīd (1389-1403) geführte Heer völlig vernichtete. Der serb. Fs. Stefan Lazarević (1389-1427), der als türk. Vasall an der Schlacht teilgenommen hatte, erhielt auf dem Rückweg in Konstantinopel vom byz. Ks. die hohe Würde eines Despoten. In die Wirren der Machtkämpfe, die im osman. Reich unter den Söhnen Bāyezīds nach 1402 ausbrachen, wurden sowohl die Byzantiner als auch die Serben, die →Meḥmed I. (1413–21) zum endgültigen Sieg verhalfen, hineingezogen. Der byz. Einfluß machte sich noch unter dem bedeutenden serb. Herrscher→Georg Branković (1427–56), der 1429 vom byz. Ks. den Despotentitel erhalten hatte, stark bemerkbar. Seine Frau Irene war eine Griechin; zahlreiche Griechen fanden in Serbien Zuflucht. Thomas Kantakuzenos, Georgs Schwager, ließ die Befestigungsanlagen von →Smederevo, der Hauptstadt des serb. Fsm.s, nach byz. Vorbild errichten. Der serb. Herrscher mußte jedoch seine Vasallenpflichten erfüllen; daher nahmen seine Truppen 1453 an der türk. Belagerung von Konstantinopel teil. Der letzte byz. Ks. Konstantin XI. Palaiologos (1449–53), der bei der Verteidigung von Konstantinopel fiel, war bezeichnenderweise mit der serb. Fürstenfamilie der Dragaš aus Ostmakedonien über seine Mutter Helene verwandt. Mit dem Fall von Konstantinopel und dem endgültigen Zusammenbruch des B. R.es endeten auch die polit. Beziehungen zw. dem ma. Byzanz und den Südslaven; die kulturellen und kirchl. Bande zw. Griechen und Südslaven brachen aber auch unter osman. Herrschaft noch längst nicht ab. J. Ferluga

Lit.: DHGE X, s. v. Bulgarie [R. Janin] – H. Gelzer, Der Patriarchat von Achrida. Gesch. und Urk., 1902 – St. Novaković, Viz. činovi i titule u srpskim zemljana XI–XV veka, Glas SAN 78, 1908 – Zlatarski, Istorija – Jireček – I. Snegarov, Istorijata na Ochridskata arch., 1924 – M. Laskaris, Viz. princeze u srednjevekovnoj Srbiji. Prilog istoriji viz.-srpskih odnosa od kraja XII do sredine XV veka, 1926 – St. Runciman, A Hist. of the First Bulgarian Empire, 1930 – M. Braun, Kosovo, die Schlacht auf dem Amselfeld in geschicht. und epischer Überlieferung, 1937 – M. Braun, Die Slaven auf dem Balkan bis zur Befreiung von der türk. Herrschaft, 1941 – Vasmer, Slaven in Griechenl. – P. Lemerle, Philippes et la Macédoine orientale à l'époque chrétienne et byz., 1945 – D. Obolensky, The Bogomils. A Study in Balkan Neo-Manichaeism, 1948 [Nachdr. 1972] – R. L. Wolff, The »Second Bulgarian Empire«. Its Origin and Hist. to 1204, Speculum 24, 1949, 167–206 – A. Bon, Le Péloponnèse byz. jusqu'en 1204, 1951 – F. Dölger, Byzanz und die europ. Staatenwelt, 1953 – Ostrogorsky, Féodalité – G. Soulis, Tsar Stephan Dušan and Mount Athos, Harvard Slavic Stud. 2, 1954, 125–139 – Vizlzv I–IV [Komm.] – Dvornik, Slavs – A. Schmaus, Zur Frage der Kulturorientierung der Serben im MA, SOF 15, 1956, 179–201 – Moravcsik, Byzturc – A. Soloviev, Der Einfluß des byz. Rechts auf die Völker Osteuropas, ZRGRomAbt 76, 1959, 432–479 – Zbornik Konstantina Jirečeka, I–II, 1959, 1962 – Antike und MA in Bulgarien, hg. V. Beševliev–J. Irmscher, 1960 – B. Ferjančić, Despoti u Vizantiji i južnoslovenskim zemljama, 1960 – F. Grivec, Konstantin und Method, Lehrer der Slaven, 1960 – G. G. Litavrin, Bolgarija i Vizantija v XI–XII vv., 1960 – St. Novaković, Srbi i Turci XIV i XV veka, 1960 [mit Berichtigungen und Ergänzungen von S. Ćirković] – Istorija na Bŭlgarija I, 1961 – F. Dvornik, The Slavs in European Hist. and Civilisation, 1962 – Dj. Sljepčević, Istorija srpske pravoslavne crkve, 1., 2., 1962, 1966 – Cyrillo-Methodiana. Zur Frühgesch. des Christentums bei den Slaven, hg. M. Hellmann, u. a., 1963 – F. Dölger, Die byz. und die ma. serb. Herrscherkanzlei, Actes du XIIe Congrès Internat. d'Études Byz., 1963 – Ostrogorsky, Geschichte[3] – S. Hafner, Stud. zur altserb. dynast. Historiographie, 1964 – I. Dujčev, Medioevo biz.-slavo, I–III, 1965–71 – CMH IV/1, 473–518 [D. Obolensky]; 519–565 [M. Dinić] – B. Grafenauer, Die ethn. Gliederung und gesch. Rolle der westl. Südslaven im MA, 1966 – Bosl, Böhm. Länder I, 192–202 [K. Richter] – Istorija Crne Gore I, II/1–2, 1967, 1970 – Spindler I, 197–199 [K. Reindel] – A. Grabar, Die ma. Kunst Osteuropas, 1968 – A. Stratos, Byzantium in the Seventh Century, 5 Bde, 1968–80 – D. Angelov, Bogomilstvoto v Bŭlgarija, 1969[3] – Ikonomika na Bŭlgarija, hg. Ž. Natan u. a., 1969[2], 47–149 – V. Gjuzelev, Knjaz Boris Pŭrvi, 1969 – I. Dujčev, Slavia Orthodoxa, Collected Stud. in the Hist. of the Slavic MA, 1970 – G. Ostrogorsky, Vizantija i Sloveni (Sabrana dela V), 1970 – Vlasto, Slavs – Beck, Volksliteratur – O knezu Lazaru, hg. I. Božić-V. J. Djurić, 1971 – N. Klaić, Povijest Hrvata u ranom srednjem vijeku, 1971 – D. Obolensky, The Byz. Commonwealth, Eastern Europe, 500–1453, 1971 – Ders., Byzantium and the Slavs, Collected Stud., 1971 – P. Charanis, Stud. on the Demography of the Byz. Empire, 1972 – I. Dujčev, Bŭlgarsko srednovekovie. Proučvanija vŭrchu političeskata i kulturnata istorija na srednovekovna Bŭlgarija, 1972 – Lj. Maksimović, Viz. provincijska uprava u doba Paleologa, 1972 – G. Prinzing, Die Bedeutung Bulgariens und Serbiens in den Jahren 1024–1219 im Zusammenhang mit der Entstehung und Entwicklung der Byz. Teilstaaten nach der Einnahme Konstantinopels infolge des 4. Kreuzzuges, 1972 – T. Wasilewski, Byzancjum i Słowianie w IX vieku. Studia z dziejów stosunków politycznych i kulturalnych, 1972 – E. Werner, Die Geburt einer Großmacht. Die Osmanen (1300–1481), 1972[2], 1978[3] – Inalcik, OE – P. Mutafčiev, Izbrani proizvedenija, I–II, 1973 – A. C. Sós, Die slaw. Bevölk. Westungarns im 9. Jh., 1973 – B. Ferjančić, Tesalija u XIII i XIV veku, 1974 – Ostrogorsky, Slawen – R. Browning, Byzantium and Bulgaria. A comparative Study across the Early Medieval Frontier, 1975 – M. D. Graebner, The Role of the Slavs within the Byz. Empire, 500–1018, 1975 – R. Mihaljčić, Kraj srpskog carstva, 1975 – HEG I, 875–894 [M. Hellmann] – C. Asdracha, La région des Rhodopes aux XIIIe et XIVe s., 1976 – J. Ferluga, Byzantium on the Balkans. Stud. on the Byz. Administration and the Southern Slavs from the VIIth to the XIIth Centuries, 1976 – L. Waldmüller, Die ersten Begegnungen der Slawen mit dem Christentum und den chr. Völkern vom VI. bis VIII. Jh. Die Slawen zw. Byzanz und Abendland, 1976 – A Hist. Geography of the Balkans, hg. F. W. Carter, 1977 – J. Kovačević, Avarski Kaganat – 1977 – S. Vaklinov, Formirane na starobŭlgarskata kultura VI–XI vek, 1977 – V. Gjuzelev, Bulgarien und das Ksr. v. Nikaia (1204–1261), JÖB 26, 1977, 143–154 – D. Angelov, Les Balkans au MA: la Bulgarie des Bogomils aux Turcs, 1978 – V. Beševliev, Bulg.-byz. Aufsätze, 1978 – G. Cankova-Petkova, Bulgarija pri Asenevci, 1978 – J. Ferluga, L'amministrazione bizantina in Dalmazia, 1978 – Ch. Hannick, Die byz. Missionen (Kirchengesch. als Missionsgeschichte, II/1, 1978), 279–359 – Hunger, Profane Lit. – M. W. Weithmann, Die slav. Bevölkerung auf der griech. Halbinsel. Ein Beitr. zur hist. Ethnographie Südosteuropas, 1978 [vgl. dazu: J. Koder, BZ 74, 1981, 88–90] – Byzanz im 7. Jh. Unters. zur Herausbildung des Feudalismus, hg. F. Winkelmann, u. a., 1978 – V. Tăpkova-Zaimova, Byzance et les Balkans à partir du VIe s. Les mouvements ethniques et les Etats, 1979 – D. Zakythinos, Byz. Gesch., 1979, 324–1071 – D. Angelov, Die Entstehung des bulg. Volkes, 1980 – H. G. Beck, Gesch. der orth. Kirche im byz. Reich, 1980 – V. Beševliev, Die protobulg. Periode der bulg. Gesch., 1980 – P. Lemerle, Essais sur le monde byz., 1980 – G. Soulis, 1927–66: Hist. Stud., 1980 – J. Ferluga, Archon. Ein Beitr. zur Unters. der südslav. Herrschertitel im 9. und 10. Jh. im Lichte der byz. Quellen (Tradition als hist. Kraft, 1981), 254–266 – P. Lemerle, Les plus anciens recueils des Miracles de Saint Démétrius, II: Commentaire, 1981 – Istorija srpskog naroda I–II, 1981–82 – J. Ferluga, Gli Slavi del sud e gli altri gruppi etnici di fronte a Bisanzio, Sett. cent. it. XXX, 1982 [im Dr.].

E. Byzanz und das östliche Europa

I. Grundzüge der allgemeinen Entwicklung im 4.–10. Jahrhundert – II. Die Handelsbeziehungen zwischen Byzanz und dem Schwarzmeerraum im 9.–11. Jahrhundert – III. Byzanz, die Kiever Rus' und die Völker an der nördlichen Schwarzmeerküste. Politische, kirchliche und kulturelle Beziehungen – IV. Das Verhältnis des Byzantinischen Reiches zu Mähren, Ungarn und Galizien – V. Byzanz und das östliche Europa im 13.–15. Jahrhundert.

I. Grundzüge der allgemeinen Entwicklung im 4.–10. Jahrhundert: In der 1. Hälfte des 4. Jh., der Zeit der Gründung Konstantinopels, war der westl. Teil der Nordküste des Schwarzen Meeres von Volksstämmen, welche die Černjakovo-Kultur hervorgebracht hatten, besiedelt; das östl. Schwarzmeergebiet war vorrangig im Besitz der →Alanen. Die ethn. Zuordnung der Stämme mit Černjakovo-Kultur ist umstritten; sie umfaßten wahrscheinl. sowohl thrak. wie germ. Volkselemente (→Thraker, →Germanen) neben Vorgängern der späteren →Slawen; der kulturellen Identität dürfte hier keine ethn. Einheit entsprochen haben. Im 4. und 5. Jh. wurde die gesamte ethn. Struktur der Schwarzmeersteppen vom Einfall der →Hunnen tiefgreifend verändert. Die Hunneninvasion führte auch zu einer Abschwächung der wirtschaftl. Beziehungen des Schwarzmeerraumes zum Oström. Reich, was sich in einer Abnahme des Einfließens byz. Münzen widerspiegelt; die im Gebiet gemachten Funde von goldenen und silbernen kunsthandwerkl. Gegenständen aus Byzanz weisen wohl eher auf Beutestücke nach erfolgreichen Kriegszügen als auf Handelsbeziehungen hin. Infolge des Hunneneinfalls wurde das weite Gebiet der nördl. Schwarzmeerregion vorrangig von mehreren Stämmen, die lokalen Varianten der sog. Saltovo-Majaski-Kultur angehörten, besiedelt. Die Träger der Saltovo-Majaski-Kultur, die von den Donau- und Balkangebieten bis zum Nordkaukasus und zur unteren Wolga reichte, waren hauptsächl. Alanen und Protobulgaren; die Slaven wurden abgedrängt – sei es in nördl. Richtung zum mittleren Dnjepr-Becken, sei es in westl. zur Balkanhalbinsel hin. Griech. und lat. Autoren des 6. Jh. unterscheiden zwei Gruppen slavischsprachiger Bevölkerung: die Sklavenen auf d. Balkanhalbinsel und die Anten am Dnjepr; letztere haben vielleicht ein größeres Bündnis, das auch nichtslav. Stämme umfaßte, gebildet. Die Anten waren vermutl. die Vorfahren der Ostslaven.

Ebenso änderte sich die Situation auf der →Krim: Das Bosporan. Reich, Pufferstaat unter röm. Kontrolle, hörte auf zu bestehen, die →Goten und Alanen drangen auf die Krim vor, die Stadt →Cherson blieb der einzige Stützpunkt, den das Röm. Reich zu behaupten vermochte. Die Region verlor ihre Funktion als wichtiges Getreideproduktionsgebiet; im 7. Jh. klagt der nach Cherson verbannte Papst Martin I. über die Schwierigkeiten, hier Brot zu erhalten. Der Handel mit Byzanz erlebte einen Verfall, und der Umfang der Münzzirkulation ging in drastischer Weise zurück. Ab etwa 700 kamen sowohl der größere Teil der Krim als auch das Don-Becken, das der in voller Blüte stehenden Saltovo-Majatski-Kultur angehörte, unter die Herrschaft der →Chazaren. Wenn auch die wirtschaftl. Verbindungen zw. den Chazaren und Byzanz noch wenig entwickelt waren, so führten die gemeinsamen polit. Interessen beider Mächte (v. a. die Notwendigkeit der Verteidigung gegen die im Kaukasusgebiet vordringenden Araber) doch bereits in dieser Zeit zu einer Art von polit. Bündnis, das durch Heiraten bekräftigt wurde (Ks. Konstantin V. ehelichte eine Chazarenprinzessin, beider Sohn Leon IV. folgte seinem Vater auf den Kaiserthron nach); der byz. Ingenieur Petronas Kamateros errichtete für den chazar. Khagan in den 30er Jahren des 9. Jh. die Festung →Sarkel am Don. Die Schwächung der chazar. Staatsbildung im Laufe des 9. Jh. und die Errichtung des Reiches von →Kiew veränderte erneut die ethn. und polit. Geographie der Schwarzmeersteppe; von nun an waren zwei Faktoren maßgebend: zum einen die Kiever Rus', zum anderen die einander ablösenden Steppennomadenvölker wie →Pečenegen, →Uzen (Torki), →Kumanen (Polov'cer) usw. Vom 9. Jh. an stand Byzanz in ständigen Beziehungen zu den Nomaden wie zur Rus'; Hauptziel der byz. Politik war, diese Völker gegeneinander auszuspielen oder sie gegen die Chazaren oder die Bulgaren einzusetzen, wie es Ks. Konstantin Porphyrogennetos (913–959) in seinem polit. Hauptwerk »De administrando imperio« ausdrücklich darlegt.

II. DIE HANDELSBEZIEHUNGEN ZWISCHEN BYZANZ UND DEM SCHWARZMEERRAUM IM 9.–11. JAHRHUNDERT: Vom 9. Jh. an erfolgte eine Neubelebung des byz. Handels mit dem Schwarzmeerraum, wobei auch die Nordküste erfaßt wurde. Aufgrund der Kartierung der Funde byz. Münzen in Osteuropa ergeben sich zwei Hauptrouten für byz. Handelsgüter: die eine führt über den kimmer. Bosporus (Straße von →Kerč) und Chazarien wolgaaufwärts, die andere am Dnjepr entlang. Doch können die in diesem Gebiet gefundenen byz. Münzen an Zahl und Bedeutung nicht mit denjenigen aus dem arab. Kalifat konkurrieren. Die Byzantiner exportierten in erster Linie Stoffe und Kleidung, einschließl. von Seidengeweben, weiterhin Schmuck und Juwelen, hochwertige Keramik und Glas, ebenso Pfeffer, Olivenöl, Wein, Früchte und Nüsse; aus der Rus' wurden Sklaven, Pelze, Honig und Wachs, aus dem Dongebiet Kaviar und getrockneter Fisch nach Konstantinopel eingeführt. Der Seehandel auf dem Schwarzen Meer war überwiegend in den Händen von Kaufleuten der Rus': Konstantin Porphyrogennetos beschreibt jährliche Geleitzüge dieser Kaufleute, die in ihren monoxyla (μονόξυλα), kleinen Einbäumen, von Kiev nach Konstantinopel fuhren. Zwischen 850 und 1100 bildeten Dnjepr und westl. Dvina einen bedeutenden internationalen Handelsweg, der das Schwarze Meer mit der Ostsee verband. Man hat diese Route als Weg der →Waräger zu den Griechen bezeichnet. Sie diente in der Tat den Warägern für ihr Vordringen nach Kiev und Konstantinopel, wo die aus dem Norden über Osteuropa nach Konstantinopel gelangten Wikinger diejenigen ihrer Landsleute trafen, die über das südl. Europa, nämlich Sizilien und Süditalien, hierher vorgedrungen waren. Zwei bedeutende russ. Zentren wurden im B. R. errichtet: in Konstantinopel und auf dem Athos (hier das Kl. Xylurgu vor 1016 sowie im 12. Jh. das Kl. St. Panteleimonos). Der Handel der russ. Kaufleute war durch eigene Verträge, deren erster 907 (oder 911) geschlossen wurde, geregelt: Die Kaufleute genossen Zollfreiheit, und die byz. Regierung war verpflichtet, sie mit Brot, Wein, Fleisch, Fisch und Gemüse sowie auch mit den naut. Ausrüstungsgegenständen zu versorgen; an die Stelle dieses günstigen Abkommens trat allerdings 944 ein für die Rus'-Kaufleute weniger vorteilhafter Vertrag (zu den machtpolit. Voraussetzungen beider Verträge s. u.). Byz. Kolonien auf der Krim, wie Cherson, hatten eine Vermittlerrolle sowohl für den Handel mit der Rus' wie auch denjenigen mit den Pečenegen. Vom 11. Jh. an fanden byz. Kaufleute und Handwerker ihrerseits den Weg in die Rus' sowie auf die Halbinsel von →Taman': Es ist wahrscheinlich, daß griech. Glas- und Keramikhersteller Werkstätten in Kiev hatten, und zumindest eine Inschrift aus Taman' nennt einen griech. οἰκοδόμος (oikodomos, 'Baumeister'), einen Mönch namens Ioannikios, der hier 1078 verstarb.

III. BYZANZ, DIE KIEVER RUS' UND DIE VÖLKER AN DER NÖRDLICHEN SCHWARZMEERKÜSTE. POLITISCHE, KIRCHLICHE UND KULTURELLE BEZIEHUNGEN: Ein Hauptmoment bei der Ausbreitung des byz. kulturellen Einflusses war das Christentum. Ein Versuch, den chr. Glauben am Hof des Chazarenkhagans zu verbreiten (Mission des →Konstantin aus Thessalonike um 860), erwies sich trotz etwa 200 Bekehrungen als Fehlschlag. In der 2. Hälfte des 10. Jh. wurden die Chazaren von den russ. Fs.en →Svjatoslav (i. J. 965 u. erneut möglicherweise 968) und →Vladimir (981–982) besiegt, und der Niedergang der chazar. Machtstellung bahnte dem siegreichen Vordringen des griech. Christentums in die Länder der Alanen und der Rus' den Weg. Doch hatte der Christianisierungsprozeß bereits früher begonnen: Der Patriarch →Nikolaos Mystikos entsandte mehrere Missionen nach Alanien, und ein Peter, der als Ebf. v. Alanien tituliert wurde, wirkte dort ca. 914–916. Große Dreiapsidenschreine in byz. Stil entstanden seit dem 10. Jh. im Kubanbecken; ebenso wurden liturg. Geräte (z. B. ein Brustkreuz mit griech. Umschrift des Mönchs und Priesters Thomas mit exakter Datierung 1067) in diesem Gebiet gefunden; das griech. Alphabet wurde von den Alanen für ihre eigene Sprache übernommen. Der erste Beleg für die Christianisierung der Rus' geht noch in das 9. Jh. zurück: Patriarch →Photios († nach 886) berichtete in Konstantinopel, daß die Rus' das Heidentum zugunsten des chr. Glaubens aufgegeben hätten. Diese Aussage des Patriarchen dürfte eine starke Übertreibung darstellen; es handelte sich vielleicht aber um die ersten Ansätze zur Mission. Wir können nur vermuten, ob sich das Christentum in Kiev nach 867 erhielt oder ob es zunächst wieder gänzlich verschwand; doch besitzen wir für die nächste Etappe der Christianisierung gute und vielfältige Belege: 957 kam die Prinzessin →Olga, die Regentin des Kiever Staates, nach Konstantinopel, wurde vom Patriarchen getauft und nahm den Taufnamen Helena an (nach anderer Auffassung war sie bereits vor ihrem Besuch in Konstantinopel von 957 in Kiev getauft worden); die Wahl des symbolträchtigen Namens Helena (christl. Mutter Ks. Konstantins d. Gr.) enthält auch einen direkten Bezug auf den zeitgenöss. byz. Hof (Ksn. Helena war die Gemahlin Ks. Konstantins VII.). Die offizielle Christianisierung der Kiever Rus' fand ca. 988 statt; als christl. Fs.en konnten die Herrscher von Kiev nun in die Reihen der byz. Fürstenhierarchie, der »Familie der Fürsten«, an deren Spitze der Ks. stand, eintreten.

Der kulturelle Einfluß von Byzanz war im Kiever Staat überaus bedeutend; er spiegelt sich in der Entwicklung der kirchl. Institutionen und des kanon. Rechts, in Baukunst und Malerei, Literatur, Technik und Handwerk, Hofzeremoniell und Kleidung der Oberschicht eindeutig wider. Dennoch scheinen uns in diesem Zusammenhang einige Bemerkungen von Wichtigkeit: 1. Die Haltung innerhalb der Rus' gegenüber den byz. Kultureinflüssen scheint ambivalent gewesen zu sein; sie wurden von einigen Gruppen (sowohl innerhalb der Oberschicht als auch der einfachen Bevölkerung) als Bedrohung der geliebten einheim. Traditionen empfunden; insbes. die Christianisierung von 988 stieß in manchen Gebieten auf offenen Widerstand und mußte z. T. mit Waffengewalt durchgesetzt werden, wobei die Landbevölkerung noch lange an heidn. Gebräuchen und Glaubensvorstellungen festhielt. – 2. Der chr. Einfluß erreichte Kiev insgesamt nicht so sehr direkt von Konstantinopel aus, vielmehr stärker von Bulgarien sowie vom mähr. Gebiet her, wo in den 60er Jahren des 9. Jh. ein Zentrum slav. Kirchen- und Geisteslebens entstand, das aber gegen Ende des 9. Jh. der Gegnerschaft der ostfrk.-bayer. Kirche sowie den Ungarneinfällen zum Opfer fiel. Die Rus' nahmen daher nicht das griech. Alphabet, sondern das vom hl. →Konstantin (Kyrill) v. Thessalonike geschaffene slav. Alphabet an, das dieser bei seiner Mährenmission verwendet hatte und das bereits am Ende des 9. Jh. in Bulgarien weitverbreitet war. Die russ. Geistlichen entliehen auch bulg. Bücher, die Übersetzungen aus dem Griechischen darstellten, insbes. liturg. Texte. – 3. Der byz. Einfluß hatte keinen umfassenden Charakter, viele wichtige Lebensbereiche in der Rus' wurden nicht von ihm erfaßt; so entwickelte sich das polit. System Altrußlands in unabhängiger Weise und bildete durchaus andere Strukturen als das in Byzanz: Die Kiever Rus' war nie ein autokrat. regierter Staat wie das B. R.; die Herrschergewalt wurde in der Rus' nicht als einem einzelnen Monarchen, der als von Gott eingesetzt und von Heer, Senat und Volk erwählt galt, zugehörig betrachtet, sondern stets für den Besitz eines begrenzten fsl. Familienverbandes gehalten, der das gesamte Territorium unter seine einzelnen Mitglieder aufteilte (Seniorat); Kiev, die »Mutter der russ. Städte«, stand dabei dem Fs.en aus dem ältesten Zweig des Familienverbandes zu. Das Recht (mit Ausnahme des kanon. Rechts) entwickelte sich unabhängig von röm.-byz. Traditionen; gelegentl. Versuche, etwa die typisch byz. Strafe der Blendung in der Rus' einzuführen, stieß auf hartnäckigen Widerstand und allgemeine Ablehnung. – 4. Wenn auch an sich wenig bedeutend, sollte doch der russ. Einfluß in Byzanz nicht völlig unbeachtet bleiben; bes. im 12. Jh. wurde das »Russische« in Konstantinopel zu einer Modeerscheinung: Wir erfahren von einem in der Rus' hergestellten Schreibzeug aus »Fischknochen« (tatsächl. aus Walroßzähnen), russ. Begriffe wie *zubr* (Bison) oder *olovina* (ein gegorenes Getränk aus Weizen oder Gerste) erscheinen in byz. Quellen, auch werden russ. Sagen und Legenden von einigen byz. Autoren wiedergegeben, so die Geschichte von einem wunderbaren See von Siaka oder Siachar, der sich im Land der »Kimmerer« befinden soll; die Wohnstätten dieses Volkes liegen nach der Erzählung verstreut in Schluchten und tiefen Wäldern, in welche nie die Sonne dringt; das Wasser des Sees ist so leicht, daß selbst das Laub, das auf ihn fällt, auf Grund sinkt. Der byz. Dichter Johannes →Tzetzes rühmte sich, er könne sowohl Russisch als auch Alanisch und Kumanisch sprechen – oder doch zumindest in diesen Sprachen Grüße vorbringen.

Die polit. Verbindungen zw. Byzanz und den Völkern an der nördl. Schwarzmeerküste waren im 10.–12. Jh. äußerst kompliziert und wechselvoll. Zum einen gehörten Rus' und Alanen (welch letztere die Byzantiner für einen Zweig der Georgier hielten) sowie auch Pečenegen dem byz. Heer an, und manche ihrer Befehlshaber erhielten sogar Apanagen und Burgen im byz. Reichsgebiet. Zum anderen war das B. R. fast ständig von Invasionen aus dem Norden bedroht. Die Pečenegen waren in den byz.-bulg. Krieg am Ende des 9. Jh. verwickelt; sie kämpften als Bundesgenossen des bulg. Herrschers Symeon gegen die Ungarn, die vom B. R. unterstützt wurden. Um 917 berichtet Bogas, der byz. Statthalter in Cherson, nach Konstantinopel, daß Symeon erneut die Pečenegen um Waffenhilfe gegen das B. R. ersuche, doch es war Byzanz, dem es einige Jahre später gelang, die Pečenegen und Alanen gegen Symeon aufzubieten. 1048/49 überschritten die Pečenegen unter ihrem Führer Tyrachos die Donau und durchzogen plündernd das Land, doch wurden sie besiegt, entwaffnet, getauft und in den Gebieten von Serdika (Sofia), Naïssos und Ovčepole angesiedelt. Konstantin IX. versuchte, sie militär. gegen die →Türken einzusetzen, doch endete dieser Pečenegenzug nach Kleinasien mit einer Meuterei. Konstantins Nachfolger sahen sich erneut mit Beutezügen der Pečenegen konfrontiert: 1059 führte Isaak I. einen Feldzug gegen sie durch; im späten 11. Jh. wurden sie zur Geißel der Balkanhalbinsel und erwiesen sich als bes. gefährlich, seitdem sie einen Rückhalt bei den häret. →Bogomilen gefunden hatten. Alexios I. besiegte die Pečenegen am Levunion i. J. 1091, und i. J. 1122 wurden sie von Johannes II. vernichtend geschlagen. Der größte Einfall der Uzen, die mit den Pečenegen verbündet waren, fand 1064 statt. Die Kumanen (Polov'cer), welche die Uzen und Pečenegen aus dem Schwarzmeerraum verdrängten, erscheinen im byz. Bereich erstmals in der Schlacht am Levunion (1091) als Verbündete des byz. Ks.s. Später plünderten sie mehrfach byz. Gebiete (bes. gefahrvoll war ihr Einfall 1148) und gelangten dabei bis nach Adrianopel; seit 1186 unterstützten sie den antibyz. Aufstand unter →Theodor-Petros (Peter) und →Asen, der zur Gründung des zweiten bulg. Reiches führte. Doch siedelten zahlreiche Kumanen im byz. Reichsgebiet, dienten im byz. Heer und empfingen sogar Pronoia-Lehen.

Die Züge der Rus' gegen Byzanz setzen um die Mitte des 9. Jh. ein. Der früheste Beleg findet sich in der Vita des hl. Georgios v. Amastris, in welcher der vor 842 erfolgte russ. Angriff auf das an der südl. Schwarzmeerküste gelegene Amastris berichtet wird. Die Verläßlichkeit dieses Zeugnisses hängt mit der Frage der Authentizität des gesamten Quelle zusammen: Falls die Vita tatsächl. das Werk von Ignatios dem Diakon (1. Hälfte des 9. Jh.) ist, kann sie als zeitgenöss. Quelle Glaubwürdigkeit beanspruchen; sofern sie jedoch später verfaßt wurde, muß der dortige Bericht über den russ. Kriegszug als zweifelhaft gelten. Unbestritten dagegen ist der russ. Angriff auf Konstantinopel 860. →Photios als Augenzeuge schreibt der hl. Jungfrau Maria die Rettung der Hauptstadt zu. 907 griff der Kiever Fs. →Oleg Konstantinopel mit einer großen Flotte an und nötigte die byz. Regierung, mit ihm einen für die Kiever Rus' äußerst günstigen Vertrag abzuschließen. Die häufig geäußerten Zweifel an der Historizität von Olegs Flottenexpedition sind unbegründet; doch bleibt die Frage bestehen, wann der Vertrag geschlossen wurde – entweder in unmittelbarem Anschluß an den Kriegszug (907) oder erst einige Jahre später, 911. Im Jahre 941 führte Igor einen erneuten Zug gegen Konstantinopel durch, doch wurde die russ. Flotte am Bosporus zurückgeworfen und anschließend vernichtet. Der Expedition Igors wurde eine byz. Gesandtschaft entgegengeschickt, welche sie an der Donau traf, und es wurde ein neuer Vertrag geschlossen, der die Handelsprivilegien der Rus'-Kaufleute einschränkte und auch dem B. R. seinen Stützpunkt Cherson garantierte. 967 rückte Svjatoslav, der mehrere Jahre zuvor den Sieg über die Chazaren errungen hatte, in Bulgarien ein. Die Gründe seiner Invasion sind nicht hinreichend geklärt. Manchmal wird er als Bundesgenosse von Byzanz, manchmal jedoch als Verbündeter der Bulgaren gegen Byzanz betrachtet. Tatsächlich wurde ein byz. Gesandter namens Kalokyros mit reichen Geschenken nach Kiev geschickt, doch sobald Svjatoslav die Donau überquert hatte, verhielt er sich keineswegs wie ein Söldling der Byzantiner. Er offenbarte sogar die Absicht, seine Residenz nach Kl. Preslav an der unteren Donau zu verlegen. 971 brach Ks. Johannes Tzimiskes zum Feldzug gegen Svjatoslav auf. Kl. Preslav wurde erstürmt, das Heer der Rus' zog sich nach Dorostolon (→Silistria) zurück. Nach dreimonatiger Belagerung kapitulierte Svjatoslav und verpflichtete sich zum Abzug aus Bulgarien. Ein neuer Vertrag wurde zw. den beiden Herrschern geschlossen: Svjatoslav beschwor, nie mehr Byzanz oder Cherson anzugreifen und sogar dem B. R. gegen alle Feinde beizustehen; die alten Handelsprivilegien wurden erneuert. Auf seinem Rückweg wurde Svjatoslav bei den Dnjepr-Stromschnellen von Pečenegen aus dem Hinterhalt getötet; es ist nicht ganz klar, ob dieser Überfall auf Anstiftung von Byzanz erfolgte.

Johannes Tzimiskes' Nachfolger Basileios II. sah sich genötigt, von dem Vertrag von 971 Gebrauch zu machen und die Rus' um Waffenhilfe zu bitten. 988 hatte sich ganz Kleinasien dem Aufstand des Bardas Phokas angeschlossen, und es waren offenbar nur die sechstausend Mann russ. Hilfstruppen, welche Basileios vor einer Niederlage retteten. Als Gegenleistung wurde dem Fs. en→Vladimir, dem Sohn und Erben Svjatoslavs, die Schwester des Ks.s, Anna, zur Ehe versprochen. Nach dem Sieg über die Rebellen blieb der russ. Truppenverband in byz. Diensten.

Die Christianisierung der Kiever Rus' stand in enger Verbindung mit der russ. Hilfe für Basileios II. und der Heirat Vladimirs mit Anna, wobei jedoch viele Details der Geschehnisse im dunkeln bleiben. Unsere Quellenzeugnisse sind widersprüchlich: Wir wissen nicht, ob Vladimir sogleich nach dem Abschluß seines Abkommens mit Byzanz getauft wurde oder erst einige Jahre später; ebenso rätselhaft ist eine weitere Episode, die russ. Belagerung und Eroberung Chersons i. J. 989, wo, wenn wir der Nestorchronik hier Glauben schenken dürfen, Vladimir durch den örtl. Bf. getauft wurde. War dieser Angriff Vergeltung für die allzu schleppende Herausgabe der Braut, wie üblicherweise angenommen wird? Oder handelte Vladimir in Cherson als byz. Verbündeter gegen eine Rebellion in dieser Garnison? Jedenfalls blieb Cherson während des 11. Jh. in byz. Händen: Eine Inschrift von 1059 erwähnt Leo Alyates, den byz. Strategen v. Cherson, der die eisernen Tore und andere Teile der Befestigungen wiedererrichtet habe. Eine obskure Nachricht des Skylitzes legt ferner nahe, daß zumindest am Beginn des 11. Jh. die Rus' auf der Krim als byz. Verbündete tätig waren: I. J. 1016 wurde eine byz. Flotte nach »Khazaria«, womit vielleicht die Krim gemeint ist, abgesandt; sie vermochte das Gebiet zu unterwerfen – mit Hilfe eines »Sphengos«, des Bruders von Vladimir, wiederum Bruders des Ks.s«.

Der letzte russ. Zug gegen Konstantinopel erfolgte 1043. Michael Psellos nennt diesen Angriff eine 'ἐπανάστασις (epanastasis, 'Aufstand') der Rus', und die Wahl dieses Ausdrucks hat zu der Hypothese geführt, daß Kiev zu dieser Zeit ein Vasallenstaat von Konstantinopel gewesen sei. Doch wurde das Wort 'ἐπανάστασις von byz. Autoren auch zur Bezeichnung von Invasionen gebraucht, so daß ihm allein nicht solch zwingende Bedeutung zugeschrieben werden kann. Die Gründe für den Angriff von 1043 sind nach wie vor umstritten: Theorien wurden aufgestellt, die ihn mit inneren Wandlungen im B. R. in Verbindung brachten; so soll die Expedition zur Unterstützung des Aufstandes von Georgios →Maniakes (1042–43) gedient haben und zwar nachdem →Harald Hardrádi, der Bruder des norw. Kg.s, der früher unter Maniakes gedient hatte, der byz. Gefangenschaft entflohen sei und über das Schwarze Meer an den Hof Jaroslavs v. Kiev geeilt sei; eine andere Annahme bringt die Expedition mit der Änderung der Haltung der Byzantiner gegenüber der Rus' in Verbindung, da erstere 1042 vermutl. die russ. Handelsprivilegien eingeschränkt hätten. Die russ. Boote drangen in den Bosporus ein. Ihr Befehlshaber verlangte eine gewaltige Kontribution, doch wurden seine Forderungen abgelehnt und die russ. Flotte durch das →Griechische Feuer vernichtet. 1046 wurde ein Friedensvertrag geschlossen. Die erneuerte Allianz kam wahrscheinl. bereits 1047 zum Tragen, als der Aufstand des Leon Tornikes Konstantinopel in eine bedrohl. Lage gebracht hatte. Nach Johannes →Mauropus wurden zu diesem Zeitpunkt »nördl. Truppen« zum Entsatz der belagerten Hauptstadt herangeführt. Wer diese »Nordleute« waren, ist nicht ganz klar, doch liegt die Annahme nahe, daß es sich um russ. Truppen, die aufgrund des Vertrags von 1046 aufgeboten worden waren, handelte.

Endete die russ. Expansion in südl. Richtung nach dem Krieg von 1043–46, übten die Byzantiner ihrerseits eine aktive Ausdehnungspolitik aus, bes. im Gebiet d. Azov'schen Meeres. Das Eingreifen der Kiever Rus' in diesem Gebiet begann mit dem Sieg Svjatoslavs über die Chazaren i. J. 965; archäolog. Untersuchungen in Sarkel und Tmutorokan' (auf der Halbinsel von Taman') zeigen die »Slavisierung« beider Orte im 11. Jh., bes. anhand der Verdrängung der Saltovo-Majacski-Ware durch russ. Keramik. Byzanz versuchte, in dieser Region als Konkurrent aufzutreten, bes. nachdem Rostislav, Fs. v. Novgorod, 1046 nach Tmutorokan' geflohen war und nun bestrebt war, sein neues Fsm. durch die Eroberung der angrenzenden Gebiete zu erweitern. Nach der russ. Chronik ließ der Statthalter v. Cherson den Fs.en Rostislav vergiften, was die Bewohner von Cherson mit Abscheu erfüllt habe, so daß sie sich gegen den Statthalter erhoben und ihn mit Steinen beworfen hätten. Manuel →Straboromanos rühmt in einer Rede Ks. Alexios I. nach, er habe die byz. Machtstellung am kimmer. Bosporus (Straße von Kerč) wiederhergestellt (um 1100), sein Zeitgenosse →Theophylaktos v. Ochrid nennt »die griech. Städte am Pontos zw. dem Fluß Tanais und der Maiotis (Azov'sches Meer)«, die von den Türken bedroht wurden; bei den Angreifern handelte es sich wohl um Polov'cer, die im Bündnis mit den Türken handelten. Ein anderes vages Quellenzeugnis findet sich bei dem byz. Rhetor →Michael um die Mitte des 12. Jh.: Dieser preist die Siege Manuels I. über eine Reihe von Gegnern (ca. 1153) und erwähnt in diesem Zusammenhang einen (tatsächl. durchgeführten oder nur geplanten?) Feldzug »nördl. der Maiotis«, wo ein »nördl.« Herrscher angeblich den Ks. begrüßt habe. Wie immer das Ereignis dieses Zuges ausgefallen sein mag, Manuel I. proklamierte sich im Edikt von 1166 zum Herrscher über Zikhianer, Chazaren und Goten – diese triumphalen Epitheta waren Ausdruck seiner tatsächl. oder imaginären Siege in diesem Gebiet, auf welche auch Michael Rhetor anspielt. Die Regionen des kimmer. Bosporus mit ihren Häfen wie Matracha (Tmutorokan') und dem rätselhaften Rosia wurden als Teile des Reiches betrachtet, und byz. Fiskalbeamte erschienen im späten 12. Jh. an den bosporan. Küsten, um dort Steuern zu erheben.

IV. Das Verhältnis des Byzantinischen Reiches zu Mähren, Ungarn und Galizien: Der byz. Einfluß erreichte das östl. Europa auch über die mittlere Donau. Der Versuch, eine byz. Kirchenprovinz in →Mähren zu begründen, scheiterte im Laufe des 9. Jh. an der ostfrk.-bayer. Gegnerschaft (s. a. Abschnitt D). Gleichwohl erhielten sich hier altkirchenslav. Literatur und slav. Liturgie neben der Kultur der westl.-lat. Kirche für mindestens zwei Jahrhunderte. Die Abtei OSB →Sázava bei Prag erhielt noch im 11. Jh. enge Verbindung zu einigen russ. Klöstern aufrecht. Direkte Beziehungen mit Byzanz waren aber wenig häufig, wenn auch →Vinzenz v. Prag (2. Hälfte 12. Jh.) berichtet, daß ein Boguta, Verwandter Konrads, Hzg.s v. Mähren, sich im B. R. aufgehalten habe und von Ks. Manuel I., der ihn »inter primos« gezählt habe, mit einem »castrum ditissimum« belohnt worden sei.

An der nordwestl. Grenze des B. R.es stellte →Ungarn ein ernsthaftes Problem für das Reich dar. Die Beziehungen zw. den beiden Mächten waren widerspruchs- und wechselvoll: Die Ungarn bekannten sich zwar zum lat. Christentum, doch wurde auch die Gründung griech. Kl. geduldet; zwar eng verbunden mit der Komnenendynastie (Johannes' II. Gemahlin war Irene-Piroška, Tochter Ladislaus' I., Kg.s v. Ungarn, und Manuel I. war daher halbung. Herkunft), entfachten die ung. Herrscher dennoch häufig Kriege gegen das B. R., während wiederum Byzanz eine Reihe von Prätendenten auf die Stephanskrone unterstützte. →Stephan II. v. Ungarn erklärte 1128 Byzanz den Krieg, doch zwang ihn Johannes II. zum Rückzug. 1149 nahm Ungarn an einer antibyz. Koalition, welche die süditalien. Normannen, Serbien und ebenso Frankreich umfaßte, teil; →Izjaslav II. v. Kiev unterstützte Ungarn, während Fs. →Jurij Dolgorukij v. Suzdal' zu Manuel I. hielt. Die Ungarn mußten 1151 vor Manuel kapitulieren, und Jurij Dolgorukij, der Bundesgenosse des byz. Ks.s, bemächtigte sich 1154 der Kontrolle über Kiev; zu dieser Zeit plante (oder unternahm?) Manuel einen Feldzug in die Gebiete nördl. des Azov'schen Meeres. 1161 richtete Manuel einen neuen Angriff gegen Ungarn, und es wurden 1164 und 1167 zwei für das B. R. günstige Verträge abgeschlossen: Byzanz erhielt Dalmatien, Kroatien, Bosnien und das Gebiet v. Sirmium. Manuel strebte nach einer Union mit Ungarn: Der ung. Thronfolger →Béla (III.) wurde als Bräutigam für Manuels Tochter Maria und als präsumptiver Erbe des Kaiserthrones nach Konstantinopel entsandt. Auch wenn dieses Projekt angesichts der Geburt eines Sohnes von Manuel nicht zur Ausführung kam, blieb Béla ein treuer Bundesgenosse des B. R.es, zumindest bis zum Tode Ks. Manuels (1180), nach welchem er sich jedoch anschickte, die an Byzanz gefallenen Gebiete zurückzuerobern.

Das aktive Eingreifen des B. R.es in die ung. Politik warf auch die Frage der byz. Haltung gegenüber dem russ. Fsm. →Galizien auf: →Vladimirko v. Galizien war ein natürl. Verbündeter der Byzantiner in ihrem Konflikt mit Ungarn und Kiev in den 50er Jahren des 12. Jh. Der byz. Geschichtsschreiber Johannes →Kinnamos (2. Hälfte des 12. Jh.) nennt den Fs.en v. Galizien sogar ὑπόσπονδος (hypospondos, 'Vasall des Reiches'); doch dürften die vasallit. Bande, sofern sie überhaupt bestanden haben, sehr locker gewesen sein. Der Kriegszug, den um 1202 →Roman v. Galizien gegen die Kumanen unternahm, brachte Byzanz eine zw. Erleichterung; nach Niketas →Choniates war die Rettung von Konstantinopel der »höchst christlichen Nation der Russen« zu verdanken. Doch war die »Rettung« von nur kurzer Dauer.

V. Byzanz und das östliche Europa im 13.–15. Jahrhundert: Das gesamte polit. Gefüge in der pont. Steppe änderte sich im 13. Jh. tiefgreifend. 1204 wurde Konstantinopel von den Kreuzfahrern erobert, und Byzanz verlor seine hegemoniale Rolle im östl. Mittelmeerraum. Die →Mongolen drangen in den Kaukasus vor und vernichteten ca. 1222 den Staat der Alanen, der chr. Verbündeten von Byzanz. Auf ihrem weiteren Vormarsch verdrängten die Mongolen die Polov'cer und zerstörten damit das bestehende Gleichgewicht der Kräfte in dieser Region, in der es trotz aller Scharmützel zw. Russen und Polov'cern immer wieder zu wirtschaftl. und kulturellem Austausch und auch zur Eheschließung zw. Angehörigen beider Völker gekommen war. Nun errichteten die Mongolen hier ihre Herrschaft, die auf härtester Unterjochung der beherrschten Völker beruhte. Um 1240 eroberten sie Kiev. Seine blühende Stadtkultur wurde vernichtet, die weltl. und geistl. Gewalt dem Eroberer unterworfen und die Bevölkerung mit hohen Steuern belegt.

Seitdem erhob sich eine doppelte Schranke zw. Byzanz und den russ. Fsm.ern: wirtschaftlich gesehen, wurden sie von den it. (zumeist genues.) Kolonien, die auf der Krim und am unteren Don gegründet wurden (→Caffa, →Sugdea, →Tana u. a.; vgl. dazu auch →Genua), voneinander abgeschnürt; politisch war die Steppe vollständig unter der Herrschaft der Mongolen, welche die halbunabhängig gebliebenen Fsm.er vom Zugang zum Schwarzen Meer abschnitten. Daher erlebten die wirtschaftl. und polit. Beziehungen zw. Byzanz und Rußland einen Niedergang, während die kirchl. Verbindungen nun den ersten Platz einnahmen. Die Kirche war es, welche die Aufrechterhaltung des spirituellen und kulturellen Einflusses von Byzanz in Rußland ermöglichte. Die griech. Sprache war in der russ. Kirche in Gebrauch; wir kennen nicht nur die Existenz eines griech. Chores in wenigstens einer Kirche von Rostov, sondern es sind auch kurze, auf Griechisch verfaßte Protokolle über die Wahlen russ. Bf.e erhalten geblieben. Die spirituelle Bewegung des →Hesychasmus erreichte Rußland v. a. über die Kl. der Balkanhalbinsel und die Athosklöster. Der Patriarch von Konstantinopel schickte seine Gesandten nach Rußland und war bestrebt, die Einheit der russ. Kirche unter dem »Metropoliten von Kiev und ganz Rußland« aufrechtzuerhalten. Der Metropolit residierte seit Peter (1308–26) in →Moskau. Dieses Einheitsstreben wurde von verschiedenen Seiten bekämpft, zum einen von den separatist. Bestrebungen des Fsm.s →Tver' und von →Litauen, zum anderen von der →Goldenen Horde, die ihre Macht über die russ. Fsm. er erhalten wollte und Hilfe bei den Genuesen fand.

Moskau gewann den Kampf um die Vormachtstellung. Tver' wurde unterworfen, die Goldene Horde 1380 bei →Kulikovo geschlagen, und Litauen wandte sich dem Westen zu. Der Aufstieg Moskaus vollzog sich gleichzeitig mit dem Verfall und der zunehmenden Demütigung von Byzanz, das gegen die vordringenden türk. Osmanen und die wirtschaftl. Vormachtstellung der Genuesen und Venezianer, welche die Seerouten kontrollierten, um seine Existenz kämpfen mußte. Byzanz war genötigt, nach militär. und materieller Hilfe Ausschau zu halten. Nachdem Bulgarien 1393 unterworfen worden war und serb. Fs.en zu Vasallen der Osmanen geworden waren, konnte das B. R. nur noch auf Hilfe aus dem weit entfernten und recht lauen Westen sowie aus einigen Staaten Osteuropas, denen an einer Zurückdrängung der Türken gelegen sein mußte, hoffen. 1395 stand →Mircea d. Ä., Fs. der Valachei, den Türken in der Ebene von Rovine gegenüber; sein von den Ungarn unterstütztes Heer gewann die Schlacht, dennoch mußte er die Oberhoheit des Sultans anerkennen. 1396 unterlag die von dem Luxemburger →Siegmund, Kg. v. Ungarn, befehligte Kreuzfahrerarmee bei →Nikopolis. Mit größerem Erfolg kämpfte dem ung. Magnat Johannes →Hunyadi gegen die Osmanen. Er errang mehrere glänzende Siege und organisierte 1443–44 einen Kreuzzug, an dem →Władysław III., Kg. v. Polen und Ungarn, ebenso teilnahm wie →Georg Branković, Despot von Serbien (s. a. →Türkenkrieg). Nach den ersten Erfolgen der Kreuzfahrer und dem Abschluß eines zehnjährigen Waffenstillstandes schlug der Sultan das Kreuzheer bei →Varna (1444). Dieses Desaster begrub alle Hoffnungen auf eine Vertreibung der Türken vom Balkan; spätere Teilerfolge vermochten die Position der Osmanen in Europa nicht mehr zu erschüttern.

Rußland stand bei all diesen Unternehmungen abseits. Die byz. Ks. versuchten jedoch, von Moskau materielle Unterstützung zu erhalten. So ersuchte Manuel II. i. J. 1398, nach der Niederlage von Nikopolis, mehrere russ. Fs.en um Hilfe, wobei er klagte, daß Konstantinopel »von den Türken belagert werde und in Bedürftigkeit und Elend darniederliege«. Zur gleichen Zeit waren die Byzantiner allerdings – trotz dieser bejammernswerten Lage – eifrig bestrebt, ihre illusor. Oberhoheit über Rußland als Glied der »Familie der Fs.en« zu bewahren. Ca. 1397 warf Antonios IV. (→2. Antonios), Patriarch v. Konstantinopel, dem Moskauer Gfs.en →Vasilij I. vor, »fälschlich« zu behaupten: »Wir haben eine Kirche, doch keinen Kaiser.« Die sich verschärfende Spannung wurde während des Streits um die Union auf dem Konzil v. →Ferrara-Florenz (1439) offenbar: Die russ. Regierung nahm eine weitaus kompromißlosere Haltung zur Union ein als das von den Türken bedrohte und auf westl. Hilfe angewiesene Byzanz; der Grieche →Isidor, der das Amt des Metropoliten der Rus' bekleidete und sich der unionsfreundl. Partei angeschlossen hatte, wurde von Gfs. Vasilij II.

gefangengesetzt. Der Fall Konstantinopels 1453 verschaffte dem Gfsm. Moskau die glänzende Gelegenheit, nun selbst die führende Rolle in der orthodoxen Welt zu beanspruchen. Moskau erklärte sich nun als »drittes Rom« und als Erbe von Byzanz, die autokrat. Traditionen des B. R. es wurden rezipiert und dienten der entstehenden orthodoxen Monarchie des 16. Jh. als Vorbild. Gleichzeitig beeinflußten in Rußland tätige griech. Emigranten – Gelehrte, Maler und Diplomaten in russ. Diensten – die sich entwickelnde russ. Kultur, die sie vielfach mit überholten Elementen der byz. Ideologie und der Lebensformen der späten byz. Gesellschaft überfrachteten. A. Kazhdan

Lit.: allg.: D. OBOLENSKY, The Byz. Commonwealth. Eastern Europe 500–1453, 1971 – zu Rußland: A. VASILIEV, The Russian Attack on Constantinople in 860, 1946 – V. MOŠIN, Russkie na Afone i russko-vizantijskije otnošenija v XI–XII vv., Byzslav 9, 1947, 55–85, 11 (1050), 32–60 – A. VASILIEV, The Second Russian Attack on Constantinople, DOP 6, 1951, 161–225 – M. V. LEVČENKO, Očerki po istorii russko-vizantijskich otnošenij, 1956 – L. SORLIN, Les traités de Byzance avec la Russie au Xe s., Cah. du monde russe et soviétique 2, 1961; 3, 313–360; 4, 447–475 – A. P. KAZHDAN, Vizantijskij podatnoj sborščik na beregach Kimmerijskogo Bospora v konce XII v. Problemy obščestvenno-političeskoj istorii Rossii i slavjanskich stran, 1963, 93–101 – B. SPULER, Die Goldene Horde. Die Mongolen in Rußland, 1223–1502, 1965^2 – G. OSTROGORSKY, Vizantija i kievskaja knjaginja Ol'ga (To Honor R. JAKOBSON, II, 1967 [dt. Übers.: Byzanz und die Kiever Fsn. Olga, in: G. OSTROGORSKY, Byzanz und die Welt der Slaven, 1974]) – V. T. PAŠUTO, Vnešnjaja politika Drevnej Rusi, 1968 – J. IRMSCHER, Das nikän. Ksm. und Rußland, Byzantion 40, 1970, 377–384 – A. POPPE, La dernière expédition russe contre Constantinople, Byzslav 32, 1971, 1–29, 233–268 – D. OBOLENSKY, Byzantium and the Slavs (Coll. Stud., 1971) – H. AHRWEILER, Les relations entre les Byzantins et les Russes au IXe s., Bull. d'Information et de Coordination 5, 1971 – A. POPPE, The Political Background to the Baptism of Russia. Byz. Russian Relations between 986–989, DOP 30, 1976, 195–244 – A. P. KAZHDAN, Once more about the »Alleged« Russo-Byz. Treaty (ca. 1047) and the Pecheneg Crossing of the Danube, JÖB 26, 1976, 65–77 – A. N. SACHAROV, Pochod Rusi na Konstantinopol' 907 g., Istoria SSSR 6, 1977, 72–103 – I. ŠEVČENKO, Byzantium and Eastern Slavs after 1453, Harvard Ukrainian Stud. 2, 1978, 5–25 – J. MEYENDORFF, Byzantium and the Rise of Russia: A Study of Byzantino-Russian Relations in the Fourteenth Century, 1981 – HGeschRußlands I (Beitr. von W. P. SCHMID, R. WERNER, H. RÜSS, G. STÖKL, P. NITSCHE) – zur Krim: A. VASILIEV, The Goths in the Crimea, 1936 – A. L. JAKOBSON, Srednevekovyj Krim, 1964 – J. SMEDLEY, Archaeology and Hist. of Cherson: A Survey of some Results and Problems, Archeion Pontu 35, 1979, 172–192 – zu den Alanen: V. A. KUZNECOV, Alania X–XIII vv., 1971 – zur Saltovo-Majatskij-Kultur: S. A. PLETNEVA, Ot kočevij k gorodam, 1967 – D. OBOLENSKY, The Byz. Inheritance of Eastern Europe [Variorum Reprints 1982] – zu Tmutorokan': E. Č. SKRŽINSKAJA, Grečeskaja nadpis' iz Tmutorokani, VV 18, 1961, 74–84 – Keramika i steklo drevnej Tmutorakani, 1963 – zu den Steppengebieten: V. G. VASIL'EVSKIJ, Vizantija i Pečenegi (Trudy I, 1908) – D. RASOVSKIJ, Les Comans et Byzance, Izvestija na Bŭlgarskija Archeologičeski Institut 9, 1935, 346–354 – P. DIACONU, Les Petchénègues au Bas-Danube, 1970 – DERS., Les Coumans au Bas-Danube aux XIe–XIIe s., 1978 – zu Ungarn: GY. MORAVSCIK, Byzantium and the Magyars, 1970 – zu Böhmen: M. PAULOVÁ, Die tschech.-byz. Beziehungen unter Přemysl Otakar II, Zbornik radova Vizantološkog Instituta 8/1, 1963, 237–244 – zu Polen: O. HALECKI, La Pologne et l'Empire byz., Byzantion 7, 1932, 41–67 – s. a.: M. V. BIBIKOV, Viz. istočniki po ist. Rusi, 1981f., 5–151.

F. Byzanz und das Abendland

I. Bis zum Ausgang der Karolingerzeit – II. Vom Ende des Karolingerreiches bis zum 4. Kreuzzug.

I. BIS ZUM AUSGANG DER KAROLINGERZEIT: [1] *Im 5.–7. Jahrhundert*: Im Laufe des 5. Jh. löste sich der europ. Westen schrittweise aus dem röm. Reich, um als System germ. Staaten neue Gestalt zu gewinnen. Byzanz, das den Zusammenbruch des okzidentalen Ksm.s nicht verhindern konnte, wahrte staatsrechtl. die Kontinuität des Imperium Romanum und erhob gegenüber dem werdenden Abendland den Anspruch auf universale Herrschaft. Der

Plan Justinians, die alten Grenzen mit Waffengewalt zurückzugewinnen (seit 533), mißlang; doch blieben einige seiner it. Erwerbungen als Basen byz. Einflusses bis 1071 in ksl. Hand. Bemerkenswerten Ausdruck fand die polit. Ideologie der Byzantiner in Versuchen, das Ksm. des Westens von Konstantinopel aus zu erneuern oder die ksl. Residenz in den Westen zu verlegen (Maurikios 597, Herakleios 619, Konstans II. 663). Andererseits intervenierte Byzanz diplomat. und militär. gegen germ. Reichsbildungen und überstaatl. Machtkonzentrationen (Theoderich 488/493 als →Patricius gegen das Kgtm. Odovakars; byz. Allianzen mit Franken, Langobarden, ztw. auch Vandalen, gegen die Ostgoten und ihre Verbündeten; Childebert II. unter dem Druck des Maurikios 584/590 gegen das Langobardenreich in Italien). Auf die Dauer waren die Oströmer jedoch zur Anerkennung der selbständigen Staaten auf ehemaligem Reichsboden gezwungen. Die Ks. behaupteten aber in einem hierarch. gedachten Staatensystem die Spitzenstellung. Die germ. Fürsten, die anfangs noch in ksl. Dienst gestanden hatten, sich von Byzanz durch Titel ehren und mit Königsinsignien ausstatten ließen (Odovakar, Theoderich, Sigismund v. Burgund, Chlodwig), respektierten in der »Familie der Könige« den Ks. als Vater. Byzanz wurde ihnen, bes. was die herrscherl. Repräsentation betrifft, zum Vorbild (u. a. »Imperialisierung des Kgtm.s« im Westgotenreich v. Toledo [→Westgoten]; Hof des Hzg.s →Arichis v. Benevent); doch strebten sie kaum danach, das westl. Ksm. institutionell fortzusetzen. Wesentliches Hindernis dafür war die arian. Konfession, welche die ostgerm. Völker (West- und Ostgoten, Vandalen, Burgunder, Langobarden) z. T. schon im 4. Jh. angenommen hatten (→Arius, Arianismus, Arianer). Der Ks., der in der Nachfolge Konstantins und Theodosios' I. die Leitung der Kirche beanspruchte und sich als Hüter der Orthodoxie begriff, erhielt einen rechtgläubigen Partner im Westen erst durch die Taufe des Franken Chlodwig 498 (?). Der frk. Reichsgründer und seine Nachfolger haben von ihren Stammländern aus eine erfolgreiche Expansionspolitik getrieben, die Theudebert I. 539 bis zur Besetzung Oberitaliens führte; nach Agathias I,4 soll derselbe Kg. sogar geplant haben, »Thrakien« einzunehmen «und »die ksl. Stadt Byzanz« anzugreifen. In Italien konnten die Merowinger weitergehende Herrschaftsansprüche weder gegen die Oströmer noch gegen die Langobarden durchsetzen und verzichteten sogar 617 auf ihre letzten Rechte. – Zur byz. Politik gegenüber dem westgot. Spanien im 6. und frühen 7. Jh. →Westgotenreich.

[2] *Im 8.–9. Jahrhundert:* Als die Langobardenkönige seit →Liutprand (ab 712) ganz Italien unterwerfen wollten und den Papst bedrohten, bot sich den Franken wieder eine Chance zum Eingreifen. Rom konnte aus Konstantinopel keinen Schutz erwarten, so daß sich schon Papst Gregor III. 739/740 an Karl Martell wandte. 751 eroberte Kg. →Aistulf den Exarchat v. →Ravenna; fortan war die byz. Herrschaft im wesentl. auf →Sizilien beschränkt. 754 reiste Papst Stephan II. ins Frankenreich und verlieh Kg. Pippin und seinen Söhnen den Patricius-Titel, den bisher der →Exarch als ksl. Beamter geführt hatte. Nach zwei siegreichen Kriegszügen des Karolingers gegen Aistulf mußten die Langobarden die eroberten Gebiete abtreten, die Pippin aber nicht an den Ks. zurückgab, sondern dem hl. Petrus übertrug (754/756). Damit entstand der →Kirchenstaat mit →Rom und →Ravenna als Hauptorten. Das Papsttum, das sich durch christolog., kirchenrechtl., aber auch steuerpolit. Streitigkeiten längst von Byzanz entfremdet hatte, vollzog die weltgeschichtl. bedeutsame Hinwendung zu den Franken. Pippins Sohn Karl d. Gr. übernahm 774 die langobard. Königswürde und stieg zum mächtigsten Herrscher des Westens auf. Von den Zeitgenossen war Karl schon als kaisergleich betrachtet worden, bevor ihn Papst Leo III. (nach byz. Vorbild?) Weihnachten 800 in Rom zum Ks. krönte und akklamieren ließ (→Kaiser, -krönung). Das Abendland hatte, abgesehen von Spanien und den brit. Inseln, eine neue polit. Einheit als *imperium occidentale* unter frk. Führung gefunden. Obwohl sich Karl für die gesamte Christenheit verantwortlich fühlte und selbst beim Kalifen v. Bagdad zugunsten des Hl. Landes vorstellig wurde, erstrebte er weder die Weltherrschaft noch dachte er an einen Angriff auf Byzanz. Die röm. Krönung und Akklamation brachte ihn jedoch in prinzipiellen Gegensatz zu Konstantinopel. Nach längeren Verhandlungen und krieger. Auseinandersetzungen in der Adria-Region erkannte ihn Ks. Michael I. 812 als *imperator* (ohne röm. Prädikat) an, vindizierte aber dem byz. Herrscher den Titel βασιλεύς Ῥωμαίων. Byzanz nahm in der Folgezeit die Existenz eines westl. Ksm.s hin, fand sich aber nie damit ab. Als Ludwig II. 869/870 den Titel »imperator Romanorum« für sich beanspruchte und Basileios I. als »imperator novae Romae« bezeichnete, kam es zum Bruch; Byzanz versagte seither dem abendländischen Ksm. die Anerkennung. Zur selben Zeit fiel in Osteuropa eine letzte wichtige Entscheidung über die Grenzen zwischen gr. Orient und lat. Okzident: Die →Kiever Rus' und die Serben (→Serbien) erhielten das Christentum durch Byzanz, und das Bulgarenreich (→Bulgarien) fiel nach Beschluß des VIII. Ökumen. Konzils 869/870 dem Patriarchat Konstantinopel zu (s. Abschnitt D). Von den durch Byzanz missionierten Völkern orientierten sich ledigl. die Mährer (→Mähren) nach Rom.

M. Borgolte

II. VOM ENDE DES KAROLINGERREICHES BIS ZUM 4. KREUZZUG: [1] *Allgemeiner Überblick:* Politik und Staatsrecht, Kirche und Kultur des Abendlandes waren im 10.–12. Jh. in hohem Maße durch Imitation von und Auseinandersetzungen mit Byzanz geprägt, das als »Versailles des MA« offen oder insgeheim bis 1204 als überlegen anerkannt wurde. Byzanz selber hielt den Anspruch auf den Westen, v. a. auf Rom und Italien, aufrecht, obwohl sein Hauptaugenmerk den Arabern und Slaven, dann der türk. Bedrohung galt. Bestimmend blieben das →Zweikaiserproblem mit Titelstreit, Heiratsverhandlungen und militär. Auseinandersetzungen in Süditalien und die davon nicht zu trennende kirchenpolit.-religiöse Frage, die im 11. Jh. zum sog. →Schisma (1054) führte. Kennzeichnend für die ganze Periode war der starke Einfluß des Ostens auf Insignien, Zeremonien und Herrscher-Ikonographie (→Herrschaftszeichen, →Herrscherbilder) und auf das Urkundenwesen (→Urkunde, -nwesen), v. a. auf die meist im Zusammenhang mit Gesandtschaften von und nach Byzanz stehenden Metallsiegel (Gold und Blei), Purpururkunden, Goldschrift zur Auszeichnung griech. geschriebener Wörter, während byz. Goldsiegel und die griech. Teile der Kaiserschreiben begehrte Schmuckgegenstände wurden (Goslar, Essen, St. Pantaleon in Köln). Als neue Faktoren traten im 10. Jh. die it. Seestädte (→Venedig, →Amalfi, später →Pisa und →Genua), im 11. Jh. die →Normannen als dritte polit. Macht zw. den beiden Kaiserreichen und im 12. Jh. die das Schisma vertiefenden Kreuzzüge hinzu. Zunehmend schwierigere Lösungsversuche, bei denen Byzanz insbes. Spannungen zw. dem westl. Kaisertum und dem Papsttum auszunutzen versuchte, hätten territorial den Verzicht des Westens auf Süditalien einschließl. Capua und

Benevent, ideell die Anerkennung des röm. Ausschließlichkeitsanspruches Konstantinopels und religiös der östl. Konzeption von der Unterordnung der Kirche unter den Ks. erfordert. Alle Faktoren bereiten den Boden für die Wendung des 4. Kreuzzuges nach Konstantinopel und die Eroberung der Stadt vor.

[2] *Im 10. Jahrhundert:* Die Kontakte gingen nach der Auflösung des Karolingerreiches weiter, obwohl der Einfall der Magyaren die Balkanroute für ein Jahrhundert unterbrach. Amalfi und Venedig übernahmen die Vermittlerfunktion, was zugleich die Frage der Thalassokratie neu stellte; Kaufleute waren neben Geistlichen die Träger der diplomat. Beziehungen auf dem Seeweg. Während der byz. Machtbereich in Unteritalien sich ausdehnte (915 Sieg über die Sarazenen am Garigliano), gerieten auch Rom und das Regnum Italicum durch die Ehe einer Tochter Ks. Leons VI. mit Ks. Ludwig d. Blinden (um 900) und die daraus folgende Verschwägerung mit Ks. Berengar I. (915-924), dann durch Bündnisse mit Kg. Hugo v. Arles, dessen illegitime Tochter mit Romanos II. verheiratet wurde, in den Einflußbereich Konstantinopels, während die stadtröm. Aristokratie unter →Marozia und →Alberich seit 932 erfolgreich eine neue Kaiserkrönung im Westen verhinderte.

Nach Kontakten zu Konrad I. (913) und mittelbaren zu Heinrich I. (932) intensivierten sich nach 945 die Beziehungen zu Deutschland (Gesandtschaften 945, 949, 952, 956, 960), u. a. mit dem Ziel einer Koalition gegen die Sarazenen in →Fraxinetum und in Süditalien, und zu Bayern, wo die Herzogstochter Hadwig als zweite Gattin für Romanos II. ausersehen wurde. Die Kaiserkrönung Ottos d. Gr. 962 zeigte trotz aller Betonung der hegemonialen frk. Kaiseridee, die sich bei Widukind in der Kaiserproklamation auf dem Lechfeld 955 niederschlug, wieder das Zweikaiserproblem auf. Die vom Papsttum vertretene, auf die →Konstantinische Schenkung gestützte röm.-universale Konzeption, die auch Kaiserprophetien auf den Westen übertrug (→Adso v. Montier-en-Der, →Liutprand v. Cremona), und Ottos Eingreifen in Unteritalien 967 führten zu Konflikten und machten Byzanz zum natürl. Verbündeten bzw. Zufluchtsort für alle Feinde der dt. Herrscher (Kg. →Adalbert v. Italien, Papst Johannes XIII., Papst Bonifatius VII.). Nach wechselnigen diplomat. Bemühungen (u. a. Liutprands v. Cremona) und einer Machtdemonstration vor Bari brachte 972 die Heirat Ottos II. mit →Theophanu, einer Nichte d. Ks.s Johannes I. Tzimiskes (statt mit einer erbetenen Porphyrogenneten ['Purpurgeborenen']), einen vorläufigen Ausgleich. Die Kirchenherrschaft Ottos gegenüber dem Papsttum gleicht byz. Verhältnissen. Ebenso tauchte schon bei dem Thronwechsel von 936 die unter den makedon. Ks.n entwickelte Porphyrogenneten-Idee auf (Otto war vor, sein Bruder nach der Königswahl Heinrichs I. geboren); 960 folgte die Königserhebung Ottos II. byz. Mitkaisererhebung und führte zum Herrschaftskonsortium, in das 972 auch Theophanu als coimperatrix aufgenommen wurde.

Durch die Gesandtschaften und v. a. durch Theophanu und ihr Gefolge strömten byz. Ideen und Kunst nach Deutschland: Seidenstoffe (→Seide), →Elfenbein, Onyxplatten, →Reliquien, die im Westen zum festen Bestandteil von Herrschergeschenken wurden (→Byzantinische Kunst). Das Prestige griech. Kultur und Wissenschaft war ungebrochen: Liutprand v. Cremona prahlt mit seinen Sprachkenntnissen und vermittelt in der »Antapodosis« bewundernd, in der »Legatio« schmähend, eine Fülle von Angaben über die griech. Sachkultur, →Thietmar v. Merseburg erklärt stolz Wort und Begriff der byz. Chelandia. Dagegen tadelt →Widukind v. Corvey die griech. perfidia, und eine Vision läßt Theophanu in der Hölle büßen.

Höhepunkt der Kontakte und der Imitation, aber auch Wende zur Selbständigkeit wurde die Zeit Ottos III.: mit der Annahme des von Otto II. 982 in Süditalien eingeführten röm. Kaisertitels (996), der Renovatio imperii Romanorum-Idee (998), der freilich unsystemat. Übernahme von Zeremoniell (z. B. erhöhter ksl. Tisch, Loros) und Titeln (→Logothet, →Patricius, →Protospatharius usw.), der (seit 998 exklusiven) Verwendung von Metallbullen (→Bulle) und der Übernahme des kleinen Goldsiegels des →Chrysobulls. Ideologisch, in der Darstellung als *theosteptos*, näherte sich Otto III., der in byz. Weise eremitische Ratgeber um sich sammelte (→Neilos v. Rossano, →Romuald v. Camaldoli, →Adalbert v. Prag), Byzanz und glich durch die Entlarvung der Konstantin. Schenkung auch rechtl. die Stellung des westl. Kaisertums gegenüber dem Papsttum derjenigen des →Basileus gegenüber dem Patriarchen an. Mit dem Diktum »Nostrum, nostrum est imperium« wurde aber auch schon die Stellungnahme gegen Byzanz angedeutet (Gerbert/Silvester II., →Leo v. Vercelli), was vielleicht den Widerstand gerade in griech. Kreisen erregte (Gegenpapst Johannes XVI. Philagathos). Trotz mögl. Erbansprüche gestand Basileios II. zum einzigen Mal in den ost-westl. Beziehungen Otto III. eine Porphyrogennete als Gattin zu, die bei ihrer Ankunft in Brindisi den Tod des Ks.s erfahren mußte (1002).

Für die anderen abendländ. Reiche sind aus dem 10. Jh. nur spärliche Nachrichten überliefert. So suchte Hugo Capet nach seiner Thronbesteigung ohne Erfolg eine byz. Gattin für seinen Sohn, in Dijon (wie auch auf der Reichenau) werden griech. Mönche erwähnt, in Ely ein griech. Bischof.

Während Otto III. in Süditalien nicht eingriff, übernahmen er und sein Nachfolger, Heinrich II., in Venedig die Patenschaft für einen Dogensohn, was mit einer byz. Heirat und der Titelerhöhung für einen anderen Dogensohn erwidert wurde. Ohne die Vermittlerrolle Venedigs zu beeinträchtigen, öffnete die Einbeziehung Ungarns in die christl. Staatenwelt durch die Taufe Stefans I. 1000 die Balkanstraße wieder. Die bisher auf eine kleine Oberschicht beschränkten Kontakte zw. Ost und West weiteten sich aus, die Zahl der Pilger stieg, für Bf. Gunther v. Bamberg ist 1064 von 10 000 Begleitern die Rede. Umstritten ist, inwiefern auf dieser Balkanroute häret. Ideen in den Westen (Oberitalien, Orléans, später →Katharer) gelangten. Gleichzeitig begann jedoch der Kampf um die Einflußsphären in Ungarn.

[3] *Im 11. Jahrhundert:* Die polit. und staatsrechtl. Natur der Beziehungen änderte sich im 11. Jh. grundlegend. Seit die röm. Ausrichtung des westl. Kaisertums als Imperium Romanum feststand, und von Heinrich III. an der dt. Kg. vor der Ks.-Krönung den Titel rex Romanorum annahm, standen sich zwei röm. Herrscher gegenüber. Heinrich II. führte zunächst die Verhandlungen weiter, doch das Ausgreifen von Byzanz in Unteritalien, die Hilfe Heinrichs II. für aufständ. Apulier (→Meles v. Bari), v. a. Pläne Basileios' II. zur Rückgewinnung Siziliens, warfen erneut die territoriale Frage auf, obwohl Heinrich II. und Konrad II., dessen Brautwerbung um eine Porphyrogennete für Heinrich III. scheiterte, eine direkte Konfrontation mieden. Später stellte Heinrich IV. ähnlich wie Heinrich I. v. Frankreich über eine russ. Heirat indirekte Kontakte zu Byzanz her. Byzantinische Einflüsse sind im 11. Jh. vielfach spürbar: griech. Elemente in der Freitagsliturgie (Es-

sen, Gandersheim, Würzburg, St-Denis), griech. Handwerker/Künstler, Bleibullen von Kirchenfürsten wie →Adalbert v. Bremen; Bf. →Benno II. v. Osnabrück plante eine Schule für künftige Diplomaten.

Eine völlig neue Situation schuf die Ausbreitung der Normannen in Unteritalien, wo Byzanz 1071 seinen letzten Stützpunkt Bari verlor. Ihre Belehnung durch das Papsttum 1059 (unter Papst Nikolaus II.) verletzte die Interessen beider Kaiserreiche. Bis zum Ende des 12. Jh. wechselten Koalitionspläne gegen die Normannen (Gesandtschaften von 1049, 1056, 1062, 1080–84 usw.) mit byz. Versuchen einer Einigung mit den Normannen oder einseitigem militär. Vorgehen. Seit dem Feldzug →Robert Guiscards und →Bohemunds v. Tarent gegen Epiros und Konstantinopel (1081–85) fürchtete Byzanz die Normannen mehr als die Türken und stützte sich zunehmend auf Söldner aus England (nach 1066) und auf oppositionelle Normannen, die z. T. im Heer Karriere machten und im 12. Jh. sogar in die Kaiserfamilie einheirateten.

Nach byz. Eingriffen in Süditalien (um 967) und der Streichung des Papstnamens in den →Diptychen verschärfte sich der kirchl. Streit (Welt- und Kirchenteilungsplan bei →Radulfus Glaber). Der Kardinallegat →Humbert v. Silva Candida bannte 1054 den Patriarchen →Michael Kerullarios und löste damit das Schisma aus. Bereits 1049 berief sich Papst Leo IX. Byzanz gegenüber auf die Konstantinische Schenkung; die vom Reformpapsttum entwickelte neue Kirchenidee mit dem vollen Primat des Papstes gegenüber den östl. Patriarchaten war für Byzanz unannehmbar. Die Kontakte gingen weiter (unter Gregor VII., Urban II., Clemens III.), die mit dem →Investiturstreit beginnenden Konflikte zw. Papsttum und westl. Kaisertum gaben Byzanz neue Möglichkeiten der Einflußnahme. Bereits unter Alexios I. zeichnete sich ab, daß Byzanz in westl. Schismen denjenigen Papst unterstützte, der nicht an einen Kaiser gebunden war.

An einen militär. Hilfeplan Gregors VII. und den Zug Gf. →Roberts v. Flandern um 1090 nach Byzanz knüpfte ein Hilfegesuch Alexios' I. an →Urban II. auf der Synode v. →Piacenza im Frühjahr 1095 an. Byzanz warb mit Geld, Reliquien und appellierte an christl. Verbundenheit. Doch der in →Clermont (November 1095) ausgerufene Kreuzzug schuf neue Probleme. Zwar vervielfachten sich die persönl. Kenntnisse des Ostens im Westen, aber wie Byzanz die Kreuzzugsidee nie verstand, fehlte es den Kreuzfahrern, die eine uneingeschränkte Unterstützung des Kreuzzugs als christl. Pflicht des Basileus ansahen, an Einsicht in geopolit. Zwänge der byz. Außenpolitik. Statt militär. Hilfe und kirchl. Annäherung brachte der Kreuzzug durch die oft unorganisierten Scharen, die Protokoll- und Rechtsfragen, die Vernichtung der Kreuzfahrerheere von 1101 und durch den Zug →Bohemunds v. Tarent-Antiochia gegen Epiros (1107–08) gegenseitiges Mißtrauen und Haß, der im Osten v. a. vom Mönchtum getragen wurde. Im Westen mischte sich in das Staunen über die Reichtümer Konstantinopels Neid, das Bild des treulosen Byzanz steigerte sich zum Vorwurf der Häresie und verdrängte die Idee christl. Gemeinsamkeit.

[4] *Im 12. Jahrhundert:* Mehr als die Ereignisse von 1054 trennte im kirchl. Bereich die Errichtung einer lat. Hierarchie in Syrien. Die Wiedereinsetzung eines griech. Patriarchen in →Antiochia wurde ständiges Postulat. In einer umfangreichen polem. Literatur und in Streitgesprächen (Ebf. →Petrus Grossolanus v. Mailand 1112, Bf. →Anselm v. Havelberg 1136 und 1155) rückte die Primatsfrage in den Vordergrund, die – wegen der Kaiserkrönung durch den Papst mit dem Zweikaiserproblem verbunden – zum polit. Instrument des Basileus bei Spannungen zw. Papst und westl. Ks. wurde, während das Papsttum eine polit. Annäherung an Byzanz als Drohung gegen das Ksm. verwandte. Schon 1111/1112 wurde Heinrich V. von einer Synode in Konstantinopel verurteilt und Alexios I. bot den Römern Hilfe an, schlug vielleicht auch eine (Rück)-Übertragung des Ksm.s an den Osten vor (→Translatio-Idee).

Schlüsselpunkt blieb jedoch das norm. Problem. Die Königserhebung mit päpstl. Hilfe 1130 und 1139 machte Roger II. zum gefährlichsten Gegner des Basileus. Johannes II. Komnenos trat mit neuen Allianzplänen und Heiratsprojekten 1135 und 1137 an Ks. Lothar III., 1139 an Kg. Konrad III. heran und wandte sich 1139 und 1141 an Papst Innozenz II. Aber die aus antiken Vorstellungen, der Kreuzzugsidee und dem Verhältnis zu Byzanz entwickelte stauf. Reichsidee machte auf die Dauer eine Einigung unmöglich. Ohne Kaiserkrönung nahm Konrad III. gegenüber Byzanz den Titel »Romanorum imperator augustus« an, sein Neffe, Friedrich I., dann ebenso gegenüber Papst Eugen III. im Vertrag von →Konstanz (1153), der beidseitig territoriale Konzessionen an die Griechen ausschloß, während der Basileus nun als »imperator Constantinopolitanus« oder gar nur als »rex Grecorum« galt (Briefe Konrads III., →Archipoeta, →Ligurinus). Erst seit der neuen lat. Wiedergabe von »basileus autokrator« durch »imperator auctocrator« (1164) bzw. »imperator moderator« (seit 1176) billigte Byzanz Friedrich I. den Kaisertitel ohne refert. Zusatz, und damit im Sinne eines Mitkaisers, zu. Die Heirat von Konrads III. Nichte und Adoptivtochter →Bertha v. Sulzbach mit Manuel I. 1146 führte zu einer Verschwägerung von Komnenen und Staufern. Auf dem 2. Kreuzzug kam es zur ersten persönl. Begegnung abendländ. Herrscher und des Basileus sowie zu einer komnenisch-babenberg. Heirat (zw. →Heinrich Jasomirgott und Theodora, Manuels Nichte) und zum Vertrag v. →Thessalonike (1148), doch der vereinbarte Feldzug gegen Sizilien kam nicht zustande, so daß die territorialen Fragen offen blieben. Nach ergebnislosen Heiratsverhandlungen mit Friedrich I. versuchte Manuel I. 1155–57 erfolglos eine militär. Lösung des norm. Problems und wechselte zu einem Bündnis mit Sizilien (nochmals 1166/67, 1171/72). Während die intensivierten Kontakte höf. Elemente wie Turniere und zentrifugale lehnsrechtl. Vorstellungen nach Byzanz brachten, wirkten byz. Vorbilder auf das Verhältnis des westl. Kaisertums zum Papsttum ein (→Wibald, 1150; Reichstag von →Besançon, 1157).

Vorübergehend weckte das Schisma von 1159 (Doppelwahl von Alexander III. und Viktor IV.) Aussichten, das Zweikaiserproblem und die Unionsfrage (vgl. auch →Kirchenunion) im byz. Sinne zu lösen, da Papst Alexander III. die Unterstützung Manuels I. suchte und sich eine große byz. Koalition mit Sizilien, Frankreich, Ungarn, den Lombardenstädten und Fühlern selbst zu Heinrich d. Löwen abzeichnete. 1172 weilte Heinrich d. Löwe als Pilger in Konstantinopel. Auch die Kreuzfahrerstaaten traten in ein enges Bündnisverhältnis zu Byzanz. 1173 versuchte Manuel bei Ancona nochmals die militär. Lösung. Im Verlauf von mehrfachen Gesandtschaften (1160, 1161, 1163, 1166, 1167, 1169/70, 1172/73, 1176/77) wurde ein von Legaten bereits vereinbarter Vertrag über die Rückgabe (translatio) der »corona imperii Romani« (die Reichsrechte, nicht die Krone als Insignie oder eine konstitutive Krönung in Rom) von Alexander III. nicht ratifiziert. Die Niederlage von →Myriokephalon 1176 beraubte Byzanz des Prestiges, der Friede v. →Venedig (1177) die Unions- u. Translationsverhandlungen der polit. Basis.

Eine Ehe der Tochter Ludwigs VII. von Frankreich mit dem Thronfolger Alexios II. erfüllte die Erwartungen ebensowenig wie Verhandlungen mit Heinrich II. v. England, weil die byz. Politik unter lateinerfeindl. Tendenzen geriet. Denn seit dem Ende des 11. Jh. unterwanderten die it. Seestädte Byzanz wirtschaftlich. In völkerrechtl. Charakter annehmenden Verträgen erhielten sie Befreiung von Abgaben, eigene Quartiere, schließl. jurisdiktionelle Exemtionen (Venedig seit 997 bzw. 1082, Pisa seit 1111, Genua seit 1169); griech. Wörter der Handelssprache (embolum, samitum, tapit usw.) wurden im Westen übernommen. Weder ein Schlag gegen die Venezianer (1171) noch ein allg. Lateinerpogrom (1182) beseitigten die Abhängigkeit, sondern vermehrten nur den Haß im Westen, wo Rachegedanken wach wurden.

Bei fortdauernder Unterlegenheit in der materiellen Kultur wuchs das Selbstbewußtsein des Westens. Der röm. König erhielt immer stärker imperialen Rang, die Titulatur in Schreiben an Byzanz ahmte die byz. Kaisertitulatur nach. Barbarossa trat 1189/90 dem Basileus als der Überlegene entgegen, nachdem er schon von Alexander III. die Mitkaiserkrönung seines Sohnes nach byz. Vorbild erstrebt hatte. Noch stärker wirkten im norm. Sizilien byz. Vorbilder auf Insignien, Prunkgewändern und bildl. Herrscherdarstellungen. Trotz zunehmendem Spott und verbaler Verachtung der Griechen ist das polit. Denken des Abendlandes im 12. Jh. nur unter dem Blick auf Byzanz verständlich. Gleichzeitig setzte die Rezeption der griech. Literatur ein (vgl. hierzu die Artikel →Byzantinische Literatur, →Griechische Literatur im Abendland).

Den letzten Einschnitt brachte die Heirat Heinrichs VI. mit Konstanze 1186 und die Vereinigung Siziliens mit dem westl. Kaiserreich (1189–94). Sie verbanden ungebrochenen norm. Expansionsdrang (Angriff auf Thessalonike 1185) mit der Konkurrenz um die universale Kaiserwürde. Heinrich VI. erbte zudem als Kaiseraufgabe den Kreuzzug und zwang Isaak II. Angelos 1196 zu Tributzahlungen für einen geplanten Zug ins Hl. Land. Die Heirat der byz. Braut des letzten Normannenkönigs, Irene Angelina, mit seinem Bruder Philipp gab Heinrich zudem ein polit. Druckmittel. Ob er einen Angriff auf Konstantinopel plante, ist umstritten.

Im 4. Kreuzzug (1202–04), der sich nach neuen vergebl. Unionsverhandlungen unvorhergesehen, aber auf teils offen, teils unterschwellig seit langem vorbereiteter Basis nach Konstantinopel richtete, entlud sich Haß, Neid und Gier nach dort aufbewahrten weltl. Schätzen und Reliquien. Die Folgen der fürchterl. Plünderung der Stadt waren irreparabel. Das Unionsproblem wurde durch das auch in Konstantinopel entstandene Schisma verschärft, das Zweikaiserproblem abgewandelt zum Gegensatz zw. →Lat. Kaiserreich und griech. Teilreichen, der Kreuzzug sollte nun das Lat. Kaiserreich und die lat. Kirche gegen Restaurationsversuche schützen bzw. nach 1261 wiederherstellen. Politische Frage, Kreuzzug und Union verknüpften sich. Der Westen andererseits wurde überschwemmt mit Beutestücken, die neue künstler. Impulse vermittelten (→Byzantinische Kunst). Doch den im 12. Jh. angebahnten Ausgleich in Lebensformen und Denken hatte 1204 nicht vollendet, sondern zu neuem Auseinandergehen geführt. – Zu dem Verhältnis zw. Byzanz und Abendland bis z. 15. Jh. vgl. B VI–VII.   R. Hiestand

Bibliogr. und Lit.: zu [1]: RByz I, 126ff. [W. OHNSORGE u. a.] – F. DÖLGER, Byzanz und die europ. Staatenwelt, 1953 – P. GOUBERT, Bycance avant l'Islam, T. II, 1955/65 – W. GOFFART, Byz. Policy in the West under Tiberius II and Maurice, Traditio 13, 1957, 73–118 – K. HAUCK, Von einer spätantiken Randkultur zum karol. Europa, FMASt 1, 1967, 3–93 – P. CLASSEN, Karl d. Gr., das Papsttum und Byzanz, 1968 – F. DVORNIK, Byz. Missions among the Slavs, 1970 – D. H. MILLER, The Roman Revolution of the Eighth Century, MSt 36, 1974, 79–133 – H. AHRWEILER, L'idéologie politique de l'Empire byz., 1975 – J. DEÉR, Byzanz und das abendländ. Herrschertum, 1977 – D. CLAUDE, Universale und partikulare Züge in der Politik Theoderichs, Francia 6, 1978, 19–58 – M. BORGOLTE, Papst Leo III., Karl d. Gr. und der Filioque-Streit v. Jerusalem, Byzantina 10, 1980, 403–427 – W. BERSCHIN, Gr.-lat. MA, 1980 – T. C. LOUNGHIS, Les ambassades byz. en Occident depuis les fondations des états barbares jusqu'aux Croisades (407–1096), 1980 – O. MAZAL, Byzanz und das Abendland (Kat. Wien 1981) – E. EICKHOFF, Macht und Sendung. Byz. Weltpolitik, 1981 – *zu [II]:* H. E. MAYER, Bibliogr. zur Gesch. der Kreuzzüge, 1960, passim – W. NORDEN, Das Papsttum und Byzanz, 1903 – J. GAY, L'Italie méridionale et l'Empire byz. 867–1071, 1904 – W. HEYD, Hist. du commerce d'Orient au MA, 1923 – B. LEIB, Rome, Kiev et Byzance à la fin du XIᵉ s., 1924 – J. EBERSOLT, Orient et Occident, I: Recherches sur les influences byz. et orientales en France avant les Croisades, 1928 – P. E. SCHRAMM, Kaiser, Rom und Renovatio, I, 1929, 1957² – G. SOYTER, Die byz. Einflüsse auf die Kultur des ma. Dtl., Leipziger Vierteljahresschrift für Südosteuropa 5, 1941, 153–172 – H. BLOCH, Montecassino, Byzantium and the West in the earlier MA, DOP 3, 1946, 163–224 – W. OHNSORGE, Das Zweikaiserproblem, 1949 – F. DÖLGER, Byzanz und das Westreich, DA 8, 1950, 238–249 – B. BISCHOFF, Das griech. Element in der abendländ. Bildung des MA, BZ 44, 1951, 27–55 – P. CHARANIS, Aims of the medieval crusades and how they were viewed by Byzantium, ChH 21, 1952 – F. DÖLGER, Die »Familie der Könige« im MA (DERS., Byzanz und die europ. Staatenwelt, 1953), 34–69 – G. SCHREIBER, Christl. Orient und ma. Abendland (Oriens christianus 38, 1954), 96–112 – A. MICHEL, Schisma und Kaiserhof i. J. 1054 (L'église et les églises, I, 1954), 351–440 – F. DÖLGER, Byzanz und das Abendland vor den Kreuzzügen (Relazioni X congresso internaz. di scienze storiche, III, 1955), 67–112 – S. RUNCIMAN, The Eastern Schism, 1955 – A. FROLOW, La déviation de la quatrième croisade vers Byzance, 1955 – P. LAMMA, Comneni e Staufer, 1955 – P. E. SCHRAMM, Herrschaftszeichen und Staatssymbolik, I–III, 1955 und Nachträge (MGH Schr. 12, 1955–78) – J. DEÉR, Byzanz und die Herrschaftszeichen des Abendlandes, BZ 50, 1957, 405–436 – W. OHNSORGE, Abendland und Byzanz, 1958 – W. GOEZ, Translatio imperii, 1958 – J. DEÉR, The dynastic porphyry tombs of the Norman period in Sicily, 1959 – H. J. KIRFEL, Weltherrschaftsidee und Bündnispolitik (BHF 12, 1959) – P. LAMMA, Il problema dei due imperi dell'Italia meridionale nel giudizio delle fonti letterarie dei secoli IX e X (Atti 3° congresso di studi sull'alto medioevo 1959), 152–253 – M. BECK, Alexios Komnenos zw. Normannen und Türken (Akten des XI. Internat. Byzantinisten-Kongr. 1958, 1960), 43–47 – W. F. DALY, Christian fraternity, the crusades and the security of Constantinople, MSt 22, 1960, 43–91 – J. FERLUGA, La ligesse dans l'Empire byz. (ZRVI 7, 1961), 97–123 – F. DÖLGER, Der Feudalismus in Byzanz (VuF 5, 1960), 185–193 – P. RASSOW, Honor imperii, 1961 – D. M. NICOL, Byzantium and Papacy in the XIth c., JEcH 13, 1962, 1–20 – W. DE VRIES, Rom und die Patriarchate des Ostens, 1963 – R. HIESTAND, Byzanz und das Regnum Italicum im 10. Jh., 1964 – F. DVORNIK, Byzance et la primauté romaine, 1964 – J. DARROUZÈS, Les documents byz. du XIIᵉ s. sur la primauté romaine, RevByz 23, 1965, 42–88 – W. OHNSORGE, Konstantinopel im polit. Denken der Ottonenzeit, in Polychronion (Fschr. F. DÖLGER, 1966), 388–412 – DERS., Konstantinopel und der Okzident, 1966 – S. VEROSTA, Byzanz und Österreich um 1150 n. Chr. (Epistemonike Epeteris 12, 1966–71), 133–165 – CH. W. BRAND, Byzantium confronts the West, 1180–1204, 1968 – H.-G. BECK, Byzanz und der Westen im 12. Jh. (VuF 12, 1969), 227–241 – S. KINDLIMANN, Die Eroberung von Konstantinopel als polit. Forderung des Westens im HochMA, 1969 – B. EVELS-HOVING, Byzantium in Westerse Ogen 1096–1204, 1971 – K. LEYSER, The Tenth Century in Byzantine-Western Relationship, in Relations between East and West in the MA, 1973, 29–63 – D. M. NICOL, Byzantium and England, Balkan Stud. 15, 1974, 179–203 – K. N. CIGGAAR, Byzance et l'Angleterre [Diss. Leyden 1976] – B. WIDERA, Die polit. Beziehungen zw. Byzanz, Dtl. und der Rus' bis zur Mitte des 11. Jh., Jb. für Gesch. der sozialist. Länder Europas 20, Nr. 2, 1976, 9–24 – A. TUILIER, Byzance et la féodalité occidentale (La guerre et la paix, 1976), 35–50 – G. W. DAY, Manuel and the Genoese, JEH 37, 1977, 289–301 – P. CLASSEN, Die Komnenen und die Kaiserkrone des Westens, Journal of Medieval Hist. 3, 1977, 207–224 – H. D. KAHL, Röm. Kaiserpläne im Komnenenhaus, AK 59, 1977, 259–320 – H. VOLLRATH, Konrad III. und Byzanz, ebd., 321–365 – D. E. QUELLER, The forth crusade, 1978 –

M. RENTSCHLER, Griech. Kultur und Byzanz im Urteil westl. Autoren des X. Jh., Saeculum 29, 1978, 324-355 – Orient et Occident au Xe s. (Publ. de l'Univ. de Dijon 57, 1979) – D. J. GEANAKOPLOS, Medieval Western Civilization and the Byz. and Islamic Worlds, 1979 – R. KERBL, Byz. Prinzessinnen in Ungarn zw. 1050 und 1200 und ihr Einfluß auf das Arpadenreich, 1979 – A. PERTUSI, Venezia e Bisanzio 1000-1204, DOP 33, 1979, 1-22 – P. SCHREINER, Unters. zu den Niederlassungen westl. Kaufleute im byz. Reich des XI. und XII. Jh. (Byz. Forsch. 7, 1979), 175-191 – J. DEÉR, Byzanz und das westl. Ksm., 1979 – M. RENTSCHLER, Griech. Kultur und Byzanz im Urteil westl. Autoren des XI. Jh., Saeculum 31, 1980, 112-155. – R.-J. LILIE, Byzanz und die Kreuzfahrerstaaten, 1981 (vgl. dazu: H. MÖHRING, HZ 234, 1982, 601-608).

G. Byzanz und Skandinavien

Der Kontakt zw. Skandinavien und dem B. R. ist eine Folge der schwed. Handelsaktivitäten im Baltikum und in Rußland, die bereits in der Vorwikingerzeit einsetzen (→Helgö), spätestens zu Beginn des 9. Jh. aber zur Beherrschung von Handelswegen führen, die die Ostsee – Dnjepr und Wolga folgend (→Birka) – mit dem Schwarzen und dem Kasp. Meer verbinden. Der Sicherung dieser bedeutenden Handelsrouten dienten eine Reihe von Handelsplätzen, die zu Zentren skand. Präsenz (und Herrschaft) in Rußland wurden. Aus den wichtigsten – Novgorod (anord. Hólmgarðr) und → Kiev (anord. Kœnugarðr) – entwickelten sich Fsm. er, an deren Gründung und Organisation Skandinavier beteiligt waren. Das Ziel war die Kontrolle des Transithandels zw. den byz. und arab. Gebieten und dem Westen (→Haithabu). Diese v. a. schwed. Händler (Söldner und Siedler) wurden von den Slawen *rus'* (gr. 'Ρῶς, arab. *ar-Rus*, finn. *ruotsi*, möglicherweise von aschw. *rōðR*) oder *varjager* (gr. βάραγγοι, anord. *væringjar*) genannt. (Bedeutung und Etymologie beider Wörter sind umstritten; vgl. →Rus', →Waräger.)

Die Anwesenheit und herausragende Stellung der Rhos, Rus' im Gebiet d. späteren Rußland (anord. Garðaríki, 'Reich der Städte') wird zum ersten Mal in den westfrk. Annalen (→Annalen v. St-Bertin) unter dem Jahr 839 erwähnt, dann in dem Bericht →Liutprands v. Cremona über zwei diplomat. Missionen nach Konstantinopel 948-950 und 968 (»Antapodosis«: »Rusios quos alio nomine Nordmannos appellamus«), weiterhin in »De administrando imperio« des Ks.s Konstantin Porphyrogennetos um 950 und in der sog. Nestorchronik (→Povest' vremennych let) aus Kiev u. a. unter dem Jahr 861/862. Diese Quellen betonen den aktiven waräg. Handel mit dem B. R.; andere Verbindungen der Skandinavier, v. a. mit dem Kalifat v. Bagdad über die →Wolgabulgaren und →Chazaren (→Seidenhandel, Silberfunde), sollten jedoch nicht unterschätzt werden. (Zu den polit., wirtschaftl. und kulturellen Beziehungen zw. dem B. R. und Kiev vgl. Abschnitt E)

Der Reichtum Konstantinopels, das im Norden – sicher nicht ohne Bewunderung – »die große Stadt« (anord. Miklagarðr) genannt wurde, und die expansive Politik des B. R.es im 10.–11. Jh. führten zu einem ständigen Zustrom skand. Söldner in das byz. Heer. 988 trat unter Ks. Basileios II. zum ersten Mal eine geschlossene Waräger-Truppe (nach den Quellen 6000 Mann) aus Kiev in ksl. Dienste. Aus dieser Truppe entstand die ksl. Leibgarde, die bis in die 2. Hälfte des 11. Jh. vornehml. aus Skandinaviern bestand. Nach 1066 kamen v. a. Dänen aus England hinzu.

Der Dienst in der Waräger-Garde wird in der isländ. Sagaliteratur (→Saga) als ehrenhafte Tat häufig, wenn auch klischeehaft und pauschal, erwähnt. Deutlicher umrissen ist der Aufenthalt des späteren norw. Kg.s → Harald Hardrádi (1046-66) in Konstantinopel, dessen Taten in der »Haralds saga Sigurðarsonar« beschrieben sind und der auch im »Strategikon« des →Kekaumenos (ca. 1080) als Inhaber mittlerer militär. Ränge (Manglabit und Spatharokandidatos) genannt wird. Er kämpfte als Anführer einer Waräger-Truppe von 1034-44 u. a. unter dem byz. General Georgios →Maniakes (anord. Gyrgir; vgl. auch Abschnitt E). Die Fahrten des norw. Kg.s Sigurd Jórsalafari (1103-30) und des Jarls der Orkneys, Rǫgnvald kali († 1158), nach Konstantinopel bzw. Jerusalem sind dagegen reine Kreuzzugsunternehmungen. Neben diesen Saga-Erzählungen sind es v. a. schwed. Runeninschriften (→Runen), die von Ostfahrten schwed. Waräger berichten.

Obwohl sich Skandinavien eng an die westl.-lat. Kultur anschloß, lassen sich doch, v. a. im Münzwesen, in der bildenden Kunst und in der Literatur Anzeichen byz. Einflusses feststellen. Insbes. im Falle der bildenden Kunst und der Literatur muß neben der möglichen Vermittlung über Rußland mit der Vermittlung durch die byz. beeinflußte westeurop. Kunst gerechnet werden. Der Kulturaustausch zw. Skandinavien und dem B. R. wurde sonst in der Regel durch Kiev vermittelt und ist in seinen Auswirkungen insgesamt nicht schwer abzuschätzen.

Von den ca. 200 000 wikingerzeitl. Münzen in Schweden stammen nur ca. 400 aus dem B. R., dennoch wurden diese Münzen seit dem 10. Jh. bes. häufig imitiert und beeinflußten – insbes. auf ikonograph. Gebiet – die Münzen, die unter Olaf Skötkonung (995-1022) in Schweden und unter Hartheknut (1035-42) und Sven Estridsen (1047-75) in Dänemark geprägt wurden. Bes. intensiv verwendete die Münze in Lund byz. Vorbilder.

Die bildende Kunst Skandinaviens weist eine Vielzahl byz. Motive auf. Dabei hatten die lombardischen Bauhütten am Dombau zu Lund eine wichtige Vermittlerrolle inne. Russ.-byz. Maler haben dagegen in vielen Fällen gotländ. und schwed. Kirchen ausgemalt (→Kalkmalereien); bes. deutliche Beispiele sind die Heiligenfiguren in den gotländ. Kirchen von Garde und Källunge. Sie dürften dabei auch auf das einheim. Kunsthandwerk eingewirkt haben. Ein russ.-byz. Einfluß läßt sich auch auf dän. Kalkmalereien nachweisen. Auf Formen byz. Ornamentik an norw. →Stabkirchen ist man erst in neuerer Zeit aufmerksam geworden.

Zahlreiche Erzähl- und Märchenmotive in der isländ. Sagaliteratur (→Saga) stammen aus byz.-oriental. Erzählgut. Eine direkte mündl. Überlieferung ist denkbar, in der Regel werden aber das lat. Schrifttum und die europ. volkssprachl. Literatur als Vermittler fungiert haben.

H. Ehrhardt

Q. *und Lit.:* KL II, 428-444 – ST. WIKANDER, Bibliogr. Normanno-Orientalis (Bibl. of Old Norse-Icelandic Stud. 1974), 1976 – Varangian Problems, 1970 – G. JONES, A Hist. of the Vikings, 1973 – H. R. E. DAVIDSON, The Viking Road to Byzantium, 1976 – E. EBEL, Die Waräger, 1978 – ST. WIKANDER, Araber, Wikinger, Väringer, 1978 – Les Pays du Nord et Byzance (Kongreßakten Uppsala 1979), red. R. ZEITLER, 1981 [grundlegend] – vgl. auch Lit. zu →Waräger.

H. Byzanz und seine östlichen Nachbarn. Die Ostgrenze des Reiches

I. Allgemeine Problematik – II. Die arabisch-syrisch-mesopotamische Grenze (4.–7. Jh.) – III. Die Taurusgrenze. Byzantinischer Vorstoß zum Euphrat und nach Syrien (7.–Ende 10. Jh.) – IV. Zusammenbruch der vorgeschobenen Ostgrenze. Die inneranatolische Grenze (Mitte 11.–14. Jh.) – V. Struktur der Ostgrenze und Probleme ihrer Kontinuität – VI. Der Alltag an der Ostgrenze.

I. ALLGEMEINE PROBLEMATIK: Das Verhältnis des B. R.es zu seinen östl. Nachbarn, deren ethn. Struktur, Sozialverhältnisse und religiöse Zugehörigkeit in einigen Teilen der benachbarten Gebiete mehrfach durch Völkerverschiebungen und militär. Expansionsbewegungen wechselten, in anderen Teilen wiederum relativ konstant blieben, hatte für den Bestand des Reiches und seine polit.-militär. Möglichkeiten und Grenzen stets bestimmenden Charakter. Die polit. und militär. Orientierung des B. R. es auf den Osten hat sich mit der langsamen Loslösung des Westens und mit der Konstituierung Kleinasiens als des zentralen byz. Herrschafts-, Wirtschafts- und Siedlungsraumes im Zuge der frühbyz. Entwicklung offensichtl. verstärkt. Die Frage nach dem Verhältnis Byzanz' zu den benachbarten Völkern und Kulturen im vorderasiat. Raum, die einen zentralen Bestandteil des weltgeschichtl. überaus relevanten Problemkomplexes der hist. und kulturellen Beziehungen zw. Europa und Asien ausmacht, kann angesichts des derzeitigen, z. T. lückenhaften Forschungsstandes nur unvollkommen beantwortet werden. Ansätze zu einer Erhellung bestimmter wesentl. Schwerpunkte, Faktoren und Konstanten byz. Politik gegenüber den östl. Nachbarn des Reiches bietet dabei eine Darstellung der byz. Ostgrenze, die im Zentrum des folgenden Beitrags steht, wobei nicht nur der äußerl. Verlauf, sondern v. a. die Probleme der Verwaltungs-, Militär-, Wirtschafts- und Sozialstruktur der Ostgrenze, im Gesamtverlauf der byz. Geschichte und unter dem Aspekt von Kontinuität und Wandel, den Schwerpunkt der Darstellung bilden.

Die Ostgrenze in Form eines Artikels abzuhandeln, ist aus mehreren Gründen ein Wagnis: 1. Es ist bisher noch keine umfassende Synthese geschrieben worden, welche die eben genannten Aspekte in gleichem Maße berücksichtigt. HONIGMANNS grundlegende Monographie (1935) bis zum Ende des 11. Jh. geht gerade auf Strukturprobleme, die heute im Mittelpunkt der hist. Fragestellung stehen, nur am Rande ein. HONIGMANN konnte 1935 nur wenige archäol. Forschungen heranziehen. – 2. Trotz der dürftigen Quellenlage sind die Stellen aus griech., armen., syr., georg. und v. a. arab. Quellen zu den einzelnen modernen hist. Fragestellungen (z. B. Durchlässigkeit der Grenze, Klimaverschiebung, Herkunft und Besitz byz. Familien an der Ostgrenze, Frage der »Kaiserfeindlichkeit« im Grenzgebiet, quantitative Maßzahlen usw.) noch nicht systemat. gesammelt und gesichtet. – 3. Die archäol. Erforschung ist unausgewogen: Während für Syrien, Palästina, Kappadokien, Kilikien und die »innere« Euphratgrenze (s. Abschnitt II) hist. verwertbare, freilich stark erweiterungsfähige, archäol. Oberflächenforschungen, Luftaufnahmen und Grabungen vorliegen (HILD-RESTLE, 1981; GICHON, 1980; PARKER, 1980; MITFORD, 1980; HILD, 1977; HELLENKEMPER, 1976; RESTLE, 1971; MOUTERDE-POIDEBARD, 1945; POIDEBARD, 1934 u. a.), sind gerade die eindrucksvollen Ruinenhügel der »äußeren« Euphratgrenze (s. Abschnitt II) weitgehend unerforscht. Die vergl. Burgenforschung, für die bereits umfangreiches Material vorliegt (z. B. HILD-RESTLE, 1981; HELLENKEMPER, 1976; MICHEL, 1970 in armen. Sprache) steht an den Anfängen. – 4. Die in ihrer größten Ausdehnung über 1500 km lange Ostgrenze umfaßt in ihrem Verlauf extrem verschiedene klimat. und bodenmorphologische Verhältnisse von Sandwüste, Steppe und Sumpfgebiet bis zum schwerübersteigbaren Hochgebirge (Pontus, armen. Bergland). Diese geogr. Unterschiede bedingen teilweise eine verschiedene Struktur der Grenzzonen und verlangen Differenzierung des hist. Verlaufes. – 5. Der ungeheure Zeitraum von fast 1000 Jahren, der zum Verständnis der Kontinuität immer wieder auf die röm. Zeit ausgedehnt werden muß, ist in diesem Rahmen nur schemat. in Umrissen unter weitgehendem Verzicht auf Einzelheiten wiederzugeben. – 6. Die Ereignisse an der Ostgrenze sind nur im Gesamtzusammenhang mit der Geschichte des gesamten Mittelmeerraumes, des Balkans und der arab. Welt zu beschreiben. Kämpfe in Italien, z. B. unter Justinian, und auf der Balkan-Halbinsel, unter Konstantin V., führten zwangsläufig zu einer Schwächung an der Ostgrenze (vgl., auch zum folgenden, stets die allgemeine Darstellung der byz. Geschichte im Abschnitt B). Innere Unruhen im pers., arab. und seldschuk. Lager geben Byzanz die Chance zu Vorstößen, ohne daß dadurch ein Urteil über die erhöhte Verteidigungskraft von Byzanz berechtigt ist (v. a. Mitte des 8. Jh.). Die Schwäche des Kalifats kann aber auch zur Bildung von lokalen Herrscherzentren an der Grenze Anlaß geben, die Byzanz stärker belasten als die Zentralgewalt (z. B. Ḥamdāniden von Aleppo; Emire von Melitene).

II. DIE ARABISCH-SYRISCH-MESOPOTAMISCHE GRENZE (4.–7. JH.): Zur Zeit der Krise der röm. Republik schob sich die Ostgrenze weit vor; unter Pompeius wurde Syrien 64 v. Chr. röm. Provinz. Er konstituierte die Doppelprovinz Bithynia und Pontus. 69 v. Chr. überschritt ein röm. Heer den Euphrat. 6 n. Chr. wurde Iudäa röm. Provinz. Im ersten und zu Beginn des zweiten Jahrhunderts der röm. Kaiserzeit nahm die Ostgrenze bereits die Gestalt an, die sie – natürlich mit lokalen Veränderungen – bis zum Einfall der Araber (s. Abschnitt III) behalten sollte: Armenien wurde in der Regierungszeit Neros 66 n. Chr. röm. Vasallenstaat, zwei Jahre zuvor wurde das Kgr. Pontus röm. Provinz. Um 70 stehen röm. Legionen an Schlüsselbastionen der Euphratgrenze: die Ende des 5. Jh. nach Archissos verlegte Legio XII Fulminata in Malatya (Melitene), die Legio XVI Flavia Firma in Samosata (zur Gesch. von Melitene, der umkämpften Grenzstadt vgl. RESTLE-HILD, 1980, s. v.). Unter Hadrian (117–138) wurde in Satala an der Euphratgrenze ein Legionslager für die Legio XV Apollinaris erbaut. Unter Vespasian (69–79) liegt eine röm. Besatzung im Kaukasus (bei dem heut. Tiflis und bei Baku). 106 n. Chr. ist Arabia röm. Provinz. Das System der Vasallenstaaten, die, mehr oder weniger zuverlässig, die Ostgrenze beschützten, wurde von Rom teilweise in eigene Hand genommen durch eine von Festungen und Wachtürmen geschützte Grenzzone am Euphrat bis nach Trapezunt am Schwarzen Meer (Karten bei MITFORD, 1980; HELLENKEMPER, 1977). Nach Trapezunt legte Diokletian (284–305) die Legio I Pontica. Der Vorstoß Trajans (98–117) bis zur Tigrismündung hatte keine dauerhafte Grenzzone zur Folge. Erst der Partherkrieg (197–199) des Septimius Severus schuf die neue röm. Provinz Mesopotamia mit Stationierung von zwei Legionen und dem in den späteren Perserkriegen vielumkämpften Nisibis als Mittelpunkt. Dadurch rückte die Grenze weiter vom Euphrat weg nach Osten vor an der Mündung des Chaboras in den Euphrat und wurde seit Diokletian, der bereits Kirkesion befestigte, bis ins 6. Jh. mehr oder weniger systemat. ausgebaut (HONIGMANN, 1935, 4ff.; JONES, 1971, 222f.). Wichtigste Punkte der »Außenzone«: Amida (Diyarbekr), von Ks. Constantius 349 befestigt, war kirchl. Metropole von Mesopotamien; die Befestigung erwies sich in den Perserkriegen als unzulänglich, so daß Justinian Mauern und Vorwerk erneuern ließ (nur kurz: Prokop, De Aedif. II, 3). – Cepha (Kiphas; Hasankef) am Tigrisknie als Sitz der Militärverwaltung ab 363. Sitz eines militär. Befehlshabers (Dux) war das irgendwann im 4. Jh. gegr. und von Justinian (527–565) verstärkte Martyropolis (Maiferqat; Justinianupolis). Es war mit der ebenfalls von Justinian befestigten Festung Kitharizon Standquartier eines Dux und Schutz der nach Norden (Theodosiupolis=Erzerum) führenden Paßstraße (Prokop, De aedif. II, 6). Das von Ks. Anastasios gegr. und von Justinian stark befestigte Dara (Anastasiupolis) war typische Garnisonsstadt mit Soldatenunterkünften und Kirchen (Prokop, De aedif. II, 1–3). Zusammen mit der »alten« röm. Euphratgrenze ergab diese 150–200 km weiter östl. verlaufende neue Grenzzone, in der im Laufe der krieger. Auseinandersetzungen immer neue Kastra erbaut wurden, ein hist. gewachsenes gestaffeltes Grenzgebiet, in dem sich hauptsächl. die Perserkriege abspielten. Die Fortsetzung einer solchen zweiten östl. von der Linie Satala-Trapezunt verlaufenden Grenzzone von Theodosiupolis bis zum Schwarzen Meer ist nicht greifbar, wohl aus dem Grunde, weil nach der Teilung des Kgr.es Armenien i. J. 387 in eine pers. und röm. Interessenzone der sechs armen. Satrapien östl. des Euphrat als »Gentes« mit einheim. Satrapen nicht zur Provinzialverwaltung gehörten, sondern unter einem »Comes Armeniae« direkt dem Ks. unterstanden (beste Karte: Atlas von Armenien, 1961, Karte 1.–4. Jh.).

Eine teilweise Umorganisation in vier armen. Teilprovinzen unter einem magister militum, dem wieder duces unterstanden, fand erst 528 unter Justinian statt. Vier halbautonome Satrapien blieben darüber hinaus als »klimata« bestehen. Auf Einzelheiten der bisher schlecht kartierten Grenzziehung kann hier nicht eingegangen werden. Ebensowenig soll hier der Verlauf der Kriege mit dem Hauptgegner des frühen B. R.es an der Ostgrenze schlechthin, dem Perserreich der →Sāsāniden, dargestellt werden (vgl. die quellenmäßig fundierten Darstellungen bei PIGANIOL, 1972; CAPIZZI, 1969; STEIN-PALANQUE, 1968; STRATOS, 1965f.; GOUBERT, 1951). Die wichtigsten Perserkriege waren: der Krieg unter Ks. Julian (363), die Kriege 421/422 und 440/442, der Krieg unter Ks. Anastasios 502–506. Vom Perserkrieg Diokletians 298 bis zum großen Perserkrieg unter Justinian 540–562 bestand im Zeitraum von 240 Jahren nach JONES 40 Jahre lang Kriegszustand an der Ostgrenze. Das 6. Jh. erlebte die härtesten Auseinandersetzungen im Osten: Nach dem Krieg Justinians herrschte unter Justin II., Tiberios und Maurikios mit kurzen Unterbrechungen 572–591 Kriegszustand. Die drei großen Perserkriege des Herakleios 611–628 reichten weit nach Kleinasien hinein und zogen ganz Syrien und Palästina in Mitleidenschaft. Aus dem Verlauf dieser Kämpfe seien nur die Fakten hervorgehoben, die den Grenzverlauf korrigierten und die Struktur der Ostgrenze erhellen. Dabei sind neben dem Hauptgegner, den Persern, auch die Nomaden der arab. Wüste sowie räuber. Stämme im Kaukasus zu berücksichtigen, welche die Verteidigungsstruktur der frühbyz. Ostgrenze bestimmten: Militär. Fixpunkte, die auch große Heere immer wieder wochenlang banden, waren die befestigten Städte in der gesamten Grenzzone. Sie waren Standort von großen Militäreinheiten bis zur Legionsstärke und boten auch der Grenzbevölkerung Zuflucht (neben den bereits gen. Städten v. a. Basra, Edessa [Urfa], die von Justinian neu befestigten Städte Palmyra u. Chalkis, Berroia [Aleppo], Damaskus, Resapha [Anastasiupolis] u. a.). Die wichtige Stadt Nisibis fiel im Frieden 363 endgültig an die Perser. Die Befestigungen waren oft ungenügend, so daß sie von den Persern eingenommen werden konnten (z. B. Antiochia 540; Kallinike 541). Auch als Zufluchtsorte reichte das Städte- und Kastranetz für die Landbevölkerung offenbar nicht aus: 573 wird z. B. die Bevölkerung rund um Apamea (Syrien) gefangen weggeführt. Zwischen den großen Stadtfestungen wurde ein in manchen Gebieten durchaus ungenügender (Syrien 6. Jh.) Festungsgürtel v. a. diesseits des dauernd umkämpften Nymphiosflusses angelegt. Ein optisches Signalsystem ist in Syrien feststellbar (HONIGMANN, 1932). Die geogr. Beschreibung des Georgios Kyprios (Anfang 7. Jh.) nennt 32 oft nicht identifizierbare Kastra (HONIGMANN, 1935, 34–37). Gegenüber den Heereszahlen der großen Feldzüge (zw. ca. 15000 und ca. 40000) erscheint das Aufgebot einer Ostprovinz gering: 540 kommen die beiden Duces von Syria Libanensis aus Damaskus und Palmyra Antiochia mit 6000 Mann zu Hilfe. Die Bedeutung der →»limitanei«, von denen seit dem frühen 5. Jh. durch die Gesetzgebung bezeugt ist, daß sie als »castellani milites« Land bebauen, ist für die Ostgrenze nicht eindeutig und noch nicht systemat. erforscht. Justinian hat ihren Sold gekürzt. Die Lebensweise der limitanei läßt sich am besten anhand der archäol. vor kurzem erforschten befestigten Dörfer und Gehöfte Palästinas vermuten. Tatsache ist, daß der arab. Stamm der Ghassaniden als polit. unsichere »Phylarchen« teilweise die Grenzverteidigung an der syr.-palästinens. Grenze übernahm. Ob die Grenze Palästinas im 6. Jh. vernachlässigt wurde, ist umstritten (ALT gegen SAUVAGET). Neuere archäol. Forschung hat gezeigt, daß die Zahl der Kastelle und Kastra im 6. und 7. Jh. abnahm (s. die Karten bei PARKER, 1980).

III. DIE TAURUSGRENZE. BYZANTINISCHER VORSTOSS ZUM EUPHRAT UND NACH SYRIEN (7.–ENDE 10. JH.): Wenige Jahre nach den Erfolgen des Herakleios gegen die Perser begann der Siegeszug der →Araber nach Norden (Damaskus fiel 635; Jerusalem 638). In Syrien und Kilikien entstand von Antiochia bis Anazarbos und Mopsuestia durch systemat. Zerstörung der verbliebenen Städte und Burgen sowie durch Flucht und Verschleppung der Bevölkerung eine herrenlose, verwüstete Grenzzone (aḍ-Dawāḥī). Die Gegend von Symposion, Tzamandos nordwestl. des Antitaurus wird in den Quellen als »Eremia« (verwüstetes Niemandsland) bezeichnet. Die Quellen zeigen nicht eindeutig, ob diese Zerstörung von byz. oder arab. Seite ausging, wahrscheinl. von beiden Parteien. Löwen treten sich in den einst fruchtbaren, jetzt verödeten Niederungen (Quellen bei WELLHAUSEN, 1901, 2). Um den Besitz von Armenien entspann sich ab 646 bis 693 ein wechselvoller Kampf, der mit dem Verlust der byz. Gebiete östl. des Euphrat endete. Als Ergebnis dieser Übergangszeit mit dauernden arab. Einfällen in das Innere Kleinasiens zu Land und – anders als in den Perserkriegen! – auch im gesamten Küstengebiet zur See bis Konstantinopel bildete sich die Taurus-Antitaurusgrenzzone, die von Arabern wie Byzantinern immer wieder überschritten wurde, um die offensichtl. nach der letzten Eroberung schnell aufgebauten Festungen wieder zu zerstören.

Drei topograph. weit auseinanderliegende Beispiele zeigen das tragische Schicksal der Grenzstädte und ihres Umlandes: Die Bischofsstadt →Tyana – bereits nördlich des Taurus! – wurde nach erfolglosem arab. Angriff 706 schließlich 707/708 erobert; die ganze Bevölkerung der Stadt wurde versklavt und ins Innere des Kalifats deportiert. 740 wurde die offensichtl. wiederbesiedelte Stadt neuerlich angegriffen und das Umland geplündert. 806 zerstörte der Kalif Hārūn ar-Rašīd die Stadt und erbaute dort eine Moschee. 831 suchten die Araber die wohl nun gänzlich zerstörte Stadt erneut heim und begannen die Mauern wieder aufzubauen, was 833 eingestellt wurde (Quellen bei HILD-RESTLE, 1981, 298f.). →Melitene und das ca. 120 km nördl. in Luftlinie liegende, in der Antike m. W. noch nicht nachweisbare Kamacha waren »die beiden wichtigsten Grenzfestungen am Euphrat, deren Besitz erst eine weitere Expansion des Reiches nach Osten und wohl auch Südosten hin ermöglichte« (HONIGMANN,

1935, 56). Kamacha wurde 679, 710, 723/724 und um 727 von den Arabern erobert und 750/751 befestigt. Dazwischen sind weitere, in den Quellen nicht überlieferte Rückeroberungen anzunehmen. 754 hält Ks. Konstantin V. die Stadt, die 766, 793, 829, 846 in den Quellen wieder als arab. bezeichnet wird. Dazwischen ist 809 und um 826 wieder byz., was sie nach 872 bis zum 11. Jh. bleibt. Das bereits 656 erstmals von den Arabern eroberte Melitene war Hauptquartier für arab. Sommerfeldzüge nach Kleinasien. 750/751 machte Konstantin V. die Stadt dem Erdboden gleich, die Bewohner durften ihre bewegliche Habe mitnehmen. 757 wurde die Stadt bereits wieder von den Arabern aufgebaut. Bis 934 blieb sie fest in den Händen der Araber trotz mehrerer Versuche der Byzantiner, die Stadt zu besetzen.

Von Melitene aus zog sich die arab. Grenzzone *(tuġūr)* mit Militärkolonien und »Schutzstädten« *('awāṣim)*, von denen neben Melitene in den arab. Quellen v. a. Mopsuestia, Adana, Tarsos und Antiochia erwähnt werden (MIQUEL, Geographie I, 1967, 470–481; VASILIEV, I, 1935, 95f.: Einkünfte), nach Süden bzw. Südwesten hin. Die »tote Zone« wurde neu besiedelt: um die Mitte des 8. Jh. wurden in Mopsuestia islam. Araber, Slaven, Perser und auch christl. Araber angesiedelt. Im Gegenzug wurde auf byz. Seite das System der →Themen (s. auch Abschnitt A) an der Grenze ausgebaut und differenziert: Aus den 667 bzw. 669 sicher bezeugten »Urthemen« Armeniakon und Anatolikon entstanden um die Mitte des 9. Jh. und im 10. Jh. aus Militäreinheiten (Turmai) und dem Schutz von Pässen (Kleisurarchien) neue Themen im Osten, die durch ihre kleine Ausdehnung und eine langsame Trennung von Militär- und Zivilgewalt mit den urprgl. Themen nur noch wenige Gemeinsamkeiten hatten.

Wie die Verteidigung der Grenze konkret aussah, ist wegen des Mangels an schriftl. und archäol. Zeugnissen großenteils nur hypothet. zu erschließen: Anders als an der früheren Grenze zu Persien sind Garnisonsstädte an der Taurusgrenze mit Berufssoldaten, die es unbedingt an der Grenze gegeben haben muß, nicht nachweisbar. Die Truppensammelplätze, sog. »Aplekta« (Herakleia, Koloneia, Bathys Ryax bei Sebasteia), sind nur als Sammelplätze der Themetruppen bezeugt bei großen Feldzügen gegen die Araber. Zum überwiegenden Teil dürfte die von arab. Quellen im 9. Jh. auf 41 000 Mann bezifferte Armee der Ostgrenze überwiegend aus »Bauernsoldaten«, teilweise auf Staatsland, teilweise auf Privatbesitz angesiedelt, bestanden haben. 708 versuchte ein Heer von »Landvolk«, das oben erwähnte Tyana zu entsetzen (zu den Hypothesen: LILIE, 1975, 311–317). Wichtige Fragen bleiben offen: In welcher Nähe zu der breiten, immer wieder durch Einfälle und Plünderung heimgesuchten Grenzzone war ein solcher Landbau sinnvoll? Zu bedenken ist dabei, daß die arab. »Razzien« (→Razzia) nur ausnahmsweise das Land restlos verwüsteten, natürlich, um die Landwirtschaft nicht völlig zum Erliegen zu bringen und um später wieder Beute als »Raubsteuer« holen zu können. Bezeichnenderweise ist landwirtschaftl. Großgrundbesitz an der Ostgrenze erst von der 2. Hälfte des 10. Jh. an in größerem Umfang bezeugt, also einer Zeit der byz. Expansion und des Aufhörens arab. Razzien (blühende Besitzungen 975 des Parakoimomenos Basileios im Gebiet von Podandos). Inwieweit war die Landbevölkerung durch Fluchtburgen geschützt, waren die Dörfer und Gehöfte selbst einigermaßen durch Mauern abgeschirmt wie früher in Syrien und Palästina? Nur wenige der im Grundriß bekannten Festungen (HILD-RESTLE, 1981) erscheinen als groß genug, um Bevölkerung für längere Zeit zu beherbergen.

Jedenfalls reichte die Dichte und Besatzungsstärke der Grenzfestungen nicht aus, um einen wirksamen Schutz gegen die regelmäßigen Sommer- und Winterrazzien der Araber zu bieten. Zahlenangaben fehlen.

Es ist schwer, die »monotone und unerquickliche Chronik der Einfälle hin und her im Taurusgebiet« (BROOKS) historisch zu gliedern. Die erste, erkennbare größere byz. Offensive ab 856–872 im Gebiet von Melitene, Tephrike, Samosata an der Euphratzone brachte keine dauernden Erfolge. Auch in den wechselvollen Kämpfen der Byzantiner (Feldherr Johannes Kurkuas) mit dem Emir v. Mosul und Aleppo Saif ad-Daula an der Euphratzone blieben dauernde Erfolge aus (1. Hälfte des 10. Jh.). Mit Recht sieht BROOKS den eigtl. Wendepunkt an der Ostgrenze in den Ostfeldzügen des Ks.s Nikephoros II. Phokas (963–969) und seiner Nachfolger; Kilikien wurde zurückerobert, 976 zog Johannes I. Tzimiskes in →Antiocheia ein, das für fast ein Jahrhundert zur wichtigsten von den Byzantinern verstärkten Grenzstadt in Syrien wurde. Vorstöße nach Palästina und Mesopotamien brachten dagegen keinen dauernden Gebietszuwachs; →Jerusalem wurde nicht dem Islam entrissen (Einzelheiten: HONIGMANN, 1935, 92–124).

IV. ZUSAMMENBRUCH DER VORGESCHOBENEN OSTGRENZE. DIE INNERANATOLISCHE GRENZE (MITTE 11.–14. JH.): In der 1. Hälfte des 11. Jh. wurde die Ostgrenze in Syrien und Armenien/Georgien durch Eroberungen und mehr oder weniger erzwungene »Erbschaften«, bes. unter den Ks.n Basileios II. (976-1025) und Romanos III. Argyros (1028–34), v. a. in Armenien weiter als in frühbyz. Zeit vorgeschoben: 1031 fiel →Edessa (Urfa), das fast vierhundert Jahre lang in den Händen der Araber war, kampflos Byzanz zu (auch für die folgenden Angaben: HONIGMANN, 1935, 134ff.); im Süden verlief die Grenze in knapp 100 km Luftlinie von Tripolis; nach 1000 unterstand die byz. Provinz »Iberia« (Gebiet um Kars), aufgrund der ksl. »Erbschaft« nach der – eben auf Anstiften des byz. Kaisers erfolgten – Ermordung des georg. Herrschers David, einem byz. »Dux«. 1021 wurde Vaspurakan (östl. und nördl. des Vansees) mit 10 Städten, 72 Burgen und ca. 4000 Dörfern zum byz. Katepanat; 1045 wurde »Iberia« um das Gebiet von Ani erweitert. Für diese sehr weit nach Osten reichende Grenze waren starke Festungen wie Ani, Mantzikert u. a. Hauptstützpunkte; sie war aber für Eindringlinge durchlässig, zumal Ks. Konstantin IX. Monomachos 1045 den für die Ostgrenze äußerst verhängnisvollen Entschluß gefaßt hatte, das »iber. Heer« in Stärke von 50000 Mann aufzulösen und den Ostgebieten hohe Steuern aufzuerlegen (Johannes Skylitzes, ed. THURN, 476). Die Landbevölkerung lief zu den türk. →Seldschuken über, die gerade in diesem Jahr wieder einen ihrer jährl. Einfälle in das armen. Gebiet unternahmen. Für die wichtige Grenzstadt Antiocheia ist für 1034 ein antifiskaler Aufstand belegt.

Die Seldschuken – der bedeutendste von mehreren am Anfang des 11. Jh. aus Transoxanien (Westturkestan) ausgewanderten Turkstämmen – ließen die byz. Ostgrenze in wenigen Jahrzehnten, von ca. 1045–ca. 1090, vollständig zusammenbrechen. Bes. verhängnisvoll war dabei die Niederlage des Ks.s Romanos IV. Diogenes am 19. Aug. 1071 bei →Mantzikert (nördl. des Vansees); der Kaiser geriet in Gefangenschaft der Seldschuken. Äußere und innere Schwächung des Reiches, das gleichzeitig auch im Westen von den südit. Normannen bedroht wurde (s. Abschnitt F), waren die mittelbare Folge der Katastrophe von Mantzikert. Eine neue, mitten durch Inneranatolien sich ziehende Grenzzone, nur einigermaßen fixiert durch befestigte Städte (Antiochia am Mäander, Philomelion, Amorion, Ankyra, Trapezunt), bildete sich während der Regierungszeit des ersten Komnenenkaisers Alexios I. (1081–1118) langsam aus. Neben der erwähnten militär. Schwäche an der Ostgrenze und einer gewissen Feindseligkeit der Grenzbevölkerung gegen die byz. Regierung ist für das rasche Vordringen der Seldschuken und anderer, ihnen teilweise botmäßiger, nicht seßhafter Turkstämme (sog. Turkomanen) die Tatsache entscheidend, daß die Turkstämme in den Thronwirren 1073–81 von den Parteien selbst zu Hilfe gerufen wurden (OSTROGORSKY, 1963, 287f.; vgl. auch VRYONIS, 1971). Um 1090 waren die Schlüsselstellungen im anatol. Hochland – Sebasteia, Kaisareia, Ikonion (Konya), die spätere Hauptstadt des »Sultanats v. Rum« – fest in der Hand der Türken, ohne daß immer Nachrichten über die Eroberung vorhanden sind. Dagegen wechselten andere wichtige Städte im Westen Anatoliens v. a. im Gefolge des 1. Kreuzzuges ihren Besitzer: Das 1075 türk. gewordene →Nikaia erhielt 1097 wieder eine byz. Besatzung; →Smyrna, →Ephesos und →Sardes wurden ebenfalls besetzt, doch waren die Städte der Westküste Anatoliens weiterhin das Ziel türk. Raubzüge (Kämpfe 1109–15). Alexios I. gelang es nicht, die Taurusgrenze wiederherzustellen: Adana, →Tarsos, Anazarba u. a. wurden 1083 türk.; 1084 übergab die Bevölkerung Antiochia den Türken, um der Gewaltherrschaft des Armeniers Philokales Varažnuni zu entgehen; 1098 wurde Antiochia jedoch von den Kreuzfahrern unter dem Normannenfürsten →Bohemund v. Tarent eingenommen, der die Stadt zum Zentrum des ersten lat. Fsm.s im Osten machte, statt sie dem B. R. zu übergeben.

Erst dem Ks. Johannes II. Komnenos (1118–43) gelang es in den Feldzügen von 1119 (Einnahme von Laodikeia, Sozopolis, Vorstoß in die Gegend von Attaleia) und von 1130–37, die wichtigsten Festungen Kilikiens, Tarsos, Adana und Mamistra (Mopsuestia) Anazarbos, Germanikeia (Marasch), dem sog. »kleinarmenischen Reich« (→Armenien II) und den lat. Herren zu entreißen und 1137 Antiochia wieder der byz. Oberhoheit zu unterstellen. In mehreren Feldzügen gegen den damals stärksten Gegner an der Ostgrenze, das »Sultanat von Ikonion« oder »Sultanat v. Rum« (→Ikonion), gelang es dem Nachfolger und Sohn des Johannes, Manuel I. Komnenos (1143–80), die Ostgrenze durch Befestigungen (v. a. →Dorylaion) zu stärken, weiter am Halys vorzustoßen und sogar die Hauptstadt des Sultanats kurzzeitig anzugreifen. In Antiochia hielt Manuel 1159 feierl. Einzug. Die Erforschung der archäolog. Reste der Städte Westanatoliens zeigt das Bemühen der Komnenendynastie, die Städte gegen Angriffe zu sichern (Ankara, Milet, Pergamon). Die Niederlage Manuels gegen den Sultan v. Ikonion, Qılıč Arslan, in den phryg. Gebirgspässen bei →Myriokephalon 1176 hatte für die Verschiebung der Ostgrenze weniger greifbare und unmittelbare Auswirkung, als man hätte erwarten können: das fruchtbare Mäandertal, die Gegend von Dorylaion, Ankara, Samson (Amisos) am Schwarzen Meer, wurden, zumindest zeitweise, türkisch, doch blieben die Küstenstädte und die Städte in →Bithynien (Prusa, Nikaia) in byz. Hand.

Bithynien und die kleinasiat. Küstenstädte bildeten auch den Kern des Ksr.es v. →Nikaia (1204–61), des bedeutendsten byz. »Nachfolgestaates«, der sich nach der Eroberung Konstantinopels durch die Kreuzfahrer ausprägte und schließlich die Restauration des B. R.es durchführen konnte. (Demgegenüber blieb das bereits vor 1204 von einem Zweig der Komnenen mit Hilfe von →Georgien an der südöstl. Schwarzmeerküste gegr. Ksr. →Trapezunt ohne größere Bedeutung für die gesamtbyz. Entwicklung, doch erfüllte es, insbes. wirtschaftl., eine Vermittlerrolle zum innerasiat. Raum.) Die Ostgrenze des Kgr.es v. Nikaia verlief ähnlich wie die byz. Ostgrenze unter Alexios I., doch fehlten wichtige Städte (Ankara, Sinope am Schwarzen Meer, Philomelion), andere Städte kamen dafür hinzu (Laodikeia, Chonai). Der Grund, weshalb der relativ kleine nizäische Staat seine Grenze gegen das bis 1237 blühende, dann aber in inneren Wirren und unter den Angriffen der →Mongolen sich auflösende Sultanat v. Rum bewahren konnte, ist der Aufbau einer wirksamen Grenzverteidigung: nach dem zeitgenöss. Geschichtsschreiber →Pachymeres (ed. BONN I, 16f.) waren die Siedler im gebirgigen anatol. Grenzgebiet (→Akriten) nicht nur von Steuern und Dienstleistungen befreit; der Ks. stärkte ihren Kampfgeist auch noch durch reiche Geschenke. Der durch archäolog. Zeugnisse belegte Ausbau des Festungssystems ergänzte die Verwaltungsmaßnahmen.

Die Auflösung dieses Akritensystems durch den ersten, wieder in Konstantinopel residierenden Palaiologenkaiser Michael VIII. (1259–82), Revolten gegen die gerade in Kleinasien unbeliebten Palaiologen, verstärkt durch innerkirchl. Spannungen (→Arsenios), Unzufriedenheit der Landbevölkerung wegen hoher Besteuerung, ab 1321 blutige Bürgerkriege und v. a. das Auftreten neuer, von den Mongolen vertriebener Turkstämme ließen in der 1. Hälfte des 14. Jh. die Ostgrenze von Byzanz endgültig zusammenbrechen. Die Infiltrierung und Eroberung der Westküste Kleinasiens durch diese Turkstämme, die um 1300 mehrere staatenähnl. polit. Gebilde (Emirate), noch ohne feste Grenzen, bildeten, erfolgte sowohl zu Land wie zur See (Seeräuberei). Trotz zeitweiliger byz. Erfolge sind um 1275 die Städte am Mäander fest in türk. Hand. Tralles (Aydin), von Ks. Andronikos II. (1282–1328) als Andronikopolis oder Palaiologupolis wieder aufgebaut, wurde vom Emir v. Mentesche nach langer Belagerung i. J. 1282 erobert, Smyrna fiel 1328/29 in türk. Hände. Als letzte byz. Enklave im Westen Kleinasiens kam 1390 Philadelpheia unter die Herrschaft der →Osmanen. Dieser Stammesverband, der sich um 1300 im Süden von Bithynien festsetzte (mit dem Fluß Sangarios als Grenze), nahm nach 1306 in dieser Region eine Festung nach der anderen ein. Der Widerstand war erstaunlich gering. Es fielen die letzten bedeutenden byz. Städte auf kleinasiat. Boden: Prusa/→Bursa (1326), Nikaia (1331), Nikomedeia (1337). Eine byz. Ostgrenze hatte aufgehört zu existieren.

V. STRUKTUR DER OSTGRENZE UND PROBLEME IHRER KONTINUITÄT: [1] *Militärisch-administrativer Bereich:* Anders als der röm.-germ. →Limes und teilweise die frühbyz. Nordgrenze (»lange Mauern« des Anastasios ungefähr 60 km nördl. v. Konstantinopel; ca. 70 km lang) besaß die Ostgrenze zu keiner Zeit durchgehende Sperrmauern, Gräben und Palisaden. Für alle Epochen gilt: Die Ostgrenze war eine durch Wachttürme, Signale (opt. Signale in Syrien, Leuchtfeuer in mittelbyz. Zeit von der Taurusfestung Lulon ausgehend), Sperrfestungen (Pässe), befestigte Lager und Städte, bewachte Grenzzone. Sie war nur imstande, kleinere räuber. Überfälle sofort abzuwehren. Zu keiner Zeit war diese Grenzzone für große Heere ein Hindernis, doch bildeten nicht eroberte größere Burgen, Städte und Kastelle eine Bedrohung im Rücken eines vordringenden Heeres. Deshalb wurde für ihre Eroberung viel Mühe und Zeit aufgewandt. Ist die Breite der Grenzzone, die Durchlässigkeit, die Truppenstationierung zw. früh- und mittelbyz. Zeit so verschieden, daß ein Kontinuitätsbruch angenommen werden muß? Diese bisher noch nicht systemat. untersuchte Frage muß immer die veränderten topograph. Grundlagen und die schlechte Quellenlage berücksichtigen: Die größere Durchlässigkeit der Taurusgrenze gegenüber der syr.-mesopotam. Grenze ist nicht zuletzt durch die Unwegsamkeit der Gebirge bedingt, die eine Umgehung der bewachten Paßstraße für die numer. sicher kleinen arab. Expeditionen (exakte Zahlen fehlen) erlaubte. Diese Razzien dauerten höchstens 60 Tage und hatten folglich nur einen beschränkten Aktionsradius. Neu in mittel- und spätbyz. Zeit ist das weite Vordringen großer feindl. Heere nicht nur von der Ostgrenze, sondern auch von der See her. Überspitzt ausgedrückt, war seit dem 7. Jh. das gesamte Kleinasien Grenzzone. Alle wichtigen Punkte für Strategie und Wirtschaft (Bergwerke) im Innern waren durch Festungen bewacht. Anders als in frühbyz. Zeit drang der Feind von der See und von der Ostgrenze vor. Neu ist seit dem 7. Jh. die Ausbildung von besiedlungspolit. und herrschaftl. »Toten Zonen« (s. o. Abschnitt III). Arab. Nomadenstämme wie die →Mardaiten sind mehr oder weniger ungebundene »Grenzkämpfer« in diesen Zonen. →Ibn Ḥauqal, die beste arab. Quelle für die Ostgrenze im 10. Jh., erwähnt räuber. Beduinen (ṣaʿālik), die Araber wie Griechen ausplünderten. Sie sind mit den in griech. Quellen schlecht bezeugten »Apelaten« (d. h. Räubern) gleichzusetzen. Neu seit dem 6. Jh. waren die gezielten Bevölkerungsumsiedlungen, wohl meist aus militär. Gründen: 578 siedelte z. B. Ks. Tiberios I. über 10 000 polit. unsichere Armenier von der Euphratgrenze nach Zypern um. Tausende von Armeniern aus der Gegend von Erzerum wurden um die Mitte des 8. Jh. von Konstantin V. entlang der Ostgrenze angesetzt, dann von den Arabern gefangengenommen und nach Syrien verpflanzt. 665 wurden 5000 in Kleinasien angesiedelte Slaven von den Arabern gefangengenommen und nach Syrien verbracht (CHARANIS, 1959). Zu den gelenkten Umsiedlungen kommen freiwillige Auswanderungen wie die von Armeniern im 7. und 8. Jh. und des arab. Stammes des Banū Ḥabīb im 10. Jh. Sie flüchteten vor der Tyrannei der Ḥamdāniden von Aleppo auf byz. Territorium, bewahrten aber Beziehungen zur alten Heimat (Umgebung von Nisibis). Neu ist seit dem 7. Jh. an der arab. und später an der seldschuk. Grenze auf islam. Seite der *Ghāzī*, der »heilige Krieger«. Nur zeitweise deutlich erkennbar im Kampf der Ḥamdāniden ist der »heilige Krieg« an der Ostgrenze greifbar. Umfassende Untersuchungen stehen noch aus. Die religiöse Komponente fehlt beim christl. Akriten, eine v. a. durch das Epos »Digenes Akrites« bekannte verschwommene Bezeichnung, mit der sowohl der räuberische Apelat, der Bauernsoldat an der Grenze, der Festungskommandant wie – erst in der Phase der weiten byz. Ausdehnung nach dem Osten – der »feudale«, reiche Grundbesitzer gemeint sein kann. Die schlechte Quellenlage in mittelbyz. Zeit über Stationierung und Truppenstärke an der Ostgrenze gegenüber der frühbyz. Zeit erlaubt es bisher nicht, einen grundlegenden Systemwandel anzunehmen. Auffallend ist die in beiden Epochen greifbare ständig zunehmende Differenzierung der Verwaltung, in frühbyz. Zeit durch Vermehrung der Grenzprovinzen (Armenien, Syrien), in mittelbyz. Zeit durch immer kleiner werdende »Themen« und Kleisurarchien, der Verwaltungseinheiten an Pässen (OIKONOMIDES, 1972; FERLUGA, 1976). Ebenfalls analog ist die Tendenz, an der Ostgrenze Militär- und Zivilgewalt zu trennen, was in der Zeit Justinians für Palästina und Phoenice Libanensis ausdrücklich bezeugt ist (Novelle 103; Edikt IV). In diesen Bestimmungen kommt deutlich das Bestreben des Gesetzgebers zum Ausdruck, die Macht des Militärs auch im Grenzland zu beschneiden. In mittelbyz. Zeit treten die zivilen kritai (κριταί 'Richter') neben dem →Strategen (General) in Erscheinung.

[2] *Politische Struktur:* Die Politik der röm. Ks., die Ostgrenze durch mehr oder weniger abhängige Klientelstaaten zu schützen, wurde in frühbyz. Zeit kontinuierlich fortgesetzt. Die Tendenz ging dahin, die Pufferstaaten vollständig in die byz. Verwaltung einzubeziehen, wie die Verwaltungsgeschichte Armeniens unter Justinian (s. o. Abschnitt II) und der Kampf um den Westen Georgiens (Lazika, Kolchis) ebenfalls unter diesem Ks. zeigt. Persien verhinderte das Ausgreifen des frühbyz. »Protektorats«, das sich v. a. in der Kirchenpolitik in Armenien, Georgien und Kaukasusalbanien bemerkbar macht. Der halbnomad., monophysit. christl. Araberstamm der Ghassaniden bildete zusammen mit anderen Stämmen bis 584 als Phylarchat (ab 531) und kurzzeitig als »Königtum« (580) in Syrien – Palästina eine, freilich unsichere, Pufferzone, da in den Quellen immer wieder der Verdacht des Verrats und der Plünderung der Grenzbevölkerung laut wird. Auch unter der arab. Herrschaft über Armenien und Georgien versuchte Byzanz, die einheim. Fürstenstämme auf seine Seite zu ziehen: so suchten die Mamikonier 744 Zuflucht gegen die Araber an der byz. Grenze. Das rivalisierende armen. Fürstengeschlecht der Bagratuni (→Armenien I) stellte sich ebenfalls Ende des 8. Jh. unter das Protektorat von Byzanz. Die Fs.en erhielten byz. Hoftitel (v. a. »Kuropalates«; LAURENT-CANARD, 1980, 126f.; CMH 1966, Abschnitt: Armenia and Georgia). Die Fs.en der armen. Teilfürstentümer werden in der Adressatenliste der ksl. Kanzlei des 10. Jh. »Untertanen« (duloi / δοῦλοι) genannt, der Fs. v. Großarmenien »Kind« (teknon / τέκνον) des Ks.s. Erst im 11. Jh. (s. a. Abschnitt IV) wurden die armen. Klientelstaaten endgültig der unmittelbaren Souveränität unterstellt. →Georgien kam nie unter unmittelbare byz. Herrschaft. Das Fehlen von Pufferstaaten ist ein wichtiger Grund für die schnelle Ausbreitung der Seldschuken und für die Schwäche der inneranatol. Grenze vom 11.–14. Jh.

Die passive Haltung der monophysit. Armenier gegenüber dem Vordringen der Araber weist auf ein schwer zu fassendes Phänomen der polit. Struktur der Ostgrenze hin: die angebl. »Kaiserfeindlichkeit«. An der pers.-byz. Grenze ist sie, vielleicht abgesehen von einer Meuterei i. J. 588, bis zum Arabereinfall nicht faßbar. Die in Armenien grausam verfolgte Sekte der →Paulikianer siedelte sich in der Euphratgrenzzone an. →Tephrike am nördl. Euphratknie wurde um 843 vom Sektenführer Karbeas gegründet und blieb bis zur Eroberung 878 der Ausgangspunkt für zahlreiche Einfälle in byz. Gebiet. Revolten von unmittelbar an der Ostgrenze stationierten Militärs sind selten: 667 revoltierte der Stratege des Themas Armeniakon, Saborios. Der Rebellenführer →Thomas der Slave rekrutierte seine Truppen am Anfang des 9. Jh. zwar aus den verschiedenen Völkerschaften der Ostgrenze, der Aufstand selbst aber ergriff ganz Kleinasien und war nicht auf das Grenzgebiet beschränkt. Daß sich Bardas →Skleros aus einer Familie des armen. Grenzgebietes nach dem Tod des Ks.s Johannes Tzimiskes 976 als Militärgouverneur (Dux) des Themas »Mesopotamien« zum Ks. ausrufen ließ, ist ebensowenig als »Kaiserfeindlichkeit der Ostgrenze« zu werten wie Beispiele, in denen Generäle wegen Palastintrigen in Konstantinopel zu den Arabern überwechselten, wie etwa Andronikos Dukas am Anfang des 10. Jahrhunderts. Einzelstellen aus dem im 12. Jh. zusammengestellten Epos →»Digenes Akrites« ('Digenes der Grenzkämpfer') und aus den spät kompilierten sog.

»Akriteischen Liedern« ('Lieder des Grenzkampfes') mit kaiserfeindl. Tendenzen sind historisch kaum verwertbar, da sie zeitlich nicht einzuordnen sind. »Kaiserfeindlichkeit« ist nicht mit der schon allein räumlich bedingten »Kaiserferne« zu verwechseln; dafür ein sprechendes Beispiel. Die offenbar unter arab. Herrschaft lebende griech. sprechende Grenzbevölkerung fragt 829 den byz. Gesandten Johannes Synkellos, wie es dem Ks. gehe (sog. Theophanes continuatus, ed. BONN, 95/96). Eine umfassende Untersuchung muß klären, ob das Prädikat der »Kaiserfeindlichkeit« für die Ostgrenze aufrechterhalten werden kann.

VI. DER ALLTAG AN DER OSTGRENZE: Eine Charakteristik der Ostgrenze nördl. der Grenzfeste Kitharizon gibt Prokop (De aedif. III, 3) für das 6. Jh.: »... die Grenzgebiete gehen ineinander über. Darum haben auch die dortigen Einwohner, seien es röm. oder pers. Untertanen, weder Furcht voreinander noch rechnen sie mit Anschlägen, schließen vielmehr gegenseitig Ehen, halten Märkte für lebenswichtige Gegenstände und treiben gemeinsam Landwirtschaft«. Die Grenze ist für den friedlichen Verkehr durchlässig und schwer kontrollierbar: Im Friedensvertrag v. 561 ist ausdrücklich bestimmt, daß byz. und pers. Kaufleute aller Art ihre Geschäfte nur an bestimmten Zollstätten abwickeln sollen. Sie sollen über Nisibis und Dara reisen, nicht auf unbekannten Pfaden. Die fast idyll. Beschreibung einer friedlichen Grenzzone bei Prokop ist für die Ostgrenze nur sehr beschränkt zu verallgemeinern. Die befestigten Wehrdörfer am limes Palaestinae sprechen ebenso eine andere Sprache wie die »Tote Zone« seit dem 7. Jh. und die dauernden Verwüstungen und Razzien. Ganz offensichtl. ist die Atmosphäre an der arab. und später seldschuk. Grenze gespannter als früher an der pers. Grenze (systemat. Untersuchungen fehlen). Immerhin sagt der erwähnte Ibn Ḥauqal für das 10. Jh. ausdrücklich, daß die Araber einen kleinen Grenzverkehr von handeltreibenden »Spionen« zulassen, um am Handelsgewinn teilzuhaben (Stellen bei MIQUEL I, 1965, 474). Offizielle byz. Zentralstelle für Handel und Zoll ist für 741/742 in der sog. Hexapolis (Armenia II) bezeugt durch datierte Siegel von Beamten, sog. Kommerkiarioi (Stellen bei HILD-RESTLE, 1981, 191). Die Nachricht paßt durchaus nicht zu dem sonstigen hist. Bild dieser umkämpften Grenzlandschaft gerade in dieser Zeit und bedarf einer eingehenden Untersuchung. Zwischen 775 und 785 erhalten Händler vom Kalifen die ausdrückliche Erlaubnis, über die Grenze hinweg Handel zu treiben, ein Hinweis, daß ein solcher Grenzhandel nicht zu allen Zeiten selbstverständlich war. Die vielfältigen Beziehungen zw. Byzanz und den Arabern, vom regelmäßigen Austausch von Gefangenen (von 798 bis 946 ist 17 mal ein Gefangenenaustausch bezeugt) bis zu Gesandtschaften mit polit. und kulturellen Missionen (CANARD, 1964) vollzogen sich naturgemäß meist über die Ostgrenze, weniger auf dem Seeweg. Die Ostgrenze als eigenständiges kulturelles Zentrum ist nur für die frühbyz. Zeit in der berühmten nationalsyr. theol. Schule v. →Edessa (4. Jh.) und der nestorian. Schule v. →Nisibis (5. Jh.) greifbar. Syrer, nicht Griechen sind Träger dieser Zentren – ein Zeichen für die Vielfalt der Elemente, die die Kultur der Ostgrenze bestimmen. Die »Euphratgrenze als kultureller Umschlagplatz« ist in wenigen Beispielen von Übersetzungsliteratur bezeichnenderweise erst im 11. Jh. greifbar, also einer Zeit der letzten byz. Expansion und einer relativen Ruhe vor der seldschuk. Invasion (BECK, 1971, 41, 46). Die sog. »Akriteischen Lieder« ('Lieder des Grenzkampfes') beziehen ihren hist. kaum mehr erkennbaren Stoff aus dem Grenzkampf des 9. Jh. in der Euphratzone und atmen in gleicher Weise Araberhaß und Friedenssehnsucht. G. Weiß

Lit.: RByzK II, s. v. Hauran, 962–1033 [M. RESTLE] – RE IV, 2, s. v. Syria, 1549–1727 [E. HONIGMANN] – E. W. BROOKS, The Arabs in Asia minor (641–750) from Arabic sources, Journal of Hellenic Stud. 18, 1898, 182–208 – E. W. BROOKS, Byz. and Arabs in the time of the Early Abbasides, EHR 15, 1900, 728–747 – F. CHALANDON, Essai sur le règne d'Alexis Ier Comnène, 1900 [Nachdr. 1971] – J. WELLHAUSEN, Die Kämpfe der Araber mit den Romäern in der Zeit der Umaijaden, Nachr. kgl. Ges. Wiss. Göttingen, ph.-hist. Kl. 1901, 4 – V. CHAPOT, La frontière de l'Euphrate de Pompée à la conquête Arabe, 1907 – J. B. BURY, The 'ἀπληκτα of Asia Minor, Byzantis 2, 1911, 216–224 – F. CHALANDON, Jean II Comnène et Manuel I Comnène, 1912 [Nachdr. 1971] – A. POIDEBARD, La trace de Rome dans le désert de Syrie, 2 Bde, 1934 – P. WITTEK, Das Fsm. Menteşche. Stud. zur Gesch. W-Kleinasiens im 13.–15. Jh., 1934 – E. HONIGMANN, Die Ostgrenze des B. R. es v. 363 bis 1071, 1935 [Nachdr. 1961; grundlegend] – A. A. VASILIEV-M. CANARD, Byzance et les Arabes 1; 2,1 und 2, 1935, 1950, 1968 – J. SAUVAGET, Les Ghassanides et Sergiopolis, Byzantion 14, 1939, 116–130 – A. PHILIPPSON, Das B. R. als geogr. Erscheinung, 1939 – A. ALT, Der limes Palaestinae im 6. und 7. Jh. n. Chr., Zs. des Palästinens. Vereins 63, 1940, 129–142 – R. MOUTERDE-A. POIDEBARD, Le limes de Chalcis, 2 Bde, 1945 – G. GEORGIADES ARNAKES, The early Osmanlis [gr.], 1947 – R. GROUSSET, Hist. de l'Arménie des orig. à 1671, 1947 [Nachdr. 1973] – P. GOUBERT, Byzance avant l'Islam. Byzance et l'Orient, 1951 – A. PERTUSI, Costantino Porfirogenito. De thematibus, 1952 – M. CANARD, Hist. de la dynastie des Hamdanides, 1953 – P. LEMERLE, L'émirat d'Aydin, 1957 – P. CHARANIS, Ethnic Changes in Seventh-Century Byzantinum, DOP 13, 1959, 25–44 – Atlas Armenicus [russ.], Akademie UDSSR, Erevan-Moskau, 1961 – L. DILLEMANN, Haute Mesopotamie Orientale et Pays adjacents, 1962 – OSTROGORSKY, Geschichte^{3} – M. CANARD, Les relations politiques et sociales entre Byzance et les Arabes, DOP 18, 1964, 35–56 (= Byzance et les musulmans du Proche Orient, 1973, Aufs. XIX) – A. H. M. JONES, LRE, 1964 – CMH IV, 1, 1966 – Israel and her vicinity in the Roman and Byz. periods. The seventh Internat. Congr. of Roman Frontier Stud., Tel Aviv 1967 – A. MIQUEL, La géographie humaine du monde musulmane jusqu'au milieu du 11e s., 2 Bde, 1967–75 – CAHEN, POT-STEIN, Bas-empire – A. N. STRATOS, Byzantium in the 7th century, 1968f. [bisher 5 Bde] – CL. CAHEN, The turkish invasion: The Selchükids (A hist. of the Crusaders I., hg. W. BALDWIN-M. SETTON, 1969), 135–176 – C. CAPIZZI, L'imperatore Anastasio I (491–518), 1969 – D. HOFFMANN, Das spätröm. Bewegungsheer und die Notitia Dignitatum I, II, 1969/1970 – P. MICHEL, Les forteresses de l'Armenie [armen.], 1970 – H. AHRWEILER, Structures administratives et sociales de Byzance, 1971 (Aufs. IX: L'Asie Mineure et les invasions Arabes [VIIe–IXe s.]; Aufs. XVII: Les forteresses construites en Asie Mineure facé à l'invasion seldjoucide) – A. H. M. JONES, The cities of the Eastern Roman provinces, 1971^{2} – S. VRYONIS, The Decline of Medieval Hellenism in Asia Minor, 1971 – BECK, Volksliteratur – N. OIKONOMIDÈS, Les listes de préséance Byz. des IXe et Xe s., 1972 – A. PIGANIOL, L'Empire Chrétien (325–395), 1972^{2} – E. WERNER, Die Geburt einer Großmacht – die Osm. (1300–1481), 1972^{2}, 1978^{3} – P. LEMERLE, L'hist. des Pauliciens d'Asie mineure d'après les sources Grecques, TM 5, 1973, 1–145 – CL. CAHEN, Turcobyzantina et Oriens Christianus, 1974 (Aufs. I: La première pénétration turque en Asie mineure) – Actes du XIVe Congr. internat. des études byz., Bucureşti 1974, I, 207ff. (Les frontières asiatiques) – J. FERLUGA, Byzantium on the Balkans, 1976 – A. J. BERKIAN, Armen. Wehrbau im MA, 1976 – H. HELLENKEMPER, Burgen der Kreuzritterzeit in der Gft. Edessa und im Kgr. Kleinarmenien, 1976 – J. LILIE, Die byz. Reaktion auf die Ausbreitung der Araber, 1976 – W. SEIBT, Die Skleroi, 1976 – F.-W. DEICHMANN-U. PESOLOW, Zwei spätantike Ruinenstätten in Nordmesopotamien, AAM, Abt. Ph.-hist. Kl. 1977, 2 – H. HELLENKEMPER, Der Limes am nordsyr. Euphrat, Stud. zu den Militärgrenzen Roms II, 1977, 461–471 – F. HILD, Das byz. Straßensystem in Kappadokien, 1977 – W. LIEBESCHUETZ, The defences of Syria in the sixth century (Stud. zu den Militärgrenzen Roms II, 1977), 487–499 – A. DUCELLIER, M. KAPLAN, B. MARTIN, Des Barbares aux Ottomans. Le Proche-Orient médiéval 1978 [weitere Lit. zu byz.-arab. Beziehungen] – H. BENGTSON, Grdr. der Röm. Gesch. I, 1979^{3} – N. OIKONOMIDÈS, L'»épopée« de Digénis à la frontière Orientale de Byzance aux Xe et XIe s., TM 7, 1979, 375–397 – J. LAURENT-M. CANARD, L'Armenie entre Byzance et l'Islam depuis la conquête Arabe jusqu'en 886, 1980 – TH. B. MITFORD, Cappadocia and Armenia minor: hist. setting of the limes (Aufstieg und Niedergang der antiken Welt II, 7, 2, 1980), 1169-1228 – S. TH. PARKER, Towards a hist. of the limes Arabicus, Roman Frontier Stud. XII, 1980, 865-878 – J. G. CROW-D. H. FRENCH, New research on the Euphrates frontier, ebd. 903-912 – M. GICHON, Research on the limes Palaestinae, ebd. 843-864 – F. HILD-M. RESTLE, Kappadokien, 1981 – A. C. C. SAVIDES, Byzantium in the Near East: its Relations with the Seljuk Sultanate of Rum in Asia Minor, the Armenians of Cilicia and the Mongols A. D. 1192-1237, 1981.

Byzantius (Piz-, Biz-, Bis-, Besa-, Bysa-, -ncius, -thius, -tus, selten Byzanticus oder Byzantinus, frz. *bezant*). Bezeichnung im Lat. und den rom. Sprachen für den byz. →Solidus (→Nomisma). Der Name entstand im Westen und hat keine Parallele im byz. Bereich, da das gr. βυζάντιος (byzantios) nur als 'Bewohner von Konstantinopel' belegt ist. Kypr. *byzantios* (im 15. Jh.) für die Münze ist eine Rückübersetzung aus dem Lat.; das in MLHG angeführte τὸ βυζαντινόν (to byzantinon) ist nirgends nachweisbar. Frühester Beleg im Lat. sind eine Stelle in den Leges Langobardorum (MGH LNG IV, 223, 40 vom J. 851) und Brief Nr. 124 von Papst Johannes VIII. (MGH Epp. VII, p. 112 vom J. 877). Im dt. Bereich sind erstmals im »Ruodlieb« (um 1050) Byzantes aurificantes genannt. Seit dem 13. Jh. (bis in die 2. Hälfte des 15. Jh.) werden mit b. auch Nachbildungen des *nomisma* in anderen Ländern (Serbien, Ägypten, Zypern, Rhodos, lat. Königreich) bezeichnet, wie bes. aus it. Handelsbüchern (Pegolotti; Zibaldone da Canal; Libro di mercatantie) hervorgeht. P. Schreiner

Lit.: MlatWb I, 1637f. – F. v. SCHRÖTER, Wb. der Münzkunde, 1970[2], 73 [unzureichend] – Lex. latinitatis medii aevi Jugoslaviae I, 1973, 144 – DU CANGE I, 801f.

Byzanz → Byzantinisches Reich

Byzanz, Stadt → Konstantinopel

C

(Unter C vermißte Stichwörter suche man jeweils unter K oder Z)

Caballería villana (caballeros burgueses), im ma. Spanien die Bezeichnung für eine soziale Schicht, die sich seit dem 10. Jh. in den Kgr.en →León, →Kastilien und →Portugal als Folgeerscheinung der Wiederbesiedlungspolitik in den brachliegenden Teilen des Duero-Tales ausbildete. Da diese Politik die freie Inbesitznahme entvölkerter und wüster Landstriche erlaubte, ermöglichte sie das Aufkommen einer breiten Schicht kleiner Grundbesitzer freien Standes, die über genügend Land verfügten, um aus eigenen Mitteln ein Pferd zum Kampf gegen die Mauren stellen zu können. Diese Landbesitzer wohnten in kleinen Orten oder *villas*, besaßen Pferde und wurden durch kgl. Privilegien begünstigt. Um sie von den adligen Rittern oder *infanzones* zu unterscheiden, wurden sie *caballeros villanos* genannt. So wurde diese »Dorfritterschaft«, auch *caballería popular* genannt, mit eigenem Recht oder →*fuero* ausgestattet und von der Verpflichtung zu Hand- und Spanndiensten befreit. Sie waren auch nicht angehalten, Wege, Brücken u. a. zu bauen oder instandzusetzen *(fazendera)*, noch unentgeltl. Frondienste auf den dem Grundherrn reservierten Ländereien zu leisten *(sernas)*. Zudem genossen sie noch weitere Privilegien, so daß es in einigen Fällen sogar zu einer Befreiung von Steuerzahlungen kam. Mit dem Vordringen der →Reconquista im 11. und 12. Jh., dem Aufkommen der Städte, der Entwicklung des Bürgertums als neuer sozialer Schicht und der Herausbildung der Städte und Ortschaften zu rechtl. Körperschaften, wie dem →*concejo* (Stadtrat) oder den *municipios* (Gemeinden), gelang es der C. v., in besonderen, örtlich unterschiedl. Statuten den Rechtsstand der Außenbürger *(→vecinos)*, die Pferde und Waffen besaßen, zu erhalten und deren Freiheiten und Privilegien zu genießen. In den Kriegszügen gegen das maur. Spanien stellten diese dann sehr wirksam tätige Milizen unter. Im 12. Jh. wurden diese aus »villas« und Städten stammenden Berittenen *caballeros pardos* (d. h. die braunen Ritter, wahrscheinl. wegen der Farbe ihrer Kleidung) genannt. Im 13. Jh. bürgerte sich die Bezeichnung *caballeros ciudadanos* ein, und im 15. Jh. sprach der Schriftsteller Alfonso →Martínez de Toledo, Archipresbyter v. Talavera, von ihnen als *caballeros burgueses*. L. García de Valdeavellano

Lit.: G. PESCADOR, La caballería popular en León y Castilla, CHE 33-40, 1961-64 – L. GARCÍA DE VALDEAVELLANO, Orígenes de la burguesía en la España medieval, 1975[2] – M. ISABEL DE TUDELA Y VELASCO, Infanzones y caballeros, 1979.

Caballerizo ('Stallmeister'), in Spanien Träger eines kgl. Palast- bzw. Hofamtes, zuständig für die *caballerizas,* die kgl. Marställe. Das Amt ging der Sache nach aus dem Hofamt des →Marschalls (marescalus, mariscalcus) hervor, wie es sich seit der Spätantike an den germ. Königshöfen, so auch im Westgotenreich, ausgeprägt hatte. Innerhalb der Pfalzorganisation der westgot. Kg.e in Spanien gab es jeweils mehrere für die Marställe verantwortliche Bedienstete, an deren Spitze der Comes stabuli (span. Bezeichnung *Conde del establo*) stand; aus dieser Amtsbezeichnung entwickelte sich in Spanien der Begriff →Condestable. In den hochma. span. Kgr.en der →Reconquista trat an die Stelle des westgot. Comes stabuli der c. als kgl. Stallmeister (strator in Asturien-León; stabularius, *stabulario, caballeriço,* maior equorum in Navarra). Diesem Beamten unterstanden die übrigen Stallmeister und -knechte. In Aragón gab es seit dem 14. Jh. zwei c.s als hohe Würdenträger der Krone. In Kastilien bestand seit dem SpätMA das Amt des C. Mayor (Oberhofstallmeister), des obersten Leiters der kgl. Stallungen. →Aula regia. L. García de Valdeavellano

Lit.: K. SCHWARZ, Aragon. Hofordnungen im 13. und 14. Jh., 1914 – M. TORRES, Lecciones de Hist. del Derecho español, II[2], 1936 – C. SÁNCHEZ ALBORNOZ, El Aula Regia y las asambleas políticas de los Godos (DERS., Estudios Visigodos, 1971) – L. GARCÍA DE VALDEAVELLANO, Curso de Hist. de las Instituciones españolas, 1977[5].

Cabassole, Philippe, Prälat, Diplomat und Staatsmann, * um 1305 in Cavaillon (Provence), † 27. Aug. 1372 in Perugia; Neffe des Jean C., Oberrichters *(juge-mage)* der Provence, erwarb Ph. C. in Orléans den Grad eines Lic. jur. Von Papst Johannes XXII. zum Bf. v. Cavaillon erhoben (17. Aug. 1334), protegierte er →Petrarca, der zu dieser Zeit im Ort Vaucluse lebte. C. trat im Jan. 1343 in den Regentschaftsrat der Kgn. →Johanna v. Neapel ein, seine Haltung war durch ein Schwanken zw. der Parteinahme einerseits zugunsten der Kgn., andererseits zugunsten des päpstl. Einflusses gekennzeichnet. Clemens VI. und Innozenz VI. beauftragten ihn mit Gesandtschaften zur Schlichtung der Streitigkeiten von verfeindeten Fs.en. Die Erhebung eines päpstl. Zehnten in den Kirchenprovinzen Mainz, Köln, Trier, Magdeburg und Hamburg-Bremen (1357-59) brachte ihn dort in Gefahr.

Patriarch v. Jerusalem in partibus (18. Aug. 1361), widmete sich C. jedoch vorrangig der Ausübung des Rektorenamtes im →Comtat Venaissin (seit 17. Dez. 1362) unter Urban V., der den Prälaten, was als außergewöhnl. gelten kann, gleichzeitig zu seinem Generalvikar in Avignon erhob (13. April 1367), da der Papst zu diesem Zeitpunkt seinen Sitz nach Rom verlegte. C. entledigte sich durch Geldzahlungen der Kompagnien des frz. Truppenführers →Du Guesclin. Sein Wirken in Avignon ist ferner durch Eingriffe innerhalb der Universität, Einführung der Wollweberei, Maßnahmen auf dem Gebiet der Münzprägung und Schaffung eines Inventars für den Papstpalast und dessen Bibliothek (den Vorläufer der →Vatikan. Bibliothek) gekennzeichnet. Als Kardinalpriester v. SS. Marcellino e Pietro (22. Sept. 1368) weilte er in der Nähe Urbans V. bis zur Rückkehr nach Avignon. Seit dem 31. Juli 1370 Bf. von Sabina, war C. auch Generalvikar Gregors XI. im Gebiet von Perugia, wo er starb. – Sehr aktiver Bischof und hochgelehrter Geistlicher, widmete sich C. bes. der Verehrung der hl. →Maria Magdalena, die in seinem »Libellus historialis«, der hier stellvertretend für C.s zahlreiche Werke genannt sei, zum Ausdruck kommt. Seine polit. und administrativen Aufgaben hat C. offenbar mit einer gleichsam exzessiven Autorität bewältigt.

M. Hayez

Q. und Lit.: DHGE XI, s. v. – E. G. LEONARD, Angevins de Naples, 1954 – E.-H. WILKINS, Speculum 35, 1960 – Ecole française de Rome, Lettres secr., comm. de Jean XXII, Clément VI, Innocent VI, Urbain V, Grégoire XI, passim – V. SAXER, Ossements de s^e Marie Madeleine, Provence hist. XXVII/109, 1977.

Cabestany, Guillem de (Cabestanh, Guilhelm de), Trobador. Von G. d. C. sind sieben Liebeskanzonen im klass. höf. Stil überliefert, zwei weitere bleiben in ihrer Zuweisung umstritten. Der Trobador ist vermutlich identisch mit dem aus der Nähe von Perpignan stammenden (und wohl einem unbedeutenden Herrengeschlecht angehörenden) G. d. C., der 1175 im Roussillon urkundl. bezeugt ist und/oder jenem G. d. C., der 1212 an der Schlacht v. Las →Navas de Tolosa teilnahm. Seine Berühmtheit verdankt er v. a. der »Vida« (von Stendhal in »De l'amour«, Kap. 12, übersetzt), die seine Person mit der im MA weit verbreiteten Legende vom »gegessenen Herzen« verbindet (vgl. auch Le chastelain de →Coucy, →Reinmar v. Brennenberg).

I. Kasten

Ed.: A. LANGFORS, Le troubadour G. d. C., 1924 – Lit.: E. ESCALLIER, Le destin tragique de Guillaume de Cabestan, le troubadour, 1934 – M. DE RIQUER, Los trovadores, 1975, II, 1063–1078.

Cabezón-Cigales, Verträge v., Ergebnis zweier Begegnungen am 25. Okt. 1464 und vom 20. Nov. bis 5. Dez. 1464 bei den gen. Orten (Prov. Valladolid) zw. Kg. →Heinrich IV. v. Kastilien und den Vertretern der in der Liga v. Burgos zusammengeschlossenen Adelsopposition, die unter Führung des Juan →Pacheco, erster Marqués v. Villena, und seines Bruders Pedro →Girón, Großmeister des Ordens v. →Calatrava, die Ansprüche des Infanten Alfons unterstützte und ztw. in scharfem Gegensatz zu den kgl. Ratgebern Beltrán de la →Cueva, den →Mendozas (v. a. Pedro González de →Mendoza, Kard.) und Lope Barrientos, Bf. v. →Cuenca, stand. Heinrich IV. mußte die Thronfolge seines Halbbruders Alfons (XII.) anerkennen, ihm den Maestrazgo des Ordens v. →Santiago übertragen, verschiedene Burgen als Stützpunkte überlassen sowie den elfjährigen Knaben der Obhut Pachecos übergeben, wofür der Infant eine Ehe mit seiner Tochter →Johanna »la Beltraneja« eingehen sollte. Beltrán de la Cueva hatte auf den Maestrazgo des Santiagoordens zu verzichten (29. Okt. 1464) und für ein halbes Jahr dem Königshof fernzubleiben. Als Ersatz für die verlorengegangenen Würden machte ihn Heinrich IV. zum Hzg. v. Albuquerque und überließ ihm die strateg. wichtigen Städte Roa, Aranda, Molina, Atienza und Cuéllar. Zudem wurde eine Kommission aus Vertretern des Adels und des Kgtm.s gebildet, die auf einer Zusammenkunft in →Medina del Campo ihre Vorschläge für eine Veränderung der Grundbedingungen kgl. Machtausübung und eine Reformierung des Herrschaftsapparats vorlegen sollte. Da der Schiedsspruch v. Medina del Campo die Gegensätze nur vertiefte und mit der Absetzung des Kg.s in Ávila (→Carrillo de Acuña, Alfonso) der offene Bruch herbeigeführt wurde, wurden die Verträge v. Cabezón-Cigales niemals ratifiziert.

L. Vones

Q.: Archivo General de Simancas, Patronato Real, leg. 7, f. 111; leg. 11, f. 69 – Madrid, Real Academia de la Historia, Col. Salazar, leg. D-14, f. 108-109; leg. F-4, f. 119-120; leg. M-12, f. 119-120 – Diego Enríquez del Castillo, Crónica del rey Don Enrique el cuarto de este nombre, ed. C. ROSELL (BAE 70), 1953 – Memorias de Don Enrique IV de Castilla. Vol. 2: Colección diplomática, 1835-1913, Nr. 100-101, 103 – Lit.: J. TORRES FONTES, Itinerario de Enrique IV, 1953 – A. RODRÍGUEZ VILLA, Bosquejo biográfico de don Beltrán de la Cueva, primer duque de Albuquerque, 1881 – J. F. O'CALLAGHAN, Don Pedro Girón, Master of the Order of Calatrava, Hispania 21, 1961, 342–390 – J. VICENS VIVES, Historia crítica de la vida y reinado de Fernando II de Aragón, 1962, 222–224 – J. TORRES FONTES, El Príncipe Don Alfonso 1465–1468, 1971 – L. SUÁREZ FERNÁNDEZ, Nobleza y Monarquía, 1975², 209 ff. – W. D. PHILLIPS JR., Enrique IV and the Crisis of Fifteenth-Century Castile, 1425–1480, 1978, 75–79.

Caboche, Simon (eigtl. Simon le Coustelier), einer der Führer des Volksaufstandes in Paris 1412–13 (→Armagnacs et Bourguignons). Simon le Coustelier mit dem Beinamen Caboche ('Dickkopf') war Abdecker in der Fleischhalle (Grande Boucherie) von Paris. Er stand anscheinend schon ab Nov. 1408 im Dienst von →Johann Ohnefurcht, Hzg. v. Burgund, der ihm im Sept. 1411 2 queues (ca. 916 l) Wein aus Beaune zukommen ließ. Während des Aufstandes und der anschließenden Herrschaft der Bourguignons in Paris 1412–13 war C. der Anführer einer volkstüml. Gruppierung von Bourguignon-Anhängern, die sich durch bes. gewaltsames Vorgehen auszeichneten und »Cabochiens« genannt wurden. Der Name C.s hat sich v. a. durch die unter dem Druck seiner Faktion am 26./27. Mai 1413 von den Etats généraux des nördl. Frankreich im Namen des Kg.s erlassene berühmte Ordonnanz, die sog. →»Ordonnance cabochienne«, erhalten. Mit der Rückeroberung von Paris durch die Armagnac-Partei (4. Aug. 1413) war für C. das Spiel verloren; er suchte gemeinsam mit seinem Gefährten Denisot de Chaumont Zuflucht bei seinem Protektor Hzg. Johann, der beide als Reiter in seinem Dienst behielt. C. kehrte 1418 mit dem Hzg. nach Paris zurück, doch spielte er hier keine bedeutende Rolle mehr. Sein weiteres Leben liegt im dunkeln.

J.-M. Roger

Lit.: A. COVILLE, Les Cabochiens et l'ordonnance de 1413, 1888 – DERS., L'ordonnance cabochienne, 1891.

Caboto, Giovanni (Gaboto, Giovanni; engl.: Cabot, John), Seefahrer, † 1498 (verschollen). Stammte wahrscheinl. aus Genua; erhielt 1476 das Bürgerrecht in Venedig, von wo aus er Handelsreisen, u. a. bis Mekka, unternahm. Wie →Kolumbus vertrat C. den Plan einer Westfahrt nach Ostasien, jedoch in nördlicheren Breiten. Nachdem sein Projekt in Spanien und Portugal keine Unterstützung gefunden hatte, wandte er sich nach England (1494 oder 1495), wo ihm Heinrich VII. im März 1496 einen Patentbrief zur Entdeckung unbekannter Länder ausstellte. Anfang Mai 1497 fuhr C. mit der »Matthew« von Bristol aus nach Westen und stieß am 24. Juni an Land.

Da die spärlichen Quellen (vier Briefe von Zeitgenossen) keine eindeutige Lokalisierung ermöglichen, kommt als Bereich der Entdeckungen C.s die nordamerikan. Küste vom südl. Labrador bis Nova Scotia (eventuell bis Maine) in Frage. Mit zieml. Sicherheit befuhr C. die fischreichen Gewässer Neufundlands, vielleicht auch die nach ihm benannte »Cabot-Straße« (zw. Neufundland und der Kap Breton-Insel). Jedenfalls war C. der erste Europäer, der nach den Wikingern nachweislich nordamerikan. Boden betreten hat. Von einer zweiten Westfahrt (1498) kehrte C. nicht zurück. J. Dörflinger

Lit.: DBI XV, 702ff. – D. Henze, Enzyklopädie der Entdecker und Erforscher der Erde I, 1978, 450-454 – J. A. Williamson, The Cabot Voyages and Bristol Discovery under Henry VII (Hakluyt Society, 2nd ser., 120), 1962 – S. E. Morison, The European Discovery of America. The Northern Voyages, 1971, 157-209.

Cabral, Pedro Álvares (oder C. de Gouveia), ptg. Seefahrer, * um 1468 in Belmonte (Beira Baxa, Portugal), † um 1520 (?), ⌑ in Santarém (Kapelle Asilo de Santo António), Sohn des Fernão C. und der Isabel de Gouveia. Mitglied des Kronrates Manuels I. und des Christusordens. Nach der Rückkehr Vasco da →Gamas von seiner ersten Indienfahrt wurde C. als Generalkapitän einer Flotte von 13 Schiffen mit der Gründung ptg. Handelsstützpunkte in Ostindien beauftragt. C. wählte aufgrund der Erfahrungen Gamas eine weiter nach Westen ausholende Atlantikroute und gelangte, unterstützt durch die Äquatorialströmung, wohl unabsichtlich am 22. April 1500 in der Nähe des heut. Pôrto Seguro (ca. 17° südl. Br.) an die Küste Brasiliens, die er als »Terra da Vera Cruz« für Portugal in Besitz nahm. Auf dem Weg zum Kap der Guten Hoffnung sanken im Sturm mehrere Schiffe, darunter jenes von Bartolomeu →Dias, der 1488 die Südspitze Afrikas entdeckt hatte. Diogo Dias, der Bruder des B. Dias, geriet nach der Umfahrung Südafrikas zu weit nach Osten und erreichte so als erster Europäer Madagaskar. Von September bis Dezember 1500 hielt sich C. an der Westküste Vorderindiens auf, wo er in Cochin eine Faktorei errichtete und damit die ersten bleibenden Handelsbeziehungen anknüpfte. J. Dörflinger

Lit.: DHP I, 416f. – Hist. da Colonização Portuguesa do Brasil II, 1923, 1-169 – The Voyage of P. Á. C. to Brazil and India from contemporary documents and narratives, hg. W. B. Greenlee (Hakluyt Society, 2nd ser., 81), 1938 [Neudr. 1967] – D. Peres, Hist. dos Descobrimentos Portugueses, 1960², 430-469 – T. O. Marcondes de Souza, O Descobrimento do Brasil, 1956² – S. E. Morison, The European Discovery of America. The Southern Voyages, 1974, 217ff. – D. Henze, Enzyklopädie der Entdecker und Erforscher der Erde I, 1978, 463-466.

Cabrera, Familie und Vizegrafen v. Als Stammvater des Geschlechts hat der Edle *Gausfred* († nach 1017), Herr der Burg C. in der Gft. Gerona, zu gelten. Sein Sohn *Gerald I.* († vor 1050) wurde Vgf. v. Gerona durch seine Heirat mit Vgfn. Ermessenda († vor 1044), der Tochter und Erbin von Vgf. Amat. Mit ihr zusammen gründete er 1038 das Kl. →S. Salvador de Breda. *Pons I.* († um 1105), sein Sohn und Nachfolger, heiratete Ledgarda, die Erbin des Gründers von Ager, dessen Name seit 1152 im Titel geführt wurde. Das Seniorat Ager wandelte sich durch die Einheirat zur Vgft.; das andere Seniorat, die Vgft. v. Gerona, änderte unter *Gerald III.* († vor 1165) seine ehemals amtl. Bezeichnung in den Namen der Stammburg Cabrera. 1145 gründete Gerald III. das Kl. Roca-rossa in der heutigen Comarca von Maresme. Als Troubadour ist er für sein volkssprachl. verfaßtes »Ensenyament« bekannt. Sein Enkel *Gerald IV.* († 1229) machte Gfn. →Aurembiaix die Herrschaft der Gft. →Urgel streitig und vererbte Urgel zusammen mit Ager seinem Erstgeborenen *Pons*, die Vgft. C. aber seinem Zweitgeborenen *Gerald V.*

Pons I. († 1243) stand an der Spitze des nun neuen Grafengeschlechts von Urgel, das 1314 mit dem kinderlosen Tod seines Enkels Ermengol X. erlosch.

Gerald V. († um 1242) setzte die vgfl. Linie von C. fort. Dessen Urenkel *Bernhard II.* de →C. († 1364) erbte d. Vgft. Bas, war ein Günstling Kg. Peters IV. v. Aragón und spielte in der gesamtspan. Gesch. des 14. Jh. eine beachtl. Rolle. Sein Sohn *Bernhard III.* de C. († 1368) wurde zum Gf. en v. Osona erhoben. Alle seine Güter wurden jedoch wie bei seinem Vater beschlagnahmt. Der Kg. übertrug sie schließlich auf seinen Sohn, *Bernhard IV.* († 1423), der Admiral von Sizilien war, bis er zum Gf. en v. →Mòdica erhoben wurde. Mit ihm setzte der Niedergang des Geschlechts ein, dessen legitimer Zweig mit seiner Urenkelin Anna († 1526) erlosch. Die Erbschaft kam an die mächtige kast. Familie der Enríquez, Admiräle von Kastilien und Hzg. e v. Medina de Ríoseco, die sich schließlich →Enríquez de C. nannten. A. de Fluvià

Q. und Lit.: Gran Enciclopèdia Catalana IV, 1973 – M. de Bofarull, Colección de documentos inéditos del Archivo General de la Corona de Aragón, Bd. 32-34, 1867-68 [Q. zum Prozeß gegen Bernhard II.] – J. Miret i Sans, Notes per la biografia de Guerau de C. (Estudis Universitaris Catalans 4, 1910), 299-333 – J. B. Sitges, La muerte de Bernardo de C. (1364), 1911 – V. Coma y Soley, Los vizcondes de C., 1968 – S. Sobrequés i Vidal. Els Barons de Catalunya, 1970³ – Crònica de Pere el Ceremoniós, ed. F. Soldevila, Les quatre grans cròniques 1971 – J. Zurita, Anales de la Corona de Aragón IV (Libro VIII), 1973 [Neudr.].

C., Bernhard II. de (Bernat, Bernardó), * 1298 in Calatayud, † 26. Juli 1364 in Zaragoza, Vgf. v. C. und Bas, Senior v. Anglés und Brunyola, Sohn Bernhards I. und der Kastilierin Eleonore, Ratgeber Kg. Peters IV., gehörte zu den bedeutendsten polit. Gestalten des 14. Jh. innerhalb des Machtbereichs der Krone Aragón. Er stieg durch kgl. Gunst zu den höchsten Ämtern auf, fiel in Ungnade und endete auf der Richtstätte; sein Talent stellte er in den »Ordinacions del fet de la mar« (1354) zur Organisation der kgl. Flotte unter Beweis. Obwohl in Calatayud geboren, wurde er als Katalane betrachtet, ging mit Bernhard de Sarriá zur See und nahm an der Expedition des Infanten Alfons nach Sardinien (1323) sowie an den Feldzügen im Roussillon teil. Auf der Höhe des Triumphes legte er seine Ämter nieder u. zog sich in das Kl. →S. Salvador de Breda zurück (1342), von wo aus er auf Bitten Kg. Peters IV. in die Politik zurückkehren mußte, um als sein engster Berater ('el Gran Privat') zugunsten der Katalanen den Unionisten in Valencia und Zaragoza gegenüberzutreten. Er wurde Erzieher und Hauslehrer des zukünftigen Johann I., Hzg. v. Gerona (1350), was ihm den Argwohn der Mächtigen eintrug. Weder das als Führer einer Expedition gegen das aufstand. Sardinien erworbene Ansehen (Schlacht v. Alguer) noch seine Friedenspolitik gegenüber Kastilien (Terrer, Murviedro, usw.), die eher als entehrend für Aragón betrachtet wurde, konnten seinen Sturz aufhalten, in den ihn seine ein Jahrhundert später verwirklichte Idee einer Vereinigung von →Aragón und →Kastilien trieb. Paradoxerweise brachte ihn dies dazu, den Krieg gegen Peter I. und seine genues. Verbündeten zu unterstützen. Als sein Sohn, der Gf. v. Osona (Bernhard III. de C.), des Verrats angeklagt wurde, während er selbst in Frankreich mit →Heinrich v. Trastámara, dem Thronprätendenten von Kastilien, einen Pakt schloß, flüchtete C. sich bei der Rückkehr nach Navarra; aber →Karl d. Böse v. Navarra lieferte ihn aus, so daß er in der Burg von Novales (Huesca) und in Zaragoza eingekerkert und nach verschiedenen Prozeßverfahren am 26. Juli 1364 öffentl. enthauptet wurde. Die C. aus polit. Gründen feindl. gesonnene Kgn. Eleonore v. Sizilien beschleunigte seine Hinrichtung. Alle seine Güter und Titel wurden konfisziert und den C. nicht zurückgegeben, bis es seine Witwe Timbor de Fenollet erreichte, daß sein Neffe, der Gf. v. Mòdica (Bernhard IV. de C.), sie von Johann I. erhielt. Dieser bemühte sich zusammen mit ihr, das Ansehen Bernhards II. wiederherzustellen, doch der Prozeß wurde nicht wiederaufgerollt. S. Cunchillos Plano

Q. und Lit.: Vgl. C., Familie

Cabrera, Andrés de, * 1430 in Cuenca, † 1511 in Chinchón, war nichtadliger Herkunft und stammte wahrscheinl. aus einer Familie v. Conversos (→Konvertiten), ∞ Beatriz de Bobadilla 1467. Als Günstling von Juan→Pacheco, dem Marqués v. →Villena, wurde er von diesem am Hof Heinrichs IV. v. Kastilien eingeführt, wo er bald eine Vertrauensstellung beim Kg. errang. Als →*Doncel* und späterer kgl. →*Mayordomo Mayor* (Archivo General de Simancas, Quitaciones de Corte, leg. 2) unterhielt er weiterhin gute Beziehungen zu Pacheco und Beltrán de la →Cueva. Er wurde →Komtur des Ordens v. →Santiago (Komtureien v. Mures und Benazuza, anschließend v. Monreal), erwarb dann zudem den *Señorío* über →Sepúlveda und 1473 denjenigen über Moya, dessen Besitz seinen Nachkommen erhalten bleiben sollte. Während der Rebellion des Infanten Alfons (XII.) blieb er dem Kg. treu und wurde 1467 mit Beatriz de Bobadilla verheiratet, einer Hofdame und engen Vertrauten der Infantin →Isabella (der Kath.). Fortan handelte C. vornehmlich im Sinne Isabellas, so bei der Übereinkunft v. →Toros de Guisando (19. Sept. 1468) und der Anerkennung ihres Rechts auf Nachfolge im Kgtm., wurde aber weiterhin von Heinrich IV. mit Gunstbezeugungen überhäuft. Der Kg. gewährte ihm 1468 den *Corregimiento* (→*Corregidor*) v. →Segovia, die Aufsicht über die Stadttore und schließlich noch die *Alcaidía* (→*Alcaide*) des →*Alcázar*. Als Alcaide v. Segovia besaß C. eine Schlüsselstellung in den Auseinandersetzungen um die Nachfolge Heinrichs IV., die er dazu benutzte, um Isabella einen entscheidenden Vorsprung zu verschaffen. Durch seine über Alfonso de →Quintanilla vermittelte Zusage, den Alcázar und den Staatsschatz v. Segovia niemand anderem als Isabella und ihrem Gemahl Ferdinand auszuliefern (15. Juni 1473), führte er deren Versöhnung mit Heinrich IV. herbei und wirkte nach dessen Tod dahingehend, daß Isabella die Königsherrschaft antreten konnte (13. Dez. 1474). Da C. den Katholischen Kg.en durch seinen Einfluß Segovia als Stützpunkt sicherte, wurde seine Amtsführung 1475 verlängert, und selbst eine Erhebung der Stadt unter Führung ihres Bf.s Juan Arias (1476), die zur kurzzeitigen Suspension des Alcaiden führte, konnte seine Stellung letztl. nicht erschüttern. Auf den →*Cortes* v. Toledo 1480 wurde die Erhebung Moyas zum →*Marquesado* beschlossen und die Machtposition des neuen →*Marqués* durch kgl. Gunsterweise sowie durch die Ausstattung mit weiteren Besitztümern gestärkt, wofür sich C. durch starke Hilfeleistungen beim entscheidenden Feldzug gegen →Granada erkenntlich zeigte. Unter der kurzen Regentschaft und Regierung Philipps I. des Schönen v. Kastilien verlor C. als Anhänger Ferdinands des Kath. die Alcaidía des Alcázar v. Segovia an Juan→Manuel, erhielt sie aber nach dem Tod des burg. Prätendenten zurück und unterstützte die Rückkehr des aragon. Kg.s auf den kast. Thron.

C. hatte mehrere Söhne und Töchter, von denen die meisten in einflußreiche Stellungen gelangten: Miguel Jerónimo (Nachfolger seines Vaters in den Komtureien v. Mures und Benazuza), Juan (Marqués de Moya), Fernando (Conde v. Chinchón), Francisco de Bobadilla (Bf. v. Salamanca), Diego (Komtur des Ordens v. →Calatrava), Pedro (ging 1521 mit der Armada unter), Luisa (∞ Diego López→Pacheco), Maria (∞ Conde de Osorno), Isabella (∞ Diego Hurtado de→Mendoza). L. Vones

Q.: Crónica incompleta de los Reyes Católicos (1469–1476), ed. J. PUYOL, 1934 – Diego Enríquez del Castillo, Crónica del Rey Don Enrique el cuarto de este nombre, ed. C. ROSELL (BAE 70, 1953) – Lorenzo Galíndez de Carvajal, Crónica de Enrique IV, ed. J. TORRES FONTES (Estudio sobre la »Crónica de Enrique IV« del Dr. GALÍNDEZ DE CARVAJAL, 1946) – *Lit.:* DHE I, 621f., s. v. – FRANCISCO PINEL Y MONROY, Retrato del buen vassallo, copiado de la vida y hechos de D. A. de C., primero Marqués de Moya, Madrid 1677 – R. FUERTES ARIAS, Alfonso de Quintanilla I, 1909 – L. DE SALAZAR Y CASTRO, Los comendadores de la Orden de Santiago, I: Castilla; II: León, 1949 – D. DE COLMENARES, Hist. de la insigne ciudad de Segovia. Nueva edición anotada, Bd. II, 1970 – Mª. I. DEL VAL VALDIVIESO, Isabel la Católica, Princesa (1468–1474), 1974 – DIES., Resistencia al dominio señorial durante los últimos años del reinado de Enrique IV, Hispania 34, 1974, 53–104 – W. D. PHILLIPS JR., Enrique IV and the Crisis of Fifteenth-Century Castile (1425–1480), 1978.

Caccia, im 14. und beginnenden 15. Jh. in Italien übliche Bezeichnung für eine (dreistimmige) Komposition, in der ein auf die Jagd bezogener oder die Jagd als Allegorie benutzender Text größtenteils in strenger melod. Nachahmung der beiden Oberstimmen (Kanon) vertont ist. Ob die Bezeichnung von den (meist in zwei Elfsilblern mit Endreim endigenden) Texten oder von den einander gleichsam verfolgenden Stimmen der Komposition herrührt, ist ungeklärt. Die Kompositionsart ist offenbar unabhängig von der gleichzeitigen →Chasse der frz. →Ars nova aus dem damals schon in ganz Europa verbreiteten volkstüml. Stimmtauschkanon hervorgegangen. Kanonisch geführt sind bei der it. C. stets nur die beiden Oberstimmen; die dritte Stimme (Tenor) nimmt als (instrumentale) Fundamentstimme kaum an der Imitation teil.

In Italien, wo die hauptsächl. von toskan. Komponisten (Jacopo da Bologna, Giovanni da Firenze, Magister Piero, Francesco Landini, Vincenzo da Rimini, Nicolò da Perugia u. a.) gepflegte C. wesentl. mehr Bedeutung als die Chasse in Frankreich erlangte, wurden in dieser Art, d. h. mit kanon. Führung der Oberstimmen, bald auch andere Texte, die formal und inhaltlich nicht der C. zugehörig sind, vertont (sog. »madrigali canonici«). Andrerseits wurden im 15. Jh. dann auch lit. zur C. gehörige Texte nicht mehr so, sondern in volkstümlich einfacher, vierstimmiger Homophonie in lebhaften Rhythmen nach Art der »Canti carnascialeschi« (→Karnevalsdichtung) und »Strambotti« (→Strambotto) in Musik gesetzt. H. Schmid

Ausg.: W. T. MAROCCO, Fourteenth-century Italian Cacce, 1942, rev. Aufl. 1961 – *Lit.:* MGG – RIEMANN – NEW GROVE – G. CARDUCCI, Cacce in rime dei sec. XIV e XV, 1896 – N. PIRROTTA, Per l'origine e la storia della caccia e del madrigale trecentesco, Rivista Italiana musicale XLVIII, XLIX, 1946, 1947 – K. TOGUCHI, Sulla struttura e l'esecuzione di alcune cacce italiane: un cenno sulle origini delle cacce arsnovistiche (L'ars nova italiana del trecento III, 1970).

Caccianemici, Bologneser Familie, die im 13.–15. Jh. v. a. dank des Zweigs de Ursis (genannt »Grandi«) zu großem Ansehen gelangte. Der Sohn des *Caccianemico* de' C., *Alberto*, war in erster Ehe mit einer Baccilieri, in zweiter mit einer Asinelli verheiratet. Seine erste Frau gebar ihm drei Kinder, von denen zwei, *Venedico* und *Ghisolabella*, von Dante unrühmlich erwähnt werden (Inf. XVIII, 50ff.). In Wahrheit ließ Dante vielleicht seinen Zorn als »weißer« Guelfe in seine Verse einfließen, weil die C. in Bologna innerhalb der Guelfenpartei die Gruppe anführten, die sich für die Hegemonie der Este, der Signori v. Ferrara, über die Emilia einsetzte. Diese Gruppe hatte in

Bologna eine ähnliche hist. Bedeutung wie die Schwarzen Guelfen in Florenz.

Die C. konnten im übrigen auf eine sehr alte guelf. Tradition zurückgreifen, wenn die Nachricht, Papst Lucius II. (1144–45) sei ein Angehöriger der Familie gewesen, richtig ist. *Alberto,* der während des dritten Viertels des 13. Jh. in vielen Städten als Podestà fungierte, übernahm nach Guglielmo Gallazzi die Leitung der extremist. Faktion der →Geremei-Partei und spielte 1274 eine bedeutende Rolle bei der Vertreibung der →Lambertazzi aus Bologna. Er unterstützte auch den Hl. Stuhl bei seiner Expansionspolitik in der Romagna. Nach seinem Tod (1277) trat sein Sohn *Venedico* an seine Stelle, eröffnete die von nun an für die Familie bestimmende Politik der engen Verbindung mit der Familie Este und heiratete selbst Maddalena Rangoni, die aus einer mit den Signori v. Ferrara gleichfalls verbundenen Familie stammte. 1305 vermählte sich Costanza d'Este, die Tochter Azzos VIII., mit *Lambertino,* einem Sohn von Venedico. In dieser Zeit begann sich jedoch bereits der Niedergang der Familie abzuzeichnen, der durch die Signori der →Bentivoglio definitiv wurde, als *Cristoforo C.,* ein hervorragender Politiker und Diplomat, den →Bessarion zum Kanzler der Universität ernannt hatte, beim Signore in Ungnade fiel und aus der Stadt ausgewiesen wurde. Grund dafür war vielleicht, daß er sich in seiner Position, obwohl er an sich die Bentivoglio unterstützte, tatkräftig für die bürgerl. Freiheiten einsetzte.   F. Cardini

Lit.: DBI XV, 802–804 – Enc. dantesca I, 1970, 739–741 – G. Gozzadini, Delle torri gentilizie di Bologna, 1875 – G. Zaccagnini, Personaggi danteschi a Bologna e in Romagna, Atti e memorie della R. Deputazione di Storia patria per le province di Romagna, Ser. IV, XXIV, 1933–34, 19–71 – G. Dall'Occa Dell'Orso, Venedico Caccianemici e la sua gente, L'Archiginnasio XXXVI, 1941, 212–225 – C. M. Ady, I Bentivoglio, 1965.

Cäcilia → Caecilia

Cacus. Einst ein Gott, hat C. schon im Altertum eine Metamorphose erlebt, zunächst zum rinderraubenden, von Herakles erschlagenen Riesen – die rationale Mythendeutung von Servius macht ihn zum dieb. Sklaven des Euander –, im späteren MA wird er dann zur Verwunderung von Stadler zum Monstrum bei Albertus Magnus (22, 41, nach Thomas v. Cantimpré 4, 20), Vinzenz v. Beauvais (19, 5) und Konrad v. Megenberg (III A 14, vgl. Brückner, 94–97 mit Text von Thomas III). Schuld daran trägt der sog. →»Liber monstrorum de diversis generibus« 1, 31 (Haupt, 231, 1–5), ein wohl im 7. Jh. in Nordfrankreich entstandener Traktat. Danach sollte dieses flammenspeiende und wie ein Schwein borstige Monstrum in seine Höhle am Tiber in Arkadien (!) zur Verwischung der Spuren 4 Stiere und Kühe am Schwanz hineinziehen, ein Reflex von Vergil (Aen. 8, 193ff.). Wie Thomas ohne Kenntnis des Vergil diesem Untier trotz seiner Menschenfurcht Angriffslust zuschreiben konnte, bleibt ungeklärt. Bei dem Lexikographen Papias (Mitte 11. Jh.) ist die Lokalangabe Aventin richtig überliefert. Unter Verwendung von Bibelstellen deutet Thomas C. als Sinnbild des Zornigen. Interessant ist die scholast. Questio, warum er Flammen speie, ohne selbst zu verbrennen: erst im Maul entstünden die Flammen, wie ja auch die Sonnenstrahlen durch den Beryll in einem Brennpunkt vereinigt werden.   Chr. Hünemörder

Q.: Albertus Magnus, De animalibus, ed. H. Stadler, II, 1920 (BGPhMA 16) – Konrad v. Megenberg, Das Buch der Natur, ed. F. Pfeiffer, 1861 [Neudr. 1961] – Thomas Cantimpratensis, Liber de natura rerum, T. 1: Text, ed. H. Boese, 1973 – Vincentius Bellovacensis, Speculum naturale, 1624 [Neudr. 1964] – Papias Vocabulista, 1496 [Neudr. 1966] – A. Brückner, Quellenstud. zu Konrad v. Megenberg

[Diss. Frankfurt 1961] – M. Haupt, Opuscula II, 1876, 218–252 – *Lit.:* H. Stadler, Sonderbare Tiere, AGNT 2, 1909–10, 137–140.

Cadac (Andreas), ir. Gelehrter am Hof Karls d. Gr., von →Theodulf in den Briefgedichten 25 und 27 mit Schärfe und Unversöhnlichkeit als streitsüchtiger Dummkopf geschildert und mit dem »trinomen« Scottus, sottus (afrz. *sot*), cottus belegt (MGH PP 1, 487–489, 492). Dieses Wortspiel wird in einem von Bischoff entdeckten groben Schmähgedicht gegen den Iren aufgegriffen, dessen anonymer Verfasser persönl. Beschimpfung mit Spott über die ir. Schulgelehrsamkeit verbindet und den Kg. bittet, gegen C. einzuschreiten.   J. Prelog

Lit.: B. Bischoff, Ma. Studien 2, 1967, 19–25 – D. Schaller, Der junge ›Rabe‹ am Hof Karls d. Gr. (Fschr. B. Bischoff, 1971), 123–141.

Cadalus v. Parma → Honorius II., Gegenpapst

Cadamosto, Alvise (richtig Ca' [= Casa] da Mosto), * um 1426 in Venedig, † Juli 1483 in Rovigo, it. Kaufmann, Seefahrer, Entdecker, Reiseerzähler. Nach Reisen im Mittelmeer (Kreta, Ägypten 1442ff.) und nach Flandern (1452) engagierte ihn Prinz →Heinrich der Seefahrer 1454 für die Weiterführung seines Afrikaprogramms. In seinem Dienst unternahm er zwei Westafrikafahrten: Die erste (März 1455) führte über Madeira, die Kanaren und Cabo Blanco zum Senegal (den C. unter Verarbeitung der ptg. Entdeckungsleistungen der vorangegangenen fünf Jahre erstmals genauer bekannt machte), über die islam. Wolof (mit deren Herrscher er Handelskontakte anbahnte) zum Gambia, den er in Hoffnung auf Gold (gemeinsam mit seinem gleichfalls in Heinrichs Dienst unterwegs getroffenen Landsmann →Usodimare) um das ob seiner üppigen Vegetation von ihm gepriesene Cabo Verde erreichte und ein Stück befuhr. Er beschrieb erstmals das Kreuz des Südens und die Horizontnähe des Polarsterns. Die zweite Reise (Frühjahr 1456, wieder mit Usodimare) galt Forschungs- und Handelsplänen am Gambia, den C. 100 km aufwärts befuhr. Auf der Hinfahrt wurde der Kap-Verdesche Archipel mit dessen östlichsten Inseln (Boavista, Sal, Maio, São Thiago) entdeckt. Nach Erforschung der Flußmündungen beidseits Cabo Roxo (Rio Geba u. a.), der Küsten Ptg. Guineas und Sichtung der Bissagos-Inseln erfolgte die Heimkehr dieses einzigen seine Reisen genau schildernden henrizian. Seefahrers, der als scharfer Beobachter, guter Beschreiber, eifriger Sammler und umsichtiger Verarbeiter älterer ptg. Berichte die Aufhellung jener noch im Halbdunkel liegenden Teile Westafrikas besorgte und auch die Guanchen auf den Kanaren und die senegamb. Küstenvölker erstmals genauer schilderte. Die Afrikakarte →Benincasas 1468 (erstmals mit den Kapverden) schöpfte aus seinen und Pero de Sintras und Soeiro da Costas Angaben. – Sein Bericht (verfaßt 1463–68) erschien in Montalboddos Paesi novamente retrovati... (Vicenza 1507), lat. und dt. 1508, frz. 1515 – Delle navigationi di Messer A. C.... in: Ramusio I (Venedig 1563, wohl aufgrund eines verlorenen Ms.) – Navigatio ad terras incognitas... in: (S. Grynaeus) Novus orbis regionum ac insularum... (Basel 1532).   G. Hamann

Lit.: J. Rackl, Die Reisen des Venetianers A. C...., 1898 – R. Caddeo, Le navigazioni atlantiche di A. C... (Viaggi e scoperte..., 1928) – História da Expansão Portuguesa no Mundo I, 1937–40 – G. R. Crone, The voyages of C..., Hakluyt Soc. Ser. 2, 80, 1937 – Ders., Viagens de Luís de C..., 1948 – D. Peres, História dos Descobrimentos Portugueses, 1960 – Weitere Quellen und Quelleninterpretationen bei: G. Hamann, Der Eintritt der Südl. Hemisphäre in die europ. Gesch., SAW.PH 260, 1968 – D. Hentze, Enzyklopädie der Entdecker und Erforscher der Erde I, 1978.

Cadbury, South, größte Höhenburganlage der Eisenzeit in England (südl. Somerset) mit großer Holzhalle sowie Schutzwall und Mauer aus rohgefügten Steinen (spätes

5.–6. Jh.). C. war vielleicht in vorangelsächs. Zeit ein Stützpunkt der →Dumnonii; Verbindungen mit dem sagenhaften Kg. Artus sind höchstwahrscheinl. Erfindungen von humanist. Altertumsforschern des 16. Jh. Während der letzten Regierungsjahre Kg. →Ethelreds († 1016) wurde C. als Fluchtburg *(burh)* neubefestigt und erhielt dabei eine Mauer aus mit Mörtel verfugten Steinen sowie Tore; die Fundamente einer Kirche mit kreuzförmigem Grundriß wurden ausgegraben. Eine Münzstätte bestand in C. 1010–19; nach 1019 wurde der burh aufgegeben und geschleift. N. P. Brooks

Lit.: L. Alcock, By S. C. that is Camelot: the Excavation of C. Castle 1966–70, 1972.

Cade, John (Jack), † 12. Juli 1450, Führer des Aufstandes in Kent (1450), der sog. »Jack Cade's Rebellion«. C. stand seit dem 11. Juni, als Rebellen in Blackheath einzogen und Bittschriften an Kg. Heinrich VI. richteten, an der Spitze des Aufstandes. C.s Sieg über einen königstreuen Truppenverband zog den Vormarsch des Rebellenheeres und den Rückzug des Kg.s aus London nach sich. Der Aufstand breitete sich rasch in Kent und anderen *Counties* aus; in den ersten Jahrestagen zog C. in London ein, wo er den *Lord Treasurer* (Großschatzmeister) hinrichten ließ. Nach einer unentschieden ausgegangenen Schlacht am 6. Juli wurde C.s Anhängern von der Krone Pardon gewährt, woraufhin sie sich zerstreuten. C. selbst wurde am 12. Juli 1450 in Kent getötet. – Die Teilnehmer am Aufstand waren zumeist Bauern und Handwerker; ihre Forderungen zielten insgesamt auf eine Reform von Regierung, Justiz und Steuererhebung: Die »Erpresser« und »Verräter« in der Umgebung Kg. Heinrichs VI. und insbes. in Kent sollten abgesetzt werden. C. selbst gab sich – unter dem Namen »Mortimer« – als Verwandter →Richards, Hzg.s v. York, aus; eine Verbindung des Hzg.s zu den Aufständischen ist jedoch sehr zweifelhaft. Über C.s tatsächl. Herkunft ist nichts bekannt; obwohl ihn einige zeitgenöss. Quellen als Iren bezeichnen, stammte er wahrscheinl. aus Kent. Zwar stehen ihm die Chronisten im allgemeinen feindlich gegenüber, doch nennen ihn einige 'klug' und 'scharfsinnig'; die effektive Kontrolle, die er über ein großes Bauernheer ausübte, läßt ihn als durchaus fähige Führerpersönlichkeit erscheinen. R. Virgoe

Lit.: R. A. Griffiths, The Reign of Henry VI, 1981.

Cadells i Nyerros. Diese Bezeichnung erinnert an die im Laufe des MA in Katalonien immer wieder neu entflammten Fehden zw. zwei gegner. Gruppen: den Cadells (abgeleitet von der Familie Cadell, Herren v. Arsèguel), die die Interessen der Bauern und Bürger vertraten, und den Nyerros (abgeleitet von den Herren v. Nyer in Cerdaña), die die Interessen des Adels und der Feudalherren verfochten. Obwohl es sich ursprgl. um einfache Adelsfehden handelte, trat bald die soziale Motivation in den Vordergrund, v. a. im 16. und zu Beginn des 17. Jh. in Zusammenhang mit der wirtschaftl. und gesellschaftl. Krise und dem Niedergang Kataloniens. Sie gingen im allgemeinen Phänomen des Banditentums auf.

Im 13. Jh. weitete sich der Aktionsradius auf die Ebene um Vich aus, wo der →Moncada als Mitsenior v. Vich auf seiten der Cadells stand, während der Bf. der oberste Vertreter der Nyerros war. Damit dehnten sich die Zwistigkeiten und Kämpfe um die Stadtherrschaft von Vich auf ganz Katalonien aus. Vertreter der einen und anderen Partei nahmen auch an der »Guerra dels Segadors« teil. Ab Mitte des 17. Jh. ließen die Kämpfe zw. beiden Parteien allmähl. nach, bis sie schließl. ganz verschwanden.

I. Ollich i Castanyer

Lit.: Hist. de España, hg. R. Menéndez Pidal, XIV, 1966, 587f.

Cadenet, prov. Troubadour aus dem 1. Drittel des 13. Jh. Seine Biographie läßt sich aus den Daten seiner prov. *vida* rekonstruieren: Sohn eines armen Ritters, geboren auf Schloß Cadenet in der Gft. Forcalquier. Als Kind wurde er von den Leuten des Gf.en Raimon V. v. Toulouse gefangengenommen, der das Schloß Cadenet zerstörte (1166–76?). Er war Spielmann unter dem Namen Bagas und nahm, als er in die Provence zurückkehrte, den Namen C. an. Stand in Verbindung mit dem Trobador Blacatz (. . .1194–1236) und mit Raimon Leugier de Dosfraires, dem vermutl. Lehrer des →Sordel (. . .1220–69). Er trat dem Johanniterorden bei und starb als dessen Mitglied. 23 Dichtungen sicherer Zuordnung sind von ihm erhalten. C. Alvar

Lit.: C. Appel, Der trobador C., 1920 – M. de Riquer, Los trovadores III, 1975 – J. Zemp, Les poésies du troubadour C., 1978.

Cádiz

I. Unter arabischer Herrschaft – II. Unter kastilischer Herrschaft.

I. Unter arabischer Herrschaft: C., Stadt im südwestl. Spanien, Hauptstadt der gleichnamigen Provinz; arab. Qādis (in nz. Quellen Qāliṣ), eine der ältesten Städte des westl. Mittelmeergebietes, angebl. ca. 1100 v. Chr. von den Phönikern gegr. und *Gadir* (inschriftl. '-q-dr 'Gehege, Umwallung', cf. berber. *Agadir*, gr. Γάδειρα/Gadeira, lat. Gades bzw. Iulia Gaditana) genannt, 206 v. Chr. von den Römern den Karthagern entrissen.

Von den Arabern 711 n. Chr. erobert, spielte die Stadt wie schon in der vorhergehenden röm. und westgot. Zeit, auch in muslim. Zeit keine überragende Rolle. Sie wurde 844 von den Normannen kurze Zeit besetzt gehalten und 859 von diesen neuerlich angegriffen. 1262 fiel sie in die Hand Alfons X. v. Kastilien-León, nachdem sie nach Aussage einiger arab. Quellen schon 1234 durch einen Streifzug der Christen eingenommen und zerstört worden war und seitdem in Ruinen lag.

Das bedeutendste Bauwerk der Stadt war in arab. Zeit ein dreistöckiger, im obersten Stockwerk pyramidenförmiger Turm mit einer vergoldeten messingnen Männerstatue, die man für eine Darstellung des Herkules und deshalb den Bau für den schon in der Antike berühmten Herkulestempel hielt, was aber nicht der Fall war. Die arab. Autoren bezeichnen ihn als *manāra* ('Leuchtturm') oder als ṣanam ('Idol', hier 'Tempel'). Seine Zerstörung durch ʿAlī ibn ʿĪsā ibn Maimūn, den almoravid. Emir v. C. i. J. 1145, der vermutete, daß er über gewaltigen Schätzen erbaut und die Statue aus Gold sei, wird von arab. Autoren im Detail beschrieben.

In muslim. Zeit wird C. gelegentl. zu den Städten der Metropole Sevilla gerechnet, gehörte nach →al-Idrīsī im 12. Jh. zum *Iqlīm al-Buḥaira* ('Distrikt der Lagune'), in kalifaler Zeit dagegen zur *kūra* (Provinz) Šadūna, deren Hauptstadt das eben deswegen so gen. →Medina Sidonia war, später aber eine aus der Antike stammende Stadt, deren lat. Name nicht überliefert ist, bei den Arabern Qalsāna/Qalṣāna, in einer span. Urkunde von 1595 »Calcena« lautete und beim heut. Cortijo de Casinas 7 km südwestl. von Arcos de la Frontera, am rechten Ufer des Guadalete, nahe der Einmündung des Majaceite lag. Sie wurde vermutl. im 12. Jh. von ihren Bewohnern zu Gunsten von Arcos verlassen. H.-R. Singer

II. Unter kastilischer Herrschaft: [1] *Stadt:* Wohl im Sept. 1262 vereinigte Alfons X. die Stadt C. auf friedlichem Wege mit der Krone Kastilien in der Absicht, sie als Ausgangsbasis für eine mögliche Landung in Nordafrika zu nutzen. Von Mitte des 15. Jh. an erlangte C. eine gewisse wirtschaftl. Bedeutung, die die Begierde des

Adels erregte. Bis 1466 stand die Stadt praktisch unter der Herrschaft des Hauses →Ponce de León. 1492 kaufte Isabella I. die Stadt für die Krone zurück. 1493 und 1502 stach →Kolumbus von hier zu seiner zweiten und vierten Reise in See. C. war eine kleine Stadt, auf einem Felsen zw. Meer und Nehrung um die Kathedrale (die ehemalige Moschee) und die Burg errichtet. Bis zum 16. Jh. zählte die Stadt nicht mehr als 300 Bürger. Vom 15. Jh. an ist ein Aufschwung der Wirtschaft und des Handels festzustellen, bedingt durch die Gewinnung von Meersalz und den Thunfischfang; es entstanden fischverarbeitende Betriebe, Wachsziehereien, Gerbereien, Seifensiedereien, Werften u. a. Gewerbebetriebe. C. stand in Handelsbeziehungen zu span., ptg., it. und afrikan. Häfen. 1493 erlangte es das Handelsmonopol mit der Berberei. Eingeführt wurden Sklaven, Gold, Wachs, Leder, wilde Tiere, Edelsteine, Seide, Stoffe, Honig u. a., die Ausfuhr umfaßte Sklaven und afrikan. Gold, Seide aus Granada sowie – als Eigenprodukte aus C. – Fisch und Salz. Zur Bevölkerung von C. zählten auch einige Juden, eine wachsende Anzahl muslim. Sklaven und einige Neger. An Fremden lebten hier Engländer, Flamen, Portugiesen sowie zahlreiche Genuesen. Es gab nur wenige Adlige in C., etwa ein Dutzend Edelleute (hidalgos) und Ritter; vielen Einwohnern, die ursprgl. Seehandel oder Seeräuberei getrieben hatten, gelang hingegen der soziale und wirtschaftl. Aufstieg. Sie nahmen die führenden Stellen im Stadtrat (→concejo) und im Kathedralkapitel ein. Ab 1492 wurde die Stadt von einem Stadtrichter (→corregidor), 12 Stadträten (regidores), einem Schreiber, zwei Justizbeamten, einem Alguacil Mayor und einem Torwächter verwaltet, die von zwei Stadtviertelrichtern und einem Rechtsvertreter des gemeinen Mannes (síndico del común) überwacht wurden. Diese Regierungsform hatte schon lange zuvor bestanden. 1466–92 verfuhr der Marqués v. C. willkürlich mit diesem Stadtregiment.

[2] *Bistum:* Zur Absicherung seiner Wiederbesiedlungspolitik und als würdige Grablege errichtete Alfons X. v. Kastilien nach der Reconquista der Stadt die Kirche v. Cádiz (Sta. Cruz) und ließ mit Zustimmung der Päpste Urban IV. (1263) und Clemens IV. (1266/67) den alten Bischofssitz von Medina Sidonia (Asidona) dorthin transferieren, obwohl das Bm. nur 13 Ortschaften umfaßte. Der Bischofssitz wurde als Suffragan →Sevilla unterstellt. Als Alfons XI. im März 1344 Algeciras eroberte und dort ebenfalls eine Diözese errichtet wurde (Insulare Viridis), setzte der Kg. bei Papst Clemens VI. durch, daß dieser Sitz mit C. zu einem Doppelbistum vereinigt wurde.

Seit der Gründung des Bm.s gab es in der Stadt C. nur eine Pfarrei, die Kathedrale. Im 15. Jh. wurden einige Eremitagen errichtet. Bis 1495 kamen von den 15 Bf.en v. C. zehn aus dem Ordensstand. Sie residierten jedoch häufig in Sevilla. Das Kathedralkapitel verfügte nie über mehr als 20 Präbenden. Bis 1525 waren die Einkünfte des Bm.s recht bescheiden. J. Sánchez Herrero

Q. *und Lit.: zu [1]: Q.:* Al-Himyarī, ed. Levi-Provençal, Nr. 132 und 148 – Az-Zuhrī, Kitāb al-Ǧa'rāfiyya (BEO XXI, 1968), §§ 236–241 – *Lit.:* EI² IV, 383f. [Lit.] – RE VII, 1, 439–461 – A. Tovar, Iber. Landeskunde II/1, 1974, 37–48 – L. Torres Balbás, Ciudades yermas de la España musulmana, BRAH CXLI, 1957, 168–175 – *zu [II]:* DHEE I, 40f. [D. Mansilla]; 302–304 [P. Antón] – G. de la Concepción, Emporio del Orbe. C. Illustrada, Amsterdam 1690 – A. de Orozco, Hist. de C., 1845 – A. de Castro, Hist. de C., 1858 – P. de Madrazo, Sevilla y C., 1884, 719–753 – D. Mansilla, Creación de los obispados de C. y Algeciras, Hispania sacra 10, 1957, 243–271 – A. Rumen de Armas, C., metrópoli del comercio con Africa en los siglos XV y XVI, 1976 – J. Sánchez Herrero, C. La ciudad medieval y cristiana, 1981.

Cadmia (gr. καδμεία. lat. cadmia, cadmea; arab. u. a. *Kalmeia*, daraus ma. lapis calaminaris, daraus dt. Galmei). Unter C. sind verschiedene Mineralien und Chemikalien, z. T. gleichzeitig, subsumiert worden. Waren es zuerst Kupferzinkerze, so bezeugen Dioskurides (V, 84) und Plinius (34, 100–105) C. als ein Zinkerz, welches zur Messing-Herstellung (Aurichalcum; →Messing) schon in der Antike und im MA genutzt worden ist. Der Name soll von dem Phönizier Kadmos, der der Sage nach die Metallkunst den Thebanern vermittelt hat, abgeleitet sein. C. und →Galmei bezeichnen sowohl das Zinkkarbonat (Zinkspat) als auch das Zinksilikat (Kieselzinkerz). Fundorte dieser C. fossilis waren auf Zypern, in der Campania, in Norditalien und Germanien. Als C. fornacum, Ofenbruch, Hüttenrauch, →Tutia, →Nihilum album, Spodium (worunter zeitweise jedoch auch gebranntes Elfenbein verstanden wurde), Pompholyx ist das bei der Verarbeitung der genannten Erze entstehende Zinkoxid benannt. Letzteres und andere Zinkverbindungen sind seit der Antike bei Hautleiden in verschiedenen Verarbeitungen äußerlich angewendet worden. Einige waren auch schon im MA bei Augenkrankheiten als wirksam bekannt.

Seit dem 16. Jh. wurde mit C. metallica (auch mitunter C. fossilis) ein neues Mineral »Kobalt« (kobalt- und arsenhaltige Erze, welche zudem auch als Hüttenrauch bezeichnet worden sind), das unter anderem als »Fliegen- und Mückenpulver« in Gebrauch war, benannt. 1817 ist dem im »Ofenrauch« entdeckten Element von Strohmeyer und Hermann der Name Cadmium gegeben worden.

G. Jüttner

Lit.: RE XIII, 687–689 – K. B. Hofmann, Zur Gesch. des Zinkes bei den Alten, Berg- und Hüttenmännische Ztg., 1882, 479ff. – H. Lüschen, Die Namen der Steine, 1968, 222f. (Galmei) – D. Goltz, Stud. zur Gesch. der Mineralnamen, Beih. 14, SudArch 1972, 130–134.

Cadoc, hl., * 497 in Wales, † 570 in Benevenna (Wedon in Northamptonshire), Schüler der hll. →Iltut (Illtud) und Tathan, gründete das Kl. →Llancarvan, übergab dessen Leitung dem hl. →Gildas, wirkte in Schottland und in der Bretagne, wurde 570 von einem Soldaten getötet. Fest in einigen Kirchen in Wales und der Bretagne am 23. Jan. und 21. Sept.; Patron gegen Taubheit und Skrofulosis. Die früheste Vita ist von Lifris, ca. 1100. Unter seinen Schülern wird der hl. →Finnian of Clonard genannt.   J. Hennig

Lit.: Bibl. SS III, 632f. – DHGE XI, 115f. – W. J. Rees, Lives of Cambro-British Saints, 1859, 22–96, 309–395 – F. Duinne, Memento des sources hagiographiques de l'hist. de Bretagne I, 1918, 115–118 – J. F. Kenney, The sources for the early hist. of Ireland I, 1929, 179f.

Cadoc, Lambert (lat. Namensformen: Cadulcus, Cadocus), Führer der Söldner (ruptarii, frz. *routiers*), Kastellan und Bailli im Dienste Philipps II. August, Kg.s v. Frankreich, und seiner Nachfolger, † vor Mai 1232. Von unbekannter regionaler und bescheidener sozialer Herkunft, tritt C. erstmals 1196, als einfacher *sergent* des frz. Kg.s, bei der Verteidigung der vom engl. Kg. Richard Löwenherz belagerten Burg Gaillon (Normandie) auf. Zum Unterhalt seiner Truppen erhielt C. 1202 von Kg. Philipp II. bedeutende Summen; im darauffolgenden Jahr zeichnete er sich bei der Belagerung von →Château-Gaillard (Dép. Eure) aus. 1204 nahm er für den Kg. die Stadt Angers ein. C. war Kastellan v. Gaillon und außerdem Bailli v. Pont-Audemer; als solcher hatte er für den Schutz der Häfen an der Seinemündung zu sorgen, eine militär. Schlüsselposition. 1210 führte er einen Feldzug gegen Gui, Gf.en v. Auvergne, durch. I. J. 1213 beteiligte sich C. mit seinen Verbänden an der von Savary de Mauléon befehligten Flottenexpedition, die nach Damme (bei Brügge) führte und eine Landung in England vorbereiten sollte. Von Philipp II. mit reichen Einkünften und Geschenken bedacht, fiel C. jedoch wegen seiner Veruntreuungen eine Zeitlang in Ungnade und wurde sogar gefangengesetzt. Doch nahm Kg. Ludwig VIII. ihn 1226 bei seinem Feldzug nach Avignon (→Albigenser, Abschnitt II) erneut in seinen Dienst. 1227 verpflichtete sich C., zum Ritter erhoben, Kg. Ludwig IX. und seiner Mutter Blanca (Blanche de Castille) treu zu dienen. C. verstarb vor Mai 1232. – Sein Siegel zeigt eine Mauer mit Zinnen, in deren Mitte sich ein von zwei Delphinen umgebener Turm erhebt.

Ph. Contamine

Lit.: DBF VII, 802 – E. AUDOUIN, Essai sur l'armée royale au temps de Philippe Auguste, 1913, 109–112 – H. GRUNDMANN, Rotten und Brabanzonen. Söldner-Heere im 12. Jh., DA 5, 1942, 479 f.

Cadolzburg, Burg und Ort in Franken, nahe Fürth (Reg.-Bez. Mittelfranken, Lkrs. Fürth). Die auf einem Bergsporn des Farrnbachtales gelegene Burg, deren Bausubstanz ins 13. Jh. zurückreicht, wird zusammen mit dem Markt erstmals 1157 genannt, die Pfarrkirche (♂ Caecilia) seit 1267. Nach dem Aussterben der Andechs-Meranier (1248; →Andechs) erbten die zollernschen Burggf.en v. Nürnberg (→Nürnberg, Burggft.; →Hohenzollern) C., wohin sie 1349 das ksl. Landgericht Nürnberg verlegten. Nach der Zerstörung von C. im→Markgräfler Krieg (1449) legte Mgf. →Albrecht Achilles Hofhaltung und Landgericht 1456 nach Ansbach. Den Zustand der Burg am Ende des MA geben wahrscheinl. zwei Aquarelle Dürers wieder. Die Hauptburg wurde am 17. April 1945 zerstört, ihr Wiederaufbau begonnen. A. Wendehorst

Bibliogr.: Frk. Bibliogr., hg. G. PFEIFFER I, 1965, Nr. 8830–8862 – Q.: Ma. Bibliothekskat. Dtl. und der Schweiz IV/2, 1979, 884–887 – Lit.: Hist. Ortsnamenbuch v. Bayern, Mittelfranken, 1: W. WIESSNER, Stadt- und Landkrs. Fürth, 1963, 21–23 – V. FÜRSTENHÖFER, 800 Jahre C., 1957 – W. KOSCHATZKY, Albrecht Dürer. Die Landschaftsaquarelle, 1973², Taf. 6.

Cadouin, Kl. OCist im Périgord (Dép. Dordogne, heute Diöz. Périgueux). C. ist eines der im 1. Viertel des 12. Jh. von Wanderpredigern gegr. Kl. in SW-Frankreich, die sich bald oder einige Zeit nach ihrer Gründung (ca. 1115, Gerald v. Salles) den →Zisterziensern anschlossen (ca. 1119). Wie z. B. →Savigny bildete C. mit seinen Töchtern (Gründungen, Übernahmen, Verluste, Beziehungen zu anderen Kl. Geralds, Binnenstruktur bedürfen noch näherer Erforschung) einen Verband mit Sonderrechten, die 1201 nach heftigen Auseinandersetzungen (Intervention Papst Innozenz' III. 1198/99) vertraglich fixiert wurden: C. werden seine Töchter, der Besitz von Prioraten, Kirchen und Kapellen (Seelsorge durch Weltpriester), Respektierung seiner constitutiones durch den zu persönl. Visitation verpflichteten Vaterabt (→Pontigny) garantiert. Es verpflichtet sich mit seinen Töchtern, Kleidung und Liturgie zu übernehmen und mit allen Äbten die Generalkapitel in →Cîteaux zu besuchen. – Das seit spätestens 1239 in C. verehrte »Schweißtuch Christi« (Schenkung Simons de →Montfort) stammt aus dem 11. Jh.; es trägt kufische Schriftzeichen. – Die Kirche von C. entstammt dem 12. Jh., der Kreuzgang dem 15. Jh. F. J. Felten

Q.: J. M. MAUBOURGUET, Cart. de l'abbaye de C., 1926 (Nachtr. Bull. Soc. Hist. Arch. Périgord 57, 1930, 147–158) – Vita Geraldi, AASS oct. X, 254–267 (dazu O. LENGLET, La biogr. du bienheureux Géraud de Salles, CCCist 29, 1978, 17–40, mit fragwürdigen Thesen) – Lit.: DHGE XI [J. M. CANIVEZ]; ältere Lit.] – J.-M. MAUBOURGUET, Le Périgord méridional des origines à l'an 1370, 1926 [grundlegend] – J. SIGALA, C. en Périgord, 1950 – L. GRILLON, Les abbayes cisterciennes de la Dordogne dans les Statuts des Chapitres généraux de l'Ordre de Cîteaux, Bull. Soc. Hist. Arch. Périgord 82, 1955, 185–204 – G. DELLUC – C. SECRET, C. une aventure cist. en Périgord, 1965 – zur Kunstgeschichte: Y. BOUNICHOU, L'abbaye de C., Bibl. et Travail 467, 1960 – B. DELLUC – G. DELLUC, Bêtes, démons et fous du cloître de C., Bull. Soc. Hist. Arch. Périgord 107, 1980, 17–43.

Cadroë (Kaddroë), hl., Abt v. St. Clemens in →Metz, † um 975–978. C. war von schott. Herkunft und erhielt in Irland eine geistl. Erziehung, die ihn dazu bewog, sich mit einigen Gefährten nach Kontinentaleuropa zu begeben. Er wirkte zunächst als Vorsteher der monast. Gemeinschaft St. Michael in Thiérache, dotiert von →Eilbert v. Florennes und Heresinde, wurde dann aber Mönch in der Benediktinerabtei →Fleury. Von Macalan, dem Abt der Kl. St. Michael und Waulsort zurückgerufen, wurde er (946?) Propst und schließlich Abt v. →Waulsort. Vor 962 berief ihn →Adalbero I., Bf. v. Metz, zur Leitung von St. Felix (St. Clemens) in Metz, das nun aus einem Kanonikerstift in ein Benediktinerkloster umgewandelt wurde. Er kehrte zwar noch zumindest einmal nach Waulsort zurück, hielt sich aber bis zu seinem Tod sonst ständig in Metz auf. Sein Nachfolger wurde der Ire Fíngen, auch er benedikt. Observanz. →Gorze, Reformbewegung. M. Parisse

Q.: AASS OSB V, 482–494 – AASS Mart. I, 1865³, 473–480 – MGH SS XV, 2, 689–692 [Auszüge] – Lit.: D. MISONNE, Etude litt. et hist. sur la »Vita sancti Kaddroee« (Mém. dactyl., Louvain 1958) – DERS., Eilbert de Florennes, 1967 – J. SEMMLER, Die Iren in der lothr. Klosterreform (Die Iren und Europa im früheren MA, hg. H. LÖWE, 1982, 946–950).

Cadwallon, Kg. v. →Gwynedd, * vor 600, † 634 (nach anderen 633), trat ca. 625 die Nachfolge von Kg. Cadfan an. Noch in C.s Jugendzeit könnte →Edwin v. Deira einen Teil seines Exils am Hofe Cadfans verbracht haben, dessen mit einer Inschrift versehener Grabstein in Llangadwaladr (Anglesey) einen Primat unter den Kg.en der (nördl.?) Waliser impliziert. Späte walis. Überlieferung berichtet von einem Feldzug C.s gegen die Iren auf Anglesey; ags. Quellen geben an, daß in den späten 620er Jahren nordhumbr. Truppen Gwynedd überrannten und C., nach einer Zeit des Exils, sich Kg. Edwin unterwarf. 632 (oder 631) erhob sich C. jedoch und schloß ein Bündnis mit dem heidn. Kg. →Penda v. Mercien; ein Jahr später wurde Edwin getötet, in einer Schlacht, die – nach brit. Tradition – an einem Ort namens Meicen (vielleicht Verwechslung mit einer anderen Schlacht in Powys?), d. i. Hatfield Chase (S. Yorks), stattfand. Anschließend beherrschte C., nachdem er die Samtherrscher v. →Bernicia getötet hatte, ein Jahr lang ganz Nordhumbrien in tyrann. Weise, wurde aber i. J. 634 (oder 633) bei Denisesburn (Rowley Water, Northumberland) oder Contscaul (altwalis. Name für →Hexham?) besiegt und getötet. Kein späterer walis. Herrscher hat in vergleichbarer Weise die engl. Kgr.e zu gefährden vermocht. D. A. Bullough

Lit.: J. E. LLOYD, A Hist. of Wales I, 1911, 182ff. [Neudr. 1954] – Celt and Saxon, ed. N. K. CHADWICK, 1963, 146–154, 184–185, vgl. a. 34.

Cadzand, Friede v., geschlossen am 29. Juli 1492 zw. Albrecht v. Sachsen (→A. der Beherzte [18. A.]), dem *lieutenant general*→Maximilians in den Niederlanden, und der Stadt →Gent, setzte faktisch den Schlußpunkt unter die polit. Auseinandersetzungen, die in →Flandern nach dem Tod der Hzgn. →Maria v. Burgund (1482) ausgebrochen waren. Die großen fläm. Städte hatten unter Führung von Gent den Gatten der Hzgn. Maria, Maximilian, als *mambour* (→*mainbournie*) und Regenten abgelehnt, da sie von ihm Gefahren für ihre autonome Stellung, die durch die Privilegien von 1477 bestätigt worden war, fürchteten. Die starke Opposition gegen die antifrz. Kriegspolitik der Habsburger und das Fehlen einer Erbfolgetradition, welche die Thronbesteigung eines Gemahls ohne Vorhandensein eines regierungsfähigen männl. Thronfolgers (der Sohn aus dieser Ehe, Philipp der Schöne, war unmündig) vorsah, trugen zur Widerstandshaltung der fläm. Städte bei. 1484–85 und vom Nov. 1487 an befanden sie sich im offenen Aufstand. Maximilian selbst wurde vom 1. Febr. bis zum 16. Mai 1488 in →Brügge in Haft gehalten. Doch gelang es Albrecht v. Sachsen, die Aufstandsgebiete in Brabant, Holland und Flandern systemat. zurückzuerobern. Die Unterwerfung der Stadt Gent war eine wichtige Etappe bei der Wiedergewinnung und dem Ausbau der Zentralgewalt: Der Friede von C. bestimmte die jährl. Einsetzung des Magistrats durch die Fs.en, beschränkte die richterl. und fiskal. Gewalt der →Schöffen (v. a. außerhalb der Stadt), sah die Unterwerfung der Schöffenurteile unter die Appellationsgerichtsbarkeit der fsl. Gerichtshöfe vor, die auch die städt. Rechtssprüche abändern konnten, und verfügte die Aufhebung der Stadtmiliz.

W. P. Blockmans

Lit.: A. DE FOUW, Philips van Kleef, 1937 – H. WIESFLECKER, Ks. Maximilian I., Bd. I, 1971, passim – W. P. BLOCKMANS, Autocratie ou polyarchie? La lutte pour le pouvoir politique en Flandre de 1482 à 1492, d'après des documents inédits (Bull. de la Commission royale d'Hist. CXL, 1974), 257–368.

Caecilia, hl. (Fest 22. Nov.). Auf welche Weise man sich auch mit der hl. C. beschäftigt, die Frage ihrer hist. Existenz und die Ursprünge ihrer Verehrung gehören zu den umstrittensten Problemen der röm. Hagiographie, wobei unser tatsächl. Kenntnisstand enttäuschend ist.

[1] *Begräbnisstätte und Titularkirche:* Gesagtes gilt bereits für den archäolog. Befund. Die Krypta, die den Namen der hl. C. trägt, befindet sich in der Katakombe des Calixtus und entstand im 4. Jh. als retro sanctos der päpstl. Krypta und könnte auf die Zeit Damasus' I. (366–384) zurückgehen. In der Krypta sind Mitglieder der Familie der Caecilii bestattet. Aus der Kirche in Trastevere, die unter demselben Patrozinium steht, macht die Legende das Haus der C., aber Ausgrabungen haben nachgewiesen, daß dieses Gebäude zu einem Mietshaus in der Nachbarschaft eines öffentl. Bades gehörte. Die Kirche wird in den Quellen, wobei wir von einer fragmentar. Inschrift von unsicherer Herkunft absehen, zuerst »titulus Caeciliae« und dann im 6. Jh. »titulus S. Caeciliae« genannt. Sie hat also zunächst den Namen der Gründerin getragen, welche dann im Laufe der Zeit als Heilige angesehen wurde. Eine Episode in der Vita des Papstes Vigilius gestattet uns, den Zeitpunkt dieser »Kanonisation« bis vor 545 zurückzuverfolgen; außerdem erfahren wir hier, daß das Fest der Hl. auf den 22. Nov. festgelegt wurde. Aber im 4. Jh. und während eines Teils des 5. Jh. wurde die Gründerin überhaupt nicht verehrt, weil sie keine Märtyrerin war; erst die Legende hat sie dazu gemacht.

[2] *Entstehung und Verbreitung der Legende:* Um den Ursprung des Titels der Kirche S. Cecilia in Trastevere zu erklären, machte ein versierter Hagiograph aus der Gründerin eine Patrizierin des 3. Jh. Danach bekehrte sie ihren Mann Valerianus und ihren Schwager zum Christentum und zum Ideal der Keuschheit. Sie übergab ihr Haus Papst Urban I. (222–230) zur Errichtung einer Kirche; sie erlitt dort den Märtyrertod und wurde von Papst und Bf.en feierl. beigesetzt. Der Hagiograph wertete in erster Linie Gegebenheiten der Archäologie aus, aber auch hagiograph. Texte und andere lit. Zeugnisse seiner Zeit. Seine Leistung besteht darin, die diversen legendär. Elemente auf ein auch auf die Dauer erfolgreiches »Modethema« angewandt zu haben, nämlich auf die Keuschheit, die am Abend der Hochzeit gelobt wird; lit. Vorbild dürfte →Victor v. Vita gewesen sein. Zwei kirchl. Maßnahmen bezeugen die wachsende Verbreitung der Legende und den starken Einfluß, den sie auf die Gläubigen ausübte: Zum einen die Überführung der Reliquien durch Papst Paschalis I. (817–824) in die von ihm völlig neu errichtete Basilika von Trastevere, zum anderen die feierl. Anerkennung und Niederlegung der Reliquien i. J. 1599 durch die persönl. Initiative Clemens' VIII.: Die Überzeugung von der Echtheit der Passio hat dabei eine Prüfung der Reliquien nicht zustande kommen lassen.

[3] *Der Kult und die Verehrung der Heiligen:* Der Name der Hl. erscheint weder in der röm. »Depositio martyrum« (4. Jh.) noch im karthag. Heiligenkalender am Anfang des 6. Jh., dagegen ist er zum 22. November (neben einigen weiteren Erwähnungen) im Martyrologium Hieronymianum aufgeführt. Diese Notiz könnte auf einen Eintrag der Zeit vor 450 hindeuten, wobei sie sich aber auf die Stiftung der Kirche von Trastevere bezieht. Dagegen wird in den Sakramentarien, den röm. Itinerarien, dem Kalender v. Neapel und in den byz. Synaxarien in Anschluß an die Legende von der Heiligen, der Jungfrau und der Märtyrerin gesprochen. Für den Gebrauch in Liturgie und Messe werden die Texte der Wechselgesänge und der Responsorien in Ableitung aus der Passio zusammengestellt und lassen so ein neues Bild der Hl. entstehen. Begünstigt durch diese Zerstückelung des Textes wurde ihr Bild in der Tradition tatsächl. das einer Musikerin und Patronin der Musiker (Aufnahme der Phrase »cantantibus organis« aus der Beschreibung ihrer Hochzeit in die Festantiphon). Zur gleichen Zeit wie der Kult wurden auch die Reliquien der Heiligen verbreitet: Nicht bekannt ist der genaue Zeitpunkt des Reliquienerwerbs durch die Kirche von Albi, wo sie, ebenso wie in Cagliari, Titularheilige der Kathedrale ist. Ansonsten haben die Päpste häufig Reliquien der Hl. vergeben. Der Anspruch mehrerer Kirchen im MA, ihr Haupt zu besitzen, bezeugt die Popularität ihrer Verehrung.

V. Saxer

Lit.: C. ERBES, Die hl. C. im Zusammenhang mit der Papstkrypta sowie der ältesten Kirche Roms, ZKG 26, 1888, 1–66 – J. P. KIRSCH, Die hl. C. in der röm. Kirche des Altertums, 1910 – P. FRANCHI DE' CAVALIERI, Recenti studi intorno a S. Cecilia, StT 24, 1912, 3–38 – H. DELEHAYE, Etude sur le légendier romain, 1936[2], 73–96 – R. KRAUTHEIMER, Corpus basilicarum christianarum Romae I, 1937, 95–112 – P. TESTINI, Le catacombe e gli antichi cimiteri cristiani di Roma, 1966, 133–135.

[4] *Ikonographie:* Eine der frühesten Darstellungen der hl. C. findet sich (laut Inschrift) auf einem Bildnismedaillon in Parenzo (522 n. Chr.). Das Apsismosaik der Cäcilienkirche in Trastevere, Rom (9. Jh.), zeigt C. und ihren Bräutigam Valerianus rechts und links von dem auf einer Wolke schwebenden Christus, zusammen mit Paulus, Paschalis, Petrus und Agatha. In Köln findet sich eine der ersten Darstellungen auf dt. Boden: im Tympanon des Nordportals von St. Cäcilien (um 1200) trägt die Heilige als Heils- und Siegeszeichen (s. Offb 7,9) und Sinnbild des Martyriums einen Palmwedel, im MA allgemeines Attribut von Märtyrerheiligen, jedoch kein individuelles Zeichen der C. Ungewöhnl. ist ihr Kopfschleier, als jungfräuliche Hl. wird sie üblicherweise mit unbedecktem Haupt und in der bis ins späte 15. Jh. für Jungfrauen typ. Kleidung wiedergegeben: langes, gegürtetes Untergewand, Mantel als Obergewand. Individuelle, auf die Legende bezugnehmende Attribute sind Kranz aus Rosen und Lilien, Krone, Buch, Schwert und Orgel. Auf einem Blatt des Martyrologium Usuardi (Codex hist. fol. 415, Chronicon Zwiefaltense, 12. Jh.) werden C. und Valerianus (Tiburtius?) von einem Engel mit Rosenkränzen bekrönt. In dieser Zeit trägt C. jedoch meist die Krone, wie in einem Glasfenster im Querschiff von St. Kunibert, Köln (um 1250, mit Buch und Schwert), als Symbol des Lohnes für ein heiliges

jungfräuliches Leben. Etwa seit der Mitte des 14. Jh. verdrängt der Blumenkranz die Krone (Glasfenster im Chor der Klosterkirche Königsfelden, um 1350), auf einem Retabelflügel der evangel. Kirche in Baukau (2. Hälfte des 14. Jh.) trägt C. den Kranz in der Hand. Ihr häufigstes Attribut jedoch ist bis zum 16. Jh. das Buch, Symbol des Evangeliums, das C. ständig bei sich getragen haben soll (Glasfenster St. Kunibert, Köln, um 1250; Glasfenster St. Maria Himmelfahrt zu Gurk, äußere Vorhalle, um 1340/50; Tafelgemälde, Köln, WRM, Meister von St. Severin, Ende 15. Jh., mit Buch und Schwert). Das Schwert als Hinweis auf ihr Martyrium erscheint ebenfalls bis zum 16. Jh. (in dem o. a. Glasfenster von St. Kunibert, Köln; auf dem rechten Retabelflügel des Altares der Rosenkranzbruderschaft des Meisters von St. Severin, St. Andreas, Köln, 1510–15). Palme, Buch und Schwert werden seit dem 15. Jh. für die Darstellung der C. ungebräuchlich. An ihre Stelle tritt am Ende des MA die Orgel, Symbol der Heiligen als Patronin der Musik (bis ins 16. Jh. als Handorgel), abgeleitet aus dem in der Festantiphon gebrauchten »Cantantibus organis« der Hochzeitsbeschreibung ihrer Passio. Erst im 19. Jh. wurde sie offizielle Patronin der kath. Kirchenmusik. G. Zeitler-Abresch/G. Binding

Lit.: LCI V, s. v. Caecilia v. Rom, 455–463 – J. Braun, Tracht und Attribute der Heiligen, 1943.

Caecilia Romana OP sel., * um 1204 in Rom, stammte vielleicht aus der Familie Cesarini, † 1290 in Bologna im Kl. S. Agnese, 1891 seliggesprochen; trat sehr jung in das röm. Kl. S. Maria in Tempulo ein. 1220–21 wechselte sie von dort in das neugegründete Kl. S. Sisto über, das vom hl. →Dominikus, dem Gründer des Predigerordens, geleitet wurde. 1224–25 wurde sie nach Bologna gesandt, wo die sel. Diana d'Andalò (→Andalò, Familie) 1223 das Kl. S. Agnese gegründet hatte, dem C. mehrmals als Priorin vorstand (1237, 1252, 1257). Aus C.s Berichten stellte ihre Mitschwester Angelica die Sammlung der »Miracula beati Dominici« über die von dem hl. Dominikus fünfzig Jahre zuvor in Rom gewirkten Wunder zusammen. Die Glaubwürdigkeit vieler dieser sehr detailreichen Erzählungen wurde durch die Forschung bestätigt.
L. A. Redigonda

Q. und Lit.: Scriptores Ord. Praed. II, 830–831 – Annales Ord. Praed. I, Roma 1756, XLVI, 247–263 – DBI 23, 302f. – Repfont III, 98f. – H.-M. Cormier, Vita delle beate Diana d'Andalò, Cecilia ed Amata, fondatrici del monastero delle domenicane di S. Agnese in Bologna, 1892 – P. Lippini, S. Domenico visto dai suoi contemporanei, 1966, 161–224 – A. Walz, Die »Miracula Beati Dominici« der Schwester Cäcilia, Archivum Fratrum Praedicatorum NF 37, 1967, 5–45.

Caecilienmeister, Florentiner Maler, tätig um 1300. Benannt nach der Pala der thronenden Caecilia mit acht Episoden aus ihrem Leben (vor 1304; Florenz, Uffizien), gilt er als der bedeutendste Florentiner Maler neben dem wohl etwas jüngeren →Giotto. Gleichfalls stark von der röm. Kunst um →Cavallini beeindruckt, richtet sich sein Stil doch weniger auf das Monumentale als auf das Erzählerische; entsprechend betrachtet ihn Offner als Begründer einer eng mit der Miniaturmalerei verbundenen Tradition, die u. a. von Bernardo →Daddi weitergeführt wird. Als anderes Hauptwerk gelten die erste und die drei letzten Szenen des Franziskuszyklus in der Oberkirche von Assisi; anzuschließen sind ferner Retabel mit St. Peter (1307; Florenz, San Simone), der Madonna und der Vita der Margherita (beide in Santa Margherita ai Montici bei Florenz). Ch. Klemm

Lit.: R. Offner, Corpus of Florentine Painting, 1931, Section III, vol. 1 – P. Toesca, Il Trecento, 1951, 605f. – R. Oertel, Die Frühzeit der it. Malerei, 1966, 90 – A. Smart, The Dawn of Italian Painting, 1978, 70f.

Caecilius Balbus. Eine von →Johannes v. Salisbury zitierte, offensichtlich [von ihm?] erfundene antike Gestalt, die in Buch 3, Kap. 14 des »Policraticus« (ed. C. C. I. Webb, 1909, 222f.) als Autorität angeführt wird (egregie quidem Cecilius Balbus ... inquit) und sich zu Ks. Augustus abfällig über die Schmeichler äußert, die ihn als Gott verehren wollen. Von dieser Stelle ausgehend, wurden dem C. B. schon im MA auch andere Sentenzen, u. a. Sprüche des Publilius Syrus, zugeschrieben. G. Silagi

Lit.: RE III, 1196–1198.

Cædmon (tätig ca. 657–680). Nach dem Bericht des →Beda (Historia ecclesiastica, IV. 24) wurde C., ein ungebildeter Laienbruder und Viehhirte im Dienst des Kl. zu Streanæshalch (→Whitby), in vorgerückten Jahren durch einen wunderbaren Traum erleuchtet und mit der Gabe der Dichtkunst ausgestattet. Beda schreibt ihm eine Vielzahl mündl. verfaßter und auf mündl. Information beruhender Gedichte zu, in denen er u. a. Geschichten und Lehren aus der Bibel von der Genesis bis zur Apostelgeschichte, die Schrecken des Jüngsten Gerichts und die Freuden des Himmelreichs behandelt haben soll. Überliefert ist jedoch nur der sog. »Hymnus« zum Preis des Schöpfers, der dem C. laut Beda im Traum eingegeben wurde (erhalten in nordhumbr. und westsächs. Fassungen, insgesamt 18 Hss.). Der kurze Text (neun alliterierende Langzeilen) weist stilist. Merkmale auf (Variation, formelhafte Epitheta und Umschreibungen), wie sie für die uns bekannten christl. Dichtungen in ae. Sprache, die wohl erst später einsetzen, generell kennzeichnend sind. – Die ältere Annahme, C. sei der Verfasser der in der →Junius-Handschrift überlieferten Texte, gilt heute als unhaltbar. – Vgl. →Altenglische Literatur, →Bibeldichtung, IV. D. K. Fry/W. Steppe

Bibliogr.: Renwick-Orton, 161–164 – NCBEL I, 267–269 – S. B. Greenfield-F. C. Robinson, A Bibliogr. of Publications on OE Lit., 1980, 197–201 – Q.: ASPR VI, 105–106 – E. V. K. Dobbie, The Manuscripts of Cædmon's Hymn and Bede's Death Song, 1937 – U. Schwab, Caedmon, 1972 – A. H. Smith, Three Northumbrian Poems, 1978² – *Lit.:* C. L. Wrenn, The Poetry of Cædmon, 1947 – B. F. Huppé, Doctrine and Poetry, 1959 – D. Fry, Cædmon as a Formulaic Poet (Forum for Modern Language Stud. 10, 1974), 227–247.

Cædwalla, Kg. v. Wessex 685/686–688, † 20. April 689 in Rom, ▭ ebd., St. Peter. Obwohl C. einen brit. (kelt.) Namen trug, beanspruchte er westsächs. kgl. Abkunft von →Cerdic und →Ceawlin über seinen Vater Cenberht († 661), der anscheinend ein Unterkönig unter Kg. →Cenwalh (641–672) war. C. lebte in den letzten Regierungsjahren Centwines (676– ca. 685) als Verbannter mit einer kleinen Schar von Gefolgsleuten in den Wäldern von Ciltine und des Weald. Er machte einen Einfall nach Sussex und tötete den dortigen Kg. Æthelwalh, den Schirmherrn des Bf.s →Wilfrith. Obwohl C. bald wieder von südsächs. Adligen aus Sussex vertrieben wurde, gewann er Wilfriths Freundschaft und begann 685 um den freigewordenen Thron von Wessex zu kämpfen. Seine kurze Regierung war v. a. durch die brutale Eroberung der umliegenden Kgr.e gekennzeichnet. Auf der Isle of Wight ließ er den heidn. Kg., dessen Söhne und zahlreiche der jütischen Inselbewohner umbringen, um den Weg für Ansiedlung und Herrschaft christianisierter Westsachsen frei zu machen. C. stellte die westsächs. Kontrolle über Sussex wieder her. 686 verwüstete er Kent. Nachdem sein Bruder Mul und zwölf von dessen Gefährten 687 in Kent verbrannt worden waren, führte er dorthin einen erneuten Plünderungszug durch. Die Oberherrschaft über die ags. Kgr.e südl. der Themse erlaubte C. großzügige Schenkungen an Kirchen: 300 Hufen auf der Isle of Wight an Bf.

Wilfrith sowie äußerst umfangreiche Schenkungen an die Kl. Farnham (Surrey) und Hoo (Kent). Bei seiner Eroberung der Isle of Wight schwer verwundet, dankte C. 688 ab und zog als Pilger nach Rom. Er ließ sich am 10. April 689 von Papst Sergius I. taufen und starb zehn Tage später.

N. P. Brooks

Q.: Eddius, Vita S. Wilfridi, c. 42, ed. B. COLGRAVE, 1927, 85-Beda, Hist. eccl. IV. 15-16, V. 7, ed. B. COLGRAVE-R. A. MYNORS, 1969, 380-382, 468-472 - Anglo-Saxon Chronicle, s. a. 685-688, ed. C. PLUMMER, 1892, i. 38-40 - *Lit.*: STENTON³, 69-71.

Caelius Aurelianus, Arzt aus Sicca Veneria in Numidien, übersetzte und bearbeitete etwa im 5. Jh. als Anhänger der sog. Methodikerschule die griech. med. Schriften des Soranos (1. Jh. n. Chr.). Erhalten sind 3 Bücher Celerum sive acutarum passionum (Über akute Krankheiten), 5 Bücher Tardarum sive chronicarum passionum (Über chron. Krankheiten) sowie Fragmente der Responsiones medicinales (Med. Antworten), eines Kompendiums in Frage- und Antwortform, und der Gynaecia (Über Frauenkrankheiten). Zahlreiche andere Schriften sind verloren. Für die med. Fachsprache wurde C. A. dadurch von Bedeutung, daß er zahlreiche griech. Termini übernahm und neue lat. geprägt hat. In der Bibl. des →Cassiodor noch vertreten (Cassiod. inst. 1, 31, 2), kannte das MA offensichtl. nur Exzerpte aus den Responsa unter den Autorentiteln »Aurelius« und »Escolapius«, während chron. und acut. nur in dem cod. Laureshamensis (aus Lorsch) des 9. Jh. überliefert wurden (Ed. pr. 1529 [chron.], 1533 [acut.]).

J. Gruber

Ed.: acut., chron: J. E. DRABKIN (lat.-engl.), 1950-respons.: V. ROSE, Anecdota Graeca II, 1870, 161ff. - gynaec.: M. F. und J. E. DRABKIN, 1951 - *Lit.*: KL. PAULY I, 994f.-REIII, 1256-1258-SCHANZ-HOSIUS IV, 2, 285-289 -J.H.G.GREINERT, C.A. als Überlieferer des Soranos. Dt. Übers. des 2. Buches der Chron. Krankheiten. Mit Gliederung zum Text und Bibliogr. [Diss. Bonn 1978] - Weitere Lit.→Cassius Felix.

Caen

I. Die Anfänge. Caen unter den Normannenherzögen – II. Caen unter französischer Herrschaft und während des Hundertjährigen Krieges.

I. DIE ANFÄNGE. CAEN UNTER DEN NORMANNENHERZÖGEN: C., Stadt in der →Normandie, an der Orne (heute Verwaltungssitz des Dép. Calvados). C. wird schriftl. erstmals um 1025 in zwei Urkunden Richards II., Hzg.s der Normandie, erwähnt. Doch haben neuere archäolog. Untersuchungen ergeben, daß der älteste, nahe der Abtei St-Etienne gelegene Stadtkern auf eine gallo-röm. Siedlung von mittlerer Bedeutung, wohl einen vicus, zurückgeht. Im 11. Jh. erlebte das als burgus *(bourg)* bezeichnete C. eine rasche Stadtentwicklung; es war Zentrum einer weiten hzgl. Domäne, Knotenpunkt wichtiger Straßen, besaß einen Hafen und verfügte über einen Markt und bald auch über einen Jahrmarkt. Hzg. Wilhelm der Eroberer (1035-87) vermittelte der Stadt die entscheidenden Impulse: Er gründete um 1059 gemeinsam mit seiner Gemahlin Mathilde die beiden großen Benediktinerkl.: im Westen St-Etienne (gen. Abbaye-aux-Hommes), im Norden La Trinité (gen. Abbaye-aux-Dames); er ließ das Stadtzentrum mit einer Mauer umgeben und eine mächtige Festung in beherrschender Lage errichten.

Der Aufstieg von C. setzte sich seit dem späten 11. Jh. fort, v. a. bedingt durch die norm. Eroberung Englands (1066); ebenso begünstigte der Brand der Bischofsstadt →Bayeux, der Konkurrentin von C., i. J. 1105 eine rasche Fortentwicklung der letzteren. Unter Kg. Heinrich I. (1106-35) war C. eine der Hauptresidenzen der Kg.e v. England und Hzg.e der Normandie. Ein Palast wurde errichtet, von dem sich ein großer Saal (sog. Saal des Echiquier) erhalten hat. Die Abtei St-Etienne beherbergte die Grabstätte Wilhelms des Eroberers.

Im letzten Drittel des 12. Jh. entwickelte sich C. zum führenden Verwaltungszentrum der Normandie, während →Rouen die Hauptstadt und der Sitz des Ebf.s war. Wohl wegen der günstigen Verkehrsverbindungen zu England war C. der Sitz des →Echiquier, des obersten Gerichts- und Rechnungshofes der Normandie (→Finanzwesen, -verwaltung) sowie der Aufbewahrungsort des hzgl. Schatzes und Archivs. Die Oberschicht des Bürgertums von C., die in Verbindung mit der kgl. Finanzverwaltung stand, beschäftigte sich vorrangig mit dem Geldhandel. Die Stadt erhielt um 1199 ein kommunales Statut, doch verzichtete sie schon ein gutes Jahrzehnt nach der Verleihung de facto auf ihre kommunalen Freiheiten, um bis zur Mitte des 14. Jh. unter unmittelbarer Kontrolle kgl. Amtsträger zu stehen. Die Einwohnerzahl dürfte 5000-10000 Personen umfaßt haben.

In der Spätzeit der Regierung Wilhelms des Eroberers wurde C. ein Mittelpunkt des intellektuellen Lebens, da →Lanfranc, der 1059-70 Abt v. St-Etienne war, nach C. kam und mit ihm ein Teil der Mitglieder seiner Schule, die er in Le →Bec begründet hatte. In C. studierten u. a.: der lat. Patriarch v. Jerusalem, Arnold (Arnould Malecouronne), der Dichter→Raoul v. C. und →Thibaud v. Etampes, der die Grundlagen der Schule v. →Oxford schuf. Außerdem war die Stadt als Zentrum roman. Kunstausübung von hoher Bedeutung: Die Kirchen der beiden Abteien St-Etienne (1077 vollendet) und La Trinité (erbaut zw. 1060 und 1130) übten entscheidenden Einfluß auf die roman. Plastik und Baukunst des anglonorm. Raumes aus. Wichtigstes Exportgut des Hafens von C. war der einheim. Bruchstein (»pierre de Caen«), der nach England verschifft wurde.

II. CAEN UNTER FRANZÖSISCHER HERRSCHAFT UND WÄHREND DES HUNDERTJÄHRIGEN KRIEGES: C. wurde im Mai 1204 kampflos von →Philipp II. August, Kg. v. Frankreich, eingenommen. Unter der neuen Herrschaft büßte die Stadt ihre bisherige polit. und intellektuelle Bedeutung ein. Die Siedlungsentwicklung der Stadt mit ihren drei Stadtteilen (Bourg le Roi, Bourg l'Abbé, Bourg l'Abbesse, d. beiden ersteren wurden zu Beginn des 14. Jh. mit eigenen Mauern umgeben) setzte sich jedoch fort. C. wurde ein Zentrum der →Textilherstellung, in welchem Laken, Serge und *saies* (Leinengewebe) von mittlerer Qualität erzeugt wurden, die bes. in Italien Absatz fanden, während die wirtschaftl. Verbindungen mit England sich abschwächten. 1278 und 1317-18 brachen schwere antifiskal. Unruhen aus. – Der allgemeine Wohlstand des städt. Bürgertums äußerte sich in einer bemerkenswerten Bautätigkeit, bes. an der Kirche St-Pierre, deren Glockenturm zum Vorbild für andere Turmbauten in der Normandie und Bretagne wurde.

Die Stadt litt sehr unter dem →Hundertjährigen Krieg; sie erreichte wohl erst im 16. Jh. wieder die Bevölkerungszahl, die sie zu Beginn des 13. Jh. gehabt hatte. Eduard III., Kg. v. England, besetzte C. im Juli 1346 und machte hier reiche Beute. Von nun an herrschte im Landgebiet von C. ständig Unsicherheit, die von der Pest und zahlreichen Aufständen und kleinen Revolten der Bevölkerung noch verstärkt wurde. Dennoch kam es um 1357 in C. zur Bildung eines Stadtregiments (ohne Bürgermeister), an dessen Spitze ein Schwurverband von sechs Bürgern *(bourgeois jurés)* stand.

Im Sept. 1417 eroberte Heinrich V., Kg. v. England, C. nach einer kurzen Belagerung; mehr als 30 Jahre verblieb die Stadt nun unter Herrschaft der Engländer. Einige der Bürger wanderten aus, die meisten jedoch verblieben in der Stadt und zogen aus der engl. Herrschaft, die einen Teil ihrer Institutionen zur Verwaltung der Normandie in C. installierte, einen gewissen Gewinn. Unter der Regentschaft des Hzg.s v. Bedford wurde im Jan. 1432 eine Univ. mit zunächst zwei, später fünf Fakultäten begründet. Sie eröffnete ihren regulären Lehrbetrieb i. J. 1436 und vermochte der Pariser Univ. einige Konkurrenz zu machen. Nach der frz. Rückeroberung wurde sie (als scheinbare Neugründung) von Kg. Karl VII. bestätigt. An der Univ. hatte z. B. Thomas →Basin seit 1441 den Lehrstuhl für kanon. Recht inne.

Die Franzosen zogen am 24. Juni 1450 in C. ein und waren so klug, einen Generalpardon zu gewähren. Das unter der engl. Herrschaft aktive Wirtschaftsleben erfuhr jedoch einen starken Rückgang, der bis zum Ende des 15. Jh. andauerte. Der Versuch Kg. Ludwigs XI., in C. i. J. 1470 große Handelsmessen zu begründen, schlug fehl, das Tuchgewerbe verfiel vollständig, und der Hafenverkehr erlebte ebenfalls einen starken Rückgang. Nur auf dem Gebiet des geistigen Lebens erfolgte eine Aktivierung. So wurde 1480 eine der Univ. nahestehende Buchdruckerei eröffnet. Dies war der Auftakt zu einem allgemeinen Aufschwung, der sich um 1520 verstärkte und aus C. das neben Rouen bedeutendste Zentrum für die Verbreitung von Kunst und Kultur der Renaissance in der Normandie machte.　　　　　　　　　　　　　　　L. Musset

Q.: L. Musset, Les actes de Guillaume le Conquérant et de la reine Mathilde pour les abbayes caennaises, 1967 – *Lit.*: P. D. Huet, Les origines de la ville de C., Rouen, 1706² - DE LA RUE, Essais hist. sur la ville de C., 2 Bde, 1820 – Ders., Nouveaux Essais..., 2 Bde, 1841 – P. Carel, Hist. de la ville de C. depuis Philippe-Auguste jusqu'à Charles IX, 1886 – Ders., Etude sur la commune de Caen, 1888 – H. Prentout, C. et Bayeux, 1921 – H. Legras, Le bourgage de C., 1911 – G. Huard, La paroisse et l'église St-Pierre de C., 1925 – H. Prentout, Esquisse d'une hist. de l'Univ. de C., 1932 – M. de Bouärd, Quelques données nouvelles sur la création de l'Université de C., M–A 69, 1963, 727–741 – L. Musset, C., ville d'art, 1971 – M. Baylé, La Trinité de C., 1979 – M. de Bouärd, Le château de C., 1979 – Hist. de C., hg. G. Désert, 1981 [grundlegend] – L. Musset, Essai sur la bourgeoisie caennaise (1150–1250) (Mél. M. de Bouärd, 1982).

Caeremoniale Romanum. Mit diesem Begriff werden gewöhnl. die Bücher bezeichnet, die das päpstl. Zeremoniell beschreiben. Doch bürgerte sich der Ausdruck an der →Kurie erst seit ca. 1400 ein, während die Bezeichnungen Ordo oder Ordinarium (bis 13. Jh.) und liber cerimoniarum (14. Jh.) vorherrschten. Die Abfassung von Zeremonienbüchern setzte mit dem Kanoniker →Benedikt im 12. Jh. ein und läßt sich in drei Phasen gliedern. Die erste reicht vom frühen 12. bis zum Ende des 13. Jh. In ihr wurden auf der Basis der älteren →Ordines Romani oder von Texten in Pontifikalien und auf Grund der liturg. Veränderungen in Rom und am päpstl. Hof seit dem 11. Jh. Sammlungen angefertigt, die die für den Papst als den Bf. und Stadtherren Roms und für seine Umgebung wichtigen Riten schildern (bes. Feier des Kirchenjahres, Prozessionen, Papstwahl und -weihe). Zu diesen C. gehören v. a. aus dem 12. Jh. der dem Kanoniker Benedikt zugeschriebene Liber politicus, eine Baseler Kompilation, ein Londoner Fragment, Texte aus den Gesta pauperis scolaris des Kardinals Albinus und eine ähnliche Zusammenstellung im →Liber censuum des Cencius camerarius, aus dem 13. Jh. das Ordinarium und Missale der päpstl. Kapelle, der Ordo Romanus XIII Gregors X., ein für die Kardinalsliturgie wichtiges Zeremonienbuch und ein Ordo zur Papstkrönung aus der Zeit Bonifatius' VIII. Die 2. Phase umfaßt die Zeit des Avignoneser →Papsttums und des →Abendländ. Schismas. Unter teilweiser Einbeziehung von Texten des 13. Jh. wurde v. a. seit Benedikt XII. das Zeremoniell auf den Papstpalast beschränkt. Zugleich wurden mehr als zuvor auch andere Riten (z. B. Konsistorien, Empfang von Kurienbesuchern, Krönung von Kg.en, Konzilien, Heiligsprechungen, Papsttod, Kardinalskreation, Papstmesse) und die Aufgaben neuer Funktionsträger, v. a. aus dem Bereich der →Kapelle, beschrieben. Daraus erklären sich Vielfalt und Umfang der neuen Sammlungen: des Codex Avignon 1706 und der damit zusammenhängenden Versionen des Ordo Romanus XIV, der Kompilationen des Bindo v. Fiesole und des Petrus Amelii, eines Zeremonienbuches aus der Zeit Benedikts XIII. und des Zeremonienbuches des Kämmerers François de→Conzié. In der 3. Phase wurden die Avignoner Riten für das Renaissance-Papsttum pompöser ausgestaltet und v. a. auf den Vatikanpalast und die Petersbasilika beschränkt. Dafür wurden zunächst die C. der 2. Phase von Zeremonialklerikern glossiert und schließlich 1488 von Agostino Patrizi und Johannes Burckard durch ein neues C. ersetzt, das zumindest bis zum 18. Jh. autoritative Geltung besaß. Ergänzt wurde dieses durch die seit Johannes Burckard erhaltenen Diarien der Zeremonienmeister. Wegen ihrer immer wieder vorgenommenen Aktualisierung bieten die C. den besten Einblick darin, wie sich das Papsttum in der Welt darstellte und in welchem Bezugssystem es sich und die übrigen Mächte der damaligen Welt sah. Außerdem dienten die C. seit dem 15. Jh. als Vorbild für die Ausarbeitung des Caeremoniale episcoporum.

B. Schimmelpfennig

Q. und Lit.: J. Mabillon-M. Germain, Museum Italicum II, Paris 1689 [MPL 78] – G. B. Gattico, Acta selecta caeremonialia Sanctae Romanae Ecclesiae I, Rom 1753 – M. Andrieu, Les Ordines Romani du Haut MA, 1–5, 1931–61 – Ders., Le pontifical romain au MA, 1–3, 1938–40 – J. Nabuco-F. Tamburini, Le cérémonial apostolique avant Innocent VIII, 1966 – B. Schimmelpfennig, Die Zeremonienbücher der röm. Kurie im MA, 1973 – S. J. P. van Dijk-J. H. Walker, The ordinal of the papal court from Innocent III to Boniface VIII and related documents, 1975 – M. Dykmans, Le cérémonial papal de la fin du MA à la renaissance, 1 und 2, 1977/81 – J. Nabuco, La liturgie papale et les origines du Cérémonial des Évêques (Bibliotheca Ephemerides Liturgicae 22: Misc. L. C. Mohlberg I, 1948), 283–300.

Caerffili (engl. Caerphilly), Stadt in →Wales (Co. Glamorgan), nördl. von Cardiff. Der Platz wurde von Gilbert de→Clare, Earl of Gloucester († 1295), dem die Herrschaft (*lordship*) v. →Glamorgan unterstand, zur Errichtung einer Burg ausersehen. Diese sollte als Stützpunkt gegen die Offensive des Fs.en v. Wales, →Llywelyn ap Gruffydd († 1282), der seine Macht auf Teile von Glamorgan auszudehnen versuchte, dienen. Die erste Burg, die im April 1268 begonnen und im →commote Senghennydd Is Caeach erbaut wurde, fiel im Okt. 1270 der Zerstörung durch Llywelyn anheim. Clare nahm sogleich den Wiederaufbau in Angriff, doch wurde die Burg, im Zuge der Bemühungen des engl. Kg.s Heinrich III. (1216–72) zur Vermeidung weiterer Konflikte, zwei engl. Bf.en zur Verwaltung übergeben. Durch eine List gelang es Clare, sich bereits im nächsten Frühjahr erneut der Burg zu bemächtigen; er nötigte Llywelyn zum Rückzug aus dem Gebiet und setzte den Ausbau der Burg zu einer gewaltigen Befestigungsanlage fort, die zum eindrucksvollsten Monument der Macht des Barons in der walis. Mark wurde und heute in Resten erhalten ist.　　　　　　　　　　　　　　B. Smith

Lit.: W. Rees, C. Castle, 1937 – M. Altschul, A Baronial Family in Medieval England: the Clares, 1217–1314, 1965 – The Glamorgan County Hist. III, hg. G. Williams, 1972 – C. N. Johns, C. Castle, 1978.

Caerlaverock, Burg in Dumfriesshire (Schottland), errichtet von der Familie →Maxwell, durch den »Song of C.« (ed. T. Wright, 1864), der die Belagerung der Burg durch den engl. Kg. Eduard I. i. J. 1300 rühmt, bekanntgeworden. Der erste Bau, auf dreieckigem Grundriß wohl nach 1290 errichtet, wurde um 1312 von →Robert Bruce, Kg. v. Schottland, geschleift; eine nochmalige Zerstörung durch die Schotten erfolgte in den Jahren nach 1350. – Der erhaltene Baubestand datiert zum größten Teil aus dem 15. Jh. und der Zeit danach, doch entstammt ein Teil des unteren Mauerwerks dem späten 13. Jh. M. C. Prestwich

Lit.: Royal Commission on Ancient Monuments, Scotland, 7th report, 1920 – B. H. St. J. O'Neil, C. Castle, 1952.

Caerllion (engl. Caerleon; Name von Isca Silurum); Stadt in →Wales (Co. Monmouth), nahe der Mündung des Flusses Usk (kelt.-lat. Isca) in der Mündungsbucht des Severn gelegen; ging aus dem röm. Legionslager Isca hervor, gegr. 74/75 n. Chr. im Gebiet der kelt. Silures. Im späten 3. Jh. wurden die röm. Truppen zurückgezogen; der Platz blieb zwar noch für ein Jahrhundert besiedelt, die Befestigungsanlagen verfielen jedoch. Die »Historia Regum Britanniae« →Galfreds v. Monmouth (ca. 1100–54) beschreibt C. als Schauplatz des Hofes, an den, zu Pfingsten, Kg. Artur die europ. Herrscher unter seiner Oberhoheit versammelt habe, und die hist. Triaden zählen – unter Galfreds Einfluß – C. zu den drei wichtigsten Zentren in Britannien. Dieselbe Überlieferung findet sich bei →Giraldus Cambrensis (1146–1223), der den legendären Ruhm von C. mit der Tradition der drei großen walis. Zentren (Aberffraw, Pengwern und Dinefwr) zu verbinden sucht, indem er C. zum Vorgänger von Dinefwr, dem bedeutendsten des südl. Wales, macht. – Der Besitz der Herrschaft *(lordship)* v. C., deren Zentrum eine nahe bei den röm. Ruinen gelegene Burg bildete, wurde im 12. und 13. Jh. von einer walis. Königsdynastie gegen konkurrierende Gewalten in den walis. Marken erkämpft; schließlich fiel die Herrschaft jedoch an die Earls of Gloucester aus dem Hause →Clare. B. Smith

Q. und Lit.: Kl. Pauly II, 1459 [ältere Lit. zu Isca] – Giraldus Cambrensis, Opera VI, ed. J. F. Dimock, 1868 – J. E. Lloyd, A Hist. of Wales, 1911 – A. Griscom, The Hist. Regum Britanniae of Geoffrey of Monmouth, 1929 – E. Faral, La Légende arthurienne III, 1929 – R. Bromwich, Trioedd Ynys Prydein, 1961 – G. C. Boon, Isca, the Fortress of the Second Augustan Legion, 1972.

Caernarfon ('Sitz gegenüber Môn'; engl. Name Carnarvon), Stadt im nw. Wales, in strateg. wichtiger Lage an der Meerenge von Menai in der Provinz Gwynedd gegenüber der Insel Anglesey (walis. Môn) gelegen. In unmittelbarer Nähe von C. liegt das röm. Kastell Segontium. Die walis. Erzählung von Branwen, der Tochter von Llyr, im →Mabinogion nennt C. und deutet auf walis.-ir. Beziehungen im FrühMA. Earl Hugh v. →Chester errichtete in C. im späten 11. Jh. im Rahmen seines kurzfristigen Vordringens nach Nordwales eine Burg. Im 13. Jh. ist C. als eine (nicht die wichtigste) Residenz des Fs.en v. Nordwales →Llywelyn ab Iorwerth bezeugt. Seine eigtl. Bedeutung erlangte C. erst unter engl. Herrschaft. Kg. →Eduard I. wählte C. als wichtigsten Stützpunkt für die Eroberung des Fsm.s Wales 1282/83 aus. Das Fsm. blieb unter engl. Herrschaft bestehen und wurde von der neu erbauten gewaltigen Burg von C. aus verwaltet. Dort wurde am 25. April 1284 der Thronfolger Eduard II. (Eduard v. C.) geboren, der erste engl. »Fs. v. Wales« (seit 1301 Prince of →Wales). M. Richter

Lit.: J. E. Lloyd, A Hist. of Wales from the earliest times to the Edwardian Conquest, 1911, passim.

Caesar (Titel)

I. Antike – II. Byzanz.

I. Antike: Caesar, ursprgl. cognomen der gens Iulia, vom Adoptivsohn Octavian/Augustus als gentilicium verwendet: Imp. Caesar Augustus. Claudius zuerst nahm als Princeps die nicht ererbte Bezeichnung C. an; danach fester Namensbestandteil aller röm. Ks. (außer Vitellius) und ihrer Söhne. Seit Hadrian Beschränkung auf den designierten Nachfolger. Als nobilissimus C. erscheint zuerst Geta, der jüngere Sohn des Septimius Severus (198). Im Rahmen der diokletian. Tetrarchie wird C. Titel der den beiden Augusti zugeordneten, zugleich zu Thronfolgern bestimmten »Unterkaiser«. Erst Valentinian I. erhob seinen Sohn Gratian sogleich zum Augustus. Als Bezeichnung für den →Kaiser schlechthin begegnet C. seit dem 1. Jh. n. Chr., so auch im NT. Vgl. auch →Augustus.

J. v. Ungern-Sternberg

Lit.: RE III, 1287; XVII, 791–794 – RAC II, 824–826 – H. U. Instinsky, Zur Entstehung des Titels nobilissimus Caesar (Beitr. zur älteren europ. Kulturgesch., Fschr. R. Egger I), 1952, 98–103 – R. Syme, Imperator Caesar: A Study in Nomenclature, Historia 7, 1958, 172–188 – B. Parsi, Désignation et investiture de l'empéreur romain, 1963 – M. R. Alföldi, Nobilitas Augusti-Nobilissimus Caesar (Fschr. d. wiss. Ges. J. W. Goethe-Univ. Frankfurt/M.), 1981, 337–347.

II. Byzanz: In der offiziellen Kaisertitulatur verschwindet Caesar (καῖσαρ) – bis dahin gleich hinter imperator (αὐτοκράτωρ) genannt – unter →Justinian II. Bis zu Ks. →Alexios I. bleibt der Titel fast ausschließlich direkten Verwandten der ksl. Familie (auch mehreren Gliedern gleichzeitig) vorbehalten als präsumptiven Thronfolgern. In den byz. →Ranglisten (10. Jh.) steht καῖσαρ hinter dem Patriarchen von Konstantinopel vor dem →Nobilissimos. Seine Würde ist nach dem Zeremonienbuch »ähnlich der Kaiserwürde«. Die Insignien ähneln der Kaisertracht: Krone ohne Kreuz, mit Gold umsäumter Purpurumhang (Chlamys). Unter Alexios I. wird der →Sebastokrator über den Kaisar gestellt, unter Manuel I. der →Despotes. Der Kaisartitel wird in der Komnenenzeit vorwiegend ksl. Verwandten (auch angeheirateten) verliehen. Unter den Paläologen wird in den Zeremonienanweisungen der Kaisartitel zwar noch berücksichtigt, aber offensichtl. gering eingeschätzt und selten verliehen. Als bedeutendster Nichtbyzantiner erhielt →Roger de Flor, Führer der katal. Kompanie, den Titel von →Andronikos II. verliehen. »Caesar« ist Bezeichnung des byz. Ks.s bei Lateinern, Ungarn und Bulgaren. – Am 27. Jan. 1186 erhob Ks. →Friedrich I. Barbarossa seinen Sohn und Nachfolger →Heinrich (VI.) in Mailand, anläßl. der Vermählung mit →Konstanze v. Sizilien, zum Caesar. Motiv und rechtl. Tragweite dieser Maßnahme sind umstritten (s. a. →Kaiser, -tum, →Staufer). G. Weiß

Lit.: J. B. Bury, The Imperial Administrative System, 1911 – G. Moravcsik, Zur Gesch. des Herrschertitels Caesar > Car', ZRVI 8/1, 1963, 229–236 – A. Hohlweg, Beitr. zur Verwaltungsgesch., 1965, 38f., Anm. 1 – J. Verpeaux, Pseudo-Kodinos, 1966 – R. Guilland, Recherches sur les institutions byz. II, 1967, 25–43 [grundlegend] – N. Oikonomides, Les listes de préséance byz., 1972 – G. Rösch, Onoma ΒΑΣΙΛΕΙΑΣ, 1978 – zur Caesar-Erhebung Heinrichs VI.: G. Wolf, Imperator und Caesar (WdF 390), 1975, 360–374 [mit älterer Lit.].

Caesar im Mittelalter

A. Allgemeines – B. Handschriftliche Überlieferung der Werke – C. Nachleben der Werke – D. Beispiele für das Caesarbild in der ma. Prosaliteratur und Dichtung

A. Allgemeines

Gaius Iulius Caesar ist als hist. Gestalt, als Feldherr, Staatsmann und, wie man ihn zumeist gesehen hat, als erster Kaiser der Römer im MA überall dort bekannt gewesen, wo man überhaupt von röm. Geschichte wußte, während der Schriftsteller C. nicht zu denen gehört hat, welche das geistige Leben der abendländ. Welt in nennenswertem Maße geprägt haben. Die Umstände der Geburt (Isid. Etym. 9, 3, 12), Bürgerkrieg, Alleinherrschaft und Ermordung sind die Hauptvorstellungen; einzelne Züge wie die Errichtung der ersten öffentl. Bibliothek in Rom, der Plan einer Kodifizierung des röm. Rechts u. a. treten gelegentlich hinzu. Den naturwissenschaftl. Interessierten gilt C. seit dem 12. Jh. als großer Sternkundiger (der von ihm verfügten Reform des röm. Kalenders wegen); auch in der Zeit der großen Konzilien beruft man sich im Zusammenhang mit der Kalenderverbesserung gern auf ihn. Die Eroberung Galliens scheint verhältnismäßig wenig ins Bewußtsein gerückt zu sein. Vermittelt wurden die Kenntnisse und Vorstellungen v. a. von Isidor (z. T. auf Grund der Chronik des Hieronymus), ausführlicher, aber erst in zweiter Linie durch die »Historiae adversum paganos« des Orosius und das Breviarium des Eutropius, nur ausnahmsweise durch die Biographie des Suetonius und das »Bellum civile« des Lucanus, nicht dagegen durch C.s eigene Schriften und die des Corpus Caesarianum. Gegenwärtig gehalten wurde die Gestalt C.s auch durch die ma. Weltchroniken. Vom Lat. aus ist das Caesarbild in den volkssprachl. Raum übergegangen und hat dort mancherlei Umgestaltung erfahren. Der Name ist von der antiken Herrschertitulatur aus zum Begriff geworden und bedeutet schlichtweg Kaiser. Das Wort wurde frühzeitig in die germ. Sprachen entlehnt – ahd. *cheisar, keisur*, ndt. *kaiser*, got. *kaisar*, ae. *casere*, an. *keisari* – und kam über diese auch ins Slav.: akslav. *cesar*.

Die gelehrten Schriften C.s waren schon bald nach seinem Tod vergessen. Die Commentarii de b. Gall. u. b. civ. waren als literar. Werke wegen ihrer Schlichtheit bei Zeitgenossen und Späteren wenig geschätzt; die Historiker dagegen haben sie seit Livius als wertvolle Quellen benützt, freilich dabei auch zu ihrer Verdrängung beigetragen. Diese ging so weit, daß nicht nur die Werke selbst, sondern zeitweise auch noch der Name des Verfassers in Vergessenheit geriet: Orosius im 5. Jh. zum Beispiel, der das Bellum Gallicum vielfach heranzieht, hielt Sueton für den Verfasser. Auch ein gewisser Iulius Celsus Constantinus, einer der spätantiken Grammatiker, von deren Arbeit wir den Caesartext aus Subskriptionen Kunde haben, ist jahrhundertelang – noch von Petrarca und vereinzelt in Hss. des 15. Jh. – als Autor angesehen worden. Wahrscheinl. sind die Commentarii nur in sehr wenigen Exemplaren von Papyrus auf Pergament umgeschrieben worden, möglicherweise ist das ganze Corpus Caesarianum überhaupt nur in einem einzigen Exemplar ins MA gelangt. Die hs. Überlieferung setzt im 9. Jh. ein.

F. Brunhölzl

B. Handschriftliche Überlieferung der Werke

Die erhaltenen Hss. der Commentarii lassen sich aufgrund ihres Inhalts in zwei Klassen unterteilen: α, in der lediglich »Bellum Gallicum« (B. G.) erhalten ist; β, die »Bellum Gallicum« und »Bellum civile« (B. C.) gemeinsam mit den unechten Schriften »Bellum Alexandrinum«, »Bellum Africum« und »Bellum Hispaniense« überliefert (Einteilung nach K. NIPPERDEY, dem Editor der ersten krit. Ausgabe der Comm. nach modernen Maßstäben).

Die frz. Skriptorien spielten bei der Herstellung von Hss. beider Klassen eine führende Rolle. Der älteste erhaltene Textzeuge eines Werkes von C. ist der α-Cod. Parisinus lat. 5763; er wurde in Frankreich von mehreren zeitgenöss. Händen während des 1. Viertels des 9. Jh. geschrieben und trägt einen Besitzvermerk der Abtei Fleury aus dem 11./12. Jh. Zwei weitere α-Hss. haben sich aus dem späteren 9. Jh. erhalten: Cod. Amstelodamensis 73 (= A), in Fleury geschrieben, und Vaticanus lat. 3864 (= M), in Corbie geschrieben. Cod. Parisinus lat. 6842, ebenfalls aus dem 9. Jh., enthält Exzerpte aus den ersten fünf Büchern des B. G. Andere frühere α-Hss., die bei bisherigen Editionen mitberücksichtigt wurden, sind: Leidensis Voss. lat. Q. 53 (11. Jh.; = C), eine Abschrift von B, die zur Ausfüllung von Lücken, die sich in B finden, benutzt wurde; Parisinus lat. 5056 (11./12. Jh.; = Q), geschrieben in Moissac. Die erhaltenen 16 α-Hss., die aus der Zeit vor dem 15. Jh. momentan bekannt sind, sind noch auf ihre textl. Verwandtschaft hin zu untersuchen.

Ma. β-Hss. sind in geringerer Anzahl und aus späterer Zeit erhalten. Das älteste Zeugnis dieser Hss.-Klasse ist Cod. Laurentianus Ashburnham 33 (= S), in Frankreich um die Mitte des 10. Jh. geschrieben und ehemals in der Bibliothek von St-Pierre zu Beauvais befindlich. Andere β-Hss., die bei den Texteditionen berücksichtigt wurden, sind: L = Londiniensis Add. 10084 (11./12. Jh.), wahrscheinl. abgeschrieben in Gembloux; N = Neapolitanus IV C 11 (11. Jh.), wahrscheinl. Frankreich; R = Riccardianus 541 (1. Hälfte 12. Jh.), Frankreich; T = Parisinus lat. 5764 (2. Hälfte 11. Jh.), Frankreich; U = Vaticanus lat. 3324 (11./12. Jh.), Frankreich; V = Vindobonensis 95 (1. Hälfte 12. Jh.), wahrscheinl. St. Matthias in Trier; W = Laurentianus 68.8 (10./11. Jh.; 12. Jh.), Herkunft unsicher (vielleicht Italien für den späteren Teil?); w = Laurentianus 68.6 (12./13. Jh.), in der → Beneventana geschrieben; Abschrift von W und zur Ausfüllung verlorener Passagen aus W benutzt. Die aus der Zeit vor der Renaissance erhaltenen Hss. umfassen weiterhin eine Abschrift des 12. Jh. (Londiniensis Add. 17740) von L, eine Kopie aus dem 12. Jh. (Vallicellianus B 45) von W, eine des 13. Jh. (Leidensis Bibl. Publ. Lat. 38D) von T sowie etwa fünf Abschriften von W aus dem 14. Jh.

Die wichtigsten Ergebnisse der modernen philol. Untersuchung seien i. f. zusammengefaßt. Die Lesarten der β-Hss. des B. G. haben sich als verläßlich bestätigt. Es wurde vorgeschlagen, die Hss. L, M, N, Q, R und V beim Stemma unberücksichtigt zu lassen, da sie Abschriften älterer erhaltener Hss. seien. Für B. C. wurde ein dreiteiliges Stemma entworfen. Es wurden 78 α-Hss. gezählt und eine vorläufige Einteilung an der Grundlage der Tituli, Kolophone und Explicit vorgenommen. Nahezu 175 Hss. des B. C. konnten lokalisiert und nach ihrer textl. Verwandtschaft klassifiziert werden.

V. Brown

Ed.: C. Julii Caesaris Commentarii cum supplementis A. Hirtii et aliorum, ed. K. NIPPERDEY, 1847 – C. Julii Caesaris Commentarii, I: Commentarii belli gallici, ed. A. KLOTZ, 4. erg. und rev. Aufl. W. TRILLITZSCH, 1957; II: Commentarii belli civilis, 2. erg. und rev. Aufl. W. TRILLITZSCH, 1957 – La guerre civile, 2 Bde, ed. und übers. P. FABRE, 1936 – C. Iulii Caesaris Commentarii rerum gestarum I (Bellum gallicum), ed. O. SEEL 1961 – *Lit.*: REX/1, 259-275 – W. HERING, Die Recensio der Caesarhss. (Dt. Akad. der Wiss. Berlin, Schr. der Sektion für Altertumswiss. 41, 1963) [Lit.] – DERS., Caesar-Exzerpte aus dem 9. Jh., Philologus 115, 1971, 131–136 – V. BROWN, The textual Transmission of Caesar's Civil War, 1972 – DIES., 'Latin Manuscripts of Caesar's Gallic War' (Palaeographica, diplomatica et archivistica. Studi in on. d. GIULIO BATTELLI, 1, 1979), 105–157.

C. Nachleben der Werke

Entsprechend dem Auftreten der Hss. setzen auch im 9. Jh. die Spuren der Kenntnis und Benützung der Schriften ein. Sie scheint sich in der Hauptsache auf Nachrichten über Gallien und geograph. Namen zu beschränken und ist jedenfalls im allgemeinen gering gewesen. Eine Besonderheit ist die Übersetzung des Bellum Gallicum von Maximos → Planudes ins Griech. im 12. Jh. Auch von den Humanisten sind C.s Werke wenig zitiert worden; ihre Wertschätzung hielt sich – trotz Petrarcas Vita Caesaris, die der hist. Persönlichkeit, nicht dem Schriftsteller galt – in recht mäßigen Grenzen.

F. Brunhölzl

Lit.: B. ELTHAMMAR, Julius Caesar inför eftervärlden [Diss. Stockholm 1976; mit engl. Zusammenfassung].

D. Beispiele für das Caesarbild in der ma. Prosaliteratur und Dichtung
I. Deutsche Literatur – II. Mittelniederländische Literatur – III. Englische Literatur – IV. Romanische Literaturen.

I. DEUTSCHE LITERATUR: C. taucht in der deutschsprachigen Lit. zuerst im →Annolied (Ende 11. Jh.) auf (V. 271 ff.). Er gilt als der erste Weltherrscher, von seinem Namen wird die Bezeichnung *keisere* abgeleitet, auf ihn wird die Integration der Deutschen in das röm. Reich zurückgeführt: Nach zehnjährigem Kampf band C. schließlich die dt. Stämme an Rom. Als die Römer seine Eroberungsleistung diskreditierten, gewann er die Deutschen zu Bundesgenossen im röm. Bürgerkrieg, der ihm den Sieg und weltweite Alleinherrschaft einbrachte. Die C.-Geschichte des Annolieds stützt sich im wesentl. auf →Lucans »De bello civili« (Pharsalia), Abwandlungen beruhen vielleicht auf Mißverständnissen, vielleicht auf anderen Quellen, Kenntnis von C.s eigenen Schriften ist nicht vorauszusetzen. – Die das Annolied rezipierende →Kaiserchronik (um 1150), die Reichsgeschichte bieten will, setzt mit C. ein, sie stilisiert ihn zum vorbildl. Helden und mit ethischen Qualitäten bes. ausgezeichneten Herrscher. Durch Abwandlung der traditionellen Deutung des Daniel-Traums von den vier Weltreichen (→Daniel) wertet sie das röm. Reich und C. auf. (Der an die dritte Stelle gerückte, C. bezeichnende Eber ist nicht mehr wie bei Hieronymus das schrecklichste Tier.) In Deutschland habe C. als Städtegründer gewirkt. – Für die dt. historiograph. Literatur bleibt C.s epochemachende Bedeutung dominierender Aspekt in Struktur und Darstellung. Die »Weltchronik« des Jans →Enikel (nach 1277) erweitert C.s Siegeszug in sagenhafte Bereiche zu den Plattfüßen, Einaugen und Breitfüßen, die er nach Indien verjagt, während der exponierte Bezug zu den Danielschen Weltreichen aufgegeben und die Funktion für die Reichsgeschichte eingeschränkt ist. C.s Herrschaftsausübung wirkt ambivalent: Er führt ein strenges Regiment, den Deutschen gewährt er eine eigene, von Rom unabhängige Gerichtsbarkeit. Das von der Kaiserchronik angeregte Darstellungsgerüst ist durch internationales Erzählgut angereichert (→Gesta Romanorum). – Die Weltchronik Hartmann →Schedels (1493), die C. im 5. Weltalter nach den Dichtern Vergil und Horaz behandelt, akzentuiert mehr die Person – familiäre Verhältnisse und äußere Erscheinung (große Gestalt, weiße Farbe, runde Glieder, schmaler Mund, schwarze Augen) als die weltpolit. Leistung (Bautätigkeit in Rom, Alleinherrschaft nach den Bürgerkriegen und Begründung des Kaisertitels).

Die mhd. Versnovelle →Moriz von Craûn (wohl Anfang des 13. Jh.) präsentiert C. in einer einleitenden Geschichte des Rittertums als vollkommenen Ritter, dessen Ruhm bis zum Weltende Bestand haben wird. Der didakt. dt. Literatur dient C. – wie Alexander d. Gr. – als Exempelfigur. →Thomasin v. Zerklaere hebt im »Wälschen Gast« (1215/16) seine Gelehrsamkeit und ethischen Qualitäten hervor. An seiner Weltherrschaft demonstriert er die Vergänglichkeit ird. Macht. Aufgrund der Autorität als erster Kaiser wurde C. zur Legitimierung polit. Forderungen benutzt. Im Zusammenhang mit den Bemühungen Hzg. →Rudolfs IV. v. Österreich um Unabhängigkeit vom Reich und Gleichstellung mit den Kurfürsten (→Privilegium maius) wurde 1359 in Rudolfs Kanzlei eine gefälschte Urkunde hergestellt mit C. als Aussteller, datiert im 1. Jahr des Reiches in Rom (lat. und dt. Übersetzung). →Petrarca hat sie auf Anfrage Ks. →Karls IV. als Erfindung entlarvt.

C.s Schriften wurden in dt. Sprache erst im Rahmen des Humanismus zugänglich: Matthias Ringmann Philesius (1482–1511) hat in Straßburg die erste Übersetzung geschaffen, »Julius der erst Römisch Kaiser von seinen kriegen« (De bello Gallico, De bello civili und Plutarchs Lebensbeschreibung über C. umfassend). U. Schulze

Ed.: Das Annolied, mhd. und nhd., ed. E. NELLMANN, 1975 – Die Kaiserchronik eines Regensburger Geistlichen, ed. E. SCHRÖDER, MGH DC I, 1892 [Neudr. 1964] – Jansen Enikels Werke, ed. PH. STRAUCH, MGH DC III, 1891 [Neudr. 1972] – Die Schedelsche Weltchronik. Faks. des Drucks von 1493, 1979 – Moriz von Craûn, ed. U. PRETZEL, 1973[4] – Thomasin v. Zirclaria, der Wälsche Gast, ed. H. RÜCKERT, 1852 [Neudr. 1965] – Petrarcas Briefwechsel mit dt. Zeitgenossen, ed. P. PIUR, 1933, Nr. 23 – *Lit.:* F. OHLY, Sage und Legende in der Kaiserchronik, 1940, 42–51 – F. GRAUS, Lebendige Vergangenheit, 1975, 220–224.

II. MITTELNIEDERLÄNDISCHE LITERATUR: [1] Die mndl. Lit. besitzt einen fragmentar. überlieferten Versroman, der als »Roman van Caesar« bekanntgeworden ist. Es wäre wohl richtiger, von einer röm. Geschichte in Reimen von – mindestens – der Krise der Republik bis zum Beginn der Kaiserzeit zu sprechen, denn in den Bruchstücken werden Ereignisse aus der Periode von 48 v. – 14 n. Chr. behandelt. In 8 Bruchstücken, die in der 1. Hälfte des 14. Jh. geschrieben sind und aus einem, möglicherweise zwei Codices stammen, sind insges. 1412 V. enthalten: Brüssel, KB, Hs. 19.613, 1–6 und Gent, UB, Hs. 1643, 1–2. Über den Dichter des Werkes und seine Quellen ist nichts bekannt.

[2] Teils Geschichtsschreibung, teils Roman ist der Prosatext eines anonymen Verfassers über das Leben von J. Caesar: »Dit is die jeeste van iulius cesar«. Bis jetzt ist von diesem Text nur 1 Exemplar eines Inkunabeldruckes bekannt: s'-Gravenhage, KB, 150 C 28,2. Dieser Druck (58 Seiten, mit Holzschnitten verziert) wurde ursprgl. in Schiedam lokalisiert, dann Govaert van Ghemen in Gouda zugeschrieben, jedoch zu Unrecht, wie sich später erwies. Jetzt nimmt man an, daß der Druck zw. 1486 und 1493 möglicherweise in Gouda entstanden ist; der Drucker ist unbekannt. J. A. A. M. Biemans

Ed. und Lit.: Zu [1]: W. E. HEGMAN, Spl 18, 1976, 81–131 – zu [2]: M.-F.-A.-G. CAMPBELL, Annales de la typographie néederlandaise du XVe s., 1874, Nr. 393 – GW V, 1934, Nr. 5879 – W. UND L. HELLINGA, The 15th c. printing types of the Low Country, 1966, I, 83–85; II, 423 – De vijfhonderdste verjaring van de boekdrukkunst in de Nederlanden, 1973, Nr. 202, 438, 441 [Lit.].

III. ENGLISCHE LITERATUR: Durch seine Expeditionen in den Jahren 55 und 54 v. Chr. wurde Gaius Iulius Caesar der erste Römer, der den Boden Britanniens betrat. Dieses Ereignis wird sowohl am Anfang von Bedas »Historia ecclesiastica gentis Anglorum« und deren ae. Übersetzung erzählt (Buch I. 2; →Beda Venerabilis, II und III) als auch zu Beginn der ags. Chronik ganz kurz erwähnt (→Chronik, ags.), wobei Beda und die ags. Chronik C.s Invasion allerdings auf das Jahr 60 v. Chr. datieren. Ein größerer Ausschnitt aus C.s Karriere wird im Rahmen der ae. Übersetzung von →Orosius' »Historiae adversum paganos« berichtet (Buch V. xii im ae. Text). In der Lit. der me. Zeit erscheint C. dann oft als exemplar. Gestalt, die zum Zweck des Vergleiches, des Kontrastes oder innerhalb bestimmter Figurenkonstellationen eingeführt wird. So preisen z. B. bestimmte Darstellungen der norman. Eroberung →Wilhelm den Eroberer als eine Art zweiten Caesar. Einige frühe Darstellungen des Artusstoffes (→Artus, V) schildern in einer breit ausgemalten Episode C.s Invasion in Britannien und konfrontieren ihn dabei mit dem Britenkönig Cassibelaunus. Diese Episode findet sich in der lat. »Historia regum Britanniae« des →Galfred (Geoffrey) v. Monmouth, auf die sich wiederum der afrz. »Roman de Brut« des →Wace stützt, welcher seinerseits die Hauptquelle für den frühme. »Brut« Laʒamons (→Laʒamon) bildete; bei Laʒamon umfaßt die Caesar-Cassibelaunus-Episode die Verse 3587-4484. In der späteren me. Literatur kommt Caesar mehrmals im Rahmen des Motivs der neun guten Helden *(The Nine Worthies)* vor, z. B. im alliterierenden →»Morte Arthur(e)«, 3407-45. John →Gower stellt in seiner »Confessio Amantis« C. als den ersten Kaiser dar (Prol. 713-26); später erzählt er eine Anekdote über ihn (VII. 2449-86). In anderem Zusammenhang fungierte C. als eines von vielen Beispielen für den Fall großer Männer (aufgrund des Einflusses der wandelbaren →Fortuna). Eine der ersten großen Sammlungen dieser Art war →Boccaccios »De casibus virorum illustrium«; me. Beispiele für Zusammenstellungen von De casibus-Tragödien, die in der von Boccaccio begründeten Tradition stehen, sind die Erzählung des Mönchs in Geoffrey →Chaucers »Canterbury Tales« (darin Caesar: B². 3861-3916) sowie John →Lydgates umfangreiches Werk »The Fall of Princes«. C.s Krieg mit Pompeius, seine Eroberung Ägyptens und schließlich seine Ermordung werden dort in Buch VI. 2024-2919 ausführl. behandelt. Lydgate hat auch das einzige Werk der ma. engl. Lit. verfaßt, in dem C. die Hauptfigur bildet, nämlich seine relativ kurze und einzige Prosaschrift »The Serpent of Division« (ca. 1422). Wie bereits der Titel andeutet, verfolgte Lydgate mit diesem Büchlein einen aktuellen polit.-propagandist. Zweck: Am Beispiel von Aufstieg und Fall C.s wollte er seine Zeitgenossen vor den Gefahren des Bürgerkriegs warnen. Engl. Übersetzungen von C.s eigenen Werken entstanden erst im 16. Jh. (»De bello Gallico«); gegen Ende des 16. Jh. schrieb Shakespeare sein Drama »Julius Caesar« (1598/99).   H. Sauer

Ed. [nur die ae. und me. Texte in der Reihenfolge ihrer obigen Nennung]: T. MILLER, The OE Version of Bede's Ecclesiastical Hist., EETS OS 95, 96, 110, 111, 1890-98 – C. PLUMMER-J. EARLE, Two of the Saxon Chronicles Parallel, 1892-99 – J. BATELY, The OE Orosius, EETS OS 6, 1980 – G. L. BROOK-R. F. LESLIE, Laʒamon: Brut, EETS OS 250, 277, 1963-78 – G. C. MACAULAY, The Engl. Works of John Gower, EETS ES 81-82, 1900-01 – V. KRISHNA, The Alliterative Morte Arthure, 1976 – F. N. ROBINSON, The Works of Geoffrey Chaucer, 2nd ed., 1957 – H. BERGEN, Lydgate's Fall of Princes, EETS ES 121-124, 1924-27 – H. N. MACCRACKEN, J. Lydgate: The Serpent of Division, 1911 – *Lit.:* J. S. P. TATLOCK, The Legendary Hist. of Britain, 1950 – W. F. SCHIRMER, John Lydgate, 1952, 69-75 – R. R. BOLGAR, The Classical Heritage and its Beneficiaries, 1954 – R. W. HANNING, The Vision of Hist. in Early Britain, 1966 – H. SCHROEDER, Der Topos der Nine Worthies in Lit. und bildender Kunst, 1971 – A. GRANSDEN, Hist. Writing in England c. 550 to c. 1307, 1974.

IV. ROMANISCHE LITERATUREN: In der ma. C.-Vorstellung vermischen sich vielfach mündliche, volkstüml. Überlieferungen und legendäre Züge mit klass. Wissensgut. Anspielungen auf C. sind in der älteren didakt. Lit. der Romania nicht selten, z. B. in der Dino →Compagni zugeschriebenen »Intelligenza« mit 138 den Taten C.s gewidmeten Stanzen oder bei Fazio degli →Uberti im »Dittamondo«. Alfons der Gelehrte arbeitete in die »Primera Crónica General« und in die »General Estoria« wichtige auf C. bezügl. Texte in Übersetzung ein (Lucans Pharsalia, Sueton, Orosius u. a.). Dante stellt C. dar als Mann der Tat, militär. Führer und Werkzeug der göttl. Vorsehung in der Geschichte. C.s Gestalt steht im Mittelpunkt der 1213/14 entstandenen anonymen Prosakompilation mit eingestreuten Blankversen »Li Fet des Romains«, die zwar immer wieder wörtl. auf Sallust, Sueton und Lucan zurückgreift, sich jedoch vom bloßen Übersetzen zu lösen beginnt und den Stoff mit hist.-krit. Gespür in eigener Sicht und mit rhetor. Wirkung ausgestaltet. Die reiche hs. Überlieferung verbindet das sowohl in Italien bearbeitete (eine Übersetzung entstand in der 1. Hälfte des 14. Jh., die »Fatti di Cesare« entstanden etwas gekürzt auf dieser Grundlage) als auch im 15. Jh. ins Ptg. übertragene Werk (»Vida e feitos de Júlio César«) zuweilen mit der sog. »Histoire ancienne jusqu'à César«, die ebenfalls in Italien bekannt wurde. Sowohl die »Storie de Troja et de Roma« (1252/58) als auch »La Fiorita« des Armino (1325) verwenden Materialien aus »Li Fet des Romains«. Nach dem Vorbild des »Roman d'Alexandre« schrieb wahrscheinl. Jean de Thuim (und nicht Jacot de Forest) um die Mitte des 13. Jh. »Li roumanz de Julius Caesar« in Alexandrinerlaissen, von der er auch eine gekürzte Prosafassung »Hystoire de Julius Caesar« herstellte. Die erste vollständige frz. Übersetzung von »De bello gallico« lieferte der Pikarde Jean du Chesne (oder du Quesne) 1473/74 im Auftrag Karls des Kühnen. Sie ist eingebettet in eine weitschweifige, lehrhafte Darstellung, die dem Hzg. v. Burgund C. als Heldenbeispiel vorstellt und Teil einer geplanten röm. Kaisergeschichte bilden sollte, ein charakterist. Beispiel für die Bestrebungen am burg. Hofe Karls des Kühnen, durch Rekurs auf antik-klass. (neben den ritterl.-höf.) Exempla Anspruch und Selbstverständnis des burg. Hzm.s zu untermauern. Einige frz. Hss. aus dem 15. Jh. enthalten prachtvolle Miniaturen, u. a. von Jean →Fouquet. 1485 widmete Robert Gaguin, ein Lehrer des Erasmus, Karl VIII. seine neue, bis in die Mitte des 16. Jh. mehrmals aufgelegte Übertragung nach humanist.-philolog. Grundsätzen. C.s Zeugnis über die von ihm besiegten Gallier liefert dem Patriotismus der frühen Nationalgeschichtsschreibung in Gaguins »Compendium de origine et gestis Francorum« (1495) Aufschwung. Für die frz. Humanisten galten die Commentarii als zuverlässigster Augenzeugenbericht für die Frühzeit Galliens und C. als Garant für die Echtheit jener hist. Schilderung; damit spielte er für Frankreichs Frühgeschichte eine ähnliche Rolle wie sie Tacitus mit der Germania für Deutschland zukam (→Geschichtsdenken und -bild, humanist.). Jakob →Wimpfeling versuchte in seiner Flugschrift »Germania« (1501) das Deutschtum des Elsaß seit C. nachzuweisen. Der mit ihm in Verbindung stehende Elsässer Matthias Ringmann lieferte die erste dt. Übersetzung von C.s Schriften (1507). Nachdem →Petrarca in »De viris illustribus« (1338/nach 1353) mit sichtl. Wohlwollen C. eine selbständige Biographie »De gestis Cesaris« gewidmet hatte, entzündete sich in Italien aufgrund eines Briefes von →Poggio Bracciolini im Streit um C. in der Gegenüberstellung mit Cato Uticensis, dem »würdigen Alten« Dantes, als Symbolgestalt der republikan. Romidee. Porcelio de' Pandoni knüpft mit seinen Commentarii – einem beliebten Titel für 'Memoiren' – über die Auseinandersetzungen zw. Venedig und den Sforza an C. an (1452/53). In Spanien wurde eine Übersetzung nach Pier Candido →Decembrios Fassung wahrscheinl. für den Marqués de →Santillana hergestellt, eine weitere Übersetzung lieferte Diego López de Toledo (gedruckt 1498). In der Dichtung lebt C. idealisiert als Sinnbild für Rittertugend und Tapferkeit, aber auch als Beispiel für die Vergänglichkeit irdischer Größe weiter. Er wurde in die Reihe der →Neun guten Helden aufgenommen und vertritt zusammen mit Alexander die Antike. Seit dem frühen 14. Jh. ist dieses Motiv in der höf. frz. Lit. verbreitet (Jacques de Longuyon, →Guillaume de Machaut, Eustache →Deschamps). Im 15. Jh. griffen u. a. Sébastien Mamérot (»Histoire des neuf preux et des neuf preuses«, ca. 1460), Jean Molinet (»Le trosne d'honneur«, 1468) und der »Triomphe des neuf preux« (gedr. 1487) diesen Topos auf. Im 16. Jh..

erweitert sich die lit. Behandlung der Caesargestalt außerordentlich. D. Briesemeister
Zur Ikonographie vgl. →Neun gute Helden.

Ed. und Lit.: Hystoire de Julius C., ed. F. SETTEGAST, 1881 – H. WAHLE, Die Pharsale des Nicolas v. Verona, 1888 – E. G. PARODI, Le storie di Cesare nella letteratura it. dei primi secoli, 1889 – A. GRAF, Roma nella memoria e nelle immaginazioni del Medio Evo, 1915 – V. L. DEDECEK, Etude littéraire et linguistique de Li Hystoire de J. C. de Jean de Tuim, 1925 – Li Fait des Romains, ed. L. F. FLUTRE – K. SNEYDERS DE VOGEL, 1938 – L. F. FLUTRE, Li Fait des Romains dans les litt. française et italienne du XIIIe au XVIe s., 1932 – R. BOSSUAT, Traduct. françaises des Commentaires de C. à la fin du XVe s., BHR 4, 1944, 253–373 – P. HESS, Li Roumanz de J. C. Ein Beitr. zur Caesargesch. im MA, 1956 – M. J. GARY, The theme of C. and Brutus in 16th c. tragedy [Diss. Denver 1979] (DA 40, 1979/80, 237A).

Caesaraugustana, Collectio, von der gregorian. Reform geprägte kirchenrechtl. Sammlung aus dem östl. Pyrenäenraum. Es existieren zwei Rezensionen, die eine ist um 1125, die andere vor 1139 entstanden. Ihr Name stammt von jenem früher bei Saragossa verwahrten Codex, nach dem Antonio Agustín († 1586) die Sammlung erstmals bekanntmachte (heute Salamanca, Bibl. Univ., MS 2644). Zu ihren wichtigsten direkten Quellen zählen die Rechtssammlungen →Anselms v. Lucca und →Ivos v. Chartres. Erheblich war ihr Einfluß auf das →Decretum Gratiani. Sie besteht aus 15 Büchern mit folgender Thematik: 1. und 2. Rechtsquellen und ihre Wertung, 3. Kleriker, 4. kirchliche Ämter, 5. Gerichtswesen, 6. Eid, 7. kirchliche Personen und Güter, 8. Leben der Kleriker, 9. Mönche, 10. Ehe, 11. und 13. Eucharistie, 12. Taufe, 14. Häretiker, Schismatiker und Exkommunizierte, 15. Buße. A. García y García

Lit.: P. FOURNIER – G. LE BRAS, Hist. des collections canoniques en Occident II, 1932, 269–284[Neudr. 1972] – A. GARCÍA Y GARCÍA, Hist. del Derecho Canónico I, 1967, 320f.

Caesarea

1. C., Stadt in Mauretanien, heute Cherchel. Der 96 km westl. von Algier gelegene alte pun. Handelsplatz Iol wurde durch Iuba II. (25 v.–23 n. Chr.), den von Rom eingesetzten Kg. v. Mauretania, zu einem wirtschaftl. und kulturellen Zentrum ausgebaut und C. benannt. Als Hauptstadt der 40 n. Chr. errichteten röm. Prov. Mauretania war C. in der Kaiserzeit eine der bedeutendsten Städte Nordafrikas mit Theater, Amphitheater, Thermen und einem Mauerumfang von ca. 7 km. Seit dem 2. Jh. sind Christen in C. nachweisbar, im 4. Jh. war es ein Zentrum der →Donatisten. Von →Firmus 371/372 erobert und teilweise zerstört, bleibt C. auch unter den Byzantinern Provinzhauptstadt (Besetzung durch die Truppen Justinians 533), verfiel aber nach der islam. Eroberung, die zu Beginn des 8. Jh. erfolgt war. J. Gruber

Lit.: KL. PAULY I, 1003f. [Lit.] – RE III, 1294f. [H. DESSAU] – The Princeton Encyclopedia of Classical Sites, hg. R. STILLWELL u. a., 1976, 413f. – C. LEPELLEY, Les cités de l'Afrique romaine au Bas-Empire I, 1979; II, 1981, 513–520.

2. C., antike und ma. Stadt am Südabhang des Hermon bei einer der Hauptquellen des Jordan mit altem Pan-Heiligtum (daher C. Panias, in der Kreuzfahrerzeit Belinas, Ortsname heute Banijas), von Philippos, dem Sohn Herodes d. Gr., zu Ehren des Augustus Kaisareia benannt (C. Philippi). Im 4. Jh. wurde C. Bischofssitz, im 7. Jh. durch die Araber erobert. Während der Kreuzzüge zumeist zum Kgr. Jerusalem gehörig, ztw. Sitz eines lat. Bm.s, wurde C. nach längerer Belagerung (1165) von →Nūraddīn Zangī, dem Emir v. Aleppo, eingenommen und verblieb unter islam. Herrschaft. J. Gruber

Lit.: Dict. de la Bible II, 450–456 [E. LE CAMUS] – KL. PAULY I, 1004 – RE III, 1290f. [J. BENZINGER] – The Princeton Encyclopedia of Classical Sites, hg. R. STILLWELL u. a., 1976, 670.

3. C., antike und ma. Stadt. Die alte phönik. Siedlung in Palästina wurde von Herodes d. Gr. zu Ehren des Augustus Kaisareia (heute el Kaisarije) genannt und zu einer bedeutenden Hafenstadt für den Handel zw. Syrien und Ägypten ausgebaut. Im 1. Jh. wurde C. wichtige Garnisonstadt mit Sitz eines Procurators, Ende des 2. Jh. Bischofssitz, im 3. Jh. lehrte dort →Origenes. Die reiche, durch →Pamphilos erweiterte Bibliothek, eine der größten des Ostens, wurde auch von →Eusebios und →Prokopios benutzt. Um 640 wurde C. von den Arabern erobert, 1102 von den Kreuzfahrern unter →Balduin I. eingenommen und für kurze Zeit lat. Erzbistum. 1187, nach dem Sieg →Saladins bei →Hattin, eroberten die Sarazenen den Hafen zurück, der 1228 wieder in die Hände der Kreuzritter gelangte. Umfangreiche Befestigungsanlagen wurden nach 1250 errichtet, aber bereits 1265 wurde C. von Sultan →Baibars endgültig zerstört. Ausgrabungen seit 1956 (Theater, Amphitheater, Tempel, Forum, Hippodrom, Aquädukt). J. Gruber

Lit.: Dict. de la Bible II, 456–465 [E. LE CAMUS] – KL. PAULY I, 1004f. [Lit.] – RE III, 1291–1294 [J. BENZINGER] – H. PETOR, C., Antike Welt I, 3, 1970, 47–53 – The Princeton Encyclopedia of Classical Sites, hg. R. STILLWELL u. a., 1967, 182 – B. LIFSHITZ, Césarée de Palestine, son hist. et ses institutions (Aufstieg und Niedergang der röm. Welt II, 8, 1977), 490–518.

4. C. → Kayseri (in Kappadokien)

Caesarius

1. C., hl., Bf. v. Arles

I. Leben und Wirken – II. Werke – III. Bedeutung für die altgallische Liturgie.

I. LEBEN UND WIRKEN: Bf. v. Arles seit 502, * ca. 470 in Chalon-sur-Saône, † 27. Aug. 542 in Arles. 18jährig verließ C. die Eltern und wurde Kleriker unter Bf. Silvester (Chalon). 491 trat er in →Lérins (unter Abt Porcarius) als Mönch ein, wo ihm seine Strenge als cellarius Feinde schuf. Der Gesundheit wegen sandte ihn der Abt nach →Arles, wo ihn in der Obhut einer frommen Familie →Julianus Pomerius →Rhetorik lehrte. Von diesem trennte er sich in Gegnerschaft gegen das richtungslose Handwerk des Rhetors, und seine Werke sind frei von dessen auffälliger Demonstration. Gegen 496 trat C. dem Klerus des ihm verwandten Bf.s Aeonius v. Arles bei, 499 erhielt er dort eine Vorstadtabtei, um die monast. Disziplin wiederherzustellen. 502 wurde er Bf. der civitas Arles, in der sich die Interessen der Reiche der Ostgoten, Westgoten, Burgunder und Franken, schließlich auch des Papsttums (für dessen Grundbesitz in der Provence), überschnitten. Die jeweiligen, teilweise arian. Germanenkönige (→Arius, Arianismus, Arianer) erkannte er als gottgegebene Herrscher an und vermied jede Konspiration mit Ostrom. Dennoch verdächtigte ihn 505 →Alarich II. der Zusammenarbeit mit den Feinden und exilierte ihn. Ein gleicher Verdacht kam 508 während der Belagerung v. Arles durch die Franken und Burgunder auf und brachte ihn in unmittelbare Lebensgefahr. 513 mußte er sich in Ravenna verteidigen, doch entließ →Theoderich d. Gr., von Ehrfurcht vor dem Gottesdiener ergriffen, den Schuldlosen reich beschenkt. Den Übergang der Herrschaft an die kath. Frankenkönige 536 hat C. lebhaft begrüßt. Nach 40jähriger Amtszeit starb er sechs Jahre später.

In der Not der Kriegszeiten galt sein Einsatz der Versorgung der Bevölkerung. Für den Loskauf der meist kath. Kriegsgefangenen gab er kostbare Stücke des Kirchenschatzes hin, um Bedrängte vor der →Apostasie zu bewahren. Für Verletzte und Kranke gründete er ein Hospital.

Als Metropolit, dem 513 das Pallium, dann die Rechte

eines apostol. Vikars (ohne Titel) verliehen wurden, hat er seine Wirksamkeit ausgedehnt, soweit es die polit. Verhältnisse der Zeit zuließen. Mehrere Synoden geben Zeugnis nicht nur von seiner kirchenrechtl. und organisator., sondern auch von seiner seelsorger. Tätigkeit (Agde 506 u.a.). Als Theologe trat er, vom Papst unterstützt, dem südgall. →Semipelagianismus mit der Gnadenlehre des →Augustinus entgegen (Valence 528, Orange 529). Man erwägt seine Mitwirkung an der →Lex Romana Visigothorum.

Unsere Kenntnis über C. schöpfen wir aus Briefen, Synodalakten und aus einer um 545 von Schülern des C. (unter ihnen Cyprianus v. Toulon) für die Äbt. Caesaria d. J. (Nichte des C.) geschriebenen Vita. Diese berichtet kenntnisreich und eindringl. von Wirksamkeit und Denken des C. Auch die Wunderberichte des 2. Buches beleuchten seine Person, während die polit. Umbrüche der Zeit nicht zum unmittelbaren Horizont der Vita gehören. Die Echtheit seiner theol. Traktate wird nicht von allen als gesichert angenommen. D. von der Nahmer

II. WERKE: Wie sein bedeutendes Predigtcorpus beweist, ist C. vor allem der große Prediger der Väterzeit, »vielleicht der größte Volksprediger, den das christlichlat. Altertum überhaupt gesehen hat« (O. BARDENHEWER). Er predigte nicht nur regelmäßig selbst, sondern erinnerte auch seine Mitbischöfe an die schwere Verpflichtung des Predigtamtes, ließ als einer der ersten Priester zur Predigt zu und regte die Verlesung von Väterhomilien durch die Diakone an. Seine vielfache Abhängigkeit von älteren Vätern erweist ihn als einen Mann der Tradition, dessen Vorbilder v. a. →Origenes und ganz bes. →Augustinus waren. In Predigtform liegt auch der Apokalypsenkommentar des C. vor. Dieser ist ein ziemlich getreuer Auszug aus dem Apokalypsenkommentar des Donatisten →Tyconius († vor 400), dem auch einiges Material aus dem Kommentar des →Victorinus v. Poetovio/Pettau († 304) beigesellt ist. Dabei vermied C. die chiliastische Deutung der letzteren ebenso wie die realist. eschatologische Deutung früherer Väter; vielmehr bezog er die Aussagen der →Apokalypse entsprechend der spiritualist. Exegese des Tyconius auf Wesen und Geschichte der Kirche.

Bald nach Antritt des Bischofsamtes gründete C. vor den Mauern der Stadt Arles ein Nonnenkloster, das er der Leitung seiner Schwester Caesaria d. Ä., die in einem Frauenkloster in Marseille vorgebildet war, übertrug und nach dem Krieg von 508/510 in die Stadt verlegte. Die für dieses Kloster, das bei des C.' Tod an die 200 Nonnen zählte, geschaffene Regel wurde aus der Erfahrung des Klosterlebens schon von C. selbst mehrfach überarbeitet und gilt als die älteste bekannte Nonnenregel des Abendlandes. Die von C. verfaßte Mönchsregel, die größtenteils aus kurzen Sätzen besteht, enthält als wichtige Einzelheiten die Forderungen der stabilitas loci und des völligen Verzichts auf Eigentum. Das Verhältnis der Caesarius-Regeln zur →Regula Benedicti wird unterschiedlich beurteilt.

III. BEDEUTUNG FÜR DIE ALTGALLISCHE LITURGIE: C. ist ein markanter Vertreter der altgall. →Liturgie. Viele Einzelheiten zu dieser sind seinen Predigten, seiner Mönchs- und Nonnenregel, seiner Vita sowie den Beschlüssen der von ihm geleiteten Synoden (bes. Syn. von Agde, 506, und Syn. von Vaison, 529) zu entnehmen. Seine zahlreichen Ansprachen an die Taufbewerber bzw. deren Eltern und Paten vermitteln ein lebendiges Bild der damaligen Situation: Übergang von der vorrangigen Erwachsenen- zur hauptsächl. Kindertaufe sowie Entstehung zahlreicher Landpfarreien mit Übertragung des Taufrechts an die dortigen Pfarrer. Da die meisten erhaltenen Quellen über die altgall. Messe teils unvollständig, teils schon stark röm. beeinflußt sind, teils überhaupt erst aus späterer Zeit stammen, ist C. der bedeutendste Zeuge für ein einigermaßen frühes Stadium dieses Meßtyps. In zahlreichen Predigten rief er zur Bußgesinnung und zur rechtzeitigen Übernahme der Kirchenbuße auf, deren Form im Rahmen des Üblichen lag. C. kennt eine doppelte Form der Krankensalbung: die Salbung durch die Priester, die in der Kirche erfolgte, und die Salbung, welche die Laien zu Hause sich selbst oder ihren Kindern spendeten. Für beide Salbungen berief sich C. auf Jak 5,14; beide geschahen mit dem vom Bf. geweihten Öl, das die Gläubigen zu Hause aufbewahren sollten. Große Beachtung schenkte er dem kirchl. →Stundengebet, das, im Gegensatz zur Messe, täglich als Gemeindegottesdienst gefeiert wurde, wie es frühchristl. Sitte entsprach. Die von C. geleitete Synode v. Agde 506 mühte sich um eine einheitl. Ordnung des Stundengebets. Wegen der großen Bedeutung dieser Synode als des ersten Nationalkonzils in einem der germ. Nachfolgestaaten des Imperium Romanum gewannen ihre Bestimmungen bis weit nach Gallien und Spanien hinein Einfluß. Überall entstand der gleiche Typus des Stundengebets, der sich mehr und mehr durchsetzte.

G. Langgärtner

Q.: Opera omnia, ed. G. MORIN, 2 Bde, 1937/42 [darin die Vita nach B. KRUSCH, MGH SRM III, 433–501] – Sermones, ed. G. MORIN (CCL 103f., 1953²) – Conciliae Galliae, ed. C. MUNIER – C. DE CLERCQ (CCL 148/148A, 1963) – Lit.: ALTANER-STUIBER, 475–478 (§ 109) – DThC II, 2168–2185 [P. LEJAY] – DHGE XII, 186–196 [G. DE PLINVAL] – DSAM II, 420–429 [G. BARDY] – LThK² II, 964f. – TRE 7, 531–536 [R. J. H. COLLINS] – C. F. ARNOLD, C. v. Arelate und die gall. Kirche seiner Zeit, 1894 – A. MALNORY, S. Césaire d'Arles (BEHE 103, 1894) – S. CAVALLIN, Literaturhist. und textkrit. Stud. zur Vita S. Caesarii Arelatensis, 1934 – G. BRADY, L'attitude politique de S. Césaire d'Arles, RHEF 32, 1947, 241–256 – M. DORENKEMPER, The Trinitarian Doctrine and Sources of St. C. of Arles, 1953 – E. F. BRUCK, Über röm. Recht im Rahmen der Kulturgesch., 1954 – M. C. CARTHY, The Rule for Nuns of St. C. of Arles, 1960 [mit engl. Übers.] – F. GRAUS, Die Gewalt bei den Anfängen des Feudalismus und die »Gefangenenbefreiungen« der merow. Hagiographie, Jb. für Wirtschaftsgesch. 1, 1961, 61–156 – G. LANGGÄRTNER, Die Gallienpolitik der Päpste, Theophaneia 16, 1964 – FR. PRINZ, Frühes Mönchtum im Frankenreich, 1965 – G. LANGGÄRTNER, Der Apokalypsenkommentar des C. v. Arles, ThGl 7, 1967, 210–225 – P. CHRISTOPHE, Cassien et Césaire, prédicateurs de la morale monastique, 1969 – A. DE VOGÜÉ, La règle de S. Césaire d'Arles pour les moines, un résumé de sa règle pour les moniales, Rev. d'ascétique et de mystique 47, 1971, 369–406 – L. DE SEILHAC, L'utilisation par S. Césaire d'Arles de la Règle de S. Augustin, 1974 – L. COURREAU, l'exégèse allegorique de S. Césaire d'Arles (BLE 78, 1977), 181–206, 241–268 – zur Liturgie: J. B. THIBAUT, L'ancienne liturgie gallicane, 1929² – K. BERG, Die Werke des hl. Cäsarius v. Arles als liturgiegesch. Quelle, 1946 – H. G. J. BECK, The Pastoral Care of Souls in South-East France during the sixth century (Analecta Gregoriana 51, 1950) – W. S. PORTER, The Gallicane Rite, 1958 – J. A. JUNGMANN, Der vormonast. Morgenhore im gallisch-span. Raum des 6. Jh., (Liturg. Erbe und pastorale Gegenwart, 1960), 162–217.

2. C., Abt v. S. Cecilia de Montserrat, gründete um 942 (Kirchweihe 957) die Benediktinerabtei auf dem span. →Montserrat (nicht ident. mit der heutigen Abtei) und war ihr erster Abt. 968–970 unternahm er den Versuch, die westgot. Kirchenordnung in →Katalonien wiederaufleben zu lassen, indem er sich auf einer Synode der galizischen Bf.e in →Santiago zum Metropoliten v. →Tarragona weihen ließ. Tarragona befand sich noch in maur. Hand, und die katal. Bf.e folgten der röm.-westfrk. Kirchenordnung und betrachteten sich als Suffragane des Ebf.s v. →Narbonne. Das war der Grund, warum der katal. Episkopat der Wahlanzeige des C. an Papst Johannes

XIII. ein Protestschreiben folgen ließ, das die Apostolizität der galizischen Jakobuskirche bestritt. Immerhin wurde 971 Ausona/→Vich vorübergehend zur katal. Metropole (nicht in Nachfolge v. Tarragona) erhoben. O. Engels

Lit.: R. d'Abadal i de Vinyals, El pseudo-arquebisbe de Tarragona Cesari: les preteses butlles de Santa Cecília (La Paraula Cristiana 6, 1927), 316–345 – A. E. de Mañaricua, El abad Cesáreo de Montserrat y sus pretensiones al arzobispado de Tarragona (Scriptorium Victoriense 12, 1965), 30–73 – O. Engels, Schutzgedanke und Landesherrschaft im östl. Pyrenäenraum (9.–13. Jh.), 1970, 131f., 165f. – L. Vones, Die ›Historia Compostellana‹ und die Kirchenpolitik des nordwestspan. Raumes 1070–1130, 1980, 278–280.

3. C. v. Heisterbach

I. Leben und Wirken – II. Werke – III. Nachleben.

I. Leben und Wirken: C. v. H., * um 1180 (vermutl. Köln, † nach 1240, Predigtschriftsteller und Zisterzienserprior des heute verfallenen Kl. Heisterbach (Königswinter) ist durch seinen »Dialogus miraculorum« 1188–98 in Köln bezeugt. Elementare Ausbildung und Theologiestudium absolvierte er am St. Andreasstift (VI 4) und auf der Kölner Domschule unter dem berühmten Scholasticus Rudolf (I 32. 38, IV 26, IX 22). Aus der Kölner Periode berichtet der »Dialogus« mehrere authent. Erlebnisse des Autors, z. B. von einer Messe des Prämonstratenserdiakons Gerhard in der Michaelisbasilika (IX 61) und dem Kreuzzugsaufruf des Kardinalbischofs Heinrich v. Albano in der St. Peterskirche (IV 79). Nach einer Wallfahrt (1198) zur hl. Maria von →Rocamadour bei →Cahors (I 17) trat C. 1199 (II 10) als Novize in das Zisterzienser-Kl. Heisterbach ein. Dort wurde er aufgrund seiner Gelehrsamkeit bald »magister novitiorum« (s. Prolog zum D) und ca. 1227 Prior. Neben seinen klösterl. Aktivitäten als Novizenmeister begleitete C. die Äbte Gevard und Heinrich als Prior oft auf ihren Visitationsreisen durch das Moselgebiet (IV 89, VII 44. 45, VIII 50. 54), das Rheinland (II 15, III 8, IV 58, V 37. 53, VI 21, VIII 52), die Eifel (III 5, IV 62, VII 37) und vermutl. die Niederlande (I 42, IV 25, VIII 53, X 21, XI 58. 60). Mit dem Himmeroder Abt Hermann II., dem er »ex multa caritate« (V 5) manches ›Exemplum‹ seines »Dialogus« verdankt, verband ihn eine enge Freundschaft. Zugetan war C. gewiß auch den Himmeroder Prioren Hartmann und Alexander, denen er die beiden Homilien über die Verklärung Christi (Hilka I 22) und die acht Predigten über das Leiden Christi (Hilka I 23) dedizierte. Die in der »Vita s. Elyzabeth lantgravie« bekundeten detaillierten Orts- und Geschichtskenntnisse lassen vermuten, daß C. noch zu Lebzeiten →Konrads v. Marburg um 1233 in Marburg war, um den Bericht über die hl. →Elisabeth aufzuzeichnen. Ob C. nach diesem Datum seine rhein. Wirkungsstätte noch einmal verließ, ist nicht zu eruieren.

II. Werke: Das lit. Oeuvre des C. ist stattlich. Das von ihm eigens konzipierte Schriftenverzeichnis (Epistola catalogica) registriert 36 Werke. Davon sind 14 (Sermones, Bibelexegese u. a.) noch nicht verifiziert. Außer den in der »Epistola« genannten Werken schrieb C. mindestens noch den Katalog der Kölner Ebf.e, »De sollemnitatibus b. Marie Virginis« (Hilka I 31) und die »Omiliae de Sanctis« (Hilka I 60). Stofflich läßt sich das Gesamtwerk des C. nach hist. und theol. Schriften spezifizieren. Von unbestreitbarem Quellenwert für die Geschichte ist die »Vita s. Engelberti« (1226–37), ein rühmender Nekrolog auf den 1225 ermordeten Ebf. →Engelbert v. Köln. Mit den beiden Schriften (1236/37) über die hl. Elisabeth v. Thüringen setzte C. die biograph. Geschichtsschreibung fort. Der nicht so bedeutende »Catalogus archiepiscoporum Coloniensium« (um 1238) ist das letzte tradierte hist. Werk des C. Die theol. Werke des C. sind Predigten, Sermones, Homilien (s. Nr. 2. 10. 13. 15. 31. 35. 16. 18. 20 der Epistola), ein »Quadragesimale« (Nr. 30), Predigten zum Marienfest (Nr. 21), Explikationen zu Psalmen (Nr. 28), verschollene Streitschriften gegen die Häretiker (Nr. 25. 29), eine »Exposiuncula« über die Sequenz »Ave praeclara maris stella« u. a. m. Moral. und allegor. Exegese ist das Hauptanliegen der scholast.-gelehrten wie myst.-meditativen Predigten über Perikopen, das Mönchs- und Ordensleben sowie die Pflichten des Predigers. Kritik an seiner spekulativen Methode bewog C., die Materie im zweiten Teil der Homilien »stilo breviori atque planiori« darzubieten und die theoret. Erörterungen durch Exempel zu illustrieren. Das Ergebnis waren der »Dialogus miraculorum« (1219–23) und die als Torso hinterlassenen »Libri VIII miraculorum« (1225/27). Der Schriftstellerruf des C. gründet sich in erster Linie auf seine novellist. Predigtart (Exempel). Der »Dialogus« beinhaltet 746 Kapitel, die sich auf zwei »Codices« zu je sechs »Distinctiones« verteilen. Die »Distinctiones« behandeln jeweils ein bestimmtes Thema (Äußere und Innere Bekehrung zum Klosterleben, Beichte, Versuchung, Versucher, Herzenseinfalt, Marienwunder, Visionen, Eucharistie, Allgemeine Wunder, Sterbende, Göttliches Gericht über Verstorbene). Die »Distinctiones« enden überwiegend mit einem fast stereotypen Lobpreis der Trinität oder einer bibl. Allusion. Der Titel des »Dialogus« resultiert aus dem mirakulösen Inhalt der Exempel und der äußeren Form der Kapitel in der Art eines Lehrgesprächs zw. dem »novitius interrogans« und dem »monachus respondens«, der den Novizen über grundsätzl. theol. Probleme instruiert und hinter dem sich zweifellos C. selbst verbirgt. Der didakt. Charakter des Werks tritt überall offen zutage. So doziert C. bisweilen unter Verzicht auf die Exempel ausschließlich über theol. Themen, z. B. die Bekehrung (I 2. 5. 36), die Beichte (III 1. 27. 34), die Kardinalsünden (IV 2. 3. 16) oder über Augustins Kommentar zur Reue (II 13). Die ursprgl. auf acht Bücher geplanten »Libri« umfassen zwei Distinktionen mit 45 und 42 Kapiteln. Vom »Dialogus« unterscheiden sie sich durch Aussparung des Lehrgesprächs, lediglich auswahlweise angestrebte themat. Disposition und nur gelegentl. auftretende moral. und dogmat. Explikationen. Die Exempel basieren sowohl auf schriftlicher (z. B. →Vitae patrum = III 36, IV 9. 76; Dialogi→Gregors des Großen = II 16, IV 22, VIII 4, X 18, XII 37; Liber miraculorum des →Herbert v. Clairvaux = I 17. 24, II 3, IV 82, VI 14. 15, VIII 10. 13. 43, IX 7; Vita s. Egidii = III 27; Liber miraculorum seu visionum, vgl. EM II 1135) als auch oraler Tradition. Für die Zeit von 1190–1226 sind »Dialogus« und »Libri« ein beachtl. kulturhist. Dokument mit vielseitiger Thematik (Frevel, Blasphemie, Götzendienst, Frömmigkeit, Aberglaube) bis hin zu international verbreiteten Motiven der Erzählungsliteratur (Theophilussage = II 12, Polykratessage = V 37, VIII 59, X 2). Als gewichtige Autoritäten in Glaubensfragen galten C. die Kirchenväter Ambrosius (IX 1. 30), Hieronymus (I 3, VII 37), Augustinus (II 12. 13. 35, III 27, IV 8, V 22, VII 49, IX 1, XII 56) und Gregor d. Große (III 46, IV 2. 101, V 8, VI 7, VIII 4. 29, IX 29, X 10, XII 13), v. a. aber die Hl. Schrift, deren Erkenntnis für C. Erkenntnis Christi und der Kirche bedeutete. Oft formuliert C. seine Gedanken wortwörtlich in bibl. Wendungen. Seine Geistesphaltung ist Ausdruck der monast. Kultur der 1. Hälfte des 13. Jh., in der Philosophie, Theologie, Spekulation und Kontemplation eine enge Verbindung eingehen. Seine →Exegese, die den Schriftsinn nicht vernachlässigt, impliziert myst. Gedankenflüge und vereint die Tradition monast. Theologie des ma. lat. Westens. Durchdrungen vom Gedanken der Liturgie (IV 96, VII 1. 29. 30. 31. 48, VIII 71) und vom Geist der Regula Benedicti (I 1. 15. 40, IV 79, VII 8, VIII 78, XII 22. 35) sah C. in der Menschwerdung des Wortes Gottes zum Heile der Menschen letztlich sein zentrales Thema.

In der lat. Predigtlit. des 13. Jh. kommt C. neben→Odo v. Cheriton und →Jacob v. Vitry außerordentl. Bedeutung zu. Er erstrebte die Synthese der bis ins 12. Jh. vorherrschenden unorgan. Predigt mit der aus der Scholastik resultierenden Predigtform, die Einheit und log. Disposition kennzeichnen. Die große Beliebtheit als bevorzugter Predigt- und Exempelschriftsteller im MA verdankt C. nicht zuletzt der Ungekünsteltheit und Schlichtheit in Sprache und Darstellung seiner geistl. Belehrung und moral. Erbauung. Er bevorzugt den »stilus simplex« (sermo humilis) und polemisiert pointiert gegen die abstrakte Ausdrucksweise (faleras verborum/flores rhetoricos) der Philosophen (s. Prologe zur »Vita Engelberti« und »Vita Elyzabeth«). Dementsprechend meidet er die »colores rhetorici« des »ornatus difficilis«. Gekonnt handhabte er Reimprosa und →Cursus.

III. NACHLEBEN: Die lat. und volkssprachige Predigt- und Exempellit. hat C. sichtbar beeinflußt (EM II, 1136). Die »Libri« bearbeitete und erweiterte ein anonymer Autor. Adaption und Bearbeitung der Exempel sind nachweisbar im Werk u. a. des →Johannes Gobii Junior, des Arnold v. Lüttich, des Johannes Bromyard, des Hermannus de Petra v. Scutdorpe, im »Speculum exemplorum«, in den »Miracula quedam a quodam fratre O. P. collecta«, bei Johannes →Herolt, Heinemann v. Bonn und Gottschalk →Hollen. Der Einfluß auf die Volkssprachen läßt sich insbes. in Deutschland und den Niederlanden eruieren. Um 1460 übersetzte Johann →Hartlieb den »Dialogus« VII–XII ins Deutsche. In den Niederlanden existieren u. a. eine südnld. Übertragung von Dist. I–VI mit Exzerpten aus Dist. VII und eine weitere mit Dist. VII–XII. Das Zeitalter der Gegenreformation bringt die Schriften des C. zur neuen Geltung.   F. Wagner

Ed. und Q.: [Homilien] : J. A. Coppenstein, Fasciculus Moralitatis venerabilis Fr. Caesarii Heisterbacensis monachi ..., Köln 1615 – A. HILKA, Die Wundergeschichten des C. v. H., I, 1933, 63–176; III, 1937 – [Sermones]: Coppenstein 4–16, 138–159 – A. HUYSKENS, AHVN 86, 1908, 51–59 – DERS., in: HILKA III, 1937, 381–390 – J. H. SCHÜTZ, Summa Mariana II, 1908, 687–716 – R. B. C. HUYGENS, Deux commentaires sur la séquence Ave praeclara maris stella, Cîteaux Com. Cist. 2/3, 1969, 108–163 – [Dialogus miraculorum]: J. STRANGE, 1851, Index 1857 [Nachdr. 1966]; dt. Übers.: E. MÜLLER-HOLM, 1910 – L. HOEVEL, 1968 – I. und J. SCHNEIDER, 1972 – [Libri VIII miraculorum]: A. MEISTER, 1901 – HILKA III, 1–222 – A. E. SCHÖNBACH, MIÖG 23, 1902, 660–683 – A. PONCELET, AnalBoll 21, 1902, 45–52 – P. C. BOEREN, Ein neuentdecktes Fragm. der Libri VIII Miraculorum des C. v. H., AHVN 170, 1968, 7–21 – [Epistola Catalogica]: HILKA I, 1–31 – [Catalogi archiepiscoporum Coloniensium]: H. CARDANUS, AHVN SS 24, 345–347 – [Vita s. Elyzabeth] : A. HUYSKENS, in: HILKA III, 329–390 – [Vita s. Engelberti] : A. PONCELET, AASS Nov III, Brüssel 1910, 644–681 – F. ZSCHAEK, in: HILKA III, 223–328; dt. Übers.: K. LANGOSCH (GdV 100), 1955 – WATTENBACH/SCHMALE, Geschichtsquellen I, 362–364 – [Wirkung] : K. DRESCHER, Johann Hartliebs Übers. des Dial... (DTM 33), 1929 – E. SPIESS, Ein Zeuge ma. Mystik in der Schweiz, 1935, 208–216 – C. G. N. DE VOOYS, Middelnederlandse Marialegenden II, 1903, 237–261 – DERS., Middelnederlandse legenden en exempelen, 1926², 20–30 – *Bibliogr.:* RFHMA III, 101–103 – Biogr.-bibliogr. Kirchen-Lex. I, 843–844 – *Lit.:* EM II, 1131–1144 – Verf. Lex.² I, 1152–1168 – A. SCHNEIDER, Die Cistercienser, 1974, 137–140 – A. KAUFMANN, C. von H., 1862² – A. W. WIJBRAND, De ›Dial. mirac.‹ van C. v. H., Stud. en bijdragen op't gebied der hist. theol. II, 1872, 1–116 – A. E. SCHÖNBACH, WSB 144, 1901; 159, 1908; 163, 1909 – K. UNKEL, AHVN 34, 1879, 1–67 – weitere Lit. s. Forschungsbericht von E. MÜLLER, Unsere Liebe Frau von Himmerod 48,2, 1979, 40–62 – B. P. McGUIRE, Friends and tales in the cloister: oral sources in Caesarius' of Heisterbach Dialogus Miraculorum, AnalCist XXXVI, 1980, 167–245.

4. C. v. Nazianz → Gregor v. Nazianz

5. C. v. Speyer, OFM, † um 1239, studierte Theologie in Paris und war Schüler Konrads v. Speyer, der den Kreuzzug gegen die Albigenser predigte. Als Subdiakon zog C. zusammen mit den Kreuzfahrern nach Syrien, wo er von Bruder →Elias, dem Minister jener Provinz, in den Franziskaner-Orden aufgenommen wurde. Mit dem hl. →Franziskus kehrte er Anfang 1220 nach Italien zurück; auf dessen Anordnung stattete er die Regula »non bullata« der Minderbrüder mit Bibelzitaten aus. 1221 ging er nach Deutschland und war der erste Minister dieser Provinz; in Augsburg versammelte er das Kapitel und schickte Ordensbrüder, darunter →Jordanus (Giordano) v. Giano, →Thomas (Tommaso) v. Celano und →Johannes (Giovanni) v. Pian del Carpine, in verschiedene dt. Städte. 1223 kehrte er nach Assisi zum hl. Franziskus zurück, wo er drei Jahre danach dessen Tod miterlebte. Nach →Angelus Clarenus (Angelo da Chiarino), der einzigen und umstrittenen Quelle für diese Ereignisse, sei er während des Generalats des Bruders Elias gefangengesetzt worden und an den erlittenen Mißhandlungen 1239 gestorben.

D. Ciccarelli

Q. und Lit.: Chronica fratris Iordani a Iano, Analecta Francisc. I, 1885, 4–11 – Angeli de Clarino Chronicon seu Hist. septem tribulationum Ordinis Minorum, ed. A. GHINATO, 1959 – G. GOLUBOVICH, Bibl. Bibliogr. di Terra Santa I, 1906, 117–119 – NDB III, 886–890.

Cäsaropapismus. Unter C. ist jenes kirchenpolit. Herrschaftssystem zu verstehen, das im Byz. Reich seit dem Ende der Antike (→Konstantin d. Gr.) überwiegend in Geltung war, und dessen vollkommenste Verwirklichung in der Regierungszeit Ks. →Justinians I. (527–565) erreicht wurde. Zwei wesentl. Elemente kennzeichnen dieses System: 1. die enge Bindung der Kirche an den Staat, der sich seinerseits uneingeschränkt zum Christentum bekennt, wobei die Problematik dieser Bindung meist erst erkennbar wurde, sobald der Staat einer häret., d. h. von der Orthodoxie abweichenden Bewegung (z. B. unter →Constantius dem Arianismus; vgl. →Arius, Arianismus, Arianer) verschrieb; 2. eine Herrschaft des Staates über die Kirche, deren geistl. Auftrag (Lehramt und Jurisdiktion) dadurch einer beständigen Kontrolle durch die weltl. Macht unterliegt. – Praktiziert wurde der C., von Byzanz kommend, später in Rußland, v. a. seit Peter d. Gr., aber auch im westl. MA (→Karl d. Gr.) bis zur →gregorian. Reform (→Gregor VII.), in England und in den Staaten der Reformation (Martin Luther) bis in die NZ hinein.

In jüngster Zeit wird der Begriff des C. als Anachronismus (F. DÖLGER, G. OSTROGORSKY, W. ENSSLIN, D. J. GEANAKOPLOS, J.-M. SANSTERRE u. a.) bezeichnet, insofern er einer zeitgenöss. Interpretation der Quellen widerspreche: die Kirche in Ost und West habe in den ersten christl. Jahrhunderten das System des C. widerspruchslos akzeptiert (H. S. ALIVISATOS); dieser Standpunkt wird jedoch nicht allgemein geteilt (C. TOUMANOFF, W. ULLMANN u. a.). Als Ergebnis dieser Diskussion sollte jedenfalls stärker beachtet werden, daß das Phämomen des C. zunächst nur als Fortleben der in der ganzen Antike bestehenden Einheit von Religion und öffentl. Gewalt verstanden werden kann, und daß bei der Untersuchung seiner geschichtl. Bedeutung strenger zw. den administrativen (d. h. zw. Staat und Kirche jeweils auszuhandelnden) und rein geistl. (Dogma, Sakramente) Aufgaben der Kirche unterschieden werden muß. Vgl. a. →Kirche, →Kaiser, -tum.

G. Podskalsky

Lit.: ECatt III, 1355f. – Catholicisme II, 846–853 [J. LECLERCQ] – RGG I, 1957³, 1582 – NCE II, 1049 – C. BAUER, Die Anfänge des byz. C., Archiv des kath. Kirchenrechts 111, 1931, 99–113 – K. VOIGT, Staat und Kirche von Konstantin d. Gr. bis zum Ende der Karolingerzeit, 1936, bes. 44–70 – C. TOUMANOFF, C. in Byzantium and Russia, Theol. Stud. 7, 1946, 213–243 – RH. HAACKE, Rom und die Cäsaren. Gesch. des C., 1947 – A. W. ZIEGLER, Die byz. Religionspolitik und der sog. C. (Münchner Beitr. zur Slavenkunde, Fschr. P. DIELS, 1953), 81–97 – W. ENSSLIN, Staat und Kirche von Konstantin d. Gr. bis Theodosius d. Gr. Ein Beitr. zur Frage nach dem »C.« (Das byz. Herrscherbild, hg. H. HUNGER, 1975), 193–205 – H. S. ALIVISATOS, C. in den byz. kirchl. Gesetzen und in den Canones (Akten des XI. Internat. Byz. Kongr. 1958, 1960), 15–20 – D. J. GEANAKOPLOS, Church and State in the Byz. Empire: A Reconsideration of the Problem of C., Church Hist. 34, 1965, 381–403 – DERS., Church Building and »C.« A. D. 312–565, Greek, Roman and Byz. Stud. 7, 1966, 167–186 – J. SCHARF, Jus divinum. Aspekte und Perspektiven einer byz. Zweigewaltentheorie (Polychronion, Fschr. F. DÖLGER, hg. P. WIRTH, 1966), 462–479 – J.-M. SANSTERRE, Eusèbe de Césarée et la naissance de la théorie »césaropapiste«, Byzantion 42, 1972, 131–195, 532–594 – P. G. CARON, Una manifestazione del »Cesaropapismo« degli Imperatori d'Oriente: L'accettazione delle rinuncie dei vescovi di Constantinopoli (Actes du XVe congr. int. d'ét. byz. Athènes – Sept. 1976, IV, 1980), 78–83.

Caetani, alte it. Familie, die nach einer urkundl. nicht belegten Tradition von den Hypatoi aus Gaeta abstammte und aus der Papst Gelasius II. hervorgegangen sein soll. Seit dem 12. Jh. beginnt die gesicherte urkundl. Bezeugung, die eine Unterscheidung der Linien von Neapel, Pisa, Rom und Anagni erlaubt. Dem letztgenannten Zweig der Familie, der damals erst lokale Bedeutung besaß und in seiner polit. Aktivität nicht über die Kommunalpolitik hinausreichte, entstammte *Benedetto C.*, der spätere Papst →Bonifatius VIII., der seiner Familie zu großer polit. und territorialer Bedeutung verhalf. Seiner geschickten Heiratspolitik und den sorgfältig geplanten und jurist. untermauerten Erwerbungen sowie der Gunst Karls I. und Karls II. v. Anjou verdankten die C. die Entstehung einer weite Gebiete umfassenden Grundherrschaft, die Burgen und Lehen in der Toskana (»Contado aldobrandesco«), im Kgr. Neapel und in der Campagna-Marittima umfaßte, wo die Macht der →Annibaldi im Abstieg begriffen war. Der Erwerb der ehemals im Besitz der Annibaldi befindl. Torre delle Milizie sowie des festen Platzes Capo di Bove an der Via Appia bezeugen die starke Position der C. in Rom. Nach dem Tod von Bonifatius VIII. verlor die Familie ihre Besitzungen in der Toskana, vermochte jedoch ihre Güter in der Campagna-Marittima (trotz der langen krieger. Auseinandersetzungen mit der →Colonna und der Geltendmachung von Besitzansprüchen der Kirche auf das Gebiet von Sermoneta und Bassiano) sowie in der Terra di Lavoro zu halten, wo Roffredo III. (→4 C.) die Besitzungen der Gf.en v. Fondi erbte. Dem Haus Anjou treu ergeben, beteiligten sich die C. an der guelf. Allianz gegen Heinrich VII. und bekleideten wichtige Ämter (*Benedetto* und *Roffredo III.*) am Hofe Roberts v. Anjou. Um die Mitte des 15. Jh. erlangte die Familie, die bereits mehrere rivalisierende Nebenlinien zählte, mit *Onorato I.* (→3. C.) neues Ansehen, der seine Besitzungen im Kirchenstaat wie im Kgr. Neapel vermehren konnte. Als Anhänger des Gegenpapstes Clemens VII., der von einem Konklave, das sich unter seinem Schutz in Fondi versammelt hatte, gewählt worden war, spielte Onorato eine bedeutende Rolle in dem Großen Schisma, bis er i.J. 1400 von den Truppen des Ladislaus v. Anjou und Bonifatius' IX. geschlagen und zur Kapitulation gezwungen wurde. Sein Nachfolger *Giacomo II.*) →1. C.; † 1423) bestimmte testamentar., daß das Familienvermögen zw. seinem Sohn *Cristoforo*, dem er die Lehen im Kgr. Neapel zuwies, und seinem Neffen *Giacomo IV.* (→2. C.), dem die Güter in Campagna-Marittima zufielen, geteilt werden sollte. Von diesem Zeitpunkt an entwickelte sich die Geschichte der beiden Linien in verschiedener Weise. Die Linie v. Fondi, die seit 1466 den Titel Caetani d'Aragona führte, hing dem neuen Herrscherhaus an und hatte in *Onorato II.* († 1491) einen bedeutenden Exponenten, der am Hof von Ferdinand I. hohe Ämter bekleidete. Die Linie v. Sermoneta stürzte nach einem mißglückten Expansionsversuch, den *Onorato III.* († ca. 1477) im Kgr. Neapel unternommen hatte, 1499 in eine schwere Krise, als Alexander VI. verschiedene Mitglieder der Familie töten ließ und den Zwangsverkauf von Sermoneta an Lucrezia Borgia verfügte. P. Pavan

Q.: G. CAETANI, Regesta Chartarum, 1–6, 1925–32 – DERS., Epistolarium Honorati Caietani, 1926 – DERS., Varia, 1936 – *Lit.* DBI XVI, 111–226, passim – G. CAETANI, Domus Caietana, 1927 – G. FALCO, Sulla formazione e costituzione della signoria dei Caetani, RSI 45, 1928, 225–278 – D. WALEY, The Papal State in the thirteenth C., 1961 [Ind.].

1. C., Giacomo II., * ca. 1338, † ca. 1423, Sohn d. Nicola und der Giacoma Orsini. Zusammen mit seinem Bruder Onorato I. (→3. C.) widmete er sich der Konsolidierung des väterl. Erbes sowohl im Kirchenstaat, wo die Brüder 1358 die Unterwerfung von Anagni und 1371 die Bestätigung des Besitzes von Bassiano, Sermoneta und S. Felice von seiten Gregors XI. erreichten, als auch im Kgr. Neapel. Mit dem Beginn des Großen Schismas zerbrach auch das bis dahin bestehende Einvernehmen der beiden Brüder: G. ergriff die Partei Urbans VI. und der Linie Anjou-Durazzo (→Anjou), Onorato I. wurde Anhänger Clemens VII. In der Folge verlor G. seine eigenen Besitzungen, die sein Bruder bis 1400 fest in der Hand behielt. Er unterstützte Karl v. Durazzo bei seinem Kampf um das Kgr. Neapel und erhielt dafür Rechte und Burgen in der Terra di Lavoro, wo er bereits dank seiner Ehe mit Sveva Sanseverino, Signora v. Piedimonte und Gfn. v. Morcone, Besitzungen besaß. Nach dem Bruch zw. Urban VI. und Karl v. Durazzo (1385) trat G. auf die Seite des Papstes und nahm schließlich mit Ladislaus v. Anjou an dem von Bonifatius IX. gegen Onorato I. ausgerufenen Kreuzzug teil (1400). Wieder im Besitz der Lehen in Campagna-Marittima, erbte G. auch die Gft. Fondi, nachdem Onorato I. ohne Erben gestorben war. Vermutlich um den Schwierigkeiten einer doppelten Vasallenschaft auszuweichen, trennte er durch testamentar. Verfügung (1418) die Güter in der Campagna-Marittima von jenen im Kgr. Neapel und wies erstere seinem Neffen Giacomo IV. (→2. C.), letztere seinem Sohn Cristoforo zu. P. Pavan

Lit.: DBI XVI, 174–176.

2. C. Giacomo IV., * in den 80er Jahren d. 14. Jh., † 1433. Sohn des Giacomo III. († 1408) und der Roasa d'Eboli, ∞ 1. Giovanella Orsini, von der er zwei Kinder hatte, 2. Angela Orsini, Tochter des Gf.en v. Tagliacozzo (1429). Zusammen mit seinem Onkel Cristoforo gehörte er zu den von Kg. Ladislaus 1408 in Neapel gefangengesetzten Mitgliedern der Familie C., die im folgenden Jahr durch Intervention des vom Pisaner Konzil entsandten Kard. Ottone Colonna wieder freigelassen wurden. 1413 erlangte er Ladislaus' volle Verzeihung. Durch testamentarische Verfügung seines Großvaters Giacomos II. (1418) erbte er die Familiengüter in Campagna-Marittima: Sermoneta, Ninfa, Norma, S. Donato und S. Felice Circeo. Die aufgrund ihrer Lage strateg. wichtige letztgenannte Burg, die fast ganz zerstört war, wurde von ihm 1431 wiederaufgebaut. Kgn. Johanna II. v. Neapel treu ergeben, wurde er von dieser 1421 zum Vizekönig der Abruzzen und Gouverneur von L'Aquila und Cittaducale ernannt, um etwaige Aufstände dieser Gebiete bereits im

Keim zu unterdrücken. In seiner Funktion als Vizekönig führte er mit den für Ludwig III. v. Anjou kämpfenden da →Carrara Waffenstillstandsverhandl. und unterzeichnete 1422 den daraus resultierenden Vertrag. P. Pavan

Lit.: DBI XVI, 144, 146 – G. CAETANI, Caietanorum Genealogia, 1920, tav. A–XXXVIII – DERS., Domus Caietana, I, 2, 1927 [Ind.].

3. C., Onorato I., * ca. 1336, † 1400, Sohn d. Nicola und der Giacoma Orsini, Nachfolger seines Vaters in der Gft. Fondi (1348). O. war bestrebt, seine Herrschaftsbereiche im Kgr. Neapel sowie im Kirchenstaat zu erweitern; 1356 eroberte er Anagni und Sezze und erregte dadurch den Argwohn Urbans V., so daß dieser ihn schließlich anläßlich der Belagerung von Ferentino (1367) exkommunizierte und ihm ein Heer entgegenschickte. Sein gespanntes Verhältnis zum heiligen Stuhl änderte sich unter Gregor XI., dem O. im Krieg der →Otto Santi (1375) Treue bewies, wobei er der Apostolischen Kammer große Summen lieh und den aus Rom geflüchteten Papst 1377 in Anagni beherbergte; es verschlechterte sich jedoch unter Urban VI., der O. das Rektorat von Campagna-Marittima, das diesem von seinem Vorgänger verliehen worden war, wieder entzog und sich weigerte, ihm das jenem geliehene Geld zurückzuerstatten. In die gegen Neapel gerichtete Politik Urbans VI. verwickelt, trat O., zum Unterschied zu seinem Bruder Giacomo II. (→1. C.) und anderen Mitgliedern der Familie, auf die Seite der rebellierenden Kardinäle und nahm sie zuerst in Anagni, später in Fondi auf; dort bildete sich das Konklave, das den Gegenpapst Clemens VII. wählte (1378). O. spielte im Kirchenstaat eine bedeutende Rolle während des Großen Schismas. Von Clemens VII. zum Rektor v. Campagna-Marittima ernannt, kämpfte er gegen Karl III. v. Durazzo, der 1381 in das Kgr. Neapel eingefallen war. Nach dem Tod Urbans VI. (1389) unterzeichnete er einen Waffenstillstand mit Bonifatius IX., blieb jedoch der Avignon-Partei treu ergeben, unternahm seit 1395 Einfälle in die röm. Campagna und spann Intrigen, um den Papst zur Flucht zu zwingen: ein erster Versuch (1396–97) mißlang, ein zweiter wurde ebenfalls noch rechtzeitig vereitelt; O. wurde 1399 exkommuniziert und der Papst rief zum Kreuzzug gegen ihn auf. Von den Truppen Kg. Ladislaus' und des Papstes angegriffen, wurde O. 1400 zur bedingungslosen Kapitulation gezwungen und starb kurz darauf an einem Schlaganfall. P. Pavan

Lit.: DBI XVI, 201–203.

4. C., Roffredo III., * ca. 1270, † 1335/36, erstgeborener Sohn des Pietro II. und der Giacoma da Ceccano, schlug zuerst die klerikale Laufbahn ein und erhielt verschiedene Kanonikate und Benefizien in Anagni, Sgurgola, Amiens und Chartres (1288–1290), gab sie jedoch wieder auf, um aktiver an der territorialen Expansionspolitik seiner Familie (s.d.) teilzunehmen. 1296 trat er die Nachfolge seines Vaters als Rektor des Patrimonium Petri in Tuszien an, heiratete Gfn. Margherita Aldobrandeschi und sicherte sich die Signorie im 'Contado aldobrandesco'. 1298 wurde er vom Papst zum Rektor von Campagna-Marittima ernannt, erreichte die Annullierung seiner ersten Ehe und vermählte sich mit Giovanna dell' Aquila, der Erbin der Gft. Fondi. Nach dem Tode von Bonifatius VIII. wurde R. in Kämpfe mit den →Colonna und anderen feudalen Familien des Kirchenstaats verwickelt. Er mußte seine Rechte auf den Contado aldobrandesco aufgeben, konnte sich jedoch in den Lehen der Campagna und des Kgr.s Neapel behaupten. Nach dem Tode seiner zweiten Frau heiratete er 1317 Caterina, die Tochter des Gf.en v. Caserta, Diego della Ratta. Den Anjou treu ergeben, nahm er an der guelf. Liga gegen Heinrich VII. (1310–13)

teil. Als Heerführer Roberts v. Anjou beteiligte er sich an militär. Operationen an den Grenzen mit dem Kirchenstaat, in der Toskana (1326) – wo er 1322 in Siena auch Podestà und Capitano di Guerra gewesen war – und in Rom (1328). Einen großen Teil seiner Aktivität widmete R. bis in seine letzten Lebensjahre der Festlegung von Rechten und Grenzen in den Lehensgütern der Campagna. P. Pavan

Lit.: DBI XVI, 221–224.

Caeth, walis. Bezeichnung für einen Kriegsgefangenen oder Sklaven; das Wort ist indoeurop. Herkunft (cf. ir. *cacht*, lat. *captus*, ahd. *haft*, 'jemand, der ergriffen oder gefangengenommen worden ist'). Die lat. Fassungen der walis. Gesetze übersetzen c. mit 'captivus'. Der c. wird klar unterschieden vom freien Mann, ebenfalls vom Verbannten oder Fremden (*alltud*). Ein c. konnte in der Regel gekauft und verkauft werden; ein gekaufter c. wurde vom »aufgezogenen c.« (*c. dofaeth*) unterschieden. Einige Quellen enthalten noch zwei weitere Unterscheidungen: a) zw. dem »c. von dieser Insel« und dem »c. von jenseits des Meeres«, letzterer war von größerem Wert; b) zw. dem »dienenden c.« und demjenigen, der zu besonderen, insbes. niederen Diensten verwandt wurde und daher von geringerem Wert war. Ein c. konnte zum alltud, zum 'freien Fremden', werden; Bedingung war, nicht nur Land von einem freien Mann zu erhalten, sondern auch für das Besitztum an den Kg. Abgaben zu zahlen.

Lit.: Spezialuntersuchungen fehlen. T. Charles-Edwards

Caffa (Kaffa), Stadt am →Schwarzen Meer, das heut. Feodosija. An der Südküste der →Krim, am Platze der im 2. Jh. n. Chr. zerstörten antiken griech. Kolonie Theodosia gelegen, war C. im MA Sitz der bedeutendsten Faktorei der Genuesen (→Genua) im Schwarzmeerraum. Die Ursprünge der genues. Faktorei sind umstritten. Der Ortsname, dessen Etymologie unsicher ist, erscheint als Bezeichnung einer kleinen Siedlung im Werk »De administrando imperio« des Ks.s →Konstantin VII. Porphyrogennetos (905–959). C. erlangte erst Bedeutung durch die Niederlassung der Genuesen, die in die Jahre 1270–75 zu datieren ist. Nachdem die genues. Kaufleute zunächst die venezian. Faktorei Soldaïa besucht hatten, erlangten einige genues. Kaufleute vom Khan der →Goldenen Horde die Erlaubnis, sich am Ort des alten Theodosia niederzulassen. Seit den Jahren nach 1280 wurde die kleine Kolonie, in der einige Dutzend ansässiger Genuesen einer Mehrheit von Armeniern, Byzantinern und Tataren gegenüberstanden, von einem →Konsul geleitet; in dieser Zeit nahm C. umfangreiche Handelsbeziehungen mit dem gesamten Schwarzmeerraum auf, mit →Pera, mit der Mutterstadt Genua und dem Westen. 1296 von den Venezianern bedroht, wurde die Stadt 1307 von den Truppen des Khans Tohtu belagert. Die Genuesen verließen daraufhin die Stadt, nicht ohne sie vorher in Brand gesetzt zu haben. 1313 gestattete der neue Khan Özbek die Rückkehr der Genuesen. Das »Officium Gazarie« von Genua nahm nun die Wiederbesiedlung und den Wiederaufbau von C. in die Hand und folgte hierbei einem minuziös ausgearbeiteten, quasi »urbanistischen« Planungskonzept: Im Zentrum der Stadt wurde eine Zitadelle errichtet, umgeben von parzellierten Grundstücken, die den Genuesen übertragen wurden; die Einheimischen wohnten dagegen in Außenvierteln (burgi); am Meer entstand ein Hafen, der dem intensiven Handelsverkehr diente. Zwei konzentrische Mauerringe (errichtet 1340–52 und 1383–85) schützten die Stadt. So vermochte C., 1344 und nochmals 1346 den Angriffen der Tataren unter Ğānī Beg. (I.) zu widerstehen, doch entging es nicht der →Pest, die von den Belagerern in die Stadt eingeschleppt wurde und von hier aus ihren Siegeszug durch ganz Europa antrat (1348). Nach der Beeinträchtigung des Handels durch den Krieg zw. Genua und Venedig/Aragón um die Meerengen (1351-55) erholte sich C., erweiterte seine Vormachtstellung auf das gesamte Küstengebiet der Krim (Annexion von Soldaïa und der Gothia 1365) und kontrollierte schließlich auch die übrigen Kontore am Schwarzen Meer. Während des gesamten 14. Jh. befand sich C. im Zentrum des weiträumigen Netzes genues. Handelsverbindungen im Schwarzmeerraum und bildete somit die Drehscheibe des genues. Osthandels: C. war Stapelplatz für die über →Tana und →Trapezunt eingeführten oriental. Waren; diese Städte waren die Endpunkte der beiden großen Handelsrouten durch das Mongolenreich (→Mongolen, Mongolenreich), der Seiden- und der Gewürzstraße. Ebenso war C. das große Emporium für den Sklavenhandel (→Sklaven, Sklavenhandel) sowie für den Umschlag der Produkte aus der Steppe und dem russ. Waldland, welche von hier aus im Bereich der Schwarzmeerküsten und in den westeurop. Handelsgebieten vertrieben wurden. Da Genua das Handelsmonopol im pont. Raum beanspruchte, sah sich C. als genues. Hauptstützpunkt bald im Brennpunkt der langandauernden Auseinandersetzungen mit den konkurrierenden Venezianern sowie der Konflikte mit den Khanen des Qıpčaq. Die Sperrung der mongol. Handelsstraßen, die aus dem zentralasiat. Raum ins Schwarzmeergebiet führten, und die verheerenden Feldzüge →Timurs beendeten die Blüte und den Wohlstand C.s, das außerdem von Unruhen der einheim. Bevölkerung (1386-87) erschüttert wurde. Diese Aufstände fanden Unterstützung bei dem Khan der Krimtataren, Ḥāǧǧī →Girāy, welcher 1434 der Stadt einen Tribut auferlegte. 1449 versuchte die Mutterstadt Genua, durch ein neues Statut die Administration ihrer Kolonien zu reformieren; vier Jahre später sah sie sich jedoch genötigt, alle ihre Besitzungen am Schwarzen Meer der →Casa di San Giorgio zu übertragen. Trotz aller energischen Bestrebungen zu einer wirtschaftl., polit. und militär. Regeneration mußte C. i. J. 1455 dem osman. Sultan →Meḥmed II. Tribut entrichten. Anschließend verstrickte sich die Stadt in die Thronfolgekämpfe im Tatarenreich der Krim. Verarmt und von einem Großteil der Lateiner verlassen, kapitulierte C. am 6. Juni 1475 vor den osman. Truppen. M. Balard

Lit.: Kl. Pauly V, 698 – RE V A, 1921f. [A. Herrmann]; Suppl. IX, 1131f. [Ch. M. Danoff] – G. I. Bratianu, Recherches sur le commerce génois dans la mer Noire au XIIIe s., 1929 – E. Skrzinska, Le colonie genovesi in Crimea. Teodosia (Caffa) (L'Europa orientale, 1934) – G. I. Bratianu, La Mer Noire. Des origines à la conquête ottomane, 1969 – E. S. Zevakin–N. A. Penčko, Ricerche sulla storia delle colonie genovesi nel Caucaso occidentale nei secoli XIII–XV (Misc. di Studi storici I, 1969) – P. Saraceno, L'amministrazione delle colonie genovesi nell'area dei mar Nero dal 1261 al 1453, RSDI 42-43, 1969-70 – G. Airaldi, Studi e documenti su Genova e l'Oltremare, 1974 – M. Balard, La Romanie génoise (XIIe-début du XVe s.), 2 Bde, 1978 – Ders.-G. Veinstein, Continuité ou changement d'un paysage urbain? Caffa génoise et ottomane (Le Paysage urbain au MA, 1981).

Caffarini, Tommaso, * 1350 in Siena, † 1434 in Venedig, trat sehr früh in den Dominikanerorden ein und erhielt dort den Ordensnamen Thomas Antonii de Senis. Bereits als ganz junger Mann stand er in Briefwechsel mit der hl. →Katharina v. Siena; nach ihrem Tod ging er 1391 als Lektor der Theologie nach Genua und unternahm eine Reise nach Palästina. Schließlich ließ er sich 1394 definitiv in Venedig nieder, wurde 1397 Provinzial der Ordensprovinz Griechenland und übte bis zu seinem Tod verschiedene seelsorgl. Tätigkeiten in Venedig aus.

C. hat sowohl große Bedeutung für den Dritten Orden des hl. Dominikus, über den er einen dreiteiligen »Tractatus« verfaßte, der jedoch unvollendet blieb, als auch für Kult und Verehrung der hl. Katharina. I. J. 1411 wurde im Lauf einer lebhaften Auseinandersetzung zw. den Gegnern der Heiligen aus Siena und anderen, die wie C. in feierlicher Weise ihres Todes gedachten, eine Untersuchung von seiten der Dominikaner eröffnet. Man wandte sich zu diesem Zwecke an den Bf. v. Castello. Eine daraus hervorgegangene Sammlung von Zeugnissen über das Leben der Heiligen, die als Castellaner Prozeß bekannt ist, wurde 1416 der bfl. Kurie der Diöz. Castello vorgelegt. In einem Klima erhitzter Polemik entstanden, ist dieser Prozeß wegen des darin zum Ausdruck kommenden akribischen Strebens nach Verifizierung aller Fakten von großem hist. Wert und trägt zur Kenntnis der Biographie und der Persönlichkeit Katharinas bei. In diesem Prozeß spielte C. eine führende Rolle. Außerdem widmete er sich mit aufmerksamer Sorgfalt der Sammlung von Nachrichten über Katharina und stellte unter anderem die erste und zweite Redaktion der »Legenda minor« zusammen.

R. Manselli

Lit.: Repfont III, 103-105 [mit Aufzählung sämtl. Werke] – L. Zanini, Bibliogr. analitica di S. Caterina da Siena 1901-1950, 1956, passim.

Caffaro, genues. Staatsmann und Geschichtsschreiber, * 1080/81 als Sohn des Rusticus, Herr v. Caschifellone, in Val Polcevera (an der Straße von Genua nach Piemont und der Lombardei), † 1166. C. nahm in dem genues. Kontingent am ersten Kreuzzug teil (Aug. 1100 bis Okt. 1101). Er hielt sich wahrscheinl. gegen 1130/40 ein zweites Mal im Orient auf und vermochte auf diese Weise seine Kenntnisse jener Gebiete zu erweitern. Achtmal Consul 1122-49, spielte er bis ca. 1160 eine bedeutende Rolle im polit. Leben Genuas. Unter seinen diplomat. Missionen sind u.a. die erfolgreichen Verhandlungen mit Pisa und der päpstl. Kurie zum Schutz der genues. Interessen in Korsika hervorzuheben (1121 und 1123); von Raimund Berengar III., Gf. v. Barcelona, erreichte er günstige Konditionen für den genues. Handel (1127); mit Kg. Alfons VII. v. Kastilien brachte er ein Bündnis zustande, das Genua i. J. 1147-48 die Eroberung von Almería in Südspanien und Tortosa in Nordostspanien ermöglichen sollte; bei Verhandlungen mit Friedrich Barbarossa (1154 und 1158) erlangte er eine Bestätigung der ksl. Privilegien zugunsten Genuas. Als Admiral führte er 1125 einen siegreichen Seekrieg gegen die Pisaner und entriß 1146 die Insel Minorca den Sarazenen. 1152 legte C. den Konsuln und dem Rat von Genua Annalen vor (heute BN lat. 10136), die er aus eigenem Antrieb im Alter von 20 Jahren begonnen hatte und in denen die Namen der Amtsträger und die wichtigsten Ereignisse der Stadtgeschichte seit dem Zug ins hl. Land (1100) festgehalten waren. Konsuln und Rat beauftragten den Stadtschreiber Guglielmo de Colomba, sie abzuschreiben und unter die öffentl. Dokumente der Kommune aufzunehmen, »ut deinceps cuncto tempore futuris hominibus Januensis (civitatis) victorie cognoscantur«. C. führte seine Aufzeichnungen auch nach 1152 weiter, bis ihn i. J. 1163 nicht so sehr sein vorgerücktes Alter als vielmehr die Krise, in der sich die genues. Kommune befand, veranlaßte, den Schlußpunkt zu setzen. 1169 beauftragten die Konsuln jenes Jahres den »cancelliere« Oberto, die Annalen von 1164 an weiterzuführen. An Obertos Nachfolger Ottobono schloß sich bis 1193 eine ununterbrochene Reihe von Kontinuatoren an. Neben den Annalen schrieb C. auch eine »Historia captionis Almarie et Tortuose« sowie den »Liber de liberatione civitatum Orientis«. Er gilt als erster Laienhistoriker des ma. Europa. Seine Annalen sind eine wichtige Quelle für die Geschichte Genuas in der ersten Hälfte des 12. Jh. In jüngster Zeit wandte man bes. Aufmerksamkeit den die Diplomatik betreffenden Aspekten der Annalen C.s und seiner Kontinuatoren zu. G. Arnaldi

Ed.: G. H. Pertz, MGH SS 18, 1863, 11–356 [Text C.s 11–36] – L. T. Belgrano – C. Imperiale di Sant'Angelo, Fonti 11–14 bis, 1890–1929 [Text C.s 11 1890, ed. L. T. Belgrano, 5–75] – RHCOcc V, 1895, 47–73 [De liberatione] – *Lit.*: DBI XVI, 256–260 – Repfont II, 1967, 291ff. [s. v. Annales Ianuenses] – G. Petti Balbi, C. e la cronachistica genovese, 1982.

Cagliari (Carales), Stadt und Judikat in Sardinien. Der Judikat C., dessen Name von der alten pun.-röm. Stadt Karalis (oder Carales) stammte, die als Kriegshafen gegen Vandalen und Goten eine Rolle spielte und nach 710 fast völlig verlassen wurde, war wahrscheinl. das wichtigste der vier Reiche, in die das ma., nachbyz. Sardinien geteilt war. Er bildete sich im Laufe des 8. und 9. Jh. als Instrument der Selbstverteidigung gegen die Angriffe der Sarazenen, erlangte aber wie die anderen Judikate erst am Ende des 9. und Anfang des 10. Jh. eine eigene Verfassung, wobei er sich von jenen dadurch unterschied, daß er in der internen Organisation die ursprgl. »Grecìa« bewahrte. Er wurde von einem *Judex* (sard. *judike*) mit der Autorität und Funktion eines Herrschers bzw. eines Kg.s regiert und hatte festgelegte Grenzen, Parlament *(corona de logu)*, Domäne *(rennu)*, Gesetzbuch *(carta de logu)*, Institutionen, zentrale und lokale Kanzleien, Siegel, Standarten, usw.; all dies trug zur Ausbildung nationaler Züge bei, die sich in der Sprache (Sardisch-Campidanisch) und in vielen kulturellen autochthonen Erscheinungen oder in polit. freien Entscheidungen ausdrückte. Der in 16 Verwaltungsbezirke *(curatorie)* aufgeteilte Staat *(su logu)*, dessen Hauptort, die Ortschaft oder Villa *(bidda)* S. Gilla, am Ufer des gleichnamigen Sees lag, war souverän (non recognoscens superiorem) und besaß die Staatshoheit (subiectivus), d. h. er gehörte nicht dem Monarchen – wie fast alle damaligen Patrimonialstaaten –, sondern dem Volk, das nach genauen, dynast. Regeln die Herrscher wählte, die durch die jurist. Bindung des »bannus-consensus« verpflichtet waren. In C. (nicht zu verwechseln mit der heutigen Stadt, die 1217 von den Pisanern mit dem Namen Castello di Castro di Cagliari – in moderner Zeit C. abgekürzt – gegründet wurde und eine nur unbedeutende Rolle in der Judikats-Geschichte Sardiniens spielte), herrschten mindestens vierzehn Generationen von Kg.en, die außer ihrem persönl. Namen in abwechselnder Folge den dynast. Beinamen »Salusio« oder »Torchitorio« führten. Die Cagliaritaner Herrscher bis zur Mitte des 11. Jh. sind unbekannt geblieben: der frühest belegte war Mariano-Salusio I. (vor 1058). Danach folgten: Orzocco-Torchitorio I., Costantino-Salusio II., Mariano-Torchitorio II., Costantino-Salusio III., Pietro-Torchitorio III., alle aus der einheim. Familie Lacon-Gunale, die von dem festländ. Geschlecht der Mgf.en v. Massa abgelöst wurde (Guglielmo I.-Salusio IV. [Benedetta, regierende Judicatrix], Barisone-Torchitorio IV., Guglielmo II.-Salusio V., Giovanni/Chiano-Torchitorio V., Guglielmo III.-Salusio VI). Der Judikat hörte 1257 de facto zu bestehen auf, als er von den Truppen der Kommune Pisa unter Gherardo und Ugolino →della Gherardesca, den Gf.en v. Donoratico, Giovanni Visconti, dem Judex v. Gallura, und Guglielmo di Capraia, dem Judex v. Arborea, besetzt und zerstört wurde. Mit dem Tode des letzten Judex im Exil, Guglielmo III., gen. di Cepola, 1258, fand der Judikat C. auch de iure sein Ende. F. C. Casula

Lit.: E. Besta, La Sardegna medioevale, 2 Bde, 1908–09 – A. Solmi, Studi storici sulle istituzioni della Sardegna nel Medio Evo, 1917 – A. Boscolo, La Sardegna bizantina e alto giudicale – F. C. Casula, Giudicati e curatorie (Atlante della Sardegna, 1980) – Ders., Einl. zu AAVV. Genealogie medioevali di Sardegna (Medioevo. Saggi e Rassegne, n°4).

Cahercommaun, eine mit mehreren Umwallungen versehene Hügelbefestigung (nach B. Raftery: »a class II multivallate hill-fort«) in Irland, nördl. von Corofin (Co. Clare). Sie besteht aus einem massiven inneren Kalksteinwall, der von zwei schmalen konzentrischen Wällen umgeben wird. Gestörte Stratigraphie macht eine sichere Datierung schwierig. Die Datierung der Befestigung im 9. Jh. aufgrund einer silbernen Fibel durch den Ausgräber wird heute angezweifelt. Insbes. das Vorkommen von muldenförmigen Mahlsteinen läßt auf einen Ursprung in der frühen Eisenzeit, die Fibel auf eine spätere Adaption um 800 schließen. C. Doherty

Lit.: H. O'Neill Hencken, C., 1938 – B. Raftery, Irish Hill-forts (Council for British Archaeology, Research Report 9: The Iron Age in the Irish Sea Province, hg. C. Thomas, 1972), 51–53 – S. Caulfield, Some Celtic problems in the Irish Iron Age (Irish Antiquity: essays and stud. presented to Professor M. G. O'Kelly, hg. D. óCorráin, 1981), 205–215.

Cahier de doléances ('Beschwerdeheft'). Erst die Einberufungsschreiben des frz. Kg.s zu den Generalständen (→Etats généraux) von 1484 enthielten die ausdrückl. Aufforderung, die Delegierten mit »remonstrances et autres choses« zu versehen. Diese sollten sowohl auf das Wohl des gesamten Reichs als auch auf die Beseitigung von lokalen oder regionalen Mißständen abzielen. Vor 1484 finden sich Anklänge an diese Aufforderung in den Einberufungsschreiben zu Generalständen unter Karl VII. (»donner avis et conseil«, verbunden mit der Zusicherung der »liberté... de dire pour le bien des besoignes tout«, z. B. 1427/1428/1440). Zu diesem Zweck wurden auf den verschiedenen Ebenen, auf denen die Wahlen der Wahlmänner (*sergenteries, vicomtés, châtellenies,* Städte etc.) stattfanden, Texte (*remonstrances, memoires, advertissemens, doléances, querelae*) verfaßt, die dann in Zusammenhang mit den Wahlen der Delegierten zumeist am Sitz des höchsten kgl. Amtsträgers des jeweiligen Wahlbezirks zu einem *c. de d.* (*c. de bailliage, c. de sénéchaussée*) zusammengefaßt wurden. Entgegen der kgl. Anordnung dürften die Wahlen der Delegierten und die Abfassung der *d.* häufig nach Ständen getrennt erfolgt sein. Auf den Generalständen wurden diese Texte von einer nach ständ. und regionalen Kriterien zusammengesetzten gemeinsamen Kommission zu einem *cahier général* (codex generalis, codex communis; terminus ›cahier‹ in der Normandie ab 1461, zuvor und auch gleichzeitig noch gebräuchlich: *role, rotulus*) zusammengefaßt und dem Kg. zur Zustimmung vorgelegt. Eingang in das in sechs Kapitel (Kirche, Adel, 3. Stand, Justiz, Handel, kgl. Rat) gegliederte *c.* fanden nur die Forderungen aus den mitgebrachten *d.*, auf die sich die Generalständeversammlung einigen konnte. Die Stellungnahme des Kg.s erfolgte in Form von *responses* zu den einzelnen Artikeln des *c.*, womit die Vorschläge und Forderungen des *c.* im Falle der Zustimmung Gesetzesgültigkeit erlangten. Zusammen mit den *responses* wurde das *c.* 1484 als erster derartiger Text in gedruckter Form verbreitet.

Bei späteren Generalständeversammlungen war die Erstellung der *c. de d.* an diesem Modell orientiert (wesentl. Abweichung: nach Ständen getrennte cahiers). Erst mit dem 16. Jh. setzt die Überlieferung der *c. de bailliage* und der ihnen zugrundeliegenden *d.* ein. Dadurch wird ihre quantitative sozialgeschichtl. Auswertung möglich. Hier wird nachweisbar, daß d. der unteren Ebenen nicht immer Eingang ins c. de bailliage fanden. Ein Teil dieser d. wurde von den einzelnen Delegationen als *requêtes particulières* (particulares petitiones) dem Kg. vorgelegt.

Das Recht zum Vorbringen von d. für ständ. Vertretungen (Generalstände, Provinzialstände etc.) ist im MA nicht fixiert worden. Das Vorbild der d. ist möglicherweise in den querimoniae zu sehen, die allerdings nicht von ständ. Vertretern, sondern von Einzelklägern gegenüber kgl. Untersuchungskommissionen vorgebracht wurden, die zur Feststellung und Ahndung von Verfehlungen von Kg. Ludwig IX. eingesetzt durchs Land reisten (zuerst 1247/48). Die Erstellung von d. und der Versuch, die darin enthaltenen Forderungen – zumeist fiskal. und finanzieller Art – durchzusetzen, institutionalisierte sich bei Provinzialständen in Zusammenhang mit ihrer Zustimmungskompetenz bei Steuererhebungen (z. B. Languedoc und Normandie ab 14. Jh.). Die Möglichkeit, die Zustimmung zu Steuern an Bedingungen in Form von d. zu knüpfen, konnte so zur Erweiterung der Kompetenzen von Provinzialständen führen. Aber auch unabhängig von Steuerfragen und Provinzialständen schlug sich Protest gegen Mißstände in d. nieder (z. B. 1314: bailliages Amiens und Vermandois). Dasselbe Recht nahmen Generalstände seit der 1. Hälfte des 14. Jh. für sich in Anspruch. Der Forderung des Kg.s nach uneingeschränkten Vollmachten der Delegierten stand meist erfolgreich die Bindung der ständ. Repräsentanten durch ihre Wähler in Form eines Mandats (instructiones), worunter auch die d. zu verstehen sind, entgegen. Ihren Niederschlag fanden diese d. je nach Durchsetzungsfähigkeit der Ständeversammlungen in kgl. →Ordonnanzen (z. B. 1355/1356/1413). Von Ordonnanzen und Antworten des Kg.s auf ihre d. ließen sich die Delegierten (ebenso noch 1484) zwecks Vorlage des Rechenschaftsberichts über ihre Tätigkeit Abschriften ausstellen. N. Bulst

Q. *und Lit.*: J. MASSELIN, Journal des Etats Généraux de France tenus à Tours en 1484 sous le règne de Charles VIII, ed. A. BERNIER, 1835 (CDHistFr) – A. THOMAS, Les Etats Généraux sous Charles VII, Le Cabinet hist. 24, 1878, 118ff., 155ff., 200ff. – CH. V. LANGLOIS, Doléances recueillies par les enquêteurs de Saint Louis et des derniers Capétiens, RH 92, 1906, 1ff.; 100, 1909, 63ff. – M. MARION, Dict. des institutions de la France aux XVIIe et XVIIIe s., 1923, 66, s. v. [für 16.–18. Jh.] – CH. V. LANGLOIS, Lettres missives, suppliques, pétitions, doléances, Hist. litt. de la France 36, 1927, 531ff. – H. PRENTOUT, Les Etats provinciaux de Normandie II, 1927, 284ff. – H. GILLES, Les Etats de Languedoc au XVe s., 1965, 153ff., 287ff. – R. CHARTIER–J. NAGLE, Les cahiers de doléances de 1614. Un échantillon: châtellenies et paroisses du bailliage de Troyes, Annales 28, 1973, 1484ff.

Cahors

I. Stadt – II. Bistum – III. Universität.

I. STADT: C., Stadt und Bm. in Südwestfrankreich (heut. Hauptstadt des Dép. Lot.). Die Stadt liegt am Rande von Aquitanien und im Herzen ihrer Region, des →Quercy, nahe der Grenze zur Auvergne. Die erste städt. Siedlung wurde in augusteischer Zeit in einer Flußschlinge des ab hier schiffbaren Lot, nahe einem Brunnenheiligtum, nach dem die Stadt ihren ersten Namen, »Divona«, erhielt, errichtet. Sie lag ungefähr im Zentrum der kelt. civitas der *Cadurci*, die grundlegend und namengebend für die Diöz. C. wurde.

Ein Bf. ist sicher erstmals für das 4. Jh. bezeugt. Doch war die beherrschende Figur des frühma. C. der hl. →Desiderius (Didier), ehem. Schatzmeister des frk. Kg.s Dagobert; er wirkte als Bf. v. C. in den Jahren 630–655. Desiderius ließ die Zerstörungen, die durch den Feldzug Kg. Theudeberts II. i. J. 574 entstanden waren, beseitigen. Die Stadt wurde im Osten der Flußschlinge wiederaufgebaut; im Westen wurde eine starke Befestigung errichtet. Der Bf. ließ auch eine Wasserleitung, einen Bischofspalast und mehrere Kirchen erbauen und stiftete das Kl. St. Amans. Durch den Ausbau unter Desiderius wurden der weiteren Stadtentwicklung von C. wesentliche Impulse gegeben.

In der Folgezeit wechselte die Stadt mehrfach den Besitzer und kam um die Mitte des 9. Jh. an die Dynastie der Gf. en v. →Toulouse, der Raimundiner. Diese übertrugen im Laufe des 11. Jh. die »Gft.« C. und das Münzregal den Bischöfe. C. wurde in der 2. Hälfte des 12. Jh. in die Konflikte zw. Kapetingern und Plantagenêt verwickelt. Doch hinderten diese Kriege die Stadt keineswegs an einem beachtl. wirtschaftl. Aufstieg, der auf die günstige verkehrsgeograph. Lage von C. an einem entscheidenden Punkt der Route Montpellier-La Rochelle zurückzuführen ist und durch welche die Stadt sich am Beginn des 13. Jh. zu einem Handelsplatz von internationaler Bedeutung entwickelte. Die Unternehmungen und Finanzoperationen der »Ca(h)orsinen« (oder, wie sie in Deutschland hießen, der →»Kawertschen«) spielten im Wirtschaftsleben und Kreditwesen sowohl des nordwestl. Europa als auch des Mittelmeerraums eine gewichtige Rolle. Der wirtschaftl. Aufschwung der Stadt basierte aber auf recht unsicheren demograph. und ökonom. Fundamenten: die Bevölkerungszahl von C. war stets vergleichsweise gering, die Kapitaldecke blieb schwach. Dazu traten in der bis ca. 1280 expandierenden Stadt polit. und soziale Unruhen, bei denen sich auf der einen Seite der Bf., der als Inhaber von Baronie und Gft. zugleich weltl. Stadtherr war, und die ihn unterstützenden unteren Bevölkerungsschichten, die minores, auf der anderen Seite das Handelsoligarchie gegenüberstanden und erbittert bekämpften. Das reiche Handelsbürgertum beherrschte das städt. Konsulat, das seit 1207 bezeugt ist, dessen Ursprünge aber nicht sicher datiert werden können. 1267 und 1270 brachen Aufstände aus, die schließlich zum →*pariage* zw. dem Bf. und dem Kg. v. Frankreich über C. führten, welches 1307 eingeführt wurde. In der folgenden Zeit gelang es dem kgl. Seneschall von Périgord und Quercy, der vorher nur eine Vorstadt von C. in Besitz hatte, sich im Herzen der Altstadt die kgl. Burg zu sichern, die neben der Bastide Mont-de-Domme (heut. Domme) im Périgord seine städt. Residenz wurde.

Papst Johannes XXII. (Jacques Duèse), ein Sohn der Stadt, bereicherte C. mit der bedeutenden Universität (1332, vgl. Abschnitt III), nachdem er bereits 1329 eine Kartause gestiftet hatte. Die Stadt hatte 1287 zehn Pfarreien. Als geistl. Institutionen sind zu nennen: ein am Ende des 12. Jh. begründetes Templerhaus; ein Haus der Grammontenser; weiterhin die Kl. der Bettelorden: Dominikaner (1227), Minoriten (1255), Karmeliter (1262), Augustiner (vor 1273); außerdem noch Benediktinerinnen, Klarissen sowie eine späte Gründung der Mercedarier (1429).

Der vergleichsweise große Wohlstand ermöglichte im späten 13. und frühen 14. Jh. die Errichtung großer befestigter Brückenanlagen: des Pont-Vieux mit fünf Türmen und des Pont-Neuf (Bauzeit von 1257 bis zum Ende des 13. Jh.) und des berühmten, ebenfalls mit Türmen bewehrten Pont Valentré (1307–ca. 1370), der zu den besterhaltenen befestigten →Brücken des MA zählt.

Angesichts des erneut aufgebrochenen Konflikts zw. England und Frankreich (→Hundertjähriger Krieg), in dem C. aufgrund seiner Lage bes. gefährdet war, wurde der größte Teil der städt. Finanzmittel für Befestigungswerke aufgewandt. Namentl. zu erwähnen sind die Verstärkung der Befestigungsmauer von St-Didier und die in zwei Bauphasen (1345, 1405) erfolgte Schließung des Stadtareals (das durch seine Lage im Mäander des Lot eine Halbinsel bildete) durch eine transversal geführte Mauer, die mit Türmen bewehrt wurde und auch eine unbebaute Fläche von 143 ha, die teilweise dem Gartenbau diente, einschloß. Im Laufe des Hundertjährigen Krieges stand C., abgesehen von einer kürzeren engl. Besetzung (1360–69), stets auf frz. Seite. Die Bevölkerung ging in dieser Kriegs- und Krisenzeit zurück: Zählte die Stadt 1370 noch knapp 5000 Einwohner, so war die Einwohnerzahl 1395 bereits auf unter 3000 gesunken. Wie im gesamten Quercy erfolgte in der 2. Hälfte des 15. Jh. auch in C. ein Wiederaufbau und ein erneuter Bevölkerungsanstieg, die Universität erlebte eine Blütezeit.

II. Bistum: [1] *Allgemein:* Das Bm. C., Suffraganbm. von Bourges, war eine der größten Diöz. in Frankreich; es umfaßte 785 Pfarreien, die in vierzehn Archipresbyterien eingeteilt waren, welche zumeist auf das 13. Jh. zurückgehen. Es erstreckte sich über das gesamte Quercy (heut. Dép. Lot und Tarn-et-Garonne, bis zum Fluß Tescou), über den heut. Canton Carlux (Périgord) sowie über ein Dutzend Pfarreien im Rouergue, westl. von Villeneuve. Das Gebiet der Stadt →Montauban wurde 1317 durch die Erhebung der Abtei OSB St-Théodard/Montauriol zum Bm. abgetrennt.

Das älteste Zeugnis der Christianisierung der ländl. Gebiete des Bm.s ist die Grabstelle eines Neophyten Paulus (466). Unter den Bf.en des frühen MA ist vor allen Dingen der hl. →Desiderius (Didier) zu nennen. Im Hoch-MA wurde ein Teil des Bm.s von den häret. Bewegungen der →Albigenser (der südfrz. Ausprägung der →Katharer) und →Waldenser berührt, und zwar vor allem das Bas Quercy zw. Montcuq und Montauban, insbes. die castra. Im Norden des Lot ist das Katharertum nur unter den Notabeln von Gourdon stärker bezeugt. – Der Hundertjährige Krieg hat wohl keine Diöz. so schwer getroffen wie C. Trotz aller Verwüstungen und dem durch den Krieg verursachten Bevölkerungsrückgang blieb die Pfarreiorganisation erhalten; sie bildete eine Basis für den Wiederaufbau in der 2. Hälfte des 15. Jh.

[2] *Klosterwesen:* Von den Benediktinerabteien ist →Moissac (gegr. Mitte des 7. Jh.) die berühmteste; sie war ab 1047 der Ausgangspunkt für die Durchführung der cluniazens. Reform im Südwesten Frankreichs und ihre weitere Verbreitung in Spanien. →Figeac, das sich häufig widersetzende Tochterkl. von →Conques, und →Marcilhac, beide an den Ufern des Célé gelegen, beherrschten das östl. Quercy. →Souillac, unter Oberhoheit v. St-Géraud in →Aurillac, war ein Zentrum roman. Plastik. Zu nennen ist weiterhin das cluniazens. Carennac und das von →S. Michele della Chiusa (Piemont) abhängige Priorat Catus. Dagegen gab es, mit Ausnahme der Abtei Lagarde-Dieu, in der Diöz. keine bedeutenden Zisterzen. Der Einfluß der außerhalb des Quercy, im Limousin, gelegenen Abtei →Obasine war hier vorherrschend. Einen bes. Platz nahm das Marienheiligtum →Rocamadour ein, Pilgerzentrum von internationaler Bedeutung, dessen Wallfahrt im späteren MA zur Bußwallfahrt wurde. – Die Kanoniker wurden durch eigenständige Stiftungen (Le Vigan, Ende 9. Jh.) und durch Tradierungen von Kirchen an Augustinerkongregationen, die aus Gründungen limousin. und auvergnat. Eremiten herrührten, repräsentiert. – Im 12. Jh. begründeten die geistl. Ritterorden, Templer und Hospitaliter, mehrere Komtureien in der Diöz. Das 13. Jh. sah die Verbreitung der Bettelorden; die Städte (Cahors, Montauban, Figeac) beherbergten alle vier großen Mendikantenorden, kleinere Orte (Martel, Gourdon, Montcuq, Lauzerte, Moissac) nur je eine Niederlassung. – Auswärtige Abteien hatten zahlreiche Kirchen in der Diöz. Cahors.

J. Lartigaut

Lit.: DHGE II, s. v. – F. Lot, C. (Divona Caturcorum), Recherches sur les populations et la superficie des cités remontant à la période gallo-romaine, 1950 – Ph. Wolff, Le problème des Cahorsins, AM 62, 1950 – J. de Font Réaulx, Pouillés de la province ecclésiastique de Bourges, 2 Bde, 1961–62 – Y. Renouard, Les Cahorsins, hommes d'affaires français du XIII° s. (Etudes médiévales 2, 1968) – J. Lartigaut, Les campagnes du Quercy après la guerre de Cent ans (vers 1440–vers 1500), 1978 – M. Durliat, La cathédrale St-Etienne de C. Architecture et sculpture (10° colloque internat. de la S. F. A.), BullMon 137, 1979 – J. Durliat, Les attributions civiles des évêques mérovingiens à l'exemple de Didier, évêque de Cahors, AM 91, 1979.

III. Universität: Bereits im 13. Jh. bestand in C. eine Kathedralschule von einiger Bedeutung und ein Dominikanerstudium. 1332 errichtete Papst →Johannes XXII., aus Liebe zu seiner Heimatstadt und auf Bitten ihrer Konsuln, ein →Studium generale mit allen Fakultäten, als dessen Kanzler der Scholaster der Kathedrale eingesetzt wurde. Diese Gründung, die eine Konkurrenz für →Toulouse bedeutete, ist in Verbindung mit der allgemeinen Reorganisation der Kirchenprovinz Toulouse ab 1317 zu sehen. C. repräsentierte in Frankreich erstmals den Typ einer spätma. Univ., der sich von den großen Univ. des 13. Jh. in wesentl. Zügen abhob. Die neue Univ. erhielt Statuten und Privilegien unmittelbar nach Tolosaner Vorbild. Reguläre Bezüge (stipendia) wurden anscheinend sogar für die Regenten vorgesehen; im 14. Jh. wirkten wohl in der Regel vier Professoren für das Recht, einer für die Artes und einer für Grammatik. Unter der engl. Besetzung wurde die Univ. 1368 durch den Schwarzen Prinzen bestätigt, anschließend auch durch den Hzg. v. Anjou, den *lieutenant* des Kg.s v. Frankreich, der sogar sechs Regentes der Univ. kgl. Pensionen aussetzte (1370). Bei alledem erfuhr die Univ. von C. stets nur eine begrenzte Entwicklung und hatte vorwiegend lokale Ausstrahlungskraft, wie die rotuli von 1378, 1380 und 1394 zeigen: Sie verzeichnen nur 58, 27 und 98 Namen, deren Träger zumeist aus der Diöz. C., hie und da auch aus den Diöz. St-Flour und Rodez stammten. 1365–68 stifteten die Brüder Raimond und Hugues de Pélegry – Landeskinder, die allerdings ihre Karriere im wesentl. in England, in London und Oxford gemacht hatten – ein Kolleg für 13 Studenten der Artes. 1371 folgte die Errichtung des Collège de Rodez, das ebenfalls für Artisten bestimmt war. Diese Artisten-Kollegien waren in Südfrankreich neuartige Institutionen, doch wurden sie im 15. Jh. in Kollegien für Rechtsstudenten umgewandelt. 1473 fand die Gründung des Collège St-Michel statt. Bedingt durch den wirtschaftl. Niedergang der Stadt und die Folgen des Hundertjährigen Krieges, hatte die Univ. C. im ersten Jahrhundert ihres Bestehens mit großen Schwierigkeiten zu kämpfen. Von 1450 an erlebte sie jedoch einen Aufschwung; die Namen mehrerer Professoren vom Ende des 15. Jh. sind bekannt. Die Univ. hielt sich bis 1751 und wurde dann mit der Univ. Toulouse vereinigt.

J. Verger

Bibliogr.: S. Guenée, Bibliogr. de l'hist. des Univ. françaises II, 1978, 125–134 – Lit.: Coing, Hdb. I, s. v. im Register – M. J. Baudel-J. P. Malinowski, Hist. de l'Université de C., 1876 – H. Denifle, Die Entstehung der Univ. des MA bis 1400, 1885, 362–365 [Nachdr. 1956] – A. D. Edwards, La fondation de l'université de C., 1332, Cah. de Fanjeaux 5, 1970, 266–273 – M. H. Jullien de Pommerol, La bibl. du collège de Pélegry à C. à la fin du XIV° s., BEC 137, 1979, 227–272.

Caietanus de Thienis, Logiker und Naturphilosoph, * 1387 Vicenza, † 1465. Nach Studien in artibus (1418 doctor) und Medizin (1429 doctor) an der Univ. Padua war C. Professor der Logik (1422–30) und Naturphilosophie (1430–62) ebd. Werke: Expositio in libros Physicorum, De caelo et mundo, Meteororum, De anima (vgl. LOHR); Quaestiones de sensu agente, de sensibilibus communibus, de intellectu (ed. Venedig 1481, ebd. 1493, ebda. 1505); Regulae super consequentiis Strodi (Hss.: Arezzo Frat. dei laici 432, Florenz BNaz. Conv. Soppr. J. VIII. 19, Mantua BCom. A. III.12, Padua BCap. D.54, Padua BUniv. 1570, Parma BPal. misc. 744, Viterbo BCap. 56; ed. Venedig 1488, ebda. 1491, ebda. 1493); Super consequentiis Guillelmi Ferabrich (Hs.: Mantua BCom. A.III.12; ed. Venedig 1493, ebd. 1507); Recollectae super Regulas Hentisberi (De insolubilibus [Hs.: Florenz Riccardiana 821]; De scire et dubitare [Hs.: Viterbo BCap. 56]; De relativis; De incipit et desinit; De maximo et minimo [Hs.: Siena BCom. H.IX.4]; Sophismata [Hs.: Vat. lat. 3026; ed. Pavia 1483, Venedig 1483]); De tribus praedicamentis [incepta a mag. Mesino et completa a C.; Hss.: Belluno Sem. Greg. 33, Padua Museo Civico CM 169, Venedig Marc. lat. VI 105]; die log. Traktate zusammen [Hss.: Bergamo BCiv. Γ. IV. 7, Florenz BLaur. Ashb. 102, Neapel BNaz. V.H. 190, Treviso BCom. 349, Venedig Marc. lat. VI 160; ed. Venedig 1494, ebda. 1500]; De reactione contra Johannem Marlianum (Hss.: Vat. Chigi E.VI.197, Venedig Marc. lat. VI.105; ed. s.l.a. [Hain 10773]); Expositio quaestionis Jacobi de Forlivio de intensione et remissione formarum (Hs.: Padua BUniv. 924).

C. bemühte sich – wie auch sein Lehrer Paulus Venetus –, die neue Logik und Naturphilosophie, die sich im 14. Jh. in Oxford und Paris entwickelt hatte, in Italien bekanntzumachen. Seine Kommentare zu Strodus, Ferabrich und Heytesbury bieten eine getreue Erklärung der engl. Lehrer. In »De intensione et remissione formarum« widerlegt er die Argumente des Jacobus de Forlì gegen Burleys Theorie der Steigerung bzw. Verminderung der Intensität einer Qualität (die Sukzessionstheorie). In seinem Kommentar zu »De tribus praedicamentis« stellt er Heytesburys Behandlung der Veränderungen in Geschwindigkeit als Veränderungen in der Intensität einer Qualität dar. In »De reactione« widerlegt er die Ausführungen von Johannes Marliani. In seinem Kommentar zu »De caelo« versucht er die Pariser Impetustheorie mit der aristotel.-averroist. Lehre in Einklang zu bringen (indem er dem Medium eine aktiv-dynam. Rolle zuspricht). In seinem »De anima«-Kommentar finden wir auf der anderen Seite die ersten Anzeichen einer Abweichung vom traditionellen it. Averroismus. C. behauptet nicht nur, daß die Seele geschaffen und unsterblich ist, sondern auch, daß diese Wahrheiten sowohl der Vernunft wie auch dem Glauben zugänglich sind. C. H. Lohr

Lit.: M. CLAGETT, The Science of Mechanics in the MA, 1959, 647, 651f. – G. DI NAPOLI, L'Immortalità dell'anima nel Rinascimento, 1963, passim – A. POPPI, Causalità e infinità nella scuola padovana, 1966, 124–129 – C. H. LOHR, Medieval Latin Aristotle Commentaries, Traditio 23, 1967, 390–392 – A. CRESCINI, Il problema metodologico alle origini della scienza moderna, 1972, passim.

Cáin, einer der schwierigsten Begriffe der air. Rechts- und Verfassungsgeschichte. Seine Grundbedeutung ist 'Autorität, Herrschaft'. Gewöhnlich hat der Ausdruck aber jeweils spezif. Bedeutungen, nämlich: a) ein von einem Kg. oder hohen geistl. Amtsträger erlassenes Gesetz, z. B. →»Cáin Adomnáin«; »Cáin Phatraic« ('Gesetz des Patrick'), das vom Bf. v. Armagh erlassene Gesetz; b) eine Verpflichtung oder Dienstleistung, die einer Person von Ansehen geschuldet wird; c) eine Buße, die einer Person von Autorität geschuldet wird. C. tritt auch als ein der servitus (Dienstbarkeit) des röm. Rechtes entsprechender Begriff auf. In der Bedeutung a) tritt in den Annalen anstelle des Wortes 'C.' der lat. Begriff »lex« auf, volkssprachl. ir. Entsprechungen sind *recht* 'Gesetz' und *rechtge* 'Erlaß'. T. Charles-Edwards

Q. und Lit.: Cáin Adomnáin, ed. K. MEYER, 1905 – Cáin Domnaig, ed. V. HULL, Ériu 20, 1966, 151–177 – R. THURNEYSEN, AAB. PH 7, 1925 (1926) [Erläuterungen § 16] – DERS., Zs. für celt. Philologie 14, 1923, 339; 16, 1927, 195; 18, 1929–30, 382–396 – D. A. BINCHY, Ériu 12, 1934, 57, 69 – DERS., Ériu 17, 1955, 81–82 – DERS., Críth Gablach, 1941, 79 – M. A. O'BRIEN, Celtica 3, 1956, 172 – K. HUGHES, Early Christian Ireland: An Introduction to the Sources, 1972, 80–82.

Cáin Adomnáin (Lex Innocentium), auf der Synode v. →Birr i. J. 697 auf Betreiben des →Adamnanus v. Hy, Abt v. Iona (679–704), erlassenes air. Gesetz, das den Schutz von Frauen, Kindern und Priestern im Krieg festlegte (s. a. →Frieden). Der Text dieses Gesetzes ist wahrscheinl. in einer zweiten Fassung, die i. J. 727 anläßl. der Translation der Reliquien des Adamnanus vom Kl. Iona nach Irland proklamiert wurde, in zwei Hss. des 15. und 17. Jh. erhalten. An eine fabulose Einleitung in mittelir. Sprache schließt sich dort eine Liste der Garanten des Gesetzes an; sie umfaßt nahezu 100 Namen von bedeutenden Klerikern und weltl. Herrschern, von denen alle i. J. 697 bezeugt sind. Darauf folgt ein kurzer lat. Text, der als angebl. Rede eines Engels an Adamnanus gehalten ist und strengste Bestrafung für die Tötung von Frauen androht; dieser Text enthält den wohl ältesten Bezug auf die unmittelbare Fürbitte der Beata Virgo Maria (→Maria) in der westl. Christenheit. Ein längerer air. Text, in entsprechender jurist. Terminologie abgefaßt, umfaßt die Strafbestimmungen gegen alle Arten von Mißhandlungen von Frauen, Kindern und Geistlichen. F. J. Byrne

Q. und Lit.: K. MEYER, Cáin Adamnáin (Anecdota Oxoniensia, 1905) – J. RYAN, ›The C. A.‹, Stud. in Early Irish Law, ed. D. A. BINCHY, 1936, 269–276.

Cáin Domnaig ('Sonntagsrecht'), techn. air. Rechtstraktat, wahrscheinl. aus dem 9. Jh., der die Durchsetzung des Gebots der Sonntagsheiligung (→Sonntag) durch die weltl. Gewalt zum Gegenstand hat. In den Hss. ist das C. D. üblicherweise gemeinsam mit einer air. Fassung der bekannten »Carta Dominica«, der »Epistil Ísu«, überliefert. Der Text der »Epistil« sagt aus, daß das Gesetz der Sonntagsfeier dem Conall mac Coélmaine, Abt v. Inis Coél (Inniskeel, Co. Donegal), bei dessen Pilgerfahrt nach Rom (Ende 6. Jh.) übergeben wurde. Andere Traditionen bringen das Gesetz mit der monast. Bewegung der →Céli Dé im frühen 9. Jh. in Verbindung. D. Ó Cróinín

Lit.: J. G. O'KEEFFE, Anecdota from Irish Mss. 3, 1910, 21–27 – J. F. KENNEY, Sources for the early hist. of Ireland 1, 1929, 426f.

Cáin Fuithirbe, air. Gesetz, erlassen auf einer Versammlung, die zw. 678 und 683 am Ostufer des Loch Léin (südl. von Killarney, Co. Kerry) stattfand und an welcher der Kg. v. →Munster, →Finguine (678–695), seine Unterkönige sowie – sehr wahrscheinl. – auch führende Geistliche teilnahmen. Es haben sich nur einige unklare, aber ausführlich glossierte Fragmente dieser Rechtsquelle erhalten, u. a. die von dem gelehrten Kleriker und Dichter-Juristen Amairgen mac Amalgado verfaßte Vorrede. Soweit Vermutungen über den Inhalt des Rechtstextes möglich sind, behandelte er u. a. folgende Themen: das Verhältnis zw. dem Herrn und seinen Vasallen, die Beschränkung von Gewalttaten und – vielleicht – die Beziehungen (auch hinsichtl. des Besitzes) zw. den Kirchen und dem Königtum. Die eigtl. Bedeutung des C. F. liegt in der Tatsache, daß er ein frühes (wenn nicht sogar das früheste) Beispiel für die Verkündigung eines Gesetzes durch den Kg. und seine Magnaten bei einer Provinzialversammlung darstellt. D. Ó Corráin

Ed.: D. A. BINCHY, Corpus Iuris Hiberniae, 6 Bde, 1978, II, 689f.; III, 756–766; V, 1553–1555 – *Lit.:* DERS., The date and provenance of Uraicecht Becc, Ériu 18, 1958.

Cáin Lánamna ('Regelung der Paare'), air. Rechtstraktat aus dem späten 7. Jh. oder frühen 8. Jh., der die verschiedenen Typen von Eheverträgen, die im ir. Recht anerkannt wurden, behandelt. Neun Arten solcher Verbindungen werden im Haupttext der Quelle erörtert, von denen einige allerdings nicht eine »Heirat« im engeren Sinne betreffen. Der Traktat befaßt sich v. a. mit Rechtsstatus, Besitzrechten und Pflichten der Partner, die in eine ehel. Verbindung eintreten, sowie mit der Güterverteilung infolge einer Auflösung der ehel. Gemeinschaft. Zur Zeit der Redaktion des Traktats waren Mann und Frau hinsichtl. der Verfügung über die Güter, die sie jeweils in die Ehe eingebracht hatten, gleichgestellt; der Text läßt aber auch Spuren älterer Rechts- und Sozialverhältnisse, in denen nur der Mann Verfügungsgewalt über den Besitz hatte, erkennen. →Ehe. D. Ó Cróinín

Ed.: R. THURNEYSEN, Stud. in early Irish law, 1936, 1–80.

Cáin Phátraic (Lex Patrici) →Feidlimid mac Crimthainn

Cainnech (schott. Kenneth, ags. Kenny), hl., * 521 im Nordteil v. Irland, nach dem Martyrologium v. →Tallaght im 84. Lebensjahr gestorben, wurde in Llancarvan (s. a. →Cadoc) ausgebildet. Nach einer Wallfahrt nach Rom kehrte er nach Irland zurück, wo er in die Schule des hl. →Finnian v. Clonard eintrat. Seine wichtigste Klostergründung in Irland war Achad-Bó (→Aghaboe) im Kgr. Osraige (Ossory), dessen Hauptstadt im 12. Jh. →Kilkenny wurde. C. begleitete →Columba nach Schottland, wo er die Kirche Rigmonaig (später St. Andrews) gründete. →Adamnanus v. Hy nennt ihn mehrfach in seiner Vita Columbae, und Columba schrieb Lobgedichte auf ihn. Früh in festländ. Kalendarien. Durch Usuard ins Martyrologium eingeführt (Fest 11. Oktober). J. Hennig

Lit.: J. F. KENNEY, The sources for the early hist. of Ireland I, 1929, 394f., 437–439 – F. O'BRIAIN, HGHE XI, 228f. – F. MOSTARDI, Bibl. SS III, 1963, 645f. – W. W. HEIST, Vitae Sanctorum Hiberniae, 1965, 182–198 – J. HENNING, Irish Eccl. Rec. CVIII, 1967, 398.

Cairel, Elias, ein Troubadour aus dem Perigord (...1204–1222...). Nach einer seiner prov. *vidas* war er Gold- und Silberschmied. Nach JAESCHKE besuchte E. C. um 1204 das Byz. Reich, um 1210 den Hof Alfons' IX. v. Leon und auch (zw. 1219 und 1222) Italien. Diese Reisen erlaubten ihm, den Trouvère →Conon de Béthune in griech. Landen kennenzulernen (cf. Cansos, drogoman, PILLET-CARSTENS 133,3) sowie auch Rodrigo Díaz de Cameros, einen als in Galego-Portugiesisch schreibenden Dichter bekannten kast. Adligen (ALVAR, 153–154). Von E. C. sind 14 Dichtungen erhalten, in denen er die großen Herren kritisiert oder, sehr um Form bemüht, seiner Liebe Ausdruck verleiht. C. Alvar

Ed. und Lit.: A. PILLET–H. CARSTENS, Bibliogr. der Troubadours, 1933 – H. JAESCHKE, Der Trob. E. C. Roman., Stud., H. 20, 1921 – M. DE RIQUER, Los trovadores II, 1975 – C. ALVAR, La poesía trovadoresca, 1977, 1978.

Caistor by Norwich (C. St. Edmund), Ort in England (Co. Norfolk), ma. Nachfolgesiedlung des röm. Castrum Venta Icenorum (Ptol., Itin. u. a. antike Belege), dessen Befestigungsring (1,3 km) noch besteht. Ca. 280 m östl. befindet sich ein großes Gräberfeld mit angl. und sächs. Urnenbestattungen und einigen wenigen Körpergräbern, datierbar ab ca. 380 (oder später) bis ca. 600 (ausgegraben in den 30er Jahren des 20. Jh.); ein kleineres Gräberfeld im NW ist durch Zufallsfunde bekannt. Man nimmt an, daß zuerst Germanen in röm. Solddienst (foederati) bestattet wurden, doch bleibt dies strittig. Ein skand. Landbesitzer übertrug den größten Teil von Cestre um 1030 an das neugegr. Kl. St. Edmund's (→Bury St. Edmund's), in dessen Besitz C. bis zur Säkularisierung im 16. Jh. verblieb. Die Pfarrkirche (ŏ Edmund) ist im Domesday Book erfaßt, ihr Baubestand entstammt vorwiegend dem 14. Jh.

D. A. Bullough

Lit.: J. N. L. MYRES–B. GREEN, The A.-S. Cemeteries of C.-by-N. and Markshall Norfolk, 1973 – J. WACHER, The Towns of Roman Britain, 1974, 227–238 – E. DARROCH–B. TAYLOR, A Bibliogr. of Norfolk Hist., 1975, 216f.

Caithness, Landschaft (Co., bis 1975) und ehem. Bm. im nördlichsten Teil des festländ. Schottland, umfaßte urbsprgl. das Gebiet nördl. von →Ross, einschließl. der Gft. →Sutherland (des »Südlandes« von C.). Der Landschaftsname ist norw. (*katanes* 'Katzenlandspitze') und wird in den Sagas, die Ereignisse vom Ende des 9. Jh. schildern, erwähnt. Er steht jedoch offenbar mit einem älteren kelt. Stammesnamen in Verbindung, der sich in der gäl. Bezeichnung für Sutherland, »Cataibh«, erkennen läßt. Es ist anzunehmen, daß die dort ansässige Piktenstamm, der bei Ptolemaios »Cornovii« heißt, den Spitznamen »Katzen« trug, ebenso wie die Bewohner der →Orkney-Inseln »Schweine« genannt wurden. – Vor der norw. Besiedlung war C. wahrscheinl. eine Provinz des Kgr.es der →Pikten. Von 900 an war es ein Jarltum (Earldom), das norw. Siedler innehatten und das eng mit dem Jarltum der Orkney-Inseln verbunden war. Von 1198 bis 1350 wurden die Orkney-Inseln gemeinsam mit C. von einer Familie, die sowohl Schotten als Norweger zu ihren Vorfahren zählte, regiert. Dann kam C. an das Kgr. →Schottland, während die Orkney-Inseln noch bis 1468 unter norw. (bzw. dän.-norw.) Herrschaft verblieben. Auf Betreiben des Kg.s v. Schottland wurde um 1230 ein neues Earldom Sutherland, das die südl. und westl. Gebiete von C. umfaßte, geschaffen; zur gleichen Zeit wurden Bischofssitz und Kathedrale des Bm.s C., das um 1150 entstanden war und bis dahin Halkirk als Hauptsitz hatte, ständig nach Dornoch in Sutherland verlegt. Auch nach der Reformation bestand die Diöz. (mit einer Unterbrechung in den Jahren 1638–62) bis 1688. Das Earldom C. wurde 1649 (in Anwendung eines bereits 1504 erlassenen, aber nicht in Kraft gesetzten Act) in ein *sheriffdom* umgewandelt, unter Abtrennung vom sheriffdom Inverness.

G. W. S. Barrow

Lit.: Origines Parochiales Scotiae II, Teil 2, 1855 – The Problem of the Picts, hg. F. T. WAINWRIGHT, 1955 – B. E. CRAWFORD, The earldom of C. and the kingdom of Scotland, Northern Scotland II, 2, 1976/77, 97–117.

Caithréim Cellacháin Chaisil, mittelir. Text, in Munster, unter dem Patronat der Mac Carthaig, zw. 1127 und 1134 verfaßt. Der Text gibt sich als heroisch getönte Vita des Cellachán, Kg. v. Munster († 954); es handelt sich tatsächl. um Propaganda im hist. Gewande zugunsten des Cormac Mac Carthaig, Kg. v. Munster († 1138), des direkten Nachfahren von Cellachán. Der Autor des Werks hatte keine Kenntnis von den zeitgenöss. Quellen der Wikingerkriege des 10. Jh., und der Text ist daher als Zeugnis für diese Periode ohne Wert. Er wirft jedoch Licht auf Zielsetzungen und Bestrebungen ir. Kg.e im 12. Jh., ist es doch sein Ziel, Mac Carthaig zu glorifizieren und einen hist. Bezugsrahmen für sein Kgtm. über Munster zu schaffen. Darüber hinaus schildert das Werk in paradigmat. Weise das Ideal des Verhältnisses zw. einem Kg. und seinen Vasallen, wobei auch Vorstellungen aus dem Bereich des Rittertums mit zum Tragen kommen.

D. Ó Corráin

Lit.: A. BUGGE, Caithréim Cellacháin Caisil, Christiania, 1905 – J. RYAN, The hist. content of C. C. C., Journal of Royal Soc. Antiq. Ir.

71, 1941 – K. Hughes, Early Christian Ireland: introduction to the sources, 1972, 288–298 – D. Ó Corráin, Caithréim Cellacháin Chaisil: hist. or propaganda?, Ériu 25, 1974.

Caithréim Toirdelbaig, mittelir. erzählendes Werk, das die Kriege zw. →Toirdelbach Mór Ó Briain und Thomas de →Clare (1275–85) sowie zw. →Muirchertach Ó Briain und Richard de Clare (1310–18) zum Gegenstand hat, verfaßt von Seán Mac Ruaidhrí Meic Craith wohl um die Mitte des 14. Jh. Der Text enthält zahlreiche äußerst wertvolle hist. und topograph. Angaben über Thomond (North Munster) und insbes. über die Gft. →Clare im 14. Jh. C. T. basiert auf Annalen, Gedichten und zeitgenöss. mündl. Zeugnissen über die Kriege; der Stil des Werkes, der sich an die ir. Übersetzung der »Pharsalia« des →Lucanus anlehnt, ist pathetisch. D. Ó Cróinín

Ed. und Lit.: Caithréim Thoirdhealbhaigh, ed. S. H. O'Grady, Irish Texts Soc., Bd. 26, 27, 1929 – T. J. Westropp, Transactions of the Royal Irish Academy 32 C 2, 1903, 133–198.

Cajal (Caxal), Antonio, aragon. Gesandter, † 25. Mai 1417 in Konstanz, stammte aus Tarragona, 1402 als Magister artium und Bacc. theol. erwähnt. Auf Betreiben Martins I. v. Aragón wurde er 1405 General der →Mercedarier, außerdem dessen Gesandter an den Höfen von Kastilien (1407) und Fez (1413). 1408 nahm er am Konzil v. →Perpignan teil. Ferdinand I. v. Aragón entsandte ihn zum Konzil v. →Konstanz (Jan. 1416), um den Anschluß der Krone Aragón an das Konzil einzuleiten. Nach seinem Treffen mit Kg. Siegmund zu Lyon (15. Febr.) hielt er sich seit dem 28. Febr. 1416 in Konstanz auf, wo er mehrere von klass. Bildung zeugende Reden hielt. Nach dem Eintreffen der aragon. Gesandtschaft war A. C. deren Sprecher und löste einen Präzedenzstreit mit der Natio Anglicana aus. In Fragen der Konzilspolitik war er einig mit dieser und der Natio Germanica und zog die übrigen Gesandten Aragóns auf seine Seite. Hoch angesehen, starb er in Konstanz. Von seiner Schrift »Circa unitatem ecclesie capitisque eius ac sponsi Jesu Christi prestantiam obsequioque Vicario eius deferendo« ist der Text nicht erhalten. W. Brandmüller

Q.: Sacrosancta Concilia, ed. Ph. Labbé – G. Cossart, XVI, 1683, 347f., 443–447, 470–476 – J. v. Döllinger, Beitr. zur polit. kirchl. und Culturgesch. der letzten 6 Jahrhunderte, II, 1863, 388–391 [Instruktionen] – Acta Concilii Constantiensis, ed. H. Finke, IV, 1928 [ad Ind.] – *Lit.*: J. Goñi Gaztambide, Los españoles en el Concilio de Constanza, 1966, 60–66 [dort alle Einzelnachweise] – V. Muñoz, La teología entre los Mercedarios españoles hasta 1600 (Rep. de Hist. de las Ciencias eclesiásticas en España III, 1971), 401 [Lit.] – J. Goñi Gaztambide, Presencia de España en los concilios generales del siglo XV (Hist. de la Iglesia en España III, 1, 1980), 38f., 53, 59.

Cajetan de Vio, Thomas, * 1469 Gaeta, † 1534 Rom, wurde 1484 Dominikaner und 1508 Ordensgeneral. Leo X. erhob ihn 1517 zum Kardinal. Er lehrte in Padua, wo sich gegen den lat. Averroismus wandte, dann in Pisa und Rom. Er verfaßte Kommentare zu Aristoteles, schrieb den ersten vollständigen Kommentar zur Summa theologiae des Thomas v. Aquin (im 19. und 20. Jh. ein Grundtext der →Neuscholastik) sowie Kommentare fast zur ganzen Hl. Schrift. Er bewog Julius II., gegen das Konziliabulum von Pisa (1511) ein Konzil (5. Laterankonzil) einzuberufen. Leo X. sandte ihn zum Reichstag v. Augsburg (1518), wo er vergeblich mit Luther verhandelte. Zwar ein entschiedener Verteidiger des päpstl. Primats, war C. gegen einen übersteigerten Zentralismus der Röm. Kurie. Er empfahl den Gebrauch der Muttersprache in der Liturgie für das Volk, riet dem dt. Klerus die Ehe sowie den Laienkelch zu gestatten, um die Kirchenspaltung in Deutschland aufzufangen. Vor seinem Tod versuchte er noch, Heinrich VIII. von der Lostrennung der Kirche Englands von Rom abzuhalten. A. Bodem

Lit.: F. J. Groner, Kard. C., 1951 – G. Henning, C. und Luther, 1966 – J. P. Reilly, Cajetan's notion of existence, 1971 – A. Bodem, Das Wesen der Kirche nach Kard. C., 1971 – Ders., Das Menschenbild von Kard. C., MFCG 13, 1978, 353–363.

Calabria → Kalabrien

Calahorra

I. Die Stadt – II. Das Bistum Calahorra–Santo Domingo de la Calzada.

I. Die Stadt: C., Stadt und Bm. in NW-Spanien, 49 km sö. von Logroño; Gemeinde der Prov. Rioja. Der Ebro fließt in einer Entfernung von 2 km an der Stadt vorbei, die auf drei Seiten in nord-südl. Richtung vom Río Cidacos begrenzt wird. Wahrscheinl. von den Iberern gegründet, wurde C. von den Römern in augusteischer Zeit neugegründet. Wie eine natürl. Festung lag es auf einem die Umgebung beherrschenden Hügel ('Call'), umschlossen von Ebro und Cidacos. Aus der Westgotenzeit sind nur Hinweise auf die Teilnahme seiner Bf.e an den Reichssynoden erhalten.

Um 714 ergab sich C. den ins Ebrotal vordringenden Mauren. Die maur. Herrschaft hatte anfangs kaum Einfluß auf das Leben der Christen, doch wurden um 932 auf Befehl ʿAbdarrāḥmāns III. die Kathedrale und alle Kirchen zerstört.

Die Christen versuchten wiederholt, C. zurückzuerobern; dies gelang am 3. April 1045 dem Kg. v. Navarra, →García V. Sánchez »el de Nájera«, endgültig, indem er die bestehenden Streitigkeiten der Taifenherrscher von Toledo und Zaragoza (→Taifen) für seine Zwecke nutzte.

Die Einnahme von C. markiert nach Ansicht von Lacarra eine Wende in der Haltung der christl. Reiche. Hatten sie sich bis dahin auf eine Verteidigung ihrer Grenzen beschränkt, so übten sie jetzt an allen Fronten einen offensiven militär. Druck aus. Wegen seiner geograph. Lage wurde C. im 12. und 13. Jh. von den ständigen Streitigkeiten der Kg.e v. →Navarra und →Kastilien um den Besitz dieses Gebietes in Mitleidenschaft gezogen. Die Hochzeit Sanchos III., des Erbprinzen von Kastilien, mit Blanca v. Navarra, der Schwester Sanchos VI. »el Sabio«, die 1151 in C. gefeiert wurde, führte zeitweilig zu einer Abschwächung dieser Gegensätze und zu einer engen Verbindung beider Reiche.

Im 11. Jh., zu einem nicht genau bestimmbaren Zeitpunkt, erhielt die Stadt einen →Fuero, dessen ursprgl. Fassung allerdings nicht erhalten ist. Man nimmt an, daß er Ähnlichkeit mit dem Fuero von Viguera aufwies. 1110 dehnte Alfons I. v. Aragón 'el Batallador' den Geltungsbereich dieses Fuero auf Funes, Marcilla und Peñalén aus. Als Kg. Alfons VII. v. Kastilien-León nach dem Tode des Batallador dieses Gebiet an Kastilien angliederte, verlieh er C. einen neuen Fuero, von dem sich verschiedene Bestätigungen erhalten haben. Spätestens ab 1062 gibt es Hinweise auf ein Concilium (→Concejo) in C. An der Spitze des Gemeinwesens stand ein Stadtherr, unterstützt durch einen →Merino. Der Stadtrichter (judex), ab 1095 in Urkunden erwähnt, hatte die wichtigste Stellung im Stadtrat inne. Sein Amt konnte über Jahre hinaus verlängert werden.

1110 ist ein →Alcalde belegt; im 13. Jh. gab es deren drei (einen für jedes Viertel oder colación: Sta. María, S. Andrés und S. Cristobal). Die Ämter des Richters und Alcalden waren nicht immer klar voneinander abgegrenzt, so daß man dieselbe Person einmal als Alcalden, dann wieder als Richter in Zivilsachen oder als Gesetzgeber (legislator) erwähnt findet. In zahlreichen Fällen wiederum wird genau zw. beiden Ämtern unterschieden, und der Richter erscheint als dem Alcalden untergeordnet. Seit der Regierung Alfons' I. v. Aragón besaß der Stadtrat volle richterl. Befugnisse und hatte das Recht, die verschiedenen Ämter frei zu besetzen. Zw. 1126 und 1178 taucht in den Urkunden als weiteres Amt das des Adelantado auf, dessen Funktionen denen des Richters entsprachen. Beide Ämter wurden abwechselnd besetzt. Ende des 12. und zu Beginn des 13. Jh. werden ein → Sayon (Büttel) und drei *andadores* ('Boten') in den Urkunden als *jurados* erwähnt. Im Laufe des 13. Jh. erlangte die Gemeinde ihre volle Unabhängigkeit, und als Folgeerscheinung wurde die städt. Verwaltung wesentl. ausgebaut. 1255 erhielt die Stadt durch Alfons X. v. Kastilien Marktrechte. Der Wochenmarkt fand auf dem Platz des antiken röm. Forums statt.

Während der Minderjährigkeit Ferdinands IV. v. Kastilien (1300) kam es in C. zum Konflikt zw. Juan Núñez de → Lara, dem ehemaligen Herrn von Albarracín und Parteigänger des Infanten Alfons de la Cerda, mit Juan Alonso de → Haro, Señor de Los Cameros, der dem kast. Monarchen die Treue hielt, Lara besiegte und gefangennahm.

Im kast. Bürgerkrieg erklärte sich C. 1366 für → Heinrich v. Trastámara, der hier den Königstitel annahm. Wenn C. auch zwiv. von den Truppen Peters I. v. Kastilien zurückerobert wurde, stand es ab 1367 unter der Herrschaft der → Trastámara und blieb der Dynastie bis zu den Kath. Kg.en treu.

II. Das Bistum Calahorra – Santo Domingo de la Calzada: C. war Suffragan v. → Tarragona, seit 1368 v. → Zaragoza; ♂ hl. Emoterius und hl. Celidonius. Die erste gesicherte Erwähnung des Bm.s stammt aus der Mitte des 5. Jh. und betrifft Bf. Silvanus und seinen Streit mit dem Metropoliten von → Tarragona. In den Konzilsakten der westgot. Zeit erschienen die Unterschriften einiger Bf.e v. C.

Nach der maur. Invasion und während des ganzen 8. Jh. sind keine Bf.e von C. bekannt. Erst zu Beginn des 9. Jh. finden sich Hinweise auf Bf.e von C., die sich nach → Oviedo geflüchtet hatten. An verschiedenen Orten (Albelda, → Nájera, → S. Millán de la Cogolla, Álava und → Valpuesta) entstanden unter Anknüpfung an die Tradition von C. Pläne zur Wiederherstellung des Bischofssitzes von C.

Als Ordoño II. v. León Nájera 923 endgültig eroberte und dort ein neues Bm. einrichtete, versuchten sie einige der Bf.e in der Nachfolge von C. zu sehen. Nachdem dann der navarres. Königshof dort seinen Sitz genommen hatte, verfestigte sich dieser Anspruch soweit, daß sogar nach der endgültigen Eroberung von C. die Bf.e weiterhin in Nájera residierten und sich »episcopus calaguerrensis et najerensis« und zeitweise sogar »albeldensis« nannten, da sie manchmal ihren Sitz in Albelda nahmen.

Während der Herrschaft Alfons' VI. v. Kastilien-León bildete sich das Bm. rasch zu einer der ausgedehntesten und reichsten Diöz. der Iber. Halbinsel aus. 1093 ging das Gebiet des erst kürzlich untergegangenen Sitzes von Armentia (bei Vitoria) im Bm. C. auf, ein Anschluß, den Papst Paschalis II. 1109 bestätigte. Etwas später findet sich die letztmalige Erwähnung der Bf.e v. San Millán und Castella Vetula. Als einziger Titelträger verblieb der Bf. v. C. und Nájera. Damit umfaßte die Diöz. C. praktisch die Gesamtheit der heut. Provinzen Logroño, Álava und Vizcaya und einen großen Teil von Guipúzcoa; dazu kamen noch weite Gebiete von → Navarra, → Burgos und → Soria.

Durch dieses schnelle und starke Anwachsen der Diöz. stellte sich die Frage nach dem Hauptsitz des Bistums. Da Nájera zentraler als C. gelegen war, residierten die Bf.e dort bis zum Ende des 12. Jh.; danach erwählten sie Santo Domingo de la → Calzada zu ihrem neuen Sitz. Dieser Wechsel führte zu Streitigkeiten zw. den Kanonikern von C. und dem Kapitel von La Calzada. Zu Beginn des 13. Jh. kam es deshalb in der Diöz. zu einem Schisma, da sowohl in C. wie auch in La Calzada eine Bischofsneuwahl vorgenommen wurde. 1221 wurde der Streit durch die Ernennung eines neuen Bf.s beigelegt.

Ab 1235 nannte sich die Diözese schließlich endgültig »de Calahorra y La Calzada«. Die beiden Kirchen bildeten ein einziges Kathedralkapitel. Das Verhältnis des Bf.s zu seinen beiden Bischofssitzen wurde 1249 endgültig geregelt.

1318 wurde die bis dahin zur Metropole → Tarragona gehörende Diöz. von Johannes XXII. der neuen Kirchenprovinz → Zaragoza zugeschlagen. Dieser Zustand dauerte drei Jahrhunderte, bis C. 1574 zur Kirchenprov. Burgos kam.   M. I. Falcón

Lit.: DHEE I, 305–331 – DHGE XI, 267–327 [Lit.] – LThK² II, 877f. – Flórez, España Sagrada XXXIII, 1781 – A. C. Govantes, Diccionario geográfico-histórico de España, Sección II. Comprende la Rioja. . ., 1846, 38–44 – N. Subiran y Lopez de Baro, Recopilación de noticias históricas de C., 1878 – P. Gutierrez – L. San Juan de la Cruz, Hist. de C. y su gloria, 1925 – F. Bujanda, Episcopologio calagurritano, desde la reconquista de la sede en 1045, 1944 – Ders., La Diócesis de C. y La Calzada, 1944 – A. Ubieto Arteta, Un obituario calahorrano del siglo XV, 1976 – I. Rodríguez de Lama, Colección diplomática medieval de la Rioja, 3 Bde, 1976–79 – A. Ubieto Arteta, Cartularios (I, II, III) de Santo Domingo de la Calzada, 1978 – Ders., Notas sobre el patrimonio calceatense en los siglos XII y XIII, 1978 – J. G. Moya Valgañon, Los oficios concejiles en la Rioja hasta 1250 (»Berceo 100« [en-jun. 1981]), 139–166.

Calais, Stadt in Nordfrankreich (heut. dép. Pas-de-Calais, vorher in der Gft. Boulogne), an der engsten Stelle des Kanals, dem Pas de C. (Straße v. C.), gelegen. Das Dorf Petresse, das als Pertinenz von Merck (Marck) 938 von Arnulf I., Gf.en v. Flandern, dem Kl. St-Bertin (→ Sithiu) übertragen worden war, scheint den Kern des alten C. gebildet zu haben. Die Bedeutung dieses Dorfes als Hafen wuchs in dem Maße, wie die alten Häfen von Audruicq und Craywick versandeten. Für den Aufstieg von C. wurde jedoch entscheidend, daß mit der norm. Eroberung Englands (1066) und der Entwicklung des Tuchgewerbes in → Flandern Seefahrt und -handel zw. beiden Ländern an Bedeutung gewannen. Die Stadtgründung erfolgte 1173 durch Matthias v. Elsaß, Gf.en v. Boulogne und Bruder → Philipps v. Elsaß, Gf.en v. Flandern, im Zuge seiner Hafengründungspolitik. Zu dieser Zeit war der Heringsfang (→ Hering) der bedeutendste Gewerbezweig in C.

Eine wichtige Phase für die Stadtentwicklung folgte zw. 1180 und 1250. Innerhalb der Handelsbeziehungen zw. England und Flandern, die mit der Landung von Richard Löwenherz, Kg. v. England, begannen, trat C. bald an die Stelle von → Wissant, das den Engländern bisher als einfacher Fährhafen gedient hatte. Im Bereich des Wollhandels (→ Wolle, Wollhandel), wo nun die Einfuhr engl. Wolle nach Flandern eine große Rolle spielte, wurden die Kaufleute von C. zu unentbehrlichen Vermittlern. Schon 1190 war der Handelsverkehr so angewachsen, daß C. das Recht zur Anlage eines Hafens erlangte. 1192–97 erreichten die Kaufleute von C. vom engl. Kg. vollständige Zollfreiheit in allen engl. Häfen; dieses Privileg wurde in der Folgezeit immer wieder erneuert. Die Bürger von C., die nun im Seehandel des gesamten → Angevin. Reiches als Konkurrenten der → Cinque Ports, der südengl. Hafenstädte, auftraten, erhielten 1203 ein städt. Privileg *(charte de franchise)*. Nach der Trennung C.' von Merck wurde 1210 seine Kaufmannsgilde anerkannt. Inzwischen war C. mit dem südl. Flandern an die Krone von Frankreich gelangt und gehörte bis 1347 zur Gft. →Artois, die immer in der Hand einer Seitenlinie des Königshauses war. Ab Nov. 1215 diente C. dem frz. Kronprinzen →Ludwig (VIII.) als Ausgangsbasis für seinen Versuch, den engl. Thron zu gewinnen. Damit begann die militär. Rolle des Hafens von Calais. Gf. Philipp (Philippe Hurepel) ließ nach 1223 die Stadt befestigen und im NW eine Burg errichten. 1253 erließ Gfn. Mathilde (Mahaud) v. Boulogne ein erweitertes Stadtprivileg, das der Stadt nahezu die Stellung einer freien Kommune verlieh, in der die gfl. Herrschaftsrechte auf Hoch- und Niedergericht beschränkt waren. Dieses Privileg blieb für mehrere Jahrhunderte die Grundlage des Zivil- und Strafrechts in C.

Die Auseinandersetzungen mit den engl. Seeleuten verschärften sich gegen Ende des 13. Jh. Angesichts der Wirtschaftskrise des späten 13. Jh. erwies es sich für die Seeleute von C. zunehmend als lohnender, engl. Schiffe zu kapern als Handel zu treiben. Nach Beendigung eines dieser See- und Kaperkriege erhob sich die Bevölkerung von C. im März 1298 in einer sozialen Revolte, in deren Verlauf der Bailli des Gf. en v. Artois erschlagen wurde. Die Piraterie der Seeleute von C. erreichte im Verlauf des →Hundertjährigen Krieges ein immer größeres Ausmaß und erbitterte zunehmend die Engländer. Nach dem engl. Sieg bei →Crécy (1346) eröffnete Eduard III., Kg. v. England, 1347 schließlich die Belagerung von C. Zur Sicherung ihrer Blockade ließen die Engländer sogar eine neue Stadt, Villeneuve-la-Hardie, errichten. Der lange, elf Monate dauernde Widerstand der eingeschlossenen Stadt und die schließliche Übergabe mit der heroischen Episode der sechs »Bürger von Calais«, die sich unter Führung von Eustache de St-Pierre freiwillig der Hinrichtung durch die Engländer (zur Verhinderung eines allgemeinen Massakers an den Bewohnern) auslieferten, sind berühmte Ereignisse des Hundertjährigen Krieges. Die Engländer besetzten C. und sein bailliage sowie das bailliage von Merck, in der Folgezeit kamen auch Coulogne und Sangatte (1350) sowie Guines (1352) unter engl. Herrschaft. Dieser gesamte Territorialbesitz, unter Einschluß der Gft. en →Guines und →Ardres, wurde offiziell im Friedensvertrag v. →Brétigny und Calais (1360) an England abgetreten und erhielt den Namen »Marche de C.« (Mark v. C.). Ab 1377 wurden die Kastellaneien Ardres und Audruicq von Frankreich zurückerobert. Während mehrere Burgen in dieser Region im 15. Jh. abwechselnd in engl. und frz. Besitz waren, blieben C. und sein bailliage, das bailliage von Merck und die Stadt Guines bis 1558 bei England.

C. wurde zur dreifachen Festung ausgebaut; befestigt waren die Stadt selbst, die Burg und die Festung Rysbank, welche die Hafeneinfahrt sicherte. Die engl. Militärverwaltung wurde unter der Jurisdiktion der Baillis, die nach den Grundsätzen der alten frz. Gewohnheitsrechte amtierten, überlagert; doch setzte sich die Bevölkerung neben einer kleinen Anzahl von Franzosen, denen der Aufenthalt in C. gestattet wurde, zunehmend aus engl. Soldaten und Bürgern zusammen.

Bei Aufrechterhaltung des alten Verwaltungssystems errichtete die engl. Regierung von C. 1363 den Wollstapel (→Stapel), der einer Kaufmannsgilde (Stapler-Konsortium, vgl. →Cely Papers) unter Leitung von 24 aldermen und 2 maires anvertraut wurde. Durch diese Konzentration des engl. Wollhandels auf C. erhielt die Stadt europ. Bedeutung. Der Unterhalt der engl. Garnison von 1100 Mann war ein ständiges Problem; Eduard III. und Richard II. vollbrachten wahre Wundertaten, um die regelmäßige Bezahlung der Soldaten sicherzustellen. Gleiches galt für Heinrich IV. und Heinrich V. Sämtliche Ausgaben der Stadt basierten auf den Zöllen, die auf die aus England importierten und den Flamen verkauften Wollballen erhoben wurden. Bis in die Mitte des 15. Jh. unterbrachen drohende militär. Interventionen von seiten Frankreichs mehrfach den Handelsverkehr. Insgesamt vermochte C. mit seinem Wollstapel schon deswegen nicht die hohen fiskal. Erwartungen der engl. Regierung, des Stadtkommandanten (capitaine) und seines Schatzmeisters (trésorier) zu erfüllen, weil immer mehr Kaufleute durch den Kg. zum Stapelzwang eximiert wurden. Dabei zeigt die Tatsache, daß die Schatzmeister häufig anschließend an ihre Amtszeit als mayors (Bürgermeister) von London berufen wurden, die Bedeutung von C. im Finanzwesen der engl. Krone. 1466, nachdem die Wolleinfuhren empfindl. gesunken waren (vom Ende des 14. bis zur Mitte des 15. Jh. von 35000 auf 8000 Ballen), nahm das Stapler-Konsortium die gesamten Zölle in Pacht und zahlte als Gegenleistung den Sold für die Garnison, den der Staatsschatz in Westminster nicht mehr regelmäßig aufzubringen vermochte. Im folgenden Jahr wurde den Staplern die Erhebung der gesamten kgl. Steuern und Abgaben für C. und die »marches« eingeräumt; die Stapler hatten ihrerseits für die Soldzahlungen und die Instandhaltungskosten der Festungen aufzukommen. Dieses System bestand bis 1482. – Die Stadt wurde 1365 durch einen maire (Bürgermeister) und aldermen verwaltet, die vom engl. Kg. ernannt und besoldet wurden. Seit 1370 waren jedoch die Stapler erfolgreich bestrebt, die Stadtverwaltung unter ihre Kontrolle zu bekommen: lange Jahre war nun der Vorsteher des Stapler-Konsortiums zugleich auch Bürgermeister der Stadt.
M. Rouche

Lit.: D. Haigneré, Dict. hist. et archéol. du dép. du Pas-de-Calais, 1875–80, II, 46–180 – G. Daumet, C. sous la domination anglaise, 1902 – E. Lennel, C. au MA, 2 Bde, 1909–11 – J. Lulvès, C. sous la domination anglaise, 1917 – R.-B. Pugh, The financing of C. under Henry V., Bull. of Inst. of Hist. Research 23, 1950 – J. Le Patourel, L'occupation anglaise de C. au XIVe s., Revue du Nord 33, 1951, 228–241 – E. Perroy, L'administration de C. en 1371–72, ebd., 219–227 – J. L. Kirby, C. sous les Anglais (1399–1413), ebd. 37, 1955, 19–29 – E. Perroy, Compte de William Gunthorp, Trésorier de C. (1371–72), Mém. Comm. dép. Mon. hist. Pas-de-Calais, 1959 – G. L. Harriss, The Struggle for C.: an Aspect of the Rivalry between Lancaster and York (1456–60), EHR 25, 1960, 30–53 – Ch. Costenoble, Hist. de la Paroisse Notre-Dame de C., Bull. Hist. et art du Calaisis 5, 1961, 1–15 – D. Greaves, C. under Edward III. (Finance and Trade under Edward III., hg. G. Unwin, 1962) – P. Bougard–C. Wyffels, Les finances de C. au XIIIe s., 1966 – A. Verhulst, Initiative comtale et développement économique en Flandre au XIIe s.: le rôle de Thierry et de Philippe d'Alsace (1128–1191) (Misc. J. F. Niermeyer, 1967), 227–240 – R. Delmaire, Etude archéol. de la partie orientale de la Cité des Morins, 1976 – R.-L. Baker, The Government of C. in 1363 (Order and Innovation in the MA, Essays in hon. of J. Strayer, 1976) – T. H. Lloyd, The Engl. Wool Trade in the MA, 1977 – R. H. Bautier–J. Sornay, Les sources de l'hist. économique et sociale du MA. 2e sér. Etats de la maison de Bourgogne, Bd. I, 2: archives de principautés, Kap. über C. [im Dr.].

Calatañazor, Schlacht v. ('Castillo de las Aguilas', Ort bei Almazán, Prov. Soria), legendäres Treffen zw. den Truppen des maur. Feldherrn →al-Mansūr und dem vereinigten Aufgebot der Kg.e →Vermudo II. v. León († 999) und →García Sánchez II. v. Pamplona († 1000) sowie des Gf. en →García Fernández v. Kastilien († 995), das angebl. siegreich für die Christen geendet und späteren Geschichtsschreibern (→Lucas v. Túy, →Rodrigo Jiménez de Rada) zufolge letztlich den Tod al-Mansūrs (1002) herbeigeführt haben soll. Grundlage für diese Legendenbildung war eine Schlacht bei dem Bergmassiv der Peña

Cervera nördl. des Duero (ca. 50 km Luftlinie v. Calatañazor entfernt), die sog. »Arrancada de Cervera« (Anales Castellanos Segundos), zw. dem Heer al-Manṣūrs und einem kast.-leones.-navarres. Aufgebot unter der Führung des Gf.en →Sancho García v. Kastilien am 30. Juli 1000 (einem Montag), die den Mauren den Sieg brachte.

L. Vones

Lit.: DHE I, s. v. - R. P. A. Dozy, Sur la bataille de C. (Recherches sur l'hist. politique et littéraire de l'Espagne I, 1881³, 193–202 – E. Saavedra, La batalla de C. (Mél. Hartwig-Derenbourg, 1909), 49–51 – F. Codera, La batalla de C., BRAH 56, 1910, 197–200 – R. Menéndez Pidal, Hist. y Epopeya, 1934, 21f. - E. Lévi-Provençal, Hist. de l'Espagne Musulmane II, 1950², 252–259 – J. Pérez de Urbel, El condado de Castilla III, 1970, 21–27 – L. García de Valdeavellano, Hist. de España I/2, 1973⁵, 233–235 – C. Sánchez-Albornoz, La España Musulmana I, 1974⁴, 483–488.

Calatayud, Stadt, am linken Ufer des Jalón gelegen (Prov. Zaragoza, Diöz. Tarazona), das röm. Bilbilis Augusta, 716 von dem Emir Ayyūb b. Ḥabīb al-Laḥmī (Qalʿat Ayyūb) wiederbesiedelt, seit spätestens 1109 in der Hand der →Almoraviden. Am 24. Juni 1120 wurde C. von dem aragones. Kg. Alfons I. »el Batallador« zurückerobert, 1131 erhielt C. den →Fuero einer Grenzstadt und organisierte sich als communidad. C. entwickelte sich zu einer der wichtigsten Städte des Kgr.es Aragón mit Sitz und Stimme in den →cortes. Die drei Religionsgemeinschaften lebten in der Stadt nebeneinander, wobei die Christen entsprechend ihrer Herkunft während der →Repoblación 14 Pfarreien bildeten. Unter Papst Lucius III. wurde C. Sitz eines Archidiakonats. Bereits kurz nach der →Reconquista wurde die Kollegiatkirche Santa María Mayor errichtet, 1141 durch →Raimund Berengar IV. eine solche der →Chorherren vom Hl. Grab. In C. soll auch ein Haus des Dt. Ritterordens existiert haben. Das Zusammenleben mit →Mudéjares und Juden ließ den für die Stadt charakterist. »Mudéjarismus« und eine sozial hochstehende Gruppe der conversos (→Konvertiten) im 14.–15. Jh. entstehen.
O. Cuella Esteban

Lit.: DHGE XI, 345–348 – El² IV, 477f. [J. Bosch-Vilá] – H. Flórez, España Sagrada, Teatro geográfico-histórico de la Iglesia de la España 48, 1865, 45–54; 44, 1865; 50, 1866 u. ö. – V. de La Fuente, Hist. de la siempre augusta y fidelísima ciudad de C., 2 Bde, 1880 [Neudr. 1969] – J. M. Lopez Landa, Hist. sucinta de C. Edad Media, 1949 – G. Borras Gualis – G. Lopez Sampedro, Guía monumental y artística de C., 1975 – O. Cuella Esteban, El Arcedianato de C. en tiempos del papa Luna [Diss. Barcelona 1976, im Dr.].

Calatrava, Ritterorden v., nach seinem ersten Sitz C. la Vieja (nö. von Ciudad Real, am Guadianaufer) benannt; 1147 in der Hand Kg. Alfons' VII., spätestens 1150 übernahmen die Templer die Burg. Auf das falsche Gerücht hin, ein großes Maurenheer bedrohe C., erfolgte im Herbst 1157 die Rückgabe C.s an →Sancho III., Kg. v. Kastilien. Der Zisterzienser Diego Velasquez, ehemaliger Ritter und mit Sancho erzogen, bewog seinen Abt Raimund v. Fitero zur Übernahme C.s. Im Januar 1158 fand die Vergabe C.s an den Zisterzienserorden (→Zisterzienser) statt; die Schenkungsurkunde weist außer auf den Verteidigungsauftrag auch auf eine erhoffte Erweiterung des Kgr.es Kastilien hin. C. wurde von den mit Hilfe des Ebf.s v. Toledo rasch geworbenen Kreuzfahrern, die sich einen für militär. Tätigkeit modifizierten Zisterzienserhabit zulegten und die Regel des Zisterzienserordens annahmen, in Besitz genommen. Später erfolgte eine Verstärkung durch Mönche v. →Fitero und durch eine weitere Laientruppe. Nach dem Tode Raimunds (1163?) spaltete sich die Gruppe: die Mönche zogen sich nach Ciruelos und Fitero zurück, die Laien wählten García als ihren *maestre*, der sich um Bindung an den Zisterzienserorden bemühte.

Am 14. Sept. 1164 gab das Generalkapitel in →Cîteaux eine »regula et forma vivendi«, nahm die Gruppe als »vere fratres« auf und übertrug dem Abt v. Scala Dei die Betreuung. Papst Alexander III. approbierte und eximierte am 26. Sept. 1164 die kastil. Zisterziensermiliz, die aber erst 1187 auf Drängen Alfons' VIII. voll an den Zisterzienserorden affiliiert und der Abtei →Morimond unterstellt wurde. Die erste Bestätigung dieser Regelung erfolgte am 4. Nov. 1187 durch Papst Gregor IX.

Ritter (milites, *caballeros*) und Kleriker (capellani, *freyles clerigos*) lebten in Armut, Keuschheit und Gehorsam nach den Bestimmungen der »carta caritatis«. Leiter in weltl. und geistl. Dingen war der Meister (magister, maestre), der seit dem 14. Jh. vom Generalkapitel gewählt wurde und zum Besuch des Zisterziensergeneralkapitels verpflichtet war. Der Großkomtur *(comendador mayor)* war Stellvertreter des maestre und leitete dessen Wahl. Der Kastellan *(clavero)* sicherte den Hauptsitz und hatte die Ordensmitglieder mit Nahrung und Kleidung auszustatten. Der *obrero* war zuständig für die Ordensbauten. Der Abt v. Morimond bestimmte aus dem Kreis frz. Mönche einen Prior und Subprior als geistl. Betreuer, die seit 1397 auf 16 *priorados formados* verteilt waren.

Komture *(comendadores, praeceptores)* verwalteten den Grundbesitz, dessen Einkünfte im SpätMA zur Hälfte dem Meister zukamen *(mesa maestral).* Zu den ersten Komtureien *(encomiendas)* Benavent, Caracuel, Guadalerza, Nambroca, Toledo, Ciruelos, Zorita und Ocaña (1180) gesellten sich bis ins 15. Jh. noch mehr als 50 andere hinzu.

Ausgerichtet auf das Kgr. Kastilien beteiligte sich der Ritterorden v. C. unter Alfons VIII. an der Rückeroberung der Städte Cuenca (1177) und Alarcón (1184). Ausgestattet vorwiegend mit Burgen *(castillos)* am oberen Tajo (Almoguera 1175, Aceca und Cogolludo 1176) und an der Guadianagrenze (Piedrabuena, Alarcos, Caracuel bis 1187, Malagon 1188), fand er sein wirtschaftl. Auskommen durch die Minen von Chillon/Almadén (1168) und die Nutzung u. a. der Zehntfreiheit, Zollrechte sowie des Weide- und Ackerlandes.

Zur Förderung der →Reconquista übertrug →Alfons II., Kg. v. Aragón, 1179 dem Ritterorden v. C. Stadt und Burg Alcañiz. Die Großkomturei geriet aber bald in die polit. Abhängigkeit Aragóns und blieb bis zu den Kath. Königen, Ferdinand und Isabella, eine ständige Bedrohung für die Einheit des Ordens.

In Galizien, Asturien und Portugal hatte der Orden nur geringen Besitz. Nach der Schlacht bei →Alarcos (1195) verlor er fast den gesamten Besitz. Von 1198 bis 1211 war die Burg Salvatierra (50 km südl. v. C. la Vieja) Ordenssitz. Nach dem Sieg der Christen bei Las →Navas de Tolosa (1212) erfolgte eine Restauration des Ordenslandes, das in den folgenden Jahrzehnten von den Anrainern (Orden v. →Santiago, →Templer, →Hospitaliter, Ebm. →Toledo) abgegrenzt wurde. Ab 1217 war der Hauptsitz des Ordens in C. la Nueva, auf einem Berg unmittelbar gegenüber Salvatierra, aber schon bald in Konkurrenz zu Almagro, der Residenz des maestre. Die Blütezeit C.s war unter Kg. →Ferdinand III.: C. erhielt das Visitationsrecht über die Orden v. →Avis (1213) und →Alcántara (1218), inkorporierte den Ritterorden v. →Monsfrag (1221) und gründete in der Diöz. →Burgos das Nonnenkloster S. Felices (1219). An den Eroberungen in Andalusien (Baeza 1226, Córdoba 1236, Jaén 1246, Sevilla 1248) war der Orden militär. und wirtschaftl. beteiligt, ebenso in Aragón (Balearen 1229, Valencia 1238). Außerhalb Spaniens sollte der Ritterorden v. C. im Patriarchat →Antiochia

(1235) und in Polen gegen die →Tataren (1245) eingesetzt werden; Aktivitäten im Weichselgebiet (Tymau 1224/30) sind ungesichert.

Der Kampf gegen die Benimerinen seit Alfons X. verlangte zwar noch die Beteiligung des Ritterordens v. C. (Salado 1340, Antequera 1410, Higueruela 1431, Granada 1481–92), brachte aber keine wesentl. Gewinne. Nach der Auflösung des Templerordens fielen die neuen Orden v. →Montesa (1317) und Christ (1319) in die Jurisdiktion C.s.

Bis ins endende 15. Jh. suchten die span. Kg.e die Kontrolle und Verfügungsgewalt über die wirtschaftl. Ressourcen C.s zu erlangen: Eine ständige Bedrohung des campo de C. durch die 1255 v. Alfons X. gegründete Stadt →Ciudad Real, kastil. Thronstreitigkeiten und die Rivalität mit dem Kgr. Aragón trugen zur Verweltlichung des Ordens bei; wegen seines wirtschaftl. Einflusses wurde das Meisteramt mit den Parteigängern der jeweiligen Prätendenten besetzt, vorwiegend aus den Dynastien Padilla, Guzmán und Girón, oft unter Mißachtung kanon. Voraussetzungen wie Ordenszugehörigkeit und Zölibat (Enrique de Villena 1404) oder Volljährigkeit (Rodrigo Téllez de Girón 1466); durch Vergabe von Hofämtern und militär. Führungspositionen seit →Peter I. wurde die Bindung an die Krone verstärkt. Schismen waren eine Dauererscheinung im Orden, die persönl. Kontrolle durch den Abt v. Morimond war nur unregelmäßig, der polit. bedingte Wechsel der Meister innerhalb der span. Ritter nicht selten (1365, 1384).

Seit 1489 erfolgte die Verwaltung des Ritterordens v. C. durch Kg. Ferdinand, ab 1492 mit päpstl. Bestätigung. Seit 1501 wurden alle span. Ritterorden durch die Kath. Könige gemeinsam verwaltet. B. Schwenk

Bibliogr.: D. W. LOMAX, Las Ordenes Militares en la Península Ibérica durante la Edad Media, 1976 – Q.: Rodericus Ximenius de Rada, Opera, 1793 [Neudr. Valencia 1968] – I. J. Ortega y Cotes, Bullarium Ordinis Militiae de C., 1761 [Neudr. Barcelona 1981] – Lit.: F. de Radas y Andrada, Crónica de las tres Ordenes y Cavallerias de Sanctiago, C. y Alcántara, 1572 [Neudr. Barcelona 1980] – F. GUTTON, L'Ordre de C., 1955 – J. F. O'CALLAGHAN, The Spanish Military Order of C. and its Affiliates, Collected Stud., 1975 – E. SOLANO RUIZ, La Orden de C. en el siglo XV, 1978 – B. SCHWENK, Aus der Frühzeit der geistl. Ritterorden Spaniens (Die geistl. Ritterorden Europas, hg. J. FLECKENSTEIN – M. HELLMANN [VuF XXVI], 1980), 109–140.

Calcidius, Neuplatoniker. Über Lebenszeit und -umstände des C. lassen sich aus Mangel an biograph. Überlieferungen nur Mutmaßungen anstellen. Aus sprachl. Merkmalen, der Benutzung von Quellen und indirekten Hinweisen innerhalb seines Werkes läßt sich annehmen, daß C. Christ war und um 400 wohl in Italien, vielleicht in der Gegend von Mailand wirkte. Für einen nicht näher charakterisierten Osius, dessen Identität mit dem Bf. v. Córdoba nicht gesichert ist, übersetzte er einen Teil von Platons »Timaios« (17A–53C) ins Lat. und fügte einen umfangreichen Kommentar hinzu. C. hat diesen Kommentar offensichtl. selbst aus verschiedenen, ihm vorliegenden Autoren zusammengestellt. Anlaß war ihm die Vielfalt der im »Timaios« behandelten Gegenstände. Das Verständnis der platon. Naturphilosophie, Gegenstand des »Timaios«, verlangte Erläuterungen durch die verschiedenen Artes des Quadrivium, die allgemeine Bedeutung des Werkes für die platon. Philosophie erforderte eine eingehende Darstellung der komplexen kosmolog. Probleme. Der Einteilung von Platons »Timaios« entsprechend, behandelt der Kommentar zunächst die direkten Werke der göttl. Vorsehung (so deutet C. die Vernunft – νοῦς – Platons auf das, was Gott unter Mitwirkung der Notwendigkeit [Notwendigkeit identisch mit der Materie] bewirkt.) Zum ersten gehört die Welt als beseelter Körper (wichtig dabei die Kapitel über Ewigkeit und Zeit), ihre Ausstattung mit unsterbl. (Sterne, Dämonen) und sterbl. Lebewesen, eingebaut ist ein langer Exkurs über das Fatum, der sich v. a. mit den Stoikern auseinandersetzt. Die 2. Hälfte ist fast ein geschlossener Traktat über die Materie (silva) mit ausführl. hist. Erörterungen und anschließender Systematik. C. kennt und respektiert die jüd.-christl. Auffassung von der Erschaffung der Materie, verbindet damit aber Platons Lehre von ihrer Ewigkeit; gerade mit dieser Spannung liefert er wichtiges Rüstzeug für die Herausbildung einer christl. Schöpfungstheologie im MA. C. bediente sich dafür der ihm vorliegenden Kommentare, die überwiegend auf dem Lehrgut des Mittelplatonismus fußten. Für die Erklärung der Realien stand der Timaios-Kommentar des Adrastos von Aphrodisias zur Verfügung, die übrigen Teile des Kommentars des C. beruhen bes. auf den Werken des Numenios von Apamea, einer Synthese von pythagoreischer und platon. Philosophie, und des Porphyrios. Die Timaios-Übersetzung und Kommentierung durch C. wurden zu einer der wichtigsten Quellen für die Kenntnis der platon. Philosophie im MA, zudem war der »Timaios« der einzige durch die Jahrhunderte verfügbare platon. Dialog in lat. Übersetzung. Den Höhepunkt seiner Wirkung erreichte der »Timaios« im 12. Jh., eindrucksvoll belegt durch die hs. Überlieferung, bes. in den kosmolog. Spekulationen der Schule v. →Chartres. Die Beschäftigung reicht von der Glossierung der Timaios-Hss. bis zu ausführl. Kommentaren wie dem des →Wilhelm v. Conches und dem verlorenen des →Bernardus Silvestris, dessen »Cosmographia« eine originelle Synthese der platon. Überlieferungen darstellt. Wie die Hss. und Kommentare zeigen, verschwand das Interesse am »Timaios« während des MA auch nach der umfassenden Aufnahme der aristotel. Philosophie nicht. M. Wesche

Ed.: Timaeus a Calcidio translatus commentarioque instructus, ed. J. H. WASZINK (Plato Latinus IV), 1975² – Lit.: B. W. SWITALSKI, Des Chalcidius Kommentar zu Plato's Timaeus, 1902 – R. KLIBANSKY, The Continuity of the Platonic Tradition during the MA, 1939 – T. GREGORY, Platonismo medievale, 1958 (59–73: Gli Accessus al Timeo) – J. C. M. VAN WINDEN, C. on Matter. His Doctrine and Sources, 1959 – G. MATHON, J. Scot Erigène, Chalcidius et le problème de l'âme universelle. In: L'homme et son destin. (Actes du 1er Congr. internat. de philosophie médiévale, Louvain/Paris 1960), 361–375 – J. H. WASZINK, Stud. zum Timaioskommentar des C. 1, 1964 – G. de Conches. Glosae super Platonem, ed. E. JEAUNEAU, 1965 – M. GIBSON, The Study of the »Timaeus« in the Eleventh and Twelfth Centuries, Pensamiento 25, 1969, 183–194 – E. JEAUNEAU, Lectio philosophorum. Recherches sur l'école de Chartres, 1973 (193–264: Le Timée de Platon) – J. DEN BOEFT, C. on Demons, 1977.

Calco, Tristano, it. Geschichtsschreiber, * um die Mitte des 15. Jh., † vor 13. Okt. 1516, Eltern: Andrea C. und Maddalena Caimi. Seine Verwandtschaft mit dem einflußreichen Kanzler der →Sforza und Humanisten Bartolomeo Calco verschaffte ihm bereits i. J. 1470 eine Stelle in der Geheimkanzlei, wo er noch i. J. 1487 als scriba bezeugt ist. Nach der Auffassung einiger Gelehrter war er ein Schüler von Giorgio →Merula, jedoch bleibt in Wahrheit sein Ausbildungsgang im dunkeln. 1478 bzw. 1496 war er Leiter der visconteisch-sforzeskischen Bibliotheken im Castello von Pavia und von Mailand sowie Vorstand des hzgl. Geheimarchivs. Sein vertrauter Umgang mit Büchern und der leichte Zugang zu den Dokumenten seines Archivs sowie die direkte Teilnahme an den Ereignissen und Vorgängen am Mailänder Hof veranlaßten ihn, verschiedene Werke zu verfassen, die seinen Ruhm begründeten und die heute wichtige Quellen für die Sozial- und

Kulturgeschichte der Epoche unter Gian Galeazzo Maria und Ludovico il Moro darstellen. Er schrieb Hochzeitsgedichte anläßlich der Vermählung von Gian Galeazzo und Isabella v. Aragón, von Ludovico il Moro und Beatrice d'Este sowie von Ks. Maximilian und Bianca Maria Sforza, der Nichte von Ludovico il Moro. Die Ereignisse werden mit großer Lebhaftigkeit, Akribie und scharfer Beobachtungsgabe wiedergegeben. Nach dem Tode Merulas i. J. 1494 sollte C. dessen unvollendet gebliebene Geschichte der Visconti, die dieser im Auftrag Ludovicos begonnen hatte, fortführen, zog es jedoch vor, von Anfang an neu zu beginnen. Dabei konnte er sich auf das ihm zugängl. Quellenmaterial stützen. Er legte den Schwerpunkt auf die Geschichte der Stadt Mailand und des Territoriums der Visconti und rückte von dem panegyr. Ton Merulas ab. Seine »Historiae patriae libri XXII« reichen jedoch nicht über die Ereignisse des Jahres 1322 hinaus. Das mit sachl. Objektivität verfaßte Werk stellt ein bezeichnendes Beispiel der Autonomie dar, die die Historiographie in der Renaissance erreicht hatte. Es wurde von Calaveroni und Puricelli erst in der ersten Hälfte des 17. Jh. veröffentlicht. G. Soldi Rondinini

Q. und Lit.: T. C. Nuptiae Mediolanensium Ducum sive Johannis Galeaci cum Isabella Aragona Ferdinandi regis nepte – T. C. Nuptiae Mediolanensium et Estensium principum... – T. C., Nuptiae Augustae hoc est Maximiliani imperatoris cum Blanca... (I. G. Graevius, Thesaurus Antiquitatum II, 499–536) – F. Argelati, Bibliotheca Scriptorum mediolanensium I, Mailand 1745 – Lit.: DBI, s. v. – Repfont III, 106.

Calculus Florentinus (Pisanus), Bezeichnungen für die beiden Arten des Annunziationsstils, d. h. des →Jahresanfangs am 25. 3., dem Fest Mariä Verkündigung, die wegen ihrer Prägnanz auch außerhalb ihres ursprgl. geograph. Verbreitungsgebiets angewandt werden. In ma. Briefstellern und in der wiss. Lit. spricht man auch von Inkarnationsstil (im Gegensatz zum Weihnachtsstil und den anderen Anfängen), da aber »annus incarnationis« u. dgl. in der Datierung von Urkunden nicht unbedingt Jahresbeginn am 25. 3. bedeutet, ist diese Bezeichnung mißverständlich. Der C. F. setzt das Jahr am 25. 3. nach dem gängigen Jahresanfang um, der C. P. am 25. 3. vor dem Jahreswechsel nach modernem Stil. Im Verhältnis zum Circumcisionsstil (→Jahresanfang) ist die Jahreszahl beim F. bei Daten zw. 1. 1. und 24. 3. eine Einheit niedriger, beim P. zw. 25. 3. und 31. 12. eine Einheit höher, die Jahresangaben sind entsprechend umzurechnen. Zw. beiden Stilen besteht ein volles Jahr Differenz.

```
←——— 1250 ———→←——— 1251 ———→←——— 1252 ———→
1.1.      25.3.    1.1.      25.3.    1.1.      25.3.
        ←— 1251 pis.—→←— 1251 flor. —→
```

Verbreitung des Florentiner Stils: Florenz (–1749), Siena, andere Orte Mittel- und Norditaliens. In den päpstl. Privilegien ist er von Eugen III. bis Innozenz III., dann von Innozenz IV. bis Martin IV. und erneut im 15. Jh. die Norm. In der Reichskanzlei findet er unter Philipp v. Schwaben und Friedrich II., hier nicht ausschließlich, Anwendung. Im dt. Reich folgen Trier von der Mitte des 12. Jh. (–1648, »mos Trevirensis«), Metz (–1581) und Osnabrück im 13. Jh. diesem Stil, im Bm. Lausanne ist er vom 13. bis ins 16. Jh. im Gebrauch. England folgt dem »mos Anglicus« von der Mitte des 12. Jh. bis 1752, in Frankreich findet er sich nur vereinzelt. Auf der Iber. Halbinsel war er neben der span. Ära im Gebrauch, 1350 hat Peter III. v. Aragón den Weihnachtsstil angeordnet. Die ältesten Beispiele für den Pisaner Stil stammen aus der Provence (Ende 9. Jh.), in Pisa selbst setzte er sich erst im 12. Jh. endgültig durch und blieb bis 1749 in Geltung. Man hat wohl zu Recht südfrz. Ursprung dieser Rechnung vermutet. In Südfrankreich wird er im Laufe des 13. Jh. verdrängt, am längsten hält er sich in Narbonne (–1278). In der Papstkanzlei findet er sich von Urban II. bis Eugen III. neben dem C.F. In Italien ist er auch in Piombino, Bergamo (–1310), San Miniato (–1369) und vereinzelt in Campanien nachzuweisen. H. Enzensberger

Lit.: GROTEFEND, Zeitrechnung I, 1891, 7–10 – DERS., Taschenbuch der Zeitrechnung, 1960¹⁰, 11–14 – A. CAPPELLI, Cronologia, 1969³, 9–22 – H. LIETZMANN–K. ALAND, Zeitrechnung, 1956³, 128f. – BRESSLAU II, 428ff. – CH. HIGOUNET, Le style pisan, M-A 58, 1952, 31–42 – S. LEONE, Una strana conseguenza della conquista normanna, Rass. stor. Salernitana 28, 1967, 25–42 – F. C. CASULA, Il documento regio nella Sardegna aragonese, 1973, 92ff. – R. FOREVILLE, Notaires et styles dans les documents de l'église d'Agde, Hommage à A. Dupont, 1974, 137–155 – A. PRATESI, Genesi e forme del documento medievale, 1979, 114ff.

Calculus Victorii (Cursus paschalis annorum 532), von →Victorius v. Aquitanien 457 erstellte Tabelle zur Berechnung des →Osterfestes (vgl. im einzelnen und zur Nachwirkung auch →Osterstreit, →Chronologie).

Calderino, Giovanni → Johannes Calderinus

Caldes, Ramón de, katal. Geistlicher und kgl. Amtsträger, * um 1135, † 1199, stammte aus Caldes de Montbui, 1155–56 Kanoniker der Kathedrale v. Barcelona. Als erfahrener Schreiber trat er 1178 in den Dienst Kg. Alfons' I. und ordnete zusammen mit dem Schreiber Guillem de Bassa die Verwaltung der Fiskalgüter in Katalonien neu (1178–94). Er verstärkte auch die gfl.-kgl. Kontrolle der Burgen, wobei er auf Anordnung des Kg.s den »Liber feudorum maior« zusammenstellte, eine Sammlung der die Burgen betreffenden Urkunden, die 1192 abgeschlossen wurde. T. N. Bisson

Q. und Lit.: T. N. BISSON (Essays in Honor of ST. KUTTNER, 1977), 281–292 – A. M. MUNDÓ, Jaime I y su época, Comunicaciones 1 und 2, 1980, 119–129 – Fiscal Accounts of Catalonia under the early Count-Kings (1151–1213), ed. T. N. BISSON, 1983.

Caldey Island (Pembrokeshire), eine 235 ha große Insel vor der Stadt Tenby an der Südküste von Wales, seit dem 5. Jh. von kelt. Mönchen besiedelt. Die alten Namen der Insel enthalten vermutl. Personennamen: Ynys-y-Pyr den des hl. Pyr (lat. Porius), der als Gründer des Kl. gilt, und Llanilltych den des (nach der von dem hl. Paulus Aurelius verfaßten Vita) aus der Bretagne gekommenen hl. Illtud (Illtych), des Abts v. Llantwit Major in Glamorganshire, der nach Pyrs Tod 521 dessen Schüler, den hl. →Samson, Mönch von C., später Gründer des Kl. →Dol in der Armorica, zum Nachfolger ernannte († 535). Der hl. →Gildas, der Geschichtsschreiber († 570), und der hl. →Maglorius (Magloire), später Bf. v. Dol († 586), sollen Illtuds Schüler gewesen sein. Die Legenden bringen auch den hl. David v. Menevia († 601) und den hl. Maclovius (Malo, † 621) mit C. in Verbindung. In C. wurden ursprgl. die strengen kelt. Regeln beobachtet; diese wurden dann durch die Regula Benedicti überlagert. Im 10. Jh. wurde C. von den Dänen zerstört. Eine kleine 1135 durch Kg. Heinrich I. v. England wiederhergestellte Mönchsgemeinschaft war zisterziens. und folgte der Regel v. →Tiron. Reste der Klosterbauten aus dieser Zeit sind erhalten. 1534 wurden unter Heinrich VIII. die Mönche gewaltsam vertrieben. Im 20. Jh. entstand auf der Insel wieder eine Klostergemeinschaft, jetzt unter Trappisten aus Belgien.
 J. Hennig

Lit.: DHGE XI, 375 f. [J. M. CANIVEZ] – Catholicisme X, 1949, 375f. [R. GAZEAU] – D. KNOWLES, The monastic orders in England, 1950, 227 – HKG II/2, 100 [E. EWIG].

Caldora, Jacopo, it. Kondottiere, * um 1369, entstammte einer Familie des abruzzes. Lehnsadels, † 1439. C. lernte das Waffenhandwerk in der Söldnerkompanie des Braccio da Montone (→Fortebracci). Später stellte er eine eigene Truppe auf und begann in der Absicht, sich einen ausgedehnten Feudalbesitz zu schaffen, die Laufbahn eines Söldnerführers (Capitano di ventura). 1411 stand er im Dienst Ladislaus' v. Durazzo gegen Ludwig II. v. Anjou. 1415 operierte er im Dienst Johannas II. in den Abruzzen. Bei der Kgn. wegen Verdachts des Verrats in Ungnade gefallen, verlor er zuerst durch Konfiskation seine Ländereien, erhielt jedoch 1419 von Johanna neue Lehen. Im Dienst der Aragonesen sollte er 1424 Neapel verteidigen, ließ Johanna jedoch in die Stadt einziehen. Diese ernannte ihn dafür zum Generalkapitän des kgl. Heeres. Er schlug Braccio da Montone, der L'Aquila belagerte, und nahm ihn gefangen, so daß sein Ruhm als Kondottiere und seine Feudalgüter anwuchsen. Auch sein Einfluß am Hof v. Neapel mehrte sich. Als sich Bologna gegen den Kardinallegaten erhob, zog er im Auftrag der Kirche gegen die Stadt, konnte sie aber 1428 nicht einnehmen. Nach einem Kompromißfrieden erhielt er von Johanna II. i. J. 1430 das Lehen Carbonara und das Hzm. Bari. Er geriet mit dem auf das Anwachsen seiner Macht in Apulien eifersüchtigen Fs. v. Tarent in Konflikt und griff ihn im Dienst der Anjou an, während sein Gegner zu den Aragón überging. Nach dem Tode Johannas II. (1435) nahm er für René v. Anjou Partei. Für ihn belagerte er Capua und kämpfte in den Abruzzen gegen die mit den Aragón verbündeten Barone; 1436 führte er Operationen in Apulien durch. 1437 schwor er zusammen mit anderen Baronen Kg. René Treue und kämpfte weiterhin für ihn. Er starb während der Belagerung der Burg Cercello bei Benevent, nachdem er seine Truppen dem Kommando seines Sohnes Antonio, der vom Kg. zum Hzg. v. Bari und Vizekönig der Abruzzen ernannt worden war, unterstellt hatte. G. Musca

Lit.: DBI XVI, 637-641 [Lit.].

Calefactorium → Kloster

Calega, Panzà → Troubadours, Troubadourdichtung

Calenberg. Dieses welf. Fsm. entstand im 15. Jh. und ist ein Ergebnis des Vordringens der →Welfen nach Westen und ihrer Teilungen. Unter Wilhelm d. Ä. existierte das Fsm. 1432-73 eigenständig. In der 1495 durchgeführten Teilung wurde C., seit 1513 verbunden mit dem Fsm. Göttingen, erneut verselbständigt, und zwar unter den Hzg.en: Erich d. Ä. (1495-1540) und Erich d. J. (1540-84). Beide Hzg.e zog es zu Reichs- und anderen Diensten außerhalb des Landes; das Fsm. verblieb jeweils unter der Obhut des Bruders, der Gemahlinnen oder der Räte. Durch Kriege und Erbfälle wurde C. noch erweitert. Die um 1300 von →Otto dem Strengen v. Lüneburg gegen das Hochstift Hildesheim erbaute namengebende Burg C. war – neben Neustadt am Rübenberge – Verwaltungszentrum und zeitweilig Residenz. Als Erich d. J. ohne Erben in Pavia starb, fiel das Fsm. C.-Göttingen an Braunschweig-Wolfenbüttel. G. Pischke

Lit.: W. HAVEMANN, Gesch. der Lande Braunschweig und Lüneburg, 2, 1855 [Nachdr. 1975] – W. SPIESS, Das Fsm. C. (Görges/Spehr/Fuhse, Vaterländ. Geschichten und Denkwürdigkeiten der Lande Braunschweig und Hannover, II, 1927³) – DERS., Die Großvogtei C. (Stud. und Vorarbeiten zum Hist. Atlas Niedersachsens, 14. H., 1933) – E. KALTHOFF, Die Gesch. der Burg C., NdsJb 50, 1978.

Calepio, Ambrogio, gen. Calepinus, *ca. 1435, † 1509/10. Als natürlicher Sohn des Gf.en Trussardo, Feudalherrn des Val Calepio geboren, tritt C. 1458 in den Augustinerorden ein und verfaßt 1498-1502 in Bergamo das »Dictionarium latinum«. Auf →Vallas »Elegantiae« und Nicolò →Perottos »Cornucopiae« aufbauend, verzeichnet das in zahlreichen Ausgaben nachgedruckte und als »Calepinus« für andere Wörterbücher vorbildl. Werk als Sprach-, Sach- und Namenlexikon den lat. Wortschatz von Plautus über das MA bis zu den Humanisten des 15. Jh. mit dem Ziel, zur Pflege und zum Schmuck einer nicht nur an Cicero geschulten, sondern den Reichtum des abendländ. Bildungsgutes ausschöpfenden eloquentia beizutragen. W. Rüegg

Ed.: Ambrosii Calepini Bergomatis Dictionarium, impressum Regii Langobardiae: industria presbyterii Dionisii Bertochi impressoris. An. MDII – *Lit.*: DBI XVI, s. v. – A. LABARRE, Bibliogr. du dictionarium d'Ambrogio Calepino (1502-1779), 1975 – M. FUMAROLI, L'âge de l'éloquence. Rhétorique et »res literaria« de la Renaissance au seuil de l'époque classique, 1980.

Caliabria (Calabriga) → Ciudad Rodrigo

Calimala, Compagnia di. Die florent. Arte di Calimala war eine Kaufmannskorporation mit einem gewerbl. Zweig, der alle mit ausländ. Wolltuchen handelnden Kaufleute erfaßte. Der Tuchhandel wurde in der ersten Hälfte des 14. Jh. von den größten florent. Firmen ausgeübt (s. a. →Florenz), deren Aktionsradius von Flandern über Italien bis zur Levante reichte, wobei kleine und mittlere Firmen sich zur Abwicklung ihrer Geschäfte auf die Organisation der größeren stützten. Den kleineren Typus vertrat die mit der Zunft namensgleiche c. des Francesco Del Bene, die sehr gut belegt ist.

Diese→Kompanie wurde am 1. Sept. 1318 von Francesco Del Bene, Domenico Bardi und Perotto Capperoni gegründet und war bis zum 31. Aug. 1322 tätig. Sie hatte ihren Hauptsitz in der Via Calimala in Florenz und eine Niederlassung in Neapel für den Tuchhandel bei den südit. Messen. Die Firma Del Bene kaufte 1043 Tuchballen und 30 Reste für eine Summe von 35712 Lire, 19 soldi, 3 denari in Florinen, 605 Ballen wurden durch sechs Warentransporte *(recate)* über die Alpen herbeigeschafft, die übrigen in Florenz eingekauft. Vier recate wurden von der Kompanie Bardi, zwei von der Kompanie Filippo und Dino Del Riccio in Kommission für Del Bene gekauft. Die Bardi kauften durch ihre Repräsentanten zwei Posten Tuch an den Produktionsorten (Aalst, Brüssel, Caen, Châlons-sur-Marne, Gistel, Douai, Hondschoote, Gent, Ypern, Lille, Mechelen, Orchies, Poperinge), die anderen beiden auf der Messe von Troyes, wobei es sich um Tuch aus Châlons handelte. Die Del Riccio kauften ihre recate in Caen. Die Zahlungen der Ware wurden immer auf den →Champagnemessen getätigt. Die Kommissionsfirmen organisierten den Transport der Waren nach Italien. Die Transportkosten (einschließl. der Transportversicherung) erhöhten den Kaufpreis um 11,70 bis 20,34%. Die Tuche gelangten als Halbfabrikate nach Florenz. Die letzten noch auszuführenden Arbeitsgänge betrafen das Färben oder Umfärben (mittels Lackmusflechte, Brasilholz, Alaun, Koschenille und Lack) und das »Ausrüsten« (karden bzw. kämmen, ausrecken, spannen, falten, zurichten). Alle diese Arbeitsgänge wurden in separaten Werkstätten gegen Stücklohn durchgeführt. Die Korporation bestimmte, daß auswärtige Tuche mit einem »Etikett« *(taccamento)* ausgezeichnet werden mußten, um den »gerechten Preis« zu garantieren (→Preis). Die Tuche waren mit Marken ausgestattet, die ihren Preis an den Produktionsorten anzeigten. Der Verkaufspreis war das Ergebnis der Umrechnung dieses in Livres tournois angesetzten Preises in Florene, zu einem künstl. erhöhten Kurs, um die nicht im »taccamento« eingeschlossenen Spesen zu decken und einen Gewinn zu erzielen. In der Firma der Familie Del Bene wurde für die im ganzen Stück verkauften Tuche ein um 39% erhöhter Wechselkurs angesetzt, der sich in 16%

Transportkosten, 11,10% Gemeinkosten und nur 11,90% Gewinn aufgliederte.

Für die Kompanie des Francesco Del Bene erwies sich ihre geringe Größe als negativer Faktor, der sich in einer Beschränkung des Aktionsradius äußerte, einer exzessiven Erhöhung ihrer Kosten infolge der Inanspruchnahme größerer Firmen, der Struktur der getätigten Verkäufe (526 Stück Tuch im Kleinhandel, während 80 nach Neapel gesandte Stücke ein katastrophales Verkaufsergebnis brachten) und in den Verlusten der ersten drei Jahre nach Gründung der Firma, die nur zum geringen Teil von den Gewinnen des letzten Jahres aufgefangen wurden. Ein ebenfalls ungünstiger Einfluß ging von allgemeinen Faktoren aus. Andere Calimala-Firmen prosperierten bis zu den Konkursen der 40er Jahre. Die Arte di Calimala, die im Dienst des internationalen Handels, der in den Champagnemessen sein Zentrum hatte, entstanden war, machte dessen Entwicklung mit. Obwohl G. VILLANI noch für 1338 20 Kompanien dieser Arte zählte, die 10000 Ballen Tuch im Jahr importierten, führte die Krise in der Mitte des 14. Jh. zu neuen Methoden im internationalen Handel, welche die alte Organisation verdrängten. B. Dini

Lit.: A. SAPORI, Una c. di C. ai primi del Trecento, 1932 – DERS., Il taccamento dei panni francesci a Firenze nel Trecento (Studi di Storia economica I), 1955, 243–264 – G. VILLANI, Cronica, 1979.

Calisto y Melibea, Tragicomedia de → Celestina, La

Calixtiner → Utraquisten, → Hussiten

Calixtus

1. C. II. (Guido), *Papst* (Weihe: 2. Febr. 1119 Cluny, Krönung: 9. Febr. 1119 Vienne), † 13. oder 14. Dez. 1124 Rom, ▢ ebd., Lateran. Als Sohn des Gf.en Wilhelm v. Burgund mit den meisten europ. Fürstenhäusern verwandt, regierte er seit 1088 das Ebm. Vienne. Die innerkirchl. Opposition gegen Paschalis II. wegen des → Heinrich V. zugestandenen Investiturprivilegs fand ihren schärfsten Ausdruck in der von C. 1112 in Vienne geleiteten Synode. Da sich die wenigen beim Tod → Gelasius' II. versammelten Kardinäle auf keinen unter ihnen einigen konnten, fiel die Wahl auf C., dem die übrigen Kardinäle und der röm. Klerus briefl. zustimmten. Auf einer Rundreise durch Frankreich ließ C. eine Synode v. Toulouse am 8. Juli 1119 die Petrobrusianer (→ Petrus v. Bruis) verurteilen und erstmalig die weltl. Gewalt zur Verfolgung der → Häresie einschalten. Die für Okt. 1119 in Mouzon geplante Aussöhnung zw. Ks. Heinrich V. u. dem Papst kam wegen des tiefen Mißtrauens nicht zustande. Die seit dem 20. Okt. 1119 in Reims tagende Synode wiederholte deshalb die Exkommunikation des Ks.s und die üblichen Reformdekrete. Anfang 1120 kehrte C. nach Italien zurück, wurde am 3. Juni 1120 in St. Peter inthronisiert und festigte im folgenden seine Herrschaft im Patrimonium Petri durch die mühelose Unterwerfung des Gegenpapstes → Gregors VIII. »Burdinus« (April 1121) und in Süditalien, wo er auf Reisen 1120, 1121 und 1123 die Lehnshoheit gegenüber den → Normannen betonte. Die größte Leistung des Pontifikats ist der Abschluß des → Wormser Konkordats am 23. Sept. 1122. Der Kompromiß wurde zwar von der I. → Lateransynode (18.–27. März 1123) z. T. nur mit Widerstreben akzeptiert, ermöglichte aber eine Neuorientierung der Kirchenpolitik, die auf eine Stärkung der Diözesanbischöfe bes. gegenüber dem Mönchtum hinzielte. Diese sachte Abkehr von gregorian. Traditionen machte sich auch in der Auswahl der Kardinäle C.' bemerkbar, von denen der Kanzler → Haimerich (seit 28. April 1123) eine Schlüsselstellung in den folgenden Pontifikaten einnehmen sollte. W. Maleczek

Lit.: DBI XVI, 761–768 – DHGE XI, 424–438 – M. MAURER, Pabst C., 2 Bde, 1886–89 – U. ROBERT, Bullaire du pape C., 2 Bde, 1891 [Neudr. 1979] – DERS., Hist. du pape C., 2 Bde, 1891 – L. PELLEGRINI, Cardinali e Curia sotto C. (Raccolta di studi in memoria di S. Mochi Onory, 1972), 507–556 – A. HOFMEISTER, Das Wormser Konkordat. Zum Streit um seine Bedeutung, 1979 – M. STROLL, New Perspectives on the Struggle between Guy of Vienne and Henry V, AHP 18, 1980, 97–116 – R. SOMERVILLE, The Councils of Pope Calixt II: Reims 1119 (Proceedings of the Fifth Internat. Congr. of Medieval Canon Law [salamanca 21.–15. Sept. 1976], hg. v. ST. KUTTNER und K. PENNINGTON), 1980, 35–50.

2. C. III. (Johannes v. Struma), *Gegenpapst* (geweiht im Sept. 1168, resigniert 29. Aug. 1178), † nach 1180. Abt des Vallombrosanerklosters Struma bei Arezzo, entschied sich nach dem Ausbruch des alexandrinischen → Schismas von 1159 für → Viktor IV., der ihn zum Kardinalbischof v. Albano kreierte. Als Nachfolger des Gegenpapstes → Paschalis III. blieb er ausschließl. auf die Unterstützung Friedrichs I. Barbarossa angewiesen, zu dem er wiederholt Kardinallegaten sandte (1169, 1173). Seine Oboedienz beschränkte sich auf Rom, Teile des Patrimonium Petri, der Toscana und Deutschlands. Durch den Frieden v. → Venedig (1177) der ksl. Hilfe beraubt und Anfang 1178 aus seiner Residenz in Viterbo vertrieben, unterwarf er sich → Alexander III., der ihn zum Rektor von Benevent ernannte, als welcher er noch 1180 bezeugt ist. W. Maleczek

Lit.: DBI XVI, 768–769 – K. GANZER, Das auswärtige Kardinalat, 1963, 226f.

3. C. III. (Alfons de Borja), *Papst* seit dem 8. April 1455, * 31. Dez. 1378 Canals (la Torre de C.?) bei Xàtiva, † 6. Aug. 1458 in Rom, ▢ zuerst in Santa Maria delle Febbri, dann Translation nach Sta. Maria de Montserrat, stammte aus der Familie → Borja (Vater: Domingo, Mutter: Francina Martí). Er studierte und lehrte kanon. und ziviles Recht an der Univ. in Lérida, wo er 1411 Chorherr wurde, bis er als Jurist in den Dienst von → Alfons V. v. Aragón dem Großmütigen trat, nachdem er schon 1408 durch Papst Benedikt XIII. zum Offizial der Diöz. Lérida ernannt worden war. Zum Dank dafür, daß er den Verzicht des Gegenpapstes Clemens VIII. erreicht hatte, ernannte ihn Papst Martin V. 1429 zum Bf. v. → Valencia. Papst Eugen IV. machte ihn 1444 zum Kardinalpriester v. SS. Quattro Coronati, weil er Alfons V. von den Parteigängern des Basler Konzils (→ Basel, Konzil v.) getrennt hatte. Geschätzt wegen der Einfachheit seiner Lebensführung, seiner Neutralität gegenüber den verschiedenen röm. Parteien und seiner Begeisterung für den Kreuzzug gegen die Türken (→ Türkenkrieg) wurde er zum Papst gewählt. Als reiner Jurist war er weder Freund noch Feind des Humanismus. In Italien unterstützte er das mit der it. Liga (1454–55, zw. Venedig, Mailand, Florenz, Rom und Neapel) und dem Frieden v. → Lodi entstandene polit. Gleichgewicht, denn nach der Einnahme → Konstantinopels durch die Türken (29. Mai 1453) hing der Kreuzzug hauptsächl. vom Frieden in Italien ab. Daher ergriff er Partei für → Siena und gegen die militär. Eroberungen von Jacopo → Piccinino (1455–56), obwohl dieser unter dem Schutz von Alfons v. Aragón und Neapel stand. Bei dessen Tod (27. Juni 1458) stellte sich C. gegen die Nachfolge des natürlichen Sohnes von Alfons, → Ferdinand (I.) (Ferrante), im Kgr. → Neapel, das der obersten Jurisdiktion des Papsttums unterstand. Mehr Vorkämpfer des Kreuzzugs zur Verteidigung Europas und der Christenheit als Propagator der span. → Reconquista – wie so oft behauptet wurde –, bemühte er sich um die Unterstützung des Ks.s Friedrich III. und des Kg.s v. Ungarn und Böhmen, Ladislaus V., mittels der Gesandtschaft des Kard. Juan de → Carvajal. Dank der militär. Aktion von Johannes →Hunyadi, des früheren Reichsverwesers von Ungarn, und der Unterstützung des Türkenkrieges durch die Predigt des hl. →Johannes v. Capestrano wurden die Türken zur Aufhebung der Belagerung von →Belgrad genötigt (1456). Nachdem C.' Bemühungen um die militär. und wirtschaftl. Unterstützung durch das Reich und die meisten westeurop. Kgr.e gescheitert waren, stützte er sich bei der Vorbereitung des Kreuzzugs auf den Fs. en →Georg Kastriota Skanderbeg v. Albanien und auf Alfons v. Aragón-Neapel. Beide besiegten 1457 die Türken in Tomorniza bzw. in der Seeschlacht von Metelino, bei der Kardinal Ludovico→Scarampo die röm.-aragones. Flotte befehligte, die von Papst und Kg. modernisiert worden war. C. verbündete sich dann später mit Bosnien, Ungarn und Böhmen. Sein Nepotismus verdunkelte seinen Pontifikat und machte ihn den Römern verhaßt. M. Batllori

Q. und Lit.: DBI XVI, 769-774 [Lit.] – DHGE IX, 438-444 – ECatt III, 393-395 – LThK² II, 884f. – Magnum bullarium romanum I, Luxemburg 1727 – L. v. Pastor, Gesch. der Päpste seit dem Ausgang des MA I, 1885, passim – Ders., Ungedruckte Akten I, 1904 – J. Rius I Serra, Catalanes y aragoneses en la corte de C. III, AST 3, 1927, 193-330 – P. Paschini, La flotta di C. III (1455-1458), Arch. della Soc. romana di storia patria 53-55, 1930 32, 177-254 – J. Rius I Serra, Regesto ibérico de C. III, I-III, 1948-58 – F. Babinger, Mehmed der Eroberer und seine Zeit, 1953 – M. E. Mallett, The Borgias, 1969 – E. Pitz, Supplikensignatur und Briefexpedition an der röm. Kurie im Pontifikat Papst C.' III., 1972 – M. Batllori, A través de la hist. i la cultura (Bibl. Abat Oliva 16, 1979), 114f., 155-174.

Calixtus Ottomanus, im Abendland lancierter osman. Thronprätendent, † 1496, angebl. Halbbruder Mehmeds II., später als 1448, wie Mehmeds Sohn Bāyezīd (II.), geboren geschildert; wohl deshalb nannte er sich nach 1464 auch Bajesit Ottman (Osman). 1456 von →Calixtus III. getauft, von ihm und →Pius II. in die Kreuzzugsplanungen einbezogen. In seinen wechselnden Gönnern ist jeweils der Hauptverfechter der Türkenkriegsidee zu sehen: 1465-69 →Matthias Corvinus, 1469-81 Ks. →Friedrich III. (IV.), bis 1487 wieder Matthias, der damals jedoch →Ğem Sultan vorzog, dann wieder der Kaiserhof. C. starb 1496 auf seinem Lehen Bruck a. d. Leitha. →Türkenkrieg. C. P. Haase

Lit.: J. v. Hammer, GOR V, 363 – F. Babinger, »Bajezid Osman« (Ders., Aufsätze und Abh. I, 1962), 297-325 – Ders., Zur Lebensgesch. de C: O. (ebd. I), 326-328.

Callimachus Experiens (Buonaccorsi, Filippo), * 2. Mai 1437 in San Gimignano, Toscana, † 1. Nov. 1496 in Krakau. Hauptvertreter des Humanismus und maßgeblicher Staatsmann in Polen. – Als Sohn einer Großhändlerfamilie vom Rhetoriklehrer Enea Silvio Piccolominis (→Pius II.) mit humanist. Studien vertraut gemacht, 22jährig als prior populi seiner Vaterstadt erstmals polit. tätig, tritt er 1460 in Venedig als Dichter von Liebeselegien nach den Vorbildern Catulls, Tibulls, Ovids hervor und erhält 1462 durch Vermittlung von →Pomponius Laetus in Rom eine Stelle als Sekretär des Kard. Roverella. In der sodalitas Pomponiana, die der klassizist. Pflege altröm.-heidn. Bräuche, Sitten und Ideen huldigt, der späteren Academia Romana (→Akademie), erhält er den Namen Callimachus, vermutl. auf Grund der etymolog. Wortbedeutung eines »Kampfliebenden« und der historischen, die an das hellenist. Vorbild elegischer Dichtung erinnert, mit dem Adjektiv »Caeculus«, 'kurzsichtig' im wörtl. wie übertragenen Wortsinn, das er in Polen durch »Experiens« ersetzt.

Als der zelot. Papst →Paul II. 1467 den Freundeskreis um Pomponius unter der Anklage antichristl. Ideen, Reden und Handlungen, insbes. einer Verschwörung gegen den Papst, verhaften läßt, schieben die Hauptangeklagten Pomponius und →Platina die Hauptschuld auf den rechtzeitig geflohenen »Katilinarier« Callimachus. Dieser gelangt über Kreta, Zypern, Chios, Konstantinopel 1470 nach Polen, wo er nach Rückweisung eines Auslieferungsbegehrens am Humanistenhof des Ebf.s →Gregor v. Sanok in Dunjajew rasch Ansehen und Freunde gewinnt, so daß er auch nach dem Tode Pauls II. und der Wiederherstellung der röm. Akademie durch Sixtus IV. eine Rückkehr nach Rom ablehnt. 1472 wird er in Krakau Lehrer der jüngeren Söhne Kasimirs IV., 1474 Secretarius regis. Als solcher entwirft und exekutiert er die neue jagellon. Innen- und Außenpolitik, welche Polen zu einem starken Zentralstaat ausbauen und dadurch instandsetzen will, als Puffer oder Brücke zw. Westeuropa, Rußland und den Türken einen auf Handelsbeziehungen ausgerichteten Frieden zw. Christen und Muslim zu sichern. In Gesandtschaften u. a. nach Venedig, Rom, Konstantinopel festigt er die gegen →Matthias Corvinus und den Papst gerichtete Großmachtpolitik Polens, reformiert und stärkt die kgl. Kanzlei gegen den Widerstand des Hochadels mit Hilfe des Bürgertums und der Univ. Krakau, die er humanistisch reformiert und an der er mit Konrad →Celtis 1490 die sodalitas litteraria Vistulana gründet, eine Geistes- und Naturwissenschaften verbindende Akademie; Kopernikus wird ihr berühmtester Schüler sein. Als nach dem Tode Kasimirs C.' Lieblingsschüler Johann Albrecht 1492 die poln. Krone erringt, erreicht seine polit. und kulturelle Stellung ihren Höhepunkt. Als »Regum dominus« von Freunden gelobt, von seinen Widersachern gehaßt, versucht er die 1492 in seinen »Consilia« skizzierte Realpolitik, die bereits von Gentile als Vorläufer der Bestrebungen des mit C. verwandten Machiavelli bezeichnet wurde, auf europ. Ebene zu verwirklichen, stirbt aber 1496, bevor er sein Werk vollendet hat, und wird unter großer Anteilnahme des Königs, des Adels, der Studenten und Dozenten sowie der ganzen Bürgerschaft Krakaus in der Dominikanerkirche bestattet. – Die Reaktion des Hochadels gegen den fremden Minister ließ seine Werke weitgehend in Vergessenheit geraten, so daß sie erst in den letzten Jahrzehnten, v. a. dank der Initiative K. F. Kumaniecks wiederentdeckt und größtenteils erstmals gedruckt wurden. In seinen Elegien, die er bis etwa 1476 dichtete, bringt er auch Persönliches, wie seine Liebe zu Fannia von Sventov zum Ausdruck. Seinen polit. und kulturellen Humanismus bezeugt er nicht nur in seinen Briefen, Memoranden und den erwähnten »Consilia«, sondern u. a. auch in seinen hist.-biograph. Werken wie »Vita et mores Gregorii Sanocei« (1476), »Vita et mores Sbignei Cardinalis« (1480), »Historia de rege Vladislao« (1487), »Attila«, inspiriert von Matthias Corvinus (1486-88). Zeugnis seiner philosoph. Auseinandersetzungen mit dem Neuplatonismus sind die »Quaestio de daemonibus ad Marsilium Ficinum« (1484?) und die »Quaestio de peccato ad Ioannem Picum Mirandulae« (1486). Die von →Georgios v. Trapezunt inspirierte »Rhetorica« dürfte eine Frucht seines Prinzenunterrichts sein (1476?). W. Rüegg

Ed. und Lit.: DBI, s. v. Buonaccorsi Filippo – Repfont II, 603-606 – G. Paparelli, Callimaco Esperiente, 1971.

Callís, Jaume, katal. Rechtsgelehrter und romanist. Autor, * um 1367 in Vich, † 12. Febr. 1434 in Barcelona; dreimal verheiratet. – C'. hauptsächl. Wirkungsstätten waren Toulouse, Vich und Barcelona; er war an den kirchl. Gerichtshöfen von Toulouse und Vich tätig und stand dort – wie auch in Barcelona – ebenfalls im Dienst mehrerer Kg.e v. Aragón (Johann I., Martin I., Ferdinand I., Alfons V.). Er wirkte als Advokat für fiskal. Fragen und Richter am kgl. Gerichtshof '(Audiencia Real). In dieser

Eigenschaft nahm er an den →Cortes in der 2. Hälfte des 15. Jh. teil und hatte dort wichtige Ämter (*habilitador, tratador* und *provisor de agravios*) inne.

Er war einer der Übersetzer der →Usatges, →Constitutiones und Beschlüsse der →Cortes ins Katalanische und wirkte an einer neuen Kompilation aller Privilegien und Freiheiten der →Generalidad von Katalonien mit. Das eigtl. Lebenswerk dieses Romanisten, Bewahrers und Vertreters der Barceloneser Schule war der Kommentar zu den →»Usatges«. Daneben verfaßte er jedoch noch andere ebenso bedeutende Werke wie: »Elucidarium soni omissi«, »Viridarium militiae«, »De prerogativa militare«, »De moneta«, »Extragravatorium curiarum« und »Margarita Fisci«. C'. Werke zeichnen sich durch Sorgfalt und elegante Darstellung aus.   J. Lalinde Abadía

Lit.: J. LALINDE ABADÍA, La persona y la obra del jurisconsulto vicense J. C., 1980.

Calminius (frz. auch: Carmery), hl., † in Mozac (Dép. Puy-de-Dôme) Anfang 8. Jh. (?), Fest 19. Aug. Seine späte, von einem Mönch von Mozac zw. 1126 und ca. 1180 verfaßte Biographie (BHL 1526) ist nur von geringem hist. Wert. Nach dieser hätte C., nachdem er von einem Ks. Justinian in Rom zum Senator und anschließend zum Hzg. v. Aquitanien gemacht worden war, zwei Kl. gegründet: Calmeliacense (Le Monastier-St-Chaffre, Dép. Haute-Loire, zu Ehren des zweiten Abtes, des hl. Theofred), dann Mozac. Hypothet. Verwandtschaft mit dem auvergnat. Aristokraten C., einem Korrespondenten des →Sidonius Apollinaris (ca. 475; Epist. V, 12); seine Gattin Namadia wird erst kurz vor 1095 zum ersten Mal in einem Dokument erwähnt. Eine Inschrift seines emaillierten Reliquienschreins schreibt ihm (um 1197) die Gründung eines dritten Kl. zu: Tulle, Dép. Corrèze. Sein Patrozinium in diesem Gebiet wird freilich schon in einer Urkunde von 879/883 bezeugt (Aquina, heute Laguenne bei Tulle), darüber hinaus wurden dort 1172 und 1462 jeweils eine Reliquienverifizierung vorgenommen. 1126 wurden seine Reliquien in Mozac von den Soldaten Ludwigs des Dicken profaniert. Sein Kult hat die Grenzen der Auvergne und des Limousin so gut wie nicht verlassen; die alten Martyrologien erwähnen ihn nicht.   J.-C. Poulin

Lit.: P. DE LISLE DU DRENEUC, La châsse de saint C. au musée Dobrée (Nantes, Schrein von Laguenne), Bull. archéol. du Comité des travaux hist. et scientif. 1905, 35–39–J.-C. DIDIER, Calminio, Bibl. SS 3, 1963, 693 – M.-M. GAUTHIER, Emaux du MA occidental, 1972, 103, 106–108, 333–335 (Schrein von Mozac).

Caloña, span. Rechtswort (abgeleitet vom lat. Wort calumnia; vgl. MlatWb II, 93–95), bezeichnet die →Buße, die Missetäter als Wiedergutmachung für den durch ihr Vergehen entstandenen Schaden zu leisten hatten. Die entsprechende ptg. Bezeichnung ist *coima* (von lat. coemptio). – Bei Mord oder Totschlag wurde die c. weder im Sinne eines Loskaufs vom Recht auf Rache noch als der Preis für eine Versöhnung verstanden, sondern als Entschädigung für die wirtschaftl. Einbußen, die durch den Rechtsbruch entstanden waren, so in Form einer Geldbuße (compositiones, *composiciones*). Ein Teil der c. mußte an den Gerichtsherrn abgeführt werden. Vgl. auch →Wergeld.

Dieser Ertrag der c. ging an die Kasse des Kg.s und seiner Vertreter (Richter, Graf) oder an diejenige der Herren oder Gemeinden. Die c. wurde vom *sayón* ('Büttel'), in Portugal *coimeiro*, oder auch vom →*almotacén* und dem *mayordomo* der Gemeinden eingezogen. Als *comeiro* wurde auch die Person bezeichnet, die die coima zu bezahlen hatte. Comeiras heißen auch die Weinberge und der übrige Landbesitz, den das Vieh unter der Strafe der *coima* für seinen Besitzer nicht betreten darf.

L. García de Valdeavellano/M. A. Ladero Quesada

Lit.: J. ORLANDIS, Las consecuencias del delito en el derecho de la alta Edad Media, AHDE 18, 1947, 61–165 – Elucidário das palavras, termos e frases que em Portugal antigamente se usaram..., hg. J. SANTA ROSA DE VITERBO, 1962–65.

Calotte (afrz. *cale, calette*), Haube aus feinem Gewebe oder netzartigem Geflecht aus Garn oder Wolle, wurde vom Ende des 13. Jh. bis zur Mitte des 16. Jh. von Frauen und Männern getragen. Die C. war eng an den Kopf geschmiegt, von einem festen Band am Rande zusammengehalten und endete manchmal hinten in einem Knoten oder Zipfel. Die C. wurde meist im Hause getragen sowie von Handwerkern bei ihrer Arbeit. Die Frauen bevorzugten sie, um die Fülle der Haare zu bändigen. Von Bürgern und Adeligen wurde sie gern unter dem →Hut, der →Haube oder dem →Barett verwendet, um damit die locker sitzende Kopfbedeckung zu festigen.

In der Folge variierte die Form der C. kaum, wurde jedoch im 17. Jh. von den Klerikern übernommen.

M. Braun-Ronsdorf

Lit.: V. GAY, Glossaire archéologique I, 1887, 250, 256 – E. NIENHOLDT, Die dt. Tracht, 1938 [Ind.] – E. THIEL, Gesch. des Kostüms, 1960, 145, 170 – FR. BOUCHER, Hist. du Costume, 1965, 427.

Calstaf (Calfstaf), mndl. Dichter. Von Jacob v. →Maerlant im »Spiegel historiael« (ca. 1285) zusammen mit einem Kollegen Noydekijn genannt als Autor einer mndl. Übersetzung des mlat. Aesop (→Fabel). Da der Name C. anderswo nirgends bezeugt ist, bleibt über Person und Werk C.s fast alles unsicher. Zwar kennen wir den »Esopet«, eine mndl. Übersetzung (möglicherweise 13. Jh.) des mlat. Aesop, die aber anonym überliefert ist. Ob diese Übersetzung tatsächl. von der Hand C.s ist und ob sich dazu ein zweiter Autor (Noydekijn) nachweisen läßt, ist umstritten.   F. P. van Oostrom

Ed.: (des Esopet): J. CLIGNETT, 1819 – J. TE WINKEL, 1881 – G. STUIVELING, 2 Bde, 1965 (Ad Fontes) [Faks. und Textausg., mit ausführl. Komm.] – *Lit.*: L. SCHARPÉ, Het Esopet-vraagstuk, Album opgedragen aan Prof. Dr. J. VERCOULLIE, 1927, II, 241–248 – K. HEEROMA, Reinaert en Esopet, TNTL 88, 1972, 236–251.

Caltabellotta, Friede v., am 31. Aug. 1302 durch König →Friedrich III., dem Sohn Kg. Peters III. v. →Aragón, im Namen der Sizilianer, und →Robert v. Anjou sowie →Karl v. Valois, im Namen des Hauses →Anjou, auf halbem Wege zw. C. und Sciacca (westl. Südküste von Sizilien) geschlossen. Der Friede beendete die größte militär. Expedition der Franzosen nach Sizilien, deren Ziel die Vernichtung des Hauptstützpunktes des ghibellin. Sizilien, Val di Mazara, war. Dieser Feldzug scheiterte v. a. am Widerstand der befestigten kleinen Städte, der *borghi*, und am Partisanenkrieg der katal. Söldner; darüber hinaus ließ die schwierige Lage der frz. Monarchie nach dem Zusammenbruch des Feldzuges gegen →Flandern (11. Juli 1302 Niederlage bei →Kortrijk) eine Aufgabe des siz. Krieges bereits nach drei Monaten geboten erscheinen. Nach dem Vorfrieden von Castronovo wurde schließlich der Abschluß des Friedensvertrags von C. ausgehandelt. Sizilien wurde auf Lebenszeit an Friedrich III., ohne Gegenleistung an die Angevinen, abgetreten; die Heirat Friedrichs III. mit Eleonore, Tochter Karls v. Anjou, sollte eine dynast. Verbindung zw. beiden Familien schaffen. Auch Papst Bonifatius VIII. erkannte den Vertrag an, versuchte allerdings, Friedrich den Titel »rex Trinacrie« (→Trinacria) aufzunötigen und ihn zum Lehnseid sowie Papstzehnten zu verpflichten. Mit dem Frieden von C. hatten die Aufständischen der →Sizilianischen Vesper von 1282 ihr Minimalprogramm verwirklicht: die Autonomie Siziliens unter einer aragones. Seitenlinie, Etappe auf dem Wege der Wiedervereinigung des Königreiches. – Vgl. →Sizilien. H. Bresc

Lit.: M. Grana, Il trattato di C., Atti dell'Accademia di Scienze, Lettere e Arti di Palermo, ser. IV, vol. XXXV, 1975-76, parte II, 46ff.

Calumnia, Schikane, im Sinne des röm. und ma. gemeinen Rechts (vgl. Inst. 4,16; D. 3,6; 48, 16, 1 pr.-5; C. 2,58; 9,46) liegt vor, wenn jemand wider besseres Wissen eine Kriminalanklage erhebt oder einen Zivilprozeß führt. Ankläger, Kläger und Beklagter sowie deren Beistände und Vertreter müssen am Anfang jedes Prozesses im Kalumnien- oder Gefährdeeid schwören, daß sie von der Gerechtigkeit ihrer Sache überzeugt sind; weitere Eide können, v. a. nach jüngerem gemeinem Recht, auch vor einzelnen Prozeßhandlungen verlangt werden. Im Strafprozeß droht dem Ankläger, der der C. überführt wird, die gleiche Strafe, die sonst den Angeklagten getroffen hätte. Im Zivilprozeß sollen die Androhung der →Infamie oder die Verurteilung zu einem Mehrfachen des Streitwertes (sog. Litiskreszenz) leichtfertiges Bestreiten verhindern. Auch die Auferlegung der gegner. Prozeßkosten war anfänglich als Ausgleich für unberechtigte Prozeßführung gedacht. Wer für die Begehung oder Unterlassung einer C. Geld genommen hat (Prozeßbestechung), muß auf Grund der Kalumnienklage den vierfachen Betrag als →Buße zahlen. P. Weimar

Lit.: Novissimo Digesto Italiano II, 1958, 677f. – Enciclopedia del diritto V, 1959, 814-817 – HRG II, 566-570 – Th. Mommsen, Röm. Strafrecht, 1899, 491-498, 677f. – M. Kaser, Das röm. Zivilprozeßrecht, 1966, 214, 518ff.

Calvain, le savetier de → Farce

Calvó, Bernat (Bernhard), OCist, hl., Bf., * 1180 in Más Calvó (Reus-Tarragona), † 26. Okt. 1243 in Vich, ⌐ebd., Kathedrale, kanonisiert von Papst Clemens XI. am 25. Sept. 1710 auf der Grundlage eines Beschlusses der Ritenkongregation von 1702, Festtag 24. Okt. (in Vich 26. Okt.). Kanoniker in →Tarragona, trat C. erst nach schwerer Krankheit am 30. März 1214 in die Zisterze →Santes Creus ein und nahm das Mönchsgewand am 18. Mai 1214. 1225 zum Abt desselben Kl. gewählt, erschien er in der Folgezeit bei Zusammenkünften der →Cortes (1228) sowie verschiedenen Provinzialkonzilien (Lérida 1229; Tarragona 1230) und wirkte bei kirchenpolit. Entscheidungen mit, bevor er am 10. Sept. 1233 nach der »renuntiatio« des Guillem de Tavertet wohl aufgrund seiner Beziehungen zum Geschlecht der →Moncada zum Bf. v. →Vich gewählt wurde, aber offensichtl. Schwierigkeit hatte, sich durchzusetzen. Papst Gregor IX. ernannte ihn am 18. Mai 1235 zum Inquisitor für Strömungen der →Waldenser in der Kirchenprovinz →Tarragona. Bei der Eroberung des Kgr.es →Valencia durch Jakob I. v. Aragón spielte er eine gewisse Rolle. Ebenso hatte C. Anteil an den Entscheidungen der Provinzialsynoden v. Tarragona 1239 und 1243. Sicherlich einer der bedeutendsten Gestalten der aragon.-katal. Kirche des 13. Jh., bestach er mehr durch seine untadlige Lebensführung als durch seine Fähigkeiten bei der Verwaltung seines Bm.s, das er seinem Nachfolger im Zustand wirtschaftl. Erschöpfung hinterließ. L. Vones

Lit.: DHGE VIII, 766f. – DHEE I, 320 – BS III, 72 – C. Eubel, Hierarchia catholica, 1913-23², I, 525 – AASS Oct. XII, 21-102 – J. L. de Moncada, Episcopologio de Vich I, 1891, 582-609 – J. Gudiol, Lo sepulcre de San B. C. Bisbe de Vich, 1912 – J. Ricart, San B. C., 1943 – M. J. Serra Vilaró, La familia de San B. C., en Tarragona, 1955 – E. Junyent, Diplomatari de Sant B. C., 1956 – P. Linehan, The Span. Church and the Papacy in the Thirteenth Century, 1971.

Calvo, Bonifaci(o), genues. Troubadour aus der Mitte des 13. Jh. Einige Daten seines Lebens können aus den Zeugnissen seiner eigenen Dichtung rekonstruiert werden. Den interessanten Teil seines Werkes bilden drei sirventes, die er Alfons X. v. Kastilien widmete, den er zum Krieg gegen Gascogner und Navarresen aufstachelte. Der Aufenthalt C.s am kast. Hof muß lang gewesen sein, da er, mit einiger Gewandtheit, sogar zwei cantigas de amor in gallego-ptg. schrieb. 1266 kehrte er nach Genua zurück, wo er ein sirventes gegen Venedig schrieb, auf das Bertolome Zorzi, ein von den Genuesen gefangengenommener ven. Kaufmann und Troubadour, antwortete (. . . 1266-1273. . .). Er führte auf prov. zwei Streitgespräche mit den genues. Dichtern Scot und Luquet Gattelus. Von B. C. sind 19 Gedichte und zwei Streitgespräche erhalten; er ahmt die berühmtesten Troubadours nach (bes. →Arnaut Daniel und →Bertran de Born). C. Alvar

Ed. und Lit.: F. Branciforti, Le rime de B. C., 1955 – W. D. Horan, The Poems of B. C., 1966 – C. Alvar, La poesía trovadoresca, 1977.

Calw, Gf.en v., 1037 erstmals gen. Hochadelsfamilie (11.-14. Jh.), deren Besitzschwerpunkt im frk.-schwäb. Grenzraum, im Würm-, Glems-, Enz-, Zaber-, Murr- und Schotzachgau mit Zentren in Ingersheim, Löwenstein und Sindelfingen lag. Vogteirechte über die Kl. Sindelfingen, →Hirsau und →Lorsch mehrten Macht und Ansehen der C.er in der Salierzeit. Hirsauer Tradition und Memorialüberlieferung lassen einen verwandtschaftl. Zusammenhang der Gf.en v. C. mit den Stiftern des ersten Kl. v. Hirsau (830), Bf. Noting v. Vercelli und Erlafried, sichtbar werden. Die Beteiligung Gf. Adalberts am Öhringer Stiftungsbrief von 1037 deutet auf eine enge Verwandtschaft der C.er mit den →Saliern, den Gf.en v. →Lauffen und den Wormsgaugrafen. Konnubium und verwandtschaftl. Beziehung zu hohen kirchl. Würdenträgern stellen die Gf.en v. C. zu Ende des 11. Jh. unter die ersten Familien des Reiches (Adalbert II., Enkel eines Gf.en v. Egisheim, ∞ Wiltrud, Tochter Hzg. Gottfrieds II. des Bärtigen v. Lothringen). Sie waren verschwägert mit den Reformpäpsten Leo IX. und Stephan IX., vermutl. auch verwandt mit den Päpsten Damasus II. und Viktor II. Obwohl Adalbert II. zur päpstl. Partei neigte, wurde sein Sohn Bruno von Ks. Heinrich IV. 1088 zum Bf. v. Metz erhoben. Seit der Mitte des 11. Jh. verlegte Gf. Adalbert II. († 1099) seinen Herrschaftssitz nach C. (an der Nagold, Baden-Württemberg) und war bemüht, im nördl. Schwarzwald eine geschlossene Rodungsherrschaft aufzubauen. Die Anlage zahlreicher Waldhufendörfer geht auf ihn zurück. In Erfüllung einer dringenden Bitte Papst Leos IX. von 1049 begründete er nach 1059 das Benediktinerkloster Hirsau neu. 1075 wurde es, gegen anfängl. Widerstand Adalberts II., mit umfangreichen Freiheiten ausgestattet und konnte dadurch zum Zentrum der weitausgreifenden →Hirsauer Reform werden. Mit Gf. →Gottfried II. († 1131), dem Sohn Adalberts II. und Schwiegersohn Bertholds II. v. →Zähringen, erreichte die Macht der Gf.en v. C. ihren Höhepunkt. Gottfried war einer der wichtigsten und zuverlässigsten Anhänger Ks. Heinrichs V. und maßgebl. beteiligt an den Verhandlungen zur Beilegung des →Investiturstreits mit den Päpsten Paschalis II. und Calixt II. sowie am Abschluß des →Wormser Konkordats von 1122. Einen großen Machtzuwachs bedeutete es, daß ihm Ks. Heinrich V. 1113 die rhein. Pfgft. übertrug. Zusammen mit Hzg. Friedrich II. fungierte er während des Italienaufenthaltes Heinrichs V. als dessen Statthalter in Deutschland.

Die Heirat Hzg. →Welfs VI. mit Uta, Erbtochter Gottfrieds II., zerstörte das welf.-stauf. Gleichgewicht in →Schwaben. Die Auseinandersetzungen um das C.er Erbe nach 1131 zw. Welf VI., Gottfrieds Neffen Adalbert IV.

v. C.-Löwenstein und Konrad II. v. Zähringen endeten mit einem Kompromiß, leiteten aber den Niedergang der Grafen von C. ein. Mit Gf. Gottfried († vor 1282) starb die C.er Linie aus; Haupterben waren die Gf.en v. →Tübingen. Die Linie C.-Löwenstein erlosch nach 1277; ihr Besitz ging durch Kauf an eine unehel. Nebenlinie der Gf.en v. →Habsburg, die mittleren Gf.en v. Löwenstein. Ein weiterer Seitenzweig, die Gf.en v. C.-Vaihingen, starb 1361 aus; Besitznachfolger waren die Gf.en v. →Württemberg. F. Quarthal

Lit.: CH. F. STÄLIN, Wirtemberg. Gesch. I, 1841, 566–569; II, 1847, 366–387 – H. BAUER, Die Gf.en v. Kalw und Löwenstein, Wirtemberg. Franken 8, 2, 1869, 209–243 – E. GUNZENHÄUSER, Vaihingen/Enzunter den Gf.en 1113–1339 (1364), 1901 – W. MÖLLER, Genealog. Unters. zur Gesch. der Schauenburg bei Oberkirch, ZGO 78, 1926, 515–526 – E. KLEBEL, Alem. Hochadel im Investiturstreit, VuF I, 1955, 209–242 – H. DECKER-HAUFF, Der Öhringer Stiftungsbrief, Württemberg. Franken 41, 1957, 17–31; 42, 1958, 3–32 – K. SCHMID, Kl. Hirsau und seine Stifter, 1959 – H. JÄNICHEN, Herrschafts- und Territorialverhältnisse um Tübingen und Rottenburg im 11. und 12. Jh., 1964 – W. KURZE, Adalbert und Gottfried v. C., Zs. für württemberg. Landesgesch. 24, 1965, 241–308 – DERS., Der Todestag Adalberts II. v. C., ebd., 417–420 – S. GREINER, Beitr. zur Gesch. der Gf.en v. C., ebd. 25, 1966, 35–58 – K. FELDMANN, Hzg. Welf VI. und sein Sohn [Diss. Tübingen 1971].

Calzada, Santo Domingo de la, Stift, dann Bischofssitz (Konkathedrale gemeinsam mit →Calahorra) im nw. Spanien (Rioja), Station des Pilgerweges nach →Santiago de Compostela (deshalb »de la Calzada« = 'an der Straße'). In der 2. Hälfte des 11. Jh. leitete der heilige Einsiedler Dominicus (Domingo) den Pilgerweg um und baute an diesem Ort eine Brücke und eine Herberge für hilfsbedürftige Reisende, bei der eine Ortschaft mit Handelsfunktionen entstand, die Alfons VII. v. Kastilien-León der Diöz. Calahorra zusprach (sie wurde auch von →Burgos beansprucht) und der Alfons VIII. v. Kastilien 1187 einen →Fuero verlieh. Etwa seit dem Ende des 12. Jh. residierte in S. D. de la C. der Bf. v. Calahorra, was zu Streitigkeiten mit den Kanonikern von Calahorra führte. Als Calahorra 1216 vakant wurde, wählten die beiden Kapitel zwei Bf.e, woraufhin der Hl. Stuhl als neuen Bf. i. J. 1221 Juan Pérez de Segovia ernannte. 1225 wurde auf dessen Betreiben durch Papst Honorius III. der Bischofssitz nach S. D. de la C. verlegt. Seit dieser Zeit hieß das Bm. Calahorra-S. Domingo de la Calzada, und die beiden Kirchen bildeten ein gemeinsames Kapitel. In der Kathedrale werden ein Hahn und eine Henne gehalten zur Erinnerung an ein berühmtes Wunder des hl. →Jakobus. A. Linage Conde

Q. und Lit.: DHGE XI, 295ff., 496–502 – J. González Tejada, Hist. de Santo Domingo de la C., Madrid 1702 – I. RODRÍGUEZ DE LAMA, Colección diplomática medieval de la Rioja, 3 Bde, 1976–79 – Cartularios (I, II, III) de Santo Domingo de la C., ed. A. UBIETO ARTETA, 1978 – G. MARTÍNEZ DÍEZ, Fueros de la Rioja, AHDE 49, 1979, 327–454.

Camail → Helmbrünne

Camaldoli, Stammkloster des →Kamaldulenserordens im Casentino am stark bewaldeten Südhang des Aretiner Apennin unweit der Mandriolipaßstraße (Gem. Poppi, Prov. Arezzo, Toscana). In den Gebäuden des Kl. Fontebuona mit Kirche S. Donatus–S. Ilarianus sind noch Reste der Bauten aus dem 11./12. und 14. Jh. erhalten (Innenhof, Kreuzgang). Der Eremus 2,5 km oberhalb des Kl. besteht aus Salvatorkirche, Gemeinschaftsgebäuden (Kapitelsaal, Bibliothek) und aus einer kleinen Gruppe Einzelhäuschen, die von einer Klausurmauer eingefaßt sind. Die Eremitage wurde 1023/26 vom hl. →Romuald mit Hilfe des Bf.s Tedald v. Arezzo auf Rodeland im Besitz des Aretiner Bm.s errichtet, wie auch das Kl. Fontebuona – dieses als Hospiz, um das Leben der Eremiten von den Störungen der Umwelt abzuschirmen. Nach dem Tode Romualds garantierte Tedald den Bestand der Gründung (1027) und legte ihre rechtl. Stellung als bfl. Eigenkloster fest. Versuche C.s, sich aus dieser Bindung zu lösen, mißlangen. Trotz Berufung der Eremiten auf einen legendären Vorbesitzer des Klostergrundes: Maldulus (Campus Malduli) und seine (gefälschte) Schenkungsurkunde in einem vor dem Papst angestrengten Prozeß legte Honorius III. 1220 erneut die Stellung C.s als Aretiner bfl. Eigenkloster fest. Über drei Jahrzehnte ging der Einfluß C.s nicht über den engen Rahmen des nördl. Casentino hinaus. 1059 wurde ihm die Peterskirche in Cerreto (Volterra) zur Gründung eines Kl. geschenkt. 1073 übertrug der Bf. v. Volterra die Abtei Adelmo zur Reform. Schon 1125 war C. dann Zentrum eines Klosterverbandes, der 35 Kl. auf dem Festland und 9 Kl. und Kirchen in Sardinien umfaßte. Entsprechend die innere Entwicklung: 1042/44 starb Petrus, der noch von Romuald eingesetzte Leiter Camaldolis. Unter ihm ist die Entwicklung der Gemeinschaft zu hoher spiritueller Kraft belegt. Unter seinem Nachfolger Albizo (bis ca. 1051) nahm die Idee klare Formen an, daß im Eremus ein Prior und kein Abt regiere. Unter Prior Rudolf (1074–87) wurden erstmals Konstitutionen fixiert, die die Stellung des Priors, die Organisation des Eremus, sein Verhältnis zum Kl. Fontebuona und zu den Mitgliedern des Klosterverbandes etc. festlegten. Neuredaktionen der Konstitutionen sind bekannt aus dem 12. Jh. (Liber eremitice regule) und von 1253 (Prior Martin III.). Nach Dekadenzerscheinungen schon im 12. Jh. organisierte sich der Klosterverband im SpätMA in mehreren Reformkongregationen mit teils zönobit., teils anachoret. Lebensweise, letztere von der sich um C. scharenden Gruppe mit Ausnahme von Fontebuona gepflegt. Im 15. Jh. war C. Sitz einer bedeutenden humanist. Akademie. Hier zeichnete Cristoforo →Landino die »Disputationes Camaldulenses« auf. W. Kurze

Q. und Lit.: D. J.-B. Mittarelli und D. A. Costadoni, Annales Camaldulenses 1–9, 1755–73 – U. PASQUI, Docum. per la storia... di Arezzo 1–4 = Docum. per la stor. Ital. 11, 13 (2 Tle.), 14, 1899–1916 – Regesto di Camaldoli 1–4 = RegChart-Ital 2, 5, 13, 14, 1907–28 – IP III, 171–185 – Petri Damiani vita beati Romualdi, Fonti 94, 1957 – L. H. COTTINEAU, Rép. topo-bibliogr. I, 1935, 567–569 – D. A. PAGNANI, Storia dei Benedettini Camaldolesi, 1949 – PH. JONES, Una grande proprietà monastica nella Toscana tardomedievale: Camaldoli (DERS., Economia e società nell' Italia medievale; it. Fassg. eines Aufsatzes v. PH. JONES in: History 5, 1954) – G. TABACCO, La data di fondaz. di Camaldoli, RSCI 16, 1962, 451–455 – D. G. M. CACCIAMANI, Atlante storico-geografico Camaldolese, 1963 – W. KURZE, Campus Malduli. Die Frühgesch. C.s, QFIAB 44, 1964, 1–34 – DERS., Zur Gesch. C.s im Zeitalter der Reform, Il monachesimo e la riforma eccl. (1049–1122), Atti della 4ª settimana internaz. di stud. Mendola 1968, 399–415 – DERS., Atlas zur Kirchengesch., 1970, n. 49.

Cámara de Comptos, Rechnungshof des Kgr.es →Navarra, der während der frz. Herrschaft (1274–1328) seine Bedeutung gewann. Allem Anschein nach wurden Einnahmen und Ausgaben der Krone am Hof von Paris kontrolliert, wohin die entsprechenden Rechnungsunterlagen geschickt wurden. Derartige Unterlagen wurden in Navarra regelmäßig seit der Regierungszeit von →Thibaud I. (1234–53) erstellt. Seit der Herrschaft des Hauses →Evreux unterstanden die öffentl. Finanzen Navarras direkt dem Kämmerer des Kgr.es, zu dessen Mitarbeitern verschiedene Komissare gehörten, die beauftragt waren, »die Konten zu kontrollieren und zu billigen«. Diese Expertengruppe wurde von Karl II. (1365) als eine selbständige »Kammer« etabliert, die aus vier *maestres oidores* ('Oberrevisoren'), Buchhaltern und zwei Notaren bestand. Ihre Kompetenzen umfaßten nicht nur die Kontrolle der Geschäftsführung des kgl. Kämmerers und der *recibidores* (Steuereinnehmer) jedes einzelnen Bezirks oder *merindad*, sondern auch die Beratung des Herrschers in Steuerangelegenheiten sowie die Überwachung und Bewahrung des Krongutes und die Kontrolle der kgl. Steuern, wozu die Kammer einen Krongut-Verwalter aufnahm und schließlich wie ein Wirtschafts- und Verwaltungsgericht arbeitete. Mit geringerer Bedeutung bestand diese Institution bis in das erste Drittel des 19. Jh.

A. Martín Duque

Lit.: J. Yanguas y Miranda, Diccionario de antigüedades del reino de Navarra, 1840-42 – H. Jassemin, La chambre des comptes de Paris au XIVᵉ s., 1933 – J. Zabalo Zabalegui, La administración del reino de Navarra en el siglo XIV, 1973 – L. García de Valdeavellano, Hist. de las instituciones españolas, 1977⁵.

Cambista, it. Bezeichnung für einen im Geschäft mit →Wechselbriefen Tätigen. Im 17. und 18. Jh. erhielten die Cambisten den Namen Bankier, ihr Ursprung geht jedoch in das SpätMA zurück. Sie sind von Anfang an von den →Wechslern (cambiatores) zu unterscheiden. Letztere befaßten sich mit dem Münzwechsel und dehnten ihre Aktivität bereits vor dem Ende des 12. Jh. auf Deposit- und Giroperationen aus, während die Tätigkeit der Cambisten ursächlich mit dem internationalen Handel verknüpft war und sich im Gefolge von dessen Entwicklung erweiterte. R. De Roover stellt daher in Zweifel, daß das cambium per litteras seinen Ursprung im cambium minutum hatte, und hebt hervor, daß die Kaufleute-Bankiers der it. Binnenstädte – Piacentiner, Sienesen, Florentiner – bereits seit dem 13. Jh. in Genua, aber auch in Marseille, Wechselgeschäfte tätigten, indem sie Obligationen annahmen, die bei den →Champagnemessen einzulösen waren.

In den folgenden Jahrhunderten lag das lokale Bankwesen in den Händen der Cambiatores, während die it. Kaufleute-Bankiers das internationale Bankgeschäft beherrschten. Einzige Ausnahme scheint Florenz zu sein, wo beide Funktionen von den städt. Banken ausgeübt wurden. Die Ursache für die Entwicklung der Großbank aus dem Geschäft mit Wechselbriefen muß im kanon. →Zinsverbot gesucht werden. Da das Ausleihen gegen Zinsen untersagt war, dieses Verbot jedoch nicht die üblichen Formen des Wechsels betraf, kam es notwendigerweise zu einer Entwicklung dieses Sektors des Bankwesens.

B. Dini

Lit.: R. De Roover, L'évolution de la Lettre de Change. XIVᵉ-XVIIIᵉ s., 1953 – Ders., New Interpretations of the Hist. of Banking, Journal of World Hist. 2, 1954, 38-76.

Cambrai

I. Stadt und Grafschaft – II. Bistum und Klöster – III. Liturgie und Musik.

I. Stadt und Grafschaft: Cambrai (lat. Cameracum, ndl. Kamerijk, dt. Kamerich), Stadt und Bm. in Nordfrankreich am Oberlauf der Schelde (Sous-préfecture, dép. Nord). Der Ort war in gallo-röm. Zeit wahrscheinl. ein vicus am Kreuzungspunkt zweier röm. Straßen und wurde im 5. Jh. wohl zu einem castrum (4 ha, 5) umgebaut; C. wurde im 4. Jh. zum Vorort der Nervier anstelle des zerstörten Bagacum (Bavai). Der Ort war karol. Grafensitz. Aufgrund der Reichsteilung (843, 880) kam er zum Ostreich, um 926 endgültig dem Imperium eingegliedert zu werden; dies schnitt den Ort von seinem Hinterland ab, das in Richtung auf →Arras und das Oise-Gebiet lag. Ein suburbium bildete sich wahrscheinl. um das Kl. St-Aubert vor 900; es wurde in den Mauerring einbezogen, den Bf. Dodilo (888-901) nach dem Normannenangriff von 880 errichten ließ. Trotz dieser Befestigung wurde die Stadt 954 von den Ungarn geplündert. Die Übertragung der gfl. Rechte an den Bf. (947, 1007 bestätigt) ist in der Forschung diskutiertes Problem; die Einflüsse der sich in diesem Grenzgebiet bekriegenden Adelsfamilien aus Lothringen (seit der Zeit Arnulfs »v. Kärnten«) sowie aus Flandern und Artois (Lens, Bouchain, Oisy, St. Aubert) sorgten im Cambrésis zw. dem Episkopaten von Herluinus (1007) und →Gerhard I. (1012-51) für ständige Unsicherheit und Wirren; der Kastellan von C., der zunächst unmittelbarer bfl. Kontrolle unterworfen war, gewann eine selbständige Machtposition, nachdem das Kastellanenamt in die Hände der Herren v. Oisy, die außerhalb der Gft. saßen, gelangt war. Mehrfach mußte der Bf. aus seiner Stadt fliehen, so bei den Aufständen von 984 und 1077. Durch die Erhebung von 1077 wurde der Bf. genötigt, den Bürgern in einem Privileg kommunale Verfassung einzuräumen; C. wurde damit zur ersten städt. →Kommune in Nordfrankreich. Zu gleicher Zeit wurde ein neuer Mauerring errichtet (vollendet unter Gerhard II., 1076-92).

Den Schwerpunkt der städt. Gewerbetätigkeit bildete offenbar die Textilverarbeitung (→Textilien); aufgrund der reichen Agrargebiete in der Umgebung von C. entwickelte sich außerdem ein bedeutender Getreide- und Waidhandel. Doch nahm C. wegen seiner Randlage nur begrenzt am demograph. und wirtschaftl. Aufschwung der Region teil: Die Einwohnerzahl der ma. Stadt überschritt nie die Marge von 10000, und das Stadtgebiet erfuhr seit dem 11. Jh. kaum noch Erweiterungen (7 Pfarreien im 11., 9 Pfarreien im 15. Jh.). Die Münzstätte bestand bis 1595.

1174 setzten Konflikte zw. dem städt. Magistrat und dem Bf. ein. Die Charta von 1182 vermochte den Kampf der Bürger um Erweiterung ihres Freiheitsspielraums nicht zu beenden. I. J. 1219 erließ Bf. Godefroi de Fontaines eine »lex« für die Stadt, die eine Einsetzung von 14 Schöffen vorsah; 1226 wurde die »Kommune« aufgehoben. An der Spitze der 14 Schöffen standen nun zwei *prévôts*; alle Mitglieder der Stadtverwaltung wurden vom Bf. ernannt. Die Verschuldung führte zu erhöhten Steuerforderungen des Bf.s, wogegen sich die Bürger 1302 und 1313 erhoben. Die weitere Verschlechterung der finanziellen Situation erlaubte im 15. Jh. den Hzg.en v. →Burgund, deren Territorien die Gft. umschloß, eine strenge Kontrolle über Stadt und Bm. auszuüben; die Finanzkrise gipfelte schließlich in einer Reihe von Zusammenbrüchen des städt. Haushaltes (1478, 1479, 1485). Dennoch vermochte die Stadt nach dem Tode Karls des Kühnen ihre neutrale Stellung zw. Ludwig IX., Kg. v. Frankreich, und Ks. Maximilian zunächst zu behaupten. Eine Besetzung durch den frz. Kg. (1477) blieb Episode; die Periode einer teilweisen Selbständigkeit endete 1543 mit der Eingliederung in die habsburg. Besitzungen.

II. Bistum und Klöster: Die civitas der Nervii besaß seit 346 einen Bischofssitz zu Bavai, die kirchl. Oberhoheit über C. dürfte in frühchr. Zeit jedoch zunächst vom Bf. v. Arras oder aber vom Bf. v. Noyon ausgeübt worden sein; die Missionierung des Gebietes erfolgte durch Aquitanier und Iren. Der erste Bf., der in C. selbst residierte, war offensichtl. der hl. Gaugericus (Géry, zw. 585 und 624-627 belegt); der Bischofssitz von →Arras wurde anschließend in eine große atrebato-nervische Diöz. einbezogen. Die Intensivierung des geistl. Lebens im frühma. C. äußerte sich in der Entwicklung der Stifte St-Géry und St-Aubert; 1064 traten das Hl.-Grab-Kl. (St-Sépulcre) und 1071 das Hl.-Kreuz-Stift (Ste-Croix) hinzu. Seit dem FrühMA war C. ein bedeutendes geistiges, v. a. musikal.-liturg. Zentrum (vgl. Abschnitt III). Den Höhepunkt seines Ansehens erreichte das Bm. C. unter Bf. →Gerhard I. (1012–51), der eine führende Rolle in der Politik des Reiches, bei den Friedenskonzilien, bei der Ketzerbekämpfung und bei der Durchsetzung der Kirchenreform im Scheldegebiet spielte. Mit den →»Gesta episcoporum« (bzw. »Gesta pontificum«), die zu dieser Zeit entstanden, wurde ein hochbedeutendes Geschichtswerk, das erstrangigen Quellenwert für die Geschichte des nördl. Frankreich besitzt, geschaffen. Zur selben Zeit wurden Poenitentialien verfaßt.

Diese Blütezeit endete jedoch nach 1060; infolge von Streitigkeiten um den Bischofssitz, in denen v. a. die Gf. en v. →Flandern hervortraten, wurde Arras als autonomes Bm. im Bereich der Gft. Flandern konstituiert (1092–93). Im 14. und 15. Jh. war der Bischofssitz C. oft mit bedeutenden Kirchenmännern besetzt; genannt seien Robert v. Genf (der spätere Papst →Clemens VII.) sowie der große Theologe Pierre d' →Ailly. Einige der mit C. bepfründeten Prälaten müssen jedoch als Leute von zweifelhaftem Ruf gelten, so Jean de Bourgogne (1439–79), ein außerehel. Sohn Johanns Ohnefurcht, Hzg. v. Burgund. Papst Paul IV. erhob C. 1559 zum Ebm.; es bildete den Hauptstützpunkt der kath. Gegenreformation im Kampf gegen den Protestantismus in den Niederlanden.

Die mensa episcopalis von C. umfaßte v. a. die Gft. Cambrésis mit den Kastellaneien von C. (einschließl. der Seigneurie Proville) und le Cateau-Cambrésis, doch auch eine Reihe verstreuter Besitzungen, u. a. im Hennegau und in Brabant. Ein großer Teil dieses Streubesitzes (v. a. Güter im Soisonnais) ging dem Bm. seit dem 13. Jh. verloren. R. Fossier

Q.: Gesta episcoporum Cameracensium, ed. BETHMANN, MGH SS VII, 1846 [vgl. dazu: E. VAN MINGROOT, Kritisch onderzoek ontrent de datering van de Gesta ep. Camer., RBPH 53, 1975] – Les chartes des évêques de C., jusqu'à 1130, ed. E. VAN MINGROOT [in Vorber.] – Lit.: DHGE XI, 547–565 – A. L. LE GLAY, Glossaire topographique de l'ancien Cambrésis, 1845 – Cameracum christianum, 1849 – F. VERCAUTEREN, Etude sur les civitates de la Belg. sec., 1934 – E. DE MOREAU, Hist. de l'Eglise en Belgique, T. I–III, 1945 – M. H. KOYEN, De prae-Gregoriaanse hervorming te Kamerijk (1012–1067), 1953 – H. NEVEUX, Structure et fonction des maisons de C., Bull. phil. et hist., 1970, 1974 – Hist. des Pays-Bas français, hg. L. TRENARD, 1972 – M. DEGROISE, La mense épiscopale de C. et le comté de Cambrésis [Diss. masch. Ec. des chartes; cf. Position des thèses, 1973, 51–59] – H. NEVEUX, Vie et déclin d'une structure économique: les grains du Cambrésis, 1974 – H. PLATELLE, C. et le Cambrésis au XVᵉ, Revue du Nord 230, 1976 – M. ROUCHE, Topographie hist. de C. durant le haut MA, ebd. – M. ROUCHE, Un acte privé carolingien de l'église de Cambrésis (Comptes rendus de séances de l'Academie des Inscriptions, 1980, 360–372).

III. LITURGIE UND MUSIK: C. ist ein liturg. und musikal. Zentrum, das vom MA bis in die NZ überregionale Ausstrahlungskraft besitzt. Ausgleich und Romanisierung der Liturgie (8.–11. Jh.) kennzeichnen den Weg zu einem liturg. Großraum. Von da beeinflußt der Usus Cambrensis nachhaltig die röm.-frk. Liturgie (z. B. Oster-Vesper und -Laudes etc.); ihn überliefern so officium missae et chori etwa 30 Hss. (9.–13. Jh.), die in der Hauptsache H. LECLERCQ (DACL II 2, 1925, 1756–1759) vorgestellt hat; zu ihnen zählt auch das unter Bf. Hildoard († 816) entstandene hadrian. Sacramentarium Gregorianum mit regulärem Supplement (Cod. 164 [159]). Überdies bleibt das Poenitentiale, das Bf. →Halitgar (817–833) in 6 Büchern verfaßt hat, jahrhundertelang als Typus seiner Art bedeutsam (→Bußbücher).

Reichlicher fließen musikgeschichtl. Quellen (Traktate aus dem 10. und 12. Jh., Musikhss. und Drucke), die wir v. a. in den Archives dép. du Nord in Lille und in der Bibl.

mun. in Cambrai finden. Stadt, Bf. und Potentaten gaben oft Gelegenheit, weltl. und bes. geistl. Musik zu pflegen und zu komponieren. →Trouvères (Jacques de Cambrai, Huon III d'Oisy, Geoffroy de Barale, Martin de Béguins, Guy de Cambrai, Rogeret de Cambrai, Le Tartier u. a.), Spielleute (Hermant, Floury Daoust, Jehan Laduré u. a.), die hochangesehene Grammatik- und Gesangschule für Kleriker und Laien v. a. seit dem 10. Jh., die Kathedralkapelle, Cantores (Jehan dit de Liège, Brice u. a.) sowie Magistri cathedrales (Me Jehan, Nicolas Malin, Me Etienne u. a.) zum einen und Kapellmeister sowie Komponisten (→Dufay, →Obrecht, →Binchois, Reginaldus u. a.) zum andern machten C. zu einem hervorragenden Mittelpunkt für Musiker zumal auch der niederländ. Schulen. Vielfältige Relationen und ihre Emanationskraft ließen C. zu einem günstigen Feld internationaler Musikentwicklung werden. D. v. Huebner

Lit.: zur Liturgie: DHGE XI, 547–565 – LThK² II, 1958, 899–900 – A. MOLINIER, Manuscrits de la Bibl. de C., Catalogue général de manuscrits des bibl. publiques de France 17, 1891 – L. DELISLE, Mémoire sur d'anciens sacramentaires, 1886, 400 – A. EBNER, Q. und Forsch. zur Gesch. und Kunstgesch. des Missale Romanum im MA - Iter Italicum, 1896, 383 – H. DELEHAYE, Martyrologium Cambrense, AnalBoll 32, 1913, 369–407 – H. LIETZMANN, Das Sacramentarium Gregorianum nach dem Aachener Urexemplar, Liturgiegeschichtl. Q. 3, 1921 – K. GAMBER, Sakramentartypen, 1958 – zur Musik: MGG 2, 697–711 – NEW GROVE 3, 641–642 – A. DINAUX, Les trouvères cambrésiens 3, 1836 – C. E. H. DE COUSSEMAKER, Notice sur les collections musicales de la Bibl. de C. et des autres villes du Dép. du Nord – Mémoires de la Société d'émulation de C. 18, 1843, 59 – A. PIRRO, Hist. de la musique de la fin du XIVᵉ s. à la fin du XVIᵉ s., 1940.

Cambre, La (ndl. Ter Kameren), Frauenkl. OCist in →Brabant, nahe →Brüssel (heute i. Stadtgebiet v. Gr.-Brüssel), gegr. 1201 von Hzg. Heinrich I. v. Brabant neben dem schon bestehenden und mit einer Mühle ausgestatteten Weiler Elsene (Ixelles), welcher der großen hzgl. Domäne Ukkel (Uccle) angehörte. Von Anfang an folgten die Religiosen spontan der zisterziens. Regel, doch nahm das Generalkapitel der →Zisterzienser die Abtei (aus schlecht erhellten Gründen) erst 1232 in die Ordensgemeinschaft auf. La C. besaß im Umland von Brüssel mehrere Grangien, die von →Konversen bewirtschaftet wurden und beträchtl. zur wirtschaftl. Erschließung der ländl. Gebiete um Brüssel beitrugen, sowohl durch Rodung bisheriger Wald- und Bruchgebiete, in denen Ackerbau betrieben wurde, als auch durch die Anlage von Torfstichen und den für die Zisterzienser characterist. Fischteichen im Moorgelände. Der größte Teil dieses Besitzes blieb der Abtei in direkter Bewirtschaftung bis zum Ende des MA erhalten. G. Despy

Lit.: A. NOTEBAERT, Abbaye de La C., Monasticon belge 4, 1968, 441–468 – G. DESPY, Exploitation des »curtes« en Brabant du IXᵉ s. aux environs de 1300, Francia Beih. 11, 1982, 185–204.

Cambridge
I. Stadtgeschichte – II. Universität und Kollegien.

I. STADTGESCHICHTE: C., Stadt in England, liegt am südl. Rande des Tieflands der Fens, am Fluß Cam, der bis C. schiffbar war. Bei einem röm. castrum am linken Flußufer entwickelte sich die Römerstadt Duroliponte. Sie lag am Schnittpunkt mehrerer röm. Straßen, die das Gebiet des späteren Ostanglien mit den Midlands verbanden. Die Brücke, die der ma. Stadt den Namen gab, wird 875 zuerst erwähnt, sie ist vermutl. unter Kg. →Offa v. Mercien (757–796) errichtet worden. Dieser Bau weist auch auf die Tatsache hin, daß die Siedlung sich auf die Kiesterrasse am rechten Ufer des Cam verlagert hatte. C. war während der dän. Einfälle eine befestigte Siedlung; 921 ergaben sich die Dänen von C. dem Kg. Edward, der damit seine Eroberung des östl. →Danelaw beendete. Der als King's Ditch bezeichnete Graben, der die Siedlung am rechten Flußufer umgab, wurde wahrscheinl. zur Zeit Kg. Edwards ausgehoben. Die Stadt hatte Tore, wohl aus Holz, erhielt aber nie eine steinerne Mauer; der zudem schiffbare Graben sorgte für die Verteidigung. Sechs der Kirchen in der Stadt wurden wahrscheinl. vor der norm. Eroberung von 1066 errichtet. Seit dem 10. Jh. bestand in C. eine Münzstätte. Das römerzeitl. Stadtgebiet war Sitz der Regierung der Gft. *(shire)* und bildete ein aristokrat. Stadtviertel. 1068 errichtete Kg. Wilhelm I. dort eine Burg mit Motte und Bailli, für deren Bau er 27 Häuser niederlegen ließ.

Um 1200 war C. eine blühende Stadt mit einem Hafen; ihre Bürger gewannen allmähl. die Kontrolle über die städt. Angelegenheiten. C. besaß 14 Pfarrkirchen, davon zwei auf dem linken Flußufer und zwei in den Vorstädten auf dem rechten Ufer. Außerhalb des »King's Ditch« befanden sich zwei Kl. und zwei Hospitäler, von denen das Leprosorium St. Mary Magdalene in Sturbridge (östl. der Stadt) einen Jahrmarkt auf den umliegenden Feldern abhielt, der sich zu einer der bedeutendsten Messen in England entwickelte. Um 1500 dauerte er etwa einen Monat; gehandelt wurden lokale Produkte und eingeführte Luxusartikel.

Entscheidend für die weitere Entwicklung der Stadt im SpätMA war die Tatsache, daß C. zum Sitz einer bedeutenden Univ. und der sich seit dem 14. Jh. zunehmend herausbildenden Kollegien (Colleges) wurde (vergl. Abschnitt II). Im Stadtbild traten diese Kollegien wie Gutshäuser in Erscheinung. Sie besaßen einen Hofbezirk mit einem Torhaus, einen Speisesaal, eine Kapelle und private Räume. Bis zu dieser Zeit gab es in C. keine Gebäude aus Bruchsteinen, auch Backsteine wurden nur ausnahmsweise verwendet, bes. für die Torhäuser des 15. Jahrhunderts. Einige Kollegien erwarben Land an den Flußufern, das bes. zur Errichtung von Landungsbrücken *(hythes)*, Wassermühlen und Häusern benutzt wurde. Ein Kolleg (Jesus College, 1497) übernahm die Gebäude eines Benediktinerinnenklosters. Der Unterricht fand hauptsächl. in den privaten Räumen der Kollegien statt, aber um 1400 errichtete die Univ. ein Gebäude, die Old Schools, um Raum zu schaffen für den Unterricht in Theologie und kanon. Recht sowie für die Zusammenkünfte des Senats.

M. W. Barley

Lit.: City of C., [hg.] Royal Comm. on Hist. Mon., 1959 – M. D. LOBEL, Atlas of historic towns II, 1975.

II. UNIVERSITÄT UND KOLLEGIEN: [1] *Die Anfänge der Universität:* Unsere Kenntnis der Ursprünge der Univ. von C. ist äußerst dürftig. Die Univ. C. hat vielleicht manches den Schulen der Stadt C. im 12. Jh. zu verdanken, deren Rolle noch durch die Bildungstätigkeit der Mönche von →Ely, →Crowland und Barnwell verstärkt wurde. Eine direkte Verbindung dieser Lehrtätigkeit zur Univ. C. bleibt jedoch eine spekulative Behauptung. Um 1200 gibt es noch keine klaren Anzeichen für ein, wenigstens im Entwicklungsstadium befindliches Zentrum höherer Bildung in C. Anscheinend war die Entstehung der Univ. C. ausschließl. das Ergebnis einer Abwanderung von Lehrern und Studenten aus→Oxford nach C. i. J. 1209. Einige der aus Oxford exilierten Magister stammten anscheinend aus C. oder aus seiner Umgebung; eine Anzahl von ihnen stand mit dem damaligen Bf. v. Ely, in dessen Diöz. die Stadt C. lag, in Verbindung; diese Beziehungen geben immerhin einen gewissen, wenn auch nicht völlig sicheren Anhaltspunkt für die Motive, die der Wahl von C. als dem neuen Studienortes durch die exilierten Oxforder Wissenschaftler von 1209 zugrundelagen. Es bleibt zusammenfassend festzustellen, daß die Univ. C. ihre Entstehung im wesentl. dem Exodus aus Oxford verdankt.

Um 1225 ist ein Kanzler belegt; für 1233 besitzen wir das früheste Zeugnis päpstl. Anerkennung der Univ. C., ein Indult Gregors IX., das an Kanzler und Universitas Scholarium zu C. gerichtet ist und bedeutende gerichtl. Privilegien der Univ. C. zum Gegenstand hat. Der früheste urkundl. Beleg für die Tätigkeit des Kanzlers und der Magistri regentes entstammt dem Jahre 1246; das älteste Statut wurde am 17. März 1276 erlassen und setzt einen bereits hochentwickelten Stand sowohl der Lehrtätigkeit selbst als auch ihrer Organisation voraus. Es ist festzustellen, daß die Univ. C. hinsichtl. ihrer Institutionen zu diesem Zeitpunkt keineswegs nur mehr ein bloßes Abbild Oxfords war; vielmehr hatte sich im Laufe des 13. Jh. eine Reihe eigenständiger Charakterzüge und Strukturen ausgeprägt. Betreffs des Rechtsstatus wird deutlich, daß die Univ. C. mindestens während eines Teiles des 13. und frühen 14. Jh. als ein →Studium generale, das aufgrund von Gewohnheitsrecht (ex consuetudine) bestand, angesehen wurde; insofern steht die Univ. C. in einer Reihe mit »gewachsenen« Univ. wie →Paris, →Bologna, Oxford, →Padua und →Orléans, die alle ihre Stellung als Studium generale der Gewohnheit, nicht aber einem förmlichen päpstl. Privileg verdanken. 1318 untermauerte Papst Johannes XXII. diese Stellung eines Studium generale in C. lediglich durch apostol. Bestätigung.

[2] *Die Bedeutung der Kollegien:* Wahrscheinl. hatte die Univ. C. noch bis gegen Ende des 14. Jh. nur ca. 400–700 Studenten, während Oxford damals bereits deren ca. 1500 zählte. Um die Mitte des 15. Jh. dürfte sich aber die Zahl auf ca. 1300 Studenten erhöht haben (Oxford hatte zur gleichen Zeit ca. 1700). Ein wesentl. Faktor, der zum Anstieg der Studentenzahlen der Univ. C. bis fast zur Höhe ihrer älteren Schwester führte, war die unterschiedl. Haltung der beiden Univ. gegenüber den Häresien des John →Wyclif und der →Lollarden. Obwohl größte Anstrengungen unternommen worden waren, die Univ. Oxford von ketzerfreundl. Strömungen zu säubern, lastete auf ihr während des ganzen 15. Jh. der Makel der Häresie. Diese Beeinträchtigung der Oxforder Reputation ließ die Studentenzahlen der Univ. C. rasch ansteigen; diese galt nämlich als Hort der Orthodoxie und daher als »sicherer Hafen« für die studierende Jugend. Deshalb wurde die Univ. C. auch von Stiftern bevorzugt. Die Gründer der weltl. Kollegien im 15. Jh., des King's College (gestiftet von Kg. Heinrich VI.) sowie des Queens', St. Catharine's und Jesus College, teilten das Ziel, C. als Bastion kirchentreuen Denkens zu bewahren.

In den säkularen Kollegien (Colleges) von C. sowie Oxford sollte urspgl. das Studium auf einem höheren akadem. Niveau gefördert werden. Den Hintergrund für eine solche Einrichtung bildeten die Schwierigkeiten für den →Baccalarius, den Träger des untersten akadem. Grades, sein Studium mit dem Ziel der Erwerbung des →Magistergrades bzw. eines Abschlusses in den höheren Fakultäten des Rechts, der Theologie oder der Medizin fortzusetzen; gab es doch, abgesehen von den Institutionen der Orden für ihre Mitglieder, keine »öffentl.« Form der Graduiertenförderung. Wegen der Länge und der hohen Kosten eines avancierten Studiums in den genannten Fachrichtungen bestand beim wissenschaftl. Nachwuchs aus den Kreisen der Laien und des Weltklerus, der die Begabung zu akadem. Betätigung über den unteren Studienabschluß hinaus besaß, im 13. und 14. Jh. ein vorrangiger Bedarf an verfügbaren Mitteln und finanziellen Hilfen. Die zumindest partielle Erfüllung dieses Bedürfnisses war das ursprgl. Motiv der Gründung von Kollegien in C. und Oxford. Somit war nicht die Förderung des allgemeinen Unterrichts in den Artes das Hauptziel, sondern die Begünstigung der fortgeschrittenen Studien in den Artes wie in den höheren Fakultäten durch eine qualifizierte Minderheit; der engere Rahmen, in dem sich dieses Studium an den Kollegien bewegte, variierte entsprechend den Interessen oder Vorlieben der jeweiligen Stifter.

Die Einrichtung von Säkularkollegien erhielt mit der Gründung von Peterhouse i. J. 1284 ihren entscheidenden Anstoß. Sieben Kollegien wurden im 14. und fünf im 15. Jh. errichtet, so daß es 13 um 1500 gab. Von diesen war das kgl. College of the King's Hall das meistgepriesene, das außergewöhnlichste und – bis zur Mitte des 15. Jh. – auch das größte. Es hatte seinen Ursprung in einer Filiale der Hofkapelle (→chapel royal) Kg. Eduards II., die an der Univ. C. eingerichtet wurde. Damit war die erste kgl. Klerikergemeinschaft an einer engl. Univ. ins Leben gerufen; King's Hall begründete die institutionelle Verbindung zw. dem kgl. Hofhalt und der Universität. Während das King's Hall College ausnahmsweise von frühen 14. Jh. an für nichtgraduierte Mitglieder sorgte, wurden erst im 15. Jh. die Nichtgraduierten in den Kollegien von C. zahlreich. Das King's Hall College war auch insofern eine wichtige Gründung, als es seine Nichtgraduierten aus der Grammatikschule von →Eton rekrutierte, ähnlich wie das New College in Oxford seine Nichtgraduierten aus der Grammatikschule in →Winchester bezog. Vergleicht man die 13 Kollegien an der Univ. C. mit den zehn Kollegien an der Univ. Oxford, so zeigt sich, daß in C. ein weitaus geringerer geistl. Einfluß bemerkbar ist als in Oxford, wo allein sieben Kollegien geistl. Gründer hatten. Demgegenüber waren die Kollegien von C., auch als Gruppe, stark auf ihre unabhängige Stellung bedacht. Diese Differenz zeigt sich auch in der unterschiedl. Intensität, mit welcher der Kampf für die Autonomie der Univ. gegen die Jurisdiktion des Bf.s in Oxford und in C. geführt wurde. Dieses geringere Streben nach Autonomie in C. dürfte mit der Tatsache zusammenhängen, daß die Jurisdiktion des zuständigen Diözesanbischofs, des Bf.s v. Ely, einen eher formellen Charakter trug und sich deshalb im tägl. Leben der Univ. C. nicht sehr stark bemerkbar machte. Während Oxford die offizielle Exemtion von seiner interventionsfreudigen kirchl. Jurisdiktionsgewalt i. J. 1395 erreichte, gewann C. die formaljurist. Exemtion von einer entfernten und selten aktiv werdenden geistl. Autorität erst 1432. Der Kanzler der Univ. v. C. besaß umfassende geistliche, zivile und Kriminalgerichtsbarkeit. Sein Stellvertreter ist seit dem 13. Jh. als Vizekanzler belegt, ein Titel, der in Oxford nicht vor 1450 regelmäßig gebraucht wurde.

Die säkularen Kollegien von C. sollten ebenso wie die von Oxford tiefgreifenden Einfluß auf den Charakter der jeweiligen Univ. ausüben. Die Lehrtätigkeit war ursprgl. den Magistri regentes vorbehalten, die Vorlesungen und Disputationen in den einzelnen Schulen der Univ. abhielten. Das bedeutet, daß sich der Unterricht zunächst in einer universitären Körperschaft von Magistern konzentrierte, die, da es ursprgl. keine fest besoldeten Vorlesungen gab, von student. Honoraren unterhalten wurden. Bis zum späten 15. und teilweise frühen 16. Jh. lebte die Mehrzahl der Mitglieder der Univ. C., d. h. die Studenten und auch nicht wenige der Graduierten, in den Herbergen (*hostels*), die sich selbst tragende Gemeinschaften ohne fremde Zuschüsse darstellten. Die Häuser wurden in der Regel bei städt. Hausbesitzern angemietet, und es stand jeweils ein Magister artium an der Spitze dieser Gemeinschaften, einige graduierte Mitglieder der Univ. C. waren als seine »Tutoren« oder »Assistenten« angestellt. Im Bereich dieser Wohn- und Studiengemeinschaften bildeten sich allmähl., als Ergänzung zum öffentl. Vorlesungsbetrieb, eigene Formen internen Unterrichts mit Vorlesungen und Tutorenwesen heraus. Doch waren es die säkularen Kollegien, welche diese Ausbildungsarten in ihrer ausgeprägtesten Form entwickelten. Im 15. Jh. und frühen 16. Jh. wechselten daher zahlreiche Studenten von den hostels zu den säkularen Kollegien über. Durch diese Entwicklung wandelten sich die Kollegien von Institutionen mit vorwiegend graduierten Mitgliedern zu solchen mit einer aus Graduierten und Studenten gemischten Population. Dieser neuen Zusammensetzung wurde Rechnung getragen, indem ein Tutorensystem eingerichtet wurde, das ähnlich wie in den hostels konstituiert war, aber auf höherem Niveau stand. Die eigenständige Entwicklung der Kollegien, die durch die Ausbildung dieses Tutorenbetriebs gefördert wurde, verstärkte sich durch die Ausdehnung der Vorlesungstätigkeit in den Kollegien selbst. Diese dotierten Vorlesungen waren zumeist, aber nicht in allen Fällen, öffentlich und damit allen Hörern der Univ. C. zugänglich. Hatten die Tutoren- und Lehrveranstaltungen ursprgl. als Ergänzung zum normalen Unterrichtsbetrieb der Magistri regentes gedient, so war bereits im frühen 16. Jh. eine ganze Reihe der Kollegien v. C. in der Lage, für alle akadem. Bedürfnisse ihrer Mitglieder selbst zu sorgen, so daß der öffentl. Unterricht kaum mehr in Anspruch genommen werden mußte. Als Folge dieser Entwicklung kam der allgemeine Unterricht, zumindest in großen Teilen, zum Erliegen, und auch entsprechende Reformversuche, etwa durch die Belebung des Systems der besoldeten Hochschullehrer, vermochte ihm nicht wiederaufzuhelfen. Um 1500 waren die Weichen für diese neue Form der Ausbildung gestellt: die Kollegien hatten die Funktion von in sich abgeschlossenen Hauptträgern der wissenschaftl. Ausbildung übernommen. Dieser Prozeß fand bis zur Mitte des 16. Jh. seine Fortsetzung: Nun hatte sich der Charakter der Univ. C. vollständig von einem zentripetalen zu einem zentrifugalen gewandelt, die unabhängigen Einheiten der Kollegien besaßen größere Bedeutung als die Univ. in ihrer Gesamtheit. Diese Form blieb, weitgehend unverändert, bis ins frühe 20. Jh. für die Univ. C. bestimmend.

[3] *Fachrichtungen und soziale Zusammensetzung:* Unter den in C. vertretenen Fachrichtungen war im 14. Jh. die theol. zweifellos die größte Fakultät. Die Bettelorden stellten den größten Anteil der Theologiestudenten, Weltgeistliche machten zunächst wahrscheinl. nur ein Viertel der Gesamtheit aus. Im Laufe des 15. Jh. verringerte sich der beherrschende Anteil der Mendikanten an der Theologenfakultät jedoch beträchtlich: Um 1500 war eine größere zahlenmäßige Ausgewogenheit zw. Ordens- und Weltklerus erreicht, und die Konzentration von Theologiestudenten in den Säkularkollegien förderte, zumindest teilweise, einen solchen Ausgleich. Die Theologen waren zwar in den säkularen Kollegien im 15. Jh. noch dominierend, doch insgesamt war ihre Zahl und Bedeutung nach der großen Blütezeit der Theologenfakultät im späten 14. Jh. gesunken. Die Fakultäten der Jurisprudenz, sowohl der Legistik wie auch der Kanonistik, und der Artes erlebten ihren Aufstieg offensichtl. auf Kosten der Theologie. Es ist dabei bemerkenswert, daß die säkularen Kollegien v. C. vor dem 16. Jh. vorwiegend konservativ geprägte Bildungsstätten darstellten; als Gruppe waren sie nicht eigtl. repräsentativ für den Beteiligungsgrad Universitätsangehöriger aus dem weltl. Stand am Studium

des zivilen und kanon. Rechts. Die Konzentration auf die Theologie in so vielen Kollegien v. C. des 15. Jh. dürfte akadem. Innovationen entgegengewirkt haben; die Dominanz der Theologie war vielleicht auch einer der Faktoren, die das späte Eindringen des kontinentaleurop. →Humanismus in C. bedingt haben.

Im MA war die Univ. C. eine Bildungsinstitution, an der vorwiegend Leute von den Brit. Inseln studierten und lehrten. Die Angehörigen der Univ. C., die, sozial gesehen, in ihrer Mehrzahl aus den mittleren Schichten hervorgingen, stammten zumeist aus England, und zwar insbes. aus den ost- und nordengl. Grafschaften bzw., nach ihrer Diözesenzugehörigkeit, aus den Bm.ern Lincoln, Norwich und York. Nur ca. 1 % der Studenten war in Wales, Schottland und Irland beheimatet, und ein etwa ebenso geringer Prozentsatz kam aus dem kontinentalen Europa. Für die Minderheit unter den Gelehrten in C., die einen ausländ. Studienaufenthalt durchführte, war Italien das Hauptziel, wo v. a. der Rechtsunterricht in Bologna und Padua eine große Anziehungskraft hatte. Wenn C. auch die kleinere und bis zum 15. Jh. die weniger angesehene der beiden engl. Universitäten blieb, so war die intellektuelle Bedeutung doch recht groß; eine stattliche Anzahl berühmter Gelehrter studierte und lehrte in C.; genannt seien: →Thomas v. York, →Johannes Duns Scotus, Johannes Bromyard (→Robert v. Basevorn), →Robert Holcot, →Roger v. Marston und Thomas Cobham. Wie in Oxford fanden auch in C. humanist. Strömungen erst spät Eingang; ein spürbarer Einfluß ist nur im letzten Viertel des 15. Jh. erkennbar. So hat in den 90er Jahren des 15. Jh. der it. Humanist Caius Auberinus Vorlesungen über die Komödien des →Terenz gehalten, und es wurden in den ersten Jahren des 16. Jh. im kgl. King's Hall College auch Werke von Terenz aufgeführt. Am Queens' College war →Erasmus v. Rotterdam, der dort Griechisch lehrte. Erst gegen die Mitte des 16. Jh. hat sich ein allgemeiner und tieferer Einfluß des europ. Humanismus in C. durchgesetzt.
A. B. Cobban

Q. und Lit.: COING, Hdb. I, s. v. [Register]– RASHDALL III, 274–324– H. DENIFLE, Die Entstehung der Univ. des MA bis 1400, 1885, 367–376 [Nachdr. 1956] – A. G. LITTLE, The Friars and the foundation of the faculty of theology in the Univ. of C. (Franciscan papers, lists, and documents, 1943), 122–143– J. R. H. MOORMAN, The Grey Friars in C. 1225–1538, 1952 – W. ULLMANN, The decline of the chancellor's authority in medieval C.: a rediscovered statute, Hist. Journal 1, 1958, 176–182 – J. P. C. ROACH, The Univ. of C. (Victoria county hist. [C.] III, hg. J. P. C. ROACH, 1959) – H. PEEK – C. HALL, The archives of the Univ. of C., 1962 – A. B. EMDEN, A biographical register of the Univ. of C. to 1500, 1963 – A. C. CHIBNALL, Richard de Badew and the Univ. of C. 1315–1340, 1963 – A. B. COBBAN, Edward II., pope John XXII and the Univ. of C. (Bull. of the John Rylands library 47, 1964), 49–78 – V. SKÅNLAND, The earliest statutes of the Univ. of C. (Symbolae Osloenses, fasc. 40, 1965) – A. B. COBBAN, The King's Hall within the Univ. of C. in the later MA, 1969 – DERS., Episcopal control in the medieval Univ. of Northern Europe (Stud. in Church Hist. 5, 1969), 1–22 – M. B. HACKETT, The original statutes of C. Univ.: the Text and its Hist., 1970 – A. B. COBBAN, Origins: Robert Wodelarke and St Catharine's (St Catharine's College 1473–1973, hg. E. E. RICH, 1973), 1–32 – DERS., The medieval univ.: their development and organization, 1975 – DERS., Decentralized teaching in the medieval English Univ. (Hist. of education 5, 1976), 193–206 – C. CRAWLEY, Trinity Hall: The hist. of a C. college 1350–1975, 1976 – T. H. ASTON, G. D. DUNCAN, T. A. R. EVANS, The medieval Alumni of the Univ. of C., PP 86, 1980, 9–86 – A. B. COBBAN, The medieval C. colleges: a quantitative study of higher degrees to c. 1500 (Hist. of education 9, 1980), 1–12 – DERS., The King's Hall, C., and Engl. medieval collegiate hist. (Authority and power: Stud. on medieval law and government presented to W. ULLMANN, hg. B. TIERNEY – P. LINEHAN, 1980), 183–195.

Cambridge, Earldom. Das Earldom C. war urprgl. Teil des Earldom →Huntingdonshire, bis Kg. →Eduard III. am 7. Mai 1340 Wilhelm v. Juliers, Schwager der engl. Kgn. Philippa v. Hennegau, zum Earl of C. erhob. Wilhelm starb 1361, und am 13. Nov. 1362 wurde der Titel an →Edmund, den 5. Sohn Eduards, verliehen, der ihn bis zu seinem Tod (1402) führte. Sein Sohn und Erbe →Eduard, Hzg. v. York, verzichtete auf den Titel des Earl, den das Parliament am 1. Mai 1414 seinem Bruder →Richard verlieh, der aber 1415 wieder eingezogen wurde. Erst 1426 erhielt sein Sohn →Richard, Hzg. v. York, den Titel zurück; dessen Sohn →Eduard (IV.), der 1461 den Thron bestieg, vereinigte das Earldom mit der Krone.

Lit.: Peerage II, 492–495.
C. T. Allmand

Cambridger Liedersammlung, Ältere → Carmina Cantabrigiensia

Cambridger Liedersammlung, Jüngere, 34 lat. Rhythmen auf vier Doppelblättern des 13. Jh., seit dem ausgehenden MA Schutzblätter der Hs. Cambridge UL, Ff I 17. Musikal. Anordnung nach ein- und mehrstimmigen Stücken, Notenlinien, jedoch großteils nicht ausgefüllt; meist geistl., aber auch drei moral.-satir. Gedichte, vier Liebeslieder; Sequenzen und Strophenlieder mit und ohne Refrain; u. a. von →Walter v. Châtillon und →Petrus v. Blois. Wahrscheinl. in England von Klerikern zum eigenen Gebrauch zusammengestellt.
G. Bernt

Bibliogr. und Ed.: O. SCHUMANN, Die j. C. L., StM 16 (1943–1950), 48–85 [Inedita und unzulängl. Ediertes; Nachweise der Ausg. der übrigen Stücke] – W. LIPPHARDT, Einige unbekannte Weisen zu den C. Burana (Fschr. H. BESSELER), 1961, 101–125 [Melodieneud. d. Nr. 9, 11, 19] – H. SCHMID (Fschr. B. BISCHOFF, 1971), 391–397 [Nr. 10, mit Komm.] – *Faks.*: H. G. WOOLDRIDGE, Early Engl. Harmony, 1907, 25–30 [teilw.] – *Lit.*: O. LUDWIG, Rep. organorum etc., 1910 [Nachdr. 1964], I, 1, 326–329 – O. SCHUMANN (s. Ed.) – zu den einzelnen vgl. WALTHER.

Camera Apostolica → Kammer, apostolische

Camera civitatis → Kammer, →Finanzwesen

Camerarius → Kämmerer

Camerino, it. Stadt (Reg. Marken), auf einem Felssporn gelegen, auf dem sich bereits in sehr früher Zeit Siedlungen befanden. Das antike C. war ein bedeutendes Zentrum des östl. Umbrien, trat als eine der ersten umbr. Städte in Beziehung mit Rom und blieb stets dessen treuer Verbündeter. Nach einer religiösen Tradition soll Alarich i. J. 409 die Stadt belagert haben. C. wurde nach der Niederlage der Goten i. J. 553 Teil des Exarchats Ravenna. Nachdem die Stadt 592 von den Langobarden eingenommen worden war, nannte sich Ariulf, der Hzg. v. Spoleto, auch Hzg. von C. Karl d. Gr. machte sie zum Hauptort einer großen Provinz, die vom Apennin bis zum Meer reichte (Mark Camerino). Nach dem Sieg von Innozenz III. (1198) über Marquard, Hzg. v. Romagna und Mark, der in C. residierte, wurde die Stadt Teil des Kirchenstaates, bewahrte dabei jedoch ihre Autonomie. Sie hatte sich zu einer Kommune konstituiert, die ihren Wohlstand v. a. der Tuchherstellung verdankte und eigene Münzen prägte. Als guelf. Stadt wurde C. von Ks. Otto IV. i. J. 1210 Azzo d'Este zu Lehen gegeben, konnte die Angriffe Friedrichs II. und seines Sohnes →Enzo abwehren, wurde jedoch durch den von →Manfred entsandten Percivalle Doria 1259 völlig zerstört. Gentile da Varano sammelte die zerstreuten Bürger und baute die Stadt wieder auf, so daß er ihr neuer Begründer genannt wurde. Die Päpste Alexander IV. und Nicolaus III. erkannten ihn als Signore von C. an. Mit ihm begann die Signorie der Familie da →Varano. Ihre insgesamt beinahe 300 Jahre währende Herrschaft über C. erfuhr in den Jahren 1434–44 eine Unterbrechung, die durch eine Krise innerhalb der Familie (1433–34) hervorgerufen wurde, als die da Varano durch Kämpfe, Fehden, Brudermord und interne Auseinandersetzungen beinahe an den Rand des Untergangs gebracht wurden. C. konstituierte sich in jener Zeit erneut als Kommune und zahlte dem päpstl. Vikar Francesco Sforza eine Abgabe. Nachdem Rodolfo IV. wieder das Stadtregiment ergriffen hatte (1444), erlebten die Familie da Varano und die Stadt C. eine der glücklichsten Perioden ihrer Geschichte. Ihr wurde ein jähes Ende durch → Cesare Borgia bereitet, der i. J. 1502 Giulio Cesare Varano und seine drei Söhne erdrosseln ließ und sich in den Besitz von C. setzte. Die Stadt wurde von Papst Alexander VI. zum Hzm. erhoben und Giovanni Borgia zu Lehen gegeben. Seit 1545 unterstand C. direkt der Kirche.

Unter den erhaltenen, wenngleich stark veränderten Baudenkmälern, seien die Kirche S. Francesco (13. Jh.) und der von den da Varano als Wohnsitz errichtete Herzogspalast (die heutige Universität) erwähnt. S. Polica

Lit.: C. Lilii, Dell'hist. di C., Macerata 1649, 1652 – F. Camerini, Supplementi alla storia del Lilii, 1835 – A. Conti, C. e i suoi dintorni, 1872–74 – P. Savini, Storia della città di C., 1895².

Camerlengo. Seit dem 15. Jh. üblich werdende Bezeichnung sowohl für den päpstl. Kämmerer, also den Leiter der Apostolischen → Kammer (Cardinale C.), als auch für den Kämmerer des → Kardinalkollegs (C. del sacro collegio). B. Schimmelpfennig

Lit.: Vgl. → Kammer, → Kardinalkolleg, → Kurie.

Cameron, John, Bf. v. Glasgow, Kanzler v. → Schottland, Geburtsdatum unbekannt, † 1446. Über seine Ausbildung ist nichts überliefert, spätestens 1420 erlangte er den Grad eines Lic. Decr. 1425–26 wurde C. Sekretär des schott. Kg.s → Jakobs I., er bekleidete die Ämter des Siegelbewahrers *(Keeper of the → privy seal)* und → Kanzlers. 1426 erhielt er das Bm. Glasgow übertragen (Bischofsweihe Jan. 1427). John C. war der wichtigste Helfer Kg. Jakobs I. bei dessen energ. Widerstand gegen den Einfluß der Kurie in Schottland: Die schott. Gesetzgebung, die sich insbes. gegen den Ämter- und Benefizienhandel richtete, löste einen langwierigen Konflikt mit den Päpsten Martin V. und Eugen IV. aus. Diese Streitigkeiten wurden wiederholt beim Konzil v. → Basel, bei dem C. im Febr. 1434 an der Spitze der schott. Gesandtschaft erschien, erörtert. Von nun an bis zu Kg. Jakobs I. gewaltsamen Tod (Febr. 1437) verbrachte C. einen Großteil seiner Zeit beim Basler Konzil sowie auf diplomat. Reisen, die mit seinem Konzilsauftrag in Verbindung standen. Er bemühte sich v. a. um die Entsendung einer päpstl. Legation, zur Schlichtung der kirchenpolit. Streitfragen in Schottland. Dieses Ziel erreichte er 1436 (Legation des Bf.s v. Urbino), doch mußte C., der in päpstl. Ungnade stand, bis in die Zeit nach der Ermordung des Kg.s im Ausland bleiben. Nach Schottland zurückgekehrt, vermochte er seine polit. Stellung zunächst auch unter der Vormundschaftsregierung für Jakob II. zu behaupten; im Mai 1439 wurde er jedoch vom Kanzleramt entbunden. 1441 stand er im Verdacht des Verrates. Von da an bis zu seinem Tod spielte er nur noch eine geringe polit. Rolle. C. übte neben seiner staatsmänn. und kirchenpolit. Tätigkeit auch sein Bischofsamt in aktiver Weise aus. J. H. Burns

Lit.: R. K. Hannay, James I, Bishop C. and the Papacy, SHR 15, 1918, 190–200 – J. H. Burns, Scottish Churchmen and the Council of Basle, 1962 – R. Nicholson, Scotland: The Later MA, 1974.

Camino da (Caminesi), bereits in langob. Zeit im Gebiet v. Belluno und im Komitat → Ceneda begüterte venet. Familie, trat seit Beginn des 12. Jh. stärker hervor und spielte eine bedeutende Rolle in den inneren Auseinandersetzungen der Mark → Treviso, in der sie zu den vier bedeutendsten Familienverbänden gehörte. Sie nannte sich offenbar nach dem Kastell Camino bei Oderzo, ihr ursprgl. Name dürfte jedoch Montanara gelautet haben. In den polit. Auseinandersetzungen der Region traten die da C. auf die Seite der Guelfen und gerieten in heftigen Gegensatz zu den da → Romano. Die Feindseligkeiten mit dieser Familie verschärften sich in zunehmendem Maße, je stärker Ezzelino III., der sich der Signorie über Verona bemächtigt hatte, die Politik Friedrichs II. unterstützte. Die da C. waren bestrebt, die Stadt → Treviso unter ihre Herrschaft zu bringen, was ihnen mit Guecellone 1235 und 1239–42 infolge der Unterstützung Albericos, des Bruders und damaligen Gegners von Ezzelino, gelang. Bereits seit 1233 war die Familie jedoch in zwei einander feindl. Linien zerfallen (»Caminesi di sopra« und »Caminesi di sotto«). *Guecellone,* ein Mitglied der Caminesi di sotto, verlor jedoch die Stadt im Zuge der polit. Niederlage Albericos. Die Familie gelangte mit *Gherardo* (→ 1. C.), der dem anderen Zweig angehörte und seinen Aufstieg polit. Geschick und militär. Tüchtigkeit verdankte, wieder zur Macht; sein Sohn *Rizzardo* konnte die Machtposition seines Vaters in Treviso übernehmen und seinen Herrschaftsbereich sogar auf die benachbarten Territorien Feltre und Belluno ausdehnen. Ihm folgte ein weiterer *Guecellone,* der gegen die Expansionspolitik Cangrandes → della Scala kämpfen mußte. Er verlor seine Gebiete, wurde jedoch posthum durch seinen Sohn *Rizzardo* gerächt, der eine bedeutende Rolle in der Italienpolitik des Böhmenkönigs Johann v. Luxemburg spielte. Als Rizzardo während dieser Ereignisse ebenso starb (1355), bemächtigte sich Venedig seiner Besitzungen und nach Erlöschen der Familie (1422) des gesamten Territoriums der Caminesi. Die Familie, die in Treviso stets eine führende kulturelle Rolle innehatte, stand auch in enger Beziehung mit dem lit. und kulturellen Leben des gesamten Venetien. R. Manselli

Lit.: G. B. Picotti, I Caminesi e la loro signoria in Treviso, 1905 – vgl. auch Lit. zu Aquileia, Venedig, da Romano.

1. C., Gaia da, Tochter des Gherardo (→ 2. C.) und der Chiara della Torre, * gegen 1270; ∞ Tolberto aus dem Zweig der Familie da → Camino di sotto (»untere« da Camino). Sie war wegen ihrer Bildung und »Courtoisie« berühmt und gilt als eine der ersten Dichterinnen in it. Volkssprache; verwickelt in die Politik ihrer Familie, zog sie sich jedoch in zwei schweren polit. Verbrechen, an Jacopo, Bf. v. Feltre und Belluno, sowie an Jacopo del Cassero, den Verdacht der Komplizenschaft zu. Aus diesem Grunde wird sie mit anderen Persönlichkeiten ihrer Familie in der Divina Commedia erwähnt (Purg. XVI, 140). R. Manselli

Lit.: G. B. Picotti, a.a.O. – Enc. Dantesca I, 775.

2. C., Gherardo da, Signore v. Treviso, * um 1240, Sohn des Biaquino und der India, eines Mitglieds der großen paduan. Familie Camposampiero, † 1306. Als Erbe und Exponent seiner mächtigen Familie fand er als Bürger von Padua bei seiner Politik, welche die Ziele der Guelfen verfolgte, die Unterstützung des Patriarchen v. Aquileia. Im Rahmen der Politik der Stadt Padua in Venetien war er 1266 Generalkapitän von Feltre und Belluno und 1283 von Treviso. Infolge seiner polit. Fähigkeiten und seines persönl. Ansehens erhielt er in dieser Stadt die Macht eines »Signore« und übte sie bis zu seinem Tode aus. In diesen Jahren konnte er sich auf die Freundschaft der → Este stützen, während er skrupellos versuchte, sich von seinen Feinden zu befreien: 1297 ermordete er mit Hilfe des Este Jacopo del Cassero und etwa in der gleichen Zeit Jacopo, Bf. v. Feltre und Belluno. Seine Versuche, seinen Einfluß auch auf Friaul auszudehnen, scheiterten jedoch an der starken Opposition des Patriarchen v. Aquileia, der zu seinem Feind geworden war. Gh. wird von →Dante in der Divina Commedia, Purg. XVI, 124 und Convivio, XIV, 13, lobend erwähnt. R. Manselli

Lit.: G. B. Picotti, a.a.O. - Enc. Dantesca I, 775f.

3. C., Rizzardo da, Sohn des Gherardo (→2. C.) und der Chiara della Torre, Bruder der Gaia (→1. C.), * 1274, †1312, nahm schon früh zusammen mit seinem Vater aktiven Anteil an der Politik der Stadt. Auch er war daher für die Ermordung von Jacopo del Cassero und von Jacopo, Bf. v. Feltre und Belluno, verantwortlich. Zusammen mit seinem Vater Capitano generale von Treviso und danach von Feltre und Belluno, setzte er dessen Expansionspolitik im Gebiet v. Friaul fort und geriet daher wie bereits Gherardo in Gegensatz zu dem Patriarchen v. Aquileia. In der schwierigen Situation, die durch die Ankunft Heinrichs VII. v. Luxemburg in Italien hervorgerufen wurde, unterstützte er die Versöhnungsbestrebungen des Ks.s und gestattete die Rückkehr der Ghibellinen, obwohl er selbst aus einer Familie mit guelf. Tradition stammte. Seine Politik der Versöhnung erregte jedoch den Verdacht, er wolle sich mit den Ghibellinen gegen seine alten guelf. Freunde verbünden, so daß diese eine Verschwörung gegen ihn anzettelten und ihn von einem Bauern ermorden ließen. Auch er wird bei Dante – mit einer Prophezeihung seines nahen Endes – erwähnt (Parad. IX, 50–51). R. Manselli

Lit.: G. B. Picotti, a.a.O. - Enc. Dantesca I, 776.

Cammelli, Antonio, gen. *il Pistoia,* it. Renaissancedichter, * 1436 in Pistoia, aus einer angesehenen Familie, die aus Vinci stammte, † 1502 in Ferrara. Sein Vater Biondo di Niccolò di Benedetto war Mitglied der Prioren und des Zwölferrats. C. verließ Pistoia i. J. 1478 – bereits verheiratet und Vater von drei Kindern, denen weitere folgen sollten –, um das dornenreiche Leben eines Hofdichters zu führen, ständig auf der Suche nach einem bescheidenen Amt an den verschiedenen mittel- und oberit. Höfen. Er starb vermutl. an der Syphilis (»frz. Krankheit«, an der er lange Zeit gelitten hatte, in einem autobiograph. Sonett erwähnt) in Ferrara, der letzten Station seines Lebens, nach Aufenthalten bei Niccolò da Correggio, Isabella d'Este, Ludovico il Moro, Ercole I. und Giampiero Gonzaga, während deren er zahllose Briefkontakte angeknüpft hatte (u. a. mit Pandolfo Aristo, →Bellincioni, Bendedei, Boiardo, Bramante, Collenuccio, Correggio, Niccolò Cosmico, Gianninello, Sasso, Gaspare Visconti). C.s Nachruhm gründet sich auf seine Lyrik in der Tradition der →burchiellesken, komischen Dichtung. Seine Liedersammlung (in einem für Isabella d'Este Gonzaga angefertigten Autograph erhalten, heute Cod. Ambrosianus H 223 P. I inf.) umfaßt 533 *sonetti caudati* (→Sonett), die in lockerer themat. Folge aneinandergereiht sind (ähnlich wie der Canzoniere des →Bellincioni). Die Einleitung bilden ein Widmungsbrief an Isabella und ein »Dialogo« in der Manier Lukians, am Ende steht ein *capitolo* über den Tod von Beatrice d'Este.

C.s Canzoniere gehört zu den wichtigsten Liedersammlungen der 2. Hälfte des 15. Jh. Am Erfolg vieler seiner Sonette, die von Mund zu Mund gingen, kann man die Gabe des Pistoia erkennen, die Stimmung des Volks auszudrücken. Höfisches und Volkstümliches sind in seinem Werk gemischt. In den knappen Versen eines Sonetts wird eine Situation – ein polit. Geschehnis oder ein Ereignis des tägl. Lebens – skizziert und zugleich kommentiert; objektive Information, Darlegung der Meinung des Dichters und scharfsinnige Beobachtung der Umwelt verbinden sich zu einer Art aphorist. »Miniatur«, der komische, satirische, ja sogar buffoneske Glanzlichter aufgesetzt sind, und die dabei eine tiefe ethische Grundhaltung und innere Freiheit bewahrt. C.s einem Journalismus in Versen vergleichbare Dichtung atmet den weltoffenen Geist des »neuen Menschen« der Renaissance.

Neben einigen verstreuten Sonetten oder solchen zweifelhafter Zuschreibung ist von C. noch die Tragödie »Pamphila« (in der Nachfolge von Boccaccio, Decameron IV, 1) erhalten. Eine Komödie »De amicitia« hingegen ist verloren. G. Busetto

Ed.: I sonetti faceti di A. C. secondo l'autografo ambrosiano, hg. und komm. E. Percopo, 1908 – Rime edite ed inedite di A. C. detto il Pistoia, hg. A. Cappelli–S. Ferrari, 1884 – Filostrato e Pamphila, tragedia sacra di A. C., hg. A. Angeloro, 1907 – *Lit.:* DBI XVII, 277–286 – DLI I, 466–469 – A. Tissoni Benvenuti, La poesia lirica negli altri centri settentrionali (Letteratura It.; Storia e Testi III, Il Quattrocento. L'età dell'Umanesimo II, 1972), 403–406 – A. Piromalli, Società ferrarese e mondo morale dal Pistoia all'Ariosto, Italianistica III (1974), 3, 111–125 – R. Pallone, Anticlericalismo e ingiustizie sociali nell'Italia del 400. L'opera poetica e satirica di A. C. detto il Pistoia, 1975.

Cammermeister, Hartung, Bürgermeister v. →Erfurt, Chronist, * wohl vor 1400 im mainz. Erfurt, † 1476 in Erfurt; ▭ ebd., Augustinerkloster. C. war in Erfurt Geleitsmann der Lgf.en v. →Thüringen, die ihm 1431 das →Geleit verpfändeten und ihn schließlich seines Amtes enthoben. C. war Bürger in seiner Heimatstadt und hatte seit 1447 fünfmal das Amt des obersten Bürgermeisters inne. Seine in 3 Handschriften erhaltene lat. Chronik setzte die thür. Chronik des Johannes →Rothe fort. Das Werk ist nicht nur die wichtigste Quelle zur Geschichte des sog. →Sächs. Bruderkrieges, in dessen Verlauf er dank seiner Ratsämter genauen Einblick hatte, sondern bringt auch zahlreiche Nachrichten zur Geschichte anderer dt. Territorien (Bayern, Mainz, Pfalz, Preußen) und zur Reichsgeschichte unter Sigmund, Albrecht II. und Friedrich III. Einen geschärften Blick besitzt C. für Ereignisse (Aufenthalte des →Johannes v. Capistrano) und Zustände (Mode) in der Stadt, den Kirchen, Kl. und der Univ. von Erfurt, die er mit großer Anschaulichkeit beschreibt. Als ehem. Geleitsmann schenkte er Fragen der Wirtschaft – er veröffentlichte die Geleitstafel 1441 – und dem Münzwesen großes Interesse. Offenbar betrachtete er sein Werk nicht nur als ein Zeugnis für den weiten Horizont zeitgeschichtl. Wissens, den ein Bürgermeister einer großen Handelsstadt besaß, sondern auch als einen Schatz von Erfahrungen, denn er ordnete an, das Werk im Chor von St. Georg niederzulegen. Es wurde jedoch dem Rat übergeben.

H. Patze

Ed.: Die Chronik Hartung Cammermeisters, ed. R. Reiche (Geschichtsq. der Prov. Sachsen und angrenzender Gebiete 35, 1896).

Camp, Zisterzienserabtei → Kamp

Campania, Campanien → Kampanien

Campanile, runder oder quadratischer, freistehender Glockenturm an it. Kirchen bes. des MA, beginnt mit San Vitale in Ravenna (547 geweiht), seit dem 9. Jh. an frühchristl. Basiliken (S. Apollinare in Classe zu Ravenna) angefügt und häufig roman. und got. Kirchen, bes. Oberitaliens, beigestellt: Schiefer Turm von Pisa ab 1174, S. Marco in Venedig ab 1329 (1905/12 wiederaufgebaut), Dom S. Maria del Fiore in Florenz bis 1387. Nördlich der Alpen selten, ist ein C. erstmals auf dem →St. Galler Klosterplan um 800/820 dargestellt und an der Benediktinerinnen-Klosterkirche Bergen/Schwaben um 1200 erhalten. G. Binding

Lit.: W. Horn–E. Born, The Plan of St. Gall, 1979, I, 206f.

Campano, Giovanni Antonio, it. Humanist, * 1429 in Cavelli b. Galluccio, Prov. Caserta, † 15. Juli 1477 in Siena, ▢ Täuferkapelle Dom zu Siena. Entstammte bescheidenen Verhältnissen (seine Familie hieß vermutl. De Teolis), gab sich seinen Namen nach der Landschaft Kampanien selber. Studium 1452–55 in Perugia, dort 1455–59 Professor für Rhetorik; Pius II. ernannte ihn wegen seiner lit. Verdienste am 20. Okt. 1462 zum Bf. v. Crotone/Kalabrien, am 22. Aug. 1463 zum Bf. v. Teramo/Abruzzen; 1471 nahm er als →orator an der päpstl. Legation zum Regensburger Reichstag unter Führung des späteren Pius III. teil. Unter Sixtus IV. war er päpstl. Gouverneur von Todi (1472), Foligno (1472/74) und Città di Castello (1474), fiel aber wegen seines mutigen Eintretens für die Stadt im gleichen Jahr in Ungnade, suchte vergebens ein neues Amt am Königshof von Neapel und zog sich auf seinen Bischofssitz in Teramo zurück. C. war als Verfasser von Reden, moralphilos. Abhandlungen, Biographien, Gedichten (Elegien und Epigrammen) schon zu Lebzeiten berühmt. Seine Briefe galten als lat. Stilmuster. 1469/70 war er als Herausgeber klass. Texte für die röm. Drucker Ulrich Han und Giovanni Filippo da Legname tätig. Bereits 1495 erschienen seine Opera omnia (Rom, E. Silber, GW 5939) und wurden 1502 (Venedig) bzw. in Teilen 1707/37 (Leipzig) nachgedruckt. C. ist der typ. Hofdichter, der für einen Mäzen schreibt und dafür seine Feder verkauft. Seine Werke sind heute wegen seiner engen Beziehungen mit der päpstl. Kurie und einigen Fürstenhäusern v. a. kulturhist. interessant, da sie einen guten Einblick in Werdegang und Mentalität eines Hofhumanisten ermöglichen. Sein Urteil über Deutschland, wie es sich in den Briefen aus Regensburg niederschlägt, ist ein getreues Abbild der Meinung it. Humanisten über die in ihren Augen barbar. Deutschen. Einen gewissen dokumentar. Wert haben seine Biographien des Perusiner Condottiere →Fortebracci sowie →Pius' II. F.-R. Hausmann

Lit.: DBI XVII, 424–429 – B. Di Bernardo, Un Vescovo umanista alla Corte Pontificia. Giannantonio Campano (1429–1477), 1975.

Campanus v. Novara, it. Mathematiker und Astronom, * um 1210 (?) in Novara, † Sept. 1296 in Viterbo, urkundl. belegt seit ca. 1260 aufgrund seiner Schriften sowie durch Briefe (ab Dez. 1263) Papst Urbans IV. Über C.' familiäre Herkunft, Studien und Universitätslaufbahn ist nichts Genaueres bekannt. 1263/64 stand er im Dienst von Ottobono Fieschi, dem späteren Papst Hadrian V., und wurde kurz danach unter Urban IV. (1261–64) apostol. Kapellan. Nach über zwanzigjährigem Dienst in der päpstl. Kapelle zog sich C. um 1288 nach Viterbo zurück, wo er aufgrund der zahlreichen, ihm verliehenen kirchl. Benefizien seine letzten Lebensjahre als wohlhabender Gelehrter verbrachte.

C.' wissenschaftl. Verdienst liegt weniger in eigenständigen schöpfer. Leistungen als in der Überarbeitung und Ergänzung der Werke anderer, wobei er sich auf seine ausgedehnten Kenntnisse der damaligen lat. Lit. unter Einschluß der Übersetzungen aus dem Arab. stützen konnte. Von den über 20 ihm zugeschriebenen Werken erfreuten sich mehrere bereits zu seinen Lebzeiten großer Beliebtheit, so daß ihn →Roger Bacon schon 1267 unter die vier besten damaligen Mathematiker einreihte. C.' bekanntestes Werk war zweifellos seine lat. Edition der »Elemente« →Euklids, welche im späteren MA und der Renaissance viel benutzt wurde (mindestens 13 Drucke im 15. und 16. Jh.). Bei der Wiedergabe des Euklid-Textes folgte C. der lat. Übersetzung von →Adelard v. Bath, in den zur Erläuterung eingefügten Komm. z. T. →an-Nairīzī und →Jordanus Nemorarius. Berühmt war auch seine Papst Urban IV. gewidmete »Theorica planetarum«, welche eine Beschreibung des Aufbaus und der Dimensionen des Universums nach der Theorie von →Ptolemaios und die erste im Westen bekannte Anleitung zur Konstruktion eines →Äquatoriums enthält, sowie sein »Computus maior«, der sich mit Kalenderfragen und der →Osterfestberechnung beschäftigt. Daneben verfaßte C. u. a. einen »Tractatus de sphera«, astronom. Tafeln für den Meridian von Novara, eine Schrift über den Quadranten, das →Astrolabium und die Kreisquadratur, wobei die Echtheit der beiden letzteren Schriften von Toomer bzw. Clagett angezweifelt wird. E. Neuenschwander

Ed. und Lit.: DSB III, 23–29 – Duhem, III, 317–326 – M. Clagett, The »Quadratura circuli« Attributed to C. (Ders., Archimedes in the MA I, 1964), 581–609 – J. Murdoch, The Medieval Euclid: Salient Aspects of the Translations of the »Elements« by Adelard of Bath and C., Revue de synthèse 89, 1968, 67–94 – F. S. Benjamin Jr.–G. J. Toomer, C. and Medieval Planetary Theory, 1971 [mit Übersicht über die weiteren Werke, Hss., frühen Drucke und ält. Lit.] – A. Paravicini Bagliani, Un matematico nella corte papale del secolo XIII: Campano da Novara († 1296), RSCI 27, 1973, 98–129 – M. Pereira, Campano da Novara autore dell' »Almagestum parvum« (StM 19, 1978), 769–776.

Campeggi (oder Campegi, Campegio), adlige Bologneser Familie (mit Seitenlinien in anderen Teilen Norditaliens, v. a. in der Lombardei), die im 13. Jh. mit dem Capitano generale v. Pisa *Ugolino* zu Ansehen kam und im 15. und 16. Jh. berühmte Professoren am Bologneser Studium und Prälaten hervorbrachte. Zu den bekanntesten Mitgliedern der Familie gehörte *Bartolomeo*, † 1467, 1428 doctor utriusque iuris, las 1438–44 Zivil- und Kanonisches Recht. 1445 war er als Parteigänger der Canetoli, auf deren Betreiben Annibale I. →Bentivoglio ermordet worden war, gezwungen, Bologna zu verlassen und flüchtete nach Mantua, wo er Schutz und Förderung des Mgf. en Ludovico Gonzaga genoß, der ihn zu seinem polit. Berater machte. Anscheinend wurde ihm von Filippo Maria Visconti eine Leibrente ausgesetzt. Er war mit Paola Cavalcabò, der Schwester des Signore von Cremona (→Cavalcabò), verheiratet. Sein Sohn *Giovanni Zaccaria* († 1511) war gleichfalls Jurist und lehrte in Pavia, Padua und Bologna. S. Polica

Lit.: G. Giordani, Della famiglia de' Campeggi di Bologna, 1870.

Campin, Robert, ndl. Maler, * um 1375, † 1444 in Tournai. Dort wird er erstmals 1406 als Meister erwähnt; 1410 erwirbt er das Bürgerrecht und bekleidet von der bürgerl. Revolte 1423 bis zur Gegenbewegung 1428 ein höheres Amt. 1432 wegen Konkubinats verurteilt, wird die Strafe auf Interzession der regierenden Gfn. →Jakobäa v. Holland in eine mäßige Buße gemildert. 1427 bis 1432 weilen →Rogier van der Weyden und Jacques Daret (* Tournai 1404 [?], tätig hier und für Teppichkartons in Arras, letzte Erwähnung 1468 bei der Hochzeit Karls des Kühnen) zur Weiterbildung in Campins Werkstatt; die enge Verbindung ihrer Werke mit einer Gruppe von Gemälden, die unter dem Notnamen eines »Meisters von Flémalle« zusammengefaßt wurden, berechtigen zu dessen Identifikation mit Campin.

Auf das frühe Grablegungstriptychon (Slg. Seilern im Courtauld Institute London), das sich durch seine sperrigen, energischen Formen bereits kraftvoll vom höf. internationalen, schönen oder weichen Stil um 1400 absetzt, folgen zwei Altarflügel mit der Vermählung Mariae und der Verkündigung (Madrid, Prado), die im Raumaufbau und der Symbolik von Architektur und realist. Detail an →Broederlam anknüpfen; die Außenseite zeigt illusionist. als Skulpturen gemalte Heiligenfiguren, eine für Campins auf schwere, volumenverdrängende Plastizität und materialbetonende Stofflichkeit gerichteten Stil bezeichnende Neuerung. In der »Geburt Christi« (Dijon, Musée des Beaux-Arts) gelingt dank der Rezeption der franco-fläm. Buchmalerei erstmals ein realist. überzeugender Landschaftsraum; die Sicherung der Bildfläche als Einheit wird durch ein dichtes Muster korrespondierender Konturen und anderer Formbeziehungen gewährleistet, wie sie in übertriebener Weise ein Schüler (?) im Mérode-Altar zur Geltung bringt (New York, Cloisters; von der gleichen Hand die Salting-Madonna in London und ev. die Flügel des Triptychons für Heinrich von Werl OFM, 1438, Madrid, Prado). Dessen Vorlage (überliefert in einer Wiederholung [?] in Brüssel) bildet die entscheidende Vorstufe zu van → Eycks »Verkündigung« im Genter Altar ebenso wie die bis auf ein Fragment in Frankfurt verlorene, monumentale »Kreuzabnahme« für Rogier van der Weydens Hauptwerk in Madrid. Die späteren Arbeiten Campins – »Madonna«, »Veronika«, und »Trinität« eines angeblich aus Flémalle stammenden Altars in Frankfurt und die »Madonna in der Glorie über Petrus, Augustin und einem Stifter« (Aix en Provence, Musée Granet) – zeigen bereits Rückwirkungen dieser jüngeren Meister. Auch für das Porträt (London, Nat. Gall.; Berlin-Dahlem, Stl. Mus.) muß Campin neben van Eyck als Mitbegründer des ndl. Realismus des 15. Jh. gelten.   Ch. Klemm

Lit.: E. PANOFSKY, Early Netherlandish Painting, 1953, bes. 149–177 – M. DAVIES, Rogier van der Weyden, 1972 – L. CAMPBELL, R. C., the Master of Flémalle and the Master of Mérode, Burlington Magazine CXVI, 1974, 634–646.

Campionesen → Lombarden

Campofregoso, genues. Familie. Von nichtadliger Herkunft, erschienen die C. in der genues. Geschichte relativ spät, stiegen aber zu großem Ansehen auf, da sie gemeinsam mit den → Boccanegra, → Montaldo und → Adorno zu den bedeutendsten unter den reichen Kaufleuten gehörten, die sich mit den »Popolaren« identifizierten, denen nach der Verfassungsänderung des Jahres 1339 das Dogenamt vorbehalten blieb. Der Aufstieg der Familie beginnt mit dem Dogen *Domenico*, dessen Name mit der Eroberung von Zypern i. J. 1378 verbunden bleibt. Der berühmteste Vertreter der Familie ist jedoch *Tommaso*, der 1415–21 und ein zweitesmal 1436–43 das Dogenamt innehatte und gemeinsam mit seinen vier Brüdern (*Battista*, *Spinetta*, *Abramo* und *Giovanni*), die er mit einer geschickten nepotist. Familienpolitik in Schlüsselpositionen untergebracht hatte, Genua beherrschte. Das Dogenamt wurde beinahe das ganze 15. Jh. hindurch ausschließlich von den C. wahrgenommen, mit Ausnahme der kurzen Perioden, in denen sie, um sich gegen ihre Gegner zu behaupten, auswärtige Mächte zu Hilfe riefen und die Stadt abwechselnd Mailand oder Frankreich übergaben. Unter den Vertretern der Familie seien auch der Ebf. und spätere Doge *Pietro* (die »Chimäre des Jahrhunderts«) erwähnt, der an dem Entsatz Otrantos gegen die Türken i. J. 1481 mitgewirkt hatte, sowie der Doge und seit 1515 frz. Gouverneur *Ottaviano*, einer der Interlokutoren im »Cortigiano« des Baldassarre Castiglione. 1528 wurde es den C. nicht gestattet, ein eigenes → Albergo zu begründen und sie wurden gezwungen, sich mit den Fornari zu vereinigen.   G. Petti Balbi

Q. und Lit.: Georgii et Johannis Stellae Annales Genueses, ed. G. PETTI BALBI, RIS, 17/2, 1975, ad indicem – T. O. DE NEGRI, Storia di Genova, 1968, ad indicem.

Camponeschi, it. Familie, welche die Geschichte der Stadt L'Aquila in den ersten Jahrzehnten nach deren Gründung (2. Hälfte des 13. Jh.) wesentl. mitprägte. In Auseinandersetzung mit der gegner. Familie Pretatti unterstützten die C. die Kaufmannschicht, die das Stadtregiment anstrebte, und fanden andererseits bei ihr Unterstützung. Sie zogen auch aus den Nachfolgewirren der angevin. Dynastie ihren Nutzen, indem sie sich zum bewaffneten Arm der Kaufmannschaft aufschwangen und dabei ihr Ansehen und Familienvermögen mehrten. Während des Konflikts zw. Johanna I. v. Neapel und Ludwig v. Ungarn erhielten sie 1348 von letzterem die Gft. Montorio und den Grafentitel. *Lalle I.* (→ 1. C.), dem bedeutendsten Vertreter der Familie in ihrer frühen Periode, gelang es in dieser Zeit, die Familie Pretatti aus der Stadt zu vertreiben. Als Anhänger Ludwigs v. Ungarn wurde er von diesem zum Gran Camerlengo des Kgr.s Neapel ernannt, fiel aber nach dessen Rückkehr nach Ungarn einem von Philipp v. Tarent, dem Bruder des zweiten Gatten der Kgn. Johanna I., gedungenen Mörder in die Hände. Von da an führten die Zünfte das Stadtregiment in L'Aquila. Die Kommune erlebte eine Glanzzeit infolge des Aufblühens des Handels und auch der geschickten Politik der C., die eine Kryptosignorie einrichteten und durch kluge Taktik bei den Beziehungen zur Krone eine umfassende Autonomie erreichten. In Zusammenhang mit dieser Politik steht auch ihre Opposition gegen die Bemühungen Alfons' V. Aragón, sich das Regnum zu sichern. In diesen krieger. Auseinandersetzungen spielte *Antoniuccio* C. (die bedeutendste Gestalt der Familie im 15. Jh.) eine Rolle: zuerst im Dienst Ladislaus', unterstützte er Johanna II. im Kampf gegen Braccio → Fortebraccio da Montone, den Anhänger der Aragonesen, bestärkte die fest auf angevin. Seite stehenden Aquilaner darin, der langen Belagerung standzuhalten und brachte Braccio 1424 in einer Feldschlacht eine Niederlage bei. – Vgl. → L'Aquila.   A. Clementi

Q. und Lit.: Niccolò di Borbona, Delle cose dell'Aquila dall'anno 1363 all'anno 1424 [L. A. MURATORI, Antiquitates Italicae Medii Aevi VI, Mediolani 1742] – Cronaca Aquilana rimata di Buccio di Ranallo, hg. V. DI BARTHOLOMAEIS (Fonti 1907) – N. Ciminello, Poema storico: Della guerra dell'Aquila con Braccio da Montone negli anni 1424 (L. A. MURATORI, Antiquitates VI, 967–1032) – A. di Boetio, Delle Cose dell'Aquila (L. A. MURATORI, Antiquitates VI, 711–824) – B. Cirillo, Annali, 1570 – A. Ludovico Antinori, Annali ms – G. Villani, Hist. fiorentine fino al 1348 (MURATORI, XIII) – L. PALATINI, La Signoria nell'Aquila degli Abruzzi dalla seconda metà del sec. XIII al sec. XV, Boll. Abruzzese di Storia Patria XII, 1900, LI, LV, LXXX – Statuta Civitatis Aquile, hg. A. CLEMENTI (Fonti, 1977).

C., Lalle I., † 1353, hist. bedeutendstes Mitglied der Familie, griff aktiv in die Auseinandersetzung zw. der adligen Grundbesitzerschicht und dem Kaufmannsstand in → L'Aquila ein und führte letzteren zum Erfolg. Auch während des Italienzugs Ludwigs v. Ungarn spielte er eine gewichtige polit. und militär. Rolle. Als er mit seiner Faktion in den 30er Jahren des 14. Jh. durch die Familie Pretatti aus der Stadt vertrieben wurde, in der nun diese und Bonagiunta herrschten, breitete sich eine allgemeine Unzufriedenheit der bürgerl. und popolaren Schichten aus. L. machte sich diese zunutze, trieb einen Keil zw. das Bündnis Bonagiunta-Prettati und verbündete sich mit dem ersteren. Getragen von einer Woge der Volksbegeisterung, vermochte er auf diese Weise nach L'Aquila zurückzukehren. Nachdem er sich auch des unbequemen Bonagiunta entledigt hatte, war die Stadt ganz in seiner Hand und L. konnte ihr sozusagen als ihr bewaffneter Arm die für die Entwicklung des Handels notwendige Sicherheit und Ruhe garantieren. Dennoch fehlten ihm und seiner Faktion die kgl. Legitimierung, da der sie betreffende Bann noch nicht aufgehoben worden war. L. machte sich daher den Italienzug → Ludwigs v. Ungarn zunutze und verbündete sich mit den Baronen, die in großer Zahl die Partei des Ungarnkönigs ergriffen hatten; dabei konnte er das Gewicht einer Stadt wie L'Aquila, deren Signore er de facto war, in die Waagschale werfen. Er belagerte Sulmona, das auf der Seite Johannas I. und ihres neuen Gemahls Ludwig, Fs. v. Tarent, stand, und erzwang die Übergabe. Chieti ergab sich ihm kampflos. Um die abruzzes. Städte, wo dem Fs.en v. Tarent von Kgn. Johanna I. Steuereinnahmen in der Höhe von 12 000 Dukaten übertragen waren, zum Gehorsam zurückzuführen, entsandte dieser Karl v. Durazzo, der L'Aquila vergebl. belagerte und von L. in der Ebene von Collemaggio geschlagen wurde. Dadurch stieg L.s Ansehen bei Ludwig v. Ungarn so beträchtlich, daß er das Amt des Gran Camerlengo des Regnum erhielt, das mit der Führung der wichtigsten Staatsgeschäfte verbunden war: Unter diesen nahm das Problem der Treue des Baronats eine zentrale Stellung ein. Nach Ludwigs abrupter Rückkehr nach Ungarn wurde durch Vermittlung Clemens' VI. zw. ihm und Johanna I. Friede geschlossen. L. leistete Kgn. Johanna und dem inzwischen gekrönten Ludwig v. Tarent den Gehorsamseid. Als Philipp v. Tarent, vom Kg. als Statthalter der Abruzzen entsandt, in L'Aquila die Rückkehr der Verbannten anordnete, widersetzte sich L. und wurde deshalb in dessen Auftrag ermordet. A. Clementi

Lit.: → Camponeschi, Familie; → L'Aquila

Camposampiero, it. Familie → Padua

Camposanto (it. 'heiliges Feld'), ein rechteckiger Friedhof, der von hohen Mauern und teilweise von nach innen offenen Arkaden umgeben ist. Am bekanntesten ist der C. neben dem Dom zu Pisa, 1278/83 von Giovanni →Pisano erbaut und im 14./15. Jh. mit bedeutenden Fresken von Spinello Aretino, Benozzo Gozzoli, Andrea (Buonaiuti) da Firenze und Antonio Veneziano geschmückt.

G. Binding

Lit.: E. CARLI- P. E. ARIAS, Il Campo santo di Pisa, 1937- P. SANPAOLESI, Le sinopie del C. di Pisa (Bollettino d'Arte, 1948).

Camprodón, San Pedro de (Sant Pere), Abtei OSB in der Diöz. Gerona (Katalonien). Um 950 von Graf Wifred v. →Besalú gegründet, ging die Abtei aus der Pfarrei San Pedro hervor, deren Kirche 904 durch Bf. Servus Dei von Gerona geweiht wurde. Diese war in der Nähe eines »runden Feldes« gelegen, das dem Kl. und dem ganzen Tal seinen Namen gab. Kg. Ludwig IV. »Ultramarinus« bestätigte 952 ihre Besitzungen und Privilegien. Durch viele Schenkungen reich geworden, hatte die Abtei die Herrschaft über die Stadt und weit über die Grenzen derselben hinaus inne. 1078 wurde sie durch Gf. Bernhard II. v. Besalú zur Reform der großen cluniazens. Abtei →Moissac übertragen (→Cluny, Cluniazenser, Frankreich/Iber. Halbinsel). Damit begann die bis zur Trennung von Moissac (1461) andauernde Blütezeit von C. 1592 erkannte Clemens VIII. die Unabhängigkeit von C. an und wies der Abtei die Priorate Santa María de Ridaura und Sant Joan (Sant Juan) les Fonts zu. Außerdem gestattete er den Anschluß an die »Congregación claustral tarraconense«. Dieser gehörte sie bis zu ihrer Auflösung 1835 an. Heute existiert nur noch die Kirche San Pedro, die Mitte des 12. Jh. nach zisterziens. Plan errichtet worden war. L. Batlle

Lit.: DHGE XI, 664-671 - F. MONTSALVATJE, Noticias históricas VI, 1895, 28ff. - J. MIRET Y SANS, Relaciones entre los monasterios de C. y Moissac, 1898 - L. BATLLE PRATS, El archivo del monasterio de San Pedro de C., HS 3, 1950, 205-215 - A. PLADEVALL-CATALÁ, Els Monestirs catalans, 1968, 115-117 - O. ENGELS, Schutzgedanke und Landesherrschaft im östl. Pyrenäenraum, 1970, 140-143, 23.

Camville (auch: Canville), engl. Adelsfamilie norm. Herkunft. Richard († 1176) war das erste Familienmitglied, das in England Bedeutung erlangte. Er war Ritter *(knight)* des kgl. Hofhalts unter den Kg.en Stephan v. Blois und Heinrich II. und fungierte in 63 Urkunden Kg. Stephans als Zeuge. Sein gleichnamiger Sohn († 1191 in Akkon) war ebenfalls Ritter des Hofhalts. Er befehligte eine Abteilung der engl. Kreuzfahrer im 3. Kreuzzug unter Richard Löwenherz und wurde zum Mit-Gouverneur v. Zypern ernannt. Gerard († 1214) unterstützte Kg. Johann Ohneland vor und nach dessen Thronbesteigung. Durch Heirat mit Nicolaa de la Haye erwarb Gerard Besitzungen in Lincolnshire, wo er als →*sheriff* (1199-1205) fungierte. - Die Mitglieder eines anderen Familienzweiges gewannen im 13. Jh. als Lords v. Llanstephan im südl. Wales Bedeutung. William erwarb die Lordschaft im späten 12. Jh.; sie blieb bis 1338 in den Händen seiner Nachkommen, welche stets die Namen Geoffrey oder William trugen. William († 1308) spielte in den walis. Kriegen Kg. Eduards I. eine wichtige Rolle; er amtierte 1284 und 1294 als stellvertretender →Justitiar in Wales und wurde 1295 erstmals zum Parliament aufgeboten. M. C. Prestwich

Lit.: DNB, s. v. - PEERAGE, s. v. - R. A. GRIFFITHS, The Principality of Wales in the Later MA I, 1972 - J. O. PRESTWICH, The Military Household of the Norman Kings, EHR 96, 1981, 35.

Canabae (legionis) waren »Barackensiedlungen« in unmittelbarer Nachbarschaft röm. Legionslager. Hier wohnten die Angehörigen des regulären (Tierführer und -pfleger, Fahrer u. a.) und irregulären Trosses (Händler, Handwerker, Marketender u. a.). Die dauerhafte Einrichtung röm. Legionsstandlager in den Grenzprovinzen des Reiches führte zur Anlage von C. mit festen Häusern vor den Lagertoren. Die Versorgungsfunktionen mit Gewerbe- und Dienstleistungsbetrieben machten die C. für die Truppe zunehmend unentbehrlich, gleichzeitig zogen sie mit ihrem vielfältigen Marktangebot neue Siedler (Veteranen und örtl. - peregrine - Bevölkerung) an. So gewannen diese Lagervorstädte durch Flächenausdehnung und Gemeinschaftseinrichtungen (Verwaltungsbauten, Tempel, Speicherbauten, Marktplätze, Straßennetz und Wasserversorgung) quasiurbane Züge.

Rechtlich blieben die C. unter Legionsaufsicht, den röm. Bürgern waren eine Ratsversammlung und die Wahl von Jahresbeamten erlaubt.

Archäolog. und epigraph. Zeugnisse von C. sind in der westl. Reichshälfte (u. a. in Britannien, Ober- und Niedergermanien, Rätien, Norikum, Pannonien, Dakien, Ober- und Niedermösien) sowie in Nordafrika (Lambaesis) nachgewiesen.

Zahlreiche Standorte mit Legionslagern und C. wurden nach dem Truppenabzug (spätestens im 5. Jh.) Keimzellen neuer Siedlungsansätze (teilweise als Ruinenkontinuität), aus denen im MA Städte entstanden (z. B. Eburacum/→York, Bonna/→Bonn, Mogontiacum/→Mainz, Argentorate/→Straßburg, Regina castra/→Regensburg, Lauriacum/→Lorch, Vindobona/→Wien, Aquincum/Budapest [→Buda und Pest] u. a.). H. Hellenkemper

Lit.: HOOPS² IV, 324-329 [Definition und Lit.] - RE III, 1451-1456 - F. VITTINGHOFF, Die Bedeutung der Legionslager für die Entstehung der röm. Städte an der Donau und in Dakien. Stud. zur europ. Vor- und Frühgesch., 1968, 132-142 - DERS., Canabae legionis, Chiron 1, 1971, 299-318 - A. MÓCSY, Pannonia and Upper Moesia, 1974, 126f. - H. v. PETRIKOVITS, Die Canabae legionis (150 Jahre Dt. Archäolog. Inst.), 1981, 163-175.

Canal. 1. C., Martin da, venez. Geschichtsschreiber des 13. Jh., Verf. der »Estoires de Venise« (begonnen 1267), in denen er Ruhm, Reichtum, Glanz, Prachtentfaltung und persönl. Vorzüge der Führungsschicht seiner Stadt preist. Er läßt seine - im Laufe der Darstellung zunehmend breiter werdende - Geschichte Venedigs mit den Ursprüngen der Stadt beginnen und führt sie bis zu den Ereignissen des

Sept. 1275, wo er sie – nach vorausgehenden Anzeichen der Ermüdung – abbricht. Der erste Teil seines Werks endet interessanterweise mit einem Ereignis aus der Geschichte der ven. Terraferma (Ermordung Albericos da Romano und der Seinen im Aug. 1260); der zweite beginnt rückblendend mit der Dogenwahl des Raniero Zeno (1253). In Langue d'oïll abgefaßt, gehören die »Estoires« – ähnlich dem »Milione« (Marco→Polo) – in den Umkreis der sog. franko-it. Kultur des 13. Jh. Im Falle M.s weist die Wahl der Sprache auf die Absicht des Verfassers, möglichst alle Völker im Interessengebiet der ven. Wirtschaft zu erreichen (LIMENTANI), das heißt den gesamten östl. Mittelmeerraum. Aber auch in der nahen Mark Treviso gab es ein Publikum von »litterati«, das frz. Werke las. Die »Estoires« stehen in der – bis zur Mitte des 14. Jh. eher kärglichen – Tradition der ven. Chronistik, die weitgehend vom Einfluß des Doganats geprägt ist. Unter den aktuellen Problemen, die das Werk widerspiegelt, sind die Krise der wirtschaftl. Suprematie Venedigs im Orient nach 1261, die Beherrschung des Adriaraumes und das Verhältnis zur Kirche, die M. gegen jede log. und dokumentar. Evidenz als Promotor des Kreuzzugs des Jahres 1204 ansieht. Die »Estoires« sind in einer einzigen, wahrscheinl. im Scriptorium der Dogenkanzlei geschriebenen Hs. überliefert (Florenz, Bibl. Riccardiana, 1919); ihre durch Zitate belegte Rezeption ist bescheiden. Interessant sind die Beziehungen zw. dem Text der »Estoires« und den zeitgenöss. ven. Kunstwerken. G. Arnaldi

Ed.: A. LIMENTANI, 1973 (Civiltà veneziana. Fonti e testi, XII [mit ausführl. Einl., stilist. und linguist. Hinweisen und it. Übers.]) – Lit.: A. LIMENTANI, M. da C. e »Les Estoires de Venise«, Storia della cultura veneta, 1: Dalle origini al Trecento, 1976, 590–601.

2. **C., Nicolò**, ven. Patrizier, Humanist, Diplomat und Staatsmann, * 1415, † 1483. Er studierte in Padua und wurde Doctor in artibus (1434) und in utroque jure (1439). 1438 ∞ Orsa, die aus einem sehr reichen Zweig der Familie Soranzo stammte. Die Republik Venedig betraute ihn mit verschiedenen diplomat. Missionen: er war als Gesandter in Ferrara (1441), in der Toskana (1444), in Portugal (1445), in Rom und Konstantinopel (1450), in Regensburg (1454), in Mailand (1462) und in Frankreich (1464) tätig. Dabei geriet er in den Ruf eines gewiegten Taktikers, der jedoch auch ein gehöriges Maß an Arroganz besaß. Zw. seinen diplomat. Aktivitäten bekleidete er verschiedene Ämter in seiner Heimatstadt und in deren Herrschaftsbereich: 1446 war er Vorsitzender des →Consiglio dei Dieci, mehrmals *Savio* auf der Terraferma (1449, 1460, 1461, 1462), *Capitano* in Brescia (1451) und in Bergamo (1456) sowie *Provveditore di Armata* in →Negroponte (1467). Seine Ernennung zum Generalkapitän der in der Ägäis gegen die Türken operierenden Flotte (1469) war sein Untergang; eher Redner und Literat als Stratege, konnte er es nicht verhindern, daß Negroponte in die Hand der Türken fiel. Er wurde deshalb des Kommandos enthoben, vor Gericht gestellt und lebenslänglich nach Portogruaro verbannt. G. Cracco

Lit.: DBI XVII, 662–668

Canals, Antoni, OP, katal. Schriftsteller der Frührenaissance, * ca. 1352 im Kgr. v. Valencia, † ebd. um 1419. Schüler u.a. des hl. Vinzenz →Ferrer, setzte er die theol. Studien in Frankreich fort. Wirkte im Orden und bei Hof als Lehrer; seine Bedeutung gründet jedoch auf seinen Übersetzungen klass. Autoren und myst. Werke. Das chr. Apostolat bestimmte sein lit. Wirken, z. B. die katal. Übersetzungen der »Dictorum, factorumque memorabilium libri IX« des Valerius Maximus (1395), Senecas »De providentia« (zw. 1396/1407), »Scipió e Aníbal« nach Petrarcas »Africa« (ca. 1408). Seine beste Prosa ist aber in den myst. Werken zu finden, so die Übertragung der pseudobernardin. »Epistola ad sororem« (1396/1410) und der Schrift »Soliloquium de arrha animae« (1416/19) des Hugo v. St. Viktor. Sein Hauptwerk ist jedoch eigene Schöpfung: »Scala de contemplació« (1398/1401). Einige kleinere Schriften blieben unveröffentlicht.

Columba Batlle

Lit.: M. DE RIQUER, Scipió e Aníbal... (Els nostres clàssics, 49), 1935, 5–29 – J. ROMEU, Lit. catal. antiga II, 1961, 125–133 [Bibliogr.] – M. DE RIQUER, Hist. de la literatura catal. 2, 1980².

Canamusali → al-Mausilī, ʿAmmār ibn ʿAlī

Canard (Canart), Jean, burg. Staatsmann, seit 1392 Bf. v. Arras; * wahrscheinl. um 1350 in Foulzy (Dép. Ardennes), † 7. Okt. 1407, ⬜ Arras, Kathedrale. C. erwarb in Paris die akadem. Grade des Mag. und Dr. decret. Advocatus am Parlement v. Paris (1370), wurde er Mitglied des Rates des Hzg.s →Burgund, →Philipp des Kühnen (1374). I. J. 1380 kgl. Advocatus (→*avocat du roi*) geworden, legte er dieses Amt nieder, um am 15. März 1385 zum Kanzler des Hzg.s, 1387 dann zum →Kanzler v. Burgund erhoben zu werden. Eng mit dem Hzg. und der hzgl. Politik verbunden, übte er vielerlei diplomat. Missionen aus. Er erhielt zahlreiche Dotationen und Pensionen sowie kirchl. Würden: So war er Kanoniker und Vicedominus (*vidame*) v. Reims (1378), Kanoniker v. Paris (1379); am 6. Sept. 1392 wurde er Bf. v. Arras. Als Bf. kümmerte er sich aktiv um die Diözesanangelegenheiten und ließ den Ausbau der Kathedrale und der bfl. Residenzen weiterführen. In Douai gründete er das Hospital an der Porte Morel.

C. war enger Vertrauter Philipps des Kühnen und seiner Gattin Margarete; der Hzg. setzte ihn auch zu seinem Testamentsvollstrecker ein. Da sich der Gesundheitszustand des Bf.s jedoch zur Zeit des Todes von Philipp bereits verschlechtert hatte, trat C. bei der Thronbesteigung des Nachfolgers, Hzg. →Johann Ohnefurcht, im März 1405 vom Kanzleramt zurück. Der Bf. diktierte am 26. Febr. 1405 sein bemerkenswertes Testament, dem er 1406–07 noch drei Nachträge hinzufügte: Er setzte seinen Neffen, den Abt v. St-Rémy in Reims, und seine Nichte zu Erben ein; ferner machte er bedeutende Verfügungen zugunsten seiner Kathedrale, welche die Teppiche und Ornate, die ihm sein Herr, Hzg. Philipp, übergeben hatte, erhalten sollte; weitere Legate empfingen die Pariser Kirche St-André des Arts, die Kirche in Foulzy, mehrere Kollegien in Paris sowie zahlreiche religiöse Einrichtungen. Dem Hzg. Johann vermachte er eine Handschrift der »Civitas Dei« des Augustinus. J. Richard

Lit.: BNB 34, 158–160 – DBF VII, 1023 – P. COCKSHAW, La chancellerie bourguignonne en Flandre et en Brabant, 1982.

Cancellaria apostolica → Kanzlei, päpstliche

Cancellarius. 1. **C**. (von *cancelli*, 'Gerichtsschranken'). Cancellarii waren ursprgl. Gerichtsdiener, die seit der 2. Hälfte des 4. Jh. als persönl. Hilfsbeamte von Gerichtsmagistraten den Zugang zu diesen zu überwachen hatten. In dieser Funktion gewannen sie zunehmenden Einfluß, der sich auch in ihrer rangmäßigen Aufwertung ausdrückt: Zunächst von außen geholt, wurden sie im Laufe der Zeit dem officium des Beamten entnommen und erlangten im 6. Jh. senator. Rang. Sie wurden vom Burgunder- und Westgotenreich übernommen. W. Schuller

Lit.: KL. PAULY I, 1034f. – RE III, 1456–1459 – JONES, LRE II, 582, 602f. – M. CLAUSS, Der Magister officiorum in der Spätantike, 1981, 59.

2. **C**. → Kanzler

Cancelliere → Kanzler

Canción, span. lyr. Kunstform. Die lyr. C. ist gewöhnl. ein kurzes Liebesgedicht und ursprgl. zum Singen bestimmt, aber auch Lobgesänge und Lieder religiösen Inhalts sind zu den C.s zu zählen. In zahlreichen höf. Liebesliedern begegnen wir einem leidenden Liebhaber und dessen sehnsüchtigen Klagen, daß Erfolg bei der Geliebten völlig hoffnungslos sei. Die C. verwendet v. a. einen achtsilbigen Vers; jedoch setzt sich die genaue Silbenzahl erst spät durch. So beschwert sich Juan del →Encina noch zum Ausgang des 15. Jh., daß es einige Dichter mit den achtsilbigen Versen nicht so genau nähmen. In einem Teil der Gedichte wird in regelmäßigen Abständen eine Halbstrophe eingefügt, die als *pie quebrado* bekannt wurde. Die C.-Strophen verwenden regelmäßige Reime und eine große Anzahl von Konsonantenreimen. Betonung der Verse ist nicht festgesetzt und erlaubt dem Dichter mannigfache Möglichkeiten. W. Kroll

Lit.: P. Le Gentil, La poésie lyrique espagnole et portugaise à la fin du MA, 2, 1952, 263–290 – C. V. Aubrun, Inventaire des sources pour l'étude de la poésie castillane au XVe s. (Estudios dedicados a Menéndez Pidal, 4, 1953), 297–330 – B. W. Wardropper, Hist. de la poesía lírica a lo divino en la Cristiandad occidental, 1958 – R. Baehr, Span. Verslehre auf hist. Grundlage, 1962, 236–239 – D. C. Clarke, Morphology of Fifteenth C. Castilian Verse, 1964.

Cancioneiro, ptg. Begriff, der in den anderen roman. Sprachen Entsprechungen hat (it. *canzoniere,* frz. *chansonnier,* wallon. *tchansonî,* span. *cancionero,* katal. *cançoner*) und in der Fachterminologie der modernen Romanistik die ma. Liederhandschriften oder -Anthologien der Iber. Halbinsel bezeichnet. Im MA selbst war die Bezeichnung »Livro das cantigas« geläufiger. Die Auswahl- und Anordnungsprinzipien dieser ma. Liedersammlungen sind variabel: Man begegnet der individuellen Sammlung eines Autors, dem Nebeneinander lyr. Werke mehrerer Verfasser ebenso wie Anthologien, die nach Gattungskriterien geordnet sind.

Hinsichtl. der Verbreitung der c.s ist vorauszuschicken, daß die ma. galiz.-ptg. Dichtkunst nicht auf die heut. Gebiete von Galizien und Portugal beschränkt war, sondern in weiten Regionen der Iber. Halbinsel die Rolle einer höf. Literatur einnahm (→Portugiesische Literatur).

In kodikolog. Hinsicht ist die Überlieferung recht begrenzt. Es sind vier Hss. des 13. Jh. der →»Cantigas de Santa Maria« von Alfons X. dem Weisen, Kg. v. Kastilien-León, erhalten, der berühmten, dem Lobpreis Mariens und der Marienwunder gewidmeten Sammlung. Die Lyrik weltl. Inhalts umfaßt insgesamt 1683 Einzelgedichte, zugeschrieben 152 namentl. erwähnten und 9 anonymen Dichtern, die alle dem Zeitraum zw. ca. 1200 und ca. 1350 zuzuweisen sind. Die Texte verteilen sich auf folgende Hss.: die Sammlung »cantigas d'amor« aus dem 13. Jh., befindlich in der Palastbibliothek von Ajuda zu Lissabon (A) sowie zwei Sammelhss., welche in der 1. Hälfte des 16. Jh. für den röm. Humanisten Angelo Colocci angefertigte Abschriften auf Papier darstellen; Hs. V in der Bibl. Vaticana (cod. Vat. lat. 4803), Hs. B in der Nationalbibl. in Lissabon (ms. 10991). Diese beiden letzten Hss. umfassen an Gattungen sowohl *cantigas d'amor* und *cantigas d'amigo*, also Liebesdichtungen, ebenso wie satir. Gedichte, nämlich *cantigas d'escarnho* und *de maldizer* (→Cantigas). Das Problem der Verwandtschaft der beiden Hss. B und V und die damit zusammenhängenden textkrit. Fragestellungen haben in den letzten Jahren eine z. T. leidenschaftl. geführte Kontroverse hervorgerufen. Die Textkritik konzentriert sich heute stärker auf den Nachweis, daß beide Hss. Abschriften desselben verlorenen Originals bilden, dessen Textgestalt, nach der graphemat. Analyse, auf die Mitte des 14. Jh. zurückgehen dürfte. J. M. d'Heur

Q. und Lit.: W. Mettmann [ed.], Cantigas de Santa Maria, Acta Univ. Conimbrigensis 1959–72, bes. I, VII–XIX [Bibliogr.] – C. Michaëlis de Vasconcellos, Cancioneiro da Ajuda, 1904, rev. Aufl. 1966, II, [180]–226, 998 – J. Filgueira Valverde, »Lírica medieval gallega y portuguesa« (G. Díaz-Plaja, Hist. general de las literaturas hispánicas I, 1949), 554–563 – GRLM I, fasc. 6 [G. Tavani, La poesia lirica galego-portoghese] – G. Tavani, Poesia del Duecento nella penisola iberica, 1969, 79–179 – J. M. d'Heur, Recherches internes sur la lyrique amoureuse des troubadours galiciens-portugais, 1975, 11–93, [565]–600 – Ders., Sur la tradition manuscrite des chansonniers galiciens-portugais, Arquivos do Centro cultural português 8, 1974, 3–43, vgl. dazu Medioevo romanzo 6, 1979 [G. Tavani] – A. Ferrari, Formazione e struttura del canzoniere portoghese della B. N. di Lisbona, 1979 – S. Pellegrini, G. Marroni, Nuovo rep. bibliogr. della prima lirica galego-portoghese, 1981.

Cancionero de Stúñiga (oder Estúñiga), Sammlung altspan. lyr. Gedichte, die am Hofe Alfons V. (1396–1458) in Neapel entstanden. Der C. ist nach Lope de Stúñiga (1415–65) benannt, da er ihn möglicherweise zusammenstellte. Zwei seiner Gedichte bilden den Anfang der Liedersammlung: »A cabo de mis dolores« und »Oh triste partida mia«. Rund 40 kast. und katal. Dichter (die ebenfalls span. schreiben) sind in dem C. vertreten. Unter dem Einfluß der it. Renaissance richten die span. Dichter zarte Liebeslieder an die Hofdamen von Neapel; einige wenige sind an die Lieblingsdamen des Kg.s gerichtet. Die Sammlung enthält ferner heitere lyr. Gedichte, Gesänge und beschreibende Gedichte, die uns einen Einblick in das höf. Leben erlauben. Andere Gedichte bauen auf hist. Erinnerungen auf oder beschreiben die Taten edler Ritter während der Einnahme und Besetzung Neapels. Der Hof Alfons' V. war völlig vom Geiste it. Lebens bestimmt, dennoch hielten die Dichter des C. an span. Formen fest: *decires* und *canciones* für höf. Liebesgedichte wechseln mit parodierenden und idealisierenden *serranillas,* die an den Marqués de →Santillana erinnern. Einflüsse it. Humanisten sind kaum spürbar. Alte span. Formen blühen neu auf, und →Carvajal wird zu den besten Dichtern seiner Zeit gezählt. Unter den anderen Autoren des C., die zum Teil sehr berühmt wurden, ist z. B. der Katalane Mosén Pedro Torrellas zu nennen; seine »Coplas de las calidades de las donas«, Schimpftiraden gegen Frauen, wurden Anlaß allgemeiner Verteidigung der Frauen durch andere *trovadores*. Zu erwähnen sind außerdem Juan de Dueñas, Autor einer parodist. »Misa de amores«. Juan de Andújar ist nicht nur wegen seiner Gedichte im C. bekannt, zumal er eine allegor. »Visión de Amor« verfaßte. Aus seinem »Loores al Señor Rey don Alfonso« ist auf außerordentl. gute Kenntnis der Werke Dantes zu schließen. Nach Carvajal ist Juan de Tapía am häufigsten im C. vertreten. Er dichtet bemerkenswerte Verse, in denen er wiederholt auf seine Erlebnisse als Kriegsgefangener anspielt. Mit Ausnahme des Marqués de Santillana ist er der einzige span. Dichter, der im 15. Jh. Sonette schreibt. Zu den ältesten Dichtern der Gruppe zählt Pedro de Santafé; zu Beginn des Jh. im jüd. Glauben erzogen, machte er sich einen Namen mit erot. Gedichten und einem »Loor des rey Alfonso en el viaje a Nápoles«. W. Kroll

Ed.: Cancionero de Lope de Stúñiga, Marqués de la Fuensanta del Valle und J. S. Rayón, Colección de Libros Españoles Raros o Curiosos 4, 1872 – M. und E. Alvar, 1981 [paläogr. Ausg.] – J. Battesti-Pelegrin, Poesías de L. de S., 1982 – *Lit.:* E. Levi, Un juglar español en Sicilia (Juan de Valladolid) (Homenaje a Menéndez Pidal 3, 1925), 419–439 – F. Vendrell Gallostra, La corte literaria de Alfonso V. de Aragón y tres poetas de la misma, Boletín de la R. Academia Española 19, 1932; 20, 1933 – Dies., La posición del poeta Juan de Dueñas respecto a los judíos españoles de su época, Sefarad 18, 1958, 108–113 –

A. ALATORRE, Algunas notas sobre la Misa de amores, NRFH 14, 1960, 325-328 - J. PICCUS, La Misa de amores de Juan de Dueñas, ebd., 322-325 - DERS., El Marqués de Santillana y J. de Dueñas, Hispanófila 10, 1961, 1-7 - E. BENITO RUANO, Lope de Stúñiga. Vida y cancionero, RFE 51, 1968, 17-109 - N. SALVADOR MIGUEL, La poesía cancioneril: El Cancionero de Estúñiga, 1977.

Cancor, Gf. im Oberrheingau, † 771, war ein Sohn des Gf. en Robert (I.; →Robertiner) und der Willis wind sowie ein consanguineus des Bf.s →Chrodegang v. Metz. Zusammen mit seiner Mutter gründete er auf Eigengut das Kl. →Lorsch und übertrug es Chrodegang (764). Der polit. Wirkungskreis C.s läßt sich vom Bodensee (Thurgau, Zürichgau) bis zum Mittelrhein nachweisen.

O. G. Oexle

Lit.: K. GLÖCKNER, Lorsch und Lothringen, Robertiner und Capetinger, ZGO 89, 1937, 301ff. - I. DIENEMANN-DIETRICH, Der frk. Adel in Alemannien im 8. Jh., Grundfragen der alem. Geschichte (VuF I, Nachdr. 1962), 163ff. - J. SEMMLER, Die Gesch. der Abtei Lorsch von der Gründung bis zum Ende der Salierzeit (764-1125) (Die Reichsabtei Lorsch, 1964), 75ff. - K. F. WERNER, Bedeutende Adelsfamilien im Reich Karls d. Gr. (BRAUNFELS, KdG I), 118f.

Candiani. Die gens C., einem tribuniz. Geschlecht wohl aus Herakleia entstammend, nahm vom 8. bis zum Ende des 10. Jh. in →Venedig eine hervorragende Stellung ein. Herkunft und Genealogie sind infolge der unklaren und fragmentar. Quellennachrichten unsicher. Die C. haben fünf Dogen gestellt. Der erste, Petrus I. (April-Sept. 887), kämpfte gegen die als Seeräuber gefürchteten Slaven an der Narenta, gegen die er selbst an der Spitze einer Flotte ausrückte. Bei Makarska an der dalmat. Küste geriet er in einen Hinterhalt und fiel (18. Sept. 887, ▭ später in S. Eufemia in Grado). Petrus II. (932-939) bemühte sich um Konsolidierung der Lagunenrepublik, errichtete eine vertragl. (am 14. Jan. 932) festgelegte Schutzherrschaft über das päpstl. Lehnshoheit unterstehende Comacchio, erreichte die fakt. Unterwerfung Istriens (12. März 933) und ließ durch Entsendung seines Sohnes Petrus die Beziehungen zu Byzanz erneuern. Petrus III. wurde (nach einer kurzen Zwischenregierung des Petrus Badoer 939-942) zum Dogen gewählt und versuchte einen Ausgleich mit dem Patriarchat →Aquileia (Friedensvertrag vom 13. März 944); auch er unternahm einen Feldzug gegen die Narentaner Slaven, der nach anfängl. Mißlingen zum Erfolg führte und bewirkte, daß seither keine Überfälle auf ven. Schiffe mehr erfolgten. Eine Empörung seines Sohnes Petrus wurde durch dessen Verbannung unschädl. gemacht. Nach Petrus' III. Tod wurde Petrus IV. 959 zum Dogen gewählt. Durch Monopolisierung des Sklavenhandels und des Postdienstes (Juni 960) sicherte er dem Dogat reiche Einnahmequellen. Mit dem byz. Reich unterhielt er gute Beziehungen. 967 erreichte er bei Ks. Otto I. die Erneuerung des Kaiserpaktums Lothars I. und die Sicherung des Besitzstandes des Patriarchats →Grado (2. Jan. 968), das seit 971 sein Sohn Vitalis aus seiner ersten Ehe innehatte. Um seine monarch. Stellung zu stärken, heiratete er eine Nichte der Kaiserin →Adelheid, Waldrada v. Tuszien, die ihm reiche Mitgift zubrachte. Im Inneren versuchte er durch Vertreibung oder Ausschaltung der Gegner seine monarch. Stellung auszubauen, stieß aber auf den Widerstand der alten ven. Familien und fiel am 11. Aug. 976 zusammen mit seinem kleinen Sohn aus der Ehe mit Waldrada einer Verschwörung zum Opfer. Waldrada scheint man als Nichte der Ksn. Adelheid geschont zu haben. Sein Nachfolger Petrus I. Orseolus, der schon 978 in ein Kl. ging, bemühte sich, zunächst ohne Erfolg, um Ausgleich mit dem erzürnten Ks. Otto II. Der jüngere Bruder des Ermordeten (?), Vitalis C. (Sept. 978-Nov. 979), wurde zum Dogen gewählt und veranlaßte Patriarch Vitalis v. Grado zur Rückkehr in seine Diözese. Dem einem mit den C. verschwägerten Geschlecht von homines novi entstammenden Tribunus Menius (Doge 979-991) und Vitalis v. Grado gelang eine Erneuerung des Kaiserpaktums (7. Juni 983). Vitalis v. Grado erhielt die Besitzungen seines ermordeten Vaters zurück, doch spielten die C. im polit. Leben Venedigs keine Rolle mehr. Der Versuch, eine ven. Monarchie durch die C. zu errichten, war gescheitert.

M. Hellmann

Q.: s. u. Venedig - Lit.: EncIt VIII, 1930/39, 712 [R. CESSI] - Enc. Hoepli II, 1955, 101-102 - H. KRETSCHMAYR, Gesch. v. Venedig I, 1905, 104-118, 434-436 - R. CESSI, Venezia ducale I, 1929, 242ff. [Lit.] - M. HELLMANN, Grundzüge der Gesch. Venedigs, 1980, 24ff. [Lit.] - R. CESSI, Storia della repubblica di Venezia, ed. P. SAMBRIN, 1980, 66ff. [Lit.].

Candidati, Verband der ksl. Garde, erstmals 350 erwähnt (Amm. 15, 5, 16), nach der Farbe der Uniformkleidung benannt (Coripp. 3, 161). Die Mitglieder rekrutierten sich aus Bürgern und Barbaren, doch stellte die Truppe als Sonderverband der →scholae die eigtl. Schutzwache des Kaisers (Amm. 25, 3, 6; 31, 13, 14ff.; 31, 15, 8) und war Durchgangsstadium zur Erlangung von Offiziersrängen (Chron. Min. II 196 [MGHAA XI] a. 518). Oberster Befehlshaber war wie für alle Garden der →Magister Officiorum.

G. Wirth

Lit.: KL. PAULY I, 1035f. - RE III, 1468 [O. SEECK] - TH. MOMMSEN, Das röm. Militärwesen seit Diocletian, Hermes 24, 1889, 195-279 (= Ges. Schr. VI, 1910, 206-283) - JONES, LRE, 167 - R. J. FRANK, Scholae Palatinae, 1969, 127 - D. HOFFMANN, Das spätröm. Bewegungsheer, 1969, 280.

Candidus
1. C., **Hugo,** Kard. → Hugo Candidus
2. C., arian. Korrespondent des → Marius Victorinus Afer
3. C., griech. Historiker aus Isauria Tracheia, dessen Geschichtswerk in drei Büchern die Zeit von 457 bis 491 umfaßte, d. h. vom Regierungsantritt des Ks.s →Leon I. bis zum Tode des Ks.s →Zenon. Werk (im Auszug) und Persönlichkeit sind aus Photios bibl. cod. 79 und Suda s. v. χειρίζω bekannt. Obwohl der Schwerpunkt seiner Darstellung der allgemeinen Geschichte das oströmische Reich betrifft, berücksichtigt er auch Ereignisse im westl. Teil des Reiches. Photios kritisiert den lit. Stil des C.

J. M. Alonso-Núñez

Ed.: C. MÜLLER, Fragm. Hist. Graec. IV, 1851, 135-137 [mit lat. Übers.] - L. DINDORF, Hist. Graec. Minores I, 1870, 441-445 - Lit.: RE III, 1474.

4. C. v. **Fulda** → Brun

5. C. (Wizo, Witto, [H]witto), Theologe, † um 805, stammte aus England und war unter Bf. Hygbald v. Lindisfarne tätig, bevor er wahrscheinl. i. J. 793 zu →Alkuin an die Hofschule kam. Schon nach einem Jahr kehrte er für kurze Zeit nach England zurück. Auf Empfehlung Alkuins, dessen bes. Vertrauter er gewesen sein muß, war er 798 in Salzburg unter Bf. →Arn als Lehrer tätig. Im folgenden Jahr reiste er mit Arn nach Rom; eine zweite Romreise, wohl im Auftrag Alkuins, unternahm C. in der Zeit 800-801. Seit 801 gehörte er beständig zum Kreis des ksl. Hofes und vertrat als Lehrer die Interessen des in Tours weilenden Alkuin.

Seine Schriften, so weit sie bekannt sind, gehören den Gebieten der Theologie und Philosophie an: »Dicta de imagine Dei« (MPL 101, 1359f.; E. DÜMMLER, MGH Epp. 5, 615f.; F. FORSTER, Opera Alcuini 2 [1777], 596; s. auch HAURÉAU); Lehrmaterial - kurze Abfassung und Exzerpte zu theol. und philos. Themata und Begriffen (vgl. INEICHEN-EDER, DA 34, 195-197, Texte Nr. 9-12, 21-28 und

30, dazu EDER, Authenticity, und MARENBON); »Opusculum de passione Domini« (MPL 106, 57–104); »Epistola, Num Christus corporeis oculis Deum videre potuerit« (MPL 106, 103–108); möglicherweise auch Sermones in Clm 14510 und die in Clm 13581 (fol. 118–122) enthaltene Epistola (s. u.). Geschrieben unter dem Einfluß der Auseinandersetzungen im Gefolge der Restauration der Bilderverehrung unter der byz. Ksn. →Irene und der Disputationen mit →Felix v. Urgel (→Adoptianismus), behandeln die Werke u. a. Fragen über die Natur Jesu Christi und die Seele des Menschen. Vielleicht als erster in karol. Zeit bringt C. den Versuch eines dialekt. Gottesbeweises und bespricht ausführlich das Thema der visio Dei und die Frage, ob Jesus mit seinen körperl. Augen Gott schaute.

C. E. Eder

Lit.: B. HAURÉAU, Hist. de la phil. scol. I, 1872, 133ff. – F. ZIMMERMANN, C., ein Beitrag zur Gesch. der Frühscholastik, Divus Thomas 7, 1929, 30–60 – H. LÖWE, Zur Gesch. Wizos, DA 6, 1943, 363–373 – BRUNHÖLZL I, 287f., 549 – C. E. INEICHEN-EDER, Theol. und philos. Lehrmaterial aus dem Alkuin-Kreise, DA 34, 1978, 192–201 – DIES., The Authenticity of the Dicta Albini, Dicta Candidi and some Related Texts, Conference on Insular Latin (550–1066 A.D.), York Univ., Toronto, Canada, April 1979 [im Dr.] – J. MARENBON, From Alcuin to Eriugena [Diss. masch. Univ. of Cambridge, 1979], Kap. 2, App. 1 und 2, Texte [im Dr.] – weitere Abh. über die noch unbestimmten Werke Wizos in absehbarer Zeit von C. E. EDER zu erwarten.

Cane, Facino, Condottiere, * um 1358–59, Casale Monferrato, † 16. Mai 1412 in Pavia. Sohn des Emanuele dei Cani, aus einer Familie, die in der ersten Hälfte des 14. Jh. eine der Faktionen führte, in die die Stadt geteilt war. Es spricht manches dafür, daß er 1382 seine militär. Laufbahn unter den Monferrinern im Gefolge →Ottos v. Braunschweig im Kgr. Neapel begann; sicher ist jedoch, daß er 1386 zuerst im Dienst der Scaliger (→Della Scala) und dann ihrer Gegner, der da →Carrara, stand. Im folgenden Jahr trat er in den Sold des Mgf. en v. →Montferrat. Seit Febr. 1389 stand er fast ununterbrochen im Dienst der →Visconti, führte v. a. in savoyischen Territorien Krieg und zeichnete sich bei der Eroberung von Bologna (Juni 1412) aus. Nach dem Tod von Gian Galeazzo →Visconti erwarb er sich in dem darauffolgenden Chaos das Verdienst, die Zerstörung und Zersplitterung des Hzm.s Mailand verhindert zu haben; er eroberte für die Visconti das rebell. →Alessandria zurück, das er zum Mittelpunkt einer eigenen Signorie machte. Bereits am 11. Sept. 1399 hatte ihn der Mgf. Montferrat zum Lehensherren von Borgo S. Martino (Casale) erhoben; später ernannte ihn Filippo Maria→Visconti zum Gf. en v. →Biandrate, einem großen Feudum im Gebiet von Novara. Nach seinem Tod heiratete seine Witwe Beatrice di Tenda (→Beatrice 3.) Filippo Maria →Visconti, damit kamen die ausgedehnte Signorie und die Söldnertruppe des verstorbenen Condottiere in die Hand des Hzg.s v. Mailand.   M. Del Treppo

Lit.: DBI XVII, 791–801 – N. VALERI, La vita di F. C., 1940 – vgl. auch die Lit. zu →Beatrice di Tenda (3. B.).

Caneva (aus dem spätlat. canaba über vulgärlat. canapha, canafa). In der röm. Militärsprache wurden Baracken (-siedlungen) in der Umgebung eines Legionslagers →canabae genannt. In der Form *canapha* oder *canafa* erhält der Terminus in der Sprache der Auxiliartruppen (z. B. Bataver, Goten, Langobarden) die Bedeutung 'Magazin, Vorratsraum', im Sinne eines behelfsmäßig angelegten Einzelbaus oder eines Raumes im Erdgeschoß eines festgefügten Gebäudes. In dieser Bedeutung erscheint der Begriff z. B. in frühma. ravennat. Urkunden (7.–9. Jh.), im langob. Pavia, im Tessin und in Tirol. Im ma. Italienisch wird mit c. ein Vorratsraum für Lebensmittel oder eine Verkaufsbude für Kleinhandel bezeichnet. Neben dieser allgemeinen gewinnt der Begriff noch eine spezif. jurist. Bedeutung: Bereits in der langob. Periode, als das 'castrum' der Mittelpunkt des sozialen Lebens wird, wird es zur allgemeinen Pflicht der provinzialröm. Landbevölkerung – infolge ihres Status als Besiegte –, im castrum oder der *sala* (→Fronhof) einen Teil der Ernte der jeweils abhängigen curtis einzulagern ('incanevare'). Diese Praxis, die sich in dem komplexen Netz der Beziehungen zw. dem Burgherrn und der umwohnenden Bevölkerung erhielt, nahm zunehmend den Charakter einer Abgabe an. In der vorkommunalen oder kommunalen Epoche bedeutet c. (oder *cànova*) – vergleichbar mit Funktionen der langob. sala – indessen den Ort, wo Natural- oder sonstige Abgaben gesammelt (oder die Güter eines Signore oder der Kommune verwaltet) wurden. Der für die Eintreibung, Verwahrung und Verteilung dieser Einkünfte verantwortl. Verwalter wird 'canevarius' oder 'caneparius' genannt.

G. P. Massetto

Lit.: DU CANGE, s. v. Canapa; Canava; Canevarius; Canepa – J. F. NIERMEYER, Mediae latinitatis Lex., s. v. Canaba – G. REZASCO, Diz. del linguaggio it. stor. e amministrativo, 1881, s. v. Canova, canava, canevae; Canovajo, canovaro, canevaro – Mlat Wb, s. v. Canaba – Diz. Enc. It., 1955, s. v. Cànova; Canaba – F. COUSIN, Per la storia del castello medievale, RSI V, 4, 1939 – A. FISCHER, Die Wiederinstandsetzung des Codex traditionum ecclesiae ravennatis der Bayr. Staatsbibl. München, Clm. 44, Zs. für Bibliothekswesen und Bibliogr. V, 4, 291f. – C. BATTISTI, La terminologia urbana nel latino dell' Alto Medioevo..., Sett. cent. it. 6, 1959, 667, 691 – A. CAVANNA, Fara, sala, arimannia..., 1967, passim – G. VISMARA, La disciplina giuridica del castello medievale (sec. VI–XIII), Studia et Documenta Historiae et Iuris 38, 1972, passim – M. CAGIANO DE AZEVEDO, Le case descritte dal Codex Traditionum Ecclesiae Ravennatis, Atti dell' Accad. Naz. dei Lincei, a. 369, 1972, Rendic. della Cl. di Scienze morali, stor. e filosof., v. 27, fasc. 5–6, 1973, 159ff. – DERS., Esistono una differenza e una urbanistica longobarde?, Atti Conv. 'La civiltà dei Longobardi in Europa', Accad. Naz. Lincei, a. 371, 1974, H. 189, 1974, 289ff. – G. B. PELLEGRINI, Attraverso la toponomastica urbana medievale in Italia, Sett. cent. it. 21, 1974, 429 – G. VISMARA, Istituzioni e disciplina giuridica del castello senese (Castelli del Senese, 1976), passim.

Canfranc, Vertrag v., am 28. Oktober 1288 in Canfranc (Aragón) unterzeichneter Vertrag zw. Alfons III. v. Aragón, →Karl v. Anjou, Fs. v. Salerno, damals Gefangener des ersteren, und →Eduard I. v. England, der als Vermittler fungierte. Als ersten Schritt zur Lösung des Konfliktes zw. der katal.-aragones. Krone einerseits und den Anjou, Frankreich und dem Papsttum andererseits wegen des Besitzes von →Sizilien vereinbarte der Vertrag einen dreijährigen Waffenstillstand und die Freilassung Karls v. Anjou, der seine Söhne Ludwig und Robert als Geiseln stellen, 30 000 Mark in Silber zahlen und die Billigung des Paktes durch den Papst und Frankreich erlangen sollte. Dieses letzte Ziel wurde nicht erreicht, und der Pakt schlug fehl.   M. T. Ferrer i Mallol

Lit.: L. KLÜPFEL, Die äußere Politik Alfons III. v. Aragonien, 1285–1291, 1911–12 – V. SALAVERT Y ROCA, Cerdeña y la expansión mediterránea de la Corona de Aragón, 1297–1314, 1956.

Cangas de Onís, Stadt in NW-Spanien, östl. von Oviedo. Die Bedeutung des Ortes im FrühMA beruht auf seiner Rolle als älteste Hauptstadt des entstehenden Kgr.es →Asturien (s. a. →Reconquista) und auf der Beziehung zu dem berühmten Marienheiligtum →Covadonga. Der Führer des chr. Widerstandes gegen die islam. Invasoren, →Pelayo (Pelagius; 718–737), wählte C. zur Residenz für seine Herrschaft. Pelayos Schwiegersohn →Alfons I. (739–757) konsolidierte das kleine Kgr. v. C. durch Streifzüge über das kantabr. Gebirge, wobei er das Vakuum ausnutzte, das v. a. durch den Aufstand der Berber gegen die Araber (741) entstanden war. Mit Hilfe der von Alfons I. angesiedelten →Westgoten beschleunigte sich der Prozeß der Gotisierung und Christianisierung des bis dahin in seiner Mehrheit heidn. kantabr.-astur. Gebiets, wobei man die alten gebräuchl. Methoden beibehielt: die Umwandlung von vorhandenen Heiligtümern in christl. Kultstätten. In C. selbst, dem Hauptort der Vadinienses, einer kaum romanisierten Volksgruppe, in der vorchr. soziale und religiöse Traditionen fortlebten, wurde die erste christl., dem Hl. Kreuz (Sta. Cruz) geweihte Kirche über einem heidn. Dolmen errichtet (737) und diente als Grablege astur. Kg.e. In verschiedenen nahegelegenen Orten entstanden weitere christl. Kirchen in der Nähe heidn. Grabstätten. Covadonga – die Cova dominica – war sicher ein heidn. Heiligtum, das die astur. Kg.e der Verehrung der Hl. Jungfrau bestimmten. Die Hauptpfarrkirche von C. wurde ebenfalls der Maria geweiht. Als Hauptstadt des astur. Kgr.es wurde C. bald von Pravia und von → Oviedo abgelöst. F. J. Fernández Conde

Lit.: DHEE III, 1539 – A. Barbero–M. Vigil, Sobre los orígenes sociales de la Reconquista, 1974 – C. Sanchez Albornoz, El Reino de Asturias II, 1974 – M. G. Martínez, Monasterios medievales asturianos (Siglos VIII-XII), 1977 – E. Benito Ruano–F. J. Fernández Conde, Hist. de Asturias 4, 1979 – J. Prelog, Die Chronik Alfons' III., 1980.

Cangrande I. della Scala → Della Scala, Cangrande I.

Canigiani, Ristoro, Sohn des florent. Kaufmanns und Politikers Piero, † 1380. Nahm aktiv am polit. Leben von Florenz teil, wurde 1376 als Gesandter nach Neapel geschickt und ist 1378 als guelf. Capitano belegt. In der Nachfolge Dantes verfaßte er in Bologna, wohin er sich während der Pest des Jahres 1363 geflüchtet hatte, ein religiös-moral. Lehrgedicht in Terzinen »Il Ristorato«, eine Versifizierung des »Fiore di Virtù« (einer älteren beliebten Sentenzen- und Exempelsammlung über Tugenden und Laster) in 44 Gesängen, das zahlreiche Dante-Reminiszenzen aufweist. G. Busetto

Ed.: R. C., Il Ristorato, hg. E. Razzolini, 1847 – Lit.: DBI XVIII, s. v. C. Piero – N. Sapegno, Il Trecento, 1960, 134 – A. Tartaro, Studio della »Commedia« e poemi dottrinali (Letteratura Italiana, Storia e Testi II, Il Trecento ..., I, 1971), 466.

Canilhac, Raimond de, Kard., † 20. Juni 1373 in Avignon, ⌑ Maguelone, Kathedrale. C. entstammte einer Adelsfamilie des Gévaudan (im südwestfrz. Massif Central); seine Onkel und einer seiner Brüder waren Äbte v. Aniane, sein Bruder Pierre war Bf. v. Maguelone; die Familie war verschwägert mit den Déaux (Kard. Bertrand war C.s Onkel) und den Roger de Beaufort, welcher Familie Gregor XI. entstammte (C.s Nichte Garine ⚭ 1345 Guillaume, Bruder von Papst Clemens VI.).

C. ist als Augustinerchorherr v. Maguelone 1324 belegt, 1335 wurde er Propst; 1345 wurde er zum Ebf. v. Toulouse erhoben, wo er in Konflikt mit dem Seneschall geriet. Clemens VI. ernannte C. zum Kard. von Hl.-Kreuz in Jerusalem (17. Dez. 1350). Innozenz VI. und Urban V. übertrugen C. die Schiedsgewalt im Streit zw. dem Meister der Hospitaliter und Juan Fernandez de Heredia, der dem Orden schuldete; ferner leitete er die Einziehung der Zehnten in Frankreich (Lösegeld Johanns des Guten, 1360; Vertreibung der Söldnerkompagnien, 1365). Der Administration in Avignon und im → Comtat-Venaissin widmete er sich in langjähriger Tätigkeit: So nahm er 1358 den Eid der Bürger entgegen, bekümmerte sich um die Erhebung der → gabelles, der Verbrauchssteuern (1358–72), ließ Befestigungsmauern errichten (1364), erließ für das Comtat-Venaissin Statuten über die Regalien (1364) und gab den Avignoneser Wollwebern eine Zunftordnung (1368). C. war einer der fünf Kardinäle, die nach Urbans V. Übersiedlung nach Rom in Avignon verblieben. Der Kard. war Mitvollstrecker der Testamente des Galhard de la Motte († 1356), Hugues Roger († 1363) und des Elie Talleyrand v. Périgord († 1364); die Übertragung der Würde des Dompropstes v. Mainz (1363) veranlaßte ihn zum Rücktritt von einer Reihe anderer Benefizien. M. Hayez

Q. und Lit.: DHGE XI [G. Mollat] – Arch. nat. [H. Furgeot], Actes Parlement de Paris, Jugés, II – B. Guillemain, Cour Pontificale – Suppliques d'Innocent VI, Lettres d'Urbain V (Analecta Vaticanobelgica) – Ecole française de Rome, Lettres secrètes, communes de Clément VI, Urbain V – A.-M. Hayez, Actes du 101ᵉ congr. Soc. sav., 1976, ... 102ᵉ..., 1977 – M. Hayez, Genèse et débuts du Grand Schisme, 1980.

Çankırı, Stadt in der Türkei (Nordanatolien), zw. Ankara und Kastamonu an der Stelle des alten Gangra (altosman. K^iANG[a]RI) gelegen. Nach 1071 (Schlacht v. → Mantzikert) den Danischmendiden zufallend; Station des »lombard. Kreuzzugs« von 1101; vorübergehend (um 1134) von Johannes II. Komnenos wiedergewonnen. 1182 verließ der Metropolit zum ersten Mal die Stadt, doch ist die Metropolie bis zur Mitte des 15. Jh. bezeugt. Spätestens seit dem Thronantritt → Qılıç Arslans II. (1155–92) gehörte Ç. den → Seldschuken, die es an die Çoban Oğulları vergaben, auf die Ende des 13. Jh. die Candar Oğulları folgten, welche sich trotz der Wiedereinsetzung des İsfendiyar Beg durch → Timur 1402 gegen die → Osmanen nicht behaupten konnten (1415 Abtretung Ç.s an Qāsim, den Meḥmed I. ergebenen Sohn İsfendiyars). K. Kreiser

Lit.: EI² II, s. v. Čankırı – Cahen, POT – S. Vryonis, Decline of Medieval Hellenism in Asia Minor, 1971 – Y. Yücel, Çoban-Oǧulları, Candar-Oǧulları, 1980.

Canne, Schlacht v. Die apulische Befreiungsbewegung unter der Führung des → Meles, unterstützt von Papst Benedikt VIII. und den langob. Fs.en sowie von norm. Hilfstruppen, hatte seit dem Frühjahr 1017 Erfolge in Apulien gegen die Byzantiner erringen können. Erst im Okt. 1018 gelang es dem neuen Katepan Basilios → Boioannes, in einer blutigen Schlacht an den Ufern des Ofanto bei Canne den Sieg zu erringen und die byz. Herrschaft über Süditalien nochmals für zwei Jahrzehnte zu befestigen. Auch → Salerno, dessen Fs. → Waimar IV. das Unternehmen unterstützt hatte, mußte sich jetzt vorübergehend den Byzantinern beugen. Die norm. Scharen zerstreuten sich zwar, blieben aber als polit. Faktor in Süditalien präsent, z. T. in Diensten der Fs.en v. → Capua und Salerno, wo sie einige Jahrzehnte später im polit. Kräftespiel an die erste Stelle traten. H. Enzensberger

Lit.: J. Gay, L'Italie méridionale et l'empire byz., 1904, 411 – V. v. Falkenhausen, Unters. über die byz. Herrschaft in Süditalien, 1967, 53 (= Dies., La dominazione bizantina, 1978, 54) – K. J. Hermann, Das Tuskulanerpapsttum, 1973, 47ff. – HEG I, 714 [K. Reindel], 800 [H. Enzensberger].

Cannstatt, Gerichtstag v. (746), gilt als das Ende der von den Merowingern eingerichteten alem. Dukats (→ Alamannen, Alemannen). Nachdem die karol. Hausmeier seit Anfang des 8. Jh. bereits mehrfach gegen die sich der frk. Oberhoheit entziehenden alem. Hzg.e vorgegangen waren, gelang → Karlmann 746 die endgültige Unterwerfung des Stammesadels. Er berief eine Versammlung nach C. und ließ dort die Mehrzahl der alem. principes töten, die sich am Widerstand des alem. Hzg.s → Theudebald und des bayer. Hzg.s → Odilo gegen die Hausmeier beteiligt hatten. Im einzelnen bleibt unklar, ob ein alem. Heeresaufgebot von Karlmann listig in ein »Blutbad« verwandelt wurde oder ob es sich um einen regulären Gerichtstag gehandelt hat, dem ein Gefecht vorausgegangen war. Das Gewicht und die Problematik des Geschehens spiegeln sich in der karol. Annalistik: Während die Annales Petaviani betonen, Karlmann habe aus Reue über sein Vorgehen gegen die Alemannen den Entschluß gefaßt, der Herrschaft zu entsagen und sich ins Kl. Montecassino zurückzuziehen, mildern die Metzer und Fuldaer Annalen die Maßnahmen ab, und die Reichsannalen übergehen sie mit Stillschweigen. Daß C. (heut. Stadtteil Stuttgart-Bad Cannstatt) als Versammlungsplatz gewählt wurde, dürfte mit der Bedeutung des Ortes im alem. Hzm. zusammenhängen. Denn die Bezeichnung villa publica und die Anwesenheit Hzg. Gottfrieds um 700 machen wahrscheinl., daß C. als ehem. röm. Kastell einer der Vororte im merow. Alemannien war. Th. Zotz

Q.: Q. zur Gesch. der Alamannen, bearb. und übers. C. Dirlmeier–K. Sprigade, 3, 1979 (Schr. Komm. Alam. Altertumskunde, Heidelberger Akademie Wiss. 5) – Lit.: Hoops² IV, 330–334 – G. Wein, Die ma. Burgen im Gebiet der Stadt Stuttgart 2, 1971 – K. H. Krüger, Königskonversionen im 8. Jh. (FMASt 7), 1973, 169–222 – B. Behr, Das alem. Hzm. bis 750 (Geist und Werk der Zeiten 41), 1975.

Cano Melchior OP, * 1509, † 1560, Theologe, Salamanca-Schule, dort Schüler und Nachfolger (1546) des Franz v. Vitoria, nahm am Konzil v. Trient (1551/52) teil, wurde zum Bf. der Kanar. Inseln (1552/54) ernannt, 1550 Mitglied der Kommission Karls V. zur Prüfung der span. Kolonialpolitik in Amerika (Las →Casas), als Inquisitor tätig, zumal gegen Erasmus-Freunde und Jesuiten, unheilvolle Rivalität zu dem später von der Inquisition verfolgten, auf Frieden bedachten, reformeifrigen Bf. Bartholomaeus v. Carranza OP (1503/76). C.s nicht ganz vollendetes Hauptwerk »De locis theologicis libri XII« (1563, oft verlegt) wandte in den seit der Spätscholastik (Paris!) üblichen theol. Einleitungsfragen (C. von Franz v. Vitoria vermittelt) die von Rudolph →Agricola, »De inventione dialectica«, nach aristotel. Topik entworfenen method. Richtlinien auf die Theologie an, schuf den ersten systemat. Versuch; jahrhundertelang wirksamer Höhepunkt theol. Erkenntnislehre und Methodologie: Theol. Wahrheiten werden nicht durch inhaltl. Gesichtspunkte begründet, sondern durch äußere Bezeugung. Deren »Fundorte« (loci) sind die proprii (eigentlichen), die Offenbarung konstituierenden: Schrift und Tradition, und die sie interpretierenden: Kath. Kirche, Konzilien, Röm. Kirche (Papst), Kirchenväter, Theologen; dann die alieni (sachfremden): menschl. Vernunft, Philosophen, menschl. Geschichte. Gedruckt sind auch Disputationen, ungedruckt (außer Teilen) Kommentare zur Summa theol. des → Thomas v. Aquin. → Spanische Spätscholastik. A. Kolping

Lit.: F. Caballero, Vida de M. C., 1871 – A. Lang, Die Loci theologici bei M. C., 1925 – Ders., Theol. Prinzipienlehre ma. Scholastik, 1964 – weiteres RGG, LThK, bes. neue Lit. in BullRThAM.

Canones apostolorum, 85 kurze griech. Kirchenrechtsbestimmungen, als Schluß der altchristl. Kirchenordnung der sog. →Apostol. Konstitutionen (VIII, 47) wohl von deren Verfasser (nach D. Hagedorn einem Arianer namens Julian) in der 2. Hälfte des 4. Jh. in Syrien in die Welt gesetzt. Zu ihren Hauptquellen gehören eben jene Constitutiones apostolorum mit Canones Antiocheni und Laodicenses. Inhaltlich konzentrieren sich die recht planlos zusammengestellten C.a. auf die Qualifikation, Ordination, Pflichten und Lebensführung der Geistlichen mit entsprechender Strafandrohung für Pflicht- bzw. Rechtsverletzungen, einige Vorschriften zielen auch auf die Laienwelt. Kanon 85 bringt einen Katalog der kanon. Bücher der Bibel mit einigen Besonderheiten. In der Ostkirche mehrfach redigiert, u. a. auch ins Syr., Arab. und Äthiop. übertragen, erlangten die C.a. im →Trullanum II (691) für die Ostkirche bis heute offizielle Anerkennung; in der Westkirche wirkten nur die 50 ersten Kanones, die →Dionysius Exiguus trotz rechtl. Bedenken – schon das sog. →Decretum Gelasianum hatte die C.a. für apokryph erklärt – ins Lat. übersetzte. Wenige abendländ. Kanonessammlungen von Bedeutung konnten ferner auf sie verzichten bis hin zum →Corpus iuris canonici.

H. Mordek

Ed.: F. X. Funk, Didascalia et Constitutiones apostolorum I, 1905, 564–593 [gr., mit lat. Übers.] – C. H. Turner, Ecclesiae occidentalis monumenta iuris antiquissima, canonum et conciliorum Graecorum interpretationes Latinae I, 1, 1899, 1–34; I, 2, 1, 1913, App. 32^{n-nn} [lat.] – Lit.: Altaner-Stuiber, 1980⁹, 256 – F. Maassen, Gesch. der Q. und der Lit. des canon. Rechts im Abendlande, 1870, 408–410 – F. X. Funk, Die Apostol. Konstitutionen, 1891, 180ff. – Ders., Didascalia II, 1905, 40ff. – E. Schwartz, Über die pseudoapostol. Kirchenordnungen (Schr. der Wiss. Ges. in Straßburg 6, 1910), 1ff. [= Ges. Schr. 5, 192ff.] – C. H. Turner, Notes on the Apostolic Constitutions, II: The Apostolic Canons, JTS 16, 1914–15, 523–538 – G. Graf, Gesch. der christl. arab. Lit. 1 (StT 118, 1944), 572ff. – Van Hove, 130f. – R. Gryson, Les origines du célibat ecclésiastique du premier au septième s. (Recherches et synthèses, Section d'hist. 2, 1970), 98ff. – D. Hagedorn, Der Hiobkomm. des Arianers Julian (Patrist. Texte und Stud. 14, 1973), XXXVIIff. – A. Faivre, Naissance d'une hiérarchie (Théologie hist. 40, 1977), 138ff.

Canones Eusebiani → Eusebios, Bf. v. Kaisareia

Canones Hibernenses → Bußbücher

Canones Nidrosienses, Sammlung kirchenrechtl. Bestimmungen für die norw. Kirchenprovinz. Die Sammlung umfaßt insgesamt 15 Kanones über: 1. die Rechtsstellung der Kirche in der Gesellschaft (Bestimmungen zu Patronatsrecht, Bischofswahl, Befreiung der Geistlichkeit von Steuerzahlung und Kriegsdienst, Verbot des Gottesurteils für Geistliche), 2. die Lebensführung der Geistlichkeit (Regelungen zu Zölibat, Kleiderordnung und Verbot für Geistliche, Handel zu treiben), 3. allgemeine Regeln zu Moral und Kirchenordnung (Verbot der Ehescheidung, Regelungen zu Zehntabgabe, Taufe und Begräbnis).

Die Forschung hat die C. N. seit der Entdeckung der Sammlung 1938 durch W. Holtzmann unterschiedl. datiert. Die ältere Sichtweise geht davon aus, daß sie 1152/53 von dem päpstl. Legaten und Kard. Nicholas Breakspear (dem späteren Papst →Hadrian IV.) bei Errichtung der norw. Kirchenprovinz erstellt wurden. Nach der heute gebräuchlichsten Auffassung gingen die C. N. aus einem Provinzialkonzil der 60er Jahre des 12. Jh. hervor (möglicherweise aus einer Kombination von Provinzialkonzil und Reichstreffen i. J. 1163) und wurden von Ebf. →Eysteinn Erlendsson redigiert.

Zugrunde liegt das →Decretum Gratiani. Der Redaktor bewies jedoch eine bedeutende Selbständigkeit und paßte die Bestimmungen norw. Verhältnissen an. Insgesamt hat die Sammlung eine gemäßigt reformkirchl. Prägung, wobei Kompromisse mit der in Norwegen üblichen Praxis eingegangen werden, beispielsweise in der Frage des Zölibats und – in Hinblick auf die unvollkommen ausgebildete kirchl. Organisation Norwegens – bei den Bestimmungen zur Bischofswahl. Diese Eigenarten lassen sich am leichtesten erklären, wenn man von einem norw. Bearbeiter ausgeht. So werden die C. N. gleichzeitig zu einer wichtigen Quelle für den Aufbau der Kirchenorganisation und die Entwicklung der kirchl. Reformbewegung in Norwegen während der 2. Hälfte des 12. Jh. S. Bagge

Ed. und Lit.: W. Holtzmann, Krone und Kirche in Norwegen im 12. Jh., DA 2, 1938, 341ff. – V. Skånland, Det eldste norske provinsialstatutt, 1969; mit Ed. des Textes [vgl. dazu die Diskussion in: Norsk Historisk Tidskrift 50, 1971, 67–122] – A. O. Johnsen, The Earliest Provincial Statute of the Norwegian Church, MSc 3, 1970, 172ff. – K. Helle, Norge blir en stat, 1974, 48ff. [mit Bibligr.].

Canosa di Puglia (Canusium). In der Antike eine der bedeutendsten Städte Apuliens, erhielt C. schon früh Bf. e. Solche sind bekannt seit der Mitte des 4. Jh. Der hl. Sabinus (1. Hälfte des 6. Jh.), ein Freund Benedikts v. Nursia, wurde zum Patron der Stadt. Nach einer Vertreibung durch Sarazenen (um 840–876) nahmen die Bf. e ihre Residenz in →Bari. C. selbst wurde um die Mitte des 10. Jh. wieder aufgebaut, doch scheinen die Bf. e nicht mehr für länger dort verweilt zu haben. Im 10. Jh. führten sie mehrfach den doppelten Titel von C. und Bari, bald auch als Ebf. e, dazu erhoben unter der byz. Herrschaft. Als Papst Johannes XIX. 1025 auch seinerseits die Erhebung bestätigte, sprach er allein von einem Ebf. von C. Diesen Titel verwendeten die fest in Bari residierenden Ebf. e zuletzt 1071, und wenig später verlor C. auch die Stellung als zweiter Sitz des Ebm. s.

In der folgenden Zeit hatte C. nur noch eine untergeordnete Bedeutung als befestigtes Zentrum. Von der früheren Blüte jedoch zeugt die dem hl. Sabinus geweihte Kathedrale aus der Mitte des 11. Jh.   D. Girgensohn

Lit.: DHGE XI, 760ff. – IP 9, 337–341 – Codice diplomatico barese 2, 1899, 209–223 – R. CESSI, Un vescovo pugliese del sec. VI (S. Sabino di Canosa), Atti del Reale Istituto veneto di scienze, lettere ed arti 73, 1913–14, T. 2, 1141–1157 – F. LANZONI, Le diocesi d'Italia dalle origini al principio del secolo VII, 1, 1927², 288–295 – A. PRATESI, Alcune diocesi di Puglia nell'età di Roberto il Guiscardo: Trani, Bari e Canosa tra Greci e Normanni, Roberto il Guiscardo e il suo tempo. Relazioni e comunicazioni nelle Prime Giornate normanno-sveve, 1975, 225–242.

Canossa, Burg. Die in der gleichnamigen Ortschaft in der Prov. Reggio im emilian. Apennin gelegene Burg war einer der Hauptsitze des Hauses →Canossa. Zur Zeit des Stammvaters des Geschlechts, Adelbert Atto und seines Sohnes Teodald, die dort bestattet wurden, war C. die wichtigste Burg der Familie. Innerhalb ihrer Mauern wurde eine dem hl. Apollonius geweihte Kirche, der später ein Kloster angeschlossen wurde, errichtet. Von Burg und Kloster sind heute nur mehr Ruinen erhalten. Möglicherweise wurde Adelbert Atto von Berengar II. in C. belagert; dabei muß man sich jedoch stets vergegenwärtigen, daß die Familie C. damals und in späterer Zeit über zahlreiche feste Plätze verfügte, die ihr Schutz und Sicherheit boten. Im Jan. 1077 beherbergte C. Papst →Gregor VII. Durch Vermittlung →Mathildes v. C. und des Abtes →Hugo v. Cluny erreichte Kg. →Heinrich IV. beim Papst die Aufhebung der Exkommunikation (→Canossa, 1077). I. J. 1092 wurde C. ebenso wie andere Burgen der Familie – z. B. Monteveglio bei Bologna – vom Ks. belagert, konnte sich aber wie Monteveglio gegen seine Truppen behaupten. Der Hauptort des Canossa-»Staates« war seit →Bonifaz, Mathildes Vater, →Mantua: Diese Wahl war v. a. durch die Ausweitung der Besitzungen und Jurisdiktionen der Familie gegen Norden, insbes. durch die Konzentration ausgedehnten Grundbesitzes in der Nähe von Mantua begründet; ferner durch die Notwendigkeit der Kontrolle über den Po, der sowohl in strateg. wie wirtschaftl. Hinsicht einen wichtigen Verbindungsweg darstellte. Aber erst nach Mathildes Tod (1115) begann der eigentl. Niedergang C.s: Wie viele andere Burgen der Region widersetzte sich auch C. der Expansionspolitik der Kommune →Reggio, die sie in den ersten Hälfte des 13. Jh. schleifen ließ. Nach ihrem Wiederaufbau verlor die Burg weiter an Bedeutung und wurde mit der Zeit zur Ruine. Die ursprgl. Struktur der Burg wurde seit der 2. Hälfte des vorigen Jh. durch archäolog. Ausgrabungen erforscht.   V. Fumagalli

Lit.: A. OVERMANN, Gfn. Mathilde v. Tuscien. Ihre Besitzungen. Gesch. ihres Gutes von 1115–1230 und ihre Reg., 1895 – V. FUMAGALLI, Le origini di una grande dinastia feudale. Adalberto Atto di Canossa, 1971 – L. L. GHIRARDINI, Qual era la residenza abituale della Contessa Matilde?, Atti e Memorie della Deputazione di Storia Patria per le antiche provincie modenesi X, 1975 – H. ZIMMERMANN, Der Canossagang von 1077. Wirkungen und Wirklichkeit, 1975 – Studi Matildici, 1978 (= Atti e Memorie del III Conv. di Studi Matildici, Reggio Emilia, 7–8–9 Ott. 1977).

Canossa, Familie. Das Appellativum Canossa wurde der berühmten Familie, der auch →Mathilde angehörte, von den Historikern beigelegt. Nur ein einziges Mal wird in einer Urkunde aus der zweiten Hälfte des 11. Jh. ihr Stammvater *Adelbert Atto* mit dem Herkunftsnamen de *Canusia* belegt. Die Familie nannte sich in Wahrheit nie nach einem einzigen Stammsitz, da sie über verschiedene Burgen und Ortschaften verfügte. Sie stammte aus der Gft. Lucca in der Toskana, wie aus der Herkunftsbezeichnung »de comitatu Lucensi« hervorgeht, die *Siegfried,* der Vater von Adelbert Atto, führte; verbündet mit Lothar und dessen Gemahlin Adelheid, später mit Otto I., wurde er aus einem einfachen Vasallen des Kg.s und des Bf.s von Reggio Emilia in der zweiten Hälfte des 10. Jh. zum Gf. en der Territorien von Reggio, Modena und Mantua (in diesem Fall auch zum Gf. en der Stadt) und vielleicht auch zum Mgf. en erhoben. Exponent des neuen Adels langob. Herkunft, der nach dem Zusammenbruch des karol. Staates an die Macht gekommen war, brachte er es durch die Dienste, die er kirchl. Institutionen leistete, und seine Unterstützung der kgl., später ksl. Politik in Italien zu großem Reichtum an Grundbesitz und vielen Vasallen. Nach seinem Tode folgte ihm 988 sein Sohn *Teodald* als Mgf., der zudem die Grafen von Ferrara (und dessen Territorium) gewann. Von Teodald wissen wir sehr wenig; von seiner Gemahlin kennen wir nur den Vornamen *Villia.* Es ist jedoch wahrscheinl., daß Teodald die von seinem Vater begonnene Expansion der sich vom Apennin bis zum Po erstreckenden Hausmacht fortsetzte, wobei er in engem Bündnis mit der Zentralgewalt auch Kirchengüter – häufig sogar gewaltsam – an sich zog. Die Herrschaft des Hauses C. stützte sich nunmehr auf ein weitgehend zusammenhängendes Territorium (das Gebiet um Reggio, Modena und v. a. Mantua, das Herz der Po-Ebene und der an sie grenzenden Apennin), das polit. jedoch nicht homogen war: die Städte wurden teils von Bf. en regiert (Reggio, Modena), teils gingen sie bald in deren Hände über (Mantua, Ferrara); mächtige Klöster wie →Nonantola beherrschten ausgedehnte Territorien; der mittlere und kleine Adel war in Bewegung, verbündete sich in den Städten mit den reichen »Bürgern« und scharte sich mit ihnen zusammen um den Bischof. Der Staat der C. war also auf zunehmend schwankenden Fundamenten gegründet, und v. a. nach Teodalds Tod († 1015/20) mußten die Mgf. en häufig Gewalt anwenden, um seine Einheit zu bewahren.   V. Fumagalli

Die folgenden beiden Generationen konnten die Herrschaft des Hauses C. ausbauen, verließen aber die Bahnen einer nur auf Herrschaftsausbau gerichteten Tätigkeit. Mgf. →*Bonifaz* war mit kurzer Unterbrechung zunehmend Kg. en und Ks. n verbunden, seine Witwe →*Beatrix* (v. Lothringen bzw. Tuszien) und seine Tochter *Mathilde* waren wie wenige Adlige in den →Investiturstreit verstrickt. Bonifaz mehrte sein Erbe durch die Heirat mit der Pfalzgrafentochter *Richilde,* behauptete sich gegen oberit. Gegner u. erhielt spätestens 1032 die Würde des Mgf. en v. Tuszien wohl dank seiner Parteinahme für Kg. bzw. Ks., in dessen Heer er 1032 gegen Otto v. d. Champagne stand. Neue Verbindungen schuf seine zweite Ehe mit Beatrix v. Lothringen (1036–38). War das Verhältnis zu Heinrich III. zeitweilig – vielleicht wegen Übergriffen auf Kirchengut – getrübt, so führte er doch 1048 Damasus II. nach Rom und gewann schließlich Anschluß an die Kreise um Leo IX. Dies wurde nach Bonifaz' Ermordung 1052 eine folgenreiche Konstellation. Seine Witwe Beatrix heiratete 1054 *Gottfried den Bärtigen* v. Oberlothringen, der gegen den Ks. aufständisch gewesen war. Erstmals verließ so das Haus C. nachhaltig die Bahnen der Treue zum König. Beatrix und Gottfried spielten eine Rolle bei der Erhebung Nikolaus' II. und →Alexanders II. Auch nach Gottfrieds Tod (1069) blieb Beatrix zuverlässige Stütze des Reformpapsttums. Bonifaz' Tochter →Mathilde (ihr Bruder Friedrich war 1055 gestorben) gebot nach dem Tod der Mutter (1076) allein über die Herrschaft des Hauses C., da sie sich nach kurzer Ehe von *Gottfried dem Buckligen* (Niederlothringen, Sohn Gottfrieds v. Oberlothringen) getrennt hatte. Sie gewährte 1077 Gregor VII. Schutz, als dieser sich von dem über die Alpen anrückenden Heinrich IV. bedroht fühlte. Die Vermittlung des Abtes Hugo v. Cluny und der Mathilde führte schließlich zur Lossprechung des Kg.s vom Bann (→Canossa 1077). Wohl 1079 übertrug sie ihr Allod in Italien und Lothringen der röm. Kirche und erhielt es zu freier Verfügung als Lehen zurück. Ihre Truppen kämpften dann gegen die lombard. Anhänger des Königs. Die Diplomatie Urbans II. brachte 1089 eine freilich nur sechs Jahre dauernde Ehe der 43jährigen Mathilde mit dem 17jährigen Welf V. zustande, die für den Ks. die Gefahr der Verbindung seiner it. und dt. Gegner bedeutete. Seit 1082 befand sie sich in der Reichsacht; aus dieser gelöst, erneuerte sie 1102 ihre Schenkung an die Kirche. 1111 jedoch, nach dem Vertrag von Ponte Mammolo und der Kaiserkrönung Heinrichs V. setzte Mathilde den Ks. zum Erben ihres Hausgutes ein. Mit diesem nun doppelten Testament hinterließ sie Kaiser und Papst einen wichtigen Gegenstand eines das Jahrhundert durchziehenden Streites (Mathildisches Gut). Mit ihrem Tod am 24. Juli 1115 erlosch die Familie, da Mathilde kinderlos war.

D. von der Nahmer

Lit.: DBI VII, 352–363; XII, 96–113 – A. Overmann, Gfn. Mathilde v. Tuszien, 1895 [Nachdr. 1965] – A. Falce, Bonifacio di Canossa, padre di Matilda, 2 Bde, 1926–27 – A. Grimaldi, La contessa Matilde e la sua stirpe feudale, 1928 – L. Simeoni, Il contributo della contessa Matilde al papato nella lotta per le investiture, Studi Gregoriani 1, 1947 – E. Hlawitschka, Franken, Alemannen, Bayern und Burgunder in Oberitalien (774–962), 1960 – L. L. Ghirardini, Saggio di una bibliogr. dell'età matildico-gregoriana (1046–1122), 1970 – V. Fumagalli, Le origini di una grande dinastia feudale. Adalberto Atto di Canossa, 1971 – Studi Matildici, 1978 (Atti e Memorie del III Convegno di Studi Matildici, Reggio Emilia, 7–8–9 Ott. 1977) – H. H. Anton, Bonifaz v. Canossa, Mgf. v. Tuszien, und die Italienpolitik der frühen Salier, HZ 214, 1972, 529–556 – H. Keller, Adelsherrschaft und städt. Gesellschaft in Oberitalien (9.–12. Jh.), 1979.

Canossa (Gang nach Canossa, 1077). Nachdem auf dem Fürstentag zu →Tribur (Okt. 1076) die Entscheidung im dt. Thronstreit auf einen für den 2. Febr. 1077 in Augsburg anberaumten Reichstag verschoben worden war, auf welchem Papst →Gregor VII. persönlich erscheinen sollte, setzte Kg. →Heinrich IV. alles daran, die für das sal. Kgtm. bedrohl. Verbindung des Papstes mit der fsl. Opposition zu verhindern. Da Gregor VII. es jedoch abgelehnt hatte, Heinrich IV. zur Rekonziliation in Rom zu empfangen, entschloß sich dieser, dem Papst noch vor Erreichen Deutschlands auf it. Boden entgegenzutreten. Von Speyer aus, wohin sich Heinrich IV. in bußfertiger Haltung zurückgezogen hatte, brach der Kg. Mitte Dez. 1076 in Begleitung seiner Gemahlin Bertha und seines zweijährigen Sohnes Konrad mit nur kleinem Gefolge ins Kgr. Burgund auf. Das Weihnachtsfest beging er in Besançon bei dem ihm verwandtschaftl. verbundenen Gf. en →Wilhelm v. Burgund. Da die südt. Fs. en die Alpenpässe besetzt hielten, wählte Heinrich IV. die Route über den Mt. Cenis, wofür ihm seine Schwiegermutter, die Mgfn. →Adelheid v. Turin, gegen nicht unbeträchtl. Zugeständnisse das Geleit gewährte. Von der abenteuerlichen Überquerung der winterlichen Alpen vermittelt →Lampert v. Hersfeld eine phantasiereich ausgeschmückte Schilderung.

Auf die Nachricht von der Ankunft Heinrichs IV. in Oberitalien suchte Gregor VII., der bereits bis Mantua gelangt war, Zuflucht auf →Canossa, einer festen Burg der ihm treu ergebenen Mgfn. →Mathilde v. Tuszien. Von Bianello aus, einer anderen, Heinrich IV. als Quartier überlassenen Burg der Mgfn., etwa auf halbem Wege zw. Reggio und C. gelegen, nahm der Kg. die Verhandlungen mit dem Papst auf. Diese wurden in der Nikolauskapelle der benachbarten Burg Montezane fortgesetzt, wobei sich Heinrich IV. der Vermittlung seines Taufpaten, des Abtes →Hugo v. Cluny, und seiner Cousine, der Mgfn. Mathilde, bediente. Nach vergeblich verlaufenen Vorverhandlungen erschien Heinrich IV. am 25. Jan. 1077, dem Gedenktag der Conversio s. Pauli, barfuß im Büßergewand Einlaß heischend vor dem inneren Burgtor von Canossa. Auch an den beiden folgenden Tagen wiederholte er diesen Aufzug. Auf Drängen seiner Umgebung fand sich Gregor VII. schließlich am 28. Jan. zur Erteilung der Absolution bereit, nachdem zuvor die Bedingungen der Lossprechung vereinbart und durch die Bf.e →Eberhard v. Naumburg-Zeitz und →Gregor v. Vercelli beschworen und durch Hugo v. Cluny zusätzl. bekräftigt worden waren. In einem Sicherheitseid (Register Gregors VII. IV, 12a) mußte sich Heinrich IV. verpflichten, den Konflikt mit den dt. Fs. en innerhalb einer vom Papst festzusetzenden Frist beizulegen und diesem für dessen bevorstehende Reise nach Deutschland freies Geleit zu gewähren. Erst daraufhin empfing Heinrich IV. zusammen mit den ebenfalls in C. anwesenden Bf. en Werner v. Straßburg, →Burkhart v. Basel und Burchard v. Lausanne die Lossprechung vom Bann. Bei der sich anschließenden Feier des Abendmahls spendete Gregor VII. persönlich dem wieder in die Kirchengemeinschaft aufgenommenen Kg. das Sakrament.

Durch den Bußakt von C. war es Heinrich IV. gelungen, die Gefahr einer Vereinigung des Papstes mit der antikönigl. Opposition in Deutschland zu bannen. Die strittige Frage der Investitur hingegen wurde bei den Verhandlungen v. C. nicht berührt. Obgleich Gregor VII. gegenüber den dt. Fs. en den Eindruck zu erwecken suchte, als sei in der Frage des Reiches noch keine Entscheidung gefallen, hat er doch in der Folge Heinrich IV. faktisch als Kg. anerkannt. Heinrich IV. hatte somit seine polit. Handlungsfreiheit wiedergewonnen. Gleichwohl hatte das Ansehen des Kgtm.s im Urteil der Zeitgenossen eine empfindl. Einbuße erlitten. Zwar bedeutete die öffentl. Kirchenbuße nach ma. Anschauung auch für den Herrscher selbst noch keine Schande. Die Tatsache jedoch, daß sich Heinrich IV. allein durch diesen Schritt die Krone zu bewahren vermochte, ließ die Schwäche des von diesem in der Auseinandersetzung mit dem Papsttum stets mit Nachdruck verteidigten Gedankens eines theokrat. Herrschertums offenbar werden. Insofern markiert C. eine epochale Wende im Verhältnis der beiden Gewalten zueinander. →Investiturstreit.

T. Struve

Q. und Lit.: Zusammenstellung der wichtigsten Q. in dt. Übers. bei K. Langosch, Die Briefe Heinrichs IV. mit den Q. zu C. (GdV 98, 1954), 113ff. – Ältere Lit. mit den einschlägigen Beitr. von A. Mayer-Pfannholz, A. Brackmann, C. Erdmann, J. Haller, A. Fliche und H.-X. Arquillière jetzt in: C. als Wende, hg. H. Kämpf (WdF 12,

1963, 1976³) – G. Meyer v. Knonau, JDG H. IV. und V., Bd. 2, 1894 [Nachdr. 1964], 742f., 748ff., sowie Exkurs VII, 894ff. – Gebhardt⁹ I, 340f. [K. Jordan] – DW¹⁰, Abschn. 201/368ff. – W. von den Steinen, C., Heinrich IV. und die Kirche, 1957 [Nachdr. 1969] – K. F. Morrison, C.: A Revision, Traditio 18, 1962, 121–148 – L. L. Ghirardini, L'imperatore a C., 1963, 1965² – G. Miccoli, Il valore dell'assoluzione di C. (Ders., Chiesa Gregoriana, 1966, 203–223) – L. L. Ghirardini, L'enigma di C., 1968 – Ders., Chi ha vinto a C.?, 1970 – R. Schieffer, Von Mailand nach C., DA 28, 1972, 333–370 – Ch. Schneider, Prophet. Sacerdotium und heilsgesch. Regnum im Dialog, 1972, 201ff. (MMS 9) – H. Beumann, Tribur, Rom und C. (VuF 17, 1973), 33–60 – W. Ullmann, Von C. nach Pavia, HJb 93, 1973, 265–300 – E. Hlawitschka, Zw. Tribur und C., HJb 94, 1974, 25–45 – H. Zimmermann, Der Canossagang von 1077 (AAMz 5, 1975) [Lit.; erw. Fassung in it. Übers. von G. Beda, 1977] – O. Capitani, C.: una lezione da meditare, Studi Matildici, 1978, 1–23 [gleichlautend: RSCI 32, 1978, 359–381] – H. Zimmermann, C. 1077 und Venedig 1177 und Jahrhunderte danach, Studi Matildici, 1978, 183–208 [mit it. Zusammenfassung: 209–216] – vgl. auch Lit. zu →Investiturstreit, →Gregor VII., →Heinrich IV.

Canso (von lat. cantio 'Gesang'), Gattung der prov. Troubadourdichtung, die sich durch eine enge Verknüpfung von Wort und Musik auszeichnet. Ursprgl. synonym zu »vers« setzte sich im Laufe des 12. Jh. die Bezeichnung c. in dem Maße, in dem das musikal. Element an Bedeutung gewann, durch. Zugleich präzisierten sich Form und Inhalt dieser Gattung. Im allgemeinen handelt es sich um ein Gedicht mit fünf oder sechs Strophen (coblas) gleicher Struktur, die häufig acht oder neun Verse zu je sieben oder acht Silben umfassen. Im einzelnen waren dem Dichter sowohl Länge der Strophen wie Zahl und Anordnung der Reime freigestellt. Die älteren c.s weisen meist eine Zweiteilung in den aus Stollen (pedes) bestehenden Aufgesang (frons) und den Abgesang (cauda oder sirima) auf. Normalerweise bilden eine oder mehrere kürzere Strophen (tornada) den Schluß der c., die jeweils ein Geleit an den Fürsten, die Dame oder den Spielmann enthält. Die Tornada ist formal durch die Wiederaufnahme von Reim, Versmaß und Melodie an die vorhergehende Strophe gebunden. Im Widerspiel von strengem Formkalkül und Leidenschaft der Inhalte ist die c. als höf. Liebeslied par excellence Ausdruck der essentiellen Spannung zw. sozialer Norm und individuellem Verlangen, deren rationale Beherrschbarkeit ein zeitloses Thema der Lit. darstellt. Zu den bedeutendsten Dichtern der c. gehören Jaufré →Rudel und →Bernart de Ventadorn. – Vgl. →Troubadourmelodik.   E. Bange

Lit.: Das große Lex. der Musik II, s. v. C. [W.-D. Lange] – E. Faral, Les arts poétiques du XIIᵉ et XIIIᵉ s., 1923, 1962² – F. Gennrich, Grdr. einer Formenlehre des ma. Liedes, 1932 – A. Jeanroy, La poésie lyrique des troubadours, 2 Bde, 1934 – D. Scheludko, Religiöse Elemente im weltl. Liebeslied der Troubadors. Zu Form und Inhalt der Kanzone, ZFSL 60, 1937 – J. H. Marshall, Le vers au XIIᵉ s: genre poétique?, Actes du IIIᵉ Congrès internat. de langue et littérature du Midi de la France, Bordeaux 1961, 1965 – Der prov. Minnesang. Ein Querschnitt durch die neuere Forschungsdiskussion, hg. R. Baehr, 1967 – U. Mölk, Trobar clus – Trobar leu. Stud. zur Dichtungstheorie der Trobadors, 1968 – E. Köhler, Zur Struktur der altprov. Kanzone (Ders., Esprit und arkad. Freiheit. Aufsätze aus der Welt der Romania, 1972) – D. Rieger, Gattungen u. Gattungsbezeichnungen der Trobadorlyrik, 1976 – P. Bec, La lyrique française au MA, 1977.

Cantar, allgemeiner Ausdruck für ursprgl. kurzes lyr. Gedicht in der altspan. Lit., das zum Singen bestimmt war bzw. beim Vortragen musikal. begleitet wurde. Das gewöhnl. anonyme C. wurde anfangs mündlich überliefert und kommt im 19./20. Jh. in der Versart der →»arte menor« durch García Lorca u. a. zu neuer Blüte.   W. Kroll

Cantar de Mio Cid → Cid

Cantar del Rey Fernando, nicht erhaltenes altspan. Epos, dessen Inhalt aus der sog. »Crónica de 1344« zu erschließen ist. Im Zentrum steht eine Episode aus dem Leben des Kg.s Don Fernando I.: Dem Herrscher war es gelungen, durch Heirat, geschickte Kriegsführung und diplomat. Schachzüge die kleinen Kgr. e im NW Spaniens zu vereinigen. Kurz vor seinem Tode i. J. 1065, auf dem Sterbebett liegend, teilt Fernando sein Reich unter seinen Söhnen auf; Sancho erhält Kastilien, García wird Herrscher von Galizien und dem n. Teil Portugals. Die Töchter des Kg.s fühlen sich enterbt und protestieren gegen die ungerechte Aufteilung des Landes. Sie erhalten zwei Städte – Urraca wird die Herrschaft über Zamora zugeteilt, und Elvira wird mit Toro zufriedengestellt. – In diesem Zusammenhang sind bes. die Rekonstruktionsarbeiten von Menéndez Pidal hervorzuheben, der annimmt, daß die Vielfalt des epischen Materials in den Chroniken von einer langen epischen Tradition in Spanien zeugt. W. Kroll

Ed. und Lit.: M. Menéndez y Pelayo, Antología de poetas líricos, Ed. Nacional VI, 1944 – R. Menéndez Pidal, Hist. y epopeya, 1934 – J. B. Purcell, The Cantar de la muerte del rey don Fernando in modern oral tradition [Diss. Univ. of California, Los Angeles 1976] – DAI, 37 A, 1976, 1597–98 – B. F. Reilly, The kingdom of León-Castile under Queen Urraca, 1109–1126, 1982.

Cantar de Rodrigo → Cid

Cantar de Roncevalles → Ronceval

Cantar de Sancho II de Castilla y Cerco de Zamora. Das verlorene Heldengedicht aus der Frühzeit der kast. Epik (vor 1140 entstanden) läßt sich aufgrund späterer Prosafassungen – in der »Estoria de España« (oder »Primera →Crónica General«) sowie in der »Crónica Particular del Cid« – und Romanzen rekonstruieren. Ob es auch der anonyme Autor der »Crónica Nájerense« (1160/68) benutzt oder ob beide Werke auf ein als Fragment erhaltenes mlat. »Carmen de morte Sanctii regis« zurückgreifen, bleibt offen. Das vermutl. kurze Epos behandelte die Erbauseinandersetzungen Kg. Sanchos II. el Fuerte v. Kastilien-León (1065–72) mit seinen Geschwistern. Seine Schwester Urraca war nach Zamora geflohen und hatte dort leones. Adlige gegen ihn aufgewiegelt. Daraufhin belagerte Sancho die Festung längere Zeit, bis es Bellido Dolfos, dem Geliebten der Infantin, durch eine List gelang, Sancho am 7. Okt. 1072 zu ermorden. Der →Cid wollte die Tat rächen und setzte dem Verräter nach, der sich jedoch wieder in den Schutz der Stadtmauern retten konnte. Vielleicht endete das Heldengedicht mit dem Schwur, den der Cid von Alfons VI., dem Nachfolger Sanchos, abverlangte, er sei am Komplott gegen den Bruder unschuldig gewesen. Möglicherweise entstand diese Episode aber auch erst später als Bindestück zw. dem »Cantar de Mio Cid« und der biograph. Ausweitung des →Cid-Zyklus. Der hist. Stoff wurde wiederholt im span. Drama des Goldenen Zeitalters aufgegriffen.

D. Briesemeister

Lit.: J. Puyol y Alonso, El Cantar de don Sancho II de Castilla, 1911 – C. Reig Salvá, El Cantar de Sancho II y Cerco de Zamora, 1947 – J. Horrent, La Jura de Santa Gadea. Hist. y poesía (Studia Philologica. Homenaje a Dámaso Alonso, 2, 1961), 241–265 – J. Fradejas Lebrero, Estudios épicos. El cerco de Z., 1963 – F. Rico, Las letras latinas del s. XII en Galicia, León y Castilla, Abaco 2, 1969, 83–85 – L. Chalon, L'hist. et l'épopée castillane du MA. Le cycle du Cid, le cycle des comtes de Castille, 1976.

Cantares Caçurros. Das im Kast. und Ptg. gebräuchl. Adjektiv caçurro, dessen Etymologie unklar ist, umfaßt ein weites Bedeutungsspektrum von 'grob, ungeschliffen' bis zu 'gegen die guten Manieren verstoßend, unanständig'. 1275 wurde es nach dem Zeugnis von →Guiraut Riquier zur Bezeichnung einer der untersten Kategorien von Spielleuten verwendet, die nur geringe techn. Fertigkeit, ein volkstüml. Repertoire und einen sehr niedrigen sozialen Status besaßen. Der Name bezieht sich offenbar auf die Thematik, da mehrere Quellen Wörter und Stoffe, die mit Sexualität und Erotik zusammenhängen, als »caçurros« bezeichnen (vgl. z. B. Partidas, II, 4,2). Daraus erklärt sich, warum Juan →Ruiz wiederholt die Frauen um Entschuldigung bittet, die seine »caçurros«-Dichtungen hören und sich entrüstet zeigen müssen, obwohl sie sich dabei in Wirklichkeit gut unterhalten (Libro de buen amor, coblas 114 und 947). In den gen. Stellen spricht Juan Ruiz von *troba caçurra* und *cantares caçurros;* es handelt sich dabei jedoch wohl kaum um ein eigenes lit. Genus, sondern vielmehr um eine allgemeine Bezeichnung, die sich auf Themen, Stil und Form der jeweiligen Dichtungen oder alle diese Kriterien zusammen bezieht. Leider sind die »cantares caçurros e de burla«, die Juan Ruiz nach seinen eigenen Worten (cobla 1514) in großer Zahl für die Blinden, Studenten und Fahrenden verfaßte, ebensowenig erhalten wie die Gedichte, auf die er in der cobla 947 anspielt. Überliefert ist nur eine »troba caçurra« (»Mis ojos non veran luz«; Libro de buen amor, coblas 115-20) auf den Verrat des Kupplers Ferrán García, der die Bäckerin Cruz für sich selbst erobert hat. Das Gedicht hat nichts Anstößiges an sich und zeigt stilist. Raffinement. Seine »caçurría« mag in dem burlesken Ton oder vielleicht in der *estribote*-Form begründet liegen. Das von MENÉNDEZ PIDAL aus Aufzeichnungen, die aus der Zeit um 1420 stammen, rekonstruierte Schauspiel scheint nach Thematik und lit. Ebene ein »espectáculo caçurro« zu sein, der Begriff selbst taucht in der Hs. jedoch nicht auf. A. Várvaro

Lit.: Corominas, DCECH 1, 937-938 – R. MENÉNDEZ PIDAL, Poesía juglaresca y orígenes de las literaturas románicas, 1957, II, 211-213, 230-239 – V. BERTOLUCCI PIZZORUSSO, SMV 14, 1966, 9-135.

Cantares de gesta, kast. Epen in assonierenden, numerisch stark variierenden (»Cantar de mio Cid« von 3 bis 190 schwankenden) und metrisch nicht streng festgelegten (10 bis 20 Silben) Laissen, die in zwei Halbversen mit stark akzentuierender Struktur gegliedert sind. Es gibt jedoch auch spätere Bearbeitungen in Alexandrinerquartinen (z. B. Poema de Fernán González), und um 1400 erscheinen die gleichen Themen in episod. Romanzenform (→romances). Die Datierung der ersten c. de g. wurde häufig sehr früh angesetzt; sie sind jedoch erst seit dem Jahre 1000 eindeutig nachweisbar. Die Themen der c. de g. sind eng mit der Geschichte der Iber. Halbinsel verbunden; und zwar nicht nur in dem Sinn, daß die besungenen Begebenheiten als Elemente des Kollektivgedächtnisses einer Gesellschaft verstanden werden – was für die epische Dichtung eines jeden Landes gilt – oder, daß Personen und Geschehnisse zumindest teilweise mit Personen und Geschehnissen der realen Geschichte korrespondieren, wie es auch in der frz. und dt. Heldenepik der Fall ist. Bei den c. de g. kommt einerseits hinzu, daß sie Helden und Ereignisse einer noch sehr nahen Vergangenheit feiern (der »cantar de mio Cid« ist kaum wenige Jahrzehnte nach den erzählten Begebenheiten entstanden) und daß daher ihre legendar. Umgestaltung noch sehr begrenzt ist; andererseits genießt diese *Historia cantada* auch in gebildeten Kreisen Anerkennung und wird als Äquivalent der lat. Geschichtsschreibung betrachtet. Auf diese Weise fließen volkssprachl. Heldendichtung und lat. Chroniken fast im gleichen Umfang in die großen Chronik-Kompilationen →Alfons' X. v. Kastilien und seiner Nachahmer ein. Diese bes. Wertschätzung der c. durch die gebildeten Schichten, die ausgeprägter als in anderen Ländern ist, bewirkt, daß eine Spielmannsdichtung (mögen ihre Verfasser auch z. T. eine gute Bildung besessen haben), deren hs. Überlieferung mit Ausnahme des cantar de mio Cid (→Cid-Dichtung), cantar de →Roncesvalles und cantar de Rodrigo, fast gänzlich verloren ist, sich indirekt durch diese Prosafassungen erhalten hat. Das eindeutigste Beispiel dafür ist der »cantar de los siete →Infantes de Lara«, der zuerst in die »Primera crónica general« Alfons' X. und später in einer ausgearbeiteteren Fassung in die »Crónica de 1344« und in eine Interpolation zur »Tercera crónica general« eingeflossen ist. In den beiden zuletzt angeführten Texten ist die poet. Grundform, erkennbar durch die Assonanzen, so wenig verändert, daß sie MENÉNDEZ PIDAL eine fragmentar. Rekonstruktion erlaubten, die im Vergleich zu anderen, weniger überzeugenden Versuchen (→cantar de Sancho II de Castilla) größere Wahrscheinlichkeit besitzt und uns Szenen voll trag. und feierl. Schönheit schenkt, wie zum Beispiel die Klage des Gonzalo Gustioz über den Häuptern seiner sieben von den Mauren durch den Verrat seines Schwagers Ruy Velázquez ermordeten Söhne. Bei dieser epischen »Leyenda« läßt sich sehr gut der Übergang des c. de g. zum *romancero* beobachten, der eine Wendung in der Erzählweise und im Publikumsgeschmack bezeichnet: aus ihr schöpfen einige der besten *romances viejos,* wie zum Beispiel »A cazar va don Rodrigo«. A. Várvaro

Ed.: R. MENÉNDEZ PIDAL [ed.], Reliquias de la poesía épica española, 1980 – M. ALVAR [ed.], Cantares de gesta medievales, 1969 – *Lit.:* E. v. RICHTHOFEN, Estudios épicos medievales, 1954 – DERS., Nuevos estudios épicos medievales, 1970 – R. MENÉNDEZ PIDAL, La leyenda de los infantes de Lara, 1971³ – E. v. RICHTHOFEN, Tradicionalismo épiconovelesco, 1972 – L. CHALON, L'hist. et l'épopée castillane du MA, 1976 – C. ACUTIS, La leggenda degli Infanti di Lara, 1978.

Cantari, volkstüml. Dichtungen (meistens in Stanzen), die vom 13. bis zum 16. Jh. v. a. in Florenz, Siena, Lucca, Pisa, Bologna, Venedig und Verona (bedeutende francovenet. Tradition) gepflegt wurden; später entstanden sie auch in Perugia und Neapel. Sie waren dazu bestimmt, in der Öffentlichkeit (auf Plätzen, Märkten, Vorplätzen von Kirchen) von fahrenden Sängern und Spielleuten vorgetragen zu werden; im allgemeinen diente auch – heute verlorengegangene – Musik als Begleitung. Die zum Teil anonymen Verfasser, die verschiedenartige Themen neu bearbeiten und dabei immer wieder Motive aufgreifen, die die Phantasie und die Neugier der Zuhörer erregen sollen, waren mit den Sängern oft identisch. Die Märchen-Stimmung ist also für die C. charakteristisch: gefährliche, groteske und unglaubl. Abenteuer werden berichtet, Magie und prunkvolle Schilderungen spielen eine Rolle, das fabulöse Element steht im Vordergrund. Die allen C. gemeinsamen formalen Aspekte sind auf eine mündlichschriftl. Tradition zurückzuführen. Häufig finden sich für den mündl. Vortrag typ. Formeln am Anfang und Ende der Versepen sowie Anrufungen von Göttern oder Heiligen und Anreden an das Publikum. Obwohl die C. nur einen begrenzten Wortschatz und einfache Syntax und Metrik aufweisen (einzig die Hyperbel, die eine bequeme Verknüpfung der Erzählung ermöglicht, wird in größerem Umfang verwendet), waren sie doch für die Verbreitung von Bildungsgut bedeutsam. Die Fülle des in den C. behandelten Stoffes kann in einige Hauptgruppen eingeteilt werden:

a) C. mit klassischen Themen: »Guerra di Troia«, »Fatti di Cesare«, »Piramo e Tisbe«, »Perseo e la Medusa« etc.

b) C. mit Themen aus den Epenzyklen (Artussage, Karlssage): »Lancellotto«, »Tristano«, »Rinaldo«, »Orlando« etc.

c) C. mit religiösen Themen: »La fanciullezza di Gesù« (von Fra Felice Tancredi), »Passione e Resurrezione« (von Niccolò Cicerchia), »Leggenda di Santo Giosafà (von Neri Pagliaresi), »La storia di Susanna« etc.

d) sagenhafte C. (Quellen: die Lais der →Marie de France oder die →Fabliaux): »Il Bel Gherardino«, »La Pulzella gaia«, »Donna del Vergiù«, »Lusignacca«, »La storia di Liombruno« etc.

e) C. mit zeitgenöss. Inhalt: »Cantare della guerra di Pisa« (von Antonio →Pucci), »Ritmo lucchese« (Luccheser Rhythmus) etc.

Unter den ältesten C. sind hervorzuheben: Das lat. Carmen Mutinense (nach 899 »O tu qui servas armis ista moenia« [→Carmina Mutinensia]), der Luccheser Rhythmus (1213), Der »Serventese dei Lambertazzi e dei Geremei« (in venet.-lombard. Dialekt, 1270–80). Neben den obengenannten gehört der »Cantare di Fiorio e Biancifiore« aus der Mitte des 14. Jh. zu den berühmtesten. Er nimmt eine frz. Kurzerzählung des 13. Jh. wieder auf und inspirierte →Boccaccios »Filocolo« (→Florisdichtung).

Unter den bekanntesten Spielleuten erwähnen wir: Andrea di Goro dell'Ancisa (Lucca), Guidaloste di Pistoia (der Gegner von →Guittone d'Arezzo), Piero di Viviano gen. »il Canterino« (Siena), Niccolò d'Arezzo, Cristoforo di Firenze gen. »l'Altissimo« und Antonio →Pucci, der Ausrufer der florent. Signoria, dem die dichter. Behandlung zeitgenöss. Ereignisse verdankt wird (z. B. »Brito di Brettagna«, »La Reina d'Oriente«, »Guerra di Pisa« etc.).

S. Leissing-Giorgetti

Lit.: DCLI, s. v. – E. Levi, Fiori di Leggende, 1914 – V. De Bartholomaeis, Rime giullaresche e popolari d'Italia, 1926 – F. A. Ugolini, I C. d'argomento classico, 1933 – V. Branca, II C. trecentesco e il Boccaccio del »Filostrato« e della »Teseida«, 1936 – R. M. Ruggeri, L'umanesimo cavalleresco it. da Dante a Pulci, 1962 – V. Branca, Nostalgie tardogotiche e gusto del fiabesco nella narrazione narrativa dei C., 1963 – G. Varanini, C. religiosi senesi del Trecento, 1965.

Cantatorium, liturg. Buch in der abendländ. Kirche, das v. a. Sologesänge der Messe (Gradualia, Tractus, Alleluja- und Offertoriumsverse), aber auch Tropen, Sequenzen, Ordinaria und Prozessionsgesänge aufnimmt. Der Terminus ist seit dem Ordo Romanus I geläufig. Im 13. Jh. gehen Cantatoria in Plenarmissalien und Gradualbüchern auf (→Antiphonar, →Graduale, →Missale).

D. v. Huebner

Lit.: MlatWb 2, 187 – The New Grove III, 1980, 718–719 – P. Wagner, Einf. in die gregorian. Melodien I, 1911³, 85ff., 214 – M. Andrieu, Les Ordines Romani du haut MA II, SSL XXIII, 1948, 73 – P. Lehmann, Erforsch. des MA 5, 1962, 54.

Canterbury
I. Stadt – II. Kirche, Bistum und Metropole – III. Bibliotheken.

I. Stadt: C. (röm. Name Durovernum Cantiacorum, ae. Cantwaraburh), Hauptstadt des ags. Kgr.es und der späteren Gft. →Kent, seit dem FrühMA kirchl. Zentrum von England (neben →York), liegt an der Durchbruchstelle des Flusses Stour durch den Höhenzug der North Downs. – C. war in der Römerzeit der Ausgangspunkt aller Straßen durch das östl. Kent und seit der Mitte des 1. Jh. n. Chr. Hauptstadt der Cantiaci. Im späteren 3. Jh. wurde die Stadt mit Mauern und Toren befestigt, und das bedeutendste öffentl. Bauwerk, das Theater, wurde im selben Jh. neuerrichtet und faßte 7000 Besucher; es wurde im späten 11. Jh. als Steinbruch benutzt und dadurch abgetragen. Das Auftreten des Christentums ist erstmals für das späte 4. Jh. durch einen Silberschatzfund bezeugt. Ob C. jedoch schon in spätröm. Zeit Bischofssitz war, ist unbekannt. Im 5. und 6. Jh. erlebte C. einen wirtschaftl. Zusammenbruch; das röm. Straßennetz verfiel vollständig, und die Besiedlung durch heidn. Angelsachsen scheint nur gering gewesen zu sein, da wir nur vier ags. Bestattungen kennen. Eine Neubelebung erfolgte jedoch unter den Angelsachsen im späten 6. Jh., aus dieser Periode sind zahlreiche Grubenhäuser ausgegraben worden.

→Æthelberht, Kg. v. Kent und →Bretwalda (Oberherr) der ags. Kg.e, machte C. zur metropolis seines imperium (Beda, Hist. Eccl. I, 26). I. J. 597 verlieh der Kg. dem von Papst →Gregor d. Gr. entsandten Missionar →Augustinus (Augustine) eine Kirche und eine Bischofsresidenz, damit wurde C. zum ersten engl. Bischofs- und Metropolitansitz. Einige Jahre später wurde das Kl. St. Peter und Paul, die spätere Abtei St. Augustine's, gegründet; diese Abteikirche extra muros diente auch als kgl. und ebfl. Grabkirche. Die Einrichtung von Kathedrale und Kl. trug zum wirtschaftl. Wiederaufstieg von C. bei: Im 7. und 8. Jh. war C. die erste und bis zum späten 9. Jh. immer noch die bedeutendste engl. Münzstätte für die Prägung von engl. Gold- und Silbergeld. Wohl im frühen MA wurden die wichtigsten Straßenzüge der Stadt angelegt; ihre Brennpunkte lagen oberhalb der Kathedrale und des röm. Theaters.

Im 8. und 9. Jh. errichteten kent. Adlige Höfe in C. und seinem Umkreis. Schon im 9. Jh. entwickelte sich in Teilen der Stadt eine dichte Bebauung; die Bürger wurden in zwei Gemeinden, welche die innerhalb der Mauern *(innan burhwara)* und außerhalb der Mauern *(utan burhwara)* Wohnenden umfaßten, konstituiert; es bildete sich auch in C. die älteste →cnihtenagild. Im 9. Jh. spendeten Adlige Almosen, die zur Speisung der beachtl. Zahl von 2000 pauperes verwandt wurden; diese Armen waren in einer Gemeinschaft, die *mycle gemettan* ('viele Gäste') genannt wurde, zusammengefaßt. C. erlitt Zerstörungen durch die Brandkatastrophen, die ca. 620, 756, 1067 und 1174 ausbrachen, und durch skand. Einfälle in den Jahren 851 und 1011, blieb aber bedeutendste Münzstätte und führender Marktort von Kent: ein Markt wird bereits 762 und ein Viehmarkt 923 erwähnt; weitere Märkte sind im 12. und 13. Jh. belegt. Ein →*reeve (gerefa,* praefectus) für C. ist erstmals 780 bezeugt. Seit dem späten 11. Jh. (und wahrschl. schon erheblich früher) stand dieser Amtsträger der Kaufmannsgilde vor, ihm oblag die Erhebung der Abgaben und Zölle sowie der Bußen des städt. Gerichts *(boroughmoot)*. Dem reeve standen bei seinen städt. Verwaltungsaufgaben eine kleine Anzahl großer Herren *(lords)* und eine Körperschaft von Notabeln, die sog. »guten Leute« (→boni homines), zur Seite.

1066 war C. eine der ersten Städte, die von →Wilhelm dem Eroberer nach seinem Sieg bei →Hastings besetzt wurde. Die norm. Herrschaft hatte eine ausgedehnte Bautätigkeit zur Folge. Eine einfache →Motte, welche die Normannen zunächst in der Stadt errichtet hatten, wurde um 1100 durch eine steinerne Burg mit wuchtigem rechteckigen →Donjon *(keep)* ersetzt. Die Kathedrale und das Kl. St. Augustine's wurde neuerrichtet, bis 1200 erbaute man auch ein Augustinerpriorat, ein Nonnenkloster und 22 Pfarrkirchen, ferner sechs Hospitäler für Alte und Pilger, drei Leprosorien und 14 Mühlen. Im frühen 13. Jh. entstanden Dominikaner- und Franziskanerkl. innerhalb der Stadt. Im 14. Jh. erfolgte der Wiederaufbau von Mauern und Toren.

Seit 1156 bürgerte es sich ein, daß zwei reeves, auch *provosts* (prepositi) gen., zu gleicher Zeit amtierten; seit ca. 1200 wurden die *bailiffs* (→bailiff) von C. normalerweise auf ein Jahr gewählt. Ein *mayor* (maior, *maire,* 'Bürgermeister') ist 1216 für kurze Zeit nachweisbar, doch bestand dieses Amt kontinuierlich erst ab 1448. Das älteste Stadtprivileg wurde C. i. J. 1155 von Kg. Heinrich II. erteilt; es bestätigte den Bürgern und ihrer Gemeinde *(boroughmoot)* rechtl. und verfassungsmäßige Privilegien (→borough).

Eine weitere kgl. Urkunde von 1234 gewährte den Bürgern die freie Wahl der bailiffs gegen Zahlung einer Abgabe *(farm)* von £ 60. Um die Mitte des 12. Jh. wurde die Stadt hinsichtl. der niederen Gerichtsbarkeit und Polizeigewalt in sechs als *wards (berthae)* bezeichnete Viertel unterteilt; diese wurden nach den Stadttoren benannt und von *aldermen* (Elterleuten), denen wiederum *bedels* ('Büttel') unterstanden, verwaltet. 1448 erlangte C. durch kgl. Privileg einen Stadtrat, der von der Gemeinde gewählt wurde; seine Amtsführung wurde aber vom mayor und den aldermen kontrolliert.

Die Topographie des ma. C. wurde teils durch die röm. Befestigungen geprägt, die auch während des MA ihre Verteidigungsfunktion behielten und ein Areal von 53 ha einschlossen, und teils durch diejenigen röm. Tore, die in Gebrauch blieben. Doch unterscheidet sich das ma. Straßennetz völlig von der röm. Straßenführung. Innerhalb der Mauern beherrschte die Kathedrale mit ihrem Immunitätsbezirk das ma. Stadtbild, dieser Kathedralbezirk nahm während des 15. Jh. den größten Teil des nordöstl. Viertels der Stadt ein. Das westl. Drittel der Stadt war seit einer Überschwemmung des Stour für eine Bebauung ungeeignet. Ausgedehnte Suburbien hatten sich bereits während des 11. Jh. extra muros entlang der großen Straßen außerhalb der Stadt entwickelt. Die östl. Suburbien unterstanden der Benediktinerabtei St. Augustine's, die ihre Immunität während des MA vergrößerte. Innerhalb der Mauern entstanden auf den unbebauten Flächen im Westen, die als Wiese und Weidegebiet dienten, im 13. Jh. die Kl. der Franziskaner und Dominikaner. Das→Domesday Book gibt für 1066 451 Bürger und 187 Häuser (domus, mansurae) an, was eine Schätzung der Stadtbevölkerung auf ca. 3000 Personen (ohne die Mönche und Armen in der Stadt) nahelegt. Die Liste der→Poll Tax von 1377 verzeichnet 2574 'Köpfe' in C.; dies läßt auf eine Einwohnerzahl von ca. 6000–8000 zu diesem Zeitpunkt schließen.

II. KIRCHE, BISTUM UND METROPOLE: [1] *Geschichte:* Das Ebm. C. verdankt seine Entstehung einem »Zufall« der Geschichte. Papst→Gregor d. Gr. hatte den hl. →Augustinus (Augustine) beauftragt, Metropolitansitze in →London und→York zu gründen. Doch es war das Kgr. Kent, in dem Augustinus seine Missionsarbeit i. J. 597 begann, und hier wurde nach der Taufe Kg. →Æthelberhts das erste Bm. des ags. England errichtet. Nach Augustinus' Tod hatten vier seiner Gefährten aus Rom nacheinander die Bischofswürde inne: Laurentius (Laurence; †619), Mellitus († 624), Justus († 627) und Honorius († 653). Sie bauten C., soweit ihnen dies möglich war, zu einem »neuen Rom« aus. Eine Kirche aus der Römerzeit wurde zur Kathedrale erhoben und, in Nachahmung der Lateranbasilika, dem Heiland geweiht (Christ Church), das Kl. St. Peter und Paul wurde extra muros errichtet und diente auch als Grablege, entsprechend dem berühmten röm. Kl. St. Paul vor den Mauern. Die Bindung an Rom wurde durch die päpstl. Verleihung des →Palliums als Zeichen der Metropolitangewalt an Augustinus und seine Nachfolger verstärkt. Doch wurde die tatsächl. Ausübung dieser Gewalt durch die polit. Schwäche des Kgr.es Kent behindert. 604 wurde allerdings ein zweites kent. Bm. in→Rochester begründet. Doch bestanden die Suffraganbm.er von C., London (604–616) und York (627–633), zunächst zu kurze Zeit, als daß durch sie Fortschritte bei der Verwirklichung des Planes Gregors d. Gr. hätten erzielt werden können; in den anderen Gebieten Englands spielte C. keine Rolle bei der Christianisierung und Begründung des kirchl. Lebens (vgl. a. →Aidan,

→Lindisfarne). Als die nordhumbr. Kirche mit der Synode v. →Whitby (664) die kelt. Gebräuche zugunsten des Anschlusses an die röm. Praxis aufgab, lag der Ebf. v. C., Deusdedit (655–664), gerade im Sterben; schon deshalb war es für die Kirche von C. unmöglich, die Entscheidung von Whitby zur Geltendmachung der kirchl. Rechte von C. zu nutzen.

Eine neue Phase intensiver religiös-kirchl. Aktivität wurde eingeleitet, als Papst Vitalian i. J. 668→Theodorus v. Tarsus als Ebf. nach C. entsandte. Die Lehrtätigkeit des Theodorus und seines Gefährten Hadrian, des Abtes v. St. Peter und Paul, ließ C. zum größten geistigen Zentrum des nördl. Europa werden und war grundlegend für die Bildung einer Generation engl. Gelehrter und Geistlicher. Theodorus begründete eine effektive Diözesanorganisation, die alle ags. Kgr.e erfaßte; bei seinem Tod i. J. 690 bestanden 14 engl. Bm.er, welche C. als ihre Metropolie anerkannten. Neben anderen Initiativen des Theodorus ist bes. die Abhaltung von Synoden der gesamten engl. Kirche (→Hertford, →Hatfield) bemerkenswert; diese Tradition wurde auch von Theodorus' Nachfolgern weitergeführt, bis zur Erlangung eigener Metropolitanrechte durch York (735). Seit dieser Zeit wurden die Provinzialsynoden von C. nur von den Geistlichen der Kgr.e und Diözesen, die südl. des Humber lagen, besucht.

In der 2. Hälfte des 8. Jh. konfrontierte das Bestreben des Kg.s→Offa v. →Mercien (757–796), das Kgr. Kent zu unterwerfen und seine Dynastie durch eine Königsweihe zu stärken, die Kirche von C. mit einem gefährl. Gegenspieler. Ebf. →Jænberht (762–792), der eng mit der einheim. Dynastie von Kent verbunden war, mußte die Teilung seiner Kirchenprovinz hinnehmen: die nördl. (angl.) Bm.er wurden dem neugeschaffenen Ebm. →Lichfield unterstellt (787). Offa zog auch die großen Besitzungen ein, welche seine Konkurrenten, die Kg.e v. Kent, an C. tradiert hatten, und er behandelte die kent. Monasterien (→minster) wie Eigenkirchen. Zwar wurde Lichfield bald wieder zu einem bloßen Bm. degradiert und die Jurisdiktion der Kirchenprovinz von C. über alle Bm.er südl. des Humber durch Kg. Cenwulf v. Mercien (796–821) und Ebf. Æthelheard wiederhergestellt (päpstl. Bestätigung durch Leo III. 803); die Auseinandersetzungen um die Kl. in Kent gingen aber weiter. Ebf. →Wulfred (805–832), einer der größten Reformer und Erzbischofssitz von C., führte bei der Synode v. →Chelsea (816) einen entscheidenden Vorstoß gegen die Beherrschung der Kl. durch Laien. Anscheinend gelang es Wulfred 825, eine Kontrolle über die Ländereien der kent. Abteien sowie auch Einfluß auf die Abtswahlen zu gewinnen; dies blieb aber prakt. wirkungslos, da Kent 825/827 von den westsächs. Kg.en→Egbert und Æthelwulf erobert wurde und bald darauf die verheerenden Wikingerangriffe einsetzten. Ebf. Ceolnoth (833–870) erreichte im Klosterstreit 839 einen Kompromiß: Die westsächs. Kg.e sollten als weltl. Herren, die Ebf.e als geistl. Herren der kent. Abteien fungieren. Währenddessen vollzog sich ein Verfall des kirchl. Lebens: Danach ist für mehr als zwei Jahrhunderte keine Provinzialsynode von C. mehr belegt; die Urkunden aus C., die sich aus dem 9. Jh. erhalten haben, dokumentieren einen raschen Niedergang von Bildung und Schriftkultur.

Ein gewisser Aufschwung erfolgte vielleicht während des Episkopates des merc. Gelehrten Plegmund, den Kg. →Alfred d. Gr. 890 zum Ebf. einsetzen ließ. Deutliche Konturen eines geistl. Neuanfangs zeichnen sich aber erst unter dem hl. →Oda (942–958) ab; er ließ die Kathedrale wiederherstellen und Reliquien des hl. →Wilfrith nach C.

transferieren. Weiterhin redigierte Oda aus engl. Konzilsakten eine Collectio in 10 Kapiteln, die christl. Verhaltensregeln und Fragen der Disziplin behandelt; er erneuerte das Bm. von Ostanglien und unternahm erste Versuche einer monast. Reform. Der hl. →Dunstan (959–988) wurde dann zum führenden Vorkämpfer der monast. Reform im ags. England (→Benediktiner, -innen), die Kg. →Edgar initiiert hatte; doch nur sehr allmählich wurden, nach dem Vorbild von →Winchester und →Worcester, Mönche in der Kathedrale von C. eingesetzt; unter Ælfric (995–1006) begann die Verehrung der hll. Dunstan und Oda in C. Ein weiterer Kult bildete sich um den Ebf. Ælfheah, der 1012 von den Dänen grausam getötet worden war; sein Leichnam wurde 1023 nach C. transferiert. Die Episkopate der beiden letzten Ebf.e vor der norm. Eroberung spiegeln die zunehmende polit. Krise des ags. England wider: →Robert v. Jumièges (1051–52) war ein Normanne, den Kg. →Eduard der Bekenner berufen hatte, um der Thronfolge Wilhelms I., Hzg.s der Normandie, den Weg zu ebnen. Robert wurde 1052, als Earl →Godwin die Macht wiedergewonnen hatte, vertrieben und an seiner Stelle der »Pluralist« Stigand eingesetzt, der sogar aus Pallium von Papst Benedikt X. empfing. Zwar war Stigand keineswegs der erste engl. Bf., der mehrere Pfründen innehatte, und fast alle seine Vorgänger im 10. und 11. Jh., selbst der hl. Dunstan, waren von anderen Bischofssitzen nach C. versetzt worden, doch erregte erst im Zeitalter der Kirchenreform die Einsetzung einer derartigen Persönlichkeit größtes Aufsehen, und das Reformpapsttum verurteilte Stigands Erhebung. Daher wandten sich die Elekten im südl. England wegen ihrer Weihe nun an die Ebf.e v. York, und sowohl Kg. →Harald als auch, nach der Eroberung, Kg. →Wilhelm I. waren auf eine Krönung durch den Ebf. v. York bedacht. Angesichts dieses Prestigeverfalls erwies sich eine erneute Anerkennung der Metropolitanrechte von C. als äußerst notwendig.

Der große Theologe und Rechtsgelehrte →Lanfranc, der 1070–89 als erster Ebf. der norm. Epoche regierte, bemühte sich daher von Anfang an, die Ansprüche seiner Kirche mit Hilfe des frühen kanon. Rechts zu erneuern und auszudehnen. Er nötigte Thomas I., Ebf. v. York, i. J. 1072 zu einer Gehorsamsbezeugung; ebenso erreichte er die Suprematie über die Bm.er →Worcester, →Lichfield und Lindsey (→Lincoln), deren Zugehörigkeit zur Provinz C. umstritten war. Doch gelang es Lanfranc nicht, eine ständige Anerkennung seines →Primats über das gesamte Britannien zu erreichen; in den folgenden 50 Jahren entbrannte bei jeder Erzbischofsweihe von neuem der Streit zw. York und C. Die Ansprüche von C. wurden durch eine Reihe von →Fälschungen von Papsturkunden untermauert, die dem Hl. Stuhl vorgelegt wurden, welcher diese Urkunden aber 1123 verwarf. Dennoch erhob Papst Honorius II. den Ebf. →Wilhelm v. Corbeil i. J. 1127 zum päpstlichen Vikar und Legaten für England und Schottland; eine vergleichbare Würde (allerdings nur für England) wurde Ebf. →Theobald i. J. 1154 sowie den meisten seiner Nachfolger verliehen. C.s Suprematie über York war folglich von jeweiliger päpstl. Verleihung abhängig, doch wurden die Ebf.e v. C. seit dem 13. Jh. als legati nati (→Legat) des Hl. Stuhles betrachtet, ihre Autorität verlor erst an Geltung, als im 15. Jh. Kard. Heinrich →Beaufort, Bf. v. Winchester, zum Legaten a latere ernannt wurde.

Lanfranc erneuerte die Tradition der Abhaltung von Konzilien, welche allerdings mit den Versammlungen des kgl. →Rates anläßl. der großen kirchl. Feiertage in Verbindung standen; dadurch vereinigten sie alle engl. Bf.e; sie waren wohl nicht allzu verschieden von den Versammlungen der ags. Zeit, welche die ae. Kirchengesetze erließen. Die Konzile unter den großen Ebf.en Lanfranc, Anselm (1093–1106) und Theobald (1139–61) hatten ein tiefgreifendes kirchl. Reformwerk zum Ziel; auf ihnen vollzog sich der Übergang zum Studium und zur Anwendung des →kanon. Rechtes. Im 13. Jh. gab das 4. →Laterankonzil der konziliaren Bewegung neuen Auftrieb: Eine bedeutende ebfl. Gesetzgebung erfolgte im 13. und 14. Jh.; die wichtigsten Konstitutionen erließen folgende Ebf.e: Stephen →Langton in Oxford (1222), →Bonifatius v. Savoyen in Merton (1258) und Lambeth (1261) sowie John →Pecham in Reading (1279) und Lambeth (1281); hinzu traten die Beschlüsse der Legatensynoden von 1237 und 1268 sowie diejenigen der Konzile des 14. Jh., so der Rechtsbeschluß der von John →Stratford 1341 abgehaltenen Kirchenversammlung. Diese kirchl. Gesetzgebung wurde im »Provinciale«, das von Ebf. William Lyndwood im 15. Jh. redigiert wurde, zusammengefaßt und systematisiert. Es bildete ein umfangreiches Gesetzbuch, das die wesentl. kirchl. und liturg. Bereiche wie Disziplin des Klerus, Spendung der Sakramente, Ausbildung der Priester usw. detailliert regelte. Aus den erhalten gebliebenen Registern der spätma. Ebf.e, insbes. dem Register von Henry →Chichele (1414–43), geht hervor, wie sorgsam sich diese Prälaten nicht nur um die Belange ihrer Diöz., sondern auch um die Fragen der gesamten Kirchenprovinz bemühten.

Die norm. Kg.e brachten die Auffassung, daß die kirchl. Güter (und eben auch diejenigen der Kirche von C.) dem Kg. als oberstem Lehnsherren unterstünden (sog. »Norman customs«), nach England mit. Dieser kgl. Macht- und Besitzanspruch kollidierte zwangsläufig mit den Ideen der Gregorian. Reform; ebenso führte die rasche Ausprägung der beiden konkurrierenden »Rechtssysteme«, des kanon. Rechtes und des Common Law, zu Auseinandersetzungen zw. kirchl. und kgl. Jurisdiktion. Doch resultierten die heftigen Kämpfe zw. C. und dem engl. Kgtm. häufig auch ganz wesentl. aus der persönl. Unnachgiebigkeit der Kontrahenten; vergleichsweise unbedeutende Streitigkeiten um Landbesitz oder Privilegien der Kirche von C. konnten sich dabei oft zu schwersten Konflikten entwickeln. Vier Ebf.e gingen im Verlauf solcher Kämpfe ins Exil (hl. Anselm, hl. →Thomas Bekket, der schließlich ermordet wurde, Stephen Langton und hl. Edmund Rich. Die Mönche von C. folgten Langton 1207–13 an seinen Exilort, dem Kl. St-Bertin im frz. Flandern. Ein späterer Ebf., Thomas Arundel, der an der Seite anderer geistl. und weltl. Großer gegen Kg. →Richard II. kämpfte, wurde abgesetzt und mit dem Titel eines Bf.s v. St. Andrews abgefunden; erst nach dem Sieg →Heinrichs (IV.) i. J. 1399 konnte er sein Ebm. wieder in Besitz nehmen. Die Ebf.e, welche – wie Lanfranc – diejenigen Rechte, die tatsächl. oder vorgebl. der Kirche v. C. zustanden, verteidigten oder wiedererlangten, erfreuten sich höchsten Ansehens in der Tradition der Kirche von C.

[2] *Die Metropolitanansprüche Canterburys außerhalb Britanniens:* Engl. Missionstätigkeiten in Norwegen und Schweden, bes. unter Kg. →Olaf Haroldson (1019–28), und in Dänemark unter Kg. →Knud d. Gr. (1019–35) sind wohl von C. gefördert worden. Gesichert ist, daß Bf. →Gerbrand v. Roskilde von Ebf. →Æthelnoth um 1020 geweiht wurde, und von einigen anderen skand. Bf.en ist bekannt, daß sie in England um diese Zeit geweiht wurden. Die norw. und dän. Kg.e waren offenbar interessiert, die dt. Dominanz, die sich aus den metropolitanen Ansprüchen des Ebm.s →Hamburg-Bremen ergab, zurück-

zudrängen. Aber Knud d. Gr. folgte bald den Protesten Ebf. →Unwans v. Hamburg-Bremen, der eine Neubelebung der Bremer Skandinavienmission einleitete, und C. verzichtete auf jeglichen Anspruch auf die metropolitane Oberhoheit über die skand. Kirchen. Vgl. auch →Mission.

[3] *Bedeutende Erzbischöfe:* Herkunft und kirchl.-geistige Prägung der Persönlichkeiten, die als Ebf.e v. C. wirkten, unterlagen mehreren Wandlungen: Lanfranc und seine Nachfolger, Anselm und Theobald, waren vor ihrer Inthronisierung Mönche oder Äbte in dem großen norm. Kl. Le→Bec; Ralf d'Escures (1114–22) war ehem. Abt v. Sées; Wilhelm v. Corbeil Regularkanoniker. Die Ebf.e der angevin. Zeit zeichneten sich v. a. durch Fähigkeiten und Erfahrungen als Administratoren, Diplomaten und Staatsmänner aus. Becket war zunächst Archidiakon v. C. und dann Kanzler Heinrichs II. (1154–62); Ebf. Hubert→Walter (1193–1205) bekleidete die hohen Ämter des Justitiars (1193–98) und Kanzlers (1199–1205). Ein lang andauernder Konflikt entspann sich im späten 12. Jh., unter dem Episkopat Ebf. →Balduins, zw. den Ebf.en und den Benediktinern von Christ Church; Hauptgegenstand des Streites war der Versuch des Ebf.s v. C., ein Kanonikerstift zu begründen, welches die bis dahin von Christ Church ausgeübten Rechte eines Kapitels übernehmen sollte. Im 13. Jh. waren die Ebf.e, mit Ausnahme des dem savoyischen Fürstenhaus entstammenden →Bonifatius v. Savoyen (1245–70), nicht von adliger Herkunft, sie waren in der Regel angesehene Gelehrte, die ihr Studium entweder ausschließl. in Paris (Stephen Langton) oder aber in Oxford und Paris (hl. Edmund, →Robert Kilwardby, John Pecham, Robert Winchelsey) absolviert hatten. Ihre Einsetzung resultierte aus der päpstl. Politik, kgl. Amtsträger vom Erzstuhl fernzuhalten. Im 14. und 15. Jh., als der Einfluß der Kurie in England nachließ, erhielten jedoch (mit Ausnahme des kurzzeitig gegen kgl. Widerstand eingesetzten Gelehrten Thomas →Bradwardine, 1349) zumeist kgl. Beamte oder Juristen die ebfl. Würde, mit der sie für treuen Königsdienst belohnt wurden. Drei der spätma. Ebf.e (William →Courtenay, 1381–86; Thomas Arundel und Thomas →Bourchier, 1454–86) waren jedoch Aristokraten; ihre Erhebung spiegelte die teilweise baroniale Kontrolle über die kgl. Ämterpatronage wider. Schließlich trugen im späten 15. Jh. drei aufeinanderfolgende Ebf.e den Kardinalshut (John →Kemp, Thomas Bourchier und John→Morton), ein Zeichen für die zunehmende Hinwendung der Ebf.e v. C. zur kurialen Politik.

[4] *Kathedrale, Kirchen, Pfarrorganisation:* Nachdem die ags. Kathedrale 1067 durch eine Feuersbrunst zerstört worden war, ließ Lanfranc zw. 1070 und 1077 eine neue Kathedrale erbauen und auch die Klosterbauten neuerrichten. Dieser frühroman. Baubestand wurde im frühen 12. Jh. durch einen neuen Chor, Querschiffe, Apsis und einen Kapellenkranz erweitert. Ein weiterer Brand zerstörte i. J. 1174 einen Großteil dieser Bauten. Der zw. 1175 und 1184 von dem Architekten →Wilhelm v. Sens und seinem engl. Schüler, bekannt als William the Englishman, errichtete Chor war das erste bedeutende got. Bauwerk in England (vgl. auch →Gotik, →Kathedrale). Die Kirche war das Ziel vieler Wallfahrten zum hl. Thomas (vgl. →Canterbury-Wallfahrt). Kirchenschiff, Querschiff und Vierungsturm wurden im späten 14. und frühen 15. Jh. im sog. Perpendikularstil der engl. Gotik neuerrichtet. – Die Gemeinschaft von Christ Church umfaßte ca. 100 Mönche unter Lanfrancs Episkopat, sie wuchs im 12. Jh. bis auf ca. 150 Mönche an, um im 13.–15. Jh. wieder auf eine Zahl von 70–80 abzusinken.

Die ma. Diöz. C. umfaßte die östl. Hälfte der Gft. Kent und bildete ein einziges Archidiakonat. Die Grenze zur Diöz. →Rochester verlief von der Mündung des Medway über das Gebiet östl. von Rochester und südl. bis westl. von Maidstone und zur Grenze gegen Sussex, das die Diöz. →Chichester bildete. Zentren der im 8. und 9. Jh. organisierten Seelsorge waren acht »minster«-Kirchen. Im späten 11. Jh. bestanden zwölf Hauptpfarrkirchen, die ihrer Funktion nach den kontinentalen »Taufkirchen« entsprachen; ihnen unterstanden mindestens 130 Filialkirchen. Zur Zeit der »Taxatio« des Zehntregisters von 1291 existierten 243 Pfarrkirchen, die in elf Landdekanate gegliedert waren. Außerhalb der Diöz. übte der Ebf. Jurisdiktion über eine Reihe von »peculiares« aus, externe Besitztümer und ebfl. Residenzen, die von der örtl. Diözesangewalt ausgenommen waren. N. P. Brooks

Q. *und Lit.: zu [I]: Lit.:* Hoops[2] IV, 334–336 – W. URRY, C. under the Angevin Kings, 1967 – J. WACHER, The Towns of Roman Britain, 1974 – N. P. BROOKS, The Early Hist. of the Church of C., 1983 – *zu [II]: Q.:* Taxatio ecclesiastica Angliae et Walliae auct. P. Nicholai IV, Record Comm., 1802 – Materials for the hist. of archbishop Thomas Becket, ed. J. C. ROBERTSON, 7 Bde (RS 67), 1875–85 – Christ Church Letters, ed. J. B. SHEPPARD (Camden Soc.), 1877 – A. W. HADDAN-W. STUBBS, Councils and Ecclesiastical Documents relating to Great Britain and Ireland, III, 1878 – Hist. Works of Gervase of C., ed. W. STUBBS, 2 Bde (RS 73), 1879–80 – Eadmer, Hist. novorum in Anglia, ed. M. RULE (RS 81), 1884 – Epistolae Cantuarienses, ed. J. B. SHEPPARD, 3 Bde (RS 85), 1887–89 – Beda, Hist. eccl., ed. B. COLGRAVE-R. A. B. MYNORS, 1969 – M. RICHTER, C. Professions (C. and York Soc. 67), 1973 – Councils and Synods relating to the Engl. Church, I: AD 900–1204, ed. D. WHITELOCK-M. BRETT, 1981; II: AD 1205–1313, ed. F. M. POWICKE-C. R. CHENEY, 1964 – *Bischöfl. Register:* H. Chichele, ed. E. F. JACOB (C. and York Soc. 42, 45–47), 1937–47; R. Winchelsey, ed. R. GRAHAM (ebd., 51f.), 1952–56; S. Langham, ed. A. C. WOOD (ebd., 53), 1956; T. Bourgchier, ed. F. R. H. Du BOULAY (ebd., 54), 1957; J. Pecham, ed. C. MARTEN (RS 77; Suppl., ed. F. N. DAVIS [ebd., 64f.]), 1968 – vgl. künftig: Engl. Episcopal Acta, hg. British Academy [der Bd. über C. in Vorber.] – *zu [II,2]:* Adam v. Bremen, Gesta Hammaburgensis ecclesiae pontificum, ed. B. SCHMEIDLER (MGH SRG [in us. schol.], 1917) – *Lit.:* I. J. CHURCHILL, C. Administration, 1933 – A. SALTMAN, Archbishop Theodore of C., 1956 – C. H. LAWRENCE, St Edmund of Abingdon, 1960 – F. BARLOW, The Engl. Church 1000–1066, 1963 – R. W. SOUTHERN, St Anselm and his Biographer, 1963 – C. R. CHENEY, Hubert Walter, 1967 – E. F. JACOB, Archbishop Henry Chichele, 1967 – M. D. KNOWLES, Thomas Becket, 1970 – M. GIBSON, Lanfranc of Bec, 1979 – F. BARLOW, The Engl. Church 1066–1154, 1979 – J. H. DENTON, Robert Winchelsey and the Crown, 1294–1313, 1980 – J. R. WRIGHT, The church and the English Crown, 1305–1334, 1980 – N. P. BROOKS (s. 1.).

III. BIBLIOTHEKEN: Sowohl Christ Church wie St. Augustine's besaßen bes. reiche Bibliotheken, deren Blütezeit vom Anfang des 11. bis zur Mitte des 14. Jh. reicht. Zur Zeit der Aufhebung (1538–39) betrug die gesamte Hss.-Zahl noch mehr als 3000. Von Christ Church sind u. a. eine fragmentar. Bücherliste von etwa 1170 (mit mehr als 220 Bänden Schultexten, darunter zahlreiche klass. Autoren), ein Katalog aus dem Anfang des 14. Jh. (1850 Bde, größtenteils nach Stiftern geordnet), eine Liste fehlender Bücher (1337) und eine Liste ausgebesserter Bücher (1505) vorhanden. Viele Hss. wurden im 14. Jh. an das Oxforder Studienhaus des Priorats übertragen. Die Bibliothek bekam ein eigenes Gebäude in der ersten Hälfte des 15. Jh. Über den Bestand in St. Augustine's unterrichtet der ausgezeichnete Katalog von etwa 1497 (verzeichnet, obwohl er unvollständig ist, etwa 1830 Bde). Zahllose Bücher wurden, bes. im 13. und 14. Jh., von Äbten, Mönchen und Freunden der Abtei verschenkt. Skriptorium und Buchmalereiwerkstatt beider Kirchen haben im 11. und 12. Jh. Hervorragendes geleistet (Evangelienbuch des Eadui Basan, um 1020; Canterbury Psalter, um

1015–25; Eadwine Psalter, um 1147; Tripartite Psalter, um 1190). A. Derolez

Lit.: M. R. James, The ancient libraries of C. and Dover, 1903 – C. R. Dodwell, The C. school of illumination 1066-1200, 1954 – N. R. Ker, Mediaeval libraries of Great Britain, 1964², 29-47 [Liste der noch vorhandenen Hss.] – A. B. Emden, Donors of books to St. Augustine's Abbey, C., 1968.

Canterbury, Convocation of → Convocation

Canterbury, Vertrag v. (15. Aug. 1416), Bündnisvertrag zw. dem dt. Kg. →Siegmund und dem engl. Kg. →Heinrich V.; der Vertrag wurde im folgenden Jahr von den Kurfürsten mit Ausnahme Wenzels bestätigt. Den polit. Hintergrund für den Vertragsabschluß bildete der erneute Ausbruch des Krieges zw. Frankreich und England (→Hundertjähriger Krieg), der durch die Schlacht bei Azincourt (→Agincourt, 25. Okt. 1415) einen Höhepunkt erfahren hatte. Der durch diesen engl.-frz. Gegensatz gefährdete Ablauf der Verhandlungen auf dem Konstanzer Konzil (→Konstanz, Konzil v.), welches das→Abendländische Schisma beenden sollte, bewog Kg. Siegmund, zw. Frankreich und England zu vermitteln. Zur Erreichung dieses Ziels begab sich Siegmund 1415 nach Frankreich, anschließend reiste er (als erster dt. Kg.) nach England (Ankunft: 1. Mai 1416). Ein großer Teil des Sommers verging mit fruchtlosen Verhandlungen, da Siegmund zunächst an seiner Neutralität festhielt. Im Aug. gab er jedoch diese Haltung auf und beschloß, zugunsten Englands Partei zu ergreifen.

Die Vertragsbedingungen stipulierten: 1. ein ewiges Schutz- und Trutzbündnis zw. Siegmund und Heinrich V. sowie beider Erben; 2. ein Handelsbündnis zw. den Untertanen beider Kronen, das zur Ausbreitung des beiderseitigen Handels beitragen sollte; 3. die gegenseitige Unterstützung zur Rückgewinnung von Rechten in Frankreich, d. h. die Unterstützung der engl. Thronansprüche einerseits, der Rekuperationswunsch hinsichtl. von (dem Reich durch Frankreich entfremdeten) Rechten und Gebieten andererseits.

Obwohl als Defensivbündnis angelegt, war der fakt. offensive Charakter des Vertrags klar. Der Vertrag wurde zur Zeit seines Abschlusses nicht in großem Ausmaß bekannt. Seine prakt. Wirkung war jedoch äußerst gering, sie bestand vornehml. in einer Irritation Frankreichs, das sich nun gegen Siegmund wandte. Als Heinrich V. etwas später Siegmund um militär. Hilfe ersuchte, bekam er diese nicht. Beim Konstanzer Konzil führte das Abkommen jedoch zum Sinken des internationalen Ansehens Kg. Siegmunds und zur Verschlechterung der Beziehungen der Konzilsnationen untereinander. C. T. Allmand

Q.: Foedera IX, 377-381 – RTA VII, n. 224, n. 228 – Lit.: J. Caro, Das Bündnis v. C., 1880 – B. Bess, Das Bündnis v. C., MIÖG 22, 1901 – J. H. Wylie–W. T. Waugh, The Reign of Henry the Fifth, III, 1929, Kap. 2 – vgl. auch: F. Schoenstedt, Kg. Siegmund und die Westmächte 1414/15, WaG 14, 1954.

Canterbury-Wallfahrt. →Thomas Becket wurde sofort nach seiner Ermordung (am 29. Dez. 1170), zu welcher der engl. Kg. Heinrich II. durch unbedachte Worte Anlaß geboten haben soll, zum Märtyrer erklärt und am 21. Febr. 1173 von Papst Alexander III. kanonisiert. Von diesem Zeitpunkt an erhielt der Märtyrer einen posthumen Ruhm, der noch zunahm, nachdem i. J. 1220 seine sterbl. Überreste in einem kostbaren Schrein erhoben wurden.

Der Ursprung der Wallfahrt zum hl. Thomas war eine Volksbewegung. Ausgehend von →Canterbury und von den Gft. en v. Sussex, Gloucester und Berkshire (zw. dem 31. Dez. 1170 und 4. Jan. 1171), erfaßte sie bald ganz England und erreichte über Frankreich den Kontinent. Noch vor dem Ende des 12. Jh. ist eine schnelle geograph. Verbreitung der C.-W. festzustellen: Sie reichte im N bis zum Grenzbereich nach Schottland und nahm nach Skandinavien hin ab; im S war sie in einem Umkreis von 700 km verbreitet (die Städte Bergerac und Le Puy erreichend) und gelangte schließlich bis ins norm. Sizilien und ins Hl. Land. Die Verbreitung der C.-W. ging quer durch Deutschland und erreichte auch die slav. Gebiete, soweit diese zur westl. Christenheit gehörten.

Über die Wunder in Canterbury sind wir durch die Aufzeichnungen der beiden Mönche des Kathedralklosters, Benedikt v. Peterborough und Wilhelm v. Canterbury, unterrichtet, welche die Wallfahrer betreuten und Tag für Tag deren Aussagen aufzeichneten. Danach traten die Wunder plötzlich auf, sei es nach Inkubation auf dem Grab in der Krypta, sei es nach Kontakt mit den Ampullen, die Blutstropfen des Märtyrers enthielten. Die Sammlungen der →Miracula ermöglichen die statist. Erfassung der Krankheiten und der sozialen Herkunft der am Wunder Teilhaftigen: eine Anzahl kleiner Leute, die zu Fuß anreisten; Behinderte, die auf einem Wagen transportiert wurden; daneben aber auch Adlige, Geistliche, Ritter, »officiales regis«, wie jener Eudes (Odo), Mitglied des →Echiquier de Normandie, der als erster Pilger aus dem Kgr. Frankreich eines Wunders teilhaftig wurde. Doch so zahlreich die überlieferten Wunder auch sind, die Geheilten stellten unter den Wallfahrern eine Minderheit dar. Die Chronisten haben die Namen der berühmtesten Wallfahrer festgehalten: Heinrich II. (nach der Aussöhnung von Avranches, 27. Sept. 1172), Ludwig VII. und Lothar v. Segni, der spätere Papst Innozenz III.

Die Translation der Reliquien, die Alexander III. angeordnet hatte, mußte v. a. wegen des Rechtsstreites zw. Ebf. →Balduin und dem Kathedralkapitel von Christ Church längere Zeit verschoben werden. Sie erfolgte erst durch Ebf. Stephen →Langton am 7. Juli 1220, 50 Jahre nach dem Martyrium. Aus Anlaß der Translation gewährte er einen Jubiläumsablaß. Als Exeget der Hl. Schrift legte Stephen Langton in seinen Homilien die atl. Vorstellung vom »Jubeljahr« und ihre Entsprechung im Stand der Gnade, dem →Ablaß, dar. Dem ersten Jubiläumsablaß von 1220 folgten in Canterbury die Jubeljahre 1270, 1320, und 1370, die durch die beiden Benediktinergemeinschaften v. Canterbury, Christ Church und St. Augustine's, zelebriert wurden. Der vollkommene Jubiläumsablaß wurde explizit erstmals 1370 erwähnt, ein Zeichen für die Verbreitung des Ablasses und der Beliebtheit der C.-W., wovon auch die am Ende des 14. Jh. verfaßten »Canterbury Tales« von Geoffrey →Chaucer, Hauptwerk der spätma. engl. Literatur, zeugen. Bes. erwähnenswert ist das 5. Jubeljahr, 1420, in dem der Zustrom der Wallfahrer so groß war, daß der Priester viermal seine Predigt über das Thema »Annus jubileus est« wiederholen mußte. 1470 fand anläßl. des 6. Jubeljahres, das mit großer Feierlichkeit von Kard. Thomas →Bourchier zelebriert wurde, die offizielle Bestätigung einer authent. Ablaßbewilligung statt. Im 15. Jh. war die C.-W. eine der bedeutendsten der Christenheit.

Die Stationen der Wallfahrer in der Kathedrale waren: der Christus geweihte Hauptaltar, die Marienaltäre in der Krypta und im Seitenschiff, das Grab des hl. Thomas (seit der Translation ein bloßer Gedenkaltar), der Ort des Martyriums im nördl. Arm des westl. Seitenschiffs, die Kapelle der hl. Trinität in der Apsis der nach 1174 neuerrichteten Kathedrale, wo sich der reichgeschmückte Schrein des Märtyrers befand und schließlich die »corona«, eine kreisförmige Kapelle, in der das vom Schwert des Mörders abgeschlagene Schädelstück verehrt wurde. Den Schrein hüteten eigens ernannte Kustoden.

Das tägliche und das für Festtage bestimmte Zeremoniell wurden durch ein Ritual geregelt, das im »Coutumier« der Kustoden John Vyel und Edmund Kingston aufgezeichnet ist (1428).

Große Verehrung genoß der hl. Thomas bei den Kg.en Heinrich III. und Eduard I. sowie beim Schwarzen Prinzen; auch die Lancaster-Kg.e Heinrich IV. und Heinrich V. pilgerten zum Schrein des Märtyrers, der nun als Patron Englands galt. Ebenso zählten Heinrich VI. und Margarete v. Anjou sowie der Dichter Charles d'Orléans zu den Canterbury-Wallfahrern. 1520 verehrte Kg. Heinrich VIII. den hl. Thomas gemeinsam mit seinem hohen Gast, Karl V., während →Erasmus v. Rotterdam gleichzeitig bereits die Auswüchse dieses Kultes angriff. Nach dem Bruch mit Rom und im Zuge der gegen die Kl. und die kath. Kirche gerichteten Kampagnen (1536–40) ließ Kg. Heinrich VIII. jedoch 1538 den Schrein zerstören, die Überreste des Hl. zerstreuen und seinen Namen für ewige Zeiten aus dem Martyrologium (das im Kgr. England galt) tilgen. R. Foreville

Q. und Lit.: Brit. Libr. Add. MS 596116, 1428 – Stephen Langton, Tractatus de translatione B. Thomae (MPL 190), 1850, 407–424 – Materials for the Hist. of Thomas Becket, ed. J. C. ROBERTSON (RS 67, Bd. I, II), 1875 – Gervase of Canterbury, De Combustione..., ed. W. STUBBS (RS 73, Bd. I), 1879 – Henry d'Avranches, De translatione B. Thomae martiris, ed. J. COX-RUSSEL-J. P. HEIRONIMUS (The Med. Acad. of America, Stud. and Documents 1), 1935 – Traité sur le cinquième Jubilé, ed. R. FOREVILLE (Le Jubilé de saint Thomas Becket du XIII⁰ au XV⁰ s., Etude et Documents, 1958) – R. FOREVILLE, Etienne Langton. Dict. de Spiritualité... IV-2, 1961, 1495–1502 – W. URRY, 1170–1970. St. Thomas Becket. Canterbury Cathedral Chronicle, 1970, 65 – R. FOREVILLE, Mort et survie de St-Thomas Becket (CCMéd XIV), 1971, 21–38 – W. URRY, Some Notes on the two resting Places of St. Thomas Becket at Canterbury (Thomas Becket. Actes du Colloque Internat. de Sédières, 1973, hg. R. FOREVILLE), 1975, 195–208 – R. FOREVILLE, La diffusion du culte de Thomas Becket dans la France de l'Ouest avant la fin du XII⁰ s. (CCMéd XIX), 1976, 347–369 – R. C. FINUCANE, Miracles and Pilgrims, 1977 – H. LOXTON, Pilgrimage to C., 1978 – R. FOREVILLE, Les Miracula sancti Thomae Cantuariensis (Comité des Travaux hist. et scientifiques, Sec. Philol. et Hist.), 1979, 442–468 – PH. B. ROBERTS, Selected Sermons of Stephen Langton (Med. Lat. Texts), 1980 – R. FOREVILLE, Thomas Becket dans la tradition hist. et hagiographique, 1981 [Repr.] – A. DUGGAN, The Cult of St. Thomas Becket in the thirteenth Century (St. Thomas Cantilupe Bishop of Hereford, hg. M. IANCEY), 1982.

Cantharides, schlanke, metallisch-grüne Blasenkäfer mit offizineller Bedeutung. Nach H. LEITNER beschreibt Plinius (n. h. 29, 94f.) nicht nur die sog. Spanische Fliege (Lytta vesicatoria) und verwandte Arten, sondern auch andere Gattungen. Die blasenziehende Wirkung der Applikation ist dem MA v. a. durch Isidor (12, 5, 5) vermittelt worden. Thomas v. Cantimpré beschreibt (9, 15) diesen »Wurm« recht genau, ebenso wie seine Verwendung: Man sammelte sie nachts zu Klumpen geballten C. im August, tötete sie in Essig und bewahrte sie in Wein auf. Bei Bedarf applizierte man sie einem kranken Glied (mit Geschwüren aller Art). Das übelriechende Sekret der sich bildenden Brandblase brachte man 15 Tage lang mit einer Goldnadel oder einem Dorn zum Entleeren. Wie Thomas weiß Albertus Magnus (26, 13) nichts von der (wegen des toxischen Kantharidins) gefährl. peroralen Anwendung als Aphrodisiakum, die bis in die Gegenwart immer wieder vorgekommen ist (vgl. SCHNEIDER). Ch. Hünemörder

Q.: Albertus Magnus, De animalibus, ed. H. STADLER, II, 1920 (BGPhMA 16) – Thomas v. Cantimpré, Liber de natura rerum, T. 1: Text, ed. H. BOESE, 1973 – Isidorus Hispalensis, Etymologiae, ed. W. M. LINDSAY, 2, 1911 – Lit.: W. SCHNEIDER, Tier. Drogen (Lex. zur Arzneimittelgesch. I), 1968 – H. LEITNER, Zoolog. Terminologie beim Älteren Plinius, 1972.

Canti carnascialeschi → Karneval, Karnevalsdichtung

Canticum (s. auch →Choral, →Psalmodie) bezeichnet v. a. lyr. Texte des AT und NT, die seit dem 4. und 5. Jh. in den griech. und lat. Liturgien des Stundengebetes neben Psalmen auftauchen (Canticum canticorum, Cantica graduum, Cantica psalmi etc.). Magnificat (Lk 1, 46–55), Benedictus (Lk 1, 68–79) und Nunc dimittis (Lk 2, 29–32) – Höhepunkte der Vesperae, der Laudes und des Completorium – haben beim Vortrag in der feierlichen Liturgie eine eigene Cantica-Psalmodie. Die altspan. oder mozarab. Liturgie pflegt mehr Cantica als andere Liturgien des Abendlandes. Überdies umschließt der Terminus c. – auch cantica (fem.) – im hohen und späten MA zuweilen die Monodie oft mit geistl. Text in diverser melod.-stilist. Form (Sequenzen, Prosen, Reimprosen, dt. Lieder u. a.). D. v. Huebner

Lit.: DU CANGE II, 1883, 105 – MlatWb II, 1969, 189 – MGG II, 1952, 770–771 – The New Grove III, 1980, 721 – P. WAGNER, Einf. in die gregorian. Melodien I, 1911³, 6ff., 144, 153; III, 1921, 98ff., 102ff., 117ff. – M. ANDRIEU, Les Ordines Romani du haut MA III (SSL XXIV, 1951), 152 – P. SALMON, L'office divin MA. Hist. de la formation du bréviaire du IX⁰ au XVI⁰ s. (Lex Orandi XLIII, 1967).

Canticum canticorum → Hohes Lied

Cantiga. Kurzes lyr. Gedicht, erscheint in der galego-ptg. Lit. zum Ende des 12. Jh.; zum Singen bestimmt, bleibt die C. bis weit ins 14. Jh. populär. Die C.s wurden in drei Hss. überliefert: »Cancionero da Vaticana«, »Cancionero Colocci-Brancuti«, und »Cancionero da Ajuda«. Bezeichnend für die Beliebtheit der C. sind die Stände, die unter den Dichtern vertreten sind: Spiel- und Edelleute, Ritter und Kg.e, aber auch Priester und Bürger dichten im Stile der C. Dem Inhalt nach unterscheiden sich die C.s in drei Hauptgruppen: [1] *Cantigas de amor* (Liebeslieder) in höf. Form gedichtet, werden gewöhnl. von Männern gesungen. Meistens sind es Klagen über unerwiderte Liebe. Ohne Zweifel lehnen sich die »C.s de amor« an prov. Formen an. So wird auch die Einstellung zur Frau in den C.s durch die südfrz. Marienverehrung bestimmt. In Form und Inhalt unterscheiden sich die »C.s de amor« von den prov. Vorbildern v. a. in konservativerem Denken, bes. in der Beschreibung der Geliebten und des Dichters Anspielungen auf Erfolg seines Liebeswerbens. Unklar ist der Gebrauch vieler Ausdrücke in den C.s: z. B. *fazer bien*, jemandem etwas Gutes tun, weist manchmal auf sexuelle Vereinigung hin, kann aber auch in gewöhnl. Sinne vorkommen (DEYERMOND).

[2] *Cantigas de amigo* (Frauenlieder) bringen die sehnsüchtige Liebe einer jungen Frau über ihren abwesenden Mann zum Ausdruck. Sie bangt um den fast immer mit amigo angesprochenen Geliebten, der jenseits des Tagus gegen maur. Feinde kämpft. Meist spricht sie allein, stets zuerst. Oft begegnen wir in den »Cantigas de amigo« nicht nur den beiden Hauptpersonen, sondern auch der Mutter des Mädchens, mit interessanten Einzelheiten in dem darauffolgenden psych. Drama. Zu den »C.s de amigo« gehören auch die *Cantigas de romería* oder Wallfahrtslieder. Hier wird die Pilgerfahrt zum Vorwand benutzt, um den Geliebten zu treffen. Die Begegnung nimmt nicht immer ein glückl. Ende, da Reise auf Land und Meer oftmals Furcht und Schrecken mit sich bringen. Andere *jograles* feiern in ihren »C.s de romería« lokale Heiligtümer.

[3] *Cantigas de escarnho e maldizer* (Hohn- und Schimpflieder) weisen satir., manchmal sogar obszönen Inhalt auf, und sind hauptsächl. gegen genannte *trovadores* gerichtet;

u. a. wird in den Gedichten der Sittenverfall der Zeit beklagt.

Die galego-ptg. Sprache bringt außerdem religiöse C.s hervor. Die berühmtesten religiösen Lieder stammen von Alfons X. (dem Weisen) und bilden den künstler. Höhepunkt der C.s-Dichtung (→Cantigas de Santa Maria).

Im allgemeinen ist nur geringes biograph. Material über die Dichter der C.s überliefert. Zwar wissen wir, daß verschiedene soziale Schichten unter den Dichtern der C.s vertreten sind, aber der größte Teil der Gedichte bleibt anonym. Dennoch ragen einige Namen heraus: Kg. →Alfons X. v. Kastilien und Kg. →Dinis v. Portugal zeichneten sich durch außerordentl. dichter. Produktivität aus. Der Dichter →Paiyo Gomez Charinho war lange Zeit Großadmiral v. Kastilien; Airas →Nunes war als Priester tätig, und von Meendinho ist bekannt, daß er *jogral* (Spielmann) war.   W. Kroll

Ed.: M. MENÉNDEZ Y PELAYO, Antología de poetas líricos castellanos, 1944 – Las Cantigas de Santa María, R. Acad. Esp., L. A. DE CUETO, Marqués de Valmar, 2 BDE, 1889 – W. METTMANN, 1959–72 – CESARE DE LOLLIS, Cantigas de amor i e de maldizer di Alfonso el Sabio, SFR II, 1887 – *Lit.*: R. MENÉNDEZ PIDAL, La primitiva lírica española, 1919 – J. RIBERA, La Música de las Cantigas, 1922 – P. LE GENTIL, La poésie lyrique espagnole et portugaise à la fin du MA, 1949–53 – S. PELLEGRINI-G. MARRONI, Nuovo rep. bibliogr. della prima lirica galego-portoghese, 1981.

Cantigas de Santa Maria
I. Text – II. Illustration – III. Musik.

I. TEXT: C. S. M., unter dem Namen →Alfons' X. v. Kastilien überlieferte, umfangreiche Sammlung von gereimten Marienlegenden *(cantigas de miragres)* und -preisgedichten *(cantigas de loor)* in galego (altptg. Sprache), die vertont (s. u.) und mit prachtvollen Miniaturen (s. u.) ausgeschmückt worden sind. Das nur annähernd datierbare Werk (zw. 1250 und 1284) ist in vier Hss. überliefert, die alle aus dem kgl. Scriptorium stammen, und von denen eine das früheste, hundert Gedichte umfassende Stadium der Sammlung repräsentiert, die schließlich auf 420 Gedichte anwuchs (Titelgedicht; Prolog; 400 Mirakel- und Lobgedichte; Anhang, bestehend aus weiteren Marienmirakeln, Lobgedichten, Gedichten auf Marienfeste, Christusgedichten).

Bereits in den »Miracles de la Sainte Vierge« von →Gautier de Coincy, die den Dichtern des C. S. M. wahrscheinl. bekannt gewesen sind, finden sich einige lyr. Mariengedichte unter die erzählenden eingestreut. Neu an den C. S. M. aber ist, daß die Sammlung eine konsequent eingehaltene numer. Struktur zeigt insofern, als jedes zehnte Gedicht ein Lobgedicht ist, das zudem in der Hs. E (Escorial Cod. b.I.2) durch eine Musikanten darstellende Miniatur herausgehoben wird. In der Hs. To (Madrid BN Ms. 10069) behandelt das erste Gedicht die Sieben Freuden Mariens, das fünfzigste die Sieben Schmerzen; das hundertste ist eine Bitte um Fürsprache beim Jüngsten Gericht. In den illustrierten Hss. T, F (Escorial Cod. T. I.1, Florenz Bibl. Naz. Ms. B. R. 20) ist jedes fünfte Gedicht ein bes. umfangreiches und statt einer mit zwei Seiten Miniaturen ausgeschmückt.

Im Gegensatz zu den verhältnismäßig kurzen *cantigas de loor*, von denen einige aus nur drei Strophen bestehen, können die Mirakel (356) sehr umfangreich sein (bis zu mehr als 300 Verse). Die Themen der ersteren sind vorgegeben in der lat. marian. Dichtung (Hymnen, Sequenzen und verwandte Formen). Es handelt sich in der Mehrzahl um Preislieder, die häufig mit einem Gelöbnis oder einer Bitte schließen. Einige Gedichte enthalten ausschließl. oder überwiegend Bitten. Bei den Mirakeln lassen sich hinsichtl. ihrer Quellen drei Gruppen unterscheiden. 1. Marienwunder, die dem über das ganze christl. Abendland verbreiteten Legendenschatz entnommen sind, und die sich häufig um frz. Wallfahrtsorte (Rocamadour, Laon, Soissons, Chartres etc.) ranken; sie bilden den ältesten Bestand der C. S. M. 2. Wunder aus der Lokaltradition span. und ptg. Heiligtümer. 3. Begebenheiten, die dem Kg. selbst zugestoßen sind, oder die sich in seiner Umgebung ereignet haben, und die sich z. T. hist. belegen lassen. Mit dem Anwachsen der Sammlung geht eine Verlagerung des Schwerpunktes in die angedeutete Richtung einher. Insbes. die erzählenden Gedichte sind von sehr unterschiedl. künstler. Qualität; allgemein läßt sich eine wachsende Uniformität feststellen. Sehr auffällig ist die metrische Virtuosität und Vielfalt (bes. bei den Lobgedichten; ca. 280 verschiedene Kombinationen), jedoch ebenfalls mit abnehmender Tendenz. Bei weitem dominiert der Rondeau-Virelai-Typ.

Der Umfang der Sammlung, nicht zu übersehende Unterschiede in Sprache und Stil sowie Erkenntnisse über die Arbeitsweise bei anderen alfonsin. Werken lassen es als ausgeschlossen erscheinen, daß der Kg. der alleinige Autor war. Vielmehr darf man annehmen, daß er zwar das eine oder andere Gedicht selbst verfaßt hat, seine Rolle sich aber im wesentl. auf die eines Inspirators, Organisators, Mäzens beschränkte, der die Ausführung den an seinem Hofe weilenden Spielleuten, unter ihnen mit größter Wahrscheinlichkeit Airas →Nunes, überließ.

Die C. S. M. stehen in der ma. span.-ptg. lit. Tradition isoliert da. Nichts deutet darauf hin, daß die themat. verwandten Milagros von →Berceo benutzt worden sind. Einflüsse, die sich mit Sicherheit nachweisen lassen (Quellen, Metrik, Miniaturen, Musik) kamen von jenseits der Pyrenäen. Es gibt keine Anzeichen dafür, daß die z. T. sehr kostbaren Hss. oder Kopien von diesen einem größeren Kreis von Lesern zugängl. gewesen wären, so daß sich eine Nachwirkung der Sammlung nicht erkennen läßt.

W. Mettmann

Ed.: L. A. DE CUETO, Marqués de Valmar, 2 Bde, 1889 – W. METTMANN, 4 Bde, 1959–72 [mit Glossar]; 2 Bde, 1981 – *Lit.*: J. SNOW, The Poetry of Alfonso X, el Sabio. A Critical Bibliogr., 1977.

II. ILLUSTRATION: Parallel zur textl. Ausweitung der aufeinanderfolgenden C. S. M.-Redaktionen (s. o.) nahm auch ihr illustrativer Schmuck merklich zu: Die älteste Fassung von ca. 1257 (To) besitzt nur rein ornamentalen Schmuck; der Codex der 2. Fassung (nach 1279/81) (E) ist bereits mit einem repräsentativen Autorenbild »Alfons' des X. des Weisen und 40 Kolumnenbildern mit Musikanten (Art ihrer Instrumente kennzeichnend für die Aufführungspraxis der C. S. M.) geschmückt; die auf der 2. Fassung basierende, unvollendete Luxusausgabe (aus den letzten Jahren Alfons' X., † 1284) der beiden sich ergänzenden Pracht-Hss. T und F weist außer den einleitenden Autorenbildern Alfons' X. auch zu jeder der über 400 *cantigas* je ein oder zwei ganzseitige Illustrationen mit fast durchweg 6 Bildfeldern auf (insgesamt nahezu 1800 Miniaturen!). Sie illustrieren die jeweiligen cantigas in all ihren Einzelheiten, bei den Marienlegenden sogar häufig wesentl. detaillierter als die kürzer gefaßten, eine Kenntnis der Legenden bereits voraussetzenden cantigas-Gedichte selber. Gleich den ausführl. altkast. Prosaversionen der ersten cantigas in T geben die Illustrationen somit einen wichtigen Hinweis auf die benutzten umfangreichen Textvorlagen der C. S. M. Bildl. Vorlagen standen hingegen kaum zur Verfügung, da die vorhandene Ikonographie der →Marienlegenden (Glasmalerei, Skulptur und bes. illustrierte Hss. der »Miracles de Nostre Dame« von →Gautier de Coincy) sich auf wenige Szenen beschränkte;

sie weist auch kaum Berührungspunkte mit der C. S. M.-Illustration auf. Diese stellt demnach im wesentl. eine Neuschöpfung dar, die allerdings ohne Nachfolge blieb. Auch stilist. nimmt sie eine Sonderstellung ein, da sie im Unterschied zu der allein am frz. Vorbild orientierten, außerhöf. span. Buchmalerei eine originelle Synthese verschiedenster Stilrichtungen (frz., südit. und islam. Buchmalerei) darstellt.

Die C. S. M.-Illustration (bes. von T und F) bildet nicht nur den Höhepunkt der Buchkunst unter Alfons X., sondern wohl auch die bedeutendste Leistung der gesamten span. Buchmalerei des MA. Ikonograph. ist sie die bei weitem umfangreichste bildl. Darstellung von ma. Marienlegenden. Kulturgeschichtl. bilden die auffällig ›realistischen‹ C. S. M.-Illustrationen eine unschätzbare Anschauungsquelle aller Aspekte des damaligen sozialen, religiösen und kulturellen Lebens, allerdings aus der höf.-aristokrat. Sicht ihres kgl. Auftraggebers, Alfons' des Weisen, dessen überzogenen imperialen Anspruch und daraus resultierende polit. Frustrationen sie ebenso spiegeln wie seine spirituelle Biographie und bes. Marienverehrung. P. K. Klein

Ed.: M. López Serrano u. a., C. de S. M. Edición facsímil del Códice T. I. 1 de la Bibl. de San Lorenzo el Real de El Escorial, 2 Bde [Faks. und Kommentarbd.], 1979 – *Lit.:* J. Guerrero Lovillo, Las Cantigas. Estudio arqueológico de sus miniaturas, 1949 – Ders., Miniatura gótica castellana. Siglos XIII y XIV, 1956, 14–23, 35–40 – G. Menéndez-Pidal, Cómo se elaboró la miniatura alfonsí, BRAH 150, 1962, 25–51 – A. Domínguez Rodríguez, Filiación estilística de la miniatura alfonsina, Actas del XXIII Congr. Internacional de Hist. del Arte (Granada 1973), I, 1976, 345–358 – P. K. Klein, Kunst und Feudalismus zur Zeit Alfons' des Weisen v. Kastilien und León (1252–1284): Die Illustration der Cantigas (Bauwerk und Bildwerk im HochMA, hg. K. Clausberg, u. a., 1981), 169–212.

III. Musik: Im Gegensatz zu anderen Liedersammlungen des MA sind bei den C. S. M. zu allen Liedern die Melodien mitaufgezeichnet und zwar in einer die Notenformen der damaligen modalen und frühmensuralen mehrstimmigen Musik benutzenden Notation auf fünf Linien. Die durchweg einstimmigen Gesänge sind daher in ihrer Tonhöhe zweifelsfrei, in ihrer rhythm. Struktur je nach der Interpretation der Notenwerte mehr oder weniger genau wiederzugeben. Da die verschiedenen Hss. im Notentext nur wenige unwesentl. Varianten aufweisen, gilt der umfangreichste Codex E für die Musik als Hauptquelle, auf die sich die Veröffentlichungen stützen. Wie bei den Texten stammt wohl nur ein kleiner Teil der Melodien von Kg. Alfons selbst; ansonsten finden sich im Repertoire Anklänge an alle damals übliche Musik, also Gregorianik, Sequenzmelodik, Trouvèrestil, Motettenstil u. a. m. Formal folgen die meisten Stücke dem →Virelai in seinen verschiedenen Ausprägungen, daneben finden sich →Rondeaus, refrainlose Lieder, litaneiartige Formen u. dgl. Ob und wieweit in der Musik maur. Einflüsse erkennbar sind, ist höchst zweifelhaft, denn daß unter den zahlreichen Abbildungen von Musikern in den Miniaturen der C. S. M. auch maur. Instrumentalisten zu finden sind, weist nur auf die auch anderwärts bezeugte Tätigkeit maur. (und jüd.) Musiker an den Höfen der Iber. Halbinsel hin. Von höchstem Interesse sind die in den Miniaturen wiedergegebenen Musikinstrumente (über 30 verschiedene Arten), wobei es allerdings umstritten ist, ob diese Abbildungen in unmittelbarem Zusammenhang mit der Aufführungsweise der jeweils dabeistehenden Stücke stehen. Auf alle Fälle aber geben uns diese Abbildungen wichtige Einblicke in die damaligen Möglichkeiten musikal. Interpretation. H. Schmid

Ed.: H. Anglés, La Música de las C. S. M. del Rey Alfonso el Sabio (mit vollst. Faks. d. Cod. Escorial b. I. 2), 3 Bde, 1943–59 – J. Ribera, La Música de las Cantigas (vollst. Ausg. der Hs. Madrid BN 10069, mit Faks.) – *Lit.:* MGG II – The New Grove III, 1980 – F. Pedrell, Cancionero musical popular español III, 1920 – M. Schneider, A proposito del influjo árabe, Anuario Musical I, 1946 – H. Spanke, La teoría árabe sobre el origen de la lírica románica, Anuario Musical I, 1946 – A. Bagby, The Moslems in the Cantigas of Alfonso X, El Sabio, Kentucky Romance Quarterly XX, 1973.

Cantilena (lat.), Bezeichnung für verschiedene Stücke jeweils zusammengehöriger musikal. Gestaltung. Mit C. können daher alle möglichen Formen und Vortragsweisen benannt werden, wenn sie sich von anderen oder vom allgemein Üblichen abheben, also z. B. die in Rom gebräuchl. Gesangsweise der liturg. Gesänge (c. Romana), der mehrstimmige Vortrag (diaphonia c.), die Art, wie man bestimmte lyr.-ep. Texte zu singen pflegte (→cantilène), wie man zum Tanz musizierte, im SpätMA der mehrstimmige weltl. Liedsatz u. a. m., auch der für einzelne Tiere typ. Gesang (der Nachtigall, der Grille usw.). H. Schmid

Lit.: Riemann – New Grove – M. Honegger – G. Massenkeil, Das große Lex. der Musik II, 1979 – A. Viscari, C., StM NS IX, 1936 – E. H. Sanders, C. and Discant in the 14th-c. England, Musica Disciplina XIX, 1965, 7–52.

Cantilène, zunächst volkssprachl. roman. für ein schlichtes, kurzes profanes Lied oder einen kleinen lyr.-epischen Text (z. B. Eulaliasequenz), im bes. Bezeichnung für lat. →cantilena. Zur Gattung der C. gehören die ursprgl. gesungen vorgetragenen kleineren Heldengedichte sowie Liebes-, Tanz-, Scherz- und Klagelieder. Im 13. Jh. engt sich die Bedeutung des Begriffs auf einen mehrstimmigen weltl. Liedsatz in Refrainform ein. – In der im 19. Jh. einsetzenden Diskussion um den Ursprung der →Chansons de geste spielen die C.s als Kurzepen eine bedeutende Rolle. Nach Auffassung der sog. Traditionalisten unter den Epenforschern entstanden die C.s in unmittelbarem Zusammenhang mit dem jeweiligen hist. Ereignis, das sie besingen, und wurden über Generationen hinweg in unterschiedl. Form mündlich tradiert. Erst seit dem 10. Jh. seien die Lieder, die sich auf dasselbe Geschehen bezogen, zusammengefaßt, nach einer Zentralidee geordnet und mit chronolog. Überleitungen versehen worden. Nach diesen Erwägungen stellen sich die großen Heldenepen im Sinne der Volksliedtheorie Herders und seiner Nachfolger als Ergebnis einer anonymen Schöpfung des Volkes dar. Im Gegensatz dazu sieht die unter dem Stichwort Individualisten zusammengefaßte Forschungsrichtung in ihnen das Werk eines bewußt komponierenden gelehrten Künstlers, der sich an antike Modelle – bes. die Aeneis Vergils – anlehnt (vgl. →Chansons de geste). E. Bange

Lit.: EncDant I, s. v. c. – MlatWb II, s. v. cantilena – Das Große Lex. der Musik II, s. v. – A. Viscardi, Cantilena, StM, NR 9, 1936 – I. Siciliano, Les origines des chansons de geste, 1951 – J. Handschin, Réflexions sur la terminologie, Rev. Belge de Musicologie 6, 1952 – R. Menéndez Pidal, La Chanson de Roland y el neotradicionalismo. Orígines de la épica romanica, 1959, 1960² [frz. Übers.] – E. H. Sanders, Cantilena and discant in 14th-Century England, Musica Disciplina 19, 1965 – G. Paris, Hist. poétique de Charlemagne, 1965² – H. H. Eggebrecht, Cantilena, Kantilene, Kantilenensatz (Riemann, Sachteil) – I. Siciliano, Les chansons de geste et l'épopée, Mythes, poèmes, 1968.

Cantilupe, Thomas de, hl. (Fest: 2. Okt.), Bf. v. →Hereford seit 1275, * um 1218, † 25. Aug. 1282 in Montefiascone (bei Orvieto), ◻ Hereford; aus norm. Hochadel, Sohn der Melisand de Gurney, Gfn. v. →Évreux, und ihres zweiten Gatten, William de Cantilupe, *steward of household* (Haushofmeister) von Heinrich III., Kg. v. England. Th. de C. studierte Zivilrecht und kanon. Recht sowie Theologie in Paris, Orléans und Oxford und war von 1261–62 und 1273–74 Kanzler der Univ. Oxford. Er urkundete 1264–65 als Kanzler der oppositionellen baronialen Regierung unter Simon de →Montfort (→Barone, Krieg der), erlangte aber 1266 wieder die kgl. Gnade. Th. de C. stieg zum vertrauten Ratgeber Eduards I. auf und war von 1275–82 Bf. v. Hereford. Er geriet in eine harte kirchenrechtl. und kirchenpolit. Auseinandersetzung mit John →Pecham, Ebf. v. Canterbury, in deren Verlauf Pecham ihn exkommunizierte (1282). Aus diesem Grund reiste Th. de C. zu Papst Martin IV., starb jedoch vor einer Entscheidung auf der Rückreise von Rom. Sein Grab in Hereford besuchten bald zahlreiche Pilger. Die Bestrebungen zu seiner Kanonisation wurden seit 1305 von der Engl. Krone nachdrückl. unterstützt, was offensichtl. auf die erfolgreiche Verbindung Th.' de C. von pastoraler Tätigkeit und Zusammenwirken mit der Krone zurückzuführen ist. Th. de C. wurde 1320 von Papst Johannes XXII. kanonisiert. J. H. Denton

Q. und Lit.: AASS, Octobris, I, 1765, 539–705 – Registrum Thome de Cantilupo, ed. R. G. Griffiths, 1906 – DNB VIII, 448–452 – LThK²X, 138f. – D. Douie, The canonization of St. Thomas of Hereford, The Dublin Review 29, 1955, 275–287 – A. B. Emden, A biographical register of Oxford to 1500, I, 1957, 347–349 – St. Th. C.: Essays in his honour, ed. M. Jancey, 1982.

Cantimpré, Regularkanonikerstift in der gleichnamigen Vorstadt von →Cambrai. C. geht auf eine Doppelgemeinschaft von Männern und Frauen zurück, die sich 1176 um den hl. Priester Johannes (Jean) bildete. 1180 übertrug der Kastellan v. Cambrai der Gemeinschaft ein besser geeignetes Gelände in derselben Vorstadt. I. J. 1183 wurden Johannes Cantipratensis und seine Religiosen in die Kongregation von St-Victor de Paris aufgenommen. Johannes wirkte zehn Jahre als Abt, bis er schließlich zurücktrat und zw. 1205 und 1210 starb. Die weibl. Gemeinschaft wurde zw. 1183 und 1191 aus dem Stift herausgelöst und in Prémy (dép. Nord) angesiedelt. Berühmtestes Mitglied von C. war der große Gelehrte →Thomas v. Cantimpré, der hier 1217 seine geistl. Laufbahn begann und fünfzehn Jahre dem Stift angehörte, bevor er 1232 in Löwen in den Dominikanerorden eintrat. Im Zuge der Religionskriege wurde die Abtei 1580 zerstört und die Gemeinschaft in das Priorat Bellingen (Belgien, Prov. Brabant) transferiert; erst 1738 kehrten die Chorherren nach Cambrai zurück.

H. Platelle

Lit.: R. Godding, Une œuvre inédite de Thomas de C.: la Vita Joannis Cantipratensis, RHE 76, 1981, 241–316.

Cantio (lat.), Bezeichnung der Musikforschung für die einstimmigen lat. Gesänge des MA mit ausgesprochen liedhaftem Charakter. Dieser liedhafte Charakter, der sich sowohl in der Form (gleichartige Strophen mit relativ kurzen, z. T. repetierten Gliedern und mit Refrain) als auch in der Melodiebildung (deutl. Neigung zur Durmoll-Tonalität und zu – geradem oder ungeradem – Takt) zu erkennen gibt, setzt die C. im allgemeinen deutlich von den stroph. Formen der (ebenfalls einstimmigen und lat.) Gregorianik ab. Da die Cantiones mit geistl. Text auch in die Liturgie eindrangen, ohne sich allerdings dort einen festen, bestimmten Platz zu erobern, bes. aber für das geistl. Spiel und die Andacht von Bedeutung wurden, sind sie im späteren MA (zusammen mit ihren Melodien) sehr zahlreich aufgezeichnet worden, entweder im Rahmen der üblichen liturg. Bücher oder in entsprechenden eigenen Bänden, dem sog. Cantionale (berühmt z. B. die Sammlung aus Moosburg, München Univ.-Bibl. 156). Spärlicher ist die Überlieferung der weltl. C., die – da weltl. Textsammlungen meist ohne Musik tradiert sind – vielfach nicht eindeutig von formähnlichen anderen Gattungen abgegrenzt werden kann. Cantiones der im Latein üblichen Gestaltung finden sich auch in verschiedenen Volkssprachen, v. a. gegen Ende des MA und bes. im böhm. Raum. – Bei Dante (De vulgari eloquentia) ist C. die lat. Bezeichnung der Canzone. H. Schmid

Ed.: AnalHym I, II, XV, XX, XXI, XXXIII, XLV und XLVI – Lit.: MGG II – Riemann [Sachteil] – New Grove – O. Ursprung, Die kath. Kirchenmusik, 1931 – K. H. Schlager, Cantiones (Gesch. der kath. Kirchenmusik, hg. K. G. Fellerer, I, 1972) – B. Stäblein, Das Schriftbild der einstimmigen Musik (Musikgesch. in Bildern III, 4, 1975).

Cantor (von canere), Sänger oder Vorsänger, ist als Begriff seit der Antike gebräuchlich, jedoch in allgemeinem Sinne. Noch Boethius setzt cantores allen Musikanten gleich, weshalb der Terminus im frühen Mönchtum wohl nachzuweisen, aber vage und unartikuliert ist. Das frühe Christentum sieht in der Funktion des c. ein Amt und entwickelt dafür einen Weiheritus. Dieser ordo psalmistae sive cantoris verschwindet im 10. Jh., das Amt des c. bleibt aber – losgelöst auch von Ordo und Amt des Lektors – erhalten. In der →Regula Benedicti hat der Vorsänger seine fest umrissene Aufgabe in der Liturgie (capp. 9–13, 15, 17, 18, 38, 45, 47), die bes. Eignung voraussetzt (qui aedificant audientes 38,12; vid. 47,3), wird aber einzig an einer Stelle (9,7) als c. angesprochen. Seit dem 8. Jh. tritt die Verantwortlichkeit des c. für Zusammenstellung liturg. Formulare und für Ausbildung der pueri mehr und mehr in den Vordergrund. Er verwaltet alle liturg. Bücher im armarium und kann über Pergament und Schreibzeug verfügen (praecentor et armarius). In weiterer Entwicklung, etwa in Cluny, wird er zum Offizialen, teilt die Wochendienste (in tabula) ein, errechnet den computus, verfaßt die rotulae, besorgt das Totengedächtnis, hat die Oberaufsicht über succentor oder c. hebdomadarius oder cantores graduales (MPL 149, 725) und gegebenenfalls im Skriptorium. Ihm obliegt die Letztverantwortung für die liturg.-musikal. Gestaltung des officium divinum; an Sonn- und Feiertagen leitet er den liturg. Gesang. Infolge der wachsenden Aufgaben heißt der praecentor – wie der Inhaber des hervorragenden Amtes der päpstl. Kanzlei – primicerius oder auch archicantor oder magister; er steht an der Spitze der schola cantorum. In der Vita Severini des Eugippius (geschrieben 511) ist ein primicerius cantorum sanctae ecclesiae Neapolitanae (cap. 46,5) belegt. Im 10. Jh. wird der Ausdruck primicerius kaum mehr gebraucht. Um die gleiche Zeit wird an Kathedral- und Kollegiatkirchen das Kantorenamt zu einer kanonisch präbendierten Dignität, im 11./12. Jh. zu einem selbständigen kirchl. Berufsstand mit eigenen Insignien. Beim Gottesdienst trägt der c. zum Zeichen seiner Würde cappa choralis oder pluviale und in seiner Linken virga nodir (meist silbernen) baculus; mit der Rechten dirigiert er die Gesänge. Darum heißt der c. mancher Säkular- und Regularstifte auch canonicus ad baculum. In Dom- und Kollegiatkapiteln kann er zuweilen infuliert sein. Im Chor vertritt der c. den abwesenden superior maior der Kommunität. Guido v. Arezzo († 1033/50) differenziert terminologisch: Musicorum et cantorum magna est distantia. Isti dicunt, illi sciunt, quae componit musica. Guidos Unterscheidung entspricht der Diktion der Musiktraktate, wird aber auch in den Consuetudines der Benediktiner vom 9. bis 15. Jh. sowie in jenen der Augustiner-Chorherren (Marbach i. E., 12. Jh.) mit Hilfe dort enthaltener Ausdrücke deutlich: Dem cantor per artem, cantor artificialis, peritus cantor, praecentor seu armarius, cantor maior, cantor principalis, also dem theoreticus, dem Musiker und Sänger in seiner

Funktion als Offiziale und auf Dauer, später (seit 15. Jh.) bloß mehr cantor genannt, steht der cantor per usum, cantor hebdomadarius, cantor minor, succentor, auch subcantor gegenüber, wobei concentor auf mehrstimmigen Gesang verweisen kann. Die Stellung des c. hatte Vorrang; er wurde im Nekrolog an erster Stelle vermerkt. Cantoren wie →Notker Balbulus, →Hucbald, →Berno v. Reichenau, →Guido v. Arezzo u. a. verdanken wir neben vielen Gesängen die Entfaltung abendländ. Musik und Musiktheorie. Infolge voller Ausbildung der Notenschrift und des Buchdruckes verliert der c. gegen Ende des MA einen erhebl. Teil seiner früheren Unentbehrlichkeit und seit dem Tridentinum i. allg. Zeichen und Dignität. Dennoch prägt bis heute der c. in Konventen die würdige und feierliche Form des Gotteslobes, wobei er als äußere Zeichen seines Amtes cappa choralis und zuweilen auch virga oder baculus gebraucht. J. F. Angerer/D. v. Huebner

Q.: Ignatius v. Antiochia (MPG 5, 907–908) – Constitutio Apostolica (MPG 1, 1123–1126) – Isidor v. Sevilla (MPL 82, 292; 83, 792) – M. Gerbert, De cantu et musica sacra 1, 1774, 290–325 et passim – Lit.: DACL III, 1, 332–336; III, 2, 3144–3148; V, 1, 1398; XV, 1, 1008–1010 – Liturgisch Woordenboek I, 1958–62, 306, 358; 2, 1965–68, 2523–2525, 2579–2580, 2602 – Mlat Wb II, 193–194 – NEW GROVE 3, 1980, 736–737 – M. ANDRIEU, L'Ordre de Chantre dans l'antiquité chrétienne, Rev. liturgique et monastique 6, 1921, 251–260 – DERS., Les ordres mineurs dans l'ancien rit romain, Rev. des sciences religieuses 5, 1925, 232–274 – E. JOSI, Lectores, schola cantorum, clerici (EL 44, 1930), 281–290 – F. WEIDMANN, Die Würde des Kantorenamtes in der Kirche (Musica sacra 63, 1933), 29ff. – W. GURLITT, Zur Bedeutungsgesch. von musicus und cantor bei Isidor v. Sevilla (Akad. der Wiss. und Lit. in Mainz, Abh. der geistes- und sozialwiss. Kl. I, 7, 1950), 539–558 – J. SMITS VAN WAESBERGHE, Neues über die Schola cantorum zu Rom, Bericht des 2. Internat. Kongr. für kath. Kirchenmusik in Wien, 1955, 111–119 – J. SIEGWART, Die Chorherren- und Chorfrauengemeinschaften in der deutschsprachigen Schweiz vom 6. Jh. bis 1160, SF NF 30, 1962 – DERS., Die Consuetudines des Augustinerchorherrenstiftes Marbach i. E., Spicilegium Friburgense 10, 1965 – DERS., Der gallo-frk. Kanonikerbegriff, Zs. für Schweizer. KG 61, 1967, 193–244 – R. NOLL, Eugippius, 1981.

Cantref, latinisiert cantaredus, kantaredus, wörtl. '100 (Einzel-) Siedlungen' (walis. cant + tref), polit.-territoriale Einheit im ma. →Wales. Nach →Giraldus Cambrensis bestand Wales aus 47 cantrefi, von denen im späten 12. Jh. allerdings drei zu England gehörten (Descr. Kambr.). Der c. scheint jüngeren Datums zu sein und die ältere Einheit *gwlad* (wörtl. 'Land', ähnlich wie ir. →*túath*) ersetzt zu haben. Jeder c. hatte eine Residenz (walis. *llys*) und seine eigene Gerichtsversammlung. Die nächstkleinere polit.-territoriale Einheit war der *cwmwd*. Mit den weitgehend aus Wales stammenden engl. Adligen wurde der c. nach 1169 auch nach Irland übertragen und bezeichnete dort die nächstkleinere Einheit in der Grafschaft, entsprechend der engl. →hundred. Nach Giraldus Cambrensis gab es in Irland 96 cantrefi. Im SpätMA setzte sich im anglisierten Irland für c. die Bezeichnung *barony* durch. M. Richter

Lit.: J. E. LLOYD, A Hist. of Wales from the Earliest Times to the Edwardian Conquest, 1911, 300ff.

Cantus → Choral, Musica

Cantus directaneus → Psalmodie

Cantus fictus → Musica ficta

Cantus firmus, cantus usualis, cantus planus → Choral, →Figural-, Mensuralmusik

Cantus mensurabilis → Mensuralmusik

Canzone

I. Italienische Dichtung – II. Mittelhochdeutsche Dichtung – III. Musikalische Bedeutung.

I. ITALIENISCHE DICHTUNG: C., älteste und ranghöchste metr. Form der it. Kunstlyrik, wodurch sich die Vielzahl von Varianten erklärt, die trotz der grundlegenden Definition →Dantes (De vulgari eloquentia II c. 9–12) und der modellhaften Ausprägung in Petrarcas Canzoniere – daher die Bezeichnung *c. petrarchesca* für die klass. c. (*c. distesa*) – auftreten.

Sie umfaßt eine variable Anzahl von *Stanze* gen. Strophen (im allgemeinen 5–7) mit gleicher Verszahl (meist Elfsilber und Siebensilber) und gleichem Reimschema. Meist bildet eine kürzere Strophe den Abschluß (*commiato* oder *congedo*, 'Geleit'). Die *stanza*, das Grund-Bauelement der c., kann verschiedene Strukturen aufweisen, im allgemeinen besteht sie jedoch aus zwei Teilen: *fronte*, frons, 'Aufgesang', ihrerseits in zwei *piedi* (pedes, Stollen) abzuteilen und *sirma* oder *sirima* ('Abgesang' eigtl. 'Schleppe') oder *coda*, die meist in zwei *volte* (in Dantes Terminologie *versi*) zerfallen. Zwischen fronte und sirma steht ein Vers (*diesi[s]*), der mit dem letzten Vers der fronte reimt (die diesis kann auch mit dem ersten Vers der coda identisch sein); das Schlußverspaar der coda reimt miteinander. Zahl, Anordnung und Typus der Verse der piedi müssen korrespondieren, sie brauchen aber nicht unbedingt durch Reim verbunden zu sein: Falls jedoch ein Vers im ersten piede keine Reimentsprechung besitzt, muß er sie im zweiten haben. Die diesis wird bisweilen mit der *chiave* verwechselt: einen Vers ohne Reimentsprechung in der coda, der mit dem gleichen Reim und an derselben Stelle in allen Stanzen wiederkehrt. Dieser eher in der prov. als in der it. Lyrik gebräuchl. Kunstgriff dient zur engeren Verbindung der Strophen. (Zu weiteren Formen der prov. 'Kanzonen', wie *coblas unisonans, coblas capcaudadas* vgl. →cobla, →Canso.) Die Struktur von →Petrarcas Canzone »Chiare, fresche e dolci acque« z. B. ist a b C/ a b C (fronte in zwei piedi geteilt) / c (diesis, die den Übergang zw. den beiden verschiedenen melod. Phrasierungen bezeichnet; sie wird von einigen als integrierender Bestandteil der coda aufgefaßt)/ d e e / D f F (in zwei volte geteilte coda oder sirma mit Schlußverspaar). Die Varianten sind sehr zahlreich: Fronte mit drei piedi (v. a. in der Frühzeit), mit einem piede, der aus einer oder zwei volte besteht, etc.

Der bes. Vorzug dieser metr. Form liegt in der – auch syntakt. – Geschlossenheit jeder Stanze, deren Schema (mit neuer Reimfolge; in der prov. Literatur bevorzugt man jedoch die Wiederholung des Reimschemas in aufeinanderfolgenden Strophen) sich unter Entwicklung und Entfaltung des Gedankengangs wiederholt, bis es vom congedo abgeschlossen wird. Es ist begreiflich, daß eine derartig harmonische, geschmeidige und melodische metr. Form, die sich jedem Thema anzupassen vermag, in der it. Lyrik von Anfang an eine beherrschende Rolle spielte und jahrhundertelang unverändert im Gebrauch war.

Neben dieser Form gab es die *c. a ballo* oder *ballata* (*antica*) – allgemein als Ausgangsform der eigentl. c. angesehen –, die sich aus der mlat. Dichtung entwickelte und durch volkstüml. Ton sowie durch einen Kehrreim (*ritornello* oder *ripresa*) charakterisiert wird, der am Anfang des Gedichts, nach jeder Strophe und am Schluß steht. Ferner: die *c. sestina* (*c. a stanze indivisibili*; *sestina lirica*), bestehend aus sechs Stanzen aus sechs Elfsilbern und den gleichen sechs Reimwörtern, die sich in jeder Stanze in abwechselnd aufsteigender und absteigender Folge wiederholen (retrogradatio cruciata: ABCDEF/ FAEBDC/ CFDABE/ ECBFAD/ DEACFB/ BDFECA, also mit in der Versfolge 615243 wiederkehrendem Reim); der congedo dieser Form umfaßt drei Verse, von denen jeder zwei der sechs Reimwörter enthalten muß; die *c. sestina doppia*, eine Variation der Sestine, mit 12 Stanzen; die *c. terzina*, bestehend aus drei je drei Verse umfassenden Stanzen, die wie die Sestine gegliedert sind; die *c. frottolata*, deren Name von ihrem – scherzhaften – Inhalt und der häufigen Wiederholung des Binnenreims, wie in der →frottola, abgeleitet ist; die *c. pindarica* (*c. alla greca*), die aus *strofe*, *antistrofe* (mit gleicher Verszahl) und einem kürzeren *epodo* besteht und im Späthumanismus – v. a. für Preislieder – entwickelt wurde, die *c. trilingue*, deren Besonderheit im Wechsel prov., lat. und it. Verse liegt; die *canzonetta*, ursprgl. ein Synonym für c., das später die Canzonen in Kurzversen (Siebensilber, Achtsilber) bezeichnete. – Vgl. auch →Canso, →Chanson.   G. Busetto

Q. und Lit.: Dante Alighieri, De vulgari eloquentia: ed. A. MARIGO–P. G. RICCI, 1957; edd. P. V. MENGALDO, 1968; 1979 (Opere Minori II) – EncDant I, 796–802, s. v. – V. PERNICONE, Storia e svolgimento della metrica (Tecnica e teoria letteraria, 1951), 317–321 – R. SPONGANO, Nozioni ed esempi di metrica italiana, 1966, 34–41, 71–72 – M. PAZZAGLIA, Il verso e l'arte della canzone nel De vulgari eloquentia, 1967 – La metrica, hg. R. CREMANTE–M. PAZZAGLIA, 1973, 491 – W. TH. ELWERT, La Versificazione italiana delle origini ai giorni nostri, 1973 – A. RONCAGLIA, L'invenzione della sestina, Metrica II, 1981, 3–41.

II. MITTELHOCHDEUTSCHE DICHTUNG: Mit C. werden in der Germanistik mhd. Lieder mit stolliger Strophenform bezeichnet. Diese sog. Stollenstrophe findet sich vereinzelt seit →Dietmar v. Aist; sie wird typisch für den mhd. Minnesang seit →Friedrich v. Hausen, bes. für den →Reinmars des Alten und →Walthers v. d. Vogelweide, die Winterstrophen →Neidharts, z. T. auch für die Sangspruchdichtung (z. B. →Reinmar v. Zweter). Sie ist auch Basis der späteren Meistersangstrophe.

Die zweiteilige Grundform, Aufgesang (mit fester Struktur aus zwei gleichgebauten, kreuzgereimten 'Stollen') und Abgesang (mit freier Versordnung), kann vielfältig variiert werden nach Verszahl, -längen und -kombinationen (gleich-, ungleichversig) und Reimordnung; schon bei Johansdorf (12. Jh.) finden sich z. B. vierzeilige Stollen oder doppelter Aufgesangkursus. Die Wiederaufnahme eines Stollenverses am Ende einer Strophe ergibt eine sog. Rund-C. Die fortwährende Variation der Grundstruktur ist konstitutiv für die mhd. Formkunst.

Das mhd. Fremdwort *schanzûn*, 'Lied, Gesang', auch 'Strophe' (nach afrz. *chanson*), begegnet erstmals bei →Gottfried v. Straßburg. Das nhd. Wort wurde im 17. Jh. aus dem It. übernommen.   G. Schweikle

III. MUSIKALISCHE BEDEUTUNG: Grundlegend auch für die musikal. Aspekte der C. ist →Dantes Schrift »De vulgari eloquentia« (D. v. e.). Die Verflochtenheit mit der Musik zeigt sich hier in mehrfacher Hinsicht. 1. Die in der lat. abgefaßten Schrift verwendeten Bezeichnungen cantio (für C.), canere, cantare, cantor tragen einen musikal. Bedeutungskern ('Gesang', 'singen' usw.) von vornherein in sich. Dies gilt unbeschadet der Tatsache, daß Dante die C. primär als Gedicht und das Singen nicht (mehr) als Wesensbestandteil der C. ansieht, sondern als eine mögl. Art des Vortrags neben dem Sprechen (D. v. e. II, Kap. VIII, 3–5). 2. Andererseits hat Dante den gesungenen Vortrag ständig mit vor Augen und stellt für das Abfassen einer C. Bedingungen auf, die den musikal. Vortrag berücksichtigen (z. B. gleicher Bau der *piedi* zur Ermöglichung von Melodiewiederholungen; D. v. e. II, Kap. X–XII). 3. Eine Beziehung zw. der von Dante mit dem Wort *cantio* bezeichneten C. und dem *cantio* gen. lat. geistl. Lied des späteren MA besteht nicht. – Was die auf einer anderen Ebene als der gesungene Vortrag anzusiedelnde mehrstimmige, schriftl. ausgearbeitete Komposition betrifft, so ist bemerkenswert, daß zeitgenöss. Vertonungen von C.n Dantes wie →Petrarcas nicht bekannt sind. Sogar noch im 15. Jh. ist die Komposition von Petrarcas C. »Vergine bella« durch →Dufay ein Einzelfall. Erst im 16. Jh. öffnet sich, u. a. durch den Einfluß P. Bembos und des Petrarkismus, ein breiterer Strom von C.-Vertonungen; musikal. werden diese der Gattung des (neueren) →Madrigals zugerechnet. – Eine im 16. Jh. in Italien in Anlehnung an die frz. Chanson aufkommende, *canzona* oder *canzon*, aber auch C. genannte, vorwiegend instrumentale musikal. Gattung (*c. alla francese*, *c. da sonar*) hat mit der C. im eigtl. Sinne nichts zu tun.   R. Bockholdt

Q. und Lit.: Dante Alighieri, De vulgari eloquentia, hg. P. V. MENGALDO, 1968 – RIEMANN, s. v. Kanzone – NEW GROVE, s. v. C., Dante, Petrarca – T. GEROLD, La musique au MA, 1932 – W. RUBSAMEN, Literary Sources of Secular Music in Italy (ca. 1500), 1943 – A. GHISLANZONI, Les formes litt. et musicales italiennes au commencement du XIVᵉ s. (Les colloques de Wégimont II., 1955) – H. J. VAN DER WERF, The Cansons of the Troubadours and Trouvères: a Study of the Melodies and their Relations to the poems, 1972.

Canzoniere, it. Bezeichnung für eine planmäßig angelegte Sammlung von Liedern (cantiones, canzoni) eines oder mehrerer Autoren. Der Name läßt sich vermutl. auf die bereits im früheren MA verbreitete Praxis zurückführen, in Sammelhss. von Dichtungen auch deren Melodien festzuhalten. Seit der Antike wurde Lyrik vorwiegend in Anthologien überliefert; seit karol. Zeit nimmt deren Verbreitung zu und verstärkt sich bei fortschreitender wirtschaftl. Entwicklung v. a. im Bereich der Romania. Die Gedichte wurden anfängl. wohl zuerst einzeln, später in Gruppen (z. B. ist eine chronolog. geordnete Sammlung von 16 Canzonen von Peire →Vidal, ca. 1174–1206, bekannt) auf fliegende Blätter, in Hefte, Notizbücher und reicher ausgestattete Pergamente (rotuli) geschrieben, die zuerst von Spielleuten (*manuscrits des jongleurs*), später von Liebhabern der Dichtkunst aufbewahrt und gesammelt wurden.

Gegen Ende des 13. und v. a. im 14. Jh. ging man in allen roman. Literaturen in größerem Maße dazu über, umfangreiche Sammelhss. (die Anthologien oder Zyklen umfaßten) für mehr oder weniger alle lit. Gattungen anzulegen. Dies führte allerdings vielfach zum Verlust älterer Einzelcodices – häufig von geringerem Wert, die in erster Linie zum Vortrag, weniger zur Lektüre bestimmt waren. Das Phänomen der Kompilation von Sammelhss. ist v. a. im Hinblick auf die okzitan. Lyrik augenfällig: von 95 erhaltenen Hss. stammen 52, also mehr als die Hälfte aus Italien, wo der Aufstieg der mittel- und oberit. Stadtkommunen auch die Verbreitung einer Kultur und eines Kunstgeschmacks begünstigte, die ihren Nährboden im blühenden wirtschaftl. Aufschwung fanden. Noch beachtlicher (und für die Textüberlieferung folgenreich) sind die Sammlungen der siz. Lyrik, die nur dank toskan. C.i erhalten ist. Nach dem Ende der Stauferherrschaft brach die siz.-unterit. höf. Kultur zusammen, deren bedeutendste lit. Zeugnisse jedoch von toskan. Kaufleuten bewahrt wurden. Die Anordnung der auf diese Weise seit dem Ende des 13. Jh. entstandenen C.i ist sehr interessant: Sie reicht von den Sizilianern über die Siculo-Toskaner bisweilen bis zu den ersten Stilnovisten und bietet somit in stilist. und kulturellen Hinsicht bereits eine Art hist. Überblick. Diese Gliederung besitzt z. B. Vaticanus latinus 3793 aus Florenz, mit dem Titel »Libro de varie romanze volgari«, der rund 1000 Gedichte (aufgeteilt in Canzonen und Sonette) bietet: für mehr als die Hälfte von ihnen ist diese hochbedeutende Hs. der einzige Textzeuge. Eine im Zeitgeschmack veränderte Anordnung (vorrangige Stellung →Guittones d'Arezzo) findet sich im Florentinus

Laurentianus Redianus 9 (aus Pisa mit florent. Zusätzen) und im Fiorentino Nazionale Banco Rari 217 (ehemals Palatinus 418) aus Lucca, der in drei Abschnitte (Canzonen, Ballate, Sonette) eingeteilt ist.

Petrarcas »Rerum vulgarium fragmenta« bedeuten einen wesentl. Schritt in der Geschichte der C.i. Um 1336 entschließt sich Petrarca, die Einzelblätter seiner Gedichte zu sammeln, um ihre Erhaltung und Aufbewahrung zu sichern. 1342 trifft er eine Auswahl seiner Gedichte und ordnet sie zu einem »libro di versi«. Seine Neuerung, die Idee des »Canzoniere« als intimes poet. Tagebuch, wurde im 15. und 16. Jh. zur Regel, die Petrarcas Sammlung modellhaft werden ließ und ihre vollständige Erhaltung wie auch die seiner Nachfolger gewährleistete.

In der Renaissance kommt es zu einer intensiven Beschäftigung mit den alten C.i, die gesucht, kopiert und zu neuen Sammlungen geordnet werden: Berühmt ist die 1476 Friedrich v. Aragón gewidmete Sammlung des Lorenzo de' Medici (mit Poliziano im Hintergrund), die als »Raccolta aragonese« bekannt ist, sowie die sog. »Giuntina delle rime antiche«, die 1527 in einem von Pietro Bembo geprägten kulturellen Klima gedruckt wurde. Von den zahlreichen Studiensammlungen verdienen zumindest jene des Antonio Colocci (Besitzer und Glossator des Vaticanus latinus 3793 sowie vieler anderer Hss.) Beachtung, dem die Erhaltung des größten Teils der ma. ptg. Lyrik zu verdanken ist. Vgl. →Chansonnier, →Cancione(i)ro.   G. Busetto

Lit.: DLI I, 491–494 – EnclT VIII, 816–819 – EncLettIt I, 566 – V. BRANCA, Le raccolte di rime e le collezioni di classici (Notizie introduttive e sussidi bibliografici, 1960²), 1–35 – D'ARCO SILVIO AVALLE, La letteratura medievale in lingua d'oc nella sua tradizione manoscritta. Problemi di critica testuale, 1961, 43–128 – E. H. WILKINS, Vita del Petrarca e La formazione del »Canzoniere«, 1964, 335–384 – Gesch. der Textüberlieferung der antiken und ma. Literaturen, hg. G. INEICHEN, A. SCHINDLER, D. BODMER, II: Überlieferungsgesch. der ma. Lit., 1964 – A. E. QUAGLIO, Francesco Petrarca, 1967, 139–176, 218–228 – DERS., I poeti della »Magna Curia« siciliana (Letteratura it. storia e testi, I, Il Duecento..., I, 1970), 173–175, 235–236 – DERS., La poesia realistica (ibid., II, 1970), 249, 253 – R. AMATURO, Petrarca (ibid., II, Il Trecento..., I, 1971), 240–248.

Cão, Diogo, bahnbrechender ptg. Seefahrer und Entdecker, † 1486, verwandt mit →Magellans Geschlecht, Ritterstandserhebung 1484. In Fortsetzung der die Guineaküsten abtastenden Expeditionen der henrizian. und alfonsin. Ära stieß C. auf der ersten seiner zwei Forschungsfahrten (1482–83) im Auftrag Kg. Johanns II. jenseits des letztbekannten Punkts (Cabo Sta. Catarina in Gabun) entlang den Westküsten Afrikas nach Süden vor, um endlich den Erdteil in Richtung Indien zu umrunden. Nach Entdeckung der Kongomündung, Kontaktaufnahme mit dem Kongoherrscher und Erschließung der Küsten Angolas erfolgte nach dem Cabo Sta. Maria (früher Sto. Agostinho, südl. Benguelas) die Umkehr. Infolge verfrühter Hoffnungen, die Einbiegestelle nach dem Osten stünde unmittelbar bevor, wurde in Lissabon das Columbus-Projekt abgewiesen und C. eine für drei Jahre ausgerüstete zweite Forschungsfahrt (1485–86) übertragen. Sie sollte die Vollendung des Ansatzes bringen. Nach einem 160 km langen Zug kongoaufwärts (zu den Wasserfällen v. Jelala) wurden gegen die kühle Benguelaströmung (daher: Cabo Frio) die verheißungsvoll südostwärts biegenden angoles.-namib. Küsten befahren und aufgenommen. Jenseits Cap Cross (Cabo do Padrão) 21° 50' verliert sich die Spur der vielleicht bis zur Walfischbai oder gar zum südl. Wendekreis gelangten Expedition. Spärliche Quellenangaben lassen einen trag. Tod C.s vor Erreichung seines Zieles, der Südspitze Afrikas, vermuten. Erfolge am Kongo werden zwar ebenso erwähnt wie eine teilweise Rückkehr der Expedition, doch war C. dabei offenbar persönl. ausgeschieden. Jedenfalls hat er mit ca. 2500 km neuentdeckten Küsten (der längsten bishin in einem Zuge zurückgelegten Strecke) mehr als irgendein anderer Seefahrer für die Entschleierung der südl. Hemisphäre geleistet und somit trotz Ausbleibens eines Schlußerfolgs die Rolle ihres ersten Hauptpioniers gespielt. Dias und Gama vollendeten mit der Umfahrung des Kaps bzw. der Landung in Indien sein Konzept. Die von C. errichteten, in 4 Exemplaren erhaltenen steinernen Wappenpfeiler (padrões) sind wertvolle Quellen für Topographie und Datierung seiner Reisen. Seine Registrierung der Gestalt Afrikas, der Küsten, Flüsse, Buchten, Kaps sowie der astronom. und ozeanograph. Phänomene waren die ersten wissenschaftl. Beobachtungen auf der südl. Halbkugel und haben insofern weltgeschichtl. Bedeutung. Cristofalo Soligo und Henricus Martellus Germanus sowie der Behaim-Globus haben den kartograph. Niederschlag seiner Fahrten dokumentiert.   G. Hamann

Q.: Die einschlägigen Chronisten J. de Barros, A. Galvão, R. de Pina, G. de Resende, Pacheco Pereira und weitere Spezialliit. bei G. HAMANN, Der Eintritt der südl. Hemisphäre in die europ. Gesch., SAW.PH 260, 1968 – Lit.: D. HENTZE, Enzyklopädie der Entdecker und Erforscher der Erde, I, 1977 – Hist. da Expansão Portuguesa no Mundo I, 1937–40 – D. PERES, Hist. dos descobrimentos portugueses, 1960 – G. HAMANN, Die oração de obediência v. 1485 (Christentum und Kultur III, 1971), 54ff. – DERS., Geogr. und naut. Planung und Methodik zu Beginn des Entdeckungszeitalters (Rete 1/2 1972), 97–115.

Caorsinen → Kawertschen

Capacete. Span. Eisenhut mit breiter, abfallender Krempe und runder oder zipfeliger Glocke. Der C. stammt vom westeurop. Eisenhut der Zeit um 1460 ab, als fließende, gerundete Umrißlinien und geschweifte Zipfelchen modisch waren. Diese Helmfasson verschwand im übrigen Westeuropa bald wieder, nur in Spanien erhielt sie sich nahezu unverändert bis um die Mitte des 16. Jh., vereinzelt sogar bis ins frühe 17. Jh. Der spätgot. C. war meistens durch einen kupfervergoldeten, gravierten Stirnreif verziert. Im Späten 15. und beginnenden 16. Jh. wurde der C. in Spanien gewöhnlich in Kombination mit einem eisernen → Bart getragen und sowohl von Reiterei wie Fußvolk verwendet, entwickelte sich aber zur Zeit Karls V. zum charakterist. Helm der Infanterie und leichten Kavallerie. Vom C. leiten sich zwei gesamteurop. Helmformen des späteren 16. Jh. ab: der Morion und der Birnhelm.
O. Gamber

Lit.: J. G. MANN, Notes on Armour worn in Spain from the tenth to the fifteenth century (Archaeologia 83, 1932), 285ff.

Capaticum → Kopfzins

Capella → Kapelle, →Hofkapelle

Capellanus → Kapellan

Capello, Guido (Guido Vicentinus), OP, * in der 2. Hälfte des 13. Jh., † 1332 in Bologna, ⌐ebd., S. Domenico. G. C. stammte wahrscheinl. nur mütterlicherseits von den Capello ab; sein Vater war anscheinend ein Gf. v. Montebello. Er trat in den Predigerorden ein, wurde Inquisitor in der südl. Lombardei (1296–1303) und Provinzialprior (1303–04). Als Inquisitor führte er eine lange Untersuchung, um die Katharer-Bewegung in Bologna zu bekämpfen, und 1301 den berühmten Prozeß gegen Armanno Pungilupi, einen Häretiker aus Ferrara, der einige Jahrzehnte vorher im Ruf der Heiligkeit gestorben war; C. gelang es, dessen volkstüml. Verehrung drastisch ein Ende zu setzen. Am 3. April 1304 ernannte ihn Papst Benedikt XI., der aus dem Dominikaner-Orden hervorgegangen war, zum Bf. v. Ferrara; diese Ernennung kam wahrscheinl. auch dank der Einwilligung und der Gunst des Azzo VIII. d'Este zustande. Nach dessen Tod stand vermutl. G. C. in dem Kampf zw. Venedig und dem Hl. Stuhl um die Herrschaft über die Stadt auf der Seite des Papstes, deshalb war er 1310 Leiter der Gesandtschaft, die Ferrara Clemens V. unterstellte. Als 1320 ein Interdikt über die Stadt verhängt wurde, verließ sie anscheinend der Bf. und ging nach Bologna. Seine Tätigkeit ist hier im folgenden Jahrzehnt urkundl. belegt, auch im Zusammenhang mit den Prozessen, die Johannes XXII. gegen die →Este und die →Pepoli anstrengte. C. verfaßte viele Werke in Versen, deren berühmtestes, »Margarita bibliae«, Clemens V. gewidmet ist und eine Versifizierung bibl. Themen darstellt. G. Barone

Lit.: DBI XVIII, 495-497 [G. BARONE] – T. KAEPPELI, Scriptores ordinis Praedicatorum Medii Aevi II, 1975, 78-80 – L. PAOLINI, L'Eresia a Bologna fra XIII e XIV secolo, I: L'Eresia catara alla fine del Duecento, 1975.

Capestrano, Johann → Johannes v. Capestrano
Capetinger → Kapetinger
Capgrave, John, OESA, * 1393, † 1464, aus Norfolk gebürtig, seit 1425 Doktor der Theologie (Cambridge), von ca. 1440 bis zu seinem Tod Prior in Lynn, von 1453-57 auch Provinzial seines Ordens. Er hat eine Vielzahl von hagiograph., hist. und exeget. Schriften hinterlassen. C., der von John Bale (1495-1563) als der größte Gelehrte unter den Augustinern bezeichnet wurde, gehörte zu der von Hzg. →Humphrey v. Gloucester (dessen Vita C. schrieb) und anderen Standespersonen geförderten Gruppe. In lat. Sprache schrieb C. zahlreiche Kommentare (zumeist unveröffentlicht), den »Liber de illustribus Henricis« und, gestützt auf John de Tinmouth (→Johannes v. Tynemouth), die »Nova Legenda Anglie« (1516 von Wynkyn de Worde gedruckt). Von seinen engl. Schriften, mit denen er u. a. auch einen wichtigen Beitrag zur me. Prosa des 15. Jh. leistete, sind v. a. zu nennen »The Chronicle of England«, »Ye Solace of Pilgrimes« und die Viten der Hll. Augustinus, Gilbert v. Sempringham, Katharina v. Alexandria und Norbert. J. C. Fredeman

Bibliogr.: A. DE MEIJER, J. C., Augustiniana 7, 1957, 118-148, 531-574 – RENWICK-ORTON, 356f. – NCBEL I, 663-665 – *Ed.*: F. C. HINGESTON, Liber de illustribus Henricis, RS 7, 1858 – DERS., The Chronicle of England, RS 1, 1858 – C. HORSTMANN, The Life of St. Katharine of Alexandria, EETS 100, 1893 – DERS., Nova Legenda Anglie, 1901 – J. J. MUNRO, Lives of St. Augustine and St. Gilbert of Sempringham, EETS 140, 1910 – C. A. MILLS, Ye Solace of Pilgrimes, 1911 – C. L. SMETANA, The Life of St. Norbert, 1977 – *Lit.*: DNB IX, 20-22 – R. FOREVILLE, Un Procès de canonisation au XIIIe s., 1943 – A. DE MEIJER, J. C., Augustiniana 5, 1955, 400-440 – TH. WOLPERS, Die engl. Heiligenlegende des MA, 1964, 330-342, 404-408 – P. J. LUCAS, J. C., Scribe and »Publisher« (Transactions of the Cambridge Bibliographical Society 5. 1, 1969), 1-35 – J. FREDEMAN, The Life of St. Gilbert (Bull. of the John Rylands Library 55, 1972), 112-145 – E. COLLEDGE, The C. Autographs (Transactions of the Cambridge Bibliographical Society, 6. 3, 1974), 137-148 – J. FREDEMAN, C.'s First Engl. Composition (Bull. of the John Rylands Library 57, 1975), 280-309 – D. PEARSALL, J. C.s' Life of St. Katharine and Popular Romance Style (Medievalia et Humanistica NS 6, 1975), 121-137.

Capidava, Festung an der unteren Donau (b. Topalu, Rumänien, Dobrudscha); im 10.-11. Jh. Stadt nahe der Festung; in der Antike auch Hauptort eines Gebietes (Capidavensis). – Seit der Zeit Ks. Trajans (98-117 n. Chr.) röm. castrum, entwickelte sich C. zu einem militär. und Verwaltungsmittelpunkt. Die von den Goten im 3. Jh. zerstörte Festung wurde mit rechtwinkligem Grundriß erneuert, im 5. Jh. aber von den Hunnen zerstört und in der Zeit Ks. Justinians I. (527-565) aufgegeben, nachdem sie von →Avaren gebrandschatzt worden war. Auf den byz. Wiederaufbau des 10. Jh. folgte 1036 die Zerstörung durch die →Pečenegen. Im 14. Jh. erwähnen Quellen hier Eisengewerbe. C.-R. Zach

Lit.: RE III, 1510 – Dicționar de istorie veche a României, 1976, 127f. – GR. FLORESCU-P. DIACONU, C. Monografie arheologică, 1958 – A. RĂDULESCU-I. BITOLEANU, Istoria românilor dintre Dunăre si Mare. Dobrogea, 1979, 96-167, passim.

Capitaine. Die militär. Amtsbezeichnung des C. war, in der roman. oder lat. Namensform des Wortes, zwar der Zeit vor dem 14. Jh. nicht ganz unbekannt, doch erhielt die Bezeichnung erst seit dem Beginn des 14. Jh. im Kgr. Frankreich einen vergleichsweise präzisen Begriffsinhalt von institutionellem Charakter. Richtungweisend hierfür war eine Entscheidung Philipps V., die der Kg. i. J. 1317 im Anschluß an eine Versammlung der »bonnes villes« (kgl. Städte) zu Paris traf. Die entsprechende Verordnung beinhaltete eine Einsetzung eines c. in jeder »bonne ville« zu ihrem Schutz und ihrer Sicherheit, wobei die Krone die Kosten des Unterhaltes bestreiten sollte; in jedem *bailliage* (→bailli) bzw. jeder Region sollte ein *capitaine général* fungieren.

Der →Hundertjährige Krieg hatte in allen strateg. exponierten Gebieten die Zunahme der Befugnisse des c. général (auch: c. *souverain*) zur Folge, dessen Befehlsgewalt in einem mehr oder weniger genau festgelegten Verwaltungsbezirk recht umfassend war. In der Bestallungsurkunde Kg. Philipps VI. für Guy de Nesle, *Maréchal de France,* vom Jahre 1349, in welcher dieser zum c. général et souverain »es parties de Xanctonges (Saintonge) et es pays et marches d'environ et de tous les lieux voisins« eingesetzt wird, sind folgende Kompetenzen aufgeführt: Aushebung und Aufgebot der Soldaten; Inspektion der festen Plätze im eigenen Amtsbezirk; Erhöhung oder Verringerung der Mannstärke der Garnison; bauliche Veränderungen an den Festungs- und Garnisonsgebäuden; Absetzung und Austausch der châtelains (Kastellane), →baillis, →prévôts und anderer lokaler Funktionsträger; Begnadigung von Verbrechern und Verbannten; Ausstellung von Urkunden zur Unterbrechung eines gerichtl. Verfahrens *(lettres d'état);* Verhandlungen mit gegner. Militärs, die bereit sind, sich der Krone zu unterstellen; Einziehung aller notwendigen Geldmittel von den Steuereinnehmern *(receveurs).* Die Verantwortlichkeiten der c.s généraux waren denjenigen der →lieutenants (Statthalter) und →gouverneurs de par le roi (kgl. Provinzgouverneure) vergleichbar, doch überragten diese beiden Amtstitel denjenigen des c. général an Prestige. Vom 15. Jh. kamen die Bezeichnungen c. général und c. souverain außer Gebrauch.

Mehrere kgl. Verordnungen *(ordonnances)* definierten seit der Mitte des 14. Jh. Rechte und Pflichten der verschiedenen Typen von c.s im Felde und in der Militärverwaltung, nämlich der *c.s de gens d'armes, c.s de gens d'armes et de pied, c.s de gens d'armes et de trait, c.s de compagnies, c.s de routes, c. de l'ordonnance du roi* usw., welche vom Kg. mit einer *charge,* einem abgegrenzten Auftrag, mittels *lettres de retenue,* betraut worden waren. Bes. seit der Schaffung der *compagnies d'→ordonnances* (1445) bürgerte sich bei zahlreichen c.s die Gewohnheit ein, einen →lieutenant als Stellvertreter in Dienst zu nehmen. Ph. Contamine

Lit.: G. DUPONT-FERRIER, Gallia regia ou état des officiers royaux des bailliages et des sénéchaussées de 1328 à 1515, 6 Bde, 1942-61 – PH. CONTAMINE, Guerre, Etat et société à la fin du MA, 1972 (cf. ind. analytique, 738).

Capitalis quadrata. Spätantike Buchschrift, im Gegensatz zur gebräuchl. »kanonischen Capitalis« (→Capitalis rustica) in Anlehnung an Inschriftencapitalis (»Capit. elegans«) künstl. geschaffen. In Resten zweier Vergilhss. erhalten (»Vergilius Augusteus«, Vatikan, Vatic. Lat.

3256 + Berlin Lat. F. 416 [Tübingen, Stiftg. Preuß. Kulturbesitz], CLA I, 13; Verg. Sangallensis, St. Gallen, Stiftsbibl. 1394, CLA 7, 977; beide kaum vor Ende 5. Jh.). – Im MA und in der Renaissance als →Auszeichnungsschrift gebraucht, z. T. nach inschriftl. Vorlagen erneuert.

G. Bernt

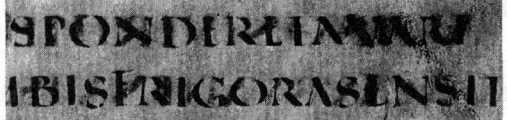

Fig. 5: Capitalis quadrata

Lit.: B. BISCHOFF, Paläographie des röm. Altertums und des abendländ. MA, 1979, 77–79, 102, 187f., 237.

Capitalis rustica, Büchercapitalis, kanonisierte Capitalis. Die Buchschrift der lat. Antike vom 1. Jh. v. Chr. bis zum 5. Jh. n. Chr., soweit nicht die anspruchslosere →Kursive (daneben vom 4. Jh. an, vorwiegend für christl. Texte, →Unziale und →Halbunziale) verwendet wurde. Die stilist. Eigenart und die Folge der einzelnen Züge sind aus dem Schreibvorgang natürlich entwickelt. Hervorragende Hss.: Vergilius Vaticanus (Vatikan, Vatic. Lat. 3225, 4. Jh., CLA I, 11), Vergilius Romanus (Vatic. Lat. 3867, 5. Jh., CLA I, 19). Die C. konnte auch mit dem flachen Pinsel (z. B. als Wandaufschrift) geschrieben werden. Sie wurde auch sonst neben der eigtl. monumentalen Capitalis für Inschriften angewendet (»scriptura actuaria«). Im MA wird sie nur gelegentl. als Textschrift gebraucht (z. B. Leidener Arat, Utrecht-Psalter); sonst dient sie, seit dem 5. Jh., als→Auszeichnungsschrift. G. Bernt

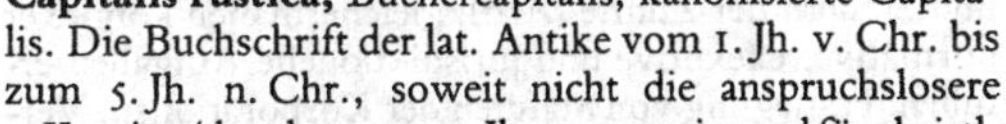

Fig. 6: Capitalis rustica

Lit.: J. MALLON, Paléographie Romaine, 1952 – B. BISCHOFF, Paläographie des röm. Altertums und des abendländ. MA, 1979, 72–79, 226, 228f., 259.

Capitán. Im ma. Spanien bezeichnete das Wort »capitán« im allgemeinen einen militär. Befehlshaber. Im 13. Jh. wurde der Verwalter eines Grenzbezirkes, der dort auch die oberste militär. Befehlsgewalt innehatte, *Capitán de la Frontera* genannt. In León und Kastilien wurde auch jener als C. bezeichnet, der an der Spitze der Miliz eines →Concejo oder einer anderen Gemeinde stand. Im SpätMA nannte man den Anführer des kgl. Aufgebotes so.

In Aragón schuf Peter IV. 1344 das Amt des *capitán general.* Bis zur Reorganisation des kgl. →Heeres unter den →Kath. Kg.en am Ende des 15. Jh., war der C. der Befehlshaber einer Kampfeinheit, der *compaña* oder *capitanía.* →Capitaine. L. García de Valdeavellano

Lit.: L. GARCÍA DE VALDEAVELLANO, Curso de Hist. de las Instituciones españolas, 1977⁵, s. v.

Capitanata, hist. Landschaft in Italien, von den Flüssen Ofanto und Fortore begrenzter nördl. Teil →Apuliens, der mit der heut. Prov. Foggia zusammenfällt. Von den Römern Apulia Daunia bezeichnet, wurde das Gebiet seit dem Beginn der norm. Eroberung landläufig Capitinata genannt, wie Leo Marsicanus in seiner Chronica (MGH SS VII, 661) bezeugt. Der Name steht vermutl. in Zusammenhang mit den Befestigungen, die von den Byzantinern nach dem Rückzug Ottos II. 982 aus Unteritalien errichtet wurden und v. a. mit dem Wirken des catepanus Basilius Boioannes, der im Okt. 1018 bei Canne den aufstand. →Meles besiegte und Troia, Dragonara, Civitate und Castel Fiorentino befestigte, die rasch zu Bm.ern emporstiegen. Berühmt durch die von den Langobarden sehr verehrte vielbesuchte Wallfahrtsstätte des hl. Michael auf dem→Gargano, aber auch Ziel slav. und sarazen. Einfälle, wird die C. in geograph. Hinsicht durch den Tavoliere beherrscht, eine weite Ebene, die bes. für Viehzucht genutzt wurde. Durch die Via Traiana mit Samnium verbunden, die von Aeca (später Troia) bis Beneventum führte und durch eine Abzweigung den Hafen Sipontum erreichte, stellte die C. einen bedeutenden Verkehrsknotenpunkt dar. Zu See unterhielt die C. intensive Beziehungen mit der dalmat. Küste, von wo sie jedoch in regelmäßigen Abständen von Streifzügen und Einfällen der Slaven und Ungarn heimgesucht wurde, die auch die benachbarten Tremiti-Inseln zum Ziel hatten, wo sich das mit Montecassino verbundene Benediktinerkloster S. Maria befand. Von den Katepanen etwas vernachlässigt, wurde die C. zunehmend Ziel der norm. Eroberungspolitik. I. J. 1040 kontrollierten die →Hautevilles (Altavilla) einen Großteil des Gebietes, aber ihre drückende Herrschaft erregte den Protest der Bevölkerung, der bei Papst Leo IX. in der Synode v. Siponto (1050) Gehör fand; er verbündete sich in dem vergebl. Versuch, den Normannen Einhalt zu gebieten, mit den Byzantinern. Takt. Fehler oder ungenügende Mittel verursachten 1053 die Niederlage des Papstes bei Civitate: →Robert Guiscard setzte Leo IX. gefangen, zog in das benachbarte Molise ein und besetzte die Kirchengüter. Die C. wurde an Malgerius, den Bruder des Gf.en Umfred, gegeben, später an dessen Bruder Wilhelm vererbt und von diesem an einen weiteren Bruder Goffredus, danach ging sie an dessen Sohn Robert, Gf. v. Loritello, der zusammen mit seinem Onkel Robert Guiscard von Gregor VII. als Verwüster des Patrimonium sancti Petri exkommuniziert wurde. In der Folge wurde die C. in Gft.en unterteilt; dies führte zu Konflikten und Aufständen, die den byz. Ks., den Papst und den dt. Ks. zw. dem Ende des 11. Jh. und der Mitte des 12. Jh. zum Eingreifen zwangen. Die Teilnahme der unruhigsten Gf.en am Kreuzzug und der unter Vermittlung Papst Calixtus II. 1120 zw. Hzg. Wilhelm und Kg. Roger II. geschlossene Gottesfriede (Treuga Dei) milderten die Kontraste, die durch das Abrücken Rogers II. von dem Gegenpapst Anaklet II. und seine Versöhnung mit dem rechtmäßigen Papst Innozenz II. ihr Ende fanden (1140). Unter der Herrschaft Kg. Wilhelms I. entbrannten von neuem Kämpfe und brachten die ganze Region in Aufruhr. Nach einer ruhigen Periode unter Kg. Wilhelm II. ergriff die C. in dem Nachfolgestreit für Heinrich VI. Partei. Unter Friedrich II. erlebte die C. eine Zeit der sozialen und wirtschaftl. Konsolidierung. Der Ks. hielt sich mit Vorliebe zur Jagd in der C. auf, erbaute in Foggia eine Residenz und errichtete dort ein Justitiariat. Er siedelte in Lucera siz. Sarazenen an, die ihm auch dann treu ergeben blieben, als im Kampf gegen Gregor IX. viele Städte der C. wie Foggia, Troia, San Severo und Casalnuovo von ihm abfielen. Friedrich II. zwang diese jedoch mit Feuer und Schwert wieder zum Gehorsam. Ebenfalls in der C., in Foggia, hielt Friedrich 1240 seinen letzten großen Hoftag; zehn Jahre später ereilte ihn der Tod im nahegelegenen Castel Fiorentino. In den Nachfolgewirren spielte die C. eine herausragende Rolle als Kriegsschauplatz. Zuerst konnte der illegitime Sohn Friedrichs, →Manfred, die Aufstände niederhalten; Foggias Mauern wurden geschleift. In dem harten Kampf zw. Manfred und dem Papst konnte Manfred mit Hilfe der Sarazenen von Lucera seine Eroberungen in der C. konsolidieren. 1263 ließ er mit Baumaterial aus dem antiken Sipontum Manfredonia er-

richten. Nach dem Ende der Stauferdynastie fiel die C. an das Haus →Anjou und hatte drückende Steuerlasten zu ertragen; genues., florent. und ven. Kaufleute, die reiche Privilegien und Handelsmonopole besaßen, beuteten das Land geradezu aus. Die Städte wurden an frz. Lehensträger ausgegeben; der künftige Kg. Karl II. erhielt von seinem Vater die Gft. Lesina und Apricena, den Honor Monte Sant'Angelo und andere Besitzungen. Sehr bald entwickelte sich jedoch eine Feudalanarchie, die 1337 unter Robert v. Anjou die ganze C. erfaßte und ein Vorspiel der umfassenden Krise des Kgr.s bedeutete, das sich die Anjou und die Kg.e v. Aragón streitig machten. 1443–47 richtete Alfons I. zu fiskal. Zwecken die Dohana menae pecudum ein, deren in Foggia ansässiger Vorsteher jährlich Steuern in Höhe von 80–100 000 Dukaten einnahm. Dies führte zu einem Konflikt zw. Ferdinand I. und Ludwig v. Anjou, so daß der Ks. auswärtige Hilfe in Anspruch nehmen mußte und den alban. Helden→Georg Kastriota Skanderbeg in seine Dienste nahm und ihm Monte Sant'Angelo und San Giovanni Rotondo zu Lehen gab. In der Folge kam es zu einer krieger. Auseinandersetzung zw. Kg. Ludwig XII. v. Frankreich und Kg. Ferdinand d. Kath. um das Kgr. Neapel. Der schwere Kampf hatte epische Momente wie die berühmte *disfida* (Herausforderung) von Barletta i. J. 1503. Schließlich gewannen die Spanier mit Unterstützung Venedigs die Oberhand, und so kam auch die C. unter die Herrschaft des kath. Königs.
P. De Leo

Lit.: IP IX, 143–270 – Foggia e la Capitanata. Territorio, Folklore, storia e cultura. Contributo per una Bibliogr. Daunia, hg. M. ALTONELLA GALASSO-A. VENTURA, 1979.

Capitaneus. Das Adjektiv wurde schon um 800 vereinzelt substantivisch im Sinne von »die Häupter des Volkes« gebraucht und konnte den adligen Herrn von Vasallen bezeichnen (MGH LL II/1 Nr. 48, 3). Seit Mitte 11. Jh. erscheint c. in Mittel- und Oberitalien, vereinzelt auch in Schwaben, als Bezeichnung der Adelsschicht, die über Herrschaftsbesitz, Kastelle und eine eigene Vasallenschar verfügte. Als ständ. Begriff, der die altadligen Familien vom neuen Vasallenadel (Valvassoren) abhebt, verliert c. mit der Verschmelzung beider Gruppen im ordo militum zunehmend an Bedeutung. Damit wird das Wort frei zur Bezeichnung eines mit militär. Aufgaben verbundenen Führungsamtes in der kommunalen Organisation (insbes.: capitaneus populi, →Capitano del popolo; in dieser Tradition stehen die späteren Ableitungen. Auf diese Bedeutung hinweisend, bezeichnet c. im Mailänder Bereich schon im 12. Jh. den ebfl. Vasallen als »Haupt« eines Pfarreibezirks (plebs) bzw. eines Stadtteils (porta). Eine gesonderte Entwicklung nahm der Begriff im Lehnrecht, da er von den Feudisten, als tenens in capite erklärt, auf die unmittelbaren (fürstlichen) Lehnsträger der Krone eingeschränkt wurde, so daß der Standesbegriff unter lehnrechtl. Gesichtspunkten als ungenau erschien.
H. Keller

Lit.: MlatWb II, 223–226 – HRG I, 585f. – E. SALZER, Über die Anfänge der Signorie in Oberitalien, 1900, 117ff., 144ff., 187ff. – H. GOLLWITZER, Capitaneus imperatorio nomine (Aus Reichstagen des 15. und 16. Jh., 1958), 248ff. – B. STAHL, Adel und Volk im Florentiner Dugento, 1968, 76ff., 108ff. – C. VIOLANTE, Pievi e parrocchie nell'Italia centro-settentrionale (Le istituzioni ecclesiastiche della »Societas christiana« dei secoli XI–XII: diocesi, pievi e parrocchie, 1977), 717ff. – H. KELLER, Adelsherrschaft und städt. Ges. in Oberitalien, 1979, Kap. 1 u. passim.

Capitano del popolo (capitaneus populi). Seit der Mitte des 13. Jh. Bezeichnung für einen Amtsträger, der in der Zeit der Podestà-Kommunen den »popolo« in rechtl. polit. und wirtschaftl. Hinsicht führte. Dieses Amt wurde gewöhnlich – analog der bei der Wahl des Podestà üblichen Praxis – einem Auswärtigen übertragen, der entsprechend der Übereinstimmung seiner polit. und sozialen Ideen mit denjenigen der herrschenden popolaren Partei sowie nach seiner Zugehörigkeit zu einem bedeutenden Geschlecht ausgewählt wurde, um auf diese Weise ein wirksames Auftreten gegenüber den offiziellen Autoritäten der Kommune zu gewährleisten. Die Amtszeit des C. d. p. war anfängl. auf ein Jahr, später auf nur sechs Monate beschränkt, offensichtl., um den popolo vor etwaigen Mißbräuchen zu schützen, die bei einer längeren Amtsdauer auftreten konnten. Seine Funktionen waren sehr umfangreich und in den einzelnen Kommunen unterschiedl. festgelegt. In Anlehnung an jene des Podestà, den der C. d. p. in Auftreten und Stil nachahmte, waren die Kompetenzen dieses popolaren Amtsträgers zumeist militär. Art, bisweilen gehörten jedoch auch Funktionen im Steuerwesen zu seinen Obliegenheiten, wie die Kontrolle der Abgaben und Steuern der Zünfte (Arti); gleichermaßen konnte er normative, exekutive und jurisdiktionelle Aufgaben erfüllen: Festlegung von Statuten der Korporationen, Verwaltung des popolo, Rechtsprechung in bestimmten Straf- oder Zivilfällen, welche die Zünfte und den popolo betrafen. Ursprgl. wurzelte jedoch das Amt des C. d. p. im militär. Bereich: Der C. d. p. war offenbar ein Generalkapitän, d. h. ein Kommandant der gesamten »Compagnia« oder »Società delle Armi«, der bald die Rolle eines polit. Anführers annahm und sich dadurch von anderen Kapitänen oder Kommandanten der Infanterieverbände unterschied. Als der popolo in der Kommune das Übergewicht erlangte und seine Stellung durch »ordinamenti« (schriftl. niedergelegte Statuten) festigte, wurde der C. zusammen mit den Podestà eines der beiden Oberhäupter der Stadt, in einem diarchischen Regierungssystem, das auf der Integration und Konvergenz beider Ordinamenti fußte und durch die Koexistenz beider Ämter ihre wechselseitige Kontrolle garantierte. Als jedoch dieses labile Gleichgewichtsverhältnis auseinanderbrach und der popolo die gesamte Macht an sich riß, ersetzte sein Capitano den Podestà, übernahm zu seinen ursprgl. Kompetenzen auch die bisherigen Funktionen des offiziellen Amtsträgers der Kommune oder drängte diesen in eine untergeordnete Position. Trat der gegenteilige Fall ein und behielt die Schicht der Magnaten gegenüber dem popolo in der Kommune die Oberhand, dann wurde der popolare »ordinamento« wirkungslos, und mit ihm verschwand auch das repräsentative Amt des C., der seine Autorität und Macht symbolisierte. Infolge der Komplexität und Vielfalt der it. Kommunen ist daher eine einheitl. Zusammenfassung der Funktionen, Rollen und Kompetenzen der verschiedenen Capitani del popolo, die nur ihr gemeinsamer Titel zu einer abstrakten Institution vereinigt, schwierig und problematisch: Ihre Geschichte ist eng verknüpft mit den verschiedenen Entwicklungen der Kommunen im Spät-MA. In diesem komplexen Erscheinungsbild ist auch zu erkennen, daß die Hegemonie von Parteihäuptern, die die Funktionen eines C. d. p. mit nicht mehr eng begrenzter Amtszeit und erweiterter Machtbefugnis ausübten, bisweilen zu signorieartigen Regimen führte, das ursprgl. Modell der Kommune völlig oder partiell entarten ließen.
C. Ghisalberti

Lit.: U. CONGEDO, Il C. d. P. in Pisa nel secolo XIV, 1898 – E. SALZER, Über die Anfänge der Signorie in Oberitalien, 1900 – G. VOLPE, Medioevo It., 1923, 1962² – P. TORELLI, Capitanato del Popolo e Vicariato imperiale come elementi costitutivi della Signoria Bonacolsiana (Atti e Memorie della R. Accad. Virgiliana di Mantova, 1923), 73ff. (später in: Scritti di Storia del diritto it., 1959, 176) – N. OTTOKAR, Il Comune di Firenze alla fine del Dugento, 1926 [Neuaufl. ed. E. SESTAN, 1962] – G. DE VERGOTTINI, Arti e popolo nella prima metà del secolo XIII, 1943 (später in: Scritti di Storia del diritto it., hg. G. ROSSI,

I, 1977, 387ff.) – E. Cristiani, Nobilità e popolo nel Comune di Pisa, 1962 – V. Rutemburg, Popolo e movimenti popolari nell'Italia del Trecento e del Quattrocento, 1971 – AAVV, I problemi della civiltà comunale (Atti del Congr. stor. internaz. per l'ottavo centenario della prima Lega lombarda, Bergamo, 1967), 1971 – G. Fourquin, Les soulèvements populaires au MA, 1972 – M. Bellomo, Società e istituzioni in Italia tra Medioevo ed età moderna, 1976, 62ff. – A. Marongiu, Storia del diritto it., 1977, 107ff. – G. Tabacco, Egemonie sociali e strutture di potere nel Medioevo it., 1979, 284ff. – O. Capitani, R. Manselli, G. Cherubini, A. I. Pini, G. Chittolini, Comuni e Signorie: istituzioni, società e lotte per l'egemonia (Storia d'Italia IV, 1981).

Capitão-donatário, Amt, das sich im 15. Jh. in Portugal, v. a. im Rahmen der Kolonisierung der →Atlant. Inseln (wie auch später in Brasilien), ausprägte. – Als *donataria* bezeichnete man die Tatsache, daß der Kg. die Herrschaft über ein Gebiet, verbunden mit administrativen, richterl. und steuerl. Befugnissen, an einen Privatmann zum Zwecke der Inbesitznahme und wirtschaftl. Nutzung übertrug. Diesem wurden verschiedene Vergünstigungen *(beneficios)* gewährt. Die donataria sollte somit als Instrument dienen, das die landwirtschaftl. Kolonisierung und Erschließung der neuentdeckten Gebiete ohne Belastung der Staatskasse gewährleistete. Das System wurde erstmals bei →Heinrich dem Seefahrer, dem ersten *donatário* auf Madeira und den östl. und mittleren Azoren, sowie bei seinem Neffen Ferdinand, dem zweiten donatário auf den Azoren, angewandt. Damals ernannte der donatário verschiedene *capitanes* in den einzelnen Gerichtsbezirken, denen er Teile seiner Befugnisse übertrug: auf Madeira T. V. Teixeira, B. Perestrelo und G. Zarco, auf den Azoren J. de Bruges und G. Velho usw. Wahrscheinl. entsprach die gewählte Agrarverfassung, wie sich aus einer Reihe von Belegen schließen läßt, der *sesmaria,* die das im spätma. Portugal übliche System der Neuverteilung wüsten Landes an Kolonisten darstellt. Ein ident. Agrarsystem ist auch auf den Kapverd. Inseln und auf S. Tomé feststellbar. – Die Institution des c.-d. ist eine Adaptation von bereits bestehenden Systemen der Finanzierung und Erschließung, wie sie im spätma. Mittelmeerraum bes. von Italienern und Katalanen praktiziert wurden, an die Verhältnisse der Atlant. Inseln. →Entdeckungen und Eroberungen.

L. Adão da Fonseca

Lit.: DHP I, 472f., 849–851 – Ch. Verlinden, Précédents médiévaux de la colonie en Amérique, 1954 – Ders., Formes féodales et dominiales de la colonisation portugaise dans la zone atlantique au XIVᵉ et XVᵉ s., Revista Portuguesa de Hist. 9, 1960, 1–44.

Capitatio → Steuerwesen

Capitolare de specialibus, ven. Apothekerordnung von 1258. Im Rahmen ihrer Ermächtigung durch den Großen Rat von Venedig *(Maggior Consiglio)* erließ die Behörde, welche Handel und Handwerk zu überwachen hatte *(Giustizia vecchia),* Ordnungen (capitolare, ordo) für die ihr untergeordneten Bereiche, so 1258 das C., dem bis 1330 zehn Ergänzungen hinzugefügt wurden; diese Ordnung ist in mehreren Hss. erhalten. Wie aus dem Inhalt hervorgeht, galt sie für die »spec[t/z]iali medicinali«, die Arznei- und Gewürzwaren herstellten und damit handelten (= Apotheker); sie regelte Herstellung, Prüfung, Lagerung und Abgabe v. Arzneimitteln und Giften und die Berufsausübung des *speciale.* Wahrscheinl. von der siz. →Medizinalordnung Friedrichs II., (Novae Constitutiones 1231/40) und evt. von byz. Vorbildern beeinflußt, wirkte das C. außer auf N-Italien und Dalmatien insbes. über Nürnberg auf die dt. Apothekergesetzgebung. Es ist für seine Zeit sehr ausführlich gehalten und zählt zu den frühesten und wichtigsten Apothekergesetzen (→Apotheke) Europas.

KH. Bartels

Q., Ed. und Lit.: Archivio di stato di Venezia, Giustizia vecchia, Busta I Reg. I (Sala diplom. Reg. Margher. Nr. 34-LXXVI, fol 159 f, 170f.) – G. Monticulo, I capitolari delle arti Veneziane sottoposte alla Giustizia e poi alla Giustizia vecchia, Fonti, 1896, I, 159–169 – U. Stefanutti, Documentazioni cronologiche per la storia della medicina, chirurgia e farmacia in Venezia dal 1258 al 1330, 1961, 43f. – A. E. Vitolo, Gli statuti degli Speziali Italiani con particolare riguardo alle leggi della Repubblica Veneta, Atti II Congr. Internaz. di Storia della Farmacia, 1958 – L. Rossi Sebastiano, Annotazioni sul Capitolare degli Speziali di Venezia del 1258, Minerva Farmaceutica, 1962 – Kh. Bartels, Drogenhandel und apothekenrechtl. Beziehungen zw. Venedig und Nürnberg (QStGPh 8), 1966 [Übers. ins Dt.].

Capitolo, it. Gedichtform, deren Name von den »capitoli« gen. Teilen der »Trionfi« →Petrarcas abgeleitet ist. In metr. Hinsicht entspricht der Begriff der *terza rima* (daher wird der C. auch als *capitolo ternario* oder einfach als *ternario* oder *ternale* bezeichnet). Es handelt sich dabei um eine in der »Divina Commedia« durchgängig verwendete Erfindung →Dantes (Gorni tritt jedoch für einen früheren Ansatz ein), die nach gängiger Auffassung eine Weiterentwicklung der Serventese-Strophe darstellt (drei monorime Elfsilber und ein Fünfsilber, der den Reim für die folgende Strophe anschlägt: AAAb/BBBc/; in den Traktaten von Antonio da Tempo, Gidino da Sommacampagna und Baratella wird die *terzina* ('Terzine') als Sonderform des Serventese bezeichnet): Nach dem Wegfall des Fünfsilbers hat anscheinend der zweite Elfsilber dessen Funktion übernommen; entsprechende Ansätze dazu finden sich bereits in einigen Formen der Terzinen des Sonetts (CDC/DCD, von Dante wenig gebraucht) und in den *piedi* des Großteils der →Canzonen Dantes. Der eigtl. Schlüssel zur Deutung dieser Neuschöpfung ist jedoch sicherlich ein numerisches Prinzip: drei Verse umfaßt die Terzine, dreimal wird der gleiche Reim wiederholt, 33 Gesänge (Canti) umfaßt jeder der drei großen Teile der Commedia (cantica). So entsteht eine Kette von elfsilbigen Terzinen, bei denen der zweite Vers jeder Terzine den Reim für den ersten und dritten Vers der folgenden anschlägt: ABA/BCB/CDC/.../XYX/YZY/Z. Nur der erste und letzte Reim kehren zweimal wieder. Nach der letzten Terzine bildet ein hinzugefügter *verso rilevato* (Baratella) eine Reimkorrespondenz der Anfangsterzine.

Der Terminus C. dient schließlich bereits früh als Bezeichnung einer Ableitung der terza rima auf stilist. niedrigerer Ebene, die nur für burleske Dichtung und seit Berni (16. Jh.) nur für »poesia bernesca« verwendet wurde.

Eine weitere Form ist der *c. quadernario* (am Ende des 14. Jh. aus dem *serventese caudato* entstanden): durch verbundene Quartinen aus drei Elfsilbern und einem Siebensilber, ein freier Elfsilber als Eröffnung und ein miteinander reimendes Elfsilberpaar in der Schlußstrophe, einer Terzine (ABbC/CDdE/EFfG/.../YZZ. Der künstl. gelängte *c. ternario* wird *capitolessa* genannt.

G. Busetto

Lit.: EncDant V, 583–594, s. v. terzina – R. Spongano, Nozioni ed esempi di metrica italiana, 1966, 41–43, 54, 71–72 – A. Tissoni Benvenuti, La tradizione della terza rima e l'Ariosto (Ludovico Ariosto: lingua stile e tradizione..., 1976), 303–313 – G. Gorni, Sull'origine della terzina e altre misure. Appunti di metrica dantesca, Metrica II, 1981, 43–60.

Capitudines, vornehml. in toskan. Urkunden des 12.–14. Jh. im Rahmen des Korporationswesens (Kaufmannsgilden, Handwerker- und sonstige Zünfte) gebrauchter Terminus, der – v. a. in Florenz und Siena – die 'Häupter' einer derartigen, aus der Notwendigkeit der Verteidigung und des Schutzes gemeinsamer Interessen entstandenen, nach dem Vorbild der Kommune strukturierten sozialen Gruppierung bezeichnen konnte. (Daneben erschienen vielfach die Begriffe Konsuln, Rektoren,

Prioren.) Häufiger wurde der Begriff capitudo jedoch nicht für das einzelne Amt (oder den einzelnen Amtsträger), sondern vielmehr für den Vorstand einer Korporation oder mehrerer unter dem Oberbegriff einer Zunft subsumierten Korporationen verwendet. (Bekanntl. konnte eine von Rektoren geleitete Korporation einem Prior oder mehreren Prioren unterstellt sein, an deren Spitze sich ein »superprior« befand). In wirtschaftl., sozialer und rechtl. Hinsicht waren die Korporationen eng mit der Kommune, insbes. mit der Popolo-Kommune verbunden. So mußten z. B. in Florenz außen- und innenpolit. wichtige Entscheidungen der Kommune unter Heranziehung der C. artium getroffen werden. Alle drei Jahre mußten zu Beginn der großen Fastenzeit die C. der zwölf großen Zünfte (Arti maggiori) hinsichtl. der Notwendigkeit einer Statutenreform befragt werden (Florenz, Statuti del Capitano del popolo, 1322, Lib. V, rub. 53). Umgekehrt war die Wahl der C. artium auch von dem →Capitano del popolo zu ratifizieren (ibid. Lib. I, rub, 51; vgl. auch rub. 50). In Orvieto wurde mit C. das Amt des Capitano del popolo bezeichnet. G. P. Massetto

Q. und Lit.; G. REZASCO, Diz. del linguaggio it. storico e amministrativo, 1881, s. v. Capitudine, I, 151; s. v. Priore, IV, 866; s. v. Collegio, XXX, 215 – DU CANGE II, s. v. Capitudo, I, 139; s. v. Capitadenus, 130 – R. DAVIDSOHN, Forsch. zur älteren Gesch. v. Florenz, T. III: Reg. uned. Urkk. zur Gesch. von Handel, Gewerbe und Zunftwesen. Die Schwarzen und die Weißen, 1901, passim – DERS., Gesch. v. Florenz, II/1, 1908; IV/1, 1922; IV/2, 1925, passim – Statuti della Repubblica fiorentina, ed. R. CAGGESE, I: Statuto del Capitano del popolo degli anni 1322-1325, 1910 – EncIt IV, 678, s. v. Arti; XV, 448, s. v. Firenze – F. CALASSO, Medio Evo del diritto, I: Le fonti, 1954, 433ff. – Novissimo Digesto It. IV, 1959, 864–869, s. v. corporazione medioevale – Enc. del Diritto X, 1962, 669–676, s. v. corporazione [Bibliogr.].

Capitula Angilramni (Hadriani), eine meist in 71 (72) oder 51 (52) + 20 kurze Kapitel eingeteilte kleine Rechtskompilation der Karolingerzeit, die SECKEL als »handliche Strafprozeßordnung für das Anklageverfahren gegen Bischöfe« charakterisiert hat. Zu den Vorlagen zählen v. a. Sammlungen des röm. Rechts und die →Dionysio-Hadriana. Als Verfasser kommen weder, wie die Überlieferung vortäuscht, Papst →Hadrian I. († 795) noch Bf. →Angilram v. Metz († 791) in Frage. Der Urheber muß vielmehr im Kreis der Pseudoisidor. Fälscher gesucht werden (Mitte 9. Jh.), deren weitere Werke z. T. enge Verwandtschaft mit den C. A. verraten; zudem sind die C. A. schon in den ältesten Handschriften gern mit den Falschen Dekretalen verbunden. Vgl. auch →Pseudoisidor. Fälschungen. H. Mordek

Ed.:Decretales Pseudo-Isidorianae et C. A., rec. P. HINSCHIUS, 1863, 757–769 – P. CIPROTTI, I C. A. con appendice di documenti connessi (Univ. degli studi di Camerino, Istituto giuridico: Testi per esercitazioni VII, 1), 1966 – Lit.: →Pseudoisidor. Fälschungen.

Capitula episcoporum, in Kapitel gegliederte, vielfach anonym überlieferte bfl. Anordnungen für Priester und Laien einer Diöz., ursprgl. partikulares Recht also, für dessen Abfassung die allerdings reichsweit geltende→Admonitio generalis Karls d. Gr. (789) Vorbild gewesen sein könnte. Heute sind etwa ein halbes Hundert derartiger bfl. Verlautbarungen unterschiedl. Umfangs aus dem Zeitraum von ca. 800 bis 950 bekannt. Ihr bedeutendster Vertreter ist zugleich der erste namentl. greifbare Autor: Bf. →Theodulf v. Orléans († 821), dessen erstes Kapitular mit 49 erhaltenen Handschriften und einer breiten kanonist. Rezeption eine für die Gattung ungewöhnl. große Wirkung erzielte. Andere beachtenswerte C. e. stammen – um nur einige zu nennen – von Haito v. Basel, Herard v. Tours, Isaak v. Langres und Radulf v. Bourges. Von den weltl. →Kapitularien unterscheiden sich die C. e. wohl im Geltungsbereich, nicht aber der Thematik nach. Verschiedentl. auf Diözesansynoden verkündet, vermitteln sie mit ihren zuweilen durchaus eigenständigen Bestimmungen zur Kirchenzucht, Verwaltung u. a. m. einen guten Einblick in das kirchl. Leben der Karolingerzeit und sind Ausdruck des Reformwillens der Kirche. P. Brommer

Lit.: C. DE CLERCQ, La législation religieuse franque. Étude sur les actes de conciles et les capitulaires, les statuts diocésains et les règles monastiques, 2 Bde, 1936/1958 – J. GAUDEMET, Les statuts épiscopaux de la première décade du IXe s. (Proceedings of the Fourth Internat. Congr. of Medieval Canon Law, MICC 5, 1976), 303–349 – P. BROMMER, C. e. Bemerkungen zu den bfl. Kapitularien, ZKG 91, 1980, 207–236.

Capitula missorum (Capitularia missorum), nach der in der Forschung allgemein anerkannten Einteilung neben den *c. legibus addenda* und den *c. per se scribenda* die dritte Gruppe der →Kapitularien (nach GANSHOF noch um eine vierte Gruppe der *c. mixta* zu ergänzen). Die Einteilung geht bereits auf Definitionen in Kapitularien Ludwigs d. Fr. (ed. BORETIUS Nr. 137, 139, 140), in Ansätzen sogar Karls d. Gr. (Nr. 24, 39, 41) zurück. Während die ersten beiden Gruppen sich in unterschiedl. Weise auf die Gesetzgebung beziehen, gehören die c. missorum in den Bereich der Verwaltung bzw. der Rechtsanwendung: sie sind Instruktionen und Anweisungen für die Königsboten (→missi dominici). Das Institut der paarweise, jeweils aus einem geistl. und einem weltl. Würdenträger bestehenden missi, die als Kontrollorgane des Kg.s feste Sprengel (→missatica) überwachten, ist uns im wesentl. aus ihnen bekannt. Bes. aufschlußreich die c. m. specialia v. 802, die in 6 Fassungen für verschiedene genannte missi mit umschriebenen Sprengeln erhalten sind und nach dem Zeugnis der Lorscher Annalen (MG SS 1, 38) mit der Reorganisation des Instituts durch Karl d. Gr. zusammenhängen. Das Institut hat mit dem Zerfall des Reiches seine Kraft verloren. Die letzten bekannten c. m. stammen aus dem Jahre 857, während das Institut der missi in Italien noch bis 922 begegnet. J. Fleckenstein

Ed.: MGH Cap., ed. A. BORETIUS–V. KRAUSE, 2 Bde, 1881–97 – Lit.: G. SEELIGER, Die Kapitularien der Karolinger, 1893 – F. L. GANSHOF, Was waren die Kapitularien?, 1961 – W. A. ECKHARDT, Die Kapitulariensammlung Bf. Ghaerbalds v. Lüttich, 1955 – R. BUCHNER, Die Rechtsquellen (WATTENBACH-LEVISON, Beih. 1953) – W. A. ECKHARDT, Die Capitularia missorum specialia v. 802, DA 12, 1956 – R. SCHNEIDER, Zur rechtl. Bedeutung der Kapitularien, DA 23, 1967 – vgl. auch: V. KRAUSE, Gesch. des Institutes der missi dominici, MIÖG 11, 1890.

Capitula S. Martini, schriftl. niedergelegte Ergebnisse der am 30. März 1283 von Karl, Fs. v. Salerno (dem späteren Karl II. v. Anjou), und dem päpstl. Legaten Gerardus v. Parma, in der Ebene von S. Martino, östl. von Palmi in Kalabrien, in Anwesenheit von Mitgliedern des hohen Klerus, des Hochadels sowie von Funktionären des Kgr.s Sizilien abgehaltenen feierlichen Versammlung *(Parlamento)*. Sie fand in einer ruhigeren Phase des Vesper-Krieges (→Sizilianische Vesper) statt, wobei in Kalabrien die Streitkräfte der Anjou den Truppen Peters III. v. Aragón gegenüberstanden. Die C. S. M. enthalten Verfügungen, die das am 10. Juni 1282 erlassene Reformdekret hinsichtl. der Rechte der Adligen und Kleriker vervollständigen. Es wird hierbei das Bestreben der Anjou deutlich, sich der Unterstützung des Klerus und des Lehnsadels im Krieg zu versichern. Die Garantie einer Reihe von Privilegien sollte einerseits die Finanzen des Regnum konsolidieren – Stabilität der Währung, Rückkehr zu der unter dem Normannenkönig Wilhelm II. üblichen fiskal. Praxis, Beschränkungen der aus fiskal. Gründen erfolgenden Sequestration, differenzierte Schätzung und Verringerung der Abgaben – andererseits die Privilegien des Klerus (hinsichtl. der Exemptionen, des Benefizienwesens und der Regelung des Zehnten) sowie des Adels schützen (Rückerstattung der Kosten eines länger als drei Monate dauernden Kriegsdienstes; Erleichterungen bei der Erteilung von Heiratserlaubnissen; das Recht, jurist. Streitfragen am kgl. Hof von Standesgenossen entscheiden zu lassen). E. Pasztor

Lit.: R. TRIFONE, La legislazione Angioina, 1921, 93–105 – E. LÉONARD, Les Angevins de Naples, 1954.

Capitular(ien) → Kapitular(ien), → Perikopenbuch

Capitulare v. Quierzy. Vor Antritt seiner letzten Romreise hielt Ks. → Karl d. Kahle am 14. Juni 877 in Quierzy-sur-Oise ein placitum ab, auf dem er per capitula festlegte, wie sein Sohn → Ludwig d. Stammler und die Großen des Reich während seiner Abwesenheit regieren sollten und welches tributum im Westreich erhoben werden sollte (Ann. Bert. ad 877). Die Regelungen hatten zum Ziel, die Rechte Karls und seiner Gefährten gegen Übergriffe Ludwigs und der Großen zu wahren. Seit MONTESQUIEU (1689–1755) wurde allgemein angenommen, daß durch das C. die Erblichkeit der →honores und sonstigen →beneficia Rechtskraft erlangt habe. Das ist aber nicht der Fall; das C. schuf kein neues Recht, zeigt aber, daß es schon damals üblich war, daß der Kg. den Sohn eines verstorbenen Lehnsmanns mit dessen beneficia belehnte. Aus dem Text des C. läßt sich nicht herauslesen, daß während des placitum schon eine große Konspiration gegen Karl bestand, wohl aber daß dieser der Zukunft mit größter Besorgnis entgegensah und den Zurückbleibenden nicht vertraute. – Der überlieferte Text ist einheitlicher, als die Editoren BORETIUS und KRAUSE meinten (s. HALPHEN, 1951, 81). Die adnuntiatio (→Kapitularien) eines Teiles des C. ist erhalten in MGH LL II 282. D. P. Blok

Q.: MGH Cap. II, ed. A. BORETIUS-V. KRAUSE, 1890–97 – *Lit.*: E. BOURGOIS, Le Capitulaire de Kiercy-s.-Oise (877), 1885 – L. HALPHEN, A propos du Capitulaire de Q., RH 106, 1911, 186–194 [Neudr. in: DERS., A travers l'hist. du MA, 1951, 74–82] – FUSTEL DE COULANGES, Nouvelles recherches sur quelques Problèmes d'hist., 1923, 417–479 – L. HALPHEN, Charlemagne et l'Empire carolingien, 1947, 1968³, 171–174.

Capitulare Saxonicum. Im Herbst 797 wurde auf einer Reichsversammlung in der Aachener Pfalz in Anwesenheit von Bf.en, Äbten, Gf.en und sächs. Vertretern aus Westfalen, Engern und Ostfalen über Neuordnungen in →Sachsen beraten. Als Ergebnis der Verhandlungen verfügte der frk. Kg. am 28. Okt. 797 das Capitulare Saxonicum. In ihm zeigt sich die veränderte Einstellung Karls d. Gr. gegenüber Sachsen, vergleicht man die rechtl. Regelungen im Capitulare Saxonicum mit den schweren Strafandrohungen, wie sie zum Schutze kirchl. und staatl. Institute und Personen etwa 15 Jahre früher in der →Capitulatio de partibus Saxoniae verfügt worden waren. So steht nunmehr auf Bruch des Kirchenfriedens nicht mehr die Todesstrafe, sondern der Täter büßt mit dem üblichen Königsbann (60 Schillinge). Auch wer einen Priester erschlägt, kann sich mit der doppelten Bannbuße lösen. Die kgl. Missi und ihre Leute werden durch den dreifachen Königsbann geschützt. Wir wissen, daß Alkuin auf den Kg. einzuwirken suchte, um eine Milderung der Gesetzgebung in Sachsen zu erreichen. Eine derartige Verwendung blieb offenbar nicht ohne Konsequenz. Sie wäre aber sicher nicht erfolgt, hätte der König nicht die Überzeugung gewonnen, daß der widerspenstige Stamm endlich niedergerungen war und der Ausnahmezustand beendet werden konnte. W. Lammers

Ed.: Leges Saxonum und Lex Thuringorum, ed. CL. FRHR. V. SCHWERIN, 1918 (MGH Fontes) – Recht der Sachsen (Schulausg. mit Übers.).

Germanenrechte II. 3., ed. K. A. ECKHARDT, 1943 – *Lit.*: S. ABEL–B. SIMSON, JDG K. d. Gr. II, 1883, 136f. – CL. FRHR. V. SCHWERIN, Zu den Leges Saxonum, ZRGGermAbt 33, 1912, 390ff. – M. LINTZEL, Die Entstehung der Lex Saxonum, ebd. 47, 1927, 130ff. – L. SCHMIDT, Gesch. der dt. Stämme bis zum Ausgang der Völkerwanderung, II, 1: Die Westgermanen, 1938², 33ff. – Die Eingliederung der Sachsen in das Frankenreich, hg. W. LAMMERS (WdF 185, 1970 [vgl. dort Literaturverz. von H.-M. MÖLLER, Zur Unterwerfung der Sachsen, 535ff.]).

Capitulare de villis

I. Zur Frage von Entstehungszeit und Geltungsbereich – II. Das Capitulare de villis als agrar- und wirtschaftsgeschichtl. Quelle.

I. ZUR FRAGE VON ENTSTEHUNGSZEIT UND GELTUNGSBEREICH: Das Capitulare de villis (CV) ist das berühmteste aller →Kapitularien Karls d. Gr. Überliefert in einer einzigen Hs. (Cod. Guelf. 254 Helmst. der Herzog August-Bibl. in Wolfenbüttel), die zugleich die →Brevium exempla und zehn Briefe Papst Leos III. an Karl d. Gr. aus den Jahren 808–813 enthält und im 2. Viertel des 9. Jh. (B. BISCHOFF) entstanden ist, bietet das CV in 70 Kapiteln einen Überblick über die karol. Krongutverwaltung, für die es die wichtigste Quelle darstellt. Als einziges frk. Kapitulare ist es ausschließl. der Verwaltung der kgl. Domäne gewidmet und daher der Gruppe der capitularia mundana zuzurechnen. Die lange Zeit umstrittene Frage nach Entstehungszeit und Geltungsbereich des CV wird heute meist dahingehend beantwortet, daß das CV im letzten Jahrzehnt des 8. Jh. für das gesamte Frankenreich mit Ausnahme Italiens erlassen wurde und allgemein für das karol. Krongut Gültigkeit hatte. Die einst sehr verbreitete These von A. DOPSCH, wonach das CV von Ludwig d. Fr. 794/795 als Unterkönig v. Aquitanien erlassen worden sei und nur dort Geltung gehabt habe, darf als endgültig widerlegt gelten. Neuerdings hat B. FOIS ENNAS die These vertreten, der Geltungsbereich des CV habe sich auf das Rheinland, insbes. den Raum Köln-Aachen, beschränkt. C. Brühl

Ed. und Lit.: Ed. pr.: H. Conring, Helmstedt 1647; annähernd 30 Editionen – Faks. und Transkr. der Hs.: C. BRÜHL, CV. Cod. Guelf. 254 Helmst. der Herzog August Bibl. Wolfenbüttel, 1971 [mit Einführung; ebd. 9f. die Bibliogr. der Ed., 10 die Übersetzungen des CV, 12–14 die Lit. zum CV, 23–29 ein Glossar zum CV] – Ergänzend s. B. FOIS ENNAS, Il »CV«, 1981 [mit ausführl. Komm.: 29–276, it. Übers.: 283–295; allg. Bibliogr. ebd., 297–307).

II. DAS CV ALS AGRAR- UND WIRTSCHAFTSGESCHICHTLICHE QUELLE: Der Zweck des CV war, wie DOPSCH, diesmal mit Recht, u. a. gegen VON INAMA-STERNEGG, betont hat, beschränkt. Die Absicht des CV bestand nicht in einer umfassenden Neuordnung der kgl. Domänen, über deren Organisation das CV übrigens nur ganz beiläufig etwas mitteilt, sondern in der Beseitigung von bestehenden Mißständen, die v. a. die Versorgung des reisenden Königshofes und des Heeres beeinträchtigten. Wahrscheinl. entstanden aufgrund der negativen Erfahrungen auf diesem Gebiet während der großen Hungersnot von 792/793, sieht das CV Maßnahmen vor, welche die schädlichen Folgen einer ähnlichen Krise in der Zukunft eindämmen sollten, zumindest für den Kg. und seinen Machtbereich. Karl d. Gr., in seiner Absicht, die allgemeine Dienstpflicht der kgl., nicht als beneficia verliehenen Domänen an Hof und Heer zu gewährleisten, ist v. a. besorgt um eine ausreichende Ausstattung der Domänen mit Vieh und sonstigen Tieren (c. 13, 14, 15, 23; c. 17, 18, 19, 38, 40) sowie mit landwirtschaftl. Geräten (c. 42) und Handwerkern (c. 45); er kümmert sich um den Schutz der →familia, des Personals (c. 2, 3, 11, 12), erwartet von den iudices und maiores, nicht nur aus letzterem Grund, eine ordentl. Aufsicht über die Domänen (c. 5, 10), an deren Lieferungen für den Hof er sich in erster Linie interessiert zeigt (c. 7,

8, 20, 23, 24, 59, 51) und über die er daher auch klare Abrechnungen sowie Auskünfte über ihre Bestimmung fordert (c. 27, 28, 30-33, 65, 66). Die grundlegende Absicht Karls d. Gr. war es, wie aus diesen Angaben hervorgeht, jederzeit mit den Lieferungen der kgl. Domänen für den Unterhalt des Hofes oder des Heeres sicher rechnen zu können. Daher strebt er einen ordnungsgemäßen und möglichst ertragreichen Betrieb der Krongüter an, ohne sich jedoch im CV mit Fragen der landwirtschaftl. Technik zu befassen. Seine Sorge um das Saatgut (c. 32) erklärt sich wahrscheinl. eher aus schlechten Erfahrungen während der Hungersnot von 792/793; im übrigen steht im CV die Viehhaltung (darunter die Pferdezucht, die Aufzucht junger Hunde usw.) im Vordergrund, während der Akkerbau kaum berührt wird. Die berühmte Aufzählung von Pflanzennamen (c. 70), unter ihnen auch Heilkräuter, geht sehr wahrscheinl. auf das Studium antiker Pflanzenglossare – nicht nur in den Klöstern, sondern auch am Hofe Karls d. Gr. – zurück, so daß sie kaum prakt. Wert besaß. Die wirtschaftl., bes. agrarwirtschaftl. Bedeutung des CV kann somit als gering gelten. Doch hat die auffallende Sorge um die Ausstattung der Domänen und ihre Erträge wahrscheinl. viel dazu beigetragen, die Abfassung von Güterverzeichnissen zu fördern, wie die in derselben Hs. erhaltenen →Brevium exempla zeigen. A. Verhulst

Lit.: (neben den unter Abschnitt I gen. Ed.): A. E. VERHULST, Karol. Agrarpolitik. Das CV und die Hungersnöte von 792/793 und 805/806, ZAA 13, 1965, 175–189 – W. METZ, Zur Erforschung des karol. Reichsgutes, 1971, 8–21 – *zur Pflanzenliste:* FISCHER, 131–135.

Capitulatio de partibus Saxoniae, für das eroberte →Sachsen von →Karl d. Gr. erlassene Verfügung. Auf dem Reichstag zu Lippspringe 782 wurde Sachsen in die Grafschaftsverfassung einbezogen, und sächs. Edlinge wurden als →Grafen bestellt. Es war dies ein Zeichen, daß ein großer Teil des Adels sich seit längerem für die frk. Königsherrschaft und damit für das christl. Bekenntnis entschieden hatte. Ehestens auf den Reichstag von Lippspringe ist auch die Verfügung zu datieren, mit der die Integration Sachsens in das Frankenreich und die Existenz der Kirche in Sachsen gesichert werden sollten, die Capitulatio de partibus Saxoniae. Bedenkt man, daß Verbote auf bestehende Verhältnisse hinweisen, die überwunden werden sollen, dann wird bes. der Katalog von Todesstrafandrohungen in der Capitulatio zu einer Beschreibung der in Sachsen weiter praktizierten heidn. Religion und der daraus fließenden Auflehnung gegen den frk. Kg. wie den christl. Kult und seine Priester. So soll den Tod erleiden, wer in Kirchen einbricht, wer Priester tötet, aber auch, wer in der vierzigtägigen Fastenzeit Fleisch ißt, wer heimlich Heide bleibt und sich nicht taufen läßt, wer nach heidn. Sitte Menschen opfert, wer Menschen, die er für Hexen oder Hexer hält und die Menschen essen, verbrennt und selbst ihr Fleisch ißt, wer die Toten nach heidn. Art verbrennt und nicht auf einem Kirchhof beerdigen läßt usw. Aber auch weltl. Institute werden durch Todesstrafen gesichert. Wer mit Heiden gegen den Kg. und überhaupt gegen Christen konspiriert, ist todesschuldig, ebenso wer Treubruch gegen den König begeht. Dem Schutz des Adels dient die Androhung der Todesstrafe demjenigen, der die Tochter seines Herrn raubt, ebenso dem, der seinen Herrn oder seine Herrin tötet.

Von den sonstigen Anordnungen, die das Verfassungsleben Sachsens im Frankenreich betreffen, findet sich die markanteste c. 34, wo es heißt: »Den Sachsen verbieten wir, öffentl. Versammlungen abzuhalten, es sei denn, daß unser Missus sie auf unseren Befehl ansetzt; jeder Graf jedoch soll in seinem Amtsbereich Tage und Gerichtsversammlungen einberufen, und von den Priestern soll überprüft werden, daß er es nicht anders hält.« Aus dem Gesetz spricht insgesamt die Absicht, Sachsen mit härtesten Mitteln den übrigen Teilen des Frankenreiches anzugleichen. Zur Umformung der sächs. Mentalität wie der Verfassung war danach die wichtigste Voraussetzung die breite Aufnahme der christl. Lehre und der Ausbau der Kirchenorganisation. Es ist früh darauf verwiesen worden, daß die rigiden Drohungen des Gesetzes sich nur an Gewohnheiten des sächs. Rechtes anschlossen. Das mag sein, dennoch erschien es bald notwendig oder doch zweckmäßig, das Gesetz zu mildern (→Capitulare Saxonicum 797). Die C. enthält neben zwölf Todesstrafandrohungen (de maioribus capitulis, c. 3–14) auch »übliche« Anweisungen (de minoribus capitulis, c. 15ff.) Einiges spricht dafür, daß dieser zweite Teil erst in einer späteren Redaktion mit dem »harten Kern« des »Siegerrechtes« zusammengeschlossen wurde. W. Lammers

Ed.: Leges Saxonum und Lex Thuringorum, ed. CL. FRHR. V. SCHWERIN, 1918 (MGH Fontes) – Recht der Sachsen (Schulausg. mit Übers.). Germanenrechte II. 3., ed. K. A. ECKHARDT, 1943 – *Lit.:* S. ABEL–B. SIMSON, JDG K. d. Gr., I, 1888², 417ff. – CL. FRHR. V. SCHWERIN, Zu den Leges Saxonum ZRGGermAbt 33, 1912, 444ff. – H. VORDEMFELDE, Die germ. Religion in den dt. Rechtsbüchern, Religionsgesch. Versuche und Vorarbeiten XVIII, 1923, 163ff. – M. LINTZEL, Unters. zur Gesch. der alten Sachsen XV, SaAn 13, 1937 – G. BEYERHAUS, Heinrich Boehmer und der »germ. Kannibalismus«. Zur Interpretation der C., c. VI, AK 36, 1954 – HAUCK, 396ff. – F. L. GANSHOF, Was waren die Kapitularien?, 1961 – H. CONRAD, Dt. Rechtsgesch. I, 1962², 139 [Lit.] – Die Eingliederung der Sachsen in das Frankenreich, hg. W. LAMMERS (WdF 185, 1970 [vgl. dort Literaturverz. von H.-M. MÖLLER, Zur Unterwerfung der Sachsen, 535ff.]).

Capo Colonne, Schlacht v. Der Versuch Ottos II., der ksl. Gewalt in Süditalien zur Herrschaft zu verhelfen, zeitigte anfängl. Erfolge. Tarent, das bereits wieder in griech. Hand war, fiel nach längerer Belagerung, so daß die Interpretation der späteren dt. Historiographie, Ottos Zug habe sich v. a. gegen die Griechen gerichtet, nicht ohne hist. Fundament ist. Nach außen vermischten sich die ksl. Ansprüche auf Italien mit dem Versuch, die Mitgift der Ksn. Theophanu einzukassieren. Im Sommer 982 setzte der Ks. den Vormarsch nach Süden fort, um den zunächst zurückweichenden Sarazenen zu folgen; die Ksn. mit Schatz und Gefolge blieb in Rossano, die Hauptmasse des Heeres bestand siegreiche Scharmützel mit den Sarazenen, wagte sich aber zu weit vor, so daß dem Emir v. →Sizilien, Abū'l Qāsim, der Augenblick zum Gegenangriff günstig schien. Am 13. Juli 982 kam es, vermutl. am Capo Colonne, zur offenen Schlacht, in der die Deutschen zunächst das sarazen. Zentrum vernichteten, dann aber dem Flankenangriff erlagen. Zahlreiche geistl. und weltl. Herren fielen, an der Spitze der Emir, dem Ks. gelang mit knapper Not die Flucht auf einem byz. Schiff. Obwohl Otto beim Rückzug nach Rom noch einige Regierungsmaßnahmen traf, hatte das ksl. Ansehen in Italien einen tödl. Stoß erhalten; die Verteilung der Einflußzonen zw. Sarazenen und Byzantinern blieb bis zum Feldzug des →Maniakes im wesentl. unverändert.

Die Lokalisierung ist umstritten, da nur zwei Quellen genaue Angaben machen. Lupus Protospatarius hat »in civitate Columnae«, Romuald v. Salerno »apud Stilum«, wobei aus topograph.-takt. Überlegungen heraus der ersten Angabe der Vorzug gegenüber einer Lokalisierung an der Punta Stilo zu geben ist. H. Enzensberger

Lit.: J. GAY, L'Italie méridionale et l'empire byz., 1904, 335–339 – M. AMARI – C. A. NALLINO, Storia dei Musulmani di Sicilia II, 1935, 377–382 – R. CESSI, Bisanzio e l'Italia nel Medioevo, Nuove questioni di storia medievale, 1969, 82f. – HEG I, 798 – P. BREZZI, La civiltà del medioevo europeo II, 1978, 87f.

Capocci, röm. Familie, auch C. dei Monti gen. (nicht zu verwechseln mit der gleichnamigen viterbes. Familie, der der Kard. Raniero →C. angehörte). Erste sichere Belege über die Familie sind erst mit *Giovanni* erhalten, der in den Jahren 1194/95–1196 Senator von Rom war und gegen Innozenz III. die Autonomie des röm. Senats verteidigte. Sein Sohn *Giacomo* zeigte jedoch eine papstfreundl. Haltung: 1237 nahm er an der Gesandtschaft nach Viterbo teil, die Gregor IX. nach der Niederlage der ksl. Faktion nach Rom zurückholen sollte. Giacomos Sohn *Pietro* (1200?–1259) unterstützte die Politik von Papst Innozenz IV. Fieschi, der ihn 1244 zum Kard. erhob und ihn während des Kampfes gegen Friedrich II. mit Legationen und Missionen in Deutschland und Italien betraute. Ein Neffe von Pietro, *Angelo,* spielte in einer Phase demokrat. Aufschwungs der Kommune Rom eine bedeutende Rolle und berief als Capitano del Popolo 1267 →Heinrich (Arrigo) v. Kastilien zum Senator der Stadt. Im 14. Jh. nahm der polit. Einfluß der C. ab: Zu nennen ist noch *Nicolò*, der 1350 von Clemens VI. zum Kard. ernannt und von Innozenz VI. als Friedensvermittler zw. Frankreich und England eingesetzt wurde, und schließlich *Lello* (ca. 1377–1415), der die Pisaner Päpste (→Pisa, Konzil v.) gegen die Herrschaft von→Ladislaus v. Durazzo in Rom unterstützte und in der Folge als Anhänger Johannes II. v. Neapel enthauptet wurde. F. Simoni Balis-Crema
Lit.: DBI XVIII, 587ff.

Capocci, Raniero, it. Kirchenpolitiker, * ca. 1180/90, † 1250, stammte aus einer nicht mit d. röm. →Capocci zu verwechselnden Familie aus Viterbo, päpstl. Notar unter Innozenz III., wurde 1216 von diesem zum Kardinaldiakon von S. Maria in Cosmedin erhoben. Unter dem Einfluß der joachimit. Eschatologie (→Joachim v. Fiore), die im Umkreis der Zisterzienser, mit dem C. eng verbunden war, zirkulierte, unterstützte er in den letzten Jahren des Papats von Gregor IX. (1227–41) diesen bei der Polemik gegen Ks. Friedrich II. und trat dabei publizist. hervor. 1244 von Innozenz IV. zum Statthalter in Tuszien, im Dukat v. Spoleto und der Mark Ancona ernannt, drängte er durch die Verbreitung antikaiserl. Schriften beim Konzil v. →Lyon auf die Absetzung von Friedrich II. und bedrohte durch eine Reihe polit. Initiativen – die allerdings von zahlreichen militär. Niederlagen begleitet wurden – die ksl. Macht im Dukat und in der Mark. Von Innozenz IV. schließlich wieder an die Kurie gerufen und in Italien durch den Römer Pietro Capocci ersetzt, reiste C. im Herbst 1249 nach Lyon, wo er im folgenden Frühjahr starb. F. Simoni Balis-Crema
Lit.: DBI XVIII, 608–616.

Capodistria (heute Koper), Stadt in Jugoslawien. C., in Istrien, im Süden des Golfes v. Triest, gelegen, ging aus der röm. Siedlung Capris hervor; das in der Literatur ebenfalls genannte Aegida lag unweit auf dem Festland und kann nicht als direkte Vorgängersiedlung angesehen werden. Im 6. Jh. (521?) in Iustinopolis umbenannt, wurde C. der Tradition nach 524 Sitz eines Bm.s. Erster Bf. war wahrscheinl. der spätere Stadtpatron Nazarius (Nazario). Die Diöz. wurde dann mit Tergeste (→Triest) vereinigt, im 12. Jh. aber wieder selbständig. Abwechselnd von →Venedig (1. Schutzvertrag 932) und →Aquileia abhängig, wurde C., zu dessen Territorium seit 1225 auch Isola gehörte, ein wichtiges Handelszentrum, das eine führende Rolle unter den istr. Städten beanspruchte. Wirtschaftl. Ursachen führten im 12. Jh. zu häufigen Konflikten mit Venedig, dem sich C. 1279 nach einer bewaffneten Auseinandersetzung unterwerfen mußte. Die Stadt erlangte Ende des 13. Jh. eine neue wirtschaftl. Blüte, als sich in ihr toskan. Bankiers und Handwerker niederließen. 1348 unternahm C. einen letzten Versuch, die Unabhängigkeit zurückzuerlangen, er schlug aber fehl. C. bekam die ganze Härte zu spüren, deren die ven. Herrschaft fähig war. Die 1238 erstmals erwähnten Statuten wurden suspendiert und blieben es bis 1394. 1380 während des →Chioggiakrieges von den Genuesen verwüstet, konnte auch der neue Name »Caput Istrie« nicht darüber hinwegtäuschen, daß C. polit. und wirtschaftl. keine Rolle mehr spielte. P. Bartl
Q. und Lit.: IP VII, 1, 1923, 214–222 – DHGE XI, 878–886 [L. JADIN] – ECatt III, 693 [P. PASCHINI] – F. BABUDRI, S. Nazario, patrono di C., nella storia e nella tradizione, 1901 – H. SCHMIDINGER, Patriarch und Landesherr. Die weltl. Herrschaft des Patriarchen v. Aquileia bis zum Ende der Staufer, 1954 – R. GIOLLO, S. Nazario, protovescovo e patrono di C., 1969 – G. DE VERGOTTINI, Lineamenti storici della costituzione politica dell'Istria durante il Medio Evo, 1974² – F. SEMI, Capris, Iustinopolis, Capodistria. La storia, la cultura e l'arte, 1975.

Cappa. [1] *Allgemein:* Die Herkunft des Wortes (mlat. cappa, afrz. *cape,* engl. *cape,* span. *capa*) ist ungewiß. Bei Gregor v. Tours (MGH SRM I, 696) findet sich die Bezeichnung C. für eine Art Kapuze. Isidor v. Sevilla (Etymol. 19 c. 31, MPL 82, 699) leitet das Wort von caput oder dem gr. Buchstaben Kappa (*κ*) ab.

Die C. war ein Übergewand, das über der →Tunika getragen wurde, mehr Mantel als Kleid. Die C. war fast immer glockenförmig geschnitten und reichte bis zur Wade, bei den Frauen oft bis zu den Fußknöcheln, und war als Schlupfkleid gearbeitet. Von den Vornehmen wurde sie oft reich verziert als Reisekleid verwendet und besaß zum Schutz gegen die Kälte einen hochzustellenden Kragen oder eine abnehmbare Kapuze. Die Kapuzenform war bes. in Spanien beliebt (vgl. Alcegas, »Geometria« von 1598). Das Material war durchweg Wolle in dunklen Tönen, nur in Spanien trugen die Stierkämpfer die C. in leuchtenden Farben. Die C. wurde noch über das 16. Jh. hinaus von Reisenden und Kaufleuten getragen, als längst ein kurzes Mäntelchen in Mode war. M. Braun-Ronsdorf

[2] *Liturgische Kleidung:* Der den Körper allseits geradezu wie ein Kegelstumpf umgebende Radmantel der C. war Ausgangspunkt der verschiedenen Formen liturg. Obergewandung (→Kleidung, liturg.) über der stets obligaten und unveränderten Unterkleidung der antiken Tunika (Alba). Der Ursprung blieb bes. spürbar in der langen C. choralis (»Chorkappe« der Kanoniker und Mönche beim winterl. Chordienst, oft mit Pelz versehen). Neue Formen entstanden durch Stilisierung und Schmückung: die geringe Armfreiheit (C. clausa) wurde durch vordere Schlitzung (→Pluviale, »Chormantel«), seitl. Beschneidung (Kasel, planeta, »Meßgewand«) oder durch Reduktion zu einem mehr oder weniger breiten Schulterkragen (Mozetta, Mantelletta) verbessert und schließlich durch die oft extreme Verlängerung der Rückseite mittels einer Schleppe (Cauda) zur C. magna der auszeichnenden Gewandung von Kardinälen, Bf.en und Prälaten verfeierlicht; ersteren wurde die Schleppe nachgetragen, Prälaten schlangen sie um den Arm.

Die C. ist auch der Ausgangspunkt des →Krönungsornats im monarch. Zeremoniell. J. Emminghaus
Lit.: zu [1]: RDK III, 323f. H. DIHLE, Neue Forsch. zur span. Tracht, ZHWNF 6, 1937/39, 212ff. – E. THIEL, Gesch. des Kostüms, 1960, 82– C. W. und W. CUNNINGTON, Handbook of Mediaeval Costume, o. J., 186 – *zu [2]:* EISENHOFER I, 435ff. – LThK² II, 926 [weitere Lit.] – J. BRAUN, Die liturg. Paramente.., 1924, 119ff., 178.

Cappellis, Jacobus de (Giacomo Cappelli), OFM aus Oberitalien, um die Mitte des 13. Jh., seine genauen Lebensdaten sind unbekannt. Er hatte – wie sein Werk erkennen läßt – v. a. in der Lombardei große Bedeutung bei der Polemik gegen die Katharer. Sein gegen die kathar. Häresie seiner Zeit gerichteter Traktat »Summa contra hereticos« weist mehrere interessante Übereinstimmungen mit der ebenfalls sehr wichtigen Schrift »Adversus catharos et valdenses« seines Zeitgenossen →Moneta v. Cremona auf. Das zeitl. Verhältnis der beiden Schriften zueinander läßt sich jedoch nicht festlegen. Bei seiner Darstellung des Katharertums geht J. de C. nach der Methode der Kontroversienliteratur vor und stellt jeder These der Häretiker ihre Widerlegung gegenüber. Seine Schrift ist zwar in theol. Hinsicht weniger gewichtig und gedankentief als das Werk des Dominikaners Moneta, zeigt jedoch in ihrer gedrängten Synthese und der nüchternen Darlegung der gegnerischen Positionen eine bemerkenswerte Ausgewogenheit des Urteils und drückt ehrliche Hochachtung vor der strengen Askese der häretischen Lehrer aus, sowie die Absicht, Unklarheiten und Legendarisches, das in den herrschenden Meinungen über die Häretiker kursierte, auszumerzen: Ganz bewußt schließt er die Freveltaten aus, deren die Katharer in verleumderischer Weise beschuldigt wurden. Von J. de C. ist auch eine bis jetzt noch unedierte Sammlung von Fastenpredigten erhalten, die das allgemeine Niveau der zeitgenöss. Sammlungen kaum übersteigt. Von der Summa gibt es eine, allerdings unzureichende, Edition. R. Manselli

Ed. und Lit.: D. BAZZOCCHI, L'eresia catara, 2 Bde, 1920 [im Anhang unzureichende Ed. der Summa] – I. DA MILANO, La Summa contra hereticos di Giacomo Cappelli OFM e un suo quaresimale inedito, CF 10, 1940, 66–82 – vgl. auch M. D'ALATRI, Inquisizione francescana nell'Italia centrale nel secolo XIII, 1954, 25–36 – R. MANSELLI, L'eresia del male, 1980², s. v.

Cappenberg

I. Grafen von Cappenberg – II. Prämonstratenserstift.

I. GRAFEN VON CAPPENBERG: C., westfäl. Adelsfamilie des HochMA; zuverlässige Aussagen sind nur über drei Generationen der Gf.en v. C. im 11./12. Jh. möglich: *Hermann* († 1085), ⚭ Gerberga v. Huneburg (aus einer frk.-elsäss. Grafenfamilie); deren Sohn *Gottfried*, ⚭ Beatrix v. Schweinfurt (→Schweinfurt, Gf. en v.) sowie deren Sohn →*Gottfried*, der mit seinem Bruder Otto dem Prämonstratenserorden beitrat, C. als Stift gründete (s. Abschnitt II) und damit der letzte Gf. v. C. war. Die Verwandtschaft der C.er mit Saliern und Staufern ist durch Beatrix gegeben; die Gf.en v. C. waren mit angesehenen Geschlechtern versippt, sie besaßen gfl. Machtbefugnis im münster. Bistumsgebiet und waren wohl vor den Tecklenburgern Schirmvögte des Bm.s. Die von späteren Chronisten behauptete Verwandtschaft mit den Nachkommen Widukinds, den Karolingern, Liudolfingern und Billungern ist ungewiß. Die jüngere Linie stammt wohl aus Niederlothringen. Ein fester Wohnsitz auf C. ist nicht für die ältere, wohl aber für die jüngere Linie zu belegen. Ein Seitenzweig der C.er sind vielleicht die späteren Ravensberger, die offensichtl. zunächst im Westmünsterland ansässig waren. G. Ruppert

II. PRÄMONSTRATENSERSTIFT: C., erstes Prämonstratenserstift (→Prämonstratenser) im rechtsrhein. Deutschland, nördl. Lünen im Bm. Münster gelegen (heute Gemeinde Bork, Krs. Unna), verdankt seine Gründung (1122) v. a. dem Gf.en Gottfried v. C. Von Reue über seine Rolle bei Eroberung und Brand →Münsters (1121) geplagt, beschloß er nach seinem Zusammentreffen mit →Norbert v. Xanten (1121), zu dem ihn auch sein Bruder Gf. Otto, der Taufpate Barbarossas, begleitete, Norbert und seinem Orden den Besitz des Hauses C. zu übereignen. Die Stammburg C. wurde in ein Doppelkl. umgewandelt, Gottfried und seine Familie traten ein. Das durch die Gründungsumstände territorialpolit. belastete Verhältnis zum Bf. v. Münster entspannte sich, als das Stift sich 1139 der Münsteraner Kirche als filia unterstellte. Es behielt jedoch auch im SpätMA Exklusivität und Vorrang in der Diözese. H. Schoppmeyer

Lit.: Hist. Stätten Dtl. III, 141–143 – S. SCHNIEDER, Cappenberg, 1949– A. HAGEMANN, Das Hochstift Münster und die Gf.en v. C., ZRGKan Abt 39, 1953, 443–449 – A. K. HÖMBERG, Westfäl. Landesgesch., 1967 – M. PETRY, Die ältesten Urk. und die frühe Gesch. des Prämonstratenserstifts C. in Westfalen, ADipl 18/19. 1972/73 [Lit.].

Capranica. 1. C., Angelo, Kard., * um 1410, † 3. Juli 1478 in Rom, ⌐ ebd., S. Maria sopra Minerva. Jüngerer Bruder von Domenico C. (→ 2. C.) und von ihm gefördert, wurde er 1438 Ebf. v. →Manfredonia, 1447 Bf. v. →Ascoli Piceno, 1450 Bf. v. →Rieti, 1460 Kard. 1458–68 Gouverneur v. Bologna, seit 1468 bzw. 1474 Ordensprotektor der Kartäuser und Dominikaner, verband er polit. Geschick mit Reformeifer (1473/74 Verwaltung des Bm.s →Fermo) und widmete sich v. a. der Kolleggründung seines Bruders. E. Meuthen

Lit.: DBI XIX, 143–146 [A. A. STRNAD].

2. C., Domenico, Kard., 1400–58, † 14. Aug. 1458, ⌐ S. Maria sopra Minerva, Rom. Nach Studium in Padua (Schüler →Cesarinis) und Bologna mit Ämtern im Kirchenstaat betraut, seit 1425 →Administrator, dann Bf. v. →Fermo (daher »Firmanus«), von Martin V. in petto 1426 zum Kard. erhoben, Nov. 1430 publiziert, von der Wahl →Eugens IV. jedoch, da noch ohne Mundöffnung, ausgeschlossen, wandte er sich 1432 verletzt dem Konzil v. →Basel zu, wo Enea Silvio Piccolomini (Pius II.) sein Sekretär war. Von Eugen IV. voll anerkannt, kehrte er 1435 an die Kurie zurück, war Generalvikar in Ancona und Ordensprotektor (Minoriten, Dt. Orden), 1453 und 1454 Legat in Neapel. Seit 1447 als papabilis geltend, 1449 Großpönitentiar, verfaßte er einen Plan zur Kurienreform und genoß höchstes moral. Ansehen. Seine wissenschaftl. und literar. Interessen (patrist. Renaissance) bekundet die Bibliothek, die er dem von ihm gegr. Kolleg in Rom schenkte, heute größtenteils in der vatikan. Rossiana. E. Meuthen

Lit.: DBI XIX, 147–153 [A. A. STRNAD] – M. MORPURGO-CASTELNUOVO, Il cardinal D. C., ASRSP 52, 1929, 1–146 – A. V. ANTONOVICS, The Library of Card. D. C. (Cultural Aspects of the It. Renaissance, 1976), 141–159 – W. DECKER, Die Politik der Kard. e auf dem Basler Konzil (bis zum Herbst 1434), AHC 9, 1977, 112–153, 315–400 – J. MIETHKE, Die hs. Überlieferung der Schr. des Juan Gonzáles, Bf. v. Cádiz († 1440), QFIAB 60, 1980, 281ff. – A. G. LUCIANI, Minoranze significative nella bibl. del card. D. C. (Scrittura, biblioteche e stampa a Roma nel quattrocento, 1980), 167–182.

Caprea → Aribo (3.)

Capreoli (Caprioli), Antonio, it. Komponist Ende des 15., Anfang des 16. Jh. aus Brescia. Von ihm sind 18 →Frottole in Sammeldrucken von 1504 bis 1510 bei O. Petrucci, Venedig, erhalten. H. Leuchtmann

Lit.: F. J. FÉTIS, Biogr. universelle des Musiciens, 1861 – EITNER, s. v.

Capreolus, Johannes → Johannes Capreolus

Capsa, tragbares und verschließbares Behältnis unterschiedl. Form (rund, polygonal, viereckig) und Materials (Holz, Elfenbein, Metall, Stein) für variable Verwendung. Synonym zu arca, cista, pyxis, scrinium u. a., Diminutiv capsella, capsula. In heidn. und christl. Antike Schmuck-, Medikamenten- und Toilettenbehälter (Projecta-Kasten London Brit. Mus.). Oft als Behältnis für Buchrollen verstanden (c. in modum libri), von (sepulkralen) Philosophendarstellungen auf Christus und Evangelisten übertragen. Christl.-kult. Verwendung verbreitet, für unkonsekrierte Spezies, seltener für Eucharistie (Pyxis, Ciborium). C. ist die älteste und geläufigste Bezeichnung für →Reliquiar (Bursa, scrinium), dabei seit dem frühen MA Reduktion auf Kastenform. Im hohen und späten MA auch Gefäß für Weihrauch und dgl., das Behältnis für das →Corporale der Messe wird ebenfalls C. (oder Bursa) genannt. V. H. Elbern

Lit.: Du Cange II, 144f. – DACL II, 2340ff. – LThK² II, 931 – RAC II, 891ff. – J. Braun, Das christl. Altargerät, 1932, 285ff. – Ders., Die Reliquiare des christl. Kultes, 1940, 40ff. – Ma. Schatzverzeichnisse, 1967, 167.

Capsula eburnea (Secreta [Analogium] Hippocratis), byz. (alexandr.) Kurztraktat, der nach dem regionalen Auftreten von Hautausschlägen (Apostemata, papulae, pustulae) Todesprognosen gibt und klin. Begleitsymptome bei der Wertung des Krankheitsverlaufs mitberücksichtigt. Gegliedert in 21 (24) a capite ad calcem gereihte Vorhersagen (Paragraphen) und eine epische Auffindungslegende (Prooemium), berichtet er in seiner Einleitung, daß Caesar im Grabe des Hippokrates einen Schatz vermutet habe, es öffnen ließ und unter dem Haupt des Toten eine elfenbeinerne Büchse mit jener Schriftrolle fand, auf welcher der berühmte Koer das Geheimnis seines ärztl. Erfolgs, nämlich das Prognoseschema, festgehalten hatte.

Angelegt wie die »Epistula de sanguine cognoscendo« (→Blutschau) und ausgerichtet wie ein Krankheitslunar, nimmt die C. e. eine Zwischenstellung zw. diagnost. und prognost. Schrifttum ein, was sich bereits an den Überlieferungsformen ablesen läßt: Eingebettet ins Gefüge vorsalernitan. Briefcorpora (→Breviarium), tritt die frühma. C. e.-Übersetzung in Traditionszusammenhängen auf, die durch die Nachbarschaft urognost. und divinator. Kurztexte gekennzeichnet sind (→Harnschau, Verworfene Tage).

Der Erfolg des knappen Textes war schon im byz. Raum beachtlich, wie die verzweigte Überlieferung der Urfassung deutlich macht: Die abendländ. Tradition ist geprägt durch zwei Übersetzungen, von denen die ältere, vorsalernitan. auf den griech. Urtext zurückgeht, während die jüngere, toletan. Fassung durch →Gerhard v. Cremona nach arab. Vorlage erstellt wurde. Diese jüngere lat. Übertragung setzte sich seit dem HochMA gegenüber der vorsalernitan. Fassung durch und wurde Grundlage landessprachiger Bearbeitungen: Die mhd. Übersetzung →Ortolfs v. Baierland (um 1280) war überhaupt das gesamte dt. Sprachgebiet verbreitet und lief seit 1477 in Druckausgaben um (»Arzneibuch«, 73); die nfr. Bearbeitung (vor 1351) blieb auf die südl. Niederlande beschränkt. Bei den Übersetzungen in andere Landessprachen ist mit ähnlichen Voraussetzungen zu rechnen. Die hebr. Bearbeitung Honeins geht wahrscheinl. auf eine griech. Vorlage, wenn nicht auf eine der arab. Fassungen zurück. G. Keil

Lit.: K. Sudhoff, Die pseudohippokrat. Krankheitsprognostik nach dem Auftreten von Hautausschlägen, 'Secreta Hippocratis' oder 'Capsula eburnea' benannt, SudArch 9, 1916, 79–116 [grundlegend] – J. Muschel, Die pseudohippokrat. Todesprognostik und die C. e. in hebr. Überlieferung, SudArch 25, 1932, 43–60 – Beccaria, Nr. 67, 1; 73,3; 84,5; 94,15; 95,2; 108,29 – H. Schipperges, Die Assimilation der arab. Medizin durch das lat. MA (SudArch, Beih. 3, 1964), 98 – G. Keil, Ortolfs Arzneibuch, SudArch 53, 1969, 119–152, hier 120, 134 – L. J. Vandewiele, Dit siin.24. tekene der doot die Ypocras met hem dede graven, Biol. Jb. (Dodonea) 32, 1964, 395–400 – Ullmann, Medizin, 33f., 344 – G. Baader – G. Keil, Ma. Diagnostik (Neue Münchn. Beitr. Gesch. Med. Naturw., Med.hist. R. 7, 1978), 121–144.

Captal (gascogn. *captau, capdulh;* von lat. capitalis, 'Oberhaupt', 'bedeutender Lehnsmann'), im späteren MA Bezeichnung einer Gruppe von kleinen Herren in der Gegend von Bordeaux und Agen. Der erste Beleg ist die Nennung des c. von La Tour de Castillon (dép. Gironde) vor 1095. Später treten der c. von Latresne (bei Bordeaux) und der c. von Buch, welcher dem Haus Bordeaux entstammte, auf (1288). Das bedeutendste Captalat war dasjenige von Buch (bei Arcachon, dép. Gironde); es fiel 1309 durch Heirat an das Haus Grailly, das durch engl. Königsdienst aus dem Pays de Gex in die Gascogne gekommen war. Für das 13.–14. Jh. seien weiterhin genannt die *captaux* von Ramefort (im Médoc) und Puychagut (im Agenais).
Ch. Higounet

Lit.: M. Meaudre de Lapouyade, La Maison de Bordeaux et les premiers captaux de Buch, Actes Acad. Bordeaux, 1937–38 (1939), 76–84.

Capua, it. Stadt in Kampanien, im Zentrum der Terra di Lavoro, eines Gebiets, das in der Antike Campania felix und Campi Leborii oder Leporis und im MA Liburia genannt wurde. Um 800 v. Chr. gegr. und zuerst Mittelpunkt eines Zusammenschlusses kampan. Etruskerstädte, später eines oskisch-samnit. Bundes (Annexion von Kyme/Cumae und Dikaiarcheia/Pozzuoli), ergab sich C. im Verlauf der Samnitenkriege 338 Rom, trat aber im 2. pun. Krieg auf Seiten Hannibals und wurde daher 211 von den Römern erobert und schwer bestraft: Die Gemeinde wurde aufgelöst, das Territorium (ager Campanus) zum Staatsland erklärt, auf dem mehrere Kolonien errichtet wurden. In der Kaiserzeit war C. Sitz des corrector Campaniae. Als Kreuzungspunkt wichtiger Straßen (via Appia, via Campana) und Zentrum blühender Industrie (Parfüm, Bronzen) galt C. noch Ausonius als eine der großen Städte des Imperiums (Ordo urb. nob. 8), von der heute Reste von Amphitheater, Theater, Thermen und ein gut erhaltenes Mithräum zeugen. 456 von den Vandalen unter Geiserich erobert und zerstört, wurde C. nach teilweisem Wiederaufbau Verwaltungssitz eines byz. Tribunen, 594 jedoch von den Langobarden eingenommen. 841 zerstörten die Sarazenen die Stadt so gründlich, daß sie aufgegeben wurde. 856 gründete der Bf. Landulf an einer Schleife des Flusses Volturno bei der röm. Brücke von Casilinum die Stadt C. neu, während die ca. 4 km entfernte Ruinenstätte erst im späteren MA unter dem Namen S. Maria Maggiore (heute S. Maria di Capua Vetere) wieder besiedelt wurde. J. Gruber

Der langobard. Dukat →Benevent ließ die antike Einheit der Region Samnium-Hirpinum als Longobardia minor wiedererstehen, deren Bevölkerung durch die Aufnahme von Flüchtlingen aus Nord- und Mittelitalien nach dem Fall des langobard. Kgr.es (774) vermehrt wurde. Der urspl. langob. Gastaldat C. brachte im Laufe des 9. Jh., beginnend mit Landulf, eine Dynastie hervor, die ab 900 unter Atenulf den Fürstentitel führte. Die Langobarden von C. mußten mehr als ein Jahrhundert mit den autonomen, an der Küste liegenden Hzm.ern Gaeta, Neapel und Amalfi Krieg führen. Nachdem sie in der Folge eine dynast. Verbindung mit dem Fsm. Benevent eingegangen waren, gerieten sie mit dem Byz. Reich in Konflikt, dessen unterital. Themen Apulia (Langobardia) und Calabria Ende des 10. Jh. zum Katepanat Italia vereinigt wurden. Die Dynastie von C. erreichte ihren Höhepunkt unter →Pandulf I. Eisenkopf (961–981), der nach Leistung des Lehnseides an Otto I. die Longobardia minor wieder vereinigen konnte. Hzg. Pandulf erlangte 966 von Papst Johannes XIII. die Erhebung der Kirche von C. zum Metropolitansitz »inter universas metropolis apostilicae sedi vicinior«. Sie führte sich auf den hl. Priscus, einen Gefährten des hl. Petrus und Jünger Christi, zurück und besaß seit dem 4. Jh. Bf.e. Erster Ebf. war der Bruder Pandulfs I. Eisenkopf, Johannes. C. wurde damit die erste

Erzdiözese Kampaniens, das bis dahin zur suburbikar. Diözese Roms gehört hatte. Die zahlreichen Suffragansitze des Ebm.s fielen mit den Zentren der Gastaldate und Komitate im Gebiet des Fsm.s C. zusammen. Im Laufe des 10. Jh. nahm C. nach der Zerstörung der Kl. →Montecassino und →S. Vincenzo al Volturno deren Mönche innerhalb seiner Mauern auf; ihre Kl. legten sich die Namen der Mutterklöster zu. Als die Mönche wieder in ihren ursprgl. Kl. eingesetzt waren, gingen Montecassino und S. Vincenzo, die unter Karl d. Gr. Reichsklöster geworden waren, in die Abhängigkeit der Fs.en von C. über. Im 11. Jh. verfolgten die Hzg.e v. C., v. a. →Pandulf IV. (1026–69), eine von wechselndem Glück gekennzeichnete Expansionspolitik (temporäre Unterwerfung von Neapel, Gaeta und Montecassino), die aber die Tragweite der Kirchenreformbewegung zu wenig ins Kalkül zog. Die Präsenz der Normannen in der benachbarten Gft. Aversa, die von Hzg. Sergius IV. v. Neapel als Bollwerk gegen die Langobarden von C. 1030 gegründet worden war, bedrohte die Stadt. →Richard Quarrel Drengot führte von dieser Gft. aus einen Eroberungszug gegen C., bei dem er die polit. Unterstützung des Abtes →Desiderius v. Montecassino, eines der Hauptvertreter der gregorian. Reform in Kampanien, fand. Nach einer vom Juni 1058 bis Mai 1062 dauernden Belagerung fiel die langob. Festung C. in Richards Hände, der den letzten Fs.en der capuan. Dynastie, Landulf VI., absetzte. Als Sitz eines norm. Fsm.s wurde der Principatus Capuae Teil der zentralistisch-feudalen Monarchie Rogers II. (1130), bewahrte jedoch seine hist. gewachsene Individualität, die auch im siz. Königstitel zum Ausdruck kommt. In strateg. Hinsicht bildete die stark befestigte Stadt die Pforte zum Regnum. Ausdruck ihrer bedeutenden Rolle war die Wiederherstellung des ehemals langob. und norm. Kastells durch Friedrich II. und die Errichtung des monumentalen Triumphtors auf der röm. Volturno-Brücke, das in seinen architekton. Elementen und seiner Bauplastik – die zum Teil bei dem Umbau der Befestigungsanlage durch die span. Vizekönige im 15. Jh. zerstört wurden – die polit. und imperiale Ideologie des Staufers versinnbildlicht. Aus C. kam auch der wichtigste polit. Helfer Friedrichs II., der berühmte Notar und Jurist →Petrus de Vinea. In angevin. und aragones. Zeit wurde C. niemals als Lehen ausgegeben, sondern blieb infolge seiner strateg. Bedeutung immer kgl. Domäne. 1421 und 1501 mußte die Stadt schwere Verwüstungen durch die Truppen Braccios da Montone bzw. Cesare Borgias über sich ergehen lassen. S. Maria Capua Vetere und Capua sul Volturno bewahren viele Spuren der Antike und v. a. aus ihrer hist. bedeutendsten Periode, der Zeit des langob. Fsm.s, deren Erforschung durch Historiker und Archäologen die hist. Bedeutung C.s während des ganzen MA erkennen läßt. N. Cilento

Lit.: KL. PAULY I, 1048–1049 – RE III, 1555-1561 – IP VIII, 1935, 199-327 – N. KAMP, Kirche und Monarchie..., 1973, 107–199 – C. A. WILLEMSEN, Ks. Friedrich II. Triumphtor zu Capua, 1953 – W. HOLTZMANN-W. PAESELER, Fabio Vecchioni und seine Beschreibung des Triumphtors in C., QFIAB 36, 1956, 205–247 – N. CILENTO, Le origini della Signoria capuana nella Longobardia minore, Studi storici dell'Istituto storico it. per il Medioevo, 1966, 69–70 – DERS., Italia meridionale longobarda, 1966, 1971² – E. KIRSTEN, Süditalienkunde I, 1975, 551ff. – The Princeton Enc. of Classical Sites, hg. R. STILWELL u. a., 1976, 195f. – I. DI RESTA, Capua Medievale. La città dal IX al XIII secolo e l'architettura dell'età longobarda, 1983.

Capua, Assisen v. Nach der Rückkehr aus Deutschland und der Kaiserkrönung (Nov. 1220) wandte sich Friedrich II. der Wiederherstellung der Ordnung im Kgr. Sizilien zu. Auf einem Hoftag in Capua Mitte Dez. 1220 ließ der Ks. 20 Gesetze verkünden, deren Hauptziel die Restauration des Rechtszustandes war, der unter dem letzten legitimen Normannenkönig Wilhelm II. (1166–89) bestanden hatte, wie die Einleitungsvorschrift Ass. Cap. 1 verkündet. Veränderungen nach dem Tode Wilhelms wurden widerrufen. Der Text ist nur in der älteren Fassung der Chronik des →Richard v. San Germano überliefert; 14 Vorschriften wurden, wenn auch teilweise modifiziert, in die Konstitutionen von →Melfi übernommen (Ass. Cap. 2–7, 10, 12, 14, 15, 17–20). Nicht übernommen wurden Ass. Cap. 8, die Aufhebung aller nach dem Tod seiner Eltern neu eingeführten Zölle und Gebühren, Ass. Cap. 9, das Verbot neuer Märkte und Messen und die Aufhebung der während seiner Minderjährigkeit neu eingeführten, Ass. Cap. 13, eine Schutzvorschrift zugunsten der Hintersassen mit Begrenzung des servitiums, Ass. Cap. 11 und 16. Der Rechtssicherheit dienten die Bestimmungen über das Verbot v. Selbsthilfe und die Regelung der gerichtl. Zuständigkeit (Ass. Cap. 3), das Verbot des Waffentragens (Ass. Cap. 4) und der Aufnahme von Dieben und Räubern (Ass. 5) sowie die verschiedenen Regelungen über die Beamten (Ass. 6, 7, 14, 18), wobei die Ernennung des Justitiars durch den Herrscher und die der städt. Magistrate durch die Kämmerer bes. zu betonen ist; zur Wirtschaftsordnung gehören Ass. 8 und 9, letztlich auch die Einschärfung der Zehntpflicht in Ass. 2. Lehnsrecht und Bestandserhaltung des Kronguts betreffen Ass. Cap. 10–13, 17, 19, 20. Ass. 15 enthält die Privilegienrevokation mit den Fristen Ostern 1221 für den festländ. Teil des Kgr.es und Pfingsten 1221 für die Insel Sizilien. Die daraufhin in großer Zahl neu ausgestellten Privilegien enthalten alle eine Klausel, die sich auf dieses Gesetz beruft: »post curiam Capue celebratam«. Ass. 16, wonach die von Friedrich II. erteilten Privilegien von unbegrenzter Gültigkeit sein sollten, wurde bei der Redaktion der Konstitutionen 1231 nicht mehr berücksichtigt. Auf dem Hoftag in Messina 1221, der auch der Erneuerung der Privilegien diente, wurden 4 weitere Gesetze erlassen: Verbot von Glücksspiel, Kleiderordnung für Juden, Vorschriften über Bad und Wohnung von Dirnen sowie gegen ioculatores. In den Umkreis der A. v. C. gehört auch Konst. I 80 mit den Vorschriften für das äußere Aussehen von Urkunden und Verbot der Kurialschriften, obwohl die Bestimmung in der Redaktion Richards v. San Germano nicht enthalten ist. H. Enzensberger

Ed.: A. GAUDENZI, Ignoti monachi Cisterciensis S. M. de Ferraria et Ryccardi de S. Germano cronica priora, 1888, 101–103 – C. A. GARUFI, Ryccardi de Sancto Germano chronica, RIS² 7.2, 1937, 88–93 – *Lit.:* P. SCHEFFER-BOICHORST, Die Vorbilder für Friedrichs II. Constitutio de resignandis privilegiis (Zur Gesch. des XII. und XIII. Jh., 1897), 244–249 – T. C. VAN CLEVE, The Emperor Frederick II, 1972, 139–145 – H. DILCHER, Die siz. Gesetzgebung Ks. Friedrichs II., 1975, 18–19 [mit Lit. u. Konkordanzen].

Caput. Mit Missa caput bezeichnen →Dufay, →Ockeghem und Obrecht bestimmte Messe-Vertonungen, die über einen cantus firmus gearbeitet sind, welcher dem Choral-Melisma auf das Schlußwort caput aus der Gründonnerstags-Antiphon Venit ad Petrum (in der melod. Sonderform der Kathedrale von Salisbury, des sog. Sarum use) entnommen ist. Ein Notenbeispiel dieser Melodie bietet NEW GROVE s. v. H. Leuchtmann

Lit.: NEW GROVE, s. v. – M. BUKOFZER, 'Caput': a Liturgico-musical Study (Stud. in Medieval and Renaissance Music, 1950), 217–310.

Caput mortuum ('Totenkopf') bezeichnet in ma. Texten zunächst allgemein Rückstände, Schlacken und Aschen, ebenso wie auch Destillationsrückstände. So etwa der unverwertbare Rückstand der →Destillation der →quinta essentia (der wirksamen Bestandteile, z. B. des aether.

Öles) aus Pflanzenteilen. Für die →Alchemie (Sp. 338) bedeuteten diese jedoch nicht nur Reste, sondern auch Zwischenprodukte, da sie als eine der alchem. operationes und zwar als Durchgangsstadium auch die mortificatio (Tötung) kennt. Dazu nämlich ist auch die calcinatio (»Erhärtung« durch Oxydation) zu rechnen. Somit drückt sich in diesen Substanzen, obgleich meist Oxide, die »Greiflichkeit« des Prinzipes sal aus, mit dem Paracelsus das sulphur-Prinzip (Brennbarkeit) und mercurius-Prinzip (Flüchtigkeit) zu der bekannten alchem. Trias erweitert hat. – Speziell wurde unter C. m. Eisen(III)-oxid verstanden, das nach der Austreibung des spiritus vitrioli (der Schwefelsäure) aus Eisensulfat zurückbleibt (Ferrum oxydatum rubrum; Colcothar, Roter Drache, Roter Heintz) und das als Malerfarbe und Poliermittel genutzt worden ist. G. Jüttner

Lit.: G. SCHROEDER, Die pharmazeut.-chem. Produkte dt. Apotheken im Zeitalter der Chemiatrie (Veröffentl. aus dem Pharmaziegesch. Seminar der Techn. Hochschule Braunschweig 1, 1957), 139–144 – D. GOLTZ, Stud. zur Gesch. der Mineralnamen, SudArch, Beih. 14, 1972.

Cara, Marco, it. Komponist, Sänger und Lautenspieler, * um 1470 Verona, † Ende 1525/Anfang 1526 Mantua. 1495–1525 stand er in Diensten der Gonzaga in Mantua, reiste nach Venedig, Parma, Cremona, Mailand, wurde 1525 Bürger in Mantua und machte im selben Jahr sein Testament dort. Seine Stärke war die kleine weltl. Vokalform; er schrieb über hundert →Frottole, als deren Hauptmeister er neben B. Tromboncino gilt. B. Castiglione (Il cortegiano, 1528) rühmt sein feinfühliges Lautenspiel, als Komponist war er verehrt und gesucht, der Adel sandte ihm Gedichte zur Vertonung. Seine Werke, in denen man die Nachfolge →Josquins erkannte, wurden postum bei Petrucci in Venedig gedruckt. H. Leuchtmann

Ed.: 28 Frottole in Le Frottole nell' edizione principe di O. Petrucci, I, hg. G. CESARI, R. MONTEROSSO, B. DISERTORI, 1954 – 20 Frottosole in O. Petrucci, Frottole, Buch I und IV, hg. R. SCHWARTZ, Publikationen älterer Musik VIII – *Lit.*: EITNER – NEW GROVE – MGG – RIEMANN – RIEMANN, Ergbd. 1972, s. v. – R. SCHWARTZ, Die Frottole im 15. Jh., Vierteljahrsschrift für Musikwiss. II, 1886, 427–466 – A. EINSTEIN, The Italian Madrigal, 1949 [Neudr. 1971] – K. JEPPESEN, Die Frottola, 2 Bde, 1968 – F. LUISI, Le frottole per canto e liuto di B. Tromboncino e M. Cara nella edizione adespota di Andrea Antico, Rivista musicale it. X, 1976, 211ff.

Caracciolo, alte neapolitan. Familie, die ihren Ursprung in byz. Zeit zurückführte, jedoch erst im 12. Jh. mit einem *Giovanni* urkundl. belegt ist, auf den ihre vier bedeutendsten Zweige zurückgehen: C. Rossi, C. Cannella, C. v. Capua, C. Carafa. Ohne im MA zu höchsten Positionen aufzusteigen, spielten die Mitglieder der Familie im kirchl. und polit. Leben Süditaliens eine aktive Rolle als Bf.e, Kriegsleute, Höflinge. Nach ihrer späteren Teilung in mehrere Seitenlinien erlangte die Familie v. a. in der Neuzeit bis in die Gegenwart große Bedeutung. R. Manselli

Lit.: DBI (zu den einzelnen Persönlichkeiten, s. d.) – F. FABRIS, C. di Napoli (P. LITTA, Famiglie celebri d'Italia), 1901ff.

1. C., Gianni, gen. Sergianni, it. Staatsmann, Sohn des Francesco 'Poeta' C. Pisquizi und der Isabella Sardo, * um 1372 in Neapel, † 1431, ⌐ S. Giovanni a Carbonara. ebd., wuchs am Hof von →Ladislaus v. Anjou auf, der ihn 1390 zu seinem Kämmerer ernannte. Er nahm als Kriegsmann an den Feldzügen seines Herrschers teil. Der Nachfolgerin von Ladislaus, dessen Schwester →Johanna II., half G. C. in ihrer durch die Heirat mit Jacques de la Marche (Jakob v. Bourbon) entstandenen mißlichen Lage, wurde ihr Favorit und erhielt unter anderem das Amt eines Gransiniscalco (Großseneschall) des Regno. Diese Position machte ihn zur Zielscheibe zahlreicher Anfeindungen (einer seiner Hauptgegner war Muzio Attendolo→Sforza, † 1424) und Hofintrigen, die ihren Höhepunkt v. a. dann fanden, als die Frage der Nachfolge der erbenlosen Johanna geregelt werden mußte. C. stellte sich der von Papst Martin V. angestrebten Designation Ludwigs III. v. Anjou entgegen und riet, den Kg. v. Aragón, Alfons V., zu Hilfe zu rufen, der – nach →Caspe bereits im Besitz Siziliens – seine Macht auf Süditalien ausdehnen wollte. Als Alfons v. Aragón den Papst bewogen hatte, die Kandidatur Ludwigs nicht mehr zu unterstützen, nahm er G. C. jedoch gefangen und erpreßte für ihn von Johanna ein hohes Lösegeld. Dieser Versuch Alfons', sich des allzu mächtigen G. C. zu entledigen, führte zum Widerruf seiner Adoption durch Johanna II. Sergianni bewog danach die Herrscherin, Ludwig v. Anjou gegen Alfons zu Hilfe zu rufen und nahm aktiven Anteil am Kampf der beiden präsumptiven Thronfolger. Die allzu bedenkenlose Ausnutzung seiner Machtstellung führte schließlich zu einer Entfremdung zw. ihm und der Kgn. Während dieser polit. Machtkämpfe wurde er 1431 durch eine Verschwörung getötet.

Ohne selbst literar. Ruhm erworben zu haben, förderte er Schriftsteller und Dichter. R. Manselli

Lit.: DBI XXX, s. v.

2. C., Nicola Moschino OP, * 1. Hälfte des 14. Jh., † 29. Juli 1389 in Rom, ⌐ ebda., S. Maria sopra Minerva. C. stammte vielleicht nur mütterlicherseits von den Caracciolo ab. Nach seinem Eintritt in den Predigerorden war er 1363–64 lector sententiarum in Florenz, von 1375–78 Inquisitor des Kgr.es Sizilien. In theol. Hinsicht vertrat er die Ideen von →Thomas v. Aquin über die Armut und war für das Streben nach spiritueller Reform innerhalb des Ordens empfänglich. Als 1378 das Große Schisma ausbrach (→Abendländisches Schisma), blieb er Urban VI. treu und mußte daher den Hof von →Johanna I. v. Anjou, Kgn. v. Neapel, die Clemens VII. unterstützte, verlassen. Zusammen mit anderen Prälaten wurde er von den Kg.en v. Kastilien und Aragón mit der Untersuchung der Rechtmäßigkeit der Wahl Urbans VI. beauftragt. Um ihn für seine Treue zu belohnen, ernannte ihn Urban am 18. Sept. 1378 zum Kardinal mit dem Titulus S. Ciriaco in Terme. Er war vermutl. zuerst Kämmerer (camerarius), bevor er am 3. März 1389 zum poenitentiarius maior erhoben wurde. 1382 wirkte er im Regnum als päpstl. Legat während der schwierigen Verhandlungen mit Karl II. v. Durazzo, der sich weigerte, die dem Papst bei seiner Krönung gemachten Versprechungen einzuhalten. Anscheinend erfüllte er auch in Florenz, Venedig und Perugia (1387) diplomat. Missionen. 1383 wurde er mit der Reform der Statuten der theol. Fakultät in Bologna beauftragt. Ihm wurden zahlreiche Werke zugeschrieben, deren Echtheit jedoch nur zum Teil gesichert ist. G. Barone

Lit.: DBI XIX, 435–437 [G. BARONE] – T. KAEPPELI, Scriptores ordinis Praedicatorum Medii Aevi III, 1980, 179–180.

3. C., Roberto → Robert v. Lecce

4. C., Tristano, it. Humanist, * um 1438, † 1522 in Neapel, aus vornehmer neapolitan. Familie, spielte eine Rolle in der humanist. Bewegung Süditaliens, in der Persönlichkeiten aus dem hohen Adel des Regno vertreten waren. Auf der Grundlage eines intensiven Studiums der klass. Latinität ist seine schriftsteller. Tätigkeit von dem starken Einfluß des Stils und der Mentalität von Tacitus geprägt, den er in seinen hist. Schriften nachahmt. Als sein bedeutendstes Werk ist »De varietate fortunae« anzusehen (verfaßt nach 1509), in dem das ma. Thema von der Unbeständigkeit des menschl. Glücks paradigmatisch an Lebensschicksalen von Zeitgenossen erläutert. Ähnl. paradigmat. sind seine biograph. Schriften angelegt, u. a.

Viten der Kgn. Johanna I. v. Neapel und des Sergianni →C.(1. C.), deren Bedeutung als lit. Werke daher größer ist als ihr Wert als hist. Quelle. Mit →Pontanus befreundet, war T. C. Mitglied der Academia Pontaniana in Neapel. R. Manselli
Ed.: Muratori² XXII, 1 [G. Paladino] – *Lit.:* DBI XIX, 465ff. – Repfont III, 126f.

Caradog → Galfred v. Monmouth

Carafa, Diomede, * 1406/1408, † 17. Mai 1487, it. Hofmann, Prinzenerzieher und Schriftsteller, nahm seit seiner Jugend an den Kriegen Alfons' v. Aragón teil, an dessen Hof er erzogen worden war und erlebte die Eroberung des Kgr. es Neapel mit (1442). Er wirkte als Erzieher von Alfons' illegitimen Sohn Ferrante und als dessen einflußreicher Ratgeber, als Ferrante die Nachfolge seines Vaters im Regnum antrat. Während des Aufstands der Barone blieb er seinem Herrscher treu ergeben.

Mit einer Anzahl von Denkschriften (»Memoriali«) erweist er sich als Prosaschriftsteller in Volgare von Rang: Er verarbeitet darin seine militär. Kenntnisse, gibt moral. Ratschläge und Lebensregeln und verfaßt einen Fürstenspiegel (»Memoriale sui doveri del principe«). Eines dieser Memoriali widmete C. Matthias Corvinus anläßlich dessen Vermählung mit Beatrice v. Aragón (1476), ein anderes Beatrice selbst als Kgn. v. Ungarn. Der Adressat seines »Trattato dello optimo cortesano« ist sein eigener Sohn Giovanni Tommaso. E. Pasztor
Lit.: Repfont III, 127f. – DBI, s. v. – V. Cusumano, D. C. economista it. del sec. XV, Arch. giuridico VI, 1870, 481–495 – B. Croce, Di D. C., conte di Maddaloni..., Rassegna pugliese di Scienze, lettere ed arti, 11, 1894, 285–291 – T. Persico, D. C., 1899 – F. Tateo, L'umanesimo meridionale, 1972, 86–90.

Carbone, →Basilianer-Kloster SS. Elia e Anastasio, Diöz. Anglona-Tursi (Prov. Potenza, Italien). Gegr. von dem hl. Lukas v. Demena (auch erster Abt 970–993), der eine vorhandene Eremitensiedlung in ein Kl. umwandelte. Von den norm. Herrschern und v. a. von den Herren von →Chiaromonte reich dotiert (Urkunden heute im Archivio Doria Pamphili, Rom) wuchs C. neben S. Salvatore in →Messina und S. Maria del →Patir bei Rossano zum bedeutendsten griech. Kloster Süditaliens heran. Seit 1153/54 trug der Abt den Titel eines →Archimandriten, zunächst noch als Ehrentitel. 1168 errichtete Wilhelm II. einen Archimandratsbezirk für C., der Lukanien und die Basilicata umfaßte (anders W. Holtzmann, 65f.: schon in der Spätzeit Rogers II.). Die bereits im späteren 12. Jh. einsetzende Dekadenz monast. Lebens teilte C. mit anderen Basilianerklöstern; damit Hand in Hand gingen beträchtl. Güterverluste. 1432 durch Brand zerstört und neu aufgebaut, wurde das Kl. 1809 säkularisiert; heute Ruine.
Th. Kölzer
Q. und Lit.: LThK² II, 937f. – IP IX, 469 – P. E. Santoro (Sanctorius), Hist. monasterii Carbonensis, 1601 (it. Übers. M. Spena, 1831) – G. Robinson, Hist. and cartulary of the Greek monastery of St. Elias and St. Anastasius of C., Orientalia Christiana 11.5, 15.2, 19.1; 1928–30 – W. Holtzmann, Papst-, Kaiser- und Normannenurk. aus Unteritalien V, QFIAB 36, 1956, 34–85 – Le 'Liber visitationis' d'Athanase Chalkéopoulos (1457–58), edd. M. H. Laurent–A. Guillou (Studi e Testi 206, 1960), 152ff., 239ff., 263f. – H. Enzensberger, Der »böse« und der »gute« Wilhelm, DA 36, 1980, 385–432, bes. 424.

Carbonel, Bertran, später Troubadour, sein Werk ist in der zweiten Hälfte des 13. Jh. anzusetzen (nach Contini zw. 1252 und 1265, nach Jeanroy zw. 1285 und 1300). Über sein Leben ist wenig bekannt; anscheinend war er ein Kaufmann aus Marseille und stand mit d. Familie →Baux in Verbindung. Sein relativ umfangreiches erhaltenes Werk läßt sich in zwei Gruppen einteilen: die erste besteht aus 18 Dichtungen normaler Länge (Cansos, Sirventes, ein Planh, zwei fingierte Streitgedichte mit einem Pferd und mit dem Herzen des Dichters), die zweite aus 94 moral. und satir. Coblas, die v. a. deshalb interessant sind, weil sie Sitten und Gebräuche der Zeit widerspiegeln. B. C. ist ein Troubadour, der die Regeln der Dichtkunst einhält, dem es aber an Phantasie und Originalität mangelt. C. Alvar
Lit.: C. Appel, Prov. Inedita, 57–82 – A. Jeanroy, AM XXV, 1913, 137–188 – G. Contini, AM XLIX, 1937.

Carbonell, 1. C., Pere Miquel, katal. Geschichtsschreiber und Humanist, * 1434 in Barcelona, † 1517 ebd.; wurde von Jakob II. zum kgl. Notar und Archivar der Krone Aragón ernannt. Sein Schaffen als Dichter in katal. Sprache wurde zweimal ausgezeichnet (1454 und 1477), und zwar seine der hl. Maria Magdalena gewidmeten Dichtungen, doch ist C. nicht als Autor von großer Sensibilität anzusehen. Er kopierte eine anonyme katal. Übersetzung der »Danse macabre«, die ursprgl. im Friedhof der Innocents in Paris (→Totentanz, -darstellungen) als Inschrift angebracht war: Die Version C.s ist insofern interessant, weil er ihr einige dem Archivar, d. h. seinem eigenen Amt, und anderen Personen des kgl. Hauses gewidmete Strophen hinzufügte. Als Humanist sind seine Bemühungen um die Reinheit der Sprache hervorzuheben: Anscheinend erstellte er die Liste des ersten Teils der »Regles de esquivar vocables« von Bernat Fenollar. C. schrieb auch den Traktat »De viris illustribus catalanis«, in dem zeitgenöss. Persönlichkeiten porträtiert werden. Die Bedeutung C.s beruht ohne Zweifel auf seinen 1495 begonnenen »Cròniques d'Espanya«; dieses Werk beginnt mit der Schöpfung und endet mit dem Tode Johanns II. (1479). Für diese Chronik benutzte C. zahlreiche Quellen; v. a. liefert er als erster Geschichtsschreiber Spaniens Daten aus frk. Chroniken, die sich auf die Anfänge der Gft. beziehen (möglicherweise gelangte er an diese Informationen durch it. Geschichtsschreiber wie →Biondo und →Platina). Er benutzte auch die Chronik von S. Juan de la Peña sowie die Chroniken Peters IV. v. Aragón, Alfons' III., Jakobs II. und Alfons' IV. C. verurteilte heftig das Werk von Pere →Tomich, »Històries e conquestes dels reys d'Aragó«, das er als falsch ansah. Die Cròniques von C. wurden 1547 gedruckt. C. Alvar
Lit.: J. Martínez Fernando (Studi in on. di R. Filangieri, I, 1959), 197–212 – M. de Riquer, Hist. de la literatura catalana, 3 Bde, 1964.

2. C., Poncio OFM (Pontius Carbonelli), span. Theologe und kirchl. Politiker, † um 1336 in Barcelona. C. wird 1300 (erster sicherer Beleg) und 1302 in Aufzählungen der Mönche des St.-Franziskus-Kl. v. Barcelona genannt. In Paris ist 1303, also zur Zeit der Lehrtätigkeit des großen Franziskanertheologen→Duns Scotus, ein (mit C. identischer?) »Fr. Pincius de Catelonia« als Student bezeugt, der gemeinsam mit anderen Ordensmitgliedern gegen den frz. Kg. Philipp IV. unterschrieb. C. hatte 1307, 1308 und 1314 die Custodia der Ordensprovinz Aragón inne. Guardian des Franziskanerkl. in Barcelona, wurde C. zweimal von Kg. Jakob (Jaime) II. v. Aragón nach Italien gesandt: 1314 zu Jakobs Bruder→Friedrich III. (Fadrique), Kg. v. Sizilien, um diesen von einer weiteren Unterstützung der häret. Fratizellen (→Fraticelli) in der Toskana abzubringen und deren Vertreibung aus dem Kgr. Sizilien zu bewirken; 1315 zur Friedensvermittlung zw. Friedrich und →Robert, Kg. v. Neapel. Da C. noch für den 1. Juli 1317 in Neapel bezeugt ist, vermuten wir, daß er in Neapel am Ordenskapitel, das im Mai 1316 stattfand, teilgenommen hat. Im Nov. 1318 war C. in Barcelona Mitglied einer kgl. Kommission, die für Schulden, Unrecht und Gewalttaten der Kg.e v. Aragón Genugtuung verschaffen sollte. 1324 ist er erneut in Barcelona bezeugt und hatte wohl schon damals das Amt des Provinzials der Ordensprovinz Aragón inne; in dieser Eigenschaft wirkte er an der Abfassung der »Constitutiones Benedictinae (Konstitutionen v. Cahors)« mit, die im Zuge der Reformgesetzgebung unter Papst →Benedikt XII. ausgearbeitet wurden und mit der Bulle »Redemptor noster« (28. Nov. 1336) verkündet wurden. Nur in diesem Dokument ist C. als Provinzial erwähnt. Da C.s Nachfolger, Fr. Ramón de Bas, zum ersten Mal am 5. April 1336 als Provinzial bezeugt ist, läßt sich vermuten, daß C. vor dem 28. Nov. 1336, dem Datum der Verkündigung der obengen. Bulle, verstorben ist. – C. ist nicht zu verwechseln mit Fr. Poncio Bottingata (auch: Portugati, Bautingati), † um 1305, einem Spiritualen und Anhänger von Petrus Johannis →Olivi, auch nicht mit Bf. Poncio v. Seleucia OFM (1345), einem Fratizellen. C. war auch nicht der Lehrer des hl. →Ludwig v. Toulouse während dessen Internierung als Geisel des Kg.s v. Aragón in Ciurana (Tarragona) von 1288 bis 1298.

Werke: C. verfaßte eine Reihe von Postillae, d. i. Kommentare zur ganzen Hl. Schrift (s. →Bibel, Abschnitt B, Ie), die sich in der Provinzialbibliothek von Toledo (mss. 444-451) befinden. Sie sind dem Infanten →Johann v. Aragón, Ebf. v. Toledo, Patriarch v. Alexandria und Administrator des Ebm.s Tarragona (1328-34), gewidmet, dessen Beichtvater C. war. Die Wertschätzung der Bibelkommentare C.s wird dokumentiert durch die Bitte Papst Gregors XI. vom 14. April 1374, ihm aus Barcelona einige Exemplare des »von vielen gelobten« Werkes zu übersenden. Das Werk C.s wird, allerdings unter dem Namen Pedro, schon i. J. 1601 von Diego de la Vega OFM zitiert. Im frühen 17. Jh. brach ein heftiger Streit zw. span. Franziskanern und Dominikanern aus, in dem von franziskan. Seite C. die Verfasserschaft der »Catena aurea« – gegen den wirkl. Autor, Thomas v. Aquin OP – zugeschrieben wurde. M. de Castro

Lit.: DHEE I, 344 – RBMA IV, 465-479 – H. FINKE, Acta Aragonensia II, 1908, 670f., Nr. 422; 715-717, Nr. 448; 721-725, Nr. 450; 860, Nr. 541 – A. LÓPEZ, Descripción de los manuscritos franciscanos existentes en la Bibl. provincial de Toledo, Archivo Ibero-americano 25, 1926, 88-105, 173-203 – W. LAMPEN, Utrum Richardus de Mediavilla fuerit s. Ludovici Tolosani magister, AFrH 19, 1926, 113-116 – J. M. POU Y MARTÍ, Visionarios, beguinos y fraticelos catalanes, 1930, 29, 104-110, 237-251 – J. R. WEBSTER, Dos siglos de Franciscanismo en Cataluña: El convento de S. Francisco de Barcelona durante los siglos XIII y XIV, Archivo Ibero-americano 41, 1981, 223-255.

Carcassonne

I. Stadt und Grafschaft – II. Bistum.

I. STADT UND GRAFSCHAFT: C., Stadt, Gft. und Bm. im südfrz. →Septimanien; heute Hauptstadt des dép. Aude. Die Stadtentwicklung von C. ist durch die einzigartige strateg. und verkehrsgeograph. Lage gekennzeichnet; C. liegt auf einem Hügel 150 m über dem Tal der Aude, das einen Teil des Hauptdurchgangs zw. Mittelmeer und Atlantik bildet. Wahrscheinl. in augusteischer Zeit gründeten die Römer auf bereits besiedeltem Boden die lat. Colonia Julia Carcaso. Um 300 n. Chr. wurde die Stadt mit Mauern umgeben. 418 besetzten die →Westgoten C.; nach der Vertreibung der Westgoten aus →Toulouse wuchs die Bedeutung der Stadt, da sie nun innerhalb der Septimania eine vorgeschobene Bastion der Westgoten gegen die →Franken bildete. Die Bistumsgründung erfolgte im späten 6. Jh. C. war nur 720/725 – ca. 750 von den Arabern besetzt; 752/759 wurde es mit der Septimania dem →Frankenreich eingegliedert.

C. war in der Karolingerzeit das Zentrum der gleichnamigen Gft. Verwaltet wurde diese von einheim. Amtsträ-

gern, deren Erbfolge seit ca. 870 nicht mehr vom Willen des Kg.s abhing. Das 2. Grafenhaus von C. wurde von Arnald (Mitte des 10. Jh.) gegründet; auf ihn geht auch die Grafenfamilie von →Foix zurück. Die enge Verwandtschaft mit dem Grafenhaus von →Barcelona (zugleich von →Urgel, →Cerdagne und →Besalú) aufgrund gemeinsamer Vorfahren wurde noch gefestigt, als →Ermessindis († 1058), eine Tochter Rogers d. Ä. von C., um 1002 den Grafen →Raimund (Ramón) Borrell v. Barcelona heiratete. Dadurch konnte sich das Haus Barcelona nach dem Aussterben der Gf.en v. C. in den Erbverhandlungen 1067-70 als Rechtsnachfolger durchsetzen, vergab aber die Gft. C. an die Vizegf.en v. Albi-Nîmes, die →Trencavel, zu Lehen, die ebenfalls Erbansprüche erheben konnten. Die aus der alten Grafschaftsverfassung stammenden Vizegf.en v. C. verschwanden aus dem polit. Blickfeld. Die relativ kleine Grafschaftsfläche hatte sich im 10. Jh. durch Erbrechte der Gf.en v. C. um das Razès verdoppelt u. um Anteile aus →Comminges und →Couserans im Westen sowie aus →Roussillon im Osten erweitert. Vizegf. Bernhard Aton Trencavel, nunmehr auch Vizegf. v. Béziers, konnte zu Anfang des 12. Jh. den Vorrang des Gf.en v. Barcelona auf eine nur noch formale Überordnung reduzieren und nahm die Hilfe des Gf.en v. Toulouse nach Auflehnungen der Stadt (1107 und 1120) in Anspruch, um fortan im Spannungsfeld zw. Toulouse und Barcelona eine Stellung von Gewicht einzunehmen.

Damit ging eine beachtl. städt. Entwicklung einher. Die Kathedrale St-Nazaire wurde Ende des 11. Jh. und in der 1. Hälfte des 12. Jh. durch einen Neubau ersetzt. Die stark befestigte Stadt mit der Burg des Vizegf.en wurde von mehreren vorgelagerten burgi flankiert. Die einzelnen Mauerabschnitte und Türme wurden von zahlreichen Rittern und Kastellanen bewacht. 1184 vom Vizegf.en gewährte Rechte an der Aude-Brücke sind erste Kennzeichen für die Bildung der Stadtgemeinde; in den Statuten von 1192 ist bereits von 12 *prud'hommes* (probi homines) die Rede.

Die Gft. C. fiel den Albigenserkriegen (→Albigenser) und der nach Süden vordringenden frz. Königsgewalt zum Opfer. Nach der Verwüstung von Béziers belagerten die Kreuzfahrer im Aug. 1209 die Stadt C. und nahmen den Vizegf.en Raimund Roger Trencavel gefangen. Wegen seiner strateg. Lage wurde C. am Ende der Albigenserkriege (1229) zum Zentrum einer der beiden Sénéchausséen, welche die neue kgl. Verwaltung im →Languedoc sicherstellten. Der Aufstand von 1240 mit dem Ziel, die Herrschaft des Hauses Trencavel wiederherzustellen, schlug fehl.

C. entwickelte sich zur Hauptstütze der Königsmacht im frz. Süden. Ludwig IX. und seine Nachfolger ließen den Mauerzug verdoppeln (im Zuge der umfangreichen Restaurierung durch VIOLLET-LE-DUC und BOESWILLWALD im 19. Jh. verändert). Chor und Querschiff der Kathedrale St-Nazaire wurden 1269 im Stil nordfrz. Gotik neu errichtet.

Die Siedlungen unmittelbar vor der Mauer wurden abgerissen und ein Teil auch der Bevölkerung innerhalb der Mauern 1247 im »burgus« *(bourg, Faubourg)* auf dem gegenüberliegenden Ufer der Aude angesiedelt, einer auf schachbrettförmigem Grundriß angelegten Plansiedlung (→Stadt). Dominikaner, Franziskaner, Karmeliter und Mercedarier ließen sich hier nieder, es entstanden u. a. die got. Kirchen St-Michel (heut. Kathedrale) und St-Vincent. Der neue Faubourg war unbefestigt, so daß der Schwarze Prinz 1355 im →Hundertjährigen Krieg leichtes Spiel hatte. Danach erfolgte eine zunächst provisor. Befestigung. Das bedeutende Tuchgewerbe (zunächst von mittlerer Qualität) konnte seine Produkte bis nach Spanien und Italien und wahrscheinl. auch in den Nahen Osten absetzen (→Textilherstellung, -handel). Blieb die ummauerte Stadt ein loyaler »Schlüssel der Provinz«, so wurde der Faubourg häufig von Unruhen erschüttert: Sie richteten sich zunächst gegen die →Inquisition (1283-85, 1295-99 und 1301-05 unter Führung des einheim. Franziskaners Bernard Délicieux), später gegen das vom Handelsbürgertum beherrschte städt. →Konsulat. Um 1382 nahmen die Bürger am sozialen Aufstand der →Tuchins teil; die Revolte von 1413 wurde schnell und gewaltsam unterdrückt. Ph. Wolff

Q. und Lit.: Eine gute Stadtgeschichte fehlt, was u. a. auf den Verlust der Archive sowohl des Faubourg (durch Brand 1436) als auch der alten Stadt (1793, während der Revolution) zurückzuführen ist. – A. MAHUL, Cart. des anciennes communes de l'arr. et diocèse de C., 1873 – DHGE XI, 1003-1012 [E. GRIFFE] – Congrès archéol. de France, 1906 – J. POUX, La Cité de C. Hist. et description, 5 Bde, 1922-38 – Congrès des Fédérations des Sociétés Savantes de Languedoc 1952 (1954), 1968 [ersch. 1970 unter dem Titel: C. et sa région] – G. MOT, C., ville basse, 1247-1962, 1962 – Congrès archéol. de France 1973.

II. BISTUM: In der 2. Hälfte des 6. Jh. – wohl im Zusammenhang mit den konfessionellen Wirren im →Westgotenreich seit 580 – wurde C. vom Bm. Narbonne abgezweigt und zur selbständigen Diöz. erhoben; ein Sergius ist 589 auf dem Konzil v. Toledo erstmals als Bf. belegt. Die wichtigeren Kl. La Grasse, St-Hilaire, Mallast/Montolieu gehen in ihren Ursprüngen (ausgehendes 8. Jh.) auf die Reformtätigkeit →Benedikts v. Aniane zurück. Wie alle Bm. er in Septimanien ordnete sich auch C. im frühen 9. Jh. der Kirchenprov. →Narbonne zu. Die Bistumsgrenzen blieben im HochMA konstant und deckten sich mit der größer gewordenen Grafschaftsfläche nicht mehr. In den Erbverhandlungen von 1067/70 blieben Stadt und episcopatus von der Verlehnung an den Vizegf. en ausgenommen; um jedoch die Hälfte der Einnahmen aus dem Bm. sicherzustellen, mußte der Bf. dem Vizegf. en fortan den Fidelitätseid leisten. Obwohl der episcopatus bis ins 12. Jh. unter den Bestandteilen der Gft. aufgezählt wurde, blieb er rechtl. eine eigenständige Größe; lediglich in besitzrechtl. Formulierung drückte der Gf. sein Recht an der Bischofswahl, seine Dotierungspflicht und sein Aufsichtsrecht über das kirchl. Vermögen aus. Wahrscheinl. schon 1167 wurde in C. ein kathar. Bm. mit radikaldualist. Orientierung gegründet, dessen Sitz später möglicherweise nach Salsigne (Aude) verlegt wurde; bis 1267 sind seine Bf. e nachweisbar (→Bischof, Abschnitt D). Bereits 1181 führte Abt Heinrich v. Clairvaux als Kardinallegat einen Kreuzzug gegen den Vizegf.en Roger II. Trencavel. Der hl. Dominicus predigte auch in C.; 1211-48 residierten auf dem kath. Sitz landfremde, von den Kreuzfahrern eingesetzte Bischöfe. Die seit der 2. Hälfte des 13. Jh. sehr aktive →Inquisition hatte trotz massiven Widerstandes Erfolg, da seit 1330 in C. kein Katharismus mehr nachweisbar ist. In der Folgezeit blieb dem Domkapitel das Wahlrecht vorenthalten. O. Engels

Q. und Lit.: A. MAHUL, Cart. [s. Lit. zu I] – DHGE XI, 1005-1012 [E. GRIFFE] – A. BORST, Die Katharer, 1953 – O. ENGELS, Schutzgedanke und Landesherrschaft im östl. Pyrenäenraum (9.-13. Jh.), 1970.

Cárcel de manifestados, Institution der aragon. Justiz des 15.-17. Jh. Es handelt sich um ein in Zaragoza eingerichtetes Sondergefängnis zur Aufnahme der »manifestierten« (*manifestarse* 'sich unter den Schutz des Justicia v. Aragón stellen') Gefangenen, die dem →Justicia v. Aragón und seinem Gerichtshof unterstanden und in getrennter Haft gehalten wurden (»osten separament guardados«). Die Institution wurde durch den Fuero der →Cortes von Calatayud 1461 geschaffen, die Einzelheiten wurden im Fuero der Cortes von 1564 geregelt. Die C. de m. bestand neben anderen Inhaftierungsformen für dieselben Personen wie die »casa por cárcel« (Hausarrest) und das allgemeine Gefängnis. Die Häftlinge wurden als *manifestados* bezeichnet, weil sie nach ihrer Verhaftung von dem Verfahren der »manifestación de personas« Gebrauch gemacht hatten, für welches das Gericht des Justicia v. Aragón zuständig war, während gleichzeitig das eigentliche (straf- oder zivilrechtl.) Verfahren unter der Leitung des gewöhnl. Richters, durch den es in Gang gesetzt worden war, ablief. Die manifestados waren geschützt und konnten bis zum Abschluß ihres Verfahrens nicht überstellt werden. Die Verhöre fanden im Gefängnis statt. Keine Autorität konnte diese Lage ändern. Die Manifestación und c. de m. waren Institutionen, die aragones. Untertanen eine rechtl. Garantie boten und Folter oder Mißhandlung während des Untersuchungsverfahrens verhindern sollten. Heutige Juristen nehmen an, daß sich beide vom *juicio de amparo* herleiten. Beide Institutionen werden von aragones. Juristen des 15.-17. Jh. wie Ximénez de Cerdán, Molino, Ramírez, Bardaxí u. a. behandelt.
J. Cerdá

Q. und Lit.: V. FAIRÉN GUILLÉN, Antecedentes aragoneses de los juicios de amparo, 1971 – DERS., Los procesos aragoneses medievales y los derechos del hombre. Anuario de Derecho Aragonés 14, 1971 – J. LALINDE, Las libertades aragonesas, Rev. Zaragoza 1975, 39f. – Fori Aragonum, Faks. mit Einl. von A. PÉREZ MARTÍN, 1979 – J. M. PÉREZ-PRENDES, Los procesos forales aragoneses, 1977.

Cardaillac, 1. C., Bertrand de, Bf. v. →Cahors, † 15. Febr. 1366, gehörte den bedeutenden Familie C. aus dem Quercy, und zwar dem Familienzweig Brengues, an. Die Heirat seines Bruders Hugues mit einer Nichte Johannes' XXII. trug ihm die Gunst des Papstes ein, der ihm zunächst das Bm. →Rieux verschaffte (1321), ihn im Juli 1324 jedoch auf den Bischofssitz Cahors transferierte. C. verzichtete 1328 auf die Einziehung eines Teiles seiner Einkünfte, hierin der Entscheidung kgl. Kommissare folgend. Der Bf. setzte sich v. a. für die Bekämpfung des Wuchers ein, welcher im großen Geldhandelszentrum Cahors eine bes. Rolle spielte; v. a. verfolgte der Bf. den Händler Bernard Perier, einen Bürger von Cajarc, der es durch eine Appellation an Papst Clemens VI. jedoch erreichte, daß der Streitfall dem Bf. v. Albi übergeben wurde (April 1346). Die Konflikte, in die sich C. mit dem von den handeltreibenden Oberschicht beherrschten Konsulat seiner Bischofsstadt verwickelte, wurden erst 1350 beigelegt. 1359 übertrug der Bf. seinem Domkapitel zwei Kirchen. Y. Dossat

Lit.: DHGE XI [G. MOLLAT] – E. ALBE, Autour de Jean XXII. Les Familles de Quercy, 1904, 207-211 – J. M. VIDAL, Bullaire de l'Inquisition française au XIVe s., 1913, 309-313.

2. C., Guillaume de, Bf. v. →Cahors seit 1208, † 1234 aus einer der großen Familien des Quercy, beteiligte sich ab 1209 am Kreuzzug gegen die →Albigenser, mit denjenigen Truppenverbänden, die sich im Quercy sammelten und in das Agenais einfielen. 1211 schloß sich C. dem militär. Führer des Kreuzzuges, Simon de →Montfort, vor den Mauern von Toulouse an und begab sich anschließend zu Simon nach Castelnaudary, wo er das Kreuzfahrerheer vom Kampf anfeuerte. Im Okt. 1211 reiste C. nach Paris, um dem Kg. v. Frankreich feierlich die Lehenshuldigung zu leisten. Am 4. →Laterankonzil (1215) nahm C. als Anhänger Simons de Montfort teil. C. berief 1226 die →Dominikaner nach Cahors und unterstützte sie äußerst wirksam bei der Begründung ihres Konventes. Ab 1215 bestätigte er mehrere Schenkungen zugunsten der Abtei

St-Théodard de Montauban und setzte 1231 einen ständigen Vikar für die Kirche St-Jacques in Montauban ein.

Y. Dossat

Q. und Lit.: G. de Lacroix, Series et acta episcoporum Caturcensium, 1617, 84–87 – Lit.: F. Moulenq, Documents hist. sur le Tarn-et-Garonne, I, 1879, 80; II, 1880, 84, 87 – Pierre des Vaux-de-Cernay, Hystoria Albigensia, ed. P. Guébin–E. Lyon, I, 1926, 239, 245, 268;II, 1930, 230–231, 262.

3. C., Jean de, Bf. v. →Orense seit 1351, Ebf. v. →Braga seit 1361, Patriarch v. Alexandria seit 1371, Ebf. v. →Toulouse, * um 1313 (?), † 7. Okt. 1390 in Toulouse; stammte aus dem Quercy, Sohn des Bertrand V., Seigneur v. Cardaillac und Bioule, und der Ermengarde de Lautrec. Von der Univ. Toulouse, an der er die akadem. Grade im Zivilrecht erworben hatte, zu Papst →Clemens VI. entsandt, wurde er offizieller Prediger der Kurie (1352). Als Bf. v. Orense (Galizien) und Ebf. v. Braga (Portugal) nahm er aktiven Anteil an bedeutenden polit.-kirchl. Ereignissen der Iber. Halbinsel: So hielt er die Predigt, als Kg. Peter v. Portugal 1362 der sterblichen Hülle seiner ermordeten Gemahlin Inês de →Castro kgl. Ehre erwies. Nachdem sich C. eine Zeitlang infolge unklarer Streitigkeiten mit seinem Klerus (1366) an die Kurie geflüchtet hatte, kehrte er nach Spanien zurück, um für Heinrich II. Trastámara, der sich im Bürgerkrieg seinem Bruder, Kg. Peter I. v. Kastilien, widersetzte, Partei zu ergreifen; C. verfaßte einen »Liber regalis«, der die Ansprüche Heinrichs unterstützen sollte. Von Peter I. gefangengenommen, wurde er nach dem trag. Tod des Herrschers befreit und gelangte nach Italien, wo er sich um die Anerkennung des neuen Kg.s, Heinrichs II. v. Kastilien, durch die europ. Höfe bemühte. Als Patriarch in partibus v. Alexandria und Administrator der Diöz. →Rodez sowie kurzzeitig des Ebm.s →Auch (1379) übte er zahlreiche Missionen im Auftrag der Kurie aus. Da er angesichts des Großen →Abendländ. Schismas eine abwartende Haltung einnahm, kam es zu dem eigentüml. Umstand, daß er von beiden konkurrierenden Päpsten, Urban VI. und Clemens VII., nacheinander das Ebm. Toulouse verliehen bekam. Endgültig für die Obödienz Clemens' VII. gewonnen, starb er 1390 in Toulouse. Mehr noch als seinjurist. Werk hat seine Begabung als Kanzelredner sein Ansehen begründet; seine Predigten sind im Cod. Paris 3294 gesammelt.

H. Gilles

Lit.: DHP I, 483 – Eubel, Hierarchia Catholica I, 82, 119, 121, 144, 427, 488 – Généalogie de la maison de C., Paris 1654 – J. A. Ferreira, Fastos da igreja primacial de Braga II, 168–176 – E. Albe, Autour de Jean XXII. Les familles du Quercy I, 1901, 217f.; II, 262 – G. Mollat, Jean de C., un prélat réformateur du clergé au XIVᵉ s., RHE 48, 1953 – S. da Silva Pinto, O Sermão das Exéquias de D. Inês de Castro..., O Distrito de Braga I, 1961, 161–188 – G. Mollat, Jean de C., prélat, orateur et diplomate (Hist. litt. de la France XL, 1974), 187–210.

4. C., Guillaume de, OSB, Bf. v. Montauban, † 1355, entstammte der Linie Bioule der quercynes. Familie Cardaillac. C. leitete seit 1311 das Priorat OSB Ste-Livrade, dank der Protektion des Bertrand de Got, eines Neffen von Clemens V. Anschließend war C. Abt v. St-Michel-de-Pessan (Diöz. Auch). 1317 wurde er von Papst Johannes XXII. zum 2. Bf. v. →Montauban nominiert. In Montauban spielte er eine wichtige Rolle als Pazifikator. 1332 erhielt er Bestätigungsbriefe für seine Kirche. Er ließ die von der Diözesansynode i. J. 1337 erlassenen Statuten publizieren. Vor seinem Tod erlebte er noch die Nomination seines Neffen Jean, des späteren Patriarchen v. Alexandria, für das Bm. Orense.

M. Hayez

Q. und Lit.:(neben den im vorherigen Artikel gen. Werken): Reg. Clementis V, 1884–1948 – Lettres comm. de Jean XXII, 1904–47 – D. Williman, Records of the papal right of spoil (1316–1412), 1974.

5. C., Guillaume de, OSB, Bf. v. St-Papoul, † 15. Febr. 1347, ⌐ St-Papoul. C. entstammte der Linie Brengues der quercynes. Familie Cardaillac (einer seiner Brüder war, durch Verschwägerung, Neffe von Papst Johannes XXII.; ein anderer war Bf. v. Rieux und danach Bf. v. Cahors). C. war zunächst Almosenier von St-Victor in Marseille, danach Prior von St-Martin in Bergerac, anschließend Prior von La Celle (Diöz. Aix-en-Provence), 1318 Abt. v. →Conques, 1324 Abt v. St-Victor in →Marseille. 1328 zum 3. Bf. v. →St-Papoul erhoben, wurde er in den Auseinandersetzungen zw. Frankreich und England (→Hundertjähriger Krieg) des Einverständnisses mit den Engländern angeklagt und, unter Mißachtung der Rechte seines Metropolitans, durch den Seneschall v. Toulouse gefangengesetzt (1346). Von Papst Clemens VI. nach Avignon zitiert, um sich dort zu rechtfertigen, starb der Bf. dort vor Erschöpfung am 15. Febr. 1347, im Ruf der Heiligkeit.

M. Hayez

Q. und Lit.: DHGE XI, s. v. – E. Albe, Autour de Jean XXII. Les familles du Quercy, 1903–06 – Lettres Comm. de Jean XXII., 1904–1947, secrètes de Clément VI, 1923–61 – J. Bousquet, 131ᵉ Congr. archéol. de France. Pays de l'Aude, 1973 – L. Caillet, La papauté d'Avignon, 1975.

Cardeña, San Pedro de, Kl. OSB in Kastilien (Bm. Burgos), ca. 10 km sö. v. Burgos bei Cardeñajimeno gelegen, ŏ hll. Petrus und Paulus, in der Anfangszeit zudem der hll. Johannes Evangelista, Vinzenz, Andreas und Eugenia. Die Gründungsgeschichte des Kl. bedarf noch der endgültigen Klärung, doch scheint das Datum 899 für die Besiedlung gesichert, wenn auch die älteste urkundl. Erwähnung erst aus dem Jahr 902 stammt. Im 10. Jh. erlebte die Abtei trotz der ztw. Zerstörung (953) eine erste Blütezeit während der Herrschaft der Gf.en →Fernán González und →Garcí Fernández v. Kastilien. Bis 994 sind 85 Schenkungen und Kauf- bzw. Tauschverträge überliefert. Im 11. Jh. wurde der Konvent von der cluniazens. Reform berührt (→Cluny, Iberische Halbinsel), ob jedoch unter Kg. Sancho III. el Mayor (Berganza), Ferdinand I. v. Kastilien-León (Donovan) oder z. Zt. Abt →Hugos v. Cluny ist unbestimmt, da es vor 1065 keinen Anhaltspunkt gibt (Segl). Durch Kg. Alfons VI. v. Kastilien-León wurden dem Kl. die weitgestreuten Besitzungen bestätigt sowie die Grundherrschaft samt der finanziellen, jurisdiktionellen und militär. Hoheitsgewalt abgesichert. 1090 erhielt C. den Ort Cardeñajimeno aus dem Realengo und das Kl. Sta. Olalla de Carbuéniga. Die Besitzungen südl. des Duero gingen dem Kl. bis ins SpätMA verloren, doch umschloß die klösterl. Grundherrschaft immer noch ein weiträumiges Gebiet. Zum Ausgleich seiner finanziellen Verpflichtungen gegenüber der Kongregation v. Cluny übergab Kg. Alfons VII. v. Kastilien-León die Abtei am 29. Juli 1142 (Bruel V, Nr. 4072) in Anwesenheit des Abtes v. Cluny, →Petrus Venerabilis, dem burg. Verband und übertrug ihr den Ort Villalbilla bei Burgos sowie weitere Einkünfte. Die Eingliederung als einfaches Priorat in den cluniazens. Reformverband scheiterte jedoch am hartnäckigen Widerstand der Mönche, so daß C. nicht in den päpstl. Besitzbestätigungen für Cluny auftaucht. Im →Liber Censuum wurde C. zu den Papstkl. des Bm.s →Burgos gezählt. Zwar befolgten die Mönche die Consuetudines v. Cluny, doch begründete dies keine jurist. Zugehörigkeit zur Kongregation. In den entsprechenden Visitationsprotokollen erscheint das Kl. folglich nicht. Langwierige Streitigkeiten im 12. Jh., begleitet von Urkundenfälschungen, erklären sich aus Exemtionsbestrebungen der Abtei gegenüber den Bf.en v. Burgos, die eigene Rechtsansprüche geltend machten. Die im »Poema de Mio Cid« berichteten, in diesem Umfang nicht zu belegenden engen Beziehungen des →Cid und seiner Familie zu C. sind wahrscheinl. Zeugnis für das erfolgreiche Streben der Abtei, mit Hilfe der bei der Grablege entstandenen Cid-Verehrung ihre Selbständigkeit zu wahren und den in der 1. Hälfte des 12. Jh. zu beobachtenden wirtschaftl. Niedergang aufzufangen. Nachdem dem Kl. noch 1470 das Priorat Sta. Coloma (Columba) de Burgos angeschlossen worden war, verlor C. 1502 unter Papst Alexander VI. durch Einverleibung in die Kongregation v. →Valladolid seine Selbständigkeit. Kultur- und geistesgeschichtl. von höchster Bedeutung waren das schon früh ausgebildete Skriptorium und die Bibliothek des Klosters.

L. Vones

Q.: F. de Berganza, Antiguedades de España, 2 Bde, Madrid 1719-1721 – Cronicón de C., I–II, ed. H. Flórez, España Sagrada, Madrid 1767, 370-386 [cf. Repfont III, 306] – Becerro gótico de C., ed. L. Serrano, 1910 – Libro de Memorias y Aniversarios de C. [vgl. L. Sala Balust, Manuscritos monásticos en la Hispanic Society of America, Yermo 2, 1964, 167 – M. Barceló, Sobre dos textos cidianos, Boletín de la Real Academia de Buenas Letras, 32, 1967-68, 15-25 – A. García y García, Manuscritos jurídicos medievales de la Hispanic Society of America, Revista Española de Derecho Canónico 53, 1963, 538-540] – Poema de Mio Cid, ed. R. Menéndez Pidal, 1971[13] – Lit.: DHEE III, 1541f.– DHGE XI, 1016-1019 – H. Flórez, España Sagrada XVII, 210-250 – C. Pérez Pastor, Indice de los códices de S. Millán de la Cogolla y San Pedro de C. existentes en la Bibl. de la Real Academia de la Hist., BRAH 53, 1908, 461-512 – R. Menéndez Pidal, El códice de S. Pedro de C., BRAH 72, 1918, 183-193 – L. Serrano, El obispado de Burgos II, 53-114, 246-252 – P. E. Russell, San Pedro de C. and the Heroic Hist. of the Cid, MAe 27, 1958, 57-79 – J. Alvarez, C. y sus hijos, o. J. – B. Donovan, The Liturgical Drama in Medieval Spain, 1958 – J. Vezin, Notice sur un bréviaire de San Pedro de C., BRAH 146, 1960, 311-317 – M. I. Carazolio de Rossi, Formación y desarollo de los dominios del monasterio de San Pedro de C., CHE 45-46, 1967, 79-150 – J. Bishko, Fernando I y los orígenes de la alianza castellanoleonesa con Cluny, CHE 47-48, 1968, 31-135; 49-50, 1969, 50-116 – R. Menéndez Pidal, La España del Cid, 2 Bde, 1969[7] – S. Moreta Velayos, El monasterio de San Pedro de C. Hist. de un dominio monástico castellano, 1971 – A. Linage Conde, Los orígenes del monacato benedictino en la Península Ibérica, 3 Bde, 1973 – S. Moreta Velayos, Rentas monásticas en Castilla, 1974, 56-61 – P. Segl, Kgtm. und Klosterreform in Spanien, 1974 – M. E. Lacarra, El Poema de Mio Cid: realidad histórica e ideología, 1980.

Cardenal, Peire, prov. Troubadour, dessen lit. Produktion zw. 1205 und 1272 nachgewiesen ist. Im Gegensatz zu anderen ma. Autoren besitzen wir über ihn umfangreiche Zeugnisse, die seine Lebensumstände näher beleuchten. Da die erhaltenen Zeugnisse übereinstimmen mit seiner von »Maistre Miquel de la Tor, escriban« verfaßten Vida, kann man annehmen, daß die Biographie volle Glaubwürdigkeit verdient: er stammt aus Puy-en-Velay, aus guter Familie; sein Vater übergab ihn als Kind dem Domkapitel von Le Puy, damit er Domherr werde; er erhielt eine Bildung als Kleriker, konnte lesen und gut singen. Als er erwachsen war, gab er die kirchl. Laufbahn auf und widmete sich dem Verfassen von Gedichten, bes. von →Sirventes, in denen er die Verrücktheit der Welt kritisierte und die falschen Kleriker tadelte, als Troubadour besuchte er in der Begleitung eines *joglar* (Spielmanns) die Höfe von Königen und adligen Herren. Bei seinem Tod war er – nach seinem Biographen Miquel de la Tor – fast hundert Jahre alt. In seinem langen Leben hatte P. C. Beziehungen zu den Gf.en Raymond VI. (1192-1222) und Raymond VII. (1222-49) v. Toulouse und besuchte ohne Zweifel auch die Höfe von Les Baux, von Rodez und der Auvergne. Reisen in andere Länder hat er anscheinend nicht unternommen.

Das Werk von P. C. ist sehr umfangreich: 96 Dichtungen sicherer Zuschreibung. Nur seine Zeitgenossen →Cerveri de Girona und →Guiraut Riquier haben uns eine größere Liedersammlung hinterlassen. P. C. gibt die traditionellen Gattungen auf (bes. die *canso*) und nähert sich neuen Gattungen wie dem *estribot*, dem *sermo*, der *crida*, der *faula*. Es sind nur wenige cansos von P. C. erhalten, und diese sind satir. und burlesker Natur, während sie gleichzeitig ein Lebensideal widerspiegeln, welches den künftigen *stilnovisti* (→Dolce stil n[u]ovo) näher steht als den Troubadours:

Aquesta gens, cant son en lur gaieza,
parlon d'amor e no sabon que s'es;
quar fin' amors mou de gran lialeza
e de franc cor gentil e ben apres,
e el cuion de luxuria
e de tort que bon' amors sia ... (Lavaud, p. 42)

'Diese Leute, wenn sie fröhlich sind,/sprechen von Liebe und wissen nicht, was dies ist,/denn die reine Liebe entspringt großer Treue/ und offenem, edlem und gebildetem Herzen;/und sie glauben, der Unzucht/und der Sünde entspringe die reine Liebe ...'. Vossler, Lavaud und andere waren der Ansicht, daß die Liebesdichtung von P. C. in den ersten Jahren des Schaffens des Dichters anzusiedeln sei, der sich später der moral. Kritik zuwandte. Wie so viele moralisierende Dichter schreibt P. C. persönl., polit. Sirventes, Satiren gegen den Klerus, etc. In ihnen allen zeigt er eine feine Ironie und einen sehr scharfen Geist, die seinem Werk eine große Originalität verleihen. Die wenigen persönl. Sirventes stammen aus einer frühen Zeit (vor 1213). Später wird seine Satire weniger direkt, aber gewagter: er richtet sie gegen die Mächtigen, die Kleriker, die Franzosen etc., obwohl die Gesellschaft ganz allgemein sein bevorzugtes Ziel ist (ihr widmet er über 40 Dichtungen); der Troubadour ist überzeugt, daß er mit seiner Satire nichts bewirken wird und daß man ihn für verrückt hält. P. C. lebt in einer Zeit der dauernden Konfrontationen zw. dem Adel im Süden Frankreichs und der Königsmacht und ist sich bewußt, daß die südl. Lebensart von den Sitten des Nordens ausgelöscht werden wird: er hat den Albigenserkreuzzug (→Albigenser) erlebt, die Niederlage von Muret (1213), die Verfolgungen der Dominikaner, die Plünderungen der frz. Heere. Seine Verteidigung der Albigenser hat keine religiösen, sondern polit. Motive, daher kritisiert er die Invasoren, die sich unter dem Kreuz verstecken; dabei bewegt er sich jederzeit innerhalb der Grenzen der strengsten Orthodoxie. Als satir. Dichter verdient P. C. einen Ehrenplatz neben →Bertran de Born.

C. Alvar

Ed. und Lit.: R. Lavaud, Poésies complètes du troub. P. C., 1957 – K. Vossler, P. C., ein Satiriker aus dem Zeitalter der Albigenserkriege, 1916 [Neudr. 1976] – J. Boutière, Les poésies religieuses de P. C., Mélanges.., Le Gentil, 1949 – Ch. Camproux, C. et Rutebeuf, poètes satiriques, Revue des langues romanes 79, 1971, 3-38 – W. Th. Elwert, Formale Satire bei P. C. (Ders., Aufsätze zur prov., frz. und neulat. Dichtung, 1971) – C. Camproux, La mentalité »spirituelle« chez P. C., Cah. de Fanjeaux 10, 1975, 287-314 – S. Thiolier-Méjean, Les poésies satiriques et morales des troubadours, 1978.

Cárdenas, Gutierre de, kast. Staatsmann, * vor 1450 in Ocaña, † 1503 in Alcalà de Henares, ∞ Teresa Enríquez, Tochter des Alonso Enríquez, Admiral v. Kastilien, und Cousine Ferdinands des Kath. C. stammte aus einer einflußreichen Adelsfamilie: sein Vater Rodrigo de C. war Großkomtur v. León und *Trece* des Ritterordens v. →Santiago und Herr v. Cárdenas in der Rioja, sein Onkel Garci López de C. war ebenfalls Großkomtur des Santiagoordens. Von Ebf. Alfonso →Carrillo de Acuña am Hof der Infantin →Isabella (der Kath.) eingeführt, wurde er ihr *Maestresala* und schließlich bis zu seinem Lebensende ihr *Contador Mayor* und Thesaurar. Als eine wichtige Gestalt im Hintergrund wirkte er bei der Eheschließung Isabellas (1469), ihrer Thronbesteigung in Segovia (1474) und der Designation des Príncipe →Johann auf den →Cortes v. Toledo (1480) mit. C. erhielt den→ *Senorío* über Maqueda, Torrijos und Elche de la Sierra, die *Alcaidía* (→Alcaide) über verschiedene kgl. Burgen (La Mota, Carmona u. a.) sowie weitere Güter und Ehrenämter. 1478 wurde er zum Großkomtur v. León des Santiagoordens ernannt, nahm an der Schlacht v. →Toro und am entscheidenden Feldzug gegen →Granada teil und sicherte sich schließlich die Alcaidía über den →Alcázar v. →Almería. 1496 war er zum letzten Mal bei einem offiziellen Staatsakt anwesend. C. hinterließ einen Sohn Diego, der das Amt eines →*Adelantado Mayor* des Kgr.es →Granada bekleidete und seit 1530 den Titel eines Hzg.s v. Maqueda führte. L. Vones

Lit.: DHE I, s. v. – L. BARÓN Y TORRES, Don G. de C., íntimo consejero y confidente de los Reyes Católicos, 1945 – L. DE SALAZAR Y CASTRO, Los commendadores de la Orden de Santiago, II: León, 1949, 577–579 – J. VICENS VIVES, Hist. crítica de la vida y reinado de Fernando II de Aragón, 1962 – Mª. I. DEL VAL VALDIVIESO, Isabel la Católica, Princesa (1468–1474), 1974.

Cardigan → Ceredigion

Cardinalis, Dekretist der ersten Generation, dessen mit »C.« signierte Glossen, vorwiegend zum Eherecht, anfangs der sechziger Jahre des 12. Jh. entstanden sein dürften und z. T. in den Glossenapparat »Ordinaturus magister« übernommen wurden. Wohl vom gleichen Autor stammt eine Summula zum Eherecht, die unter dem »Notae Atrebatenses in Decretum Gratiani« (ed. H. VAN DE WOUW) Eingang und wie die Glossen des C. in der Summa des →Huguccio – wenn auch nicht immer zustimmende – Berücksichtigung gefunden hat. Welcher Kardinal sich hinter der Bezeichnung C. verbirgt, ist noch ungeklärt. Als mögl. Autoren werden z. B. genannt Johannes Sutrinus (A. M. STICKLER, H. VAN DE WOUW), Raymundus de Arena (A. GOURON) und Magister Hubaldus (R. WEIGAND); für letztere Zuschreibung wird geltend gemacht, daß vereinzelte »C.«-Glossen und die genannte Summula in anderer Überlieferung die Sigle »h.« tragen, die sich aus zeitl. Gründen nicht auf Huguccio beziehen kann. Entgegen verbreiteter (älterer) Ansicht ist C. nicht mit dem in Bologna das Dekret glossierenden Gratianus Cardinalis († 1197) identisch. Auch später war die bloße Bezeichnung C. für zeitgenöss. Kanonisten im Kardinalsrang üblich, wie z. B. bei →Johannes Monachus († 1313) und →Franciscus de Zabarella († 1417). H. Zapp

Lit.: R. WEIGAND, Die Glossen des C. (Magister Hubaldus?) zum Dekret Gratians, bes. zu C. 27 q.2 (BMCL 3, 1973), 73–95 [mit der einschlägigen älteren Lit.] – A. GOURON, Le cardinal Raymond des Arènes: Cardinalis? (Fschr. J. GAUDEMET I, 180–192 [= RDC 28, 1978]).

Cardo (lat.; ältere, vielfach beibehaltene Form *Kardo*), wörtl. 'Türangel, -zapfen', dann 'Polachse' (also Nord-südachse); im röm. Vermessungswesen (→Vermessung) als nordsüdl. Maß- und Erschließungsachse verstanden. Der C. schneidet als nachgeordnete Grundlinie senkrecht den→Decumanus, die Lageberechnung erfolgte mit einer Sonnenuhr *(gnomon)* im Schnittpunkt *(groma)* der Meßachsen. Die Prinzipien der Landvermessung wurden auf die Militärlager- und Siedlungsvermessung übertragen; der C. (maximus) war gemeinhin die nordsüdl. Straßenachse mit Toranlagen in der Umwehrung.

In einzelnen röm. Gründungsstädten der westl. Reichshälfte blieb der C. bis in MA und NZ durch seine zentrale Achsenfunktion eine städtebaul. Dominante, allerdings in der Regel gegenüber der ursprgl. (Straßen)-Breite erhebl. reduziert (beispielsweise in Turin, Aosta, Lucca, Aix-en-Provence, Köln, Colchester, Gloucester u. a.).
H. Hellenkemper

Lit.: RE III, 1587f. – O. A. W. DILKE, The Roman Land Surveyors. An Introduction to the Agrimensores, 1971 [Lit.] – F. CASTAGNOLI, Orthogonal Town Planning in Antiquity, 1971 [Lit.].

Cardona, Burg, Stadt, Abtei (Regularkanonie), Vizegrafschaft und Adelsfamilie in Katalonien (Prov. Barcelona, Bezirk Bages).

I. Burg und Stadt – II. Vizegrafschaft – III. Regularkanonie Sant Vicenç.

I. BURG UND STADT: Die auf älteren Siedlungen errichtete Burg wurde 798 von Ludwig d. Fr., Kg. v. Aquitanien, besetzt, womit die frk. Eroberung von →Barcelona (801–803) vorbereitet wurde. Im 12.–13. Jh. erfuhr die Burg Erweiterungen. Im Bereich der Burg entstand aus der Kirche mit vizegfl. Grablege vom 11. Jh. die Abtei Sant Vicenç (s. Abschnitt III).

Die Stadt entwickelte sich als Marktflecken der Burg. →Wifred, Gf. v. Barcelona, verlieh ihr im 9. Jh. einen Siedlungsbrief, der von Gf. →Borrell II. im 10. Jh. erneuert wurde. C. war Ballei der →Johanniter und spielte eine wichtige Rolle während der »Guerra de los Segadores« (1640–52) und im Erbfolgekrieg. Wichtige Bauwerke sind: die got. Kirche S. Miquel (14. Jh.) mit Glockenturm (11. Jh.), die zum Kl. St. Vicenç (s. Abschnitt III) gehörte und zur Pfarrkirche gemacht wurde (16. Jh.), und der Herzogspalast. Die Stadt war mit einer Mauer und vier Toren befestigt. Berühmt sind die Salinen.

II. VIZEGRAFSCHAFT: In ihren Ursprüngen war die Vizegrafschaft eine Herrschaft der Vizegf. en v. Ausona (Osona), die die Burg innehatten, und Zentrum des Familienbesitzes. Guadall (10. Jh.) war der erste Vizegf., ihm folgte Eremiro, der den Siedlungsbrief von Borrell II. bestätigt bekam. Ramón Folc de C. nannte sich als erster Vizegf. nach C., ihm folgte sein Bruder Folc und später Ramón Folc de C. (13. Jh.); ihre Nachfolger waren während der Regierung Kg. Jakobs I. (1213–76) Führer von Adelsrevolten, arbeiteten unter Peter III. (1276–85), Alfons III. (1285–91) und Jakob II. (1285–1327) aber mit dem aragones. Kgtm. zusammen. Ihre Verbindung zur Monarchie und die Vergrößerung der Vizegft. führten zur Umwandlung des Titels in eine Gft. (1375) unter Hugo v. Cardona. Neben dem alten Besitz wurden der Gft. die Vizegft. Vilamur und die Baronie Bellpuig, später die Gft. Prades und die Baronie Entenza (15. Jh.) zugeschlagen. Weitere Zweige des Geschlechts sind in Torà, dann Italien (Gf. en v. Golisano und →Reggio) sowie in Bellpuig (Verbindung zur Familie Requesens) festzustellen. Treue Anhänger der neuen Dynastie →Trastámara, traten die C. in Heiratsverbindungen mit dem Königshaus ein und wurden mit der zur Markgft. erhobenen Gft. Prades belehnt und später mit der Erhebung der Gft. C. zum Hzm. (1491) ausgezeichnet. Im 17. Jh. erlosch die Familie in direkter Linie. Der enorme Besitz und die Titel des Hauses C. gingen an das Haus→Medinaceli über. F. Udina

III. REGULARKANONIE SANT VICENÇ (Bm. Urgel, Gft. Ausona): Ursprgl. Grablege der Vizegf. en v. Cardona; abhängige Priorate: Sant Jaume de Calaf, Sta. Maria de Molsona. In der 980/981 erstmals erwähnten Kirche wurde 1019 von Vizegf. Beremund v. C. auf Rat Bf. →Olibas v. Vich eine nach dem Vorbild der Aachener Regel (→Institutiones Aquisgranenses) lebende Regularkanonie eingerichtet, der als religiösem Mittelpunkt der Gft. ein Drittel aller Einkünfte derselben zugewiesen und alle Kirchen im Jurisdiktionsbereich der Burg unterstellt wurden. 1040 erfolgte in Gegenwart des gesamten katal. Episkopats die feierliche Kirchweihe. Vizegf. Folc (Fulco) v. C., der spätere Bf. v. Barcelona, führte zw. 1083 und 1090 eine Reform der Kanonie durch. Möglicherweise wurden bereits zu diesem Zeitpunkt die Consuetudines von →St-Ruf d'Avignon übernommen. Vor 1117 erfolgte dann eine rechtl. Unterstellung unter die prov. Abtei, die jedoch auf heftigen Widerstand des Konvents stieß. Trotz Privilegien der Päpste Calixtus II. (JAFFÉ 7069), Eugen III. (deperd.), Anastasius IV. (JL 9898), Hadrian IV. (JL-/KEHR nr. 67–9, 73) und Alexander III. (JL-/KEHR nr. 208) zugunsten von St-Ruf vermochte C. seine Unabhängigkeit zu behaupten. Im 13. Jh. erlangte es Schutzprivilegien aragon. Herrscher. Aus Visitationsprotokollen des beginnenden 14. Jh. ist eine Periode der Dekadenz abzulesen, auf die Mitte des Jahrhunderts neue Reformbestrebungen folgten. 1592 verfügte Clemens VIII. die Säkularisierung der Abtei und die Umwandlung in ein Kollegiatstift.

U. Vones-Liebenstein

Lit.: J. VILLANUEVA, Viaje literario VIII, 1821, 144–191 – J. BALLARÓ Y CASAS, Hist. de C., 1906 – PU Spanien. Katalanien I, ed. P. F. KEHR, 1926, 190–192 – F. VALLS TABERNER, La primera dinastía vescomtal de C., Estudis Universitaris Catalans, 1931, 112–136 O. ENGELS, Episkopat und Kanonie im ma. Katalonien, SFGG. GAKGS 21, 1963, 124f. – S. SOBREQUÉS I VIDAL, Els barons de Catalunya, 1970³ [Stammtafel] – J. SERRA VILARÓ, Hist. de C., 1966–68 (mit Archivverz.) – G. ROMESTAN, La création de la foire de C. (1406), Miscelánea de Textos Medievales I, 1972, 179–188 – S. SOBREQUÉS I VIDAL – J. SOBREQUÉS I CALLICÓ, La guerra civil catalana del segle XV, Bd. II, 1973 [Stammtafel] – S. SOBREQUÉS I VIDAL, El compromís de Casp i la noblesa catalana, 1973 – A. PLADEVALL, Els monestirs catalans, 1974³, 270–275 [Lit.] – M. CASAS I NADAL, Aspectes religioso-econòmics de la vila de C. segons des testaments del 1373 al 1383, Cuadernos de Hist. Económica de Cataluña 19, 1978, 131–153 – DIES., La documentación del monestir de Sant Vicens de C. (1200–50) conservada a l'Arxiu Parroquial de Sant Miquel (Jaime I y su época. Comunicaciones, 3–5, o.J. [1982]), 111–119.

Carham-on-Tweed, Schlacht v. (1018), in welcher ein schott. Heer unter Kg. →Malcolm II. eine engl. (northumbr.) Streitmacht, die Truppen aus dem Gebiet zw. den Flüssen Tweed und Tees umfaßte, vernichtend schlug. Das Jahr der Schlacht, 1018, steht in Widerspruch zu dem überlieferten Namen des engl. Befehlshabers, Earl Uhtred, da bereits für 1016 dessen Ermordung bezeugt ist. Die Lage des Schlachtfeldes, eine Stelle, an der die engl.-schott. Grenze durch den Tweed gebildet wird, legt die Annahme nahe, daß der tatsächl. Heerführer Uhtreds Bruder, Eadwulf (Cudel), war. Nach einer Durhamer Überlieferung hat Eadwulf nämlich nach Uhtreds Tod »aus Furcht vor Malcolm« den Schotten das gesamte Gebiet von →Lothian abgetreten. N. P. Brooks

Q. und Lit.: Symeon of Durham, ed. T. ARNOLD, 1882–85, Bd. 1, 84, 218; Bd. 2, 155f. – Anglo-Saxon Chronicle, ed. J. EARLE-C. PLUMMER, 1892–99, s. a. 1016 – G. W. S. BARROW, The Kingdom of the Scots, 1973, 148–153 – B. MEEHAN, SHR 55, 1976, 1–19 – A. A. M. DUNCAN, ebd., 20–28.

Carillon → Glockenspiel

Caritas. In Abgrenzung zu amor als der allgemeinsten Form eines allen Lebewesen zukommenden begehrenden Strebevermögens und in Weiterführung jenes dem Menschen als Vernunftwesen eigentüml. Liebens (dilectio) weist c. auf die Vollform menschl. Liebens hin und steht in enger Beziehung zur Freundesliebe (amicitia). Dem HochMA ist eine dualist. Wertung von begehrender Liebe und selbstloser Liebe fremd. Selbstliebe und Freundesliebe sind aufeinander bezogen. Für Thomas v. Aquin ist Selbstliebe Beginn und Maßstab aller Liebe. C. versteht er vornehml. als Freundschaft des Menschen zu Gott. Alle Liebe und Freundschaft nimmt von dieser Gottesliebe, die nur aufgrund übernatürl. Gnade möglich ist, ihren Aus-

gang. Der Wille als geistige Potenz des Begehrens ist Träger jeder Freundesliebe. Dabei ist der eigtl. Sinn solcher Liebe das Wohlgefallen am Geliebten. (Gott ist einziges und direktes Objekt der freundschaftl. Liebe.) – Vgl. auch →Gnade, →Liebe, →Tugenden, ikonograph.

J. Gründel

Lit.: R. EGENTER, Gottesfreundschaft. Die Lehre von der Gottesfreundschaft in der Scholastik und Mystik des 12. und 13. Jh., 1928 – M. WITTMANN, Die Ethik des hl. Thomas v. Aquin, 1933 – J. PIEPER, Über die Liebe, 1972 – H. KUHN, Liebe. Gesch. eines Begriffes, 1975.

Cariteo → Gareth

Carlisle, Stadt und Bm. im nördl. England. In beherrschender Lage am letzten Übergang des Eden vor seiner Mündung in die Ir. See gelegen, zählte die antike Vorgängersiedlung Luguvalio zu den bedeutenderen röm. castra; bei ihm entwickelte sich eine städt. Siedlung (Caer-Luel, daraus: Carlisle), die möglicherweise Siedlungskontinuität seit dem 4. Jh. besaß. Der hl. →Cuthbert besuchte im 7. Jh. die röm. Ruinen. Im 11. Jh. Hauptzentrum der Herrschaft (lordship) des südl. oder »engl.« Cumbria, wurde es 1092 von →Wilhelm II. Rufus besetzt, der die älteste norm. Burg errichten ließ. Nachdem C. ein Jahrhundert lang im Besitz norm. Großer und der Kg.e v. Schottland gewesen war (Kg. David I. starb hier i. J. 1153), kam die Burg, die mehrfach umgebaut und auf einen Umfang von 1,5 ha erweitert wurde, i. J. 1157 wieder an die engl. Krone und wurde Sitz des →Sheriffs v. C., später des Sheriffs v. →Cumberland. 1322–23 bestand ein →earldom C., das im 17. Jh. neubegründet wurde. Der älteste erhaltene Teil der Burg ist der keep, ein schmuckloser Steinbau aus dem späten 12. Jh.; der übrige Baubestand entstammt zum größten Teil dem 14.–16. Jh., darunter ein Torbau aus der Zeit Kg. Eduards III. (1327–77).

Kg. Heinrich I. errichtete das Bm. C. i. J. 1133, indem er das Gebiet, das zw. Solway und einer ost-westl. Linie von Stainmore zum Fluß Duddon lag, von der Diöz. Glasgow (oder Cumbria) abtrennte. Die Kathedrale erhielt ein Augustinerchorherren-Stift, eine in England einmalige Regelung, die aber in Schottland (St. Andrews) ihre Parallele hatte. Das Bm. wurde 1540 aufgehoben.

C. galt zwar als Stadt, doch waren Ausdehnung und Einwohnerzahl des ma. →borough offensichtl. sehr gering. Die Stadt war mit einer Steinmauer befestigt, von der nur mehr wenige Reste zeugen. Den Zugang bildeten drei (nicht erhaltene) Tore: das engl. (Süd-), das ir. (West-) und das schott. (Nord-)Tor. Burg, Stadt und Kathedrale bildeten zusammen den entscheidenden Hauptstützpunkt an der Nordwestgrenze Englands und hatten daher unter Angriffen und Belagerungen der Schotten viel zu leiden; die Kathedrale wurde im Krieg von 1644 schwer beschädigt.

G. W. S. Barrow

Lit.: R. S. FERGUSON, Hist. of Cumberland, 1890. ch. 13 – VCH, Cumberland, II, 1905 – C. Castle, Official Guide HMSO, 1938 u. ö. – J. C. DICKINSON, The Origins of the Austin Canons and their Introduction into England, 1950, 245–251 – D. KNOWLES, Medieval Religious Houses: England and Wales, 1953, 132.

Carlow (gäl. Ceatharlach), Stadt im sö. Irland (Leinster), am Barrow; anglo-ir. Stadt, die sich um die Residenz der Pfalzgf. en (palatine lords) v. →Leinster entwickelte. Durch die erste Charta (um 1223) wird impliziert, daß die Grundstückseinteilung der Siedlung schon unter dem zweiten Lord, William Marshal d. Ä. († 1219), existierte. I. J. 1247 wurde Leinster unter fünf weibl. Erben aufgeteilt, dadurch wurde die Stadt zum Hauptsitz (caput) der Liberty of C., die von den Earls of →Norfolk gehalten wurde. Die Stadt stand, infolge der Abwesenheit ihrer Herren, im 14. und 15. Jh. zumeist unter kgl. Verwaltung; 1361–94 war

C. Sitz des ir. →Exchequer und des obersten Gerichtshofes (Bench of→Common Pleas). K. Simms

Lit.: W. F. NUGENT, C. in the MA, Journal of the Royal Society of Antiquaries of Ireland 85, 1955, 62–76 – G. H. ORPEN, Ireland under the Normans I–IV, 1968, passim.

Carmagnola → Bussone, Francesco

Carmarthen (Caerfyrddin), Stadt im südwestl. →Wales, Hauptstadt der gleichnamigen Grafschaft; ursprgl. Siedlung die röm. Stadt Moridunum, die, aus einem Castrum des 1. Jh. n. Chr. hervorgegangen, wohl Hauptstadt der civitas Demetarum war. Sie ist in Quellen des FrühMA nicht erwähnt, obwohl die Reste der röm. Befestigungsanlagen Bewunderung bei Autoren des 12. Jh. fanden und im 11. Jh. das Kl. Llandeulyddog im Osten des röm. besiedelten Terrains bezeugt ist. 1109 ließ der engl. Kg. Heinrich I. im Zuge seiner Eroberungstätigkeit in Wales im Westen des röm. Areals eine Burg erbauen. In ihrer Nähe entstand rasch eine Siedlung (New C.), die im späten 12. Jh., als Kg. Heinrich II. ihren Bürgern Handelsprivilegien verlieh, schon eine prosperierende Marktstadt war. Diese Stadt bestand als →borough fort und war einer der Brennpunkte der engl. Königsmacht in Wales während des SpätMA; vom 13. Jh. an bildete sie das Verwaltungszentrum der engl. Gft. C. W. Davies

Carmen, Johannes, frz. Komponist, tätig etwa zw. 1400 und 1420. Über seine Herkunft ist nichts bekannt, über seine Lebensdaten nur wenig. 1403 war C. im Dienste des burg. Hzg.s Philipp in Paris tätig, wo er wahrscheinl. außerdem eine Zeitlang als Cantor an der Kirche St-Jacques-de-la-Boucherie wirkte. Um 1440 preist ihn →Martin le Franc in »Le champion des dames« als einen, der vor nicht langer Zeit zusammen mit →Tapissier und →Cesaris durch seinen Gesang (d. h. seine Musik) ganz Paris in Staunen versetzt habe. Eine der Motetten C.s beklagt im Text das Große Schisma und muß deshalb vor 1417 (Konzil v. Konstanz) entstanden sein. – Von C. sind 3 lat. vierstimmige isorhythm. Motetten mit offenbar frei erfundenem, d. h. nicht gregorian. Tenor erhalten. Der in einem dieser Werke auftretende Oberstimmenkanon läßt it. Einfluß vermuten. R. Bockholdt

Q.: Oxford, Bodl. Libr. Canon. misc. 213 – Bologna, Civico museo Q15 – *Ed.*: Early Fifteenth-Century Music, hg. G. REANEY, 1955 – *Lit.*: MGG – RIEMANN – NEW GROVE – H. BESSELER, Bourdon und Fauxbourdon, 1950, 1974[2] – C. WRIGHT, Music at the Court of Burgundy, 1364–1419 [Diss. Harvard Univ. 1972].

Carmen → Choral, →Liturgie, →Musik

Carmen ad Adelardum (Adalhardum) episcopum, ein Gedicht von zwanzig sapph. Strophen (init. Siderum factor dominusque caeli), erhalten in einer Hs. aus Bobbio (Vatican. lat. 5751). Nach der einleitenden Klage über den Tod zweier Kaiser und des Papstes sowie des Gf.en Walfred v. Verona († 896) rühmt der unbekannte Verfasser nahezu uneingeschränkt die Tugenden des zu der Zeit amtierenden Bf.s Adelardus v. Verona. E. Heyse

Ed.: E. DÜMMLER, Gesta Berengarii, 1871, (61–65), 134–136 – MGH PP III, 2, ed. L. TRAUBE, 1896, 693–695 – M. CARRARA, Scriptorium 9, 1955, 273 – DERS., Nova Historia 7, 1955, 34–39 [mit it. Übers.] – *Lit.*: Repfont III, 131 – MANITIUS I, 440–441 – SCHALLER 679 nr. 15349.

Carmen de Aquilegia numquam restauranda, rhythm. Gedicht, dessen 24 abecedar. Strophen nebst einer Doxologie aus je drei dem trochäischen Tetrameter nachgebildeten Zeilen besteht, ist zur Regierungszeit Ks. Lothars und Ludwigs II., also zw. 844 und 855 entstanden. Der Autor vertritt in der aus dem →Dreikapitelstreit herrührenden Rivalität zw. Aquileia und Grado in gehässiger Weise und geschickter Polemik die Sache Grados, indem er Historie, bibl. Typologie und Zeitkritik auf engstem Raum zusammenfügt, und drängt die beiden Herrscher, Aquileias Patriarchat nicht wieder herzustellen, dessen Entstehung knapp geschildert wird. Das Gedicht besticht durch Schärfe und Dichte der Gedankenfolge. Vom Planctus des →Paulinus v. Aquileia auf die Zerstörung Aquileias ist es gattungsmäßig, formal und inhaltl. ganz verschieden. M. Wesche

Ed.: MGH PP 2, 150–153 – *Lit.*: Repfont III, 132 – SCHALLER, 957 – WATTENBACH-LÖWE, 420.

Carmen de bello Saxonico, im Winter 1075/76 entstandenes, 757 Hexameter umfassendes Gedicht, das in drei Büchern den Konflikt des dt. Kg.s →Heinrich IV. mit den Sachsen während der Jahre 1073–75 behandelt (→Sachsenaufstand). Ausgehend vom Widerstand der Sachsen gegen die von Heinrich IV. zu Beginn seiner eigenständigen Regierung betriebene Königslandpolitik schildert Buch I den Ausbruch der Feindseligkeiten i. J. 1073, in deren Verlauf es zur Belagerung der vom Kg. errichteten Burgen kommt. Der infolge Verrat geglückten Einnahme der Heimburg wird der mannhafte Widerstand der Besatzung der →Harzburg wirkungsvoll gegenübergestellt. Buch II beschreibt die Sammlung des Reichsheeres zum Entsatz der kgl. Burgen. Dem kampferprobten kgl. Heer erweist sich das zahlenmäßig stärkere sächs. Volksaufgebot als nicht gewachsen, so daß es sich kampflos ergibt. Die Heinrich IV. abträglichen Vereinbarungen des Friedens v. →Gerstungen (2. Febr. 1074) werden hierbei zu einem Erfolg des Kg.s stilisiert. Das III. Buch berichtet, wie Heinrich IV. auf die Nachricht von der Zerstörung der Harzburg (Frühjahr 1074) erneut das Reichsheer aufbietet. Die Darstellung gipfelt in der Schlacht an der →Unstrut (9. Juni 1075), in welcher der Kg. über die Sachsen den Sieg erringt, worauf sich diese bedingungslos unterwerfen. Das Gedicht schließt mit der an den Kg. gerichteten Bitte, gegenüber den Sachsen Milde walten zu lassen.

Das sich formal an die Vorbilder →Vergil, →Lukan, →Ovid und →Horaz anlehnende Werk ist weniger historiograph. Bericht als Panegyricus auf Heinrich IV. Die zuweilen poet. Wirkung erzielenden Verse sind meist regelmäßig gebaut, die Hexameter jedoch dem Brauch der Zeit entsprechend vielfach leoninisch gereimt, bisweilen mit Alliteration. Gegenüber früheren Versuchen, den Dichter des C. mit →Lampert v. Hersfeld (PANNENBORG) oder dem kgl. Kaplan Gottschalk v. Aachen (GUNDLACH) gleichzusetzen, gilt nunmehr dessen Identität mit dem gleichfalls anonymen Verfasser der →»Vita Heinrici IV. imperatoris« als gesichert. Dieser war vermutlich ein zumindest zeitweise in der Umgebung des Hofes weilender Altersgenosse Heinrichs IV. Seine Gleichsetzung mit Bf. →Erlung v. Würzburg (SCHMALE) bedarf freilich noch der näheren Begründung. T. Struve

Ed.: O. HOLDER-EGGER, MGH SS 15,2, 1888, 1214–1235; MGH SRG [17], 1889 [Nachdr. 1978] – W. GUNDLACH, Heldenlieder der dt. Kaiserzeit II, 1896, 336–385 [Übers. in gereimten Jamben] – F.-J. SCHMALE, AusgQ 12, 1963, 144–189 [mit dt. Übers.] – *Lit.*: MANITIUS III, 656–659 – WATTENBACH-HOLTZMANN-SCHMALE II, 371–377; III, 120[*] – Repfont III, 137f. [Lit.] – Verf.-Lex.[2] II, 603, s. v. Erlung v. Würzburg – W. GUNDLACH, Ein Dictator aus der Kanzlei Ks. Heinrichs IV., 1884, 147–166 – A. PANNENBORG, Lambert v. Hersfeld, der Verf. der Gesta Henrici quarti metrice, Forsch. zur dt. Gesch. 25, 1885, 407–448 – W. GUNDLACH, Wer ist der Verf. des C. de b. S.?, 1887 – F.-J. SCHMALE, AusgQ 12, 1963, 20–27 [Einl.] – M. SCHLUCK, Die Vita Heinrici IV. Imperatoris. Ihre zeitgenöss. Q. und ihr bes. Verhältnis zum C. de b. S. (VuF Sonderbd. 26, 1979), bes. 80ff.

Carmen de destructione civitatis Mediolanensis, wohl zw. 1162 und 1167 entstandene 262 Hexameter lange Klage über die Zerstörung Mailands durch Friedrich Barbarossa 1162. In Dialogform beklagen die Stadt und ein fremder Wanderer in hochrhetor. Sprache und unter zahlreichen, oft erklärungsbedürftigen Anspielungen der bibl. und antiken Geschichte die Härte der Zerstörung und das Wirken der Fortuna, die zusammen mit der Zwietracht der Lombarden den Hochmut der Stadt zu Fall gebracht habe. Das Gedicht schließt mit einer langen Mahnung, die Hoffnung nicht aufzugeben. Dem hist. unergiebigen Werk ist ein Widmungsgedicht in Distichen an den Bf. v. Lisieux vorangestellt, mit dem sich der Autor – wohl nach seiner Rückkehr nach Mailand – für die Gastfreundschaft während des Exils bedankt. M. Wesche

Ed.: E. DÜMMLER, NA 11, 1886, 467–474 – R. DAVIDSOHN, QFIAB 19, 1927, 375f.

Carmen de exordio gentis Francorum, anonym überliefertes Zeitgedicht, dessen 146 Hexameter nicht, wie das Explicit sagt, die Herkunft des Frankenvolkes besingt, sondern die Versifizierung der Prosafassung einer Karolingergenealogie ist, entstand kurz nach dem Regierungsantritt Karls d. Kahlen 844 und ist an ihn gerichtet mit der Mahnung, in seiner Herrschaft die kraftvolle Politik seines Großvaters Karls d. Gr. und die friedensuchende seines Vaters Ludwigs d. Frommen ausgleichend zu verbinden. Der Autor, der insgesamt geschickt disponiert, aber im Sprachgebrauch nicht immer reüssiert, stellt eine Fortsetzung seiner Dichtung über die ruhmvollen Taten Karls in Aussicht und erwähnt am Ende eine Evangelienversifizierung, die er in kgl. Auftrag unternehmen soll. M. Wesche

Ed.: MGH PP 2, 141–145 – *Lit.:* SCHALLER, 2345 – WATTENBACH-LÖWE, 512 – O. G. OEXLE, Frühma. Stud. 1, 1967, 263–265.

Carmen ad Flavium Felicem → Flavius Felix

Carmen de gestis Frederici I imperatoris in Lombardia, ein titelloses und unvollständig überliefertes Gedicht von 3343 Hexametern, das Ks. →Friedrich I. gewidmet ist. Es gehört der stauf. Geschichtsschreibung im engeren Sinne an, schildert in der Hauptsache die ersten beiden Italienfahrten Barbarossas, setzt mit einer Beschreibung der Macht Mailands ein und bricht mit der Schlacht v. Carcano am 9. Aug. 1160 ab. Das Gedicht hat dem Kaiserhof in vollendeter Gestalt vorgelegen. Vermutl. sollte der Sturz Mailands den Leitfaden bilden, weswegen die Zerstörung der Stadt im März 1162 als terminus post quem der Abfassungszeit angenommen wird. Lit. Ziel war ein heroisches Epos nach dem Vorbild der Aeneis → Vergils, das den Ks. zu einem Helden mit den Zügen des Aeneas nicht zuletzt dadurch steigerte, daß auch Mailand mittels Personifizierung überhöht wurde. Der Verfasser ist unbekannt, er verkehrte am ksl. Hof und nahm zeitweise an der Belagerung Mailands teil; man vermutet Bergamo als seine Heimat. Als Quelle bietet das C. zuverlässige Nachrichten. O. Engels

Ed.: MGH SRG, ed. I. SCHMALE-OTT, 1965 [mit ausführl. Einleitung] – *Übers.:* It. Übersetzung: F. QUERENGHI, Gesta di Federico I B. in Italia, 1936; dt. Übers. [auszugsweise]: O. DÖRING (W. GUNDLAR, Heldenlieder der dt. Kaiserzeit III, 1899) – *Lit.:* W. WATTENBACH-F. J. SCHMALE, Deutschlands Geschichtsquellen im MA vom Tode Ks. Heinrichs V. bis zum Interregnum I, 1976, 67–71 – O. ENGELS, Federico B. nel giudizio dei suoi contemporanei, Annali dell'Istituto storico italo-germanico, Quaderno 10, 1982, 58f.

Carmen de Hastingae proelio, mlat. Gedicht über die Eroberung Englands durch die Normannenhzg. Wilhelm (→Wilhelm der Eroberer), das herkömml. dem Bf. Wido v. Amiens zugeschrieben und in die Jahre 1067/1072 datiert wird. Das Werk besteht aus einem 25-zeiligen Prooemium in Hexametern und 405 Distichen (Schluß fehlt). Zum Inhalt: Das C. befaßt sich mit den Ereignissen vom Aufbruch des norm. Heeres bis zum Weihnachtsfest 1066. Nur ein Drittel ist der Schlacht v. →Hastings gewidmet. Der Verfasser steht dem Eroberer nicht unkritisch gegenüber und hebt die Rolle des Gf. en →Eustachius v. Boulogne hervor. Ausführl. Angaben finden sich über die (in anderen Quellen fehlende) Belagerung der Stadt London sowie über die Königskrönung Wilhelms. Mehrfach unterbrechen rhetor. Passagen den Fluß der Erzählung. Mitunter sind Anklänge an Dichtungen der Karolingerzeit (→Theodulf v. Orléans, →Ermoldus Nigellus) erkennbar. Manche neueren Forscher bestreiten den Quellenwert des C. und halten es für ein fabulöses, aus den »Gesta Guillelmi« des →Wilhelm v. Poitiers abgeleitetes Werk eines späteren Autors (R. H. C. DAVIS: a literary exercise, zw. 1125 und 1135/40 in Nordfrankreich oder Flandern entstanden). K. Schnith

Ed.: The Carmen de Hastingae proelio of Guy Bishop of Amiens, ed. C. MORTON-H. MUNTZ, 1972 [Bibliogr.] – *Lit.:* MANITIUS III, 653ff. – G. H. WHITE, in: Peerage XII, Appendix L, 1953 – F. BARLOW (Stud. ... W. N. MEDLICOTT, 1967) – L. J. ENGELS, Dichters over Willem de Veroveraar, 1967 – K.-U. JÄSCHKE, Wilhelm der Eroberer, 1977 – R. H. C. DAVIS, EHR 93, 1978, 241–261 – R. H. C. DAVIS, L. J. ENGELS u. a., The Carmen de Hastingae Proelio. A Discussion (Proceedings of the Battle Conference on Anglo-Norman Stud. II, 1979, hg. R. A. BROWN, 1980), 1–20.

Carmen adversus paganos. Auch unter dem Titel C. adv. Flavianum bzw. Nicomachum im cod. Parisinus 8084 (6. Jh.) überlieferte, um 395 verfaßte chr. Invektive in 122 Hexametern gegen Virius Nicomachus →Flavianus, der als Repräsentant der heidn. Senatoren angesehen wird. Ihr Festhalten an der alten Religion wird als erfolglos hingestellt, was die Schlacht am Frigidus (5./6. Sept. 394) deutlich vor Augen führte. Der an klass. Mustern (v. a. Vergil) geschulte, aber auch von Autoren des 4. Jh. beeinflußte Stil ist beherrscht von rhetor. Fragen, die in kräftigen Bildern den Sinn des heidn. Treibens angreifen. Somit wird das Gedicht zu einem wichtigen Dokument für die entscheidende Auseinandersetzung zw. spätröm. Heidentum und jungem Christentum. J. Gruber

Ed. und Komm.: HAUPT-KRÜGER-MOMMSEN, Hermes 4, 1870, 350–363 (= TH. MOMMSEN, Ges. Schr. VII, 1909, 485–493) – E. BÄHRENS, Poetae latini minores III, 1881, 286–292 – O. BARKOWSKI, De carmine adversus Flavianum anonymo [Diss. Königsberg 1912] – G. MANGANARO, Il poemetto anonimo contra paganos, Nuovo Didaskaleion 2, 1961, 23–45 – F. RONCORONI, Carmen codicis Parisini 8084, Rivista di storia e letteratura religiosa 8, 1972, 58–79 – *Lit.:* RE Suppl. X, 121–124 – J. F. MATTHEWS, The hist. setting of the Carmen contra paganos, Historia 19, 1970, 464–479 – J. WYTZES, Der letzte Kampf des Heidentums in Rom, 1977 – L. CRACCO RUGGINI, Il paganesimo romano tra religione e politica (384–394 d. C.). Per una reinterpretazione del Carmen contra paganos, Memorie delle Classe di Scienze morali e storiche dell'Accademia dei Lincei 23, 1, 1979.

Carmen de ponderibus et mensuris. In 208 Hexametern gibt das Lehrgedicht eines unbekannten Verfassers Auskunft über die Gewichte und Maße der Griechen und Römer und über Verfahren zur Ermittlung des spezif. Gewichts von Flüssigkeiten sowie des Mischungsverhältnisses von Gold-Silber-Legierungen. Entstanden am Ende des 4. oder Anfang des 5. Jh., ist das formal wie inhaltl. beachtenswerte Gedicht vollständig im Cod. Vindobonensis 16 (8. Jh.) und teilweise in Hss. des 9. und 10. Jh. überliefert. J. Gruber

Ed.: F. HULTSCH, Metrologicorum scriptorum reliquiae II, 1866, 88–98 – E. BÄHRENS, Poetae latini minores V, 1883, 71–82 – *Lit.:* LAW 548 – KL. PAULY I, 1056 – SCHANZ-HOSIUS IV 2, 37f.

Carmen de synodo Ticinensi, bald nach 698 schrieb der sonst unbekannte Mönch Stefanus, dessen Name als doppeltes Akrostichon überliefert ist, ein akzentrhythmisches Gedicht auf die Synode v. →Pavia, mit der der Langobardenkönig Cunincpertus, dem das Werk gewidmet ist, das Dreikapitelschisma zw. Aquileia und Grado beendete.

Der Rhythmus besteht aus 19 Strophen, deren fünf Zeilen dem Schema 5x̄x7xx̄ folgen. Dem Lob auf die Orthodoxie der Langobardenherrscher folgt eine kurze Beschreibung des Hergangs der Synode und ihrer Bestätigung in Rom. Die äußere Form des Werkes ist von grammat. und lautl. Vulgarismen bestimmt. M. Wesche

Ed.: MGH PP 4, 728-731 – Lit.: SCHALLER, 15726 – WATTENBACH-LÖWE, 209 – Repfont 3, 138 – MANITIUS I, 199 – P. LEHMANN, DA 14, 1958, 469-471.

Carmen de Timone comite et de miraculo fontis s. Corbiniani. Gedicht in elegischen Distichen, das in einer Weihenstephaner Hs. (Clm 21571) erhalten ist; sein Anfang ist verstümmelt und auch sein Ende scheint unvollständig zu sein. Es handelt von der Tätigkeit des – urkundl. bezeugten – Königsboten Timo und enthält daneben eine eigtl. Zusammenhang den Bericht von einem Wunder, das sich an der Quelle des hl. →Korbinian zugetragen habe. Vielleicht von einem Freisinger Kleriker verfaßt, zeigen die 150 überlieferten Verse, daß jedenfalls die karol. Erneuerung in Freising bereits wirksam war und sich der Verfasser einiges an lit. Bildung erworben hatte. Vermutlich schrieb er i. J. 834 – er erwähnt die Reliquien des hl. Alexander, die in ebendiesem Jahre Bf. Hitto nach Freising bringen ließ. – Kulturgeschichtl. ist das C. von Interesse, weil der Verfasser – wie für diese Zeit nur von →Agobard v. Lyon bekannt – Gottesurteile in der Rechtsfindung ablehnt. E. Heyse

Ed.: MGH PP II, ed. E. DÜMMLER, 1884, 120-124 – Lit.: MANITIUS I, 598f. – SPINDLER I, 1975, 488f. – BRUNHÖLZL I, 367f., 560 – SCHALLER 726 nr. 16375 – Verf.-Lex.² I, 1177f.

Carmina Burana

I. Überlieferung und Inhalt – II. Melodien – III. Künstlerische Ausstattung.

I. ÜBERLIEFERUNG UND INHALT: Carmina Burana (CB) benannte J. A. SCHMELLER 1847 seine Edition der (zumeist lat.) Dichtungen einer Sammelhs. des 13. Jh., die der Münchener Hofbibliothek 1803 aus den Beständen der Abtei Benediktbeuern (Benedictobura) übereignet worden war. Dieser (dort nicht entstandene) sog. Codex Buranus – München Bayer. Staatsbibl. clm 4660 – umfaßt im jetzigen Zustand noch 112 Blätter, deren Beschriftung größtenteils das Werk zweier unregelmäßig abwechselnder Schreiber ist. Eine nicht zu ermittelnde Zahl von Blättern bzw. Lagen des Anfangs und an fünf weiteren Stellen ist verloren. Sieben von W. MEYER 1901 als 'Fragmenta Burana' erkannte Einzelblätter (clm 4660a) gehörten wohl ebenso wie die letzte angebundene Lage zum etwas jüngeren Nachtragsteil. Die beschädigte Hs. wurde spätestens im 15. Jh. neu gebunden, wobei zwei Lagen an falsche Stelle gerieten, so daß die der Sammlung von ihren Urhebern gegebene inhaltl. Disposition gestört ist. Indem man die an sich vorderste Lage des erhaltenen Bestandes weiter hinten als fol. 43ʳ-48ᵛ einband, wurde der 'Rota Fortunae'-Miniatur des Codex die Funktion des Eingangsblattes verschafft (vgl. Abschnitt III). Angaben über Entstehungszeit und -ort oder weitere Vorbesitzer bietet die Hs. nicht. Der paläograph. Befund (unter Absehung von den Nachträgen des 13. und z. T. 14. Jh.) erlaubt schwerlich eine Datierung nach Mitte 13. Jh. Als terminus post quem könnte die auf 1217/19 datierte Neidhart-Strophe CB 168a anzunehmen sein. Die mhd. Texte verweisen den Cod. ins bair. Sprachgebiet, Schrifteigentümlichkeiten in dessen it. Kultureinfluß offenen Teile (LEHMANN, BISCHOFF). Inhaltl. Indizien (CB 6* Preislied des →Marner auf Propst Heinrich von Maria Saal 1230/31, der 1232-43 Bf. v. Seckau/Steiermark war; fünf Katharinen-Hymnen, CB 12*, 19*-22* als Niederschlag der Seckauer Katharinen-Verehrung [BISCHOFF], CB 219.3 Marchiones = Steiermärker als an erster Stelle genannte Landsmannschaft der Vaganten [SCHIEFFER]) verleihen dem bfl. Hof von Seckau (1218/43) eine gewisse Anwartschaft darauf, als Ort der Sammlung der CB erwogen zu werden (BISCHOFF, 1970). Jedenfalls ist ein geistl. Hof als das Milieu, wo ein solches Textcorpus zusammengetragen wurde, eher anzunehmen als das Scriptorium eines Klosters oder gar der Umkreis fahrender Sänger: die ältere Vorstellung vom »Liederbuch eines Vaganten« ist aufgegeben.

Der Cod. Bur. einschließlich der Nachträge überliefert 315 Texte unterschiedlichster Größe und Sorte: daktyl. Monosticha, Disticha und Carmina, akzentrhythm. Strophengedichte ohne oder mit Refrain, umfängliche singspielartige Sequenzen und Leiche, die z. T. souverän verschiedenste Strophenformen kombinieren (wie CB 60, 61, 70, 103), schließlich die Formenkomplexe der 5 geistl. Spiele (CB 227, 228; im Nachtrag 15*, 16*, 26*). Aus der Masse der lat. Texte des Hauptteils heben sich heraus die afrz. Refrains bzw. Strophenteile von CB 94, 95, 118, die Mischung lat. und mhd. Verse in CB 149, 184, 185, 218 (frz.-lat. Mischungen, »farcitures«, sind aber schon früher mehrfach belegt), v. a. aber die 47 mhd. lyr. Einzelstrophen (s. u.).

Während für die meisten Lyrica von CB 135 an, für die geistl. Spiele und die nachgetragenen Texte die Entstehung im dt. Sprachgebiet feststeht, überwiegen im vorderen Teil der Hs. Texte westeurop., zumeist frz. Herkunft: außer inhaltl. Indizien weist hierauf auch die Paralleloverlieferung in frz. und engl. Hss., mit deren Hilfe einige Gedichte Verfassern des 12. und frühen 13. Jh. zugewiesen werden konnten: →Hilarius v. Angers, →Hugo Primas, →Godefridus v. St. Victor, →Walther v. Châtillon, →Petrus v. Blois (LENZEN, DRONKE), →Philipp dem Kanzler u. a. Auch für den Buranus-Text der »Beichte« des →Archipoeta (CB 191) ist »westl. Provenienz... wahrscheinlich« (BISCHOFF). Frz. Liederrepertoires (aus →Notre Dame, →S. Martial) haben stellenweise ihren Niederschlag in der Sammlung gefunden. Für ungefähr drei Fünftel ihrer Texte gibt es keine Paralleloverlieferung; gleichwohl sind einige von nicht-dt. Provenienz. Auf ihrem Weg in den Cod. Bur. haben viele der Texte erhebliche Verderbnisse oder willkürl. Umgestaltung, mitunter über mündl. Zwischenüberlieferung, erfahren, die somit oft nicht authent. Textgestalt besitzt jedoch ihren rezeptionsgeschichtl. Eigenwert (BULST, SCHALLER). Indem einigen Texten eine (linienlose) Neumierung beigegeben wurde (tw. von einem der beiden Hauptschreiber selbst) und sie für mehr andere ersichtl. vorgesehen, wenn auch nicht durchgeführt ist, ergibt sich als die Absicht der Sammler der Anlage eines großen Liederbuches. Durchgehend neumiert sind auch das Weihnachtsspiel CB 227 und das Passionsspiel CB 16*. Was verfügbar wurde, teils aus Einzelüberlieferung, mehr aber aus kursierenden kleineren Liedersammlungen – worunter auch ein »Liederbuch aus Scholarenkreisen« (BISCHOFF) gewesen sein kann –, ordneten die Redaktoren nach einem für Gedichtsammlungen des MA singulären Gesamtkonzept: die Welterfahrung und das Lebensgefühl der Stauferzeit im Spiegel lat. Lieder der clerici und scholares werden mit einem moral. »Gerüst« versehen: diesem Zweck dienen die allenthalben den Liedgruppen passend beigegebenen Proverbien und (unsanglichen) Carmina.

Folgende Themenkomplexe heben sich voneinander ab: I) CB 1-55 Zeitklage und Sittenkritik – II) CB 56-186 Liebe und Natur, Liebesglück und -leid – III) CB 187-226

Zechen, Spiel, Vagantentum – IV) CB 227–228 die geistl. Spiele. – Diese Folgen sind mitunter durch thematisch nicht zugehörige Texte (z. B. 122–134) gestört. Demgegenüber ist das Bemühen um Untergliederung nach thematischen, seltener nach formalen Kriterien deutlich: CB 56–73 sind Sequenzen und Leiche, ab CB 74 folgen Strophenlieder, mit CB 97–102 aber eine auf antike Stoffe (Apollonius, Dido und Aeneas, Troja) bezogene Gruppe. Aus der Vielfalt der Themen und Motive sei hervorgehoben: Klage über moralischen Verfall, Bestechlichkeit des Klerus bzw. der Kurie (CB 1–11, 21, 39, 41–45, 123, 131, 187, 189, 226), Launen der Fortuna (14, 16, 17), Abkehr von Weltfreuden (24–31), »De ammonitione prelatorum« (33, 35, 36, 91), Evangelienparodie (44 Evangelium sec. marcas argenti), Meßparodie (215 Officium lusorum), Kreuzzüge (46–52), Exorcismus (54), drastische Schilderung erot. Abenteuer (72, 76, 83, 84, 185), Pastourelle (79, 90, 157, 158), Streit über die Liebe mit miles oder clericus (92), Conflictus vini et aquae (193), Zechen und Würfelspiel (195–207), Schachspiel (209, 210), Vagantenfreuden und -sorgen (129, 218–225), Totenklagen auf Könige (122, 124), Tierstimmen und -namen (132–134). – Wäre der Cod. Bur. nicht erhalten, würde sich uns die weltl. lat. Dichtung des HochMA um wesentl. Züge ärmer darstellen. D. Schaller

Ed.: Faks.-Ausg. der Hs. der CB und der Fragm. Burana (clm 4660 und 4660a) der Bayer. Staatsbibl. in München, hg. B. Bischoff, 1967, dazu: B. Bischoff, CB. Einf. zur Faks.-Ausg. der Benediktbeurer Liederhs. – CB. Mit Benutzung der Vorarbeiten W. Meyers, krit. hg. A. Hilka, O. Schumann, B. Bischoff, I: Text: 1. Die moral.-satir. Dichtungen 2. Die Liebeslieder 3. Die Trink- und Spielerlieder. Die geistl. Spiele. Nachträge, 1930–1970; II: Kommentar: 1. Einl. (Die Hs. der CB). Die moral.-satir. Dichtungen, 1930 – CB. Die Gedichte des Codex Buranus lat. und dt. Übertr. C. Fischer, Übers. der mhd. Texte v. H. Kuhn, Anm. und Nachw. G. Bernt, 1974 – R. Clemencic, U. Müller, M. Korth, CB, lat.-dt. Gesamtausg. der ma. Melödien, 1979 – Lit.: B. Bischoff in der krit. Ausg. I 3 (bis 1969) – Verf.-Lex.² I, 1179–1186 [G. Bernt] – Außerdem zur Lokalisierung der Hs.: R. Schieffer, MIÖG 82, 1974, 412–418 – zur Verfasserbestimmung: P. Dronke, MSt 38, 1976, 185–235 – zur Text- und Überlieferungskritik: W. Bulst, Gnomon 44, 1972, 460–467 – D. Schaller, MJb 10, 1975, 106–115 – zur Interpretation: P. Dronke, MJb 10, 1975, 116–137.

Von den 47 *deutschen Strophen* der CB werden 10 in anderen Hss. namentlich Autoren zugeschrieben: →Otto v. Botenlauben bzw. →Niuniu (48a), →Dietmar v. Aist (113a), →Reinmar dem Alten (143a, 147a; 166a auch Gedrut), →Heinrich v. Morungen (150a), →Walther v. der Vogelweide (151a, 169a, 211a) und →Neidhart v. Reuental (168a); 203a gehört zum 'Eckenlied', vermutlich die Anfangsstrophe einer verlorenen Fassung. Von den anonymen Strophen gelten nur wenige als vorhöfisch (174a, 167a, die dt. Teile von 149), was durch die Aufnahme in 'Des Minnesangs Frühling' editorisch sanktioniert wurde (in der Ausgabe von Moser-Tervooren auch 175a), die anderen werden als Schöpfungen des (frühen) 13. Jh. angesehen.

Ob die Aufzeichnung nach lat. Liedern nicht nur einen Überlieferungs-, sondern auch einen Aufführungszusammenhang repräsentiert, ist umstritten. Die Tatsache der überwiegenden Form- (und wo notiert, Melodie-) gleichheit wird als Nachahmungsverhältnis interpretiert: die lat. imitieren die bekannten bzw. älteren dt. Strophen, im Fall der jüngeren imitieren die dt. die lat. Muster, was vornehmlich mit der geringen lit. Qualität der dt. Strophen, aber auch mit Eigenarten des Strophenbaus begründet wird (Schumann). Andererseits werden die dt. Strophen als Ton- bzw. Melodieangabe angesehen oder als (unterschiedlich gelungene) Übersetzungen bzw. Nachbildungen in der Art von Rhetorikübungen. Bei einigen Liedern (203, 211; 143, 148, 163, 168) lassen sich Aufführungszusammenhänge vermuten: die dt. Strophen bilden die (meist parodistische) Pointe, auf das lat. Lied zielt: Spiel von Literaten und Musikern (Müller), die die dt. Lyrik der Zeit gut kannten, wie auch das 'neidhartische' lat. Lied 151 dokumentiert. Die 'späten' anonymen Strophen sind womöglich aufführungsnahe ad-hoc-Schöpfungen nach dem Muster der anderen Lieder und/oder Reste eines Typs von Gebrauchslyrik (167a, 180, 174a; Sayce), die den späteren Sammlern nicht erhaltenswert war.

Die CB-Hs. repräsentiert einen der ältesten Überlieferungsträger der mhd. weltlichen Lyrik; im Fall des Neidharttextes (168a = Neidhart 11,8) führt die Aufzeichnung bis auf etwa ein Jahrzehnt an die Entstehungszeit heran. Dennoch wird die Textqualität von den Editoren als eher schlecht beurteilt; ein Indiz für die Nähe der Hs. zu einer spezif. Gebrauchssituation. Dafür sprechen auch die Neumierungen, die zwar die ältesten Melodieaufzeichnungen für mhd. Lieder darstellen, aber ohne Vergleichsüberlieferung nicht sicher lesbar sind. Daher ist bisher nur die Melodie von Walther 51, 29 erschlossen (Kontrafaktur von Gautier d'Espinal »Quant je voi l'erbe menue«).

Unverbindlich bleibt die Zuschreibung der zweisprachigen Lieder an den →Marner (Beatie), von dem im Nachtrag die lat. Nachahmung von Walthers 'Vokalspiel' 75, 25 überliefert ist (3*).

Dt. Texte im Nachtrag sind ein dreistrophiges Minnepreislied des (späten) 13. Jh. (2*), ein →Freidankcento (17*) und der Beginn des Johannesevangeliums (7*). Das große Benediktbeurer Passionsspiel (16*) enthält eine Anzahl von dt. Strophen, v. a. die Magdalenenszene (aus einem Magdalenenspiel?) ist wegen der Minnesangterminologie von Interesse. V. Mertens

Lit.: s. o. – O. Schumann, Die dt. Strophen der CB, GRM 14, 1926, 418–437 – B. Kippenberg, Der Rhythmus im Minnesang, 1962 – B. A. Beatie, Strophic Form in Medieval Lyric. A Formal-Comparative Study of the German Strophes of the CB [Diss. Cambridge, Mass. 1967] – Ders., Macaronic Poetry in the CB, Vivarium 5, 1967, 16–24 – U. Müller, Mehrsprachigkeit und Sprachmischung. Als poetische Technik: Barbarolexis in den CB (Fschr. M. Wandruszka, hg. W. Pöckl, 1981), 87–104 – O. Sayce, The Medieval German Lyric 1150–1300, 1982, 234–264.

II. Melodien: Die Melodien der CB sind in der Benediktbeurer Hs. – soweit überhaupt – in linienlosen und daher sowohl in ihrer Tonhöhe als auch in ihrer Rhythmik nicht fixierten →Neumen den Texten übergeschrieben. Zu etwa einem Drittel der an die vierzig neumierten Texte des Hauptcorpus und der fast zur Hälfte neumierten Nachträge haben sich jedoch Parallelüberlieferungen aus späterer Zeit finden lassen, die auf Linien und – soweit mehrstimmig – in festen Notenwerten notiert und somit für uns verständl. sind. Ein Vergleich mit d. Neumierung der CB zeigt, daß die Melodien dieser Parallelüberlieferungen größtenteils den der linienlosen, lediglich die Konturen nachzeichnenden Notation des Cod. Buranus zugrundeliegenden entsprechen dürften. Auch für die rund dreifache Zahl derjenigen Stücke, deren Texte in der Benediktbeurer Hs. nicht neumiert wurden, wird heute eine ähnliche Entsprechung mit anderweitiger Überlieferung angenommen. Diese (Parallel-)Überlieferung findet sich im Repertoire von St. Martial, der →Notre-Dame-Schule, der jüngeren →Cambridger Liedersammlung, der Codices von Las →Huelgas, des Roman de →Fauvel, bei dt. Minnesängern und für die Liturgieparodien und die geistl. Spiele im Bereich der Gregorianik. Die Musik der CB bezieht also – entsprechend dem lit. Inhalt der Sammlung – alles damals Vorhandene ein und gibt uns selbst in dem nur zu einem Bruchteil erschließbaren Bestand einen Querschnitt durch damalige europ. Musik. – Die Aufzeichnung der Melodien in (einstimmigen) Neumen sagt nichts über die Aufführungsweise aus. Sie läßt – wie in älterer Zeit allgemein üblich – dem bzw. den Interpreten im Rahmen der damaligen Möglichkeiten jegliche Freiheit, auch in Bezug auf die Verwendung von Instrumenten. Nichts zu tun mit den alten Melodien hat die Neuvertonung der CB durch Carl Orff (1936). H. Schmid

Ed.: s. I – *Lit.*: H. SPANKE, Der Cod. Buranus als Liederbuch, Zs. für Musikwiss. XIII, 1930/31, 241ff. – W. LIPPHARDT, Unbekannte Weisen zu den CB, AMW XII, 1955, 122–142 – DERS., Einige unbekannte Weisen zu den CB aus der 2. Hälfte des 12. Jh. (Fschr. H. BESSELER, 1961), 101–125.

III. KÜNSTLERISCHE AUSSTATTUNG: Miniaturen von gleicher Hand wie die »Rota Fortunae« des Eingangsblatts mit Darstellungen einer Waldlandschaft (als einziges ganzseitiges Bild) 64^v, eines Liebespaares (als Querformat um 90° zum Text gedreht) 72^v, der in zwei Streifen erzählte Geschichte von Aeneas und Dido mit der Ankunft des Aeneas in Karthago, dem Tod Didos und der Abfahrt des Aeneas 77^v, einer Trinkszene 89^v, eines Würfelspiels 91^r, Brettspiels (Mühle?) 91^v sowie Schachspiels 92^r ergänzen die szen. bzw. figürl. Ausstattung, deren willkürl. wirkende Auswahl offenbar vom Inhalt der Texte angeregt worden ist. Vor meist blauem, mit Grün gerahmten Grund bleiben Figuren und Versatzstücke durchweg pergamentausgespart, vielmehr skizziert der Künstler sie in farbiger Kontur und Binnenzeichnung, die eine Datierung um 1220–30 nahelegen (A. BOECKLER, in: Kat. Ars sacra. Kunst des frühen MA, 1950, Nr. 218; DERS., Dt. Buchmalerei vorgot. Zeit, 1952, 10, Abb. 61; O. PÄCHT, bei: P. DRONKE, A Critical Note on Schumann's Dating of the Codex Buranus [Beitr. zur Gesch. der dt. Sprache und Lit. 84], Tübingen 1962, 181. – Vgl. darüber hinaus K. ERDMANN, Bemerkungen zu einer Miniatur der CB [Beitr. zur Kunst des MA. Vortr. der Ersten Dt. Kunsthistorikertagung auf Schloß Brühl 1948, 1950], 150–156). Dem stilist. Befund der Miniaturen entsprechen die zahlreichen, stets mit roter Tinte ausgeführten Initialen, die mit vegetabil. Ornamentik und häufig auch mit menschl. Gesichtern gefüllt sind. J. M. Plotzek

Carmina Cantabrigiensia, bedeutendste Liedersammlung aus der Zeit zw. den karol. Corpora und denen des 12./13. Jh., mit 47 lat. und 2 lat.-dt. Stücken, um 1050 im Rheingebiet (Speyer, Köln, Trier) in Beziehung zum sal. Hof zusammengestellt. Ihren Kern bildete vermutl. eine ältere Sammlung ('Ur-Sammlung' = U), mit Nr. 2–15, 30, 30a (STRECKER). Die C. sind sehr verschiedenen Ursprungs, neben Partien aus Horaz, Vergil, Statius, Venantius Fortunatus stehen dt., frz., it. Stücke, als deren Verfasser z. T. Zeitgenossen des Sammlers, →Fulbert v. Chartres († 1028), →Heribert v. Eichstätt († 1042) und →Wipo († nach 1046), vermutet oder erschlossen sind. Vielfältig ist auch die Thematik: sie umfaßt Geistl.-Liturgisches, Klagen, Totenklagen und Preislieder auf geistl. und weltl. Herren (u. a. Konrad II., Heinrich II., Heinrich III.), Gelegenheitslieder, Erzählendes (z. B. von der Rettung Ottos d. Gr., Nr. 11, 'Modus Ottinc'), Schwankhaftes (darunter Nr. 42, vom kleinen Abt Johannes, wohl von Fulbert, und Nr. 14, Heriberts Sequenz vom Schneekind, 'Modus Liebinc'), ferner Natur- und Liebeslyrik. Diese wurde in der Hs. z. T. getilgt, erhalten ist aus der Parallelüberlieferung Nr. 27, 'Iam dulcis amica venito'. Das bes. Interesse des Sammlers an musikal. Dingen zeigen u. a. die Prooemien Nr. 30 und zu Nr. 6 und 43, die Nrn. 2, 10, 12, 21, 45. An Formen finden sich metr. und rhythm., strophische, isometr. und freie Gebilde, auch zwei kurze Prosastücke, dann die geistl. und weltl. Sequenzen von U, denen die Sammlung ihren bes. Ruf verdankt.

Nur kurze Teile der Sammlung sind in der Hs. (linienlos) neumiert (Nr. 30a, Str. 1a, 2a; Nr. 48, Str. 1–2), doch waren sicher alle Stücke für die musikal. Vortrag bestimmt. Man hat, wohl zu Recht, die C. das 'Repertoire eines lat. Spielmannes' genannt, hauptsächl. wegen einer Stelle in den Satiren des →Amarcius (I 416–421). Hier tritt ein 'iocator' auf, der vier Lieder singt, von denen sich drei in U finden; das vierte, das B. BISCHOFF in dem bisher unveröffentl. Rhythmus 'David vates Dei filius' vermutet, hat P. CHR. JACOBSEN in einem von anderer Hand geschriebenen »Anhang« in der Cambridger Hs. festgestellt.

Diese Hs., die die C. überliefert (fol. 432^r–441^v), ist eine Abschrift des 11. Jh. aus St. Augustine in Canterbury, heute Cambridge UL Gg 5, 35. (Über den »Anhang« und sein Verhältnis zur Hs. vgl. P. CHR. JACOBSEN.) Eine Reihe der Lieder ist auch anderweitig überliefert. In der Parallelüberlieferung finden sich u. a. die Melodietitel 'Modus qui et Carelmanninc' (Nr. 5), 'Modus Ottinc' (Nr. 11, auch im Text) 'Modus Liebinc' (Nr. 14), 'Modus Florum' (Nr. 15) sowie Neumen zu den Vergil- und Statius-Partien. – Vgl. →Cambridger Liedersammlung, jüngere. G. Bernt

Ed.: K. STRECKER, 1926 – W. BULST, 1950 – K. BREUL, The Cambridge Songs, 1915 [vollst. Facs.] – *Lit.*: W. BULST, HVj 27, 1932, 827–831 – H. SPANKE, StM, NS 15, 1942, 111–142 – V. SCHUPP, MJb 5, 1968, 29–41 – W. Ross, Der altsprachl. Unterricht XX, 2, 1977, 40–62 – MGG 12, 541, Art. Sequenz; Nachtr., Art. 'C' – zu den einzelnen Gedichten vgl. SCHALLER – Metellus v. Tegernsee, Expeditio Ierosolimitana, hg. P. CHR. JACOBSEN, Q. und Unters. zur lat. Philologie des MA 6, 1982, XIV, Anm. 14.

Carmina Centulensia, Sammlung von rund 180 metr. Gedichten, vorwiegend Epitaphien und Tituli aller Art, die sich z. T. dem Epigramm nähern, mit einzelnen Briefgedichten u. a., aus →St-Riquier (Centulum, Centula) in einer Hs. des 9. Jh. (Brüssel 10470–10473 und 10859). Sie besteht aus Dichtungen von Micon v. St-Riquier (aus den Jahren 825–853), des Fredigardus (861–871) und des Odulf (864–866), die vermutl. jeweils in kleineren Sammlungen vorlagen. Die z. T. der Schule entstammenden Gedichte geben trotz nur durchschnittl. Qualität ein Beispiel der Vielfalt der poet. Leistungen des 9. Jh. Zugleich sind sie eine wichtige Quelle zur Geschichte von St-Riquier. G. Bernt

Ed.: MGH PP 3, 279–368 – *Lit.*: L. TRAUBE in der Einl. zur Ausg. (265–279) – MANITIUS I, 470–472 – G. BERNT, Das lat. Epigramm im Übergang. . . (Münchener Beitr. zur Mediävistik und Renaissance-Forsch. 2, 1968), 295–305.

Carmina figurata → Figurengedichte

Carmina Leodiensia, acht (bzw. neun) Gedichte (2 Rhythmen, sonst Metren) in der Hs. Lüttich UB 77 (11./12. Jh.). Die Hs., die als Hauptteil eine Physiognomik enthält (R. FOERSTER, Script. physiognomici Graeci et Lat., 1893, 2, 1–145), wurde von einem uns unbekannten Verehrer als Gabe für →Marbod v. Rennes wohl kurz vor 1100 zusammengestellt. Vom Schenker, vermutl. dem Empfänger des Marbod-Gedichtes »In partes istas« (Marbod II 7; W. BULST, 35; MPL 171, 1719), sind Nr. 2, das Prooemium zu Nr. 3 und Nr. 8 verfaßt; diese und je ein Hexameter am Anfang und Ende der Sammlung wenden sich verehrend und dedizierend an Marbod als den großen Dichter und Freund der Dichtkunst. Die übrigen Gedichte, sehr verschiedenartige Amatoria, z. T. von hoher Qualität, stammen von unbekannten Verfassern.

Lit.: W. BULST, SAH, PH, 1975, 1. G. Bernt

Carmina Mutinensia, Gruppe aus drei gemeinsam überlieferten Gedichten, von denen das erste sicher nach 881, wahrscheinl. nach 892, die beiden letzten nach dem Ungarneinfall 899 in Modena entstanden sind. Das erste Gedicht, ein Rhythmus von 42 zwölfsilbigen, einsilbig reimenden Versen, ist ein Aufruf an die Wächter der Stadt, gegen – ungenannte – Feinde wachsam zu sein, eher der Gattung der liturg. Vigilien als der der Alba zuzuordnen. Der gelehrte Verfasser zitiert mahnend den Fall Trojas und die Rettung Roms durch die Kapitolin. Gänse und schließt nach der Anrufung Christi und der Kirchenpatrone Maria und Johannes mit dem Wächterruf. Das überaus elegante, von späterer Hand interpolierte Gedicht ist kein Wächterlied, sondern eines an die Wächter, neumiert überliefert, also selbst gesungen worden. Das zweite Gedicht, hexametrisch und epigrammat. Charakters, nennt das Befestigung Modenas durch Bf. Leodoin, das dritte, wieder ein Rhythmus aus zwölfsilbigen Versen, ist eine Anrufung des hl. Geminianus gegen die Ungarn und dadurch bemerkenswert, daß eine zweite »verbesserte« und unvollständige Fassung einen Einblick in die Dichterwerkstatt erlaubt. Ob alle Gedichte einem Autor zuzuschreiben sind, ist zweifelhaft. M. Wesche

Ed.: MGH PP 3, 702–706 – H. Kusch, Einf. in das lat. MA I, 202–205 – *Lit.:* Schaller, 11064 – Wattenbach–Löwe, 417f. – L. Traube, NA 27, 1902, 233–236 – A. Roncaglia, Cultura Neolatina 8, 1948, 5–46, 205–222 – D. Norberg, Introduction à l'étude de la versification latine 41, 1958.

Carmina Ratisponensia, ältester (um 1106) aus Deutschland anonym überlieferter lat. Liebesbriefwechsel zw. Personen geistl. Standes. Abschriftl. erhalten in dem aus →Schäftlarn stammenden clm 17142 (2. Hälfte des 12. Jh.; München, Bayer. Staatsbibl.), einem im ma. Schulunterricht angelegten Notizenbuch einiger, vermutlich Regensburger Klosterschülerinnen. Zw. grammat., mytholog., theol. Notizen, längeren metrischen Werken lat. Schullektüre, auch dt. Glossen, verteilen sich die C. R. auf zwei größere Gruppen, insgesamt 68 Gedichte in leonin. Hexametern oder Distichen, auch Einzeiler, im ganzen 483 Verse. Unter 31 Briefen weiblicher Absender – sie nennen sich u. a. Vestalis chorus, virginee choree, Mercurii famule – sind unvollständige Konzepte; die männlichen Partner werden magister, pater, prepositus Vetule Capelle (C. R. 17, wohl das Kanonikerstift zur Alten Kapelle in Regensburg) genannt. Die wahrscheinl. Datierung des Briefwechsels um 1106, mit anderen datierbaren Stücken der Hs. übereinstimmend, ergibt sich aus C. R. 43, in dem der Tod Ks. Heinrichs IV. und der Regierungsantritt Heinrichs V. beklagt werden. Die durch Zufall erhaltenen Briefe, mitunter schülerhaft auf das aus dem Unterricht notierte Wissen anspielend, die Bereiche von Leidenschaft und Wissenschaft nie ganz trennend, sind um so kostbarer, weil nicht in lit. Absicht geschrieben. A. Paravicini

Ed.: A. Paravicini, Ed. Heidelbergenses 20, 1979 – *Lit.:* W. Wattenbach, Mittheilungen aus zwei Hss. der kgl. Hof- und Staatsbibl. SBA. PPH 3, 710–747 – P. Dronke, Medieval Latin and the Rise of European Love-Lyric, 1968², 422–443 – A. Ebel, Clm 17142, Münchn. Beitr. zur Mediävistik und Renaissance-Forsch. 6 [Diss. Heidelberg 1970] – D. Schaller, MJb 3, 1966, 25–36.

Carmina de regno Ungariae destructo per Tartaros, moderne Bezeichnung für zwei rhythmische Gedichte, die den Mongoleneinfall von 1241–42 noch unter dem Eindruck der Katastrophe schildern. Der Planctus destructionis regni Ungarie per Tartaros eines ung. Mönchs (hg. L. Juhász, SSrerHung 2, 1938, 589–598) handelt in 31 Doppelstrophen von Gottes Strafe für die Sünden, die das nunmehr heimgesuchte Volk Generation nach Generation angehäuft hat; noch halten die Mongolen das Land besetzt. Das andere Gedicht (hg. O. Holder–Egger, MGH SS 29, 1892, 600–604) pflegt als Versus de Tartaris zitiert zu werden. Der anscheinend roman. Dichter beschreibt in wechselnden Versmaßen eingehend Sitten und Kampfweise der als Vorboten des nahenden Weltgerichts vom Tartarus ausgespienen Tartari. J. Prelog

Lit.: G. A. Bezzola, Die Mongolen in abendländ. Sicht (1220–1270), 1974, 90, 105–109.

Carmina Rivipullensia, nach der Edition von Ll. Nicolau d'Olwer übliche Bezeichnung für die lat. Gedichte, die das MA hindurch im benediktin. Monasterium Rivipullense, d. h. →Ripoll, in der heut. Prov. Gerona (Katalonien), geschrieben oder kopiert wurden: 81 Texte ungleichen Umfangs und Inhalts (etwa 2000 Verse), wovon die Hälfte vor Nicolau nicht veröffentlicht war. Einige Stücke sind wohlbekannt aus Quellen, die nicht mit Ripoll in Verbindung stehen: so z. B. Nr. 49, welches identisch ist mit Nr. 37 der Carmina Burana, Nr. 46 und 37, welche fast gleich sind mit Nr. 70f. in Werner, Beiträge, Nr. 44 (= Walther, Nr. 14721), etc. Aufgrund dieser Tatsache, die vom Herausgeber nicht immer bemerkt wird, sollte man nicht ohne weiteres alle Gedichte, die in Hss. dieses Kl. überliefert sind, als Produkt der Schule v. Ripoll betrachten. Die Texte verteilen sich über die Zeitspanne vom 10.–13. Jh. und sind größtenteils anonym, obwohl die Personen einiger Dichter von Ripoll aus dem Anfang und der Mitte des 11. Jh. bekannt sind: der Abt Oliba, Juan de Fleury und der Mönch Oliba. Formal weisen die Gedichte sowohl im Metrum (v. a. daktylisch) wie im Rhythmus verschiedene Typen auf; in einigen Fällen ist der Text von Musiknotation begleitet. Im religiösen Bereich herrschen Hymnen vor. Bei den weltl. Dichtungen finden sich an erster Stelle enkomiast. Stücke, die verschiedenen hohen Persönlichkeiten, v. a. katal. Gf.en, gewidmet sind, und gelehrte oder moralisierende didakt. Stücke. Am bedeutendsten aus der Sammlung ist jedoch die Gruppe der 20 Liebesgedichte (Nicolau, 20–39) aus dem ms. Ripoll 74 des Archivs der Krone von Aragón (Barcelona), einer Miscellanhandschrift »Liber Glossarum« aus dem 10. Jh.; die Gedichte wurden von einer Hand im letzten Drittel des 12. Jh. auf drei in der alten Hs. freigebliebene Seiten geschrieben. Sie blieben unediert bis zur Veröffentlichung durch Nicolau, außer der schon erwähnten Nr. 37 (Latzke, 18), einer frauenfeindl. Satire, die zuweilen →Marbod zugeschrieben wird. Von den Liebesgedichten im eigtl. Sinne wird im allgemeinen bes. die Nr. 28 (Latzke, 9) erwähnt, von Nicolau »Amicae et Amici Dialogus« betitelt, ovidianisch in ihrer psycholog. Analyse der Verliebten. Außerdem finden wir Tanzlieder, Descriptiones pulchritudinis, Somnia [Träume], Laudes [Loblieder], verschiedene Grußgedichte und eine beachtenswerte »Lamentatio pro separationis (sic!) amice«, in welcher der Topos von der Freiheit des Fühlens und Empfindens bei den Nonnen von Remiremont auftaucht. Über den oder die Verfasser gibt es nur wenig fundierte und lediglich Teile der Sammlung betreffende Spekulationen. Nicolau brachte den Namen des Mönches Arnau de Mont ins Spiel, beließ es aber schließlich doch bei den üblichen Hinweis auf einen »Anònim Enamorat« ('Verliebten Anonymus'). Auch die Versuche von Th. Latzke erscheinen nicht tragfähiger, das eine oder andere der Gedichte in den Umkreis von Abaelard und seiner Schule zu rücken. Nach P. Dronke hätten wir es mit dem Arbeitsheft eines katal. Dichters zu tun, der mit ksl. Kreisen in Verbindung stand.

J. L. Moralejo

Ed.: Ll. Nicolau d'Olwer, L'Escola Poètica de Ripoll en el segles X-XIII, Anuari de l'Institut d'Estudis Catalans 6, 1915-20, 3-48 – Th. Latzke, Die Carmina erotica der Ripollsammlung, MJb 10, 1975, 138-201 – Ed. mit Komm. v. J. L. Moralejo im Dr. – *Lit.*: J. Werner, Beitr. zur Gesch. der mlat. Lit., 1905² – P. Dronke, Medieval Latin and the Rise of European Love-Lyric, 1968² – Ders., The interpretation of the Ripoll Love-Songs, Romance Philol. 33, 1979, 14-42 – W. Offermann, Die Wirkung Ovids auf die lit. Sprache der lat. Liebesdichtung des 11. und 12. Jh., 1970 – J. L. Moralejo, El cancionero erótico de Ripoll en el marco de la lírica mediolatina, Prohemio 4, 1973, 107-141 – Ders., Notas al texto de los Carmina erotica Rivipullensia, StM 16, 1975, 877-886 – E. Könsgen, Bermerkungen und Ergänzungen zur Ed. der »Carmina erotica« der Ripollsammlung, MJb 12, 1977, 82-91 – vgl. Th. Latzke, ebd., 92-97 – A. G. Elliott, A Note on Names: The Love Poems from Ripoll, MJb 15, 1980, 112-120 – [weitere Hinweise: Walther und Schaller].

Carol. Die me. C.s sind zum Gesangsvortrag bestimmte Gedichte mit beliebigem religiösen oder profanen Inhalt, abgefaßt in gleich gebauten Strophen (zumeist Vierzeiler, häufig mit Refrain), zu denen als chorisches Element das sog. *burden* hinzutritt, das vor der ersten und nach jeder einzelnen Strophe zu singen ist. Mit dem C. vergleichbar sind die frz. →*carole*, die it. *ballata* (→Ballade B. I, 2), der mhd. *reie* und eine Sonderform der mlat. cantilena (vgl. auch →cantilène). Die Struktur des C. leitet sich von einer Form des Rundtanzes (carole) her, bei der die Tänzer sich im Reigen drehen, während das burden gesungen wird, während der Strophen aber stillstehen und ledigl. den Rhythmus markieren.

Mehr als 500 C.s sind aus der Zeit vor 1550 hs. überliefert. Von vielen gibt es mehrere Fassungen, wobei freilich die Variationsbreite, die für die engl. Volksballade (→Ballade B. II, 4) kennzeichnend ist, nur selten erreicht wird. Die Mehrzahl der C.s stammt von geistl. Verfassern wie →Audelay oder →Ryman. Die Überlieferungsvarianten verraten ein Zusammenspiel von schriftl. und mündl. Tradition.

Zu einem Viertel der uns bekannten me. C.s ist die Musiknotation erhalten und es ist deutlich, daß die C.-Struktur (burden und Strophe) auch ein musikal. Genre konstituiert. Während die Texte in der Regel recht einfach sind, ist die Musik polyphon und anspruchsvoll, geschrieben für geschulte Chöre an großen Kirchen. Vier Fünftel der erhaltenen C.s, häufig mit lat. burden, sind zur Feier von Kirchenfesten bestimmt, wobei Weihnachten und die Marienfeste obenan stehen. Die starke Assoziation mit dem Weihnachtsfest hat schließlich dazu geführt, daß im heutigen engl. Sprachgebrauch jedes beliebige Weihnachtslied als »Carol« bezeichnet wird. R. L. Greene

Bibliogr.: Manual ME 6 – *Ed. und Lit.*: J. Stevens, Mediaeval C.s, 1958 – R. H. Robbins, The C. as Processional Hymn, StP 56, 1959, 559-582 – R. L. Greene, A Selection of English C.s, 1962 – J. Stevens, Music at the Court of Henry VIII, 1962 – Ders., Early Tudor Songs and C.s, 1975 – R. L. Greene, The Early English C.s, 1977².

Carole (afrz.; prov., it., span., ptg.: *carola*, engl. *carol*), westeurop. Reigen- oder Kettentanz des 12. und 13. Jh., bei dem die Tänzer (ursprgl. nur Frauen?) unter Instrumentalbegleitung zu einer festen Liedform, dem *rondet de carole*, tanzten.

[1] *Etymologien:* a) aus griech. *choraula* = Flötenspieler, der den Reigentanz, chorus, begleitet; b) (nach Sahlin) aus *kyrie eleison*.

[2] *Ursprungsthesen:* a) Ältester frz. Tanz mit volkssprachl. Texten (seit 12. Jh.), der im Volk und am Hof beliebt war. b) Paraliturg. Ursprung: In dem c. gen. Chorumgang der Kirche fanden zum Gesang des Kyrie rituelle Tanzprozessionen statt (Verbot durch das Konzil v. Avignon 1209). c) Die nordfrz. c. (im Süden sehr selten) weist Ähnlichkeiten – doch keine Abhängigkeiten – mit der ibero-arab. Gedichtform *zejel* auf, in der ein ursprgl. roman. Refrain, *jarcha*, enthalten war.

[3] *Form:* Wesentl. Merkmal ist der Refrain AB. Das rondet ist 6zeilig aAabAB ($\alpha\alpha\alpha\beta\alpha\beta$) oder 8zeilig ABaAabAB ($\alpha\beta\alpha\alpha\alpha\beta\alpha\beta$). Den erzählenden Text sang wohl der Vorsänger (oder 1. Chor), den Refrain der (2.) Chor. Bei mehrstrophigen Formen stereotype, nur geringfügig variierende Wiederholungen (z. B. Bele Aeliz, C'est la jus.).

[4] *Thematik:* Liebeslyrik mit sehr wenigen Motiven (Erwachen des Morgens, Eintritt der Geliebten in den Garten).

[5] *Überlieferung:* Keine einzige c. ist als Gesamttext oder -musik überliefert. Zitate in höf. Romanen o. ä. (z. B. →Guillaume de Dôle, →Roman de la Violette, Lai d'Aristote) und Liedern. Vielleicht waren die ausschließl. überlieferten ersten Strophen bzw. Refrains Kristallisationspunkte neuer – improvisierter? – rondets.

[6] *Verbreitung:* Prov. Abart: Refrain reimt mit sich selbst, alle Verse sind gleich lang. Rondet vermischt sich mit *balada* (→Ballade). Spanien: Pero da Ponte (1. Hälfte 13. Jh.): 2 reine Liebes-, nicht Tanzlieder, Alfons der Weise: einige seiner cantigas in zejelesker (= rondet-) Form. Italien: Bis ins 14. Jh. frz. rondet nur theoret. bekannt (z. B. bei Gidino). →*Laudi* (z. B. →Jacopone da Todi) viel umfangreicher, metrische und melod. Verwandtschaft zu span. zejelesker Form.

[7] *Geschichte:* Im Frankreich des 13./14. Jh. unter Verzicht auf choreograph. Charakter Herausbildung einer rein musikal. Form, des 2-4stimmigen →rondeau (z. B. →Adam de la Halle, →Guillaume de Machaut). 14./15. Jh.: zunehmende Literarisierung der sich auf 11-13 Verse zum →rondel erweiternden Gattung (z. B. →Christine de Pisan, →Charles d'Orléans). U. Ebel

Lit.: M. Sahlin, Etude sur la c. médiévale, 1940 – P. Bec, La lyrique française au MA, 1977 – H. Flasche, Gesch. der span. Lit. I, 1977, 17-30.

Carolus de Tocco → Karolus de Tocco

Caron, Philippe (Firminus), frz. (?) Komponist, 2. Hälfte des 15. Jh. Da die unter dem Namen Caron in ca. 30 Hss. überlieferten Kompositionen (5 Messen, 2 Motetten und 17 weltl. Werke) den Vornamen nicht nennen, ist die Identifizierung problematisch. Vermutlich stammen sie von einem C., den Loyset Compère, Hothby und →Tinctoris (als Firminus) lobend erwähnen. Vielleicht wurde er in Cambrai geboren; ist identisch mit dem *enfant d'autel* Philippe C. der dortigen Kathedrale, den Houdroy kennt; hatte zusammen mit →Ockeghem, →Busnois und Regis bei →Dunstable, →Binchois und →Dufay studiert und diente in der Kapelle Karls des Kühnen. Möglicherweise lebte er auch eine Zeitlang in Italien, wo die meisten der Hss. mit seinen Kompositionen erhalten sind. Tinctoris zählt ihn zu den besten Komponisten der Zeit.

H. Leuchtmann

Ed.: P. C., les oeuvres complètes, ed. J. Thomson, 1971-76 – *Lit.*: Eitner – New Grove – MGG – Riemann – Riemann, Ergbd., 1972, s. v. – J. Thomson, The Works of C.: a Study in Fifteenth-Century Style [Diss. New York, Univ. 1959] – I. Pope, An Introduction to Philippe (?) C., Musicological Stud. IX, 1964.

Carpaccio, Vittore, ven. Maler, * in Venedig um 1460-65, † ebendort ca. 1525. Sein Ausgangspunkt ist neben →Antonello da Messina das Werk der Gebrüder →Bellini, die ihn zur Ausstattung des Dogenpalastes (1501/02, 1508; 1577 zerstört) beizogen. Früh spezialisierte er sich in den epischen Zyklen, die damals für die Versammlungsräume von Bruderschaften, den »Scuole«, beliebt wurden, und entwickelt einen spezifischen, hierauf ausgerichteten Stil, der sich nach wenigen schülerhaften

Gemälden rasch festigt und bis auf eine gewisse Steigerung zu größerer Fülle und Weichheit um 1510 und ein Nachlassen der Kräfte nach 1515 eine große Konstanz zeigt. Die volkreichen, genrehaft belebten, ruhig zeremoniösen Szenen entwickeln sich in venezianisch schmuckvollen, wohl durch den Eindruck der toskan. Raumauffassung geklärten Architekturen, die stets in Einklang mit den Bildachsen die Fläche rhythmisch dekorativ organisieren; die lichte, wie auf einem Teppich verteilte Farbigkeit, die vor Giorgione die weiche Atmosphäre der Lagune zu erfassen vermochte, gleicht vor vielfach nuanciertem Beige rosa und grüne Töne aus, akzentuiert vom Weiß und Schwarz der Gewänder.

Auf die neunteilige Ursulalegende (Daten von 1490 bis 1495, wohl 1498 vollendet; Galleria dell'Accademia Venedig) folgt die noch in situ vorhandene Ausstattung der Scuola di San Giorgio degli Schiavoni, die neben Ölberg und Matthäusberufung (dat. 1502) Szenen aus den Viten der hl. Hieronymus, Georg und Tryphon zeigt. Weitgehend von der Werkstatt wurden die sechs Bilder aus dem Marienleben für die Scuola degli Albanesi ausgeführt (Datum 1504; zerstreut in Venedig [Cà d'Oro, Museo Correr], Mailand, Bergamo); von 1511 bis 1520 entstanden schließlich für die Scuola di Santo Stefano der Wollhandwerker fünf Szenen aus dessen Geschichte (Berlin, Paris, Mailand, Stuttgart). Nebenher malte C. Andachtsbilder, meist halbfigurig oder bes. poetisch als »Sakrallandschaften« mit Heiliger Familie (Caen) und aufgebahrtem Christus (Berlin); aus der Spätzeit datieren mehrere Altartafeln (Venedig, San Vitale, 1514; »Darbringung« 1510, Venedig, Accademia); aus der kleinen Gruppe von Bildnissen ragt der vollfigurige junge Ritter des Hermelinordens in tierreicher Landschaft (1510, Lugano-Castagnola, Slg. Thyssen) heraus. Die relativ zahlreich erhaltenen Zeichnungen bereiten als Kompositionsskizzen und Figurenstudien die Gemälde vor. Ch. Klemm

Lit.: J. LAUTS, C., 1962 – G. PEROCCO, L'opera completa del C., 1967 (Classici dell'Arte 13) – M. MURARO, I disegni di V. C., 1977 (La nuova Italia, Corpus Graphicum 2).

Carpentras (Carpentorate, Carpentoratis civitas, Carpentoractensis ecclesia), Stadt (nö. von Avignon, dép. Vaucluse) und ehem. Bm. in der Provence, bis 1475 Suffraganbm. v. →Arles. Das Bm. C. umfaßte 29 Pfarreien. Erster bekannter Bf. ist Constantianus (bezeugt auf dem Konzil v. Orange, Nov. 441). 527 tagte eine Synode der Civitas unter dem Vorsitz des hl. →Caesarius, Ebf.s v. Arles. Im Laufe des 6. Jh. tritt neben den Titel »Bf. v. C.« auch der Titel »Bf. v. C. und Vénasque«, ztw. auch nur »Bf. v. Vénasque«, auf. Hintergrund für diese Schwankungen bei der Titelführung ist die Tatsache, daß das befestigte Oppidum Vénasque den Bf.en als Zufluchtsort diente. Bf. Ayrardus gründete am 1. März 982 in C. ein Klerikerstift mit Aachener Kanonikerregel (»canonico more vivendo«). Die zahlreiche Lücken aufweisende Bischofsliste wird erst seit der Mitte des 13. Jh. vollständig.

C. war auch die Hauptstadt des Fm.s →Comtat-Venaissin; im Zuge des sog. Albigenserkrieges (→Albigenser) wurde dem Gf.en v. Toulouse, Raimund XII., i. J. 1229 die Abtretung des Fsm.s an den Papst auferlegt. Die Abtretung wurde jedoch erst 1274 verwirklicht. Vom März 1313 bis zum April 1314 etablierte Papst Clemens V. die päpstl. Kurie, die seit 1309 in →Avignon residierte, vorübergehend in C. Im Mai 1314 versammelte sich in den Mauern der Bischofsstadt erstmals das Konklave, das, zwei Jahre später, in Lyon Papst Johannes XXII. wählen sollte. Ein Dominikanerkl. wurde 1312 intra muros begründet. 1475 wurde die Diöz. C. aus dem Metropolitanverband von Arles herausgelöst und dem zum Ebm. erhobenen →Avignon unterstellt. 1818 erfolgte die Auflösung des Bm.s und seine Einverleibung in den Diözesanverband von Avignon. – Patron des Bm.s, der Bischofsstadt und der Kathedrale war der hl. Sifredus (Siffrein), Bf. v. C. im 6. Jh. P. Amargier

Q. und Lit.: Catholicisme II, 589f. – DHGE XI, 1112–1114 – LThK² II, 955 – J. BIARNE, Les origines de la cathédrale St-Siffrein de C., Provence Hist. 118, 1979, 405–416 – Ser. episc. eccl. cath. occ. [P. AMARGIER; im Dr.] – BAUTIER-SORNAY, Sources hist. éc. et soc., Comtat-V., 1968–74.

Carpi (Prov. Modena, Emilia), erste hist. Bezeugung im 8. Jh. in einer Urkunde des Kg.s Astulf zu Gunsten der Abtei →Nonantola (753). Es handelte sich dabei um eine Kirche, die später einen von den Bf.en von Modena und Reggio, die um ihren Besitz stritten, unabhängigen Status erreichte, der durch die Gründung des Bms. C. definitiv wurde. Um das Jahr 1000 war C. eine befestigte Burg (castellum), die den Attonen gehörte (Urkunde aus dem Jahr 1001). →Mathilde v. Canossa förderte C. durch bes. Privilegien und hinterließ es später der Kirche. Um die Mitte des 13. Jh. kam es an die Kommune →Modena. Anfang des 14. Jh. machten sich die Familien Tosabecchi und Brocchi die Vorherrschaft in C. streitig. Der Modeneser Ritter Manfredo Pio benutzte die entstandene Situation, um sich i. J. 1319 zum Signore v. Carpi zu machen, wobei ein nominelles Abhängigkeitsverhältnis zu den →Este von Modena aufrechterhalten wurde. Die Familie →Pio hatte die Stadt bis 1525 inne, als Ks. Karl V. sie dem berühmtesten Exponenten der Familie, Alberto III. Pio, entzog und sie an den Hzg. v. Modena gab. S. Polica

Q. und Lit.: C. MAGGI, Memorie hist. della città di C., Carpi 1707 – Memorie storiche e documenti sulla città e sull'antico principato di C., hg. Commissione municipale di storia patria, 10, 1877–1911.

Carraca (mlat., ptg., span.; dt. K[a]racke, großes Handels- und Kriegsschiff in Kraweelbau mit rundem Vor- und Achterschiff, spitzem Vorder- und hohem Achterkastell, mehreren Decks, meist mehrmastig mit Rah- und Lateinersegeln. Ursprgl. eine ptg.-mediterrane Entwicklung des 13. Jh. für den Massentransport, drang der Typ, vergrößert (ca. 40 m lang, 500/600 tdw), auch nach NW-Europa vor (bis ca. 1600). Oft bildl. dargestellt. Vgl. auch →Schiff, -bau. U. Schnall

Lit.: B. HAGEDORN, Die Entwicklung der wichtigsten Schiffstypen, 1914 – B. LANDSTRÖM, Das Schiff, 1961.

Carracedo, Abtei OSB (San Salvador), seit 1200 Abtei OCist (Santa María) in den El Bierzo-Bergen zw. Galizien und León im NW Spaniens, Grablege seines Gründers, des Kg.s →Vermudo II. v. León (984–999), und Haupt einer kleinen Kongregation leones. Klöster. 1138 schenkten Kg. →Alfons VII. v. León u. Kastilien und seine Schwester Sancha das verarmte Kl. dem Abt v. Santa Maria (= Santa Marina) de Valverde bei Astorga, der dafür seine florierende Abtei in das besser gelegene C. verlegte, das wiederaufgebaut werden und Haupt aller Kl. sein sollte, die dem Abt und seinen Brüdern unterstehen würden. 1200 gewährte das Generalkapitel der →Zisterzienser dem Kl. den Übertritt zu seinem Orden (Stat. 41), den Innozenz III. ihm 1203 bestätigte. So spät – verglichen mit den Filiationen von →Clairvaux und → Morimond in Spanien – ist C. die erste der drei span. Töchter von →Cîteaux geworden. Die ihm untergeordneten Kl. übernahmen nur zögernd die neue Regel; namentl. bekannt geworden sind Villanueva de Oscos (1203?), Belmonte (1206), Peñamayor (1225) und Castañeda (1245). Ebenso uneinheitl. folgten sie ihrem Haupt, als es sich 1505 der kast. Reformkongregation von Monte Sion anschloß. In den Ruinen von C. sind noch die Reste (Säle und Treppen) eines Königspalastes (12.–14.

Jh.) zu erkennen, der-höchst ungewöhnlich-direkt in das Hauptgebäude hineingebaut worden ist. P. Feige

Lit.: DHEE III, 1542f. – DHGE XI, 1122f. – J. PUYOL, El monasterio de C., BRAH 92, 1928, 19ff. – A. QUINTANA PRIETO, C. (Tierras de León 2, 1962), 11–23 – E. GOUTAGNY, L'abbaye de C. et son affiliation à l'ordre de Cîteaux (Cîteaux 14, 1963), 150–153 – L. GARCÍA CALLES, Doña Sancha, Hermana del Emperador, 1972, 37, 91ff. und Dok. Nr. 10 – A. LINAJE CONDE, Los Orígenes del Monacato Benedictino en la Península Ibérica III, 1973, 124, Nr. 350.

Carrara

I. Stadt – II. Marmorbrüche.

I. STADT: Die Ursprünge der Stadt C. (nw. Toscana, Italien) müssen in die 2. Hälfte des 10. Jh. datiert werden, obwohl die Marmorbrüche bereits in röm. Zeit bekannt waren (→vgl. Abschnitt II). Otto I. schenkte am 19. Mai 963 eine curtis de Carraria an Adalbert, Bf. v. →Luni. Die durch Gastalden ausgeübte Herrschaft der Bf.e dauerte bis in die ersten Jahre des 13. Jh., als die fideles von C., veranlaßt durch gemeinsame wirtschaftl. Interessen, einen kollektiven Vertrag miteinander schlossen, den schließlich auch der Bf. nach Entgegennahme eines Treueschwures akzeptierte. Zu einer Ablösung von der bfl. Stadtherrschaft kam es in der 2. Hälfte des 13. Jh. nach der Gefangennahme Wilhelms (Guglielmo), Bf. v. Luni, durch die pisan. und ksl. Flotte bei der Giglio-Insel. Daraufhin wurde die Stadt mit der Exkommunikation belegt (28. Febr. 1261). In der Folge gelangte C., das sich zur Kommune konstituiert hatte, unter die Herrschaft Pisas, des Castruccio →Castracani, der →Spinola, der →Visconti und schließlich der →Cybo-Malaspina, die das Stadtregiment am längsten innehatten. S. Polica

Lit.: E. REPETTI, Compendio storico di C., 1821 – M. LUPO GENTILE, L'origine del comune di C., 1910.

II. MARMORBRÜCHE: Die in den drei Tälern der Apuan. Alpen oberhalb der heut. Stadt C. gelegenen Marmorvorkommen wurden in der Antike ausgebeutet, ca. 400 n. Chr. aber aufgegeben. Die Wiederaufnahme des Abbaus im MA nach 1180 ist durch eine Kaiserurkunde für den Bf. v. →Luni (1186) und durch genues. Notariatsurkunden bezeugt. Die erneute Ausbeutung geht auf den Materialbedarf der lucches. Künstler und den genues. Handel zurück; die große kirchl. Bautätigkeit der Zeit und die küstennahe Lage der Marmorbrüche begünstigten den Aufschwung der Produktion. Doch blieb die Förderung im 13. Jh. noch recht unregelmäßig. Die Künstler aus Pisa (nach 1265), Lucca und Florenz (im 14. Jh.), die in C. arbeiteten, konnten noch nicht auf die Hilfe einer örtl. Zunftorganisation zählen. Die Aufträge für die pisan. und florent. Bauhütten und Kunstwerkstätten wurden durch Trupps von Werkleuten, die sich aus diesen Städten eigens zu den Marmorlagerstätten begaben, ausgeführt. Diese begleitete ein Bildhauer oder Steinmetz, der im Auftrag der jeweiligen Werkstattleitung den Kauf tätigte und die ausgesetzte Summe unter seinen Gefährten verteilte. Nach 1420 traten – neben einigen Meistern lombard. Herkunft – die ersten einheim. magistri marmoris auf, die für toskan. Künstler arbeiteten. Sie schlossen sich im letzten Drittel des 15. Jh. in einer Zunft, der Ars marmoris, zusammen, welche um 1490 eine Mindestzahl von ca. 40 Meistern umfaßte. Zw. 1450 und 1500 eröffneten sie ca. 20 Marmorbrüche (u. a. Sponda, Polvaccio), die mit ähnlichen Fördertechniken wie in der Antike, allerdings mit einem viel geringeren Grad der Arbeitsteilung, betrieben wurden; die jährl. Produktion betrug um 1475 schätzungsweise 500 t. Im 12. bis ins 14. Jh. war der Abbau noch von der Erlaubnis des Bf.s v. Luni, welcher das entsprechende Regal innehatte, abhängig. Dieses besaß zw. 1350 und dem Ende des 15. Jh. die Kommune von C., welche nun den Zoll auf den ausgeführten Marmor erhob, und sie ließ sich dieses Recht durch ihre jeweils aufeinanderfolgenden Signori bestätigen. Die Marmorhandwerker gaben den Zoll jedoch seit dem Jahre 1491 definitiv an den Marchese Malaspina ab. Dafür gelang es den Carraresen, den Zugang fremder Künstler und Unternehmer zu ihren Marmorbrüchen zu beschränken. Den Einheimischen blieb der Abbau, das Vorschleifen und der Transport zum Meer vorbehalten. Anläßl. der jeweiligen Aufträge schlossen sich drei–sechs Meister zu einer kurzzeitigen societas zusammen, in der Investitionen und Gewinne paritätisch aufgeteilt wurden. Seit dem Ende des 15. Jh. differenzierten und verfeinerten sich diese Zusammenschlüsse. Der Besitz eines Marmorbruches, die Verfügung über Transportmittel führten eine wachsende Arbeitsteilung herbei, in deren Gefolge die Spezialisierung und Hierarchisierung im Rahmen der Zunft zunahmen. Als dann die Nachfrage nach Marmor aus C. auch in Mittel- und Westeuropa stieg, hatte dies eine immer weitergehende sozio-ökonom. Abgrenzung der Marmorbildhauer, Händler, Besitzer der Marmorbrüche und Abbauunternehmer von den einfachen Werkleuten zur Folge, ein Phänomen, das auf das 16. Jh. und die frühneuzeitl. Produktionsformen hinweist. Ch. Klapisch-Zuber

Lit.: P. M. CONTI, Luni nell'alto Medio Evo, 1967 – CH. KLAPISCH-ZUBER, Les maîtres du marbre Carrare 1300–1600, 1969 [it. Übers. 1973] – E. DOLCI, C. Cave antiche, 1980.

Carrara, da, it. Familie, gelangte kurz nach 1000 als nach langob. Recht lebende Allodialbesitzer in Carrara (locus oder vicus 15 km südl. von Padua) zum Aufstieg. Gestützt auf ein (vielleicht zusammen mit anderen consortes) errichtetes castrum und auf das von ihr dotierte Kl. S. Stefano, erwarb sie reichen Grundbesitz und Gerichtsbarkeiten, wie aus einer (nur in späterer Abschrift erhaltenen) Kaiserurkunde vom 23. Jan. 1114 hervorgeht. Ihre Stellung unter den bedeutendsten Lehensträgern des Bf.s v. Padua (1149) und die Usurpation der von der Familie da Baone in Pernumia ausgeübten Rechte (vor 1162) verschafften der Familie den honor comitalis in einem weiten Gebiet des paduan. Territoriums. Zw. dem 12. und 13. Jh. hatten die C. Auseinandersetzungen mit verschiedenen Gegnern zu bestehen: in erster Linie mit der Kommune Pernumia sowie der Kirche und der Kommune Padua. Diese entrissen ihr einen Teil ihres Grundbesitzes und ihrer Gerichtsbarkeiten und zwangen sie, in Padua stadtsässig zu werden. Von den polit. Aktivitäten der C. während der Zeit der Kommune ist sehr wenig bekannt, ebenso wenig ist gesichert, auf welche Weise sie das Regime von →Ezzelino da Romano ohne Schaden überstanden. Als die Kommune sich seit 1256 nach inneren Zwistigkeiten wieder konsolidierte, erlebte die Familie einen neuen Aufstieg, wobei ihre Mitglieder sowohl auf der Seite der Magnaten wie des popolo zu finden sind. Die Familie erwarb riesigen Grundbesitz und zahlreiche Stadthäuser, verlieh Kapital und ging vorteilhafte Heiratsverbindungen ein; aufgrund dieser Voraussetzungen konnte sie schließlich die Oberherrschaft über die gesamte Stadt erringen, als die polit. Situation dazu reif war. Als seit 1312 Cangrande →della Scala Padua bedrohte, zeichnete sich v. a. *Giacomo*, der Sohn des *Marsilio*, sowohl in militär. Hinsicht als auch bei Verhandlungen aus. (* 1264, war er Guelfe, ohne dabei den Ghibellinen verhaßt zu sein; 1318 wurde ihm der Titel dominus generalis verliehen; seine Signorie dauerte allerdings nur ein Jahr.) Padua war nunmehr gezwungen, eine enge Symbiose mit der Familie da C. einzugehen, da sie ihrer zur Verteidigung gegen die beiden übermächtigen Gegner, die Scaliger und Venedig, die sie in die Zange zu nehmen drohten, bedurfte: *Marsilio,* der nach seinem Onkel Giacomo die führende Persönlichkeit der Familie war, verbündete sich zuerst mit den Scaligern und benutzte ihren Einfluß, um die Stadt zu beherrschen und rivalisierende Familien auszuschalten (er war mit einer Scrovegni verheiratet). Die Reaktion Venedigs zwang die da C., von einer Expansionspolitik abzusehen (Vertrag vom 14. Juli 1337). Die Signorie des Nachfolgers von Marsilio, *Ubertino* (1338–45), stand im Schatten des ven. Protektorats, ebenso die des *Marsilietto Papafava* (die nur 41 Tage dauerte), sowie die Signorie des *Giacomo* (1345–50). *Francesco* (→ 1. C.) versuchte, die Signorie in einen großen Territorialstaat umzuwandeln, der in Gegnerschaft zu Venedig stand. Die Reaktion der Serenissima und ein Aufstand der eigenen Untertanen, die der Tyrannenherrschaft müde waren, erschütterten die Vormachtstellung der Familie da C. von Grund auf. Nach einer kurzen Periode der Scheinblüte wurde der letzte Signore von Padua, *Francesco Novello,* in ven. Gefangenschaft erdrosselt (1405). Mit ihm ging die Macht der Familie zu Ende. G. Cracco

Lit. und Q.: DBI XX, s. v. – I placiti del 'Regnum Italiae', a c. di C. MANARESI, III/1, doc. 442: III/2, doc. 475 – Cod. Diplom. Padovanus... [ad Indicem] – R. CESSI, La signoria comitale dei Carraresi nel sec. XII, Bollett. del Mus. Civico di Padova, n. s., I, 1925, 133–148.

C., Francesco da, * 1325 als Sohn des Giacomo da C. und der Lieta Forzaté, † 1393, ∞ 1345 Fina Buzzacarini aus einer angesehenen Juristenfamilie. Nach dem gewaltsamen Tod seines Vaters trat er 1350 an die Spitze des Stadtregiments von →Padua – anfänglich gemeinsam mit seinem Onkel Giacomino; nach Aufdeckung eines von diesem gegen ihn gerichteten Komplotts regierte er als Alleinherrscher. Seine Signorie stützte sich auf ein riesiges Familienvermögen (Landgüter auf den Hügeln in der Umgebung von Padua, Immobilien in der Stadt, das Monopol in der Wollfabrikation und gewaltige Kapitalsummen, die mit Höchstzins als Darlehen ausgegeben wurden), sowie auf eine Fülle von Befugnissen, die ihm von den Statuten garantiert wurden und ihm die absolute schiedsrichterl. Gewalt über die Stadt (hinsichtl. der Ernennungen, Steuern und der niederen und höheren Gerichtsbarkeit) einräumten. Seine unbeschränkte Macht benützte und mißbrauchte er, um Padua zum Zentrum eines großen Staates, der von Venetien bis Istrien reichen sollte, und zum Mittelpunkt eines glanzvollen Hofes, an dem Humanisten und Professoren verkehrten (Verbindung mit Petrarca und der Univ.), zu machen. Seine Pläne stießen jedoch auf Widerstand, v. a. von seiten Venedigs. Bei seinem Kampf gegen die Serenissima schloß F. zahlreiche Bündnisse (mit Ludwig v. Ungarn, dem Patriarchen v. Aquileia, Florenz und Genua), ohne jedoch einen entscheidenden Sieg zu erringen. Sein letztes Bündnis, nämlich mit dem Visconti, war für ihn verhängnisvoll, da ihn der Signore von Mailand verriet, auf Venedigs Seite trat und sich gegen ihn wandte. Durch die Abdankung zugunsten seines Sohnes Francesco Novello versuchte er 1388 die Signorie, und dadurch, daß er sich in die Hände des Visconti und nicht seiner Todfeindin Venedig begab, sein Leben zu retten. Er erreichte für sich und seine Familie nur einen kurzen Aufschub des endgültigen Unterganges. Nach fünf Jahren Gefangenschaft in der Festung von Monza starb er 1393, mit seinem Tod neigte sich auch die Signorie der da C. ihrem Ende zu. G. Cracco

Q. und Lit.: DBI XX, 649–656 – S. COLLODO, Per la storia della signoria carrarese: lo sfruttamento dei benefici canonicali di Padova nel XIV secolo (Studi sul Medioevo veneto, 1981), 95–110.

Carrick, Earls of. Der Name der schott. Landschaft C. ist erst seit dem 12. Jh. belegt; zu dieser Zeit bildete C. den westlichen Distrikt der Lordschaft →Galloway und ein Dekanat des Bm.s →Glasgow. Fergus, letzter Lord der ungeteilten Lordschaft Galloway, dankte 1162 ab, und die Provinz wurde unter seinen Söhnen geteilt, wobei Uhtred die östl., Gilbert die westl. Hälfte erhielt. Uhtreds Nachkommen behielten den Titel »Lord of Galloway« bei, während Gilberts Sohn, *Duncan,* Lord of C. wurde, wobei ihm für einige Jahre gestattet wurde, den Titel »earl« zu führen. Duncan, der nicht durchweg in der Gunst der schott. Kg.e stand, suchte die Protektion des engl. Kg.s Johann Ohneland, der ihm Landbesitz in Antrim übertrug. Zwischen 1220 und seinem Tod i. J. 1250 spielte Duncan nur eine geringe Rolle in den allgemeinen polit. Angelegenheiten Schottlands. Sein Sohn, *Earl Neil,* regierte nur sechs Jahre, ihm folgte sein einziges Kind, *Marjorie.* Ihr erster Gatte, Adam v. Kilconquhar, mit den Earls of Fife verwandt, nahm am Kreuzzug Ludwigs d. Hl., Kg.s v. Frankreich, teil und starb 1270 in Akkon als Gefolgsmann des späteren Kg.s v. England, Eduard (I.). Marjorie heiratete in zweiter Ehe den ältesten Sohn des Lord of Annandale, *Robert Bruce.* Er bewarb sich – gegen den momentan erfolgreichen Johann (John) →Balliol, den Urenkel Uhtreds v. Galloway – um den schott. Thron (1291). I. J. 1292 übertrug Earl Robert das Earldom seinem ältesten Sohn *Robert* (dem späteren schott. Kg. →Robert I., berühmt als Robert the Bruce), führte aber den Titel »Earl of C.« noch bis zu seinem Tod i. J. 1304. Der jüngere Earl Robert beteiligte sich führend an den schott. Auseinandersetzungen ab 1297: In diesem Jahr führte er den bewaffneten Aufstand gegen Eduard I. an, 1298–1300 leitet er als einer der custodes regni Scociae die Politik des Kgr.es Schottland. 1302 unterwarf er sich jedoch Eduard I. und diente vier Jahre lang den Engländern, bis er sich nach einem zweiten Aufstand im März 1306 erfolgreich um die Königswürde bewarb. I. J. 1313 erhielt Roberts ältester Bruder und präsumptiver Erbe, →*Eduard (Edward) Bruce,* den Earl-Titel. Doch fiel Eduard 1318 in Irland, ohne legitime Nachkommen zu hinterlassen. 1328 wurde das Earldom Kg. Roberts ältestem Sohn *David* übertragen, der ein Jahr später die Nachfolge als Kg. antrat (→David II. Bruce). C. war kurzzeitig im Besitz der Bastarde des Earl Eduard, doch diente das Earldom seit 1368, mit nur kurzzeitigen Unterbrechungen, als eine Art Apanage für die künftigen Kg.e v. Schottland. Durch Parlamentsakt von 1469 wurde C. speziell dem ältesten Sohn des jeweils regierenden Kg.s reserviert.

In Turnberry, das um 1190 erstmals erwähnt ist, befand sich die Hauptburg der Earls, die heute verfallen ist. Sie war auch der Geburtsort von Kg. Robert I. Bruce. Earl Duncan gründete um 1244 die cluniazens. Abtei Crossraguel, von der bedeutende Reste erhalten sind. Der Stifter und seine Nachfolger verliehen den Mönchen zahlreiche Besitzungen und Privilegien, doch sind nur wenige Urkunden der Abtei erhalten. G. W. S. Barrow

Lit.: Scots Peerage, s. v. – J. PATERSON, Hist. of the County of Ayr, 1863–66 – W. ROBERTSON, Ayrshire, 1908 – J. STRAWHORN, Ayrshire, 1975.

Carrillo. 1. C. de Acuña, Alfonso, Ebf. v. Toledo (1446–82), * 1412 in Cuenca, † 1. Juli 1482 in Alcalá de Henares, ▭ Hauptkapelle des von ihm selbst errichteten Konventes S. Diego in Alcalá (Grabmal nach 1835 überführt in Kirche St. Justo y Pastor). Über seinen Vater, den Ritter Lope Vázquez de Acuña, aus einem ptg. Geschlecht stammend, war C. durch seine Mutter Teresa Carrillo mit der Familie des Kardinals Aegidius (Gil) de →Albornoz verwandt. Seine kirchl. Laufbahn begann er im Dienst seines gleichnamigen Onkels, des Kard. Alfonso Carrillo. Er begleitete diesen nach Bologna und Basel und wurde nach dessen Tod 1434 in Rom zuerst zum Protonotar, zum Leiter der kast. Gesandtschaft beim Konzil v. →Basel und dann zum Bf. v. →Sigüenza ernannt (1435). Im Alter von 34 Jahren wurde er auf Betreiben Johanns II. v. Kastilien auf den Metropolitansitz v. Toledo erhoben (3. Aug. 1446). In seiner Eigenschaft als Kanzler des Reiches und dank der Gunst, in der er beim Herrscher stand, beteiligte er sich intensiv am polit. und höf. Leben. Schon 1445 führte er in der ersten Schlacht v. Olmedo sein Heeresaufgebot gegen die kast. Anhänger der Infanten v. Aragón. Am stärksten traten jedoch seine polit.-militär. Fähigkeiten, die er allerdings zumeist gegen die legitime Königsgewalt einsetzte, unter der Regierung→Heinrichs IV., v. a. seit 1454, hervor. C. spielte bei den meisten der immer von neuem auflebenden Adelseinungen dieser Zeit eine führende Rolle. Diese Haltung erreichte ihren Höhepunkt in der sog. »farsa de Ávila« ('Posse von Ávila') am 5. Juni 1465, der demonstrativen Absetzung des Herrschers »in effigie«, bei welcher der Ebf. und zwei andere Adlige eine Puppe, die Heinrich IV. darstellte, aller kgl. Insignien (Krone, Zepter und Schwert) entkleideten. Anstelle Heinrichs wurde sein elfjähriger Halbbruder Alfons zum Kg. ausgerufen, und als dieser kurz darauf starb, seine Halbschwester →Isabella, die schließlich von Heinrich IV. im Vertrag v. Guisando (Contratación de Guisando), der vorerst einen Schlußpunkt unter diesen Streit setzte, als Erbin anerkannt wurde (1468). Damit schien Heinrich IV. die legitime Abkunft seiner eigenen Tochter→Johanna »la Beltraneja« in Zweifel zu ziehen. C. war es auch, der die ehel. Verbindung Isabellas mit ihrem Vetter →Ferdinand v. Aragón bewerkstelligte, und er schreckte auch nicht davor zurück, einen (wegen naher Verwandtschaft der Gatten erforderlichen) päpstl. Dispens zu fälschen. Er vermittelte in der Übereinkunft v. →Segovia (Concordia de Segovia) zw. beiden Gatten, in der eine Herrschaftsaufteilung für die beiden Kgr.e beschlossen wurde. Damit trug C. entscheidend dazu bei, die Grundlagen der polit. Einheit beider Staaten der Iber. Halbinsel zu schaffen (→Katholische Kg.e).

Eine wachsende Entfremdung zw. den nunmehrigen Katholischen Kg.en und dem Stifter ihrer Ehe veranlaßte den Ebf. zu einer polit. Kehrtwendung; er trug seine Dienste der Johanna »la Beltraneja« – jener umstrittenen Tochter Heinrichs IV. – und dem Kg. Alfons V. v. Portugal an, der plante, Johanna zu heiraten, und seinen Ansprüchen durch den Einmarsch eines ptg. Heeres in Kastilien Nachdruck zu verleihen suchte. Nach der Niederlage dieser Streitkräfte in der Schlacht v. →Toro (1. März 1476) erlangte C. von seinen ehemaligen Gebietern Vergebung und zog sich bis zu seinem Tod in das Kl. S. Francisco de Alcalá de Henares zurück.

Stolz, Ehrgeiz und Machthunger des Ebf.s C. werden von seinem Zeitgenossen, dem Chronisten Fernando del →Pulgar, zwar konstatiert, doch wohlwollend interpretiert. Für seine großen Unternehmungen verwandte C. die Erträge und Einkünfte seiner »toledanischen Schätze« ('Dives Toletana') und umgab sich mit einem Kreis von Alchemisten, »in der Hoffnung, aus Eisen Gold zu machen«. Doch erreichte er insgesamt eher das Gegenteil.

Auf kirchl. Gebiet waren v. a. die Synoden in seiner Amtszeit bemerkenswert. 1472 wurden in Aranda de Duero die Grundlagen für eine Reform des Klerus gelegt, und 1479 und 1480 in Alcalá de Henares jeweils die Lehren des →Peter v. Osma verurteilt und die grundsätzl. Diskri-minierung zw. Alt- und Neuchristen, die sich in Spanien durchzusetzen begann, zurückgewiesen.

E. Benito Ruano

Q. und Lit.: F. del Pulgar, Claros varones de Castilla, ed. R. B. Tate, 1971 – J. Guillén de Segovia, Panegírico del arzobispo don Alonso C. de A., Madrid, B. N. Mss. 1065 – DHEE I, 361f. – DHGE XI, 1135f. – Eubel, Hierarchia catholica II, 258, 277 – T. Minguella y Arnedo, Hist. de la diócesis de Sigüenza y de sus obispos II, 1912, 1, 638f., 132-142 – F. Esteve Barba, C. de A.: Autor de la unidad de España, 1943 – E. Benito Ruano, Canales y Perales. Un episodio en las rebeldías del Arzobispo C., Anuario de Estudios Medievales 2, 1955, 377-398 – Ders., Los »Hechos del Arzobispo de Toledo D. Alonso Carrillo« de Pero Guillén de Segovia, Anuario de Estudios Medievales 5, 1968, 517-530 – J. F. Rivera Recio, Los arzobispos de Toledo en la baja edad media, 1969, 119-122 – W. D. Phillips jr., Enrique IV. and the Crisis of Fifteenth-Century Castile (1425-80), 1978.

2. C. de Albornoz, Alfonso, Kardinaldiakon v. S. Eustachio, * um 1384 in Cuenca (Stadt oder Prov.), † 14. März 1434 in Basel, ▭ Kathedrale von Sigüenza. Sein Vater, Gómez Carrillo de Cuenca, Herr v. Ocentejo und Paredes, Erzieher des späteren Kg.s Johann II. v. Kastilien, bekleidete die einflußreichen Ämter eines *Alcalde Entregador de la Mesta* und eines *Alcalde Mayor de los Hidalgos* (→Alcalde). Außer mit der Trastámara-Dynastie war C. über seine Mutter Urraca Gómez de Albornoz, einer Nichte des Kard. Aegidius (Gil) de→Albornoz und Herrin v. Portilla, mit den bedeutenden Adelsfamilien Albornoz und →Luna verwandt, wobei letzterer u. a. Papst→Benedikt XIII. (Pedro de Luna) und der Condestable Alvaro de →Luna angehörten. Seine Familie stammte aus Burgos, wo sie u. a. in Tordomar, Las Hormazas und Mazuelo begütert war, hatte allerdings auch wichtige Besitzungen in den Sprengeln v. →Cuenca und →Toledo. Frühzeitig zur kirchl. Laufbahn bestimmt, war C. Kathedralkanoniker v. Cuenca, dann Archidiakon des Kapitels, hatte das Archidiakonat v. Alcáraz (Toledo) und das Abbatiat v. S. Miguel de Alfaro sowie beim Fortgang seiner Karriere zahlreiche weitere Benefizien (1425 Kommendatarabt des Prämonstratenserstifts SS. Bonifacio ed Alessio auf dem Aventin; 1426 Archidiakon v. Briviesca und Valpuesta; 1428 Archipresbyter v. S. Giovanni di Laterano) inne, so daß sein Jahreseinkommen bis zu 22000 Goldflorin betrug. Am 22. Sept. 1408 wurde C., der wahrscheinl. die Funktion eines päpstl. Kubikulars wahrnahm, durch Benedikt XIII. zum Kardinaldiakon v. S. Eustachio kreiert. Kurze Zeit später erhielt er die Administration (→Administrator) des Bm.s →Osma (26. Nov. 1408) zugesprochen, die er trotz harten Widerstands real ausüben konnte. C. weigerte sich, am Konzil v. →Konstanz teilzunehmen, trat aber nach dem Obödienzentzug durch Johannes II. v. Kastilien, der Absetzung Benedikts XIII. und der Wahl eines neuen Papstes Ende 1417/Anfang 1418 endgültig zur Konzilsobödienz über, erhielt am 1. Aug. 1418 eine Bestätigung aller seiner Würden und unterwarf sich am 17. März 1419 an der Kurie in Florenz öffentl. Papst Martin V. Dieser ernannte ihn zum päpstl. Generalvikar für Bologna, den Exarchat v. Ravenna und die Romagna (13. Aug. 1420) – in dieser Funktion unterstützte C. den Herzog v. Mailand gegen Florenz und Venedig –, übertrug ihm die Verwaltung des Bm.s Sigüenza anstelle v. Osma (3. Sept. 1422) und schließlich noch kommissar. den unbesetzten Titel eines Kardinalpriesters v. SS. Quattro Coronati (16. März 1424). C., im März 1424 auch Kämmerer des Kardinalkollegs und zudem Kardinalprotektor verschiedener Orden, spielte bei der Wahl →Eugens IV. als Haupt der Colonnaanhänger nach dem Zusammenbruch eigener Ambitionen (Kandidatur gegen Kard. Orsini) eine gewichtige Rolle und wurde 1431 von der Kurie entfernt, formal zum päpstl. Gesandten in Kastilien und León bestimmt mit der Aufgabe, den Kreuzzug gegen →Granada voranzutreiben (13. Juni 1431). Seine Beziehungen zu Eugen IV. verschlechterten sich zusehends und schlugen in offene Feindschaft um, als C. auf dem Weg nach Spanien, unterstützt vom frz. Kg., in die inneren Verhältnisse →Avignons eingriff. Am 20. Juni 1432 ließ er sich offiziell durch das Konzil v. →Basel mit dem Generalvikariat über Avignon betrauen, wodurch polit. Pläne des Papstes beeinträchtigt wurden. Ohne seinen Anspruch auf die Administration Avignons aufzugeben, begab sich C. Anfang 1433 zur Konzilsteilnahme nach Basel, wo er ein Jahr später starb. C.s polit. Einfluß ist kaum zu überschätzen, da er nicht nur über enge Bindungen zu den Königshöfen und dem Adel v. Kastilien – León und Aragón verfügte, sondern als »Säule« des Basler Konzils auch gute Beziehungen sowohl zum frz. Kg. Karl VII. als auch zu Mailand und Siena unterhielt.   L. Vones

Q.: Monumenta conciliorum generalium seculi decimi quinti, Concilium Basiliense, I–II, 1857ff. – Concilium Basiliense I–III, 1896ff. – *Lit.*: DHGE XI, 1133f. – DBI XX, 753–758 [Q. und Lit.] – C. EUBEL, Hierarchia Catholica, 1913–23², I, 30, 50, 383, 414, II, 5, 7 n. 4, 66 – J. LOPERRÁEZ, Descripción hist. del Obispado de Osma I, Madrid 1788, 329–334 – L. REY, Louis XI et les Etats pontificaux de France au XVᵉ s., 1899, 251–257 – F. EHRLE, Der Cardinal Peter de Foix der Aeltere, die Acten seiner Legation in Aragonien und sein Testament, ALKGMA 7, 1900, 421–514 – N. VALOIS, La crise religieuse du XVᵉ s., 1909, passim – T. MINGUELLA Y ARNEDO, Hist. de la diócesis de Sigüenza y de sus obispos II, 1912, 125–132 – F. BARON, Le cardinal Pierre de Foix le Vieux et ses Légations, La France franciscaine 3–4, 1920–21 – M. LÓPEZ, Memorias históricas de Cuenca y su obispado II, 1949–53 – L. SUÁREZ FERNÁNDEZ, Castilla, el Cisma y la Crisis Conciliar (1378–1440), 1960 – W. BRANDMÜLLER, Der Übergang vom Pontifikat Martins V. zu Eugen IV., QFIAB 47, 1967, 596–629 – DERS., Das Konzil v. Pavia-Siena, I–II, 1968–74 – S. DE MOXÓ, Los Albornoz. La elevación de un linaje y su expansión dominical en el siglo XIV (El Cardenal Albornoz y el Colegio de España, hg. E. VERDERA Y TUELLS, I, 1972), 17–80 [vgl. Stammtafel, 79] – W. DECKER, Die Politik der Kardinäle auf dem Basler Konzil (bis zum Herbst 1434), AHC 9, 1977, 112–153, 315–400.

Carrión (de los Condes). [1] *Stadt* (Santa María) in Spanien im leones. Teil der Tierra de Campos am Río Carrión gelegen, schon unter Kg. Alfons III. dem Kgr. León zugehörig und wiederbesiedelt, Hauptort der gleichnamigen Gft., die sich zur Zeit Kg. Alfons VI. v. Kastilien-León nordwärts bis Saldaña und ostwärts bis Melgar de Fernametal erstreckte und die von der Mitte des 10. bis zu Beginn des 12. Jh. von Mitgliedern der Familie der →Beni-Gómez verwaltet wurde. C. erhielt unter Alfons V. v. León einen →Fuero in Anlehnung an den →Fuero v. León. Dieser Fuero wurde durch Alfons VI. 1086 ebenso wie der →Coto erneuert, am 29. Sept. 1109 von seiner Tochter, der Kgn. →Urraca, bestätigt und erweitert, und am 7. Sept. 1142 von Alfons VII. bekräftigt. Die Stadt, am Pilgerweg nach →Santiago de Compostela gelegen und frz. Einflüssen offen, durchlitt im 2. Jahrzehnt des 12. Jh. heftige soziale Unruhen und nahm bei den krieger. Auseinandersetzungen zw. Kgn. →Urraca v. Kastilien-León und Kg. →Alfons I. v. Aragón eine proaragon. Haltung ein. Die Herrschaft ging aus den Händen des leones. Gf. en →Pedro Ansúrez, der sich bis Ende 1117 in Saldaña halten konnte, auf Bertrand de Risnel über, einen Neffen Alfons I. Nachdem diesem bereits seit 1113 der Grafentitel zugestanden worden war, wurde seine Jurisdiktionsgewalt nach 1117 von Urraca und Alfons VII. uneingeschränkt anerkannt. Danach fiel die Stadt wieder dem Kgr. Kastilien-León zu und wurde schließlich, wie ztw. schon um die Jahrhundertwende, durch einen kgl. →Merino verwaltet. Während des gesamten MA war C., bes. die Klosterkirche v. S. Zoil, Ort bedeutender und glanzvoller Ereignisse, v. a. des Konzils v. 1130, auf dem die Kirchenordnung von Nordspanien verhandelt wurde, des Vertragsschlusses v. 1140 (→Carrión, Vertrag v.), des Hoftages v. 1188, auf dem der Barbarossasohn →Konrad (v. Rothenburg) und Alfons IX. v. León den Ritterschlag erhielten und der Staufer mit Berengaria (→Berenguela), Tochter Kg. Alfons VIII. v. Kastilien, vermählt wurde. Bei solchen Gelegenheiten wurden der eng mit dem Kl. verbundenen Stadt immer wieder ihre Freiheit von Abgaben und Steuern sowie der kgl. Aufgebotspflicht bestätigt und erweitert (Alfons X., Peter I., Heinrich IV.). Die Gft. bestand im SpätMA als Titelgrafschaft fort. So erhob Heinrich IV. v. Kastilien am 28. Sept. 1473 Rodrigo Alfonso →Pimentel zum Duque de →Benavente und Conde de Carrión (Madrid, AHN, Osuna, Leg. 417, Nr. 19. Orig.).

[2] *Kloster* OSB, Diöz. Palencia, ð S. Zoil(o), S. Juan Bautista, S. Felix, um 948 v. Mönchen aus Córdoba besiedelt, wurde der Konvent 1047 durch Gómez Díaz, Gf. v. C., und seine Gattin Teresa reich dotiert und erhielt die Reliquien des hl. Zoilus, des hl. Felix und des Bf.s Agapius, woraufhin das urpsrgl. Patrozinium erweitert wurde. Das Kl. diente der Familie der →Beni-Gómez als Grablege und wurde wahrscheinl. nach einem mißlungenen Reformversuch mit Hilfe cluniazens. Mönche am 1. Aug. 1076 von Gfn. Teresa in Übereinstimmung mit ihren Söhnen und Töchtern sowie unter Zustimmung ihrer Neffen, der Gf.en Gonzalo und →Pedro Ansúrez, vorbehaltl. der defensio der Kongregation v. →Cluny tradiert (erneuert am 29. Jan. 1077). Cluny ließ sich den Besitz des Kl., von dem 13 Priorate abhängig waren – darunter die bedeutenden Konvente S. Martín de Frómista und S. Ramón de Entrepeñas –, wiederholt von den Päpsten bestätigen und baute C. zu einem »wichtigen Verwaltungsmittelpunkt der span. Cluniacenserklöster« (P. SEGL) aus, da der Prior v. C. spätestens seit 1169 – eine Sonderfunktion ist bereits 1122 feststellbar – als ʻcamerarius Hispaniae' die jährl. Abgaben eingennahm und weiterleitete. C. blieb bis ins 15. Jh. Glied des cluniazens. Verbandes, bevor es 1435 durch Papst Eugen IV. herausgelöst und zur Abtei erhoben wurde. 1531 wurde die Abtei nach langem Widerstand der Kongregation v. →Valladolid inkorporiert.   L. Vones

Lit.: DHGE XI, 1137f. – DHEE III, 1543 – H. FLÓREZ, España sagrada X, 304–321, XXXV, 180 – A. DE YEPES, Crónica general de la Orden de San Benito, VI, Irache-Valladolid 1606–1617, 73–93 (ed. PÉREZ DE URBEL, III, 1959–60, 48–78) – J. M. QUADRADO, España. Sus monumentos y artes, T. 27: Valladolid, 1885 – R. BECERRO DE BENGOA, El monasterio de C., 1880 – F. SIMÓN Y NIETO, Los antiguos Campos Góticos, 1895 – M. RAMÍREZ DE LA HELGUERA, El real monasterio de San Zoilo, de la ciudad de Carrión de los Condes, 1900 – P. RASSOW, Der Prinzgemahl. Ein pactum matrimoniale aus dem Jahre 1188, 1950 – CH. J. BISHKO, El abad Radulfo de Cluny y el prior Humberto de C., »camerario« de España, Anuario de Estudios Medievales 1, 1964, 197–216 – R. MENÉNDEZ PIDAL, La España del Cid I, 1969⁷, 171–173; II, 1969⁷, 555–563, 817–819 – R. PASTOR DE TOGNERI, Las primeras rebeliones burguesas en Castilla y León (Siglo XII) (DIES., Conflictos sociales y estancamiento económico en la España medieval, 1973, 13–101) – P. SEGL, Kgtm. und Klosterreform in Spanien, 1974 – L. VONES, Die »Historia Compostellana« und die Kirchenpolitik des nordwestspan. Raumes (1070–1130), 1980 – B. F. REILLY, The Kingdom of León-Castilla under Queen Urraca (1109–1126), 1982.

Carrión, Vertrag v., geschlossen am 22. Febr. 1140 in C. de los Condes auf aragon. Drängen zw. Kg. Alfons VII. v. Kastilien-León und Gf. →Raimund Berengar IV. v. Barcelona als »princeps Aragonensis« in Anwesenheit zahlreicher Großer beider Reiche mit dem Ziel, das von →García Ramírez regierte Kgr. Navarra untereinander aufzuteilen. Alfons VII. erhielt die navarr. Gebiete links des Ebro unter

Einschluß von Marañón, die bereits Alfons VI. gehört hatten; Raimund Berengar das restliche Land, das schon in den Tagen von →Sancho Ramírez und Peter I. in aragon. Besitz gewesen war. Von der 'terra Pampilonie', für die Sancho und Peter Alfons VI. hominium geleistet hatten, behielt sich Alfons VII. den dritten Teil mit der Burg Estella als Mittelpunkt vor, während Raimund Berengar zwei Drittel und die Stadt Pamplona erhalten sollte, dafür aber seinerseits den Lehnseid schwören mußte. Beide Parteien kamen zudem überein, keinen einseitigen Sonderfrieden mit García Ramírez zu schließen und ebenfalls die noch zu erobernden navarr. Gebiete nach dem festgelegten Modus zu teilen. Der Vertrag wurde niemals vollständig verwirklicht. →Trudellín, Vertrag v. L. Vones

Q.: Vertragstext, ed. P. HUESCA, Teátro hist. de las iglesias de Aragón, Bd. VIII, 1880-87, Apénd. II, 443 – Bofarull, CODOIN IV, 64–65 – F. MIQUEL ROSELL, Liber Feudorum Maior I, 1945, 37–38, Nr. 28 [mit falschem Datum] – Die hs. Überlieferung (z. T.) bei A. UBIETO ARTETA (s. u.), 56f. – *Lit.*: A. UBIETO ARTETA, Navarra-Aragón y la idea imperial de Alfonso VII de Castilla, EEMCA 6, 1956, 41–82 – J. M. LACARRA, Hist. política del Reino de Navarra, III/2, 21f. – DERS., Hist. del Reino de Navarra en la Edad Media, 1976, 204 – M. RECUERO ASTRAY, Alfonso VII, Emperador, 1979.

Carroç (Carrocii), valencian. Adelsfamilie, die von einem Grafensohn abstammte, der zu Beginn des 13. Jh. anläßl. der Eroberung →Mallorcas wahrscheinl. aus dem Gebiet des Imperiums nach Aragón-Katalonien kam und schnell im Dienst Kg. Jakobs I. v. Aragón aufstieg. Nach der Eroberung v. →Valencia erhielt er den →Señorío v. Rebollet (1238), später noch Besitzungen in →Deniá (1242), →Elche (1249), Olocayba und Polop (bis 1257), so daß die Mitglieder der Familie zu den bedeutendsten kgl. Lehnsträgern im Süden des Kgr.es gehörten und später eine wichtige Rolle bei der Eroberung und Verwaltung v. →Sardinien spielten. Das Geschlecht stellte unter Jakob II. v. Aragón einen einflußreichen Admiral v. Katalonien (*Francesc C.*), im 15. Jh. Vizekg.e (Virreyes) v. →Sardinien (*Berenguer C. de Arborea*, 1410–13 und 1415–16; *Jaime C.*, 1453–54; *Nicolau C. de Arborea*, 1460–79; *Dalmau C.*, 1473–77) und knüpfte enge verwandtschaftl. Beziehungen zu den Familien →Entença und →Mur sowie zum sard. Geschlecht →Arborea. Ein Zweig wurde durch Kg. Peter IV. v. Aragón zu Gf.en v. Quirra (Sardinien) erhoben. Die Familie konnte ihren Einfluß bis zu Beginn des 16. Jh. behaupten. L. Vones

Q. und Lit. J. ZURITA, Anales de la Corona de Aragón, Zaragoza 1610–21 [Nachdr. 7 Bde, 1967–76] – Colección diplomática de Jaime I, el Conquistador, ed. A. HUICI MIRANDA, 3 Bde, 1916–23; überarb. und erw. v. M. D. CABANES PECOURT, Documentos de Jaime I de Aragón, bisher 3 Bde, 1976–78 – Diccionari Biogràfic dels Catalans I, 477–483 – J. MATEU IBARS, Los Virreyes de Cerdeña I (1410–1623), 1964, 96–98, Nr. 4; 132, Nr. 19; 139–141, Nr. 23; 142–144, Nr. 24 – R. I. BURNS, The Crusader Kingdom of Valencia, 2 Bde, 1967 – DERS., Islam under the Crusaders, 1973 – DERS., Medieval Colonialism, 1975 – vgl. auch die Lit. zu →Sardinien.

Carroccio → Fahnenwagen

Carta → Charta

Carta de Hermandad → Hermandad

Carta de logu de Arborea, undatierte Sammlung von Gewohnheitsrechten aus dem Bereich des Zivil- und Strafrechts für den Judikat →Arborea; wurde vermutl. zu Ostern 1392 von Eleonora »per isa gracia de Deus juyghissa de Arbaree, contissa de Gociani e biscontissa de Basso« als letzter Akt ihrer Regentschaft für ihren, nunmehr großjährig gewordenen Sohn, Mariano V. Bas-Doria, erlassen. (Ähnliche, jedoch verlorengegangene Sammlungen gab es auch in den anderen sard. Judikaten oder »logus«.) Die Geltung der C. de l. v. Arborea wurde 1421 von den siegreichen Aragonesen auf ganz Sardinien ausgedehnt, die sechs kgl. Städte ausgenommen: Cagliari, Iglesias, Bosa, Alghero, Sassari und Castelsardo, die bes. Statuten hatten. Die C. de l. behielt bis zur Erlassung des Codice Feliciano i. J. 1827 auf der Insel Gültigkeit. Die von Eleonora d' →Arborea herausgegebene Gesetzessammlung mit ihren 198 Kapiteln ist die revidierte Fassung eines gleichnamigen Gesetzbuches, das zusammen mit dem »Codice Rurale« und der »Carta del Goceano« von dem 16 Jahre vorher verstorbenen Mariano IV. promulgiert worden war. Die C. de l. wurde ursprünglich auf Sardisch-Arborensisch, der Sprache des Staats Arborea, verfaßt, der vermutl. sehr kostbar ausgestattete Codex der Editio princeps ist jedoch nicht erhalten geblieben. Die neun heute bekannten Druckausgaben der C. de l. gehen auf zwei unbekannte Archetypen (»A« und »B«) zurück, die ihrerseits möglicherweise Kopien von Abschriften darstellen, also sowohl der Sprache als auch dem Inhalt nach relativ weit vom Original entfernt sind. Auf den Archetypus »A« gehen die Ausgaben der Jahre 1485, 1560, 1607, 1628, 1805 zurück, auf »B« die Ausgaben der Jahre 1617, 1708, 1725. Die seit 1866 in der Universitätsbibl. Cagliari Nr. 211 (ed. E. BESTA, P. E. GUARNERIO, Studi Sassaresi, 1905) befindliche, unvollständige Papierhs. aus dem 15. Jh. wurde wahrscheinl. von zwei Mitgliedern des Domkapitels v. Iglesias für den allgemeinen Gebrauch abgeschrieben. F. C. Casula

Lit.: F. C. CASULA, Cultura e scrittura nell'Arborea al tempo della »C. de l.« (AA.VV., Il mondo della C. de L., 1979) – DERS., Breve storia della scrittura in Sardegna, 1979.

Carucata, lat. Terminus für eine Grundeinheit im ma. engl. und schott. Steuersystem; der entsprechende engl. Begriff ist *ploughgang* (schott. *ploughgate*). C. bezeichnete die Ackerfläche, welche ein Pfluggespann in einem Jahr bearbeiten konnte; die C. war unterteilt in acht *bovata* (engl. *oxgangs*), da ein Pfluggespann sich aus »acht Ochsen« zusammensetzte. Nach traditioneller Auffassung wird diese Methode der Steuerveranlagung nach C. dem dän. Einfluß im ags. England zugeschrieben; in Gebieten, in denen sich die Besiedlung aufgrund anderer Nachweise feststellen läßt, entsprechen sechs carucate fünf →Hufen *(hides)*, obwohl die C. im →Domesday Book anscheinend ebenso wie die Hufe auf 120 *acres* gerechnet wird; auch ist der volkssprachl. Ausdruck *(plough-)* sicher skand. Herkunft. Anderseits geben alte ir. Rechtsquellen an, daß auch die »terra unius familiae« (so Bedas Definition der Hufe) als Grundeinheit von »einem Pflug« verstanden wurde; daher könnte eine Entsprechung von Hufe und C. durchaus auf einer indo-europ. Wurzel beruhen. Die C. tritt in den skand. Quellen selbst erst spät auf; weiterhin gibt es Zeugnisse dafür, daß im nördl. und östl. England der Übergang von der Hufe zum ploughgang erst spät, im 11. Jh., erfolgte. Das Domesday Book ist als Ansatz zu einer fiskal. Neuordnung nach C. verstanden worden, und »Hufenabgaben« wurden im 12. und 13. Jh. üblicherweise als *carucages* bezeichnet. Vielleicht wurde die Pflug-Einheit stärker betont, als die engl. Herrschaft verstärkt das Gebiet des →Danelaw erfaßte, bzw. als sie sich, nach der norm. Eroberung (1066), einheitlich über das ganze Land ausbreitete. C. P. Wormald

Lit.: F. MAITLAND, Domesday Book and Beyond, 1897, 457f. – P. VINOGRADOFF, Engl. Society in the Eleventh Century, 1908, 56f., 147f. – STENTON³, 1971, 506f. – T. CHARLES-EDWARDS, Kinship, Status and the Origins of the Hide, PP, 1972, 14f. – S. HARVEY, Domesday Book, ..., TRHS 1975, 196f. – P. SAWYER, From Roman Britain to Norman England, 1978, 196.

Carvajal (Carvajales). Span. Dichter, 15. Jh., von dem keine biograph. Einzelheiten überliefert sind. C. gehört zu den besten Dichtern des →»Cancionero de Stuñiga«, einer höf. Liedersammlung, in der er mit 45 *villancetes* und *serranillas* vertreten ist. C.s parodist. serranillas erinnern an den »Libro de Buen Amor«, während die idealisierenden serranillas mit denen von →Santillana verglichen werden können und ihnen nicht nachstehen. Von bes. Schönheit ist ein Gedicht C.s, in dem der Dichter die Kgn. Maria tröstet, da sie seit langem die Abwesenheit ihres Ehemannes beklagt. C. gehört zu den ersten span. Dichtern, der it. schreibt. W. Kroll

Ed. und Lit.: Cancionero castellano del siglo XV, ed. R. FOULCHÉ-DELBOSC, 1915, 2, 601–619 – Poesie, ed. E. SCOLES, Officina Romanica 9, 1967 – N. F. MARINO, The serranillas of the Cancionero de Stúñiga: Carvajales' Interpretation of this Pastoral Genre, Revista de Estudios Hispánicos 15, 1981, 43–57.

Carvajal. 1. C., Bernardino López de, Kard., * 8. Sept. 1456 Plasencia, † 21. Dez. 1523 Rom, ▭ Sta. Croce in Gerusalemme (Rom), Neffe von 2, Doktor (1478) und Magister (1480) der Theologie an der Univ. Salamanca. Als Archidiakon v. Toro ging er 1482 nach Rom, wurde Nuntius (1485–88) Innozenz' VIII. in Spanien und sodann Botschafter der Kath. Kg.e in Rom, wo er ihr Sachwalter für kirchl. und polit. Angelegenheiten in Spanien und Italien war. Bischof v. Astorga (1488), Badajoz (1489) und Cartagena (1493) sowie Kardinaldiakon von SS. Marcellino e Pietro (20. Sept. 1493), wurde C. 1494 zur Unterstützung von Ferrante II. Legat Papst →Alexanders VI. in Anagni. Als Bf. v. Sigüenza (1495), Kard. v. Santa Croce in Gerusalemme (1495–1503) sowie Legat a latere bei Karl VIII. v. Frankreich in Italien (1495) u. Maximilian I. in d. Lombardei (1496–97) führte er die damals antifrz. Politik des Borjapapstes durch. Obwohl er sich diesem etwas wegen der Affären in Neapel und um →Savonarola sowie in der Frage der Pseudoprophetien des sel. Amadeus entfremdete, empfing er mit Zustimmung des Papstes 1503 das Bm. Avellino und den Titel eines Kardinalbischofs v. Albano. Sein Verhältnis zu Papst Julius II. gestaltete sich ebenfalls wechselhaft. Dieser verlieh ihm zwar 1503 den Patriarchat v. Jerusalem, doch die Spannungen begannen bereits 1504, als C. die Flucht →Cesare Borgias von Ostia nach Neapel zuließ und schließlich Widerstand gegen die Kreation neuer Kard. leistete (1505). 1507 hatte C. in Neapel eine Zusammenkunft mit Ferdinand dem Kath. und wurde vom Papst als Legat zu Maximilian I. nach Innsbruck und Flandern gesandt, um den Kg. von einem Eingreifen in Italien abzuhalten. Als Mitglied des kleinen päpstl. Rates (1509) sprach sich C. im folgenden Jahr gegen den Frieden Julius II. mit Venedig sowie den Krieg gegen Ludwig XII. v. Frankreich und Ferrara aus und floh mit weiteren Kard. (darunter Francesc de Borja) nach Mailand, von wo aus er auf den 1. Sept. 1511 ein Konzil nach Pisa einberief, dessen Vorsitz ihm übertragen wurde. Als Julius II. unmittelbar darauf das Lateranum V zusammenrief, mußte C. nach Mailand und Frankreich fliehen. Vom Konklave, das 1513 Leo X. zum Papst wählte, blieb er ausgeschlossen, doch wurde er nach einem Widerruf durch das Lateranum V rehabilitiert und konnte sein Bm. Sigüenza wieder in Besitz nehmen. 1521 war er an der Verurteilung Martin Luthers beteiligt, erhielt das Kardinalbm. Ostia und wurde Dekan des Kardinalkollegs. Mit der Verwaltung des Bms. Foligno betraut, strebte er in den Konklaven von 1522 und 1523 nach der Papstwürde. M. Batllori

Lit.: DBI XXI, 28–34 – DHEE I, 370–371 – DHGE XI, 1239–1240 – LThK² II, 959f. – H. ROSSBACH, Das Leben und die polit.-kirchl. Wirksamkeit des Bf.s Lopez de C., Kard. v. S. Croce in Gerusalemme in Rom und das schismat. Concilium Pisanum, 1892 – A. RENAUDET, Le concile gallican de Pise-Milan, 1922 – J. DOUSSINAGUE, Fernando el Católico y el cisma de Pisa, 1946 – DERS., El testamento político de Fernando el Cat., o. J. – A. DE LA TORRE, Documentos sobre relaciones internac. de los Reyes Cat., II–VI, 1950–66 – J. FERNÁNDEZ ALONSO, Nuncios, colectores y legados pontificios en España de 1474 a 1492, HS 10, 1957, 33–90 – M. BATLLORI, B. Lz. de C. legado de Alejandro VI en Anagni, Miscellanea hist. pont. XXI, 1959, 171–188 – BARÓN DE TERRATEIG, Política en Italia del Rey Cat., 2 Bde, 1963 – J. FERNÁNDEZ ALONSO, Legaciones y nunciaturas en España de 1466 a 1521, I, 1963 – L. SUÁREZ FERNÁNDEZ, Política internac. de Isabel la Cat. I. . ., 1966 – M.-C. GERBET, La noblesse dans le royaume de Castille. Etude sur ses structures sociales en Estrémadure (1454–1516), 1979 [Stammtafeln].

2. C., Juan de, Kard., * 1399 in Trujillo (Cáceres), † 6. Dez. 1469 in Rom, ▭ S. Marcello al Corso, ebd. Aus einem berühmten Adelsgeschlecht (mit Sitz in Plasencia) in der Extremadura stammend, kam er nach einem Rechtsstudium in Salamanca und im Besitz mehrerer span. Pfründen (Kanonikat in →Ávila und →Salamanca, Dekanat v. →Astorga, Abbatiat v. →Husillos) an die Kurie, in deren Auftrag er, seit 1438 Auditor der Rota (→Audientia sacri palatii), seit 1445 Kammerauditor, in 22 Gesandtschaften einer der erfolgreichsten Diplomaten seiner Zeit wurde. Reisen nach Florenz, Venedig und Siena (1438–40) schloß sich seit Ende 1440 Gesandtschaftstätigkeit in Deutschland an, um die dt. Neutralität im Streit zw. →Eugen IV. und dem Basler Konzil (→Basel, Konzil v.) aufzubrechen. Sein Einsatz auf Reichs- und Fürstentagen 1441–47 wurde 1448 durch das →Wiener Konkordat mit Friedrich III. gekrönt, an dessen Hof er seit 1441 immer häufiger und länger weilte. Die Erfolge brachten ihm 1446 das Bm. Plasencia, und das Kardinaldiakonat von S. Angelo ein, von dem er 1461 auf das Kardinalbistum Porto wechselte. Der Aufenthalt am Wiener Hof machte ihn zum kurialen Spezialisten für den Donauraum. Eine erste Beschäftigung mit böhm. und ung. Fragen erfolgte im Zusammenhang mit der Unmündigkeit des Kg.s Ladislaus 1445–48; C.s kompromißlose Ablehnung der Forderungen der →Utraquisten rief erbitterten Widerstand der böhm. Stände hervor, den Georg v. Podiebrad für die Übernahme der Macht auszunutzen vermochte. Anschließend war C. mit der Friedensvermittlung im Köln-Klever Streit 1449 befaßt; es folgte eine intensive Kurienpolitik unter Nikolaus V. 1449–55 (u. a. Gesandtschaft nach Florenz, Venedig und Mailand 1453 zur Vorbereitung des it. Friedens); sie fand dann Fortsetzung 1455–61 mit seiner großen ung. Legation, die einerseits der Türkenabwehr (Sieg bei Belgrad 1456, Legation in Bosnien 1457; →Türkenkrieg), andererseits den Schwierigkeiten nach dem Tod des Ladislaus (1457) gewidmet war, u. a. dem Konflikt→Friedrichs III. mit →Matthias Corvinus. Einflußreiches Wirken an der Kurie seit 1461 (z. B. bei der Verurteilung des Georg v. Podiebrad v. Böhmen) wurde 1466/67 noch einmal durch eine Legationsreise nach Venedig unterbrochen. Humanist. Interesse verband ihn seit 1443 mit Enea Silvio Piccolomini (→Pius II.). Die dt. Gesandtschaften nahm er zusammen mit →Nikolaus v. Kues wahr. Anteilnahme an der Entwicklung des Buchdrucks ist offenkundig. Er selbst verfaßte nur aktuell-polit. Werke. Reformtätigkeit ist mannigfach überliefert. Die Integrität seiner Persönlichkeit war unumstritten, die Strenge seines Lebensstils fand allgemeine Beachtung. E. Meuthen

Q. und Lit.: DHEE I, 371 – DHGE XI, 1240–1242 – L. GÓMEZ CANEDO, Don Juan de C., 1947 – RTA XVII, 1963, 840, s. v. – O. ODLOŽILÍK, The Hussite King, 1965, 325, s. v. – F. G. HEYMANN, George of Bohemia, 1965, 658f., s. v. – E. MEUTHEN, Ein neues frühes Quellenzeugnis (zu Okt. 1454?) für den ältesten Bibeldruck. Enea Silvio Piccolomini am 12. März 1455 aus Wiener Neustadt an Kard. J. de C., Gutenberg-Jahrbuch, 57, 1982, 108–118.

Cas royaux ('kgl. Fälle'), in Frankreich die grundsätzl. dem kgl. Gericht vorbehaltenen Prozeßsachen (casus reservati). Möglicherweise bildete sich das Rechtsinstitut der cas royaux in seinen Anfängen nach anglonorm. Vorbild aus (Leges Henrici, 12. Jh.); unter Kg. Philipp II. August heben sich allerdings die als kgl. betrachteten Gegenstände, die v. a. →Verrat und →Rebellion umfassen, erst wenig vom traditionellen Feudalrecht ab. Seit der Regierung Ludwigs d. Hl. setzte jedoch theoret. wie prakt. eine eigenständige Entwicklung ein: Da der Kg. Garant des öffentl. →Friedens war, waren auch jeder Friedensbruch (fractio pacis) und sogar das unerlaubte Waffentragen (portatio armorum) von der Gerichtsbarkeit des Kg.s zu ahnden. Ungefähr am Ende des 13. Jh. dehnten die kgl. Legisten und das →Parlement unter dem Einfluß des →röm. Rechtes den Umfang der c. r. weiter aus. 1315 erklärte Kg. Ludwig X.: »Royale majesté est entendu es cas qui, de droit ou d'ancienne coutume, peuvent et doivent appartenir a souverain prince et a nul autre.« Dieser Rekurs auf die Vorstellung der →Souveränität bot einen Ansatzpunkt zur extensiven Anwendung des Begriffs der c. r.; es wurden diesen nun eine Fülle von Delikten und jurist. Bereichen zugeordnet, so v. a. die Fälle, die mit Krongütern und kgl. Hintersassen zusammenhingen, die Person des Kg.s betrafen (s. a. →Majestätsverbrechen) oder aber →Fälschungen des kgl. Siegels oder der kgl. Urkunden, →Falschmünzerei, Schädigung von kgl. Beamten und deren Gütern wie auch von →Königsbürgern *(bourgeois du roi)* und kgl. Schutzbefohlenen umfaßten; hierher gehörten auch Verletzung des kgl. conductus oder →Geleits; Vergehen auf den *Chemins du roi,* den kgl. →Straßen; Verstöße im Zusammenhang mit den der Schutzherrschaft (→garde) des Kg.s unterstellten Kirchen; fractio securitatis ('bris d'asseurement') usw. Seitdem (ab 1303) Kg. Philipp der Schöne die Häresie als Störung der öffentl. Ordnung betrachtete, setzte er die kgl. Untersuchungsrichter zur Kontrolle der kirchl. Inquisitionen ein; am Ende des 14. Jh. wird im »Grand coutumier de France« erklärt, daß es allein Sache des Kg.s sei, auf Ketzerei zu erkennen. Seit der Mitte des 14. Jh. behielt sich der Kg. das Gericht über die c. r. in den Gebieten, die er den Prinzen als →Apanage ausgetan hatte, vor. (Doch vermochten z. T. die Inhaber der Apanagen, soweit sie diese zu eigenen dynast. Fsm.ern ausbauten, die casus reservati ihren eigenen, zumeist nach kgl. Vorbild errichteten Gerichtshöfen zu unterwerfen; dies gilt etwa für das Hzm. →Burgund.) Die c. r. fielen zunächst in die Zuständigkeit des Parlement, doch brachte es die Fülle derartiger Verfahren mit sich, daß sie zum großen Teil vor den ordentl. Gerichten der →Baillis und →Seneschälle verhandelt wurden; das Parlement begnügte sich mit der erstinstanzl. Verhandlung der Fälle von bes. Interesse, d. h. derjenigen die mehr oder weniger unmittelbar die Person des Kg.s etc. betrafen, sowie mit der Appellationsgerichtsbarkeit bei sonstigen Prozessen. Die c. r., mit der Ausdehnung der Appellation und der Verfolgung von Amts wegen, brachten die grundherrl. und kirchl. Gerichtsbarkeit seit dem späten 15. Jh. weithin zum Erliegen. Trotz der Proteste des Adels und der Etats généraux (1484) setzte die auf kgl. Souveränitätsrechte gestützte Gerichtsbarkeit ihren Aufstieg fort. R. H. Bautier/F. J. Felten

Lit.: E. PERROT, Les c. r. Origine et développement de la Théorie aux XIIIe et XIVe s., 1910.

Casa di San Giorgio (Banco di San Giorgio), genues. Bankinstitut des 15. Jh., einer Zeit, in der das Kreditwesen bereits eine bemerkenswerte Entwicklung erfahren hatte. Die Ursprünge dieses Instituts werden gewöhnlich auf den in Genua seit 1407 festzustellenden Prozeß der Konzentration der *compere* (s. u.) zurückgeführt. Am 27. April jenes Jahres dekretierte nämlich Jean II. →Boucicaut, gen. »Le Meingre«, der von dem frz. Kg. Karl VI. entsandte Gouverneur der Stadt, ein »Ufficio di San Giorgio« – wobei die vier »Procuratori di San Giorgio« bereits seit 1405 fungierten – und betraute dieses Organ mit der Ordnung der Staatsanleihen der Republik Genua, die sich in einem chaot. Zustand befanden.

Seit dem 12. Jh. hatten sich die regelmäßigen Einkünfte Genuas als unzureichend zur Deckung der Ausgaben erwiesen, die für die Verteidigungs- und Expansionspolitik des Staates anfielen. Unter den mögl. Lösungen dieses Problems hatte man sich für freiwillige Staatsanleihen entschieden, in der Form des Verkaufs von kommunalen Einnahmen gegen Vorausbezahlung. Dieses »compere« genannte System, das den Kreditgebern mit ihrem Darlehen das Recht gab, anstelle des Staates die Eintreibung der Steuern vorzunehmen, garantierte die Deckung der Schulden durch das Steueraufkommen und gestattete es der Republik, stets über die riesigen Geldsummen zu verfügen, die sie für außerordentl. Sonderausgaben brauchte.

Am Ende des 14. Jh. hatte das Anwachsen der compere dazu geführt, daß das Ausmaß der Staatsverschuldung prakt. nicht mehr überschaubar war, obwohl man mittels verschiedener Verfügungen und Reformen dafür sorgte, die einzelnen Anleihen zu konzentrieren und zu reduzieren, einen Funktionär für die Verwaltung jeder compera bestimmte und für das verliehene Kapital Quoten *(loci)* von 100 Lire ansetzte. Durch die notwendige Reform Boucicauts wurden alle existierenden Anleihen auf eine einzige reduziert, die in der ersten Hälfte des 16. Jh. perpetuiert wurde. In diesem Zusammenhang kam es zu der ersten Verwaltung einer Staatsschuld durch ein Bankinstitut: des »Ufficio di San Giorgio«, in der Folge »Banco di San Giorgio«, das prakt. das Konsortium der an der Finanzoperation beteiligten Kreditgeber repräsentierte. Der Staat übertrug dem B. di S. G. von dessen Gründung an die Eintreibung der →Gabella, →Abgaben und Hafenzölle (→Zoll). In der Folge errang der Banco durch Privilegien bei der Verwaltung der von der Republik Genua eroberten Kolonien eine beachtl. polit. Bedeutung, die in der Verfassung und den Rechten des Instituts zum Ausdruck kam. Der B. di S. G. besaß nämlich eine eigene Truppe und eine eigene Zivil- und Kriminalgerichtsbarkeit, die sich allerdings auf den Bereich der inneren und äußeren Verwaltungstätigkeit des Instituts beschränkte. Zur Ausweitung der polit. Macht des Banco trug die Entwicklung seiner Finanzgeschäfte wesentlich bei, da das Institut in kurzer Zeit namhafte Kapitalsummen disponibel hatte. Ein entscheidender Faktor war dabei der Umstand, daß nicht alle Kreditgeber bei Skadenz der compera ihre aufgelaufenen Zinsen abhoben. Im Lauf der Zeit bildete die Summe dieser nicht eingezogenen Zinsen schließlich einen selbständigen Fond, über den man in den »Cartolari di numerato« Buch führte und der sich praktisch zu einer Art Kapitaldeposit in dem Bankinstitut entwickelte.

Von diesem Scheindeposit ausgehend, gelangte man am Ende des Cinquecento zur Entwicklung echter von Privatleuten abgeschlossener Depositverträge, bei denen der Hinterleger bes. Vorteile genoß, da er keine prozentualen Zahlungen auf das Deposit leisten mußte oder Beschränkungen hinsichtl. des Wohnsitzes und der Nationalität unterworfen war. Aufgrund dieser Fonds konnte der B. di S. G. der Republik neue Darlehen garantieren und gleichzeitig einen Teil des Kapitals in bedeutenden Spekulationsgeschäften investieren. Die C. di S. G. bewahrte ihre polit. und finanzielle Position und ihren eigenen Rechtsstand bis zur Bildung der revolutionären Ordinamenti (1797; →Genua). Nach der Gründung der Republik Genua wurde der B. di S. G. (als »verführerische Sirene« bezeichnet) heftig wegen seiner »oligarchischen«, mit dem neuen demokrat. Regime unvereinbaren Finanzpolitik kritisiert und offen wegen seiner sowohl Zivil- wie auch Strafrecht betreffenden jurisdiktionellen Kompetenzen und der Art ihrer Ausübung angegriffen, da er damit die »unübertragbaren und unversehrbaren Souveränitätsrechte« der Bürger und des Staates usurpierte. Der B. di S. G. wurde daher zur Liquidation ausgeschrieben, seine Aktiva sukzessive immer mehr eingeschränkt, so daß er schließlich, zwar formal noch existent, über keine Aktiva und Passiva mehr verfügte. Das Kgr. Sardinien, an das die Republik im Zeitalter der Restauration gekommen war, bestätigte die endgültige Auflösung des Instituts.

A. Sciumé

Lit.: H. Sieveking, Studio sulle Finanze genovesi nel Medioevo e in particolare sulla C. d. S. G. (Atti della Società Ligure in Storia Patria XXXV, T. 1 und 2), 1905-06 – C. Marengo, G. Pessagno, C. Manfroni, Il B. d. S. G., 1911 – A. Ambrosi, La Banque de Saint George et la Corse de 1453 à 1562 (Bull. de la Société des Sciences Hist. et naturelles de la Corse, Fasc. 340-342), 1912 – A. Pesce, Un tentativo della Repubblica di Genova per acquistare lo stato di Piombino (dic. 1450–febb. 1451), ASI 71, 1913, 30–86 – C. Bornate, La Corsica e il B. d. S. G., Archivio Storico di Corsica 5, 1929, 144ff. – R. di Tucci, Le imposte del commercio genovese durante la gestione del B. d. S. G., Giornale Storico e letterario della Liguria 1929–30 – M. Sieveking, Das Bankwesen in Genua und die Bank von S. G. (Hist. of the principal public banks, 1934) – V. Vitale, Statuti e ordinamenti del B. d. S. G. a Famagosta (Atti della Società Ligure di Storia Patria LXIV), 1935, 391–454 – Ders., Il dominio del B. d. S. G. a Famagosta (Atti del II Congr. di Studi Coloniali, II, Sekt. I), 1936, 204ff. – D. P. Martin, La Compagnie de St. George et la feudalité corse, Revue de la Corse 36, 1936 – R. Russo, La politica agraria dell'Officio di S. G. nella Corsica (1490-1553), Archivio Storico di Corsica 13, 1937, 451–456 – A. Asquini, Il B. d. S. G., 1938 – G. Giacchero, Storia economica del Settecento Genovese, 1951 – V. Vitale, Breviario della Storia di Genova, 1955 – M. Chiaudano-G. Costamagna, L'Archivio Storico del B. d. S. G. in Genova (1386–1845), Archivio Storici delle Aziende di Credito, 1956 – M. Chiaudano, Antichi inventari del B. d. S. G. di Genova, API 57, NS, II–III, T. 1, 1956, 207ff. – R. S. Lopez, I primi cento anni di Storia documentata dalla Banca a Genova (Studi i. on. di A. Sapori, I, 1957), 215ff. – M. Chiaudano, Voce B. d. S. G. (Novissimo Digetto Italiano II, 1958), 258ff. – J. Heers, Gênes au XVe s. Activité économique et problèmes sociaux, 1961, 97–190 – A. M. Boldorini, Coffa e Famagosta nel liber Mandatorum dei Revisori dei Conti del B. d. S. G. (1464–1469), 1965 – D. Gioffre', Il debito pubblico Genovese. Inv. delle compere anteriori a S. G. e non considerate nel Banco (Sec. XV–XIX), RSDI 40–41, 1967–68, 211–213.

Casale (casal, casalis)

I. Italien – II. Iberische Halbinsel, Frankreich.

I. Italien: Der nur für den it. Bereich eingehend untersuchte agrargeschichtl. Terminus wurde bereits von den röm. Feldmessern (gromatici) verwendet und bezeichnete ein zu einem fundus neu hinzugekommenes Land. Im FrühMA in einem großen Teil des Abendlandes belegt, blieb der Begriff nur im Süden, z. B. in Spanien und Italien, lebendig. Andererseits wurde er, mehr oder weniger rasch, von »mansus« und anderen Bezeichnungen verdrängt. C. bezeichnete v. a. die Bauernhufe, die durch Binnenkolonisation entstanden war, aber auch die Vereinigung verschiedener Bauerngüter in einem Dorf oder einem Großgrundbesitz: Letzterer wurde im langob. Gebiet und in der langob. Epoche sowie kurz danach casalia genannt. Dies vollzog sich zu einer Zeit, als das aus Herrenhöfen und davon abhängigen Hufen bestehende Villikationssystem (→Fronhof, curtis) sich in jenem Gebiet noch nicht verbreitet hatte (es kam seit dem 9. Jh. auf, jedoch nicht in allen Regionen gleichzeitig). In weiten Teilen der Apenninenhalbinsel, die unter byz. Herrschaft standen, wo sich das Villikationssystem nie als Haupttypus des Großgrundbesitzes durchsetzen konnte, war dieser beinahe das ganze MA hindurch in fundi und casalia organisiert. Noch im 13. Jh. kennzeichnet der Begriff c. in diesen Gebieten (und in Katalonien) auch die Hofstatt und die besten, in deren Nähe gelegenen Felder einer Bauernhufe, während in den Teilen Italiens, die in der langob. Tradition standen, dafür u. a. die Ausdrücke sedimen und casalivum verwendet wurden. Von der ursprgl. Bedeutung einer »durch Binnenkolonisation entstandenen Bauernhufe« ausgehend, bezeichnet c. allmähl. kleine Weiler oder Einzelgehöfte – typische Siedlungsformen in schwach bevölkerten Gebieten –, ohne dadurch einen Hinweis auf abhängige Hufen zu implizieren. In der röm. Campagna – v. a. seit dem späteren MA belegt – hieß ein großes Einzelgehöft mit den damit verbundenen Befestigungen casale. In S-Europa wurde c. bereits im frühen MA zum Ortsnamen. In Italien befinden sich die Weiler, größeren Dörfer oder Kleinstädte, die C. heißen oder eine mit c. gebildete Verbindung im Namen tragen (Casaltone, Casalmaggiore etc.) u. a. in der Poebene, ferner in der Vorgebirgs- und Gebirgszone der ganzen Apenninenhalbinsel, d. h. in Gebieten, wo die ma. Binnenkolonisation am stärksten auftrat. In S-Europa bezeichnete c. das ganze frühe MA hindurch, in manchen Gebieten auch noch später, neben der durch Binnenkolonisation gewonnenen Bauernhufe auch die Hufe schlechthin (während sich die Bezeichnung mansus in Mittel- und Nordeuropa frühzeitig durchgesetzt hatte). Dies bezeugt die Bedeutung der bäuerl. Kolonisation in S-Europa während des 7. bis 12. Jh.

V. Fumagalli

II. Iberische Halbinsel, Frankreich: Der Terminus c. (casalis, *casal, chesal*) scheint im nördl. Portugal und Galizien sowie in einem Gebiet etwa zw. Ebro, Loire, Doubs und Var urkundlich (Spezialuntersuchungen fehlen) einen Landbesitz mit unterschiedl. rechtl. Form bezeichnet zu haben, obwohl die spätröm. Herkunft des Begriffs stets auf eine in sich geschlossene oder klar abgegrenzte Landeinheit eines einzelnen Inhabers mit einer bewohnten oder unbewohnten Hofstatt verweist. Ausgehend von dieser Grundbedeutung, sind für den Begriff c. mehrere für die Bauern sich unterschiedlich auswirkende Besitzformen erkennbar: 1. Die günstigste Situation zeigt sich im nördl. Spanien und im angrenzenden frz. Pyrenäenraum, insbes. in Katalonien. Ob es sich um →Emphyteusis oder, seit der Mitte des 9. Jh., um Erblehen handelt, das casal (casalaticum, *casalatge*) stellt die günstigste Form des Landbesitzes für einen Allodialbesitzer oder einen Bauern, der als »frei in Hinblick auf dieses Land« gilt, dar. Der Begriff casal bezeichnet übrigens auch die Hausgüter der Gf.en v. Barcelona/Kg.e v. Aragón. Um 1400 wird der Begriff auf den Hauptsitz aller alten Familien, adlige wie nichtadlige, angewandt und in Städten auch auf die Häuser des Patriziats. Schon hundert Jahre vorher betrachtete den im commune in Katalonien das hauptsächl. casal einer verzweigten Familie als die *casa pairal,* die an den *hereu,* den Haupterben, fällt. Das *caserio* (Bask. Provinzen), das *casalis per alodium* (Béarn, Landes, Comminges), die *aldea* (Aragón) und das *solar* (Kastilien) folgen dem gleichen Prinzip, selbst wenn es sich bei den betreffenden Besitztümern nur um Gärten (*huertas*) mit einer einfachen Hütte handelt. – 2. Im Frankreich der Kapetinger und Valois kennt die Besitzform des casal (*chesal, caseau*) zahllose regionale Varianten infolge der Aufsplittterung des Rechts in den einzelnen pagi, die von der rechtl. Tätigkeit der Etats noch verfestigt wird. Allgemein lassen sich drei Grundtypen unterscheiden: 1. Ein den Rechtsverhältnissen in Katalonien ähnl. Typus, der in der Gft. Toulouse, aber auch in der westl. Provence und im Kgr. Burgund feststellbar ist: Der Begriff casal *(caseau)* wird hier unter dem Einfluß der Grundherrn (geistl., kgl. oder fsl. Gewalten), die Landesausbau, insbes. durch Anlage agrar. oder städt. Neusiedlungen *(sauvetés, villes neuves, bastides)*, betreiben, im Sinne von frei vererbl. Besitz gebraucht. 2. Bes. in der Provence ist unter casal seit Mitte des 13. Jh. ein Baugrundstück, ein konfisziertes Gut oder der (eingezogene) Besitz eines Gebannten zu verstehen. Ein solches Terrain kann in den dauernden Besitz des Inhabers übergehen, wenn es zu Erbpacht ausgetan wird. – 3. Im Berry und anderen Gebieten bezeichnet casal das vererbbare Anwesen *(tenement)* eines hörigen Bauern, der auf diesem Grund und Boden wohnt (casamenta et casati; vgl. auch →servi casati).

In Zentralfrankreich war die Verbreitung der *caseaux* innerhalb der jeweiligen Dorfflur offenbar recht gering. Diese Besitzform hatte jedoch große Bedeutung in den lat. Kreuzfahrerstaaten (Anfang des 12. bis Ende des 13. Jh.), wo alle Bauern, die Inhaber von *casiaux* waren, sich einer äußerst günstigen Rechtsstellung erfreuten, die derjenigen der freien Inhaber von Allodien in Katalonien und der Provence ähnelte (Rekognitionszins, freie Verfügungsgewalt, keine Verpflichtung zu Frondiensten). – Die Geschichte des Begriffs c., der auch im nördl. Frankreich und im Gebiet des Imperiums belegt ist, bedarf noch der näheren Erforschung. J.-P. Cuvillier

Lit.: Du Cange II–J. F. Niermeyer, Mediae Latinitatis Lexicon minus, 1976, 150–MlatWb II–Glossarium mediae Latinitatis Cataloniae, f. 4, 1965 – J. Corominas, Diccionari etimològic i complementari de la llengua catalana II, 1981, 604f. – F. Godefroy, Dict. de l'ancienne langue française II, 1883 – J. Rius Serra, Cart. de »sant Cugat« del Vallés, I–III, 1945–47 – M. R. García Álvarez, Antecedentes altomedievales del casal galaico-português, Rev. de Etnografía 9, 1967, 105–131 – E. Baratier, Enquêtes sur les droits et revenus de Charles Ier d'Anjou en Provence, 1252 et 1278, 1969–J. A. Garcia de Cortazar y R. de Aguirre, El dominio del monasterio de S. Millan de La Cogolla (siglos X a XIII). Introducción a la hist. rural de Castilla altomedieval, 1969 – M. del Carmen Pallares Mendez–E. Portela Silva, El bajo valle del Miño en los siglos XII y XIII. Economía agraria y estructura social, 1971 – P. Toubert, Les structures du Latium médiéval. Le Latium méridional et la Sabine du IXe à la fin du XIIe s., I, 1973 – V. Fumagalli, Curtis e casale (Ders., Terra e società nell'Italia padana. I secoli IX e X, 1974, 1976²) – M. R. García Álvarez, Galicia y los gallegos en la Alta Edad Media Demografía I, 1975, 120ff. – G. Pasquali, Insediamenti rurali, paesaggio agrario e toponomastica fondiaria nella circoscrizione plebana di S. Pietro in Silvis di Bagnacavallo (secoli X–XII) (Studi Romagnoli, XXVI, 1975 [1978]) – T. Bacchi, La struttura delle aziende fondiarie nel territorio ferrarese (secoli X–XII), BISI 66, 1979 – A. Castagnetti, L'organizzazione del territorio rurale nel Medioevo. Circoscrizioni ecclesiastiche e civili nella »Langobardia« e nella »Romania«, 1979, 1982².

Casale Monferrato (Prov. Alessandria, Oberitalien), wohl auf dem Gebiet des röm. Industria, im MA C. Sant'Evasio nach dem dortigen Kollegiatstift (angebl. Gründung Liutprands). Schutzurkunde Friedrichs I. (D 255) mit Regalieninvestitur. 1220 bestätigt Friedrich II. auch die gefälschte Bleitafel Liutprands. 1474 Kathedrale des neu errichteten Bistums C.

Heinrich II. vergab aus der Konfiskation der Güter →Arduins und seiner Anhänger Besitz zu C. an die Bm.er Pavia und Vercelli (DD 321, 322). Heinrich IV. schenkte C. cum arrimannia et cum servicio, quod pertinet ad comitatum dem Bf. v. Vercelli (D 235). 1170 von Vercelli erobert, 1186 reichsunmittelbar (St. 4451), wird C. 1196/97 vom Bf. v. Vercelli in einem Prozeß vor dem Hofgericht als Reichslehen zurückgewonnen (Ficker, Italien 4, Nr. 192). Nach dem Tod Heinrichs VI. v. Vercelli erobert, 1218 durch kgl. Verfügung wieder selbständig, später unter einem ksl. Capitaneus, bleibt C. nach dem Untergang der Staufer unter wechselnder Herrschaft strittig. Im 15. Jh. bauen die →Montferrat (Palaiologen) C. zu ihrem Hauptsitz aus. D. von der Nahmer

Lit.: DHGE XI, 1252–1256 – IP VI/2, 40–45 – U. Fisso–F. Gabotto, Le carte dell'archivio capitolare di C. fino al 1313, Bibl. Soc. stor. subalpina XL/XLI, 1907/08–L. Usseglio, I Marchesi di Monferrato I, 1926 – C. Brühl, Stud. zu den langob. Königsurkk., Bibl. des Dt. Hist. Inst. 33, 1970, 121–126 – A. A. Settia, Un presunto vescovo astigiano di epoca longobarda: S. Evasio di Casale, RSCI 27, 1973, 437–500.

Casamari, Zisterzienserabtei i. d. röm. Campagna (Diöz. Veroli, Provinz Frosinone) an der Stelle des antiken Cereatae Marianae. Ihre Ursprünge reichen in den Anfang des 11. Jh. (nach anderen Ende des 10. Jh.) zurück, als sich einige Kleriker aus Veroli in jenes Tal zurückzogen, um ein Leben in Gemeinschaft zu führen, in S. Domenico in Sora Mönche wurden, nach C. zurückkehrten und um 1035 oder 1036 die den Hll. Johannes und Paulus geweihte Kirche und Klostergebäude erbauten. Die Gründung blühte etwa ein Jahrhundert lang und erwarb Kirchen und Grundbesitz, verfiel dann jedoch einem raschen moral. und polit. Niedergang, möglicherweise als Folge ihrer Unterstützung des Gegenpapstes Anaklet II. Unter Eugen III. wurden die Benediktiner durch Zisterzienser ersetzt. Am 27. Okt. 1151 weihte Papst Eugen die Klosterkirche von neuem, stellte sie unter das Patrozinium der hl. Jungfrau Maria und machte dem Kl. weitere Schenkungen. Damit begann eine Periode des Aufschwungs für die Abtei, die sich–ohne in dem polit. Kräftespiel der Zeit eine Rolle zu spielen–der Gunst der Päpste, Kaiser und Kg.e v. Sizilien erfreute, ihre Besitzungen beträchtl. vermehren konnte und mehrere Tochterklöster gründete. Häufig wurden ihre Mönche mit wichtigen diplomat. Aufträgen betraut. Das Anwachsen der Zahl der Ordensmitglieder führte zum Bau neuer Klostergebäude und der Errichtung einer neuen Kirche, die von Honorius III. am 15. Sept. 1217 geweiht wurde. Die Blütezeit des Kl. erstreckte sich bis in die Mitte des 14. Jh. Dann folgte eine Phase zunehmenden Niedergangs, bis schließlich Papst Martin V. an die Stelle des Klosterabts einen Kommendatarabt setzte. Heute bildet C. mit den unterstellten Kl. eine eigene, dem OCist inkorporierte Kongregation. Kirche und Kl. sind typ. Beispiele der →Zisterzienserbaukunst. A. Pratesi

Lit.: IP II, 166–170 [ergänze dazu A. Manrique, Cisterciensium seu verius ecclesiasticorum annalium I, Lugduni 1642, 395–396, 402; II, 1642, 54–55, 191, 343; IV, 1659, 90, 116–117, 144–145, 222–224, 343, 415–416] – DHGE XI, 1256f. – L. De Benedetti, Vita economica dell'abbazia di C. dalle origini al secolo XIX, Rivista economica d. prov. di Frosinone, fasc. 12–15, 1951–52 – Ders., I monaci dell'abbazia di C. al servizio della S. R. Chiesa, Rivista storica benedettina, XXI, 1952, 70–88 – Ders., I regesti dei Romani Pontefici per l'abbazia di C. (Miscellanea di scritti vari in mem. di Alfonso Gallo, 1956), 325–356.

Casanova, Juan de, OP, seit 1430 Kard., * 1387 in Barcelona, † 1. März 1436 in Florenz, trat am 8. Juli 1403 in den Dominikanerorden ein, wurde am 24. März 1414 nach einer entsprechenden Ausbildung in verschiedenen Studienorten des Kgr.es Aragón (Barcelona 1405, Huesca und Gerona 1406–07, Sanjüesa 1408, Lérida und Cervera 1409) zum Priester geweiht, studierte Theologie in Salamanca (1415–18) und erwarb 1419 den Grad eines Mag. theol. Am 31. Aug. 1419 wurde J. de C. zum Pönitentiar und 1420 zum Magister Sacri Palatii ernannt. Als Bf. v.

Bossano auf Sardinien (1424) und v. Elne (1425) bewährt, wurde er am 8. Nov. 1430 zum Kard. v. S. Sisto ernannt. J. de C. war als Beichtvater Alfons' V. v. Aragón (seit 1423) eine wichtige Persönlichkeit in den polit. Angelegenheiten der Kirche und der Krone Aragón und entfaltete, nach seiner Flucht aus Rom (Juli 1433) seit Anfang Sept. 1433 mit Pfründenentzug durch die Kurie bedroht, eine rege Tätigkeit im Rahmen der Auseinandersetzungen zw. →Eugen IV. und dem Konzil v. →Basel. Er verfaßte folgende Schriften: »Epistola exhortativa ad Eugenium IV super dissolutione concilii Basileensis revocanda« (1432), die in mehreren Handschriften erhalten ist (ed. MANSI 29.666–679), und »Sermo ad clerum pro dominica III Adventus« (Rom 1432), die in einem einzigen Codex erhalten ist. Die Verfasserschaft von J. de C. für den Traktat »De potestate papae et concilii generalis« ist wahrscheinl., aber möglicherweise ist auch ein Anteil von Julián Tallada anzunehmen. A. García y García

Q. und Lit.: DHEE I, 373 – DHGE XI, 1261–1264 – C. EUBEL, Hierarchia Catholica, 1913–23², I, 34, 239; II, 7 – GAMS, 834 – A. COLLELL COSTA, El cardenal barcelonés Fray J. de C., AST 37, 1964, 13–18 – DERS., Escritores Dominicos del principado de Cataluña, 1965, 70–74 – L. ROBLES, Escritores Dominicos de la Corona de Aragón (Rep. de Hist. de las Ciencias Eclesiásticas en España 3, 1971), 163–167 – TH. KAEPPELI, Scriptores ordinis praedicatorum II, 1975, 396f. – J. PERARNAU, Raphael de Pornaxio, Joan de C. o Julià Tallada? Noves dades sobre l'autor del »De potestate papae et concilii generalis« (i obres complementàries), publicat a nom de Juan de Torquemada, SFGG. GAKGS 29, 1978.

Casas, Bartolomé de las, OP, * Aug. 1474 (oder 1484) in Sevilla, † 18. Juli 1566 in Madrid, Bf. v. Chiapa, Protektor der Indianer Amerikas, Historiograph und Kritiker der span. Kolonisation Amerikas, war bei den Zeitgenossen und ist in der modernen Historiographie umstritten ob seiner radikalen Verurteilung der Formen und Begleitumstände der span. Expansion in Amerika. Trotz zahlreicher autobiograph. Hinweise sind wichtige Punkte seines Lebenslaufs unklar. Sein Vater, der Kaufmann Pedro de las C., stammte wahrscheinl. von »Conversos« (konvertierten Juden; →Konvertiten) ab und hatte bereits an der 2. Reise des →Kolumbus teilgenommen. Zusammen mit seinem Vater ging C., der nach einem Studium an der Kathedralschule von Sevilla wohl schon die niederen geistl. Weihen besaß, 1502 in der Flotte des Gouverneurs Nicolás de Ovando nach Santo Domingo. Von einer nicht näher begründeten Romreise (1506/07) nach La Española (Haiti) zurückgekehrt, erhielt C. von dem neuen Gouverneur Diego →Colón ein Gut und Indianer in Encomienda zugewiesen. 1510/12 wurde er in Übersee zum Priester geweiht. 1513 ging C. nach Cuba, wo er erneut als Kolonist und Encomienda-Inhaber lebte. 1514 trat in seinem Leben die große Wende ein: Nachdem ihm zunächst ein Dominikaner die Beichte verweigert hatte, da C. Indianer für sich arbeiten ließ, wurde ihm bei der Lektüre des bibl. Buches Ecclesiasticus (Sir 34, 21f.) die Verwerflichkeit der Behandlung der Indianer durch die span. Siedler bewußt, und er beschloß unter Verzicht auf seine Güter, sich künftig ganz für das Wohl der Eingeborenen zu verwenden. Er ging nach Spanien an den Hof, wo er bei den Statthaltern Karls V., Adrian v. Utrecht (späterer Papst Hadrian VI.) und Kardinal →Cisneros, auf Gehör stieß, nachdem er in drei berühmten Denkschriften die Mißbräuche der Kolonisten gegeißelt, die Verfehlungen der span. Kolonialpolitik aufgezeigt und Maßnahmen zur Abstellung der Mißstände vorgeschlagen hatte. Ansiedlung von europ. Bauern, Förderung der Landwirtschaft auf Kosten der Edelmetallgewinnung, weitgehende Freiheit der Eingeborenen und deren Belassung in eigenständigen Dörfern (unter Kaziken) bei lockerer Oberaufsicht durch einen Missionar und einen span. Beamten waren die Zielsetzungen von C. Als Berater einer Kommission von →Hieronymitenmönchen, die die Kolonialverwaltung nach C.' Vorstellungen reformieren sollten, wurde C., mit dem Titel eines Protektors der Indianer ausgestattet, wieder in die Karibik entsandt, kehrte jedoch schon bald wieder an den Hof zurück, da die Hieronymiten sich auf die Seite der Siedler gestellt hatten. Schon jetzt erhielt C. in seinen Bemühungen um den Schutz der Indianer massive Unterstützung von Teilen des Dominikanerordens. Begünstigt von den fläm. Räten des Kaisers, wurde C. erneut vom kgl. Rat gehört, stieß dort aber auf die entschiedene Gegnerschaft des Bf.s Rodríguez de Fonseca und seiner Anhänger, die für die Interessen der Siedler eintraten. 1520 erhielt C. von Karl V. die Erlaubnis zur Gründung einer agrar. Mustersiedlung an der südamerikan. Nordküste am Golf von Paria, von wo aus die Indianer mit friedlichen Mitteln bekehrt werden sollten. Das Unternehmen scheiterte jedoch an unzureichender Finanzierung, der Auswahl der Siedler und am Widerstand der Kolonialbehörden. Daraufhin trat C. 1522 auf La Española in den Dominikanerorden ein und verbrachte die folgenden Jahre mit jurist. und theol. Studien in einem Konvent. 1529 zum Reformator des Dominikanerordens in México vorgeschlagen, konnte er auch diese Mission infolge starker Widerstände von Teilen der Ordensbrüder nicht durchführen. Schließlich weilte er mehrere Jahre in Konventen Zentralamerikas, wo er seine schriftsteller. Arbeiten und seinen mit Denkschriften an die span. Autoritäten geführten Kampf für die Rechte der Indianer fortsetzte und einen gescheiterten Missionsversuch in der Verapaz (Guatemala) unternahm. Damals arbeitete er zusammen mit seinem Freund Bf. Fray Julián Garcés (Tlaxcala, Mex.) an der Abfassung des Traktats »De unico vocationis modo«, mit dessen Hilfe Fray Bernardino de Minaya OP von Papst Paul III. den Erlaß der Bulle »Sublimis deus« (2. Juni 1538) erreichte, in der der Rationalität der Indianer und ihre Befähigung zum christl. Glauben und Sakramentenempfang erklärt wurden. Ende der 30er Jahre war C. erneut in Spanien, wo er am Zustandekommen der »Leyes Nuevas«, der Neuen Gesetze Karls V. zum Schutz der Indianer, mitwirkte (1542/43). C.' wohl berühmtestes Werk, die »Brevísima relación de la Destrucción de las Indias« (Kurzgefaßter Bericht von der Zerstörung der Indien), Kronzeuge für die antispan. »Schwarze Legende« bis ins 20. Jh., war 1542 abgeschlossen und dem kgl. Rat verlesen worden, so daß ihm ein nicht unbeträchtl. Anteil am Zustandekommen dieser neuen Indianerschutzgesetzgebung beizumessen ist. 1543 wurde C. zum Bf. v. Chiapa (Guatemala, heute Mexiko) ernannt, wo er aufgrund seines kompromißlosen Eintretens für die Neuen Gesetze – er forderte über die Befreiung der Indianer hinaus auch vollständige Rückerstattung der Einkünfte aus Eroberung und Encomiendas – sofort auf Gegnerschaft stieß und sein Bm. verlassen mußte. Eine Bischofssynode in México bestätigte zwar seine Ansichten, doch ließen sich diese nirgends in die Praxis umsetzen. 1547 kehrte C. endgültig nach Spanien zurück. 1550 fand die berühmte Disputation mit Juan Ginés de Sepúlveda vor einer Kommission von Theologen und Mitgliedern der kgl. Ratsbehörden statt: Während Sepúlveda in Anlehnung an Aristoteles die Bekriegung der barbar. Indianer für rechtmäßig erklärte, betonte C., daß die Papstbullen von 1493 Spanien einen Missionsauftrag erteilt hätten, den es mit friedlichen Mitteln wahrzunehmen gelte und der allein die span. Anwesenheit in Amerika rechtfertigen könne. C. setzte sich in dieser Debatte durch, und die Krone verbot die Publikation von Sepúlvedas Werk »Democrates alter sive de justi belli causis apud Indos«. In der Folgezeit beschränkte sich C., der inzwischen auf sein Bm. verzichtet hatte, auf die Entsendung von Missionaren, die schriftsteller. Untermauerung seiner Positionen und deren Verfechtung bei Hofe, wo er ein hohes Ansehen genoß.

Sein lit. Werk gliedert sich in die jurist. theol. Traktate und Denkschriften über die Rechte der Indianer und die hist.-krit. Chronistik des Entdeckungs- und Eroberungszeitalters. In den Schriften der ersten Gattung erweist sich C. ganz als im Thomismus wurzelnder Naturrechtler, der mehr oder weniger die Auffassungen von Francisco de Vitoria vertritt, ohne jedoch dessen strenge Systematik zu erreichen oder gar wie dieser ein kohärentes Lehrgebäude zu errichten. Von bes. Bedeutung ist dagegen das hist. Werk, die »Historia de las Indias« und die ethnograph. »Apologética Historia« sowie, trotz ihrer propagandist. Zielsetzung, die »Brevísima relación«; diese Schriften stellen v. a. für die Frühzeit der Entdeckung und Kolonisation eine grundlegende Quelle dar, da C. nicht nur Augenzeuge war, sondern auch zahlreiche verlorene Originaldokumente benutzen konnte. So wichtig sein lit. Werk auch sein mag, so verblaßt es doch hinter dem Bild des Vorkämpfers für die Rechte unterworfener Völker, dessen letztlich doch erfolgreiches Wirken von der Entwicklung der span. Kolonialpolitik widergespiegelt wird.

H. Pietschmann

Ed.: B. de las C., Obras completas, Bibl. de Autores Españoles, Bde 95, 96, 105, 106, 110, 1957/58 – Hist. General de las Indias, ed. A. MILLARES CARLO–L. HANKE, 3 Bde, 1955 – Apologética Historia de las Indias, 2 Bde, 1909 – Colección de Tratados, 1966 – Los Tesoros del Perú, ed. ANGEL LOSADA, 1959 – *Lit.*: DHEE I, 374–376 – LThK² VI, 802f. – M. GIMÉNEZ FERNÁNDEZ, B. de las C., 2 Bde, 1953–60 – L. HANKE–M. GIMÉNEZ FERNÁNDEZ, B. de las C. Bibliogr. Critica, 1954 – R. MENÉNDEZ PIDAL, El Padre Las C. Su doble Personalidad, 1963 – M. BATAILLON, Etudes sur B. de las C., 1965 – B. M. BIERMANN, Las C. und seine Sendung. Das Evangelium und die Rechte des Menschen, 1968 – L. HANKE, Estudios sobre Fray B. de las C. ..., 1968 – J. FRIEDE–B. KEEN [Hg.], B. de las C. (Hist. Toward an Understanding of the Man and His Work, 1971) – Estudios sobre Fray B. de las C. Publicaciones de la Univ. de Sevilla, Serie Filosofía y Letras 24, 1974 – Revista de Occidente (Madrid), 141, dic. 1974 (Sammelbd. über Las C.) – R.-J. QUERALTÓ MORENO, El Pensamiento Filosófico Político de B. de las C., 1976 – PH.-I. ANDRÉ-VINCENT, B. de las C., prophète du Nouveau Monde, 1980 – M. MAHN-LOT, B. de las C. et le droit des indiens, 1982 – A. SAINT-LU, Las Casas indigeniste. Etudes sur la vie et l'œuvre du défenseur des indiens, 1982.

Casauria (S. Clemente di Casauria, Monasterium S. Trinitatis et S. Clementis in insula de Piscaria quae vocatur Casa Aurea), Benediktinerabtei auf einer Insel im Fluß Pescara in der Diöz. Penne (Prov. Pescara), im 3. Viertel des 9. Jh. von Ks. Ludwig II. gegründet und mit reichen Schenkungen ausgestattet, die von Karlmann, Karl III., Berengar I., Kg. Adalbert, Otto I., Otto II., Konrad II., Heinrich III. und später von den norm. Herrschern Siziliens bestätigt und vermehrt wurden. Erst um die Mitte des 11. Jh. setzen die päpstl. Privilegien ein (Leo IX., Alexander II., Calixtus II., Hadrian IV., Alexander III., Clemens III., Coelestin III.). Die chronikal. Nachricht, das Kl. sei unter Urban II. direkt dem Hl. Stuhl unterstellt worden, findet keine urkundl. Bestätigung. Durch einen Sarazeneneinfall zu Beginn des 10. Jh. zerstört, wurde die Abtei noch im gleichen Jahrhundert unter Abt Adam I. wiederaufgebaut. Obwohl sie schwere Schäden an den Gebäuden erlitten hatte und von norm. Baronen ihrer Besitzungen beraubt wurde, erlebte sie unter den Äbten des 12. Jh., v. a. unter Leonas, noch eine Glanzzeit. Danach kam es zu einem raschen Niedergang, der im 15. Jh. zu ihrer Umwandlung in eine Kommende führte. Die Geschichte der Abtei (bis zum Jahr 1182) wurde von dem Mönch Johannes Berardi im sog. »Chronicon Casauriense« aufgezeichnet (Bibl. Nat. Paris, ms. lat. 5411), das auf jeder Seite dem Text der Chronik (auf dem Innenrand) die Urkunden (mehr als 2000) in der Seitenmitte gegenüberstellt.

A. Pratesi

Lit.: IP IV, 299–306 – C. MANARESI, Il Liber instrumentorum seu chronicorum monasterii Casauriensis della Biblioteca nazionale di Parigi, RIL L, LXXX, 1946–47, 29–62 – G. SARTORELLI, Il Chronicon Casauriense, Nuova Antologia, 518, 1973, 529–541 – A. PRATESI, Cronache e documenti, Fonti medioevali e problematica storiografica. Atti del Congresso internaz. tenuto in occas. del 90° anniversa. della fondazione dell'Istituto stor. it. I, 1976, 337–350 – DERS., In margine al lavoro preparatorio per l'edizione del »Chronicon Casauriense«, Abruzzo. Riv. dell'Istituto di studi abruzzesi XV, 1977, 95–114 – L. GATTO, L'abbazia di S. Clemente a Casauria attraverso il suo Chronicon, Quaderni Catanesi di studi classici e medievali II, 1980, 591–640.

Casella, Pietro, it. Komponist, lebte um 1250 in Pistoia oder Florenz, † vor 1300. Er vertonte Canzonen und Ballate von →Dante, mit dem er befreundet war und der ihn im 2. Gesang des Purgatorio rühmend erwähnt. C. gilt als der älteste namentlich bekannte it. Madrigalkomponist.

H. Leuchtmann

Lit.: EITNER–RIEMANN–RIEMANN, Ergbd., 1972, s. v. – C. PERINELLO, C., 1904 – E. PISTELLI, Il canto di C., 1907.

Caserta, Stadt in →Kampanien, wurde wohl im 8. Jh. von den Langobarden erbaut, vielleicht auf den Resten des antiken Saticula. C. gehörte zum Hzm. →Benevent, kam aber in der 2. Hälfte des 9. Jh. zu →Capua und wurde noch vor der Eroberung durch die Normannen (1057) selbst Gft., zu Beginn des 12. Jh. auch Bischofssitz. Unter Friedrich II. gehörten die Gf.en Robert und Richard von C. zu den entschiedensten Anhängern des Ks.s. Nach dem Ende der Stauferherrschaft wurde die Gft. an verschiedene Familien vergeben, am längsten an die →Caetani.

D. Girgensohn

Lit.: DHGE XI, 1270–1276 – IP 8, 276ff. – UGHELLI, Italia sacra 6², 483–531 – Rationes decimarum Italiae nei secoli XIII e XIV, Campania, 1942, 211–234 – G. TESCIONE, Caserta medievale e i suoi conti e signori, 1965 – N. KAMP, Kirche und Monarchie im stauf. Kgr. Sizilien I, 1, 1973, 169–177 – M. D'ONOFRIO, La cattedrale di C. Vecchia, 1974.

Cashel

I. Geschichte – II. Zu Topographie und Baugeschichte.

I. GESCHICHTE: C., ir. Stadt mit auf einem Berg gelegener kirchl. Anlage in der Ebene von Femen (Gft. Tipperary), seit 1111 Ebm. Der ir. Name *caisel* ist abgeleitet von lat. *castellum*. Er bezeichnet eine steinerne Befestigung. C. war Hauptort der Provinzialkönige v. →Munster. Im Unterschied zu den Hauptorten der anderen ir. Provinzen (Tara, Cruacha, Ailenn, Emain Macha) geht C. nicht auf prähist. Wurzeln zurück. Munster stand nachweislich in enger Verbindung mit dem spätröm. Britannien, C. scheint in der Spätantike unter diesem Einfluß gegründet worden zu sein. Nach der Patrick-Vita des Tírechán (7. Jh.) taufte Patrick Kg. Óengus und seine Kinder. Das ist unglaubwürdig, aber es ist nicht das einzige Anzeichen dafür, daß das Kgtm. v. C. stärker christianisiert war als das rivalisierende Kgtm. v. →Tara. C. war im FrühMA fast ausschließl. in den Händen der →Eóganachta. Im 9. Jh. waren seit Feidlimid mac Crimthainn (820–847) mehrere Kg.e v. C. gleichzeitig Kleriker (Äbte); wahrscheinlich gab es schon damals dort ein Kl. Der im frühen 10. Jh. von Cormac mac Cuilennáin angeschriebene Psalter v. C. (heute verschollen) enthielt genealog. und pseudo-hist. Material und wurde im 15. Jh. noch benutzt bzw. ausgeschrieben. Mit →Brian Bóruma (976–1014) begann in Munster der

Aufstieg der Dynastie der →Dál Cais auf Kosten der Eóganachta. Muirchertach Ua Briain (1086–1119) übergab C. auf der dort tagenden Synode 1101 der Kirche. Für die Synode von C. wurde vielleicht das »Book of Rights« (→Leabhar na g Ceart) geschrieben, ein schemat. Traktat über verschiedene Stufen von Kg.en in Irland und deren Rechte und Privilegien, der für C. das Kgtm. über Irland *(high-kingship)* beansprucht. Auf der Synode von Ráith Bresail 1111 wurde C. zum Ebm. der südl. Hälfte Irlands (Leth Moga) erhoben, während →Armagh der nördl. Hälfte (Leth Cuinn) vorangestellt war. 1152 erhielt der Ebf. v. C. auf der Synode von Kells-Mellifont erstmals das Pallium, allerdings war seine Provinz kleiner als 1111 (→Tuam und →Dublin waren als Ebm. dazugekommen). Im 12. Jh. behauptete man, daß die Kg.e von C. nach Art des dt. Ks.s (»an tImper Almanach«) gewählt wurden. Während die Ebf.e ursprgl. ausschließl. Iren waren, wurden seit dem 14. Jh. vielfach Engländer auf den Erzbischofssitz von C. berufen. M. Richter

II. Zu Topographie und Baugeschichte: Auf dem Felsmassiv von C., das die Ebene von Femen überragt, befindet sich eines der eindrucksvollsten Ensembles kirchl. ma. Architekturdenkmäler in Irland. Von diesen wurde der *Rundturm* vielfach als aus der Zeit vor der Übergabe C.s an die Kirche (1101) stammendes Bauwerk angesprochen; doch hat die Annahme einer Errichtung im 12. Jh. größere Wahrscheinlichkeit. Die *Cormac's Chapel* ist wahrscheinlich identisch mit der zw. 1127 und 1134 von Ebf. Cormac MacCarthy errichteten Kapelle; sie kann als ältester und bedeutendster roman. Kirchenbau in Irland gelten. Sie besitzt im Unterschied zu anderen ir. Kirchen kein Westportal; der Haupteingang liegt im Norden. Die reiche Bauplastik dürfte von westengl. oder westengl. geschulten Steinmetzen stammen. Ein älterer (hölzerner?) Vorgängerbau, der wohl bald nach 1101 errichtet worden sein dürfte, läßt sich aufgrund der ungewöhnl. Existenz eines Nordportals und bes. der gegenüber der Achse des Schiffs leicht nach Süden versetzten Ausrichtung des Chores vermuten. Oft behauptete Einflüsse der Regensburger Schottenkirche (über die Gemeinschaft der →Schottenklöster) auf die Nord- und Südturmanlage sind unsicher; vielleicht liegt nur eine allgemeine Beeinflussung durch die Bauweise der Benediktiner, deren Regel C. möglicherweise folgte, vor. Ein Sarkophag des 12. Jh. in Cormac's Chapel gilt traditionell als derjenige des hl. Cormac. Das bedeutende →*Hochkreuz*, das früher südwestl. von Cormac's Chapel stand, befindet sich heute in der Hall of the Vicars Choral. Von der ältesten *Kathedrale*, angebl. 1169 von Ebf. Donal Mór O'Brien errichtet, sind keine sichtbaren Reste erhalten. Der heut. Kathedralbau entstammt großenteils dem 13. Jh. Der westl. Teil des Schiffes blieb unausgeführt; hier ließ Ebf. O'Hedian im frühen 15. Jh. einen dreigeschossigen *Bischofspalast* errichten. Auf diesen Ebf. geht auch die zweigeschossige *Hall of the Vicars Choral* zurück. P. Harbison

Lit.: D. Ó Corráin, Ireland before the Normans, 1972 – F. J. Byrne, Irish Kings and High Kings, 1973 – *Zur Baugeschichte:* P. Harbison, A Guide to the Nat. Monuments... Ireland, 1975², 222–224.

Čáslav, Landtag von (5.–7. Juni 1421); in der mittelböhm. Stadt Č. abgehaltener Landtag der →Hussiten (→Utraquisten) verschiedener Parteiungen, bes. zur Regelung der anstehenden Königsfrage. Die in drei »Gemeinden« tagende Versammlung beschloß die Anerkennung der Vier →Prager Artikel, die Nichtanerkennung der Ansprüche Kg. →Sigmunds auf den böhm. Thron, die Errichtung einer provisor. 20köpfigen Regierung (5 Herren, 5 Ritter, 4 Prager, 4 Vertreter der Städte, 2 Taboriten) sowie die Regelung des Kirchenregiments der Utraquisten. Als Ausdruck einer breiten Koalition und eines Kompromisses innerhalb der Utraquisten blieben die Beschlüsse von Č. von nur begrenzter Dauer und Bedeutung. Bezeichnend waren sie aber als Demonstration des Machtanspruchs der Prager Städte, die auch protokollar. an der Spitze des Landtages standen (sie figurierten im Protokoll vor dem Ebf. v. Prag, Konrad v. Vechta und den böhm. Herren). F. Graus

Q.: Archiv český 3, 226–230 – Vavřinec v. Březová (Fontrer Bohem 5, 485–491) – Lit.: F. G. Heymann, The Nat. Assembly of Č., Medievalia et Humanistica 8, 1954 – F. M. Bartoš, Husitská revoluce I, 1965, 133ff. – F. Graus, Prag als Mitte Böhmens, Städteforsch. A-8, 1979.

Časlav Klonimirović, Fs. v. →Serbien 927–ca. 950, vorwiegend in →Konstantinos' Porphyrogennetos »De administrando imperio« bezeugt, sonst wenig belegt. Č. war der Enkel des serb. Fs.en Strojimir, der von seinem Bruder →Mutimir nach Bulgarien vertrieben worden war; dort heiratete Strojimirs Sohn Klonimir während der Regierungszeit des bulg. Fs.en →Boris (852–859) eine Bulgarin. Dieser Ehe entstammte Č., der seine Jugendjahre in Bulgarien verbrachte. Als ein bulg. Heer 924 auf Befehl des bulg. Herrschers →Symeon gegen den serb. Fs.en Zacharias ins Feld zog, führte es auch Č. mit sich, um dadurch die serb. →Archonten zu gewinnen. Damals wurde Serbien von den Bulgaren erobert. Nach dem Tode Symeons (927) floh Č. aus Bulgarien und übernahm die Herrschaft im verwüsteten Serbien. Gestützt auf die Hilfe des →Byz. Reiches, erneuerte er das Land. Neben dieser Reorganisation der inneren Verhältnisse wurden auch die Grenzen Serbiens bedeutend erweitert, v. a. durch die Angliederung der Gebiete von Bosnien. Č. fand wahrscheinl. im Kampf mit den →Ungarn an der Save den Tod (ca. 950). B. Ferjančić

Lit.: G. Ostrogorski, Porfirogenitova hronika srpskih vladara i njeni hronološki podaci, Istoriski časopis 1, 1948, 24–29 – J. Ferluga, Byzantium on the Balkans, 1976, 291ff. – Istorija srpskog naroda I, 1981, 158–166.

Casos de corte, Prozesse, deren Durchführung in den →Cortes v. Zamora 1274 dem Kg. oder seinem Gericht *(Corte)* vorbehalten waren, da sie bes. schwere Delikte betrafen wie *muerte segura* (Tötung während eines Waffenstillstandes oder trotz vorheriger Zusicherung friedlichen Verhaltens), Vergewaltigung, Bruch eines Waffenstillstandes, *salvo quebrantado* (Verletzung jeder Form von Garantie, keinen Schaden und kein Unrecht zuzufügen), *camino quebrantado* (Bruch des speziellen »Friedens«, der die öffentl. Wege schützte), Brandstiftung, *traición* ('Verrat', Verletzung der Treuepflicht gegenüber Kg., Herrn oder anderen »öffentl.« Gewalten), *aleve* ('Treulosigkeit', ein nicht genau von 'traición' zu trennendes Delikt, das aber – nach Valdeavellano – stärker die Verletzung der Treuepflicht gegenüber Einzelpersonen beinhaltet) und *riepto* ('Herausforderung', Klage eines Adligen gegen einen anderen Adligen wegen 'aleve' in Form von Schädigung, Beleidigung oder Verletzung der Standesregeln). Die übrigen Delikte wurden in den *pleitos foreros*, den örtl. Gerichten, deren Leitung den *alcaldes foreros* oder Ortsrichtern oblag, verhandelt. In der Neuzeit wurden die meisten c. de c. zu *casos de Hermandad;* da diese Delikte meist in »unbewohnten« Gegenden verübt wurden, war für ihre Bekämpfung die Santa Hermandad (→Hermandad, Santa) zuständig. – Zu frz. Rechtsinstituten, die den c. de c. in manchem vergleichbar sind, s. →cas royaux.

J. Lalinde Abadía

Lit.: A. Iglesia Ferreiros, Las Cortes de Zamora de 1274 y los c. de c., AHDE 41, 1971, 945–971 – L. G. de Valdeavellano, Curso de Hist. de las Instituciones españolas, 1975⁴, 562f.

Caspe, Compromiso de ('Schiedsspruch v. C.'), am 28. Juni 1412 in der kleinen Stadt C. (Aragón) veröffentlichte Entscheidung von neun Unterhändlern, die die Nachfolge des am 31. Mai 1410 verstorbenen Kg.s Martin I. v. Aragón zugunsten des Infanten Fernando de Antequera (→Ferdinand I. v. Aragón) regelte. Neben dem Gewählten waren die bedeutendsten Prätendenten→Jakob, Gf. v. →Urgel, Hzg. Alfons v. →Gandía sowie Ludwig v. Anjou und Aragón. Kg. Martin war verstorben, ohne daß er seine Absicht verwirklichen konnte, den minderjährigen Fadrique (Friedrich) de Luna, einen illegitimen Enkel, Sohn seines Bastards→Martin d. J. (»el Joven«), zu legitimieren und bevor er seinen letzten Willen eindeutig formuliert hatte. Die Initiative zur Lösung des Nachfolgeproblems ging von den Katalanen aus und wurde von den Aragonesen aufgenommen, während die Valencianer sich insgesamt nur zögernd beteiligten, obwohl einer der valencian. Vertreter, Fray Vicente Ferrer (hl. Vinzenz→Ferrer), zu einer der entscheidenden Figuren in diesen Vorgängen werden sollte. Unter der Kontrolle der Statthalter wurde in →Mallorca, →Sardinien und →Sizilien die Ruhe aufrechterhalten, wobei man in Sizilien den kleinen Fadrique krönen wollte. Die ersten Verhandlungen wurden von den Räten der Kgr.e geführt sowie von den Statthaltern, dem →Justicia von Aragón und einer Reihe von Prälaten; sie wurden dann von den Parlamenten weitergeführt, die miteinander über Botschafter Kontakt hielten. Nach Beendigung der Unruhen in den Kgr.en→Valencia u. →Aragón kam es im August und Sept. 1411 zu den Parlamenten v. Tortosa (Katalonien), Alcañiz (Aragón) und Vinaroz (Valencia). Auf aragones. Initiative hin und mit kooperativer Unterstützung der Katalanen begann sich mit der am 13. Februar 1412 unterzeichneten »Concordia de Alcañiz« die endgültige Lösung herauszubilden, bei der auf eine allgemeine Versammlung verzichtet und die Entscheidung neun Unterhändlern übertragen wurde; diese Unterhändler waren von den einzelnen Parlamenten innerhalb einer Frist von zwanzig Tagen zu benennen, sie sollten ihren Auftrag »secundum Deum et justitiam et bonam eorum conscienciam« wahrnehmen. Als Unterhändler fungierten Domingo Ram, Francisco de Aranda, Berenger de Bardaixí (→Bardaixí, Adelsfamilie), Pere Sagarriga, Guillem de Vallseca, Bernat de Gualbes, Vicente→Ferrer, Bonifacio→Ferrer und Pedro Bertrán, letzterer anstelle von Giner Rabasa. Sie traten in Caspe, das den Johannitern gehörte, zusammen und wählten in geheimer Abstimmung Fernando de Antequera, der, von kast. Herkunft, ein Neffe Kg. Martins I. in weibl. Linie war. Der Wahlausgang wurde von Vicente Ferrer bekanntgegeben. Die Ernennung des Kastiliers traf beim Gf.en v. Urgel und seinen katal. Anhängern auf heftigen Widerstand. Die Wahl wurde auch beeinflußt von dem in Avignon residierenden Papst Benedikt XIII. (Pedro de Luna), einem Aragonesen. J. Lalinde Abadía

Q.: Cortes de Cataluña VII–X, 1903–06 – Proceso contra el último Conde de Urgel y su familia, CODOIN XXXV–XXXVI, 1868 – J. ZURITA, Anales de la Corona de Aragón, Zaragoza 1610–21 [Nachdr., 7 Bde, 1967–76] – *Lit.:* R. MENÉNDEZ PIDAL, El Compromiso de C., autodeterminación de un pueblo (Hist. de España XV, 1964) – F. SOLDEVILA, El Compromís de Casp (Resposta al Sr. Menéndez Pidal), 1971² – S. SOBREQUÉS I VIDAL, El Compromís de Casp i la noblesa catalana, 1973 – M. DUALDE–J. CAMARENA, El Compromiso de Caspe, 1976² – E. SARASA SÁNCHEZ, Aragón y el Compromiso de C., 1981.

Cassano allo Jonio, Bm. im nördl. Kalabrien. Der Name begegnet zuerst im 9. Jh. Damals war C. Sitz eines langob. Gastalden. 849 wurde es bei der Teilung des Hzm.s →Benevent zu →Salerno geschlagen, kam aber noch im 9. Jh. unter die Herrschaft der Byzantiner, die in C. ein Bm. errichteten (genannt seit der 2. Hälfte des 10. Jh.). Nach der norm. Eroberung wurde das Bm. romunmittelbar, doch noch im 12. Jh. wieder der Metropole →Reggio Calabria unterstellt. Dabei blieb es, trotz wiederholter Versuche, die kirchl. Unabhängigkeit erneut zu erlangen. Die Stadt wurde seit dem 13. Jh. an verschiedene Familien als Lehen vergeben. D. Girgensohn

Lit.: DHGE XI, 1306–1311 – IP 10, 25–29 – F. RUSSO, Storia della diocesi di C. al Jonio 1–4, 1964–69 – V. SALETTA, Storia di C. Ionio, 1966 – DERS., Cronaca cassanese del X secolo, 1966 – G. VALENTE, Diz. dei luoghi della Calabria 1, 1973, 217–222 – N. KAMP, Kirche und Monarchie im stauf. Kgr. Sizilien 1, 2, 1975, 939–948.

Cassel, Schlacht v., fand am 23. Aug. 1328 bei C. (frz. Flandern; dép. Nord, arr. Dünkirchen) zw. dem frz. Heer unter Kg. →Philipp VI. und dem von Nikolaas Zannekin geführten Heer der aufständ. Bauern aus dem südwestl. Flandern statt. Der frz. Kg. hatte in die Auseinandersetzungen eingegriffen, als sich herausstellte, daß Ludwig II. v. Nevers, Gf. v. Flandern, nicht imstande war, den 1323 ausgebrochenen Aufstand aus eigener Kraft zu unterdrükken.

Die Aufständischen hatten Stellungen auf der Höhe von C. bezogen; die Kampfhandlungen beschränkten sich zunächst auf ein kleineres Scharmützel (22. Aug.). Der unerwartete Ausfall der Flamen am Abend des 23. Aug. endete aufgrund der Wachsamkeit Roberts v. Cassel und Wilhelms, Gf.en v. Hennegau und Holland, mit großem Mißerfolg. Diese Niederlage des fläm. Bauernheeres zwang die aufständ. Städte, sich der Autorität von Kg. und Gf. zu unterwerfen. M. Vandermaesen

Lit.: J. VIARD, La guerre de Flandre, BECh 83, 1922, 362–382 – Nikolaas Zannekin en de slag bij Kassel 1328–1978, 1978, hg. Kulturele Raad Diksmuide, 1978.

Cassian(us), Johannes, altkirchl. Schriftsteller, * um 360 in der röm. Prov. Scythia minor (Dobruža), † 430/435 in Marseille (hier auch als Hl. verehrt; Gedenktag: 23. Juli).

C. muß in seiner Heimat eine gediegene Ausbildung erhalten haben, die ihn mit der lat. Tradition vertraut machte. Später lernte er Griech. und fand so Zugang zur reichen Literatur der griech. Kirche. Zw. 380–390 trat er in ein Kl. in Bethlehem ein. Von dort aus zog er zu den ägypt. Mönchen, wo er sich in den sket. und nitr. Wüste etwa 10 Jahre lang aufhielt. Im Zusammenhang mit den origenist. Wirren verließ er Ägypten und ging nach Konstantinopel, wo ihn →Johannes Chrysostomos zum Diakon weihte. Zur Verteidigung des Chrysostomos kam er i. J. 404 nach Rom zu Innozenz I. Vielleicht wurde er hier zum Priester geweiht (oder kehrte er nach Bethlehem zurück und erhielt dort von dem gall. Flüchtling Lazarus v. Aix die Ordination?). Bald nach 410 ließ er sich in →Marseille nieder, wo er ein Männerkloster (St-Victor) und ein Frauenkloster gründete (Gennadius, vir ill. 61).

In Marseille wurde C. zum kirchl. Schriftsteller und vorab zum Lehrer des asket.-monast. Lebens. Bf. Castor von Apt (Provence) veranlaßte ihn (419–426) zu der Schrift »De institutis coenobiorum et de octo principalium remediis«. Die »Institutiones« bestehen aus zwei Teilen: Über das gemeinsame Leben im Kloster (Buch 1–4); die acht Laster und deren Überwindung durch die Askese (Buch 5–12). Der erste Teil schildert östl. Mönchspraxis und gibt diese als verbindl. Norm für jedes Mönchsleben aus (praef. 8). Der zweite Teil vermittelt mit der Achtlasterlehre (→Tugend- und Lasterkataloge) bes. das geistige Gut des →Euagrios Pontikos dem lat. Mönchtum. – Das zweite Werk »24 Conlationes Patrum« enthält umfassende asket.-monast. Unterweisung, die in Form fingierter Lehrvorträge bekannter ägypt. Mönchsväter geboten wird (nach 425 veröffentlicht). Durch drei verschiedene Widmungen an südgall. Bf.e und Mönche lassen sich äußerlich drei Teile unterscheiden: Buch 1-10, Buch 11-17, Buch 18-24. Die »Conlationes« setzen die Unterweisung der »Institutiones« voraus und wollen sie weiterführen: Vom äußeren Mönch zu dessen innerer Verfassung; vom festgesetzten Gebet zum ständigen Beten; von der Unterdrückung der Laster zum Gipfel der Vollkommenheit (praef.). C. ist in seinen Ausführungen wieder stark abhängig von Euagrios (und Origenes) und anderen griech. Lehrern des geistl. Lebens, die durch ihn dem Westen vermittelt werden. Als asket. Lehrer drängt er auf menschliche Aktivität; mit der 13. Conlatio »über Gnade und menschliche Freiheit« handelte er sich den Vorwurf des →Semipelagianismus ein (gegen Augustinus' Schrift »De correptione et gratia« gerichtet). Die Kontroverse um seine Ausführungen führte tatsächl. zum semipelagian. Streit.

Vom röm. Diakon →Leo (dem späteren Papst) angeregt, schrieb C. vor 430 gegen Nestorius »De incarnatione Domini contra Nestorium«.

Ruf und Bedeutung C. s gründen auf seinen Schriften zum monast. Leben, die ihn zum einflußreichen Lehrer des lat. Mönchtums machten. Die vier ersten Bücher der Institutiones galten lange als »Regel des Cassian«; Magister- und Benediktsregel stehen in deutl. Abhängigkeit von C. (→Regula Magistri, →Regula Benedicti); das Fortleben zeigt sich in den ma. Consuetudines und in klösterl. Praxis und Gewohnheit bis in die jüngste Zeit. K. S. Frank

Ed.: CSEL 13, 17 [M. PETSCHENIG] – SC 42; 54; 64 [E. PICHERY]; 109 [J. CL. GUY] – Dt. Übers.: BKV¹ – Teilübers.: A. KEMMER, Weisheit der Wüste, 1948 [Auswahl] – E. v. SEVERUS, Das Glutgebet, 1966 [Conl. 9-10] – K. S. FRANK, Das gemeinsame Leben im Kl. (Frühes Mönchtum im Abendland I, 1975), 107–193 [Inst. 1-4[– *Lit.*: DIP II, 633–638 [Lit.] – TRE VII, 650–657 [Lit.] – F. PRINZ, Frühes Mönchtum im Frankenreich, 1965 – O. CHADWICK, John Cassian, 1968² – ALTANER-STUIBER⁸, 452–454 – P. CHRISTOPHE, Cassien et Césaire: prédicateurs de la morale monastique, 1969 – A. DE VOGÜE, La règle de S. Benoît, SC 181–186, 1971/72.

Cassiodor(us)

I. Leben – II. Schriften – III. Vivarium – IV. Bedeutung.

I. LEBEN: Flavius Magnus Aurelius Cassiodorus, Senator, * um 485 in Scylaceum (Squillace), Kalabrien, † um 580, stammte aus einer vornehmen Familie vermutl. (wegen der Namensform) syr. Herkunft und senator. Ranges, die nahe der Straße von Messina großen Grundbesitz hatte. Als sein gleichnamiger Vater um 501 zum Rang eines Praefectus praetorio aufstieg, wurde der kaum Fünfzehnjährige einer seiner Consiliarii (Berater). In dieser Funktion hielt er einen (verlorenen) Panegyricus auf Theoderich und wurde daraufhin zum Quaestor ernannt (507–511) mit dem Auftrag, die amtl. Schreiben und Erlasse Theoderichs zu stilisieren. 514 Consul ordinarius, vielleicht auch Corrector (Provinzstatthalter) von Lukanien und Bruttium, folgte er 523 →Boethius im Amt des Magister officiorum nach, das er bis 527 innehatte. 533–537 war er Praefectus praetorio und wurde gegen Ende seiner Prätur in den Rang eines Patricius erhoben. Der Versuch, mit Einverständnis des Papstes →Agapet I. in Rom eine theol. Hochschule zu gründen, scheiterte wegen des Gotenkrieges in Italien. Wie seine Karriere aufs engste mit der Gotenherrschaft verknüpft war, deren polit. Veränderungen er sich offenbar gut anzupassen wußte, so verzichtete er auch bei ihrem Niedergang auf weitere öffentl. Tätigkeit. Nach längerem Aufenthalt zuerst in Ravenna, später in Byzanz (wohl 540–554) gründete er auf seinen Besitzungen das nahegelegenen Fischteichen benannte Kl. Vivarium, wo er auch starb.

II. SCHRIFTEN: a) *Variae:* 468 Aktenstücke und Urkunden (variae epistulae) in 12 Büchern (1–5 Erlasse Theoderichs, 6–7 Formulare von Ernennungsurkunden, 8–10 Erlasse der Kg.e Athalarich, Theodahad und Witigis, 11–12 eigene Verfügungen als Praef. praet.), 538 auf Anregung von Freunden zusammengestellt. Diese Sammlung spiegelt die hervorragende, rhetor. geschulte Bildung C.' wider, da er die Erlasse durch Erläuterungen und Begründungen jurist., polit. und philos. Art ausschmückte. Ein gewisser Opportunismus ist nicht zu übersehen; vorherrschend ist allerdings die Sorge um das Wohlergehen Italiens und die Bewunderung für die alte Größe Roms, deren endgültigen Niedergang in den Gotenkriegen C. miterleben mußte. Die Variae bilden somit eine der wichtigsten Quellen für die Kenntnis der Verwaltung des ostgot. Kgr.es; den Kanzleien des MA dienten sie als stilist. Vorbilder.

b) *Hist. Schriften: 1. Chronica:* Ein Abriß der röm. Geschichte im Rahmen der Weltgeschichte von Adam bis zum Konsulat →Eutharichs (519), im gleichen Jahr auf dessen Veranlassung verfaßt. Quellen sind für die Autoren von Livius und Aufidius Bassus bis →Prosper v. Aquitanien, Konsullisten, Chroniken und eigene zeitgenöss. Erlebnisse. Das Werk beabsichtigt, Goten und Byzantiner einander näherzubringen. Dem frühen MA unbekannt, wurden die Chronica später in Weltchroniken wie der des →Hermann v. Reichenau (Hermannus Contractus) benutzt und von spätma. Chronisten zitiert.

2. 12 Bücher Gotengeschichte, im Auftrag Theoderichs verfaßt und unter →Athalarich vollendet, sind nur im Auszug des →Jordanes (De origine actibusque Getarum oder Getica) erhalten, mit wichtigen, aber teilweise fiktiven Angaben über die Familie der →Amaler. C. stellt die Goten als Nachfolger der Römer dar und wertet sie damit auf. Als Quellen dienten ihm frühere Darstellungen der Gotengeschichte (Dexippos, →Priskos) und eigene Beobachtungen.

3. Ordo generis Cassiodororum, eine Genealogie der Familie, dem Princeps senatus und Konsul des Jahres 504, Cethegus, gewidmet. Die Schrift enthält wichtige Nachrichten über zur Familie gehörende Autoren wie →Symmachus und →Boethius, ist aber nur fragmentar. erhalten.

c) *Theol.-philos. Schriften: 1. De anima:* Zw. 538 und 540 auf Anregung von Freunden verfaßt und als 13. Buch der Variae gedacht, bezeugt diese Schrift den geistigen Wandel C.', der sich äußerlich in der Abkehr von öffentl. Tätigkeit und der Hinwendung zu geistl. Studien dokumentiert. Wesen und Schicksal der Seele werden, in Anschluß an Augustinus, →Claudianus Mamertus und andere Autoren diskutiert. Spätere Benutzung ist für →Hrabanus Maurus und →Hinkmar v. Reims gesichert.

2. Expositio psalmorum: Eine zw. 540 und 548 entstandene Erklärung der Psalmen, durch Augustinus Enarrationes in psalmos angeregt und beeinflußt, aber auch mit selbständiger interpretator. Leistung (Anordnung des Stoffes, Trivium als eine Grundlage der Erläuterung). Neben gelegentl. hist. und moral. Deutungen steht im Mittelpunkt die geistl. Deutung (→Allegorie), entsprechend der Überzeugung, daß der gesamte Psalter im weitesten Sinne christozentrisch zu interpretieren sei. Eine mit erklärenden Zusätzen versehene erweiterte Fassung ist später entstanden. Im MA wurde der Psalmenkommentar viel benutzt (z. B. →Beda, De schematibus et tropis; →Notker Balbulus, Psalmenübers.). Ed. pr. Basel 1491.

3. Institutiones divinarum et saecularium litterarum: Die beiden zw. 551 und 562 verfaßten Bücher geben Anleitung zum Studium der hl. Schrift mit Hilfe namentl. gen.

Kommentare (Buch 1) und bieten im 2. Teil Einführungen in die →Artes liberales, wobei in Buch 1 neben die für das theol. Studium erforderl. Hinweise auch solche treten, die sich auf das prakt. Leben beziehen (Lektüre von Autoren über Gartenbau und Medizin). Unter dem Einfluß des Augustinus und des Boethius finden wir bei C. eine Verbindung profaner antiker Tradition mit den theol. Studien zu einer christl. Bildung, die auf der Überzeugung beruht, daß bereits in der Bibel die Keime der Artes zu finden seien und damit das weltl.-antike Wissen vom Heilswissen abhängig sei. Teile des 2. Buches werden im MA vielfach als Grundrisse der einzelnen Artes betrachtet (→Alkuin, »Dialogus de dialectica« und →Hrabanus Maurus, »De clericorum institutione«).

4. *Complexiones in Epistulas et Acta apostolorum et Apocalypsin*: Diese Erläuterung wichtiger Stellen, v. a. aus den paulin. Schriften, entstand um 575 und ist von Augustinus beeinflußt. Dem MA war das Werk unbekannt.

5. *Bearbeitung des Kommentars des Pelagius zum Römerbrief*, den C. von häret. Einflüssen reinigte (inst. 1, 8, 1); wahrscheinl. ist er identisch mit dem unter dem Namen des Primasius überlieferten Komm.

d) *Grammat. Schriften: De orthographia*: Um 580 verfaßt, soll das Werk die Mönche in das Abschreiben von Manuskripten einführen. Quellen sind verschiedene röm. Grammatiker. Alkuin benutzte die Schrift in seiner Kompilation gleichen Titels. Andere grammat. Schriften (GLK VII, 144) sind verloren.

e) *Reden*: Von C.' Reden sind nur Fragmente erhalten, so von dem um 519 vermutl. zu Ehren von Eutharich und Theoderich vorgetragenen Panegyricus und von der Rede, die C. 536 anläßlich der Hochzeit von →Witigis und →Matasuntha hielt.

III. VIVARIUM: Anknüpfend an die Tradition der Katechetenschulen von →Alexandria und →Nisibis (inst. 1 praef. 1) wurde Vivarium ein Zentrum religiösen und kulturellen Lebens. Kern des Klosters war die Bibliothek, in der C. zahlreiche Hss. gesammelt hatte, betreut von einem →bibliothecarius. Neben die Abschreibetätigkeit trat das Übersetzen. Am bedeutendsten ist die Historia tripartita des Mönchs →Epiphanios Scholastikos, zu der C. das Vorwort schrieb. Für das lat. MA wurde das Werk zu einem der wichtigsten kirchengeschichtl. Hilfsmittel. Durch die von ihm veranlaßten Übersetzungen des →Iosephus vermittelte C. dem abendländ. MA die Kenntnis der Schriften Antiquitates Iudaicae und Contra Apionem. Eine kurze Anleitung zur Berechnung des Ostertermins (Computus paschalis) stammt aus der Umgebung C.'. Das Kloster bestand nach dem Tod C.' nur noch kurze Zeit (Reste: Coscia di Staletti am Golf von Squillace). Die Bestände der Bibl. kamen wohl teilweise in den Lateran.

IV. BEDEUTUNG: C. ist eine der hervorragenden Gestalten der Geistesgeschichte, in deren Leben und Werk der Übergang in eine neue Epoche der Kultur bewußt vollzogen erscheint. Als »der letzte Philologe des klass. Altertums« (L. TRAUBE) hat er durch Vermittlung lit. Kenntnisse und v. a. durch Anregungen dem werdenden MA wertvolle prägende Bildungsgüter mit auf den Weg gegeben. J. M. Alonso-Núñez/J. Gruber

Ed.: Variae: TH. MOMMSEN, MGH AA XII, 1–385 – Å. J. FRIDH, CCL 96, 1–499 – Chronica: TH. MOMMSEN, MGH AA XI, 2, 109–161 – Ordo generis Cassiodororum: H. USENER, Anecdoton Holderi, 1877, 3f. – TH. MOMMSEN, MGH AA XII, p. Vf. – De anima: J. W. HALPORN, Traditio 16, 1960, 39–109 – DERS., CCL 96, 501–575 – *Übers.*: L. HELBLING, 1965 – Expositio psalmorum: M. ADRIAEN, CCL 97/98 – Institutiones: R. A. B. MYNORS, 1937, 1961² – Complexiones: MPL 70, 1321–1422 – Komm. zum Römerbrief: MPL 68, 415–506 – De orthographia: GLK VII, 143–210 – Reden: L. TRAUBE, MGH AA XII,

457–484 – Computus paschalis: P. LEHMANN, Erforsch. des MA II, 1959, 52–55 – Iosephus, Contra Apionem: K. BOYSEN, CSEL 37 – Iosephus, Antiquitates Iudaicae: J. FROBEN, 1524 – F. BLATT, The Latin Josephus I. Intr. and Text. The Antiquities (Books I–V), 1958 – *Lit.*: ALTANER-STUIBER 229, 233, 486–488, 654f. – BARDENHEWER V, 264–277 – CPL Nr. 896–911 – BRUNHÖLZL I, 27–42 und 510–512 [mit weiterer Lit.] – DACL II, 2357–2365; XV, 3133–3140 – DBI XXI, 494–504 – DHGE XI, 1349–1408 – ECatt III, 1004–1009 – KL. PAULY I, 1067–1069; V, 1314 – MANITIUS I, 36–52 – RAC II, 915–926 – RE III, 1672–1676; IX A, 495 – SCHANZ-HOSIUS IV 2, 92–109 – TRE VII, 657–663 – WATTENBACH-LEVISON-LÖWE I, 67–75 – P. LEHMANN, Cassiodorstudien (Erforsch. des MA II, 1959), 38–108 – A. TH. HEERKLOTZ, Die Variae des C. Senator als kulturgesch. Q. [Diss. Heidelberg 1926] – A. VAN DE VYVER, C. et son œuvre, Speculum 6, 1931, 244–292 – H. THIELE, C., seine Klostergründung Vivarium und sein Nachwirken im MA, SMGB 50, 1932, 378–419 – P. COURCELLE, Le site du monastère de C., MAH 55, 1938, 259–307 – A. VAN DE VYVER, Les Institutions de C. et sa fondation à Vivarium, RevBén 53, 1941, 59–88 – P. COURCELLE, Les lettres grecques en occident, 1943, 1948², 313–388 – G. BARDY, C. et la fin du monde ancien, L'Année Théologique 6, 1945, 383–425 – J. J. VAN DEN BESSELAAR, C. Senator en zijn Variae..., 1945 – L. W. JONES, The influence of C. on medieval culture, Speculum 20, 1945, 433–442 – DERS., Further notes concerning C. influence on mediaeval culture, Speculum 22, 1947, 254–256 – H. LÖWE, C., RF 60, 1947, 420–446 – P. COURCELLE, Von C. zu Dante, 1973, 11–32 – M. L. W. LAISTNER, The value and influence of C. Ecclesiastical Hist., Harvard Theol. Review 41, 1948, 51–67 – P. COURCELLE, Nouvelles recherches sur le monastère de C., Actes du Vᵉ Congr. internat. d'Archéologie chrét. 1954, 511–528 – A. MOMIGLIANO, C. and Italian culture of his time, PBA 41, 1955, 207–245 = Stud. in Historiography, 1966, 181–210 – Å. J. FRIDH, Terminologie et formules dans les Variae de C., 1956 – M. LECCE, La vita economica dell'Italia durante la dominazione dei Goti nelle »Variae« di C., EconStor 3, 1956, 354–408 – TH. KLAUSER, Vivarium, Robert Böhringer. Eine Freundesgabe, 1957, 337–344 – U. KAHRSTEDT, Kl. und Gebeine des C., Mitt. des Dt. Archäolog. Inst. Rom 66, 1959, 204–208 – L. TEUSCH, C. Senator..., Libri e riviste d'Italia 9, 1959, 215–239 – L. ALFONSI, C. e le sue »Institutiones«, Klearchos 6, 1964, 6–20 – P. COURCELLE, Don C. après les grandes invasions germaniques, 1964, 206–208 – N. WAGNER, Getica, 1967 – F. WEISSENGRUBER, C.s Stellung innerhalb der monast. Profanbildung des Abendlandes, Wiener Stud. 80, 1967, 202–250 – A. CERESA-GASTALDO, Contenuto e metodo dell'Expositio Psalmorum, Vetera Christianorum 5, 1968, 61–71 – Å. J. FRIDH, Contributions à la critique et à l'interprétation des Variae de C., 1968 – F. WEISSENGRUBER, Zu C.s Wertung der Grammatik, Wiener Stud. 82, 1969, 198–210 – R. HANSLIK, Epiphanius Scholasticus oder C.?..., Philologus 115, 1971, 107–113 – J. J. O'DONNELL, C., 1979 – R. SCHLIEBEN, C.s Psalmenexegese, 1979.

Cassius Felix, afrikan. Arzt des 5. Jh. Seine Schrift »De medicina« entstand 447 unter Benutzung v. a. des Galen und bespricht in 82 Kapiteln 82 Krankheiten und deren Therapie. Die Sprache, die der seines Zeitgenossen →Caelius Aurelianus verwandt ist, ist stark mit griech. Ausdrücken durchsetzt, auch vulgärsprachl. Erscheinungen fehlen nicht. →Isidor (orig. 4, 8, 4,) und das botan. Lexikon des →Simeon Ianuensis benützen C. F. Der Text ist in mehreren Hss. des 8. bis 15. Jh. überliefert. J. Gruber

Ed.: V. ROSE, 1879 – *Lit.*: KL. PAULY I, 1078 – RE III, 1723 – SCHANZ-HOSIUS IV 2, 283–285 – E. WÖLFFLIN, Über die Latinität des Afrikaners C. F., SBA.PPH, 1880, 381–432 (= Ausgew. Schr., 1933, 193–224) – B. JUNEL, In C. F. studia, 1936 – H. ORTH, Der Afrikaner C. F. – ein method. Arzt?, SudArch 44, 1960, 193–217 – J. ANDRÉ, Remarques sur la traduction des mots grecs dans les textes médicaux du Vᵉ s. (C. F. et Caelius Aurelianus), Rev. de Philologie 37, 1963, 47–67 – G. BENDZ, Stud. zu Caelius Aurelianus und C. F., 1964.

Cassone (it., Vergrößerungsform zu »cassa«; auch »Forziere« gen.), Truhe, als wichtigstes Aufbewahrungsmöbel in Italien seit dem 14. Jh. oft reich mit Schnitzwerk, Stuck, Cartapesta oder Intarsien verziert. Bes. Bedeutung beanspruchen die v. a. in Florenz und der Toskana, ferner in Umbrien und Oberitalien oft in spezialisierten Werkstätten und in großer Zahl bemalten Truhen des 15. Jh. durch ihre ungewöhnlich reichhaltige profane Ikonographie; neben den Wappen und Impresen – die meisten *Cassoni dipinti* entstanden paarweise für die Mitgift – finden sich erzählfreudige, genrehafte Szenen nach antiken, öfters durch Dante und Boccaccio vermittelten Stoffen, Petrarcas »Trionfi« oder neueren Novellen.

Ch. Klemm

Lit.: P. SCHUBRIG, Cassoni. Truhen und Truhenbilder der it. Frührenaissance, 1915, Suppl. 1923 – E. CALLMANN, Apollonio di Giovanni, 1974.

Castagno, Andrea del, Florentiner Maler, * 1419 in Castagno, † 1457 in Florenz. Nachdem ihm wohl Paolo Schiavo die techn. Grundlagen vermittelt hatte, kam er, von Bernardetto de'Medici protegiert, ca. 1437 nach Florenz zur weiteren Ausbildung, wo ihm die energiegeladenen Statuen →Donatellos zum prägenden Erlebnis wurden. 1440 malte er die zehn Verurteilten der →Albizzi-Verschwörung als Gehenkte an den Palazzo del Podestà; 1442 signierte er Fresken im Gewölbe der Tarasius-Kapelle in San Zaccaria zu Venedig. Ab 1444 entstehen in dichter Folge meist großformatige, monumental konzipierte Fresken, teils Altarbilder (Madonna di Casa Pazzi, jetzt im Palazzo Pitti; Absolution des hl. Julian; Hieronymus und zwei Hl. unter der – in starker Verkürzung gegebenen – Trinität mit gekreuzigtem Christus, beide in SS. Annunziata, Florenz), teils wandfüllende Dekorationen (Auferstehung Christi, Kreuzigung und Grablegung, darunter in einem illusionist. Gehäuse das Abendmahl, 1447, im Refektorium von S. Apollonia; Serie von Uomini Famosi: je drei sagenhafte Heroinen, Florentiner Feldherrn und Dichter, dazu Adam und Eva, um 1450, aus der Villa Carducci [Legnaia] in die Uffizien übertragen). Seine großflächige, meist erdhaft schwere, atmosphärelose Farbigkeit entsprach der Tafelmalerei weniger (Himmelfahrt Mariae, Berlin; männliches Bildnis und Lederschild mit jugendl. David in der Pose der antiken Rossebändiger, beide Washington). In seinem einfach kraftvollen Stil erreicht die auf die entschieden plast. Vergegenwärtigung mächtiger Menschengestalten gerichtete Tendenz, die von →Masaccio und →Uccello zu →Pollaiuolo und →Mantegna führt, ihren extremen Punkt, wie wohl am eindrücklichsten das 1455/56 gemalte Monument für den Condottiere Niccolò da Tolentino im Florentiner Dom zeigt.

Ch. Klemm

Lit.: M. HORSTER, Andrea del Castagno, 1980.

Castanet, Bernard de, Bf. v. →Albi, später von Le Puy, † 14. Aug. 1317. Zunächst päpstl. Auditor an der →Audientia sacri palatii, 1275 zum Bf. v. Albi erhoben. Er erreichte die Rückgabe der Zehnten, die in die Hände von Laien übergegangen waren. Die Errichtung des heute noch bestehenden großartigen Kathedralbaus in Albi (Baubeginn 1276) geht auf seine Initiative zurück, ebenso der Umbau des Bischofspalastes »La Berbie«. C.s Episkopat war überschattet von Konflikten, mit denen er als bfl. Stadtherr konfrontiert war, da die bürgerl. Oberschicht von Albi insgeheim weiterhin vielfach der kathar. Häresie anhing (→Albigenser). Um die Machtstellung dieses kathar. beeinflußten Bürgertums zu untergraben, leitete C. Ketzerverfolgungen ein, bei denen er sich auf Inquisitoren aus dem Dominikaner-Konvent in→Carcassonne stützte. Nach ersten Inquisitionsmaßnahmen i. J. 1285 erreichte die Verfolgungswelle 1299-1300 ihren Höhepunkt; der Bf. und die Inquisitoren verurteilten 25 Bürger von Albi zu lebenslängl. Kerker. Diese Urteile wurden als unangemessen allgemein abgelehnt und provozierten städt. Unruhen. Nach Anrufung der päpstl. Gewalt beauftragte Clemens V. zwei Kardinäle mit einer Untersuchung der Fälle (13. März 1306), was jedoch lediglich eine Milderung der Haftbedingungen der Verurteilten nach sich zog. 1308 wurde C. auf den Bischofssitz von Le Puy transferiert. Johannes XXII. entschädigte ihn für diese (fakt.) Beanstandung seiner Amtsführung mit der Erhebung zum Kardinal (18. Dez. 1316), doch starb C. bald darauf.

Y. Dossat

Lit.: DGHE XI [G. MOLLAT] – G. W. DAVIS, The Inquisition at Albi (1299-1300), 1948 – E. LAMBERT, Etudes médiévales II, 1956, 189-229 – Cah. de Fanjeaux 6, 273-331; 9, 143-148; 10, 324-335; 16, 94-98.

Castel, Jean (de), * vor 1425, † 1476 in Paris, Sohn des im Dienst des Hzg.s v. Burgund stehenden Dichters Jean Castel (1383-1426) und der Jeanne de Page, gen. la Catonne (oder Cathonne). Sein gleichnamiger Bruder war Notar und kgl. Sekretär († ca. 1474). Der Enkel der →Christine de Pisan lebte als Benediktiner seit 1439 in St-Martin des Champs, wurde 1470 kgl. Sekretär und 1472 Abt von St-Maur des Fossés. Er bekleidete das Amt eines *grand Chroniqueur de France*. Als Dichter zu seiner Zeit geschätzt, verfaßte er mehrere Versepisteln (z. B. für Charles de Gaucourt), Balladen (u. a. für Georges Chastellain) und den »Specule (oder Mirouer) des pecheurs«, eine auf das sehr verbreitete ps.-augustinische »Speculum peccatorum« zurückgehende, makabre Betrachtung über Vergänglichkeit und Tod; sie ist Jean du Bellay, dem Bf. v. Poitiers, gewidmet (1468). Zum umfangreichen didakt.-moralist. Schrifttum über den Tod gehört auch der »Mirouer des dames et damoyselles et de tout le sexe feminin«. Hier belehrt eine Mumie die Lebenden über die Unbeständigkeit weiblicher Schönheit. In Hss. werden beide Werke zusammen mit einer »Exhortation aux mondains« (sechs Balladen über die Verachtung der Welt) überliefert.

D. Briesemeister

Ed. und Lit.: G. A. BRUNELLI, J. C. et le Mirouer des dames, M-A 62, 1956, 93-117 – A. BOSSUAT, J. C. chroniqueur de France, ebd. 64, 1958, 285-304, 499-538 – G. A. BRUNELLI, Una 'ars moriendi et bene vivendi' nella Francia del secolo XV, Studi Francesi 2, 1958, 177-189 – Mirouer des dames, ed. G. A. BRUNELLI, 1958 – Dict. des lettres françaises. Le Moyen Age, 1964, s. v. [G. A. BRUNELLI] – CH. MARTINEAU-GÉNIEYS, Le thème de la mort dans la poésie française de 1450 à 1550, 1978.

Castel del Monte (Prov. Bari, Apulien), eines der bedeutendsten Profanbauwerke Süditaliens, in dem die polit. und militär. Ziele Friedrichs II. in solchem Maße ihren Ausdruck fanden, daß es gleichsam als Symbol betrachtet werden kann. Die eindrucksvolle Lage der Burg auf einer Erhöhung der Murge (540 m) über einer welligen Ebene, die sich bis zu den Städten Andria, Ruvo und Corato erstreckt, wird noch übertroffen durch ihre faszinierende Anlage: Ein geometr. perfektes Oktogon, das sich im Grundriß, in den Ecktürmen und Sälen wiederholt, entsprechend einem charakterist. Schema, das sich von Ravenna bis Aachen in Bauwerken als Ausdruck der Herrschaftssymbolik findet. Im Jan. 1240 war die Burg offensichtl. noch im Bau, da Friedrich II. Richard de Montefuscolo, den Justitiar der Capitanata, beauftragte, die Fertigstellung und die Arbeiten an der Ausstattung zu beschleunigen. Friedrich II. hat die Burg im fertigen Zustand wohl nie gesehen. Die Lage der Burg im offenen Land, nicht weit von der via Appia an einem Kreuzungspunkt der Itinerare des Staufers, bot für den Ks. große Vorteile, außerdem war das Gebiet für die Jagd, das bevorzugte Vergnügen seines Hofes, sehr geeignet. 1249 wurde in C. d. M. die Hochzeitsfeier von Violante, einer außerehel. Tochter Friedrichs II., mit Gf. Richard v. Caserta abgehalten. Schauplatz von Hochzeitsfeierlichkeiten war die Burg ferner 1308 anläßlich der Vermählung von Beatrice v. Anjou, der Enkelin Kg. Roberts, mit Bertrand del Balzo (Baux) sowie 1326 bei der Heirat von Hubert de la Tour du

Pin und Maria del Balzo (Baux). Bereits 1246 von Manfred als Kerker für den aufständ. Marinus de Ebulo und seinen Sohn Richard verwendet, wurde C. d. M. unter der Herrschaft Kgn. Johannas I. (1342–1381) zum Gefängnis. Nach Übergang in aragones. und später in span. Besitz wurde die Burg schließlich 1552 von der adligen Familie Carafa gekauft, von der sie der it. Staat 1876 erwarb.

Lit.: C. d. M., hg. G. SAPONARO, 1981. P. De Leo

Castelein, Matthijs (de), ndl. Dichter und Theoretiker der Dichtkunst, * zw. 1486 und 1490 in Oudenaarde (Flandern), † 1550 ebd. Als »factor« (Dichter und Intendant) der zwei Oudenaarder »Cameren van Rhetoriken« (Dicht- und Theatergesellschaften), »Die Kerssauwe« und »Pax Vobis«, schrieb C. mehr als 100 dramat. Werke (Possen, Tisch-, Wagen- und allegor. Spiele); nur ein Spiel von »Pyramus ende Thisbe« ist auf seinen Namen überliefert; ein allegor. Stück, gespielt während des »Landjuweel« (Dichtwettkampf) Gent 1539, wird ihm zugeschrieben. Als Lyriker erwarb C. Ruhm mit seinen »Baladen van Doornijcke« (1522) und einer Sammlung von 30 »Diversche liedekens«. C.s Hauptwerk ist die »Const van Rhetoriken« (Erstausg. Gent 1555, weitere Ausg. 1571, 1573, 1612, 1616), in dem er, teilweise in Anlehnung an »L'Art de Réthorique« des burg. Hofdichters Jean →Molinet, teilweise auch nach antiken Vorbildern, eine Theorie der Dichtkunst (Rhetorike) entwickelt und die poet. Praxis der →»Rederijkers« kodifiziert. Der theoret. Teil (240 Strophen von 9 Zeilen) wird illustriert mit insgesamt 115 von C. verfaßten Beispielgedichten verschiedener Art: »refreinen«, »balladen«, »rondelen«, »dichtkins« (Kurzgeschichte) und viele andere. Gesondert bespricht er die sog. »Rhetorike extra-ordinaire«, in der die komplizierteren Reim- und Strophenformen behandelt werden. Trotz ihrer oft verschlüsselten Formulierungen stellt diese umfassende ndl. ars poetica die wichtigste theoret. Quelle für Prosodie, Strophik und Gattungslehre der »Rederijker«-Lyrik dar. W. P. Gerritsen

Lit.: J. VAN LEEUWEN, M. de C. en zijne C. v. R., 1894 – G. A. VAN ES, Piramus en Thisbe, 1965 – S. A. P. J. H. IANSEN, Speurtocht naar het leven van M. C., Versl. en Med. Kon. Vlaamse Acad., 1970 – DIES., Verkenningen in M. C.s C. v. R., 1971.

Castell, Grafen v., frk. Adelsfamilie. Während der Ort C. (Bayern, Reg. Bez. Unterfranken, Lkrs. Gerolzhofen) schon 816 erwähnt wird, ist das edelfreie Geschlecht erst seit 1091 bezeugt, seit 1205 führt es den Grafentitel. Überwiegend auf Rodungsbesitz aufbauend, wurde sogar die Landesherrschaft erreicht. Die Gft., die am Ende des Alten Reiches aus 3 Flecken und 28 Dörfern mit etwa 10000 Untertanen bestand, mußte jedoch 1457 dem Hochstift →Würzburg zu Lehen aufgetragen werden, dies allerdings ohne die Reichsstandschaft der Gf.en zu berühren. Nach der Einführung der Reformation erfolgte 1586 eine Teilung in die Linien C.-Remlingen und C.-Rüdenhausen. Als letzte Linie 1803 ausstarb, wurden die neuen, noch heute blühenden Linien C.-Castell und C.-Rüdenhausen begründet, die 1901 nach dem Erstgeburtsrecht in den bayer. Fürstenstand erhoben wurden. R. Endres

Q. und Lit.: Hist. Stätten Dtl. VII, 123f. [H. HOFMANN] – Monumenta Castellana, hg. P. WITTMANN, 1890 – O. MEYER-H. KUNSTMANN, C., 1979 (= Neujahresbll. der Ges. für frk. Gesch., 37).

Castellaje → Kastellan, Kastellanei

Castellaneta, Bm. in Apulien. Aus der Zeit vor den Normannen ist fast nichts überliefert. Der erste bekannte Bf. wurde 1099 vom Ebf. v. →Tarent eingesetzt. Die Stadt gehörte um 1200 dem Gf. en v. →Lecce, später war sie Teil des Fsm.s Tarent. D. Girgensohn

Lit.: DHGE XI, 1420f. – IP 9, 447f. – E. MASTROBUONO, C. e il suo territorio dalla preistoria al medio evo, 1943 – DERS., C. e i suoi documenti dalla fine del secolo XII alla metà del XIV, 1969 – N. KAMP, Kirche und Monarchie im stauf. Kgr. Sizilien I, 2, 1975, 707ff. – E. MASTROBUONO, C. dalla metà del sec. XIV all'inizio del XVI e il Principato di Taranto, 1978.

Castellania. Die span. Bezeichnung c. wird in bezug auf das Amt des *castellà* oder *castlà* gebraucht. C. umschreibt das eigtl. Gebiet einer Burg, wie auch damit verbundene Rechte: so Herrschafts- und Jurisdiktionsrechte, die der Castlà (Burggraf, Kastellan) in einem ihm vom seinem Herrn auf Lebenszeit oder zeitweise übertragenen Gebiet (*castellania* oder *castlania*, Kastellanei), ausübt, ohne Eigentumsrechte daran zu erwerben. Im MA war die Verlehnung die verbreitetste Form zur Kontrolle von Burgen und den daran anschließenden Gebieten durch den Hochadel, der sich gleichzeitig ein Nießrecht vorbehielt (→Öffnungsrecht). Vgl. auch →Burg, →Kastellanei.

I. Ollich i Castanyer

Lit.: F. CARRERAS, Candí, La institución del castlà en Cataluña, Boletín de la Real Academia de Buenas Letras de Barcelona I, 1901–02, 4–24 – P. BONNASSIE, La Catalogne du milieu du Xe à la fin du XIe s., I–II, 1975–76, bes. II, 571ff., 598ff., 751f.

Castellano, Castellanus → Kastellan, Kastellanei

Castellbó, Vgf. en v., katalan. Adelsfamilie. Obwohl erst mit *Wilhelm* ein »vicecomes orgellitanus« 981 nachweisbar ist, der 990 vom Gf. en →Borrell v. Barcelona-Urgel das Tal Castell-lleó (später Castellbó) geschenkt erhielt, ist anzunehmen, daß auch die karol. Gf. en v. →Urgel einen Vizegf. en als Stellvertreter hatten, dessen Amtsfolge seit dem 10. Jh. erblich war. Wilhelm starb 1035 wohl auf der Pilgerfahrt ins Hl. Land in Begleitung seines Herrn Ermengol II. Sein Sohn MIRO-WILHELM († 1079) machte während der Minderjährigkeit Gf. Ermengols III. von seiner Stellvertreterfunktion noch Gebrauch; in welchem Maße abzunehmen sie jedoch im Begriff war, wird am Lehnseid Miros von etwa 1040 an Gf. Wifred v. Cerdaña zum Schaden seines Herrn deutlich und an der Tatsache, daß der Bruder seiner Frau Gerberga, →Arnald Mir de Tost, in Ager im südl. Teil der Grafschaft Urgel ein Seniorat gründen konnte, das um 1094 das alte Vizegrafenamt auf das obere Urgel (Urgellet) einengte und sich als zweites, neues Vizegrafenamt von Urgel neben C. etablierte. Nach dem Tode *Raimunds-Miro*, dessen Testament von 1114 allein bekannt ist, kam die Entwicklung zum Abschluß. 1126 betitelte sich Vizegf. *Peter Raimund* († 1142/50) erstmals nach C., als er über seine Frau *Sibilia* die Erbschaft der Vizegft. v. Cerdaña anbahnte, von der er 1134 endgültig aber nur die westl. Hälfte erhalten konnte, weil deren östl. Hälfte an die Vizegrafen von Urtx (Urg) fiel. Es war zugleich der Moment, der die Stellvertreterfunktion vollends eliminierte und die Vizegft. als ein Territorialseniorat in Erscheinung treten ließ, das vom Gf. en v. Urgel lehnsabhängig war, sich in der Beherrschung des nördl. Urgel praktisch aber nur mit dem Bf. v. Urgel teilte. *Raimund I.* († 1185), Sohn Peter Raimunds, war ein territorialpolit. Rivale v. a. des Bf.s v. Urgel wegen Castellciutat und begann, im Bündnis mit Gf. Ermengol VII. die Albigenser in den Pyrenäen zu protegieren. Die Rivalität steigerte sich 1185, als Raimunds Sohn *Arnald* († 1226) die Erbtochter Arnalds v. Caboet, *Arnalda,* heiratete, der die Täler Cabó, Sant Joan und Andorra von der Kirche von Urgel zu Lehen hatte; obwohl der Bf. die Ehe nicht anerkennen wollte und der Vizegf. im Bündnis mit dem Gf. en v. →Foix 1203 militär. unterlag, lief die formale Lehnsabhängigkeit der drei Täler in der Hand des Vizegf. en auf ein Coseniorat hinaus.

Arnalds Tochter *Ermessinda* war Alleinerbin; als sie 1230 starb, ging die Vizegft. auf ihren Gatten Gf. *Raimund Roger v. Foix* über. In der Hand dieser neuen Dynastie mußte der Bf. v. Urgel seinen Lehnsmann als gleichberechtigten Territorialherrn anerkennen (→Andorra). O. Engels

Lit.: J. MIRET Y SANS, Investigación histórica sobre el Vizcondado de C., con datos inéditos de los condes de Urgell y de los vizcondes de Ager, 1900 – S. SOBREQUÉS I VIDAL, Els Barons de Catalunya, 1957, 54–57, 105–109 – O. ENGELS, Schutzgedanke und Landesherrschaft im östl. Pyrenäenraum, 1970.

Castellet, aus der Familie Castellvell hervorgegangenes katal. Adelsgeschlecht. *Unifred-Amat* (∞ Richildis), einer der Söhne des gfl.-barcelones. »vicarius« Sendred (→Castellvell) und der Truitelda, kaufte am 11. Juni 977 die Burg Sant Esteve bzw. Castellet, auf einer Gebirgskette rechts des Flusses Foix in der Mark der Gft. →Barcelona gelegen, in der Nähe des Stammsitzes der Familie Castellví oder Castellvell, von Graf →Borell II. v. Barcelona für 1000 Solidi. Ihren Namen leitete die Familie C. von einem der Söhne des Unifred-Amat ab, *Otger v. C.*, dem sein Sohn *Bernhard Otger* und sein Neffe *Rodland Bernhard* nachfolgten. Letzterer verkaufte um 1072 seine Hälfte der Burg C. an den Gf. en v. Barcelona und nahm sie von ihm zu Lehen. Der Gf. belohnte seinen Nachfolger *Berengar Raimund v. C.* mit dem Amt des →Veguer und übertrug ihm die Einkünfte aus verschiedenen neuen Abgaben in Barcelona. Sein Sohn wiederum, *Bertrand I. v. C.*, nahm zw. 1139 und 1162 an der Wiedereroberung des Priorato von den Mauren teil und wurde Statthalter von Ciurana und eines Teils von Reus. *Betrand II.* (ca. 1173–90) erwarb die Burg Pierola. Mit ihm erlosch der erste Zweig der Familie C., dem durch die Heirat der Arnalda von C. mit Damatius von Rocabertí die →Rocabertí nachfolgten.

M. Riu

Lit.: J. M. FONT RIUS, Cartas de población y franquicia de Cataluña. I/2, 1969, 759ff.

Castellnou, Vgf. en v. C. (Frankreich, dép. Pyrenées-Orientales), katal. Adelsfamilie. Im 9. Jh. waren sie die Stellvertreter der Gf. en v. →Roussillon. Spätestens um die Mitte des 10. Jh. gehörte das Vallespir, wo der größte Teil ihrer Patrimonien lag, zur Gft. →Cerdaña und seit dem ausgehenden 10. Jh. zur Gft. Besalú. Die Stellvertreterfunktion dürfte im Zuge dieses mehrfachen Wechsels abhanden gekommen sein, weswegen *Wilhelm I.* um 1020 den Namen der Stammburg C. annahm. C. (castellum novum) war um 990 im Bezirk der Burg Cameles am oberen Tet errichtet worden; Wilhelms Onkel Ansemund ist der erste mit Namen bekannte Herr von Cameles. Wilhelms Sohn *Gausbert I.* und Enkel *Udalgar I.* († um 1075) führten den Titel und das Territorialseniorat v. C. fort. Wilhelm und Gausbert (Jaspert) bildeten die Leitnamen dieser Familie, die Bf. e in →Elne und →Gerona sowie Meister der →Templer stellte. Im ausgehenden 12. Jh. vermehrte *Wilhelm V.* seine Vizegft. um das Seniorat Bellpuig und sein Sohn *Wilhelm VI.* († 1248) um das Seniorat Ceret. *Gausbert V.* († 1321) war der letzte Vizegraf. Seiner verschuldeten Tochter *Sybille* löste Kg. Jakob III. v. →Mallorca die Vizegft. aus. 1373 erlosch die Familie C.

M. Riu

Lit.: J. MIRET I SANS, Investigación histórica sobre el vizcondado de Castellbó, 1900 – E. MAGNOU-NORTIER, La société laïque et l'église dans la province ecclésiastique de Narbonne, 1974, 485–487, 599.

Castellum → Kastell, →Burg, →Villa

Castellvell, katal. Adelsgeschlecht. Die Frühgeschichte der Familie C. und der aus ihr hervorgegangenen Familie Castellet ist recht unklar. Der Herrschaftsbereich der Baronie von C. scheint sich um zwei verschiedene Kerngebiete herausgebildet zu haben: C. bzw. Castellví de Rosanes in der Mark des Llobregat und C. oder Castellví de la Marca in der Mark der Gft. →Barcelona im Hochpenedès. *Sendred,* ein im Vallès begüterter gfl. »vicarius«, Vetter Gf. Sunyers v. Barcelona und Sohn des Seniofred, seinerseits Bruder von Wifred »el Pilós« erhielt v. Sunyer vor der Mitte des 10. Jh. mehrere Grenzburgen anvertraut und damit ein Grenzgebiet von mehr als 40 km Breite. Dieser Sendred (∞ Truitelda) hatte drei Söhne: *Enyec Bonfill* (Stammvater der →Cervelló), *Sendred Maier* und *Unifred-Amat* (Stammvater der →Castellet). 990 kaufte Sendred für 5000 Solidi die Burg Castellvell de la Marca, die ein Sohn Unifreds, *Wilhelm-Amat I.* v. Castellvell de Rosanes, erben sollte und gewann noch unter anderem die Gebiete der Burgen von Voltrera, Mata, Llavaneres und Guàrdia de Montserrat hinzu.

Sein Sohn *Raimund I.* folgte ihm nach und diesem wiederum dessen Söhne *Wilhelm III. Raimund* († 1126) und *Arbert I.,* welche die Herrschaft von C. um die Burgen von Olesa, Benviure, El Far, Pontons und Odena vergrößerten. Seit Mitte des 11. Jh. stellte die Baronie von C. eine sehr bedeutende Herrschaft dar. Aber der Hauptzweig der Familie C. starb 1205 mit dem Tode des kinderlosen *Wilhelm VI.* aus. Das Erbe trat seine jüngere Schwester *Wilhelma I. v. C.* an († um 1228), die mit Wilhelm Raimund I. v. →Moncada, Vizegf. en v. →Béarn, verheiratet war.

M. Riu

Lit.: J. M. FONT RIUS, Cartas de población y franquicia de Cataluña I/2, 1969, 759ff.

Castelnau, Pierre de, päpstl. Legat gegen die →Albigenser, † 14. Jan. 1208. C. entstammte einer Adelsfamilie aus Castelnau bei Montpellier (heut. C.-le-Lez, cant. Montpellier). Archidiakon der Kathedrale v. Maguelone, wurde er 1202 Mönch der Abtei OCist Fontfroide (bei Narbonne). Um 1203 ernannte ihn Papst →Innozenz III. gemeinsam mit seinem Confrater Raoul zum Legaten in der Provence. Beide hatten den Auftrag, »den Frieden zu predigen und den Glauben zu befestigen« in einem Land, das zu großen Teilen der Ketzerbewegung anhing. Nach enttäuschenden Anfängen traf C. 1206 in Montpellier mit Diego, Bf. v. Osma, zusammen, was zum Rückgriff auf eine erfolgreiche Methode bei der Ketzermission führte: Die Legaten durchzogen das Land zu Fuß und ohne Geldmittel. Sie hielten im April 1207 in Montréal (dép. Aude) eine große Kontroverse mit Häretikern ab. Bei seiner Tätigkeit für den »Frieden« wandte sich C. voll Eifer gegen den Gf. en v. Toulouse, →Raimund VI., den er im April 1207 exkommunizierte. Nach einem ergebnislosen Versuch der Versöhnung in St-Gilles-sur-Gard (Jan. 1208) begab sich C. nach Arles. Am rechten Rhôneufer wurde er am Morgen des 14. Jan. 1208 von einem Anhänger des Gf. en hinterrücks mit einem Spieß durchstoßen. Seine Ermordung veranlaßte den Papst zur Verkündung des Kreuzzuges. C. wurde von Innozenz als Märtyrer proklamiert. Y. Dossat

Q.: Pierre des Vaux-de-Cernay, Hystoria Albigensis, ed. P. GUEBIN-E. LYON I, 1926, 5–7, 22–31, 51–66 – *Lit.*: DBF VII – LThK² VIII, 354f. – A. VILLEMAGNE, Le bullaire du bienheureux P. de C., 1917.

Castiglione. 1. C., Baldassarre, it. Autor d. Renaissance, * 6. Dez. 1478 in Casatico bei Mantua als Sohn des Cristoforo und der Aloisia Gonzaga, † 8. Febr. 1529 in Toledo. Von den Humanisten Giorgio →Merula und Demetrios →Chalkondyles in Mailand für das höf. und ritterl. Leben erzogen, wirkte C. als Diplomat und Kriegsmann, daneben als Mäzen; er förderte Künstler und Altertumsforscher und organisierte prunkvolle öffentl. Feste und Darbietungen. Sein wichtigstes Werk »Il Libro del

Cortegiano« (Das Buch vom Edelmann, Ed. pr. 1528) ist stilist. ein Meisterwerk. Es trägt teilweise autobiograph. Züge, ist zum Gedächtnis Guidobaldos da→Montefeltro, Hzg. v. →Urbino, verfaßt und dem humanist. gebildeten ptg. Staatsmann Miguel da Silva gewidmet. Während der elf Jahre, die C. am Hof des Hzg.s v. Urbino verbrachte (wobei viele der dort erlebten Szenen wie auch Persönlichkeiten dieses Hofes Eingang in den »Cortegiano« gefunden haben), schuf C. mehrere lit. Werke, teils lat., teils italienische. Zu nennen sind: »Tirsi« (1506), eine Schlüssel-Schäferekloge in 55 Stanzen, die eine Huldigung an die Hzgn. darstellt; ferner ein Prolog zu →Bibbienas Komödie »Calandria«, über deren Inszenierung er in einem kulturgeschichtl. sehr interessanten Brief vom 13.–21. Febr. 1513 berichtet.

Wegen seiner Verdienste im Krieg wurde C. zum Gf. en v. Novilara (bei Pesaro) erhoben. Als Gesandter des Hzg.s v. Mantua an die Päpste Leo X. und Clemens VII. stand C. in Rom u. a. mit Raffael, Bembo, Giuliano de' Medici und →Accolti in Verbindung. Aus dieser Zeit stammt sein bekanntes Sonett auf Rom »Superbi colli, e voi sacre ruine«. Nach dem Tod seiner Gattin Ippolita Torelli schlug C. die kirchl. Laufbahn ein und wurde 1525 von Papst Clemens zum Protonotar und päpstl. Nuntius in Spanien ernannt. Allerdings gelang es C. nicht, die Stadt Rom vor der berüchtigten Plünderung (1527) der Landsknechte Karls V. und den Papst vor der Gefangenschaft zu bewahren. Die Versöhnung zw. Ks. Karl V. und Papst Clemens VII. hat C. nicht mehr erlebt. – Während seiner Gesandtschaft in Spanien verfaßte C. eine Reihe äußerst scharfsichtiger Briefe, in denen er die allgewaltige Stellung Ks. Karls V. feiert und in denen der Verfasser eine selbstbewußte und souveräne Haltung einnimmt; nur angesichts der gegen ihn gerichteten Angriffe wegen des »sacco di Roma« bricht C. in Töne der Empörung und Enttäuschung aus (Polemik gegen Valdés' »Diálogo des las cosas ocurridas en Roma«). In seinen letzten Lebensjahren war er mit der endgültigen Drucklegung seines »Cortegiano« beschäftigt. Sein Meisterwerk zeichnet das Idealbild des kultivierten Aristokraten der Renaissance. C.s paradigmat. Edelmann verbindet als allseitig gebildete Persönlichkeit in wohl unübertreffl. Weise den vollkommenen Dienst für seine Fürsten mit dem Eigeninteresse an materiellem Vorteil wie allgemeiner Wertschätzung. Der auf natürl. Weise weltmännisch und nonchalant auftretende, dabei selbst schöpfer. Hofmann stilisiert sich selbst mit den Schlüsselbegriffen der *sprezzatura* (durch Selbstzucht hergestellter Anschein von Natürlichkeit) und *grazia*. C.s harmonische, an Cicero geschulte Prosa verknüpft in subtiler Weise persönl. Ideen sowie durch den lit. Gegenstand bedingte Gegebenheiten. Die lit. Manier und der Stoff werden in dem Paradoxon »Esse quam videri« verschmolzen. Die platonisierende Dialogform des Werkes erlaubt, mit Hilfe auftretender Persönlichkeiten des urbinat. Hofes den vollkommenen Höfling (im 3. Buch die Hofdame) zu schildern: seinen Edelmut und seine höf. Gesittung entsprechende Haltung; seine Gewandtheit und Umsicht im Krieg; seine Kunstfertigkeit in allen intellektuellen und mus. Angelegenheiten: Dichtkunst, Musik, Gelehrsamkeit, Beredsamkeit und geistreiche Konversation; seine höf. und ritterl. Attitüde; seine geschliffene Eleganz und Kennerschaft; seine Rolle als unermüdl. Werber um die Gunst seiner Geliebten und als Mentor, der seinem Fs.en den Weg zur vollkommenen moral. Haltung (→virtus) weist. Seit seiner Veröffentlichung hat der »Cortegiano« einen anhaltenden Einfluß auf die Königs- und Fürstenhöfe der frühneuzeitl. Europa

ausgeübt (Übersetzungen ins Span., Frz., Engl. bereits im 16. Jh.). Das Buch ist ein Klassiker des abendländ. Denkens, es faßt eine lange Tradition zusammen, die ihren Ursprung im höf. Ritter- und Minneideal hat; der »Cortegiano« ist eine der Hauptquellen, die uns das Verständnis von Mentalität und Lebensformen des MA und der Renaissance ermöglicht. R. J. Cormier

Ed.: Poesie volgari e latine, ed. P. SERASSI, 1760 – Lettere, ed. P. SERASSI, 1769–71 – Lettere diplomatiche del Conte B. C., ed. P. FERRATO, 1875 – Le Lettere, ed. G. LA ROCCA, 1, 1978 – Il Cortegiano, ed. V. CIAN, 1947⁴ – Il Cortegiano, con una scelta delle opere minori, ed. B. MAIER, 1955 – Seconda redazione del Cortegiano, ed. G. GHINASSI, 1968 – Opere, ed. C. CORDIÈ, 1960 – Lettere inedite e rare, ed. G. GORNI, 1969 – *Übers.*: T. Hoby (1561), ed. W. H. D. ROUSE, 1956 – C. S. SINGLETON, The Book of the Courtier, 1957 – *Lit.*: DBI, s. v. – J. CARTWRIGHT, The perfect Courtier, 1908 – G. C. FERRARO, Studi su C., Riv. di sintesi letteraria 2, 1935, 473–480 – W. SCHRINNER, C. und die engl. Renaissance, 1939 – G. MACCHIA, Il Cortegiano francese, 1943 – V. CIAN, Un illustre nunzio pontificio del Rinascimento: B. C., 1951 – E. LOOS, B. C. 'Libro del cortegiano': Stud. zur Tugendauffassung des Cinquecento, 1955 – M. MORREALE DE CASTRE, C. y Boscán: El ideal cortesano en el renacimiento español, 1959 – G. MAZZACURATI, B. C. e l'apologia del presente, Misure del classicismo rinascimentale, 1967 – C. UHLIG, Hofkritik im England des MA und der Renaissance, 1973 – P. FLORIANI, Bembo e C.: Studi sul classicismo del Cinquecento, 1976 – W. A. REBHORN, Courtly Performances: Masking and Festivities in C.'s Book of the Courtier, 1978 – J. WOODHOUSE, C.: A Reassessment of The Courtier, 1980.

2. C., Branda, Kardinal, * etwa 1360 in Mailand (?), † 3. Febr. 1443 in Castiglione Olona (Prov. Varese), ▭ ebd., Collegiata SS. Stefano e Lorenzo. Der aus adliger Mailänder Familie stammende Doktor beider Rechte begann seine Karriere 1389 als Professor des Kirchenrechts an der Univ. Pavia. Seit 1392 bezeugt als Auditor der S. Romana Rota, wurde C. 1404 von Bonifaz IX. zum Bf. v. Piacenza erhoben, blieb aber an der röm. Kurie. 1408 schloß er sich der Pisaner Partei an, 1410–14 fungierte C. als Gesandter Johannes' XXIII. bei Kg. Sigmund. Währenddessen wurde er am 5. Juni 1411 zum Kard. erhoben. Auch nach dem Konzil v. →Konstanz führte C. zahlreiche diplomatische Missionen aus, insbes. als Legat in den Kriegszügen gegen die →Hussiten (1421–25), als Verbindungsmann zu Kg. Sigmund und als päpstl. Mittler in mehreren Friedensverhandlungen. 1432–34 nahm er am Konzil v. →Basel teil, danach hielt er zu Eugen IV. In hohem Alter starb er im Herkunftsort seiner Familie, in dem er eine rege Bautätigkeit entfaltet hatte. Zu verdanken ist C. gleichfalls die Gründung eines Kollegs für mittellose Studenten in Pavia. D. Girgensohn

Q. und Lit.: DBI XXII, 69–75 – DHGE XI, 1434–1444 – M. Castilioneus, De origine, rebus gestis ac privilegiis gentis Castilioneae commentaria, Venetiis 1596, 21–24, 65–96, 113f. – P. BONDIOLI, La ricognizione della salma del card. B. C. e la scoperta di una sua biografia, Aevum 9, 1935, 474–478.

Castle Acre, Ort in der engl. Gft. Norfolk am Nar beiderseits der Römerstraße (Peddars Way) mit Resten von Burg, Stadt und Abtei. Bald nach 1066 durch Wilhelm d. Eroberer an Wilhelm v. Warenne, den späteren 1. Earl of Surrey, übertragen. Zunächst entstand eine leicht umwehrte, massive und zweistöckige Residenz am Nordrand der Siedlung, danach erfolgte eine Verstärkung in mehreren Phasen des Außenwalles und ein Umbau zu einem mächtigen *keep* als *motte-and-bailey* (→Motte und Baillie-Anlage). Seit Mitte des 12. Jh. aufgegeben, vielleicht nach dem Tod des 3. Earl William 1147/48.

Am Südrand von C. A. befinden sich Ruinen des cluniazens., von Wilhelm v. Warenne i. J. 1090 gegr. Priorats (☿ Maria, Petrus, Paulus). Der älteste Bau ist eine dreischiffige Kirche um 1100. Reste des Kreuzganges und das Torhaus (12.–15. Jh.) sowie verstreute Profanbauten sind erhalten. Nach dem Luftbild liegt weiter südwestl. im Nartal ein *moated site* (→Befestigung; A. IV). Zwischen Abtei und Burg liegt die Stadt C. A., eine Gründung der Warenne, mit Resten der Stadtbefestigung, röm. und ags. Spuren sind nachweisbar. H. Hinz

Lit.: D. F. RENN, Norman Castles in Britain, 1968 – F. J. E. RAPY-P. K. BAILLIE REYNOLDS, C. A. Priory, 1972 – J. G. COAD, Archaeological Journal [im Druck, dort neue Ausgrabungsergebnisse; Interim Report: Château Gaillard, 1977] – vgl. a.: VCH Norfolk II, 1906, 356–358.

Castle of Love → Minnehöfe

Castoreum → Bibergeil

Castor-Hut, eine aus dem Winterfell des →Bibers oder dessen Haar zu einem filzartigen Gewebe verarbeitete Kopfbedeckung, wozu öfters auch Fischotterfelle benutzt wurden. Diese Hüte werden meist in den frz. Inventaren des 14. und 15. Jh. erwähnt und gehörten zu den kostbaren Geschenken ritterl. Höfe. Sie waren geschmückt mit goldenen Agraffen und Federgestecken. Außer in den Inventaren finden sie in den höf. Romanen bei der Beschreibung der Kleidung Erwähnung. M. Braun-Ronsdorf

Lit.: V. GAY, Glossaire archéol. I, 1887, 156 – O. CARTELLIERI, La cour de Bourgogne, 1946, 57 – FR. PIPONNIER, Costume et vie sociale, 1970, 378.

Castorp, Hinrich, * vor 1420, † 14. April 1488, ☐Lübeck, St. Katharinen, einer der namhaften Vertreter lübeck.-hans. Interessen in der hans. Spätzeit (→Hanse, →Lübeck), stammte aus Dortmund, wo sein Familienname, der auf die Herkunft aus dem ehem. Dorf Kastrop (b. Dortmund) verweist, seit Anfang des 13. Jh. vorkommt. Name und Beruf seines Vaters sind jedoch unbekannt. Seine Lehrjahre als Fernhandelskaufmann verbrachte C. u. a. in Livland. Seit 1441 hielt er sich vorwiegend in Flandern auf, und von 1447–50 war er Ältermann des Deutschen Kaufmanns in Brügge (→Hanse-, -kontor). 1451 siedelte er nach Lübeck über und heiratete vermutl. noch im selben Jahr Taleke Veckinchusen, eine Tochter des Engelbrecht→Veckinchusen. Auch soll er 1450 an der Gründung der Lübecker →Kaufleutekompagnie beteiligt gewesen sein. 1452 wurde er als einer von sechs homines novi in den Lübecker Rat gewählt und nur wenig später in die →Zirkelgesellschaft aufgenommen. Seit 1462 war er Bürgermeister v. Lübeck, und in dieser Eigenschaft hat er 26 Jahre hindurch an allen wichtigen →Hansetagen teilgenommen und dabei maßgebend dazu beigetragen, daß die hans. Handelsprivilegien gegen die wachsende nichthans. Konkurrenz bis zum Ausgang des MA noch weitgehend behauptet werden konnten, so u. a. 1464 bei der Friedensvermittlung zw. dem →Dt. Orden und →Polen, bei den Verhandlungen mit →England, die 1474 mit dem →Utrechter Frieden endeten, sowie gegenüber Kg. →Christian I. v. →Dänemark, der seit 1460 als Hzg. v. →Schleswig und Gf. v. →Holstein Lübecks unmittelbarer Nachbar geworden war. Da C. seit 1456 Jahr für Jahr auf dem Lübecker Rentenmarkt Geld angelegt hat, bis er nach drei Jahrzehnten schließlich über jährl. Renteneinkünfte von 716 m. lüb. 8s verfügte (= 14330 m. lüb. angelegtes Kapital), und da er außerdem 1460 und 1470 für Kg. Christian I. und 1476 für Kay v. Rantzau größere Kredite bereitstellen konnte, ist anzunehmen, daß er neben seinen vielfältigen diplomat. Aktivitäten und neben Verwaltungsaufgaben (u. a. 1479 Bau des Lübecker Holstentores) auch weiterhin mit Gewinn Fernhandel betrieben hat. Die Fortführung seines Handels wurde dadurch erleichtert, daß er sich bei Geschäftsangelegenheiten durch seinen Bruder Hans vertreten lassen konnte, der ebenfalls ca. 1450 von Dortmund über Reval nach Lübeck übersiedelt war. Außerdem gab es in seiner engeren Verwandtschaft eine Reihe von Fernhändlern, die seine geschäftl. Interessen an den wichtigsten hans. Handelsplätzen wahrnehmen konnten. Durch seine 1. Ehe mit Taleke Veckinchusen sowie durch die Ehen seiner vier Geschwister war er mit noch nicht oder erst seit kurzem ratsfähigen Kaufmannsfamilien verwandt. Erst in 2. Ehe mit der schon zweimal verwitweten Taleke Kerckring hat er 1472 in eine alteingesessene Lübecker Ratsfamilie eingeheiratet. Das Charakterbild des Kaufmanns und Politikers erhält durch persönl. Frömmigkeitshaltung (St.-Annen-Verehrung) und geistige Interessen (insbes. für Chronik und Geschichtsschreibung) bes. Akzente. – Auch H. C.s Kinder und Enkel traten in Heiratsverbindungen mit führenden Lübecker Familien ein. Mit Hinrichs Urenkel Hinrich ist die Familie Mitte des 16. Jh. im Mannesstamm ausgestorben. In Lübeck seit Anfang des 14. Jh. angesessene Castorps, die nicht mit Hinrich C.s Familie verwandt sind und auch einer anderen sozialen Schicht angehören, stammen vermutl. aus dem Dorf Castorp b. Lübeck.

I. M. Wülfing

Lit.: NDB III, s. v. – G. NEUMANN, H. C. Ein Lübecker Bürgermeister aus der 2. Hälfte des 15. Jh., 1932 – DOLLINGER, Hanse [mit z. T. von NEUMANN abweichenden Datierungen].

Castracani, Castruccio, Hzg. v. →Lucca, aus der bedeutenden lucches. Kaufmanns- und Bankiersfamilie Antelminelli, * 1281 als Sohn des Gerio und der Puccia, † 1328. C. nahm mit seinem Vater an den Kämpfen zw. den Faktionen der Weißen und Schwarzen teil und exponierte sich dabei so sehr, daß er nach der Niederlage seiner »Partei«, der Weißen, nach Ancona flüchten mußte. Kurz darauf begab er sich nach dem Tod des Vaters nach London, wo er kaufmännisch tätig war. In eine Bluttat verwickelt, mußte er den Hof Kg. Eduards II. verlassen und ging als Kondottiere unter dem Kommando des Signore v. Piacenza, Alberto Scotto, der im Dienst Philipps des Schönen eine Kompanie führte, nach N-Frankreich. Als Söldnerführer nahm er an verschiedenen militär. Operationen in Flandern teil, ohne je die kaufmänn. Tätigkeit aufzugeben: Zw. 1302 und 1304 hielt er sich in Brügge auf. Er genoß das Vertrauen seines Kommandanten sowohl bei militär. wie finanziellen Operationen und konnte seine ungewöhnl. Fähigkeiten als Geschäftsmann wie als militär. Organisator bei verschiedenen Gelegenheiten unter Beweis stellen. Er nahm im Juli 1303 an der Schlacht von St-Omer teil, befand sich aber bereits im Aug. 1304, von Geschäften zurückgerufen, wieder in Italien. Als Anführer bewaffneter Scharen war er jedoch weiterhin in militär. Hinsicht tätig und stellte seine Dienste zuerst Ks. Heinrich VII., dann Uguccione →della Faggiuola zur Verfügung. In jedem Fall blieb er immer den Ghibellinen treu, wobei er jedoch stets seine eigenen Interessen zu wahren wußte. Im Dienst Ugucciones della Faggiuola sah er die Gelegenheit gekommen, nach Lucca zurückkehren zu können und unterstützte 1314 den Handstreich des Signore v. Pisa gegen seine Vaterstadt. Mit Hilfe Ugucciones konnte C. sich fest in Lucca niederlassen; es gelang ihm allmählich, die führende Machtposition in der Stadt zu erringen. Daraus erwuchs jedoch eine ernste Spannung zw. ihm und Ugucciones Sohn Neri, der schließlich zur Verteidigung der Interessen seines Vaters C. einkerkern ließ. Ein Aufstand der Lucchesen, die die pisan. Vorherrschaft nur schwer ertrugen und in C. den Verteidiger ihrer Autonomie sahen, befreite C. aus dem Gefängnis und brachte die Signorie Ugucciones in die Krise, so daß dieser Pisa verlassen und zuerst in der Lunigiana, später bei den Scaligern Asyl suchen mußte. C.

hatte währenddessen alle toskan. ghibellin. Kräfte auf sich vereinigen können. Er wurde zum Capitaneus und Difensor von Lucca und Signore auf Lebenszeit erwählt. Kurz darauf, i. J. 1320, ernannte ihn Friedrich III. zum Generalvikar von Lucca, Val di Nievole und Lunigiana. Infolge der günstigen Lage der Stadt konnte C. seine Macht auf Pisa und bis Pistoia ausdehnen (1325), was die toskan. Guelfen, in bes. Maße die Florentiner, in ernste Besorgnis stürzte. Letztere rüsteten ein Heer unter dem Kommando Ramóns de Cardona aus und bemächtigten sich des strateg. wichtigen →Altopascio. Trotz ihrer Unterstützung durch Robert v. Anjou, des Kg.s v. Sizilien, besiegte C. sie dort in einer blutigen Schlacht (1325). Diese Niederlage der Guelfen, in deren Folge Pistoia erobert wurde, schuf günstigere Bedingungen für den Italienzug →Ludwigs des Bayern, der 1327 C. den erbl. Titel eines Hzg.s v. Lucca verlieh. C. begleitete Ludwig nach Rom, war jedoch zur baldigen Rückkehr in die Toskana gezwungen, um die Florentiner, die Pistoia zurückerobert hatten, an weiteren Aktionen zu hindern. Während dieser militär. Operationen, deren siegreiches Ende sich bereits abzeichnete, starb C. Der Staat, den er aufgebaut hatte, zerfiel jedoch sofort infolge der Unfähigkeit seines Nachfolgers, des Wiedererstarkens der Guelfen und der Feindschaft von Florenz. C., dem als erstem in Italien die Umwandlung der Signorie in ein Fürstentum gelang, zeichnete sich durch gleich große Begabung auf kaufmänn., polit.-diplomat. und militär. Gebiet aus. Obwohl der von ihm geschaffene »Staat« keinen dauernden Bestand hatte, bewahrte seine Familie eine wichtige Rolle im städt. Leben von Lucca.

C.s erste Biographie von dem Humanisten Nicolao Tegrini wurde von Machiavelli für seine Vita des C. C. benutzt, den er als erste Inkarnation seines »principe« betrachtete, bevor er von der stärkeren und hemmungsloseren Persönlichkeit Cesare Borgias angezogen wurde.

Lit.: DBI XXII, s. v. [M. LUZZATI]. R. Manselli

Castra Martis, röm. Castrum in der Dacia Ripensis (→Dakien), südl. von →Bononia (dem späteren→Vidin). C. M., wohl in spätröm. Zeit errichtet, spielte eine große Rolle in der Verteidigung gegen die Barbareneinfälle. Der weström. Ks. Gratianus hielt sich, fieberkrank, hier im Sommer 378 einige Tage auf (Amm. Marcell. XXXI, 11.6) und wurde von →Alanen angegriffen. 408 überschritten →Hunnen unter Uldis die Donau und bemächtigten sich durch Verrat der Festung C. M., die sie als Ausgangsbasis für ihre Einfälle nach Thrakien benutzten. Durch eine Kriegslist konnten die Römer Uldis besiegen und über die Donau abdrängen. Seit der Zeit nach →Attilas Tod (453) siedelten in der Gegend von C. M. Hunnen und andere barbar. Gruppen (vgl. Jordanes, Getica 265). Um die Mitte des 6. Jh. ließ der oström. Ks. →Justinian I. die Festungsmauern verstärken (Prokop, De aedif. IV, 6.33). Im Synekdemos des Hierokles (1. Hälfte 6. Jh.) ist C. M. als Stadt in der Dacia Ripensis genannt. Die Festung wurde wohl während der Slaveninvasion in der 2. Hälfte des 6. Jh. oder spätestens im frühen 7. Jh. zerstört. Der Turm (türk. *kule*) der Festung wurde für den heut. Ort Kula namengebend. I. Dujčev

Q.: Fontes graeci hist. Bulgaricae I, 1954, 66–69; II, 1958, 94, 167ff. – Fontes latini hist. Bulgaricae I, 1958, 178, 358 – *Lit.:* RE III, 1899 – E. A. THOMSON, A Hist. of Attila and the Huns, 1948, 29, 54, 154 – N. MITEVA, Vekove X, H. 5, 1981, 56.

Castre (Castro), Ferran Sanxis de, * ca. 1240, † 1275, unehel. Sohn Jakobs I., Kg. v. Aragón, und der Blanca de Antillón, ⚭Aldonza Jiménez de Urrea, 1 Sohn: Felip Ferrandis. C. ist Gründer der Baronie Castre nahe der Gft. →Ribagorza, ab 1259 bedeutender Ratgeber der Krone, Gesandter zum Staufer →Manfred (1262), nahm am aragones. Aufstand v. 1267 teil. Nach fehlgeschlagener Kreuzfahrt (1269) schloß er sich →Karl v. Anjou, dem Gegner seines Bruders Kg. →Peter III., an (Neapel, 1270). Peter ließ gegen C. einen mißlungenen Mordversuch durchführen (in Borjamán, nicht in Burriana, 1272). C. wurde zum Führer des großen Aufstandes der aragones.-katal. Barone, in dessen Verlauf Peter ihn belagern, gefangennehmen und ertränken ließ. – Das Bild des Barons in der Geschichtsforschung schwankt zw. dem eines verräterischen Konspirators (so der zeitgenöss. Chronist →Bernat Desclot), dem eines heroischen Vorkämpfers der aragones. Freiheiten (FONDEVILLA) und dem eines Bauern auf dem hist. Schachbrett, der gegen Peters Machtergreifung überstürzt einen selbstmörder. Bürgerkrieg ins Werk setzte (SOLDEVILA). R. I. Burns

Lit.: F. FONDEVILLA, La nobleza capitaneada por F. S. de C., X. Congrés d'hist. Corona d'Aragó, 1913, 1060–1168 – F. SOLDEVILA, Pere el Gran, 4 Bde, 1950–62.

Castrensis → Hofämter

Castres, Bm. in S-Frankreich (dép. Tarn), Suffragan v. →Bourges, ursprgl. Kl. OSB (Bellecelle), ŏ S. Benoît–St-Vincent, das Anfang des 9. Jh. von →Aniane aus gegründet worden war, seit 1074 der Kongregation v. →St-Victor de Marseille angehörte und seit 1122 durch ein Privileg Papst Calixtus' II. der röm. Kirche zinspflichtig war. Am 9./31. Juli 1317 wurde C. von Papst →Johannes XXII. im Zuge eines Reformversuches (s. auch →Benediktiner B, Abschnitt III) aus dem Bm. →Albi herausgelöst und zur Diöz. erhoben, hauptsächl. um die Ketzerbekämpfung zu erleichtern. Die Seigneurie v. C. wurde 1348 um die Hälfte der Vizegft. →Lautrec erweitert und 1356 durch Kg. Johann II. v. Frankreich als Gft. errichtet.

L. Vones

Q. und Lit.: DHGE VII, 834–836; XI, 1463–1475 – LThK² II, 974f. – EUBEL, Hierarchia catholica I, 172f. – GChr XIII, Instr. 59–60, Nr. LXVII – Jean XXII, Lettres communes 4334, 4336, 4574 – A. COMBES, Etudes hist. sur le pays castrais, 1860 – C. COMPAYRÉ, Etudes hist. et documents inédits sur l'Albigeois, le Castrais et l'ancien diocèse de Lavaur, 1841 – E. DE FENOLS, Les origines du monastère et de la ville de C., Semaine Religieuse d'Albi 35, 1908 – L. DE LACGER, Etats administratifs des anciens diocèses d'Albi, de C. et de Lavaur, 1921 – DERS., Hist. de C. et de son abbaye de Charlemagne à la guerre des Albigeois, 1938 – V. PFAFF, Der Liber Censuum von 1192, VSWG 44, 1957, 328, Nr. 559.

Castro, eine der beiden bedeutendsten kast.-leones. Adelsfamilien des 12. und 13. Jh., Herren v. Monforte und Lemos. Der Stammvater des Geschlechts, *Fernando Ruiz, Herr v. Castrogeriz*, heiratete eine Tochter des Gf.en Pedro Ansúrez und sicherte sich so Anteile am Erbe dieses mächtigen Adligen. Aus dieser Ehe ging *Gutierre Fernández de C.* (1108) hervor, der, von seinem Onkel protegiert, zum Mayordomo der Kgn. →Urraca und ihres Sohnes Kg. Alfons VII. v. Kastilien-León aufstieg. Durch die Heirat mit Toda Díaz, der Tochter des Gf.en v. Nájera, erwarb er zu seinen ausgedehnten Besitzungen noch die Güter des zweitmächtigsten Adelshauses Kastiliens hinzu. Daraus entsprang eine tiefgreifende Rivalität mit dem Hause derer von →Lara. Jahre hindurch kämpften beide Geschlechter um die Vorherrschaft in Kastilien. Als *Gutierre* um 1165 starb, kamen seine Besitzungen und Rechte an seine Neffen, Söhne des Rodrigo Fernández »el Calvo«, *Fernando, Gutierre* und *Pedro Ruiz de Castro. Fernando Rodríguez*, »el Castellano« genannt, forderte die Herrschaft des →Infantado de Rioseco für sich, und als er abschlägig beschieden wurde, bot er seine Dienste Kg. Ferdinand II. von León an, dessen Schwester Estefanía er heiratete. Das Scheitern des Feldzugs Ferdinands II. nach

Kastilien zwang die C.s zur Flucht nach León. Von da an bauten sie ihre Herrschaftsposition neu aus.

Fernando »el Castellano« war ein gewalttätiger Mann, der auch vor einem Pakt mit den →Almohaden gegen die Christen nicht zurückschreckte. Ihm folgte sein Sohn *Pedro Fernández* de C. Einer der Nachfahren von *Gutierre Ruiz* de C., der durch seine Heirat mit Elvira Osórez, Herrin v. Lemos, den galiz. Zweig des Geschlechts bildete, war der Vater von *Juana* (∞ Peter I. v. Kastilien) und *Inês* de C. (3.). Ihre Brüder *Fernando Pérez (Ruiz)* und *Alvar Pérez* de C., mächtige Adlige in Galizien, waren treue Diener Kg. Peters I. v. Kastilien. Als dieser 1369 ermordet wurde, zog sich Fernando nach Portugal zurück: Daß er sich als letzten Vertreter des alten Adels ansah, verdeutlicht die Inschrift seines Epitaphs: »aqui yace ... toda la lealtad de España« ('hier liegt alle Treue Spaniens begraben'). L. Suárez Fernández

Lit.: L. Salazar y Castro, Hist. de la Casa de C., 1694 – Marques de Saltillo, Hist. nobiliaria de España, 1951 – S. Crespos, Los Castros, Estudios 15, 1959, 393-433 – S. de Moxó, De la Nobleza Vieja a la Nobleza Nueva. La transformación nobiliaria castellana en la baja Edad Media, Cuadernos de Hist. 3, 1969, 59-66 [Stammtafel] – G. Vázquez, Hist. de Monforte y su tierra de Lemos I, 1970 – J. García Oro, Galicia en la Baja Edad Media. Iglesia, señorío y nobleza, 1977.

1. C., Fernando de (Pérez, auch: Ruiz), Herr v. Monforte, kast.-galiz. Adliger, Vetter 2. Grades Kg. Peters I. v. Kastilien, † 1377 in der Gascogne, ⌑ Bayonne, Kathedrale, ∞ mit seiner Cousine Leonor Enríquez, Witwe des Alonso Pérez de Guzmán, nachdem sich ein Eheprojekt (1354) mit der Infantin →Johanna v. Kastilien, Schwester Peters I., wegen zu naher Verwandtschaft zerschlagen hatte. C. entstammte der 2. Ehe seines Vaters Pedro Fernández de C. († 1343) mit Isabel Ponce de León; seine Schwester Johanna de C. wurde von Peter I. nach der Hochzeitsnacht verlassen; Halbgeschwister aus der Verbindung seines Vaters mit Aldonza Lorenzo de Valladares waren Inês Pires (Pérez) de C. (→C., Inês de) und Álvar Pérez de C., der schließlich nach Portugal emigrierte. Fernando de C. war der mächtigste galiz. Adlige seiner Zeit, bekleidete wie schon sein Vater die Ämter eines →Pertiguero v. Santiago und →Adelantado Mayor v. Galizien und war seit 1344 Oberhaupt des Hauses C. Nachdem er 1354 zusammen mit →Heinrich v. Trastámara und Juan Alfonso de Albuquerque eine Adelskoalition gegen Peter I. gebildet hatte, als deren Mitglied er nach der Schlichtung v. Toro zum →Mayordomo Mayor aufstieg, und noch 1355 in Auseinandersetzungen mit dem Kg. verwickelt war, ist er seit 1356 als dessen rührigster und treuester Anhänger zu betrachten. Er beteiligte sich am Feldzug nach Aragón, war beim Desaster v. Araviana anwesend (1359), fand sich 1364 vor den Mauern v. Valencia und kämpfte 1365 in der Schlacht v. Murviedro. Am 27. Juni 1366 wurde C. zum Gf. en v. Trastámara, Lemos und Sarria erhoben sowie zum →Alférez Mayor und Adelantado Mayor v. León, Asturien und Galizien ernannt (Madrid, Bibl. de la Real Acad. de Hist., Col. Salazar M-1, f. 55-56v) – Würden, die ihm bis zum 26. Mai 1368 bestätigt wurden (Rev. de Archivos, Bibl. y Museos 3, 1873, 106-110). Dafür hielt er 1366/67 in Abwesenheit Peters I. Galizien gegen Heinrich v. Trastámara, nahm am 3. April 1367 an der siegreichen Schlacht v. Nájera teil, kämpfte in Andalusien und der Mancha. Nach der Ermordung Peters I. in Montiel (22./23. März 1369) geriet er in Gefangenschaft, konnte jedoch bei der Belagerung v. Guimarães fliehen und zusammen mit Suero Yáñez de Parada 1369/70 den Widerstand der legitimist. Enperogilados in Galizien organisieren, wodurch sich dort eine lange wurzelnder »Castrismo« bildete. Als C. 1371 endgültig aus Galizien vertrieben wurde und Länder und Würden verlor, fand er zunächst bei Kg. Ferdinand I. v. Portugal Zuflucht, der ihm den Ort Mirandela übertrug (29. Jan. 1372). 1373 verschanzte sich C. mit seiner Gefolgschaft in der Feste Ourem, um einen Ausgleich zw. Portugal und England zu erzwingen, und ging in der Folge an den Hof Kg. Eduards III., von dem er 1374 eine Pension erhielt. Auf einer polit. motivierten Reise durch die Gascogne ereilte ihn 1377 der Tod. Da seine Söhne Pedro Fernández de C. und Gutierre de C. ohne Nachkommen starben und sein dritter Sohn Álvar Pérez de C., Herr v. Alcazovas, illegitim war, erlosch bald der galiz. Zweig des Hauses C.
L. Vones

Lit.: Pero López de Ayala, Crónica del rey Pedro I, BAE 66, 1953 – J. B. Sitges, Las mujeres del rey Don Pedro I de Castilla, 1910 – A. Rodríguez González, Pedro I de Castilla y Galicia, Boletín de la Univ. Compostelana 64, 1956, 241-276 – P. E. Russell, The Engl. Intervention in Spain and Portugal, 1955 – J. Valdeón Baruque, Enrique II de Castilla: la guerra civil y la consolidación del Régimen (1366-1371), 1966 – J. Zunzunegui Aramburu, Acerca del matrimonio de don Fernando de C. con doña Juana de Castilla, Anthologica Annua 15, 1967, 483-487 – S. de Moxó, De la Nobleza Vieja a la Nobleza Nueva. La transformación nobiliaria castellana en la Baja Edad Media, Cuadernos de Historia 3, 1969, 63-66 – G. Vázquez, Hist. de Monforte I, 1970 – R. Pérez Bustamante, El gobierno y la administración de los reinos de la Corona de Castilla (1230-1474), 2 Bde, 1976 – J. García Oro, Galicia en la Baja Edad Media; Iglesia, señorío y nobleza, 1977.

2. C., Fernando de, ptg. Adliger, † 1440, ⌑ Faro; Governador da Casa und führender Ratgeber des Infanten →Heinrich (des Seefahrers), später Leiter der Casa do Cível (Gerichtshof), oberster Befehlshaber der Flotte, die Heinrich 1424 zur Eroberung v. Gran Canaria (→Atlant. Inseln) aussandte. 1437 schloß er sich mit seinen beiden Söhnen Álvaro (zukünftiger Oberkämmerer Kg. →Alfons V. v. Portugal) und Heinrich derjenigen Expedition an, die am 25. Aug. von Lissabon auslief, um →Tanger zu erobern. Als er 1440 nach →Ceuta reiste, um über die Freilassung des Infanten →Ferdinand zu verhandeln, wurde sein Schiff jenseits des Kap S. Vicente von genues. Freibeutern aufgebracht und C. im anschließenden Gefecht getötet. L. Vones

Q. und Lit.: Gomes Eanes de Zurara, Crónica dos Feitos de Guiné, ed. 1949, 349-354 – Fr. João Álvares, Trautado da vida e feitos do muito vertuoso Sor Iffante D. Fernando (Ders., Obras I, ed. A. de Almeida Calado, 1960), 64 – F. Marques de Sousa Viterbo, Uma expedição portuguesa ás Canárias em 1440, Arquivo Histórico Português 1, 1903, 342-346 – V. Magalhães Godinho, A Expansão Quatrocentista Portuguesa, 1945 – DHP I, 528 – Monumenta Henricina I-VII, 1960-65, bes. VII, 176f., Anm. 1 [zum Todesjahr] – J. Veríssimo Serrão, Hist. de Portugal II, 1980³, 50, 62, 149.

3. C., Inês Pires de, * um 1320 als unehel. Tochter des galiz. Adligen Pedro Fernández de Castro, der am Hofe König Alfons' XI. v. Kastilien eine wichtige Rolle spielte, und der Aldonza Soares de Valladares, kam 1340 als Ehrendame ihrer Cousine Konstanze Manuel de Castro nach Portugal, als diese mit dem Kronprinzen Peter vermählt wurde. I. erregte wegen ihrer Schönheit Aufsehen. Wohl erst nachdem Konstanze 1345 im Kindbett gestorben war, gab I. dem Werben des Kronprinzen nach und wurde ihm neun Jahre später offiziell angetraut. Am 7. Jan. 1355 wurde sie vor den Augen ihres Schwiegervaters, Kg. →Alfons' IV. v. Portugal, und wohl mit seiner Einwilligung ermordet. Als Grund dafür gilt die Befürchtung zu großer Macht der Familie→Castro, konkret schon bei der bevorstehenden Frage der Thronfolge. Nach seiner Thronbesteigung 1357 hat Kg. →Peter I. seiner Gemahlin ein kgl. Grabmahl im Kl. v. →Alcobaça errichten lassen und die Ratgeber seines Vaters wegen des Mordes zur

Verantwortung gezogen. Inês' tragisches Schicksal hat die Literatur seit der Romantik sehr beschäftigt. U. Lindgren

Lit.: DHP I, 528f. – A. DE VASCONCELOS, I. de C., 1928 – S. CORNIL, I. de C. De l'hist. à la légende et de la légende à la littérature, Acad. Royale de Belgique. Cl. des lettres, Mém. 47, 2, 1952 – A. BRÁSIO, Os Casamentos de D. Pedro e o auto das cortes de Coimbra, Anais da Academia Portuguesa da Hist., II série, vol. 11, 1961, 237–280 – M. DOMINGUES, I. de C. na vida de D. Pedro, 1961² – S. DA SILVA PINTO, O Casamento Válids de D. I. d. C., 1961 – DERS., O Sermão das Exéquias de D. J. d. C., O Distrito de Braga 1, 1961 – A. BRÁSIO, Duas notas marginais ao problema do casamento de D. Pedro com D. I. de C., Anais da Academia Portuguesa da Hist., II série, vol. 12, 1962, 95–111 – J. T. MONTALVÃO MACHADO, Amores de D. Pedro e D. I. em Terras da Lovrinhã, de Gaia e de Coimbra, 1967 – J. VERÍSSIMO SERRÃO, Hist. de Portugal I, 1979³, 275ff.

4. C., Paulus de → Paulus de Castro

Castrum → Befestigung, → Burg, → Burgus, → Kastell, → Stadt

Castrum doloris (lat. capella, frz. *chapelle ardente*) bezeichnet einen temporären Aufbau, der aus Anlaß der Exequien für bedeutende weltl. und geistl. Personen errichtet wurde. Es ist ein über längsrechteckigem Grundriß konstruiertes Holzgerüst, dessen vier Stützen eine Art Dach mit aufgesteckten Kerzen (Kerzenrechen) tragen. Die Anbringung von schwarzen Draperien und Wappen war möglich (vgl. Exequien für Ks. Friedrich III. in Wien 1493). Die Errichtung eines C. war nicht an das Vorhandensein des Leichnams gebunden. Das C. ist schon aus der Begräbnisliturgie des 14. Jh. als Gestell, auf dem der Tote aufgebahrt wurde, bekannt und hängt seinem Entstehen nach wahrscheinl. mit der Einführung der Absolution (Absolutio super tumulum) zusammen (vgl. 12. Jh. Ordo Romanus). Ausgangspunkte der Verbreitung waren Italien und Burgund. Bes. Verwendung und Ausformung fand das C. bei den Herrscherbegräbnissen in Deutschland, Frankreich und England, wo auch polit.-dynast. Momente hinzutreten konnten. Das C. wurde erst in seiner ausgeprägten Form in der Neuzeit mit röm. Bräuchen (consecrationes) in Verbindung gebracht.

H. P. Zelfel

Lit.: RDK III, 372–379 – L. A. VEIT, Volksfrommes Brauchtum und Kirche im dt. MA, 1936, Bildtaf. XII [Abb.] – L. POPELKA, Trauergerüste, RHMitt 10, 1966/67, 184–199; bes. 184 und 190f. – M. BRIX, Trauergerüste für die Habsburger in Wien, WJKu XXVI, 1973, 208–265; bes. 208–216 [Abb. 217, Fig. 1; Lit.].

Castulo(na). Das antike Castulo (spätere Namen: Castulona, Cazlona) im südl. Spanien (heut. Prov. Jaén), in röm. Zeit im Grenzgebiet der → Hispania citerior zur → Baetica an der Via Augusta gelegen, besaß Blei- und Silberminen. Die Stadt war bereits im 3. Jh. Bischofssitz. Als erster Bf. ist Secundinus auf dem Konzil v. Elvira (ca. 306) belegt. Neben Anianus, der 342/343 am Konzil v. Serdika teilnahm, sind 589–655 vier weitere Bf.e des zur westgot. Kirchenprov. → Toledo gehörenden Bm.s bezeugt. Aus den erst danach einsetzenden Bischofsbelegen für das nahe C. gelegene Beatia ist auf eine Verlegung des Bm.s dorthin zu schließen. C. ist heute Wüstung. G. Kampers

Lit.: RE III, 1778–80 [A. HÜBNER] – DHGE XI, 1484f. [M. ALAMO] – DHEE I, 385 [J. VIVES] – H. FLÓREZ, España Sagrada VII, 1900, 134–160 – L. TORRES BALBÁS, Ciudades yermas de la España musulmana, BRAH 141, 1957, 127–137 – L. A. GARCÍA MORENO, Prosopografía del reino visigodo de Toledo, 1974, 128f.

Casus, 'Fälle', sind ein Element der scholast. Vorlesungen (→ Lectura), Glossenapparate (→ Apparatus glossarum) und Kommentare (→ Commentum) zu den Rechtsquellen sowie, verselbständigt, eine Gattung ma. jurist. Literatur. Es handelt sich um Inhaltsangaben zu den kleinen Texteinheiten der Quellen, den Konstitutionen, Fragmenten, Paragraphen, Kapiteln und Dekretalen (→ Corpus iuris civilis, → Corpus iuris canonici), die deren Tatbestände und Entscheidungen referieren. Im Rahmen der Vorlesungen, Glossenapparate und Kommentare dienen die c. zur Einleitung der Interpretation der jeweiligen Texteinheit. Als selbständige Literaturwerke gewähren sie einen nicht sehr anspruchsvollen Überblick über den Inhalt der ganzen Quelle. Die ältesten selbständigen, so genannten c., aus dem 12. Jh., die C. codicis des → Wilelmus de Cabriano, die C. decretorum des → Benencasa sowie die C. decretalium des → Ricardus Anglicus und des Bernardus Balbi (→ Bernhard v. Pavia) enthalten auch interpretative Bestandteile und stehen deshalb dem Literaturtypus des Kommentars näher. Auch später bleibt die Abgrenzung fließend.

Typ. legist. Casus-Werke aus dem 13. Jh. sind die c. zum Digestum novum und zum Infortiatum von Vivianus Tuscus, zum Digestum novum von Franciscus Accursii (→ Accursius), zum Codex von Guido de Cumis, Vivianus, Guilelmus Accursii (→ Accursius) und → Odofredus de Denariis (bisher unbekannt, Ms. Seo de Urgel, 2042), die neapolitan. c. zu den Tres libri codicis (Ms. Turin, K. I. 19), die c. zu den Institutionen von Guido de Cumis und von Guilelmus Accursii sowie zum Authenticum von Guilelmus Panzonus. Die C. codicis des Odofredus und die neapolitan. C. trium librorum sind die Grundlage der umfangreichen reportierten Lecturae jenes Verfassers über den Codex Iustinianus. An kanonist. Casus-Werken seien – neben mehreren c. zum Decretum Gratiani und zu den Compilationes antiquae unbekannter oder unsicherer Verfasser – die c. zu den Dekretalen Gregors IX. und zu den Konstitutionen Innozenz' IV. von → Bernardus de Botone v. Parma genannt.

In bearbeiteter und gekürzter Form werden mehrere dieser Casus-Werke seit dem Anfang des 16. Jh. in die glossierten Druckausgaben der beiden Corpora iuris übernommen. Zur Unterscheidung von diesen c. breves bezeichnet man die vollständigen Casus-Werke hinfort als c. longi. Noch kürzere Inhaltsangaben (summmaria) exzerpiert man aus den Kommentaren und reportierten Vorlesungen der berühmten Juristen des 14. und 15. Jh., z. B. des → Bartolus de Saxoferrato, → Baldus de Ubaldis, → Johannes Andreae, → Nicolaus de Tudeschis, und fügt sie ebenfalls in die Druckausgabe der Rechtsquellen ein.

C. oder einfache Kommentare, auch zum Liber sextus und zu den Clementinen, werden noch im 15. Jh. verfaßt, u. a. von Helyas (Elias) Regnier in Poitier. P. Weimar

Lit.: SAVIGNY V, 344–352 – SCHULTE, I–II – KUTTNER, 228–232, 397–407 – G. DOLEZALEK, Die C. Codicis des Wilhelmus de Cabriano (Stud. zur europ. Rechtsgesch., hg. W. WILHELM, 1972), 25–52 – R. FEENSTRA, Les C. Institutionum de Guido de Cumis, Mémoires de la Société pour l'histoire du droit et des institutions des anciens pays bourguignons, comtois et romands 29, 1968–1969, aber 1972, 231–253 (jetzt in: R. FEENSTRA, Fata iuris Romani, 1974, 260–282) – COING, Hdb. I, 213ff., 219–222 [P. WEIMAR] (die ebd. auf S. 220 erwähnten anonymen Fragmente sind Texte von Guido de Cumis und Vivianus Tuscus) – R. FEENSTRA, Les C. Codicis de Guido de Cumis dans les manuscrits et dans l'édition inconnable de C. longi cum casibus praebibus codicum, SG 19, 1976, 175–204.

Catalani, Jordanus → Cathala de Séverac, Jourdain
Catalina → Katharina
Catalogus baronum, von CARLO BORRELLI, dem ersten Herausgeber, geprägter Begriff zur Bezeichnung von drei Texten, die nur in dem 1943 verlorengegangenen Registrum Angiovinum 242 (von 1322), f. 13–63, hs. überliefert waren und Aufzeichnungen über Lehensträger und ihre Leistungen im Dukat Apulien und im Prinzipat Capua enthalten. Der Hauptteil ist der »Quaternus magne expe-

ditionis« (Nr. 1-1262), dessen erste Anlage noch in die Zeit Rogers II. 1150-52 gehört, und der in den Jahren 1167-68 eine ungleichmäßig durchgeführte Überarbeitung erfuhr. Ziel dieses Heftes war nicht, unvollständige Unterlagen der norm. Zentralbehörden auf den neuesten Stand zu bringen, vielmehr sollten nach den Erkenntnissen von E. JAMISON damit angesichts der polit. Lage Vorbereitungen getroffen werden, um für eine eventuell notwendige militär. Verteidigungsaktion großen Stils ein zusätzl. Aufgebot zu gewinnen. Die »magna expeditio« war kein konkret geplanter oder gar durchgeführter Feldzug, sondern die Bereitstellung zusätzl. Soldaten für die Landesverteidigung als Schutzmaßnahme gegen die dt.-griech. Allianz, wobei die »pro augmento« zu stellende Mannschaft in Relation zur normalen Leistungspflicht stand; in der Regel war, soweit es die Möglichkeiten des Lehnsträgers erlaubten, die gleiche Anzahl von Rittern wie die normale Taxe zusätzl. bereitzustellen. Die Einträge, geograph. geordnet, beginnend mit der Terra di Bari, enthalten Angaben, ob das Lehen direkt vom Kg. verliehen war oder ob es sich um Aftervasallen handelte, für deren Leistungen deren Lehnsherr geradezustehen hatte, den Namen des Belehnten, den oder die Namen des Lehnsgutes, die Bewertung in der Einheit »milites« und die Angaben über die Gesamtleistung »cum augmento«, wobei neben den Kampfreitern auch noch servientes zu stellen waren, häufig im Verhältnis von 2 zu 1. Die Erklärungen wurden nicht immer vom Inhaber, sondern oft auch vom kgl. Kämmerer abgegeben. Patrimonialbesitz, der keiner ständigen Leistungspflicht unterlag, wurde ebenfalls mit herangezogen und bewertet, um für die »expeditio« veranschlagt werden zu können. Eine Gruppe, v. a. Kirchen, die von weltl. Leistungen frei waren, wurde nicht »pro augmento«, sondern »pro auxilio magne expeditionis« veranschlagt, was auch für den bes. Charakter dieser Aufzeichnung spricht. Erkennbar wird die lehnsfähige Schicht in all ihren Verzweigungen von den Gf.en bis zu den kleinen Leuten, die den Zusatzdienst oft nur persönl. verrichten konnten, weil ihre wirtschaftl. Verhältnisse ihnen die Ausrüstung eines weiteren Ritters nicht erlaubten. Bei der Revision 1167/68, v. a. in den Abruzzen, aber auch in Apulien, wurden »quaterniones curie« herangezogen und die in ihnen enthaltenen Angaben überprüft. Der zweite Teil (Nr. 1263-1372) ist ein ebenfalls normannisches, um 1175 entstandenes Verzeichnis von Rittern in Arce, Sora und Aquino. Der dritte Teil ist staufisch (um 1239/40) und enthält die weltl. (Nr. 1373-1427) und geistl. Lehnsträger (Nr. 1428-1442) der Capitanata. Nach einer staufischen Kopie wurde die Abschrift im Register angefertigt. H. Enzensberger

Ed.: C. BORRELLO, Vindex Neapolitanae nobilitatis, 1653, Appendix – G. DEL RE, Cronisti e scrittori sincroni napoletani I, 1845 – E. JAMISON, C. b. (Fonti 101), 1972 – *Lit.:* Repfont III, 162f. – B. CAPASSO, Sul catalogo de'feudi e dei feudatari delle provincie napoletane sotto la dominazione normanna, Atti Acc. Archeol., Letteratura e Belle Arti IV, 1868 – I. POMA, Sulla data della composizione originaria del C. B., ASS 47/48, 1926/27, 233-239 – C. CAHEN, Le régime féodal de l'Italie normande, 1940 – M. CARAVALE, Il regno normanno di Sicilia, 1966, 198, 209, 234, 248f., 252, 286f., 305 – E. JAMISON, Additional Work on the C. b., BISI 83, 1971, 1-63.

Catalogus Felicianus, Verzeichnis der röm. Bf.e, benannt nach Papst Felix III./IV. (526-530), bis zu dessen Regierungszeit die Namensliste reicht. Das Verzeichnis benützte den älteren →Catalogus Liberianus und ist als Auszug aus der älteren Schicht (1. Redaktion) des späteren →Liber Pontificalis anzusehen. K. S. Frank

Textrekonstruktion: L. DUCHESNE-C. VOGEL, Liber Pontificalis I-II. 1886-92 [Nachdr. 1955]; III, 1957 – *Lit.:* E. CASPAR, II, 314-320.

Catalogus Liberianus, Verzeichnis der röm. Bf.e von Petrus bis Liberius (352-366). Es bildet den letzten Teil des →»Chronographen von 354«. Mit dem →Catalogus Felicianus führt die Liste zum späteren→Liber Pontificalis. K. S. Frank

Ed.: TH. MOMMSEN, Chronica minora I, 13-176 – *Lit.:* H. STERN, Le calendrier de 354, 1953.

Catania, Stadt und Bm. auf Sizilien. C. wurde ca. 729 v. Chr. durch Chalkidier von Naxos aus südl. des Ätna gegr. Die Stadt konnte sich trotz wechselvoller Geschichte in der Antike wegen der Fruchtbarkeit des Landes als eine der wichtigsten Siziliens behaupten und zeigt noch heute bedeutende Reste von Bauwerken, bes. der röm. Kaiserzeit (u. a. Thermen, Theater, Amphitheater). Zahlreiche Inschriften bezeugen, daß in C. eine der frühesten und größten christl. Gemeinden Siziliens entstand. Die hl. →Agatha erlitt hier das Martyrium. Seit dem 3./4. Jh. war C. Sitz von Bf.en; namentl. bekannt ist erst Fortunatus zu Beginn des 6. Jh. Aus gleicher Zeit stammt eine christl. Grabbasilika mit großem Mosaikfußboden. J. Gruber

Um die Mitte des 8. Jh. wurde das Bm. der byz. Kirche zugeschlagen und dem Patriarchat Konstantinopel unterstellt, nach der Mitte des 9. Jh. auch mit eobfl. Titel ausgestattet. Ebenfalls im 9. Jh. geriet C. in die Herrschaft der Sarazenen (→Sizilien), in der 2. Hälfte des 11. Jh. wurde es von den Normannen erobert. Darauf errichtete Graf →Roger I. in C. die OSB-Abtei S. Agata, die bald danach von Urban II. zum Bischofssitz erhoben wurde (1092).

Durch Erdbeben stürzte 1169 die Kathedrale ein und begrub Bf. Johannes, Bruder des Kanzlers der Kg.e→Wilhelm II. und→Tankred. Das Bm. war exemt, und die Bf.e waren sogar im Besitz des Palliums, bis 1183 C. der neugegr. Metropole →Monreale unterstellt wurde (1844 erhielt C. erneut die ebfl. Würde).

Den Anfängen der stauf. Herrschaft in Unteritalien widersetzten sich 1194 und 1197 die Bf.e Leo und Roger Orbus, obwohl dieser noch 1195 Parteigänger Heinrichs VI. gewesen war. Die Stadt wurde in der Folge von Vergeltungsmaßnahmen d. stauf. Ks. getroffen. 1208-29 war der Kanzler des Kgr.s Sizilien, Walter v. Palearia, Bf. von C. Aus den letzten Jahren Ks. →Friedrichs II. stammt das mächtige Ursino-Kastell, errichtet zur Entmutigung von Bestrebungen kommunaler Selbständigkeit. Unter den aragones. Kg.en v. Sizilien (seit 1282) war es häufig Stätte von siz. Parlamenten und zuweilen auch Residenz. In C. florierte S. Nicolò l'Arena, eine der bedeutendsten OSB-Abteien im Europa der Neuzeit, 1156 erstmals genannt. Die Stadt bietet nach beinahe vollständiger Zerstörung durch einen Ausbruch des Ätna 1669 und ein Erdbeben 1693 fast keine Monumente mehr aus dem MA.
D. Girgensohn

Universität: Die Univ. C. wurde 1444 von Papst Eugen IV. auf Bitten des Kg.s v. Sizilien, Alfons (→17. A.), sowie insbes. der Stadt C., die auch die finanzielle Hauptlast trug, gegründet. C. war im ma. Sizilien die einzige Univ. im eigtl. Sinne (was ihr die Eifersucht von →Palermo einbrachte); sie hatte vier Fakultäten (wobei innerhalb der Artistenfakultät sogar Griechisch unterrichtet wurde), war faktisch aber vorwiegend eine Juristen-Universität, an der in Bologna ausgebildete Professoren lehrten (P. und G. Rizzari, P. Pitrolo u. a.). Die Univ. florierte während des ganzen 15. Jh.; ihre Hauptfunktion lag in der Ausbildung von Juristen für die Verwaltung des von den Aragonesen regierten Sizilien. J. Verger

Lit.: RE X, 2473-2478 – DACL II, 2, 2512-2526 – DHGE XI, 1492-1495–IP X, 282-297 [Bibliogr.]–H. NIESE, Das Bm. C. und die siz. Hohenstaufen, NGG, Phil.-hist. Kl., 1913, 42–71 – F. LANZONI, Le diocesi d'Italia dalle origini al principio del secolo VII, 2, 1927², 624–629 – L. T. WHITE, Latin monasticism in Norman Sicily, 1938, 105–117 – Rationes decimarum Italiae nei secoli XIII e XIV: Sicilia, hg. P. SELLA, 1944, 69–80 – G. FASOLI, Tre secoli di vita cittadina catanese (1092–1392), Arch. stor. per la Sicilia orientale 50, 1954, 116–154 – V. PAVONE, Storia di C. dalle origini alla fine del secolo XIX, 1969 – N. KAMP, Kirche und Monarchie im stauf. Kgr. Sizilien, 1, 3, 1975, 1203–1232 – R. STILLWELL, u. a., The Princeton Enc. of Classical Sites, 1976, 442f. [G. RIZZA] – [zur Universität]: COING, Hdb. I, 104 – RASHDALL II, 57–58 – R. SABBADINI, Storia documentata della R. Univ. di C., 1, L'univ. di C. nel sec. XV, 1898 [Neuausg. mit App. von M. CATALANO-TIRRITO, 1913] – M. CATALANO-TIRRITO, L'istruzione pubblica in Sicilia nel Rinascimento, 1911 – Storia della Univ. di C. dalle origini ai nostri giorni, 1934 – A. ROMANO, Giuristi siciliani dell'età aragonese, 1979.

Catanzaro (Catacium, Catanzarium), Kalabrien. Der Ort scheint als befestigte Siedlung im 9. Jh. von den Griechen angelegt worden zu sein. Nach der norm. Eroberung wurde im nahen Tres Tabernae ein Bm. errichtet (zuerst genannt 1091), das schon im 12. Jh. nach C. verlegt wurde; es war Suffragan von →Reggio Calabria. Ebenfalls seit der frühen Normannenzeit war C. eine Gft. Seit Ende des 11. Jh. hatten die Gf.en v. Loritello sie inne, doch wurde sie von Kg. →Wilhelm I. eingezogen, da die verwitwete Gfn. Clemenza an einer Verschwörung teilgenommen hatte. Erst 1252 wurde die Gft. wieder ausgegeben: an Pietro Ruffo, der sich später gegen Kg. →Manfred erhob und vertrieben wurde. Sein gleichnamiger Sohn, von →Karl I. v. Anjou wieder in die Gft. eingesetzt, wurde einer von dessen wichtigsten Gefolgsleuten. Die Gft. blieb im Besitz der Familie Ruffo bis zu deren Aussterben im 15. Jh. D. Girgensohn

Lit.: DHGE XI, 1495ff. – IP 10, 76–84 – E. CASPAR, Die Chronik von Tres Tabernae in Calabrien, QFIAB 10, 1907, 1–56 – E. JAMISON, Note e documenti per la storia dei conti normanni di C., Archivio storico per la Calabria e la Lucania 1, 1931, 451–470 – A. SANFELICE DI MONTEFORTE, La »Contessa di C.« dei tempi normanni, ebd. 19, 1950, 35–43 – E. PONTIERI, La »universitas« di C. nel Quattrocento (DERS., La Calabria a metà del secolo XV, 1963), 321–357 – M. DE LORENZIS, Notizie su C., 1–3, 1963–68 – G. VALENTE, Diz. dei luoghi della Calabria 1, 1973, 241–251 – N. KAMP, Kirche und Monarchie im stauf. Kgr. Sizilien I, 2, 1975, 949–954.

Catapotia, auch 'catapotium' (gr. καταπότιον = ursprgl. »was verschluckt oder verschlungen wird«). Spielte diese Arzneiform bei Galen keine Rolle, so findet sie sich doch bei Celsus (1. Jh.) mit meist starkwirkenden Ingredienzien und v. a. analget., hypnot. oder antitussiver Indikation. →Isidor v. Sevilla erklärt den Namen: »Catapotia, eo quod modicum potetur, seu inglutiatur« (orig. IV 9,9). Relativ häufig bei den spätgriech. Ärzten und in den von ihnen abhängigen lat. →Antidotarien und →Rezeptarien des frühen MA. Die Drogenpulver wurden mit Saft, Honig oder Balsam versetzt und mit den Fingern zu Erbsen- oder Bohnengröße geformt. Man nahm sie zerrieben mit Wasser oder Wein, schluckte sie oder applizierte sublingual. Seit →Constantinus Africanus viele Rezepte, bei denen aber nun die Bezeichnung 'pilula' (→Pille) gebräuchlich wurde. – C. oder 'catapucia' als Pflanzenname: Springwurz-Wolfsmilch oder Rizinus. F.-J. Kuhlen

Lit.: MlatWb II, s. v. – H. SIGERIST, Stud. und Texte zur frühma. Rezeptlit., 1923, Stud. zur Gesch. der Med. 13, 174 – J. JÖRIMANN, Frühma. Rezeptarien, 1925, BGM 1, 99 – D. GOLTZ, Ma. Pharmazie und Med., VIGGPharm NF 44, 1976, 171–174.

Catasto →Kataster, →Steuer

Caterina Vigri →Katharina v. Bologna

Catháir Már, in den ir. Genealogien der Ahnherr derjenigen Dynastien der →Laigin, die im Kgr. →Leinster von der frühhist. Zeit bis ins 12. Jh. herrschten. »Timna Catháir Máir« ('Das Testament des C.'), ein archaisierender ätiolog. Text, der nach dem Vorbild von Gen 49 (Jakobs Segen und Tod) abgefaßt ist und vielleicht im frühen 8. Jh. entstand, berichtet über die Erbteile der zehn Söhne C.s und, daran anschließend, über die zehn dynast. Linien, die auf C.s Söhne zurückgeführt wurden. Die Angaben des Textes sind völlig unhistorisch. O'RAHILLY vertrat die Ansicht, daß C. ursprgl. der göttl. Ahnherr der Laigin gewesen sei, der Jenseitsgott, von dem sie abzustammen behaupteten, wobei der Name C. vom kelt. *Catutegernos ('Schlachtenherr') herrühre. Wahrscheinlicher ist, daß es sich bei C. um eine protohist. Königsfigur handelt, deren vage überlieferter Nachruhm die Redaktoren der Genealogien anregte, sie ihren Zielen dienstbar zu machen. D. Ó Corráin

Lit.: T. F. O'RAHILLY, Early Irish hist. and mythology, 1946, 92–146, 268f. – M. DYLLON, Lebor na Cert: the book of rights, 1962, 148–178.

Cathal mac Conchobair, Kg. v. →Connacht, † 925. C. folgte seinem Bruder Tadc († 900) und regierte in Connacht bis zu seinem Tode. Zweifelhafte spätere Quellen schreiben ihm eine Teilnahme an der Schlacht bei Belach Mugna (908) auf seiten der Sieger zu. Nach C.s Tod kämpften seine Söhne um das Kgtm.; der Sieger, Tadc († 956), begründete eine Dynastie, die sich bis zum frühen 12. Jh. in direkter Linie erhielt. Mit wenigen Ausnahmen waren auch alle folgenden Kg.e v. Connacht Nachfahren Cathals. D. Ó Corráin

Lit.: P. WALSH, Christian Kings of Connacht, J. of the Galway Archaeolog. and Hist. Society 17, 1937.

Cathal mac Finguine, Kg. v. Munster (721–742) →Munster, →Terryglass, Treffen v. (737)

Cathala de Séverac, Jourdain (Jordanus Catalani) OP, erster Bf. des am 9. Aug. 1329 gegr. Bm.s Columbum (heut. Quilon, Südmalabar, Indien), † um 1336 ebd., stammte wahrscheinl. aus Séverac-le-Château im südwestfrz. Rouergue. J. C. war Mitglied der Fratres Peregrinantes, ein hervorragender Kenner des Persischen und reiste 1320/21 mit der Gruppe des →Thomas v. Tolentino OFM von Tabriz nach China ab. In Columbum blieb J. C. nach dem Martertod dieser Gruppe durch Moslems allein zurück und vollzog bis 1323 130 Taufen. 1328 reiste er nach Avignon, wo er seine »Mirabilia« verfaßte und durch Papst Johannes XXII. zum Bf. des Bm.s Columbum erhoben wurde. 1330 brach J. C. wieder nach Columbum auf, wo es 16 Jahre später eine lat. St. Georgs-Kirche und einige Ordensleute gab. Sein Nachfolger hieß wohl Jakob. A. Eßer

Q.: Chronicon XXIV Generalium, Anal. Franc. III, 1897 – A. MERCATI, Monumenta veterem diocesim Columbensem ... et eiusdem primum episcopum Iordanum Catalani O.P. respicientia, 1923 – H. CORDIER, Les Merveilles de l'Asie par le père Jourdain Catalani de Séverac, 1935 – Lit.: G. GOLUBOVICH, Biblioteca bio-bibliografica della Terra Santa e dell'Ordine Francesc., 5 Bde, 1906–27; Bd. 2–3 – R. LOENERTZ OP, La Société des Frères Pérégrinants I, 1937 – J. RICHARD, La papauté et les missions d'Orient au MA (XIIIᵉ–XIVᵉ s.), 1977.

Cat(h)aldus v. Tarent, hl., Patron v. →Tarent. 1070 fand man dort beim Bau der neuen Kathedrale in einem Marmorsarkophag ein Brustkreuz mit der (um 700 zu datierenden) Inschrift CATALDUS. Ihr wurden um 1100 die Buchstaben RA und im späten 12. Jh. weiterhin CHAU zugefügt. Rachau wurde als Ortsname und des Gutturals wegen als irisch verstanden. Die älteste Darstellung der Legende von dem im 7. Jh. aus Irland nach Tarent gekommenen und dort zum Bf. erhobenen C. enthält der »Catalogus Sanctorum« des →Petrus de Natalibus (1382). Die Schreibung 'Cathaldus', die an den ir. Namen 'Cathal' erinnerte, findet sich zuerst in dem Druck Lyon 1542 von

Petrus' Werk. – C. wird im Bischofsornat mit Pallium, meist bärtig, dargestellt (z. B. Palermo, Cappella Palatina und S. Cataldo, 12. Jh., Anagni, S. Nicola, 13. Jh.).
J. Hennig

Lit.: LCI V, 481 – C. Stornajolo, NBACr, 1915, 83–93 – J. Hennig, MSt 8, 1946, 217–244 – G. Carata-I. B. Barsali, Bibl. SS III, 1963, 951ff. – C. Mooney (Ir. Saints in the Golden Age, hg. J. Ryan, 1963), 86–99.

Cathedra Petri. [1] *Fest:* Seit dem 4. Jh. für den 22. Febr. bezeugt, erinnerte das Fest liturg. an das Bischofsamt des Petrus und seiner Nachfolger in Rom. Vielleicht wurde es im Anklang an die Feier der Thronbesteigung eines Ks.s und an die am gleichen Tag üblichen heidn. Gedenktage (natalia) eingerichtet. Vom späten 6.–9. Jh. in Rom nicht bezeugt, wurde das Fest jedoch in dieser Zeit im Zusammenhang mit der sich ausbreitenden Petrusverehrung in Gallien gefeiert, häufig am 18. Jan. Diese Verschiebung beruhte vielleicht auf der Feier der Conversio Pauli am Oktavtag (25. Jan.). Unter dem Einfluß des gallikan. Ritus wurde das Fest seit dem 9. Jh. auch in Rom wieder gefeiert, wobei beide Tage begangen wurden, der 22. Febr. jedoch wichtiger war, wie die röm. Zeremonienbücher (→Caeremoniale Romanum) zeigen.

[2] *Thron:* Ursprgl. bezeichnete der Terminus in Anklang an jüd. und philosoph. Traditionen ohne Bezug auf einen realen Thron das Amt des Petrus und seit dem 4. Jh. auch das seiner Nachfolger. Nachdem Gregor I. Altarraum und Apsis von St. Peter verändert und dort einen steinernen Papstthron errichtet hatte und die Inthronisation v. a. seit dem 10. Jh. ein konstitutiver Akt der Einsetzung eines Papstes geworden war, wurde mit dem Begriff bis zum 13. Jh. der steinerne Thron bezeichnet und damit zugleich das röm. Bischofsamt symbolisiert. Seit dem 13. Jh. ging diese Bezeichnung allmählich auf einen anderen, hölzernen Thron über. Dieser war wohl im 9. Jh. für Karl d. Kahlen hergestellt und von diesem Johannes VIII. geschenkt worden. Auch wenn nicht nachgewiesen werden kann, daß dieser Thron im Zeremoniell Verwendung fand, so wurde er doch seit dem 13. Jh. als wichtige Petrusreliquie in der Nähe des Hauptaltars von St. Peter verehrt und schließlich als Symbol des Papsttums im 17. Jh. in einer von Bernini geschaffenen Hülle in der Apsis der neuen Kirche angebracht. Der Thron besticht noch heute durch seine karol. Leisten aus Elfenbein und durch die nach der Schenkung in Rom angebrachten Tafeln aus Elfenbein (Datierung umstritten), die die Taten des Herkules darstellen.
B. Schimmelpfennig

Lit.: M. Maccarrone u. a., La cattedra lignea di S. Pietro in Vaticano, 1971 – Ders. u. a., Nuove ricerche sulla cattedra lignea di S. Pietro in Vaticano, 1975 – N. Gussone, Thron und Inthronisation des Papstes von den Anfängen bis zum 12. Jh., 1978 – M. Maccarrone, Die Cathedra Sancti Petri im HochMA, RQ 76, 1981, 137–172.

Cathedraticum, im kanon. Recht eine jährl. an den Bf. vom Klerus des Bm.s zu leistende Abgabe in Höhe von jeweils zwei Solidi für jeden Benefiziaten in Pfarrkirchen, Kollegiatkirchen und Kapellen. Die Fixierung des Betrages sollte ursprgl. eine willkürl. Inanspruchnahme der Niederkirchen durch die Bf.e verhindern. Das c. ist zuerst in der span. Kirche (Galizien) seit dem 2. Konzil v. →Braga 572 (c. 2) sicher bezeugt. Unter Berufung auf die span. Konzilien wird es auch in Westfranken im 9. Jh. eingeführt (Kapitular v. Toulouse 844, c. 2). In Italien begegnet es als neue Einrichtung auf dem Konzil v. →Ravenna 998 (c. 2) – offenbar durch→Gerbert v. Aurillac aus Frankreich übernommen. Der Name 'c.' taucht zuerst in Briefen→Gelasius' I. und →Pelagius' I. auf, deren Echtheit allerdings nicht sicher ist (Jaffé 710, 984, 991), so daß zweifelhaft bleibt, ob diese Abgabe in Italien bereits in das 5. oder 6. Jh. zurückreicht. Eine ausführl. Regelung enthält das gratian. Dekret (C. 10, q. 3) und das spätere Dekretalenrecht (X 1. 31. 16; X 3.39.9, 20, 26); in letzterem wird die Abgabe auch als 'synodaticum' bezeichnet, da sie vielfach anläßl. der Diözesansynode erhoben wurde. Ein genet. Zusammenhang mit den →Zehnten ist nicht nachweisbar, auch nicht mit der Funktion des Bf.s als Richter im →Sendgericht. Das 'c.' hat sich auch noch im heut. Recht des Codex iuris canonici erhalten (can. 1504).
P. Landau

Lit.: DDC II, 1436–1440 – G. Phillips, Kirchenrecht VII, 2, 1872, 878–883 – G. Schreiber, Kurie und Kl., II (Kirchenrechtl. Abh. 68, hg. U. Stutz, 1910) – H. Knies, Ursprung und Rechtsnatur der ältesten bfl. Abgaben in der ma. Diöz. Mainz, ZRGKanAbt 19, 1930, 51–138 – J. Gaudemet, Le gouvernement de l'église à l'époque classique: Le gouvernement local, Kap. VI, § 2 (Hist. du droit et des institutions de l'église en occident VIII, 2, 1979).

Cato im Mittelalter
I. Disticha Catonis – II. Liber V. Catonis – III. Monosticha – IV. Umdichtungen und Fortsetzungen – V. Kommentare und Glossierungen.

I. Disticha Catonis: »C.« bezeichnet im MA gewöhnl. die »Disticha Catonis« (D. C.), auch »Dicta, Distigium Catonis«, vier Bücher Lebensregeln und Spruchweisheit in jeweils zwei Hexametern, denen eine Vorrede und eine Reihe ganz kurzer Prosasentenzen voranstehen. Die D. C. sind vermutl. im 3. Jh. n. Chr. verfaßt worden. Im MA bildeten sie, meist zusammen mit den Fabeln des Avian, die Anfangslektüre im Grammatikunterricht (→Artes liberales, →Auctores; Näheres siehe »Disticha Catonis). – Ed.: Ae. Baehrens, Poetae latini minores 3, 1881, 214–236 – J. W. Duff-A. M. Duff, Minor Latin Poets, 1935, [Nachdr. 1954], 592–623 [mit engl. Übers.] – M. Boas, 1952 [maßgebl. krit. Ausg. mit reichen Nachweisen von Benützungen]. – Lit.: Schaller, 15020 – Walther, 3551 (z. T.) + MJb 8, 291. 12, 312; Walther 17703 + MJb 7, 310. 8, 301. 12, 312 – G. Glauche, Schullektüre im MA, Münchener Beitr. zur Mediävistik und Renaissance-Forsch. 5, 1970, 142 (»D. C.«) – Schanz-Hosius 3, 34–41 – Verf.-Lex.[2] I, 1192–1196 – E. Voigt, Mitt. der Ges. für dt. Erziehungs- und Schulgesch. 1, 1892, 42ff.

II. Liber V. Catonis: Ein »Liber V. Catonis«, inc. »Qui cupis esse bonus et vis dinoscere verum«, der manchmal mit den D. C. oder auch für sich überliefert ist, besteht aus Versen dreier Gedichte des →Eugenius v. Toledo (Nr. 6, 2, 7). – Ed.: MGH AA 13, 236. 233. 238 – Lit.: Walther 15441 – Y. F. Riou, Rev. d'hist. des textes 2, 1972, 26–34.

III. Monosticha: Eine Reihe von Monosticha (»Proverbia Catonis« u. a.), inc. »Utilibus monitis prudens accommodet aures«, ist mit den D. C. insofern verbunden, als sie in der Überlieferung einzelne Verse aus den Disticha enthält. – Ed.: Ae. Baehrens (s. zu I) 3, 236 – A. Riese, Anthologia latina, 1894, 1906, Nr. 716 – Duff (s. zu I) 624–629 [mit engl. Übers.] – MPL 171, 1735f. [teilw.] – Lit.: Walther 19923 – Schaller (s. zu I) 16936 – M. W. Bloomfield, B. G. Guyot, D. R. Howard, T. B. Kabealo, Incipits of Latin Works on the Virtues and Vices 1100–1500 A. D., 1979, Nr. 6242 – Schanz-Hosius 3, 39.

IV. Umdichtungen und Fortsetzungen: Die allgegenwärtigen D. C. haben eine ganze Literatur von Um- und Zudichtungen, Nachahmungen und Fortsetzungen hervorgerufen. Außer den unten genannten mögen noch weitere Lehrdichtungen zur Moral und Lebensklugheit (z. B. →Facetus und →Floretus, vgl. Schanz-Hosius 3, 40) unter der Wirkung auch der D. C. entstanden sein.

[1] »Monastica«, »Praecepta vivendi«, inc. »Haec praecepta legat devotus ut impleat actu«, Monosticha, die ebenfalls mit Versen der D. C. durchsetzt sind. Ihr Verfas-

ser ist →Columbanus oder →Alkuin. – Ed.: MGH PP I, 275ff. – AnalHym 51, 355 – Lit.: SCHALLER [s. zu I] 5960 – BRUNHÖLZL, 186f., 534f.

[2] »C. rhythmicus«, inc. »Cum animadverterem plurimos errare«. – Ed.: F. ZARNCKE, BGL 1863, 49ff. – Lit.: SCHANZ-HOSIUS 3, 39 – BLOOMFIELD [s. zu III] 1048.

[3] »C. secundus«, inc.: »Hiis accede sonis, cape verba secunda Catonis«. – Ed.: B. HAUREAU, Notices et extraits 4, 312 (Vs. 1-4) – M. BOAS, Neophilologus 15, 1930, 232–238 – Lit.: WALTHER 8190 – BLOOMFIELD (s. zu III) 2366.

[4] »Catoniana confectio«, inc. »In primis, charissime, volo te docere«. – Lit.: WALTHER 9056 – SCHANZ-HOSIUS 3, 40.

[5] »Vorauer C. novus«, inc. »Incipit hic Cato preponens dogmata nato«. – Lit.: WALTHER 9194.

[6] »C. novus« eines Martinus, inc. »Lingua paterna sonat quod ei sapienta donat«. – Ed.: F. ZARNCKE, BGL 1863, 31–48 – Lit.: WALTHER 10340 + MJb 8, 295. 12, 306. 15, 272 – MANITIUS 3, 713 – Scriptorium 27, 1973, 84.

[7] »C. interpolatus« (Verfasser Rupertus de Ragio?), inc. »Non vane cultus intrinseca pectoris icunt«. – Ed.: F. ZARNCKE, BGL 1865, 58ff. – Lit.: WALTHER 12214 – SCHANZ-HOSIUS 3, 40.

[8] »Principium multum domini tu dilige cultum«. – Lit.: WALTHER 14723.

[9] »Qui regnant animo feliciter omnia vincunt«. – Lit.: WALTHER 15631.

[10] »C. leoninus«, »C. conversus«, »Cambridger C.«, inc.: »Si deus est animus ut scripta per ethica scimus«. – Ed.: F. ZARNCKE, BGL 1870, 181–192. – Lit.: WALTHER 17704 – MANITIUS 3, 714. (11. »Virtutum primam esse puto...« = D. C. 1, 3.)

V. KOMMENTARE UND GLOSSIERUNGEN: Oft anonym, vgl. z. B. BLOOMFIELD (s. zu III) 5848, 5528, 2949, 5330, 2657. Unter den bekannten Autoren: →Remigius v. Auxerre (ed. M. MANITIUS, Münchener Museum für Philologie des MA 2, 109–113 stark gekürzt): Gisalbertus de Bergamo (BLOOMFIELD 2839), Philippus de Bergamo (BLOOMFIELD 3642, 3615), Robertus de Euromodio (BLOOMFIELD 1045).

Übersetzungen bis ins 18. Jh. verzeichnen SCHANZ-HOSIUS 3, 38f.

Weiteres→ Disticha Catonis. G. Bernt

Cattaro → Kotor

Catterick, Stadt in England, N. Yorkshire. Die geograph. Lage der kleinen romano-brit. Stadt Caturactonium (Ptol., It. u. a.; Name wahrscheinlich kelt. Ursprungs) am Watling zw. York und dem Fluß Tees verlieh dieser Siedlung im 4.–7. Jh. größere Bedeutung: Es existierten archäolog. Belege für eine spätröm. Garnison, walis. Quellen nennen einen entscheidenden ags. Sieg über nordbrit. Truppen bei C. (Cataeth) um 600 (→Aneirin). Für das 7.–8. Jh. geben Quellen einen guten Aufschluß über die Wichtigkeit des C. als northumbr. kgl. Aufenthaltsort. C. war eines der Besitztümer, die Wilhelm d. Eroberer dem bret. Gf.en →Alan, seinem Bundesgenossen in der Schlacht v. →Hastings, übertragen ließ. Später war C. ein Herrenhof im Verband des Kronlehens der →Richmond ('honour of Richmond') und fiel 1435 an die Krone zurück. Eine bemerkenswerte Quelle ist der detailfreudige Werkvertrag mit einem Maurer (1412), der die Pfarrkirche St. Anne zum Gegenstand hat; ein solcher Vertrag ist auch für die Brücke über den Swale überliefert (1422–25). D. A. Bullough

Lit.: VCH Yorkshire Nth. Riding, I, 1914, 301–312 – L. F. SALZMAN, Building in England, 1952, 487–490, 497–499 – Journal Roman Stud. 50, 1960, 217f.

Catullus im Mittelalter. Der Dichter C. gehört zu denjenigen röm. Autoren, die das MA vor dem Untergang bewahrt, aber doch nicht eigtl. sich angeeignet hat. Der anfänglich begeisterten Aufnahme der Dichtung C.' v. a. in der augusteischen Zeit und der wie wohl – wenn auch schon eingeschränkt – anhaltend hohen Wertschätzung bis in die Zeit Martials und Quintilians waren Jahrhunderte nahezu völligen Vergessens gefolgt. Die wenigen Anklänge, die man in der Spätantike glaubte feststellen zu können, sind fast durchweg recht unsicher und beweisen gerade durch ihre Seltenheit den Rückgang der Kenntnis und Wertschätzung in den Kreisen der Lesenden. So sind denn in der Zeit, da an die Stelle der Papyrusrolle der Pergamentkodex in Mode kam, wahrscheinl. nur sehr wenige Exemplare auf dem dauerhaften Material hergestellt worden. Im ausgehenden Altertum oder der folgenden Übergangszeit ist das Epithalamium (vesper adest: carm. 62), sofern es nicht schon lange für sich im Umlauf war, aus dem Gesamtwerk herausgenommen und in eine Blütenlese von Dichtern eingereiht worden, die uns als die bekannte Anthologie des codex Thuaneus (Paris lat. 8071 saec. IX, Abb. bei CHATELAIN, Paleographie des classiques latins tab. XIV) vorliegt (über vermutete Abhängigkeit dieser Hs. von Wien lat. 277 vgl. CLA XI 1474). Die vollständige Sammlung der Gedichte scheint nur in einem einzigen sehr dünnen Zweig überhaupt ins MA gelangt zu sein; auf dieser einzigen frühma. Kopie, vermutl. der Karolingerzeit, beruht unsere Kenntnis der Gedichte Catulls. Im ganzen MA ist die Kenntnis der Gedichte höchst selten anzutreffen. Der einzige, der ihn mit Sicherheit gelesen hat, Bf. Rather v. Verona in der Zeit Ottos d. Gr., klagt sich selbst seiner Vorliebe für C. an (Serm. 11.4, MPL 136, 752 B). Ob er den Dichter in dessen Vaterstadt Verona kennengelernt und später in seine Heimat mitgenommen hat (wie SABBADINI annahm) oder ihn vielleicht schon früher in seiner Lothringer Heimat kennengelernt hatte, wird sich mit letzter Sicherheit nicht entscheiden lassen. Sonstige Benützungsspuren sind allesamt unsicher. C. scheint nach Rathers Zeit so gut wie verschollen gewesen zu sein; er taucht erst wieder auf, als ihn gegen Ende des 13. Jh. der Veroneser Franciscus a calamis (oder a brevibus), nachmals Torschreiber in seiner Vaterstadt, aus Frankreich nach Italien zurückbringt, wie ein berühmtes Epigramm des Benvenuto Campesano mitteilt. Von nun an verbreitet sich die Kenntnis der Gedichte C.' rasch in den Kreisen des it. Frühhumanismus; zu den ersten, die ihn zitieren, gehörten →Geremia da Montagnone, Albertino Mussato und →Petrarca. Seitdem hat sich die hohe Wertschätzung gehalten. F. Brunhölzl

Lit.: Die praefationes der krit. Ausgaben – SCHANZ-HOSIUS, I-IV [Register] – MANITIUS, I-III [Register] – R. SABBADINI, Le scoperte dei codici latini e greci nei secoli XIV e XV, I/II, 1905–14 [2. Aufl. mit Korrekturen und Nachträgen v. E. GARIN, 1967].

Cauchon, Pierre, frz. Prälat in burg. und engl. Diensten, Richter der→Jeanne d'Arc, * um 1371 in Reims, † 18. Dez. 1442, Lisieux, ▭ ebd., Dom, Marienkapelle. C. stammte aus bedeutender Reimser Bürgerfamilie, studierte an der Pariser Univ., wo er 1403 als Rector bezeugt ist. Im durch die Parteikämpfe der →Armagnacs und Bourguignons zerrissenen Frankreich schloß er sich dem Burgunderhzg. Philipp dem Kühnen und seinem Sohn Johann Ohnefurcht an, die er für am befähigsten hielt, das Gr. →Abendland. Schisma zu überwinden und sich dem türk. Vordringen auf dem Balkan entgegenzustellen. C. wurde Ratgeber der beiden Hzg.e und gehörte der burg. Delegation beim Konzil von →Konstanz an (1414–18). Nach der Ermordung Hzg. Johanns (1419) wandte sich C. – wie selbstverständlich – der »engl.« Partei zu, welche die Kandidatur des engl. Kg.s, →Heinrich V., für den frz. Thron und ebenso diejenige seines Sohnes, →Heinrich VI., unterstützte. Heinrich V. ließ C. zum Bf. v. Beauvais erheben (1420). Der Kampf der Jeanne d'Arc für die Krönung des Valois →Karl VII. durchkreuzte die Pläne der Engländer und ihrer Parteigänger. C. betrieb 1431, nach der Gefangennahme der Jeanne, als Vorsitzender des Gerichts mit ungeheurem Eifer und übrigens im Einverständnis mit seinen Kollegen von der Pariser Universität die Verurteilung und Hinrichtung der Jungfrau. In den zeitgenöss. Quellen selten erwähnt, wurde der Bf. von den nachfolgenden Auseinandersetzungen anscheinend nicht stärker beeinträchtigt. Nach dem Vorrücken der frz. Truppen auf den Bischofssitz von Lisieux, in der »engl.« Normandie, transferiert, starb er dort. – Erst die Atmosphäre der Kampagne für die Kanonisation der Jeanne d'Arc am Ende des 19. Jh. haben C. zu einer allgemein bekannten und verachteten Gestalt werden lassen.

Ph. Wolff

Lit.: DHGE XII, 4–7 – LThK² VIII, 355 – CH. DE BEAUREPAIRE, Notes sur les juges et les assesseurs du procès de condamnation de Jeanne d'Arc, 1890 – PH. WOLFF, Le théologien P. C. de sinistre mémoire (Mél. E. PERROY, 1973), 553–570 – P. DESPORTES, Reims et les Rémois aux XIIIᵉ et XIVᵉ s., 1979, 678–683 – J. FAVIER, La guerre de Cent ans, 1980, 513–528.

Cauliten, ehemaliger Orden. Der Name ist von Vallis caulium (frz. Val-des-Choux) hergeleitet, einem ehemaligen Kl. im Forst von Châtillon (Côte d'Or), das Hzg. Odo III. v. Burgund zur Aufnahme einiger Eremiten ca. 1193–95 gründete. Es herrschte eine kartäusisch-zisterziens. Mischregel, konzipiert von Guido (Viard), einem Kartäuser und ersten Prior von Val-des-Choux. In Nachahmung entstanden im 13. Jh. ungefähr 20 Priorate, meistenteils in waldigen Gegenden Burgunds, des Pariser Beckens und der Normandie, außerhalb Frankreichs in Schottland und in der ndl. Limburg. Das Hauptkloster wurde 1764 aufgehoben. R. Folz

Lit.: W. DE GRAY-BIRSCH, Ordinale conventus Vallis caulium, 1900 – R. FOLZ, Le monastère du Val des Choux au 1er s. de son hist., Bull. philolog. et hist. du Comité des trav. hist., 1960, 91–115 [mit weiteren Q. und Lit.] – K. SCHUTGEN, Inventories der Arch. von het Klooster St Elisabethsdal te Nunhem, 1979.

Caumont, gascogn. Adelsfamilie, eines der bedeutendsten Geschlechter im →Agenais. Ihr Herkunftsort C. (dép. Lot-et-Garonne) liegt in beherrschender Lage am linken Ufer der Garonne. 1259 ist *Bertrand de C.* hier als Herr belegt. Er verlieh 1289 den Einwohnern des Ortes ein Privileg nach dem Vorbild des Statuts v. Marmande. Während der 2. Hälfte des 13. Jh. und noch zu Beginn des 14. Jh. lagen die Lehen der C. beiderseits der Garonne und erstreckten sich über 15 Herrschaften. Die Abtretung des Agenais durch Philipp III., Kg. v. Frankreich, an Eduard I., Kg. v. England und Hzg. v. →Aquitanien, i. J. 1279 beeinflußte auch die Geschicke des Hauses C., da die instabilen polit. Verhältnisse infolge des engl.-frz. Gegensatzes den Kg.-Hzg. in zunehmendem Maße von der – recht fragilen – Loyalität der größeren gascogn. Adelsfamilien, darunter auch der C., abhängig machten. Zunächst trat *Guillaume de C.,* der Sohn des obengen. Bertrand, als einer der Führer der anglo-gascogn. Partei in der Region auf. Nach dem engl. Angriff auf →St-Sardos (1323) zählte er sogar zu den elf geächteten Adligen, deren Namen der frz. Kg. auf einer Liste hatte zusammenstellen lassen. Doch zeigte sich Guillaume bald vom Verhalten der Kg.-Hzg.e enttäuscht; so trat er nach seiner Begnadigung durch den frz. Kg. i. J. 1330 auf dessen Seite über. C.s Sohn, *Guillaume-Raimond,* der nicht bereit war, dem Vater bei seinen Parteiwechseln zu folgen, geriet bald mit diesem in Konflikt (1333). Zwar gelang es dem Vater nicht, den mißratenen Sohn gänzlich zu enterben, doch überließ er ihm nur Güter, die außerhalb des Agenais lagen. Seit 1342 stand Guillaume-Raimond jedoch selbst auf der Seite des frz. Kg.s, der ihn mit Gnadenerweisen geradezu überhäufte. Der Herr v. C. trug seinerseits zum Bündnis zw. Gaillard und Raimond-Bernard de Durfort bei (1350–51).

Guillaume-Raimonds Nachfolger, *Nompar de C.,* verlor seine Güter durch Konfiskation von seiten des frz. Kg.s 1381. Dafür stand er bei Kg. Richard II. v. England in hohem Ansehen, dessen Vertrauter er zeitweilig war (1384). Doch war Nompar gegen Ende seines Lebens bestrebt, sich wieder dem Kg. v. Frankreich anzuschließen (1405). Ein anderer *Nompar,* gleichfalls Herr v. C., war eine Generation später wiederum Parteigänger des Kg.-Hzg.s und verlor erneut die Güter durch Konfiskation von seiten Kg. Karls VII. v. Frankreich (1443). Gleichwohl erhielt *Brandelis,* Herr v. C., i. J. 1463 die kgl. Erlaubnis, die Befestigungen des Ortes C. wiederherstellen zu lassen. Die Position der Familie C. hatte die Krise des Hundertjährigen Krieges überdauert. Y. Dossat

Q. und Lit.: J. GARDELLES, Les châteaux du MA dans la France du Sud-Ouest [Ind., s. v. C.] – Y. DOSSAT, L'Agenais vers 1325, Actes du 101ᵉ Congr. nat. des Sociétés savantes, 1966, Sect. de philol. et d'hist., 143–154 – P. CAPRA, Les bases sociales du pouvoir anglo-gascon au milieu du XIVᵉ s., M-A LXXXI, 1975, 273–299, 447–473 – N. DE PEÑA, Documents sur la maison de Durfort, 2 Bde, 1977, s. v. C. – J. BURIAS, Atlas hist. français: Agenais, 1979, Karte VI, 4 – s.a.: ALIS, Hist. de la ville, château et seigneurie de C., 1898.

Caunes, Abtei OSB und Stadt im Minervois (dép. Aude). [1] *Abtei:* C., eine der bedeutendsten Abteien des Bas-Languedoc, entstand im Zuge der Gründungswelle, die nach der Eroberung →Septimaniens durch Pippin in der 2. Hälfte des 8. Jh. erfolgte und in der Region ein dichtes Netz von Abteien entstehen ließ. Der hl. Anianus (Aignan, Anno, »Chinian«) gründete zwei Kl.: St-Jean in Citou (Exitorium) und St-Laurent in Orlebegium (nahe →St-Pons de Thomières); ein drittes, St-Pierre-et-St-Paul, war nahe C. in 'Businitis' im pagus Minerbensis (Minervois) von Abt Daniel gegr. worden, der nach seiner Erhebung zum Ebf. v. →Narbonne (769–798) diese Abtei ebenfalls dem hl. Anianus übertrug. Dieser hatte vom Gf. en v. Narbonne, Milo, die Villa Caunes am Argentdouble empfangen (Festlegung der Grenzen aufgrund einer durch den Gf. en und den Missus Maginarius i. J. 791 durchgeführten Inquisitio) und errichtete hier das monast. Zentrum; er bewog Karl d. Gr. auf der Synode v. →Frankfurt (794), C. unter sein →mundiburdium (kgl. Schutz) zu nehmen. Durch eine Inschrift nahe dem Altar ist die Stiftung auf einen 14. Nov. zu datieren. →Theodulf v. Orléans, der Septimanien als Missus bereiste, nennt Anianus neben anderen Äbten der Gegend in einem Gedicht an →Benedikt v. Aniane. Die Abtei C., die Schenkungen von Ludwig d. Fr., der selbst Kg. v. Aquitanien war, empfing, erscheint in der Liste der großen aquitan. Abteien, die auf der Synode v. Aachen (818/819) von allen Verpflichtungen, außer dem Gebet für den Ks., entbunden wurden. – Der größte Teil der Archivalien von C. wurde 1761 durch Brand vernichtet, doch waren die Titel damals bereits kopiert (Bibl. Nat., Coll. Doat, vol. 58) und zahlreiche Urkunden v. MABILLON als Faksimile reproduziert oder durch andere Gelehrte des 17.–18. Jh. (BALUZE, MARTÈNE, VAISSÈTE u. a.) ediert worden; neben einer Güterbestätigung Karls d. Kahlen finden sich an Zeugnissen von hohem Quellenwert, u. a. Schenkungen des 8.–9. Jh.,

Protokolle über Inquisitiones sowie Urteile des 9. Jh., Testamente des 10. Jh. und ein einzigartiges Dokument über eine Abtwahl von 1021.

Die Geschichte von C. wurde ebenso wie diejenige vieler anderer südfrz. Abteien vom Dualismus zw. Konventabt und Laienabt bestimmt. Die Würde des Laienabts v. C. ging wohl im 10. Jh. von den Vicecomites des →Minervois auf die Gf.en v. →Carcassonne über; darauf weist die testamentar. Verfügung Gf. Rogers I. d. Ä. zugunsten seines Sohnes Raimund (1002) hin. Da Raimund jedoch bereits vor seinem Vater verstarb, erhielt ein anderer Sohn, Peter Roger, Bf. v. Gerona, das Abbatiat, mit dem er 1034 seinen Neffen Roger I., Gf. en v. →Foix (Sohn eines anderen Bruders Bernhard Roger), belehnte. Doch fiel die Abtwürde an einen anderen Zweig der Gf. en v. Carcassonne; Raimund Berengar I., Gf. v. →Barcelona (über seine Großmutter Ermesindis Nachkomme Rogers d. Ä. v. Carcassonne), reservierte sich im Zusammenhang mit dem Rückkauf der Rechte der Erbin der Gft., Ermengard, deren Verfügungsgewalt über C. (die ztw. an →Raimund v. St-Gilles übergegangen war). Anschließend belehnte Raimund Berengar II., als Gegenleistung für die definitive Übertragung der Gft. Carcassonne, den Gatten der Ermengard, Raimund Berengar→Trencavel, Vicecomes v. Albi und Nîmes, mit den Abteien C. und Montolieu; er hatte sich zu verpflichten, beide Abteien nie zu veräußern und sie als gfl.-barcelones. Lehen zu halten. Bernhard Aton I., der Carcassonne wiedererlangte, vermachte C. testamentar. seinem Sohn Roger I. (1118). Dieser anerkannte i. J. 1136 die →»sauveté« (Freibezirk), die um das Kl. errichtet worden war und deren Grenzen mit Kreuzen markiert waren, und verpflichtete sich in diesem Zusammenhang, dort keine Befestigung zu errichten, keine Kriegshandlungen auszuüben und auch nicht Glockenturm, Abteiturm oder Stadtmauern für militär. Zwecke zu benutzen. Der Konventabt schwor Roger II., dem Sohn und Nachfolger, den Treueid für die Burgen (castra) Citou und L'Espinasière (1183), in denen auch Priorate von C. gegründet wurden. Roger II. verpfändete für die hohe Summe von 25 000 sous melgoriens die beiden genannten Burgen, die Stadt C. und das Dorf Troussan an Bertrand v. Saissac, den er auch zum Vormund seines Sohnes Raimund Roger ernannte, schließlich trat er der Abtei C. alle Rechte, die er über sie hatte, testamentar. ab (1194).

C. hatte seit der Karolingerzeit eine beachtl. Besitzentwicklung erfahren; doch wurden große Teile der Domäne, die sich bes. im 11. und 12. Jh. durch Schenkungen ausgedehnt hatte, an milites der Abtei ausgetan bzw. von diesen usurpiert. 1119 bestätigte Papst Gelasius II. – in Erneuerung eines verlorenen Privilegs Urbans II. – die Gesamtheit des in den Narbonnais, Minervois, Carcassès, Razès und Albigeois gelegenen Besitzes. Dennoch beabsichtigte Lucius II., C. der benachbarten Abtei St-Pons de Thomières zu unterstellen (1182).

Der Krieg gegen die →Albigenser befreite C. vom Einfluß laikaler Gewalten; die Machtstellung der Trencavel wurde zerschlagen (ab 1209). Der 1194 in freier kanon. Wahl erhobene Abt, dessen Bruder als Häretiker seine Burg La Livinière verlor, wurde ausgeschaltet, und sein Nachfolger Géraud II. v. Villeneuve stellte sich entschieden auf die Seite der Orthodoxie: 1223 nahm er am Konzil v. Montpellier teil und wurde zum Papst entsandt zwecks Überbringung der Konzilsbeschlüsse, welche die Versöhnung der Kirche mit dem Gf. en v. Toulouse betrafen. 1226 wurde in C. auf Befehl des kgl. Lieutenant Humbert de Beaujeu ein Katharerbischof verbrannt. 1231 kaufte der Abt zu Spottpreisen vom kgl. Seneschall die konfiszierten Güter von Häretikern auf; dies geschah erneut 1268 und 1277, aber nun zu weitaus höheren Preisen. Abtei und Stadt C. waren in diesen Jahrzehnten in die Repressionsmaßnahmen gegen die Albigenser verstrickt: 1247 ordnet Ludwig d. Hl. Untersuchungen gegen Leute an, die in der Abtei die für Ketzerverfolgungen angelegten Register verbrannt haben. 1248 bitten die Einwohner und die Äbte der Gegend den Kg., seinen Befehl zur Schleifung der Stadtmauern von C. (als eines möglichen Schlupfwinkels von Häretikern) zu widerrufen. 1257 gibt Alexander IV. Weisung zur Verfolgung von Personen, die den Abt sowie Mönche und Konversen von C. mißhandelt haben. Der Abt war nun direkter kgl. Vasall, der das Homagium schwören und die Versammlungen der Etats (Stände) der Sénéchaussée besuchen mußte.

Seit der Mitte des 13. Jh. geriet C. in eine Finanzkrise, die z. T. auf direkte und indirekte Auswirkungen des Albingenserkrieges (Wüstwerden von Agrargebieten) zurückging und Konflikte zw. Abt und Mönchen hervorrief (u. a. Exkommunikation der Mönche durch den Abt, die 1238 durch Gregor IX. aufgehoben wurde). 1236 spricht ein Schiedsspruch dem Ebm. →Narbonne zahlreiche Pfarrkirchen, die von ihm beansprucht worden waren, ab; für diese soll C. die Seelsorger stellen. Nach einem schweren internen Konflikt im Kl. (1316–17) ordnete der Ebf. v. Narbonne die Reformierung von C. an; die entsprechenden Statuten wurden von Johannes XXII. bestätigt (1320). I. J. 1346 begrenzte Clemens VI. die Zahl der Religiosen (einschließl. des Abtes) auf 26, dazu kamen noch vier mit Präbenden versehene Priester (16 i. J. 1416, 7 i. J. 1547). 1355 behielt sich Innozenz VI. die Ernennung des Abtes vor. Ein Versuch, die Krise durch Unterstellung der Abtei unter→St-Victor in Marseille zu bewältigen, der 1366 von Papst Urban V. (ehem. Abt v. St-Victor!) unternommen wurde, blieb ergebnislos. 1401 wurde die Abtei→Lagrasse mit der Reformierung von C. beauftragt; 1430 erhielt der Offizial und Generalvikar v. Narbonne, Pierre de Gaudiac, die Abtei, doch wurde sie 1467 zugunsten des Kard. Jean de Geoffroy, Bf. v. Albi, zur →Kommende umgewandelt, was sie auch später blieb. 1633 trat C. den Maurinern bei; 1791 wurde die Abtei aufgehoben. – In der Abteikirche (heute Pfarrkirche) bestand ein Kult der als »saintes de C.« bezeichneten, weithin legendar. Martyrer Amandus, Lucius, Alexander und Audaldus (Stiftungen seit dem 10. Jh., bemalter Reliquienschrein von 1391).

[2] *Stadt:* Die Stadt C., die sich als →Abteistadt entwickelte, gewann schrittweise städt. Selbständigkeit. 1149 kaufte sie sich von der abteil. Abgabe der →queste frei; 1240 erwarb sie für 10 000 sous melgoriens das Erbrecht an kinderlos Verstorbenen (1280 erlangte die Stadt dieses Recht gegen Zahlung von 300 livres auch in den Dörfern der Abtei); 1270 weitere Freiheiten. Seit 1136 besaß sie Mauern (im 13. Jh. verstärkt); seit 1269 sind Konsuln erwähnt, doch erst 1337 gestattete die Abtei der Stadt sechs Konsuln, ein Rathaus, Siegelführung und Stadtmiliz.

R.-H. Bautier

Q. *und Lit.:* DHGE XII, 12–17 – A. MAHUL, Cart ... des anciennes communes de l'arr. et diocèse de Carcassonne IV, 1873, 67–135 [ville, 136–187; Cittou, 188–191; L'Espinassère, 192–197] – L. BÉZIAT, Hist. de l'abbaye de C. ..., 1880 – BRAUNFELS, KdG [PH. WOLFF] – O. ENGELS, Schutzgedanke und Landesherrschaft im ö. Pyrenäenraum, 1970, 63–65 – W. L. WAKEFIELD, CathHR 58, 1972 – E. MAGNOUNORTIER, La société laïque et l'Eglise dans la province ecclésiastique de Narbonne ..., 1974 – vgl. auch die Lit. zu →Albigenser.

Caupo (Kôpe), Livenfürst (»quasi rex et senior Lyvonum de Thoreida«, Heinrici Chronicon Livoniae VII, 3), nahm unter den →Liven der Landschaft Treyden an der Livländ.

Aa eine herausragende Stellung ein. Wohl schon 1191 (so PABST, 8) von dem dort missionierenden Zisterzienser →Theoderich getauft, stellte er 1200 einen Sohn als Geisel, der in Deutschland erzogen wurde. 1203 nahm ihn Theoderich nach Deutschland und Rom mit und stellte ihn Papst Innozenz III. vor, der ihn reich beschenkte. 1204 zurückgekehrt, mußte er seine Stammburg den noch heidn. Verwandten entreißen (1206). Er blieb dem Christentum treu, kämpfte stets auf dt. Seite gegen die heidn. Liven, Semgaller, Kuren und v. a. die Esten der Landschaft Sakkala als »fidelissimus, qui prelia Domini simul et expeditiones nunquam neglexit« (Heinrich XXI, 4). Im Sept. 1217 im Kampf schwer verwundet, vermachte er vor seinem Tode seinen Besitz an Burgen, Gütern, Äckern und Bienenbäumen der Rigaschen Kirche (⊏in der Kirche von Cubbesele/Kremon). – Schon 1210 war sein Sohn Berthold zusammen mit seinem Schwager Wane (russ. Herkunft?) an der Ymera im Kampf gegen die Esten gefallen. M. Hellmann

Q.: E. PABST, Heinrichs v. Lettland livländ. Chronik, 1867–Livländ. Reimchronik, ed. L. MEYER, 1876–Heinrici Chronicon Livoniae, ed. L. ARBUSOW–A. BAUER, 1955 (MGH SRG in us. schol.) – Lit.: H. LAAKMANN, Estland und Livland in frühgesch. Zeit, BL I, 1939, 236f. – M. HELLMANN, Burgen und Adelsherrschaft bei den Völkern des Ostbaltikums (Fschr. H. LUDAT, 1980), 30–50.

Čauš (moderne türk. Schreibung çavuş), türk. militär. Rangbezeichnung, in den Türksprachen früh belegt, in Anatolien seit dem 13. Jh. Die Charge (heute: Unteroffizier) dürfte nie höher gewesen sein: Im Heer war ihre Funktion, für Disziplin zu sorgen, bei Kämpfen die Truppe zusammenzuhalten und Befehle zu übermitteln. Am osman. Hof bildeten sie unter dem *čauš-baši* ein Korps, das den Herrscher in der Öffentlichkeit stets begleitete und ihm zu allfälligen Aufgaben, u. a. zu Botendiensten, zur Verfügung stand. In der osman. Frühzeit waren alle an ausländ. Potentaten übersandte Botschafter Čauše.
A. Tietze

Lit.: IA, s. v. – EI², s. v. – *zur Etymologie*: L. BAZIN, Actes du 1er Congr. Internat. des Etudes Balkaniques et Sud-Est Européennes VI, 1968, 243–252.

Causa. 1. C. (in philosoph. Sinn) → Grund

2. C. (im römischen und gemeinen Recht)
I. Römisches Recht – II. Gemeines Recht.

I. RÖMISCHES RECHT: [1] C. bezeichnet als Fachausdruck des röm. Rechts v. a. den Zweck der Veräußerung bzw. den Grund des Erwerbs einer Sache (→Eigentum), aus der Sicht des Veräußerers: Erfüllung einer Schuld (c. solvendi) aus Vertrag oder Delikt (→Buße, weltl. Recht I), Gewährung eines Darlehens (c. credendi), Bestellung einer Mitgift (c. dotis), Schenkung (c. donandi), Verkauf (c. emptionis) – er begründet nach röm. Recht keine Verpflichtung zur Übereignung der Sache – oder die Erlangung der nach klass. Recht nicht einklagbaren Gegenleistung im Rahmen der sog. Innominatkontrakte (do ut des; do ut facias). Der Eigentumserwerb selbst ist bei den klass. Formalgeschäften mancipatio und in iure cessio von dem Erwerbsgrund unabhängig. Bei der schlichten Übergabe einer Sache (traditio) erwirbt der Empfänger das Eigentum dagegen durch die Einigung über den Erwerbsgrund. Man bezeichnet die Übergabe heute daher als kausales und die zuerst genannten als abstrakte Erwerbsgeschäfte. Der Eigentumserwerb bei der Übergabe geschieht aber unabhängig davon, ob die Voraussetzungen der Zweckvereinbarung zutreffen. Er tritt deshalb in einzelnen Fällen auch dann ein, wenn der vereinbarte Zweck nicht erreicht wird: bei der c. solvendi, wenn die Schuld nicht besteht, bei der c. dotis, wenn die Ehe nicht geschlossen wird, bei den Innominatkontrakten, wenn die erwartete Gegenleistung ausbleibt.

[2] Kommt der Eigentumserwerb im Falle der traditio trotz vorhandener c. nicht zustande, etwa weil der Veräußerer selbst nicht Eigentümer ist, so wird der Erwerber durch die Übergabe der Sache nur deren Besitzer. Sein Eigenbesitz (→Besitz I. 1) wird aber als possessio civilis zivilrechtl. anerkannt, da er auf einer iusta c. beruht, und ermöglicht den Eigentumserwerb durch Ersitzung (usucapio). Bisweilen genügt der Glaube des Besitzers an das Bestehen einer iusta c., der sog. Putativtitel. Gleiche Wirkung haben einige weitere Erwerbstitel, insbes. Erbschaft, Vindikationslegat und Eigentumsaufgabe (derelictio). Sie ermöglichen die einseitige Besitzergreifung (occupatio), durch die der Okkupant zum Besitzer pro herede, pro legato bzw. pro derelicto und nach Ablauf der Frist ggf. zum Eigentümer wird.

[3] Ist die Zuwendung einer Sache (datio) gültig, obwohl sie zweck- und grundlos (sine c.) ist, z. B. weil bei einer mancipatio oder in iure cessio eine Zweckvereinbarung nicht besteht oder weil bei einer traditio die der Zweckvereinbarung zugrunde liegenden Annahmen nicht zutreffen (s. oben 1), so kann der frühere Eigentümer die Sache mit einer persönl. Klage, einer condictio, zurückverlangen. Die schon von den Klassikern herausgearbeiteten typ. Tatbestände der Rückgabeklagen werden im justinian. Recht zur Grundlage selbständiger Ansprüche: der condictio c. data c. non secuta oder ob c.m datorum, wenn die Gegenleistung ausbleibt (D. 12,4; C. 4,6), der condictio ob turpem vel iniustam c.m wegen Sittenwidrigkeit auf seiten des Empfängers, z. B. bei Zahlung eines Schweigegeldes an den Verleumder oder eines Lösegeldes an die Seeräuber, oder wegen Rechtswidrigkeit des Zwecks, v. a. bei einer Schenkung unter Ehegatten (D. 12,5; C. 4,7; C. 4,9), der condictio indebiti nach Erfüllung einer irrtüml. erhobenen Forderung (D. 12,6; C. 4,5) und der condictio sine c. allgemein in Fällen des Fehlens der c. (D. 12,7; C. 4,9).

[4] Auch die Begründung von Forderungen durch Verträge geschieht zu bestimmten Zwecken, näml. zum Ausgleich für eine Leistung oder Leistungspflicht des Gläubigers oder schenkungshalber. Jeder Typus eines schuldrechtl. Vertrages dient einem typ. Zweck; der Vertragszweck ist mit dem Vertrag selbst gegeben und insoweit unproblemat. Ein c.-Problem, das die röm. Juristen erörtern, kann jedoch beim Schuldversprechen entstehen: Das Schuldversprechen (stipulatio) kann allen mögl. Zwecken dienen, weil es an sich weder entgeltl. noch unentgeltl. ist und die Leistung frei vereinbart werden kann. Enthält der Wortlaut des Schuldversprechens keinen Hinweis auf den Vertragszweck (sog. abstrakte Stipulation), so entsteht die Forderung auch dann, wenn eine Einigung über den Zweck nicht zustandegekommen ist oder wenn der angestrebte Zweck nicht erreicht werden kann, z. B. weil der Kredit, der zurückgezahlt werden soll, nicht gewährt wird. Der Schuldner kann sich in solchen Fällen gegen die Klage des Gläubigers aber mit der Einrede der Arglist (exceptio doli) schützen; er kann ferner dessen Forderungsrecht kondizieren, d. h. durch eine condictio (vgl. oben 3) Befreiung von der Schuld auf dem Klageweg erlangen. Ergibt sich dagegen der Vertragszweck aus dem Wortlaut des Schuldversprechens (sog. kausale oder titulierte Stipulation), so besteht die Forderung nur, wenn der angegebene Rechtsgrund gültig ist.

II. GEMEINES RECHT: Die gelehrten Juristen des MA bedienen sich bei der Erklärung der verschiedensten Rechtsprobleme des Begriffs der Kausalität und gebrauchen gern die philosoph. Terminologie, die ihnen aus dem Trivialunterricht bekannt ist. Unter c. verstehen sie daher v. a. die notwendige Ursache eines rechtl. Erfolgs, den Rechtsgrund.

[1] C. e des Erwerbs des Eigentums an einer Sache sind demgemäß deren Übergabe oder deren Ersitzung ebenso wie die verschiedenen Zwecke der Eigentumsübertragung (oben I. 1) und, bei der Ersitzung, deren übrige Voraussetzungen. Letztere sind Ursachen der ersteren und zugleich mittelbare Ursachen (c. e remotae) des Eigentumserwerbs, erstere unmittelbare Ursachen (c. e proximae) desselben (Accursius, D. 41, 2, 3, 4, Nec enim sicut). Die quellenmäßigen Fälle, in denen das Eigentum durch traditio sachenrechtl. gültig erworben wird, obwohl ein Erwerbsgrund nicht gegeben ist, werden damit erklärt, daß auch ein vermeintl. rechtmäßiger Grund (iusta c. putativa) genüge (Accursius, D. 41, 1, 31, Iusta causa; Bartolus, ebd.). Auch eine Ersitzung ohne iusta c. bleibt möglich, aber nur dann, wenn der Besitzer sich in einem entschuldbaren Irrtum befindet (iustam causam erroris habeat). Bartolus (D. 41, 3, 33, 1) spricht auch hier von einer c. putativa oder einem titulus putativus.

[2] Allgemeine Klage für die Rückforderung einer grundlosen Zuwendung ist nach ma. Doktrin die condictio sine c.; sie konkurriert beim Fehlen eines in der Vergangenheit liegenden Rechtsgrundes (c. praecedens, praeterita oder de praeterito) mit der condictio indebiti und beim Nichteintritt eines zukünftigen Rechtsgrundes (c. futura oder de futuro) mit der condictio c. data c. non secuta oder ob c.m. Verlangt wird, daß der Zweck (c. finalis) der Zuwendung verfehlt wird; nicht genügend ist es, wenn der ausgebliebene Erfolg nur den Anstoß (c. impulsiva) für die Zuwendung gegeben hat, bloßes Motiv der Parteien gewesen ist. Verschiedene Kriterien werden diskutiert für die Unterscheidung zw. Zweck und Motiv bei unentgeltl. Zuwendungen (Schenkung, Vermächtnis), an die der Leistende eine weitergehende Erwartung geknüpft hat. Im ganzen zeigt sich dabei die Tendenz, nur den zur Bedingung (condicio) gemachten Erfolg als c. finalis gelten zu lassen. Bartolus (D. 39, 5, 2, 7) unterscheidet im Hinblick auf Schenkungen zw. Bedingung (condicio), Auflage (modus) und zurückliegendem Grund im eigtl. Sinn (c. proprie de praeterito). Davon sollen condicio und c. proprie immer final sein; beim modus wird dies v. a. dann angenommen, wenn die Erfüllung nicht im Interesse des Empfängers selbst liegt. In anderen Fällen sieht Jacobus Buttrigarius (D. 12, 6, 52), ein Lehrer des Bartolus, eine c. de praeterito im Zweifel nur dann als c. finalis an, wenn es sich um die Erfüllung einer Obligation handelt. Ganz allgemein wird vorausgesetzt, daß die c. bei der Zuwendung zum Ausdruck gebracht wurde (c. expressa); eine c. tacita kann nur ausnahmsweise c. finalis sein, wenn sie von beiden Seiten vorausgesetzt wurde (Baldus, C. 4, 6, 7).

[3] Die gelehrten Juristen denken den schuldrechtlichen Vertrag als Ursache der Obligation (c. debendi) und diese als Ursache des Klagerechts (c. petendi). Rechtsgrund einer vertragl. Obligation ist nach Accursius (D. 2, 14, 7, 4, Causa; Igitur) speziell jeweils dasjenige Vertragselement, in dessen »Gewand« (vestimentum) die Willenseinigung (conventio) einem der anerkannten Kontraktstypen entspricht und somit verbindl. und klagbar wird, also der Wortgebrauch (verba) bei einem Verbalkontrakt, die Leistung seitens einer der Vertragsparteien (rei interventus) bei einem Innominatkontrakt usw.

Für das Schuldversprechen (stipulatio) verlangt schon die Summa Trecensis (8, 33, 7; 4, 32, 2) darüber hinaus einen natürl. Grund (c. naturalis), weil der Klage aus einem grundlosen Schuldversprechen eine Einrede (exceptio) entgegenstehe. Cinus (C. 4, 30, 13, Decimotertio quero) spricht später von einem Grund, der »von außen« zur stipulatio hinzutreten muß (c. extrinseca) und Baldus (C. 4, 30, 13, Quinto quero) weist darauf hin, daß alle anderen Kontraktstypen im Unterschied zur stipulatio die c. in sich tragen.

Als c. einer stipulatio kommt jeder erlaubte Zweck in Betracht. Verspricht jemand eine Leistung, obwohl er weiß, daß eine c. nicht vorhanden ist, so wird allgemein Schenkung als Grund der stipulatio fingiert (Accursius, D. 44, 4, 2, 3, Sine causa; Cinus, a.a.O.; Baldus, D. 2, 14, 7, 3, Opp. quod numquam). – Vom Schuldversprechen wird das Schuldanerkenntnis (confessio) stets unterschieden (Accursius, Summa Authentici, 6, 3, Secundo quod si est; Glossa, D. 44, 4, 2, 3; C. 4, 30, 13; Cinus, a.a.O); dieses setzt selbstverständl. eine schon bestehende Obligation voraus. Es hat im allgemeinen keine verpflichtende Wirkung, sondern dient Beweiszwecken und ist nur gültig, wenn es den Grund der anerkannten Verpflichtung nennt, also die anerkannte Schuld individualisiert. Das wissentl. Anerkenntnis einer Nichtschuld bezeichnet Baldus (C. 4, 30, 13, Quarto opp.) als eine »Torheit«.

Hinsichtl. der Folgen grundloser stipulationes unterscheidet Accursius (Summa Authentici, a.a.O) zw. abstraktem und tituliertem Schuldversprechen: Beim abstrakten Schuldversprechen hat der Gläubiger im Prozeß die Vermutung (praesumptio) für sich, daß eine c. vorhanden ist, doch kann der Schuldner das Gegenteil beweisen. Gegenüber der Klage aus einem titulierten Schuldversprechen kann der Schuldner einen Mangel der c. durch eine Einrede (exceptio in factum vel doli) geltend machen. Der Mangel der c. macht die abstrakte Stipulation also ungültig, während die titulierte Stipulation an sich gültig bleibt, aber durch eine Einrede entkräftet wird.

Als im Laufe des 13. und 14. Jh. in kanon. Recht und gegen Ende des 15. Jh. auch im Zivilrecht die Klagbarkeit der pacta nuda (→Pactum) anerkannt wird, macht man diese von der Angabe einer c. extrinseca abhängig, um die Vermutung zu entkräften, der Schuldner habe sich geirrt.

P. Weimar

Lit.: DDC III, 1–10 [G. Chevrier] – Enc. del diritto VI, 1960, 532–535 [G. Grosso], 535–547 [E. Cortese] – M. Kaser, Das röm. Privatrecht I, 1971[2], 416ff., 420ff., 595ff., 541ff.; II, 1975[2], 282f., 422f., 378ff. – G. Wesenberg–G. Wesener, Neuere dt. Privatrechtsgesch., 1976[3], 45, 49, 54f. – G. Chevrier, Essai sur l'hist. de la cause dans les obligations, 1929 – J. Roussier, Le fondement de l'obligation contractuelle dans le droit classique de l'Eglise, 1933 – E. M. Meijers, La théorie des ultramontani concernant la force obligatoire et la force probante des actes sous seing privé, TRG 12, 1933, 38–106 [abgedr. in: Ders., Etudes d'hist. du droit IV, 1966, 52–106] – Ders., Les théories médiévales concernant la cause de la stipulation et la cause de la donation, TRG 14, 1936, 365–397 [abgedr. in: Ders., Etudes... IV, 107–131] – E. Bussi, La formazione dei dogmi di diritto privato nel diritto comune, 1937 – A. Söllner, Die c. im Konditionen- und Vertragsrecht des MA bei den Glossatoren, Kommentatoren und Kanonisten, ZRGRomAbt 77, 1960, 192–269 – H. Kaufmann, C. debendi und c. petendi bei Glanvill sowie im röm. und kanon. Recht seiner Zeit, Traditio 17, 1961, 107–162 – E. Cortese, La norma giuridica I, 1962, 143ff., 183ff. – J. L. Barton, C. promissionis again, TRG 34, 1966, 41–73.

Causae piae. Nach justinian. Recht wurden mit »piae causae« religiöse und wohltätige Absichten bezeichnet, die eine Schenkung oder ein Vermächtnis charakterisieren konnten. Da das Seelenheil bei vielen Rechtsgeschäften karitativen Charakters im Vordergrund stand, kam es schließlich zu einer Verbindung von »causa pia« und »salus animae«: →Albericus de Rosate konnte zu Beginn des Trecento schreiben: »quidquid statuitur in relictis ad causas pias intelligitur statutum pro anima«. Bereits Guilelmus →Duranti vertrat etwa in der Mitte des 13. Jh. die gleiche Auffassung; unter den Vermächtnissen »ad pias causas« nannte er jene, die zugunsten von »miserabiles personae« (Witwen und Waisen, bedürftige Pilger und Arme) sowie Klöstern, Kirchen oder anderen frommen Stätten (Spitälern, Waisenhäusern etc.) getätigt wurden, ferner zählte er in diesem Sinne Vermächtnisse an kirchl. und religiöse Personen zum Zweck des Gottesdienstes auf, z. B. für Ausschmückung oder Errichtung von Kirchen, oder für »luminaria« und »anniversaria«. Er schloß dabei auch Verfügungen ein, die die Errichtung öffentl. Befestigungswerke und die Wiederherstellung von Mauern, Straßen, Brücken und Stadtgräben betrafen, sowie Vermächtnisse, die zur Sühnung begangener Verbrechen getätigt wurden, wenn auch die Ausweitung auf die beiden letzten Kategorien von den Rechtsgelehrten nicht allgemein akzeptiert wurde. Die Definition eines bes. Zweckes bei einer Schenkung oder einem Vermächtnis war ein erster wesentl. Schritt zu der in der Folge in der Kanonistik bedeutsamen jurist. Konstruktion der →Stiftung als eines Komplexes von Gütern, die für einen festgelegten Zweck bestimmt sind. M. G. di Renzo Villata

Lit.: Noviss. Dig. It. III, 49–51 – Enc. dir. VI, 636–639 – A. SCHULTZE, Augustin und der Seelteil des germ. Erbrechts, 1928 – F. BRANDILEONE, Lasciti per l'anima e loro trasformazione (Scritti di storia del dir. priv. it. I, 1931), 361ff. – E. BRUCK, Kirchenväter und soziales Erbrecht, 1956 – G. VISMARA, Famiglia e successioni nella storia del diritto, 1975.

Causidicus bezeichnet v. a. in ober- und mittelit. Gerichtsurkunden und Zeugenlisten des 11. und 12. Jh. einen Rechtssachverständigen. Der c. ist gelehrter Jurist, der gelegentl. oder berufsmäßig die Parteien als Sachwalter (advocatus) oder den Richter als Beisitzer (adsessor) berät. Er verdrängt zunehmend die noch nicht am röm. Recht geschulten →Vögte und →Schöffen. Aus dem Kreis der causidici gehen oft beamtete Richter hervor. Die Bezeichnung c. verliert sich im 13. Jh. mit der Romanisierung des Prozeßwesens (→Zivilprozeß), das zu einer klaren Trennung von adsessor und advocatus führt. M. Schwaibold

Lit.: FICKER, Italien III, 1872, 97ff. – J. FRIED, Die Entstehung des Juristenstandes im 12. Jh., 1974, 36ff.

Cautio (littera conventionalis), Beurkundung der Einigung zw. den Parteien bei Einlegung von Widerspruch gegen Papsturkunden. – In der →Audientia litterarum contradictarum konnte die Behandlung einer Papsturkunde, gegen die Widerspruch in der Audientia publica erhoben worden war, entweder damit enden, daß der Widerspruch abgewiesen und die Urkunde freigegeben oder der Widerspruch als berechtigt anerkannt und die Urkunde kassiert wurde. Eine dritte Möglichkeit war die Freigabe unter Ausstellung einer C., in der der Auditor litterarum contradictarum (→Auditor) unter seinem Namen und unter seinem Siegel den Inhalt einer Einigung zw. dem Petenten und der widersprechenden Partei (beide meist vertreten durch →Prokuratoren) beurkundete. Entsprechende Formulare für dieses seit dem 13. Jh. übliche Verfahren bietet zum ersten Male das 1277 entstandene Formelbuch des Auditor litterarum contradictarum (und späteren Kardinals) →Gerhard v. Parma; sie lehnen sich an die →Formelsammlungen für die durch die Audientia gehenden Urkunden an. Weitere Formelsammlungen für C. sind aus dem 14. Jh. überliefert (Vat. lat. 3986). Auch sind Originale erhalten. P. Herde

Lit.: P. HERDE, Ein Formelbuch Gerhards v. Parma mit Urkk. des Auditor litterarum contradictarum aus dem Jahre 1277, ADipl 13, 1967, 225ff. – DERS., Beitr. zum päpstl. Kanzlei- und Urkundenwesen im 13. Jh., 1967², 216f., 252ff. – DERS., Audientia litterarum contradictarum I, 1970, 30 und passim.

Cava, Abtei OSB in Kampanien (Süditalien), bei Cava de' Tirreni. Der erste Abt Alferius soll nach der Legende 1011 am Platz des späteren Kl. mit Gefährten ein Eremitenleben in Höhlen begonnen haben, doch erfolgte die Gründung wohl erst 1025 oder wenig früher. Durch Gregor VII., und zwar noch vor dessen Erhebung zum Papst (1073), kam C. in das Eigentum der röm. Kirche, und ihm wurde Abt Petrus vorangestellt, der das Leben im Kl. den Gewohnheiten von →Cluny, wo er ausgebildet worden war, anglich.

Von den folgenden Päpsten erhielt C. schrittweise die Befreiung von der bfl. Jurisdiktion gewährt. Bestätigt wurden zudem die schon zahlreichen Kl. und Kirchen, welche die Abtei nach und nach geschenkt erhalten hatte: der Kern der Kongregation von C., die auf dem Höhepunkt ihrer Entwicklung rund 300 Kl. und 270 Kirchen umfaßte, ganz überwiegend in Süditalien gelegen.

Im späteren MA nahm die Strenge monast. Zucht rapide ab. 1394 erhielt der Abt die bfl. Würde, seit 1431 wurde die Abtei mit dem Bm. als Kommende vergeben, zuletzt an Kard. Oliviero Carafa, der sie zum Zwecke der Reform 1497 der Kongregation von →S. Giustina in Padua (später von →Montecassino) eingliedern ließ. Das damals aufgehobene Bm. C. wurde 1513 wiedererrichtet, jetzt losgelöst von der Abtei. Diese selbst ist – trotz zweimaliger Aufhebung im 19. Jh. – noch heute im Besitz des monumentalen Archivs (mit Urkunden seit dem 8. Jh.) und der bedeutenden Bibliothek mit einer Reihe ma. Handschriften. D. Girgensohn

Q. und Lit.: Vitae quatuor priorum abbatum Cavensium Alferii, Leonis, Petri et Constabilis auct. Hugone abb. Venusino, ed. L. MATTEI CERASOLI (MURATORI² 6, 5), 1941 – Codex diplomaticus Cavensis 1–8, 1873–93 – DIP II, 718–723 – P. GUILLAUME, Essai hist. sur l'abbaye de C., 1877 – IP 8, 309–331 [Bibliogr.] – DHGE XII, 21–25 – A. DELLA PORTA, C. sacra, 1965 – D. GIRGENSOHN, Miscellanea Italiae pontificiae 1, NAG, ph.-hist. Kl. 1974, 141–196 – S. LEONE, La data di fondazione della badia di C., Benedictina 22, 1975, 335–346 – A. CARRATURO, Ricerche storico-topografiche della città e del territorio della C., 1–3, 1976.

Cavaillon (Cavellio, Cabellicorum civitas, Cabellicensis ecclesia), Stadt und ehem. Bm. (sö. von Avignon, Dép. Vaucluse) in der Provence mit nur 18 Pfarreien, bis 1475 Suffraganbm. v. →Arles. Erster bekannter Bf. ist Genialis, der die Beschlüsse des Konzils v. Nîmes (394/396) mit unterzeichnete. Die Bischofsliste ist für das 5.–6. Jh. sehr reichhaltig, für die folgende Periode, bis zum 10. Jh., dagegen äußerst lückenhaft. Da erst für das 12. Jh. mit der Abtei OCist Senanque eine religiöse Einrichtung bezeugt ist, gibt es praktisch keine Quellen für das Bistum. Bistumspatron war der hl. Veranus (Veran), Bf. v. C. ca. 585–590. Bekanntester ma. Bf. war Kard. Philippe →Cabassole (Bf. 1344–66), Freund Petrarcas. – Das Bm. wurde 1475 dem zum Ebm. erhobenen Avignon unterstellt, 1801 aufgelöst und dem Bm. Avignon einverleibt. P. Amargier

Q. und Lit.: Catholicisme II, 739f. – DHGE XII, 25f. – LThK² II, 983 – Series episcoporum ecclesiae catholicae occidentalis... [P. AMARGIER; im Dr.].

Cavalca, Domenico OP, it. Prediger, Übersetzer und Schriftsteller, * um 1270 in Vico Pisano, † 1342. Trat früh in den Dominikanerorden ein und verbrachte den größten Teil seines Lebens im Kl. S. Caterina in Pisa. Er widmete sich v. a. der Predigt und der Fürsorge für Arme, Kranke und Gefangene. Zur moral. Rettung der Prostituierten gründete er in Pisa 1342 das Kl. S. Maria. Sein lit. Schaffen umfaßt die Jahre zw. 1320 und seinem Lebensende. Er starb, vom Volk verehrt, im Dez. 1342 in Pisa.

Viele seiner Werke sind Übersetzungen aus dem Lat. ins It.: Wegen ihrer Sprache von den Puristen sehr gerühmt werden die »Vite dei Santi Padri«, eine freie Übertragung einer im ganzen MA sehr beliebten Sammlung hagiograph. Schriften, die seit dem 6. Jh., meist anhand griech. Vorbilder, entstand (→Vitae patrum). Die Übersetzung ist ein Gemeinschaftswerk von C. und seinen Mitarbeitern: eine klare Scheidung der einzelnen Anteile bleibt äußerst problematisch; die sprachl. Kraft und Lebendigkeit geht allerdings wohl ganz auf C. zurück. Gleiches gilt für die Sprache des »Dialogo di San Gregorio«. Noch freier ist die Übertragung der »Epistula ad Eustochium« des hl. Hieronymus (»Epistola ad Eustochio«), bei der man im Unterschied von der viel getreueren Übersetzung der Apostelgeschichte (»Atti degli Apostoli«) eher von einer Interpretation und Neubearbeitung sprechen könnte.

Vermutl. ab 1330 verfaßte C. neun religiöse Erbauungstraktate, in denen sich sein auf sprachl. Wirkung bedachter Predigtstil und die Fähigkeit widerspiegeln, durch Nacherzählungen in anschaul. und volkstüml. Ton dem Publikum die hl. Schriften, Legenden und religiöse Exempla nahezubringen. Den Ausgangspunkt seiner Kompilationen bildet v. a. die »Summa vitiorum ac virtutum« des Guillaume de Peyrault. Der Reihe nach entstanden auf diese Weise: »Specchio di croce«, eine Art Passion Christi, an deren Schluß 12 Sonette stehen, C.s originellstes Werk, das eine sehr starke Verbreitung erfuhr (mehr als 100 Hss., 38 Editionen); »Medicina del cuore ovvero trattato della Pazienza«, in drei Teilen (mit dem Thema Zorn und Geduld), an deren Ende Sirventesen stehen, den Abschluß bildet der »Breve e divoto trattato«; »Specchio dei peccati« (1333), ein Handbuch zur Vorbereitung auf die Beichte, das am wenigsten verbreitete Werk C.s; »Pungilingua« und »Frutti della lingua«, die exempelreichsten Schriften (mehr als 60 bzw. mehr als 50 Exempla), die sich mit der Predigt auseinandersetzen, die Sprache einer moral. Prüfung unterziehen und vor den Sünden warnen, die der Mensch beim Sprechen begehen kann; »Disciplina degli Spirituali«, eine Warnung vor den zehn Lastern der Scheinfrommen, voll scharfen Tadels gegen schlechte Priester und falsche oder sogar häret. Religionsausübung; »Trattato delle Trenta stoltizie«, eine Allegorie des christl. Kampfes gegen den Satan, in der die Fehler geschildert werden, in die man dabei verfallen kann, beinahe ein Handbuch der Psychologie der Askese und der Frömmigkeit; »Esposizione del simbolo degli Apostoli« (unvollendet), C.s anspruchsvollste Lehrschrift, in der er eine gründl. theol. Bildung verrät.

Von C. sind außerdem etwa 50 Sonette und Sirventesen erhalten, die teils in die Prosaschriften eingefügt sind, teils in Sammlungen religiöser Dichtung überliefert wurden. Sie sind techn. zwar einwandfrei, entbehren aber höheren dichter. Qualitäten, da sie in erster Linie Predigtzwecken dienten. G. Busetto

Lit.: DBI, s. v. – F. MONTEROSSO, D. C. sette secoli dopo (Cultura e Scuola XII), 1973, 99–107 – T. KAEPPELI, Scriptores Ordinis Praedicatorum Medii Aevi I, 1970, 304–314 – G. PETROCCHI, Cultura e poesia del Trecento (Storia dell lett. it. II, 1976², 520–523).

Cavalcabò, cremones. Familie, Zweig der adalbertin. Linie der Mgf.en Obertenghi, so wie die Pallavicino, da Cornazzano und Lupi di Soragna; um die Mitte des 12. Jh. bestätigte Friedrich Barbarossa dem *Sopramonte* C. in Viadana am Po Güter und Grundherrschaft, im Mittelpunkt eines Gebietes zw. Cremona, Parma, Reggio Emilia und Mantua. Schon seit dem 13. Jh. strebten die C. nach der Signorie in Cremona, wo sie das Bürgerrecht erwarben, dabei jedoch weiterhin dem Feudaladel angehörten; aus Opportunismus 'fideles' des Kaisers, in Wirklichkeit jedoch Anhänger der guelf. Partei, nutzten sie Verwandtschaftsbeziehungen und kommunale Institutionen, um ihren Besitz und ihre jurisdiktionellen Rechte vor dem Angriff benachbarter Signorien (Visconti, Della Scala, Gonzaga) und Venedigs zu schützen und um die polit. Macht in der Kommune anderen feudalan Häusern und den großen guelf. Familien aus dem Popolo streitig zu machen.

1. C., Andreasio, * vor 1350, † 25. Juli 1406, Sohn des Guberto, Mgf. v. Viadana, und der Ricadona Sommi, 'Legum doctor' und Lektor des Zivilrechts an der Univ. Bologna, polit. und diplomat. Ratgeber Papst Urbans VI. in den Verhandlungen mit der Kommune Todi, sowie des Patriarchen v. Aquileia in der Kontroverse mit Venedig über die Gerichtsbarkeit in Istrien (1381), und des Niccolò II. →d'Este, der ihn 1385 zum Podestà von Ferrara wählen ließ. Gestaltete seit 1388 rund 15 Jahre lang in wesentl. Maße die Expansionspolitik von Giangaleazzo →Visconti mit, für den er am 11. Febr. 1389 die Abtretung Paduas durch die da→Carrara erreichte. In die Toskana entsandt, um die ghibellin. Politik gegen Florenz zu koordinieren, wurde er am 15. März 1391 vom Consiglio Generale in Siena zum »Senator civitatis« mit allen Vollmachten gewählt; es gelang ihm, dem Visconti die Signorie über die Stadt zu verschaffen und selbst zum *capitano generale* der toskan. Ghibellinen gewählt zu werden. Als Mitglied des Regentschaftsrats der Caterina Visconti in Mailand setzte er sich für die Freilassung seines nahen Verwandten Ugolino ein, der in Pavia gefangensaß. Seit 1404 wandte er sich von den Visconti ab und unterstützte die viscontifeindl. Außenpolitik seiner Verwandten Ugolino und Carlo (ersterer seit dem 1. Nov. 1403, letzterer seit 1404 Signore v. Cremona). A. gelang es nicht, den Einfluß zu neutralisieren, den der Anführer der guelf. Truppen in Cremona, Cabrino Fondulo, auf Carlo ausübte. Er wurde gemeinsam mit Carlo, Ugolino und Antonio C. in dem blutigen Putsch getötet, der von Cabrino zur Erlangung der Signorie v. Cremona inszeniert worden war.

2. C., Cavalcabò, Mgf. v. Viadana, Sohn des Guido und Enkel des Sopramonte, * gegen Ende des 12. Jh., † 1246/47; de facto Signore v. Cremona, versuchte zw. 1222 und 1223 eine ausgedehnte Signorie in der Poebene zu schaffen, die Cremona, Parma, Reggio und Modena umfassen sollte, wobei er sich des von ihm, von Verwandten (Rossi di Parma und da Cornazzano) und Freunden ausgeübten Podestà-Amtes bediente. Sein Plan scheiterte am Widerstand von Reggio, vielleicht auch an der mangelnden Unterstützung der städt. Kaufmannschaft und der wachsenden Macht der gegner. Faktion in Cremona (Familie da Dovara). C. war 1225 und 1230 Podestà in Modena, 1229 in Parma und Faenza; als Podestà in Arezzo (Juli 1236) trat er offenbar als Anhänger der guelf. Partei hervor, obwohl Friedrich II. ihm als seinem »fidelis« die Signorie von Viadana bestätigt hatte (1226); der Ks. besiegelte jedoch später C.s Niederlage durch die Entsendung eines ksl. Podestà nach Cremona.

3. C., Cavalcabò und seine Söhne. C., Enkel von 2 (1250–1305/06), Sohn von Corrado, verfügte infolge von Todesfällen über das gesamte Familienvermögen, machte sich durch die Vergabe gewaltiger Darlehen an Adelshäuser (da Correggio, Este), an die Kommunen Cremona, Lodi und Parma und an die guelf. Liga zum Schiedsrichter ihrer Politik und legte das Fundament für die Signorie, die sein Sohn *Guglielmo* (ca. 1275–1312) vom Consiglio Generale i. J. 1306 erhielt, wodurch Cremona zum Zentrum der guelf. Politik in Norditalien wurde. Die Verstärkung der Befestigungsanlagen in Viadana, Dosolo, Luzzaro und

Guastalla und G.s Verbindungen mit den Häuptern der guelf. Majorität in Cremona und mit den Della Torre in Mailand veranlaßten Heinrich VII. dazu, Cremona einzunehmen und Guglielmo abzusetzen (Juli 1311); aber die Herrschaft des ksl. Vikars Galeazzo→Visconti dauerte nur kurze Zeit: Guglielmos Bruder, *Giacomo,* wurde am 2. Okt. 1313 mit Unterstützung von Bologna und Gilberto da Correggio zum Dominus der Stadt proklamiert, nachdem er die Opposition des Anführers der guelf. Partei, Ponzino Ponzoni, besiegt hatte. Nach Giacomos Tod im Kampf gegen die Ghibellinen in Bardi am 29. Nov. 1321 nahm der Visconti Cremona wieder ein.

4. C., Ugolino, zweiter Sohn von Giacomo, der bereits die Signorie in Cremona innehatte, * ca. 1350, † 25. Juli 1406. Blutigen Familienfehden entronnen, betrieb er eine geschickte Ausgleichspolitik zw. den führenden cremones. Geschlechtern (Ponzoni, Picenardi und da Dovara). Am 1. Juli 1403 zusammen mit Giovanni Ponzoni vom Consiglio Generale zum 'conservator et gubernator civitatis' ernannt; am 1. Nov. in der Kathedrale von Cremona allein zum 'dominus' der Stadt proklamiert, bildete er als 'gubernator generalis partis guelfae totius Lombardiae' die Hauptstütze eines Bündnissystems zw. Cremona, Florenz, Lodi und Crema und kämpfte mit wechselndem Erfolg gegen →Visconti, →Gonzaga, →Malatesta und →Venedig. Von den Visconti am 13. Dez. 1404 gefangengenommen, trat er als Preis für sein Leben und für seine Familienlehen dem Hzg. v. Mailand Cremona ab. Er wurde jedoch von seinem Neffen Carlo C. desavouiert, der sich an seiner Stelle zum Signore v. Cremona wählen und ihn 1406 von Cabrino Fondulo in Maccastorna töten ließ. V. Tirelli

Lit.: DBI XXII, 586–600 – A. Minto, Cabrino Fondulo, 1896, 47–58 – C. Manaresi, Le origini della famiglia C., Misc. E. Verga, 1930, 6ff., 179–205 – A. Cavalcabò, La signoria dei C. in Viadana, 1931, 32–54 – Ders., Un cremonese consigliere ducale di Milano, Boll. Stor. Cremon. 2, 1932, 5–56 – Ders., Le ultime lotte del comune di Cremona per l'autonomia, 1937, 24–76 – Ders., Cremona durante la signoria di Ugolino C., Boll. Stor. Cremon. 22, 1961–1964, 5–120 – U. Gualazzini, Una mancata signoria nella Val Padana, Studi in on. di E. Besta, IV, 1938, 145–168 – R. Schumann, Auctority and the Commune: Parma 833–1133, 1973, Dep. St. Patr. Prov. Parm., Fonti e Studi, s. 2, 60–64.

Cavalcanti. 1. C., Aldobrandino, OP, aus der adligen florent. Familie, * 1217 in →Florenz, † 1279. Seit 1231 im Konvent von S. Maria Novella, dessen Prior er mehrmals war und zu dessen Vergrößerung er beitrug. 1261–62 Prior im Konvent S. Romano in Lucca, später Provinzial der röm. Provinz, genoß A. C. das Vertrauen der Päpste Urban IV. und Clemens IV., die ihm bedeutende polit. und administrative Funktionen übertrugen. 1273 genoß er offenbar das bes. Wohlwollen Gregors X., der ihm bei seiner Abreise nach Lyon das schwierige Amt des päpstl. Vikars in Rom, der Campagna-Marittima, der Mark Ancona, im Dukat Spoleto und in Tuszien anvertraute. Zu diesem Zeitpunkt war er bereits ein Jahr Bf. v. Orvieto, ein Amt, das er bis zu seinem Tode bekleidete. Von ihm sind unedierte Sermones (Padua, Bibl. Univ.) erhalten.

R. Manselli

Lit.: DBI, s. v. – ECatt, s. v. – S. Orlandi, Il necrologio di S. Maria Novella, 1966, s. v.

2. C., Guido, italien. Dichter, * 1260 (oder früher) in Florenz, nahm als Weißer Guelfe aktiv am polit. Leben der Stadt teil, bis er 1300 nach Sarzana verbannt wurde. Er kehrte im gleichen Jahr nach Florenz zurück und starb bald darauf. Von seinen 52 Gedichten (Sonette, Balladen und Canzonen) bezieht sich nur eines, das in sarkast. Ton gehalten ist, auf den Kampf der Faktionen in Florenz (LII); die anderen Gedichte – mit Ausnahme einiger poet. Korrespondenzen – haben die Liebe zum Thema, entsprechend den Formen der volkssprachl. Poesie, die von C. selbst und dem jungen Dante (Vita Nuova XXV) ausgebildet worden waren. Auf diese Weise löst sich C. vom Stil →Guittones d'Arezzo und der Dichter der sizil.-toskan. Schule, die neben der Liebesdichtung oft auch polit. und moral. Themen behandelten (an Guittone richtet C. das polem. Sonett XLVII). Er nimmt dagegen die Motive Guido →Guinizellis wieder auf, angefangen von der »cor gentile«-Thematik (III 10, IX 30, XVII 2) über das Frauenlob (II) bis zur Übernahme bestimmter Bilder (VIII 10ff; außerdem imitiert das scherzhafte Sonett LI ein ähnliches von Guido Guinizelli). In engem Zusammenwirken mit →Dante begründet C. den →Dolce stil n(u)ovo. Er steht in einem poet. Austausch, der sich in gegenseitiger Widmen von Gedichten ausdrückt, mit Dante und Gianni →Alfani (der C.s Thematik und Stilprogramm folgt) und wechselt auch Gedichte mit den Vertretern der alten Schule (Guido Orlandi und Guittone). C.s Liebestheorie drückt sich in der Canzone »Donna me prega« aus, die eine Vertiefung der philosoph. Betrachtungen über die Liebe bedeutet, die bereits von Guinizelli angestellt worden waren. C. untersucht das Phänomen der Liebe unter dem Gesichtspunkt der Aristotel. Kategorien: Als Anhänger des →Averroismus (wie sich auch indirekt aus dem X. Gesang des danteschen Inferno ermitteln läßt) ist er der Auffassung, daß die in rationalist. Denkbegriffen formulierte philosoph. Betrachtungsweise das höchste Gut des Menschen sei; von diesem Gut sei die Liebe weit entfernt (XXVII 39), die ebenso wie der Zorn und das Streben nach Reichtum dem Primat der Rationalität im Wege stehe. Dieser Gedanke ist in einer Schrift ausgedrückt, die der in Bologna gegen Ende des 13. Jh. tätige Averroist →Giacomo da Pistoia C. gewidmet hatte; er findet sich ebenfalls im Kommentar des Arztes Dino del Garbo (14. Jh.) zur Canzone »Donna me prega«. Diese Schriften bezeugen ferner eine C. von →Cino da Pistoia vorgeworfene Verbindung zu den philosoph. Kreisen der Bologneser Artistenfakultät. In der Wiederaufnahme des alten Themas der Verbindung von Liebe und Tod sieht C. in der Liebe eine Macht, die zum Tod nicht des Körpers (wie es in so vielen erot. »Dreiecksverhältnissen« der höf. Liebe der Fall ist), sondern der Seele führt (V 14, VII 3–4, XXVII 35, etc.). Diese Auffassung erklärt den charakterist. Tonfall der Dichtung C.s, in der die Summe aller Vorzüge *(valore)* der Frau – gleichsam die ihr innewohnende Kraft – einer Macht entspricht, die die Lebenskräfte des Dichters *(spiriti)* zerstört und Angst und Verwirrung erregt. Der »Kampf« und der »Krieg« sind begleitet von Furcht, Schmerz, Leid, Weinen und Seufzen: Nicht die Frau, sondern der Tod grüßt den Dichter in X 7–8. Die Unterscheidung zw. der Erscheinungsform der Frau (visio) und ihrer verinnerlichten Schau (cogitatio), die in der Liebespsychologie traditionell ist (→Andreas Capellanus), wird wieder aufgenommen, in der Gegenüberstellung von Auge und Herz (mit Sinn, Seele, Lebenskräften; vgl. z. B. VII 9–11); ein feiner Übergang erlaubt es dabei C., vom Inneren (dem Herzen) zum Äußeren (Augen) überzugehen, wenn das Gedicht vom Standpunkt des Dichters aus geschrieben ist (VIII 1–4, IX 3–4); wird jedoch der Standpunkt des Publikums eingenommen, ein charakterist. Element in der Dichtung des dolce stil novo, so gestattet es die Beschreibung des äußeren Zustandes, den inneren zu erahnen (X 11–12). Andere weniger dramat. und von eher heiterem Geist erfüllte Dichtungen C.s lehnen sich an Guinizelli an oder behandeln minder gewichtige Themen und Gattungen (dies gilt für die Hinweise auf die Liebe zu einer in Toulouse kennengelernten Mandetta, XXIX und XXX, und v. a. für die Begegnung mit den »forosette« – Bauernmädchen – in XLVI und nochmals in XXX). C.s Konzeption der Liebe hat mindestens indirekt als eine Art Reaktion die in Dantes »Vita Nuova« entwickelte andersartige–theologische–Auffassung der Liebe beeinflußt und hat außerdem zur Formung der Sprache der neuen it. Lyrik beigetragen. F. Bruni

Ed.: G. C., Rime, ed. G. FAVATI, 1957 – Poeti del Duecento, ed. G. CONTINI, II, 1960, 487–567 – Poeti del Dolce Stil Nuovo, ed. M. MARTI, 1969, 117–263 – *Lit.:* B. NARDI, La filosofia dell'amore nei rimatori it. del Duecento (Dante e la cultura medievale, 1949), 1–92 – P. O. KRISTELLER, A philosophical treatise from Bologna dedicated to G. C.: Magister Jacobus de Pistorio and his »Questio de felicitate« (Medioevo e Rinascimento. Studi in on. di B. NARDI, I, 1955), 427–463 – R. MONTANO, Storia della poesia di Dante, I, 1962, 70–82 – B. NARDI, Dante e G. C. (Saggi e note di critica dantesca, 1966), 190–219 – G. CONTINI, C. in Dante (Varianti), 1970, 433–445 – M. MARTI, Storia dello Stil nuovo II, 1973, 379–418 – C. CALENDA, Per altezza d'ingegno. Saggio su G. C., 1976.

Cavaleiro, Estêvão, * wohl 1470/80(?), † 1520/30(?), ptg. Humanist und Verfasser von Latein-Grammatiken. Die bekanntgewordenen sind 1493 in Salamanca, 1503 in Sevilla (eine verbesserte Ausg. 1505 in Lissabon) und 1516 ebenfalls in Lissabon erschienen. Letztere hat C. der Jungfrau Maria gewidmet und sie um die Verbreitung seines Werkes auf der Iber. Halbinsel, in Afrika, jenseits des Atlantik und überhaupt überall dort, wo Christen sind, gebeten. Welch ein Kontrast zur Wirklichkeit: An der Univ. Lissabon durfte C. weder lehren noch durfte nach seinem Werk Grammatik gelehrt werden; C. hatte sich mit der damals herrschenden Pastrana-Schule überworfen und ihre Anhänger verhöhnt, sie lehrten verfälschtes und barbar. Latein und seien antiquierte Kopisten von Pastrana, während er, ganz moderner Humanist, zur reinen Quelle der lat. Grammatiker, Dichter, Redner und Geschichtsschreiber zurückgekehrt sei – und zwar als erster auf der Iber. Halbinsel. (Entsprechend hat er Nebrija 1493 noch freundlich zitiert, 1516 aber nur noch kritisiert.) Der Streit blieb nicht akadem. und ruinierte C.s Karriere: 1488 erlaubt Kg. Johann II. ihm, Waffen zu tragen; der Lissabonner Grammatik-Professor Pedro Rombo hatte zwei Männer zu C.s Ermordung gedungen. 1514 wurde C.s Bewerbung um einen Metaphysik-Lehrstuhl abgelehnt. Eine (vertretungsweise ausgeübte) Logik-Professur verlor er bereits 1516 wieder. Damals schrieb er, er sei beim Kg. angeschwärzt worden. Bei der endgültigen Ausschreibung des Logik-Lehrstuhls 1517 gescheitert, zog er 1518 seine Bewerbung um den Moralphilosophie-Stuhl zurück angesichts eines Kandidaten, der stipendierte Studien in Paris vorweisen konnte. 1519 entschied nun die Univ. Lissabon, daß Latein nur noch nach Pastrana oder nach Nebrija gelehrt werden solle, noch 1525 erging ein ähnlicher Erlaß. Als einer der ersten hat sich Resende, der mit acht Jahren 1508 zu C.s Schülern gezählt hatte, 1534 zu ihm bekannt und ihn als einen »virum sine controversia grammaticissimum« apostrophiert. P. Feige

Lit.: A. DA COSTA RAMALHO, Um capítulo de história do humanismo em Portugal: O »Prologus« de E. C., Humanitas 29/30, 1977/78, 51–74.

Cavalier *(Chevalier),* auch *Baudekin à Cheval.* Um 1267/71 von →Margarete v. Konstantinopel, Gfn. v. Flandern und Hennegau (1244–80), für die Gft. Hennegau eingeführte Silbermünze (ursprgl. 2,73 g Gewicht) im Wert von zwei →*Sterlingen* (= 2/3 →*Gros Tournois*) mit der Darstellung eines Reiters. Der C. wurde bei allmähl. Verschlechterung von vielen Münzherren in den Niederlanden und Frankreich nachgeprägt (u. a. Brabant, Flandern, Namur, Luxemburg, Coevorden, Kuinre, Elincourt, Crèvecoeur, Arleux, Walincourt, Serain, Loon [Looz], Selwerd, Lothringen, Neufchâteau, Dauphiné, Orange, Bm.er Cambrai, Toul und Utrecht) und fand eine weite Verbreitung (in Ostfriesland als *Milites* oder *Ridderen* bezeichnet). In den Niederlanden gab es schon von 1434–40 den *Philippusrijder,* eine Goldmünze mit einem Gewicht von 3,63 g; 1581 wurde der *Cavalier d'or (Rijder)* in Gelderland, Overijssel und Friesland eingeführt, eine Goldmünze von 3,40 g Gewicht. P. Berghaus

Lit.: J. DUPLESSY, Chronologie et Circulation des »Baudekins à Cheval«, Revue Belge de Numismatique 107, 1971, 169–234.

Cavalleria, Jahuda de la, jüd. Finanzmann und hoher Beamter im Kgr. Aragón, † 1276 in Zaragoza. Er war der namhafteste Vertreter der großen, seit dem frühen 13. Jh. bekannten jüd. Familie Ibn (Abū) Lābī, die, nachdem sie Vasall des →Templerordens geworden war, als de la C. (oder Caballeria) bezeichnet wurde; die Familie spaltete sich im 15. Jh. aufgrund der Konversion zahlreicher ihrer Mitglieder, die jedoch den Familiennamen beibehielten. – Jahuda (Jaguda) de C., der reichste jüd. Finanzmann des Kgr.es Aragón, wurde bereits 1257 zum →Bayle in Zaragoza ernannt; dieses Amt, das die Verwaltung der kgl. Einkünfte beinhaltete, wurde zur Machtbehauptung gegen den Adel in der 2. Hälfte des 13. Jh. immer häufiger mit Juden besetzt. 1260 von Jakob I. bevollmächtigt, alle kgl. Einkünfte des Kgr.es Aragón einzuziehen, wurde J. de C. verantwortlich für die ökonom. Stabilität des Landes; die anderen Bayles schuldeten ihm Rechenschaft. In einer von feindl. Adel inspirierten Zinswucherklage befand ihn Jakob I. 1272 für unschuldig. 1275 beauftragte er ihn, einen muslim. Aufstand in →Valencia niederzuschlagen. Nach dem Tode Jakobs I. ernannte dessen Sohn Peter Jahuda de C. zum Gouverneur des Kgr.es Valencia, ausgestattet mit aller Macht, den immer noch andauernden Krieg zu beenden. Dies gelang, und Jahuda kehrte auf seinen Bayle-Posten nach Zaragoza zurück, wo er noch im gleichen Jahr starb. Aktiv auch in der Leitung der jüd. Gemeinde von Zaragoza verhinderte er 1271 die Ernennung von Mitgliedern der – auch bei Hof rivalisierenden – Familie Alconstantini (Alcosteni) zu *dayyanim* (religiösen Richtern). J. Wachten

Lit.: EJud (engl.) V, 261–265 – EJud (dt.) V, 99–100 – Y. (F.) BAER, Die Juden im chr. Spanien, 2 Bde, 1929–36 [Ind.] – F. VENDRELL GALLOSTRA, Aportasión documental para el estudio de la familia La Caballeria, Sefarad 3, 1943, 115–154 – J. L. SHNEIDMAN, in: Hist. Judaica, 19, 1957, 55–66; 21, 1959, 37–52 – Y. (F.) BAER, Hist. of the Jews in Christian Spain, 2 Bde, 1961–66 [Ind.] – BARON X, 118–166 – R. I. BURNS, Medieval Colonialism, 1975, 274f.

Cavallero Cifar (Zifar), Libro del. Erster span. Ritterroman, verfaßt von Ferrant Martínez(?) um 1300 (Erstdruck Sevilla 1512). Im Zentrum steht Cifar und seine Familie: Sie müssen wegen eines auf ihm lastenden Fluches die Heimat verlassen und werden, der spätantiken Erzähltradition folgend, in Abenteuer verstrickt (Buch 1,2). Schiffbruch, Raub, Entführung, Trennung enden mit der Wiedervereinigung in Menton, dessen Kg. C. geworden ist. Dem folgt ein didakt., durch Exempla oriental. Herkunft aufgelockerter Teil moral.-polit. Inhalts (B. 3). B. 4 schildert die Abenteuer des Sohnes Roboan, bis er Ks. von Triguida wird. – Der LCC weist Parallelen zur byz. Legende des hl. →Eustachius, Übereinstimmung mit den »Flores de Filosofia« und Ähnlichkeiten zum afrz. Roman auf. – Als ältestes Werk der erzählenden span. Prosa ist der LCC literarhist. bedeutend; er beeinflußte Juan →Ruiz, Don Juan →Manuel und Cervantes. E. Schreiner

Ed.: El Libro del Cauallero Zifar, ed. C. P. WAGNER, 1929 – El Cavallero Zifar con un estudio, ed. M. DE RIQUER, 1951 – *Lit.:* J. F. BURKE, Hist. and vision. The figural structure of the L. del C. Z., 1973 – R. M. WALKER, Tradition and Technique in 'El Libro del Cavallero Zifar', L., 1974 – J. GONZÁLEZ MUELA, Ferrand Martínez, mallorquín, autor del Z?, RFE 59, 1977, 285–288 – R. G. KEIGHTLEY, The story of Z. and the structure of the L. del C. Z., MLR 73, 1978, 308–327 – F. J. HERNÁNDEZ, El L. del C. Z., meaning and structure, Revista Canadiense de Estudios Hispánicos 2, 1978, 91–121 – F. GÓMEZ REDONDO, El prólogo del Cifar, realidad, ficción y poética, RFE 61, 1981, 85–112.

Cavallini, Pietro, aus der Familie der Cerroni, bedeutendster röm. Freskomaler und Mosaizist seiner Zeit, * um 1245/50, Rom, † um 1330/40 ebd. Von seinem Leben ist wenig bekannt. 1273 wird er als Zeuge bei einem Grundstückskauf in Rom genannt, 1308 ist er in Neapel bezeugt, wo er sich im Auftrag Kg. Karls II. v. Anjou aufhielt. Seine Beisetzung in der röm. Basilika S. Paolo fuori le mura zeugt von der ihm zu Lebzeiten entgegengebrachten bes. Wertschätzung. Eine Liste seiner Werke gab etwa 100 Jahre nach C.s Tod Lorenzo →Ghiberti im 2. Buch seiner »Commentarii«. Sein Werk ist nur bruchstückhaft erhalten. Die Freskenzyklen für S. Paolo, seine Hauptarbeit, sind beim Brand der Kirche 1823 zerstört worden und nur noch in Nachzeichnungen überliefert. So ist sein Malstil heute am besten in Sa. Cecilia in Trastevere, Rom, zu erkennen. Von der Ausmalung, die 1293 abgeschlossen wurde, ist hauptsächlich erhalten nur das Fresko des Jüngsten Gerichtes an der Westwand. 1291, wahrscheinlicher aber zw. 1293 und 1300, schuf C. in Sa. Maria in Trastevere Mosaiken mit Szenen aus dem Marienleben. Während seines Aufenthaltes in Neapel war er in Sa. Maria Donna Regina tätig (Apokalyptische Madonna, vielleicht dort noch andere Fresken). Bei der Ausmalung der Obergadenwände von S. Paolo, Rom, die 1275/77 begonnen wurde und gegen 1300 vollendet war, konnte C. die alten Wandmalereien des 5. Jh. zugrunde legen. Ein Fassadenmosaik, heute in Fragmenten im Inneren der Kirche, beschloß um 1325/30 seine Arbeit für S. Paolo. Die erwähnten und andere ihm zugewiesene Werke – zu nennen sind hauptsächl. noch das Fresko über der Tumba des Kard. Matteo d'Acquasparta in Sa. Maria in Aracoeli, Rom (nach 1302), und das Apsisfresko in S. Giorgio in Velabro, ebd. (vor 1308) – illustrieren C.s Bedeutung für die Entwicklung der röm. Malerei, die durch seine stilist. und ikonograph. Innovationen, die in der Frühzeit auch auf →Giotto gewirkt haben, wesentl. beeinflußt wurde.

G. Czymmek

Lit.: G. MATTHIAE, P. C., 1972 – P. HETHERINGTON, P. C.: A Study in the Art of Late Medieval Rome, 1979 [Bibliogr.] – J. GARDNER, Rez. von: P. HETHERINGTON, P. C., The Burlington Magazine 122, 1980, 255-258.

Cawarfide (-fida), in der Rechtssprache der Langobarden in Italien Synonym für consuetudo, Bezeichnung der ältesten Stammesrechtsgewohnheit, die im →Edictum Rothari, das sich als Sammlung der antiquae leges patrum nostrorum quae scriptae non erant (Roth. 386) präsentiert, aufgezeichnet ist. Andererseits wird der Terminus c. in der Zeit des Kg.s →Liutprand in Gegensatz zum Edictum Rothari gestellt und bezeichnet von den Ahnen praktizierte, nicht im Ed. Roth. aufgenommene Rechtsmaximen, auf die sich die richterl. Urteile dort stützen, wo jenes schweigt. In dieser Bedeutung erscheint das Wort in den Novellae Liutprands: Li. 77 (». . . etsi adfictum in edictum propriae non fuit, tamen omnes iudices et fidelis nostri sic dixerunt, quod cauuerfeda antiqua usque nunc sic fuissit«) und Li. 133 (»causa ista in hoc modo semper . . . per cauuerfida sic iudicatum est; nam in edicto scripta non fuit«). Das Glossarium Cavense zu den Leges Langobardorum bemerkt unter c.: »id est consuetudo antiqua« (MGH LLNG IV, 654, 74, 656, 124; vgl. Chronicon Gothanum ibid. 645 I. 41); noch in cap. 45 der Consuetudines v. Bari des Sparano (→Bari, Abschnitt II) lebt der Terminus in der Form »cardarfeda« weiter. Die ursprgl. Bedeutung des Wortes c. muß Gerichtsgebrauch oder gerichtl. Rechtsspruch gewesen sein, ausgehend von einer Versammlung mit gerichtl. Funktion. Das Wort 'warf' oder 'werf' findet sich z. B. bei Sachsen und Friesen als Äquivalent für öffentl. (Gerichts)-Versammlung im Sinne des frk. mallum ('Ding'). Es kehrt auch im bair. 'gewerft' in der Bedeutung gerichtl. 'Vertrag' wieder. Diese Elemente könnten nahelegen, daß in einer sehr frühen Phase des langobard. Rechts die Institution eines kollektiven Gerichts bestanden hat: Möglicherweise sind die Langobarden erst in einer späteren Phase zum einzelnen Richter übergegangen, der im Ed. Rothari auftritt.

A. Cavanna

Lit.: DRG I, 152, 176 n. 6 [O. BRUNNER] – HRG II, 1609–1611 – F. BLUHME, In Leges Langob. Ind. et Glossarium, MGH LLNG IV, 671 – M. A. BETHMANN-HOLLWEG, Der Civilprozess des gemeinen Rechts in gesch. Entwicklung. Der germ.-roman. Civilprozess im MA, 1868–74, IV, 322 n. 6, 357 – A. PERTILE, Storia del diritto it., 1896, I, 123–124 – I. SCHRÖBLER, Langob.-dt. Glossar (Leges Langobardorum, bearb. v. F. BEYERLE [Germanenrechte NF], 1962) – G. P. BOGNETTI, L'età longobarda, 1966, I, 319–320.

Caxton, William, * ca. 1420 in Kent, † 1491, Übersetzer und »Verleger« von Literatur, Begründer des Buchdrucks in England (vgl. →Buchdruck, B. VIII). Der in Kent erzogene C. ging zunächst bei dem Londoner Tuchhändler Robert Large in die Lehre. Der Tuchhandel führte ihn nach Flandern; in Brügge war er 1462–71 Vorsteher *(governor)* der dortigen Niederlassung der den engl. Tuchexport beherrschenden →Merchant Adventurers. Daneben begann er seine literar. Tätigkeit mit einer Übersetzung (1469/71) des frz. Werks des Raoul →Lefèvre, »The Recuyell of the Historyes of Troye«. Bei einem Aufenthalt in Köln 1471–72 erwarb er sich die Kenntnis des Buchdrucks. Gemeinsam mit Collard Mansion errichtete er dann in Brügge unter dem Patronat der →Margarete v. Burgund eine Druckerpresse. Als erstes gedrucktes Buch in engl. Sprache entstand dort die Ausgabe des genannten »Recuyell« (1473/74). Es folgten »The Game and Playe of the Chesse« (ca. 1475/76) und vier frz. Werke. 1476 kehrte C. nach England zurück. Er mietete Geschäftsräume, die neben der Abteikirche von Westminster lagen, und widmete sich in der Folgezeit dem Handel mit Manuskripten, dem Übersetzen von Literatur und dem Druck und dem Vertrieb von Büchern. »The Dictes or Sayengs of the Philosophres« (1477) sind das früheste datierte Buch, das auf engl. Boden gedruckt wurde. (Ihm voraus geht ein nicht datierter, aber vor dem 13. Dez. 1476 gedruckter Ablaßbrief.) Ermutigt durch kgl. und adlige Gönner, brachte C. zahlreiche Prosaromane heraus, die ganz dem am höf.-ritterl. Geschmack des burg. Hofs orientierten Zeitstil folgten. Darüber hinaus baute er freilich ein sehr reichhaltiges Angebot auf, mit dem er wohl auch geschäftl. Erfolg hatte: Neben weltl. Chroniken, Fabeln und Gedichten stehen geistl. Bücher wie das »Ordinale ad usum Sarum«, die »Horae ad usum Sarum«, das »Festial« des John Mirk. Mit seinen Drucken von Werken der Hofdichter →Chaucer, →Gower und →Lydgate und mit seiner Ausgabe des »Morte d'Arthur« von →Malory (1485) schuf C. Standard-Texte, die erst im 19. Jh. ersetzt wurden. In seinen zahlreichen Vor- und Nachworten wie auch in seinen Übersetzungen von didakt. Traktaten oder in den Courtesy-Books (→Tischzuchten) stellt sich C. als

Patriot dar, der sich in nostalg. Klagen gegen die Lockerung der Sitten wendet. Auf seine Übersetzung der → »Legenda Aurea« (gedruckt 1484) ließ er eine Vielzahl von erbaulichen Traktaten folgen, womit er möglicherweise der frommen Gesinnung der →Margarete v. York, der mächtigen Mutter von Heinrich VII., Rechnung trug.

C.s Bedeutung für die Literatur liegt erst in zweiter Linie darin, daß er den Buchdruck nach England brachte. Wichtiger ist der Einfluß, den er als »Verleger« und Geschäftsmann im Literatur-Betrieb ausgeübt hat. Sein kraftvoller Prosastil trug zur Regularisierung der me. Syntax und zur Durchsetzung der Londoner Mundart bei. Sein eher konservatives Literaturprogramm sprach v. a. die wohlhabenden Büchersammler als Zielgruppe an. Der aus dem Elsaß gebürtige Wynkyn de Worde (ca. 1450-1535), seit den 70er Jahren als C.s Mitarbeiter (und wohl auch Partner) tätig, führte den Betrieb nach seinem Tod noch vier Jahrzehnte lang weiter, wobei er der von C. vorgezeichneten konservativen Richtung die Treue hielt.

J. W. McKenna

Bibliogr.: W. BLADES, The Life and Typography of W. C., 1861-63, 1882² - S. DE RICCI, A Census of C.s, 1909 - Manual ME 3, 771-807, 924-951 - NCBEL I, 667-674 - N. F. BLAKE, C. and His World, 1969, 240-249 - *Ed.:* S. J. H. HERRTAGE, The Lyf of the Noble and Crysten Prynce Charles the Grete, EETS ES 36-37, 1880-81 - W. E. A. AXON, C.s Game and Playe of the Chesse, 1883 - P. MEYER-F. J. FURNIVALL, The Curial made by maystere Alain Charretier, EETS ES 54, 1888 - W. T. CULLEY-F. J. FURNIVALL, C.s Eneydos, EETS ES 57, 1890 - L. KELLNER, C.'s Blanchardyn and Eglantine, EETS ES 58, 1890 - F. S. ELLIS, The Golden Legend, 1892 - M. N. COLVIN, Godeffroy of Boloyne, or The Siege and Conqueste of Jerusalem, EETS ES 64, 1893 - H. O. SOMMER, The Recuyell of the Historyes of Troye, 1894 [Repr. 1973] - A. T. P. BYLES, The Book of the Ordre of Chyualry, EETS 168, 1926 - W. J. B. CROTCH, The Prologues and Epilogues of W. C., EETS 176, 1928 - M. LEACH, Paris and Vienne, EETS 234, 1957 - R. T. LENAGHAN, C.s Aesop, 1967 - M. Y. OFFORD, The Book of the Knight of the Tower, EETS SS 2, 1971 - Geoffrey Chaucer, The Canterbury Tales [Faks.], 1972 - N. F. BLAKE, C.s Own Prose, 1973 - *Lit.:* E. G. DUFF, W. C., 1905 - DERS., Fifteenth Century Engl. Books, 1917 - H. R. PLOMER, W. C., 1925 - N. S. AURNER, C., Mirrour of Fifteenth-Century Letters, 1926 [Repr. 1965] - C. F. BÜHLER, W. C. and His Critics, 1960 - N. F. BLAKE, C., England's First Publisher, 1976 - G. D. PAINTER, W. C., A Quincentenary Biogr. of England's First Printer, 1976 - R. DEACON, A Biogr. of W. C., 1976.

Caza, Francesco, it. Theoretiker, letzte Hälfte des 15. Jh., vermutl. Schüler F. →Gafforis in Mailand. Seine nur zwölf Blatt umfassende Druckschrift »Tractato vulgare de canto figurato«, Mailand 1492, enthält als Auszug aus dem zweiten Buch von Gafforis »Practica musice« (um 1480 geschrieben, aber erst 1496 gedruckt!) eine knappe Elementarlehre über Noten-, Pausen- und Mensurzeichen. Umfang der Darstellung, Auswahl des Stoffes und Volkssprache bestimmen das Büchlein mehr für Schüler und interessierte Laien als für Musiker und Musikstudenten.

H. Leuchtmann

Ed.: Faks.-Ausg. mit dt. Übers. v. J. WOLF (Veröff. der Musik-Bibl. Paul Hirsch I, 1922) - *Lit.:* EITNER - NEW GROVE - RIEMANN - RIEMANN, Ergbd., 1972, s. v.

Cazorla, Vertrag v. (1179), Doppelvertrag zw. Alfons VIII. v. Kastilien und Alfons II. v. Aragón, fälschl. benannt nach dem damals noch maur. Cazorla (→Jaén), in Wirklichkeit abgeschlossen in Cazola, einem Ort an der kast.-aragon. Grenze bei Ariza und dem Kl. Sta. Maria de →Huerta. In Erweiterung der Abmachungen von Cuenca (1177) enthielt der eine Vertrag eine Teilung der maur. Levante in eine kast. und eine aragon. Interessenzone. An Aragón fiel das Gebiet →Valencia-Játiva - Paß v. Biar-Calpe-Denia, Kastilien erhielt die Region jenseits des »portus de Biar«, das Kgr. →Murcia.

Der zweite Vertrag, ein Beistandspakt gegen Sarazenen und Christen, speziell gegen Kg. →Sancho VI. v. Navarra, verbot einen Separatfrieden und regelte die Teilung navarres. Gebietes unter die Vertragspartner.

Der Vertrag v. C. gab Alfons II. freie Hand für die Expansion Aragóns nach Süden bis zum Kgr. Murcia und verbesserte Alfons' VIII. Position gegenüber Sancho VI., der im Vertrag v. →Nájera-Logroño (1179) endgültig den Schiedsspruch v. Westminster (1177) anerkannte.

B. Schwenk

Lit.: J. GONZALEZ, El reino de Castilla en la época de Alfonso VIII, Bd. I, 1960, 813-816; II, 528-532.

Ceadda (Chad), Bf. in Northumbria und Mercia (geweiht 664), * um 635, † 672, ◻ am 2. März in Lichfield. Seine Vita und seine Laufbahn sind uns nur durch Beda überliefert, der ihn wegen seines heiligmäßigen Lebens sehr preist. C. war einer von vier Brüdern, die von Bf. Aidan bekehrt und geweiht wurden, und nach einem Studienaufenthalt in Irland wurde er 653 als Priester ins Gebiet der mittleren Anglia und der Mercia gesandt, um hier zu missionieren. 664 folgte C. seinem Bruder Cedd in das Kl. Lastingham (Yorkshire) und wurde zum Bf. geweiht; sein Bischofssitz war York, und sein Sprengel umfaßte den größten Teil von Northumbria. Ebf. Theodorus machte 669 seine Weihe wegen Zweifel an der Gültigkeit rückgängig, aber C. wurde zum Bf. v. Mercia und Lindisfari (→Lindsey) mit Bischofssitz in →Lichfield ernannt. Nach zweieinhalb Jahren starb er aber an einer Seuche. Das im 8. Jh. in Wales entstandene »St. Chad's Gospel-book« gelangte erst im 10. Jh. (?) nach Lichfield.

D. A. Bullough

Q. und Lit.: Bede's Ecclesiastical Hist. of the Engl. People, ed. B. COLGRAVE - R. A. B. MYNORS, III, 23, 28; IV, 2, 3, 1969 [mit Anm. von C. PLUMMER] - CLA II 2, 159.

Ceadrag, Fs. der →Abodriten, Sohn des abodrit. Fs. en Dražko. Vermutlich wurde C. 809 von diesem als Geisel an den dän. Kg. →Göttrik gegeben. Nachfolger Dražkos wurde 809 zunächst Sclaomir. Erst durch das Eingreifen Ludwigs d. Fr. 816-819 konnte C. die Herrschaft über die Abodriten übernehmen. Trotzdem wandte er sich von den Franken ab und verbündete sich mit den Dänen. Vom Vorwurf des Verrats konnte er sich 823, als er vor dem Ks. in Compiègne erschien, nicht völlig reinigen, wurde jedoch der Verdienste seiner Vorfahren wegen in seiner Herrschaft belassen. 826 verklagten ihn Große seines Volkes bei Ludwig, der ihn jedoch, nachdem er die Ansicht der Abodriten erkundet und von C. Geiseln erhalten hatte, in seinem Reich beließ. Sein weiteres Schicksal ist unbekannt.

L. Dralle

Q.: Annales regni Francorum, ed. F. KURZE (MGH SRG 6, 1895), ad a. 809, 816-819, 821, 823, 826 - *Lit.:* O. BALZER, O kształtach państw pierwotnej Słowiańszczyzny zachodniej, 1937, 120ff. - K. WACHOWSKI, Słowiańszczyzna zachodnia, 1950², 104ff. - W. H. FRITZE, Probleme der abodrit. Stammes- und Reichsverfassung und ihrer Entwicklung vom Stammesstaat zum Herrschaftsstaat (Siedlung und Verfassung der Slawen zw. Elbe, Saale und Oder, hg. H. LUDAT, 1960), 141ff. - R. ERNST, Karol. Nordostpolitik zur Zeit Ludwigs d. Fr. (Östl. Europa, 1977), 81ff.

Cealadrag, Fs. (rex) der westslav. Wilzen im frühen 9. Jh., jüngerer Sohn des →Liub. Nach dessen Tod im Kampf mit den →Abodriten übertrugen die Wilzen zunächst dem älteren Milegast die Herrschaft. Da er sie nicht nach altem Herkommen führte, setzte der »populus Wiltzorum« den jüngeren Bruder C. an seine Stelle. Milegast beugte sich dieser Entscheidung nicht. Er und C. erschienen 823 auf dem Reichstag zu Frankfurt vor Ludwig d. Fr., um dessen Urteil anzurufen. Der Ks. berücksichtigte die Haltung der Wilzen und bestätigte C. in der Herrschaft.

L. Dralle

Q.: Annales regni Francorum, ed. F. KURZE (MGH SRG 6, 1895), ad a. 823 – *Lit.:* O. BALZER, O kształtach państw pierwotnej Słowiańszczyzny zachodniej, 1937, 136 – K. WACHOWSKI, Słowiańszczyzna zachodnia, 1950², 99 – L. DRALLE, Slaven an Havel und Spree. Stud. zur Gesch. des hevell.-wilz. Fsm. s, 1981, 118ff.

Ceawlin, westsächs. Kg., † 593. Nach aus dem 8./9. Jh. stammenden Genealogien war C. der Enkel oder Urenkel von →Cerdic, nach →Beda (731) war er der zweite Kg. in England, der ein »imperium« über alle Kgr.e südl. des Number besaß (→Bretwalda). Die Ags. Chronik (→Chronik, ags.) berichtet für 552 und 556 von Schlachten gegen die Briten in Wiltshire (→Barbury Castle), die von Kg. Cynric gemeinsam mit C. gewonnen wurden, der 560 dessen Nachfolger wurde. Nach der Chronik gab es weitere Siege (560 und 570), die die Engländer an den Flüssen Severn und Avon erringen konnten; östl. der oberen Themse wurden die Briten verdrängt. Als C. in einer Schlacht 584 besiegt wurde, verlor er 591 die Führung der Westsachsen an seinen Neffen (?) Ceol. Die Herrschaft von Cynric und C. war jedoch von großer Bedeutung für den Beginn der zweiten und entscheidenden Phase der engl. Expansion nach Süden, und nicht weniger entscheidend war die Vereinigung der bis dahin getrennten Gruppen der Sachsen unter einem einzigen Führer, auf dessen Familie die späteren Kg.e v. Wessex ihre Herkunft zurückführten. D. A. Bullough

Lit.: STENTON³, 26–30 – J. N. L. MYRES, Anglo-Saxon Pottery, 1969, 116–119 – Early Medieval Kingship, hg. P. H. SAWYER – I. N. WOOD, 1977, 74–91 [D. N. DUMVILLE].

Cecco d' Ascoli (eigtl. Francesco Stabili), it. Dichter, Arzt und Astrologe, * nach der Tradition 1269 in Ancarano bei Ascoli Piceno, wahrscheinl. aber erst im letzten Jahrzehnt des 13. Jh., † 1327 Florenz. Seine Lehrtätigkeit an der Univ. Bologna fand 1324 durch die Anklage des Inquisitors Lamberto da Cingoli auf Häresie ein jähes Ende. 1326 ging er im Gefolge Karls, Hzg.s v. Kalabrien (des Sohnes von Robert v. Anjou), nach Florenz, fiel aber bald in Ungnade, wurde von dem einflußreichen Arzt Dino del →Garbo angegriffen und erneut wegen Häresie vor Gericht gestellt. Am 16. Sept. 1327 wurde er auf dem Scheiterhaufen verbrannt.

Neben lat. astronom. und astrolog. Traktaten (Kommentaren zur »Sphaera mundi« des →Johannes Sacrobosco und zu »De principiis astrologiae« des Alcabitius [→al-Qabīṣī] sowie »Praelectiones ordinariae astrologiae habitae Bononiae« – verfaßte er Dichtungen in it. Sprache, unter ihnen eine an Dante gerichtete verlorengegangene Tenzone, sowie sein Hauptwerk, »L'Acerba«, dessen Titel wohl als Anspielung auf die Unreife des jugendlichen Verstandes aufzufassen ist, der erst durch die Wissenschaft entwickelt wird. Es handelt sich um ein Lehrgedicht von 4867 Elfsilbern in Sestinen (Reimschema ABA, CBC; mit zwei gereimten Versen am Ende jedes Kapitels), das am Anfang des 5. Buches abbricht: eine Art ethisch-wissenschaftl. Enzyklopädie astrolog.-symbol. Charakters, durchsetzt mit starker Polemik gegen →Dante (berühmt ist die Invektive IV, cap. XIII).

Im ersten Buch liegt der Schwerpunkt auf Astronomie und Kosmologie, im zweiten Buch werden die Natur des Menschen, Physiognomie, Tugenden und Laster behandelt; das dritte enthält ein moralisierendes Bestiarium und Lapidarium; okkultist., alchem., anatom., biolog., astronom., astrolog. und moral. Themen werden im vierten Buch, das in Dialogform gehalten ist, abgehandelt. C.s Werk spiegelt – in typ. ma. esoter.-symbolträchtiger Einkleidung – ein tiefes Moralbewußtsein, verbunden mit ausgeprägt antiklerikaler Grundhaltung, ein polem. Temperament von bitterer Schärfe und einen fast fanat. Glauben an die hohe Bedeutung der Wissenschaft. G. Busetto

Ed.: C.d'A. (F. Stabili), L'Acerba, hg. F. CRESPI, 1927 – C.d'A., L'Acerba secondo la lezione del Codice eugubino del 1376, hg. B. CENSORI – E. VITTURI, 1971 – *Lit.:* SARTON III, 643–645 – THORNDIKE II, 948–968 – A. TARTARO, Studio della Commedia e poemi dottrinali (Lett. it. Storia e testi, II: Il Trecento Dalla crisi dell'età comunale all'umanesimo, I, 1971), 465–484, 522 – F. ZAMBON, Gli animali simbolici dell'»Acerba«, MR I, 1974, 61–85 – Atti del I Convegno di studi su C. d'A., hg. B. CENSORI, 1976 – Italianistica VIII, 1979, 624; IX, 1980, 516.

Čech (Bohemus), »Urvater« / Heros Eponymos der →Böhmen. Čech wird (mit der lat. Form des Namens) bereits von dem Chronisten →Kosmas v. Prag (I,2) als Herr eines »Gefolges« genannt, der vom Georgsberg (Říp) aus das damals menschenleere Land betrat und für den Stamm der Čechen (Böhmen) in Besitz nahm. Die tschech. Namensform nennt erst der sog. →Dalimil (am Anfang des 14. Jh.; sie ist jedoch zweifellos älter), der auch das Herkunftsland (Kroatien) und den Grund des Verlassens der Heimat (Mord) erwähnt. In der poln. Überlieferung des 14. Jh. (alsbald auch in Böhmen rezipiert) ist Č. der jüngste der drei Brüder →Lech, →Rus und Č. (Urväter der Č., der Polen, Russen und Böhmen). Eine »Historisierung« des Č. nahm erst im 16. Jh. der Chronist Václav Hájek v. Libočan vor, der die »Ankunft« Č.s in Böhmen in das Jahr 644 verlegte. Für die ma. Überlieferung war Č. bedeutungslos; dominant blieb die Přemyslidensage. Nur in der Romantik rückte er zu einer recht beliebten »historischen Person« auf. Ernstzunehmende Versuche, ihn mit einer hist. Persönlichkeit zu identifizieren, sind nicht zu verzeichnen. F. Graus

Lit.: F. GRAUS, Lebendige Vergangenheit, 1975, 89ff. [Lit.].

Ceclis, Landschaft in Kurland → Kurland

Cefalù (Cephaludum), Stadt auf Sizilien (Prov. Palermo). Der zuerst 396 v. Chr. als befestigte Siedlung auf einem die siz. Nordküste beherrschenden Vorgebirge bezeugte, jedoch weit ältere Ort war im 8. und 9. Jh. Sitz eines griech. Metropole →Syrakus unterstellten Bm.s, dessen Tradition nach der arab. Eroberung (858) zu Ende ging. Die städt. und kirchl. Entwicklung des 1063 von den Normannen unter Roger I. eingenommenen C. erhielt einen neuen Anstoß erst mit dem – durch ein Seenotwunder begründeten – Eingreifen Rogers II. nach seiner Krönung. Dieser legte als Kg. 1131 den Grundstein zur neuen, alsbald als Grablege in Aussicht genommenen Kathedrale S. Salvatore und stattete diese mit Mosaiken (→Mosaikkunst) von außergewöhnl. Rang aus. Mit Chorherren aus dem kalabr. Stift S. Maria di Bagnara schuf er einen Domkonvent aus Regularkanonikern (bis 1671) und ließ noch im gleichen Jahr 1131 C. durch Anaklet II. zum Bm. in der Kirchenprov. Messina (seit 1844: Palermo) erheben. Die unsichere Rechtsstellung nach dem Tode Anaklets II. beendete Alexander III. 1166. Als Königsgrablege wurde C. nach dem Tode Rogers II. zugunsten von Palermo übergangen, und auch von dessen Erben nicht respektiert, so daß Ebf. →Berard v. Palermo den Rangstreit 1215 zugunsten seiner Kirche entscheiden und die von Roger II. gestifteten Herrschersarkophage mit Zustimmung Friedrichs II. nach Palermo überführen konnte.

Die mit Freiheiten und Handelsvorrechten geförderte befestigte Siedlung unterhalb der Kathedrale übergab Roger II. 1145 mit Hafen und Kastell an den Bf., dem als Stadtherrn nur die schweren Kriminalfälle entzogen blieben. Die urbane Entwicklung von C. stand seit dem frühen 13. Jh im Zeichen des Konflikts zw. Krone und Bf., der sich am Rückgriff des Kg.s auf das Kastell entzündete und Bf. Aldoin (1217–48) ins Exil trieb. Ohne Rückhalt bei der Krone wurde die bfl. Stadtherrschaft zum Objekt feudalen Zugriffs, zuerst mit Heinrich von Ventimiglia (1263), dann seit der zweiten Hälfte des 14. Jh. mit dessen Nachkommen und anderen Adelsherren. Die mit wirtschaftl. Stagnation und Entvölkerung einhergehende feudale Entfremdung beendete Kg. Alfons I., der 1451 dem Bf. die Unveräußerlichkeit der Stadtherrschaft garantierte. Die für 1244 bereits ermittelte Bevölkerungszahl von 3808 Bewohnern wurde 1570 mit 3830 wieder erreicht.

N. Kamp

Q. und Lit.: V. Auria, Dell'origine ed antichità di C. città piacentissima di Sicilia, 1656–R. Pirri, Sicilia Sacra 2, 1733¹, 797ff.–V. Amico, Diz. topografico della Sicilia, hg. v. G. Di Marzo 1, 1855, 308ff. – E. Winkelmann, Bf. Harduin v. C. und sein Prozeß, MIÖG, Ergbd. 1, 1885, 298ff. – R. Salvo di Pietraganzili, C., 1888–L. T. White, Latin Monasticism in Norman Sicily, 1938, 189ff. – G. de Stefano, Il Duomo di Cefalù, 1960 – G. Misuraca, C. nella storia, 1962 – C. Mirto, Rollus Rubeus. Privilegia ecclesie Cephaleditane, 1972–IP 10, 1975, 362ff. –N. Kamp, Kirche und Monarchie im stauf. Kgr. Sizilien I, 3, 1975, 1042ff. – C. Valenziano, La basilica cattedrale di C. nel periodo normanno, 'O Theologos V, 19, 1978, 85ff. –I. Peri, Uomini, città e campagne in Sicilia dall'XI al XIII secolo, 1978.

Cegléd, Stadt in Ungarn (Komitat Pest) in der Ung. Tiefebene nördl. von Kecskemét an der »Theiß-Straße« (Pest-Szolnok) gelegen. Die Stadt verdankt ihre Entwicklung zum großen Teil der verkehrsgeograph. Situation und der Lage innerhalb eines ertragreichen Agrar- und Weidegebietes. C. war kgl. Mautstelle, erwarb vor 1350 Gemarkungen (Mongolensturm?) von Dörfern, die (infolge des Mongolensturms?) wüstgeworden waren. 1358 kam C. an die ung. Kgn., welche die Stadt den Klarissen von Altofen übertrug (1368). Viehzucht und -handel blühten im 14. Jh. auf; die »cives et hospites« erwarben Zollfreiheit. Wegen Weidemangels entspannen sich Konflikte zw. C. und seinen Nachbarn, die 1465 in einer Belagerung C.s gipfelten. Außer einer reich dotierten Pfarrkirche (1332 St. Nikolauskirche?) bestanden eine St.-Annen-Kapelle (vor 1358) und eine Hl.-Kreuz-Kirche (um 1360). Die Stadt wurde vom officialis der Nonnen – zugleich Richter mit 12 Schöffen – verwaltet. Beide Ämter wurden 1420 getrennt und freie Richterwahl zugesagt. 1444 heißt C. Oppidum, doch konnte die städt. Selbstverwaltung erst 1490–92 durch einen Aufstand gesichert werden.

Lit.: J. Oppel, C. 1730–ig, 1931. E. Fügedi

Celanova, S. Salvador de, Kl. OSB in NW-Spanien (Bm. Orense). Galiz. Adlige beschenkten ihren Verwandten, den hl. Rudesindus (→Rosendo), zum Zwecke einer weiteren Klostergründung. 936 und 938 bestätigte Kg. Ramiro II. v. León ihre Schenkungen. Der Hl., damals noch Bf. von Dumio-Mondoñedo (→Mondoñedo), gründete C., dotierte es mit Urkunde vom 26. Sept. 942 und machte den Abt Franquila von San Esteban de Ribas de Sil zum Vorsteher des neuen Konvents. Nach dessen Tod 955 übernahm er selbst die Leitung des Kl., in dem er 977 auch starb und beigesetzt wurde. Aus jener Zeit ist nur die mozarab. Capilla de S. Miguel (Michaelskapelle) erhalten geblieben; die übrigen Bauten, darunter auch der z. B. 1032 erwähnte Salvator-Altar, fielen dem barocken Neubau zum Opfer, der heute noch steht. In C. galt die regula communis bzw. regula mixta (→Mischregel). Wenn die Rudesindus-Vita behauptet, der Hl. habe selbst seinem Kl. die→Regula S. Benedicti gegeben, so ist das höchstens ein Beleg für die relativ späte Einführung dieser Regel in C., nachdem es auch von der cluniazens. Reform nicht erreicht worden war. Auch die Kg.e haben sich vergleichsweise wenig um das abseits im bergigen Grenzland zu Portugal gelegene Kl. verdient gemacht (keine Residenzen, keine Grablegen). Seinen Wohlstand verdankt es v. a. seinen galiz. Förderern und seiner landwirtschaftl. Tüchtigkeit. Der Verfall kam mit den üblichen ruinösen Praktiken seiner Kommendataräbte – trotz des diesbezügl. schon von Alfons IX. 1216 erlassenen, von Honorius III. 1225 bestätigten und von Ferdinand III., Alfons X. und den Kath. Kg.en erneuerten Schutzprivilegs – und den Bedrückungen durch den galiz. Adel im 15. Jh. (Gf. v. Ribadavia und Juan de Pimentel). 1506 wurde C. mit seinen 50 abhängigen Prioraten der Reformkongregation v. →Valladolid angeschlossen. P. Feige

Q.: Vita et Miracula S. Rudesindi, AASS I, 103–119 und Portugaliae Monumenta Historica SS I, 32–46 [vgl. dazu J. Mattoso, Etudes sur la Vita et Miracula S. Rudesindi, Studia Monastica 3, 1961, 325–356]–M. Serrano y Sanz, Documentos del Cart. de C., Boletín de la Bibl. Menéndez Pelayo 3, 1921, 263–278, 301–320–Ders., Documentos del Monasterio de C. (años 975 a 1164), Revista de Ciencias Jurídicas y Sociales 12, 1929, 5–47, 512–524 – Cart. von C. (Madrid, Archivo Histório Nacional, Cód. 986B, ca. 500 Dokumente, 9.–12. Jh., Abschrift Anfang 13. Jh. [Ed. von E. Sáez Sánchez in Vorber.] – Zur hs. Überlieferung vgl. S. Jiménez Gómez, Guía para el estudio de La Edad Media Gallega, 1973–J. Lorenzo Fernández, El fondo del monasterio de S. Salvador de C. en el Archivo Histórico Nacional, Boletín de la Comisión de Monumentos... de Orense 13, 1942, 205–252 – Lit.: DHEE III, 1545–1546–DHGE XII, 48–50– E. Flórez, España Sagrada XVII, 21–26; XVIII, 325–329 – Anonymus, Un abadologio inédito de C., Boletín de la Comisión de Monumentos... de Orense 8, 1927–29, 53–67, 73–86–J. Tejedor Duque, Estudio económico del Cart. de C., Revista de Economía de Galicia 3, 1960, 52–68 – M. Arias, Los monasterios de Benedictinos de Galicia, status quaestionis, Stud. Monastica 8, 1966, 35–69–J. García Oro, Los señoríos monásticos gallegos en la Baja Edad Media, Compostellanum 14, 1969, 545–622– H. de Sá Bravo, El Monacato en Galicia II, 1972, 121–139 – J. I. Fernández de Viana, Fránquila, primer abad del monasterio de C., Compostellanum 18, 1973, 41–58 – A. Linage Conde, Los Orígenes del Monacato Benedictino en la Península Ibérica, 3 Bde, 1973 – H. de Sá Bravo, Monasterio de C., 1978.

Celata ('Schale', it. Helm), entweder in Form einer hohen Kesselhaube (in der modernen Lit. – wohl fälschl.– meist →Barbuta genannt) oder in Form der westeurop. und dt. →Schaller mit langem, starrem oder beweglichem Nakkenschutz. Die it. C. hatte gewöhnl. kein Visier, sondern einen Gesichtsausschnitt und häufig eine gezackte Verstärkung an der Stirn. Sie wurde in Oberitalien zw. etwa 1480 und 1510 getragen, hauptsächl. vom Fußvolk. Im 16. Jh. erscheint das Wort C. in der allgemeinen Bedeutung von 'Helm'. O. Gamber

Lit.: L. Boccia u. a., Armi e Armature Lombarde, 1980.

Čelebī, ältere Form (13.–14. Jh.) čalabī, osman. Titel. Etymolog. umstritten, wahrscheinl. von dial. türk. Čalap 'Gott'. Zuerst im 13. Jh. als 'göttlich, Gottesmann' belegt, wird Č. der Titel der Ordensvorsteher der »tanzenden Derwische« (→Mevlevīye). Seit ca. 1400 erscheint Č. auch als Titel weltl. Fs.en (z. B. 1360 der Zalabi von Sinop, vgl. F. Thiriet), so auch der Söhne→Bāyezīds I. (zuerst belegt 1398 für Č. Emir Süleymān, vgl. A. Tietze). Im 16. Jh. ist Č. der osman. »gentiluomo«, der gebildete Lebemann, Kulturträger und Kulturgenießer seiner Zeit. Im 18. Jh. verschwindet das Wort aus dem Alltagswortschatz und lebt nur mehr in Sonderbedeutungen fort. A. Tietze

Lit.: EI², s. v. - M. Mansuroğlu, On some titles and names in Old Anatolian Turkish, UralAltJbb 27, 1955, 97–99–F. Thiriet, Régestes des délibérations du sénat de Venise concernant la Romanie I, 1958, 95, nr. 360 – A. Tietze, Mehemmeds »Buch von der Liebe« (Fschr. O. Spies, 1967), 661.

Celestina, La, gebräuchl. Kurztitel für die »Tragicomedia de Calisto y Melibea«, ein Lesedrama, das zu den bedeutendsten lit. Werken des SpätMA gehört. Die älteste bekannte Ausgabe (Burgos 1499) ist anonym und umfaßt 16 Akte. Sie trägt den Titel »Comedia de C. y M.«. Spätere

Ausgaben enthüllen Fernando de →Rojas als Autor der Akte II u. f. Er soll sie in 14 Tagen geschrieben haben, in Fortsetzung des angebl. vorgefundenen Aktes I (Ur-Celestina). Die Ausgaben nach 1502 sind um 5 weitere, zw. Akt XIV und XV eingeschobene Akte (Tratado de Centurio) verlängert und das ganze Werk (21 Akte) heißt fortan »Tragicomedia de C. y M.«. Die zahlreichen Frühdrucke sind beschrieben bei PENNEY.

Die Frage der Autorschaft ist ungelöst. Der z. Zt. plausibelsten Hypothese zufolge (LIDA, BATAILLON u. a.) sind die Ur-C. (Akt I) einem unbekannten Autor, beide Erweiterungen hingegen Fernando de Rojas zuzuschreiben, wobei für LIDA der letzte Einschub nicht aus seiner Feder, wohl aber aus seiner »Werkstatt« hervorgegangen wäre.

Calisto (Cal.), ein junger Adliger, gerät auf der Suche nach seinem Falken in den Obstgarten des Juden Pleberio und begegnet dort dessen Tochter Melibea (M.). Sein Liebeswerben wird von M. abgewiesen, worauf er erkrankt. Sein Diener Sempronio rät ihm, die Dienste der alten Kupplerin Celestina in Anspruch zu nehmen. Diese vermittelt erfolgreich (berühmte Liebesszene in M.s Garten, Akt IV), doch den von Cal. bezogenen Lohn will sie mit ihren Dienern nicht teilen. Diese erschlagen sie kurzerhand, werden aber gefaßt und hingerichtet (Akt XII). In der »Comedia« (16 Akte) fällt Cal. gleich nach der Verführungsszene beim Ausstieg aus M.s Garten tödlich von der Leiter, worauf M. sich aus Verzweiflung von der Zinne in den Tod stürzt. Pleberios Wehklagen beschließt die Tragödie. In der »Tragicomedia« (21 Akte) wird der Tod Cal. nicht allein der Fatalität (Fortuna) zugeschrieben, sondern sozial motiviert: Nach der Hinrichtung der beiden Diener wollen deren Geliebte, zwei Dirnen aus dem Hause C.s, deren Tod rächen und dingen dazu Centurio, einen großmäuligen »capitán«. Cal. und M. treffen sich in dieser Version über vier Wochen hin im Liebesgärtlein, bis einmal Waffenlärm auf der Straße – Centurios ängstl. Racheversuch mißrät – Cal. zu hastigem Aufbruch treibt, wobei er von der Leiter stürzt. Das Ende des Dramas ist in beiden Versionen gleich. Der Schauplatz der Handlung ist umstritten, wahrscheinl. fiktiv.

Die Forschung hat in der C. so viel an stoffl. und formalen Überlieferungen aufgespürt (Homer, Vergil, Servius, Plautus, Bibel und Dekalog, Boccaccio, höf. Liebe, Stoffe wie Romeo und Julia oder Dido, Topoi wie den »locus amoenus«, Petrarkismus und Neostoizismus, ma. Rhetorik, der humanist. und elegische Komödie, etc.), daß Zweifel an der Originalität aufkommen konnten. Indes, der funktionale Einbau solcher traditioneller Elemente, sodann die meisterl. Charakterisierung, das Erzählen in Form von Dialog und Szenenanweisungen, das selbstenthüllende Reden der Personen, die Sprachführung auf verschiedenen Ebenen, die Gestaltung von Zeit und Raum machen aus der C. ein lit. Kunstwerk, das weit über das 15. Jh. hinausweist. Sein dokumentar. Wert (verhüllte Zeitkritik) hat im Zeichen der Debatte um die span. »conversos« (getaufte, aber weiterhin marginierte Juden; →Konvertiten) in letzter Zeit bes. Aufmerksamkeit gefunden. Wichtiger ist jedoch eine fundamentale Neuerung: Menschl. Existenzen werden hier zu repräsentativem Eigenleben erweckt.

Die inhaltl. und formale Kühnheit, wohl auch die unverblümte Erotik des Textes, haben trotz Inquisition zu einem großen Immediaterfolg geführt. Allein im 16. Jh. ist er über 60 Mal nachgedruckt und ins It., Frz., Engl., Hebr. und Dt. (Chr. Wirsung, 1520 und 1534) übersetzt worden (GENSKE). Neuübersetzungen und Bühnenfassungen sind in großer Zahl entstanden. G. Siebenmann

Ed: Burgos 1499 [Faks. 1909] – M. CRIADO DEL VAL-S. D. TROTTER, Clásicos hispánicos II, 3, 1965 – D. S. SEVERIN, Clásicos Alianza, 1969 – *Lit.:* C. L. PENNEY, The book called C. in the Library of the Hispanic Society of America, 1954 – M. BATAILLON, La C. selon F. de Rojas, 1961 – M. R. LIDA DE MALKIEL, La originalidad artística de La C., 1962, 1970² – A. SCHIZZANO MANDEL, La Celestina Stud. A Thematic Survey and Bibliogr. 1824–1970, 1971 – G. SIEBENMANN, Estado presente de los estudios celestinescos (1956–1974), Vox Romanica 34, 1975 – Celestinesca. Boletín informativo internacional, ed. J. SNOW, Univ. Georgia, Athens, I, Nr. 1 May 1977, halbjährl. – S. S. GENSKE, La C. in translation before 1530, 1978.

Célí Dé (Culdees, Culdeer, Kulden). Die air. Bezeichnung *céle dé* entspricht dem lat. servus Dei ('Diener Gottes'). Um 800 wurde der Ausdruck zum Namen ir. Reformmönche. Nach 1100 bezeichnete er die Armen und zwar bes. die von einem Kl. versorgten. – Die monast. Reformbewegung der C.D. begann um 725–750 im südl. Irland in den Kl. Dairinis (östl. Gft. Cork), Lismore (westl. Gft. Waterford) und Daire Eidnech (südl. Gft. Tipperary). Ihr wichtigster Vorkämpfer war Maelruain. Sein Mentor (und möglicherweise Onkel) Ferdácrích († 747), Abt v. Dairinis, stammte aus Daire Eidnech oder Derrynavlan (Daire na bhFlann). Der dort 1980 aufgefundene Kelch hat erneut das Interesse an diesen Mönchen geweckt. Maelruain gründete 774 sein Kl. in →Tallaght (Gft. Dublin). Die Traktate über die Reform, allgemein als »Tallaght documents« bekannt, erwähnen mit großem Respekt vorbildhafte Persönlichkeiten der Vergangenheit wie Mac Uige, Mocholmóc ua Líatháin und Caencómhrac, die alle aus der Gegend von Lismore stammten. Die kirchl. Rechtssammlung »Collectio →Hibernensis« und das →»Apgitir Chrábaid« ('Alphabet der Frömmigkeit') könnten, zumindest teilweise, aus diesem Gebiet hervorgegangen sein und werden ins frühe 8. Jh. datiert. Die »Einheit des Maelruain« (Unity of Maelruain), eine Art Consuetudo, legt nahe, daß die Reform sich von Tallaght aus auf Tipperary, Cork, Kildare und Westmeath ausbreitete; am längsten scheint sie in Terryglass (Gft. Tipperary) nachgewirkt zu haben.

Die Reform war gekennzeichnet durch starke anachoret. Züge, kraft derer der Mönch die Möglichkeit haben sollte, in Einsamkeit, doch nahe dem Kl. zu leben. Die C.D.-Reform strebte nach einer Intensivierung von Gebet, Arbeit und geistl. Lektüre, die eine Vertiefung der caritas nach sich ziehen sollte. Ebenso war es jedoch die Zielsetzung der C.D., der Verweltlichung im bestehenden kirchl. Leben entgegenzuwirken. Zahlreiche Anachoreten waren auch Schreiber; die Wissenschaftspflege wurde stark hervorgehoben. Jedes Kl. war unabhängig, und es wurden beachtl. Unterschiede bei den Gebets- und Bußvorschriften toleriert, wobei allerdings häufig zu maßvoller Praxis geraten wurde.

Die Reformbewegung brachte eine vielfältige Literatur hervor: Tallaght hatte sowohl hinsichtl. des Erlasses detaillierter Richtlinien als auch durch die Sorge um liturg. und sonstige religiöse Gebrauchstexte die Führung. Das »Stowe Missal« (um 800) umfaßte verschiedene Texte für die Meßfeier und einen einzigartigen volkssprachigen Traktat über die Messe. Die C.D. von Tallaght zeigten außerdem größtes Interesse für Leben und Wunder der Heiligen; diese Strömung fand ihren Niederschlag in zwei großen Martyrologien, »Félire Oengusso« und »Martyrologium v. Tallaght«, die in den ersten Jahren des 9. Jh. redigiert wurden. Die hagiograph. Notizen in den Traktaten zum »Félire«, auch die entsprechenden Sammlungen im →»Book of Leinster« sind Nebenprodukte dieser geistig-religiösen Tätigkeit. Es gibt Belege für die Existenz älterer Mönchsregeln, die neu überarbeitet wurden, jedoch auch für eine Redaktion von neuen monast. Regeln im 9. Jh. Einige der Heiligenviten wurden wohl auch verfaßt bzw. neubearbeitet, um Material für die durch die Reform empfohlenen geistl. Lesungen zu gewinnen. Ebenso steht der Typ air. Lyrik, der als »ir. persönl. Erlebnisdichtung« oder als Naturdichtung bezeichnet worden ist, mit der Bewegung der C.D. in Verbindung.

Die Reform der C. D. erreichte keine lang andauernde Wirkung. Dies ist wohl zum Teil auf den unsicheren polit. Zustand Irlands in der 1. Hälfte des 9. Jh. zurückzuführen; darüber hinaus war kein Abt, Kg. oder Bf. mächtig genug, die Erneuerungsbewegung auch in weiteren Kreisen durchzusetzen und sie in allen bereits reformierten Kl. aufrechtzuerhalten. Bleibende Wirkung erlangte die Reform v. a. für die (liturg. und geistl.) Literatur Irlands. Die Lebensformen der C.D. wurden vorwiegend in Armagh und mehreren schott. Kl. bis zu deren Auflösung beibehalten, doch haben die späteren Anhänger dieser Bewegung offenbar Leitlinien entwickelt, die von denjenigen ihrer Vorläufer im 9. Jh. erheblich abwichen. P. O'Dwyer

Q. und Lit.: DHGE XIII, 1099f. – LThk² II, 988f. – W. Delius, Gesch. der ir. Kirche von ihren Anfängen bis zum 12. Jh., 1954 – K. Hughes, Early Christian Ireland: Sources, 1972 – P. O'Dwyer, C.D., Spiritual Reform in Ireland 750–900, 1981 – s. a. Lit. zu →Collectio Hibernensis.

Čelje → Cilli

Cella ('Keller, Sklavenunterkunft, bescheidener Zufluchtsort'), pl. cellae (c.). Der aus dem (weltl.) Lat. stammende Begriff wurde in der späteren Antike ins Griech. übernommen (Diminutiva lat. cellula, gr. κέλλιον, gleiche Bedeutung und gleiche Wortgeschichte) und seit dem 4. Jh. in Ägypten zur Bezeichnung der Behausung eines Mönchs (Mönchszelle) verwendet, in diesem Sinn bei Hieronymus, Cassian u. a. frühen Kirchenschriftstellern. Bei den Einsiedlern (der »Apophtegmata patrum« und später der Kamaldulenser, Kartäuser usw.) ist die C. der abgeschlossene Raum, in den sich der Eremit einschließt, um Schutz für Frömmigkeit und erbauliche Lektüre zu finden; in dieser hochgeachteten Tradition steht noch Thomas v. Kempen: »cella continuata dulcescit« (De imitatione Christi I, 20, 5). Das alte Koinobitentum kannte zwar für die Religiosen keine individuellen Wohnräume, aber bes. Kammern für bestimmte Personengruppen, so die c. novitiorum und die c. hospitum und den abgesonderten Raum für die Kranken (→Regula Benedicti). Die frühen gall. Synoden bezeichnen die Monasterien schlechthin mit dem Begriff c. Nach der Ausbildung der großen Abteien sui iuris heißen nur die kleineren Kl. er c.; die Reformsynode von Aachen (817) forderte für diese c. eine Mindestanzahl von sechs Mönchen, ohne daß sich dieses Prinzip auf Dauer durchsetzte. Die c. waren oft einem großen und mächtigen Kl. unterstellt, von dem aus sie gegründet worden waren oder das sie schützte; diesem errichteten sie eine jährl. Abgabe, der Abt legte ihre Observanz fest und ernannte (oder approbierte) den Oberen, der oft die Bezeichnung Prior trug (s. a. →Prior, →Priorat). Die Rechte der c. waren meist ungenau definiert; oft fungierten sie als Zentren der klösterl. Grundherrschaft; dies erleichterte wohl den →Zisterziensern die Umwandlung von c. in →Grangien, klösterl. Wirtschaftsbetriebe ohne autonome monast. Gemeinschaft. Die c. konnten sehr zahlreich sein, so etwa die Gründungen von →Monte Cassino oder →Cluny, dessen Filialklöster selbst z. T. beträchtl. Dimensionen erreichten und wiederum eigene Tochtergründungen hervorbrachten (wie z. B. la →Charité). Während des MA rissen die Auseinandersetzungen zw. den c. und ihren Mutterklöstern nie ganz ab; während die großen Abteien das Ohr der röm. Kurie fanden, wurden die c. vom örtl. Adel und den Diözesanbischöfen favorisiert. Vgl. auch →Eigenkirchenwesen. J. Gribomont

In baugeschichtl. Hinsicht werden neben der Zelle des Mönchs, dem Abtsraum (cella abbatis), dem Krankenzimmer oder Hospital, dem Novizenraum und Gästeraum (→Kloster) auch Grabbau (cella memoriae), →Martyrium und →Kapelle oder kleine Kirche, bes. als Trikonchos (cella trichora; →Dreikonchenbau) als c. bezeichnet. G. Binding

Lit.: DIP, s. v. cella [Ph. Hofmeister] – G. Schreiber, Kurie und Kl. im 12. Jh., 1910 – Ph. Hofmeister, Abtei und Celle im späteren MA, HJ 72, 1953, 222–237 – P. Grossi, Le abbazie benedettine nell'alto medioevo it., 1957 – V. Dammertz, Das Verfassungsrecht der benediktin. Mönchskongregationen, 1963.

Cellach (Celsus), hl., Abt, später Bf. v. →Armagh (Irland) 1105–29. C. gehörte dem Clann Sínaich an, einer Familie mit erbl. Verfügung über geistl. Ämter, welche seit ca. 965 führende Positionen in der Kirche von Armagh innehatte. Wenn C.s Wahl zum Abt auch dem traditionellen Monopol des Clann Sínaich entsprach, so galt sie dennoch offensichtl. einem führenden Repräsentanten der neuen Reformtendenzen in der ir. Kirche. Dies ergibt sich aus der Tatsache seiner Weihe zum Priester i. J. 1105 und zum Bf. 1106, womit C. erstmals die Ämter des Abtes und Bf.s v. Armagh vereinte. Er spielte eine bedeutende Rolle bei der Synode von →Ráith Bressail i. J. 1111, bei welcher, zum ersten Mal seit der frühesten Zeit, die ir. Kirche ein territorial gegliedertes Diözesangefüge nach kontinentalem Vorbild erhielt. Durch sein Eintreten für →Malachias als seinen Nachfolger trug C. zum Ende der Dominanz des Clann Sínaich in Armagh bei. D. Ó Cróinín

Lit.: A. Gwynn, The Twelfth-Century Reform, 1968, 23–25 – T. Ó Fiaich, Seanchas Ardmhacha 5, 1969, 75–127.

Cellanus v. Péronne, Abt des ir. Kl. Perrona Scottorum in der Picardie, † 706. Aus seiner Korrespondenz mit →Aldhelm zitiert →Wilhelm v. Malmesbury einen enkomiast. Brief mit der Bitte um Übersendung von Aldhelms (verlorenen) sermones sowie Unterlegenheitsbeteuerungen des antwortenden Angelsachsen (hg. R. Ehwald, MGH AA 15, 1919, 498–499). C. bezeugt den Ruhm von Aldhelms Latinität im Frankenreich. – Als Autor metrischer Kleindichtung gilt C., seit Traube ihm fünf tituli-Hexameterpaare, Distichen und acht (vielmehr sieben) Hexameter auf Patricius – zugewiesen hat. Diese stehen in einer Florentiner Hs. in Scriptura Beneventana des 9. Jh. vor einem von C. angeregten (nicht verfaßten) Lobgedicht auf das Vermandois und den für Péronne zuständigen Diözesanbischof Transmarus I. v. Noyon. Nur die für eine Patrickskapelle bestimmten Verse sind auch anderweitig überliefert. J. Prelog

Lit.: L. Traube, Perrona Scottorum (Ders., Vorlesungen und Abh. 3, 1920), 95–119 [107–108 Ed. der Gedichte] – P. Grosjean, Les inscriptions métriques de l'église de Péronne, AnalBoll 78, 1960, 369–370 – Schaller 376, 603 – M. Lapidge-M. Herren [Übers.], Aldhelm. The Prose Works, 1979, 149, 167.

Cellarium → Kloster

Celle, Stadt an der Aller (Niedersachsen). Vorgängersiedlung des heut. C. war das spätere Altencelle (10./11. Jh.: Kellu), 3 km flußaufwärts an der Aller gelegen. Die dort in Anlehnung an Zollstelle (vor 1227) und welf. Burg (1243 genannt) entstandene Stadt (civitas, 1249) verlegte Hzg. Otto der Strenge i. J. 1292 auf die leicht zu schützende Talsandinsel im Winkel von Aller und (alter) Fuhse; Burg und Zollstelle wechselten ihren Ort entsprechend. Das neugegr. C. erhielt zunächst Lüneburger, dann Braunschweiger (1301) Stadtrecht. Innerhalb der ältesten Befestigung nahm die Stadt, wiederum angelehnt an die Burg, ein Rechteck von ca. 450 mal 250 m ein. Nachweise für städt. Institutionen mehren sich nach der Verlegung: Jahrmärkte (1303), Stadtkirche (St. Maria, 1308), Schule (1308). Gleichzeitig tritt die Bedeutung C.s als Residenz hervor, später nachhaltig gefördert durch die Zerstörung der welf. Burg in →Lüneburg (1371); ein auf diese Funktion bezogenes spezifisches Bauprogramm läßt die Überlieferung des späten 14. wie des späten 15. Jh. erkennen. Die wirtschaftl. Bedeutung der Stadt beruhte v. a. auf Schifferei (Getreide; Kornschiffahrtsmonopol auf der Aller, 1464) und Flößerei. Die städt. Verfassung blieb durch die Präsenz des Stadtherrn im althergebrachten Rahmen; das Hochgericht nahm der Großvogt wahr. M. Last

Lit.: C. Cassel, Gesch. der Stadt C., I, II, 1930, 1934 – H. Pröve – J. Ricklefs, Heimatchronik der Stadt und des Landkreises C., 1959² (Heimatchroniken der Städte und Kreise des Bundesgebietes 22 [Teildruck daraus: J. Ricklefs, Gesch. der Stadt C., 1976² (Bomann-Arch. 5/6)] – J. Ricklefs, Zur Baugesch. des C.er Schlosses, Niederdt. Beitr. zur Kunstgesch. 15, 1976, 99–123.

Cell(er)arius. Das coenobium des →Pachomius und die palästinens. laurae und monasteria kannten bereits einen von Abt und/oder Konvent bestimmten Mönch, dem die Versorgung der handarbeitenden Brüder mit Rohmaterial und der Absatz der Fertigprodukte sowie ihr Tausch gegen von der Kommunität nicht selbst erzeugte Waren oblag. Die Basilius-Regel umschreibt das Amt dieses Mönchs als Dienst an den Brüdern; das martinische Mönchtum näherte es folgerichtig der Diakonie an. Justinian übernahm den für diesen Mönch im Osten eingebürgerten Titel *oikonomos* (Nov. 123) und ordnete die Anstellung eines Ökonomen in jedem Kl. an. Im Okzident wurde diese Amtsbezeichnung nur von weibl. Orden und Kongregationen des Hoch- und SpätMA (Fontevrault, Sempringham, Zisterzienserinnen, Prämonstratenserinnen, Franziskanerinnen, Dominikanerinnen, Brigittinen) für ihre männl. Verwalter gebraucht.

Im spätantiken Italien belegte man den mit der Administration der bewegl. und unbewegl. Habe des Kl. betrauten Mönch mit der Funktionsbezeichnung für den Bediensteten des großen röm. Haushalts, der die Vorratskammern (cellae) verwaltete, der des c. →Caesarius v. Arles gab seinen weibl. Konventen *provisores* mit der gleichen Aufgabenstellung bei.

Als dem Verwalter des Besitztums einer klösterl. Gemeinschaft, der seine Mitbrüder mit Nahrung und Kleidung zu versorgen hatte, wuchs dem c. eine große Verantwortung zu; er unterlag bes. Gefährdung durch seinen naturgemäß engen Kontakt mit der Außenwelt. →Regula Magistri und →Regula s. Benedicti wissen um diese Gefährdung, stellen Kriterien für die Auswahl des c. auf und fixieren seine Amtsführung in strikter Unterordnung unter den Abt und im Hinblick auf seine Rechenschaftslegung vor Gott.

In großen Gemeinschaften weitete sich der Aufgabenkreis des c., so daß er Organisation und Verteilung der Arbeit innerhalb der Kommunität, Vorratshaltung, Verteilung von Speise, Trank, Kleidung und Schuhwerk an den Konvent und dessen Schutzbefohlene, Verwaltung der Einnahmen des monasterium in Naturalien und Geld, Kauf und Verkauf im monasterium gefertigter bzw. benötigter Ware umfaßte. Die karol. Gesetzgebung fügte ihn nach dem Vorbild der Regula s. Benedicti in die klaustrale Hierarchie ein und erschwerte seine Absetzung in Kl. und Stift. Seine Aufgabenfülle erforderte vielfach die Zuordnung von für Küche, Keller, Vorratsräume, Wirtschafts-administration, Arbeitseinteilung usw. zuständigen Mitbrüdern, deren Titel die jeweilige Kompetenz bezeichnete. Auch die Aufteilung klösterl. Einkünfte in ministeria und Mensalgüter einzelner officiales schränkte seinen Aufgabenbereich ein. Für den weltl. Bereich →Keller.

J. Semmler

Lit.: DACL II, 2, 2905f. – DDC V, 148ff. – DIP III, 1012–1027, 1042–1053 – RAC II, 942ff. – E. Lesne, Hist. de la propriété ecclésiastique en France VI, 1943, 321–388 – I. Herwegen, Sinn und Geist der Benediktinerregel, 1944, 225–238 – Ph. Schmitz, Gesch. des Benediktinerordens I, 1947, 269 – L. Dubar, Recherches sur les offices du monastère de Corbie jusqu'à la fin du XIII° s. (Bibl. de la Société d'hist. du droit de pays flamands, picards et wallons 22 1951), 36ff. – P. Grossi, Le abbazie benedettine nell'alto medioevo Italiano, 1957, 95f. – A. de Vogüé, La communauté et l'abbé dans la Règle de saint Benoît, 1961, 306–326.

Celliten → Alexianer, -innen

Celtic-fields → Flursysteme

Celtis, Conradus, Protucius (Latinisierung von Bickel, Pickel; Graezisierung von Pickel 'Meißel'), bedeutender dt. Humanist, * 1. Febr. 1459 in Wipfeld bei Würzburg als Sohn eines frk. Winzers, † 4. Febr. 1508 in Wien. Studierte Artes und Theologie in Köln (Baccalaureus 1479), Artes mit bes. Betonung der Rhetorik und Poetik in Heidelberg (Baccalaureus, Licentiatus, Magister artium 1485). Von Rudolph →Agricola wurde er in Heidelberg in die Anfangsgründe des Griech. und Hebr. eingeführt. In Erfurt, Rostock und Leipzig lehrte er 1486/87 Poetik. Er wurde am 18. April 1487 auf der Nürnberger Kaiserburg von Friedrich III. als erster Deutscher zum Dichter gekrönt. Bis Anfang 1489 hielt er sich zu Studien in Padua, Ferrara, Bologna, Florenz, Venedig und Rom auf, wo er im Kontakt mit it. Gelehrten (darunter Marsilius →Ficinus, Philipus Beroaldus, →Pomponius Laetus) seine graezist., philosoph. und lit. Studien vertiefte. Über Kroatien und Ungarn ging er im Frühjahr 1489 nach Krakau, um astronom.-math. Studien zu betreiben. Von dort wanderte er 1491 über Prag und Nürnberg nach Ingolstadt, wo er 1492 außerordentl. Professor für Poetik und Rhetorik wurde. Zwischendurch wirkte er 1494 als Rektor der Domschule in Regensburg und als Lehrer der Söhne des Kfs. en Philipp in Heidelberg (1495/96), bis er ab Herbst 1497 die ihm von Maximilian I. angetragene ordentl. Professur für Rhetorik und Poetik in Wien wahrnahm. Auf seinen vielen Reisen gründete er in verschiedenen Gegenden Zentraleuropas Sodalitäten, Zusammenschlüsse gleichgesinnter humanist. Freunde. Damit übertrug er den Akademie-Gedanken des Pomponius Laetus in den Norden (→Akademie). Seine berufl. Laufbahn wurde gekrönt mit der Berufung zum Vorstand des von ihm angeregten Collegium poetarum et mathematicorum durch Maximilian I. am 31. Okt. 1501. Die Eröffnung fand am 43. Geburtstag des Dichters, dem 1. Febr. 1502, statt.

C. gilt als der bedeutendste dt. Humanist und neulat. Dichter der vorreformator. Zeit. Seit der Hutten-Biographie von D. F. Strauss (1858) wird er gern der dt. »Erzhumanist« genannt. Es hängt mit dem Schicksal der Humanismusforschung und der neulat. Studien in Deutschland zusammen, daß sein Werk trotz verschiedener herausragender Bemühungen (B. Klüpfl, G. Bauch, K. Hartfelder, H. Rupprich, F. Pindter, L. W. Spitz, K. Adel) bis heute nicht die gebührende intensive Erschließung erfahren hat.

Das Werk des C. besteht aus literatur- und bildungstheoret. Schriften, zu Unterrichtszwecken veranstalteten Editionen, aus einer Stadtbeschreibung, zwei Dramen und einem dichter. Oeuvre, das Elegien, Oden und Epigramme umfaßt. Dazu kommt der durch seine Veranlassung zusammengestellte Briefwechsel. Medien der Verbreitung waren das gedruckte Buch, der Einblattdruck, der hs. Brief und das handgeschriebene Buch. Der langjährige Schreiber des C. war Johannes Rosenperger aus Meran.

C. muß frühzeitig als ein ungewöhnl. begabter, geistig bewegl. und kulturpolit. kreativer Mann aufgefallen sein. Die ihm zuteil gewordene Dichterkrönung ist nicht als Anerkennung vollbrachter Leistungen, sondern als Vertrauensvorschuß in seine Leistungsfähigkeit zu verstehen. C. beabsichtigte von Anfang an Fünferlei: 1. Wiederbelebung der röm. Sprachkultur (eloquentia), 2. Wiederbelebung der antiken Kultur und Wissenschaften, 3. Wiederentdeckung kultureller Leistungen der eigenen nationalen Vergangenheit, 4. Schaffung von eigenen Werken im Bereich von Wissenschaft und Kunst, die sowohl das antike wie das gegenwärtig-it. Vorbild erreichen oder gar übertreffen, 5. Ergänzung der auf das Hl. röm. Reich deutscher Nation gekommenen translatio imperii durch die translatio studii.

Im Dienste der Wiederbelebung der röm. eloquentia publizierte C. 1486 (1494²) eine Poetik (»Ars versificandi et carminum«) und 1492 einen Abriß der Rhetorik, Gedächtniskunst und Briefschreiblehre (»Epitoma in utramque Ciceronis rhetoricam cum arte memorativa nova et modo epistolandi utilissimo«). Im selben Jahr stellte er erstmals in seiner Ingolstädter Antrittsrede sein Programm öffentl. vor (»Oratio in gymnasio Ingelstadio habita«). Hier und in der Widmungsvorrede zu der 1497 publizierten Schrift »De mundo« des Apuleius zeigt er, daß sein Programm neben der eloquentia, die die Kulturäußerungen schön und daher wahrhaft menschenwürdig macht, alle Wissenschaftsbereiche, also auch die Naturwissenschaften, umfaßt. Dabei erfährt der Zusammenhang von Poesie, Theologie, Philosophie, Musik und Mathematik eine bes. Hervorhebung. Mit der Edition zweier Tragödien des Seneca (1487) und der der »Germania« des Tacitus (1500) veröffentlicht er im Norden unbekannte antike Werke; mit seiner griech. Grammatik (hs. 1500) unterstützt er die Erschließung griech. Literatur. Die von ihm entdeckten Opera der →Hrotsvitha v. Gandersheim und den →Ligurinus veröffentlicht bzw. läßt er 1501 und 1507 veröffentlichen. Damit leistet er einen erhebl. Beitrag zur Entdeckung der nationalen Vergangenheit. Eigene Dichtungen läßt er bis 1500 nur in spärl. Zahl erscheinen. Es läßt sich rekonstruieren, daß er i. J. 1500 mit einer Gesamtausgabe seiner Dichtungen, vier Büchern Oden, einem Buch Epoden, einem carmen saeculare, vier Büchern Elegien und fünf Büchern Epigrammen hervortreten wollte, die ganz von der imitatio der Römer (v. a. Horaz) und Italiener erfüllt sind. 1502 kam es jedoch nur zum Druck der Elegien, die unter dem Titel »Amores« von dem von C. gefundenen, Gott und Menschen, Geist und Körper einenden Weltgesetz der Liebe künden, dabei eine autobiograph. stilisierte Beschreibung dt. Landschaften geben und die Sittenreinheit dt. Vorzeit preisen. Die Oden und Epoden sowie die Epigramme wurden zu seinen Lebzeiten nicht gedruckt. Die Dramen sind Festspiele (»Ludus Dianae« 1501, 1502² – Rhapsodia 1504), die das Musiktheater nördl. der Alpen inaugurieren. Die Odenvertonungen seines Schülers Petrus Tritonius, die C. 1507 herausgab, führen eine neuartige, den Quantitäten der antiken Metra genau folgende Kompositionsweise vor, die von C. angeregt und in seiner Ingolstädter Vorlesung erstmals verwendet wurde. Die Beschreibung Nürnbergs in Prosa (ab 1495 hs., ab 1502 mit den »Amores« gedruckt verbreitet) ist als Probe des gewaltigen kulturgeschichtl. Unternehmens anzusehen, das unter dem Titel »Germania illustrata«, antike und it. Vorbilder übertreffend, eine auf Augenschein beruhende kulturelle Bestandsaufnahme Deutschlands bieten sollte. Von dem Projekt ist nichts erhalten. Dies gilt ebenfalls für das Projekt einer umfassenden Enzyklopädie des Altertums, des »Archetypus triumphantis Romae«. Es ist jedoch deutlich, daß insgesamt eine große, Altertum, nationale Vergangenheit und Gegenwart, heidn. wie christl. Philosophie und Religion, Mensch und Gott, Machtpolitik und Kulturpolitik versöhnende lit. Leistung angestrebt war, die ein neues goldenes Zeitalter einleiten sollte. Der von Albrecht Dürer gestaltete Philosophia-Holzschnitt (1502 mit den »Amores« publiziert) sowie der von Hans Burgkmair nach Angaben des C. gefertigte allegor. Reichsadler (Einblatt-Holzschnitt, 1507) bringen das Weltbild und das Kulturprogramm des C. symbolhaft verdichtet zum Ausdruck. Der 'Erzhumanist' fand bei seinen Bestrebungen die Unterstützung von Herrschern wie Maximilian I. und Friedrich dem Weisen, von Künstlern wie Dürer und Hans Burgkmair, von Humanisten wie Willibald Pirckheimer, Sixtus Tucher, Hartmann Schedel, Sebald Schreyer, Johann Fuchsmagen, Johann von Dalberg, Johannes Trithemius, Jakob Locher, Augustinus Moravus, Adam Werner v. Themar, Johannes Stabius, Conrad Peutinger und vielen anderen. Eine vorbildl. Nonne wie Charitas Pirckheimer versagte ihm die Achtung nicht. D. Wuttke

Werkverzeichnisse: De vita et scriptis C. C. Protucii opus posthumum B. ENGELBERTI KLÜPFELII, ed. J. C. RUEF, pars altera, 1827, 1–165 – K. GÖDEKE, Grdr. zur Gesch. der dt. Dichtung I, 1884², 417–419 – F. F. LEITSCHUH, Stud. und Q. zur dt. Kunstgesch. des XV.-XVI. Jh., 1912, 149–159 – E. LANGER, Bibliogr. der österr. Drucke des 15. und 16. Jh., I, 1, 1913 [Reg.] – GW 6, 1934, 6460–6470 – J. BENZING, Humanismus in Nürnberg 1500–1540 (Albrecht Dürers Umwelt, 1971), 255–299 [Reg.] – Index Aureliensis, prima pars, VII, 277f.

Ed.: J. REBER, Ein noch ungedr. Gedicht des C. C. Verh. des hist. Vereines von Oberpfalz und Regensburg 28, 1872, 203–212 – A. ZINGERLE, De carminibus Latinis saeculi XV. et XVI. ineditis, 1880 – H. HOLSTEIN, Ungedr. Gedichte oberrhein. Humanisten, Zs. für vergleichende Literaturgesch. und Renaissancelit. NF 4, 1891, 459–462 – K. HARTFELDER, Fünf Bücher Epigramme von K. C., 1881, 1963²-D. WUTTKE, Textkrit. Suppl. zu Hartfelders Ed. der C.-Epigramme, (Renatae Litterae, Fschr. A. BUCK, 1973), 105–130 – DERS., Unbekannte C.-Epigramme zum Lobe Dürers, ZK 30, 1967, 321–325 – DERS., Ein unbekannter Einblattdruck mit C.-Epigrammen zu Ehren der Schutzheiligen v. Österreich, Arcadia 3, 1968, 195–200 – C. C. und sein Buch über Nürnberg, hg. A. WERMINGHOFF, 1921 – C. C., Oratio in gymnasio Ingelstadio publice recitata, hg. H. RUPPRICH, 1932 – Der Briefwechsel des K. C., hg. H. RUPPRICH, 1934 – C. C., Quattuor libri amorum, Germania generalis, ed. F. PINDTER, 1934 – C. C., Libri odarum quattuor, liber epodon, carmen saeculare, ed. F. PINDTER, 1937 – H. RUPPRICH, K. C. und der Nürnberger Ratsherr Hieronymus Haller, Mitt. des Vereins für Gesch. der Stadt Nürnberg 32, 1934, 69–77 – C. C., Ludi scaenici, ed. F. PINDTER, 1945 – C. C. quae Vindobonae prelo subicienda curavit opuscula, ed. K. ADEL, 1966 – D. WUTTKE, Zur griech. Grammatik des K. C. (Silvae, Fschr. für E. ZINN, 1970), 289–303 – Selections from C. C., ed. with transl. and comm. by L. FORSTER, 1948 [Lit.] – K. C., poeta laureatus, ausgew., übers. und eingel. v. K. ADEL, 1960 – C. C., Opera omnia, lat. und dt., hg. D. WUTTKE [in Vorber.].

Lit.: RGGI, 1475f. – NDB III, 181–183 [Lit.] – MGG II, 1952, 950–954; XIII, 1966, 698/699 (s. v. Tritonius) – Repfont III, 212–214 – E. KLÜPFEL, De vita et scriptis C. C. Protucii, ed. J. C. RUEF, 2 Bde, 1820–27 [noch nicht ersetzt; I, 226ff. Verz. von Portraits, vgl. die Fortführung bei WERMINGHOFF, 211f.] – F. v. BEZOLD, K. C. der dt. Erzhumanist, HZ 49, 1883, 1–45, 193–228, Einzeldr. 1959 – TH. GEIGER, C. in seinen Beziehungen zur Geographie, Münchner geogr. Stud. 2, 1896, 1–40 – FR. MOTH, C. C. Protucius Tysklands første laurbærkronede digter, 1898 [Lit.] – S. FÓGEL, C. Konrád és a magyarországi humanisták, 1916 – G. RITTER, Die Heidelberger Univ. I, 1936, 457ff. – H. STEJSKAL, Die Gestalt des Dichters im dt. Humanismus [Diss. masch. Wien 1937] – J. STUMMVOLL, Die Präfekten der Bibl. Palatina Vindobonensis (Die Österr. Nationalbibl., 1948) 3–21 – K. L. PREISS, K. C. und der it. Humanismus [Diss. masch. Wien 1952] – G. REESE, Music in the Renaissance, 1954 – A. JELICZ, K. C. na tle wczesnego renesansu w Polsce, 1956 – H. KINDERMANN, Theatergesch. Europas 2, 1959 [s. Reg.] – G. STRAUSS, Sixteenth-C. Germany. Its Topography and Topographers, 1959 [Reg.] – Meister um Albrecht Dürer, Kat., 1961 [Celtis-Illustrationen des Hans v. Kulmbach] – J. A. VON BRADISH, Von Walther von der Vogelweide bis Anton Wildgans, 1965, 21–48 – F. GALL, Die Insignien der Univ. Wien, 1965 [Reg.] – A. LHOTSKY, Die Wiener Artistenfakultät 1365–1497, 1965, 198ff. – P. MELCHERS, Die Bedeutung des K. C. für die Namenforsch. (Namenforsch. Fschr. für ADOLF BACH, 1965), 160–167 – J. HEJNIC – J. MARTÍNEK, Enchiridion renatae poesis Latinae in Bohemia et Moravia culta, 1, 1966, 352–355 – M. WEHRLI, Der Nationalgedanke im dt. und schweizer. Humanismus (Nationalismus in Germanistik und Dichtung, hg. B. v. WIESE – R. HENSS, 1967), 126–144 – D. KOEPPLIN – T. FALK, Lukas Cranach, 2 Bde, 1974/76 [s. Reg.] – L. BOEHM, Humanist. Bildungsbewegung und ma. Universitätsverf. (Grundwiss. und Gesch. Fschr. P. ACHT, 1976), 311–334 – E. SCHÄFER, Dt. Horaz, 1976 [Lit.] – A. WILSON, The Making of the Nuremberg Chronicle, 1976 – K. BERG, Die Arbeitsmethoden des C. C., Codices manuscripti 3, 1977, 1–13 – J. RIDÉ, L'image du Germain dans la pensée et la litt. allemandes de la redécouverte de Tacite à la fin du XVI ème s., 3 Bde, 1977 [s. Reg.] – J. MARTÍNEK, De C. C. et Bohuslao Hassensteinio, Listy filologické 101, 1978, 84–93 – G. HESS, Dt. Literaturgesch. und neulat. Lit. (Acta conventus Neo-Latini Amstelodamensis, 1979), 493–538 – U. HESS, Typen des Humanistenbriefs. Zu den C.-Autographen der Münchner Universitätsbibl., 1979, 470–497 – R. KEMPER, Zur Syphilis-Erkrankung des C. C., AK 59, 1979, 99–118 – J. RIDÉ, Un grand projet patriotique 'Germania illustrata' (L'Humanisme allemand 1480–1540, 1979), 99–112 – D. WUTTKE, Dürer und C. Von der Bedeutung des Jahres 1500 für den dt. Humanismus, The Journal of Medieval and Renaissance Stud. 10, 1980, 73–129 [Lit.: ANZELEWSKY, BURGER, BURGKMAIR, CAESAR, CHADRABA, CHOJECKA, Dürer-Kat., FALK, FÜLLNER, GROTE, KOEPPLIN, NOWOTNY, PANOFSKY, RICE, SEIDLMAYER, SPITZ, THAUSING] – J. LEONHARDT, Niccolo Perotti und die Ars versificandi von C. C., Humanistica Lovaniensia 30, 1981, 13–18 – H. GRÖSSING, Humanist. Naturwiss., 1982 – J. MARTÍNEK, Pobyt Konráda Celta na Moravě, Listy filologické 105, 1982, 23–29 – R. PFEIFFER, Gesch. der klass. Philol. von Petrarca bis Mommsen, 1982 [Reg., Lit.] – L. V. RYAN, C. C. and the Mystique of Number (From Wolfram and Petrarch to Goethe and Grass. Fschr. L. FORSTER, 1982), 181–192 – D. WUTTKE, Humanismus in Nürnberg um 1500 (Kat. Caritas Pirckheimer, 1982), 128–139 [Lit.].

Cely Papers, Bezeichnung für das Handelsschriftgut der Londoner Kaufmannsfamilie Cely (spätes 15. Jh.). Die C. P. sind eine der besten Quellen für den Handel mit engl. Wolle (→Wolle, Wollhandel) und die ihn ausübenden Wollhändler in →Calais (Stapler Konsortium). Das im Public Record Office (Chancery Miscellanea) aufbewahrte Schriftgut umfaßt hauptsächlich Briefe, Vertragsdokumente und Rechnungen (laufende Ausgaben, Wechsel- und Kreditgeschäfte, Investitionen in Schiffe) für die Zeit von 1472 bis 1488. Die *Familie Cely,* die aus Cornwall stammte und im Londoner Kaufmannsviertel Mark Lane ansässig war, ist neben den →Stonors (deren Schriftgut derselben Epoche angehört) repräsentativ für die große engl. Geschäftswelt des späten 15. Jh. Die Aufgabenverteilung innerhalb der Firma der Celys war folgende: *Richard Cely* († 1482) stand dem zentralen Handelshaus in London vor; von seinen drei Söhnen bereisten die beiden ältesten, *Richard* und *Robert,* in erster Linie die Produktionsgebiete der Wolle, insbes. die Cotswolds, der dritte Sohn, *George,* hielt sich offenbar in Calais auf. Weitere Familienmitglieder, *John* und *William,* waren mit der Abwicklung des Vertriebs auf dem Land- und Seeweg beschäftigt. Die im Frühjahr und Herbst aufgekauften Wollmengen und Felle wurden vom südöstl. oder östl. England aus mit dem Schiff auf den Kontinent transportiert. Von den Schiffen, die die Celys besaßen, umfaßte die »Margaret Cely«, die in Penmarc'h (Bretagne) gekauft worden war, wohl ca. 200 BRT. Die Rohwolle wurde in Calais oder auf den ndl. Messen veräußert; der Erlös floß nach England zurück, entweder in Form von Bargeld oder in Warenform, am häufigsten jedoch über Wechselbriefe. Bei der Lieferung von Waren und insbes. bei Kredit- und Wechselgeschäften scheinen als Partner regelmäßig Firmen aus Italien (z. B. Corsi und →Strozzi) des Kastiliern (Castro) auf. Die Laufzeit eines Kredits konnte sich über mehrere Jahre erstrecken. In den C. P. sind die Einwirkungen polit. oder militär. Ereignisse auf den Gang der Geschäfte und die beständige Piratengefahr auf dem Meer vielfach bezeugt. Dennoch waren die Profite nicht gering, und der Verkehr hatte regulären Charakter. Der Weg eines Briefes von London nach Calais beanspruchte ca. drei bis vier Tage. Die C. P. geben nicht nur Aufschlüsse über einen wichtigen Zweig des engl. Handels, sie enthüllen auch die menschl. Beziehungen und den Charakter der an der Korrespondenz Beteiligten: ihr Verhalten bei Geschäftsangelegenheiten, ihre Mentalität und Vorstellungswelt und sogar bestimmte gefühlsmäßige Reaktionen. Die C. P. sind ein ungemein wertvolles Zeugnis der Wirtschafts-, Sozial- und Kulturgeschichte. Vgl. auch →Brief, B. IV; F. I.   M. Mollat

Ed.: H. E. MALDEN, The C. P. Selections from the correspondance and Memoranda of the Cely Family, merchants of the Staple, 1475–88 (Royal Hist. Soc., Camden, 3rd ser., I, 1900) – The Cely Letters 1472–1488, ed. A. HANHAM, EETS 273, 1975 – *Lit.:* E. POWER – M. M. POSTAN, Stud. in Engl. Trade in the Fifteenth Century, 1933 – E. POWER, Medieval Engl. Wool Trade, 1941 – S. L. THRUPP, The merchant Class of Medieval London 1300–1500, 1950 – E. POWER, Medieval People, 1954⁵, ch. V – M. M. POSTAN u. a., The medieval economy and society. An economic hist. of Britain in the MA, 1972.

Cencius, Sohn des Präfekten Stephanus, † 1077. Gehörte dem röm. Stadtadel an, wie u. a. die Präfektenwürde seines Vaters beweist. Als Exponent der Partei, die der Politik und den theoret. Positionen Papst →Gregors VII. feindlich gegenüberstand, vertrat er die Thesen und den polit. Standpunkt →Heinrichs IV. C. unternahm deshalb in der Weihnachtsnacht 1075 einen Versuch, den Papst während des Gottesdienstes in der Basilika S. Maggiore gefangenzunehmen, was jedoch am entschiedenen Widerstand des röm. Stadtvolkes scheiterte. Zwar läßt sich nicht beweisen, daß seiner Handlung eine Übereinkunft mit dem Ks. voranging, oder daß das Attentat mit dessen Wissen geschah, fest steht jedoch, daß C. bei dem Herrscher in Pavia Zuflucht suchte. Dort starb er im Frühjahr 1077.   R. Manselli

Lit.: G. B. BORINO, Cencio del prefetto Stefano, l'attentatore di Gregorio VII, Studi Gregoriani IV, 1952, 373–440.

Ceneda, Stadt in Venetien, heute Teil der Kommune Vittorio Veneto. C. wurde am Schnittpunkt zweier wichtiger Handelsstraßen, der Claudia Altinas und Julia, gegründet und ist als castrum Cenetense schon in der ersten Hälfte des 6. Jh. belegt. Zu Beginn des 8. Jh. wurde C. zum Zentrum eines langob. Dukats, der auch Feltre, Belluno, Cadore und Oderzo (Opitergium) umfaßte. Etwa um die Mitte des 8. Jh. soll der Bischofssitz des von Grimoald ca. 665 zerstörten Oderzo unter Kg. Liutprand nach C. transferiert worden sein. Karl d. Große formte den Dukat in einen Komitat um, dessen Sitz in C. verblieb. Otto d. Große unterstellte zumindest einen großen Teil der Gft. dem Bf. von C. In der Zeit der Kommune verband sich C. mit Treviso (1147) und kam in den Einflußbereich mächtiger Adelsfamilien, z. B. der da →Camino, Collalto und →Della Scala, wobei die Herrschaft beim Bf. verblieb, bis die Gft. 1388 an Venedig kam. Die Bf. e von C. erkannten allerdings die Herrschaft Venedigs nicht an, und es kam zu einem Streit, den die Bf.e,unterstützt durch die Röm. Kirche, bis 1768 weiterführten, als die Gft. aufgelöst wurde. R. Pauler

Lit.: P. PASCHINI, Le origini della chiesa di C., StT 125, 1946, 145-159 – ECatt XII, 1557-1560 – C. BRÜHL, Stud. zu den langob. Königsurk., 1970, 109ff.

Cenél, air. Wort, das eine Verwandtschaft bezeichnet, in den hiberno-lat. Texten mit genus wiedergegeben. Ein c. war eine agnat. Abstammung (→agnatio), die manchmal von einem *aicme* durch die tiefe Verwurzelung in den Generationen unterschieden wurde. Es wurde, sekundär, auch für 'Volk' oder 'Nation' gebraucht, wohl weil die ir. literati die Völker und Nationen in den Kategorien der Genealogien ihrer herrschenden Familien betrachteten.
T. Charles-Edwards

Cenél Conaill, dem Familienverband der Uí Néill angehörende ir. Dynastie. Nach den ältesten genealog. Zeugnissen stammen die C. C. von Conall, einem Sohn des Niall, dem Heros eponymos der Uí Néill, ab; sie eroberten den Norden und das Zentrum Irlands vermutl. von ihrem Kerngebiet in →Connacht aus. Vom 6. Jh. an erscheinen die C. C. in den Quellen als eine der zwei dominierenden Gruppierungen innerhalb der nördl. Uí Néill; sie bildeten bis zum 7. Jh. die stärkste Macht im Norden. Der C. C.-König Domnall mac Áeda († 642) wird in einem zeitgenöss. Annaleneintrag als »rex Hiberniae« betitelt, ebenso sein Enkel, Longsech mac Óengusa († 704). Wenngleich diese verfrühten Nennungen eines allgemeinir. Kgtm.s auch christl.-monarch. Wunschvorstellungen widerspiegeln, so sind sie doch ein Indiz für die starke Machtposition der Familie. Columcille (→Columba v. Hy), der Gründer von →Iona, und nahezu alle folgenden Äbte v. Iona gehörten den C. C. an. Flaithbertach mac Loingsig (734 abgedankt) war der letzte Kg. der C. C., der allgemein als Oberkönig der Uí Néill anerkannt wurde. Da ihr in nordwestl. Randlage befindliches Territorium den C. C. kaum Ansatzpunkte für eine Expansion bot (außer vielleicht in den Süden, nach Connacht), gerieten sie gegenüber ihren Vettern im Osten, den →Cenél Eógain, welche die Ebene des mittleren Ulster überrannten und bald die Politik der Provinz beherrschten, ins Hintertreffen. Im SpätMA war die Herrschaft der C. C. nur noch ein lokales Kleinkönigreich, das von der Linie der O Donnell beherrscht wurde, die in der elisabethan. Zeit jedoch schließlich unterworfen und enteignet wurde. D. Ó Corráin

Lit.: P. WALSH, O Donnell genealogies, Anal. Hibernica 8, 1938, 373-418 – F. J. BYRNE, The Ireland of St Columba, Historical Stud. 5, 1965 – DERS., Irish kings and high-kings, 1973.

Cenél Eógain, dem Familienverband der →Uí Néill angehörende ir. Dynastie, führte sich auf Eógan, einen Sohn des Niall, des legendar. Ahnherrn der Uí Néill zurück; ihr Siedlungsgebiet war das abgelegene nordwestl. Ulster. Die C. E. waren zunächst weniger erfolgreich als ihre Konkurrenten, die →Cenél Conaill; dies zeigen Königslisten der C. E., die allerlei propagandist. Ansprüche enthalten. Der Überlieferung nach begannen die C. E. ihre Expansion in östl. Richtung mit der Schlacht von Móin Daire Lothair (ca. 563); während der nächsten zwei Jahrhunderte erfolgte eine kontinuierl. Ausbreitung in das mittlere Ulster. Sie verdrängten oder unterwarfen die →Cruithin, Ciannachta und →Airgialla. Die C. E. unternahmen große Anstrengungen, ihren Vettern im Westen, den Cenél Conaill, die Oberkönigswürde zu entziehen; mit der Schlacht von Cloitech (789), die nur den Höhepunkt langwieriger dynast. Kämpfe bildet, erreichten sie dieses Ziel. Die Kgr.e der Airgialla im mittleren Ulster kamen im 8.–9. Jh. unter die Oberherrschaft der C.

E. (Sieg bei Leth um 827). Um 850 war auch das Kl. →Armagh in die Einflußsphäre der C. E. geraten. Seit etwa 740 wechselten sich die C. E. im Oberkönigtum mit dem →Clann Cholmáin im Süden ab; die Kg.e der C. E., gen. Kg.e v. →Ailech, beherrschten in zunehmendem Maße den Norden. Im 10. Jh. unternahm Domnall Ua Néill, Kg. v. Ailech, den ernsthaften Versuch der Errichtung eines großen Territorialkönigreiches der Uí Néill, was aber fehlschlug. Im 11. und 12. Jh. kämpften die Kg.e v. Ailech um das ir. Kgtm., zwar selten erfolgreich, aber doch machtvoll genug, um auch andere Familien von dieser Position fernzuhalten. Während des SpätMA war die Herrschaft der C. E. insgesamt ein mächtiges und selbständiges gäl. Kgr., das in der elisabethan. Zeit jedoch der engl. Eroberung zum Opfer fiel. D. Ó Corráin

Lit.: S. Ó CEALLAIGH, Gleanings from Ulster hist., 1951 – D. Ó CORRÁIN, Ireland before the Normans, 1972 – F. J. BYRNE, Irish kings and high-kings, 1973.

Cenete, Marqués de, Gf. v. El Cid, eigtl. Rodrigo de Vivar y Mendoza (der Name erklärt sich aus der angebl. Abstammung der Familie →Mendoza vom →Cid), hoher span. Adliger, * um 1480, † 1533 in Valencia, illegitimer Sohn des Kard. Pedro González de →Mendoza und der Mencía de Lemus, dessen Legitimität auf Betreiben seines Vaters durch Papst und Kg. sichergestellt wurde; ∞ 1. 1491 mit Leonor de la Cerda, Tochter des Luis de la →Cerda, Hzg. v. →Medinaceli, ∞ 2. 1502 mit Maria de Fonseca (in heimlicher Ehe wegen des Widerstands von Kgn. Isabella der Kath.; Entführung seiner Frau 1506). Durch den polit. Einfluß seines Vaters wurde er Alcaide v. Guadix (Kgr. Granada), in dessen Nähe er den burgähnlichen Renaissancepalast v. La Calahorra errichten ließ, und Mitglied des Stadtrats v. Granada. Außerdem erhielt er als *Canciller Mayor del Sello de la Puridad* den 1490 Kard. Mendoza verliehenen Señorío v. El Cenete, wozu die Orte Jerez, Lanteira, Alquife, Aldeire, La Calahorra, Ferreira und Dolar gehörten, sowie die Herrschaft Huéneja im Kgr. →Granada. Wegen seiner unberechenbaren polit. Handlungen und der Mißachtung des Heiratverbots nach dem Tod seiner ersten Gattin stand er häufig in Ungnade und wurde zeitweise sogar gefangengesetzt. 1523 unterstützte er seinen jüngeren Bruder Diego Hurtado de →Mendoza, Gf. v. Mélito und Vizekg. v. Valencia, bei der Niederschlagung des Aufstands der Germanies. 1529/30 begleitete er Karl V. auf seinem Zug zur Kaiserkrönung nach Bologna. Da er ohne männl. Nachkommen starb und seine zweite Tochter als Hauptebin den Nachfolger des Hzg.s v. →Infantado heiratete, wurden diese beiden Zweige der Mendozafamilie wieder vereint.
M. Sánchez Mariana

Lit.: V. LAMPÉREZ Y ROMEA, El castillo de Calahorra (Granada), 1914 – M. A. LADERO QUESADA, La repoblación del reino de Granada anterior al año 1500, Hispania 28, 1968, 500f. – H. NADER, The Mendoza Family in the Spanish Renaissance, 1350 to 1550, 1979.

Cenn Fáelad, Mitglied der ir. Herrscherdynastie der nördl. →Uí Néill, † 679, wird in der ir. Tradition mit den Anfängen volkssprachl. Literatur in Verbindung gebracht. Durch eine Wunde, die C. F. angebl. in der Schlacht von Mag Roth (637) empfing, soll er ein ungeheures Gedächtnis erworben haben; so hat er der Überlieferung nach als erster die bis dahin nur mündl. tradierten Lehren der ir. Schulen der Rechtsgelehrsamkeit (*fēnechas*) und Dichtkunst (*filidecht*) aufgeschrieben, wobei er das tagsüber Gelernte des Nachts niederschrieb. Ihm werden zugeschrieben: die Rechtstraktate »Bretha Étgid« und »Dúil Roscadach« sowie – als bedeutendstes Werk – der sprachl. Traktat →»Auraicept na nÉces« ('Fibel des Gelehrten'), der zwar durch spätere Glossierungen stark verändert wurde, aber tatsächl. eine frühe Textschicht umfaßt, die möglicherweise auf das 7. Jh. zurückgeht; eine unmittelbar von C. F. vorgenommene Redaktion bleibt allerdings unbeweisbar. Im übrigen sind die meisten Erzählungen über C. F. nachweislich jung und hist. wertlos.

D. Ó Cróinín

Lit.: P. MAC CANA, Studia Celtica 5, 1970 – s. a. die Ed. und Lit. zu →Auraicept na nÉces.

Cenne de la Chitarra → Folgóre da S. Gimignano

Cenni di Pepo → Cimabue

Cennini, Cennino, it. Maler und Kunsttheoretiker, * um 1360 (?) in Colle Valdelsa als Sohn des Andrea (Drea); war zwölf Jahre lang Schüler des Agnolo Gaddi, bei dem er die giotteske Manier lernte. Nach M. BOSKOVITS, der kürzlich ein – wenn auch nicht sehr umfangreiches – Werkverzeichnis erstellt hat, könnte ein Freskenzyklus in der Basilica von San Lucchese bei Poggibonsi aus d. J. 1388 C. zugeschrieben werden. Später hielt sich C. im Veneto auf, wo er – in den einzigen sicheren Belegen über sein Leben – 1398 in Padua als Ehemann einer Ricca di Cittadella genannt wird. Nach einem Zeugnis aus dem 19. Jh. kehrte er später in seine Heimat zurück und signierte dort ein auf das Jahr 1403 datiertes Fresko. Danach verlieren sich seine Spuren.

Als Maler von geringerer Bedeutung verdankt er seine Bekanntheit dem »Libro dell'Arte«, einem Handbuch der Malerei, das er vermutlich in Padua (wofür die zahlreichen Venetismen sprechen) am Ende des 14. Jh. oder Anfang des 15. Jh. verfaßte. In dieser Schrift offenbart sich eine neue Auffassung der Malerei als Kunst, verbunden mit dem stolzen Bewußtsein, einer Schule aus der Giotto-Nachfolge anzugehören. Neben die Abhandlung maltechn. Detailfragen treten Passagen, in denen sich ein lebhaftes Bewußtsein für die Spiritualität der Kunst äußert und die Vereinigung von künstler. Inspiration und prakt. handwerkl. Geschicklichkeit, von individueller Meisterschaft und schlichter, in der ma. Tradition stehender Nachahmung der Natur, gefordert wird. G. Busetto

Ed.: C. C., Il Libro dell'Arte, hg. F. BRUNELLO, 1971; hg. F. TEMPESTI, 1975 – Lit.: DBI XXIII, 565–569 – M. BOSKOVITS, C. C. pittore non conformista, Mitt. des Kunsthist. Inst. in Florenz 17, 1973, 201ff.

Censitor → Steuer, -wesen

Censorinus, röm. Grammatiker, 3. Jh. n. Chr., Verfasser eines verlorenen Buches »De accentibus« und einer erhaltenen Geburtstagsschrift »De die natali«, geschrieben i. J. 238 für seinen Gönner Q. Caerellius, in der C. die Beziehungen von Astrologie, Musik, Zahlenspekulation, Zeit und Zeitrechnung zu Geburt und Geburtstag darstellt. Die Schrift ist spärlich überliefert und blieb im MA nahezu unbeachtet. Nachzuweisen ist ihre Kenntnis bei Cassiodor, in der Musica enchiriadis und der Ps.-Gerbertschen Ars geometrica (MANITIUS II, 741). Verbunden ist mit »De die natali« in den Hss. ein fragmentar. anonymer Traktat über Kosmologie, Geometrie, Musik und Metrik, der als *Fragmentum Censorini* bezeichnet wird. In ma. Florilegien wird ferner ein C. als Verfasser einer Exzerptensammlung »Sententiae philosophorum« mehrfach zitiert (MANITIUS I, 480). M. Bernhard

Ed.: F. HULTSCH, 1867 – Fragmentum Censorini, GLK VI, 605–617 [teilweise] – Lit.: RE III, 1908–1910 – MGG Suppl. I, 1402 – NEW GROVE – SCHANZ-HOSIUS III, 219–222 – E. HOLZER, Varroniana, Programm des Kgl. Gymnasiums Ulm, 1890 – A. HAHN, De Censorini fontibus [Diss. Jena 1905] – H. DAHLMANN-R. HEISTERHAGEN, Varron. Stud. I, 1957 – H. DAHLMANN-W. SPEYER, Varron. Stud. II, 1959 – L. RICHTER, Griech. Traditionen im Musikschrifttum der Römer, AMW

22, 1965, 69–98 – G. WILLE, Musica Romana, 1967, 594–598 – L. RICHTER, Die Geburtstagsschrift des C. als musiktheoret. Quelle, Stud. zur Gesch. und Philosophie des Altertums, 1968, 215–223.

Censuales. 1. C. (von census), Beamte aus dem officium der →praefecti urbi von Rom und Konstantinopel ursprgl. ritterl., dann senator. Ranges, die die Listen der Senatoren mit deren Vermögensverzeichnissen für deren steuerl. Veranlagung (collatio glebalis) zu führen hatten. In dieser Eigenschaft sammelten sie auch Sonderabgaben der in den Provinzen lebenden Senatoren ein (aurum oblaticium), benannten seit Ende des 4. Jh. wegen ihrer Personal- und Vermögenskenntnis die Kandidaten für die Prätoren (die teure Spiele zu geben hatten und sich nicht mehr freiwillig meldeten) und führten auch die Aufsicht über die auswärtigen Studenten. W. Schuller

Lit.: KL. PAULY I, 1107 – JONES, LRE II, 538, 541, 553, 592.

2. C. → Zensualen, Zensualität

Census

I. Spätantike – II. Mittelalter.

I. SPÄTANTIKE: Durch einen c. erfolgte die Einschätzung der Steuerpflicht im Rahmen der capitatio iugatio seit →Diocletian (censitores). Diese Einschätzung sollte gleichmäßig und regelmäßig im ganzen Reich stattfinden. Ein klares Bild ist jedoch nicht nur wegen der lückenhaften Überlieferungslage nicht zu gewinnen, sondern auch deshalb, weil die Berechnungsmodi unterschiedl. waren und weil die regelmäßigen Neueinschätzungen oft gar nicht oder nur sporad. vor sich gingen. – Einen c. gab es auch zur Einweisung in die Vermögensklassen der Oberschicht des Reiches und der Städte. W. Schuller

Lit.: JONES, LRE I, 62–65, 453–455 – DERS., The Roman Economy, 1974, 228–256.

II. MITTELALTER: Das Wort »c.« (ahd., mhd.: *zins*; nd. Zins, Abgabe, Tribut; lat. Bezeichnungen auch: fiscale, pensatio, tributum) hat im MA vielfältige Bedeutungen und weist zahlreiche lokale Besonderheiten auf. Zumeist handelte es sich um Leistungen, deren Rechtstitel sehr verschieden waren:

Im Bereich der Grundherrschaft bezeichnete es die verschiedensten →Abgaben der bäuerl. Bevölkerung, z.B. den Grundzins, den Leibzins, der u.a. einen Kopfzins (census capitalis) umfaßte. Im städt. Bereich sind z.B. census aerarum et domorum und census civitatis (→Steuer, -system, →Finanzwesen) sowie →Wortzins und →Rekognitionszins zu nennen. Eine bes. Rolle in der entwickelten städt. Geldwirtschaft spielten die Darlehenszinsen (→Darlehen), denen das kanon. Zinsverbot entgegenzuwirken versuchte. Die Kirche erkannte im zinsbaren Darlehen, unter Berufung auf Bibelstellen, einen Verstoß gegen das göttl. Recht. Mit dem Aufkommen von rationalen Wirtschaftsmethoden in den Städten verstärkte die Kirche ihren Kampf gegen die Darlehenszinsen. Durch die von der scholast. Diskussion entwickelte Zinstitellehre wurde der vom kanon. Zinsverbot geforderte Grundsatz der aequalitas dati et accepti gemildert. U.a. aber wurde das Zinsverbot durch verschiedene Rechtsgeschäfte (bes. durch den →Rentenkauf) umgangen.

Im kirchl. Bereich sind die u.a. als c. bezeichneten Abgaben im Rahmen der päpstl. Finanzhoheit zu nennen (Schutzzinsen, Lehenszinsen, Grundzinsen). Als wichtigste Quelle für die päpstl. Finanzgeschichte des MA gilt der →Liber censuum Romane Ecclesiae, zusammengestellt unter der Leitung der Kardinalkämmerer Albinus und Cencius (1188–92).

C. wird auch die regelmäßige Silberzahlung genannt, welche die dt. Kg.e in den slav. Landschaften forderten.

Das Wort c. wird darüber hinaus in der Bedeutung von Kirchenschatz, Geldmenge u. a. verwendet. P. Leisching

Lit.: DDC III, 233–253 – FEINE, passim – HRG I, 166f.; II, 1065–1067 – PLÖCHL, passim – F. X. FUNK, Gesch. des Wuchers in Dtl. bis zur Begründung der heut. Zinsgesetze, 1865 [Neudr. 1954] – R. SCHRÖDER–E. FRH. v. KÜNSSBERG, Lehrbuch der dt. Rechtsgesch., 1932[7] [Nachdr. o.J.] – F. LÜTGE, Die Agrarverfassung des frühen MA im mitteldt. Raum vornehmlich in der Karolingerzeit, 1937 – J. T. NOONAN, The Scholastic Analysis of Usurary, 1957 – F. LÜTGE, Dt. Sozial- und Wirtschaftsgesch., 1966[3] – A. DOPSCH, Die Wirtschaftsentwicklung der Karolingerzeit I, 1962[3] – W. TRUSEN, Spätma. Jurisprudenz und Wirtschaftsethik (VSWG, Beih. 43), 1964 – O. BRUNNER, Land und Herrschaft, 1965[5] [Neudr. 1973] – BRÜHL, Fodrum – Hb. der dt. Wirtschafts- und Sozialgesch. I, hg. H. AUBIN–W. ZORN, 1971, passim – W. MALECZEK, Papst und Kardinalskolleg von 1191–1216, 1983.

Cent, Sion, walis. Dichter, tätig ca. 1400–30. Über sein Leben ist wenig bekannt; die tatsächl. von ihm verfaßten Werke sind nur mit großen Schwierigkeiten aus der Fülle der ihm zugeschriebenen Dichtungen zu ermitteln. C. schrieb ein Werk zum Lob der walis. Landschaft Brycheiniog (Brecon), doch ergibt sich daraus noch kein sicherer Hinweis auf C.s geograph. Herkunft. C. lehnt die panegyr. Tendenzen seiner Zeitgenossen, die sich gegenseitig im Lobpreis des Reichtums und der materiellen Gunstbeweise ihrer Herren überboten, ab und bezieht seine Inspiration v. a. von dem Blick auf die ewigen Dinge; der irdischen Vanitas begegnet er mit beißender Kritik. Seine Dichtung wurde als Ausdruck nominalist. Denkens im Sinne der in Oxford lehrenden Ockhamisten interpretiert; ebenso hat man C.s Werk als kraftvolle Verkörperung einer seit der älteren walis. Literatur in Wales durchgängig feststellbaren Thematik der lehrhaften christl. Dichtung angesehen; dieser althergebrachte Themenkreis erhielt zweifellos im frühen 15. Jh. durch die sozioökonom. Erschütterungen und – speziell in Wales – durch das Trauma des gescheiterten Aufstandes des →Owain Glyndŵr bes. Aktualität. J. B. Smith

Ed.: Cywyddau Iolo Goch ac Eraill, ed. H. LEWIS, u. a., 1937 – Lit.: S. LEWIS, Braslun o Hanes Llenyddiaeth Gymraeg, 1932 – Meistri a'u Crefft, hg. DERS., 1981 – G. WILLIAMS, The Welsh Church from Conquest to Reformation, 1962.

Centaur → Fabelwesen

Cent Ballades, Livre des. In sieben Hss. überlieferter, 1868 erstmals gedruckter Gedichtzyklus, den vier frz. Ritter 1389 gemeinsam verfaßt haben sollen. G. PARIS hat 1872 Jean le Sénéchal als Hauptautor nachgewiesen. Die B. 99 nennt Philippe d'Artois, Boucicaut und Crésecque als weitere Autoren. Die 100 B. sind formal eng verknüpft; sie unterliegen einer in Vierergruppen erfolgenden Variation von insgesamt 7 Strophentypen. Inhaltl. ist der Zyklus konzipiert als Streit *(débat)* um die Frage, ob in der Liebe Treue *(loyauté)* oder Untreue *(fausseté)* vorzuziehen ist. Er wird als Handlung in zwei Phasen dargeboten. B. 1–50 berichten von der Begegnung no. dem Autor und der hist. Gestalt des edlen Ritters Hutin (de Vermeilles), der dem bald zustimmenden Jüngeren die traditionelle Auffassung der höf. Liebe mit ihrer strengen Forderung nach Treue und Bewährung als Ritter im Kampf darlegt. Die B. 51–98 relativieren dieses hohe Ideal. Sie schildern das Streitgespräch des Autors mit einer Dame (La Guignarde), die ihn wegen seiner strikten Auffassung von Treue verspottet und ihm die Vorzüge einer gewissen Unbeständigkeit und einer wirklich erreichbaren Freude preist. Der Fall wird Schiedsrichtern vorgetragen, die sich in B. 99–100 alle für die Treue aussprechen. Einen Anhang bilden 13 Voten (11 B., 2 chansons royales) hist. Persönlichkeiten; 7 stimmen für den Ritter, 2 für die Dame, 4 sind unentschieden. Die C. B. bezeugen ein spätes Aufleben des höf. Ideals am Hof Karls VI.; zugleich deuten sie in der Kritik der Dame dessen Unvereinbarkeit mit der Realität des Hundertjährigen Krieges an. M. Tietz

Ed. und Lit.: G. RAYNAUD, 1905 – L. PANNIER, Le Livre des C. B., Romania 1, 1872, 367–373 – R. D. COTTRELL, Le conflit des générations dans les »C. B.«, French Review 37, 1963/64, 517–523 – A. VITALE-BROVARONE, Recueil de galanteries (Torino, Archivio di Stato, J. b. IX.10), 1980.

Cent Nouvelles nouvelles, erste Textsammlung der frz. Lit., welche sich ausdrücklich zur Gattung der →Novelle zählt. Dies verleiht ihnen ein größeres literarhist. Gewicht als ihr lit. Rang. Das Werk wurde 1456/67 (vgl. SWEETSER, S. XI) im Bereich des burg. Hofes (→Burgund, Hzm., Abschnitt B VI.) geschrieben, doch bleibt der Autor unbekannt, und die Zuschreibungen an Philippe →Pot oder an →Antoine de La Sale (gelegentl. auch an den burg. Großen Michaut de →Chaugy) sind reine Hypothesen. Die Anonymität des Autors gibt den Weg frei zu einer Annäherung an den Text als ein Werk seiner Zeit, des 15. Jh., und als Typ einer Gattung, der Kurzerzählung. Hiervon ausgehend ist dem Werk der ihm zukommende Platz einzuräumen, nämlich derjenige eines Zeugen wie eines Wegbereiters. Die meisten der literarhist. Untersuchungen der C.N.n. leiden unter einem zu begrenzten Ausgangspunkt (Suche nach möglichen Quellen) oder einer zu engen Betrachtungsweise (allzu starke Festlegung der Sammlung auf die Elemente des Komischen und des Schlüpfrigen unter weitgehender Vernachlässigung anderer Erzählmomente) und vermitteln daher z. T. ein einseitiges und verzeichnetes Bild der Novellensammlung. Am burg. Hof verfaßt, in einer Zeit der Veränderungen in den sozialen Bedingungen wie in den lit. Produktionen (Übergang von mündl. zu schriftl. Überlieferung, wodurch vielfältigere Typologie möglich wurde), präsentieren sich die C.N.n. offen als frz. Replik des »Decamerone« des →Boccaccio, wobei – dies die Intention der Titelgebung – das ältere Werk durch eine verbesserte Adaptation noch übertroffen werden soll. Zwar sind die C.N.n. nicht – wie die Sammlung Boccaccios – in »giornate« ('Tage') gliedert, doch wird jede einzelne Novelle einem namentl. bezeichneten Erzähler in den Mund gelegt; die Einheitlichkeit des Stils innerhalb des Gesamtwerkes zeigt, daß – trotz der Vielzahl von (keineswegs fiktiven) Erzählern – von der dominierenden Rolle eines Autors bzw. Redaktors (er nennt sich selbst den »acteur«) ausgegangen werden muß. Dabei ist es in der Tat möglich, wenn man die den Fluß der Erzählung gelegentl. unterbrechenden allgemeinen Bemerkungen und Reflexionen zusammenträgt, aus den C.N.n. eine Theorie der Novelle zu erschließen. Es ist die kurze Schilderung einer »aventure«, eines erst kurze Zeit zurückliegenden außergewöhnl. Geschehnisses; gerade die Neuheit des geschilderten Ereignisses rechtfertigt die Bezeichnung als »nouvelle«, wobei der Autor großes Gewicht gerade auf diese etymolog. Ableitung legt. Die Vorstellung der »aventure« umfaßt zum einen das Moment der Authentizität des Erzählten (die Akzentuierung des Authentischen ist der gesamten Erzähltradition des MA eigen), zum anderen, subtiler und wesentlicher noch, das bes. Interesse des erzählten Ereignisses: die Geschichte muß es wert sein, erzählt zu werden. Es ist evident, daß das Kriterium des »interessanten« Ereignisses, von Grund auf subjektiv, ein nicht sehr klares Auswahlprinzip bietet. Es besitzt dennoch dominierende Bedeutung. Allein dieses Kriterium des Interesses ist das einigende Moment in dieser Novellensammlung, in der – trotz aller gegenteiliger Ansichten – die Erzählung komischer und zotiger Geschichten nicht die einzige Intention des Autors ausmacht. Die komischen und schlüpfrigen Momente entsprechen Geschmack und Unterhaltungsbedürfnissen des burg. Hzg.s und seiner Höflinge, sie dürfen jedoch nicht als gattungsspezif. Merkmale betrachtet werden. Es gibt in den C.N.n. eine Reihe von Erzählungen, denen es nicht an trag. Erschütterung mangelt, so die vom »acteur« erzählte nouv. 98, welche die berühmte Geschichte von Floridan und Elvide zum Inhalt hat. Tatsächl. macht in den C.N.n. – wie in der übrigen ma. Erzählliteratur – nicht die Art der Erzählung die »aventure« aus, sondern die Tatsache, daß das Erzählte das Maß des Gewohnten und Üblichen übersteigt. So ist es evident, daß das Sujet stets die Grundlage der »aventure« bildet, dies wird deutlich an der Aufnahme von Novellen, die bloße Wiedergaben kurioser oder erstaunl. Geschichten sind. Hierbei handelt es sich im übrigen nicht gerade um die besten Stücke der Sammlung. Dem Autor ist dabei durchaus klar, daß die Qualität des Stoffs ihn nicht von der sorgsamen erzähler. Ausarbeitung entbindet. Von daher verdient für ihn die Erzählweise die meiste Sorgfalt, und die Variationen der Erzähltechnik dürfen nicht die Einheitlichkeit überdecken: die meisterhafte Anwendung der Kunstmittel eines kurzen Stils. Die ma. Tradition der Kurzerzählung hat ihre Dauerhaftigkeit erwiesen und zur Blüte in einer eigenen lit. Gattung gefunden, der Novelle. R. Dubuis

Ed.: EM II, 1182–1183 [Bibliogr.] – P. CHAMPION, 3 Bde, 1928 [Nachdr. 1977; reicher hist. Komm.] – F. P. SWEETSER, TLF 127, 1966– *Lit.*: W. SÖDERHJELM, La nouvelle française au XVe s., 1910 – R. DUBUIS, Les C.N.n. et la tradition de la nouvelle en France au MA, 1973 – DERS., Réalité et réalisme dans les C.N.n. (La nouvelle française à la Renaissance, 1981).

Centelles, katal. Adelsfamilie. Erster bekannter Vertreter der Familie C. war *Guadall I.*, der 1041 in der Pfarrei Sta. Coloma begütert war. In der Frühzeit (11./12. Jh.) scheint die Familie das Seniorat über das Dorf Sentelias (898 erstmals erwähnt) besessen zu haben. Dieser Ort lag am Fuß der Burg St. Esteve, die schon im 10. Jh. erstmals urkundl. belegt ist. Die C. erlangten im 13. Jh. die Herrschaft über sie und gaben ihr ihren Namen. In der Frühzeit war der Hauptsitz der Familie in einem befestigten Haus, der »Domus« in St. Martí. Die C. besaßen ausgedehnten Landbesitz in der Comarca von Osona, von Tona bis Congost. Enge Beziehungen bestanden seit dem 12. Jh. zu den →Montcada. Eine weitere Ausdehnung der Herrschaft im Laufe des 14. Jh. führte zur Bildung der Baronie v. C., die seit Beginn des 17. Jh. als Gft. C. bezeichnet wurde.

Als Leitnamen des Geschlechts erscheinen Bernhard und Guilabert. Seine bedeutendsten Vertreter waren: *Pere de C.*, als Bf. v. Barcelona (Okt. 1241–28. März 1252) Nachfolger des →Berenguer de Palou. Zunächst Sakristan v. Barcelona, nahm er unter Kg. Jakob I. v. Aragón an der Eroberung von →Mallorca teil. Da er mit →Raimund v. Penyafort befreundet war, trat er kurz nach seiner Wahl dem Dominikanerorden bei. Als Bf. wirkte er v. a. durch seine Synodalgesetzgebung auf eine Reform des Klerus hin.

Guilabert v. C. (14. Jh.), Gesandter Kg. Jakobs II. v. Aragón in Neapel, Familiar des aragon. Herrschers wie auch Kg. Roberts v. Sizilien sowie Ratgeber und Generalvikar der letzteren in der Romagna. 1318 erhielt er ein Marktprivileg für Nules im Kgr. →Valencia, wo es zu einer Herrschaftsbildung kam. Gleichzeitig leitet sich von ihm der neapolitan. Zweig der C. ab, dessen wichtigster Vertreter Mitte des 16. Jh. *Antonio Crisogono* de C., Marchese di Crotone, war.

Aimerich v. C. († 1404) war der Begründer der Faktion der C. in Valencia, die gegen die Partei der →Mur und →Vilaragut gerichtet war. Nach dem Tode Martins I. entschieden sich die C. für →Ferdinand v. Antequera (→Ferdinand I. v. Aragón) und gegen Gf. →Jakob v. Urgel (→Caspe, Compromiso de). I. Ollich i Castanyer

Lit.: S. PUIG Y PUIG, Episcopológio de la sede barcinonense (Bibl. hist. de la bibl. Balmes I), 1929, 201–206 – V. SALAVERT Y ROCA, Cerdeña y la expansión mediterránea de la Corona de Aragón (1297–1314), 2 Bde, 1956 – P. LINEHAN, The Span. Church and the Papacy in the Thirteenth Cent., 1971, 70f., 79f. – H. SCHADEK, Die Familiaren der siz. und aragon. Kg.e im 12. und 13. Jh., SFGG. GAKGS 26, 1971, 289f., 345 – A. PLADEVALL, El castell de Centelles, 1976 – A. RYDER, The kingdom of Naples under Alfonso the Magnanimous, 1976.

Centenarius
I. Spätantike – II. Frühmittelalter.

I. SPÄTANTIKE: C., im röm. Reich Bezeichnung für ksl. Beamte des Ritterstandes mit einem Jahresgehalt von 100 000 Sesterzen. Die Klasse umfaßt u. a. die →procuratores bestimmter Provinzen, den →praefectus vehiculorum des Hofes sowie Mitglieder des ksl. consiliums. Nach Änderung der Verwaltung und Einführung der Besoldung in anderer Währung im 4. Jh. bleibt die Bezeichnung für Mitglieder der 3. Rangklasse einzelner scrinia der zentralen Verwaltung (Cod. Theod. 6, 30, 7) erhalten. In der militär. Rangordnung ist c. ein Unteroffizier des Stabes mit zweieinhalbfacher annona (zu 200 C.-Planstellen der Schola der agentes in rebus s. Cod. Iust. 12, 20, 3). Der c. ersetzt in der Spätantike den centurio der ksl. Armee, ohne freilich angesichts veränderten Aufbaues des Heeres dessen Bedeutung zu erreichen. G. Wirth

Lit.: JONES, LRE – RE III, 1924f. [W. KUBITSCHEK] – O. HIRSCHFELD, Die ksl. Verwaltungsbeamten 1905², 496 – R. GROSSE, Röm. Militärgesch., 1920, 177 – Diz. epigrafico di antichità romane, hg. E. DE RUGGIERO, II, 1900, 178f.

II. FRÜHMITTELALTER: C., kgl. Amtsträger niederen Ranges bei Westgoten, Langobarden, Bayern, Franken und Alamannen. Die dürftigen Quellen lassen nicht erkennen, ob es sich um ein einheitl. Amt handelte. Im Westgotenreich, wo der c. als Befehlshaber einer als centena bezeichneten Heereseinheit sowie als Richter mit unbekannten Befugnissen erscheint, stand er über dem decanus und unter dem thiuphadus. Das Amt entstand wohl im Rahmen einer dekad. Heereseinteilung. Da sie auch bei Vandalen und Ostgoten bezeugt ist, könnte das Amt des c. ebenfalls bei ihnen bestanden haben. Der im 8. Jh. erwähnte langob. c. stand unter dem sculdascius und über dem locopositus. Die Lex Baiuwariorum kennt einen centurio mit ausschließlich militär. Befugnissen, doch ist der Aktualitätswert dieser den Leges Visigothorum entlehnten Bestimmungen unsicher.

Kontrovers bleiben Herkunft und Funktionen des c. im *Frankenreich*. Die ältere These, der c. gehe auf einen altgerm. Anführer einer →Hundertschaft zurück, ist überholt. Die Annahme einer Einrichtung von centenae nur auf Königsland ist fragwürdig. Nicht auszuschließen ist eine Übernahme aus der spätröm. Heeresorganisation (s. Abschnitt I) oder aus dem Westgotenreich. Der merow. c. ist im →Pactus Legis Salicae und der →Lex Ribuaria neben dem comes Gerichtsvorsitzender. Um die Mitte des 6. Jh. werden – aufbauend auf dem System der →trustes – centenae als räumliche und personale Bezirke unter einem c. zum Zweck der Spurfolge geschaffen. Diese Einteilung wurde schwerlich im gesamten Merowingerreich durchgeführt. Eine Gleichsetzung des c. mit dem tribunus und dem *sculdhaizo* (Schultheiß) ist wohl erst als Resultat einer längeren Entwicklung denkbar. Mit dem thunginus ist der c. nicht identisch. In Alamannien, wo der c. wohl unter frk. Einfluß eingeführt wurde, hat er neben dem →comes oder dessen Stellvertreter den Vorsitz im Gericht.

D. Claude

Lit.: H. Dannenbauer, Hundertschaft, Centena und huntari, HJb 63/69, 1949, 155–219 – F. Steinbach, Hundertschar, Centena und Zentgericht, RhVjbll 15/16, 1950/51, 121–138 – Th. Mayer, Staat und Hundertschaft in frk. Zeit, RhVjbll 17, 1952, 343–362 – R. Wenskus, Bemerkungen zum thunginus der Lex Salica (Fschr. P. E. Schramm, I, 1964), 217–236 – A. Cavanna, Fara, Sala, Arimannea nella storia di un vico longobardo, 1967, 431–436 – O. Bertolini, Ordinamenti militari e strutture sociali dei Longobardi, Sett. cent. it. 15, I, 1968, 490–493 – H. Krug, Unters. zum Amt des »centenarius« – Schultheiß, ZRG GermAbt 87, 1970, 1–31; 88, 1971, 29–109 – HRG I, 603–606, s. v. centena [G. Gudian] – L. A. García Moreno, Estudios sobre la organisación militar del reino visigodo de Toledo, AHDE 44, 1974 – H. K. Schulze, Die Grafschaftsverfassung in den Gebieten östl. des Rheins, 1974 – H. Grahn-Hoek, Die frk. Oberschicht im 6. Jh., 1976 – H. Göckenjan, Zur Stammesstruktur und Heeresorganisation altaischer Völker (Fschr. H. Ludat, 1980), 51–86.

Centième (centesima), als allgemeine Steuer zur Deckung der enormen Kriegskosten 1295 von Kg. Philipp IV. v. Frankreich eingeführt. Mit Ausnahme des Südens von Frankreich wurde die Besteuerung von 1% auf Besitz und Vermögen in ganz Frankreich von allen Klerikern – für deren persönl. Besitz – und Laien mit Ausnahme von Rittern und écuyers (Knappen) erhoben, wobei die Zustimmung der hohen Lehensfürsten unter Betonung des Ausnahmecharakters dieser Besteuerung durch Beteiligung an dem in diesen Gebieten erhobenen c. erkauft wurde. Die Modalitäten der Einziehung glichen im wesentl. denen des ab 1296 eingezogenen →cinquantième. In der Folgezeit wurden zwar noch Befreiungen vom c. (z. B. von Karl IV., Philipp VI. und Johann dem Guten) zugestanden, ohne daß es jedoch zu neuen Erhebungen gekommen zu sein scheint. – Der c. wurde ab 1569 im Artois und ab 1703 in Frankreich erhoben.

N. Bulst

Q.: R. Fawtier, Comptes royaux ... Ph. le Bel II, n° 20871–20967, 21231–21400 (comptes 1295–1300) – P. Bougard–M. Gysseling, L'impôt royal en Artois (1295–1302). Rôles du 100ᵉ et du 50ᵉ ... (Mém. Comm. roy. de Toponymi ... 13, 1970) – Lit.: Guyot, Rép. universel et raisonné de jurisprudence 2, 1784, 816ff. – J. Strayer–Ch. Taylor, Stud. in Early French Taxation, 1939, 46ff.

Cento (gr. κέντρων, lat. cento: aus Flicken zusammengenähtes Kleidungsstück), ein aus Teilen der Werke anderer Dichter zusammengesetztes Gedicht. [1] *Spätantike Literatur:* Da die C.-Poesie beim Verfasser wie beim Publikum eine intime Kenntnis der gewählten Vorbilder voraussetzt, kommen als solche in der Regel nur bekannte Autoren in Betracht: In der griech. Lit. v. a. Homer (Homerokentra), in der lat. bes. Vergil, daneben Horaz (centoartig sind die Oden des →Metellus v. Tegernsee; s. II, 910). Die ersten derartigen spieler., teils auch parodist. Gedichte der griech. Lit. entstanden wohl in hellenist. Zeit. In der lat. Lit. finden sich seit dem 2. Jh. n. Chr. Belege für C.-Poesie, so die Medea des Hosidius Geta aus Vergil-Versen. Die techn. Regeln eines C. nennt →Ausonius in der Praefatio (p. 207 f. Peiper) seines C. nuptialis. Demnach werden entsprechend den Zäsuren des Verses abgetrennte Versteile des Vorbilds aus verschiedenen Stellen und mit verschiedenem Sinn zu einer neuen Einheit verbunden; die Aneinanderreihung ganzer übernommener Verse wird abgelehnt. Das techn. raffinierte Spiel einer konsequenten Umdeutung des Vorbilds steigert Ausonius seinem Gegenstande entsprechend bis zur Frivolität. Faltonia Proba (ca. 322–370) gestaltet zuerst ausgewählte Episoden aus der Bibel in umgedeuteten Vergil-Versen, wobei auch bukol. Elemente nicht fehlen (→Bukolik). →Hieronymus wendet sich (epist. 53, 7) gegen eine derartige Verchristlichung heidn. Poesie. Vielleicht nach dem Vorbild der Proba erzählten die Ksn. →Eudokia wie auch andere griech. Autoren des 5. Jh. das Leben Jesu in Homer-C.n und regten damit eine umfangreiche Produktion in der byz. Lit. an, die teilweise erhalten blieb. Auch in der lat. Lit. bleibt die ernste wie die spieler. C.-Poesie zunächst bis ins 6. Jh. lebendig: Pomponius (wohl nach 400) wendet in seinen Versus ad gratiam domini den C. auf die christl. Bukolik an, indem er Meliboeus und Tityrus auftreten läßt. Unter den am Anfang des Cod. Salmasianus (s. I, 698) erhaltenen Vergil-C.n verfaßte Mavortius (cos. 572) ein Iudicium Paridis sowie einen C. de ecclesia, Luxorius (→Anthologie, I, 698f.) dichtete ein Epithalamium Fridi. Anonym überliefert ist der C. De verbi incarnatione. An diese Vorbilder konnte die ma. C.-Poesie anknüpfen.

J. Gruber

Ed.: E. Bährens, Poetae Latini Minores IV, 1882, 191–240 – F. Bücheler, A. Riese, Anthologia Latina I 1, 1894, 33–82 – A. Ludwich, Eudociae Augustae etc. fragmenta, 1897 – K. Schenkl, CSEL 16, 511–640 – Lit.: Kl. Pauly I, 1109 – LAW 565f. – RAC II, 972f. – RE III, 1929–1932 – O. Delepierre, Tableau de la centon, 2 Bde, 1874f. – F. Ermini, Il centone di Proba e la poesia centonaria latina, 1909 – R. Lamacchia, Dall' arte allusiva al centone, Atene e Roma NS 3, 1958, 193–216 – R. Herzog, Die Bibelepik der lat. Spätantike, 1975, 3–51 – Osidio Geta, Medea. Introd., testo critico, traduz. ed indici a c. d. G. Salanitro. Con un profilo della poesia centonaria greco-latina, 1981.

[2] *Mittellateinische Literatur:* In der Beziehung ma. Verse auf den Wortlaut älterer Dichtungen treten alle Grade der Annäherung vom leichten Anklang bis zum Zitat und der wörtl. Übernahme auf. Von dieser wird oft und reichl. Gebrauch gemacht (z. B. 'Walahfrid' 54). Der eigtl. C. dagegen findet sich höchstens ausnahmsweise. 'Centoartig' werden gelegentl. Werke genannt, die in bes. hohem Maße aus fremden Versen gebaut sind, wie z. B. die →Ecbasis captivi, die »Quirinalia« des →Metellus v. Tegernsee und bes. die »Trivita studentium« des →Goswin Kempgyn de Nussia. Dem C. nähert sich auch manche →Parodie, die sich überwiegend aus fremden Textstücken (wie z. B. CB 44 aus Bibelworten) zusammensetzt.

Jüngere Beispiele der C.-Dichtung bieten die Mönchssatire des Laelius Capilupus (1535) und die Sacra Aeneis des Etienne de Pleure (Paris 1618).

G. Bernt

Lit.: Manitius I, 766 ('Zentonenpoesie') – L. Traube, Vorlesungen und Abh. III, 1920, 158 – M. Bernhard, Goswin Kempgyn de Nussia, Trivita studentium, Münchener Beitr. zur Mediävistik und Renaissance-Forsch. 26, 1976, 18–25.

[3] *Byzantinische Literatur:* Die Byzantiner brachten zwar bis in die Paläologenzeit hinein eine relativ knappe Anzahl von C.-Dichtungen hervor, aber theoret. Reflexionen über den C. haben sich in ihrer Lit. nicht erhalten. Indes ist der älteste Hinweis auf einen C. in der griech. Lit. überhaupt, ein Zitat des Bf.s Eirenaios (Irenaeus) v. Lyon (2. Jh.), einzig in einer Schrift des Bf.s Epiphanios v. Zypern (4. Jh.), mithin durch byz. Lit. überliefert. Aus frühbyz. Zeit kennen wir sowohl drei in die Anthologia Palatina (IX, Nr. 361, 381 und 382) aufgenommene, geschickt komponierte kleinere Homer-C.nen des heidn. Kreisen angehörenden Leon Philosophos (5. Jh.), als auch den oben erwähnten Versuch der Ksn. Eudokia sowie des Bf.s Patrikios, das Leben und Wirken Jesu in Homer-C.nen darzustellen. Das Motiv für die Abfassung dieses C. liegt vermutlich (nach Hunger) im Bestreben der Verfasser, die Heilsgeschichte durch die Verwendung der sprachl. als absolut überlegen empfundenen Homer-Epen in einen höchst »kostbaren Rahmen« einzufassen und zugleich damit heidn. Texte gleichsam christl. zu veredeln. Freilich finden sich erst aus jüngster Zeit Ansätze zu einer differenzierten Interpretation dieser noch nicht einmal vollständig edierten C.nen, die, wie der C. überhaupt,

lange Zeit dem Verdikt einer klassizist. orientierten Literaturhistorie unterlagen.

Der byz. C. par excellence und zugleich das einzige (Lese-)Drama der byz. Lit., der sog. Χριστὸς πάσχων/ Christus patiens, eine aus ca. 2600 Zwölfsilbern bestehende »Dramatisierung« der Passionsgeschichte bis hin zur Auferstehung Jesu, stammt trotz der hs. Zuweisung an →Gregor v. Nazianz mit Sicherheit erst aus mittelbyz. Zeit (letzte Ed.: Grégoire de Nazianze, La Passion du Christ. Tragédie, ed. A. TUILIER, 1969). Als mögl. Autoren dieses C., dessen Text zu einem Drittel antiken Autoren, überwiegend Euripides, entlehnt ist, werden derzeit der Dichter Theodoros →Prodromos oder der Philologe und Metropolit →Eustathios v. Thessalonike (oder einer seiner Schüler) – beide 12. Jh. – genannt.

Bei den C.nen aus spätbyz. Zeit handelt es sich bes. um zwei Gedichte des Patriarchatsnotars und Rhetorikers →Johannes Chortasmenos (14./15. Jh.), von denen eines, ein Grabgedicht, zahlreiche Verse von Theodoros Prodromos aufweist, das andere hingegen, eine Verherrlichung eines neuerbauten Adelspalais in Konstantinopel, aus Homerversen und ekphrast. Epigrammen der Anthologia graeca kombiniert und in Hexametern abgefaßt ist (in 2 Versionen). Übrigens bedient man sich auch in der rechtshist. Forschung zur Charakterisierung des Verfahrens bei der Textherstellung der Digesten neuerdings des Begriffs C. G. Prinzing

Lit.: HUNGER, Prof. Lit. I, 493; II, 98–104, 145, 416 (Verf. hier: P. PIELER) – K. SCHMID–O. STÄHLIN, Gesch. der griech. Lit. II, 2, 1961⁶, 980 – K. SMOLAK, Beobachtungen zur Darstellungsweise in den Homerzentonen, JÖB 28, 1979, 29–49 – R. DOSTÁLOVÁ, Die byz. Theorie des Dramas und die Tragödie Christos paschon, JÖB 32, 3, 1982, 73–82 (XVI. Internat. Byz. Kongr., Akten II/3).

Centula → St-Riquier

Centuriation → Flursysteme

Centurio → Heer, -wesen

Cenwalh, 641–672 Kg. der Westsachsen; Sohn des Christen Cynegisl, war er bei seinem Regierungsantritt jedoch noch Heide. Er verstieß seine erste Gemahlin, eine Tochter des Kg.s →Penda v. Merzien, welcher C. daraufhin zwang, ins Exil nach Ostanglien zu gehen. Hier trat C. zum Christentum über (645/648). Nach der Rückkehr in sein Reich geriet er in Streitigkeiten mit seinen Bf. en, dem Franken →Agilbert (650–660) und dem Angeln Wine (660–663). Das hatte zur Folge, daß anschließend kein Bf. mehr in seinem Herrschaftsgebiet amtierte. Es gelang ihm, sein Reich durch Siege über die Briten der →Dumnonia (652, 658, 661) auszudehnen, doch verlor er in den Jahren nach 660 Gebiete an →Wulfhere v. Merzien und mußte seine Herrschaftsgewalt in Westsachsen wohl mit einigen Unterkönigen teilen. N. P. Brooks

Q. und Lit.: Anglo-Saxon Chronicle, ed. J. EARLE–C. PLUMMER, 1892–99, s. a. 641–672 – Beda, Hist. eccl., III. 7, ed. B. COLGRAVE–R. A. B. MYNORS, 1969 – STENTON³, 63–72, 118–125.

Ceolfrid (Ceolfrith), hl., Abt v. →Monkwearmouth (Wearmouth) und →Jarrow (* 630, † 716). Abgesehen von dem, was →Beda über ihn in der »Historia ecclesiastica« und in der »Historia abbatum« berichtet, gibt es ein wichtiges anonymes Zeugnis, die »Vita Ceolfridi«, die von einem Mönch geschrieben wurde (von C. PLUMMER als »Hist. Abbatum Auctore Anonymo« ediert). Sohn eines frommen adligen Vaters, folgte C. um 660 seinem Bruder in das neue Kl. Gilling, das wahrscheinl. unter starkem ir. Einfluß stand. Er ging nach 661 in das Kl. →Ripon, wurde von →Wilfrith geweiht und lernte das monast. Leben in Kent und Ostanglien kennen. Als →Benedict Biscop 674 Monkwearmouth gründete, bestellte er C. zum Prior, eine Aufgabe, die dieser zunächst wegen der hochfahrenden aristokrat. Gesinnung der Mönche als unangenehm empfand. C. wurde 682 nach der Gründung des Doppelklosters in Jarrow dessen Abt und 689 Abt v. Monkwearmouth und Jarrow zusammen. Aus einer berühmten Episode in seiner Vita, nach welcher die Antiphone, außer zur Frühmette und zur Vesper, abgeschafft wurden, weil eine Seuche nur C. und einen Knaben (vermutl. Beda) am Leben gelassen hatte, wird deutlich, daß von C. die →Regula Benedicti befolgt wurde. Er unterwies den Kg. der →Pikten in der röm. Osterobservanz (→Ostern) und veranlaßte die Herstellung von drei Vollbibeln mit Vulgatatext, eine von ihnen war der →»Codex Amiatinus«, den er mitnahm, als er 716 nach Rom ging. Bei seinem Weggang, der Beda sehr beunruhigte, ließ er 600 Mönche in zwei Klostergemeinschaften zurück. C. starb bei Langres, seine Reliquien wurden offenbar nach Nordhumbrien zurückgebracht und später nach Glastonbury überführt.

C. P. Wormald

Q.: Beda Hist. Eccl., Beda Hist. Abb., Hist. Abb. auct. anon. (= Vita C. 1) (Venerabilis Baedae Opera Historica, ed. C. PLUMMER, 2 Bde, 1896 [Nachdr. 1961], I, 332ff., 370ff., 388ff.; II, 361ff. – Lit.: LThK² II, 993 – Famulus Christi, hg. G. BONNER, 1976, passim.

Cephalicus → Neumen

Cepoy → Chepoy

Ceprano (früher auch Ceperano), Prov. Frosinone, im MA Grenzort des Kirchenstaates zum Kgr. Sizilien, strateg. wichtig durch seine Lage an der Via Latina, die hier den Liri überquert, war mehrfach Schauplatz von polit. Begegnungen; so 1080 (Gregor VII. und →Robert Guiscard) und 1254 (Innozenz IV. und →Manfred). Bes. bedeutsam war der nach dem Vertrag von →San Germano hier endgültig zustandegekommene Friedensschluß zw. Gregor IX. und Friedrich II. im Aug. 1230. In C. wurde der Ks. durch die Kard. Johannes v. Sabina und Thomas v. Capua von dem im Sept. 1227 über ihn verhängten Kirchenbann gelöst. Dafür hatte Friedrich II. neben der Räumung der besetzten Gebiete des Kirchenstaates folgende Zugeständnisse im Kgr. Sizilien gemacht: Freie Bischofswahlen, Exemtion der Geistlichen von der weltl. Gerichtsbarkeit und von allgemeinen Steuern sowie Amnestie für alle polit. Gegner. H. M. Schaller

Q. und Lit.: G. COLASANTI, Il passo di Ceprano sotto gli ultimi Hohenstaufen, ASRSP 35, 1912, 5–99 – K. HAMPE, Die Aktenstücke zum Frieden von S. Germano 1230, MGH Epp. sel. 4, 1926 – DERS., Dt. Kaisergesch. in der Zeit der Salier und Staufer, 1969¹², 275–277.

Cerball mac Dúnlainge, Kg. des ir. Provinzialkgr.es →Osraige, † 888. C. erlangte Bedeutung während der Periode verstärkter Angriffe der →Wikinger, die den nördl. →Uí Néill zunehmend zu schaffen machten. Die gleichzeitige Schwäche der →Eóganachta ermöglichte es C., sich eine territoriale Machtstellung um die Täler der Flüsse Nore und Barrow zu schaffen, so daß er einen weithin unabhängigen polit. Kurs zw. den miteinander konkurrierenden Mächten zu steuern vermochte. C. erhob sogar Ansprüche auf die Oberherrschaft über →Leinster und scheint in der Zeit nach 870 auch als Schutzherr des norw. Kgr.es →Dublin aufgetreten zu sein. C., der auch wiking. Söldner in seinem Dienst hatte, behauptete seine delikate Machtposition durch eine Reihe polit. motivierter Heiraten sowohl mit ir. wie mit skand. Familien, und er erscheint daher in den Genealogien zahlreicher großer isländ. Familien als »Kervall Írakonungr« (ʻC., der ir. Kg.ʼ). – Hauptquelle für C. sind die fragmentar. »Annalen von Irland«, die eine Mischung aus sagenhaften und authent. Überlieferungen darstellen; sie wurden wohl im 11. Jh. als Propagandawerk für die→Osraige redigiert.

D. Ó Cróinín

Lit.: F. J. Byrne, Irish kings and high-kings, 1973, 162f., 263–266 – HEG I, 462 [F. J. Byrne] – J. Radner, Fragmentary annals of Ireland, 1979.

Cercamon, Troubadour gaskogn. Herkunft, dessen lit. Tätigkeit in die erste Hälfte des 12. Jh. fällt (zw. 1137 und 1149); er gehört also zur ersten Troubadourgeneration. Die wenigen Daten, die wir über das Leben dieses Dichters besitzen, stammen aus der alten prov. Biographie (13. Jh.), in der behauptet wird, »C. war ein Spielmann aus der Gascogne und dichtete Verse und Pastorellen im alten Stil. Er bereiste die ganze Welt soweit er gelangen konnte, und ... ließ sich C. nennen«. Viel Information ist dieser kurzen biograph. Notiz nicht zu entnehmen und es mangelt uns an Daten, um ihren Wahrheitsgehalt zu überprüfen. Es ist möglich – wie Jeanroy bemerkt –, daß der Biograph Informationen, die sich auf C. und auf→Marcabru beziehen, verwechselt hat: der Hinweis, daß der Dichter →Pastorellen schrieb, läßt dies vermuten, da von C. keine Dichtung dieses Typs erhalten, uns jedoch von Marcabru eine solche überliefert ist; außerdem sagt die prov. vida des Troubadours Marcabru, daß beide Zeitgenossen waren: die Verwechslung ist also leicht erklärbar. Der Dichtung von C. ist es zu entnehmen, daß er am Hof von Aquitanien weilte (er widmet dem Tode Wilhelms X. [9. April 1137] einen →planh); es handelt sich also um einen der ältesten namentl. bekannten Troubadours zusammen mit →Wilhelm IX. v. Aquitanien, Ebles de Ventadorn, →Jaufre Rudel und →Marcabru. Von C. sind sieben Dichtungen sicherer und eine zweifelhafter Zuordnung erhalten: ein zu knappes Repertoire für eine repräsentative Analyse; in diesem »chansonnier« sind vereint zwei profane cansos, eine allgemein als fromm angesehene →canso, zwei →Sirventes, der weiter oben erwähnte planh und eine →tenso. In den Liebesdichtungen sind bereits die charakterist. Themen der höf. Lyrik ausgebildet mit den typ. Personen (midons, drutz, marit, lauzenjador, etc.), und ebenso wichtig ist die Beobachtung, daß das Liebesgefühl zutiefst körperlich ist: Messatges, vai, si Deus ti guar, / e sapchas ab midonz furmir, / qu'eu non puesc lonjamen estar / de sai vius ni de lai guerir, / si josta mi despoliada /non la puesc baizar e tenir / dins cambra encortinada. / (Tortoreto, IV vv. 43–49) 'Bote, geh – und Gott schütze dich – und vermelde treulich meiner Herrin, daß ich hier nicht lange Zeit leben kann noch dort genesen, wenn ich sie nicht küssen und nackt an meiner Seite haben kann in einem vorhangverhüllten Zimmer.' In den Sirventes moralisierenden Charakters verwendet C. Begriffe, die an Marcabru erinnern, wenngleich ihm auch die Ausdruckskraft seines Zeitgenossen fehlt, den er jedoch an Zartgefühl und Feinsinnigkeit übertrifft. Der planh für Wilhelm X. v. Aquitanien ist der älteste bekannte der Troubadourlyrik und in ihm finden sich schon alle Topoi und Formeln, die sich während des 12. und 13. Jh. wiederholen werden. Schließlich ist von C. eine tenso mit einem gewissen Guilhalmi bewahrt, einem unbekannten Troubadour. Allgemein kann man im Werk C.s ein ständiges Bemühen um ein adäquates Vokabular und eine formale Vollendung seiner Dichtung beobachten. Dies wird eine der hervorstechendsten Eigenschaften der Troubadours sein, die den trobar ric pflegen, wie →Arnaut Daniel, der uns darüber hinaus verschiedentl. an C. erinnert, so etwa im incipit »L'aur'amara« (Pillet-Carstens, 29, 13), welches C.s incipit »Quant l'aura doussa s'amarzis« (Pillet-Carsten, 112, 4) abwandelt. Einige Forscher nehmen an, C. spiele im Vers 38 des Sirventes Ab lo pascor m'es bel qu'eu chan (Tortoreto, 35) auf Tristan an: diese Meinung stellt die Literaturgeschichte vor große Probleme, denn es würde sich dabei um die älteste Anspielung auf dieses Thema handeln, die älter als die bekannten Fassungen dieses Werkes ist. Die Bedeutung C.s beruht v. a. auf dem Zeitpunkt seines Schaffens: Die Benutzung von Elementen, die in der Dichtung der späteren Troubadours zu Topoi werden, macht ihn zu einem Vorläufer.

C. Alvar

Ed. und Lit.: A. Pillet, Beitr. zur Kritik der ältesten Trobadors: Binnenreim bei C. und Marcabru, 1912 – A. Jeanroy, Les poésies de C., CFMA, 1922 – I.-M. Cluzel, Les plus anciens troub. et la »fin'amor«, Rev. de langue et litt. provençales 3, 1960, 26–43 – V. Tortoreto, Il trovatore C., 1981.

Cerchi, florent. Familie. Die aus Val di Sieve stammende Familie wurde zw. der zweiten Hälfte des 12. Jh. und Anfang des 13. Jh. stadtsässig. Als ihr Stammvater ist ein Cerchio anzusehen, der 1212 unter den »rettori« (Rektoren) der Arte della lana (Wollzunft) aufgeführt wird. In der ersten Hälfte des 13. Jh. kam die Familie durch Handelstätigkeit in Frankreich und in Flandern und wahrscheinl. auch Wucher und den Erwerb von Vermögen, das bei Ketzern beschlagnahmt worden war, zu Reichtum. Die Mitglieder der Familie unterstützten ursprgl. abwechselnd Guelfen und Ghibellinen, ohne sich dabei zu sehr zu kompromittieren. Nach 1266 gingen die C. endgültig zu den Guelfen über, was ihnen ermöglichte, zu Bankiers des Papstes aufzusteigen; ihre »compagnia« wurde die reichste und mächtigste von Florenz. Obwohl die C. zu den »grandi« (Großen) oder »magnati« zählten, ergriffen sie nie gewalttätig Partei gegen die Popolanen, was ihnen viele Sympathien innerhalb des mittleren Bürgerstandes verschaffte. Als sich die Florentiner Guelfen später, wie in anderen Städten der Toskana, in eine gemäßigte (Bianchi, 'Weiße') und eine radikale Gruppe (Neri, 'Schwarze') spalteten, wurden die C. unter der Führung ihres Familienhauptes Oliviero (oder Vieri) die Führer der weißen Partei. Anscheinend lag 1300–01 das Stadtregiment in ihren Händen, aber – wie Dante und Compagni betonen, die ihnen Habsucht und Feigheit vorwerfen – sie konnten daraus keinen dauernden Nutzen ziehen. Dieser Umstand begünstigte den endgültigen Sieg der Schwarzen Guelfen, die in Corso →Donati eine dynam. Führerpersönlichkeit besaßen und die Unterstützung des Papstes und des frz. Kg.s genossen. Zur Verbannung verurteilt, verloren die C. auch ihre wirtschaftl. Position. Einigen Mitgliedern der Familie wurde jedoch im Lauf des 14. Jh. die Rückkehr nach Florenz gestattet.

F. Cardini

Lit.: EncDant I, 915–918, s. v. – DBI XXIII, 685–700 [C. Bindaccio; Cerchio; Consiglio; Giovanni; Niccolò; Vieri] – S. Raveggi, M. Tarassi, D. Medici, P. Parenti, Ghibellini, guelfi e popolo grasso, 1978.

Cerda, de la, kast. Hochadelsfamilie, die auf den Infanten Fernando de la C., † 1275 (2. C.), zurückgeht, dessen Sohn, Alfonso de la C., † 1334 (1. C.), den Thron von Kastilien beanspruchte.

1. C., Alfonso de la, Infant v. Kastilien, Thronprätendent, * 1271 (?), † kurz nach 23. Dez. 1334 in Pietrahita; erstgeborener Sohn von 2. und dessen Gattin →Blanca (Blanche) v. Frankreich (6. B.); ∞ Mafalda v. Narbonne, Herrin v. Lunel (Languedoc); Söhne: Luis de la C. I., Gf. v. Clermont und Tilmant (∞→Leonor de Guzmán, Herrin v. Puerto), von dem das Herzogshaus →Medinaceli abstammt; Juan Alfons de la C., Herr v. Gibraleón, Huelva u. a. (∞ Maria v. Portugal, außerehel. Tochter von Kg. Dinis/Dionys); Alfons de la C. (Alphonse d'Espagne); Karl v. Spanien (Carlos de España); Töchter: Margarita de la C. (∞ Infant Philipp, Bruder von Kg. Ferdinand IV.); Inés de la C., Herrin v. Bembibre (∞ Fernán Ruiz de Villalobos); Maria de la C., Herrin v. Villafranca de Valcárcel (∞Alonso Menéndez de Guzmán, Bruder der →Leonor de Guzmán). – Vor seinem Tod beauftragte Alfonsos Vater Fernando den Juan Núñez de →Lara, die Erbansprüche seines Sohnes A. auf den kast. Thron gemäß dem noch nicht in Kraft gesetzten »Código de las →Siete Partidas« zu wahren. 1276 setzten die Cortes v. Segovia jedoch →Sancho (IV.), den zweitgeborenen Sohn von Alfons X., als Erben ein. 1277 begab sich Königin Yolante, die Gattin Alfons' X., in Begleitung ihrer Schwiegertochter und ihrer Söhne Alfons und Ferdinand, nach Aragón, wo sie auf den Schutz Kg. Peters III. hofften. Die schwankende Politik Alfons' X. hinsichtl. des Nachfolgeproblems führte zum Ausbruch eines Bürgerkriegs zw. beiden Parteien. Angesichts des unbotmäßigen Verhaltens Sanchos, der schließlich Alfons X. absetzte, ernannte dieser durch sein Testament vom 8. Nov. 1283 (ratifiziert 22. Jan. 1284) seine Enkel Alfons und Ferdinand zu seinen Nachfolgern. Nach dem Tode Alfons' X. wurde dennoch Sancho IV. zum König ausgerufen. Mit der Unterstützung von Diego López de →Haro wurde Alfonso de la Cerda, nachdem er mit seinem Bruder einen zu Lyon geschlossenen Kompromiß mit der Übertragung des Kgr.es →Murcia abgelehnt hatte, 1288 in Jaca als Kg. v. Kastilien vereidigt. 1290 begab sich Alfons nach Frankreich auf der erfolglosen Suche nach Unterstützung. Der frühe Tod von Sancho IV. erlaubte es ihm, mit einem ihm von Jakob II. v. Aragón zur Verfügung gestellten Heer in Kastilien einzudringen und sich in Sahagún zum Kg. ausrufen zu lassen. 1302 ging er jedoch erneut nach Frankreich, um dort Hilfe zu finden. Zu Verhandlungen gezwungen, beugte er sich dem Schiedsspruch von Agreda (1304). Der Tod Ferdinands IV. i. J. 1312 ließ seine Bemühungen um den Thron wiederaufleben. Aber schließlich huldigte er, resigniert, 1331 Alfons XI. in Burguillos und erhielt den Señorío über verschiedene Orte, v. a. Villafranca de Valcárel und Bembibre im Kgr. León sowie den Señorío v. Valdevorneja.   S. Claramunt

Q.: Crónicas de Alfonso X, Sancho IV, Fernando IV, BAE 66, 1953, 3–170 [dazu: C. M. DEL RIVERO, Hispania 2, 1942, 163–235, 323–406, 557–618] – Lit.: S. DE MOXÓ, De la Nobleza Vieja a la Nobleza Nueva. La transformación nobiliaria castellana en la baja Edad Media, Cuadernos de Hist. 3, 1969, 176–180 [mit Stammtafel] – E. BENITO RUANO, El problema sucesorio de la Corona de Castilla a la muerte de don Fernando de la Cerda, (VII Centenario del Infante don Fernando de la C., 1275–1975), 1976, 217–226 – C. GONZALEZ MINGUEZ, Fernando IV de Castilla. La guerra civil y el predominio de la nobleza, 1976.

2. C., Fernando de la, Infant v. Kastilien, * 4. Jan. 1256, Burgos, † Aug. 1275, Villa Real (heute Ciudad Real), erstgeborener Sohn →Alfons' X. v. Kastilien und der Violante v. Aragón; ∞ 1269 →Blanca (Blanche), Tochter Kg. Ludwigs IX. v. Frankreich (6. B.) (Ehevertrag 12. Sept. 1266); Söhne: Alfonso (→ 1. C.) und Fernando, bekannt als Infanten de la Cerda. Seit 1267 *Mayordomo Mayor* seines Vaters.

Während des Romzugs Alfons' X., den dieser zur Wahrung seiner Rechte auf die Kaiserkrone unternahm, blieb F. als Regent in Kastilien. Als solcher stellte er ein Heer auf, um der Gefahr zu begegnen, die von den die andalus. Grenze bedrohenden Benimerines ausging. Im Zuge dieser Auseinandersetzungen wurde er überraschend in Villa Real eingeschlossen und starb dort 1275. Die Erbansprüche seiner Söhne wurden von Juan Núñez de →Lara gegen den neuen Herrscher →Sancho IV., den jüngeren Bruder des Verstorbenen, vertreten.   S. Claramunt

Lit.: →Cerda, Alfonso de la.

3. C., Luis de la, Geburtsjahr unbekannt, † 1483, aus dem Haus der Infanten de la Cerda, erbte die Gft. →Medinaceli, die Heinrich II. für seinen Onkel Gaston errichtet hatte. ∞ Catalina Laso de la Vega, Nichte des berühmten Dichters, des Marqués v. →Santillana. Luis de la C. schloß sich der Adelsfaktion gegen Alvaro de→Luna an. Im Mai 1471 (Vertrag v. Olite) trennte er sich nach Erlangung einer Dispens von seiner Frau, um Anna v. Navarra, die Tochter des Príncipe de Viana, zu heiraten. Da die legitime Abstammung seiner 2. Gattin nicht zweifelsfrei feststand, kam es zum Konflikt mit Ferdinand dem Kath., von dem er einen Teil der Erbschaft des Príncipe verlangte. 1475 erzielte man schließlich eine Einigung; die Stadt Agreda kam zur Herrschaft des L. de la C. hinzu. 1479 wurde er zum Hzg. v. Medinaceli erhoben. Luis' einzige Tochter Leonor vermählte sich 1491 mit dem Marqués v. →Cenete, dem legitimierten Sohn des Kard. Pedro González de →Mendoza.   L. Suárez Fernández

Lit.: M. LASSO DE LA VEGA, Hist. nobiliaria de España I, 1956 – J. M. LACARRA, Hist. del reino de Navarra 3, 1973.

Cerdá, Antonio de OSST, * um 1390 auf Mallorca, † 14. Sept. 1459 in Rom; Ebf. v. Messina (8. Jan. 1448), Kardinalpriester v. S. Crisogono (16. Febr. 1448), Bf. v. Lérida (28. März 1449). A. de la C. studierte an der Universität →Lérida und lehrte dort Theologie und kanon. Recht. Er trat dem Orden der →Trinitarier im Heiliggeistkloster auf Mallorca bei. Im Orden bekleidete er verschiedene Ämter, bis er zum Generalprokurator der Trinitarier in Rom und zum päpstl. Kubikular ernannt wurde. Er zeichnete sich v. a. durch Kenntnisse der Theologie und des kanon. Rechts aus. Pius II. nannte ihn einen »Fürst der Theologie« und machte ihn zu seinem Legaten bei Alfons V. v. Aragón in Neapel. Seine bedeutendsten Werke sind der »Commentarius in IV Sententiarum« und der Fürstenspiegel »De educatione Principum«.   D. Mansilla

Lit.: LThK² I, 672f. – P. SAINZ DE BARANDA, España Sagrada XLVII, 1850, 81–84 – J. VILLANUEVA, Viaje XVII, 1851, 39–42 – EUBEL, Hierarchia Catholica II, 10, 72, 185, 210 – A. DE LA ASUNCIÓN, Diccionario de escritores trinitarios en España y Portugal I, 1898, 146–149 – J. VICENS VIVES, Alfonso V el Magnánimo (Hist. de España, hg. Menéndez Pidal XV, 1970, 728).

Cerdaña (katal. Cerdanya, frz. Cerdagne), Gft. in den östl. Pyrenäen, jeweils zur Hälfte im heut. Frankreich und Spanien (Katalonien) gelegen. Die C. bildete im 9. Jh. zusammen mit →Urgel eine Verwaltungseinheit, obwohl schon als eigener Raum mit festen Grenzen bekannt. Sie wurde beherrscht von einer einheim. Grafenfamilie, die von →Carcassonne ihren Ausgang genommen hatte; strateg. war sie dem Zentrum →Toulouse zugeordnet, kirchl. aber (erneut?) durch Karl d. Gr. dem Bischofssitz von →Urgel unterstellt. Gegen Ende des 9. Jh. verselbständigte sie sich durch Erbteilung in einer Seitenlinie, die das ganze 10. Jh. hindurch auch das vorher zur Gft. →Razès gehörige Conflent und mit Unterbrechungen ebenfalls die Gft. →Besalú beherrschte; d. h. C. war Teil eines Herrschaftskomplexes, der allen Nachkommen des Gf.en →Wifred v. Barcelona-Urgel gemeinsam gehörte und nur in der Verwaltung auf die einzelnen Zweige verteilt war, bis mit dem Eintritt des Gf.en Oliba Cabreta in das Kl. →Montecassino (988) C. und Besalú auf die beiden Söhne aufgeteilt wurden und C. seit Wifred II. fortan eine definitiv unabhängige Gft. bildete. Die Zusammenarbeit mit der Seitenlinie von Besalú war freilich noch sehr eng. 1016 beförderte Wifred seinen gleichnamigen zweijährigen Sohn auf den ebfl. Stuhl von →Narbonne, und Gf. Bernhard v. Besalú verheiratete seine Tochter Gersinde mit dem Vgf. en v. →Narbonne, um die Gründung des Hausbistums Besalú von 1017, das auch für C. zuständig sein sollte, abzusichern. Die kirchl. Eigenständigkeit sollte die Einflußnahme der Nachbargrafen über deren kirchl. Jurisdiktionsträger unterbinden; diesem Ziel diente auch die Gründung der Benediktinerabtei Canigó, in die Wifred 1035 eintrat. Nach dem Scheitern eines eigenen Bm.s mußten sich die Gf.en v. C. mit dem Lehnseid des Bf.s v. Urgel zufriedengeben und sogar hinnehmen, daß um die Mitte des 11. Jh. der Vgf. v. C. mit Hilfe des Bf.s v. Urgel die Gft. praktisch beherrschte. Wilhelm-Jordan (1095–1109), ein Mitstreiter seines Vetters Bertrand v. St-Gilles gegen Hzg. Wilhelm v. →Aquitanien, nahm 1101 an der Eroberung von Tripolis im Hl. Land teil; er selbst und sein Bruder Bernhard-Wilhelm (Bernhard Guillem, 1109–18) starben ohne Leibeserben. Die Gft. fiel an das Haus →Barcelona. – Die C. fiel gemeinsam mit der Gft. →Roussillon im 13. Jh. an das Kgr. →Mallorca.   O. Engels

Q.: Liber Feudorum Maior, ed. F. MIQUEL ROSELL, II, 1947, 45–110 – *Lit.*: R. D'ABADAL I DE VINYALS, Els primers comtes catalans, 1958 – S. SOBREQUÉS I VIDAL, Els barons de Catalunya, 1957, 11–13 – O. ENGELS, Schutzgedanke und Landesherrschaft im östl. Pyrenäenraum, 1970.

Cerdic, der Tradition nach der Gründer der west-ags. Dynastie. Nach der Überlieferung landete er mit seinem Sohn Cynric 495 oder 514 in Cerdicesora (Southampton) mit seinen fünf oder drei Schiffen und begründete das Kgr. der West-Angelsachsen (500 oder 519). Er soll eine Reihe von Kriegen mit den Briten an Plätzen geführt haben, die seinen Namen tragen, und sich mit den Führern der Jüten, Stuf und Wihtgar, verbündet haben. Sein Todesjahr wird mit 534 angegeben.

Diese chronolog. Darstellung ist sehr zweifelhaft. Seine Siege wurden im südwestl. Hampshire lokalisiert, wo es eine Reihe von heidn. Friedhöfen der Angelsachsen gibt. Sein Name ist jedoch brit., nicht ae., und seine Genealogie, die eine Abstammung von germ. Helden und Göttern behauptet, ist eine literar. Fiktion des 8. oder 9. Jh.

N. P. Brooks

Q. und Lit.: STENTON³, 19–25 – Anglo-Saxon Chronicle, ed. J. EARLE-C. PLUMMER, 1892–99 – K. SISAM, 'Anglo-Saxon Genealogies', PBA 39, 1953, 287–346 – K. HARRISON, EHR 86, 1967, 527–533 – M. BIDDLE, Hampshire and the origins of Wessex (Problems in Economic and Social Archaeology, hg. G. SIEVEKING u. a., 1976), 323–342.

Cerebrun, Bf. v. →Sigüenza und Ebf. v. →Toledo, † 13. Mai 1180. C. soll aus Poitiers stammen, gehörte jedenfalls noch den Kreisen an, die der Kanonikerreform zuneigten und seit Ebf. →Bernhard v. Toledo aus Südfrankreich berufen und in wichtige kirchl. Positionen der Prov. Toledo eingesetzt wurden. 1139–55 Archidiakon von Toledo (Stadt), dann bis 25. Okt. 1166 Bf. v. Sigüenza, wo sein Bruder Pictorinus als Archidiakon amtierte. C. konnte 1165 die Auseinandersetzungen mit dem Nachbarbm. →Osma wegen der Orte Ayllón, Caracena und Berlanga beenden; Kg. Alfons VIII. v. Kastilien nannte ihn gelegentl. seinen »patrinus«. Ende Okt. 1166–Sept. 1167 Elekt v. Toledo, am 24. Nov. 1169 von Alexander III. im neuen Amt bestätigt. Als solcher verteidigte er den Primat seiner Kirche gegen die Metropole →Braga und die exemten Bm.er →Oviedo, →León und →Burgos; er setzte sich in der Doppelwahl von Pamplona durch und intervenierte in den Auseinandersetzungen um die Bischofswahl in Osma sowie um die Diözesangrenze zw. →Palencia und →Segovia; er gründete das neue Suffraganbm. Albarracín und schloß die Nonnen von S. Clemente de Toledo dem Zisterzienserorden an. Seine Mitwirkung an der Gründung des Ritterordens v. →Calatrava war Teil seiner Sorge um die südl. seiner Bischofsstadt in der jüngeren →Reconquista gewonnenen Landschaften.   O. Engels

Lit.: T. MINGUELLA Y ARNEDO, Hist. de la diócesis de Sigüenza I, 1910, 106–114 – J. GONZÁLEZ, El reino de Castilla en la época de Alfonso VIII, I, 1960 [ad ind.] – J. F. RIVERA RECIO, La Iglesia de Toledo en el siglo XII (1086–1208), I, 1966 – DERS., Los arzobispos de Toledo en la Baja Edad Media (s. XII–XV), 1969, 27–30 – O. ENGELS, Reconquista und Reform. Zur Wiedererrichtung des Bischofssitzes v. Segovia (Reformatio ecclesiae. Festg. E. ISERLOH, 1980), 100–103.

Ceredigion (Cardigan)
I. Frühmittelalterliches Königreich Ceredigion – II. Hoch- und spätmittelalterliche Entwicklung (Cardigan).

I. FRÜHMITTELALTERLICHES KÖNIGREICH CEREDIGION: Der Name des walis. Kgr.es C. lebt in der Stadt Cardigan (Aberteifi) fort, die an der mittleren Westküste von Wales bei der Mündung des Teifi in die Cardigan Bay liegt, ebenso in der Gft. Cardiganshire (s. Abschnitt II). Das Kgr. C. ist erstmals 807 belegt. Seine vor dem 9. Jh. liegende Geschichte ist nicht gesichert, obwohl die Genealogie seines Königshauses (British Libr., Harleian Ms. 3859, Nr. 26) neun ältere Herrschergenerationen anführt; unter den erwähnten Herrschern ist der namengebende Gründer Ceredig. 872 ging C. im Kgr. →Gwynedd auf, da der Kg. v. Gwynedd die Schwester des letzten regierenden Kg.s v. C. heiratete. Von da an war C. zwar kein unabhängiges polit. Gebilde mehr, doch erhielt sich ein starkes regionales Eigenbewußtsein, und C. überlebte als administrative Einheit: Es bildete das walis. gwlad C. und – seit dem 13. Jh. – eine engl. Gft. mit dem anglisierten Namen Cardigan, deren Grafschaftsstadt der gleichnamige *borough* Cardigan war.   W. Davies

II. HOCH- UND SPÄTMITTELALTERLICHE ENTWICKLUNG (CARDIGAN): Unter dem engl. Kg. Heinrich III. (1216–72) wurde die castellaria (Kastellanei), deren Zentrum die Burg C. (Aberteifi) an der Teifimündung war, erstmals mit dem Namen Cardiganshire belegt, was die Eingliederung des Gebietes in den Machtbereich der engl. Monarchie kennzeichnet. Der engl. Einfluß hatte bereits im frühen 12. Jh. eingesetzt: Die Burg C. war von Robert, Earl of Shrewsbury († nach 1113), errichtet worden. Sie kam in der Folgezeit an Gilbert Fitz Richard aus der mächtigen Familie →Clare; er begründete eine Herrschaft nach (walis.) Markrecht (→Walis. Marken), die in etwa dem alten Kgr. Ceredigion entsprach. Ein Wiedererstarken walis. Herrschaft unter Rhys ap Gruffudd in der 2. Hälfte des 12. Jh. führte zur vorübergehenden Ausschaltung des anglonorm. Einflusses in dem Gebiet; doch übergab sein Sohn Maelgwn ap Rhys i. J. 1199 die Burg, die in der walis. Chronik (→Brut y Tywysogyon) als »Schlüssel zu ganz Wales« bezeichnet wird, an Kg. Johann (1199–1216). Die von den Engländern gebildete castellaria umfaßte zunächst nur die Burg und den →*commote* Is Coed, doch wurde sie ab 1241 zum Kern einer Gft. (comitatus, *county*); die walis. Herren im restlichen Gebiet von Ceredigion wurden dem Grafschaftsgericht unterstellt. Der Name Cardiganshire ist bald nach 1241 bezeugt.   J. B. Smith

Lit.: J. E. LLOYD, A Hist. of Wales, 1911 – T. JONES, Brut y Tywysogyon, or the Chronicle of the Princes, Red Book of Hergest Version, 1955 – R. A. GRIFFITHS, The Principality of Wales in the Later MA, The Structure and Personnel of Government, I: South Wales 1277–1536, 1972.

Cerezuela, Juan de, Ebf. v. Toledo, * Ende des 14. Jh. in Ceñete, † 4. Febr. 1442 in Talavera de la Reina, □ Toledo, Kathedrale, Halbbruder mütterlicherseits von Don Alvaro de →Luna, *Condestable* v. Kastilien und Günstling von Johann II., was Juans kirchl. Laufbahn begründete. Säkularabt v. Castrojeriz (Burgos) und nacheinander Bf. v. Osma (1422), Ebf. v. Sevilla (1433), bis er vom Kathedralkapitel v. Toledo zum Ebf. gewählt wurde (10. Okt./8. Nov. 1434). Die Bestätigung der Wahl durch Papst Eugen

IV. erfolgte am 27. März 1435, so daß der neue Ebf. am 29. April seinen Stuhl in Besitz nehmen konnte. Er veräußerte verschiedene Herrschaften der toledan. Kirche zugunsten seines Bruders, weshalb das Kapitel, gestützt auf päpstl. Bullen, gegen ihn einen kanon. Prozeß anstrengte, der mit einem Ausgleich endete. Trotz seines friedfertigen Charakters konnte der Ebf. nicht vermeiden, daß er oft im Dienst der polit. Interessen seines Bruders stand. C. war Erzieher des Thronfolgers. R. Gonzálvez

Lit.: DHEE I, 399 – EUBEL, Hierarchia catholica I, 383; II, 183, 277 – J. F. RIVERA RECIO, Los arzobispos de Toledo en la Baja Edad Media, 1969, 113–116. – R. GARCÍA-VILLOSLADA, Hist. de la Iglesia en España III-2°, 1980, 589.

Cermisone, Antonio, it. Arzt; * in der 2. Hälfte des 15. Jh. in Padua, † 1441 ebd.; Sohn des Kondottiere Bartolomeo C. Wurde 1387 nach Studien in seiner Heimatstadt zum »doctor artium« promoviert [Promotoren Giovanni und Marsilio da Santa Sofia und Biagio Pelacani (→Blasius v. Parma)]. 1390 erhielt er auch das Doktorat der Medizin. Er war als Lektor der Medizin hauptsächl. an seiner Heimatuniversität tätig; von 1393/94 bis 1399 lehrte er in Pavia (am Ende dieser Periode – infolge der vorübergehenden Verlegung des Studiums – in Piacenza). 1401 fungierte er wieder in Pavia als Promotor. Um 1411 kehrte er als Lektor der theoret. Medizin nach Padua zurück.

C. war ein gesuchter Arzt und verfaßte zahlreiche »Consilia«, die 1476, wenige Monate nach dem Erstdruck der analogen Consiliensammlung des Bartolomeo da Montagnana, gedruckt wurden. Mit Ausnahme einer Abhandlung allgemeinen Charakters sind C.s »Consilia« für einzelne Patienten verfaßt, unter ihnen der Kondottiere →Erasmo da Narni, gen. Gattamelata, der infolge eines Steinleidens an Hämaturie litt. Weitere Werke C.s, die ebenfalls gedruckt wurden, sind ein Kommentar zu →Avicennas »Kanon«, ein Traktat »De urinis« sowie ein Pesttraktat, aus dem ein Rezept von C.s Schüler Michele →Savonarola übernommen wurde, der für »unseren Vater Cermisone« große Verehrung zeigt. L. Belloni

Q. und Lit.: DBI XXIII, 773–774 [F. DI TROCCHINO] – SARTON III/2, 1196–1197 – M. Savonarola, I trattati in volgare della peste e dell'acqua ardente, hg. L. BELLONI, 1953, 18.

Černigov
I. Stadt – II. Fürstentum – III. Bistum.

I. STADT: Č., Stadt, Bischofssitz und Zentrum eines altruss. Fsm.s an der Desna, einem Nebenfluß des Dnepr, gelegen. Č. gehörte zu den ältesten und wichtigsten Burg- und Handelsorten der →Kiever Rus'; es ist bereits für die Mitte des 10. Jh. (im Vertrag v. 944 sowie bei Konstantinos Porphyrogennetos, De adm. imperii) sicher bezeugt. Durch Ausgrabungen wurde bereits für das 9. Jh. eine intensive Besiedlung in und um Č. nachgewiesen. Reich ausgestattete Hügelgräber (unter den Beigaben zwei Urhörner mit sasanid. Ornament auf silbernen Lamellen) aus dem 10. Jh. weisen auf adlige Bevölkerung hin; der zu diesem Fundkomplex gehörige »Schwarze Grabhügel« (2. Hälfte des 10. Jh.) kann mit hoher Wahrscheinlichkeit als Fürstengrab gelten. Im 11.–13. Jh. entwickelte sich Č. als Residenz seiner Fs.en und Bf.e zur bedeutenden dreikernigen Stadtanlage (ca. 70 ha) mit etwa 20 sakralen Steinbauten mit figürl. und ornamentaler Plastik, die z. T. roman. Einflüsse aufweisen. Sechs dieser Bauwerke sind erhalten: Die Kathedrale der Verklärung Christi (aus den 1030er Jahren), der älteste erhaltene altruss. Kirchenbau; die Kirche der hll. Boris und Gleb (um 1118); das Jelez Katholikon Mariä Himmelfahrt (Mitte des 12. Jh.); die Elias-Kirche (2. Hälfte des 12. Jh.); das Katholikon Mariä Verkündigung (aus den 1180er Jahren); die Pjatnica-Kirche (um 1200). Fragmentar. erhaltene Fresken und Mosaiken zeugen von der einst prunkvollen Ausstattung der Č.er Kirchen.

Im Sommer 1239 von den →Mongolen erobert und zerstört, mußte Č. seine zentralen Funktionen an →Brjansk abtreten. Seit der Mitte des 14. Jh. erlebte die Stadt unter litauischer Herrschaft als Festung, Handelszentrum und Lehnsfürstenresidenz eine langsame Neubelebung. In den Jahren 1482 und 1497 von Angriffen der Krimtataren stark zerstört, wurde Č. 1499 vom Moskauer Heer erobert.

II. FÜRSTENTUM: Das Fsm. Č. gehörte zu den größten im Kiever Reichsverband. Es unterlag bis ins 13. Jh. ständigen territorialen Veränderungen. Insgesamt erstreckte es sich über die Gebiete beiderseits des Dnepr (von der Prypet'- bis zur Drut'mündung) und seiner Nebenflüsse, d. h. v. a. über das Desna-Becken sowie die Einzugsgebiete von Sož (ohne Oberlauf), Sem' (Sejm) und Oka (Oberlauf). In den Zeiten der Erweiterung des Č.er Herrschaftsraums im 12. Jh. unterstanden den Fs.en v. Č. auch die Gebiete der nördl. Prypet'-Zuflüsse sowie, im Südosten, der Bereich von Kursk-Rylsk an der Sem' (sog. Posemje), der sich bis zu den Donezquellen erstreckte. Im NO dehnte sich die Macht der Fs.en v. Č. bis zum mittleren Okagebiet mit den Zentren →Rjazan und →Murom aus. Diese gewannen jedoch nach 1127 unter einer eigenen Linie der Č.er Fürstenfamilie Selbständigkeit; die Fs.en v. Č. verloren im letzten Viertel des 12. Jh. in diesem Gebiet ihren polit. Einfluß zugunsten der Oberhoheit der konkurrierenden Fs.en v. →Vladimir-Suzdal'. Das von der Kiever Rus' um 960 eroberte, vorher byz. →Tmutarakan' (griech.-byz. Tamamarcha) befand sich im 11. Jh. zumeist unter der Herrschaft von Č., bis er um die Wende des 11./12. Jh. wieder an Byzanz kam. Territorial basierte das Fsm. Č. auf den alten ostslav. Stammesgebieten der →Severjanen, →Poljanen, →Vjatičen, →Radimičen und →Dregovičen, doch gehörte von diesen nur das Gebiet der Severjanen nahezu vollständig zu Č. Darum wurde wohl seit dem MA das Kerngebiet des Fsm.s Č. im Desnaraum hauptsächl. als »Severjanenland«, »Severien« (Severskaja zemlja, Severia in Quellen des 15.–16. Jh.) bezeichnet.

Die Anfänge des Fsm.s Č. sind mit der Rivalität der Söhne →Vladimirs I. v. Kiev nach dessen Tod 1015 verbunden. In Č. setzte sich einer dieser Söhne, →Mstislav, durch. Nach einem Abkommen mit seinem Bruder →Jaroslav (1026) erhielt Mstislav alle Gebiete links des Dnepr zugesprochen. Aber schon 1036, nach Mstislavs Tod, wurde die gesamte Rus' erneut unter Jaroslav vereinigt. Nach Jaroslavs Tod wurde Č. jedoch unter dessen Sohn →Svjatoslav wieder zum selbständigen Fsm. (1054–1076). Nach heftigen Auseinandersetzungen sicherten Svjatoslavs Söhne David, Oleg und Jaroslav entsprechend dem Abkommen auf dem Fürstentag von →Ljubeč (1097) sich und ihren Nachkommen das Recht auf das Č.er Erbe. Nach 1127 verselbständigten sich →Rjazan und →Murom auf Dauer; hier behaupteten die Nachkommen von Jaroslav Svjatoslavič ihre Ansprüche. Das Fsm. Č. im eigtl. Sinne teilte sich im 12.–13. Jh. in mehrere Einzelfürstentümer auf: →Novgorod Severskij, Starodub, Snovsk, Kursk, Wsčyž, Putivl, Rylsk, Trubčevsk, Ljubeč, Vyž, Homel, Kozelsk. Diese Teilherrschaften wurden von den Nachkommen Olegs und Davids, den Linien der Ol'goviči und Davidoviči, beherrscht, die auch abwechselnd den Thron des Fs.en v. Č. innehatten. Bis zum Mongolensturm strebten beide Linien in steter Konkurrenz zu den Monomachoviči, den Nachkommen des Gfs.en →Vladimir Monomach, nach dem Thron des Seniors v. Kiev und erreichten in mehreren Fällen auch ihr Ziel (Vsevolod Ol'govič, Izjaslav Davidovič, Svjatoslav Ol'govič, Svjatoslav Vsevolodovič, Michail Vsevolodovič). Ein bedeutender Machtfaktor im polit. Gefüge Altrußlands, übten die Fs.en v. Č. ihren Einfluß insbes. in →Novgorod und →Halič aus. Mehrfach bedienten sich die Č.er der →Polov'zer als Bundesgenossen.

Mit dem Mongolensturm zerfiel die bis dahin recht einheitl. Herrschaftsstruktur des Č.er Fsm.s. Die Nachkommen der Č.er Fürstendynastie lassen sich aber als kleine Lehnfürsten auch während des 15. Jh. verfolgen. Der Anschluß an das Gfsm. →Litauen um 1360 änderte nicht den provinziellen Charakter dieses in einzelne Lehen aufgeteilten Gebietes. In seiner staatl. Existenz auf das kleine Kerngebiet von »Severien« reduziert, vermochte Č. keine überregionale polit. Rolle mehr zu spielen. Im Zuge der Kriege zw. Litauen und Moskau wurde das Land 1503 fest dem Moskauer Reich einverleibt.

III. BISTUM: Das Bm. Č. wurde 988 als Suffraganbm. der Metropolie →Kiev gegründet. Die bedeutende polit. Rolle des Č.er Fs.en→Svjatoslav führte kurz nach 1060 zur Erhebung des Bf.s v. Č. zum Rang eines Titularmetropoliten. Um 1085 wieder auf den Rang eines Bm.s reduziert, spielte Č. dennoch eine bedeutende Rolle im kirchl. Leben Rußlands. Die Diöz. Č. umfaßte territorial zunächst den Herrschaftsbereich des Fsm.s Č. im Umfang des 11. Jh.; nach 1190 wurde ein neues Bm. mit Sitz in →Rjazań ausgesondert; 1246, nach dem Mongolensturm, verlegten die Bf.e v. Č. ihre Residenz nach→Brjansk. A. Poppe

Lit.: P. V. GOLUBOVSKIJ, Istorija Severskoj zemli do poloviny XIV stoletija, 1881 – D. I. BAGALĚJ, Istorija Severskoj zemli do poloviny XIV stoletija, 1882 – R. V. ZOTOV, O černigovskich knjazjach po Ljubečkomu sinodiki i Černigovskoe knjažestvo v tatarskoe vremja (Letopiś Zanjatij Archeografičeskoj Komissii B.9, 1892) – P. V. GOLUBOVSKIJ, Istoričeskaja karta Černigovskoj gubernii do 1300g (Trudy 13 Archeologičeskogo Sezda, t.2, 1908) – A. M. ANDRIJAŠEV, Narys istorii kolonizacii Sivers'koi zemli do počatku XIV viku (Zapyski istorično-filologičnogo viddilu Vseukrainskoi Akademii Nauk 20, 1928) – S. M. KUCZYŃSKI, Ziemie czernihowsko-siewierskie pod rządami Litwy, 1936 – A. N. NASONOV, »Russkaja zemlja« i obrazovanie territorii Drevnerusskogo gosudarstva, 1951 – B. A. RYBAKOV, Drevnosti Č.a (MIA SSSR 11), 1949 – M. N. TICHOMIROV, Drevnerusskie goroda, 1956 – G. N. LOGVIN, Č., Novgorod-Severskij, Gluchov, Putivl. Moskva, 1965 – N. V. CHOLOSTENKO, Issledovanija Borisoglebskogo sobora v Č.e, Sovetskaja Archeologija, 1967, 2. Ser. – A. I. KOMEČ, Spaso-preobraženskij sobor v Č.e, Drevnerusskoe iskusstvo, 1975, 9–26 – A. K. ZAJCEV, Č.skoje knjažestvo (Drevnerusskie knjažestva X–XIII vv., 1975, 57–117) – P. A. RAPPOPORT, Russkaja architektura na rubeže XII i XIII vekov (Drevnerusskoe iskusstvo, 1977, s. 12–29) – HGesch Rußlands I, 342ff. und passim – M. DIMNIK, Mikhail, Prince of C. and Grand Prince of Kiev (1224–1246), 1981 – A. POPPE, The Rise of Christian Russia, 1982 [Ind.].

Černomen, Schlacht v. → Marica

Certame coronario (1441), auf Anregung L. B. →Albertis am 22. Okt. in S. Maria del Fiore in Florenz vor einer Jury von zehn apostol. Sekretären (darunter →Poggio Bracciolini, Flavio →Biondo, →Aurispa, Loschi, Cencio Rustici, Andrea Fiocchi) in Anwesenheit der Signoren der Stadt, des Ebfs., der Repräsentanten des Studio und des ven. Gesandten abgehaltener Dichterwettstreit in it. Volkssprache über das bei den Humanisten sehr beliebte Thema »La vera amicizia« ('die wahre Freundschaft'). Alberti, der in dem nunmehr zur Reife gelangten Volgare das geeignetste Mittel für den Intellektuellen sah, einem breiteren Publikum die eigenen Ideen nahezubringen, wollte mit dem c. c. die Flexibilität der Volkssprache zeigen und ihre neugewonnene Fähigkeit, jeden Stoff in Prosa oder Versen zu behandeln. Um den von Piero de' Medici ausgesetzten silbernen Lorbeerkranz rangen dabei u. a. Francesco di Altobianco Alberti, Antonio degli Agli, Mariotto Davanzati, Benedetto →Accolti, →Ciriaco d'Ancona, Leonardi Dati (dessen vierteilige »Scena« – klass. Hexameter, Sapph. Strophe und Sonett – bes. interessant ist). Von dem großen Publikumserfolg (in kurzer Zeit wurden 200 Exemplare der Gedichte verkauft) zeugt bis heute die gute hs. Überlieferung. Da der Preis niemandem zugesprochen wurde und der Lorbeerkranz stattdessen an S. Maria del Fiore übergeben wurde, kam es zu einer »Protesta« (vielleicht von L. B. Alberti selbst verfaßt), in der als Beweggrund für diese Entscheidung der Juroren der Neid auf den Ruhm, den der Volgare durch die Lorbeerkrönung hätte gewinnen können, genannt wird. Deshalb wurde »L'invidia« zum Thema des zweiten »certame« gewählt, der jedoch trotz Albertis Bemühungen nie stattfand. G. Busetto

Cerussa (lat.; psimúthion [ψιμούθιον], daraus *psimithin*: Basisches Bleikarbonat [Bleiweiß]), Malerfarbe und Antiseptikum in Pudern, Salben und Pflastern. Auch Bleiazetat führt gelegentl. diesen Namen. →Blei (II). G. Jüttner

Cervantes, Juan, kast. Kleriker, seit 1426 Kard., † 25. Nov. 1453 in Sevilla. Er zählt zu den Vertretern jener Generation, deren Laufbahnanfang in das →Abendländ. Schisma, deren kirchenpolit. Wirksamkeit in die Zeit nach dem Konzil v. →Konstanz fällt. Unter Benedikt XIII. Rechtsstudium in Salamanca, seit 1415 Archidiakon von Calatrava, 1419 von Sevilla, seit 1424 Referendarius →Martins V. Er nahm am Konzil v. →Siena teil; 1426 wurde er Kardinal (tit. s. Petri ad Vinc.). Im Konklave 1431 protestierte J. C. gegen die Aussperrung Domenico →Capranicas und wählte Kard. Niccolò →Albergati. Dem neuen Papst →Eugen IV. verweigerte er Ende 1431 wie Kard. Louis →Aleman die Unterzeichnung der Auflösungsbulle für das Konzil v. →Basel; dabei berief er sich auf die mit dem Konstanzer Konzilsdekret »Frequens« getroffene Abmachung, die ihm durch Kard. Guillaume →Fillastre bekannt war. Ab 21. November 1432 hielt er sich in Basel auf. Im April 1433 erfolgte gegen den zum Konzilspräsidenten ernannten Kard. →Cesarini die Durchsetzung des Verlegungsbeschlusses nur mit Zweidrittelmehrheit; im Sommer nahm er an den Beratungen zu Titel und Prozeß des Papstes teil. Nach dem Eintreffen Siegmunds im Herbst setzte er sich weiter für ein Vorgehen gegen Eugen IV. ein, das aber nicht zustandekam; auch sein Votum gegen die Verschiebung des Simoniedekrets blieb ohne Mehrheit, ebensowenig die Zulassung der päpstl. Präsidenten nach seinem Vorschlag. Darauf erfolgte im Sommer 1434 die Annahme der Legation zur Befriedung des Kirchenstaates. Anfang Okt. war J. C. in Mailand, dann reiste er über Venedig und Ferrara nach Florenz. Dort hielt er sich seit November an der Kurie auf. Am 6. Febr. 1435 empfing er die Griechengesandtschaft zur Union (→Kirchenunion), am 10. Aug. erfolgte die Friedensverkündigung für Oberitalien. Die Übertragung des Bm.s →Ávila schob Eugen IV. auf. Anfang 1436 reiste er als Legat des Papstes nach Basel. Bei der Ortswahl des Unionskonzils gehörte J. C. zur »Minderheit«, in der Siegelfrage war er einer der Schiedsrichter. Im Sept. 1437 reiste er nach Baden und Konstanz; zur Vermittlung nach dem Reichstag v. →Nürnberg kehrte er Ende 1438 wieder zum Konzil zurück. Im März 1439 begab er sich zum Reichstag nach →Mainz; danach hielt er sich in der Nähe von Basel auf, nahm jedoch nicht mehr an den Sitzungen teil. J. C. blieb auch dem Konzil v. Florenz (→Ferrara-Florenz) fern, ebenso dem Konklave Nikolaus V. und der Krönung Friedrichs III. Dennoch beweisen die Ernennungen für Ávila (1437), →Segovia (1441), →Sevilla (1449) und Ostia (1447) eine Verbindung zur Kurie. Verbindung hatte er aber auch noch zu →Johannes v. Segovia, das zeigen dessen Brief von 1453 an J. C. und der Traktat »De gladio spiritus«. W. Decker

Q.: MC II–III – CB I–VI – RTA X–XVI [ad indicem] – *Lit.*: DHEE, Suplemento, s. v. C., J. [J. Goñi Gaztambide; im Dr.] – DHGE XII, 179 – C. Eubel, Hierarchia Catholica, 1913–23², I, 34; II, 6, 31, 88, Anm. 1; 183, 258 – V. Beltran de Heredia, Cartulario de la Universidad de Salamanca I, 1970 – W. Decker, Die Politik der Kard. e auf dem Basler Konzil (bis zum Herbst 1434), AHC 9, 1977, 112–153, 315–400.

Cervara, OSB-Kongregation. Die von dem Weltpriester Lanfranco di Ottone († 1379) mit Hilfe des Ebf.s v. Genua Guido Scetten († 1367) 1361 bei Santa Margherita Ligure (Diöz. Genua, heute Chiavari) gegr. Abtei OSB S. Girolamo della Cervara wurde durch ihre besondere Regelobservanz rasch berühmt, was auch aus den drei von der hl. →Katharina v. Siena 1376 an jene Mönchsgemeinschaft gesandten Briefen hervorgeht. Eine Bulle Urbans VI. bestimmte i. J. 1381, daß der Prior des Kl. nur ein Jahr im Amt bleiben und erst nach einem Abstand von zwei Jahren wiedergewählt werden dürfe. 1421 nahm der Prior Beltramo Correnti († 1462) aus Mailand, ein ehemaliger Mönch von S. →Giustina in Padua, den Vorschlag des Abtes des in tiefstem Niedergang begriffenen genues. Kl. S. Benigno di Capofaro an, die beiden Klöster zu vereinigen: die Union wurde von Martin V. 1426 ratifiziert. Diese Vereinigung legte den Grundstein für eine neue monast. Kongregation, zu deren Vorsteher Beltramo Correnti von Martin V. i. J. 1430 ernannt wurde. Verfassungsmäßig lag die höchste Autorität beim Generalkapitel, das die Vorsteher der einzelnen Niederlassungen bildeten. In der Zwischenzeit war mit C. auch S. Pietro in Precipiano bei Tortona zusammengeschlossen worden (1429). Es folgten 1433 S. Giuliano in Albaro bei Genua, S. Giustina in Sezzè bei Acqui (1434), S. Celso in Mailand (1437), S. Giovanni in Parma (1438) und schließlich S. Fruttuoso in Capodimonte bei Camogli (1439); einige dieser Angliederungen waren jedoch nur von kurzer Dauer. 1460 bestand die Kongregation nur mehr aus drei Klöstern: Cervara, Capofaro und Albaro. Der Vorsteher Paolo Rocca bat daher die Kongregation von S. Giustina in Padua, seine drei Klöster in ihren Verband aufzunehmen: Die Union wurde am 5. Aug. desselben Jahres abgeschlossen und von Pius II. ratifiziert, am 16. Sept. nahm ein Abgesandter von S. Giustina das Kl. Cervara für seine Kongregation in Besitz. G. Spinelli

Lit.: DIP II, 838f. – A. R. Scarsella, Annali di Santa Margherita Ligure I, 1914, 37–59 – G. Penco, Storia del monachesimo in Italia, I, 1961, 334–336 – Liguria monastica, 1979, 80–82, 89–91.

Cervelliera → Hirnhaube

Cervelló, Adelsfamilie, eines der ältesten Geschlechter in →Katalonien (1. Hälfte des 10. Jh.). Stammvater war *Ansulf*, der am Rande der sog. Spanischen Mark, in der Comarca von Alt Camp (Montagut, Pinyana und Querol) begütert war und *Druda* aus der Familie des Abtes →Caesarius v. St- Cecilia de Montserrat heiratete. Sein Sohn *Ansulf* führte dort die Wiederbesiedlungspolitik zum Abschluß. Einer seiner Nachfolger, *Bernhard*, war der Stammvater der →Queralt. *Hugo* war der erste, der den späteren ständigen Beinamen 'Cervelló' annahm. Ihm folgte sein Sohn *Alemany*, dessen Name ein fester Bestandteil des Beinamens wurde. *Hubert Alemany* de C. war Bf. v. Barcelona, *Gerald Alemany* nahm an der Reconquista von Almería teil. *Hugo* v. C. (12. Jh.), der als Zeuge im Testament Raimund Berengars IV. fungierte, wurde später zum Ebf. v. Tarragona erhoben. Er bemühte sich dort um die Wiederbesiedelung. Der sehr ausgedehnte Besitz der C. umfaßte im 12. Jh. Herrschaften im Südwesten des Bm.s →Vich, in der Conca de Barberá und Alt Camp.

Gerald de C. (13. Jh.) nahm an der Eroberung von →Mallorca (→Balearen) teil und fiel dabei; von seinem Bruder *Wilhelm* de C. nimmt man an, daß er der Vater der hl. *María* de C. war (→C., María de). Die Baronie von C. fiel schließlich an Jakob II. In den Kämpfen gegen den Kg. v. Mallorca standen die C. auf Seiten Kg. Peters IV. v. Aragón. Die Familie spaltete sich in verschiedene Zweige auf: die C. de Querol y Montagut, die C. de Samatzai y de Sédiloa auf Sardinien, die C. de La Llacuna, C. de Vilademáger y Pomtils. F. Udina

Lit.: E. M. Ribera, Genealogía de la nobilísima familia de Cervellón, Barcelona 1733 – F. D. Gazulla Galve, Vida de Santa María de Cervelló, 1909 – S. Sobrequés i Vidal, Els barons de Catalunya, 1970³.

C., María de, hl., * 1230 in Barcelona, † 10. Dez. 1290 ebd., entstammte dem berühmten katalan. Adelsgeschlecht C. und war anscheinend Tochter Wilhelms de C. Sie gründete den weibl. Zweig der →Mercedarier, trat in den Orden ein und wurde die erste Ordensleiterin. Als Erbin zahlreicher Besitzungen verwandte sie diese zum Loskauf von Gefangenen. Sie wurde auch »Maria von der guten Hilfe« (»del Socors«, »de Socos«) genannt. 1692 wurde sie kanonisiert und ihr Fest auf den 19. Sept. festgelegt. Die Gebeine sind in einem hölzernen Schrein aufbewahrt, dessen Vorderfront die Hl. in liegender Haltung zeigt, neben ihr die kniende Gestalt des Kg.s Peter »el Ceremonioso«, des Stifters des Schreines. – Ein Silberschrein von 1693 umschließt den Holzschrein. Patronin der Seefahrer, wird M. oft mit einem Schiff dargestellt. F. Udina

Q.: AASS Sept. VII, 1760, 166–186 – AnalBoll 39, 1921, 208–214 – *Lit.*: BS VIII, 1044f. – DHEE I, 402 – DIP V, 945f. – LThK² VII, 36f. – E. De Corbera, Vida y hechos maravillosos de doña María de Cervellón, Barcelona 1620 – E. M. Ribera, Genealogía de la nobilísima familia de Cervellón, Barcelona 1733 – F. D. Gazulla Galve, Vida de S. M. de Cervelló, 1909 – J. Martinez Ferrando, La Basílica de la Merced, 1941 – J. M. Madurell Marimón, Capillas Barcelonesas de Nuestros Santos, AST 32, 1959, 193–212 – Ders., Imágenes y retablos de los Santos de Barcelona, ebd., 255–307.

Červen, heute verfallene Festung und Stadt in NO-Bulgarien, ca. 30 km südl. von Russe auf einem vom Černi-Lom umflossenen Hügel gelegen. Wie Ausgrabungen zeigen, wurde Č. schon im 6. Jh. unter Ks. →Justinian I. als Teil des byz. Verteidigungssystems errichtet. Das Kastron wurde in der 2. Hälfte des 6. Jh. von den Slaven zerstört. Die Bulgaren bauten es im 12. Jh. wieder auf. Die städt. Siedlung erlebte im 13.–14. Jh. ihre Blütezeit als administratives und kulturelles Zentrum sowie als Metropolitansitz. Von den ma. Bauten blieben der Festungsturm, Teile der Statthalterresidenz sowie einige Kirchen erhalten. Während der Mongoleneinfälle in der 2. Hälfte des 13. Jh. zerstört, wurde die Stadt 1388 von den Türken erobert. I. Dujčev

Lit.: K. Škorpil, Opis na starinite po tečenieto na reka Rusenski Lom, 1914 – S. Georgieva–V. Dimova, Zamŭkŭt v srednovekovnija grad Č. Izvestija na Archeologičeskija institut pri BAN, 30, 1967, 5–16 – S. Georgieva, Srednovekovnijat grad Č., ebd. 33, 1972, 306–311 – V. Dimova, Srednovekovnijat grad Č., Vekove 9, H. 6, 1980, 5–15.

Cervera, Familie, altes katal. Geschlecht aus der Gft. →Cerdaña, wo Isarn und Ilia im 10. Jh. Herren der Burgen Ferran, Malacara und S. Esteban in Castellfollit de Riubregós waren. Schon im 11. Jh. taucht der Name C. auf. *Hugo* war Vasall Gf. Raimund Berengars I. v. Barcelona, sein Sohn *Pontius* von C. heiratete Vizegfn. *Beatriz* v. Bas; ihre Söhne *Pontius* und *Raimund* (12. Jh.) nahmen an der Wiedereroberung der Ciurana und der Berge von Prades teil. Pontius war auch bei der Reconquista von Tortosa, Lérida und Miravet anwesend. Ihre Nachkommen verschwägerten sich über die weibl. Linie mit der sard. Familie→Arborea. Nachdem ihnen in Sardinien der Titel eines Gf.en v. Goceano und Oristano zugefallen war, erlosch die direkte Linie, und alle Titel gingen an die Alagón, Herren v. Sástago, über.

Anscheinend stammt das Geschlecht der Granyadella von einem Bruder des Hugo v. C. ab. Es starb jedoch schon im 13. Jh. aus. Die De Juneda, eine weitere Linie, verschwägerten sich mit den Anglesola und den Gf.en v. →Urgel. Ihre wichtigsten Vertreter waren: *Wilhelm III*. v. C., der an der Seite der Gf.en v. →Barcelona und→Urgel an der Eroberung →Léridas teilnahm, die *repartiments* (Urkunden über die Landverteilung) von Tarragona und Tortosa unterzeichnete und seinem Sohn ausgedehnte Herrschaften hinterließ. Seine Witwe trat in den Zisterzienserorden ein und wurde die erste Äbt. v. Vallbona de les Monges. *Wilhelm IV*. v. C. hielt ebenfalls enge Beziehungen zur Gft. Urgel aufrecht und heiratete die Witwe Ermengols VIII. Damit wurde er zum Stiefvater der→Aurembiaix. Er begleitete Peter II. v. Aragón »el Católico« auf den Kriegszügen ins Languedoc und verhandelte als Gesandter die Freilassung Jakobs I. Schließlich legte er in →Poblet die Profeß ab.

Die Nebenlinie der Gebut y Algerri stammt ab von *Raimund* v. C., dem Herrn der genannten Herrschaften und von Timor, Pujalt, Prats, Rubinat, Calaf, Sant Antolí, Freixenet, Montoliu, Montlleó, Torres de Segre und la Guardia dels Prats. Da er die Rechte der Gfn. Aurembiaix verteidigte, trat er in enge Beziehung zu den Gf.en v. Urgel. Sein Sohn *Jakob* v. C. war Herr von Gebut und Meiá. Er nahm an der Eroberung →Mallorcas teil (→Balearen), war Vormund des Gf.en v. Urgel und einer der Anführer des großen Adelsaufstandes gegen Jakob I. Er hinterließ eine Tochter, *Aldonza* v. C., die *Peter v. Ayerbe*, Baron v. Ayerbe und Vgf. v. Vilamur, heiratete. — Auch Die Äbte *Raimund* (1224–29) und *Bernhard* (1276–87) v. Poblet scheinen aus diesem Geschlecht zu stammen.

F. Udina

Lit.: J. M. Alós, Indice... caballeros... San Juan... priorato de Cataluña, 1925 – F. Udina Martorell, El Real Monasterio de Sta. Maria de Poblet a través de su abaciologio heráldico, 1950 – S. Sobrequés Vidal, Els barons de Catalunya, 1957 – A. Altisent, Hist. de Poblet, 1974.

Cerveri de Girona, zw. 1259 und 1285 bezeugter kat. Troubadour. Hieß in Wirklichkeit Guillem de Cervera, nannte sich jedoch mit lit. Namen Cerveri. Cerveri und Guillem sind also ein und derselbe Troubadour, wie M. de Riquer nachwies und damit einen lange Zeit hindurch wiederholten Irrtum richtigstellte. Die ersten bekannten Zeugnisse bringen ihn mit dem Infanten Don Pedro (dem späteren Pedro (Peter) III. d. Gr. von Aragón), Sohn Jaimes (Jakob) I., in Verbindung, aber er scheint dem Hof der Vgf.en v. Cardona (Ramon Folc V.) nahegestanden zu haben. 1269 gehörte er zum Gefolge des nach Kastilien zum Hofe Alfons' X. entsandten Infanten Don Pedro; möglicherweise beeinflußte diese Reise seinen lit. Werdegang, denn seit diesem Zeitpunkt schreibt er Gedichte volkstüml. Charakters, die an die cantigas de amigo (→cantigas; wie sein »Viadeyra«) erinnern. Obwohl C. ein Hof-Troubadour war, bewahrte er jederzeit seine innere Unabhängigkeit; so kritisierte er Jaime I. und dessen dauernde Kämpfe mit den Infanten und tadelte die durch den Infanten Don Pedro veranlaßte Ermordung des Bastards Ferrán Sánchez (1275). Das Werk C.s ist das umfangreichste aller Troubadours: 114 lyr. Dichtungen, 5 erzählende sowie ein langes moralisierendes Gedicht. Er ist ein kunstvoller Dichter; in seinem Werk gibt es eine große Vielfalt an Genres und Metren (er verwendet ein- und zweisilbige Verse) mit komplizierten Reimen, etc.; andererseits bemüht er sich in seinen Dichtungen traditionellen Charakters um Einfachheit.

C. Alvar

Ed. und Lit.: M. de Riquer, Obras Completas del trov. C. de G., 1947 – Ders., Los trovadores. Hist. literaria y textos III, 1975, 1556–1589.

Cervole, Arnaud de, gen. »l'Archiprêtre«, * um 1325, † 25. Mai 1366 in Gleize (nahe Villefranche-sur-Saône; dép. Rhône), frz. Truppenführer des→Hundertjährigen Krieges, dessen Laufbahn auf niederer Ebene derjenigen→Du Guesclins ähnelt. Abkömmling einer mittleren Adelsfamilie des Périgord, empfing C. die niederen Weihen und erhielt noch vor 1347, in frühem Alter, die Archipresbyterpfründe von Vélines (Diöz. Périgueux). Von daher rührt sein Spitzname, der ihm auch nach der Aufgabe dieser Pfründe (um 1353) verblieb. Seit etwa 1347 galt er als Räuber. Der frz.-engl. Konflikt bot seinen Fähigkeiten für Kriegshandwerk und Beutemachen ein ideales Betätigungsfeld. 1351 diente er unter Gui de →Nesle, dem *Maréchal de France* und *lieutenant* Kg. Johanns des Guten im Gebiet zw. Loire und Dordogne. Seine Dienstherren waren danach der Connétable Charles d' →Espagne und Pierre II. le Noble, Gf. v. Alençon. 1356 geriet er in der Schlacht v. →Poitiers in Gefangenschaft. Wieder freigekommen, wandte er sich von seiner Heimatprovinz ab und heiratete Jeanne de Graçay, eine Adlige aus dem Berry. 1357–58 hielt sich dieser »moult hardi chevalier« (Froissart) vorwiegend in der Provence auf, wo er trotz aller Proteste Papst Innozenz' VI. an der Spitze von Truppen der »Grandes Compagnies« Krieg führte. Die Kurie und die Stadt Avignon lebten unter der ständigen Bedrohung durch seine gefürchteten Truppen. Anschließend finden wir C. im Nivernais, als lieutenant des Regenten Karl und Kommandanten *(capitaine)* von Nevers. Von Robert →Knolles gefangengenommen, aber bald darauf wieder befreit, fiel er wegen seiner brutalen Kriegführung für kurze Zeit in Ungnade. Bald aber erlebte er einen erneuten Aufstieg und wurde zu einer der verläßlichsten Stützen des neuen Hzg.s v. Burgund, →Philipp des Kühnen. Verwitwet, heiratete er in 2. Ehe Jeanne de Chateauvillain, aus burg. Adelsfamilie (Kinder: Philippe, späterer Bailli v. Vitry, ⚭Jeanne, Tochter des legitimierten Bastards des Bf.s v. Langres; Marguerite, ⚭Sire de St-Georges). C. kämpfte gegen die »Grandes Compagnies« in der Schlacht v. Brignais (6. April 1362), in welcher er in Gefangenschaft geriet. Wieder freigekommen, verwüstete er mit seinen Scharen Barrois, Lothringen und Elsaß. 1364 verließ dieser Meisterschelm (»grans bareteres« nennt ihn Froissart) das Schlachtfeld von Cocherel, auf dem er sich an der Seite Du Guesclins befunden hatte, wobei er sich um das Schicksal seiner weiterkämpfenden Leute keine Sorgen machte. 1365 erhielt er, unter dem Oberbefehl des Maréchal Arnoud d'→Audrehem, den Auftrag, die Kompagnien nach Deutschland und weiter auf die Balkanhalbinsel zu führen, wo sie gegen die →Türken kämpfen sollten. Dieses Projekt blieb zunächst ergebnislos; doch im folgenden Jahr, 1366, nahm C. den Plan erneut auf, diesmal im Rahmen der Kreuzzugsvorbereitungen des »Comte vert«, →Amadeus' VI. v. Savoyen. Auf dem Marsch zu diesem neuen Kriegsabenteuer wurde C. von einem seiner Leute ermordet.

Ph. Contamine

Lit.: DBF VIII, 71f. – A. Cherest, L'archiprêtre, 1879 – H. Denifle, La guerre de Cent ans et la désolation des églises, monastères et hôpitaux de France I, 1899.

Cervon, Gemeinschaft von Säkularkanonikern in Burgund, im Morvan (dép. Nièvre, cant. Corbigny), geht auf die Einsiedelei eines Priesters aus Autun, des hl. Eptadius (Eptade; † vor 550), zurück, der sich in die Einsamkeit von Cervidunum im Bergland des Morvan zurückgezogen hatte. Im 9. Jh. unterstand C. der Kathedrale von Autun (Bestätigungen von Ludwig d. Fr. und i. J. 843 von Karl dem Kahlen). Erst im 12. Jh. erscheint C. erneut in den Quellen. Es war eine Gemeinschaft von Säkularkanonikern (10 Präbenden, die durch den Bf. v. Autun vergeben wurden), deren Abt üblicherweise aus den Reihen der Kanoniker am Domkapitel v. Autun erwählt wurde. Das Stift stand unter der→garde des Gf. en v. Nevers.

J. Richard

Q. *und Lit.*: GChr IV, 445f. – A. DE CHARMASSE, Cart. de l'Eglise d'Autun, bes. III, 130.

Cesare Borgia, Hzg. v. Valentinois, *Sept. 1475, Rom, † 12. März 1507 Viana (Navarra), Sohn des Rodrigo de Borja y de Borja (späterer Papst→Alexander VI.) und der Vannozza Catanei; 1480 dispensierte ihn Sixtus IV. von seiner Illegitimität, im folgenden Jahr wurde er von Ferdinand II. v. Aragón legitimiert. 1491 Bf. v. Pamplona und 1492 Ebf. v. Valencia, wurde er am 20. Nov. 1493 von Alexander VI. zum Kard. ernannt. Seine Weihe zum Diakon i. J. 1494 wurde 1498 annulliert. Obwohl Ferrante I. v. Neapel ihm schon 1492 die Hand seiner natürl. Tochter Lucrezia v. Aragón angeboten hatte und Friedrich III. v. Neapel die seiner Tochter Carlotta, unterstützte Alexander wegen seiner neuen frankreichfreundl. Politik die Ehe C.s mit Charlotte d'Albret, der Schwester Johanns II. v. Navarra, mit der er nur eine Tochter hatte, Louise. Nach seiner Ernennung zum Hzg. v. Valentinois durch Ludwig XII. v. Frankreich (daher sein Beiname »duca Valentino«) begleitete er diesen auf dem Kriegszug gegen Mailand und bemächtigte sich später fast der gesamten Romagna, zu deren Hzg. er sich proklamierte; er eroberte Piombino (→Appiano), kämpfte in Neapel zugunsten Ludwigs XII. und besetzte Teile der Marken und Umbriens. Er wurde sowohl von Julius II. wie von Ferdinand II. v. Aragón in Neapel gefangengenommen, aber beide Male gelang ihm die Flucht. Im Kampf für die Kg. e v. Navarra und Frankreich gegen den Kg. v. Aragón fiel er in Viana. Seine kluge, listenreiche Politik wurde von Machiavelli gelobt. Er hinterließ zwei unehel. Kinder, Girolamo und Camilla, die Franziskanerin wurde. M. Batllori

Lit.: DBI XII, 696-708 – C.-E. YRIARTE, Les Borgia: C. B., 1889 – P. D. PASOLINI DALL'ONDA, Caterina Sforza, 4 Bde, 1893-97 – W. H. WOODWORD, C. B., 1913 – M. MENOTTI, I Borgia: storia ed iconografia, 1917 – G. PEPE, La politica dei Borgia, 1946 – M. BATLLORI, A través de la hist. i la cultura (Bibl. Abat Oliva 16, 1979), 184-185, 223-229.

Cesarini, Giuliano, Kard., *1398, †1444 (seit 10. Nov. vermißt), entstammte einer röm. Patrizierfamilie; er stieg nach konzilstheoret. beeinflußtem Rechtsstudium in Perugia, Bologna und Padua (dort auch Lehrer) als Rotaauditor (→Audientia sacri palatii), seit 1424 Kammerauditor, zum Kardinaldiakon von S. Angelo auf (1426 in petto, 1430 publiziert), wurde 1435 Kardinalpriester von S. Sabina und 1444 Kardinalbischof von Tusculum. Seine gesch. Bedeutung errang er durch die mehrjährige Leitung des Basler Konzils (→Basel, Konzil v.), als dessen noch von Martin V. 1431 eingesetzten Präsidenten ihn Eugen IV. bestätigte. Obwohl dieser das Konzil Ende 1431 wieder auflöste, blieb C. in Basel, da er die Zukunft der Kirche nur durch die vom Konzil erwartete und von ihm selbst engagiert angepackte Reform gesichert sah, v. a. aber auch um den Ausgleich mit den→Hussiten herbeizuführen. Er trug zum vorübergehenden Frieden mit Eugen IV. Ende 1433 bei und verteidigte das Konzil auch noch 1435/36, als sich der neue Konflikt abzeichnete. Erst als es sich den Papst total unterwerfen wollte, wurde C. seit November 1436 zum offenen Verteidiger der Papstgewalt: Die Konzilssuperiorität darf nur bei Versagen des Papstes (quando deformiter vivit) eingesetzt werden. Als seine Bemühung gescheitert war, insbes. durch Wahl eines für Papst wie Griechen annehmbaren Ortes für das Unionskonzil der neuen Spaltung entgegenzuwirken, verließ er Anfang 1438 Basel, nachdem Eugen IV. das Konzil nach Ferrara verlegt hatte (→Ferrara – Florenz, Konzil v.). In Ferrara wie in Florenz trat er führend im theol. Gespräch mit den Griechen auf, welche für die Union (→Kirchenunion), die 1439 zustande kam (Verlesung der Unionsbulle durch C.), Kriegshilfe des Westens gegen die Türken erwarteten (→Türkenkrieg). In Erfüllung dieser Aufgabe seit 1442 als Legat in Ungarn, kam er bei der Schlacht v. →Varna ums Leben. – Anspruchslos, persönl. einnehmend, humanist. interessiert, erscheint er in seiner polit. und menschl. Integrität heute immer zweifelsfreier und ist von hier aus auch in seiner Wandlung von einem zunächst konziliar (nie konziliaristisch) bestimmten Kirchenverständnis zur Betonung päpstl. Obergewalt zu beurteilen. Er dürfte seine Entscheidungen v. a. unter dem Aspekt der aktuellen kirchl. Notwendigkeiten gefällt haben. E. Meuthen

Lit.: DBI XXIV, 188-195 [A. A. STRNAD-K. WALSH] – DHGE XII, 220-249 [R. MOLS] – P. BECKER, G. C., 1935 – E. CANDAL, Ioannes de Torquemada O. P. cardinalis sancti Sixti. Oratio synodalis de primatu. Editio critica nova. Introductio. Card. Iulianus Cesarini, arguens (Concilium Florentinum IV/2, 1954), XXXII-XL – J. GILL, Personalities of the Council of Florence, 1964, 95-103 – H.-J. MARX, Filioque und Verbot eines anderen Glaubens auf dem Florentinum, 1977, 399, s. v. – J. W. STIEBER, Pope Eugenius IV, 1978, 491, s. v. – G. CHRISTIANSON, C.: The Conciliar Cardinal, 1979 – P. LADNER, Kardinal C.s Reformstatuten für das St. Leonhardstift in Basel, Zs. für schweiz. Kirchengesch. 74, 1980, 125-160 – E. MEUTHEN, Eine bisher unerkannte Stellungnahme C.s (Anfang November 1436) zur Papstgewalt, QFIAB 62, 1982.

Cesaris, Johannes, frz. Komponist und vermutl. Organist, tätig im 1. Viertel des 15. Jh., vielleicht auch schon vor 1400. I. J. 1417 bekam ein Organist C. von der Kgn. v. Sizilien für die Kathedrale v. Angers eine kleine Orgel geschenkt. →Martin le Franc rühmt in »Le champion des dames« (um 1440) C. zusammen mit →Carmen und Tapissier als Musiker, deren Gesang (d. h. Musik) vor nicht zu langer Zeit ganz Paris entzückt habe. Eine Ballade von C. erscheint bereits in der um 1400 angelegten Hs. Chantilly, Musée Condé 564, die weitaus meisten seiner Kompositionen hingegen überliefert die jüngere Hs. Oxford, Bodl. Libr. Canon. misc. 213. Eine Datierung des musikal. uneinheitl. Werkbestandes mittels stilist. Kriterien ist kaum möglich. – Erhalten sind 2 Balladen (dreistimmig), etwa 6 Rondeaux (bis auf ein zweistimmiges alle dreistimmig, 3 doppeltextig) und nur eine geistl. Komposition: eine lat. vierstimmige isorhythmische Marienmotette. Einige der Sätze von C. sind rhythm. oder klangl. sehr kompliziert (ein Merkmal der frz. Musik des späten 14. Jh.), andere ganz schlicht (und deshalb möglicherweise jünger). R. Bockholdt

Ed.: Early Fifteenth-Century Music, hg. G. REANEY, 1955 – *Lit.*: MGG – RIEMANN – NEW GROVE – A. PIRRO, La musique à Paris sous le règne de Charles VI, 1930 – E. DANNEMANN, Die spätgot. Musiktradition in Frankreich und Burgund vor dem Auftreten Dufays, 1936 – E. BESSELER, Bourdon und Fauxbourdon, 1950, 1974².

Cesena, it. Stadt (Romagna). Die Anlage der Stadt ist römisch, ihr Name verrät jedoch vorhergehende etrusk. Einflüsse; sie wurde von →Odowaker besetzt und 493 von →Theoderich erobert. Im griech.-got. Krieg fiel sie mehrmals abwechselnd an die Byzantiner und Goten, wurde schließlich Teil des Exarchats und teilte die wechselhafte Geschichte der Romagna: eingenommen von Liutprand, fiel sie an die Byzantiner zurück und wurde von Berengar II. 961 belagert und zerstört. Papst Gregor V. bestätigte 998 Gerbert, Ebf. v. Ravenna, in ihrem Besitz. C. war in der Folge bis zum 11. Jh. Bischofsstadt. In dieser Zeit formierte es sich als freie Kommune und focht erbitterte Grenzstreitigkeiten mit Forlì, Cervia und Rimini aus. 1333 kam C. als päpstl. Vikariat an Francesco→Ordelaffi, der die Stadt bereits besetzt hielt, wurde diesem jedoch 1357 von Kard. →Albornoz trotz des heroischen Widerstandes von Cia degli Ubaldini, der Frau des Ordelaffi, wieder entrissen. In der Folge von Rektoren regiert, rebellierte C. mehrmals gegen ihre harte Herrschaft: die Unterdrückung eines dieser Aufstände durch Kard. Robert v. Genf 1377 zeichnete sich unrühmlich durch bes. Grausamkeit aus. Als C. von Papst Urban VI. 1379 als Vikariat an Galeotto→Malatesta gegeben wurde, begann für die Stadt eine wahre Blüte, v. a. unter Andrea gen. Malatesta, Carlo und Landolfo sowie Malatesta Novello (1429–65), dem sie u. a. ihre berühmte Bibliothek verdankt. S. Polica

Lit.: S. Chiaramonti, Caesenae historia, Cesena 1640 – R. Zazzeri, Storia di C. dalla sua origine fino ai tempi di Cesare Borgia, 1890 – D. Bazzocchi-P. Galbucci, C. nella storia, 1915.

České Budějovice (Böhm. Budweis), Stadt in der Tschechoslowakei (Südböhmen) an der Mündung der Maltsch in die Moldau. Der Name rührt von einem in größter Nähe zur heut. Stadt gelegenen Dorf her, das nach dem Personennamen des Gründers (Budivoj) Budivojovice hieß (keine selbständige lat. Namensform). Die Stadt entstand im Zuge der zweiten Stadtgründungswelle in Böhmen unter Kg. Přemysl→Otakar II. (1253–78), der das Netz der kgl. Städte planmäßig ausbauen ließ. Mit der Gründung von Č. B. verfolgte der Kg. insbes. das Ziel, in den Herrschaftsbereich der→Witigonen, der mächtigsten Adelsfamilie des Landes, einen Keil zu treiben. Č. B. war mit einem Ring (Markt) von ca. 1,7 ha Fläche eine der größeren Stadtanlagen in Böhmen. Die Gründung der Stadt muß vor Mitte der 1260er Jahre erfolgt sein, da die Dominikaner bereits 1265 an der westl. Stadtmauer einen Bauplatz für ihr Kl. erhielten. Gleichzeitig mit dem dominikan. Klosterbau, einer Spitzenleistung der böhm. Gotik, entstand die Stadtpfarrkirche St. Nikolai, die jedoch nicht vor 1297 vollendet wurde. Ein Spital ist ab 1302, eine Schule ab 1309 belegt. Die jüd. Gemeinde bestand 1341–1505.

Als vom Kg. beauftragter→Lokator gilt der kgl. Burggraf v. Klingenberg, Hirzo. Nach einer Phase raschen Ausbaus der Stadt und ihrer Befestigungen wurde sie nach Přemysl Otakars Tod von Záviš v. Falkenstein geplündert. 1304 konnte sie sich gegen den dt. Kg. Albrecht I. erfolgreich zur Wehr setzen. Die Familien der bürgerl. Führungsschicht, meist Deutsche, rekrutierten sich überwiegend aus der weiteren Umgebung, doch ist von Anfang an mit einer tschech. Minderheit zu rechnen, die gegen Ende des 14. Jh. auf etwa ein Drittel der Gesamtbevölkerung anwuchs. Vom 14. Jh. an erhielt B. mehrere Privilegien, in der Přemysliden- und Luxemburgerzeit sind mehrere kürzere Hofaufenthalte bezeugt.

Č. B. gehörte zu den reichsten böhm. Städten, es zählte ca. 400 Häuser. Das Erbrichteramt in privater Hand ist bis ins 15. Jh. bezeugt; ein Bürgermeister ist ab 1358 erwähnt, konnte sich aber erst später durchsetzen. B. hatte ausgedehnte Handelsbeziehungen und zahlreiche Gewerbetreibende. Während der Hussitenkriege stand die Stadt dem Hussitismus feindlich gegenüber. Sie wurde 1421 von Kg. Siegmund an Hzg. Albrecht V. v. Österreich verpfändet und war Zufluchtsort zahlreicher kath. Priester. Gegen drohende Verpfändung an die →Rosenberger (1453) wehrte sich Č. B. erfolgreich und stand zunächst auch in guten Beziehungen mit Kg. →Georg v. Podiebrad. Nachdem der böhm. Kg. 1466 vom Papst exkommuniziert worden war, ging Č. B. jedoch nach kurzzeitiger Neutralität ins Lager den Grünberger Union und schließlich zu dem ung. Kg. →Matthias Corvinus, dem Gegenspieler Georgs, über (1467). Erst nach der Einigung zw. dem böhm. Kg. Ladislaus (Władysław), dem Nachfolger Georgs, und Matthias erlangte Č. B. 1479 wieder die kgl. Gnade. I. Hlaváček

Q. und Lit.: K. Köpl, UB der Stadt Budweis in Böhmen I, 1 (1251–1391), 1901 – Codex iuris municipalis regni Bohemiae 2, 3, ed. J. Čelakovský bzw. J. Čelakovský – G. Friedrich, 1895, 1948 – M. Pangerl, Zur Gründungsgesch. der Stadt Budweis, MVGDB 18, 1880, 192–202 – R. Huyer, Zur Gesch. der ersten Judengemeinden in Budweis, ebd. 49, 1911, 216–232, 348–369 – A. Zycha, Über den Ursprung der Städte in Böhmen und die Städtepolitik der Přemysliden, 1914 – J. V. Šimák, České dějiny 1–5, 1938, 1064–1073 – E. Schwarz, Volksumsgesch. der Sudetenländer, I: Böhmen, 1965, 430ff. – M. Borská-Urbánková, Českobudějovické náměstí koncem 14. a začátkem 15. století, Jihočeský sborník hist. 34, 1965, 116–127 – Z. Šimeček, Vznik a vývoj úřadu městského notáře v Českých Budějovicích do poloviny 15. století, ebd. 36, 1967, 61–72, 130–140, 175–189 – Ders., Městská listina ve středověkých Českých Budějovicích do poloviny 15. století, Sborník hist. 16, 1968, 5–41 – Ders., Ke skladbě [českobudějovických] městských listin a listu ve 14. a 15. století, Jihočeský sborník hist. 38, 1969, 130–144 – J. Kuthan, Gotická architektura v jižních Čechách. Zakladatelské dílo Přemysla Otakara II., 1975, 158–180 – J. Pavel-E. Šámánková, Č. B., 1978².

Cessatio ('Unterbrechung einer Tätigkeit'), aus dem klass. Lat. ins Mlat. übernommener Begriff, der zum einen das Interdikt (→Bann, kirchlicher) bedeuten kann, zum anderen die Unterbrechung der Lehrtätigkeit an ma. Universitäten. Dort bezeichnet er die Sommerferien (z. B. in den Statuten der Univ. Oxford), aber auch den freiwilligen Abbruch des gesamten Lehrbetriebes durch Lehrer und Studenten, d. h. den Streik zur Verteidigung universitärer Privilegien, die durch Eingriffe weltl. oder geistl. Gewalten bedroht waren. V. a. im 13. Jh. mündete eine c. oft in einen kollektiven Auszug aller (oder eines Teils der) Lehrer und Studenten einer Universität ein, die andernorts ein neues Studium (entweder dauernd oder zeitweilig) begründeten. Derartige Cessationes begegnen seit der Entstehung der Universitäten: 1204 in→Bologna, 1209 in →Oxford, 1219 und 1229–31 in→Paris. Der Pariser Universität wurde das Recht auf eine c. durch den Papst zuerkannt (erstmals 1215, noch deutlicher 1231: »fas sit vobis . . . a lectione cessare«). Während des ganzen MA bedienten sich die Universitäten in breitem Umfang dieses Mittels. Doch mit dem Aufstieg der monarch.-staatl. Gewalten verfiel es in zunehmendem Maße der Kritik. In Paris wurde es 1462 eingeschränkt und verschwand nach 1499, dem Jahr der letzten bekannten cessatio, gänzlich.

Lit.: P. Kibre, Scholarly Privileges in the MA, 1961. J. Verger

Cetatea-Albă → Aqkerman

Četi-minei → Monatslesungen

Cetina, Juan Lorenzo de OFM, stammte aus Cetina (Zaragoza), † 19. Mai 1397, Märtyrer, sel., Sohn von Juan Lorenzo de Cetina, Name der Mutter unbekannt. C. zog sich als Eremit in die Einsamkeit von S. Ginés (Murcia) zurück. Mit dem franziskan. Geist in Berührung gekommen, kehrte er nach Aragón zurück, trat in das Franziskanerkloster von Monzón ein und ging von dort ins Kl. S. Francisco de Barcelona, um die artes zu studieren. Nach der Gründung der Einsiedelei von Chelva (Murcia) um 1373 zog er sich mit Erlaubnis seiner Oberen dorthin zurück. Bei Predigtversuchen im muslim. Kgr. →Granada wurde C. 1397 zusammen mit seinem Gefährten Pedro de Dueñas gefangengenommen und durch Kg. Muḥammad VII. v. Granada (1391–1407) in der Alhambra eigenhändig hingerichtet. M. de Castro

Lit.: DHEE I, 403 – L. WADDING, Annales minorum, ad an. 1397, Nr. 2–10, ad an. 1507, n°. 51 – AASS, Maii, IV, 94 – S. LAÍN Y ROJAS OFM, Hist. de los santos mártires Juan Lorente de C. y Pedro de Dueñas, 1803, 185 – DERS., Apéndices de la hist. de los santos mártires Juan Lorente de C. y Pedro de Dueñas, 1803, 120 – G. RUBIO OFM, La custodia franciscana de Sevilla, 1953, 284–306.

Cetinje, ehem. Hauptstadt von →Montenegro. Als Ivan Crnojević (in der Volkstradition Ivan Beg) nach dem Tode Meḥmeds II. 1481 aus dem it. Exil zurückkehrte und seine Herrschaft in der Oberen Zeta (Gornja Zeta) erneuerte, ließ er auf den Familienbesitzungen im Cetinjsko Polje eine der Geburt der Gottesmutter (Bogorodica) geweihte Kirche und ein Kl. errichten, das 1484 vollendet wurde und am 4. Jan. 1485 seine Gründungsurkunde erhielt. Der Sitz des Metropoliten der Zeta wurde aus dem von den Türken bedrohten Vranjina (am Skutarisee) nach dem Kl. von C. verlegt, wohin später auch Ivan Crnojević mit seinem Hofstaat von Obod (Rijeka Crnojevića) umsiedelte. Zwischen 1485 und 1489 wurde C. damit Hauptstadt der →Zeta. Unter Ivans Sohn und Nachfolger Djuradj war C. (umstritten, nach einigen Obod) Sitz einer der ersten kyrill. Druckereien, in der 1493–96 fünf Bücher gedruckt wurden. 1499 wurde die Obere Zeta und damit auch C. dem Osman. Reich eingegliedert; die Klostergründung Ivan Crnojevićs wurde 1692 während eines Türkeneinfalls zerstört. P. Bartl

Lit.: B. DJ. MIHAILOVIĆ, Cetinjski manastir, 1965 – Istorija Crne Gore II, 2, 1970.

Ceuta, Stadt und Bischofssitz in N-Afrika (Marokko), auf einer gebirgigen Landzunge am südöstl. Eingang der Straße von →Gibraltar gelegen. Der Name leitet sich von dem Gebirgsmassiv der Septem fratres, der Affenberge, her.

[1] *Spätantike und Westgotenzeit:* In der Spätantike lag hier das zur röm. Provinz Mauretania gehörige Kastell Septem. Um 420 kam es unter vandal. Herrschaft. Der byz. Ks. Justinian I. ließ den Ort im Zuge seines Vandalenfeldzuges 534 besetzen und die Festung wiederherstellen (griech. Name Septon). Die Westgoten versuchten, sich ihrer zu bemächtigen. Seit dem späten 7. Jh. errichteten die →Araber ihre Machtstellung im nordafrikan. Westen unter Verdrängung der byz. Herrschaft und Unterwerfung der Berber. Der Befehlshaber von C., der Comes Julian, der als fidelis regis des Kg.s →Witiza eng dem Westgotenreich (→Westgoten) verbunden war und in (zumindest nomineller) Abhängigkeit zum Byz. Reich stand, unterstellte sich während der Thronstreitigkeiten, die nach Witizas Tod (710) im Westgotenreich ausbrachen, den Arabern. Er vermittelte das arab. Eingreifen in den westgot. Bürgerkrieg, das zur Landung der Araber in Gibraltar und schließlich zur Vernichtung des Westgotenreiches führte (711). M. Arribas Palau

[2] *Unter islamischer Herrschaft:* In C. (arab. Sabta) residierte im 8. Jh. ʿAbdalmalik, der Sohn des arab. Oberfeldherrn Mūsā ibn Nuṣair. C. wurde im großen Berberaufstand 740 von den Berbern erobert und verwüstet, diente aber 741 Balǧ und seinen Syrern als Zuflucht, bevor sie nach →al-Andalus übersetzten. Ein Ǧumāra-Berber namens Maǧkis (o. ä.) baute es später wieder auf, und es wurde unter seinen Nachfolgern Sitz einer lokalen Dynastie (Banū Iṣām), die sich, nominell den →Idrīsiden unterworfen, bis zur Eroberung C.s durch die →Omayyaden von →Córdoba (931) hielt. Diese bauten C. zur Schlüsselfestung ihres nordafrikan. Glacis aus. Während des Zerfalls des Kalifats v. Córdoba bemächtigten sich 1013 die berberisierten →Ḥammūdiden der Stadt, die von ca. 1042 an zwei ihrer Freigelassenen de facto regierten, deren einer, Suqūt al-Barġawāṭī, sich 1061 selbständig machte und über C. und den NW Marokkos herrschte. Er fiel 1079 im Kampf gegen die →Almoraviden, die C. 1083/84 einnahmen. 1146 ergab es sich den →Almohaden, die es zu ihrem Flottenhauptstützpunkt ausbauten. Während der Wirren am Ende ihrer Herrschaft entledigte sich C. des ḥafṣid. Gouverneurs, den es seit 1243 geduldet hatte. Um 1250 setzte sich eine lokale Dynastie, die Banū l-ʿAzafī, an die Spitze, die – mit einer Unterbrechung von fünf Jahren, während der C. 1305–10 von den →Naṣriden besetzt war – mehr als 75 Jahre unter der nominellen Oberhoheit der →Marīniden über die Stadt herrschte und sie zu großer wirtschaftl. Blüte führte, was schon einmal unter den Almohaden der Fall gewesen war. C. war einer der großen Warenumschlagplätze des westl. Mittelmeerbeckens. Seit Mitte des 12. Jh. finden wir Genuesen in der Stadt, wozu im 13. Jh. katal. Kaufleute kamen. Mit Marseille, Montpellier, Pisa, Genua, Venedig und vielleicht sogar Sizilien bestanden lebhafte Handelsbeziehungen. Das muslim. C. war zeit seines Bestehens ein Außenposten der hispanoarab. Kultur und andererseits der Schlüssel zur Beherrschung der Meerenge und des muslim. Spanien. Kulturell rechnete man es zu al-Andalus. Der wohl berühmteste Sohn der Stadt war der bedeutendste Geograph des muslim. Westens: →al-Idrīsī. H.-R. Singer

Q.: E. LEVI-PROVENÇAL, Une description de C. musulmane au XVᵉ s., Hespéris XII, 1930, 145–176 [span. Übers. von J. VALLVÉ, ebd. XXVII, 1962, 398–442] – *Lit.:* EI², Suppl. Fasc. 1–2, 1980, 111–113 [J. D. LATHAM] – RE II A2, 1550 – CH.-E. DUFOURCQ, La question du C. au XIIIᵉ s., Hespéris 1955 – A. HUICI, Hist. política del imperio almohade I–II, 1956–57 – J. VALLVÉ BERMEJO, Suqūt al-Barġawāṭī, rey de C., al-Andalus XXVIII, 1963, 171–209 – CH.-E. DUFOURCQ, L'Espagne catalane et le Maghrib aux XIIIᵉ et XIVᵉ s., 1966 [wichtig; reiche Lit.] – G. AYACHE, Beliounech et le destin de C. entre le Maroc et l'Espagne, Hespéris-Tamuda XIII, 1972, 5–36 – J. D. LATHAM, The rise of the ʿAzafids of C., Israel Oriental Stud. II, 1972, 263–287 – R. ARIÉ, L'Espagne musulmane au temps des Naṣrides, 1973 – J. D. LATHAM, The Later ʿAzafids, Revue de l'Occident Musulman … 15–16, 1973, 109–125 – DERS., On the strategic position and defence of C. in the Later Muslim Period, Orientalia hispanica I/1, 1974, 445–464.

[3] *Portugiesische Herrschaft und Bistum:* Nachdem schon seit Ende 1410 Pläne bestanden hatten, die 1411 durch Papst Johannes XXIII. unterstützt wurden (abweichend: DE WITTE), eroberte Kg. Johann I. v. →Portugal am 21. Aug. 1415 nach sorgfältiger diplomat. und strateg. Vorbereitung C. an der Spitze einer am Jakobustag (25. Juli) 1415 aufgebrochenen Flotte mit Truppen verschiedenster Herkunft und unter großer Beteiligung des Königshauses sowie des Adels (Teilnahme der Infanten Duarte, Pedro und →Heinrich des Seefahrers, des Condestável Nuno Álvares Pereira). Bereits am 25. Aug. wurde die Moschee in eine Kirche umgewandelt, in der die Infanten die Schwertleite feierten; nach dem Rückzug der Flotte verblieb ein Aufgebot von 2500 Mann unter dem Befehl des Gf. en Pedro de Meneses in der Stadt. Maur. Rückeroberungsversuche scheiterten 1418 und 1419, und Papst Martin V. errichtete durch eine Bulle vom 4. April 1418 das Bm. C. (Septensis, Ceptensis) als Suffragan v. Braga (»Romanus pontifex«); die Bestimmungen wurden erst 1420 durch die Ebf. e v. Lissabon und Braga realisiert. Vom gleichen Tag datiert die Kreuzzugsbulle »Rex regum«). Das Diözesangebiet von C. umfaßte ursprgl. das afrikan. Reich v. Fez und die angrenzenden Gebiete, er-

hielt bald aber auch ptg. Gebiete: Valença do Minho (herausgelöst aus dem Bm. Túy) und Olivença (im Zuge des Gr. →Abendländ. Schismas vom Bm. →Badajoz abgetrennt). Erster Bf. wurde Adhémar (A[i]maro) d'Aurillac OFM (21. März 1421; † 1443), die Diöz. schließlich 1570 durch Pius V. mit Tanger vereint und Suffragan v. Lissabon. Die Gründe für die Eroberung C.s, mit der die ptg. Expansionspolitik einsetzte, sind noch nicht befriedigend geklärt, wahrscheinl. jedoch polit. und stark wirtschaftl. Natur. Seit 1416 unterstand die Stadt dem Infanten →Heinrich v. Portugal (dem Seefahrer). Auf jeden Fall hielt Portugal selbst nach dem Rückschlag von Tanger (1437) und angesichts der Versuche, die Übergabe C.s im Tausch gegen die Freilassung des dort gefangenen Infanten→Ferdinand zu erzwingen, am Besitz der Stadt fest und konnte sie durch die Eroberung v. Alcácer (1458), Arzila und Tanger (1471) absichern. L. Vones

Q. und Lit.: Gomes Eanes de Zurara, Crónica da Tomada de Ceuta por El Rei Dom João I., ed. F. M. Esteves Pereira, 1915 – Ders., Chronica do Conde D. Pedro de Meneses, Lisboa 1792 – Crónica do Condestável de Portugal D. Nuno Álvares Pereira, ed. A. Machado de Faria, 1972, 234ff. – Mateus de Pisano, De Bello Septensi, ed. Correá da Serra, Lisboa 1790 – Livro da Guerra de C., escrito por Mestre Mateus de Pisano, bearb. R. Correia Pinto, 1915 – P. de Azevedo, Documentos das Chancelarias Reais, anteriores a 1531, relativos a Marrocos, I–II, 1925–34 – J. Martins da Silva Márques, Descobrimentos portugueses, documentos para a sua história, I, 1944 und Suplemento, 1944 – Monumenta Henricina, I–II, 1960, die übrigen Bde passim – Lit.: DHEE I, 403f. – DHP I, 558f. – Eubel, Hierarchia Catholica I, 327; II, 140 – DHGE XII, 254–257 – A. Braamcamp Freire, Un Aventureiro Estrangeiro na Empresa de C., 1915 – J. de Mascarenhas, Hist. de la Ciudad de C., ed. A. de Dornelas, 1918 – E. Staedler, Die Cruciata Martins V. vom 4. April 1418, AU 17, 1942, 304–318 – Ch.-M. de Witte, Les bulles pontificales et l'Expansion portugaise au XVe s., RHE 48, 1953, 683–696; 51, 1956, 413–453 – R. Ricard, Études sur l'hist. des Portugais au Maroc, 1955 – J. Veríssimo Serrão, A conquista de C. no diário veneziano de A. Morosini, Congr. Internacional de Hist. dos Descobrimentos. Actas, III, 1961, 543–549 – A. D. de Sousa Costa, O Infante D. Henrique na Expansão Portuguesa, 1963 – T. de Sousa Soares, Algumas observações sobre a política marroquina da Monarquia Portuguesa, RevPort 10, 1962, 509–554 – J. Veríssimo Serrão, Hist. de Portugal II (1415–1495), 1980³.

Ceuta, Casa de, Institution des Kgr.es→Portugal, auf die erstmals in einer Urkunde von Anfang 1434 hingewiesen wird; die eigtl. Gründung muß folglich vor diesem Zeitpunkt erfolgt sein. Über die innere Organisation der C. de C. ist nur wenig bekannt. Es handelte sich um eine Verwaltungsinstitution, die den Handel mit →Ceuta überwachte und darüber hinaus alle Angelegenheiten, welche die ptg. Präsenz in Marokko betrafen. Mit dem Vordringen der ptg. Expansion in immer weitere Gebiete wurden einzelne ihrer Aufgaben von anderen, inzwischen entstandenen Institutionen übernommen: den Casas da Guiné, Mina und India. So wurde in der 2. Hälfte des 15. Jh., als aus Anlaß ihrer Verlegung von der Algarve nach Lissabon diejenige Casa, die sich mit dem Handel mit Arguin befaßte (sie arbeitete in Lagos ungefähr von 1445 bis 1463), mit der ersten Casa da Guiné zusammengelegt. – Man kann davon ausgehen, daß die C. de C. zum einen das ursprgl. Vorbild der administrativen Institutionen darstellte, die in der künftigen Verwaltung der überseeischen Gebiete Portugals so große Bedeutung gewinnen sollten, zum anderen kann man anhand der Tätigkeit der C. de C. den maßgeblichen Einfluß des Kgtm.s auf den Überseehandel ablesen. L. Adão da Fonseca

Lit.: DHP I, 560.

Ceylon → Indien

Chaalis (Chalisius, Karoli locus), Abtei OCist, Bm. Senlis (dép. Oise, commune Fontaine-Chaalis), 1137 gestiftet von Kg. Ludwig VI. für das Seelenheil seines Vetters, des Gf.en →Karl des Guten v. Flandern (ermordet 1127), am Ort des von →Vézelay abhängigen Priorats Merlou. Ch. erhielt Abt und Mönche aus →Pontigny. Ludwig VII. bestätigte die der Abtei von seinem Vater verliehenen Schenkungen und Privilegien. Auch mehrere Große, so Manasses, Gf. v. Dammartin, und Guilhelmus Lupus (Guillaume Le Loup), Bf. v. Senlis, traten als Stifter für Ch. auf. In der Folgezeit hielten sich hier häufig die frz. Kg.e auf. Die Abteikirche wurde im Okt. 1219 geweiht; die Äbte fügten dem Bau später Kapellen an (1273–80). Bei der heute in Ruinen liegenden Kirche hat sich eine Kapelle mit Fresken des it. Renaissancemalers Primaticcio erhalten. Unter den ma. Äbten von Ch. war eine Reihe bedeutender Persönlichkeiten: Henri de →Sully, Bruder von Eudes; der hl. Guillaume de Donjon (1199–1209, kanonisiert 1218); →Jakobus v. Thérines, Verfasser einer Schrift, in der er sich beim Konzil v. →Vienne (1312) für die Exemption der Zisterzienser einsetzt; Robert de Thourotte, Generalprokurator der Zisterzienser (1501–23). 1554 wurde Ch. zur Kommende umgewandelt. Der it. Dichter Tasso hielt sich 1570 in Ch. auf. – Die Abtei verfügte über eine bedeutende Bibliothek (Kat. des 12. Jh.; Paris, Bibl. Arsenal, ms. 351). – Die Ruinen wurden 1912 von Mme. Jacquemart-André dem Institut de France vermacht, heute Museum. E. Lalou

Lit.: Chatel, Notice sur l'abbaye de Ch., Bullmon, 1842, VIII, 137–144 – A. de Longpérier-Grimoard, Notices hist. sur l'abbaye de Ch., 1857 – E. Lefèvre-Pontalis, L'église abbatiale de Ch., 1903 – N. Valois, Un plaidoyer du XIVe s. en faveur des Cisterciens (Mém. de Jacques de Thérines, abbé de C.), BEC LXIX, 1908, 352–368 – L. Gillet, Abbaye de Ch. et musée Jacquemart André, 1914.

Chabannes, frz. Adelsfamilie, urspgl. Kleinadelsfamilie, aus dem Limousin, seit dem späten 12. Jh. im Besitz der Seigneurie und Burg Charlus (comm. St-Exupéry-lès-Roches, cant. und arr. Ussel, dép. Corrèze). Der Aufstieg der Familie begann mit Robert de Ch. (✕ 1415 bei Azincourt/→Agincourt), Herr v. Charlus, der von Johann (Jean) I., Hzg. v. Bourbon und Auvergne, zu seinem *chambellan* gemacht wurde. Aus Roberts Ehe mit Alix de Bort, Dame de Pierrefitte, entstammten u. a. Jacques I. (2. Ch.) und Antoine (1. Ch.). Die Familie gehört in SpätMA und Neuzeit der militär. und polit. Führungsschicht Frankreichs an und besteht noch heute.

1. **Ch., Antoine de,** frz. Heerführer, * 1408, † 25. Dez. 1488, ⬜ Kollegiatkirche Notre-Dame de Dammartin, jüngerer Bruder von 2., ⚭ 1439 Marguerite de Nanteuil. Ch. war zunächst Page des Vicomte v. Ventadour, seines Verwandten, und kämpfte bei Cravant (1423) und Verneuil (1424). In der Folgezeit diente er, zumeist erfolgreich, unter Karl VII.; er und seine Leute galten jedoch als der zuchtloseste und brutalste Söldnerhaufen unter allen »Ecorcheurs«. Eine Zeitlang treuer Gefolgsmann des Hzg.s v. Bourbon, ging Ch. bald zur Anhängerschaft des Dauphins →Ludwig (XI.) über, war dessen Vertrauter, verriet ihn jedoch schon bald, um sich im Konflikt zw. Vater und Sohn auf die Seite Kg. Karls VII. zu stellen. Er erhielt von Kg. eine Reihe wichtiger Ämter: 1449 *Grand panetier de France*, 1450 *Bailli* v. Troyes, 1452 Seneschall v. Béziers und Carcassonne. An der Verurteilung von Jacques →Coeur (1453) hatte er bedeutenden Anteil und bereicherte sich dabei erheblich (Seigneurie St-Fargeau im Puisaye). Doch ließ ihn Ludwig XI. nach seinem Regierungsantritt 1461 zu Kerkerhaft verurteilen. Durch den Bürgerkrieg der →Ligue du Bien public freigekommen (1465), lebte Ch. eine Zeitlang im Exil in der Bretagne, der Hochburg der Antiköniglichen, fand dann aber die Gnade

Kg. Ludwigs, der ihn in den Jahren 1467–77 mit zahlreichen, zumeist militär. Aufgaben betraute. 1467 wurde er zum Großen Hofmeister *(Grand maître de l'hôtel de France)*, 1469 zum Ritter des →Michaelsordens erhoben. Seit 1477 nicht mehr aktiv, konnte er wegen seines hohen Alters unter Karl VIII. keine größere Rolle mehr spielen. – Durch seine Heirat erhielt er die Gft. Dammartin.

2. Ch., Jacques I. de, frz. Heerführer, * um 1400, † 20. Okt. 1453; älterer Bruder von 1. Als Teilnehmer der Schlacht von Cravant (1423) belegt, war Ch. ein kühner und tüchtiger Soldat im Dienst Kg. Karls VII. Sein Leben lang blieb er dem Haus →Bourbon treu ergeben; er diente bes. unter Johann (Jean) I., Hzg. 1410–34; Karl (Charles) I., Hzg. 1434–56; Johann (Jean), Sohn von Charles I., Gf. v. Clermont (Hzg. v. Bourbon 1456–1488). 1431 erwarb er das Schloß Lapalisse im Bourbonnais (dép. Allier), den berühmten und auch heute gut erhaltenen Familienstammsitz der Ch. Nach der Erhebung zum *lieutenant* der →*Compagnie d'ordonnance* von Hzg. Charles I. (1445) erlebte Ch. ab 1447 einen glanzvollen Aufstieg im Königsdienst. Seine brillanten militär. Erfolge bei der frz. Rückeroberung der Normandie (1449–50) trugen ihm 1451 das Amt des Großen Hofmeisters *(Grand maître de l'hôtel de France)* ein. Er nahm aktiv an den beiden Guyennefeldzügen (1451, 1453) teil. Eines natürl. Todes verstorben, wurden Ch.' sterbl. Überreste nach provisor. Bestattung 1461 in die Schloßkapelle von Lapalisse überführt, wo sich noch heute das Grabmal für ihn und seine zweite Frau, Anne de Lavieu, befindet.

3. Ch., Jacques II. de, frz. Heerführer, * um 1470, ⚔ 24. Febr. 1525 in der Schlacht von Pavia, Enkel von 2 und älterer Sohn des Geoffroi de Ch. (* um 1433, † 1500), der ebenfalls ein bedeutender Truppenführer unter Kg. Ludwig XI. war, und der Charlotte de Prie. Ch. wuchs auf als kgl. Ehrenpage *(enfant d'honneur de l'Hôtel)* unter dem späteren Karl VIII., dessen Altersgenosse er war. Anläßl. der Schlacht von St-Aubin-du-Cormier (1488) zum Ritter geschlagen, nahm Ch. am Neapelfeldzug der frz. Krone teil (1494), ist als Teilnehmer der Schlacht von Fornova (1495) bezeugt und kehrte 1497 nach Italien, in die Gft. Asti, zurück. Mehr als ein Vierteljahrhundert beteiligte er sich nun an allen großen frz. Feldzügen jenseits der Alpen, mit wechselndem Erfolg, doch stets mit größerer Energie und Tatkraft. Nach der Schlacht von Agnadello (1509) zum Ritter des Michaelsordens erhoben, setzte ihn Kg. Ludwig XII. zum Großen Hofmeister *(Grand maître de l'hôtel de France)* ein, ein Ehrenamt, das schon zwei seiner Vorfahren bekleidet hatten. Nach der Thronbesteigung Kg. Franz' I. (1515) mußte er zwar als Großer Hofmeister zugunsten von Artus Gouffier zurücktreten, doch schuf der Kg. für ihn zum Ausgleich das Amt eines vierten →Maréchal de France; daher seine Bezeichnung als »Maréchal de la Palice« (nach dem Familiensitz Lapalisse). Fortgeschrittenes Alter hinderte ihn kaum an seinen militär. Aktivitäten. Nach den Schlachten von Marignano (1515) und La Bicocca (1522) wurde er vom Kg. mit der Durchführung der Maßnahmen gegen seinen eigenen Lehnsherren, den geächteten Connétable Charles II., Hzg. v. →Bourbon, beauftragt. Nach Ch.' Tod in der großen Schlacht von Pavia ließ seine Witwe einen Epitaph in der Schloßkapelle von Lapalisse errichten, auf dem seine zahlreichen Titel und Ämter verzeichnet waren (Text des Epitaphs bei: H. DE CHABANNES, s. u., Bd. I, 376). Schon bald nach seinem Tod wurde die legendäre Tapferkeit des Marschalls in Liedern besungen, die in die frz. Volksliedertradition eingegangen sind. Aufgrund der Verballhornung eines dieser Lieder (seit dem 18. Jh.) gelangte der – erstmals bei den Brüdern Goncourt 1872 nachweisbare – Begriff *lapalissade* 'Binsenweisheit' in die frz. Sprache.

Ph. Contamine

Lit.: H. DE CHABANNES, Hist. de la maison de Ch., 1892–1926.

Chace dou cerf, das erste in einer europ. Nationalsprache abgefaßte jagdl. Lehrgedicht und zugleich der älteste volkssprachl. Jagdtext Frankreichs. Geschrieben im Dialekt der östl. oder nordöstl. Picardie, entstand sie im letzten Viertel des 13. Jh. nahe der frz.-belg. Grenze in den heutigen dép. Nord oder Aisne; der Verfasser ist anonym. Wir kennen zwei Hss.; eine davon ist allerdings seit Mitte des 19. Jh. verschollen, lediglich ihre Varianten sind überliefert. Das 522 Verse umfassende Lehrgedicht ist als Dialog gestaltet – eine in den ältesten Jagdtraktaten bes. beliebte Form. Der hauptsächl. redende Jägermeister belehrt seinen wißbegierigen Eleven über die freie →Hetzjagd auf den Rothirsch, die – anknüpfend an eine alte kelt. Tradition – im MA ihre höchste Blüte in Frankreich erfuhr. Obwohl der Einfluß der Ch. d. c. auf die jüngere Jagdliteratur gering war, gibt sie uns wertvolle Hinweise auf die Gestaltung der als freie Hetze betriebenen ma. Jagd auf Rotwild.

S. Schwenk

Ed. und Lit.: La ch. d. c., ed. und übers. ins moderne Frz. v. G. TILANDER, Cynegetica VII, 1960 – GRLMA VI, 1968–70.

Chad, Book of → Book of Chad

Chaillou de Pestin → Fauvel, Roman de

Chainse (afrz., auch *cainse*), ein langes weibl. Obergewand des 12. und 13. Jh., das in vielen Quellen deutlich von der *chemise* unterschieden wird, die darunter getragen wurde. Die Ch. scheint stets weiß gewesen zu sein, und es ist in den Quellen oft belegt, daß sie frisch gefaltet wurde, woraus zu schließen ist, daß die Ch. aus Leinen oder einem ähnlichen Stoff bestand, der leicht zu waschen war. Die Faltung könnte durch Bügeln des Stoffes mit etwas Dampf erreicht worden sein. Die Ch. konnte an Stelle des →*bliaut* getragen werden, obwohl aus den Quellen hervorgeht, daß sie zu verschiedensten Anlässen getragen wurde und daß sie ein weniger reich verziertes Kleidungsstück war.

J. Harris

Lit.: A. SCHULTZ, Das höf. Leben zur Zeit der Minnesänger I, 1879, 192f. – V. GAY, Glossaire archéol. I, 1887, 307 – E. R. GODDARD, Women's Costume in French Texts of the 11th and 12th centuries (J. HOPKINS, Stud. in Romance Lit. and Languages VII), 1927, 69–75

Chaise-Dieu, La → La Chaise-Dieu

Chalais (Calesia, Chalaisium), Abtei OSB und Oberhaupt einer Kongregation, später OCart, im Dauphiné, Bm. Grenoble, comm. Voreppe, cant. Voiron, dép. Isère; ☉ Maria (Notre-Dame) und Johannes dem Täufer. Ch. wurde am 31. Okt. 1101 auf Bitten des hl. →Hugo, Bf. s v. Grenoble, in einem zw. ihm und dem Ebf. v. Vienne umstrittenen Gebiet gegr. Diese Gründung sicherte Hugo dank der Freigebigkeit Guigos, des Gf. en v. →Albon, und seiner Gemahlin Kgn. Mathilde den Besitz des Landes. Erster Abt war Warinus (Garin). Schon 1124 beherbergte die Abtei zahlreiche Mönche; sie dehnte ihren Einfluß in der Gft. →Forcalquier und in der Haute Provence aus. Ch. diente den Interessen der Fs. en des →Dauphiné, der Nachfolger der Gf. en v. Albon, und trug zur Annexion der Gft. en Gapençais und Embrunois an das Dauphiné bei. Die neue Kongregation v. Ch. erhielt 1148 eine carta caritatis, vergleichbar derjenigen der →Zisterzienser (→Cîteaux). Ch. hatte etwa ein Dutzend Tochterkl.: →Boscodon (Bm. Embrun), Albeval (Bm. Grenoble), Prads (Bm. Digne), St-Maurice de Valserre (Bm. Embrun), →Lure (Bm. Sisteron) sowie die Priorate Pailhrol

(Bm. Riez) und Almeval. Um vom Einfluß der weltl. Gewalten loszukommen und sich festere Grundlagen zu schaffen, strebte Ch. ca. 1165–72 nach einem Zusammenschluß mit Cîteaux; 1162 vereinigte es sich mit →Bonnevaux, doch stieß dies auf den Widerstand der →Kartäuser, die bei der Kurie einen Prozeß initiierten, in dessen Verlauf Alexander III. 1172 den Zusammenschluß untersagte. Zwar gewann Ch. noch weitere Tochterkl. (Clausonne, Bm. Gap; Clairecombe, Bm. Gap; Valbonne, Bm. Antibes), doch blieb die Abtei arm und schlecht verwaltet. Daher strebte sie 1247 nach einem Zusammenschluß mit den Kartäusern. Mit →St-Chef vereinigt (1250), anschließend mit St-Pierre-de-Vienne (1286), wurde Ch. schließlich der Grande →Chartreuse angeschlossen (24. Dez. 1303). Die meisten der Monasterien von Ch. gingen ein oder schlossen sich mächtigeren Kl. an. Nur Boscodon und Clausonne blieben in der Kongregation bis zu ihrer Auflösung im 16. und 17. Jh. Ch. wurde während der Frz. Revolution als Nationalgut veräußert und von Lacordaire, der hier ein dominikan. Studienhaus begründete, erworben. E. Lalou

Q.: E. PILOT DE THOREY, Cart. de l'abbaye bén. de . . . Ch. . . . , 1879–J. ROMAN, Les chartes de l'ordre de Ch. 1101–1400, 3 Bde, 1923 – *Lit.*: DHGE XII, 266– GChr XVI, 263 – E. PILOT DE THOREY, Notice sur l'ancien couvent de Ch., 1844– U. BERLIÈRE, La congrégation de Ch., RevBén, 1914–19, 402–419–J. ROMAN, L'ordre dauphinois et provençal de Ch., 1920 – s. a. Lit. zu →Bonnevaux, →Boscodon.

Chalcedon (Sarda) → Edelsteine
Chalcidius → Calcidius
Chaldia (der Name vermutl. urartäischer Herkunft), von der 1. Hälfte des 9. Jh. bis zum Beginn des 13. Jh. ein am Nordostrand Kleinasiens gelegenes →Thema des byz. Reiches. Das städt. Zentrum dieser aus dem ursprgl. Thema Armeniakon abgespaltenen Provinz bildete Trapezunt. Von den uns bekannten Beamten des Themas gelang es den Duces aus der Familie Gabras (11./12. Jh.), das Gebiet unter Ausnutzung seiner geograph. Randlage zeitweilig wie ein unabhängiges Fsm. zu verwalten.

In der Zeit des 1203/04 entstandenen Ksr.es v. →Trapezunt wurde nur noch ein Gebiet, das etwa dem modernen *vilayet* Gümüşhane (Argyropolis) südl. der pont. Alpen entsprach, als Thema Ch. bezeichnet. An seiner Spitze standen seit der Mitte des 14. Jh. ständig Duces der Familie Kabazites, deren Sitz die Burg Mesochaldia (Kovans?) war.

Im kirchl. Bereich haben gelegentl. (im 9. und 10. Jh.) einzelne Metropoliten v. Trapezunt, deren Sprengel sich ungefähr mit dem Thema Ch. deckte, den Versuch unternommen, sich den Titel eines (Erz-)Bischofs v. Ch. beizulegen, doch wurde dies von seiten des Patriarchats unterbunden (vgl. bes. die Korrespondenz des Patriarchen →Nikolaos I. Mystikos). Ein spezielles Bm. Ch. ist erst ab dem 14. Jh. im Verband der Metropolie Trapezunt nachweisbar. Später wurde es mit dem Bm. Cheriana vereint und zw. 1624 und 1654 zum Ebm. und 1767 zur Metropolie mit dem Zentrum Argyropolis erhoben. G. Prinzing

Lit.: DHGE XII, s. v. [R. JANIN] – F. I. USPENSKIJ, Očerki iz istorii trapezuntskoj imperii, 1929 – METROP. CHRYSANTHOS, Ἡ ἐκκλησία Τραπεζοῦντος, 1933 (Archeion Pontu 4–5) –H. AHRWEILER, Recherches sur l'administration de l'empire byz. aux IXe–XI^{e}s., Bull. Corr. Hell. 84, 1960, 1–109– V. LAURENT, Le corpus des sceaux de l'empire byz., V, I, 1963, 495ff. – A. BRYER, A Molybdobull of the Imperial Protospatharios Constantine, Krites of the Thema of Chaldia, Arch. Pontu 27, 1965, 243–246 – F. JANSSENS, Trébizonde en Colchide, 1969 – N. OIKONOMIDÈS, Les listes de préséance byz. des IXe et X^{e}s., 1972 – G. ZACOS–G. VEGLERY, Byz. Lead Seals, I, 3, 1972, 1735 –J. HOFFMANN, Rudimente von Territorialstaaten im byz. Reich (1071–1210), 1974 – A. BRYER, The Empire of Trebizond and the Pontos, 1980 (Collected Stud. Ser. 117).

Chalizen, oriental. Völkerschaft in Ungarn. Die Ch., iran. Volkselemente aus Choresmien, bildeten seit dem 8. Jh. eine bedeutende Kolonie im Reich der →Chazaren. Jüd. und muslim. Ch. wanderten vom 10. bis 12. Jh. auch in Ungarn ein. 1111 erstmals als »institores regii fisci« erwähnt, spielten sie als kgl. Münzpräger, Kämmerer, Zöllner und Grenzwächter eine große Rolle. Sie verwalteten das Salzregal und beherrschten den Sklavenhandel. Seit dem 13. Jh. auf kirchl. Drängen wirtschaftl. entmachtet, gingen sie in der christl. Bevölkerung Ungarns auf.
H. Göckenjan

Lit.: I. HRBEK, Ein arab. Bericht über Ungarn, ActaOrHung 5, 1955, 205–230 – GY. GYÖRFFY, Tanulmányok a magyar állam eredetéröl, 1959, 50ff. – H. GÖCKENJAN, Hilfsvölker und Grenzwächter im ma. Ungarn, 1972, 44–89.

Chalkedon. [1] *Stadt:* Ch. (ursprgl. Kalchedon; heut. türk. Name Kadıköy), Stadt in Bithynien, am Ostufer des Bosporus, um 675 v. Chr. gegr., Name wahrscheinl. von phönik. Qrt Hdst ('neue Stadt') abgeleitet. Ch. wurde von den Goten 258 n. Chr. geplündert. Bei Ch. besiegte Konstantin 323 seinen Rivalen Licinius. Während des Aufstandes des Usurpators Prokopios (365) unterstützten die Bewohner von Ch. diesen. Deshalb wurde die Stadt von Ks. Valens zerstört; er ließ aus ihren Trümmern den Aquädukt von Konstantinopel erbauen. 610 stießen pers. Reiter unter Šahîn bis nach Ch. vor. Ein anderer pers. Feldherr, Šahrbarâz, besetzte die Stadt i. J. 626, als die Perser gemeinsam mit den Avaren Konstantinopel angriffen; nach der Niederlage des Avarenkhagans räumte Šahrbarâz Ch. wieder. 663 drangen arab. Truppen bis Ch. vor. Spätere Quellen erwähnen Ch. als Vorort von Konstantinopel; Ks. wie Usurpatoren hielten sich hier zumeist einige Zeit vor ihrem Einzug in die Hauptstadt auf. In Ch. begegnete Ks. Konstantin VII. (913–959) dem Translationszug der Hand des hl. Johannes des Täufers, die aus dem eroberten Antiocheia zu Schiff nach Konstantinopel überführt wurde; Andronikos Komnenos verweilte in Ch. nach seinem siegreichen Marsch gegen Konstantinopel 1182. Ch. diente auch als Operationsbasis für die Feldzüge in den Osten, so sammelten sich etwa die Kreuzfahrer unter Konrad III. nach ihrer Überfahrt durch den Bosporus (1148) in Ch. 1203 versuchten die Teilnehmer des 4. →Kreuzzuges erfolglos, Ch. zu erobern. Die Türken nahmen Ch. 1350 ein. Mehmed II. übertrug die Stadt als Lehen an Hidir bey, den ersten Kadi von Istanbul, daher der türk. Name ('Dorf des Richters'). Als P. Gylles (Gillius) den Ort 1549 besuchte, war Ch. tatsächl. nur mehr ein Dorf.

[2] *Bistum/Metropole:* Als erster Bf. von Ch. ist im Theokritos genannt, der ungefähr auf 150–250 zu datieren ist. Zunächst gehörte das Bm. zum Metropolitanverband von Nikomedeia. 451 erhob Ks. Markianos Ch. anläßlich des Konzils zur Metropole. Ch. besaß keine Suffragane. Griech. Metropoliten von Ch. sind bis zum Ende des Byz. Reiches bekannt; ein anonymer Metropolit des 15. Jh. hinterließ 14 Briefe an eine Nonne Eulogia. Nur im 13. Jh. finden wir eine Unterbrechung der Metropolitenliste, was wahrscheinl. auf die Eroberung der Stadt durch die Lateiner zurückzuführen ist. Der berühmteste der Metropoliten von Ch. war Leo, der mit großer Energie gegen die Säkularisierungsmaßnahmen Ks. Alexios' I. (1081–1118) kämpfte.

In Ch. befanden sich die Basilika der Lokalheiligen Euphemia (Martyrium 16. Sep. 303), in der das berühmte Konzil von 451 (→Chalkedon, Konzil v.) stattfand, die St. Georgskirche (7. Jh.), die Kirche und das Kl. der hl. Bassa (gegr. im 5. Jh.), das Kl. des Michaelitzes (9. Jh.) u.a. Von den Kirchen und Kl. der Umgebung seien genannt die Kirche der hl. Apostel Petrus und Paulus (in der Vorstadt Rufinianae oder Drys, 'Eiche'), in der 403 die →Eichensynode stattfand; außerdem eine Stiftung von →Rufinus für die ägypt. Mönche, die beim Sturz ihres Gründers 395 verlassen und vom hl. →Hypatios um 400 wieder ins Leben gerufen wurde. Nicht weit von Ch. liegt der St. Auxentios-Berg (→Skopa), dessen Kl., gegr. im 5. Jh., ein wichtiges Zentrum des frühbyz. Mönchtums war; es stellte im Bilderstreit des 8. Jh. eine Hochburg der »Ikonodulen« (Bilderfreunde) dar (→Stephanos d. J.). Zur Umgebung gehörte ebenfalls Galaktenai, wo das früheste Kloster 536 erwähnt ist und wo sich im 10. Jh. die Kl. des →Nikolaos Mystikos und des Johannes Raiktor befanden.

A. Kazhdan

Lit.: RE X, 1555–1559 – KL. PAULY III, 55f. – R. JANIN, La banlieu asiatique du Constantinople, EO 21, 1922, 352–375 – BECK, Kirche, 165f. – V. LAURENT, Le Corpus des sceaux de l'Empire byz. V, 1, 1963, 289–293; V, 3, 1972, 72–78 – R. JANIN, Constantinople byz., 1964, 493ff. – F. HALKIN, Euphémie de Chalcédoine, 1965 – R. JANIN, Les églises et les monastères des grands centres byz., 1975, 30–60.

Chalkedon, Konzil v. (451)

I. Vorgeschichte – II. Verlauf – III. Wirkungsgeschichte.

I. VORGESCHICHTE: [1] *Theologische Frage:* Die Frage nach dem Verständnis des fleischgewordenen Logos (Joh 1, 14) begleitete die Entfaltung des christl. Glaubensbewußtseins vom Ursprung her, auch wenn sie geraume Zeit von der trinitar. Diskussion überlagert war (vgl. →Christologie). Mit der Definition des Homousios des Logos zum göttl. Vater (→Nikaia 325) verschärften sich freilich die Anfragen aus dem bibl. Christusbild, die auf dem Konzil v. →Ephesos (431) mit der Anerkenntnis der Theotokos-Prädikation für Maria zwar die Subjekteinheit von Logos und dem Menschgewordenen bestätigte, jedoch das Zueinander von göttl. und menschl. Natur offenließ. Geradezu zwangsläufig setzte die Auseinandersetzung über ihr Verhältnis ein, wobei die alexandrin. Theologie (→Alexandria) das Vorgewicht der göttl. Natur betonte (»Logos-Sarx« = 'Wort-Fleisch'), während die Antiochener (→Antiochia) mehr auf die Eigenständigkeit beider Naturen (»Logos-Anthropos« = 'Wort-Mensch') abhoben. Antworten, die weithin nach dem Muster des aus Leib und Seele zusammengesetzten Menschen (anthropolog. Modell) gesucht wurden, entbehrten noch einer ausgefeilten Terminologie, so daß auch Mißverständnisse die Diskussion belasteten.

[2] *Kirchenpolitischer Hintergrund:* Kirchenpolit. Interessen und persönl. Ambitionen heizten zudem den theol. Streit an, der sich von dem seit 381 an der Spitze der östl. Hauptkirchen stehenden →Konstantinopel aus zu einer Krise des frühbyz. Reiches entwickeln sollte. Seit dem Jahr 447 vertrat dort ein Archimandrit namens →Eutyches in der Christusfrage eine extrem alexandrin. Position, die auf die Annahme einer einzigen, nämlich göttl. Natur nach der Einung hinauslief. Durch seine Beziehungen zum Hof und gestützt von Kreisen des Mönchtums, ging er auch gegen seinen antiochen. orientierten Gegner →Theodoret v. Kyrrhos vor, der in seinem »Eranistes« die μία φύσις-Formel →Kyrillos' v. Alexandrien und ihn selbst kritisiert hatte. Auf einer endemischen Synode in Konstantinopel (22. Nov. 448) wurde allerdings Eutyches auf Betreiben des »Ketzerschnüfflers« →Eusebios v. Dorylaion verurteilt, eine Sentenz, die auch Papst Leo I. (440–461) bestätigte. Interventionen beim schwächl. Ks. Theodosios II. (408–450) führten zur Einberufung einer Reichssynode nach →Ephesos (Aug. 449), auf der Eutyches rehabilitiert wurde dank der Machenschaften des alexandrin. Patriarchen →Dioskur, der die Versammlung total beherrschte. Weder Leos berühmte »Epistula dogmatica« an Bf. →Flavian v. Konstantinopel wurde verlesen, noch kamen seine Gesandten dort zu Wort, die er widerwillig abgeordnet hatte. Die Verurteilung der »Nestorianer« (vgl. →Nestorianismus), darunter Bf. Flavian v. Konstantinopel, erschien wie ein Triumph der monophysit. Partei (vgl. →Monophysitismus). Nicht mit Unrecht erhob der Bf. v. Rom Einspruch gegen dieses Vorgehen auf der »Räubersynode«.

II. VERLAUF: Roms Vorschlag, auf einer Synode »ex toto orbe terrarum« in Italien die Angelegenheit zu klären, schien gegenstandslos, als Ks. →Markianos, von seiner Gemahlin Pulcheria nachhaltig unterstützt, die Herrschaft übernahm. Aus seinem Verantwortungsbewußtsein für die Kirche berief das Kaiserpaar jedoch eigenständig die Bf.e zu einer Synode nach Nikaia. Wenn auch die Überlieferung von 600 Teilnehmern übertreibt, so reiste doch eine stattl. Zahl (ca. 350) Bf.e an, aus dem Westen allerdings nur die röm. Legaten und zwei Bf.e aus Nordafrika, wohl Flüchtlinge. Eine Repräsentanz der ganzen Weltkirche war also auch auf diesem gut besuchten Konzil nicht gegeben. Papst Leo I. hatte sich zunächst gegen diese Kirchenversammlung im Osten gesträubt, verweigerte letztl. aber doch nicht eine Gesandtschaft. In mehreren Schreiben an das Kaiserpaar und den neuen Bf. →Anatolios betonte er, daß eine weitere Diskussion der Glaubensfrage, die er wohl durch seinen →Tomos für hinreichend geklärt hielt, überflüssig sei. Aus nicht ersichtl. Gründen – vielleicht um die Einflußmöglichkeiten zu stärken – verlegte Ks. Markianos die Synode kurzfristig nach →Chalkedon, wo am 8. Okt. 451 in der Basilika der hl. Euphemia die erste Sitzung eröffnet wurde.

Schon die Platzordnung auf der 1. Plenarversammlung illustriert den Einfluß des Herrschers, dessen Kommissare unübersehbar vor den Chorschranken saßen; zu ihrer Linken befanden sich die päpstl. Legaten, während die übrigen Teilnehmer, nach Standpunkten geordnet, die Seiten einnahmen. Zwar wandte sich einer der Vertreter Leos, Bf. Paschasinus, schon zur Eröffnung an die Teilnehmer, sie hätten Weisung des Bf.s v. Rom, des Hauptes aller Kirchen, daß Dioskur, dem Organisator der »Räubersynode«, auf diesem Konzil weder Sitz noch Stimme zukomme; der tatsächl. Verlauf der Verhandlungen richtete sich aber doch weithin nach den Direktiven des Kaisers. Durch Verlesen der Akten, häufig von Rededuellen unterbrochen, rückte das eigenmächtige Vorgehen Dioskurs ans Licht, aber auch wegweisende Aussagen tauchten auf wie das Bekenntnis des Eusebios v. Seleukeia an den »einen Herrn Jesus Christus, ... in zwei Naturen erkennbar«; jedenfalls erfuhr Flavian eine Rehabilitation. Im übrigen bestanden die ksl. Kommissare auf einem Glaubensbekenntnis gemäß →Nikaia und →Konstantinopel – erstmals ist hier von einem →Symbolon der 150 Väter die Rede.

Auf der 2. Sitzung vom 10. Okt. 451, deren Akten mit der 3. Sitzung in der Überlieferung vertauscht erscheinen, verlangten die Beamten des Ks.s erneut von der Synode, sie solle den rechten Glauben formulieren. Die Bf.e widersetzten sich jedoch einem solchen Ansinnen und akklamierten den überlieferten Glaubenssymbolen. Als auch der Brief Leos an Flavian vorgetragen wurde, rühmten sie die Konvergenz mit Kyrillos v. Alexandrien; allerdings verlangten illyrische und palästinensische Bf.e Auskunft über »dualistisch« klingende Wendungen des Papstes. Angesichts der lautgewordenen Bedenken schlugen die Kommissare eine Vorbesprechung der Glaubensfrage bei

Anatolios vor, wofür eine Gruppe von Bf.en bestellt wurde.

Auf der 3. Sitzung vom 13. Okt. 451 erfolgte unter Vorsitz des Paschasinus die Absetzung Dioskurs, nicht wegen Häresie, sondern wegen Mißachtung des Konzils, vor dem er sich zu verantworten hatte. Schon am 17. Okt. verlangten die Kommissare erneut eine Behandlung der Glaubensfrage, ein Ansinnen, das man unter Berufung auf die alte Norm des Glaubens zunächst ablehnte; die bewußte Anerkenntnis des Lehrschreibens Leos bedeutete dabei fraglos einen Fortschritt.

Nach einer Behandlung disziplinärer und rechtl. Probleme am 20. Okt. stand am 22. Okt. erneut die Glaubensfrage auf der Tagesordnung. Gemäß dem Protokoll (Actio V 3) fand der vorgelegte Entwurf einer Lehrformel aber nicht die Zustimmung der röm. Legaten. In dieser Situation schaltete man den Ks. persönlich ein und ein Ausschuß erarbeitete jene Definition, die unter Aufnahme leoninischer Wendungen schließlich den Synodalen vorgelegt wurde; ihre Kernsätze lauten: »Er ist in zwei Naturen unvermischt und unverwandelt, ungeteilt und ungetrennt. Der Unterschied der Naturen wird keineswegs aufgehoben durch die Vereinigung, vielmehr bleiben die Eigentümlichkeiten einer jeden Natur bewahrt, indem sie zusammenkommen zu einer Person und Hypostase«. Die Konzilsväter stimmten der Glaubensformel mit dem Ruf zu: »Das ist der Glaube der Väter« – ein Umschwung angesichts des voraufgegangenen Zögerns.

In Anwesenheit des Kaiserpaares Markianos und Pulcheria verlas man auf der 6. Sitzung vom 25. Okt. 451 noch einmal die Glaubensformel, worauf die Unterzeichnung der Definition erfolgte – 452 Unterschriften enthalten die Akten. Der Herrscher bestätigte die Definition und drohte allen Sanktionen an, die Unruhe in die Kirche tragen. Mit begeisterten Akklamationen an ihn als den neuen Konstantin schloß die Sitzung, mit der die theolog. Diskussion des K.s v. Ch. beschlossen wurde.

Im Anschluß an die Verabschiedung der Glaubensformel hatte der Ks. die Konzilsväter ermahnt, nach Lösungen für ungeklärte Fragen zu suchen, z. B. hinsichtl. der Jurisdiktionsbereiche von Jerusalem und Antiochia oder der in Ephesos (449) abgesetzten →Theodoret v. Kyrrhos und →Ibas von Edessa. In den zehn (oder elf) Sitzungen der folgenden Tage wurden diese personellen Angelegenheiten gelöst und zugleich eine Reihe von Canones verabschiedet. Die griech. Handschriften enthalten in der »Actio septima« 27 Dekrete, in denen Fragen der kirchl. Disziplin und Verwaltung geregelt wurden, wobei grundsätzl. »die von den hl. Vätern in allen Synoden bislang aufgestellten Canones Geltung haben sollen« (c. 1). Die Vorschriften richten sich gegen offenkundige Mißstände wie Simonie (c. 2), weltl. Geschäfte von Klerikern (c. 3), vagabundierende Mönche (c. 4; 23); den Bf.en wird die Verantwortung in ihrem Amt eingeschärft, sei es bei der Erteilung der Weihe für eine Ortskirche (c. 6; 10), der Verwaltung von Kirchengütern (c. 8; 26) oder der Veranstaltung jährl. Synoden (c. 19). In Rechtsauseinandersetzungen soll der Bf. tätig werden (c. 9; 17; 21), dem es umgekehrt untersagt ist, den Ks. zur Erweiterung der eigenen Machtbefugnisse einzuschalten (c. 12); überlangen Vakanzen beugt man durch eine Drei-Monats-Frist vor, innerhalb der die Weihe eines neuen Bf.s erfolgen muß (c. 25). Konfliktstoff enthielt v. a. der sog. 28. c., verabschiedet in Abwesenheit der päpstl. Legaten und ksl. Kommissare, welcher im Anschluß an c. 3 des 2. ökumen. Konzils (381) die Vorrechte der Kirche von →Konstantinopel im Osten bestätigte. Auf der Schlußsitzung des folgenden Tages protestierten die Gesandten Leos gegen die Aufwertung des »neuen Rom« aus polit. Gründen, und in der Tat verengte sich, durch die geschichtl. Umstände bedingt, die kirchl. Spannung zw. Ost und West in der Folgezeit auf diese beiden Zentren der Christenheit.

Nach dreivierteljährigen Verhandlungen bestätigten die K. v. Ch., dessen Teilnehmer anschließend einen ehrerbietigen Brief an Papst Leo verfaßten, in dem sie ihrer Überzeugung Ausdruck verliehen, daß die Versammlung, in der geistig auch der Bf. v. Rom anwesend gewesen sei, den wahren Glauben bestätigt habe; man zögerte jedoch nicht, die Berechtigung des c. s 28 über den Vorrang Konstantinopels zu betonen. Während Ks. Markianos durch Edikt vom 7. Febr. 452 das K. v. Ch. bestätigte und gegen neue Debatten über den Glauben Sanktionen androhte, anerkannte Papst Leo erst am 21. März 453, und zwar auf Drängen aus Konstantinopel, die Beschlüsse in Sachen des Glaubens, nicht jedoch die Rangerhöhung des dortigen Bischofssitzes.

III. WIRKUNGSGESCHICHTE: Das Dogma von Chalkedon sichert in seiner Aussage die heilstheol. Bedeutung der Inkarnation gegen Monophysiten wie Nestorianer. Allein die Tatsache einer mehrschichtigen Überlieferung von Konzilsakten illustriert aber bereits das Aufkommen einer lange währenden Diskussion über die hypostatische Union bzw. das Verständnis ihrer Terminologie, in deren Verlauf man die Deutung des Personbegriffs als subsistierenden Seinsgrund herausgearbeitet hat. Begleitet wurden die theol. Erörterungen von polit. Interessen, die darauf abzielten, die Einheit des Reiches zu wahren. Es gelang letztl. aber nicht mehr, die monophysitisch orientierten Christen in Ägypten (→Kopten) und →Syrien in die Reichskirche zu integrieren. P. Stockmeier

Q.: ACO II – MANSI VI, 529–1230; VII, 1–872 – J. BIDEZ-L. PARMENTIER, The Ecclesiastical Hist. of Evagrius with the Scholia, 1898 – Leo I. Tomus ad Flavianum episcopum, hg. C. DA SILVA-TAROUCA, 1932 – Leo I. Epistula contra Eutychis haeresim, hg. C. DA SILVA-TAROUCA, 1934 – A. J. FESTUGIÈRE, Éphèse et Chalcédoine. Actes des Conciles: Textes. Dossiers. Documents, 1982 – Lit.: Das K. v. Ch., Gesch. und Gegenwart, hg. A. GRILLMEIER-H. BACHT, 3 Bde, 1951–54, 1979[5] – R. V. SELLERS, The Council of Chalcedon, 1953 – P. STOCKMEIER, Leo I. des Großen Beurteilung der ksl. Religionspolitik (MthSt I 14), 1959 – P. TH. CAMELOT, Ephesus und Chalkedon: Gesch. der ökumen. Konzilien II, 1963 – A. DE HALLEUX, La définition christologique à Chalcédoine, Revue théologique de Louvain 7, 1976, 3–23, 155–170 – A. GRILLMEIER, Jesus der Christus im Glauben der Kirche, I: Von der Apostol. Zeit bis zum Konzil v. Chalcedon (451), 1979, 1982[2] – H.-J. SIEBEN, Die Konzilsidee der Alten Kirche: Konziliengesch. B, 1979.

Chalkeopulos, Athanasios, griech. Mönch, Humanist und Übersetzer, † 4. Nov. 1497. Sohn des Philippos Chalkeopulos, gehörte er einer Familie aus Konstantinopel an. A. Ch. trat als Mönch in das Vatopedi-Kl. auf dem Athos ein und wurde dort Hieromonachos. Wohl um sich seinem Hegumenos Dorotheos, der sich zum Konzil v. Florenz (→Ferrara – Florenz) begeben hatte (1439), anzuschließen, reiste Ch. nach Italien, wo er verblieb und bei Kard. →Bessarion als Kapellan und wohl auch als Kopist tätig war. 1446–47 schrieb er die Nikomach. Ethik des Aristoteles ab. Im folgenden Jahr ernannte ihn Papst Nikolaus V. zum Archimandriten von →S. Maria del Patire bei Rossano, einem der wichtigsten »Basilianerklöster« (→Basilianer) in Kalabrien. Als solcher residierte Ch. in Rom, wo er griech. Texte ins Lat. übersetzte (so zwei Homilien des hl. →Basilius i. J. 1455). Bald darauf wurde er gemeinsam mit dem Archimandriten von S. Bartolomeo de Trigona zur Visitation von 78 griech. Kl. in Kalabrien und Kampanien entsandt; die Ergebnisse dieser Reise hält sein überaus farbiger »Liber Visitationis«

(1457-58) fest, ein bedeutendes Werk innerhalb der spätma. Gattung der Visitationsberichte (→Visitationsprotokolle, -berichte). Zum Bf. des kalabr. Gerace und bald auch des Bm.s Oppido erhoben, setzte Ch. seine Übersetzungstätigkeit fort (u. a. Gregor v. Nyssa, Urkunden der norm. Gf.en, Lukian v. Samosata). Als Vertrauter Bessarions hat Ch. seine Griechisch- und Lateinkenntnisse wohl auch im Dienst anderer Humanisten an der röm. Kurie angewandt. A. Guillou

Ed.: M. H. Laurent–A. Guillou, Le »Liber Visitationis« d'Athanase Chalkéopoulos. Contribution à l'hist. du monachisme grec en Italie méridionale, 1960 (StT 206) – *Lit.:* DBF, s. v. – Repfont III, 221.

Chalkondyles. 1. Ch., Demetrios (Chalkondydis, Chalkokandyles), griech. Gelehrter und Dozent an it. Universitäten, * Athen 1423, † Mailand 1511. Mit seiner Familie aus Athen verbannt (→2.Ch.), kam Ch. 1449 nach Italien. 1450-52 war er in Rom Schüler des Platonikers →Gaza und gehörte nach einer kurzen Privatlehrertätigkeit in Perugia dem griech.-lat. Humanistenkreis um den Kard. →Bessarion an. 1463 wurde er Professor für Griech. in Padua, wo →Schedel sein bedeutendster Schüler war; 1475 in Florenz, wo →Pico, →Poliziano, →Reuchlin und der spätere Papst →Leo X. bei ihm Griechisch lernten. 1486 vom bedeutenderen Poliziano als Dozent konkurrenziert, verlegte er sich auf editor. Tätigkeit und publizierte 1488 die erste gedruckte Homerausgabe. 1491 folgte er einem Ruf nach Mailand und vollendete dort seine Lehr- und Editionstätigkeit. 1493 erschien die editio princeps der Reden des Isokrates, 1499 diejenige des Suda-Lexikons. Der Lehrtätigkeit entstammte eine griech. Grammatik Ἐρωτήματα (1494), die in Aufbau und Darstellung derjenigen von Manuel →Chrysoloras folgt. 1504 übersetzte er die Epitome der Röm. Geschichte des Cassius Dio von Xiphilinos ins Lat. Seine wenigen Reden, Briefe, Editionen und Übersetzungen bestätigen das Urteil des →Erasmus, der ihn 1516 als rechtschaff., gelehrt und mittelmäßig bezeichnete (Epist. 428, Allen, 35). W. Rüegg

Q. und Lit.: DBI – G. Cammelli, I dotti bizantini e le Origini dell' Umanesimo III: D. C., 1954 – A. Pertusi, Ἐρωτήματα. Per la storia e le fonti delle prime grammatiche greche a stampa, IMU 5, 1962, 321–351 – D. Geanakoplos, The Discourse of D. C. on the Inauguration of Greek Stud. at the Univ. of Padua in 1463, Stud. in the Renaissance 21, 1974, 118–144.

2. Ch., Laonikos, griech. Geschichtsschreiber, * um 1423/30 in Athen, † um 1490. Ch. stammte aus einer vornehmen und gebildeten Familie, sein Vetter Demetrios (1. Ch.) wirkte als Professor der griech. Sprache in Padua und Florenz. Ch.' Vater mußte nach einem mißlungenen Versuch, die Herrschaft der →Acciaiuoli in →Athen zu stürzen, nach →Mistra flüchten, wo Ch. Schüler →Plethons wurde. Über Ch.' weiteren Lebensweg gibt es keine sicheren Angaben. Die Behauptung des Theodoros Spanduninos, Ch. sei Sekretär des osman. Sultans →Murād II. gewesen, ist bemerkenswert, aber wohl legendär. Ch.' Geschichtswerk, bekannt als Ἀποδείξεις ἱστοριῶν ('Darstellungen aus der Geschichte'), behandelt in zehn Büchern Ereignisse der Jahre 1298–1463. Das Werk ist eine Universalgeschichte, in deren Mittelpunkt der Fall des Byz. Reiches und der Aufstieg der Türken steht; daneben ist es reich an Exkursen, die verschiedenen europ. Ländern gewidmet sind: Deutschland, Ungarn, der »Sarmatia« (Rußland) und ihren Nachbarn (Polen, Böhmen, Preußen usw.), Genua, Spanien. Ch. lehnt den traditionellen byz. Ausschließlichkeitsanspruch ab, nennt die Byzantiner »Hellenes« und nicht »Romaioi« und gebraucht den Basileus-Titel auch für den röm.-dt. Ks. und den türk. Sultan. Der Autor zeigt sich auch dogmatisch indifferent: Nicht ein göttl. Walten, sondern die blinde Tyche lenkt das menschl. Geschick; sie manifestiert sich bisweilen in Orakeln. Wahrscheinl. entlehnte Ch. diese Idee Plethons Heimarmene (Auffassung von Verhängnis). Ch. behauptet, er berichte Gesehenes und Gehörtes, er hat aber auch schriftl. Quellen verwertet; höchstwahrscheinl. konnte er auch Türkisch. Die Erzählung wird von mehreren Anekdoten unterbrochen, welche die Geisteshaltung der Renaissance widerspiegeln. Ch. ahmt Herodot und Thukydides nach und verwendet die Form der direkten Rede entsprechend den Konventionen der griech. Geschichtsschreibung. A. Kazhdan

Ed.: Laonici Chalcocandylae historiarum demonstrationes, rec. E. Darkó, I–II, 1922–27 – *Dt. Übers. [Auszüge]:* Europa im 15. Jh. von Byzantinern gesehen, übers. und eingel. von F. Grabler, 1954, 7–97 (Byz. Geschichtsschreiber 2, ed. E. v. Ivanka) – *Lit.:* Repfont III, 221–222 – Tusculum-Lex., 1982³, 151f. [weitere Lit.] – Hunger, Profane Lit. I, 485–490 – J. Karayannopoulos – G. Weiss, Quellenkunde..., 1982.

Challant, de, bedeutendste Adelsfamilie des →Aostatales, bezeugt seit ca. 1100 (Boso), im Mannesstamm erloschen 1802 (Maurice-Jules-François de Ch.). Ihr Familienbesitz ging durch die Wiederverheiratung der Mutter des letzten de Ch. an die Gf.en Passerin d'Entrèves über. – Die Familie, deren Ursprung unbekannt ist, tritt um 1100 mit dem Titel von vicecomites auf. Ihr Name Ch. gründet sich auf ein um 1200 erworbenes Besitztum in der Pfarrei Ch.; nach diesem nannte sich erstmals *Godefroy* (1262). I. J. 1295 tauschten die de Ch. das Vicecomitat des Aostatales gegen das Lehen Montjovet ein. Beim Tode *Ebals d. Gr.* († 1323) umfaßten die Besitzungen der Familie Fénis, St-Marcel, Châtillon, Ussel, Pontey, Chamois, St-Vincent, Montjovet, Vallée d'Ayas, Verrès, Bard, Donnas, Gressoney, Andorno. Dazu kamen später noch die Herrschaften Issogne und Aymavilles sowie Güter in Westschweiz, Bresse und Dauphiné. Es bildeten sich durch Erbteilungen mehrere Linien: Cly und Châtillon, Fénis, Ussel, St-Marcel, Aymavilles, Varey und Villarsel. Die Herrschaft Ch. wurde 1424 zur Gft. erhoben. In der frühen Neuzeit fielen Hausgüter wegen Fehlens männl. Erben an die Familien Madruzzo (1565–1658), Lenoncourt (1659–93) und Balestrino (1693–96), bevor sie wieder an die de Ch. kamen. Die de Ch. haben durch Errichtung bedeutender Burgen auf ihren Besitzungen die Baugeschichte des Aostatales stark geprägt. Die de Ch. waren dynast. mit den Gf.en/Hzg.en v. →Savoyen verbunden (u. a. *Ebal d. Gr.; Boniface,* † 1426; *René,* * 1502, † 1565); eine Reihe von Familienmitgliedern hatten hohe geistl. Würden inne; sie begegnen in der kurialen Politik der Zeit des Schismas (Kard. *Antoine* de Ch., s. u.) und als Bf. e v. Aosta (*Aymon* 1272–73; *Boniface* 1375, † 1376), Lausanne (*Guillaume*, s. u.), Sitten/Sion (*Boniface* 1289–1308, † 1308; *Aymon* 1308–23, † 1323). G. Coutaz

Q.: F. Frutaz, Chartes du XVᵉ s. de la maison de Ch. (Bull. Soc. acad. St. Anselme 16, 1894) – J. Boson, Invent. des archives des châteaux de Ch.... [1565] (ebd. 22, 1929) – J.-C. Perrin, Invent. des archives de Ch. I–IV, Bibl. de l'Archivum Augustanum, 1974–77 – O. Zanolli, Les testaments des seigneurs de Ch. I, II (ebd. 1974, 1979) – *Lit.:* V. Vescovi, Hist. di Casa Ch., ed. L. Colliard, 1969 – L. Colliard, Nota bibliografica sugli studi relativi a Casa Ch., Archivum Augustanum 5, 1971–72, 187–206; 6, 1973, 328 [Q. und Lit.] – E. Bona–P. Costa Calcagno, Castelli della Valle d'Aosta, 1979 – Reclams Kunstführer Italien I, 2, bearb. H. Schomann, 1982.

1. Ch., Antoine de, Kard., * 1340/50, † Sept. 1418, ☐ Aosta; Sohn von Aymon de Ch. und Caterina Provana de Leini, Bruder von Boniface, Amédée und Guillaume (2. Ch.). A. de Ch.s kirchenpolit. Laufbahn war eng mit der

Periode des Großen →Abendländ. Schismas verbunden. Er unterstützte die schismat. Päpste Clemens VII., Benedikt XIII., Alexander V. und Johannes XXIII., als dessen Berater und Legat A. de Ch. fungierte. Doch löste er sich von Johannes XXIII., um sich Martin V. anzuschließen. A. de Ch. nahm an den Konzilien v. →Perpignan (1408-09), →Pisa (1409) und →Konstanz (1414-18) teil. Er hatte eine Reihe hoher geistl. und weltl. Ämter inne: So war er Archidiakon v. Reims (1388 [?]-1403), Kanzler v. Savoyen (1402-04), Kard. v. Sta. Maria in Via Lata. Neben diesen Würden häufte er weitere Ämter und Pfründe an: Er war Ebf. v. Tarentaise (1404), Abt v. S. Michele della Chiusa, Kard. v. Sta. Cecilia, Regens der Camera Apostolica, Kanzler der röm. Kirche und Camerlengo (Übertragung dieser Würden durch Johannes XXIII. i. J. 1412).

G. Coutaz

Lit.: DBI 24, 358-361 [FR.-CH. UGINET, Q. und Lit.] - DHGE XII, 267 [G. MOLLAT] - S. VESAN, Le card. A. de Ch., Bull. Soc. acad. rel. et scient. du duché d'Aoste 19, 1905, 315-408.

2. Ch., Guillaume de, Bf. v. Lausanne, * um 1350, † 20. Mai 1431; Bruder von 1. G. de Ch. war 1390-1408 Kommendatarabt von S. Michele della Chiusa, 1404-05 Kanzler v. Savoyen, vom 13. Aug. 1406 bis zu seinem Tode Bf. v. Lausanne. Seine Laufbahn war - wie diejenige seines Bruders Antoine - eng mit dem Großen →Abendländ. Schisma verknüpft. Zunächst Anhänger Benedikts XIII., dann Johannes' XXIII., als dessen Commissarius, Camerarius und Nuntius G. de Ch. wirkte, trat er schließlich zu Martin V. über, der ihn am 20. Dez. 1417 als Bf. v. Lausanne bestätigte. Er wohnte den Konzilien v. →Perpignan (1408-09) und →Konstanz (1414-18) bei. Seine Nominierung für das Ebm. Narbonne (1410) sowie für das Bm. Thérouanne (1415) blieb ohne Ergebnis. - In Lausanne ließ G. de Ch. das Schloß von St-Maire erbauen und gründete die Schule des Innocents de Notre-Dame (1419). Auch führte er, soweit bekannt, die erste bfl. Visitation im Bm. Lausanne durch (1416-17). Er begab sich 1422 zu Ks. Siegmund nach Regensburg.

G. Coutaz

Lit.: DHGE XII, 267f. [G. MOLLAT] - M. REYMOND, G. de Ch., évêque de Lausanne (1406-31), 1933 (Extr. Bull. Soc. acad., rel. et scient. du duché d'Aoste, 23) - Helvetia Sacra I/4 (Lausanne) [in Vorber.].

Chalmel(li) (Chalin) v. Viviers, Raimund, Arzt, * um 1334 zu Viviers im Vivarais (dép. Ardèche), † 1398; unter dem latinisierten Namen R. Chalmellus (Reginaldi) de Vinario (Vivario) hatte Ch. schon vor 1364/65 die Tätigkeit als Arzt in seiner Heimatstadt aufgenommen, wo sein Bruder Wilhelm als Drogen- und Spezialitätenhändler (»ypothecarius«) wirkte. In Avignon seit 1373 als Magister der Medizin und Kanoniker nachweisbar, ist er 1380 als Dompropst v. Valence bezeugt. Leibarztstellen nahm er bei der Kard. Anglicus Grimoard (1379) und Petrus Flandrinus wahr (1380); durch Grimoard wurde er 1388 testamentar. mit Büchern bedacht. Klemens VII. konsultierte ihn im selben Jahr und schickte ihn auch zur erkrankten Hzgn. v. Burgund. - Wenige Tage vor dem 15. Okt. 1398 ist Ch. in seiner Vaterstadt gestorben, an deren Domkapitel ihm 1392 eine zusätzl. Kanonikatsstelle zuteil geworden war.

Unter dem Eindruck des Schwarzen Tods von 1382 schrieb Ch. ein »Pestwerklein«, das die Erfahrungen aus den Seuchenzügen von 1348, 1360 und 1372 mit einbegreift. Die dreiteilige kleine Schrift befaßt sich zunächst mit Ursache und Ausbreitung der Krankheit, behandelt in der zweiten Abteilung die →Pest-Prophylaxe nach den Sex res non naturales, geht anschließend auf die medikamentive Pestverhütung ein und bringt im dritten Abschnitt eine Darstellung anderer epidem. Erkrankungen auf der Grundlage der »pestilenzischen« Fieber, die nach dem Auftreten von Apostasen und zusätzl. Symptomatik untergliedert sind. Obwohl der kurze »Tractatus de pestilentia Raimundi« deutlich vom »Pariser Pestgutachten von 1348« abhängig ist und bei aller scholast. Gelehrsamkeit nur wenig Eigenständiges bietet (Ablehnung des prophylakt. →Aderlasses), erlebte er eine gewisse Verbreitung: Neben acht Hss. des 14.-15. Jh. ist ein Druck (Lyon 1542) und eine »schlechte, kürzende« Bearbeitung durch Jacques Dalechamps (ebd. 1552) nachgewiesen.

G. Keil

Lit.: WICKERSHEIMER, Dict. II, 674, Suppl. 249-SARTON III, 2, 1965-R. HOENIGER, Der Schwarze Tod in Dtl., 1882 [Neudr. 1973], 157-177 [mit Ed. der ersten Abteilung] - P. PANSIER, Les maîtres de la faculté de médecine de Montpellier au MA, Janus 10, 1905, 7 - DERS., Les médecins des papes d'Avignon, Janus 14, 1909, 406, 428-430 - K. SUDHOFF, Pestschriften aus den ersten 150 Jahren nach der Epidemie des »Schwarzes Todes« 1348, Archiv für Gesch. der Medizin 16, 1925, 150; 17, 1925, 35-39 [Exzerpte und Textbeschreibung] - L. DULIEU, La médecine à Montpellier I, 1975, 311.

Chalon, Haus. Die Gft. →Chalon-sur-Saône war namengebend für mehrere große Adelsfamilien, die sie nacheinander innehatten. *Lambert* († 978; →7. Ch.) war Vater von *Hugo,* Gf. v. Ch. und Bf. v. Auxerre (999-1039), und von *Mahaut* (Mathilde), Mutter von *Tedbaldus* (Thibaut), Gf. 1039-65, dessen Sohn *Hugo II.* um 1078 starb. Die Gft. wurde danach zw. *Geoffroy* (Gaufredus) v. Donzy, Enkel von Mahaut und Guy (Wido) v. Thiers, Sohn einer Schwester von Hugo, geteilt. Der erstere verkaufte seinen Anteil; *Guy,* sein Sohn *Guillaume (Wilhelm) I.* (1113-47), *Guillaume II.* (→1. Ch.), Sohn des letzteren, und *Guillaume III.* († 3. Jan. 1203) behielten jedoch den Grafentitel bei. Dieser ging an die Tochter Guillaumes über, *Beatrix,* die verheiratet war mit Etienne (Stephan) III., Gf. v. Burgund (jüngerer Linie), sodann an Guillaume des Barres. Der Sohn von Beatrix und Etienne III., *Jean l'Antique* (→2. Ch.), verzichtete 1237 auf den Grafentitel v. Ch., doch führten seine Nachkommen weiterhin den Namen Chalon. Aus den drei Ehen von Jean l'Antique gingen die drei Linien des Hauses Ch. hervor: Die ältere beginnt mit *Hugo,* dem Gemahl der Alix v. Andechs-Meranien und Pfalzgf. v. Burgund († 1266); sein Sohn *Otto IV.* trat die Freigft. 1295 an Philipp IV., Kg. v. Frankreich, ab (1295) und hinterließ keine Söhne.

Die zweite Linie ist diejenige der Sires v. →Rochefort (Rochefort-sur-Nenon, dép. Jura), die mit *Jean I.* v. Ch. († 1309) beginnt; dieser wurde durch seine Heirat mit Alix v. Nevers Gf. v. Auxerre (1268). Beider Sohn *Guillaume* (✗ 1304 bei Mons-en-Pévèle) war mit Aliénor (Eleonore) v. Savoyen vermählt, deren aus dieser Ehe: *Jean II.,* Gf. v. Auxerre (✗ 1346 bei Crécy), und *Jeanne,* Gfn. v. →Tonnerre. Jean II. hinterließ zwei Söhne: *Tristan,* Sire v. Châtelbelin, dessen Sohn *Jean* (✗ 1396 bei Nikopolis) kinderlos war; *Jean III.* (→5. Ch.), Gf. v. Auxerre. Der ältere Sohn von Jean III., *Jean IV.* (→6. Ch.), starb 1369; sein Bruder *Louis I.* (→8. Ch.) erbte die Gft. Tonnerre und übertrug sie seinem Sohn *Louis II.* (→9. Ch.). Die Gft. ging nach dem Vertrag (1435) nacheinander an die beiden überlebenden Schwestern Louis' II., *Jeanne (Johanna)* und *Marguerite (Margarete)* v. Ch., über; Marguerite hinterließ sie ihren Kindern aus der Ehe mit Olivier de Husson.

Die dritte Linie, diejenige der Herren v. *Arlay* (dép. Jura), begann mit *Jean I.* (→3. Ch.). Ihm folgten sein Sohn *Hugues (Hugo)* († 1322), dann sein Enkel *Jean II.* (→4. Ch.). Dessen zwei Söhne, *Hugues II.* und *Louis,* nahmen 1366 das Kreuz, und Louis fiel bei Mesembria (Bulgarien). Hugues II., der im Dienst des frz. Kg.s stand, starb 1388 kinderlos; er hinterließ Arlay dem Sohn von Louis, *Jean*

III., einem loyalen Diener des burg. Hzg.s Johann Ohnefurcht. Jean III. heiratete Marie des Baux (→vgl. Baux) und erbte nach dem Tode seines Schwiegervaters Raymond V. das Fsm. →Orange (1393). Die ältere Linie der Ch.-Arlay führte den Titel des Fs.en v. Orange (Prinzen v. Oranien) bis zum Tode *Philiberts* v. Ch. († 1530). Danach fiel das Fsm. Orange an die otton. Linie des Hauses →Nassau. J. Richard

Lit.: P. F. Chifflet, Lettre touchant Béatrix, comtesse de Ch., 1656 – M. QUANTIN, Mém. sur les derniers comtes d'Auxerre et de Tonnerre, Bull. soc. sc. Yonne 6, 1852 – E. CLERC, Hist. de la Franche-Comté I, 1870 – J.-L. BAZIN, Les Comtes héréditaires de Ch., Mém. Soc. hist. arch. de Chalon, 1911 – F. BABEY, Louis de Ch., prince d'Orange, 1926 – M. CHAUME, Un problème de droit féodal: la succession de Ch. en 1080, Mém. soc. hist. droit anciens pays bourguignons 2, 1936 – J. FROMAGEOT, Tonnerre sous son Comté, 1973 – J. C. VOISIN, Les Ch.-Arlay [Thèse masch. Besançon, 1974] – M. T. CARON, Vie et mort d'une grande dame, Jeanne de Ch., Francia 8, 1980.

1. Ch., Guillaume II. v., Gf. v. Chalon. Die Historiker haben hinsichtl. der Identifikation G.s II., der 1166 als Gf. belegt ist, gezögert. Es bleibt zweifelhaft, ob G. mit dem Stifter der Abtei OCist La→Ferté, der 1113 belegt ist, identisch ist; er ist wohl eher dessen Sohn.

G. II. geriet in Konflikt mit der Abtei →Cluny; seine brabanzon. Söldner (→Brabanzonen) eroberten die Burg Lourdon und machten eine Truppe aus Bürgern von Cluny nieder. Der frz. Kg. Ludwig VII. bot daraufhin ein Heer auf, nahm Mont-St-Vincent und Chalon und übertrug die Gft. Ch. dem Hzg. v. Burgund und dem Gf.en v. Nevers. G. II. unterwarf sich im Nov. 1166 in Vézelay; doch hatte der Kg. mit Cluny einen →*pariage*-Vertrag über St-Gengoux geschlossen, von wo aus er die Gft. überwachte. G. hatte eine Schwester (∞ mit Joceran, Sire de Brancion). Es war wohl ihr Sohn, Guillaume III., den Kg. Philipp II. August zum Friedensschluß mit Cluny nötigte (1180). J. Richard

Lit.: CH. PERRAT, L'autel d'Avenas, 1933.

2. Ch., Jean v., l'Antique, * um 1190, † 30. Sept. 1267, Sohn von Beatrix v. Ch. u. Stephan III. (Etienne) v. Burgund († 1241); ∞ 1. Mathilde v. Burgund († 1238), ∞ 2. Isabelle v. Courtenay († 1256), ∞ 3. Laure v. Commercy († 1276); insgesamt 16 Kinder. – J. wurde 1214 Gf. v. Ch. Er schloß sich seinem Vater im Kampf gegen den burg. Pfgf. →Otto II. von →Andechs-Meranien an; die Heirat von J.s Sohn Hugo mit Alix, Tochter v. Otto, setzte dieser Auseinandersetzung ein Ende (1231). J. verfehlte sein Ziel, die Schutzherrschaft *(garde)* über →Besançon zu erhalten. 1237 trat er die Gft. Ch. und Auxonne an Hugo IV. v. Burgund ab, im Austausch gegen die Herrschaft →Salins und führte von nun an den Titel »Gf. v. Burgund und Sire v. Salins«. Er baute die Herrschaft Salins aus, namentl. ihre ertragreichen Salinen, nötigte die umliegenden Herren zu vassallit. Bindungen und schloß →*pariage*-Verträge mit den Kirchen der Region. Sein Sohn aus erster Ehe, Hugo, war 1248 Pfalzgraf geworden; doch war J. v.a. bestrebt, die Position seiner Nachkommen aus 2. Ehe zu stärken: Der dt. Kg. Wilhelm v. Holland erhob Salins zum Reichslehen, mit Münzrecht, und J. kaufte die Rechte des Burggf.en v. Nürnberg (Zollern) an der Erbschaft der burg. Pfgf.en zurück. Aus dieser fakt. gegen Hugo gerichteten Maßnahme entspann sich ein Krieg zw. Vater und Sohn, den erst der frz. Kg. Ludwig d. Hl. zu schlichten vermochte, ebenso ein Krieg zw. J. und dem Ebf. v. Besançon (1252–56). Danach begann J. mit der Errichtung einer dritten Herrschaft um Arlay für seinen ältesten Sohn aus dritter Ehe. J. Richard

Lit.: J.-B. GUILLAUME, Hist. Généalogique des anciens sires de Salins I, 1758 – J. GAUTHIER, Le Couvent des Cordeliers de Salins, Bull. archéol. du Comité des Travaux hist. 14, 1896 – J. GAUTHIER, Introduction (Cart. de Hugues de Ch., ed. PROST-BOUGENOT, 1904) – G. DUHEM, Etudes sur les actes de J. de Ch., Mém. soc. émulation Jura, 1925 – DERS., J. de Ch. l'Antique, Mém. Soc. émulation Doubs, 1934.

3. Ch., Jean I. v., Sire d'Arlay, † 13. Febr. 1315; Sohn von 2. und Laure v. Commercy, Erbe einer weiten Herrschaft in der Freigft. Burgund; ∞ 1. Margarete (Marguerite), Tochter Hugos IV. v. Burgund, Dame v. Vitteaux und L'Isle-sur-Serein, durch diese Heirat Schwager →Rudolfs v. Habsburg; 2 Söhne: Hugo, Sire d'Arlay; Johann, Bf. v. Basel; ∞ 2. 1312 Alix de Nesle. J. I. nahm an den Feldzügen der dt. Kg.e Rudolf und Adolf v. Nassau teil und erhielt von ihnen Reichsfreiheit, Zollrecht am Jougne, Münzrecht und die *garde* (Schutzherrschaft) der Abtei St-Oyan (1288–91). Es gelang ihm, trotz des Widerstandes des Ebf.s Vicecomitat und Schultheißenamt von →Besançon zu erwerben (1295). Er erweiterte auch seine eigene Herrschaft und sicherte sich das Monopol der Harzgewinnung im Jura. 1296 rebellierte er gegen die Besetzung der Freigft. durch den frz. Kg. Philipp IV.; doch unterwarf er sich 1301 (zu dem Zeitpunkt, als sein Bruder Hugo Ebf. v. Besançon wurde) und übte 1307–09 in kgl. Namen die Regierung der Freigft. aus. J. Richard

Lit.: A. CASTAN, Le siège et le blocus de Besançon... en 1289 et 1290, Mém. soc. émulation Doubs, 1868 – L. BORNE, Hugues de Bourgogne. Sa guerre avec J. de Ch., Mém. soc. émulation Doubs, 1926 – V. CHOMEL-J. EBERSOLT, Cinq siècles de circulation internat. vue de Jougne, 1951 – R. FIÉTIER, La cité de Besançon..., 3 Bde, 1978.

4. Ch., Jean II. v., Sire d'Arlay, † 1362, Sohn von Hugo v. Chalon und Béatrix de la Tour, ∞Marguerite de Mello.

J. II. war der Hauptgegner von Hzg. Odo (Eudes) IV. v. Burgund, nachdem dieser Gf. v. Burgund geworden war (1330). 1330 griff J. II. Hugo (Hugues de Bourgogne), den Vertreter des Gf.en, an. 1336 rebellierte J. II. als Opfer der Machenschaften von hzgl. Agenten, wobei er die Unterstützung des engl. Kg.s fand; er unterwarf sich dann jedoch dem Urteil des frz. Kg.s Philipp VI., der ihn symbol. zu Haft verurteilte (Juni 1337). J. II. erhob sich 1346 erneut und verband sich mit Kg. Eduard III. v. England (9. Okt. 1346), so daß Philipp VI. erneut den Frieden herbeiführen mußte (1348). J. II. trat dem Kg. die von seiner Mutter ererbten Rechte auf den →Dauphiné ab. 1352 kaufte er die Herrschaft Sallanches. J. Richard

Lit.: E. PETIT, Hist. des ducs de Bourgogne VII, 1901 – R. FIÉTIER, s.o.

5. Ch., Jean III. v., Gf. v. Auxerre, * um 1315, † um 1379; ∞Marie Crespin, 3 Söhne: Jean IV. (→6. Ch.), Louis, Tristan, 2 Töchter; weitere Ehe (wohl Friedelehe) mit Pernette Darnichot. Sohn von Jean II. v. Auxerre († 1346) und Alix de Montbéliard (Mömpelgard). J. III. war zunächst Herr v. Boutavant (1326), sodann Gf. v. Auxerre. Um 1350 erhielt er das kgl. Hofamt des →bouteiller de France. Er wurde kurz vor der Schlacht von →Poitiers/ Maupertuis (16. Sept. 1356) verwundet, gefangengenommen und nach England gebracht. Infolge seiner Verwundung geistesgestört, wurde er 1363 entmündigt. Dennoch verhandelte Kg. Karl V. mit ihm über die Abtretung der Gft. Auxerre an die Krone und kaufte sie am 25. Jan. 1371 zu dem niedrigen Preis von 20000 *francs*, zuzügl. 10000 *francs* Abfindung für J.s Frau (oder Konkubine) Pernette Darnichot. Der Gf. verblieb bis zu seinem Tod unter der Vormundschaft seiner Tochter Marguerite. – Seine Töchter fochten den Vertrag von 1371 an und erlangten 1404 eine Entschädigung von 35 750 *livres*. J. Richard

Lit.: A. CHALLE, Hist. de l'Auxerrois, 1878 – J. GAUTHIER, L'armement d'un chevalier... d'après l'inventaire de... J. d. Ch. (1333), Bull. archéol. Comité des travaux hist. I, 1883.

6. Ch., Jean IV. v., Gf. v. Auxerre (gen. »le chevalier blanc«); * 1337, † 1369; Sohn von 5. wurde 1359 in Auxerre von Robert →Knolles gefangengenommen. Mit der Regierung der Gft.en v. Auxerre und Tonnerre anstelle seines kranken Vaters betraut, kämpfte er mit →Du Guesclin in den Schlachten von Cocherel und Auray, wo er ein Auge verlor und in Gefangenschaft geriet. Wegen seiner Schulden gerichtl. verfolgt, widersetzte er sich gewaltsam den Büttel des frz. Kg.s und des burg. Hzg.s. Er wurde im Louvre, anschließend in Lille gefangengesetzt. Schließlich belagerte ihn Hzg. Philipp in seiner Burg Rochefort, nahm ihn gefangen und lieferte ihn der Gfn. v. Burgund aus. Er starb als Gefangener in Poligny (dép. Jura).
J. Richard

7. Ch., Lambert v., Gf. v. Chalon, † 22. Febr. 978, ▭ Paray-le-Monial; Sohn des Robert, Vicecomes (wohl von →Autun), und der Engeltrudis. Seine Eltern hatten Besitzungen um Charolles (dép. Saône-et-Loire). L. wurde anscheinend durch den westfrk. Kg. Lothar zum Gf.en v. Ch. erhoben (955). Er schlug bei Chalmoux einen auvergnat. Angriff zurück. 973 stiftete er das Priorat →Orval, etwas später →Paray-le-Monial, wo er auch beigesetzt wurde. – Seine verwandtschaftl. Beziehungen zu →Gerberga, der Gattin →Adalberts v. Ivrea, sind strittig. L.s Gemahlin, Adeleidis, war anscheinend Herrin (domina) v. →Donzy. Aus der Ehe gingen ein Sohn, Hugo, und Töchter; ein außerehel. Sohn: Amé, Abt v. Baume mahl Gaufredus (Geoffroy) v. Semur-en-Brionnais die Herrschaft Donzy in die Ehe brachte. Adelaidis heiratete nach L.s Tod den Gf.en Anjou (Angers), Gaufredus (→Geoffroy Grisegonelle; 979), der die Gft. Ch. bis zu seinem Tod (987) regierte.
J. Richard

Lit.: M. CHAUME, Origines du duché de Bourgogne, 1925 – J. RICHARD, Les Ch., les Vergy et la Puisaye, Annales de Bourgogne 18, 1946 – S. DE VAJAY, A propos de la »guerre de Bourgogne«, ebd. 34, 1962 – J. RICHARD, Aux origines du Charolais, ebd. 35, 1963.

8. Ch., Louis I. v., Gf. v. Tonnerre, jüngerer Sohn von 5. † nach dem 8. Jan. 1398; ⚭ Marie l'Archevêque de Parthenay, Söhne: Louis II. (→9. Ch.); Jean (⚔ 1415 bei Azincourt); Hugues († 1417, ⚭ mit der berühmten Dame de Giac); Guillaume, Mitglied des Johanniterordens; 3 Töchter; ein außerehel. Sohn: Amé, Abt. v. Baume (1389–1431). – L. I., wegen seiner grünen Schärpe »le chevalier vert« gen., kämpfte mit →Du Guesclin bei Cocherel, Auray sowie in Spanien und war Führer einer Söldnertruppe. Nach 1370 vorübergehend in engl. Gefangenschaft, kämpfte er unter →Philipp dem Kühnen, Hzg. v. Burgund, 1382 bei West-Rozebeke. L. I. hatte in Teilherrschaft die Gft. →Tonnerre erhalten und beanspruchte die Gft. →Auxerre. Er machte sein Testament in Poligny am 8. Jan. 1398.
J. Richard

9. Ch., Louis II. v., Gf. v. Tonnerre, ⚔ 1424 bei Verneuil, Sohn von 8; ⚭ Marie de La Tremoille; L. II. erbte 1398 zugleich die Gft. →Tonnerre und Besitzungen seines Onkels Jean (Châtelbelin, Orgelet). Durch die Abhaltung prunkvoller Feste erschöpfte er seine Finanzen und geriet in Schulden. Er verliebte sich in Jeanne de Perellos, eine Hofdame der Hzgn. v. Burgund, die er 1406 entführte. Der Hzg. ließ seine Lehen einziehen und veranlaßte den frz. Kg. zur Konfiskation der Gft. Tonnerre, die der Hzg. erwarb. L. II. schloß sich nun der burgunderfeindl. Partei der Orléans (→Armagnacs et Bourguignons) an. 1410 erfolgte eine Versöhnung, und L. II. kehrte nach Tonnerre zurück, wurde aber 1411 wieder vertrieben. Er eroberte die Stadt zweimal zurück (1411, 1414) und verwüstete die burg. Besitzungen, doch büßte er schließlich auch Châtelbelin ein, das ihm das Parlement v. Dole 1413 absprach. Er diente fortan im Heer Karls VII. gegen Engländer und Burgunder. – Sein einziger Sohn, Jean, der Bastard v. Ch., wurde von Karl VI. legitimiert und erhielt von seiner Tante die Herrschaft Ligny-le-Châtel. Auch er diente Karl VII. gegen die Engländer.
J. Richard

Lit.: E. PETIT, Le Tonnerrois sous Charles VI, Bull soc. sc. Yonne, 1891.

Chalon, Mᵉ Pierre de, Berater des frz. Kg.s Philipp IV. und seiner Nachfolger, Bf. v. →Chalon-sur-Saône seit 1342; † 15. März 1345. Herkunft und Anfänge seiner Laufbahn sind unbekannt; vielleicht war er kgl. Prokurator im *Bailliage* Mâcon. 1297 erscheint Ch. unvermittelt als kgl. Oberaufseher der Häfen und Grenzübergänge; er hatte als solcher das von der frz. Monarchie nach engl. Vorbild an allen Grenzen eingeführte Zollsytem durchzusetzen. Ch. behielt dieses Amt bis zum Juni 1335. Als →*clerc du roi*–er ist 1311 als Subdiakon bezeugt–häufte Ch. eine Fülle von kirchl. Benefizien an, mit denen ihm der Kg. seine Dienste vergalt; Ch. führte unter Philipp IV. und seinen Nachfolgern die Titel eines kgl. *familiaris (familier de l'Hôtel)* und Rates *(conseiller du roi* [Titelerneuerung durch: Philipp V., 1317; Karl IV., 1322; Philipp VI., 1332]). Ch. kann als wichtigster polit. Helfer Philipps IV. bei dessen Handels- und Gewerbepolitik gelten, und er tritt in diesem Zusammenhang in zahlreichen Quellen auf, wobei seine beherrschende Rolle für die Organisation der Ausfuhrplätze und das Zollaufkommen deutlich wird. 1305 und erneut 1311 hat Ch. die Aufgabe, die Einhaltung der kgl. Ausfuhrverbote für Wolle und andere Textilprodukte, Färbstoffe, Pferde und kostbare Metalle zu überwachen; in dieser Eigenschaft verfolgt er Verstöße, erhebt Geldbußen und schließt Verträge (so mit den Leinenherstellern von Avignon, die auf den Messen von Chalon-sur-Saône ihre Rohstoffe kaufen). Seit 1308 ist Ch. kgl. Beauftragter (→*commissaire*) für den Wollhandel; in seinen Aufgabenbereich fällt die Erteilung von Lizenzen (gegen Abgaben) für Ausfuhr und Transit von Wolle im ganzen Kgr., und er verhandelt in diesen Fragen mit den großen mailänd. und florent. Firmen. Indem Ch. die Rohstoffe in Frankreich festhielt, verfolgte er als *commissaire* für das languedoz. Tuchgewerbe eine protektionist. Politik. Damit stand er zunächst im Gegensatz zum Bürgertum der languedoz. Städte Narbonne, Carcassonne und Béziers, mit der Ch. jedoch schließlich seine Geschäfte machte: Durch eine →*gabelle* von zwölf *deniers* für jedes verkaufte verarbeitete Tuch wurde der durch das Exportverbot der Rohwaren eingetretene Verlust ausgeglichen. Mit dieser Maßnahme gab Ch. der Textilproduktion in den Städten und Dörfern des Languedoc einen wesentl. Impuls: Languedoz. Tuche, über den kgl. frz. Hafen Aigues-Mortes (anstelle des katal. →Montpellier) ausgeführt, machten nun den fläm. und katal. Textilien im ganzen Mittelmeerraum Konkurrenz und verdrängten sie schließlich. 1327 forderte Ch. die Begleichung der durch ihn vorgeschossenen Summen und erhielt–nach erfolgter Inquisitio durch Mile de →Noyers – aus der kgl. Kasse 2000 *livres parisis* auf die Exportabgaben der Tuchausfuhr von Aigues-Mortes verschrieben.

Ch.s persönl. Machtstellung im Gebiet der Kirchenprovinz Lyon führte dazu, daß der Kg. ihm 1304 die Einziehung der Abgaben für das Heeresaufgebot (*ost*) im Bailliage Mâcon übertrug, ebenso derjenigen für das Aufgebot von 1314 für den Flandern-Feldzug. Auch die Erhebung des zweijährigen Zehnten in der Provinz Lyon lag 1310 in seinen Händen. Er erhielt eine Reihe weiterer Missionen: 1308 Gesandtschaft zum Papst wegen des Templerprozesses (→Templer); 1309 zurückgekehrt, nahm er päpstl.

Aufträge zur Exekution mehrerer Bullen wahr; 1317 Gesandtschaft zum Kg. v. Aragón; Tätigkeit als *Commissaire-réformateur* seit 1319 (Inquisitio im Albigeois 1325). Im Mai 1333 nominierte ihn Philipp VI. zu einem der *présidents* am →Parlement, mit der Ausnahmeregelung, daß er nur nach eigenem Belieben an den Sitzungen teilnehmen mußte (dies vielleicht aus Altersgründen); Ch. erscheint auch in den Parlementslisten von 1336–37, gab danach aber offenbar seine administrativen Funktionen auf. Ch. kauft 1338 Häuser in Ch., erhält von Papst Benedikt XII. das Testierrecht und wird am 26. Juni 1342, knapp drei Jahre vor seinem Tod, vom Papst zum Bf. v. Chalon nominiert. – Von seinen weiteren zahlreichen kirchl. Benefizien seien hier genannt: Kanonikat in Autun (mindestens ab 1304) und Dekanat in Beaune (mit diesen beiden Titeln wird Ch. in der Regel in den Quellen bezeichnet). Ch. mußte aufgrund der Apostol. Konstitution vom 23. März 1318 jedoch auf etwa zehn seiner Pfründen verzichten. – Ein Teil seines Archivs ist innerhalb des »Trésor des chartes du roi« erhalten (Arch. nat. Paris, J 388). R.-H. Bautier

Q. *und Lit.*: Dokumentation für: Gallia regia Philippica (R. FAWTIER, R.-H. BAUTIER, F. MAILLARD) (Arch. nat. Paris) – G. BIGWOOD, La politique de la laine en France sous les règnes de Philippe le Bel et de ses fils, RBPH 15, 1936, 79–102, 429–457; 16, 1937, 95–120 – R. CAZELLES, La société politique... sous Philippe de Valois, 1958, 114n. 1–2 – G. ROMESTAN, Draperie roussillonaise et draperie languedocienne dans la première moitié du XIVe s. (XLIIe Congr., Féd. hist. du Languedoc médit., Perpignan, 1969), 31–59; Les consuls de Béziers et l' abolition de la gabelle des draps, 1330 (XLIIIe Congr. ..., Béziers, 1970), 191–219 – PH. WOLFF, Esquisse d'une hist. de la draperie languedocienne... (Produzione, comercio... dei panni di lana, Atti di 2^a Sett. di st., Prato 1970 [1976], 441.

Chalon-sur-Saône, Stadt, Gft. und Bm. in Ostfrankreich, Burgund (dép. Saône-et-Loire).

I. Stadt – II. Grafschaft – III. Bistum – IV. Kirchen und Klöster.

I. STADT: Die Lage an der Saône war bestimmend für die Entwicklung der Stadt. Bereits als gall. Hafen- und Marktort besaß Ch. (gallo-röm. Cabillonum) Handelsfunktionen. Zur Zeit der röm. Eroberung Galliens durch Caesar (58–51 v. Chr.) heißt Ch. emporium und castrum frumentarium. Es wurde Sitz des Präfekten des Saônegebietes und war seit dem späten 4. Jh. n. Chr. civitas. Die röm. Stadt erstreckte sich über 15 ha und war seit dem Ende des 3. Jh. mit einer starken Mauer befestigt, deren halbovale Führung dem Flußlauf folgte; ihr Verlauf ist noch im heut. Stadtbild erkennbar. Ch. behielt auch in der Merowingerzeit noch eine gewisse Bedeutung, bes. unter Kg. →Guntram v. Burgund, der gern in Ch. residierte. Es blieb wohl von den arab. Einfällen (725 Vorstoß bis Autun und Sens) verschont und entwickelte sich in der Karolingerzeit zu einem wichtigen Verwaltungszentrum. Hier hielt sich 817 und 839 →Ludwig d. Fromme auf; die Treue zum Ks. führte dazu, daß Ch. im Zuge der karol. Thronkämpfe von Ludwigs Sohn →Lothar belagert und gebrandschatzt wurde (834).

Während der Normanneneinfälle des 9. Jh. bot Ch. einen sicheren Zufluchtsort. Die seit dem späten 10. Jh. in Frankreich regierenden Kapetinger ließen den Bf. und Gf.en v. Ch. zwar mehrfach ihre Macht spüren, doch hielten sie sich in Ch. selten auf: Von den kapet. Königsurkunden ist nur eine einzige in Ch. ausgestellt (Ludwig VII., 1166).

Die Territorialentwicklung der Gft. (s. Abschnitt II) hatte bedeutende Auswirkungen auf den polit. Status der Stadt: Eine westl. Zone des Stadtbezirks unterstand dem Hzg. v. Burgund, der seinen Besitz in Ch. vom Bf. v. Ch. zu Lehen hielt; der Bf. übte Stadtherrschaft im östl. Teil der Stadt (dem sog. Cloître) sowie in den Vorstädten Ste-Croix und La Massonnière aus (die Vorstadt St-André war, soweit sie ursprgl. vom Bf. abhängig gewesen war, an den Abt v. St-Pierre übergegangen).

Städt. Selbständigkeit erlangte die Stadt erst spät: Eine *charte de franchises* wurde ihr 1256 vom burg. Hzg. Hugo IV. verliehen. In dieser Periode begann eine Phase des Wachstums im Zusammenhang mit einer allgemeinen Entwicklung von Handel und Verkehr. Die Jahrmärkte von Ch., die seit dem 10. Jh. bekannt sind, nahmen dank der hzgl. Macht eine bedeutende Entwicklung; der weite Radius und das große Volumen des Handelsverkehrs, der in enger Verbindung zu den großen→Champagnemessen stand, machten Ch. für einen langen Zeitraum zu einer bedeutenden Messestadt. Haupthandelszweig war der Tuchhandel. Daneben waren Wolle, Salz und Wein wichtige Handelsgüter. Die große Blüte der Messen v. Ch. setzte wohl gegen Ende des 13. Jh. ein; als bedeutendste Periode können die Jahre zw. 1320 und 1360 gelten. Die Bevölkerung in den Vorstädten wuchs, bes. im westl. gelegenen Viertel St-Jean-de-Maisel (de vetero macello, 'altes Fleischerviertel'), wo sich die Kaufhallen befanden, die einen imposanten Baukomplex in der eher kleinen Stadt bildeten. Vom lebhaften Strom der Besucher und Durchreisenden profitierte die städt. Bevölkerung im übrigen kaum, mit Ausnahme des Herbergs- und Gasthauswesens. Eine solide wirtschaftl. Aktivität entfalteten die Handwerker, die in einer Vielzahl von kleineren Gewerbezweigen tätig waren.

In der 2. Hälfte des 14. Jh. stellten sich konjunkturelle Schwierigkeiten ein. Die Pestepidemien des 14. Jh. führten zu starken Bevölkerungsverlusten; außerdem wurde Ch. während des →Hundertjährigen Krieges durch die Söldnerkompanien in Mitleidenschaft gezogen (1362 Brandschatzung der Vorstädte, im Frühjahr 1365 Ausfall der Messe wegen der Kriegswirren). Die Stadt sah sich zum steten Ausbau ihrer Befestigungen genötigt; die Vorstädte erhielten Palisadenschutz. Im 15. Jh. erfolgte eine empfindliche Preissteigerung und – damit verbunden – eine Verarmung von Teilen der Stadtbevölkerung, was sich aufgrund der Verringerung der zur Herdsteuer *(cherches de feux)* veranlagten Personenzahl deutlich feststellen läßt. Als Kg. Ludwig XI. nach dem Tod Hzg. Karls des Kühnen das Hzm. Burgund wieder dem Kgr. Frankreich eingliederte, flackerte in Ch. – wie andernorts – Widerstand auf, der vom kgl. Gouverneur Georges de la Trémoille rasch unterdrückt wurde (Juli 1477). Unter der frz. Herrschaft wurden die (vorher unterschiedl.) Rechtsverhältnisse in den beiden Teilen der Stadt vereinheitlicht. 1495 erlangten die Schöffen vom Bf. das Recht, die Jurisdiktion über die Zünfte auszuüben und den Wachdienst sowie die städt. Miliz in eigener Verantwortung zu führen. Ch. war bis zur Vereinigung der Freigft. Burgund mit dem Kgr. Frankreich (1674–78) Grenzstadt.

II. GRAFSCHAFT: Die Gft. von Ch., das Chaunois, die aus der durch den mit Karl d. Gr. verwandten Gf.en Adalardus begründeten Mark hervorging, fiel 835 an den Gf.en Warinus (Guérin), der eine überaus bedeutende Rolle am Hof Ludwigs d. Fr. spielte. Danach kam die Gft. an das Haus →Vergy; →Manasse d. Ä., Statthalter →Richards des Justitiars, übertrug sie seinem Sohn Giselbert (Gilbert). Kg. Lothar setzte Lambert, Sohn des Vicecomes (des Autunois), Robert, ein; Lamberts Witwe heiratete in 2. Ehe den Gf.en v. Angers, Geoffroy (Goffredus) Grisegonelle, dessen Sohn Hugo 999 Bf. v. Auxerre wurde: die Tochter Geoffroys, Mathilde (Mahaut), übergab die Gft. den Herren v. Semur-en-Brionnais. Unter der Herrschaft der vorgenannten mächtigen Mitglieder der Aristokratie

spielte die Gft. im 11. Jh. eine bedeutende polit. Rolle. Um 1080 wurde die Gft. zw. den beiden verwandten Familien Donzy und Thiers, die auf die Neffen des Gf. en Hugo II. zurückgehen, geteilt. Das Abkommen über die Teilung betraf auch das→Charol(l)ais, das als »condominium« der Thiers, Semur und Donzy konstituiert war, und machte die Herrschaften von Semur-en-Brionnais und Bourbon-Lancy unabhängig von der Gft. Chalon. I. J. 1100 verkaufte Geoffroy III. wegen seines Aufbruchs zum Kreuzzug seinen Anteil an seinen Onkel Savary, der wiederum einen Teil an den Bf. v. Ch., einen weiteren Teil (das sog. Châtelet) an Hzg. Hugo II. v. Burgund übergab. Diese Teilungen führten zu einer Verringerung der gfl. Gewalt, und die Gf. en v. Ch. verfügten als hzgl. Vasallen lediglich noch über einen auf die Stadt Ch. beschränkten Herrschaftsbereich, abgesehen von einzelnen Rechten (garde, Zölle), die sie außerhalb der Stadt innehatten (gemeinsam mit ihren Besitzungen im Charol(l)ais). Der vollständige Erwerb der Gft. durch Hzg. Hugo IV. i. J. 1237 brachte die hzgl. Machtübernahme zum Abschluß; ledigl. der dem Bf. gehörige Teil der Stadt wurde nicht von ihr erfaßt. – Zur Familie Ch., die die Gft. en→Auxerre und→Tonnerre sowie das Fsm. →Orange (Oranien) innehatte, s. →Chalon, Haus.
M. Chauney

III. BISTUM: Nach der Überlieferung wurde das Christentum in Ch. erstmals vom hl. Marcellus († 177 an dem nach ihm benannten Ort St. Marcel, einige km von Ch. entfernt) gepredigt. Die ersten archäolog. Zeugnisse des Christentums in der Stadt Ch. reichen in das 3. und 4. Jh. zurück. Einen Bf. hatte Ch. erst seit der Mitte des 5. Jh. Das Patrozinium der Kathedrale, St-Vincent, ist seit dem Beginn des 6. Jh. belegt. Das Diözesangebiet, ein Drittel der Kirchenprovinz von →Lyon umfassend, hatte eine eigentüml. geograph. Gestalt: Neben dem Hauptgebiet, das im wesentl. in einem konzentrischen Kreis um die Bischofsstadt lag und dem pagus Cabilonensis entsprach, gehörten zur Diöz. eine Appendix, die sich entlang der Saône und der Ouche erstreckte, sowie drei kleine Exklaven, umschlossen vom Gebiet der Diöz. Langres; hierdurch bedingt, lag auch die große Abtei→Cîteaux auf Bistumsgebiet von Ch. Mehrere frühma. Konzilien fanden in Ch. statt (579, 603, 643/652, 813), desgleichen mehrere Provinzialsynoden in der späten Karolingerzeit (873, 894) und im 11. Jh. (1056, 1064, 1072). Die Bischofsliste ist im einzelnen erst ab dem Ende des 9. Jh. gesichert. Nach einigen hl. Bf. en der Merowingerzeit (Sylvester, Agricola, Flavius, Lupus, Gratus), klafft am Ende des 7. und im 8. Jh. eine Lücke. Während der Regierungszeit Karls des Kahlen (843-877) ist erstmals das Kathedralkapitel erkennbar. 1080 wurde als erster Burgunder auf dem Bischofsstuhl von Ch. Gautier (Walterius) I. de Couches vom Kanonikerkapitel gewählt, ein Ergebnis der gregorian. Reform. Im 12. und 13. Jh. wurde die Kapitelwahl zunehmend zur Regel. 1302 nutzte die Kurie eine strittige Wahl zu eigenem Eingreifen aus. Von nun an nahmen die Päpste verstärkt Einfluß. Bestrebungen des Kapitels, sich zu Beginn des 15. Jh. von dieser Anwendung der päpstl. Reservation bei der Besetzung des Bischofssitzes freizumachen, blieben erfolglos. Seit dem 14. Jh. machte sich auch in der Herkunft der Bf. e ein Wandel bemerkbar: Stammten die Bf. e bis dahin zumeist aus örtl. Adel, so erhielten nun zunehmend Beamte des frz. Kg.s (Pierre II. v. →Chalon, 1342) oder des Hzg.s v. Burgund (Hugues de Coraboeuf, 1333; Jean Aubriot, 1343) das Bm.; der Druck der hzgl. Gewalt verstärkte sich im 15. Jh. noch (Hugues d'Orges, 1426; Jean→Rolin, 1431; Jean Germain, 1436; Jean de Poupet, 1461; André de Poupet, 1480).

IV. KIRCHEN UND KLÖSTER: Die Stadt war in sechs Pfarrsprengel eingeteilt: St-Vincent und St-Georges in der eigtl. Bischofsstadt (cité), St-Jean de Maisel im W, St-André und Ste-Croix im N, St-Laurent auf dem gegenüberliegenden Saôneufer. Das Kathedralkapitel, reguliert nach der gregorian. Reform, wurde bald säkularisiert; die maximale Mitgliederzahl war auf 30 Kanoniker festgesetzt. Die Abtei St-Pierre, im N gelegen, geht nach der Überlieferung auf Bf. Flavius (Ende des 6. Jh.) zurück und wurde von Bf. Gerboldus i. J. 864 reformiert; sie unterstand bis 1285 kgl. Schutzherrschaft (→garde). Die Abtei beanspruchte das Begräbnisrecht, was im 12.–14. Jh. zu zahlreichen Streitigkeiten führte. Die Geschichte der Abtei Ste-Marie ist kaum erhellt; sie unterstand St-Bénigne de →Dijon, und Bf. Gautier gab 1087 dieser Abtei zurück. In der Vorstadt St-Jean de Maisel ließen sich im 13. Jh. mehrere Orden nieder: die Templer (ca. 1217, begünstigt durch eine Schenkung des Hzg.s Odo III. v. Burgund); die Johanniter sowie die Antoniter. 1317 folgten die Karmeliter, die mit Erlaubnis Hzg. Odos IV. bald ihren urprgl. Klosterkomplex erweiterten; nach der Brandschatzung der Vorstadt durch die Söldnerkompagnien (s. o.) mußten die Karmeliter ihre Kirche und Klostergebäude neuerrichten. 1323 errichtete Oudart de Montaigu, Vetter des Hzg.s Odo, in der Kirche St-Georges ein Kollegiatstift. 1328 installierten sich Klarissen in der Vorstadt Ste-Marie. 1451 schließlich gestatteten Hzg. Philipp der Gute und einer seiner Beamten, Jehannin Dor, die Niederlassung von Franziskanern in der Vorstadt St-Laurent; seit 1466 sind Franziskanertertiarinnen in Ch. belegt.
M. Chauney

Q. und Lit.: DHGE XII, 286-302 [P. GRAS] – J. L. BAZIN, Les comtes héréditaires de Ch. (880-1237), Mém. de la Soc. d'hist. et d'archéol. de Ch. 12, 1911 – DERS., Hist. des évêques de Ch., ebd., 14, 1914; 15, 1917 – P. BESNARD, Les origines et les premiers siècles de l'église chalonnaise, ebd., 17, 1920, 75-124; 18, 1922, 41-118 – DERS., Les Cordeliers et les Cordelières de Ch., Rev. d'hist. franciscaine 4, 1927, 527-588 – J. ROBERT DE CHEVANNE, Ch. et Louis XI: 1477, Mém. de la Soc. d'hist. et d'archéol. de Ch. 25, 1932-33, 19-51 – M. CHAUME, Un Problème de droit féodal: la succession de Ch. en 1080, Mém. de la Soc. pour l'hist. du droit et des institutions des anciens pays bourg., comtois et romands 2, 1935, 177-179 – P. GRAS, Les fortifications et la topographie anciennes de Ch., Mém. de la Soc. d'hist. et d'archéol. de Ch. 30, 1943, 46-131 – P. GRAS-M. BOUILLOT, L'ancienne église du Temple de Ch.; la maison des Hospitaliers, ebd., 32, 1947, 32-47 – P. GRAS, Les survivances de la législation romaine sur les sépultures: cimetière et marché à Ch., ebd., 33, 1, 1952, 38-52 – DERS., Un siège épiscopal au temps des papes d'Avignon et du grand schisme d'Occident: les évêques de Ch. de 1302 à 1416. Mém. de la Soc. pour l'hist. du droit et des institutions des anc. pays bourg., franc-comtois et romands 15, 1953, 7-50 – J. RICHARD, Les ducs de Bourgogne et la formation du duché du XIe au XIVe s., 1954 – BRÜHL, Palatium I, 130-136 – M. CHAUNEY, Ch. au temps de Charles le Téméraire, Mém. de la Soc. d'hist. et d'archéol. de Ch. 47, 1977, 173-189 – H. DUBOIS, Les foires de Ch. et le commerce dans la vallée de la Saône à la fin du MA, vers 1280 – vers 1430, 1977 – R. KAISER, Bischofsherrschaft zw. Kgtm. und Fürstenmacht 1981, 344f., 352f.

Châlons-sur-Marne, Stadt und Bm. (Suffraganbm. v. →Reims) in Frankreich, in der →Champagne gelegen (heut. Hauptstadt des dép. Marne). Ursprgl. kleine zentralörtl. Siedlung innerhalb der gallo-röm. Civitas der Remi, dann röm. Municipium, am Schnittpunkt des Marnetals mit der röm. Straße Lyon-Boulogne, wurde die Stadt zu Beginn des 4. Jh. zum Vorort der Civitas Catuellaunum erhoben. Das Territorium dieser Civitas bildete den Bereich des Bm.s Ch. Als erster Bf. erscheint der hl. Memmius am Ende des 3. Jh.; er wurde später Bistums- und Stadtpatron.

Im 4. Jh. befestigt, bildete die spätantike Stadt ein

Viereck von 1 km Umfang und 7 ha Fläche. Außerhalb der Mauern bestanden Heiligtümer, insbes. eine Basilika (St-Memmie), die über dem Grab des hl. Memmius in den Nekropolen, die 1 röm. Meile östl. der Stadt lagen, errichtet worden war. Im 7. Jh. erscheint im Suburbium ein Frauenkl. (ŏ Sulpicius). Während der gesamten frühma. Periode gehörte die Stadt mit ihrer Diöz. (bestehend aus den Pagi Perthois, →Astenois, Chalonge und Vertusais) zum ducatus Campanie (Champagne) und dem Reichsteil Austrien.

Vom 9. Jh. an erlebte Ch. eine Ausbauphase, Vorspiel zur Stadtentwicklung der künftigen Jahrhunderte. Während das castrum der spätröm. Zeit mit der in ihm gelegenen Kathedrale St-Etienne zur Stadt der Geistlichen wurde, konzentrierten sich die wirtschaftl. Aktivitäten in der nördl. Vorstadt bei der Kirche St-Alpin. Nach dem Episkopat des Hildegrin, der 809 von Ch. auf den Bischofssitz →Halberstadt überwechselte, war v. a. die Amtszeit von dessen zweiten Nachfolger Erchanraus (Erchanré; 858–867) bemerkenswert; er scheint bei der Gestaltung des religiösen Lebens wie bei der wirtschaftl. Neuordnung eine aktive Rolle gespielt zu haben. Seit 850 hatte das Kathedralkapitel die Marneufer mit bedeutenden Schiffsanlegeplätzen in seinem Besitz. I. J. 865 gab der westfrk. Kg. Karl der Kahle trotz des Edikts v. →Pîtres einer Bitte der bfl. →familia, der Keimzelle des späteren städt. Bürgertums, statt und ließ in Ch. eine Münzstätte errichten. 963 wird ein Jahrmarkt, der wohl Anfang August bei der Basilika St-Memmie abgehalten wurde, erwähnt.

Bedingt durch die Invasionen und inneren Auseinandersetzungen am Ende des 9. Jh., erfolgte die Wiederherstellung der Mauern, die nun außer dem castrum auch das neue Marktviertel um St-Alpin einbezogen; die ummauerte Gesamtfläche betrug ca. 20 ha, die Länge des Mauerzuges ca. 2 km. Nach und nach führten das bfl. Immunitätsprivileg und die Notwendigkeit der Verteidigung zu einem Übergang der militär.-administrativen Befehlsgewalt an den Bischof. Schon Odo II. († 1037), Gf. v. Champagne, versprach, keine Burg in weniger als 8 Meilen Entfernung von der Bischofsstadt zu erbauen. Dieser Prozeß fand seinen Abschluß, als Gf. Odo III., in seinem Machtbereich vorwiegend auf das Landgebiet um Ch. beschränkt, 1065 in die Abtretung seiner letzten Rechte an Markt und Jahrmarkt an den Bf. einwilligte. In der 2. Hälfte des 11. Jh. war so der Bf., vom Kg. ernannt wurde, zum Herrn einer befestigten Stadt geworden; am äußersten Ende der Achse Paris-Soisson-Reims-Châlons gelegen, sollte sich Ch. als höchst bedeutender Stützpunkt der Krone an der Ostgrenze Frankreichs erweisen. Zu Beginn des 12. Jh. ließ Bf. →Wilhelm v. Champeaux (1113–22), der bedeutende Frühscholastiker, in Ch. Münzen prägen, aber erst 1164 machte Bf. Guy de Joinville als Träger der Grafengewalt erstmals gfl. Rechte geltend. Seit dem 13. Jh. hatte der Bf. v. Ch. dann die Stellung eines →Pair v. Frankreich.

Im 11. Jh. erfolgte die Umwandlung der Kirche St-Pierre-aux-Monts, bereits früher auf einem Hügel im Norden der Civitas errichtet, in eine Abtei OSB (1028). Der sie umgebende burgus entwickelte sich rasch und wurde im 13. Jh. zum Handwerkerviertel, das der Abtei unterstand, welche die Gerichtsbarkeit durch einen *maire* (maior, ›Bürgermeister‹) sowie Schöffen wahrnahm.

Verfassungstopograph. bestand Ch. aus mehreren Stadtkernen (Immunitäten): Dem Herrschafts- und Jurisdiktionsbereich (*seigneurie* oder *ban*) von St-Pierre stand der bfl. Bannbezirk gegenüber, in dem seit 1062 mindestens ein Vicedominus *(vidame)* im Namen des Bf.s amtierte. Dieser Stadtbereich bestand aus dem alten castrum und zwei Vorstädten, dem Neufbourg im SO (1133 bezeugt) und der Neuville im NW. In diesem bfl. Bannbezirk bildete sich vor 1164 eine kommunale Bewegung aus, die aber scheiterte, weil die Bewohner der übrigen Immunitäten sich ihr nicht anschlossen. Unter diesen Immunitätsbezirken ist v. a. der Bannbezirk der Domherren des Kathedralkapitels, das 1113 48 Kanoniker und sonstige geistl. Würdenträger umfaßte, zu nennen; diese Immunität ging aus der Agrarsiedlung von Rognon hervor, die in planmäßiger Parzellierung urbanisiert wurde.

Die vierte und letzte Immunität unterstand der neuen Augustinerchorherrenabtei Toussaints, gegr. 1047 von Bf. Roger II. (der v. a. durch seine Gesandtschaft in die Kiever Rus', wo er für Kg. →Heinrich I. als Brautwerber bei →Anna v. Kiev auftrat, bekannt ist). Die Immunität von Toussaints entstand auf einer Insel zw. zwei Armen der Marne.

Die dritte Ummauerung, errichtet am Beginn des 13. Jh., schloß alle diese neuen Stadtviertel ein. Sie hatte eine Länge von 4,7 km und umfaßte eine Fläche von 113 ha bei einer Einwohnerzahl von ca. 15 000. Als Enklave innerhalb der Gft. Champagne wurde die Stadt das Opfer der Wirtschaftspolitik der Gf.en, die den Handelsverkehr auf ihre eigenen Städte→Troyes, →Bar-sur-Aube, →Provins und→Lagny umlenkten, wo aufgrund der gfl. Förderung die großen →Champagnemessen entstanden. Der alte Jahrmarkt von Ch. dagegen erlebte seinen Niedergang. Ebenso bekämpften die Gf.en mit Erfolg die Verbreitung der Münze von Ch., dessen Prägestätte im 1. Viertel des 13. Jh. ihre Produktion einstellte. Die Stadt mußte sich wirtschaftl. auf das Textilgewerbe umstellen. Die ersten Konflikte zw. Tuchmachern und Besitzern von Walkmühlen (Bf. und Templerorden) sind für 1158 bezeugt. Eine Satzung der Korporation (universitas) der Tuchmacher datiert von 1243. Im 13. Jh. erlebte das Tuchgewerbe von Ch. seine große Blüte; die Produkte aus Ch., der blaue und grüne Chalo, fanden Absatz in der ganzen christl. Welt von England bis in den Mittelmeerraum. Wie Reims war auch Ch. Mitglied der →Hanse der XVII Städte und trat als solches bei den Champagnemessen auf.

Der erneute Reichtum der Stadt bildete die finanzielle Grundlage für den Beginn großer Bauten: Die Kollegiatkirche Notre-Dame-en-Vaux, schon seit dem 7. Jh. als Kapelle bezeugt, wurde zw. 1157 und 1210 neuerrichtet, teilweise nach dem Vorbild von St-Remi de Reims. Notre-Dame erhielt einen Kreuzgang mit statuengeschmückten Säulen, der 1183 vollendet war, im 18. Jh. abgetragen wurde und in der Gegenwart sorgsam wiederhergestellt worden ist. Die Kathedrale St-Etienne, im Laufe des 12. Jh. mehrfach baulich verändert, wurde zw. 1230 und 1303 im got. Stil nahezu vollständig neuerrichtet. Das Wachstum der Stadt führte zur Gründung von Spitaleinrichtungen und zur Niederlassung von Bettelorden (Franziskaner 1219, Dominikaner 1224).

Das Bm. Ch. bot lange Zeit einen günstigen Nährboden für heterodoxe Strömungen, zumal in seinen westl. Diözesangebieten, in denen das Netz der geistl. Einrichtungen recht unzureichend ausgebaut war; die großen Abteien der Benediktiner (Montierender) und Zisterzienser (Troisfontaines) lagen vorwiegend in den Forstgebieten des östl. Diözesanbereiches. Um das Jahr 1000 beunruhigte das Auftreten des Häretikers Leutardius v. Vertus den Bf. Gibuin. Im 12. Jh. predigte der hl. →Bernhard v. Clairvaux gegen die ketzer. Sekte der Apostoliker. I. J. 1239 wurden 183 →Katharer auf dem Mont-Aimé, nahe Vertus, verbrannt.

Der Niedergang von Ch. kündigte sich im letzten Viertel des 13. Jh. an und setzte sich im 14. Jh. fort, begleitet von sozialen Unruhen (1306/07, 1382). Der →Hundertjährige Krieg zog die Landgebiete der Diöz. in Mitleidenschaft, so daß weite Flächen wüst wurden. Pestepidemien, unter ihnen neben dem Schwarzen Tod von 1348–51 auch Seuchenzüge im 15. Jh., führten zu schweren demograph. Einbrüchen. Die Stadt Ch. versuchte seit 1456, durch Anstellung besoldeter Stadtärzte (am bekanntesten Simon Aubespin) den Epidemien entgegenzuwirken. 1475 beträgt die Einwohnerzahl 7850 Personen, 1517 ist ein Anstieg auf 9200 zu verzeichnen; bei beiden Zahlenangaben sind ca. 2000 Bettler und sonstige Arme hinzuzurechnen. Für die städt. Topographie war von Bedeutung, daß 1359, infolge des Eindringens der engl. Truppen in die Immunität der Toussaints-Insel, dieses Stadtviertel aus dem Befestigungsring ausgegliedert wurde, so daß die Ummauerung fortan nur mehr 4,2 km Länge hatte und eine Fläche von 103 ha einschloß. Am Ende des 15. Jh. besaß die Stadtmauer 6 Tore und 66 Türme, von denen 51 jeweils ca. 50 m voneinander entfernt standen.

Die Verwaltung der Stadt wurde zunehmend durch die Macht des Kg.s bestimmt, der hier seinen Einfluß durch den kgl. Bailli des →Vermandois mit Sitz in →Laon geltend machte. Ab 1317 vertrat ein dem Bailli unterstellter Capitaine von Ch. die Belange des Kg.s und der Einwohner; er hatte auch die Befestigungsanlagen unter seiner Obhut. Ein Stadtrat *(conseil de ville)* erscheint definitiv i. J. 1417.

Das Ende des Hundertjährigen Krieges und der allmähl. wirtschaftl. Wiederaufstieg wird auch durch den Bau einer Wallfahrtskirche, 9 km östl. von Ch., markiert: Die Eglise de l'Epine (Dornbuschkirche) entstand an einem Ort, an dem 1419 die wunderbare Auffindung einer Marienstatuette durch Bauern in einem Dornbusch erfolgt war. Die Wallfahrtskirche ist ein Bau im Flamboyantstil, dessen recht archaisch anmutende baul. Gestaltung direkt an die Kathedrale v. Reims zurückgeht. M. Bur

Q. und Lit.: E. G. Gersdorf, Die Urkundenslg. der dt. Gesellschaft, Mitt. der dt. Gesellschaft zur Erforsch. vaterländ. Sprache und Alterthümer in Leipzig, 1856, 125–208 – F. Bourquelot, Règlement pour les drapiers de Ch. (1244–1247), BEC, 1857, 52–60 – E. de Barthelemy, Hist. de la ville de Ch. et de ses institutions, 1888² – L. Grignon, Topographie hist. de la ville de Ch., 1889 – P. Pelicier, Une émeute à Ch. en 1306–07, Mém. Soc. d'Agriculture ... de la Marne, 1890, 117–125 – Ders., La population de Ch. vers la fin du XIVᵉ s., ebd., 1894, 191–238 – M. Poinsignon, Hist. générale de la Champagne et de la Brie, 1896–98 – F. Vercauteren, Etude sur les Civitates de la Belgique seconde, 1934 – A. Perret, Les hôpitaux à Ch. jusqu'au XVIIᵉ s., Positions des thèses de l'Ecole des Chartes, 1946, 122–130 – A. Prache, Notre-Dame-en-Vaux de Ch., Campagnes de construction, Mém. Soc. d'Agriculture ... de la Marne, LXXI, 1966, 29–92 – M. J. Gut, Liste des évêques de Ch. aux XI–XIIᵉ s. Bull. philol. et hist., 1958 (1959), 117–127 – S. Guilbert, Au XVᵉ s., un conseil municipal face aux épidémies, Annales, 1968, 1283–1301 – Ders., Les fortifications de Ch. à la fin du MA, 95e Congr. des Soc. Savantes – Hist. de l'art et archéologie, Reims 1970 [1974], 195–203 – J. P. Ravaux, Les cathédrales de Ch., Mém. Soc. d'Agriculture ... de la Marne, LXXXIX, 1974, 31–70 – R. Kaiser, Münzprivilegien und bfl. Münzprägung in Frankreich, Deutschland und Burgund im 9.–12. Jh., VSWG 63, 1976, 289–338 – A. St-Denis, Un quartier de Ch. au XIIIᵉ s., le ban Saint-Pierre, Mém. Soc. d'Agriculture ... de la Marne, XCI, 1976, 143–169 – J. P. Ravaux, La cathédrale gothique de Ch., Mém. Soc. d'Agriculture ... de la Marne, XCI, 1976, 171–227; XCII, 1977, 115–155 – M. Bur, La formation du comté de Champagne (v. 950–v. 1150), 1977 – J. P. Ravaux, Hist. topographique de Ch., IVᵉ–XVIᵉ s., Mém. Soc. d' Agriculture..., la Marne. XCV, 1980, 57–87 – R. Kaiser, Bischofsherrschaft zw. Kgtm. und Fürstenmacht, 1981.

Chalton → Dorf, Dorfformen

Chalybs (griech./lat.): →Stahl und →Eisen (lat. ferrum). Neben dem Synonym für ferrum ist Ch. v. a. die Bezeichnung des mit Horn, Klauen oder Asche mehrfach geglühten und abgelöschten Eisens, welches im Feuer zu Stahl gehämmert wird (→Schwert; →Waffen). Der Name wird auf ein Eisen förderndes und dies zu Stahl verarbeitendes Volk im Pontus, »Chalybes«, welches ungesichert mit den Chaldäern identifiziert worden ist, zurückgeführt.
G. Jüttner

Cham, Mgft. und Stadt in Bayern (Oberpfalz). Die seit vorgesch. Zeit besiedelte und von den Bajuwaren (→Bayern) weiter kolonisierte Cham-Furter Senke war unter den →Agilolfingern Herzogsland, nach 788 Königsland. Die Geschichte dieses »Campriche« ist von der Grenzlage gegenüber →Böhmen bestimmt. Hier wurde spätestens in otton. Zeit eine Grenzsicherungsorganisation aufgebaut, die durch die Marchfutterabgabe noch im SpätMA greifbar wird. Mittelpunkt dieses Königslandes war neben einem in seiner Lokalisierung umstrittenen Königshof die erstmals 976 gen. Burg Camma, in die sich Otto II. nach einer Niederlage gegen die Böhmen zurückzog. Sie war um die Jahrtausendwende auch Münzstätte. In ihr sammelte Heinrich III. 1040 sein Heer für einen erneuten Feldzug gegen die Böhmen. Dieser Ks. änderte im Rahmen seiner Ostpolitik das System der Grenzsicherung durch die Einrichtung der mit Ministerialen organisierten Mgft. als Bollwerk gegen die von den →Choden gesicherte böhm. Seite. Die Ministerialenburgen drängen sich in auffallender Dichte um die Reichsburg. Als Mgf.en sind die Rapotonen/→Diepoldinger bezeugt. Nach deren Aussterben 1204 fiel die Mgft. an die →Wittelsbacher. Es ist unwahrscheinl., daß erst dieses Herzogsgeschlecht die im Umkreis der Reichsburg entstandenen Markt- und Bürgerorte (Altenmarkt, Altenstadt) in die Regenschleife verlegt und zu einem Zentralort vereinigt hat, der erstmals um 1230 als Stadt angesprochen wurde. Hzg. Otto III. v. Bayern verlieh 1293 das älteste Stadtprivileg, Ludwig d. Bayer 1341 das Stadtrecht. Ch. erlangte als Handelsstadt begrenzte Bedeutung und wurde im frühen 13. Jh. Sitz eines Landgerichts, das 1255 an Niederbayern fiel. Auf dem Pfandwege kam es 1352 an die pfälz. Linie der Wittelsbacher, bei der es bis 1625 verblieb. A. Schmid

Lit.: Hist. Stätten Dtl. VII, 124–126 [K. Schwarz – M. Piendl] – J. Brunner, Gesch. der Stadt Ch., 1919 – K. Bosl, Die Markengründungen Ks. Heinrichs III. auf bayer.-österr. Boden, ZBLG 14, 1943/44, 177–247 – Ders., Reichsministerialität I, 55f., 165ff. – DtStb V/2, hg. E. Keyser – H. Stoob, 1974, 125–129.

Chamaeleon, in Südeuropa und Kleinasien in nur einer Art vertretene baumlebende Echse, die durch ihren Farbwechsel berühmt ist. Die wohl auf einer Sektion beruhende, vielfach als Einschub verdächtigte Beschreibung des Aristoteles (hist. an. 2,11) ist fast ganz von Plinius (8,120–122) und Solin (40,21–24) dem MA weitergegeben worden. Danach ist das schlanke, langsame eidechsenartige Tier durch einen schweine- oder affenähnl. Kopf mit ringsum drehbaren Augen, einen Buckel wie beim Kamel, Greifklauen an den Füßen, einen langen, am Ende dünneren, aufgerollten Schwanz und harte Haut gekennzeichnet. Der Farbwechsel (vgl. Isidor v. Sevilla, Etym. 12,2,18) wird schon von Aristoteles (part. an. 4,11) mit der bes. Ängstlichkeit bewirkenden Blutarmut erklärt (vgl. Plin. 28,113). Außer rot und weiß könne jede Färbung erzielt werden (Plin. 8,122; Solin. 40,23). Das Ch. ist deshalb bei Alexander Neckam (1,21) Symbol für den Schmeichler, der sich nur nicht zu Unschuldigen (weiß!) und Gerechten (rot!) gesellt. Obwohl es sein Maul stets aufsperre, lebe es nur von Luft (Plin. 8,122; Solin. 40,22) und wird von Bartholomaeus Anglicus diesem Element bes. zugeordnet (18,20 s. Merkverse). Trotz des dem Feuer entgegengesetzten Lebensraumes hat Thomas v. Cantimpré es (8,30) nach Jakob v. Vitry (cap. 89) mit dem Salamander identifiziert (vgl. Albertus Magnus 25, 35–36; Konrad v. Megenberg III, E. 22), in der letzten Fassung (= Thomas II) jedoch alle Nachrichten (einschließl. der Feindschaft mit dem Raben nach Plin. 8, 101; Solin. 40,24) in einem nur um die (unvollständige) Etymologie des Namens vermehrten neuen Kapitel (8,8) zusammengefaßt. Ch. Hünemörder

Q.: Albertus Magnus, De animalibus, ed. H. STADLER, II, 1920, BGPhMA 16 – Alexander Neckam, De naturis rerum, ed. TH. WRIGHT, 1863 [Neudr. 1967], Rer. Brit. 34 – Bartholomaeus Anglicus, De proprietatibus rerum, 1601 [Neudr. 1964] – Isidorus Hispalensis, Etymologiae, ed. W. M. LINDSAY, 2, 1911 – Jacobus de Vitriaco, Historia orientalis, ed. F. MOSCHUS, 1597 – Konrad v. Megenberg, Das Buch der Natur, ed. F. PFEIFFER, 1861 [Neudr. 1962] – Solinus, Collectanea rerum memorabilium, ed. TH. MOMMSEN, 1895² [Neudr. 1958] – Thomas Cantimpratensis, Liber de natura rerum, T. 1: Text, ed. H. BOESE, 1973 – Lit.: EM, s. v.

Chambellan (cubicularius, cambellanus), Beamter innerhalb des kgl. frz. Hofhalts (Hôtel du roi), der für die kgl. →Kammer zuständig war. Das Amt dürfte bereits auf die Karolingerzeit zurückgehen; ursprgl. dem camerarius (Kämmerer, →chambrier) unterstellt, gewannen die ch.s an Bedeutung in dem Maße, wie sich das Kämmereramt von einem tatsächl. Amt zu einem bloßen Ehrentitel entwickelte. Im 13. Jh. erreichten die ch.s – insbesondere der allmählich immer stärker hervortretende premier oder principal chambellan – trotz häufiger Herkunft aus dem Kleinadel eine große Machtfülle, da sie, stets in der Nähe des Kg.s etabliert, zu dessen ständigen Ratgebern wurden. Unter Kg. Philipp IV. dem Schönen (1285–1314) bildeten sich regelrechte ch.-Dynastien heraus: die →Bouville, Chambly, Machault; der allgegenwärtige ch. Enguerran de →Marigny übte einen beherrschenden Einfluß auf die polit. und finanzpolit. Angelegenheiten des Kgr.es aus. In dieser Periode waren die ch.s – neben den Hofmeistern (grand maître und maître d'Hôtel) – mit der Verwaltung der kgl. Kammer betraut; sie führten die Oberaufsicht über die Behausung und die Dienerschaft und wachten über die Sicherheit der kgl. Person. In ihrer Obhut war das kgl. Privatsiegel (sceau du secret), so daß sie im Namen des Kg.s auch zahlreiche Urkunden ausstellten. Sie wirkten als Fürsprecher bei der Erlangung von kgl. Gnadenerweisen, Benefizien, Ämtern und Pensionen und führten auch eine Zeitlang die Register der kgl. Lehnsleute. Die Zahl der ch.s schwankte zw. drei und sechs. Sie lebten tatsächl. in größter Nähe zum Kg.; außer in den Nächten, die der Kg. mit seiner Gemahlin verbrachte, hatte raturnusmäßig einer der ch.s im kgl. Schlafgemach, zu Füßen des Monarchen, zu nächtigen (Ordonnance de l'Hôtel, Dez. 1316). Die ch.s bezogen feste Einkünfte und empfingen darüber hinaus kgl. Geschenke. Bisweilen bereicherten sie sich mit so aufsehenerregender Geschwindigkeit, daß Untersuchungen ihrer Amtsführung und Konfiskationen die Folge waren (1320–22 derartige Verfahren gegen die Bouville, Chambly, Machault). Andererseits erhielten die ch.s das *chambellage* (cambellagium), eine Summe, die ihnen für die Entgegennahme der Homagien von seiten der kgl. Lehnsleute zustand. E. Lalou

Lit.: P. LEHUGEUR, De hospitio regis et secretore consilio, 1897 – CH.-V. LANGLOIS, Registres perdus des Archives de la Chambre des Comptes de Paris (Notices et extraits des manuscrits 40), 1916, 70–123 – F. LOT-R. FAWTIER, Hist. des institutions françaises au MA II, 1958, 55, 68 – J. FAVIER, Un conseiller de Philippe de Bel: Enguerran de Marigny, 1963.

Chamber → Kammer

Chamberlain, kgl. Hofamt in England. Die erste überlieferte Erwähnung des Ch. of England erfolgte in einer Urkunde Kg. Heinrichs I., in welcher dem Aubrey de →Vere, dem späteren Earl of Oxford, und seinen Erben die Würde des obersten Ch. für ganz England verliehen wurde, so wie sie Robert →Malet innehatte. In der →»Constitutio Domus Regis« (zw. 1135 und 1139 zusammengestellt) erscheint dieses Hofamt unter den sechs wichtigsten und am höchsten dotierten kgl. Ämtern, es war aber vielleicht schon nach dem Tod Kg. Wilhelms I. im Zuge der Herrschafts- und Verwaltungsteilung zw. England und der Normandie geschaffen worden. Seit der Verbannung von Robert Malet i. J. 1106 zunächst vakant, stellte das Amt danach eine Sinekure dar. Nominell mit der Sorge für die kgl. →Kammer betraut, amtierte der Ch. nur bei offiziellen Anlässen, einschließl. der Krönungsfeiern, wobei er dem Kg. vor und nach dem Bankett Wasser in einer silbernen Schale reichte. Die Earls of Oxford hatten dieses Ehrenamt bis zur Ächtung Roberts de →Vere i. J. 1388 inne; danach, bis 1485, wurde es vom Kg. auf Zeit oder auf Lebenszeit verliehen.

Der (tatsächl. fungierende) Vertreter des Ch. of England war der *King's Ch.*, er hatte die organisator., aber nicht die finanzielle Leitung der kgl. Kammer inne. In der →Hofordnung von 1471–72 erscheinen beide Ch.'s, der erstgenannte Ch. of England als *Great Ch. of England*. Er erschien nur zu den fünf Hauptfesten des Jahres am engl. Hof. Der King's Ch. hatte dagegen aufgrund seines Ansehens und seiner Nähe zum Kg. großen Einfluß auf die Staatsangelegenheiten. Als Stellvertreter des King's Ch. William Lord →Hastings († 1483) erscheint in der Hofordnung von 1471–72 Sir Roger Ree. Seit 1447 hatte jedoch William de la →Pole, Mgf. und später Hzg. v. Suffolk, der nach seinem Rücktritt vom Amt des Mundschenks im Hofhalt die Würde des Ch. of England erhielt, einen allmächtigen Einfluß am Hof. Einem Bittsteller konnte aber am ehesten der King's Ch. Zugang zur Person des Kg.s verschaffen; daher war allein seine Unterschrift unter einer Bittschrift in den späten MA ein probates Mittel, um die kgl. Billigung anzuzeigen. B. P. Wolffe

Lit.: NQ, 13th ser. I, July-December 1923, 223–225, 245f., 263–266 [G. H. WHITE] – Peerage X, App. F, 47–90 [G. H. WHITE] – T. F. TOUT, Chapters in the Administrative Hist. of England, 6 Bde, 1920–33 – DERS., The Place of the reign of Edward II in English Hist., 1936 – A. R. MYERS, The Household of Edward IV., 1959 – H. G. RICHARDSON-G. O. SAYLES, The Governance of Mediaeval England, 1963.

Chambéry, Stadt in →Savoyen (Hauptstadt des dép. Savoie), im Voralpengebiet nahe dem Fluß Leysse, ca. 8 km südl. des Lac du Bourget gelegen. Das Toponym Cambariacum dürfte wohl ursprgl. eine Altsiedlung (Ch.-le-Vieux) 2 km nördl. des heut. Ch. bezeichnen haben; die Erwähnungen von 1016 und 1031 für Ort bzw. Herrschaft Ch. betreffen allerdings die heut. Siedlung. Die frühstädt. Siedlung (burgum) ist bereits vor 1057 als eigenständige Agglomeration faßbar. Die Pfarrei ging aus dem Priorat Lemenc, das sich aus einer röm. Etappenstation entwickelt hatte, hervor.

Im 11.–13. Jh. war der Ort zum größten Teil in der Hand von Vasallen der Gf.en v. Savoyen. 1232 kaufte Gf. →Thomas v. Savoyen die Rechte, die der Adlige Berlion im Burgus Ch. hatte, und verlieh der Stadt ein Freiheitsprivileg. Ch. war ursprgl. Sitz eines *métral* (ministerialis), der dem Kastellan von Montmélian unterstand.

Die Burg Ch. wurde erst 1255 vorläufig, 1295 definitiv von den Savoyern erworben. Gf. Amadeus V. (1285–1323) setzte einen Kastellan ein und verlegte zentrale Institutionen seiner Landesherrschaft nach Ch., insbes. den savoyischen Rechnungshof *(chambre des comptes).* Das Schloß, das über Generationen hinweg Um- und Ausbauten erfuhr, wurde zu einer der Hauptresidenzen des Hauses Savoyen.

Die Stadt wurde zu Beginn des 13. Jh. durch zwei neue Viertel außerhalb der ursprgl. Mauer erweitert *(bourg neuf* und die *ville neuve).* 1371 wurde eine neue Ummauerung errichtet. Die Bevölkerungszahl scheint im 14. Jh. nicht über 2000 Einw. hinausgekommen zu sein. Seit dem 13. Jh. bestanden in Ch. Konvente der Klarissen und Franziskaner. Dominikaner und Franziskanerobservanten kamen im 15. Jh. hinzu. Die Schloßkapelle (Sainte-Chapelle) wurde 1467 als Kollegiatkirche errichtet; hier befand sich seit 1506 das Sudarium Christi (das heut. Turiner Grabtuch). J. Y. Mariotte

Q.: L. COSTA DE BEAUREGARD, Mém. Soc. savoisienne 11, 1843, 153–212 (Q. aus Archivbeständen von Ch.) – F. RABUT, Mém. et documents Soc. savoisienne I, 1856, 1–72; II, 1858, 21–138; VI, 1862, 3–113 [zu OP und OFM in Ch.] – A. DUFOUR, ebd. 15, 1875, 75–116 (Q. aus Turiner Archivbeständen, Q. zur Topographie im 15. Jh.) – P. VAYRA, Inventari dei castelli di Cianberi..., 1497–98, Misc. storia It. 7, 1884, 9–248 – F. MUGNIER, Mém. et doc. Soc. savoisienne 26, 1886; 28, 1888, 167–245 (Briefe der Fs. en v. Savoyen an die Stadt Ch. 1393–1528); Auszüge städt. Rechnungen 1387–89) – L. MORAND, Mém. Acad. Savoie 40, 1893, 37–207; Documents, publiés par l'Acad. Savoie 7, 1893, 1–156 (Q. zu Korporationen) – F. PERPÉCHON, Mém. et doc. Soc. Savoisienne 2e sér. 9, 1895, 351–422 (Nekrologe) – M. CHIAUDANO, La finanza sabauda III, 1937 (Bibl. Soc. storia subalpina, 133), passim – R.-H. BAUTIER – J. SORNAY, Les sources de l'hist. économique et sociale du MA: Etats de la maison de Savoie, 1968–74, 321, 323, 332, 333, 345f., 420, 505, 796, 797f., 802, 1021–1023, 1264 – *Pläne:* J. Y. MARIOTTE – A. PERRET, Atlas hist. français. Savoie..., 1979, pl. LXXXVIII-LXXXIX – *Lit.:* L. MENABREA, Hist. municipale et politique de Ch., 1847 – T. CHAPPERON, Ch. à la fin du XIVe s., 1863 – A. DE JUSSIEU, La Ste-Chapelle du Château de Ch., Mém. Acad. Savoie 2e sér. 10, 1869, 65–322 – A. PERRET, A propos d'un centenaire, 1255. L'origine des droits des comtes de Savoie sur... Ch., Revue de Savoie, 1955, 3–17 – L'église priorale de Lemenc. Hist. et description, 1957.

Chambre des comptes (Camera compotorum), zentrale Institution des →Finanzwesens der frz. Monarchie. Die ch. hatte als Teil der curia regis das Rechnungswesen der kgl. Beamten und Beauftragten zu kontrollieren. Ursprgl. oblag diese Tätigkeit dem Kg. selbst, der hierfür jeweils Leute seines Vertrauens heranzog, an deren Stelle seit der Regierung Philipps II. August (ca. 1200), bedingt durch die Ausdehnung der kgl. Domäne und das Anwachsen der Einkünfte, spezielle Beamte unter den curiales traten. Diese hatten die weitergehende Rechnungsprüfung und auch das kgl. Archiv unter ihrer Obhut.

Das Personal dieser Behörde, die *gens des comptes,* sind erstmals in einer Ordonnanz Kg. Ludwigs d. Hl. über die Kommunen der Normandie belegt (1256): Der Kg. ordnet an, daß die probi homines der norm. Städte jedes Jahr Rechnung legen sollen; die Rechnungen sollen den kgl. Rechnungsbeamten am 18. Nov. vorliegen (»ad nostras gentes qui ad nostros computos deputantur«, »coram nostris gentibus ad terminum supradictum«). 1269 ist die Rede von einer Versammlung der »magistri curie« im Temple, dem Pariser Sitz des →Templerordens und Aufbewahrungsort des kgl. Schatzes; in einem Text von 1272 heißt es dann genauer »magistri curie qui erant in termino Ascensionis in compotis apud Templum«. Diese »mestres des contes le roi« (1275) hatten Kommissionen zu bilden, die mit der Rechnungsprüfung und Verwaltung der kgl. Gelder betraut waren. Die Vorstellung einer vom Kg. persönl. geleiteten »curia in compotis« war gleichwohl noch lebendig: Philipp IV. der Schöne führte bei derartigen Sitzungen den Vorsitz; so heißt es 1289: »rex audivit apud Credolium compotos suos«, wobei auch andere hohe Herren zugegen waren.

1295 wurde der kgl. Schatz, der →trésor, aus dem Temple in den Louvre überführt. Auch die Kommission, welche die Überprüfung der Rechnungen über die Einnahmen in den Zeiten zw. den einzelnen Sitzungen vorzunehmen hatte, siedelte zusammen mit dem Schatz in den Louvre über. Nach der Rückführung des Schatzes in den Temple (1303) blieb die Kommission jedoch im kgl. Palast und erhielt im neuen Palast ihre eigene camera *(chambre).* Etwa seit dieser Zeit nahm die Behörde den Namen ihres Amtsraumes an; 1306 erteilt der Kg. den Schatzmeistern Instruktionen »per cameram compotorum«. In diese Zeit fallen auch die Ansätze zur Spezialisierung. Die ch. umfaßte nun 16 Personen: Kleriker, Schatzmeister *(trésoriers),* aber auch große Herren, die sich jedoch zunehmend als unbrauchbar erwiesen und nur den regulären Geschäftsgang störten. Philipp der Schöne verfügte, daß diese Großen bei der ch. keinen Einlaß mehr finden sollten, und Enguerrand de →Marigny berief sie nicht mehr. Nach Marignys Sturz traten sie zwar zunächst wieder auf, blieben aber bald von sich aus gänzlich der Behörde fern.

Schließl. erfuhr die ch. durch die Ordonnanz von Le Vivier-en-Brie (Jan. 1320) ihre offizielle Organisation. Der Tätigkeitsbereich war umfassend: Die ch. kontrollierte die Abrechnungen, aber auch die Administration und die Führung der Geschäfte in der gesamten kgl. Domäne; sie hatte Jurisdiktionsgewalt in vielen Angelegenheiten und spielte auch eine beachtl. polit. Rolle. Für diese Periode ist mit Recht gesagt worden, »daß die ch. (nächst dem *conseil,* dem kgl. Rat) die wichtigste Institution der Monarchie war, bedeutender selbst als das Parlement«.

Die Rechnungsprüfung war dabei die wichtigste Tätigkeit der ch. Sie kontrollierte die Rechnungen aller Personen, die im öffentl. Auftrag Geld erhielten oder ausgaben. Zweimal jährl., zu den Oktaven des Johannestages und des Weihnachtsfestes, legten die Einnehmer *(receveurs)* der *Bailliages* und *Sénéchaussées* ihre Rechnungen vor, doch prüfte die ch. ebenso die Rechnungen der verschiedenen Hofhalte der kgl. Familie *(Hôtel du roi, de la reine, des Enfants de France)* und der einzelnen kgl. Behörden *Eaux et forêts, monnaies, trésoriers des guerres).* Die Rechnungen wurden im Büro unter die *petits clercs* zur Überprüfung aufgeteilt, diese wiederum berichteten den *maîtres,* welche über die Rechnungen urteilten, Beschlüsse faßten und die Rechnungen den petits clercs zur Korrektur übergaben; Verzögerungen bei der Korrektur zeigten sich früh.

Die ch. spielte darüber hinaus eine bedeutende administrative Rolle und kontrollierte insbes. die Domäne. Sie bestätigte, ratifizierte, überprüfte und registrierte bestimmte Urkunden (Stiftungen, Befreiungen von Abgaben, Käufe und Verkäufe des Kg.s etc.) und überwachte die kgl. Schenkungen und diversen Gunstbezeigungen, um Nachteile für das Vermögen der Krone möglichst zu vermeiden. Die ch. hatte Weisungsbefugnis über kgl. Beamte *(Baillis, Sénéchaux, Prévôts* und *Vicomtes),* ebenso über die Pächter und die kgl. Notare. Bis zur Schaffung der *Cour des monnaies* (1346) hatte die ch. auch die Aufsicht über das Münzwesen und die Währung, auch über die Münzer selbst. Sie führte Untersuchungen *(enquêtes)* über den Besitzstand der kgl. Domänen, die Höhe der Einkünfte und allgemein die »Rechte des Kg.s« durch.

Die ch. hatte also einen weiten Jurisdiktionsbereich; sie befaßte sich mit Prozessen über die Rechnungsprüfung, mit Streitfällen zw. Abgabepflichtigen und kgl. Beamten und (bis 1346) auch mit Münzfragen. Schließl. gehörten auch die außerordentl. Finanzen, die Steuern, bis zur Einrichtung der *cour des →aides* in das Ressort der ch.

Eine polit. Rolle spielte die ch. durch das Recht des *enregistrement* (Eintragung ins Register), das die ch. neben dem →Parlement ausübte: Die ch. prüfte neue kgl. Urkunden und konnte die Eintragung von Urkunden, die nach ihrer Auffassung dem Interesse der »Krone« zuwiderliefen, verweigern und gegenüber dem Kg. im Zuge der Remonstranz *(remonstrance)* ihren Protest bekunden. Schließlich war es nicht ungewöhnlich, daß Mitglieder der ch. in den kgl. Rat berufen wurden.

Trotz der Vielzahl der Aufgabenbereiche war das Personal zahlenmäßig gering. 1338 umfaßte die ch. 10 *maîtres* (Kleriker oder Laien) und 19 *petit clercs*. 1360 waren es nur mehr 9 und 12. Die *maîtres* spezialisierten sich rasch auf bestimmte wichtige Arbeitsgebiete; die *petits clercs* wurden mit den Einzeluntersuchungen und Rechnungskorrekturen beauftragt. 1436 erhielten sie den Titel *auditeur* (Auditor). Neben den *petits clercs* (auch: *clercs d'aval, clercs d'en bas*) treten 1395 *correcteurs* (Korrektoren) auf. Der →*procureur* (Prokurator) und →*avocat du roi* (kgl. Advocatus) kamen zu diesem Personal hinzu. Schließl. sind seit den ersten Jahren des 15. Jh. die beiden *présidents* (Präsidenten) bezeugt, ein Kleriker und ein Laie. 1408 umfaßte die ch. 2 *présidents*, 8 *maîtres*, 12 *clercs*, 2 *correcteurs*, *huissiers* (Gerichtsdiener), *notaires* (Notare) und *greffiers* (Gerichtsschreiber).

Der weite Kompetenzbereich der ch. erfuhr Einschränkungen durch die Schaffung der →*chambre du trésor* (1390), der Cour des monnaies (1346) und der Cour des aides (1356). Nach der Reorganisation der ch. 1436 (im Zuge der Kriegsereignisse hatten seit 1420 zwei ch.s bestanden, in Paris und in Bourges) sah sich die Behörde auf ihre ureigenste Funktion, die Rechnungsprüfung für die Domänenverwaltung, zurückgeführt. 1437 schuf Karl VII. eine cour des aides für das Languedoc, der 1523 eine chambre des comptes angeschlossen wurde. Sie war in Montpellier installiert. Andererseits wurden die alten fsl. Hofgerichte mit ihren Rechnungshöfen zugunsten der ch. aufgehoben (Anjou 1483/1531, Angoulême 1531, Bourbonnais 1527); auch ihre Archive gelangten an die ch.

Seit 1304 im Louvre, siedelte die ch. 1504 in ein unter Ludwig XI. errichtetes Gebäude gegenüber der Ste-Chapelle über. Dort zerstörte ein Brand 1737 einen Großteil der Archivalien, weitere gingen in der Frz. Revolution verloren. Die verbliebenen relativ geringen Bestände befinden sich in den Arch. nat. (Ser. P) und in anderen Sammlungen.   E. Lalou

Q.: Ch.-V. Langlois, Inventaires d'anciens comptes royaux dressés par R. Mignon (Historiens de France, Documents financiers, I), 1899 – J. Petit u. a., Essai de restitution des plus anciens mémoriaux de la Ch. des c. de Paris (Univ. de Paris, Bibl. Fac. des Lettres, VII), 1899 – *Lit.*: A. M. de Boislisle, Ch. des C. de Paris, Pièces justificatives, 1873 – G. Jacqueton, Documents relatifs à l'administration française de Charles VII à François Ier, 1891 – Borrelli de Serres, Recherches sur divers services publics du XIIIe au XVIIe s., Bd. I, 1896, 297-302, 365-368 – Ch.-V. Langlois, Registres perdus de la Ch. des c. (Notices et extraits des ms., Bd. XL), 1917 – G. Dupont-Ferrier, Études sur les institutions financières de la France à la fin du MA, 1930-32 – P. Lehugeur, Philippe le Long..., le mécanisme du gouvernement, 1931 – J. Jassemin, La Ch. des c. de Paris au XVe s., 1933 – F. Lot-R. Fawtier, Hist. des institutions françaises au MA II, 1958, 240-244.

Chambre aux deniers (Camera denariorum), Institution des →Finanzwesens der frz. Monarchie. Als Kasse des kgl. Hofhalts *(Hôtel du roi)* erhielt die ch. aux d. vom kgl. Schatz *(trésor)* die Mittel zur Bestreitung der Personal- wie Sachaufwendungen des Hofhalts; sie verwaltete diese und leistete die entsprechenden Zahlungen an die *métiers* (die den Hofhalt beliefernden Pariser Korporationen), deren Rechnungen sie entgegennahm. Zwar ist die ch. aux d. unter diesem Namen erst 1261 (Ordonnance de l'Hôtel Kg. Ludwigs d. Hl.) belegt, doch existierte sie schon vorher und dürfte auf die Regierungszeit Philipps II. August (1180-1235) zurückgehen; zunächst wurden die Finanzen des Hofhalts wohl von den →*chambellans* verwaltet, bis →*clercs du roi* an ihre Stelle traten (nach Borrelli de Serres um 1257/61); die chambellans übernahmen dafür nun umfassendere Aufgaben in der kgl. Hausverwaltung. Die Bezeichnung der Institution als »ch. aux d.« wurde offenbar zur Regel nach dem Neubau des kgl. Palastes (1303-04), in dem sie eigene Amtsräume erhielt. Hier wurden die Geldmittel der ch. aux d. aufbewahrt, gezählt, Zahlungen geleistet und entgegengenommen; hier bestand auch das Archiv. 1315 wurde das Personal der ch. aux d. fixiert: Sie umfaßte einen *maître*, einen *contrôleur* (Prüfer), zwei *sommeliers* (Keller) sowie mehrere *valets* (Gehilfen); ein dreispänniger Wagen stand für den Transport des »tonnel à l'argent« wie auch der Register bereit. In der Tat folgte ein Teil der ch. aux d. dem Kg. bei seinen Reisen von Residenz zu Residenz, so daß bei den wechselnden Aufenthalten des Hofes außerhalb von Paris stets die erforderlichen Geldmittel zur Verfügung standen. Rechnungen der ch. aux d. in Form von Wachstäfelchen sind aus den Jahren 1256-57 (Jean Sarrazin), 1282-85 (Pierre de Condé) sowie aus einigen Regierungsjahren Philipps des Schönen (zw. 1301 und 1308, Jean de Saint-Just) erhalten. Auf ihnen sind einerseits die tägl. Ausgaben, getrennt nach *métiers*, und die den Beamten des Hofhalts gezahlten Bezüge, andererseits außerordentl. Aufwendungen (verschiedene Lieferungen, Geschenke und Almosen, Zehnte usw.) vermerkt. Die ch. aux d. darf nicht mit der →*argenterie* oder dem →*trésor* verwechselt werden. Borrelli de Serres und nach ihm Jassemin vertraten die Auffassung, der Tätigkeitsbereich der ch. aux d. habe sich vor 1305 mit demjenigen der →*chambre des comptes* überschnitten; tatsächl. dürften beide Institutionen jedoch schon frühzeitig getrennte Funktionen besessen haben. – Nachdem die frz. Kgn. schon im 13. Jh. einen *clerc* für die Rechnungen ihres Hofhalts beschäftigt hatte, wurde im frühen 15. Jh. für Kgn. Isabella v. Bayern (Isabeau de Bavière) eine eigene *ch. aux d. de la reine* geschaffen; sie glich in ihrem Personalaufbau derjenigen des Kg.s und verwaltete gesondert die Mittel des *Hôtel de la reine*.   E. Lalou

Q. und Lit.: Recueil des historiens de france, Bd. XXI, 284-392; Bd. XXII, 431-566 – M. L. Douet-D'Arcq, Comptes de l'Hôtel des rois de France aux XIVe et XVe s., 1865 – Borrelli de Serres, Recherches sur divers services publics du XIIIe s. au XVIIe s., Bd. I, 1895, 249-262, 272, 308-333 – H. Jassemin, La ch. des Comptes de Paris au XVe s., 1933 – J. Viard, Les journaux du Trésor de Philippe le Bel, 1940 [introduction] – F. Lot-R. Fawtier, Hist. des institutions françaises au MA, Bd. II, 1958, 74 f.

Chambre du Trésor (auch: *Cour du Trésor*), kgl. frz. Gerichtshof. Die Ordonnanz von St-Germain-en-Laye (2. April 1390) etablierte diesen Gerichtshof, der in den die →Krondomäne betreffenden Prozessen Recht zu sprechen hatte. Vorher waren diese Fälle in erster Instanz von den →*Baillis* und →*Seneschällen*, in zweiter Instanz von den *trésoriers* (→*trésor*), in letzter Instanz vom →*Parlement* gerichtet worden. Die kgl. Schatzmeister, die trésoriers, hatten damit zugleich die Verwaltung der Domäne und die Rechtsprechung in den entsprechenden Streitfällen ausgeübt. Angesichts des erhöhten Arbeitsanfalls und der Vielfalt und Unübersichtlichkeit der Rechtsverhältnisse der Domäne schuf der Kg. den Gerichtshof, der aber bis 1438 nicht unangefochten zu existieren vermochte (aufgehoben 1401, 1404–07, 1408–11, 1418–38). Sein Sitz war der Pariser Königspalast, wo er in der Nähe von →Parlement, →*Chambre des comptes* und *Cour des→aides* tagte, mit denen wenige Streitigkeiten oder Kompetenzüberschneidungen auftraten. Einzig im Kgr., hatte er doch nur ein geringes Personal: seine Richter, die *trésoriers sur le fait de la justice* (zunächst 3–8, im 15. Jh. schließl. 4), wurden unterstützt von Räten *(conseillers)*, beigeordneten Kommissaren sowie *clercs du trésor;* ein Wechsler, ein clerc für die Schriftstücke, Gerichtsschreiber, ein Gerichtsdiener und Boten vervollständigten das Personal. Im 15. Jh. erscheinen hier auch Anwälte: ein→*procureur du roi* (kgl. Prokurator), Substituten, ein→*avocat du roi* (kgl. Advocatus). Trotz der prinzipiellen Geltung der Rechtsprechung der ch. im ganzen Kgr. verengte sich faktisch sein Wirkungsbereich zunehmend: Aus bestimmten Gegenden Frankreichs wurde die ch. nie angerufen; das Edikt vom Jan. 1544, das den Geltungsbereich der ch. auf Vicomté und Prévôté v. Paris sowie die acht umliegenden Bailliages beschränkte, bekräftigte nur eine schon bestehende Realität. E. Lalou

Lit.: G. DUPONT-FERRIER, Les origines et le premier siècle de la cour du Trésor, 1936 – F. LOT–R. FAWTIER, Hist. des institutions françaises du MA, Bd. II, 1958, 246–250.

Chambrier (camerarius, 'Kämmerer') aus dem Hofamt der Karolingerzeit (belegt in »De ordine palatii« des Hinkmar v. Reims) hervorgegangenes kgl. frz. Amt. Der ch. stand den Bediensteten der kgl. →Kammer vor, den Privatgemächern, wo der Kg. auch seine Kleider, Juwelen und Wertsachen sowie seinen Schatz aufbewahrte. Von daher entwickelte sich die Bedeutung der ch. für das →Finanzwesen. Zu Beginn des 11. Jh. spielt der ch. in der kgl. Regierung und Verwaltung eine Rolle, doch lassen sich seine Funktionen schwer abgrenzen; rasch wurde sein Amt zum Ehrenamt. Das Schatzamt (→*trésor*) und die →*argenterie* gerieten aus seinem Kompetenzbereich, und bald übten ursprüngl. Untergebene des ch., insbes. die →*chambellans*, seine Funktionen in der Haus- und Finanzverwaltung aus. Der Ehrentitel des ch. wurde im SpätMA verschiedenen großen Herren verliehen, so unter Philipp dem Schönen, dem Hzg. v. Burgund, dem Gf.en v. Oreux, dem Hzg. Ludwig v. Bourbon. 1545 wurde das Amt des ch. aufgehoben. – Der ch. genoß beträchtl. Einkünfte aus Orten in der Nähe von Paris (Picpus, Charonne, Popincourt – letztere Domäne fiel nach der Aufhebung des ch.-Amtes an die Krone) sowie aus Abgaben die auf bestimmten Pariser Gewerbezweigen (Trödler, Kürschner, Schuhmacher, Sattler) lagen. Außerdem erhielt der ch. die Bezüge eines kgl. Rates *(conseiller du roi)*. E. Lalou

Lit.: DU CANGE II, 51 – F. LOT–R. FAWTIER, Hist. des institutions françaises au MA, Bd. II, 1958, 54 f. – E. BOURNAZEL, Le gouvernement capétien au XIIe s., 1975.

Chammünster, Kl. in Bayern (Oberpfalz) am Regen nahe bei der Stadt →Cham gelegen. Das Kl. Ch. war kirchl. Mittelpunkt des bayer. Altsiedellandes in der Cham-Furter Senke. Es wurde um 740 von Hzg. →Odilo gegr. und dem Abtbf. von St. Emmeram zu →Regensburg als Eigenkloster unterstellt. Bestand und Besitz der Zelle, über die nur wenig bekannt ist, waren immer gefährdet. Sie mußte nachweislich von Hzg. →Tassilo III. und Bf. Baturich v. Regensburg gesichert werden. Ch. war das einzige frühma. Kolonisationskloster im bayer. Nordwald, zugleich Vorposten der Missionierung in diesem Raum und Versorgungsstation an der Altstraße von Regensburg nach Böhmen. Es ging während der Krise des Klosterwesens im ausgehenden 9. Jh. ein. Im 12. Jh. wurde auch hier versucht, die klösterl. Tradition zu erneuern. 1126 erteilte der Bf. v. Regensburg dem als Pfarrer für Cham eingesetzten→Gerho(c)h v. Reichersberg den Auftrag zur Errichtung eines Augustiner-Chorherrenstifts, die aber an den polit. Auseinandersetzungen dieser Jahre scheiterte. 1260 übertrug der Bf. die Kirche seinem Domkapitel. Trotz des kurzen Bestandes des monast. Lebens blieb Ch. während des gesamten MA als Sitz des größten Dekanats der Diöz. Regensburg und der Pfarrei für die Stadt Cham kirchl. Zentrum. Der gegenwärtige Kirchenbau verrät noch heute die geschichtl. Bedeutung des Ortes. A. Schmid

Lit.: Hist. Stätten Dtl. VII, 126 [M. PIENDL] – Die Kunstdenkmäler von Bayern: Bezirksamt Cham, bearb. R. HOFFMANN – G. HAGER, 1906, 46–87 – F. PRINZ, Frühes Mönchtum im Frankenreich, 1965, 419f. – N. BACKMUND, Die Chorherrenorden und ihre Stifte in Bayern, 1966, 70f.

Champagne
I. Frühmittelalter – II. Die Bildung der Grafschaft Champagne – III. Der Graf von Champagne und Brie – IV. Die königliche Champagne.

I. FRÜHMITTELALTER: [1] *Anfänge:* Der Name der Ch. (Campania) ist seit dem 6. Jh. für die weite Kreideebene, die sich von der Aisne bis zu den Grenzsäumen des Sénonais (→Sens) erstreckt, belegt. →Gregor v. Tours († 595) nennt→Reims und →Troyes als in der Campania liegende Städte. Die Chronik des →Fredegar (verfaßt ca. 613/658) zählt auch Châlons-sur-Marne und Arcis-sur-Aube zur »Champagne«. Beide Quellen nennen die Campanienses als Bewohner dieser »kalkweißen« Landschaft, die im Westen durch die Waldzonen der Brie und im Osten durch die noch dichteren und feuchteren Waldgebiete der Argonnen und des Forstes Der (→Montier-en-Der) begrenzt wurde.

War die Ch. mit ihren Bewohnern, den Champenois, somit schon im FrühMA ein durchaus geläufiger geograph. Landesbegriff, so bildete sie, polit. gesehen, noch keine Einheit. Das Gebiet der Ch. verteilte sich auf mehrere Civitates (dann auch: Diözesen), die im Merowingerreich, mit den Reichsteilungen der Nachkommen Kg. Chlodwigs, mehrfach den Herrn wechselten. In den Jahren 511–558 unter der Herrschaft der in Reims residierenden Kg.e Bestandteil des entstehenden →»Austriens« (Austrasien), dem auch die Diöz. →Sens und →Langres zugehörten, wurden die Diöz. Reims, →Châlons und →Troyes nach kurzer Zeit abgetrennt, um verschiedenen Regna einverleibt zu werden. Reims und Châlons waren seit 561 dem neukonstituierten Austrien, dessen Hauptstadt nach →Metz verlegt wurde, integriert; dagegen fiel Troyes mit Langres, Sens und→Meaux an das große burg. Regnum (→Burgund), dessen polit. Zentrum →Chalon-sur-Saône war. →Soissons blieb als Hauptstadt des dritten Teilreiches →Neustrien außerhalb dieses Herrschaftsgefüges.

[2] *Der Ducatus der Champagne:* Am Ende des 6. Jh. hatte sich eine Anzahl von in der Region ansässigen austr. →leudes, unter ihnen der Bf. v. Reims, Aegidius, dem Kg. v. Neustrien, →Chilperich, angeschlossen. Die Kgn. →Brunichild, die für ihren Sohn →Childebert II. die Regierungsgeschäfte in Austrasien führte, errichtete zur besseren Kontrolle dieser abtrünnigen Großen den militär. Ducatus Ch., den sie einem ihrer Getreuen, Lupus, übergab. Der Ducatus umfaßte die civitates Reims und Châlons. Die proneustr. leudes ermordeten Lupus i. J. 581 und setzten einen der ihren, Wintrio, an seinen Platz. 587 hatten sie sogar den Plan, Kg. →Childebert II. zu töten und einen seiner Söhne zum rex der Ch. zu erheben. Die Kgn. Brunichild begegnete diesen Umtrieben jedoch in wirkungsvoller Weise, ließ den Bf. Aegidius absetzen und an

seiner statt Romulfus, den Sohn des Lupus, berufen. Bald nach 600 ließ sie sogar Wintrio ermorden; dies rief jedoch den Widerstand der Aristokratie hervor, der letztlich zu ihrem Sturz führte.

Erst in der 2. Hälfte des 7. Jh. ist wieder, nun zum drittenmal, ein dux der Ch. belegt, Waymerus. Auch er war polit. auf Neustrien orientiert und unterstützte daher den neustr. Hausmeier →Ebroin bei seinem Kampf gegen den Partikularismus im Regnum →Burgund, der v. a. durch Bf. Leodegar (Léger) v. →Autun verkörpert wurde. Als Gegenleistung erhielt Waymerus das Bm. →Troyes. Sein Name ist mit der Gründung der Abtei →Montier-en-Der verbunden. Nach dem Verrat des Waymerus an Ebroin ließ dieser ihn gefangennehmen und i. J. 678 hängen.

Bis dahin auf die Diöz. von Reims und Châlons beschränkt, gewann der Dukat der Ch. an Ausdehnung infolge der polit. Neuordnung des Frankenreiches, die der Hausmeier v. Austrien →Pippin nach seinem Sieg bei →Tertry (687) vornahm: Pippin organisierte im Interesse einer stärkeren Verbindung der drei Reichsteile Austrien, Neustrien und Burgund den Dukat der Ch. als weiträumigen Herrschaftsbereich an der Nahtstelle der drei Gebiete, den er seinem Sohn →Drogo (695-708) übertrug. Die Diöz. →Sens wurde diesem Territorium zugeschlagen. Bei der Reichsteilung zw. den Söhnen Karl Martells 741, →Pippin II. (Austrien) und →Karlmann (Neustrien), war der Dukat Ch. offenbar dem dritten Bruder, →Grifo, als Pufferzone zugedacht, doch widersetzten sich die älteren Brüder dem Plan. Der Dukat umfaßte damals wohl die Diöz. Reims, Châlons, Troyes, Sens, Meaux, Paris, Senlis, Soissons, Noyon und Laon. Mit dem Scheitern Grifos verschwindet der um 575 geschaffene Dukat Ch. Der Ebf. v. Reims, Wulfarius, wird 800 einmal »missus super totam Campaniam« genannt: sein Missatbereich (missaticum) umfaßte die Pagi Dormois, Vongeois, Astenois, Chalonge, Omois, Laonnois, Valois, Porcien, Tardenois, Soissonnais, alle an der Marne oder in ihrem Norden gelegen. Danach verschwand sogar der geogr. Begriff 'Champagne' anscheinend aus dem polit. Vokabular. Es blieben nur die administrativen Einheiten auf der lokalen und regionalen Ebene, die Pagi und Comitatus, in ihrer Funktion erhalten. Die hochma. Gft., die erst seit dem 12. Jh. wieder »Ch.« genannt wurde, sollte sich aus der Vereinigung mehrerer dieser Pagi im 10.-11. Jh. entwickeln.

II. DIE BILDUNG DER GRAFSCHAFT CHAMPAGNE: Die Entstehung dieses Territorialfürstentums wurde vorbereitet durch die Machtstellung, welche die Karolinger Heribert I. und v. a. sein Sohn Heribert II. (901/907-943) im Gebiet von Marne und Maas sich schufen. Die Erbteilung, die i. J. 946 durch Vermittlung des dux Francorum →Hugo d. Gr. zw. den Erben seines Schwagers und Konkurrenten →Heribert II., Gf.en v. →Vermandois, festgelegt wurde, steht am Anfang einer längeren Territorialentwicklung. Der ältere von Heriberts Söhnen, Heribert d. Ä., erhielt die Gft. Omois mit der alten Stammburg →Château-Thierry und der Abtei St-Médard (→Soissons). Es gelang ihm in der Folgezeit, der Kirche von Reims die Güter Epernay, Vertus und Vitry zu entziehen, den kgl. →Fiscus von →Ponthion an sich zu bringen und sich des lotharing. Besitzes seiner Gemahlin, der Kgn. Ogiva, Witwe Karls des Einfältigen und Äbtissin von Notre-Dame in Laon, zu bemächtigen (Vaucouleurs, Bourmont u. a.). Nachdem er sich Kg. →Lothar angeschlossen hatte, ernannte ihn dieser zu seinem comes palatii, und wohl aufgrund dieses Titels übte er die Grafengewalt in Reims und Châlons-sur-Marne aus. – Ein anderer Sohn Heriberts v. Vermandois, Robert, erhielt durch den obengenannten Schiedsspruch die Gft. →Meaux und die Abtei →Lagny; durch Heirat mit einer der beiden Töchter des burgund. princeps Giselbert, der u. a. die Gft. Troyes innehatte, erlangte Robert auch diese wichtige Gft., von der kleinere pagi abhingen. – Schließlich erhielt eine Tochter Ledgardis, die mit →Tedbald (Thibaud le Tricheur), Gf. v. →Blois, Tours, Chartres und Châteaudun verheiratet war, umfangreichen Besitz zugesprochen, u. a. an der Seine nordöstl. von Chartres.

Nach dem Tode Heriberts d. Ä. (980/984) teilten sich seine Neffen Heribert d. J., Sohn von Robert, und Odo I., Sohn der Ledgardis, in das Erbe. In der nächsten Generation gelang es →Odo II., dem Sohn von Odo I., und Berta v. Burgund, sich im Zuge eines langen Konflikts gegen Kg. →Robert den Frommen als Erbe seines Vetters Stephan, der als Sohn Heriberts d. J. unter anderem Gf. v. Meaux und Troyes war, durchzusetzen. Um die Belehnung mit den Gft.en in der Ch. zu erreichen, mußte er allerdings auf seine Herrschaftsrechte in →Reims zugunsten des Ebf.s Verzicht leisten (1023). Im wesentlichen hatte sich zu diesem Zeitpunkt das Fsm. Ch. in seiner späteren Ausdehnung herausgebildet; doch war es noch nicht viel mehr als ein Konglomerat von Gft.en, die durch Personalunion verbunden waren. Bei der Zusammenfassung dieses Bündels von Grafschaftsrechten, Kirchengütern und Fiskalrechten war die Grafengewalt das tragende Element. Odo II., der weder eine bedeutende militär. Kommandogewalt (etwa den Oberbefehl über eine Mark) innehatte noch den Herzogtitel führte, hob sich (wie schon seine Vorfahren) von den übrigen Vasallen der Krone nur durch die Zahl und die ungewöhnl. Ausdehnung der von ihm beherrschten Grafschaften heraus.

Trotz ihrer Weiträumigkeit war die Gft. Ch. zu Beginn des 11. Jh., zu einem Zeitpunkt, da hier die ersten →prévôts als gfl. Beamte belegt sind, nicht mehr als ein Anhängsel der Besitztümer der Familie →Blois im Loiregebiet. Darüber hinaus war sie von den alten Hausgütern der Blois durch dazwischenliegende Gebiete der Krondomäne abgetrennt, insbesondere durch das Sénonais, welches Odo II., der in den Erbfolgestreit um →Burgund (1032) verwickelt war, den Kapetingern nicht zu entreißen vermochte. Die Ch. diente zunächst als Apanage der jüngeren Familienmitglieder. →Odo II. führte eine ehrgeizige, aber wenig erfolgreiche Expansionspolitik und scheiterte sowohl bei dem Versuch, seine Erbansprüche auf das Kgr. →Burgund durchzusetzen, als auch bei einem Angriff auf Lothringen (Niederlage und Tod in der Schlacht bei →Bar-le-Duc, 1037). Die Erbteilung zw. seinen beiden Söhnen erfolgte entlang einer Trennungslinie, die den Gebietserwerbungen von 1023 folgte. Tedbald I. (III. als Gf. v. Blois) überließ seinem jüngeren Bruder Stephan bzw. seinem Neffen Odo III. die Gft.en Troyes und Meaux. Als i. J. 1066, nach dem Aufbruch Odos III. mit dem Normannenherzog Wilhelm nach England, die Einheit der Hausbesitzungen wiederhergestellt wurde, zeigte sich, daß die Teilung für das Haus Blois sehr schädlich gewesen war: Das Kgtm. hatte seine Position entlang der Linie Soissons, Reims, Châlons entscheidend gestärkt und die Abtei St-Médard erworben. Der Ebf. v. Reims seinerseits hatte die Abtei St-Nicaise zurückerlangt, der Bf. v. Châlons demgegenüber die Grafenrechte in seiner Bischofsstadt wieder erworben (1065). Von nun an dominierten bfl. Gewalten im Norden der Ch.; die Macht des Gf.en v. Blois-Ch. war auf den Süden zurückgedrängt, das Kerngebiet der Ch. verlagerte sich damit von Norden nach Süden. Auch in Meaux bestritt der Bf., unterstützt vom Kg., dem Gf. en seine Stellung. Nur in Troyes vermochten die Gf. en, ihre alte Position zu bewahren. Eine andere Gefahr für die Macht der Gf. en v. Blois-Ch. stellte die expansive Politik Rodulfus' (Raouls) IV. v. Valois, Gf. en v. Amiens und Vexin, dar, der sich in der Umgebung von Châlons (Bussy) festgesetzt hatte und durch Heirat auch Bar-sur-Aube und Vitry in seine Hand gebracht hatte. Doch gelang es Tedbald I. v. Ch. (III. v. Blois), die Situation zu meistern. Er verbündete sich mit den gregorian. Kirchenreformern, um die Macht der vom Kg. ernannten Bf. e zurückzudrängen; dabei hinderte ihn sein Gregorianismus jedoch nicht daran, die Abtei St-Germain in Auxerre in seine Hand zu bringen. Nachdem Tedbald I. in 2. Ehe eine Tochter Rodulfus' IV. v. Valois geheiratet hatte, sah er die Möglichkeit, die Gft. →Bar-sur-Aube seinem Hausbesitz einzuverleiben und damit in Richtung auf den burg. Raum zu expandieren (1078). Die Regierung Tedbalds I. († 1089) markiert insgesamt die Überwindung der Krise der gfl. Macht.

Stephan Heinrich, der ältere Sohn Tedbalds I. und Schwiegersohn Wilhelms d. Eroberers, erbte Besitzungen im Loiregebiet, denen er die Gft. en →Meaux und →Provins (die ungefähr dem Umfang der Landschaft Brie entsprachen) hinzufügte; im Besitz dieser Erwerbungen, hielt er die kgl. Domäne umklammert. Die jüngeren Söhne, Odo IV. († 1093) und danach Hugo, erhielten Troyes, Bar-sur-Aube, Vitry und Epernay von ihrem Bruder zu Lehen. Hugo nahm den Titel des Gf. en der Ch. an. 1125 in den →Templerorden eingetreten, überließ er seine Lehen seinem Neffen Tedbald II. (IV. in Blois), dem Sohn Stephan Heinrichs und der Adela v. England; dieser führte den Titel des Gf. en v. Blois. Stolz auf seine Verwandtschaft zum norm.-engl. Herrscherhaus, war Tedbalds II. Verhältnis zu seinem Lehnsherrn, dem Kg. v. Frankreich, von Gegensätzen geprägt. 1135 hätte sich Tedbald die Krone Englands auf Haupt gesetzt, wäre ihm nicht sein jüngerer Bruder, →Stephan, zuvorgekommen, der bis 1154 regierte. Im Westen somit ausgeschaltet, verlegte sich Tedbald II. mit aller Energie auf die Expansion im Osten, wo sich Ansätze zur Territorialerweiterung im Bereich von Lothringen und Burgund boten. Der Gf. sorgte ferner für die Entwicklung der →Champagnemessen. Dies leitete eine Periode der Prosperität ein, wobei die Währung der Ch., der →Denar v. →Provins, der sog. *Provinois*, weiteste Verbreitung erfuhr (so wurde er vom röm. Senat nachgeprägt). Teilweise auf Tedbalds II. Regierung, stärker wohl aber auf die Regentschaft seiner Mutter (1095-1107) gehen die Anfänge der gfl. Kanzlei zurück, die nach engl. Vorbild aufgebaut wurde.

III. DER GRAF VON CHAMPAGNE UND BRIE: Mit dem Regierungsantritt von →Heinrich I. (Henri le libéral, 1152-81) bahnte sich eine Wende in der polit.-staatl. Entwicklung der Ch. an, mit welcher die »Vorgeschichte« der Gft. ihr Ende fand. Heinrich überließ seinen jüngeren Brüdern, die seine Lehnsleute geworden waren, die Territorien im Loiregebiet, behielt sich dafür die Ch. vor und nahm den Titel des Gf. en v. Troyes an. Er brach mit der langen Tradition der Gegnerschaft zu den Kapetingern, indem er eine Schwester Adela mit dem frz. Kg. Ludwig VII. vermählte (1160) und selber eine Tochter Ludwigs und der Eleonore v. Aquitanien, →Marie de France, heiratete (1164). Heinrich führte den Ausbau der Champagnemessen weiter, ließ in Troyes große Bauten errichten und orientierte seine Politik in entscheidender Weise nach Osten: Heinrich wurde Lehnsmann von Friedrich Barbarossa, der ihm neun Burgen in Lothringen verlieh. Zu gleicher Zeit drang er in den Norden der Ch. vor und setzte bei seinem Bruder, dem Kard. und Ebf. v. Reims →Wilhelm Weißhand (1176-1206), die Belehnung mit den Gft. en →Braine, Roucy, →Rethel und Château-Porcien durch. Stifter bedeutender Regularkanonikerstifte, ließ Heinrich sein Grabmal in St-Etienne de →Troyes errichten, das nach seinem Willen als Hausgrablege fungieren sollte. Mit seinem auch literarisch glanzvollen Hof erscheint Heinrich, berühmt für seine Freigebigkeit, tatsächl. als Begründer einer neuen Grafendynastie. Seiner Regierungszeit entstammen die ersten Lehnsregister, die 26 *châtellenies-prévôtés* (Kastellaneien mit Praepositraturen) und ca. 2000 Lehnsleute verzeichnen. Der Gf. selbst hielt folgende Besitzungen zu Lehen: von der Krone Frankreich die Landschaft Brie (Meaux, Provins, Sézanne, Château-Thierry), vom Ebf. v. Reims Châtillon, Fismes, Epernay, Vertus, Vitry, vom Hzg. v. Burgund Troyes und dessen Pertinenzien (St-Florentin, Joigny), vom Ebf. v. Sens Bray und Montereau, vom Bf. v. Langres Bar-sur-Aube und La Ferté; vom Bf. v. Châlons Bussy; sein Sohn Heinrich II. sollte darüber hinaus noch Nogent-sur-Seine von seiten des Abts v. St-Denis erhalten.

Von 1181 bis 1222 erlebte die Ch. eine lange Periode der Vormundschaftsregierungen: Marie de France regierte für ihre Söhne →Heinrich II. (seit 1192 Kg. v. Jerusalem) und Tedbald III.; →Blanca (Blanche de Navarre), die Witwe Tedbalds III., regierte für ihren Sohn Tedbald IV. Die damit verbundene Schwächung der gfl. Gewalt erlaubte es Philipp II. August, Kg. v. Frankreich, alle seine Kräfte gegen die →Plantagenêt (→Angevin. Reich) zu wenden und diese vom Kontinent zu verdrängen (Schlacht v. →Bouvines, 1214). Kg. Philipp vermochte nicht nur leicht die militär. Unterstützung durch die Lehnsaufgebote der Ch. zu erlangen, es gelang ihm auch, sich zum Schiedsrichter aufzuschwingen, hatten doch Erard v. →Brienne und seine Gattin Philippine, Tochter Gf. Heinrichs II., Ansprüche auf die Ch. erhoben. Durch Unterwerfung unter die jurist. Regeln und mit der Unterstützung des Papsttums konnte Blanche jedoch das Erbe ihres Sohnes erhalten. Sie besiegte Erard v. Brienne und vermochte dank der Hilfe Ks. Friedrichs II. 1218 auch den bedeutendsten Bundesgenossen der Brienne zu bezwingen, den Hzg. v. →Lothringen, welcher versucht hatte, sich auf Kosten der Champagnegrafen in den Tälern der oberen Marne und Maas festzusetzen. Der lothr. Hzg., der sich auf Schloß Amance bei Nancy in Gefangenschaft befand, mußte i. J. 1220 der Gfn. Blanche die Burg Neufchâteau nebst den ihr anhängenden Lehen abtreten.

→Tedbald IV. (Thibaud le Chansonnier, 1222-53), der, wie sein Beiname andeutet, ein Dichter von bedeutendem Ruf war, legte sich erstmals den Titel eines comes palatinus (Pfgf. en) v. Champagne und Brie bei. Seine polit. Tätigkeit war zunächst durch aktives Eingreifen im Bm. Langres und in der Gft. Burgund gekennzeichnet. Vor 1239 erwarb er die Gft. Bar-sur-Seine und die Herrschaften Nogent-en-Bassigny und Montigny-le-Roi und die Schutzherrschaft (→*garde*) über die Abtei →Molesme. Unter seiner Regierung begann die Einigung der Ch. Der Denar von Provins war nach seiner Aufwertung unangefochtene Währung der Ch. und gewann auch im Norden (Diöz. Reims) und Osten (Lothringen) an Terrain. Die *perche* von 20 Fuß begann, sich als Maßeinheit allgemein durchzusetzen. 1228 wird erstmals in den Quellen ein Gewohnheitsrecht der Ch. erwähnt. Auf institutionellem Gebiet machten die großen Ämter des HochMA (Sénéchalat, Connétablie usw.) eine Entwicklung zu Ehrenämtern durch, während die Institution der Kämmerei, die von Bürgern verwaltet wurde, zu einer echten zentralen Finanzbehörde aufstieg. Von der curia, dem alten gfl. Rat, hob sich zunehmend als zentrale Gerichts- und Verwaltungseinrichtung das Tribunal der *Grands Jours* ab, das in Troyes fest etabliert wurde, als Appellationsgericht fungierte und alle Fälle zu entscheiden hatte, die im Zuge der Evokation den Gerichten der →*Baillis* entzogen worden waren. Die gfl. Baillis, die seit 1189 als Kontrollorgane der →*prévôts* belegt sind, treten am Ende des 13. Jh. auf; sie standen an der Spitze von vier, zunehmend territorial abgegrenzten Verwaltungsbezirken: Meaux, Troyes, Vitry, Chaumont. Schließlich erfolgte, den Tendenzen der Zeit entsprechend, die Verleihung von Statuten an eine Reihe von städt. Gemeinden (um 1230), wodurch das Bürgertum teilweise an den regulären Kosten für die Verwaltung und städt. Verteidigung beteiligt wurde.

1234 erbte Thibaud IV. von seinem Onkel mütterlicherseits das Kgr. →Navarra. Als er hiervon Besitz ergriff, verkauften seine Vertreter zwecks Entschädigung der 2. Tochter des Gf.en Heinrich II., Alix, die Gft.en Blois, Chartres, Châteaudun und Sancerre mit ihren Pertinenzien an den Kg. v. Frankreich. Damit waren die letzten Verbindungen der Ch. mit dem alten Hausbesitz der Gf.en v. Blois aufgelöst.

1253 trat Thibaud V. (1253–70) als Kg. v. Navarra und Pfgf. v. Ch. und Brie die Regierung an; er erhielt am 5. Nov. 1257 das päpstl. Privileg, sich vom Bf. v. →Pamplona krönen zu lassen. Unter ihm wurde die gfl. Domäne im Osten durch eine Reihe von →*pariage*-Verträgen ausgedehnt (bis Luxeuil 1258). Andererseits konnte sich Thibaud V. als Schwiegersohn Kg. Ludwigs d. Hl. den immer drückender werdenden Verpflichtungen, die ihm seine Stellung als großer Kronvasall auferlegte, nicht entziehen. Vor allem hatte er die kgl. Ordonnanzen von 1263–65, die zum Verfall der Währung führten und den Denar v. Provins rasch vom Geldmarkt verschwinden ließen, auszuführen. Heinrich III. († 1274), der die Nachfolge seines auf der Rückkehr von 8. Kreuzzug verstorbenen Bruders als Gf. und Kg. antrat, hinterließ als Erbin nur eine Tochter, Johanna (⚭ 1284 Philipp, den späteren Kg. Philipp IV.). Seit 1285 Kgn. v. Frankreich, übertrug Johanna († 1304) testamentar. dem ältesten Sohn, Ludwig (X.), die Ch. und das Kgr. Navarra. Da dieser nur eine Tochter Johanna (⚭→Philipp v. Evreux), aber keine männl. Erben hatte, folgten auf dem frz. Thron die beiden Brüder des Kg.s, Philipp V. und Karl IV. Diese gaben trotz der Proteste der Johanna die Ch. und Navarra nicht heraus. Nach dem Tod Karls IV. (1328) bestieg, entsprechend dem sal. Gesetz, sein Vetter →Philipp VI. v. Valois den frz. Thron. Er willigte in die Abtretung von Navarra an Johanna v. Evreux und ihre Nachkommen ein, behielt aber die Ch. ein, welche durch Philipps VI. Sohn und Nachfolger, →Johann II. den Guten, i. J. 1361 definitiv der Krondomäne einverleibt wurde. Dennoch erhob der Sohn der Johanna, →Karl der Böse, Kg. v. Navarra, unter Ausnutzung des Hundertjährigen Krieges noch Ansprüche auf die Ch. Erst sein Sohn Karl III. leistete i. J. 1404 definitiv Verzicht.

IV. DIE KÖNIGLICHE CHAMPAGNE: Wichtigste Konsequenz der Einverleibung der Ch. in die Krondomäne war die Tatsache, daß nun das Frankreich der Kapetinger wieder eine gemeinsame Grenze mit dem Imperium hatte. In der vorhergehenden Periode hatten sich Kontakte wie Konfrontationen über die großen Lehnsträger in der Grenzzone beider Reiche, die Gf.en v. Ch. und Flandern sowie den Hzg. v. Burgund, ergeben. Nach der festen Eingliederung der Ch. in die Krondomäne führte Frankreich nun – in Fortsetzung der traditionellen Politik der Tedbaldiner – eine energ. Expansionspolitik auf Kosten Lothringens. Seit dem Tod Gf. Heinrichs III. intervenierte das Kgtm. in Lothringen vielfach: so bei Montfaucon und Beaulieu-en-Argonne; 1301 nötigte Frankreich den Gf.en v. →Bar-le-Duc zur Errichtung des »Barrois mouvant«. Die Maas wurde als Grenze des Kgr.es Frankreich beansprucht, bis schließl. in der frühen Neuzeit die Verfechter einer »historischen« Rechtsposition anstelle der Maasgrenze die Rheingrenze forderten.

Die zweite Konsequenz der frz. Machtübernahme war, daß die von den Tedbaldinern geschaffene, äußerst fragile Einheit des Fms.s Ch. zunehmend dahinschwand. Die früheren Lehnsleute des Grafenhauses unterstanden nun direkt der Krone. Kg. Johann II. der Gute errichtete i. J. 1365 für seine mit Giangaleazzo Visconti verheiratete Tochter die Gft. Vertus (und Rosnay), die bald darauf an die kgl. Seitenlinie →Orléans überging. Der Hzg. v. Burgund erwarb seinerseits die Herrschaften Bar-sur-Seine, Ile, Villemaur und Chaource. 1384 ererbte der Burgunder die Gft. →Rethel. Um Burgund Paroli zu bieten, kaufte der Hzg. v. Orléans i. J. 1400 die Gft. →Porcien. Zu Beginn des 15. Jh. wurde die Ch. von den Parteikämpfen der →Armagnacs (Orléans) und Bourguignons zerrissen. In →Troyes ließ der Hzg. v. Burgund den Vertrag unterzeichnen, durch welchen Frankreich dem Kg. v. England ausgeliefert wurde, in →Reims setzte →Jeanne d'Arc 1429 durch die Krönung →Karls VII. die Legitimität der Herrschaftsansprüche des frz. Kg.s durch.

Angesichts der monarch. Zentralisation erlebten die partikularen Bestrebungen und Institutionen in der Ch. rasch ihren Niedergang. Nach den Versammlungen von Provins und Vertus i. J. 1358 hörten die Etats (Stände) der Provinz auf zu tagen. Die Grands Jours von Troyes, die 1296 reorganisiert worden waren und im ehemaligen Grafenschloß ihren Sitz hatten, wurden 1409 aufgehoben und das Parlement v. Paris zum obersten Gerichtshof für die Streitfälle aus der Ch. eingesetzt. Anstelle des allgemeinen Gewohnheitsrechtes der Ch. entwickelten sich Rechte auf der Grundlage der einzelnen Bailliages (Coutumes v. Meaux, Vitry, Troyes, Chaumont), zu denen die Gewohnheitsrechte der Bischofsstädte Reims, Châlons-sur-Marne und Sens hinzutraten. Bei der Erhebung der →*aides*, der direkten Steuern, die seit 1355 erfolgte, wurde die Diözesanorganisation zugrundegelegt; als 1542 die *généralité* (Steuerbezirk) von Châlons-sur-Marne geschaffen wurde, blieb die gesamte Brie, welche der généralité v. Paris zugeschlagen wurde, ausgenommen. Nur die Organisation der Militärverwaltung, die ab 1417 erkennbar ist, bewahrte, bei nicht genau festgelegten Grenzen, Strukturen des alten territorialen Fsm.s der Tedbaldiner. M. Bur

Q.: L. CHANTEREAU-LE FÈVRE, Traité des fiefs et de leur origine avec les preuves tirées de divers auteurs anciens modernes, Paris 1662 – H. D'ARBOIS DE JUBAINVILLE, Hist. des ducs et des comtes de Ch., 1859–66, Catalogue, Bd. 1, 3, 5, 6 – A. LONGNON, Rôles des fiefs du comté de Ch. sous le règne de Thibaud le Chansonnier (1249–52), 1877 – L. LEX, Eudes Comte de Blois, de Tours, de Chartres, de Troyes et de Meaux (995–1037) et Thibaud son frère (995–1004), 1892 [catalogue] – A. LONGNON, Doc. relatifs au comté de Ch. et de Brie (1172–1361), Bd. 1: Les fiefs, 1901; Bd. 2: Le domaine comtal, 1904; Bd. 3: Les comptes, 1914 – vgl. künftig: Edition des actes des comtes de Champagne, ed. M. BUR (des origines à 1152) und J. BENTON (de 1152 à 1201); Edition des actes des comtes de Blois, ed. K. F. WERNER [in Vorber.] – Lit.: H. D'ARBOIS DE JUBAINVILLE, Hist. des ducs et des comtes de Ch., 6 Bde, 1859–66 – TH. BOUTIOT, Hist. de Troyes et de la Ch. méridionale, 4 Bde, 1870–75 – L. LEX, Eudes, comte de Blois, de Tours, de Chartres, de Troyes et de Meaux (995–1037) et Thibaud son frère (995–1004), 1892 – M. POINSIGNON, Hist. générale de la Ch. et de la Brie, Bd. 1, 1898

– R. Bourgeois, Du mouvement communal dans le comté de Ch., 1904 – L. Halphen, La lettre d'Eudes II de Blois au roi Robert, RH 97, 1908, 287–296 – F. Vercauteren, Etude sur les Civitates de la Belgique seconde, 1934 – A. Roserot, Dict. hist. de la Ch. méridionale (Aube), 4 Bde, 1942–48 – J. Dhondt, Etudes sur la naissance des principautés territoriales en France (IX–Xe s.), 1948 – L'Ancien Coutumier de Ch., hg. P. Portejoie, 1956 – K. F. Werner, Unters. zur Frühzeit des frz. Fsm.s (9.–10. Jh.), V: Zur Gesch. des Hauses Vermandois, WaG 20, 1960, 87–115 – J. Richard, Recherches sur les confins de la Lorraine et de la Ch. Les origines de Vaucouleurs, Académie des Inscriptions et Belles Lettres, Comptes rendus, 1961, 270–274 – J. Benton, The Court of Ch. as a Literary Center, Speculum 36, 1961, 551–591 – K. F. Werner, Kgtm. und Fsm. im frz. 12. Jh., VuF 12, 1968, 177–225 – J. Benton, Philip the Fair and the Jours of Troyes (Stud. in Med. and Renaissance Hist. 6), 1969, 281–344 – Ch. et Pays de la Meuse (Actes du 95e Congrès nat. des Soc. savantes, 1974) – M. Bur, La Ch. au MA (Hist. de la Ch., 1975), 85–119 – Th. Evergates, Feudal Society in the Bailliage of Troyes under the counts of Ch. (1152–1284), 1975 – Hegi, 750f., 756ff., 774–776 [K. F. Werner] – J. Benton, The accounts of Cepperello da Prato for the Tax on Nouveaux Acquets in the Bailliage of Troyes (Order and Innovation in the MA, 1976), 111–135, 453–457 – L. Falkenstein, Alexander III. und der Streit um die Doppelwahl in Châlons-sur-M., DA 32, 1976, 444–494 – M. Bur, La frontière entre la Ch. et la Lorraine du milieu du Xe s. à la fin du XIIe s., Francia 4, 1976, 237–254 – Ders., La formation du comté de Ch. (v. 950–v. 1150), 1977 [reiche Bibliogr.] – Ders., Recherches sur la frontière dans la région mosane aux XIIe et XIIIe s. (Actes du 103e Congrès national des Soc. savantes, Nancy–Metz, 1977), 143–160 – P. Desportes, Reims et les Rémois aux XIIIe et XIVe s., 1979 – M. Bur, Les comtes de Ch. et la »Normanitas«, sémiologie d'un tombeau (Proceedings of the Battle Conference on Anglo-norman Studies III), 1980, 22–32 – R. Kaiser, Bischofsherrschaft zw. Kgtm. und Fürstenmacht, 1981 – M. Bur, Les relations entre la Ch. et la Franche-Comté (X^e–XIIIe s.s) (Mél. R. Fiétier, 1983).

Champagnemessen

I. Voraussetzungen und Vorgeschichte – II. Anfänge – III. Aufschwung und Blütezeit – IV. Niedergang.

Unter Ch. versteht man die in →Lagny, →Provins, →Troyes und →Bar-sur-Aube abgehaltenen, seit der 2. Hälfte des 11. Jh. belegten Jahrmärkte, die sich unter der Schutzherrschaft der Gf.en der →Champagne aus dem Hause →Blois gegen Ende des 12. Jh. zu großen internat. Messen entwickelten, im 13. Jh. ihre Hochblüte erlebten und um die Mitte des 14. Jh. eingingen.

I. Voraussetzungen und Vorgeschichte: Seit der Römerzeit durchzog eine der großen Nord-Süd-Straßenverbindungen, die von Britannien nach Rom führte, das Gebiet der Champagne; Ost-West-Routen folgten den Flußläufen. Die Seine war schiffbar bis Chappes, wo eine Etappenstation den Schnittpunkt zw. dem Flußverkehr und dem Landverkehr in Richtung des Gebietes von Burgund markierte. Eine lebhafte Schiffahrt herrschte auch auf der Marne.

Schon im FrühMA existierten außer dem lokalen Handel, der auf den Überschüssen der großen Fronhöfe beruhte, überregionale Handelsverbindungen für Luxuswaren sowie für Handelsgüter des Grundbedarfs: Wein, Salz, Getreide, Spezereien, Textilien, Leder, Streitrösser, Zaumzeug usw. Im 9. Jh. organisierte die familia der Abtei →St-Germain-des Près, der Kg. Pippin III. Zollbefreiung gewährt hatte, den Frachtverkehr von der Gegend um Etampes bis nach Troyes. Im 10. Jh. reisten die Bewohner von →Sens period. in ihren Handelsangelegenheiten nach Troyes, was daraufhin deutet, daß die Stadt bereits in dieser Zeit einen bedeutenden Markt und vielleicht auch einen Jahrmarkt besaß. Im Gegensatz zu verbreiteten, aber irrigen Vorstellungen kann jedoch der Ursprung des Jahrmarktes von Troyes nicht auf das 5. Jh., sondern erst auf die Karolingerzeit zurückgeführt werden. Die erste schriftl. Erwähnung findet sich in einem Rechtsgutachten des Rabbi Josef Tov Elem aus Narbonne vom Beginn des 11. Jh.

Auch →Châlons-sur-Marne verfügte über einen Jahrmarkt, erwähnt bei Flodoard 963. Die Mönche von St-Remi de →Reims entsandten Frachtwagen zu diesem Markt. Bei Bedarf konnten sie hier Pech aus dem Jura zum Abdichten ihrer Weinfässer einkaufen. Die Handelstätigkeit in Châlons geht wahrscheinl. auf den Beginn des 9. Jh. zurück. In der Bischofsstadt lebte eine bedeutende bfl. familia, welche die der Kirche von Châlons verliehenen Privilegien für den eigenen wirtschaftl. Aufstieg zu nutzen verstand. Zu ihren Gunsten und in Abweichung von den Bestimmungen des Edikts v. →Pîtres gestattete Karl d. Kahle i. J. 865 die Einrichtung einer Münzstätte.

II. Anfänge: Während die ältesten Jahrmärkte sich in Bischofsstädten bildeten, entwickelten sich diejenigen der zweiten Entstehungsphase im Umkreis von Abteien und Burgen: in Lagny in der 2. Hälfte des 11. Jh., in Provins um 1085/95, in Bar-sur-Aube 1114, in →Sézanne 1119. Der Gf. der Champagne protegierte diese Jahrmärkte und bemühte sich, den Radius ihrer Ausstrahlung zu erweitern. Unter Gf. →Thibaud (Tedbald) II. († 1152) wurde, aufgrund der sich verstärkenden polit.-wirtschaftl. Wechselbeziehungen, die Handelsaktivität belebt, und neue Marktorte erfuhren ihren Aufstieg. Leute aus Arras und Flandern begannen, Provins zu besuchen (vor 1137), während die Kaufleute aus Provins ihrerseits nach England reisten. Gf. Thibaud wachte nicht nur in seinem Herrschaftsgebiet über die korrekte Abwicklung der Handelsgeschäfte, sondern trat auch außerhalb der Gft. Champagne als Kläger auf, wenn Kaufleute, zu seinen Messen reisten, dort Opfer von Straßenräubern wurden (so im Falle der Wechsler von Vézelay, 1148). Daher liegt in der größtmögl. Ausdehnung des gfl. Geleits auf die An- und Rückreisewege der Messekaufleute eines der charakterist. Elemente der Politik der Champagnegrafen. Ein weiteres Element dieser Politik war die Schaffung einer soliden Währung. Das große Prestige der champagn. Münze zeigt sich in der Nachprägung der Provinser →Denare (Provinois) durch den Senat der röm. Kommune und dann nachfolgend durch den Papst in der 2. Hälfte des 12. Jh.

Der Erfolg der Ch. wäre ohne ein Abkommen mit →Flandern, der bedeutendsten Wirtschaftsregion des Nordwestens, undenkbar gewesen. Heiratsprojekte zw. dem Haus Blois-Champagne und der Gf.en v. Flandern seit 1143 bezeugen dieses Bündnisstreben. Die Champagne bildete verkehrsgeograph. zwar auf dem Weg von Italien in die Niederlande eine echte Barriere, doch war diese umgehbar. Es galt daher, eine Ablenkung des internat. Handels über die Ile-de-France und →St-Denis zu verhindern. Dies gelang Thibaud II., indem er den Verkauf der fläm. Tuche auf den Messen von Lagny, Provins, Sézanne, Troyes und Bar-sur-Aube sicherte, d. h. entlang einer Landroute, die, unter Umgehung des Seinetals, stets in einiger Entfernung der Westgrenze des Fsm.s Champagne folgte. Die wachsende Benutzung dieses Handelsweges hatte die Verödung der alten Römerstraße von Langres nach Reims über Châlons zur Folge. Vollständig vom Gebiet der Gft. Champagne umklammert, erlebte Châlons infolgedessen den Niedergang seines Handels; seine Bürger wandten sich nach dem Eingang ihres Jahrmarktes wieder der Textilproduktion zu.

Neben der Förderung der großen internat. Messen befaßten sich die Champagnegrafen auch mit der Organisation von Handelsmessen, die dem lokalen und regionalen Austausch dienten; kleinere Herren gingen dem Fs.en bei diesen Aktivitäten voran oder eiferten ihm nach. Im

12. Jh., bes. in der zweiten Jahrhunderthälfte, erfolgte die Gründung einer Reihe kleinerer Jahrmärkte, deren Einkünfte oft an die mit der Ausbreitung des →Aussatzes zahlreich entstehenden Leprosorien gestiftet wurden: Château-Porcien, La Ferté Gaucher, Bar-sur-Seine, St-Florentin, Troyes, Epernay, Reims, Nogent l'Artaud, La Neuville-au-Pont, Vertus, Bar-sur-Aube u. a. (Eine nähere Erforschung dieser Jahrmärkte steht aus, wäre jedoch aufschlußreich.) Der blühende Fernhandel, der die großen Messen belebte, fand so seine Entsprechung in einem Netz von Beziehungen des Nahhandels.

III. AUFSCHWUNG UND BLÜTEZEIT: Um 1190 war der jährl. Turnus der Messetermine allem Anschein nach festgelegt. Es existierten zu diesem Zeitpunkt sechs große Messen: jeweils zwei in Troyes und Provins, jeweils eine in Bar-sur-Aube und Lagny; die in Sézanne war eingestellt. Alle Messen wurden nach einem strikten Terminplan abgehalten. Die erste Messe in Lagny begann am 1. oder 2. Jan., die letzte in Troyes am 1. oder 2. Nov. Die Messen dauerten ca. zwei Monate mit acht Tagen freiem Zugang, zehn Tagen Tuchverkauf und 15 Zahltagen. Parallel zur Tuchmesse wurde die Messe für gegerbtes Leder und die sich an diese anschließende Messe für *avoir-du-poids* (nach Gewicht verkaufte Waren) abgehalten. Eine Marktaufsicht bestand in Gestalt der *Gardes des foires* (Meßrichter), die unter dieser Bezeichnung 1174 belegt sind und zunehmend mit echten jurisdiktionellen Befugnissen ausgestattet wurden. 1247 führten sie ein eigenes Siegel. Mit ihnen in Verbindung stehend, waren zu Beginn des 14. Jh. folgende weitere Beamte und Gerichtsleute (neben den Gerichtsstatthaltern *[lieutenants]* und Prokuratoren *[procureurs]*) tätig: um die 40 Notare; 120 Büttel *(sergents)* zu Pferd, 20 zu Fuß, welche Wege und Straßen überwachten und alle Orte aufsuchten, um Urteile zu vollstrecken oder Schuldforderungen einzutreiben.

In der Geschäftswelt der Ch. stellten die Italiener das dynamischste Element dar. Auch die Deutschen spielten seit dem Ende des 13. Jh. eine beachtl., noch wachsende Rolle. Die Engländer dagegen blieben diesen großen Treffpunkten der europ. Kaufmannschaft in aller Regel fern. Schon früh bildeten sich Vereinigungen der Messekaufleute nach unterschiedl. Organisationsmustern. Die Tuchstädte des nördl. Frankreich (unter Einschluß von Reims und Châlons) schlossen sich zur Vereinigung der →»Hanse der 17 Städte« zusammen. Die Kaufleute aus der Provence und dem Languedoc verbündeten sich ihrerseits unter Führung eines *capitaine*, den Montpellier stellte (1246). Eine Universitas, die zumindest seit 1278 bestand, vertrat die Interessen der gesamten it. Messekaufleute.

Der Charakter der Ch. wandelte sich periodisch. Anfangs stand der Warenhandel im Vordergrund. Neben den →Textilien aus dem nordwestl. Europa, welche die Italiener hier aufkauften und in den Mittelmeerraum exportierten, waren oriental. Gewürze, Seidenstoffe, Wachs, Korduan sowie frz. und burg. Wein die wichtigsten Handelsgüter. Der überaus florierende Geldwechsel war in den Händen von Lombarden und Toskanern. Um die Mitte des 13. Jh. an begannen die Geldgeschäfte die Bedeutung des Warenhandels deutlich zu überrunden; die Ch. entwickelten sich zum großen Geldhandelsplatz und zum Zentrum der internat. Finanzgeschäfte (→Finanzwirtschaft). Mit diesem Schwerpunkt prosperierten sie bis in das frühe 14. Jh.

Sind die organisator., rechtl. und administrativen Aspekte der Ch. gut erforscht, so bleibt eine Reihe von Fragen offen, für welche weniger die frz. Archive, die kaum Material enthalten, einen Aufschluß bieten könnten, wohl aber diejenigen Italiens sowie der übrigen Herkunftsländer der Messekaufleute. Es handelt sich bei den noch wenig erhellten Fragenkomplexen bes. um die Zahl der Kaufleute, die zu den Ch. kamen sowie um den Umfang der dort getätigten Geschäfte. Der gesamte quantitative Aspekt liegt weitgehend im dunkeln.

IV. NIEDERGANG: Die Schwierigkeiten der Messen begannen um 1320. I. J. 1350 verließen die letzten it. Finanzleute die Champagne, und die Messestädte sanken auf die Stufe von Regionalmärkten ab. Die Ursachen dieses Verfalls sind nicht leicht zu analysieren: Der Übergang der polit. Herrschaft von den Gf.en der Champagne auf die frz. Kg.e hatte sich in einer Verschärfung der Fiskalität und einem Niedergang der regionalen Verfassungsinstitutionen ausgedrückt. Die expansive Politik Kg. Philipps IV. gegen Flandern förderte die allmähl. Verlagerung der Handelswege zu Lande nach Osten (Maastal, später Rheintal), während gleichzeitig aufgrund der zunehmend frequentierten Schiffsroute rund um Gibraltar eine direkte Verbindung zw. Italien und dem nördl. Europa entstand. Schließlich war es eine natürl. Folge der zentralstaatl.-monarch. Staatsorganisation Frankreichs, daß, unter dem Einfluß des Pariser Bürgertums, eine Konzentration der polit., intellektuellen und finanziellen Funktionen in der Hauptstadt des Kgr.es erfolgte. Während der Warenhandel sich aus der Champagne nach →Chalon-sur-Saône verlagerte, siedelte die Finanz nach →Paris über, das zum führenden Bankzentrum Europas wurde, bis ihm gegen Ende des 14. Jh. →Brügge den Rang ablief.

Neben ihrer handelsgeschichtl. Rolle haben die Ch. über zwei Jahrhunderte den Aufschwung der Textilproduktion in der Champagne begründet und die topograph. Entwicklung der champagn. Städte gefördert. Durch die Ch. ist die Mark v. Troyes zum Vorbild für die europ. Münzprägung geworden. Ihr Beitrag zur Verbreitung von Innovationen im Bereich des Handels (so des →Wechselbriefs) und zur Entstehung eines internat. Rechtes war bedeutend. Die höf. Kultur Frankreichs hat durch die Ch. weiteste Verbreitung, v. a. auch nach Italien, erfahren.

M. Bur

Q.: H. LAURENT, Documents relatifs à la procédure en foire de Champagne et de Brie contre débiteurs défaillants (Bull. Comm. R. anc. lois et ord. de Belg. XIII), 1929, 1–86 [vgl. auch: Choix de documents inédits pour servir à l'expansion commerciale des Pays-Bas (Bull. Comm. R. d'hist. 98), 1934, 345–426] – M. CHIAUDANO, Il libro d. fiere di Champagne della compagnia d. Ugolini mercanti senesi (1255–1262) (Stud. e doc. per la st. del diritto comm. ital. nel sec. XIII), 1930, 143–208 – R.-H. BAUTIER, Les registres des foires de Champagne ... (Bull. phil. et hist.), 1942–43, 157–188 – Les Tolomei de Sienne aux foires de Champagne d'après un compte-rendu de leurs opérations à la foire de mai de Provins 1279 (Rec. de trav. offerts à CL. BRUNEL), 1955, 106–129 – Lit.: F. BOURQUELOT, Etude sur les foires de Champagne, 2 Bde, 1865 – P. HUVELIN, Essai hist. sur le droit des marchés et des foires, 1897 – E. VON BASSERMANN, Die Ch., 1911 – R. L. REYNOLDS, Genoese trade in the late twelfth century, particulary in cloths from the fairs of Champagne, Journal of economic and business hist., 1931, 362–381 – A. E. SAYOUS, Les opérations des banquiers italiens en Italie et aux foires de Champagne pendant le XIIIe s., RH 170, 1932, 2–31 – H. LAURENT, Un grand commerce d'exportation au MA, 1935 – H. AMMANN, Dtl. und die Messen der Champagne, Jb. der Arbeitsgemeinschaft der Rhein. Geschichtsvereine, 1936, 61–75 – E. CHAPIN, Les villes de foires de Champagne des origines au début du XIVe s., 1937 – H. AMMANN, Unters. zur Gesch. der Dt. en im ma. Frankreich, I: Dtl. und die Messen der Champagne (Dt. Archiv für Landes- und Volksforsch. III), 1939, 306–333 – R. DOEHARDT, Les relations commerciales entre Gênes, la Belgique et l'Outremont d'après les Archives notariales génoises aux XIIIe et XIVe s., 3 Bde, 1941 – R. H. BAUTIER, Les foires de Champagne, Rec Jean Bodin 5: La Foire, 1953, 97–147 [vgl. R. DE ROOVER, RBPH 33, 1955, 144f.] – E. COORNAERT, Caractères et mouvement des foires internat. au MA et au XVIe s. (Studi i. o. A.

Sapori), 1957, 359–371 – R. D. Face, Techniques of business in the trade between the fairs of Champagne and the South of Europe in the XIIth and XIIIth centuries, EconHR 10, 2e sér. 1958, 427–438 – R. H. Bautier, La place de la draperie brabançonne et plus particulièrement bruxelloise dans l'industrie textile au MA (Annales de la Société royale d'Archéologie de Bruxelles 51, 1962/65), 31–57 – L. Carolus-Barré, Les XVII villes, une hanse vouée au grand commerce de la draperie (Académie des Inscriptions et Belles Lettres, Comptes-rendus, janv.-juin 1965, 20–31) – T. Endemann, Markturkunde und Markt in Frankreich und Burgund vom 9. bis 11. Jh., 1964 – J. B. Henneman, Taxation of Italians by the french Crown (1311–1363), MSt 31, 1969, 15–43 – H. Dubois, Les foires de Chalon et le commerce dans la vallée de la Saône à la fin du MA (v. 1280–v. 1430), 1976 – M. Bur, La formation du comté de Champagne (v. 950–v. 1150), 1977 – H. Thomas, Beitr. zur Gesch. der Ch. im 14. Jh., VSWG 64, 1977, 433–467 – M. Bur, Note sur quelques petites foires de Champagne (Studi i. m. di F. Melis I, 1978), 255–267 – H. Dubois, Le commerce et les foires au temps de Philippe Auguste (La France de Philippe Auguste, Colloques internat. du CNRS 602), 1982, 689–709.

Champart (campi pars, agrarium, frz.: terrage, tierce, tâche, tasque, agrière, ndl. helftwinning), ländl. Abgabe. In seiner ursprgl. Bedeutung (campi pars) beinhaltet Ch. nur eine Landleihe gegen Abgabe eines Teils des Ernteertrags. Der Begriff verengte seine Bedeutung jedoch schnell – in regional unterschiedl. Weise – auf die jährl. Abgabe eines Teils der Ernte.

Im Frankreich war der Ch. unter der Bezeichnung →agrarium (agrière) bekannt; seit dem 9. Jh. wurde er von der nordfrz. Abtei Montier-en-Der (dép. Haute-Marne) für ihre Rodungsflächen gefordert. Aber erst mit den Rodungen des 11. und 12. Jh. kam es zu einer Verbreitung. Bes. in Nordfrankreich war der Gebrauch der Bezeichnung Ch. üblich. Im Pariser Becken bezog er sich vornehml. auf Getreideernten (auf jede sechste, achte bis zwölfte Garbe). In der Picardie, wo die Abgabe oft terrage genannt wurde, konnte sie sich in einem Radius von der Hälfte bis zum zehnten Teil der Ernte bewegen, aber auch in einer festen Naturalabgabe bestehen. In Flandern betrug der Ch. oft die Hälfte und wurde deshalb helftwinning genannt. In Burgund war die Bezeichnung tierce üblich, da der Grundherr ursprgl. bei der Rodung ein Drittel der gefällten Bäume beanspruchte. Im Lyonnais, in Zentral- und Südfrankreich dagegen sprach man von der tâche oder tasque (zw. einem vierten und einem zwölften Teil der Ernte). Im Bordelais schließlich, wo die alte Bezeichnung agrière beibehalten wurde, umfaßte diese Abgabe auf Äcker, Wiesen und Weingärten zw. dem dritten bis zum fünften Teil des Ertrages. Das führte in sehr vielen Fällen zu einer Angleichung an die Form der Landleihe, die mit métayage (→Teilbau) bezeichnet wird.

Als ein System der Gewinnaufteilung zw. Grundherren und Bauern war der Ch. in der ersten Zeit der großen Rodungen für beide Seiten von Vorteil, entwickelte sich dann aber zu einer allzu schweren Belastung für die Bauern und hielt gleichzeitig die Grundherren von festen Geldeinkünften fern. Deswegen traten an die Stelle des Ch.s seit dem ausgehenden 12. und im 13. Jh. allmählich die Landvergabe gegen Geldzins und dann in der Krisenzeit des 14. und 15. Jh. verstärkt die Pachtverträge (→Pacht) mit festem Naturalzins. Ch. Higounet

Lit.: Olivier-Martin, Hist. de la coutume... de Paris I, 1922, 420–424 – L. Genicot, L'économie rurale namuroise; 1: La seigneurie foncière, 1943 – R. Boutruche, La crise d'une société. Seigneurs et paysans du Bordelais, 1947 – R. Fossier, La terre et les hommes en Picardie, 1968 – G. Duby, L'économie rurale et la vie des campagnes dans l'Occident médiéval II, 1962, 442–444.

Champdivers, Odette de → Odette de Champdivers

Chanac, frz. Familie aus dem Limousin (Chanac-les-Mines, dép. Corrèze, arr. Tulle), seit dem 11. Jh. bekannt. Sie stellte im 14. Jh. eine Reihe bedeutender frz. Prälaten und Staatsmänner.

1. Ch., Bertrand de, frz. Prälat, † wohl 1404, ▭ Avignon, Dominikanerkl. (Grab zerstört); Neffe (oder Großneffe) von 2.; Dr. utr. iur., Clericus der Camera apostolica seit ca. 1344. B. de Ch.s Biographie läßt sich infolge des Auftretens von anderen Namensträgern nur schwer zeichnen. Als Kanonikus v. Poitiers und Tournai, Dekan v. St. Martin in Tours, dann Archidiakon v. Agde (1350), zu gleicher Zeit aber auch Pfarrer von Samatan hebt sich Ch. durch seine Benefizienhäufung hervor. Im Königsdienst war er Rat am Parlement von Paris (1360) sowie Meister des kgl. Hofhalts (maître des requêtes; 1368). Am 2. Aug. 1374 wurde er zum Ebf. v. Bourges geweiht. Im Mai 1379 nahm er teil an der Versammlung von →Vincennes, auf der sich Kg. Karl V. von seinem Prälaten die Bedingungen für die Papstwahl Roberts v. Genf (Clemens' VII.) vortragen ließ (→Abendländ. Schisma). Ch., der am 30. Mai 1382 zum Patriarchen v. Jerusalem erhoben wurde, bezog seine Haupteinkünfte aus der Administration des Bm.s Le Puy, das ihm Clemens VII. übertragen hatte. Kardinalpriester von Sta. Pudenziana (Juli 1385), trat Ch. am 9. März 1386 in die Kurie ein und nahm am Konklave von 1394 teil, das zur Wahl →Benedikts XIII. führte.

Der Chronist Benedikts XIII., Martin v. Alpartil, hebt hervor, daß Ch. Todfeind Papst Benedikts geworden sei. Die Angabe von Ch.s Sterbedatum in Martins Chronik (20. Juni 1401) muß falsch sein, da Ch. neben Guillaume d'Aigrefeuille als Testamentsvollstrecker des Jean de La Grange († 1402) fungiert. Ch. dürfte wohl 1404 verstorben sein. – Seinen bedeutenden Palast, die sog. »Livrée d'Aigrefeuille«, hatte Ch. vom »Kard. v. Aigrefeuille« übernommen. M. Hayez

Q. und Lit.: DBF VIII – DHGE, XII – Martin de Alpartils Chronica actitatorum..., ed. F. Ehrle, 1906 – F. Baix, Bull. Inst. hist. belge de Rome 27, 1952, 35 – J. Favier, Finances pontificales, 1966, 256.

2. Ch., Foulque de, frz. Prälat und Staatsmann, † 25. Juli 1349, ▭ St-Victor in Paris; Sohn des Pierre de Ch. aus dem Limousin, verdankte Ch. seine Laufbahn seinem Onkel Guillaume (3. Ch.). 1336 wurde F. de Ch. auf Bitten seines Onkels in das Parlement v. Paris berufen. Doch ließ ihn Kg. Philipp VI., der über die Umtriebe des Bf.s v. Paris erzürnt war, am 24. April 1337 aus dem Parlement entfernen. Zwei Monate später berief er ihn erneut. 1342 ist F. de Ch. Dekan v. Beauvais und Generalvikar v. Paris. Am 27. Sept. 1342 resignierte Guillaume de Ch. mit Zustimmung Papst Clemens' VI. zugunsten seines Neffen F. Guillaume wurde seinerseits Titularpatriarch v. Alexandria. 1343 tritt F. de Ch. neben dem führenden kgl. Berater und Kanzler Guillaume →Flote beim Erwerb des →Dauphiné auf. F. de Ch. diente Flote 1346 und 1347 mehrfach als dessen Vertreter in der Kanzlei. Ebenso war F. Ch. militär. tätig und wurde 1346 zum Aufgebot geladen. Seine letzte Mission umfaßte i. J. 1348 die Aushebung von Soldaten im Languedoc.

R. Cazelles

3. Ch., Foulque de, Bf. v. Orléans, † 1. März 1394, Sohn von Guy de Ch. und Isabelle de Montberon; Bruder von 5. und 1. Er war Benediktiner in St-Martial de Limoges, Abt v. St-Lucien bei Beauvais (1373) und schließlich Bf. v. Orléans (seit 13. März 1383). E. Lalou

Lit.: DBF VIII, 360 – GChr IX, 780; VIII, 1476.

4. Ch., Guillaume de, frz. Prälat, † 3. Mai 1348, Paris, St-Victor; entstammte einer alten Familie des Limousin (verschwägert mit mehreren Kard.: Renaud de La Porte, 1320–25; Adhémar Robert, 1342–52, verwandt mit Papst Clemens VI.; Bertrand de Cosnac, 1371–74). G. de Ch.

war Archidiakon von Brie, sodann von Paris, bestätigt durch Johannes XXII. (30. März 1318). Im Kathedralkapitel von Paris war er wegen des Hospitals St-Sépulchre (in der Pfarrei St-Merri) Zielscheibe von Angriffen. Am 13. Aug. 1332 zum Bf. v. Paris designiert und *clerc* am *Parlement* wie schon sein Vorgänger, entsetzte ihn Johannes XXII. seines Archidiakonats, um ihn zum Empfang der Bischofsweihe zu drängen (Sommer 1333). Aus Anlaß der Trauerfeierlichkeiten für Johannes XXII. (1334–35) geriet Ch. erneut in Konflikt mit seinem Kathedralkapitel. Er trat schließlich von seinem Bischofsamt zurück, wobei er bei Clemens VI. die Nachfolge seines Neffen Foulque (2. Ch.) erwirkte (28. Nov. 1342); er selbst erhielt das Patriarchat v. Alexandria. Bei Kg. Philipp VI. war er eine Zeitlang in Ungnade. – 1339 stiftete Ch. 14 Meßpfründen für Kapläne in Allassac (Corrèze) sowie das Kolleg St-Michel in Paris, auch »Collège de Chanac« genannt.

M. Hayez

Lit.: DHGE XII – R. Cazelles, La société politique et la crise de la royauté sous Philippe de Valois, 1958.

5. Ch., Guillaume de, Kard. (gen. »der Kard. v. Mende«), Bruder von 1. und 3. † 30. Dez. 1383 in Avignon, ⌐ St-Martial in Limoges. Er trat mit sieben Jahren in die Abtei St-Martial in →Limoges ein und erhielt am 25. Febr. 1339 das Amt des *chefcier* (capicerius). Dr. des kanon. Rechts, Prior von Longpont und Vézelay, sodann Abt v. St-Florent de Saumur (30. April 1354), stand er Ludwig, Hzg. v. Anjou, nahe. Vom Papst mit dem Bm. Chartres (Okt. 1368) bepfründet, folgte Ch. dem Hzg. v. Anjou als dessen Kanzler *(chancelier)* in Languedoc (1369–77). Am 8. Jan. 1371 auf den Bischofssitz des südfrz. Mende versetzt, wurde Ch. von Gregor XI. zum Kard. v. S. Vitale erhoben (30. Mai 1371). Ch. residierte nun in Avignon und wachte über den päpstl. Staat. Nach der Wahl →Clemens' VII., dem sich Ch. anschloß, wurde er vom Hzg. v. Anjou beauftragt, über die Modifikation des Neapelzuges des Hzg.s mit der Kurie zu verhandeln (Jan. 1380). 1383 wurde er als Legat a latere zum frz. Kg. Karl V. entsandt.

E. Lalou

Lit.: DBF VIII, 360 – DHGE XII, 353 – E. Baluze, Vitae paparum Avinionensium, ed. G. Mollat, II, 1928, 609–614 [Ed. des Testamentes Ch.s].

Chanao, bret. Dynast, bei Gregor v. Tours erwähnt (Buch IV, Kap. 4 und 20) und dort als »comes« bezeichnet; um 550 im Gebiet v. →Vannes, in einer frk. Einflußzone der Armorica (→Bretagne), installiert. Um die Macht zu erringen, ließ er seine Brüder töten. Nur einer von ihnen, →Macliavus, konnte sich, geschützt vom Bf. v. Nantes, Felix, durch das Ablegen eines Treueversprechens retten. Anschließend rebellierte Macliavus jedoch und entkam der Rache seines Bruders nur mit Hilfe eines anderen bret. Dynasten, Conomor, der ihn in einer Grabkammer versteckte. Anschließend wurde Macliavus Bf. v. Vannes. Ch. wird oft gleichgesetzt mit dem bret. Dynasten Conober (auch: Conomer), der den Merowinger Chramn beim Aufstand gegen seinen Vater Chlothar I. (um 560) unterstützte und getötet wurde, als er Chramn verriet. Nach dem Tode Chanaos verließ Macliavus den geistl. Stand und übernahm die Macht.

G. Devailly

Lit.: A. de La Borderie, Hist. Bret. I, 1896, 442–445, 568–569 – Durtelle de Saint-Sauveur, Hist. Bret. I, 1935, 41–43 – Dom L. Gougaud, Chrétientés celtiques, 115 – J. Loth, Emigration bretonne en Armorique du Ve au VIIe s., 1883, 200 – L. Fleuriot, Les origines de la Bretagne, 1980, 194, 238–240.

Chancelier, chancellerie, zentrale Institution der frz. Monarchie (zu den allgemeinen Voraussetzungen →Kanzler, →Kanzlei). Die Frage der Kontinuität zw. der Kanzlei der karol. Herrscher des Westfrk. Reiches (→Westfranken, →Karolinger) und derjenigen der ersten →Kapetinger ist nicht lösbar. Seit der Thronbesteigung Kg. Ludwigs II. des Stammlers (877) fungierte ein einzelner Notar und Kanzler, dem lediglich die Rekognition der Urkunden im Namen eines archicancellarius, der aber hauptsächl. polit. Funktionen innehatte, oblag. Dieser Notar und Kanzler, der selbst als Schreiber der Urkunden auftrat (sofern diese nicht von den Empfängern abgefaßt wurden), nahm bald eine bedeutende Position am Hof ein: Unter Ludwig dem Stammler bekleidete sogar der Bruder der Kgn., Vulfardus, das Amt; wenig später stieg ein anderer Inhaber des Amtes, Norbertus, zum Bf. auf, ohne auf das Kanzleramt zu verzichten. Seit 898 übte der Ebf. v. Reims, →Fulco, das Amt des archicancellarius aus; seitdem war der Träger dieses Amtes zumeist, seit 944 fast ständig mit dem Ebf. v. Reims identisch. Noch anläßl. der Thronbesteigung Philipps I. (1060) wurde es dem Ebf. erneut zuerkannt, war aber zu dieser Zeit nur mehr ein Ehrenamt.

Im 11. Jh. tritt sogar der Name des jeweiligen Ebf.s nur noch selten in Urkunden auf, letztmals 1067. Der Titel des Erzkanzlers wurde von Philipp I. letztmals an Geoffroy, Bf. v. Paris (1085–92), verliehen. Der tatsächl. Leiter der Kanzlei war seit dem späten 9. Jh. der cancellarius, der stets Kleriker war. Unter Hugo Capet (987–996) war dieser Kanzler kein anderer als der Sohn →Burchards (6. B.), des mächtigen Gf.en v. Melun, Corbeil und Paris, Rainald, der 991 selbst Bf. v. Paris wurde. Die Kanzlei entfaltete nur eine äußerst geringe Eigeninitiative: Es haben sich nur durchschnittl. drei pro Jahr von der Kanzlei redigierte Urkunden erhalten. Der Großteil der Urkunden wurde von den Empfängern ausgearbeitet; die chancellerie beschränkt sich zumeist darauf, das Schriftstück mit dem kgl. Siegel zu versehen oder es vom Kg. (mit eigenhändigem Kreuz), von Mitgliedern seines Gefolges und vom Kanzler selbst unterzeichnen zu lassen.

Nachdem der Kanzler Baudouin (Balduin; 1018–67) kgl. archicapellanus geworden war, bildete sich eine Zeitlang eine Union zw. Kanzlei und kgl. Kapelle (→Hofkapelle) heraus; der Kanzler hatte als Helfer zwei kgl. Kapellane, die manchmal statt seiner die Rekognition der Urkunden vornahmen oder in den Zeugenlisten auftreten. Nach seiner Ernennung zum Bf. v. Paris (1085) ließ sich Kanzler Geoffroy von einem kgl. Kleriker assistieren, der das Amt des Vizekanzlers ausübte. Der Kanzler, der nun mit →Seneschall, Kämmerer (→*chambrier*), Mundschenk (→*bouteiller*) und Konnetabel (→*connétable*) unter den *grands officiers,* den großen Amtsträgern der Krone, rangierte, wurde in dieser Periode zu einer der polit. einflußreichsten Persönlichkeiten des Kgr.es. Der Kanzler Etienne de →Garlande, zunächst kgl. Kapellan und Archidiakon v. Paris, der zusätzlich zu allen diesen Funktionen 1120–27 noch das Amt des Seneschalls bekleidete, lenkte über Jahrzehnte die Politik des Kgr.es (1106–27); doch fiel er 1127 in Ungnade, und die vakant gewordene Kanzlei wurde 1127–32 von einem Vizekanzler geleitet. Garlande erlangte 1127–32 sein Kanzleramt zurück; sein Stellvertreter, Vizekanzler Algrin, trat nach der endgültigen Entmachtung Garlandes als Kanzler an dessen Stelle. Der Kanzler →Hugues de Champfleury, Bf. v. Soissons, leitete fast wie ein Premierminister 1150–72 die frz. Politik unter Ludwig VII.; die Sammlung der von ihm geschriebenen polit. Briefe, die er anlegte, nachdem er in Ungnade gefallen war, ist erhalten. Die allzugroße Machtfülle der Kanzler bewog mittlerweile den Kg., das Amt vakant zu lassen (1172); die Kanzlei wurde von einem einfachen kgl.

Kleriker (»der das Siegel bewahrte«) verwaltet. Doch setzte Kg. Ludwig VII. 1179, bedingt durch seine Erkrankung, mit Hugues de Puiset einen neuen Kanzler ein. Philipp II. August (1180–1223) behielt in seinen ersten Regierungsjahren zunächst das Kanzleramt bei, ließ es jedoch 1185 endgültig vakant werden; alle Königsurkunden wurden nun »vacante cancellaria« ausgefertigt. Um 1200 besaß allerdings der Hospitaliter Bruder Guérin, kgl. Rat *(conseiller)* und späterer Bf. v. Senlis, einen beherrschenden Einfluß in den polit. Angelegenheiten, und er trug auch die Verantwortung für die Ausfertigung der kgl. Urkunden; daher stellte Kg. Ludwig VIII. für ihn nochmals das Kanzleramt her (1223–27). Nach dem Tod Guérins erfolgte jedoch die definitive Aufhebung; das Kanzleramt wurde offiziell nie mehr neu besetzt. Von nun an stand ein einfacher *garde des sceaux* (Siegelbewahrer) der Kanzlei vor; es handelte sich üblicherweise um einen kgl. Kleriker (→*clerc du roi*), der diese Funktion bei seiner Erhebung zum Bischofsamt aufgab. Der Name dieses Siegelbewahrers erscheint niemals in den Königsurkunden; es ist daher äußerst schwierig, die Reihe der – sich offenbar rasch ablösenden – Amtsinhaber während des 13. Jh. zu rekonstruieren.

Unter der Regierung Ludwigs VI. (1108–37) begann eine kleine Gruppe von Klerikern hervorzutreten, welche mehr und mehr die Redaktion der Kanzleiurkunden an sich zog; die Übernahme der Urkundenausfertigung durch die Kanzlei – zunehmend nach festen Formularen – verstärkte sich unter Ludwig VII. (1137–80). Im letzten Viertel des 12. Jh. kam die Redaktion von Königsurkunden durch den Empfänger völlig zum Erliegen, und unter Philipp II. August bildeten sich klare diplomat. Regeln und Usancen heraus. Die kgl. Urkunden umfaßten nun drei Gruppen: Diplomata (deren Zahl ab ca. 1200 zunimmt), litterae patentes (Patente, *lettres patentes*), Mandate *(mandements)*. Auf Veranlassung von Bruder Guérin wurde ein Kanzleiregister (→Register) mit Abschriften der wichtigsten Dokumente für die kgl. Verwaltung sowie mit Eintragung einer bestimmten Anzahl kgl. Urkunden angelegt (sog. »registre de Philippe Auguste«); diese Verfahrensweise wurde auch unter den folgenden Kg.en beibehalten, und unter Ludwig d. Hl. (1226–70) wurde mit der Erstellung eines Registers der ausgefertigten Urkunden begonnen (heute verloren). Die Kanzleiregister (heute im Arch. nat. Paris, sér. JJ) sind ab 1300, also ab der Regierungszeit Philipps des Schönen, erhalten. Von nun an besitzen wir (bis zu Philipp V., 1316–22) parallele Serien von Registern (in doppelter Ausfertigung) für die Briefe mit grünem Wachssiegel (»chartes de valeur perpétuelle«), die mit weißem Wachs auf doppeltem Streifen gesiegelten litterae patentes sowie für die auf Anweisung des →*Conseil royal* ausgestellten Urkunden, während das →*Parlement* seinerseits die Gerichtsurkunden registrierte, die auf seine Anforderung unter kgl. Siegel erlassen wurden. Doch registrierte die Kanzlei seit der Regierungszeit Philipps V. (1319) nur mehr die Urkunden *(chartes)* mit grünem Wachssiegel. Schon unter Ludwig d. Hl. traten, wenngleich vereinzelt, französischsprachige Urkunden auf, deren Zahl unter Philipp dem Schönen beträchtlich zunahm.

Die Reihe der Siegelbewahrer ist von nun an kontinuierlich, und die Wichtigkeit ihrer Stellung und Funktionen nahm unter Philipp dem Schönen mit den bedeutenden Amtsinhabern Pierre→Flote und Guillaume de→Nogaret beträchtl. zu; ihnen wurde vielfach der Titel »chancelier« zuerkannt, obwohl das Kanzleramt offiziell unbesetzt war. Unter den Söhnen und Nachfolgern Philipps des Schönen war dieser Titel nicht mehr in Frage gestellt. Im Laufe des 14. Jh. wurde der »chancelier de France« zur einflußreichsten Persönlichkeit in der kgl. Regierung; er hatte die Stellung eines allgemein bevollmächtigten Sekretärs für alle Regierungs- und Verwaltungsangelegenheiten, fast vergleichbar einem Premierminister, wobei er auch an der Spitze der Justiz stand. Er führte zumeist den Vorsitz im *Conseil royal*, nahm jedoch auf jeden Fall an dessen Sitzungen teil, erteilte die polit. Instruktionen, erließ und prüfte alle im Namen des Kg.s ausgestellten Urkunden, ergriff in den →*Etats* (Ständeversammlungen) im Namen des Kg.s das Wort, nahm für den Kg. die Vasalleneide entgegen, beteiligte sich an den Verhandlungen mit ausländ. Herrschern oder deren Gesandten, empfing Missionen und Kommissionen jedweder Art, überwachte die Magistrate und berief das Parlement ein. Zumeist bekleidete ein Jurist das Kanzleramt, das auf Lebenszeit verliehen wurde; bei Abwesenheit des Kanzlers traten hinsichtl. der Siegelführung ein oder zwei kgl. Räte (conseillers) an seine Stelle. Unter Karl V. (1364–80) wurde der Kanzler eine Zeitlang durch Wahl bestimmt, doch setzte sich im 15. Jh. erneut die freie kgl. Ernennung durch.

Das Personal der chancellerie bestand aus clercs du roi, die sich unter Philipp III. (1270–85) aus den übrigen Klerikern herauszuheben begannen und sich als kgl. Notare bezeichneten. Bes. seit dem Regierungsantritt Philipps IV. des Schönen (1285) nahm ihre Zahl kontinuierlich zu: 1315 sind es 24, 1328 27, 1342 98; aus Sparsamkeitsgründen wurde, nach einer Überprüfung, ihre Zahl nominell auf 30 reduziert. Tatsächl. waren es jedoch 59 (wobei der Kg. – der Redensart nach – der 60. clerc war!), und an dieser Zahl wurde bis 1482 konstant festgehalten, obwohl der Kg. durch Verdoppelung der Besoldungen (die zum einen in festen Bezügen, den sog. »bourses«, zum anderen in anteiligen Honoraren, entsprechend der Zahl der ausgestellten Urkunden, bestand) oft faktisch diese Zahl überschritt. Ludwig XI. verdoppelte die Zahl seiner clercs. Innerhalb dieser Gruppierung hoben sich die →*secrétaires* heraus, die über enge Bindungen an die Person des Monarchen verfügten, während andere clercs in den verschiedenen zentralen Institutionen wie Parlement, Chambre des comptes, Requêtes de l'Hôtel usw. tätig waren. Doch blieben die clercs du roi innerhalb dieser Funktionen untereinander austauschbar; sie stellten einen einheitl. Personenverband der »notaires et secrétaires du roi« dar, bildeten ein eigenes Kolleg und außerdem eine Bruderschaft *(confrérie)*, die ihren Sitz im Konvent der Cölestiner zu Paris hatte. Sie waren clercs auf Lebenszeit, und seit dem Ende des 14. Jh. war ihnen die resignatio, der freiwillige Rücktritt, gestattet. Gemeinsam mit den leitenden Beamten der hohen kgl. Gerichtshöfe bildeten die clercs den Personenkreis, aus dem die frz. Monarchie seit Karl VII. (1422–61) stets ihre führenden Staatsmänner, hohen Administratoren und Finanzfachleute rekrutierte. Seit 1484 war mit der Stellung der clercs offiziell der Adel verbunden.

Dieser Personenkreis hatte das absolute Monopol bei der Unterzeichnung aller Königsurkunden; keine Urkunde durfte ohne ihre Unterschrift gesiegelt und ausgehändigt werden. Karl V. reservierte darüber hinaus jedoch, zwecks besserer Kontrolle der Ausgaben, bestimmten clercs die Unterzeichnung der »lettres de don«, der kgl. Schenkungsurkunden. Im Lauf der folgenden Jahrzehnte erlangten diese *secrétaires de finances* das Monopol bei der Unterzeichnung aller kgl. Briefe, die eine Ausgabe von seiten der Krone oder eine Verminderung der Einnahmen der Krone beinhalteten. Diese Sekretäre erhielten ihre Direktiven direkt vom Kg., waren regelmäßig zum Conseil zugelassen und entwickelten sich zu dessen treibender Kraft; dies gilt v. a. für jene vier oder fünf Sekretäre, die in ihrer Hand noch die Schlüsselstellung des *secrétaire du Conseil* oder des *secrétaire des commandements du roi* vereinigten. Auf diese Weise konnte am Ende des 15. Jh. ein Mann wie Florimond Robertet die Ausfertigung aller Briefe und Urkunden, welche die »affaires d'Etat«, die »Staatsangelegenheiten«, betrafen, seiner Kontrolle unterordnen. Damit stehen die kgl. Sekretäre des SpätMA am Anfang der Entwicklung zu den *secrétaires d'Etat*, deren jeder 1547 sein *Département* erhielt, Äquivalent und Vorläufer der Ministerien der modernen Staaten.

Ursprüngl. gab es nur ein großes kgl. →Siegel (das Gegensiegel erscheint unter Ludwig VII. 1174); für seine persönl. Briefe konnte sich der Kg. seit dem 13. Jh. eines kleinen Privatsiegels bedienen. Doch führte unter Philipp dem Schönen das Anwachsen der Geschäfte und die Diskrepanz zw. der festen Installierung der Zentralbehörden in Paris einerseits, dem Residenzwechsel des weiterhin »reisenden« Kg.s und seines Siegelbewahrers bzw. Kanzlers andererseits zu dem System, daß bei Entfernung des großen Siegels die Pariser Zentralbehörden (und sogar der Kg. selbst, wenn der Kanzler mit dem Siegel abwesend war) dringende Urkunden mit dem Siegel des →châtelet versahen, wobei das Zeichen der Kammer des Parlement als Gegensiegel diente. Andererseits ging der Kg. dazu über, bei Entfernung des Großen Siegels eilige Urkunden mit seinem Privatsiegel, dem *Sceau du secret*, in rotem Wachs siegeln zu lassen. Diese Verfahrensweisen führten unter Philipp VI. zu einer echten Teilung der Kanzlei, die einige Verwirrungen im Regierungs- und Verwaltungsapparat nach sich zog. 1338 führte der Kg. ein sigillum novum ein; mit ihm konnten die Pariser Zentralbehörden die kgl. Urkunden im Falle der Entfernung des großen Siegels siegeln. Damit war eine Dreiteilung der Kanzleiorganisation entstanden, die jedoch bei der Neuordnung der kgl. Regierung nach der Niederlage von Crécy (1346) wieder aufgegeben wurde. Nach der Wiederaufnahme des Krieges mit England führte Karl V. jedoch das alte System wieder ein und schuf 1374 ein »seel ordonné en l'absence du grant«, das die Pariser Behörden bei Abwesenheit von Kanzler und Großsiegel benutzen konnten. Dieses System wurde auch während der engl. Besetzung von Paris unter Heinrich V. durch den Hzg. v. Bedford weitergeführt (1420–36).

Der Dauphin Karl (VII.), der vor den Engländern in den Gebieten südl. von Paris Zuflucht gesucht hatte, führte für das in Poitiers etablierte Parlement 1418 ein »sceau ordonné« ein, desgleichen ein weiteres für die chancellerie, die beim in Toulouse errichteten Parlement eingesetzt wurde (1420); dieses wurde 1428 jedoch wieder aufgehoben. Nach der Wiedereroberung von Paris ließ Karl VII. das Siegel von Poitiers zerbrechen, führte aber 1436 ein Siegel für das Parlement zu Paris ein. Von nun an war die chancellerie, auch wenn sie offiziell als Einheit betrachtet wurde, geteilt in eine »Grande chancellerie« (auch: »Chancellerie suivant le roi«) und eine »petite chancellerie« (auch: »chancellerie du Palais«), deren Siegelbewahrer, üblicherweise ein secrétaire du roi, dem chancelier verantwortlich war. Die Registrierung *(enregistrement)* der Urkunden wurde in den beiden Kanzleibehörden in getrennten Büchern, die jedoch anschließend zusammengebunden wurden, vorgenommen. 1443 erfolgte die Wiederbegründung des Parlement v. Toulouse, dem 1444 eine petite chancellerie angeschlossen wurde. Auch bei den anderen neuerrichteten Parlements in den Provinzen wurden Kanzleien geschaffen: Bordeaux 1462, Burgund 1480, Bretagne 1494, Rouen 1499, Aix 1501, ebenso beim Parlement des Dauphiné. Sie waren alle dem chancelier de France unterstellt und wurden als Teile der Chancellerie royale betrachtet. Alle fertigten kgl. Urkunden nach analogen Formularen aus, wobei in den genannten Kanzleien fakt. jedoch jurist. Urkunden im Vordergrund standen. Das System erhielt sich bis zum Ende des Ancien régime. – →Kanzler (dort auch Ausführungen zum Kanzler v. Burgund), →Kanzlei, →Urkundenwesen. R. H. Bautier

Lit.: O. Morel, La grande chancellerie royale et l'expédition des lettres royaux... 1328–1400 (Mém. et doc. publ. Soc. Ec. des Chartes, III), 1900 – L. Perrichet, La grande chancellerie des origines à 1328, 1912 – G. Tessier, Observations sur les actes royaux français de 1180 à 1328, BEC 95, 1934, 31–73 – Ders., L'activité de la chancellerie au temps de Charles V, M-A 48, 1938, 14–52, 81–115 – Ders., L'audience du sceau, BEC 109, 1951, 51–95 – F. Lot–R. Fawtier, Hist. de institutions françaises au MA II, 1958, 57–65, 85–96 – G. Tessier, Diplomatique royale française, 1962 – R. Scheurer, L'enregistrement à la chancellerie de France au cours du XVᵉ s., BEC 120, 1962, 104–129 – R.-H. Bautier, Recherches sur la chancellerie royale au temps de Philippe VI, 1966 – H. Michaud, La grande chancellerie et les écritures royales au XVIᵉ s. (1515–1589), 1967 – A. Lapeyre–R. Scheurer, Les notaires et secrétaires du roi... 1461–1515, 2 Bde, 1978 – [Einl.: R.-H. Bautier, Les notaires et secrétaires du roi des origines au milieu du XVIᵉ s., VII–XXXIX] – R.-H. Bautier, La chancellerie et les actes royaux à l'époque carolingienne [im Dr.] – Ders., La chancellerie royale française du début du XIIIᵉ s. au milieu du XVᵉ [im Dr.].

Chancellor ('Kanzler'), bedeutender Amtsträger in England. [1] *Entwicklung:* Für 1069 existiert der erste unbestrittene Hinweis auf einen Ch. in England, bei einem norm. Schreiber namens Herfast. Seit dieser Zeit bestand das Amt wahrscheinl. kontinuierlich. Es ist jedoch anzunehmen, daß es einen Amtsträger mit vergleichbaren Aufgaben und vielleicht auch dem Kanzler-Titel bereits in spätags. Zeit gab, in der die Organisation der kgl. Kanzlei sehr gut entwickelt war (zu den allgemeinen Voraussetzungen →Kanzler, →Kanzlei). Regenbald, ein anderer norm. Schreiber, wird sogar als ein Ch. des Kg.s Eduard des Bekenners (1042–66) bezeichnet, allerdings erst in Quellen, die aus der Zeit nach der norm. Eroberung stammen.

Die ersten Ch.s waren kgl. Kapläne, und das Amt gehörte zum kgl. Hofhalt und wird in der →»Constitutio Domus Regis« (zw. 1135 und 1139) genannt. Seit dem späten 12. Jh. nahmen die Ch.s eine bedeutende Stellung ein: →Thomas Becket war von 1155–62 Ch., gab aber das Amt ab, als er Ebf. wurde; →William Longchamp blieb Ch., als er 1189 Bf. von Ely wurde, und Hubert →Walter war sowohl Ch. als auch Ebf. v. Canterbury (1199–1205). Die meisten ihrer Nachfolger im Ch.-Amt waren Geistliche, in der Regel Bf.e. Sir Robert →Bourchier (1340–41) war der erste in der Reihe einer kleinen Anzahl weltl. Ch.s im MA, erst mit Sir Thomas More (1529–32) begann eine fast ununterbrochene Reihe weltl. Ch.s.

[2] *Aufgaben:* Die wichtigste Aufgabe des Ch.s war die Aufsicht über das kgl. Siegel *(King's Seal)*, das später dann das *Great Seal* genannt wurde, und über die betreffenden Schreiber. Die Zahl der hier ausgefertigten litterae stieg seit dem frühen 13. Jh. erheblich, und es entstand eine gut organisierte Behörde, die →*chancery* ('Kanzlei'), mit einer großen Anzahl registrierter Briefkopien. Der Ch. wurde der bedeutendste Beamte des Kg.s und trat an die Stelle des →Justitiars *(justiciar)*, dessen Amt in den 1260er Jahren verschwand. Wohl aus Furcht vor einer solchen Machtkonzentration ernannte Heinrich III. zw. 1244 und 1253 keinen Ch. und vertraute das Große Siegel eigenen Bewahrern, *keepers of the Great Seal*, an.

Seit dem späten 13. Jh. war der Ch. in der Regel eine bedeutende polit. Persönlichkeit. Er war häufig der Sprecher des Kg.s im →*Parliament* und am Hof sowie ein ständiger Teilnehmer im kgl. Rat *(King's Council)*, wo er wahrscheinl. oft den Vorsitz führte. Trotzdem war er weiterhin auch für die Ausfertigung der kgl. Urkunden unter dem Great Seal verantwortlich; viele Urkunden ließ der ch. allerdings in eigenem Namen ausfertigen; die Kanzlei war eine wichtige Verwaltungsbehörde geworden. Der Ch. hörte auch Petitionen an, wobei die Bittsteller Rechtsmittel suchten, die in den Gerichtshöfen des Common-Law abgewiesen worden bzw. nicht zu erhalten waren. So wurde die Kanzleibehörde ein Gerichtshof mit einer Jurisdiktion für Gewohnheitsrecht und Billigkeitsrecht. Diese Jurisdiktionsaufgaben nahmen im 15. Jh. zu und wurden im 16. Jh. zur Haupttätigkeit des Ch.s. Vgl. auch→Chancery, Court of. A. L. Brown

Lit.: B. WILKINSON, The Chancery under Edward III, 1929 – P. CHAPLAIS, English Royal Documents King John-Henry VI, 1191–1461, 1971 – S. KEYNES, The Diplomas of King Æthelred 'The Unready' 978–1016, 1980.

Chancery, Court of, engl. Kanzleigericht. Die Ausprägung des C. of Ch. erfolgte während zweier Jahrhunderte, aber vieles seiner Entstehungsgeschichte ist noch unsicher. Seit dem späten 13. Jh. gibt es Hinweise auf von einem →*chancellor* ('Kanzler') abgefaßte Rechtsmittel und auf den Erhalt und die Beantwortung von Petitionen. Der chancellor war bald der wichtigste Beamte des Kg.s, ein führender Ratgeber, der der *chancery* (zu den allgemeinen Voraussetzungen →Kanzler, →Kanzlei) vorstand, wo z. B. Kläger →*writs* erwirkten, die für die Einleitung von Prozessen in den Common-Law-Gerichtshöfen notwendig waren und wo Anordnungen über die Einleitung von Untersuchungen in Erbschafts- und Grundbesitzfragen getroffen sowie Untersuchungsergebnisse archiviert wurden. Es ist verständlich, daß der Kanzler in Hinblick auf seine Stellung und seine Arbeit in der Kanzlei begann, administrative und jurisdiktionelle Rechtsmittel zu erteilen – entweder allein oder zusammen mit Richtern und Ratgebern. Allerdings darf man in dieser Zeit noch nicht zu sehr zw. der Tätigkeit des Kanzlers und derjenigen der Gruppe der Ratgeber und Beamten am kgl. Hof differenzieren.

Eindeutige Hinweise auf einen C. of Ch. mit eigenen Verfahrensweisen gibt es dann seit dem 2. Viertel des 14. Jh. Diese Entwicklung wurde vor allem dadurch begünstigt, daß ein Gerichtshof notwendig wurde, der die Gerichtshöfe des Common-Law ergänzte, deren Gerichtspraxis starr geworden war und die neuartige Fälle nicht beachten wollten. Um 1350 wurde auch erstmals zw. Common-Law und Billigkeitsrecht unterschieden. Im späten 14. Jh. setzt dann die Überlieferung der Gerichtsakten des C. of Ch. in größerem Umfang ein, zuerst erscheinen hauptsächl. Petitionen *(bills)* an den Kanzler und dann seit 1440 auch Petitionen, Vorladungen, Klagschriften und einige Urteile. Im 15. Jh. stieg die Zahl der Fälle ständig an, von über 100 pro Jahr in der ersten Hälfte des Jahrhunderts auf fast 600 pro Jahr zw. den 1460er Jahren und 1500.

Die Gerichtsverhandlungen wurden entweder vom Kanzler allein oder zusammen mit den Richtern des Common-Law und Räten abgehalten. Einige Gerichtsfälle wurden wahrscheinl. vor dem *Council in Chancery* verhandelt, dessen Jurisdiktion und Zusammensetzung sich mit dem C. of Ch. überschnitt. Allerdings stellt die heute vielfach gängige Ansicht, daß die Jurisdiktion des C. of Ch. vom Council delegiert worden sei, eine Simplifizierung dar. Der höchste Kanzleibeamte, der *keeper* oder *master of the* →*rolls*, wurde der Vertreter des Kanzlers, und die anderen höheren Beamten oder Vorsteher der Kanzlei dienten als Gerichtsbeamte. Der Funktionswandel von den eigentl. Aufgaben einer Kanzlei zu einem Gerichtshof zeigt sich darin, daß es sich in der 2. Hälfte des 15. Jh. bei diesen Beamten zunehmend um Graduierte des röm. und kanon. Rechtes handelte und daß sie im späten 16. Jh. untergeordnete Richter des C. of Ch. waren.

Der C. of Ch. besaß sowohl die Jurisdiktion für das Common-Law als auch für das Billigkeitsrecht. Es wurden jedoch vor dem C. of Ch. Prozesse verhandelt, auf die die Rechtsmittel des Common-Law wegen Nötigung, Armut oder anderer Gründe nicht anwendbar waren, sowie auch Fälle, die nicht unter das Common-Law fielen. Im 15. Jh. handelte es sich meistens um Streitfälle des Handels, in die sowohl Ausländer (die nach dem Common-Law nicht klagen bzw. beklagt werden konnten) als auch Einheimische verwickelt waren, z. B. Auseinandersetzungen um Verträge, die nicht ohne weiteres in den Bereich des Common-Law fielen. Allgemein üblich waren auch Gerichtsverhandlungen, die zu Nießbrauch ausgetane Lehen betrafen – davon wurde ausgiebig Gebrauch gemacht, um feudale Erbschaftsregelungen zu umgehen.

Der C. of Ch. war eine blühende Rechtsinstitution, weil er – im Unterschied zu sonstigen Gerichtshöfen – auf dem Billigkeitsrecht beruhende und weniger schwerfällige Verfahrensweisen bot. Seine Vorladungen von Angeklagten, bes. die »sub poena«, waren wirksam und fanden überall Beachtung. Außerdem fanden stärker schriftl. als mündl. Plädoyers Anwendung, während die Zeugenaussagen sowohl schriftl. als auch mündl. vorgetragen werden konnten. Deshalb waren die Gerichtsverfahren am C. of Ch. zügiger und billiger als diejenigen an den Gerichtshöfen des Common-Law. Im 16. Jh. nahm die Tätigkeit des C. of Ch. noch zu, und die Funktion der Kanzlei wurde in erster Linie die eines Gerichtshofes, und der Kanzler wurde zum Justizbeamten – wie er es noch heute ist.

A. L. Brown

Q.: Select Cases in Chancery, ed. W. D. BAILDON (Selden Soc. 10), 1896 – Lit.: W. T. BARBOUR, The Hist. of Contract in Early English Equity, 1914 – B. WILKINSON, Stud. in the Constitutional Hist. of the 13th and 14th Centuries, 1937 – W. J. JONES, The Elizabethan C. of Ch., 1967 – M. E. AVERY, The hist. of the equitable jurisdiction of chancery before 1460, BIHR 42, 1969, 129–144 – N. PRONAY, The chancellor, the chancery and the Council at the end of the fifteenth century (British Government and Administration, hg. H. HEARDER-H. R. LOYN), 1974, 87–103.

Chandos, Jean (John), * um 1310/20, † 1370, eine der hervorragenden Persönlichkeiten des →Hundertjährigen Krieges. Er stammte aus einer norm. Familie aus Candos (dép. Eure), die sich in England nach der Eroberung von 1066 angesiedelt hatte, und war bereits im Nov. 1339 zum Ritter geschlagen. Er kämpfte in den Schlachten v. →Crécy, →Poitiers, Auray und →Nájera, bis er an den Folgen einer Verwundung starb, die er im Jan. 1370 in der Schlacht v. Pont-de-Lussac (dép. Vienne) erlitten hatte. Als ständiger Begleiter →Eduards, des Schwarzen Prinzen, war Ch. ein Gründungsmitglied des →Hosenbandordens, von Freund und Feind hoch geschätzt wegen seiner Ritterlichkeit. Zweimal kaufte er den in Gefangenschaft geratenen Bertrand →Du Guesclin frei. Außerdem erwies er sich als ein fähiger Verwalter in seinen Ämtern eines Connétable v. Guyenne (1362) und eines Seneschalls v. Poitou (1369). Als Leutnant des Kg.s war er verantwortl. für die Übergabe der Festungen an die Franzosen, die nach dem Vertrag v. →Calais folgte. 1364 wurde er Johann v. →Montfort zur Hilfe entsandt und sicherte für ihn den Besitz des Hzm.s Bretagne durch die Schlacht v. Auray. Ch. starb unverheiratet, seine Vgft. v. St-Sauveur (dép. La

Manche), die ihm 1360 übertragen worden war, ging an die Krone zurück. →Chandos, Herald. M. Jones

Lit.: DNB IV, 43f. – B. FILLON, Jean Chandos, connétable d'Aquitaine et sénéchal de Poitou, 1856.

Chandos Herald, Chronik des, wahrscheinl. von dem Herold des engl. Heerführers John →Chandos verfaßt, entstanden um 1385. Sie ist in frz. Versen geschrieben und schildert die ritterl. Taten→Eduards, des Schwarzen Prinzen; v. a. enthält sie einen langen Augenzeugenbericht seiner Heerzüge in Kastilien und seines Sieges bei→Nájera (April 1367). Die bes. Bedeutung, die bei der Schilderung dem Bruder des Schwarzen Prinzen, →John of Gaunt, eingeräumt wird, hat zu der Annahme geführt, daß die Chronik der Unterstützung Johns of Gaunt bei seinen Unternehmungen in Kastilien während dieser Jahre dienen sollte. Aus welchem Anlaß immer die Chronik entstand, ihr gebührt auf jeden Fall ein bedeutender Platz innerhalb der spätma. frz. Literatur und der Entwicklung der biograph. Historiographie. C. T. Allmand

Ed. und Lit.: J. KÖTTERITZ, Sprachl. und textkrit. Stud. zur anglonorm. Reimchronik vom schwarzen Prinzen, 1901 – A. K. POPE – E. C. LODGE, Life of the Black Prince by the Herald of Sir John Chandos, 1910 – D. B. TYSON, La Vie du Prince Noir, by Chandos Herald, ZRPh 147, 1975 – J. J. N. PALMER, Froissart und le héraut Chandos, M-A 88, 1982.

Chanson (→'Lied', 'Kanzone') bzw. span. *canción*, ptg. *canção*, it. *canzone* bezeichnet im roman. MA ursprgl. allgemein zum gesangl. Vortrag (mit Instrumentalbegleitung) bestimmte ein- oder mehrstimmige Lieder. Neben lyr. Liedformen meint Ch. auch episch-narrative Versdichtungen der Heldenepik (→chansons de geste), der historiograph. und hagiograph. Lit. (z. B. »Chanson des Saisnes«; »Chanson de Sainte Foy«). Die Gattung steht in der mündl. und schriftl. Tradition früher volkssprachl. und (spät-/mittel-) lat. (religiöser, heroischer und amouröser) Lieder volkstüml. oder gelehrten Ursprungs des europ. und außereurop. Raumes sowie liturg. Hymnen und Sequenzen, profaner Mädchen-/Frauenlieder, Liebes- und Tanzlieder (→chansons de danse). Inhaltl. und formales Grundmodell der Ch.-Dichtung des europ. MA (bes. im spezifizierten Sinne der Minnelyrik) bildet die prov. →*cansó* als höf. Liebeslied in der Kunstlyrik der →Troubadours. Das darin verwendete musikal.-metr. Bauprinzip der Kanzonenstrophe (→Canzone) kann als eine »Erweiterung der 'Urform' roman. Lyrik« (BAEHR, Einf. in die frz. Verslehre, 94) angesehen werden. Das Grundschema der cansó erfährt seit dem 11./12. Jh. in der Dichtungspraxis und -theorie der Troubadours und seiner Rezeption in der europ. ma. Lyrik unter wechselseitiger inhaltl., formaler und funktionaler Beeinflussung von Volks- und Kunstlied und im interferentiellen Kontext des »registre aristocratisant« und »registre popularisant« ma. Lyrik (vgl. BEC, 1977) zahlreiche Variationen und Differenzierungen im Sinne form- und themenspezif. Ch.-Typen bei gleichzeitiger inhaltl., techn. oder funktionaler Ausweitung (mariolog. Umdeutung; Didaktisierung, Dramatisierung etc.) bis hin zur Entgrenzung, Durchbrechung oder Parodie ursprgl. Gattungskonstituenten des konventionellen höf. Liebesliedes. Formal und/oder inhaltl. differenzierte spätere Gattungsbezeichnungen wie Liebeslied, Tagelied, Abschiedslied, Klagelied, Kreuzzugslied, Rügelied, Streitgedicht, Tanzlied, Pastourelle, Kanzone, Romanze (alba, →planh, →sirventès, →partimen, →joc partit, descort, →estampida, →dansa, balada [→Ballade], →tensó, →sestine u. a.) reflektieren die inhaltl. Breite und Formvirtuosität (Strophen-/Reim-/Refrain-/Geleit-Technik: →coblas [c. unissonans, c. capfinidas, c. esparsas]; tornada) der ursprgl. als *vers* bezeichneten Troubadourlieder, von denen rund 2700 aus dem 12. und 13. Jh. (mit rekonstruierbarer Melodie; vgl. GENNRICH) überliefert sind. Die ursprgl. enge Verbindung von Wort und Musik tendiert später zur Auflösung (»littera sine musica«; vgl. BEC, 1977, 39f.) im Übergang zu einer zunehmend lektürebestimmten Lyrik.

Vor dem Hintergrund zusätzl. bestehender eigener Liedtraditionen (→chansons de toile bzw. d'histoire als volkstüml. episch-lyr. Liebeslieder, romances [→Romanze]) rezipieren und variieren die nordfrz. →Trouvères prov. Muster (*aube, pastourelle, serventois, débat, jeu-partit, tenson* etc.); dabei spiegeln inhalts- und funktionsspezif. Sonderformen (*ch. de croisade* [→Kreuzzugsdichtung], *ch. pieuse*, →ch. de malmariée, →ch. de danse, →chant royal) neben dem konventionellen höf. Lob- und Liebeslied (*grand chant courtois*) zunehmend neue Möglichkeiten der Gattungsverwendung (u. a. in der Tendenz zu einem bürgerl. Literaturbewußtsein).

In Italien führt die Rezeption prov. Lyrik neben speziellen Gedicht- bzw. Strophenformen (→tenzone, *discordo, serventese, detto, terzina* etc.) in der→Siz. Dichterschule, im →Dolce stil n(u)ovo bei Dante und bes. →Petrarca (»Canzoniere«) zur modellhaften Ausprägung und poetolog. Fixierung der canzone nach dem Vorbild der cansó; dabei erfährt die klass. petrarkistische *canzone a strofe obbligate* später Variationen und Auflösungen (*canzone a strofe libere*) oder Ersatz durch die Ode (canzone oder *ode pindarica*). Auch das sonetto (→Sonett) ist wahrscheinl. nach prov. Muster (der isolierten Kanzonenstrophe: cobla esparsa) entstanden.

Die Lied-Dichtung auf der Iber. Halbinsel ist – im Kontext der bes. hist. Beziehungen zw. galic., ptg., kast. (span.) und kat. Sprache und Lit. sowie der Rezeption prov., nordfrz. und it. Kulturgutes – entscheidend durch die galic.-ptg. →cantigas bestimmt; diese stehen bei gleichzeitig origineller eigenständiger Umbildung in der Tradition der gelehrten prov. cansó (ebenso ptg. canção-Formen wie alva, tenção, ba(i)lada/baila, pastorela, descordo, pranto etc.), volkstüml. Mädchen-/Frauenlieder (ähnl. den chansons de toile und mozarab. Ḥargas (span. 'jarchas'; Muwaššah, Zağal →Mozarabische Dichtung). In Spanien entstehen unter gegenseitiger Beeinflussung inhaltl. und formaler Elemente des gelehrten *mester de clerecía* und der volkstüml. Heldenepik des *mester de juglaría* feste Strophen- und Versformen (→cuaderna vía): z. B. cantigas im Sinne des höf. Liebesliedes der gelehrten lyrischen canción oder das volkstüml., tanzliedhafte villancico, die alte Liebes-, Tanz- und Volksliedtraditionen aufweisen und als »les héritiers directs de l'ancienne chanson en ceci surtout qu'ils sonts des genres musicaux et subjectifs« (LE GENTIL, La poésie espagnole... I, 10) angesehen werden können. Metrisch-musikal. Grundmodell der canción (od. *c. trovadoresca*) und ihrer Haupttypen (*estribote, villancico, glosa, cosante*) ist wieder die prototypische Kanzonenstrophe; Sonderformen entstehen durch it. Einfluß (*c. petrarquista; c. alirada*) und später der antiken Ode (*c. clasica; c. pindárica*). Die span. romances stehen der Heldenepik der →cantares de gesta nahe – mit formaler und inhaltl. Affinität zu den frz. chansons de geste –, weisen aber auch liedhafte Elemente (z. B. *canciones*) auf und dokumentieren wie andere früh Dichtungen des mester de juglaría und des mester de clerecía deren Interferenzen bzw. die Vermischung epischer und lyr. Inhalts- und Formelemente.

Die gelehrten/aristokrat. Lieddichtungen seit dem 11./12. Jh. setzen allgemein bereits eine reiche Tradition mündl. überlieferter anonymer Lieder voraus (Kantilenen; volkssprachl. Profanlyrik; volkstüml. Tanzlieder;

lat. Sakralgesang; christl. mariolog. Lieder; lat. Liebeslyrik etc.) und stellen daher »nicht den Anfang einer Tradition dar, sondern sind Gipfelleistungen in dieser Tradition. Hinter ihnen liegen Jahrhunderte anonymen romanischen und germanischen Gesangs, von dem nur kurze und bruchstückhafte Zeugnisse auf uns gekommen sind...« (DRONKE, Lyrik des MA, 113). Das in frühen →Liederhandschriften (Musikhss. aus St-Martial in →Limoges; →Cambridger Liedersammlung; →Carmina Burana etc.) oder roman. Liedersammlungen (→cancione(i)ro, →chansonnier, →canzoniere) überlieferte und in ma. Poetiken (z. B. →»Leys d'amors«; E. →Deschamps »L'art de dictier et fere chansons«; →Dante »De vulgari eloquentia«) gattungsspezifisch kodifizierte Liedgut zeigt, daß das Ch.-Repertoire des MA weitgehend europ. Gemeingut war und frühe miteinander verflochtene geistl., höf. und volkstüml. Liedtraditionen voraussetzt bei gleichzeitig internationalen Traditionsverflechtungen (z. B. griech., chin., russ., arab., mozarab. 'Vorläufer' des *Tageliedes*; Beziehungen zw. cantigas, chansons de toile, Hargǎs, wineleodos etc.). Darüber hinaus bedingen u. a. die vielfältigen formalen, funktionalen und themat.-motiv. Interferenzen der 'Register' ma. Lyrik (»registre aristocratisant: cansó, grand chant courtois«; »registre popularisant: registre jongleresque, registre folklorisant«; vgl. BEC, La lyrique française..., 33ff.), daß »die französische Bezeichnung für die Kanzone – nämlich 'chanson' – jederzeit das Lied im allgemeinsten Wortsinn bedeuten« kann (BAEHR, Einf. in die frz. Verslehre, 94). - Zur dt. Literatur →Canzone, →Minnesang. H.-M. Schuh

Lit.: GRLMA 2, Les genres lyriques – P. AUBRY, Trouvères et troubadours, 1910[2] [Neudr. 1974] – M. R. LAPA, Das origens de la poesia lírica em Portugal na edade media, 1929 – J. MASSÓ, Torrents, Rep. de l'antiga literatura catalana, I: La poesia, 1932 – F. GENNRICH, Grdr. einer Formenlehre des ma. Liedes, 1932 – A. PILLET – H. CARSTENS, Bibliogr. der Troubadours, 1933 [Neudr. 1968] – L. ECKER, Arab., prov. und dt. Minnesang, 1934 – A. JEANROY, La poésie lyrique des troubadours, 2 Bde, 1934 [Neudr. 1973] – H. SPANKE, Beziehungen zw. roman. und mlat. Lyrik unter bes. Berücksichtigung der Metrik und Musik, 1936 – DERS., Unters. über die Ursprünge des roman. Minnesangs, 1940 – P. LE GENTIL, La poésie espagnole et portugaise à la fin du MA, 2 Bde, 1949, 1952 – K. VOSSLER, Die Dichtungsformen der Romanen, hg. A. BAUER, 1951 – I. FRANK, Trouvères et Minnesänger, 1952 – DERS., Rép. métrique de la poésie des troubadours, 2 Bde, 1953–57 – Altfrz. Lieder [I.], hg. F. GENNRICH, 1953 – E. ASENSIO, Poética y realidad en el cancionero peninsular de la Edad Media, 1957 – R. MENÉNDEZ PIDAL, Poesía juglaresca y orígines de las literatures románicas, 1957[6] – R. R. BEZZOLA – F. GENNRICH, Der musik. Nachlaß der Troubadours, 3 Bde, 1958ff. – G. TAVANI, Repertorio della lirica ispano-portoghese, 1959 – R. BAEHR, Span. Verslehre auf hist. Grundlage, 1962 – R. MENÉNDEZ PIDAL, Poesía arabe y poesía europea, 1963[5] – E. VINCENTI, Bibliografica antica dei trovatori, 1963 – H. FRIEDRICH, Epochen der it. Lyrik, 1964 – A. DE CARVALHO, Tratado de versificão portuguesa, 1965[2] – D. POIRION, Le poète et le prince, 1965 – E. KÖHLER, Zur Struktur der altprov. Kanzone (DERS., Esprit und arkad. Freiheit, 1966), 28–45 – Der prov. Minnesang, hg. R. BAEHR, 1967 (Forschungsber.) – P. DRONKE, Mediaeval Latin and the Rise of European Love-Lyric, 2 Bde, 1968[2] – W. TH. ELWERT, It. Metrik, 1968 – F. SCHMIDT, Das Ch., 1968 – A. QUILIS, Métrica española, 1969 – R. BAEHR, Einf. in die frz. Verslehre, 1970 – E. LOMMATZSCH, Leben und Lieder der Troubadours, 1972[2] – U. MÖLK – F. WOLFZETTEL, Rép. métrique de la poésie lyrique française des origines à 1350, 1972 – H. J. VAN DER WERF, The Ch. of the Troubadours and Trouvères, a study of the melodies and their relations to the poems, 1972 – P. ZUMTHOR, Essai de poétique médiévale, 1972 – J.-M. D'HEUR, Troubadours d'oc et troubadours galiciens-portugais, 1973 – S. RANAWAKE, Höf. Strophenkunst, 1975 – M. DE RIQUER, Los trovadores, 3 Bde, 1975 – D. RIEGER, Gattungen und Gattungsbezeichnungen der Troubadorlyrik, 1976 – P. BEC, La lyrique française au MA, 1977 – P. DRONKE, Die Lyrik des MA, 1977 – Ecrivains anticonformistes du MA occitan [I.], hg. R. NELLI, 1977 – M. RAUPACH, Französierte Troubadourlyrik, 1978 – R. W. LINKER, A Bibliogr. of Old French Lyrics, 1979 – Ma. Lyrik Frankreichs I, hg. D. RIEGER, 1980 – F. ZUFFEREY, Bibliogr. des poètes provençaux du XIVe et XVe s., 1981 – U. MÖLK, Trobadorlyrik, 1982 – J. GRUBER, Die Dialektik des Trobar, 1983.

Musik: Während im roman. MA alle mit Musik verbundenen frz. Texte als Ch. bezeichnet werden, hat die heutige Musikforschung den Begriff auf den mehrstimmigen Liedsatz des ausgehenden MA eingeengt. Dieser unterscheidet sich prinzipiell nicht von der allgemein üblichen mehrstimmigen Setzweise der Zeit, die sich jedoch an Sprache und Inhalt der Ch.-Texte entsprechend angleicht. So hebt sich auch bei der mit dem Ende des 15. Jh. bevorzugten imitator. Durcharbeitung der einzelnen Stimmen eine Ch.-Komposition durch spezif. Melodik und Rhythmik von Vertonungen anderssprachiger Texte ab. Ihren Höhepunkt erreicht die Ch.-Produktion – nun durch zahllose Drucke verbreitet – im Verlaufe des 16. Jh.

Lit.: MGG – RIEMANN, Sachteil – NEW GROVE. H. Schmid

Chanson d'Aube → Tagelied

Chanson d'Aymeri de Narbonne, La, afrz. Heldenlied aus der Wilhelmsgeste im Umfang von 4708 Versen, wahrscheinl. verfaßt von Bertrand de Bar-sur-Aube (→Bertrand [8.]) im ersten Viertel des 13. Jh. Der Text, der hist. Ereignisse des 8. Jh. wie die Einnahme Narbonnes durch die Araber 719, die Belagerung der Stadt durch Karl Martell 737 und durch Pippin den Kleinen 751 sowie deren Rückgewinnung 759 mit legendar. Elementen aus lokalen und oriental. Traditionen verbindet, berichtet auf der Basis der umfassenden Belesenheit seines Verfassers im Bereich der →chansons de geste, seiner Vertrautheit mit zeitgenöss. Namen und Fakten und seiner präzisen geograph. Detailkenntnisse von Kühnheit und hervorragendem Rittertum des Aymeri, Sohn des Hernaut de Beaulande. Als einziger unter den Edlen des Reiches folgt er dem Angebot Karls d. Gr. nach der Niederlage von Roncevaux, die Stadt Narbonne von den Sarazenen zu befreien, um sie als Lehen zu gewinnen. Er wird damit in den Augen des Herrschers militär. und moral. der wahre Nachfolger des verlorenen Neffen Roland. Der soldat. Bewährung, die noch mehrfach gefordert wird, schließt sich die soziale an: Aymeri begehrt Hermengarde, die Tochter des Langobardenkönigs Boniface in Pavia, ohne sie je gesehen zu haben (Motiv der Fernliebe wie bei →Jaufre Rudel). Aber anders als bei Jaufre erfüllt sich seine Zuneigung diesseitig, er besiegt den Nebenbuhler Savari, beeindruckt den furchtsamen Schwiegervater in spe durch Drohungen und Prunkentfaltung und ehelicht die geliebte Frau, mit der er ein Jahrhundert glücklich zusammenlebt und sieben Söhne und fünf Töchter zeugt, die ihrerseits wieder in die besten aristokrat. Kreise einheiraten und nicht minder fruchtbar sind. Das Heldenlied erweist sich durch die hervorgehobene Stellung der Frau und die Betonung der erforderl. doppelten – individuellen und gesellschaftl. – Bewährung des ritterl. Helden als Beispiel für die Veränderung der allmählich als anachronist. empfundenen Gattung unter dem Einfluß des höf. Romans und der von ihm beschriebenen, auf unmittelbarer Zeitgenossenschaft beruhenden Weltsicht. Der Stoff hat über diese Fassung hinaus nicht nur Eingang in die Chroniken des →Hugo v. Fleury, →Albericus v. Troisfontaines und von Waulsort gefunden, sondern wurde auch in Italien, Spanien und Deutschland – in Wolframs »Willehalm« – rezipiert. Im »Mariage de Roland« und im »Aymerillot« seiner »Légende des siècles« (1859) hat Victor Hugo, auf Jubinals Novelle »Le château de Dannemarie« (1843) fußend, Elemente der Geschichte Aymeris dem Zeitgeschmack entsprechend aufgenommen. W.-D. Lange

Q. und Lit.: G. Paris, Sur un épisode d'Aimeri de Narbonne, Romania IX, 1880, 515 – Aymeri de Narbonne, Chanson de geste, publ. d'après les manuscrits de Londres et de Paris, par L. Demaison, 1: Introduction, 2: Texte, glossaire et tables, 1887 (Société des anciens textes français) – H. Weiske, Quellengesch. zu Aimeri de Narbonne, ASNSL CVII, 1901, 129–132 – G. Paris, Naimeriou Aymeric, Mél. Couture, 1902 – H. Suchier, Die Grotten v. Rochebrune, ZRPh XXXI, 1907, 607–608 – W. Scherping, Die Prosafassungen des »Aymeri de Narbonne« und der »Narbonnais«, 1911 – Aymeri de Narbonne, chanson de geste, übers. C. Chacornac, 1931 – P.-A. Becker, Das Werden der Wilhelm- und der Aimerigeste, 1939 (AAL XLIV, no 1) – F. Bogdanow, Un nouveau fragment d'Aymeri de Narbonne [mit krit. Ausg.], Romania 84, 1963, 380–389 – W. C. Calin, The Epic Quest: Stud. in Four Old French Chansons de geste (The quest for the woman and the city: Aymeri de Narbonne..., 1966 – Ders., Aspects of Realism in the Old French Epic: Aymeri de Narbonne, Neophilologus 50, 1966, 33–43 – Ders., The Woman and the City: Observations on the Structure of »Aymeri de Narbonne«, Romance Notes 8, 1 (Autumn 1966), 116–120 – W. W. Kibler, Bertrand de Bar-sur-Aube, author of »Aymeri de Narbonne«?, Speculum XLVIII, 1973, 277–292 – R. Lejeune, La question de l'historicité du héros épique, Aimeri de Narbonne (Economies et sociétés au MA, Mél. E. Perroy, 1973), 50–62 – J. H. Grisward, Archéologie de l'épopée médiévale. Structures et mythes indo-européens dans le cycle des Narbonnais, 1981.

Chanson de croisade → Kreuzzugsdichtung

Chanson de geste (frz.; *geste* von lat. *gesta* 'Tat', Handlung, aber auch, früh belegt, Abstammung »lignage«), Bezeichnung für das afrz. Heldenepos, dessen älteste Beispiele wohl um 1100 schriftl. fixiert wurden. Allerdings gehen die Texte auf eine weitaus ältere mündl. Tradition zurück, wie sich bes. deutlich an dem hervorragendsten Exemplar dieser Gattung, der »Chanson de Roland« (»Rolandslied«, →Roland), zeigt, zu der eine in volkssprachl. beeinflußtem Latein geschriebene Kurzfassung existiert, die etwa dreißig Jahre vor der maßgebl. afrz. Version aus Oxford im span. Kl. →San Millán de la Cogolla niedergeschrieben wurde: die sog. »Nota emilianense«. Mit ihr scheint die wissenschaftl. Auseinandersetzung zw. »Traditionalisten« und »Individualisten« entschieden, die die Epenforschung jahrzehntelang bestimmt hat. Hatten die einen in der Folge von Herders Volksliedersammlung (1778–1779 und 1807) und auch »Des Knaben Wunderhorn« (1806–1808) zunächst angenommen, die Epen seien wie die Volkslieder aus dem dichtenden Volksgeist entsprungen, so setzten die anderen entschieden auf den gelehrten Ursprung der Texte und das schöpfer. Individuum, dem es in der »minute sacrée« (Bédier) gelang, aus Ingenium und lit. Bildung heraus ein Zeiten überdauerndes Kunstwerk zu schaffen. Die Überbewertung des Volksgeistes, dessen erste Formen man schon in Giambattista Vicos Formulierung, der hohe dichter. Stil müsse sich stets mit dem volkstüml. (*popolaresco*) verbinden, antrifft, prägt die ersten Epentheorien von L. Gautier und Gaston Paris, die die Forschung unter dem Begriff »Kantilenentheorie« (vgl. →cantilène) zusammenfaßt. Sie geht davon aus, daß: »Episch-lyrische Lieder germanischer Abstammung, eine Art Zeitgedichte, aber episodischen Inhalts, verschiedene Taten eines und desselben Helden besingend, [. . .] von einem Späteren zu einer Art poetischer Biographie verbunden worden [seien], und daraus seien durch eine Kette aufeinanderfolgender Überarbeitungen die uns überlieferten Epen entstanden . . .« (F. Schürr). In Anlehnung an A. W. Schlegel und Mme de Staël definiert G. Paris: »L'épopée française est le produit de la fusion de l'esprit germanique, dans une forme romane, avec la nouvelle civilisation chrétienne et surtout française«. Um 1890 setzt die gelehrte Reaktion gegen diese Auffassung ein, die mit den Namen Ph. A. Becker, J. Bédier und E. R. Curtius verbunden ist. Die zweifellos verdienstvollen individualist. Einzeluntersuchungen, die Wesentliches zur hist. Situierung der Texte beigebracht haben, haben heute zu einer mittleren Position in der Diskussion um die Ursprünge der afrz. Heldenepik geführt, die man mit R. Menéndez Pidal als »Neotraditionalismus« bezeichnet. Dabei geht man davon aus, daß die z. T. jahrhundertelang nur mündlich überlieferten Texte ('état latent') im Zufall der Tradierung schriftlich erhalten sind, und daß verschiedene Fassungen desselben Stoffes als in sich selbständige, auf bestimmte Publikumserwartungen reagierende Spielmannsvarianten anzusehen sind.

Kennzeichnend für die gattungsmäßige Konsolidierung der Ch. ist die im 12. Jh. zu beobachtende Zyklenbildung um ausgezeichnete epische Helden, die →Bertrand de Bar-sur-Aube bereits um 1200 in die drei folgenden Themenkreise aufteilte, die von der Literaturwissenschaft bis heute anerkannt sind: in die »Karls«- oder »Königsgeste« (*La geste de Charlemagne* oder *La geste du roi*; →Karl d. Gr., Literatur), in der Kriege Karls des Großen in Spanien, Sachsen, Italien, Britannien und Palästina behandelt werden; zu ihr gehören die »Chanson de Roland«, »Mainet«, »Aspremont«, »Le Pèlerinage de Charlemagne à Jérusalem«, »Aiquin ou la conquête de la Bretagne«, »La chanson de Saisnes«, »Otinel«, »Fierabras« und »Anseïs de Carthage«; in den »Empörerzyklus« (*La geste de Doon de Mayence* oder *Le cycle féodal*), der die Auflehnung einzelner Vasallen schildert; zu ihm gehören →»Gormond et Isembart«, →»Doon de Mayence«, »Chevalerie →Ogier«, »Renaud de Montauban« oder »Les Quatre Fils Aymon«, →»Raoul de Cambrai« und →»Girart de Roussillon« sowie in die »Wilhelmsgeste« (*Geste de Guillaume d'Orange* oder *Geste de Garin*) um die zentrale Gestalt des Guillaume d'Orange (hist. Wilhelm v. Toulouse), die formal und inhaltl. am differenziertesten ausgestaltet ist (→Wilhelmsepen); zu ihr gehören »Girart de Viane«, »Aymeri de Narbonne«, »Les Narbonnais«, »Le Couronnement de Louis«, »Le Charroi de Nîmes«, »La Prise d'Orange«, »La Chevalerie Vivien«, »Aliscans«, »La Chanson de Guillaume«, »Les Enfances de Guillaume«, »Folque de Candie«, »Le Moniage de Guillaume« und »Le siège de Barbastre«. Daneben treten drei weitere Zyklen, die sich stärker mit zeitgenöss. hist. Ereignissen auseinandersetzen: der »Kreuzzugszyklus« (*Le cycle de la croisade*; →Kreuzzugsdichtung); zu ihm gehört »Le Chevalier au cygne et Godefroid de Bouillon« (letzte, nach dem 17. Dez. 1355 begonnene Fassung des Zyklus, die bis 1356 abgeschlossen wurde; hier hinein gehören »Le chevalier au cygne« [→Lohengrin], »La Chanson d'Antioche«, »Les chétifs«, »Jérusalem«, »La Chrétienté Corbaran«, »La Prise d'Acre« und »La mort Godefroid« – dieses Lied steht am Beginn des 2. Kreuzzugszyklus, er besteht aus »Baudouin de Sebourc«, »Le bâtard de Bouillon« und »Saladin«); die »Lothringer-Geste« (*La Geste des Loherains*; →Lothringerepen); zu ihr gehören »Garin le Loherain«, »Gerbert de Mez«, »Anseÿs de Mez« und »Hervis de Mez« sowie die »Nanteuil-Geste« (*La geste de Nanteuil*, eigtl. ein Seitenzweig des »Empörerzyklus«); zu ihr gehören →»Doon de Nanteuil«, »Aye d'Avignon«, →»Gui de Nanteuil«, »Parise la duchesse« u. »Tristan de Nanteuil«. Der größte Teil dieser Texte entstand im 12. und 13. Jh. und wurde bes. in seinen späten Spielarten stark durch den höf. Roman beeinflußt (vgl. z. B. »Auberi le Bourguignon« oder »La prise de Cordres et de Sebille«), dessen größerer lit. Fortune – die sich u. a. in ständigen themat. Weiter- und Neuentwicklungen wie z. B. in dem »Néo-Cligés« (Alexandre Micha) »Amadas et Ydoine« ausdrückt – sie allerdings auch auf diese Weise keinen Einhalt gebieten konnten. In diesem Zusammenhang ist daran zu erinnern, daß nicht nur →Chrétien de Troyes, sondern auch die Verfasser von Abenteuerromanen bereits im 12. Jh. bewußt auf die Klischees der Ch. d. g. verzichteten oder sie sogar ausdrückl. ablehnten (vgl. z. B. Aimons de Varennes vom »Partonopeus« inspirierten Roman »Florimont«, 1188). Formal äußert sich dieser Einfluß des höf. Romans darin, daß die ursrpgl. assonierenden Laissen allmählich durch Reime abgelöst werden oder daß sie – wohl vom Beginn des 13. Jh. an – auf einen weibl. Sechssilber (bei sonst zumeist verwandtem Zwölfsilber) enden (sog. *vers orphelin*). Inhaltl. drückt sich die Einbeziehung von Elementen aus dem Umkreis der höf. Literatur vor allen Dingen in einer stärkeren Berücksichtigung von Rolle und Funktion der Frau in der Gesellschaft und in einer feineren Psychologisierung der Handlungsträger aus. Auch über die Strukturschemata von Motivdoppelung und Doppelhandlung rücken ch.s de g. und höf. →Roman enger zusammen.

Grundsätzl. behandeln die ch.s de g., wie D. POIRION ausgeführt hat, in ihrer klass. Ausprägung Grundfragen der zeitgenöss. Gesellschaft, die sie bestimmten Heldenfiguren oder hist. bekannten Namen zuordnen. Die Beziehung von Harmonie, angemessenem Verhalten und Symbolisierungsfähigkeit zu einer bestimmten Persönlichkeit oder zu einer genauen Definition der religiösen, polit. oder sozialen Struktur (christl. Monarchie, Ritterschaft als Stütze des Königtums, Konflikte zw. Lehnsherren und Vasallen, Sippenkonflikte) begründet bestimmte Zyklen der ch.s de g. wie die um Karl d. Gr. (Ideologie des Kgtm.s) und Guillaume d'Orange (treuer Vasall trotz ungetreuem König), um bestimmte revoltierende Vasallen (Bruch der feudalen Bindungen), Kreuzzugshelden oder große aristokrat. Familien. Aus dem gleichen Grund werden arthurische oder antike Helden nicht berücksichtigt; ihre Existenz ist in die Vorstellung einer anderen Gesellschaft eingebettet. Die Frauengestalten der ch.s de g. verhalten sich komplementär zu denjenigen des höf. Romans: Der demütig-züchtigen christl. Dame des Romans entspricht die Figur der unternehmungslustigen, u. U. skrupellosen schönen Sarazenin.

Die neuen Legenden, die sich im Umkreis der alten bilden, sind losgelöst von der Vergangenheit der Mythen und Fabeln und viel mehr, von der feudalen Gegenwart her, auf eine Zukunft gerichtet, für die sie sich engagieren: Der Kampf gegen die Heiden befreit letztlich von ihrer Barbarei und trägt im Tod himml. Lohn ein; der Kampf gegen den König stärkt hier und jetzt die Macht der Provinzherren, die ihrerseits von der Rebellion bedroht sind, die ihre um Selbstverwirklichung ringenden Vasallen vorbereiten. Im höf. Roman dagegen werden ideolog. Konflikte in den Hintergrund gedrängt, das Heil, das die Liebeserfüllung einbringt, vollendet ein individuelles Abenteuer. Die ch.s de g. des 12. und 13. Jh. feiern Helden des 8. und 9. Jh. als Beispiele und greifen dabei in die Zeit vor der schriftl. Fixierung der volkssprachl. Literatur zurück. Sie bereiten mit den Boden für das Interesse an Exotischem oder speziell der Gestalt Mohammeds vor, dessen Legende Alexandre du Pont 1258 in seinem »Romans de Mahon« (nach den lat. »Otia de Machomete« des Walter v. Compiègne) einem volkssprachl. Publikum erschließt.

Die musikal. Gestaltung der ch.s de g., die prinzipiell zum mündl. Vortrag bestimmt waren, muß einen litaneioder rezitativartigen Charakter besessen haben. Im Rahmen der Musiktheorie, die Jean de Grouchy (→Johannes de Grocheo) in seinem von →Boethius inspirierten Musiktraktat »De musica« (Ende 13. Jh.) entwirft, führt er die Heldenepen als selbständige Gattung auf. Nach ihm gehört der cantus gestualis zur nicht von Instrumenten begleiteten Vokalmusik (gestualis gehört offenbar zu gestus »Gebärde« und nicht zu gesta »Taten«; möglicherweise liegt hier eine Beeinflussung durch die Bewegungen des Jongleurs vor; die Etymologie gibt so verschiedenen Deutungen Raum, wie man es in der Zeit schätzte). Dabei spricht er auch über die versus der afrz. Epik, die sowohl im Text als auch in der Melodie auf denselben Laut enden (»... in eodem sono et in eadem consonantia dictaminis cadunt...«); damit ist die *laisse* als Epenstrophe definiert. Nur manchmal, schränkt er allerdings ein, kann der letzte Vers einer Laisse von dieser Regel abweichen (wie es etwa im »Girart de Roussillon« geschieht). Innerhalb der Laisse ist die Verszahl beliebig, sie richtet sich nach der Stoffmenge, über die der Autor verfügt, und nach seiner Inspiration (»... secundum copiam materiae et voluntatem compositoris ampliatur...«). Die Melodie ist für alle Laissen gleich (»... idem etiam cantus debet in omnibus versibus reiterari...«), wie auch die im Zusammenhang mit der Epenparodie →»Audigier« überlieferte musikal. Notierung bestätigt.

Aus der Verknüpfung mit der Historie gewinnen die ch.s de g. nach den Worten Jean →Bodels (1165?–1210) einen Wahrheitsgehalt, den weder der Antikenroman noch erst recht der bret. Erzählungen aufweisen. Der moral.-didakt. Nutzen der Geschichte, in Ciceros »historia magistra vitae« eingängig formuliert, begründet so auch poetolog. den Wert der epischen Fiktion und ihre Bedeutung für das jeweilige Publikum, die Johannes de Grocheo mit den folgenden Worten umschreibt: »... cantus autem iste debet antiquis et civibus laborantibus et mediocribus ministrari, donec requiescunt ab opere consulto, ut auditis miseriis et calamitatibus aliorum suas facilius sustineant et quibet opus suum alacrius aggrediatur...«. An dieser, allerdings erst am Ende des 13. Jh. gemachten Äußerung fällt auf, daß die afrz. Epik nicht primär für ein ritterl. Publikum bestimmt war. Als Gegenstand der ch.s de g. nennt Johannes de Grocheo die Geschichte von Helden und Ahnen, das Leben von Hl. und ihr Martyrium. Es sind in der Tat zahlreiche hagiograph. Texte überliefert, welche die Laissenform sowie die lit. Technik der ch. de g. übernommen haben.

Neben der erwähnten entspannenden Funktion wird dem Heldenlied noch eine weitere Wirkungsweise zugeschrieben: »... et ideo iste cantus valet ad conservationem civitatis«. Das Heldenlied wurde also offensichtl. zu polit. Zwecken herangezogen, es entspannte seine nicht aristokrat. Zuhörer und engagierte sie zugleich im nationalen Kampf. Ch.s de g. als Kennzeichen der »Totalität einer geschichtlichen Entwicklungsstufe der menschlichen Gesellschaft« (G. LUKÁCS) und Nationalgedanke verschmelzen somit in der Weise, wie sie Hegel in seinen »Vorlesungen über Ästhetik« beschrieben hat. W.-D. Lange

Lit.: EM – Bull. bibliogr. de la Soc. Rencesvals, 1958ff. – G. PARIS, Hist. poétique de Charlemagne, 1865 – DERS., La litt. française au MA, 1909[4] – F. SCHÜRR, Das afrz. Epos. Zur Stilgesch. und inneren Form der Gotik, 1926 – J. BÉDIER, Les légendes épiques, recherches sur la formation des ch.s de g., 4 Bde, 1926–29[3] – I. SICILIANO, Les origines des ch.s de g. Théories et discussions, 1951 – J. RYCHNER, La ch. de g. Essai sur l'art épique des jongleurs, 1955 – M. DE RIQUER, Les ch.s de g. françaises, 1957[2] – E. R. CURTIUS, Gesammelte Aufsätze zur roman. Philologie, 1960 – R. MENÉNDEZ PIDAL, La Chanson de Roland et la tradition épique des Francs, 1960 – PH. A. BECKER, Zur roman. Literaturgesch. Ausgew. Stud. und Aufsätze, 1967 – I. SICILIANO, Les ch.s de. g. et l'épopée. Mythes – histoire – poèmes, 1968 – W.-D. LANGE, Motivdoppelung und Doppelhandlung. Anm. zur Darstellung der Wirklichkeit in der »Prise de Cordres et de Sebille«, GRM 19,

1969, 129–143 – F. W. Müller, Menéndez Pidal und die Rolandsliedforsch., 1971 – K. Kloocke, Joseph Bédiers Theorie über den Ursprung der ch.s de g. und die daran anschließende Diskussion zw. 1908 und 1968, 1972 – D. Poirion, Ch. de g. ou épopée? Remarques sur la définition d'un genre (Travaux de Linguistique et de Lit. 10/2, 1972) – Olifant, 1973ff. – A. Edis, Le rôle de la femme dans les ch.s de g. [Mag.arbeit, Mc Master Univ., Kanada, 1976] – K. K. McMahon, Narrative and direct discourse in three old French epics [Diss. Cornell Univ. 1976] – A. Micha, De la ch. de g. au roman, 1976 – S. Scoones, Les noms de quelques officiers féodaux des origines à la fin du XIIe s., 1976 – M. O'R. Patterson, The tragic sense in the old French epic. A reading of »La Chanson de Roland«, »Gormond et Isembart«, »Raoul de Cambrai«, »Girart de Roussillon« [Diss. New York 1977] – Charlemagne et l'épopée romane, Actes du Congrès Internat. de la Soc. Rencesvals, Paris 1978 – Afrz. Epik, hg. H. Krauss, 1978 – E. B. Rathbun, Patterns of death in medieval French epic poetry [Diss. New York 1978] – F. Sautman, »L'épopée taisible«. Structures sociales de l'imaginaire épique [Diss. Los Angeles 1978] – K. von See, Europ. Heldendichtung, 1978 – L. Struss, Epische Idealität und hist. Realität, 1980 – M. Metz, Zu Tradition und Perspektive in der Geographie der Chanson de Roland. Unters. zum ma. Weltverständnis, 1981 – J. M. J. Peeters, Rat und Hilfe in der dt. Heldenepik, Unters. zu Kompositionsmustern und Interpretation individueller Gestaltungen [Diss. Nijmegen 1981].

Chanson de Guillaume → Wilhelmsepen

Chanson de Landri. Die Existenz einer Ch. de L. wurde aufgrund eines Passus in dem um 1190 entstandenen, mit satir. Elementen durchsetzten moraltheol. Traktat »Verbum abbreviatum« des →Petrus Cantor vermutet. In bezug auf Priester, die mit dem Gottesdienst von neuem beginnen, wenn sie sehen, daß die Gläubigen bei der Opferung nichts geben, heißt es dort: (C. 27 col. 101 A) »Hi similes sunt cantantibus fabulas et gestas, qui videntes cantilenam de Landrico non placere auditoribus, statim incipiunt de Narciso cantare, quod si nec placuerit, cantant de alio«. Nachdem man in der Forschung zuerst angenommen hatte, Petrus Cantor spiele auf ein satir. Werk an, das Bf. Adalbero v. Laon um 996 gegen den Gf. Landri v. Nevers gerichtet hatte, erkannte man, daß die Worte »cantilenam de Landrico« eher an eine »Chanson de geste« als an eine satir. Dichtung denken lassen. F. Lot konjiziert daher die Existenz einer »Chanson«, deren Held der genannte Landri de Nevers sei; eine im 10. Jh. sehr bedeutende hist. Persönlichkeit, von deren Macht und Taten wohl bald legendenhafte Erzählungen zirkulierten. M. Delbouille hält dagegen Landri le Timonier für den Protagonisten der Ch. de L., eine lit. Figur, die in mehreren Chansons de geste wie »Aliscans« und »Moniage Guillaume« auftritt. In dem letztgenannten Werk spielt Landri, der Cousin von Guillaume, eine bedeutende Rolle in der sog. »Episode von Synagon«, die die Kritiker als einen aus einer unabhängigen »Chanson de geste« herrührenden späteren Einschub in die »Moniage Guillaume« betrachten. Nach Delbouilles Meinung könnte diese verlorene Dichtung »Chanson de Landri« geheißen haben und mit der bei Petrus Cantor angeführten Cantilena identisch sein. M. C. Marinoni

Lit.: F. Lot, La Ch. de L., Romania 32, 1903, 1–17 – M. Delbouille, La Ch. de L., RBPH 5, 1926, 339–350 – F. Pirot, Recherches sur les connaissances litt. des troubadours occitans et catalans des XIIe et XIIIe s., 1972, 418–420.

Chanson de la mal mariée. Das Motiv der schlecht verheirateten Frau überschreitet den Rahmen der Lyrik (→fabliau): Eine Frau, unzufrieden mit ihrem Gatten, der sie mißhandelt oder nicht zu befriedigen vermag, sucht Ersatz in anderen erot. Beziehungen. Bes. häufig in der Dichtung der langue d'oïl, der nordfrz. Lit., des 12.–13. Jh., wird das Handlungskonzept der Ch. de la mal mariée meist nach dem Vorbild der lyr.-dramat. Gattung der »Chanson de rencontre amoureuse« (Ch. der Minnebegegnung) gestaltet: Der Dichter gibt vor, einer Schönen, der er bei einem Spaziergang begegnet ist, seinen Trost gespendet zu haben. Vielleicht stellt das Genre ein fernes Echo bestimmter (jedoch hypothet. bleibender) Volksbräuche der ma. Romania dar (jahreszeitl. Feste mit erot. Rollentausch, d. h. Übergang der Initiative auf die Frau?). Das Thema wird in der Regel im Ton schlüpfriger Komik behandelt, wie eine Persiflage der höf. Ehebruchschilderung, deren Tradition sich aber in manchen Topoi und konventionellen Elementen erhält (verheiratete adlige »Dame« wendet sich an einen sozial Niederen, einen »vilain«). Die Thematik tritt noch in den frz. Volksliedern vom Ende des MA häufig auf. M. Zink

Lit.: K. Bartsch, Afrz. Romanzen und Pastourellen, 1870 – A. Jeanroy, Les origines de la poésie lyrique en France au MA, 1889 – P. Bec, La lyrique française au MA, 1977 [Lit.].

Chanson de Roland → Rolandslied

Chanson de Roncevaux → Ronceval

Chanson de Saint Faron ('Farolied') wird von sieben Versen (?) repräsentiert, die von Bf. Hildegar v. Meaux in der zu Ehren seines Vorgängers aus dem 7. Jh., Faro, 869 verfaßten »Vita S. Faronis« angeführt werden. Die Vita ist in zwei Fassungen von unterschiedl. Länge überliefert. Nach Hildegars Bericht seien sächs. Gesandte von Chlothar II. eingekerkert und zum Tode verurteilt, jedoch später durch Faro zum Christentum bekehrt, getauft und vor der Hinrichtung bewahrt worden. Später sei Chlothar in das Gebiet der Sachsen eingefallen und habe dort ein Blutbad angerichtet. »Ex qua victoria carmen publicum iuxta rusticitatem per omnium paene volitabat ora ita canentium, faemineaeque choros inde plaudendo componebant«. So die längere Fassung der Vita, die danach die sieben Verse zitiert, während es in der kürzeren Rezension heißt: »... quod suavi cantilena decantabatur«, worauf nur zwei Verse folgen. Der Passus schließt mit den Worten: »Hoc enim rustico carmine placuit ostendere quantum ab omnibus celeberrimus habebatur«. Um die inhaltl. und sachl. Bedeutung dieser sog. »Chanson«, die jedoch keinen epischen, sondern eher lyr.-panegyr. Charakter aufweist, sowie um den Begriff »rusticus« und den Wahrheitsgehalt der geschilderten Ereignisse entspann sich eine lange wiss. Diskussion. Die Vertreter der romant.-positivist. Theorien über die Herkunft der »Chansons« von den frühma. episch-lyr. Liedern sahen in diesem »carmen publicum« die Bestätigung ihrer Thesen. Ihre Gegner, v. a. J. Bédier, wiesen darauf hin, daß Chlothar II. niemals die Sachsen besiegt habe, daß die Rettung der Gesandten durch Faro von Hildegar erfunden worden sei und der Wortschatz des »carmen« dem Latein der merow. Urkunden sehr fern stehe. In jüngster Zeit nahm die Forschung einen vorsichtigeren Standpunkt in der Wertung des berühmten Textes ein, der nicht mehr als direktes Zeugnis aus dem 7. Jh. betrachtet wurde, sondern als indirekter Beleg für die Existenz derartiger Dichtungen im 9. Jh. Durch die Erfindung dieses »carmen iuxta rusticitatem« habe Hildegar die zw. Latein und Volkssprache stehende Diktion der merow. Urkunden »imitiert«, wenngleich seine Erfindung auch zeitgenöss. Usancen und v. a. die Existenz volkstüml. episch-lyr. Lieder widerspiegelt, für die auch andere Indizien festgestellt wurden. M. C. Marinoni

Lit.: B. Krusch, Vita Faronis episcopi Meldensis, MGHSRM V, 1910, 171–203 – J. Bédier, Les légendes épiques IV, 1913, 289–335 – D. Scheludko, Über das Farolied, ZFSL 50, 1927, 415–429 – F. Lot, Encore la Cantilène de Saint Faron, MP 38, 1941, 227–233 – K. Heisig, Über das Farolied, RF 60, 1948, 459–499 – D'A. S. Avalle, La cantilena di San Farone (Studi in on. di I. Siciliano, 1966), 289–307.

Chansonnier, Hs., die das Werk eines einzelnen Trouvère oder Troubadour oder eine Sammlung von Liedern verschiedenster Herkunft (Werke von Dichtern, Anonyma, geistl. Lieder, Lieder volkstüml. Ursprungs) enthält; der letztere Typus kann in einer frz. Hs. auch okzitan. Lieder und in einer okzitan. Hs. auch frz. Lieder umfassen. Mehr als die Hälfte der frz. Hss. weisen auch Melodien auf, während die okzitan. Hss. nur ca. 250 Melodien enthalten; die Melodien, die oft später und manchmal von anderer Hand eingefügt wurden, befinden sich über der ersten Strophe des Liedes (hin und wieder sind nur die leeren Notenlinien oder gar nur der Raum ausgespart, in anderen Hss. sind nur einzelne Lieder mit Melodien versehen). Viele Ch.s sind mit eleganten Initialen geschmückt, z. B. das berühmte »Manuscrit du Roi« (Paris, B. N. 844) mit seinen »Porträts« und Wappen von Trouvères und Troubadours (leider stark beschädigt). Im allgemeinen sind die Ch.s gut gegliedert nach Dichtern, Liedgattungen, Anonyma; in einigen sind die Lieder nach dem ersten Buchstaben des ersten Wortes aufgeführt, ohne sie jedoch weiter alphabet. einzuordnen. Viele Lieder finden sich bis in zehn Hss.; obwohl zahlreiche Varianten bestehen, ist die Ähnlichkeit der Fassungen bemerkenswert. Die Ch.s wurden zw. der 2. Hälfte des 13. Jh. und dem 15. Jh. erstellt, die frz. v. a. Ende 13.–Anfang 14. Jh., die okzitan. im 14. Jh. Die frz. Ch.s wurden vornehml. in der Picardie, auch in der Champagne und Lothringen zusammengestellt; die Besitzer waren Adlige und reiche Bürger, aber auch Kg.e, wie Philipp V. († 1322) und Karl V. († 1380). Wegen der Verheerungen des Albigenserkrieges ist nur der okzitan. Ch. der Gf.en v. Foix auf okzitan. Gebiet erhalten; alle anderen wurden in Katalonien, in der zum Reich gehörenden Provence und v. a. in Italien verfaßt (bekannt sind die Ch.s von Modena und Mantua), wo sie sich noch im 16. Jh. u. a. der Beliebtheit Bembos und Paolo Giordano Orsinis erfreuten. Vgl. auch →Canzoniere; →Cancione(i)ro. H.-E. Keller

Lit.: G. GRÖBER, Die Liedersammlungen der Troubadours, RSt 2, 1877, 337–668 – E. SCHWAN, Die afrz. Liederhss., 1886 – A. JEANROY, Bibliogr. sommaire des ch.s prov., 1916 – DERS., Bibliogr. sommaire des ch.s français du MA, 1918 – D'ARCO SILVIO AVALLE, La letteratura medievale in lingua d'oc nella sua tradizione manoscritta, 1961 – G. INEICHEN, A. SCHINDLER, D. BODMER, Gesch. der Textüberlieferung der antiken und ma. Lit., II: Überlieferungsgesch. der ma. Lit., 1964 – H. J. VAN DER WERF, The chansons of the troubadours and trouvères: A study of the melodies and their relation to the poems, 1972, bes. 14–16 – R. W. LINKER, A Bibliogr. of Old French Lyrics, 1979 – H. SPANKE – G. RAYNAUD, Bibliogr. des afrz. Liedes, 1980².

Chansons de Danse, frz. Kollektivbezeichnung für Tanzlieder, die hauptsächl. dem »registre lyrico-chorégraphique« (BEC) ma. Lyrik zuzuordnen sind. Tanzlieder waren ursprgl. häufig Frauenlieder (→chansons de toile, *wineliodos*), deren Existenz als unmoral. cantica amatoria oder cantica obscena im Bereich der rusticae cantilenae durch frühe kirchl. und jurist. Verdikte belegt ist. Die Ursprünge der Ch. liegen in mündl. verbreiteten volkstüml. Tanz- und Reigenliedern, die in enger Verbindung von Mimik, Tanz und Gesang hauptsächl. zur Rhythmisierung des Tanzes (→carole) bestimmt waren. Aus diesen volkstüml. Liedern sowie aus lat. geistl. Liedern, liturg. Tänzen, sakralen Gesängen oder Prozessionsliedern entwickelten sich in Frankreich – auch nach dem Vorbild der prov. balada (→Ballade) und →dansa sowie später unter dem Einfluß der →cansó und Elementen aristokrat. Kunstdichtung (→chanson) – stroph. und nichtstroph. Tanzlieder freier und fester Form wie *reondet/rondel/*→*rondeau* (Sonderform *triolet), ballete/ballade* (→Ballade) und →*vireli/virelai* (= *chanson balladée*), die durch ihre spezif. Techniken des (vom Chor der Tanzenden auf den Text des Vorsängers gesungenen) Refrains (*tornada, vuelta*) charakterisiert sind. Daneben existieren Formen wie →rotrouenge oder →estampie, deren eindeutige gattungsspezif. Typologisierung und Funktionsbestimmung im Vergleich mit Ballade, Rondeau und Virelai problematisch ist, deren ursprgl. choreograph.-musikal. Charakter aber unbestreitbar scheint. Ch. finden sich auch in Texten anderer Gattungen (der Lyrik, Epik, des Dramas) integriert oder können zu Zyklen verbunden werden (z. B. zu einer *chanson de carole* aus mehreren rondels; vgl. BEC, 223).
H.-M. Schuh

Lit.: GRLMA 2, Les genres lyriques – F. GENNRICH, Rondeaux, Virelais und Balladen, 2 Bde, 1921, 1927 – DERS., Grdr. einer Formenlehre des ma. Liedes als Grundlage einer musikal. Formenlehre des Liedes, 1932 – P. BEC, La lyrique française au MA (XIIe–XIIIe s.), 1977.

Chansons de toile, Bezeichnung für fünfzehn lyr. Gedichte anonymen Ursprungs. Ihr Inhalt erzählt kurz die Geschichte von Mädchen, die sich nach ihren abwesenden Geliebten sehnen oder von jungen Frauen, die mit alten Männern verheiratet sind und sich die Liebe eines jungen Ritters wünschen. Nur bei vier Dichtungen ist auch die Notation erhalten. Die Lieder wurden bereits von den Zeitgenossen Ch. de t. genannt, weil sie von Frauen bei ihren Handarbeiten gesungen wurden. Eine andere Bezeichnung war »Chansons d'histoire«, weil sie eine kurze Liebesgeschichte erzählen. In einigen Fällen wird ein Mädchen geschildert (bele Erembors, bele Yolanz, bele Aiglentine, usw.), das Gold- und Seidenfäden knüpft. In anderen Liedern ist die Heldin eine unglückl. verheiratete junge Frau, die sich über ihren alten Ehemann beklagt und sich nach der Liebe eines jungen Ritters sehnt. Im allgemeinen nimmt die Geschichte einen glücklichen Ausgang: Bele Erembors versöhnt sich mit dem vom Krieg zurückgekehrten jungen Rainaut, bele Yzabel gelingt es, die Liebe eines jungen Mannes zu gewinnen, Gaiete geht glücklich mit dem jungen Ritter weg, den sie am Brunnen kennengelernt hatte, usw. Nur in einem einzigen Fall hat die Geschichte ein trauriges Ende: Bele Doette erfährt von einem Knappen, daß ihr Geliebter gestorben ist; so gründet sie ein Kloster und tritt darin ein. Die Mädchen erscheinen manchmal ein wenig zu leichtsinnig; aber ihr feiner Reiz und die Anmut ihres Benehmens ziehen uns an und machen diese Lieder zu einigen der schönsten der afrz. Dichtung. Sie erfreuten sich offenbar eines großen Erfolgs, so daß sie in einigen Romanen eingeschlossen und von deren Heldinnen gesungen wurden; sicherlich gab es außer den uns erhalten gebliebenen noch andere. Das Alter der Ch. de t. ist in der Forschung umstritten. Für die einen sind diese Dichtungen bedeutsame Zeugnisse für eine Tradition lyr. Dichtung in Nordfrankreich vor der Einführung der prov. Troubadourdichtung, die seit der zweiten Hälfte des 12. Jh. starke Nachahmung fand; für die andern sind sie nicht älter als der »Guillaume de Dole« des Jean →Renart (Anfang 13. Jh.), bei dem sie zuerst belegt sind. Die Ch. de t. des Trouvère →Audefroi le Bastart (erste Hälfte des 13. Jh.) wären somit nicht als verspätete Nachahmungen, sondern als Auseinandersetzung mit einer lebendigen Tradition zu werten. C. Cremonesi

Ed.: K. BARTSCH, Afrz. Romanzen und Pastourellen, 1870 – G. SABA, Le »Ch. de t.« o »Chansons d'histoire«, 1955 – *Lit.:* A. JEANROY, Les origines de la poésie lyrique en France au MA, 1889, 216–230 – J. J. SALVERDA DE GRAVE, La chanson de geste et la ballade (Mél. A. THOMAS, 1927), 389–394 – C. CREMONESI, Chansons de geste e Ch. de t., Studi Romanzi XXX, 1943, 55–203 – E. FARAL, Les Ch. de t. ou Chansons d'hist., Romania 69, 1946–47, 433–461 – P. BEC, La lyrique française au MA, 1977–78 – M. ZINK, Belle. Essai sur les ch. de t., 1978.

Chant du Roussigneul, allegor. Gedicht, das in nur einer, 1441 datierten Hs. überliefert ist. Der anonyme Autor, ein nordfrz. Mönch, hat den Abschluß seiner Dichtung auf den 9. Aug. 1330 datiert. Das 115 Vierzeiler umfassende Werk ist die, v. a. gegen Ende freie Übertragung einer lat. Vorlage, der 90 Vierzeiler umfassenden, anonymen »Philomena«, die häufig →Bonaventura zugeschrieben wurde. Grundlage des Gedichts ist die bei Plinius zu findende Auffassung, daß die Nachtigall singend stirbt sowie die von →Pierre de Beauvais (Pierre le Picard) in seinem Prosa-Bestiaire vollzogene allegor. Deutung der Nachtigall als der liebenden Seele. Der Hauptteil des Werks (Str. 25–104) beschreibt das auf einen Tag reduzierte Leben und Sterben der Nachtigall, das Betrachtung und Preis der beneficia Dei in der Abfolge der kanon. Stunden gewidmet ist: Schöpfung (Matutin), Menschwerdung (Prim), Leben Jesu (Terz), Passion (Sext), Tod (Non), Grablegung und Paradies (Vesper). Wie die Nachtigall am Abend stirbt die Seele bei der Betrachtung des Kreuzestodes. Die Schlußstrophen (105–115) fordern den Leser zur Gottesliebe auf. M. Tietz

Ed.: Le Ch. du R., ed. R. WALBERG, 1941 (Ann. Univ. de Lund, NS I, Bd. 37, Nr. 7).

Chant royal, eine der in der frz. Lyrik zw. dem 14. Jh. bis in die Mitte des 16. Jh. verbreiteten festen Formen mit 5 isometr. Strophen zu je 11 Versen (Zehn- bzw. Elfsilbern) in gleichbleibendem Reimschema und mit einem nachgestellten *envoi* (Widmung oder Geleit) aus Fünf-, Sechs- oder Siebensilbern. Der älteste Beleg für die Bezeichnung findet sich bei Nicole de Margival im »Dit de la Panthère d'Amours« (spätes 13. Jh.), jedoch war die Bauform, wenn auch noch nicht so streng fixiert, bereits seit dem 12. Jh. bei den prov. Troubadours (→cansó mit 5 *coblas unissonans* und *tornada*) bekannt. Im Bereich der *langue d'oïl* gibt es ebenfalls bereits vor →Adam de la Halle Beispiele dafür. Kompositionen dieser anspruchsvollen Bauart wurden für geeignet befunden zum Vortrag bei Wettbewerben der bürgerl. Dichterzünfte in Nordfrankreich *(puys royaulx),* deren Vorsitzenden das Geleit als *Prince* apostrophiert. Zunächst blieb der ch.r. im 13. und 14. Jh. zumeist ein Liebeslied, übernahm danach aber auch die Thematik des *sirventois.* Durch Guillaume de →Machaut findet der ch. r. in der 1. Hälfte des 14. Jh. verbreitet Anerkennung. Eustache→Deschamps dichtete zahlreiche chants royaux. Im 15. Jh. läßt deren Beliebtheit nach, die Form erstarrt. Von Clément Marot sind 4 chants royaux, zumeist mit religiösen Themen, bekannt. Die Pléiade ächtete diese und andere mittelfrz. Dichtungsformen. Einen späten Erneuerungsversuch unternahm Théodore de Banville im 19. Jh. D. Briesemeister

Lit.: L. STEWART, The Ch. r., a study of the evolution of a genre, Romania 96, 1975, 481–496.

Chantefable ('Lied-Geschichte'). Nur der anonyme Verfasser der afrz. Dichtung →»Aucassin et Nicolette« (A. et N.) bezeichnet sein Werk als Ch.; deshalb kann der Begriff nur anhand dieses Werkes erläutert und interpretiert werden. Offensichtl. bezieht sich das Wort Ch. auf die einzigartige Form mit ihrem Wechsel von (zu rezitierender) Prosa und (zu singenden) Versen. Beigefügte Musiknoten sowie Rubriken wie »or se cante« oder »or dient et content et fabloient« in der Hs. lassen keinen Zweifel an dieser Art des Vortrags (→Vortragsformen). Zwar kann A. et N. kaum als dramat. Spiel angesprochen werden, doch hat es zweifellos ausgeprägte dramat. Elemente und ist seit dem 18. Jh. bis in die Gegenwart oft aufgeführt worden. Die Verbindung von Theater, Musik, Vers und Prosa ist ohne bekannte Vorläufer oder Nachahmer und muß als die Erfindung des Autors von A. et N. angesehen werden.

Wechsel von Vers und Prosa (»Prosimetra«) sind in der antiken, bes. der spätantiken Literatur und den in ihrer Tradition stehenden mlat. Werken sowie in den frühen arab., kelt. und altnord. Literaturen anzutreffen; doch läßt sich keine Verbindung des Ch. zu diesen Literaturen nachweisen. Zwar wechseln altprov. Dichter, in Gattungen wie den →razos und →vidas, zw. Vers und Prosa, und manche afrz. Autoren, wie Jehan →Renart in »Guillaume de Dole«, unterbrechen ihre Erzählung in Versen durch Liedfragmente; doch kennt keiner dieser Dichter einen regelmäßigen Wechsel von gesprochenen und gesungenen Passagen, und auch die Weiterführung der Handlung sowohl in Prosa als auch in Versen begegnet nur in A. et N.

Die Überlieferung dieses Meisterwerkes in nur einer Hs. deutet auf begrenzte, ja geringe Verbreitung hin, so daß schon von daher die Dichtung kaum zur Nachahmung angeregt haben wird.

Der Singularität der ma. Hs. von A. et N. steht in der Neuzeit das außerordentl. Interesse an diesem Text gegenüber, wie es sich in gegen hundert Bearbeitungen in den verschiedensten Sprachen und lit. wie musikal. Gattungen sowie in der umfangreichen krit. mediävist. Literatur manifestiert. Die märchenhaften Züge von A. et N., seine unnachahml. Diktion, seine, zwar nicht unbestrittene, Parodie wichtiger ma. Gattungen, seine »einfache Form«, seine ironisch-profunde Literarität, machen aus diesem kurzen Text ein Paradigma all der Wünsche, welche die Neuzeit in das MA projiziert hat, von den Positivisten zu den Folkloristen, Freudianern und Semiotikern.

H. F. Williams/M.-R. Jung

Lit.: → Aucassin et Nicolette – EM, s. v. cante fable – J. TROTIN, Vers et prose dans A. et N., Romania 97, 1976, 481–508 – C. F. HOWER, A. et N. The Alfred C. Howell Collection. A Bibliogr., ed. L. H. SILVERSTEIN, 1977 – T. HUNT, Precursors and Progenitors of A. et N., StP 74, 1977, 1–19 – DERS., La parodie médiévale. Le cas d'A. et N., Romania 100, 1979, 341–381 – PH. MÉNARD, La composition d'A. et N., Mél. J. WATHELET, 1978, 413–432 – K.-H. SCHRÖDER, Lit. des Übergangs: A. et N. (Fschr. R. ROHR, 1979), 481–494 – M. MUSONDA, Le thème du »monde à l'envers« dans A. et N., Medioevo romanzo 7, 1980, 22–36 – E. VANCE, A. et N. as a Medieval Comedy of Signification and Exchange, The Nature of Medieval Narrative, ed. M. GRUNMANN, 1980, 57–76.

Chantilly-Handschrift, Chantilly, Musée Condé, Ms. 564 (olim 1047), zentrale Quelle für die frz. mehrstimmige Musik zw. ca. 1350 und 1400 (Hauptcorpus) und aus dem frühen 15. Jh. (2 nachgetragene Rondeaux von B. →Cordier). Die Hs. wurde entweder Ende des 14. Jh. in Südfrankreich geschrieben oder Anfang des 15. Jh. in Italien (Florenz?) von einer frz. Vorlage kopiert. Sie enthält 112 meist weltl., 3- bis 4stimmige, frz. und lat. Sätze: 70 Balladen, 17 Rondeaux, 12 Virelais und 13 isorhythm. Motetten. Die Musik gehört der »frz. Spätzeit« (auch »Ars subtilior« gen.) nach dem Tode Guillaume de →Machauts an. Manche Stücke sind rhythm. sehr verwickelt, was sich in einer äußerst komplizierten Notation spiegelt. Von zahlreichen Komponisten sind die Namen angegeben.

R. Bockholdt

Ed.: Corpus Mensurabilis Musicae XXXIX, 1965; LIII, 1970–72 – Polyphonic Music of the 14th Century, hg. F. LL. HARRISON, V, 1968 – *Lit.:* MGG 2, s. v. und Taf. 34 – RIEMANN [Sachteil], s. v. Quellen – NEW GROVE, s. v. Sources, MS § VII, 3 [weitere Lit.].

Chaos

I. Bedeutungsgehalte – II. Verwendungsbereiche.

I. BEDEUTUNGSGEHALTE: Zuerst von griech. Denkern in der Kosmologie benutzt, bedeutet Ch. sowohl die finstere, gähnende Leere oder Wassermassen (Stoa) vor der

Formung der Welt als auch die ewige, gestaltlose Masse, aus der der Werkmeister (artifex, opifex) die sichtbare Welt bildet (Q: RE III/2, 2112f.). Lat. Autoren übernehmen das Wort in unterschiedl. Bedeutung (Q: ThLL III, 990–992). Am meisten brauchen sie es im Sinne einer formlosen Masse (confusio): Vergil, Ovid, Lactanz, Hilarius, Augustinus, Wilhelm v. Conches, Thomas v. Aquin u. a. So ist für →Macrobius Ch. eine zeitlose confusa deformitas, aus der sich die Formen der Elemente entwickelten (Sat. 1.17, 53) und mit deren Entfaltung die Zeit begann (Sat. 1.8, 7). Im Sinne von grauenerregender Dunkelheit verwenden es →Marius Victorinus, →Augustinus u. a., LXX (Micha 1,6. Sach 14,4) und Vulgata (Lk 16,26) verstehen darunter: Abgrund, Tiefe oder Kluft. Gleichsinnig findet sich das Wort bei den entsprechenden Schriftkommentatoren: Augustinus (Ep. 164, III, 7), Petrus Lombardus (Sent. IV, 50,6), Albertus Magnus (In Ev. Luc, XVI, 26; De Resurr. 3,9); er bezeichnet diese Bedeutung von Ch. als metaphorisch.

II. VERWENDUNGSBEREICHE: Ein Terminus d. ma. Schöpfungstheologie wird Ch. nicht, obgleich Gen 1,2 den Gedanken eines formlosen Zustandes der Urmaterie verrät. Die jüd.-christl. Tradition hält gegen Aristoteles an der creatio ex nihilo der Materie fest und verwirft im 13. Jh. den Versuch des →Siger v. Brabant (De aetern. mundi), die Ewigkeit der Materie zu beweisen. Daß der Formung der Welt ein Ch. vorangegangen sei, bestreitet erstmalig →Wilhelm v. Conches als ein Mißverständnis eines platon. Textes (Tim. 30 A) und als für Gott »unpassend« (In Tim. 49–52 Philos. mundi 1,21). Alle substantiellen Dinge in der »ersten Schöpfung« seien genau so gestaltet gewesen, wie sie noch heute sind. Dagegen lehren →Thierry v. Chartres und dessen Schüler →Clarembald v. Arras, es habe eine Entwicklung von einer ungeordneten Urmaterie zum geordneten Weltall stattgefunden. Wie Wilhelm benutzen sie die Physik des →Calcidius, um zu zeigen, daß unter Urmaterie die vier Elemente (Erde, Wasser, Luft, Feuer) zu verstehen sind, die nach ihrer Schöpfung anlagehaft, ohne weiteren göttl. Eingriff zur Formung (distinctio, ornatus) des Weltalls führten. Wegen unverträgl. Beiklänge zur Schöpfungslehre verwenden die Lateiner zur Auslegung von Gen 1,2 statt Ch. meist das Wort materia (primaeva, primordialis). Dies gilt trotz der Bemerkung des Calcidius (In Tim. 123), daß die Griechen Ch. als *hyle* bezeichnen, während wir Lateiner es mit silva übersetzen. Sowohl hyle wie silva werden im 12. Jh. von →Bernardus Silvestris bevorzugt. Ch. bleibt der ma. Schöpfungslehre fremd. Augustinus verrät Unsicherheit über die genaue Bedeutung des Wortes und zeigt Zurückhaltung in seiner Verwendung. Er beschreibt die Urmaterie, aus der alles geschaffen wurde, als verworren und formlos (confusa et informis), »die, wie ich glaube, von den Griechen Chaos genannt wird« (De Gen. contra Manich. 1,5,9). Später nennt er die Urmasse eine »confusio, die bei den Griechen Chaos heißt« (De Gen. ad litt. 12). Von ihm beeinflußt, schreibt Isidor (Diff. 2,29): »Der Formung der Welt ging eine verworrene und formlose Materie voraus, welche die Griechen Chaos nennen«. Ähnlich formulieren Petrus Lombardus (Sent. II, 2,5) und Thomas (S. th. 66,3). In einem im 12. Jh. verfaßten Boethiuskommentar, der in Cod. Heiligenkreuz 130 enthalten ist, lesen wir, daß »Platon und mehrere andere Philosophen« zwei ewige Prinzipien lehrten: Hyle und Ideen. Hyle nannten sie »quoddam chaos«, d. h. eine rohe und verworrene Materie, Ideen aber die Formen der zu schaffenden Dinge in den Gedanken Gottes. Unter der »fluktuierenden Materie« (Cons. phil. III, 9m,5) des Boethius könne man das Ch. verstehen. →Albertus Magnus verwendet Ch. in der Schöpfungslehre nur zur Kennzeichnung heidn. Kosmogonien (Met. I, 3,10.14; De Generatione I, 1,6; De Caelo I, 4, 1; II, 4,5). →Bonaventura (Sent. II, 12,1,3) erwähnt eine Lehrmeinung, wonach die Urmaterie wegen der Vielheit und der Gegensätzlichkeit der schon in ihr enthaltenen Formen Ch. genannt werde. Raimundus Lullus verfaßt ein Liber Chaos (ed. Moguntina III); für ihn ist Ch. die vor Gott geschaffene Urmaterie und Urform; alle Werdeprinzipien sind darin eingeschlossen. Von Lulls evolutionärer Schöpfungslehre ist →Nikolaus v. Kues beeinflußt. Den Ch.-Gedanken und die Vorstellung von der Urmaterie eliminiert er jedoch. In De docta ign. (II, Kap. 8) entmythologisiert er den Ch.-Begriff und die Vorstellung der Urmaterie als Projektion, die der menschl. Geist zw. Gott und Mensch gestellt habe. Für Cusanus ist Gott Wirkursache und Urbild von allem. In den Schriften nach De docta ign. ist Ch. nicht mehr zu finden. Mit dieser Zurückhaltung liegt er auf der Linie der ma. Schöpfungslehre. F. Courth (N. Häring)

Q. und Lit.: RE III/2, 2112f. – ThLL III, 990–992 – R. HAUBST, Das Bild des Einen und Dreieinen Gottes in der Welt, 1952, 107–115 – E. COLOMER, Nikolaus v. Kues und Raimund Llull, 1961, 157, 178 – E. W. PLATZECK, Raimund Lull, 2 Bde, 1964, II, 208 – Clarenbaldus, Tract. super lib. Gen., ed. N. HÄRING, Life and Works of Clarembald of Arras, Stud. and Texts 10, 1965, 226–249 – Wilhelm v. Conches, Closae super Platonem, ed. E. JEAUNEAU, Textes philos. du MA 13, 1965 – Thierry, De sex dierum operibus, ed. N. HÄRING, Commentaries on Boethius by Thierry of Chartres, Stud. and Texts 20, 1971, 555–575.

Chapel, English Royal → Hofkapelle

Chapelle du roi → Hofkapelle

Chapelle-Taillefer, Pierre de La, frz. Prälat und Staatsmann unter Kg. →Philipp IV., Kardinalbf. v. Palestrina, →*clerc du roi*, Richter am Parlement *(maître du Parlement)*, * in La Chapelle-Taillefer (dép. Creuse, arr. Guéret), † 16. Mai 1312, ▭ Kollegiatkirche von La Ch.-T., Chor (Grabmal aus emailliertem Kupfer, 1767 demontiert und in der Frz. Revolution verschollen). Ch.-T. war Propst v. Aymoutiers, Kanoniker v. Notre-Dame de Paris und lehrte um 1270 kanon. Recht an der Univ. Orléans, wo er Bertrand de Got, dem späteren Papst Clemens V., begegnete. Als clerc du roi leitete er das Parlement in Toulouse (1287–90) und möglicherweise noch weitere Parlements; am 15. Mai 1291 wurde er zum Bf. v. Carcassonne nominiert (Weihe 12. Nov.). Mit Verhandlungen mit dem Kg. wegen der Zehnten betraut (1296), wurde er zum Inquisitor in verschiedenen Prozessen zw. kgl. Amtsträgern und geistl. Institutionen im Languedoc ernannt. 1297–98 reiste er als kgl. →*commissaire* mit Pierre de Bourges zu Kg. →Jakob (Jaime) II. v. Aragón zwecks Verhandlungen über die prakt. Durchführung des Vertrags v. Anagni mit Frankreich. Ch.-T. wurde am 26. Okt. 1298 zum Bf. v. Toulouse erhoben; als solcher ließ er eine Inquisitio über die Erhebung von →Pamiers zum Bm., welche die Gerechtsame von Toulouse schmälerte, erstellen. Nach der Wahl Papst Clemens' V. wurde Ch.-T. zum Kard. v. S. Vitale erhoben (15. Dez. 1305). Er hielt sich am 30. Jan. 1306 an der päpstl. Kurie auf und wurde zum Vertrauten des Papstes, der ihn für verschiedene Missionen verwandte. Mit Bérenger→Fredol wurde er am 13. März 1306 vom Papst mit Untersuchungen der Inquisitionsprozesse des Bf.s v. Albi, Bernard de →Castanet, beauftragt. Im Dez. 1306 erhielt Ch.-T. das Bm. Palestrina. Er blieb jedoch weiter in ständigem Dienst des Kg.s: Ch.-T. reiste für ihn nach England. Ebenfalls prüfte er die Vertragsbedingungen von →Athis-sur-Orge hinsichtl. ihrer Ausführung.

Zum Richter im Templerprozeß (→Templer) berufen (Bullen vom 13. Juli 1306), ließ er die gefangenen Templer dem Kg. ausliefern; für diesen Dienst empfing er 16 000 *livres tournois*. 1309 verhandelte er wieder mit Aragón. Er nahm an den Untersuchungen zur Einleitung des Prozesses teil, der das Andenken des »ketzerischen« Papstes →Bonifatius VIII. ächten sollte (1310). »Très cher ami du roi«, erhielt Ch.-T. die Erlaubnis zur Gründung der Kollegiatkirche in seinem Heimatort. E. Lalou

Q. und Lit.: DHGE XII, 410 – Dokumentation für: Gallia regia Philippica (R. FAWTIER-R.-H. BAUTIER) (Arch. nat. Paris).

Chappes, 1. Ch., Pierre de (gen. Pierre Mecault), Kard. (»le card. de Chartres«), Kanzler Philipps V., stammte aus Ch. (Comm. Villemeux-sur-Eure, dép. Eure-et-Loir), † 24. März 1336. – Er verbrachte seine Kindheit in Chartres, wo er ein Kanonikat erhielt. Dr. des Zivilrechts, wurde er Regens an der Universität von Orléans, 1314 Rat (*conseiller*) von→Robert, Gf. v. Clermont, und geistl. Rat (*conseillerclerc*) der *Grand Chambre du* →*Parlement* (1315). Er war von Jan. 1317 bis 21. Jan. 1321 Kanzler Philipps V. Zu dieser Zeit wurde er zum Schiedsrichter in dem Konflikt zw. dem Hzg. v. Burgund und dem Adel der Champagne ernannt. Im März 1318 nahm er in Avignon an den Verhandlungen zur Beendigung des Konflikts mit Flandern teil. Bereits Kanoniker v. Reims und Amiens, wurde er nun Schatzmeister (*trésorier*) des Kapitels v. Laon und wurde mit dem Vorsitz in dem Prozeß zw. dem Klerus und der Stadt Laon betraut (1318). Ungeachtet der Feindschaft von Johannes XXII. ihm gegenüber – der Papst beschrieb ihn als »von Ehrgeiz zerfressen und gierig auf weltl. Güter und geistl. Würden« –, erlangte er am 29. Okt. 1320 das Bm. Arras (geweiht nach dem 1. Febr. 1321). Er war noch Mitglied des Großen Rates (*Grand Conseil*), und Philipp V. ernannte ihn zu seinem Testamentsvollstrecker. Er gewann übrigens auch das Vertrauen des Papstes, der ihn zusammen mit P. de Mortemart mit der Untersuchung in einen Prozeß beauftragte, der von dem Inquisitor Maurice de St-Paul gegen den Sire de Parthenay, Jean l'Archevêque, angestrengt worden war. Auf den Bischofssitz von Chartres versetzt (21. Mai 1326), wurde Ch. am 18. Dez. 1327 zum Kard. v. S. Martino ai Monti erhoben. 1331 war er nochmals in einem Inquisitionsprozeß, eingeleitet vom Inquisitor von→Carcassonne, tätig. Von Papst Johannes XXII. wurde er mit Benefizien überhäuft (Kanonikate in: Châlons-sur-Marne, Bourges, Reims, Tours, Autun, Nevers; Archidiakonate: Flavigny, Châteauroux, Nevers; Propsteien und zahlreiche Priorate). Ch. war bei der Widerrufserklärung →Johannes' XXII. in der Frage der→Anschauung Gottes (3. Dez. 1334) und beim Tod des Papstes zugegen. Johannes' Nachfolger Benedikt XII. zeigte sich gegenüber Ch. als dem Repräsentanten des frz. Kg.s Philipp VI. in Avignon ebenfalls äußerst großzügig (Verleihung von Kanonikaten in Meaux, Paris und Tours und weiterer Pfründen). Ch. übte noch weitere diplomat. Missionen des frz. Kg.s aus: 1325 führte er in Brügge Verhandlungen über das Lösegeld für den Gf. en v. →Flandern; 1327 unterzeichnete er am engl. Hof den Frieden mit England. E. Lalou

Lit.: DBF VIII, 436 – DHGE XII, 412 – J. B. SOUCHET, Hist. du dioc. et de la ville de Chartres, 1872 – P. LEHUGEUR, Hist. de Philippe le Long (1316–22), 1897 – L. PERRICHET, La grande chancellerie de France des origines à 1328, 1912 – E. BALUZE, Vitae paparum Avinionensium, ed. G. MOLLAT, 1928 – J. LESTOCQUOY, Les évêques d'Arras, 1942 – H. MILLET, Les chanoines du chapitre cathédral de Laon, 1272-1412, 1982.

2. Ch., Pierre de, Bf. v. Soissons, † Sept. 1349, Bruder von 1., zog Nutzen aus der Gunst, die er bei seinem Bruder genoß und erhielt dadurch zahlreiche Pfründen: Kanonikate in Bourges, Châlons-sur-Marne, Autun, Sens et Nevers, das Archidiakonat v. Nevers, auf das er am 4. März 1331 wieder verzichten mußte, das Priorat v. Graçay (dép. Cher). Magister der Theologie, Lizentiat und Professor des Zivilrechts, wurde er am 13. Nov. 1331 zum Bf. v. Soissons ernannt. Da er nur Subdiakon war, mußte er nach dem 26. Nov. zum Priester geweiht werden und erhielt die Weihe zum Bf. zw. März und Sept. 1332. 1344 nahm er am Konzil v. Noyon teil. E. Lalou

Lit.: DBF VIII, 436 – DHGE XII, 413 – GChr IX, 373 – J. SAINCIR, Le diocèse de Soissons, I, 1935.

Chapter House, Kapitelhaus, in den Quellen capitulum genannt, ist ein meist viereckiger oder polygonaler freistehender Bau, der außerhalb der Klausur liegt und mit dem Kreuzgang oder auch mit dem Querhaus der Kirche unmittelbar (Wells, Lichfield, York) durch einen Gang verbunden ist. Das Ch. H. diente als repräsentativer Raum dem Konvent oder dem Domkapitel zu ihren Sitzungen. Bes. Beachtung haben immer wieder die freistehenden polygonalen Ch. H.s gefunden, deren Entwicklung in der 1. Hälfte des 12. Jh. beginnt und auf England beschränkt ist. Von den etwa 25 nachweisbaren Ch. H.s sind 12 gut erhalten (Worcester 1. Hälfte 12. Jh. rund, 15. Jh. polygonal ummantelt; Margam um 1190, Lincoln um 1235, Westminster Abbey Mitte 13. Jh., Salisbury 1263/84, Wells 1220 – um 1300, York 1280 – Anfang 14. Jh., Elgin/Schottland 1270 und 1462, Cockersand um 1290, Southwell 1290/1300). 5,50–19,50 m Durchmesser, acht-, zehn- oder zwölf-eckig, gewölbt, häufig über einer Mittelstütze, vereinzelt mit Untergeschoß (Wells um 1220, Beverly Minster 1232, Westminster 1245/53). Eine Ausnahme bildet Lichfield (1239/49) mit seinem achteckig gestreckten Grundriß. Ebenso zahlreich wie die polygonalen Ch. H.s sind die rechteckigen (Gloucester, Bristol, Exeter, Durham, Canterbury, Chester), denen ein apsidialer oder polygonaler Abschluß hinzugefügt sein kann (Gloucester). G. Binding

Lit.: J. BRITTON, A Dict. of the Architecture and Archaeology of the MA, 1838, 70–73 – W. GÖTZ, Zentralbau und Zentralbautendenzien in der got. Architektur, 1968, 299–321 – W. S. GARDNER, The Role of Central Planning in Engl. Romanesque Chapter House Designe, [Diss. Princeton 1976] – J. R. ZUBOWSKI, The polygonal Ch. H.: Architecture and Society in Gothic Britain [Diss. Binghamton 1977] – St. H. WANDER, The York Ch. H., Gesta 17,2, 1978, 41–49.

Character indelebilis → Weihe

Charadrius, gelblicher, wohl den Regenpfeifern zuzurechnender Vogel, dessen Name nach griech. Volksetymologie von seinem Wohnort, den Erdspalten (griech. charadrai), abgeleitet ist. Aus der Behauptung, sein bloßer Anblick helfe – in sympathet. Weise – gegen Gelbsucht (ikteros) u. a. bei Aelian (de nat. animal. 17,13), hat sich wohl die auch im Alexanderroman (z. B. Historia de preliis, cap. 122) faßbare Geschichte entwickelt, der jetzt ganz weiße, z. T. namenlose Vogel von Taubengröße habe zuerst am Hofe des Xerxes in Persien durch Verweigerung des Hinschauens den Tod eines Kranken vorausgesagt (s. a. Solin-Epitome: Wolfenbüttel, Herz. Aug. Bibl., cod. Gud. 133, s. X, f. 87ʳ; Arnoldus Saxo, 2,6). Darüber hinaus versuchen der Physiologus (s. McCULLOCH, 99–101) und die Kyraniden (lib. 3, elem. chi, Nr. 2) eine Erklärung: durch den Blick gehe im positiven Falle die Krankheit auf den Vogel über, welcher sie dann während eines Höhenfluges von der Sonne verbrennen lasse. Der innere Teil des Oberschenkels (bei Vinzenz v. Beauvais 16,44 das Mark) des Ch. solle Blindheit heilen. Während der Physiologus ihn mit einem in den jüd. Speisevorschriften (Dtn 14,18) verbotenen Vogel (wohl einer Reiherart) identifiziert, bringt Jakob v. Vitry (cap. 90) ihn mit den vom hl. Brendan (Brandanus) auf einem hohen Baum gesehenen Seelenvögeln in Verbindung, ein mit den anderen von Thomas v. Cantimpré (5,24) übernommenes Motiv (vgl. auch Bartholomaeus Anglicus, 12,22; Albertus Magnus 23,31; Konrad v. Megenberg, III. B. 13).

Chr. Hünemörder

Ikonographie: Die ma. Physiologus-Hss. und Bestiarien des 9.–13. Jh. zeigen szen. Darstellungen des Ch. am Bett des Kranken in vielen Variationen (s. RDK III, 420f.). Gelegentl. in roman. Tierzyklen der Kathedralplastik: Portal-Archivolte von Alne/Yorkshire, 2. Hälfte 12. Jh. mit inschriftl. Bezeichnung, Portal von Aulnay, Poitou; häufig wegen des fehlenden szen. Zusammenhanges nicht sicher zu deuten, so z. B. an der Chorschranke des Trierer Domes. Im Glasfenster der Kathedrale von Lyon ist neben der Auferstehung Christi die Krankenszene mit Ch. dargestellt.

G. Binding

Q.: Albertus Magnus, De animalibus, ed. H. STADLER, II, 1920, BGPhMA 16 – Arnoldus Saxo, Die Enc. des A. S., ed. E. STANGE, 1905–07 – Bartholomaeus Anglicus, De proprietatibus rerum, 1601 [Neudr. 1964] – Jacobus de Vitriaco, Historia orientalis, ed. Fr. Moschus, 1597 – Konrad v. Megenberg, Das Buch der Natur, ed. F. PFEIFFER, 1861 [Neudr. 1962] – Thomas Cantimpratensis, Liber de natura rerum, T. 1: Text, ed. H. BOESE, 1973 – Vincentius Bellovacensis, Speculum naturale, 1624 [Neudr. 1964] – L. DELATTE, Textes latins et vieux français relatifs aux Cyranides, 1942 (Bibl. Fac. Phil. et Lettr. Univ. Liège, fasc. XCIII) – *Lit.:* F. MCCULLOCH, Mediaeval Latin and French Bestiaries, 1960 (Univ. of North Carolina, Stud. in the Romance Languages and Lit. 33) – *Zur Ikonographie:* RDK III, 417–424 – LCI I, 354 – W. VON BLANKENBURG, Hll. und dämon. Tiere, 1943 [Neudr. 1975] – P. MICHEL, Tiere als Symbol und Ornament, 1979.

Charakter, sakramental. Das griech. Lehnwort χαϱακτήϱ bedeutet im christl. Latein Merkmal, Kennzeichen (des Soldaten), Eigentumszeichen. Im Antidonatistenstreit (→Donatisten) verwendete Augustin das Wort für die objektive, gültige Taufformel, die mit dem Vollzug wirksam ist und bleibt. In der vorscholast. Sprache wird der Ausdruck vieldeutig verwendet: Zeichen des Glaubens, das Kreuz, apokalypt. Erkennungs- und Rettungszeichen, Standeszeichen (Tonsur). →Petrus Lombardus bezeichnete nur en passant in seinem Sentenzenwerk die äußere Taufhandlung (Lib. IV d.6 c.2 nr.3) und die Ordination (ebd. d.24 c.13) als Ch. Beide Textstellen wurden daher in den Glossen immer wieder erklärt. Mit der Unterscheidung des bleibenden sakramentalen Zeichens der Taufe (im Gegensatz zur vorübergehenden Zeichenhandlung), das →Praepositinus (†1210) in seiner Summa auch als »signaculum« bezeichnete, kam die Geschichte des Begriffes voran. Papst Innozens III. nahm ihn in die 1201 geschriebene Lehrepistel an den Ebf. von Arles auf (DENZINGER-SCHÖNMETZER 781) und begründete mit dem Hinweis auf den Taufcharakter die Wirksamkeit des Sakramentes bei denen, die nur fiktiv oder äußerlich die Taufe empfangen.

In den Schulen des 13. Jh. waren unterschiedl. Definitionen des Ch.s im Umlauf. Mit Ps.-→Dionysius wurde der Taufcharakter als mystagog. Zeichen der Initiation verstanden (vgl. Thomas v. Aquin, S. th. III q.63 a.2). →Alexander v. Hales definierte im 4. Buch seiner vor 1229 geschriebenen Sentenzenglosse (d.6, 2i, ed. Bibl. franc. schol. 15, Quaracchi 1957, 108) den Ch. nach der Vier-Ursachen-Lehre »als geistige Form, welche die geschaffene Trinität (der Geistseele) der ungeschaffenen gleichgestaltet durch das sakramentale Wort des Glaubens an die Dreieinigkeit zur Unterscheidung der Glaubenden im Stand (des Glaubens)«. Mit geringfügiger Änderung ging diese Erklärung als magistrale Definition in die Lehre der Schule ein (vgl. Albertus M., Sent. IV d.6 a.4; Thomas v. Aquin, S. th. III q.63 a.3).

In der Summa Halensis (p.IV q.19 m.1–10, ed. Lyon 1516, fol. 86v–91v) und in den sie umgebenden (ungedruckten) Quästionen wurde der dreifache Ch. der Taufe, Firmung und des priesterl. Ordo als königl., prophet. und priesterl. Gleichgestaltung mit Christus erklärt. Er konnte aber ebenso als dreifaches Standnehmen im (anfangenden, fortschreitenden und vollendenden) Glauben begründet werden. Thomas v. Aquin, S.th.q.63 a.1–6 interpretiert den Ch. als passiv-aktive Teilhabe des Christen am Priestertum Christi. Unendliche Mühe wandten die Theologen in der 1. Hälfte des 13. Jh. auf, das ontolog. Wesen des Ch.s kategorial zu bestimmen. Alle Arten der Qualität wurden geltend gemacht, und mögliche, von Aristoteles nicht genannte, in Rechnung gezogen (z. B. Guerricus de S. Quintino). Von Mitte des 13. Jh. an wurde die grundsätzl. Frage gestellt, ob der Ch. etwas Absolutes oder eine (reale oder rationale) Beziehung sei. Diese letztere Meinung wurde von den Franziskanertheologen Petrus Johannis →Olivi († 1298) und Petrus de Trabibus und von den Dominikanertheologen Jakob v. Metz (14. Jh.) und dessen Schüler→Durandus de S. Porciano († 1334) vertreten. Innerhalb des Predigerordens wurde diese Position zensuriert. Unabhängig von der ontolog. Fragestellung erblickten beide Theorien in der Bestimmung und Befähigung zum Kult und in der Verpflichtung zum Glaubenszeugnis die wesentl. inhaltl. Elemente des Ch.s: »signat, disponit, distinguit, assimilat« schreibt der Karmeliter Johannes Baconthorp in seinen um 1340 verfaßten Quaestiones canonicae (ed. E. BORCHERT, Veröff. Grabmann-Inst., München, NF Bd. 19, 1974, 19). →Johannes Duns Scotus (Opus Oxon. IV d.6 q.9 schol.1, ed. WADDING, Bd. VIII, 341f.) äußerte sich sehr krit. zur theol. Theoriebildung; Wilhelm de Rubione (1. Hälfte des 14. Jh.) und Gabriel →Biel († 1495) lehnten sie ab. Die Lehre vom Ch. wurde in die Theorie von der dispositiven Wirksamkeit der →Sakramente eingebaut; der Ch. ist ekklesiale Voraus-setzung der Gnade, die ihrerseits schöpferisches Handeln Gottes ist.

L. Hödl

Lit.: J. FINKENZELLER, Die Lehre von den Sakramenten im allg. von der Schrift bis zur Scholastik, HDG IV.1a, 1980, 111–118, 209–225.

Chararich, salfrk. Kleinkg. seit vor 486/487, † ca. 508, parens →Chlodwigs. Im Kampf Chlodwigs gegen →Syagrius (486/487) verhielt sich Ch. trotz dessen Hilfeersuchens neutral. Später ließ Chlodwig Ch. und dessen Sohn scheren und zum Priester bzw. Diakon weihen, danach (ca. 508) enthaupten und unterwarf ihr regnum (vermutl. westl. Tournai-Cambrai) seiner Herrschaft.

H. Grahn-Hoek

Lit.: HOOPS² IV, 370f. [R. WENSKUS] – E. ZÖLLNER, Gesch. der Franken bis zur Mitte des 6. Jh., 1970 – HEG I, 1976, 255 [E. EWIG].

Chardon de Croisilles. Unter dem Namen Ch. d. C. sind vier Minnelieder überliefert, die die ältere Forschung noch ins 12. Jh. setzte. Nach den überzeugenden Darlegungen von SUCHIER dürften sie jedoch zw. 1238 und 1241 in der Umgebung des Gf. en →Thibaut IV. v. Champagne entstanden sein, den Ch. vielleicht auf dem Kreuzzug von 1240 begleitet hat. Ob der Trouvère, über dessen Person nichts Näheres bekannt ist, mit jenem Ch., der als Interlokutor in drei Jeuxpartis (→Streitgedicht) auftritt, identifiziert werden kann, ist nicht ganz sicher.

I. Kasten

Lit.: H. SUCHIER, Der Minnesänger Ch., ZRPh 31, 1907, 129–156 – R. DRAGONETTI, La technique poétique des trouvères dans la chanson courtoise, 1960 – R. W. LINKER, A Bibliogr. of Old French Lyrics, 1979.

Charibert. 1. Ch. I., merow. Kg., * 518/523, † 567. Bei der Reichsteilung nach dem Tod → Chlothars I. 561 unter dessen vier Söhne bekam der älteste, Charibert, das Teilreich v. Paris, das aber um die westl. Civitates des Reiches v. Orléans vergrößert wurde und damit eine direkte Verbindung zu dem aquitan. Anteil erhielt. Ch.s Tochter Bertha heiratete den Kg. → Æthelberht v. Kent. Ch., von dem hauptsächl. delikate Ehegeschichten überliefert sind, starb 567; seine Regierung blieb »eine kurze und ruhmlose Episode« (Ewig). U. Nonn

Q.: Gregor v. Tours, Hist. Fr. IV, 3, 16, 22, 26; IX, 26 (MGH SRM I²) – Beda, Hist. eccles., ed. B. Colgrave-R. Mynors, I, 1969, 25 – *Lit.*: E. Ewig, Die frk. Teilungen und Teilreiche (511–613), 1953, 676–679 (Ders., Spätantikes und frk. Gallien I, 1976, 135–138) – Ders., Stud. zur merow. Dynastie, FMASt 8, 1974, 29-31.

2. Ch. II., merow. Kg., * ca. 618, † 632. Nach d. Tod des Gesamtkönigs → Chlothar II. 629 wurde das Frankenreich erstmals nicht mehr unter den beiden Söhnen geteilt, sondern der ältere, → Dagobert I., trat die Nachfolge im Gesamtreich an. Er richtete seinem jüngeren Bruder Ch. ein Unterkönigreich Toulouse ein (Gebiet zw. Pyrenäen und der Garonne sowie die Civitates Toulouse, Cahors, Agen, Périgueux und Saintes). Von diesem »Markenkönigreich« aus erzielte Ch. in der Gascogne beträchtl. Abwehrerfolge gegen die Basken. Nach seinem frühen Tod 632 (sein Sohn Chilperich starb kurz darauf) wurde das Unterkönigreich wieder aufgelöst. U. Nonn

Q.: Fredegar IV, 55–57, 62, 67 (MGH SRM II) – Gesta Dagoberti 5, 16, 24 (MGH SRM II) – *Lit.*: E. Ewig, Die frk. Teilreiche im 7. Jh., Trierer Zs. 22, 1953, 111 (Ders., Spätantikes und frk. Gallien I, 1976, 197f.) – Ders., Stud. zur merow. Dynastie, FMASt 8, 1974, 27.

Charisius. Flavius Sosipater Ch., wahrscheinl. aus Afrika stammend, verfaßte wohl um die Mitte des 4. Jh. eine weitgehend kompilator. Ars grammatica in 5 Büchern, die – mit einigen Lücken – vornehml. durch eine Hs. des 7./8. Jh. (Neapel IV A8, in Bobbio geschrieben) erhalten ist. Die bisher vorherrschende Meinung, die übrige Überlieferung sei wertlos (so Strzelecki, Kl. Pauly I, 1964, 1134f.) ist allerdings mit Holtz 1977 zu relativieren. Das Werk ist von Ch. seinem Sohn gewidmet und behandelt die Elemente der Sprache (Buch 1), die Redeteile (2), Einzelheiten zur Bildung der Verben (Incohativa, Frequentativa, unpersönliche und defektive Verben, Buch 3), Redefiguren und Metrisches (Buch 4, teilweise erhalten) und schließlich die Rektion der Verba (Buch 5, wovon der überwiegende Teil verloren ist, nämlich u. a. Differentiae und Synonyma). Das Verhältnis der von Ch. benützten Vorlagen (Remmius Palaemon, Cominianus u. a.) und der nachfolgenden Grammatiker (Diomedes, Dositheus, Donat u. a.) zu Ch. bleibt vorerst ebenso ungeklärt wie die Beziehungen innerhalb dieser jeweiligen Gruppen (vgl. Holtz, 1981, 81f.). G. Silagi

Ed.: GLK I, 1–296 [mit ausführl. Beschreibung des Inhalts VII–XI] – C. Barwick, Charisii Artis grammaticae libri V, 1925 – *Lit.*: RE III, 2147–2149 – C. Barwick, Zur Gesch. und Rekonstruktion des Ch.-Textes, Hermes 59, 1924, 322ff., 420ff. – CLA 3, 1938, Nr. 400 (Neapolitan. Hs.) – L. Holtz, Les traces de Ch. (Le métier d'historien au MA, hg. B. Guenée [Publ. de la Sorbonne, Etud. 13], 1977), 225–233 [mit weiterer Lit.] – Ders., Donat et la tradition de l'enseignement grammaticale, 1981, 427f. u. ö.

Charisma
Ch. (gr. 'Gnadengabe'), urspgl. bibl. Begriff, der in der scholast. Theologie (sprachl. und sachl.) durch den der »gratia gratis data« (freigewährten Gnade) abgelöst wurde. Seit seiner Verwendung durch den Soziologen Max Weber wird er in Arbeiten der religionssoziolog. und sozialgeschichtl. Forschung zur Bezeichnung der Qualität einer Person (auch Familie, Sippe) herangezogen, die ihrer jeweiligen Gesellschaft als gottbegnadet und zum Führertum auserlesen erscheint. M. Heinzelmann/L. Hödl

I. Christentum – II. Sozialgeschichtliche Forschung – III. Ethische Voraussetzungen des »Adels-Charismas« in Europa.

I. Christentum: [1] *Frühe Kirche:* Im ntl. Schrifttum wird der Begriff Ch. in spezif. innerreligiösem Sinn gebraucht. Er findet sich im NT nur in den paulin. Hauptbriefen (Röm 1,11; 5,15f.; 6,23; 11,29; 12, 6–8; 1 Cor 1,7; 7,7; 12, 4. 28. 30f; 2 Cor 1,11) und in nachpaulin. Briefen (1 Tim 4,14; 2 Tim 1,6; 1 Pt 4,10). Paulus verbindet Ch. sowohl mit Charis als auch mit Pneuma (Röm 1,11), wobei Ch. einfach Geschenk, Gnadengabe (Röm 6,23) bedeutet. Inhalt ist das ewige Leben. Gnadengaben werden aufgrund der Treue Gottes unwiderrufl. gewährt. Die Charis Gottes konkretisiert sich in bestimmten Charismata (Ch.a), deren Vorläufigkeit einerseits die vermeintl. Pneumatiker kritisiert (1 Cor 1,8), andererseits aber die Anwesenheit der Charis unterstreicht. 1 Cor 12–14 hebt Paulus auf die ekstat. Erscheinungen im Gemeindegottesdienst ab. Die verschiedenen Ch.a haben ihren gemeinsamen Ursprung in dem einen Geist. Sie sind identisch mit der Diakonie und dienen dem Nutzen der Gemeinde, nicht dem einzelnen. Das Bild des Leibes Christi (1 Cor 12, 14–26) unterstreicht die Einbeziehung der Ch.a. Die Einbeziehung der kirchl. Diakonia unter die Ch.a schafft das Problem des Verhältnisses von Geist und Amt. Die berühmte Unterscheidung von Geist und Amt, die Einteilung in Charismatiker und Amtsträger läßt sich nicht halten, da sie auf einer Gegenübersetzung von Amt/Recht und Geist basiert (R. Sohm). Zudem setzt der Geist selbst Recht. Die Pastoralbriefe (1 Tim 4,14; 2 Tim 1,6) kennen daher den Begriff des Amtscharisma, das durch Handauflegung verliehen wird. Das Ch. des einzelnen tritt demgegenüber zurück. Ch. ist jeder Dienst, dem das Liebesgebot entspricht (1 Pt 4,10). In der nachapostol. Zeit wird die Ineinssetzung von Amt und Ch. allmählich aufgegeben, wobei das Fortbestehen der Ch.a weiterhin bezeugt ist (Did. 11,3ff; Justin, Dial. 82,1; Herm. IX). Allerdings bildet sich früh (Did.) schon eine Bindung des Ch.s an das Amt heraus (Hermas). Aus dem Bedürfnis heilsgeschichtl. Kontinuität tritt das Prophetenamt an die Spitze der charismat. Begabungen. Bis zur montanist. Krise hält sich diese Hochschätzung. Im Kampf gegen den Montanismus setzt sich das Amt durch, jedoch wird in dieser Auseinandersetzung die Charismatik nicht unterdrückt. Zwar werden freie charismat. Gaben nun in Ämter umgewandelt (Exorzisten, Jungfrauen) oder dienen der Begründung kirchl. Aktivität (Glossolalie für Mission), die Hochschätzung der Ch.a, v. a. des Martyriums und des Asketentums, bleibt erhalten. Eine relative Selbständigkeit des Ch.s gegenüber dem kirchl. Amt verrät die schwankende Einordnung der Konfessoren (Hippolyt. Trad. Ap.9; Cyprian). In der Folgezeit hält sich das charismat. Element in asket. Bewegungen und myst. Frömmigkeitsformen. Askese und Mönchtum verstehen sich als Fortführung der Martyriumstradition und versuchen, das altchristl. Heiligkeitsideal neu zu beleben. Außer in Teilen des syr. Mönchtums kommt es nicht zu einem antihierarch. Effekt, vielmehr, namentl. im westl. Mönchtum, zu einer deutl. Bindung an die Kirche, die sich ihrerseits bemüht (Chalkedon, can. 4), die asket. Bewegungen zu integrieren. Der Donatismus (→Donatisten) kann trotz gegenteiliger eigener Berufung nicht als charismat. Protestbewegung angesehen werden, da er mangels eigener Theologie nur die Formen eines vorkonstantin. Christentums restituieren will. Die vor Augustinus fehlende oder unzulängl. Theologie des kirchl. Amtes sowie die Hochschätzung des Asketentums, begünstigte die

Herausbildung eines Heiligentyps, der nicht allein wegen asket. Hochleistung, sondern v. a. der charismat. Wundertätigkeit wegen hochgeschätzt wurde (Vita Antonii; Vita Martini). Neben dem Mönchtum bildet sich unter neuplaton. Einfluß (Plotin, Proklos) innerhalb der spätantiken Mystik, die seit Clemens v. Alexandria und Origenes sich als Theorie der Vollkommenheit versteht, eine Theologie geistl. Lebens heraus, die deutlich individualist. Züge trägt und den Gedanken des charismat. Propheten in sich aufnimmt. Die mögliche Entfernung von kirchl. Frömmigkeit wird durch die Allegorisierung des →Gregor v. Nyssa, der die Mystik als Frömmigkeitsübung aller Gläubigen zu erweisen sucht, aufgefangen. Frömmigkeitsbewegungen wie der Messalianismus (→Messalianer), der häret. manichäische Züge trägt, scheiden aus der Kirche aus bzw. werden u. a. durch →Cassian verkirchlicht. Die durch Augustin geprägte abendländ. Theologie der Mystik schafft eine Theologie geistl. Lebens, in dem persönl. Erfahrung, charismat.-prophet. Elemente und kirchl. Amt eng miteinander gedacht werden. Das Wort Ch. verschwindet seitdem weitgehend aus der kirchl. Lit. und wird innerhalb der Gnadenlehre thematisiert. W. Geerlings

Lit.: Theol. Wb. zum NT IX, 363–397 – R. Sohm, Kirchenrecht, 2 Bde, 1892, 1923 – Die dt. Thomas-Ausgabe, 23 Bde (komm. H. U. v. Balthasar), 1954 – H. v. Campenhausen, Kirchl. Amt und geistl. Vollmacht, 1963 – A. M. Ritter, Ch. im Verständnis des Johannes Chrysostomus und seiner Zeit, 1972 – Y. Congar, Der hl. Geist, 1982.

[2] *Mittelalterl. Theologie:* In der vorscholast. Theologie sprechen die Theologen (z. B. Rupert v. Deutz, Honorius Augustodunensis und Gerho[c]h v. Reichersberg) von ch. a, »gratiarum munera« (Gnadengaben), »dona« in der weitesten Bedeutung, die Geistesgaben, Gnadenkräfte und kirchl. Dienstämter umfassen kann. Diese sind insgesamt (messian.) Gaben Christi für seine Kirche. In ihrer Vielfalt dienen sie der Auferbauung der Kirche und qualifizieren sie (bis an das Ende der Zeiten) als pfingstl. Kirche.

Die scholast. Theologie differenzierte diese Bedeutungsfülle und bestimmte Ch. als freigewährte Gnade, »gratia gratis data« (z. B. Thomas v. Aquin S. th. I–II q. 111 a. 1). Unter der Voraussetzung, daß sich die charismat. Gnade wesentl. von der heiligmachenden, rechtfertigenden Gnade unterscheidet und diese unmittelbar von Gott her schöpferisch in die Seele einfließt, wird das Ch. in ekklesialer Außenschau in seiner signifikanten und dispositiven Kraft gesehen. Es wird dem einzelnen in der Kirche ohne sein Verdienst zur Mitwirkung an der Rechtfertigung anderer verliehen (ebd. a. 4). Über die Differenz darf aber die Einheit von Ch. und Gnade nicht übersehen werden, denn das Ch. macht die Gnade manifest (vgl. 1 Kor 12,7). So wurde den Aposteln der hl. Geist verliehen, daß sie die heiligmachende Gnade zusammen mit dem diese ausweisenden Zeichen der Ch. a erhielten (S.th.I q.43 a. 3 und 4). In Jesus Christus sind heiligmachende Gnade und Ch. in messian. Fülle eins. Darin wird offenbar, zu welcher Kraft und Herrlichkeit der hl. Geist die menschl. Natur und ihre Kräfte ertüchtigt und ermächtigt (III q.7 a.7; q.13 a.2 ad 3). Weil die heiligmachende Gnade den Glauben zum freien heilshaften Gebrauch aller seiner geistigen und geistl. Kräfte befähigt, können in ihm Geistesgaben und Tugendkräfte charismat. Bedeutung gewinnen. Glauben, Hoffen, Gottesfurcht können charismat. sein. Neben den bibl. Ch. a kennt das MA auch andere, z. B. das Ch. der Tränen (→Weinen), der Entrückung (Thomas v. Aquin, S. th. II-II q. 175), der Visio. Vgl. auch →Gnade; →Heiligkeit. L. Hödl

Lit.: TRE VII, 681–698 – Die dt. Thomas-Ausg. (s. o.) – W. Beinert, Die Kirche – Gottes Heil in der Welt, BGPhMA 13, 1973, 313–316.

II. Sozialgeschichtliche Forschung: Durch seine typolog. Unterscheidung »traditionaler, legaler, charismat.« Herrschaftsformen löst M. Weber (Wirtschaft und Gesellschaft, 1922) den Begriff des Ch.s aus seinem ursprgl. rein christl.-religiösen Zusammenhang und macht ihn für den Gebrauch in der sozialgeschichtl. Diskussion frei, indem er Ch. als »außeralltägliche (ursprgl. magisch bedingte) Qualität einer Person« definiert, auf deren Grund diese als »Führer« anerkannt wird. Die sakrale Verankerung von Herrschaft hat die Forschung seitdem v. a. für das Kgtm. untersucht (bes. F. Taeger, Charisma, 2 Bde, 1957/60; s. →König), wohingegen ein entsprechendes »Adels-Charisma« v. a. aufgrund der Frage nach der Stellung des Adels im frühma. hagiograph. Schrifttum zum Gegenstand hist. Interesses wurde (→Adelsheilige). Demnach hat der Adlige seine bes. Stellung nicht nur durch seine machtpolit., rechtl. und wirtschaftl. Vorteile bezogen, sondern zu einem erhebl. Teil aufgrund der Anerkennung eines spezif., religiös-sozialen Prestiges, das ihm einesteils aus den Verdiensten seiner Vorfahren als staatl. und kirchl. Amtsträger sowie als öffentl. Wohltäter erwuchs, zum anderen aus der Auffassung der Zeitgenossen, wonach solchen sozialen Verdiensten mit einer privilegierten Position im Jenseits entsprochen wurde (der adlige Hl. als Himmelspatron). Durch seinen Namen, der gleichzeitig Familien(-leit)name und damit »Ch.-Träger« ist, knüpft er an das Prestige seiner Familie an. Seine bes. soziale Stellung erlaubt ihm einen weiteren Ausbau dieses Prestiges: Eheverbindungen mit anderen, »charismatischen« Familien, Gründungen von Kirchen, Klöstern, Hospitälern, etc., bevorzugte Teilnahme an öffentl. und religiösen Vorgängen, Festen, Riten, Königsnähe, privilegierte Grablege (eigener Reliquienbesitz) Aufnahme (mit Familie u. a. sozial Gleichgestellten) in das liturg. Gebetsgedenken, etc.

III. Ethische Voraussetzungen des »Adels-Charismas« in Europa: Die eigtl. geistige Grundlage für ein spezif. »Adels-Ch.« liegt in der Zuordnung von ʻAdelʼ und ʻTugendʼ, die bereits in der griech. Ethik vorhanden ist (Aristokratie-Herrschaft der Besten), und die in der röm. Ethik ein weiteres Charakteristikum dadurch erfährt, daß Tugenden für Personen (und ihre Familien) reserviert werden, die sich Verdienste um das Gemeinwesen erwerben, d. h. für Träger der Staatsämter (boni, optimates). Trotz eines z. T. bedeutenden Einflusses der Stoa (bes. 1. Jh. n. Chr.), die sich im Prinzip jedem System erblicher Nobilität und damit erblicher Tugend widersetzt (u. a. in Auseinandersetzung mit dem Ausschließlichkeitsanspruch der Ks. auf Tugenden), zeigt sich in den Quellen, daß das Lob der Tugend praktisch in allen Fällen das Lob der vornehmen Abkunft ergänzt und diese weiter erhöht, wobei freilich gefordert wird, daß der Adel der Herkunft durch aktuelle Tugenden erfüllt werden müsse. Der gleiche Vorgang setzt bei der Bekehrung der röm. Aristokratie im 4. Jh. zum Christentum ein, wobei neben den »neuen« – ebenfalls meist dem Adel vorbehaltenen – asket. Tugenden (Verzicht auf Reichtum und sonstige Standesvorteile; mit starken Anklängen an die röm. Adelsethik) die conversio des Aristokraten als solche, entweder zur neuen Religion (= vera nobilitas, wahrer Adel) oder von einem Staats- zu einem Kirchenamt, als Ch. gewertet wurde, das in der verbreiteten Formel der Personenschilderung: nobilis genere, nobilior virtute (fide, mente, etc.) = adlig durch Abstammung, aber mehr noch durch Tugend (Glaube, Gesinnung), seinen typ. Ausdruck fand; die so vorgeformte Adelsethik konnte auch vom germ. Adel akzeptiert werden. Der daraus resultierende Vorrang wirkte, daß mindestens bis zum 12. Jh. die überwiegende Anzahl der Hll. von Personen adliger Herkunft repräsentiert wurden. Die Verbindung von Geburtsadel mit der ständigen Forderung des Nachweises von Tugenden ist bis in die NZ ein Charakteristikum des europ. Adels geblieben, wobei die in der Regel christl. geprägten Tugenden die eigtl. Legitimierung der Adelsherrschaft, d. h. den Nachweis »charismat.« Voraussetzungen für die Besetzung der höchsten Staatsämter, u. a. auch gegenüber dem Kgtm., darstellen. M. Heinzelmann

Lit.: DACL III, 579–598 – M. WEBER, Ges. Aufsätze zur Wissenschaftslehre, 1968³ – Gesch. Grundbegriffe I, 1972, 1–18 – RAC, Lfg. 82/3, 1979/80, 313–446, s. v. Gnade – K. HAUCK, Geblütsheiligkeit, Liber Floridus (Fschr. P. LEHMANN, 1950), 187–240 – K. BOSL, Der 'Adelsheilige', Speculum Historiale (Fschr. J. SPÖRL, 1965), 167–187 – F. PRINZ, Frühes Mönchtum im Frankenreich, 1965 – M. HEINZELMANN, Bischofsherrschaft in Gallien, 1976, bes. 33–59, 185–211 – DERS., Sanctitas und 'Tugendadel', Francia 5, 1977, 741–752 – A. VAUCHEZ, 'Beata stirps': sainteté et lignage en Occident aux XIIIᵉ et XIVᵉ s., Famille et parenté dans l'Occident médiéval, 1977 (Coll. de l'Ecole Franç. de Rome 30), 397–406.

Charistikariersystem (von gr. χαριστικός, 'gern schenkend, mildtätig'), im Byz. Reich verbreitetes System der Übertragung von Kl. und Klostergütern auf Befehl des Kaisers oder des Patriarchen an weltl. Verwalter oder – seltener – an ein anderes Kl. oder an Kleriker. Das Kl. wurde dem Empfänger (Charistikarier) auf Lebenszeit oder auf zwei bis drei Generationen übergeben. Die frühesten Zeugnisse über das Ch. gehören dem Ende des 9. Jh. an: Ks. Basileios I. verlieh den Mönchen des Johannes-Kolobos-Kl. (872?) die Pronoia und das Recht in al ganzen Bezirk von Hierissos; der Begriff →Pronoia (πρόνοια) war zur Zeit mit charistike (χαριστική) identisch, so daß Leo VI. in einer Urkunde von 908 (oder 893) das Dokument seines Vaters als χαριστικὴς τύπον (charistikēs typon) (Actes du Prôtaton, 1975, Nr. 2) bezeichnet. Auch die erzählenden Quellen des 10. Jh. erwähnen Kl., die Magnaten oder kirchl. Institutionen geschenkt wurden: Eine kleine Stiftung, benannt die Panagia, wurden den Mönchen des Johannes-Raiktor-Kl. in der Umgebung von Chalkedon übertragen, damit sie dort die Pronoia ausübten (Synaxarium Ecclesiae Constantinopolitanae, 1902, 937f., 17–18); Übergabe von kleinen Kl. an Magnaten ist in der Novelle des Ks.s Basileios II. von 996 bezeugt. Seit dem Ende des 10. Jh. brach ein Streit entgegengesetzter Gruppierungen innerhalb der herrschenden Klasse um das Ch. aus: der Patriarch Sisinnios (996–998), der Novelle von 996 folgend, untersagte das Ch.; der Patriarch Sergios II. dagegen hob dieses Verbot i. J. 1016 auf (GRUMEL, Reg. Nr. 809, 821). Seit 1027 befaßten sich verschiedene lokale Synoden in Konstantinopel mit dem Ch.: So klagte 1071 der Metropolit v. Kyzikos, daß mehrere Kl. seiner Diöz. an Charistikarier übergeben worden seien, die ein beträchtl. Einkommen bezögen. Der Patriarch v. Antiocheia, Johannes Oxeites, eröffnete am Ende des 11. Jh. eine scharfe Polemik gegen das Ch.: Er nannte die Übergabe von Klosterland an weltl. und kirchl. Verwalter ungesetzlich und behauptete, das Ch. ruinierte die betroffenen Kl. Im Gegensatz zu ihm rechtfertige →Eustathios v. Thessalonike (12. Jh.), ein Apologet der Komnenendynastie, das Ch., da es das Endziel habe, die Mönche von der Sorge um weltl. Angelegenheiten zu befreien. Der polit.-soziale Zweck des Ch.s war 1. die schwächeren, d. h. die kleineren (zum Teil von Gemeinden oder Bauern begründeten) Kl. den weltl. oder kirchl. Behörden zu unterstellen, 2. eine Schicht der Semi-Benefiziäre heranzubilden, die ihre Lehen nicht auf Kosten des Staates, sondern der Kirche erhalten sollten. – Seit dem 13. Jh. wurde das Ch. selten, obgleich noch 1317 der Metropolit v. Attaleia beklagte, daß mehrere Laien in seiner Diöz. Klostergüter unter dem Vorwand einer besseren Versorgung der betreffenden Güter erworben hätten (MIKLOSICH-MÜLLER, Acta I, 77. 1–7). A. Kazhdan

Lit.: H. AHRWEILER, Charisticariat et autres formes d'attribution de fondations pieuses aux Xᵉ et XIᵉ s., ZRVI 10, 1967, 1–27 – P. LEMERLE, Un aspect du rôle des monastères à Byzance: les monastères donnés à des laïcs, les charisticaries (Académie des Inscriptions et Belles-Lettres, Comptes rendus des séances de l'année 1967, 1967 [abgedr. in: DERS., Le monde de Byzance: Hist. et Institutions, 1978]) – P. GAUTIER, Requisitoire du patriarche Jean d'Antioche contre le charisticariat, Revue des Etudes byz. 33, 1975, 77–132.

Charité-sur-Loire, La, ô Notre-Dame et Ste-Croix, ehem. bedeutendes cluniazens. Priorat (Diöz. Auxerre, dép. Nièvre), bekannt als »la fille aînée de Cluny« (älteste Tochter von →Cluny); das Priorat bildete den Kern der befestigten Stadt, die in außergewöhnl. strateg. Lage an den Abhängen eines Hügels am rechten Loireufer gelegen, einen bes. günstigen Flußübergang (über eine Insel) beherrschte; die Brücke war lange Zeit die einzige Loire-Brücke zw. Nevers und den Orléanais. La Ch. befand sich in ausgeprägter Grenzlage, sowohl kirchl. (zw. den Bm.ern/civitates von →Auxerre und →Nevers, gegenüber d. Diözesangebiet v. →Bourges am linken Loireufer) als auch politisch (zw. →Burgund und→Nivernais einerseits, dem →Berry und der zu →Aquitanien gehörigen Gft. →Sancerre andererseits). Der Ort, seit der Eisenzeit besiedelt, war röm. Villa; im frühen MA entstand hier ein (»basilian.«?) Kl., der Theotokos (Gottesmutter) geweiht, dessen Ursprünge durch späte Legendenbildung verdunkelt werden; es wurde um das Ende des 9. Jh. zerstört, sei es durch Normanneneinfälle, sei es durch innerfrk. Auseinandersetzungen. (Einen mögl. Hinweis gibt die Tatsache, daß der Karolinger →Karlmann II. bei seinem Kampf gegen →Boso v. Vienne i. J. 880 von der nahegelegenen Pfalz →Pouilly-sur-Loire aus operierte.) 1056 beschlossen lokale Adlige, die den nun Seyr gen. Ort als Lehen des Gf.en v. →Nevers innehatten, hier ein neues Kl. zu gründen; 1059 tradierte Gottfried, Bf. v. Auxerre, der die obengn. ältere Abtei seiner mensa episcopalis inkorporiert hatte, den Ort mit Zustimmung Gf. Wilhelms I. an →Cluny und dessen Abt →Hugo, der hier ein Priorat errichten ließ, als dessen erster Prior Gerhard fungierte. Dieses Priorat, für das sich der Name 'La Charité' einbürgerte, war der Hauptstützpunkt der cluniazens. Ausbreitung in nördl. Richtung, wie es schon seit dem 10. Jh. →Souvigny für das Berry und das spätere Bourbonnais gewesen war. Der cluniazens. Gründung La Ch. flossen reiche Schenkungen zu, die zum einen die Grundlage für die Stiftung weiterer neuer Priorate, zum anderen für die Reform bestehender Kl. bildeten: St-Christophen-Halatte in der Krondomäne (um 1061); Sézanne in der Champagne (1085); St-Victor in Nevers, aufgrund einer Schenkung des Gf.en (1085) Bermondsey in England (1093). Von Heinrich, dem ersten Gf.en v. →Portugal (aus der burg. Herzogsfamilie), und seiner Gemahlin Teresa v. Kastilien (s. a. →Reconquista) erhielt La Ch. ferner das Kl. S. Pedro de Rates (Diöz. Braga, conc. Póvoa de Varzim) mit den Zehnten des gesamten Gebietes zw. Douro und Mondego: diese Schenkung wurde durch beider Sohn, Kg. Alfons I. v. Portugal, und dessen Gattin Mafalda v. Savoyen bestätigt. Simon v. Senlis, Verwandter Wilhelms des Eroberers, starb in La Ch. bei seiner Rückkehr aus Jerusalem und vermachte dem Priorat das Kl. St. Andrews in Northampton. – Ausgrabungen (1975–76) haben den von Absidiolen flankierten Chor der ursprgl.

Kirche von La Ch. freigelegt (Chorfenster von Säulchen mit Kapitellen des 11. Jh. eingefaßt).

Das Priorat erfuhr einen bedeutenden Aufstieg unter Odo Erpinus (Eudes Harpin), dem ehem. Vicecomes v. Bourges, der vor seinem Aufbruch zum 1. Kreuzzug seine Vgft. an den frz. Kg. verkauft hatte und sich nach seiner Rückkehr aus dem Hl. Land nach La Ch. zurückzog, wo er 1107–21 Prior war. Wohl auf sein Betreiben weihte 1107 der nach Frankreich emigrierte Papst →Paschalis II. den Altar der künftigen Kirche, deren Bau die ganze 1. Hälfte des 12. Jh. in Anspruch nehmen sollte. (Die Tradition, welche Paschalis die Weihe der neuen Kirche zuschreibt, ist irrig!) Der Papst bestätigte La Ch. auch den Besitzstand; eine entsprechende kgl. Bestätigung erfolgte 1119 durch Ludwig VI. In dieser Zeit unterstanden La Ch. mehr als 50 Priorate, u. a. St-Agnan de Cosne-sur-Loire, SS. Pierre et Paul de Courtenay, N.-D. de Joigny, St-Nicolas de Châteaurenard, Nérondes und St-Florent-sur-Cher im Berry, Wenlock in Shropshire, Sta. Croce in Venedig sowie das kurzlebige cluniazens. Kl. Civitot bei Konstantinopel (→Cluny, Cluniazenser im östl. Mittelmeerraum). Ferner besaß La Ch. mehr als 20 Pfarreien im Berry, weitere in Burgund und im Nivernais, darunter Pouilly-sur-Loire, und hatte Schiffahrtsrechte auf der Loire; alle diese Rechte wurden von den Päpsten in Abständen bestätigt. Das Priorat erlebte seine höchste Blüte unter dem Prior Wilhelm (1143–50); es zählte zu dieser Zeit ca. 200 Mönche. Um das Kl. war zu dieser Zeit eine städt. Siedlung (Burgus) entstanden, deren Siedlungsstrukturen durch Ausgrabungen (seit 1978) erforscht werden. 1165 überschritt der Gf. v. Sancerre bei seinem Krieg mit dem Gf. en v. Nevers die Loire und griff die benachbarte Befestigung von La Marche an; wohl infolge dieser Kriegshandlungen wurde eine Befestigungsanlage auf der Höhe des Hügels von La Ch. errichtet und der Burgus mit einer Mauer, die ein Gebiet von ca. 20 ha umfaßte, umwehrt. 1398 erhielt die Stadt von Karl VI. ein Kommuneprivileg.

Am Ende des 12. Jh. traten die ersten finanziellen Schwierigkeiten des Priorats auf. Zur Deckung der Summe von 13 000 Sous, die La Ch. als Steuer für den 3. Kreuzzug zu zahlen hatte, mußte das Priorat sein Haus in Coulanges-sur-Yonne an den Gf. en v. Nevers verkaufen. 1203, am Vorabend des 4. Kreuzzuges, schloß La Ch. mit dem Kg. einen →pariage-Vertrag über die dem Priorat gehörige Stadt Sancoins. 1204 verwüstete ein Brand das Priorat. Um den Bau einer Pfarrkirche für den Burgus zu vermeiden, teilten die Religiosen das nördl. Seitenschiff der Prioratskirche für den Pfarrdienst ab (ô Ste-Croix). Während des Hundertjährigen Krieges war das Priorat La Ch. vielfach umkämpft; es wurde 1356 geplündert. Engl. Söldner besetzten es unter Le Bescot de Mauléon i. J. 1363, plünderten es erneut und benutzten es 1364 als Basis für einen (fehlgeschlagenen) Angriff auf Sancerre. La Ch. und sein Umland kamen erst wieder zur Ruhe, nachdem Philipp der Kühne, Hzg. v. Burgund, es den Söldnerkompagnien entrissen hatte. Von La Ch. aus besiegten die frz.-burg. Truppen i. J. 1412 die Hzg. e v. Berry und Bourbon. Die Stadt wurde, wie das ganze benachbarte Puisaye, zur Beute der marodierenden Söldner; 1424 wurde La Ch. belagert und leistete im Dez. 1429 der →Jeanne d'Arc einen Monat lang Widerstand. Noch größer war die militär. Rolle der Stadt in den Religionskriegen, in deren Verlauf sie zehnmal den Besitzer wechselte. Erstmals 1560 und definitiv im Edikt v. Nantes (1598) wurde La Ch. den Protestanten als Sicherheitsplatz zugestanden. Die Archive des Kl. wurden 1559 von den Protestanten vernichtet. Die Abtei, seit 1486 Kommende, wurde 1790 aufgehoben.

Die Kirche (La Charité-sur-Loire II), nach klass. benediktin. Plan erbaut, ist trotz ihres unvollständigen Erhaltungszustandes und der Umbauten, die nach der Rekatholisierung im 17. Jh. erfolgten, eines der eindrucksvollsten Zeugnisse der burg.-cluniazens. →Romanik. Sie war, nächst Cluny III, die größte roman. Kirche in Europa (Länge: 132 m; Breite 27 m Hauptschiff/ 37 m Querschiffe, Turmhöhe: 67 m). Ihre roman. Skulpturen, insbes. die Tympana, sind von höchster Vollendung. – Zahlreiche Klosterbauten sind erhalten, z. T. in jüngeren Konstruktionen verbaut; Kapitelsaal und Kelleranlage (13. Jh.), Gästehaus und Kelterhaus (15. Jh.), Pförtnerei und Wohnung des Priors (um 1500). Neue Ausgrabungen haben außer dem Chor der ursprgl. Kirche eine Reihe von Wohnbauten und Werkstätten des 11.–16. Jh. freigelegt; auf dem früheren Mönchsfriedhof und im Bereich der Abfallgrube wurden für das ma. Alltagsleben aufschlußreiche Funde gemacht (seit 1980 im dortigen Museum). Bauteste der mit der hochgelegenen Festungsanlage (12.–15. Jh.) verbundenen Stadtmauer sind ebenfalls erhalten.

R.-H. Bautier

Q.: Archivbestände zu großen Teilen verloren – Recueil des chartes de Cluny, ed. A. BERNARD – A. BRUEL, 5 Bde, 1876–94 – Cart. de la Ch., ed. R. DE LESPINASSE, 1887 – Nécrologe de La Ch., ed. DERS., 1887 (cf. Acad. des Inscr., Obituaires III, 280–287) – WIEDERHOLD, PU Frankreich V, 14ff. [Papsturk. für La Ch.] – E. DUMMING, Enquête relative aux droits de l'abbé de Cluny avec le prieuré de La Ch. (XIIIe s.), Bull. Soc. nivernaise, 1899, 383–412 – zu Stiftung und Weihe der Kirche: Notitia de fundatione C., 1056; Notitia de consecratione Pasch. II, RHF XIV, 41–45, 120f. – Lit.: DHGE XII, 419–421 – J. LEBEUF, Hist. des Origines... de la Ch., Rec. des écrits hist. France I, 1738, 376–380 – A. PHILIPPE, L'église de La Ch., BullMon LXIX, 1905, 468–500 – L. SERBAT, La Ch., Congrès. archéol. 80, 1916, 374–400 – P. DESCHAMPS, Dalles carolingiennes incrustées dans le clocher de La Ch., BullMon 83, 1920, 222–230 – R. BEAUSSARD, L'église de La Ch. Etude archéol., 1929 – J. VALLERY-RADOT, L'ancienne prieurale Notre-Dame à La Ch. L'architecture, Congrès arch., CXXV^e, 1967, 43–85 [Plan] – M.-L. THEREL, Les portails de La Ch. Etude iconographique, ebd., 86–103 – S. RENIMEL, BullMon 125, 1976, 169–229 – Chronique des fouilles, Archéol. médiévale, 197, 198 (cf. K. J. CONANT, Archaelogia, 1974, 56–59; M. DAVID ROY, ebd., 1980, 45–54).

Chariton, hl., Einsiedler des 3./4. Jh., stammte aus Ikonion, † vermutl. um 350. Seine Vita, erst im 6. Jh. auf Grund mündl. Überlieferung geschrieben, macht ihn zum Confessor unter Ks. Aurelian (274). Diese Zeitangabe kann nicht zutreffen, der Bekennerstatus ihm dennoch zukommen. Im Anschluß an eine Wallfahrt nach Jerusalem zog sich Ch. in die Wüste als Einsiedler zurück. Schüler sammelten sich um ihn, nacheinander gründete er drei Einsiedlerkolonien: Pharan südl. des Toten Meeres zur Zeit des Bf.s Makarios v. Jerusalem (ca. 314–333); Duka bei Jericho; Suka in der Nähe von Thekoa, der Heimat des Propheten Amos. Man kann ihn darum als den Vater der →Laura überhaupt ansehen. Die Vita rühmt sein gütiges und mitfühlendes Wesen, seine Gastfreundlichkeit und seine Ansprechbarkeit für alle wie sein didakt. Geschick bei der Unterweisung. Das Leben in seinen Lauren war streng asketisch: nur eine Mahlzeit am Tag nach Sonnenuntergang, Schweigen und Stille, zugleich aber von kluger Mäßigung bestimmt und offen für die Mitmenschen: Keiner sollte mit leeren Händen von der Pforte weggehen. Vor seinem Tod versammelte er die Mönche in Pharan und gab ihnen eine umfassende Abschiedsunterweisung. – Fest 28. Sept. (griech. Kirche).

H. M. Biedermann

Q. und Lit.: Vita: vormetaphrast, ed. G. GARITTE, Bull. de l'Inst. hist. belge de Rome XXI, 1941, 16–46; metaphr., ed. J. STILTINGH, ActaSS, Sept. VII, Antwerpen 1760, 612–621, Paris 1867, 572–581 – MPG 115, 899–918 – DHGE XII, 421–423 [Lit.] – F. OLTARŽEVSKIJ, Palestinskoe monašestvo s IV do VI veka, Pravosl. Palest. Sbornik XV/2, 1896, 24–41 – S. SCHIWIETZ, Das Morgenländ. Mönchtum II, 1913, 131–143.

Charivari → Rügebräuche

Charles (s. a. →Karl)

1. Ch. d'Espagne, Gf. v. Angoulême→Espagne, Charles d'

2. Ch. de France (Karl von Frankreich), frz. Fs., Sohn →Karls VII., Kg. v. Frankreich, und der Marie v. Anjou, Bruder von→Ludwig XI.; Ch. war nacheinander Hzg. v. →Berry, →Normandie und→Guyenne; * 28. Dez. 1446 in Montils-lès-Tours, † 24. Mai 1472 auf Schloß Hâ in Bordeaux. – Ch.' Geburt war unter den biolog. Gegebenheiten seiner Zeit außergewöhnl., zählte seine Mutter doch schon 42 Jahre. Außer dem Dauphin Ludwig (XI.) (* 1423) waren alle seine Brüder (sämtlich nach Ludwig geb.) früh verstorben. Ch. konnte also – bei einem früheren, kinderlosen Tod Ludwigs – auf die Thronfolge hoffen. Diese Hoffnung schien 1459, mit der Geburt von Joachim, Sohn Ludwigs (XI.) und der Charlotte v. Savoyen, dahinzuschwinden; doch starb Joachim bereits 1460. Von 1460 bis zur Geburt →Karls (VIII.) i. J. 1470 konnte Ch. daher nochmals die Rolle des präsumptiven Thronerben spielen. Ein weiterer Anlaß für Ch.' Hoffnungen war die Tatsache, daß das Verhältnis zw. Kg. Karl VII. und dem Dauphin Ludwig getrübt war. Der Thronfolger lebte ab 1447 als Verbannter im Dauphiné; von 1456 bis zu seiner Krönung 1461 suchte er sogar bei →Philipp dem Guten, Hzg. v. Burgund, Zuflucht, was zu heftigen frz.-burg. Spannungen führte. Die feindseligen Beziehungen zw. Kg. und Dauphin einerseits und die tatsächl. Begünstigung Ch.' durch den kgl. Vater andererseits ließen das Gerücht aufkommen, Karl VII. plane eine physische Beseitigung seines älteren Sohnes und wolle Ch. das Reich vererben. Nachdem Ludwig XI. jedoch schließlich Kg. geworden war, übergab er seinem jüngeren Bruder als →Apanage das wenig einträgl. Hzm. Berry, das Ch. wohl schon seit seiner Taufe nominell im Besitz hatte.

Ch., eine schwächl. und unbedeutende Persönlichkeit, stand auch als Hzg. zunächst unter der strikten Kontrolle seines kgl. Bruders. Dies änderte sich, als Ch. von den in der →Ligue du Bien public (1465) gegen den Kg. zusammengeschlossenen frz. Fs.en zum Wortführer gemacht wurde. Offenbar hofften die Frondeure, in dem jungen Prinzen Ch., der durchaus populär war und als milder und lenkbarer galt, einen erfolgversprechenden Gegenkandidaten gefunden zu haben. Im März 1465 ließ sich Ch. zu →Franz II., Hzg. v. →Bretagne, einem der Häupter der Liga, geleiten und begleitete ihn auf seiner Fahrt nach Paris. Um seine Krone zu retten, sah sich Ludwig XI. zu Konzessionen genötigt: Er verlieh seinem Bruder anstelle des Berry das Hzm. Normandie (Okt. 1465), das größer, reicher und strateg. günstiger plaziert war – da es zw. den beiden königsfeindl. Bastionen, der Bretagne und dem burg. Staat, sowie gegenüber von England lag. Doch konnte sich Ch. seiner neuen Apanage nicht lange erfreuen, da der Kg. sie bereits Anfang 1466 wieder einzog; Ch. mußte sich in die Bretagne zurückziehen, wo er bis 1469 verblieb. Die Frage, welche Apanage ihm nun zuerkannt werden sollte, blieb virulent: Franz II. plädierte aus guten Gründen für eine Rückgabe der Normandie an Ch., während der andere Bundesgenosse, Hzg. →Karl d. Kühne v. Burgund, für eine Verleihung der Gft. →Champagne und Brie eintrat. Doch gelang es Ludwig XI., unter Bestechung der Umgebung des jungen Hzg.s, diesen zur Annahme der lockenden und weit entfernten Guyenne zu bewegen (1469). Eine festl. Zusammenkunft auf dem Pont-de-Braud über der Sèvre Niortaise bekräftigte die Versöhnung der beiden Brüder vor der Öffentlichkeit. Ludwig beteiligte Ch., um ihn enger an sich zu binden, sogar an seinem Kampf gegen Karl d. Kühnen. Doch vernichtete die Geburt des Dauphins Karl (VIII.) die Hoffnungen Ch.'; zudem schien ihm sein Erbteil zu gering. So änderte er wiederum seine polit. Haltung und verband sich erneut mit Gegnern des Kg.s: dem Gf.en Johann V. v. Armagnac, dem Kg. Eduard IV. v. England, den Hzg.en v. Bretagne und Burgund. Ch.' Tod, am 24. Mai 1472, befreite Ludwig somit von einer schweren Gefahr. Karl der Kühne klagte den Kg. formell an, Ch. durch Gift beseitigt zu haben. Diese Behauptung fand zwar innerhalb und außerhalb Frankreichs vielfach Glauben, läßt sich aber in keiner Weise belegen. – Ch. starb unverheiratet; unter den zahlreichen Heiratsprojekten, die er verfolgte, scheint er die Verbindung mit Maria, der Erbtochter Karls d. Kühnen, favorisiert zu haben, was für Ludwig XI. höchste Bedrohung bedeutet hätte. Ph. Contamine

Lit.: H. STEIN, Ch. de F., frère de Louis XI, 1921.

3. Ch. d'Orléans (Karl v. Orléans), Angehöriger des frz. Königshauses und frz. Dichter, * 24. Nov. 1394, † 5. Jan. 1465, ältester Sohn→Ludwigs, Hzg.s v. Orléans, und der Valentina →Visconti; Neffe des frz. Kg.s →Karl VI.; ∞1. Isabelle, Tochter Karls VII., † 1409 (Witwe Richards II., Kg. v. England); 2. 1410 Bonne v. Armagnac, † 1430/35; 3. 1440 Maria v. Kleve (Marie de Clèves); aus dieser dritten Ehe ging neben weiteren Kindern Ludwig (XII.), * 1462, hervor.

Ch.' Jugend war von den Machtkämpfen zw. seiner Familie und dem Haus→Burgund überschattet (→Armagnacs et Bourguignons). 1407 wurde sein Vater ermordet, wohl auf Anstiftung des burg. Hzg.s →Johann Ohnefurcht. 1408 verstarb seine Mutter, 1409 seine erste Frau. Hzg. Johann konnte sich mehrfach durch Freisprüche vom Vorwurf der Anstiftung zum Mord befreien. Im Zuge der weiteren Faktionsbildung schlossen die Orléans Bündnisse mit verschiedenen Häusern, insbes. mit den →Armagnac. Ch. wurde 1410 mit Bonne d'Armagnac, Tochter des Gf.en und Heerführers Bernard VII. v. Armagnac, vermählt. Im folgenden Bürgerkrieg zw. den beiden Parteiungen errangen die Armagnacs/Orléans 1413/14 einen (vorläufigen) Sieg und konnten das von den Bourguignons besetzte Paris wieder einnehmen; Ch.' Vater Ludwig wurde vollständig rehabilitiert. 1415 nutzte Heinrich V., Kg. v. England, die schwierige Lage in Frankreich aus, um das Kgr. zu erobern und errang bei Azincourt (→Agincourt) 1415 den vollständigen Sieg. Ch. entkam zwar dem Massaker, mußte aber als Gefangener 25 Jahre, bis 1440, in England verbringen. Die engl. Gefangenschaft bildete eine wichtige Zäsur in Ch.' Leben. Die führende Position in der Armagnac-Partei ging auf den Dauphin, →Karl (VII.), über. Ch.' Frau starb 1430/35 in Frankreich.

1440 kam es zum Frieden. Im Lauf seiner Gefangenschaft hatte Ch. einerseits Gelegenheit zu Studium, Meditation und engen Kontakten mit der engl. Kultur, verlor jedoch andererseits immer stärker den Anschluß an die aktuelle frz. Politik, so daß er bei seiner Rückkehr (1440) nicht mehr die führende Rolle spielen konnte, mit der er entsprechend seiner Position unter Karl VI. gerechnet hatte. Ch.' polit. Aktivitäten mißfielen Karl VII., da sie diesen an die schwache Stellung des Kgtm.s unter seinem Vorgänger Karl VI. inmitten mächtiger Lehensherren erinnerten. 1447 versuchte Ch. durch einen Italienzug seine von der Mutter Valentina Visconti ererbten Rechte auf Asti geltend zu machen. Nach dem Scheitern dieses Feldzuges beschränkte sich sein Wirkungskreis in erster

Linie auf seinen Hof in Blois, wo er eine Rolle als ausgleichender Vermittler (z. B. in der Spannung zw. Karl VII. und dem Dauphin, oder mit dem Hzg. v. Burgund) spielte, ein intensives Familienleben pflegte – 1440 hatte er sich mit Maria v. Kleve vermählt, von der er 1457 die erste Tochter und in der Folge noch weitere Kinder hatte, unter ihnen 1462 den späteren Kg. v. Frankreich, Ludwig (XII.) –, engere Kontakte mit den Personen seiner Umgebung knüpfte und sich seinen Dichtungen widmete. Zum literarisch ambitionierten Kreis, mit dem Ch. sich umgab, zählten, neben Gelegenheitspoeten, auch bedeutende Dichter, unter ihnen François →Villon, →René d'Anjou, ferner Olivier de →la Marche und Jean →Meschinot. Obwohl sein Hof keine eigtl. lit. Schule bildete, stellte er doch eines der bedeutendsten kulturellen Zentren des dritten Viertels des 15. Jh. dar. Ch.' letzte Lebensjahre unter Karls VII. Nachfolger Ludwig XI. (ab 1461) waren von einem Klima zunehmender Entfremdung zw. ihm und dem Kg. gekennzeichnet, die im übrigen für die Randposition, die Ch. im polit. Leben nunmehr einnahm, symptomatisch ist.

Werke: Mit zehn Jahren verfaßte Ch. eine didakt. Abhandlung »Livre contre tout peché«, eine Schülerarbeit, in der er sich erstmals am Achtsilber (»Octosyllabe«) versuchte. Mit Ausnahme zweier Werke erzählenden Charakters (»La retenue d'amours«, 1414, und »Songe en complainte« 1437), an die sich fünf Complaintes (u. a. »Complainte de France« 1433) anschlossen, verfaßte er Dichtungen kleineren Umfangs, insbes. *ballades* und Rondeaux, die sich jeweils auf ein einziges Thema konzentrieren, und bei denen der Inhalt – entsprechend den gewählten Vorbildern – oft nur einen Vorwand für geschliffene Eleganz des Ausdrucks, der Form und brillante Formulierung einzelner Gedanken abgibt. Alle Vorbilder Ch.' sind mit dem Haus Orléans mehr oder weniger eng verbundene Dichter: in erster Linie Jean de Garancières, ein Poet von geringerer Strahlkraft; was Tonfall und melanchol. Inhalt seiner Gedichte betrifft, folgt Ch. bes. →Christine de Pisan, bei den kom. und selbstiron. Anklängen (derentwegen er sich häufig Horaz nennt) Eustache →Deschamps.

Sein Gesamtwerk ist in 12 Hss. überliefert, von denen der Cod. Paris, Bibl. Nat. fonds français 25458 bes. Bedeutung besitzt, da er für Ch. angefertigt wurde und dieser selbst Eintragungen machte. Nach der Fertigstellung dieser Hs. (1450/55) begann Ch., Blätter einzufügen und die leeren Flächen mit neuen Gedichten zu füllen. Auf CHAMPION geht der erste Versuch einer chronolog. Systematisierung der Texte zurück, der v. a. für eine Rekonstruktion der poet. Biographie Ch.' von Bedeutung ist, jedoch bes. bei Texten, die aufgrund der Gepflogenheiten lit. Genera von vornherein keine Datierungshinweise bieten, auf Schwierigkeiten stößt. Verschiedene Modifizierungen anderer Forscher, v. a. von POIRION, ermöglichen es heute, ein einigermaßen gesichertes chronolog. Gerüst zu erstellen. Eine wertvolle Stütze für die Datierung bildet ms. 873 der Bibl. Municipale Grenoble, das die lat. Übersetzung von Ch.' Werk des Antonius Astesanus enthält, eines Humanisten aus Asti, der sich 1448 im Gefolge des Hzg.s bei dessen Rückkehr aus dem fehlgeschlagenen Italienfeldzug befand. Die auf 1450/53 anzusetzende Hs. sichert die Chronologie der bis zu jenem Datum verfaßten Dichtungen und hebt den die zeitl. Abfolge der Entstehung verwischenden Effekt der anderen Sammlungen auf.

Die Texte lassen sich drei Perioden zuweisen, denen jeweils die Konzentration auf bestimmte Themen entspricht: a) die Gefangenschaft mit den Themen Heimweh, Wunsch, zurückzukehren (Balladenwechsel mit Philipp dem Guten am Ende der Gefangenschaft), Fernliebe und Tod (vielleicht Anspielung auf Bonne d'Armagnac); b) die Rückkehr nach Frankreich, die Reisen und unglückl. Unternehmungen, denen das Thema »Erkalten der Leidenschaften« in »Nonchaloir« entspricht, die lit. fruchtbaren Begegnungen mit anderen Dichtern und das subtile Spiel der Übernahme von Motiven aus älteren Dichtungen und ihre Kontrastierung; c) die letzte Periode umfaßt die am Hof von Blois entstandenen Dichtungen, deren Metaphernhäufung und bisweilen fast barock zu nennende spieler. Vielfalt und ausgewogene Eleganz des poet. Ausdrucks die höchste Reife des Dichters zeigen. Oft handelt es sich dabei um eine Art poet. Briefwechsels oder Wettstreits mit anderen Dichtern über ein bestimmtes Thema (z. B. der bekannte »Zyklus« über das Thema »Je meurs de soif auprès de la fontaine«, zu dem auch François Villon ein Gedicht beitrug).

Neben diesen Werken in frz. Sprache schrieben einige Forscher Ch. – wahrscheinl. zu Unrecht – auch verschiedene engl. Dichtungen zu. Gesichert ist hingegen seine Verfasserschaft des lat. »Canticum amoris«, wie Ch.' reiche Bibliothek ein Zeugnis für das weite Spektrum seiner Bildung und Kultur.

Nachwirken: Ein direkter Einfluß von Ch.' d'O. auf Zeitgenossen oder chronolog. unmittelbar auf ihn folgende Dichter ist infolge der Verwendung gleicher Themen und Wendungen in der Tradition der höf. Poesie schwer zu belegen. Interessant ist jedoch seine Rezeption in Decadentismo bei Rimbaud (»Lettre de Charles d'Orléans à Louis XI«) und G. D'Annunzio (frz. Sonett »Le fils de Valentine« in »Chimera«) sowie sein lit. Porträt bei R. L. Stevenson (»Familiar Studies of Men and Books«, 1882).

Zu Lebzeiten Ch.' wurde sein dichter. Ruhm durch seine Kontakte mit dem lit. interessierten Adel und den mit dem Hof v. Blois verbundenen Autoren gefördert, sein Andenken blieb bis Anfang des 16. Jh. lebendig (Octovien de Saint Gelais). Dann folgten – nach dem heutigen Forschungsstand – zwei Jahrhunderte völliger Vergessenheit, bis sich der Abbé Sallier 1734 in einer Studie mit Ch. d'O. beschäftigte. Damit war der Auftakt zu einer langen wiss. Kontroverse gegeben, in der Ch. d'O. und François Villon einander kritisch gegenübergestellt wurden. Diese Kontroverse mit ihren klass. Antithesen »Mensch«, »Dichter«, »Werk« beeinträchtigte für lange Zeit auch eine objektive Würdigung Ch.' d'O. als Dichter in der Tradition der höf. Poesie des 14. (Machaut, Deschamps) und beginnenden 15. Jh. Seit den Untersuchungen von P. CHAMPION ist die Frage einer Gegenüberstellung mit Villon fallengelassen. A. Vitale-Brovarone

Ed.: P. CHAMPION, I-II, 1923 – G. OUY, Un poème mystique de Ch. d'O., le Canticum amoris, Studi Francesi 3, 1959, 64–84 – *Gloss.*: D. POIRION, Le lexique de Ch. d'O. dans les ballades, 1967 – *Hss.*: P. CHAMPION, Le manuscrit autographe des poésies de Ch., 1907 – *Lit.*: Repfont III, 228 – P. CHAMPION, Vie de Ch. d'O., 1910 – D. POIRION, Le poète et le prince, L'évolution du lyrisme courtois de Guillaume de Machaut à Ch. d'O., 1965 [Lit.] – J. FOX, The lyric poetry of Ch., 1969 [frz. 1971] – A. PLANCHE, Ch. d'O. ou la recherche d'un langage, 1975 [Lit.].

Charlotte. 1. Ch. v. Savoyen (Ch. de Savoie), Kgn. v. Frankreich aus dem Hause →Savoyen, Gemahlin →Ludwigs XI.; * um 1442 oder 1445, † 1. Dez. 1483 auf Schloß Amboise, ⬜ Notre-Dame de Cléry, neben ihrem Gatten. Kinder: Joachim, Louise, François († als Kleinkind), Anne (→Anna v. Beaujeu), Jeanne (1. Frau→Ludwigs XII.) und Charles (später Kg. →Karl VIII.). – Ch. war das 6. Kind von Ludwig II., Hzg. v. Savoyen, und Anna, Kgn. v. Zypern. Nachdem Ch. zunächst dem Wettiner →Friedrich II., Kfs. v. Sachsen, versprochen gewesen war, wurde sie am 9. März 1453 mit dem Dauphin Ludwig als dessen 2. Frau vermählt. Die Hochzeit fand trotz der massiven Drohungen des Vaters, Kg. →Karl VII., statt, der eine Eheschließung wünschte, die mehr auf die Interessen der frz. Krone als auf diejenigen des Dauphiné Rücksicht nahm. Nachdem der Dauphin vor dem väterl. Zorn ins burg. Namur entflohen war, folgte ihm Ch. ins Exil (7. Juli 1457). Am 15. Aug. 1461 in Reims zur Kgn. gekrönt, wurde sie zumeist von den polit. Angelegenheiten des Kgr.es ferngehalten; daher vermochte sie auch nicht die Spannungen zw. Ludwig XI. und dem Hzm. Savoyen (unter →Amadeus IX. und →Yolande, Schwester Ludwigs XI.), die im Zusammenhang mit den frz.-burg. Krieg auftraten, auszugleichen. – Die zeitgenöss. Chroniken schildern Ch. als eine Frau ohne große Schönheit, klein und brünett, von gutem und tugendsamen Charakter und einer passionierten Hingabe an Literatur, Malerei und Musik. G. Coutaz

Q.: A. TUETEY, Invent. des biens de Ch. de Savoie, BEC 26, 1865, 338–366, 423–442 – *Lit.*: DBF VIII, 596 [R. D'AMAT] – S. GUICHENON, Hist. généalogique de la Royale Maison de Savoie II [Neuausg. 1976], 15f. – A. GANDICHON, Contribution à l'hist. de la vie privée et de la cour de Louis XI, 1906 – J. CALMETTE, Autour de Louis XI, 1947, 57–62, 77, 88–91 – Biographie universelle (MICHAUD) ancienne et moderne 7, 660f. [mit Angaben zu den Chronikzeugnissen über Ch. (DE NEUFORGE)].

2. Ch. v. Lusignan, Kgn. von →Zypern aus dem Hause→Lusignan, * 1442/43, † 16. Juli 1487 in Rom, ▫St. Peter, Tochter Kg. Johanns II. (1432–58) und der Helena Palaiologina (→Palaiologen). Ch. wurde 1456 mit Johann v. Coïmbra († 1457), Infanten v. Portugal, einem Schützling des Hzg.s v. Burgund, vermählt. Nachdem sie am 15. Okt. 1458 zur Kgn. gekrönt worden war, heiratete sie in zweiter Ehe am 7. Okt. 1459 Ludwig v. →Savoyen, den Sohn ihrer Tante Anna v. Zypern. Ihr Halbbruder Jakob (II.), der von Ägypten unterstützt wurde, vertrieb sie am 26. Sept. 1460 aus ihrer Residenz Nikosia. Sie suchte zunächst Zuflucht in Kyrenia, sodann begab sie sich nach Rhodos, Italien und Savoyen, um Hilfe für die Wiedergewinnung ihres Thrones zu erlangen. Kyrenia wurde 1464 von Jakobs Truppen erobert; Ch. begab sich, nach langem Aufenthalt auf Rhodos, schließlich mit ihren Getreuen nach Rom (1474); ihr Gatte Ludwig sog sich nach Savoyen zurück. – Die enttrhonte Kgn. hielt Zeit ihres Lebens an ihrem Ziel, die Herrschaft zurückzuerobern, fest. Nachdem sie 1464 den aus der Ehe mit Ludwig hervorgegangenen Sohn verloren hatte, adoptierte sie 1473 Alfons v. Aragón, Sohn Alfons' V. v. Neapel. Sie war bestrebt, ihren Adoptivsohn durch den Sultan als Kg. v. Zypern einsetzen zu lassen und ihn mit einer außerehel. Tochter Jakobs II. zu verheiraten. Venedig widersetzte sich erfolgreich diesem Plan; daraufhin trat Ch. ihre Ansprüche an Karl v. Savoyen ab (1485). J. Richard

Lit.: K. HERQUET, Charlotta v. Lusignan und Caterina Cornaro, Kgn. v. Cypern, 1870 – G. HILL, A hist. of Cyprus III, 1948 – W. RUDT DE COLLENBERG, Les Lusignan de Chypre, 'επετηρίς (Nicosia) 10, 1979–80.

Charny. 1. Ch., Geoffroy de, Herr v. Savoisy, Montfort u. Lirey, Hüter d. →Oriflamme; frz. Heerführer, * wohl bald nach 1300, ✕ 19. Sept. 1356 bei Poiters. G. war jüngerer Sohn von Jean, Sire v. Charny in Burgund, der aber auch in der Champagne begütert war. Bereits seit 1336 Ritter, diente G. de Ch. ab 1337 im Heer Philipps VI. v. Valois und kämpfte zunächst im Norden des Kgr.es, 1342 dann in der Bretagne, wo er bei einem Gefecht in der Nähe von Morlaix (dép. Finistère) in Gefangenschaft geriet. Bald wieder frei, begleitete er 1345 den Dauphin des Viennois, →Humbert II., bei dessen sog. Smyrna-Kreuzzug (→Kreuzzüge), kehrte aber vor Abschluß dieser Kampagne nach Frankreich zurück: er ist 1346 bei der Belagerung v. →Aiguillon (dép. Lot-et-Garonne) unter d. Befehl des späteren Kg.s Johann des Guten, damals Hzg. der Normandie, bezeugt. Er empfing die Oriflamme, das kgl. Banner, 1347 aus den Händen Philipps VI., um es dem Entsatzheer für →Calais voranzutragen. Im selben Jahr trat er in den geheimen Rat *(conseil secret)* des Kg.s ein und wurde von da an mit verschiedenen diplomat. Missionen betraut. Bei einem erfolglosen Versuch der Rückeroberung von Calais geriet er 1350 in Gefangenschaft, gelangte nach England und kehrte 1351 nach Frankreich zurück. Er gehörte wohl zu den Fideles Kg. Johanns des Guten, welche die Statuten des Sternordens ausarbeiteten, doch begab er sich gleich nach dessen Stiftungsfest (6. Jan. 1352) wieder ins Artois, wo er St-Omer zu seinem Hauptquartier machte. Die mit England geschlossenen Waffenstillstände ermöglichten es Ch., den Kriegsschauplatz zu verlassen und seinen Platz im kgl. Rat wieder einzunehmen (1354). Die Oriflamme wurde ihm 1355 für einen schließlich doch nicht realisierten Feldzug anvertraut; und er trug die »souveraine bannière du roi« auch bei der großen Schlacht v. →Poitiers (1356), in der er den Tod fand. Seine sterbl. Überreste, zunächst in der Franziskanerkirche von Poitiers provisor. bestattet, wurden 1371 auf Befehl Karls V. feierlich in Paris beigesetzt, vielleicht in der dortigen Coelestinerkirche. – Ch. ist der Gründer der Kapelle und späteren Kollegiatskirche von Lirey (Bm. Troyes), in welcher Ch.s Witwe und Sohn sogleich nach dem Tode des Heerführers das berühmte hl. Leichentuch zur Verehrung weisen ließen. Ideal des tapferen Ritters der Zeit Johanns des Guten, ist G. de Ch. auch als Verfasser zweier inhaltl. paralleler Bücher über die Ritterschaft (eines in Prosa, eines in Versen) und einer Sammlung von »demandes sur la joute, le tournoi et la guerre« ('Fragen über Tjost, Tournier und Kriegführung') hervorgetreten.

Ph. Contamine

Q. und Lit.: Jean Froissart, Chroniques, ed. J. B. M. C. KERVYN DE LETTENHOVE, I, Introduction, IIe et IIIe parties, 1873, 463–533 – A. PIAGET, Le livre messire Geoffroi de Charny, Romania 31, 1897, 394–411.

2. Ch., Pierre de, Ebf. von →Sens, * in Charny (dép. Yonne), † 16. Aug. 1274 in Sens, ▫ Sens, Kathedrale (Zeichnung des Grabmals von Gaignières erhalten; vgl. J. ADHÉMAR, Les tombeaux de la coll. Gaignières I, 338). – Ch. war zunächst Erzieher der Brüder des Ebf.s v. Sens, Henri Cornu (1254–57), sodann Kanoniker, Offizial, Dekan und Archidiakon v. Sens, Kanoniker v. Paris, apostol. Kämmerer unter Urban IV. und Clemens IV. Nach der Resignation des Ebf.s v. Sens, Guillaume de →Brosse, wurde er zu dessen Nachfolger gewählt (Juli 1267).

Er kehrte daraufhin von der Kurie ins Kgr. Frankreich zurück, wobei er einen Brief Clemens' IV. an den Kg. zu seinen Gunsten mitführte. Pfingsten 1268 zog er in Sens ein. Die Installation des Nachfolgers von Ch. für das Amt des Archidiakons v. Sens führte zu einem langjährigen Gegensatz zw. Papst und Kg., der erst 1272 zw. Gregor X. und Philipp III. beigelegt wurde. 1267 war der Südturm der Kathedrale v. Sens eingestürzt; der Ebf. erreichte in der Folgezeit nur eine partielle Behebung der beträchtl. Schäden. 1269 leitete Ch. ein Provinzialkonzil, auf dem er Statuten gegen die im Konkubinat lebenden Priester erließ. Der Ebf. nahm am Begräbnis Kg. Ludwigs d. Hl. teil (1271), doch löste seine Anwesenheit wie diejenige des

Bf.s v. Paris eine Konfrontation mit den Religiosen v. St-Denis aus. Ch. nahm 1274 am Konzil v. →Lyon teil. Bald nach seiner Rückkehr verstarb er. Er hinterließ seinem Ebm. testamentar. eine Rente von 100 *livres,* die zur Verteidigung der Ebf.e gegen die Exemten bestimmt waren; dieses Legat ermöglichte die Ablösung eines Drittels der Vicomté Sens zugunsten des Ebm.s.

M.-C. Gasnault

Q.: J. GUIRAUD, Les registres d'Urbain IV, 1892-1958, passim – E. JORDAN, Les registres de Clément IV, 1893-1945, passim – Rec. Hist. de la France XX, 486-488 – M. QUANTIN, Recueil pour faire suite au cart. gén. de l'Yonne, 1873, n° 718 – *Lit.:* GChr XII, 66f., Instr., 77 – H. BOUVIER, Hist. de l'église et de l'ancien archidiocèse de Sens II, 247-257.

Charol(l)ais, Gft. in O-Frankreich, südl. Burgund (heut. dép. Saône-et-Loire), östl. der oberen Loire im nördl. Massif Central gelegen, Hauptort Charolles. – Die spätma. Gft. Ch. hat sich aus hochma. Territorialkomplexen der Gf.en v. Chalon entwickelt: Um 955 gliederte Lambert, nachdem er Gf. v. Chalon geworden war, frühere Besitzungen der Vicecomites v. →Autun, die im Tal des Arroux lagen, seiner Herrschaft ein. Dieser Besitzkomplex fiel 1237 mit Chalon an Hugo IV., Hzg. v. →Burgund; er vermachte seiner Enkelin Béatrix, Tochter von Jean (Johann), Sire v. Bourbon, und Gemahlin von Gf. Robert v. Clermont, i. J. 1272 testamentar. folgende Besitzrechte innerhalb dieser Region: sechs Kastellaneien, die zw. den Flüssen Arroux und Guye lagen, unter ihnen Charolles und Mont-St-Vincent, sowie baroniale Rechte, welche die Gf.en v. Chalon in diesem Gebiet innehatten (die →Garde der Priorate Paray-le-Monial und Perrecy-les-Forges sowie den Zoll von Toulon-sur-Arroux). Die Herrschaft Charolles fiel i. J. 1314 an den 2. Sohn von Robert und Béatrix, Jean (Johann), danach an dessen Tochter Béatrix, die sie in die Ehe mit Jean (Johann) I., Gf. v. Armagnac, einbrachte (1327). Beider Sohn Jean II. († 1384) scheint als erster den Titel eines Gf.en v. Ch. geführt zu haben.

Jeans 2. Sohn, Bertrand, verkaufte die Gft. an →Philipp den Kühnen, Hzg. v. Burgund, der für diesen Kauf die 60000 *livres* der Dos seiner Schwiegertochter, →Margarete (Marguerite) v. Bayern, verwandte (16.–30. Juni 1390). Margarete wurde ab 1420 Nutznießerin der Gft.; den Grafentitel hatte Hzg. →Johann Ohnefurcht, der Sohn Philipps des Kühnen und Gatte der Margarete, jedoch bereits 1406/07 seinem Sohn und Erben, dem künftigen Hzg. →Philipp dem Guten, verliehen. Dieser wiederum übertrug den Titel seinem Sohn, dem späteren Hzg. →Karl dem Kühnen, bereits bei dessen Geburt (11. Nov. 1433).

Nach dem Tod Karls des Kühnen wurde das Ch. gemeinsam mit dem übrigen Hzm. Burgund von Ludwig XI., Kg. v. Frankreich, besetzt (1477); doch mußten die kgl. Truppen erst den allgemeinen Widerstand des Adels und der Städte gewaltsam brechen. 1493 wurde im Vertrag v. Senlis bestimmt, daß die Gft. Ch. als Patrimonialbesitz der Deszendenten der Margarete v. Bayern dem Enkel Karls des Kühnen, Ehzg. →Philipp dem Schönen, Sohn →Maximilians v. Habsburg und der →Maria v. Burgund, übergeben wurde; dieser hielt sie als Lehen des frz. Kg.s, so wie die Gf.en v. Armagnac als Lehen der burg. Hzg.e gehalten hatten. Diese Situation blieb bis zur »Réunion« des Ch. mit Frankreich i. J. 1684 bestehen; das Haus Habsburg hatte die Gft. bis zu diesem Zeitpunkt unter frz. Souveränität inne.

Jurisdiktionell und administrativ stellte das Ch. seit 1262 ein *bailliage* (→bailli, bailliage) dar; von 1272 bis 1394 und erneut ab 1493 war es ein grundherrl. bailliage; die Appellationsgerichtsbarkeit wurde vom hzgl. (später kgl.) bailliage v. Montcenis ausgeübt; 1394-1493 unterstand die Gft. direkt dem zentralen hzgl. burg. Gerichtshof der *grands-jours,* später dem burg. Parlement. Vom 15.-18. Jh. besaß das Ch. eigene Stände *(Etats).* →Burgund, Hzm.

J. Richard

Lit.: J. RICHARD, Erection en dignité de terres bourguignonnes, Mém. de la soc. pour l'hist. du droit des anc. pays bourguignons 21, 1961, 25-41 – F. VIGNIER, Réunion du Ch. au duché de Bourgogne, ebd. 22, 1961 – L. LAROCHE, Le Ch. sous la possession autrichienne et espagnole, Annales de Bourgogne 28, 1956 – J. RICHARD, Aux origines du Ch., ebd. 35, 1963, 81-114.

Charonton, Enguerrand → Quarton, Enguerrand

Charroi de Nîmes → Wilhelmsepen

Charroux (Karrofus, Charofus), große aquitan. Abtei OSB im Poitou (dép. Vienne, cant. Civray), ŏ St-Sauveur und Ste-Croix (Erlöser und Hl. Kreuz). [1] *Geschichte:* Ch. wurde nach der Tradition (Liber de constitutione Karrofensis coenobii, 12. Jh.) zu Beginn der Regierung Karls d. Gr. von einem Roger, Gf.en v. Limoges, und seiner Gattin Eufrasia gegründet. Durch ein »testamentum« installierten sie zwölf Mönche unter dem Abt Dominicus und übertrugen ihnen Güter in Poitou, Limousin, Auvergne und Périgord – offenbar Grundbestand der Temporalien von Ch. – sowie Preziosen. Ein Gedicht →Theodulfs v. Orléans rühmt Schatz und Bibliothek von Ch., die verloren sind. Bald nach 790, unter Abt David, übergab Roger das Kl. Ch. dem Kg.; Karl d. Gr. gewährte dem Kl. ein Immunitätsprivileg (DK 194), in dem erneut die Bibliothek erwähnt ist. Nach →Ademar v. Chabannes übergab Karl d. Gr. dem Kl. Ch. (seitdem »Sanctus Charofus« gen.) die dem Kg. vom Patriarchen v. Jerusalem übersandte Hl.-Kreuz-Reliquie (→Kreuz, Hl.). Ludwig d. Fr., der Kg. v. →Aquitanien gewesen war, förderte Ch., das er am 12. Febr. 815 mit einer Immunitätsurkunde (RI 573) bedachte; das Kl. wurde möglicherweise von →Benedikt v. Aniane reformiert und erscheint in der »Notitia de servitio monasteriorum« (in Aquitanien) unter den vom Ks. privilegierten Abteien. Nach dem →Astronomus ließ Ludwig auch die vormals hölzernen Bauten des Kl. in Stein neuerrichten; wahrscheinl. geht auf diese Zeit sogar der Plan der außergewöhnlichen Rotunde zurück, um die herum die Abtei errichtet wurde, welcher an den Plan von →Ferrières denken läßt. →Claudius v. Turin widmete seinen Matthäuskommentar dem Abt und den Mönchen von Ch. 830 übertrugen Ludwig d. Fr. und Lothar der Abtei Güter in den Diöz. Beauvais, Reims und Meaux, Schiffahrtsrechte auf der Loire sowie ihren Nebenflüssen und gewährten eine Zollbefreiung. Ch. war auch der Exilort des unehel. Karlssohnes →Hugo vor der 834 erfolgten Versöhnung mit seinem Halbbruder Ks. Ludwig; nach dem »Planctus Ugonis abbatis« (MGH PP II, 139f.) ließ sich Hugo in Ch. bestatten (844). Eine Mönchsliste von Ch. unter Abt Guntbaldus und Hugo (vor 834), erhalten im »Liber memorialis« der →Reichenau, führt die Namen von 84 Religiosen auf. Karl d. Kahle erneuerte die Immunität des Kl., mußte jedoch Missi zur Regelung von Streitigkeiten entsenden, die Vögte der Abtei gegen Übergriffe der Gf.en schützen und bekräftigen, daß Prozesse von Ch. direkt vor dem kgl. Pfalzgericht zu führen seien (ed. TESSIER, 374, 375). Die Normanneneinfälle schädigten Ch. schwer; die Mönche mußten mit ihrer Kreuzreliquie in →Angoulême Zuflucht suchen, und Bf. Audoinus barg diese Reliquie mehrere Jahre lang in der Kirche St-Sauveur (im Chorhaupt der Abtei St-Cybard), ließ sie aber schließlich durch Wilhelm Taillefer, Gf.en v.

Aquitanien, restituieren. Die Kreuzpartikel von Ch. gehörte in der Folgezeit zu den meistverehrten Reliquien Aquitaniens.

Eine Quelle aus der Mitte des 11. Jh., welche die Genealogie der Gf.en von der →Marche beschreibt, nennt als Begründer dieser Familie einen »Gf.en v. Ch.«; daran anknüpfend, führte um die Mitte des 12. Jh. eine Gfn. der Marche, Almodis, gern den Titel »comitissa Charofensis«. Daraufhin wurde die Grafenfamilie von Historikern als »Maison de Ch.« bezeichnet. Tatsächl. waren die Stammväter des Hauses, nämlich Gottfried und sein Sohn Boso d. Ä. (belegt 958–987), wohl Vögte (oder aber Laienäbte) von Ch., wobei Boso die Bestrebungen→Hugos Capet, sich Aquitaniens zu bemächtigen, zur Schaffung eines erweiterten Herrschaftsbereichs, eben einer »Marche« (Mark), auszunutzen verstand. Einer der Ausgangspunkte zur Bildung dieses Fsm.s war die Abtei Ch.: Bosos Sohn Aldebert, Gf. v. →Périgord, wurde nach seinem Tod, den er im Kampf gegen Hzg. Wilhelm d. Gr. v. Aquitanien erlitt, in Ch. bestattet (996).

Auf Initiative des Ebf.s v. Bordeaux fand in Ch. i. J. 989 das älteste Gottesfriedenskonzil statt (→Charroux, Konzil v.; →Gottesfriedensbewegung). Der Hzg. v. Aquitanien, der 1014 die Abtei reformiert und der Leitung des Abtes v. →St-Savin, Gombaldus, unterstellt hatte, versammelte in Ch. ein weiteres Konzil, das wohl i. J. 1027 stattfand und die im südl. Frankreich verbreitete Häresie des →»Manichäismus« verurteilte. Etwa zum Zeitpunkt dieses Konzils muß ein Brand der Abtei stattgefunden haben. Eine neuerrichtete Kirche wurde 1047 durch Papst Leo IX. feierlich geweiht, brannte aber noch im gleichen Jahr nieder. Der wiederhergestellte Bau wurde von Papst Urban II. 1096 erneut geweiht; 1136 fanden umfangreiche Baumaßnahmen statt. Das Kl. litt schwer während des →Hundertjährigen Krieges, wurde mehrfach geplündert und 1422 niedergebrannt; die Bauten wurden in den Jahren 1444–73 durch den Abt Chaperon neuerrichtet, doch wurden sie von den Protestanten 1567 zerstört. Nach Zugehörigkeit zur Kongregation des Exemten sowie kurzzeitiger Unterstellung unter die Abtei→Brioude wurde Ch. 1762 aufgehoben. Die Bauten wurden zu Beginn des 19. Jh. zum größten Teil abgebrochen.

[2] *Zur Archäologie:* Die Kirche ist Ruine; Grabungen (1949–51) haben ihren Rang als »eines der instruktivsten und interessantesten roman. Baudenkmäler« deutlich gemacht. Die Abteikirche (→Romanik) ist um eine zentrale Rotunde von 22 m Umfang errichtet, ein Erbstück des karol. Planes; auf der Rotunde hoher oktogonaler Turm mit Laterne. Von der Rotunde ausgehend: im Westen ein Schiff mit Seitenschiffen (Länge 55 m), im Osten eine (verschwundene) Choranlage mit Apsidiolen. Die Rotunde selbst umfaßte einen Zentralraum von 8,50 m Durchmesser, gegenüber dem Bodenniveau der Kirche erhöht und mit acht Pfeilern die Turmkonstruktion tragend; ferner einen 4 m breiten Umgang, der sich auf der einen Seite das Längsschiff, auf der anderen Seite die Arme eines Querschiffs mit Seitenschiffen und Apsidiolen anfügten, schließlich zwei weitere ringförmige Umgänge. Unterhalb des Zentralraums der Rotunde befand sich eine Krypta mit kreisförmigem Innenraum (urspgl. mit Kuppel) und ringförmigem Umgang. Im Zentrum befand sich wohl die→Confessio mit den berühmten Reliquien (Reliquiar des 13. Jh. in der Kirche St-Sulpice in Ch. erhalten). – Ein bedeutendes dreigliedriges got. Portal wurde vor 1270 am Eingang zum Kirchenschiff errichtet: Tympanon mit Jüngstem Gericht (nur Christus erhalten); zw. den einzelnen Portalgliedern Statuen Karls d. Gr. und des Gf.en Roger (Köpfe erhalten), weitere Statuetten (Kg.e, Propheten, Äbte, Jungfrauen) an den fünf Wölbungen (ca. 40 Figuren im Kapitelsaal und im Depot des Louvre). Im Kapitelsaal, der um die Mitte des 15. Jh. rekonstruiert wurde (schon damals Funde von Gräbern, u. a. des Bf.s Gerhard v. Limoges, elfenbeinernes →Tau erhalten), haben die Grabungen von 1949 13 steinerne Sarkophage von Äbten des 12. Jh. freigelegt (u. a. Funde von Taus und →Krümmen). R.-H. Bautier

Q.: Adémar de Chabannes, Chroniques, ed. J. CHAVANON, 1897 – P. DE MONTSABERT, Chartes et documents pour servir à l'hist. de l'abbaye de Ch., 1911 (Arch. hist. du Poitou, 39 [cf. Notitia de consecratione altaris Carrofensis monasterii, 1096, RHF XIV, 102]) – DE LA FONTENELLE, Les coutumes de Ch., XII^{e}s., Mém. Soc. Antiqu. Ouest 9, 1843, 419–465, 479–481 – *Lit.:* DHGE XII, 540–541 – R. GRAND, Traité de pariage entre Philippe le Bel et l'abbé de Ch. pour la création de la ville franche de Pleaux (Cantal), 1289–90, Bull. phil. et hist. 1902, 42–52 – G. CHAPEAU, Fondation de l'abbaye de Ch. Etude sur les textes, Bull. Soc. Antiqu. Ouest 7, 1926, 471–508 – G. THOMAS, Les comtes de la Marche de la maison de Ch., 1928 (Extr. Mém. Soc. Sciences nat. et arch. Creuse 22, 1925–27, 56L–700) – A. VERHULST, La fondation des dépendances de... Ch. dans le dioc. de Thérouanen: Andres, Ham et La Bœuvrière, M-A 69, 1963, 169–189 – O. G. OEXLE, Le monastère de Ch. au IXe s., M-A 76, 1970, 193–204 – P.-E. FOURNIER–R. SÈVE, Les biens de l'abbaye de Ch. en Auvergne, Bull. Hist. Sciences Auvergne 85, 1972, 267–278 – R.-H. BAUTIER, Les origines du comté de la Marche (Mél. H. HEMMER, 1979), 10–19 – *zur Archäologie:* G. CHAPEAU, L'église abbatiale de Ch., Bull. Soc. Antiqu. Ouest 8, 1928, 503–533 – DERS., Les grandes reliques de l'abbaye de Ch. Etudes d'hist. et d'arch., ebd. 101–128 – Y. M. FROIDEVAUX, Eglise abbatiale de Ch. Contribution à l'étude du monument, Congr. arch. CIX^e, Poitiers, 1951, 356–368 [Ausgrabungspläne] – E. EYGUN, Fouilles de la salle capitulaire de l'abbaye de Ch., Bullmon 91, 1951, 297–312 – R. CROZET, L'ancien portail gothique de l'abbaye de Ch., Gazette des Beaux Arts, 1952, 149–162.

Charroux, Konzil v. (989), das früheste Gottesfriedenskonzil, von dem eine mit bfl. Unterschriften versehene Konzilsnotiz überliefert wird. Unter dem Vorsitz des Ebf.s Gumbald v. Bordeaux und unter Teilnahme seiner Suffragane Giselbert v. Poitiers, Frotarius v. Périgueux, Abbo v. Saintes und Hugo v. Angoulême sowie von Bf. Hildegarius v. Limoges verkündete die Synode, die sich im Kl. →Charroux (Diöz. Poitiers) versammelt hatte, drei Canones. Diese verboten unter Androhung des Anathems: 1. den Einbruch in Kirchen, 2. den Raub des Viehs der Bauern und übrigen Armen, 3. den Angriff auf unbewaffnete Kleriker. In den Canones 2 und 3 wird hinzugefügt, es sei denn, daß die Betroffenen den Übergriff selbst verschuldet hätten und die Kleriker von ihrem Bf. schuldig gesprochen worden wären. Die Einleitung zu den Canones verweist betont auf das Vorbild der älteren, d. h. hier wohl karol. Konzilstradition, die in Charroux wieder aufgenommen wurde, sowie auf die Anwesenheit zahlreicher Laien beiderlei Geschlechts. Abgesehen von der Nichterwähnung von Reliquien ist der Konzilsbericht typisch für die →Gottesfriedensbewegung. Der in Ch. verkündete Gottesfriede war von weiter Ausstrahlung, um 990 wurde er in →Narbonne und →Le Puy übernommen. U.-R. Blumenthal

Q. und Lit.: MANSI XIX, 89 – H. HOFFMANN, Gottesfriede und Treuga Dei, 1964, bes. 25ff. [Lit.] – E. MAGNOU-NORTIER, La place du concile du Puy (v. 994) dans l'évolution de l'idée de paix (Mél. offerts à J. DAUVILLIERS, 1979), 489–506.

Charsianon (Harṣana, Karšena, Festung und Hauptstadt der gleichnamigen Kleisura bzw. des späteren Themas, vermutl. am Ostrand des Plateaus zw. →Kaisareia (heut. Kayseri) und dem Fluß Halys (heute Kızıl Irmak). Ch., urspgl. Teil des Themas Armeniakon, wurde im Rahmen der Verteidigungsmaßnahmen, die Kaiser →Theophilos (829–842) an der Ostgrenze des Byz. Reiches traf, als

→Kleisura gegründet. Kurz nach der Schlacht in der Ebene von Marǧ al-Usquf, sö. vom heut. Aksaray, in der die Araber vernichtend geschlagen wurden (863) und an der der Kleisurarch von Ch. als Befehlshaber seiner militär. Einheit teilnahm, wurde Ch. zum →Thema erhoben, spätestens 872.

Unter →Leon VI. (886–912) wurde das Thema durch Abtretungen aus angrenzenden Themen beträchtl. erweitert. Festung und Gebiet von Ch. spielten eine wichtige Rolle in den Kämpfen an der byz. Ostgrenze; 730 von den Arabern erstmals erobert, blieb Ch. bes. im 9. und 10. Jh. ein von beiden Seiten oft umkämpftes Gebiet; seine Einheiten nahmen auch an vielen Kämpfen außerhalb der Provinz teil (gegen →Araber, →Paulikianer etc.).

Ch. wurde ein bedeutendes Ansiedlungsgebiet bes. für Armenier; so ließen sich hier gegen Ende des 9. Jh. Melias und seine Brüder nieder. Vom 9. Jh. an nahm die Entwicklung des Großgrundbesitzes rasch zu (→Argyroi, →Maleinoi etc.). Nach der Beseitigung der arab. Gefahr, im Laufe der Krise des 11. Jh. und infolge des Verfalls der Themenordnung schrumpfte auch die Bedeutung Ch.s. Es erscheint noch 1069 als byz. Provinz (ἐπαρχία, Eparchie), fiel aber nach der Schlacht v. →Mantzikert (1071) endgültig in die Hände der →Seldschuken. Im 12. Jh. wird die Stadt Ch. noch in Quellen erwähnt; nachher verlieren sich weitere sichere Belege ihres Fortbestehens. J. Ferluga

Lit.: E. W. Brooks, Lists of the Byz. Themes, JHS 21, 1901, 67–77 – E. Honigmann, Ch. Kastron, Byzantion 10, 1935, 129–160 – J. Ferluga, Die Anfänge einer byz. aristokrat. Familie – die Argyren, ZRVI 12, 1974, 153–167 [serbo-kroat. mit dt. Zusammenfassung] – G. Huxley, The Emperor Michael III and the Battle of Bishop's Meadow (A. D. 863), Greek, Roman and Byz. Stud. 16, 1975, 443–450 – J. Ferluga, Le clisure bizantine in Asia Minore, ZRVI 16, 1965, 9–23 [abgedr. in: Ders., Byzantium on the Balkans, 1976, 71–85] – I. Beldiceanu-Steinherr, Ch. Kastron/Qal'e-i Ḥarsanôs, Byzantion 51, 1981, 410–429 – Tabula Imperii Byzantini, Bd. 2: Kappadokien (Kappadokia, Ch., Sebasteia und Lykandos), bearb. F. Hild-M. Restle, 1981, s. v. [Lit.] – D. Potache, Le thème et la forteresse de Ch.: Recherches dans la région d'Akdagmadeni (Geographica Byzantina, sous la direction de H. Ahrweiler) (Byz. Sorbonensia 3, 1981), 107–117.

Charta (carta, cartula) ist jene formal dem →Brief (daher auch epistula genannt) und dem kgl. →Diplom nahestehende →Urkunde des früh- und hochma. privaten Rechtsverkehrs (→Privaturkunde), in der der Aussteller vor Zeugen mit Hilfe eines Schreibers (→Notar) durch eine subjektiv gefaßte, formelhafte Erklärung ein Rechtsgeschäft (Schenkung, Kauf, Tausch etc.) abschließt oder beurkunden läßt, die dem als Adressaten genannten Vertragspartner übergeben wird. Entstehung, Verbreitung und gesch. Entwicklung der Ch. sind in den größeren Zusammenhang von Schriftlichkeit und Urkundenwesen im MA einzuordnen und stellen insbes. einen wichtigen Teilaspekt des sog. →Kontinuitätsproblems beim Übergang von der Antike zum MA dar. Aufkommen und Verbreitung der Ch. sind ein überaus vielgestaltiger, in regionaler und zeitl. Hinsicht zu differenzierender Vorgang. Eine erschöpfende, dem heutigen Kenntnisstand gerecht werdende Gesamtdarstellung fehlt.

[1] *Begriff:* Ch., gr. ὁ χάρτης (ἡ χάρτη), wohl ägypt. Ursprungs, bezeichnet in der Antike ursprgl. das aus der Papyrusstaude (→Papyrus) gewonnene, noch nicht beschriebene Einzelblatt (Buchmaterial), über das uns insbes. Plinius ausführlich unterrichtet. Der Name hielt sich auch, als →Pergament und →Papier als Beschreibstoff an die Stelle des Papyrus getreten waren. In spätröm. Zeit nannten sich auch die von →Tabellionen geschriebenen privatrechtl. Urkunden Ch. Von hier fand der Name Eingang in die Urkundensprache des MA, in der er nicht nur die hier zu behandelnde Ch. im engeren Sinne, sondern auch – insbes. nach dem Untergang der eigtl. Ch. – andere Urkundenarten (Siegelurkunden, →Notariatsinstrumente, →Verträge) bezeichnen konnte, in der Regel allerdings keine Königs- und Dynastenurkunden. In dieser allgemeinen Bedeutung fand die Bezeichnung Eingang in die roman. Sprachen (frz. *charte,* it. und span. *carta;* vgl. engl. *charter,* dt. Karte). Ch. im engeren Sinn wird in den Urkunden häufig in Zusammensetzungen wie carta donationis, venditionis, commutationis, testamenti, convenientiae etc. gebraucht (wobei carta durch pagina oder epistula ersetzt werden kann).

[2] *Entstehung und rechtliche Funktion:* Die im 7. Jh. erstmals bezeugte ma. Ch. steht wie das gesamte ma. Urkundenwesen in unmittelbarer Tradition des spätröm. Urkundenwesens. Die von H. Brunner entwickelte Lehre, nach der es im frühma. privatrechtl. Urkundenwesen zwei grundsätzl. verschiedene Urkundentypen gegeben habe, eine konstitutive (auch: dispositive) Geschäftsurkunde, eben die Ch., und eine die Rechtsvorgänge nur festhaltende Beweisurkunde, die →Notitia – wobei beide Urkundentypen nicht nur formal, sondern sogar in ihrer rechtl. Funktion spätröm. Urkundenwesen, wie sie sich in den Ravennater Papyri des 5.–7. Jh. dokumentiert, ungebrochen, widerspiegelten –, ist nicht haltbar (H. Steinakker, A. De Boüard, P. Classen). Eine spätröm. Notitia hat es nicht gegeben. Auch die süddt. Traditionsnotizen, die seit dem 8. Jh. bezeugt sind, lassen sich nicht in dieses Schema pressen. Richtig ist vielmehr, daß die zumeist roman. Urkundenschreiber der Germanenreiche die spätröm., vom Vulgarrecht des 5. Jh. geprägte Ch. (hier insbes. die subjektiv gefaßte Schenkungsurkunde, deren konstitutive Rechtswirkung auf der Eigenhändigkeit der Unterschrift des Veräußerers [Ausstellers] und der Vollziehung durch den gleichfalls unterschreibenden öffentl. Notar [Tabellio] beruhte) formal übernahmen, daneben aber die barbar. (kaum germanischrechtl. eher allgemein religiös-myth.) Symbolhandlungen, mit denen Veräußerer und Empfänger das Geschäft rechtskräftig vollzogen (Übergabe von Investitursymbolen), weiter gelten ließen. Im Rahmen dieser sakral-symbol. Handlungen konnte auch der Anfertigung und Übergabe der Ch. – in regional ganz unterschiedl. Form – rechtsförml. Bedeutung zukommen, sie wurde selbst Vertragssymbol (daher die Betonung der →traditio cartae, der traditio super altare, der levatio cartae etc.). Eine spätröm. traditio cartae oder traditio per cartam, wie sie H. Brunner postuliert hatte, hat es in rechtserhebl. Funktion nicht gegeben. Andererseits ist die spätröm. Eintragung (Allegation) aller Veräußerungsgeschäfte in die städt. →Gesta municipalia, die erst den Vertrag rechtskräftig machte, im MA rasch verschwunden. Eine im MA unter symbol. Formen übereignete, häufig mit einer feierl. Strafandrohung (Pön) ausgestattete, die Namen zahlreicher Zeugen festhaltende Ch. trug erhebl. zur Rechtssicherheit des Empfängers bei. Sie wurde kgl. Kanzleien zur Bestätigung vorgelegt und konnte im Gerichtsverfahren u. U. sogar die Anhörung der Zeugen überflüssig machen (→Urkundenbeweis). Unter diesem Aspekt ist die Streitfrage nach der rechtl. Funktion der Ch. im Moment des Vertragsabschlusses sekundär: Kirchen und Kl. (ihnen verdanken wir ja in erster Linie die zahllosen Urkunden) haben Cartae wie überhaupt alle Urkunden gesammelt, weil sie nach dem Wegfall der Gesta municipalia nur mit ihnen jederzeit und überall ihr Recht und ihren Besitz nachweisen konnten, nicht, weil sie – wie es das röm. Vulgarrecht noch gefor-

dert hatte – nur mit Hilfe solcher Urkunden Recht und Besitz erwerben konnten (P. CLASSEN).

[3] *Formaler Aufbau:* Wenn wir die zum Teil erhebl. regionalen Unterschiede beiseite lassen, ist die Ch. durch folgende gleichbleibende Merkmale geprägt: 1.) Subjektive Form (Ego N. dono etc.); 2.) Aussteller- und Zeugenunterschriften (eigenhändig oder Handzeichen); 3.) subjektive Schreiberform. Im einzelnen ergibt sich wie bei den →Königsurkunden ein dreigliedriger Aufbau in →Protokoll, →Kontext und →Eschatokoll: Protokoll mit Invokation und Eingangsdatierung – Kontext mit Arenga (die fehlen kann), Dispositio, Conclusio (Confirmatio und/oder Pön: letztere kann fehlen) und Schreiberrogatio (die ebenfalls fehlen kann) – Eschatokoll mit Actum, Schlußdatierung und Apprecatio, Aussteller- und Zeugenunterschriften sowie Schreiberformel (Completio).

[4] *Verbreitung und regionale Besonderheiten:* Innerhalb dieses Rahmens ist das spezif. Formular der einzelnen Ch. durch auffallend starke, kleinräumige landschaftl. Besonderheiten geprägt. Solche Urkundenterritorien spiegeln nicht nur die vorgefundene provinzialröm. Ausgangslage wider, über die wir nur im Falle der Ravennater Papyri Genaueres wissen, sondern auch den unterschiedl. Grad der Romanisierung sowie nicht zuletzt unterschiedl. Rezeptionsweisen. Italien, das Frankenreich und England sind keinesfalls als einheitl. Urkundengebiete anzusehen. Archaische und fortentwickeltere Formen finden sich auf engstem Raum auch in den Kernlandschaften der Romania nebeneinander und machen eine Fülle von Einzelstudien erforderlich, die erst zum Teil vorliegen (Beispiele für eigenständige Urkundenterritorien: Aostatal, Piacenza, Chiusi, Sabina, Benevent). Während im Ostfrankenreich die Ch. schon im 9. Jh. ihre vorherrschende Stellung infolge des allgemeinen Rückgangs der Schriftlichkeit einbüßt und hier zunächst v. a. den Traditionsnotizen und verwandten Formen weicht, ehe im 11. Jh. die Siegelurkunde aufkommt, hält sich die Ch. in Italien und in großen Teilen Westfrankens (Südfrankreich) bis ins 12. Jh., ehe sie der notariellen Urkunde (Notarsinstrument) Platz macht. England nimmt – wie stets im Urkundenwesen des MA – eine Sonderstellung ein. Die der Ch. vergleichbare ags. Urkunde des 8. und 9. Jh., die kirchlich-röm. Einfluß unterliegt, entbehrt v. a. der Schreibernennung; schon im 9. Jh. finden sich volkssprachl. Formen (A. BRUCKNER). – Vgl. auch →Chirograph, →Testament, →Traditionsbücher.   H. Zielinski

Q.: Zugang zu den UB (häufig nur lokalen Zuschnitts) durch H. OESTERLEY, Wegweiser durch die Lit. der Urkundensammlungen, 2 Bde, 1885/86 [Nachdr. 1969] sowie DW – Hervorzuheben sind: J.-O. TJÄDER, Die nichtlit. lat. Papyri Italiens aus der Zeit 445–700, I, 1955 [nebst Tafelbd.] – ChLA – J. M. PARDESSUS, Diplomata, chartae, epistolae I–II, 1843–49 [Nachdr. 1969] – CDL I–II – H. WARTMANN, UB der Abtei St. Gallen, bes. I–II, 1863–66 [Nachdr. 1981] und Ergh. I, 1931 [A. BRUCKNER] – E. E. STENGEL, UB des Kl. Fulda I, 1958 – *Lit.*: DACL III, 1, 876–997 – HRG I, 597–599 – RE III, 2, 2185–2192 – H. BRUNNER, Zur Rechtsgesch. der röm. und germ. Urk. I, 1880 [Nachdr. 1961] – O. REDLICH, Die Privaturk. des MA, 1911 [Nachdr. 1967] – BRESSLAU, I, 51ff.; II, 81ff. – H. BRUNNER, C. und Notitia (Abh. zur Rechtsgesch. I), 1931, 458–486 [Nachdr. 1961] – A. DE BOÜARD, Manuel de diplomatique française et pontificale II, 1948 – H. STEINACKER, 'Traditio cartae' und 'traditio per cartam', ein Kontinuitätsproblem, ADipl 5/6, 1959/60, 1–72 – H. FICHTENAU, »C. « et »Notitia« en Bavière du VIIIe au Xe s., M–A 69, 1963, 105–120 – A. BRUCKNER, Zur Diplomatik der ags. Urk., AZ 61, 1965, 11–45 – H. FICHTENAU, Das Urkundenwesen in Österreich vom 8. bis zum frühen 13. Jh., 1971 – H. ZIELINSKI, Stud. zu den spoletinischen »Privaturkunden« des 8. Jh. und ihrer Überlieferung im Regestum Farfense, 1972, 113ff. – G. COSTAMAGNA, Dalla »Charta« all' »Instrumentum« (Notariato medievale bolognese II), 1977, 7–26 – P. JOHANEK, Zur rechtl. Funktion von Traditionsnotiz und früher Siegelurkunde (VuF 23), 1977, 131–162 – P. CLASSEN, Fortleben und Wandel spätröm. Urkundenwesens im frühen MA (ebd.), 13–54 – DERS., Kaiserreskript und Königsurk., 1977, 190ff.

Charter of Christ. Unter dieser Bezeichnung faßt man eine Gruppe von allegor. Texten zusammen, die äußerl. die Formalien einer Rechtsurkunde nachbilden, in der Christus die himml. Seligkeit denen zusagt, die als Gegenleistung Gott und den Nächsten lieben wollen. Hierzu gehören zwei lat. Texte (einer in Versen) sowie drei (bzw. fünf) me. Reimpaar-Gedichte unterschiedl. Länge (zw. 32 und 618 Zeilen), die uns in relativ reicher Überlieferung (ca. 40 Hss.) vorliegen. – Nicht zu verwechseln ist dieser »Urkunden-Typus« mit anderen Texten, die dem Schema eines Testaments folgen.   R. H. Robbins

Bibliogr.: J. E. WELLS, Manual of Writings in ME 1050–1400, 1916–51, 369–370, 821, 1121 – C. BROWN–R. H. ROBBINS, Ind. of ME Verse, 1943, Nr. 1740 – NCBEL I, 505 – *Q. und Lit.*: M. C. SPALDING, The ME Charters of Christ, 1914.

Charter of Liberties, kgl. Freiheitsurkunde in England. Bereits während der frühen Phase der Ausprägung der norm. Herrschafts- und Verwaltungsinstitutionen in England gab es Versuche, einer willkürl. Regierungs- und Gerichtspraxis durch das Kgtm. mittels Erlangung solcher Freiheitsurkunden entgegenzuwirken. Die älteste Ch. of L. wurde von Kg. Heinrich I. bei seiner Krönung ausgestellt: sie umfaßte ein ganzes Bündel feudaler Privilegien, wie z. B. Lehnware und Wittum. Ebenso wurde der kgl. Forstbann eingegrenzt. 1136 stellte Kg. Stephan v. Blois eine Ch. aus, die auf der Ch. Heinrichs I. beruhte, aber stärker für die Freiheiten der kirchl. Institutionen betonte. 1154 bestätigte Heinrich II. die von Heinrich I. gewährten Freiheiten. Unter Richard I. und Johann Ohneland erhielten zahlreiche Personenverbände, v. a. Bürger der →boroughs, die Verleihung bes. Freiheiten von der Krone gegen Bezahlung; in einigen Gebieten konnte eine Exemtion vom Forstbann erreicht werden. Auch etliche Feudalherren verliehen nun ihren Lehnsleuten Freiheiten (z. B. Peter de Brus 1207–09 den Leuten von Cleveland). Derartige Privilegierungen bilden z. T. den Hintergrund der bedeutendsten Ch. of L., der →Magna Carta, die 1215 von Kg. Johann auf Betreiben der baronialen Opposition ausgestellt wurde und eine umfassende Begrenzung der kgl. Gewalt darstellt. Die Magna Carta wurde in jeweils revidierten Fassungen 1216, 1217 und 1225 erneuert; i. J. 1217 folgte als gesondertes Privileg der Erlaß der →Forest Charter. Von dieser Zeit an wurden die Magna Carta und die Forest Charter als die eigtl. Ch.s of L. angesehen; die Forderungen nach ihrem Neuerlaß wurden zu einem der verbreitetsten Gravamina der Opposition gegen die Krone, namentl. i. J. 1297. Die letzte Erneuerung der Ch.s of L. erfolgte 1301; doch berief sich Ebf. Johann →Stratford in seiner Auseinandersetzung mit Kg. Eduard III. i. J. 1341 nachdrückl. auf die Ch.s of L. Seit dem späten 14. Jh. spielten die Ch.s of L. bei den innerengl. Auseinandersetzungen jedoch nicht mehr diese Rolle.   M. C. Prestwich

Ed.: Chartes des libertés anglaises, ed. C. BEMONT, 1892 – *Lit.*: J. C. HOLT, Magna Carta, 1965.

Chartes aux Champenois, zwei kgl. Privilegien Ludwigs X. von 1315 und 1316 zugunsten der Gft. →Champagne. – Die Ausdehnung der kgl. Vorrechte in Rechtsprechung und Militärwesen sowie die Währungspolitik →Philipps IV. (1285–1314) riefen in den letzten Regierungsmonaten des Kg.s einen Ausbruch allgemeiner Unzufriedenheit hervor. In zahlreichen Provinzen (Burgund, Champagne, Forez, Picardie) entstanden oppositionelle Gruppen, die sich zu einer allgemeinen Fronde zu vereinigen drohten. In der Champagne bildete sich eine Liga unter der Führung des alten Seneschalls Jean de→Joinville, der als getreuer Hüter der Gewohnheitsrechte und Privilegien der Gft. galt. Die Forderungen dieses Bundes waren von prononciert adligem Charakter. – Die Unzufriedenen beschwerten sich über kgl. Eingriffe in die seigneuriale Gerichtsbarkeit und über Schädigung ihrer Gerechtsame durch Ausdehnung der Verleihungen von *bourgeoisies royales* (→Königsbürger), durch Einkäufe der Krone in Lehen mit Hochgerichtsbarkeit sowie durch neue Steuern, welche sich durch die Münzänderung als schwere Belastungen für das Volk auswirkten. Der Sohn und Nachfolger Philipps IV., Ludwig X., gab diesen Klagen durch Verleihung zweier Privilegien *(chartes)* statt. Die erste wurde vor dem 18. Mai 1315 in Vincennis ausgestellt, die zweite in Sens im Febr. 1316; diese befreite die Champagne von d. Gerichtsbarkeit der kgl. →*prévôts*.

Die Ch. aux Champenois sind im Zusammenhang mit einer Serie von Urkundenverleihungen für frz. Territorien (Normandie, Languedoc, Bretagne, Picardie, Burgund, Forez, Auvergne, Berry, alle ausgestellt zw. März 1315 und Mai 1316) zu sehen. Die Ch. aux Champenois unterscheiden sich von diesen letzten Privilegien durch ihre eindeutigere Akzentuierung der Interessen der feudalen Reaktion. Der Kg. verstand es, unter Ausnutzung der vielfältigen Partikularismen, mit jeder einzelnen Gruppierung Sondervereinbarungen zu treffen. Er rettete seine Macht, indem er diese Oppositionsbewegungen in einer Flut von Pergament ertränkte. Die Masse der Bevölkerung blieb ohnehin passiv, und der Adel, der von einer Rückkehr zu den guten alten Zeiten Ludwigs d. Hl. träumte, stellte das monarch. Prinzip nicht in Frage. Die Bewegung wurde also rasch eingedämmt. M. Bur

Lit.: M. POINSIGNON, Hist. générale de la Champagne et de la Brie I, 1898, 277, 290 – A. ARTONNE, Le mouvement de 1314 et les chartes provinciales de 1315, 1912 – F. LOT–R. FAWTIER, Hist. des institutions françaises au MA, II: Institutions royales, 1958, 557–561.

Chartes de franchises. Als charte de franchises (ch.) wird ein in Frankreich und allgemein in Westeuropa verbreiteter Typ einer Freiheitsurkunde bezeichnet, die von einem Fs. en od. Grundherrn (→Grundherrschaft) d. Bewohnern einer ländl. oder städt. Siedlung oder einer Gruppe von Siedlungen verliehen wurde. Sie gewährte den Empfängern eine bes. Rechtsstellung. Bei großen Unterschieden der Bestimmungen im einzelnen umfaßten die ch.s in den meisten Fällen: Fixierung des Status der Personen und ihrer Güter, Begrenzung der feudalen und senioralen Rechte, Festlegung einer bestimmten administrativen und jurist. Autonomie und Vorschriften zur wirtschaftl. Tätigkeit (Kontrolle, Zoll- und sonstige Abgabenleistungen). Urkunden dieses Typs treten verstärkt seit dem Ende des 10. Jh. auf. Hauptprobleme der Forschung sind zum einen die Voraussetzungen und Grundbedingungen der Verleihung, zum anderen Inhalt und Tragweite.

In der älteren Forschung wurde lange am prononciert städt. Charakter der ch.s festgehalten. In der Realität verwischen sich die Unterschiede zw. Stadt und Land jedoch. Ein städt. Einfluß kann zwar nicht geleugnet werden, doch kommt er v. a. in den formalen Momenten der ch.s zum Tragen. Der eigentl. Charakter dieser Urkunden, ihr Inhalt und ihre Anwendungsbereiche zeigen vielfach spezif. ländl. Züge. In zahlreichen Regionen verbreiten sich diese Freiheiten sogar schon vor der Phase der städt. Freiheitsbewegungen. Dies führt zu der Notwendigkeit, bei den ländl. und den städt. ch.s eine Unterscheidung zu treffen aufgrund der Tatsache, daß Freiheiten auch ohne entsprechende Urkunde bestehen können und eine schriftl. Fixierung erst viel später erfolgen kann. Jede dieser ch.s kann also neues Recht schaffen oder aber nachträglich Rechte, die eine Gemeinschaft schon längst besitzt, durch schriftl. Fixierung bestätigen. Letztere Gegebenheit ist für die dörfl. Freiheiten kennzeichnend. Hier vollzog sich im Innern der bäuerl. Welt eine im wesentl. langsame und allmähl. Entwicklung. Die städt. Freiheitsverleihungen waren dagegen häufig Ergebnis dynamischer, oft gewaltsamer Prozesse, die so in abrupter Weise neue Strukturen entstehen ließen, welche die feudale Gesellschaft nur stillschweigend dulden konnte. Die engen rechtl. und sozio-ökonom. Bindungen der Bauern, Handwerker und Bürger an ihren Herrn hinderten diese zunächst, aus der demograph. und wirtschaftl. Entwicklung, wie sie v. a. in Westeuropa seit ca. 1000 verstärkt einsetzte, Nutzen zu ziehen. Dies führte – im ländl. wie im städt. Bereich – zu Bestrebungen, die Abhängigkeitsverhältnisse gegenüber dem Herrn zu durchbrechen. Die sozial herausgehobenen Gruppen, die sich an die Spitze dieser Bewegungen stellten (majores, honesti viri, probi homines, franci homines, burgenses etc.) profitierten als erste von dieser Bewegung, erst in zweiter Linie die ärmere Masse der Bevölkerung (populus, laboratores, operarii, servi, pauperes etc.).

Mit diesen Forderungen konfrontiert, war die seniorale Aristokratie bis etwa zum Ende des 11. Jh. bestrebt, ihre jurisdiktionelle und militär. Autorität zu bewahren, und sie neigte daher dazu, bei der Urkundenverleihung nur wirtschaftl. und fiskal. Privilegien zuzugestehen. Demgegenüber sahen sich die weltl. Grundherren seit dem Beginn des 12. Jh. zwecks Erschließung neuer Agrargebiete im Zuge der Binnenkolonisation (Gründung neuer Dörfer) genötigt, umfangreiche Befreiungen zu gewähren, wobei sie wiederum bestrebt waren, aus diesen finanziellen Nutzen zu ziehen (→Kolonisation und Landesausbau). Die geistl. Grundherren nahmen nicht immer an dieser Bewegung teil und vermochten in vielen Fällen, ihre überkommene Machtstellung stärker zu bewahren.

Die regionalen Unterschiede bei der Verleihung solcher ch.s sind beträchtlich. Im Mittelmeerraum steht der vergleichsweise geringe Grad der Befreiung der Landbevölkerung in starkem Kontrast zum Aufstieg der städt. Aristokratie, die in langsamer und häufig friedlicher Entwicklung Freiheitsurkunden erlangt, durch die sie ihre Autonomie während des gesamten 11. und 12. Jh. begründet und festigt (→Bürger, Bürgertum). Im Mittelmeergebiet nehmen allerdings die Reiche der Iber. Halbinsel, z. T. bedingt durch →Reconquista und →*repoblación*, eine Sonderstellung ein (→Bauer, Bauerntum, Abschnitt IV). Die span. →*fueros* sind überaus frühe und sehr verbreitete Freiheitsurkunden, auf dem Hintergrund einer städt. Welt, die unter enger Kontrolle des Kgtm.s und bfl. oder weltl. Stadtherrn bleibt. In den Gebieten nördl. der Mittelmeerrainer erfolgt eine frühzeitige und kräftige Entwicklung ländl. und städt. Freiheiten, die zweifellos mit dem starken wirtschaftl. Aufschwung der Länder an Seine, Maas, Schelde, Mosel und Rhein zusammenhängt. Die Gewährung von ch.s nimmt hier seit dem 11. Jh. ungemeine Ausmaße an und setzt sich im folgenden Jahrhundert fort, in dem sie zumeist in die Bildung von »communes« (→Kommune) einmündet. Dem Beispiel der Städte folgen die ländl. Regionen, wo die Bewegung der Freilassung eine außerordentl. Verbreitung, aber mit anderen Akzenten, erfährt. Damit stellt sich das Problem von Inhalt und Tragweite der ch.s.

Zwei Fragen sind hier zu klären: Welchen Rechtsstatus erhielten die Einwohner eines Ortes durch eine ch.? Welche Rechte behielt sich weiterhin der Herr vor?

Insgesamt wurde die Belastung der Einwohner verringert, ihre Lage verbessert. Im einzelnen begegnet eine unendliche Vielfalt von Varianten. V. a. die städt. Gemeinschaften verkörpern dabei einen eigenen Typ und vermögen sich stärker als die enger an den Herrn gebundene ländl. Bevölkerung zu verselbständigen. In beiden Fällen bietet die ch. in erster Linie privatrechtl. Vorteile. Zumeist wird den Einwohnern volle Freiheit in der Vererbung d. Besitzes (→Erbe, Erbrecht) u. bei der Schließung von →Ehen, somit auch Freiheit des Zu- und Wegzugs, eingeräumt (→Freizügigkeit). Sie haben damit die Stellung freier Leute. Dies verkörpert sich oftmals auch in der Freilassung der an Orten, die eine ch. erhalten haben, lebenden Unfreien. In allen Fällen ist das Fehlen einer Einheitlichkeit der Bestimmungen frappant, wobei die bürgerl. Nichtadligen in der Regel im Genuß einer höheren Rechtsstellung gegenüber den Bauern verbleiben. Militär. Privilegien nehmen einen wichtigen Platz ein. Die traditionellen Verpflichtungen gegenüber dem Territorialherrn werden ganz abgeschafft oder aber gemildert (nur mehr zwei- oder dreimaliges →Aufgebot pro Jahr). In der Praxis haben die Einwohner zumeist nur noch die Verpflichtung, ihr Dorf oder ihren Burgus zu verteidigen. Fragen von Recht und Rechtsprechung nehmen darüber hinaus stets einen großen Raum in den ch.s ein. Der grundherrl. Verwalter, der →prévôt, wird verpflichtet, Notabeln aus der Einwohnerschaft beim Gericht hinzuzuziehen, wodurch v. a. Willkürmaßnahmen vorgebeugt werden soll. Oft wird vereinbart, daß vor Beginn eines Prozesses eine ausreichende Kaution zur Vermeidung einer Inhaftierung zu hinterlegen ist, und es werden genaue Bußtarife aufgeführt. Der gerichtl. →Zweikampf wird streng reglementiert. Die allgemeine Zuständigkeit des örtl. Gerichts für die Einwohner wird verfügt. Stets schützen eine ganze Reihe von Bestimmungen die persönl. Rechte des einzelnen, quasi im Sinne einer Habeas-corpus-Gesetzgebung. Hinzutreten fiskal. Privilegien: Erleichterung oder genaue Bemessung der →taille, eingehende Taxierung der Höhe der Abgaben auf Handelsverkehr und Verkauf von Waren, bes. von Lebensmitteln, strenge Abgrenzung der Bannrechte.

Gegenüber diesem Gefüge von Freiheiten und Rechten der Einwohner ist der Herr bestrebt, sich v. a. seine jurist. Prärogativen im Grundsatz und in der Praxis zu erhalten und zwar dergestalt, daß mit der Richtergewalt auch die Macht, prinzipielle Anordnungen zu treffen, gewahrt bleibt. Doch wenn der grundherrl. prévôt – zumindest der Hypothese nach – als Richter und Verwalter zwar nominelles Oberhaupt der befreiten Ortschaft bleibt, so sind seine Befugnisse doch durch die bereits zugestandenen rechtl. und militär. Freiheiten eingegrenzt. Um diese Beschränkung zu betonen, fordern die ch.s vom prévôt bei seinem Amtsantritt den Eid, Rechte und Herkommen der Gemeinschaft zu achten. Zumeist kann er auch nicht mehr allein Entscheidungen treffen, sondern muß der Versammlung der Einwohner die wichtigen Fragen vorlegen und ihren Rat einholen. Wenn eine Sache weiter verfolgt werden muß, kann die Versammlung Vertreter (Prokuratoren, Syndici) einsetzen, deren Amt zwar zunächst nur temporären Charakter hat, die sich aber häufig zu permanenten Institutionen entwickelt haben. Einige bes. freizügige ch.s erkennen der städt. oder ländl. Gemeinde ohnehin eine echte Autonomie zu, die durch eigene Repräsentanten und Räte ausgeübt wird. So findet sich eine Art von Selbstverwaltung, die im übrigen aber noch keinen Beweis für den echten Körperschaftscharakter und die volle rechtl. Selbständigkeit der befreiten Gemeinde darstellt, da immer eine graduelle Abstufung der durch die ch.s gewährten »Freiheit« erkennbar bleibt. Diese Abstufung variiert in vielfacher Weise entsprechend der Zeit, den Orten und den jeweiligen Beziehungen zw. dem Herrn und den Nutznießern der charte de franchises. →Freiheit. A. Rigaudière

Lit.: Les libertés urbaines et rurales du Xe au XIVe s. Coll. international de Spa, 1966 – Pro civitate, Bruxelles, 1968 – R. Fossier, Enfance de l'Europe, 2 Bde, Paris, 1982 – weitere Lit. s. u. →Stadt, →Landgemeinde.

Chartier. 1. Ch., Alain, frz. und mlat. Dichter und Hofmann, * um 1385/95 in Bayeux, † 30. März 1430 in Avignon. Nach dem Studium in Paris trat Ch. in den Dienst des späteren Kg.s Karl VII. Als kgl. Sekretär konnte er die kritischste Phase des Hundertjährigen Krieges unmittelbar erleben und beurteilen. Diplomat. Missionen führten ihn 1425–28 nach Ungarn, Rom und Schottland. Ab 1428 scheint er am Hof an Bedeutung verloren zu haben.

Seine lat. und frz. Werke sind trotz der traditionellen Formen und Themen direkte Stellungnahmen zum Zeitgeschehen. Ch. ruft in ihnen zur nationalen Einheit, zur Treue zum Kg. und zum Widerstand gegen England auf. Er übt heftige Kritik an den Höflingen. Dem versagenden Adel hält er in den poet. Werken das Bild des idealen Ritters der Vergangenheit, in den lat. Schriften die Opferbereitschaft der röm. Helden entgegen. Sowohl in den lat. wie in den frz. Werken erweist sich Ch. als bedeutender Stilist, dessen ausgewogene, z. T. an →Johannes Gerson inspirierte Rhetorik von den Zeitgenossen bewundert wurde.

Das »Livre des quatre Dames« (1415/16) spiegelt die Vernichtung der frz. Ritter in der Schlacht v. Azincourt (1415). Im »Quadrilogue invectif« (1422), dessen meisterhafte Prosa Ch. zum 'Vater der frz. Beredsamkeit' machte, klagt die Allegorie Frankreichs über das Versagen aller Stände und fordert sie zur Einheit im Dienst am öffentl. Wohl auf. Der Tadel des untätigen Adels findet sich im »Bréviaire des Nobles« (1424), dem »Dialogus familiaris amici et sodalis« (1425) und dem Traktat »De vita curiali« (1427; frz. Übers. erst 1473). Diese Kritik enthält auch Ch.s bekanntestes Werk, der »Lai de la Belle Dame sans mercy« (1424). Der Bericht vom aufrichtigen Werben eines jungen Adligen, den seine Dame nicht erhört und der als Märtyrer der Liebe stirbt, hatte zahlreiche Repliken und einen sich lange haltenden Mythos von Ch. als vollkommenem Liebenden zur Folge. Unvollendet blieb das Spätwerk »Le livre de l'Espérance« (1428), das die verzweifelte Lage Frankreichs und die persönl. Armut Ch.s schildert. Sein letztes Werk ist ein bewundernder lat. Brief, der kurz nach der Krönung Karls VII. vom Auftreten Jeanne d'Arcs berichtet (1429). – Noch im 15. Jh. wurden viele seiner Werke in andere Sprachen übersetzt.

M. Tietz

Ed.: Le Quadrilogue invectif, ed. E. Droz, 1950 – Le Livre de l'Espérance, ed. F. Rouy, 1967 – The Poetical Works of A. Ch., ed. J. C. Laidlaw, 1974 – Les oeuvres latines d'A. Ch., ed. P. Bourgain-Hemeryck, 1977 – Lit.: A. Piaget, La Belle Dame sans merci et ses imitations, Romania 30, 1901; 31, 1902; 33, 1904; 34, 1905 – E. J. Hoffman, A. Ch. His works and reputation, 1942 [Neudr. 1975]–C.J. H. Walravens, A. Ch., études biograph. (. . .), 1971 – G. A. Jonen, Allegorie und späthöf. Dichtung in Frankreich, 1974 – D. Rieger, A. Ch.s Belle Dame sans Mercy oder der Tod des höf. Liebhabers, Sprachen der Lyrik (Festschr. H. Friedrich, 1975), 683–706 – J. Ch. Zinser, Political and Religious Rhetoric in the French and Latin Prose Writings of A. Ch. (Ph. D. Univ. of Wisconsin-Madison, 1977) – F. Rouy, L'esthétique du traité moral d'après les oeuvres d'A. Ch., 1980.

2. Ch., Jean, frz. Geschichtsschreiber und Mönch von St-Denis, * um 1385/90, † 19. Febr. 1464 in St-Denis.

Trotz gegenteiliger Behauptungen war J. Ch. weder verwandt mit Guillaume Chartier noch mit dem berühmten Alain Chartier (1. Ch.). Er muß früh als Religioser in die Abtei St-Denis eingetreten sein, da er bereits seit 1407 als Helfer des als »Religieux de St-Denis« bezeichneten Chronisten (identifiziert als Michel Pintoin) belegt ist. Als Pintoin 1420 zu schreiben aufhörte, trat Ch. freiwillig in dessen Fußstapfen, doch wurde er erst am 18. Nov. 1437 offiziell zum Historiographen Kg. Karls VII. ernannt und leistete als solcher seinen Treueid in die Hände des kgl. Confessors und Bf.s v. Castres, Gérard Machet, des *général des finances* Geoffroi Vassal und des kgl. Sekretärs Pierre Alaut. Zu diesem Zeitpunkt nahm er die Arbeit an seiner lat. Chronik, welche die Periode 1422–50 umfaßt, in Angriff. Wenig später begann er, wohl auf Wunsch Karls VII., mit der Bearbeitung seiner frz. Chronik, die sich stark von der lat. Chronik beeinflußt zeigt und an einigen Stellen sogar eine reine Übersetzung darstellt. Sie ist als Teil des dionysian. Corpus innerhalb der Grandes →Chroniques de France konzipiert. 1435 zunächst zum Spitalmeister *(hôtelier),* später zum Cantor der Abtei St-Denis ernannt, setzte Ch. seine Arbeit bis zur Darstellung der Ereignisse der Jahre um 1461 fort. Sein Tod (19. Febr. 1464) wird durch den Nekrolog v. St-Denis sowie durch die Vakanz seines Cantoramtes, das dann Jean Jaloux übertragen wurde, belegt. Die Würde des kgl. Geschichtsschreibers erhielt Jean→Castel offenbar als direkter Nachfolger. – Ch.s lat. Chronik wurde von CH. SAMARAN entdeckt und von ihm 1926 erstmals ediert. Die frz. Chronik wurde 1476 von Pasquier Bonhomme erstmals gedruckt, neu herausgegeben von A. Duchesne (1671), D. Godefroy (1653) und A. VALLET DE VIRIVILLE (1858).

R. Fossier

Ed. und Lit.: A. VALLET DE VIRIVILLE, Chronique de Charles VII roi de France par J. Ch., 3 Bde, 1858 – DERS., Fragment inédit de la chronique de J. Ch., Bull. soc. de l'hist. de France, 1858, 212–223 – H. KERVIN DE LETTENHOVE, Notes sur quelques manuscrits du bibl. d'Angleterre, ebd., 1865, 179–214 – G. DE BEAUCOURT, Recherches sur Guillaume, Alain et Jean Chartier, Mém. soc. des Antiqu. de Normandie, 3ème sér., t. VIII, 1870, 1–59 – H. F. DELABORDE, La vraie chronique du Religieux de St-Denis, BEC LI, 1890, 93–110 – CH. SAMARAN, La chronique latine inédite de J. Ch. (1422–50) et les derniers livres du Religieux de Saint-Denis, ebd. LXXXVII, 1926, 142–163 – N. GREVY-PONS–E. ORNATO, Qui est l'auteur de la chronique latine de Charles VII dite du Religieux de Saint-Denis?, ebd. 1976¹, 85–102.

Chartophylax (gr. χαρτοφύλαξ, 'Urkundenbewahrer'), im Bereich der byz. orth. Kirche eines der hohen, von Diakonen bekleideten Ämter in der bfl. Verwaltung, Chartophylakes gab es also am Sitz des Patriarchen sowie der einzelnen Metropoliten und (Erz-)Bischöfe.

Relativ am besten ist die Evolution des Ch.-Amtes am Patriarchat von Konstantinopel erkennbar: Hier hat sich der Ch. seit der ersten Erwähnung des Amtes i. J. 536 bis hin zum 11./12. Jh. von einem untergeordneten, zur Gruppe der Notare gehörenden Archivar allmähl. zum Chef der Patriarchatskanzlei und wichtigsten Mitarbeiter des Patriarchen, mit weiten, doch gelegentl. (Balsamon) etwas überzeichneten Kompetenzen im Bereich der kirchl. Verwaltung (Kontrolle des Schriftverkehrs, der Ordinationen, der Klerikerdisziplin etc.) und Rechtsprechung (bes. eherechtl. Fragen) entwickelt. So zählte er auch seit Ende des 11. Jh. zur Pentade der ranghöchsten Patriarchatsbeamten, der sog. Exokatakoiloi ('Εξωκατάκοιλοι) und erhielt den protokollar. Vorrang vor den Metropoliten auf den Patriarchats-Synoden. (Der Kanonist →Balsamon reklamierte dann sogar, freilich vergebens, unter Heranziehung des Constitutum Constantini [→Konstantin. Schenkung] für den Ch., den er als »Pa-triarchatskardinal« bezeichnete, u. a. das Privileg, eine goldene Mitra zu tragen.) Ab 1328 erhielt er das Recht, sich »Groß-Ch.« zu nennen. – Für die Chartophylakes in der Provinz trifft das obige Bild freilich nur mit Einschränkungen zu.

G. Prinzing

Lit.: BECK, Kirche, 98–120 und passim – V. LAURENT, Le Corpus des sceaux de l'empire byz., V, 1, 1963, 67 – V. TIFTIXOGLU, Gruppenbildungen innerhalb des konstantinopolitan. Klerus während der Komnenenzeit, BZ 62, 1969, 25–72 – J. DARROUZÈS, Recherches sur les ΟΦΦΙΚΙΑ de l'église byz., 1970 – H.-G. BECK, Gesch. der orth. Kirche im byz. Reich, 1980 (Die Kirche in ihrer Gesch. 1, D 1) – DERS., Nomos, Kanon und Staatsraison in Byzanz, 1981 (SAW. Phil.-hist. Kl. 384, 16–20, 44–51.).

Chartres, Stadt, Bm. und Gft. in Frankreich in der Landschaft→Beauce, heut. Hauptstadt des dép. Eure-et-Loir.
I. Frühmittelalter – II. Vom 10. Jahrhundert bis zum Ende des 13. Jahrhunderts – III. Im 14. und 15. Jahrhundert.

I. FRÜHMITTELALTER: Das antike Autricum, der Vorort der gallo-röm. Civitas der Carnutes, gehörte seit dem 3. Jh. zur Lugudunensis IV. Das sehr weiträumige Territorium der Civitas wurde durch die Schaffung der Civitas v. →Orléans verkleinert; dennoch umfaßte die Civitas v. Ch. noch einen sich vom Seinetal bis in den Raum jenseits des Loiretals erstreckenden Gebiet. Die in spätröm. Zeit (wohl spätes 3. oder frühes 4. Jh.) errichtete Befestigung der Stadt bleibt – außer für den Abfall des Hochufers der Eure – in ihrem Verlauf unsicher; nach Paulinus v. Périgueux muß diese Befestigung schon im 4. Jh. zur Zeit des hl. Martin v. Tours, wieder in Verfall geraten sein. Im Gegensatz zu sich hartnäckig behauptenden späten Legenden kann das Eindringen des Christentums in Ch. nicht vor dem 4. Jh. angesetzt werden; der erste Bf. dürfte ca. 340–350 gewirkt haben, doch ist erst durch das Konzil v. Orléans (511) mit Adventinus erstmals ein Bf. v. Ch. sicher namentl. bezeugt. Über den ältesten Kathedralkomplex ist nichts bekannt. Rund um die Bischofsstadt entstanden geistl. Einrichtungen. Als ältestes dieser Monasterien ist St-Martin-au-Val, flußaufwärts an der Eure gelegen, anzusehen; St-Chéron, auf der Höhe über dem Ostufer der Eure, war seit dem 6. Jh. Ziel einer Wallfahrt; das näher bei der Bischofsstadt gelegene Kl. St-Pierre (auch: St-Père) wurde wohl um 650 durch den merow. Kg. Chlodwig II. gegründet. St-Lubin, St-André und St-Maurice könnten zu dieser Zeit ebenfalls bestanden haben. Das Gebiet der Civitas wurde nach und nach in einzelne Pagi unterteilt: Chartrain; Dunois (→Châteaudun), das 567 bis 575 eine eigene Diöz. bildete; Vendômois (→Vendôme); Blésois (→Blois); Dreugesin (→Dreux); Pincerais (→Poissy); Pays de Madrie (?), das teilweise zum Bm. Evreux gehörte; Etampois (→Etampes), das sich auch auf Diözesangebiet von Sens erstreckte. Vor dem 9. Jh. ist über eine Verwaltung dieser Territorien durch Gf.en nichts bekannt. Vielleicht schon von Chlodwig I. zw. 486 und 491 belagert, war Ch. einer erneuten Belagerung durch→Theuderich II., Kg. des frk. Teilreichs Burgund, ausgesetzt (600 oder 603); 743 wurden Stadt und Kathedrale von Hunald, Hzg. v. Aquitanien, gebrandschatzt. Im Juni 857 oder 858 erfolgte ein Überfall der Dänen, die vorher bereits Paris niedergebrannt hatten; sie töteten den Bf. Frobold. Doch schon 867 hielt Karl d. Kahle – wie schon 849 – ein »placitum generale in Ch. ab, was auf Wiederaufbau schließen läßt. Karl übertrug das Bm. seinem Notarius Gislebertus, der die Abtei St-Père wiederaufbauen und v. a. die Kathedrale neuerrichten ließ; von diesem karol. Kathedralbau ist noch ein als »caveau de St-Lubin« bekannter Unterbau erhalten. 876 soll Karl dort eine Reliquie, das (angebl.) hl. Hemd Mariens, niedergelegt haben; diese Reliquie wurde später zum Hauptziel einer berühmten Wallfahrt. 911 belagerte der Normannenführer →Rollo, auf dem Rückweg von einem Beutezug in das mittlere Frankreich, erfolglos das von Bf. Wantelmus (Gancelme, Gousseaume) verteidigte Ch. und erlitt eine schwere Niederlage (→Chartres, Schlacht v.).

II. VOM 10. JAHRHUNDERT BIS ZUM ENDE DES 13. JAHRHUNDERTS: [1] *Grafschaft:* Die Regierung →Tedbalds I. Tricator († 975/977; Thibaut le Tricheur) steht am Anfang einer Umstrukturierung der Herrschaftsverhältnisse in der gesamten Region. Tedbalds I. Vater, Tedbald d. Ä., war Vicecomes v. Tours bis ca. 939; er – oder aber sein Sohn, eben Tedbald I. – eroberte →Blois (nach 936); seit 956/960 war Tedbald I. auch Herr von Ch. und Châteaudun. Am Ende seines Lebens gebot Tedbald über einen Machtbereich, der von Dreux bis Vierzon und bis Tours reichte: dank seiner Heirat mit Ledgard v. Vermandois beherrschte er auch einen Teil der →Champagne, über die schließlich sein Enkel →Odo II. (995–1037) seine Macht weiter ausdehnte, womit die Tedbaldiner in die Reihe der mächtigsten Fs.en Westeuropas aufstiegen und die frz. Krondomäne bedrohlich umklammerten. Ch. war zumeist nicht die bevorzugte Residenz dieser Fürstenfamilie, denn zum einen stand den Tedbaldinern hier der vom Kg. abhängige Bf. gegenüber, zum anderen verfügten sie in der Region um Ch. nur über vergleichsweise kleinere Besitzkomplexe. Im übrigen stammt nur die Familie der Vicecomites – wie die Gf.en – aus dem Loiregebiet, sie errang Selbständigkeit mit der Erbschaft an der Herrschaft Le Puiset (ca. 1050); die anderen großen Adelsgeschlechter (Gallardon, Lèves, die Vidames) waren zumeist verwandt mit der Familie Le Riche, die v. a. in der Gegend von Paris begütert war. Gfn. →Adela v. England, Tochter Wilhelms des Eroberers und tatkräftige Gattin des wenig bedeutenden Gf.en Stephan, war nicht nur eine fähige Regentin, mit ihr ist auch ein wichtiges Kapitel der glanzvollen Geistes- und Kulturgeschichte des hochma. Ch. verbunden. Die Gfn. förderte Gelehrte und Dichter (Ivo v. Chartres, Anselm v. Canterbury, Hildebert v. Lavardin, Hugo v. Fleury, Balderich v. Bourgeuil) und trug so dazu bei, daß sich die Bischofsstadt um 1100, nach der durch Fulbert geprägten ersten Blütezeit des 11. Jh., erneut zu einem kulturellen und intellektuellen Zentrum entwickelte (→Chartres, Schule von). Adelas Sohn, Tedbald IV. (1102–51), nahm aktiv an den Angelegenheiten des anglonorm. Reiches teil und stand häufig im Gegensatz zu den frz. Kg.en, Ludwig VI. und VII.; nach seinem Tod erfolgte jedoch die definitive Trennung der tedbaldin. Ländermasse in die Komplexe von Blois-Ch. einerseits und Champagne andererseits. Tedbald V. (1151–91) versöhnte sich mit der kapet. Monarchie und wurde Seneschall v. Frankreich, er residierte mit Vorliebe in Ch. 1218 fiel das Erbe Tedbalds VI. an seine Tanten, deren eine die Gft. Blois (erweitert um das Dunois), deren andere die Gft. Ch. in Besitz nahm. Jean de →Châtillon vereinigte letztmalig Ch. und Blois in einer Hand (1256–79). Seine Tochter trat die Gft. Ch. i. J. 1286 an Kg. Philipp IV. ab gegen eine Rente von 3000 *livres* sowie im Ausgleich für ihre Schulden gegenüber dem Kg. Die Gft. gehörte fortan zur Apanage Karls V. Valois, sodann seines Sohnes Johann († 1328); nach dem Tode des letzteren fiel die Erbschaft an Johanns Bruder, Kg. Philipp VI. Die Gft. Ch. war damit in die Krondomäne übergegangen.

[2] *Bistum:* In der 2. Hälfte des 10. Jh. setzten die letzten Karolinger Reformbischöfe wie Rainfroy oder Vulfardus ein; dieser war vor seinem Episkopat Mönch in Fleury gewesen. Bf. →Fulbert (1006–28) machte Ch. zu einem der Hauptzentren der Wissenschaft im Europa des 11. Jh. Er ließ nach 1020 die Kathedrale, die einem Brand zum Opfer gefallen war, neuerrichten; von Fulberts Bau zeugt noch die weiträumige Krypta. In dieser Periode wurden auch Regularkanoniker in St-Jean (extra muros) angesetzt. Nach Fulberts Episkopat ließ der Kg. zumeist weniger bedeutende Prälaten zu Bf.en v. Ch. weihen, bis Papst Urban II. 1090 mit →Ivo († 1116) erneut einen Gelehrten von europ. Rang auf den Bischofssitz von Ch. erheben ließ. Ivo hatte eine Reihe von Konflikten, mit den Großen in seiner Diöz. wie mit Kg. →Philipp I., v. a. um dessen Ehescheidung, zu bestehen. Die Fähigkeiten Ivos als geschickter Verhandler wie als führender Kanonist (→Kanon. Recht) trugen ihm höchstes Ansehen ein. Die Nachfolger Ivos, Geoffroy de Lèves (1116–48) und Goslin de Lèves (1148–55), aus einer bedeutenden Adelsfamilie der Region, machten sich v. a. als umsichtige Verwalter des Bm.s einen Namen. Unter Geoffroy erfolgte die Gründung der flußabwärts gelegenen Abtei Josaphat (1117), die Übertragung von St-Martin-au-Val an Marmoutier (1128) und die Errichtung des Westwerks der Kathedrale (ca. 1145). In dieser Periode erreichte die Kathedralschule v. Ch. (→Chartres, Schule v.) ihre höchste Blüte als eines der bedeutendsten Zentren philosoph. Denkens im Zeitalter der Frühscholastik. Hier wirkten als Kanzler→Thierry und →Bernhard v. Chartres sowie →Gilbert v. Poitiers. Die 2. Hälfte des 12. Jh. war geprägt durch Bf.e, berühmt durch ihre hohe Abkunft wie →Wilhelm Weißhand (1165–77), Bruder des Gf.en Tedbald V., oder durch ihre Gelehrsamkeit wie →Johannes v. Salisbury (1177–80). Im 13. Jh. finden wir als Bf.e v. a. Juristen, die ihre Rechte zäh gegen die gfl. Gewalt, die bestrebt war, auf Kosten der Bf.e neue finanzielle Einnahmequellen zu erschließen, verteidigten. Aus diesen Interessengegensätzen erwuchsen gewaltsame Konflikte, die mit dem Exil des Kathedralkapitels, das sich in den Jahren 1253–58 nach Mantes und Etampes zurückzog, ihren Höhepunkt erreichten. Seit 1193 waren die Templer in Sours ansässig, und 1266 wurde dann eine Zisterzienserinnenabtei in Ver, oberhalb der Stadt, gegr. (abbaye de l'Eau). 1231 ließen sich die Dominikaner in der Stadt nieder, während sich die Franziskaner im gleichen Jahr im Faubourg des Epars installierten, im folgenden Jahr kamen die Filles-Dieu hinzu, die zunächst nahe St-André ansässig wurden. Dominierendes Ereignis jener Jahre war die Errichtung des neuen Kathedralbaues nach der Feuersbrunst vom Juni 1194; die Arbeiten waren 1220 im wesentl. abgeschlossen, doch fand die feierl. Einweihung erst am 17. Okt. 1260 statt (s. a. →Kathedrale, →Chartres, Bauplastik v., →Chartres, Glasfenster).

[3] *Stadt:* Seit der Mitte des 10. Jh. zeichnet sich eine städt. Wiederaufbau- und Ausbauphase ab: Bf. Haganon ließ um 940 die verfallene Abtei St-Père neuerrichten. Um 955 errichtete Tedbald I. im Süden der Kathedrale eine Burg, die bald nach 1000 in Stein neu aufgeführt wurde. Der wirtschaftl. Aufschwung des frühen 11. Jh. ist ablesbar an der raschen Entstehung eines Burgus, Muret (vor 1028), der nahe der Porte Drouaise lag; weitere vorstädt. Siedlungen entwickelten sich um St-Père und St-André und wohl auch um St-Michel. Zw. 1033 und 1069 wurde St-Père mit einer Mauer umgeben, die Abteikirche erhielt einen wuchtigen rechteckigen Turm. 1054 stiftete Gf. Tedbald III. am rechten Eureufer die Leproserie Le Grand-Beaulieu; das Hospital *(Hôtel-Dieu)* bei Notre-Dame wurde um 1070 durch Gfn. Bertha reorganisiert. Der Verlauf der Stadtbefestigung ist immer noch schlecht erhellt, nur die Partie oberhalb des Tales ist durch Tore (Portes Evière,

Cendreuse und St-Michel) gut markiert. Im 11. Jh. ist Ch. noch keine in sich geschlossene Stadt, sondern ein Konglomerat von mehreren Einzelsiedlungen, die verschiedenen Herren (Bf., Gf., Abteien) unterstehen. Einige dieser Siedlungen hatten durchaus ländl.-agrar. Charakter (so St-Chéron, wo v. a. Weinbau betrieben wurde), während in der Immunität von St-Père bereits eine aktive Handwerkstätigkeit belegt ist. Erst für das 12. Jh. kann aber von einer echten urbanen Entwicklung gesprochen werden; diese Entwicklung vollzog sich gleichzeitig mit der Erschließung der Landgebiete um Ch. Im 12. Jh. dehnte sich der städt. Siedlungsraum vom Tal auf die Hochflächen aus: Um 1150 wurde die Kapelle Ste-Foy zur Pfarrkirche erhoben, und das Kathedralkapitel ließ um 1170 ein weiträumiges Gebiet in Richtung auf Les Epars parzellieren. Die städt. Einheit wurde seit 1181 durch eine neue Mauer, die – zw. St-Michel bis Ste-Foy – aufgrund einer Übereinkunft zw. Gf. und Bf. errichtet wurde, bekräftigt; von Ste-Foy an bediente sich diese Befestigung der bereits bestehenden Wehrmauern der Burgi Muret und St-Père; auf der Talseite, am Fuß der alten Ummauerung, wurde die Mauer jenseits der Eure geführt. Diese Befestigung umschloß ein Stadtgebiet von ca. 60 ha, in dem wohl mindestens 6000 Bewohner lebten; Ch. erhielt nie eine weitere Befestigung, und die städt. Besiedlung griff bis zum 19. Jh. auch kaum über dieses Areal hinaus. Von Weinbergen umgeben, war die Stadt nun in drei sehr unterschiedliche Viertel unterteilt: Die Unterstadt *(basse ville)* erstreckte sich am Ufer der Eure, die hier zwar nicht schiffbar war, aber das notwendige Wasser für die wichtigsten Gewerbezweige lieferte, nämlich Wollverarbeitung (die von einer Korporation, dem »Métier de la Rivière«, ausgeübt wurde), Lederverarbeitung und Leinenproduktion. Die Oberstadt *(ville haute)* war selbst wiederum in zwei Viertel unterteilt: Im Norden lag das geistl. Viertel, das sich mit der Ummauerung des Kreuzganges von Notre-Dame nach 1256 noch erweiterte; es umfaßte eine große Anzahl steinerner Häuser, u. a. die Kurien der Kanoniker und der Würdenträger der Abteien aus der Diözese. Im Süden, von der Grafenburg bis zu St-Michel und Ste-Foy, lag das Kaufmannsviertel, in dem die Handwerker, in Korporationen *(maîtrises)* zusammengeschlossen, in ihrer Straße oder auf dem Markt ihre Produkte verkauften. Ohne Zugang zu einem schiffbaren Fluß und abseits der großen Handelswege, entwickelte sich Ch. nicht zu einem erstrangigen wirtschaftl. Zentrum. Sein Wein hatte keinen besonderen Ruf und ebensowenig seine Tuche; die Stadt war durch ihre Lage zw. den Agrargebieten der Beauce und der Perche jedoch ein bedeutender Regionalmarkt. Daher hatte das große Marienheiligtum mit seinen Reliquien, Ziel einer berühmten Wallfahrt, besondere Bedeutung für die Stadt. Auch vermochten die Bürger von Ch. im Dienst der weltl. und kirchl. Gewalten in der Stadt einen bescheidenen Wohlstand zu erlangen, wobei sie stärker administrative als wirtschaftl. Aufgaben wahrnahmen. Ein Streben der Bürger nach städt. Unabhängigkeit ist kaum feststellbar. Lediglich gegenüber der drohenden Gefahr einer völligen Einverleibung der Stadt in die Krondomäne reagierten die Bürger, indem sie von Karl v. Valois im März 1297 eine *charte de franchises* kauften, die ihnen fiskal., militär. und gerichtl. Privilegien einräumte, ihnen an Selbstverwaltungsrechten jedoch nur die Designation von Prokuratoren für die polit. Geschäfte ihrer Stadt gewährte.

III. IM 14. UND 15. JAHRHUNDERT: Die Krisenzeit des 14. Jh. überstand Ch. offenbar ohne tiefgreifende Einbrüche. Es traten Epidemien auf, doch gibt es für große Bevölkerungsverluste infolge des Schwarzen Todes (1348) keine Belege. Der Hundertjährige Krieg verwüstete in erster Linie die ländl. Gebiete, doch fand auch hier keine der großen Schlachten statt, und die Unterzeichnung des Vertrages v. →Brétigny (1360) vor den Toren von Ch. war eher ein Zufall. Am Ende des 14. Jh. trat eine Periode größerer Ruhe ein, der aber bald neue Kriegs- und Bürgerkriegswirren folgten. Nach dem Scheitern eines in der Kathedrale geschlossenen Friedens zw. den streitenden Gruppen der →Armagnacs und Bourguignons kam Ch. 1417 in die Hände der anglo-burg. Parteiung und wurde erst 1432 im Handstreich von den kgl. frz. Truppen erobert. Die städt. Verwaltung erhielt nun eine feste Form: Die Stadt wurde verwaltet durch einen kgl. →bailli oder dessen →lieutenant général unter der Mitwirkung zweier geistlicher Schöffen aus dem Kreis der Kanoniker und zehn weltlicher Schöffen, die prinzipiell durch eine allgemeine Bürgerversammlung gewählt werden sollten, fakt. aber mehr und mehr durch Kooptation bestellt wurden. Eine wirtschaftl. Regeneration macht sich erst ab 1450 deutlicher bemerkbar mit einer starken Verlagerung auf den Handel mit Getreide aus dem Umland, in welchem seit dem Ende des 15. Jh. erneut eine Überbevölkerung stärker hervortrat. Diese führte jedoch nicht zum Wachstum der Stadt Ch.; die Tuchverarbeitung und die übrigen städt. Gewerbe vermochten kaum den örtl. Bedarf zu decken, die wirtschaftl. Haupteinnahmen stammten aus dem Getreidehandel, der Orléans und insbes. Rouen, zum geringen Teil auch Paris, belieferte. Für diesen Getreidehandel wurde eine Wiederschiffbarmachung der Eure vorgenommen.

Die Bf.e waren oft im Königsdienst abwesend; die einst berühmte Kathedralschule hatte aufgrund der Konkurrenz der Univ. von Paris und Orléans ihren Lehrbetrieb eingestellt. Die Wallfahrt befand sich im Niedergang. Auch das künstler. Schaffen war in dieser Periode längst nicht so reich wie im HochMA: Es entstand lediglich am Chor von Notre-Dame 1324–50 die Kapelle St-Piat, und 1507–13 wurde von Jean de Beauce der neue Glockenturm errichtet. A. Chédeville

Q.: B. GUÉRARD, Cart. de St-Père de Ch., 2 Bde, 1840 – E. DE LÉPINOIS–R. MERLET, Cart. de N. D. de Ch., 3 Bde, 1862–65 – R. MERLET–A. CLERVAL, Un manuscrit chartrain du XIe s., 1893 – R. MERLET, Cart. de St-Jean-en-Vallée de Ch., 1906 – R. MERLET–M. JUSSELIN, Cart. du Grand-Beaulieu-lès-Ch., 1909 – CH. MÉTAIS, Cart. de N. D. de Josaphat, 2 Bde, 1911–12 – P. KUNSTMANN, Jean Le Marchant, Miracles de N. D. de Ch., Bull. Soc. archéol. Eure-et-Loire 26, 1971 – Lit.: RE II, 2611; III, 1605 – E. DE LÉPINOIS, Hist. de Ch., 2 Bde, 1854–58 – P. BUISSON–P. BELLIER DE LA CHAVIGNERIE, Tableau de la ville de Ch. en 1750, 1896 – G. ACLOCQUE, Les corporations, l'industrie et le commerce à Ch. du XIe s. à la Révolution, 1917 – L. AMIET, Essai sur l'organisation du chapitre cathédral de Ch. (du XIe au XVIIIe s.), 1922 – R. SPRANDEL, Ivo v. Ch. und seine Stellung in der Kirchengesch., 1962 – F. LESUEUR, Thibaud le Tricheur, comte de Blois, de Tours et de Ch. ..., 1963 – A. CHÉDEVILLE, Ch. et ses campagnes (XIe–XIIIe s.), 1973 – BRÜHL, Palatium – C. BILLOT, Ch. aux XIVe et XVe s., une ville et son plat pays (Univ. de Paris VIII, masch.), 1980 – DIES., Vivre et travailler à Ch. à la fin du MA, L'Hist., n° 23, mai 1980, 56–65 – K. F. WERNER, L'acquisition par la maison de Blois des comtés de Ch. et de Châteaudun (Mel. J. LAFAURIE, 1980), 265–272 – R. KAISER, Bischofsherrschaft zw. Kgtm. und Fürstenmacht, 1981, 406–422 – *Zur Baugeschichte:* W. SAUERLÄNDER, Die Kathedrale v. Ch., 1954 – J. VAN DER MEULEN, Die Baugesch. der Kathedrale N. D. de Ch. nach 1194, Mém. Soc. Arch. Eure-et-Loir 23, 1965, 81–126 – O. v. SIMSON, Die got. Kathedrale, 1972² – J. VAN DER MEULEN, N. D. de Ch. Die vorroman. Ostanlage, 1975 – J. JAMES, Ch. Les constructeurs, 2 Bde, 1978–79 – W. SCHÄFKE, Frankreichs got. Kathedralen, 1979, 142–156 – s. a. Lit. zu →Chartres, Bauplastik; →Chartres, Glasfenster; →Chartres, Schule v.; →Puiset, le, Haus.

Chartres, Bauplastik. Die B. konzentriert sich auf drei Bereiche: Die Westportale um 1145–55, die Querhausportale und ihre Vorhallen um 1205–30 und den Lettner um 1230–40. Alle Daten sind von der Baugeschichte abgeleitet, der Beginn der Querhausplastik von der Schenkung der St. Anna-Hauptreliquie von 1204/05. Direkte Quellen für die Plastik fehlen, ausgenommen die Stiftung einer vergoldeten Marienfigur für den Eingang durch Archidiakon Richer († vor 1156). Mit den drei dicht gestellten Westportalen setzt – nach der Vorstufe in St-Denis – die got. Monumentalplastik Frankreichs ein. Der Stil des Hauptmeisters der Werkstatt mit seinen gelängten, strengen Figuren, die zugleich zarte Lebendigkeit der Köpfe bieten, wurzelt in der burg. (Autun, Vézelay) Bildhauerei der Romanik. Die gedrungenen, kräftigen Figuren des Archivoltenmeisters hingegen deuten auf das Languedoc. Die Gewändestatuen stellen, mit Ausnahme von Moses, nicht benennbare Gestalten des AT dar, der Kapitellfries Szenen von der Jugendgeschichte Christi bis zur Aussendung der Apostel. Das rechte Tympanon ist der Muttergottes und der Jugendgeschichte Christi, das linke der Himmelfahrt und das mittlere der Wiederkunft zum Gericht gewidmet. Die Archivoltenfiguren der Mitte gehören zum zweiten Adventus, die der seitl. Portale stellen Tierkreis- und Kalenderbilder dar sowie die Personifikationen der Freien Künste und ihnen beigesellt je einen Vertreter der Antike. Chartres bietet das älteste Beispiel eines solchen Zyklus, der von dem zeitgenöss. Kanzler der Domschule, →Thierry, angeregt sein könnte.

Am Südquerhaus ist das Mittelportal dem Weltgericht gewidmet, mit den Gewändefiguren der Apostel als Blutzeugen, zugeordnet die Nebenportale der Märtyrer mit St. Stephanus als Protomärtyrer und der Bekenner mit St. Martin und Nikolaus als Prototypen. Die etwas später angefügte Vorhalle weitet das Gerichtsthema aus. Am Nordquerhaus wird das Hauptportal Maria vorbehalten, mit atl. Gestalten und Aposteln im Gewände. Die Seitenportale zeigen die Kindheit Christi, beziehungsweise atl. Themen von typolog. Bedeutung. Die Vorhalle bietet am mittleren Bogen die Genesis und im übrigen eine Fülle atl. Motive, wohl meist auf Maria bezogen.

Stilist. sind ganz verschiedene Werkgruppen zu unterscheiden: Das nördl. Mittelportal geht auf Laon zurück, das südl. ist möglicherweise eine Weiterentwicklung davon, wie auch das südl. Märtyrerportal, während das südl. Bekennerportal vermutl. v. Sens ausging. Zusatzfiguren nach 1230 stammen von Pariser und Reimser Meistern. Fast alle Figuren der Südvorhalle gehen stilist. auf Notre Dame in Paris zurück. Das linke Nordportal wurde vermutl. von der Werkstatt des südl. Gerichtsportals geschaffen, während eine aus Sens stammende Mannschaft das rechte Nordportal gestaltete. An der nördl. Vorhalle arbeiteten ganz unterschiedl. Meister, von hier gingen Wirkungen z. B. nach Reims und nach Straßburg aus, jedoch reißt die auf Laon und Sens gegründete lokale Tradition ab.

Die Fragmente von Reliefs des 1763 abgebrochenen Lettners zeigen eine ältere, um 1230 vom Meistern der Querhausportale geschaffene Serie und eine jüngere um 1240, welche ganz auf die St-Chapelle in Paris ausgerichtet ist. A. Reinle

Lit.: W. S. STODDARD, The West Portals of Saint-Denis and Ch., 1952 – W. SAUERLÄNDER, Zu den Westportalen von Ch., Kunstchronik 9, 1956, 1ff. – P. KIDSON, Sculpture at Ch., 1958 – A. KATZENELLENBOGEN, The sculptural programs of Ch. Cathedral, 1959 – B. KERBER, Burgund und die Entwicklung der frz. Kathedralskulptur im 12. Jh., 1966 – A. HEIMANN, The capital frieze and pilasters of the portail royal, Ch. JWarburg 31, 1968, 73ff. – R. BRANNER, Ch. Cathedral, 1969 [mit älteren Texten von W. VÖGE, A. PRIEST, J. VANUXEM, H. FOCILLON, P. KIDSON] – W. SAUERLÄNDER, Got. Skulptur in Frankreich 1140–1270, 1970, 66ff., 113ff.

Chartres, Glasfenster. Notre Dame in Chartres ist mit 164 Farbfenstern die einzige Kathedrale Frankreichs, welche die Wirkung einer intakten ma. Verglasung wiedergibt. Von größter Bedeutung sind die drei Fenster in der Fassade des Mittelschiffs, das Hauptwerk der frz. Glasmalerei des 12. Jh. Sie stammen aus dem Bestand vor dem Brand von 1194 (Vorhalle vor dem Fulbertus-Bau) und sind um 1145–1150/55 zu datieren. Sie zeigen von rechts nach links: die Wurzel Jesse (vgl. St-Denis), Kindheit Christi und Passion. Übergreifender Gedanke des Programms ist die Inkarnation Christi. Ikonograph. und stilist. gehen die Westfenster von der Verglasung in St-Denis (1140–1144/47) aus. Aus dem Vorgängerbau stammt auch die »Belle Verrière« mit der thronenden Muttergottes aus dem 3. Viertel des 12. Jh. mit umfangreichen Ergänzungen des 13. und 19. Jh. Sie wurde nach der Restaurierung um 1215/20 in den südl. Chorumgang versetzt. – Die Verglasung der got. Kathedrale geht auf Stiftungen von Adel und Klerus, Königshaus (Nordrose, um 1223–33), städt. Bürgertum und den Zünften zurück. Die Fenster folgen keinem einheitl. Programm. Seitenschiffe und Chorkapellen zeigen zumeist Heiligenlegenden, vereinzelt Themen des AT (Noah, Joseph) oder NT (Barmherziger Samariter, Verlorener Sohn). Im Obergaden stehende Hll., Christus und Maria, in der Westrose das Jüngste Gericht. Die Verglasung erfolgte von ca. 1200–40 ohne größere Unterbrechung. Die Fragen zu Chronologie und Werkstattgruppen bedürfen noch weiterer Klärung. Es lassen sich mehrere (drei?) Hauptateliers und einige »Nebenmeister« erkennen. Am altertümlichsten ist der »Meister des St-Lubin« (LXIII), der von der roman. Glasmalerei Westfrankreichs ausgeht. Der »klassischen« Phase gehören u. a. der Marientod im Langhaus (VII) und das Fenster Karls d. Gr. (XXXVIII) im Chorumgang an; »nachklassisch« ist das Werk des »Meisters des St-Chéron« (XLII). Stilist. Verbindungen bestehen zu Glasmalereien in Bourges, Poitiers, Soissons und Paris und zur zeitgenöss. Bauskulptur, bes. zu den Chartreser Querhausportalen. B. Lymant

Lit.: [Auswahl]: Y. DELAPORTE–E. HOUVET, Les vitraux de la cathédrale de C., 4 Bde, 1926 – L. GRODECKI, A Stained Glass Atelier of the Thirteenth C.: A Study of Windows in the Cathedrals of Bourges, Chartres and Poitiers, JWarburg 11, 1948, 87–111 – M. AUBERT u. a., Le vitrail français, 1958, 124–134 – K. M. SWOBODA, Zur Frage nach dem Anteil des führenden Meisters am Gesamtkunstwerk der Kathedrale von C. (Fschr. H. R. HAHNLOSER, 1961), 37–45 – P. FRANKL, The Chronology of the Stained Glass in C. cathedral, The Art Bull. 45, 1963, 301–322 – L. GRODECKI, Le maître de Saint Eustache de la cathédrale de C. (Fschr. E. GALL, 1965), 171–194 – P. POPESCO, La cathédrale de C., hist. et description, 1970, 33ff. – C. MAINES, The Charlemagne window of C., Speculum 52, 1977, 801–823 – M. BETTENBOURG, Problèmes de la conservation des vitraux de la façade occidentale de la cathédrale de C. (Les vitraux. Les monuments hist. de la France I, 1977), 7–13 – F. PERROT, Etude archéol. (des vitraux de la façade occidentale de C.), ebd., 37–51 – L. GRODECKI, Roman. Glasmalerei, 1977, 103–112, 275 – DERS., Les problèmes de l'origine de la peinture gothique et le »maître de Saint Chéron« de la cathédrale de C., Revue de l'Art 40/41, 1978, 43–64 – C. BOUCHON, u. a., La »Belle-Verrière« de C., Revue de l'Art 46, 1979, 16–24.

Chartres, Schlacht bei, 20. Juli 911. Die seit ca. 900 unbestritten das untere Seinegebiet beherrschenden →Normannen unter ihrem Anführer →Rollo erneuerten ab 910 Angriffe auf westfrk. Bischofsstädte (Bourges, Auxerre, Chartres) und stießen dabei in Ch. nicht nur auf den Widerstand der von Bf. Walthelm (auch: Gauzhelm,

Gauzlin) geführten Bewohner, sondern auch auf ein bedeutendes Entsatzheer aus Neustrien, Burgund und Aquitanien (Poitou) unter der Leitung von →Robert (dem späteren Kg. →Robert I., Bruder Kg. Odos) und →Richard v. Burgund. Ein auf dem Höhepunkt der Schlacht lancierter Ausfall der Belagerten führte zur Flucht der in die Zange genommenen Normannen, die über 6000 Tote verloren haben sollen. Die Legende sprach den Sieg der Wunderkraft der camisia s. Mariae zu, einer Reliquie, die durch Karl den Kahlen 876 der Kirche v. Ch. verliehen worden sein soll und noch heute dort bewahrt wird. – Die Schlacht ist hist. denkwürdig durch das Zusammenwirken der Abwehrkräfte (der Hilferuf des Bf.s ist bezeugt, ein Schreiben Roberts und des burg. Gf.en Manasse an Richard im Wortlaut erhalten), die Widerstandsfähigkeit der nach den Erfahrungen von 858 zugleich reduzierten und stärker befestigten Civitas und ihrer röm. Mauern, endlich durch die schon 911 auf die norm. Niederlage folgende Regelung (foedus) zw. Rollo und Kg. Karl III., die dem Normannen die Gft. →Rouen und angrenzende Gebiete zusprach (vgl. auch →Normandie), ihn aber zugleich mit seinen Gefolgsleuten zur Verteidigung des Reichs gegen andere Normannen und zur Annahme des Christentums verpflichtete. Es gab noch Angriffe der heidnisch bleibenden »Loirenormannen« und Kämpfe mit den Seinenormannen; die eigtl. Periode der Verwüstungen des Westreichs war mit der Schlacht v. Ch. zu Ende.

K. F. Werner

Lit.: A. ECKEL, Charles le Simple, 1899 – R. MERLET, Les comtes de Ch., de Châteaudun et de Blois aux IXe et Xe s., 1900 – J. LAIR, Le siège de Ch. par les Normands (911), 1902 – W. VOGEL, Die Normannen und das Frk. Reich bis zur Gründung der Normandie (799–911), 1906 – M. CHAUME, Les Origines du duché de Bourgogne I, 1925, 352ff. – A. CHÉDEVILLE, Ch. et ses campagnes (XIe–XIIIe s.), 1975 – R. KAISER, Bischofsherrschaft zw. Kgtm. und Fürstenmacht, 1981, 410ff.

Chartres, Schule v.

I. Geschichte – II. Geistige Eigenart – III. Niedergang – IV. Wirkungen – V. Medizinhistorische Bedeutung.

I. GESCHICHTE: Anfänge der Domschule v. Ch. lassen sich ins 5. Jh. zurückverfolgen. Da sind die beiden Bf.e Flavius (um 485) und St. Solemnis († ca. 508) bezeugt, die ob ihrer Gelehrsamkeit die Klerikerausbildung selbst durchführen konnten. Das 6. Jh. kennt Chermir (um 550) als berühmten Magister und St. Betharius († 623), der, bevor er Bf. wurde, Leiter der Hofschule war. Nach einer Epoche des Niedergangs im 8. Jh. ist im 9. Jh. Herefrid († 909), nachmaliger Bf. v. Auxerre, Student in Ch. Unter dem später von ihm sehr gerühmten Magister Heribrand († vor 1028) studiert 991 der Geschichtsschreiber →Richer v. Reims († nach 998) in Ch. Medizin (Hist. IV, 50; MPL 138, 147). Die Domschule ist um jene Jahrhundertwende und dann auch wieder im 12. Jh. neben →Salerno und →Toledo ein Zentrum dieser Wissenschaft (s. Abschnitt V). Das Interesse von Klerikern am Studium der Medizin (anhand der Schriften des Hippokrates und Galen) wird ztw. so stark, daß sich die Kirche genötigt sieht, auf den Synoden v. Clermont (1130; MANSI XXI, 438), v. Reims (1131; ebd., 459), v. Lateran (1139; ebd., 528) die ihnen bezahlte Ausübung (gratia lucri temporalis) der Medizin zu verbieten.

→Fulbert v. Ch. (ca. 960–1028), namhaftester Theologe des beginnenden 11. Jh., verwaltet bis zur Erhebung zum Bf. v. Ch. (1006) das seit 931 belegte Amt eines Kanzlers (des Bf.s oder Domkapitels), der zugleich Leiter der Domschule ist. Zu deren späterer Blüte trug er durch seine Sorge für den Ausbau der Bibliothek und die Auswahl des Lehrkörpers entscheidend bei. Gelegentl. wird er Gründer der Schule v. Ch. genannt (GEYER, TOTOK). Seine bekanntesten Schüler sind →Berengar v. Tours († 1088), Adelmann v. Lüttich († ca. 1061) und Hugo v. Breteuil († 1050/51). Unter dem Episkopat (1090–1116) →Ivos v. Ch. († 1116) beginnt die Domschule zu einer der bestimmenden geistigen Kräfte des 12. Jh. zu werden; zu jener Zeit wird der Ruhm grundgelegt, der fortan mit dem Namen der Schule v. Ch. verknüpft ist. Ivo selbst ist eine über seine Zeit hinaus angesehene kanonist. Autorität; in der Gregorian. Reform dienen seine Kanonessammlungen (Tripartita, Decretum, Panormia) als Rechtshandbuch; →Gratian schöpft aus ihnen für seine »Concordantia discordantium«. Von 1114 an ist →Bernhard v. Ch. († ca. 1126) Magister, ab 1124 Kanzler und damit Leiter der Domschule. →Johannes v. Salisbury rühmt seine breite Belesenheit und geschickte Darstellungskunst (Metal. I, 24; MPL 199, 853–858); er ist beeindruckt von seiner Ehrfurcht gegenüber früheren nichtchristl. und christl. Denkern (ebd., II, 4; a.a.O., 900), auf deren »Schultern« die zeitgenöss. Gelehrten großgeworden und über sich hinaus gewachsen sind (ebd. III, 4; a.a.O., 901f.); ihn selbst nennt er den kundigsten Platoniker des Jh. (ebd., IV, 35; a.a.O., 938), der zudem – wie seine Schüler – zw. Platon und Aristoteles zu vermitteln sucht (ebd., II, 17; a.a.O., 875). 1124 ist →Gilbert v. Poitiers († 1154) Kanoniker und 1126 Kanzler und Leiter der Domschule in Ch.; um 1137 lehrt er in Paris, 1142 wird er Bf. v. Poitiers. Bernhard v. Ch., →Anselm v. Laon und dessen Bruder →Radulfus waren seine Lehrer. Gilbert gilt als die anregendste theol. Kraft des 12. Jh., der zudem durch bedeutende Schüler eine große Reichweite erzielt hat. Johannes v. Salisbury nennt ihn den »gelehrtesten Mann« seiner Zeit (Hist. pont. 8; ed. POOLE 15); →Otto v. Freising ist derselben Meinung (Gesta Frid. I, 61, MGH SRG [in us. schol.] 46, 87); er betont, daß Gilbert nicht nur dem Namen nach, sondern in Wirklichkeit das Amt eines Magisters innehatte und dabei viele Dinge anders ausdrückte, als man es gewohnt war (ebd. I, 48; a.a. O., 67). Um 1140 bis ca. 1150 ist →Thierry v. Ch. († ca. 1150) Kanzler. Sein Schüler →Clarembald v. Arras († ca. 1170) nennt ihn den hervorragendsten Philosophen ganz Europas (Tract. Ep. ad Dominam 3; ed. HÄRING, Studies and Texts 10, 225). Thierrys »Heptateuchon« ist ein Lehrbuch der sieben Freien Künste, die er auch in seinem noch nicht aufgefundenen Kommentar zu Martianus Capella erklärte. Wie sein Kommentar zu Ciceros »De inventione« zeugt es vom ausgiebigen Studium klass. nicht-christl. Literatur und Philosophie in Ch.; dabei wird bes. die Naturphilosophie gepflegt. In seinem Gen Komm. Hexaemeron »De sex dierum operibus« (ed. N. HÄRING, AHDL 22, 1955, 184–216) versucht Thierry, den bibl. Schöpfungsbericht mit Hilfe der Naturwissenschaft und der Philosophie Platons (Timaios, übers. v. →Calcidius) zu erklären. Auf Thierry soll aber auch die verstärkte Einführung des Aristoteles in Ch. zurückgehen.

Bedeutende Schüler v. Ch. waren: →Wilhelm v. Conches († 1154), der wohl nicht in Ch. lehrte; er kommentiert Platon und Boethius, widmet sich aber auch der Naturwissenschaft und Medizin, wobei er sich auf die →Constantinus Africanus übersetzten Werke arab. Mediziner stützt. Seine Schriften »Philosophia mundi«, »Dragmaticon«, »Glosae super Priscianum«, »super Platonem«, »super Boethium«, »super Macrobium« sind für das Verständnis der intensiven, klass. und naturphilos. Studien in Ch. wichtig. →Bernardus Silvestris († ca. 1160); er versucht, in seinem Gen Komm. »De mundi universitate« den christl. Schöpfungsglauben philosoph. (Platon) zu konstruieren. Johannes v. Salisbury († 1180), 1176 Bf. v.

Ch.; sein »Metalogicon« gibt nicht nur Aufschluß über den Schulbetrieb jener Zeit, es zeugt auch von dem Bemühen, die aristotel. Logik in die wiss. Arbeit einzubringen. Clarembald v. Arras; er ist bekannt als Kommentator des Boethius sowie als Kritiker →Abaelards und Gilberts.

In der Schule v. Ch. bilden die Schüler Gilberts eine bes. Gruppe, die sog. →Porretaner. Sie tragen den Geist Gilberts und den Ch.' an die verschiedenen Bildungsstätten Europas. So entfaltet sich die Schule von Ch. über eine lokale oder institutionelle Größe hinaus zur Gruppe derer, die in der unmittelbaren geistigen Tradition Ch.' stehen, mögen sie die Magistri in Ch. selbst oder in Paris (Gilbert, Thierry) gehört haben.

II. GEISTIGE EIGENART: Der Versuch, die spezif. Konturen Ch.' in die vorausgehende Geschichte einzuebnen (SOUTHERN), hat neuerlich zur begründeteren Profilierung der Schule geführt (HÄRING, DRONKE): 1. Mit dem Ziel der ganzheitl. menschl. Bildung (»ad cultum humanitatis«, Thierry v. Ch., Heptateuchon, MSt 16, 1954, 174) sind die philos.-theol. Studien in Ch. eingebettet in das von der Antike herkommende und seit Augustinus auch im christl. Bereich bes. gepflegte Lehrsystem der sieben Freien Künste (→artes liberales). Dies bedingt eingehende Beschäftigung mit Dichtern (Cicero, Sallust, Horaz, Vergil, Ovid, Lukian, Terenz, u. a.), Philosophen (bes. Platon, Boethius, Aristoteles) und Naturwissenschaftlern (Euklid, Pythagoras, Ptolemaeus, Calcidius, Galen) der klass. Antike; arab. Autoren (z. B. Abu Maʿšar) sollen die med.-naturwiss. Kenntnisse vertiefen. Die Einheit von artes-Studium und philos.-theol. Ausbildung führt zur optimist. Einschätzung der Reichweite reflektierender Durchdringung des Glaubens; zugleich ermöglicht sie ein breites philos.-naturwiss. geformtes Spektrum theol. Erklärungsversuche. Die Dichter der Klassik formen das nahezu poet. Sprachgefühl bei Bernardus Silvestris und dem Porretaner →Alanus ab Insulis.

2. Philos. sind die Magistri v. Ch. zunächst von der Lehre Platons geprägt, die sie unmittelbar einem Timaiosfragment (in der Übers. v. Calcidius) entnehmen; mittelbar erreicht sie das (neu-)platon. Gedankengut in den Werken des Boethius. Äußerlich wird der (neu-)platon. Einfluß darin sichtbar, daß Platon in Wilhelm v. Conches und Boethius in Gilbert, Thierry, Wilhelm v. Conches und Clarembald angesehene Kommentatoren findet. Inhaltl. ist der Einfluß Platons in der Vorliebe für die negative Theologie zu erkennen (Alanus, Theol. reg. 18; ed. N. M. HÄRING, AHDL 48, 1981, 136f.; Simon v. Tournai, Exp. symb. Ath., VI, 17; ed. N. M. HÄRING, AHDL 43, 1976, 178). In der Schöpfungslehre führt der Platonismus Ch.' zu einer philos. Überlagerung des heilsgesch. Verständnisses der bibl. Schöpfungsaussagen. Bes. in Logik und Sprachphilosophie wirkt sich der Einfluß des Aristoteles aus; er wird u. a. v. Thierry eingeführt, von Gilbert, Alanus, Clarembald, Johannes v. Salisbury rezipiert und prägt zusammen mit dem artes-Studium das differenzierte Methodenbewußtsein der Schule.

3. Dieses kennzeichnet auch ihre theol. Eigenart; sie ist methodolog. bestimmt durch die Beschäftigung mit der Patristik sowie das Ringen um eine formell theol. Hermeneutik. Die Ratio besitzt gegenüber der Auctoritas die durchschlagendere Kraft. Gilbert gibt sich reflexiv Rechenschaft darüber, wie Gott, für menschl. Reden unaussprechbar, zugleich aber Gegenstand der Erkenntnis, entsprechend ausgesagt werden kann. Gegenüber der Vorliebe Ch.' für die negative Theologie vertritt er, man könne mit Hilfe der aristotel. Kategorien positiv von Gott reden, solange die Gesetze der Analogie beachtet werden. Eine reflektierte theol. Methodenlehre legt Alanus in seinen »Regulae« vor.

4. Erster inhaltl. Schwerpunkt der Theologie Ch.' ist die *Schöpfungslehre*. Mit intellektuellem Optimismus werden philos. Kosmologie und bibl. Überlieferung verknüpft. Thierry erschließt in seinem Gen Komm. »De sex dierum operibus« (ed. N. M. HÄRING, AHDL 22, 1955, 184–216) die Schöpfungserzählung mit dem Vier-Ursachen-Schema: der dreifaltige Gott ist Wirk-, Formal- und Zielursache der Schöpfung; Materialursache sind die vier Elemente (Erde, Wasser, Luft, Feuer); sie sind als Urmaterie vom Schöpfer aus Nichts erschaffen. Thierry und sein Schüler Clarembald vertreten, gestützt auf die Physik des Calcidius, eine Evolutionslehre; es habe eine Entwicklung von der ungeordneten Urmaterie zum geordneten Weltall gegeben; dabei war das Feuer (Himmel) als leichteste Element in steter rotierender Bewegung, es komprimierte und erleuchtete die Luft; sie verdichtete das Wasser und aus dem erhitzten Wasser lagerte sich die Erde ab. Wie anfangs Wilhelm v. Conches und Bernardus Silvestris vertritt auch Thierry die platon. Lehre von der Weltseele als kosmolog. Prinzip. Die Weltseele ist, wie bei einem Kunstwerk die schöpfer. Idee des Meisters, die alles schaffende, ordnende und belebende Kraft; Moses habe sie Gen 1,2 (»Der Geist des Herrn«) im Auge, Platon nenne sie Weltseele und die Christen Hl. Geist. Die Unterscheidung zu Gott als Person bleibt gewahrt; darum ist der Pantheismusvorwurf abzuweisen.

5. Weiterer inhaltl. Schwerpunkt der Theologie Ch.' ist die *Gottes- und Trinitätslehre*. Äußeres Zeichen dafür sind die Kommentare zu »De Trinitate« des Boethius (Gilbert, Thierry, Clarembald). Konkrete Problemkreise sind die natürl. Erkenntnis Gottes sowie die innere Beweisbarkeit der Trinität. Das tut Thierry mit einer Zahlenspekulation, die die augustin. Begriffe »unitas, aequalitas, connexio« miteinander verknüpft: der Vater als Ursprung und Einheit der Trinität ist wie die »eins« der Zahlenreihe; mit sich selbst multipliziert, erzeugt sie die Gleichheit der Einheit, den Sohn; die zw. der Einheit und Gleichheit bestehende Verknüpfung ist der Hl. Geist. Anders als diese math. Ableitung setzt Gilbert sprachphilos. an; aus grammatikal. Gründen besteht nach ihm ein log., kein realontischer Unterschied zw. göttl. Wesenheit und göttl. Personen. Man könne nicht sagen: Gott ist die Gottheit, oder: der Vater ist die Vaterschaft, sondern: Gott ist Gott durch seine Gottheit, der Vater ist Vater durch seine Vaterschaft. Auch sind die göttl. Eigentümlichkeiten und Relationen nicht die göttl. Personen, vielmehr werden diese durch jene konstituiert. Es geht Gilbert um die rechte sprachl. Zuordnung des konkreten Subjekts zum allgemeinen Prädikat; dies versucht er mit der neuplaton. Unterscheidung zw. »id quod est« und »id quo est«. Er geht so einen Mittelweg zw. überliefertem Realismus und Konzeptualismus. In seinem sprachlog. Anliegen wird Gilbert verkannt, u. a. v. →Bernhard v. Clairvaux († 1153), der Häresie verdächtigt und angeklagt, ohne jedoch formell verurteilt zu werden.

6. Auf dem Gebiet der *Ethik* hat die Schule v. Ch. im »Speculum Universale« des Porretaners →Radulfus Ardens die beachtlichste, bisher noch ungedruckte Tugendlehre des 12. Jh. geschaffen. Die durch Boethius überlieferte aristotel. Tugenddefinition wird hier zum Aufbau- und Gliederungsprinzip einer philos.-theol. Ethik, worin die dogmat. Traktate ein-, bzw. der Tugend des Glaubens untergeordnet sind. Die tragenden Begründungen des Werkes sind neben philos. bes. die theol. Wahrheiten Glaube, Gnade, Erlösung. Vergleichbar ausgestaltete Tu-

gendlehren bieten Simon v. Tournai (Disputationes, ed. J. WARICHEZ, 1932) und Alanus ab Insulis (De virtutibus et de vitiis et de donis Spiritus Sancti, ed. O. LOTTIN, MSt 12, 1950, 20–56). Philos. argumentierend ist die unter dem Namen Wilhelms v. Conches überlieferte Schrift »Moralium dogma philosophorum« (MPL 171, 1007ff.; ed. J. HOLMBERG, Uppsala 1929); sie belegt die in Ch. gelehrte »Ethica Tulliana«; ihr Ziel ist das Noble und Nützliche (»honestum et utile«); Fundament der ersteren sind die vier Kardinaltugenden (Klugheit, Gerechtigkeit, Tapferkeit, Maß, MPL 171, 1009ff.); sie sind die Grundkräfte eines menschenwürdigen, polit. Lebens; das Nützliche wird bestimmt als Heil der Seele und des Leibes und als Glück (ebd. 1043f.). In seinem Polycraticus (bes. VIII, MPL 199, 397–822) kritisiert Johannes v. Salisbury mit Argumenten der philos. Antike und der christl. Theologie sinnl. Ausschweifung wie Besitz- und Machtstreben; er empfiehlt das Streben nach Erkenntnis und Tugend. Der Beitrag der Schule v. Ch. für die Sakramentenlehre bedarf der weiteren Erforschung.

III. NIEDERGANG: Im ausgehenden 12. Jh. wird der Ruhm Ch.' u. a. aus sozialgesch. Gründen (P. CLASSEN) von der aufblühenden Univ. →Paris überflügelt; sozialer Aufstieg war ein Hauptstudienmotiv. Die artes liberales treten als Bildungsideal zurück. Johannes v. Salisbury (Metal. I, 24; MPL 199, 856) beklagt den großen Ansturm v. Studierenden und deren oberflächl. Verlangen nach schneller Ausbildung und rasch erlernbaren Wissensstoffen, weshalb etwa die Magister Wilhelm v. Conches und Richard Episcopus ihre Lehrtätigkeit aufgegeben hätten. Ebenso klagt Thierry (HÄRING, MSt 26, 1964, 277f.).

IV. WIRKUNGEN: Die geistesgesch. Kraft Ch.' wirkt insofern weiter, als die Werke Gilberts, bes. sein Boethiuskommentar, im 13./14. Jh. vielfach abgeschrieben werden. Sein »Liber sex principiorum« begegnet im 13. Jh. im Lehrplan der Pariser Univ. (vgl. Chart. Univ. Paris I n. 201, S. 228). Albert, Thomas und Bonaventura zitieren das Werk sowie auch den Boethiuskommentar. Begriff und Methode der theol. Wissenschaft sind maßgebend von Gilberts Kommentar mitbestimmt. Sein Einfluß auf →Joachim v. Fiore († 1202) wird ebenso vertreten (GEYER, TOTOK) wie der Thierrys auf →Nikolaus v. Kues (DUHEM, HAUBST) und das Einwirken Ch.' auf den Pantheismus Amalrichs v. Bena († ca. 1206; SCHEFFCZYK). Nikolaus v. Kues nennt Thierry den berühmtesten Autor, den er zu lesen bekam (Apol. doct. ign., Opera omnia II, 24). Auch Alanus' Werke, der »Anticlaudianus« und die »Regulae«, werden in den folgenden drei Jahrhunderten häufig abgeschrieben, kommentiert und zitiert. Inhaltl. dürfte der Platonismus Ch.' mit dazu beigetragen haben, daß in dem folgenden Jh. der großen Aristotelesrezeption das Erbe Platons lebendig blieb; und umgekehrt dürften die naturphilos. Studien Ch.' den Boden für die aristotel.-arab. naturwiss. Literatur bereitet haben (GRABMANN). Das in der Schule v. Ch. sowie in ihrem unmittelbaren wie mittelbaren Einflußbereich entstandene Schrifttum ist erst z. T. ediert (HÄRING, TRE VII, 701), so daß ein differenzierteres Urteil über die geistesgesch. Bedeutung der Schule erst in Zukunft möglich sein könnte.   F. Courth

V. MEDIZINHISTORISCHE BEDEUTUNG: Als eine der typ. Kathedralschulen des hohen MA widmete sich die Schule von Ch. schon frühzeitig den säkularen Wissenschaften, insbes. der Medizin (physica). Unter dem Zeichen des »neuen Aristoteles« wird v. a. über→Adelard v. Bath und →Hermannus de Carinthia (Dalmata) arabist. Naturwissen an die frk. Schulen gebracht. Um die Mitte des 12. Jh. werden in Ch. Platon. Kosmologie und bibl. Genesisexegese verknüpft mit neuplaton. Psychologie und dem Aristotel. Organon, so bei →Thierry von Ch. oder →Johannes v. Salisbury. Für Johannes ist Aristoteles bereits der »philosophus« geworden; die »physica« mit ihrer Erforschung der Planmäßigkeit der Naturvorgänge gilt ihm als die dominierende Disziplin der Realwissenschaften. Für →Wilhelm v. Conches, den→Wilhelm von St-Thierry als »homo physicus et philosophus« bezeichnet hat, der »physice« auch über Gott spekuliere, wird der »physicus« zum Fachmann für die »vires naturae«, die auch der Philosophie als erkenntnistheoret. Leitgerüst zu dienen haben. Wilhelm baut seine Elementenlehre nach→Constantinus Africanus aus zu einer Kosmologie, in der wir die Anatomie und Physiologie des arabisierten Galen wiederfinden. Innerhalb der Professionalisierung der Ärzte – im Vorfeld der Universitätsgründungen – gewinnt der Titel eines »physicus« an Prestige gegenüber dem bloß volksheilkundl. versierten »medicus«, so in einer anonymen »Microcosmographia« (Cod. Trevir. 1041), die der Schule von Ch. nahesteht und vielleicht Wilhelm v. Conches zum Autor hat. Für die Begründung der scholast. Medizin bilden die Schulen von Ch. nicht nur einen der wichtigsten Rezeptionskanäle des »neuen Aristoteles«, sondern auch ein eigenständiges Assimilationszentrum, wobei sich mit der Tendenz zu den konkreten Wissensbereichen das Schwergewicht mehr und mehr auf die Fächer des Quadrivium verlagert, wofür nicht zuletzt die Repräsentanten der profanen Wissenschaften an der Kathedrale zu Ch. (Donatus, Cicero, Aristoteles, Boethius, Euclid, Pythagoras, Ptolemaeus) Zeugnis ablegen. Darüber hinaus bildete Ch. eine Brückenfunktion zwischen der engl. und hispano-arabist. Schulen und wirkte auch hier als kraftvoller Katalysator, ehe die Schulen von Ch. am Ende des 12. Jh. von den Schulen von→Paris überflügelt wurden.

H. Schipperges

Lit.: TRE VII, 699–703 [N. M. HÄRING, Q. und Lit.]–LThK²II, 103f.– DHGE XII, 555–558 – GRABMANN, Scholastik II, 407–476 – MANITIUS III, 196–220 – Catholicisme II, 1003–1005 [P. ROUSSEAU] – L. SCHEFFCZYK, Schöpfung und Vorsehung, HDG II/2a, 71–82 – TOTOK II, 198–213 [Q. und Lit.] – UEBERWEG II [GEYER], 226–252 – A. CLERVAL, Les écoles de Ch. au MA, 1895 – P. M. M. DUHEM, Thierry de Ch. et Nicolas de Cues, RSPhTL 3, 1909, 525–530 – R. L. POOLE, The Masters of the Schools at Paris and Ch. in John of Salisbury's Time, EHR 35, 1920, 321–342 – E. GILSON, Hs. Forsch. und Mitt. zum Schrifttum des Wilhelm v. Conches und zu Bearbeitungen seiner naturwiss. Werke, SBA. PPH H. 2, 1930 (Ges. Akademieabhandlungen I, 1979, 967–1020) – R. HAUBST, Das Bild des Einen und Dreieinigen Gottes in der Welt nach N. v. Kues, Trier. Theol. Stud. 4, 1952 – E. GILSON, Hist. of Christian Philosophy in the MA, 1955, 139-153, 172–178 – R. KLIBANSKY, The School of Ch., Twelfth C. Europe and the Foundations of Modern Society, hg. M. CLAGETT, G. POST, R. REYNOLDS, 1961, 3–14 – L. OTT, Die platon. Weltseele in der Theologie der Frühscholastik, Parusia (Festg. J. HIRSCHBERGER, hg. K. FLASCH, 1965), 307–331 – F. BRUNNER, Creatio numerorum, rerum est creatio (zu Thierry v. Chartres) (Mél. R. CROZET II, 1966), 719–725 – P. CLASSEN, Die Hohen Schulen und die Gesellschaft im 12. Jh., AK 48, 1966, 155–180 – Platonismus in der Philosophie des MA, hg. W. BEIERWALTES (WdF 147), 1969 – P. DRONKE, New Approaches to the School of Ch., Anuario de estudios medievales 6, 1969, 117–140 – R. W. SOUTHERN, Humanism and the School of Ch. (DERS., Medieval Stud. and Other Studies, 1970), 61–85 – M. MCVAUGH–F. BEHREND, Fulbert of Ch. Notes on Arabic Astronomy, Manuscripta 15, 1971, 172–177 – J. CHÂTILLON, Les écoles de Ch. et de St-Victor, Sett. cent. it. 19, 1972, 795–839 – W. WETHERBEE, Platonism and Poetry in the Twelfth C. The Literary Influence of the School of Ch., 1972 – R. GIACONE, Masters, Books and Library at Ch., Vivarium 12, 1974, 30–51 – N. M. HÄRING, Ch. and Paris Revisited (Essays in Hon. of A. CH. PEGIS, hg. J. R. O'DONNELL, 1974), 268–329 – E. MACCAGNOLO, Rerum universitas, Saggio sulla filosofia de Teodorico de Ch., 1976 – J. GRÜNDEL, Die Lehre des Radulfus Ardens von den Verstandestugenden auf dem Hintergrund seiner Seelenlehre, VGI 27, 1976 – H. R. LEMAY, Science and Theology at Ch.: The Case of the Supracelestial Waters, Brit. J. of the Hist. of Science 10, 1977, 226–236.– R. W. SOUTHERN, Platonism, Scholastic Method and the School of Ch., The Stenton Lecture 12, 1979 – *[zur Medizin]:* L. DUBREUIL-CHAMBARDEL, Les médecins dans l'ouest de la France aux XIe et XIIe s., 1914 – L. C. MACKINNEY, Early Medieval Medicine with Special Reference to France and Ch., 1937 – T. GREGORY, Anima mundi, 1955 – H. SCHIPPERGES, Die Schulen v. Ch. unter dem Einfluß des Arabismus, SudArch 40, 1956, 193–210 – L. C. MACKINNEY, Bishop Fulbert and Education at the School of Ch., 1957 – E. JEAUNEAU, »Lectio philosophorum«. Recherches sur l'Ecole de Ch., 1973 – *[zu Ivo v. Ch.]:* R. SPRANDEL, Ivo v. Ch. und seine Stellung in der Kirchengesch., 1962.

Chartres, Regnault de, *chancelier de France,* Ebf. v. Reims, * um 1375 in der Diöz. Beauvais, † 4. April 1444, ⌐ Tours, Kirche der Cordeliers, Sohn von Hector v. Chartres, *grand-maître des → eaux et forêts* der Normandie und der Picardie, der als früherer *chambellan* des Hzg.s v. Orléans 1418 in Paris von den Bourguignons getötet wurde, und von Jeanne d'Estouteville. R. de Ch.' drei Brüder fielen als Ritter in der Schlacht v. Azincourt (→ Agincourt). Für die geistl. Laufbahn bestimmt, wurde Ch. nach einem Studium der Rechte Kanoniker in Beauvais (1404). Seit 1409 Großmeister des Collège des Cholets und seit 1410 Dekan des Kapitels, wurde er zu Johannes XXIII. entsandt, der ihn sehr schätzte und 1412 zum camerarius, referendarius und ständigen päpstl. Tischgenossen ernannte. 1414 wurde er zum Ebf. v. Reims gegen den Willen des Kapitels und der Stadt ernannt. Er nahm am 23. März 1414 seinen Bischofsstuhl ein. Auf dem Konzil v. → Konstanz war er 1415 unter den Gesandten der Kg.s v. Frankreich, die Johannes XXIII. zur Abdankung rieten. Er hatte faktisch die Partei Karls VII. ergriffen und war vor 1415 Präsident der → Chambre des Comptes und Mitglied des Geheimen Rates *(conseil privé).* Ch. wurde oft mit schwierigen Missionen beauftragt. Er versuchte, die Häuser Orléans und Burgund (1416) zu versöhnen (→ Armagnacs et Bourguignons), nahm im Nov. 1417 am Treffen von Barneville und 1419 an der Begegnung von → Montereau teil. Er wurde 1418 ins Languedoc, Lyonnais und Mâconnais geschickt, um Truppen auszuheben, er ging nach → Schottland, um Unterstützung für den König zu finden und führte von dort eine Armee nach Frankreich (1420), ging dann nach Spanien und war anschließend als *orateur d'obédience* (Pfründenverwalter) bei Papst Martin V. Am 28. März 1425 wurde er zum *chancelier de France* ernannt, übergab aber dieses Amt am 10. Aug. an Martin Gouge. Er erhielt als Entschädigung eine Pension von 2500 £. Er übernahm die Siegel am 8. Nov. 1428 und behielt sie bis zu seinem Tod. Ch. wurde ständig mit Missionen betraut. 1426 ging er nach Rom, 1428 nach Schottland und hielt dort für den Dauphin um die Hand von Margarete, der Tochter Jakobs I., an. Er war v. a. mit Ehefragen befaßt, sei es als zuständiger kirchl. Oberer, sei es als Vermittler (Heirat von Karl v. Bourbon mit Agnes v. Burgund; des Dauphins [1436]; von Yolande, Tochter Karls VII. mit Amadeus v. Savoyen [1436]; von Katharina, Tochter des Kg.s mit Karl d. Kühnen [1438]; von Karl v. Orléans mit Maria v. Cleve). Er führte die Krönung des Kg.s am 17. Juli 1429 durch. Ch. stand → Jeanne d'Arc sehr feindselig gegenüber, da er ihren Einfluß auf den Kg. fürchtete. Als sie vor Compiègne gefangengenommen wurde, schrieb er einen schlimmen Brief an die Einwohner v. Reims, in dem er sie des Hochmuts gegen Gott beschuldigte, und er tat nichts, um die Jungfrau zu retten; sie scheint seinen Wunsch einer Unterredung abgelehnt zu haben. 1429–30 ist er auf dem Höhepunkt seiner Macht. Er führte den Vorsitz im Conseil du roi und wurde mit der Oberaufsicht über die neugewonnenen Gebiete beauftragt. Im Okt. 1431 wurde er nach Auxerre gesandt, um mit den engl. Delegierten über den Frieden zu verhandeln. 1435 wurde ihm das Ebm. Embrun übertragen, aber er lehnte ab. Er wurde nun zum Administrator des Bm.s Agde ernannt (4. April 1436), dann erhielt er als Pfründe das Bm. v. Orléans (9. Jan. 1439). Am 18. Dez. 1439 wurde ihm der Titel des Kard. von St. Stefano Rotondo auf dem Monte Celio angetragen, aber er lehnte den Kardinalshut ab. Bis zu seinem Tod nahm er an Unterhandlungen teil: er war einer der Unterzeichner des Vertrags v. → Arras (21. Sept. 1435), nahm an den Besprechungen von Gravelines (1439) teil. 1444 nach Tours zu neuen Verhandlungen gesandt, starb er dort.   E. Lalou

Lit.: DBF VIII, 824 – DHGE XII, 574 – N. VALOIS, La France et le grand schisme d'Occident, 1896–1902 – O. MOREL, La grande chancellerie royale et l'expédition des lettres royaux de l'avènement de Philippe de Valois à la fin du XIVe s., 1328–1400, 1900.

Chartreuse (La Grande Ch.), Kl. in den frz. Voralpen (dép. Isère), benannt nach dem Gebirgsmassiv der Ch.; Mutterkloster des → Kartäuserordens. Ch. wurde 1084 durch den hl. → Bruno (9. B.) gegr., der, aus Köln stammend, zuvor Kanoniker und Domscholaster in Reims gewesen war. Bruno ließ sich mit seinen Gefährten auf Rat des hl. → Hugo, Bf. v. Grenoble, in dessen Diöz. nieder, wo er in der »Wüstenei« der Chartreuse, in einem abgelegenen Tal in 1150 m Höhe am Fuße des Grand Som, seine Gemeinschaft von Eremiten begründete. Diese konnte durch ihren eigenständigen monast. Charakter, der durch die Jahrhunderte bewahrt wurde, ihre Fortdauer sichern. Der wesentl. Grundzug der kartäus. Spiritualität der Einsamkeit, das Leben in der Zelle, das dem Gebet, der geistl. Lesung und der manuellen Arbeit gewidmet ist, steht nicht in Widerspruch zum Zusammenhalt der Gruppe, der sich in der Teilnahme jedes einzelnen an der gemeinsamen Liturgie manifestiert. Andererseits konnte nur durch eine zahlenmäßig sehr beschränkte Gemeinschaft (in der ursprgl. 13 Mönche, ab 1324 um die 20 sowie einige Konversen) das harmon. Gleichgewicht zw. Eremiten- und Koinobitentum aufrechterhalten werden; die Entscheidung für die kleine Zahl, die auch die rauhen Umwelt- und Klimabedingungen nahelegten, blieb auch in der Folgezeit bestehen. Der fünfte Prior der Ch., Guigo I. (1109–36), kodifizierte zw. 1121 und 1128 die ursprgl. Gebräuche der Kl. in den »Consuetudines«, für die er päpstl. Approbation durch Innozenz II. (Bulle vom 23. Dez. 1133) erlangte.

Seit 1115 erfolgte in den Gebieten zw. Alpen und Jura die Gründung mehrerer analoger Gemeinschaften, die sich den Consuetudines der Ch. anschlossen; damit verwandelte sich die Einsiedelei, die die Ch. bis dahin war, zum Hauptkloster eines sich schnell ausbreitenden Mönchsordens. Das erste Generalkapitel fand um 1140 statt. Dieses Gremium, das alle zwei Jahre in der Ch. tagte, wurde bald zur regulären Institution.

Während die allgemeine Ordensgeschichte im Artikel Kartäuserorden dargestellt wird, sind in folgendem die wesentl. Ereignisse, die das Mutterkl. La Ch. im engeren Sinne betreffen, zusammengefaßt: Am 30. Jan. 1132 wurden Kirche und Zellen durch eine Lawine zerstört und im Laufe der folgenden Jahre am heut. Platz wieder errichtet. 1300, 1320, 1371 und 1473 verwüsteten Brände das Kl.; der Wiederaufbau erfolgte stets mit Hilfe der immer zahlreicher werdenden Ordenshäuser (um 1371 ca. 150), von weltl. Fs.en sowie von Prälaten und anderen kirchl. Institutionen. Mehrfach in gewaltsame Konflikte mit den benachbarten Herren v. Entremont (1328–29) sowie mit der Komturei Les Echelles (1382) verwickelt, konnte die

Ch. ihre Domäne nur wenig erweitern; zu nennen ist lediglich der Anschluß der Abtei OSB Chalais (1302). Der Ordensgeneral, der Prior der Ch., war durch die Consuetudines (Kap. 15) zu dauernder Klausur verpflichtet; er erlangte nie die Stellung eines Abtes, was allerdings auch bewirkte, daß das Kl. nie zur Kommende umgewandelt wurde. Gegen Bestrebungen, welche die alte strenge Observanz mildern wollten, und wie sie bes. Papst Urban V. (1368) vorschlug und wie sie während des Gr. →Abendländ. Schismas (1382–1410) wirksam wurden, vermochte sich die Ch. erfolgreich zu behaupten. Diese Auseinandersetzungen koinzidierten mit Schwierigkeiten bei der Gewinnung von Novizen; doch dieser Krise konnte man 1434 mit der Erlaubnis, 24 Mönche aus anderen Kartäuserkl. in die Ch. zu holen, begegnen. Obwohl die Ch. bis 1537 zum Hzm. →Savoyen gehörte, bestanden enge Beziehungen zum Bm. →Grenoble (Funeralstiftungen des Bf.s v. Grenoble, François de→Conzié [1386], des Präsidenten des Rats des Dauphiné, Guillaume Gélinon, 1413). Die Profeß des Dom François du Puy, des früheren Offizials des Bm.s Grenoble, und seine Wahl zum Prior der Ch. (1503) markieren den Beginn einer neuen Phase im monast. Leben der Chartreuse. V. Chomel

Bibliogr.: BAUNIER-BESSE, Abbayes et prieurés de l'ancienne France, 9: Prov. eccl. de Vienne, 1932, 74–87 [G. LETONNÉLIER] – M. LAPORTE, Aux sources de la vie cartus., 1960ff. – A. GRUYS, Cartusiana. Un instrument heuristique, 3 Bde, 1977 – Q.: B. BLIGNY, Rec. des plus anciens actes de la Grande Ch. (1086–1196), 1958 – Lit.: DIP I, 1610f. – P. FOURNIER, Notice sur la bibl. de la Grande Ch. au MA, 1887 – J. HOGG, Die ältesten Consuetudines der Kartäuser, 1970 – G. CONSTABLE, Cluny–Cîteaux–La Ch. San Bernardo e la diversità delle forme di vita religiosa nel s. XII (Studi su San Bernardo di C., Bibl. Cisterc. 6, 1973), 93–114.

Chartularios (χαρτουλάριος), Verwaltungsbeamter im Byz. Reich. I. J. 356 zuerst auftretend (Cod. Theod. VIII 7,5), erscheint er in der Militärverwaltung (Getreidebeschaffung: Cod. Just. XII, 37, 19, 2) als Chef (primicerius) des ksl. Schlafgemachs und der Garderobe und in verschiedenen Abteilungen der Zentralverwaltung (Prätorianerpräfektur). Hauptaufgabe ist die Registerführung. Bereits im 7. Jh. ist er als Oberstallmeister in der Nähe des Ks.s im 12. Jh. mit militär. Funktionen betraut. Als »Großchartular« im Reich v. Nikaia (nach 1204) ist er mit dem Kaisergestüt verbunden, tritt aber auch als Stadtkommandant in Erscheinung. Chartulare können Bürochefs sein (z. B. des Arsenals, des Vestiariums) oder arbeiten untergeordnet in verschiedenen Zentralbüros (Logothesia) und in der Provinzialverwaltung (Themen). In der weltl. Administratur verschwinden sie in spätbyz. Zeit. – Im Bischofsklerus sind die Chartulare dem→Oikonomos untergeordnet. G. Weiß

Lit.: RE III, 2193 [SEECK] – B. BURY, The Imperial Administrative System in the 9th Century, 1911, 83, 87, 90, 117–DÖLGER, Beiträge–STEIN, Bas-Empire, II – BECK, Kirche, passim – JONES, LRE – J. DARROUZES, Recherches sur les ΟΦΦΙΚΙΑ de l'église byz., 1970 – R. GUILLAND, Contribution à l'hist. administrative de l'empire byz.; le chartulaire et le grand chartulaire, RESE 9, 1971, 405–426 [grundlegend] [abgedr. in: R. GUILLAND, Titres et fonctions de l'empire byz., Var. Reprints 1976]–N. OIKONOMIDES, Les listes de préséance byz. des IXᵉ et Xᵉ s., 1972.

Chartularium → Kopialbuch

Charvaten → Kroaten

Chasse (afrz. *chace*) ist die in der frz. Musik des 14. Jh. übliche Bezeichnung für einen meist dreistimmigen Kanon oder (z. B. bei Guillaume de →Machaut) für kanon. Abschnitte einer Komposition. Obwohl (im Gegensatz zur gleichzeitigen →Caccia Italiens) nur wenige Stücke dieser Art überliefert sind, scheint die Ch. in der frz. →Ars nova nicht ohne Bedeutung gewesen zu sein. Das Zeitwort *chasser* wird noch im 15. Jh. als Anweisung für die Ableitung einer Stimme aus einer anderen verwendet. Auch in der span. Musik des 14. Jh. ist das entsprechende Wort *caça* in gleicher Bedeutung nachgewiesen.

H. Schmid

Lit.: H. BESSELER, Stud. zur Musik des MA I, AMW VII, 1925 – H. ANGLÈS, El Llibre Vermell de Montserrat y los cantos y la danza sacra de los peregrinos durante el siglo XIV, Anuario musical X, 1955 – MGG–RIEMANN–NEW GROVE–Das große Lex. der Musik, 1979 s. v.

Chassidismus → Ḥasidismus

Chastel, du, bret. Adelsfamilie, mit Stammsitz Schloß Trémazan (dép. Finistère, com. Landunvez, cant. Ploudalmézeau, arr. Brest), aus der im 14. und 15. Jh. bedeutende Militärs und Staatsmänner hervorgingen.

1. Ch., Guillaume du, bret. Seekapitän, † 1404; Bruder von Tanguy III. (3. Ch.), von Hervé, dem ebenfalls Seekapitän war, Onkel von Catherine, Gemahlin des Alain de Coëtivy und Mutter des Admirals Prigent de →Coëtivy. G. de Ch.s Ruf verbreitete sich durch seine Kaperkriegsaktionen gegen die Engländer. 1403 schlug er mit dem Admiral de Bretagne, Jean de →Penhoët, eine engl. Flotte in der Bucht Raz de St-Mathieu (Juni-Juli 1403). Als Vergeltung für Kaperkriegsaktionen der Engländer vor Belle Ile und Penmarc'h plünderte G. du Ch. Jersey, Guernsey und Plymouth; im Nov. schlug er als Befehlshaber *(capitaine)* v. Brest die Engländer, welche die Abtei St-Mathieu gebrandschatzt hatten. 1404 befehligte er ein Landungsunternehmen nach Blackpole (nahe Dartmouth). Ohne die angekündigte Verstärkung abzuwarten, lieferte er den Engländern ein mörderisches Gefecht, in dem er selbst fiel und seine Brüder und sein Schwager gefangengenommen wurden. Die Erinnerung an das tollkühne Unternehmen war in Dartmouth noch lebendig, als der Geschichtsschreiber Pedro Niño 1405 den Hafen passierte.

M. Mollat

Lit.: DOM MORICE, Preuves... hist. Bretagne, III, 1746, 226 – G. Diaz de Gomez, Le Victorial, Chronique de D. Pedro Niño 1379–1449, übers. A. DE CIRCOURT ET DE PUYMAIGRE, 1867 – F. JOUON DES LONGRAIS, La lutte sur mer au XVᵉ s., Bull. Archéol. Assoc. Bretonne X, 1891, 154–155 – CH. DE LA RONCIÈRE, Hist. de la Marine française II, 1914, 168–173 [mit Belegen] – C. LAURIOT-PRÉVOST, La guerre de Course en Bretagne pendant la guerre de Cent Ans, Bull. philol. et hist., 1966, I, 61–79.

2. Ch., Tanguy I. du, bret. Truppenführer *(capitaine)*, Urgroßvater von Tanguy II. du Ch. (3. Ch.) und Guillaume du Ch. (1. Ch.). Der Geschichtsschreiber Froissart nennt T. I. einen »chevalier breton bretonnant durement vaillant et bon homme d'armes« ('Ritter bretonischer Sprache, überaus tapfer und guter Kämpfer zur Pferde'). T. I. hielt im bret. Erbfolgekrieg (→Bretagne) zur Partei des von England begünstigten Jean de →Montfort. Als solcher war T. I. Befehlshaber *(capitaine)* v. Brest (1342) und kämpfte in den Reihen der anglo-bret. Streitkräfte bei La Roche-Derrien (1348) und Mauron (1352).

Ph. Contamine

3. Ch., Tanguy II. du, Truppenführer und Staatsmann, † 31. März 1458 in Beaucaire an der Rhône; Urenkel von 2. Zum Zeitpunkt von T.s II. Geburt war seine Familie bereits von der englandfreundl. Partei des Montfort zur Anhängerschaft des frz. Kg.s Karl V. übergegangen. So erhielt der junge bret. Adlige seine Erziehung im Gefolge →Ludwigs, des nachmaligen Hzg.s v. Orléans, wodurch seine spätere polit. Haltung als »Armagnac« (→Armagnacs et Bourguignons) vorgeprägt war. Gegen Ende des 14. Jh. begann T. II. seine militär. Laufbahn, verließ Frankreich nach der Ermordung seines Gönners Ludwig v. Orléans (1407) und kämpfte in Italien unter

→Ludwig, Hzg. v. Anjou und Kg. v. Sizilien (1410–12). Ins Kgr. Frankreich zurückgekehrt, fand T. II. einen neuen Protektor in →Ludwig, Hzg. v. Guyenne, der ihm 1415 das wichtige Amt des →Prévot v. Paris verlieh. T. II. blieb Oberhaupt der Stadt bis zu ihrer Einnahme durch die Bourguignons (1418), verhalf dem Dauphin →Karl (VII.) zur Flucht, nahm an der Zusammenkunft auf der Brücke von →Montereau teil (1419) und wurde infolgedessen der Mitschuld an der dort verübten Ermordung →Johanns Ohnefurcht, Hzg.s v. Burgund, beschuldigt. T. II. spielte unter Karl VII., der ihn 1423 zu seinem *grand maître d'hôtel* (großen Hofmeister) machte, eine bedeutende, ja beherrschende diplomat. und militär. Rolle, bis er 1425 wegen der Gegnerschaft des Connétable Arthur de →Richemont den Hof verlassen mußte. Von da an hatte er sich bei seiner Tätigkeit vorwiegend auf das südl. Frankreich zu beschränken, einige diplomat. und militär. Aufträge führten ihn auch nach Italien. Nach einer Periode nahezu völliger Einflußlosigkeit erhielt er das Amt des *viguier* (vicarius) v. →Beaucaire; ab 1440 stieg er dann wieder in der kgl. Gunst auf und hatte die Position des *lieutenant* (Statthalter) v. Karl v. Anjou, Gf. en v. →Maine, des kgl. Gouverneurs des →Languedoc und des Seneschalls der →Provence unter Kg. →René v. Anjou inne. Nachdem er 1456 von seinen Ämtern zurückgetreten war, starb T. II. 1458 in Beaucaire. Ph. Contamine

4. Ch., Tanguy III. du, Truppenführer und kgl. Beamter, † im Mai 1477 vor Bouchain; Neffe von 3, hatte unter Kg. Karl VII. als *premier écuyer de corps* in der kgl. Leibwache und ebenso als Stallmeister *(maître de l'écurie)* wichtige Ämter inne. Er organisierte die Begräbnisfeierlichkeiten für Kg. Karl (1461). Vom Nachfolger Ludwig XI. von vornherein mit Ungnade bedacht, suchte er Zuflucht bei →Franz II., Hzg. der Bretagne, dem Führer der antikgl. Opposition. Am bret. Hof war er *maître d'hôtel* (Hofmeister). 1468 erlangte er jedoch erneut die kgl. Gnade und wurde Gouverneur des →Roussillon, *conseiller* (kgl. Rat) und *chambellan* (Kammerherr), *capitaine de l'ordonnance* (Befehlshaber der Ordonnanzkompagnien) und Ritter des →Michaelsordens. Eine Zeitlang gehörte er zu den Vertrauten Ludwigs XI. Im Krieg mit Burgund wurde er bei der Belagerung von Bouchain (dép. Nord) im Mai 1477 von einem burg. Scharfschützen, der auf den an T.s Seite befindlichen Kg. gezielt hatte, tödlich verwundet. Ludwig XI. ließ ihn in der Kirche Notre-Dame de Cléry (dép. Loiret), die er zu seiner eigenen Grablege hatte ausbauen lassen, bestatten. – T. war durch seine Gemahlin Jeanne Raguenel, Dame de Malestroit, Vicomte v. La Bellière (dép. Côtes-du-Nord). Ph. Contamine

Lit.: DBF XI, 1179–1181 – A. Mirot, La vie politique de T. du Ch. (Positions des thèses de l'Ec. des Chartes, 1926).

Chastel Pélerin, arab. ʿAtlit. Kreuzfahrerfestung, ca. 15 km südl. v. Haifa auf einer kleinen felsigen Landzunge. Im Febr. 1218 begann der fläm. Ritter Walter v. Avesnes mit Hilfe des Dt. Ordens und der Templer sowie zahlreicher Pilger – daher der Name – mit dem Bau, der am 15. April 1218 abgeschlossen war. 1220 erfolgte eine vergebl. Belagerung durch al-Muʿazzam von Damaskus. In der Folgezeit entstand vor der Burg eine städt. Siedlung, die 1265 von →Baibars zerstört wurde, während die Festung dem Angriff standhielt. Nach dem Fall Akkons 1291 gaben die Templer Ch. P. auf und zogen sich nach Zypern zurück. Damit endete die frk. Herrschaft im Hl. Land. Die Festung verfiel allmähl. und diente ab dem 19. Jh. als Steinbruch; 1837 richtete ein Erdbeben schwere Schäden an. – Ch. P. wurde zur bedrohten Landseite hin durch einen Wall und einen 6 m tiefen Graben gedeckt, auf den die 16 m hohe äußere Mauer mit drei Türmen folgte. Der innere Mauerring wurde durch zwei 30 m hohe Türme geschützt. Im W der Burg findet sich noch eine dreijochige Halle mit got. Rippengewölbe. Die ganze Anlage ist stark zerstört.
P. Thorau

Q.: Oliver Scholasticus, Historia Damiatana, 1894, 169 – Qalqašandī Ṣubḥ. al-Aʿšā, 1906, I, 306 – Lit.: EI² I, 737 – W. Müller-Wiener, Burgen der Kreuzritter, 1966, 73 – M. Benvenisti, The Crusaders in the Holy Land, 1970, 175–185.

Chastellain. 1. Ch., Georges, gen. »L'Adventureux«, * ca. 1415, † Anfang 1475, Chronist und Dichter der Hzg.e v. Burgund, →Philipps des Guten und →Karls des Kühnen. Ch. war fläm. Herkunft, er entstammte der Familie der Herren von Aalst bei Gent. Nach kurzer Studienzeit in Löwen trat er am burg. Hof in militär. Dienste, machte sich aber bald den Friedensvertrag v. →Arras (1435) zunutze, um ins Kgr. Frankreich zu reisen, wo sein poet. Begabung am Hofe Kg. Karls VII. Anerkennung fand. Hier schloß er mehrere Freundschaften, insbes. mit dem einflußreichen Pierre II. de →Brézé, der von Ch. 1444 am Hofe des burg. Hzg.s eingeführt wurde. *Ecuyer-pannetier* (Knappe und Brotmeister) unter Philipp dem Guten und von diesem 1448 mit einer Pension versehen, begleitete Ch. von nun an den Hzg. bei seinen wechselnden Aufenthalten in den Niederlanden und in Frankreich, wurde mit verschiedenen diplomat. Missionen betraut und trat in mehreren Schriften für die burg. Politik ein. 1455 zum hzgl. Historiographen, 1457 zum hzgl. Rat *(conseiller)* ernannt und 1461 mit einer Residenz in Valenciennes bedacht, zog sich Ch. dorthin zurück und nahm in dieser Zeit die Arbeit an seiner Chronik auf. Nach Philipps Tod (1467) bestätigte Karl der Kühne Ch. in seinen Ämtern und verlieh ihm noch zusätzl. das Ehrenamt des *indiciarius* (Indikators) des Ritterordens vom →Goldenen Vlies (1473).

Ch.s Chronik, der »Livre de tous les haulz et grans faits de la chrestienté«, ist (wie →Froissarts Werk) eine Universalchronik. Sie war anscheinend nicht für eine Veröffentlichung bestimmt und ist nur in – wesentl. – Fragmenten, welche die Jahre 1419–70 schildern, erhalten; eine Auffindung oder Identifizierung weiterer Teile liegt jedoch nicht außerhalb des Möglichen. Ch. betrachtet sich als Franzose wie als Burgunder und versucht, ohne Sympathien für England, dem frz. Kg. wie dem burg. Hzg. in ausgewogener Weise gerecht zu werden. Außer der Chronik des Jean Le Fèvre de Saint-Remy hat Ch. nur mündliche Zeugnisse verwertet, in erster Linie die Nachrichten, die ihm am Hof oder auf seinen auswärtigen Reisen zugänglich wurden. Dem gravitätischen und gekünstelten Stil der Zeit verhaftet, versucht Ch. – über die bloße Erzählung hinaus –, Erklärungen und Deutungen zu geben. Das Werk vermittelt, insbes. durch die aus der Anschauung gewonnenen lebendigen Porträts der Fs.en und ihrer Höflinge, das Bild einer glänzenden, aber moral. fragwürdigen Epoche.

Eine Reihe erhaltener kleinerer, zumeist zeitbezogener Vers- und Prosawerke ergänzen dieses Bild: Im »Dit de Vérité«, in Versen, wirft Ch. dem Kg. Karl VII. seine feindselige Haltung gegenüber Philipp dem Guten vor. In der »Entrée du roi Loys en nouveau règne« verleiht Ch. seinen Hoffnungen beim Regierungsantritt des neuen Kg.s Ludwigs XI. Ausdruck; bald jedoch verurteilt der Autor in der »Exposition sur Vérité mal prise« die – avant la lettre – »machiavellistischen« Unternehmungen Kg. Ludwigs. Die »Declaration des haulz faits et glorieuses adventures du duc Philippe de Bourgongne« ist Zeugnis der tiefen Bewunderung, die Ch. für seinen Herrn hegt, während das »Advertissement au duc Charles« und der

»Livre de paix« Philipps Sohn, Karl den Kühnen, zur Mäßigung aufruft, bekanntlich ohne Erfolg. In den Schauspielen »Mort du roi Charles VII«, »Mort du duc Philippe« und »Paix de Péronne« versuchte sich Ch. auch als Dramatiker. Genannt seien ferner seine poet. Werke »Miroir de Mort«, »Oultré d'Amour« (seine erfolgreichste Dichtung), seine Briefdichtungen (»Epistres«), sein »Miroir des nobles hommes de France«, sein »Thrône azuré« und schließlich die »Récollection des merveilles advenues en nostre temps«, eine Reimchronik über die Jahre 1429–62. In seinen Dichtungen finden sich ähnl. stilist. und themat. Züge wie bei anderen Zeitgenossen; der hist. Quellenwert überwiegt das lit. Interesse. Ch.s Briefe sind zumeist verloren, mit Ausnahme eines Teils seiner lit. Korrespondenz mit Jean→Robertet, dem Sekretär des Hzg. s v. Bourbon. A. Vernet

Ed.: J. KERVYN DE LETTENHOVE, Oeuvres de G. Ch., 1863–66, 8 Bde (Coll. Auteurs belges ser. 1, 1, 1863–64 [1–5]; 2, 1864–66 [6–8]) – Lit. [allg.]: R. BOSSUAT, Manuel bibliogr. de la litt. française du MA, 1951, 4819–4825, 5213–5225, 6984–6986 – Repfont III, 234f. – K. URWIN, Ch. La vie, les oeuvres, 1937 – L. HOMMEL, Ch., 1415–74, 1945 (Notre passé, 3ᵉ sér., 2) – M. KRABUSCH, G. Ch. als Geschichtsschreiber und Betrachter des polit. Lebens seiner Zeit, 1950 [Diss. masch. Heidelberg] – J. C. DELCLOS, Le témoignage de G. Ch., historiographe de Philippe le Bon et de Charles le Téméraire, 1980 (Publ. romanes et françaises, 155) – [zu Einzelwerken und -fragen]: A. PIAGET, »Les Princes« de G. Ch., Romania 47, 1921, 161–206 – M. MAURIN, La poétique de Ch. et la »Grande Rhetorique«, PMLA 74, 1959, 178–183 – J. BARTIER, Une crise de l'état bourguignon: la réforme de 1457 (Hommages P. BONENFANT, 1965), 501–511 – C. A. M. ARMSTRONG, Le texte de la Chronique de Ch. pour les années 1458–61 retrouvé dans un manuscrit jusqu'ici inconnu, Centre d'études burgundo-médianes, 1967, 1–67 – L. SAULNIER, Sur G. Ch. poète et les rondeaux qu'on lui attribue (Mél. J. FRAPPIER, 2, 1970), 987–1000 – H. WOLFF, Hist. et pédagogie princière au XVᵉ s.: G. Ch. (Actes du Congr. Marguerite de Savoie, 1974 [1978]), 37–49 – J. LEMAIRE, L'»Oultré d'Amour« de G. Ch.: un exemple ancien de construction en abyme, Revue romane 11, 1976, 306–316 – J. C. DELCLOS, »Les Princes« ou »Les Princes« de G. Ch.: un poème dirigé contre Louis XI, Romania 102, 1981, 46–74 – C. A. M. ARMSTRONG, England, France und Burgundy, 1982.

2. Ch., Pierre, gen. Vaillant ?, * um 1408, nordfrz. Dichter und Harfenspieler, der sich auch als Geldwechsler und Alchimist betätigt hat. Seit 1448 ist er am Hof von →René d'Anjou nachgewiesen. 1450 bis ca. 1455 lebt er in Italien. Seine Hauptwerke sind »Le Temps perdu« (vor 1450) und »Le Temps recouvré« (nach 1451), in denen in sehr persönl. und eindringl. Diktion traditionelle Themen wie Armut, Alter, Tod originell mit gelehrten Reminiszenzen aus →Vinzenz v. Beauvais, →Ramón Llull, dem →Rosenroman und autobiogr. Aussagen verbunden sind. Nach Frankreich zurückgekehrt, erscheint er am Hof von →Charles d'Orléans, wo er unter dem Namen Vaillant im neuen, melancholisch iron. Stil seines Mäzens kürzere Gedichte schreibt, u. a. einen Verzicht auf die Liebe. Sein »Débat des deux soeurs ou l'Embûche Vaillant« gibt der Koketterie den Vorzug vor der höf. Liebe. Die »Cornerie des anges« schildert das Jüngste Gericht mit den Reimspielereien der →Rhétoriqueurs. Die Identität von Ch. mit Vaillant gilt nicht als gesichert. M. Tietz

Ed.:Les œuvres de P. Ch. et de Vaillant, ed. R. DESCHAUX, 1982 – Lit.: P. CHAMPION, Hist. poétique du XVᵉ s., I, 1923 [Nachdr. 1966], 339–389 – J. CL. MÜHLETHALER, Poétiques du XVᵉ s., 1983.

Chastellux (Claude de Beauvoir, Sire de Ch.), burg. Heerführer, *Maréchal de France*, Gouverneur des Nivernais, † 1453, ⌐ Auxerre, St-Etienne. Ch. entstammte einer burg. Adelsfamilie (Chastellux-sur-Cure, dép. Yonne, arr. Avallon, cant. Quarré-les-Tombes). Er erscheint schon früh im Umkreis von →Johann Ohnefurcht, Hzg. v. Burgund, unter dem er seit 1409 Waffendienst leistete.

1417 gehörte er den burg. Truppenverbänden an, die das von den Armagnacs beherrschte Paris bedrohten (→Armagnacs et Bourguignons). Ch. gehörte zu den ersten Bourguignons, die am 29. Mai 1418 in das eroberte Paris einzogen. Am 2. Juni wurde er zum →Maréchal de France ernannt. Er führte zunächst Krieg gegen die Engländer. Nach der Ermordung seines Herrn auf der Brücke v. →Montereau (1419) und dem Abschluß des Vertrags v. →Troyes (1420) kämpfte er gegen die Truppen des Dauphins Karl (VII.), seit 1421 ausschließl. von seiner Heimatprovinz aus. Er führte bis 1445, mit wechselndem Erfolg, Krieg gegen die frz. Truppen, u. a. auch gegen die frz. Söldnerverbände der →Armagnaken. Lange Jahre, von 1427 bis wenigstens 1440, war er Gouverneur des Nivernais. Höchsten Ruhm trug ihm die Verteidigung von Cravant (dép. Yonne) i. J. 1423 gegen die Franzosen ein. 1453 verstorben, wurde er, entsprechend seinem Wunsch, in der Kathedrale St-Etienne in Auxerre beigesetzt; das dortige Kathedralkapitel, dem der Ort Cravant gehörte, hatte Ch. und seinen männl. Nachkommen, in Anerkennung seiner Tapferkeit, eine Kanonikerpfründe verliehen. Ph. Contamine

Lit.: H. DE CHASTELLUX, Hist. généalogique de la maison de Ch., 1869 – H. DE FLAMARE, Le Nivernais pendant la guerre de Cent ans, 2 Bde 1913–25 – A. BOSSUAT, Perrinet Gressart et François de Surienne, 1936.

Château-à-motte → Motte

Châteaudun, Schloß und Stadt in Westfrankreich am Loir auf halbem Wege zw. →Chartres und →Blois gelegen (dép. Eure-et-Loir).

[1] *Herrschaft und Stadt:* Der Ortsname, erstmals im 6. Jh. erwähnt, ist zusammengesetzt aus den synonymen Bestandteilen 'duno' (gall.) und 'castrum' und betont damit die bedeutende strateg. Lage des Ortes. Ch. war Vorort eines 567 bezeugten Pagus, danach Sitz einer Gft., des Dunois. Nach 567 ließ der merow. Teilherrscher, Kg. →Sigibert I., einen Priester namens Promotus zum Bf. des Dunois weihen, das damit zunächst vom Bm. →Chartres abgetrennt war. Doch erreichte Bf. Pappolus v. Chartres beim Konzil v. Paris (573) die Absetzung des Promotus und die Bestätigung der Unversehrtheit seiner Diözese. Seit dem 9. Jh. stand das Dunois zeitweilig wohl unter dem Gf. en des Blésois (→Blois) bzw. des Chartrain (→Chartres). Seit Anfang des 10. Jh. unterstand die Region, und mit ihr die Vicecomes v. Ch., den →Robertinern (spät. Kapetingern). Gf. Tedbald I. Tricator (Thibaut le Tricheur) v. Blois nahm nach dem Tode des Robertiners →Hugo d. Gr. Chartres und Ch. zw. 956 und 960 in Besitz. Tedbalds Familie, das bedeutende Haus →Blois, herrschte hier in direkter Linie bis 1218, in Seitenlinien bis 1256; danach fiel Ch. mit anderen Hausgütern der Blois an die Familie Châtillon, dann an das Haus →Orléans. Der Hzg. v. Orléans, 1498 als →Ludwig XII. Kg. geworden, vereinigte Ch. mit der Krondomäne. – Schon vor Tedbald und dann unter den Gf.en v. Blois, bestand in Ch. die Dynastie der Vicecomites v. Ch., die eine Zeitlang auch die Gft. →Perche innehatte, und deren vicomtale Rechte i. J. 1395 durch Verkauf an Ludwig v. Orléans übergingen.

Die Stadt Ch. hatte zwar weder als kirchl. Mittelpunkt noch als Festung oder gfl. Residenz erstrangige Bedeutung, war jedoch ein aktives Wirtschaftszentrum mit Ausstrahlung auf die Regionen der →Beauce und des →Perche. Seit Anfang des 11. Jh. sind in Ch. Gerber und Weber bezeugt. Die befestigte, auf einem Bergvorsprung liegende Stadt war in drei Pfarreien aufgegliedert, die nach der Diözesanmatrikel i. J. 1250 lediglich 180 »Pfarrkinder« zählten, woraus sich eine städt. Bevölkerung von wohl weniger als 1000 Personen erschließen läßt. Die Vorstädte, die sich auf fünf Pfarreien (mit Prioraten als Zentren) aufteilten, umfaßten dagegen 1072 »Pfarrkinder«, was auf fast 5000 Einwohner hindeutet. 1197 erhielt Ch. von Gf. Ludwig I. v. Blois ein städt. Privileg, das größtenteils von den Coutumes v. →Lorris beeinflußt ist.

Bedeutendste kirchl. Institution war die Kollegiatkirche der hl. Maria Magdalena (Madeleine), wohl zu Beginn des 11. Jh. gegr. und kurz vor 1131 in ein Regularkanonikerstift umgewandelt. Die Kollegiatkirche St. Andreas (St-André) ist zwar erst seit 1208 belegt, dürfte aber ebenfalls dem 11. Jh. entstammen. Außerdem bestand ein Hospital *(Hôtel-Dieu)*, vor 1092 reorganisiert, und ein Leprosorium, vor 1140 begründet. 1465 stiftete Jean d'Orléans gen. →Dunois (1403–68), der berühmte Waffengefährte der Jeanne d'Arc, im Schloßhof die Ste-Chapelle, für welche nach 1490 ein eigenes Kapitel eingerichtet wurde. A. Chédeville

[2] *Burg:* Der Donjon, auf steilem Fels über dem Loir gelegen, bildet den ältesten Teil der Burg mit zwei Flügeln des 15. und 16. Jh. Runder Grundriß 17 m Durchmesser, 4 m Mauer, ohne Dach 31 m Höhe. Zwei Geschosse gewölbt, zwei Galerien in der Mauer, darüber Wehrgang als Abwehr. Anhand von Baudetails wird der Donjon auf 1170–90 datiert, könnte jedoch älter sein. Vorgänger sind bezeugt. Ch. und das nahe Fréteval sind frühe Beispiele runder Donjons in Frankreich. H. Hinz

Q.: Arch. dép. Eure-et-Loir [Notariatsreg. ab 1369; die ältesten Nordfrankreichs] – A. DE BELFORT, Archives de la Maison-Dieu de Ch..., transcrites 1101–1296, 1881 – L. MERIET–L. JARRY, Cart. de l'abb. de la Madeleine de Ch., 1896 – CH. CUISSARD, Sommaire des chartes de St-Avit de Ch. (Bull. Soc. Dunoise, IX, 1898), 169–200–*Lit.:* Bull. Soc. Dunoise, 1864ff. – L. COUDRAY, Hist. du château de Ch., 1871 – A. LONGNON, Géographie de la Gaule au VIe s., 1878 – A. BORDAS, Hist. sommaire du Dunois, de ses comtes et de sa capitale, 2 Bde, 1884 – CH. CUISSARD, Chronologie des vicomtes de Ch., Bull. Soc. dunoise 8, 1894–R. MERLET, Les comtes de Chartres, de Ch. et de Blois aux IXe et Xe s., Mém. Soc. Archéol. Eure et Loir 12, 1901, 1–84 – G. OUTARDEL, Ch.-Monuments religieux, Congrès archéol. de France, 93, 1930 (1931), 442–476 – G. DUC, La vie économique à l'époque de la guerre de Cent ans [Thèse masch. Ec. des Chartes, 1955] [cf. Bull. Soc. dunoise, 18, 1962, 211–269] – P. HÉLIOT, Bull. Archéol. NS 5, 1970, 141ff. – S. BEVILLARD, La Madeleine de Ch. Etude archeol. [Thèse masch. Ec. des Chartes, 1972] [cf. Positions..., 25–32] – A. CHÉDEVILLE, Chartres et ses campagnes, 1973 – M. DE BOÜARD, Château-Gaillard 7, 1975, 13f. – Dict. des Châteaux et Fortifications du MA en France, 1979, 30f. [CH.-L. SALCH] – H. HINZ, Motte und Donjon, 1980 – s. a. →Dunois.

Château-Gaillard, Festungsanlage in der Normandie (dép. Seine-Maritime). Nach dem Verlust der Grenzlinie an der Epte an den frz. Kg. ließ der engl. Kg. →Richard Löwenherz zum Schutz der Stadt →Rouen die große Festung von Ch.-G. in rascher Bauzeit 1197–98 errichten. Er wählte als Standort einen steilen, verteidigungsgünstigen Bergvorsprung, 100 m über der Seine. Südwestl. vorgeschoben, baute er eine mächtige *Bastille* (Vorwerk) auf dreieckigem Grundriß. Das Hauptwerk bestand aus einer Vorburg mit einer Mauer, deren Ecken durch Rundtürme verstärkt waren, und der Hochburg, deren Courtine sich in ihrer Führung den Geländeverhältnissen anpaßte und an jeder Bruchstelle der Fluchtlinie von Rundtürmen verstärkt wurde. Diese ellipt. Mantelmauer des Bergsporns war segmentartig verdickt und lehnte sich an die Flanken des →Donjons an. Dieser hatte einen runden Grundriß und war zur Feindseite dreieckig in der Mauer verstärkt; er mußte als uneinnehmbar erscheinen.

Ch.-G. bot eine Reihe fortifikator. Neuerungen: V. a. manifestierte sich das Streben nach Flankierung nicht nur im Donjon mit seiner dreieckigen Nase, sondern auch im Verlauf der Wehrmauern. Diese waren als eine Folge von Segmenten mit einer Basis von 3 m angelegt, die eine lückenlose Flankierung ermöglichten; dank ihrer Vorwölbungen konnte einer Unterminierung durch Sappeure vorgebeugt werden. Hinzutrat die bemerkenswerte Abstimmung der miteinander korrespondierenden Elemente, die gegenseitigen Schutz boten, sowie eine Hierarchisierung des Ensembles mit Unterordnung der Annexe unter der Hauptbau. Andererseits verzichtete Kg. Richard auf die unteren Schießscharten, um nicht die Mauern zu schwächen; die Verteidigung erfolgte also ausschließl. von den Mauerkronen aus.

Die hochgelegene Festung wurde ergänzt durch einen umfangreichen Komplex von Wehrbauten im Seinetal. Der Flußlauf wurde durch drei Palisadenreihen gesperrt. Flußaufwärts erhob sich die Festung Boutavant, während auf einer kleinen Insel eine oktogonale Festung, die mit dem Ufer durch zwei Brücken verbunden war, errichtet wurde. A. Erlande-Brandenburg

Lit.: VIOLLET-LE-DUC, Dict. III, 83–102 – C^{DT} QUENREDEY, Le siège du Ch., en 1203–1206 (Bull. Soc. des amis des monuments rouennais), 1913, 62ff. – M. POWICKE, The Loss of Normandy, 1960^2, 192–196 – P. HÉLIOT, Le Ch.-G. et les forteresses du XIIe et XIIIe s. en Europe occidentale (Château-Gaillard I), 1964, 55–75.

Château-du-Loir, um die gleichnamige Burg (Westfrankreich, dép. Sarthe) gebildete Herrschaft (Kastellanei), erstmals gegen Ende des 10. Jh. oder Anfang des 11. Jh. belegt. Der erste bekannte Herr ist Aimon/Hamelinus (∞ Hildeburgis v. Bellême, Schwester und Nichte von Bf. en v. Le Mans). Obzwar Lehnsmann des Gf. en v. →Maine, gehörte der Herr v. Ch. wie die ihm verschwägerten Herren v. →Bellême zur Klientel der Gf. en v. →Blois. Aimons Sohn und Erbe Gervasius (Gervais) war zunächst Schatzmeister von St-Julien du Mans und wurde 1036 zum Bf. v. Le →Mans erwählt. Er trat der Expansion der Gf. en v. Anjou (→Angers), die mit den Gf. en v. Blois konkurrierten, in der Gft. Maine entgegen, wobei er sich mit Herbert Baccon, dem angevin. *baillistre* des Maine, der hier im Namen seines Neffen Hugo IV. fungierte und von dem mächtigen Gf. en Geoffroy (Gaufredus) Martel v. Anjou protegiert wurde, auseinandersetzen hatte, ebenso mit Gf. Geoffroy selbst. Die Anjou eröffneten um 1047 eine lange Belagerung von Ch., nahmen Bf. Gervasius gefangen und proklamierten wohl die Beschlagnahme der Herrschaft. Nach der Transferierung Gervasius' auf den Erzstuhl von Reims (1054) wurde die Herrschaft seinem Bruder Robert, dem *fidelis* des Gf. en v. Anjou war, restituiert (vor 1067) und seinem Neffen Gervasius II. übergeben; beide leisteten gegen das Vordringen der Anjou keinen weiteren Widerstand. Mit der Heirat der Erbtochter Gervasius' II. mit Elias (Helie) IV. v. Maine sowie, in der nächsten Generation, der Enkelin mit Fulco (Foulque) v. Anjou verschwand Ch. als selbständige Herrschaft.

Eine Wiedererrichtung erfolgte unter Philipp II. August für dessen machtvollen Seneschall v. Anjou, Guillaume des →Roches; für diesen war der Besitz von Ch. nur eine Herrschaft unter mehreren. Ch. war in der Folgezeit im Besitz mehrerer Häuser, nämlich von →Châteaudun, →Montfort und →Dreux. 1337 ging die Herrschaft durch Kauf an Philipp VI. v. Valois, Kg. v. Frankreich, über.

G. Devailly

Q. und Lit.: G. BUSSON–A. LEDRU, Actus Pontificum Cenomannis in urbe degentium, Arch. hist. du Maine II, 1902 – E. VALLÉE, Cart. de Ch., ebd. VI, 1905 – R. LATOUCHE, Hist. du comté du Maine pendant le Xe et le XIe s., 1910 – A. BOUTON, Le Maine, hist. économique et sociale des origines au XIVe s., 1962 – O. GUILLOT, Le comte d'Anjou et son entourage au XIe s., 2 Bde, 1972, v. a. Bd. 1, 333–335.

Château-Thierry (Castrum Theodorici), Stadt und Kastellanei in Frankreich, Champagne (dép. Aisne), am Übergang der Römerstraße Soissons-Reims über die Marne gelegen, in unmittelbarer Nachbarschaft des Vicus Odomus (mit gallo-röm. und merowingerzeitl. Gräberfeld), der noch im 9. Jh. als Vorort des Omois (Pagus Otmensis), eines Teils der →Champagne, belegt ist. Die Burg (»dicker Turm« in der 2. Hälfte des 12. Jh. bezeugt) stand nördl. der Marne auf einer natürl. Erhebung, welche den Flußübergang der Römerstraße beherrschte. Der Sage nach soll Karl Martell die Burg als Residenz für Kg. Theuderich (Thierry) IV. errichtet haben; übrigens wird der Thierry, auf den sich der Ortsname bezieht, auch für den hl. Theodericus, Bf. v. Orléans († 1022), als Vorfahr in Anspruch genommen. 887 drangen Normannen bis zur Abtei Chézy vor, wagten aber nicht, die Festung von Ch.-Th. anzugreifen. Herbert II. v. Vermandois setzte 923 hier den karol. Kg. →Karl »den Einfältigen« gefangen. Die Stadt, 933 von Kg. →Rudolf nur kurzfristig eingenommen, fiel um 946 mit dem Omois an Herbert d. Ä. zurück. Im 11. Jh. unterstand die Stadt Kastellanen: Roger (1037, 1048), Hugo (1064–1124); um die Mitte des 12. Jh. kam sie durch Heirat an Gaucher I., Herrn v. Montmirail und La Ferté-Gaucher. 1172 ist Ch.-Th. eine Kastellanei, die in den »Feoda Campanie« erwähnt wird. Als solche teilte sie die hist. Schicksale der Gft. Champagne und kam mit ihr in Kronbesitz. Seit der Regierungszeit Kg. Philipps IV., dessen Gemahlin Jeanne Gfn. der Champagne war, hielten sich die frz. Kg.e hier häufig auf. Ch.-Th. wurde 1392 durch die Engländer angegriffen und 1421 erobert; 1429 befreite →Jeanne d'Arc die Stadt. Gebiet und Herrschaft Ch.-Th. wurden 1400 von Kg. Karl VI. zugunsten Ludwigs, Hzg.s v. Orléans, zur *duché-Pairie* (Hzm. mit Pairschaft) erhöht, jedoch 1407 dem Kronbesitz eingegliedert. 1468–72 war Ch.-Th. an den Hzg. v. Berry, 1473–77 an den *Connétable* v. St-Pol ausgetan. Seit 1140 war Ch.-Th. Sitz einer prévôté und Verwaltungssitz eines Dekanats innerhalb des Archidiakonats Brie. E. Lalou

Q. u. Lit.: M. MELLEVILLE, Dict. hist. du dép. de l'Aisne, 1865 – A. LONGNON, Etudes sur les pagi: le pagus Otmensis et le pagus Bagensonensis, Revue archéol., 1869, 361–374 – DERS., Documents relatifs aux comtés de Champagne et Brie (1172–1361), 3 Bde, 1901–14 [documents inédits], II, 2, 104 – R. KAISER, Unters. zur Gesch. der Civitas und Diöz. Soissons in röm. und merow. Zeit, 1973 (Rhein. Archiv 89) – M. CRUBELLIER, Hist. de la Champagne, 1975 – M. BUR, La formation du comté de Champagne (v. 950 – v. 1150), 1977 – CH. BRUNEL, Peuplement rural, économie et société dans l'anc. dioc. de Soissons, XIe–XIIe s. [Diss. masch., Ecole des Chartes, 1983].

Châteauroux, Burg und Herrschaft *(seigneurie)* in Frankreich, im Bas-Berry (dép. Indre). Die Burg Ch. (Name von Castrum Radulfi/Château-Raoul) wurde von der Fürstenfamilie der Herren v. →Déols in ihrem vicus Déols am rechten Steilufer der Indre errichtet. Der erste Herr aus dieser Familie, der sich nach dieser Burg nannte, war Raoul V. (dominus Castri Radulfi, 1138), doch verdrängte dieser Titel die ältere Bezeichnung, nämlich Herren *(sires)* v. Déols, allgemein erst im 13. Jh. Die Herrschaft unterstand der Lehnshoheit der Gf.en v. Poitiers/Hzg.e v. Aquitanien, deren Herrschaftsgebiete 1152 an Heinrich II., Kg. v. England aus dem Hause Angers, gefallen waren (→Angevinisches Reich). Nach dem Tod des letzten Herrn v. Déols, Raoul VI. († 1176), fiel die Herrschaft an die Erbtochter Denise. Kg. Heinrich II. bemächtigte sich jedoch gewaltsam der Person der Erbtochter, erklärte sich zu ihrem Vormund und verheiratete sie mit Baudouin de Rivers und in 2. Ehe mit André de Chauvigny. Im Vertrag v. Goulet (22. Mai 1200) trat aber Kg. Johann v. England seine Rechte über Ch. an den frz. Kg. Philipp II. August ab. Die Nachkommen Andrés de Chauvigny und der Denise, welche die Seigneurie bis 1503 beherrschten und stets auch den Titel »Seigneurs de Ch.« führten, waren durchgängig loyale Vasallen des Kg.s v. Frankreich. Die Seigneurie umfaßte mit der unmittelbaren Domäne und den lehnsabhängigen Gebieten den größten Teil des heut. dép. Indre. Vgl. auch→Berry. G. Devailly

Q. und Lit.: E. HUBERT, Cart. des seigneurs de Ch. (967–1789), 1931– DERS., Le Bas-Berry, hist. et géogr. du dép. de l'Indre, T. IV, 1905–G. DEVAILLY, Le Berry du Xe au milieu du XIIIe s., 1973.

Châtelain → Kastellan

Châtelain de Coucy et la Dame de Fayel, Le, afrz. Roman, dessen Stoff in zahlreichen Fassungen weitertradiert wurde. Gui, Kastellan v. →Coucy von 1186 bis 1203, ist wahrscheinl. identisch mit dem um 1200 verstorbenen Gui (v. Ponceaux), Zeitgenosse und Gefährte von →Gace Brulé. Der hist. bezeugte Kastellan Gui nahm unter dem engl. Kg. Richard Löwenherz am 3. und 4. Kreuzzug teil und starb 1203 auf See. Diese dürftigen biograph. Daten lassen keine rechte Verbindung zu dem schönen und farbigen höf. Roman deutlich werden, in welchem eine durch die Liebe eines Ritters zu einer verheirateten Frau herbeigeführte Katastrophe geschildert wird. Das Grundmuster dieses Romans hat eine ganze Reihe von nachfolgenden Bearbeitungen aufgenommen und modifiziert. Der afrz. »Roman du Castelain de Couci et de la Dame de Fayel« (8266 Verse) wurde im 13./14. Jh. von Jakemes verfaßt. Er hat folgende Handlung: Renaud (der auf eher zufällige und romant. Weise mit der Person des Kastellans v. Coucy in Verbindung gebracht wird) verliebt sich in die Dame de Fayel, wirbt um sie und gewinnt schließlich ihre Liebe gegen ihren eifersüchtigen, mißtrauischen und ränkespinnenden Gatten. Neben diesem tritt als weitere Bedrohung der Liebenden eine von Renaud verschmähte Frau auf, die sich mit dem Gatten verbündet, um die Verliebten in ihrem Liebesgarten zu überführen. Renaud überwindet all diese Hindernisse um eines kurzen Augenblicks des Glücks mit seiner »Amie« willen. Der Gatte entschließt sich, das Kreuz zu nehmen, das Gelübde aber im letzten Augenblick (unter Vorschützung einer Krankheit) zu widerrufen; durch diese List soll der alleinige Aufbruch Renauds ins Hl. Land erreicht werden. Voller Betrübnis über die bevorstehende Trennung treffen sich die Liebenden ein letztes Mal in der Burg von Fayel, die Dame schneidet sich Haarlocken ab, die sie ihrem heldenmütigen Ritter als Andenken schenkt. Siegreich vor Akkon kämpfend, wird Renaud jedoch tödlich verwundet und befiehlt seinem Knappen, ihm nach seinem Tod das Herz aus dem Leibe zu schneiden, es einzubalsamieren und seiner Dame in einem Kästchen gemeinsam mit ihren Locken und einem Abschiedsbrief zu überbringen. Auf dem Weg aber tritt der Gatte dem Knappen entgegen und bemächtigt sich der unschätzbaren Gegenstände. Er läßt das Herz kochen, der Dame vorsetzen und diese ißt es, unwissend mit Appetit. Darauf enthüllt der Gatte ihr die Wahrheit, öffnet das Kästchen und zeigt Locken und Brief. Nach dem Genuß solch »edler Speise« gelobt die Frau, bis zum Tode zu fasten. So endet eine traurige Erzählung von zwei Märtyrern wahrer und unerschütterl. Liebe – eine weniger glaubhafte, aber einnehmendere Version als andere, gröbere Spielarten der Geschichte. Für die Mentalität des MA war das →Herz der Sitz des Lebens selbst; wer vom Herz eines anderen aß, konnte sich dessen Lebenskraft »einverleiben«. – Die zahlreichen späteren Versionen in Frankreich und anderen Ländern, in welchen die Heldin mißverständl. als Chatelaine de Vergy und unter dem Namen Gabrielle auftritt, und die überaus weite Verbreitung dieser späteren Fassungen legen die mögliche Klassifikation dieser Erzählung als internationalem volkstüml. Stoff nahe, trotz der höf. Elemente und Topoi (ritterl. Tapferkeit in Verbindung mit Liebe, Turniere, nächtl. Episoden). R. J. Cormier

Ed.: Die Lieder des Castellans v. Coucy, ed. F. Fath, 1883 – Chansons attribuées au Chastelain de Couci, ed. A. Lerond, 1964 – Le Roman du Castelain de Couci et de la Dame de Favel par Jakemes, ed. J. E. Matzke – M. Delbouille, 1936 – Renaut de Beaujeu, Le Lai d'Ignaures, ed. R. Lejeune, 1938 – *Lit.*: K. H. Jackson, The Internat. Popular Tale and Early Welsh Tradition, Wales, 1961 – Le Cœur mangé, hg. D. Regnier-Bohler, 1979.

Châtelet de Paris, Amtssitz und Gerichtshof des →*prévôt* (praepositus) v. Paris, des mit der Wahrnehmung der kgl. Rechte in →Paris und seiner Umgebung betrauten kgl. Beamten. Das Ch. war eine Festung auf dem rechten Seineufer, welche die von diesem Ufer zur Ile de la Cîté führende Brücke beherrschte und das südl. Ende der Rue St-Denis abschnürte. Zu Beginn des 12. Jh. errichtet, unter Ludwig d. Hl. und Karl V. umgebaut, wurde das Ch. zw. 1802 und 1810 abgerissen. Sein Turm diente als Kerker für die auf Weisung des prévôt oder des →Parlement Verhafteten und, während der Bürgerkriege, für polit. Gefangene; diese fielen bei mehreren Aufständen Blutbädern zum Opfer.

Der prévôt v. Paris delegierte zu Beginn des 14. Jh. seine Gerichtsbefugnisse an zwei *lieutenants* (Stellvertreter), von denen der eine die Zivilprozesse, der andere die Kriminalprozesse abzuwickeln hatte; ihnen standen zwei *auditeurs* (Auditoren) zur Seite. Die Untersuchungen wurden von den *examinateurs* (16 seit der Mitte des 14. Jh.) geführt. Alle diese Justizbeamten hießen *conseillers du roi au Châtelet*. Ein *procureur* (→Prokurator) und ein →*avocat du roi* (kgl. Advocatus) sowie zwei Gerichtsschreiber *(greffiers)* vervollständigten dieses Personal. Das Ch. richtete in erster Instanz sowie in Appellationsinstanz über Laien und Geistliche in Paris. Die →*sergents* (Polizisten) des Ch. – *sergents à verge* (mit Spießen ausgerüstete Polizisten) für die Stadt, *sergents à cheval* (Polizisten zu Pferde) für das Umland – vollstreckten die Urteile des prévôt und hatten die öffentl. Ordnung zu sichern. Ihre Zahl wurde zu Beginn des 15. Jh. von 160 auf 240 erhöht. Die →Notare am Ch. (seit 1302 60 an der Zahl) waren in einer Korporation zusammengeschlossen. Das von ihnen benutzte Siegel der *prévôté* verlieh den von ihnen beurkundeten Verträgen und sonstigen schriftl. Abmachungen ihre Rechtsgültigkeit (→Gerichtsbarkeit, freiwillige). Der Name des jeweils amtierenden prévôt wurde oben auf die Notariatsurkunde gesetzt; Urkundensprache war Französisch.

Im Milieu des Pariser Bürgertums verwurzelt, vermochte das Personal des Ch. nicht – wie dasjenige des Parlement – eine selbständige Stellung zu erlangen. Dies erklärt eine Reihe von Schwächen in seiner Jurisdiktion. Seine Bedeutung erlangte das Ch. v.a. durch die Ausbildung des frz. Kriminalprozesses (→Strafrecht), da hier die Untersuchungen für die Kriminalfälle, die dann vor dem Parlement verhandelt wurden, durchgeführt wurden. Vom Ch. aus verbreitete sich die Anwendung der →Folter. Am Ch. galt das in seinem Gerichtssprengel, der »prévôté et vicomté de Paris« (einem Gebiet von ca. 500 Pfarreien), gebräuchl. Gewohnheitsrecht. Dies war die »Coutume de Paris« (→Paris, Recht), die, schon vor ihrer offiziellen Kodifikation von 1510, die frz. Rechtsentwicklung stark beeinflußte. F. Autrand

Q. und Lit.: A. de Bouard, Etudes de diplomatique sur les actes des notaires du Ch., 1910 – F. Olivier-Martin, Hist. de la coutume de la prévôté et vicomté de Paris, 2 Bde, 1922–30 – F. Lot-R. Fawtier, Hist. des Institutions françaises au MA, t. 2, Institutions royales, 1958 – L. Carolus-Barré, L'organisation de la juridiction gracieuse à Paris dans le dernier tiers du XIII° s. L'officialité et le Ch., M-A, 1963, 417–435 – M. Langlois-Y. Lanhers, Confessions et jugements de criminels au Parlement de Paris (1319–1350), 1971.

Châtellenie → Kastellan

Châtillon, frz. Adelsfamilie. Das Haus Ch. bietet wohl das beste Beispiel für den Aufstieg einer Familie von ursprünglichen ministeriales, die, eng mit einer Burg verbunden, dank geschickter Heiratspolitik und offensichtl. persönl. Fähigkeiten zu einem der großen europ. Fürstenhäuser wurden, das selbst mit Kg.en verschwägert war. Eine moderne Geschichte der Familie fehlt bislang; wir sind auf eine genealog. Darstellung, die der Geschichtsschreiber André Du Chesne zu Beginn des 17. Jh. drucken ließ, angewiesen. Durch Du Chesne wurde eine Legende über den Ursprung des Hauses in Umlauf gesetzt: Es soll angebl. von einem Hervé (Heriveus) abstammen, Neffe von →Heriveus, der 900 Ebf. v. Reims und archicancellarius Kg. Karls des Einfältigen wurde, nachdem er vorher Kanzler Odos gewesen war; als Neffe von Hucboldus, Enkel Ludwigs d. Frommen und Schwager Kg. Berengars, war Heriveus mit den Karolingern verwandt. Es war Heriveus, der auf ebfl. Land die Burg Ch.-sur-Marne (ehem. Bm. Soissons, dép. Marne) in beherrschender strateg. Lage (Kontrolle über Straße und Fluß) erbaute. Ob dies aber 925 erfolgte, ist fraglich. →Heribert II. v. Vermandois ließ (im Namen seines jungen Sohnes Hugo, den er zum Ebf. v. Reims hatte wählen lassen) den Bruder und den Neffen des Ebf.s Heriveus wegen Usurpationen von ebfl. Gut gefangensetzen. Wann Ch. an den Gf.en v. →Champagne überging, ist unbekannt, doch hatte sich dieser schon um die Mitte des 11. Jh. der Burg bemächtigt und setzte hier einen Kastellan ein, doch hielt er Ch. als Lehen des Ebf.s v. Reims. Im 3. Viertel des 11. Jh. heiratete der Kastellan *Gui* die Tochter des Kastellans v. →Coucy, wodurch er zum Schwager des mächtigen Herrn v. Boves wurde. Eine (wahrscheinl.) Verwandtschaft zu Papst →Urban II., der selbst einer Familie von milites aus Ch. entstammte, vermag diesen sozialen Aufstieg zu erklären. Gui tritt mit anderen Kastellanen des Gf.en Tedbald 1076 als Mitunterzeichner einer Urkunde dieses Gf.en auf; einer seiner Söhne ist Archidiakon v. Soissons (1096–1125). Es war wohl sein Enkel *Heinrich* (Henri, 1117–30), Sohn von *Gaucher I.*, der durch seine Heirat mit Ermengarde v. Montjay, die ihn zum Herrn des betreffenden Ortes machte, in die Reihen des echten Feudaladels eintrat. Heinrichs Sohn *Gaucher II.* heiratete um 1134 Ade, die Tochter des Dreux (Drogo), Herrn v. Pierrefonds, die ihm die Herrschaft Crécy-en-Brie in die Ehe brachte. Sein Bruder *Renaud* (→Rainald v. Ch.) wurde durch seine Heirat mit Konstanze, der Tochter Bohemunds II., zum Fs.en v. →Antiochia und zum (fragwürdigen) Kreuzzugshelden, der schließl. 1187 (nach der Schlacht von →Hattin) durch →Saladins eigene Hand den Tod fand.

Von den Söhnen Gauchers heiratete der eine, ebenfalls *Gaucher* mit Namen, die Erbin der Herrschaft Nanteuil (-le-Haudouin); er ist der Vater von *Milon v. Nanteuil*, Bf. v. Beauvais (1218–34), sowie eines weiteren *Gaucher*, Stammvaters der Herren v. Nanteuil. Der andere Sohn, *Gui*, war Herr v. Montjay; mit ihm begann die glanzvollste Periode der Familiengeschichte. Er heiratete Alix de Dreux († um 1205/10), die Tochter von Robert, Gf.en v. Dreux und Braine, Bruder Kg. Ludwigs VII. Einer der Söhne aus dieser Ehe, *Robert*, wurde Bf. v. Laon (1209–15). Ein anderer war *Gaucher III.* († 1219), Herr v.Ch., Troissy, Montjay, Crécy, Pierrefonds, Encre,

Pont-St-Maxence und Broigny. Er begleitete Kg. Philipp II. August auf den 3. Kreuzzug (1191). Nach der Rückkehr wurde er Seneschall v. Burgund und *bouteiller* (Mundschenk) v. Champagne. Durch seine Heirat mit Isabelle, Gfn. v. →St-Pol, erhielt er diese überaus bedeutende Gft., die im Schnittpunkt des kgl. →Artois und →Flanderns lag. Damit war Gaucher III. zu einem der großen Barone Nordfrankreichs geworden.

Gauchers III. älterer Sohn *Guy III.* v. Ch. (Guy II. als Gf. v. St-Pol) nahm am Kreuzzug Ludwigs d. Hl. en teil und starb 1226 kinderlos. Seine Schwester *Yolande* vermählte sich mit Archambault von→Bourbon. Der jüngere Sohn, *Hugues I.* v. St-Pol, heiratete Marie aus der großen Familie→Avesnes, Tochter von Gautier und Marguerite, Gfn. v. Blois (Tochter des Gf.en Tedbald VI. und Witwe des Pfalzgf.en v. Burgund, Otto v. Andechs-Meranien). Von den Söhnen von Hugues und Marie erbte *Jean* († 1279) die Gft. en Blois und Chartres; *Guy* war Gf. v. St-Pol; *Gaucher IV.* v. Ch. war auch Herr v. Crécy (∞ Isabelle v. Villehardouin). Auf diese drei Brüder gehen die Linien der Ch. zurück:

[1] *Blois-Chartres:* Jean v. Ch., Gf. v. Blois (∞ Alix v. Bretagne), hatte nur eine Tochter, *Jeanne*, die 1271 Peter, Gf.en v. →Alençon, Bruder Ludwigs d. Hl.en, heiratete und 1286 die Gft. Chartres an Kg. Philipp den Schönen verkaufte.

[2] *St-Pol-Porcien:* Gaucher IV. v. Ch., Gf. v. St-Pol, war Vater von *Gaucher V.* (* 1250, † 1329). Dieser spielte eine bedeutende polit. Rolle als Rat Philipps des Schönen, Ludwigs X. und Karls IV. Durch seine polit. und militär. Tätigkeit vermochte Gaucher v. Ch. zahlreiche Lehen und Güter anzuhäufen. *Connétable de Champagne* (1285) und schließl. →*connétable de France* (1302), befehligte er zahlreiche Truppenverbände in den Kriegen gegen →Flandern (1302–20), wo seine familiären Beziehungen ihm einen hervorragenden Platz bei den Verhandlungen verschafften. Ebenso führte er Kriegsoperationen in der Guyenne (1324–25) und in der Gft. Verdun (1309, 1318, 1321) durch. Er unterdrückte die Aufstände in Chalons-sur-Marne (1307) und Navarra (1307), die Revolte des Béraud de Mercoeur (1311), die feudalen Ligen (1315) sowie die Aufstände des Hzg.s v. Burgund (1317) und des Grafen →Robert v. Artois (1316–19). Neben seinen Lehen Crécy-en-Brie, Troissy, Muscourt und Marigny hatte er auch die Lehen seiner ersten Gattin Isabelle v. Dreux († 1300), Tochter von Jean, Vicomte v. Chateaudun, inne, ebenso diejenigen der Nachkommen seines Onkels Jean, Gf.en v. Blois, und seines Bruders. Gaucher tauschte 1290 Crécy gegen Ch.-sur-Marne, das er 1302–03 jedoch gegen Rozoy, Gandelu und die Gft. →Porcien dem Kg. abtrat, der hier eine *prévôté* einrichtete. Gaucher erwarb Champront und La Nouvelle, verkaufte jedoch Champront bald wieder an Enguerrand de →Marigny und trat das Lehen Ville Bertins an seinen Neffen Miles de →Noyers ab. Aus der Ehe mit seiner ersten Frau Isabelle gingen drei Söhne hervor: *Gaucher VI.* v. Ch., Gf. v. Porcien; *Jean I.* v. Ch., Herr v. Troissy, der erste der Linie der Barone v. Argenton und Bouville und der Hzg.e v. Ch., sowie *Hugues*, der erste der Vidames v. Lyon. Aus seiner 2. Ehe mit Hélissende de Nergy entstammten *Gui*, Herr v. La Fère in Tardenois († 1362), Gouverneur der Gft. Burgund (1335), ∞ Marguerite v. Dampierre (Tochter von Jean II. und Isabeau v. Brienne). Beider Sohn *Gaucher VII.*, Gf. v. Porcien († 1342), war in den Prozeß →Roberts v. Artois verwickelt; ∞ Jacqueline de Frie. Dieser Ehe entstammte *Jean II.*, Gf. v. Porcien, der kinderlos starb, nachdem er seine Gft. 1400 an Ludwig v. Orléans verkauft hatte.

Der Bruder von Gaucher VII., *Jean I.* v. Ch. († 1362), Herr v. Dampierre, →*capitaine* v. Béthune (1346), ∞ Marie v. Rollencourt im Artois, hatte u. a. folgende Söhne: *Gaucher* (⚔ 1356 bei Poitiers/Maupertuis); *Jean* († 1363); *Hugues II.* († 1389), *capitaine* der kgl. Armbrustschützen *(arbalétriers)* und 1368 kgl. Rat *(conseiller)*, der an vielen Gefechten des Hundertjährigen Krieges teilnahm (1364 in Berry und Normandie, 1367 in Champagne und Picardie) und nach engl. Gefangenschaft (1369–71) das Amt des *capitaine général* in Picardie, Artois und Boulonnais erhielt (1373). Aus einer Ehe mit Agnès de Séchelles stammte *Jacques I.* (⚔ 1415 bei Azincourt), Herr v. Dampierre, Sompuis, Rollencourt, →*chambellan* Karls VI. (1398), →*amiral de France* (1408); ∞ Jeanne Bureau de La Rivière. Der Ehe entstammten: *Jacques II.*, ∞ Jeanne Flotte, Dame v. Revel und Escole, der 1427 *grand panetier de France* (kgl. Großer Brotmeister) war und auf den die Bastarde von Dampierre zurückgehen; *Waleran* († 1473), Herr v. Dampierre, Sompuis, Rollencourt, Gouverneur des Dauphiné, der zwei Töchter hinterließ.

[3] *Crécy-Blois-Penthièvre:* Die Vettern 1. Grades des Connétable Gaucher V. und Söhne Guys IV. waren *Hugues VI., Gui V.* und *Jacques.* Hugues VI. (II. als Gf. v. St-Pol) heiratete Béatrix, Tochter des Guy de Dampierre, Gf.en v. Flandern. Beider Sohn *Guy I.*, Gf. v. Blois, vermählte sich mit Marguerite v. →Valois. Aus der Ehe ging *Louis I.*, Gf. v. Blois (⚔ 1346 bei Crécy), hervor, der in den Armeen Philipps VI. diente und dessen Heirat mit Johanna v. →Hennegau (um 1331) dazu führte, daß Johann v. Hennegau wieder in die Botmäßigkeit des frz. Kg.s zurückkehrte. *Charles de Blois* (⚔ 1364 bei Auray), Bruder von Louis I., war der erste Gf. v. Penthièvre. Die Söhne Louis' I. waren: *Louis II.*, Gf. v. Blois († 1372 in England, kinderlos); *Guy II.*, Gf. v. Blois, Dunois, Herr v. Avesnes, Chimay usw.; *Jean II.* († 1381), Hzg. v. Geldern (durch Heirat mit Mathilde v. Geldern), der zweit Bastarde hinterließ. Guy II. († 1397 in Avesnes) heiratete Marie v. Namur, hinterließ jedoch keine Kinder. Er verbrachte einen Teil seiner Jugend in England als Geisel (bis 1367), ging 1370 auf→Preußenreise und begab sich sodann in die Guyenne und nach Flandern (1383). Er war, wie schon sein Vater, eng mit dem großen Geschichtsschreiber →Froissart verbunden. Nach dem Tod seines Sohnes (1391) verkaufte er seine Gft. en Blois und Dunois an Ludwig v. Orléans.

Die Nachkommen von Guy V., Gf. v. St-Pol, Bruder von Hugues VI., starben entweder kinderlos oder aber das Erbe wurde zum Kunkellehen. *Jean*, Sohn von Guy V., heiratete Jeanne de Fiesnes; aus dieser Ehe ging *Guy VI.* v. Ch. (V. v. St-Pol) hervor; er war →*lieutenant du roi* in der Picardie und im Beauvaisis (1358), kämpfte bei Corbie (1358) und St-Valéry (1359) und starb in England als Geisel. Seine Schwester *Mahaut* heiratete Guido v. Luxemburg.

1400 gehörten die Gft. Blois und Dunois sowie die Gft. Porcien bereits nicht mehr dem Hause Ch.; nur die jüngeren Linien (Gf.en v. Penthièvre, Herren v. La Fère, Herren v. Leuse, Herren v. Dours) hatten noch Nachkommen. Doch erlosch die Familie Ch. erst 1762 vollständig.

R.-H. Bautier/E. Lalou

Lit.: DBF VIII, 795–819 – DE LA CHENAYE DESBOIS-BACHIER, Dict. de la noblesse V, 446–495 – A. Du Chesne, Hist. de la maison de Ch.-sur-Marne, 1621 – P. Anselme, Hist. généalogique de la maison de France, 1726–39 [Neudr. 1964] – S. DESPREAUX, Hist. de la maison de Ch., 1825 – A. REMY, Hist. de Ch., 1881 – G. TESSIER, Les comtes de Blois, Guy Ier, Louis Ier et Louis II de C. (Thèse d'Éc. des Chartes, 1923) – A. LEGOY, Gaucher de Ch., comte de Porcien et connétable de France (1250–1329) (Thèse d'Éc. des Chartes, 1928) – M.-A. CORVISIER, Le comté de Blois sous les Ch., éd. du cart. de 1319 ou »nouveau cart.«

(Thèse d'Ec. des Chartes, 1976) – M. Bur, La formation du comté de Champagne..., 1977 – Ch. Brunel, Peuplement rural, économie et société dans l'ancien diocèse de Soissons (Thèse d'Ec. des Chartes, 1983) – s. a. Lit. zu: →Avesnes, →Blois, →Chartres, →Penthièvre, →Porcien, →Bretagne.

Châtillon-sur-Seine, mittelfrz. Stadt an der oberen Seine (dép. Côte d'Or). Bereits 880, als die Gebeine des hl. Vorles (Verolus) nach Ch. überführt wurden, bestand hier wohl eine Burganlage, die dem Bf. v. →Langres gehörte. Aber 973 übertrug Bf. Widricus dem Hzg. v. Burgund dort eine Prekarie, die zu einem Lehen wurde. Um 1168 gestattete Bf. Gautier dem Hzg., die im bfl. Besitz befindl. Burg und den Burgus (bourg), der als Conseniorat von beiden Gewalten gehalten wurde, mit einer einheitl. Mauer zu umgeben. Kg. Philipp II. August nahm 1186 Ch. ein und ließ dort Odo (Eudes [den späteren burg. Hzg. Odo III.]) gefangensetzen. Odo gewährte den Einwohnern von Ch. eine *commune*, die aber auf Ablehnung des Bf.s stieß: Er gewährte 1213 nur für die »Straße« von Chaumont Abgabenfreiheit. Hugo IV. machte Ch. zum Hauptort des »Bailliage de la Montagne«. Die Kirche Notre-Dame, die als Kollegiatstift vom Bf. v. Langres, →Bruno v. Roucy (980–1016), gegr. worden war, wurde 1158 zur Abtei für Regularkanoniker. Eine andere Kirche, St-Vorles, versah den Kirchendienst für die Burg. Im 13. Jh. siedelte sich ein Franziskanerkonvent an. Die Stadt war der Sitz einer bedeutenden Tuchherstellung, sie gehörte zu den »villes de loi«.   J. Richard

Q.: Vita et miracula s. Veroli, jun. III, 383–389 – Lit.: DHGE XII, 588–590 – Beaunier-Besse, Abbayes et prieurés... XII, 1941, 376–386 – G. Roupnel, Le régime seigneurial dans le bourg de Ch., Revue bourguignonne de l'enseignement supérieur 6, 1896 – J. Laurent, La Lingonie, étude de la seigneurie des évêques de Langres, 1907 – M. Belotte, Les possessions des évêques de Langres dans la région de Mussy-sur-Seine et de Ch., Annales de Bourgogne 23, 1965.

Chatten → Hessen

Chaucer, Geoffrey, engl. Dichter

I. Leben – II. Werke – III. Literarische Bedeutung – IV. Chaucer und die Astronomie, Astrologie.

I. Leben: * ca. 1343 in London, † wohl 25. Okt. 1400, ▭ Abteikirche v. Westminster, Sohn eines reichen Londoner Weinhändlers, ∞ vor Sept. 1366 mit Philippa (wahrscheinl. Tochter von Sir Paon de Roet und Schwester von Katharine Swynford, der Geliebten und späteren dritten Gemahlin von →John of Gaunt; † 1387). Seit 1357 war Ch. Page bei der Gfn. Elizabeth v. Ulster, der Gemahlin Prinz Lionels, des dritten Sohns Kg. Eduard III.; 1359/60 nahm er am Frankreichfeldzug teil. Im Frühjahr 1366 hielt er sich in Navarra auf. Im Dienst von Kg. Eduard III. (1367 als valettus [Kammerdiener], 1372 als armiger [scutifer, Schildknappe]) erhielt er eine Leibrente. Zw. 1372 und 1387 führten ihn mehrere Reisen in diplomat. Mission nach Italien, Frankreich und Flandern. 1374 setzte ihm John of Gaunt eine Leibrente aus. In England hatte er verschiedene Ämter inne, insbes. als Aufseher über verschiedene Zölle im Hafen von London (1374–86) und als Friedensrichter in Kent (1386–89). 1386 ging er als einer der beiden Ritter für die Gft. Kent ins Parlament. Als clericus operacionum wurde Ch. 1389 von Kg. Richard II. mit der Leitung baulicher Arbeiten am Palast von Westminster, am Tower von London und an weiteren kgl. Besitzungen betraut; 1391 gab er diese Ämter ab. 1394 sprach ihm Richard II. eine Leibrente zu; Kg. Heinrich IV. erkannte ihm 1399 ebenfalls eine Rente zu.

Obgleich Ch. bei drei Kg.en und auch sonst bei reichen und mächtigen Herren in Gunst stand, war sein Leben keineswegs sorgenfrei. Es fehlte ihm ständig an Geld, und er wurde häufig von seinen Gläubigern bedrängt. Ob er auf seine Ämter als Zollaufseher nach der außergewöhnl. langen Dienstzeit von 12 Jahren freiwillig verzichtete, ist nicht bekannt; ein Zusammenhang mit dem Parlamentsantrag von 1386, nach dem alle auf Lebenszeit eingesetzten Zollaufseher wegen Amtsmißbrauchs zu entlassen waren, ist nicht auszuschließen.

Ungeachtet der Fülle von Lebenszeugnissen bleibt seine Persönlichkeit rätselhaft. Die Dokumente verraten nichts von seiner reichen literar. Tätigkeit; umgekehrt nehmen seine Dichtungen wenig Bezug auf zeitgenöss. politische Ereignisse.   B. Rowland

II. Werke: Nicht erhalten sind die (möglicherweise frz.) Liebesgedichte, die Ch. nach dem Zeugnis des mit ihm befreundeten John →Gower in seiner Jugend verfaßt haben soll. Ch. schuf eine Übersetzung von →Boethius' »De consolatione Philosophiae« (durchwegs in Prosa gegenüber dem aus Prosa und Versen gemischten Original) und übertrug einen Teil des »Rosenromans« (Guillaume de →Lorris, →Jean de Meung) in vierhebige Reimpaare. Er schrieb eine Anzahl kürzerer Gedichte; in vorgerücktem Alter verfaßte er einen kurzen Prosa-Traktat über das Astrolabium (s. Abschnitt IV.).

Ch.s frühestes eigenständiges Werk von größerem Umfang, das sich freilich stark an frz. Vorbilder anlehnt, ist »The Book of the Duchess« (1334 Zeilen, vierhebige Reimpaare). Sein Anlaß und Thema ist der Tod der Hzgn. Blanche, der ersten Ehefrau des John of Gaunt, die 1368 der Pest erlag. Elegische und heitere Züge wechseln darin ab: Der Ich-Erzähler schläft über der Lektüre von Ceyx und Alcione (Ovid, »Met.«, 11.410ff.) ein und träumt, schließe sich einer fsl. Jagdgesellschaft an und treffe im Wald auf einen schwarzgekleideten jugendl. Ritter (in dem wir John of Gaunt vermuten dürfen). Dieser betrauert den Verlust seiner Liebsten, die den Namen 'White' (= 'Blanche') hatte (948); verspätet begreift der Erzähler, daß Blanche tot ist (1309). Traum und Gedicht enden abrupt: der Erzähler erwacht, immer noch mit dem Buch von 'Alcione and Seys' in der Hand. Ch. zeigt in diesem Gedicht, daß er mit höf. und literar. Konventionen, unter anderem auch mit den Empfehlungen der artes rhetoricae (→Ars poetica, Abschnitt C), souverän umzugehen versteht.

Das Motiv der allegor. Traumvision, in frz. Liebesdichtung verbreitet, kehrt bei Ch. noch in drei anderen Dichtungen wieder. »The House of Fame« (2158 Zeilen, vierhebige Reimpaare), wohl vor 1380 geschrieben, ist unvollendet geblieben. Der Erzähler berichtet u. a., wie er im Traum von einem recht gesprächigen Adler gepackt (vgl. Dante, »Purgatorio«, 9.19ff.) und zum Haus der Fama entführt wird, die Ruhm und Schande willkürlich austeilt. In »The Parliament of Fowls« (699 Zeilen, rhyme royal), das vielfach den Einfluß von →Dante und →Boccaccio durchblicken läßt, beschäftigt sich der Erzähler vor dem Einschlafen mit dem »Somnium Scipionis« (→Macrobius); im Traum erscheint dann auch ihm der ältere 'Affrican'. Dieser führt ihn in einen Garten, der erfüllt ist von allegor. und exemplar. Gestalten, in denen sich die verschiedensten Aspekte der Liebe ausdrücken. Hier haben sich die Vögel zum Valentinstag versammelt, um ihre Partner zu wählen. Unter dem Vorsitz der 'goddesse Nature' (303) verhandeln sie ein bes. Liebesproblem: drei Adler bewerben sich um ein Adlerweibchen; welchen soll sie akzeptieren? Nature stellt die Wahl dem Weibchen selbst anheim, doch dieses erbittet ein Jahr Bedenkzeit. Die weniger vornehmen Vögel erhalten von Nature ihre Gatten zugeteilt und werden entlassen; ausgesuchte Sänger geben zum Schluß ein *roundel* (Triolett) nach frz.

Vorbild zum besten. »The Legend of Good Women« (unvollendet, stellenweise zwei verschiedene Versionen, 2723 Zeilen, fünfhebige Reimpaare) ist späteren Datums. Dem Erzähler begegnet im Traum der Gott der Liebe. Er führt eine Kgn. – 'Alceste', wie sich später herausstellt – an der Hand; andere Frauen folgen von weitem. Der Gott wirft dem Erzähler vor, er habe mit der Übersetzung des »Rosenromans« sowie mit der Geschichte von 'Creseyde' Liebe und Liebende verleumdet und häret. gegen das Gesetz der Liebe verstoßen. Alceste führt zugunsten des Erzählers – d. h. Ch.s – dessen andere Werke katalogartig an (F 417ff.), erlegt ihm aber gleichwohl eine Buße auf: er soll eine Legende von guten Frauen anfertigen, die Treue bewiesen haben. Das Ergebnis dieser Bußübung sind die darauffolgenden neun Geschichten von liebenden Frauen (und teilweise 'Märtyrerinnen' der Liebe) wie Cleopatra, Thisbe, Dido, Ariadne.

Die Geschichte von der ungetreuen Creseyde, die dem Erzähler der »Legend« zur Last gelegt wurde, ist das um 1385 entstandene große Gedicht »Troilus and Criseyde« (5 Bücher, 8239 Zeilen, rhyme royal). Quelle für den Stoff ist »Il Filostrato« von Boccaccio. Troilus, Sohn des trojan. Kg.s Priamus, verliebt sich in die junge Witwe Criseyde, die Tochter des zu den Griechen übergelaufenen Sehers Calkas. Durch die Vermittlung ihres Oheims Pandarus gewinnt Troilus ihre Gunst und verlebt mit ihr drei glückliche Jahre. Als sie im Zug eines Gefangenenaustauschs ins gegner. Lager geschickt wird, verspricht sie ihm Treue; sie verfällt aber dann einer neuen Liebe zu ihrem griech. Bewacher Diomede(s). Der enttäuschte Troilus sucht den Tod im Kampf und fällt von der Hand des Achille(s). Die Sensibilität, mit der Ch., weit über die dem Stoff inhärenten konventionellen Begriffe von Liebe hinausgehend, die Regungen der Leidenschaften und v. a. den komplexen Charakter der unberechenbaren Criseyde darstellt, hat dem Gedicht den Ruf eines frühen psycholog. Romans eingebracht. Mit dem »Troilus« hat Ch. seine Mitwelt am nachhaltigsten beeindruckt, und die Wertschätzung des Gedichts hat auch dazu beigetragen, seine Sprache – den Londoner Dialekt – als Literatursprache und Standard-Englisch durchzusetzen.

»*Canterbury Tales*« (»*CT*«): In seinem letzten Lebensjahrzehnt arbeitete Ch. an seinem heute bekanntesten Werk, den »CT«, einer Sammlung von Erzählungen, die durch eine Rahmenhandlung verbunden sind. Der Erzähler Ch. trifft im 'Tabard', einem Gasthof in Southwark, auf eine Gesellschaft von 29 Leuten aus den verschiedensten sozialen Schichten, die wie er nach Canterbury zum Schrein des hl. →Thomas Becket (vgl. →Canterbury-Wallfahrt) wallfahren möchten. In dem berühmten »General Prologue« werden sie einzeln vorgestellt: der soldat.-ehrbare Ritter, die sich zierende und für ihren geistl. Stand viel zu elegant gekleidete sentimentale Priorin, der auf die Jagd versessene prachtliebende Mönch, der bescheidene Gelehrte aus Oxford, der skrupellose Schiffer, der Bettelmönch, die lebenslustige und weitgereiste Frau aus Bath, der anständige Pfarrer, der grobe Müller, der heuchler. Ablaßkrämer, etc. Zum Zeitvertreib soll unter Leitung des Wirtes jeder der Pilger auf dem Hin- und Rückweg je zwei Geschichten erzählen.

Von den 120 Erzählungen, die man nach dieser Ankündigung zunächst erwarten möchte, sind allerdings nur 24 ausgeführt bzw. in Angriff genommen worden; die Pilgerfahrt bricht ab, bevor Canterbury erreicht ist. Ch.s großes Werk ist Torso geblieben. Weder ist eine Schlußredaktion erfolgt, welche einzelne Ungereimtheiten beseitigt hätte (so ist immer noch sichtbar, daß die Erzählung der Zweiten Nonne ursprgl. einem Mann, die des Schiffers einer Frau in den Mund gelegt werden sollte), noch scheint Ch. sich für eine endgültige Anordnung des Vorhandenen entschieden zu haben. Nur innerhalb einzelner Textblöcke, die auch als solche in den Hss. überliefert sind (man zählt 10 solcher sog. Fragmente), ist durch Verbindungsstücke, die die Rahmenhandlung aufrechterhalten, die Zusammengehörigkeit und Abfolge bestimmter Erzählungen eindeutig festgelegt.

Mit der Auswahl seiner Pilger gibt Ch. einen Querschnitt durch die Gesellschaft, die er erlebt und intensiv beobachtet hat; mit der Auswahl der Texte, die er ihnen in den Mund legt, gibt er einen Querschnitt durch die zu seiner Zeit gängigen Formen und Typen von Literatur. Versdichtung (fünfhebige Reimpaare, Schweifreimstrophen, rhyme royal) steht neben Prosa. Mit der Erzählung des Ritters von Palamon und Arcite (nach der »Teseida« von Boccaccio) wird die höf. Liebesromanze (→Romanze) strengen Stils vorgeführt; in den derben Erzählungen, mit denen etwa der Müller und der Gutsverwalter ('Reeve'), der ein gelernter Zimmermann ist, einander zu beleidigen suchen – in der einen wird ein Zimmermann gehörnt, in der anderen ein Müller –, erscheint das →*fabliau*. Die Heiligenlegende ist mit der Vita der hl. →Caecilia vertreten, von der Zweiten Nonne erzählt. In der →Tierfabel von Hahn, Henne und Fuchs (»The Nun's Priest's Tale«) wird höf. und gelehrtes Gehabe aufs geistvollste persifliert. Der Mönch erzählt 'Tragödien' – 'De Casibus Virorum Illustrium', wie der lat. Zwischentitel sagt. Der Freibauer ('Franklin') wartet mit einem bret. Lai auf. Die Frau aus Bath, die fünfmal verheiratet war, bietet in einer der Artuswelt angesiedelten Feenmärchen, dessen Held – oder Opfer – herauszufinden hat, was Frauen am liebsten wollen (nämlich die Herrschaft über Ehemann oder Liebhaber), nachdem sie uns schon in ihrem »Prolog« freizügig mit ihrem handfesten Standpunkt zu Sexualität und Eheleben bekannt gemacht hat. Der Ich-Erzähler der »CT«, der inkognito reisende Pilger Ch., überläßt es einem anderen Erzähler, ausführl. auf die Leistungen des bekannten Dichters 'Chaucer' einzugehen (II. 47ff.). Als er selbst zum Reden aufgefordert wird (VII. 694ff.), beginnt er mit einer →Romanze (»Sir Thopas«) im quasi-volkstüml. Stil (Schweifreimstrophen); für seine Zuhörer ist sie so unerträgl. albern, daß sie ihn unterbrechen und er dann in eine erbauliche Prosaerzählung ausweicht. Der Leser der »CT« aber wird geneigt sein, die iron. Parodie und die Selbstironie in Chaucers tölpelhaftem Auftritt zu bewundern. Das Ende der »CT« wechselt freilich in eine andere Tonart. Das Wort hat als letzter Erzähler der Pfarrer, dem eine andere Art von Wallfahrt vorschwebt, nämlich die nach dem »Himmlischen Jerusalem (X. 51). Seine Erzählung ist eine Prosapredigt über Sünde und Buße. Daran schließt sich noch Ch.s Nachwort an, sein bekannter Widerruf, in dem er alle seine weltl.-eitlen Werke verwirft, insbes. von den »CT« diejenigen, die sich der Sünde zuwenden (X. 1085). Die Leser aus sechs Jahrhunderten haben freilich gerade auch diese Werke und den in ihnen enthaltenen Reichtum an Realität und Phantasie hochgeschätzt: »here is God's plenty« (John Dryden).

III. LITERARISCHE BEDEUTUNG: Praktisches Wissen, Belesenheit, ein scharfer und neugieriger Blick für menschl. Schwächen, Hintergedanken und Eitelkeiten, Kenntnis einheim. und »moderner« nicht-engl. Literatur, Einsicht in literar. Techniken und Konventionen und auch ein bes. Sinn für das Spiel damit: dies sind einige der Qualitäten, die der weltgewandte Hofmann und Beamte in seine literar. Produktion einbrachte. Er erarbeitete sich einen

Stil, der in seiner Leichtigkeit und scheinbaren Einfachheit, in seiner frischen Bildkraft, in seiner souveränen Ironie auch den heutigen Leser noch in seinen Bann schlägt. Mit Ch. gewinnt England Anschluß an das Niveau der zeitgenöss. europ. Literatur; wenn er 'Dant' zitiert oder 'Fraunceys Petrak', dann als Dichter von ebenbürtigem Rang. Die Mitwelt hat ihn offensichtl. anerkannt, die Literaten der unmittelbaren Folgezeit sich an ihm orientiert (→Chaucernachfolger). Seine Rolle als Vorbild und 'Vater der engl. Dichtung' (so John Dryden, 1632–1700) bezeichnet ein eigenes Moment in der Geschichte der engl. Literatur insofern, als sich darin ein neues Interesse des Publikums nicht allein am literar. Text, sondern eben auch an der Person des bedeutenden Literaten ausdrückt. Eine ganzseitige Miniatur vom Beginn des 15. Jh. stellt Ch. dar, wie er von erhöhter Kanzel herab der Hofgesellschaft aus seinem »Troilus« vorträgt. Eine Reihe weiterer Miniaturen und Tafelbilder, die offenkundl. auf Porträtähnlichkeit abzielen, zeugen von der Verehrung, die man ihm entgegenbrachte. Zahlreiche Hss. und frühe Drucke (→Caxton, Pynson, Thynne, Speght u. a.) überliefern seine Texte, die in England zu allen Zeiten gelesen wurden. B. Rowland/W. Steppe

IV. CHAUCER UND DIE ASTRONOMIE, ASTROLOGIE: Anspielungen in Ch.s dichter. Werk auf →Astrologie und →Astronomie (»Canterbury Tales«, »Troilus and Criseyde«, »Complaint of Mars«, »The House of Fame«) zeigen, daß Ch. mit dem astrolog. und astronom. Schrifttum seiner Zeit vertraut war und sich wohl bes. in dem Zeitraum von 1385–94 mit diesen Wissenschaften beschäftigt hat. In seinen Erzählungen bringt er die Handlung mit dem spezif. Planetenstand jener Zeit in Verbindung, so daß die Annahme nahe liegt, daß Ch. die betreffenden Erzählungen in großer zeitl. Nähe zu den astronom. Phänomenen, die er anspielt, niederschrieb (z. B. im »Troilus«, III. 624f.). Im übrigen ist zu beobachten, daß Ch. sich gerne an Kalenderdaten hält, die – wie der 3. und der 6. Mai – seinerzeit allgemein als Glücks- bzw. Unglückstage galten. Auch wählt er den Valentinstag, so z. B. in »The Parliament of Fowls«, 309 und in »The Legend of Good Women«, F. 145.

Sein Prosa-Traktat »Treatise on the Astrolabe« von ca. 1391 (→Astrolabium), vorgebl. für Ch.s Sohn Lewis bestimmt, fußt in der Hauptsache auf →Māšā'allāh (762– ca. 815), dessen Werk ihm in lat. Übersetzung vorlag. Möglicherweise ist Ch. auch der Verfasser einer 1392 entstandenen Schrift über das →Äquatorium.

Obwohl Ch., soweit wir wissen, selbst keine Universität besucht hat, war er mit den dort gepflegten Wissenschaften wohlvertraut. Persönliche Bekanntschaften können dabei eine Rolle gespielt haben. Der aus dem Oxforder Merton College hervorgegangene Ralph Strode (der 'philosophical Strode' aus dem »Troilus«, V. 1857) war in London sein Freund und Nachbar. Den Karmeliter Nicholas of Lynn, dessen »Kalendarium« Ch. in »The Nun's Priest's Tale« benutzt hat, kannte er aus der gemeinsamen Zeit im Hofhalt des John of Gaunt. Auch mit Thomas →Bradwardine und seiner Lehre von der Willensfreiheit (zitiert »CT«, VII. 3242) hat Ch. sich auseinandergesetzt, was sicher für seine Einstellung zur Astrologie, von der er wenig zu halten scheint (vgl. den Traktat über das Astrolabium, II. 60), von Bedeutung war.

Bei seiner lit. Verarbeitung der Astronomie beschränkt sich Ch. kaum auf die großen, aber im Grunde einfachen, v. a. der aristotel. →Kosmologie entstammenden Elemente, die das Gerüst von →Dantes »Divina Commedia« bilden. Doch steht das »House of Fame« in einer wesentl. von →Aristoteles geprägten Tradition, zu der allerdings Einflüsse des Kommentars des →Macrobius zu →Ciceros »Somnium Scipionis« hinzutreten. J. D. North

Bibliogr.: NCBEL 1.37–40, 557–628 – E. P. HAMMOND, Ch. A Bibliographical Manual, 1908 – D. D. GRIFFITH, Bibliogr. of Ch. 1908–1953, 1955 – W. R. CRAWFORD, Bibliogr. of Ch. 1954–1963, 1967 – L. Y. BAIRD, A Bibliogr. of Ch. 1964–73, 1977 – A. C. BAUGH, Ch., 1977² – Q.: W. W. SKEAT, The Complete Works of Geoffrey Ch., 6 Bde, 1899–1907 – R. K. ROOT, The Book of Troilus and Criseyde, 1928 – J. M. MANLY–E. RICKERT, The Text of the Canterbury Tales, 8 Bde, 1940 – D. J. PRICE–R. M. WILSON, The Equatorie of the Planetis, 1955 – F. N. ROBINSON, The Works of Geoffrey Ch., 1957² – P. G. RUGGIERS, The Variorum Ch. [in Vorber.] – Hilfsmittel und Dokumente: C. F. E. SPURGEON, Five Hundred Years of Ch. Criticism and Allusion 1357–1900, 3 Bde, 1908–17 – J. S. P. TATLOCK–A. G. KENNEDY, A Concordance of the Complete Works of Ch., 1927 – W. F. BRYAN–G. DEMPSTER, Sources and Analogues of Ch.'s Canterbury Tales, 1941 – M. M. CROW–C. C. OLSON, Ch. Life-Records, 1966 – D. BREWER, Ch.: The Critical Heritage 1385–1933, 2 Bde, 1978 – N. DAVIS u. a., A Ch. Glossary, 1979 – Lit.: zu [I–III]: G. L. KITTREDGE, Ch. and his Poetry, 1915 – W. C. CURRY, Ch. and the Mediaeval Sciences, 1926, 1960² – C. MUSCATINE, Ch. and the French Tradition, 1957 – D. W. ROBERTSON, A Preface to Ch., 1962 – R. O. PAYNE, The Key to Remembrance, 1963 – W. CLEMEN, Ch.'s Early Poetry, 1964 – D. MEHL, Geoffrey Ch., 1973 – B. ROWLAND, Companion to Ch. Studies, 1979² – TH. WOLPERS, Bürgerliches bei Ch. (Bürger, Stadt und städt. Lit. im SpätMA, hg. J. FLECKENSTEIN–K. STAACKMANN, AAGPh Hist Kl. 3. F. 121), 1980, 216–288 – zu [IV]: J. D. NORTH, »Kalenderes Enlumyned Ben They«, RES NS, 20, 1969, 129–154, 257–283, 418–444 – C. WOOD, Ch. and the Country of the Stars, 1970 – E. S. LAIRD, Astrology and irony in Ch.'s »Complaint of Mars«, Ch. Review 6, 1972, 229–231 – Periodika: Ch. Review, 1966ff. – Ch. Newsletter, 1979ff.

Chaucernachfolger (English and Scottish Chaucerians). →Chaucers Wirkung auf die engl. Hofdichter des 15. Jh. beruht weniger auf seinen »Canterbury Tales« als vielmehr auf seinen kleineren Gedichten und dem »Troilus«, die ihrerseits stark durch Guillaume de →Machaut beeinflußt sind. Anonyme höf. Gedichte liefen vielfach unter Chaucers Namen, und erst die Philologie des 19. Jh. konnte sie aussondern. Typisch für die engl. Chaucernachfolger sind die längeren Darstellungen höf. Liebesabenteuer, die vorwiegend mit festen Motiven arbeiten: Traumvision, Frühlingstopik, Garten, Hof der Venus oder des Cupido, personifizierte Abstraktionen, →Minnehof, ohnmächtige Liebhaber mit Schriftstücken, in denen sie ihren Kummer beklagen. In allen Gedichten gelten die Konventionen der höf. Liebe; einige verraten aber auch Zynismus (etwa »The Court of Love«, »The Craft of Lovers«, »The Remedy of Love«). Beispiele der Gattung sind etwa: »The →Assembly of Ladies«, »The Flower and the Leaf«, »La Belle dame sans mercy« (von Sir Richard →Roos nach Alain →Chartier), »The Eye and the Heart« (nach Michaut Taillevant), »The Boke of Cupide« (Sir John Clanvowe zugeschrieben). Namentl. bekannte Adlige wie William de la Pole, Hzg. von Suffolk, oder Stephen →Scrope schrieben oder übersetzten höf. Gedichte. In der gleichen Tradition stehen auch Thomas →Hoccleve mit »The Letter of Cupid« (nach →Christine de Pisan) und John →Lydgate mit »The Complaint of the Black Knight« und »The Temple of Glass«. In »The Isle of Ladies« sind märchenhafte und höf. Motive miteinander verwoben. Gegen Ende des 15. Jh. verdrängt moralisierende Allegorie die in den früheren Gedichten vorherrschende Liebesthematik: so etwa in »The Pastime of Pleasure« von Stephen →Hawes und »The Castell of Pleasure« von William Neville.

In Schottland ist der Einfluß Chaucers bis ins 16. Jh. hinein wirksam, so v. a. bei Robert →Henryson, William →Dunbar und Gavin →Douglas; zu nennen sind aber auch

Textsammlungen wie etwa die →Bannatyne-Handschrift. R. H. Robbins

Bibliogr.: Manual ME 4, XI, 1973, 1061-1101, 1285-1306 – NCBEL I, 639-663 – *Q.*: W. W. SKEAT, The Complete Works of Geoffrey Chaucer VII, 1897 – R. H. ROBBINS, Secular Lyrics of the XIVth and XVth Centuries, 1955² – V. J. SCATTERGOOD, The Works of Sir John Clanvowe, 1975 – *Lit.*: D. PEARSALL, The English Chaucerians (D. S. BREWER, Chaucer and Chaucerians, 1966), 201-239 – A. C. SPEARING, Medieval Dream-Poetry, 1976, Kap. 4 – G. KRATZMANN, Anglo-Scottish Literary Relations 1430-1550, 1980.

Chaugy, Michaut de, burg. Staatsmann, † vor 1480; entstammte der Familie des Mitglets, Herren v. Chaugy (dép. Loire) in der Gft. Forez (im östl. Massif Central); M. de Ch., jüngerer Sohn von Jean III. v. Ch. und Guillemette de Montaigu-le-Blain, erbte von seiner Urgroßmutter Isabelle de Roussillon Schloß und Herrschaft Chissey-en-Morvan (dép. Saône-et-Loire), das er im Zuge einer Erbteilung erhielt. Durch diesen Besitz im Hzm. Burgund war seine Laufbahn im Dienste des burg. Hzg.s →Philipps des Guten vorgezeichnet. 1447 *écuyer tranchant* (Vorschneider), 1452 *chambellan* (Kammerherr) und *premier maître de l'hôtel* (erster hzgl. Hofmeister), kämpfte er tapfer gegen die aufständ. Genter und wurde bei der Schlacht v. Rupelmonde (1452) vom Hzg. zum Ritter geschlagen. Hzg. Philipp schenkte ihm sein Vertrauen und beauftragte ihn mit diplomat. Missionen (so 1450 bei Karl VII., Kg. v. Frankreich); er verlieh ihm militär. und administrative Ämter: *capitaine* u. Châteauneuf-sur-Sornin, Marcigny und Vieux-Château; *gruyer de Bourgogne* (oberster Aufseher der hzgl. Forsten) in Dijon 1461; *Bailli* v. Mâcon 1465-67. Bisweilen wird Ch. eine Mitverfasserschaft an den →»Cent nouvelles nouvelles« zugeschrieben. Hzg. Philipps Sohn und Nachfolger, →Karl der Kühne, machte Ch. zum Mitglied der »commission sur le fait des finances en Bourgogne«, einer Abteilung des hzgl. Rates, die für die Finanzangelegenheiten in Hzm. und Freigft. Burgund eingesetzt wurde. Nach Hzg. Karls Tod (1477) und der Machtübernahme Kg. Ludwigs XI. im Hzm. Burgund schloß er sich ebenso eng seinem neuen Herrn an, der ihm eine Reihe von Gunstbeweisen zukommen ließ. Ch. wurde *chevalier d'honneur* am →Parlement und erhielt das Privileg, diejenigen Teile der Herrschaft Roussillon, die seine Vorfahren auf Wiederkauf den Hzg.en verkauft hatten, zurückzuerwerben. (Die Wiederherstellung dieser alten Seigneurie hatte sich Ch. seit 1458 zum Ziel gesetzt.) Prachtliebend, betätigte sich Ch. als Stifter und Mäzen: er ließ sein Schloß Chissey neu errichten, stiftete ein Glasfenster für St-Michel de Dijon und beauftragte v. a. Roger Van der Weyden mit dem berühmten, für die Abteikirche von Ambierle bestimmten Flügelaltar, auf dem Ch. als Stifter dargestellt ist. Er machte 1476 sein Testament und wählte die Ste-Chapelle von Dijon zu seinem Begräbnis (1478); bald darauf muß er gestorben sein, denn 1480 ist seine Gattin, Laurette de Jaucourt, Witwe. – An direkten Nachkommen Ch.s sind nur zwei außerehel. Kinder bekannt, die 1463 legitimiert wurden. J. Richard

Q. und Lit.: REURE, Michel de Ch., Bull. de la Diana IX, 1896-97, 223-259; X, 1898, 265-271 – Chartes du Forez, XIII, 204ff. – P. CHAMPION, Les Cent Nouvelles Nouvelles, 1928 [Nachdr. 1977], XXI-XXIV.

Chauliac, Guy de → Guy de Chauliac

Chaumes-en-Brie (Calmae, Calmi), Abtei OSB in Frankreich (dép. Seine-et-Marne, arr. Melun, cant. Tournan; ehem. zur Diöz. Sens, heute zur Diöz. Meaux); gegr. vor 752, damals ð Symphorian. Von den Normannen zerstört, wurde die Abtei 1181 wiederhergestellt, nun ð Petrus. 1564 zur Kommende umgewandelt, wurde Ch. 1747 aufgehoben. In Ch. wurden die Reliquien des hl. Domnolus, Bf. v. Le Mans († 581), verehrt. – Wegen Mangels an Quellen (Kopialbuch seit dem 17. Jh. verloren) liegt die Geschichte der Abtei weithin im dunkeln. Eine neuere gründliche Untersuchung fehlt. M. Bur

Lit.: MABILLON, Annales OSB, VI, 646 – DHGE XII, 594 – GChr XII, 184 – A. ALLOU, Chronique des évêques de Meaux, 1875, 241 – A. CRAMAIL, L'abbaye royale de Saint-Pierre de Ch., 1876 [nur 1. Lieferung ersch.] – S. TONNELIER, L'abbaye royale de Ch., Bull. de la Société archéol. de Sens 13, 1880, 50-58 – CH. BEAUNIER-J. M. BESSE, Abbayes et prieurés de l'ancienne France VI, 1913, 26.

Chaumousey, Abtei in Lothringen (Bm. Toul, dép. Vosges, cant. Epinal), ð St-Sauveur und Ste-Marie, gegr. 1091/93 von Eremiten aus St-Mont (nahe Remiremont). Diese hatten in ihrem Bestreben, die Gebräuche der →Regularkanoniker zu übernehmen, zunächst die Kirche St-Léon in Toul erhalten, von dort aus gründeten sie Ch. Der Abt Seher (Sèhère) stand beiden Gemeinschaften bis zu seinem Tod am 8. Mai 1128 vor. In der ihm verfaßten Fundatio von Ch. berichtet er über die Streitigkeiten mit den Kanonissen von →Remiremont um Pfarrechte sowie über Schenkungen zugunsten der Abtei und ihre innere Organisation. Die Kanoniker von Ch. übernahmen die Consuetudines von →St-Ruf d'Avignon. Die Kirche von Ch. wurde 1095 geweiht. Die Abtei gründete ein Priorat in Marast (Freigft. Burgund). Ch. und St-Léon standen in Beziehungen mit den Kanonikerverbänden von St-Pierremont (Lothringen) und →Marbach (Elsaß). Nach Sehers Tod trat sein Schüler Jocelin an seine Stelle. Von nun an war die Geschichte der Abtei bis zu ihrer Reform im 17. Jh. ohne bedeutendere Ereignisse.

Der Wunsch einiger Kanoniker von Ch., 1120 den ordo antiquus von Saint-Ruf mit dem strengeren ordo novus zu vertauschen, führte allerdings zu einem Briefwechsel mit Abt Pontius von Saint-Ruf. Im 13. Jh. bildete Ch. mit den Prioraten Marast, Le Chênois und Fleurey eine kleine Kongregation mit jährlich abgehaltenen Generalkapiteln.

M. Parisse

Q.: Seherus, Primordia Calmosiacensia, MGH SS XII, 324-347 (Bibl. Epinal ms. 202) – Chart. de Ch. (Documents rares ou inédits de l'hist. des Vosges X, 1891; XI, 1896) – *Lit.*: DHGE XII, 597-600 [CH. DEREINE] – A. THÉVENOT, Notice topographique, statistique et hist. sur Ch., Ann. société Emulation des Vosges, 1889, 1-112 – CH.-E. PERRIN, La chronique de Ch., Annuaire Fédération hist. lorr. 4, 1931/32, 265-280 – CH. DEREINE, St-Ruf ses coutumes, RevBén 59, 1949, 161-182 – J. CHOUX, L'épiscopat de Pibon, Doc. Hist. Lorr., 1952, 156-178.

Chauvel, Renaud, frz. Prälat und Beamter, † 1356 in Poitiers; aus einer aus Chartres stammenden Familie von Münzmeistern. 1329 ist er Rechtsstudent, 1335 Lic. jur. Er trat darauf ins Parlement ein und war *conseiller* (Rat) des Kg.s und der Kgn. v. Frankreich. 1339 war seine Familie in Ungnade gefallen, R. de Ch. wurde aus dem Parlement entlassen. Darauf ist er in der *Chambre des enquêtes* (Untersuchungsgericht) belegt. 1346 trat er in die *Chambre des comptes* (Rechnungshof) über und schloß sich dem Hzg. v. Normandie an. 1350 wurde er Präsident der *Chambre des comptes.* 1352 Bf. v. Châlons, wurde er von Charles d'Espagne protegiert. R. Cazelles

Chauvigny, große frz. Adelsfamilie, stammte aus Ch. (östl. v. Poitiers, dép. Vienne, arr. Montmorillon) und hatte eine bedeutende feudale Position im →Poitou und →Berry inne. *André* († 1202), der jüngere Sohn von *Pierre-Hélie* († 1184), eine Gestalt wie aus einer Chanson de geste, war 1184 Ritter des engl. Kg.s Richard Löwenherz; er erwarb durch Heirat mit Denise de →Déols (∞ 1189) die Herrschaft →Châteauroux. André begleitete seinen Herrn auf dem 3. Kreuzzug. 1197 nach Europa zurückgekehrt, machte er Stiftungen zugunsten der Abtei →Déols und empfing von→ Eleonore v. Aquitanien die Herrschaft Ste-Sévère. Andrés Enkel *Guillaume* brach mit dem frz. Kg. Ludwig d. Hl. zum Kreuzzug nach Tunis auf und starb 1271 in Palermo. *André II.* (1281-1356), Sohn von Guillaume, erlangte durch Heirat die breton. Vicomté→Brosse. *Guy II.* (1356 minderjährig, † 12. Aug. 1422), Enkel von André, war Truppenführer unter→Du Guesclin; ∞ 1. Jeanne Roger de Beaufort, Tochter von Guillaume Vicomte de Turenne; ∞ 2. Antoinette de Cousan, aus welcher Ehe eine Tochter hervorging, die Béraud, Dauphin d'Auvergne, und in 2. Ehe Jean de Blois, Gf. v. Penthièvre, heiratete. *Guy III.* († 1482), Herr v. Châteauroux, dem Jean de La Gogue seine Geschichte der Fs. en v. Déols widmete, stiftete 1454 den Franziskanerkonvent v. Argenton und 1459 drei weitere Konvente OFM. Sein Sohn *François* († 15. Mai 1490), Vicomte de Brosse, war *conseiller chambellan* von Ludwig XI.; er war verheiratet mit Jeanne de Rais. Dieser Ehe entstammte *André III.* († 4. Jan. 1502), der am Neapelfeldzug Karls VIII. teilnahm; ∞ 1. Anne d'Orléans-Longueville; ∞ 2. Louise de Bourbon-Montpensier. Mit André III. erlosch die Familie.   E. Lalou

Lit.: DBF VIII, 918 – Recueil des historiens des Gaules et de la France XII, 457 – J. M. DE LA MURE, Hist. des ducs de Bourbon..., 4 Bde, 1860-67 – M. GRILLON DES CHAPELLES, Esquisses biogr. du dép. de l'Indre..., 3 Bde, 1864-65, I, 181-207; III, 291-409 [Ed. der Chronik von Jean de la Gogue] – G. VALLOIS, Les aventures romanesques d'André I de C. aux croisades (1191-92) représentées par une tapisserie du XVe s., Mém. de la soc. des antiquaires du Centre, 1881, 83-104.

Chazaren

I. Geschichte – II. Sprachzeugnisse – III. Archäologie.

I. GESCHICHTE: Ch., nomad. Türkvolk. Nach wie vor gibt es hinsichtl. der Frühzeit seiner Geschichte eine Reihe offener Fragen. Am wahrscheinlichsten ist jedoch, daß die Ch. zunächst dem Reich der Hephthaliten in Mittelasien angehörten, das Ende des 5. Jh. seine Blütezeit erlebte. Weniger wahrscheinl. ist die Möglichkeit, daß sie erst gemeinsam mit den Köktürken (→Türken) auftraten (nach 552). Verschiedene Hinweise lassen darauf schließen, daß einzelne Gruppen von Ch. bereits während der Regierungszeit Kawāds I. v. Persien (488–531) den Kaukasus erreichten, wo sie dem von den gleichfalls türk. Sabiren geführten Stammesverband angehört haben dürften. Der größte Teil der Ch. wanderte jedoch erst nach W ab, nachdem am 560 im Zusammenwirken von →Sāsāniden und Köktürken das Hephthalitenreich zerstört worden war, und ließ sich 567 in Absprache mit Chosroes I. (531–579) in N-Daghestan nieder, wo sich unter ihrer Führung eine lokale Konföderation türk. und iran. (alan.) Stämme bildete. Ihre Hauptorte in diesem Gebiet waren Balanǧar (wohl am Sulak) und Samandar (am Terek?). Vielleicht schon 567, spätestens aber wenige Jahre danach, erkannten die Ch. die Oberhoheit des unter einem Khagan der Ašina-Dynastie stehenden köktürk. Reiches an. Während des byz.-pers. Krieges stellte der Khagan dem byz. Ks. Herakleios ein Kontingent von angebl. 40 000 Ch. zur Verfügung, das sich an der erfolglosen Belagerung des mit Persien verbündeten Tiflis beteiligte (627). Nach dem byz.-pers. Friedensschluß (Anfang 628) setzten die Türken/Ch. den Krieg auf eigene Rechnung fort, plünderten Tiflis und besetzten ztw. Kaukasus-Albanien und NO-Armenien. Als das Westtürk. Khaganat infolge innerer Kämpfe zerbrach (seit 630), trat das Reich der Ch. westl. der Wolga dessen Erbe an; der chazar. Herrscher nahm gleichfalls den Titel Khagan an (erste sichere Erwähnung 652/653). Häufig wurde vermutet, daß die Chazarenkhagane der türk. Dynastie der Ašina angehörten, was sich jedoch nicht sicher belegen läßt.

Nach einem ersten Abwehrerfolg gegen die Expansion der →Araber (652/653) gelang es den Ch. nicht nur, ihre Herrschaft im N-Kaukasus zu festigen, wo die dem Chazarenreich eingegliederten Kaukasus-Hunnen in N-Daghestan eine bes. wichtige Rolle spielten, sondern sie nutzten den Zerfall des Großbulg. Reiches (seit 642) und die Bindung der byz. Kräfte im Krieg gegen die Araber zur Ausdehnung ihrer Herrschaft auf das byz. Interessengebiet nördl. des Schwarzen Meeres und auf der →Krim, deren Städte chazar. Besatzungen erhielten. Nur →Chersonesos (Cherson) verblieb unter byz. Herrschaft (2. Hälfte 7. Jh.). Ein Teil der verdrängten Protobulgaren wanderte an die Donau ab (→Asparuch), ein anderer Teil an die mittlere Wolga (→Wolgabulgaren). Das gemeinsame Interesse an der Abwehr der arab. Expansion verhinderte jedoch einen militär. Zusammenstoß zw. Byzanz und den Ch. Als der 695 nach Cherson verbannte Ks. →Justinian II. (685–695, 705–711) auf chazar. Gebiet floh, wo er die Schwester des Khagans heiratete (Taufname: Theodora), wurden die Ch. in die byz. Thronwirren verwickelt (704/705). Der Khagan versagte dem unberechenbaren Justinian seine Unterstützung; dieser war schließlich zur Rückeroberung seines Thrones auf bulg. Hilfe angewiesen. 711 begünstigten die Ch. den gegen das Terrorregime Justinians gerichteten Aufstand des →Philippikos Bardanes in Cherson, der den Anstoß zum Sturz Justinians gab. Die Abwehrerfolge, die die Ch. gegen die Araber erzielten, die seit etwa 690 und verstärkt seit 722 versuchten, durch den Kaukasus nach N vorzustoßen (Dez. 730: bedeutender chazar. Sieg bei Ardabīl), hinterließen in Byzanz solchen Eindruck, daß der Thronfolger Konstantin (V.) 732 oder 733 mit einer Tochter des Khagans (Taufname: Irene) verheiratet wurde. Ihr 750 geborener Sohn war als →Leon IV. (»der Chazare«) 775–780 byz. Ks. Zwar gelang es den Arabern unter Marwān schließlich, die chazar. Truppen vernichtend zu schlagen, den Khagan gefangenzunehmen und ihn zur Annahme des Islam zu zwingen (um 737), doch machten die inneren Streitigkeiten des Omayyaden-Reiches den arab. Erfolg weitgehend wieder zunichte. Allerdings ging Derbend, das seit 628 wiederholt seinen Besitzer gewechselt hatte, den Ch. endgültig verloren, und die Residenz des Khagans wurde wahrscheinl. zu dieser Zeit, vielleicht allerdings auch schon im 7. Jh., aus dem exponierten Kaukasus an die untere Wolga verlegt, wo Atil (→Itil), das bisher als Winterweide im Randgebiet des Khaganats nur eine untergeordnete Rolle gespielt hatte, nun immer stärker an Bedeutung gewann. Obwohl die Ch. noch mehrmals Plünderungszüge in Transkaukasien unternahmen (bes. 762, 764) und auch um Unterstützung in innerarab. Auseinandersetzungen angegangen wurden (799), war das Verhältnis zum Kalifat der ʿAbbāsiden im allgemeinen freundlich. Auf der SW-Krim wurde 787 das noch unabhängige Gebiet der →Goten unterworfen, das jedoch weiterhin eine Sonderstellung unter einem got. Toparchen genoß.

Bis ins 8. Jh. verehrten die Ch. wie die Köktürken neben anderen Gottheiten v. a. den Himmelsgott Tängri. Außerdem spielte →Schamanismus eine wichtige Rolle. Doch gewann seit dem 7. Jh. das Christentum im Khaganat beträchtl. Einfluß (Missionsreise des alban. Bf.s Israyēl zu den Kaukasus-Hunnen 681/682; Zustrom von Bilderverehrern auf die Krim während des→Bilderstreits) und fand auch Anhänger in der chazar. Führungsschicht. Der verstärkte Kontakt zu den muslim. Ländern, der durch die Entspannung im Verhältnis zum Kalifat mögl. wurde – zw. 737 und 764 traten sogar zahlreiche Muslime aus Chorezmien (Ḫwārizm) als Söldner in chazar. Dienste – und die Aussichten, die sich durch die Entwicklung des Fernhandels unter den ʿAbbāsiden eröffneten (→Araber), ließen den Islam für die Ch. an Anziehungskraft gewinnen. Auf der Krim und im Kaukasus kamen die Ch. aber auch in Berührung mit dortigen jüd. Gemeinschaften. Nach chazar. Tradition soll bereits um 730 ein Khagan Bulan zum Judentum übergetreten sein. Dieses Ereignis diente im 12. Jh. dem philosoph. Werk »Sefär ha-Kûzârî« des →Jehuda Halevi als Hintergrund. Endgültig nahmen jedoch erst um 800 der Herrscher (unter dem Namen Obadja) und der größte Teil der Oberschicht der Ch. das Judentum an und bekundeten damit den Anspruch des Khaganats als dritte Großmacht zw. dem christl. Byzanz und dem Kalifat.

Im 9. Jh. dehnten die Ch. ihren Herrschaftsbereich zunehmend nach N und NW aus, bes. auf die Burtasen (Mordwinen oder turkisierte Ugrier südl. der Wolgabulgaren) und die Wolgabulgaren sowie auf verschiedene ostslav. Stämme (Poljanen, Severjanen, Vjatičen, Radimičen), ztw. auch auf die Magyaren/→Ungarn (vor 881; die Dauer der Zugehörigkeit der Ungarn zum Chazarenreich ist stark umstritten; die Zeitansätze in der Forschung schwanken zw. wenigen Jahren und 2–3 Jahrhunderten). Die von den Slaven und Wolgabulgaren zu entrichtenden Tribute bestanden in Fellen, bisweilen vielleicht auch in gemünztem Geld. Daneben waren einige der Völkerschaften, bes. die Burtasen, zur Heerfolge verpflichtet. Obwohl der chazar. Einfluß beträchtlich war (→Árpád verdankte den Ch. seine Einsetzung als Führer des ung. Stämmebundes; die Fs.en v. →Kiev führten zeitweilig im 9. Jh. nach chazar. Vorbild den Titel Khagan), blieben die Verhältnisse im Steppenbereich stets instabil. So mußten die Ch. um 838 mit Hilfe byz. Baumeister gegen eine Bedrohung aus dem W (mutmaßl. durch die Magyaren) die Festung →Sarkel am unteren Don errichten. Bald darauf dehnte Byzanz seine Herrschaft wieder auf die südl. Krim aus, die unter Ks. →Theophilos (829–842) als Thema organisiert wurde. Der Beilegung von Unstimmigkeiten zw. den Ch. und Byzanz diente nach dem Angriff der →Rus' auf Konstantinopel (860) eine byz. Gesandtschaft, an der auch →Konstantin-Kyrill teilnahm (861). Doch gelang es diesem nicht, den Khagan zur Annahme des Christentums zu bewegen, obwohl er 200 Taufen vornehmen konnte. Die chazar. Vorherrschaft über die →Ostslaven (mit Ausnahme der Vjatičen) ging in Etappen bis zum Ende des 9. Jh. an die Rus' verloren (→Oleg). Die von den →Pečenegen verdrängten→Ungarn, denen sich noch vor 881 drei chazar. Stämme oder Clans, die Kabaren, angeschlossen hatten, zogen nach W ab (894/895). Die muslim. Wolgabulgaren gewannen mit Hilfe des Kalifats ihre Selbständigkeit zurück (Gesandtschaft des →Ibn Faḍlān 921/922).

Trotz dieser schwierigen äußeren Verhältnisse erlebte das Khaganat im 9./10. Jh. seine wirtschaftl. Blütezeit, die dem Transithandel von O- und N-Europa über die Wolga und das Kasp. Meer sowie über den östl. Kaukasus in das Kalifat (Aserbeidschan, Iran, Bagdad, Chorezmien) zu verdanken war, den die Ch. kontrollierten und schützten. Aus O- und N-Europa kamen v. a. Pelzwaren, Waffen (vielleicht ursprgl. frk. Herkunft), Sklaven, Bernstein, Honig und Wachs; aus dem Kalifat Kleidung, Schmuck, Waffen und Gewürze. Die Exporte aus Byzanz nach O-Europa waren demgegenüber von geringerer Bedeutung (→Byz. Reich, Abschnitt E). Jüd. Kaufleute, die sog. Rādānīya, die aus Spanien und Frankreich kamen, benutzten außer einer über N-Afrika verlaufenden S-Route eine nördl. Route, die über die Slavenländer, Atil, Balḫ, Transoxanien und das Land der Uiguren nach China führte. Von allen Transitwaren erhoben die Ch. in Atil den Zehnten. Die Ch. selbst exportierten bes. Fisch und Fischleim nach Byzanz und ins Kalifat. Der Handel lag zwar in erster Linie in den Händen waräg. bzw. aruss. und muslim. Kaufleute, die in großer Anzahl in Atil ansässig waren, doch sind im 10. Jh. auch mehrfach chazar. Kaufleute belegt. Vom Umfang des Handels zeugen die zahlreichen Hortfunde mit arab. Dirhems in N- und O-Europa. In bescheidenem Umfang prägten die Ch. auch eigenes Geld, meist Nachahmungen arab. Münzen.

Während dieser wirtschaftl. Blütezeit vollzogen sich tiefgreifende Änderungen im traditionellen Aufbau der chazar. Gesellschaft. Erstmals wird im Zusammenhang mit der Errichtung Sarkels (um 838) neben dem Khagan ein Beg genannt, der mutmaßl. ein Vertreter des einflußreichen Militär- und Sippenadels war. In einer Entwicklung, die zu Beginn des 10. Jh. abgeschlossen war, wurde die Rolle des Khagans auf die eines Sakralkönigs beschränkt, während die wirkl. Macht, bes. die Befehlsgewalt über das Heer, auf den Beg überging. (Ein ähnl. »Doppelkönigtum« gab es auch bei den →Avaren.) Zugleich geriet die breite Schicht freier Krieger in zunehmende Abhängigkeit vom Stammesadel, während in der Armee die Bedeutung des stehenden Söldnerheeres (im 10. Jh. neben den Muslimen bes. Russen [Waräger?] und Slaven) gegenüber dem allgemeinen Aufgebot wuchs. Seit dem 9. Jh. nimmt die Zahl von Ch. außerhalb des Khaganats ständig zu. Bes. im Kalifat gelangten Ch. zu höchsten Rängen in der Armee und im Hofdienst.

Während im 10. Jh. die S-Grenze, an der in Derbend und Širwān vom Kalifat weitgehend unabhängige Fsm. er entstanden waren, trotz gelegentl. Auseinandersetzungen stabil blieb, war das Khaganat im N – zumal nach dem Abfall der Wolgabulgaren – außerstande, die Vorstöße der nomad. Pečenegen und Oġuzen abzuwehren. Wiederholt (zw. 860 und 880, 909/910, um 912/913, 944/945) unternahmen außerdem Russen (möglicherweise Teile von Gefolgschaften der Kiever Fs.en), die über den Wolgaweg kamen, Raubzüge auf dem Kasp. Meer und plünderten dessen S- und W-Küste. Diese Züge waren teils mit den Ch. abgesprochen (um 912/913), teils wurden sie aber anscheinend auch gegen ihren Willen durchgeführt. Die Beziehungen zu Byzanz, die sich schon im 9. Jh. abgekühlt hatten, verschlechterten sich im 10. Jh. weiter, als Byzanz sich angesichts der chazar. Schwäche verstärkt den aufstrebenden Völkern O-Europas zuwandte. Dem Werk »De administrando imperio« des Ks.s →Konstantin Porphyrogennetos (um 950) ist zu entnehmen, daß Byzanz Alanen, Oġuzen und »Schwarze Bulgaren« (am Kuban'?) als potentielle Verbündete gegen die Ch. betrachtete. Eine Judenverfolgung unter Ks. →Romanos Lakapenos nötigte 943/944 zahlreiche Juden zur Flucht aus dem Byz. Reich ins Khaganat. Doch gab es kirchl. Kontakte – 920 besuchte der Ebf. v. Cherson das Khaganat –, und noch 954 sollen chazar. Hilfstruppen am Kampf gegen Saifad-daula von Aleppo teilgenommen haben. Als →Svjatoslav von Kiev im Rahmen seiner Expansionspolitik zunächst die Vjatičen (an der Oka) unterwarf und 965 das Khaganat selbst angriff, konnten die Ch. aus Byzanz keine Hilfe erwarten. Die Hauptorte des Reiches – Atil, Sarkel und Samandar – wurden geplündert und verwüstet. Das Reich von Chorezmien gewährte den Ch. Unterstützung unter der Bedingung, daß der Khagan und die jüd. Oberschicht zum Islam überträten. Als Svjatoslav seine Aktivitäten nach W verlagerte, dehnten die Chorezmier ihre Herrschaft ztw.

an die untere Wolga aus. Ein chazar. Khagan ist letztmals 965 bezeugt, und das eigenständige chazar. Khaganat scheint bald danach erloschen zu sein. Das Ende des Chazarenreiches im 10. Jh. und der nur wenig später erfolgte Untergang des Sāmāniden-Reiches von Buḫārā (Ende 10. Jh.) ließen die über O-Europa verlaufenden Handelswege wieder verkümmern, zumal die Kiever Fs. en nicht imstande waren, den Schutz des Handels gegen die räuber. Steppennomaden zu gewährleisten, den das Chazarenkhaganat auch noch in seiner Verfallszeit sichergestellt hatte.

Zeitgenöss. arab. Quellen geben ein recht gutes Bild von den Verhältnissen im Khaganat und in Atil während des 10. Jh.: Die Ch. führten zwar weiterhin ein halbnomad. Leben, doch hatten Bodenbearbeitung und Ackerbau eine Bedeutung gewonnen, die derjenigen der traditionell vorherrschenden Viehzucht nahekam. Es wurden Getreide, Reis, Obst und Wein angebaut. Daneben spielte Fischfang eine hervorragende Rolle. Die meisten Ch. bekannten sich zum Islam oder zum Christentum, während das Judentum auf die Oberschicht beschränkt blieb. Der alttürk. Tängri-Glaube hatte gleichfalls noch Anhänger. Mindestens in der Hauptstadt gab es hygien. Einrichtungen (Bäder) und von den Religionsgemeinschaften unterhaltene Schulen. Übereinstimmend rühmen die arab. Quellen die im Khaganat herrschende Gerechtigkeit.

Ob die unter einem christl. »Archonten« stehende »Chazaria«, gegen die 1016 Byzanz und die Kiever Rus' gemeinsam vorgingen, auf der Krim oder im Kaukasus zu suchen ist, ist in der Forschung umstritten. Vom Ende des 10. Jh. bis zur Mitte des 13. Jh. werden Chazaren noch gelegentl. in Kiev, Tmutorokan' (auf der Taman'-Halbinsel), an der Wolga und im östl. Kaukasus genannt. →Abraham ben David erwähnt in der Mitte des 12. Jh. rabbanit. Ch. in Toledo. Die letzten chazar. Gruppen sind wohl im Mongolenreich und seinen Nachfolgestaaten aufgegangen. Ein Zusammenhang der Ch. mit dem neuzeitl. osteurop. Judentum ist unwahrscheinlich. Ihre Bedeutung für die Gesch. der →Karäer ist umstritten.

II. SPRACHZEUGNISSE: Von der türk. Sprache der Ch. ist außer ca. 60 Eigennamen und Titeln fast nichts bekannt. Allerdings sind vom Boden des Chazarenkhaganats (Don- und Kaukasusgebiet) mehrere kurze Aufschriften meist auf Töpfereiwaren in einer von der alttürk. Runen abgeleiteten Schrift überliefert, deren befriedigende Entzifferung noch aussteht. Einige Inschriften aus dem Wolgagebiet sind noch unpubliziert. Eine bes. Rolle hat in der Forsch. stets die sog. »Chazar. Korrespondenz« gespielt (entstanden in hebr. Sprache zw. 954 und 961; ed. P. K. KOKOVCOV). Sie besteht aus a) einem Brief des →Hasday ibn Schaprut, eines jüd. Würdenträgers ʿAbdarraḥmāns III. v. Córdoba, an den Kg. der Ch.; b) dem Antwortbrief des chazar. Khagans Joseph, der in einer langen und einer kurzen Rezension überliefert ist. Neben einer Reihe von Einzelheiten, die durch arab. Quellen bestätigt werden, enthält der Brief einen Bericht über die Bekehrung der Ch. zum Judentum, eine Königsliste, die in den beiden Rezensionen leicht differiert, und eine Liste der tributabhängigen Völkerschaften. Die Authentizität des Königsbriefes, die früher häufig angezweifelt wurde (bes. von J. MARQUART, H. GRÉGOIRE), wird von der Forschung heute in der Regel anerkannt. In unklarer Verbindung zur »Korrespondenz« steht ein Brief in hebr. Sprache, der möglicherweise von einem chazar. Juden verfaßt wurde (sog. Cambridge Document).

III. ARCHÄOLOGIE: Die Ausdehnung des Chazarenkhaganats deckt sich im wesentl. mit dem Verbreitungsgebiet der Kultur von Saltovo/Majaki, deren bisher über 300 Fundorte zw. Donec und Wolga, auf der O-Krim, am Azovschen Meer und am Kuban' sowie in Daghestan eine relativ einheitl. Ausprägung in der Keramik sowie im Haus- und Festungsbau (bes. charakterist.: Festungen mit Mauern aus weißem Bruchstein) aufweisen. Als Träger der Kultur gelten neben den eigtl. Ch., denen die sonstige Forschung vorzugsweise die Ausgrabungsplätze in Daghestan zuweist, bes. Protobulgaren und Alanen. Doch ist die genaue Zuordnung der Funde zu einzelnen Ethnika noch umstritten. Von den vier Hauptorten des Khaganats ist Atil (→Itil) bisher nicht gefunden worden, so daß man heute meist annimmt, daß die Ruinen der Stadt durch Verlagerungen des Wolgalaufs fortgespült worden sind. Balanğar ist wahrscheinl. mit dem Verchnečirjurtovskoe gorodišče am Mittellauf des Sulak in Nord-Daghestan zu identifizieren, während die zweite daghestan. Hauptstadt, Samandar, bisher mit keinem der Fundorte überzeugend gleichgesetzt werden konnte. →Sarkel (am linken Ufer des unteren Don) wurde (bes. 1949/51 unter M. I. ARTAMONOV) etwa zur Hälfte ergraben, anschließend jedoch ebenso wie inzwischen Balanğar für ein Stauseeprojekt geflutet. Doch ermöglicht das Ausgrabungsmaterial gute Einblicke in die materielle Kultur des Khaganats, erhellt die Rolle Sarkels nicht nur als Festung, sondern auch als Warenumschlagsplatz an einem großen Handelsweg und verhilft zur Klärung von Balanğars Funktion als Zentrum der Produktion von Töpfereiwaren zur Versorgung der Halbnomaden Daghestans sowie der Produktion von Metallwaren und Schmuck.   D. Ludwig

Bibliogr.: A. YARMOLINSKI, The Khazars. A Bibliogr., Compiled by the Slavonic Division, Bull. of the New York Public Library 42, 1938, 695–710 – DERS., The Khazars. A Bibliogr. 1940-1958, ebd. 63, 1959, 237–241 – B. D. WEINRYB, The Khazars. An Annotated Bibliogr., Stud. in Bibliogr. and Booklore 6, 1963–64, 111–130; 11, 1976, 57–74 – Lit.: [allg. und zu I und II]: EJud (engl.) X, 944–954 [D. M. DUNLOP u. a.] – EI² IV, 1172–1181 [W. BARTHOLD, P. B. GOLDEN; Lit.] – P. K. KOKOVCOV, Evrejsko-chazarskaja perepiska v X v., 1932 – A. ZAJĄCZKOWSKI, Ze studiów nad zagadnieniem chazarskim, 1947 – D. M. DUNLOP, The Hist. of Jewish Khazars, 1954 [Nachdr. 1967; zuverlässigste Gesamtdarstellung] – MORAVCSIK, Byzturc – M. I. ARTAMONOV, Istorija chazar, 1962 – S. PINES, A Moslem Text Concerning the Conversion of the Khazars to Judaism, JJS 13, 1962, 45–55 – I. SORLIN, Le problème des Khazares et les historiens soviétiques dans les vingt dernières années, TM 3, 1968, 423–455 – M. GRIGNASCHI, Sabirler, Hazarlar ve Göktürkler, VII Türk Tarih Kongresi Bildiriler (Ankara 1970), 1972, 230–250 – A. A. BYKOV, Iz istorii denežnogo obraščenija Chazarii v VIII–IX vv., Vostočnye istočniki po istorii narodov jugovostočnoj i central'noj Evropy, hg. A. S. Tveritinova 3, 1974, 26–71 – K. DĄBROWSKI–T. NAGRODZKA-MAJCHRZYK–E. TRYJARSKI, Hunowie europejscy, Protobułgarzy, Chazarowie, Pieczyngowie, 1975 – S. A. PLETNJOWA, Die Chasaren. Ma. Reich an Don und Wolga, 1978 – A. V. GADLO, Ėtničeskaja istorija Severnogo Kavkaza IV–X vv., 1979 – P. B. GOLDEN, Khazar Stud. An Historico-Philological Inquiry into the Origins of the Khazars, 2 Bde, 1980 (Bibl. Orientalia Hungarica 25) – D. LUDWIG, Struktur und Gesellschaft des Ch.-Reiches im Licht der schriftl. Quellen (Diss. masch. Münster 1982) – [zu III]: SłowStarSłow V, 30–34 [Z. HILCZER-KURNATOWSKA] – Trudy volgo-donskoj archeologičeskoj ėkspedicii, 3 Bde, 1958–63 (Materialy i issledovanija po archeologii SSSR 62, 75, 109) – S. A. PLETNEVA, Ot kočevij k gorodam, 1967 (Materialy i issledovanija po archeologii SSSR 142) – JA. A. FEDOROV–G. S. FEDOROV, Rannie tjurki na Severnom Kavkaze. Istoriko-ėtnografičeskie očerki, 1978 – CS. BÁLINT, Some Archaeological Addenda to P. GOLDEN's Khazar Stud., ActaOrHung 35, 1981, 397–412 [Lit.] – N. GOLB–O. PRITSAK, Khazarian Hebrew Documents of the Tenth Century, 1981.

Cheddar, Ort in England, Somerset, sw. von Bristol, Sitz eines kgl. Guts und Palastes, im Testament →Alfreds d. Gr. erwähnt und v. a. in der zweiten Hälfte des 10. Jh. bedeutender Ort von Versammlungen sowie Beurkundungen des Kg.s (941, 956, 968); wichtiger archäolog.

Fundort. Nach den Grabungsergebnissen lag in spätröm. Zeit nahe der jetzigen Kirche eine villa; eine kontinuierl. Besiedlung ist möglich, aber ungesichert. Der im 9. Jh. abseits eingerichtete Hofbezirk bestand aus einer langen Halle und kleinen Gebäuden. Im 10. Jh. änderte sich der Gesamtplan: eine neue Halle, eine Kapelle aus Stein und ein Taubenhaus kamen hinzu. Im späten 10. und frühen 11. Jh. wurde er erweitert und umgebaut. Um 1200 erfolgte ein tiefgreifender Umbau mit erster dreischiffiger Halle als Mittelpunkt. Im 13. Jh. wurde sie durch einen Neubau ersetzt, erhielt zugleich aber Wohncharakter. Neben den Bauten gab es von Anfang an Wassergräben zur Drainage. An Handwerk ist Eisengewerbe nachgewiesen. Die vorgelegten Rekonstruktionen und Dachkonstruktionen der Hallen erscheinen fraglich. H. Hinz

Lit.: Hoops² IV, 422f. [Lit.] – Rh. Rahtz, u. a., The Saxon and medieval palaces at Ch., 1979.

Cheironomie (griech. χειρονομία, mimische Bewegung der Hände, Aktion der Hände, Gebärdensprache). In der Musik Darstellungen von Tonstufen und Intervallen durch Handzeichen. Im Abendland ist der Terminus seit dem 5. Jh. gebräuchlich. Zeugnisse ähnl. Praxis gibt es aber auch in pharaonisch-ägypt., kopt., ind., jüd. und byz. Musik. Obschon allgemein akzeptiert, ist die These, Neumen seien schriftl. Fixierung cheironom. Zeichen, bisher nicht bewiesen. Immerhin heißt der Leiter eines gregorian. Chores – neben praecentor und cantor – manchmal cheironomicus (χειρονομικός). Die Choralwissenschaft versteht heute die Ch. meist als ein System gregorian. Chordirigierens. D. v. Huebner

Lit.: H. Stephanus, Thesaurus Graecae linguae 8, 1865, 1413–1415 – Lampe – New Grove 4, 1980, 191–196 – J. Gajard, La méthode de Solesmes, 1951 – C. Eccher, Ch. grégorienne, 1952 – C. Gindele, Gregorian. Chordirigieren, 1956 – A. Hermann, Mit der Hand singen, JbAC 1, 1958 – K. G. Fellerer, Gesch. der kath. Kirchenmusik 1, 1972, 109, 311 – H. Hucke, Die Ch. und die Entstehung der Neumenschrift, MF 32, 1979 – O. Ursprung, Die Kath. Kirchenmusik, Hb. der Musikwiss. 2, 1979 [Repr.], 6, 43, 53, 96.

Cheirothesie, Cheirotonie → Handauflegung

Chelčický, Petr, † 1460, hussit. Denker (→Hussiten), über dessen Leben nur wenig bekannt ist; es ist z. B. nicht einmal klar, ob Ch. ein Kleinadliger oder ein freier Bauer war. Sicher ist, daß Ch. im südböhm. Dorf Chelčice lebte, daß er eng mit dem dörfl. Leben verbunden war und daß er nur dürftige Lateinkenntnisse besaß; er hatte offensichtl. kein Studium absolviert und schrieb nur in tschech. Sprache. Von Anfang an stand Ch. in regen Kontakten mit der Volkshäresie, bes. mit den →Waldensern, von denen er den radikalen Biblizismus übernahm. Auch mit den taborit. Priestern (→Taboriten) diskutierte er viele Fragen der radikalen Reform der Kirche und Gesellschaft. Sonst blieb er aber abseits von den polit. und ideolog. Zentren der Hussitenbewegung. In den ersten Jahren der hussit. Revolution (1421) wandte er sich gegen jeden Krieg (auch Verteidigung) und hielt, im Widerspruch zur Prager Univ., nur einen spirituellen-geistl. Kampf gegen Antichrist und Teufel (Traktat »O boji duchovním« 'Über den geistlichen Kampf') für zulässig. Er distanzierte sich dadurch nicht nur von den Kreuzfahrern, sondern auch von den taborit. Chiliasten (→Chiliasmus) und von ihrem Kampf um die Erlösung der Sünder. Eher skept. beurteilte er die Bestrebungen der Chiliasten, schon auf Erden einen Weg zum Paradies zu suchen. 1424 verfaßte er einen Traktat über die drei Stände (»O trojím lidu řeč«), in dem er die Dreiständelehre kritisierte. Die Auffassung von den drei Ständen ist nach der Meinung von Ch. eine Lüge, da in Wirklichkeit als einziger christl. Stand nur die Bauern arbeiten und durch ihre Arbeit die zwei unproduktiven höheren Stände ernähren. In der Gesellschaft herrsche keine Harmonie; die Scheidung der Gesellschaft in drei Stände entspreche nicht der Lehre Christi. Der dritte Stand dürfe nicht mehr unterdrückt werden, die Prälaten und die Adligen sollten die Unterdrückten befreien. Zum erstenmal in der ma. Geschichte hat ein Denker so entschieden eine Kritik der sozialen Zustände ausgesprochen. Ch. verficht dabei jedoch keine Revolte der Unterdrückten, er will weder einen Aufstand noch gar eine Revolution predigen. Er glaubt vielmehr an die Macht der göttlichen Wahrheit, des Evangeliums und an eine gewaltlose Lösung strittiger Probleme. Wenn es nicht möglich ist, die falschen Lehren abzuschaffen, ist es besser, sich in die Einsamkeit zurückzuziehen und »die Welt zu verlassen« als zur Waffe zu greifen. Ch. glaubt auch nicht an die Eignung des Staates, ein tugendhaftes Leben des gemeinen Mannes zu organisieren. Für ihn ist der Staat nur eine Verkörperung der Gewalt; Ch. bezeichnet zum erstenmal im Tschech. den Staat als moc ('Gewalt'). Der Staat wurde nicht von Christus eingesetzt, sondern von den Mächtigen erfunden. In der Zeit der chr. Reformation, meint Ch., ist eine Auslegung von Röm 13 über die Berechtigung der Herrschaft ungültig, sie könne nur bei heidn. Herrschern Anwendung finden. Für die Christen ist nur das Gottesgesetz, die Lehre Christi, bestimmend. Damit werden die Hörigen von der Pflicht der Untertänigkeit befreit, und die Obrigkeit verliert die Berechtigung ihrer Existenz. Diese originellen Ansichten formuliert Ch. in seiner »Postilla« und bes. in seinem Hauptwerk »Sít' víry« ('Netz des Glaubens'). Seine Lehre fand jedoch keinen breiten Widerhall. Einerseits zielte seine Kritik gegen die Prälaten, Adligen und gegen die kgl. Macht, andererseits aber übte Ch. auch scharfe Kritik an den Hussiten und insbes. an der Ausübung revolutionärer Gewalt durch die Taboriten, unter deren Schirmherrschaft Ch. tätig war. Die Ideen Ch.s konnten daher nur von kleinen Kreisen der weltabgewandten Radikalen als Richtschnur für das tägl. Leben angenommen werden. So formierte sich um Ch. eine kleine Gemeinde der Brüder von Chelčice, eine der Keimzellen der entstehenden Unität der böhm. Brüder (→Brüdergemeinde). Zu den begeisterten Bewunderern des hussit. Verkünders der Gewaltlosigkeit gehörte auch Lev N. Tolstoj. J. Macek

Lit.: Repfont II, 235f. – [Ed. und Lit.] – C. Vogl, Peter Cheltschitzki, ein Prophet an der Wende der Zeiten, 1926 [populär] – R. Urbánek, České dějiny III, 3, 1930, 882–989 – E. Petrů, Soupis díla P. Chelčického a literatury o něm, 1957 [Bibliogr.] – H. Kaminsky, Petr Ch.'s Place on the Hussite Left, Stud. in Medieval and Renaissance Hist. 1, 1964, 107–136 – R. Kalivoda–A. Kolesnyk, Das hussit. Denken im Lichte seiner Q., 1969, 333–445 [Ed. einiger Kap. aus »Das Netz des Glaubens«] – J. Macek, Jean Hus et les traditions hussites, 1973, 270–280.

Chelles (-sur-Marne; Cala, Kala), Stadt und ehem. Benediktinerinnenkloster, ehemals Diöz. Paris (heut. dép. Seine-et-Marne). Im 6. Jh. hatten die merow. Kg.e dort eine villa; 1008 ist eine Königspfalz erwähnt. In der Nähe gründete Kgn. →Balthild um 658/659 ein Kl. an der Stelle einer durch Chlodwigs Gattin, die hl. Chrodechilde, errichteten Kirche und eines kleinen Frauenklosters, dessen Ursprung unklar ist. Die erste Äbtissin (Bertila, † 702/704) und ihre Nonnen kamen aus →Jouarre; dazu stießen Angelsächsinnen aus der Heimat der Klostergründerin. Die Abtei hatte die Form eines Doppelkl.s mit sacerdotes. Spätestens seit 741 bis 922 diente Ch. als »Apanage« für Frauen des Karolingerhauses, z. B. Kgn. Irmintrud (855, † 869). Ein etwa 740–800 tätiges Skriptorium ist von einem Teil der Forschung in Ch. lokalisiert worden; man hat ihm

u. a. das Sacramentarium Gelasianum zugewiesen (→Buchmalerei, Abschnitt A. IV). Die Frauengemeinschaft (höchstens 120, dann 80 Mitglieder im 12.–13. Jh.) wurde um 1500 durch Nonnen des Ordens v. →Fontevrault reformiert. Demgegenüber waren zehn oder sechs Kanoniker (seit dem 13. Jh.) vorgesehen, die 1513 durch sechs Mönche ersetzt wurden. Die Baugeschichte des Kl. ist schwer zu deuten. – Die Einwohner – Abteiuntertanen – des Fleckens (Abteistadt) Ch. bildeten eine 1128 anerkannte, aber 1319 aufgehobene Commune.   J. Guerout

Q.: Vita s. Bertilae, MGH SRM VI, 101–109 – *Lit.:* DHGE VIII, 1004–1005; XII, 604f. – GChr VII, 558f. – LThK² II, 1042 – C.-H. BERTHAULT, L'abbaye de Ch., 3 Bde, 1889–94 – C. TORCHET, Hist. de l'abbaye... de Ch., 2 Bde, 1889 – CH. PETIT-DUTAILLIS, Les communes françaises, 1947, 13, 30–32, 141 – U. ZIEGLER, Das Sacramentarium Gelasianum Bibl. Vat. Reg. lat. 316 und die Schule von Ch., AGB 16, 1976, 1–142 – Le haut MA en Ile-de-France (Paris et Ile-de-France 32, 1981), 13–72.

Chelsea, Synoden v. Das in der Epoche der mercischen Suprematie (→Mercia) zum mercischen Bereich gehörende Ch. erscheint Ende 8./Anfang 9. Jh. als Synodalort: die Angelsachsenchronik (→Chronik, ags.) erwähnt z. J. 787 eine »Streitsynode«, auf der der Ebf. v. Canterbury durch die Erhebung →Lichfields zum Ebm. einen Teil seines Metropolitanbereichs verlor und auf der der mercische Thronfolger →Ecgfrith zum Kg. gesalbt wurde; für 788, 789 und 801 belegen Urkunden Synoden in Ch. (P. H. SAWYER, 128; 1430; 158, 1435). Die Tatsache, daß auch Urkundenfälschungen Synoden von Ch. zugeschrieben wurden, zeigt, daß Ch. als Synodalort wohlbekannt war (P. H. SAWYER, 136; 150/151; 154: ae. Colleshyl = Chelsea?). Nur für die Synode, die 816 in Ch. tagte, ist ein Protokoll überliefert (A. W. HADDAN–W. STUBBS III, 579–585), das der Amts- und Lebensführung des Klerus und der amtskirchl.-hierarch. Ordnung der Kirche gewidmet ist. Da Ch. als Synodalort danach nicht mehr erwähnt wird, kann vermutet werden, daß es mit dem Ende der mercischen Suprematie seine Bedeutung verlor.
H. Vollrath

Q. und Lit.: STENTON³ – A. W. HADDAN–W. STUBBS, Councils and Ecclesiastical Documents Relating to Great Britain and Ireland, 3 Bde, 1869–78 – P. H. SAWYER, Anglo-Saxon Charters, 1968.

Chemie (χέω, chéō 'gießen'; [Metall]guß, →Alchemie). Das MA kennt überwiegend nur den aus dem Arab. (kenntlich durch den Artikel al-) gemeinsam mit der Rezeption des dortigen Wissensstandes seit dem 11./12. Jh. übernommenen Begriff → Alchemie. Das Synonym »Scheidekunst« entstammt dem →Bergbau und Hüttenwesen und beinhaltet zunächst die Fertigkeiten, aus Erzen die einzelnen Metalle abzuscheiden und im einzelnen die Trennung des im →Scheidewasser (Salpetersäure) löslichen Silbers aus Gold/Silbergemengen.

Chymie und *chymische* Kunst treten im 15., aber v. a. im 16. Jh. zunächst als Synonyme der Alchemie auf; sodann in der Weiterentwicklung zur Naturwissenschaft nach heutigen Kriterien, während die Alchemie mit ihrem zentralen Transmutationsgedanken weiterhin der ma. Vorstellungswelt verhaftet bleibt und die religiös-esoter. und mystifizierende Tendenz, die bereits im ma. alchem. Schrifttum begegnet, noch verstärkt. Daher wurden ma. chemische Theorie und Praxis unter dem Stichwort →Alchemie zusammen mit dem einschlägigen Schrifttum eingehend beschrieben. Einzelne wesentl. Arbeitsprozesse, Materialien und Schriften sind den jeweiligen Schlagworten zugeordnet. *Chemiatrie* bzw. *Iatrochemie* sind als Anwendung chem. Erkenntnisse in der Medizin mit dem 16. Jh. der Neuzeit (→Paracelsus) zuzuordnen, obgleich auf der Suche nach einem Allheilmittel (→Panacee) im Islam des 9. Jh. und im europ. MA seit dem 13. Jh. Ansätze zu finden sind (vgl. LexMA I, 330). Neu dagegen ist in der Iatrochemie der gezielte Einsatz chem. Substanzen und der erste Versuch, körperl. Funktions- und Stoffwechselabläufe im Gegensatz zur Humoralpathologie (→Humorallehre) chemisch zu erklären.

Viele der Antike bekannte mineralog.-chem. Verfahren sind im MA erst wieder neu erarbeitet worden. Frühe Zeugnisse zur Metallurgie und Färbekunst sind der Leidener und Stockholmer Papyrus (ca. 250 n. Ch.): prakt. Rezeptsammlungen noch ohne alchemist.-theoret. und spekulative Zusätze. Handwerklich und damit auch schriftenarm ist die ma. chem. Tradition, sowohl in →Bergbau und Metallurgie, als auch in der Produktion von →Glas und →Mosaik und von →Farben, zumal in Bereich von Kunsthandwerk (→Buchmalerei, Fresko, Gemälde) und der Textilproduktion. Erhaltene Quellen sind die→Compositiones ad tingenda musiva (9. Jh.), die →Mappae clavicula de efficiendo auro sowie Schriften des →Theophilos Presbyter (12. Jh.) und des→Heraclius (11. Jh.). Zu dieser artes-Literatur zählen auch die späteren Berg-, Probier- und Scheidebücher (s. a. →Bergbau) und die →Feuerwerksbücher (→Marcus Graecus), in denen Neuerungen der →Pyrotechnik (griechisches →Feuer [7. Jh. n. Chr.]) und v. a. seit dem 14. Jh. von den Büchsenmeistern die Rezepte für das →Schießpulver überliefert werden. Dessen explosive Kraft ist mit der Chemie des →Salpeters und Kalksalpeters im 13. Jh. erkannt und wohl im 14. Jh. zur »treibenden« Kraft weiterentwickelt worden. Die um 1300 entdeckte Salpetersäure ermöglichte zusätzl. zu der schon bekannten →Salz- und →Schwefelsäure weitere mineralog.-chem. Arbeitsprozesse, wie sie für den Ausgang des MA von V. →Biringuccio und G. →Agricola beschrieben worden sind. Zu der Kenntnis der →Metalle, Gold, Silber, Kupfer, Eisen, Blei und Zinn (und dem nicht hierzu gerechneten Quecksilber) kommt im MA diejenige des Zinks und dem ab dem 15. Jh. auch des Wismut und des Antimon, die in ihren natürlich vorkommenden Verbindungen unter verschiedenen Namen allerdings schon längst genutzt worden sind. In den Destillierbüchern schließlich zeigt sich ebenso wie in der alchem. Literatur (LexMA I, 333–335) ein Fortschritt in der chem. Technologie (u. a. →Alkoholdestillation; Th. →Alderotti, 13. Jh.), die zunehmend auch für pharmazeut. Zwecke genutzt worden ist.
G. Jüttner

Lit.: Umfassende Literatur →Alchemie sowie bei den einzelnen Schlagworten – LAW, 574–577 – LGN, 622–631 – J. MAXSON STILLMANN, The Story of Alchemy and Early Chemistry, 1924 [Neudr. 1960] – THORNDIKE, bes. Bd. I–VI – J. R. PARTINGTON, A hist. of chemistry, 4 Bde, 1961ff. – R. P. MULTHAUF, The Origins of Chemistry, 1966 – E. E. PLOSS, Ein Buch von alten Farben, 1967².

Chemnitz (heute Karl-Marx-Stadt), Stadt am Fuß des Erzgebirges, entstand neben einer Marktsiedlung in der Nähe des Benediktinerklosters Ch., das wohl 1136 von Ks. Lothar III. im erzgebir. Königsforst gestiftet wurde und dem Kg. Konrad III. 1143 einen Fernhandelsmarkt verlieh. Das Kl. konnte bis 1375 einen reichen Grundbesitz aufbauen, bis zur Reformation galt es als Reichskloster. Neben der Marktsiedlung entwickelte sich im Zuge stauf. Reichslandpolitik wohl um 1160 die Reichsstadt Ch., die von 1254–90 und endgültig seit 1308 unter markmeißn. Herrschaft kam. Das Bestehen einer Stadtmauer ist für 1264 gesichert, 1423 kaufte der Rat vom mgfl. Stadtherrn die Ober- und Niedergerichtsbarkeit. Im 15. Jh. war Ch. eine der bedeutenden landsässigen Städte Kursachsens. Die neben der Tuchmacherei (→Tuch, -gewerbe) bes. stark betriebene →Leineweberei mit dem landesherrl.

Bleichmonopol von 1357, das im Umkreis von zehn Meilen galt (aus diesem Bereich durften kein Garn und keine ungebleichte Leinwand ausgeführt werden), machte die Stadt zum Mittelpunkt des obersächs. Garn- und Leinwandhandels. Am Ende des 15. Jh. hielt mit Leipziger und Nürnberger Kapitalzufluß der Frühkapitalismus Einzug. Seit 1470 entstanden in Ch. Hüttenwerke im Gefolge des nahegelegenen erzgebir. →Bergbaus. Am Ende des MA besaß Ch. eine hochentwickelte Textil- und Montanwirtschaft als Grundlage für den späteren Aufstieg zur Industriestadt. K. Blaschke

Q. und Lit.: Hist. Stätten Dtl. VIII, 43–49 [K. Blaschke] – H. Ermisch, UB der Stadt Ch. und ihrer Kl., 1879 – W. Schlesinger, Die Anfänge der Stadt Ch. und anderer mitteldt. Städte, 1952 – A. Kunze, Der Frühkapitalismus in Ch. (Beitrag zur Heimatgesch. von Karl-Marx-Stadt 7, 1958) – 800 Jahre Chemnitz/Karl-Marx-Stadt. Zur Frühgesch. der Stadt (ebd. 12, 1965) – M. Kobuch, Die Anfänge der Stadt Ch. (Arbeits- und Forschungsber. zur sächs. Bodendenkmalpflege 26, 1983), 139ff.

Chemnitzer Teilung, Teilungsvertrag der wettin. Lande (→Wettiner). Der Lgf. v. →Thüringen und Mgf. v. →Meißen, →Friedrich II. der Ernsthafte, hinterließ bei seinem Tode 1349 vier Söhne, von denen →Friedrich III. der Strenge als ältester bis 1368 die vormundschaftl. Regierung führte. Der vom Vater streng zurückgewiesene Gedanke der Teilung trat während der gemeinschaftl. Regierung unter den drei übriggebliebenen Brüdern seit 1377 stärker hervor und führte am 3. Juli 1379 zur »Örterung« von Neustadt/Orla: der Gesamtbesitz (darunter →Freiberg) blieb gemeinsam, aber die Einkünfte wurden in drei »Orte« Thüringen, Osterland und Meißen aufgeteilt. Der Tod Friedrichs III. 1381 führte dann am 13. Nov. 1382 in Chemnitz zur erbl. Teilung der wettin. Lande zw. den Brüdern →Balthasar (Thüringen), Wilhelm (Meißen) und deren Neffen Friedrich für sich und seine Brüder (Osterland). Erst nach dem Aussterben zweier Linien 1407 und 1482 wurde die Teilung überwunden. Zur Vorbereitung der Örterung entstand 1378 das »Registrum dominorum marchionum Missnensium« als wichtigste Quelle für Besitzstand und Struktur des wettin. Territoriums im SpätMA. K. Blaschke

Q. und Lit.: Registrum dominorum marchionum Missnensium 1378, ed. H. Beschorner, 1933, bes. LXVI–LXXII.

Chepoy. 1. Ch., Jean de, frz. Heerführer und Admiral, † 1336. Als Sohn von 2 entstammte er einer picard. Familie (aus Chepoix, dép. Oise) und diente zunächst unter seinem Vater: 1293–94 als Knappe *(écuyer)* während der Kämpfe in der Saintonge, 1295 als Ritter *(chevalier)* in der Gascogne; anschließend nahm er wohl an den Flandernfeldzügen teil. Später kämpfte er unter Karl v. Valois in Thessalien und Euboia (1306–10), stets in Konkurrenz zur →Katal. Kompanie. 1315 *chambellan* Kg. Ludwigs X., war er 1316 einer der Leiter der Begräbnisfeierlichkeiten des Kg.s. Als *chevalier banneret* diente er 1325–26 in der Flandernarmee. Seinen Ruhm gewann er u.a. als Flottenbefehlshaber: Als Hospitaliter kommandierte er im Rahmen des Kreuzzugsprojekts von Kg. Philipp VI. eine frz.-ven.-päpstl. Flotte, mit der er den Türken vor Smyrna eine Niederlage brachte (8.–14. Sept. 1334). Im folgenden Jahr trat er sein Kommando gemeinsam mit dem Titel eines Flottenadmirals *(amiral de la mer)* an Hue Quieret ab; bald darauf starb er. M. Mollat

Q. und Lit.: P. Anselme, Hist. Généalogique VII, 739, 744 – Ch. de la Roncière – L. Dorez, Lettres inédites et Mém. de Marino Sanudo l'Ancien, 1895, 22–26 – Ch. de la Roncière, Hist. Marine Française I, 1909, 233–237 – J. Viard, Les projets de croisade de Philippe VI, BEC, 1936 – R. Fawtier, Comptes Royaux (1285–1314), II, 1954, n° 7784, 8116, 26974 – F. Maillard, Comptes Royaux (1314–28), 1961, n° 13021, 14465.

2. Ch., Thibaut de, frz. Heerführer unter Kg. →Philipp IV., † zw. 22. Mai 1311 und 22. März 1312; Sohn von Jean de Ch. († 1279), einem picard. Ritter, der 1263 im Dienst Kg. Ludwigs IX. stand. – Th. de Ch. ist 1280 als *écuyer* (Knappe) und 1285 als *valet du roi* (kgl. Kammerdiener) am Königshof belegt. Dann trat er in die Dienste →Roberts v. Artois, der ihm 1294 die Burgwacht *(garde)* der Burg von St-Omer übertrug, die er mindestens bis 1303 innehatte. 1296 Ritter *(chevalier)*, im Sept. 1297 *grand maître des* →*arbalétriers* (Meister der kgl. Armbrustschützen), befehligte er 1294, 1295 und 1296 die Einheiten des kgl. Heeres in der Gascogne. 1297 von den Engländern in St-Macaire belagert, hielt er bis zum Entsatz durch Robert v. Artois stand. Ch. kämpfte auch in Flandern (bei Veurne); für seine Kriegsdienste erhielt er Renten von 300 und 600 *livres*, 1298–99 war er Seneschall des den Engländern entrissenen →Agenais, wo er kgl. →*bastides* errichtete, 1303–04 nahm Ch. an den frz. Feldzügen gegen Flandern teil; er befehligte die Vorhut in der Schlacht von →Monsen-Pevèle. Als *chevalier du roi* (kgl. Ritter) wurde Ch. gemeinsam mit Robert de Fouilloy mit einer Inquisitio in einem Prozeß der Abtei St-Lucien de Beauvais betraut (1306). Ch. trat dann in den Dienst →Karls v. Valois, um diesen bei seinen Ansprüchen auf den byz. Kaiserthron militär. zu unterstützen. 1306–08 bereitete Ch. in Venedig und anschließend in Brindisi seine Überfahrt nach Griechenland vor. 1308 mit elf ven. Schiffen in →Negroponte (Euboia) gelandet, schlug Ch. die →Katal. Kompanie und bemächtigte sich des Infanten v. Mallorca, Ferdinand; er übergab diesen an Karl II., Kg. v. Neapel, der Ch. übrigens seinen »getreuen Ritter« (Ch. besaß ein Lehen im Hzm. Otranto) nennt. Ch. führte in geschickter Weise Verhandlungen mit den übermächtigen Katalanen, mußte sich aber, da er selbst über keine ausreichende Truppenmacht verfügte, 1310 nach Frankreich zurückziehen. Für seine Mühen erhielt Ch. 500 *livres tournois* Rente von Karl v. Valois; Papst Clemens V., der die Mittelmeerpolitik des Valois unterstützte, verlieh Ch. darüber hinaus einige Privilegien (Patronat über das von Ch. in Chepoix gegr. Hospital, Ablaßbriefe usw.). Sein Sohn Jean (1. Ch.) erbte seine Güter und Rentenlehen. Th. de Ch. hinterließ noch einen weiteren Sohn, Thibaudin, Seigneur v. Thalamas und Thauny. E. Lalou

Q. und Lit.: Dokumentation für: Gallia regia Philippica (R. Fawtier–R.-H. Bautier) (Arch. nat. Paris) – J. Petit, Un capitaine du règne de Philippe le Bel, Th. de Ch., M-A, 1897, 224–239.

Chersonesos (ma. Cherson, in den aruss. Chroniken Korsun'). [1] *Geschichte:* Ch., alte Hauptstadt der Schwarzmeerhalbinsel →Krim, in ihrem südwestl. Teil am Stadtrand des heut. Sevastopol' gelegen, heute wüst (der alte Name Chersonesos bezeichnete ursprgl. sowohl die ganze Krim als auch ihre wichtigste Stadt). Gegr. von Griechen aus dem pont. Herakleia im letzten Viertel des 5. Jh. v. Chr., bestand Ch. bis zum Anfang des 15. Jh. Als einzige antike Stadt im nördl. Schwarzmeerraum blieb es von der Völkerwanderung fast unberührt, war im FrühMA der bedeutendste Stützpunkt des →Byz. Reiches im taur. Gebiet und im südl. Osteuropa. Mit der Einführung des Christentums wurde Ch. als Zentrum der sog. Chersonischen Eparchie mit einem Bf. an der Spitze zum kirchl. Mittelpunkt der Krim. In den Akten des 2. Ökumen. Konzils von 381 ist erstmals die Unterschrift eines Bf.s, Eutherios, belegt (Mansi 3, 572). 553 ist Ch. als autokephales Ebm. bezeugt. Erst unter Ks. Andronikos II. (1282–1328) wurde Ch. zur Metropolie erhoben. Im 5. und 6. Jh. setzte in Ch. eine ausgedehnte kirchl. Bautätigkeit ein: Es entstanden die Basiliken bzw. Kreuzkuppelkirchen der hl. Maria, der hll. Apostel, des hl. Jakob, der hl. Sophia, des hl. Johannes des Täufers, des hl. Basileios. Ch. spielte eine wichtige Rolle im Transithandel: Auf den Handelswegen, die über Osteuropa in den nord. Raum führten, wurden Bernstein, Pelze und Getreide nach Ch. eingeführt und dort von byz. Kaufleuten übernommen. Bedeutend war auch die Rolle von Ch. in der byz. Politik. An den Ereignissen, die im 7. und 8. Jh. zum machtpolit. Aufstieg des – öfters mit Byzanz verbündeten – Reiches der →Chazaren führten, hatte Ch. als vorgeschobene Bastion des Byz. Reiches maßgebenden Anteil. Auch an der Absetzung Ks. →Justinians II. († 711) waren die Zivilbevölkerung und die in Ch. stationierten Streitkräfte im Bunde mit den Chazaren führend beteiligt: In Ch., das Justinian II. als seinen einstigen Verbannungsort mit einer Strafexpedition hatte belegen lassen, begann der Aufstand, der zum Sturz Justinians führen sollte. Gegen 833 wurden die sog. Klimata (die byz. Städte auf der Krim) zu einem Thema zusammengefaßt (s. →Byz. Reich, Karte, Sp. 1231) mit Ch., nach dem das Thema später seinen Namen erhielt, als Residenz des byz. Strategen; damit wurde das Gebiet der Klimata, das zuvor von einem Rat lokaler Würdenträger (ἄρχοντες, →Archonten) verwaltet worden war, fest der ksl. Zentralverwaltung unterstellt.

Die Grenzstadt Ch. diente mehrfach als Exil- und Zufluchtsort: Hier starb Papst Martin I. im April 656 als Verbannter; 695–698 war Ch. der Verbannungsort des entthronten Ks.s Justinian II. (s. o.); im Zeitalter des →Bilderstreits flohen mehrere Ikonodulen nach Ch., auch der 858 abgesetzte Patriarch v. Konstantinopel, →Ignatios, lebte ztw. in Ch.

Hatte schon nach 860 der hl. →Konstantin (Kyrill), der Slavenmissionar, in Ch. geweilt, so spielte die Stadt auch im 10.–11. Jh. eine bedeutende Rolle bei der Ausbreitung des Christentums in der →Kiever Rus' und in deren polit. Beziehungen mit Byzanz, wobei allerdings der Anteil der aus Ch. stammenden byz. Priester und Missionare an der Christianisierung sich wegen der schwierigen Quellenlage nicht klar erkennen läßt. Ch. befand sich im Zentrum der komplizierten polit. Beziehungen zw. Byzanz und der Kiever Rus'. Wichtigstes Ereignis in diesem Zusammenhang war der Feldzug des Fs.en →Vladimir d. Hl. v. Kiev gegen Ch. i. J. 989. Nach der sog. Nestorchronik eroberte er die Stadt. Überaus fraglich bleibt, wieweit die Nachricht von der Taufe Vladimirs in Ch. Glauben verdient (die Taufe Vladimirs dürfte wohl vorher in Kiev stattgefunden haben). – Vgl. hierzu auch →Byzantinisches Reich, Abschnitt E. III.

Im 11. Jh. blieb Ch. in byz. Hand. So ließ 1059 Leo Aliatos, der byz. Stratege v. Ch., die eisernen Tore und andere Teile der Befestigungen wiederaufbauen. Da Byzanz die Rechte des zollfreien Handels seit dem späten 11. Jh. zunehmend den Venezianern und Genuesen überließ, verlor Ch. seine alte Bedeutung als byz. Handelszentrum in den taur. Gebieten. Mit den großen it. Faktoreien im Schwarzmeerraum, v. a. mit →Caffa, vermochte die Stadt nicht zu konkurrieren, so daß sie einen wirtschaftl. Niedergang erlebte. Seit 1223 wurde die polit. Lage wegen des Vordringens der →Mongolen (Tartaren) immer schwieriger. Khan →Nogaj plünderte und brandschatzte 1299 mehrere Krimstädte, darunter Ch. Der Feldherr des Khan →Timur Edigej zerstörte Ch. 1399 erneut, bald danach ging die Stadt endgültig zugrunde.

[2] *Topographie und Archäologie:* Das ma. Ch. übernahm topograph. den antiken Stadtgrundriß; die neuen christl. Kirchen wurden auf antiken Gebäuden errichtet. Archäolog. Grabungen (seit 1827) haben zahlreiche mit Mosaiken und Fresken geschmückte Basiliken freigelegt. Ausgrabene Wohnviertel lassen die Architektur der Wohnbauten, v. a. aus dem 12. und 13. Jh., erkennen. Es handelte sich zumeist um zweistöckige Gebäude mit mehreren, um einen Hof angeordneten Räumen. Die Stadt war auf allen Landseiten mit einem 3,5 km langen Mauerring befestigt. Die Höhe der Mauer betrug maximal 8–10 m, die der Türme 10–12 m. Die Gesamtfläche des Stadtgebietes umfaßte 30 ha. Die Nekropole, in der in Felsgräbern nach christl. Ritus bestattet wurde, lag extra muros. Im 13. und 14. Jh. wurden in den einzelnen Stadtvierteln kleine Friedhofskapellen erbaut, bei denen in Steinkistengräbern beigesetzt wurde.

Ch. war ein hochentwickeltes Zentrum des Handwerks (Steinmetze, Töpfer, Goldschmiede, Weber, Glasbläser, Knochenschnitzer) und des Handels, wie sich aus dem überaus reichen Fundgut ergibt. Weitere wichtige Gewerbezweige waren Fischerei, Salzgewinnung, Weinbau und -handel sowie Viehzucht. Fast das gesamte MA hindurch erfolgte Münzprägung in Ch. Enge Handelsbeziehungen verbanden Ch. mit der Reichshauptstadt und den östl. Provinzen des Reiches. Die Stadt spielte eine wichtige Rolle für die Verbreitung der byz. Kultur bei der einheim. Bevölkerung der Krim sowie des nördl. Schwarzmeer-, Dnepr- und Wolgagebietes. →Schwarzmeerhandel.

M. I. Zolotarev/I. S. Čičurov

Q. und Lit.: KL. PAULY I, 1144f. – RE III, 2254–2269; Suppl. IX, 1104–1116 – A. L. JAKOBSON, Srednevekovyj Chersones (XII–XIV vv.), 1950–DERS., Rannesrednevekovyj Chersones, 1959–R. WHEATLEY, The Golden Khersonese, 1961 – A. POPPE, The Political Background to the Baptism of Rus', DOP 30, 1976, 195–244 [Lit.]. – J. SMEDLEY, Some Aspects of Trade in Cherson, 6th–10th cent., 'Ἀρχεῖον Πόντου 34, 1977–78, 20–27 – I. V. SOKOLOVA, Pečati archontov Chersona, ZRVI 18, 1978, 81–97 – X. MURATOVA, The Archaeological Site of Cherson and its Present Look, 'Ἀρχεῖον Πόντου 35, 1979, 147–155 – J. SMEDLEY, Archaeology and the Hist. of Cherson. A Survey of some Results and Problems, ebd., 172–192–HGeschRußlands I, bes. 307[H. RÜSS]–D. OBOLENSKY, The Crimea and the North before 1204 (DERS., The Byz. Inheritance of Eastern Europe, 1982).

Cherubikon → Chrysostomosliturgie, →Liturgie

Cherubim → Engel

Chester, Cheshire

I. Stadt – II. Grafschaft – III. Diözese/Archidiakonat.

I. STADT: [1] *Bis 1066:* Chester, Hauptstadt der Gft. *(county)* Cheshire, im westl. England, nahe der Mündung des Dee gelegen. Die Lage im nördl. →Mercien verlieh dem Ort eine Schlüsselstellung beim Ausbau der engl. Herrschaft über die Briten im 7. Jh. und bei der Unterwerfung der Wikinger im 10. Jh., ebenso nach der norm. Eroberung bei der Expansion nach →Wales im 12. und 13. Jh. 613/616 besiegte Kg. →Æthelfrith hier die Briten. 907 ließ die Domina → Æthelflæd die Befestigungen des röm. Castrum Deva erneuern und bezog sie in das gegen die Wikingereinfälle gerichtete Verteidigungssystem der →burhs ein. 973 nahm hier Kg. →Edgar die Unterwerfung der sechs Kg.e, Briten wie Scoten, entgegen. 907 wurde eine Stiftskirche *(minster)* gegr., welche die Reliquien der hl. Werburgh († um 699), der Nichte des Kg.s →Æthelred v. Mercien, aufnahm. Diese Kirche befand sich innerhalb der Befestigung; die wahrscheinl. 689 gegr. Kirche (906/907 erneut gegr.) St. Johannes d. Täufers lag dagegen außerhalb des burh. 1086 bestanden drei Kirchen innerhalb der Mauern; weitere Kirchen lagen in den südl. und westl. Suburbien, welche näher am Flußufer entstanden waren. Der Hafen von Chester (Ch.) wurde zum Zentrum des Handels mit Irland und stellte das Verbindungsglied zw. den wiking. Kgr.en →Dublin und →York dar; die Siedlung der Skandinavier mit Handels- und Gewerbefunktionen lag wahrscheinl., wie in York, außerhalb der Befestigung. Im 10. Jh. bestand in Ch. eine Münzstätte.

[2] *Nach 1066:* Nach der norm. Eroberung Englands (1066) ließ Kg. Wilhelm nahe dem Flußufer eine Burg errichten. Das ummauerte Stadtareal wurde um 1200 erweitert; es umfaßte jetzt auch die westl. und südl. Suburbien. Um 1077 wurde die Burg dem Earl of Ch. übertragen, die Stadt wurde nun Verwaltungssitz des Pfgf.en (s. a. Abschnitt II). 1075 verlegte der Bf. v. →Lichfield seinen Sitz in die Kirche St. Johannes. Doch blieb dies Episode, da dieser Bischofssitz bereits 1102 nach →Coventry transferiert wurde. 1092 hatte der Gf. v. Ch. die Abtei OSB St. Werburgh gestiftet, die er reich dotierte. Ch. war der Haupthafen des ne. England und unterhielt Handelsbeziehungen mit Irland, Frankreich und Spanien. Im 12. und 13. Jh. war es die Basis für die engl. Versuche, das nördl. Wales zu erobern: Kg. Eduard I. (1272–1307) ließ im nördl. Wales die →Burgen (so v. a. →Caernarvon) von Arbeitern aus ganz England errichten, die in Ch. versammelt wurden. In der Stadt blieben bis heute bedeutende ma. Profanbauten erhalten.   M. W. Barley

II. GRAFSCHAFT: Bereits 1450 wurde behauptet, daß die Gft. Cheshire seit den Zeiten vor der (norm). Eroberung Englands durchgängig eine Pfgft. gewesen sei, stets geschieden von den Besitzungen der Krone Englands. Der Sonderstatus von Cheshire gegenüber anderen engl. Gft.en war tatsächl. jedoch ein Ergebnis der norm. Eroberung und entsprang administrativen Bedürfnissen. Cheshire ist 980 als eigener territorialer Bezirk belegt; dies war ein Resultat der künstl. Aufteilung von Mercien in eine Reihe von Gerichtsbezirken *(shires)*. 1069/70 wurde Cheshire von den Normannen erobert, spätestens seit 1077 gehörte es zum Lehen *(honor)* des Gf.en v. Chester. War Cheshire auch nicht, wie einst angenommen wurde, ein imperium in imperio, so hatte die Gft. doch ein großes Maß an Selbständigkeit: Es bestand hier keine kgl. Domäne, die Gft. wurde nicht in den →Pipe Rolls erfaßt und nicht von den kgl. Reiserichtern visitiert. Die →Magna Carta (1215) galt nicht in der Gft. Cheshire, der es überlassen blieb, sich ein eigenes Freiheitsstatut vom Gf.en verleihen zu lassen. Zw. 1237 (Tod des letzten anglo-norm. Gf.en) und 1241 wurde Cheshire der Krone unterstellt, die aber die lokalen Gewohnheitsrechte respektierte. Seit 1301 führte die Erbe des Kgr.es üblicherweise den Titel des Earl of Ch., und Cheshire wurde zum Bestandteil der Apanage der Princes of →Wales. Die Bezeichnung *palatinate* (Pfgft.) kam erst 1297 offiziell in Gebrauch; die verfassungsmäßige Stellung als Pfgft. erfuhr sodann im 14. und 15. Jh. ihre volle Ausprägung: Die Verwaltung der Gft. erfolgte durch einen Richter und einen *chamberlain*, die jeweils dem Gerichtshof und dem Schatzamt (→*exchequer*) v. Ch. vorstanden. Cheshire unterlag nicht der allgemeinen nationalen Besteuerung und war im Parliament nicht vertreten. Dennoch blieb die Gft. nicht von äußeren Einflüssen völlig frei, und das Gesetzesrecht *(statute-law)* fand hier Anwendung. Im späten MA galt die Gft. als Schauplatz häufiger Unruhen, sie war auch ein bekanntes Anwerbungsgebiet für →*archers* (Bogenschützen). Zw. den 1470er und den 1520er Jahren verlor Cheshire einen Großteil seiner administrativen Sonderrechte und wurde im wesentl. den übrigen Gft.en Englands gleichgestellt. 1540 war die Gft. erstmals an einer parlamentar. Subsidienleistung beteiligt, 1543 erhielt sie die Vertretung im Parliament.

III. DIÖZESE/ARCHIDIAKONAT: Bis zur Schaffung des anglikan. Bm.s Ch. i. J. 1541 gehörte Cheshire zum Bm. →Lichfield und Coventry. In der ags. Zeit erfuhr die bfl. Besitz in der Stadt Ch. wie in der ländl. Region von Cheshire eine beachtl. Erweiterung. 1075 transferierte der erste norm. Bf. v. Lichfield seinen Sitz in die Kollegiatkirche St. Johannes in Ch., im Einklang mit Ebf. →Lanfrancs Politik, die Bischofssitze in befestigte Städte bzw. deren Nähe zu verlegen. Bereits 1102 transferierte Bf. Robert de Limesey jedoch den Sitz nach Conventry; diese erneute Verlegung mag einerseits mit den unruhigen Verhältnissen in Cheshire zusammenhängen, andererseits mit der übermächtigen Konkurrenz der vom Gf.en v. Ch. i. J. 1092 gestifteten reichen Abtei OSB St. Werburgh in Ch. (s. a. Abschnitt I). Ein Archidiakon v. Ch. wird erstmals 1151 erwähnt; im Laufe des 12. Jh. wurde Ch. zum bedeutendsten Archidiakonat in der Diöz., und spätestens im 14. Jh. hatte es ein bestimmtes Ausmaß an Selbständigkeit gewonnen. Die Bf.e durften Angeklagte aus dem Archidiakonat nicht vor ein außerhalb der Pfgft. befindliches Gericht zitieren. Man nimmt an, daß diese ausschließl. Gerichtsbefugnisse des Archidiakons v. Ch. die geistl. Parallele zur richterl. Immunität, welche Cheshire wegen des Status' als Pfgft. genoß, bildeten.   A. J. Kettle

Lit.: DHGE XII, 641f. [Bibliogr.] – VCH Ch. 2, 1979, 1–35; 3, 1980, 1–11 – VCH Stafford 3, 1970, 7f. – Hist. of the County Palatine and City of Ch., hg. T. HELSBY, 1882² [G. ORMEROD] – G. BARRACLOUGH, The Earldom and County Palatine of Ch. (Trans. Hist. Soc. Lancs. & Chesh. 103), 1951, 23–57 – J. D. BU'LOCK, Pre-Conquest Cheshire 383–1066, 1972 – Stud. in Building Hist., hg. E. M. JOPE, 1961, 104–133 – The place-names of Cheshire V, 1/i, hg. J. MCNEAL DODGSON (English Place-Name Soc. 48), 1981.

Chester Plays, einer der vier erhaltenen Zyklen von →Mysterienspielen des SpätMA in engl. Sprache (vgl. →Ludus Coventriae; →Towneley Cycle; →York Plays); die meisten Zeugnisse zu den Ch. P. und fast alle überlieferten Texte stammen erst aus dem 16. und 17. Jh., wodurch die Beurteilung von Entwicklung, Aufführungspraxis usw. sehr erschwert wird. Der Zyklus stellt in seiner erhaltenen Form in 24 Stücken bibl. wie zugleich Welt- und Heilsgeschichte dar: Luzifers Fall und aus dem AT Schöpfung, Sündenfall, Kain und Abel, Noah und die Flut, Abraham und Isaak, Balaam und Balak (Stücke I–V); aus dem NT Geburt, Anbetung und Kindheit Christi (VI–XI), sein Wirken (XII–XIV), Passion und Höllenfahrt (XV–XVII), Auferstehung, Himmelfahrt und Pfingsten (XVIII–XXI), schließlich das Auftreten des →Antichrist und das Jüngste Gericht (XXII–XXIV). Der Zyklus erfuhr Bearbeitungen und Veränderungen; neue Stücke traten hinzu, nach der Reformation wurden einige (so das mit dem Fronleichnamsthema) gestrichen. In den sog. *Banns* (in zwei Fassungen des 16. Jh. erhalten) wurden die Aufführungen vorher durch Ausrufer angekündigt. – Quellen waren Bibel, Apokryphen, Liturgie, patrist. u. a. Schriften sowie sicher das wohl in Chester entstandene » Stanzaic Life of Christ« (ed. FOSTER, EETS 166); der Einfluß frz. Mysterienspiele ist wahrscheinl., die Übersetzung lat. und frz. Stücke nicht. Mit anderen Zyklen besteht (abgesehen vom Gesamtaufbau) textl. Zusammenhang nur bei der Episode von Christus und den Gelehrten im Tempel (XI); dazu kommt Verwandtschaft von Abraham und Isaak (IV) mit einem Einzelstück in einem Commonplace Book des 15. Jh. (»Brome Play«). – Die Ch. P. zeigen größere Einheitlichkeit und Geschlossenheit gegenüber den anderen Zyklen, schließen wie diese aber auch (meist lat.) Gesangseinlagen ein. Der bibl. Bericht in Dialogform hat Vorrang vor Dramatischem; komische Elemente sind sparsam gebraucht. Theologisch-Didakt. tritt deutlicher hervor; ein reitender *Expositor* gibt zu einigen Stücken Erklärungen; u. a. zur Typologie in AT und NT. – Das

Metrum ist weit überwiegend eine achtzeilige Schweifreimstrophe; andere Versformen deuten auf Überarbeitungen. Die Sprache zeigt noch einige westmittelländ. Züge.

Die Aufführungen wurden von den Zünften der Handwerker und Kaufleute finanziert und veranstaltet; meist war eine Zunft für je ein Stück zuständig. Unter den Darstellern waren wohl auch Berufsschauspieler; dazu wurden Chorsänger und Musiker beschäftigt. Anfangs wurde vielleicht eine Simultanbühne verwendet, spätestens seit dem frühen 16. Jh. finden die Aufführungen in Prozessionsform auf Bühnenwagen *(pageants)* statt, deren Bau und Ausstattung umstritten ist; jedes Stück wird auf (und neben?) je einem Wagen nacheinander an vier oder fünf Stellen der Stadt Chester gegeben. Aufführungszeit war zunächst Fronleichnam, dann (seit spätem 15. oder frühem 16. Jh.) die drei Tage nach dem Pfingstsonntag. Aufführungen mögen alljährl. stattgefunden haben, nach der Reformation aber seltener, zuletzt 1575; danach waren die Spiele (als Zeugnisse vorreformator. Frömmigkeit) untersagt (Aufführungen einzelner Stücke in sprachl. modernisierten Fassungen sind seit 1901, des ganzen Zyklus seit 1951 zu verzeichnen).

Der oder die Verfasser und Bearbeiter sind unbekannt; Inhalt und Quellen weisen auf Geistliche. Die Zuschreibung an →Ranulph Higden († 1364), Mönch an der Abtei St. Werburgh in Chester seit 1299, ist nicht mehr haltbar. Die Autorschaft von Sir Henry Francis, Mönch in Chester um 1380, ist möglich, aber nicht beweisbar. Um diese Zeit werden jetzt die Anfänge der Spiele vermutet (früher: 1327-28); ein konkreter Nachweis läßt sich erst seit 1422 führen. – Der Text ist in fünf zw. 1591 und 1607 geschriebenen Hss. überliefert, die antiquar. Interesse zu verdanken sind und wahrscheinl. auf ein offizielles Exemplar der Stadtverwaltung zurückgehen. Vier Hss. sind textlich eng verwandt (nach Hs. Huntington Libr. HM 2, hg. LUMIANSKY-MILLS), dagegen ist eine selbständiger (Harley 2124, hg. DEIMLING-MATTHEWS); welcher Texttradition Priorität zukommt, ist unsicher. Drei weitere Hss., davon eine im späten 15. Jh. geschrieben, enthalten Einzelstücke.

H. Gneuss

Bibliogr.: Manual ME 5, XII, 1975, 1573-1576 – NCBEL I, 727-733 – *Ed.:* The Ch. P., ed. H. DEIMLING-G. W. MATTHEWS, EETS ES 62, 115, 1893-1916 – The Chester Mystery Cycle, ed. R. M. LUMIANSKY-D. MILLS, EETS Suppl. Ser. 3, 1974 – *Übers.:* M. HUSSEY, The Chester Mystery Plays, 1975² – *Lit.:* H. CRAIG, English Religious Drama of the MA, 1955 – F. M. SALTER, Mediaeval Drama in Chester, 1955 – R. WOOLF, The English Mystery Plays, 1972 – M. L. CLOPPER, The Hist. and Development of the Chester Cycle, MP 75, 1977-78, 219-246 – M. L. CLOPPER, Ch., Records of Early Engl. Drama I, 1979.

Chester-le-Street (ae. Cunca[Conce-]ceastre), Stadt im nördl. England (Gft. Durham). Die clerici von →Lindisfarne, in deren Obhut sich die Gebeine des hl. →Cuthbert befanden, gaben nach dem Dänenüberfall von 875 das Kl. auf und suchten unter Leitung des Bf.s Eardwulf (854-899) mit dem Leib des Hl. 883 Zuflucht in dem ehem. röm. Kastell v. Concangis, das unmittelbar westl. vom Fluß Wear lag. Die z. T. auf Erbrecht beruhende Klerikergemeinschaft und die bfl. »Kirche des hl. Cuthbert« erhielten im 10. Jh. Stiftungen als Gegengaben für die Verleihung des geistl. Patronatsrechts an Kg. →Æthelstan und andere Große. 995 wurde der Bischofssitz nach →Durham verlegt. Die hölzerne Kirche wurde unter Bf. Æthelric (1042-56) durch eine steinerne ersetzt. Unter dem Patrozinium der hl. Maria und des hl. Cuthbert stehend, wurde die Gemeinschaft durch Bf. Bek als weltl. Kolleg mit acht Präbenden neu gegründet. Die Aufhebung erfolgte 1547.

D. A. Bullough

Q. und Lit.: Symeon, Historia Dunelmensis ecclesiae, ed. T. ARNOLD, RS 75/1, 1882 – VCH Durham, II, 128f.

Chestre, Thomas. Die zu den sog. 'bretonischen Lais' gehörende me. →Romanze »Sir Launfal« (1044 Zeilen in Schweifreimstrophen, spätes 14. Jh.), die eine Überarbeitung des anonymen me. »Sir Landevale« (frühes 14. Jh.; zurückgehend auf den »Lanval« der →Marie de France) unter Beiziehung weiterer Quellen darstellt, nennt am Ende Th. Ch. als Autor. Von ihm ist sonst nichts bekannt. Gemeinsame Überlieferung sowie sprachl. und stilist. Parallelen lassen es jedoch als möglich erscheinen, daß auch die Romanzen »Octavian« und »Libeaus Desconus« verfaßt hat.

R. H. Robbins

Bibliogr.: Manual ME 1. I, 1967, Nr. 88 – NCBEL I, 438f. – *Ed.:* A. J. BLISS, Sir Launfal, 1960 – *Lit.:* M. MILLS, The Composition and Style of the 'Southern' »Octavian«, »Sir Launfal« and »Libeaus Desconus«, MAe 31, 1962, 88-109 – T. STEMMLER, Die me. Bearbeitungen zweier Lais der Marie de France, Anglia 80, 1962, 243-263.

Chétifs, Les → Kreuzzugsdichtung

Chevalerie Ogier → Ogier le Danois

Chevalier ('Ritter'). In Frankreich, dem klass. Land des ma. Rittertums (→Ritter, -tum), begegnet das frz. Wort erstmals im Rolandslied (1. Viertel des 12. Jh.) und bezeichnet einen Krieger zu Pferde. Bis zum Ende des MA korrespondiert es stets mit dem lat. Wort→miles. Unklar muß bleiben, welches roman. Wort die Kleriker vor dem frühen 12. Jh. vor Augen hatten, wenn sie den Begriff miles verwendeten. Wenn, wie es wahrscheinl. der Fall ist, der Begriff ch. schon vor seiner ersten lit. Erwähnung in den verschiedenen roman. Dialekten benutzt wurde, dann stellt sich die Frage, warum im Mittellatein nicht der Begriff caballarius bzw. der Begriff eques (statt miles) beibehalten wurde. Das Wort caballarius schied wohl wegen seines pejorativen Untertones aus. Die Einbürgerung von miles auf Kosten von eques, das allerdings in der Bezeichnung ordo equestris für den Ritterstand – neben ordo militaris – fortlebte, erfolgte wohl, weil der Begriff miles sich aus zwei Gründen anbot: 1. mindestens vom 10. Jh. an war der Ritter der Krieger (miles) im eigtl. Sinne; 2. das Begriffspaar miles/militia beinhaltete seit der Römerzeit die Vorstellung von Waffendienst und Zugehörigkeit zum Heeresverband. Seit dem Ende der Karolingerzeit umfaßte die Idealvorstellung des miles nicht nur den Krieger zu Pferde, sondern ebenso den Kriegsmann, der nach der allgemeinen Vorstellung von seinen Vorgesetzten Waffen, Schwert und Schwertgürtel (balteus militaris, cingulum militiae) empfing.

Zu Ende des 10. Jh. stellt →Richer v. Reims bei seiner Schilderung der Belagerung von Laon (987) im Heer der Belagerer milites und pedites einander gegenüber. Bis ins letzte Viertel des 12. Jh. waren die Ritter das Kernstück der Heere. Das militär. Hauptproblem der hochma. Staaten war, stets über eine ausreichende Anzahl von Rittern zu verfügen. In den neueroberten Gebieten (norm. England, norm. Süditalien, lat. Kreuzfahrerstaaten) wurden daher rasch Maßnahmen ergriffen, um die Zahl der Ritterlehen beträchtl. zu vergrößern (→Lehen, Lehnswesen).

Seit dem letzten Viertel des 12. Jh. traten in der frz. Kavallerie neben den ch.s die weniger gut ausgerüsteten berittenen Knechte *(sergents à cheval)* auf. Ein Jahrhundert später waren diese Knechte *(sergents)* zu schildbürtigen Edelknechten oder »Ministerialen« *(écuyers)* geworden. Zu Beginn des →Hundertjähr. Krieges umfaßte die Kavallerie Kg. Philipps VI. nur mehr zu einem Viertel ch.s, aber zu drei Vierteln Ministerialen *(écuyers),* auch *hommes d'armes* genannt. Der Anteil der Ritter nahm nun während der folgenden zwei Jahrhunderte kontinuierlich ab: Um

1500 finden wir in der kgl. frz. Armee eine zahlreiche leichte Kavallerie aus Reisigen *(genétaires, brigandiniers à cheval, demi-lances)*, eine große Zahl von Pferd-Schützen, bewaffnet mit Armbrust und bes. mit Bogen, ferner Kürisser *(hommes d'armes* oder *lances)* mit schwerer Ausrüstung (blanker Küriß, d. h. Reiterharnisch, mindestens drei Pferde und drei Mann pro lance). Unter den Kürissen *(hommes d'armes)* machten die ch.s weniger als 10% aus. Während die ch.s bis zum Anfang des 15. Jh. zumeist besser ausgerüstet waren als die Ministerialen *(écuyers)*, verfügten seit der Heeresreform Karls VII. alle Kürisser, ob nun ch.s oder nicht, Adlige oder Nichtadlige, zumindest in den kgl. Ordonnanzkompagnien (→*compagnies d'ordonnance*) über eine standardisierte Ausrüstung des gleichen Typs (vgl. auch →Heer, -wesen).

Mit dem Begriff ch. korrespondierte eine soziale Realität. Kurz vor 1000 legt Richer dem Adalbero, Ebf. v. Reims, eine Rede in den Mund, in der dieser beklagt, daß sich der Karolinger Karl v. Lothringien trotz seiner hohen Geburt erniedrigt habe, eine Frau »de militari ordine« zu ehelichen. Im 11. Jh. suchten zahlreiche Ritter in Ermangelung eigener wirtschaftl. Ressourcen ihren Unterhalt in den bewaffneten Gefolgschaften der Großen (vom Kg. bis zum Schloßherrn), die durch Herkunft, Reichtum und Macht allein Anspruch auf die Zugehörigkeit zum echten →Adel erheben konnten. Die Ritter bildeten zu dieser Zeit ein offenes sozioprofessionelles Milieu, mit stark divergierender wirtschaftl. Situation, doch schon entschieden abgehoben von der Masse der geringgeachteten rustici. Sie waren die Begleiter ihrer Herren im Krieg und auf der Jagd, besaßen zumindest ihre Streitrösser und Waffen und verfügten selbst über Knechte. In der Kriegergesellschaft der Zeit nahmen sie einen zwar untergeordneten, doch letztlich beneidenswerten Platz ein, vielleicht ein wenig vergleichbar den Polizisten in Polizeistaaten der Gegenwart.

Seit der 2. Hälfte des 11. Jh. ist belegt, daß der Eintritt in den Ritterstand als hohe Ehre galt. Angehörige der hohen Aristokratie ließen sich nun – nach Beendigung des Jugendalters (iuvenes) – in zeremonieller Weise zum Ritter erheben. Die Feier des →*adoubement* (dem im Rittertum Deutschlands die →Schwertleite entsprach), durch die ein junger Krieger (iuvenis) zum neuen Ritter erhoben wurde, entwickelte sich zum Angelpunkt adliger Lebensführung. So bittet 1098 Gui, Gf. v. Ponthieu, den Lambert, Bf. v. Arras, am Sonntag nach Pfingsten nach Abbeville zu kommen, um dem adoubement des Sohnes des Kg.s, Ludwig (VI.), beizuwohnen, der »geschmückt und geehrt mit den ritterl. Waffen, zum Rittertum erhoben und ordiniert werde« (ad militiam promovere et ordinare).

Im Zuge der Entwicklung des 12. Jh. rekrutieren sich die Ritter zunehmend aus dem Kreis bestimmter ritterl. Familien. Der Titel »ch.« wurde zum senioralen Adelstitel: man war nun ch. eines ganz bestimmten Gutes oder Lehens. Der ch. hatte Anspruch auf den Titel des dominus *(messire)*, seine Gattin auf denjenigen der domina *(dame)*. Die ch.s wurden in den frz. Adel integriert und bildeten dessen mittlere und untere, im übrigen zahlreichste Schicht.

Im 13. Jh. wurden die Privilegien der ch.s zumeist schriftl. fixiert. Ihnen war das Tragen der goldenen →Sporen als Statussymbol vorbehalten. Die öffentl. Gewalt und die mit ihr in enger Solidarität verbundene Gesamtheit der Ritter überwachten streng den Zugang zur Ritterschaft und die Berechtigung zur Führung des Rittertitels; dadurch sollte die schleichende Invasion von Bürgern und selbst von reichgewordenen Bauern in die – nun geschlossenen – Reihen der chevalerie aufgehalten werden. Dennoch verzichtete eine wachsende Zahl von Adligen (aus Desinteresse oder aus Mangel an Mitteln) auf die Schwertleite und begnügte sich mit dem Titel eines *écuyer* oder Junkers *(damoiseau)* und bald auch einfach eines Edelmanns, wodurch der Betreffende im Genuß der adligen Standesprivilegien blieb. Am Ende des MA war nicht der Empfang der Ritterwürde in einer profanen oder religiösen Zeremonie oder bei militär. Anlässen (etwa auf dem Schlachtfeld) das Ausschlaggebende, sondern die Möglichkeit, seinen Anspruch auf Zugehörigkeit zum Adel geltend zu machen. Der ch.-Titel erhielt seinen Platz in der zunehmend sich verfestigenden Hierarchie der Adelsprädikate: Der ch. rangierte über dem écuyer, aber unter dem Baron und Schloßherrn *(châtelain)*. Aus sozialen, aber mehr noch aus militär. Gründen wurden von der Zeit Philipps II. August bis zur Heeresreform Karls VII. oft zwei Stufen bei den ch.s unterschieden: Zum einen die *ch.s à bannière* (auch: *bannerets*, die Bannerherren), zum anderen die *ch.s bacheliers*, die einfachen Ritter.

Die soziale und militär. Rolle des Rittertums ist nicht zu verstehen ohne die Werte, die Ritter und Rittertum in der ma. Mentalität verkörperten (s. a. →Ritter, -tum). Einerseits forderten natürlich die Herren, die die Dienste der Ritter in Anspruch nahmen, wie schon die Vorgesetzten der röm. milites, von diesen Opferbereitschaft, Treue, Disziplin und Mut. Andererseits war es die Kirche, die angesichts der polit. Zersplitterung, der häufigen Kriege und der bewaffneten Gewalttaten des Feudalzeitalters dem Ritter ein bestimmtes Verhaltensmuster auferlegte, wie es vorher v. a. dem König gegenüber vertreten wurde. Die Ritter wurden, bei ihrem Seelenheil, aufgefordert: 1. Güter und Leben der unbewaffneten Bevölkerung zu schonen, was letztendlich bedeutete, daß nur Ritter gegen Ritter kämpfen sollten; 2. Gewalt nur anzuwenden zur Selbstverteidigung oder aber zum Schutz der Kirche und der Witwen und Waisen, der Schwachen allgemein, und sich in den Dienst der Gerechtigkeit und – später – des öffentl. Wohls zu stellen; 3. sich als Ritter Christi zu begreifen und gegen die Feinde des Glaubens – Heiden, Ketzer, Schismatiker – zu kämpfen. Im 12. Jh. bezeugen die →Chansons de geste und bald auch die höf. Literatur in glänzender Weise die Ausstrahlungskraft dieser ritterl. Tugenden, die gerade durch diese lit. Werke weitertradiert und verbreitet wurden. Die Kreuzzugsbewegung und die Gründung der →Templer und der nachfolgenden geistl. →Ritterorden betonten die christl. Dimension des Ritterideals, die auch im Ritual der Schwertleite ihren Ausdruck fand. Das reiche Brauchtum des Ritterstandes verkörperte sich v. a. im Turnierwesen (→Turnier) und im Minnedienst (→Minne). Unermüdlich in der Welt des Adels propagiert, gerieten die ritterl. Werte dennoch bald in Gefahr, verwässert zu werden. In Frankreich ist schon vor 1200 die Klage über den allgemeinen Verfall des Rittertums ein beliebter Topos. Dies führte zu häufigen Anstrengungen, das ritterl. Ideal neuzubeleben, wobei die Initiative v. a. von den herrschenden Laien, insbes. an den Höfen, ausging. Eine der bedeutendsten Initiativen war dabei seit der Mitte des 14. Jh. die Gründung von →Ritterorden, die eine kleine Elite umfaßten. In Frankreich, das auch auf diesem Gebiet des Rittertums führend war, sind v. a. zu nennen der →Sternenorden *(Etoile)*, der burg. Orden vom →Goldenen Vlies *(Toison d'Or)*, der →Michaelsorden Ludwigs XI. *(St-Michel)*, der savoyische Orden der →Annuntiaten usw. Diese Orden zeugen einerseits von der ma., bes. spätma. Freude an Fest und Repräsentation (die sich u. a. in Neubelebung und bes. prunkvoller

Ausgestaltung der →Turniere äußerte); v. a. aber dienten sie letztendlich als zusätzl. Machtinstrument des Kg.s und der großen Fs.en, die ihren Adel auf diese Weise beherrschten und disziplinierten. Eine selbständige polit. Rolle der Ritter, wie sie im 15. und frühen 16. Jh. aus Deutschland bekannt ist (z. B. Entstehung von polit. einflußreichen →Ritterbünden), vermochte sich in Frankreich mit seinen stärkeren Zentralgewalten nicht herauszubilden.

Um 1500 umfaßte die im Michaelsorden vereinigte Elite der »chevaliers de l'ordre du roi« etwa dreißig Mitglieder. Innerhalb der adligen Gesellschaft Frankreichs dürften die sonstigen Ritter darüber hinaus kaum mehr als 1000 betragen haben, die Stilisierung der ritterl. Tugenden entbehrt angesichts solcher Zahlen sicher nicht der stereotypen, gekünstelten und selbstgefälligen Züge. Dennoch trat im frühen 16. Jh. in der adligen Führungsschicht kein neues Wertsystem an die Stelle des überkommenen Ritterideals, das zeigt sich etwa an der Glorifizierung Bayarts als »Ritter ohne Furcht und Tadel«. Die jungen frz. Adligen strebten auch auf den Schlachtfeldern der ersten Italienfeldzüge voll Ehrgeiz nach dem begehrten Ritterschlag.

Ph. Contamine

Lit.: G. Duby, Hommes et structures du MA, 1973 – Das Rittertum im MA, hg. A. Borst, 1976 [Lit.] – The Medieval Nobility, hg. T. Reuter, 1978 [Lit.] – Ph. Contamine, La guerre au MA, 1980 [Lit.] – C. B. Bouchard, The Origins of the French Nobility: a Reassessment, AHR 86, 1981, 501–532 – F. Cardini, Alle Radici della Cavalleria Medievale, 1981 – Ph. Contamine, La France aux XIVe et XVe s. Hommes, mentalités, guerre et paix, 1981 – J. Flori, Chevalerie et idéologie chevaleresque jusqu'au début du XIIIe s. [Thèse masch. Paris, Sorbonne, 1981] – T. Hunt, The Emergence of the Knight in France and England 1000–1200, Forum for Modern Language Stud. 17, 1981, 93–114 – M. Vale, War and Chivalry. Warfare and Aristocratic Culture in England, France and Burgundy at the End of the MA, 1981 – L. Genicot, La noblesse dans l'Occident médiéval, 1982 – M. Parisse, Noblesse et chevalerie en Lorraine médiévale, 1982 – weitere Lit.: →Ritter, -tum.

Chevalier (du) au barisel, eine in die afrz. dit-Lit. einzureihende erbauliche Erzählung in paarweis gereimten Achtsilblern. Sie ist in drei Versionen, Ende 12./Anfang 13. Jh., überliefert: in einer pikard. gefärbten anonymen (4 Hss., 1 Fragm.), in einer von Jean de la Chapelle (de Blois) um 1218 verfaßten (2 Hss.) und in einer in der Sammlung der →»Vies des Pères« überlieferten Fassung. Das Thema bildet ein in der Sünde verhärteter Ritter, der in aufgenötigter Beichte eine scheinbar leichte Buße – hier ein Fäßchen mit Wasser zu füllen – ohne wahre Reue nicht zu vollbringen vermag, da er die in der *exempla*-Lit. bekannte *fons sursum fluens*, die Reuetränen, nicht findet. Eine lat. Vorlage muß angenommen werden; sie ist eventuell im »Speculum laicorum« gefunden. Jean Mielot verfaßte im 15. Jh. eine frz. Prosaumsetzung, nachdem sich im 13. Jh. eine it. Übersetzung bereits der Version der »Vies des Pères« angeschlossen hatte. Vgl. →Colpaert. L. Gnädinger

Ed.: O. Schultz-Gora, Zwei afrz. Dichtungen, 1899, 1911, 1916 (Version der »Vies des Pères« im Anh.) – R. C. Bates, Le Conte dou barril. Poème du XIIIe s. par Jean de la Chapelle de Blois, 1932 (Yale Romanic Stud. IV) – F. Lecoy, Le Ch. au b. Conte pieux du XIIIe s., 1955 (Les Class. fr. du m. â. 82) – Conte pieux du XIIIe s. (frz. Übers. A. Brasseur, 1976 [Class. fr. du m. â., Trad. 23]) – Lit.: R. C. Bates, Le »Conte dou barril« par Jean de Blois et »Le Tournoiement d'Enfer«, Romania 62, 1936, 359–375 – L. W. Stone, Sur le Conte du baril de Jean de Blois, Romania 62, 1936, 24–40 – J. C. Payen, Y a-t-il un repentir cistercien dans la litt. fr. médiévale?, Comm. Cist. 12, 1961, 120–132 – M. Le Merrer-False, Contribution à une étude du »Ch. au B.«, MA 77, 1971, 263–275 – J. C. Payen, Structure et sens du »C. au B.«, MA 77, 1971, 239–262.

Chevalier au Cygne, le → Lohengrin-Stoff
Chevalier, la dame, et le clerc, le → Fabliau

Chevalier aux deux épées, le (Chevaliers as Deus Espees, Li), anonymer Artusroman (12352 V.) aus der 1. Hälfte des 13. Jh., der nur in einer Hs (BN Paris 12 603) überliefert ist. Der Roman übernimmt ganze Episoden aus früheren Werken; bes. orientiert er sich an →Chrétien de Troyes' »Perceval«. In zwei spannend verknüpften Handlungssträngen werden die Abenteuer von Meriadeuc (M.), des Ritters mit den zwei Schwertern, und von Gauvain erzählt, dessen Vorbild dem jungen M. den Weg zu vollkommenem Rittertum weist. Den Beinamen erhielt der Held, der seine Identität selbst nicht kannte, weil er zwei Schwerter führt, seit es ihm allein gelungen war, Gurt und Schwert zu lösen, die Lore, die Dame von Garadignan, trug. Dieses Schwert hatte seinem Vater Bleheri gehört, der von Gauvain unabsichtl. im Kampf erschlagen worden war. M. gelangt zufällig zum Schloß seiner Mutter, erfährt seine Identität und leistet den letzten Wunsch seines Vaters nach Rache an Gauvain Folge. Er besiegt ihn, tötet ihn jedoch als vollkommener Ritter nicht. M.s Mutter verzeiht Gauvain, der sie bei einer Belagerung gerettet hatte, und versöhnt ihn mit ihrem Sohn. Gemeinsam begeben sie sich zum Artushof, wo M. Lore heiratet. Das Werk bietet viele realist. Beschreibungen, bes. von modischer Kleidung. M. Tietz

Ed.: W. Förster, 1877 [Nachdr. 1966] – R. T. Ivey, 1973 – Lit.: R. Thedens, Li Ch. in seinem Verhältnis zu seinen Q., 1908 – R. H. Thompson, Stud. Neophil. 49, 1977, 95–100 – B. Schmolke-Hasselmann, Der arthur. Versroman von Chrestien bis Froissart, 1980.

Chevalier le roi (miles regis), frz. Hoftitel. Der Kg. verlieh im 13. und zu Beginn des 14. Jh. Laien, die von ihm an seinen Hof (→*Hôtel du roi*) berufen (»retenu«) wurden, diesen Titel. Die milites regis erhielten Einkünfte für die Zeit, die sie am Hofe verweilten, ebenso wurden sie zu bestimmten Festen mit Mänteln (pallia) beschenkt. Oft erhielten sie als kgl. Gunstbeweise auch Renten, Lehen oder Pensionen. Aus den Reihen dieser kgl. Ritter wie auch aus den *clercs le roi* (clerici regis) rekrutierten sich die Träger zahlreicher hoher Verwaltungsämter am Hof (→*Conseil*, →*Parlement*, →*Chambre des comptes*) und in den Provinzen (Seneschälle, z. T. *baillis*) sowie wichtiger Missionen (Truppenbefehl, Untersuchungskommissionen). Die meisten der ch.s le roi waren zwar Adlige, jedoch Kleinadlige; mancher von ihnen hatte auch schon die Ritterwürde (→*chevalier*), bevor ihn der Kg. mit dem Titel eines ch. le roi bedachte. Unter Philipp IV. dem Schönen (1285–1314) wurde der Titel ehrenhalber auch großen Herren, die den Königshof bei festl. Anlässen aufsuchten, verliehen (Gf. v. Foix, Gf. v. Savoyen, Dauphin). Derartige Verleihungen erfolgten bei den großen Kirchenfesten oder bei höf. Zeremonien, wie der Schwertleite (→*adoubement*) der Söhne des Kg.s. Hierbei stellte der Kg. die Rüstungen und Waffen. R.-H. Bautier

Chevalier, Etienne, *trésorier de France,* führender Beamter des frz. →Finanzwesens unter Karl VII. und Ludwig XI., * um 1410, † 3. Sept. 1474, ⌑Melun, Notre-Dame, ∞ Catherine Budé; 1 Sohn und 3 Töchter. Ch. entstammte einer alteingesessenen Familie aus Melun, deren Mitglieder schon im 14. Jh. in kgl., seigneurialen und städt. Ämtern zu finden sind. Sein Vater Jean war kgl. *receveur* (1402) und kgl. *notaire* und *secrétaire* (1423). E. Ch., der zunächst im Dienst des Connétable de Richemont als *secrétaire* – *maître* in dessen *chambre aux deniers* tätig war, ist zw. 1442 und 1450 als notaire und secrétaire von Kg. Karl VII. 1442 als maître der →chambre aux deniers des Dauphins, Ludwig (XI.), und seit 1443 als *contrôleur général* des Languedoïl, des Languedoc und des Bezirks Outre-Seine nachweisbar. Am 15. Aug. 1449 Ernennung zum *maître clerc* an der →*chambre des comptes* (bis 1468, danach Übergang an seinen Sohn Jacques). Bei der Übernahme des Amtes des→trésorier de France (20. März 1452), das er bis zu seinem Tod behielt, wurde ihm der Ämterkumulus mit seiner Funktion an der chambre des comptes zugestanden. Auch das Amt des contrôleur général übte er wohl weiter aus (nachgewiesen 1457/58 im Languedoïl). Er wurde auch in den *Grand*→ *Conseil* Karls VII. berufen und mit diplomat. Sonderaufgaben betraut. So nahm er an den Friedensverhandlungen in England teil und ist möglicherweise auch der Verfasser des Gesandtschaftsberichts. Ferner wurde er als Testamentsvollstrecker von Agnès →Sorel (1450) und Karl VII. (1461) eingesetzt. Nach kurzer Ungnade und Einkerkerung wurde er von Ludwig XI. in seinen Ämtern bestätigt (ab Jan. 1463) und ebenfalls mit Gesandtschaften betraut (so zum Hzg. v. Burgund, dem er im Namen des Kg.s 400000 *écus* übergab; 1470 zur röm. Kurie). Sein Name steht auch auf der Liste der Mitglieder der von den →*Etats généraux* (1461) eingesetzten Reformkommission. Von seinen finanziellen Transaktionen seien genannt: 1463 Vorschuß von 1200 *écus* an die Abtei St-Martin in Tours, Kredit von 3000 *écus d'or* an den Kg. zwecks Rückkaufs der→Sommestädte, 1465 Übernahme der Soldzahlungen für die kgl. Truppen. Ch. war *Seigneur* v. Vigneau, Plessis-le-Comte und Eprunes, besaß ein Stadtpalais in Paris (rue de la Verrerie) und eine Kapelle in St-Merry. Zwei der Töchter Ch.s gingen wiederum Heiratsverbindungen mit leitenden kgl. Beamten (1. Präsident des *Parlement* bzw. *notaire-secrétaire*) ein. – Jean→Fouquet, der von Ch. gefördert wurde, schuf in seinem Auftrag 1450 das Portrait Ch.s mit seinem Namenspatron, dem hl. Stephanus, sowie vor 1461 das berühmte →Stundenbuch. N. Bulst

Q.: M. Gaillard, Relation de l'ambassade de Loys de Bourbon (Notices et extraits des mss. de la Bibl. Nat. 4), 1799, 25–43 – Ph. de Commynes, Mémoires, ed. N. Lenglet du Fresnoy, 1747, Bd. II, 392–403 – Lit.: DBF VIII, 1959, 1055f. – G. Dupont-Ferrier, Etud. sur les institutions financières de la France à la fin du MA I, 1930, 297 – Ders., Le personnel de la cour du trésor (1390–1520), Annuaire-Bulletin de la société de l'hist. de France, 1935, 208f. – A. Lapeyre-R. Scheurer, Les notaires et secrétaires du roi sous les règnes de Louis XI, Charles VIII et Louis XII (1461–1515), Bd. 1–2, 1978, 94; XXXI – P. Wescher, Jean Fouquet und seine Zeit, 1974[2] – N. Reynaud, Jean Fouquet (Louvre. Les dossiers du dép. des Peintures), 1981, 46–55, 84–86 – s. a. Lit. zu →Fouquet, Jean.

Chèvremont (Capremons, Kievermunt u. ä., seit Ende 9. Jh.; vorher: Novum castellum), Burg und Stift 7 km südöstl. von →Lüttich. In der aufgrund ihrer exponierten Lage und starker Befestigung schwer zu erobernden Burg im Bereich des bedeutenden frühkarol. Besitzkomplexes um die Pfalz Jupille dotierte →Pippin II. eine Kirche (vielleicht als Hauskloster von ihm gegründet, servientes Deo unter abbas bzw. rector seit 779, clerici 844, canonici 909 erwähnt). Nach einer Chronik aus Sens, die eine Genealogie der →Karolinger benutzt, soll Pippin II. zunächst in Ch. (Caput Mons) bestattet worden sein, bevor sein Leichnam nach St. Lambert in →Lüttich überführt worden sei (Chronique de St-Pierre-le-Vif de Sens..., ed. R.-H. Bautier – M. Gilles, 1979, p. 42, add. b, 43 n. 5). 741/747 war Ch. Gefängnis →Grifos. Von Karl d. Gr., Lothar I., Zwentibold und Ludwig d. K. privilegiert, von Otto I. 972 an das Aachener Marienstift geschenkt, kurz darauf mit der bes. in lotharing. Kämpfen des 10. Jh. wichtigen Burg dauerhaft zerstört, blieb Ch. doch bis 1618 Besitzschwerpunkt des Aachener Stifts. F.-J. Felten

Lit.: M. Josse, Le domaine de Jupille des origines à 1297 (Pro civitate, Coll. Hist. 14, Brüssel, 1966, bes. 24ff.) – M. Werner, Der Lütticher Raum in frühkarol. Zeit. Unters. zur Gesch. einer karol. Stammlandschaft (Veröff. des M.-Planck-Inst. für Gesch. 62, 1980, 410ff.) – Hoops[2] IV, 436–439 [M. Werner].

Chevrot, Jean, Staatsmann d. Hzm.s →Burgund, Bf. v. Tournai, * 1380/1400 in Poligny (Freigft. Burgund), † 22. Sept. 1460 in Lille. Ch. entstammte dem gehobenen Bürgertum und studierte kanon. Recht in Paris (dort 1421 Rektor). Am 13. Dez. 1419 nahm er an der Beratung teil, die→Philipp der Gute, Hzg. v. Burgund, nach der Ermordung seines Vaters →Johann Ohnefurcht mit dem späteren burg. Kanzler Nicolas →Rolin und anderen Juristen abhielt. Dies weist auf Ch.s damals bereits vorhandene Beziehungen zum burg. Hof hin. Er bekleidete in der Folgezeit kirchl. Ämter: Kaplan in Salins, Diakon in Rouen (1429), Kanoniker in Cambrai, Harelbeke und Beaune (1435). Anläßl. der Reorganisation des Hofrates am 2. Febr. 1433 ernannte Philipp der Gute Ch. zum Vorsitzenden des *Conseil ordinaire*. Nach der in der Zeit vor 1445 erfolgten Trennung zw. Hofrat und *grand conseil* wurde Ch. zum Leiter beider Gremien ernannt (s. a. →conseil). Als solcher war er ständiger Vertreter des Kanzlers. Während längerer Abwesenheit des Hzg.s war Ch. führend in den Regentschaftsräten tätig (1441–43, 1454). Ch. tritt stark hervor bei Vorgängen der burg. Außenpolitik (Vertrag v. →Arras 1435, Friedensverhandlungen mit England 1436–40, Besprechungen mit dem Beauftragten Ks. Friedrichs III. 1447) wie Innenpolitik (Vermittlung zw. dem Hzg. und den aufständ. Städten Brügge [1436–38] und Gent [1450–53]). Im kirchl. Bereich hatte Ch. Verfügungsgewalt über die 108 Benefizien, die der Papst 1448 dem Hzg. zugestanden hatte. Ferner setzte sich Ch. 1456 für die Erhebung eines Kreuzzugszehnten ein.

Als *chef du conseil* erhielt Ch. eine jährl. Pension von 1000 francs sowie Tagesbezüge von 4 francs – die Hälfte der Einkünfte seines Vorgesetzten, des Kanzlers Rolin. Nach Freiwerden des Bischofssitzes v. →Tournai (2. Juni 1433) wurde Ch.s Ernennung von Hzg. Philipp im Zuge eines mehrjährigen Konflikts gegens den frz. Kg. und den von ihm designierten Kandidaten, Jean de→Harcourt, durchgesetzt: Der Hzg. ließ die bfl. Güter beschlagnahmen, intervenierte erfolgreich beim Papst (1436 Einsetzung des Harcourts als Bf. v. Narbonne) und zwang die Stadt Tournai durch eine Handelsblockade zur Anerkennung Ch.s (1438). Am 12. Jan. 1439 konnte Ch. in seine Bischofsstadt einziehen. Als Rolin 1457 in Ungnade fiel, wurde auch Ch. als Ratsvorsitzender entlassen (letztmals 15. Juni 1457 in dieser Funktion bezeugt). Er mußte bald darauf auch sein Bm. aufgeben zugunsten von Guillaume →Fillastre, auf dessen vorherigen Sitz Toul Ch. berufen wurde (1. Sept. 1460). Er starb jedoch auf der Reise dorthin. – Wie andere führende burg. Staatsmänner trat Ch. auch als Mäzen hervor; namentl. bestellte er bei →Rogier van der Weyden Werke für seine Kathedrale. Außerdem machte er Stiftungen für Tournai, Besançon, Poligny u. a. W. P. Blockmans

Lit.: DHGE XII, 650f. – L. Fourez, L'évêque Ch. de Tournai et sa cité de Dieu, Rev. belge d'Archéol. et d'Hist. de l'Art 13, 1954, 73–110 – J. Bartier, Légistes et gens de finances au XVe s., 1955, 310–324, Anm. 73.

Chezal-Benoît (Casale Benedicti), Abtei OSB in Issoudun (Frankreich, Berry, dép. Cher), im 15.–17. Jh. Zentrum einer Reformkongregation. Ch. wurde 1093 von Andreas, Prior von Vallombrosa, mit Hilfe des Odo Erpinus (Eudes Harpin), Vicecomes v. Bourges und des Gaufridus, Herrn v. Issoudun, gegr. Seit den Anfängen übte die Abtei Seelsorge in zahlreich übertragenen Kirchen. Im Hundertjährigen Krieg geriet Ch. an den Rand des Ruins (Bitte um Erlaubnis zur Eingliederung von Prioraten 1428, 1439).

Bedeutsam wurde Ch. durch Abt Pierre du Mas (1479–92), dem das Kl. äußere und innere Wiederherstellung verdankt. Dabei halfen dem Abt Mönche aus Cluny, an ihrer Spitze der Prior Philibert Bourgoin, der frz. Hof, der Ebf. v. Bourges und das Papsttum, die auch seine 1488 mit Hinweis auf → S. Giustina (Padua) erlassenen Reformstatuten billigten (11. Mai 1490). Der Nachfolger von du Mas, Abt Martin Fumée, setzte die Reformtätigkeit fort. Folgende Abteien wurden gewonnen: St-Sulpice de Bourges (1499, Reform durch Abt Guy Jouennaux), St-Allyre de Clermont (1500, von Jacques II. d' →Amboise Ch. unterstellt), St-Vincent du Mans (1501, von Kard. Philipp v. Luxemburg, Bf. v. Le Mans, an Ch. übergeben), St-Martin de Sées (1511) und die große cluniazens. Abtei St-Martin-des-Champs in Paris (1513, reformiert durch →Guillaume Briçonnet). 1503 trafen sich die Äbte regelmäßig, 1505 schlossen sie sich zu einer Kongregation zusammen. Die Akten ihrer Generalkapitel (Bourges, Bibl. mun. ms. 184) lassen den Einfluß der von der →Devotio moderna geprägten Reformbewegung auf zahlreiche weitere Klöster erkennen, denen der formelle Anschluß durch das Konkordat 1516 verwehrt war, so auf →Brantôme, →Cormery, →Jumièges, →Landevennec, →Lagny, St-Colombe de Sens u. a. (Nur für die eigtl. Kl. der Reformkongregation verzichtete Kg. Franz I. auf das ihm im Konkordat verbriefte Nominationsrecht!) Die Reformstatuten sahen die Ernennung des Abtes auf drei Jahre, mit der Möglichkeit zweimaliger Verlängerung des Abbatiats durch das Generalkapitel (bei Resignation) oder Wahl des Konvents (bei Tod) vor. Die Bedeutung des Abtes ist weiter reduziert durch die Beschränkung auf die spirituelle Leitung des Kl., die starke Stellung des Generalkapitels und seines mit der jährl. Visitation aller Klöster beauftragten Präsidenten. Ziel der Reform war v. a. Abschaffung des Privateigentums und Wiederherstellung des gemeinsamen Lebens. Zahlreiche benediktin. Männer- und Frauenklöster in Frankreich wurden im Zeitalter der Gegenreformation indirekt von der Reformbewegung von Ch. beeinflußt. 1636 schloß sich Ch. auf Betreiben Richelieus der Kongregation von St-Maur an. In der Revolution gingen alle Kl. unter. F. J. Felten

Lit.: DHGE XII, 651–653 [R. v. Doren; ält. Lit.] – DIP II, 883–885 [J. Hourlier; ält. Lit.] – U. Berlière, La Congrégation bén. de Ch., Mél. d'hist. bén., 3ᵉ sér., 1901, 97-198 – G. M. Oury, Les Bénédictins réformés de Ch., d'après les registres des chapitres généraux avant la conclusion du concile de Trente, RHEF 65, 1979, 89–106.

Chiara → Clara

Chiaramonte (Chiaromonte), Familie, deren beide Zweige in Süditalien und Sizilien eine unterschiedl. hist. Entwicklung nahmen. Der kontinentale Zweig hatte in der Val di Sinni, Basilicata, reiche Besitzungen. Der insulare Teil der Familie spielte im Sizilien des 14. Jh. eine sehr bedeutende Rolle und war v. a. in der Gft. Modica und in Caccamo begütert. Die Familie ist zweifellos frk. Ursprungs. Als it. Stammvater gilt Ugo »monoculus« (1074–1102), ∞ mit Ginarga, sein Sohn Ruggero starb bereits 1088, von den beiden Töchtern Avernia und Alberada vermählte sich erstere mit Alessandro di Senise. Die drei Söhne aus dieser Ehe, Ugo II. (1111–1116), Alessandro II. (1116–1139) und Riccardo († 1139) bewahrten die Einheit des chiaramontan. Besitzes. An Riccardo gingen die Güter seiner Tante Alberada. Den Ch. fiel eine wichtige Rolle im polit. Leben des norm. Italien zu. Sie unterstützten die Interessen der Hzg. e v. Apulien gegenüber den Hauteville von Sizilien. Wir finden sie an der Seite von Roger Borsa im Kampf gegen den Gf. en Roger und von Hzg. Wilhelm, Bohemund II., Ks. Lothar II. und Rainulf v. Apulien gegen Roger II. v. Sizilien. Aus dem Wechselspiel der Politik gingen die Ch. am Ende als Besiegte hervor: Riccardo wurde wegen Felonie zum Tode verurteilt und 1139 hingerichtet. Alessandro II. floh als Exilierter in das Ksr. Byzanz. Die Sache der Ch. wurde – ebensowenig wie die der südit. Barone überhaupt – durch die Unterstützung der gegen Roger II. gerichteten Pläne Manuels I. Komnenos durch Kg. Konrad III. nicht gefördert.

Die Ch. von Sizilien erscheinen urkundl. am Ende des 13. Jh., als ein Mitglied der Familie durch die Heirat mit Marchisia Prefolio Güter im Raum von Agrigent und den Casale Caccamo erhielt, was 1293 von Kg. Jakob II. Manfredi Ch. bestätigt wurde. Die Unterstützung der aragones. Politik brachte Manfredi eine umfangreiche Vermehrung seines territorialen Besitzes ein. Er wurde auch mit heiklen diplomat. Aufträgen betraut und erhielt bedeutende öffentl. Ämter: z. B. die Leitung der Gesandtschaft zu Ks. Heinrich VII. v. Luxemburg und die Ernennung zum Justitiar und Capitano v. Palermo. Mit Giovanni erreichte das Haus Ch. einen weiteren Aufstieg: Durch eine geschickte Heiratspolitik verband er die Familie mit dem mächtigsten siz. Adel. In dem Bürgerkrieg, der nach dem Tode Friedrichs II. (1337) auf der Insel ausbrach, spielten die Ch. als Verbündete der Palizzi gegen Ventimiglia und Alagona eine führende Rolle. Der lange Kampf gegen die Krone gipfelte in der Übergabe von Palermo an die Anjou v. Neapel und endete schließlich 1361 mit der Unterwerfung unter die Herrschaft Friedrichs IV. (1355–1377). Die beiden letzten bedeutenden Exponenten der Familie waren Manfredi III. und Andrea. Manfredi war einer der vier Reichsvikare, hatte die Würde eines Großadmirals inne und verhinderte bis zu seinem Tode (1391) die Rückkehr der Aragón in das Regnum. Andrea wurde bei der Ankunft Martins d. Älteren und des Jüngeren enthauptet (1. Juni 1392), während der letzte Vertreter der Familie, Enrico, einem Verrat zum Opfer fiel und 1397 ins Exil gehen mußte. Die mächtigste siz. baroniale Familie wurde auf diese Weise vernichtet. F. Giunta

Lit.: L. R. Ménager, Inv. des familles normandes et franques emigrées en Italie méridionale et en Sicile (Roberto il Giuscardo e il suo tempo, 1975), 275ff. – zum festländ. Zweig: DBI, s. v. Ch. Francesco – zum siz. Zweig: F. Giunta, Aragonesi e Catalani nel Mediterraneo II, 1953 – V. D'Alessandro, Politica e società nella Sicilia aragonese, 1963 – M. Scarlata, Una famiglia della nobilità siciliana nello spazio urbano e nel territorio tra XIII e XIV secolo, Quaderni Medievali 11, 1981, 67ff.

Chiaravalle → Mailand, Ebm.

Chiaravalle della Colomba, Zisterzienser-Abtei in der Gemeinde Alseno (Prov. Piacenza), 1136 auf Veranlassung des hl. →Bernhard v. Clairvaux nach dem Vorbild der frz. Kommunitäten gegründet. Am 5. April des gleichen Jahres ordnete die Stadt Piacenza in Anwesenheit der Konsuln der Kommune, des Bf. s und des Klerus sowie des ganzen Popolo an, daß jeder, der Land in der Umgebung des für den Bau der Abtei gewählten Gebietes besaß, das für die Neugründung als notwendig erachtet wurde, es zu einem festgelegten Preis abtreten mußte. Bf. Arduinus bestimmte am 11. April 1136, daß der Zehnt von den Erträgen der umliegenden Ländereien der Zisterzienser-Abtei zufallen sollte und bevollmächtigte seine Vasallen, ihre grundherrl. Rechte durch Schenkungen, Veräußerungen oder Tausch an die neue Gründung abzutreten. Auch Ks. Lothar III. und Papst Innozenz II. gewährten dem Kl. ihren Schutz.

Der Name Colomba geht auf eine relativ frühe hagiograph. Legende zurück: eine Taube, Symbol des hl. Geistes und Überbringer göttl. Botschaft, habe den Ort, an dem das Kl. erbaut werden sollte, angezeigt.

I. J. 1335 versammelte sich in C. d. C. eine gefürchtete, im Tibertal und in Umbrien viele Verwüstungen anrichtende Söldnerkompanie, die aus dt. Soldaten Kg. Johanns von Böhmen gebildet wurde und den Namen Compagnia della Colomba annahm. Die Abtei wurde in Napoleon. Zeit säkularisiert.
F. Bocchi

Lit.: V. TIRELLI, Di un privilegio dell'abbazia di Ch. d. C. nel Piacentino: una nota sulla 'exemptio'dell'Ordine Cisterciense, BISI 72, 1960, 191–217 – F. BOCCHI, Monasteri, canoniche e strutture urbane in Italia, (Istituzioni monastiche e canonicali in Occidente, 1123–1215, 1980), 293–296.

Chiavenna, Stadt und Gft. in der Lombardei (älterer dt. Name Cläven); der schon zur Römerzeit an der Straße Bregenz-Como genannte Ort (Clavenna) besaß für die dt. Kg.e des MA strateg. Bedeutung als Zugang zu den Bündner Alpenpässen. Ks. Friedrich I. sprach die Gft. Ch. auf Antrag der städt. Konsuln in ihrem Prozeß gegen das Bm. →Como (1152–1157/58) dem Hzm. Schwaben zu. In Ch. fand Ende Jan./Anfang Febr. 1176 die Zusammenkunft Ks. Friedrichs I. mit Hzg. →Heinrich dem Löwen v. Sachsen und Bayern statt. Der seit den gescheiterten Verhandlungen zu →Montebello von den Lombarden stark bedrängte Ks. bat den Hzg. eindringlich, wohl sogar mit Fußfall, aber vergeblich um militär. Hilfe, da er Heinrichs Forderung auf Belehnung mit →Goslar als Gegenleistung ablehnte. Ch. leitete die trag. Wende in den polit. und menschl. Beziehungen zw. den Vettern ein. Die Niederlage des schwachen ksl. Heeres durch überlegene lombard. Ritter und Mailänder Fußtruppen im Gefecht bei →Legnano am 29. Mai veranlaßte Friedrich, den Frieden mit der Kirche und den Lombarden nunmehr wieder auf dem Verhandlungswege zu suchen (→Anagni, →Venedig).
W. Heinemeyer

Lit.: H. MAURER, Der Herzog v. Schwaben, 1978 – K. JORDAN, Heinrich der Löwe, Eine Biographie, 1979.

Chiavette (it., 'kleine [Noten]Schlüssel', vgl. →clavis B). Seitdem Ende des 15. Jh. die bislang vorherrschende Dreistimmigkeit in den Werken der Vokalpolyphonie durch Sätze mit vier und (durch Stimmverdopplung) mehr Stimmen abgelöst wird, die zusammen den gesamten Tonumfang der vier menschl. Stimmlagen ausnutzen können, ergeben sich anstelle vorheriger freier Schlüsselwahl allmählich feste Schlüsselkombinationen. Spätere Theoretiker unterschieden folgende hauptsächl. Schlüsselungen: [1] Sog. »Normalschlüssel«, *chiavi naturali*, die seit Mitte des 16. Jh. häufigste Schlüsselung (Sopran-, Alt-, Tenor-, Baß-Schlüssel = C-Schlüssel auf der 1., 3., 4. Linie und F-Schlüssel auf der 4. Linie); [2] im Gegensatz dazu eine andere, in zwei Formen auftretende Schlüsselung, die den höheren oder tieferen Tonraum stärker berücksichtigt, die ch. oder auch *chiavi trasportate* (= »[nach oben oder unten] versetzte Schlüssel«). Man unterscheidet die hohe ch. (G-Schlüssel auf der 2. Linie, C-Schlüssel auf der 2. und 3. Linie, F-Schlüssel auf der 3. Linie für hohen Sopran, Mezzo-Sopran, Alt und Bariton) und die (seltene) tiefe ch. (C-Schlüssel auf der 2. und 4. Linie, F-Schlüssel auf der 3. und 5. Linie für Mezzo-Sopran, Tenor, Bariton und Subbaß). – Die Wahl der Schlüsselung hängt vom Umfang und Lagenbereich der verwendeten Einzelstimmen ab und soll vor allen Dingen umständl. Hilfslinien bei der Notierung im Liniensystem vermeiden helfen.
H. Leuchtmann

Lit.: MGG – RIEMANN, Sachteil – NEW GROVE, s. v.

Chichele, Henry, Bf. v. St. David 1407–14, Ebf. v. Canterbury 1414–43, Doktor des kanon. Rechts in Oxford, * um 1362 in Higham Ferrers, † 12. April 1443 in Lambeth. Er hielt sich in diplomat. Diensten in Rom und Frankreich auf und war von 1404–13 in Siena und Pisa; von 1418–20 begleitete er Heinrich V. in die Normandie. Der Ebf. unterstützte engl. Reformideen, ging aber gegen Häretiker vor. Als Mitglied des Kronrats vermittelte er 1425–26 in den Auseinandersetzungen zw. dem Kard. Heinrich →Beaufort und →Humphrey, Hzg. v. Gloucester, dem jüngsten Bruder Heinrichs V. Er gründete das All Souls College in Oxford, das Higham Ferrers College und stiftete Landbesitz zur Ausstattung eines Kollegiums der Zisterzienser in Oxford. Seine Stiftung zur Unterstützung armer Universitätsstudenten und Schüler war ein Teil seiner Politik, die Bildung des engl. Klerus zu verbessern. Freigebige Stiftungen ließ er der Kathedrale v. Canterbury zukommen. Kg. Heinrich VI. beschrieb sein Wesen als lobenswert und friedfertig, liebenswürdig, ruhig und freundlich.
R. W. Dunning

Q. und Lit.: The Register of Henry Ch., 1414–43, ed. E. F. JACOB, 1938–47 – BRUO I, 410–412 – E. F. JACOB, Henry Ch., 1967.

Chichester
I. Stadt – II. Bistum, Kathedrale.

I. STADT: [1] *Vor 1066:* Ch. (co. Sussex, südl. England) geht zurück auf die röm.-brit. Stadt Noviomagus Reg(i)norum (so bei Ptolemaios und dem Geographus Ravennas), deren Mauer aus dem 3. Jh. (?) eine Fläche von 60 ha umschloß und Wehranlagen besaß; Teile der Mauer sind erhalten, die Tore wurden erst in der Neuzeit abgebrochen. Nach archäolog. Ausgrabungen setzte wahrscheinlich im späten 4. Jh. eine wirtschaftl. Wiederbelebung ein. Der ae. (Cisseceastre, 895) und der moderne Name »Ch.« leiten sich von »Cissa« ab, der angeblich in der Zeit Kg. →Ælles (Angelsächs. Chronik 477, 491) lebte und wahrscheinl. ein früher Führer der Angelsachsen in diesem Gebiet war. Archäolog. Funde in der Stadt und in der Umgebung fehlen fast vollständig vom 5. Jh. bis zum 9. Jh. Ch. war i. J. 895 ein →*burh* Alfreds d. Gr.; damals wehrten die Einwohner einen dän. Angriff ab (die Besitzungen der Besatzung betrugen 1500 Hufe). Seit der Zeit Kg. →Æthelstans war Ch. eine bedeutende Münzstätte, und neuere Ausgrabungen, die eine gewerbsmäßige Herstellung von Töpferwaren im nordwestl. Teil des Areals nachweisen, der später wieder landwirtschaftl. genutzt wurde, deuten auf eine dichte Besiedlung seit dem 10. Jh. hin. Die erste Kirche der Stadt war wahrscheinl. St. Peter im westl. Teil der Siedlung.

[2] *Nach der normannischen Eroberung:* Im Jahre 1070 gehörte Ch. zur Herrschaft (*Rape:* →Sussex) von Roger of Montgomery, dessen Hauptsitz in Arundel war; im 12. und im 13. Jh. stand Ch. fast immer unter der Herrschaft des Kg.s oder eines Mitglieds seiner Familie, und seit 1312 war es ununterbrochen eine kgl. Stadt. Die Gerichtsbarkeit in der Stadt ging jedoch zunehmend in die Hände der Bürger über. Aus kgl. Bestätigungen des 12. Jh. geht hervor, daß schon vor 1094 eine Kaufmannsgilde bestand. Andere Quellen dieser Zeit zeigen Auseinandersetzungen der Gilde mit Stellvertretern des Bf.s, doch wurden um 1220 die Vertreter (→*reeves*) des Bf.s durch städt. →*bailiffs* und einen allgemein gewählten Bürgermeister (*mayor*) ersetzt. Die Bürger waren jetzt in ihrer Gesamtheit verantwortl. für die Zahlung der »firma burgi« (→*borough*); 1316 wurde ihnen dieses Recht für alle Zeiten übertragen, einschließl. der Einnahmen aus den Wochenmärkten. Seit 1295 entsandte Ch. regelmäßig Repräsentanten der Bürger ins →*Parliament*.

Das →Domesday Book bezeugt die Errichtung von 60 neuen Häusern in der Zeit von 1066–86. Das südwestl. Viertel wurde hauptsächl. von der Kathedrale und dem dazugehörigen Gebäudekomplex eingenommen. Eine →Burg wurde als *motte-and-bailey*-Anlage im nordwestl. Teil errichtet, 1217 jedoch zerstört. Ihr Areal erhielten 1269 die Franziskaner, die 1232 nach Ch. kamen; die Dominikaner waren vor 1280 in der Stadt. Das Gebäude des um 1170 gegr. Hospitals St. Mary, das 1290 an den östl. Teil des St. Martin's Square verlegt wurde, übernahmen bis 1269 die Franziskaner: es kann als eines der bedeutendsten und charakteristischsten Beispiele der ma. Hospitalarchitektur in Großbritannien gelten. Die Entstehung von Suburbien ist vor dem östl. Tor und in geringerem Maße in den anderen Himmelsrichtungen nachgewiesen, wie das u. a. der Fund von bedeutenden Töpferöfen des 14. Jh. zeigt. Steuerregister deuten jedoch darauf hin, daß die Bevölkerung von Ch. i. J. 1500 unter 3000 Einw. lag.

II. BISTUM, KATHEDRALE: 1075 verlegte Bf. →Stigand seinen Sitz von →Selsey nach Ch. Bf. Ralph Luffa (1091–1123), der einst im kgl. Gefolge war, aber→Anselm v. Canterbury unterstützte, begann mit dem Bau der Kathedrale; die fertige Kirche wurde 1184 geweiht. Der Reliefzyklus »Erweckung des Lazarus«, ein Hauptwerk der roman. Plastik in England, ist hinsichtl. seiner Datierung und ursprgl. Funktion umstritten; er gilt bei den meisten Kunsthistorikern als Teil eines Schreins von ca. 1140.

Die Organisation des Kapitels, die sich in den Statuten von 1192 und 1197 usw. zeigt, war derjenigen des Kapitels von →Salisbury (1091) ähnlich, aber sie forderte strengere Residenzpflicht und den Chordienst, bes. für die neuen Kanoniker. Ein Dekan ist seit 1108 nachgewiesen. Kanonikerpräbenden wurden nach dem 11. Jh. zunehmend eingerichtet (1197: wohl 23, 1291: 28). Chorvikare gab es vor 1197, und sie wurden 1465 der Kirche von Ch. fest eingegliedert. Eine Präbende versorgte um 1230 einen »theologus«. Die erhaltenen Handschriften in Ch. entstammen zumeist dem 12. Jh.; Bf. →Richard Wich († 1253) lieh Bücher an Bettelorden und private Entleiher aus.

Die Diöz. von Ch. deckte sich mit der Gft. →Sussex, ausgenommen die eigenen Jurisdiktionsbezirke, nämlich die beiden Archidiakonate Ch. und Lewes, die z. Z. des Bf.s Hilary (1147–69) fünf bzw. vier ländl. Dekanate umfaßten. 1291 besaß die Diöz. etwa 235 Pfarreien und in den eigenen Gerichtsbezirken weitere 35. Viele der ersteren Pfarreien wurden den Kl. →Lewes und →St. Martin's at Battle usw. angeschlossen. Bf. Ralph →Neville (1222–44), der als kgl. Kanzler von seiner Diöz. für eine lange Zeit abwesend war, wurde sehr gut von seinem Stellvertreter und den Offizialen vertreten und erweiterte die Besitzausstattung des Kapitels. Der große Eifer bei seinen pastoralen Verpflichtungen war der Hauptgrund für die Kanonisierung von Bf. Richard Wich. Das Grab, in das er 1276 überführt wurde, war Ziel von Wallfahrten im SpätMA. Auseinandersetzungen um die Gerichtsbarkeit zw. dem Bf. und dem Archidiakon oder dem Archidiakon und dem Kapitel nahmen seit dem späten 13. Jh. zu. Ch. blieb eine der weniger bedeutenden Kathedralen.

D. A. Bullough

Q.: F. G. BENNETT u. a., Statutes and Constitutions of the Cath. Church of Ch., 1904 – W. D. PECKHAM, The Chartulary of the High Church of Ch., 1946 – H. MAYR-HARTING, The Acta of the Bishops of Ch. 1075-1207, 1964 – D. M. SMITH, Guide to Bishops Registers of England and Wales, 1981, 43–52 – *Lit.*: DHGE XII, 665–674 – VCH Sussex, II, 1907; III, 1935 – A. DOWN u. a., Ch. Excavations, I-V, 1971–81 – Stud. in Sussex Church Hist., hg. M. J. KITCH, 1979.

Chief sires → Lehnswesen

Chiemsee
I. Archäologie – II. Klöster – III. Bistum.

I. ARCHÄOLOGIE: Die Inseln des Ch.s, des größten oberbayer. Voralpensees, waren seit dem Spätneolithikum besiedelt, am Nordufer lag der Römerort Bedaium. Auf den beiden großen Chiemseeinseln Herreninsel (Herrenwörth) und Fraueninsel (Frauenwörth) wurden im frühen MA zwei bedeutende Kl. gegründet (s. Abschnitt II). Der vorgesch. Ringwall im südl. Teil der Herreninsel wurde wahrscheinl. in der Ungarnzeit (spätes 9./frühes 10. Jh.) wieder benutzt. Das frühe Männerkl. Herrenwörth lag nach neuen Grabungsbefunden nicht hier (bei der ehem. Martinskirche), sondern ist am Platz des bis 1803 bestehenden Chorherrenstiftes (»Alter Dom«, vgl. Abschnitt III) zu lokalisieren. Das Münster der heute noch bestehenden Abtei Frauenwörth benutzt Fundamente einer Kirche, in der 866 die sel. Irmingard bestattet wurde; die frühe Baugeschichte der Kirche ist ansonsten unklar. Nördl. der Kirche wurden Teile eines Kl. aus dem 9.–10. Jh. aufgedeckt, die erhaltene →Torhalle ist wahrscheinl. karolingisch.

W. Sage

II. KLÖSTER: Bei den Ch.-Kl. handelt es sich wohl zu keiner Zeit um ein ausgesprochenes →Doppelkloster, zumal die beiden Kl. nie in unmittelbarer Nähe existierten, sondern auf zwei verschiedenen Chiemseeinseln lagen. Beide reichen in die Zeit der →Agilolfinger (vor 788) zurück. Von beiden sind Reste kunstvoller Steinmetzarbeiten der Karolingerzeit erhalten.

[1] *Herrenwörth*: Neuere Ausgrabungen und Quelleninterpretationen haben ergeben, daß das Männerkl. Herrenwörth zweifellos das ältere ist. Ein Abt Hrodhard dieses Kl. ist bereits um 770 auf der Synode v. →Dingolfing und 777 bei der Einweihung des Kl. →Kremsmünster zugegen. Aus anderen Quellen (Conversio Bagoariorum) wird ersichtl., daß eine Chiemseeinsel (wohl die Herreninsel) bereits um 740 ein bedeutender kirchl. Mittelpunkt (Kl.?) gewesen sein muß. Offenbar unmittelbarer Nachfolger des Abtes Hrodhard wurde der Ire Dobdagrec, der mit dem Bf. →Virgil v. Salzburg aus Irland gekommen war und für diesen zunächst die bfl. Funktionen ausgeübt hatte (→Iroschott. Mission). Nach der Entfremdung zw. beiden machte Dobdagrec Herrenchiemsee zu einem bes. tassilofreundl. Kl., das von Hzg. →Tassilo III. mit Gütern entschädigt wurde, die er dem widerspenstigen Bm. →Freising entzogen hatte. Eine Erhebung von Herrenchiemsee zum Bm. im 8. Jh., wie sie die ältere Forschung behauptet, fand jedoch nicht statt.

Nach der Beseitigung des agilolfing. Hzm.s Bayern (788) schenkte Karl d. Gr. dieses herzogsfreundl. Kl. dem seinem eigenen Hause bes. verbundenen Bm. →Metz; 891 schließlich gab es Kg. Arnulf an das Bm. Salzburg, wobei er Metz mit →Luxeuil entschädigte.

Etwa 1125–29 wandelte der energ. Reformer Ebf. →Konrad I. v. Salzburg das inzwischen zum Kanonikerstift gewordene Kl. auf der Herreninsel in ein reguliertes Augustinerchorherrenstift um und setzte einen seiner engsten Mitarbeiter, nämlich den Dekan des Salzburger Domstifts, →Hartmann, als ersten Propst ein, der 1133 nach →Klosterneuburg abberufen und später Bf. v. Brixen wurde. Auch die folgenden Pröpste kamen weitgehend aus dem Salzburger Domstift, so daß die enge Beziehung zum Salzburger Zentrum erhalten blieb. Das Stift erhielt 1142 vom Papst die freie Vogtwahl zugesichert, doch belehnte der Salzburger Ebf. den Gf.en Sigboto v. Weyarn und dessen Besitznachfolger, die Gf.en v. →Falkenstein, mit der Vogtei über dieses bedeutende Stift, die denn auch in der Grafenfamilie bis kurz vor deren Aussterben blieb und seit 1245 an den bayer. Hzg. vergeben wurde. Die Versuche der Ebf. e v. Salzburg, die Stiftsvogtei an sich zu binden, scheiterten am Widerstand der →Wittelsbacher.

Im neuen Augustinerchorherrenstift spielte die Betreuung von Pfarreien eine wichtige Rolle; zudem wurde es wohl noch unter Ebf. Konrad I. zum salzburg. Archidiakonat erhoben (der jeweilige Propst war Archidiakon). 1215 wurde schließlich ein salzburgisches Bm. Ch. gegr. mit dem Sitz in der Stiftskirche (s. Abschnitt III). 1446 bekam der Propst das Recht der Pontifikalien, 1497 wurde den Chorherren das Recht zugestanden, ein Almutium wie die Domherren zu tragen; dies nun auch äußeres Zeichen für den Domstiftcharakter.

[2] *Frauenwörth:* Die zu 782 erwähnte Weihe eines Chiemseekl. bezog die Tradition des Frauenkl. Frauenwörth offensichtl. zu Recht auf sich. Sie zeigt eine Massierung des kirchl. Einflusses Tassilos III. im Gebiet des Ch.s. Daher verfügten die Karolinger auch über dieses Frauenkl. nach 788. Kg. Ludwig d. Dt. muß als bes. Förderer dieses Kl. angesehen werden. Seine Tochter Irmingard stand dem Kl. als Äbt. vor, wurde 866 in der Klosterkirche begraben und später als Sel. verehrt. 894 diente das Kl. als Verbannungsort für die der Konspiration angeklagte Königstochter Hildegard (Tochter Ludwigs d. J.). Wie Herrenchiemsee wurde auch Frauenwörth von den Ungarn heimgesucht, aber offensichtl. nicht vernichtet. Erst Ks. Otto I. schenkte die Frauenabtei 969 dem Ebf. v. Salzburg, dem es bis zur Säkularisation unterstand.

Vom Frühbesitz dieses Kl. wissen wir nur durch eine gefälschte Königsurkunde Heinrichs IV. Er reichte von Niederbayern bis Tirol (Axams bei Innsbruck). Die späteren Besitzschwerpunkte lagen bes. um Landshut und im Ziller- und Ötztal (Tirol). Die roman. Fresken an den Sanktuariumshochwänden der Klosterkirche aus der ersten Hälfte des 12. Jh. zeugen von einer neuen Blütezeit dieses auch künstler. jetzt von Salzburg abhängigen Klosters.

Das Kl. Frauenchiemsee war wohl das ganze MA hindurch ein »adeliges Stift«, im 15./16. Jh. entstammten die Nonnen völlig dem altbayer. Adel, und zwar vielfach dem Kreis der hzgl. Räte und der Landschaftsverordneten. Das innere Leben des Kl., das erst einen Niedergang in der Reformationszeit erfuhr, ist durch eine Reihe energischer Äbt. en geprägt. W. Störmer

III. Bistum: Der Gründer und Stifter des Bm.s war Ebf. →Eberhard II. v. Salzburg (1200–46). Nach dem gescheiterten Versuch, auf Frauenchiemsee (1213) ein salzburg. Eigenbistum zu gründen, erwirkte er am 4. April 1215 von Kg. Friedrich II. die Erlaubnis, auf Herrenchiemsee in der Stiftskirche der Augustiner-Chorherren eine bfl. Cathedra errichten zu dürfen, dessen Bf. nicht vom Reich, sondern von ihm die Regalien erhalten sollte. Innozenz III. stimmte noch 1215 auf dem II. Laterankonzil diesem Plan zu und legte in seiner Bulle vom 28. Jan. 1216 die Errichtung, Umschreibung und Dotation des Bm.s Ch. fest und bestätigte dem Bf. v. →Gurk das bisherige Vikarsrecht im gesamten Ebm. Salzburg.

Das Bm. weist einige Besonderheiten auf: Auffallend ist sein geringer Umfang. Er umfaßte nur zehn Ur- bzw. Altpfarreien (in Bayern: Herrenchiemsee, Prien, Eggstätt, Söllhuben und Grassau; in Tirol: Söll, Kirchdorf, St. Johann, Brixen und St. Ulrich am Pillersee). Seelsorgegründe allein können diese Sprengelbildung kaum rechtfertigen. Ebf. Eberhard II., der von Innozenz III. für Ch. (von Honorius III. für →Seckau und →Lavant) das aus-

schließl. Recht der Wahl und Investitur des Bf.s für sich und seine Nachfolger erhielt, kam dadurch dem Hzg. en v. Bayern, Kärnten oder der Steiermark zuvor, in Rom sowie beim Ks., die Gründung selbständiger Landesbistümer durchzusetzen. Mit der Erweiterung der Dotation des Bm.s v. Ch. um Seekirchen (1217) verband Ebf. Eberhard II. eigenmächtig die Verpflichtung für den Bf. v. Chiemsee, im Nebenamt als salzburg. Weihbischof tätig zu sein. Der Bf. v. Ch. konnte verfügungsgemäß nicht gleichzeitig salzburg. Domkapitular sein und war damit von der aktiven Teilnahme bei der Erzbischofswahl in Salzburg ausgeschlossen. Den Kanonikern des Stifts Ch. auf der Herreninsel war die aktive Teilnahme bei der Wahl eines Bf.s v. Ch. untersagt. Die Hauptmasse des Hochstifts Ch. lag, außer dem Amt Sachrang (seit 1216) und der Pfarrei St. Johann i. Tirol (seit 1446), außerhalb des Bistumssprengels. Als Dom- und Kathedralkirche fungierte die Stiftskirche auf der Herreninsel (dort offenbar nur der Bischofsthron im bfl. Besitz). Jedoch residierte der Bf. v. Ch. immer außerhalb seines Bm.s. Sein Sitz dürfte zunächst Bischofshofen, später Fischhorn am Zellersee gewesen sein. Feste und ständige Residenz wurde nach 1305 der Chiemseehof in der Stadt Salzburg. Die geistl. Jurisdiktionsgewalt war zw. dem Propst und Archidiakon v. Ch. und dem Bf. v. Ch. nie ganz unstrittig. Das Stift Ch. wurde 1803 und das Hochstift 1805 aufgehoben; die formelle Aufhebung des Bm.s Ch. erfolgte durch das Konkordat von 1817. E. Wallner

Lit.: zu [I]: V. Milojčič u. a., Bericht über die Ausgrabungen und Bauuntersuchungen in der Abtei Frauenwörth auf der Fraueninsel im Ch. 1961–64, 1966–Ders., Führer zu vor- und frühgesch. Denkmälern 19, 1971, 22–39–H. Dannheimer, Steinmetzarbeiten der Karolingerzeit, 1980, 52–55–Ders., Torhalle auf Frauenchiemsee, 1981²–zu [II]: E. Geiss, Gesch. des Benediktiner Nonnenklosters Frauenwörth (Deutingers Beitr. 1), 1849, 271–480–H. Peetz, Die Weingüter des Kl. Herrenchiemsee in Tyrol, Oberbayer. Archiv 36, 1877, 55–74–Ders., Die Kiemseeklöster, 1879–J. Doll, Frauenwörth im Ch., eine Stud. zur Gesch. des Benediktinerordens, 1912–Priener Heimatbuch, hg. P. v. Bomhard, 1959–Ders., Die Kunstdenkmäler der Stadt und des Landkreises Rosenheim II/3, 1964–A. und G. Sandberger, Frauenchiemsee als bay. Herzogskloster, ZBLG 27, 1964, 55–73–T. Burkhard, Landgericht Wasserburg und Kling (HAB, T. Altbayern 15), 1965–R. van Dülmen, Traunstein (ebd. 26), 1970–G. Mayr, Zur Todeszeit des hl. Emmeram und zur frühen Gesch. des Kl. Herrenchiemsee, ZBLG 34, 1971, 358–373–St. Weinfurter, Salzburger Bistumsreform und Bischofspolitik im 12. Jh. (Kölner hist. Abh. 24), 1975–G. Diepolder, R. van Dülmen, A. Sandberger, Rosenheim (HAB, T. Altbayern 38), 1978–zu [III]: E. Uttendorfer, Die Archidiakone und Archipresbyter im Bm. Freising und die Salzburger Archidiakonate Baumburg, Ch. und Gars (Archiv für kath. Kirchenrecht 64), 1890, 70–138–K. Hübner, Die Archidiakonatseinteilung in der ehem. Diöz. Salzburg (Mitt. der Ges. für Salzburger LK 45), 1905, 41–78–W. Seidenschnur, Die Salzburger Eigenbistümer in ihrer reichs-, kirchen- und landesrechtl. Stellung, ZRGKanAbt 40, IX, 1919, 177–287–G. Schwaiger, Die altbayer. Bm.er Freising, Passau und Regensburg zw. Säkularisation und Konkordat (1803–1817), MthSt, I. Hist. Abt., 13. Bd., 1959–E. Wallner, Das Bm. Ch. im MA (Q. und Darstellungen zur Gesch. der Stadt und des Landkreises Rosenheim V), 1967 [mit übersichtl. Bistumskarte]–Gesch. Salzburgs I/1, hg. H. Dopsch–H. Spatzenegger, 1981–J. Gf. v. Moÿ, Das Bm. Ch. (Mitt. der Ges. für Salzburger LK 122), 1982, 1–47 [mit vollständiger und exakter Bischofsliste].

Chieri (Prov. Torino), das antike Carrea Potentia. Im Tafelgüterverzeichnis genannt, unter Friedrich I. ein ksl. palatium erwähnt. Otto II. gab die curtis Cari dem Bf. v. Turin (D 250a), Friedrich I. zerstörte Ch. 1155, 1158 bestätigte er locum Carii et castrum et curtem Gf. Guido v. Biandrate als bfl. Lehen (D 226). 1187 stand Ch. unter einem ksl. Podestà, 1207 ging es als Lehen Philipps v. Schwaben an Thomas v. Savoyen, 1212 erhielt Ch. einen

Freiheitsbrief Ottos IV., 1238 ergab es sich Friedrich II. Im 15. Jh. ging es ganz in den Besitz der Savoyer über.

D. von der Nahmer

Lit.: BRÜHL, Fodrum – P. DARMSTÄDTER, Das Reichsgut in der Lombardei und in Piemont, 1896 [Nachdr. 1965] – A. HAVERKAMP, Herrschaftsformen der Frühstaufer in Reichsitalien, 1970/71.

Chiers, Fluß → Dreikönigstreffen v. 935

Chieti (Teate), Bm. in der it. Region Abruzzen. Bf. e sind erst seit dem 9. Jh. sicher bezeugt, doch wird ein weit höheres Alter des Bm.s vermutet (4. Jh.?). Ch. war Gastaldat im langob. Hzm. →Benevent und wurde im 10. Jh. Gft.; diesen Rang behielt es nach der Eroberung durch die →Normannen und später im Kgr. →Sizilien. Das stets immediate Bm. wurde 1526 zum Ebm. erhoben.

D. Girgensohn

Lit.: IP 4, 266–282 – DHGE XII, 682–684 – F. SAVINI, Septem dioeceses Aprutienses medii aevi in Vaticano tabulario, 1912 – A. BALDUCCI, Regesto delle pergamene della Curia arcivescovile di Ch. 1, 1926 – DERS., Regesto delle pergamene e codici del Capitolo metropolitano di Ch., 1929 – Rationes decimarum Italiae: Aprutium – Molisium, hg. v. P. SELLA, 1936, 249–307 – N. KAMP, Kirche und Monarchie im stauf. Königreich Sizilien 1, 1, 1973, 4–15.

Chilandar → Hilandar

Chilbudios, byz. Feldherr unter Ks. →Justinian I., von slav. Herkunft (möglicherweise aus dem Stamm der Anten). Nach einer 1902 in Konstantinopel gefundenen, heute verschollenen griech. Grabinschrift war Ch. der Sohn eines sonst unbekannten Sanbatios und verstarb in Konstantinopel am 28. Nov. 533. Nach M. VASMER ist der Name Ch. germ. (got.) Herkunft, was im Hinblick auf die damals bestehenden Kontakte zw. Slaven und Goten durchaus einleuchtend erscheint. Anfangs gehörte Ch. der ksl. Leibwache (οἰκία, oikia) an und zeichnete sich hier durch bes. Tapferkeit aus. Seit 530 Befehlshaber des ksl. Heeres in Thrakien (magister militum per Thracias), hatte er den Donaulimes gegen die Slaven, Anten, Bulgaren und sonstige Barbaren zu schützen. In dieser Eigenschaft unternahm er erfolgreiche Streifzüge in die Gebiete nördl. der Donau. Nach Prokop sollen die Slaven für einige Zeit keine Einfälle mehr gewagt haben. 533 überquerte Ch. mit einer kleinen Truppe die Donau, unterlag und wurde offenbar schwer verwundet. Er starb bald darauf in Konstantinopel. Die Barbaren vermochten die Donau zu überqueren. – Ch.' Feldherrenruhm war so groß, daß noch ein Jahrzehnt später (um 544/545) bei den Anten ein Pseudo-Ch. auftrat, dessen Spuren sich nach bald erfolgter Entlarvung jedoch verlieren.

I. Dujčev

Q.: Prokop v. Cäsarea, Opera, ed. HAURY, s. v. [Hauptquelle] – Suda [Suidas], Lexikon s. v. – *Lit.*: RE III, 2274 – J. IVANOV, Periodičesko spisanie, LXII, 1902, 63ff. – I. DUJČEV, Bŭlgarsko srednovekovie, 1972, 33ff., 49ff. [Lit.].

Childebert

1. Ch. I., merow. Kg. 511–558, Sohn→Chlodwigs I. und der →Chrodechilde; ⚭ Ultrogotho. Bei der Teilung des Chlodwig-Reiches von 511 bekam Ch. das Küstenreich zw. Somme und Loire mit→Paris, dessen O-Grenze etwa östl. der civitates Amiens, Beauvais (?), Senlis (?), Meaux (?), Chartres (erst nach 524?), Le Mans, Angers (nach 524?) verlief. Hinzu kam der äußerste Westen des gesondert geteilten →Aquitanien. Nach dem Tod des Bruders →Chlodomer (524), Kg.s des Reiches v. Orléans, und der Ermordung bzw. Flucht von dessen Söhnen erhielt Ch. neben dem Hauptsitz Orléans auch Bourges und Teile von Sens und Nantes (?). Ein Versuch Ch.s, →Theuderich I. die →Auvergne zu entreißen, mißlang. Nach dessen Tod (533) gelang es Ch. und →Chlothar I. nicht, dem Neffen →Theudebert I. sein Reich zu nehmen. Der söhnelose Ch. nahm diesen daraufhin an Sohnes Statt an. Gemeinsam versuchten sie – vergeblich –, Chlothars Reich an sich zu bringen. Nach der endgültigen Unterwerfung Burgunds (534) durch Ch., Chlothar (und Theudebert?) gewann Ch. den Kern des burg. Reiches mit Lyon. Ein Vertrag sicherte ihm 536 die bis dahin ostgot. →Provence. Als nach dem Tod Theudewalds (555) Chlothar das Ostreich übernahm, war Ch. trotz Unterstützung durch dessen Sohn Chramn machtlos. Ch.s günstiges Abschneiden bei Teilungen (nach 524, 534, 536) deutet auf seine lange Zeit dominierende Stellung innerhalb des frk. Reiches hin. Grund für seine Machtlosigkeit am Ende seines Lebens waren seine Söhnelosigkeit und der frühe Tod (548) des zum Nachfolger bestimmten Theudebert.

H. Grahn-Hoek

Lit.: E. EWIG, Die frk. Teilungen und Teilreiche (511–613), AAMz, 1952, Nr. 9 – E. ZÖLLNER, Gesch. der Franken bis zur Mitte des 6. Jh., 1970 – HEG I, 260ff. [E. EWIG].

2. Ch. II., merow. Kg. 575–596, Sohn des ostfrk. Kg.s →Sigibert I. und der →Brunichild. ⚭ Faileuba; Söhne: →Theudebert (II.), →Theuderich (II.). Die Unmündigkeit des fünfjährigen Ch. bei seinem Herrschaftsantritt im frk. Ostreich war eine der Hauptursachen für den Machtkampf zw. den ostfrk. Großen und seiner Mutter Brunichild, die gemeinsam mit Kg. →Guntram für ein starkes Kgtm. eintrat. Trotz und wegen massiver Störungen durch die Großen, die gegen Guntram ein Bündnis mit dem Feind Brunichilds, →Chilperich I., schlossen und den (angeblichen?) Sohn →Chlothars I., →Gundowald, zur Herrschaft in Gallien einluden, konnte im Vertrag von →Andelot (587/586?) die Nachfolge Ch.s und seiner Nachkommen in Guntrams Reich (Frankoburgund) endgültig festgelegt werden. Zwei gegen das Leben Ch.s und die Herrschaft Brunichilds gerichtete Anschläge führten zu einem Austausch v. Magnatenfamilien im ostfrk. Reich. Nach Guntrams Tod (592/593?) trat Ch. unter Ausschluß seines Vetters→Chlothar II. dessen Nachfolge an. Die außenpolit. Aktionen Ch.s litten unter den starken innenpolit. Belastungen. So endeten mehrere – auf Drängen der ostrom. Ks.s und mit deren finanzieller Unterstützung unternommene – Züge gegen die →Langobarden mit wechselndem Erfolg und führten schließlich zu Tributzahlungen an die Franken (591). Kämpfe gegen Bretonen, Warnen und Avaren prägten die letzten Jahre Ch.s und verhinderten eine innere Konsolidierung seines Reiches. Ch., der polit. zeitlebens im Schatten seiner Mutter stand, starb 596 im Alter von ca. 26 Jahren (durch Gift?, s. Paul. Diac., Hist. Lang. IV, 11; MGH SRL, 120).

H. Grahn-Hoek

Lit.: E. EWIG, Die frk. Teilungen und Teilreiche (511–613), AAMz, 1952, Nr. 9 – R. SCHNEIDER, Königswahl und Königserhebung im Frühmittelalter, 1972 – H. GRAHN-HOEK, Die frk. Oberschicht im 6. Jh., 1976.

3. Ch. III., merow. Kg., * ca. 678/679, † 711, ⌂ Choisy-au-Bac (dép. Oise). Ch., der 694 seinem verstorbenen Bruder →Chlodwig III. auf dem Thron folgte, gehört in die Reihe der spätmerow. »Schattenkönige«, die zwar formell noch das gesamte regnum Francorum regierten, in Wirklichkeit aber nur noch von →Pippin d. M., dem princeps Francorum, geduldet und im wesentl. auf den Nordosten die neustr. Kernlandes beschränkt waren. Pippin verhinderte Teilungen des Reiches, so daß wenigstens nach außen hin die Einheit der Reichsgewalt repräsentiert wurde. Auffällig ist, daß Ch. nicht mehr in der Königsnekropole St-Denis, sondern in der Stephanskirche der Landpfalz→Choisy-au-Bac beigesetzt wurde. Die zeitgenöss. Geschichtsschreibung hat – im Unterschied zu seinen Vorgängern und Nachfolgern – seinen Tod nicht nur kommentarlos mitgeteilt, sondern ihn immerhin als »bonae memoriae gloriosus domnus Childebertus rex iustus« hervorgehoben (Liber hist. Fr. 50). U. Nonn

Q.: Liber hist. Fr. 49,50 (MGH SRM II) – Lit.: E. Ewig, Die frk. Teilreiche im 7. Jh., Trierer Zs. 22, 1953, 91, 139–143 (Ders., Spätantikes und frk. Gallien I, 1976, 178, 226–229) – Ders., Stud. zur merow. Dynastie, FMASt 8, 1974, 27.

4. Ch. (III.), Sohn des Hausmeiers Grimoald, † ca. 662. Der sog. »Staatsstreich« Grimoalds gehört zu den meistdiskutierten Problemen des quellenarmen 7. Jh.; durch Auswertung neu erschlossener Quellen ist der Verlauf inzwischen einigermaßen gesichert. Der pippinid. Hausmeier →Grimoald I. bewog Kg. →Sigibert III. (633–656), seinen Sohn zu adoptieren, der den Merowingernamen Ch. erhielt, offenbar in Erinnerung an den ebenfalls (von seinem Onkel →Gunthram) adoptierten Childebert II. (575–596; Thomas). Die Geburt eines eigenen Sohnes Sigiberts (→Dagobert II.) stellte zunächst Grimoalds Hoffnungen in Frage. Aber nach dem Tod Sigiberts (1. Febr. 656) ließ er seinen Sohn Ch. zum Kg. erheben; der Prinz Dagobert wurde von Bf. Desiderius v. Poitiers nach Irland in ein Kl. verbracht. Ch., der in den Königskatalogen der Karolingerzeit als »Hildebertus adoptivus« erscheint, hat wohl sechs Jahre den austras. Thron innegehabt; spätestens 662 ist er gestorben. Noch im selben Jahr büßte Grimoald seinen »Staatsstreich« mit der Hinrichtung.
U. Nonn

Q.: Liber hist. Fr. 43 (MGH SRM II) – Königskataloge (MGH SRM VII) – Lit.: J. Fischer, Der Hausmeier Ebroin, 1954 (27ff. Forschungsber.) – E. Ewig, Noch einmal zum Staatsstreich Grimoalds (Fschr. J. Spoerl, 1965, 454–457 [Ders., Spätantikes und frk. Gallien I, 1976, 573–577]) – H. Thomas, Die Namenliste des Diptychon Barberini und der Sturz des Hausmeiers Grimoald, DA 25, 1969, 17–63 – E. Hlawitschka, Adoptionen im ma. Königshaus (Fschr. H. Helbig, 1976), 16–19.

Childebrand, Gf. in Burgund, † nach 751. Die bis 751 reichende 2. Fortsetzung der sog. →Fredegar-Chronik wurde nach dem ausdrückl. Zeugnis von Ch., dem germanus →Karl Martells und avunculus Kg. →Pippins, betreut (»scribere procuravit«). Er entstammte offenbar keiner der beiden Ehen Pippins d. M. (rechtmäßige Ehe mit→Plektrud, Friedelehe mit Chalpaida), sondern einem Konkubinat (anders Levillain: ein Sohn Chalpaidas aus früherer Ehe). Ch. hatte Besitz im Gau v. Melun; seine gfl. Positionen lagen in Burgund. Karl Martell setzte Ch. als Heerführer in den Kämpfen gegen die Sarazenen in der Provence ein (737/738, Belagerung v. Avignon); 739/740 kämpfte Ch. zusammen mit seinem Neffen Pippin d. J. in Burgund. In den Berichten über diese Feldzüge wird er als dux bezeichnet, wobei die schillernde Bedeutung dieses Titels zu bedenken ist; die Nennung als »inluster vir Childebrandus comes« im abschließenden Satz der 2. Fredegar-Fortsetzung bietet zweifellos die offizielle Titulatur. – Ch.s Sohn →Nibelung veranlaßte die Abfassung der 3. Fredegar-Fortsetzung. Auch er war Gf., vermutl. in Burgund; sein Name spielt eine zentrale Rolle in der Diskussion um die »hist. Nibelungen« (Chaume, Levillain).
U. Nonn

Q.: J. Tardif, Monuments hist. nr. 92 – Cont. Fredeg. 20–21, 24, 34 (MGH SRM II) – Lit.: M. Chaume, Les origines du duché de Bourgogne I, 1925 – L. Levillain, Les Nibelungen hist., AM 49, 1937, 338ff. – Wattenbach-Levison-Löwe II, 161f. – E. Hlawitschka, Die Vorfahren Karls d. Gr. (Braunfels, KdG I), 78.

Childerich

1. Ch. I., merow. Kg., †482, ◻ Tournai (1653 aufgefundenes reich ausgestattetes Grab, →Childerichgrab). Ch., der Sohn des Heros eponymus →Merowech und Vater →Chlodwigs I., war Kg. im frk. Kleinreich von →Tournai, darüber hinaus offenbar auch mit der Verwaltung der Prov. Belgica II betraut (Ewig); er blieb aber den galloröm. Heermeistern, die in Soissons residierten, nachgeordnet. 463 kämpfte Ch. unter dem magister militum →Aegidius siegreich gegen die Westgoten bei Orléans. Ein erneuter Angriff der Westgoten unter Kg. →Eurich auf Orléans konnte von röm. und frk. Truppen unter dem comes Paulus und Ch. zurückgeschlagen werden. Anschließend befreiten Paulus und Ch. die von sächs. Seekriegern gefährdete Stadt Angers; in diesem Kampf fiel Paulus. Ch.s Franken eroberten noch weitere sächs. Stützpunkte auf den Loireinseln.

Nach einer offenbar sagenhaft entstellten Nachricht Gregors v. Tours (Hist. Fr. II, 12) sollen die Franken Ch., »der anfing, ihre Töchter zu mißbrauchen«, vertrieben und sich dem Heermeister Aegidius unterstellt haben; derweilen sei Ch. an den Hof des Thüringerkönigs Bisinus gegangen. Nach acht Jahren sei er von den Franken zurückgerufen worden und mit Basena, der Gemahlin Bisins, zurückgekehrt. Ch.s Gattin (und Mutter Chlodwigs) hieß wirklich Basena; sie dürfte aber wohl nicht Bisins Gattin (deren Name Menia bezeugt ist), sondern eine Verwandte gewesen sein (auffällig der Weimarer Grabfund eines Silberlöffels mit dem Namen BASENAE).

Auch unter Aegidius' († 464) Sohn und Nachfolger →Syagrius (von Gregor v. Tours als rex Romanorum bezeichnet) blieb das partnerschaftl. Verhältnis zw. Franken und röm. Heermeister erhalten. Ch., den die frk. Sage als tapfersten Krieger seiner Zeit feiert, hat seinem Sohn Chlodwig den Weg zum Aufstieg zur frk. Großmacht bereitet.
U. Nonn

Q.: Gregor v. Tours, Hist. Fr. II, 9–27 (MGH SRM I²) – Fredegar III, 11–12 (MGH SRM II) – Liber hist. Fr. 6–9 (MGH SRM II) – Lit.: Hoops² IV, 440–460 [R. Wenskus – K. Böhner] – E. Zöllner, Gesch. der Franken bis zur Mitte des 6. Jh., 1970, 39–43 – HEG I, 1976, 253–255 [E. Ewig] – s. a. Lit. zu →Childerichgrab.

2. Ch. II., merow. Kg., * ca. 655, † 675, ◻ Rouen, später überführt nach Paris (St-Vincent). Nach dem Tod des Pippiniden →Childebert (III.) wurde 662 Ch., der jüngste Sohn →Chlodwigs II. und →Balthilds, zum Kg. im Ostreich erhoben. Als der Kg. des Westreichs, sein ältester Bruder →Chlothar III., 673 starb und der mittlere Bruder →Theuderich III. vom Hausmeier →Ebroin proklamiert wurde, rief die neustr. Opposition Ch. ins Land, der sich schnell durchsetzen konnte. Ebroin und Theuderich III. wurden ins Kl. verbannt; die drei Teilreiche waren noch einmal vereinigt. Der Kg. garantierte den Großen wesentl. Rechte (z. T. Erneuerung der Bestimmungen des Ediktes →Chlothars II.; Indigenatsprinzip), brach aber bald seine Zusagen, worauf es zu neuen Konflikten mit dem Bf. →Leodegar v. Autun kam. Der Bf. wurde verbannt; wenig später (675) fiel Ch. einem Mordanschlag zum Opfer. »Der letzte Versuch eines Merowingers, die Zügel des Gesamtreichs wieder in die Hand zu bekommen, hatte in einer Katastrophe geendet« (Ewig).
U. Nonn

Q.: Liber hist. Fr. 45 (MGH SRM II) – Passio I Leudegarii 5–13 (MGH SRM V) – Passio Praeiecti 20–27 (ebd.) – Lit.: L. Dupraz, Essai sur une chronologie nouvelle des règnes de Clotaire III 657–673 et de Childéric II 662–675, SchZG 2, 1952, 525–568 – E. Ewig, Die frk. Teilreiche im 7. Jh., Trierer Zs. 22, 1953, 89–92, 121–128 (Ders., Spätantikes und frk. Gallien I, 1976, 176–179, 207–215) – Ders., Stud. zur merow. Dynastie, FMASt 8, 1974, 23.

3. Ch. III., merow. Kg. Nach dem Tod →Theuderichs IV. 737 hatte der Hausmeier →Karl Martell den merow. Thron unbesetzt gelassen. Anfang 743 entschloß sich sein Sohn →Karlmann, sicher in Übereinstimmung mit seinem Bruder →Pippin, offenbar wegen starker Widerstände der Hzg.e v. Aquitanien, Bayern und Alemannien gegen die hausmeierl. Gewalt, nochmals einen merow. Kg., Ch. III., zu erheben (»... Karolomanno... qui nobis in solium regni instituit«, MGH DD Merov. 97). Dieser letzte, genealog. nicht näher einzuordnende merow. »Schattenkönig« bleibt völlig im dunkeln; traurige Berühmtheit erlangte er nur durch seine Absetzung Ende 751 bei der Königserhebung Pippins; er wurde geschoren und in ein Kl. (wohl St. Bertin) eingewiesen. U. Nonn

Q.: Annales regni Fr. ad an. 750 (MGH SRG) – *Lit.*: R. SCHNEIDER, Königswahl und Königserhebung im FrühMA, 1972, 183-186 – W. AFFELDT, Unters. zur Königserhebung Pippins, FMASt 14, 1980, 95-187 [mit Forschungsber.].

Childerichgrab. [1] *Bergung und Geschichte des Fundes*: Bisher einziger, reich ausgestatteter Grabfund des Früh-MA, der dank des goldenen Siegelringes mit seitenverkehrter Inschrift »Childirici regis« eindeutig einer in der schriftl. Überlieferung bezeugten Person zugewiesen werden kann. →Childerich I. († 482), der Vater →Chlodwigs (482–511), seit erster Nennung zu 463 (als Verbündeter des →Aegidius) stets als rex bezeichnet, war Heide und in Gallien Gegner der Westgoten. Sein Grab wurde am 27. Mai 1653 beim Bau eines Armenhauses in 2,5 m Tiefe, etwa 180 m vom rechten Scheldeufer entfernt, gegenüber der Stadt Tournai (Tornacum), nahe der Kirche St. Brice (vorroman.) unversehrt entdeckt, aber leider tumultuar. geborgen. Die aufgesammelten Beigaben aus Edelmetall gelangten über Domkapitel und Magistrat von Tournai in den Besitz Ehzg. Leopold Wilhelms, Statthalters der span. Niederlande, 1656 nach Wien und 1665 durch Ks. Leopold I. an Ludwig XIV. v. Frankreich. Beim Einbruchsdiebstahl in die Bibl. royale in Paris 1831 ging das meiste verloren. Heute sind nur Reste des Fundes im Cabinet des Médailles erhalten. Primärquelle bleibt daher das in barockem Latein abgefaßte Werk von Jean Jacques Chiflet, des gelehrten Leibarztes Leopold Wilhelms, das dieser 1655 unter dem Titel »Anastasii Childerici I. Francorum Regis, sive Thesaurus Sepulchralis Tornaci Nerviorum effossus, et Commentario illustratus« bei der Officina Plantiniana in Antwerpen veröffentlichte.

[2] *Zusammensetzung des Fundes*: Childerich war in einem durch Eisenkrampen zusammengehaltenen Holzsarg bestattet, offenbar in purpurfarbenen Seiden- und Brokatgewändern (Tunica? und Mantel). Für Mitbestattung eines Pferdes oder einer zweiten Person (Ehefrau Basina) geben die erhaltenen Beigaben (viel ging verloren, v. a. Eisenobjekte) keinen sicheren Hinweis. Singulär, weil auf kgl. Rang und auf das Geschlecht und die Person des Merowingerkönigs bezogen, sind folgende Objekte: In spätantiker Tradition steht der Siegelring mit Name und Brustbild des Kg.s zur Vornahme von Rechtshandlungen und die goldene röm. Zwiebelknopffibel (Mantelfibel) mit christl. Kreuzen in »opus interrasile«, offenbar auf eine Investitur durch röm. Magistrate (Aegidius?) zurückgehend. In germ. Tradition steht die Beigabe eines Teils des kgl. Schatzes, etwa 100 solidi (= ca. 450 g, geprägt in Konstantinopel, Schlußmünze Basiliscus 475/476), aufbewahrt in einer Börse mit Pferdekopfzier, dazu etwa 200 älterkaiserzeitl. Denare (Silber), ferner der an der Schwerthand getragene goldene Handgelenkring (Gewicht etwa 260 g, personenbezogene Insignie der »stirps regia«), schließlich wohl auf einem Mantel aufgenäht als sippenbezogenes Amulett ein goldener Stierkopf mit Almandineinlagen (Chiflets »idolum regis«, das auch auf der silbernen Gürtelschnalle der Merowingerkönigin →Arnegundis in St-Denis bei Paris erscheint) und ebenso aufgenäht ursprgl. etwa 300 almandinverzierte Goldbienen, deren Bedeutungsgehalt noch ungeklärt ist. Zu den Waffen des Kg.s zählen eine eiserne Lanzenspitze, eine Streitaxt (Franziska, 926 g schwer), ein einschneidiges Hiebschwert (Sax) und ein zweischneidiges Langschwert (Spatha). Der Besatz von Griff und Scheiden der Schwerter ist aus Gold und reich mit Almandinen eingelegt. Weitere, zumeist nur bei Chiflet dokumentierte Goldobjekte schmückten das Wehrgehänge, den Leibgurt und das Schuhwerk. Nach seinem Inventar gehört das Ch. zu einer kleinen Gruppe reich ausgestatteter germ. →»Fürstengräber« der zweiten Hälfte des 5. Jh. (Pouan bei Arcis-sur-Aube, Blučina in Mähren, Apahida in Siebenbürgen), die der Führungsschicht germ. Stämme zw. dem Tode Attilas († 453) und der Regierungszeit Chlodwigs zuzuweisen ist. Wie schon H. ZEISS erkannte, waren diese »Fürstengräber« und kgl. Grablegen wie das Ch. Vorbilder für die Grabausstattungen des frk. und alamann. Adels im 5. und 6. Jh. J. Werner

Lit.: [*allg.*]: HOOPS² IV, 440–460 [R. WENSKUS – K. BÖHNER] – J. J. Chiflet, Anastasis Childerici I., Antwerpen 1655 – ABBÉ COCHET, Le tombeau de Childéric Ier, 1859 – L. LINDENSCHMIT, Die Altherthümer der merov. Zeit (Hb. der dt. Alterthumskunde, 1880–89), 68f. und passim – M. E. BABELON, Le tombeau du roi Childéric (Mém. Soc. nat. des Antiquaires de France 8, ser. 6, 1924), 1–112 – J. WERNER, Neue Analyse des Ch.es von Tournai, Rh VjbII 35, 1971, 43–46–F. WAGNER, Die polit. Bedeutung des Childerich-Grabfundes von 1653 (SBA. PPH 2, 1973) – F. DUMAS, Le tombeau de Childéric, 1975 – *Münzschatz*: J. LALLEMAND, Vedrin: sous d'or de Magnus Maximus à Anastase (Etudes numismatiques Bruxelles 3, 1965), 115–117– *Siegelring*: J. WERNER, Namensring und Siegelring aus dem gepidischen Grabfund von Apahida, Kölner Jb. für Vor- und Frühgesch. 9, 1967/68, 120–123 – *Goldener Handgelenkring*: J. WERNER, Der goldene Armring des Frankenkönigs Childerich und die germ. Handgelenkringe der jüngeren Kaiserzeit (Frühma. Stud. 14, 1980), 1–41 [hier auch Bemerkungen zu Pouan, Blučina und Apahida] – *Waffen*: H. ARBMAN, Les épées du tombeau de Childéric, Bull. Soc. Roy. des Lettres de Lund 1947/48, 97–137–K. BÖHNER, Das Langschwert des Frankenkönigs Childerich, BJ 148, 1948, 218–248 – *Almandineinlagen*: B. ARRHENIUS, Granatschmuck und Gemmen aus nord. Funden des frühen MA, 1971, 115–120 – *Vorbild für Adelsgräber*: H. ZEISS, Fürstengrab und Reihengräbersitte (Forsch. und Fortschritt 12), 1936, 302f. – H. AMENT, Frk. Adelsgräber von Flonheim (Germ. Denkmäler der Völkerwanderungszeit, Ser. B, Bd. 5, 1970).

Chilia, Festung und Hafenstadt am gleichnamigen Mündungsarm der Donau, wahrscheinl. eine byz. Gründung. Ch. war militär. und Handelszentrum mit polyethn. Bevölkerung (Byzantiner, Levantiner, Rumänen, Armenier, Juden, Slaven, Genuesen). Zw. 1318 und 1323 war Ch. ein Besitztum der ökumen. Patriarchie und wurde danach genues. Kolonie. 1366 vom Despoten Dobrotica und 1404 von →Mircea d. Alten, Fs.en der →Valachei, erobert, übergab die Walachei den Hafen 1448 an Johannes Hunyadi. →Stefan d. Gr., der Ch. i. J. 1465 eroberte, errichtete 1479 am linken Ufer eine Festung (Chilia Nouă). 1484 erlag Ch., kurz vor →Cetatea Albă, der Belagerung durch Bāyezīd II., wurde dem Sančak Silistra, 1538 Aqkerman, zugeordnet und blieb für vier Jahrhunderte osmanisch (Kili). Die hypothet. Zuordnung Ch.s zur Festung Lykostomion scheint durch neuere Forschung (O. ILIESCU) überholt. C.-R. Zach

Lit.: N. IORGA, Studii istorice asupra Chiliei şi Cetăţii Albe, 1899 (1900) – N. BELDICEANU, La conquête des cités marchandes de Kilia et de Cetatea Albă par Bāyezīd II, SOF 23, 1964, 36–90 – C. C. GIURESCU, Tîrguri sau oraşe şi cetăţi moldovene..., 1967 – I Genovesi nel Mar Nero..., Colloquio Romeno-italiano, 1977.

Chiliasmus

I. Allgemein. Entwicklung bis zum 15. Jahrhundert – II. Der Chiliasmus in der Hussitenbewegung – III. Der Chiliasmus im späten 15. Jahrhundert.

I. ALLGEMEIN. ENTWICKLUNG BIS ZUM 15. JAHRHUNDERT: Ch. (oder Millenarismus), Erwartung eines tausendjährigen Friedensreiches (millennium) auf Erden am Ende der Zeiten. Als christl. Phänomen hat der Ch. seine reinste Ausprägung v. a. im Frühchristentum erfahren (zu vergleichbaren Strömungen im ma. Judentum →Messianismus, →Kabbala). Die Wurzeln des Ch. liegen in der →Apokalypse: Nach der Öffnung der sieben Siegel und der großen eschatolog. Schlacht zw. den Engeln und dem Drachen, d. h. Satan, wird dieser für tausend Jahre in Fesseln gelegt und in den Abgrund geworfen (Offb 20), wodurch den Gläubigen tausend Jahre Ruhe und Frieden gewährt sind. Dieser Passus wurde sehr rasch in allegor. und symbol. Weise von der griech. Kirche rezipiert, die sich weniger stark geschichtstheol. Fragen zuwandte. In der lat. Westkirche wurde ihm große Bedeutung beigemessen, wobei der Begriff millennium im Literalsinn aufgefaßt wurde: Beispiele dafür sind die Geschichtsauffassung des Irenaeus und Hippolytos sowie der Apokalypsenkommentar des →Victorinus v. Poetovio (Pettau), der auf die Apokalypsenkommentare des MA großen Einfluß ausgeübt hat. Heftig von dem Donatisten →Tyconius bekämpft, dessen Ideen im Apokalypsenkommentar des →Beatus v. Liébana aufgegriffen sind, wurde der Ch. auch von →Ambrosius abgelehnt; nach anfängl. zustimmender Aufnahme des Ch.-Gedankens in den Jugendschriften wandten sich auch →Augustinus und →Hieronymus dagegen, die das millennium als friedvolle Zwischenphase deuten, die den Christen in Erwartung des Jüngsten Gerichts nach der zweiten Wiederkehr Christi gewährt wird. Die von Augustinus eingenommene Position, der sich auch Gregor d. Gr. anschloß, bedeutete einen Stillstand in der Entwicklung der urspgl. Ch.-Gedankens. Es bleibt jedoch die vielfach ausgedrückte Überzeugung bestehen, daß im »geschichtlichen« Ablauf der Endzeit eine Friedensperiode eintreten werde, in der sich die Gläubigen auf die Endzeit vorbereiten könnten. Eine derartige Periode wird der Reihe der »Weltalter« beigefügt (vgl. das Schema der Weltalter bei →Isidor v. Sevilla). In Bedas Werk »De temporum ratione« wird die Zeit des Friedens als Ruhe des Gerechten nach dem Tode aufgefaßt, die parallel zu den Weltaltern der menschl. Geschichte verläuft, bis die Auferstehung des Fleisches auf Erden die Aetas der ewigen Seligkeit einleitet, die am Ende aller Zeiten steht. In der Gedankenwelt des FrühMA gewinnt daher diese Friedenszeit Bedeutung, welche der Gerechten nach der vorherrschenden Meinung nach der Niederlage des →Antichrist und der zweiten Wiederkehr Christi genießen werden. Zu den Werken, die die Ausbildung des millennium-Gedankens im MA wesentl. mitbestimmten, gehören die Offenbarungen des Pseudo-Methodios, die im 8. Jh. in den Okzident kamen und rasche Verbreitung erfuhren. Das Werk prophezeit eine Invasion grausamer, alles zerstörender Völker, wie die Söhne Ismaels (d. h. die Araber), die jedoch zurückgeschlagen würden. Ein Kaiser werde hierauf der Welt eine neue Friedenszeit bringen. Dieser Friede werde durch die Öffnung der Tore unterbrochen werden, die Alexander d. Gr. hinter →Gog und Magog verschlossen hatte. Dann käme das Ende der Welt. – Die dazwischenliegende Friedenszeit wird in verschiedenen anderen Werken, die sich mit dem Ende der Zeiten beschäftigen, sehr verkürzt, z. B. bei →Adso v. Montier-en-Der, →Odo v. Cluny oder später bei →Bernhard v. Morlas. Zwischen dem 11. und 12. Jh. nimmt der Ch.-Gedanke in der Anschauungswelt der Gläubigen und in der Theologie festumrissene Konturen an, deren Reflex sich bei den Schriftstellern des sog. »Deutschen Symbolismus« findet. Die enge Beziehung zw. dem »Tausendjährigen Reich« und dem →Antichrist prägt die als »Ludus de Antichristo« bekannte dramat. Schöpfung, in der die Endkaiservorstellung bes. Bedeutung gewinnt.

In völlig neuer Form erscheint der Ch. im Werk →Joachims v. Fiore: Die realist. Auffassung des millennium als »tausend Jahre« ist zugunsten der Einführung einer dritten Epoche aufgegeben, die als Zeitalter des Hl. Geistes auf die Zeitalter des Vaters und des Sohnes folgt. Diese Epoche – zw. zwei apokalypt. Schlachten – soll eine Zeit tiefsten Friedens und einer Neuordnung der Kirche in monast. Geist – sein (vgl. Tafel XII, Ed. TONDELLI-REEVES, 1954). Sie wird durch eine perfekte Sozialorganisation gekennzeichnet, ist von unbestimmter, allerdings wohl nicht sehr langer Dauer, bringt eine Vergeistigung aller menschl. Beziehungen mit sich und geht dem Ende aller Zeiten voraus.

Eine starke Umformung erfuhr die joachimit. Botschaft durch den Franziskanerspiritualismus, der sich zwar die chiliast. Idee zu eigen machte, aber ihren Gehalt völlig veränderte: Das Kennzeichen des dritten Zeitalters ist der Zwiespalt zw. der →Ecclesia carnalis und der Ecclesia spiritualis, deren Ablösungsprozeß in schweigendem Leiden und unter dramat. Verfolgungen wegen der Treue zu den von Franziskus v. Assisi und der Spiritualenbewegung gewiesenen Idealen vor sich geht. Auch bei dieser Konzeption ist eine kurze Periode des Friedens und der Ruhe vorgesehen, die v. a. zur Vorbereitung auf das Ende der Zeiten dienen soll. Dieses Ideengebäude, das v. a. durch seine Verbindung mit der Lehre vom myst. Antichrist zu starker Polemik gegenüber der Kirche des 14. Jh. und dem avignones. Papsttum führte (vgl. Petrarca, »Buch ohne Namen«, Johannes de Rupescissa »Vademecum in tribulatione« und »Liber Ostensor«), übte auch infolge der spätwaldens. Gleichsetzung der Römischen Kirche mit Babylon Einfluß auf die Strömungen in Böhmen aus sowie auf die Opposition zu der hierarch. Kirche des 14. Jh. →Eschatologie. R. Manselli

Ed. und Lit.: R. MANSELLI, La »Lectura super Apocalipsim« di Pietro di Giovanni Olivi. Ricerche sull'escatologismo medioevale, 1955 – B. TÖPFER, Das kommende Reich des Friedens, Zur Entwicklung chiliast. Zukunftshoffnungen im HochMA, 1964 [bis zu Beginn des 14. Jh.] – M. REEVES, The Influence of Prophecy in the Later MA, 1969 – H. MOTTO, La Manifestation de l'Esprit selon Joachim de Flore 1977 – E. BENZ, Ecclesia spiritualis, 1934 – A. DEMPF, Sacrum Imperium, 1929 [Zum Verhältnis zw. Millenarismus und polit. Ideologien] – H. D. RAUH, Das Bild des Antichrist im MA: Von Tyconius zum Deutschen Symbolismus, 1973 – N. KOHN, The Pursuit of Millennium, versch. Aufl. [umstritten] – Cl. und H. CAROZZI, La fin des temps. Terreurs et prophéties au MA, 1982 [Textauswahl] – Mito e storia tra paganesimo e cristianesimo, hg. P. SINISCALCO, 1976 [Textauswahl].

II. DER CHILIASMUS IN DER HUSSITENBEWEGUNG: Als Ch. wird die radikalste Form der hussit. Volksbewegung (→Hussiten) bezeichnet, deren Anhänger an die Verwirklichung des Tausendjährigen Reiches Jesu Christi (millennium) auf Erden glaubten u. seinen Empfang in Böhmen vorbereiteten. Ideolog. Wurzeln des hussit. Ch. gehen auf den hussit. Biblizismus, die Lehre des →Mathias v. Janov und die Prager Schule der Brüder →Nikolaus und →Peter v. Dresden zurück. Ein direkter ideolog. Zusammenhang mit →Joachim v. Fiore ist nicht nachweisbar. Der Ch. entwickelte sich als eine Antwort auf die allgemeine soziale Unruhe, welche die Bevölkerung in Böhmen nach der Hinrichtung von Johannes →Hus (1415) erfaßte. Die Prediger in der Nachfolge von Hus verkündeten im Geiste des AT, daß die Zeit der Gottesstrafen mit dem →Jüngsten Gericht nahe sei und daß alle Sünder (d. h. bes. die Mächtigen und die Reichsten) bestraft und ausgetilgt werden müßten. Nur diejenigen getreuen Gläubigen, die auf den Bergen oder in den fünf »gotterwählten Städten« (Pilsen/Plzeň, Saaz/Žatec, Schlan/Slaný, Klattau/Klatovy, Taus/Domažlice) Zuflucht suchten, könnten vor der Strafe Gottes errettet werden. Im Frühjahr 1419 organisierten diese Prediger Wallfahrten auf die Berge, und im Juli 1419 versammelten sich Bauern, Tagelöhner, Bürger und auch einige kleine Adlige aus allen böhm. und mähr. Regionen auf einem Berg namens Tábor (unweit der südböhm. Stadt Bechyně). Sie hörten das Evangelium, sangen fromme Lieder, lebten als Brüder und Schwestern und teilten auch die Nahrung miteinander. Ihr Ziel war, als Christen der apostol. Zeit zu leben und die apostol. »Urgemeinde« neu zu begründen. Zum Zentrum dieser chiliast. Taboriten wurde zuerst die Stadt Sezimovo Ústí, im Fasching 1420 aber wurde diese Stadt von den Chiliasten verbrannt und verlassen. Das Leben im Reiche Christi sollte an einem neuen Ort erblühen, und so wurde am 30. März 1420 die chiliast. Hochburg →Tábor gegründet. Die chiliast. Gemeinde wollte auf dem Tábor die alten bibl. Lebensformen neu erwecken. Unter den Taboriten wurde das Privateigentum abgeschafft, alle Brüder und Schwestern mußten ihren Besitz der Kontrolle der gewählten Verwalter unterstellen. Vier von der Gemeinde gewählte Hauptleute (u. a. Nikolaus v. Hus und Johann →Žižka) wurden an die Spitze des Heeres gestellt, das gegen Kreuzfahrer und Adlige zu kämpfen hatte. Zum christl. Oberhaupt der Gemeinschaft wählte man einen Bf., →Nikolaus v. Pelhřimov. In dieser nach den Prinzipien der allgemeinen Gleichheit verfaßten Gemeinde sollten ausschließl. die bibl. Vorschriften Gültigkeit haben; der Unterschied zw. Laien und Priestern sollte verschwinden. Unter dem Einfluß der nordfrz. Häresie der →Pikarden, die seit 1420 in Böhmen Fuß gefaßt hatte, begannen sich einige taborit. Prediger gegen das Abendmahl zu wenden. An der Spitze dieser radikalsten Gruppe der Chiliasten standen Martin →Húska und Petr →Kániš, welche die Eucharistie nur für ganz gewöhnl. Speise und Trank hielten. Húska und seine Anhänger wurden aber schon 1421 aus Tábor vertrieben und wandten sich einer mähr. Gruppe der Chiliasten zu, die eine neue Festung, Nedakonice in Südmähren, errichtete. Die Chiliasten von Nedakonice wurden jedoch bald besiegt, und Húska fand als Ketzer den Tod auf dem Scheiterhaufen.

Auch die anderen Gruppen der taborit. Chiliasten wurden im Sommer 1421 aus Tábor vertrieben, als →Adamiten verfemt und z. T. von J. Žižka verbrannt. Nach dem Jahre 1421 entwickelte sich Tábor von einer chiliast. Gemeinde zu einer städt. Republik. Aber auch nach dem Jahre 1421 blieben einige Chiliasten in Tábor zurück (Václav Koranda), und erst nach der Eroberung der Stadt durch den utraquist. Kg. →Georg Podiebrad (1452) verschwand der Ch. gänzlich. Von den Chiliasten führt ein direkter Weg des radikalen Biblizismus und des gewaltlosen Evangeliums (auch mit der Wahl der Prediger und Senioren) zur Unität der böhm. Brüder (→Brüdergemeinde), die in einigen Fällen das Andenken der Chiliasten (auch Húskas) als heiliger Märtyrer pflegte. J. Macek

Lit.: J. Macek, Tábor v husitském revolučním hnutí 2, 1955 – R. Kalivoda, Husitská ideologie, 1961, 287–384 [auch dt. Fassung] – F. M. Bartoš, České dějiny II, 7, 1965, 6off. – H. Kaminsky, A Hist. of the Hussite Revolution, 1967, 278–360 – R. Kalivoda–A. Kolesnyk, Das hussit. Denken im Lichte seiner Quellen, 1969, 262–330 [Quellened.] – J. Macek, Jean Hus et les traditions hussites, 1973, 91–158.

III. Der Chiliasmus im späten 15. Jahrhundert: Erwartungen eines Friedensreiches auf Erden am Ende der Zeiten haben im späteren MA in Europa auch außerhalb des radikalen Hussitentums eine nicht unerhebl. Rolle gespielt. Zum einen bewegte man sich dabei in der Tradition Joachims v. Fiore und seines Anhangs unter den Franziskanerspiritualen, wenn man wie die um 1466 in der Gegend von Eger wirkenden →Wirsberger oder wie der 1446 von den Basler Konzilsvätern verbrannte→Nikolaus v. Buldesdorf meinte, vor dem Anbruch einer neuen Zeit zu stehen (in der Metaphern-Sprache Joachims v. Fiore und der Johannes-Apokalypse als »drittes und letztes Testament« bezeichnet), ja selbst berufen zu sein, diese neue Zeit in eigener Person heraufzuführen. Zum anderen ist der Ch. dieser Zeit Ausdrucksform der immer drängender herbeigesehnten Reform der Kirche an Haupt und Gliedern, begegnet daher ein in Gestalt des Friedenskaiser-Motivs auch in den bedeutenden Reformschriften des 15. Jh., der →Reformatio Sigismundi und des sog. →Oberrhein. Revolutionärs, oder in Gestalt des Engelpapst-Motivs in einem Zyklus kirchenkrit. Papstprophetien, der zu Beginn des 14. Jh. konzipiert, bis weit in die Neuzeit hinein tradiert wurde (Malachias-Prophetie!) und bes. im 15. Jh. weite und handschriftl. reich dekorierte Verbreitung fand. Schließlich aber verbindet sich chiliast. Zukunftserwartung auch mit humanist.-gelehrter Endzeitspekulation, sei es im Zusammenhang der christl. Rezeption kabbalist. Gedankengutes (z. B. →Pico della Mirandola) oder astrolog. 'Wissenschaft' (z. B. Johannes Lichtenberger, † 1503).
A. Patschovsky

Lit.: D. Kurze, Johannes Lichtenberger (Hist. Stud. 379, 1960) – M. Reeves, s. o. – R. E. Lerner, Medieval prophecy and religious dissent, PP 72, 1976, 3–24 – H. Grundmann, Die Papstprophetien des MA (Ders., Ausgew. Aufsätze 2, 1977), 1–57 – A. Patschovsky, Ch. und Reformation im ausgehenden MA (Ideologie und Herrschaft im MA, hg. M. Kerner, 1982), 475–496.

Chillon, Burg am rechten Ufer des Genfersees im schweiz. Kanton Waadt, frühgesch. und röm. archäolog. Funde, Baureste aus dem 9. Jh. Schon vor 1005 war Ch. im Besitz des Bf.s v. →Sitten. Im 11.–13. Jh. erfolgte der Ausbau zur ma. Burganlage. Burgring, Bergfried und Tour d'Alinges gehen auf die d'Alinges zurück. Im 12. Jh. wurde der zweite landseitige Mauerring errichtet. Seit dem 12. Jh. war die Burg im Besitz der Gf.en v. →Savoyen, die seit 1255 Türme und Umfassungsmauern erhöhten, im 14./15. Jh. das Innere ausbauten und die Türme wehrtechn. verfeinerten. Von 1536–1733 war Ch. Sitz der bern. Landvögte. L. Carlen

Lit.: A. Naef, Ch., 1908 – A. Guignard, Schloß Ch., 1964 – J. P. Chapuisat, Le château de Ch., 1971 – E. Pidoux, Le château de Ch., 1975 – P. Dubuis, F. Nicod, C. Landry, Le Château de Ch., 1978 – P. Dubuis, F. Nicod, J. P. Vouga, Ch. à travers des temps, 1979.

Chilperich

1. **Ch. I.**, Kg. der →Burgunder, † um 480; jüngerer Bruder von Kg. →Gundiok (Gundowech), ist er schon 457 als Mitinhaber der Königsgewalt belegt. Seine Beziehungen zu Kg. →Gundahar (Gunther; † 436) sind unbekannt. Nach Gundioks Tod (um 470) erhielt Ch. anstelle des Verstorbenen die Würde des →magister militum Galliarum, während sein Neffe →Gundobad ksl. Befehlshaber (magister militum praesentialis) war. Ch. kämpfte zunächst gegen die →Westgoten, wechselte aber auf ihre Seite über, nachdem Gundobad beim Ks. wegen Verrats in Ungnade gefallen war. I. J. 475 führte Ks. →Nepos mit den beiden germ. Völkern Verhandlungen: Er löste den Foederaten-Vertrag (→Foederati), der die Burgunder bis dahin mit dem Röm. Reich verbunden hatte, und erkannte damit ihre Unabhängigkeit an. Weiterhin erhielt Ch. die Bestätigung des Besitzes der von den Burgundern besetzten Provincia Viennensis (→Vienne). Ch. verdrängte im

Norden die →Alamannen aus der Sequania und besetzte →Langres. Der Kg. hing zwar – wie zu dieser Zeit ein großer Teil der Burgunder – dem →Arianismus an, hatte aber gute Beziehungen zum gallo-röm. Senatorenadel und Episkopat. Anscheinend erließ er mehrere Gesetze. Ch.s Gemahlin Caretene (∞ um 471) schloß sich dem kath. Glauben an und erzog ihre Großnichten, darunter die hl. →Chrodechilde, die spätere Gattin des frk. Kg.s →Chlodwig I. – Eigene Kinder hinterließ Ch. offenbar nicht; das Reich fiel an die Söhne Gundioks, nämlich Gundobad und seine Brüder. J. Richard

Lit.: E. Demougeot, La formation de l'Europe et les invasions barbares II, 1979, 649–661.

2. Ch. I., merow. Kg., *ca. 537, †584, ⊐St. Vincent (St-Germain-des-Prés). Nach dem Tod des Gesamtkönigs →Chlotar I. 561 bemächtigte sich der jüngste Sohn Ch. des kgl. Schatzes und der sedes →Paris, mußte sich dann aber auf Eingreifen seiner drei Brüder hin zu einer divisio legitima bereitfinden; dabei erhielt er das Teilreich von →Soissons. Diese an die Teilung v. 511 anschließende Vierteilung wurde bereits 567 durch den Tod Kg. →Chariberts I. v. Paris hinfällig; bei der Aufteilung seines Teilreichs erhielt Ch. die Küstengebiete von der Somme bis zur Loire; die Königsstadt Paris wurde neutralisiert. Die komplizierte Teilung von 567 barg von vornherein Konfliktstoff für die Zukunft; Ch. versuchte sogleich, eine Verbindung zw. seinem Kernland und den aquitan. Enklaven zu gewinnen (Besetzung von Tours und Poitiers). Im ausbrechenden Bruderkrieg kämpfte Ch. im Bündnis mit →Gunthram v. Orléans gegen →Sigibert I. v. Reims, zunächst erfolgreich, dann aber immer mehr in die Defensive gedrängt. Der Konflikt mit Sigibert hatte auch einen familiären Grund: Sigibert hatte ca. 566 →Brunichild, die Tochter des Westgotenkönigs →Athanagild geheiratet; ca. 567 ehelichte Ch. deren Schwester Galswinth, ließ sie aber bereits wenig später ermorden und heiratete seine frühere Geliebte →Fredegund.

Die Ermordung Sigiberts 575 brachte die große Wende: Ch. häufte nun Erfolg auf Erfolg; bald hatte er den gesamten Anteil Sigiberts aus dem Chariberterbe besetzt. Nach einer Palastrevolution gegen Brunichild in Austrien 581 kam es zu einer Verständigung mit den Austriern gegen Gunthram; Ch. nahm auch noch Gunthrams Anteil aus dem Chariberterbe in Besitz und residierte sogar in dem neutralisierten Paris. Gefahr drohte ihm noch einmal durch einen neuerlichen Umschwung im Ostreich 583, worauf er ein Bündnis mit dem westgot. Kg. →Leovigild schloß (Verlöbnis seiner Tochter Rigunth mit Leovigilds Sohn →Rekkared). Im Herbst 584 wurde Ch., der »aktivste und wendigste unter den Söhnen Chlothars I.« (Ewig) ermordet; sein Sohn →Chlotar (II.) war erst einige Monate alt. Gregor v. Tours, der Ch.s geistige und künstler. Interessen (Schrift über die Trinität, Dichtungen, Gesetzgebung, Goldschmiedearbeiten, Wiederherstellung der Circusbauten in Soissons und Paris) nicht verschweigt, zeichnet im ganzen ein abschreckendes Bild von diesem »Nero und Herodes unserer Zeit« (VI, 46). U. Nonn

Q.: Edictum Chilperici (MGH Cap. I nr. 4) – Gedicht Ch.s (MGH PP IV, 455) – Gregor v. Tours, Hist. Fr. IV, 22-VI, 46 (MGH SRM I²) – Lit.: Hoops² IV, 460–462 [R. Wenskus] – E. Ewig, Die frk. Teilungen und Teilreiche (511–613), 1953, 676–683 (Ders., Spätantikes und frk. Gallien I, 1976, 135–142) – F. Beyerle, Das legislative Werk Ch.s I., ZRGGermAbt 78, 1961, 1–38 – E. Ewig, Stud. zur merow. Dynastie, FMASt 8, 1974, 29–36.

3. Ch. II., merow. Kg. 716–721, †721 in Noyon, ⊐ebd., Sohn Childerichs II. Ch., der als clericus den Namen Daniel führte, wurde 716 als Nachfolger Dagoberts III. (MGH DD Merov. 84) im Alter von 41/45 Jahren von den Neustriern zum Kg. im Kerngebiet des Frankenreiches erhoben (MGH SRM II, Lib. hist. Franc. 52). Neben der alten neustr. sedes →Paris erscheint die Pfalz →Compiègne als eigtl. Residenz dieses Kg.s. Die Wirksamkeit Ch.s als nominelles Haupt der starken neustr. Opposition gegen die Pippiniden (→Karolinger) war durch seine Bindung an →Raganfred gekennzeichnet, den amtierenden neustr. maiordomus. Zweckbündnisse mit dem Friesendux →Radbod (717) und →Eudo v. Aquitanien (718) gegen Karl Martell schlugen fehl, der bei Amblève, Vinchy (717) und Soissons (718) die Neustrier besiegte. Als der von Karl gestützte →Chlotar IV. 719 starb, ließ Karl sich Ch. von Eudo ausliefern und erkannte ihn mit der Wiederherstellung seines Einflusses in Neustrien als rex an (Lib. hist. Franc. 53). Als Nachfolger des 721 verstorbenen Ch. bestimmte Karl Martell Theuderich IV. H. Ebling

Lit.: F. Lot, Naissance de France, Paris o. J. [1948], 118–119 – E. Ewig, Stud. zur merow. Dynastie, FMASt 8, 1974, 15–59 – J. Semmler, Zur pippinid.-karol. Sukzessionskrise 714–723, DA 33, 1977, 1–36 – E. Ewig, Spätantikes und frk. Gallien II, 1979, 128, 194.

Chilston, R[obert?], engl. Musiktheoretiker des frühen 15. Jh. Vorname und biograph. Daten sind unbekannt. Ein kurzer, nicht bes. bedeutsamer englischsprachiger Traktat über musikal. Proportionen in einer musiktheoret. Sammelhs. (London, British Library, Lansdowne 763, Nr. 17–20), die paläograph. um die Mitte des 15. Jh. anzusetzen ist, trägt im (vom Kompilator stammenden?) Incipit die Angabe »secundum Chilston«. Der in der Abhandlung enthaltene, vom Kompilator herrührende Verweis auf einen vorangehenden anonymen Traktat über engl. Faburden-Technik (Lansdowne 763, Nr. 16) hat zeitweilig zu dem Mißverständnis geführt, in Ch. den Verfasser beider Traktate und sogar einen Begründer des festländ. Fauxbourdon-Verfahrens zu sehen. Die neuere Lit. bezeichnet den Verfasser des anonymen Traktats deshalb als »Pseudo-Ch«. H. Leuchtmann

Ed.: S. B. Meech, Three Fifteenth-c. Engl. Musical Treatises, Speculum X, 1935, 235ff. – Lit.: MGG – Riemann – New Grove, s. v.

Chimäre, feuerspeiendes Mischwesen aus Löwe, Ziege und Schlange oder dreiköpfiges Monstrum der griech. Mythologie, im MA durch Isidor (11, 3, 36) bekannt (u. a. bei Papias und im »Liber monstrorum de diversis generibus« 2, 12, Haupt p.240, 16–19). Jakob v. Vitry identifiziert jedoch mit ihr ein von den Sarazenen »in Babylonia« aus feierl. Anlaß mit kostbarem Tuch (pallium) geschmücktes Opfertier (cap. 88). Die Angabe des gegenüber dem übrigen Körper erhöhten Vorderteils deutet vielleicht auf eine der Antilopen- oder Gazellenarten mit hohem Widerrist. Für Thomas v. Cantimpré (4, 23) ist sie daher Sinnbild für prachtliebende Herrscher, die wie Kg. Herodes Agrippa eine Beute der Dämonen würden (vgl. Apg 12, 21–23). Chr. Hünemörder

Ikonographie: An einer frühchristl. Tischstütze im Athener Nat. Mus. ist der mytholog. Sieg des Bellerophontes über die Ch. als Triumph des Guten über das Böse gedeutet und damit allgemein in Zusammenhang mit Reiterheiligen gestellt. Am Beginn des MA stehen die schriftl. wie bildl. Darstellungen in der antiken Tradition: als Randminiaturen im Lothar-Ev., Paris Bibl. nat. lat. 266, fol. 110 und in der Bibel Karls des Kahlen, Paris Bibl. nat. lat. 1, fol. 327; am Bischofsstuhl von S. Ambrogio in Mailand 11. Jh.; Fußbodenmosaiken im Dom von Aosta um 1100, in Bobbio und Pavia um 1132; Relief im Dom von Aquileia. Eine als Chimera bezeichnete Darstellung findet sich an einem Kapitell der Kathedrale in Genf, 3. Viertel 12. Jh. Fraglich ist es, ob eine Reihe von ähnlichen Fabeltieren wegen ihrer Mehrköpfigkeit oder wegen ihres Ziegenkopfes als Ch. gedeutet werden können. G. Binding

Q.: M. HAUPT, Opuscula II, 1876, 218–252 – Isidorus Hispalensis, Etymologiae, ed. W. M. LINDSAY, 2, 1911 – Jacobus de Vitriaco, Historia orientalis, ed. Fr. Moschus, 1597 – Papias Vocabulista, 1496 [Neudr. 1966] – Thomas Cantimpratensis, Liber de natura rerum, T. 1: Text, ed. H. BOESE, 1973 – *Lit.*: zur Ikonographie: RDK III, 434–438 – LCI I, 355 – I. ADLOFF, Die antiken Fabelwesen in der roman. Bauornamentik des Abendlandes [Diss. masch. Tübingen 1947], 1–4 – W. v. BLANKENBURG, Hll. und dämon. Tiere, 1943 [Neudr. 1975] – P. MICHEL, Tiere als Symbol und Ornament, 1979.

China

(Der Artikel behandelt die wirtschaftl. und kulturellen Beziehungen zwischen China und der byz., westl.-abendländ. sowie arab.-islam. Welt im Zeitraum des europ. Mittelalters.)

I. China, Byzanz und Europa – II. China und die arabisch-islamische Welt.

I. CHINA, BYZANZ UND EUROPA: Seit der Antike umfaßten die Handelsbeziehungen zw. dem Ostrom. Reich (→Byzantinisches Reich) und dem Fernen Osten v. a. den →Seidenhandel; hieraus resultierte das Problem der Kontrolle der Handelswege, auf denen die Seide transportiert wurde. Es ist zu fragen, ob bei den antiken Schriftstellern mit Serica, dem Land der seidenproduzierenden Serer (von ihnen abgeleitet sericum, die lat. Bezeichnung für 'Seide'), das in ungenauer Weise im Osten oder Nordosten von Indien vermutet wurde, nicht Ch. gemeint ist. In der Zeit vor dem 13. Jh. beruhte das geograph. Wissen, das in Europa über Ch. vorhanden war, auf einigen alexandrin. und spätantiken Autoren. Der Periplus des Erythräischen Meeres (1. Jh. n. Chr.) berichtet in Kap. 64, man könne die sehr große Stadt Thinai erreichen, wenn man vom Golf von Bengalen aus die Küste in nördl. Richtung hinaufsegele; den Namen des Landes oder Volkes nennt er aber nicht (K. MÜLLER, Geographi Graeci minores I, 1855, 303f.). Für Ptolemaios (2. Jh. v. Chr.) liegt das Land der Sinai jenseits der Steinernen Turms (vermutl. Kindšabai-Paß im nördl. Pamir, geogr. 1,12) und der beiden Stämme der Issedonen (Kašgar und Hōtan). →Ammianus Marcellinus erwähnt vielleicht als erster die Gr. Mauer (23, 6, 64).

Im 6. Jh. wurde die Versorgung mit Seide für Byzanz zu einem grundlegenden Problem; der Seidenimport des Reiches war von zwei Mächten abhängig geworden: dem sāsānid. Iran (→Persien) und den Hephtaliten oder Weißen Hunnen; letztere kontrollierten die zw. Kaukasus und dem Tarim-Becken liegenden Gebiete. Ks. Justinian I. (527–565) versuchte, das Bündnis dieser beiden Mächte aufzubrechen; er eröffnete den Krieg gegen Persien und versuchte darüber hinaus erfolglos, die oriental. Waren auf direktem Wege zu erhalten, indem er mit dem Reich von Aksum (Äthiopien) ein Abkommen schloß. Nach Prokop (Goth. 8,17) wurden die militär. und diplomat. Mißerfolge des Byz. Reiches bei dieser Politik wettgemacht durch den Import einiger Seidenraupenkokons, die von Mönchen, welche aus dem Land von Sêrinda (wohl Hōtan) kamen, dem Ks. überbracht wurden. Es ist die Zeit, in der →Kosmas Indikopleustes eine Beschreibung der beiden Routen, die von Tziniska (China) in den byz. Raum verliefen, gab, nämlich des Landwegs über Persien u. d. Seewegs über Taprobane (Sri Lanka). 568 erschien eine Gesandtschaft der Westtürken (→Türken), die aus Transoxanien gekommen waren, in Konstantinopel und schlug den Byzantinern ein Bündnis gegen Persien vor, das in erster Linie wohl handelspolit. Bestimmungen, die den Import von Seide aus Sogdien und Ch. berührten, beinhaltete. Nach der Niederlage der Perser gegen den byz. Ks. →Herakleios (628) wurden direkte Verbindungen zw. Ch. und Byzanz geschaffen; sie führten durch das Tarim-Becken und lagen bis 630 in den Händen der Westtürken, danach in denen der T'ang-Dynastie. Chin. Quellen nennen byz. Gesandtschaften in Ch. für die Jahre 643, 667, 701, 719 und – eventuell – für 742. Durch in Ch. durchgeführte archäolog. Forschungen sind bis heute 22 byz. Goldmünzen (solidi) der Ks. Leon (457–474), Justin I. und Justinian I. (527) sowie Herakleios (610–641) festgestellt worden. Diese Münzfunde wurden sämtlich an der Seidenstraße, nahe dem Huangho, gefunden; sie weisen darauf hin, daß zumindest kurzfristig das Byz. Reich direkte Handelsbeziehungen mit Ch., ohne Vermittlung der Sasaniden, gehabt haben kann. (Demgegenüber wurden ca. 1200 sāsānid. Münzen in Ch. gefunden.) In derselben Periode missionierten nestorian. Christen aus →Syrien (→Nestorianer) in Ch. (Stele von Hsi-an-fu). Nach dem 8. Jh. brachen diese direkten Verbindungen ab; nun lieferten die →Chazaren dem Byz. Reich die Rohseide, und die Ausdehnung des Islam in Zentralasien war ein Hindernis für jede direkte Verbindung. Die arab. Reiche der →'Abbāsiden und danach der →Fāṭimiden wurden die Mittler im Handelsaustausch zw. dem christl. Europa und dem Fernen Osten, in den zu dieser Zeit das Glas aus Syrien und die Korallenfabrikate aus dem Mittelmeerraum gelangten.

Die Invasion der →Mongolen (seit 1215) stellte die wirtschaftl. Vorherrschaft und Vermittlerfunktion der traditionellen islam. Mächte in Frage und führte schließlich zum Aufhören des traditionellen Gefüges der Handelsverbindungen. Nachdem das Abendland zunächst befürchtet hatte, von der mongol. Übermacht vernichtet zu werden (Schlacht v. →Liegnitz, 1241), unternahm man bald den Versuch, sich genauere Kenntnisse über die Eroberer zu verschaffen; es entstanden Pläne an der päpstl. Kurie (z. T. verbunden mit kreuzzugspolit. Bestrebungen am frz. Königshof), die eine Gewinnung der Mongolen für ein Bündnis gegen die islam. Welt (→Kreuzzüge) sowie schließlich die Bekehrung der Mongolen zum Christentum vorsahen. Mehrere Gruppen von päpstl. Gesandten, zumeist →Franziskaner, aber auch →Dominikaner, reisten in die mongol. beherrschten Gebiete; von ihnen erreichten der Franziskaner →Giovanni di Pian del Carpine (Reise 1245–47), der Dominikaner Andreas v. →Longjumeau (1248–51) sowie der Franziskaner →Wilhelm v. Rubruk (1252–55) den Hof des Großkhans (→Karakorum). Insbes. die Reiseberichte von Giovanni di Pian del Carpine und Wilhelm v. Rubruk erweiterten durch wesentl. geograph., ethnograph. und kulturgesch. Nachrichten die Kenntnisse des Okzidents vom Osten. Bald darauf lieferten die langjährigen Ostasienaufenthalte der ven. Kaufleute der Familie →Polo (1254–95) neue Informationen, welche die wichtigste Grundlage des Wissens der Europäer über das Ch. der Mongolenzeit und die anderen fernöstl. Länder bis zur Epoche der Entdeckungen bilden sollten. Marco Polo († 1324) vermischte in seiner berühmten Schilderung »Il Milione«, die zugleich prakt. Kaufmannshandbuch und erzählendes Werk sein will, Fabulöses mit präzisen Beobachtungen zur Geographie, Kultur und Wirtschaft. (So rühmt er etwa – wie nach ihm Odoricus v. Pordenone – die chin. Erfindung des Papiergelds, das er den Kaufleuten seiner Heimat zur Nachahmung empfiehlt.) Das Werk erlebte weite Verbreitung durch Abschriften und Übersetzungen; Kolumbus besaß eine Ausgabe, die er auf seinen ersten Amerikareisen mit Randnotizen versah. Als Nachfolger Marco Polos reisten Missionare und Kaufleute unter dem Schutz der Pax Mongolica (die europ. Reisenden staunen durchweg über die Sicherheit und gute Organisation der Reisewege im weiten Mongolenreich) in den Osten; sie benutzten erneut die alte Seidenstraße von →Tana über Urgenč und Almalik oder von →Trapezunt über →Tabrīz und →Samarqand, um so nach Cambaluc (Peking) zu gelangen. Der Seeweg wurde nach dem Mißlingen der genues. Expedition d. →Vivaldi (1291) von den Europäern nicht benutzt. Der Franziskanermissionar Giovanni de Montecorvino († 1328) reiste 1291/92 über Persien, →Hurmuz und Indien nach Ch. und verbrachte den Rest seines Lebens mit der Organisation der kath. Mission in Ch. Von Clemens V. zum Ebf. v. Cathay (mit Sitz in Peking) ernannt, gründete er Missionsbistümer und -kirchen, wobei er von seiten der religiös toleranten mongol. Herrscher Förderung erfuhr (s. a. →Mission).

Zw. der päpstl. Kurie in Avignon und dem Großkhan wurden mehrere Gesandtschaften ausgetauscht. Dem Franziskaner →Odoricus v. Pordenone († 1331), der 1316–30 über Kleinasien, Persien, den Pers. Golf, Vorderindien, Ceylon, Indonesien und Kanton nach Peking reiste und hier zwölf Jahre lebte, verdanken wir eine aufschlußreiche und farbige Reisebeschreibung. Weitere Reiseberichte verfaßten die päpstl. Gesandten Giovanni da Marignolli und Andalò di Savignone. In den Jahren zw. 1290 und 1340 fanden sich in Cathay (dem Gebiet zw. den Unterläufen des Huangho und des Yangtse) zu Dutzenden genues. und ven. Kaufleute ein, die Juwelen, Perlen und Luxustextilien mitbrachten und dafür Seide und Gewürze einhandelten. →Pegolotti beschreibt in seinem berühmten Kaufmannsbuch, der sog. »Pratica della Mercatura«, mit Genauigkeit die Route, auf welcher der dreisprachige →»Codex cumanicus« den Kaufleuten als Hilfe diente.

Diese intensiven Handelsbeziehungen verfielen in den 1340er Jahren. Bereits die unsichere polit. Lage im Schwarzmeergebiet und die Wirren in den mongol. Khanaten hatten die Sperrung der zentralasiat. Handelsroute für die europ. Kaufleute vorbereitet. Den Todesstoß erhielt der Handelsverkehr nach der Absetzung der mongol. Dynastie durch die chin. Dynastie der Ming (1368), die sich gegenüber den Fremden weniger kontaktfreudig zeigten als die Mongolen. Auch die franziskan. Mission kam nun zum Erliegen; sie sollte erst in der frühen Neuzeit durch die Jesuiten wiederaufgenommen werden. Ch. und der Westen entfernten sich wieder voneinander, doch blieb in Europa der Mythos eines fruchtbaren Landes von märchenhaftem Reichtum lebendig; er hat den Entdeckerträumen eines Kolumbus Nahrung gegeben, sie – über →Toscanelli – sogar direkt inspiriert. Es waren die Portugiesen, die Ch. »wiederentdeckten«: 1513–14 erreichte Jorge Álvares den Sikiang (West-Fluß), an dessen Mündung Kanton liegt. Der Seeweg trat nun an die Stelle der alten zentralasiat. Seidenstraßen. M. Balard

Lit.: RE II A, 1678–1683 [A. HERRMANN,]; III A, 219–221 [A. HERRMANN] – G. COEDES, Textes d'auteurs grecs et latins relatifs à l'Extrême-Orient (4. Jh. v. Chr. – 14. Jh.), 1910 – H. YULE-H. CORDIER, Cathay and the Way Thither, 1913–16 – P. A. BOODBERG, Marginalia to the Histories of the Northern Dynasties, I: Theophylactus Simocatta on Ch. Harvard Journal of Asiatic Stud. 3, 1938, 223–243 – R. S. LOPEZ, Silk Industry in the Byz. Empire, Speculum 20, 1945, 1–42 – K. HANNESTAD, Les relations de Byzance avec la Transcaucasie et l'Asie centrale aux Vᵉ et VIᵉ s., Byzantion 25–27, 1955–57, H. 2, 421–456 – Marco Polo, La Description du Monde, ed. L. HAMBIS, 1955 – R. S. LOPEZ – I. W. RAYMOND, Medieval Trade in the Mediterranean World, 1955 – P. PELLIOT, Notes on Marco Polo, 3 Bde, 1959–73 – L. PETECH, Les marchands italiens dans l'empire mongol, JA, 1962, 549–574 – W. WOLSKA, La Topographie chrétienne de Cosmas Indicopleustès, 1962 – N. PIGULEWSKAJA, Byzanz auf den Wegen nach Indien. Aus der Gesch.

des byz. Handels mit dem Orient vom 4.–6. Jh., 1969 [Erw. der russ. Ausg. von 1951] – R.-H. BAUTIER, Les relations économiques des Occidentaux avec les pays d'Orient au MA (Sociétés et compagnies de commerce en Orient et dans l'Océan Indien, hg. M. MOLLAT, 1970) – G. F. HUDSON, The Medieval Trade of Ch. (Islam and the Trade of Asia, hg. D. S. RICHARDS, 1970), 159–168 – H. WADA, Prokops Rätselwort Serinda und die Verpflanzung des Seidenbaues von Ch. nach dem oströms. Reich [Diss. Köln 1970] – G. HAMANN, Die wissenschaftsgesch. Bedeutung der Gesandtschaftsreisen ma. Mönche an die Höfe Inner- und Ostasiens (Fs. F. MAASS, 1973) – M. BALARD, Precursori di Cristoforo Colombo: I Genovesi in Estremo-Oriente nel XIV secolo (Atti del Convegno internazionale di Studi colombiani, Genova 1974), 149–164 – R. S. LOPEZ, Su e giù per la storia di Genova, 1975, 83–188 – DERS., L'importance de la mer Noire dans l'hist. de Gênes (I Genovesi nel Mar Nero durante i secoli XIII e XIV, 1977), 13–33 – M. BALARD, La Romanie génoise (XIIᵉ – début du XVᵉ s.), 2 Bde, 1978 – H. WADA, Σηρίνδα. Ein Abschnitt aus der byz. Seidenkultur, Orient 14, 1978, 53–69 – G. G. KOENIG, Frühbyz. und sassanid. Münzen in Ch. (Geld aus Ch., Kat. Rhein. Landesmus. Bonn, 1982) – vgl. künftig: Cambridge Hist. of Inner Asia, hg. D. SINOR [in Vorber.].

II. CHINA UND DIE ARABISCH-ISLAMISCHE WELT: Schon in vorislam. Zeit (vermutl. seit ca. 450 n. Ch.) sollen einzelne Araber auf dem Seeweg Ch. erreicht haben, auf dem Landweg jedoch nicht. Daher war Arabien für die auf dem Landweg angewiesenen Chinesen in jener Zeit unerreichbar, und es stand im Schatten des internationalen →Seidenhandels, in dem sowohl →Persien (Iran) als auch das →Byz. Reich so sehr engagiert waren, und der oft bestimmend für die Auseinandersetzungen dieser beiden Großreiche wurde.

In der islam. Tradition ist Ch. zweifach mit dem Namen des Propheten verbunden: 1. Mohammed soll seinen Gläubigen gesagt haben: »Sucht das Wissen, und sei es in China«. 2. Der Überlieferung nach ließ Mohammed dem Ks. v. Ch. eine Botschaft überbringen, um ihn zum Islam zu bekehren. Als der Ks. bei dieser Gelegenheit von der Sintflut erfuhr, brachte er seine Verwunderung zum Ausdruck, sei doch Ch. nie von einer solchen Weltkatastrophe betroffen worden. Diese Erzählung ist nur in der islam. Tradition Ch.s überliefert; die arab. Quellen schweigen darüber. Die chin.-islam. Überlieferung nennt keinen Geringeren als Sa'd ibn Abī Waqqāṣ als Gesandten des Propheten und macht ihn zum Onkel Mohammeds mütterlicherseits. Sein Grab in Kanton, angebl. 629 oder 633 errichtet, gilt als das berühmteste islam. Denkmal in Ch. Die chin.-islam. Tradition weiß auch zu berichten, daß der Islam in Ch. auf dem Landweg durch muslim. Missionare sowie durch den Austausch von 3000 arab. und chin. Soldaten zur Zeit Ks. T'ai-tsungs (627–650) Eingang gefunden habe. Das älteste Zeugnis über die Anfänge des Islam in Ch. vermittelt eine Stele in der Hauptmoschee v. Hsi-an-fu, errichtet i. J. 732 (unter Ks. Hsüan-tsung). Die Annalisten der T'ang Dynastie (618–906) berichten wesentl. Einzelheiten über die Muslime: »Sie trinken keinen Wein..., sie beten fünfmal am Tag zum Himmelsgeist...«.

Zu näheren islam.-chin. Beziehungen kam es erstmals im Zusammenhang mit der Expansion des Islam. Nach dem entscheidenden arab. Sieg von Nihāwand (642) über die Perser war der letzte regierende Sāsānide Yezdegird III. im Osten seines Reiches ermordet worden. Sein Sohn und Nachfolger Pērōz richtete von dort aus Hilferufe an den Kaiser T'ai-tsung (627–650) gegen die arab. Eroberer, jedoch ohne Erfolg. 651 wurde eine Gesandtschaft des Kalifen 'Utmān mit Geschenken am chin. Hof empfangen. Pērōz und sein Sohn hatten schließlich in Ch. Asyl gefunden. Auch andere pers. Gruppen flohen vor der islam. Invasion in das Reich der Mitte. Ebenso mußten Araber, die den Islam nicht annehmen wollten, ihr Land verlassen, um in Indien, »Indonesien«, Ch., Korea und Japan eine neue Heimat zu finden. Außerdem suchten Opfer innerislam. Verfolgungen in Ch. Zuflucht. Die arab. Quellen erzählen häufig von einem goldreichen Land am äußersten Ende Ch.s. Jeder Muslim, der dieses Land betritt, siedelt sich dort an und kommt nicht wieder zurück.

Die islam. Expansion nach Osten führte zu einer Einverleibung zentralasiat. Gebiete, die vorher zur chin. Einflußsphäre gehört hatten. Gerade auf diesem Landweg kam der Islam in die westl. Teile des Nordreiches von Ch. Schon 713 führte der omayyad. General Qutaiba ibn Muslim ein Heer aus dem eroberten Ferġāna über das Hochgebirge in das angrenzende Land der →Türken. Dieser Vorstoß blieb erfolglos. Doch schickte der Heerführer eine Gesandtschaft an den Ks. v. Ch., Hsüan-tsung (712–756). Von einer Gegengesandtschaft der Chinesen fehlt jede Angabe. Gerade während der Regierungszeit jenes Kaisers errangen jedoch die islam. Truppen nach etwa 50 Jahren krieger. Auseinandersetzungen den Sieg am Fluß Ṭalas (751). Hierdurch entschied sich die zukünftige Zugehörigkeit Innerasiens zum islam., nicht zum chin.-fernöstl. Kulturkreis. Als Folge dieses Sieges gelangte durch chin. Gefangene die Kenntnis der Papierherstellung nach Samarqand, von wo aus das Papier schließlich in den Mittelmeerraum und das übrige Europa vordrang (→Papier). 757 soll der ʿAbbāsidenkalif dem chin. Ks. gegen einen internen Aufstand 4000 Mann zu Hilfe geschickt haben, die angebl. Chinesinnen heirateten und in Ch. blieben – als Vorfahren von chin. Muslimen. Nicht weniger interessant ist die chin. Überlieferung, nach sich Araber und Muslime gegen 801 im Zusammenhang mit dem chin.-tibet. Konflikt in Yünnan niederließen bzw. die Islamisierung dieses chin. Gebietes verwirklichten.

Gerade in der Blütezeit des ʿAbbāsidenreiches herrschte auf den Karawanenstraßen, nicht nur nach Rußland, sondern auch nach Ch., lebhafter Verkehr, der nur während der kurzen Krisenzeiten zurückging. Dank der Entstehung des großen Uiguren-Reiches an der chin. Landgrenze nahm seit etwa 900 bis zum Einbruch der Mongolen der Verkehr zw. Ch. und dem islam. Reich zu. Auf diesem Wege gelangten Tinte, Seide, Tee u. a. Luxuswaren in die islam. Gebiete. Für Araber und Muslime standen beim Seeweg – im Gegensatz zum Landweg – mehr oder weniger die Handelsinteressen im Vordergrund. Schon früh dehnte sich der arab. und islam. Seeverkehr im Süden bis Ch. und Korea aus, und der Handel mit islam. Kaufleuten wurde zu einem wichtigen Faktor des chin. Wirtschaftslebens. Im FrühMA war Kanton das Hauptziel der ausländ. Reeder. Es war der Stapelplatz für den Handelsverkehr zw. Arabern und Chinesen (wobei der Begriff 'Araber' pars pro toto alle Muslime bezeichnete). Schon aus dem 8. Jh. wird berichtet, daß die muslim. Kapitäne im Seehandelsamt von Kanton registriert wurden und daß dieses Amt Einsicht in die Schiffspapiere verlangte, bevor die Ladung gelöscht werden durfte. Ein- und Ausfuhrzoll und auch Frachtgebühren wurden sofort erhoben. Ausfuhr von wertvollen und seltenen Waren war verboten; Schmuggelversuche wurden mit Gefängnis bestraft. Die ausländ. Kolonien waren in dieser kosmopolit. Hafenstadt so zahlreich, daß sie 758 aus Protest einen bemerkenswerten Piratenstreich durchführen konnten: Sie brandschatzten die Stadt und ihre Warenlager und entflohen zu Schiff mit der Beute. Zweifellos machten Muslime einen Großteil dieser Fremden aus. Zu Beginn des 9. Jh. finden wir in Kanton erneut ein vom Ks. eingesetztes islam.

Oberhaupt, dem auch die Rechtsprechung über die Muslime oblag. Er war zugleich Imām und hielt seine Predigt im Freitagsgebet im Namen des ʿAbbāsidenkalifen, wobei er allerdings ein Bittgebet für den chin. Ks. hinzufügte.

Wenn damals ein Schiff einlief, übernahmen die Chinesen die Ladung, lagerten sie bis zu sechs Monaten in den Magazinen, dann wurden drei Zehntel der Ladung eingezogen, der Rest den Besitzern übergeben. Was die Regierung benötigte, nahm sie zu Höchstpreisen und bezahlte bar, ohne erhöhte Steuerabzüge. Zu diesen Gütern gehörte namentl. der →Kampfer, den sie mit 50 000 Kupferstücken das Man (= 260 Dirham) bezahlte. Wenn die Regierung den Kampfer nicht abnahm, sank sein Preis auf die Hälfte. Weitere Einfuhrgüter waren Elfenbein, Kupferbarren, Schildpatt und Rhinozeroshorn. Neben Seide, Gold, Silber, Blei, Zinn, Kupfermünzen und bemaltem Papier waren Porzellan und Keramik für die islam. Schiffe und Geschäftsleute die Hauptausfuhrartikel. Während des ganzen MA importierten sie diese begehrte Ware nicht nur in den islam. Vorderen Orient, sondern bis nach Marokko und an die Ostküste Afrikas. Das chin. Porzellan zog die Bewunderung der islam. Welt auf sich und wurde häufig nachgeahmt.

Eine tiefgreifende Krise der islam. Seehandelsbeziehungen mit Ch. entstand durch eine Heeresrevolte unter Huang Chʾao: 878 griff er Chanfu (Kanton) an. Nach der Einnahme der Stadt durch die Rebellen 879 sollen 120 000 Mitglieder der ausländ. Kolonien umgekommen sein – Muslime, Christen, Juden und Zoroastrier. Danach gelangten die islam. Schiffe nur noch bis Kalah.

Während der Tʾang-Dynastie stießen die Chinesen selten in den Ind. Ozean vor; die Malabarküste blieb die Westgrenze ihrer Schiffahrt. Zwar besaßen sie damals bereits Informationen über die Küstenroute von der Malabarküste bis zum Golf, doch wußten sie nicht, wie sie die Monsune (→Winde) für die direkte Fahrt zw. der Malabarküste und Arabien nutzen konnten. In der letzten Phase der Tʾang-Herrschaft lag der Außenhandel hauptsächl. in ausländ. Händen, und die Regierung begnügte sich mit den hohen Zoll- und Steuereinnahmen. Unter der Sung-Dynastie (960–1280) erlebte der chin. Handel mit der islam. Welt einen beachtl. Aufschwung, nachdem sich der polit. Schwerpunkt dieser Dynastie nach Südchina verlagert hatte. Die eigenen chin. Überseegeschäfte nahmen zu, und die chin. geograph. Kenntnisse erweiterten sich schließlich bis auf Ostafrika. Die Expansion des Außenhandels war außerdem von einem Aufschwung der Landwirtschaft und des Handwerks – v. a. Herstellung von Porzellan und Keramik – begleitet; ein höherer Lebensstandard erlaubte vielen Chinesen den Kauf von ausländ. Luxusgütern, worauf Angebot und Nachfrage weiter stiegen. Darüber hinaus machten Schiffbau und Navigation in Ch. Fortschritte. Neben den begehrten Artikeln Elfenbein, Weihrauch und Myrrhe kamen auf dem Land- wie Wasserweg weitere Güter aus Südindien, Bengalen sowie Nordwestindien, Iran, Irak und Syrien. Hinzu traten Perlen aus dem Golf und syr. Glasartikel sowie mediterrane Korallen – in bes. Verarbeitung aus Alexandria, die in China sehr begehrt waren. An der Spitze der Einfuhrskala standen jedoch Baumwollstoffe, die hauptsächl. in Iran und Sogdiana gewebt wurden. Die Nomadenstämme in der Mongolei und in Zentralasien übernahmen ebenfalls Handelsfunktionen (v. a. Wolle, Pelzwaren und Pferde gegen chin. Seidenstoffe und andere Handwerksprodukte). Geschäftsleute aus Buḫārā und Samarqand brachten Waren aus allen Gebieten Westasiens über die Landwege nach China. Ägypten, bekannt wegen seiner Rinder, führte Rindertalg nach Ch. aus; daneben wurde auch Talg aus den nähergelegenen islam. Gebieten am Ind. Ozean nach Ch. gebracht. (Rindertalg spielte – neben Fischtran – eine wichtige Rolle bei der Verpichung der Schiffe.)

Am Ende des 10. Jh. unternahm die Sung-Regierung große Anstrengungen, um den Überseehandel wieder direkt ins Land zu ziehen. Während der Sung-Periode kamen etwa 20 arab. Gesandtschaften auf dem Seeweg nach Ch. Zahlreiche islam. Kaufleute, die den Hof des chin. Ks.s besuchten, wurden auffallend freundlich aufgenommen. Dank dieser Entwicklung entstanden erneut islam. Niederlassungen an der chin. Küste. Die Muslime erhielten wieder ihre traditionellen Privilegien. »Von all den reichen fremden Ländern, die einen großen Vorrat an köstlichen und mannigfaltigen Gütern haben, übertrifft keines das Reich der Araber. Nach ihnen kommt Java, das dritte ist Palemberg (das heut. Palembang auf Sumatra).« Weiter berichtet dieser chin. Text von 1178: »Die vom Lande der Araber (Ta-shi bis zum 12. Jh., T'ien-fang und T'ien-t'sang während der Ming-Dynastie) Kommenden reisen zuerst südwärts nach Quilon (Malabar) auf kleinen Schiffen und laden dort in große Schiffe um, worauf sie ostwärts nach Palemberg fahren«. Muslime, die Chinesinnen geheiratet hatten, durften an den Staatsprüfungen teilnehmen und Beamte werden.

Im FrühMA war die Hafenstadt Sīrāf Umschlagplatz des pers.-arab. Golfes, der den Export und Import für ganz Persien vermittelte. Er war damals der Ch.-Hafen schlechthin; sogar die jemenit. Güter, die für Ch. bestimmt waren, wurden in Sīrāf umgeschlagen. Die dort erhobenen Schiffsgebühren betrugen um 912 jährlich 25 300 Dinare. Schiffe aus Baṣra und ʿOmān unterhielten ebenfalls Verkehr mit Ch. Gegen Ende des 10. Jh. bzw. Anfang des 11. Jh. verlagerte sich das Gewicht der Handelsaktivität vom Irak und Golf auf Ägypten, das Rote Meer und die südl. Häfen der Arab. Halbinsel, v. a. Aden. →Ägypten nahm seitdem eine Mittlerstellung zw. den weiter östl. gelegenen Teilen des Reiches, Indien und Ch. einerseits und den benachbarten Gebieten Afrikas sowie den frk. Mittelmeerstaaten andererseits ein. Daraus folgte die Ausdehnung der Geschäftsverbindungen des islam. mittelöstl. Großkaufmanns, v. a. des →Kārimī, bis nach China.

Ein gewaltiger Schritt zur Förderung des Land- und Seeverkehrs war die Entstehung des Großreiches der →Mongolen. Die Herrschaft der Mongolen in China (Yüan-Dynastie: 1280–1367) räumte dem Islam einen ungewöhnl. Platz im Reich der Mitte ein. Ohne die Yüan-Dynastie wäre die Islamisierung großer Teile Innerasiens nicht möglich gewesen. Dschingis Khan gliederte muslim. Türken in seine Armee ein. Außerdem nahm er in die Schar seiner Beamten einen Mann auf, der aus Buḫārā stammte und angebl. ein Nachkomme des Propheten war: Šamsaddīn ʿUmar, gen. Saiyid-i Eğell (arab. as-Saiyid al-Ağall). Der Herrscher ernannte ihn zum Statthalter von Yünnan, das er von 1273 bis zu seinem Tod 1279 verwaltete. Er begründete eine Statthalter-Dynastie in Yünnan. Aus jener Zeit stammt auch die Bedeutung des Islam für Yünnan. Kublai Khan berief eine große Zahl von Persern als Beamte des Hofes und des Staates, und seit jener Zeit wird unter den chin. Muslimen die pers. Sprache als die Sprache der hohen Bildung angesehen – neben dem Arabischen als der Sprache des Koran. Sowohl Marco →Polo als auch der arab. Reisende Ibn Baṭṭūṭa berichten ausführl. über jene Muslime in chin. Diensten sowie über die Maßnahmen der chin. Verwaltung zum Schutz der islam. Kaufleute in Ch. Die Muslime von Yünnan blieben stets in Verbindung mit den Muslimen der nördl. Provinzen Westchinas, Shensi und Kansu.

Parallel zu dieser Entwicklung verlief der Aufschwung des Seeverkehrs der Muslime mit Ch., wobei Kalikut (Qālīqūṭ), der große Hafen an der Malabar-Küste, zum Knotenpunkt der islam.-chin. Seeverbindungen wurde. Kalikut verdankt seine ruhmreiche Geschichte v. a. den islam. Kaufleuten, die Bagdad verließen, um sich vor der mongol. Eroberung 1258 zu retten.

In den bedeutendsten Städten Ch.s bestanden damals große Niederlassungen islam. Kaufleute, von denen aus sie das Land ungehindert durchreisten. Die wichtigsten dieser Stützpunkte waren wohl Kinsai, wo sich drei große Moscheen befanden, und Zaitūn. In Kanton und Ḫānbaliġ (Peking) hatten die Muslime bes. Viertel. Sie unterstanden eigenen geistl. ʿulamāʾ und Richtern. In Zaitūn (in der Gegend des heut. Ch'üanchou in der Provinz Fukien) liefen zahlreiche Schiffe aus Indien sowie von den Inseln des ind. Archipels ein und brachten Spezereien und andere kostbare Waren, v. a. →Pfeffer, in großen Mengen. Die Kaufleute aus Südchina versammelten sich hier, um die Überseewaren in Empfang zu nehmen und ins Landesinnere zu schaffen. Aber auch die Muslime, die sich hier ansiedelten, sowie die Abendländer – die Genuesen werden namentl. genannt –, die hier ihre Niederlassungen hatten, beteiligten sich am Handel dieser internationalen Stadt.

Damals waren die chin. Dschunken bereits die bequemsten und gegen Seeräuber wohl bestausgerüsteten Schiffe im Ind. Ozean. Nicht nur chin. Reeder, sondern auch Muslime besaßen solche riesigen Fahrzeuge. Araber waren nicht nur Reeder, sondern betätigten sich auch als Superkargos, Kapitäne und Matrosen auf den chin. Dschunken. Die Anzahl der Passagiere, aber auch der Besatzungsmitglieder auf einer Dschunke sollen erstaunliche Höhen erreicht haben: 700 Passagiere; auf jedem dieser Schiffe dienten 1000 Mann: 600 Matrosen und 400 Krieger, unter ihnen auch Schleuderer von Naphtageschossen.

Die Pax Mongolica hat zwar für etwa 80 Jahre die innerasiat. Landwege den abendländ. Kaufleuten geöffnet, doch führte dies kaum zu einer Beeinträchtigung des islam. Handels zw. Ost und West. Aden stand damals unter ägypt. Oberhoheit und war wie das Rote Meer den Abendländern unzugänglich. Dagegen stand →Hurmuz, der Haupthafen am Golf, ebenso wie die Golfwasserstraße, den Abendländern während der mongol. Herrschaft im Iran (1220–1350) offen. Trotzdem beeinträchtigte der dort entfaltete direkte Handelsaustausch mit dem Fernen Osten die Rolle Adens und des Roten Meeres für den islam. und Welthandel kaum (vgl. Huzayyin und E. Power mit Bibliogr.). Der Ks. v. Ch. sandte dem jemenit. Herrscher 1279 und 1294 Geschenke. Die Kārimī-Kaufleute, die zw. Ch. und Ägypten große Geschäfte abwickelten, führten 1304 bei dem Mamlukensultan an-Nāṣir Muḥ. b. Qalāwūn Klage gegen den Rasūlidenherrscher des Jemen, der sie mit höheren Steuern belastet habe; dies führte u. a. zur Entsendung einer ägypt. Strafexpedition in den Jemen.

Unter der Ming-Dynastie (1368–1644) wurden die Muslime aus Kanton ausgewiesen (1385), obwohl der Gründer der Dynastie von seinen islam. Beamten wissenschaftl. arab. Literatur ins Chinesische übersetzen ließ. Den Geographen der Ming-Zeit waren die islam. Länder mit Mekka und Medina bereits gut bekannt. Nicht in ihr Land zurückkehren durften auswärtige Muslime, die bereits neun Jahre in Ch. verbracht hatten. Die japan. Piraterie gefährdete die chin. Küsten, und die späten Ming-Ks.

mußten sich auf die Landverteidigung gegen die Feinde an der Nordgrenze des Reiches (Mongolen und Mandschuren) konzentrieren. Die Landverbindungen gewannen gegenüber dem Seeverkehr erheblich an Bedeutung. Nach der Ming-Überlieferung trafen in Ch. im 15. und 16. Jh. häufig in großer Zahl arab. Gesandtschaften ein, die aus chin. Sicht Tribut-Gesandtschaften genannt wurden. Es handelte sich tatsächl. jedoch um große Handelsunternehmungen. Die Timuriden hatten bes. Verbindungen zu China. Timur nahm einen šāfiʿitischen Araber aus Damaskus mit nach Zentralasien, der für die Ausbreitung des Islam von Ili bis Hami unter den Tunganen oder Dunganen sorgte. Šāh Ruḫ Bahādur, an dessen Hof in Samarqand 1412 eine chin. Botschaft eintraf, benutzte in seiner Antwort eine Einladung des Sohnes des Himmels, um diesen zur Annahme des Islam zu bewegen. Ebenso hören wir von islam. Kaufleuten, die ähnliche Missionsbestrebungen verfolgten. Legenden behaupten sogar den Übertritt eines chin. Ks.s zum Islam. Tatsächl. erlaubten die Ming-Ks. den Bau zahlreicher Moscheen in China. Im 15. Jh. schickte auch Ägypten Gesandte an den chin. Hof. Anläßl. des Eintreffens einer ägypt. Gesandtschaft in Ch. unterrichteten ägypt. Landwirte die Chinesen, wie sie Zuckerrohr vor Mäusen und Ratten schützen könnten. Wie Ägypten, damals noch islam. Hauptmacht im Vorderen Orient, bemühte sich auch Ch. um eine gerechte Steuerpolitik in den internationalen Häfen des Südens - v. a. in Aden - in den Krisenzeiten des 15. Jh.: Neben anderen protestierte auch der Ks. v. Ch. heftig gegen den Rasūliden-Herrscher an-Nāṣir Aḥmad (1400-23), der eine Willkürherrschaft ausübte. Der chin. Ks. verband die Übersendung eines Geschenks an den jemenit. Fs.en i. J. 1421 mit der Aufforderung, die ungesetzl. Steuerforderungen zurückzunehmen, jedoch ohne Erfolg. (Die chin. Annalen erwähnen diese Botschaft ohne Nennung von Einzelheiten.) 1427 traf eine chin. Gesandtschaft am jemenit. Hof ein, und 1436 stattete eine chin. Flotte Aden einen Besuch ab. Die Herrschaft der Rasūliden-Dynastie näherte sich damals bereits ihrem Ende, und Aden verlor bis zum Untergang der Rasuliden-Dynastie i. J. 1451 noch mehr an Bedeutung. Ǧidda, das damals unter direkter ägypt. Kontrolle stand, entwickelte sich auf Kosten Adens immer mehr zum islam. Hauptumschlagplatz des Südens – neben Kalikut und Malakka. Ks. Yung-lo (1403-25) aus der Ming-Dynastie hatte einzigartige Maßnahmen zur Festigung der chin. Präsenz im Ind. Ozean und zur Bekämpfung der Seeräuberei getroffen: Es handelt sich um die berühmten »Sieben Fahrten der Ming-Flotte«, zu deren Befehlshaber ein Muslim aus Yünnan, der Eunuch Chang Ho, ernannt wurde. Diese große chin. Flotte hat damals nicht nur die Handelsbeziehungen Ch.s zum gesamten Raum der Ind. Ozeans gefestigt und die chin. Seemacht im Süden demonstriert, sondern v. a. die Seeräuber im Ind. Ozean und bes. im Golf bekämpft. Obwohl diese chin. Seemacht im Süden nicht von langer Dauer war, unterscheidet sie sich grundsätzl. von der ägypt. Politik im Ind. Ozean. Im Gegensatz zu Ch. hat Ägypten nicht eine Thalassokratie angestrebt, sondern durch die Schaffung eines Paßsystems (Sicherheitspässe) seine Position im Roten Meer und seine Interessen im Ind. Ozean sowie im Ch.-Geschäft seit Ende des 13. Jh. untermauert: Seit 1288 stellte die ägypt. Regierung Schutzbriefe für die Kaufleute aus dem Jemen, Indien und Ch. sowie aus anderen Ländern im Süden aus. Der Reisende, der einen solchen Geleitbrief besaß, stand bei seinen Handelsfahrten unter dem unmittelbaren Schutz des ägypt. Sultans.

In diesem Zusammenhang ist die Frage, ob die Dschunken der chin. Flotten das Rote Meer durchsegeln durften, von bes. Bedeutung für die Bewertung der chin.-arab. Beziehungen. Einige Sinologen sind der Auffassung, daß zwei Dschunken der chin. Flotte 1432 Aden erreichten und wegen der unsicheren Lage im Lande dort ihre Ladung nicht absetzten, sondern mit ihr nach Ǧidda weitersegelten. Während sich die chin. Quellen hinsichtl. der Frage, ob die zwei chin. Dschunken tatsächl. bis Ǧidda gelangt seien, widersprechen, geht aus den zeitgenöss. ägypt. Quellen klar hervor, daß die Dschunken das Rote Meer nicht durchsegeln durften und deshalb Ǧidda auch nicht ansteuern konnten, vielmehr stieg die Besatzung, die aus chin. Muslimen bestand, mit den Gütern in Aden auf islam. Schiffe um und kam so nach Ǧidda (aber ohne den Befehlshaber Cheng Ho). Von dort aus pilgerten die muslim. Chinesen nach Mekka.

Aus einer chin. Quelle geht hervor, daß ein Mamlūken-Emir namens Šahuan (eine Entstellung des Namens Šāhīn) die chin. Delegierten als ägypt. Gesandter an den Hof in Peking begleitet habe. 1436 soll er Urlaub genommen haben und an Bord eines Schiffes aus Java, das Ch. damals verließ, nach Ägypten zurückgekehrt sein. Einige Texte erwähnen eine zweite ägypt. Gesandtschaft i. J. 1441, die Sultan Ach-lalu nach Ch. geschickt haben soll. Die entstellte chin. Umschrift kann man als Titel des Sultans Barsbāi deuten. Sultan Ašraf Barsbāi verstarb zwar bereits i. J. 1438, aber dennoch ist diese Überlieferung glaubhaft. Die Gesandtschaft benutzte nämlich den Landweg und wurde bei der Grenzstadt Karahoǧa ausgeplündert, weswegen sie ihr Ziel wohl erst spät erreichte. Nach den sinolog. Forschungen über die berühmten »Sieben Staatlichen Chinesischen Überseeischen Fahrten« in der 1. Hälfte des 15. Jh. war die siebente Reise die letzte während der Ming-Zeit unternommene derartige Fahrt. Danach führten die chin. Seereisen normalerweise nicht mehr über Malakka hinaus. Malakka, islam. Gründung und islam. Hafen, blieb bis zum Eintreffen der Portugiesen der größte islam. Hafen in Fernost und der wichtigste Umschlagplatz für chin., »indones.«, ind. und mittelöstl. Güter in der Region. Somit vermochten die islam. Kaufleute und Kapitäne den Handel im Ind. Ozean zu beherrschen. Es ist deshalb nicht verwunderlich, daß den Portugiesen bei ihrem Vordringen in den Ind. Ozean auffiel, daß Handel und Seehandel im Ind. Ozean bis Malakka in den Händen der »Mauren« lagen. Die großen Tage der chin. Fahrten in den Golf, nach Aden und zur Somaliküste gehörten also der Vergangenheit an. 1465 durften sich die Muslime von neuem an der chin. Küste niederlassen, diesmal nur in Macao, jedoch wurden sie aus dem großen Geschäft, sowohl in Macao als auch in Malakka, bald durch die Portugiesen verdrängt.

Angesichts der intensiven Handelsbeziehungen drängt sich die Frage der Einfuhr islam. Währung auf. In diesem Zusammenhang informieren uns nicht nur die chin., sondern ebenso die arab. Quellen darüber, daß die ankommenden Fremden ihr Geld bei einer bestimmten amtl. Stelle zu deponieren hatten. Sie erhielten dafür Scheine, die sie auf ihren Geschäftsreisen als Zahlungsmittel (sog. Bequemlichkeitsgeld) verwendeten. – Im Gegensatz zu den häufigsten Funden chin. Währung im Gebiet des Ind. Ozeans bis zur ostafrikan. Küste, sind arab. und islam. Währungsfunde in Ch. eine Rarität. Doch gibt es aus dem FrühMA sāsānid. und arab.-sāsānid. Münzfunde aus dem 6. und 7. Jh. in beträchtl. Anzahl, v. a. in Kanton und in den nordwestl. Provinzen Ch.s (s. Coin Hoards, Bd. I, S. 70, Nr. 256, 343, 1975; Bd. IV, S. 68, Nr. 213, 214, 1978).

Die Muslime haben stets am chin. Geschäft gut verdient, und man wird sie als einen der Hauptträger des Ch.-Handels betrachten dürfen. Trotz genauer Kenntnisse der Monsune, des Einsatzes des →Kompasses, großen astronomischen und astrologischen Wissens sowie eingehender topograph. Kenntnisse (sowohl der See- als auch der Landwege), bezahlten sie ihre abenteuerl. Fahrten nicht selten mit dem Leben. Die Weltliteratur kennt Sindbads abenteuerl. Fahrten nach Ch. (→Tausendundeine Nacht). Drei Fahrten waren für einen im Ch.-Geschäft tätigen Muslim keine Seltenheit. Ein Kapitän, der sieben Ch.-Fahrten durchgestanden hatte, fand dagegen große Bewunderung. Als Beispiel für die Möglichkeiten, die das Ch.-Geschäft bot, nennen wir einen islam. Großkaufmann des 12. Jh., der 40 Jahre in Ch. verbrachte, zwölf Handelsschiffe besaß und mit seinen Söhnen von Ch. bis Ägypten Handel trieb, Faktoreien gründete und im Süden eine internationale Firma errichtete. Manche im Ch.-Geschäft tätige Muslime stammten aus dem islam. Spanien. Im SpätMA waren es nicht nur die Kārimī-Kaufleute, die Ch. stets im Auge behielten, sondern auch sonstige Reisende aus der gesamten islam. Welt. Der Reisende Muḥ. b. ʿAbdarraḥmān b. Ismāʿīl al-Ġazīrī (gest. 1302) unternahm u. a. drei Reisen nach Ch. Zu Beginn seiner kaufmänn. Laufbahn besaß er 500 Dinare als Kapitaleinlage; bei seinem Tod hinterließ er ein Vermögen von 50 000 Dinaren – kein seltener Gewinn aus dem Ch.-Geschäft für einen islam. Handelsherrn. S. Labib

Lit.: Ibn Baṭṭūṭa, Tuḥfat al-Anẓār, hg. und übers. Défrémery und Sanguinetti, 4 Bde, 1855; dt. Übers. H. v. Mžik, Die Reise des Arabers Ibn Baṭṭūṭa durch Indien und China (14. Jh.), 1911 – O. K. Heins, Rising of the Dungans or Musoulman Population in Western China, übers. Russian Military Journal, 1866 [engl. Übers. in: Edinburgh Review 1868] – Sulaimān at-Tāǧir, Mudakkirāt at-Tāǧir Sulaimān, hg. und übers. J. Reinaud, 1855; neu hg. und übers. J. Sauvaget, Relations de la Chine et de l'Inde (rédigée en 851), 1948 – E. Bretschneider, On the Knowledge possessed by the Ancient Chinese of the Arab and Arabian Colonies, 1871 – Ders., Medieval Researches, 1888 – G. Devéria, Origine de l'islamisme en Chine, 1895 – T. W. Arnold, The Preaching of Islam. A Hist. of the Propagation of the Muslim Faith, 1896, 1913² – M. Ch. Schefer, Notices sur les relations des peuples musulmans avec les Chinois depuis l'extension de l'Islamisme jusqu'à la fin du XVᵉ s., 1898 – Chau Ju-Kua, His Work on the Chinese and Arab Trade in the 12th and 13th Cent., 1911 – H. Cordier, Hist. Générale de la Chine et de ses Relations avec les Pays Etrangers, 3 Bde, 1920 – M. Hartmann, Zur Gesch. des Islam in Ch., 1921 – F. E. A. Krause, Gesch. Ostasiens, 2 Bde, 1925 – E. Power, The Opening of the Land Routes in Cathay (A. P. Newton, Travel and Travellers of the MA, 1926) – S. Ḥuzayyin, Arabia and the Far East, 1942 – O. Franke, Gesch. des Chin. Reiches IV, 1948 – R. Lopez, The Trade of Medieval Europe: The South (The Cambridge Economic History of Europe II, 1952) – W. Heyd, Hist. du Commerce du Levant au MA, 1959² – R. Wheatley, The Golden Khersonese, 1961 – Rose Di Miglio, Il Commercio Arabo con la Cina dalla Gahiliyya al X Secolo, Annali dell'Istituto Orientale di Napoli, NS, 1964 – S. Labib, Handelsgesch. Ägyptens im SpätMA, 1965 – M. Broomhall, Islam in Ch. A Neglected Problem, 1910 und 1966 – Rose Di Miglio, Il Commercio Arabo con la Cina dall'Avvento dei Mongoli al XV Secolo, Annali dell'Istituto Universitario Orientale di Napoli, NS, 1966 – A. Miquel, La géographie humaine du monde musulman I, III, 1967–80 (Civilisations et sociétés 7, 37, 68), Ind., s. v. Ch. – L. Simkin, The Traditional Trade of Asia, 1968 – B. Spuler, Die Mongolen in Iran, 1968³ – S. Labib, Les marchands Kārimīs en Orient et sur l'Océan Indien (Sociétés et Compagnies de Commerce en Orient et dans l'Océan Indien, hg. M. Mollat, 1970) – Islam and the Trade of Asia, hg. D. S. Richards, 1970 – S. Labib, Iskandariyya (Alexandrien), EI², 1973 – E. Ashtor, Social and Economic Hist. of the Near East in the MA, 1976 – S. Labib, Die islam. Expansion und das Piratenwesen im Ind. Ozean, Islam 58, 1981 – vgl. künftig: Cambridge Hist. of Inner Asia, hg. D. Sinor [in Vorber.].

Chindaswinth, westgot. Kg. seit 17. (30.) April 642, † 30. Sept. 653. Der 'primas' gelangte 79jährig durch Usurpation an die Macht; der abgesetzte Kg. Tulga wurde geschoren und so zur Herrschaft unfähig gemacht; seit 649 war Ch.s Sohn →Rekkeswinth Mitregent. Die Herrschaftsgewinnung und die Frühphase der Regierung waren durch gewaltsame, teils blutige Unterdrückung der Gegner gekennzeichnet. Auch rechtl. wurde sofort versucht, künftigen Usurpationen (»morbus Gothicus«) – auch durch Unterstützung der Kirche – zuvorzukommen. Ch. hatte die Kirche fest in der Hand; so schlug er →Braulio v. Zaragoza die Bitte ab, ihm seinen Archidiakon →Eugenius (II.) zu belassen, den Ch. zum Bf. v. Toledo machte. Legitimiert wurde diese Haltung und die gesamte, sich auch auf Gefolgschaft stützende Herrschaft dadurch, daß Ch. sich auf göttl. Einsetzung und Inspiration berief. Am bedeutendsten war die Gesetzgebungstätigkeit Ch.s. Sein Sohn und Nachfolger veröffentlichte 654 eine Gesetzessammlung (→Leges Visigothorum), die 99 Gesetze Ch.s und 87 Rekkeswinths enthielt. Ihr folgenreichstes Charakteristikum ist das Abgehen vom Personalitätsprinzip mit der nationalen Trennung von Goten und Romanen zugunsten des Territorialitätsprinzips, das alle Untertanen gleichermaßen umfaßte; möglicherweise ging dem schon 643/644 eine entsprechende Sammlung ausschließlich Ch.s voraus. Ch.s bedeutende Reformgesetzgebung zugunsten der Sklaven fand offenbar im Episkopat keine Anerkennung. – Die harte Herrschaft Ch.s wird in dem wahrscheinl. ernst gemeinten Lasterkatalog »Epitaphion Chindasvintho regi conscriptum« →Eugenius'II. gegeißelt. W. Schuller

Lit.: Hoops² IV, 462 [D. Claude] – E. A. Thompson, The Goths in Spain, 1969, 190–199 – D. Claude, Adel, Kirche und Kgtm. im Westgotenreich, 1971, 115ff. – E. Sánchez Albornoz, El Aula Regia y las asambleas políticas de los godos (Estudios Visigodos, 1971), 181ff. – H. Nehlsen, Sklavenrecht zw. Antike und MA I, 1972, 168–179 – L. A. García-Moreno, Prosopografía del reino visigodo de Toledo, 1974, 40, Nr. 33 – H.-J. Diesner, Politik und Ideologie im Westgotenreich von Toledo: Chindaswind, 1979 (SB Sächs. Akad. der Wiss. Leipzig, Philol.-hist. Kl., Bd. 121, 2) – P. D. King, King Chindasvind and the First Territorial Law-code of the Visigothic Kingdom (Visigothic Spain: New Approaches, hg. E. James, 1980), 131–157 – J. Orlandis-D. Ramiro-Lissón, Die Synoden auf der Iber. Halbinsel bis zum Einbruch des Islam (711), 1981, 192ff.

Chinon, Stadt in Westfrankreich (dép. Indre-et-Loire), am Unterlauf der Vienne mit bedeutender ma. Befestigungsanlage (400 × 70 m), auf einem Bergsporn aus Kalkgestein in beherrschender Lage über dem Viennetal gelegen. Schon früh besiedelt, war Ch. (Caino vicus bzw. castrum) nach Gregor v. Tours befestigt und wurde, nachdem es spätestens von den Westgoten Eurichs zum castrum ausgebaut worden war, vom röm. Heermeister Aegidius vergebl. belagert (463?). Maximus (St-Mexme, s. u.) errichtete um die Mitte des 5. Jh. ein monasterium, nachdem schon zuvor unter Bf. Brictio v. Tours (401/441) eine Pfarrkirche angelegt worden war. Spuren der vor Ch. von dem bret. Eremiten Johannes im 5. Jh. erbauten Zelle sind inzwischen entdeckt worden (Greg. Tur., Hist. Franc. V, 17; VI, 13; X, 31; Lib. in gloria Conf. 22, 23). Die ältesten noch bestehenden Bauteile der Befestigung gehen auf die Gf.en v. →Blois zurück, die (als Gf.en v. →Tours) Ch. um das Ende des 10. Jh./Anfang des 11. Jh. innehatten. Die Gf.en von Anjou (→Angers/Anjou) besaßen die Anlage von 1043 bis 1205, ohne sie je weiterzuverleihen; sie errichteten zwei getrennte Festungsbauten: im Osten das Fort St-Georges, im Westen das Schloß (castrum, château) Ch. im eigtl. Sinne. Es handelt sich um zwei rechteckige ummauerte Flächen mit erhöhten Kurtinen und Türmen. Kg. Heinrich II. v. England aus dem Hause Anjou hielt sich oft in Ch. auf und starb hier i. J. 1189.

→Philipp II. August, Kg. v. Frankreich, nahm Ch. im Zuge seiner Rückeroberung des →Angevin. Reiches 1205 nach langer Belagerung ein. Am 18. Sept. 1214 wurde in Ch. ein fünfjähriger Waffenstillstand zw. Kg. Philipp II. und dem bei →Bouvines am 27. Juli 1214 besiegten Kg. v. →England, →Johann, vereinbart (1220 erneuert); dieser mit päpstl. Vermittlung (Kardinallegat →Robert Curson) geschlossene Vertrag besiegelte den Verlust der engl. Besitzungen in Westfrankreich nördl. der Loire und bildete somit eine wichtige Etappe in den engl.-frz. Auseinandersetzungen des 13. Jh. (→Paris, Friede von, 1259).

Unter Philipp II. wurden zur Sicherung der wiedereroberten Loiregebiete die bestehenden Festungswerke von Ch. erweitert, indem der äußerste Westrand des Bergsporns (Fort du Coudray) von der übrigen Festung (Château du Milieu) durch tiefe Gräben isoliert wurde. Diese imposante Festung lag nun inmitten der Krondomäne; sie diente den Kapetingern als Gefängnis (so für Würdenträger des Templerordens während des →Templerprozesses unter Kg. Philipp IV. ab 1307). Im 14. Jh. als Apanage ausgetan, kam Ch. i. J. 1427 an den Dauphin Karl (VII.). Er ließ hier Wohnräume einrichten und machte die Festung zu seiner ztw. Residenz. Hier versammelte er die *Etats* (Stände) und empfing →Jeanne d'Arc (Febr. 1429). Nach dem Ende des Hundertjährigen Krieges verlor Ch. jedoch seine Residenzfunktionen wieder. Unter Kg. Ludwig XI. war Philipp de →Commynes, der berühmte Memoirenverfasser, Gouverneur der Festung; unter ihm wurde der letzte Turm erbaut. Seit dem 16. Jh. mehr und mehr aufgegeben, verfiel Schloß Ch. zur Ruine.

Unterhalb der Festung Ch. bestanden seit dem 11. Jh. zwei Burgi (→burgus), die heute zur Stadt Ch. vereinigt sind. Der eine lag unmittelbar am Fuß des Festungsberges auf einer schmalen Schwemmlandfläche entlang der Vienne, um die Pfarrkirche St-Maurice. Der andere befand sich weiter östlich auf einem offeneren Terrain. Sein Ursprung war wohl eine Siedlung um ein kleines Sanktuarium über dem Grab des hl. Maximus (Mexme), eines Schülers des hl. Martin v. Tours; im 11. Jh. trat eine bedeutende Kollegiatkirche an die Stelle des Sanktuariums. Pfarrkirche dieses zweiten Burgus war St-Etienne.   G. Devailly

Lit.: E. PEPIN, Ch., 1924 – R. CROZET, Ch. Congr. archéol. Tours 1949, 342–364 – R. RANJARD, La Touraine archéol., 1949, 285–296 – M. DEYRES, Les châteaux de Foulque Nerra, Bull. Mon. 132, 1974, 7–29 – M. VIEILLARD-TROIEKOUROFF, Les monuments religieux de la Gaule d'après les oeuvres de Grégoire de Tours, 1976, 83f.

Chinthila → Westgoten

Chiny, Gft. im Bereich des spätma. Hzm.s →Luxemburg. In der Geschichte der ma. Gft. Ch., die um das Ende des 10. Jh. oder Anfang des 11. Jh. entstand und 1364 im Hzm. Luxemburg aufging, lassen sich drei Phasen erkennen: die quellenmäßig schlecht belegten Anfänge (11. Jh.), die Periode der deutlich hervortretenden Selbständigkeit (1095–1226) und die Periode der Vereinigung mit der Gft. →Loon (Looz) (1226–1364). – Erster bekannter Gf. aus dem Hause Ch. war wohl *Otto v. Warcq* (v. 970–1000); er war von frz., dabei genealog. unsicherer Herkunft; die Territorialentwicklung, die unter seinen Nachkommen um die Burg Ch. erfolgte, umfaßte in erster Linie ehemalige kgl. Güter sowie alten Besitz der →Ardennengrafen (Ivois, Margut, Jamogne, Etalle, Longlier, Mellier, Orgeo). Die ältesten erhaltenen Grafenurkunden stammen von *Arnulf (Arnoul) II.* (um 1065–1106), der in Beziehungen stand zu den benachbarten Abteien sowie den Bf.en v. →Lüttich und →Verdun, wo Nachfahren von ihm im 12. Jh. Bf.e waren. Die Gf.en v. Ch. förderten auf ihren Besitzungen die Abtei →Orval. Seit dem 12. Jh. trugen sie ihren Besitz den Gf.en v. →Bar zu Lehen auf, von denen auch die Burg Ch. zu Lehen ging. Gf. *Ludwig (Louis) IV.* (1189–1226) nahm zugunsten seiner Dörfer ein breites Programm der Verleihung von Freiheitsprivilegien in Angriff, das von seinen Nachfolgern fortgesetzt wurde. Ludwigs Erbtochter *Johanna (Jeanne)* brachte durch Heirat die Gft. an *Arnulf (Arnoul)*, † 1268), Gf.en v. Loon (Looz, seit 1218) und Gf.en v. Ch. (seit 1226). I. J. 1340 verkaufte Thierry v. Heinsberg, Gf. v. Loon, die Kastellaneien Ivois, Virton und Laferté an →Johann, Gf.en v. Luxemburg. 1342 ging die Lehnshoheit von Bar auf Luxemburg über (Ch., Etalle, Montmédy); am 16. Juni 1364 trat Gf. Arnulf die Gft. Ch. dem Hzg. v. →Luxemburg ab. – Die Gft. Ch. teilte sich in fünf *prévôtés:* Ch., Etalle, Virton, Montmédy, Yvois.   M. Parisse

Lit.: J. BERTHOLET, Hist. ecclésiastique et civile du duché de Luxembourg et comté de Ch., 8 Bde, 1741–43 – A. LARET-KAYER, Entre Bar et Luxembourg: le comté de Ch. des origines à 1300 [Thèse masch. Bruxelles 1981].

Chioggia, Stadt in Venetien sehr alten Ursprungs, von Plinius als Fossa Clodia erwähnt; erfuhr während der Invasion Attilas durch venet. Flüchtlinge v. a. aus Este und Monselice einen beachtl. Bevölkerungszuwachs. Infolge der Abwehr der langob. Invasionen blieb Ch. mit seinen 70 Salinen unter byz. Herrschaft und stellte einen der 12 tribuni der von dem Metropoliten v. Aquileia geleiteten Konföderation. 751 wehrte die Stadt →Aistulfs Angriff ab, wurde jedoch 810 von →Pippins Franken und 899 von den Ungarn in Trümmer gelegt. Zur Regelung der Beziehungen zu →Venedig schloß 862 der Doge Petrus Tradonicus (Pietro Tradonico) das 912 und 1293 erneuerte Pactum Clugie. Am 11. Juli 1177 hielt sich →Friedrich I. Barbarossa in Ch. auf und bereitete dort den »Vertrag von Chioggia« vor, der Präliminarvertrag des Friedens von →Venedig, der vier Tage später zw. Papst und Ks. in Venedig besiegelt wurde. Nach dem Krieg mit Padua 1214–15 (sog. »guerra del castello d'amore«) gab sich Ch. eine polit. Ordnung nach dem Vorbild Venedigs mit einem von der Republik gewählten *podestà* und einem *maggior* und *minor consiglio*. 1256 entstanden seine später mehrfach modifizierten Statuten. Seit dieser Zeit war Ch. in wirtschaftl. sowie innen- und außenpolit. Hinsicht eng mit Venedig verbunden. In zahlreiche Kriege mit Padua verwickelt (1256, 1270, 1290, 1303–04, 1323, 1332, 1336, 1372–73) leistete die Stadt 1310 einen wichtigen Beitrag zur Unterdrückung der Verschwörung des Bajamonte →Tiepolo. Am 16. Aug. 1379 von den Genuesen eingenommen, dann von den Venezianern belagert, kapitulierte Ch. am 22. Juni 1380, wurde jedoch von Andrea Contarinis Soldaten geplündert (→Chioggiakrieg). Venedigs Hilfe für den Wiederaufbau verstärkten Ch.s wirtschaftl. und polit. Abhängigkeit von der Kapitale, deren gesellschaftspolit. Entwicklung es ebenfalls mitmachte: 1403 erfolgte auch in Ch. die »Schließung« des städt. Consiglio. Für seine Militärhilfe bei den Kriegen der Serenissima erhielt es das Privileg, zollfreie Waren aus Venedig einzuführen und täglich und zu jeder Tageszeit alle eigenen Produkte auf ven. Märkten anbieten zu können. Eine wichtige Quelle für Ch.s Geschichte in der Neuzeit sind die periodisch von den podestà an den Senat gesandten »relazioni«.   P. Preto

Lit.: C. BULLO, Memorie storiche della città di Ch., 1862 – P. MORARI, Storia di Ch., 1870 – C. BULLO, Ch. città fino da Tempi antichissimi, 1910 – V. BERTUCCIOLI, Ch., 1964 – D. RAZZA, Storia popolare di Ch., 1972² – U. MARCATO, Storia di Ch., 1976 – S. DALL'OLMO, Storia di Ch., 1977 – E. CONCINA, Ch., 1977 – AAVV, Ch. e la sua storia, 1979 – Relazioni dei rettori veneti nel Dogado. Podestaria di Ch., 1982.

Chioggiakrieg (1378–81). Die Kollision wirtschaftl. Interessen im Schwarzen Meer bildete den Hintergrund des zw. Venedig und Genua am St.-Johannestag 1378 ausgebrochenen sog. Ch.es, dessen Anlaß im Streit um den Besitz der Insel →Tenedos lag, die von Ks. Johannes V. Palaiologos den Venezianern, von seinem mit ihm verfeindeten Sohn Andronikos (IV.) jedoch den Genuesen versprochen worden war. Der ven. Admiral Carlo Zeno besetzte in einem Handstreich die Insel und wehrte die Angriffe der Gegner ab. Nachdem jeder Versuch, die Kontroverse auf diplomat. Wege beizulegen, gescheitert war, griff der Krieg auf verschiedene Schauplätze des Mittelmeerraums über: Auf Venedigs Seite traten Bernabò →Visconti und der Kg. v. Zypern, Peter II. Genua konnte den Signore v. Padua, Francesco da Carrara d. Ä., Leopold v. Österreich, den Patriarchen v. Aquileia Marquard v. Randeck, sowie den Ungarnkönig Ludwig I. v. Anjou zu seinen Verbündeten zählen, der seit 1348 im Besitz Dalmatiens war und seine wirtschaftl. Präsenz in der Adria verstärken wollte. Die ven. Flotte errang am 30. Mai 1378 unter Vittor Pisani im Tyrrhen. Meer bei Capo d'Anzio einen glänzenden Sieg, bei dem viele genues. Adlige in Gefangenschaft gerieten, und eroberte bei der Rückkehr nach Venedig auch Cattaro (h. Kotor) und Arbe zurück. In der Zwischenzeit wurde jedoch Mestre belagert. Am 5. Mai 1379 wurde Pisanis infolge Anordnung des Senats in Pula (Pola) liegende Flotte von der genues. gestellt und vernichtend geschlagen. Pisani entkam mit nur 5–6 Schiffen nach Venedig, wo er wegen schlechter Führung der Flottenoperationen und Verlassens des Schlachtfeldes während des Kampfes eingekerkert und vor Gericht gestellt wurde. Die Carrara blockierten die Verkehrswege im W, der Ungarnkönig die im N, die istr. Städte fielen reihenweise, Triest ergab sich dem Patriarchen Marquard, während die Genuesen bis zum Lido vorrückten, Malamocco und Poveglia plünderten, Pellestrina besetzten und am 16. Aug. Chioggia im Sturm nahmen. Sie schlugen alle Unterhandlungsvorschläge ab und bereiteten nunmehr den Schlußangriff gegen Venedig vor. In dieser äußersten Gefahr schloß sich Venedig zu innerer Einheit zusammen und unternahm verstärkte militär. Anstrengungen, die schließlich zum gewünschten Erfolg führten: Durch Zwangsanleihen wurden riesige Summen aufgebracht, man rief die allgemeine Mobilmachung aus, um die Schiffsbesatzungen und das Landheer aufzustocken, und entschloß sich zu einer Zermürbungstaktik, die ihren Schwerpunkt in der Blockade von Chioggia hatte: In den Verbindungskanälen zw. Festland und offener See wurden mit Steinen beladene Schiffe versenkt und auf diese Weise die Zufahrtswege versperrt. Um ein Klima innerer Eintracht zu schaffen, machte die Führungsschicht große Versprechungen, ließ den im Volk sehr beliebten V. Pisani frei und betraute ihn mit dem Amt des zweiten Kommandanten nach dem Dogen Andrea Contarini. Am 1. Jan. 1380 kehrte die Flotte von C. Zeno nach Venedig zurück, der mit 5 Galeeren einen siegreichen Streifzug im O unternommen, genues. Schiffe angegriffen und riesige Beute gemacht hatte. Nach einigen Monaten der Ungewißheit, in denen Venedig Chioggia belagerte und die Genuesen Venedig in die Zange nahmen, gelang es den Venezianern, v. a. dank ihrer Kanonen, das Kriegsglück zu ihren Gunsten zu wenden: Am 22. Juni 1380 ergaben sich die in Chioggia eingeschlossenen Genuesen. Der Krieg dauerte jedoch noch ein Jahr an, auf ven. Seite nach dem Tode Pisanis unter der Führung von Zeno. Als Venedig dank der geschickten Diplomatie Pietro Corners die Unterstützung Giangaleazzo→Viscontis erhalten hatte, schien es zur Offensive übergehen zu wollen, monatelang kam es jedoch nur zu fruchtlosen Geplänkeln zu See und zu Lande. Endlich schaltete sich →Amadeus VI. v. Savoyen als Vermittler ein, und im Aug. 1381 wurde in Turin der Friedensvertrag unterzeichnet. Der Zankapfel Tenedos kam an den Hzg. v. Savoyen und wurde dann entmilitarisiert, Venedig und Genua verzichteten für zwei Jahre auf Handel in Tana. Venedig anerkannte die genues. Sonderrechte in Zypern und erklärte sich zur Zahlung einer jährl. Entschädigungssumme für Dalmatien an den Ungarnkönig bereit, bewahrte jedoch das Recht der freien Schiffahrt in der Levante und die implizite Anerkennung seiner Jurisdiktion in der Adria. P. Preto

Q. und Lit.: L. A. CASATI, La guerra di Ch. e la pace di Torino, 1866–V. LAZZARINI, serie di 7 articoli sulla guerra di Ch., Nuovo archivio veneto VI, 1896, XI, p. I, 395–401; XII, p. I, 137–147; XIII, 1913, n. s.; XXV, p.I, 177–198 – G. SCARAMELLA, I Visconti nella guerra di Ch., 1898 – Dispacci di Pietro Cornaro ambasciatore a Milano durante la guerra di Ch., hg. V. LAZZARINI, Mon. st. dep. st. patr., s.I, doc., IX, 1899 – V. LAZZARINI, Archivio veneto LXVII, 1937, s.V, 124–132; LXXIV, 1945, s.V, 11–17; LXXV, 1947, 195–207; LXXXI, 1952, 53–74 – D. di Chinazzo, Cronica de la guerra da veniciani a zenovesi, hg. V. LAZZARINI, Mon. st. deput. st. patr., XI, NS, 1958 – F. C. LANE, Storia di Venezia, 1978, 225–234, 539–540 – R. CESSI, Storia della Repubblica di Venezia, 1981², 327–332 – Dalla guerra di Ch. alla pace di Torino 1377–1381, Cat. mostra documentaria 27 giugno–27 settembre 1981, Arch. di stato di Venezia, 1981 [weitere Lit.].

Chios, griech. Insel in der Ägäis, nahe der W-Küste Kleinasiens, verfügt über günstiges Klima und fruchtbare Böden. Über die Geschichte der Insel in Spätantike und frühbyz. Zeit ist wenig bekannt; die einzigen bedeutenderen Fakten sind das Martyrium des hl. Isidor (250), die Errichtung einiger frühchr. Basiliken sowie die Zerstörung des Hafens von Ch. durch die Araber unter →Mu'āwiya (ca. 650). Im 11. Jh. wurde eine byz. Festung sowie das berühmte Kl. Nea Moni errichtet; letzteres erfreute sich unter Konstantin IX. Monomachos der ksl. Gunst. Das 1082 (?) ausgestellte Chrysobull Ks. Alexios' I. Komnenos eröffnete grundsätzl. den Venezianern (→Venedig) den Weg nach Ch.; sie versuchten 1124 und 1171 erfolglos, sich der Insel zu bemächtigen. Durch den 4. Kreuzzug (→Kreuzzüge) fiel Ch. an das →Lat. Kaiserreich, doch wurde die Insel bereits 1225 von Ks. →Johannes III. Dukas Vatatzes, dem byz. Herrscher von Thessalonike, besetzt. Mit dem Vertrag von →Nymphaion (1261) wurde Ch. einer der Haupthandelsplätze, die für→Genua in der Ägäis geöffnet wurden. 1304 erlangte der genues. Feldherr und Unternehmer Benedetto→Zaccaria, der bereits Herr von →Phokaia war, von dem byz. Ks. Andronikos II. die Übertragung von Chios. Der Basileus verfolgte mit dieser Maßnahme das Ziel, die Genuesen in die Abwehrfront gegen die→Türken einzubinden; Zaccaria ging es seinerseits um die Kontrolle eines der Hauptseewege in der Levante, über welchen er den Export der von ihm ausgebeuteten Alaungruben von Phokaia (→Alaun) abwickeln konnte; weiterhin strebte der Genuese auch nach dem Monopol für →Mastix, das begehrteste Produkt der Insel Ch. Die Abtretung an Benedetto Zaccaria, welche auf privater Basis erfolgte und zeitl. befristet war, wurde 1314 zugunsten seines Sohnes Paleologo von der byz. Regierung erneuert. In der nachfolgenden Generation – Benedetto II. und Martino – wurde die Insel Zentrum eines lat. Fsm.s; die Zaccaria suchten die byz. Oberhoheit abzustreifen, indem sie ihre Herrschaft zu einer Bastion des kath. Christentums gegen die Türken machten und sich dabei der Hilfe des Papsttums, der →Johanniter von →Rhodos und der Republik Venedig versicherten. Doch lieferte ein Zwist der beiden Brüder Zaccaria dem byz. Ks.

Andronikos III. den Vorwand, die Insel im Zuge einer militär. Aktion wieder dem Byz. Reich einzugliedern (1329).

Um ein Haar hätte Martino Zaccaria an der Spitze einer Koalition von Lateinern die Insel zurückerobert; einen ähnlichen Versuch unternahm Fs. →Humbert II., Dauphin des Viennois, mit Hilfe Venedigs. 1346 erfolgte eine genues. Flottenexpedition gegen Ch. unter Leitung von Simone Vignoso; die Genuesen nutzten die polit. Krise, die in Byzanz durch den Konflikt zw. →Johannes V. Kantakuzenos und der Regentin →Anna v. Savoyen aufgebrochen war. Im Sept. 1346 kapitulierte die byz. Besatzung von Ch. Obwohl die Expedition die private Initiative eines genues. Reederkonsortiums darstellte, wurde sie von der Kommune Genua, die ihre Position im Osten konsolidieren wollte, unterstützt; die Insel Ch. entwickelte sich folgerichtig zu einer der wichtigsten Etappen auf den Seewegen, die in die Romania und das weitere östl. Mittelmeer führten, und hatte ebenso größte Bedeutung als Basis für das genues. Vordringen im türk. beherrschten Kleinasien. Der Übergabevertrag vom 12. Sept. 1346 regelte die Beziehungen zw. Genuesen und einheim. Bevölkerung in minuziöser Weise. Ein am 26. Febr. 1347 geschlossenes Abkommen definierte die jeweiligen Rechte der Kommune Genua wie des Reederkonsortiums, welches die Besetzung von Ch. durchgeführt hatte und als Gesellschaft von Staatsgläubigern unter dem Namen der →Maona v. Chios auftrat: Die Kommune war im Besitz der Souveränitätsrechte und Gerichtsbarkeit über die Insel; die Maona übte dagegen die Zivilverwaltung aus und verfügte über die Einnahmen der Insel; diese Vereinbarung sollte wenigstens solange gelten, wie die Kommune nicht die Staatsschuldanteile *(luoghi)* von den Reedern zurückkaufte. Die Chioten fanden sich, nach dem Scheitern eines Aufstandes i. J. 1347, resignierend mit der genues. Herrschaft ab, und die Notabeln der Insel zeigten sich sogar kollaborationswillig; der byz. Ks. Johannes V. Palaiologos erkannte 1355 die Herrschaft der Maona über Ch. an gegen Zahlung eines Tributes, der jedoch sehr rasch wieder außer Gebrauch kam.

Unter der Verwaltung der Maona siedelten sich auf Ch. einige lat. Einwanderer an; die Masse der Bevölkerung aber, die der griech. Orthodoxie und dem byz. Kaisertum die Treue bewahrte, widersetzte sich – zumindest passiv – den fiskal. und wirtschaftl. Zwangsmaßnahmen der genues. Besatzer. Die ökonom. Blütezeit auf Ch. dauerte fast ein Jahrhundert; ihre Hauptgrundlagen waren: der →Sklavenhandel; das Mastix-Monopol, dessen Basis die Zwangslieferungen der griech. Agrarbevölkerung bildeten; der Alaunhandel, der bes. in den Zeiten des »Kartells« des Francesco→Draperio blühte; die Handelsverbindungen mit dem türk. Anatolien. Doch waren die Beziehungen zur Mutterstadt und zu den Osmanen häufig gespannt; die Erneuerung des Vertrages i. J. 1373 wie i. J. 1513 erfolgte erst nach langwierigen Verhandlungen; die Mitglieder der Maona nahmen, aus eigenen Überlebensinteressen, eine türkenfreundl. Haltung ein und erhoben sich 1408-09 gegen den Kreuzzugseifer des aus Genua entsandten frz. Gouverneurs →Boucicaut. Seit dem Beginn des 15. Jh. hatten sie den Osmanen Tribut zu entrichten. Nach der türk. Eroberung einer Reihe genues. Faktoreien im Osten (Pera 1453, Phokaia 1455, Mytilene 1462, Caffa 1475) wurde Ch. für Genua zu einer schweren polit. und finanziellen Bürde. Die Türken erhöhten ihre Tributforderungen gegenüber der Maona im gleichen Maße, wie das Interesse der Mutterstadt an ihrer Kolonie nachließ; insbes. gilt dies für die Zeit nach 1528, als Genua ins span. Lager übergegangen war. Am 15. April 1566 eroberte die türk. Flotte unter Piyāle Paša die Insel Ch.; mehr als zwei Jahrhunderte genues. Herrschaft hatten damit ihr Ende gefunden.

M. Balard

Q. und Lit.: RE III, 2286-2298 [L. Bürchner] – Ph. P. Argenti, The occupation of Ch. by the Genoese and their administration of the island 1346-1566, 3 Bde, 1958 – G. Pistarino, Chio dei Genovesi, StM X/I, 1969 – M. Balard, La Romanie génoise (XIIe-début du XV^{e}s.), 2 Bde, 1978 – A. Rovere, Documenti della Maona di Chio (secc. XIV-XVI), 1979.

Chirbury, R[obert?] (Chyrbury), engl. Komponist um 1400. Über sein Leben ist nichts bekannt. Vier Kompositionen (dreistimmige Messeteile) sind überliefert, die etwas altertüml. und nicht frei von Ungeschicklichkeiten erscheinen.

H. Leuchtmann

Ed.: The Old Hall Manuscript, ed. A. Hughes – M. Bent, CMM XLVI, 1969-1972 [darin Nrn. 61 (Credo), 102 (Sanctus), 108 (Sanctus), 132 (Agnus Dei)] – *Lit.*: New Grove, s. v.

Chirius Fortunatianus, Rhetor → Rhetorik

Chirograph (gr.: χειρόγραφον, lat.: chirographum = 'Handschrift, eigenhändige Schrift bzw. Unterzeichnung'; seit dem 10. Jh. auch Teilurkunde, die durch zw. sie angeordnete Wörter oder Buchstaben zerschnitten wurde). Der Begriff ist in seiner allgemeinen Bedeutung und im speziellen Rechtssinne als bes. Form der Urkunde, die Eigenhändigkeit der subjektiv gefaßten Erklärung des Verpflichteten oder der Unterzeichnung erforderte, von den Römern aus der hellenist. Welt übernommen worden. Die →Beweiskraft beruhte nicht auf Zeugen, sondern lag in der Hs. selbst. Ursprüngl. konnten sich nur Peregrine auf diese Weise verpflichten (Gaius III, 134). Später ist eine allgemeine Übernahme festzustellen. Im →Corpus iuris Justinians finden wir den Begriff meist im Sinne von Schuldschein, Schuldverschreibung, Stipulationsurkunde und handschriftl. Quittung. Verbreitung fand der Begriff Ch. als Schuldurkunde auch durch die Bibel (Tob 1, 17; 4, 21; 4, 22; 5, 3; 9, 3; 9, 6-Kol 2, 14) und die Exegese.

Neben der Benutzung anderer Formen nahm später das Ch. des Ausstellers auch die eigenhändige Unterzeichnung bzw. firmatio von Zeugen auf. Diese Praxis wurde durch die von Rom nach England geschickten Missionare übernommen und bildete die Grundlage der ags. Urkunde, die seitdem häufig als Ch. bezeichnet wurde. Wesentlich waren die Unterzeichnung in Kreuzesform bzw. die firmatio durch Handauflegung. Doppelausfertigungen von Urkunden auf demselben Pergament hat es dabei schon gegeben. Bei Abschriften ist das Wort Ch. bisweilen unter die Namensnennung als Hinweis auf die am Original vollzogene eigenhändige firmatio gesetzt worden. Seit dem Beginn des 10. Jh. (eine frühere Anwendung ist wegen umstrittener Echtheitsfragen nicht gesichert) scheint sich daraus, zunächst wohl im Kreise der Bf.e v. Worcester, bei Abschriften der Brauch durchgesetzt zu haben, zur besseren Beweisführung bei Urkunden zw. den beiden Ausfertigungen einen Zwischenraum zu lassen, in den das Wort »cyrographum« eingesetzt wurde, später auch andere Wörter bzw. Schriftzeichen. Ein Trennungsschnitt wurde dann mitten durch das Wort geführt, jeder der Kontrahenten erhielt eine Hälfte der Doppelurkunde. In den Jahrzehnten vor der norm. Eroberung findet man diese Methode in England auch überall dort, wo feierl. Diplome nicht ausgestellt wurden. Oft wurde eine Zähnung vorgenommen *(indentures)*.

Von England erfolgte eine Übernahme der Teilurkunde auf den Kontinent, so in Deutschland, Frankreich und Italien (Bezeichnung: cartae partitae, divisae, dentatae; abecedaria; cartae litterae; cartae per cyrographum [alphabetum] divisae oder partitae; chirographum bipertitum oder einfach chirographum; dt.: Kerbzettel, ausgeschnittener Zettel; frz.: *charte partie, dentelée*). Fälschlich geschah bisweilen die Anwendung des Begriffs auch auf objektiv gehaltene Teilurkunden mit Besiegelung. Eine völlige Gleichsetzung des Ch.s mit der Teilurkunde ist unrichtig, denn neben der allgemeinen Bedeutung als Hs. hat sich der röm.-rechtl. Begriff des Ch.s im o. a. Sinne während des ganzen MA erhalten und wird so bis in das 19. Jh. hinein gebraucht. Vgl. →Beglaubigung, →Beweiskraft, →Urkunde,-nwesen. W. Trusen

Lit.: Bresslau I, 669ff. – M. Schele, De chirographo, Basel 1643 – O. Redlich, Die Privaturkunde des MA, 1911, 97ff., 184f. – A. de Boüard, Manuel de diplomatique I, 1929, 144, A. 3, 365ff.; II, 1948, 236ff. – B. Bischoff, Zur Frühgesch. des ma. Chirographum, AZ 50/51, 1955, 297ff. [auch in: Ma. Stud. I, 1966, 118ff.] – W. Trusen, Chirographum und Teilurkunde im MA, AZ 75, 1979, 233ff.

Chiroxylographie → Kupferstichtechnik

Chirurg, Chirurgie (Wundarzt, Wundarznei)
I. Allgemeines – II. Frühmittelalter – III. Hochmittelalter – IV. Spätmittelalter – V. Wundärztliche Maßnahmen.

I. Allgemeines: Die Ch.ie hat während des MA entscheidende Abschnitte ihrer Entwicklung durchlaufen: Als *wuntarzenīe* stellte sie sich der *līparzenīe* (»physica«) entgegen; als *wuntarzet* grenzte sich der Ch. nicht nur gegen den gelehrten »physicus« *(līparzet)*, sondern gleichzeitig gegen den *apotēker* ab, und als *hantwirkunge* geriet die Ch.ie auf Grund ihres praxisbezogenen Selbstverständnisses in das Spannungsfeld zw. theorica und practica. Ihre standesmäßige Ausformung und fachl. Entfaltung deckt sich in groben Zügen mit der zeitl. Binnengliederung des MA, was es möglich macht, den Entwicklungsgang der Ch.ie auf die epochalen Abschnitte des hier behandelten Zeitalters zu projizieren.

II. Frühmittelalter: Die vorsalernitan. chirurg. (ch.) Fachlit. muß in Bezug auf ihren Umfang, Inhalt und Überlieferungszustand als dürftig bezeichnet werden. Um einen – wenngleich lückenhaften – Abriß vorsalernitan. Ch.ie und wundärztl. Versorgung im frühma. Abendland zu geben, ist es daher notwendig, über die ch. Fachprosa hinauszugreifen und auch außerfachl. Schrifttum sowie insbes. paläopatholog. Befunde einzubeziehen.

[1] *Bodenfunde:* Ergiebiger als erwartet haben sich die *osteoarchäologischen Untersuchungen* erwiesen. Sie zeigen anhand seltener Exarthrosen, daß Luxationen eingerenkt wurden, und machen auf Grund der raren Pseudarthrosen deutlich, daß es gelang, Frakturen der langen Röhrenknochen (einschließl. des Oberschenkelhalses) sowie des Schulterbereichs einzurichten und in befriedigender Stellung zur Heilung zu bringen. Verwundungen konnten anscheinend bis zu einem gewissen Grad gegen Infektionen geschützt werden. Bei Schädelverletzungen wurden Intrusionen aufgerichtet und Knochenfragmente entfernt (Hailfingen, Grab 506). Der Horrheimer Männerkopf läßt erkennen, daß selbst ausgedehnte offene Schädel-Hirn-Verletzungen dank entsprechender Maßnahmen ausheilten. Grab 1 der Martinskirche in Kirchheim unter Teck läßt indessen keinen Zweifel, daß eitrige Meningitiden die hirnchirurg. Absichten durchkreuzten, ebenso wie subbzw. epidurale Hämatome sich nicht beherrschen ließen (Hailfingen, Grab 506). Hilflos stand man des weiteren Osteomyelitiden – beispielsweise am Schien- und Wadenbein (Pleidelsheim, Grab 71) – gegenüber, wie auch Arthritiden trotz oft grotesker Verformungen (Geröllzysten: Donzdorf, Grab 16; durchbrochener Hohlkörper als Speisenknöpfchen-Ersatz: Hemmingen, Grab 45; Spondylarthritis: Nusplingen, Grab 12) ohne wirksame Behandlung blieben. Auch (Osteo-)Sarkome zeigen nirgendwo den Versuch operativen Eingreifens. Dagegen wurden Amputationsstümpfe der unteren Extremität *prothetisch* versorgt (Griesheimer Stelzbein; Fußprothese von Bonaduz, Grab 248), wie auch mehrfach (leder-)gepolsterte Bruchbänder aus federndem Eisenreif mit Stahlplatte belegt sind (Bülach/Zürich, Grab 45).

[2] *Außerfachliches Schrifttum:* Die Ergebnisse der Bodenfunde lassen sich anhand nichtchirurg. Texte des Früh-MA bestätigen, wobei insbes. die Aussage germ. *Volksrechte* von Bedeutung ist: Der P. l. Alam. geht von der prothet. Versorgung des Beinstumpfes durch einen Stelzfuß aus (11, 3), kennt die ärztl. Behandlung eines offenen Schädel-Hirn-Traumas (»sic ut cervella pareat« 1), die in der L. Alam. näher beschrieben wird (ch. Berührung des Gehirns mit einer Feder oder einem [Seiden-]Tuch; Auflegen eines arzneimittelgetränkten Wergbausches; 59, 6–7). Im P. l. Salicae finden sich Hinweise auf wundärztl. Maßnahmen bei penetrierenden Brust- sowie Bauchverletzungen (17, 4), und die L. Rom. Vis. (l. 11, tit. I) heben auf das Starstechen ab, das auch durch Gregor v. Tours (Hist. IV, 6; V, 38) erwähnt wird. Den legendenhaften Schnittbindungen Burkharts I. v. St. Gallen und Gebhards II. v. Konstanz (Casus Sti. Galli 85; MGH SS 20, 629) ist weniger zu glauben als dem Bericht von einer Laparotomie, die um 550 durch den Arzt und Bf. Paulos v. Merida vorgenommen wurde und eine Frau vom bereits mazerierten Föten einer extrauterinen (?) Schwangerschaft befreite (Paulus Diaconus, De vita patrum Emeritensium, 4; = MPL 80). In nord. Quellen hat die Reposition vorgefallener Darmschlingen bei Bauchverletzungen ihren Niederschlag gefunden (Saxo Grammaticus, Gesta Dan. VI, vii, 14), und Beda Venerabilis (IV, 19) berichtet von der operativen Eröffnung einer Schwellung oder Eiterbeule (»tumor«) im Nacken. Im übrigen ist häufig vom Einsatz äußerl. Arzneimittel (Salben, Pflaster), von Wundtränken sowie von Fremdkörperextraktionen (Pfeilspitzen) die Rede. Das Skalpell heißt im Ags. *snidīsen* und kennzeichnet den ch. Tätigen genauso wie das zur Blutstillung benutzte Brenneisen.

[3] *Ikonographisch* ist die frühma. Ch.ie gut belegt, wobei die Bildarchetypen freilich (nicht anders als die der Texte) in die Antike zurückweisen. Neben Brenn- und Laßstellenschemata bieten die Buchillustrationen v. a. Operationsszenen, die den Wundarzt beim Entfernen von Hämorrhoiden und Nasenpolypen, beim Starstich (und Bruchschnitt) zeigen (BL Ms. Harley 1585, 9^{rv}; Ms. Hans Sloane 1975, 92^{v}–93^{r}). In das Randgebiet der Ch.ie weisen auch der Arzt mit Salbengefäß sowie der Arzt mit Stößel und Mörser, der, – vom »Apotheker« (→Apotheke, Apotheker) unterstützt – sein Arzneimittel herstellt (Berliner Cgq. 198, 4^{v}).

[4] *Wundärztliches Fachschrifttum* spielt in der vorsalernitan. Medizinlit. eine nur untergeordnete Rolle. Die durchweg kurzen Texte befassen sich mit dem Kauterisieren und dem Aderlaß, listen die Namen wundärztl. Instrumente auf und geben nur im Fall der pseudogalen. 'Introductio' eine Übersicht über das Fachgebiet. Trotz aller Überlieferungsdichte wurden sie »frei von jeder Bindung an ein Lehrcorpus« tradiert und besaßen für den »höheren Unterricht« an Kloster- und Domschulen offensichtl. keine oder nur geringe Bedeutung. Keiner schul. Kontrolle unterworfen, zeigen sie »ein sehr vulgäres Latein«. »Stetem Substanzverlust ausgesetzt«, bieten sie ausgedünnte Bruchstücke des »einfachen medizinischen Wissens und Könnens« und lassen in ihrem Zuschnitt auf »die

praktische Ausbildung einfacher Art« (BAADER) etwas von jener Sonderentwicklung erkennen, die bereits in vorsalernitan. Zeit einsetzte.

[5] *Standesmäßig* und *fachlich* begann die Ch.ie schon im FrühMA, sich von der übrigen Heilkunde abzugrenzen. Ihre Vertreter waren meist nur prakt. ausgebildet und hatten kein Studium der Artes an einer Kloster- oder Domschule durchlaufen. Der Gegensatz medicus: chirurg(ic)us läßt sich im außerfachl. Schrifttum zwar erst seit →Richer v. Reims (Hist. I, 11; vgl. IV, 50) belegen, ist in der heilkundl. Lit. der vorsalernitan. Zeit aber gang und gäbe und wird seit dem 8. Jh. von konkurrierenden Bezeichnungen für Wundärzte (beispielsweise »rasator«, »sanguinator«) begleitet. Auffällig ist der Anteil ch. tätiger Frauen (Olafs saga helga, 234 = Isl. fornr. 27, 392; Biskupa sögur [1858], I, S. 360; II, S. 180); im übrigen sind nebenberufl. Wundärzte – Fürsten ebenso wie Bauernbuben (Gesta Dan. VI, vii, 14) – bezeugt, während Geistliche (Biskupa sögur I, 377f.) gegenüber den Laien zurücktreten. – Auf Grund der Bodenfunde lassen sich umschriebene Areale regional begrenzten Fachwissens greifen: Die Herstellung eiserner Bruchbänder war anscheinend auf linksrhein. Gebiete (Frankreich, Schweiz) begrenzt, während die Eingriffe an (Hirn und) Schädel vorwiegend im germ. Raum durchgeführt wurden. Bruchschneider, Steinschneider und Starstecher galten als Spezialisten, wobei die Lithotomie v. a. zu Norcia (Umbrien) gepflegt wurde. Daß gerade der aus dieser Steinschneiderstadt stammende →Benedikt von Nursia durch ein Wunder Ks. →Heinrichs II. 1014 von einem Blasenstein befreit haben soll (Vita S. Meinwerci 26), kommt sicher nicht von ungefähr.

[6] In der frühma. *Rechtspraxis* spielten ch. Fälle eine nicht unwesentl. Rolle: Der Urheber einer Verletzung war gehalten, einen Arzt herbeizuschaffen (Ed. Roth. 128). Beim für das Festsetzen des Bußgeldes (→Buße) maßgebenden Schweregrad einer Wunde stützte sich das Gericht auf die (eidliche) Aussage eines hinzugezogenen Arztes (P. l. Alam. 1; L. Alam. 59–61; L. Rib. 68; P. l. Sal. 17, 4), auf dessen Schadensfeststellung indessen verzichtet werden konnte, wenn sich die Parteien über die Höhe des Schadens einig waren. Bei bestimmten Verletzungen wurde dem Schadensurheber das Aufkommen für die Behandlungskosten auferlegt. Die vom ärztl. Sachverständigen durchzuführende Wundbesichtigung ist in den Rechtstexten nicht selten bis in Einzelheiten hinein geschildert. Am Beispiel des vorgeschriebenen Honorars für einen Starstich (L. Vis. XI, I, 5) lassen sich erste Ansätze einer ärztl. Gebührenordnung ablesen.

III. HOCHMITTELALTER: Wie die Medizin schlechthin, erhielt auch die Ch.ie durch die Rezeption arab. Fachschrifttums entscheidenden Auftrieb, was zur Herausbildung einer umfangreichen wundärztl. Fachlit., zur Konturierung ch. Zentren, zur Verbreitung neuer Behandlungsmaßnahmen und zur schärferen Abgrenzung auf berufl.-standespolit. Ebene führte.

[1] Obwohl die *Schule v.* →*Salerno* an der Ch.ie nicht uninteressiert war, vermittelte sie dem Fach keine weitreichenden Anstöße. Zwar ist sie Ursprung der →'Trotula'-Legende, zwar führte sie frühma. Traditionen weiter, indem sie noch im 14. Jh. Frauen zu Lizentiatinnen der Ch.ie promovierte, und auch für zusätzl. Fachschrifttum hat sie gesorgt, indem sie das ch. Wissen des →Paulus v. Aegina in der Bearbeitung von Halv Abbas dem Abendland zur Verfügung stellte; aber obwohl →Constantinus Africanus ch. Fachwissen insofern hervorhob, als er aus dem prakt. Teil von →al-Maǧūsī's 'Kitāb al-Malakī den wundärztl. Traktat übersetzte und sich beim Übertragen dieser ch. neunten Maqāla obendrein durch Johannes Afflacius unterstützen ließ, hat seine der 'Pantegni' eingegliederte »Chirurgia Constantini« nur in der →'Bamberger Chirurgie' einen Ableger gezeigt und blieb für die spätere Fachentwicklung ohne nennenswerte Bedeutung.

[2] Entscheidende Anstöße erhält die Ch.ie aus der *langobardischen Tradition* wundärztl. Praxis. Hier gelingt einem ihrer Vertreter im Rahmen des Artes-Unterrichts der Vorstoß auf die akadem. Ebene: Spätestens seit den 70er Jahren des 12. Jh. liest Rüdiger Frügard (→Roger Frugardi) an der Hochschule v. Parma, und seine nach Hörernachschriften redigierten Vorlesungen zeigen auch unter der glättenden Bearbeitung (1180) →Guidos v. Arezzo d. J., daß sie aus dem vulgären Bereich handwerkl. Wissensvermittlung stammen. Zwar sind sie von jener med. Fachsprache geprägt, die→Gariopontus und→Alfanus herausbildeten und die Constantinus Africanus weiterentwickelte sowie von Salerno aus durchsetzte; aber durch Bevorzugen der Parataxe, durch Germanismen in Syntax und Wortschatz (z. B. »binda«) machen sie sichtbar, daß sie der gesprochenen Sprache des Ahd.-Langob. bzw. Ital.-Lombard. noch sehr nahe stehen. – Bezeichnenderweise bleibt Roger von Constantins Pantegni-Chirurgie unabhängig. Das von ihm vermittelte wundärztl. Wissen umfaßt das gesamte Fachgebiet, setzt aber deutl. Schwerpunkte, unter denen die Schädelchirurgie, die Bauchwunden-Traumatologie, die Kropfbehandlung und die Blutstillung (Ligatur, Umstechung, 'Rotes Pulver') im Vordergrund stehen.

Die Wirkungsgeschichte der Roger-'Chirurgie' zeigt eine lawinenartige Textausbreitung, die mehrfach die lat. landessprachige Grenze überschreitet und bei wiederholtem Sprachwechsel und ausgeprägtem Gestaltwandel bis in die frühe Neuzeit ausgreift (→Dreibilderserie, Ketham). Das Werk wurde zu Beginn des 13. Jh. durch Rogers Schüler →Roland v. Parma mit Ergänzungen versehen und in zweiter Auflage herausgebracht; eine Neubearbeitung – die sog. 'Rolandina' – legte Roland gegen 1250 in Bologna vor. Beide Fassungen – sowohl der Urtext wie die 'Rolandina' – wurden gleich nach ihrem Erscheinen von Mitgliedern der Salerner Schule kommentiert: die Urfassung um 1195 durch die 'Erste Salerner Glosse', die Bearbeitung Ende des 13. Jh. im Rahmen der weitgehend textident. 'Vier-Meister-Glosse'. Weniger bedeutend waren die 'Therapeutische Rogerglosse aus Montpellier' (um 1200), die 'Erfurter Roger-Marginalien aus England' (etwa 1300) und die in schles.-lausitzscher Mundart verfaßte 'Leipziger Rogerglosse' (14. Jh.), während der Roger-Kommentar des →Wilhelm Burgensis (Montpellier, 1. Hälfte 13. Jh.) durch Edition und Zweitkommentar des→Chirurgen von der Weser (Höxter, vor 1252 bzw. vor 1266) wieder eine starke, bis ins Me. ausstrahlende Wirkung entfaltete. Rogerabhängig sind auch der 'Libellus de chirurgia' – von Roland zw. 1220 und 1240 in Bologna verfaßt –, die wenig später in Salerno geschriebene 'Chirurgie' von Johannes Jamatus, der ch. Abschnitt des mhd. 'Arzneibuchs'→Ortolfs v. Baierland (Würzburg, um 1280), das wundärztl. Antidotar des 'Jonghen Lanfrank' (mnfrk., vor 1350), der Roger-Einfluß zeigt sich darüber hinaus in der 'Düdeschen Arstedie' (mnd., 14. Jh.), in der 'Prager Wundarznei' (frnhd., 14./15. Jh.), bei →Peter v. Ulm sowie bei den nfrk. Ch.en Jan →Yperman, Thomas →Schelling und Wouter Kasebanc van Yperen. Zahlreiche landessprachige Übertragungen, die vielfach (wie die Jan Bertrands) Urtext und Kommentar in gleicher Weise berücksichtigen, sorgten darüber hinaus für das Sich-Durchsetzen der Roger-Ch.ie im wundärztl. Alltag. Es ist kaum möglich, ein wundärztl. Rezeptbuch oder Manual des 14./15. Jh. aufzuschlagen, ohne ständig auf Roger-Versatzstücke zu stoßen.

[3] Seit dem frühen 13. Jh. steht die Univ. →Bologna im Brennpunkt ch. Entwicklung. Ihrer Anziehungskraft folgend, übersiedelte um 1220 schon Roland v. Parma in die rasch wachsende Stadt und wirkte hier als Konkurrent von Ugo dei →Borgognoni wahrscheinl. nicht nur als Arzt, sondern auch als Hochschullehrer. Die Begründung der Bologneser Chirurgenschule geht jedoch nicht auf ihn, sondern auf Ugo zurück, der nach 1219 den Unterricht an der Hochschule aufnahm, sein Luccheser Fachwissen mit dem Können der Roger-Schule verschmolz und durch Einbezug der auf Paulos v. Aegina fußenden Ch.ie des →Abū l-Qāsim az-Zahrāwī die operative Heilkunde des Abendlandes auf eine neue Grundlage stellte. Der Inhalt seines Unterrichts spiegelt sich in den eng verwandten ch. Lehrschriften seiner Schüler→Bruno v. Longoburgo und Tederico dei →Borgognoni, für die Fachentwicklung wichtig waren seine Ansätze zur Allgemeinnarkose (→Schlafschwämme), und wegweisend wirkte er durch das Entwickeln einer eiterlosen Wundbehandlung mittels Alkoholverbänden. – Obwohl die Lehrbücher Brunos und Tedericos mehrfach in Volkssprachen übersetzt wurden und dadurch den landessprachig orientierten Praktiker erreichten, beeinflußten sie den wundärztl. Alltag weniger stark als Roger und die langob. Tradition. Der Durchbruch in die ch. Praxis gelang der Bologneser Schule dagegen über Hugos Nachfolger →Wilhelm v. Saliceto und dessen Schüler →Lanfranc v. Mailand, die jedoch nicht mehr von Bologna, sondern von Verona bzw. von Lyon und Paris aus wirkten.

[4] *Beruflich-standesmäßig* klaffte im HochMA der Graben zw. »wunt-« (»chirurg[ic]us«) und »lîp-arzet« (»physicus«) weiter als in vorsalernitan. Zeit. Trotz des Vorstoßes der Ch.ie auf Hochschulebene blieben akadem. gebildete Wundärzte wie Ortolf v. Baierland, Thomas Schelling oder der Chirurg von der Weser die Ausnahme, während sich für die meisten wundärztl. Praktiker eine handwerkl. Lehre im Rahmen hochma. Stadtentwicklung abzuzeichnen begann. Im Salerner Studienbetrieb, der »die erste« nennenswerte »ärztliche Ausbildung im ma. Europa« bot (BAADER) und die Lehrpläne jüngerer med. Fakultäten maßgebend beeinflußte, ist der Wundarzt allenfalls noch am Rande über den Anatomieunterricht einbezogen (Constitutiones v. Melfi, 46). Durch die autoritative Theologie, die für Geistliche das ärztl. Praktizieren einschränkte und im IV. Laterankonzil die Ausübung operativer Tätigkeit dem Kleriker verbot (1215), wurde trotz mehrfach erteiltem Dispens (Tederico dei Borgognoni; →Guy de Chauliac) der Gegensatz zw. Ch.ie und akadem. Heilkunde vertieft. Im übrigen zeigt sich in der Medizinalgesetzgebung Rogers II. v. Sizilien (→Assisen v. Ariano) und den darauf aufbauenden Friedrichs II. ('Novae constitutiones', Melfi 1231), daß staatlicherseits erste Versuche unternommen wurden, die med. Ausbildung zu ordnen und über die Organisation des Gesundheitswesens auch den Leistungsstand der Wundärzte festzulegen sowie zu überwachen.

[5] In der hochma. *Dichtung* hat die Ch.ie vielfältigen Niederschlag gefunden. Kennzeichnend ist das Zurücktreten hauptberufl. Wundärzte, während die Laienpraktiker im Vordergrund stehen. Im Gegensatz zum SpätMA, das den Ch.en in der Ständesatire (→Ständeliteratur) zeichnet und ihn als reimschmiedenden Fachschriftsteller auch selbst zu Wort kommen läßt (→Meistergesang, →Spruchdichtung; Hans →Folz), liegt bei der hochma. höf. Epik die Behandlung und Pflege der Verwundeten erwartungsgemäß in den Händen von Rittern, Frauen und Jungfrauen. Die geschilderten Maßnahmen stehen im Zeichen von Kampfverletzungen und zielen auf die Wundversorgung, den Verwundetentransport (Roßbahre) und die Verwundetenpflege, wobei die Arzneimittelherstellung einen verhältnismäßig breiten Raum einnimmt; sie reicht vom Kräutersammeln bis zur alchemist. Stoffumwandlung. Als Arzneiformen begegnen Salben, Pflaster, Balsame und bevorzugt Wundtränke; immer wieder wird auch die mag. Suggestivtherapie mit →Blut- und →Wundsegen angewandt. Frische Verletzungen werden in der Regel ausgewaschen; als Notverband bot sich das Kopftuch der Frauen (→Wimpel) an. Unter den operativen Eingriffen steht das Entfernen von Geschossen im Vordergrund, wobei →Heinrich v. Veldeke das Ausziehen der im Knochen festsitzenden Pfeilspitze mit einer Zange schildert (Eneit, 11901–06). Beachtliches traut →Wolfram v. Eschenbach seinem Artusritter Gawan zu: Er läßt den Helden einen Hämatothorax durch das Einbringen einer Kanüle entlasten (Parzival, X, 81–109). – Als berühmteste (wund)ärztl. Stätten werden →Montpellier und v. a. Salerno genannt.

IV. SPÄTMITTELALTER: In den zweieinhalb Jahrhunderten des ausgehenden MA hat sich die Ch.ie weiter als Handwerk herausgebildet und in das Zunftwesen der Städte eingegliedert. Zahlreiche operative Verfahren wurden neu entwickelt oder zum ersten Male schriftl. erfaßt. An der Hochschule ist die Ch.ie nicht ohne Einfluß auf den →Anatomie-Unterricht gewesen, und auf akadem. Ebene zeichnet sich für die Fachentwicklung eine Schwerpunktverlagerung aus der Poebene nach Frankreich und Flandern ab.

[1] Die *Pariser Chirurgie* verdankt ihre Begründung →Lanfranc v. Mailand, obwohl die organisator. Voraussetzungen schon vorher geschaffen waren. Wie an oberit. Städten, an denen seit dem HochMA Chirurgengilden greifbar werden, hatten sich in der frz. Hauptstadt praktizierende Wundärzte und -ärztinnen zu einer Zunft (»métier«) zusammengeschlossen und wurden seit 1258 im Auftrage des Stadtpräfekten von sechs geschworenen Meistern geprüft. Im Rahmen dieser Zunft nahm Lanfranc – 1290 als Ghibelline aus Mailand verbannt und 1295 von Lyon nach Paris übersiedelt – seinen wundärztl. Unterricht auf, wobei ihm Jean Pitard seitens der Chirurgenvereinigung den Weg ebnete und Jean Passavant seitens der med. Fakultät Schutz gewährte. In den zehn Jahren seiner Vorlesungstätigkeit machte der Lombarde Paris zum Brennpunkt ch. Fachentwicklung, zog auch von jenseits der Landesgrenzen Hörer an und bereitete durch seinen Nachfolger →Heinrich v. Mondeville jenen Konflikt vor, der die Auseinandersetzung zw. Pariser Medizin und Chirurgie über mehr als ein Jahrhundert prägte: Heinrich führte die anatom. Demonstrationszeichnung in den Unterricht ein und hinterließ den Torso eines wundärztl. Lehrbuchs, das trotz induktivem Vorgehen den Stoff nach scholast. Methode aufbereitet, der Ch.ie eine »praeeminentia ad medicinam« bescheinigt und offensichtl. nicht ohne standespolit. Zielsetzungen verfaßt ist: 1355 als »faculté« bezeichnet, 1360 mit der Kosmas- und Damian-Bruderschaft zusammengelegt, gelang es der Pariser Chirurgenzunft, als →Collège de St. Côme in zähem Kampf gegen die med. Fakultät nicht ohne Erfolg mit der Univ. zu konkurrieren. – Trotz volkssprachigen Übersetzungen blieb das Lehrbuch Heinrichs v. Mondeville für den wundärztl. Alltag von eher zweitrangiger Bedeutung,

während die Fachschriften Lanfrancs ('Chirurgia parva', Lyon, vor 1295; 'Chirurgia magna', Paris, nach 1296) in zahlreiche Landessprachen übertragen wurden, den volkssprachig orientierten Wundärzten oft in Mehrfachübersetzung (Konrad Bra[e]m) zur Verfügung standen und bis zum Stoff der Prüfungsfragen hin die ch. Praxis bestimmten. – Fachl. fußt die Pariser Schule auf Bologneser Tradition: Sie führt die alkohol.-antisept. Wundbehandlung weiter, versucht nach dem Vorbild Wilhelms v. Saliceto, durch Okklusiv-Verbände Verletzungen gegen den (infizierenden) Einfluß der Luft abzuschirmen, akzentuiert in der Nachfolge Wilhelms den anatom. Unterricht und hat darüber hinaus mit Eigenerfahrungen aufzuwarten. Hervorzuheben ist die von Lanfranc empfohlene Nervennaht, Beachtung verdienen die eth.-standeskundl. Abschnitte in Heinrichs Einleitungskapitel, und nur wenige Nachahmer (→Guy de Chauliac) fand die von Lanfranc erprobte Intubation bei Atemnot.

[2] Im *flämisch-brabantischen* Raum entspricht die Leistungsfähigkeit der Ch.ie dem hohen Entwicklungsstand des Gesundheitswesens. Erste Einflüsse der Pariser Schule zeigen sich bereits beim Jonghen Lanfrank, der vor dem Einsetzen einer eigtl. Rezeption die Ausstrahlung der lombard.-frz. Schule widerspiegelt. Zu einer vollen Übernahme des wundärztl. Standards kommt es jedoch erst bei Jan Yperman, der zw. 1296 und 1300 Lanfrancs Schüler war und um 1329 sein Lehrbuch der 'Surgie' abschloß. Eine entsprechende Gesamtdarstellung ließ 1343 Thomas Schelling van Thienen folgen. Beide Werke bieten das wundärztl. Gesamtwissen ihrer Zeit, verbinden die Roger-Tradition mit den Ergebnissen der Bologneser bzw. Pariser Schule, führen in Einzelheiten der Schädelchirurgie, in Details der Nahttechnik sowie in der Behandlung von Knochenbrüchen jedoch über ihre Vorbilder hinaus. In fläm. bzw. Brabanter Mundart abgefaßt, zeugen sie wie Ortolfs 'Arzneibuch' von der Fähigkeit adt. Fachsprache, auch schwierige Sachinhalte wiederzugeben.

[3] In der *Lombardei* bzw. *Romagna* war der hohe Stand wundärztl. Könnens gehalten worden. Das zeigt sich an den ch. Schriften der maßgebl. Fachvertreter (Leonardo da →Bertapaglia). Pietro d'Argellata, für den sich wie für Giovanni da Vigo deutschsprachige Rezeption nachweisen läßt (Bartholomäus →Scherenmüller), ist wegen seiner Technik der Sehnen- und Nervennähte sowie geschickter Knochenresektionen bedeutsam, und Antonio Guainerio überrascht durch das Bougieren von Harnröhrenverengungen.

[4] Die *provenzalische* Ch.ie war schon im HochMA durch Kommentare zu Rogers Lehrbuch hervorgetreten (Therapeut. Rogerglosse aus Montpellier) und strahlte durch Wilhelm Burgensis (de Congenis) bis nach Nordwest- und Norddeutschland (Jan Yperman, Chirurg von der Weser) aus. Sie besitzt die ältesten Statuten einer Wundarztgilde (Montpellier, 1252 und 1292), ist durch akadem. Hochschulchirurgie vertreten (→Valescus de Taranta), hatte über →Benevenuto Grapheo (mhd. Rezeption: Verf.-Lex. III, 224f.) Beziehungen zur augenheilkundl. Entwicklung und lieferte in der 'Chirurgia magna' Guys de Chauliac den lit. Abschluß der ma. Ch.ie: Dem 1363 zu Avignon vollendeten Werk waren zwei Traktate zur wundärztl. Materia medica vorausgegangen ('Chirurgia parva'), die wie das Hauptwerk eine beispielhafte Zusammenfassung des Fachwissens geben und in enzyklopäd. Weise die Entwicklung ma. Wundarzneikunst spiegeln. Verhängnisvoll wirkt sich jedoch Guys Polemik gegen antisept. Wundbehandlung und Okklusivverbände aus. Dagegen bietet er – Wilhelm v. Saliceto folgend – eine beispielhafte Abhandlung der Anatomie, wobei er über die Bologneser Tradition (→Mondino de Liucci) hinausgreifend »den unechten Galen durch den echten ersetzt«, und im Anschluß an Wilhelm sowie die Pariser Schule strebt er die Rückgliederung der Ch.ie in die allgemeine Medizin an. – Seit dem ausgehenden 14. Jh. wiederholt in Landessprachen übersetzt (Peter von Ulm, Hans Minner, Hieronymus Brunschwig, Hans v. Gersdorff), haben 'Ch.ia parva' wie 'Ch.ia magna' nachhaltig die wundärztl. (und pharmazeut.) Praxis bestimmt, ohne jedoch die Vorherrschaft der Lanfrancschen Schriften vor Beginn der Neuzeit zu brechen.

[5] *Landessprachiges wundärztliches Schrifttum* läßt sich in den meisten europ. Sprachen (einschließl. des Hebr.) nachweisen. Es bietet einerseits Übersetzungsslit., andererseits Sekundärkompilate, aber auch – insbes. in der fläm.-brabant. Schule – eigenständige Werke von hohem Leistungsanspruch (Benevenuto Grapheo, Verf.-Lex. III, 224f.). Dabei begegnen in den Texten vereinzelt Erstbeschreibungen neuer oder auch schon länger praktizierter operativer Verfahren (gestielte Fernplastik; Exstirpation eines Hirntumors), und aufschlußreich ist die Terminologie, die nicht selten von der Benennungsmotivation semant. zusammengehöriger Fachbezeichnungen her auf volkstüml. Vorstellungen über Krankheit, Heilung und Arzneimittelwirkung schließen läßt (→Beinwell, Brennender →Hahnenfuß, Knochenregeneration). – Was die lit. Formen betrifft, so sind im ch. Schrifttum vom Rezept über den Kurztraktat bis zur Enzyklopädie sämtl. *Gattungen* med. Fachprosa vertreten, wobei neben den Niederlassungsankündigungen (Hans v. Toggenburg, Heinrich Koburger), Prüfungsfragensammlungen und terminolog. ausgerichteten →Glossaren die ch. Antidotare bes. Aufmerksamkeit verdienen. Vorbereitet durch die Roger-Glossen und eingeführt durch die 'Kleine Chirurgie' (16) Lanfrancs, zeigen sie unterschiedl. Gliederungsprinzipien, die vereinzelt pharmakodynam. Eigenschaften zugrunde legen (Lanfranc), pathol. nach Krankheitseinheiten (Guy de Chauliac), therapeut. nach Behandlungsschritten vorgehen (Buch von alten Schäden), in der Regel nach →Arzneiformen einteilen und dann beispielsweise die Folge »Pflaster«, »Salben«, »Pulver«, »Wässer«, »Öle«, »Wundtränke« zeigen (Dino →del Garbo, 'Buch von guten Pflastern und Salben', Johan van Segen, 'Kopenhagener Wundarznei', Peter von Ulm, 'Ulmer Wundarznei'). – Beachtung verdienen darüber hinaus Spezialtraktate, die in der Regel zwar erst Mitte des 16. Jh. greifbar werden (Jakob Rueff: Augenoperationen; Caspar Stromayr: Bruchschnitt), in augenärztl. Abhandlungen sowie im 'Buch von alten Schäden' (Ulcus-cruris-Therapie, Rüdiger zur Dijck) aber schon frühe Vorläufer haben. – Hinzuweisen bleibt auf die – im Zusammenhang mit dem Betätigungsfeld nicht überraschende – Tatsache, daß zahlreiche Wundärzte des SpätMA auch Texte verfaßten, die ganz oder teilweise der Inneren Medizin gewidmet sind und die Ch.ie gar nicht oder nur beiläufig noch abhandeln. Das gilt für Jan →Ypermans 'Medicine' wie für Jean Pitards 'Experimenta' und trifft in gleicher Weise für das 'Arzneibuch' Ortolfs v. Baierland oder die 'Goode medicines' Edwards v. Oxford zu, wobei ein Blick auf die gleichzeitigen Chirurgenbibliotheken zeigt, daß die privaten Büchersammlungen entsprechend zusammengesetzt waren, sich keineswegs auf wundärztl. Titel beschränkten und nicht selten Werke »of physik and surgery« boten.

[6] Die *christliche Ikonographie* des SpätMA knüpft zunächst an antik-byz. Vorbilder an, die sich noch in der Bildausstattung der 'Rolandina' (um 1250) greifen lassen, im Laßmännlein und Tierkreiszeichenmann zum Ausdruck kommen, bald aber durch jüngere Bildarchetypen ersetzt werden. Themat. stellen die Textillustrationen den Wundarzt bei operativen Maßnahmen dar (Extraktion, Exzision; Extension, Schienung; Reposition, Trepanation; Steinschnitt, Bruchschnitt, →Kaiserschnitt), zeigen ihn beim Setzen von Klistieren und Einläufen, halten fest, wie er Blut durch Aderlaß und →Schröpfen entzieht, skizzieren ihn bei diagnost. Untersuchungen (Inspektion, Palpation; →Harn- und →Blutschau; Lepraschau [→Aussatz]), gehen darüber hinaus auf den Unterricht ein, wobei sie den Ch. en einerseits als Hochschullehrer, vom Katheder aus dozierend, vorstellen, andererseits ihn aber auch als Gehilfen des Hochschullehrers (Demonstrator, Prosektor) auftreten lassen. Inwieweit die →'Fünfbilderserie' in der anatom. Unterweisung von Wundärzten eine Rolle spielte, bedarf noch der Abklärung; sicher ist dagegen, daß die weitverbreitete →'Dreibilderserie' über den Wundenmann mit der Ch. ie in Verbindung stand; eine bes. Rolle spielten die durch →Heinrich v. Mondeville in den Anatomieunterricht eingeführten Demonstrationszeichnungen. Daß Heinrich vor seinen Pariser Hörern den Demonstrationsschädel vorführte, hat eine schlichte Federzeichnung aus dem nfrk. Raum festgehalten (Cambridge, St. Johns Coll., Ms. A 19, 2ᵛ). Der Wundarzt wird ferner beim Abwägen der Drogen gezeigt, während zwei Apotheker - einer am Mörser, der andere im Warenlager der Offizin - ihn beim Rezeptieren unterstützen. - Zahlenmäßig am stärksten vertreten sind die Instrumentenbilder, die mehrere ch. Texte in dichter Folge durchsetzen (→Abu'l-Qāsim, Wilhelm v. Saliceto, Jan Yperman, Guy de Chauliac, Heinrich v. Pfalzpaint).

[7] *Beruflich-standeskundlich* knüpfte die spätma. Ch.ie an Entwicklungen vorausliegender Jahrhunderte an: Der Wundarzt hatte zunehmend die Hauptlast med. Versorgung zu tragen. Bei niedrigen Gebührensätzen war er in der Lage, den wirtschaftl. Bedingungen von Unter- und Mittelschichten (»büren und grop volc«) zu entsprechen, während der »natiurliche meister« (»physicus«) »grôze herren« betreute, entsprechend »grôzen lon« forderte (Jude v. Solms) und damit sein ärztl. Wirken zum Oberschichtphänomen werden ließ. Das gleiche galt für die akadem. gebildeten Pariser Ch.en, die als »gens de grant estat« auch einen »grant sallaire« bezogen und sich jenseits der wirtschaftl. Grenzen des gemeinen Mannes bewegten. Während eine einzige reguläre Verordnung schon vom Arzneimittelpreis her etwa den zweifachen Tagelohn eines Handwerkers ausmachte (DRESSENDÖRFER), ermöglichten die Wundärzte eine weniger aufwendige Versorgung, indem sie ihre Arzneimittel selber herstellten, weitgehend einheim. Arzneistoffe verwendeten, Heilpflanzen in Kräutergärten ziehen ließen (Kräutersammel-Kalender, Anton Trutmann) und ledigl. bei fremdländ. Drogen sowie Spezialitäten schwieriger Herstellung (→Theriak) auf das Angebot der Apotheken zurückgriffen. - Der Versuch, lombard. Verhältnisse nach Frankreich zu übertragen und die Ch.ie der Univ. einzugliedern, scheiterte zwangsläufig am Widerstand der Pariser med. Fakultät, die - anderen klerikalisierten Hochschulen entsprechend - auf Grund kirchl. Gebote für das Aufgreifen der operativen Heilkunde keine Voraussetzungen sah, stattdessen den »chirurgien-barbier« als Gehilfen des Akademikerarztes schätzte, ihn im Unterricht wie in der Krankenbetreuung heranzog und ihn für derartige Dienstleistungen gezielt ausbildete. Gerade dieses Nachrücken der Bartscher-Wundärzte, die durch eine zunftübergreifende Zusatzprüfung die »licentia operandi« erwarben und so die Versorgungslücke schlossen, die sich im Zuge der Akademisierung der Pariser Ch.en ergeben hatte, zeigt in aller Deutlichkeit, daß die operative Heilkunde auch im Spät-MA Handwerk geblieben war, wobei die handwerkl. Konturen sich seit dem 13. Jh. schärfer abzuzeichnen begannen: Der Ch. wurde im Lehrling-Meister-Verhältnis ausgebildet, ging als Geselle auf die Wanderschaft (Heinrich v. Pfalzpaint, Johann Schenk v. Würzburg), schloß sich mit Kollegen oder Vertretern anderer Heilberufe (→Bader, Reiber, Scherer) in städt. Zünften zusammen, unterwarf sich Berufsordnungen, Prüfungs- sowie Zulassungsbestimmungen, wirkte an Herrschaftssitzen im Leibgeding als Hofwundarzt (Jude v. Solms, Klaus v. Matrei, Heinrich →Pflaundorfer, Adam Rous), nahm als geschworener Wundarzt städt. Ämter im öffentl. Gesundheitswesen wahr und versah nicht selten kommissar. den Dienst eines Stadtarztes, wenn auf Grund des geringen Ausstoßes med. Fakultäten keine Akademikerärzte zum Besetzen der entsprechenden Stelle verfügbar waren. Spätma. Ch.en wurden zur Behandlung in Spitäler gerufen, betreuten als Schiffsärzte Mannschaften der Kriegsmarine und versorgten als Feldschere die kämpfende Truppe (Henry de Leche, Jost v. Unterwalden, →Hans v. Gersdorff, →Peter v. Ulm), wobei sich in ersten Ansätzen eine Rangfolge des Heeressanitätswesens herauszubilden begann (»houbet[wunt]arzet«; Andreas v. Stuttgart, William of Bradwardine). In Friedenszeiten ließen sich Feldschere nicht selten berufsfremd verwenden und sind in teilweise hochgestellten Staatsämtern nachweisbar (Heinrich v. Pfalzpaint, Richard Felde, vgl. Hans v. Toggenburg). - Meist ortsständig und an Stadtgemeinden, Höfe oder Heereseinheiten gebunden, griffen spätma. Ch.en über ihren Wirkungskreis insofern hinaus, als sie das städt. Weichbild oder das Umfeld des Hofes in die ärztl. Betreuung miteinbezogen. Auf ihre *Krankenbesuche* nahmen sie eine pharmazeut. Grundausrüstung (Arzneimitteltasche; Johann Schenk v. Würzburg, 2) sowie ein diagnost.-therapeut. →Vademecum (Aderlaßbüchlein, Gürtelbuch) mit. Zahlreiche Fachvertreter lassen sich darüber hinaus als *fahrende* Wundärzte belegen, was keineswegs nur für Spezialisten (Augen-, Schnitt-, Zahnärzte) gilt und sich günstig auf die ärztl. Versorgung kleinerer Gemeinden in dünn besiedelten Gebieten auswirkte. Trotz mitunter durch die Teilakademisierung bedingten Gegensätzen (Thomas Schelling) ist das Standesbewußtsein spätma. Ch.en ausgeprägt, was zum Sich-Absetzen einerseits gegenüber den gelehrten »physici« (»buoch-erzete«, Heinrich v. Mondeville, Heinrich Pflaundorfer), andererseits gegenüber den konkurrierenden »niederen« Heilberufen führte (Bader, Scherer, Laienärzte; Theriakkrämer, vgl. Apotheker). Beachtung verdient die Erkenntnis wissenschaftl. Fortschritts (Guy de Chauliac), die mit einem ständigen Wissenszuwachs auch während des MA rechnete.

[8] *Rechtlich* waren die Ch.en den jeweils gültigen Bestimmungen des Gesundheitswesens unterworfen, das - meist städt. verfaßt - in der Regel auf Zunftebene wahrgenommen wurde. Im Auftrag von Stadtbehörden oder Sendgerichten wirkten sie gelegentl. bei der Lepraschau mit und wurden mit der Anzeigepflicht bei →Aussatz-Verdacht sowie blutigem Schlag betraut. Ihre *gerichtsärztliche* Tätigkeit konzentrierte sich auf die »wunt-schou«, wobei sie als geschworene Wundärzte über die Art von Verletzungen bzw. deren Schweregrad zu gutachten hat-

ten; darüber hinaus wurden sie als Sachverständige zur Abklärung verdächtiger Todesfälle hinzugezogen. Als *Medizinalbeamte* beaufsichtigten geschworene Fachvertreter das öffentl. Gesundheitswesen, waren am Prüfungs- und Bestallungswesen beteiligt und besaßen gegenüber Fachkollegen nicht selten Weisungsbefugnis, die über das Erstversorgungsrecht bis hin zu Therapievorschlägen für bes. gelagerte Fälle reichte. Nach dem Strafvollzug übernahmen sie in öffentl. Auftrag die Behandlung von peinl. Befragten und zu Leibesstrafen Verurteilten (Arnold v. Aachen). Bei zivilrechtl. Klagen gegen Ch. en wegen Honorarforderungen (»arzet-lon«) bzw. Kunstfehlern (»smerzen und scheden«) gutachteten geschworene und gemeine Meister vor den zuständigen (städt.) Gerichten oder Behörden. – Die wiederholten Versuche von Akademikerärzten, über Medizinalkollegien, med. Fakultäten oder das Amt des Stadtarztes Einfluß auf die Ch.en zu gewinnen und die Aufsicht über das Wundarzneiwesen zu übernehmen (Freiburg i. Brsg., Montpellier, Paris), blieben bis zum Ausgang des MA erfolglos.

V. WUNDÄRZTLICHE MASSNAHMEN: Der weite Fächer ch. Tätigkeit griff von operativen Eingriffen über die Galenik bis zur mag. Suggestivtherapie aus und zeigte während des Hoch- und SpätMA eine ständige Verbesserung der Verfahren. *Verrenkungen* wurden reponiert und durch fixierende Verbände ruhiggestellt; *Knochenbrüche* der Extremitäten eingerichtet, geschient (Schindeln; Arm-, Beinlade) und durch erstarrende Verbände (Harze, Eiklar, Gluten) in ihrer Stellung festgehalten; komplizierte Frakturen versorgte man über gefensterte Verbände, wobei als Regel galt, daß die Knochenheilung der Wundheilung vorauszugehen hatte. Der Gipsverband Abu Manṣūr Muwaffaqs war dem Abendland unbekannt geblieben. Dagegen wandte man bei Brüchen des Schultergürtels Vorläufer des Desaultverbandes an. Für Schädelbrüche stand das Aufrichten von Intrusionen und Entfernen von Knochenfragmenten im Vordergrund; für das Diagnostizieren von Spaltbrüchen haben sich der Valsalvasche Versuch und Lanfrancs Frikationsprobe bewährt (Resonanzprinzip; Chir. parv. VII, 3). Die Dauerextension bei Schenkel-(hals)brüchen konnte sich dagegen trotz der Empfehlung Guys de Chauliac nicht durchsetzen. Für die Praxis ohne Bedeutung blieben auch die *Nerven-* und *Sehnennaht* (Lanfranc von Mailand; Pietro d'Argellata). – *Wunden* wurden inspiziert, palpiert, sondiert, gereinigt (gewaschen) und verbunden bzw. genäht; das Offenlassen abhängiger (unterer) Partien und das Einlegen von *Drainagen* sorgte für das Abfließen des Eiters. Beliebt war Rogers Vierkant-*Nadel;* Jan Yperman empfahl widerstandsfähiges gewichstes Nahtmaterial. In Gebrauch waren unterschiedliche *Nähte*; für konstet. günstige Narben sorgte der »sëlp-haft«, der das Nähen in beiderseits des Wundspalts aufgeklebten Tuchstreifen ermöglichte. Bei den »zwichaften« blieb die fadengesicherte Nadel zunächst im Stich liegen. Die Bologneser Alkohol- und Okklusiv-*Verbände* erreichten zwar den ärztl. Alltag, haben sich gegen den Grundsatz, die Wunde eitern zu lassen, aber nicht durchgesetzt. – *Abszesse* wurden medikamentös gereift und dann durch Schnitt oder Ätzmittel geöffnet; für *Geschwülste* (Tumoren) galt das Prinzip der vollständigen Entfernung durch Exstirpation oder Ausätzen (bzw. Ausbrennen). Offene Krebsgeschwüre erfuhren durch Herbstzeitlosen-Pulver eine zytostat. Behandlung. Inwieweit Hans Seiff v. Göppingen Unterleibstumore ausschälte, bedarf noch der Abklärung. Das von der 'Düdeschen Arstedie' (Kap. 143) im 14. Jh. beschriebene Verfahren zum Entfernen eines Meningeoms (oder Glioms) entsprach wahrscheinl. german. hirnchirurg. Praxis. – *Fisteln* galten – vergleichbar dem Krebs – als Lebewesen und wurden ausgeschält oder durch schwache Ätzmittel »getötet«. – Die Ansicht, daß Schießpulver giftig sei, führte zum Ausspülen der *Schußkanäle* mit siedendem Öl. – Vorgefallene Lungenlappen bei Brustwandverletzungen wurden abgetrennt (Roland, 'Libellus' III, 25; Tederico de' Borgognoni, II, 17); vorgefallene Darmschlingen bei Bauchwunden angewärmt und reponiert; durchtrennte Därme nähte man (meist über eingelegtem Holunderrohr oder eingeführter Gänsegurgel) wieder zusammen. Bei *Amputationen* galt es, die Gefäße des Stumpfes zu umstechen; um die Blutungsgefahr zu verringern, wurde bevorzugt im brandigen Gewebe abgesetzt. Die *prothetische* Versorgung von Beinstümpfen machte während des MA nur geringe Fortschritte, dagegen liegt ein weiter Entwicklungsgang zw. Waltharis rein kosmet. Armprothese (9./10. Jh.) und den mechan. hochentwickelten, funktional vielfältig verwendbaren *künstlichen Gliedern* des 15. Jh. (»eiserne Hände«: passive Greifhände mit starrem oder bewegl. Daumen, einfachem oder paarigem Fingerblock und gestufter Arretierung über einen Federmechanismus). – Was die ch. Spezialisten betrifft, so führte der »Schnittarzt« den »Steinschnitt« (*Blasenschnitt*) nach antikem Vorbild als sectio lateralis aus, indem er über den Damm und Beckenboden einging. Beim »Bruchschnitt« gelang seit dem SpätMA die sichere Unterscheidung zw. Hoden- und Leistenbruch, indem von der Bruchpforte aus abwärts vorgegangen wurde. Der »Augenarzt« begnügte sich beim »Starstich« meist mit der reclinatio lentis, indem er die Linse aus der oberen Zonulaverankerung riß und nach unten in die Hinterkammer drückte; doch war auch die intrakapsuläre Entfernung bekannt durch Aussaugen des Kapselinhalts mittels einer feinen Kanüle. Darüber hinaus wurden das Staphyloma anterius und die Deszemetozele operiert. Nicht ohne weiteres zu rekonstruieren ist das Verfahren zur Lidplastik des →Chirurgen von der Weser. – Die *gestielte Fernplastik* – von Antonio Branca entwickelt – galt dem Decken des Nasendefekts und wurde zuerst durch Heinrich v. Pfalzpaint beschrieben. – Bei der *Kropf-* behandlung stand neben dem Exstirpieren die Therapie mit dem Haarseil.

Verbrennungen und *Dermatosen* behandelte die ma. Ch.ie äußerlich. Bei *Krampfader*leiden standen Heilbäder und Druckverbände (Ledergamaschen) im Vordergrund, doch wurden oberflächl. Varizenkomplex auch exzidiert (Pietro d'Argellata, Rüdiger zur Dijck). Das Abtragen der Vorhaut war geläufig, lag als rituelle *Beschneidung* jedoch meist in den Händen jüd. Priester.

Als *Verbandstoff* benutzten ma. Ch.en Leinen-, Woll- und Baumwolltücher; darüber hinaus wurden Lederlappen und dünnes Bleiblech aufgelegt. Als saugfähiges Material dienten Werg- oder Baumwollbäusche sowie Leinencharpien; zur Polsterung bot sich das Federkissen (»plumaceolus«) an. Die »roll-binde« ist seit dem HochMA ständig in Gebrauch. Zum Sichern von Bruchpforten war der leinen- oder lederbezogene »klotz-gürtel« (*Bruchband*) im Einsatz. Seidentücher wurden in der Hirnchirurgie appliziert; das »phloc-tuoch« kam bei blutenden Wunden zur Anwendung. Von zentraler Bedeutung war die ch. *Pharmazie*: Aus ihr wurde der prakt. Teil wundärztl. Prüfungen (das Pflastersieden) bestritten, und aus ihr leitet sich die wenig schmeichelhafte Berufsbezeichnung »Pflasterstreicher« her. Zu den kennzeichnenden →Arzneiformen ch. Praxis gehören: das *Pflaster*, dessen Träger einseitig mit Arzneimittelmasse bestrichen und aufgelegt wurde; das »swëb-tuoch« (*Sparadrap*), das – in erhitzter, sich später verfestigender Arzneimittelmasse getränkt – entweder sofort oder nach einiger Zeit appliziert werden konnte (Aufbewahrungsform); die *Salbe*, die von ihrer Konsistenz her streichfähig sein mußte und entweder direkt oder über einen Pflasterverband zur Anwendung kam; das *Öl*, das in der Regel durch Sieden pflanzl. bzw. tier. Drogen in Baumöl gewonnen und äußerlich aufgebracht wurde; das *Pulver*, das äußerl. aufgestreut oder als Ätzpulver (Korrosiv) auch mit Wasser vermengt und in breiiger Form aufgetragen werden konnte; die *Bähung* (»swedunga«, »fomentatio«, »embroc[h]atio«), die in feuchtwarmen (Kräuter-)Umschlägen bestand; die *Räucherung* (»fumigatio«), die das Aerosol aus verbrannten Arzneistoffen an den After, die äußeren Geschlechtsorgane sowie über einen Trichter in den Mund leitete (Zahnwurmkerze); der *Einlauf* (»enema«), der zur Darmspülung vorgenommen wurde; das *Klistier*, das auch vom Apotheker gesetzt werden durfte und flüssige sowie halbfeste Arzneimittel (meist Laxativa) über die Klistiersspritze in den Enddarm einbrachte; der *Schlafschwamm* (spongium somniferum), der – mit Mohnsaft-, Alraunen-, Bilsenkraut- und Stechapfel-Auszügen getränkt – präoperativ angefeuchtet und über Mund sowie Nase gelegt wurde, so daß er zur schwer steuerbaren Resorptions- (nicht Inhalations-)Narkose führte, und schließlich der *Wundtrank*, der bei allen größeren sowie penetrierenden Verletzungen – insbes. des Bauches – angezeigt war und (stets flankiert von einer Verwundetendiät[etik]) innerlich verabfolgt wurde. G. Keil

Lit.: *[allg.]:* E. GURLT, Gesch. der Ch.ie und ihrer Ausübung, I–III, 1898 [Neudr. 1964] – K. SUDHOFF, Beitr. zur Gesch. der Ch.ie im MA, I–II, 1914–18 (Stud. zur Gesch. der Med. 10–12) – W. v. BRUNN, Kurze Gesch. der Ch.ie, 1928 [Neudr. 1973] – R. A. LEONARDO, Hist. of surgery, 1943 – L. MACKINNEY, Medical illustrations in med. ms. (Publ. Wellc. Hist. Med. Libr. NS 5), I–II, 1965 – R. HERRLINGER–M. PUTSCHER, Gesch. der med. Abb. [I:] Von der Antike bis um 1600, 1967 – P. HUARD–M. D. GRMEK, Mille ans de ch.ie en occident: Vᵉ–XVᵉ s., 1966 – G. BAADER–W. HOFFMANN-AXTHELM, Die Entwicklung der Zahn-, Mund- und Kieferheilkunde in europ. MA, MedJourn 6, 1971, 113–159 – *FrühMA:* DACL XI, 149–154 – HOOPS², 462–476 – G. WILKE, Die Heilkunde in der europ. Vorzeit, 1936 – D. DE MOULIN, De heelkunde in de vroege middeleeuwen, 1964 – M. MICHLER, Das Spezialisierungsproblem und die antike Ch.ie, 1969 – G. BAADER, Die Anfänge med. Ausbildung im Abendland bis 1100 (Sett. cent. it. 19), 1972, 669–742 – DERS., Gesellschaft, Wirtschaft und ärztl. Stand im frühen und hohen MA, MedJourn 14, 1979, 35–44 – DERS., Die Entwicklung der med. Fachsprache in der Antike und im frühen MA (Med. im ma. Abendland, hg. G. BAADER–G. KEIL [WdF 363]); 1982, 417–442 – *regional [Frankreich]:* L. C. MACKINNEY, Early ma. med. with special reference to France and Chartres (Publ. Inst. hist. med. Johns Hopkins Univ. III, 3), 1937 – *[England]:* G. GRATTAN–CH. SINGER, Anglo-Saxon magic and med. (Publ. Wellc. Hist. Med. Mus., NS 3), 1952 – W. BONSER, The med. background of Anglo-Saxon England (Publ. Wellc. Hist. Med. Mus. NS 3), 1963 – CH. H. TALBOT, Med. in ma. England (Oldbourn Hist. Science Libr. [6]), 1967 – S. RUBIN, Ma. English med., 1974 [Neudr. 1978], 35–42, 129–149 – *[Deutschland]:* B. KEIL, Eine Prothese aus einem frk. Grab b. Griesheim, Krs. Darmstadt-Dieburg, Fundber. Hessen 17/18, 1977/78 [1980], 195–211 – R. HAHN–A. CZARNETZKI, Premature senescence of the skeleton of a young woman from the Merow. burial field of Neresheim, Anthropologia contemporanea 3, 1980, 137–144 – A. CZARNETZKI, Pathological changes in the morphology of young paleolithic skeletal remains from Stetten (South-West-Germany), J. hum. Evol. 9, 1980, 15–17 – DERS., CH. UHLIG, R. WOLF, Menschen des frühen MA im Spiegel der Anthropologie und Med., 1982 – R. BAUMGARTNER, Fußprothese aus einem frühma. Grab aus Bonaduz – Kt. Graubünden/Schweiz, Helvetia archeologica 51, 1982 – CH. UHLIG, Zur paläopatholog. Differentialdiagnose von Tumoren an Skelettteilen [Diss. Stuttgart 1983] – *[Nordeuropa]:* F. GRÖN, An. Heilkunde, Janus 12, 1907, 665–679; 13, 1918, 73–87, 138–149, 206–220, 258–267, 313–327, 369–382, 433–436, 486–514, 569–589, 631–653 – DERS., Hjernekirurgi paa Island i det trettende Aarhundrede (Fschr. A. KJÆR, 1939) – V. MØLLER-CHRISTENSEN, Middelalderens Lægekunst i Danmark (Acta hist. scient. nat. med. 3), 1944 – DERS., Bogen om Æbelholt kloster, 1958 – H. REIER, Heilkunde im ma. Skandinavien, I–II, 1976 – *[Italien]:* G. B. FABBRI, Della litotomia antica e dei litotomi ed oculisti Norcini e Preciani, Mem. Accad. Scienz. Ist. Bologna, ser. 2, 60, 1869, 239–266 – *HochMA:* Ch.ia Jamati. Die Ch.ie des Jamerius (?), hg. J. L. PAGEL, 1909 – W. HABERLING, Die Verwundetenfürsorge in dt. Heldenliedern des MA (Jenaer med. hist. Beitr. 10), 1917 – G. G. FORNI, L'insegnamento della ch.ia nello studio di Bologna, 1948, 13–26[–67] – L. M. ZIMMERMAN–I. VEITH, Great ideas in the hist. of surgery, 1961, 79–112 – H. SCHIPPERGES, Die Assimilation der arab. Med. durch das lat. MA, SudArch Beih. 3, 1964 – J. STEUDEL, Der Verbandsstoff in der Gesch. der Med., 1964 – G. BAADER, Zur Terminologie des Constantinus Africanus, MedJourn 2, 1967, 36–53 – DERS., Die Entwicklung der med. Fachsprache im hohen und späten MA (Fachprosaforsch., hg. G. KEIL–P. ASSION, 1974), 88–123 – M. L. ALTIERI BIAGI, Guglielmo volgare. Studio sul lessico della medicina medioevale (Studi e materiali 3), 1970 – W. LÖCHEL, Die Zahnmedizin Rogers und die Rogerglossen (WmF 4), 1976 – A. HIRSCHMANN–G. STEDTFELD, Die Leipziger Rogerglosse. Ein ch. Text aus dem meißn.-nordschles. Raum, I–II [Diss. Würzburg 1979/82] – G. KEIL, Gestaltwandel und Zersetzung. Roger-Urtext und Roger-Glosse vom 12. bis ins 16. Jh. (Medizin im ma. Abendland, hg. G. BAADER–G. KEIL [WdF 363], 1982), 476–493 – R. MÜLLER–G. KEIL, Vorläufiges zu Jan Bertrand (Fachprosa-Studien, hg. G. KEIL, 1982), 331–345 – *SpätMA:* H. Brunschwig, Dis ist das Buch der Cirurgia. Hantwirckung der wund artzny, 1497 [Neudrucke 1911, 1923, 1967, 1968; vgl. PBB (Tübingen) 93, 1970], 475–477 – J. L. PAGEL, Die angebl. Ch.ie des Johannes Mesuë jun. ..., 1893 – DERS., Neue litterar. Beitr. zur ma. Med., 1896 [121–194: Die Augenheilkunde d. Alcoatim mit Kataraktoperation] – C. BRUNNER, Die Verwundeten in den Kriegen der alten Eidgenossenschaft I, 1903 – Ein ch. Manual des Jean Pitard, ..., hg. K. SUDHOFF, SudArch 2, 1909, 189–278 – Das Gothaer mnd. Arzneibuch und seine Sippe, hg. S. NORRBOM (Mnd. Arzneibücher 1), 1921 [1–174: 'Düdesche Arstedie'] – E. WICKERSHEIMER, Un appareil alsacien de prothèse du XVIᵉ s.: la »main de fer« de Balbronn, Paris médical (partie paramédicale), 22, 1919, 179f. – DERS., Le tableau des chirurgiens ch.icales du Musée alsacien de Strasbourg, Strasb. méd. 1927, Cl-CLI – H. EBEL, Der 'Herbarius communis' des Hermannus de Sancto Portu und das 'Arzneibüchlein' des Claus v. Metry (Texte und Unters. zur Gesch. der Naturwiss. 1), 1940 – Y. THURNHEER, Die Stadtärzte und ihr Amt im alten Bern (Berner Beitr. zur Gesch. der Med. und der Naturwiss. 4), 1944 – H. E. SIGERIST, A fifteenth c. surgeon: Hieronymus Brunschwig and his work, 1946 – M. A. VAN ANDEL, Chirurgijns, vrije meesters, beunhazen en kwakzalvers. De chirurgijnsgilden en de practijk der heelkunde 1400–1800 (Patria 24), 1946² – M. SCHNEEBLI, Handwerkl. Wundarzneikunst im alten Bern (Berner Beitr. zur Gesch. der Med. und der Naturwiss. 9), 1949 – J. STEUDEL, Zur Gesch. des erstarrenden Verbandes, Dt. med. Wochenschr. 72, 1947, 646–649 – DERS., Zum Hundertjahr-Jubiläum der Inhalationsnarkose, Med. Klinik 42, 1947, 75–77 – DERS., Brunschwigs Anatomie, Grenzgebiet Med. 1, 1948, 249f. – Die 'Cirurgia' Peters v. Ulm, hg. G. KEIL (Forsch. zur Gesch. der Stadt Ulm, 2), 1961 – S. SOKOL, Die Bibl. eines Barbiers aus dem Jahre 1550, Centaurus 7, 1960/61, 197–206 – U. STEFANUTTI, Documentazioni cronologiche per la storia della medicina, chirurgia e farmacia in Venezia dal 1258 al 1323, 1961 – CH. H. TALBOT, A ma. physician's vademecum, JHM 16, 1961, 213–233 – DERS.–E. A. HAMMOND, Medical practitioners in ma. England, 1965 – B. WALLNER, Drawings of surgical instruments in MS. Bibl. Nat. angl. 25, ESts 46, 1965, 182f. – E. TH. NAUCK, Aus der Gesch. der Freiburger Wundärzte und artverwandter Berufe (Veröff. Arch. Stadt Freiburg i. Brsg. 8), 1965 – M. STRAUBE, »Von der artzenten stat«, NTM 2, 5, 1965, 87–103 – E. COTURRI, La bibl. di un chirurgo toscano nel trecento, PSM 10, 1966, 77–84 – CH. PROBST, Zwei unbekannte Briefe des Ch.en Heinrich v. Pfalzpaint, SudArch 50, 1966, 69–78 – E. SEIDLER, Die Heilkunde des ausgehenden MA in Paris, SudArch Beih. 8, 1967, 22–29, 110–114 – G. KEIL, Die Niederlassungsankündigung eines Wundarztes aus dem 15. Jh., PBB (Tübingen) 89, 1967, 302–318 – H. BROSZINSKI, Das Heilmittelglossar des Hans Suff [Seiff] v. Göppingen, Centaurus 12, 1967/68, 114–131 – M. TABANELLI, La cirurgia de la baja edad media ... (Hist. univ. de la medicina, hg. P. LAÍN ENTRALGO, II, 1972), 312–337 – DERS., Tecniche e strumenti ch.ici del XIII e XIV s. (Bibl. RSSMN 18), 1973 – W. F. DAEMS, Spongia somnifera. Philol. und pharmakolog. Probleme,

BGPharm 22, 1971, 4, 1f. – R. Jansen-Sieben–G. Keil, Eine ch. Glossensammlung des frühen 14. Jh., ZdSpr 27, 1971, 129–146 – Das mnd. Arzneibuch des Codex Guelferbytanus 1213 Helmstediensis, hg. I. Ljungqvist [Liz. abh. Stockholm 1971] – H.-J. Warlo, Ma. Gerichtsmed. in Freiburg/Brsg. und am Oberrhein (Vorarb. zum Sachbuch der alem. und südwestdt. Gesch. 2), 1972 – Das Arzneibuch des Erhart Hesel, hg. B. D. Haage (GAG 88), 1973 – G. Keil–R. Müller, Dt. Lanfrank-Übers. des 14. und 15. Jh. Zur Wertung der Lanfrank-Zitate in Brunschwigs 'Ch.ie' (Fschr. E. Heischkel-Artelt, W. Artelt, 1971), 90–110–J. Frederiksen–G. Keil, Lanfranks 'Ch.ia magna' in sächs. Umschr. des SpätMA, PBB (Tübingen) 93, 1971, 390–398–J. Deschamps, Mnl. hss. uit Europese en Amerikaanse bibliotheken. Catalogus 1972², 96f. [Lanfranc-Übers.] – Der 'Jonghe Lanfranc', hg. R. Müller (Altdt. Lanfrank-Übers. I [Diss. Bonn 1968]) – R. Jansen-Sieben, De »Jonghe Lanfranc«, of: Op-en aanmerkingen bij een niet-definitieve editie, LeuvBijdr. 60, 1971, 1–8 – H. U. Röhl–G. Keil, Tradition und Intention. Gliederungsprobleme bei der 'Kleinen Ch.ie' Lanfranks (Acta Congr. int. XXIV Hist. Art. Med. 1974, 1976, II, 1373–1392) – L. Dulieu, La ch.ie à Montpellier de ses origines au début du XIXᵉ s., 1975, 15–54 – K. Wäckerlin-Swiagenin, Der 'Schüpfheimer Codex', ein Medizinalbuch aus dem zweiten Viertel des 15. Jh. (Veröff. schweizer. Ges. Gesch. Med. Naturwiss. 30), 1976 – R. Sutterer, Anton Trutmanns 'Arzneibuch', T. I: Text [Diss. Bonn 1976] – Das Arzneibuch des Johan van Segen, hg. H. Alstermark (Acta univ. Stockholmiensis. Stockh. germ. Forsch. 22), 1977 – H.-J. Peters, Das 'Buch von alten Schäden', T. I: Text [Diss. Bonn 1973] – I. Rohland, Das 'Buch von alten Schäden', T. II: Komm. und Wörterverz. (WmF 23), 1982 – G. Keil, »ich, meister Ortolf, von Beierlant geborn, ein arzet in Wirzeburc«. Zur Wirkungsgesch. Würzburger Med. des 13. Jh., Jber. bayer. Julius-Maximilians-Univ. 1975/76 (Würzburger Univ.reden 56), 1977, 17–42 – Ders., Zur Gesch. der plast. Ch. Laryng. Rhinol. Otol. 57, 1978, 581–591 – G. Bauer, Das 'Haager Aderlaßbüchlein'. Stud. zum ärztl. Vademecum des SpätMA (WmF 14), 1978 – L. Elaut, De eerste Nl. vertaling van Hippocrates' Περὶ τῶν ἐν κεφαλῇ τραυμάτων, Nl. Tschr. Geneesk. 122, 1978, 1809–1811 – D. Goltz, »aber erschröcklich ist es dem menschen«. Beziehungen zw. Ch.ie und Pharmazie im MA, PharmZ 123, 1978, 278–284 – G. Keil–R. Müller, Mnfrk. »self-ete« [Ranunculus flammula L.], ZfdA 108, 1979, 180–182 – W. L. Braekman, Genesskundige recepten van een chirurgijn uit de Westhoek (late 15ᵉ eeuw), Volkskundige Jaarboek 't Beentje 4, 1982, 101–122 – R. Müller–G. Keil, Vorläufiges zu Jan Bertrand (Fachprosa-Stud., hg. G. Keil, 1982), 331–345 – P. Assion, Der Hof Sigmunds v. Tirol als Zentrum spätma. Fachlit. (ebd. 37–75 [Klaus v. Matrei]) – E. Wickersheimer, Die ersten Sektionen an der Med. Fakultät zu Paris (Medizin im ma. Abendland, hg. G. Baader–G. Keil [WdF 363], 1982), 60–72 – L. Löffler, Der Ersatz für die obere Extremität... [Diss. Würzburg 1982], 15–19 ma. »eiserne Hände«, Abb. 4 – F. Lenhardt, Blutschau. Unters. zur Entwicklung der Hämatoskopie (WmF 22), 1982 – Ders., »Wann ain mensch gewillet von lassen«. Anweisungen zur Therapie v. Komplikationen beim Aderlaß (Fschr. W. F. Daems [WmF 24], 1982), 269–300 – D. Lehmann–A. Uhlig, Zwei wundärztl. Rezeptbücher des 15. Jh. v. Oberrhein, I–II (Scripta. Ma. and renaissance texts and stud. 12), 1983ff.

Chirurg von der Weser. Neben →Ortolf v. Baierland bekanntester dt. Wundarzt des 13. Jh., hatte in Bologna um 1220/30 als Ennetbergischer (»ultramontanus«) Medizin studiert, bevor er in Montpellier mit →Wilhelm Burgensis (de Congenis) zusammentraf, dessen chirurg. Vorlesungen er mitschrieb, umarbeitete und nach dem Tode seines »wijt vermaert meesters« – jedenfalls vor 1252 – als fortlaufenden Kommentar zum Roger-Urtext herausgab (→Roger Frugardi). Nachdem er auch in Paris praktiziert hatte, ließ er sich im Weserbergland nieder und operierte beispielsweise in Höxter. Hier ergänzte er seinen Roger-Erstkommentar durch einen fortlaufenden Zweitkommentar (»notulae«), in den er seine wundärztl. Erfahrungen aus Frankreich und Deutschland einbrachte und den er vor 1266 abschloß. – Mit Hzg. Otto I. v. Braunschweig († 1252) stand er in Verbindung.

Die Bedeutung der Roger-Kommentare des Ch.en v. d. W. spiegelt sich wider in ihrer Verbreitung: Hebr. Rezeption ist ebenso nachgewiesen wie landessprachige Übersetzung (vorerst nur me.). Die Texte geben einen Einblick in die Unterrichtstätigkeit des Wilhelm Burgensis, belegen frühen Roger-Einfluß auf Deutschland und spielen eine nicht unwichtige Rolle in der Geschichte der plast. →Chirurgie: Beachtung verdient die Lidplastik des nd. Wundarztes mit ihrer energ., die Entropionierung korrigierenden Schnittführung.
G. Keil

Lit.: Verf.-Lex.² I, 1196f. – Wickersheimer, Dict. I, 235, Suppl. 105 – K. Sudhoff, Beitr. zur Gesch. der Chirurgie im MA (Stud. zur Gesch. der Med. 10–12), II, 1918, 297–384 [mit Textausg.] – Ders., Der Ch. v. d. W.: Schüler, Überlieferer und Interpret Wilhelms v. Bourg im 13. Jh., Janus 13, 1926, 114f. – R. Ganszyniec, Zur Chirurgie des Wilhelm de Congenis, SudArch 13, 1921, 166–170 – L. Dulieu, La chirurgie à Montpellier de ses origines au début du XIXᵉ s., 1975, 43 [Verwechslung mit Wilhelm Burgensis] – W. Löchel, Die Zahnmedizin Rogers und der Rogerglossen (WmF 4), 1976, 31f., 59–61, 200–223 – G. Keil, Zur Gesch. der plast. Chirurgie, Laryng. Rhinol. 57, 1978, 582 – Ders., Randnotizen zu Danielle Jacquarts Wickersheimer-Supplement, SudArch 66, 1982, 175 – Ders., Gestaltwandel und Zersetzung. Roger-Urtext und Roger-Glosse vom 12. bis ins 16. Jh. (Medizin im ma. Abendland, hg. G. Baader–G. Keil [WmF 363], 1982), 483f. – J. Bumke, Mäzene im MA, 1979, 221.

Chissé, bedeutende savoyard. Adelsfamilie des Faucigny, die von 1337–1450 häufig Bf.e für →Grenoble stellte.

1. Ch., Aymon I. de, Bf. v. →Grenoble seit 1388, † Dez. 1427, ▭ Grenoble, Notre Dame, zunächst Prior v. Mégève, war Ay. de Ch. im Bischofsamt v. Grenoble Nachfolger des päpstl. Kämmerers François de →Conzié, der im Jan. 1388 zum Ebf. v. →Arles ernannt worden war. Als in seinem Bm. residierender Bf. zeichnete sich Ay. de Ch. durch bedeutende Seelsorgeaktivitäten aus; er bereiste von 1399–1414 den größten Teil der 312 Pfarrbezirke seiner Diözese; aufgrund dieser prakt. Kenntnisse erließ er die Synodalstatuten von 1415. Seine Ordinationsregister (1397–1408), die Reg. seiner Visitationen (1399–1414) und das Kart. der Gründung und Ausstattung einer von ihm in seiner Kathedrale gegr. Kapelle sind erhalten (Arch. dép. Isère IV G 297, 254–255, 90). Im Dez. 1389 errichtete er die Stiftskirche v. Sallanches und gründete 1424 das Spital Notre Dame in Grenoble. Im Okt. 1427 tauschte er mit seinem Neffen, Aymon II. de Ch., Bf. v. Nizza, das Bischofsamt, der dann von 1427–50 Bf. v. Grenoble war. Bevor A. I. jedoch sein Amt in Nizza in Besitz nehmen konnte, starb er im Dezember 1427. Sein Grabmal hatte er bereits 1407 in der Kirche Notre Dame errichten lassen.
P. Paravy

2. Ch., Jean de, Bf. v. →Grenoble seit 17. Dez. 1337 (Inthronisation nach dem 27. Jan. 1338). † 17. Aug. 1350 in Paris. Ch., der seine Laufbahn als Kleriker und Kanoniker von Genf begann, war Freund und Vertrauter des Dauphin →Humbert II., den er bei der Kurie in Avignon im Sept.-Okt. 1339 vertrat. Humbert übertrug Ch. bei seinem Aufbruch zum Türkenkreuzzug die Regierung des Dauphiné und wollte ihn für den Fall seines Todes sogar als Nachfolger eingesetzt wissen. Auf Rat Ch.s trat Humbert den →Dauphiné schließlich an die Krone Frankreich ab (31. März 1349). – Als Bf. führte Ch. zw. Aug./Sept. 1339 und Jan./Juni 1340 eine Visitation seiner Diöz. durch (Arch. dép. Isère IV G 251). Die Stellung seines Bm.s wurde durch das Vordringen der weltl. Gewalt geschwächt: 1344 wurden die vier großen Jurisdiktionen des Dauphiné in Grenoble eingerichtet, während bisher allein die Kirche die Verwaltung dieser Stadt beherrscht hatte. 1339 erfolgte die Gründung der Universität →Grenoble (mit den Fakultäten: Kanon. Recht, Medizin, Artes liberales), an der Ch. als Bf. das Recht zur Erteilung der Lehrerlaubnis wahrnahm. 1340 bekämpfte Ch. die Mißstände in seinem Kathedralkapitel.
G. Coutaz

3. Ch., Rodolphe de, Bf. v. Grenoble (seit 6. Sept. 1350) und anschließend Ebf. v. Tarentaise (seit 28. Febr. 1380), † vor dem 27. Dez. 1385; Sohn von Pierre, einem Neffen von Jean de Ch. (2. Ch.). Rodolphe de Ch. war Diakon und Kanoniker v. Genf, bevor er zum Bf. nominiert wurde. Am 23. Febr. 1351 wurde er von →Humbert II., dem früheren →Dauphin, der inzwischen Ebf. v. Reims geworden war, geweiht. R. de Ch. ließ 1356 und nach 1370 Visitationen seiner Diöz. durchführen. Er war in ständige Konflikte mit seinem Kathedralkapitel verwickelt (Krisen von 1354–59, 1365, 1378); 1360 erließ er Statuten gegen die Mißstände im Kapitel. Ebenso geriet er in Auseinandersetzungen mit der weltl. Gewalt: Nachdem er 1351 der Stadt Grenoble noch Privilegien verliehen hatte, belegte er sie 1378 als Reaktion auf die Machtansprüche der kgl. Gouverneurs des Dauphiné, Charles de →Bouville, mit dem Interdikt. Ch. entfloh im Zuge der weiteren Auseinandersetzungen nach Chambéry und fiel in seinem Bischofspalast einem Mordanschlag zum Opfer. G. Coutaz

Q. und Lit. [allg.]: U. CHEVALIER, Visites pastorales et ordinations des évêques de Grenoble de la maison de Ch. (XIVe–XVe s.), 1874 (Doc. hist. inéd. sur le Dauphiné, 4) – C. R. CHENEY, The dioc. of Grenoble in the 14th Cent., Speculum 10, 1935, 162–177 – P. DAVID, La cathédrale de Grenoble du IXe au XVIe s., 1939 – V. CHOMEL, Notes sur l'activité disciplinaire des officialités du dioc. de Grenoble 1418–49 (Etudes hist. …, hg. N. DIDIER, 1960) – A. SAINTE-MARIE, Le dioc. de Grenoble aux XIVe et XVe s., DES Paris, 1963 – Le dioc. de Grenoble, hg. B. BLIGNY, 1979 [V. CHOMEL; Hist. des dioc. de France 12] – *zu Aymon de Ch.:* U. CHEVALIER, Notice analytique sur le cart. d'Aimon de Ch., 1869 (Doc. hist. inéd. sur le Dauphiné, 3) – CH. BELLET, Un évêque au MA. Notice hist. sur Aimon Ier de Ch., 1880 – M. BRUCHET, Le fonds de la collégiale de Sallanches, Bull. hist. phil. 25, 1907, 329–379 – F. COUTIN, Hist. de la collégiale de Sallanches…, 1941 – *zu Jean de Ch.:* DBF VIII, 1172 [P. HAMON] – DHGE XII, 747–749 [G. MOLLAT] – GChr XVII, 247–249 – *zu Rodolphe de Ch.:* GChr XII, 71; XVI, 249f. – cf. R. H. BAUTIER–I. SORNAY, Sources de l'hist. ec. et soc. II, 1971, 791–797.

Chiusi, Stadt und Bm. in der it. Prov. Siena am Südrand des Val di Chiana, wahrscheinl. umbr. Gründung, die von den Etruskern übernommen wurde und den Namen Chamars erhielt. Ein Bf. ist zu Beginn des 4. Jh. belegt. 526 von →Witigis erobert, z. Zt. →Totilas dann von den Langobarden, die dort einen Dukat gründeten, der bis 776 bestand. Im 12. Jh. beginnt der polit. Niedergang der Stadt, die in diesem Jh. Besitz von Orvieto wurde. 1283 wurde es von Lapo Farinata degli Uberti für Siena erobert, 1307 von päpstl. Legaten Napoleone Orsini, wurde dann kurzzeitig freie Kommune, bis es ein zweites Mal in den Besitz von Siena gelangte. 1414 wurde C. von Muzio Attendolo→Sforza für Kg. →Ladislaus v. Neapel besetzt, 1416 wieder an Siena verkauft und schließlich 1556 von Florenz annektiert. 1459 unterstellte Papst Pius II. das Bm. kirchenrechtl. der Kirche von Siena, nachdem es zuvor exemt gewesen war. R. Pauler

Lit.: IP III, 231–251 – DHGE 12, 749–752 – G. BERSOTTI, Ch. Guida storico-artistica della città e dintorni, 1974.

Chlodio, salfrk. Kg. ca. 425–ca. 455, ist durch seine Verwandtschaft mit →Merowech, der »de huius stirpe« (Greg. Tur. Hist. II, 9; MGH SRM I, 58), Vater→Childerichs und Großvater →Chlodwigs war, als Merowinger ausgewiesen. Ch.s Residenz war zunächst das bisher nicht zweifelsfrei lokalisierte Dispargum, »quod est in terminum Thoringorum« (ebd.); ob es sich um einen zu Gregors v. Tours (nach 531/534), bzw. schon zu Ch.s Zeit im Gebiet linksrheinischer Thüringer liegenden Ort handelt oder um eine Verwechslung von »Thoringorum« und »Tungrorum« (Tongern) ist offen. Ch. eroberte→Cambrai und danach das Land bis zur Somme. Die Niederlage, die →Aëtius Ch. zw. 440 und 450 im Gebiet von Arras beibrachte (Sid. Apoll. Carm. V, v. 211ff.; MGH AA VIII, 193), hat die frk. W-S-Bewegung nicht spürbar beeinträchtigt. Vielleicht hat schon Ch. →Tournai erobert (Liber hist. Fr. 5; MGH SRM II, 246). H. Grahn-Hoek

Lit.: HOOPS^2 IV, 476–478 [W. JUNGANDREAS–R. WENSKUS] – L. SCHMIDT, Aus den Anfängen des salfrk. Kgtm.s, Klio 34, 1942, 306–327 – W. J. DE BOONE, De Franken van hun eerste optreden tot de dood van Childerik, 1954 – E. ZÖLLNER, Gesch. der Franken bis zur Mitte des 6. Jh., 1970.

Chlodomer, merow. Kg., * um 496/497 als dritter Sohn →Chlodwigs und der →Chrodechilde, † 21. Juni 524 bei Véseronce, ⚭ unbekannt; ⚭ um 519/520 Guntheuca (Herkunft unbekannt); Kinder: Theudoald (* um 521), Gunthar (* um 524), Chlodovald (Greg. Tur. Hist. Franc. III, 6). Beim Tod Chlodwigs 511 und der Teilung des Reiches aequa lance erhielt der etwa 15jährige Ch. Anteile an den Kirchenprovinzen Sens (mit Sens, Auxerre, Chartres und Nevers) und Tours (mit Tours, Angers und Nantes) sowie den aquitan. Norden mit Bourges und Poitiers. Die Zugehörigkeit von Troyes und Limoges zu seinem regnum ist wahrscheinlich. Residenz war Orléans. Einziger Höhepunkt in Ch.s Regierungszeit war der von ihm 523 initiierte Krieg gegen die Burgunder. Dem mit Chlothar I. und Childebert I. gemeinsam unternommenen Feldzug wurde ein anfänglicher Erfolg zuteil durch die Gefangennahme des burg. Kg.s →Sigismund und seiner Familie, die Ch. bei Orléans internieren und dort schließlich beseitigen ließ, als ein neuerliches Eingreifen in Burgund erforderlich wurde. Am 21. Juni 524 ereilte den fast 30jährigen Chlodomer der Tod bei Véseronce, nachdem er den Burgundern durch eine List in die Hand gefallen war (Greg. Tur. Hist. Franc. III, 6). Sein regnum wurde nach Ausschaltung seiner Söhne zw. Chlothar I. und Childebert I. geteilt. H. Ebling

Lit.: E. ZÖLLNER, Gesch. der Franken bis zur Mitte des 6. Jh., 1970, 74–81 – R. SCHNEIDER, Königswahl und Königserhebung im FrühMA, 1972, 74–75 – E. EWIG, Stud. zur merow. Dynastie, FMASt 8, 1974, 15–59 – DERS., Spätantikes und frk. Gallien I; Francia-Beih. 3/1, 1976.

Chlodovald, dritter und jüngster Sohn des merow. Kg.s Chlodomer und der Guntheuca. Nach dem gewaltsamen Tod seines Vaters 524 kam der noch minderjährige Ch. mit seinen beiden gleichfalls minderjährigen Brüdern zu Chrodechilde, seiner Großmutter, die den Enkeln das Vatererbe bewahren wollte (Greg. Tur. Hist. Franc. III, 6). Dem späteren Mordanschlag der Oheime Chlothar I. und Childebert I. entging Chlodovald als einziger durch die Hilfe von Großen der Führungsschicht des Chlodomer-Reiches (Greg. Tur. Hist. Franc. III, 18). Er entsagte dem Herrschaftsanspruch und gab damit den Weg zur Teilung frei. Nach der späten und inhaltsarmen Vita Ch.s wurde Ch. durch Bf. Eusebius v. Paris zum »presbiter« geweiht und gründete das Kl. Novigentum, das spätere St-Cloud bei Paris (Vita s. Chlod. 12), wo Ch. an einem 7. Sept. starb und beigesetzt wurde. H. Ebling

Lit.: R. SCHNEIDER, Königswahl und Königserhebung im FrühMA, 1972, 74f. – H. GRAHN-HOEK, Die frk. Oberschicht im 6. Jh., 1976, 161–165.

Chlodulf, Bf. v. Metz, † 8. Juni ca. 697. Ch. war der Sohn des Ahnherrn der →Arnulfinger, →Karolinger, →Arnulf v. Metz (8. A.), und (wohl jüngerer) Bruder →Ansegisels. Ca. 657 wurde er als dritter Nachfolger seines Vaters Bf. v. Metz: »ob paternae sanctitatis gloriam«, wie Paulus Diaconus hervorhebt. Aus seinem angebl. 40jährigen Episkopat wird lediglich die reiche Ausstattung der bfl. Stephans-Kathedrale berichtet. Ch. ist offensichtl. identisch mit dem »dominus inluster« Ch., dem Bf. →Desiderius v. Cahors einen um 647 anzusetzenden Brief schreibt (D.

NORBERG), und dem domesticus Flodulfus (neben Ansigisilus!) in einem Dipl. Sigiberts III. von ca. 648 (MGH DD Merov. 22; ebd. nr. 29 v. 670 Bestätigung durch Childerich II.: Chlodulfus): also eine durchaus übliche weltl. Karriere vor der Übernahme des Bischofsamts. – Zwei angebl. Urkunden des dux Austriae Mosellanicae Ch. v. 646 und 651 (PARDESSUS II, 84 und 93) sind plumpe Fälschungen de Rosières aus dem 16. Jh.   U. Nonn

Q.: Paulus Diaconus, Gesta epp. Mett. (MGH SS II) – De virtut. s. Geretrudis c. 2 (MGH SRM II) – Vita s. Chlodulfi (AASS Jun. 8) [aus dem 11. Jh., hist. wertlos] – Epp. s. Desiderii Cadurcensis I 8, ed. D. NORBERG, 1961 – *Lit.*: DUCHESNE, FE III, 56 – BRAUNFELS, KdG I, 73f. [E. HLAWITSCHKA] – H. EBLING, Prosopographie der Amtsträger des Merowingerreiches, 1974, nr. CXVIII.

Chlodwig

1. Ch. I. (Chlodovechus), Begründer des frk. Großreiches (→Frankenreich), nach der Chronologie Gregors v. Tours * 466 als Sohn des salfrk. Teilkönigs →Childerich v. Tournai aus dem Geschlecht der→Merowinger und seiner Gattin Basina; † 27. Nov. 511. Das Bestimmungswort des Namens weist auf Chlodio hin, den ersten zuverlässig bezeugten Merowinger, unter dessen Führung die Salfranken um 448 aus Toxandrien nach Cambrai und Arras vorstießen und den Norden der Provinz Belgica II bis zur Somme besetzten.

Merowech, der Vater Childerichs, war anscheinend ein gleichzeitig lebender Verwandter Chlodios. Er war wohl der erste Kg. v. →Tournai. Childerich scheint als föderierter Heerführer bereits aus der bescheidenen Stellung eines Kleinkönigs von Tournai herausgewachsen zu sein.

Das erste zeitgenöss. Zeugnis zu seiner Geschichte ist ein Glückwunschschreiben des Bf.s →Remigius v. Reims anläßl. der Übernahme der »administratio secundae Belgicae« durch den jungen König. Wenn sich der Glückwunsch, wie nach der Terminologie anzunehmen, auf den »Regierungsantritt« Ch.s i. J. 481 oder 482 bezog, so folgte Ch. dem Vater nicht nur als Kleinkönig v. Tournai, sondern auch als Föderatengeneral in der Belgica II. Das Schreiben läßt zugleich gute Beziehungen der noch heidn. Kg.e v. Tournai zum Metropoliten der Belgica II erkennen.

486 oder 487 kam es zu einem Kampf zw. Ch. und →Syagrius. Syagrius unterlag: Er floh zum Westgotenkg. →Alarich II., wurde aber von diesem ausgeliefert und auf Befehl Ch.s getötet. Der Sieg entschied unmittelbar über die Herrschaft Ch.s bis zur Seine. Das Gebiet zw. Seine und Loire wurde anscheinend erst nach weiteren Kämpfen in das werdende frk. Großreich einbezogen. Ch. trat hier das Erbe der nordgall. Heermeister an, deren Hauptquartier→Soissons er zu seiner Residenz machte, aber – und das war entscheidend – als rex Francorum. Einer Legitimation durch den Ks. in Konstantinopel bedurfte er nicht.

Ch. war 486/487 noch ein Frankenkönig neben anderen, doch dürfte ihm der Sieg über Syagrius wenigstens die Hegemonie im gesamtfrk. Bereich gesichert haben. Nach Gregor v. Tours unterwarf Ch. 491/492 die »Thoringi« seiner Herrschaft. Die Nachricht kann sich nur auf ein Kleinreich im heut. Belgien beziehen. Es ist nicht ausgeschlossen, daß in dieser Zeit mehrere salfrk. Kleinkönige beseitigt wurden. Gregor v. Tours berichtet davon zwar erst anläßlich der Einbeziehung der rhein. Franken von Köln in das frk. Großreich (zw. 509 und 511), doch könnte dies auf seine raffende Erzähltechnik zurückzuführen sein. Allerdings läßt die Nachricht, daß Ch. den →Chararich, einen der frk. Kleinkönige, zuerst zum Priester und Chararichs Sohn zum Diakon scheren ließ, in diesem Fall eher auf eine spätere Beseitigung schließen.

Zu Beginn der 90er Jahre hatte Ch. seine Herrschaft in Nordgallien konsolidiert. Ein Zeichen seines Eintritts in den Kreis der germ. Großkönige des lat. Okzidents war die Heirat mit →Chrodechilde (Chrotchildis), einer Nichte des burg. Oberkönigs →Gundobad. 493 vermählte sich der Ostgotenkönig →Theoderich, der damals gerade seine Herrschaft in Italien begründet hatte, mit Ch.s Schwester →Audofleda. Wenige Jahre darauf hatte der Frankenkönig indessen noch einmal eine schwere Bewährungsprobe zu bestehen: den Kampf mit den →Alamannen.

Die Auseinandersetzung mit den Alamannen ist Gegenstand heftiger Kontroversen gewesen. Gregor v. Tours erwähnt beiläufig, daß →Sigibert, der Kg. der Kölner Franken, in einem Kampf mit den Alamannen bei Zülpich verwundet wurde. Von einem entscheidenden Sieg Ch.s, der nach einigen Handschriftengruppen der »Historia Francorum« 496 oder 497 errungen wurde, berichtet er ohne Ortsangabe nur im Zusammenhang mit Ch.s Bekehrung zum Christentum. Einwandfrei bezeugt durch ein Schreiben Theoderichs d. Gr. in den »Variae« Cassiodors ist aber ein Alamannensieg Ch.s i. J. 506. Der Streit geht darum, ob zwei Alamannenkriege stattgefunden haben oder nur einer: der von 506. Obwohl die Kontroverse von Zeit zu Zeit neu aufzuleben pflegt, setzte sich in der Forschung immer wieder die durch einleuchtende Argumente gestützte Meinung durch, daß Ch. zwei Alamannenkriege führte (so gegen DE VIJVER und WEISS zuletzt TESSIER, LIPPOLD, SCHÄFERDIEK, ANTON). Die Hintergründe sind freilich dunkel, da man bisher weder von der Westexpansion der Alamannen, noch von der Ausdehnung des Kölner Frankenreichs ein klares Bild gewonnen hat. Einigermaßen gesichert ist jedoch, wie zuletzt SCHÄFERDIEK zeigte, daß die Alamannen nach ihrer ersten Niederlage nur in Abhängigkeit von den Franken gerieten, während sie nach dem zweiten Sieg Ch.s ihre Selbständigkeit verloren und in das Frankenreich einbezogen wurden.

Die Kontroverse über den ersten Alamannensieg Ch.s ist unlösbar verquickt mit der weit wichtigeren über die Bekehrung Ch.s zum kath. Christentum. Der einschlägige Bericht Gregors v. Tours beruht, wie VON DEN STEINEN zeigte, auf Mitteilungen der Kgn. Chrodechilde und ist daher glaubwürdig.

Die Franken waren an Rhein und Somme früh in Berührung mit der orth. Kirche Galliens getreten. Dem zitierten Remigiusbrief kann man entnehmen, daß schon Ch.s Vater Childerich gute Beziehungen zum belg. Episkopat, namentl. zum Metropoliten v. →Reims, unterhielt. Der kath. Einfluß wurde durch Ch.s Heirat mit Chrodechilde, einer engagierten kath. Christin, verstärkt. Die Kgn. setzte sogar die Taufe ihrer beiden ältesten Söhne Ingomer und Chlodomer durch. Indessen machte sich nach der Aufnahme der Beziehungen zu den Ostgoten auch arian. Einfluß bemerkbar. Lantechilde, eine Schwester Ch.s, trat zum Arianismus über.

Der König zögerte eine Entscheidung hinaus, die von größter polit. Tragweite sowohl gegenüber den Franken und Galloromanen wie gegenüber den Goten sein mußte. Doch spielten auch religiöse Erwägungen, geprägt von heidn. Furcht vor dem Tremendum, eine erhebl. Rolle. Der frühe Tod des Sohnes Ingomer sprach für die Macht – den Zorn – der alten Götter. Auch Chlodomer erkrankte, genas jedoch wieder. Der Kg. erwartete ein Zeichen, das ihm nach Gregor in der Alamannenschlacht gegeben wurde, als er in schwerer Bedrängnis Christus, den Gott Chrodechildes, anrief und darauf den Sieg errang. Die Glaubwürdigkeit des Berichts wird durch Parallelen aus anderen germ. Bereichen erhärtet (SCHÄFERDIEK).

Ein zeitgenöss. Zeugnis für die weiteren Vorgänge ist ein leider undatierter Glückwunschbrief des Metropoliten →Avitus v. Vienne im Burgunderreich zur Taufe Ch.s. Aus einem um 565 verfaßten Schreiben des Bf.s Nicetius v. Trier an Ch.s Enkelin Chlodoswinth geht hervor, daß der König ein öffentl. Taufversprechen in der Martinsbasilika von Tours ablegte. Nach den Forschungen von W. VON DEN STEINEN ergibt sich folgender Ablauf für den Übertritt Ch.s: Nach dem (in foro interiori?) gegebenen Gelübde der Alamannenschlacht ging Ch. mit der Kgn. zu Rate, die heimlich die Verbindung mit Remigius v. Reims zum Zwecke einer ersten Glaubensbelehrung herstellte. Da der Übertritt des Kg.s zum Christentum die gens Francorum unmittelbar tangierte, holte Ch. (auf einem Märzfeld?) die Zustimmung seines populus ein (Gregor) und wurde dann von Remigius in den Katechumenenstand aufgenommen. In St-Martin von→Tours (Nicetius) gab er (an einem Martinsfest des 11. Nov.?) die »Kompetenzerklärung« (Anmeldung zur Taufe) ab (Avitus, Nicetius). Die Taufe erfolgte durch Remigius v. Reims (Gregor) am folgenden Weihnachtsfest (Avitus). Zw. Alamannenschlacht und Taufe lag so ein Zeitraum von 1-2 Jahren. Die Taufe kann Weihnachten 497, 498 oder 499 stattgefunden haben. Die Datierung auf Weihnachten 498 hat die größte Wahrscheinlichkeit.

Die hist. Bedeutung der Konversion Ch.s wird nicht durch die Feststellung geschmälert, daß die Bekehrung der Franken damit nur eingeleitet und erst im 7. Jh. abgeschlossen wurde (→Mission). Wie mit seiner Reichsgründung setzte Ch. auch mit der Annahme des kath. Christentums einen neuen Anfang, hinter dem die ältere frk. Vergangenheit allmählich versank. Im Epilog der →Lex Salica erscheint er daher als primus rex Francorum. Daß die Entscheidung Ch.s für die christl. Orthodoxie über den frk.-gall. Bereich hinaus für den gesamten germ.-roman. Okzident von größter Bedeutung war, hat schon Avitus v. Vienne erkannt. Sie leitete eine Wendung gegen die auf Stabilisierung der germ.-roman. Reiche gerichtete Politik Theoderichs d. Gr. ein und führte das Ende der gotisch bestimmten »subrömischen« Übergangszeit zw. »Antike« und »Mittelalter« herbei. Nicht durch Gregor v. Tours, sondern durch eine Fortsetzung der Chronik →Prospers v. Aquitanien (»Prosper Havniensis«) erfahren wir von einem ersten Krieg zw. Alarich II. und Ch., in dessen Verlauf die Franken 498 bis nach Bordeaux vordrangen (eine andere Nachricht der gleichen Quelle, nach der die Westgoten 496 Saintes einnahmen, ist mit LIPPOLD eher auf eine Auseinandersetzung der Westgoten mit sächs. Piraten zu beziehen, die sich an der Atlantikküste festgesetzt hatten). Auf diesem Feldzug dürfte Ch. in Tours die »Kompetenzerklärung« abgegeben haben, von der Nicetius berichtet (VON DEN STEINEN, SCHÄFERDIEK, anders LIPPOLD). Der Feldzug brachte den Franken noch keinen Gewinn. In dem anscheinend von Theoderich d. Gr. vermittelten Frieden wurde der Status quo bestätigt.

Ein Konflikt zw. dem burg. Unterkönig →Godegisel v. Genf und seinem Bruder, dem burg. Oberkönig →Gundobad v. Lyon, bot dem Merowinger bald darauf die Möglichkeit einer Machterweiterung im Saôneraum. Godegisel gewann Ch.s Hilfe durch die Zusage jährlicher Tribute und die Abtretung nicht näher bezeichneter Gebiete. Die Verbündeten siegten i. J. 500 an der Ouche bei Dijon (Gregor, Marius v. Avenches), aber der nach Avignon geflüchtete Gundobad konnte 501 (mit westgot. Unterstützung?) die Lage wenden und Godegisel beseitigen, an dessen Stelle in Genf Gundobads Sohn →Sigismund trat. Der frk. Expansionsdrang wurde so ein zweites Mal gedämpft.

Nach den beiden frk. Mißerfolgen hielten die Alamannen anscheinend die Gelegenheit für günstig, die frk. Oberhoheit abzuschütteln. Nach der zweiten, entscheidenden Niederlage von 506 wurden sie von den Franken bis ins Alpenvorland verfolgt, wo Theoderich den Siegern Einhalt gebot. Damals wohl leiteten Hs. Herren in den linksrhein. Gebieten von →Worms und →Speyer und ihrem rechtsrhein. Vorland nördl. der Oos einen Einfrankungsprozeß ein, der in merow. Zeit zum Abschluß kam. Aber auch das →Elsaß, in dem sich das alam. Volkstum behauptete, kam unter direkte frk. Verwaltung, während das rechtsrhein. Alamannien südl. der Oos unter merow. Hoheit ein stärkeres Eigenleben bewahrte.

Ch. hatte unterdessen sein eigtl. Ziel, die Auseinandersetzung mit den Westgoten um Gallien, nicht aufgegeben. Bevor er zum entscheidenden Schlag ausholte, nahm er Verbindung mit den Burgundern und dem Ks. auf. Spannungen zw. Ks. Anastasios I. und Theoderich wegen →Sirmium, das die Ostgoten in Besitz genommen hatten, kamen ihm dabei zugute. 507 eröffnete der Merowinger den zweiten Gotenkrieg, den er im Zeichen eines Kampfes gegen die häret. Arianer führte. Sympathien gewann er damit in Tours, kaum aber bei der Mehrheit des kath. Episkopats im Reich v. Toulouse, die sich mit der Gotenherrschaft ausgesöhnt hatte (SCHÄFERDIEK).

Die Franken Ch.s, verstärkt durch rhein. Franken unter der Führung von Sigiberts Sohn Chloderich, stießen wie 498 über Tours in Richtung Bordeaux vor. Als Siegeshelfer rief Ch. →Martin v. Tours und →Hilarius v. Poitiers, Vorkämpfer gegen den Arianismus im 4. Jh., an. Beide, bes. aber Martin, wurden in der Folge als Königs- und Reichspatrone verehrt. In campo Vogladinse (wohl →Vouillé nördl. von Poitiers) kam es zur entscheidenden Schlacht, in der Alarich von der Hand Ch.s fiel. Der Sieger überwinterte in Bordeaux. 508 eroberte er gemeinsam mit den verbündeten Burgundern unter der Führung Sigismunds v. Genf, der 506 zum Katholizismus übergetreten war, die got. Königsstadt Toulouse, wo ihm große Teile des reichen Gotenschatzes in die Hand fielen. Während Ch.s ältester Sohn→Theuderich die→Auvergne besetzte, marschierte der Frankenkönig selbst über Angoulême nach Tours zurück.

In Tours überbrachten ksl. Gesandte Ch. die Ernennung zum Honorarconsul und eine vestis regia (tunica blattea, chlamys, Diadem). Ks. Anastasios erkannte damit den Franken als Kg. im gleichen Rang wie Theoderich an (ENSSLIN), anscheinend mit dem Recht auf Akklamation (K. HAUCK, anders LIPPOLD). Nach diesen Ehrungen verlegte Ch. seinen Sitz von Soissons nach Paris, das er zur cathedra regni erhob.

Unterdessen hatte Theoderich d. Gr. im Sommer 508 in den Krieg eingegriffen. Die Ostgoten verdrängten die Burgunder aus der Provence und vereinigten sich in →Septimanien (Prov. Narbonne) mit den geschlagenen Westgoten, die Gesalech, einen Bastard oder Friedelsohn Alarichs II., zum König ausgerufen hatten. Ch. unterstützte die Burgunder zwar mit Hilfstruppen, vermied aber die direkte Konfrontation mit den Ostgoten. Er begnügte sich mit der Behauptung seiner Eroberungen (Aquitania I und II, Toulouse, Teile der→Novempopulana südl. der Garonne), die ihm die Ostgoten nicht streitig machten. Ob er noch vor seinem Tod einen formellen Frieden mit den Goten schloß, ist ungewiß.

Während Theoderich die Burgunder und Franken vom Mittelmeer abriegelte, baute Ch. seine Stellung im gesamtfrk. Bereich aus. Nachdem er durch ränkevolle Diplomatie die Beseitigung der Kölner Kg.e Sigibert und Chloderich erreicht hatte, erhoben ihn die rhein. Franken zu ihrem König. Soweit sie noch bestanden, wurden auch die frk. und nichtfrk. Kleinreiche im belg.-niederländ. Raum dem großfrk. Reich einverleibt. Nur das Kleinreich der →Warnen im Rheinmündungsgebiet behauptete nach dem Zeugnis Prokops noch über Ch. hinaus eine freilich prekäre Autonomie.

Innerhalb von rund 25 Jahren ist Ch. so vom Kleinkönig und Sprengelkommandanten zum mächtigsten Herrscher Galliens aufgestiegen. Der Sieg über Syagrius brachte ihm die ksl. Domänen Nordgalliens, einen (wenn auch reduzierten) Verwaltungsapparat und die Befehlsgewalt über den exercitus Gallicanus ein. Mit dem Sieg über Alarich II. gewann er den Gotenschatz und die Herrschaft über Länder, in denen die röm. Strukturen noch kaum verändert fortbestanden. Dies alles mußte sich auf seine Stellung in der gens Francorum auswirken, deren oberster Repräsentant der Kg. auch als der Herr eines gall. Reiches war und blieb.

Nordgallien, das sich schon in spätröm. Zeit vom Süden in sozialer und wirtschaftl. Beziehung unterschied, ist durch Ch. zur »Francia« geworden. Im Land zw. Rhein und Loire, aus dem die senator. Familien im 5. Jh. größtenteils abgewandert waren, bestimmten die neuen frk. Herren, denen sich die hier seit längerer Zeit angesiedelten barbari (laeti, gentiles, Söldnergruppen) und bald auch die eingesessenen Romani zuordneten, künftig das Geschichtsbewußtsein.

Die frk. Siedlung hat allerdings nicht die gesamte »Francia« erfaßt, sie dünnte zur Seine hin allmählich aus. Nach der Eroberung Aquitaniens, aber vielleicht noch vor der Eingliederung der rhein. Franken, ließ Ch. nach westgot.-burg. Vorbild das Recht seines Volkes kodifizieren, das anscheinend für alle barbari der »Francia« Rechtskraft erhielt. Der »Pactus legis Salicae« weist altertümlichere Züge auf als die anderen »Volksrechte« der Zeit (→Leges). Doch hat der Kg. die Aufzeichnung im monarch. Sinne beeinflußt. Der Adel fehlt unter den Rechtsständen; dagegen nehmen die →Antrustionen (Gefolgsleute des Kg.s), die Romanen, soweit sie →convivae regis (Tischgenossen des Kg.s) waren, und die Amtsträger (grafiones, pueri regis) eine Sonderstellung mit dem dreifachen →Wergeld ihres Geburtsstandes ein. Ch. hat die Gft. (→comitatus) als Institution ausgebaut, indem er die Gf.en (→comes), die ursprgl. nur polizeil. Funktionen hatten, als Vertreter des Kg.s in den →pagi (Gauen) mit umfassenderen Vollmachten ausstattete.

Träger der röm. frk. Kontinuität im Chlodwigreich war v. a. der Episkopat. Anscheinend hat der frk. Reichsgründer schon versucht, Bm.er in den salfrk. Siedlungsgebieten (Arras, Tournai) zu reorganisieren oder neu einzurichten, freilich ohne durchschlagenden Erfolg. Die kirchl. Restauration zwischen Rhein und Somme machte erst unter den Nachfolgern, die dabei auf den aquitan. Klerus zurückgriffen, entscheidende Fortschritte. Die Voraussetzungen dafür hat jedoch Ch. durch die Begründung der sog. merow. »Landeskirche« geschaffen, die sich im Juli 511 auf dem ersten Konzil v. →Orléans nach westgot. Vorbild (Konzil v. Agde 506) konstituierte. Das Konzil wurde von Ch. einberufen, der auch das Programm der Beratungen entworfen hatte. Da dem Kg. nach Kan. 4 d. Reichssynode in d. Regel d. Zustimmung bei der Ordinierung von Laien zu Klerikern vorbehalten blieb, darf man a fortiori annehmen, daß er »auch bei Bischofserhebungen entscheidend mitwirkte« (LIPPOLD).

Wenige Monate nach der Beendigung des Konzils (10. Juli 511) ist Ch. am 27. Nov. 511 gestorben. Er wurde in der von ihm erbauten Pariser Basilika beigesetzt, die ursprgl. den Aposteln resp. dem Apostelfürsten Petrus geweiht war, aber schon bald das Patrozinium der hier gleichfalls bestatteten hl. →Genoveva (Geneviève) annahm. Die Verbundenheit mit Rom bekundete Ch. durch die (letztwillig angeordnete?) Übersendung einer Votivkrone, die Papst →Hormisdas nach dem Tod des frk. Reichsgründers entgegennahm. Ch.s Söhne →Theuderich (aus einer vor der Ehe mit Chrodechilde geschlossenen Verbindung), →Chlodomer, →Childebert und →Chlothar teilten nach dem Tod des Vaters das Reich in der Weise, daß jeder von ihnen einen Anteil an der Francia und an den 507/511 neu erworbenen Gebieten Südgalliens erhielt. Ob diese Reichsteilung auf eine Verfügung Ch.s zurückging oder zw. Theuderich und den Söhnen Chrodechildes ausgehandelt wurde, ist ungewiß. E. Ewig

Q.: Briefe des Bf.s Remigius v. Reims (Epp. Austr. 1–3, MGH Epp. III 112ff.), des Bf.s Avitus v. Vienne (Aviti Epp. 46, MGH AA VI 2, 75ff.), des Bf.s Nicetius v. Trier (Epp. Austr. 8, MGH Epp. III 119ff.), Theoderichs d. Gr. (Cassiodor, Variae II 40 und 41, III 1–4, MGH AA XII 70ff. und 78ff.), Chlodwigs (MGH Cap. I Nr. 1) – Pactus legis Salicae (MGH, Leges, Sectio I, LNG IV 1) – Akten des Konzils v. Orléans (MGH, Conc. I 1ff.) – Gregor v. Tours, Hist. Franc. II 27–43 (MGH SRM I²) und spätere merow. Chroniken: Pseudo-Fredegar III 15–30, Liber Hist. Franc (MGH SRM II 98ff.) – Prokop, Bellum Goticum – Prosper Havniensis ad 496 und 498 (MGH AA IX 331) – Marius v. Avenches ad 500 (MGH AA XII 234) – Vita Caesarii, Eptadii, Vedastis, Genovefae (MGH SRM III 433ff., 184ff., 399ff., 204ff.) – Zur Kritik: WATTENBACH–LEVISON, 1952–R. BUCHNER, Einl. zu Gregor v. Tours, Zehn Bücher Geschichten, I, 1970⁴ (AusgQ) – Lit.: Zusammenfassende Darstellungen: HOOPS² IV, 478–485 [H. M. ANTON] – RE Suppl. XIII, 1973, 139–174 [A. LIPPOLD. Diskussion von Q. und Lit.] – G. KURTH, Clovis, 2 Bände, 1923³ – G. TESSIER, Le baptême de Clovis, 1964 [grundlegende frz. Darstellung] – E. ZÖLLNER, Gesch. der Franken bis zur Mitte des 6. Jh., 1970 [grundlegende dt. Darstellung] – HEG I, 250–266 [E. EWIG] – zu Einzelfragen: W. VON DEN STEINEN, Ch.s Übergang zum Christentum, 1932 (MIÖG Ergbd. 12) [grundlegend] – W. ENSSLIN, Nochmals zur Ehrung Chlodowechs durch Kaiser Anastasius, HJb 56, 1936, 499–507 [grundlegend] – A. VAN DE VIJVER, RBPH 15, 1936, 859ff.; 16, 35ff.; 17, 793ff.; M–A 53, 1947, 177ff. [abweichend von der herrschenden Meinung] – K. F. STROHEKER, Der senator. Adel im spätantiken Gallien, 1948 [Nachdr. 1970] – E. EWIG, Die frk. Teilungen und Teilreiche (511–613), AAMZ 9, 1953 [abgedruckt in DERS.: Spätantikes und frk. Gallien I, Francia-Beih. 3/1, 1976, 114ff.) – J. M. WALLACE-HADRILL, The longhaired Kings, 1962 – K. HAUCK, Von einem spätantiken Randkultur zum karol. Europa, FrühMASt 1, 1967, 3–93 – H. WOLFRAM, Intitulatio I. Lat. Königs- und Fürstentitel bis zum Anfang des 8. Jh., 1967 (MIÖG Ergbd. 21) – R. WEISS, Ch.s Taufe: Reims 508, 1971 [abweichend von der herrschenden Meinung] – K. SCHÄFERDIEK, Ein neues Bild der Gesch. Ch.s, ZKG 84, 1973, 270–277 – E. EWIG, Stud. zur merow. Dynastie, FrühMASt 8, 1974, 36ff. – K. SCHÄFERDIEK, Germanenmission, RAC X, 1977, 536ff. – A. ANGENENDT, Das geistl. Bündnis der Päpste mit den Karolingern, HJb 100, 1980, 2–9.

2. Ch. II., merow. Kg., * 633/634, † 657. Noch zu Lebzeiten hatte →Dagobert I. die Erbfolge nach altem Teilungsprinzip geregelt: Das Ostreich fiel an →Sigibert III., Neustrien und Frankoburgund an den jüngeren Sohn Ch. Unter der Königinmutter →Nanthild führte der Hausmeier Aega die Regierungsgeschäfte für das kgl. Kind. Nach Aegas Tod 641 erhob Nanthild →Erchinoald (einen Verwandten v. Dagoberts I. Mutter) zum Hausmeier für Neustrien; 642 erneuerte sie auch das burg. Hausmeieramt und betraute damit den Franken →Flaochad. Zugeständnisse an die frankoburgund. Großen (u. a. Ämtergarantie auf Lebenszeit) vermochten nicht, Spannungen zw. Franken und Burgundern zu verhindern. Flaochad starb noch 642; ob er einen Nachfolger erhielt (vielleicht der zu 654 bezeugte Radobert?), bleibt unsicher.

Da die Fredegarchronik 642 abbricht, wissen wir kaum etwas über die folgenden Jahre Ch.s. Das Verhältnis zw. Austrasien und Neustroburgund scheint zuweilen durch Grenzfehden getrübt gewesen zu sein. Hinzu kommt möglicherweise die Sorge im Ostreich, dessen Kg. Sigibert III. lange ohne Söhne blieb, vor Ambitionen des Westreiches auf das austras. Erbe. – Um 648 vermählte sich Ch. mit →Balthild, die eine überragende Persönlichkeit war; nach dem frühen Tod Ch.s 657 leitete sie die Regierung im Westreich. U. Nonn

Q.: Fredegar IV, 76, 79–90 (MGH SRM II) – Liber hist. Fr. 42–44 (ebd.) – Vita s. Balthildis 3–5 (ebd.) – *Lit.:* CH. COURTOIS, L'avènement de Clovis II et les règles d'accession au trône chez les Mérovingiens (Mél. L. HALPHEN, 1951), 155–164 – E. EWIG, Die frk. Teilreiche im 7. Jh., Trierer Zs. 22, 1953, 114–121 [DERS., Spätantikes und frk. Gallien I, 1976, 201–207].

3. Ch. III., merow. Kg., * ca. 677, † 694, ▭ St-Denis. Ch., der Sohn →Theuderichs III. und Chrodichilds, folgte nach dem Tod seines Vaters 690/691 noch als »parvulus« in der Herrschaft. Urkundl. ist nachzuweisen, daß die kgl. Mutter während der Unmündigkeit die Vormundschaft übernahm (MGH DD Merov. 58, 61). Dabei fällt auf, »daß weder der übermächtige Hausmeier Pippin noch ein anderer frk. Machthaber, sondern die Königinwitwe... die procuratio ausübte« (SCHNEIDER, 175). Ch. gehört in die Reihe der spätmerow. »Schattenkönige«, die – praktisch nur noch Geschöpfe des princeps Francorum →Pippin d. M. – auf das neustr. Kronland beschränkt waren; sie residierten aber nicht mehr in der bisher wichtigsten Pfalz →Clichy, sondern nur noch auf anderen Pariser Domänen und in →Compiègne. Die frk. Chroniken vermerken lediglich Ch.s Erhebung, Tod und Regierungsdauer (wobei die Cont. Fred. [→Fredegar] die irrigen Zeitangaben des Liber historiae Francorum korrigieren). U. Nonn

Q.: Liber hist. Fr. 49; Cont. Fred. 6 (MGH SRM II) – *Lit.:* E. EWIG, Die frk. Teilreiche im 7. Jh., Trierer Zs. 22, 1953, 139f. (abgedr. in: DERS., Spätantikes und frk. Gallien I, 1976, 226f.) – R. SCHNEIDER, Königswahl und Königserhebung im FrühMA, 1972, 174f. – E. EWIG, Stud. zur merow. Dynastie, FMASt 8, 1974, 23f., 28.

4. Ch. (III), angebl. Merowinger. Nach der Ermordung →Childerichs II. 675, der die merow. Teilreiche noch einmal für kurze Zeit vereinigt hatte, brach völlige Anarchie aus. Die Partei des Bf.s →Leodegar v. Autun bemächtigte sich des nach St-Denis verbannten Bruders Childerichs, →Theuderich III., und setzte ihn wieder zum Kg. im Westen ein. Dessen ehem. Hausmeier →Ebroin entkam ebenfalls dem Kl. (Luxeuil), wich nach Austrien aus und proklamierte kurzerhand einen Knaben, einen angebl. Sohn→Chlothars III., unter dem Namen Ch. zum Kg. Durch Verbreitung der Falschmeldung vom Tod Theuderichs III. und gewaltsame Druckmittel verstärkte Ebroin seinen austr. Anhang und fiel ins Westreich ein. Derweilen rief im Osten eine andere Gruppe um →Wulfoald den während des 'Staatsstreichs' Grimoalds nach Irland verbrachten →Dagobert II. zurück. Nach seinem endgültigen Sieg im Westen (Gewinnung Theuderichs III.) ließ Ebroin den »rex quem falsum fecit« (Passio Leudegarii I, 28) wieder fallen (noch 676) und beendete damit die Episode vom falschen Ch., die in den Chroniken überhaupt nicht erwähnt wird. U. Nonn

Q.: Passio Leudegarii ep. Augustodunensis I, 16–28 (MGH SRM V) – *Lit.:* L. DUPRAZ, Contribution à l'hist. du regnum Francorum pendant le troisième quart du VIIe s. (656–680), 1948, 362–368 – E. EWIG, Die frk. Teilreiche im 7. Jh., TZ 22, 1953, 128f. (DERS., Spätantikes und frk. Gallien I, Francia-Beih. 3/1, 1976, 215f.) – J. FISCHER, Der Hausmeier Ebroin, 1954, 146–157.

Chlothar

1. Ch. I., merow. Kg. 511–561, Sohn →Chlodwigs und der →Chrodechilde. ∞ (Reihenfolge unsicher, Nebeneinander mehrerer Beziehungen möglich) 1a. Ingunde, 2. Guntheuka (1.∞Chlodomer), 1b. Ingunde, 3. Ar(n)egunde, 4. Chunsina, 5. Walderada (1.∞Theudwald), 6. Konkubine(?), 7. →Radegundis. Kinder: von 1a: Gunthar († vor 561), Childerich († vor 561), →Charibert (I.), von 1b: →Guntram, →Sigibert (I.), Chlodos(w)inda; von 3: →Chilperich (I.); von 4: Chramn; von 6: Gundowald(?). Bei der Teilung des Chlodwig-Reiches erhielt Ch. das Reich von →Soissons, das nördl. und östl. der Somme mit →Cambrai, →Tournai, Thérouanne, Arras, Noyon und Laon (?) großenteils dem frk. Gebiet vor den Eroberungen Chlodwigs entsprach. Eine dazugehörige Exklave im gesondert geteilten →Aquitanien schloß sich vermutl. an den schmalen Küstenstreifen →Childeberts I. an. Nach dem Tod des Bruders →Chlodomer (524), Kg.s des Reiches v. Orléans, und der Ermordung durch Flucht vor dessen Söhnen erhielt Ch. Tours, Poitiers und einen Teil von Nantes (?). Der Versuch Childeberts und Ch.s, nach →Theuderichs I. Tod (533) das Reich des Neffen →Theudebert I. an sich zu bringen, scheiterte ebenso wie wenig später der gleiche – diesmal gegen Ch. gerichtete – Versuch Childeberts und Theudeberts. Nach der endgültigen Unterwerfung Burgunds (534) durch Childebert, Ch. (und Theudebert?) erhielt der benachteiligte Ch. wohl den Süden bis zur Durance mit Valence und Embrun. Bei Gebietsabtretungen der Ostgoten an die Franken 536 scheint Ch. übergangen worden zu sein. Nach Theudewalds Tod (555) übernahm Ch. das Ostreich. Versuche Childeberts und des mit ihm verbündeten Ch.-Sohnes Chramn, Ch. sein Reich zu nehmen, schlugen fehl. Aufstände der →Sachsen und →Thüringer (555/556) sowie der Bretonen (560 gemeinsam mit Chramn) endeten mit einem Sieg Ch.s. Ch. erscheint – durch die isolierte Lage seines Reiches wohl von vornherein benachteiligt – lange als der schwächste der Frankenkönige. Erst als mit Theudeberts Tod (548) das Ostreich einen starken Kg. und Childebert seinen Nachfolger verloren hatte, besserte sich die Stellung des söhnereichen Ch. so, daß er 555 das Ostreich ohne Berücksichtigung des söhnelosen Childebert übernehmen und nach dessen Tod (558) Alleinherrscher werden konnte. H. Grahn-Hoek

Lit.: E. EWIG, Die frk. Teilungen und Teilreiche (511–613), AAMz, 1952, Nr. 9 – E. ZÖLLNER, Gesch. der Franken bis zur Mitte des 6. Jh., 1970 – E. EWIG, Stud. zur merow. Dynastie (FMASt 8, 1974), 15–59 – HEG I, 1976, 260ff. [E. EWIG].

2. Ch. II., merow. Kg. 584–629, Sohn →Chilperichs I., Kg.s des Reichs v. →Soissons, und der →Fredegunde. ∞ 1. Haldetrude, 2. Berthetrude, 3. Sichilde; Söhne: (von 1?) Merowech, von 2: Dagobert (I.), von 3: Charibert (II.). Die ersten Jahre des bei der Ermordung seines Vaters (584) erst drei Monate alten Ch. waren geprägt vom Kampf um die Existenz seines Reiches v. a. gegenüber seinem Vetter Childebert II. v. →Austrien und dessen Mutter →Brunichild, ztw. aber auch gegenüber seinem Onkel →Guntram von Frankoburgund. Von vielen Großen Chilperichs verlassen, waren Ch. und seine Mutter Fredegunde auf die Unterstützung des söhnelosen, um den Bestand des merow. Hauses besorgten Guntram angewiesen. Dessen Schutzfunktion zog Herrschaftsansprüche nach sich, die von Ch.s Seite scharf bekämpft wurden. Nach extremen Schwankungen in den gegenseitigen Beziehungen konnte Fredegunde 591 bei Übernahme der Patenschaft für Ch. durch Guntram die Stellung ihres Sohnes als Frankenkg. für einigermaßen gesichert betrachten, wenngleich Childebert II. dem gemeinsamen Onkel (592/593?) unter Ausschluß Ch.s nachfolgte. Der frühe Tod Childeberts (596) ermöglichte Ch. zunächst die Besetzung von →Paris und der umliegenden civitates. Gemeinsames Vorgehen von dessen Söhnen →Theudebert II. und →Theuderich II. führte 600 jedoch zu einer Niederlage Ch.s, derzufolge sein Reich auf 12 pagi zw. Seine, Oise und Meer (Beauvais, Amiens, Rouen) beschränkt wurde. Die zunehmende Feindschaft zw. den Söhnen Childeberts begünstigte Ch., der durch Neutralität bei einem Krieg Theuderichs gegen Theudebert († 612) den Ducatus Dentelini zurückgewann (612). Bevor Theuderich sich diesen seinerseits zurückerobern konnte, starb er (613). Einflußreiche Große unterstützten Ch.s Nachfolge in Austrien und Frankoburgund gegen Brunichilds Urenkel→Sigibert II. Ch. war aus fast aussichtsloser Position im Nordwesten des Frankenreiches (→Neustrien) zum Alleinherrscher geworden (613). Ch. führte die expansive Westgoten- und Langobardenpolitik seiner Vorgänger in Frankoburgund und Austrien (617 Ablösung des Langobardentributs durch eine einmalige Zahlung) nicht fort, sondern befaßte sich mit der inneren Ordnung seines Reiches. Einer – bei der Größe des Reiches gebotenen – gewissen Selbständigkeit der Teilreiche trug Ch. Rechnung, indem er für Frankoburgund und Austrien eigene Hausmeier einsetzte. Das Pariser Edikt von 614 diente mit dem Indigenatsprinzip für Amtsträger des Kg.s (§ 12), der Bf.e und der Großen (§ 19) wohl nicht in erster Linie den partikularen Bestrebungen der Großen, sondern v. a. einer größeren Rechtssicherheit, da nur so die Amtsträger bei Übergriffen haftbar gemacht werden konnten. Teilweise 623 und vollständig (Ausnahme: Exklaven in →Aquitanien und der →Provence) 625/626 übertrug Ch. seinem Sohn →Dagobert I. Austrien als →Unterkönigtum und stellte ihm→Pippin d. Ä. als Hausmeier und Bf. →Arnulf von Metz (bis ca. 626) bzw. Bf. →Kunibert v. Köln als geistl. Berater zur Seite. Obwohl die Errichtung des Unterkönigtums gesamtfrk. Interessen diente (Grenzschutz nach Osten, intensivere Herrschaft nach innen), vergrößerte sie den Spielraum für Sonderentwicklungen. Der Wunsch der burg. Großen, nach dem Tod→Warnachars (II.) (626/627) keinem neuen Hausmeier, sondern Ch. direkt unterstellt zu werden, verstärkte dagegen die Bindung zw. Frankoburgund und Neustrien. Ch. starb 629 in Paris, wo er wie in den Pfalzen der Umgebung (bes. →Clichy) residiert und Reichsversammlungen abgehalten hatte. Mit Ch.s Unterstützung gewann die ir. Mission mit ihren zahlreichen Klostergründungen (→Columban) bedeutenden Einfluß auf das kirchl. und kulturelle Leben im Frankenreich. Ch.s Handlungen bestätigen→Fredegars (IV, 42; MGH SRM II, 142) Bild eines gebildeten, geduldigen und im Sinne der Zeit – als Förderer der Kirchen – gottesfürchtigen Kg.s, der gleichwohl – seit seiner Geburt im Haß gegen Brunichild und ihre Familie erzogen – zu großer Grausamkeit fähig war. H. Grahn-Hoek

Lit.: E. Ewig, Die frk. Teilungen und Teilreiche (511–613), AAMz, 1952, Nr. 9 – Ders., Die frk. Teilreiche im 7. Jh. (613–714), TZ 22, 1953, 85–144 – R. Schneider, Königswahl und Königserhebung im FrühMA, 1972 – E. Ewig, Stud. zur merow. Dynastie (FrühMASt VIII, 1974), 15–59 – HEG I, 396–433 [E. Ewig].

3. Ch. III., merow. Kg., * ca. 649, † 673, ▭ Chelles. Nach dem Tod →Chlodwigs II. 657 folgte der älteste seiner drei noch unmündigen Söhne, Ch., im neustroburg. Kgtm.; seine Mutter →Balthild führte die Regentschaft. Sie verfolgte dabei, zusammen mit dem 658 erhobenen Hausmeier →Ebroin, einen zentralist. Kurs, der bald starke Opposition in Frankoburgund hervorrief; die Kgn. unterdrückte die Widerstände blutig. Neue Konflikte im Westreich führten zu Spannungen mit Ebroin; Balthild mußte zurücktreten und zog sich 664/665 in das von ihr gegr. Kl. →Chelles zurück. Der inzw. mündige junge Kg. regierte nun formell selbständig; prakt. lag die Herrschaft in der Hand Ebroins, der ein Mandat des Kg.s erwirkte, wonach der Hausmeier unumgängl. Zwischeninstanz zw. den frankoburgund. Großen und dem Kg. wurde; d. h. praktisch der Versuch, »das Hausmeieramt zu einer einheitl. Statthalterschaft für beide Reichsteile des Westens auszubauen« (Ewig). Die hieraus erwachsenen schweren Konflikte, bes. mit dem Bf. →Leodegar v. Autun, mündeten in eine Klage Ebroins gegen den Bf. vor dem Kg. Noch während des Prozesses starb Ch. (673). U. Nonn

Q.: Liber hist. Fr. 44–45 (MGH SRM II) – Passio I Leudegarii 2–5 (MGH SRM V) – Lit.: L. Dupraz, Essai sur une chronologie nouvelle des règnes de Clotaire III 657–673 et de Childéric II 662–675, SchZG 2, 1952, 525–568 – E. Ewig, Die frk. Teilreiche im 7. Jh., Trierer Zs. 22, 1953, 121–127 (abgedr. in: Ders., Spätantikes und frk. Gallien I, 1976, 207–214) – J. Fischer, Der Hausmeier Ebroin, 1954 – E. Ewig, Stud. zur merow. Dynastie, FMASt 8, 1974, 23.

4. Ch. IV., merow. Kg., † 719. Der von der Nachfolge ausgeschlossene Friedelsohn →Pippins d. M., →Karl Martell, konnte noch 715 aus der Haft seiner Stiefmutter →Plektrud entweichen und den Kampf um das väterl. Erbe aufnehmen. Nach seinem Sieg über den Kg. →Chilperich II. und dessen Hausmeier →Raganfrid (21. März 717 bei Vinchy im Cambrésis) und der Überwindung Plektruds in Köln, die ihm den väterl. Schatz auslieferte, erhob Karl einen – nicht näher einzuordnenden – Merowinger Ch. zum Kg. (vor 3. Febr. 718), praktisch als Gegenkg. Ch., völlig von Karl abhängig (»anno primo Hlotharii regis quem Karolus post fugam Hilperici ac Raganfridi regem sibi statuerat«: Dat. eines Deperditums aus St-Wandrille [I. Heidrich, ADipl 11/12, 1965/66, 274]), starb bereits 719. Karl, der bei Soissons den entscheidenden Sieg über Raganfrid errang (719; nach Semmler, 10 noch 718), verzichtete auf die Erhebung eines neuen eigenen Kg.s und erkannte offenbar Chilperich II. an. U. Nonn

Q.: Liber hist. Fr. 53; Cont. Fred. 10 (MGH SRM II) – Lit.: R. Schneider, Königswahl und Königserhebung im FrühMA, 1972, 174f. – J. Semmler, Zur pippinid.-karol. Sukzessionskrise 714–723, DA 33, 1977, 1–36.

Chlothilde, hl., Gemahlin Chlodwigs I., → Chrodechild(e)

Choden (Chodové, Chodones). Der Name (von tschech. *chod* 'Gang, Art des Gehens') geht auf den Grenzdienst dieser Bauern in Südböhmen (Umgebung von Taus/Domažlice) zurück. Die Erwähnung zum Jahr 1040 ist erst in der Chronik des sog. →Dalimil; das älteste erhaltene Privileg stammt aus dem Jahre 1325. Die Ch. waren privilegierte Bauern (ursprgl. Kolonisten), die als Grenzhüter von anderen Lasten weitgehend befreit waren. Durch Verpfändungen (seit dem ausgehenden 14. Jh.) wurden ihre Rechte wiederholt eingeschränkt, im 17. Jh. aufgehoben. Die Geschichte der Ch. und ihr Kampf um die alten Rechte wurde zu einem beliebten Thema der tschech. Literatur des 19. und 20. Jh., wobei dieser Kampf als nationale Auseinandersetzung geschildert wird. F. Graus

Lit.: F. Roubík, Dějiny Chodů u Domažlic, 1931 – F. Graus, Die Problematik der dt. Ostsiedlung aus tschech. Sicht, VuF 18, 1974.

Chodkiewicz, Magnatengeschlecht des Gfsm.s →Litauen, aus einem orthodoxen altruss., später polonisierten Bojarengeschlecht des Fsm.s Kiev stammend. Sein erster Vertreter *Chodor* (verderbt aus Fedor?; Verkleinerungsform: Chodka) *Jurévič* wird als Parteigänger des Gfs.en Świtrigiełło v. Litauen erwähnt. Sein Sohn *Iwaszka* (†

1484) nahm 1454 und 1466 am Kampf Kg. Kasimirs IV. v. Polen gegen den Dt. Orden in Preußen teil, wurde 1470 litauischer Marschall, Wojewode von Wilna und Łuck, zog mit Kg. Kasimir IV. 1474 gegen Kg. Matthias Corvinus v. Ungarn, wurde 1480 Wojewode von Kiev, geriet 1483 in tatar. Gefangenschaft und starb dort. Sein Sohn *Alexander* (* ca. 1470, † 28. Mai 1549), 1501 Statthalter v. Pinsk, 1506 Marschall v. Litauen, gründete 1500 ein Kloster der Basilianer in Suprasl', trat aber selbst zur röm. Kirche über. Seine Söhne und Enkel gehörten zu den mächtigsten Magnaten Litauens. M. Hellmann

Lit.: A. BONIECKI, Poczet rodów w Wielkiem Księstwie Litewskim w XV i XVI wieku, 1883, 21ff. – J. WOLFF, Senatorowie i dyngitarze Wielkiego Księstwa Litewskiego 1386-1795, 1885 – A. BONIECKI, Herbarz polski, 1900.

Choiroboskos, Grammatiker → Grammatik

Choisy-au-Bac, Pfalz. Der sehr alte Siedelplatz, nördl. von Compiègne am Zusammenfluß von Oise und Aisne (dép. Oise; u. a. bedeutende vorgeschichtl. Eisenverarbeitung), gewann im frühen MA durch seine Verkehrslage für das merow. Kgtm. Bedeutung: 711 Grablege Kg. →Childeberts III., 783 Todesort der Mutter Karls d. Gr., →Bertrada; wenig später Aufenthalte →Alkuins. 896 von Normannen besetzt und befestigt. Das Stephanskloster (7. Jh.) unterstand seit der Zeit Ludwigs d. Fr. der Abtei St-Médard (→Soissons). 1131 Besuch Papst Innozenz' II. Kirchenbau des 12.–13. Jh. erhalten. D. Lohrmann

Lit.: Z. RENDU, Notice hist. et archéol. sur Ch., 1856 – K. H. KRÜGER, Königsgrabkirchen, 1971, 206f. – R. KAISER, Civitas und Diöz. Soissons, 1973 – D. LOHRMANN, PU Frankreich NF 7, 1976, 185f., 280f. – DERS., Trois palais royaux de la vallée de l'Oise d'après les travaux des érudits mauristes: Compiègne, Ch. et Quierzy, Francia 4, 1976, 129f.

Cholet, Jean, Kard., päpstl. Legat, * 1212/20, † 2. Aug. 1292; Sohn von Oudard, Herrn v. Nointel. Nach Rechtsstudium war Ch. Kanoniker von Notre-Dame du Châtel, später von St-Pierre in Beauvais (1267). Er ist mehrfach als Schlichter belegt. Von Eudes →Rigaud, Ebf. v. Rouen, zum Archidiakon v. Le Petit-Caux ernannt, wurde Ch. Freund von Simon de Brie, Archidiakon derselben Kirche. Nach der Wahl Simons zum Papst (→Martin IV., 22. Febr. 1281) wurde Ch. Kard. v. S. Cecilia (23. März 1281). Martin IV. ernannte ihn zum Legaten: Er wurde 1282 zu Eduard III., Kg. v. England, entsandt, um das Duell zw. →Karl v. Anjou und →Peter III. v. Aragón zu verhindern; anschließend ging er nach Frankreich, um im Namen des Papstes die Übertragung der Kgr.es →Aragón an →Karl v. Valois zu bestätigen und den Kreuzzug gegen Aragón zu predigen (→Aragón, Kreuzzug v.). Am 17. Aug. 1283 bot er dem Kg. die Erträge des Papstzehnten von vier Jahren zur Finanzierung des Kreuzzuges an. Am 21. Febr. 1284 gelang es Ch., die Opposition der von Kg. Philipp III. einberufenen Versammlung der Prälaten und Barone gegen den Kreuzzug zu überwinden. Es ist unbekannt, ob Ch. selbst am Kreuzzug teilnahm (es war wohl ein anderer Legat ähnl. Namens, Gervais Gian Colet de Clinchamp, der die grausame Kriegführung, v. a. das Blutbad von Elne im Roussillon, guthieß). Trotz des Scheiterns des Kreuzzuges behielt Ch. seinen Einfluß (Teilnahme am Begräbnis Philipps III., 11. Dez. 1285, und an der Krönung Philipps IV., 6. Jan. 1286). Dank Ch.s fähiger Verhandlungsführung wurde der Friede v. Lyon zw. Frankreich und Kastilien geschlossen (13. Juli 1288). Am 4. Nov. 1288 nominierte Ch. die Schlichter für einen Schiedsspruch zw. den Kanonikern von Narbonne und Kg. Jakob II. v. Mallorca. Am 29. Nov. 1289 zog sich Ch. in die Abtei Montier-la-Celle zurück, wo er sein Testament verfaßte. Er verfügte darin u. a. die Stiftung einer Summe von 2400 £ und seiner Bibliothek an St-Lucien de Beauvais, wo sein Bruder Odon Abt war und wo Ch. wünschte, begraben zu werden. Weitere 6000 £ bestimmte er für die Fortsetzung des Krieges gegen Aragón. In Anbetracht der Beendigung dieses Krieges stifteten seine Testamentsvollstrecker, die Kanoniker v. Beauvais, Géraud de St-Just und Evrard de Nointel (sein Verwandter), jedoch mit dieser Summe ein Kolleg in Paris zu seinem Angedenken. Es sollte (neben anderen Stipendiaten) v. a. 16 arme Theologiestudenten (später 20 Artes-Studenten) aus den Diöz. Beauvais und Amiens aufnehmen. Die Gründung wurde 1296 von Bonifatius VIII. bestätigt, der auch der Übertragung der Kapelle St. Symphorien (auf der Montagne Ste-Geneviève) durch die Abtei Ste-Geneviève zustimmte. 1301 wurden die endgültigen Statuten durch Kard. →Lemoine erlassen (bestätigt durch Bonifatius VIII.). Das »Collège des Cholets« bestand bis zu seiner Einverleibung in das Collège Louis le Grand (1764). →Paris, Universität und Bildungswesen. E. Lalou

Q.: T. RYMER, Foedera..., vol. I, pars II, 639 – B. BARBICHE, Les actes pontificaux des Arch. nat. de Paris, II, 1978, 2006-2008, 2129, 2150, 2192, 2211 – Cart. XIIIe et XVIe s., Arch. nat., MM 374-375, 377 – Lit.: DBF VIII, 1234 – DHGE XII, 759f. – HLF XX, 113-129 – E. MÜLLER, Le card. C. Mém. soc. acad. de l'Oise, 11, 1883, 790-835 [Nachdr. 1903] – M. E. RABUT, Les Cholets. Etude hist. et topogr. d'un collège parisien (Thèse Ecole des chartes, 1971) [cf. Paris et Ile-de-France, Mém. publ. par la Fédération des soc. hist..., 21, 1970 (1973), 7-95; 22, 1971 (1973), 119-231].

Chomatenos (auch: Chomatianos), **Demetrios,** kurzzeitig Chartophylax, dann Ebf. der byz. autokephalen Kirchenprov. Bulgarien/→Ochrid ca. 1216–ca. 1236, bedeutender Kanonist. – Über den Werdegang des Ch. wissen wir nur von seinem älteren Freund und Amtsbruder J. →Apokaukos, daß Ch. gegen Ende des 12. Jh. →Apokrisiarios der Ochrider Ebf.e am Patriarchat zu Konstantinopel war (vgl. VV 3, 1896, 272) und daß der mit →Nikaia rivalisierende Fs. →Theodoros Dukas v. →Epeiros ihn in Wahrnehmung eines sonst dem Kaiser zustehenden Rechts zum Ebf. ernannt hat. So steht seine Amtszeit von Anbeginn im Zeichen der nikäisch-epirot. Rivalität. Ch. nutzte die Situation, um seinem Amt, auch über die Grenzen des Ebm.s hinaus, quasi-patriarchale Würde und Autorität zu verschaffen, gestützt auf die Unabhängigkeit seines Sitzes und die Pseudo-Theorie von der Identität Ochrids mit →Justiniana Prima. 1227 vollzog Ch., gedeckt durch einen Synodalbeschluß des gesamten epirot. Episkopats, die mit der Salbung verbundene Kaiserkrönung des Theodoros Dukas in Thessalonike, was zu einer briefl. Kontroverse mit dem Patriarchen →Germanos II. führte und Hauptanlaß für das epirot.-nikäische Schisma 1228–33 wurde. Seine Amtstätigkeit, insbes. seine umsichtige kirchl. Rechtsprechung, schlug sich nieder in zahlreichen Akten und Briefen (u. a. an König →Stefan I. und Ebf. →Sava v. Serbien) – zusammengefaßt in der Sammlung der ca. 150 πονήματα διαφορά (opera varia) – und anderen kanonist. und theol. Arbeiten (darunter Ἐρωταποκρίσεις, 'Fragantworten' an Kg. →Radoslav v. Serbien) sowie in kleineren geistl. Dichtungen. Vermutl. verfaßte er auch die anonyme Kurzvita des hl. →Clemens v. Ochrid. G. Prinzing

Ed.: Analecta sacra et classica Spicilegio Solesmensi parata, juris ecclesiastici Graecorum selecta paralipomena, ed. J. B. PITRA, 6, 1891 [Nachdr. 1967] – F. GRANIĆ, Odgovori ohridskog arhiepiskopa Dimitrija Homatijana na pitanja srpskog kralja Stefana Radoslava, Svetosavski Zbornik 2, 1938, 147-189 – G. OSTROGORSKI, Pismo Dimitrija Homatijana Sv. Savi (DERS., Vizantija i Sloveni [Sabrana dela G. OSTROGORSKOG 4], 1970), 170-189 – Lit.: BECK, Kirche, 708f. – DHGE XIV, 199-214 [J. STIERNON; Bibliogr.] – D. M. NICOL, The Despotate of Epiros, 1957 – N. P. MATSES, Νομικὰ ζητήματα ἐκ τῶν ἔργων τοῦ Δημητρίου Χωματιανοῦ, 1961 – A. D'EMILIA, Tre ἀποφάνσεις di Demetrio Ch. in materia d'ἀλληλοκληρονομία, RSBN 1, 1964, 103–120 – V. LAURENT, Le Corpus des sceaux de l'Empire byzantin V, 3, 1972, Nr. 2017 – A. KARPOZILOS, The Ecclesiastical Controversy between the Kingdom of Nicaea and the Principality of Epiros (1217–1233), 1973 – H. BEE-SEPHERLE, Ὁ χρόνος στέψεως τοῦ Θεοδώρου Δούκα, BNJ 21, 1971–74, 272–279 – D. M. NICOL, Refugees, Mixed Population and Local Patriotism in Epiros and Western Macedonia after the Fourth Crusade, 1976 (XV Congr. Intern. Etud. Byz. I, 1) – P. MAGDALINO, A Neglected Authority for the Hist. of the Peloponnese in the Early Thirteenth C., BZ 70, 1977, 316–323 – S. MICHAJLOV, Kŭm razčitaneto na nadpisa na Dimitŭr Chomatian vŭrchu edna ochridska ikona, Archeologija 20, 3, 1978, 47–49 – G. PRINZING, Entstehung und Rezeption der Justiniana Prima – Theorie im MA, Byzantinobulgarica 5, 1978, 269–286 – G. S. MARCOU, Demetrio Ch. nel quadro della cultura bizantina del sec. XIII (Ἐπιστ. Ἐπετ. Παντείου Ἀνωτ. Σχολῆς Πολιτ. Ἐπιστ., 1976–77), 435–446 – H.-G. BECK, Gesch. der orth. Kirche im byz. Reich, 1980, 186f. – M. PETROVIĆ, Istorijskopravna strana Homatijanovog pisma »najprečasnijem medju monasima i sinu velikog županа Srbije kir Savi«, ZRVI 19, 1980, 173–208 – G. PRINZING, Sozialgesch. der Frau im Spiegel der Ch.-Akten, XVI. Int. Byz. kongr., Akten II, 2, JÖB 32/2, 1982, 453–462 – H. N. ANGELOMATIS-TSOUGARAKIS, Women in the Society of the Despotate of Epirus, ebd. 473–479 – G. PRINZING, Stud. zur Provinz- und Zentralverwaltung im Machtbereich der epirot. Herrscher Michael I. und Theodoros Dukas (T. II), Ἤπειρ. Χρονικὰ 25, 1983, 37–112 [Lit.].

Choniates

1. Ch., Michael, Metropolit v. Athen und Schriftsteller (zum Namen »Akominatos« s. V. GRUMEL, EEBS, 23, 1953, 165–167; J. M. M. HERMANS, Script 30, 1976, 241–248), * um 1138 in Chonai (Phrygien), † um 1222, älterer Bruder von 2. Noch sehr jung erhielt Michael Ch. die Weihe durch Niketas, Metropolit v. Chonai. Um die Mitte der 50er Jahre kam er nach Konstantinopel und studierte klass. Autoren unter →Eustathios, dem späteren Metropoliten v. Thessalonike. Anschließend nahm er eine Tätigkeit in der Patriarchatskanzlei auf. 1182 wurde er zum Metropoliten v. Athen ernannt. Nach der Eroberung der Stadt durch die Lateiner flüchtete er Ende 1204 nach Keos, von wo aus er seine verwaiste Herde nach Kräften weiter betreute. 1217 trat er in das Prodromoskl. in Muntinitza (bei Thermopylai; vgl. B. KATSAROS, Byzantiaka 1, 1981, 99f.) ein, wo er die letzten Jahre seines Lebens verbrachte. – Er gilt als einer der fähigsten und gebildetsten Metropoliten seiner Zeit. Sehr erfolgreich verband er kirchl. Aufgaben und polit. Tätigkeit. Er hinterließ Katechesen, Lob- und Leichenreden, Gedichte und Briefe (diese so besonderem hist. Wert). Unter seinen Dichtungen ist die Elegie über den Verfall Athens die bekannteste, unter den Leichenreden die Monodie auf seinen Bruder Niketas; Ch. verfaßte auch eine Denkschrift an Ks. Alexios III. Angelos über die Mißstände in der byz. Beamtenschaft. G. Fatouros

Ed. und Lit.: Tusculum-Lex., 1982³, 530f. – J. KARAYANNOPOULOS–G. WEISS, Quellenkunde ..., 1982, 480f. – Μιχαὴλ Ἀκομινάτου τοῦ Χωνιάτου τὰ σῳζόμενα, ed. S. LAMPROS, 2 Bde, 1879–80 [Nachdr. 1968] – I. C. THALLON, A Mediaeval Humanist: Michael Akominatos, 1923 [Nachdr. 1973] – G. MORAVCSIK, Byzturc I², 429f. – G. STADTMÜLLER, M. Ch., Metropolit v. Athen (ca. 1138–ca. 1222), 1934.

2. Ch., Niketas, byz. Schriftsteller, * um die Mitte des 12. Jh. in Chonai (Phrygien), † 1217 in Nikaia. Ch. kam mit neun Jahren zu seinem älteren Bruder Michael (1. Ch.) nach Konstantinopel, wo er eine sorgfältige Ausbildung erhielt. Unter Ks. Alexios II. Komnenos (1180–83) begann N. Ch. seine Laufbahn im Staatsdienst, zunächst als Steuerbeamter in Paphlagonien, dann wieder in der Hauptstadt als ksl. Sekretär. Nach der Ermordung Ks. Alexios' II. durch Andronikos zog sich Ch. ins Privatleben zurück. Bald nach dem Sturz Ks. Andronikos' (Sept. 1185) trat Ch. wieder in ksl. Dienste und wurde noch unter Isaak II. Angelos (1185–95) hoher Beamter in der Finanzverwaltung. Als Statthalter von Philippupolis hatte Ch. 1189 alle Mühe, die Teilnehmer des 3. →Kreuzzuges unter →Friedrich Barbarossa unter Kontrolle zu halten; im Herbst desselben Jahres begab er sich dauernd nach Konstantinopel. Bald nachher treffen wir ihn an hoher Stelle im Büro des →Logothetes τοῦ δρόμου, später als Richter des höchsten Gerichtes, dann in anderen hohen Ämtern, u. a. als Oberaufseher des gesamten Finanz- und Steuerwesens, und zuletzt als Großlogothet im höchsten Amt der byz. Verwaltung, das er bis kurz vor der Eroberung Konstantinopels im 4. →Kreuzzug 1204 behielt. Bei der Plünderung Konstantinopels verlor Ch. sein Vermögen, konnte sich aber, dank der Hilfe venezian. Kaufleute, mit Frau und Kindern nach Selymbria retten. Nach kurzem Aufenthalt in Konstantinopel (1206–07) siedelte sich Ch. endgültig in Nikaia an, wo sich die byz. Regierung unter →Theodor Laskaris niedergelassen hatte. Enttäuscht über seine persönl. Lage, aber mehr noch über die Verhältnisse in Nikaia, widmete sich Ch. mehr und mehr der schriftsteller. Tätigkeit, zog sich fast völlig vom öffentl. Leben zurück und starb i. J. 1217, ohne sein geliebtes Konstantinopel wiedergesehen zu haben.

Ch. war ein sehr begabter Schriftsteller und hochgebildeter Rhetor. Neben zahlreichen Reden und einigen Briefen, die erst nach der krit. Ausgabe von J.-L. VAN DIETEN ausgewertet werden konnten, verfaßte Ch. um 1185 ein Gedicht auf die Vermählung des Ks.s Isaak Angelos mit der Tochter des ung. Kg.s Béla III. und zw. 1204 und 1210 ein theol. Werk, den Θησαυρὸς τῆς ὀρθοδοξίας ('Thesauros Orthodoxias'), das noch nicht vollständig ediert wurde (BECK, Kirche, 664). Ch.' Hauptwerk ist die Χρονικὴ διήγησις ('Chronikē diēgēsis'), die in 21 Büchern die Zeit von 1118 bis 1206 behandelt; die Darstellung reicht von der Regierung Johannes' II. Komnenos bis zu den Ereignissen nach der Eroberung von Konstantinopel (1204); hinzutritt eine als »De Signis« bekannte Beschreibung bemerkenswerter Statuen der Hauptstadt, die von den Kreuzfahrern zerstört wurden. Die handschriftl. Überlieferung läßt sich nach J.-L. VAN DIETEN in zwei Redaktionen untergliedern: eine kürzere, vor 1204 entstanden und von Ch. nach Nikaia mitgebracht; eine zweite umgearbeitete und erweiterte aus der Zeit nach 1204. Die Unterschiede der zwei Redaktionen sind im letzten Teil der Chronik te von bes. Bedeutung; auch schildert nur die Umarbeitung die Ereignisse bis zum Nov. 1206. Keine der beiden Fassungen wurde aber vom Autor einer abschließenden Redaktion unterzogen. Eine volkssprachl. Paraphrase der »Geschichte« scheint nicht von Ch. zu stammen.

Ch.' Werk ist eine Kaisergeschichte, die grundsätzl. zwar chronolog. aufgebaut ist, jedoch mit Abweichungen (z. B. weist Ch. bereits im 7. Buch auf die Ereignisse von 1204 hin), die zeigen, daß das Werk nach 1204 umgearbeitet und ergänzt wurde. Sonst hält Ch. bei der Darstellung der Ereignisse die Zeitfolge ein, aber seine chronolog. Angaben sind unbestimmt. Ch. ist als Augenzeuge ein guter Kenner der Geschehnisse seiner Zeit und schildert sie für die Epoche nach Ks. Manuels Tod (1180) meistens aufgrund von Autopsie, während die Regierungszeiten Johannes' II. und Manuels auf mündl. und schriftl. Zeugnissen beruhen, so z. B. auf →Eustathios für die Normannenkriege; es wird außerdem heute allgemein angenommen, daß Ch. das unveröffentl. Werk seines Zeitgenossen Johannes→Kinnamos gekannt und z. T. benutzt hat. Ch.' Aufmerksamkeit gilt den außen- und innenpolit. Ereignissen, den Kriegsgeschehnissen, den Hofintrigen und allerlei Nachrichten, die für die Weltsicht eines gebildeten Byzantiners seiner Zeit charakterist. sind (strenge Orthodoxie, Aberglaube, wenn auch in Maßen). Ch. hat eine Reihe von Charakterbildern geschaffen, wie nur wenige ma. Historiker vor ihm, und zeigt dabei außerordentl. Objektivität, die allerdings nicht für seine Darstellung der ihm verhaßten Lateiner gilt. Ch.' große Objektivität führt ihn zu (teilweise sehr scharfer) Kritik an Ks.n und Würdenträgern. Ch. sieht in der Schwäche der Ks. die Ursache des Unterganges des Reiches. Dabei stellt Ch. keineswegs das System als solches in Frage. Wenn auch Ch. das Leben und die Leistungen der zeitgenöss. Ks. vom Standpunkt seiner Klasse, der vornehmen und gebildeten Byzantiner, aus beurteilt, so ist er doch bestrebt, bei seinen Kaiserporträts Licht und Schatten so gerecht wie möglich zu verteilen (HUNGER). Sprache und Stil sind typisch für die Zeit: gewaltiger rhetor. Aufwand, zahlreiche Tropen und Zitate aus den heidn. Klassikern und der Bibel sowie direkte Reden nach antikem Vorbild. Das Geschichtswerk des Ch. nimmt als lit. Leistung einen hohen Rang ein und ist eine unentbehrliche hist. Quelle, die es ermöglicht, für die Zeit von 1176–1206 ein abgerundetes Bild zu zeichnen.

J. Ferluga

Ed.: Nicetae Choniatae Orationes et Epistulae, rec. I. A. VAN DIETEN, Corpus Fontium Hist. Byz. 3, 1972 – Hist., ed. DERS., ebd. 11, 1, 2, 1975 – Gedicht auf die Vermählung Ks. Isaaks, ed. GY. MORAVCSIK, Niketas Akominatos lakodalmi költeménye, Egyetemes Philologiai Közlöny 47, 1923, 80–82 – Dt. Übers. der Chronik: F. GRABLER, 3 Bde, 1958 (Byz. Geschichtsschreiber, ed. E. v. IVANKA, 7–9) – Lit.: Tusculum-Lex., 1982³, 562f. – J. KARAYANNOPOULOS-G. WEISS, Quellenkunde..., 1982, 460f. – MORAVCSIK, Byzturc, 444–450 – J. L. VAN DIETEN, N. Ch. Erl. zu den Reden und Briefen nebst einer Biogr., 1971 – HUNGER, Profane Lit. I, 430–441 [Lit.] – J.-L. VAN DIETEN, Bemerkungen zur Sprache der sog. vulgärgriech. Niketasparaphrase, Byz. Forsch. 6, 1979, 37–77 – V. KATSAROS, A Contribution to the Exact Dating of the Death of the Byz. Historian Nicetas Ch., JÖB 32/3, 1982, 83–91.

Chor. 1. Ch. ist der für das Chorgebet der Geistl. und Mönche bestimmte Raum vor dem Hochaltar in Mönchs-, Stifts- und Domkirchen; erst seit der Mitte des 14. Jh. wird gelegentl. das ganze Altarhaus (Sanktuarium, Presbyterium) mit seinen Nebenräumen Chor genannt und die Bezeichnung auch auf Pfarrkirchen übertragen. In der frühchristl. Basilika war der Sängerchor (schola cantorum) durch niedrige, feste Schranken vom Gemeinderaum abgesondert. In karol. Zeit erfolgte eine Anhebung des Sanktuariums um eine oder mehrere Stufen (bes. bei vorhandenen Krypten) und eine Abtrennung durch →Chorschranken. Seit dem 13. Jh. werden diese durch einen →Lettner ersetzt, eine übermannshohe, meist mit zwei Durchgängen versehene, gegliederte Mauer mit einer über Treppen vom Sanktuarium zugängl. Bühne (Doxal) zur Verlesung des Evangeliums und zur Aufstellung von Chören. Seit karol. Zeit wird zw. Kirchenschiff und Apsis ein rechteckiges Joch eingefügt (Vorchorjoch, Chorquadrat). Dieses Joch gestattet eine mehrräumige und auch gestaffelte Gestaltung des Presbyteriums, des Bereiches, in dem sich der Altardienst vollzieht; im 11. Jh. hat der Vorchor zuweilen eine außerordentl. Länge, eine Erscheinung, die man auch bei den got. Chören wiederfindet. Der Chor kann beim Vorhandensein eines Querhauses bis in die Vierung vorgezogen werden; bei Hirsauer- und Cluniazenserkirchen reicht er noch um ein Joch in das Langhaus hinein (chorus minor), wo er durch eine Pfeilerstellung betont wird. Schließlich ging die Bezeichnung Ch. auch auf den Raum über, in dem die Nonnen am Gottesdienst teilnahmen, zumeist eine Westempore (Nonnenchor). Bei den spätgot. →Hallenkirchen wurde die Trennung zw. Ch. und Gemeinderaum verwischt (Annaberg 1499/1519) und schließlich ganz auf den Ch. verzichtet (Marienkirche in Halle 1529/37). Die einfachste Form des Chorschlusses sind die →Apsis und der Rechteckchor, üblich bei Saalkirchen, ebenso bei dreischiffigen Kirchen, deren Seitenschiffe dann gerade enden. Bes. in karol.-otton. Zeit und dann in Rückbesinnung darauf in stauf. Zeit werden im O wie im W der Kirche Chöre angefügt (→Doppelchor). Die Entwicklung der Chorformen wird bestimmt aus dem in karol. Zeit erwachsenen Bestreben, die Zahl der Altäre zu vermehren und die ursprgl. Abschrankung durch zugeordnete Räume zu ersetzen.

Der *Rechteckchor* ist ein quadrat. oder rechteckiger Raum, der gegenüber dem Kirchensaal zumeist um Mauerdicke oder mehr eingezogen und entweder voll geöffnet oder mittels Mauerzungen abgeschnürt ist. Hinsichtl. seiner Funktion ist er identisch mit der Apsis. Er findet sich vornehml. bei den einfachen Saalkirchen, seltener bei großen Kirchen (Murbach/Elsaß 1145/55); später wählen häufig die Reformorden den Rechteckchor, der auch von rechteckigen Nebenchören begleitet sein kann (→Zisterzienser-Baukunst).

Der *Polygonchor* entwickelt sich in der spätroman. Baukunst (Westchor des Wormser Domes 1180/90, Marienkirche in Gelnhausen um 1125) bes. in Lothringen aus der Apsis und wird in der Gotik zur bestimmenden Form. Er besteht aus mehreren Seiten eines beliebigen Vielecks und wird bestimmt durch das Verhältnis der Seitenzahl zum jeweiligen zu ergänzenden Polygon: 5/10 Schluß o. ä. Häufig schließt der Polygonchor an einen mehrjochigen Vorchor an. Der Polygonchor kann auch zentralisierenden Charakter erhalten, recht zahlreich an got. Kirchen.

Der *Dreizellenchor* findet, aus Syrien und Byzanz kommend, in merow.-frühkarol. Zeit auch in Spanien, Oberitalien (Mailand 5. Jh.), Süd- und Westdeutschland sowie in Frankreich Eingang und wird hier variiert. An die Saalkirche oder das Vorchorjoch der dreischiffigen Basilika werden rechteckige Räume (→Pastophorien, Secretarium) seitlich angefügt; der nördl. Raum (Prothesis) dient zur Vorbereitung des Meßopfers, der südl. Raum (Diakonikon) zur Aufbewahrung der liturg. Gewänder und Geräte; auch dienen sie zur Aufbewahrung von Reliquien, als Grablege oder als Privatkapellen. Nachdem sich in karol. Zeit die einfachere röm. Liturgie durchsetzt, die die Vormesse und den Introitus der gallikan. Liturgie aufgibt, verlieren sich die Pastophorien und werden durch die einseitig an den Chor angefügte Sakristei (Almaria, Almer, Treskammer), ersetzt. Die Seitenräume sind vom Vorchor und auch von den Seitenschiffen aus zugänglich. Sie können sich in Bögen zum Ch. und zu den Seitenschiffen öffnen und mit Apsiden versehen sein. Bei karol. Kirchen der ersten Hälfte des 9. Jh. und bei otton. Nachfolgebauten kann das Mittelschiff an den Seitenräumen vorbei bis zur unmittelbar anschließenden Apsis reichen; die Seitenräume haben Apsiden und sind zumeist nur zum Mittelschiff mit Durchgängen geöffnet (Zellenquerbau, Steinbach 815/827, Kornelimünster 814/817, Hersfeld II 831/850). Seit dem 11. Jh. erlebt das dreiteilige Sanktuarium noch einmal eine Blüte in Burgund, beginnend mit dem Maiolusbau von Cluny (955–981), am Niederrhein in der Essen-Werdener Gruppe, in Süddeutschland und dann im Einflußbereich der Hirsauer Kongregation. Der Dreizellenchor schließt bei fast allen diesen Kirchen an ein Querhaus an, und die Chorräume sind oft durch Säulenarkaden untereinander geöffnet (Königslutter 1135–1170/80). Mit der Durchgliederung der stauf. Kirchenbauten endet dieser Raumtypus. Die an Florentiner Bauten des 13./14. Jh. und an it. Renaissance-Kirchen gewählte symmetr. Lage von Kapitelsaal und Sakristei bzw. Mausoleum nimmt frühchristl. Ordnungen wieder auf, ohne jedoch eine räuml. Verbindung herzustellen.

Der *Staffelchor* besteht aus Chorquadrat mit Apsis, langrechteckigen Chornebenräumen, die die Seitenschiffe in voller Breite über das Querhaus hinaus fortsetzen und ebenfalls in Apsiden enden, und häufig Apsiden an den Querhausarmen (La Charité-sur-Loire Ende 12. Jh., Thalbürgel). Dieser Typ geht auf die Maioluskirche in Cluny II (955–981) mit ihrem Dreizellenchor zurück und wurde vom Benediktinerorden über Burgund und die Ile de France in die Normandie und nach Deutschland eingeführt und von einigen Zisterzienserkirchen übernommen. Von Hirsau ausgehend wurden, den oberrhein. Gewohnheiten folgend, die Apsiden durch Rechteckchöre ersetzt.

Der *Umgangschor* entwickelt sich aus der Apsis oder dem Polygonchor, um den ein Umgang (Ambitus, Deambulatorium) geführt ist, der sich in Säulen-, seltener Pfeilerstellungen (Bois-Sainte-Marie/Saône-et Loire, Cluny III 1045 geweiht), zum Chor öffnet. Zur Vermehrung der Altarstellungen kann sich an den Umgang ein Kapellenkranz anschließen (Limburg/Lahn A. 13. Jh.), bei dem die Scheitelkapelle, häufig Maria geweiht (in engl. Kathedralen Lady Chapel), zumeist um ein oder mehrere querrechteckige Joche hinausgeschoben ist. Der Umgangschor ist um 1000 erstmalig in verschiedenen Gegenden zu fassen; zusätzl. mit Kapellenkranz eine von St-Martin in Tours nach 1014 ausgehende, bes. in der Auvergne, Poitou und Burgund entwickelte Form, die in got. Zeit Kennzeichen der großen Kathedralen wird. Das drei- bzw. fünfschiffige Langhaus durchdringt das dreischiffige Querhaus und setzt sich im Vorchor entsprechend fort und geht in den →Chorumgang mit Kapellenkranz oder in einen doppelten Chorumgang über (Kathedralchor). Der Altarraum (die Fortsetzung des Mittelschiffs) wird gegen dieses durch einen Lettner und vom Umgang durch bemalte oder reliefgeschmückte Chorschranken abgetrennt. In der Champagne entstehen um 1180 mit St-Remi in Reims zentrierte Chorumgangskapellen. Indem auf die Basisseite der Kapelle zum Chorumgang hin zwei Freistützen gestellt werden, erhalten die Kapellen den Charakter eines achteckigen Zentralbaus. Bald schon breitet sich die Form nach N und O aus und findet sich häufig im 13. Jh. Schon mit St-Denis 1140/44 und bei hochgot. Kathedralen wie dann im Verlauf des 14. Jh. werden die Kapellen mehr und mehr mit dem Umgang verschmolzen oder fallen weg (Kathedrale von Paris 1163/82) bzw. werden zu Einsatzkapellen (Kapellen zw. den Strebepfeilern). Aus der Verbindung von →Hallenkirche und Umgangschor entstand der *Hallenchor*, bei dem der Umgang die gleiche Höhe wie der Hauptchor erreicht, die Kapellen sind nischenartig flach oder fallen ganz weg (Dom zu Verden 1274/1311, Heiligenkreuz in Schwäb. Gmünd 1351/1410).

Der *Kleeblatt-* oder *Dreikonchenchor* ist ein an das Langhaus anschließender, nach drei Seiten gleichgestalteter, zentralisierender Abschluß, der dadurch entsteht, daß Querhausarme und Chor als Konchen auch mit Umgang (St. Maria im Kapitol zu Köln 1065 geweiht) ausgebildet werden (→Dreikonchenbau). Er ist eine auf die Geburtskirche in Bethlehem zurückgehende Sonderform des Niederrhein-Maas-Gebietes, der Normandie und Picardie zw. 1050 und 1250, die in got. Bauten fortgesetzt wird (Elisabethkirche in Marburg 1235/83). G. Binding

Lit.: RDK III, 488–513, s. v. Chor [E. GALL; Lit.]; III, 575–589, s. v. Chorumgang [E. GALL; Lit.]; III, 1382–1387, s. v. Diakonikon [R. EGGER; Lit.]; IV, 397–403, s. v. Dreiapsidenanlagen [H. E. KUBACH; Lit.]; IV, 465–476, s. v. Dreikonchenchor [A. VERBEEK; Lit.]; IV, 648–671; s. v. Exedra [L. ANDERSEN; Lit.] – K. H. ESSER, Über den Kirchenbau des hl. Bernhard v. Clairvaux, Arch. für mittelrhein. KG 5, 1953, 195–222 – G. BANDMANN, Über Pastophorien und verwandte Nebenräume im ma. Kirchenbau (Kg. Stud. für H. KAUFFMANN, 1956), 19–58 – E. LEHMANN, Bemerkungen zum Staffelchor der Benediktinerkirche Thalbürgel (Festschr. J. JAHN, 1957), 111–130 – G. SCHADE, Der Hallenumgangschor als bestimmende Raumform der bürgerl. Pfarrkirchenarchitektur in den brandenburg. Städten von 1355 bis zum Ende des 15. Jh. [Diss. masch. Halle 1963] – G. ADRIANI, Der ma. Predigtort und seine Ausgestaltung [Diss. Tübingen 1966] – H. SEDLMAYR, Mailand und die Croisillons Bas (Arte in Europa, scritti di storia dell'arte in on. di E. ARSLAN, 1966), 113–126 – W. GÖTZ, Zentralbau und Zentralbautendenzen in der got. Architektur, 1968 – H. J. KUNST, Die Entstehung des Hallenumgangschores, MJbK 18, 1969, 1–103 – G. BINDING, Burg und Stift Elten am Niederrhein, Rhein. Ausgrabungen 8, 1970, 104–107 – [mit Lit.; Zellenquerbauten] – M. F. HEARN, The Rectangular Ambulatory in Engl. Mediaeval Architecture, J. of the Soc. of Architectural Historians 30, 1971, 187–208 – G. BINDING, Architekton. Formenlehre, 1980 [Lit.].

2. Ch., Sängerchor → Chorus

Chora-Kloster (χώρα, türk. Kahrie Cami), Kl. b. Konstantinopel, dem lebenspendenden Christus geweiht.

[1] *Geschichte:* Das Ch.-Kl. soll seinen Namen der »Chora« (Stadtmauer) von Konstantinopel, außerhalb derer es lag, verdanken. Eine sichere Deutung des Namens gibt es nicht. Nach der Vita des hl. Babylas, verfaßt von Symeon dem Metaphrasten, soll das Kl. schon im 4. Jh. existiert haben. Als wahrscheinl. Entstehungszeit kann jedoch die Regierungszeit Justinians I. (527–565) gelten. Der Gründer soll Theodoros, ein sonst unbekannter Onkel der Ksn. Theodora, gewesen sein; nach einer anderen Quelle Krispos, Schwiegersohn des Ks.s Phokas (vor 610). Eine radikale Restauration des Ch.-Kl. fand unter Ks. Alexios I. (1081–1118) statt, dank der Bemühungen seiner Schwiegermutter. Ein weiterer Umbau erfolgte durch den Sebastokrator Isaak Komnenos nach 1118 (Teile im heut. Bau erhalten). Die letzte Restauration, bei der auch die hervorragenden Mosaiken der heut. Kirche entstanden, ist das Werk des berühmten byz. Polyhistors des 14. Jh., Theodoros →Metochites, Großlogothet des Ks.s Andronikos II. Palaiologos (1282–1328), der in seinen ersten zwei Gedichten eine schöne Beschreibung des Kl. liefert (vgl. M. TREU, Dichtungen des Großlogotheten Th. Metochites, 1895). Dem Kl. gehörten berühmte Gelehrte wie →Maximos Planudes an. Außerdem fanden hier in schwierigen Situationen mehrere große Humanisten, Kirchenmänner und Politiker Aufnahme, wie z. B. der Synkellos →Michael, Patriarch Kyros v. Konstantinopel unter Konstantin V. (741–775), der berühmte Humanist Nikephoros →Gregoras (1351). Auch der Restaurator des Kl., Theodoros Metochites, verbrachte nach seiner Rückkehr aus der Verbannung die letzten Lebensjahre im Ch.-Kloster. E. Konstantinou

[2] *Kunstgeschichte:* Von der Klosteranlage blieb nur der Kirchenkomplex erhalten. Er besteht aus einem Katholikon, einem quadrat., überkuppelten Raum mit gestelzter →Apsis und zwei →Pastophorien, die kleine, im Außenbau kaum auffallende Kuppeln tragen. Im N liegt ein Gang neben dem Naos, der Zugang zu der Prothesis hat, im S liegen zwei Durchgänge und ein nicht liturg. identifizierbarer Raum; daran schließt sich das →Parekklesion, dessen Apsis weiter nach O hinausragt als die des Katholikon und das eine Kuppel mit Tambour trägt. Zwei →Narthices liegen im W vor der Kirchenfamilie; der äußere nimmt die Gesamtbreite der Anlage ein, der innere, der zwei Kuppeln trägt, ist vom Parekklesion durch eine Mauer mit Tür abgetrennt. Mit Ausnahme der Hauptkuppel (in türk. Zeit

erneuert), des Minaretts und der Zumauerung von drei Bögen in der W-Fassade bietet die Anlage noch das Bild der Zeit des Metochites.

Das Parekklesion war wohl als Grabkirche gedacht; vier Wandgräber sind in ihm erhalten, zwei davon mit architekton. Rahmen erst nach der Ausmalung eingefügt. Drei weitere wurden nachträgl. in die W-Wand des Exonarthex eingefügt, eines in die N-Wand des Endonarthex (das jüngste Grab ist um 1400 ausgemalt). Soweit Inschriften oder Monogramme erhalten sind, handelt es sich um hohe Staatsdiener (Michael Tornikes) oder Verwandte des Kaiserhauses.

Die Anlage, 1321 vollendet, wurde gegen Ende des 15. Jh. zur Moschee umgewandelt. Seit Abschluß der Innenrestaurierung ist sie Museum.

Der →Mosaik-Schmuck des Katholikon ist bis auf die gut erhaltene →Koimesis und zwei Mosaikikonen seitl. der Apsis (Christus und Maria Hodegetria) verloren. Die beiden Narthices bringen Szenen der Vorgeschichte und des Lebens Mariae und des ird. Wirkens Jesu, soweit sie nicht zum →Dodekaorteon gehören (Ausnahme: Geburt Christi), das Bild Christi als Chora ton zonton (Land der Lebenden), die Übergabe des Kirchenmodells durch den Stifter an Christus, Maria präsentiert Christus den Isaak Komnenos und die Nonne Melanie (Palaiologin und Witwe eines Mongolenchans) als Mitstifter (sog. →Deesis), Heiligenfiguren und in den Kuppeln Christus bzw. Maria im Scheitel und darunter in je zwei Reihen die Vorfahren Christi. Diese Mosaiken sind Erzeugnisse einer Werkstatt, die in sich Künstler von ca. fünf verschiedenen Stilrichtungen vereinigte, die dennoch zu einem einheitl. Werk zusammenfanden.

Im Parekklesion erfolgte die Bildausstattung in Fresko. Die Apsis trägt das Bild der Anastasis, darüber das Weltgericht, in der Kuppel Maria und unter ihr Engel, in den →Pendentifs vier Hymnologen, an den Wänden Szenen aus dem AT, die mariolog. gedeutet werden können, und große Hl.-Figuren bzw. -Medaillons. Stilist. den Mosaiken eng verwandt, gehören sie zum Besten, was wir aus der spätbyz. Zeit kennen.

Was →Bauplastik und plast. Rahmung von Mosaikikonen und Wandgräbern anlangt, ist die Ch.-Kirche die reichste Fundgrube in Konstantinopel. K. Wessel

Lit.: S. SCHNEIDER, Byzanz, 1936 – BECK, Kirche, 214 Anm. 2 [Lit.] – P. A. UNDERWOOD, The Kariye Djami, 3 Bde, 1966 – The Kariye Djami 4, Stud. in the Art of the Kariye Djami and Its Intellectual Background, ed. P. A. UNDERWOOD, 1975 – Ø. HJORT, The Sculpture of Kariye Camii, DOP 33, 1979, 199–290.

Choragus (griech. χοραγός oder χορηγός) bezeichnet in der Antike einen, der einen Chor leitet, überwacht, ihm vorsteht und auch seine Utensilien und Requisiten verwaltet. Im MA ist ch. oder choritanus ein Sänger, der einem kirchl. Chor angehört. In den meisten Ostkirchen leitet der ch. den liturg. Chor, im Okzident schreitet er ihm nur voran und ist – wie die anderen Sänger, caplani und clerici inferiores – v. a. seit dem Konzil v. Konstanz (1414–18) der kirchl. Hierarchie zu bes. Gehorsam verpflichtet.

D. v. Huebner

Q.: Paris, Bibl. nat. B. R. Cod. ms. reg. 7684, Glossarium Gallo-Latinum sc. XV – H. V. D. HARDT, Rerum concilii oecumenici Constantiensis I, 12, 1697, 681–682, tit. VII – Lit.: H. STEPHANUS, Thesaurus Graecae linguae 8, 1865, 1590–1591 – E. A. SOPHOCLES, Greek Lex. of the Roman and Byz. periods, 1887, 1167 – LAMPE, 1527 – DU CANGE, I, 2, 1883, 313, 315.

Choral (lat. choralis 'zum Chordienst gehörig' von →chorus) ist spätestens seit dem 14. Jh. v. a. im dt. Sprachraum geläufige Bezeichnung für den liturg., monod., unbegleiteten Solo- und Chorgesang der lat. Kirche (Gesang der Ostkirchen siehe Einzelartikel). Ältere Termini sind cantilena romana, cantus romanus (ecclesiasticus, choralis), carmen ecclesiasticum, seit etwa 900 – um sein Ansehen zu steigern – auch cantus gregorianus oder carmen gregorianum, seit dem Aufkommen der →Mensuralmusik (12./13. Jh.), die unterschiedl. Notenwerte gebraucht, cantus planus. Zuweilen bezeichnet auch musica oder ars musicae das Ch.-Repertoire der röm. Kirche. Gegen Ende des 15. Jh. ist Ch. Sammelbegriff des Kirchengesanges aller abendländ. Liturgiekreise (→Liturgien).

Der Ch. ist kult. Musik, die Gebet und Glaubensverkündigung einschließt, und als solche stets Bestandteil der Liturgie, ohne die er unverständl. bleibt. Seine Anfänge sind dunkel. Die Urkirche bewahrt zunächst synagogale Kultformen und Psalmengesang in verschiedenen Sprachen des vorderen Orients und v. a. in griech. Gegen Ende des 4. Jh., als lat. Kultsprache das Griech. im Okzident allgemein ablöst, verbindet sich der musikal. Vortrag der Liturgie mit Texten aus der Vetus Latina, dann aus der Vulgata, später hauptsächl. mit christl. Prosa (Acta Martyrum, Vitae Sanctorum, etc.). Musikal. Formen sind zunächst →Psalmodie und →Responsorium; →Antiphon und Antiphonie führt →Damasus I. aus dem Orient in die abendländ. Kirche ein, →Hymnen und Alternatimpraxis →Ambrosius v. Mailand. Im Laufe des MA kommen →Tropus – als musikal.-textl. Interpolation – und als seine Sonderform →Sequenz hinzu sowie Kunst- und Reimprosa (officia rhythmata). Der musikal. Rhythmus des Ch.s ist grundsätzl. frei, aber meist an Sprache oder Melodie orientiert. Das Ch.-Repertoire überliefern verschiedene Buchtypen (z. B. →Antiphonar). Bes. Pflegestätte des Ch.s ist seit dem 5. Jh. die röm. →Schola cantorum. Um die Mitte des 6. Jh. steht der Ch. in voller Blüte; Texte zu den Melodien sammelt und ordnet Gregor I. (590–604) und reorganisiert auch die Schola cantorum. Die Ch.-Geschichte des 7. Jh. ist kontrovers. HUCKE läßt den cantus romanus in Frankenreich entstanden sein. STÄBLEIN u. a. – sie vertreten die heute herrschende Meinung – halten daran fest: Papst Vitalian (657–672) ließ Melodien des altröm. Repertoires (cantilena romana) umformen, die in wenigen Hss. des 12./13. Jh. (Vat. lat. 5319; Rom, Cap. S. Pietro F 22; Cod. Bodmer-Philipps; Rom, Cap. S. Pietro B 79; London, B. M. Add. 29988) erhalten sind und 1277 der von Nikolaus III. befohlenen Vernichtung entgingen. Das redigierte Repertoire (cantus romanus oder gregorianus) tradieren vom 9. Jh. an mehrere Quellen; sie liegen z. T. in modernen Editionen (PM, AMS, CAO) vor. Bei gleicher Grundsubstanz heben sich die Melodien beider Repertoires voneinander ab: Den altröm. Stil kennzeichnen v. a. enge Intervalle (spissae); seine Gesänge haben bei geringem Ambitus relativ größere Länge. Der jüngere Stil bevorzugt weite Intervalle (saltatrices); seine Stücke haben bei größerem Ambitus geringere Länge. Er ist das Ergebnis rationalen Durchdenkens musikal. Rhetorik; sie unterstreicht gleichsam die Syntax bewußt so, daß der melod. Duktus die grammatikal. Zäsuren selten überspült. Diese Redaktion schafft den uns geläufigen gregorian. Ch. (cantus romanus); mit dem Stilwandel unter Vitalian sind die Äbte von St. Peter (Rom), Catoleus, Maurianus und Virbonus zu verbinden. Die hervorragende Rolle, die der Ch. in der Musikgeschichte des Abendlandes spielt, erlangt er als Bestandteil der von benediktin. Mission verbreiteten lat. Liturgie. Den Ausschlag geben Pippin und Karl d. Gr. In Metz an der Sängerschule – sie bleibt bis ins 12. Jh. bedeutsam – pflegt →Chrodegang den Ch., in Aachen an der Palastschule wirkt →Alkuin. Die Pflege des Ch.s – seine Theorie wird im Rahmen des Quadrivium gelehrt – hat Zentren in St. Gallen, Reichenau, Regensburg, Mainz, Fulda, Köln, Trier, Hirsau, Lüttich, Rouen, Chartres, Paris, Tours, Corbie, Ripoll u. a. Die Choraltradition des hohen und späten MA steht auf dem Boden eines hist.-musikal. Parallelismus liturg. und modaler Kontamination des 8. und 11. Jh., nämlich auf dem Boden röm.-frk. Liturgie, einer Synthese röm. und gall. Erbes sowie germ. Eigengutes.

So heterogen wie die Einflußsphären sind auch die Traditionen, die vor Gregor I. – außerhalb Roms – auf gemeinsamer Basis und zuweilen in wechselseitiger Abhängigkeit entstehen: Gebiete des ambrosian., beneventan., altspan. oder mozarab. und altgallikan. Ch.s (→Liturgien). Später entwickeln auch bedeutendere Kl. und Orden (z. B. →Kartäuser, →Zisterzienser, →Prämonstratenser, →Dominikaner, etc.) eigenen Gesangsstil. In manchen Regionen werden Melodien umgeformt, zersungen und weiterentwickelt. Unterschiedl. Praxis führt zu roman. und germ. Choraldialekten (versiones chorales); →Aurelianus v. Réomé (GERBERT, Scriptores I, 34), →Hermannus Contractus v. Reichenau (J. WOLF, Hb. der Notationskunde I, 1913, 143f.), →Aribo u. a. informieren uns.

Das Tonmaterial des Ch.s (A - $\frac{a}{d}$, später Γ - $\frac{e}{c}$) setzt sich aus diaton. Tetrachorden und Pentachorden (Quart- und Quinträumen) zusammen. Auf jedem der vier Töne des Tetrachordon finalium (D = Protus, E = Deuterus, F = Tritus, G = Tetrardus) basieren zwei in ihrem Ambitus verschiedene Modi (authent. und plagal [H. SCHMID, Musica et Scolica enchiriadis, 1981, 7ff.]). Aurelian (GERBERT, Scriptores I, 41) berichtet, Karl d. Gr. habe ihre Anzahl um vier vermehrt; doch führen wenige Traktate (Leipzig, Stadtbibl. Cod. 169, f. 34v; Cod. Vat. Palat. 235, f. 39r) zwölf Modi auf. Um die Jahrtausendwende ist die Ch.-Lehre endgültig durchformt. Die choraltheoret. Arbeit indes dauert über das MA hinaus fort.

Im 9. Jh. entsteht für den Ch. Musiknotation, und zwar – von anderen Versuchen abgesehen – adiastemat. und diastemat. →Neumen, letztere seit→Guido v. Arezzo auf Linien. Daraus gehen roman. (»Quadrat«-)Notation und germ. (bzw. got. »Hufnagel«-)Notation hervor. Die Mehrstimmigkeit ist zunächst nur Aufführungsweise des Ch.s (→Organum, →Diaphonia); zu →Mensuralmusik verselbständigt, okkupiert sie die roman. Quadratnotation und unterwirft dabei verwendete Ch.-Weisen den eigenen rhythm. Regeln. Dies bewirkt v. a. gegen Ende des MA zunehmenden Verfall des Ch.-Rhythmus, den Gelehrte seit dem 19. Jh. zu restaurieren versuchen.

D. v. Huebner

Q. und Lit.: MlatWb II, 542f. – DACL III/1, 256–321 – MGG II, 1265–1303; V, 786–796–NEW GROVE 14, 1980, 800–845–M. GERBERT, De cantu et musica sacra, 2 Bde, 1774–DERS., SCRIPTORES–COUSSEMAKER, AnalHym – A. MOCQUEREAU, Paléogr. musicale, (PM) 1889ff. – U. CHEVALIER, Rep. Hymnologicum I–VI, 1892–1921 – BHL – A. MOCQUEREAU, Le nombre musical I–II, 1908–27 – WAGNER, Einführung–C. VIVELL, Frutolfi Breviarium de Musica et Tonarius, SAW. Ph 188, 2, 1919–H. RHEINFELDER, Kultsprache und Profansprache in den roman. Ländern, 1933–R. J. HESBERT, Antiphonale Missarum Sextuplex (AMS), 1935–H. HUCKE, Die Einführung des gregorian. Gesanges im Frankenreich, RQ 49, 1954, 172 – J. HOURLIER, Le notation musicale des chants liturg. latins 1960 – R. J. HESBERT, Corpus Antiphonalium officii I–VI (CAO), Rerum eccl. documenta, Ser. major, Fontes VII–XII, 1963–79 – B. STÄBLEIN, Kann der gregorian. Ch. im Frankenreich entstanden sein?, AMW 24, 1967, 153 – DERS., Monumenta monodica medii aevi II, 1970 – E. CARDINE, Semiologia gregoriana, 1968 – Bayer. Akad. der Wiss., Veröff. der Musikhist. Kommission 1–5, 1977ff. – J. CLAIRE, Les rép. liturg. latins avant l'octoéchos; Etudes Grégoriennes 19, 1980 – J. B. GÖSCHL, Ut mens concordet voci (Fschr. E. CARDINE, 1980).

Chorantiphon (antiphona in choro), fakultativer Bestandteil der ambrosian. oder mailänd. Offiziumsliturgie. Die Ch. folgt als Besonderheit in Mailand – wie in der hispan. Vesper – nach kurzer Einleitung auf das Lucernarium oder Vespertinum (→Ambrosianischer Gesang, →Antiphon, →Mailänd. Liturgie, →Mozarab. oder altspan. Liturgie).

D. v. Huebner

Lit.: P. CAGIN, Avant-propos sur l'Antiphonaire Ambrosien (Paléographie Musicale I, 5, 1896), 1–200 – E. CATTANEO, Il breviario ambrosiano, 1943 – DERS., Rito ambrosiano e liturgia orientale, Archivio Ambrosiano 2, 1950, 19–42 – DERS., Il canto ambrosiano (Storia di Milano 4, 1954), 575–611 – B. STÄBLEIN, Ambrosianisch-gregorianisch, IV. Kongress IGMw Basel, 1949, 185–189 – P. BORELLA, Il rito ambrosiano, 1964 – B. BAROFFIO, Ambrosian. Liturgie (K. G. FELLERER, Gesch. der Kath. Kirchenmusik 1, 1972), 191–204.

Chorbischof. [1] *Ursprung, Ostkirche:* Ch. (ἐπίσκοπος τῶν χωρῶν, χωρεπίσκοπος) war urspgl. der Vorsteher einer kirchl. Ortsgemeinde außerhalb einer Stadt, der seine Gemeinde selbständig leitete und verwaltete. Nachgewiesen sind Ch.e in Kleinasien, Syrien, Armenien, Ägypten, Arabien und Mesopotamien. In kirchl. Dokumenten werden sie erstmals auf den Synoden des frühen 4. Jh. erwähnt, an denen sie mit Sitz und Stimme teilnahmen. Als nach den Verfolgungen eine gegliederte Hierarchie aufgebaut werden konnte, verloren sie die Gleichrangigkeit mit den Stadtbischöfen. Schon die Synoden in der Mitte des 4. Jh. ordnen den Ch. dem Stadtbischof unter: c. 13 der Synode v. Ankyra (314) verbietet ihm Diakons- und Priesterweihe außerhalb seiner »paroikia« ohne schriftl. Erlaubnis seines Bf.s (MANSI II, 517/518); c. 10 der Synode v. Antiocheia (341) schränkt die Weihebefugnis auf Lektoren, Subdiakone und Exorzisten ein; er selbst wird allein vom Stadtbischof geweiht (MANSI II, 1311/1312), während bei diesem wenigstens drei Konsekratoren gefordert werden (Nikaia I, c. 4); c. 57 der Synode v. Laodikeia (2. Hälfte 4. Jh.) verbietet ihre Weihe gänzlich (MANSI II, 573/574). Die Aufgaben des Ch.s übernehmen die Periodeuten, die, ohne Bf. e zu sein, Priester und Gemeinden auf dem Land visitieren. Doch wird das Verbot nicht sofort und überall beachtet. Bei den →Nestorianern hält sich das Amt des Ch.s bis ins 13. Jh.

B. Plank

[2] *Westkirche:* In der Westkirche sind die ostkirchl. Konzilsbestimmungen über Stellung und Aufgaben der Ch.e durch große Kirchenrechtssammlungen seit dem 6. Jh. in lat. Übersetzung überliefert worden (Collectio →Dionysiana und→Hispana, vgl. auch→Ferrandus, Breviatio canonum cc. 79 und 80 sowie→Vetus Gallica VII 3), und schon →Isidor v. Sevilla hat sich unter Berufung auf diese canones über die Ch.e geäußert. Die ersten westkirchl. Ch.e sind jedoch erst aus dem fries. und Mainzer Umkreis der Angelsachsen →Willibrord und→Bonifatius nachweisbar, was zur Annahme ags. Herkunft dieser Institution in der lat. Kirche geführt hat. Seitdem begegnen Ch.e über ein Jahrhundert lang in Zeugnissen aus vielen Bm.ern, bes. des mittleren und östl. Frankenreiches, einschließl. Burgunds, während aus Italien und Spanien kein einziger Ch. bezeugt ist. Stellungnahmen der Päpste Zacharias (747), Nikolaus I. (864 und 865) und Stephans V. (888) zeigen, daß ihnen die Institution des Chorepiskopats bekannt war – wohl auf Grund von Informationen aus dem Frankenreich.

Von der Mitte des 9. Jh. an wurde die Zahl der Bm.er, in denen ein Ch. tätig war, infolge des gegen die Institution geführten Kampfes immer geringer. Endgültig endete die Gesch. der westkirchl. Ch.e auf dem Kontinent Mitte des 11. Jh., in England unter Ebf. →Lanfranc v. Canterbury (1070–89), in Irland 1216.

Die genannten Päpste vertraten wie einige Repräsentanten des frk. Klerus eindeutig die Auffassung, daß die Ch.e die Bischofsweihe empfangen haben und daher bfl. Weihehandlungen im Einvernehmen mit dem jeweiligen Ortsbischof gültig vollziehen können. Dies wurde von Anhängern der kirchl. Reformpartei seit 829 (Concilium Parisiense) zunehmend bestritten, sehr nachdrückl. Mitte des 9. Jh. von der pseudoisidor. Fälschergruppe (→Pseudoisidorische Fälschungen). Sie sahen in den Ch.en nicht wie u. a. Isidor und →Hrabanus Maurus »vicarii episcoporum« oder Gehilfen der Bf.e, sondern betonten den alten Vergleich mit den 70 Jüngern Jesu, um den Unterschied zu den Bf.en als den Nachfolgern der Apostel und damit den allein vollgültigen Trägern der bfl. Weihegewalt zu verdeutlichen. Den Ch.en sollte daher die Firmung, die Priester- und Diakonenweihe sowie die Weihe von Kirchen und Altären untersagt sein; einzelne Bf.e haben sogar die von Ch.en erteilten Weihen für ungültig erklärt und wiederholt.

Auch seitens der Befürworter des Chorepiskopats war unbestritten, daß die Ch.e eine den Ortsbischöfen untergeordnete Stellung hatten, daß sie als deren Gehilfen bestellt waren – zumal in großen Bm.ern (z. B. Lyon, Mainz, Köln) oder in Gebieten mit missionar. Aufgaben (z. B. Salzburg und Passau) –, daß sie daher in der Regel auch kein Stimmrecht auf Synoden oberhalb der Diözesanebene besaßen und daß sie v. a. außerhalb der Bischofsstadt Seelsorgeaufgaben wahrzunehmen hatten (im Auftrag des Ortsbischofs und durchweg ohne festumschriebenen Sprengel). Nur wenige hatten bei einer Sedisvakanz die Leitung eines Bm.s inne.

Wenn in manchen Bm.ern an die Stelle der Ch.e →Archidiakone oder →Archipresbyter getreten sind (z. B. in Trier, Köln und in Irland), so beleuchtet auch dies Stellung und Funktion der episodenhaften Erscheinung der Ch.e in der Westkirche, die weder in den frühma. Kloster- oder Wanderbischöfen Vorläufer noch in den späteren Weihe- oder Hilfsbischöfen Nachfahren hatten, noch mit den »vocati episcopi« der Karolingerzeit gleichzusetzen sind.

R. Kottje

Q.: Ecclesiae Occidentalis Monumenta Iuris Antiquissima, ed. C. H. Turner, 1907 – Isidor v. Sevilla, De ecclesiasticis officiis II 6,1 (MPL 83, 786D–787A) – Collectio Vetus Gallica VII 3 (H. Mordek, Kirchenrecht und Reform im Frankenreich, 1975, 393) – Bonifatius, Epist. Nrr. 82, 93 und 109 (MGH Epp. sel. I, ed. M. Tangl, 1955², 182, 213, 235) – Epistolae Zachariae a. 747, Nicolai I.a. 864 und 865, Stephani V.a. 888 (MGH Epp., III, 1892, 481; VI, 1902–25, 631 und 634; VII, 1912–28, 347) – Hrabanus Maurus, De institutione clericorum I 5, ed. Knöpfler, 1901, 18 – Decretales Pseudo-Isidorianae, ed. P. Hinschius, 1863, 75f., 79, 146, 242, 245, 450f., 509–515, 628, 715–718 [Neudr. 1963] – Lit.: zu [1] Plöchl I, 1960² – R. Amadou, Chorévêques et periodeutes (L'Orient Syrien 4), 1959, 233–240 – C. Ion, Institutia horepiscopilor în Biserica veche (Studii teologice 14), 1962, 300–327 – M. Clément, La collégialité de l'épiscopat dans l'Eglise maronite (Proche-Orient Chrétien 15), 1965, 307–332 – E. C. Marina, Episcopii ajutatori si episcopii vicari (ebd. 17), 1965, 418–440 – Th. Puthiakunnel, Syromalabar clergy and their general obligations, 1972 – Chr. Papadopulos, Ὁ θεσμός τῶν τιτουλαρίων μητροπολιτῶν καὶ ἐπισκόπων ἐν τῇ ὀρθοδόξῳ ἐκκλησίᾳ (Ἐκκλησία 53) 1976, 327–330 – zu [2]: DDC III, 689–695 [J. Leclef] – HRG XIII, 611 [F. Merzbacher] – Th. Gottlob, Der abendländ. Chorepiskopat (Kanonist. Stud. und Texte 1), 1928 [Neudr. 1963; dazu Rezension v. Fr. Gillmann, in: AKKR 108, 1928, 712–723] – V. Fuchs, Der Ordinationstitel von seiner Entstehung bis auf Innozenz III. (ebd. 4), 1930 [Neudr. 1963] – H. Barion, Das frk.-dt. Synodalrecht des FrühMA (ebd. 5/6), 1931 [Neudr. 1963] – H. Frank, Die Klosterbischöfe des Frankenreiches, 1932 – A. Macdonald, Episcopi vagantes in Church Hist., 1945 – A. García y García, Hist. del Derecho Canonico I, 1967, 373–375 – R. Kottje, Isidor v. Sevilla und der Chorepiskopat, DA 28, 1972, 533–537 – H. Fuhrmann, Einfluß und Verbreitung der pseudoisidor. Fälschungen, 3 Bde (MGHSchr 24/I–III, 1972–74).

Chorbogenkreuz → Triumphkreuz

Chorbuch (Choralbuch, Chorgesangbuch), wissenschaftl. und umgangssprachl., nicht kirchenamtl. Bezeichnung verschiedener Bücher für den liturg. Gesang v. a. der Vorsänger (-gruppe) (Kantoren, Schola), nicht der übrigen Funktionsträger (Bf. bzw. Priester, Diakon, Lektor; für diese →Sakramentar, →Missale, →Rituale, →Pontificale, →Orationale, →Lektionar, →Evangeliar, →Martyrologium u. ä.), auch nicht die allen zukommenden, auswendig gewußten Psalmengesangs (→Psalterium). Eingeteilt nach Arten d. Gottesdienste (→Messe, →Stundengebet, Prozessionen u. ä.) u., meist für Teilausgaben, nach Sonderformen zum bequemeren Gebrauch.

1. Das wichtigste Ch. ist das →Antiphonar (Antiphonale), enthaltend v. a. die den Psalmengesang rahmenden Gesangstücke (Antiphonen) sowohl im Stundengebet (A. officii) wie in der Meßfeier (A. missae); letzteres Buch heißt später meist →Graduale oder Gradale. Der Auszug daraus, der die in allen Feiern gleichbleibenden Textstücke enthält, wird Kyriale genannt. Sonderausgaben sind das →Cantatorium (allgemein für Sologesänge), ferner Sequentiar und Tropar. Im Stundengebet kennt man noch das Hymnar (für die Hymnen), das Responsoriale (für die Responsorien), ferner Auswahlausgaben einzelner Horen oder Horengruppen wie das Diurnale, Matutinale, Vesperale. Im Processionale finden sich die Prozessionsgesänge.

2. Schon vor dem MA gibt es für Solisten und Chorleiter Gedächtnisstützen der auswendig vorgetragenen Gesänge auf Blättern oder Rollen. Eigtl. Codices sind seit dem 9. Jh. bekannt, seit dem 10. zunehmend üblich, versehen mit Text und später auch mit →Neumen. Aus dem Handlibell wird damit ein Pultbuch. Die Liniennotierung öffnet diese Bücher einem weiteren Personenkreis, da die Melodieführung allen einheitl. lesbar wird. Die Folge ist, daß im 15. Jh. die Ch.er zu Folianten werden, die mehreren Sängern gemeinsam dienen. Neben den Gruppencodex (Buch einer Solistengruppe) tritt nun das eigtl. Ch. Gründe der liturg. Repräsentanz machen diese (später auch gedruckten) Bücher zu beliebten Objekten der künstler. Ausgestaltung (→Buchmalerei). Weitere Unterscheidungen gehören in den Bereich der Musikgeschichte (dazu H. Besseler). Aber schon die Notwendigkeit, auch den traditionellen einstimmigen Choralgesang zu notieren, zeigt, wie wenig er im Zeitalter der beginnenden Mehrstimmigkeit noch selbstverständl. gewußtes Gesangsgut darstellt.

A. A. Häußling

Lit.: MGG II, 1952, 1321–1349 – LThK² II, 1079.

Chorfratres, Chorfrauen, Chorherren → Augustiner-Chorherren, →Augustiner-Chorfrauen, →Kanoniker, →Kanonissen, →Prämonstratenser (-innen)

Chorgebet → Stundengebet

Chorgestühle, für Gebet und Gesang der Tagzeiten (→Stundengebet) durch die Klerikergemeinschaften in Kathedral-, Ordens- und größeren Pfarrkirchen, stehen, in zwei symmetrische, gegeneinander blickende Gruppen aufgeteilt, in der Zone vor dem Hochaltar, an den Wänden des Presbyteriums oder in der Vierung, zuweilen weit ins Mittelschiff hinaus reichend, ja dort vom Hochaltar isoliert. Ausgangspunkt der Entwicklung waren in frühchristl. Zeit konzentrische, einfache oder in Stufen angeordnete Steinbänke in der Apsis (→Synthronon). Der karol. St. Galler Klosterplan zeigt frontal gegen den Altar blickende Bänke, »formulae« im chorus psallentium. Die roman. gedrechselte Bank in der Klosterkirche Alpirsbach, Württemberg, dürfte das Spätbeispiel dieses Typus sein. Die ebenfalls roman. Fragmente in Ratzeburg, Schleswig-Holstein, und Gradafes, Spanien um 1200, zeigen schon die später übliche Unterteilung in einzelne Plätze, sog. Stallen. Die seit der Mitte des 13. Jh. greifbaren got. Ch. bestehen aus zwei oder mehr Sitzreihen mit abgestuftem Niveau. Als hinterste Rückwand konnte, so im Kölner Dom und anderen rhein. Beispielen, die mit Malerei oder Teppichen geschmückte gemauerte Chorschranke dienen. Aus diesen hat sich schon früh, wie die architekton. Gliederung nahelegt, die immer höher sich entwickelnde, direkt mit dem Gestühl verbundene hölzerne Rückwand ergeben, mit einem vorkragenden Baldachin als Ehrenzeichen über der Sitzreihe und analog zur Entwicklung des Altarretabels oft mit Wimpergen, Baldachinen und Fialen bekrönt. Die Ch. wurden ein wichtiger Bildträger, v. a. an der Rückwand, den seitl. Abschlußwangen, den Zwischenwangen und den konsolförmigen Misericordien, d. h. Sitzhilfen unter den aufklappbaren Stuhlbrettern. Wie an keinem anderen Ort der Kirche entfalten sich an den Ch.n neben den sakralen Programmen Darstellungen von Tieren, Fabelwesen, Drôlerien, groteske menschl. Figuren und Szenen, Pflanzenbilder usf. Im Norden besteht dieser Dekor aus meist ungefaßten Schnitzereien, in Italien teilweise aus →Intarsien, welche im 15. Jh. illusionist. Motive bevorzugen. Aus der Fülle der Denkmäler seien als Beispiele genannt: Für die frühe und hohe Gotik Poitiers-Kathedrale um 1240, Xanten-Dom um 1250, Winchester um 1300, Orvieto-Dom um 1330/40, Köln-Dom um 1330, für die skulpturenreichen Werke des 15. und beginnenden 16. Jh. in St. Jan zu s'Hertogenbosch, Niederlande, um 1430/75, Ulm-Münster 1469/74, Venedig-Frarikirche 1468, León-Kathedrale 1467ff., Amiens-Kathedrale 1508/22. →Levitenstuhl. A. Reinle

Lit.: VIOLLET-LE-DUC, Architecture 8, 458–471, Mobilier 1, 115–120 – RDK III, 514–537 – W. LOOSE, Die Ch. des MA, 1931 – G. L. REMNANT, A Cat. of Misericords in Great Britain, 1969.

Chorherren vom Heiligen Grab. Der Orden der Ch. vom Hl. G. (Ordo Can. Reg. SS. Sepulchri Hierosolymitani) geht auf das 1099 von den Kreuzfahrern bei der Grabeskirche in →Jerusalem errichtete Kapitel zurück, das unter der Leitung eines Priors dem Patriarchen als Domkapitel bei der Verwaltung seines Sprengels sowie dem Vollzug der Liturgie zur Seite stand. Das anfängl. stark in die Auseinandersetzungen um die Organisation der Kirche von Jerusalem und die Gestaltung ihres Verhältnisses zum Kgtm. verwickelte Kapitel wurde 1114 von Patriarch Arnulf v. Chocques reguliert, es befolgte seither die →Augustinusregel und am Vorbild frz. Reformzentren orientierte Konstitutionen. Der hohe Rang der Grabeskirche und der in ihr verehrten Reliquien verhalf den als Custodes SS. Sepulcri bezeichneten Chorherren zu einer hervorgenden Stellung in Kirche und Kgr. v. Jerusalem und ermöglichte ihnen diesseits und jenseits des Mittelmeeres den Erwerb beträchtl. Besitzes und die Gründung zahlreicher Niederlassungen. Der Verlust Jerusalems (1187) und der Fall →Akkons (1291) führten zur Einschränkung der ursprgl. Funktionen des Kapitels, dessen Organisation und Rechtsstellung durch Papst Urban IV. (1261–64), ehemals Patriarch v. Jerusalem, gestrafft und gefestigt worden waren.

Seit dem Ende des 13. Jh. residierten Prior (Archiprior) und Kapitel in →Perugia (S. Luca). Sie behaupteten nur mit Mühe ihre Oberhoheit über die unter der Leitung der Pröpste bzw. Prioren von Barletta, Piazza Armerina, La Viniadère und Annecy, Barcelona, Calatayud und Logroño, Warwick und Thetford, Denkendorf und Droyssig, Miechów, Prag und Glogovnica stehenden Filialverbände, die zwar nominell der nie deutlich voneinander abgegrenzten Weisungsbefugnis des Priors bzw. Patriarchen unterstanden, tatsächl. jedoch, was Organisation, Spiritualität und Besitzstand anging, Entwicklungen durchmachten, die stärker durch eigenes Interesse und lokale Bedingungen als durch das gemeinsame Erbe aus der Kreuzfahrerzeit geprägt waren.

Als Papst Innozenz VIII. 1489 die Aufhebung des Kapitels anordnete und seinen Besitz den im Kampf gegen die Türken stehenden →Johannitern übertrug, fielen diesem Beschluß zwar das Mutterhaus in Perugia und einige Häuser in Süditalien, Spanien, Frankreich und Mitteldeutschland zum Opfer, nicht aber die größeren Klosterverbände in Südwestdeutschland, in den nördl. und südl. Niederlanden, in Polen, Ungarn und Kroatien, Frankreich, Spanien und Norditalien, für deren Fortdauer sich Herrscher und Landesfürsten so nachdrückl. einsetzten, daß Papst Alexander VI. für sie das Aufhebungsdekret seines Vorgängers aufhob. Während die schon im Spät-MA selbständig gewordenen engl. und die wichtigsten der dt. Häuser der Reformation zum Opfer fielen, vermochten sich die übrigen Grabklöster z. T. bis ins 19.Jh. zu behaupten. Der weibl. Zweig des Ordens verfügt heute noch über Kl. in Holland, Belgien, England, Deutschland und Spanien. Er geht auf im 12. Jh. im Bereich der Männerklöster lebende, später selbständige Konvente bildende Chorfrauen zurück, verdankt seine gegenwärtige Gestalt jedoch vornehmlich der im 15. Jh. auf Betreiben des ndl. Grabkanonikers Johann Abroek v. St. Odiliënberg a. d. Roer ausgehenden Ordensreform. K. Elm

Q.: Überblick über die Q. in: M. HERESWITHA, Inleiding tot de Geschiedenis van het Kloosterwezen in de Nederlanden A II, 1: Orde van het Heilig-Graf, 1976 – zuletzt: K. ELM, Q. zur Gesch. des Ordens vom Hl. Grab in Nordwesteuropa aus dt. und ndl. Archiven (1191–1603), 1976 – Lit.: A. COURET, Notice hist. sur l'Ordre du St-Sépulcre de Jérusalem depuis son origine jusqu'à nos jours 1099–1905, 1905 – W. HOTZELT, Die Ch. vom Hl. G. in Jerusalem (Das Hl. Land in Vergangenheit und Gegenwart 2, 1940), 107–136 – M. HERESWITHA, De Vrouwenkloosters van het Heilig-Graf in het prinsbisdom Luik vanaf hun ontstaan tot aan de Fransche Revolutie, 1941 – Z. PĘCKOWSKI, Miechów, 1967 – J. GONZÁLEZ AYALA, Canónigos del Santo Sepulcro en Jerusalén y Calatayud, 1970 – K. ELM, Fratres et Sorores Sanctissimi Sepulcri (FMASt 9), 1975, 287–333 – DERS., St. Pelagius in Denkendorf (Fschr. O. HERDING. Veröff. der Komm. für gesch. LK in Baden-Württemberg, B.Forsch. 92), 1977, 80–130 – H. E. MAYER, Die Entwicklung des Besitzes des Hl. Grabes in der Frühzeit ... (Bm.er, Kl. und Stifte im Kgr. Jerusalem; MGH Schr. 26), 1977, 1–43 – K. ELM, Kanoniker und Ritter vom Hl. Grab (Die geistl. Ritterorden Europas, VuF 26), 1980, 141–169 – W. RINCÓN GARCÍA, La Orden del Santo Sepulcro en Aragón, 1982.

Chorherrenregeln →Arrouaise, →Augustiner-Chorherren (-Chorfrauen), →Chrodegang v. Metz, →Institutiones Aquisgranenses, →Lateran, →Marbach, →Paris, St-Victor, →Prämonstratenser, →Ravenna, St. Maria in Portico, →St-Ruf, →Sempringham, →Val des Ecoliers, →Windesheim

Chorikios, Rhetor des 6. Jh. aus Gaza. Dort Schüler und Nachfolger des →Prokopios, trug er durch seine Reden und popularphilos. Vorträge, die in attizist. Manier sorgfältig stilisiert sind, zur Blüte des kulturellen Lebens der Stadt bei. Hervorzuheben sind wegen ihrer kulturgesch. interessanten Beschreibungen von Kirchen und deren Gemälden die Reden an den baufreudigen Bf. Markianos. Seine mit zahlreichen Anspielungen auf klass. Autoren und mit Zitaten geschmückten Reden galten den Byzantinern als Vorbild. Die Überlieferung beruht im wesentl.

auf dem Cod. Matritensis N. 101 aus dem Besitz des Konstantinos Laskaris. J. Gruber

Ed.: R. FÖRSTER-E. RICHTSTEIG, 1929–Lit.: KL. PAULY I, 1159f. [Lit.]– RE III, 2424–2431 – Tusculum Lex., 1982³ – H. MAGUIRE, The half-cone vault of St. Stephen at Gaza, DOP 32, 1978, 319–325.

Chorin, Abtei OCist in der Mark → Brandenburg, 1258 von den askan. Mgf.en → Johann I. und → Otto III. nach ihrer Herrschaftsteilung als Hauskloster und Grablege für die Johanneische Linie gestiftet und mit Hausgut reich ausgestattet, wurde von → Lehnin zunächst als Kl. Mariensee (monasterium stagni sancte Marie virginis) auf Pehlitzwerder im Parsteiner See gegründet (Baureste), doch schon 1272 an den Korynsee verlegt. Schenkungen der Landesherren und des Adels sowie planvolle Käufe bildeten die Basis zur umfangreichen Grundherrschaft. Landadel und Bürger stellten den Konvent. Vorherrschend war der auf Grangien meist von Konversen betriebene Ackerbau. Ab 1454 (mit Tobias) wird der Abt regelmäßig auch kfsl. Rat. Not und Armut Ch.s in den Kriegswirren um die Uckermark bezeugen Urkunden von 1422 (Anruf päpstl. Beistands) und 1431. Unter Joachim II. 1542 säkularisiert, als Kammergut kurze Zeit verpfändet, blieb Ch. mit kurzer Unterbrechung kfsl. Domänenamt. – Die Klosterruine bezeugt schönste frühe Backsteingotik im norddt. Raum. Th. Fontane widmete Ch. im Teil III (Havelland) seiner »Wanderungen durch die Mark Brandenburg« eine eindrucksvolle Schilderung. H. Quirin

Lit.: Hist. Stätten Dtl. X, 153f. [R. DIETRICH; Lit.] – E. FIDICIN, Die Territorien der Mark Brandenburg IV, 1864, 256–261 – G. ABB–G. WENTZ, Das Bm. Brandenburg, T. 1, 1929 (GS I, 1) – J. SCHULTZE, Die Mark Brandenburg I, 1961, 167, 169–173, 238 – H.-J. SCHRECKENBACH, Bibliogr. zur Gesch. der Mark Brandenburg, T. 1, 1970 (Veröff. Staatsarchiv Potsdam B. 8), Nr. 6106 [SCHMOLL GEN. EISENWERTH] – Um Eberswalde, Ch. und den Werbellin-See, hg. Akad. der Wiss. der DDR (Werte unserer Heimat 34), 1981.

Chörlein, Sonderform des → Erkers, kleiner Altarraum, der im Obergeschoß eines Bauwerks aus der Mauerflucht auskragt und auf Konsolen oder einem Stützpfeiler ruht; in roman. Zeit halbrund (Ägidienkurie in Naumburg um 1200, Burg Trifels Anfang 13. Jh., Wildenburg im Odenwald Anfang 13. Jh.), in got. Zeit polygonal (Nassauerhaus in Nürnberg 1421/37, Altstädter Rathaus in Prag 1381), seit der Spätgotik auch rechteckig. Das Ch. kommt vornehmlich an Burgen, Pfalzen, Kurien, Bürgerhäusern und Rathäusern vor, vereinzelt aber auch an Karnern, Klöstern und Spitälern. G. Binding

Lit.: RDK III, 538–546 [Lit.].

Chormantel → Pluviale

Chorscheitelrotunde, ein in der Kirchenachse östl. des Chores angebauter oder vorgelagerter Rundbau, zumeist Marien- oder Heiliggrabkapelle in der Nachfolge der Grabeskirche Christi in Jerusalem und der im 6. Jh. über dem legendären Mariengrab im Tal Josaphat bei Jerusalem errichteten zweigeschossigen Rundkirche. An die Ostseite der Umgangskrypta (841–859) von Saint-Germain-d'Auxerre war, vermutl. über dem Grabmonument der hl. Maxima, eine Rundkapelle erbaut. In ähnlicher Anordnung 852–872 das Marienkapelle über einem Quellbecken östl. an der Krypta des Hildesheimer Domes und als Heiligkreuzkapelle in Reichenau-Mittelzell (Mitte 10. Jh.). Totenkult und Abbild der Aachener Pfalzkapelle sind in der Ch. in Löwen zusammengefaßt, erbaut in der Mitte des 11. Jh. als Gruftkapelle der Gf.en v. Löwen. Hierzu gehört auch die Ch. von 962 östl. der Kapelle auf der Grafenburg Elten am Niederrhein. Die bedeutendste und größte Ch. ist Saint-Bénigne in Dijon, 1001–18, doppelter Umgang mit dreigeschossigem Aufbau und einem vom Kryptaboden aufsteigenden Raumschacht. In Canterbury finden sich, vermutl. in frz. Abhängigkeit, Ch.n an Saint-Augustine, 1047/59 unter Abt Wulfric begonnen, und die got. Beckets-Crown an der Kathedrale. Ch.n finden sich in Westeuropa, bes. in Burgund, während des 10. und 11. Jh., aber auch später bis in die Gotik hinein, wobei als großartigstes Beispiel Batalha in Portugal zu nennen ist (1433/38–ca. 1520). → Zentralbau.

G. Binding

Lit.: J. HUBERT, Les églises a rotonde orientale (Frühma. Kunst in den Alpenländern, 1954), 309–320 – A. REINLE, Die Rotunde im Chorscheitel (Discordia Concors 1968), 727–758 – W. GÖTZ, Zentralbau und Zentralbautendenzen in der got. Architektur, 1968, 329–352 – G. BINDING, Burg und Stift Elten am Niederrhein, 1970, 72–77 – G. BANDMANN, Zur Bestimmung der roman. Ch. an der Peterskirche zu Löwen, Beitr. zur Rhein. Kunstgesch. und Denkmalpflege II, 1974, 69–79 – A. REINLE, Zeichensprache der Architektur, 1976, 161–173 – W. SCHLINK, Saint-Bénigne in Dijon, 1978.

Chorschranken (Cancelli), zu unterscheiden von Altar-, Kapellen-, Grab- und anderen Abschrankungen sowie vom → Lettner (zur Lage und Funktion → Kircheneinrichtung). Ch. mit der Aufgabe, den Chorus psallentium mit dem Hochaltar von den allgemein zugängl. Teilen der Kirche abzutrennen und herauszuheben, kommen in Kathedral- und Ordenskirchen, seit dem SpätMA auch in großen Pfarrkirchen vor. Im FrühMA sind es aus den frühchr. Ch. entwickelte Steinbrüstungen, wohl von der sog. langob. Kunst vermittelt (vgl. z. B. die Fragmente in S. Lorenzo, Verona, im Mus. Trient, im Kreuzgang von S. Giovanni in Laterano, Rom, und die Schrankenplatten im Baptisterium von Cividale, offenbar in Zweitverwendung). In Rom kommt es zu einer Wiederaufnahme der Cancelli in S. Sabina (824/27), ebenso in Aquileia im Dom (frühes 9. Jh.). Beim Neubau von S. Clemente in Rom (ab 1108) wurden die Altarschränke und die Ch. aus der Zeit von 532–535 aus dem Vorgängerbau etwas verkürzt übernommen. In anderen Fällen wurden die Steinbrüstungen von → Trabesanlagen aus Säulen und Gebälk überhöht, mit ornamentalen und seltener figürl. Reliefdekor, fast nur in Fragmenten überliefert, so in Metz und Spalato bes. wichtige Stücke. Auf dem St. Galler Klosterplan (um 820) sind sie gezeichnet, in karol. Zellenquerbauten als wichtigstes, die zur Apsis durchgehende Raumwirkung bestimmendes Element für Steinbach, Seligenstadt, Hersfeld und davon abhängig für Zyfflich/Niederrhein (um 1010) nachgewiesen. In der Romanik werden daraus kompaktere Mauern, an der Innen- oder Außenseite mit Figurenzyklen oder Szenen in Hochrelief ausgestattet, aus Stein oder Stuck. Bedeutend ist die dt. Gruppe: Gustorf-Köln, Bamberg, Hildesheim-St. Michael, Halberstadt, Hamersleben, Fragmente mit Apostelreihen in Basel-Münster und Mailand-Dom. In der Gotik wachsen sich die Ch. v. a. in Frankreich, Spanien und England zu hohen steinernen oder hölzernen Wänden mit reichem Bildprogramm aus, Abschrankung gegen Nebenschiffe und Chorumgänge oder gehäuseartig im Raum stehend. Beispiele mit Skulpturen: Paris Notre Dame 1300/1350, Amiens, Albi und Condom um 1500, Toledo 14. Jh., León, Sevilla, Plasencia, Zamora etc. 15. Jh. Die Ch. des Westchors im Bamberger Dom zeigen Reste gemalter Heiligenfiguren, an der Innenseite der Ch. im Kölner Dom erscheinen in gemalter Architektur Heiligenviten, Kaiser- und Bischofszyklen um 1332/40. In England v. a. werden die Schranken gern in hölzernes architekton. Gitterwerk aufgelöst. Nach frühen Beispielen schon des 14. Jh., Orvieto-Dom 1337/38, treten im 15. Jh. Metallgitter auf: Stralsund-Nicolaikirche Anfang 15. Jh., Freiburg i. Ue., Schweiz, St-Nicolas 1464/66 in Eisen geschmiedet, Lübeck, St. Marien, um 1520 in Messing gegossen (zerstört). A. Reinle

Im byz. MA wird die Abschrankung des →Bemas, wie vereinzelt schon in frühbyz. Zeit, durch das →Templon ersetzt, und die Cancelli werden zum integrierten Bestandteil dieses Ausstattungsstückes des Kirchenraumes. Ihr Dekor ändert sich kaum im Vergleich zur voraufgegangenen Periode. Zugleich werden Cancelli verschiedenen anderen Verwendungszwecken zugeführt. Sie werden als Schranken für →Emporen, als Füllungen der unteren Teile von →Fenstern oder als Schranken benützt, die in die Interkolumnien der Baldachinbauten von →Phialen eingehängt wurden. Gelegentl. können sie auch als Dekor in die Außenmauern von Kirchen der mittelbyz. Zeit eingefügt werden, gleichsam als Spolien (das bekannteste Beispiel ist die sog. Kleine Metropolis in →Athen).
K. Wessel

Den Ch. des MA gehen in frühchristl. Zeit Altar- und Presbyteriumsschranken vielfältiger Ausdehnung voraus. Wie unter →Bema beschrieben, wurde der für den →Altar und den Klerus bestimmte Teil von Sakralbauten durch Schranken abgetrennt (lat. cancelli; die zahlreichen griech. Bezeichnungen bei BRAUN, 2, 650f.; RbyzK I, 900f.). Der Zweck, die Gläubigen am Betreten des Altarraums zu hindern, ist bereits im frühesten erhaltenen lit. Beleg angeführt (Euseb., h. e. 10,4,44 zur Basilika in Tyros). Ebenso trennten Schranken die Menge im profanen Leben von Schauspielern, Beamten, dem Kaiser. Die Mehrzahl frühchristl. Reste von Bemaschranken besteht im W wie O aus Marmorplatten von ca. 80 cm Höhe, die entweder zw. nur wenig höhere Pfosten eingestellt waren oder zw. erhebl. höhere Stützen, die ein Gebälk trugen. Die Platten tragen oft Reliefschmuck, meist symbol. Art; seltener sind sie gitterartig durchbrochen. Die Zugehörigkeit zum Altarraum, seinem öfters vorgezogenen Eingang oder einem Verbindungsgang zum Ambo ist bei Platten ohne Fundangaben nicht zu sichern, da ähnliche Schranken auch in anderen Teilen des Sakralraums standen, z. B. zw. den Emporensäulen. J. Engemann

Lit.: RAC II, 837f. – RbyzK I, 900-931 – RDK III, 556-567 – J. BRAUN, Der chr. Altar 2, 1924, 649-657 – S. G. XYDIS, The Chancel Barrier, Solea, and Ambo of Hagia Sophia, ArtBull 29, 1947, 1-24 – TH. WIBERT, Studien zur dekorativen Reliefplastik des östl. Mittelmeerraumes (Schrankenplatten des 4.-10. Jh.), 1969 – E. DOBERER, Die ornamentale Steinskulptur an der karol. Kirchenausstattung (BRAUNFELS, K. d. G. III), 203-233 – F. RADEMACHER, Die Gustorfer Ch., 1975 – W. GRZIMEK, Dt. Stuckplastik, 1975 – R. BUDDE, Dt. Roman. Skulptur 1050-1250, 1979 – D. GILLERMANN, The Clôture of Notre-Dame, 1977 – Ars Hispaniae VIII, 389-390 – G. SCHMIDT, Die Chorschrankenmalereien des Kölner Domes und die europ. Malerei (Kölner Domblatt. Jb. des Zentral-Dombau-Vereins 44/45, 1979/80), 293-340.

Chorschüler → schola cantorum (puerorum)

Chorturmkirche ist zumeist eine Saalkirche, selten auch eine dreischiffige Basilika, über deren Chorquadrat mit Altar sich ein Turm erhebt, an den sich vereinzelt eine Apsis anschließen kann. Der Chorturm diente v. a. als Glockenturm. Ch.n in größerer Dichte finden sich im MA zw. Oberrhein, Donau und Main, in Thüringen, im Elsaß, in Teilen von Frankreich, England und Skandinavien. Bes. in Mittel- und Unterfranken hält sich die Ch. auch über das Ende des MA hinaus. G. Binding

Lit.: RDK III, 567-575 [Lit.] – W. MÜLLER, Die Ortenau als Chorturmlandschaft, 1965 – DERS., Pfälz. Ch., Bll. für pfälz. Kirchengesch. und religiöse Volkskunde 34, 1967, 172-187.

Chorumgang (Ambitus, Deambulatorium) ist um eine Apsis oder einen Polygonchor geführt und in Säulen-, seltener Pfeilerstellungen zum Chor geöffnet. In reicher Ausbildung mit Kapellenkranz findet er sich bei got. Kathedralen (→Chor). Urspgl. war der Ch. wie die Ringkrypta (Regensburg St. Emmeram 2. Hälfte 8. Jh.) oder das Ringatrium (St. Galler Klosterplan um 820, Hildebold-Dom in Köln um 820) Prozessionsweg um ein unter dem Altar gelegenes Märtyrer- oder Heiligengrab bzw. Memorienstätte, auch Zugang zu einer Außenkrypta oder später zu anschließenden Kapellen, erstmalig ausgebildet an St-Martin in Tours (1003-15); seitdem häufig an roman. frz. Kirchen; in Deutschland nur vereinzelt und dann meist unter frz. Einfluß (St. Godehard in Hildesheim ab 1133, Kryptenumgang von St. Michael in Hildesheim 1010/15). In der Gotik wurde der Ch. mit Kapellenkranz fester Bestandteil der Kathedralen (Saint-Denis 1140/43, Reims ab 1211, Köln ab 1248). Sonderformen entwickelten die Pfarrkirchen der Hansestädte, St. Marien in Lübeck 1260/80, St. Marien in Stralsund Ende 14. Jh.). In Zisterzienserkirchen wird der Ch. um den rechtwinkligen Chor geführt (Citeaux II, Morimond, Ebrach, Riddagshausen). In der Spätgotik wird der Chor mit Umgang zum Hallenchor (→Chor) weiterentwickelt, die Kapellen werden flache, nischenartige Räume (Heiligkreuz in Schwäbisch-Gmünd ab 1351) oder verschwinden ganz (St. Georg in Dinkelsbühl ab 1448). G. Binding

Lit.: → Chor

Chorus (gr. Χορός), über die Antike hinaus gebräuchl. als Rundtanz, Reigentanz (mit Gesang verbunden), Tripudium, Tanz (mit Gebärden verbunden), tanzende und zugleich singende Schar, Tanzplatz und im MA zudem →Choral, Chordienst (→Stundengebet) und Ort, wo die Sänger stehen, Chorraum, Stimmwerk, Einheit instrumentaler Stimmen, v. a. der Orgelpfeifen. Wie in der griech. Antike ist ch. (im Sinne von Reigen) auch im jüd. Gottesdienst Bestandteil kult. Akte. In der altkirchl. Liturgie ist →Tanz kein substantielles Element; Metonymien bei Hermas (Similitudines IX, 11; ed. O. GEBHARDT, A. HARNACK, TH. ZAHN, Patrum apost. Op. III, 1877) und Klemens v. Alexandria (Protreptikus XII, 120, 2; ed. O. STÄHLIN I, 1936²) entbehren der realen Basis. In frühchristl. Zeit ist ch. Mengenbegriff (II Esdrae 12, 31, 38, 40: ch. laudantium); der Ausdruck bezeichnet mehr und mehr eine Sängerschar (F. CABROL-H. LECLERCQ, Monumenta ecclesiae liturgica I 1, 1901; I 2, 1913, 3019; V, 1904, 73), Gemeinschaft der Kleriker, die zunächst zusammen mit dem Volk den liturg. Dienst in der Kirche persolviert. Ch. symbolisiert zum einen die ecclesia triumphans und zum anderen die ecclesia militans. Zu Beginn des MA ist ch. zugleich der Platz, den den Gliedern des ch. psallentium im Gotteshaus zugeordnet ist (Regula Benedicti cap. 43; Isidor v. Sevilla, Etymologiae VI, cap. 19) und seit Amalar (De ecclesiasticis officiis III, 15; MPL 105, 1180; J. M. HANSSENS, Institutiones liturgicae II, 1930, 303) erstmals auch der Raum, in dem der Psallierchor seinen Platz hat. In alter Zeit befinden sich die Sedilien des Klerus (Constitutiones apostolicae II, 57; ed. F. X. FUNK, 1905) in der Apsis, und zwar aus Gründen der Symmetrie und der Alternatimpraxis (Wesensmerkmal des Chordienstes) im Halbkreis zu beiden Seiten der Kathedra. Im MA rücken die Sedilien in das Presbyterium vor, und es entsteht nach und nach das Chorgestühl. Auf der Epistelseite sind ähnlichen Ursprungs die Sedilien des Zelebranten und seiner Assistenz. Die Apsis – der Raumteil um den Altar herum – bleibt Laien verschlossen. Die Kirche räumt dem Klerus, der im ch. assistiert, Ehrenrechte und Ehrenbezeigungen (inclinatio capitis, thurificatio, osculum pacis) ein. In Kathedral-, Kollegiat- und Klosterkirchen repräsentiert mehr und mehr – seiner hist. Entwicklung entsprechend – der liturg. Sängerchor das

Volk; er tritt – wie der Lektor der Perikopen – als selbständiger Faktor v. a. zu Zeiten auf, da der Priester am Altar noch nicht die – von anderen vorzutragenden – Lesungen und Gesänge für sich las. Die vom Chor zu singenden liturg. Melodien heißen →Choral; sie werden von Chorschulen (→schola cantorum) mündlich tradiert. Ordines (M. ANDRIEU, Les Ordines Romani du haut Moyen-Âge II, 1948, 159, 165; Ordo Romanus Benedicti nr. 18, MPL 78, 1032 f.) nennen die schola cantorum eine ausnahmsweise Stütze beim Vortrag des Ordinarium missae. Zur Karolingerzeit singt das Volk diese Melodien im allgemeinen nicht mehr; sie sind bis in das 12./13. Jh. Sache des Klerus; dieser verbindet die öffentl. Feier der Messe mit dem gemeinsamen, kanonischen →Stundengebet, zu dem die Kirche im Conc. Aquisgranense 801 auch den Pfarrklerus nachdrückl. verpflichtet (MGH Cap. III, cap. I, 238; MGH Conc. II/1, 228 ff.). Die These, der Sängerchor habe seit dem 11./12. Jh. Volk und Klerus aus der Teilnahme am Meßgesang verdrängt (WAGNER, Einführung I, 61), ist unhaltbar. Autoren der nachfolgenden Epoche ordnen die Gesänge dem ch. zu; er setzt sich in der Regel zusammen aus schola cantorum und der Gesamtheit zum Gottesdienst im Presbyterium versammelter Kleriker (Johannes v. Avranches, De officiis ecclesiasticis; MPL 147, 38; u. ö.). Für Sicard v. Cremona (Mitrale III, 2; MPL 213, 96 f.) sind ch. und clerus Synonyma. Im monast. und kanonikalen Gottesdienst der frk. Tradition ist die liturg. Funktion zuweilen auf zwei bis drei äquivalente Chöre verteilt (St. Riquier zu Centula, St. Gallen u. a.). Dabei hat der Ausdruck ch. angelicus symbol. Bedeutung, die er vom Ort seiner Aufstellung im Westchor – er ist meist dem hl. Michael und den Engeln geweiht – herleitet. Honorius Augustodunensis (Gemma animae I, 6 u. ö.; MPL 172, 545 ff.) hebt ch. als schola cantorum von clerus deutlich ab. Liturgikern des 12./13. Jh. sind Laien im Chor unbekannt. In gleichem Maße, in dem auch Ordinariumsgesänge reichere Gestalt annehmen, bilden im Klerus, der ohnehin das anspruchsvolle Proprium vorzutragen hatte, cantores hinsichtl. der musikal. Interpretation die führende Gruppe.

Gegen Ende des 13. Jh. bezeichnet ch. einen neuen Inhalt: Ch. ist ein geschulter Sängerchor (schola), der aus dem Klerus hervorgeht, Laienkräfte – joculatores, trutanni, goliardi ausgenommen (MANSI XXIII, 33) – v. a. aus Bruderschaften aufnimmt und sich vom ch. clericorum nach und nach auch räumlich trennt. Er wandert zuerst nach dem Lettner ab, einer hohen Lese- und Singbühne, und später nach der Empore, die im Hintergrund des Gotteshauses ihren Platz findet. Der Kirchenchor singt nun an Stelle des Volkes auch die Akklamationen. Etwa zur gleichen Zeit heißen die pueri (Chorknaben) auch chorales. Ordenskirchen bleiben von diesem Wandel unberührt.

Ch. virilis und ch. matronalis sind musiktheoret. Termini, die v. a. →Aribo auf toni authentici und toni plagales beziehen. Zunehmend seit dem 12. Jh. gewinnt Mehrstimmigkeit Einfluß auf den Kirchengesang. Hauptformen musikal. Schaffens sind Organum, Conductus und seit dem 13. Jh. Motette. Die Praxis des Alternierens von Chor und Solo v. a. im Organum bestimmt dabei den Stil. Daher bedeutet ch. im 14. Jh. Chorklang als Gegensatz zu Solo und in der ersten Hälfte des 15. Jh. homogenen Chorklang (z. B. G. Dufay, später J. de Ockeghem, Josquin des Près u. a.). In Kompositionen zum Ordinarium missae aus dem ersten Drittel des 15. Jh. begegnet ch. auch als Besetzungsvermerk (Cod. Vat. Barb. lat. 171: Unus, D[uo], C[horus]). Über die Besetzungsstärke eines Chores und über den wachsenden Sinn für chor. Klangentfaltung dieser Zeit gibt die Mitgliederzahl der päpstlichen →Kapelle Aufschluß: 9–12 Sänger in der ersten Hälfte des 15. Jh., 16–18 um 1450 und später – bis in das 16. Jh. – 14–26 Mitglieder. D. v. Huebner

Lit.: H. STEPHANUS, Thesaurus Graecae Linguae 8, 1865, 1596-1600 – LAMPE, 1527 – Mlat Wb II, 547–550 – DACL II, 1406–1413 – LThK² II, 1077–1078 – MGG II, 1230–1265 – Dict. de la musique 2, 1979, 131–133 – NEW GROVE 4, 341–358 – H. LEICHTENTRITT, Gesch. der Motette, 1908 – K. MEYER, Der Einfluß der gesangl. Vorschriften auf die Chor- und Emporenarchitektur in den Klosterkirchen, AMF 4, 1922, 155 ff. – H. BESSELER, Die Musikgesch. des MA und der Renaissance, 1931 – TH. GEROLD, Les pères de l'église et la musique, 1931 – EISENHOFER I, 225 – E. PETERSON, Das Buch von den Engeln, 1935 – C. WINTER-R. GIOVANELLI, Schriftenreihe des Musikwiss. Sem. der Univ. München 1, 1935 – W. GURLITT, Kirchenmusik und Kirchenraum, Musik und Kirche 19, 1949 – G. REANEY, Voices and Instruments in the Music of Guillaume de Machaut, Revue belge de musicologie 10, 1956, 3, 93 – TH. G. GEORGIADES, Musik und Rhythmus bei den Griechen, 1958 – J. A. JUNGMANN, Missarum sollemnia, I–II, 1962² – P. HELIOT, L'emplacement des choristes et les tribunes dans les églises du MA, Revue de musicologie 52, 1965 – E. WELLESZ, Ancient and Oriental Music, New Oxford Hist. of Music 1, 1969, 297–298, 300, 320, 328, 399, 413.

Chorus minor → Chor

Chorvaten → Kroaten

Chosroes. 1. Ch. I. Anūširwān ('mit der unsterblichen Seele'), Großkg. des →Sāsāniden-Reiches 531–578. In dem Bemühen, nach Beendigung der mazdakist. Sozialrevolution (Kāwād) die gegen das →Byz. Reich verlorengegangenen Positionen wiederzugewinnen, errang Ch. in drei Kriegen (Friede 532, Neuausbruch 540 mit Eroberung von Antiocheia, später Ausgreifen in das Kaukasusgebiet) gegen das unter →Justinian I. anderweitig engagierte Byzanz unter Ausnutzung arab. Konflikte und durch Verhandlung mit dem ostgot. Kg. →Vitigis 538 in Mesopotamien und Syrien vorübergehende Erfolge (532 byz. Tributzahlungen); die alten sāsānid. Ziele einer festen Position am östl. Mittelmeer wurden nicht erreicht. Ebensowenig war die Aufnahme der 529 aus Byzanz vertriebenen heidn. Philosophen ein Erfolg. So bedeutete der Friede von 562 Festsetzung des Status quo für 50 Jahre, an dem die Neuaufnahme der Kämpfe 572 nichts änderte. Der inneren Stärkung sollten die schon unter Kāwād begonnenen Reformen zur Anpassung des Reiches an das westl. Vorbild durch Landvermessung, Einführung eines Steuersystems auch unter Heranziehung der feudalen Territorien durch Veranlagung nach Produkten und Personen, Schaffung einer Beamtenschaft, Kolonien (auch mit Hilfe deportierter Imperiumsbewohner) und Grenzbefestigung dienen. Innere Schwierigkeiten (552 Aufstand in Ḫūzistān, 571 Abfall von Armenien) wurden von Ch. mühelos überwunden; er konnte sein Interessengebiet über Arabien ausdehnen, nach der Zerstörung des Hephtalitenreiches mit Hilfe der Turkvölker 563–567 selbst nach Baktrien. Das lange Engagement an vielen Stellen führte indes zu entscheidender Schwächung aller Kräfte.
G. Wirth

Lit.: K. GÜTERBOCK, Byzanz und Persien in ihren diplomat. und völkerrechtl. Beziehungen im Zeitalter Justinians, 1906 – E. STEIN, Ein Kapitel vom pers. und vom byz. Staate, BNJ 1, 1920, 50–87 – A. CHRISTENSEN, L'Iran sous les Sassanides, 1936, 1944², 363ff. – F. ALTHEIM-R. STIEHL, Ein asiat. Staat I, 1954 – DIES., Finanzgesch. der Spätantike, 1957 – B. RUBIN, Das Zeitalter Justinians, 1959 – C. TOUMANOFF, Stud. in Christian Caucasian Hist., 1963.

2. Ch. II. (Parwēz), letzter der Großkönige des →Sāsāniden-Reiches, 588–627, † 628. Im Verlauf eines Aufstandes des Feldherrn Bahrām Čōbīn 588 (Euagr. 6,8 gegen frühere Deutung nach Theophanes ad 6080) als Nachfolger seines Vater Hormizdas zur Regierung gelangt, wurde Ch. 590 vertrieben und 591 mit byz. Hilfe zurückgeführt. Trotz gewisser territorialer Verluste (Dara, Martyropolis) blieb er nach dem Friedensvertrag 591 loyaler Bundesgenosse des Ks.s →Maurikios, führte aber gegen →Phokas (Wiedereroberung der 591 verlorenen Gebiete) und →Herakleios als Usurpatoren für einen geflohenen Sohn des Maurikios einen dauernden, rigorosen Krieg, der v. a. nach 611 Byzanz durch den Bund des Ch. mit den →Avaren mehrfach an den Rand der Katastrophe brachte (614 Eroberung→Jerusalems und Verbrennung der Grabeskirche, 619 Einnahme→Alexandrias, 626 avar.-pers. Belagerung Konstantinopels, s. a. →Sergios). Selbst kaum dabei im Kampf, wurde er nach Aufbau einer byz. Abwehr 627 bei Ninive entscheidend geschlagen, durch seinen Sohn Kāwād abgesetzt und 628 im Gefängnis ermordet. Die Quellen stellen ihn als Abbild oriental. Despotentums dar.

G. Wirth

Lit.: A. Christensen, L'Iran sous les Sassanides, 1936, 1944² – M. Higgins, The Persian War of Emperor Maurice, 1939 – Ders., Chronology of Simokathes 8, 1, 1–8, 1947 – F. Goubert, Les rapports de Khosrau II avec l'empereur Maurice, Byzantion 19, 1949, 79–98 – Ders., Byzance avant l'Islam I, 1951 – A. N. Stratos, Byzantium in the 7th Century, 1968ff.

Chrabr, Name oder Pseudonym des Verfassers einer altslav. Schrift über die Entstehung des slav. Alphabets. Erstmalig machte K. Kalajdovič 1824 auf diese in über 80 Abschriften erhaltene Abhandlung aufmerksam, deren ältester Zeuge der mittelbulg. Cod. Leningrad GPB F. I. 376, eine 1348 für den bulg. Zaren Johannes Alexander vom Mönch Lavrentij angefertigte Sammelhandschrift darstellt. Der Traktat »Über die Buchstaben« des Mönches Ch., oder, wie spätere Buchstaben ihn betiteln, »Erzählung, wie der hl. Kyrill das slav. Alphabet gegen die Heiden schuf«, behandelt die Entstehung der slav. Schrift und gibt als einzige slav. Quelle das Datum 863 als Erfindungsjahr an, wobei der Verfasser sich dabei wohl auf die alexandrin. Zeitrechnung von 5500 stützt. Die Stellung des slav. Alphabets (wohl die Glagolica) wird sowohl gegen die Griechen und die an das Griech. gewöhnten Südslaven jener Zeit als auch gegen die Anhänger der Dreisprachendoktrin verteidigt. Die Größe des Erfinders der slav. Schrift wird durch Vergleich mit den griech. Grammatikern der Antike und den siebzig Übersetzern der Bibel ins Griech. unterstrichen, wobei der Verfasser dabei Entlehnungen aus dem Grammatiker Theodosios v. Alexandrien (4. Jh.) vornimmt.

Es wird allgemein angenommen, daß der Traktat »Über die Buchstaben« am Ende des 9. Jh. bzw. Beginn des 10. Jh. in Preslav entstand. Die Person des Verfassers, des Mönches Chrabr ('Tapfer') bzw. des »tapferen Mönches«, bleibt unklar. Viele Forscher erkennen in Ch. ein Pseudonym für Konstantin-Kyrill selbst, Kliment v. Ohrid (→Clemens v. Ochrid), Ioan Exarch, Naum, Zar Symeon, den Mönch Doks und Bruder des Zaren Boris; K. Kuev spricht sich für einen Eigennamen im Sinne von »Soldat, Kämpfer« (voin) aus.

Die kleine Schrift, die Epifanij Mudryj in seiner Vita des Stefan v. Perm im 15. Jh. benutzte, wurde später auf bulg. und russ. Boden überarbeitet (offene Überlieferung).

Ch. Hannick

Ed. und Übers.: R. Abicht, Das Alphabet Ch.s, AslPhilol 31, 1910, 210–267 [dt. Übers.] – P. A. Lavrov, Materialy po istorii vozniknovenija drevnejšej slavjanskoj pis'mennosti, 1930 [Neudr. The Hague 1966], 162–168 – I. Dujčev, Starobŭlgarska knižnina I, 1943, 65–69, 203–210 [bulg. Übers.] – M. Weingart–J. Kurz, Texty ke studiu jazyka a písemnictví staroslověnského, 1949, 189–192 – J. Vašica, Literární památky epochy Velkomoravské, 1966, 11–19 [mit tschech. Übers.] – P. Ratkoš, Pramene k dejinám Vel'kej Moravy, 1968, 264–469 [slowak. Übers.] – A. Vaillant, Textes vieux-slaves, 1968, I, 57–61; II, 47–51 [frz. Übers.] – Magnae Moraviae fontes historici III, 1969, 364–371 [mit tschech. Übers.] – G. Svane, Konstantinos (Kyrillos) og Methodios, Slavernes Apostle, 1969, 138–142 [dän. Übers.] – Skazanija o načale slavjanskoj pis'mennosti, 1981, 102–104, 174–189 [russ. Übers.] – Lit.: V. Jagić, Rassuždenija južnoslavjanskoj i russkoj stariny o cerkovnoslavjanskom jazyke, 1895, 297–319 – A. Dostál, Les origines de l'apologie slave par Ch., Byzantinoslavica 24, 1963, 233–246 – V. Tkadlčík, Le moine Ch. et l'origine de l'écriture slave, Byzantinoslavica 25, 1964, 75–92 – K. M. Kuev, Černorizec Chrabŭr, 1967 – R. Picchio, On the textual criticism on Hrabr's Treatise (Stud. in Slavic Linguistics and Poetics in Honor of Boris O. Unbegaun, 1969), 139–148 – V. Antik, Od srednovekovnata kniževnost, 1976, 72–99 [Ed. und makedon. Übers.] – A. Džambeluka-Kossova, Černorizec Chrabŭr, O pismenech (Index v. E. Dogramadžieva), 1980 [mit it. Übers.] – I. E. Možaeva, Bibliogr. po kirillo-mefodievskoj problematike 1945–1974 gg., 1980, 56–59 – K. Kuev, Ivan Aleksandroviat sbornik ot 1348 g., 1981, 182–217 [mit Ed.] – R. Marti, Stilističeskie osobennosti apologii Chrabra, Starobŭlgarska literatura 10, 1981, 59–70 [textus reconstructus] – Dž. Sato, Po povodu sostava alfavita v spiskach sočinenija Chrabra »O pismenech«, Palaeobulgarica 5, 1981, 4, 50–55.

Chrelja (Stefan Dragovol), serb. Würdenträger und Feldherr, † Dez. 1342. 1327 nahm er an der Spitze einer serb. Truppe am byz. Bürgerkrieg zw. →Andronikos II. und →Andronikos III. als Verbündeter des älteren Ks.s teil. Nach 1341 wurde er in die Kämpfe zw. der byz. Regierung, →Johannes Kantakuzenos und dem serb. Herrscher →Stefan Dušan verwickelt. Wohl von Stefan Dušan erhielt er die Protosebastos-Würde, von Andronikos III. den Titel Großdomestikos (→Domestikos) und bald darauf den Caesar-Titel. Seiner Herrschaft unterstanden die Städte Strumitza und Štip sowie das Gebiet des →Ryla-Kl. (SW-Bulgarien). Um 1333 zog er sich ins Ryla-Kl. zurück, wo er 1334/35 den sechs Stockwerke umfassenden Wachturm mit einer freskengeschmückten Kapelle errichten ließ (Leben des Klostergründers, des hl. Johannes v. Ryla). Als sich seine Beziehungen zu Stefan Dušan verschlechterten, wurde er Mönch (Mönchsname Chariton), in der Hoffnung, so sein Leben zu retten. Dennoch wurde er im Dez. 1342 ermordet, wie aus einer von seiner Witwe angebrachten poet. Grabinschrift hervorgeht. In der volkstüml. Tradition und Dichtung lebte Ch. als tapferer Held fort.

I. Dujčev

Lit.: J. Ivanov, Sv. Ivan Rilski i negovijat monastir, 1917, 31ff., 143ff. – St. Stanojević, Narodna enziklopedija 4, 1929, 846 [M. Dinić] – M. Dinić, Relja Ochmučević-istorija i predanje, Zbornik radova Viz. Instituta 9, 1966, 95–118 [Lit.] – I. Dujčev, Iz starata bŭlgarska knižnina II, 1944, 283ff., 418ff. – L. Praškov, Chreljovata kula, 1973 – M. C. Bartusis, Ch. and Momčilo: Occasional Servants of Byzantium in Fourteenth Cent. Macedonia, Byzslav 41/2, 1980, 201–221.

Chrenecruda, Terminus der frk. Rechtssprache. Titel 58 des Pactus Legis Salicae (→Lex Salica) behandelt unter der Überschrift »De Ch.« das an Symbolik reiche Ritual der Ch.: Ein Totschläger, der das →Wergeld nicht entrichten konnte, mußte mit zwölf Eideshelfern seine Zahlungsunfähigkeit erklären, sodann auf der Türschwelle seines Hauses vor der ganzen Sippe aus den vier Ecken des Hauses aufgenommene Erde mit der linken Hand über die Schulter werfen. Eine Handvoll Erde wurde zuerst auf Vater und Brüder geschleudert, die in erster Linie verpflichtet waren, an seiner Statt die Wergeldsumme zu entrichten. Falls diese ihren Anteil schon bezahlt hatten, die Schuld aber noch nicht getilgt war, mußte Erde auf seine sechs nächsten Angehörigen väterlicher- und mütterlicherseits geworfen werden. Danach hatte der Totschläger – im Hemd, ohne Gürtel und Schuhe, einen Stecken in der Hand – die eigene Behausung zu verlassen und dabei den Zaun zu überspringen (»in camisia, discinctus, palo in manu, sepe sallire debet«). Durch dieses Ritual wurde die Verantworung für das begangene Delikt vom Täter auf seine Verwandten übertragen; bei Zahlungsunfähigkeit des letzten Angehörigen wurde der Totschläger vor Gericht geführt und schließlich der Familie des Getöteten übergeben, um mit dem Leben zu sühnen. Dieser Rechtsakt ist nach bisheriger Ansicht von einem alten paganen Ritus beeinflußt (in den Hss. der karol. Fassung der L. Sal. wird zum Titel folgende Anmerkung gesetzt: »quod paganorum tempus observabant«). In ihm drückt sich der Begriff der Übertragbarkeit der Schuld und der objektiven Verantwortung der Familiengruppe aus. Der Ritus scheint nach einer Theorie auch eine Art von exfamiliatio darzustellen, d. h. einen Bruch der persönl. und Vermögensgemeinschaft zw. dem einzelnen und seiner Familie: Der Täter wurde von der Sippe ausgeschlossen und war gezwungen, seinen Verwandten, die für ihn zahlen mußten, seine Wohnstätte zu überlassen. Da die Symbolik auf ein Aufhören der Beziehungen zw. dem einzelnen und seinen Gütern anspielt, sieht eine andere Auffassung darin einen Reflex einer älteren Form der Übertragung des Immobilieneigentums (oder von einseitigem Verzicht darauf). Nach einer anderen These besteht die älteste Grundlage für die Ch. im mag. Charakter des Rituals (Übertragung des Geistes des Täters auf seine Angehörigen). Nach neuerer Ansicht (F. BEYERLE, R. SCHMIDT-WIEGAND) ist das Ch.-Verfahren ebenso wie der Austritt aus dem Familienverband (P. L. Sal. Titel 60) eine Neuschöpfung des merow. Gesetzgebers. In der Tat gehören beide Titel zu den Teilen der L. Sal., die sich im Unterschied zu den sog. Bußweistümern durch Form und Inhalt als kgl. Satzungsrecht zu erkennen geben. Anstelle früheren spontanen Beistands begründet das Ch.-Ritual eine Mithaftung der Verwandten, der sich nur entziehen kann, wer sich rechtzeitig von der Verwandtschaft trennt. Der sehr künstl. Formalakt war aber spätestens in karol. Zeit wieder abgekommen. A. Cavanna

Q.: Pactus legis Salicae, MGH LL nat. germ. IV, 1, 219–222, ed. K. A. ECKHARDT – Lex Salica, ebd. IV, 2, 170ff., ed. DERS. – Lit.: HOOPS IV, 4, 496f. [Lit.] – HRG I, s. v. – E. GOLDMANN, Stud. zum Tit. 58 der Lex Salica, 1931 [ältere Lit.] – E. BESTA, La famiglia nella storia del diritto it., 1962², 65 – R. SCHMIDT-WIEGAND, Ch. Rechtswort und Formalakt der Merowingerzeit (Fschr. G. K. SCHMELZEISEN, 1980), 252–273.

Chrétien de Troyes

I. Leben und Werke – II. Wirkungsgeschichte im MA – III. Überlieferung.

I. LEBEN UND WERKE: Ch.s Lebenslauf (ca. 1140–90) läßt sich nur bruchstückhaft erschließen. Hist. Zeugnisse sind nicht erhalten. War er Jurist (M. WILMOTTE), Waffenherold (G. PARIS) oder bekehrter Jude (U. T. HOMES)? Der Dichter nennt sich selbst (»Erec«-Prolog) Chrestiien mit dem Beinamen de Troyes; für seine Herkunft aus der Champagne spricht die Mundart seiner Werke jedoch nur bedingt (G. HILTY); er schrieb in der kompositen Literatursprache seiner Epoche. Gönner, die er in Prologen feiert, waren Marie v. Champagne (»Lancelot«) und Philipp v. Flandern (»Perceval«). »Erec« entstand möglicherweise im Umkreis Heinrichs II. v. England. Ch.s Vertrautheit mit Südengland (C. BULLOCK-DAVIES) in »Cligés« läßt auf persönl. Ortskenntnis schließen. »Guillaume d'Angleterre« könnte für die engl. Adelsfamilie Lovel verfaßt sein. – Ch. verfügte über eine solide klerikale Bildung und umfangreiche Kenntnis der Lebensumstände verschiedenster sozialer Gruppen.

Der Dichter gilt bereits Zeitgenossen und unmittelbaren Nachfolgern als außerordentl. Künstler. Seine lit. Schaffensperiode beginnt um 1165. Vor »Erec« (1170–71) liegen wohl die bearbeitenden Übersetzungen aus Ovids »Metamorphosen«, von denen nur »Philomena« erhalten ist, und der »Ars amatoria« (verloren) sowie eine Erzählung »Von König Marke und der blonden Isolde« (verloren), die angesichts der beständigen Polemik Ch.s gegen die Tristanliebe eine Crux der Forschung bildet. Diese Werke nennt der Dichter selbst im berühmten »Cligés«-Prolog. – Ch.s lyr. Dichtung weist ihn als einen der ältesten nfrz. Trouvères aus; erhalten sind zwei Gedichte, die wohl in die Zeit vor 1170 gehören.

Lyrik: »Amors tançon et bataille« (Kanzone in 6 Strophen von je 8 Siebensilbern ababbaba) ist eine Klage des Liebenden an den Gott Amor, der einen ungerechten Krieg gegen ihn führt. – »D'Amors, qui m'a tolu a moi« (Kanzone in 6 Strophen von je 9 Achtsilbern ababbaaba) behandelt ein ähnl. Thema und diskutiert die Tristanliebe.

Philomena (»De la hupe et de l'aronde et del rossignol la muance«; 1468 V.): Die Vorlage, an die sich Ch. im wesentl. hält, stammt aus Met. VI (V. 426–674; Sage von Prokris Philomena und Tereus), ist aber mit höf. Erzählelementen des 12. Jh. angereichert. Ch.s Fassung wurde im 13. Jh. kaum verändert in den anonymen →Ovide Moralisé aufgenommen und einem Crestiens zugeschrieben. Inhalt: Kg. Tereus verliebt sich in seine Schwägerin Philomena, schändet sie und schneidet ihr die Zunge heraus, um nicht verraten zu werden. Sie aber stickt die Geschichte ihres Unglücks auf ein Tuch, das sie ihrer Schwester Prokne zukommen läßt. Diese rächt sich an ihrem Gemahl, indem sie ihm den Leib des gemeinsamen Sohnes zum Mahl vorsetzt. Philomena schleudert ihrem Peiniger das blutige Haupt des Knaben ins Gesicht. Da werden die drei in Wiedehopf, Schwalbe und Nachtigall verwandelt. – Der Text ist wie ein Diptychon aus je 734 Versen strukturiert, in deren Mitte Chrestiien mit dem ungeklärten Beinamen li Gois genannt ist. Die flüssige Erzählung enthält lange Beschreibungen nach rhetor. Muster, die von einer gewissen Verhaftung des Autors mit der Lateinschule zeugen.

Guillaume d'Angleterre (3366 V.): Ein Chrestiien nennt sich V. 1 und V. 18, behauptend, er sei zu dichten gewohnt. Der Streit um die Verfasserschaft dauert an. Die Erzählung gehört zur Gattung der legendenhaften Familienromane, die auf der brit. Insel verbreitet sind und deren Prototyp G. bildet. Vorbilder sind u. a. der spätgriech. Abenteuerroman (»Apollonius v. Tyrus«) und die Legende des Hl. →Eustachius. Inhalt: Der legendäre engl. Kg. Guillaume vernimmt eines Nachts eine göttl. Stimme, die ihm gebietet, Hab und Gut zurückzulassen und in die Fremde zu ziehen. Seine Gemahlin Gratiene gebiert am einsamen Meeresufer Zwillingssöhne. Vor Hunger will sie eines ihrer Kinder verzehren. Guillaume zieht aus, um Almosen zu erbitten. Am Strand wird der verzweifelte Kg. von Kaufleuten als frecher Bettler verhöhnt. In guter Absicht tragen sie die Kgn. auf ihr Schiff; währenddessen wird eines der Kinder von einem Wolf geraubt und das andere von einem Fischer fortgebracht. Die Geldbörse, die jemand dem bettelnden Vater hingeworfen hatte, entreißt ihm ein Adler. In Irland wird der einstige Kg. von einem freundl. Bürger zum Kaufmann ausgebildet. Gratiene geht in Schottland eine keusche Ehe mit einem alten Ritter ein, dessen Lehen sie bald erbt. Beide Zwillinge (gen. Lovel und Marin nach dem Ort ihrer Auffindung) werden von Kaufleuten aufgezogen. – Nach 24 Jahren führt Gott die Familien wieder zusammen. Die vom Adler geraubte Börse fällt vom Himmel. Alle guten Bürgersleute werden reich entlohnt und Guillaume besteigt erneut den Thron Englands.

Den Erfordernissen der nicht-arthur. Gattung und ihrer Vortragsweise entspricht der Aufbau in deutl. voneinander abgegrenzten Erzähleinheiten. Der spannend geschriebene Roman umgreift ein breites Spektrum gesellschaftl. Verhältnisse; seine zentrale Thematik ist das Verhältnis von Habgier und Verzicht. G. als das Werk eines Unerfahrenen zu bezeichnen, wäre verfehlt. In der Werkchronologie ist es als vor »Erec« und der endgültigen Zuwendung zum Artusstoff entstanden zu denken.

Erec et Enide (6878 V.): Um 1170 entstanden, gilt dies Werk als erster Romantext in der Artusdichtung. Ch. verwendet hier die Kunst der *conjointure* (Zusammenfügung roher Erzählelemente) und das typ. Aufbauschema der Gattung (Auszug des Helden vom Artushof, 1. Abenteuerkette, Erfolg, Krise, zwischenzeitl. Einkehr bei Hof; erneuter Auszug, 2. Abenteuerkette, Bewährung und erfolgreiche Reintegration in die Artusgemeinschaft). Dies Schema variiert er jedoch selbst bereits in »Cligés«, »Lancelot« und »Perceval«; es findet bei seinen Nachfolgern nur wenig Anklang. Der Umfang des Werks (ca. 7000 V.) wirkt zunächst richtungsweisend, wird aber im 13. Jh. allgemein weit überschritten. Inhalt: Artus will am Ostertag mit einer Jagd auf den Weißen Hirsch feiern. Wer das Tier erlegt, darf die schönste Dame am Hof küssen. Im Wald werden Erec und Kgn. Guenièvre von einem fremden Ritter (Yder) beleidigt. Um die Schmach zu rächen, reitet Erec ihm nach und findet bei einem verarmten Edelmann Unterkunft. Er bittet darum, daß die Tochter des Hauses ihm beim Zweikampf beistehen darf; denn Yder will zum dritten Mal den berühmten Sperberpreis erringen, der dem Ritter mit der schönsten Dame zusteht. Erec bezwingt den Gegner, und Enide wird von der Menge zur Schönsten erkoren, obwohl ihr Gewand ärmlich und zerschlissen ist. Erec hält um ihre Hand an. Am Artushof empfängt das fremde Mädchen vom Kg., der den Hirsch erlegt hat, den traditionellen Kuß. – Über die Wonnen der Liebe vernachlässigt Erec alsbald seine ritterl. und gesellschaftl. Pflichten, bis er eines Nachts die Klage seiner Frau über die Schande der *recreantise* (Verliegen, Waffenmüdigkeit) hört. Voll Zorn bricht er mit ihr zu einer Abenteuerfahrt auf, demütigt sie mit einem Schweigegebot und befiehlt ihr streng, ihn niemals vor einer Gefahr zu warnen. Enide aber beweist ihre Liebe gerade durch das wiederholte Brechen dieser Gebote und rettet Erec so aus mancherlei Gefahr. Er erkennt die Tugenden seiner Frau und versöhnt sich mit ihr. Enide ist ihm nun *feme* und *amie* zugleich. – Die gemeinsame Läuterungsfahrt schließt mit einer die Belange der höf. Gemeinschaft stützenden Befreiungstat: *La Joie de la Cort*. Eine Dame hat für ihren Ritter als Liebesbeweis eine mörderische Sitte (*costume*) erdacht. Erec durchbricht den Brauch, Enide überzeugt die Dame von ihrem Fehlverhalten. Bewährt und gereift kehrt das Protagonistenpaar an den Artushof zurück. In Nantes findet die glanzvolle Krönung Erecs zum Herrscher der Bretagne statt.

Ch. präsentiert hier eine für die Zeit neue Auffassung der Liebesehe, deren Grundlage gegenseitiges Vertrauen und gesellschaftl. Pflichterfüllung sind. Er verweist als Quelle für die Handlung (vielleicht nur für V. 1–1844, ed. FOERSTER – *li premerains vers*) auf einen *conte d'aventure*, der jedoch von reisenden Spielleuten verdorben werde; Motive der arthur. Märchenwelt sind in »Erec« geschickt mit der Darstellung seel. Konflikte verbunden, doch fehlt auch eine polit.-ideolog. Ebene als Bezug zur zeitgenöss. Realität von Auftraggeber und Publikum keineswegs. In enger, noch ungeklärter Beziehung zu »Erec« steht des Mabinogi »Gereint«; eine gemeins. Q. ist wahrscheinl.

Cligés (6784 V.): Um 1176 entstanden; nach einem dem »Tristan« von Thomas entlehnten genealog. Schema wird zunächst die Lebensgesch. der Eltern des Helden erzählt. Hier wird die Artussage mit einem griech.-oriental. Stoff verknüpft. Schauplätze sind Konstantinopel, Deutschland und England. Der Roman zeichnet sich aus durch heitere Lust am Fabulieren und zarteste Schilderung seel. Regungen in den Monologen. Die Liebeskasuistik spielt eine wichtige Rolle. Inhalt: Der Thronerbe von Konstantinopel verliebt sich in Gauvains Schwester, die ebenso schüchtern ist wie er. Die kluge Vermittlung Kgn. Guenièvres bringt das liebende Paar zusammen. Dieser Verbindung entstammt Cligés, der somit griech. und brit. Blut in sich vereint. – Daheim hat sein Onkel, der von Cligés nichts weiß, die Herrschaft übernommen. Nach der Rückkehr des legitimen Erben erzielt man folgende Einigung: Der Onkel darf regieren, aber nicht heiraten. Nach seinem Tod soll Cligés die Herrschaft antreten. Der Ks. jedoch führt alsbald die dt. Prinzessin Fenice heim. Die Braut freilich hat noch vor der Hochzeit Cligés zu lieben begonnen; sie will nun keinesfalls ihren Leib einem Mann schenken, der nicht auch ihr Herz besitzt. Das Schicksal Isoldes, die Marke und Tristan zugleich gehörte, mag sie nicht teilen. Ein Zaubertrank soll daher ihrem Gatten den Vollzug der Ehe nur vorgaukeln. Fenice weist auch den Gedanken einer Flucht mit Cligés von sich: Die Vorstellung, einen Skandal auszulösen wie Isolde, ist ihr unerträglich. Lieber läßt sie sich scheintot begraben und verbringt anschließend mit ihrem Geliebten die glückl. Zeit in einem unterird. Palast. Doch sie werden entdeckt und müssen zu Kg. Artus fliehen. Der betrogene Gemahl stirbt vor Kummer. Nun kann das Paar die langersehnte Liebesheirat schließen und seine rechtmäßige Herrschaft antreten.

Thema ist der Konflikt zw. Pflicht und Liebe in einem Dreiecksverhältnis. Das zeitgenöss. Eherecht wird zur Rechtfertigung des Paars gezielt herangezogen (D. SHIRT). Ch. hat mit »Cligés« einen Anti-Tristan (W. FOERSTER) oder besser Neo-Tristan (J. FRAPPIER) schreiben wollen, um einen eigenen Lösungsvorschlag zur komplexen Problematik der gesellschaftsfeindl. Tristanliebe zu unterbreiten. Als Quelle nennt er ein (nicht bekanntes) Buch aus der Kathedralbibliothek v. Beauvais.

Lancelot (»Li chevaliers de la charrete«; 7112 V.): Um 1177–81 entstanden, erzählt von der Entführung der Kgn. und ihrer Befreiung durch einen Ritter, dessen grenzen- und bedingungslose Liebe zu ihr einen Extremfall der provenzal. *fin'amor*-Konzeption zu illustrieren scheint. Die im System der Trobador-Liebe nicht vorgesehene Erfüllung bleibt auch in »Lancelot« Ausnahme und kann sich nur in der weit vom Artushof entfernten kelt. 'anderen Welt' realisieren. Sie ist nicht als herkömml. sündhafter Ehebruch zu werten. Das dargestellte Dreiecksverhältnis steht wiederum in engster Beziehung zum Tristan-Stoff. Inhalt: Am Himmelfahrtstag entführt der Ritter Meleagant die Kgn. und will sie sowie alle seine anderen Gefangenen aus Artus' Land nur dann wieder freigeben, wenn jemand ihn im Zweikampf besiegt. Während Gauvain dem Herausforderer nachreitet, sieht er einen Ritter einen Schandkarren besteigen: es ist Lancelot (dessen Name erst V. 3673 mitgeteilt wird). Er hat sich nach einem zwei Schritte währenden Kampf zw. Liebe und Vernunft entschieden, den Verlust seiner Ehre für eine Auskunft über den Verbleib der Kgn. in Kauf zu nehmen. – Das Ziel beider Ritter ist Gorre, das »Land, von welchem niemand wiederkehrt«, erreichbar über die Wasserbrücke oder die Schwertbrücke. Während Gauvain unter Wasser fast ertrinkt, überquert Lancelot, nach manchen Abenteuern und begleitet von den guten Wünschen der Gefangenen, schwerverletzt die Schwertbrücke. Gestärkt durch den Anblick seiner Geliebten siegt er im Zweikampf, doch wird die endgültige Entscheidung ein Jahr ausgesetzt. – Die Gefangenen jubeln, die Kgn. aber bereitet ihrem Retter einen kühlen Empfang. Sie bereut später ihre Grausamkeit, und das Wiedersehen gipfelt in einer Liebesnacht. – Meleagant lockt Lancelot in einen Hinterhalt und sperrt ihn in einen Turm. Gauvain führt die Kgn. zu Artus zurück. Nach einem Jahr tötet Lancelot den Gegner und stellt damit Freude, Sicherheit und Harmonie am Artushof wieder her.

Die letzten 1000 V. wurden in Ch.s Auftrag von Godefroy de Leigny verfaßt. Die Auffassung, der Dichter habe sich geweigert, den ihm von seiner Gönnerin aufgezwungenen Stoff selbst zu Ende zu führen, da ihm die Verherrlichung der außerehel. Liebe widerstrebte, gilt als überholt (J. FRAPPIER, J. RYCHNER). Die Handlung geht auf eine kelt. Entführungssage zurück. Lancelot wurde zum Inbegriff des höf. Liebenden bis zum Ausgang des MA.

Yvain (»Li chevaliers au lion«; 6818 V.): Um 1177–1181; die Handlung dieses Romans, der als der formal vollkommenste gilt, ist an drei Stellen mit dem »Lancelot« verknüpft, woraus zu schließen ist, daß Ch. an beiden Werken parallel gearbeitet hat. »Yvain« stellt andererseits ein themat. Gegenstück zu »Erec« dar: der Held vernachlässigt hier die Pflichten der Liebe über seinem Wunsch nach Waffenruhm. Der berühmte Romananfang wirkte typbildend für die gesamteurop. Artusepik. Inhalt: Während der Kg. am Pfingstsonntag ruht, lauschen seine Gäste dem Ritter Calogrenant, der unrühml. Abenteuer an der Sturmquelle im Wald von Broceliande berichtet. Yvain zieht aus, um die Schande seines Vetters wiedergutzumachen. Wie jener begegnet er dem häßl. Viehhirten *(vilain)*, der ihm den Weg weist. Yvain entfesselt den Sturm, verwundet den Herrn der Quelle und setzt dem in Todesangst Fliehenden bis zu dessen Burg nach. Zw. zwei Fallgittern eingeschlossen, wird er von der Zofe Lunete befreit und mit einem Zauberring unsichtbar gemacht. Der Ritter verliebt sich in Laudine, die trauernde Witwe. Diese, zunächst voll Haß auf den Mörder ihres Gatten, läßt sich von ihrer Zofe umstimmen und heiratet Yvain, der so zum neuen Beschützer der Quelle und ihres Landes wird. Bei der Hochzeit beschwört Gauvain den Bräutigam, sich nicht wie Erec zu verliegen. Er solle mit ihm von Turnier zu Turnier ziehen. Laudine willigt ein, setzt aber eine einjährige Frist für seine Rückkehr. – Yvain hat diesen Termin vergessen, als eine Botin am Artushof erscheint, ihn verflucht und ihm den Ring Laudines vom Finger zieht. Von Scham und Verzweiflung in den Wahnsinn getrieben, weilt er lange wie ein wildes Tier im Wald, wo er mit Hilfe eines dankbaren Löwen überlebt und schließlich durch eine Wundersalbe geheilt wird. Nun beginnt eine zweite Ausfahrt zur Sühne und Läuterung, deren Abenteuer vornehml. den Zielen der Gerechtigkeit und dem Wohl der Menschheit dienen. Vom Löwen begleitet, gelingt es Yvain, seine Ehre und Laudines Liebe wiederzugewinnen.

Auch Ch.s 4. Artusroman geht wahrscheinl. auf eine kelt. Erzählung zurück, wie sie ähnl. das Mabinogi »Owein et Lunet« bietet. Das Löwenmotiv stammt wohl aus dem Androklus-Mythos. In der Episode des *Château de Pesme Aventure* schildert Ch. die Misere industrieähnl. Arbeit im 12. Jh. Der Wahnsinn des Helden und die Stationen seiner Läuterungsfahrt stehen in wirksamem Kontrast zur Gewitztheit der Dialoge. Die Rechtsverhältnisse, die Schuldfrage sowie die Beurteilung der 'leicht getrösteten Witwe' spielen in der Forschung eine wichtige Rolle.

Perceval (»P. li Gallois ou Li contes del Graal«): Entstanden vor 1190; das Fragment (9234 V.) sprengt den bislang üblichen Umfang von Artusromanen. Im Prolog feiert Ch. seinen frommen Mäzen († 1191 in Akkon) und setzt bereits die Akzente der religiösen Thematik. Eine neue Erzählperspektive läßt den Leser das Geschehen durch die Augen des Helden sehen. Die Abenteuer haben zugleich psycholog., moral. und heilsgeschichtl. Bedeutung. Der Gauvain-Teil nimmt erhebl. Raum ein (ca. 4200 V.); er dient als Folie zur Haupthandlung. Mit starker Symbolik verrätselt Ch. seinen letzten Roman noch mehr als den »Lancelot«. Inhalt: Fern der Welt wird der Held von seiner verwitweten Mutter erzogen, die ihn vor den Gefahren der Ritterwelt bewahren will. Fünf prächtige Reiter, die er für Engel hält, verkünden, daß Kg. Artus auch ihn zu einem solchen Wesen machen könne. Perceval, der seinen Namen noch nicht kennt, verläßt eilends die verzweifelte Mutter, nicht ohne von ihr mit guten Lehren und einem bäuerl. Gewand ausgestattet worden zu sein. – Am Artushof verspottet man den Knaben. Seine erste Tat ist die unrühml. Tötung des Roten Ritters, dessen Rüstung er sich bemächtigt. Noch manchesmal bringen seine Torheit *(niceté)* und seine kindl. Herzlosigkeit Unheil über die Welt: er verschuldet den Tod seiner Mutter, das Unglück der Freundin des Orguellous und die Verlängerung des Leidens des Gralkönigs; allzu wortgetreu wendet er in seinem Unverstand die Ermahnungen der Mutter und des weisen Lehrmeisters Gornemant an. An ritterl. Geschicklichkeit übertrifft ihn jedoch niemand. Bald gelingt es ihm, die junge Blancheflor aus bedrohl. Lage zu befreien, und er erringt ihre Liebe, ohne lange bei ihr zu verweilen. Man weist ihn den Weg zum Fischerkönig, wo er mit Rücksicht auf die höf. Etikette nicht nach der Bedeutung der geheimnisvollen Schüssel mit der Hostie (graal < gradalis) und der blutenden Lanze zu fragen wagt. Am Morgen muß er die plötzl. verödete Burg verlassen. – Von seiner Base, die im Wald um ihren Geliebten trauert, erfährt er den Tod seiner Mutter sowie sein klägl., schuldvolles Versagen in der Gralsburg. Zu neuer Bewußtheit erwacht, errät er nun seinen Namen. Am Artushof wird er von der häßl. Gralsbotin verflucht. Der Ausgestoßene macht sich auf zu neuen Abenteuern und führt jahrelang ein gottfernes Leben, bis ihn ein Einsiedler (sein Onkel) an einem Karfreitag zu Gott zurückführt. – Gauvain zieht nach dem Erscheinen der Gralsbotin ebenfalls aus, doch bleibt er in seinen zahlreichen Abenteuern ganz dem Diesseits verhaftet.

Ch. verbindet hier zuerst die *matière de Bretagne* mit tiefer christl. Spiritualität. »Perceval« ist mehr als ein Bildungsroman. Die Schuldproblematik, das Verhältnis von Sünde und Gnade sowie die Frage nach der Aufgabe des Gottesritters in dieser Welt sind zentral. Gral und Lanze vereinen Elemente aus christl. Liturgie und kelt. Mythologie. Die Vielschichtigkeit der Bezüge ist vom Dichter beabsichtigt; vereinfachende Deutungen als christl. Allegorie (U. T. HOLMES) oder urkelt. Mythos (J. MARX) werden dem Roman nicht gerecht.

Selbstverständl. war Ch. als herausragender Geist seiner Epoche mit der Lit. des 12. Jh. und dem traditionellen Wissen seit der Antike eng vertraut. Es gelingt ihm, philos. Erkenntnisse seiner Zeitgenossen, jurist. Streitfragen und psycholog. Einsichten in das Wesen des Menschen mit mytholog., märchenhaften und lit. Motiven zu verflechten und in ihm durchaus eigener Weise funktional in seine Erzählung zu integrieren. Entscheidende Anregungen erhielt er aus →Waces »Brut« für die Ausformung seiner Artusdichtungen. Ch.s Grundtechnik ist die Doppelkomposition (W. KELLERMANN) auf allen Ebenen; Grund- und Einzelmotive, Handlungsepisoden, Gedankenketten, Haupthelden, Abenteuerreihen, Themen, aber auch sprachl. Einheiten treten in Zweierpaaren, parallel oder gegenbildlich, harmoniestiftend oder kontrastbildend auf.

Die Reihung der Episoden *(aventures)* in Ch.s Romanen ist nicht beliebig. Eine vom Dichter intendierte Sinnstruktur *(sens)* durchdringt Handlung, Motivik und Sprache und fügt die disparaten Elemente der Erzählung zu einer bedeutungsträchtigen Kette zusammen, deren einzelne Glieder (entgegen früheren Forschungsmeinungen) nicht vertauschbar sind. Diesen *sens* zu enthüllen ist das Hauptanliegen der modernen Ch.-Forschung, wobei die keltist. Fragestellung (die bei ihrer Suche nach folklorist. Quellen den eigtl. Innovationswert von Ch.s Werken oft aus den Augen verliert) und die Motivforschung heute mehr in den Hintergrund rücken. Strukturanalysen und das Aufdecken von Querbezügen innerhalb eines Werks einerseits (D. MADDOX, P. GALLAIS), allegor. und symbolist. Deutungen aus christl. Sicht andererseits bestimmen die frz. und amerikan. Forschung der 70er und 80er Jahre. Im deutschsprachigen Bereich werden vorwiegend gattungsgeschichtl. Ansätze (Ch.s Romane im Verhältnis zu späteren Artusromanen bzw. Stellung und Funktion der Artusdichtung im Gesamtgefüge der afrz. lit. Gattungen) sowie publikumshist. und ideolog. Fragen (E. KÖHLER, B. SCHMOLKE-HASSELMANN) diskutiert.

Eine wesentl. spätere Datierung durch C. LUTTRELL (»Erec« 1184–86, »Cligés« 1185–87, »Yvain« und »Lancelot« 1186–89, »Perceval« 1189–90), basierend auf dem postulierten Einfluß des Gedankenguts des →Alanus ab Insulis, konnte gerade in gattungsgeschichtl. Zusammenhang bislang nicht überzeugen, vermittelte jedoch neue Impulse.

II. WIRKUNGSGESCHICHTE IM MA: Ch.s Werke inaugurieren die Gattungsgesch. des europ. Artusromans. In frz. Sprache entstanden in seiner Nachfolge ca. 15 weitere Versdichtungen um Gauvain u. a. Tafelrundenritter, aber auch Prosaversionen und neue Prosaromane wie der fünfteilige Lancelot-Graal-Zyklus; sie alle beziehen sich auf Ch. Sein unvollendeter »Perceval« hat zahlreiche Dichter zur Fortsetzung angeregt, ohne daß sie eine befriedigende Lösung für den Ausgang der Gralsuche gefunden hätten. Die dt. Artusromane →Hartmanns v. Aue (»Erec«, »Iwein«) und →Wolframs v. Eschenbach (»Parzival«) gehen direkt auf Ch. zurück. An. (→Altnordische Literatur), me. und kymr. Bearbeitungen sind erhalten. Die Sprachkunst Ch.s wirkte vorbildl. auf den Stil vieler Autoren. In der bild. Kunst (Fresken, Tapisserien, Kunsthandwerk) waren Szenen aus »Yvain«, »Lancelot« und »Perceval« beliebt.

III. ÜBERLIEFERUNG: Ch.s Artusdichtungen waren weit verbreitet, doch sind jeweils nur 8–10 Hss. (Perceval: 15) und Fragmente aus dem 13. Jh. erhalten, vorwiegend in Sammelcodices mit anderen Texten der *matière de Bretagne* und zuweilen reich illuminiert. B. Schmolke-Hasselmann

Ed.: (Maßgebl. krit. Ausgg.): W. FOERSTER, Sämtl. Werke, Kl. Ausg. (Erec 3. 1934, Cligés 4. 1921, Lanc. 1899, Guill. I. 1911, Yvain 4. 1912) – A. HILKA (Perc. 1932) – M. WILMOTTE (Guill. 1927) – M. ROQUES (Erec 1952, Lanc. 1958, Yvain 1960; nach der Hs. Guiot, BN fr. 794) – A. MICHA (Cligés 1957) – F. LECOY (Perc. 1975) – W. ROACH (Perc. 2. 1959; nach der Hs. BN fr. 12576) – C. DE BOER (Philom. 1909) – M. C. ZAI (Lyrik 1974) – *Lit.:* EM [Lit.] – BBSIA, seit 1949 jährl. – E. FARAL, La légende arthurienne, 1929 – E. HOEPFFNER, Matière et sens dans le roman d'Erec, ArchivRom, 1934, 433–450 – W. KELLERMANN, Aufbaustil und Weltbild Ch.s im Percevalroman, 1936 – R. S. LOOMIS – L. H. LOOMIS, Arthur. Legends in Ma. Art, 1938 – R. R. BEZZOLA, Le sens de l'aventure et de l'amour, 1947 – R. S. LOOMIS, Arth. Tradition and Ch., 1949 – A. FOURRIER, Encore la chronologie des oeuvres de Ch., BBSIA 2, 1950, 69–88 – J. MARX, La légende arthurienne et le Graal, 1952 – ST. HOFER, Ch., Leben und Werke des afrz. Epikers, 1954 – R. S. LOOMIS [ed.], Arthurian Lit. in the MA, 1959 – A. MICHA, La tradition manuscrite de Ch., 2, 1966 – D. KELLY, Sens and Conjointure in the Chevalier de la Charrette, 1966 – L. MARANINI, Personaggi e immagini nell' opera di Ch., 1966 – J. FRAPPIER, Ch., 3, 1968 – M. HUBY, L'adaptation des romans courtois en Allemagne, 1968 – E. KÖHLER, Ideal und Wirklichkeit in der höf. Epik. 2, 1970 – R. BAEHR, Ch. und der Tristan, Sprachkunst 2, 1971, 43–58 – W. BRAND, Ch., zur Dichtungstechnik seiner Romane 1972 – T. HUNT, Tradition and Originality in the Prologues of Ch., FMLSt 8, 1972, 320–344 – J. FRAPPIER, Ch. et le mythe du graal, 1972 – T. HUNT, The Art of Iarlles y Ffynnawn and the European Volksmärchen, Studia Celtica 8/9, 1973/74, 106–120 – Z. P. ZADDY, Ch. Stud., Problems of Form and Meaning, 1973 – C. LUTTRELL, The Creation of the First Arthurian Romance, 1974 – D. SHIRT, Godefroy de Lagny et la composition de la »Charrete«, Romania 96, 1975, 27–52 – P. GALLAIS, L'hexagone logique et le roman médiéval, CCM 96, 1975, 133–148 – D. KELLY, Ch., an Analytic Bibliogr., 1976 – G. HILTY, Dialektale Züge in Ch.s Erec? (Fschr. P. M. SCHON, 1978), 80–90 – D. MADDOX, Structure and Sacring. The Systematic Kingdom in Ch.s Erec et Enide, 1978 – W. HAUG, Das Land, von welchem niemand wiederkehrt, 1978 – A. MATTHIAS, Yvains Rechtsbrüche, ZRPh, SdBd., 1978, 156–192 – B. SCHMOLKE-HASSELMANN, Der arthur. Versroman v. Ch. bis Froissart, 1980 – J. RIBARD, Littérature et théologie: une lecture allégorique chrétienne des romans arthuriens du XII° s. est-elle légitime?, BBSIA 33, 1981, 321–322 – C. BULLOCK-DAVIES, Ch. and England, ArthurLit 1, 1981, 1–61 – D. SHIRT, Cligés, a Twelfth Cent. Matrimonial Casebook?, BBSIA 33, 1981, 311–312.

Chrisam → Myron, → Salbung

Chrismale. Bestimmung und Verständnis des Begriffs Ch. ist mehrdeutig und in manchem umstritten. Primär ist darunter das Gefäß zur Bergung des sakramentalen Chrisam(-öls) zu verstehen (vasculum sacri chrismatis), mit abgeleiteten Bestimmungen: So heißt bei →Duranti Ch. das dem Täufling statt des Taufkleides aufgelegte weiße Band (linteolum candidum). Auch die Binde, die dem Firmling nach der Salbung um die Stirn geschlungen wurde, war so genannt. Laut Pontificale heißt Ch. ferner das wachsgetränkte Leinen (tela cerata), das seit dem SpätMA nach der Altarkonsekration den gesalbten Stein bedeckt. Vereinzelt begegnet die Bezeichnung auch für Corporale und Kelch-Palla.

Als Behältnis wird das Ch. dann auch Chrismarion genannt, im frühesten MA (6.–8. Jh.) öfter als Reliquiar verstanden. Zur entsprechenden Beschaffenheit gehen aus Versen Aldhelms (De Ch. sive crismario: MGH 89, 194) viereckige Hausform sowie Bekleidung mit Gold und Edelsteinen hervor. Aus Texten der insularen und gallikan. Kirche erhellt der Gebrauch des Ch. zur Aufbewahrung bzw. persönl. Mitführung der Eucharistie. Ir. Bußbücher bestrafen den Verlust oder Beschädigung des Ch. Es ist anzunehmen, daß es öfter aus Stoff oder Leder (perula) bestand als aus Metall. Bisweilen wird das Ch. mit der eucharist. Pyxis gleichgesetzt, so in den Segensformeln der »Praefatio chrismalis«. Aufschlußreich schließlich die in den Statuta Bonifatii nachgewiesene Vorschrift für reisende Priester, sowohl Eucharistie als Chrisam mitzuführen. Bald nach 1000 verliert sich der Terminus Ch. als eucharist. Träger.

Kunsthist. Evidenz für das Ch. ist unbewiesen, aber plausibel für tragbare Behältnisse mit eucharist. Ikonographie (Chur, Muotathal, Maaseik, Andenne, Lough Erne u. a. m., →Bursenreliquiar). Die runenschriftl. Kennzeichnung des Kästchens von Mortain als »Kiismeel« wird meistens, aber nicht unbestritten als Ch. verstanden.

V. H. Elbern

Lit.: Du Cange, 317f. – DACL III, 1478ff. – LThK² II, 901, 1095 – RDK III, 589 – A. Franz, Die kirchl. Benediktionen im MA, 2, 1909, 239 – J. Braun, Das christl. Altargerät, 1932, 287f. – Ders., Die Reliquiare, 1940, 27f. – Liturg. Woordenboek, 1958/59, 396 – H. Reifenberg, Sakramente, Sakramentalien und Ritualien im Bm. Mainz seit dem SpätMA..., Teilbd. I (LQF 53), 1971, 269f. – G. Reynders, Das eucharist. Ch. der ir. Liturgie [Dipl.-Arb. Kath. Theol. Fak. Bonn, masch. schr., 1975] – O. Nussbaum, Die Aufbewahrung der Eucharistie, 1979, 88, 111 – *Denkmäler*: E. Poeschel, Die Kunstdenkmäler des Kt. Graubünden 7 (Kunstdenkmäler der Schweiz 20), 1948, 147f. – L. Blouet, Le Ch. de Mortain, 1956 – V. H. Elbern (Corolla Heremitana, 1964), 15ff.

Chrismon. Das Ch. ist ein in Urkunden vorkommendes religiöses Zeichen, das die symbol. Anrufung Christi (monogrammat. →Invocatio) bedeutet und von den Zeiten der Merowinger bis zum 13. Jh. als Kreuz, Christogramm (Labarum) oder ein von den einzelnen Schreibern individuell verziertes »Ch.« erscheint. Seine Stellung hat bis zur Mitte des 9. Jh. stark geschwankt. Bei den Merowingern und unter den ersten Karolingern findet es sich am Anfang der Urkunde, vor der →Corroboratio, der →Unterschrift, der →Signum- und →Rekognitionszeile sowie der →Datierung, häufig gleichzeitig an mehreren dieser Stellen. →Tironische Noten, die vom 7.–10. Jh. bisweilen in den Chrismen vorhanden sind, und die »ante omnia Christus« oder »Christus« oder »amen« aufzulösen sind, bestätigen die durch ma. Briefsteller erfolgte Erklärung des Zeichens als monogrammat. Darstellung des Namens Christi. Seit Hebarhard, dem Notar und Kanzler Ludwigs d. Deutschen, verwendet die dt. Reichskanzlei das von ihm neu geschaffene, aus der Grundform des Buchstabens »C.« gebildete Ch., das fortan fast regelmäßig neben der verbalen Invokation gebraucht wird. Neben diesem »Hebarhardischen Ch.«, das frühzeitig auch in lothr. und it. Diplomen nachgeahmt wurde, leben in ags., frz., it. und span. Königsurkunden Kreuz und Labarum weiter fort. Der Gebrauch des Ch. in den Urkunden der dt. Könige und Kaiser erlischt in der Zeit des →Interregnums, unter Kg. Wilhelm v. Holland begegnet man ihm nur noch vereinzelt, später gar nicht mehr. Chrismen waren nicht nur auf Diplome beschränkt, sondern fanden auch in die Papsturkunden (bis Alexander II.) und die Privaturkunden Eingang.

A. Gawlik

Lit.: LCI I, 456 – MlatWb II/4, 550f. – RDK III, 708 – W. Wattenbach, Ch. (Anz. für Kunde der dt. Vorzeit NF 20), 1873, 254f. – W. Erben, Die Kaiser- und Königsurk. des MA in Dtl., Frankreich und Italien, 1907, 140ff., 217ff. – L. Schmitz-Kallenberg, Papsturkk., 1913, 67 – G. Tessier, Diplomatique royale française, 1962, 21, 84, 215 – P. Classen, Kaiserreskript und Königsurk., 1977, 151.

Christ. Zusammenfassende Bezeichnung für die drei ae. Dichtungen am Anfang des →Exeter-Buches. Ch. I (»Advent«) erläutert in 12 kurzen Stücken, die auf den lat. →Antiphonen für die Adventszeit basieren, die Bedeutung der Menschwerdung Christi. Ch. II (»Ascension«), eine dichter. Gestaltung des Schlusses von →Gregors d. Gr. »Hom. in evang.« 29 (MPL 76, 1218f.), schildert die Himmelfahrt Christi mit Ausblicken auf sein Leben und auf das Jüngste Gericht, und Ch. III (»Judgment Day«) auf Grund verschiedener Quellen das Jüngste Gericht selbst. Ch. II stammt von →Cynewulf, Ch. I und III wohl von anderen Dichtern. Vermutl. hat erst ein Kompilator die themat. zusammenpassenden Werke vereinigt. H. Sauer

Bibliogr.: NCBEL I, 269–270 – Renwick-Orton, 174–176 – S. B. Greenfield – F. C. Robinson, A Bibliogr. of Publ. on OE Lit., 1980, 201–205 – Q.: ASPR 3, 3–49 – A. S. Cook, The Ch. of Cynewulf, 1900 [Repr. 1964] – J. J. Campbell, The Advent Lyrics of the Exeter Book, 1959 – *Lit.*: S. B. Greenfield, A Critical Hist. of OE Lit., 1965, 124–132 – R. B. Burlin, The OE Advent: A Typological Commentary, 1968 – D. G. Calder, Cynewulf, 1981.

Christ Church → Canterbury

Christ and Satan. Heute üblicher Titel einer ae. Dichtung von gut 700 Versen, die am Ende der →Junius-Handschrift steht. Sie setzt sich aus drei Hauptteilen zusammen. Der erste (1–364) enthält Klagereden Satans, in denen er bereut, sich gegen Gott erhoben zu haben und deswegen in die Hölle gestürzt worden zu sein. Im 2. Teil (365–662) werden die Taten Christi nach seinem Kreuzestod erzählt: Abstieg in die Vorhölle, vierzigtägiger Erdenwandel nach der Auferstehung, Himmelfahrt, jüngstes Gericht. Der 3. Teil (663–729) beschreibt die Versuchung Jesu durch Satan in der Wüste. Wegen dieser zunächst nicht ganz logisch erscheinenden chronolog. Abfolge hat man die Einheit der Dichtung gelegentl. angezweifelt – für sie spricht jedoch die allen Teilen gemeinsame Thematik, nämlich die Schilderung der Macht Gottes und die Kontrastierung von Christus und Satan, die in der Versuchungsszene ihren Höhepunkt erreicht. H. Sauer

Bibliogr.: NCBEL I, 270f. – Renwick-Orton, 211f. – S. B. Greenfield – F. C. Robinson, A Bibliogr. of Publ. on OE Lit., 1980, 205f. – Q.: ASPR I, 133–158 – M. D. Clubb, Christ and Satan, 1925 [Repr. 1972] – R. E. Finnegan, Christ and Satan, 1977 – C. R. Sleeth, Stud. in Christ and Satan with an edition of the Poem, 1982 – *Lit.*: B. F. Huppé, Doctrine and Poetry, 1959, 227–231 – N. D. Isaacs, Structural Principles in OE Poetry, 1968, 127–144 – R. E. Finnegan, Christ and Satan: Structure and Theme, CM 30, 1974 für 1969, 490–551 – T. D. Hill, The Fall of Satan in the OE Christ and Satan, JEGP 76, 1977, 315–325.

Christan v. Lilienfeld, † nach 1330, urkundl. als Subprior und Prior des Zisterzienserstifts →Lilienfeld (Niederösterreich) bezeugt, ist der Verfasser zahlreicher lat. Dichtungen geistl., moralischen und didaktischen Inhalts. Bekannt wurde er insbes. durch seine religiöse Lyrik. Sein liturg. Werk enthält neben einer Agnes-Sequenz und einem Reimoffizium zum Corpus-Christi-Fest (→Fronleichnam) vierzehn in ambrosian. oder rhythmisierter asklepiadeischer Strophenform verfaßte Hymnen auf einige Nothelfer (Achatius, Erasmus, Leonhardus, Georgius), im MA bevorzugte Frauenheilige (Anna, Dorothea, Martha) und in Niederösterreich bes. verehrte Hll. (Altmannus, Colomannus). Ch.s nicht-liturgische Reimoffizien, Tropen und Sequenzen, z. T. in der traditionellen Stabat-mater- oder Veni-sancti-spiritus-Strophe, verehren neben den bereits erwähnten Heiligen in der religiösen Lyrik des MA beliebte Fürsprecher (Agnes, Caecilia, Petronella, Udalricus u. a.). Den größten Umfang in Ch.s religiöser Lyrik nehmen die Pia dictamina oder Salutationes ein. Diese jeweils fünfstrophigen 8 5 rhythm. Reimgebete in der Form der Vaganten- oder Pange-lingua-Strophe mit dem stets wiederholenden Strophenanfang Ave widmen sich u. a. der Trinität, verschiedenen Marien- und zahlreichen Heiligenfesten. Neben der rhythm. schrieb Ch. auch metrische religiöse Dichtung, in gereimten Hexametern Mirakel des hl. Jacobus d. Ä., ein Gedicht über das Wesen Gottes, zwei panegyr. Gedichte auf die Jungfrau Maria und ein Zebedides betiteltes Poem über den hl. Jacobus d. Ä., das formal zugleich ein singuläres Exempel für die variierende Reimkunst des mlat. Hexameters darstellt. Zu Ch.s moral. Dichtung gehören neben sieben metrischen Gedichten, vorwiegend zum Thema über die Diskrepanz von Seele und Fleisch, der in Vagantenstrophen verfaßte Planctus: Cor meroris nubilo dic cur obumbraris?, eine Klage über den sündhaften Lebenswandel seiner Zeitgenossen. Ch.s Allegoresen und Konkordanzen sind Tropologien der Tier- und Pflanzenwelt sowie poet. Gleichnisse zu Ereignissen aus der Bibel, seine didakt. Werke, z. B. die Versus differentiales, Instruktionen zur Metrik. Außerdem ist Ch. Verfasser bzw. Kompilator einer umfangreichen Sammlung (Lilienfeld, Ms. 137) von »Exempla B. Marie Virginis«. Ch.s Stil ist weniger durch die klass.-antike Tradition als vielmehr von der lat. Sprache der Kirchenväter geprägt. Doch sind ihm die antiken Colores rhetorici, wie Parallelismus, Antithese, Alliteration u. a., vertraut. Geschickt wechselt er bisweilen von konziser Darstellung zum emphat. Stil, den er gekonnt handhabt. F. Wagner

Ed.: AnalHym 41a (1903) – R. B. C. Huygens, StM III, 13, 1972, 311–314 – J. Huemer, Wiener Stud. 4, 1882, 299–306 – *Lit.*: Verf.-Lex.[2] I, 1202–1208 – Szövérffy, Annalen II, 307–315 – Dict. des auteurs Cisterciens vol. 16, tome I, fasc. 2, 1975, 176 – N. Mussbacher, Skriptorium und Bibl. von Lilienfeld (Die Cistercienser, hg. A. Schneider u. a., 1977[2]), 462–463 – G. Schmidt, Die Armenbibeln des XIV. Jh., 1959, 94–96 – K. Kunze, Stud. zur Legende der hl. Maria Aegyptiaca im dt. Sprachgebiet, 1969, 81–83 – F. Wagner, AnalCist XXXV, 1979, 293–301.

Christburg, Vertrag v. (7. Febr. 1249). Der in Ch. (südöstl. von Marienburg) geschlossene Vertrag dokumentiert eine krit. Station der Prußenbekehrung (vgl. →Prußen, →Preußen, →Mission und Christianisierung) und des Herrschaftsausbaues durch den → Dt. Orden in Preußen.

[1] *Vorgeschichte:* Die ab 1234 feindl. Nachbarschaft des Hzg.s Swantopolk II. v. →Pommerellen zum sich weichselabwärts ausdehnenden und missionierenden Dt. Orden hatte den Prußen 1242, dem Jahr der Niederlage der livländ. Ordensritter am →Peipussee, das Signal und auch Rückendeckung für ein eruptives krieger. Aufbegehren, das den Dt. Orden zeitweise auf wenige Burgen zurückwarf, gegeben. Das Ende des wechselvollen Krieges zeichnete sich im Spätherbst 1248 durch einen vom päpstl. Legaten Jakob, Archidiakon zu Lüttich, vermittelten Vergleich zw. Swantopolk und dem Dt. Orden ab. In dieser Zielrichtung einer umfassenden Befriedung zum Nutzen der Prußenbekehrung lag auch der abermals von Jakob zustandegebrachte V. v. Ch.

[2] *Inhalt und Bedeutung:* Es handelt sich um einen zweiseitigen, in beiden Ausfertigungen überlieferten Vertrag (allenfalls formal um ein päpstl. Dekret) zw. den gleichberechtigten Partnern, dem Dt. Orden und den durch Jakob vertretenen pruß. Neubekehrten (neophyti). Verfassungsgeschichtlich ungewöhnl. ist die den Prußen vom Dt. Orden als Herrschaftsträger gewährte persönl. Freiheit, die aber – einschließl. der Vorbehaltsklausel beim Abfall in die Ketzerei – im Missionskonzept der Kurie für den balt. Raum und in der Einschätzung der übergreifenden polit. Situation Osteuropas (Einfälle der →Mongolen) begründet war: freies Güterrecht, freie Testierfähigkeit, Eheschließung ohne grundherrl. Eingriffe nach kanon. Recht, volle Prozeßfähigkeit, Zugang zum geistl. Stand und zur Ordensmitgliedschaft. Den genannten pruss. religiösen und kult. Überlieferungen, wie die Gottheit Curche, Feuerbestattung und Grabbeigaben, sollte zugunsten christl. Glaubensgehalte und Kultformen abgeschworen werden; die kirchenrechtl. Grundsätze, wie Monogamie, Verbot der Verwandtenehe und des Frauenkaufs, ehel. Legitimität und Taufpflicht, sollten von den neophyt. Prußen übernommen werden, letztere unter Androhung, bei Weigerung aus dem christianisierten Gebiet des Dt. Ordens ausgewiesen zu werden. Zur Verfassungs- und Siedlungsgeschichte sowie über die Kirchspielorganisation in Pomesanien, Warmien und Natangen liefert die Auflistung der Standorte der von den Prußen (statt der zerstörten landesherrschaftl.) neu zu errichtenden (Tauf)-Kirchen wichtige Aufschlüsse.

Die Bedeutung des Vertrages für die persönl. Rechtsvorteile der christianisierten Prußen wie auch die markierte Entfaltungsrichtung des entstehenden Ordensstaates machte der zweite Prußen-Aufstand von 1260 bis 1273 zunichte, damit auch den im Vertrag festgeschriebenen Vorrang des Missionsstaates des Dt. Ordens vor dem Territorialstaat. C. A. Lückerath

Q.: Preuß. UB, Polit. Abt., I, ed. Philippi, Wölky, A. Serphim, 1882–1909, Nr. 218, 158–165 – Reg. Historico-Diplomatica Ordinis S. Marie Theutonicorum 1198–1525, P. II, ed. E. Joachim – W. Hubatsch, 1948, Nr. 104, 15 – W. Hubatsch, Q. zur Gesch. des Dt. Ordens (Quellenslg. zur Kulturgesch. 5, 1954), Nr. 10, 80–99 [Ausfertigung des Legaten mit dt. Übers.] – *Lit.*: J. Voigt, Gesch. Preußens II, 1827f., 671 – A. L. Lewald, Die Eroberung Preußens II, 1872f., 249ff. – H. Berturelt, Das Religionswesen der alten Preußen mit litauischlett. Parallelen (SB der Prussia 25, 1924), 9–113 [Diss. Königsberg 1922] – Ch. Krollmann, Das Religionswesen der alten Preußen (Altpreuß. Forsch. 4), 1927, H. 2, 5–19 – H. Biezais, Die Religionsquellen der balt. Völker und die Ergebnisse der bisherigen Forsch., 1954, 65–128 – B. Schumacher, Gesch. Ost- und Westpreussens, 1959[5], 40f. – M. Tumler, Der Dt. Orden, 1955, 270ff., 595–602 [dt. Übers. beider Ausfertigungen] – E. Weise, Der Heidenkampf des Dt. Ordens, ZOF 12, 1963, 643ff. – H. Patze, Der Frieden v. Ch. v. J. 1249, JGMODtl 7, 1958, 39–91 [erg. Abdr.: Heidenmission und Kreuzzugsgedanke in der dt. Ostpolitik des MA, hg. H. Beumann, WdF 7, 1963, 416–485] – K. Forstreuter, Zur Gesch. des Ch.er Friedens, ZOF 12, 1963, 295ff. – R. Wenskus, Über die Bedeutung des Ch.er Vertrages für die Rechts- und Verfassungsgesch. des Preußenlandes (Fschr. E. Keyser, 1963), 97ff. – Ders., Zur Lokalisierung der Prussenkirchen des Vertrages v. Ch. (Fschr. M. Tumler, 1967), 121ff. – J. Powierski, Bogini Kurko i niektóre aspekty społeczno-gospodarcze wierzeń Pruskich. Bydgoskie Towarzystwo Naukowe (Prace Wydziału Nauk Humanistycznych Seria C Nr. 16), 1975 – H. Boockmann, Der Dt. Orden, 1981, 110.

Christenberg, 20 km nördl. von Marburg gelegener befestigter Berg. Durch eine Burganlage der Latènezeit ist die abgerundete, dreieckige Spornbefestigung der Karolingerzeit vorgeformt, die in der zweiten Phase ganz dem alten Umriß folgt. Die Gesamtanlage umfaßt: die gemörtelte Außenmauer, am sanfteren Osthang mit Vorwall und Graben; ein Haupttor am Südhang als Kammer mit Bastionen; ein Nordtor, lang gekammert mit Seitenturm; einen an der NW-Ecke von der Mauer fast gelösten Rundturm. Die durch den Ackerbau sehr gestörte Innenbebauung ist nur an Holz- und Steinbauten in Randlage nachweisbar. In der Mitte befindet sich eine Kirche des 11. Jh. mit karol. Saalkirche als Vorgängerbau. Zwei Hügelgräberbezirke mit Körpergräbern des 7.–8. Jh. liegen in der Nähe. Die erst 1225 urkundl. erwähnte Burg (als Kesterburg) war wohl das Zentrum einer spätfrk. Kolonisation; die zentrale Stellung der Burg auch für die kirchl. Organisation zeigt sich darin, daß der Burgbezirk den Rahmen des Dekanats Kesterburg bildete. H. Hinz

Lit.: Hoops[2] IV, 497–501 [R. Gensen, Lit.] – R. Gensen, Frühma. Burgen und Siedlungen in Nordhessen (Ausgrabungen in Dtl. 1.2), 1975, 313–337.

Christherre-Chronik, mhd. Chronik. Die nach ihrem Anfangsvers »Crist herre keiser über alle kraft« benannte, in der 2. Hälfte des 13. Jh. wohl in Thüringen entstandene →Weltchronik – nach der Widmung an Lgf. Heinrich den Erlauchten (1247–88) auch als »Thüringische Weltchronik« bezeichnet – ist selten in reiner Textgestalt, sondern meist in Kompilationen mit anderen Reimchroniken überliefert: Fünf sich wiederum aufgliedernde Hauptredaktionen mit unterschiedl. zusammengefügten Abschnitten aus den Chroniken →Rudolfs v. Ems, Jans →Enikels und →Heinrichs v. München sind erkennbar. Angesichts dieser für den Gattungstyp der Weltchronik charakterist. Überlieferungssituation ist eine genaue Übersicht über die Zahl der Hss. beim gegenwärtigen

Forschungsstand nicht möglich; mit allen, Textteile der Ch. enthaltenden Mischhss. wird man von über 100 Hss. und Fragmenten ausgehen dürfen. – Die nach den »aetates mundi« gegliederte Ch. bricht im Buch der Richter ab, ist aber in den meisten Hss. mindestens (nach Rudolf) bis ins 2. Buch der Könige fortgesetzt. Als Quellen wurden neben dem AT v. a. →Gottfrieds v. Viterbo »Pantheon« und →Petrus Comestors »Historia scholastica« benutzt. Neben Rudolfs Reimbibel wird die Ch. zur Grundlage vieler späterer Chronikkompilationen und, in Prosa aufgelöst, der spätma. →Historienbibeln. Die oft prachtvoll illustrierten Hss. verweisen auf den mit der Chronistik verbundenen Repräsentationsanspruch ihrer Auftraggeber.   N. H. Ott

Ed.: G. Schütze, Die hist. Bücher des AT, 2 Theile, Hamburg 1779–81 (Abdr. der Hs. Hamburg, cod. 40b in scrin.) – H. F. Massmann, Der keiser und der kunige buoch oder die sog. Kaiserchronik III, 1854 (Bibl. d. ges. dt. Nat.-Lit. 4,3), 118–150 [2200 Anfangsverse] – *Lit.*: Verf.-Lex. ²I, 1213–1217 [N. H. Ott] – K. Schröder, Zur Ch.-Weltchronik, Germ. Stud. 2, 1875, 159–197 – E. Gleisberg, Die Historienbibeln (Merzdorffs I) und ihr Verhältnis zur Rudolfin. und Thür. Weltchronik, 1885 – H. Jerchel, Die Bilder der südwestdt. Weltchroniken des 14. Jh., ZK 2, 1933, 381–398 – P. Gichtel, Die Weltchronik Heinrichs v. München in der Runkelsteiner Hs. des Heinz Sentlinger, 1937, 59–83 (Schriftenreihe zur Bayer. Landesgesch. 28) – H. Menhardt, Zur Weltchronik-Lit., PBB 61, 1937, 402–462.

Christian

1. Ch. I., Gf. v. →Oldenburg und Delmenhorst, Hzg. v. →Schleswig und →Holstein, Kg. v. →Dänemark, →Norwegen und →Schweden, * 1426, † 21. Mai 1481 in Kopenhagen, Schloß, ⊡Roskilde, Dom, Sohn des Gf. en Dietrich v. Oldenburg († 1440) und der Heilwig v. Schauenburg († 1436, Schwester →Adolfs VIII., Hzg.s v. Schleswig und Gf. en v. Holstein), ⚭26. Okt. 1449→Dorothea v. Brandenburg (Witwe des dän. Kg.s →Christoph III.). Erzogen wurde Ch. zusammen mit seinen beiden jüngeren Brüdern Gerhard und Moritz am Hofe seines Onkels →Adolf VIII., der ihn wegen seiner Kinderlosigkeit zunächst zu seinem Nachfolger als Hzg. v. Schleswig und Gf. v. Holstein bestimmt hatte. Nach dem Tode des ebenfalls kinderlosen dän. Kg.s →Christoph III. jedoch förderte →Adolf VIII. die Wahl seines Neffen zum dän. Kg. und veranlaßte ihn deshalb auch zum Verzicht auf die mit der Huldigung des schleswigschen Adels bereits erworbenen Rechte (Bestätigung der →Constitutio Valdemariana von 1326 durch Ch. am 28. Juni 1448). Nachdem Ch. am 1. Sept. 1448 in Hadersleben in einer →Wahlkapitulation die Rechte des dän. →Reichsrates anerkannt hatte, wurde er von diesem Gremium zum dän. Kg. gewählt, wobei zugleich auch seine Heirat mit der Witwe seines Vorgängers vereinbart wurde. Am 28. Sept. 1448 ließ er sich in Viborg auf einem Landting huldigen, und am 28. Okt. 1449, zwei Tage nach seiner Hochzeit mit Dorothea, war die Krönung in Kopenhagen. Wenig später wurde er auch vom norw. Reichsrat als rechtmäßiger Kg. anerkannt und am 2. Aug. 1450 in Drontheim zum norweg. Kg. gekrönt. Am 27. Juli 1457 erlangte er schließlich noch die schwed. Krone (→Kalmarer Union). Obwohl der 1448 von Ch. bestätigten Constitutio Valdemariana zufolge Dänemark und das Hzm. Schleswig nicht durch Personalunion miteinander verbunden sein sollten, wurde er nach dem Tode Adolfs VIII. († 4. Dez. 1459) am 2. März 1460 in Ripen von schleswig-holstein. Adligen auch noch zum Hzg. v. Schleswig und Gf. en v. Holstein gewählt. Wie seine Rechte und Pflichten als Landesherr gegen die Rechte und Freiheiten der schleswig-holsteinisch. →Landstände abgegrenzt sein sollten, wurde in dem am 5. März 1460 in Ripen ausgefertigten Wahlvertrag, dem →Ripener Vertrag, und in der am 4. April 1460 in Kiel ausgefertigten Tapferen Verbesserung festgelegt (Herrschaftsvertrag). Um eine derartige Machtfülle erreichen zu können, hat Ch. nicht zuletzt auch sehr viel Geld aufwenden müssen. Während er für den Erwerb (und die Verteidigung) der schwed. Krone kostspielige Feldzüge finanzieren mußte, entstanden ihm durch die Wahl von 1460 deshalb große finanzielle Verpflichtungen, weil er die Schulden Adolfs VIII. bei schleswig-holstein. Adligen übernehmen und außerdem für die Abfindung der Erbansprüche seiner beiden Brüder und des Gf. en Otto v. Schauenburg insgesamt 123 000 Rhein. Gulden aufbringen mußte. Daher war er bei schleswig-holstein. Adligen und bei den beiden Hansestädten Lübeck und Hamburg mit so hohen Summen verschuldet, daß fast alle Ämter im Hzm. Schleswig und in der Gft. (seit 1474 Hzm.) Holstein an seine Gläubiger verpfändet waren. Zwar hat er die schwed. Krone nach der militär. Niederlage am →Brunkeberg 1471 wieder eingebüßt, in Schleswig und in Holstein jedoch konnte er sich behaupten und in den zwei Jahrzehnten seiner Regierungszeit auch einen Teil der Schulden wieder abtragen, womit er der Landesherrschaft gegenüber den Landständen wieder mehr Geltung verschaffte. Für die allmähl. Entschuldung spielten verschiedene Mittel eine Rolle, u. a. die Verbesserung der landesherrl. Finanzverwaltung, die Erhebung von Beden, der Erwerb eines ksl. Privilegs zur Erhöhung der Zölle in Rendsburg, Plön und Oldesloe (1474) sowie die Kreditaufnahme bei verschiedenen ndl. Städten gegen Befreiung vom Sundzoll. Ob Ch. der Sinn für Ökonomie generell abgesprochen werden kann (Mollerup, Hørby), bedarf genauerer Untersuchungen. 1479 erwirkte Ch. ein päpstl. Privileg für die Gründung der Univ. Kopenhagen. Von seinen fünf Kindern haben ihn drei überlebt, die Söhne Johann (1455–1513) und Friedrich (1471–1533), beide Hzg.e v. Schleswig und Holstein, Kg.e v. Dänemark, und die Tochter Margarete (1456–86), die 1469 Jakob III. v. Schottland heiratete.   I.-M. Wülfing

Q.: Diplomatarium Christierni Primi, ed. H. Knudsen–C. F. Wegener, 1856 – Registrum Ch.s des Ersten, ed. G. Hille, 1875 (Urk. slg. der Ges. für Schleswig-Holstein und Lauenburg, Gesch. 4) – *Lit.*: ADB IV [G. Hille] – DBL III [Mollerup] – DBL³ III [K. Hørby] – NDB III [W. Suhr] – E. Arup, Der finansielle side af erhvervelsen af hertugdømmerne, Dansk Hist. Tidsskrift, 7. R., 4. Bd., 1903 – Dat se bliven ewich tosamende ungedelt (Fschr. der Schleswig-holstein. Ritterschaft zur 500. Wiederkehr des Tages von Ripen am 5. März 1460, 1960) – I.-M. Peters (–Wülfing), Der Ripener Vertrag und die Ausbildung der landständ. Verfassung in Schleswig-Holstein, T. I und II, BDLG 109, 1973; 111, 1975.

2. Ch. I. (Christian v. Buch), Ebf. v. Mainz, 1165–83, Reichslegat Ks. Friedrichs I. in Italien, * um 1130, † 25. Aug. 1183 in Tusculum (Frascati), entstammte väterlich- bzw. mütterlicherseits den thür. Grafengeschlechtern Buch und →Beichlingen und verdankte die ersten Stationen seiner kirchl. Laufbahn (Dompropst v. Merseburg und Propst des Mainzer Mariengredenstiftes) sowie seine Wahl zum Mainzer Ebf. 1160, die von Ks. Friedrich I. nicht bestätigt wurde, v. a. dem thür. Lgf. en →Ludwig II. Statt Ch. ließ Friedrich I. 1161 den Wittelsbacher →Konrad zum Mainzer Oberhirten wählen. 1162 findet sich Ch. als Mainzer Dompropst und wird im Herbst d. J. in der Nachfolge →Rainalds v. Dassel zum Reichskanzler und (in Personalunion mit diesem Amt) zum Propst von St. Servaas in Maastricht bestellt.

Mit Barbarossas 3. Italienzug (Ende 1163) beginnt Ch.s glänzende Karriere im Dienste des Reiches. Nach dem Abzug des Ks.s aus Italien Ende 1164 stellte sich der neue Gegenpapst Paschalis III. unter Ch.s Schutz; spätestens seit Febr. 1165 fungierte Ch., wiederum in der Nachfolge

Rainalds, als →Reichslegat, d. h. als ksl. Statthalter, in Ober- und Mittelitalien, bemüht, in →Toscana militär. Kräfte zur Eroberung Roms für Ks. und Gegenpapst zu gewinnen. Der Absetzung Ebf. Konrads, der dem Gegenpapst den Gehorsam verweigerte, verdankte Ch. im Sept. 1165 die Erhebung zum Mainzer Oberhirten; freilich fanden Investitur, Priester- und Bischofsweihe erst Ende 1166 bzw. im März 1167 statt, nachdem Ch. erneut mit Barbarossa in Italien zusammengetroffen war. Auf diesem 4. Italienzug bewies Ch. seine militär. Begabung, als er zusammen mit Rainald v. Dassel bei Tusculum am 29. Mai 1167 die Römer schlug und damit den Einzug von Ks. und Papst in Rom ermöglichte. Im Gegensatz zu Rainald und anderen prominenten Helfern Friedrichs I. blieb er von der Seuche verschont, der im Sommer 1167 vor Rom der Großteil des ksl. Heeres zum Opfer fiel, und ging Ende d. J. als Vermittler zw. →Heinrich d. Löwen und den sächs.-thür. Großen nach Norddeutschland; 1168 suchte er in →Rouen zw. dem engl. und frz. Kg. zu schlichten.

In den Jahren von 1168 bis 1171 widmete er sich auch den Aufgaben seines Kirchenamtes; so war er bestrebt, Kl. und Stifter in ihrer wirtschaftl. Stellung zu heben, doch führten insbes. Verlehnungen und Verpfändungen von Kirchengut zu einer ruinösen Schwächung der ökonom. Grundlage der Mainzer Diözese.

Auf Ch.s Vorschlag wurde auf einem Bamberger Fürstentag 1169 der junge Heinrich (VI.) zum dt. Kg. gewählt. 1170 führte Ch. eine Gesandtschaft an den Hof Ks. Manuels II. in Byzanz; seit Ende 1171 bis zu seinem Tod 1183 wirkte Ch. erneut als Reichslegat in Italien, bemüht, mit diplomat., krieger. und administrativen Mitteln Frieden zu stiften (zw. →Pisa und →Genua in der sardin. Frage), widerstrebende Kommunen niederzuwerfen (Belagerung Anconas) und den Auf- und Ausbau der →Reichsverwaltung in Mittelitalien voranzutreiben. Offenbar war es Ch., der mit Lernfähigkeit und Einsicht begabt, Friedrich I. nach den diplomat. und militär. Fehlschlägen von 1175/76 zum Einlenken bewegte und selbst an vornehmster Stelle den Frieden v. →Venedig 1177 vorbereiten half, der Barbarossa und Alexander III. aussöhnte, einen Waffenstillstand mit den lombard. Städten herstellte und das Bündnis mit Sizilien anbahnte, wobei ihm selbst der weitere Besitz seines Ebm.s verbrieft wurde. Als Generallegat und zugleich als Treuhänder des Papstes für die Restitution des Patrimonium Petri nach 1177 stand Ch. auf dem Höhepunkt seiner Laufbahn.

Alte und neue Feinde, u. a. Byzanz und die Mgf.en v. →Montferrat, die sich ihres Einflusses auf die oberit. Städte beraubt sahen, verschworen sich gegen Ch. und nahmen ihn im Sept. 1179 in den Marken (Camerino) gefangen. Nach seiner Freilassung Ende 1180 war Ch. erneut die wesentl. Stütze des Papstes gegen die Römer. Am 25. Aug. 1183 wurde er bei der Entsetzung Tusculums ein Opfer des Sumpffiebers, woraufhin der Papst für alle dt. Stiftskirchen eine dreißigtägige Trauer anordnete. Ch. ist neben Rainald v. Dassel die Inkarnation des kraftvollen Prälaten der mittleren Stauferzeit, der seine diplomat. und militär. Talente und die finanziellen Mittel seines Kirchenamtes voll in den Dienst des Reiches und seines Herrschers stellte. D. Hägermann

Q.: J. F. Böhmer – C. Will, Regg. der Ebf.e v. Mainz II, 1886 – P. Acht, Mainzer UB II, 1968/71 – D. Hägermann, Die Urkk. Ebf. Ch.s I. v. Mainz als Reichslegat Friedrich Barbarossas in Italien, ADipl 14, 1968, 202–301 – Lit.: C. Varrentrapp, Ebf. Ch. I. v. Mainz, 1867 – D. v. d. Nahmer, Die Reichsverwaltung in Toscana unter Friedrich I. und Heinrich VI. [Diss. Freiburg 1965] – D. Hägermann, Ebf. Ch. I. v. Mainz als Reichslegat Friedrich Barbarossas in Italien [Diss. Würzburg 1967] – Ders., Beitr. zur Reichslegation Ch.s v. Mainz in Italien, QFIAB 49, 1969, 186–238 – A. Haverkamp, Herrschaftsformen der Frühstaufer in Reichsitalien, 1–2, 1970–71 – W. Schöntag, Unters. zur Gesch. des Ebm.s Mainz unter den Ebf.en Arnold und Christian I. (1153–1183), 1973.

3. Ch. v. Borxleben (Borgsleben), OFM, * 1400 in Borgsleben in Thüringen, † 1484 in Erfurt. Im Kl. Nordhausen in Thüringen trat er in die sächs. Provinz der Franziskaner ein; las an der Univ. Leipzig ab Dez. 1446 über die Sentenzen des →Petrus Lombardus (Sentenzenkommentar noch nicht aufgefunden), am 27. Juni 1449 Magister der Theologie. Im Okt. 1452 diente er in Magdeburg dem franziskan. Wanderprediger →Johannes v. Capestrano als Dolmetscher. Ab 1457 war er Lektor und Guardian in Nordhausen und zugleich Custos Thuringiae. Mit Gf. Heinrich d. Ä. v. Stolberg reiste er 1461 ins Hl. Land. Vom Frühjahr 1464 bis etwa 1470 Magister regens an der Univ. Erfurt. Zum 15. Juni 1471 ist er als Magister regens in Leipzig bezeugt, wo er bis Sommer 1480 blieb. Seine letzten Lebensjahre verbrachte er in Erfurt. In einer großen Quaestio über naturphilos. und metaphys. Fragen erwies er sich als der scotist. Lehrrichtung zugehörig. Er hinterließ ferner eine Auslegung der Leidensgeschichte Christi nach den 4 Evangelien (»Passio«) und eine »Ars praedicandi« in Brieform für einen jungen Mitbruder; von seinen Predigten ist eine Universitätspredigt in Leipzig (Pfingsten 1449) überliefert.
H. Roßmann

Lit.: LThK² II, 1121 – Verf.-Lex.² I, 961–963 – AHDL 49, 1974, 210 – G. Buchwald, Die Ars praedicandi des Erfurter Franziskaners Ch. Borgsleben, FSt 8, 1921, 67–74 [mit Ed.] – L. Meier, De Schola Franciscana Erfordiensi saeculi XV, Antonianum 5, 1930, 57–94, 157–202, 333–362, 443–474 – Ders., FSt 19, 1932, 290 – Ders., Stud. zur Franziskanertheologie an den Univ. Leipzig und Erfurt, FSt 20, 1933, 261–285 – Ders., FSt 23, 1936, 187f. – Ders., FSt 24, 1937, 122; 25, 1938, 271, 277 – Ders., RTh 17, 1950, 297f. – Ders., Die Barfüßerschule zu Erfurt (BGPhMA 38,2), 1958 – J. Hofer, Johannes Kapistran I, 1964², 469 – E. Kleineidam, Universitas Studii Erffordensis (Erfurter Theol. Stud. 14/22), 1964/69 – J. Moorman, A Hist. of the Franciscan Order, 1968, 520.

4. Ch. v. Hiddestorf, Franziskanertheologe, * in Hiddesdorf b. Hannover, † 13. April 1420 in Erfurt. Um 1390 war er Lektor am Provinzstudium der Franziskaner in Magdeburg. Im Herbst 1396 wurde er Baccalaureus biblicus an der (1392 gegr.) Univ. Erfurt und las dann dort über die Sentenzen des →Petrus Lombardus. 1398 wurde er ebd. Doktor der Theologie und wirkte dann von 1400 bis zu seinem Tode als Magister regens in Erfurt. Aus dieser Zeit stammt sein (nur teilweise erhaltener) Matthäuskommentar. Er gilt als der eigtl. Begründer der Erfurter Franziskanerschule. Sein Sentenzenkommentar bezeugt seine scotist. Lehrrichtung, wie er auch der Immaculatalehre anhing. Erhalten ist noch eine Auslegung der Leidensgeschichte Christi (»Passio«), die er den Franziskanern in Lübeck und an anderen Orten dem Volke vorgetragen hat. Der Franziskaner Albert Hofeltinger in Regensburg verfaßte 1433 auf der Grundlage seines Mt-Kommentars ein Quadragesimale (Fastenpredigten). H. Roßmann

Lit.: LThK¹ II, 918 – LThK² II, 1122 – Verf.-Lex.² I, 1221f. – Wulf III – RCS I, Nr. 163 – L. Meier, FSt 24, 1937, 122 – Ders., Christianus de Hiddestorf O.F.M. Scholae Erfordiensis columna, Antonianum 14, 1939, 43–76, 157–180 (mit Auszügen aus Sentenzenkomm. und Mt-Komm.) – W. Lampen, Kirchengesch. Stud., hg. I. M. Freudenreich [Festgg. M. Bihl], 1941, 77 – L. Meier, FSt 30, 1943, 123 – Ders., Die Barfüßerschule zu Erfurt (BGPhMA 38,2), 1958 – E. Kleineidam, Universitas Studii Erffordensis (Erfurter Theol. Stud. 14/22), 1964/69.

5. Ch. v. Stablo, Benediktinermönch und Priester, vielleicht aus Aquitanien (so Sigebert v. Gembloux), wahrscheinlicher aus Burgund stammend, nach der Mitte des 9. Jh. als exeget. Lehrer und Autor im Kl. Stablo-Malmedy tätig, † wohl nach 880. (Der nicht authent. Name Druthmar, unter dem Ch. in manchen Lexika verzeichnet ist, geht auf Johannes Trithemius zurück.)

Ch. verfaßte um 865 einen in 8 Hss. erhaltenen Kommentar zu Matthäus-Evangelium (vgl. STEGMÜLLER, 1926, dazu Clm 14066), der sich durch pädagog. Geschick, sprachl. Klarheit und krit. Eigenständigkeit auszeichnet. Ch. legt, wie er in dem bedeutsamen Widmungsbrief an die Mönche seines Kl. schreibt, nach ernüchternden Lehrerfahrungen bes. Wert auf eine leicht faßliche Auslegung, die, im Gegensatz zum Matthäus-Kommentar des Hieronymus, auf alle Schwierigkeiten eingeht und v. a. das Verständnis des hist. Wortsinns sichert. Dazu gehören zahlreiche Erklärungen zur Grammatik und zu bibl. (etwa hist. und geograph.) Realien. Möglicherweise ist dies eine Reaktion auf die extrem allegor. orientierte ir. Bibelexegese, deren Werke er gleichwohl in starkem Maße herangezogen hat. Bemerkenswert und für die Sprachgeschichte aufschlußreich ist Ch.s programmat. Bemühen, in einem seiner »Provinz« vertrauteren, also regional geprägten und gewissermaßen zeitgenöss. Latein zu schreiben. Der Kommentar verwertet eine große Zahl z. T. seltener Quellen, die Ch. wahrscheinl. meist in Katenenform vorfand. Allegor. Auslegungen sind trotz der pragmat. Betonung des sensus historicus in großer Zahl zugelassen. Wegen seiner Eucharistielehre, die Christi Gegenwart im Sakrament mehr symbol. als ausdrücklich real versteht, hat Ch. seit dem 16. Jh. theol. Interesse erweckt. In mehreren Hss. folgen auf den Matthäus-Kommentar noch zwei kurze Sammlungen von Glossen zu Lukas und Johannes. Ch. hatte in seinem Widmungsbrief angekündigt, auch diese beiden Evangelien auf seine (elementare) Art erklären zu wollen, da ihm die Lukas-Kommentare des Ambrosius und Beda nicht zur Verfügung stünden und Augustins Johannes-Traktate zu schwierig seien. Vielleicht sind die beiden Sammlungen als Material für diesen Zweck exzerpiert worden. Wegen ihres betont allegor. Charakters ist Ch.s Autorschaft unwahrscheinlich. F. Rädle

Ed.: MPL 106, 1259A–1520D (nach J. Wimpheling, Straßburg 1514) – Widmungsbrief: MGH Epp. VI, 177f. – *Lit.*: MANITIUS I, 431–433 – BRUNHÖLZL I, 383f. – LThK² 2, 1124 – STEGMÜLLER, 1926–1928 – DHGE 14, 1519–1524 – Index scriptorum operumque Latino-Belgicorum medii aevi I, 1973, 37f., 81 – M. L. W. LAISTNER, A ninth-century commentator on the Gospel according to Matthew, The Intellectual Heritage of the Early MA, 1957, 216–236 – B. BISCHOFF, Wendepunkte in d. Gesch. d. lat. Exeg. (Ma. Stud. I), 1966, 205–273 – F. G. CREMER, Ch. v. Stablo als Exeget. Beobachtungen zur Auslegung von Mt 9, 14–17, RevBén 77, 1967, 328–341 – W. BERSCHIN, Griech.-lat. MA, 1980.

6. Ch., Verfasser der Legende »Vita et passio s. Venceslai et s. Ludmile ave eius«. Die hist. Zuordnung ist ebenso umstritten wie die Entstehungszeit der Legende, die außer →Wenzel auch seine Großmutter →Ludmila verherrlicht und den Zusammenhang zw. den Anfängen des Christentums in Mähren und Böhmen beschreibt, weshalb sie zum Gegenstand heftiger Kontroversen über die Frühzeit der tschech. Geschichte geworden ist. Die Legende selbst ist dem hl. →Adalbert (Vojtěch) gewidmet, als dessen Verwandter sich Christian im Prolog bezeichnet.

Für die ältere Historiographie blieb das Verdammungsurteil J. DOBROVSKÝS (1819), der das Werk für eine dreiste Fälschung des 14. Jh. hielt, weithin gültig, bis J. PEKAŘ dieses Urteil (1906) revidierte und für die Echtheit der Legende eintrat. Daraus entwickelte sich eine überaus scharf geführte Polemik, wobei B. BRETHOLZ und V.

NOVOTNÝ die Entstehung der Legende im 12. Jh., R. URBÁNEK, Z. FIALA u. a. im 14. Jh. zu erweisen versuchten, während V. CHALOUPECKÝ und J. LUDVÍKOVSKÝ sich entschieden im Sinn von J. PEKAŘ für die Authentizität der Schrift einsetzten. In jüngster Zeit hat sich die Überzeugung von der Echtheit der Legende weitgehend durchgesetzt, wobei angenommen wird, daß Christian aus der älteren Wenzelslegende »Crescente fide«, und der Legende Gumpolds und aus der Vorlage der Ludmila-Homilie »Fuit« geschöpft hat. Schon PEKAŘ und bes. LUDVÍKOVSKÝ (auch auf Grund archäolog. Ergebnisse und der rhythm. Textanalyse) haben nachgewiesen, daß die Teile der Legende, die die Echtheitsgegner als Vorlagen Christians ansahen, gerade umgekehrt Auszüge aus dem Werk Christians darstellen. So neigt die neueste Forschung (TŘEŠTÍK) zu der Ansicht, daß die Legende in den Jahren 992–994 entstanden ist, solange nicht ein überzeugender Beweis für ihre spätere Entstehungszeit zw. 1039–1150 erbracht werden kann.

Als Verfasser der Legende gilt Christian, ident. mit dem Ch., den →Bruns Adalbertvita erwähnt, der bereits im MA mit Strachkvas, dem Sohn →Boleslavs I., aus der Chronik Kosmas gleichgesetzt wurde. Die moderne Forschung lehnte diese Identifizierung meist ab und nahm vielmehr an, daß Ch. aus Slavníks Geschlecht stammte, womit die Hypothese von der Verwandtschaft der beiden Herrscherfamilien, der Přemysliden und der Slavnikiden untermauert werden sollte. Aber weder KRÁLÍKS Gleichsetzung Ch.s mit →Radim (Gaudentius) noch die Annahme, bei »Christianus« im Prolog der Legende handele es sich um ein bloßes Appellativum, sind akzeptiert worden. Der Verfasser der Legende, der sog. Ch., ist mit größter Wahrscheinlichkeit ein Mönch des Kl. →Břevnov bei Prag (heute Prag) gewesen, in dessen Konvent auch Mönche aus Italien lebten. J. Nechutová

Ed.: J. EMLER, Fontes rerum Bohemicarum I, 1873, 199–227 – J. PEKAŘ, Die Wenzels- und Ludmila Legenden und die Echtheit Ch.s, 1906 – J. LUDVÍKOVSKÝ, Legenda Christiani – Kristiánova legenda, 1978 – *Lit.*: V. CHALOUPECKÝ, Prameny X. století legendy Kristiánovy, 1939 – F. KALANDRA, České pohanství, 1946 – R. URBÁNEK, Legenda tzv. Kristiána ve vývoji předhusitských legend václavských i ludmilských, I–II, 1947/48 – Z. FIALA, Hlavní pramen legendy Kristiánovy, 1974 – H. JILEK, Die Wenzels- und Ludmila-Legenden des 10. und 11. Jh., ZOF 24, 1975, 79–148 [Forschungsber.] – O. KRÁLÍK, Kosmova Kronika a předchozí tradice, 1976 – D. TŘEŠTÍK, Deset tezí o Kristiánově legendě (Folia historica bohemica 2), 1980, 7–38 – DERS., Počátky Přemyslovců, 1981.

7. Ch., Zisterziensermönch aus dem Kl. Kolbatz in Pommern, setzte die Versuche des Abtes Gottfried aus dem Zisterzienserkl. →Łekno (Großpolen) fort, die heidn. →Prußen zu missionieren. Ch. wurde 1215 zum Bf. (episcopus Prusciae) geweiht, erhielt von Kg. →Waldemar I. v. Dänemark, mit dem er 1218 zusammentraf, Unterstützung und konnte in Pomesanien und im Löbauer Land einige Erfolge erreichen. Seit 1220 gab es Rückschläge, nachdem er im Jahr zuvor Kontakte mit den poln. Fs.en aufgenommen hatte. 1222 erhielt er von Hzg. →Konrad v. Masowien die Burg →Kulm a. d. Weichsel. 1228 gründete er den Ritterorden →Milites Christi de Prussiae (de Dobrin), der 1235 mit dem →Dt. Orden vereinigt wurde, welcher 1231 mit der Eroberung des Prussenlandes begonnen hatte; vor 1233 von den Prußen gefangengenommen, blieb er bis 1238 dort. Nach der Rückkehr versuchte er, sein Bm. wiederzugewinnen, konnte sich aber nicht durchsetzen und starb 1244. Sein Bm. erlosch, als 1244/45 eine Neuordnung der Diözesen in Preußen erfolgte.

M. Hellmann

Lit.: A. E. EWALD, De Christiani Olivensis ante ordinem Teutonicorum in Prussiam advocatum condicione ab a.1220 ad a.1225 [Diss. Bonn 1863] – DERS., Die Eroberung Preußens durch die Deutschen, 1872 – M. ŁODYŃSKI, Opat Gotfryd i biskup Chrystian, KH 24, 1910, 98–120 – T. MANTEUFFEL, Papiestwo i cystersi ze szczególnym uwzględnieniem ich rol w Polsce na przełomie XII i XIII w., 1955, bes. 97–106 – S. M. SZACHERSKA, Pierwsi protektorzy biskupa Prus Chrystiana (Wieki Średnie-Medium Aevum, 1962), 129–141 [Lit.] – F. BLANKE, Die Missionsmethode des Bf.s Ch. (WdF 7, 1963), 337–363 [Lit.] – DERS., Die Entscheidungsjahre der Preußenmission (1206–74) (WdF 7, 1963), 389–416 – G. LABUDA, O nadania biskupa Chrystiana dla Dobrzyńców z roku 1228, Roczniki Humanistyczne 20, 1977, 43–49 [Lit.] – Z. NOWAK, Milites Christi de Prussia (Die geistl. Ritterorden Europas, hg. J. FLECKENSTEIN–M. HELLMANN, 1980), 339–352 [Lit.].

Christianisierung → Mission und Christianisierung

Christianitas (»Christenheit«), Bezeichnung, mit der die Gesamtheit der Gläubigen des lat. Abendlandes sich selbst als Glaubensgemeinschaft gegenüber den Nichtchristen definierte. Dabei muß präzisiert werden, daß die Christen im Imperium Romanum als »Christiani« oder »Ecclesia« erschienen, die sich einerseits von den »Gentiles« (Heiden), andererseits von den Juden abgrenzten. Unter diesem Begriff verstand man jedoch eher die religiös-kirchl. Organisation als die Einheit im Glauben, die in jener Phase in Wirklichkeit noch nicht vorhanden war. Der Begriff Ch. bildete sich von dem Zeitpunkt an aus, in dem im ganzen Imperium Romanum das Christentum angenommen wurde; der polit. Begriff »Respublica Romana« und der religiöse Terminus »Ecclesia« verloren allmählich an Bedeutung. Die Ch. entwickelte in zunehmendem Maße ein Bewußtsein für ihre eigene Zusammengehörigkeit in einem hist. Moment von äußerster Bedeutung: Einerseits brachte die beinahe totale Bekehrung der Bürger des Röm. Reiches zum Christentum eine Verschmelzung der Begriffsinhalte von Ch. und Ecclesia mit sich, andererseits entwickelte sich v. a. durch die Angriffe der muslim. Araber im Abendland das Bewußtsein, über die Völkervielfalt hinaus, in welche die Respublica Romana durch die Entstehung der röm.-barbar. Reiche zerfallen war, eine Einheit zu bilden, die auf religiösem Gebiet zwar immer durch die Kirche manifestiert worden war, jedoch als Einheit der Christen gegenüber den Ungläubigen erst im Augenblick der islam. Bedrohung Gestalt annahm.

Bereits im 7. Jh. erscheinen terminolog. differenzierte Hinweise darauf, daß die verschiedenen christl. Reiche eben deshalb, da sie christl. waren, eine Einheit in ihrer Vielfalt anstrebten, um der Bedrohung zu begegnen, die gegen alle Länder nicht so sehr in ihrer Eigenschaft als politische Gebilde, sondern als christl. Reiche gerichtet war. Die Idee der Ch. erfuhr daher ihre Ausformung und Verbreitung zw. dem 7. und 9. Jh. im Hinblick auf den muslim. Angriff gegen Europa (Spanien, Fraxinetum in der Provence, befestigtes Militärlager von Traetto, Emirat von Bari und schließlich Eroberung Siziliens) und dies v. a. in der polit. Realität des Karolingerreiches, das die starke Tendenz vertrat, Kirche und Reich als Einheit zu sehen, zumindest die Westkirche; denn obwohl in der Theorie der Begriff Ch. zweifellos auch die Ostkirche einschloß, wurde diesem Faktum keine bes. Aufmerksamkeit geschenkt. Andererseits waren sich das Papsttum und die kirchl. Hierarchie der Karolingerzeit im allgemeinen vielfach der Bedeutung der Ch. als einigender Kraft bewußt, um gegen einen gemeinsamen Feind Front zu bilden oder um Gegensätze, die innerhalb der christl. Gemeinschaft entstehen konnten, zu beseitigen oder zumindest zu mildern.

Ein bedeutsamer Repräsentant dieser Auffassung der Ch. als Einheit und zwingender, einigender Kraft war Papst Johannes VIII. (bekanntlich befanden sich bei dem muslim. Angriff auf Europa Italien und Rom in vorderster Linie), der in wiederholten Appellen allen die Notwendigkeit vor Augen stellte, sich zu einigen und innere Spaltungen und Kontraste zu vermeiden. Aus der Idee der Ch. als Einheit aller Christgläubigen verschiedener Länder entwickelte dieser Papst den Gedanken des »impium foedus«, um alle, die mit den Ungläubigen ein Bündnis schlossen, wie z. B. einige Städte Süditaliens, zu verdammen. In der Folgezeit kehrte der Gedanke der Ch. mehrmals wieder und erreichte schließlich einen seiner Höhepunkte während der →Kreuzzüge, die als bedeutsamster Ausdruck der Verteidigung der christl. Einheit gegenüber den Muslims empfunden wurden (dies gilt v. a. für den ersten Kreuzzug).

Es ist interessant zu beobachten, wie der Gedanke der Ch. (allerdings in weniger energischer und bewußter Weise) eine bes. Bedeutung in der Verteidigung und später im Angriff gegen die heidn. Völker Osteuropas erhält und dabei sowohl im Hl. Land wie in den gen. anderen Gebieten eine Offensivkraft gewinnt, die zum Anstoß und tragenden Motiv für die Verbreitung des christl. Glaubens wird. Bei dieser Entwicklung fiel dem Reformpapsttum, das den Anspruch auf die geistl. Oberhoheit wie auf die Macht über die Fsm.er und Reiche der Erde erhob, eine wichtige Rolle zu. Die Idealvorstellung der Ch., ein Ideal im wahrsten Sinne des Wortes, da es sich nie in einer jurist. Institution konstituierte, fand in der Welt der Politik je nach den Umständen größeren oder geringeren Widerhall; die Kreuzzüge sind ein Ausdruck dafür, daß diese Idee in das Bewußtsein der Christenheit gedrungen war. In negativer Hinsicht stellen die heftigen Judenverfolgungen ebenfalls Manifestationen der Ch., wenn auch Manifestationen der Intoleranz gegenüber den Nichtchristen dar.

Zeigen der 2. und 3. Kreuzzug, daß das Ideal der Ch. noch immer Herrscher und Gläubige bewegen konnte, so verblaßte dieses Ideal allmählich durch das Aufkommen des Lokalstolzes und Nationalbewußtseins. Der polit. Egoismus zerstörte in zunehmendem Maße den Gedanken einer Einheit der Ch., der bereits im Lauf des 13. Jh. eine Krise erlebte. In den letzten Jahrhunderten des MA wird der Begriff Ch. so häufig im Munde geführt wie nie zuvor, entwickelt sich aber immer mehr zur reinen Propagandaformel oder zum polit. Druckmittel. Ein Zeugnis dafür ist die geringe Reaktion auf die Aufrufe der Päpste des 15. Jh. zum Kreuzzug gegen die Türken. Ohne das Fortleben wirkungsloser Formeln, wie wir sie z. B. in der »Gerusalemme Liberata« des Torquato Tasso finden, in Betracht zu ziehen, kann man symbolisch das Ende der ma. Christianitas-Idee in dem Bündnis sehen, das der frz. Kg. Franz I. mit dem Sultan gegen Ks. Karl V. schloß.

R. Manselli

Lit.: J. RUPP, L'Idée de la chrétienté dans la pensée pontificale des origines à Innocent III, 1939 – G. LADNER, The Concepts of »Ecclesia« and »Ch.« and their Relation to the Idea Papal »Plenitudo potestatis« from Gregory VII to Boniface VIII (Sacerdozio e Regno da Gregorio VII a Bonifacio VIII, 1954), 49–77 – J. VAN LAARHOVEN, »Ch.« et réforme grégorienne, StGreg VI, 1959/61, 1–98 – F. KEMPF, Das Problem der Ch. im 12.–13. Jh., HJb 79, 1960, 104–123 – R. MANSELLI, La »respublica christiana« und l'Islam (L'Occidente e l'Islam nell'Alto Medioevo, 1965), 115–147 – vgl. auch F. v. Hardenberg/Novalis, Christenheit oder Europa, 1799.

Christianus de Ackoy (Eckoye), Philosoph und Kanonist, 14./15. Jh., Diöz. Utrecht. Nach Studien in artibus an der Univ. Paris (magister artium) war Ch. von 1387 an der neu gegr. Universität Heidelberg und von 1394 an der Universität Köln tätig; 1395 Canonicus ebda. Werke:

Quaestiones in Analytica posteriora (verschollen); Termini naturales (Hs.: Melk 761); Dicta copulata in Summam Raimundi de Pennaforte (Hs.: Utrecht UB 629).

C. H. Lohr

Lit.: H. KEUSSEN, Die Matrikel der Univ. Köln I, 1928, 75 – C. H. LOHR, Medieval Latin Aristotle Commentaries, Traditio 30, 1974, 130f.

Christina

1. Ch. v. Bolsena, hl., Jungfrau und Märtyrerin, Fest 24. Juli; nach legendar. passio † um 300 in Bolsena (Latium) oder Tyrus (?). Ch. findet sich in den ältesten Martyrologien und den meisten Kalendarien des MA. In Mittel- und Norditalien seit dem 6. Jh. verehrt, nördl. der Alpen nur schwache Kultspuren (Minden, Köln, Herzebrock/Westfalen). Seit etwa 900 ist Ch. als Vorname v. a. in Sachsen und im Rheinland (dort 125 Belege bis 1200), seit dem 11. Jh. in Skandinavien sehr bekannt. Doch ist der Name seines Sinngehaltes wegen gewählt und wird erst Ende des MA auf die Hl. bezogen, deren Kult nun durch Namensträgerinnen gefördert wurde. Ch. gehörte zur Gruppe der quinque virgines privilegiatae. Hauptattribute: Mühlstein, Pfeile.

M. Zender

Lit.: AASS Jul. V, 495–534 – BHL 1748–1762 – Bibl. SS IV, 330–332 – LCI V, 493–495 – LThK² II, 1128 – K. W. LITTGER, Stud. zum Auftreten der Heiligennamen im Rheinland, 1975.

2. Ch. v. Markyate, Rekluse, * ca. 1097, † nach 1154. Das Mädchen aus vornehmem anglo-sächs. Geschlecht legte 1111/12 das Gelübde ewiger Jungfräulichkeit ab, das sie trotz des heftigen und brutalen Widerstandes ihrer Familie und dauernder Nachstellungen verschiedener Männer erfüllte. Ab etwa 1118 lebte sie vier Jahre bei dem Einsiedler Roger, 1131 nahm sie in St. Albans den Schleier und wurde Gründerin der Priorei Markyate. Ihre sich u. a. in Auditionen, Träumen und Ekstasen manifestierende Frömmigkeit konzentrierte sich auf Christus und Maria und wurde nach den Worten ihres Hagiographen mit Weissagungsgabe, Tele-Vision, Telepathie sowie der Vernichtung ihrer Verächter belohnt. Für sie wurde der illuminierte St. Albans Psalter geschaffen. P. Dinzelbacher

Q.: C. H. TALBOT (ed.), The Life of Christina of M., 1959 (cf. P. GROSJEAN, AnalBoll 78, 1960, 197–201) – *Lit.*: Bibl. SS 4, 339f. – L. GNÄDINGER, Eremitica, 1972, 45ff. – H. MAYR-HARTING, Functions of a 12ᵗʰ-cent. Recluse, History 60, 1975, 337–352 – R. W. HANNING, The Individual in 12ᵗʰ-cent. Romance, 1977, 34–50 – CHR. HOLDSWORTH, Ch. of M., Stud. in Church History/Subsidia 1, 1978, 185–204.

3. Ch. Mirabilis v. St-Trond (Sint-Truiden, heut. Belgien), sel., * Brusthem, † 24. Juli 1224 Sint-Truiden. Nach der unkrit. Vita des →Thomas v. C(h)antimpré wohl eigenartigste Charismatikerin des MA. Eine Jenseitsvision (ca. 1182) veränderte das Leben der Viehhirtin grundlegend, da sie danach durch körperl. Leiden Seelen aus dem Fegfeuer erlösen wollte. Sie setzte sich in Feuer, Eiswasser, ließ sich aufs Rad, ließ sich über Mühlräder treiben u. a. m. – mit größten Schmerzen, doch ohne daß ihr Leib Schaden genommen hätte. Mit weiteren Begabungen wie Ekstasen, Tele-Vision, Herzensschau, Prophezeiungen ausgestattet, wurde sie nach vielen Verfolgungen Ratgeberin des Gf.en Ludwig v. Loo und der Benediktinerinnen von Sint-Truiden. P. Dinzelbacher

Q.: AASS Juli V, 1727, 637–660 (zu den Mss. vgl. Jan van Ruusbroec [Ausstellungskat.], Brüssel 1981, 17–23) – *Lit.*: LThK² II, 1129 – DSAM II, 874 – Bibl. SS 4, 329f. – Vies d. Saints 7, 592–594 – NBW III, 149–152 – DHGE XII, 774f. – H. THURSTON, The transition period of catholic mysticism II, The Month 140, 1922, 122–131 – ST. AXTERS, Geschiedenis van de vroomheid in de Nederlanden 1, 1950, 334f. – M. VANACKER, De Heilige Kristin de Wonderbare, 1963 – B. BOLTON, Vitae Matrum, Stud. in Church History/Subsidia 1, 1978, 253–273 – P. DINZELBACHER, Vision und Visionsliteratur im MA, 1981, 17, 158, 205f., 216 – M. GOODICH, Vita perfecta, 1982 [Reg. s. v.].

Christine

1. Ch. de Pisan, eine der bedeutend. Frauengestalten des späten MA. * 1365 in Venedig, † 1429/30. Sie kam 1368 nach Frankreich, als ihr Vater, der in ven. Diensten stehende Bologneser Professor und Astrologe Tommaso da Pizzano (»Thomas v. Bologna«, † 1385), dem Ruf Kg. Karls V. an den Pariser Hof folgte. 1380 heiratete sie den pikard. Edelmann Etienne du Castel, einen Notar und kgl. Sekretär. Ihr ältester Sohn Jean Castel (1383–1426) trat später als Dichter hervor. Als Ch. 1390 verwitwete, mußte sie ihre Familie allein ernähren. Nach Rechtsstreitigkeiten begann sie um 1394, Gedichte zu schreiben. Ihren Lebensunterhalt verdiente sie, indem sie ihre Werke adligen Gönnern, u. a. den Hzg.en v. Berry, Burgund sowie →Isabella v. Bayern, widmete und z. T. prächtige Hss. davon anfertigen ließ. 1418 zog sie sich in ein Kloster, möglicherweise nach Poissy zu einer ihrer Töchter, zurück, wo sie starb.

Als Schriftstellerin hinterließ sie ein erstaunlich umfangreiches und vielseitiges Oeuvre in Vers und Prosa. Ihre Lyrik, die schon früh in Sammelhss. (»Cent ballades d'Amant et de Dame«, »Livre du Duc des vrais amants«) zirkulierte, umfaßt Balladen, *virelais, lais, rondeaux, épîtres, dits*, geistl. Gedichte und Weisheitssprüche. Es sind oft rhetor. und metr. virtuos verfeinerte Übungen, gelehrte Sprachspiele, Gelegenheitskompositionen. Die Liebesgedichte stehen in Stil und Form in der höf. Tradition und Kasuistik. Die »Epistre au dieu d'amours« (1399) beklagt, daß am frz. Hof die unaufrichtigen Liebhaber den Ton angeben, während der »Dit de la Rose« (1402), im Anschluß an ein höf. Fest, die Gründung des Rosenordens beschreibt. In ganz anderem Zusammenhang steht der Streit um den →Roman de la Rose (Querelle oder Débat du Roman de la Rose), denn in diesem Disput wendet sich Ch. nicht gegen adlige Höflinge, sondern gegen die Humanisten der kgl. Kanzlei, Jean de Montreuil und Pierre Col. In der »Querelle« werden zum ersten Mal in der frz. Literatur grundsätzl. Probleme der Interpretation erörtert. »Le livre du chemin de longue estude« (1402–1403 entstanden) stellt in einer an Boethius, Dante und Jean de Mandeville inspirierten allegor. Traumreise zu Richesse, Sagesse, Chevalerie und Noblesse unter Führung der kumäischen Sibylle die Möglichkeit der Herrschaft der Raison auf Erden dar. Der über 23 000 Verse umfassende »Livre de la mutacion de Fortune« (1400–03) beschreibt im allegor. Schloß der Fortune, seiner Bewohner und Innenräume eine Schau des Verlaufs der Weltgeschichte, der Völker und großen Herrscher. Den Erfolg ihres Gedichts zu Ehren der →Jeanne d'Arc (Juli 1429) hat Ch. noch erlebt.

Unter den Prosaschriften steht zeitlich die »Epistre d'Othea« (um 1400) an erster Stelle. Die Göttin der Klugheit gibt darin Hektor Verhaltensmaßregeln; der Text ist als Interpretation der eigens dafür angefertigten Miniaturen konzipiert. Im Auftrag Philipps des Kühnen verfaßte Ch. den »Livre des fais et bonnes meurs du sage roy Charles V« (1404), eine Verherrlichung des frz. Kg.s als Inbegriff vollkommener Herrschaft aufgrund zeitgenöss. Zeugnisse und eigener Beobachtungen. Unmittelbar schließt daran der »Livre de la Cité des Dames« an, in dem eine utop. Gesellschaft zum Schutz der Frau unter den Prinzipien von Raison, Justice und Droiture beschrieben wird. Damit hängt auch der »Livre des trois vertus« (1405) zusammen, ein Traktat über die Erziehung der Frau in den verschiedenen Ständen. 1405 entstand ebenfalls die philos.-allegor. »Avision Christine«, eine Betrachtung der Weltgeschichte aus der Sicht der Dame Opinion und eine Klage über die Geschicke Frankreichs. »Le livre du corps de policie« (1404–07) stellt ein Gegenstück zum »Livre des trois vertus« für die Männer in allen Ständen dar. Ch. hat sich wiederholt mit den Fragen der Männerwelt (»Livre des fais d'armes et de chevalerie«, 1410) und v. a. mit der zeitgenöss. Politik befaßt. Die »Lamentation sur les maux de la guerre civile« (1410) gibt ebenso wie der »Livre de la paix« (1412–14) der Friedenssehnsucht im Hundertjährigen Krieg Ausdruck. Die »Epistre de la prison de vie humaine« (1416–18) versucht ebenso wie die »Heures de contemplation sur la passion de Nostre Seigneur« (1429) den leidgeprüften Französinnen Trost zu spenden. In ihren in rascher Folge verfaßten moralphilos., polit. und religiösen Schriften, die für das geistige Leben zu Beginn des 15. Jh. reiche Aufschlüsse geben, zeigt Ch. eine ungewöhnl. Bildungsbreite und Belesenheit. Sie schöpft zwar aus verbreiteten Kompilationen (Brunetto Latinis Tresor, Ovide moralisé), Übersetzungen klass. Autoren (Valerius Maximus, Vegetius) und exzerpiert →Boccaccio (»De claris mulieribus«), arbeitet aber das überlieferte Wissen für ihr Publikum in eigener Weise auf, indem sie in die Synthese zugleich ihre persönl. und gesellschaftl. Erfahrung als Frau einbringt. Leben und Werk bekommen dadurch eine neue innere Beziehung. Mittelengl., ndl. und ptg. Übersetzungen, Inkunabeldrucke sowie einige frz. Prosabearbeitungen bezeugen die breite, anhaltende Wirkung ihrer Schriften. D. Briesemeister

Ed.: Ch. de P., Oeuvres poétiques, ed. M. ROY, 1886–96 – Le livre du chemin de long estude, ed. R. PÜSCHEL, 1887 [Nachdr. 1974] – L'Epistre d'Othea, ed. P. G. C. CAMPBELL, 1924 – Le livre des fais et bonnes meurs, ed. S. SOLENTE, 1936–41 – Livre de la paix, ed. C. C. WILLARD, 1958 – Le livre de la mutation de Fortune, ed. S. SOLENTE, 1959–66 – Les sept Psaumes allégoriques, ed. R. R. RAINS, 1965 – Ballades, rondeaux et virelais, ed. K. VARTY, 1965 [Auswahl] – Le livre du Corps de policie, ed. R. H. LUCAS, 1967 – Le débat sur le Roman de la Rose, ed. E. HICKS, 1977 – Ditié de Jehanne d'Arc, ed. A. J. KENNEDY, 1978 – Buch von den drei Tugenden in ptg. Übers., ed. D. CARSTENS-GROKENBERGER, 1961 – *Lit.:* Repfont III, 248–251 – M.-J. PINET, Ch. de P., 1927 [repr. 1974] – M. LAIGLE, Le livre des trois vertus de Ch. de P. et son milieu hist. et litt., 1912 – E. NICCOLINI, Cristina da Pizzano, Cultura Neolatina 1, 1941, 143–150 – A. L. GABRIEL, The educational ideas of Ch. de P., JHI 16, 1955, 3–21 – PH. A. BECKER, Zur roman. Literaturgesch., 1967, 511–540 – S. SOLENTE, Ch., HLF 40, 1969 – F. DU CASTEL, Damoiselle Ch., 1972 – Culture et politique en France à l'époque de l'Humanisme et de la Renaissance, 1974, 43–153 – E. McLEOD, The order of the rose, 1976 – J. A. WISMAN, L'humanisme dans l'oeuvre de Ch. [Diss. Cath. Univ. of America, Washington], DA 37, 1976/77, 961A – DIES., La pensée politique de Ch., RH 257, 1977, 289–297 – DIES., Mss. et éditions des oeuvres de Ch., Manuscripta 21, 1977, 144–153 – Die frz. Autorin vom MA bis zur Gegenwart, hg. R. BAADER, D. FRICKE, 1979 – R. PERNOUD, Ch., 1982.

2. Ch. (die Kölnische) v. Stommeln, sel. Mystikerin, * 1242 Stommeln, † 6. Nov. 1312 ebd. Die Bauerntochter Ch. erlebte mit 10 Jahren die ekstat. Verlobung mit Christus und floh 1255 zu den Kölner Beginen, die sie wegen ihrer dauernden dämon. Erlebnisse 1259 zurückschickten. Von da an wohnte sie wieder in Stommeln bei Eltern, Pfarrer und den dortigen Beginen. Nach eigenen und fremden Aussagen durch Erscheinungen und leibl. Angriffe von Teufeln gequält und versucht, war Ch. andererseits mit himml. Tröstungen und Gesichten, der Stigmatisierung und dem Mitleiden der Passion Christi begnadet. Die körperl. und psych. tief leidende Frau machte 1288 eine schwere Blutung mit, wonach keine übersinnl. Erlebnisse mehr berichtet werden. Ihre Vita mit dem umfangreichen Briefwechsel gibt detaillierten Einblick in Ch.s Leben, sie stammt von ihrem Seelenführer, dem schwed. Dominikaner→Petrus de Dacia.

P. Dinzelbacher

Q.: AASS Jun. IV, 1707, 270–454 – J. PAULSON [ed.], Petri de Dacia Vita Christinae Stumblensis, SS lat. medi aevi Suecani I/2, 1896, 1–257 – I. COLLIJN [ed.], Vita B. Christinae Stumblensis, 1936 – *Lit.:* BHL nr. 1740–4 – NDB III, 241 – DHGE XII, 775f. – Vies des Saints 11, 203f. – LThK²II, 1129 – Bibl. SS 4, 342 – DSAM II, 874f. – NCE III, 655 – M. P. PIELLER, Dt. Frauenmystik im XIII. Jh. [Diss. Wien 1928], 178–186 – W. OEHL, Dt. Mystikerbriefe des MA, 1931 = 1972, 246–275, 770–774 – E. BENZ, Die Vision, 1969, 19, 242–247, 438 – P. NIEVELER, Codex Iuliacensis, 1975.

Christliche Ära → Jahreszählung

Christodoros v. Koptos, Epiker und Epigrammatiker des 5./6. Jh. Sein Epos »Isaurika« schilderte in 6 Büchern die Unterwerfung der →Isaurier durch Ks. →Anastasios, in den »Patria« behandelte Ch. die Geschichten der Städte Thessalonike (25 Bücher), Konstantinopel (12 Bücher), Nakoleia, Tralles und Aphrodisias. Diese wie andere mit seinem Namen verknüpften Werke sind verloren. Erhalten sind aus seinen 3 Büchern Epigrammen nur 2 Gedichte (Anth. Pal. 7, 697f.), außerdem die Beschreibung von 80 Statuen, die in den Thermen des Zeuxippos in Konstantinopel aufgestellt waren (Anth. Pal. 2). Entsprechend ihrem Charakter als →Ekphrasis will diese einzige zeitgenöss. Darstellung des vielgerühmten Thermenschmucks keine kunstgeschichtl. Information bieten, sondern rhetor. Eleganz und mytholog. Gelehrsamkeit. J. Gruber

Ed.: Anthologie, Abschnitt A. I – *Lit.:* KL. PAULY I, 1164f. – RE III, 2450–2452.

Christodulos. 1. Ch. (Christophoros, Christofalus), Admiral, † nach 1125, vermutl. aus Kalabrien stammender griech. Hofbeamter →Rogers II. v. Sizilien, der erstmals 1107 sicher belegt ist, möglicherweise aber noch von Roger I. eingesetzt wurde. Über seine Tätigkeit als Emir (Admiral) ist wenig bekannt, doch gehörte zu seinen Aufgaben nicht nur das Flottenkommando, sondern z. B. auch der Vorsitz im Hofgericht. In unseren Quellen ist er stets in der engsten Umgebung Rogers II. genannt. Welcher polit. Einfluß ihm zugemessen wurde, dokumentiert die Verleihung des Titels eines »Protonobelissimos« durch den byz. Ks. Alexios I. im April 1109, eine diplomat. Anerkennung, die Ch. wohl veranlassen sollte, für eine zurückhaltende Politik Siziliens im apulisch-byz. Konflikt zu wirken. Den Titel führt er 1111 und 1122 in kalabres. Urkunden, 1123 in einer Hofgerichtssentenz. Im selben Jahr ist die von Ch. gemeinsam mit seinem Kollegen und Nachfolger →Georg v. Antiochien geführte Expedition gegen das muslim. Afrika gescheitert. Zuletzt ist Ch. 1125 belegt, bald danach dürfte er gestorben sein.

H. Enzensberger

Lit.: C. A. GARUFI, Il più antico documento purpureo con scrittura greca ad oro della cancelleria normanna di Sicilia per il nobilissimo Cristodulo, ASS 47–48, 1927, 105–136 – F. DÖLGER, Der Kodikellos des Christodulos in Palermo, AU 11, 1929, 1–65 [Byz. Diplomatik, 1956, 1–74] – M. AMARI – C. NALLINO, Storia dei Musulmani di Sicilia III, 1939, 357, 359–362, 368–371, 391 – L. R. MÉNAGER, Amiratus – 'Αμηράς, 1960, 28–44 – V. v. FALKENHAUSEN, I gruppi etnici nel regno di Ruggero II e la loro partecipazione al potere, Società, potere e popolo nell'età di Ruggero II, 1979, 150, 154.

2. Ch. v. Patmos, Hl. der griech. Kirche (Fest 16. März), * um 1020 bei Nikaia, Taufname Johannes, † 1101 (?). Ch. wurde etwa 20jährig Mönch auf dem bithyn. Olymp und besuchte 1045 die Apostelgräber in Rom und die hl. Stätten in Palästina, wo er sich in der Einsamkeit nahe dem Jordan niederließ. Vor den Türken wich er nach Norden aus und ließ sich vom Patriarchen bewegen, die Leitung der Mönche am Berg Latros (Latmos) zu übernehmen. Türk. Vordringen ließ ihn erneut auf Wanderschaft gehen, dabei gründete er auf Kos ein Theotokos-Kloster. Auf Wunsch Ks. Alexios' I. Komnenos versuchte er, das Kl. Zagoras in Thessalien zu reformieren, und gründete schließlich 1088 auf Patmos, das ihm vom Ks. geschenkt worden war, das bis heute bestehende berühmte Kl. des hl. Johannes Theologos, d. i. des Evangelisten. Alexios stattete die Gründung mit außergewöhnl. Privilegien aus. Als die Insel von den Türken bedroht wurde, ging Ch. nach Euböa, wo er 1101 (?) starb. Seine Mönche konnten bald in ihr Kl. zurückkehren; sie überführten auch seine Überreste. An geistl. Literatur interessiert, legte Ch. den Grundstock der reichen Handschriftensammlung von Patmos. Er hinterließ eine Art Autobiographie – Hypotyposis – und ein »Mystisches Testament«. H. M. Biedermann

Q.: J. Sakkellion, Ἀκολουθία ἱερὰ τοῦ ὁσίου Χριστοδούλου, 1884 – Miklosich-Müller, VI, 21–90 – E. L. Vranousis, Τὰ ἁγιολογικὰ κείμενα τοῦ ὁ. Χρ., 1966 [Lit.] – Lit.: DSAM III, 875f. – DHGE XII, 776f. – ThEE XII, 193f. – Tusculum-Lex., 1982³, 157f. – P. Renaudin, Christodule, higoumène de S. Jean à Patmos (1020–1101), RevOr 5, 1900, 215–246 – J. Euzet, Patmos, 1914, 267–302.

Christoffers Landslag, schwed. Reichsrecht des Kg.s →Christoph III. v. Bayern (Christoffer III.; † 1448), der seit 1439/40 als Kg. v. Dänemark und seit 1441 als Unionskg. in Norwegen und Schweden anerkannt war (→Kalmarer Union, →Schweden).

Ch. L. ist eine auf Initiative des schwed. Adels (und der Kirche) zustandegekommene Revision des älteren Reichsrechts von 1347 (→Magnus Erikssons Landslagh, MELL). Auf weite Strecken übernimmt Ch. L. den Text von MELL unverändert. Bes. aber im »Konunga Balkær«, dem Abschnitt über die Beziehungen des Kg.s zu Reich, Adel (→Frälse) und Reichsrat, wurden Modifikationen vorgenommen, die eine stärkere Stellung des Adels und des Reichsrates bedeuteten und auf eine weitgehende Selbstverwaltung Schwedens innerhalb der Union hinausliefen. Die bereits 1347 gesetzl. verankerte Bestimmung des schwed. Kgtm.s als Wahlkgtm. wurde durch die Revision bekräftigt; für die ständ.-libertäre Verfassungsentwicklung der frühneuzeitl. Schweden ist Ch. L. konstitutiv geworden. Weitere Änderungen wurden im Prozeß-, Pacht- und Erbrecht vorgenommen.

Diese Gesetzesrevision wurde am 2. Mai 1442 von Kg. Christoph III. auf einem Reichstreffen in Stockholm bestätigt, nachdem er während der Wahlverhandlungen 1441 den schwed. Ständen ein autonomes Gesetzgebungsrecht gemäß schwed. Rechtstraditionen garantieren mußte. Die Bestätigungsurkunde von 1442 ist eine wortgetreue Übernahme der Bestätigung Papst Gregors IX. für das »Corpus iuris canonici«. Wegen bes. Betonung des got. Ursprungs der Schweden im Einleitungsparagraphen, gilt Ch. L. als frühes Zeugnis des sog. →Goticismus.

Das neue Reichsrecht ist niemals den Repräsentationsorganen des Volkes, den regionalen Thingversammlungen, zur Annahme vorgelegt worden, wie es, spätestens seit 1347, vorgeschrieben war. Auch wurde das alte Reichsrecht (MELL) – wohl aus polit. Gründen – nicht außer Kraft gesetzt, so daß MELL und Ch. L. nebeneinander Gültigkeit besaßen. Erst gegen Ende des 16. Jh. scheint sich Ch. L. gegenüber MELL durchgesetzt zu haben. Polit. und verfassungsrechtl. Auseinandersetzungen verhinderten, daß es während des 16. Jh., trotz einer Reihe von Versuchen, zu einer Vereinheitlichung der umlaufenden Versionen von MELL und Ch. L. kam.

Mit dem Ziel, zunächst einen autoritativen Text zu gewinnen, ließ Kg. Karl IX. (1603–11) in eigener Initiative 1608 den Text von Ch. L. samt der Bestätigung Christophs und seiner eigenen Bestätigung erstmals im Druck erscheinen (»Swerikes Rijkes Landzlagh«). In der Druckfassung wurden die Regelungen der sog. »Erbvereinigung« (Unio haereditoria) von 1544 und 1604 berücksichtigt: Schweden wurde, im Gegensatz zur Fassung von 1442, zu einem Erbkönigtum. Das Strafrecht wurde, gemäß einer alten reformator. Forderung, nach den Prinzipien des Mosaischen Rechts umgestaltet. – Offiziell wurde Ch. L. erst mit der Kodifikation von »Sveriges Rikes Lag« i. J. 1734 abgelöst. H. Ehrhardt

Q. und Lit.: D. C. J. Schlyter, Samling av Sveriges Gamla Lagar, XII, 1869 – Amira-Eckhardt I, 104 – Å. Holmbäck–E. Wessén, Magnus Erikssons Landslag, 1962, XLI–L, LXIII–LXIX – G. Hafström, De svenska rättskällornas hist., 1978, 93–95 – G. Barudio, Das Zeitalter des Absolutismus und der Aufklärung 1648–1779, 1981, 25ff. (Fischer Weltgesch. 25).

Christologie
A. Frühe Kirche bis Chalkedon – B. Lateinischer Westen – C. Griechischer Osten – D. Christologische Häresien

A. Frühe Kirche bis Chalkedon

Ch. in dem weiten Sinne, in welchem diese Wortbildung (in der protestant. Theologie des frühen 17. Jh.) aufgekommen ist, also als »Lehre von Christus« und in enger Verbindung, ja Austauschbarkeit damit als »Heilslehre«, hat selbstverständlich auch in der Zeit der Alten Kirche im Zentrum christl. Verkündigung und Theologie gestanden, selbst wenn etwa apologet. Schrifttum dieser Zeit bisweilen einen anderen Eindruck erweckt. Versteht man hingegen (wie überwiegend in der neueren Kirchen- und Dogmengeschichtsschreibung) Ch. im engeren Sinne als die Frage nach der Person Jesu und dem Verhältnis von Göttlichem und Menschlichem in ihr: Inwiefern war er wirklich Mensch? Und inwiefern war er zugleich Gott?, so konnte diese Frage erst virulent werden, als die trinitätstheolog. Frage nach dem Verhältnis Christi zu Gott als beantwortet galt. M. a. W. setzt sie die Lehrentscheidungen von Nikaia (325) und Konstantinopel (381) voraus. Danach aber rückte sie rasch in den Mittelpunkt der Auseinandersetzungen und blieb für ungefähr drei Jahrhunderte das eigtl. Thema der altkirchl. Theologie, v. a. derjenigen des griech. Ostens (vgl. Abschnitt C).

Machtpolit. betrachtet, unterschieden sich diese christolog. Streitigkeiten von den trinitätstheol. (dem sog. »arianischen Streit« [→Arius]) darin, daß die Ks. an ihnen – anfangs zumindest – hauptsächl. reaktiv, nur durch Einberufung »ökumenischer« Synoden und Durchsetzung ihrer Beschlüsse, beteiligt waren. Dafür aber alsbald der Machtkampf zw. den großen Bischofsstühlen, Alexandrien und Konstantinopel zumal, um die Vorherrschaft in der Reichskirche entscheidenden Einfluß auf den Gang des Geschehens. Ein weiteres Charakteristikum ist, daß hier zwei theol. Richtungen oder »Schulen« ohne ausreichende Kompromißbereitschaft einander gegenübertraten.

Da war zum einen die *alexandrinische Schule*, deren Ch. vom Typus Logos – Sarx (»Wort – Fleisch«; vgl. Joh 1, 14) in ihrer Zielrichtung auf Apollinaris v. Laodicea zurückgeht. Gegen Tendenzen einer »Trennungschristologie«, wie er sie bei zeitgenöss. antiochen. Theologen wahrzunehmen glaubte, setzte er den Entwurf einer personal – »physischen« Einheit von Gottheit und Menschheit in Christus, machte dabei freilich Christus zu einem gottmenschl. Mischwesen (ohne eigene menschl. Vernunftseele. Obschon deshalb in dieser Form alsbald verurteilt, ist die alexandrin. Einungschristologie in der Interpretation des →Kyrillos, ihres wohl bedeutendsten, jedenfalls einflußreichsten Repräsentanten, in den Ostkirchen zur Vorherrschaft gelangt. Zu diesem Erfolg dürfte nicht zuletzt beigetragen haben, daß sie die Einheit des bibl. Christusbildes zu wahren verstand, und zum anderen, daß sie die gesch. Heilstat fest in Gott selbst verankerte, womit elementaren Frömmigkeitsanliegen Genüge getan war.

Die *antiochenische Schule,* hauptsächl. vertreten durch →Diodoros v. Tarsus, →Theodoros v. Mopsuestia, →Nestorios und →Theodoretos v. Kyros, stellte dem einen profilierten christolog. Deutungstypus entgegen: statt einer Logos-Sarx- eine Logos-Mensch-Christologie. Der springende Punkt dabei ist, daß die in der Fleischwerdung des göttl. Logos angenommene Menschheit oder Menschennatur eine menschlich-vernünftige Seele als Leitprinzip, als Lebens- und Bewegungszentrum des (nur noch als pars pro toto verstandenen!) »Fleisches« ein-, nicht ausschließt. Entscheidendes Motiv der antiochen. Unterscheidungschristologie oder »Zwei-Naturen«-Lehre war (außer einem ausgeprägten Antiarianismus) das Bestreben, die zu erlösende wandelbare Menschenseele, in deren Willen die Sünde wurzele, auch aktiv am Heilsprozeß beteiligt zu sehen und darum wie an der Geschichtlichkeit des Gottessohnes, so auch an der Einmaligkeit des Erlösungswerkes und seinem Verständnis als Gehorsamstat (Phil 2, 5–11) festzuhalten. In den Augen der Gegner verwandelte sich darüber freilich ihr Christusbild in ein »Götzenbild mit zwei Gesichtern« und lief alles letztlich auf den Inspirationsgedanken, also auf eine Gefährdung der Einzig(artig)keit der Inkarnation hinaus.

Das *Konzil v.* →*Chalkedon* (451) als das wichtigste in der Reihe der mit den christolog. Kontroversen befaßten Reichs- oder »ökumenischen« Konzilien der Alten Kirche (Ephesus 431, Ephesus 449, Konstantinopel 553, Konstantinopel 680/681) hat mit seinem Bekenntnis Christi als »wahren Gott und wahren Menschen..., der in zwei Naturen unvermischt und unverwandelt, ungetrennt und ungeteilt erkannt« werde, nicht etwa einen Kompromiß zw. alexandrin. und antiochen. Ch. vorgenommen. Seine christolog. Glaubensdefinition ist vielmehr ganz überwiegend kyrillisch! Nur ein einziges (sicheres) Zitat aus einem wenig älteren westl. Lehrdokument, dem Lehrbrief Papst Leos I. an→Flavian v. Konstantinopel (13. Juni 449), ist zu ermitteln, mit dem wenigstens indirekt auch einem Hauptanliegen der Antiochener, der Wahrung des Humanum, Rechnung getragen ist. Für den theol. Gehalt des Chalcedonense freilich dürfte dies Leozitat von unüberschätzbarer Bedeutung sein.

Den Zeitgenossen aber war es weithin schon zu viel. Nicht zuletzt um seinetwillen hat das Konzil v. Chalkedon nicht den Frieden gebracht, den man sich von ihm erhoffte, sondern am Ende den Anlaß zur ersten großen Konfessionsspaltung der Christenheit abgegeben. Und diese wiederum führte zur Schwächung des christl. Kaisertums v. Byzanz und zuletzt zum nahezu kampflosen Verlust der »monophysitischen« (d. h. extrem kyrillisch gesinnten) Gebiete Syriens, Palästinas und Ägyptens an den Islam.

A. M. Ritter

Lit.: W. ELERT, Der Ausgang der altkirchl. Ch., 1957 – A. GRILLMEIER, Jesus der Christus im Glauben der Kirche I, 1979 – P. T. R. GRAY, The defense of Chalcedon in the East (451–553), 1979 – F. WINKELMANN, Die östl. Kirchen in der Epoche der christolog. Auseinandersetzungen, 1980.

B. Lateinischer Westen

I. Christologie nach Chalkedon – II. Früh- und Hochscholastik – III. Spätscholastik.

I. CHRISTOLOGIE NACH CHALKEDON: Die einfach gehaltene Formel des Chalcedonense, die in strenger Sprache und unter Verzicht auf metaphys. Spekulation die Mitte des Christusglaubens durch Abgrenzung von den Extremen zu treffen suchte, stellte die Antwort der abendländ. Tradition auf die Problematik des Ostens dar. Im lat. Westen wurde sie daraufhin mit einem gewissen Endgültigkeitscharakter bedacht, angesichts dessen sich neue Erörterungen zu erübrigen schienen. Die nach Chalkedon weitergehenden Auseinandersetzungen im Osten, z. T. von polit. Motivationen beeinflußt, zwangen allerdings auch den Lateinern neue Stellungnahmen auf, die zunächst negativ ausfielen, wie im Falle der Ablehnung des monophysit. inspirierten Henōtikons durch Papst Felix II. († 492), welche zum →Akakian. Schisma (bis 519) führte, und in der kühlen Antwort Papst Symmachus' auf die »Epistola Orientalium« mit deren Formel »ex duabus et in duabus naturis« (512). Das unter den Gegensätzen verborgene Personproblem, das vom Chalcedonense keiner vertiefteren Antwort entgegengeführt worden war, versuchte Boethius († 524) mit den Mitteln der aristotel. Philosophie anzugehen, unter Hervorhebung der Individualität der vernünftigen substantiellen Natur, ein Lösungsvorschlag, den schon der röm. Diakon Rusticus († nach 565) gerade in der Anwendung auf Christus als ungenügend ansah. Freilich wurde durch Boethius im lat. Bereich ein metaphys. Befassen mit der unio hypostatica angebahnt, das in die Zukunft wies. Der ganze Umfang der neuchalkedon. Ch. wurde den Lateinern erst im Streit um die Theopaschitische Formel der skyth. Mönche nahegebracht (»unus de trinitate crucifixus est«), die→Fulgentius v. Ruspe († 532) in der eine gewisse Entwicklung in der Ch. vom antiochen. zum alexandrin. Typus durchmachte, durch Hinzufügung des Begriffes »persona« klären wollte. Die Unausgewogenheit der westl. und östl. Position traf im Streit um die Drei-Kapitel und der monophysit. Stoßrichtung ihrer Verurteilung noch deutlicher zutage, wo die Zustimmung des wenig standfesten Papstes Vigilius den Zwiespalt zw. den eindeutigen Vertretern des Chalcedonense und den Monophysiten noch vertiefte. Das zur Überwindung der Gegensätze nach Konstantinopel einberufene 5. Ökumen. Konzil (553) betrieb die »griechisch-kyrillische« Interpretation des Chalcedonense, die jedoch vom Westen nur mit großen Einschränkungen angenommen wurde. Hier erwiesen sich →Cassiodor († nach 580), der Diakon Rusticus (bei dem der Gedanke der enhypostasis auftaucht) und die Afrikaner als strenge an Chalkedon festhaltende Theologen, die auch auf Spanien Einfluß ausübten, wo →Isidor v. Sevilla († 633) zum Vermittler der chalkedonens. Ch. an das MA wurde. Diese erlebte zwar im Monotheleten-Streit aufgrund der unklaren Haltung des Papstes Honorius I. (625–638) einen gewissen Rückgang, welcher aber durch die nun erfolgende lat.-griech. Gemeinsamkeit (Laterankonzil v. 649) wieder wettgemacht wurde, freilich auf Kosten eines kurzfristig stärkeren Einflusses des Neu-Chalkedonismus. Die Weiterentwicklung der abendländ. Ch. schloß sich jedoch wieder der früheren Tradition bei Boethius, Cassiodor und Gregor d. Gr. an, von welcher Linie sich nur der die griech. Einheitsauffassung überstark betonende →Johannes Scotus Eriugena († um 877) entfernte. Die Festigkeit des Abendlandes führte im 8. und 9. Jh. im Frankenreich zu einer relativ schnellen Korrektur des adoptian. Irrtums, der, eine nestorianisierende Trennungschristologie (wohl unter dem Einfluß arab. Philosophie) aufnehmend, die Sohnschaft irrtümlich der Natur und nicht der Person prädizierte (Synode von Frankfurt 794). L. Scheffczyk

Lit.: B. NISTERS, Die Ch. des hl. Fulgentius v. Ruspe, 1930 – V. SCHURR, Die Trinitätslehre des Boethius im Lichte der »skythischen Kontroversen«, 1935 – M. J. NICOLAS, La doctrine christologique de saint Léon le Grand, RevThom 51, 1951, 609–670 – A. GRILLMEIER–H. BACHT, Das Konzil v. Chalkedon II, III, 1953/54 – W. ELERT, Der Ausgang der altkirchl. Ch., 1957 – A. ADAM, Lehrbuch der Dogmengesch. I, 1965 – V. CODINA, El aspecto cristológico en la espiritualidad de Juan Cassian, 1966 – J. BARBEL, Jesus Christus im Glauben der Kirche. Die Ch. bis zum 5. Jh., 1976 – A. GRILLMEIER, Jesus der Christus... I, 1979.

II. Früh- und Hochscholastik: Die Periode zw. dem Ende des 11. und dem Beginn des 13. Jh. zeigt in der sich langsam zu einem geschlossenen Thema entfaltenden Ch. Merkmale einer Übergangszeit, in welcher das Zusammenströmen verschiedenartiger philosoph. Überlieferungen (neben dem Platonismus der über →Boethius vermittelte Aristotelismus) und theol. Traditionen (→Augustinus und →Johannes v. Damaskos) eine Vielzahl von Kombinationen hervorbringt, die ihre formale Darstellung in neuen lit. Genera (neben den Schriftkommentaren die Sentenzen, Quaestionen und Summen) und ihre inhaltl. Ausstattung in den verschiedenen Schulen finden (→Abaelard, →Gilbert Porretanus, →Anselm v. Laon, →Hugo v. St. Viktor). Neben der in einem starken Zweig entwickelten Mönchstheologie (→Bernhard v. Clairvaux, →Rupert v. Deutz, →Gerho(c)h und →Arno v. Reichersberg), die der Dialektik und der aufkommenden scholast. Methode auch in der Ch. eine konkret-heilsgeschichtl. und asket.-myst. Erfassung der Christusgestalt entgegensetzte (Christusmystik Bernhards), gewann das spekulative Interesse an den Fragen der Ch. zunehmend an Bedeutung, obgleich der heilsgeschichtl. Duktus des christolog. Denkens noch als Verklammerung in viele (z. T. extreme) Einzelheiten ausgefalteten Thematik (vgl. etwa die Frage nach der Anzahl der Unionen in Christus oder die Theorie vom weiterbestehenden Menschsein Christi während der Zeit seines Todes [Odo v. Ourscamp] u. a.) erhalten blieb. Die beginnende Systematisierung schwankt noch in der Anordnung der Ch. (in Konsequenz der verschiedenartigen Beantwortung der Frage nach dem Gegenstand der Theologie, den →Robert v. Melun [† 1167] als »Christus totus« benennt, so daß sie im katechismusartigen Elucidarium des →Honorius Augustodunensis († nach 1130) unter Hervorhebung des geschichtl.-erlöser. Wirkens Jesu zw. dem Sündenfall und dem Mysterium der Kirche eingefügt ist, in den Sentenzen aus der Schule des Anselmschülers Anselm v. Laon († 1117) unter den Heilmitteln gegen die Sünde aufgeführt wird, in der Schule Abaelards den Sakramenten als beneficia zugeordnet ist und in der Summa sententiarum aus der Schule Hugos v. St. Viktor († 1141) als Inkarnationslehre an die Trinitätslehre angeschlossen erscheint, woraus sich hier ein deutl. Zurücktreten der sonst innerhalb der Ch. behandelten Soteriologie (unter Anselmian. Einfluß) erklärt. Dagegen lassen die Sententiae Atrebatenses erstmals eine Abhebung der Soteriologie von der Ch. erkennen. In den wegen ihrer Wirkungsgeschichte bedeutsamen Sentenzen des →Petrus Lombardus († 1160) wird das christolog. Thema im 3. Buch als »reparatio [hominis] per gratiam mediatoris Dei et hominum« entwickelt, mit deutl. Gewichtung der Mysterien des Lebens Jesu (als freilich nicht konsequent durchgeführter Übergang zur Tugendlehre konzipiert), aber mit noch stärkerer Akzentuierung der spekulativen Fragen um die »intelligentia... locutionum: Deus est homo«, die am Schema der tres opiniones über den Modus der Einigung dargestellt werden, wobei der Lombarde selbst später im Sinne der von Alexander III. 1177 abgelehnten →Habitus-Theorie interpretiert wurde.

Zur Kennzeichnung des dogmengeschichtl. Hintergrundes wie auch der Einordnung der Epoche gehört einerseits die nach dem →Adoptianismusstreit gewonnene relative Sicherheit bezüglich des christolog. Glaubensstandpunktes jenseits von →Nestorianismus und →Monophysitismus (die adoptian. Streitfrage zeitigt nur noch geringe Ausschläge etwa in der Auseinandersetzung Gerho(c)hs v. Reichersberg [†1169] mit den Dialektikern aus der Schule Abaelards, wobei auch die philosoph. Grundpositionen von Nominalismus und Realismus (→Universalienstreit) eine Rolle spielten), andererseits die verbleibende denkerische Aufgabe, zw. den Extremen der Subjekt-Zweiheit und der Natur-Einheit, die rechte Mitte zu finden. Die Bewältigung dieser Aufgabe wurde den Autoren sowohl durch eine relativ geringe Kenntnis der Lehrentwicklung des Altertums (mit Einschluß des Chalcedonense) als auch durch den Mangel eines metaphys. Instrumentariums erschwert, der von der Dialektik und der logisch-grammatikal. Methode nicht behoben werden konnte. So gab es neuerliche (wenn auch bedeutend abgeschwächte) Tendenzen nach den Extremen hin. Sie führten bei den Vertretern der in der Schule Abaelards aufgekommenen Habitus-Theorie und der in ihr vertretenen Zusammensetzungshypothese zu einer nur äußerl. Vereinigung in Christus und zur sog. nihilianist. These (→Nihilianismus) bezüglich der angenommenen Menschheit (so u. a. Magister Roland, →Petrus v. Poitiers, der Verfasser der Quaestiones Varsavienses), was die Gegenbewegung einiger Theologen der Viktoriner-Schule auslöste, die, obgleich der »nestorianisch« ausgerichteten Assumptus-Theorie (so bei →Johannes v. Cornwall [† 1180]; bei →Petrus Cantor [† 1197] in der Formel »Christus est duo« dargestellt) zuneigend, doch zu einer Ableitung in Richtung auf eine überstarke Einheitsauffassung gelangten, die bei Hugo v. St. Viktor unter Außerachtlassung der Unterscheidung zw. abstrakter und konkreter Aussageweise wie auch zw. der Natur und der Person v. a. bezüglich der Fähigkeiten der Seele Christi zur Identifizierung mit den göttl. Attributen der Allwissenheit und Allmacht führte. Die Einigungstendenz, von Gerho(c)h v. Reichersberg bezüglich der Weisheit der Seele Christi noch forciert (weshalb mit Recht von →Eberhard v. Bamberg getadelt), versucht der Verfasser der »Summa sententiarum« inkonsequenterweise zu mildern, indem er der Seele Christi zwar Allwissenheit zubilligt, ihr aber die Allmacht abspricht. Größere Ausgewogenheit beweist hierin Robert v. Melun († 1167), der die Inkarnationslehre an die erste Stelle der »Sacramenta novi testamenti« setzt und mit der Betonung der Formkraft der Personalität die Vereinigung der beiden Naturen zu begründen sucht. Damit nähert er sich der bei Gilbert und den →Porretanern (so auch in den »Sententiae divinitatis«) aufkommenden Subsistenztheorie, gemäß welcher die Person Christi nach der Vereinigung in oder aus zwei Naturen subsistiert. Dem hier schon als Seinsverhältnis gefaßten Personbegriff (»id quod« gegenüber dem »id quo« der Natur) stand jedoch eine mehr jurist. Auffassung der Person gegenüber (Magister Udo, →Praepositinus v. Cremona [† 1210]), welche die Gefahr einer apersonal existierenden Menschheit Christi involvierte. Allerdings kommt auch auf diesem Wege nicht nur die Subsistenztheorie voran (so bei →Wilhelm v. Auxerre, † nach 1231), zumal nach Abstoßung der irritierenden Auffassung von der »zusammengesetzten Person« durch Praepositinus, sondern es rückt auch der in der Nachfolge des Lombarden immer hintangestellte Personbegriff als Mittel zur spekulativen Erörterung des Geheimnisses der hypostatischen Union in den Vordergrund. Im Übergang zur Hochscholastik erscheint er bei Roland v. Cremona († 1259) schon metaphys. auf dem Merkmal der Unmittelbarkeit fundiert.

Der sich bei →Hugo v. St-Cher († 1264) unter Abkehr von der logisch-grammatikal. Methode verstärkende Zug zur metaphys. Unterbauung mittels der aristotel. Metaphysik führt zu einer relativ neuen Konzeption des Christologietraktates in der Summa Halensis (→Alexander v.

Hales), »der ersten und größten scholastischen Summa theologiae« (M. GRABMANN), in der das metaphys. Denken (aristotel. wie neuplaton. Provenienz) nicht nur die viel schärfer erfaßten »Vorerörterungen« leitet (Notwendigkeit, Angemessenheit, Vorherbestimmung der Menschwerdung, Personsein Christi unter Zugrundelegung des schon bei Wilhelm v. Auxerre vorkommenden dreischichtigen Personbegriffes: singularitas, incommunicabilitas, dignitas) und z. T. originelle Lösungen erbringt (etwa beim Vergleich zw. der angelischen und menschl. Disposition für die unio hypostatica oder bei der Begründung der absoluten Prädestination Christi), sondern auch in der »konkreten« Ch. die zw. der Geburt und der Auferstehung Christi eingefügten Seinsqualitäten (gratia, scientia, voluntas, potentia, oratio, meritum) mit Hilfe metaphys. Prinzipien und Begrifflichkeiten auslegt. Die in der Lehre von der gratia Christi gipfelnde Darstellung (in welcher nicht nur der gratia unionis als dispositio der menschl. Natur für die bleibende, auch im triduum mortis den Leib umfassende Vereinigung das nötige Gewicht verliehen, sondern ebenso auch die auf die Kirche bezogene gratia capitis und die auf die Heilssituation jedes Menschen ausgerichtete gratia singularis Christi qua homo mit aller Bedeutung ausgestattet wird) läßt jedoch erkennen, daß hier die stat. metaphys. Struktur nicht verselbständigt, sondern in dienender Funktion in die dynam. heilsgeschichtl. Dimension eingefügt ist, welche ihrerseits die heilssoziolog. und anthropolog. Dynamik der Ch. auf den Menschen hin freisetzt.

Diese spannungsgeladene Einheit zw. metaphys. Struktur und heilsgeschichtl., auf dem Prinzip der dispositio beruhender Dimensionalität darf in der Ch. als das eigentüml. Kennzeichen der Hochscholastik angesehen werden (im Gegensatz zu einer rein metaphys.-spekulativen Interpretation dieser Epoche). Sie kommt in anderer Weise auch in dem umfangreichen Sentenzenkommentar Bonaventuras und dessen Christozentrik zum Vorschein (auch wenn diese bezeichnenderweise verbal stärker im Schöpfungszusammenhang der »Collationes in Hexaëmeron« ausgeführt ist). Für den doctor seraphicus, der Christus als das »subjectum ut totum integrale« der Theologie versteht, steht Christus in der Mitte eines zirkulären göttl. Geschehens, das, in der ewigen trinitar. Bewegung begründet, von der Schöpfung ausgeht (emanatio) und sich in der Zurückführung (consummatio) vollendet. In einer solchen Bewegung, die in der affektiven Theologie als cognitio experimentalis auch auf den Menschen übergreift, werden die metaphys. Untersuchungen nicht eliminiert, aber auf das Ziel des Erweises der größeren Liebe und Barmherzigkeit Gottes abgezweckt. So verläßt Bonaventura in der spekulativen Frage nach der Prädestination Christi den streng metaphys. Standpunkt der »Summa Halensis«, die hier dem »iudicium rationis« folgt, und vertritt die »relative Menschwerdung«, welche dem heilsgeschichtl. Realismus und dem fidelis affectus angemessener erscheint. Dagegen verteidigt er im Anschluß an Anselm die Notwendigkeit der satisfactio (als necessitas immutabilitatis), ohne jedoch die Freiheit Gottes einsichtig zu machen. Auch bei der Erklärung der Inkarnation liegt der Nachdruck auf der soteriolog. Bedeutung als Herabstieg und exinanitio zum Erweis der göttl. Demut. Auch wenn bei ihm wegen der Einheit in Christus die Betonung der menschl. Eigenständigkeiten zurücktritt, erhält doch die wahre Menschheit Christi ihr volles Gewicht, was bes. an der originellen Unterscheidung zw. der habituellen und aktuellen cognitio Christi in Verbo sichtbar wird. Den wohl geschlossensten christolog. Versuch der Hochscholastik bietet →Thomas v. Aquin im dritten Teil der »Summa theologiae« (1–59), wo auf dem Hintergrund des Ergress-Regress-Schemas die metaphys. Betrachtungsweise der Seinsstruktur Christi der durchaus biblisch getönten Darstellung des Lebens und des Werkes Christi vorangeht. Die Schwankungen der Frühscholastik bezüglich der Einigung in Christus werden unter Ablehnung des Unterschiedes zw. Hypostasis und Person und unter Heranziehung des Begriffes der partikulären Natur mit Hilfe einer ontolog.-hierarch. Bestimmung der göttl. Person ausgeglichen, welche als Grundlage aller Eigenschaften und Tätigkeiten der menschl. Natur trotz der Fülle an Wissen und Gnade (»Deificatio«) ihre Eigenart beläßt, aber sie zu einem Werkzeug und Heilsorgan der Gottheit macht und ihr auch das eine und einzige Sein verleiht. Diese in etwa »von oben«erfolgende Erklärung der Konstitution Jesu Christi ist nicht zuletzt durch die Auswertung der christolog. Konzilien der Alten Kirche und der griech. Väter gewonnen. Sie verleiht der Ch. der Hochscholastik im Vergleich zu den Unausgewogenheiten der Frühscholastik einen sicheren Gang und eine stärkere Einheitlichkeit, die dennoch verschiedene Grundtypen nicht ausschließt, wie die mehr am »Aufstiegsschema« orientierte (von der Naturen-Zweiheit zur Personeinheit aufsteigende) Ch. des →Johannes Duns Scotus zeigt.

L. Scheffczyk

Lit.: F. ANDERS, Die Ch. des Robert v. Melun (FCLDG 15. Bd., 5. H., 1927) – C. BACKES, Die Ch. des hl. Thomas v. Aquin und die griech. Kirchenväter (FCLDG 17. Bd., 3./4. H., 1931) – TH. TSCHIPKE, Die Menschheit Christi als Heilsorgan der Gottheit. Unter bes. Berücksichtigung der Lehre des hl. Thomas v. Aquin, 1940– P. A. SÉPINSKI, La psychologie du Christ chez saint Bonaventure, 1948 – Das Konzil v. Chalkedon. Gesch. und Gegenwart, hg. A. GRILLMEIER/H. BACHT, 3 Bde, 1951–54 – LANDGRAF, Dogmengeschichte II 1.2., 1953/54 – W. BREUNING, Die hypostat. Union in der Theologie Wilhelms v. Auxerre, Hugos v. St. Cher und Rolands v. Cremona, Trierer Theol. Stud. 14, 1962 – E. GÖSSMANN, Metaphysik und Heilsgesch. Eine theol. Unters. der Summa Halensis (Alexander v. Hales) (MGI, Sonderbd. 1964)– W. H. PRINCIPE, Alexander of Hales' theology of the hypostatic union (The theology of the hypostatic union in the early thirteenth century II, 1967) – DERS., Hugh of Saint-Cher's theology of the hypostatic union (The theology of the hypostatic union III, 1970) – J. TH. ERNST, Die Lehre der hochma. Theologen von der vollkommenen Erkenntnis Christi (Freiburger Theol. Stud. 89), 1971 – TH. R. POTVIN, The theology of the primacy of Christ according to St. Thomas and its scriptural foundations (Studia Friburgensia, NS 50), 1973.

III. SPÄTSCHOLASTIK: Die Ch. der Spätscholastik wurde – wie die ganze Geistesgesch. zw. Thomas und dem Auftreten Luthers – von beiden Seiten her lange so sehr als »Verfall« und bald als graues Einerlei, bald als buntes Allerlei unterbewertet, daß über sie nur streckenweise Untersuchungen vorliegen. Hier sei kurz dies hervorgehoben:

Nach dem Tode von Thomas und Bonaventura (1274) konzentrierte sich die christolog. Fragestellung noch stärker auf eben die *ontologische* Thematik, die auch Albert und Thomas nur angestoßen hatten. Doch je rationaler die Diskussion in die begriffl. Subtilität ging, um so folgenschwerer traten auch schon unter den direkten Thomasschülern gerade bei dem fundamentalen Thema des »einen Seins (unum esse) in Christus« Lehrgegensätze hervor. →Herveus Natalis, →Remigius v. Florenz (de Girolami) u. a. akzentuierten nämlich mit dem »einen Sein« nur die Einung des individuellen menschl. Wesens mit der göttl. Person als das nicht mehr weiter erklärbare Grundgeheimnis Jesu Christi. Eine behutsame Textanalyse ergibt auch bei Thomas: »Nie hat er das christolog. Personproblem gelöst unter Zuhilfenahme der Realdistinktion von Essenz und Existenz« (O. SCHWEIZER, 118). Schon bald wurde jedoch der Ersatz des menschl. Seins in Christus durch das göttliche (»Existenztheorie«) durch →Heinrich v. Gent, →Matthäus v. Aquasparta u. a. bei Thomasanhängern bekämpft; und seit den »Defensiones« des →Johannes Capreolus († 1444) haben viele Thomisten-Generationen bis in unser Jh. (J. Billot) dies gelehrt. Thomas selbst lag das indes ebenso fern, wie die schon von seinem Schüler →Aegidius Romanus vertretene und seit →Cajetan († 1534) unter manchen Thomaserklärern vorherrschende »Modustheorie«, nach der das Menschsein Jesu sich durch einen ihm allein eigenen »Modus« als den Formalgrund seiner Geeintheit mit der göttl. Person von jeder in sich abgeschlossenen menschl. Eigenpersonalität unterscheide. Der Umfunktionierung der Personeinheit in die Einheit des Seinsaktes trat seit 1276 zu Paris als erster Heinrich v. Gent mit der klaren Begriffsscheidung von *esse essentiae*, (actualis) *existentiae* und *subsistentiae* entgegen. Wilhelm v. Ware schloß sich ihm gegen Thomas an. Um die Wende des 13. Jh. insistierte zu Oxford und Paris Johannes →Duns Scotus nachdrücklich darauf: »Das formelle Element der Personalität« besteht in der »Negation der Abhängigkeit (einer konkret existierenden Natur) gegenüber einem höheren Suppositum« (Bayerschmid, 73 f.); die personale Einung bei Christus ist durch nichts vermittelt. Dieses Konzept, nach dem auch Thomas selbst dachte, wurde fortan v. a. von den Skotisten gegen »die Thomisten« energisch verfochten.

Auch das Ringen um die thomasische These von der *Einheit der* (menschl. Wesens-)*Form* wurde, gegen den heftigen Einspruch der am augustin. Formen-Pluralismus, insbes. einer eigenen »Form der Körperlichkeit« festhaltenden Franziskaner (Wilhelm v. Mare, →John Pecham (Peckham), →Richard v. Middletown, Duns Scotus) sowie des →Robert Kilwardby OP, »auf dem Boden der Ch. ausgetragen« (Bayerschmid, 192). Aegidius Romanus, Robert v. Colletorto u. a. verteidigten Thomas. Heinrich v. Gent suchte zu vermitteln. Der Streit begann schon 1270 zu Paris mit der Inkriminierung des Thomas-Satzes, daß »der Leib Christi im Grabe mit dem, der am Kreuze hing, nicht einfachhin identisch« gewesen sei. In der Frage, welche »Form« der Leichnam Jesu im Grabe gehabt habe, spitzte er sich zu. Das Konzil v. →Vienne verurteilte 1312 die Lehre (Petrus Johannis Olivis), »die Geistseele selbst sei (generell) nicht die Wesensform des Leibes«; es bejahte damit die substantiale Einheit des Menschen.

Zusammenfassend läßt sich sagen: Seit ca. 1274 wandte sich die spekulative Ch. »subtileren« Einzelthemen zu; die Form der Diskussion verschärfte sich in Streitschriften; das heilstheol. Interesse trat (zumal im Vergleich mit →Hugo und Ulrich v. Straßburg) zurück. Die Franziskaner Raimund Lull und Duns Scotus suchten sogar die ganze Heils- und Unheilsgeschichte durch die Begründung der »absoluten« (v. der Erlösungsbedürftigkeit unabhängigen) Prädestination der Menschwerdung des Sohnes Gottes zu überholen. Unter den Skotisten ging z. B. →Franciscus de Maironis (F. de Meyronnes, † nach 1328) so weit, daraus auch die unbedingte Vorherbestimmung Mariens abzuleiten. All das war alles andere als ein müder Skeptizismus!

Was aber veranlaßte 1320–25 den Oxforder Kanzler Johannes Lutterell und Papst Johannes XXII. zu ihrem Einschreiten gegen »die höchst verderbliche Lehre« des Wilhelm v. Ockham? Dieser war an Scotus geschult und hat sicher kein zentrales Dogma geleugnet. Ja, jeder christolog. Diskussion legte er sogleich (In Sent. III q. 1) die Annahme der menschl. Natur in die göttl. Person des Sohnes »in unitate suppositi« als unbestritten zu Grunde. Doch dann folgten schockierende Äußerungen wie die, der Sohn habe ebenso gut wie einen Menschen auch einen Stein oder einen Esel personal annehmen können (vgl. Oberman, 238–244). Lutterell bekämpft bei Wilhelm v. O. an erster Stelle den Satz: »Christus hätte sündigen können, wenn« (Gott ihn nicht begnadet hätte). Ähnlich ärgerlich spielt Robert →Holcot damit: Christus hätte sich getäuscht haben können, und er könnte andere täuschen (zu beiden s. bei Hoffmann). Im Vergleich zur früheren theol. Denkweise bedeutete das eine radikale Akzentverlagerung: von einer (zuletzt übertriebenen) Inanspruchnahme der Metaphysik zu einer (in der Artistenfakultät hochgezüchteten) *Sprachlogik*, die nun auch die Glaubenswahrheit als Exerzierfeld ihrer Kasuistik benutzte. Bes. im Centilogium (Wilhelms v. Ockham?) wird auch die communicatio idiomatum, der Austausch von göttl. und menschl. Attributen, u. a. so überspitzt: »Gott will etwas, das Gott nicht will« (concl. 41); »das Haupt Christi ist der Fuß Christi, das Auge Christi ist die Hand Christi u. ä.« (concl. 13). →Johannes v. Mirecourt riskiert überdies Sätze, die eindeutig gegen das Dogma der Kirche verstoßen (Borchert, 67, 82–84).

Seit Mitte des 14. Jh. mäßigte sich der theol. »Nominalismus«. Den Traktat »De communicatione idiomatum« (1355) schrieb z. B. →Nicolaus Oresme zwar noch unter dessen Einfluß; doch den Extravaganzen legte er durch sprachlog. Regeln Zügel an. Im 15. Jh. spielte der Nominalismus fast nur noch in den erkenntnistheoret.-didakt. Reformbestrebungen an den Universitäten eine starke Rolle. Für seine Ch. rezipierte auch schon →Heinrich v. Langenstein († 1397) »an der Spitze aller deutschen Spätscholastiker« weit mehr aus Thomas und Scotus sowie der Augustinerschule als aus der nominalist. Begrifflichkeit. Dem fundamentalen Lehrpunkt bei Wilhelm v. O. (III q. 1 Tertio dico), daß »die Einung etwas (zu den beiden Naturen) hinzufüge«, widerspricht er sogar entschieden (J. Lang, 186–193). Für die Ch. räumte auch →Heinrich v. Oyta an der »Wiener Hochburg der via moderna« Thomas »die beherrschende Stellung ein« (A. Lang, 215–223). – Johannes Gerson († 1429) suchte mit seiner »nominalistischen« Erkenntnislehre unter Bekämpfung der skotist. Begriffsobjektivierungen (formalitates) die geistige Erfahrung auch für die myst. Betrachtung der christl. Glaubensmysterien zu öffnen. Der »Ockhamismus«, zu dem →Gabriel Biel († 1495) sich schon im Titel seines Sentenzen-Kommentars bekennt, ist in der Ch. schließlich durch eine gute Kenntnis der via antiqua und den Geist der devotio moderna sowie seelsorgl. Erfahrung ausgegoren und nachgereift.

Ergänzend dazu diese Rückblenden: Je mehr um 1300 die Universitäts-Ch. sich in Subtilitäten verstieg, um so mehr blühte neben dieser die →Mystik, die eine »schmackhafte Nahrung« suchte. Auch diese konnte überschwenglich werden. So bei Meister →Eckhart, wo er in dt. Predigten über die »Gottesgeburt« mehr auf eine Wesens- als eine gnadenhafte Liebesvereinigung mit Gott oder in dem einen Menschsein (Christi und unserem) hin spekulierte. Johannes →Tauler hat (mit vielen anderen) diese Klippen durch die klare Unterscheidung der »drei Geburten«: in Gott, bei der Menschwerdung und der geistlich-gnadenhaften überwunden. »Typisch für Seuses Mystik ist eine Theologie des Kreuzes, bei der Christi Leiden und Tod im Mittelpunkt stehen: durch Christus den Menschen zu Christus Gott« (Gieraths, 31). Dem 1. Drittel des 14. Jh. entstammen auch die anonymen »Meditationes vitae Christi«, die →Ludolf v. Sachsen

(1378) für seine »Vita Christi« benutzte, sowie die »Arbor vitae crucifixae« des →Ubertino da Casale und das große bibeltheol. Werk »De gestis Domini Salvatoris« des →Simon (Fidati) v. Cassia, aus denen →Bernardinus v. Siena (1444) für seine volkstüml. Predigten über das Königtum, den Namen und das Leiden Christi ausgiebig schöpfte, indem er »die scholastischen Kriege oder nur spekulativen Disputationen beiseite ließ« (BERTAGNA, 8; vgl. 47f.). In Deutschland hatte im 15. Jh. die→Devotio moderna in der Betrachtung des Lebens und Leidens sowie in dem Motiv der »Nachfolge Christi« (so auch der Name des meistverbreiteten Werkes) ihre geistigen Schwerpunkte. – Die genannten »Meditationes«, die »Theologia deutsch«, die Christus als Vorbild des neuen Menschen lehrt, sowie die zur Betrachtung des Leidens Christi, zur Kreuzestheologie anleitende »Rosetum exercitiorum spiritualium« des Mauburnus († 1501) haben Martin Luther beeindruckt.

Andererseits fehlte es auch im 15. Jh. nicht an scholast. Subtilitäten. Anhand von Bildern für Christus hat der Spanier Alphonsus Tostatus in seinen »Paradoxa« (nach der Sic et non-Methode) solche gesammelt. Um Weihnachten 1462 wurde ein Schulstreit zw. Thomisten und Skotisten vor Pius II., der schließlich Schweigen gebot, darüber ausgetragen, ob das am Kreuz vergossene Blut dem Sohne Gottes auch während des Triduum mortis hypostatisch geeint blieb, oder nicht (HAUBST, 1956, 295–304).

Als Thomas-Verteidiger und Kommentatoren mit (z. T. sogar zu) eigenständiger Kraft wurden, gerade im Zentrum der Ch., bereits →Johannes Capreolus und Thomas →Cajetan genannt. Daß Johannes →Tinctoris († 1469) und Cajetan (1507ff.) von der Sentenzenerklärung zur Summa theologiae als Handbuch übergingen, bedeutete eine bessere Integrierung der heilsgeschichtl. Ch. in die systematische. Im Sentenzen-Kommentar beschränkte auch noch →Dionysius der Kartäuser sich (1459–66) auf Empfängnis und Geburt sowie Tod und Verherrlichung Jesu. Im IV. Buch seiner Summa »fidei orthodoxae« bot er dann auch das ganze »Mark« (medulla) dessen, was Thomas in Sth III q.27–59 über die Mysterien des Lebens Jesu ausführt, ohne den scholast. Apparat möglichst schlicht dar. Er kürzte durchgehend. Zu dem wenigen, das er hinzufügt, gehört bei der Frage, ob Christus »sich selbst untertan sei« (20 a.2), die weise Bemerkung (a.29.2), das sei näher zu bestimmen, »um keinen Anlaß zum Irrtum zu geben«.

Den Höhepunkt in der vielgestaltigen Geschichte der spätma. Ch. bildet das Werk des →Nikolaus v. Kues. Denn die Dynamik seines ganzen philos.-theol. Denkens ist christozentrisch; und als erster im MA und Neuzeit baut er von »De docta ignorantia« III (1440) an gleich konsequent »von unten« wie »von oben« auf, in der Gesamtsicht: Die Vollendung des Universums liegt im Menschen; die Erlösung und die Vollendung des Menschen kommen in und durch Christus von Gott.   R. Haubst

Lit.: A. LANG, Heinr. Totting v. Oyta usw., BGPhMA 23, H. 4/5, 1937 – E. BORCHERT, Der Einfluß des Nominalismus auf die Ch. der Spätscholastik nach dem Traktat De communicatione idiomatum des Nic. Oresme, ebd. 35, H. 4/5, 1940 – P. BAYERSCHMID, Die Seins- und Formmetaphysik des Heinrich v. Gent, ebd. 36, H. 3/4, 1941 – M. BERTAGNA, Christologia S. Bernardini Senensis, 1949 – R. HAUBST, Das hoch- und spätma. »Cur Deus homo«, Münchner theol. Zs. 6, 1955, 302–313 – DERS., Die Ch. des Nikolaus v. Kues, 1956 – G. M. GIERATHS, Reichtum des Lebens. Die dt. Dominikanermystik des 14. Jh., 1956 – O. SCHWEIZER, Person und hypostat. Union bei Thomas v. A., S. F. NS, 1957 – J. HEGYI, Die Bedeutung des Seins, 1959 – F. HOFFMANN, Die Schr. des Oxforder Kanzlers Johannes Lutterell, Erfurter Theol. Stud. 6, 1959 – M. ELZE, Züge spätma. Frömmigkeit in Luthers Theologie, ZThK 52, 1965, 381–402 – H. OBERMAN, Spätscholastik und Reformation, I: Der Herbst der ma. Theologie, 1965 – J. LANG, Die Ch. bei Heinrich v. Langenstein, Freiburger Theol. Stud. 85, 1966 – E. ISERLOH (HKG III/2, 1968, §§ 41, 44, 47f., 59, 65) – R. HAUBST, Vom Sinn der Menschwerdung, 1969 – F. HOFFMANN, Die theol. Methode des Oxforder Dominikanerlehrers Robert Holcot, BGPhMA NF 5, 1971 – H. ROSSMANN, Die Hierarchie der Welt. Gestalt und System des Franz v. Meyronnes, 1972, bes. 51–55 – R. HAUBST, Die Rezeption und Wirkungsgesch. des Thomas v. A. im 15. Jh., ThPh 49, 1974, 252–273 – I. BACKES, Die Ch., Soteriologie und Mariologie des Ulrich v. Straßburg, Trierer Theol. Stud. 29, 1975.

C. Griechischer Osten

Das Ringen um das rechtgläubige Verständnis des Christusgeheimnisses setzte sich im Osten auch nach der grundsätzl. Entscheidung von Chalkedon mit großer Intensität fort. Die Sorge um die Einheit der Kirche und des Reiches bewegte die Verantwortlichen in beiden Bereichen. Um sie zu bewahren bzw. wiederzugewinnen, bemühte man sich um einen Ausgleich der streng chalkedon. und der kyrill. Aussageweise des Dogmas. Daraus entstand zunächst eine Bewegung, der man in neuester Zeit die Bezeichnung »Neuchalkedonismus« gab. Im Für und Wider bestimmte sie wesentl. die Theologie des 6. Jh. Ks. Justinian I., selbst Theologe und engagierter Vertreter dieser Richtung, versuchte ihr auf dem (5. ökumenischen) Konzil v. 553 offizielle Anerkennung zu verschaffen. Es gelang nur zum Teil. Die Versöhnung mit den sog. Monophysiten der Randprovinzen des Reiches – Ägypten, Syrien – mißlang vollständig (→Monophysitismus). Versuche, sie dennoch kirchl. und polit. zu erreichen, standen wieder hinter den Bemühungen v. a. des 7. Jh., das christolog. Dogma weiter zu klären, jetzt hinsichtl. des Verhältnisses der beiden Naturen in der Wirkweise (Wirksamkeit: ἐνέργεια) und im Willen (θέλημα, θέλησις) des Gottmenschen Jesus Christus. Diese Theologie hielt zwar fest an der Zweinaturenlehre von Chalkedon, vertrat aber die Einheit bzw. Einzigkeit der Wirksamkeit und des Willens des menschgewordenen Gott-Logos. Damit war die Vollkommenheit der menschl. Natur Christi verkürzt. Die Väter dieser Richtung gingen als Monenergeten (→Theodoros v. Pharan, Kyros v. Phasis) und Monotheleten (die Patriarchen Sergios, Pyrrhos und Paulus v. Konstantinopel) in die Geschichte ein. Sergios formulierte die Lehre in seinem Psephos vom Jahr 633, der wesentl. in die Ekthesis des Ks's Herakleios (638) einging. Gegner der Lehre waren v. a. Sophronios v. Jerusalem und →Maximos Homologetes. Eine röm. Lateransynode (649 unter Martin I.) und das (6. ökumen.) Konzil v. Konstantinopel (680/681) verurteilten den →Monenergetismus und →Monotheletismus. Aber noch im 11. Jh. hören wir von Disputationen mit einem Monotheleten Thomas v. Kaphartaba (1089), und der Patriarch →Johannes v. Antiocheia schreibt gegen die Lehre. – Einen christolog. Hintergrund hat im folgenden 8. Jh. auch der →Bilderstreit. Die drei Bilderreden des →Johannes v. Damaskos wie die Ikonoklastensynode v. Hiereia (754) geben gleicherweise davon Zeugnis. Werden die Bilderfreunde des →Nestorianismus wie des Monophysitismus beschuldigt, so rechtfertigt Johannes die Bilderverehrung gerade mit der Menschwerdung des Sohnes, in der Gott selber sich ein sichtbares Abbild geschaffen habe. Die (7. ökumen.) Synode v. Nikaia (787) anerkannte die Theologie des Johannes als orthodoxe Lehre.

Seit dem 9. Jh. (→Photios) tritt in Byzanz die Auseinandersetzung mit den Lateinern um das →Filioque in den Vordergrund. Das christolog. Thema verliert, mindestens streckenweise, an Brisanz, nicht zuletzt auch durch die Tatsache, daß die sog. Monophysiten nun seit Jahrhunderten außerhalb der Reichsgrenzen unter muslim. Herrschaft standen. Doch geht in gewissem Umfang die Diskussion mit ihnen weiter, bes. mit den Armeniern, die dazu mehrfachen Anlaß boten (neben der Ch. die liturg. Praxis). Zu nennen wären da Niketas Byzantios, ein Zeitgenosse des Photios, der in seiner Antwort auf den Brief eines armen. Kg.s die Zweinaturenlehre verteidigt; →Alexios Komnenos (1081–1118), von dem eine Rede gegen die Irrlehren der Armenier überliefert ist, deren Adressat aber vielleicht der Mönch Neilos war, der allem Anschein nach keinen Zugang zur orthodoxen Lehre von der hypostat. Union fand. Unter dem gleichen Kaiser wurde der Hypatos der Philosoph. Fakultät an der Univ., →Johannes Italos, wegen inkorrekter Lehren hinsichtl. der Inkarnation und der hypostat. Union verurteilt, ob zu Recht, ist noch eine offene Frage. Unter seinen Schülern war →Eustratios, der spätere Metropolit v. Nikaia. Er verfaßte eine Schrift über die Zweinaturenlehre gegen einen Armenier Tigranes und entwarf dann noch zwei weitere Schriften zu diesem Thema. Angeblich wurden sie ihm entwendet und gefälscht. Den Irrtümern, die so in diese eingefügt worden seien, schwor er feierlich ab; er wurde später trotzdem verurteilt und abgesetzt, ein Hinweis, daß die christolog. Themen noch immer virulent waren. Dafür steht auch der Name eines Neilos Doxopatres aus der ersten Hälfte des 12. Jh.: Er entwarf den Plan zu einer großangelegten Summa über den gesamten »Heilsplan Gottes«, die auch eine Abhandlung gegen die Häresien enthalten sollte. Nur die beiden ersten Teile scheinen auf uns gekommen zu sein, der zweite behandelt in 203 Kapiteln die Ch. In demselben 12. Jh. bewegte die Diskussion über die Stelle bei Joh 14,28: »Der Vater ist größer als ich« die Geister in Byzanz. Den Anstoß hatte Demetrios v. Lampe in Thrakien gegeben. Auf Reisen in den Westen glaubte er einer irrigen Interpretation dieses Wortes auf die Spur gekommen zu sein. Zurückgekehrt legte er seine Gedanken in einer Abhandlung dar und fand zunächst zahlreiche Gefolgschaft. Doch wurde er auf zwei Synoden (1166 und 1170) unter Ks. Manuel I. verurteilt. Das gleiche Urteil traf auch den Metropoliten Konstantinos v. Kerkyra und einige andere. – Im 14. Jh. waren es wieder Motiv und Ziel der Inkarnation, um die das Interesse einer Reihe von Theologen kreiste. Die Frage hatte bereits einen Maximos Homologetes und einen Johannes Damaskenos bewegt: Schon im Schöpfungsplan Gottes selbst sei die Menschwerdung des Sohnes enthalten gewesen. Diese Überzeugung vertraten im 14. Jh. zwei bedeutende myst. Theologen: Gregorios→Palamas und Nikolaos→Kabasilas; in eingeradezu geschlossenes System brachte sie der Metropolit Theophanes v. Nikaia († 1381) in einer Predigt auf die Theotokos. – Wenigstens ein Hinweis erscheint angebracht auf die byz. Mystik, deren bedeutende Vertreter, wie →Symeon der Neue Theologe, →Gregorios Sinaites oder Nikolaos Kabasilas, von einer tiefen Christozentrik geprägt sind. So steht etwa Symeon dogmatisch ganz auf dem Boden des Dogmas v. Chalkedon, dessen Glaubensformel er selbst in seine Hymnen einzubringen versteht. Ähnliches gilt von Kabasilas in seinem berühmten Buch »Über das Leben in Christus« wie in seiner Liturgieerklärung. Wichtiger aber ist es, daß sie in ihrem Schrifttum den lebendigen Bezug des Dogmas zur Wirklichkeit christl. Existenz aufzeigen. Gerade darin sind sie die großen Lehr- und Lebemeister für die Menschen im byz. Reich geworden.

H. M. Biedermann

Lit.: M. JUGIE, Theologia Dogmatica Christianorum Orientalium II, 1933, 645–686 – J. M. HUSSEY, Church and Learning in the Byz. Empire 867–1185, 1937 – M. GORDILLO, Theologia Orientalium cum Latinorum comparata I, 1960 – A. GRILLMEIER, Mit ihm und in ihm, 1975, 371–385 – BECK, Kirche, 1977² – CH. MOELLER, Le chalcédonisme et le néo-chalcédonisme en Orient de 451 à la fin du VIᵉ s. (A. GRILLMEIER–H. BACHT, Das Konzil v. Chalkedon I, 1979⁵), 637–720.

D. Christologische Häresien

[1] Nach den großen mit christolog. Fragen befaßten Konzilien des 4. bis 7. Jh. (vom Konzil v. Nikaia bis zum sog. Trullanum) schien in der christolog. Kontroverse ein gewisser Ruhepunkt eingetreten zu sein, allerdings mit zwei großen Ausnahmen: Der Arianismus (→Arius) fand bei verschiedenen germ. Völkern (Vandalen, Goten – Ost- und Westgoten –, Langobarden) auch als Mittel zur ethn. Differenzierung weite Verbreitung. Der →Monophysitismus dagegen war in der Ostkirche v. a. in den Randgebieten (Persien, Syrien, Indien und China) lange Zeit präsent. Eine andere wichtige Häresie, der →Manichaeismus, fand ebenfalls weite Verbreitung: Im Zentrum seines Glaubens steht die Gestalt Christi als eine der Manifestationen des großen Vaters (d. h. des Guten Gottes). In diesem Sinne ist Christus für die Manichäer die höchste Manifestation des Göttlichen. Die erste eigtl. christolog. Häresie des MA war jedoch der →Adoptianismus. In ihm wird die Trinität unter dem Hauptaspekt der Einheit Gottes gesehen, der sich die anderen Personen beigesellt haben. Der Sohn, d. h. Christus, ist nach den Lehren von →Felix, Bf. v. Urgel, und →Elipandus, Ebf. v. Toledo, ein »adoptivus homo«. Jesus Christus sei von Gott nur an Sohnes Statt angenommen worden, gleichsam als »ein bloßer Mensch, der dem menschl. Ungemach unterworfen ist«. Die heftige Kontroverse um diese Lehren führte in karol. Zeit zur Verurteilung des Adoptianismus auf den Synoden v. Frankfurt (794) und Rom (St. Peter 798). Den Höhepunkt bildete eine Disputation zw. Felix v. Urgel und →Alkuin bei der Synode v. Aachen (um 799/800). Damit wurde der letzte Ausläufer des spätantiken westgot. Arianismus beseitigt.

In der von der Kirche schließlich erreichten christolog. Einigkeit zeigten sich zu Beginn des 11. Jh. Risse: Die Häretiker v. →Monteforte und →Orléans vertraten eine symbol. Interpretation der Trinität und Christi selbst.

In der Folgezeit wurde von der kathar. Häresie (→Albigenser, →Katharer) eine eigene Ch. entwickelt, bei der sich zwei Hauptrichtungen unterscheiden lassen: Die stärker an den bogomil. Standpunkt gebundenen sog. gemäßigten Katharer gehen von der Auffassung Gottes als einzigen Schöpfers des Kosmos aus, gegen den der erste seiner Engel, Sathaniel, rebelliert habe, und kommen zu dem Schluß, Christus sei ein Engel, der – ohne menschl. Wesenheit und Substanz anzunehmen – auf die Erde gekommen sei: ein reiner Geist, der in scheinbarer Menschengestalt (→Doketismus) in den Leib eines anderen Engels in Frauengestalt, Maria, eintrat und von dieser geboren wurde. Für die Häretiker ist Christus also nicht der Sohn Gottes, sondern ein Engel, der trotz seiner Menschengestalt keine feste oder flüssige Nahrung zu sich nahm und überhaupt keine menschl. Handlung beging. Sein Kreuzestod und die damit verbundenen Leiden seien nur scheinbar und hätten nicht in Realität stattgefunden.

Nach dem Glauben der radikalen Katharer wurden die guten Engel von dem Prinzip des Bösen in Versuchung geführt und zur Hölle, das heißt, auf die Erde, herabgezogen, jedoch durch einen Gott treu gebliebenen Engel gerettet, der es freiwillig auf sich nahm, auf die Erde zu kommen, um sie zu erlösen. Andere Katharer faßten Christus sogar als Menschen auf; seine Funktion geht aus den Mythen jedoch nicht klar hervor. Jedenfalls stellte Christus für die kathar. Häresie immer die Zentralgestalt des Erlösungswerks dar: da er von allen als derjenige betrachtet wurde, der den satan. Betrug aufdeckte, dessen Opfer die Menschen waren, die ihren göttl. Ursprung vergessen hatten.

Bei den anderen ma. Häresien, wie den →Waldensern oder →Fratizellen, ist keine christolog. Abweichung von der orthodoxen Lehre festzustellen. In der Scholastik nahm jedoch die christolog. Problematik eine wichtige Stelle ein. R. Manselli

Lit.: *Adoptianismus:* Die ma. Kirche, 1966 (HKG III/1), 91 f. – *Manichaeismus, Katharer:* A. BORST, Die Katharer, 1953 – R. MANSELLI, L'eresia del male, 1981², passim – G. SCHMITZ-VALKENBERG, Grundlehren kathar. Sekten des 13. Jh., 1971, 143–157 – R. MANSELLI, Cristo nell'Alto Medio Evo e nei movimenti ereticali, Ulisse 13, 1976, 67–75.

[2] Die *scholast. Theologie* repetierte die christolog. Häresien der alten Kirche in der Retrospektive einer typ. Klassifizierung, der die »modernen« Irrlehren zugeordnet und deren Vertreter vor der kirchl. Verurteilung mit dem Odium des Häretikers belastet werden konnten. Der Begriff der →Häresie (und des Häretikers) gewann dadurch eine gefährlich schillernde Bedeutung. Die Einnaturen-Lehre (des Monophysitismus des Eutyches) und die sog. »Trennungschristologie« (des Nestorius) sind die erklärten häret. Gegensätze der »fides catholica«, die in der Auslegung des Mysteriums der Einigung der göttl. und menschl. Natur in Christus die Mitte hält (Thomas v. Aquin S. th. III q. 2 a. 6). Gefährlicher wurde im ganzen MA nicht die monophysit. Verfälschung der Ch. erachtet, sondern die Gegenposition, die im menschl. Sohn Gottes zwei »supposita« (Subjekte) sondierte. Nach dem Denkmodell der Einwohnung des ewigen Logos im Menschen Jesu, bzw. der Einkleidung desselben in die menschl. Natur wurde die →»hypostatische Union« (die seinshaft personale Einheit) als substanziale bzw. operativ-akzidentelle Einigung des ewigen Logos mit der eigenständigen (suppositiven) menschl. Natur gedacht.

Einerlei ob dann das naturale »suppositum« im fleischgewordenen Logos mit der göttl. Ehre und Herrlichkeit des erhöhten Menschensohnes bedacht wurde (so →Gerho(c)h v. Reichersberg im vorscholast. Streit um das Verständnis der Menschheit Christi) oder ob es in den sprachlog. Übungen der Frühscholastik aus Furcht, das personale Sein zu verdoppeln, aufgehoben wurde (in der des sog. christolog. Nihilianismus verdächtigten und mit Schreiben Alexanders III. 1170, DENZINGER–SCHÖNMETZER 749, verurteilten Theorie des →Petrus Lombardus), die Schule falsifizierte beide Theoriebildungen, obgleich sich letztere aufgrund der biblisch patrist. Idee der Einbildung des ewigen Logos in das Fleisch Adams nur um die reine Aussage des Inkarnationssatzes, »Gott ist Mensch geworden!«, anstrengte. Im Aufbau des personalen Seins des Gott-Menschen ist das substanziale Sein logisch und ontolog. das Frühere, das Begründende. Zur Natur gehört der Charakter der Distinktheit; sie wird mittels der Teilhabe an der je noch größeren Ordnung der göttl. und menschl. Natur gedacht.

In der ständigen Auseinandersetzung über die substanziale oder inhärierende Seinsweise der menschl. Natur Christi, die dem göttl. Wort koexistent ist, drohten der Orthodoxie im 13. und 14. Jh. neue Gefahren. Hat die menschl. Natur Christi ihr eigenes, selbständiges Sein, wie die Franziskaner- und Dominikanerschule lehrt, so stellt sich zwangsläufig die Frage ihrer heilsmittlerischen Funktion. Das Konzil v. Vienne (1312) definierte diese ausdrücklich. Selbst das aus der eröffneten Seite des Gekreuzigten strömende Blut und Wasser gehören (nach Joh 19, 34 und der gesamten patrist. Auslegung) zum erlösenden Mysterium Christi (vgl. DENZINGER–SCHÖNMETZER, 901). Bringt die Theologie die individuelle menschl. Natur Christi aber zum Verschwinden, so hebt sie die Geschichtlichkeit Christi in ein universales Sohnes-Heilsgeschick hinein auf. Gegen Meister Eckharts Ch. glaubten Kirche und Theologie diese Gefährdung des Glaubens bannen zu müssen (vgl. DENZINGER–SCHÖNMETZER, 961–963, 970–972). L. Hödl

Lit.: J. BACH, Die Dogmengesch. des MA, II. Theil, 1875 [Nachdr. 1966] – O. BALTZER, Beitr. zur Gesch. des christolog. Dogmas im 11ten und 12ten Jh., 1898 – A. M. LANDGRAF, Dogmengeschichte II. 1–2 – A. GRILLMEIER–H. BACHT, Das Konzil v. Chalkedon, II, 1954 [Nachdr. 1962], 873–939.

Christoph (Christof)

1. Ch. I. (Christoffer I.), Kg. v. Dänemark, * um 1219, † 29. Mai 1259; jüngster Sohn Kg. →Waldemars II., ⚭ 1248 Margaretha Sambiria. Nach dem Tod Waldemars II. 1241 folgten ihm die drei Söhne aus 2. Ehe nacheinander auf den dänisch. Thron (Waldemar aus 1. Ehe war bereits 1232 verstorben). Der älteste, →Erich (Erik) IV., wurde 1250 in Schleswig ermordet, wahrscheinl. auf Anstiftung seines Bruders, Hzg. Abels v. Schleswig, der ihm trotzdem als König folgte. Die kurze Regierungszeit Abels wurde durch die gleiche Politik geprägt, die er auch als Hzg. v. Schleswig verfolgt hatte, teilweise in Fortführung derjenigen seines Schwiegervaters, Adolf IV. v. →Holstein. Anderthalb Jahre nach seiner Krönung fiel Abel während eines Zuges gegen die →Friesen. Da Erich nur Töchter hinterlassen hatte, war die Wahl Abels ohne Einspruch erfolgt. Nach dessen Tod war die Thronfolge schwierig, waren doch Abels ältester Sohn in Gefangenschaft des Ebf.s v. Köln und die anderen minderjährig, ohne Möglichkeit, Ansprüche geltend zu machen. Ch. wurde gewählt, und um seiner eigenen Linie die Nachfolge zu sichern, gleichzeitig aber Abels Nachkommen auszuschalten, erklärte er Abel zum Brudermörder und versuchte, die Kanonisation Erichs durch den Papst zu erlangen. Dies glückte nicht, u. a. weil Ch. in heftige Auseinandersetzungen mit dem neuen Ebf. v. Lund, →Jakob Erlandsen, geriet, da dieser zur gleichen Zeit wie der König den →Danehof, eine Reichssynode, einberief. Die Beschlüsse des Kirchentreffens waren direkt gegen den Kg. gerichtet (Konstitution v. Vejle 1256). Die Auseinandersetzungen spitzten sich derartig zu, daß Ch. 1259 den Ebf. gefangennehmen ließ. Wenige Monate später starb der Kg. Durch Heiratsabsprachen für zwei von Erichs Töchtern versuchte Ch. das Verhältnis zu →Norwegen und →Schweden im Gleichgewicht zu halten. Im Innern setzte Ch. die Bemühungen seines Vaters um eine starke Zentralgewalt fort. Kurz nach der Thronbesteigung wurde die umstrittene »Abel-Christofferske forordning« erlassen, welche die Macht des Königs gegenüber der ständig wachsenden Opposition der Großen sichern sollte. Inzwischen wirkte die fortgesetzte Verpfändung von Krongut an dt. Fs.en den zentralisierenden Bestrebungen entgegen. Zu Ch.s Zeiten wurde der Danehof (parlamentum generale) zu einer festen Einrichtung. Th. Jexlev

Lit.: DBL³ III, 383 [Lit.] – N. SKYUM-NIELSEN, Kirkekampen i Danmark 1241–1290 [Diss. 1963] – K. HØRBY, Status regni Dacie [Diss. 1977; engl. Zusammenfassung].

2. Ch. II. (Christoffer II.), Kg. v. Dänemark, * 29. Sept. 1276, † 2. Aug. 1332 in Sorø, ⚰ ebd., Klosterkirche (bronzenes Grabmal, eine lüb. Arbeit, teilweise erhalten), Sohn König Erichs (Eriks) V. und der Kgn. Agnes v. Brandenburg. »Der verpfändete König« hatte weder als Herrscher noch als Mensch einen guten Ruf. Seine Regierungszeit leitete eine Niedergangsperiode der dän. Geschichte ein.

Anfangs stand Ch. an der Seite seines Bruders, Kg. →Erichs VI., im Kampf gegen den Ebf. v. Lund und beteiligte sich an der Gefangennahme von→Johann (Jens) Grand. Spätestens 1307, als Ch. das Hzm. Halland-Samsø übernahm, begann er Verhandlungen mit Erichs Feinden und war in dessen letzten Jahren einer seiner Hauptgegner. Ch. verbrachte diese Jahre hauptsächl. in Brandenburg und Pommern. Nach der Königswahl 1319 wurde Ch. gezwungen, eine Wahlkapitulation zu akzeptieren und mußte u. a. zusagen, die Schulden Erichs zu bezahlen, ohne neue Steuern zu erheben. Die Handfeste von 1320 sicherte die Privilegien der Stände und bedeutete eine starke Beschränkung der Königsmacht. Ch. hoffte mit Hilfe außenpolit. Maßnahmen sich von diesen einschneidenden Bestimmungen befreien zu können. Ch.s Tochter Margarete heiratete →Ludwig v. Brandenburg, jedoch wurde die Mitgift nicht bezahlt. U. a. bedingte dies dt. Interessen zur Wiederherstellung des dän. Kgtm.s unter einem der Söhne Ch.s. Erst 1346, mit dem Verkauf Estlands durch →Waldemar IV., wurde die Mitgiftangelegenheit gelöst. Dän. Adlige und die Gf.en v. →Holstein wollten Ch. vereint zwingen, seine gefährl. norddt. Politik aufzugeben. 1326 setzten sie Ch. zugunsten →Waldemars III. aus der Linie Abels ab. Drei Jahre später gelang Ch., unterstützt durch einen Aufstand des jüt. Adels, sowie aufgrund der Uneinigkeit der konkurrierenden holstein. Grafenlinien über die Verteilung der Königsmacht des jungen Waldemar, die Rückkehr. Die größten Teile des dän. Reichs waren mittlerweile verpfändet, der holstein. Gf. →Gerhard III. hatte das Gebiet westl. und Gf. Johann (aus der Plöner Linie) das Land östl. des Großen Belts in Besitz. Nach Ch.s Tod erfolgte keine Königswahl; die dän. Machtstellung schien ihrem Verfall entgegenzugehen. Th. Jexlev

Lit.: DBL³ III, 383–385 [Lit.] – A. MOHLIN, Kristoffer II av Danmark, 1. Vällmaktstiden 1285–1326, 1960 [2. nicht ersch.] – J. KANSTRUP, Valdemar IIIs regering og Christoffer IIs tilbagekomst, HT Kopenhagen 1973, 1–19 [engl. Zusammenfassung] – K. HØRBY, Status regni Dacie [Diss. 1977; engl. Zusammenfassung].

3. Ch. III. v. Bayern, Kg. v. Dänemark, Norwegen und Schweden, * 26. Febr. 1416, † 5. oder 6. Jan. 1448, ⌐ Roskilde, Dom; Sohn des wittelsbach. Pfgf.en→Johann I. v. Neumarkt und der Katharina v. Pommern (Schwester des dän. Kg.s →Erich VII.); ∞ 1445 →Dorothea v. Brandenburg. Ch. wurde am Hofe Ks.→Siegmunds, dem Ch.s Vater eng verbunden war, erzogen. In den 1430er Jahren nahm Ch. am Kampf gegen die Hussiten teil. Nachdem die Unzufriedenheit mit dem dän. Kg. →Erich v. Pommern und seiner Wahl eines Nachfolgers zu Erichs Absetzung geführt hatte, wandte sich der Reichsrat an Ch., der die Gelegenheit sofort ergriff. 1439 kam er als gubernator nach Dänemark, im folgenden Jahr wurde ihm als dän. Kg. gehuldigt, indem, entgegen der Unionsabsprache von Halmstad (1436), eine separate Wahl durchgeführt wurde. Bald darauf wurde er auch in →Norwegen und →Schweden gewählt, und am Neujahrstag des Jahres 1443 wurde Ch. in Ripen zum nord. Archirex gekrönt (→Kalmarer Union). Ch. gab in gewissem Maße die Politik seiner Vorgänger auf. So erhielt Hzg. →Adolf VIII. 1440 →Schleswig als Erblehen, die Hansestädte erlangten 1441 eine Bestätigung ihrer Privilegien mit der Befreiung vom Öresundzoll (→Sundzoll, →Hanse). Der Erste des Reichsrates, Ebf. Hans Laxmand, vermochte in diesen Jahren die Stellung der Bf.e zu stärken, u. a. indem er die bfl. Aufsicht über die Kl. sichern und den Bischofszehnt in Jütland durchsetzen konnte. Das auffälligste Charakteristikum der kurzen Regierungszeit Ch.s ist die Intensivierung der Privilegien für die Handelsstädte. Entgegen der allgemeinen Auffassung, daß sich Ch. recht unselbständig von den Reichsräten der drei Reiche leiten ließ, betrachtet Verf. die Vergrößerung der Privilegien der Handelsstädte als kgl. Initiative zu einer Allianz zw. Königsmacht und Städten, deren ökonom. Macht stark angewachsen war. J. E. OLESEN beschreibt demgegenüber in seiner Analyse der Unionspolitik, daß Ch. anfangs der Politik der norw. und schwed. Räte folgte, sich später aber dem Bestreben des dän. Rats anschloß, der eine Rückkehr zur dän. Dominanz innerhalb der Union anstrebte. – Zur Gesetzgebungstätigkeit in Schweden unter Ch. →Christoffers Landslag.
Th. Jexlev

Lit.: DBL³ III, 385f. – TH. JEXLEV, Christoffer af Bayern, kancelliet og købstæderne (Fschr. J. HVIDTFELDT, 1977) – J. E. OLESEN, Rigsråd, kongemagt, union 1434–1449 [Diss. 1980], v. a. 434–443.

4. Ch. I., Mgf. v. →Baden, * 13. Nov. 1453, † 19. März 1527 Burg Hohenbaden, ⌐ Stiftskirche Baden-Baden. Der älteste Sohn des Mgf.en Karl I. erbte bei dessen Tod (1475) die Mgft., die er seit dem Tode seines Bruders Albrecht (1488, sein Bruder Friedrich wurde Geistlicher, Bf. v. Utrecht 1496–1516) ungeteilt innehatte und durch geschickte Territorialpolitik finanziell konsolidierte und ausbaute. 1503 übernahm er die (Erbabsprache von 1490) Mgft. Rötteln-Sausenberg, die er ebenso zu halten vermochte wie seine Erwerbungen in →Lothringen und →Luxemburg. Seine enge verwandtschaftl. und polit. Bindung an das Haus Österreich trug ihm wichtige Missionen ein: 1488 wurde er Regent in den Niederlanden und Statthalter in Luxemburg, 1491 Aufnahme in den Orden des →Goldenen Vlieses. Sein Versuch, die Herrschaft über die Stammgebiete ungeteilt seinem Sohn Philipp zu übertragen, scheiterte; die Teilung unter seine Söhne Bernhard (Begründer der Linie Baden-Baden), Philipp († 1533, ohne männl. Erben) und Ernst (Begründer der Linie Baden-Durlach) führte zu einer Spaltung, die von 1535 bis 1771 währte. Ch. trat die Regierung an seine Söhne ab und wurde 1517 wegen Krankheit entmündigt. Erwähnenswert sind sein Bildnis von Hans Baldung Grien von 1515 (München) sowie das von ihm 1488, wohl in Paris, in Auftrag gegebene Stundenbuch. H. Schwarzmaier

Lit.: NDB III, 242f. – F. WIELANDT, Mgf. Christof I. v. Baden 1475–1515 und das bad. Territorium, ZGO 85, 1933, 527–560 – Stundenbuch des Mgf.en Christof v. Baden (Cod. Durlach I der Bad. Landesbibl.), hg. E. MITTLER – G. STAMM, 1978 [Faks. und Kommentarbd.] – F. WIELANDT, Porträtstud. zum Stundenbuch Mgf. Christofs I. v. Baden, ZGO 128, 1980, 463–476.

Christophoros v. Mitylene, byz. Dichter des 11. Jh. Er stammte aus Konstantinopel, wo er im Protasios-Viertel wohnte, und bekleidete hohe Funktionen im Staatsdienst: Patrikios, Prokonsul (ἀνθύπατος, Anthypatos), ehemaliger Richter der Themen von Paphlagonien und der Armeniaken. Die einzigen Angaben zu seinem Leben liefern seine poet. Werke, eine Sammlung von 145 Gelegenheitsgedichten und vier metr. Kalender. Die Gedichte (στιχοὶ διάφοροι, Stichoi diaphoroi) sind sowohl metr. als auch inhaltl. sehr verschieden und tragen gelegentl. Widmungen an Angehörige der Kaiserfamilie. Von den vier metr. Kalendern sind zwei in klass. Metren abgefaßt, und zwei nach den Regeln der Kirchendichtung aufgebaut.
Ch. Hannick

Lit.: E. KURTZ, Die Gedichte des Ch. Mytilenaios, 1903 – E. FOLLIERI, I calendari in metro innografico di Cristoforo Mitileneo, I–II (Subsidia Hagiographica 63), 1980.

Christophorus, hl.
I. Legende und Kult – II. Ikonographie.
I. LEGENDE UND KULT: Ch., einer der beliebtesten Schutzpatrone und Nothelfer, dessen hist. Existenz durch frühe

Kultspur in Chalkedon (452) gesichert ist. Festtag im Römischen Kalender am 25. Juli (andere Festtage im Westen u. a. 27. Juli; 15. März; 28. April und 7. Jan.; im Osten am 9. Mai; 9. Nov.; 1. Nov. und 16. Dez.; bei den Armeniern 14. Juli, usw.). Seit 1962 durch Mißverständnis der Sachlage aus dem Kalender gestrichen. Patronate basieren auf verbreiteten Legenden (ältere Passion, Christusträgerlegende). In der *Passion* ein hundsköpfiger Riese (Reprobus) ohne Kenntnis der Menschensprache; nach seiner Bekehrung verkündigt er den Christenglauben, durch Versuchungen, Verfolgung und Martern unerschüttert (Motiv der Unzerstörbarkeit), wird zuletzt enthauptet. Diese Erzählung ist wohl eine »orthodoxe« Ableitung aus den ursprgl. gnost. Bartholomäusakten (ZWIERZINA), übertragen auf einen einstigen Soldatenheiligen und Märtyrer. Der Name Ch. ist eigtl. ein Ehrentitel für Märtyrer (vgl. Chrysostomos als Appellativum), erst später als Eigenname verselbständigt. Die Abschlußpartien der Passion (ursprgl. griech., älteste lat. Überlieferung aus dem 8. Jh.; Text: ROSENFELD, 520–529) gaben den Anstoß zu den ersten Schutzpatronen (Ch.-Gebet). Hundsköpfigkeit schon früh abgeschwächt (s. den westgot.-mozarab. Hymnus auf Ch.), und die Passion wurde mit historisierenden Zügen (Verfolger: Dagnus/Decius) versehen. Kultweg führt vom Orient durch Italien, Frankreich und Spanien nach dem N und O; byz. Kult wirkt auf dem Balkan und Rußland nach. Im W sind noch etwa 3600 Kultspuren auffindbar. Neben der alten Passion entstanden Hymnen und das Christophorusgedicht → Walthers v. Speyer (spätes 10. Jh.). Schon früh sind riesige Wandmalereien und Buchillustrationen des Hl. zu verzeichnen. Erste Christusträgerbilder (etwa 2. Hälfte des 12. Jh. im Alpenland und in Portugal) waren nur Namenillustrationen (Christophorus=Christusträger) ohne legendären Vorgang. Die *Christusträgerlegende* tritt erst im 13. Jh. auf (Legenda Aurea des → Jacobus a Voragine und mhd. Versbearbeitung, dazu ein Hymnus des Mailänders Origo Scaccabarozzi, vor 1290). Die Möglichkeit einer volkssprachl. Herkunft der Legende ist aus zeitl. Gründen möglich. Wanderprediger (Dominikaner?) mögen sie Jacobus a Voragine vermittelt haben. Sie besteht aus heterogenen Elementen. Der Riese Offerus will nur dem Mächtigsten dienen (Reihenfolge: König, Teufel und Christus), ein aus der höf. Tradition bekanntes Motiv (vgl. Parzivals Vater Gahmuret). Nach seiner Bekehrung durch den Einsiedler (später → Cucufas genannt, nach dem Hl., ebenfalls vom 25. Juli) übernimmt mit seinem Riesenkörper Fährmanndienst am mächtigen Fluß (Entlehnung mit Anpassung aus der Julianus-Hospitator-Legende, wo das Motiv sinngemäß mit Rechtsbräuchen vom Asylrecht in Verbindung stand). In einer Nacht verlangt das Christuskind seinen Fährmanndienst. Auf seiner Schulter sitzend drückt es den Riesen unters Wasser (Taufsymbolik) und gibt sich am anderen Ufer als Heiland der Welt zu erkennen. Darauf folgt eine Version der alten Passion.

Diese im Alpenland entstandene »Konkurrenzlegende« (Christophorus übernimmt Julians Funktion als Pilgerheiliger) hatte einen ungewöhnl. Einfluß. Neben Einzeldarstellungen und Gruppenbildern mit Einzelheiligen wird Ch. von namhaften Künstlern (u. a. Jan van Eyck, Altdorfer, Lukas von Leyden, Urs Graf, B. Beham, Dürer, Tizian, usw.) abgebildet. Ch. war wegen der Schutzpatronfunktionen des Hl. oft als Taufnahme begehrt. Im kirchl. und Volkskult galt er als Schutzpatron (Kirchenpatronate, Pestheiliger, Beschützer gegen Krankheiten, Epilepsie, Sturm und Naturkatastrophen, udgl.) auch für verschiedene Berufe (Schiffer, Flößer, Gärtner, Buchbinder, Zimmermann, Goldschmied usw.), v. a. aber für Pilger und Reisende. Kirchen, Kapellen, Wallfahrtsorte mit Reliquien und verschiedene Volksbräuche und mit Ch. verbundene Vorstellungen (u. a. der Schatzgräberaberglaube, Ch. als Schatzhüter in Brauchtum und Erzählung) haben sich bis ins 20. Jh. erhalten. Bes. wichtig war der Glaube, die Christophorusbilder (bzw. ihr Anblick) seien sicherer Schutz gegen (jähen) Tod. Daher wurde Ch. auf Stadttürmen, Toren, Kirchen- und Hausmauern, aber auch in Gebetbüchern dargestellt. Im Barock auch auf Pestsäulen gegenwärtig. (Hospize, Pilgerhäuser, Bruderschaften und später Apotheken wurden nach ihm benannt.) Wegen abergläub. Praktiken und Verehrung wurde sein Kult schon im 15. Jh. von Lokalsynoden verboten und von Humanisten abgelehnt. Das spätma. Christophorusglied wurde nach der Reformation protestant. umgedichtet (Hans Sachs). Für Luther war die Christusträgerlegende zu einer Allegorie des Christenmenschen geworen (Luthers Tischreden). In späterer Volkstradition wird Ch. zur Märchen- und Sagengestalt (s. auch das Schatzgräbergebet). In moderner Zeit gilt er als Schutzpatron für Kraftfahrzeuge und Verkehrsmittel (Umritte, Umfahrten, Einsegnungen, Bruderschaften). J. Szövérffy

Q. und Lit.: Jacobus a Voragine, Legenda Aurea, ed. TH. GRAESSE, 1865 [Nachdr. 1890], 430–434 – AASS 25 Jul. VI, 146f. – EM II, 1405–1411 [M. ZENDER; weitere Lit.] – K. ZWIERZINA, Die Legenden der Märtyrer vom unzerstörbaren Leben, Innsbrucker Festgruß der 50. Versammlung dt. Philologen ... in Graz, 1909, 130–158 – H.-FR. ROSENFELD, Der Hl. Ch. Seine Verehrung und seine Legende, 1937 – J. SZÖVÉRFFY, Der hl. Ch. und sein Kult, 1943 – AE. LÖHR, Der hl. Ch. und die Wandlungen im christl. Heiligenkult (Vom christl. Mysterium [Fschr. O. CASEL], 1951), 227–259 – J. SZÖVÉRFFY, Beitr. zur Christophorusfrage, Nachbarn 2, 1954, 62–88 – DERS., Zur Analyse der Ch.-Hymnen, ZDPh 74, 1955, 1–35.

II. IKONOGRAPHIE: [1] Ch. zählt im *Abendland* zu den meist dargest. Hll. Im westl. Bereich sind seit dem 10./11. Jh. Darstellungen des stehenden jugendl. Riesen Ch. bekannt; später meist als bärtiger Riese barfuß im Wasser stehend mit geschürztem Gewand, auf einen Stock, Ast oder Baumstamm gestützt und das Christuskind mit Buch oder Weltkugel tragend, auch als Mann in der Art einer Maiestas Domini auf seinem Arm (Fresko im Dom zu Worms 14. Jh.); ohne Kind als Anführer der Pilger auf dem Genter Altar der Brüder van Eyck 1426/32. Seit der Mitte des 12. Jh. szen. Motiv des flußdurchschreitenden Christusträgers, ausgehend vom Südalpengebiet nach Deutschland, Frankreich und England bis nach Unteritalien verbreitet. Häufig dargestellt in monumentalen Wandbildern an Kirchenaußenwänden, im Kircheninnenraum sowie an Stadttoren und Burgen, zahlreich im 14./15. Jh. G. Binding

Lit.: LCI V, 496–508 [Lit.] – J. BRAUN, Tracht und Attribute der Hll., 1943, 165–173 – G. BECKER, Ch., Patron der Schiffer, Fuhrleute und Kraftfahrer ..., 1975.

[2] *Ostkirche*: Ursprgl. als einer der vielen Kriegerheiligen wird Ch. zunächst in der Chlamys, dem Offiziersmantel, dargestellt (z. B. in Kap. 2a in Göreme (um 1070) manchmal auch mit dem Märtyrerkreuz in der Rechten (um 1300, Protaton, Athos), selten mit Rüstung und Waffen in der Pürenli Seki-Kirche in Irhala (Mitte 11. Jh.). Trotz der Abneigung der orth. Ikonographie gegen Attribute für Hll. gibt es bei Ch. Ausnahmen, so z. B. in der Barbara-Kirche in Soğanlı (1006 oder 1021), wo er mit dem Stein dargestellt ist, mit dem er ertränkt werden sollte, oder in der Nikolaus-Kirche in Curtea de Argeş (14. Jh.), wo ein Fragment Ch. mit dem grünenden Stab wiedergibt.

Nicht vor dem 15. Jh. ist das Bild des Ch. als Kynokephale im orth. Raum nachweisbar, obwohl eine wohl diesem Jh. zugehörige Quellenschrift der Hermeneia (Malerbuch vom Berge Athos) von der Darstellung des »Ch. Reprobus von den Kynokephalen« spricht. Außerdem läßt eine in der westl. Ikonographie einzig dastehende Miniatur im Cod. hist. 415 der Württemberg. Landesbibl. (12. Jh.) Ch. als Kynokephalen erkennen (ROSENFELD 384: »verhundlichtes Gesicht«). Da wir von mehreren kirchenamtl. Aktionen gegen solche Bilder in den orth. Kirchen wissen, darf die Miniatur in Stuttgart als Beleg für eine sehr viel frühere Entstehung des Bildes des Ch. Kynokephalos gelten, die sich seit dem 16. Jh. in der Orthodoxie steigender Beliebtheit erfreute. K. Wessel

Lit.: LCI, s. o. – ROSENFELD, s. o. – S. LOESCHKE, Neue Stud. zur Darstellung des tierköpfigen Christophorus, Beitr. zur Kunst des christl. Ostens. Erste Studienslg., 1965, 37–88 [mit aller älteren Lit. zum Thema].

Christophorus

1. Ch. Landinus → Landino Cristoforo

2. Ch. Parisiensis (15. Jh.). Von einem Alchemisten dieses Namens sind in der zweiten Hälfte des 15. Jh. einige popularisierende alchem. Texte verfaßt worden, in zunächst it. Sprache, denen bald Übersetzungen in Lat. und Dt. folgten, die sich z. T. an das Pseudo →Lullus-Corpus anlehnen. Der Verfasser nutzt ma. Allegorieformen und den Visio-Topos. Trotz wenig originellen Inhaltes sind sie hs. verbreitet, und einer der Texte, der »Elucidarius«, ist auch mehrfach gedruckt worden. Dies mag an der seinerzeit noch nicht selbstverständl. Verknüpfung von →Alchemie und med. Gedankengut gelegen haben. Der it. Kollationist hat möglicherweise Paris als Entstehungsort wegen der in Italien, v. a. in Venedig, erfolgten Einschränkung alchemist. Betätigungen und Publikationen nur vorgeschoben. Erhaltene Briefe und Werkzueignungen zeigen die Verbindung zu einem Schüler Andrea Ognibene und zu dem 1480 verstorbenen Professor der Philosophie und Medizin zu Padua, →Christophorus de Recaneto. Damit sind verschiedene Identifizierungsversuche, die ihn z. T. gar dem 13. Jh. zuweisen, widerlegt. G. Jüttner

Ed.: [Druck]: Elucidarius (Lucidario, Somma maggiore): Dt: Halle 1608, 1688; Hamburg 1697; Frankfurt 1772; Lat.: Paris 1649; L. Zetzner, Theatrum Chemicum 1661 – [Hss.]: Neben dem Elucidarius noch die Summa minor (Somma minore, Sumetta); Medulla (Medulla della Summetta); Cithara (Violetta); Alffabeto apertoriale und Briefe. Als Titel werden noch geführt: Arbor philosophicus; Particularia. Hss. u. a. in Bibl. Nat. Florenz und Bibl. Vaticana – *Lit.*: THORNDIKE, IV, 348–351.

3. Ch. de Recaneto, Naturphilosoph und Mediziner, * 1423 in Recanati (Prov. Macerata), † 1480 in Padua. Nach Studien in artibus (1454 doctor) und Medizin an der Univ. Padua war Ch. Professor der Naturphilosophie (vor 1462) und der Medizin (ab 1467) ebd. *Werke*: »In Aristotelis libros De caelo et mundo« (Hs.: Oxford Bodleian Can. misc. 279); »In libros Physicorum« (Hs.: ibid. dub.); »Recollectae super Calculationes Suiseth« (Hs.: Venedig Marciana lat. VI 149); »Recollectae super librum Aphorismorum Hippocratis« (Hs.: Treviso BCom. 349).
C. H. Lohr

Lit.: B. NARDI, Saggi sull'Aristotelismo padovano dal secolo XIV al XVI, 1958, 118 – C. H. LOHR, Medieval Latin Aristotle Commentaries, Traditio 23, 1967, 393f.

Christus → Jesus Christus, →Christologie

Christus als Apotheker, v. a. ab dem 17. Jh. beliebte Bildallegorie, deren Belege (Kult- und Andachtsbilder, Graphik) vorwiegend im dt. Sprachraum entstanden. Der geistige Ursprung des Bildgleichnisses geht auf das frühe MA zurück. Ein markanter Ausgangspunkt ist die »Matthäus-Homilie« (16, 24–27) des Papstes →Gregor I., die Christus als medicus caelestis mit seinen himml. Arzneien herausstellt. Als solchen stellen ihn die ersten Bildbelege dar (ältester eine zw. 1519 und 1528 in Rouen entstandene Miniatur). Dann wandelt sich der Bildtypus. Christus wird mit der Waage in der Hand hinter dem Rezepturtisch der Seelenapotheke stehend zum himml. Apotheker. →Christus medicus. W.-H. Hein

Lit.: W.-H. HEIN, Ch. als A., 1974.

Christus Domini → Salbung

Christus im Elend, Christus im Kerker, Christus in der Rast → Andachtsbild

Christus medicus. Der Vergleich Christi mit einem Arzt (oder allgemeiner: med. Vergleiche) werden in der frühchristl. Theologie umso häufiger, je deutlicher sich die Lehre von der Erlösung (Soteriologie) als zentrales Thema der Theologie herausschält. Christus als Erlöser ist Christus der Arzt. Die Wurzeln dieses Vergleichs liegen – trotz Heilungswundern und dem Gleichniswort von den Gesunden und Kranken (Luk 5, 31) – nicht so sehr im NT als im Arztbild des AT (vgl. J. HEMPEL), das die Souveränität Jahwes betont (Jahwe, der Arzt, 2. Mose 15, 36, kann ebenso verwunden wie heilen, 5. Mose 32, 39) und im Arztvergleich der kyn.-stoischen Philosophie (der Philosoph heilt die Leidenschaften der Seele), beides vermittelt durch Philo v. Alexandrien.

Während bei den Apostolischen Vätern und den Apologeten noch die polem. Abgrenzung, insbes. zum Asklepioskult, eine bes. Rolle spielt, dient der Vergleich bei den griech. und lat. Kirchenvätern ganz der Veranschaulichung des Erlöserwerks Christi. »Deshalb heißt auch der Logos Heiland (Soter), denn er hat für die Menschen geistige Arzneien erfunden zum Wohlbefinden und zum Heil« (Clemens v. Alexandria, Paedagog. I, XII, 100.1). Breiten Raum nimmt der Vergleich insbes. bei Ambrosius, Hieronymus und Augustinus ein, v. a. in Bibelauslegung und Predigten. Hier dient er auch der Konkretisierung der neuen Übersetzung von Soter: Salvator. »Es kam also der Heiland (Salvator) zum Menschengeschlecht, er fand nicht einen einzigen Gesunden, deshalb kam der große Arzt« (Augustinus, Sermo 155, 10). Das hohe und das späte MA bringen nur noch Variationen des bereits voll entfalteten Arztvergleichs.

Die Macht der Tradition zeigt sich, wenn noch Luther in seiner Römerbrief-Vorlesung 1515/16 den Vergleich benutzt, um sein Verständnis der Rechtfertigung als Gerechterklärung zu erläutern: Die gerechten Sünder sind »wie Kranke, die in der Pflege des Arztes stehen, ... anfangsweise in Hoffnung gesund – oder richtiger gesagt: gesundgemacht (sanificati), das heißt, im Begriff stehend, gesund zu werden.« G. Fichtner

Lit.: A. v. HARNACK, Medizinisches aus der ältesten Kirchengesch. (TU 8,4.), 1892 – S. D'IRSAY, Patristic Medicine, Ann. Med. Hist. 9, 1927, 364–378 – F. J. DÖLGER, Der Heiland, Antike und Christentum 6, 1950 – K. H. RENGSTORFF, Die Anfänge der Auseinandersetzung zw. Christusglaube und Asklepiosfrömmigkeit (Schr. der Gesellschaft der Univ. Münster 30), 1953 – H. J. FRINGS, Medizin und Arzt bei den griech. Kirchenvätern bis Chrysostomus [Diss. Bonn 1957] – J. HEMPEL, Heilung als Symbol und Wirklichkeit im bibl. Schrifttum, NAG Phil.-hist. Kl., 1958, Nr. 3, 1958 – P. C. J. EIJKENBOOM, Het Christus-Medicusmotief in de preken van Sint Augustinus, 1960 – G. MÜLLER, Medizin, Arzt, Kranker bei Ambrosius v. Mailand [Diss. Freiburg/Br. 1964] – H. SCHIPPERGES, Zur Tradition des »Christus medicus« im frühen Christentum und in der älteren Heilkunde, Arzt und Christ 11, 1965, 12–20 – K. HAUCK, Zur Ikonologie der Goldbrakteaten, XVI: Gott als Arzt (Text und Bild, hg. C. MEIER–U. RUBERG, 1980), 19–62 – G. FICHTNER, Christus als Arzt. Ursprünge und Wirkungen eines Motivs, FMASt 16, 1982, 1–18.

Christus und die Samariterin, ahd. unvollständig erhaltenes Gedicht eines anonymen Verfassers über Joh 4,4ff. 31 Reimpaarverse in Langzeilen Otfridscher Prägung sind in dem Wiener Codex 515 innerhalb der »Lorscher Annalen« aufgezeichnet. Die Datierung im 10. Jh. beruht auf sprachl. und paläograph. Indizien. Die Sprache besitzt alem. und frk. Kennzeichen, deren Priorität unterschiedl. beurteilt wird. Herkunft von der Reichenau ist zu erwägen. Im Vergleich zu dem amplifizierenden Verfahren in →Otfrids Evangelienbuch paraphrasiert der Bibelrhythmus Ch. und die S. die bibl. Quelle knapp. Auf eine epische Einleitung von 6 Langzeilen folgt der Dialog. Das Bruchstück bietet etwa die Hälfte der Geschichte: Die Frau erkennt die prophet. Gaben Jesu; nicht erhalten sind der zentrale Satz »Gott ist Geist...« und das Messiasbekenntnis. Gerade deren Verkündigungsgehalt dürfte zusammen mit der allegor. Bedeutung der Brunnenszene für die selbständige Behandlung dieses Johanneskapitels bestimmend gewesen sein. Die Gebrauchsfunktion des Textes bleibt unklar. Gesangmäßiger Vortrag in stroph. Gliederung ist wahrscheinlich.   U. Schulze

Ed.: H. Fischer, Schrifttafeln zum ahd. Lesebuch, 1966, Taf. 21, Diplomat. Text, S. 24 – K. Müllenhoff – W. Scherer, Denkmäler dt. Poesie und Prosa aus dem 8. bis 12. Jh., 1892², Nr. X – E. v. Steinmeyer, Die kleinen ahd. Sprachdenkmäler, 1916, Nr. XVII – *Lit.:* Verf.-Lex.² I, 1238–1241 [D. R. McLintock] – A. Leitzmann, Die Heimatfrage der Samariterin, PBB (Halle) 39, 1914, 554–558 – Th. v. Grienberger, Ahd. Texterklärungen III, Ch. und die S., ebd. 45, 1921, 221–226 – F. Maurer, Zur Frage nach der Heimat des Gedichts von Ch. und der S., ZDPh 54, 1929, 175–179 – D. Kartschoke, Bibeldichtung, 1975, 274–275 – Ders., Altdt. Bibeldichtung, 1975, 72–74.

Christus, Petrus, ndl. Maler, * um 1415 in Baerle, † in Brügge 1472/73. Obwohl er erst 1444 ins Bürgerrecht von Brügge aufgenommen wurde, arbeitete er vermutl. schon vor dem Tode van →Eycks 1441 in dessen Werkstatt und vollendete begonnene Werke (Madonna des Jan Vos, New York, Frick Collection; Hieronymus, Detroit). 1446 datierte und signierte er die Portraits eines Kartäusers (New York) und des Edward Grymston (Earl of Verulam), 1449 das Bild des hl. Eligius, der in seiner Werkstatt einem Brautpaar Ringe verkauft (New York, Slg. Lehman), das vermutl. vom Altar der Brügger Goldschmiede stammt und von verlorenen Werken van Eycks abhängig ist, 1452 zwei Altarflügel mit Verkündigung, Geburt und Jüngstem Gericht (Berlin, Staatl. Mus., Dahlem) und 1457 eine Madonna zw. Hieronymus und Franziskus (Frankfurt); die Datierung seiner übrigen Werke – mehrere Madonnen (mit Barbara und Kartäuser, Berlin; »ten drooghen boom«, Lugano-Castagnola, Slg. Thyssen; ferner in Budapest, Madrid und Kansas City), Portraits (London, Berlin) u. a. – ist umstritten. Ch. stützt sich in seinen Figuren und Kompositionen auf große Vorbilder, meist van Eyck, für die »Geburt Christi« (Washington) und sein Hauptwerk, die große »Beweinung« (Brüssel) auf die Tradition →Campins und des →Rogier van der Weyden. Gegen die Jahrhundertmitte scheint er als erster nördl. Maler Kenntnis der in Italien entwickelten math. Perspektivkonstruktion erhalten zu haben.   Ch. Klemm

Lit.: M. Friedländer, Early Netherlandish Painting I, 1957² – E. Panofsky, Early Netherlandish Painting, 1953, bes. 308–313 – C. Sterling, Observations on P. Ch., Art Bull. LIII, 1971, 1ff. – P. H. Schabacker, P. Ch., 1974 – U. Panhans-Bühler, Eklektizismus und Originalität im Werk des P. Ch., 1978 (Wiener kunstgesch. Forsch. V).

Christusbilder → Jesus Christus

Christus-Johannes-Gruppe → Andachtsbild, →Johannes Evangelist, →Jesus Christus

Christusmonogramm. Innerhalb christl. →Buchstabensymbolik nahm bis ins FrühMA das Ch. (auch Christogramm) den bedeutendsten Platz ein, zumal es seit seinem Aufkommen in konstantin. Zeit auch religionspolit. propagiert wurde (legendäre Vision im Kampf Konstantins gegen Maxentius, vgl. Lactantius, mort. persec. 44 und Eusebius v. Const. 1,30; Silbermedaillon von 315 mit ☧ auf dem Helm Konstantins; Münzbilder mit Ch. auf Labarum). Die häufigste Form des Ch.s ist das aus der Verbindung der beiden ersten Buchstaben von XPICTOC gebildete Zeichen ☧. Diese Ligatur war in nichtchr. Kontext bereits in vorkonstantin. Zeit in Gebrauch; ihre früheste christl. Verwendung ist erst unter Konstantin gesichert (Dinkler, bes. 30f., 141ff.). Daneben gab es das durch Zufügung eines waagerechten Kreuzbalkens erweiterte Zeichen ⳨ sowie seit der Mitte des 4. Jh. die Verkürzung ☧ (crux monogrammatica). Auch das aus den Initialen der Christusnamen IHCOYC XPICTOC gebildete sternförmige Ch. ✸ wurde kreuzförmig erweitert ✳. Diese Ch.-Zeichen sind von den gebräuchl. →Abkürzungen durch Suspension zu unterscheiden; man sollte daher die im MA häufigeren Christusnamen-Abkürzungen IC XC, IHS XPS u. ä. nicht als »monogrammatische Abbreviaturen« (Feldbusch, 709) bezeichnen. Das Ch. war ein selten Christussymbol im eigtl. Sinne; bei den zahlreichen Verwendungszwecken in der w. und ö. Epigraphik und Kunst des Frühchristentums, seltener des MA (Beispiele, auch zu ma. Münzen: Feldbusch, 713f.), reichen die Bedeutungsabstufungen von fast ornamentaler Verwendung über ein allgemeines Hinweiszeichen auf das Christentum, den Christusnamen und den Sieg Christi oder des christl. Kaisers bis hin zur Stellvertretung Christi (z. B. Neapel, Baptisterium S. Giovanni in Fonte, Kuppelmosaik, um 400: crux monogrammatica mit Nimbus, von der Hand Gottes bekränzt, s. Abb.). Diese Bedeu-

Fig. 7: Christusmonogramm

tungsdifferenzierungen gelten auch dann, wenn das Ch., wie seit Mitte 4. Jh. häufig, von →Alpha und Omega begleitet ist. Als deutl. Beispiel für die Verwendung des Ch.s als attributives Hinweiszeichen sei der seit dem späten 4. Jh. belegte Monogrammnimbus (→Nimbus) erwähnt, bei dem übrigens noch ungeklärt ist, ob seine Anfänge beim Bild des Ks.s (z. B. Missorium Valentinians II., Genf, Mus.) oder Christi (z. B. Mosaik in Mailand, S. Aquilino) zu suchen ist.   J. Engemann

Lit.: RDK III, 707–720 [H. Feldbusch] – RByzK I, 1047–1050 – LCI I, 456–458 – K. Kraft, Das Silbermedaillon Constantins d. Gr. mit dem Ch. auf dem Helm: JNG 5/6, 1954/55, 151–178 – P. M. Bruun, The Christian Signs on the Coins of Constantine, Arctos NS 3, 1962, 5–35

- J.-L. MAIER, Le baptistère de Naples et ses mosaïques, 1964 – E. DINKLER, Signum crucis, 1967 – W. KELLNER, Libertas und Christogramm [Diss. Freiburg 1968].

Christusmystik. Die ma. Mystik stand in der breiten Tradition der Vätertheologie (von Origenes, Gregor v. Nyssa, Ps.-Dionysius, Augustinus und Gregor d. Gr.), der Mönchsspiritualität (des Basilius, Johannes Cassian und Benedikt v. Nursia) und der Liturgie. Die soziokulturellen und polit. Veränderungen im MA (Feudalgesellschaft, Stadtkultur, Außenpolitik und Kreuzzüge), die geistesgeschichtl. Bewegungen (allgemeine Bildung, Selbstbewußtsein der Laien in der Kirche, religiöse Spiritualität) und die Erneuerung der Kirche und Theologie (neue Orden, erneuerte, monast. und scholast. Theologie) führten zu neuen Formen der Ch.: Die *Passionsmystik*, initiiert bei den Zisterziensern im 12. Jh. durch →Bernhard v. Clairvaux († 1153), →Aelred v. Rievaulx († 1167) u. a. und zur Volksfrömmigkeit gestaltet seit→Franziskus v. Assisi († 1226), fordert, dem leidenden Christus mitleidend nachzufolgen (→Bonaventura, † 1274: vitis mystica), wird im SpätMA vertieft (Vita Christi des →Ludolph v. Sachsen, † 1378) und in den Pestzeiten (Zwölf-Magister-Lehre) bis zur Entartung geführt (Flagellanten). – Die *Herz-Jesu-Mystik* macht die Liebe als Motiv des Leidens Jesu zum Thema, wird angeregt durch die Lanzenspitze, mitgebracht vom zweiten Kreuzzug (vgl. →Walther v. d. Vogelweide, † um 1248) und entfaltet in den Frauenklöstern (→Mechthild v. Magdeburg, † 1295, →Mechthild v. Hackeborn, † 1298, →Gertrud v. Helfta, † 1302) im Zusammenhang mit der Brautmystik und bei Maria Margaretha Alacoque († 1690) um den Sühnegedanken entscheidend erweitert und so vom Jesuitenorden weiterverbreitet. – Die *Brautmystik*, gewachsen aus den Hoheliedkommentaren seit der Väterzeit (Origenes, Gregor v. Nyssa), im MA bes. seit Bernhard v. Clairvaux entfaltet, macht die bräutl. Liebesbeziehungen der Seele (Kirche) zu Christus zum Thema, wird gepflegt in den Frauenklöstern durch die Dominikaner (Meister →Eckhart, † 1327/28: Traktate; Heinrich →Seuse, † 1366: Horologium Sapientiae; →Johannes [Jan] van Ruysbroeck, † 1381: Zierde der geistlichen Hochzeit) und in einer myst. Psychologie entfaltet durch Johannes vom Kreuz († 1591: Lebendige Liebesflamme; Dunkle Nacht). – Aus franziskan. Geist und im Anschluß an Meister Eckharts Predigt zu beati pauperes spiritu entfaltet als Sondergestalt der Ch. die *Armutsmystik* des →»Buches von geistl. Armut«, die in der Armut eine »Gleichheit mit Gott« sieht als »abgeschieden Wesen« von aller Kreatur und »lutter Wirken«. – Eine *sakramentale Ch.* entfaltete sich in der Ostkirche im Anschluß an die Liturgie Nikolaus→Kabasilas († nach 1263), und in der Westkirche bildete sie sich als Volksfrömmigkeit sowie in den Frauenklöstern im Zusammenhang mit dem →Fronleichnamsfest seit 1264 heraus. – Von einer mehr antiochen. Christologie ausgehend entwickelte ein unbekannter »Frankfurter« in seiner →»Theologia Deutsch« eine Ch., die mehr vom Menschen Jesus ausgehend (den inneren und äußeren Menschen Jesus unterscheidend: c. 7), von den Waldensergemeinden gepflegt (Martin Luther gab das Werk 1516 und 1518 heraus) zur pietist. *Kreuz- und Blutmystik* des Reichsgrafen N. L. v. Zinzendorf († 1760) führte.

Neue Aspekte brachte der Humanismus in die Ch. ein. Hier ist zu nennen die *Kosmische Ch.*, in der das Christusmysterium, von der allumfassenden Seinsfülle Jesu (Eph 1,10) ausgehend, mit der math.-geometr. Konvergenz zw. maximum und minimum (infinitum und finitum) gedeutet wird, so zuerst bei →Raimundus Lullus in seiner ars mystica von 1309 und bei →Nikolaus v. Kues († 1464) in seiner docta ignorantia, gemäß Kol 1,13–20; 2,9 f. So vermag auch die »Christologie von unten« die Erlösungsfrage gültig zu beantworten. – Aus der Mönchstheologie und dem stoischen Einfluß auf die Theologie jener Zeit (vgl. →Prudentius nach 405, »Psychomachia«) entwickelte sich die myst. Idee von der *Militia Christi*, die bes. in der Benediktinerreform des 15. Jh. entfaltet (vgl. Martin v. Leibitz, † 1464, »De militia christiana spirituali«), von Erasmus v. Rotterdam in seinem »Enchiridion« 1561 und durch Lorenzo Scupoli († 1610) in seinem »Combattimento spirituale« (Venedig 1589) psycholog. vertieft, in der Jesuitentheologie des 16. und 17. Jh. reiche Entfaltung fand. – Eine bes. Art der Ch. entwickelte sich seit →Beda venerabilis († 735) und dem Engländer Richard →Rolle († 1349) im Zusammenhang mit dem *Namen Jesu* (vgl. Apg 4,12), propagiert u. a. durch →Bernardinus v. Siena († 1444) und →Johannes v. Capestrano († 1456), weiterwirkend im jesuit. Jesusmonogramm. – Als letzte Gestalt der Ch. sei die *heilsgeschichtliche Christusfrömmigkeit* der von P. de Berulle († 1629) durch sein Werk »Discours de l'état et des grandeurs de Jésus« begründeten »Ecole Française« genannt, die im »Oratorium« durch Ch. de Condren († 1641) und durch die Ursuline Marie Martin († 1672) eine Weiterentwicklung fand. J. Auer

Lit.: DSAM X, 1210–1223: Militia Christi [J. AUER] – LThK² II, 1150 f.: Christusmystik [O. KARRER]; III, 266–270: Dt. Mystik [O. KARRER] – Verf.-Lex.² I, 1082–1085: Buch von der geistl. Armut [J. AUER] – J. BERNHART, Die philos. Mystik des MA, 1922 – M. GRABMANN, Die Dt. Frauenmystik des MA, Geistesleben I, 1926, 469–489 – O. KARRER, Die Große Glut, 1934 – A. MAYER, Mystik als Lehre und Leben, 1934 – ST. GILSON, Die Mystik des hl. Bernhard v. Cl., 1936 – A. AUER, Leidenstheologie des MA, 1947 – C. RICHTSTÄTTER, Christusfrömmigkeit in ihrer hist. Entfaltung, 1949 – A. AUER, Leidenstheologie im SpätMA, 1952 – H. BREMOND, Falsche und echte Mystik (Marie de l'Incarnation), 1955 – R. HAUBST, Die Christologie des Nikolaus v. Kues, 1956 – F. OHLY, Hoheliedstudien, 1958 – J. HAUSHERR, Nom du Christ et voies d'oraison, 1960 – J. LECLERCQ – F. VANDENBROUCKE – L. BOUYER, La Spiritualité du MA, 1961 – H. BREMOND, Heiligkeit und Theologie (Berulles, Condren), 1962 – E. W. PLATZEK, Raimund Lull, 2 Bde, 1962/64 – E. BEYREUTHER, N. L. v. Zinzendorf, 1965 – S. Bonaventura 1274–1974, 1973, Bd. II, 21–46 – W. BAIER, Unters. zu den Passionsbetrachtungen in der Vita Christi des Ludolph v. Sachsen, 3 Bde, 1977 – Christusglaube und Christusverehrung, hg. L. SCHEFFCZYK, 1982 [100–260: Herz Jesu Mystik].

Christusorden, geistl. Ritterorden, der auf Betreiben Kg. →Dinis' (Dionys) v. Portugal entstand; am 14. März 1319 von Johannes XXII. anerkannt (Jean XXII. Lettres communes, Nr. 9053). Er setzte sich vornehml. aus den ptg. Mitgliedern des 1312 aufgehobenen →Templerordens zusammen und übernahm dessen lusitan. Besitzungen. Hauptsitz war zunächst das zum Krongut gehörende Castro Marim mit der Kirche S. Maria an der Mündung des Guadiana, seit 1356 die Templerfeste Tomar. Der Ch. übernahm die Regel des Ordens v. →Calatrava und wurde jurisdiktionell der Zisterzienserabtei →Alcobaça unterstellt: die geistl. Leitung lag in den Händen des Großpriors, die weltl. in denen des Großmeisters. Das Großmeisteramt wurde seit dem Beginn des 15. Jh. vorwiegend von Mitgliedern der kgl. Familie ausgeübt, 1550 wurde es von Julius III. endgültig der Krone inkorporiert. Als Großmeister der Ch.s organisierte →Heinrich d. Seefahrer die Entdeckungs- u. Eroberungsreisen längs der Küste Westafrikas bis nach Guinea, was zur Folge hatte, daß Calixt III. dem Orden am 13. März 1456 (vgl. DE WITTE, RHE 51, 1956, 414 und 830 ff.) die geistl. Jurisdiktion über die ptg. Besitzungen in Afrika und Asien übertrug. Der Orden, der in der Mitte des 16. Jh. mit 450 Komtureien seine größte Ausbreitung erreichte, verzichtete seit dem

Ausgang des 16. Jh. auf die Ehelosigkeit seiner Mitglieder. Nach Aufhebung und Säkularisation am Ende des 18. Jh. bestand er bis 1890 bzw. 1910 in Brasilien und Portugal als weltl. Verdienstorden weiter. Der gleichnamige päpstl. Verdienstorden (Ordine Supremo del Cristo) und der it. Ch. werden auf das 1319 dem Papst reservierte Recht zurückgeführt, einen Teil der Ritter des Ch.s ernennen zu dürfen. K. Elm

Bibliogr.: M. DEBURÉ, Bibliogr. de l'Ordre des Templiers, 1928 – M. HEIMBUCHER, Die Orden und Kongregationen der kath. Kirche I, 1934³, 433 – H. NEU, Bibliogr. des Templer-Ordens 1927-1965, 1965, 101f. – D. SEWARD, The Monks of War. The Military Religious Order, 1972 – *Lit.*: DIP III, 267f. – A. JANN, Der Ursprung des kgl. Patronates in den ptg. Kolonien, 1914 – P. LARANJO COELHO, As ordens da Cavalaria no Alto Alentejo I: Comendas da Ordem de Cristo, 1926² – J. VIEIRA GUIMARÃES, A Ordem de Cristo, 1936² – DERS., A cruz da Ordem de Cristo nos navios dos descobrimentos portugueses, 1935 – A. BRÁSIO, A Acção Missionária no Período Henriquino, 1960 – M. J. PIMENTA FERRO, A vigairaria de Tomar nos finais do século XV (Do Tempo e da História 4), 1971, 139-151 – DERS., As doações de D. Manuel, duque de Beja, a algumas igrejas da ordem de Cristo, ebd., 153-172 – D. W. LOMAX, Las Ordenes Militares en la Península Ibérica durante la Edad Media (Repertório de Hist. de las ciencias eclesiásticas en España 6), 1976, 66f. – J. VERÍSSIMO SERRÃO, História de Portugal I-II, 1979-80³, passim.

Christussymbole. Bereits im NT werden zahlreiche Bilder sinnbildl. auf Christus bezogen; er ist u. a. Brot des Lebens (Joh 6,35), Eckstein (Mk 12,11), →Guter Hirt (Joh 10,11), Lamm Gottes (Joh 1,36, →Agnus Dei), Licht der Welt (Joh 8,12, →Lichtsymbolik) und wahrer Weinstock (Joh 15,1). Weitere Bilder entstammen der Väterliteratur, wie →Fisch oder →Orpheus, oder dem →Physiologus, wie→ Einhorn, →Löwe, →Pelikan und→Phönix; auch die abstrakten Zeichen des →Kreuzes und →Christusmonogramms sind zunächst literar. bezeugt. Der naheliegenden Versuchung, Darstellungen dieser Bilder in der Kunst möglichst weitgehend als Ch. zu deuten, sind Theologen und Kunsthistoriker bis in jüngste Zeit oft erlegen; erst in den letzten Jahrzehnten sind in der Forschung Fortschritte zu einer Betrachtungsweise zu verzeichnen, die sich von einer symbolist. Vorstellung in der frühchristl. und ma. Kunst löst. So hat sich z. B. die Erkenntnis durchgesetzt, daß die bes. in der Grabkunst vorkonstantin. Zeit so häufige Schafträgerbild überwiegend im Zusammenhang einer schon im nichtchristl. Denken allegor. verstandenen →Bukolik zu sehen ist und daher nur wenige Bilder des Guten Hirten als Ch. zu deuten sind; auch die Deutung von Orpheusdarstellungen als Ch. wird jetzt in Frage gestellt. – Unter den Tiersymbolen ist das Lamm nicht nur das häufigste Christussymbol, sondern meist auch ein bes. eindeutiges: das Christuslamm (in der orth. Kirche durch can. 82 des Konzils v. 691/692 [das sog. Quinisextum] unter Hinweis auf die Menschwerdung des →Logos verboten) ist von Lämmern als Bilder für →Apostel oder Gläubige (→Lämmerallegorien) meist deutlich unterschieden (Kreuzstab und/oder Kreuznimbus; später Siegesfahne; Lokalisierung auf dem Paradieshügel oder in einem von Engeln getragenen Clipeus; Verbindung mit der→Buchrolle mit sieben Siegeln). – Dagegen ist das Bild des Fisches als Christussymbol oft überbewertet worden: obwohl das aus den Anfangsbuchstaben von Namen und Titeln Christi gebildete →Akrostichon *IXΘYC* (griech. = Fisch) in frühchristl. Epigraphik und Lit. nicht selten belegt ist, und das Fischsymbol für Christus mehrfach patristisch bezeugt ist, sind Fischdarstellungen, die durch den Kontext als Ch. gesichert werden, in frühchristl. und ma. Kunst selten. Einige symbol. Bilder sind zudem nicht allgemeine Ch., sondern Versinnbildlichung des eucharist. Christus (z. B. Thessaloniki, Acheiropoietoskirche, Mosaiken in Narthexbögen, 5. Jh.; Trier, Dom, Ostchor, Rundbogenfries, 13. Jh.). Von den auf den Physiologus zurückgehenden ma. Ch.n ist das des Pelikans mit seinen Jungen recht häufig; allerdings sind viele Bildbeispiele nicht als Symbole zu bezeichnen, sondern als dem Bild der Kreuzigung Christi beigegebene Opferallegorien (z. B. Halberstadt, Domschatz, Leinenstickerei, 13. Jh.: Kreuzigung mit Pelikan und drei atl. typolog. Szenen). Für den Löwen ist eine Bedeutung als Christussymbol nur selten gesichert (Beispiele: FELDBUSCH, 726); das Einhorn und die schon in frühchristl. Zeit häufig dargestellten Tiere Adler und Phönix symbolisieren nicht Christus selbst, sondern weisen auf bestimmte seiner Tätigkeiten oder Eigenschaften hin (Empfängnis durch Maria als Jungfrau, Himmelfahrt, Auferstehung). Sichere Beispiele für Weinranken als Ch. scheint es nicht zu geben. – Auch die abstrakten Zeichen des Kreuzes und des Christusmonogramms sind nur in seltenen Fällen als Ch. im eigtl. Sinne gemeint: selbst im Apsismosaik in S. Apollinare in Classe (Mitte 6. Jh.), in dem das Gemmenkreuz Christus in der Verklärungsszene vertritt, ist ein Clipeus mit Christusbild in der Kreuzvierung angebracht. J. Engemann

Lit.: RDK III, 720-732 [H. FELDBUSCH] – RByzK I, 1051-1055 – H. SACHS, E. BADSTÜBNER, H. NEUMANN, Christl. Ikonographie in Stichworten, 1973 – M. LURKER, Wb. der Symbolik, 1979.

Chrobatia → Kroaten

Chrodechild(e), Gemahlin des merow. Kg.s →Chlodwig I., † 544; entstammte dem burg. Königsgeschlecht (→Burgund, Kgr.). Sie ist die jüngere von zwei Töchtern Chilperichs (Nichte des burgund. Königs →Gundobad) und wurde um 492 durch offizielle Brautwerbung Gattin Chlodwigs I. (Greg. Tur. Hist. Franc. II, 28). Der 1. Sohn aus dieser Ehe, Ingomer, starb anläßl. der Taufe um 494; der 2. Sohn, Chlodomer, wurde um 496/497 geboren (Greg. Tur. Hist. Franc. II, 29), Chlothar (I.), der jüngste Sohn, dann 504/507. Als kath. Prinzessin setzte sich Ch. bei der Taufe ihrer Söhne bei Chlodwig durch. Ch.s eigtl. Rolle begann erst nach dem Tod des Gatten (511). Die Königinwitwe trug 523 zum Ausbruch des Feldzuges gegen die Burgunder bei (Hist. Fr. III, 6) und übernahm 524 die weitere Erziehung der unmündigen Söhne des gefallenen → Chlodomer (Hist. Fr. III, 8). Erst nach der erbrechtl. Ausschaltung der Enkel nahm der Einfluß Ch.s auf die Tagespolitik ab. Sie verließ ihre Residenz Paris und siedelte nach Tours über, wo sie ein dem Apostel Petrus geweihtes Frauenkloster gründete (Vita Ch. 11). Der Apostel war der von ihr bevorzugte Patron. Ch. griff wiederholt in die Angelegenheiten der Kirche ein. Sie starb in hohem Alter und geehrt in Tours (Hist. Fr. IV, 1). In der von ihr und Chlodwig zu Paris gegründeten Apostel-Basilika wurde Ch., zur merow. Stammutter geworden war, von ihren Söhnen beigesetzt. H. Ebling

Lit.: E. ZÖLLNER, Gesch. der Franken bis zur Mitte des sechsten Jh., 1970 – E. EWIG, Stud. zur merow. Dynastie, FMASt 8, 1974, 15-59 – DERS., Spätantikes und frk. Gallien I (Francia Beih. 3.1), 1976 – H. GRAHN-HOEK, Die frk. Oberschicht im 6. Jh. (Sonderbd. 21), 1976.

Chrodegang, hl., Bf. v. →Metz, Ebf., † 6. März 766, ⌐ in seiner Gründung Gorze. Das wichtigste Lebenszeugnis bietet die Geschichte der Bf. e v. Metz des →Paulus Diaconus (MGH SS II, 267f.). Ihm zufolge stammte Ch. aus dem Hasbengau (heute östl. Belgien), aus derselben Region wie die älteren Pippiniden, und gehörte einer Familie des »allerersten frk. Adels« an; der Oberrheingau-Gf. →Cancor, Gründer des Kl. Lorsch, war sein consanguineus. Ch. wuchs am Hof Karl Martells auf und wurde dessen »Referendar« (→referendarius); die letzte erhaltene Urkunde des Hausmeiers hat Ch. rekognosziert (741). Wohl bald danach (30. Sept. 742?) wurde Ch. zum Bf. v. Metz geweiht. Sein Aufstieg zum Haupt des frk. Episkopats begann jedoch erst nach der Übernahme der Regierung des Gesamtreichs durch Pippin (747) mit dem Beginn der 50er Jahre des 8. Jh. Im Auftrag des Kg.s und des ganzen frk. Adels reiste Ch. 753 nach Rom, um Papst Stephan II. zu den folgenreichen Verhandlungen mit dem Frankenkg. und zu dessen Salbung über die Alpen zu geleiten. Im Jahr darauf zeichnete ihn der Papst mit dem Pallium aus und verlieh ihm damit die Würde eines Ebf.s. Auf den Synoden v. Ver (755) und Compiègne (757) übte Ch. einen über seinen Sprengel weit hinausreichenden Einfluß aus; auf der Synode v. Attigny (762) stand er an der Spitze des gesamten reformwilligen frk. Episkopats. Er darf als der Nachfolger des →Bonifatius und Fortsetzer seines Werks bezeichnet werden (Th. Schieffer). Eine bes. Sorge Ch.s galt dem Mönchtum. Bei der Gründung des berühmten Kl. →Gorze (748) als eines »Musterklosters« beabsichtigte Ch. u. a. eine enge Bindung der monast. Kommunität an den Diözesanbf.; sein Privileg für Gorze von 757 stellte »das Verhältnis von Kl. und Bf. durch die Einführung des frk. Rechtsbegriffs »mundeburdis et defensio« auf eine neue Grundlage« (E. Ewig). An der Gründung von →Lorsch (764/765) hatte Ch. großen Anteil; als ersten Abt hat er seinen Bruder Gundeland mit einer Gruppe Gorzer Mönche dorthin entsandt. Schon 761 hatte Ch. Gorzer Mönche in das rechtsrhein. Kl. →Gengenbach geschickt. Von Rom ließ er die Gebeine dreier Märtyrer nach Gorze bringen; während die Reliquien des hl. Gorgonius dort blieben, wurden die des hl. Nazarius nach Lorsch, die des hl. Nabor in das Metzer Kloster St. Avold übertragen. In allen diesen Maßnahmen erkennt man den Aufbau eines Klosterverbandes, zu dem auch die bfl. Metzer Kl. →St. Trond, Senones und Neuweiler gehörten. Noch bedeutsamer ist Ch.s programmat. Reform des Metzer Kathedralklerus, dessen Lebensnormen er im Sinne der »vita communis« ordnete und im 755 in einer Kanonikerregel (→Kanoniker, -regel) niederlegte. Sie prägte das gemeinsame Leben in der Feier des Gottesdienstes, in der Bindung von Arbeit und Gebet an einen gemeinsamen Lebensraum, in der Gewährung gemeinsamer Nahrung und Kleidung aus dem Kirchengut. Diese Regel wurde das Vorbild späterer Regelungen der »vita canonica«; so entstand um 1000 eine ae. Übersetzung. Das räuml. Substrat dieser Lebensordnung war die Metzer Kathedralgruppe, die Ch. ausbaute und reich ausstattete. Ein Grundzug der Reformen Ch.s ist die Ausrichtung seiner Maßnahmen an dem »mos atque ordo« der röm. Kirche. Die Kanonikerregel zeigt sie ebenso wie die wohl von Ch. geschaffene Metzer Stationsordnung (→Stationsgottesdienst), welche der täglich wechselnden Orte der bfl. Gottesdienstes festlegte. Ferner hat Ch. in Metz die »Romana cantilena«, die liturg. Texte in ihrer röm. Form und Vortragsweise, eingeführt. Seitdem war Metz das Zentrum der liturg. Reform im Frankenreich, aber auch eine Stätte der theol. und wissenschaftl. Arbeit (→Amalar(i)us v. Metz). Durch die Maßnahmen Ch.s wurde Metz überhaupt zum Vorbild einer Bischofsstadt, dessen Wirkung sich in den folgenden Jahrzehnten, z. B. bei →Leidrad v. Lyon, bis in die Einzelheiten nachweisen läßt.

O. G. Oexle

Ed.: W. Schmitz (ed.), S. Chrodegangi Metensis Episcopi Regula Canonicorum, 1889 – A. S. Napier, The OE Version of the Enlarged Rule of Ch., together with the Latin Original, EETS OS 150, 1916 – *Lit.*: Th. Klauser, Eine Stationsliste der Metzer Kirche aus dem 8. Jh., wahrscheinl. ein Werk Ch.s, EL 44, 1930, 162–193 – Th. Schieffer, Angelsachsen und Franken, Akad. der Wiss. und der Lit. Mainz, AAMZ 1950, Nr. 20 (1951), 30ff. – Saint Chrodegang. Communications présentées au colloque tenu à Metz à l'occasion du douzième centenaire de sa mort, 1967 – O. G. Oexle, Die Karolinger und die Stadt des hl. Arnulf, FMASt 1, 1967, 285ff. – E. Ewig, Beobachtungen zur Entwicklung der frk. Reichskirche unter Ch. v. Metz, FMASt 2, 1968, 67ff. – Ders., Beobachtungen zu den Klosterprivilegien des 7. und frühen 8. Jh. (Fschr. G. Tellenbach, 1968), 52ff. – P. Riché, Le renouveau culturel à la cour de Pépin III, Francia 2, 1974, 59ff. – K. Schmid–O. G. Oexle, Voraussetzungen und Wirkung des Gebetsbundes von Attigny, ebd. 71ff. – R. Schieffer, Die Entstehung von Domkapiteln in Dtl., BHF 43, 1976, 141ff. – O. G. Oexle, Forsch. zu monast. und geistl. Gemeinschaften im westfrk. Bereich, MMS 31, 1978, 134ff., 146ff. – C. Heitz, L'architecture religieuse carolingienne, 1980, 13ff. – M. Werner, Der Lütticher Raum in frühkarol. Zeit, Veröff. des Max-Planck-Institutes für Gesch. 62, 1980, 197ff. [mit Infragestellung der Verwandtschaft zu Cancor und den Robertinern] – TRE VIII, 71ff. [J. Semmler].

Chrodoald, Großer des Frankenreiches aus der Familie der →Agilolfinger, † 625. ∞ vermutl. Tante des frk. Kg.s Theudebert II., Sohn: Fara. – Ch., von dem Fredegar berichtet, er sei »ex proceribus de gente nobili Agylolfingam«, Gegner der Partei Bf. →Arnulfs v. Metz, wurde ein frühes Opfer der Adelsgegensätze im Frankenreich. Er ist offensichtl. identisch mit jenem Ch., der 610/611 im Hause des Bf.s Leupacharius v. Tours als treuer Gefolgsmann (Tischgenosse) Kg. Theuderichs II. begegnet und mit einer amita Kg. Theudeberts II. (595–612) vermählt war. Hier in Tours trat er dem Iren →Columban stolz und abweisend gegenüber. Der mächtige Agilolfinger Ch. fiel 624 auf Betreiben Arnulfs v. Metz und Pippins d. Ä. bei Kg. Dagobert I. in Ungnade. Man warf ihm nicht nur allzu großen Reichtum und Hochmut vor, sondern auch Begierde nach fremden facultates (d. h. wohl Besitzungen und Machtpositionen der Arnulfinger). Ch. gelang es zwar, nach Paris zu fliehen und nach Verhandlungen mit Kg. Chlothar und seinem Sohn Dagobert die Zusicherung freien Geleits zu erhalten; der junge Kg. Dagobert begleitete den Agilolfinger nach Trier, wo Ch. mit Wissen des Kg.s von Berthar, einem Parteigänger der Arnulfinger, ermordet wurde. Da die Positionen seines Sohnes Fara im Mittelrheingebiet und östl. des Rheins lagen, wird man annehmen dürfen, daß hier auch der Schwerpunkt von Ch.s Hausmacht war.

W. Störmer

Q.: Fredegar IV c. 52 – Jonas, Vita Columbani I c22 – *Lit.*: E. Ewig, Die frk. Teilreiche im 7. Jh. (613–714), Trierer Zs. 22, 1953 – R. Sprandel, Der merow. Adel und die Gebiete östl. des Rheins, 1957 – M. Gockel, Karol. Königshöfe am Mittelrhein, 1970 – A. Friese, Stud. zur Herrschaftsgesch. des frk. Adels, 1979 – E. Hlawitschka, Stud. zur Genealogie und Gesch. der Merowinger und der frühen Karolinger, RheinVjbll 43, 1979.

Chroma

I. Einstimmigkeit – II. Mehrstimmigkeit.

I. Einstimmigkeit: Ch. (gr. χρῶμα) ist in Antike und MA ein multipler Begriff; er bezeichnet ursprgl. die Oberfläche eines Körpers, die Farbe der Oberfläche, inbes. der Haut. Im übertragenen Sinne bedeutet Ch. Kolorit und Charakter des Ausdrucks. In der Musik ist Ch. ein Tongeschlecht, das die toni des Tetrachords nach unten oder nach oben alteriert, also gleichsam 'färbt'. Das System – es setzt sich im allgemeinen aus Halbtönen (apotome, decisio, hemi-, semitonium), aber auch aus engeren Intervallen (tetrastemoria, diesis, tritemoria, comma, schisma, diaschisma) zusammen – zählt als Chromatik zu den mehr oder weniger herrschenden Tongeschlechtern (Diatonik und Enharmonik) des Okzidents. Die Antike kennt verschiedene genera chromatum, nämlich 'in gedrängter Folge' aus Drittel-, Achtel- oder Halbtönen bestehende sog. Pykna. Den Begriff Ch. tradiert Boethius (M. Bernhard, Wortkonkordanz zu Anicius Manlius Severinus Boethius

De institutione musica, Bayer. Akad. der Wiss., Veröff. der Musikhist. Kommission 4, 1979, 59–65). MA und NZ verändern indes den ursprgl. Sinn antiker Skalenbildung. Ch. – im Sinne antiker Musiktheorie und -praxis – halten bereits Kirchenväter des griech. Orients, v. a. Clemens v. Alexandria (Paidagogos II, 44, 5; ed. A. Boatti, Il pedagogo, 1937), mit liturg. Gesängen des christl. Kultes für inkompatibel. Bis →Guido v. Arezzo im ersten Viertel des 11. Jh. die diastemat. Notation auf (vier) Linien einführt, gibt es dennoch in ma. Monodie – v. a. im →Choral – chromata als Halb- und Vierteltonstufen, die fest umrissene Zeichen der Adiastematie bewahren: Bistropha, Tristropha, Torculus strophicus, Salicus, Pes quassus, Quilisma, Trigon, Pressus, Franculus und Pes stratus; sie meiden zum einen strenge Diatonik der Intervalle und bevorzugen zum anderen Tonstufen, die unter sich einen Halbton haben. So nimmt etwa die Bebung der Bistropha die erste vox, die der Tristropha die zweite etwas tiefer, ohne dabei das Intervall eines Halbtons zu erreichen. Solche Zeichen und Stufen, die von Diatonik abweichen, bezeugen v. a. Codices der St. Gallener Handschriftenfamilie des 9. und 10. Jh. (Paléographie Musicale I, 1889; R. J. Hesbert, Antiphonale Missarum Sextuplex, 1935; Ders., RED F VII–XII), und auch Theoretiker wie →Regino v. Prüm (Gerbert I, 230–247; Coussemaker II, 1–74; M. Bernhard, Studien zur Epistola de armonica institutione des Regino von Prüm, Bayer. Akad. der Wiss., Veröff. der Musikhist. Kommission 5, 1979, 58–64) und Engelbert v. Admont (Gerbert II, 287 ff.); sie mit antiker oder sogar mit moderner Chromatik auf eine Ebene zu stellen, wäre falsch und ahistorisch. Denn der Ch.-Begriff der Griechen basiert auf Häufung halber Tonstufen und auch auf dem Intervall der kleinen Terz, mit dem sie fest verbunden sind. Die chromat. Form des ma. Tetrachords (z. B. e-f-fis-a) hat indes mit nichtdiaton. Stufen im Choral, obschon sie Ch. heißen, absolut nichts zu tun; sie sind einzig Zeugen eines Stadiums, das einer konsequenten Diatonik vorausliegt und auch heute in liturg. Gesängen mancher Ostkirchen legitim begegnet. In ihre Nähe rükken Ornamentneumen (neumae liquescentes vel semivocales) wahrscheinl. ital. Ursprungs; als Tremulae und Vinnulae (collisibiles et secabiles voces) fordern sie Geschmeidigkeit und Biegsamkeit der Tongebung. Als Guido die Tonhöhe der Neumen mit Hilfe von Linien festzulegen beginnt, werden nichtdiaton. Stufen erst evident. Weil aber das Guidon. System einzig die Alteration von b-quadratum in b-rotundum zuläßt, eliminieren Schreiber die voces irregulares (es, fis, cis) in den Codices oder transferieren und transponieren die Melodien so, daß im Choral existente Chromata hinter diaton. Physiognomie auch heute fortleben. D. v. Huebner

II. Mehrstimmigkeit: Ma. und moderne Theorie mehrstimmiger Musik kennt nicht wie die antike griech. Theorie der (einstimmigen) Musik ein bes. chromat. Tongeschlecht mit eigenen Leitern, die auch kleinere Intervalle als Halbtöne verwenden. Sie kennt nur die fallweise Einbeziehung zusätzl. »umgefärbter«, d. h. durch Erhöhung oder Erniedrigung lediglich um (»chromatische«) Halbtöne veränderter Varianten diaton. Tonstufen in das allein herrschende diaton. Tonsystem. Auch →Guidos v. Arezzo Hexachordsystem ist streng diatonisch; die variable Tonstufe mit b mi b fa (→Solmisation) verlockte jedoch bald dazu, dieses Prinzip einer einzigen Tonposition mit zwei Varianten fortschreitend auf andere Tonstufen auszudehnen und damit Töne und Fortschreitungen zu schaffen, die außerhalb der Diatonik liegen (»praeter regularem manus traditionem«, →Tinctoris). Der Terminus ch., lat. →color für eine solcherart veränderte Tonstufe ist in der Mehrstimmigkeit des MA selten; vielmehr nannte man nicht in das ursprgl. Hexachordsystem (hexachorda vera, musica vera) gehörende Töne →musica ficta, falsa oder coniuncta. – Chromatisch als musikal. Terminus taucht erst wieder im 16. Jh. auf und deckt hier zunächst verschiedene Bedeutungen: ein den antiken Leitern versuchsweise nachgebautes chromat. Tongeschlecht, das von bloß theoret. Interesse blieb; Benutzung akzidentiell veränderter Tonstufen; Gebrauch von →Akzidentien als Vorzeichen zu Beginn einer Komposition; und auffällige Verwendung »geschwärzter« Noten von kürzerem Wert als die »weißen«, hohlköpfigen Minimen (vgl. it. und span. *croma* für Achtelnote usw.). H. Leuchtmann

Lit.: H. Stephanus, Thesaurus Graecae linguae 8, 1865, 1693–1694, 1756–1760, 1761–1765 – Du Cange, 1688, c. 1771 – E. A. Sophocles, Greek Lex. of the Roman and Byz. periods, 1887, 1175 – Du Cange II, 321 – Dict. de la musique II, 148–151 – MGG III, 403–426 – MlatWb II, 558 – New Grove IV, 377–378 – Riemann, Sachteil, s. v. Chromatik – ThLL III, 1029–1030 – G. Jacobsthal, Die chromat. Alteration im liturg. Gesang der abendländ. Kirche, 1897 – J. Wolf, Gesch. der Mensuralnotation 1, 1904 – J. Gmelch, Die Vierteltonstufen im Meßtonale v. Montpellier [Diss. Fribourg 1910], 1911 – P. Wagner, Einführung I, 16; II, passim – L. B. Spiess, 'The Diatonic »Chromaticism« of the Enchiriadis Treatises, JAMS 12, 1959 – G. Ciobanu, Vechimea genului cromatic in muzica bizantina, Studi de muzicologie 9, 1973 – H. Schmid, Musica et Scolica Enchiriadis, Bayer. Akad. der Wiss., Veröff. der Musikhist. Komm. 3, 1981, 154.

Chromatius, Bf. v. Aquileia, um 387–407, stand in geistigem Austausch mit →Ambrosius, →Johannes Chrysostomos, →Hieronymus und →Rufinus. Sein lit. Schaffen verrät Kenntnis guter lat. Tradition: Erklärungen (tractatus) zu Mt und 41 Predigten, darunter über die Acht Seligkeiten und das Herrengebet. – In Aquileia als Hl. verehrt (Fest: 2. Dez.). K. S. Frank

Ed.: R. Étaix–J. Lemarié, CCL 9 A, 1974 – *Lit.:* Ebda.; SC 154, 1969.

Chronica, Chronicon → s. a. Cronica, Cronicon

Chronica Adefonsi Imperatoris, Chronik →Alfons' VII. v. Kastilien und León, von einem Anonymus (dem Bf. v. Astorga? einem Cluniazenser aus Frankreich?) erklärtermaßen auf der Grundlage von Augenzeugenberichten verfaßt, bevor das von Ks. eroberte Almería 1157 wieder an die →Almohaden verlorenging. Buch 1 schildert Alfons' Taten zum Ausbau seiner Herrschaft und zur Befriedung des Reiches, beginnend mit der Königserhebung von 1126, d. h. unter Auslassung seiner galiz. Vorgeschichte, Buch 2 seine Kämpfe gegen die Ungläubigen. Seine diesbezüglich größte Leistung, die Reconquista der muselmanischen Piratenstadt Almería, will der Autor in Hexametern erzählen; das »Poema de Almería« reicht jedoch nur bis zur Einnahme Baezas (Aug. 1147, zwei Monate vor dem Fall Almerías) und bricht dann mitten im Vers ab. Alfons' Herrschaft wird in bibl. Sprache als schier metaphysisch dargestellt: Nur bei ihm ist Heil; ohne ihn ist nur das Nichts; gegen ihn zu sein, ist gottlos; vgl. das schaurige Ende →Alfons' I. v. Aragón el Batallador, den die Chronik zu seinem »Erzgegner« stilisiert hat. Entsprechend betont das Werk die Verdienste des Ks.s und verschweigt bzw. beschönigt die Schwachstellen seiner Biographie, z. B. die fortschreitende Verselbständigung →Portugals. Die Chronik wird in späteren ma. Geschichtswerken nicht erwähnt und ist nur in frühneuzeitl. Manuskripten überliefert. P. Feige

Ed.: Ch., ed. L. Sánchez Belda, 1950 – *Lit.:* F. Balaguer, La Ch. y la elevación de Ramiro II al trono aragonés, Estudios de la Edad Media de la Corona de Aragón 6, 1956, 7–40 – A. Ubieto Arteta, Sugerencias sobre la Ch., Cuadernos de Hist. de España 25–26, 1957, 317–326 – A. Ferrari, Artificios septenarios en la Ch. y Poema de Almería; El

Cluniacense Pedro de Poitiers y la Ch. y Poema de Almería, BRAH 153, 1963, 19–67, 153–204 – P. Feige, Die Anfänge des ptg. Kgtm.s und seiner Landeskirche (GAKGS 29), 1978, bes. 179ff.

Chronicon Albeldense, herkömmliche unpassende Bezeichnung für eine am Hof Kg. →Alfons' III. v. Asturien im Nov. 883 vollendete Chronik. Auf summar. Daten erst zur allgemeinen, dann zur iber. Geographie sowie zur Chronologie der Weltgeschichte folgen ein größtenteils auf →Isidors Chronik fußender Ordo Romanorum von Romulus bis Tiberios III. (698–705) und ein mit Athanarich beginnender Ordo gentis Gotorum, für den zunächst Isidors Gotengeschichte als Quelle diente. An die letzten Westgotenkönige schließen sich im Sinne des in Oviedo propagierten Neogotismus die astur. Herrscher an. Der lakon. Stil wandelt sich gegen Ende des Werks; die Schilderung der Taten Alfons' III. ist detailliert und panegyrisch. J. Prelog

Ed.: Y. Bonnaz, Etude critique des chroniques asturiennes [Thèse masch., Paris 1977] – *Lit.*: Repfont 3, 260f. – J. Prelog, Die Chronik Alfons' III., 1980.

Chronicon S. Benedicti Casinensis → Chronik, Italien

Chronicon Caesaraugustanum. Nach →Isidor v. Sevilla von Bf. Maximus v. Caesaraugusta (Zaragoza) verfaßter Bericht über Ereignisse im Westgotenreich von 450 bis 568 mit bes. Berücksichtigung von Caesaraugusta; als Quelle nicht ohne Bedeutung. J. M. Alonso-Núñez

Ed.: MGH AA XI, 221–223.

Chronicon Colmariense, Geschichtswerk eines alem. Dominikaners (* 1221, ztw. in Basel, seit 1278 in Colmar, † um 1305). Das Ch. C. reicht von der Regierungszeit Rudolfs v. Habsburg bis 1304. Es ist überliefert zusammen mit annalist. Aufzeichnungen (1211–98, 1266–1305) und deskriptiven Texten (von Jaffé als »De rebus Alsaticis ineuntis saeculi XIII«, »Descriptio Alsatiae«, »Descriptio Theutoniae« bezeichnet), die wohl demselben Verfasser zuzuschreiben sind. Sein Oeuvre ist nicht vollständig erhalten. Die ungünstige Überlieferungslage (Colmarer Originalhs. ging im 18. Jh. verloren; Abschrift aus der Zeit um 1540 liegt in Stuttgart, Landesbibl., cod. hist. 4°, 145 vor; außerdem mehrere Textfragmente) läßt manche Fragen hinsichtl. des ursprgl. Bestands offen. Das Ch. C. wurde offenbar vor 1314 bis ca. 1308 fortgesetzt (evtl. von Prior Rudolf v. Schlettstadt). Das Colmarer Gesamtwerk stellt einen Neuansatz in der Geschichte der spätma. Historiographie dar. Es ist dem habsburg. Kgtm. verbunden, ohne die großen polit. Zusammenhänge wirklich zu reflektieren. Vielfach werden Notizen und Anekdoten in loser Form um bedeutende Persönlichkeiten gruppiert. Die Thematik umfaßt u. a. auch bürgerl. Alltagsleben, Naturgeschehen, kulturellen Fortschritt im Elsaß, Wirken der Dominikaner in Seelsorge und Wissenschaft (Schriftstellerkatalog). Die Colmarer Texte wurden später u. a. von →Ottokar v. Steiermark und →Matthias v. Neuenburg benützt. K. Schnith

Ed.: MGH SS XVII, 189ff. – zusätzl. Fragmente, hg. E. Kleinschmidt, DA (s. u.), 371ff. – *Lit.*: Verf.-Lex.² I, 1295f. [E. Kleinschmidt] – K. Köster, Die Geschichtsschreibung der Colmarer Dominikaner des 13. Jh. (Schicksalswege am Oberrhein, hg. P. Wentzcke, 1952), 1ff. – J. Schmid, Stud. zu Wesen und Technik der Gegenwarts-Chronistik in der süddt. Historiographie des ausgehenden 13. und 14. Jh. [Diss. Heidelberg 1963] – E. Kleinschmidt, Die Colmarer Dominikaner-Geschichtsschreibung im 13. und 14. Jh., DA 28, 1972, 371ff. – Ders., Herrscherdarstellung, 1974, 127ff. – Rudolf v. Schlettstadt, Historiae memorabiles, 1974, 27ff. [E. Kleinschmidt].

Chronicon Paschale ('Osterchronik'), auch bekannt als Chronicon Alexandrinum oder Constantinopolitanum bzw. Fasti Siculi (nach dem Fundort des einen Codex). Die Überschrift des um 630, zur Zeit des Ks.s Herakleios, entstandenen Werkes lautet Ἐπιτομὴ χρόνων. Der unbekannte Verfasser, offenbar ein in Konstantinopel ansässiger Geistlicher, war vermutl. ein Vertrauensmann des Patriarchen →Sergios. In der christl. Chronologie wird nach dem Osterkanon gerechnet; daher der Titel des Werkes. Der umfangreiche Text ist ein chronolog. Verzeichnis kompilator. Charakters von Adam bis 629, bricht jedoch mit dem Jahre 628 ab, weil das Ende der Hs. nicht erhalten ist. Seit dem Ende der Regierung des Ks.s Maurikios (602) war der Autor Augenzeuge. Die anderen Teile sind Zusammenstellungen aus verschiedenen, nicht klar erkennbaren Quellen. →Chronologie, D, →Chronik, N.
J. M. Alonso-Núñez

Ed.: L. Dindorf, 1832, 2 Bde, CSHB – MPG 92, 69–1028 – *Lit.*: RE III, 2460–2477 – Repfont II, 405f. – E. Schwartz, Griech. Geschichtsschreiber, 1957, 291–316] – J. Beaucamp u. a., Temps et hist. I. Le prologue de la Chronique Pascale, TM 7, 1979, 223–301.

Chronicon pictum (vor 1933 auch Wiener Bilderchronik gen.), reich illustrierter Pergamentcodex der Széchényi-Nat.-Bibl. Budapest, Clmae 404. Das wohl für die Bibliothek Kg. Ludwigs I. v. Ungarn bestimmte, vom Schreiber als »Cronica de gestis Hungarorum« bezeichnete Werk wurde am 15. Mai 1358 begonnen. Der Text, in dem wesentl. Teile früherer hist. Lit. verarbeitet sind, bricht auf fol. 73ᵛ bei der Erzählung der Niederlage Kg. Karl Roberts gegen den valach. Fs.en Basarab I. im Nov. 1330 mitten im Satz ab. Auch d. Arbeit des it. geschulten ung. Illuminators blieb unvollendet. Th. v. Bogyay

Ed.: SSrerHung I, 239–500 – *Lit.*: Bilderchronik – Chronicon Pictum – Chronica de gestis Hungarorum, hg. D. Dercsényi, 1: Faksimile; 2: Komm., 1968 – D. Dercsényi, S. de Vajay, La genesi della Cronaca illustrata ungherese, Acta Hist. Artium 23, 1977, 3–20.

Chronicon Scotorum, eine Kompilation ir. Annalen, welche die Zeit von den Anfängen bis 1150 (mit einer Lücke für 718–804) behandelt. Die Hs. befindet sich in Dublin, Trinity College, Ms. H. I. 18; sie besteht aus einer im 17. Jh. von An Dubhaltach Mac Firbhisigh angefertigten Abschrift des sog. »Chronicle of Ireland«, der (verlorenen) ursprgl. Sammlung, die den Ausgangspunkt aller überkommenen ir. Annalen bildete. Eng verbunden mit den sog. »Annals of Tigernach«, enthält das Ch. S. einige zusätzl. Nachrichten, die wahrscheinl. aus dem Kl. →Clonmacnoise stammen und in anderen Annalen nicht verzeichnet sind. Das Ch. S. bietet wertvolle Hilfe bei der Rekonstruktion der Bestandteile des ursprgl. »Chronicle of Ireland«. Die Vorlage des Ch. S. dürfte der Zeit um 900 entstammen. Die zusätzl. Einträge, von denen mehrere bis auf das 7. Jh. zurückgehen, betreffen Clonmacnoise (dortige Kleriker, Bauwerke sowie Angriffe auf dieses Kl.). Diese Einträge sind wohl einer durchgehenden Abfassung von Annalen aus Clonmacnoise zuzurechnen.
D. Ó Cróinín

Ed. und Lit.: W. M. Hennessy, Chronicon Scotorum: a chronicle of Irish affairs from the earliest times to A. D. 1135, with a supplement, 1141–50, 1866 – K. Hughes, Early Christian Ireland: introduction to the sources, 1972, 105–107.

Chronik

A. Spätantike – B. Allgemeine Fragestellung und Überblick über die mittelalterliche Chronistik (Mittelalterlicher Westen) – C–S. Die mittelalterliche Chronistik nach Ländern, Regionen und Kulturen: C. Imperium/Deutschland – D. Italien – E. Frankreich – F. Flandern/Niederlande/burgundischer Staat – G. England – H. Schottland – I. Irland und Wales – J. Skandinavien – K. Iberische Halbinsel – L. Kreuzzüge und Lateinischer Osten – M. Ostmitteleuropa und Baltikum – N. Byzantinisches Reich – O. Altrußland – P. Südosteuropa – Q. Syrien, Armenien und Georgien – R. Judentum – S. Islamischer Bereich

A. Spätantike

Die historiograph. Gattung der Ch. entstand in der röm. Kaiserzeit mit dem Ziel universalhist. Darstellung der Weltgesch. von Anbeginn und in chronolog. Abfolge der Ereignisse. Die Ch. hält sich im Gegensatz zu →Annalen nicht an das Schema der jährl. aufeinanderfolgenden Nachrichten, benutzt aber diese gerne als Quelle, so daß eine Scheidung schwer ist (zu den weiteren Fragen der Abgrenzung und Definition der Gattung s. Abschnitt B mit Belegen aus spätantiken und ma. Autoren). Gestaltungsform wie Inhaltsdosierung sind vielfältig und von Absichten des Verf. abhängig, chronikartige Darstellung gesch. Abläufe außerhalb des griech.-lat. Bereiches geht z. T. auf andere Ursprünge zurück, ergänzt sich aber aus ihm. Im Gegensatz zur Monographie vorwiegend der Information dienend, ist die Sprache einfach und auch im Inhalt von entsprechendem Niveau (Wundergeschichten, Sensationen, Moralisierung, dazu Naturereignisse, z. T. astrolog. gedeutet). Die meist durchsichtige Kompilation von Quellenmaterial (wohl nach Vorbildern wie Cornelius Nepos, Varro, Censorinus) führt in der Spätantike fast stets zur Aufnahme bes. religionsgesch. Fakten (Zeugnisse göttl. Gerechtigkeit, eschatolog. Gedanken). Die chronolog. Einordnungskriterien sind die üblichen (Olympiaden, Consulate, Kaiserjahre; Jahrzählung nach Christi Geburt ist vor →Dionysius Exiguus nicht nachzuweisen). Kirchl. Zwecke bedingen Verbindung von Ch. und kirchl. Annalistik im besonderen (→Ostertafeln). Ist für die Ch. in Frühstufen Parallelität zw. griech. und lat. Bereich zu erkennen, so bringt die Auflösung des Imperiums für den Westen eine Vielfalt neuer Gewichtungen in Zeugnissen verschiedenen Niveaus aus den vereinzelten Nachfolgebereichen mit sich (s. Abschnitt B ff.), während Byzanz im Formalen strenger an einer Linie festhält (s. Abschnitt N).

Das erste faßbare Zeugnis einer chr. Weltchronik sind die nur fragmentar. erhaltenen fünf Bücher Χρονογραφίαι des Sextus Iulius Africanus († nach 240), die eine synchronist. Zusammenstellung von Adam bis 217 n. Chr. bieten; die Geburt Christi wird in das Jahr 5500 nach der Weltschöpfung gesetzt. Das Werk wurde von →Eusebios und →Hieronymus benutzt, dessen Ch. wiederum für die folgende Zeit richtungsweisend wurde. Eine weitere Grundlage spätantiker Ch.en bildet ein wohl offizieller, doch auch Privatleuten zugänglicher Staatskalender, dessen Material sich beim →Chronographen des Jahres 354 erhalten hat. Benutzt und weitergeführt für die Gesch. Ostroms wurde er für die Jahre 379–534 von →Marcellinus Comes sowie im →Chronicon Paschale. Unter den Ch.en des Westens benutzen den Staatskalender die Urform der Ravennater Annalen, die auf Bf. →Maximianus v. Ravenna (6. Jh.) zurückgehen, ferner Chronisten wie →Sulpicius Severus, →Marius, Bf. v. Avenches, →Gregor v. Tours und der →Liber Pontificalis. Für die Gesch. der Völkerwanderungszeit stellen Ch.en die wichtigsten Quellen dar: Das Chronicon des →Prosper Tiro in zwei Versionen (die letzte bis 445 reichend) bildet eine Fortsetzung des Hieronymus, Abschriften, bes. in Afrika, bringen Erweiterungen, und Marius, Bf. v. Avenches, führt sie von 455 bis 581 fort (MGH AA XI, 225–239). Eine andere Fortsetzung des Hieronymus ist die Continuatio chronicorum Hieronymianorum des →Hydatius, Bf. v. Aquae Flaviae (bis 468). Wichtig für die Gesch. des Westgotenreiches ist das Chronicum Imperiale (395–450/2 in zwei Redaktionen), so benannt wegen der Einteilung nach Regierungsjahren der Ks.; der semipelagian. Autor steht in theol. Gegensatz zu Prosper. Eine zweite Version (Chronica Gallica) mit Zusätzen aus →Orosius, →Hydatius und der verlorenen, aber bei zahlreichen spätantiken Autoren benutzten Chronica Constantinopolitana ist im Auszug unter dem Namen des →Sulpicius Severus überliefert und reicht bis 511. Bes. für die Gesch. der Vandalen von Bedeutung ist die Ch. des afrikan. Bf.s Victor v. Tunnuna († nach 566), von der nur der 2. Teil (444–566) erhalten ist. Die gleiche Zeit (450–568) umfassen die →Chronica Caesaraugustana des Maximus v. Zaragoza, den Anschluß bietet für die Jahre 567–590 →Johannes v. Biclaro, und der Laterculus regum Vandalorum et Alanorum. Die in zwei Versionen erhaltene Ch. des →Isidor v. Sevilla geht bis 615 bzw. 624 und versucht erstmals eine Einteilung in Weltzeitalter. →Cassiodorus.   G. Wirth

Ed.: Zumeist in MGH AA – zu Ed. im einzelnen s. die Autoren und Werke mit eigenem Stichwort – *Lit.:* Repfont–RE–H. GELZER, Sextus Julius Africanus und die Byz. Chronographie, 1880–1898 – WATTENBACH-LEVISON-LÖWE I, bes. 50ff. – I. LANA, La storiografia del' basso impero, 1963.

B. Allgemeine Fragestellung und Überblick über die mittelalterliche Chronistik (Mittelalterlicher Westen)

I. Der Begriff Chronik – II. Probleme und Entwicklungswege der Weltchronistik – III. Sonstige Chronikarten.

I. Der Begriff Chronik: [1] *Auffassung des Mittelalters:* Die Bezeichnung chronicon (Plural: chronica, auch als Singular verwendet) wurde für Geschichtswerke von unterschiedl. zeitl. und räuml. Spannweite gebraucht. →Isidor v. Sevilla († 633) bot die Definition: »chronica Graece dicitur quae Latine temporum series appellatur, qualem apud Graecos Eusebius Caesariensis episcopus edidit, et Hieronymus presbyter in Latinam linguam convertit« (Etym. V, 28). Man konnte also unter »Ch.« ein Werk verstehen, welches die vorhandenen Nachrichten über die Abfolge der Zeiten zusammenfügte und geordnet darbot. Aber →Cassiodor hatte im 6. Jh. die chronica als »imagines historiarum brevissimaeque commemorationes temporum« (Inst. I, 17, 2) umschrieben und somit ihren annalenartigen Charakter betont, und noch →Gervasius v. Canterbury († um 1210) rückte Chronisten und Annalisten aneinander und stellte ihnen die historici gegenüber: »Cronicus autem annos Incarnationis Domini annorumque menses computat et kalendas, actus etiam regum et principum quae in ipsis eveniunt breviter edocet, eventus etiam, portenta vel miracula commemorat. Sunt autem plurimi qui, cronicas vel annales scribentes, limites suos excedunt... Dum enim cronicam compilare cupiunt, historici more incedunt, et quod breviter sermoneque humili de modo scribendi dicere debuerant, verbis ampullosis aggravare conantur« (Chronica, I, 87f.). →Siccard v. Cremona († 1215) ließ den lehrhaften Zweck der (auf ausgewähltem Material beruhenden) Ch. deutlicher hervortreten: »cronicam id est temporalem narracionem ab exordio mundi de temporibus et personis et gestis earum, non omnibus, sed que nobis et nunc ad exempli et cautele memoriam scripturarum noticiam expedire videntur« (MGH SS XXXI, 78f.). Der hochma. Sprachgebrauch erlaubte es aber auch, Tatenberichte – etwa die »Gesta Friderici« →Ottos v. Freising – als chronica zu bezeichnen. Die Weltgeschichtsdarstellung dieses Autors wurde von ihm selbst als historia betrachtet, allerdings gelegentl. doch auch chronica genannt. So zeigte das MA bei Anwendung des Wortes chronicon eine gewisse Flexibilität. Vom 13. Jh. an wird es üblich, Geschichtserzählungen verschiedenster Art mit dem Begriff »Ch.« zu belegen.

[2] *Sicht der neueren Forschung:* Es besteht eine communis opinio darüber, daß das MA historiograph. Gattungen mit jeweils eigenen Wurzeln und Traditionen besaß. Weniger einig ist man sich bei der Frage, wie die einzelnen

Formen gegeneinander abzugrenzen sind. Es gab keine strenge Trennung zw. den Gattungen Ch., →Annalen und →Gesta. Diese berührten und überschnitten sich im Lauf der Entwicklung in vielfältiger Weise. Heute wird auch die Meinung vertreten, bei der Verwendung der Genera als Gliederungspunkte einer Darstellung zur Historiographie komme »das Tun des Subjekts zu kurz, das Gesch. schreibt, selbst wenn die Formen etwas so fest Umgrenzbares wären, wie sie es nicht sind« (F.-J. SCHMALE). Die Forschung nennt als typische Kennzeichen der Ch. in ihrer »Vollform«, der →Weltchronik, sie sei in der Regel von einem einzigen Autor verfaßt, für einen weiten Leserkreis bestimmt, strebe nach universaler Breite unter heilsgeschichtl. Aspekt und beziehe meist den Zeitraum von der Schöpfung bis zur eigenen Gegenwart des Verfassers ein. Neben der Universalchronik finden sich zeitl. und räuml. begrenztere Typen, zum Beispiel mit Ausrichtung auf bestimmte Reiche, Territorien, Bm.er oder Städte (s. u. Abschnitt III). Manche Forscher verwenden den Begriff Ch. zur Bezeichnung für Werke, die den Stoff in chronolog. Folge darbieten, ohne eine lit. Form zu erstreben. So betrachtet R. L. POOLE die annalist. Darbietung als die eigtl. Darstellungsform der Chronik. Hier wirkt eine Anschauung des MA nach. A. GRANSDEN unterscheidet zw. *chronicle* einerseits und *literary history* (mit Ausführung einer bestimmten Themenstellung, oft ohne Beachtung des chronolog. Gerüsts) andererseits und unterteilt die Ch.en in '*dead*' *chronicles,* die von einem Verfasser aus älteren historiograph. Texten kompiliert wurden, und '*living*' *chronicles,* die ein Autor bis zu seiner Gegenwart zusammengestellt hat und die von ihm und/oder von anderen weitergeführt, verändert und interpoliert werden. Die Chronistik in diesem Sinn umfaßt sowohl Weltchroniken wie chronolog. orientierte Gestenwerke und Annalen. Wie sich zeigt, verwendet die heut. Mediävistik den Begriff Ch. in recht unterschiedl. Weise. So besteht bei Behandlung der Chronistik in den einzelnen Ländern ein gewisser Ermessensspielraum, welche Werke einzubeziehen sind. Die Interpretation der Ch.en befaßt sich heute nicht mehr nur mit ihrer Verwertbarkeit zur Rekonstruktion der Ereignisgeschichte, sondern sucht auch die Wechselbeziehungen von Gehalt und Gestalt zu klären und die lenkenden Ideen jedes einzelnen Geschichtswerkes herauszustellen, denn »auch die Spiegelungen der Geschichte in den historischen Werken der Vergangenheit gehören unmittelbar zum großen Thema des Geschichtsforschers« (J. SPÖRL). Der Forschungsstand ist freilich noch recht ungleichmäßig, so daß in manchen Bereichen die Einzelaussagen kaum zu einem allgemeineren Urteil zusammengefaßt werden können. V. a. für das SpätMA gilt, daß manche Ch.en nur in unbefriedigenden Ausgaben vorliegen oder noch unediert sind.

II. PROBLEME UND ENTWICKLUNGSWEGE DER WELTCHRONISTIK: Das abendländ. MA hat wohl mehr als zweihundert Universalchroniken hervorgebracht und dazu eine Vielzahl von annalist. Kompilationen, die trotz zeitl. Begrenzung des Stoffes eine weltgeschichtl. Einkleidung aufweisen. Der Grad des vorhandenen Gattungsbewußtseins läßt sich eventuell aus der Bezugnahme auf große Vorbilder wie →Eusebios und →Hieronymus ablesen. Das MA sah in diesen beiden Autoren – wie aus den zitierten Worten Isidors v. Sevilla hervorgeht – die Begründer der Universalchronistik. Diese erweist sich als typisch christl. Schöpfung, nimmt aber auch jüd. Elemente auf und steht in gewissem Zusammenhang mit der heidn. Historiographie der Spätantike (→Abschnitt A), die nicht zyklisch, sondern linear dachte. Es war ein Grundanliegen des Christentums, den Wandel der irdischen Dinge an der bleibenden, gottgewollten Seinsordnung zu messen. Für die Weltchronistik stellte sich die Aufgabe, die ratio temporum, die von Gott gesetzte Folge der Zeiten, aufzuzeigen. Die Bibelauslegung sah die Gesch. des Alten und des Neuen Testaments unter dem Aspekt der Verheißung und Erfüllung und stellte typolog. Verbindungslinien zw. vergleichbaren Personen, Ereignissen oder Geschehensabläufen her, auch über die Grenzen der bibl. Berichte hinaus; so wurde etwa die Gesch. Babylons als eine Präfiguration der Gesch. Roms betrachtet. Die Kenntnis der Bibel ermöglichte es, den gesamten Geschichtsverlauf zu skizzieren, der in der Heilsgeschichte seine Erfüllung finden sollte. Christl. Universalchroniken können bis zum Weltende reichen. Manche Autoren verfolgten v. a. die Absicht, Beiträge zur →Chronologie zu leisten (→Osterfestberechnung). C. W. JONES vertrat sogar die Auffassung, alle Weltchroniken bis in das 8. Jh. seien als prakt. Textbeilagen zu theoret. Traktaten über Chronologie zu betrachten, die teilweise nicht auf uns gekommen sind. Auch wenn dies nicht für jede Ch. zutreffen dürfte, ist doch an dem engen Zusammenhang von chronolog. und historiograph. Interesse nicht zu zweifeln. Als wichtigste Einteilungs-Schemata der Universalgeschichte seien genannt die Gliederung in sechs →Weltalter (aetates, nach den Tagen der Schöpfungswoche, analog den Lebensaltern) und die Abfolge von vier →Weltreichen in Anlehnung an eine Traumdeutung des Propheten →Daniel, wobei das Röm. Reich als letztes bis zum Ende der Zeiten dauern wird. Die civitates-Lehre →Augustins (s. a. →civitas Dei) wurde von den Weltchronisten nur selten herangezogen. Die Zählung der Weltjahre begegnet in verschiedenen Varianten (→Weltären). Erst →Beda Venerabilis († 735) verschaffte innerhalb der chr. Weltära der von →Dionysius Exiguus im frühen 6. Jh. entwickelten Rechnung nach Inkarnationsjahren so weitreichendes Ansehen, daß sie fortan von den Geschichtsschreibern rezipiert wurde. Daneben lebten andere Systeme wie die Zählung nach Olympiaden, nach Jahren seit der Gründung Roms oder seit der Errichtung, Zerstörung oder Wiedererrichtung des Tempels in Jerusalem weiter. Die Weltchroniken bedienen sich oft kurzgefaßter, nüchterner Sätze, um die Parallelität der mitgeteilten Ereignisse deutlich hervortreten zu lassen. Doch kann man schwerlich von einem einheitl. und als verbindlich betrachteten »chronikal. Stil« sprechen.

A.-D. VON DEN BRINCKEN hat eine Gliederung der Weltchroniken in drei Typen vorgeschlagen nach dem unterschiedl. Gewicht, welches Raum und Zeit für die einzelnen Autoren besitzen: ein chronolog. orientierter Typus legt Wert auf den linearen Ablauf und füllt das entstehende Gerüst mit Ereignissen aus (series temporum), einem erzählenden Typus geht es um die Vielfalt der Geschichten (mare historiarum), ein dritter Typus faßt in enzyklopäd. Absicht Gesch. und Geographie sowie weitere Wissenszweige zusammen (imago mundi); eine gelungene Weltchronik weist Züge aller drei Typen auf, doch in jeweils individueller Verbindung.

Die Entwicklung der Universalchronistik läßt sich bei dem heutigen Forschungsstand nur umrißhaft skizzieren. Es scheinen sich folgende Wege und Tendenzen abzuzeichnen: Von der Spätantike her stand die chr. Weltgeschichtsschreibung in Zusammenhang mit der Idee einer universalen Staatsbildung. Sowohl Hieronymus wie →Cassiodor und →Jordanes fühlten sich der Romtradition zugehörig. Die Weltchronik des Hieronymus erlangte für mehrere Jahrhunderte eine Vorrangstellung und fand zahlreiche Fortsetzungen (etwa durch →Prosper Tiro, →Marcellinus Comes). Paulus →Orosius bezog erstmals die Profangeschichte um ihrer selbst willen ausführlich mit ein und wandelte das Weltreichsschema seinen Vorstellungen entsprechend ab. Die Werke→Isidors v. Sevilla sicherten der von Augustinus herkommenden Weltalterlehre weite Verbreitung in der Chronistik. →Beda Venerabilis gestaltete das aetates-Schema in seinen chronograph. orientierten Universalgeschichten weiter aus, die bis in das 11. Jh. für die Gattung bestimmend waren. Die karol. Epoche war keine Blütezeit der Weltchronistik, brachte aber einige selbständige Neuansätze hervor (→Frechulf v. Lisieux, →Regino v. Prüm). Nach einer Unterbrechung im 10. Jh. folgte seit der Mitte des 11. Jh. eine Periode intensiver Beschäftigung mit der Universalhistoriographie, v. a. im dt. Raum. Die Kirchenreform und die Kreuzzüge veränderten die Weltsicht der Christen, welche nun in stärkerem Maß als früher die heilsgeschichtl. Struktur mit profangeschichtl. Material ausfüllten und auch in geograph. Hinsicht eine Weitung erstrebten. Der Einfluß Bedas wurde schwächer. →Sigebert v. Gembloux griff auf Hieronymus zurück. Während in Dtl. der weitere Weg zu der philosoph. durchdachten Weltgeschichtsdarstellung→Ottos v. Freising führte, mit der die ma. Universalchronistik einen Höhepunkt erreichte, wurde in Westeuropa eher eine »kirchengeschichtlich« ausgerichtete Historiographie mit universalem Ausblick gepflegt (→Ordericus Vitalis, →Hugo v. Fleury). Vom späteren 12. Jh. an macht sich in der Weltgeschichtsschreibung, die nun zunehmend auch Schulzwecken dient, ein kompendienhafter Zug bemerkbar. Es kommt vor, daß die Chronistik im Gewande der Enzyklopädie erscheint (→Vinzenz v. Beauvais, mit überaus starker Nachwirkung im SpätMA). Daneben finden sich Werke, die zwar mit der Schöpfung einsetzen, das Hauptgewicht aber auf voluminöse Zeitgeschichtsdarstellung legen (→Roger Wendover, →Matthäus Paris). Die herkömml. Unterschiede zw. den Gattungen werden verwischt; Mischformen treten immer häufiger auf. Manche Texte nähern sich der →Exempel-Literatur an. Doch machen sich auch antiquar. Interessen geltend. Titel wie »Speculum historiale«, »Flores temporum«, »Mare historiarum« oder »Polychronicon« deuten die voranschreitende Ausfächerung der Gattung Weltchronik an. Nicht selten sind die Texte mit Illustrationen (etwa Weltkarten, Itinerare, szen. Darstellungen, Wappen) versehen. Es setzen Versuche ein, den Stoff mit Hilfe von Randzeichen und Registern für den Leser leichter erschließbar zu machen. V. a. in den Kreisen der Bettelorden entstehen synchronist. Abrisse, welche Päpste und Ks. mit ihren Taten schemat. nebeneinanderstellen. Etwa vom 12./13. Jh. an dringen die Volkssprachen in den Bereich der Weltchronistik ein. Der Stoff wird in Versen, später auch in Prosa gestaltet. Mit dieser volkstüml. Geschichtsliteratur werden neue Hörer- und Leserschichten (Rittertum, Bürgertum) gewonnen. Auch der frühe→Humanismus greift in einigen Ländern die weltgeschichtl. Thematik auf. So vielfältig und unübersichtl. die Ansätze und Ausdrucksformen im SpätMA auch sind – es darf doch festgehalten werden, daß das Anliegen, den gottgewollten Weg der Menschheit vom Weltbeginn bis zum Weltende zu ergründen, über tausend Jahre hin lebenskräftig geblieben ist.

Zur Verbreitung der Weltchroniken im ma. Abendland lassen sich kaum genaue Angaben machen. Diese Werke dienten dem Bedürfnis nach gesichertem hist. Wissen wie der Belehrung und zugleich der delectatio des einzelnen Lesers, manchmal der Prinzenerziehung, dem Schulunterricht, nicht selten der Rechtssicherung im kirchl.-klösterl. Bereich.

III. SONSTIGE CHRONIKARTEN: Die früh- und hochma. →Stammesgeschichten (zum Beispiel die »Historiae« →Gregors v. Tours) können der Chronikliteratur in einem weiteren Sinn ebenso zugerechnet werden wie die seit der Karolingerzeit erscheinenden →Gesta von Bf. en oder Äbten (etwa→Paulus Diaconus, Gesta episcoporum Mettensium), die dem Modell des →»Liber Pontificalis« verpflichtet waren. Von Gesten- und Annalenwerken führen Verbindungslinien zu den im HochMA einsetzenden Reichs- und Landeschroniken. Diese Werke orientierten sich vielfach an Königs- oder Fürstengenealogien und ordneten den Stoff nach Regierungszeiten. In Westeuropa wurde die Chronistik zum Spiegel straffer Königsherrschaft und staatl. Konsolidierung, so mit dem in seinen ursprgl. Teilen in→St-Denis bei Paris entstandenen Sammelwerk der »Grandes →Chroniques de France«. In Dtl. und Italien dominierten dagegen die auf einzelne Territorien bezogenen Chroniken. Vom 13./14. Jh. an entwickelte sich auch eine städt. Chronistik (→Städtechronik). Die Aufzeichnungen stehen im SpätMA nicht selten in Zusammenhang mit Geographie, Reisebeschreibung, Naturbeobachtung, Familien- oder Handlungsbüchern, doch fehlt es auch nicht an universalhist. Anknüpfung. Im ganzen gesehen wird der Gesichtskreis enger. Die Autoren entwickeln einen Sinn für das Kleine, auch das Alltägl. oder das Selbsterlebte, und finden so zu realist. Darstellung »kulturgeschichtlicher« Sachverhalte. Oft wird zwischen hist. Bedeutsamem und nur Kuriosem nicht geschieden. So bietet sich diese Literatur nach Inhalt und Form vielgestaltig dar. Neben den Prosachroniken entstehen →Reimchroniken mit begrenzter Themenstellung. Die von Italien ausgehende humanist. Geschichtsschreibung (→Humanismus) hat bis zum 15. Jh. die traditionelle Darstellungsweise kaum grundlegend verändert. Erst die Humanisten des 16. Jh. bemühten sich konsequent um eine quellenforschende Methode, die es ihnen erlaubte, historiograph. Neuland zu betreten. K. Schnith

Lit.: R. L. POOLE, Chronicles and Annals, 1926 – J. SPÖRL, Das ma. Geschichtsdenken als Forschungsaufgabe, HJb 53, 1933, 281ff. – F. LANDSBERG, Das Bild der alten Gesch. in ma. Weltchroniken, 1934 – A.-D. VON DEN BRINCKEN, Stud. zur lat. Weltchronistik bis in das Zeitalter Ottos v. Freising, 1957–DIES., Weltären, AK 39, 1957–C. A. PATRIDES, The Phoenix and the Ladder. The Rise and Decline of the Christian View of Hist., 1964 – R. C. VAN CAENEGEM – F. L. GANSHOF, Kurze Quellenkunde des westeurop. MA, 1964 – A. FUNKENSTEIN, Heilsplan und natürl. Entwicklung, 1965 – H. GRUNDMANN, Geschichtsschreibung im MA, 1965 – P. MEINHOLD, Gesch. der kirchl. Historiographie, 2 Bde, 1967 – A.-D. VON DEN BRINCKEN, Die lat. Weltchronistik (Mensch und Weltgesch., hg. A. RANDA, 1969) – B. M. LACROIX, L'Historien au MA, 1971 – B. GUENÉE, Histoires, annales, chroniques, Annales 28, 1973 – K. H. KRÜGER, Die Universalchroniken (TS, 1976) [Lit.] – D. HAY, Annalists and Historians, Western Historiography from the Eighth to the Eighteenth Century, 1977 – B. GUENÉE, Hist. et culture hist. dans l'Occident méd., 1980 – M. HAEUSLER, Das Ende der Gesch. in der ma. Weltchronistik, 1980 – weitere Lit. bei den folgenden Abschnitten; s. a. →Historiographie.

C–S. Die mittelalterliche Chronistik nach Ländern, Regionen und Kulturen:
C. Imperium / Deutschland

I. Die lateinische Chronistik vom ottonischen Zeitalter bis in das 15. Jahrhundert – II. Die deutschsprachigen Chroniken im späteren Mittelalter – III. Die frühhumanistische Chronistik.

Die Zuweisung der einzelnen Werke zu bestimmten Gattungen wie Chronik, Gesta oder Annalen ist teilweise umstritten. Im folgenden werden die hauptsächl. Entwicklungslinien skizziert anhand einer Auswahl wichtiger Texte, die dem Typus »Chronik« zugehören oder jedenfalls nahekommen.

I. Die lateinische Chronistik vom ottonischen Zeitalter bis in das 15. Jahrhundert: Zu Ausgang der karol. Epoche entstand in Lothringen die von Christi Geburt bis 906 reichende Ch. →Reginos v. Prüm, die später von Adalbert v. Magdeburg (→ 10. A.) bis 967 fortgesetzt wurde. Während des 10. Jh. trat das Interesse an der Weltgeschichtsschreibung zurück. Die nach dem Jahre 1000 entstandene »Chronik« des Bf.s →Thietmar v. Merseburg ist wohl eher den Gestenwerken zuzurechnen. Ein Neuansatz zur Universalchronistik läßt sich um die Mitte des 11. Jahrhunderts im schwäb. Kl. Reichenau erkennen, wo →Hermann v. Reichenau eine sachl. und stilist. klare Darstellung über den Zeitraum von Christi Geburt bis 1054 verfaßte. Vermutl. ist auch ein in der Forschung als Chronicon Suevicum universale bezeichnetes Werk diesem Autor zuzuschreiben, für den vornehmlich mathemat.-chronograph. Interessen maßgebend waren. Die Geschichtsschreibung Hermanns wirkte auf die Ch.en Bertholds v. Reichenau (→22. B.), der sein Schüler war, und Bernolds v. Konstanz (→3. B.). Diese beiden Autoren sind bereits von der für die Epoche des Investiturstreits charakterist. geistigen Erregung erfaßt. →Lampert v. Hersfeld begann seine »Annalen«, die richtiger wohl als Ch. zu bezeichnen sind, zwar mit der Weltschöpfung, legte das Hauptgewicht aber auf die Zeitgeschichte (bis 1077). Während der in Deutschland – zuletzt in Mainz – lebende Ire →Marianus Scotus in seiner Weltchronik die herkömml. Chronologie korrigieren wollte und die Geburt Christi 22 Jahre später ansetzte als →Dionysius Exiguus, trat in dem von der Erschaffung der Welt bis 1101 reichenden Werk des Benediktiners →Frutolf v. Michelsberg die Freude am Erzählen stärker hervor. Er verglich und überprüfte die Berichte älterer Autoren und ergänzte sogar die ehrwürdige Ch. des Hieronymus. Die Schlußpartien des Frutolfschen Werkes wurden von →Ekkehard v. Aura überarbeitet, der die Erzählung voll leidenschaftl. Anteilnahme an den polit. Problemen seiner Zeit in mehreren Rezensionen bis 1125 fortsetzte. Dabei lag ihm die 1111 vollendete Weltchronik →Sigeberts v. Gembloux vor, die in der Folge die westeurop. Geschichtsschreibung stark beeinflussen sollte. Auf Wunsch Ks. Heinrichs V. wurde eine anonyme →Kaiserchronik niedergeschrieben, die den Ablauf von der frk. Frühzeit bis 1114 verfolgt und dadurch der Ehre des Röm. Kaisertums und des Dt. Reiches dienen will. Die Frutolf-Ekkehard-Chronik wurde mit ihrer Stoffülle ein wichtiges Basis für die Weltchronik des Bf.s →Otto v. Freising, welche das stauf. Reich in den universalen Geschichtsprozeß einzuordnen suchte. Das Werk entstand in der Regierungszeit Konrads III. Der Autor entwarf ein Bild der Weltgeschichte von der Schöpfung bis zum Ende der Zeiten und gründete seine Interpretation auf die civitates-Lehre Augustins, die er selbständig umformte. Die Konzeption Ottos v. Freising setzt die Abfolge der Weltreiche und ein Gesetz der Kulturwanderung von Ost nach West voraus. Die civitas Dei verwirklicht sich bis zu einem gewissen Grad im imperium christianum (»stauf. Reichsmetaphysik«). Das Werk Ottos fand in den folgenden Jahrhunderten weite Verbreitung; seine geschichtsphilosoph. Ideologie wurde aber bei späteren Weltchronisten kaum rezipiert. →Otto v. St. Blasien fügte dem zeitgeschichtl. Teil eine Fortsetzung bis 1209 hinzu. Die um und nach 1180 entstandenen umfangreichen Werke →Gottfrieds v. Viterbo, die denselben weltgeschichtl. Stoff immer wieder variieren (u. a. »Speculum regum«, »Memoria seculorum«, »Liber universalis«, »Pantheon«), nehmen vielfach Sagen, Fabeln und Anekdoten mit auf und weisen so auf die Lockerung der chronikal. Formen im SpätMA voraus. Die Universalchronistik der Folgezeit gerät teils lehrbuchhaft, teils volkstüml. unterhaltend.

Im 12. Jh. wird es zunehmend üblich, Ch.en auf eine speziellere Thematik hin auszurichten. So begegnet mit der vielleicht am Hof Hzg. Welfs VI. entstandenen →»Historia Welforum« um 1170 ein selbständiges Werk, das konsequent der »Geschlechterfolge unserer Fürsten« gewidmet ist. Manche gebietsorientierte Ch.en knüpfen an Gesta an. Dies gilt etwa für die ebenfalls um 1170 entstandene »Chronica Slavorum« des in Holstein tätigen Pfarrers →Helmold v. Bosau, die dem Gesten-Werk →Adams v. Bremen verpflichtet ist. Die Slavenchronik wurde von →Arnold v. Lübeck bis 1209 weitergeführt. Im 13./14. Jh. brachte der dt. NO mehrere Landeschroniken hervor (→Heinrich v. Lettland, →Peter v. Dusburg, →Dt. Orden, Literatur). Im S verfaßte →Magnus v. Reichersberg gegen Ende des 12. Jh. eine der annalist. Form nahestehende Ch., die zwar noch das Kaisertum als zentrale friedenswahrende Macht betrachtet, aber in ihrer Zeitgeschichtsdarstellung die Aufmerksamkeit eher auf die inneren Verhältnisse Bayerns richtet. Noch deutlicher ist die Fixierung auf den werdenden bayer. Landesstaat und sein Fürstengeschlecht in der wohl von Abt →Konrad v. Luppburg verfaßten Ch. des wittelsbach. Hausklosters →Scheyern aus der 1. Hälfte des 13. Jh. Diese an Dynastie und Land orientierte Chronistik setzte sich in Bayern weiter fort, wobei etwa in der zu →Fürstenfeld geschriebenen »Chronica de gestis principum« aus den Jahren →Ludwigs des Bayern harmon. Einklang von Landes- und Reichsgeschichte erstrebt wurde. Im SW verband das →Chronicon Colmariense eines Dominikaners habsburgfreundl. Reichsbewußtsein mit Aufgeschlossenheit für die Alltagsprobleme und Würdigung des eigenen Ordens. Von den Werken der Territorialgeschichtsschreibung im 14. Jh. seien genannt die Ch. der Gf.en von der →Mark, welche der Westfale →Levold v. Northof nach 1350 schrieb, und der etwas früher anzusetzende »Liber certarum historiarum« des in Kärnten wirkenden Zisterzienserabtes →Johann v. Viktring – freilich ein Werk, das bei aller Nähe zum Landesherrn und zum habsburg. Hause doch das Reichsganze einbezieht. Ähnlich verbindet die Ch. (bis 1338) des Königssaaler Abtes →Peter v. Zittau böhm. Landesgeschichte mit dt. Reichstradition. Zu den im Auftrag Kaiser Karls IV. verfaßten Ch.en s. Abschnitt M I.

Die Weltgeschichtsschreibung des späteren MA setzte mitunter Werke aus der vorausgehenden Epoche fort. So knüpfte in der Zeit Friedrichs II. der schwäb. Propst →Burchard v. Ursberg, der das Geschehen von 1125 bis 1229 mit pro-stauf. Tendenz darstellte, an die Ekkehard-Chronik an. Der Dominikaner →Martin v. Troppau († 1278) eröffnete mit seinem bis 1277 reichenden Chronicon die Reihe der im 14. Jh. überaus beliebten synchronist. Papst-Kaiser-Chroniken, die unter anderem Predigtzwecken dienten. Das Werk Martins wurde in mehrere Volkssprachen übersetzt, »Martinus« geradezu der Gattungsname für die in den Kreisen der Bettelorden gepflegte Chronistik (→Martins-Chroniken, →Chronique Martiniane), die systemat. Kompilation mit Anekdoten und Exempelerzählungen verband. Die von einem schwäb. Minoriten zu Ende des 13. Jh. verfaßten →Flores temporum waren Grundstock für die von 1198 bis 1348 reichende Ch. des gleichfalls dem Franziskanerorden angehörenden →Johann v. Winterthur. Er ließ das Alltagsleben und das Denken und Empfinden des kleinen Mannes in volkstüml. Darbietung zum Thema des Geschichtsschreibers werden. Ergänzungen zu der Universalchronistik boten auch der in Basel und Straßburg tätige Jurist →Matthias v. Neuenburg, dem die Gesch. der Habsburger bes. am Herzen lag (bis 1350), der Eichstätter Kanzleivorstand →Heinrich Taube aus Selbach (bis 1363) und der zeitweise an der päpstl. Kurie in Avignon wirkende →Heinrich Truchseß v. Diessenhofen, der seine Chronica (bis 1361) an d. Kirchengeschichte des →Tolomeo v. Lucca anschloß. Der Mindener Dominikaner →Heinrich v. Herford kompilierte aus einer Reihe älterer Werke (u. a. →Vinzenz v. Beauvais) eine Weltchronik und führte sie bis 1355 weiter. Dieses Werk wurde im 15. Jh. viel benutzt, so in der sowohl universal wie lokal ausgerichteten Chronica novella des Lübecker Dominikaners Hermann Korner. Während Dietrich Engelhus aus Einbeck zahlreiche Quellen heranzog, um eine Weltchronik (bis 1433) für den Schulgebrauch zusammenzustellen, legte →Andreas v. Regensburg seine Papst-Kaiser-Chronik (bis 1422) nach dem Muster Martins v. Troppau an, bettete aber die Gesch. des Regensburger Bm.s in die der Universalgewalten ein. Die letztgenannten drei Werke liegen auch in dt. Fassungen vor.

Von den mit Dynastien und Territorien befaßten Werken des ausgehenden MA seien genannt die »Chronica de principibus terrae Bavarorum« des →Andreas v. Regensburg, welche die bayer. Landesgeschichte erstmals von den Anfängen her umfassend darstellte, die »Chronica Austriae« des Wiener Theologen Thomas →Ebendorfer, der daneben auch Kaiser- und Papstgeschichte schrieb, und die von Matthias v. Kemnat verfaßte Ch. Friedrichs I. des Siegreichen von der Pfalz. Vor allem die letztgenannte Schrift ist bereits vom Geist der Renaissance berührt.

II. DIE DEUTSCHSPRACHIGEN CHRONIKEN IM SPÄTEREN MITTELALTER: Erstmals wurde im →Annolied (um 1080) die dt. Sprache zur Gestaltung eines welthist. Stoffes herangezogen. Nach 1147 folgte die in Versen abgefaßte →Kaiserchronik eines Regensburger Geistlichen. Diese Dichtungen vermittelten den Laien, vornehml. wohl dem Rittertum, hist. Eindrücke und Kenntnisse. →Eike v. Repgow schrieb um 1237 eine an die Ekkehard-Chronik anknüpfende Prosa-Weltchronik in niederdt. Sprache. Dieses Werk fand verschiedene Fortsetzungen. Daneben wurde im SpätMA auch die Verschronistik weiter gepflegt, etwa durch den Wiener Bürger Jans →Enikel, der um 1280 mit seiner »Weltchronik« und seinem »Fürstenbuch« zwei umfangreiche Anekdotensammlungen vorlegte (zu weiteren Werken dieser Gattung →Reimchronik). Das allmähl. aufkommende hist. Interesse des Bürgertums ließ vom 14. Jh. an eine größere Zahl von Prosa-Chroniken in den Städten entstehen, teils von Geistlichen oder Mönchen, teils auch schon von Laien geschrieben. In diesen Zusammenhang gehört die von dem Stadtschreiber Tilemann Elhen von Wolfhagen nach 1378 verfaßte Limburger Ch. mit ihren kulturgeschichtl. aufschlußreichen Notizen ebenso wie die den Gesten nahestehende »Schöppenchronik« des Magdeburger Stadtschreibers →Heinrich v. Lammespringe (nach 1360). Der Eisenacher Chorherr und Ratsschreiber Johannes →Rothe († 1434) legte mehrere Fassungen einer Thüringischen Ch. vor, die schließlich Territorialgeschichte vor universalem Hintergrund bot. Eine besondere Blüte erlebte die dt. Chronistik in den Reichsstädten. Der Lübecker Rat beauftragte 1385 den Franziskanerlektor →Detmar mit der Abfassung einer Stadtgeschichte. In Straßburg konnte der wohl aus einer Patrizierfamilie stammende Fritsche →Closener unter anderem an Martin v. Troppau anknüpfen, als er um 1350 daranging, Papst- und Kaisergeschichte sowie die Ereignisse in seiner Stadt und seinem Bm. darzustellen (bis um 1360). Größere Nachwirkung erreichte die von 1382 an entstandene Ch. des Straßburger Geistlichen →Jakob Twinger v. Königshofen (bis 1415), die ausdrückl. »für die klugen Laien« bestimmt war. Hier wurde röm. Kaisergeschichte mit Papst- und Kirchengeschichte vereint und die Stadtgeschichte erstmals gleichberechtigt danebengestellt. Vielfach bestehen die Stadtchroniken aus Aufzeichnungen zur Politik der Bürgerschaft, zu Krieg und Fehde, spektakulären Verbrechen und Rechtsfällen sowie dem Wettergeschehen. Der Nürnberger Patrizier Ulman →Stromer schloß in seinem »Puechel von mein geslecht und von abentewr« Familien- und polit. Zeitgeschichte zusammen (bis um das Jahr 1400). In der →Nürnberger Ch. bis 1434 tritt der Verfasser wieder hinter dem Stoff zurück, doch hat sich in der frk. Reichsstadt die Tradition der Memorialbücher fortgesetzt, etwa in den Familien →Tucher und →Muffel. Die Augsburger dt. Chronistik begann mit dem Zunftaufstand von 1368. Sie erreichte ihren Höhepunkt in der anschaul. Ch. des aus kleinen Verhältnissen stammenden Kaufmanns Burkard →Zink, der seiner Darstellung des Zeitgeschehens (bis 1468) als bes. Buch eine Familiengeschichte und Selbstbiographie einfügte. Demgegenüber vertrat Hektor Mülich in seiner bis 1487 reichenden Ch. die Sicht des gehobenen Augsburger Bürgertums. Die Stadtchronistik konnte sich auch auf Einzelthemen spezialisieren, wie die an Lokalkolorit reiche Ch. des →Konstanzer Konzils aus der Feder →Ulrichs v. Richental zeigt. Vielfach legen die städt. Chronisten das Hauptgewicht auf die eigene Stadt und deren näheren Umkreis, doch halten die reichsstädt. Geschichtsschreiber an der Bindung zum Kgtm. fest. Aus den Kreisen des Adels kommen Memorialbücher wie die »Denkwürdigkeiten« des Ritters Ludwig v. →Eyb († 1502), die zw. einer Ch. der Hohenzollern und einer tagebuchartigen Aufzeichnung der Taten des Mgf.en →Albrecht Achilles die Mitte einnehmen (s. a. →Autobiographie). Ähnlich wie die lat. Geschichtsaufzeichnungen des 15. Jh. sind auch die dt. Ch.en oft uneinheitl. gestaltet und nur äußerlich in Bücher oder Kapitel gegliedert.

III. DIE FRÜHHUMANISTISCHE CHRONISTIK: Von der Mitte des 15. Jh. an kommt der humanist. Einfluß in der dt. Historiographie stärker zur Geltung. Die Schriften des it. Humanisten Enea Silvio Piccolomini (→Pius II.) – namentl. eine unter dem Titel »Historia Friderici III. imperatoris« gehende österr. Landes- und Fürstengeschichte, die auch die röm. Vergangenheit einbezieht – ließen wenigstens ansatzweise schon Grundsätze der modernen hist. Kritik durchscheinen. Italienischen Vorbildern (→Humanismus, →Historiographie) folgend, wandten sich dt. Autoren dem Altertum zu, und zwar sowohl der röm. wie der germ. Vergangenheit von Landschaften oder Städten. Der wohl aus Augsburg stammende, in späteren Jahren aber auch mit Nürnberg verbundene Mönch Sigismund Meisterlin legte eine »Chronographia Augustensium« und ein »Chronicon Nerenbergense« vor (beide Werke auch in dt. Bearbeitung), verwirklichte jedoch nicht sein größeres Ziel, eine Gesch. des dt. Volkes abzufassen. Meisterlin wirkte auf den Ulmer Dominikaner Felix Fabri, der gegen Ende des 15. Jh. eine »Descriptio Sueviae« und einen »Tractatus de civitate Ulmensi« schrieb. Ks. →Maximilian I. regte Cuspinian zu einer Beschreibung Österreichs und einer mit Caesar einsetzenden Kaisergeschichte an. Die dt. Humanisten pflegten aber auch weiterhin die Gattung Weltchronik. Zu nennen ist der »Fasciculus temporum« (Köln 1470) des Kölner Kartäusers Werner →Rolevinck. Der Nürnberger Arzt Hartmann →Schedel verfaßte einen »Liber chronicarum« von der Schöpfung bis zum Jüngsten Gericht (1493 gedruckt, lat. und dt.), der zwar manches humanist. Beiwerk it. Provenienz enthielt und dem Zeitgeschmack entsprechend mit zahlreichen Holzschnitten geschmückt war, dabei aber die Grundkonzeption der ma. Universalchronistik samt dem Schema der sechs aetates bewahrte. →Humanismus. K. Schnith

Ed.: Zahlreiche Werke sind im Rahmen der MGH ediert, die Stadtchroniken größtenteils in: Chr. dt. Städte – Dt. Übers.: AusgQ – GdV – zu Ed. im einzelnen s. die Autoren und Werke mit eigenem Stichwort – *Lit.*: [s. auch oben bei Abschn. B]: Repfont – WATTENBACH – HOLTZMANN – SCHMALE, 1967–71 – O. LORENZ, Dtl.s Geschichtsquellen im MA seit der Mitte des 13. Jh., 2 Bde, 1886/87³ – P. JOACHIMSEN, Geschichtsauffassung und Geschichtsschreibung in Dtl. unter dem Einfluß des Humanismus, 1910 – F. BAETHGEN, Franziskan. Stud., HZ 131, 1925, 421ff. – H. SCHMIDT, Die dt. Städtechroniken als Spiegel des bürgerl. Selbstverständnisses im SpätMA, 1958 – O. MEYER, Weltchronistik und Computus im hochma. Bamberg, JbffL 19, 1959, 241ff. – H. PATZE, Adel und Stifterchronik, Frühformen territorialer Geschichtsschreibung, BDLG 100, 1964, 8ff.; 101, 1965, 67ff. – F.-J. SCHMALE, Die Reichenauer Weltchronistik (Die Abtei Reichenau, hg. H. MAURER, 1974), 125ff. – K. SCHNITH, Die Geschichtsschreibung im Hzm. Bayern unter den ersten Wittelsbachern (1180–1347) (Kat. Wittelsbach und Bayern I/1, 1981), 359ff. – F. R. H. DU BOULAY, The German Town Chroniclers (The Writing of Hist. in the MA, Essays..., R. W. SOUTHERN, 1981), 455ff.

D. Italien

I. Vom Ende des Römischen Reiches bis zum späten 10. Jahrhundert – II. Im 11. und 12. Jahrhundert – III. Vom 12./13. zum 15. Jahrhundert.

I. VOM ENDE DES RÖMISCHEN REICHES BIS ZUM SPÄTEN 10. JAHRHUNDERT: Die Anfänge der Chronistik in Italien fallen mit dem Ende der antiken Historiographie zusammen; in der Umbruchzeit des 5. Jh. fehlt eine eigtl. Historiographie, die sich bewußt mit der Krise des Röm. Reiches auseinandersetzt. Das erste wichtige chronist. Werk wurde von dem Römer Magnus Aurelius →Cassiodorus für die Goten, die Eroberer Italiens, verfaßt. Von dem heute verlorenen Werk ist nur die Epitome des →Jordanes erhalten. Es handelt sich dabei zugleich um eine der Manifestationen des ethn. Bewußtseins der germ. Stämme, wie wir sie später noch mehrfach im FrühMA finden (Gregor v. Tours, Beda).

Ferner besitzen wir einige Zeugnisse lokaler Ch.en wie z. B. die Ch. des →Secundus, Bf.s v. Trient, die eine der wertvollsten Quellen für die Kenntnis der Epoche zw. dem Ende des Ostgotenreiches und dem Beginn der Langobardenherrschaft darstellt und von Paulus Diaconus in weitem Umfang für seine »Historia Langobardorum« benutzt wurde. Große Tragweite für die Chronistik in Italien besaßen die Epitomatoren der Spätantike, insbes. →Eutropius. Jedenfalls bildete das Werk des Eutropius die Grundlage für den ersten großen Chronisten der Gesch. Italiens, den bereits erwähnten →Paulus Diaconus. Der langob. Mönch erlebte das Ende des Langobardenreiches mit, wurde an den Hof →Karls d. Gr. berufen und starb in Montecassino. Neben anderen lit. Werken verfaßte er eine »Historia Romana« und eine »Historia Langobardorum«. Die einer langob. Fsn. v. Benevent gewidmete »Historia Romana« stellt ein Kompendium der röm. Gesch. dar, eine Kompilation aus Eutropius und anderen spätantiken Geschichtsschreibern. Weit bedeutender ist die »Historia Langobardorum«, eine kurzgefaßte, aber sehr anschaul. Darstellung der Gesch. seines nunmehr besiegten Volkes, dessen reiches Erzählgut Paulus Diaconus bewahren wollte. Dabei weicht er notfalls von der reinen Geschichtsdarstellung ab und greift auf Sagen zurück, obwohl er sich ihres tieferen Sinnes infolge des fortschreitenden Verlustes der älteren ethn. Traditionen nach der Christianisierung nicht mehr bewußt ist.

Es ist bemerkenswert, daß die Langobardengeschichte des Paulus Diaconus in Süditalien zwei Fortsetzungen fand, nämlich das sog. »Chronicon Salernitanum« und die »Historia Langobardorum Beneventanorum« des Erchempert, während wir in Norditalien nur das bescheidene Werk des →Andreas v. Bergamo (»Historia«) besitzen, das ebenfalls eine Kontinuation der Historia des Paulus darstellt, sich jedoch auf die Heimat des Verfassers beschränkt.

Nicht weniger Beachtung verdienen die Geschichtswerke aus denjenigen Teilen Italiens, die nicht von den Langobarden besetzt worden waren und in gewissem Sinn die antike Tradition unmittelbar fortsetzten. Bei ihnen handelt es sich in erster Linie um Bistumsgeschichten (→Gesta); dies gilt für Rom mit dem großen →»Liber pontificalis«, ebenso für Ravenna mit dem »Liber pontificalis ecclesiae Ravennatis« des →Agnellus oder für Neapel mit den »Gesta episcoporum Neapolitanorum«. Ohne auf jedes dieser Werke im einzelnen einzugehen, läßt sich feststellen, daß es sich hier um einen Typus von Ch.en handelt, der auf Bischofsbiographien basiert und ein verhältnismäßig starres Schema entwickelt, dessen Kennzeichen eine kurze zusammenfassende Beschreibung des Wirkens jeder einzelnen Persönlichkeit ist. Es läßt sich dabei ein mehr oder weniger bewußter Einfluß des hist. Schemas der letzten antiken Epitomatoren feststellen, welche die Gesch. der Kaiserzeit anhand einer Reihe von Biographien darstellten. Während der »Liber pontificalis« höchstes Interesse verdient (in vielen Fällen ist er die einzige Quelle, nicht nur für polit. Ereignisse), zeigt der »Liber pontificalis ecclesiae Ravennatis« des Agnellus ein deutl. Bestreben nach hist. Gliederung des Stoffes. Die Kontinuation dieser auf das 8. und 9. Jh. bezogenen Werke erfuhr in der schweren Krise der it. Halbinsel im 9. und 10. Jh. eine Unterbrechung, bedingt durch die inneren Auseinandersetzungen des späten Karolingerreiches und die Kämpfe zw. Langobarden und Byzantinern in Süditalien und im Inneren der dortigen langob. Fsm.er. Deshalb gewinnen die monast. Ch.en bes. Bedeutung. Sie geben Zeugnis von der Lebenskraft des Mönchtums, dem es in diesen unruhigen Zeiten gelang, die allgemeine Krisensituation zu überstehen. Eine der eindrucksvollsten dieser Klosterchroniken ist das sog. »Chronicon S. Benedicti Casinensis«, das den Ausgangspunkt für eine Reihe anderer, auf →Montecassino bezogener Geschichtswerke bildet. Es handelt sich dabei um einen kompilationsartigen Bericht über die Gründung des Kl. und seine ersten Zerstörungen. Von gleicher Bedeutung ist die »Constructio Farfensis«, eine Gesch. der großen Abtei →Farfa vom ausgehenden 7. bis zur Mitte des 9. Jh. In Süditalien entstand das wichtige »Chronicon Volturnense«, das neben den Biographien der Äbte auch Schenkungsurkunden und andere Besitzdokumente aufführt, eine Vorgangsweise, die später für derartige Klosterchroniken typisch wurde. In dieser Hinsicht ist v. a. das großartige Werk des →Gregor v. Catino zu erwähnen, der die Klostergeschichte Farfas fortsetzte und dabei das ihm zugängl. Urkundenmaterial sichtete und in seine chronikartige Darstellung aufnahm. Auf diese Weise entstand auch seine Urkundensammlung, das sog. »Regestum Farfense« (Liber gemmiagraphus sive cleronomiatus ecclesiae Farfensis), andererseits ein sozusagen topograph. Repertorium, der »Liber Floriger«. Einen ähnl. Aufbau weisen die Kontinuationen der Ch. v. Montecassino auf, die bereits bis zum 11. Jh. reichen (→Leo v. Ostia, →Petrus Diaconus). Eine Sonderstellung nimmt hingegen das »Chronicon Novalicense« ein, in dem sich traditionelle epische Elemente mit der Darstellung lokaler Ereignisse verbinden und das eine wichtige Quelle für die Gesch. Piemonts im FrühMA bildet.

Drei Werke, die in der Historiographie Italiens des 10. Jh. eine bes. Stellung einnehmen, unterscheiden sich durch die Verschiedenheit ihres kulturellen Umfeldes beträchtl. von der monast. Geschichtsschreibung: ihr Hauptinteresse ist den polit. Problemen und zeitgenöss. Ereignissen Italiens zugewandt. Bes. hervorzuheben ist hier der »Panegyricus Berengarii imperatoris«, ein mit beachtl. rhetor. Meisterschaft von einem Unbekannten zw. 916 und 924 vermutl. in Verona verfaßter Lobpreis Kg. →Berengars I. Der artifizielle und gesuchte Stil lassen das Werk eher als geistesgeschichtl. Zeugnis denn als Geschichtsquelle interessant erscheinen. Das zweite und das dritte Werk, auf das wir uns hier beziehen, sind Schöpfungen →Liutprands v. Cremona, des bekanntesten Geschichtsschreibers Italiens im 10. Jh. Geboren in Pavia, schlug Liutprand die kirchl. Laufbahn ein und wurde dank der Gunst Kg. Hugos Bf. v. →Cremona. Er spielte eine Rolle in den Ereignissen, die dem Italienzug →Ottos I. vorangingen, wurde von diesem sehr huldvoll empfangen und zu einem Vertrauten gemacht. Liutprand berichtete über die zahlreichen polit. Ereignisse, deren Zeuge er war, mit der nie verhehlten Intention, Otto I. zu rühmen und den moral. Tiefstand der Gegner des Herrschers zu zeigen. Aus dieser Grundhaltung heraus schrieb er die »Antapodosis« und später den Bericht über eine seiner Gesandtschaftsreisen (→Diplomatie und Gesandtschaftswesen) nach Konstantinopel (»Relatio de legatione Constantinopolitana«). In beiden Werken zeigt er eine durchdringende Intelligenz, beachtl. Erzähltalent, einen scharfen krit. Geist und gute Beobachtungsgabe, die v. a. bei einigen Beschreibungen und Dialogen seines konstantinopolitan. Gesandtschaftsberichts zum Ausdruck kommen.

Ausgezeichnet durch bes. Dynamik und Wortgewandtheit, trotz seiner offenkundigen Unfähigkeit, ein korrektes Latein zu schreiben, ist →Benedikt v. S. Andrea (einer Abtei am Fuße des M. Soratte), der Verfasser des »Chronicon Benedicti monaci S. Andreae«. Erfüllt von Begeisterung für die alte Größe Roms und voll Bitterkeit über seinen gegenwärtigen Verfall, zeigt Benedikt einen Lokalpatriotismus, in dem bereits Ansätze eines Gefühls für die geistige Einheit Italiens, verkörpert durch Rom, festzustellen sind, v. a. in seinem Haß gegen dessen Feinde und Unterdrücker. Der Beginn eines Bewußtseins verlorener Unabhängigkeit und demütigender Unterwerfung kommt in seinem Werk zum Ausdruck.

Ein ganz anderes Bild als diese dramat. Vergegenwärtigung der Gesch. Roms bietet die Gruppe der venez. Ch.en, deren hist. Gehalt bzw. Legendenhaftigkeit stark umstritten ist. In späteren Kompilationen unter dem Namen »Chronicon Altinate«, »Chronicon Gradense« und »Chronicon Navae Aquileiae« überliefert, sind die Fragen ihres Aufbaus, ihrer wechselseitigen Abhängigkeitsverhältnisse und ihres Inhalts in der Forschung noch umstritten.

II. IM 11. UND 12. JAHRHUNDERT: Im 11. Jh. kommt es in der it. Chronistik sowohl in kultureller Hinsicht wie infolge der Erweiterung der hist. Interessen zu einer auffälligen Entwicklung. In Norditalien nehmen die Mailänder Stadtchroniken eine bes. Stellung ein: bei Arnulf (→12. A.) und den »Gesta (archi)episcoporum Mediolanensium« werden die ersten Ansätze zu einem Bürgerstolz sichtbar, der auf verschiedene Weise auch die anderen mailänd. Chronisten, →Landulfus d. Ä. und Landulfus d. J., bewegt. In der Toskana verfaßte →Donizo zur glei-

chen Zeit in Versen eine Lebensbeschreibung der Gfn. →Mathilde v. Canossa. Darin wie in der anonymen ebenfalls toskan. »Vita Anselmi episcopi Lucensis« oder der metr. Anselmvita des →Rangerius v. Lucca drückt sich ein deutl. Interesse für Biographien hochgestellter Persönlichkeiten aus. Ohne diesem Faktum (das sich jedoch bereits in den Mailänder Ch.en in einem verstärkten Interesse für die Biographie des Ebf.s →Aribert II. und der beiden Häupter der Pataria, Ariald und Erlenbald, zeigt) den Stellenwert einer Wende in der Historiographie beimessen zu wollen, sei dennoch darauf hingewiesen, daß ein ähnlicher Interessenwandel auch in Süditalien eintritt, wo in den Ch.en aus der 2. Hälfte des 11. Jh. und dem Beginn des 12. Jh. zwei große Herrscherpersönlichkeiten, die norm. Fs.en →Robert Guiscard und →Roger I., im Mittelpunkt stehen (»De rebus gestis Rogerii Calabriae et Siciliae comitis et Roberti Guiscardi ducis fratris eius« des →Gaufredus Malaterra und die »Gesta Roberti Wiscardi« des →Wilhelm v. Apulien, letztere wie Donizos Werk Versdichtung). Auf dem Niveau der traditionellen monast. Ch. bewegen sich die Ch.en v. Montecassino. Eine Fortsetzung der bereits erwähnten Geschichtsschreiber Leo v. Ostia und Petrus Diaconus stellt das Werk (»Historia Normannorum«) des →Amatus v. Montecassino dar, das nur in einer im 14. Jh. am Hof der Anjou in Neapel angefertigten frz. Übersetzung erhalten ist. Der bes. Vorzug dieses Werks liegt in der Darstellung des wechselseitigen Verhältnisses von Montecassino und den Normannen sowie ihrer Beziehungen zum Papsttum. Aus der gleichen Zeit stammen einige kürzere und weniger bedeutende Texte wie der umstrittene Lupus Protospatarius und die Annales Barenses.

Im 12. Jh. erleben die städt. Chronistik und die einzelnen hervorragenden Persönlichkeiten gewidmete Geschichtsschreibung einen Aufschwung, da der Stolz auf ihre Heimatstadt in den Bürgern den Wunsch nach einer sozusagen »offiziellen« Geschichtsschreibung weckt, mit der das Stadtregiment eigens dafür ausgesuchte Personen beauftragt. Das wichtigste und interessanteste Beispiel einer derartigen Stadtchronik findet sich in Genua, die sog. »Annales Januenses«, die – gewiß nicht zufällig – mit dem Aufbruch der Genuesen zum 1. Kreuzzug beginnen und bis in das späte 15. Jh. fortgesetzt werden. In ihnen kommt der Stolz der Bürger auf ihre Stadt zum Ausdruck, weiterhin geben sie Zeugnis für die polit. Standpunkte, stellen die polit. und wirtschaftl. Maßnahmen Genuas dar und verteidigen sie, soweit notwendig. Neben diesem monumentalen Werk sind weitere Stadtchroniken anzuführen, die zwar weniger umfangreich, aber deshalb nicht von geringerem Wert sind; für Bergamo der »Liber Pergaminus«, für Pisa die »Gesta triumphalia per Pisanos facta«, der »Liber Maiorichinus« und die »Annales Pisani« des →Bernardo Mara(n)gone. Auch im 12. Jh. nehmen die sehr bedeutenden Ch.en Süditaliens eine Sonderstellung ein: sie zeichnen sich durch bes. polit. Engagement, Eigenständigkeit der hist. Darstellung und nicht zuletzt durch einen farbigen Erzählstil aus. Dies gilt für →Alexander von Telese, →Hugo Falcandus, →Falco v. Benevent, →Petrus v. Eboli (de Ebulo) und schließl. für →Romuald v. Salerno. Romualds Werk, in dem die Gesch. des Regnum Siciliae im Mittelpunkt steht, verdient bes. Beachtung, handelt es sich doch dabei um eine der wenigen it. →Weltchroniken. Da der Verfasser bei den wichtigsten von ihm berichteten Ereignissen Augenzeuge war, ist der Quellenwert seiner Ch. nicht hoch genug zu veranschlagen. Die anderen gen. Ch.en verdanken ihre Bedeutung der anschaul. Schilderung (Alexander v. Telese) oder dem hist. Bewußtsein, von dem sie erfüllt sind (Falco und Hugo Falcandus, der von allen die größte Gedankentiefe und die schärfste hist. Urteilskraft aufweist). Streben nach Dichterruhm zeigt der »Liber ad honorem Augusti« des bereits erwähnten Petrus v. Eboli, in dem die Zerrissenheit eines Mannes zum Ausdruck kommt, der als Untertan des »Regno« zw. norm. Tradition und neuem stauf. Herrschertum steht, eine innere Spannung, die sich durch die eine bessere Zukunft versprechende Geburt Friedrichs (II.), des Sohns von Heinrich VI. und Konstanze, zu lösen scheint.

Das Italien des 12. Jh. hatte jedoch die schweren Auseinandersetzungen zw. dem Kaisertum und den Städten erlebt, die um ihre kommunale Freiheit rangen. Das Echo dieser Kämpfe finden wir – mehr oder weniger stark – in allen Ch.en Nord- und Mittelitaliens, von denen wir nur einige der bedeutendsten anführen können. (Zu den dt. Ch. der Zeit sei auf die entsprechenden Stichwörter wie →Otto v. Freising und →Rahewin verwiesen.) Da →Mailand im Zentrum der Auseinandersetzungen stand, nennen wir an erster Stelle einige lombard. Ch.en, wie die früher Sire Raoul zugeschriebenen »Annales Mediolanenses« oder das →»Carmen de gestis Frederici I Imperatoris in Lombardia«, eine Art Verschronik, vielleicht bergamask. Ursprungs, die mit packender Anschaulichkeit berichtet. (Berühmt, aber umstritten ist die Schilderung des für →Arnold v. Brescia errichteten Scheiterhaufens.) Die Stimme der kaisertreuen Kommunen wie Pavia oder Lodi findet ihren Ausdruck in der Ch. des →Otto und →Acerbus Morena sowie ihres dritten Kontinuators. Sie ist für das Verständnis der Wende, welche die lombard. Liga in den nordit. Kommunen mit sich brachte, grundlegend.

III. VOM 12./13. ZUM 15. JAHRHUNDERT: Der bereits im 12. Jh. mit dem Aufschwung der Stadtchroniken eingeschlagene Weg der it. Chronik wurde verstärkt im 13. Jh. fortgesetzt. Am Übergang der beiden Epochen steht die Ch. des Giovanni →Codagnello aus Piacenza, der die Phasen des Kampfes zw. Mailand und dem Imperium darstellt und rhetor. ausschmückt. Wir zögern, eine Persönlichkeit im Rahmen der it. Chronistik aufzuführen, die wenigstens aufgrund ihres Geburtsortes darin einen Platz beanspruchen müßte: →Gottfried v. Viterbo, der gewiß Bindungen an seine Geburtsstadt aufwies, in der er Allodialbesitz hatte und ein palatium imperiale erbaute, jedoch aufgrund seiner Ausbildung und Laufbahn eng mit der Kultur Deutschlands verbunden war.

Im Lauf des Duecento erweitert sich der kulturelle und geograph. Interessenhorizont und Kenntnisstand, in der 2. Hälfte des Jh. erscheinen auch erste Ansätze einer Chronistik in it. Sprache. Unter den noch lat. verfaßten Werken aus der 2. Hälfte des 13. Jh. verdienen die von Parisius v. Cerea gesammelten Nachrichten zur Stadtgeschichte Veronas Aufmerksamkeit. Bes. interessant ist die von der Stadt Padua selbst in Auftrag gegebene Ch. des →Rolandino dei Passeggeri. Ebenso wie die nicht weniger bedeutende Ch. des Gherardo →Maurisio bietet dieses Werk mittels einer Schilderung der Taten des →Ezzelino da Romano und seines Bruders Alberico eine lebhafte und anschaul. Darstellung der Gesch. der sog. Mark →Treviso (die sich vom Gardasee bis Venedig erstreckte). In Mittelitalien sind die ersten Ch.en von Florenz mit ihren sallustian. Komponenten aufweisenden Stadtgründungssagen von Interesse, da in ihnen in zunehmendem Maße die Tendenz spürbar wird, dem Ursprung der Stadt durch die Rückführung auf die klass. Antike bes. Adel zu verleihen (Mantua mit der Beziehung auf die vergilische Seherin Manto, Padua mit Antenor, dem Gefährten des Aeneas, etc.)

Auf bescheidenerem annalist. Niveau bewegen sich die volkssprachl. Annalen von Perugia. Die üblicherweise nur als Biographie des hl. →Franziskus v. Assisi aufgefaßte »Legenda trium sociorum« (nicht der Anonymus Perusinus) muß unserer Meinung nach zur städtischen Chronistik gerechnet werden. Sie verkörpert das – durchaus gelungene – Bestreben, ein konkretes Bild des Ambiente, aus dem Franziskus stammte und in dem er lebte, zu entwerfen. Obwohl diese Legende in mancher Hinsicht noch ein Problem der it. Chronistik und biograph. Tradition bildet, kann man ihr nicht absprechen, daß sie für die Kenntnis des städt. Lebens in einer krit. Phase seiner Entwicklung von Interesse ist. Vor diesem polit. Hintergrund der Welt des 13. Jh. ist auch die Gruppe der Ch.en zu sehen, die das Ende der Stauferherrschaft in Sizilien schildern: v. a. die lat. abgefaßte sog. Ch. des Nicolaus v. Jansilla (»Historia de rebus gestis Friderici II. imp. eiusque filiorum Conradi et Manfredi«) und die für das Regnum Siciliae und Rom nicht weniger bedeutende des Saba →Malaspina: Beide sind sehr wichtige Quellen zu den Wandlungen des Kgr.es Sizilien unter der Herrschaft Manfreds.

Unter den it. Ch.en des 13. Jh. gebührt dem Werk des in Italien und Frankreich vielgereisten Franziskaners →Salimbene de Adam v. Parma eine zentrale Stellung. Die (akephale und nicht fertiggestellte) Ch. ist sowohl für die it. als auch für die europ. Geschichte von bes. Bedeutung. Salimbene berichtet nicht nur Geschehnisse, deren Augenzeuge er war, sondern referiert auch ihm zugetragene Nachrichten; seine Urteile und Hinweise zeugen von scharfer Intelligenz, guter Beobachtungsgabe und stetem Wissensdurst. Er ist daher nicht nur ein wertvoller Zeuge für einige bedeutende Ereignisse der it. Geschichte, sondern überliefert auch wichtige Nachrichten über Herrscher (Ludwig IX., Friedrich II.), Päpste (Gregor IX., Innozenz IV.), Persönlichkeiten des Franziskanerordens (Elias v. Assisi und Johannes v. Parma) und Aspekte des polit. und kulturellen Lebens (innerstädt. Auseinandersetzungen, Beispiele von Goliardendichtung etc.). Er selbst ist eine Persönlichkeit von bedeutendem Format, ein vom eigenen Joachimitismus enttäuschter Joachimist (→Joachim v. Fiore), von polem. Geist erfüllt, wenn es um die Verteidigung seines Ordens geht, wie die Passagen über die →Apostoliker zeigen, und v. a. ein unermüdl. Beobachter des polit., religiösen und sozialen Lebens seiner Zeit. Sein Latein ist dort, wo er von der Anhäufung von Bibelzitaten (zur Erbauung des Neffen, dem die Ch. gewidmet ist) keinen Gebrauch macht, stark von der it. Volkssprache beeinflußt und zeigt große Lebendigkeit und Ausdruckskraft.

Die Chronistik Mailands fand nach dem Duecento ihre bedeutendste Fortsetzung durch Galvano →Fiamma, dem wir eine Art hist.-chronist. Enzyklopädie der Mailänder Gesch. verdanken. Die Ereignisse der Ezzelino-Zeit und der darauffolgenden Epoche erhielten ihren Platz in den »Annales Patavini«; die ven. Geschichtsschreibung fand ihren ersten großen Höhepunkt in der in frz. Sprache abgefaßten Ch. des Martin da →Canal(e). Im gleichen Bereich gibt es mit Albertino →Mussato einen ersten Ansatz humanist. Historiographie, von dem sich das traditionelle Werk des Ferreto dei Ferreto als Ausdruck des kulturellen Ambiente von Verona und des Scaligerhofes deutlich abhebt. Während das »Pomerium Ravennatis ecclesiae seu Historia universalis« des Riccobaldo da Ferrara (das bedeutendste seiner chronist. Werke) ebenfalls prähumanist. Tendenzen aufweist, setzen die Werke des Paulinus Minorita und des Ranieri Sardo die Tradition der Weltchroniken fort, wobei die Gesch. Venetiens bei Paulinus, diejenige von Pisa bei Ranieri Sardo den Schwerpunkt bildet.

Das wichtigste Faktum in der Chronistik an der Wende vom 13. und 14. Jh. ist jedoch das unaufhaltsame Vordringen der Geschichtsschreibung in it. Sprache. Das bedeutendste Beispiel dafür ist die »Cronica dei fatti occorrenti ai tempi suoi« des Dino →Compagni, der als Zeuge und aktiv Teilnehmender den Übergang der Kommune Florenz zur Populus-Kommune miterlebte. Als beinahe gleichzeitig mit Compagni muß Ricordano Malespini angesehen werden; die Authentizität seiner Ch. ist jedoch noch heftig umstritten, da sich ein großer Teil von ihr in der späteren Ch. des Giovanni →Villani aus der 1. Hälfte des 14. Jh. wiederfindet, die bis in das spätere 14. Jh. hinein fortgesetzt wurde und eines der großen Geschichtswerke des 14. Jh. darstellt.

Der wachsende Einfluß und die Verbreitung der humanist. Historiographie brachten eine tiefgreifende Neuerung in der Chronistik mit sich. Neben dem bereits erwähnten Albertino Mussato bezeugt der große Chronist und ven. Doge Andrea →Dandolo diesen Moment des Übergangs. Einerseits sammelte und ordnete er die Dokumente und Überlieferungen, die seine Stadt betrafen, andererseits stand er unter dem Einfluß Francesco →Petrarcas, dessen lit., nicht aber polit. Ideale er teilte. An diesem Punkt fand die it. Chronistik im traditionellen Sinne des Wortes ihr Ende. Zwar lebten noch einige späte, lokale Ausläufer weiter (wir nennen als Beispiele die sog. »Diurnali« des Hzg.s Monteleone oder die wichtige florentin. Ch. des Marchionne di Copostefani, auch die »Annales Januenses« wurden fortgesetzt), aber Stil und Erzähltypus der Stadtgeschichtsschreibung wandelten sich. Es beginnt die Historiographie des→Humanismus.

R. Manselli

Lit.: Ein Gesamtdarstellung der it. Chronistik fehlt – Repfont, s. v. Chronica etc. – WATTENBACH-HOLTZMANN – WATTENBACH-LEVISON-LÖWE – WATTENBACH-SCHMALE – U. BALZANI, Le cronache italiane nel Medio Evo, 1900² – O. CAPITANI, Motivi e momenti di storiografia medioevale italiana: secc. V–XIV, Nuove questioni di Storia medioevale, 1964, 279–800 [reiche Lit.: 793–800] – Sett. cent. it. XVII, 1970 – vgl. auch die Lit. zum allg. Teil.

E. Frankreich

I. Im 10. und 11. Jahrhundert – II. Im 12. und 13. Jahrhundert – III. Im 14. und 15. Jahrhundert.

I. IM 10. UND 11. JAHRHUNDERT: Die Ch.en aus dem Frankreich des 10. und 11. Jh. (zu den merow. und karol. Voraussetzungen s. Abschnitt A und B) spiegeln zumeist polit. Zersplitterung und häufig eine gewisse Enge des Gesichtskreises wider. Es handelt sich zumeist um Texte von regionalem Interesse, welche Nachrichten aus dem Blickfeld eines feudalen Fsm.s bzw. einer Herrschaft oder aber einer geistl. Institution überliefern. Das Bemühen um Geschichtsschreibung erhielt sich in dieser Zeit nur im Bereich der Kirche, zumeist in den Abteien und – etwas seltener – in den Kathedralkapiteln. Von daher ist es nicht verwunderlich, daß die Geschichtsschreibung sich v. a. auf die Erstellung von »Gesta episcoporum« (→Gesta) oder, im 11. Jh., auf entsprechende Geschichten von Äbten konzentrierte; dieser historiograph. Typ war auf möglichst lückenlose Darstellung der Abfolge der Äbte und Bf.e aus und rückte die Amtsführung der entsprechenden Würdenträger ins Zentrum, in der Art von Genealogien oder Familiengeschichtsschreibung. Im Bestreben, das Alter, Ansehen und die Besitzrechte der eigenen geistl. Institution ins rechte Licht zu setzen, benutzten die Verfasser dieser Werke ausgiebig alle erhaltenen Dokumente (Urkunden, Nekrologe, bald auch Kopialbücher); bei Bedarf wurde gefälscht (z. B. Le Mans). Die Darstellungsweise auf der Basis breiten Quellenmaterials, das oftmals in kollektiver Arbeit kompiliert wurde, hatte langen Fortbestand; zahlreiche Annalenwerke wurden in dieser Zeit fortgesetzt oder sogar begonnen, insbes. im Zentralraum des alten Karolingerreiches zw. Loiregebiet und Lothringen.

Wie aus diesen Bemerkungen deutlich wird, ist bei der Darstellung der frz. Chronistik seit der Mitte des 10. Jh. von den kirchl. Institutionen, die zu Zentren der Geschichtsschreibung wurden, auszugehen. Das erste dieser Zentren war das auf große karol. Traditionen zurückblickende→Reims. Der an Kathedralschule und -archiv tätige →Flodoard, Verfasser der besten Bistumsgeschichte seiner Zeit (»Hist. ecclesie Remensis«), führte eine Art Tagebuch, die »Annales« (bis 965). →Richer, Mönch von St-Remi zu Reims und Zeitgenosse →Gerberts v. Aurillac, schrieb seine »Historie« für die Jahre 882–998; der ambitiöse Titel zeigt den hohen literar. Anspruch des Autors.

Nächst Reims war das produktivste Zentrum der Geschichtsschreibung die Abtei →Fleury (St-Benoît-sur-Loire), die diese Bedeutung unter dem Abbatiat →Abbos v. Fleury erlangte. Abbo begründete die kulturelle Ausstrahlung seiner Abtei, indem er die Abfassung bedeutender historiograph. Werke anregte, insbes. diejenigen →Aimoins v. Fleury. Aimoins »Gesta Francorum« sind die erste großangelegte Darstellung der Geschichte Frankreichs; doch brach er nach Abbos Tod (1004) seine Erzählung beim Jahre 653 ab. Aimoins Werk war es, das dem MA die Kenntnis der Merowingerzeit vermittelte. Seine unvollendete Kompilation wurde in anderen kirchl. Zentren verbreitet, benutzt und fortgesetzt.

In Fleury selbst wurde zur gleichen Zeit das biograph. Schrifttum erneuert: »Vita Abbonis« von Aimoin, »Vita Roberti Pii« von Helgaud (Helgald), »Vita Gauzlini« von →Andreas v. Fleury; ebenso erfuhr auch die Gattung der →Miracula-Literatur eine Erweiterung, indem die »Miracula S. Benedicti« zur Ch. der Abtei und ihrer Filialklöster ausgebaut wurden. Auch hier erlebten Aimoins »Gesta Francorum« eine Fortsetzung. Verschiedenartige historiograph. Texte wurden in Fleury kompiliert, fanden weite Verbreitung und gingen in spätere Werke der Geschichtsschreibung ein.

Weitere bedeutende Zentren der Chronistik waren: St-Bertin (→Sithiu) im Artois, →Dijon, →Auxerre sowie das in engen Beziehungen zu Fleury stehende →Sens, wo die »Historia Francorum Senonensis« und die Ch. des →Ordorannus entstanden. An vielen Orten wurden Sammlungen von Dokumenten verfaßt, und es bildete sich eine Art Methodik der monast. Geschichtsschreibung heraus. Einige Autoren entwickelten ein starkes Eigenprofil: so der burg. Mönch →Radulf Glaber, der, zu »gyrovagem« Wanderleben neigend, leichtgläubig und für alle Ängste der Zeit äußerst sensibel, mit seinen »Historiae« (um 1044–49) eine für die Kenntnis der Mentalitäten in höchstem Maße aufschlußreiche Ch. lieferte; →Ademar v. Chabannes († 1034), Mönch von St-Martial de Limoges und St-Cybard d'Angoulême, dessen »Chronicon« eines der wenigen hochma. Geschichtswerke aus Südfrankreich darstellt; →Fulco (Foulque le Réchin), Gf. v. Anjou (→Angers/Anjou), dessen Fragment einer bis 1096 reichenden Ch. seines Hauses zur Unterrichtung der Nachkommen bestimmt war und das einzige erhaltene Beispiel für ein von Laien verfaßtes Geschichtswerk seit dem Karolinger →Nithart darstellt.

Das erste Zeugnis dynastischer Historiographie ist aus der Normandie überliefert: →Dudo v. St-Quentin, im Vermandois erzogen, schrieb zu Beginn des 11. Jh. für den Hzg. der →Normandie die »Gesta Normannorum«, in denen er die sagenhaften skand. Ursprünge des Geschlechtes preist. Um den Normannenherzog→Wilhelm, den Eroberer Englands, scharten sich eine Reihe von Chronisten, insbes. →Wilhelm v. Jumièges und →Wilhelm v. Poitiers.

II. IM 12. UND 13. JAHRHUNDERT: Im 12. Jh. kündigt sich allerorten eine Erweiterung des Blickfeldes an. Die großen Abteien wie St-Evroul, Mont-St-Michel oder St. Marianus (St-Marien d'Auxerre) boten gute Bibliotheken und eine den Studien günstige Atmosphäre der Ruhe. Die Erneuerung der Universalgeschichtsschreibung, die im Imperium bereits eingesetzt hatte, erreichte Frankreich zu Beginn des 12. Jh. Die Ch. →Hugos, Abtes v. →Flavigny in Burgund, war zeitgenöss. derjenigen des →Sigebert v. →Gembloux; diejenige→Hugos v. Ste-Marie, des letzten großen Geschichtsschreibers aus Fleury, ist nicht viel jünger (»Hist. Francorum«, 1110; »Hist. moderna«, 1114). Unter den Fortsetzern Sigeberts v. Gembloux ist →Robert v. Thorigny, Abt v. Mont-St-Michel, zu nennen. Weitere Ch.en entstanden in Laon und Sens (die sog. Ch. des Clarius, die in Wahrheit ein langfristig angelegtes Gemeinschaftswerk darstellt, bei dem die Redaktoren die jeweils für ein Jahr vorgesehenen Rubriken auszufüllen hatten). Von noch größerer Bedeutung ist das Werk des berühmten Theologen→Hugo v. St. Victor, »De tribus maximis circonstanciis gestorum«, durch welches das ma. →Geschichtsdenken beeinflußt wurde.

Die Zentren der Geschichtsschreibung verlagerten sich. Im Limousin entstanden: das »Chronicon« des Geoffroi de Vigeois, von mehr lokalem Interesse, und die Ch. des Bibliothekars von St-Martial de Limoges, Bernard Itier (Bernardus Iterius, 1163–1225). Die »Hist. ecclesiastica« des →Ordericus Vitalis, Mönch im norm. Kl. St-Evroul, benutzte ein weites Spektrum schriftl. und mündl. Quellen. In der Normandie bildete sich auch die volkssprachl. Geschichtsschreibung heraus. Diese Wandlung, die wohl die Hinwendung der weltl. Aristokratie, die ihre Kenntnisse bisher fast ausschließl. aus den →chansons de geste geschöpft hatte, zur eigtl. Geschichtsschreibung markiert, vollzog sich nicht zufällig zuerst in der Normandie; hier hatten die Hzg.e bereits vor einem Jahrhundert die Bedeutung der Geschichtsschreibung für die Propagierung der eigenen Dynastie erkannt. →Heinrich II. Plantagenêt hatte, nachdem er Hzg. der Normandie und Kg. v. England geworden war, ein lebhaftes polit. Interesse an der Darlegung legitimer Erbansprüche, die er als Angehöriger der anglo-norm. Dynastie (von seiten seiner Mutter) auf die Herrschaft hatte. In diesem Zusammenhang hatte offenbar der Sagenkreis um Kg. →Artus (Arthur), der in der Beliebtheit beim Publikum mit dem Zyklus um →Karl d. Gr. und seine Paladine konkurrierte, hohe Bedeutung für die Stilisierung und Propagierung des Ruhmes des engl. Königshauses (s. a. Abschnitt G). Um genealog. Bande zu Artus zu knüpfen, war es notwendig, auf den gemeinsamen fiktiven Ahnherren der Franken/Franzosen, der Normannen und der Bretonen zurückzugehen, nämlich zu dem Trojaner Aeneas (→Trojaner, -sage). Diese Verbindung stellte der Dichter→Wace her, der 1155 der Gattin Heinrichs II., →Eleonore v. Aquitanien, seinen »Roman de Brut« (auch: »Geste des Bretuns«) widmete, in dem er die Erzählungen über die sagenhaften Ursprünge der Engländer, einschließl. der Sagen um die Table ronde des Kg.s Artus, zusammenfaßte; bald folgte sein »Roman de Rou« (→Rollo) oder »Geste des Normans«. Unter Waces Feder prägte sich die volkssprachl. Historiographie in enger Verbindung zum entstehenden höf. →Roman aus, wobei Gestaltung in Versen und psycholog. Ausdeutung der romanhaft geschilderten Ereignisse beherrschende Kennzeichen waren. Die Chronistik verlor so ihre ausschließl. Orientierung an der monast. Geschichtsschreibung. →Benoît de Sainte-Maure, Verfasser des berühmten »Roman de Troie«, in dessen Prolog er der neuen Auffassung von Geschichte und Dichtung Ausdruck verleiht, verfaßte ab ca. 1174 im Auftrag Heinrichs II. eine (unvollendet gebliebene) Reimchronik der Hzg.e der Normandie, die sehr genau den polit. Bedürfnissen seines Mäzens wie dem Geschmack der neuen Publikumsschicht entsprach (→Reimchronik).

Währenddessen entfalteten auch in →Paris neue Zentren der Chronistik ihre Aktivität. In St-Victor und St-Germain-des-Prés wurden – wie früher in Fleury – umfangreiche Materialsammlungen kompiliert. Die größte Bedeutung erreichte jedoch →St-Denis unter seinem großen Abt →Suger (1122–51), der ohne jeden Zweifel an dieser Blüte der Geschichtsschreibung, die das Zentrum der geistigen Tätigkeit in St-Denis bildete, den entscheidenden Anteil hatte. Angesichts der beherrschenden Rolle, die St-Denis seit der Merowingerzeit als »Königskloster« spielte und angesichts der engen Beziehungen Sugers zu den →Kapetingern verwundert es nicht, daß die Geschichtsschreibung hier in den Dienst der Krone gestellt wurde. Die Ch.en v. St-Denis entwickelten sich als Geschichtswerke, die auf den Kg. orientiert waren; die Geschichtsdarstellung und -reflexion hatte nicht das Jahr zum Bezugspunkt, sondern die Regierung eines Kg.s, was zu einem weiteren Blickfeld verpflichtete.

Aus dem 12. Jh. sind aus St-Denis mehrere Ansätze zu einer nationalen Geschichtsschreibung erhalten. Die ältesten dieser Texte (»Gesta gentis Francorum«, vor 1131) dienten den späteren als Grundlage (»Nova gesta Francorum«, für welche sich ein Plan des Werkes erhalten hat). Alle diese Kompilationen waren Vorstufen der später in St-Denis redigierten, vielfach in das Corpus der »Grandes Chroniques de France« (s. u.) übernommenen Ch.en, die als offizielle Geschichtswerke der kapet. Dynastie betrachtet werden können.

Sugers eigener Anteil am Aufschwung der dionysian. Geschichtsschreibung ist von etwas anderer Prägung: Mit der →Biographie seines kgl. Freundes →Ludwig VI. (»Vita Ludovici VI«) schuf dieser Tatmensch, der trotz seiner Abtswürde nur wenig »Mönchisches« hatte, ein neues Modell der Herrscherbiographie. Suger entwirft ein rationalisiertes Bild des Staatswesens, er bemüht sich, den kapet. Monarchen als Verkörperung der höchsten Ideale darzustellen (→Herrscherbild, -auffassung). Es war Sugers Absicht, eine entsprechende Vita auch für Kg. Ludwig VII. zu schaffen; für Suger schrieb →Odo v. Deuil seinen Bericht über den Kreuzzug Ludwigs VII. (→Kreuzzug, 2.; s. Abschnitt L, auch zur sonstigen reichen frz. Kreuzzugschronistik). 1151 verstorben, hinterließ Suger sein Werk in unfertigem Zustand; es wurde in St-Germain-des-Prés vollendet, anläßl. der Geburt von →Philipp (II.) August, und der in diesem Kl. geführten Aimoin-Fortsetzung angefügt.

In besonderer Weise förderten die Mönche v. St-Denis auch die Verbreitung der Karlslegende. Die→chansons de geste hatten aus →Karl d. Gr. teilweise einen »Kg. v. Frankreich« gemacht, was im Imperium bereits zu Widerstand geführt hatte. Die Abt. St-Denis war nun bestrebt, sich die gewaltige Popularität des Ks.s zunutze zu machen, so durch eine Fiktion über die angebl. Fahrt Karls d. Gr. nach Jerusalem, von der er die Hl. Lanze und die Dornenkrone mitgebracht und in St-Denis niedergelegt habe. Ebenso wurde wohl unter dionysian. Einfluß um die Mitte des 12. Jh. die Ch. des →Pseudo-Turpin abgefaßt, welche die aus d. →chansons de geste bekannten Erzählungen über Karls Kriegszüge im maur. Spanien ausschmückte (s. a. →Roland). Der Text wurde schließl. dem »Liber S. Jacobi«, einem Handbuch für →Santiago-Pilger, angefügt. Der vollkommen fabulöse Ps.-Turpin bot sich als hist. getreue Schilderung dar und wurde auch als solche rezipiert; seine Popularität war beträchtlich, wohl weil er dem Publikum die scheinbare Gewißheit bot, daß es sich bei den Heldentaten Karls und seiner Getreuen nicht um Erdichtungen der Spielleute, sondern um verbürgte Tatsachen handelte. Das Publikum – Adlige mit dürftigen Lateinkenntnissen – erweiterte sich durch die zunehmende Verwendung der Volkssprache. Schon bald nach 1170 waren die gereimten Ch. en der Normandie von Wace und Benoît de Sainte-Maure in Prosa übertragen und in dieser Form fortgesetzt worden. Der Ps.-Turpin erlebte um die Wende des 12. zum 13. Jh. etwa acht Übersetzungen, die v. a. in Flandern angefertigt wurden, im Auftrag jener flandr. Großen, die in Opposition zu Philipp II. August und seiner Konzeption monarchischer Herrschaft standen. Alle diese Herren hatten, nach den Behauptungen ihrer Genealogien, karol. Blut in den Adern; sie betrachteten den Ps.-Turpin als Werk, das – wie eine Familienchronik – die Taten ihres vorgebl. Ahnherrn feierte, deren Verbreitung es zu fördern galt, konnte sie doch als Kampfmittel gegen die kapet. »Usurpatoren« eingesetzt werden. Demgegenüber waren die Mönche v. St-Denis bestrebt, durch Umarbeitung des Ps.-Turpinschen Geschichtsstoffes das kapet. Haus zu verteidigen; sie gingen dabei so geschickt zu Werke, daß der Ps.-Turpin nach einigen Jahrzehnten in die offiziellen Geschichtsdarstellungen der Kapetinger Eingang finden konnte; die Redaktoren betonten bei ihrer Bearbeitung die karol. Abkunft Ludwigs VIII. von väterl. wie mütterl. Seite, wodurch das frz. Kgtm. wieder an das Geschlecht Karls d. Gr. gelangt sei.

Zu Beginn des 13. Jh. erlebte die Reflexion geschichtl. Vorgänge in den Pariser Abteien, die in Beziehung zum Königshof standen, einen beachtl. Aufschwung. Angesichts zahlreicher chronist. Werke, die oft unter dem Einfluß der Ideenwelt des Rittertums (→chevalier, →Rittertum) standen und die Tapferkeit des Ritters verherrlichten (vgl. aus dem anglofrz. Bereich bes. die bemerkenswerte »Hist. de →Guillaume le Maréchal«, um 1226 in frz. Versen von einem familiaris des Hauses Wilhelms des Marschalls verfaßt), betonte das in St-Germain-des-Prés und bes. in St-Denis sich entwickelnde Geschichtsdenken die Vernunft und das maßvolle Verhalten bei den Staatsgeschäften als Tugenden, die sich ideal in der Person des kapet. Kg.s, der unter der Gnade Gottes und dem bes. Schutz des hl. Dionysius handelte, verkörperten.

In St-Germain-des-Prés schrieb ein anonymer Chronist (der sog. Anonymus v. Chantilly) – unter Benutzung der lat. Chronikkompilationen des 12. Jh. – zw. 1210 und 1230 die »Chronique des rois de France«, die erste volkssprachl. verfaßte Ch. des frz. Kgtm.s von seinen legendären trojan. Ursprüngen an (→Trojaner, -sage); dieses Werk ist wenig bekannt, da es durch den Erfolg der späteren Kompilationen aus St-Denis in den Hintergrund gedrängt wurde. In St-Germain entstand die lat. Kompilation der »Gesta Francorum usque ad annum 1214«; diese Jahreszahl war diejenige der Schlacht v. →Bouvines, welche die Zeitgenossen so sehr beeindruckte, daß sie in mehreren historiograph. Werken als Schlußpunkt oder als zentrales Thema erscheint. Neben dem Chronisten von St-Germain war es v. a. der kgl. Kapellan→Wilhelm der Bretone, der, selber bei der Schlacht zugegen, diesen entscheidenden kapetingischen Sieg verherrlichte. Er schrieb sogleich einen zusammenfassenden Bericht, vervollständigte sein Werk dann mit Hilfe der Vita Philipps II. August, die in St-Denis bearbeitet wurde. Wilhelm nahm damit das von →Rigord, Mönch v. St-Denis, begonnene Werk auf; dieser hatte bis zu seinem Tode (1206) an seiner Biographie Philipps August, deren Vorbild die Vita Ludwigs VI. von Suger war, gearbeitet. Wilhelm der Bretone benutzte das Archiv von St-Denis, arbeitete jedoch am Königshof. Sein wenig später verfaßtes Gedicht in lat. Hexametern, die »Philippide« (»Philippidos libri XII«), ist nichts anderes als ein großer Lobgesang auf den Sieger von Bouvines (→Panegyrik). Erstmals schrieb ein Historiker, der selber dem kgl. Hofhalt angehörte, die Biographie des Herrschers; sie erhielt ihren Platz im Corpus von St-Denis, das auf sein Monopol bei der Pflege der hist. Traditionen der Kapetinger ebenso sorgsam bedacht war wie auf seine Rolle als Aufbewahrungsort der kgl. Insignien.

Um 1250 redigierten die Mönche v. St-Denis eine neue Kompilation, die Summe ihrer bisherigen Arbeit, das grundlegende Handbuch für die Zukunft, Vorstufe der späteren »Grandes→Chroniques de France«. Diese Kompilation (ms. lat. 5925 der Bibl. nat., Paris) verzeichnet die Geschichte des Kgr.es (zu den in der Kompilation verarbeiteten Texten s. i. einzelnen Grandes →Chroniques de France, Abschnitt 1). Gegen Ende des 13. Jh. wurde die Sammlung durch Einfügung von noch fehlenden Königsviten bis zum Tode Philipps III. (1285) erweitert. Die abschließende Redaktion nahm→Wilhelm v. Nangis, der Archivar v. St-Denis, vor, der die Vita Ludwigs d. Hl. (über dessen Persönlichkeit schon biograph. Werke, v. a. dasjenige von →Joinville, vorlagen) und Philipps III. verfaßte. Die Tatsache, daß Wilhelm v. Nangis selbst Autor einer Universalchronik war, die in St-Denis viel benutzt wurde, führte zu einer Veränderung der Perspektive.

Von 1274 an nahmen die Mönche verstärkt Bezug auf die Bedürfnisse eines Laienpublikums, das ständig wuchs – eher durch die Gewohnheit des lauten Vorlesens als durch die weitere Verbreitung von Lesekenntnissen. Der Mönch →Primat widmete Philipp III. 1274 eine frz. verfaßte Geschichte Frankreichs bis zu Philipp II. August, die auf der obengen. lat. Kompilation fußte, deren Lücken Primat durch andere Texte (v. a. aus St-Germain-des-Prés) auffüllte. Diese frz. Serie von Ch.en, die bis zum Ende des MA fortgeführt wurde, erlebte unter der Bezeichnung »Grandes →Chroniques de France« (auch: »Romant des Rois«) einen ebenso starken wie dauerhaften Erfolg, wobei trotz aller Umarbeitungen an den Hauptzügen, nämlich der prokönigl. Tendenz, der Betonung der Rolle von St-Denis und der Hervorhebung der moral. Autorität der Geschichte, festgehalten wurde.

Während die nationale Chronistik mit den Grandes Chroniques den Weg zu einer zentralen und sehr erfolgreichen Textredaktion beschritt, erlebte die Weltchronik in Frankreichs Wandlungen. Die Nachfolge Sigeberts v. Gembloux verebbte allmählich; an seine Stelle trat das Werk eines Chronisten aus dem Kgr. Frankreich, →Robert v. St. Marianus v. Auxerre. Er benutzte die in Sens und Auxerre vorhandenen Materialien zur Abfassung seiner »Chronologia«, der zuverlässigsten Ch. der Zeit, die an verschiedenen Orten fortgesetzt bzw. in Kurzfassungen ausgeschrieben wurde. Die Arbeitsmethoden änderten sich: In den Kreisen der Bettelorden bildete sich –

stärker als je zuvor – die Gruppenarbeit heraus, die es ermöglichte, ungeheure Stoffmassen zu verarbeiten, so daß die Weltchroniken gewaltige Dimensionen annahmen (Géraud de Frachet [Geraldus de Fracheto], →Alberich [Aubri] v. Troisfontaines, später dann →Bernardus Guidonis [Bernard Gui]). Ist auch die Ch. des Hélinand de Froidmont (vor 1220) eine schlecht gegliederte Kompilation, so begründete sie doch die neue Methode, die Quellen anzugeben und die selbstverfaßten Teile mit dem Vermerk »auctor« zu kennzeichnen. Um die Mitte des 13. Jh. entstand das »Speculum historiale« des Dominikaners →Vinzenz v. Beauvais, an dem der ganze Jakobinerkonvent v. Paris mitarbeitete; das Werk stellt in nahezu chronolog. Abfolge Auszüge aus berühmten Autoren nebeneinander. Es hatte eine große Nachwirkung, weit über Frankreich hinaus, und wurde im 14. Jh. übersetzt und vielfach in Kurzfassungen verbreitet. Fast will es scheinen, als habe der Erfolg des »Speculum historiale« andere frz. Geschichtsschreiber – ausgenommen Bernardus Guidonis mit seinen »Flores chronicorum« – abgeschreckt, eigene umfassende Werke in Angriff zu nehmen. Demgegenüber entstanden ab 1250 memoirenartige Werke, die – unter Beschränkung auf die eigene Zeit – mit Vorliebe selbsterlebte oder durch mündl. Erzählungen übermittelte Ereignisse berichten.

Seit dem Beginn des 13. Jh. nimmt die Zahl der frz. verfaßten Ch.en beträchtl. zu; genannt seien: die Reimchronik des Philippe Mousket (Mouskès), Bürgers von Tournai, der sich der lat. Ch.en aus St-Denis bediente, um die gesamte Geschichte Frankreichs darzustellen; die »Branche des royaux lignages« von Guillaume Guiart, die mit Ludwig VIII. einsetzt; der in der Schlacht von Gravelines (1213) verwundete Autor stellt seine Sicht der Kriege mit →Flandern dar und greift ebenfalls auf die Ch.en v. St-Denis zurück. In Prosa finden sich – neben Übersetzungen aus dem Lat. – u. a. das Werk des sog. Ménestrel d'Alphonse de Poitiers, der von den »Gesta Francorum« von St-Germain-des-Prés ausgeht; die beiden Ch.en des Anonymus v. Béthune, verfaßt in der Umgebung eines abenteuerlustigen Ritters; der Bericht des Ménestrel de Reims (um 1260), der pittoreske Geschichten, insbes. skandalösen Charakters, über die letzten 80 Jahre zu erzählen weiß. Zahl und Vielfalt der überlieferten Werke zeigen, in welchem Maße das Laienpublikum Interesse für die nationale Geschichte entwickelte, wobei die Forderungen an die Zuverlässigkeit der Texte allerdings unterschiedlich blieben.

III. IM 14. UND 15. JAHRHUNDERT: Die Gewohnheit, dem Publikumsgeschmack Rechnung zu tragen und Ereignisse zu referieren, die den Leser oder Zuhörer interessierten – Vorgänge von oft geringer hist. Bedeutung –, ließ seit dem 14. Jh. eine neue Spielart der Chronistik entstehen: Mit dem →Hundertjährigen Krieg und dem zunehmenden Interesse für lokale Vorfälle und Besonderheiten setzte eine nicht »gelehrte«, weitverbreitete Kleinchronistik ein, die schon manche Charakteristiken der späteren Zeitungen vorwegnimmt. Sie wendet sich mit Vorliebe aktuellen Themen zu und ergreift (etwa anläßl. eines Duells, eines Gelübdes, einer Schlacht oder eines Banketts) Partei für die eine oder andere Seite. Die allgemeinen Geschichtswerke dieser Zeit wie das »Manuel d'hist. de Philippe VI. de Valois« stützen sich auf ältere Kompilationen wie Vinzenz v. Beauvais, Bernardus Guidonis und das Corpus v. St-Denis.

Einige große Memoirenverfasser, welche unter weitgehendem Verzicht auf schriftl. Quellen ihre Werke aufgrund mündl. Informationen schufen, bilden den glanzvollen Höhepunkt der frz. Chronistik des 14. und 15. Jh. In der Zeit des Hundertjährigen Krieges schrieben →Jean Le Bel und →Froissart, ferner →Berry, le Hérault u. a. Weniger weitgereist, führten die beiden Pariser Parlamentsbeamten (greffiers) Nicolas de Baye und Clément de →Fauquembergue ihre Tagebücher in dem von Krisen erschütterten Paris des frühen 15. Jh. Zahllose ähnliche Tagebücher, unter ihnen das →»Journal d'un bourgeois de Paris«, vermitteln viel von der aufgeheizten Atmosphäre der großen Parteikämpfe im 15. Jh. Ebenso vervielfacht sich die Zahl der Biographien; die Viten von Großen – nicht mehr nur diejenigen von Hl.en und Kg.en (obwohl es →Christine de Pisan war, die mit ihrer Biographie Karls V. das Genre erneuerte) – werden zum wichtigen Bestandteil der Geschichtsschreibung.

Währenddessen setzten die Mönche von St-Denis ihre beiden großen parallelen Chronikkompilationen fort, die lat., die offizielle Autorität genoß, und die unmittelbar auf frz. verfaßte, die volkstümlicher war, auch weitaus größere Verbreitung erlangte. Außerdem wurden viele andere Ch.en in St-Denis im 14. und frühen 15. Jh. geschrieben, so die Werke von Yves de St-Denis und Richard Lescot, der als erster von der →Lex Salica spricht, und wohl auch die »Chronographia regum Francorum« des Berne (Berno). Der Tradition entsprechend setzten die Mönche ihre Materialsammlung fort; Geschichtsschreiber und sonstige Interessierte kamen nach St-Denis, um ihre Informationen zu erhalten.

Es kam auch vor, daß die Mönche von St-Denis sich darauf beschränkten, außerhalb der Abtei verfaßte Ch.en lediglich ihrem Corpus einzufügen, so die lat. Ch. des Jean de →Venette (für die Jahre 1240–68), diejenige des Kanzlers (chancelier) Pierre d'→Orgemont sowie diejenige des Jean →Jouvenel des Ursins, Ebf.s v. Reims, in die frz. Serie. Nach dem Religieux de St-Denis (i. e. Michel Pintoin), Redaktor der lat. Ser. von 1380–1422, beendete Jean Chartier (→2. Ch.) die lat. Serie i. J. 1450, setzte die frz. Serie aber bis 1461 fort. Die lat. Chronistik von St-Denis kam damit allmähl. zum Erliegen; der mißtrauische Ludwig XI. ernannte zu Historiographen (chroniqueurs) Literaten, die nichts schreiben und veröffentlichen durften, und hielt die offiziellen Ch.en unter Verschluß. So fand durch kgl. Mißtrauen und Desinteresse ein Unternehmen von vierhundertjähriger Tradition ein Ende.

Wurde die Geschichtsschreibung im Kgr. Frankreich durch die Geheimniskrämerei des Kg.s behindert, so erlebte die dynast. Chronistik in →Burgund, gefördert durch das Mäzenatentum des Hofes, eine glanzvolle Blüte. Enguerran de →Monstrelet, Matthieu d'→Escouchy, der Herold Jean →Levévre, gen. »Toison d'Or« (→Goldenes Vlies), schrieben ihre Ch.en in Anlehnung an Froissart, wobei sie sich spezifisch burgundischer Quellen und Informationen bedienten. Ab 1455 trug Georges →Chastellain den Titel des indiciarius (indiciaire) des Ordens vom Goldenen Vlies, d. h. des offiziellen hzgl. Historiographen; sein Nachfolger Jean →Molinet, indiciarius von 1475–1507, schrieb ebenfalls eine Ch., hochinteressant durch ihre qualitätvolle Dokumentation. Olivier de la →Marche, Vertrauter der habsburg. Nachfolger der burg. Valois, widmete seine Ch. 1490 Erzhzg. Philipp dem Schönen.

Angesichts dieser bedeutenden Ch.en scheint sich Ludwig XI. durch sein Mißtrauen gegen die Geschichtsschreiber einen schlechten Dienst erwiesen zu haben. Hauptquellen für seine Regierung sind v. a. das berühmte Memoirenwerk des Philippe de →Commynes, das auf weite Strecken eigener Rechtfertigung dient, und die haßerfüllte

Biographie des von Ludwig ins Exil getriebenen Thomas →Basin, Bf.s v. Lisieux, der dieses und andere Werke in Lat. schrieb, das – nun unter humanist. Vorzeichen – am Ende des 15. Jh. wieder seine Rolle als Sprache der Gebildeten und Gelehrten zurückgewonnen hatte.

Waren die »Grandes chroniques de France« der erste frz. Text, der in Paris gedruckt wurde (1476), so wird die neue humanist. geprägte lat. Geschichtsschreibung in Frankreich wohl am ehesten repräsentiert durch das überaus erfolgreiche »Compendium de Francorum origine et gestis« d. Trinitariers Robert →Gaguin, das fünf Ausgaben von 1495 bis 1501 und 14 weitere bis 1586 erlebte. Gaguins Werk, das Rhetorik mit krit. Haltung, Sorgfalt und Ausgewogenheit verbindet, folgt Methoden der Geschichtsschreibung, die weder diejenigen der ma. Mönche noch der Memoirenverfasser waren, sondern vielmehr der aus Italien vordringenden humanist. Historiographie (→Humanismus) angehörten. P. Bourgain

Ed.: s. die Autoren und Werke mit eigenem Stichwort – *Lit.:* MOLINIER V, lxv-clv; I-V, passim – Repfont – A. MOLINIER, Les Grandes Chroniques de France au XIIIe s. (Etudes d'hist. du MA . . . G. MONOD, 1896), 307–316 – L. DELISLE, Chroniques et annales diverses (XIVe s.), HLF 32, 1898, 182–264, 597; 502–573, 608 – F. BÉTHUNE, Les écoles hist. de St-Denis et St-Germain-des-Prés dans leurs rapports avec la composition des Grandes Chroniques de France, RHE 4, 1903, 24–38, 207–230 – B. WOLEDGE, La légende de Troie et les débuts de la prose française (Mél. M. ROQUES, II, 1953), 313–324 – D. HAY, Hist. and Historians in France and England during the Fifteenth Century, BIHR 35, 1962, 111–127 – A. VIDIER, L'historiographie à St-Benoît-sur-Loire et les Miracles de St-Benoît, 1965 – W. J. S. SAYERS, The Beginnings and Early Development of old French Historiography (1100–1274) [Univ. Microfilms, Ann Arbor, 1967] – E.-R. LABANDE, L'historiographie de la France de l'Ouest aux Xe et XIIe s. (La storiografia alto med., II, Sett. cent. it. XVII, 1969 [1970]), 751–791 – R.-H. BAUTIER, L'historiographie en France aux Xe et XIe s. (France du Nord et de l'Est; ebd.), 791–793 – M. SPIEGEL, The Reditus regni ad stirpem Karoli magni: a New Look, French Historical studies 7, 1971, 145–174 – Y. LACAZE, Le rôle des traditions dans la genèse d'un sentiment national au XVe s.: la Bourgogne de Philippe le Bon, BEC 129, 1971, 303–385 – I. SHORT, A Study in Carolingian Legend and its Persistence in Latin Historiography (XII–XVI century), MlatJb 7, 1972, 127–152 – R.-H. BAUTIER, La place de l'abbaye de Fleury-sur-Loire dans l'historiographie française du IXe au XIIe s. (Etudes ligériennes d'hist. méd. St-Benoît-sur-Loire, 1969), 1975, 25–33 – M. SPIEGEL, Political Utility in Med. Historiography: a Sketch (Hist. and theory, 3, 1975), 314–325 – DERS., The Chronicle Tradition of St-Denis. A survey, 1978 – M. DU POUGET, La légende carolingienne à St-Denis: la donation de Charlemagne au retour de Roncevaux (La bataille de Roncevaux dans l'hist., légende et l'historiographie) (St-Jean-Pied-de-Port, 1978) (= Bull. Soc. Sc., Lett. et Arts Bayonne, 135, 1979, 53–60) – B. GUENÉE, Hist. et culture hist. dans l'occident méd., 1980 – M. SPIEGEL, Aristocratic Ideology and the Origins of Vernacular Historiography in Thirteenth Century France (Davis Center Seminary), 1981 – A. VERNET. La littérature latine au temps de Philippe Auguste (La France de Philippe Auguste. Coll. intern. du C.N.R.S., 602, 1982), 793–813 – M. PAULMIER-FOUCART – M. SCHMIDT-CHAZAN, La datation dans les Chroniques universelles françaises du XIIe au XIVe s., Comptes rendus des séances de l'acad. des inscr. et belles lettres, 1982, 778–819 – weitere Titel bei Abschnitt B und F; s. a. →Historiographie.

F. Flandern/Niederlande/burgundischer Staat

Während die Ch. im engeren Sinne im Bereich der Niederlande erst im 12. Jh. auftritt, reicht die historiograph. Tradition, bezieht man die Heiligenviten (→ Vita) mit ein, bis in die Merowingerzeit zurück. Die Vita S. Gertrudis (v. Nijvel/Nivelles) entstand 659, bald nach dem Tod der Heiligen. Trotz der hagiograph. Züge besitzen die Viten stets auch hist. Quellenwert (die Vita Amandi aus dem 1. Drittel des 8. Jh. und die Vita Bavonis aus der Zeit um 825 für Gent und Flandern, die Vita Landiberti aus der Mitte des 8. Jh. für das Bm. Tongern).

Das erste wirklich historiograph. Genus, die →Annalen, finden wir in seiner einfachen Form im Gebiet der Niederlande in der 2. Hälfte des 9. Jh. (Annales S. Amandi) und um 900 (Bf. →Radbod v. Utrecht). Nicht selten wurden in der Folgezeit Pseudo-Annalen kompiliert, um eine bestimmte Auffassung zu untermauern oder illegal Besitz zu erwerben; so verfaßte um 1035 Wichard, Abt von St. Peter zu →Gent, die Annales Blandinienses auf der Grundlage verlorener älterer Annalen; sie sind v. a. wichtig zur Kenntnis der Verfälschungen des 11. Jh. Ein anonymer Genter Minorit nennt 1308–12 sein Werk zwar »Annales Gandenses«, doch trägt dieses Werk, das sich für die Belange der Flamen einsetzt, trotz seines annalist. Aufbaus mehr den Charakter einer Chronik.

Die aus den Annalen entwickelte, stärker personenbezogene Gattung der →Gesta finden wir in den monast. Zentren wie →Lobbes im Hennegau und St-Bertin (→Sithiu), wo →Folcuin 961–962 seine »Gesta abbatum« schrieb. Auch die Form der Gesta, in der die Taten der aufeinanderfolgenden Bf.e einer Diöz. beschrieben werden, ist mit hochbedeutenden Beispielen vertreten: »Gesta episcoporum Leodiensium« des →Heriger v. Lobbes († 1007); →»Gesta episcoporum Cameracensium« des Fulco Scriptor (Mitte des 11. Jh.).

Fast gleichzeitig wird diese Gattung für die Laienfürsten übernommen, meist unter der Bezeichnung →Genealogie. Da das Hauptziel dieser Geschichtsschreibung die Verherrlichung eines Fürstenhauses und die Legitimation möglichst weitgehender polit. Selbständigkeit ist, tritt sie begreiflicherweise bes. dort auf, wo die eigenständige polit. Entwicklung am raschesten einsetzt, v. a. in der Gft. →Flandern; dort beginnt eine imposante Reihe mit Witgers Loblied auf Gf. Arnulf aus dem Jahr 959–960; ihm folgen Genealogien, die im »Liber Floridus« des →Lambert v. St-Omer (um 1120) Aufnahme fanden; schließl. wird diese Reihe in der »Flandria Generosa« (kurz nach 1164) und deren Fortsetzungen b. ins 15./16. Jh. weitergeführt (→Chroniken v. Flandern). In Brabant wurde das älteste Lobgedicht über die karol. Abstammung der Hzg.e um die Mitte des 11. Jh. verfaßt, doch entstand erst um 1270 in der Abtei →Afflighem eine vollwertige »Genealogia ducum Brabantiae«. Alle diese Werke über Laien stammen aus der Feder von Geistlichen.

Seit dem 12. Jh. wurden diese historiograph. Gattungen um diejenigen der eigtl. Ch. erweitert, in welcher der Akzent mehr auf den inneren Zusammenhängen und der Erklärung und Deutung der Geschehnisse als auf den einzelnen Tatsachen liegt, wenn auch die chronolog. Abfolge häufig beachtet wird. Voraus geht das originelle, schwer einer bestimmten Gattung zuzuordnende Geschichtswerk »De diversitate temporum« des Alpertus v. Metz (→13. Albert), das mit seiner scharfsinnigen Analyse und Beschreibung der Umgebung Ks. Heinrichs II., des Bf.s v. Utrecht, der Juden und der Kaufleute von →Tiel eine Geschichtsquelle von europ. Dimension ist. Universellen Charakter trägt die Ch. des →Sigebert v. Gembloux (»Chronographia«, 1105–11), die in der Tradition der Kirchenväter (Eusebius) steht. →Giselbert v. Mons, der Kanzler v. Hennegau, bezieht sein »Chronicon Hanoniense« (1196) dagegen auf die Gft. →Hennegau und tritt ausdrückl. der Auffassung der »Flandria Generosa« von 1164 entgegen. Wie Giselberts Werk sind auch die meisten anderen Ch.en aus dem Gebiet der Niederlande – analog der Entwicklung zur Landesgeschichte im benachbarten Imperium seit dem späten HochMA (s. Abschnitt C) – auf ein bestimmtes Fsm. zentriert: Hennegau bei Giselbert, →Holland im »Gravenregister« der Abtei Egmont (um 1125) sowie in der »Rijmkroniek« des Melis Stoke (um

1305), →Brabant in Jan Van →Boendales († 1366) »Brabantse Yeesten« und Edmond van→Dynters »Chronica« (1436-48), der burg. Staat (→Burgund) namentl. bei Georges →Chastellain (1455-75). In anderen Fällen bildet ein Bm. den Rahmen: →Utrecht im »Chronicon episcoporum Trajectensium« des Johannes de Beka (vor 1348). Die berühmten »Chroniques« (1370-1404) des Hennegauers Jean→Froissart stehen als einzigartige Quelle für die Zeit des →Hundertjährigen Krieges in europ. Zusammenhang.

Froissart ist charakterist. für das Durchbrechen des rein kirchl. Charakters der Chronistik, da er sich als Geistlicher mit dem Adel identifiziert, zu dessen klass. Geschichtsschreibern er gezählt werden kann. Die adlig-ritterl. Chronistik hatte bereits am Ende des 13. Jh. im Hennegau eingesetzt. Hierbei wurden die Volkssprachen (Frz., Ndl.) gegenüber dem Lat. bevorzugt. Dies gilt auch für die städt. Chronistik, die von der »Chronique rimée« des Philipp Mouskès aus Tournai (um 1241) bis zu den »Récits d'un bourgeois de Valenciennes« (um 1370) und den »Merkwaerdige Gebeurtenissen« des Olivier v. Dixmuide († 1438), Schöffen v. Ypern, reicht. Eine andere Art der Geschichtsschreibung, bei der die Persönlichkeit des Verf. im Mittelpunkt steht, in der aber – parallel zu den eigtl. Ch.en – Zeitgeschichte geboten wird, ist in den Niederlanden mit wichtigen Werken vertreten: Das Tagebuch des gfl. Beamten →Galbert v. Brügge (1127-28) notiert mit den Ereignissen die Tag für Tag wechselnden Meinungen des Verfassers; der Franziskaner →Wilhelm v. Rubroek schildert in seinem »Itinerarium« (1253-55) seine Reise in die Mongolei; Philippe de →Commynes (um 1445-1511) beschreibt in seinen fesselnden »Mémoires« seine persönl. Erfahrungen am burg. und – nach 1472 – am frz. Hof. – Zur bedeutenden frz. Chronistik am burg. Hof s. a. →Abschnitt E. W. Prevenier

Ed.: s. unter den Einzelstichwörtern – Lit.: Repfont – J. ROMEIN, Geschiedenis van de Noord-Nederlandsche Geschiedschrijving in de middeleeuwen, 1932 – H. BRUCH, Supplement bij de Geschiedenis..., 1956 – WATTENBACH–HOLTZMANN, Deutschlands Geschichtsquellen im MA. Die Zeit der Sachsen und Salier, T. 3, 1967-71 [Neuausg.; Niederlande von H. SPROEMBERG, Nachtr. von W. JAPPE ALBERTS und W. PREVENIER] – R. C. VAN CAENEGEM – F. L. GANSHOF, Kurze Quellenkunde des westeurop. MA, 1964 – TS, 1972ff. [u. a. fasc. 15: L. GENICOT, Les Généalogies, 1975; fasc. 14: M. MCCORMICK, Les Annales du haut MA, 1975; fasc. 37: M. SOT, Les gesta episcoporum et abbatum, 1981] – s. a. die Lit. zu B und E.

G. England

I. Die Chronistik der angelsächsischen Zeit – II. Die lateinische Chronikliteratur von der normannischen Eroberung bis in das 15. Jahrhundert – III. Volkssprachliche (französische und englische) Chroniken vom 12. bis zum 15. Jahrhundert – IV. Neuansätze im 15. Jahrhundert.

In der englischsprachigen Forschung ist es üblich, »a contemporary record of events« als Ch. im eigtl. Sinn zu betrachten. Daneben wird der Begriff *chronicle* aber auch allgemeiner für verschiedene Formen des Geschichtsberichtes verwendet. Die gattungsmäßige Gliederung des sehr reichhaltigen Materials bereitet Schwierigkeiten. Es läßt sich zwar sagen, daß in England der Schwerpunkt eher auf der chronolog. angeordneten Zeitgeschichtserzählung lag als auf abstrakten Erörterungen über das Wesen der Geschichte. Doch zeigt die Historiographie des Landes v. a. im späteren MA eine Tendenz, chronikal. Elemente mit solchen zu verbinden, die man der Gattung der →Gesta zuordnen könnte, und auch hagiograph. Stoffe (→Hagiographie) werden nicht selten rezipiert.

I. DIE CHRONISTIK DER ANGELSÄCHSISCHEN ZEIT: Am Anfang der Weltgeschichtsschreibung in England steht der northumbrische Benediktiner →Beda Venerabilis († 735), dessen Lehrbücher »De sex aetatibus« und »De ratione temporum« die von →Isidor v. Sevilla repräsentierte Tradition der Universalgeschichte aufnahmen und vertieften und auf Jahrhunderte für die →Komputistik richtungweisend wurden. Beda beeinflußte zudem durch seine »Historia ecclesiastica gentis Anglorum« (→Stammesgeschichte) die spätere Chronistik. Vom Ende des 9. Jh. an begegnet eine Annalistik von Rang in altengl. Sprache, herkömmlich als »Angelsächs. Ch.« (→Chronik, Angelsächsische) bezeichnet. In verschiedenen Kl. wurde diese Annalistik fortgesetzt. Ihr letzter Ausläufer ist die Ch. v. →Peterborough (bis 1154). Als Besonderheit ist zu vermerken, daß aus dem späten 10. Jh. eine von einem Laien, dem westsächs. Ealdorman →Æthelweard, verfaßte lat. Ch. vorliegt, die den Zeitraum von der Schöpfung bis 975 umspannt. Nach dem Jahre 1000 schrieb →Byrhtferth, ein Mönch des Kl. Ramsey, ein Enchiridion, das teils in lat. und teils in altengl. Sprache verschiedene Wissensgebiete abhandelt, darunter Chronologie und Astronomie.

II. DIE LATEINISCHE CHRONIKLITERATUR VON DER NORMANNISCHEN EROBERUNG BIS IN DAS 15. JAHRHUNDERT: Von 1066 an lag die Chronistik für zweihundert Jahre fast ausschließl. in der Hand von Geistlichen und Mönchen. Die Taten →Wilhelms des Eroberers wurden – sieht man von den letzten Redaktionen der Angelsächs. Ch. ab – hauptsächl. in der Normandie beschrieben, u. a. in dem Gestenwerk →Wilhelms v. Poitiers und der welthist. eingekleideten Kirchengeschichte des →Ordericus Vitalis. England hat im früheren 12. Jh. eine universalgeschichtl. Kompilation hervorgebracht, die herkömmlich »Florentius« (Florence) v. Worcester zugeschrieben wird, vielleicht aber als ganzes auf Johann v. Worcester zurückgeht, der das Werk jedenfalls bis 1140 fortsetzte. »Florentius« stützt sich auf die Angelsächsische Ch. und →Marianus Scotus, dessen Chronologie hier übernommen wird. Um die gleiche Zeit entstanden mehrere Volks- und Königsgeschichten, die inhaltl. dem Typus einer Landeschronik nahekommen und von den Zeitgenossen als chronica bezeichnet wurden. Der Benediktiner →Wilhelm v. Malmesbury nahm sich Beda zum Vorbild, als er daranging, in zwei Werken die engl. Geschichte von 449 bis in seine Gegenwart darzustellen (»Gesta regum Anglorum«; mit Betonung der Kirchengeschichte: »Gesta pontificum Anglorum«). Die in ihren späteren Textteilen dem Praecentor →Symeon v. Durham zugeschriebene, wohl auf der Ch. v. Worcester beruhende »Historia regum« reicht vom frühen 7. Jh. bis 1129. Der Archidiakon→Heinrich v. Huntingdon ließ seine moralisierende »Historia Anglorum«, die sich bald größter Beliebtheit erfreute, mit der Römerzeit beginnen und führte sie in mehreren Redaktionen schließl. bis 1154. Dieses Werk knüpfte u. a. an Beda und die Worcester-Ch. an. Manche Schriften dienten im besonderen dem Anliegen, die Zeitgeschichte für die Nachwelt festzuhalten, etwa die »Historia novorum in Anglia« des dem Erzstuhl von Canterbury verbundenen →Eadmer, die →»Historia novella« →Wilhelms v. Malmesbury, die →»Gesta Stephani« eines unbekannten Verfassers. Im Norden Englands beschrieb Richard v. Hexham für seine Klostergemeinschaft die Ereignisse der Jahre 1135-39. Daneben finden sich Bistumsgeschichten (Hugo Cantor für →York, Symeon v. Durham), und es setzen Klosterchroniken ein (etwa in der Abtei →Abingdon, vor 1164 abgeschlossen), die von der Gründungsgeschichte ausgehen, sich im Lauf der Erzählung aber nicht auf die heimische Umgebung beschränken. Eine Sonderstellung nimmt die wohl 1136 verfaßte »Historia regum Britanniae« des →Galfred (Geoffrey) v. Monmouth ein, die sich als Geschichtsbuch über die Frühzeit der Briten (bis zum Ende des 7. Jh.) ausgab, im wesentl. aber Fiktionen und Sagenmotive bot. Jedoch zeichnet Galfred ein Bild der kelt.-brit. Vergangenheit, das späteren Generationen plausibel erschien und vom 13. Jh. an in vielen Ch.en rezipiert wurde. V. a. wurde Galfreds Werk eine Hauptquelle für Artussage und -romane (→Artus, Abschnitt I).

Aus der 2. Hälfte des 12. Jh. ist zunächst die »Historia pontificalis« des von der »humanistischen« Zeitströmung berührten →Johannes v. Salisbury zu nennen – ein Werk zur Papstgeschichte von 1148 bis 1152, das sich als Fortsetzung der Weltchronik →Sigeberts v. Gembloux erweist. Von den siebziger Jahren an nahm die Chronistik im Zusammenhang mit der Politik und den Reformen Kg. Heinrichs II. einen neuen Aufschwung. Mehrere Werke zeigen ausgeprägtes Interesse für die Reichsadministration, so eine unter dem Namen »Benedikt von Peterborough« gehende Darstellung über die engl. Geschichte der Jahre 1169 bis 1192, vielleicht von →Roger v. Howden verfaßt, und eine sicher aus der Feder dieses Autors stammende Ch. vom Tode Bedas bis 1201. Die Ch. des Benediktiners →Gervasius v. Canterbury will eine Gesch. seines Kl. Christ Church von den Anfängen bis 1199 sein, bezieht aber auch die Reichsgeschichte mit ein. Bei den »Gesta regum« desselben Verfassers handelt es sich großenteils um einen Auszug aus der Chronik. Hier zeigt sich eine zukunftsweisende Tendenz, den gesammelten hist. Stoff in verschiedenen historiograph. Formen darzubieten. Der in London wirkende Kanoniker →Radulf v. Diceto schrieb annalenartige »Abbreviationes chronicorum« von der Schöpfung bis 1148 sowie – im Blick auf die polit. Geschichte –»Ymagines historiarum« für den Zeitraum 1148 bis 1200 und außerdem verschiedene historische opuscula. Aus den neunziger Jahren ist ferner das vom Geist der Ritter-Romanzen berührte »Chronicon de tempore regis Ricardi primi« des Benediktiners Richard v. Devizes zu nennen sowie v. a. die von der norm. Eroberung bis 1197 reichende, für die ältere Zeit eine Reihe von Vorlagen verwertende »Historia Anglicana« des nordengl. Augustiners→Wilhelm v. Newburgh, der die Fabeleien Galfreds v. Monmouth als solche entlarvte und von der Nachwelt den Ehrentitel eines Vaters der hist. Kritik erhielt. Mit der Klosterchronik des Abtes Philipp v. Byland begegnet um 1197 erstmals eine zisterziens. Gründungsgeschichte. Die anderen Orden brachten im späteren 12. Jh. eine Vielzahl von Lokalchroniken hervor (etwa in →Ely, →Ramsey oder →Peterborough, diese von →Hugo Candidus verfaßt). Die Annalistik erfuhr in →Winchester eine Wiederbelebung (Annales Wintonienses, von der Schöpfung bis 1202).

Für das frühe 13. Jh. ist die Pflege der Annalistik in verschiedenen Kl. (→Merton, Dunstable, →Bury St. Edmunds und anderen) hervorzuheben. Manche Autoren, etwa der sog. 'Barnwell'-Chronist, bezogen Partei in dem nun beginnenden Streit zw. Kgtm. und Hochadel. Meist gehören die Sympathien der Geschichtsschreiber den Baronen. So war es auch bei dem Zisterzienserabt →Radulf v. Coggeshall, dessen Ch. zwar mit 1066 einsetzt, den Schwerpunkt aber auf die Zeitgeschichte (bis 1224) legt. Dieses Werk stand (neben sonstigen Vorlagen) dem Benediktiner →Roger Wendover zur Verfügung, der im Kl. →St. Albans bei London eine als »Flores historiarum« betitelte, mit der Erschaffung der Welt einsetzende Universalchronik kompilierte und bis 1235 fortsetzte. Er leitete damit eine neue Blüte der benediktin. Chronistik in England ein. Die »Schule von St. Albans« erreichte ihren Gipfelpunkt mit der umfangreichen Weltchronik des →Matthäus Paris, der die »Flores historiarum« übernahm, aber in den älteren Partien ergänzte und mit leidenschaftl., oft probaronialer Anteilnahme an den Zeitereignissen bis 1259 weiterführte. Neben den Vorgängen in England wird hier auch der Kampf Ks. Friedrichs II. mit dem Papsttum ausführlich einbezogen. Parallel zu seinen »Chronica maiora« gestaltete Matthäus Paris aus dem ihm vorliegenden Material eine Reihe weiterer hist. Darstellungen, etwa eine »Abbreviatio chronicorum«, eine »Historia Anglorum« (von 1066 bis 1253), »Flores historiarum« (bis 1259), »Gesta abbatum monasterii Sancti Albani« (von 793 bis 1255). Er fügte den Texten vielfach szen. Illustrationen bei, kartograph. Skizzen und Wappen. Matthäus Paris erstrebte ein Gesamtspektrum der Weltgeschichte, gewährte dabei aber der Zeitgeschichte soviel Raum, daß die chronikal. Form sich gleichsam in Einzelpartien auflöste. Mit den Werken der Schule von St. Albans kann sich die sonstige benediktin. Chronistik der Zeit zwar nicht messen, doch sollte diese Literatur nicht unterschätzt werden. In der Abtei Bury St. Edmunds entstanden zwei Weltchroniken (bis 1212, bis 1301), dazu – aus der Feder →Jocelins von Brakelond – ein Werk, dessen Aufmerksamkeit einem ungewöhnlichen Thema, nämlich dem Alltagsleben im Kl. galt. An vielen Orten sahen es Benediktiner, Zisterzienser und Augustiner nun als ihre Aufgabe an, ältere Kompilationen fortzusetzen. Man kann von einer Vorherrschaft der »monast. Ch.« im 13. Jh. sprechen. Meist konzentrierte sich das Interesse auf die Gesch. des eigenen Klosters. In manchen Fällen wurde die Chronistik aber auch von polit. Ereignissen – wie den Auseinandersetzungen Heinrichs III. mit den Baronen oder den Kriegen Eduards I. gegen Wales und Schottland – angeregt. Ein patriot. Grundzug tritt hervor. Fortsetzungen älterer Ch. en wurden etwa verfaßt in Burton (bis 1263), Tewkesbury (bis 1263), St. Albans (zunächst bis 1265), Winchester (bis 1277), Norwich (bis 1290), Waverley (bis 1291, mit extrem pro-baronialer Stellungnahme), Osney (bis 1293), Dunstable (bis 1297), Worcester (bis 1308). In Westminster wurden die »Flores historiarum« des Matthäus Paris bis 1306 (und später bis 1327) weitergeführt, und zwar hier ausnahmsweise mit auffallend royalist. Tendenz. In den späteren Jahren Eduards I. nahm bei den Mönchsorden das Interesse an der Zeitgeschichtsschreibung ab. Als bedeutende Leistung aus dem Benediktinertum ist lediglich noch die »Historia Anglicana« des Bartholomäus Cotton aus Norwich zu nennen, die unter anderem eine Ch. vom Weltanfang bis 1298 enthält und sowohl Lokalgeschehen wie Reichsgeschichte behandelt. Cotton knüpfte an Galfred v. Monmouth an, verkörpert aber selbst den »archivist type of historian« (A. GRANSDEN) und nahm viele Dokumente in sein Werk auf. Der Augustiner Thomas Wykes legt in seiner von 1066 bis 1289 reichenden Ch. das Gewicht auf das miterlebte polit. Geschehen und zeigt bes. Interesse für→Richard v. Cornwall. Ebenfalls dem Augustinerorden gehörte Walter v. Guisborough (→Guisborough) an, dessen Ch. über den Zeitraum 1048 bis 1312 zunächst von der weltgeschichtl. Sicht →Martins v. Troppau beeinflußt ist, dann aber die Situation Englands unter Eduard I. in den Mittelpunkt rückt.

Wesentl. Neuansätze kamen seit dem mittleren 13. Jh. von den Bettelorden, deren Chronistik – ähnlich wie auf dem Kontinent – das Alltagsleben breiterer Volksschichten miteinbezog und teilweise Predigtzwecken diente. Der Franziskaner Thomas v. Eccleston machte den Anfang mit einer um 1258 abgeschlossenen Ch. »De adventu fratrum minorum in Angliam«. Aus der Feder des Minoriten →Richard v. Durham stammt die sog. Lanercost-Ch. von 1201 bis 1297, ein für die sozialen und kulturellen Verhältnisse aufschlußreiches Werk. Der in Oxford und Paris gebildete Dominikaner Nicholas →Trevet schließl. verfaßte nach 1320, teilweise aufgrund früher gesammelten Materials, eine »Historia ab orbe condito ad Christi nativitatem« und »Annales sex regum Angliae«, eine Königsgeschichte seit →Stephan v. Blois, die den größeren europ. Hintergrund berücksichtigt. Trevet zeigt eine auffallende Zuneigung zu Eduard I. als Förderer seines Ordens; die Rolle der Dominikaner in England nimmt breiten Raum ein, namentl. auch ihre Gelehrsamkeit. Die Annales erfreuten sich bald weiter Verbreitung. Die bürgerl. Historiographie setzte ein mit der wohl von dem Alderman Arnold fitz Thedmar zw. 1258 und 1272 geschriebenen »Chronica Maiorum et Vicecomitum Londoniarum«, die sowohl das Wirtschaftsleben der Themsestadt wie ihr gespanntes Verhältnis zum Kgtm. und die Verbindungen mit dem Kontinent zum Thema hat.

Im 14. Jh. wurde zwar in manchen Klöstern der alten Orden die Historiographie weiter gepflegt, doch hatten im ganzen gesehen die Weltkleriker größeren Anteil an der Chronistik. Mehrere Darstellungen knüpften in herkömml. Manier an die »Flores historiarum« des Matthäus Paris an. In St. Albans wurde dessen Erzählung bis 1324 weitergeführt, vielleicht von Wilhelm Rishanger und Heinrich v. Blaneford. Weitere Ch.en z. Zeitgeschichte stammen aus Bridlington (bis 1339), (vermutl.) Carlisle (bis 1346, Fortsetzung der Lanercost-Chronik), Westminster (bis 1326, →Robert v. Reading), London (Annales Londonienses bis 1316, Annales Paulini bis 1341). Der in diplomat. Geschäften erfahrene Adam Murimuth legte eine Continuatio chronicorum mit anti-frz. und antipäpstl. Tendenz vor (von 1303 bis 1347). Der Kleriker Geoffrey le Baker schrieb ein Chronicon von 1303 bis 1356, in dem er dem abgesetzten Kg. Eduard II. ein ehrendes Denkmal setzte. Aber auch die Weltchronistik weist eine bedeutsame Leistung auf. Der Benediktiner →Ranulf Higden v. St. Werburgh in Chester verfaßte eine »Polychronicon« genannte umfangreiche Darstellung von der Schöpfung bis 1352, die u.a. die alte Gesch. eingehend berücksichtigte, insbes. ein farbiges Bild von der röm. Welt bot und die ags. Vergangenheit glorifizierte. Im »Polychronicon« kündigt sich ein enzyklopäd. und antiquar. Interesse an, das den Bildungsbedürfnissen weiterer Kreise aus Klerus und Laientum entgegenkam. John →Trevisa übersetzte das Werk nach 1380 in das Englische. Eine Weltchronik (bis 1366) entstand auch in Malmesbury, das Eulogium historiarum, welches zum Schluß in eine engl. Geschichte seit Brutus, dem legendären Gründerhelden Britanniens, mündet. Der Ausbruch des Hundertjährigen Krieges und die Siege Eduards III. riefen eine Chronistik hervor, in der sich patriot. Fühlen mit der Begeisterung für ritterl. Ideale vereinte. Als Vertreter dieser Richtung ist v. a. Robert v. Avesbury zu erwähnen, doch auch die (in frz. Sprache vorliegende, auf ein lat. Original zurückgehende) »Anonimalle chronicle« aus York (über die Jahre 1346-76) gehört in diesen Zusammenhang. In Westminster nutzte dagegen Johann v. Reading seinen Bericht über die Ereignisse von 1346-67 zu scharfer Gesellschaftskritik. In der Regierungszeit →Richards II. wurde die Chronistik durch Bauernaufstand (→Peasants' War) und →Lollarden auf neue Themen gelenkt. Zunehmend machte sich nun der Einfluß von aristokrat. oder auch geistl. Patronage bemerkbar. Mit der von Thomas Favent verfaßten Historia über das Gnadenlose Parlament (→Appellants) des Jahres 1388 begegnet erstmals eine ausgesprochene Propagandaschrift in chronikal. Gewand. Der auch auf dem Kontinent herumgekommene →Adam v. Usk beschrieb mit reicher polit. und jurist. Erfahrung das Geschehen von 1377 bis 1421. Der Kanoniker Henry Knighton aus Leicester war dem Hause →Lancaster verbunden, wie seine Weiterführung des »Eulogium historiarum« bis 1395 erkennen läßt. Ein anonymer Franziskaner, der ebenfalls das Eulogium fortsetzte (bis 1413), stand dem Ebf. Thomas →Arundel v. Canterbury nahe. Gegenüber diesen Werken fallen die Ch.en der Zisterzienser (aus Kirkstall, Dieulacres) eher ab. Die benediktin. Geschichtsschreibung gelangte in St. Albans zu neuer Blüte durch die zw. 1380 und 1422 entstandenen Werke des Thomas →Walsingham, unter anderem »Chronica maiora« bis 1420, eine kürzer gefaßte Ch. b. 1422 und »Ypodigma Neustriae« von 911 bis 1419. Walsingham folgte dem Vorbild des Matthäus Paris, ohne dessen Vielseitigkeit ganz zu erreichen. Er übertraf den Vorgänger jedoch auf dem Felde der klass. Studien. Die traditionell pro-baroniale Haltung der Chronistik von St. Albans verwandelte sich im Werk Walsingham's mit der Thronbesteigung Heinrichs IV. aus der Linie Lancaster in Parteinahme für die neue Dynastie.

Das 15. Jh. brachte mit den Werken von John Herryson (»Abbreviata Cronica«) über die Zeit von 1377 bis 1469, John Benet (Ch. bis 1462) und John Warkworth (Ch. 1461-74) Fortsetzungen des »Polychronicon« hervor, in denen sich das verworrene polit. Geschehen spiegelt, aber auch Anteilnahme an den Univ. →Oxford und →Cambridge durchscheint. Hier liegt ein Ansatz zu »akademischer« Chronistik vor. Die Geschichtsschreibung wird nun – namentl. in der Periode der →Rosenkriege – stark von polit. Verlautbarungen der Häuser →Lancaster und →York beeinflußt. Soweit Mönche zur Feder greifen, geht es vielfach um die Verteidigung ihres Ordens oder ihres Kl. gegen Ansprüche des Episkopats und Übergriffe des Laientums. Unter diesem Aspekt stellte der Benediktiner Thomas Elmham in seinem »Speculum Augustinianum« die ältere Gesch. der Abtei St. Augustine's in Canterbury dar, wobei er sich u. a. auf Beda und Wilhelm v. Malmesbury stützte. Thomas Burton schilderte die Geschicke der Zisterzienserabtei →Meaux (Yorkshire) von der Gründung bis 1396, indem er jedem Abt ein eigenes Kapitel widmete und diese Abschnitte in lokale und allgemeine Gesch. aufteilte. Charakterist. für seine Arbeitsweise ist der sorgfältige Umgang mit den Quellen, darunter vielen Urkunden. John Whethamsted, der von 1420-40 und nochmals 1452-65 Abt v. St. Albans war, legte »Register« über seine beiden Amtszeiten an, um seine Handlungen zu rechtfertigen und in den Gang der Zeitgeschichte zu stellen. Burton und Whethamsted bieten auch viel wirtschaftsgeschichtl. Material. Neben den wenigen herausragenden Autoren findet sich in der monast. Geschichtsschreibung nun viel Mittelmaß. Der Prior John Wessington stellte aus zahlreichen Vorlagen einen Libellus über die Gesch. der Kirche von →Durham (bis 1362) zusammen, und ähnlich beschrieb in Westminster der Prior John Flete die Taten der Äbte (bis 1386). Thomas Rudborne befaßte sich in seiner »Historia maior ... ecclesiae Wintoniensis« hauptsächl. mit dem Old Minster in Winchester (bis 1138), bezog aber auch die Königsgeschichte mit ein. Nur in wenigen Häusern, so in Kenilworth (durch John Strecche) und Crowland wurde die auf das Zeitgeschehen bezogene Klosterchronistik herkömml. Stils noch weitergeführt. In manchen Geschichtswerken nahm Legendenhaftes überhand, etwa bei John of Glastonbury. Die Mönche von →Crowland ließen sich sogar zur Konstruktion einer »Chronik« über die ruhmreiche Vergangenheit ihres Kl. hinreißen, die nur als Fälschung bezeichnet werden kann (Pseudo-Ingulf, Pseudo-Peter von Blois). Wenn auch eine Provinzialisierung der Chronistik um sich griff, suchten doch manche Autoren durch Abfassung panegyr. Schriften den Konnex mit dem Königtum zu stärken (so Thomas Elmham mit der »Cronica regum nobilium Angliae« und dem »Liber Metricus de Henrico quinto«, John →Capgrave mit dem »Liber de illustribus Henricis«).

III. VOLKSSPRACHLICHE (FRANZÖSISCHE UND ENGLISCHE) CHRONIKEN VOM 12. BIS ZUM 15. JAHRHUNDERT: Auf engl. Boden setzte kurz vor 1140 eine frz. Verschronistik ein mit der von →Gaimar geschriebenen »L'Estoire des Engleis« (von 495 bis 1100). →Heinrich II. beauftragte Dichter aus seinen kontinentalen Landen (→Wace, →Benoît de Sainte-Maure) mit der Abfassung ähnl. Werke. Um 1175 schrieb der wohl in England geborene→Jordan Fantosme eine den →*Chansons de geste* nahestehende Ch. über den engl.-schott. Krieg von 1173/74 in anglonorm. Versen. Weitere Themen dieser Literatur, die sich an den Adel wandte und die ritterl. Tugenden verherrlichte, waren der 3. Kreuzzug (→Ambroise) und die Geschicke Wilhelms des Marschalls (→»Guillaume le Maréchal, Histoire de«). Eine Verschronik in mittelengl. Sprache begegnet erstmals im späten 13. Jh. mit dem Werk →Roberts v. Gloucester, das – wohl auf einer verlorenen Ch. aufbauend – von Brutus bis zum Jahre 1270 reicht. Wenig später schrieb der nordengl. Kanoniker Peter Langtoft v. Bridlington in frz. Versen eine Geschichtserzählung von Brutus bis zum Tode Eduards I., die in ihren späteren Partien von bitterem Haß gegen die Schotten erfüllt ist. Dieses Werk wurde bald auch ins Engl. übersetzt. Der schon genannte Nicholas Trevet steuerte um 1334 eine anglonorm. Weltchronik bei (bis 1285, ungedruckt), die er einer Tochter Eduards I. widmete. Ebenfalls in frz. Sprache liegen die aus bürgerl. Kreisen stammenden »Chroniques de London« (bis 1343) und die wohl im frühen 14. Jh. für das Haus Lancaster geschriebene »Brut-Chronik« (bis 1333) vor (zur Thematik s. →Laʒamon). Erstmals wurde hier ein mit Brutus einsetzendes Werk in anglonorm. Prosa gekleidet. Es folgten Übertragungen des Brut ins Lat. und Engl. (diese mit Fortsetzung bis 1377), und v. a. in engl. Sprache erfreute sich die Ch. bald weiter Verbreitung in den Kreisen des Adels, dem hier höf. Lebensart vermittelt wurde. Mit Thomas Gray von Heton versuchte sich erstmals seit Æthelweard wieder ein Laie als Chronist. Seine in anglonorm. Prosa abgefaßte »Scalacronica«, die er in schott. Gefangenschaft begann, erweist sich als eine aus zahlreichen Vorlagen kompilierte Gesch. Englands von der Frühzeit bis 1363. In der lancastr. Epoche weist die englischsprachige Chronistik bedeutsame Werke auf. Hier ist eine engl. Neufassung des Brut aus London zu nennen (zunächst wohl bis 1419, später mehrfach fortgesetzt). Hinzu kommen verschiedene Ch. en der Stadt London, die aus Verzeichnissen der Bürgermeister und Sheriffs erwuchsen und teilweise in Mischhandschriften zusammen mit Rechts- und Handelsquellen überliefert sind. Diese bürgerl., von Stolz auf das eigene Gemeinwesen getragene Geschichtsschreibung bewahrte viele wertvolle Nachrichten zu der Zeit, als die Klosterchronistik von ihrer früheren Höhe herabsank. Die »New Chronicles of England and France« (von der Schöpfung bis 1485) des Londoner Alderman Robert Fabyan reichten schließl. das ma. Erbe an die Tudor-Epoche weiter.

Der herkömml. höf.-ritterl. Stil fand noch einen Nachklang in der engl. Verschronik des John Hardyng (von Brutus bis 1464), der als Soldat dem Hause Lancaster diente, sich aber später der Linie York zuwandte. Die Kämpfe zw. diesen beiden Dynastien ließen offiziöse Traktate entstehen (z. B. »Chronicle of the rebellion in Lincolnshire«, 1470). Damit setzte sich die Tendenz zur Instrumentalisierung der Chronistik im Dienst der Macht fort. – Zur Chronistik der unter engl. Herrschaft stehenden nord- und westfrz. Gebiete →Abschnitt E.

IV. NEUANSÄTZE IM 15. JAHRHUNDERT: Bei einigen der genannten Autoren – etwa Elmham und Burton – macht sich eine Neigung zur Beschreibung von Orten, Gebäuden, Urkunden, Altertümern bemerkbar. Diese »antiquarische« Tendenz tritt noch stärker bei John Rous († 1491) hervor, der seine »Historia regum Angliae« (von Brutus bis zur Thronbesteigung Heinrichs VII.) in Angriff nahm, um bedeutenden Persönlichkeiten zu ewiger »memoria« zu verhelfen, dann aber auch soziale Mißstände brandmarkte, topograph. Beschreibungen einfügte und vielerlei Beobachtungen etwa über Kleidung und Rüstungen zusammentrug. William Worcester († 1482) sammelte auf verschiedenen Reisen durch England topograph. Material für sein »Itinerary«, das freilich nicht als Ch. bezeichnet werden kann. In seinem an Heinrich VI. gerichteten »Boke of Noblesse« (nach 1451) forderte er mit hist. Argumentation die Wiederaufnahme des Krieges gegen Frankreich. Im Werk des John Whethamsted (s. o.) wird der hist.-enzyklopäd. Inhalt in manieriertem Lat. zum Ausdruck gebracht, wobei der Autor sich von einem frühhumanist. Stilwillen leiten läßt. Hzg. Humphrey v. Gloucester aus dem Hause Lancaster und andere Patrone nahmen humanist. Geschichtsschreiber aus Italien (Titus Livius) oder Frankreich in ihre Dienste, doch blieb deren Einfluß auf die engl. Chronistik gering. K. Schnith

Ed.: Die meisten Werke ediert in: RS; ausgew. Werke in der jüngeren Reihe MTexts [mit neuengl. Übers.] – zu Ed. im einzelnen s. die Autoren und Werke mit eigenem Stichwort – *Lit.*: Repfont – H. RICHTER, Engl. Geschichtsreiber des 12. Jh., 1938 – V. H. GALBRAITH, Historical Research in Medieval England, 1951 – A. B. FERGUSON, The Indian Summer of English Chivalry, 1960 – D. HAY, Hist. and Historians in France and England during the Fifteenth Century, BIHR 35, 1962, 111–127 – M. D. LEGGE, Anglo-Norman Literature and its Background, 1963 – K. SCHNITH, Von Symeon v. Durham zu Wilhelm v. Newburgh. Wege der engl. Volksgesch. im 12. Jh. (Speculum Historiale, Fschr. J. SPÖRL, 1965), 242ff. – J. TAYLOR, The Use of Medieval Chronicles, 1965 – C. N. L. BROOKE, Historical Writing in England between 850 and 1150 (La Storiografia altomedievale, Sett. cent. it., 1969 [1970] – G. SPITZBART, England (900–1135) (WATTENBACH–HOLTZMANN–SCHMALE III, 1971) – B. SMALLEY, Historians in the MA, 1974 – C. GROSS, A Bibliogr. of English Hist. to 1485, hg. E. B. GRAVES, 1975² – N. F. PARTNER, Serious Entertainments: the Writing of Hist. in Twelfth-Century-England, 1977 – A. GRANSDEN, Historical Writing in England c. 550 to c. 1307, c. 1307 to the Early Sixteenth Century, 2 Bde, 1974, 1982 [Lit.] – Weitere Titel bei Abschnitt B, im übrigen s. →Historiographie.

H. Schottland
Für die Zeit von ca. 550 bis ca. 1050 sind die Quellen der Geschichtsschreibung für Schottland zum größten Teil in drei Quellengattungen erhalten:
1. kurze Ch. en der Kg. e, wahrscheinl. kirchl. Ursprungs, in →St. Andrews kompiliert; 2. Königslisten (einige mit Angaben über die Vatersnamen und Regierungszeiten der Herrscher); 3. Annalen, die in ihrer überlieferten Form in·ir. Kl. entstanden (bes. Annalen v. Inisfallen, Ulster, Clonmacnoise, Loch Cé, Tigernach; →Abschnitt J I). Die ältesten Einträge dieser Annalen über Schottland beruhen auf einer Ch., die wahrscheinl. im Kl. →Iona in Argyll verfaßt wurde. Die Nachrichten in diesen

Quellen beschränken sich im wesentl. auf Tod und Nachfolge der Herrscher, Schlachten, Todesfälle bedeutender Kleriker usw. Wertvolle Informationen liefern daneben Heiligenviten (Adamnanus) und Genealogien (bes. Senchus fer nAlban, 7. Jh.). Von schott. Chronisten des 11. Jh. und der folgenden Jahrhunderte wurde (heute verlorenes) Quellenmaterial aus Northumbria, von der Mitte des 12. Jh. an, herangezogen; diese Chronisten bieten wichtige Ergänzungen zu den Nachrichten der skand. Sagas und der anglonorm. Ch.en. Die ältesten einheim. schott. Ch.en des MA sind diejenigen der Zisterzienserabtei →Melrose (eigenständig ab ca. 1150) und des Augustinerpriorates →Holyrood (eine Fassung der letztgen. Ch. wurde von den Zisterziensern von Coupar Angus fortgesetzt). Diese Ch.en bleiben trotz ihres Quellenwertes dürftig und sind daher durch engl. und kontinentale Ch.en zu ergänzen; sie reichen stets nur bis zur Regierung Alexanders III. (1249–86). Darüber hinaus existieren Hinweise auf verlorene erzählende Geschichtswerke anderer kirchl. Zentren (Dunfermline, Old Aberdeen, Paisley). Für die Zeit von ca. 1290–1440 müssen wir auf außerschott. Geschichtsschreiber oder auf eine Anzahl schott. Chronisten, die im späten 14. und frühen 15. Jh. tätig waren, zurückgreifen. Der älteste dieser Chronisten war John of Fordoun (Fordun), über dessen Lebensumstände kaum etwas bekannt ist. Er schrieb während der Regierung Kg. Roberts II. (1371–90) eine Ch. des schott. Volkes (bis 1153) und eine Reihe von »Gesta annalia« (1153–1383). Seine Quellen umfaßten u. a. auch einige sehr frühe Königslisten sowie Teile der obengen. frühen annalist. und chronikal. Notizen, ebenso (erhaltene) monast. und sonstige Ch.en des 12.–13. Jh. wie auch heute verlorene Aufzeichnungen. In der Zeit Roberts II. erfolgte – nach den Wirren des mittleren 14. Jh. – ein Aufleben des schott. Nationalgefühls. Dieser Tendenz entsprach John →Barbour, Archidiakon v. Aberdeen, mit seiner epischen Dichtung »The Bruce« (1375), die als eine →Reimchronik die legendären Taten des Großvaters Roberts II., →Roberts I. (gen. »Robert the Bruce«), und seiner Waffengefährten Sir James Douglas und Sir Thomas Randolph im 1. schott. →War of Independence (1306–28) preist. Eine Generation später verfaßten zwei Augustinerchorherren, die Zugang zum Archiv des Kathedralpriorates von St. Andrews hatten, weitgespannte schott. Ch.en: Andrew Wyntoun, Prior v. Loch Leven, schrieb im frühen 15. Jh. sein volkssprachl. »Orygynal Cronykil« von Schottland in Versen. Es ist die Quelle für eine Reihe berühmter Episoden; v. a. hat es Shakespeare den Stoff zu seinem Macbeth, einschließl. der Hexenszenen, geliefert. Wyntouns jüngerer Zeitgenosse Walter Bower, Abt v. Inchcolm im Firth of Forth, schrieb eine stark erweiterte lat. Neufassung von Forduns Ch., die als »Scotichronicon« bekannt ist und bis in die Anfänge der Regierung Jakobs II. (1437) reicht. Sie galt stets als wichtigstes Werk der ma. schott. Historiographie. 1759 letztmals ediert, wird z. Z. eine krit. Ausgabe von einem wiss. Arbeitskreis mit Zentrum in St. Andrews vorbereitet. Bower schrieb als nationaler Schotte und Moralist. Er benutzte – zumeist wenig kritisch – eine vergleichsweise große Anzahl von Quellen, hist. wie literarische. Die schott. Autoren des späteren 15. Jh. begnügten sich zumeist damit, Bowers Werk zu variieren; eine Ausnahme bildet lediglich das sog. »Auchinleck Chronicle«, das allgemeine und lokale polit. Ereignisse, bes. aus Südwestschottland, während der Regierung Jakobs II. und der ersten Jahre Jakobs III. behandelt. Ab ca. 1462 kam die ma. chronikal.-annalist. Tradition Schottlands nahezu zum Erliegen. Schließl. war es John Mair (Major) (1467–1550),

oft als »the last of the Schoolmen« apostrophiert, der mit der »Hist. Maioris Britanniae« (Paris 1521) ein Werk schuf, das in vielerlei Hinsicht – bes. durch seine skept. Grundhaltung und das Fehlen antiengl. Gefühle – sich als Antizipation neuerer Geschichtsschreibung aus humanist. Geist präsentiert. G. W. S. Barrow

Ed.: A. O. ANDERSON, M. O. ANDERSON, W. C. DICKINSON, The Chronicle of Melrose (Faks. Ausg., 1936) – M. O. ANDERSON, A Scottish chronicle known as the Chronicle of Holyrood, 1938 – Chronicles of the Picts, chronicles of the Scots, and other early memorials of Scottish history, ed. W. F. SKENE, 1867 – Johannis de Fordun Chronica Gentis Scotorum, ed. W. SKEAT, 1871–72 – The Bruce by Master John Barbour, ed DERS., 1894 – The Original Chronicle of Andrew of Wyntoun, ed. F. J. AMOURS, 1903–14 – Joannis de Fordun Scotichronicon cum supplementis ac continuatione Walteri Boweri, ed. W. GOODALL, 1759 – The Asloan Manuscript, ed. W. A. CRAIGIE, 1923 – *Lit.*: A. O. ANDERSON, Scottish Annals from English Chroniclers, 1908 – DERS., Early Sources of Scottish history, 1922 – J. BANNERMAN, Stud. in the Hist. of Dalriada, 1974 – B. WEBSTER, Scotland from the Eleventh Century to 1603 (The Sources of Hist , 1975) – M. O. ANDERSON, Kings and Kingship in Early Scotland, 1980².

I. Irland und Wales

I. Irland – II. Wales.

I. IRLAND: Die Chronistik Irlands teilt sich in zwei Stränge: 1. die einheim. ir. Chronistik des 7.–16. Jh., 2. die anglo-ir. Chronistik des 12.–16. Jh. Diese Trennung beruht nicht nur auf sprachl. Kriterien, obwohl die ir. Ch.en allmähl. das Lat. zugunsten der Volkssprache aufgaben, während die anglo-ir. Ch.en durchweg in lat. Sprache abgefaßt sind; vielmehr entwickelte sich die anglo-ir. Chronistik als Zweig der engl. Chronistik (→Abschnitt G).

[1] *Die einheimische irische Chronistik:* Sie umfaßt überwiegend anonyme Werke. Die älteste ir. Ch. entstand in dem columban. Kl. →Iona ca. 680; sie ist eine bedeutende Quelle für die Ereignisse in Iona selbst sowie im nördl. Irland, in Schottland und – in geringerem Maße – im nördl. England. Die Hypothese, daß die Ch. von Abt →Adamnanus v. Hy verfaßt worden sei, ist unbewiesen. Die Ch. v. Iona erhielt sich durch ihre Aufnahme in spätere ir. Geschichtswerke, v. a. in die Annalen v. Ulster und die sog. Annalen v. Tigernach, aber auch in andere Werke. Dies gilt auch für eine nachfolgende Ch., die wohl aus dem Kl. →Clonard in Meath stammt und die Zeit von ca. 750 bis ca. 950 behandelt, sowie für eine Ch. aus →Armagh, die von ca. 750 bis 1189 reicht; sie wird mit Dub dá Leithe († 1064) v. Armagh in Verbindung gebracht. Zur gleichen Zeit entstand im Kl. →Clonmacnoise (Gft. Offaly) eine Ch. für den Zeitraum von ca. 950 bis zum 12. Jh., die in die Annalen v. Tigernach und in – vergleichsweise reinerer Version – in das →Chronicum Scottorum einging. Alle diese frühma. Ch.en fanden also in späteren Kompilationen Aufnahme und wurden zum Objekt rückwirkender Interpolationen, die aus sagenhaften Überlieferungen, aber auch aus anderen kürzeren Ch.en und Annalen bestanden, z. B. die Annalen v. →Kildare, die in ungeschickter Weise mit einer Fassung der Ch. v. Clonmacnoise und mit einer Reihe von Annalen aus dem Kl. Clonenagh (Gft. Laois) zu den sog. Drei Fragmenten zusammengefügt wurden.

Der erste erhaltene Originaltext sind die Annalen v. Inisfallen, deren Hs. 1092 entstand, wohl im Kl. →Killaloe (Gft. Clare), und die 1119 vielleicht in das Kl. →Lismore (Gft. Waterford) gelangten. Die Kompilation des Materials für die Zeit vor 1092 erfolgte im Kl. →Emly (Gft. Tipperary) wohl in der Zeit kurz vor 1000 und wurde wahrscheinl. im Kl. Toomgraney (Gft. Clare) fortgesetzt. Um 1159 befand sich die Hs. im Kl. Inisfallen (Gft. Kerry), wo sie bis zum 14. Jh. fortgesetzt wurde. Die stolze Reihe von 39 Abschreibern/Kompilatoren/Fortsetzern, die von 1092 an diesem Werk arbeiteten, macht es zu einem Unikum.

In Verbindung mit den Annalen v. Inisfallen steht eine Serie von annalist. Aufzeichnungen im sog. »Mac Carthaigh's Book« für die Jahre 1216–1311, offensichtl. franziskan. Herkunft, doch unter Hinzufügung von Material aus Munster sowie aus der »Expugnatio Hibernica« des →Giraldus Cambrensis. Diese Kompilation verdient nähere Erforschung zur genauen Klärung ihrer Provenienz. Gleiches gilt für Aufzeichnungen aus Munster und Connacht, die in dieser Zeit innerhalb der sog. Annalen v. Tigernach auftauchten.

Ein weiteres in der Geschichtsschreibung aktives Kl. war →Derry, und eine Ch. aus Derry ging mit der Ch. v. Armagh in die Annalen v. Ulster (und ebenfalls in die Annalen v. Loch Cé) ein: Eine Hs. der Ch. v. Armagh kam 1189/90 nach Derry und wurde dort bis ca. 1220 fortgesetzt.

Seit dem 13. Jh. wurden die meisten Ch.en von Laien verfaßt, weniger von Mönchen, doch gibt es keine abrupte Zäsur. So sind die »Cottonian Annals«, eine Ch. über Ereignisse i. d. nördl. Connacht, die 1228 in der Abtei OCist→Boyle (Gft. Roscommon) kompiliert wurde u. in der benachbarten Abtei OPraem Loch Cé bis 1251 fortgesetzt wurde, eng mit den Annalen v. Connacht und den Annalen v. Loch Cé verschwistert. Die beiden letzteren Werke gehen in ihrer vorliegenden Fassung auf einen Text zurück, der um die Mitte des 15. Jh. von einem Mitglied der Familie Ó Maolchonaire, die seit dem 13. Jh. erblich das Amt des offiziellen Chronisten des Kg.s v. Connacht bekleidete, auf der Grundlage von Materialien ab dem 13. Jh. kompiliert wurde; damit zusammenhängende Aufzeichnungen finden sich auch in den Annalen v. Ulster. Dieser Text der Ó Maolchonaire wurde im 15.–16. Jh. von einem Mitglied (oder mehreren Mitgliedern) der Familie Ó Duibhgeannáin, ebenfalls einer Chronistenfamilie, überarbeitet. In dieser Periode wurden auch die Annalen v. Ulster »aus vielen Büchern« unter der Aufsicht des Cathal Mac Maghnusa († 1498), Dekans v. Loch Erne (Gft. Fermanagh), kompiliert; im Zentrum dieses Werkes steht für das 15. Jh. das nördl. Irland mit Loch Erne.

Zu den wichtigsten Sammelwerken dieser Art zählt die große Kompilation der »Annals of the Four Masters« aus dem 17. Jh., die auf einer Anzahl von heute z. T. verlorenen Ch.en beruht. Eine krit. Ausgabe und Untersuchung dieses Werkes ist für die Gesch. der ir. Historiographie ein dringendes Desiderat.

[2] *Die anglo-irische Chronistik:* Die wichtigsten anglo-ir. Ch.en gehen auf eine Ch. zurück, die höchstwahrscheinl. in der Abtei OSB→Winchcombe (England, Gft. Gloucester) verfaßt wurde und unter Patrick, Bf. v. Dublin (1074–84), nach Dublin gelangte. Diese Ch. fand Eingang in die Annalen der Dubliner Kathedralkirche Christ Church, die in bruchstückhafter Form erhalten sind; sie wurden wiederum benutzt von den Verfassern der Ch. der Abtei St. Mary's in Dublin, zusammen mit Angaben der engl. Chronisten→Henry v. Huntingdon und→Roger v. Hoveden sowie des →Giraldus Cambrensis. Die Ch. v. Christ Church ging ein in die sog. Annalen v. Multifarnam von Stephen Dexter OFM (1246–ca. 1274?) sowie in die Ch. v. Kilkenny, die wohl im Franziskanerkonvent von Dublin, mindestens bis 1316, kompiliert wurde. Letzteres Werk steht in enger Verbindung mit der Ch. des John →Clyn OFM aus Kilkenny († vermutl. 1348–49 während des Schwarzen Todes).

Den Einfluß der Ch. v. Christ Church finden wir auch in den Annalen des Pembridge wieder, eines sonst unbekannten Autors, dessen Ch. 1347 endet und der daher auch der Großen Pest zum Opfer gefallen sein mag. Diese Ch. wurde bis 1370, wohl von einem Dominikaner aus Trim (Gft. Meath), fortgeführt.

Der bedeutendste anglo-ir. Chronist der Folgezeit war Henry v. Marlburgh, Vikar v. Balscadden (Gft. Dublin), dessen Ch. die Jahre 1131–1421 behandelt, wobei er das »Polychronicon« des →Ranulf Higden sowie eine Reihe von anglo-ir. Ch.en benutzte. Genannt sei ferner aus dem 15./16. Jh. die Ch. des Philip Flattisbury aus Johnstown bei Naas (Gft. Kildare). Die Ch.en von Henry v. Marlburgh wie Flattisbury harren noch einer krit. Edition.

G. Mac Niocaill

Ed.: s. unter den einzelnen Stichwörtern – *Lit.*: Repfont – K. HUGHES, Early Christian Ireland: Introduction to the Sources, 1972 – G. MAC NIOCAILL, The Medieval Irish Annals, 1975.

II. WALES: Sämtl. Geschichtswerke in Wales wurden im MA in lat. Sprache verfaßt; einige von diesen sind nur in Übersetzungen (und/oder Bearbeitungen) in walis. Sprache erhalten. Chronistik von größerer Bedeutung ist ledigl. im 12. und 13. Jh. zu erkennen.

Die früheste walis. Chronistik der »Annales Cambriae« umfaßt den Zeitraum 400–954. In einer in England um 1100 kopierten Fassung (A-Text) überliefert, sind sie weitgehend von der ir. Ch. v. Iona abhängig; sie wurden wahrscheinl. in St. David's (Menevia) geführt. Die »Annales Cambriae« wurden bis ins ausgehende 13. Jh. fortgesetzt (B-Text und C-Text) und bilden den Grundstock für die bedeutende Ch. der walis. Fürsten – »Brut y Tywysogyon«. Für den Zeitraum von 1190 bis 1285 bieten die »Cronica de Wallia« (so der nicht zeitgenöss. Titel in der Handschrift), die im Westen und Südwesten von Wales verfaßt wurden, wichtige lokale und regionale Ergänzungen. Kleinere, bisher nicht krit. gesichtete Ch.en liefern die Kl. OCist Margam und Tintern. Zudem gibt es eine weitere, nicht lokalisierte Ch. aus einem Zisterzienserkl. im Südosten von Wales. Es handelt sich hierbei im wesentl. um Hauschroniken, die nach England orientiert sind. Walis. Sympathien zeigt hingegen eine in dem Kl. OCist Aberconway (Gwynedd) verfaßte Ch., deren annalist. Teil von 1170 bis 1283 reicht, die aber zudem eine zusammenfassende Vorgeschichte bis in die Zeit des legendären Kg.s Arthur hat. Hier zeigt sich der Einfluß →Galfreds v. Monmouth.

Neben der weithin sagenhaften »Historia Regum Britanniae« des Galfred v. Monmouth ist aus Gwynedd aus der 2. Hälfte des 12. Jh. die Biographie →Gruffydd ap Cynans v. Gwynedd (Kg. 1081–1137) zu nennen, die wohl im Auftrag von seinem Nachfolger Owain Gwynedd (1137–70) geschrieben wurde und nur in walis. Übers. vorliegt (»Hanes Gruffudd ap Cynan«). Unvollst. überliefert ist die aus Biographien zusammengestellte Gesch. des Augustinerpriorats →Llanthony, die von der Gründung des Hauses kurz vor 1100 in der erhaltenen Fassung bis 1191 reicht, nach dem Inhaltsverzeichnis zu urteilen aber bis in die Mitte des 13. Jh. fortgeführt worden war. Die bedeutendsten zeitgenöss. historiograph. Werke aus Wales wurden von→Giraldus Cambrensis verfaßt.

M. Richter

Ed.: E. PHILLIMORE, The Annales Cambriae and Old-Welsh Genealogies from Harleian MS 3859, Y Cymmrodor 9, 1888, 152–169 – T. JONES, Cronica de Wallia and other Documents from Exeter Cathedral Library Manuscript 3514, BBCS 12, 1946–48, 28–44 – The Hist. of Gruffydd ap Cynan, ed. A. JONES, 1910; neue Ed. mit Einl. in walis. Sprache: Hist. Gruffud vab Kenan, ed. D. S. EVANS, 1977 – Margam: Annales Monastici, RS 36 1, 3–40 – Tintern: W. DUGDALE, Monasticon Anglicanum, rev. ed. 1846–49, Bd 5, 269f. – nicht lokalisierte Ch.: Archaeologia Cambrensis, Third Ser. 8, 1862, 272–283 – Llanthony: W. DUGDALE, Mon. Angl., Bd. 6, 128–134 – *Lit.*: J. B. SMITH, The »Cronica de Wallia« and the Dynasty of Dinefwr, BBCS 20, 1962–64, 261–282 – R. W. HAYS, The Hist. of the Abbey of Aberconway, 1186–1537, 1963 – I. JACK, Medieval Wales, 1972 – K. HUGHES, Annales Cambriae and Related Texts, PBA 59, 1973, 233–258 – B. F. ROBERTS, Geoffrey of Monmouth and Welsh Hist. Tradition, Nottingham Med. Stud. 20, 1976, 29–40 – M. RICHTER, Giraldus Cambrensis and Llanthony Priory, Stud. Celtica 12–13, 1977–78, 118–132.

J. Skandinavien
I. Dänemark – II. Schweden.

I. DÄNEMARK: Die wichtigste Voraussetzung für die Entwicklung der dän. Geschichtsschreibung war die Konsolidierung staatl. und kirchl. Macht während des 12. Jh. Die in dieser Zeit zu beobachtenden tiefgreifenden Veränderungen des alten Gesellschaftssystems weckten offensichtl. das Bedürfnis nach einer Darstellung vergangener Ereignisse vor dem Hintergrund gegenwärtiger gewaltsamer Umwälzungen. So hatte diese Geschichtsschreibung häufig einen stark polem. Charakter, wobei die Tendenz davon abhängig war, mit welchem der drei Machtfaktoren – Königsmacht, Kirche oder Aristokratie – das jeweilige Geschichtswerk verbunden war. Diese historiograph. Quellen sind ausschließl. in Lat. geschrieben.

Die älteste Ch., die »Roskildechronik« (826–1140 mit Ergänzungen bis 1157), entstand 1139–43 als Bistumschronik. Sie wird dem Kreis um Ebf. →Eskil v. Lund zugeschrieben, dem wichtigsten Vorkämpfer für Freiheit und Rechte der Kirche im Norden während des 12. Jh. Der erste Abschnitt der Ch. ist im wesentlichen ein Auszug aus den Gesta des →Adam v. Bremen. Im Hauptteil wird eine engagierte Gegenwartsgeschichte entwickelt, die die parteiliche Stellung des Verfassers in den inneren Streitigkeiten des Landes deutlich widerspiegelt (→Dänemark).

Ein wichtiges Zentrum der dän. Geschichtsschreibung war der Erzbischofssitz in →Lund. In den überlieferten ma. Redaktionen der um 1300 entstandenen »Annales Lundenses« ist auch eine bemerkenswerte sagenhafte chronikal. Darstellung der ältesten Kg.e Dänemarks enthalten (»Chronicon Lethrense«, Lejrechronik, →Lejre), die einen bedeutenden Einfluß auf spätere dän. Ch.en hatte. Gewöhnlich wird die Lejrechronik auf 1170–1200 datiert, unterschiedl. Traditionen innerhalb der Ch. führten jedoch auch zu einer wesentl. früheren Datierung (1. Hälfte des 11. Jh., TOLDBERG).

Mit der kurz nach 1185 entstandenen »Brevis Historia Regum Dacie« erhielt Dänemark seine erste nationale Ch. nach kontinentalen Vorbildern. Der Verfasser, →Sven Aggesen, der in Frankreich studiert hatte, beweist in Stil und Inhalt eingehende Kenntnisse der antiken Autoren und der Vulgata. Der Text beginnt mit Kg. Skjold und endet mit Knut IV. († 1202). Für die ältesten Teile der Ch. benutzte Sven Aggesen nur ausnahmsweise schriftl. Material, er stützte sich vielmehr hauptsächl. auf Volkserzählungen und andere mündl. Überlieferungen. Mit d. hist. Ereignissen seiner Zeit befaßte er sich nur kurz, zum Teil aus der Perspektive seiner eigenen Erfahrungen als Angehöriger des kgl. Gefolges. Die tragenden Ideen seiner Geschichtsdarstellung sind Treue zum Kg. und aristokrat. Ideale. Sven Aggesen wies selbst auf die ausführlichere Darstellung der Gegenwartsgeschichte durch →Saxo Grammaticus hin, der zur gleichen Zeit an einer Dänengeschichte arbeitete.

Saxos umfangreiche Ch. »Gesta Danorum« entstand um das Jahr 1200 auf Initiative des Ebf.s →Absalon, der bis 1186 die Stellung eines Reichsregenten innehatte. Das Werk ist »ab origine gentis« angelegt und schildert die dän. Geschichte von dem sagenhaften Reichsgründer Dan bis ungefähr 1185. Die »Gesta Danorum« sind nach einem kunstvollen Plan aufgebaut: In ihrem äußeren Rahmen sind sie in 16 Bücher eingeteilt, die ersten vier behandeln die vor Christi Geburt lebenden Kg.e, in den Büchern 5–8 wird die Zeit von Christi Geburt bis zum ersten Kontakt des Christentums mit Dänemark geschildert. Der schrittweise Sieg des Christentums in Dänemark ist Gegenstand des 9. bis einschließl. 12. Buchs. Das 13. Buch entspricht der Zeit des Ebf.s Asger (1104–37), das 14. der des Ebf.s Eskil (1137–77) und das 15. und 16. der Zeit des Ebf.s Absalon (1177–1201). Stil und innerer Aufbau der Gesta sind an Valerius Maximus und Justinus orientiert, deren »Exemplum«-Technik Saxo ebenfalls übernimmt. Dabei haben Saxos Exempla einen klar umrissenen und eigenständigen Charakter. Jedes der 16 Bücher ist um eine oder mehrere der →Kardinaltugenden – prudentia, fortitudo, temperantia, iustitia – komponiert, die darüber hinaus mit anderen zentralen ma. Lehrbegriffen innerhalb dialekt. geordneter Muster verwoben sind und am Ende des Werkes zu einer dramat. Aufgipfelung führen. Einige abschließende Exempla fassen die Thematik des Buches zusammen (K. JOHANNESSON).

Saxo benutzte ein umfangreiches Material: altnord. Götter- und Heldenlieder, die isländ. Geschichtsüberlieferung, mündl. Traditionen, ältere dän. Schriftwerke, Diplommaterial, klass. und spätantike Autoren, ma. Historiographie, z. B. Beda, Dudo und Paulus Diaconus. Ein charakterist. Zug des Werkes ist, daß Saxo seine Quellen stark umarbeitete und ihren Inhalt seiner eigenen universellen Sicht unterordnete. Er wandte sich außerdem gegen eine Idealisierung des Zusammenwirkens von Kgtm. und Aristokratie, die Sven Aggesens Werk bestimmte. Statt dessen betonte er die Auseinandersetzung zwischen beiden Kräften. In seiner Darstellung der Gegenwart polemisierte er gegen die verschiedenen Methoden der Königsfamilie, die neue Machtposition des Königtums zu legitimieren und stellte Ideal und Zielsetzung seines Auftraggebers, Ebf.s Absalon, in den Mittelpunkt seiner Darstellung.

Umfang und kunstreicher Stil der »Gesta Danorum« veranlaßten um 1340 einen jütländ. Franziskaner, eine Zusammenfassung aus Saxos Werk anzufertigen. In dieser Version des »Compendium Saxonis« wurde Saxo während des MA bekannt. An das Saxokompendium wurde eine Fortsetzung angefügt, die die Zeit von Knut VI. bis 1342 umfaßte. Diese sog. »Chronica Jutensis« oder »Continuatio compendii Saxonis« benutzte als wichtigste schriftl. Vorlage die »Annales Ryenses«, vervollständigt durch eine reiche mündl. Überlieferung und persönl. Erinnerungen. Dieser Quellenkomplex bildete u. a. die Grundlage für die dän. →Reimchronik.

Im Kl. →Sorø auf Seeland entstand die »Chronica Sialandie«, die aus zwei Teilen besteht, der ältere (1028–1307) mit annalist. Aufzeichnungen, der jüngere (1308–63) als Fortsetzung des älteren Teils, wobei jedoch die Periode 1339–63 in einer fortlaufenden Erzählung von bemerkenswerter epischer Kraft geschildert wird. Diese Darstellung entstand bald nach 1363 und ist die wichtigste erzählende Quelle zur Gesch. Waldemars IV. (1340–75).

Auf der Grenze zwischen Landes- und Lokalchronik steht die »Chronica Archiepiscoporum Lundensem«, die unter Ebf. Niels Jensen (1361–79) ausgearbeitet und unter dem Episkopat Tuve Nielsens (1443–72) komplettiert wurde.

Im Umkreis der verschiedenen kirchl. Institutionen, u. a. der Kl., wurden Ch.en von lokalem Charakter zusammengestellt. Die wichtigste von ihnen (»Exordium monasterii quod dicitur Cara Insula«) beschreibt die dramatische Geschichte des Zisterzienserklosters →Øm (1165–1267). – Zur Geschichtsschreibung in Island und Norwegen →Historiographie. G. Paulsson

Ed.: Chroniken: ed. M. GERTZ, Scriptores minores historiae Danicae I–II, 1917–20 – *Gesta Danorum:* ed. J. OLRIK – H. RÆDER, 1931–57 – *Chronica Sialandie:* ed. E. KROMAN, Danmarks middelalderlige annaler, 1980, 106–144 – *Lit.:* J. OLRIK, Sagnkrøniken i Lundeaarbøgerne, Dansk historisk tidskrift 7: II, 1899–1900, 222–229 – L. WEIBULL, Nekrologierna från Lund, Roskildekrönikan och Saxo, Scandia 1928, 84–112 – E. JØRGENSEN, Historieforskning og Historieskrivning i Danmark indtil Aar 1800, 1931 – H. TOLDBERG, Stammer Lejrekrøniken fra Jakob Erlandsøns, Valdemarernes eller Knud den stores tid?, ANF 79, 1964, 195ff. – A. G. K. KRISTENSEN, Danmarks ældste annalistik, 1969 – I. SKOVGAARD-PETERSEN, Saxo, historian of the Patria, MSc 2, 1969, 54–77 – T. CHRISTIANSEN, Yngre sjællandske krønikes sidste aar, Scandia 1974, 5–33 – K. JOHANNESSON, Saxo Grammaticus, 1978.

II. SCHWEDEN: Die Annahme des Christentums führte zum Anschluß Schwedens an europ. Bildungstraditionen. In zunehmendem Maße kamen die Schweden im eigenen Lande, v. a. aber bei Studien an ausländ. Universitäten, in Kontakt mit kontinentaler Kultur. Die so gewonnene Ausbildung kam zunächst in erster Linie der Kirche, dem Staats- und Rechtswesen zugute. Ein bes. Interesse an literar. ausgeformter Geschichtsschreibung scheint in dieser frühen Phase (11.–12. Jh.) nicht vorhanden gewesen zu sein. Bedeutsam für die Entwicklung einer einheim. Geschichtsschreibung wurde erst die Bettelorden, die in der Mitte des 13. Jh. in Schweden Fuß faßten. Die in dieser Periode entstandenen historiograph. Texte sind entweder in der Volkssprache oder in Lat. geschrieben.

Die frühesten chronikal. Darstellungen in der Volkssprache stammen aus der ersten Hälfte des 13. Jh. Es handelt sich um eine Bischofschronik des Bms. →Skara und eine Königsreihe der christl. schwedischen Kg.e (1000–1222) und um eine Ch. der westgöt. →Rechtssprecher *(lagmenn)*. Mit dem 14. Jh. werden die Königsreihen immer ausführl. und werden nun mit Hilfe dän. und norw.-island. Quellen kompiliert. Im Laufe der Zeit wurden vorgeschichtl. und ma. Kg.e hinzugedichtet, um an die norw.-island. Tradition anknüpfen zu können, die die Svea-Kg.e als Nachkommen der →Asen betrachtete. Aus der einfachen Form der Königsreihen entwickeln sich seit Anfang des 14. Jh. die zahlreichen →Reimchroniken, deren Blütezeit im 15. Jh. liegt. Sie sind die hervorragendsten Beispiele der ma. schwed. Geschichtsschreibung. Im 13. Jh. tritt noch die sog. →»Guta saga« (»Geschichte der Gotländer«, vor 1285) hinzu, die aus gotländ. Sicht die Gesch. der Insel und ihr Verhältnis zu Schweden seit der Wikingerzeit (und früher) behandelt (→Gotland). Der anonyme Verfasser tradiert Material, das sonst nirgendwo überliefert ist.

Zur Chronikliteratur müssen auch die schwed. Annalen gezählt werden. Die wichtigsten Annalen sind in zwei Hauptgruppen überliefert: Die ältere aus der Zeit um das Jahr 1300 (annales 916–1263, 1208–1288, 1160–1336), die jüngere aus dem 15. Jh. (annales 266–1430, 916–1430, 1298–1473, 31–1463, einschließl. der »Visbychronik«). Die schwed. Annalen sind nicht – wie ihre Vorbilder – aufgrund Jahr für Jahr fortlaufender Aufzeichnungen entstanden, sondern sie sind das Werk einzelner Geschichtsschreiber, die mit Hilfe unterschiedl. Quellen ihre Arbeiten zu einem bestimmten Zeitpunkt kompilierten. In einigen Fällen läßt sich diese Verfahrensweise anhand des bewahrten Materials unmittelbar feststellen. Annales 31–1463 sind teilweise im Franziskanerkloster in Stockholm entstanden, unter Zuhilfenahme des noch erhaltenen Diariums des Kl. Solche Klosterdiarien enthalten bisweilen chronikartige Darstellungen von reichshist. Interesse (bes. das Vadstenadiarium, →Vadstena). So können die schwed. Annalen durchaus als einfache, knappe Ch. angesehen werden. Sie sind alle im Umkreis kirchl. Institutionen, bes. bei den Bettelorden, entstanden. Kontinentale Geschichtsschreibung wurde von →Dominikanern über Dänemark nach Schweden eingeführt. Selten können die bewahrten Texte auf ein bestimmtes Kl. zurückgeführt werden, sie sind eher Produkt einer Sammeltätigkeit des gesamten Ordens, die durch den lebhaften Austausch zw. den verschiedenen Konventen erleichtert wurde. Auch bei den →Franziskanern wurde seit Ende des 13. Jh. Geschichtsschreibung gepflegt. Die zweite große Periode der Annalistik im 15. Jh. hängt eng mit der starken Stellung der Grauen Brüder in →Stockholm und →Visby zusammen. Das herausragende Werk ist die »Visbychronik« (815–1444), die in der Hauptsache von einem Bruder des Kl. in Visby unmittelbar vor 1412 zusammengestellt wurde. Zu Beginn folgt der Visby-Mönch eher annalist. Prinzipien, nach 1340 aber wird die Darstellung ausführlicher und persönlicher.

In den 1460er Jahren faßte →Ericus Olai, Kanoniker in Uppsala, die schwed. Geschichte in der »Chronica regni Gothorum« zusammen. Das Werk will die ruhmvolle Vergangenheit des Reiches schildern (→Goticismus), betont aber auch Stellung und Freiheit der Kirche. Ericus Olais Quellen sind größtenteils erhalten, so daß seine Arbeitsweise weitgehend nachvollziehbar ist, nicht zuletzt auch, weil er es vermied, unterschiedl. Vorlagen ineinanderzuarbeiten. Er benutzte bes. die reichhaltige Reimchronikliteratur und vervollständigte sie durch Königschroniken, Annalen und Streitschriften. Die Angaben über schwed. Verhältnisse werden mit Hilfe dän., norw. und anderer chronikal. Werke komplettiert.

Als im 13. Jh. die lat. Geschichtsschreibung nach Schweden kam, hatte die einfache Annalistik im übrigen Europa bereits ihre Bedeutung verloren. Die eher dürftige Aneinanderreihung von Ereignissen und Personen war dort inzwischen einer ausführlicheren, pragmatischeren chronikal. Darstellungsweise gewichen. Eine ähnl. Entwicklung vollzog sich in Schweden. Als die Geschichtsschreibung im 15. Jh. als Waffe im polit. Machtkampf eingesetzt wurde, bekamen Reimchroniken in der Volkssprache eine dominierende Stellung. Die »Chronica regni Gothorum« weist mit ihrer zum Teil strengen Bindung an die Chronologie auf ältere historiograph. Verfahrensweisen, während ihr Inhalt bereits den neuen Erfordernissen der Geschichtsschreibung entspricht. G. Paulsson

Ed.: Bischofschroniken, Königsreihen, Chroniken: Scriptores rerum Svecicarum I/1, 1818, 2–22; III/2, 1876 – *Chronica regni Gothorum:* Scriptores rerum Svecicarum II/1, 1828, 1–166 – *Annalen und Visbychronik:* G. PAULSSON, Annales Suecici medii aevi, 1974 – *Lit.:* KL I–XXII [s. v. Biskopskrönika, Cronica regni Gothorum, Gutasagan, Historieskrivning, Kungalängder, Visbykrönikan, Årbøker u. a.] – S. BOLIN, Om Nordens äldsta historieforskning, 1931 – I. LINDQUIST, Västgötalagens litterära bilagor, 1941 – E. NYRIN-HEUMANN, Källkritiska, textkritiska och språkliga studier till Ericus Olai, 1944 – E. NYGREN, Ericus Olai, SBL 14, 1953, 218–242 – C. I. STÅHLE, Medeltidens profana litteratur (Ny illustrerad svensk litteraturhistoria I, 1967), 37–124 – K. KUMLIEN, Historieskrivning och kungadöme i svensk medeltid, 1979.

K. Iberische Halbinsel
I. Asturien, Kastilien, León – II. Länder der Krone Aragón – III. Portugal.

I. ASTURIEN, KASTILIEN, LEÓN: [1] *Vom Frühmittelalter bis ins 13. Jh.:* Die Chronistik im chr. Teil Spaniens setzt nicht – wie eine neuerdings widerlegte Lehrmeinung besagte – im späten 8. Jh., sondern erst um 880 ein. Am Hof Kg.

→Alfons' III. v. Asturien entstanden die den Zeitraum 672–866 behandelnde Urfassung der Chronik Alfons' III., das als Abriß der Weltgeschichte konzipierte sog. →Chronicon Albeldense und die Prophet. Ch. (→Chronik, Prophetische) eines Mozarabers. Die Geschicke des Reiches León von 866 bis 999 schildert Bf. →Sampiro (Sampirus) v. Astorga, dessen Ch. der als Urkundenfälscher bekannte Bf. →Pelagius (Pelayo) v. Oviedo fortsetzt; das als Ch. des Pelagius (985–1109) bekannte Werk bildet den Schlußteil eines von dem Bf. oberflächlich kompilierten und mit tendenziösem Material angereicherten Chronikencorpus, des »Liber chronicorum«. Um 1115 beschrieb ein anonymer, früher fälschlich im Kl. Santo Domingo de →Silos vermuteter Mönch den Untergang und Wiederaufstieg des chr. Spaniens in der sog. →Historia Silense. Ein Mönch des Kl. Santa María de →Nájera (Altkastilien) verfaßte um die Mitte des 12. Jh. eine Weltchronik (»Crónica Najerense«), die wie Pelagius' Darstellung mit dem Tod Alfons' VI. 1109 schließt. Die Taten Ks. →Alfons' VII. bis 1147 pries ein zeitgenöss. Kleriker in der →»Chronica Adefonsi imperatoris«. Historiographie und Rechtskodifikation verbindet die als registrum angelegte →»Historia Compostellana«; für den Compostellaner Ebf. →Diego II. Gelmírez († 1140), der sich in ihr rechtfertigen ließ, war die Chronistik – wie für Pelagius v. Oviedo – primär eine Waffe im Kampf um Rang und Rechte seines Stuhls. Von der älteren Geschichte des Bm.s Iria (später →Santiago de Compostela) bis 985 berichtet – ebenfalls aus der Sicht des Kathedralklerus – das →»Cronicon Iriense«.

Charakterist. für die ältere, am Vorbild →Isidors v. Sevilla orientierte Chronistik ist der meist trockene, oft lakon. Stil, für den neben den geringen lit. Ansprüchen streckenweise Stoffmangel und in der Frühzeit auch mangelnde Sprachbeherrschung als Gründe zu nennen sind. Mit ihrem gepflegten Latein besticht dagegen die »Historia Compostellana«.

An die isidorian. Tradition knüpft Bf. →Lucas v. Túy mit seinem »Chronicon mundi« (um 1236) an; literarisch und historiograph. bedeutender ist die Geschichte Spaniens (von der Sintflut bis 1243) des Rodrigo →Jiménez de Rada, Ebf. v. Toledo. Bis 1236 reicht die wertvolle »Lateinische Chronik der Könige von Kastilien«.

Im arab. Spanien brachte die Eroberung die lat. Chronistik nicht zum Erliegen. 754 schrieb ein Mozaraber die »Chronica Muzarabica« (»Continuatio historiarum Isidori Hispana«), deren hoher Quellenwert von der extrem vulgären, schwerverständlichen Sprache beeinträchtigt wird (→Continuatio Hispana). J. Prelog

Ed.: s. unter den Einzelstichwörtern – Lit.: F. J. FERNÁNDEZ CONDE, La obra del obispo ovetense D. Pelayo en la historiografía española, Boletín del Instituto de Estudios Asturianos 25, 1971, 249–291 – M. C. DÍAZ Y DÍAZ, De Isidoro al siglo XI, 1976, 203–234 – J. PRELOG, Die Chronik Alfons' III., 1980 – J. L. MORALEJO, Literatura hispano-latina (Hist. de la literatura hispánicas no castellanas, hg. J. M. DÍEZ BORQUE, 1980), 48–82 – L. VONES, Die 'Historia compostellana' und die Kirchenpolitik des nordwestspan. Raumes 1070–1130, 1980.

[2] *Im 13. bis 15. Jh.*: Nachdem die kast. Chronistik im 13. Jh. mit den im scholast. Geist geschriebenen Werken des Toledaner Ebf.s Rodrigo →Jiménez de Rada, des Bf.s →Lucas v. Túy und den großangelegten, unter Mitwirkung Alfons' X. begonnenen, aber erst im 14. Jh. endgültig vollendeten Kompilationen der »Primera →Crónica General de España (Estoria de Espanna)« und der →»Grande e General Estoria« (begonnen ca. 1272) eine Zeit reicher Blüte und beachtl. Breitenwirkung erlebt hatte, sank das Niveau in der Folgezeit, als die Ch.en in den propagandist. Kampf der sich seit der Nachfolge Sanchos IV. befehdenden Adelsparteien einbezogen wurden, ihren vormals – zumindest im Ansatz vorhandenen – universalen Charakter verloren und in die Nähe der Gesta rückten.

Die unter der Regierung Alfons' XI. verfaßten Ch.en Alfons' X., Sanchos IV. und Ferdinands IV. vertraten den Standpunkt der Kgn. →María de Molina, Witwe Sanchos IV., und verteidigten dementsprechend die Handlungsweise des verstorbenen Kg.s. Einzig die die Zeit von 1248 bis 1305 umspannende »Crónica« des Jofre de →Loaisa, Archidiakon v. Toledo († ca. 1310), bemühte sich um eine krit. Würdigung der Herrschaft Sanchos IV. Legitimist. Absichten im Sinne einer Herrschaftskontinuität verfolgte die im Auftrag Heinrichs II. wohl zw. 1376 und 1379 verfaßte »Gran Crónica de Alfonso XI«, die auf der Vulgataversion der mit dem Jahr 1344 abbrechenden, vom *Canciller del Sello de la Poridad* Fernán Sánchez de Valladolid geschriebenen →»Crónica de Alfonso XI« aufbaute und zusätzlich das →Poema de Alfonso XI von Rodrigo Yáñez benutzte. Eindeutig apologet. Tendenzen zugunsten der →Trastámara-Herrschaft und Versuche, der Regierung Peters I. v. Kastilien jegliches Ansehen zu nehmen, beherrschten ebenfalls die bis 1395 reichenden Ch.en des kast. Kanzlers Pero →López de Ayala über die Kg.e Peter I., Heinrich II. und Johann I., die in Kastilien die ersten Werke einer im 15. Jh. hauptsächl. von der Familie →Mendoza getragenen, aristokrat. Renaissance-Historiographie (NADER: caballero-Renaissance) darstellten. Bezieht man noch eine Ch. über Ferdinand de Antequera für die Jahre 1412–15 mit ein, dann ist die Regierungszeit Johanns II. v. Kastilien (1406–54) chronikal. bestens aufbereitet durch die »Crónica del serenísimo príncipe Don Juan« des zur Mendoza-Familie gehörigen Fernán →Pérez de Guzmán, die in ihren originellsten Teilen von dem Converso Alvar →García de Santa María geschriebene Crónica de Juan II. de Ch. des kgl. Falkners Pedro Carrillo de Huete (»Crónica del Halconero de Juan II«; 1420–50) und die Überarbeitung des letztgenannten Werks durch den Bf. Lope de Barrientos (»Refundición de la crónica del Halconero«; bis 1439). Die noch zu Lebzeiten Heinrichs IV. v. Kastilien entbrannten Kämpfe um die Nachfolge im Kgtm., die mit dem Sieg der Partei Isabellas d. Kath. enden sollten, zogen die Chronistik mehr denn je in die legitimist.-propagandist. Auseinandersetzungen hinein, so daß vielen Ch.en fast nur der Wert v. Pamphleten zukommt. Unter diesen sind die »Crónica del Rey Don Enrique el Cuarto« des Diego →Enríquez del Castillo, die Werke des Alonso de →Palencia, der objektivere »Memorial de diversas hazañas (Crónica de Enrique IV)« des den Mendoza nahestehenden Diego de →Valera und mit Einschränkungen die erst zu Beginn des 16. Jh., dafür aber ohne übertriebene Parteilichkeit abgefaßte Ch. des Lorenzo →Galíndez de Carvajal bes. zu erwähnen. Unter den Kath. Kg.en entwickelte sich folgerichtig eine apologet.-legitimist. Hofgeschichtsschreibung, deren bedeutendste Erzeugnisse neben manchen bereits angesprochenen Werken (z. B. von Palencia) die »Crónicas de los Reyes Católicos« von Fernando del →Pulgar, Diego de Valera, die Continuación der Pulgar-Chronik sowie die »Crónica incompleta de los Reyes Católicos« (1469–76) waren, wozu trotz ihres Titels noch die »Memorias del reinado de los Reyes Católicos« des Bachiller Andrés Bernáldez hinzugerechnet werden müssen. Die zunehmende Bedeutung der Ch.en als Instrument der Herrschaftslegitimierung und die damit einhergehende Einengung des Blickfeldes ist in Kastilien charakterist. für die Entwicklung der Gattung. Die neben der vom Kgtm. inspirierten Chronistik entstandenen, oftmals als »Partikularchroniken« bezeichneten, das Selbstverständnis des Adels widerspiegelnden historiograph. Werke sind, sieht man von der Crónica de Don Álvaro de Luna (vielleicht verf. von Gonzalo Chacón, † 1507) ab, keine Ch. en im eigtl. Sinne, sondern haben meist den Charakter einer Gesta (so z. B. die »Hechos del Condestable Miguel Lucas de Iranzo«, die »Hechos del Maestre de Alcántara don Alonso de Monrroy«, die »Historia de los hechos de Don Rodrigo Ponce de León«; die »El Victorial. Crónica de D. Pero →Niño, Conde de Buelna«, wird sogar als 'Ritterspiegel' eingeordnet). L. Vones

Ed.: s. unter d. Einzelstichwörtern – *Lit.*: A. Paz y Meliá, El cronista Alonso de Palencia, 1904 – J. Puyol y Alonso, Los cronistas de Enrique IV, BRAH 78, 1921, 399-415, 448-496; 79, 1921, 11-28, 118-141 – B. Sánchez Alonso, Hist. de la historiografía española I, 1941 – C. M. del Rivero, Indice de... las tres crónicas de los reyes de Castilla: Alfonso X, Sancho IV y Fernando IV, Hispania 2, 1942, 163-235, 323-406, 557-618 – F. Cantera Burgos, Alvar García de Santa María, 1952 – F. Meregalli, Cronisti e viaggiatori castigiani del quattrocento (1400-74), 1957 – L. Terracini, Intorno alla 'Crónica de Juan II', 1961 – D. Catalán Menéndez-Pidal, De Alfonso X al Conde de Barcelos, 1962 – Ders., BRAH 154, 1964, 79-126; 156, 1965, 55-87; Anuario de Estudios Medievales 2, 1965, 257-299 – F. Oliván Baile, (Suma de estudios en homenaje al Dr. A. Canellas López, 1969), 851-874 – R. B. Tate, Ensayos sobre la historiografía peninsular del siglo XV, 1970 – J. Gimeno Casalduero, La imagen del monarca en la Castilla del siglo XIV, 1972 (dazu: L. Clare, in: M–A 79, 1973, 505-517) – J. L. Bermejo, Las ideas políticas de Enríquez del Castillo, Revista de la Universidad de Madrid 22, 1973, 61-78 – F. Rico, Alfonso el Sabio y la 'General estoria', 1974 – D. Catalán Menéndez Pidal, Gran Crónica de Alfonso XI, Bd. I, 1977 – W. D. Phillips, Jr., Enrique IV and the Crisis of Fifteenth-Century Castile, 1978 – H. Nader, The Mendoza Family in the Spanish Renaissance, 1979 – M Pardo, Les rapports noblesse-monarchie dans les chroniques particulières castillanes du XVᵉ s. Les cultures ibériques en devenir (Essais M. Bataillon, 1979), 155-170.

II. LÄNDER DER KRONE ARAGÓN: Von einer Geschichtsschreibung der Länder der Krone→Aragón kann man erst nach ihrer polit. Einigung sprechen, wenn man dabei v. a. die überlieferten Ch. en in Betracht zieht. Bezeichnenderweise war es im Kl. →Ripoll, jenem bedeutenden geistigen Zentrum des HochMA, daß unter dem Titel »Gesta Comitum Barcinonensium« das erste Werk einer solchen Geschichtsschreibung in Katalonien entstand. Es ist eine von mehreren Mönchen zw. 1162 und 1276 verfaßte Erzählung, deren ursprgl. Kern eine Genealogie des Grafenhauses von der Reconquista bis auf→Raimund Berengar IV. bildet, mit einem Anhang, in dem die Regierungszeiten seiner drei unmittelbaren Nachfolger dargestellt werden. Eine zweite ausführlichere Redaktion, die auch eine katal. Version aufweist, war die Grundlage für die zw. 1303 und 1314 erfolgte Endredaktion, die von allen am weitesten Verbreitung fand.

Im Kgr. Aragón setzt die Geschichtsschreibung im 12. und 13. Jh. mit der Abfassung der Ch. en v. Ripoll und den sog. Nekrologien v. Roda (der Kirche→Roda de Isábena) ein.

Das 13. und 14. Jh. war die Glanzzeit der Chronistik. Jetzt entstanden die als »die vier Perlen« der katal. Geschichtsschreibung bezeichneten Werke: Die erste und vielleicht beste ist das →»Libre dels feyts«, die Autobiographie Kg. →Jakobs I. v. Aragón, die dieser mit Hilfe zahlreicher Mitarbeiter gegen Ende seines Lebens niederschrieb. Das Werk hatte maßgebl. Anteil an der Entwicklung des Katal. zur Literatursprache. →Bernat Desclot verfaßte um 1286 die zweite große Ch., den »Libre del rei En Pere«. Diesem Kg. ist auch der größte und beste Teil des Werkes gewidmet. Hier zeigt sich der Enthusiasmus des Chronisten, der Informationen aus erster Hand bietet und zudem noch eine Zusammenfassung volkstüml. Dichtungen bringt. – Das dritte und ausführlichste Werk stammt von Ramón →Muntaner (1265-1336), der gegen Ende seines gefahrvollen Lebens seine Erinnerungen niederschrieb, von der Zeit Jakobs I. bis zur Expedition der katal. Kompanie in den Osten, an der er selbst teilgenommen hatte. Leidenschaftl. und kraftvolle Darstellung prägt diese Erzählung, die zum mündl. Vortrag bestimmt war. – Die bedeutende Gestalt Kg. Peters IV. v. Aragón »el Ceremonioso« beherrscht die Geschichtsschreibung des 14. Jh. mit zwei unter seinem Einfluß entstandenen Werken, der »Crónica dels reys d'Aragó e còmtes de Barcelona« oder →Chronik v. San Juan de la Peña (in katal., lat. und aragon. Fassung) und seiner Autobiographie, der »vierten Perle« der katal. Historiographie. Trotz der Mitarbeit des Bernat →Descoll spiegelt sie v. a. die komplexe Persönlichkeit des Kg.s wider und seine intrigenreiche Politik.

In enger geistiger Beziehung zu Kg. Peter IV. stand sein aragon. Berater Juan →Fernández de Heredia, Großmeister der Johanniter, der die Abfassung historiograph. Werke in Vernakularsprache förderte, so von Kompilationen wie der »Grant Crónica de Espanya« und von Übersetzungen. Nach dem Tode der beiden Förderer setzte in der Geschichtsschreibung eine Periode der Dekadenz ein. Man wandte sich verstärkt der Weltchronistik zu. Zu nennen sind als Werke der Chronistik des 15. Jh. die 1438 verfaßten »Histories i conquestes del reyalme d'Aragó é principat de Catalunya« des Pere →Tomic, die späteren Autoren (Gabriel Turell; der 'unechte' Berenger de Puigpardines) als Vorbild dienten, sowie die »Croniques d'Espanya« des Pere Miquel →Carbonell. Alfons V. »el Magnánimo« zog dagegen verstärkt it. Chronisten heran.
Carmen Batlle

Ed.: s. unter den einzelnen Stichwörtern – *Lit.*: J. Massó Torrents, Historiografía de Catalunya en català durant l'època nacional, RHi 15, 1906, 486-613 – J. Rubio y Balaguer, Consideraciones generales acerca de la historiografía catalana medieval y particular de la »Crónica« de Desclot, 1911 – B. Sánchez Alonso, Hist. de la historiografía española I, 1947 – M. de Riquer, Hist. de la literatura catalana I, 1980², 373ff. – A. Ubieto Arteta, Hist. de Aragón, Literatura Medieval I, 1981 [neuer, umfassender Überblick].

III. PORTUGAL: Ptg. Nationalbewußtsein fand seinen Ausdruck in der bis ins späte 12. Jh. reichenden Geschichtsdarstellung des lat. »Chronicon Lusitanum«. Die ersten Ch. en in ptg. Sprache tauchten zu Beginn d. 14. Jh. auf. Sie wurden von kast. Vorbildern beeinflußt und faßten im Bannkreis kgl. Unternehmungen Heldenepen, mündl. Überlieferungen und Familiensagen zusammen. Von der kirchl. Geschichtsschreibung hatten sie sich schon gelöst; vielmehr betrachteten sie das Land Portugal als eng verflochtenen Bestandteil der Iber. Halbinsel (die »Crónica Galego-Portuguesa de Espanha e Portugal«, verloren, um 1300 entstanden; die »Crónica Geral de Espanha de 1344«, durch den Gf. en Pedro de Barcelos [† 1354]). Die hist. Wirklichkeit wurde nur in Ausschnitten wiedergegeben, die Darstellung krieger. Ereignisse bevorzugt. Diese Ch. en unterlagen nur wenig dem Einfluß der arab. Geschichtsschreibung, sieht man von der Übersetzung der »Crónica del moro Rasis« durch Gil Peres (übernommen in die Ch. von 1344) ab. Daneben erscheinen noch Ch. en vorwiegend partikularen oder landesgeschichtl. Interesses wie die »Crónica de Paio Peres Correia« oder »Crónica da Conquista do Algarve«, die z. T. in späteren Ch. en ausgewertet wurde.

Zu Beginn des 15. Jh. ist ein Wandel innerhalb der Gattung festzustellen: die Darstellungsform verlor ihren überwiegend narrativen Charakter und wurde stärker durchstrukturiert; sie bediente sich interpretativer Kategorien. Der Begriff von Raum und Zeit erweiterte sich, und v. a. bei Fernão Lopes gewannen die Schilderungen von allgem. polit. Unternehmungen, die krit. Behandlung der Quellen, die Wiedergabe unterschiedl. Ansichten und die Dramatisierung von Handlungsabläufen zunehmend an Bedeutung. Fernão →Lopes (1380–1460), kgl. Chronist, fertigte eine Kompilation der Ch.en über die ersten Kg.e (»Crónica dos Reis de Portugal«, 1419, bekannt durch die von Rui de Pina († 1523) durchgeführte Bearbeitung) an, redigierte in höchst persönl. Weise und breit angelegt die »Crónica de Pedro I« und die »Crónica de D. Fernando«. In der Hauptsache widmete er sich jedoch seiner ausführl. genial konzipierten, letztlich unvollendeten »Crónica de João I«, in der er die Ereignisse der Jahre 1383 bis 1411 schilderte. Diese Ch. wurde von seinem Nachfolger Gomes Eanes de Zurara (1405/20 bis 1473/74; →Azurara) fortgesetzt, der seinen eigenen Standpunkt mehr auf der Seite des Adels suchte und die ptg. Unternehmungen in Afrika mit in den Blick nahm (»Crónica da Tomada de Ceuta«; »Crónica dos Descobrimentos e Conquista da Guiné«). Spezielle Ch.en über einzelne Persönlichkeiten wurden insbes. von Zurara geschrieben, der sich für die Taten des Adels interessierte (»Crónica do Conde D. Pedro de Meneses«, »Crónica de D. Duarte de Meneses«), und von weiteren Autoren, die durch hagiograph. und geistl. Werke beeinflußt wurden (»Crónica do Condestabre«, anonym; »Crónica do Infante Santo« von João Álvares, † um 1490). J. Mattoso

Ed.: Angaben bei: A. H. de Oliveira Marques, Guia do estudante de hist. medieval portuguesa, 1979², 136f. – *Lit.*: A. J. Saraiva, Hist. de cultura em Portugal I, 1950, 451–597 – L. F. Lindley Cintra, Crónica Geral de Espanha de 1344, I, 1951 – D. Catalán Menéndez-Pidal, De Alfonso X al conde de Barcelos, 1962 – Ders., Einleitung zur: Edición crítica del texto español de la cronica de 1344 que ordenó el conde de Barcelos, 1970 – J. Veríssimo Serrão, A historiografia portuguesa I, 1972, 11–100 – D. Catalán Menéndez-Pidal, Einl. zur Crónica del Moro Rasis, 1974 – A. H. de Oliveira Marques, Antologia da historiografia portuguesa I, 1974, 12–18.

L. Kreuzzüge und Lateinischer Osten
I. Kreuzzüge – II. Lateinischer Osten – III. Lateinisches Kaiserreich von Konstantinopel.

I. Kreuzzüge: Nahezu alle westl. Ch.en der Zeit enthalten Hinweise auf die →Kreuzzüge, wobei diejenigen Ch.en, die vorwiegend oder in wesentl. Teilen die Kreuzzüge behandeln, im folgenden genannt seien. Vier Teilnehmer des 1. Kreuzzuges (1096–99) schrieben ihre Berichte in den Jahren 1098–1101, vor 1105, vor 1111 bzw. 1100–06: Es handelt sich um den anonymen südit. Normannen (»Gesta Francorum et aliorum Hierosolimitanorum«, ed. R. Hill, 1962) Raimund v. Aguilers (Liber, ed. J. H. Hill–L. L. Hill, 1969), Peter Tudebode (»Hist. de Hierosolymitano itinere«, ed. J. H. Hill–L. L. Hill, 1977) und →Fulcher v. Chartres (»Hist. Hierosolymitana«). Die Beziehungen dieser Werke untereinander sind noch nicht hinreichend geklärt. Zwei andere Augenzeugen, die byz. Prinzessin →Anna Komnene (»Alexias«) und der Genuese →Caffaro (»De liberatione civitatum Orientis«), schrieben ihre Werke erst Jahrzehnte nach den Ereignissen, nämlich in den 1140er Jahren bzw. um 1152. Bedeutenden Quellenwert besitzt auch →Albert v. Aachen (»Hist. Hierosolymitana«), dessen Ch. nicht vor der Zeit um 1130 entstand, gleichwohl ausführl. Nachrichten über die Kreuzfahrt →Gottfrieds v. Bouillon enthält. Von Wichtigkeit sind auch die Ch.en dreier Autoren, die auf ihren Orientreisen ehem. Kreuzzugsteilnehmer befragten: Bartulf v. Nangis, der vermutl. Kompilator der »Gesta Francorum Hierusalem expugnantium« (RHCOcc III, 487–543), einer verkürzten Fassung der »Hist.« Fulchers v. Chartres mit wichtigen Zusätzen, erstellt vor 1108; →Radulf v. Caen, »Gesta Tancredi«, verfaßt um 1113; →Ekkehard v. Aura, »Hierosolymita«. Um 1107–08 wurde die Gesch. des Kreuzzuges modifiziert, um sie einem theolog. Konzept anzupassen. Dies erfolgte in den Werken →Roberts v. Reims (»Hist. herosolimitana«), →Guiberts v. Nogent (»Gesta Dei per Francos«) und →Baldericus' v. Bourgueil (»Hist. Jerosolymitana«).

Keiner der weiteren Kreuzzüge erfuhr eine dem 1. Kreuzzug vergleichbare historiograph. Behandlung. Die beiden hauptsächl. Augenzeugenberichte des 2. Kreuzzuges (1147–49) sind: »De profectione Ludovici VII in Orientem« von →Odo v. Deuil, Kaplan des frz. Kg.s Ludwigs VII. Odo beschreibt den Zug des frz. Kreuzheeres durch Kleinasien. »De expugnatione Lyxbonensis« des sog. »Osbern« (ed. C. W. David, 1936), wohl verfaßt im Winter 1147–48, schildert die Teilnahme ursprgl. ostwärts ziehender engl. Kreuzfahrer an der Belagerung und Einnahme von →Lissabon (s. a. →Reconquista). Beide Erzählungen sind nicht Ch.en im engeren Sinne, sondern der Form nach kunstvoll stilisierte Briefe. Wichtiger Augenzeugenbericht des 3. Kreuzzuges (1189–92) ist die afrz. Ch. des norm. Klerikers Ambroise, »L'Estoire de la Guerre Sainte« (ed. G. Paris, 1897), die unter Hinzufügung einiger interessanter Zusätze ins Lat. übersetzt wurde und zw. 1216 und 1222 Eingang fand in das Sammelwerk »Itinerarium peregrinorum et gesta Regis Ricardi« (ed. W. Stubbs, Chronicles and Memorials of the reign of Richard I, Bd. I, 1864), eine von Ricardus de Sancta Trinitate erstellte Kompilation; diese umfaßte ferner: eine Erzählung der Ereignisse von 1187–90, die ihr ein engl. Kapellan der Templer anfügte (s. H. E. Mayer, Das Itinerarium peregrinorum, 1962). Ein anderer Augenzeugenbericht ist enthalten in den Werken von →Roger v. Howden (»Gesta regis Henrici secundi et Ricardi primi«, »Chronica«). Diese Texte werden ergänzt durch die Darstellung des Barbarossakreuzzuges in der in Österreich entstandenen »Hist. de expeditione Friderici imperatoris« (ed. A. Chroust, MGH SRG in us. schol. NS 5, 1928). Der 4. Kreuzzug (1202–04) wird aus westl. Perspektive in den Werken zweier Teilnehmer beschrieben: Geoffroys de →Villehardouin ca. 1208 verfaßtes Werk »La conquête de Constantinople« und →Roberts de Clari vor 1216 entstandene gleichnamige Schilderung; sie werden ergänzt durch die Erinnerungen des Abtes Martin v. Pairis, aufgezeichnet von →Gunther v. Pairis kurz vor 1208 (»Hist. Constantinopolitana«). Der 5. Kreuzzug mit den Kämpfen um das ägypt. →Damiette (1219) wird von dem Kreuzzugsprediger →Oliver von Paderborn beschrieben (»Hist. Damiatina«), der sich in Ägypten als Sekretär des päpstl. Legaten aufhielt; andere wichtige Kreuzzugsschilderungen liefern die »Gesta crucigerorum Rhenanorum«, »Gesta obsidionis Damiate« und Johannes' v. Tulbia »De Domino Johanne rege Jerusalem« (alle ed. R. Röhricht, Quinti belli sacri scriptores minores, 1879, 27–56, 71–115, 117–140). Der Bericht über Ludwigs IX. ersten Kreuzzug (1248–54, 6. Kreuzzug) von Jean de →Joinville (»Hist. de St-Louis«) ist eine bemerkenswert genaue und eingehende Schilderung, bes., wenn man den späten Zeitpunkt der Vollendung (1309, also 60 Jahre nach den Ereignissen) bedenkt.

Die innerhalb Europas durchgeführten Kreuzzüge werden in der Geschichtsschreibung der entsprechenden Länder behandelt, an speziellen Ch.en zu diesen Kreuzzügen sind zu nennen: für Spanien: »De expugnatione Lyxbonensis« (s. o.); für die Kreuzzüge im Prußenland und Baltikum: →Heinrich v. Lettland (»Chronicon Lyvoniae«), verfaßt 1225-26, und →Peter v. Dusburg (»Chronicon«), geschrieben in Königsberg 1324-30; für den Albigenserkreuzzug (→Albigenser) in Südfrankreich: →Pierre de Vaux-de-Cernay (»Hyst. Albigensis«), der an den von ihm beschriebenen Ereignissen von 1212-13 selbst beteiligt war und sie zumeist den Tatsachen entsprechend schildert; die »Chanson de la Croisade albigeoise« (ed. E. MARTIN-CHABOT, 3 Bde, 1931-61); eine Reimchronik, die zu einem Teil 1210 und 1213 von Wilhelm v. Tudela, einem kreuzzugsfreundl. Priester aus Montauban, verfaßt wurde, zum anderen Teil nach 1228 von einem anonymen Juristen aus Toulouse, der zwar kath., aber Gegner des Kreuzzugs war; Wilhelm v. Puylaurens (»Chronica«; ed. J. DUVERNOY, 1970), Werk eines Priesters, der es nach 1250 schrieb und nach 1273, in hohem Alter, eine abschließende Redaktion vornahm.

II. LATEINISCHER OSTEN: Bedeutende Geschichtswerke, die bis 1127 bzw. 1119 reichen, wurden verfaßt von: →Fulcher v. Chartres (s. o.), dem Kapellan ›Balduins I.‹, des ersten Gf.en v. →Edessa und Kg.s v. →Jerusalem; er verfaßte seine Gesch. der Gründung und chr. Besiedlung des Kgr.es Jerusalem in mehreren Etappen: 1100-06, 1109-15, 1118-24, mit einer abschließenden Redaktion, in der er das Werk noch erweiterte und verbesserte, aus den Jahren 1124-27. – →Albert v. Aachen (s. o.), der zwar selbst nicht im Osten weilte, aber bei der Abfassung seiner Ch. um 1130 über gute Quellen verfügte. Diese beiden Ch.en wurden von dem bedeutendsten Chronisten des lat. Ostens, →Wilhelm v. Tyrus (»Hist. rerum in partibus transmarinis gestarum«), benutzt. Wilhelm begann die Arbeit an seinem Werk i. J. 1169 auf Wunsch Kg. →Amalrichs I.; als Kanzler des Kgr.es Jerusalem hatte er Zugang zu den kgl. Archiven. Der Chronist verfügte über eine ausgezeichnete Bildung, seine intellektuelle Souveränität verdeckt das vehemente Eintreten Wilhelms für eine der beiden Gruppierungen in den polit. Konflikten des Kgr.es Jerusalem in den 1170er und 1180er Jahren. Tatsächl. wurde Wilhelm genötigt, sich nach Rom zurückzuziehen, wo er seine Ch. bis zum Jahr 1184 fortführte und 1186 verstarb. Der Ruf von Wilhelms Ch. ließ eine lat. Fortsetzung entstehen, die 1194 in England verfaßt wurde (mit einigen späteren Zusätzen), sowie eine Gruppe von afrz. Fortsetzungen; zu ihnen gehört auch eine Darstellung der Jahre 1184-97, die auf einer verlorenen Ch. beruht, vermutl. einem Werk des Ernoul (Arnulfus), eines Anhängers der baronialen Partei in Palästina. Die beste Version dieses Teils der Überlieferung liegt als »La Continuation de Guillaume de Tyr« in der Edition von M. R. MORGAN (1982) vor. Andere Fassungen, die bis ins 13. Jh. reichen und zu unterschiedl. Zeitpunkten enden (die späteste reicht bis 1277), finden sich in den Werken »Chronique d'Ernoul« (ed. L. DE MAS LATRIE, 1871), »L'estoire de Eracles empereur et la conqueste de la Terre d'Outremer« (RHCOcc, Bd. 1-2) und »Continuation de Guillaume de Tyr de 1229 à 1261, dite du ms. de Rothelin« (RHCOcc, Bd. 2, 483-639). Die von diesen Ch.en überlieferten Nachrichten sind häufig detailliert und zumeist wertvoll. Sie werden ergänzt durch die »Annales de Terre Sainte« (ed. R. RÖHRICHT – G. RAYNAUD, Arch de l'Orient lat. 2, 1884, 427-461), die im frühen 14. Jh. kompiliert wurden, sowie durch eine um 1325 von Gerard v. Montréal verfaßte Sammlung, bekannt als »Les Gestes des Chiprois« (ed. G. RAYNAUD, 1887; RHCArm 2, 651-872). Letztere bestehen aus drei Teilen: einer Ch. der Jahre 1131-1224, teilweise auf den (heute verlorenen) Memoiren →Philipps v. Novara basierend; einer detaillierten, die Jahre 1228-43 umfassenden Schilderung des Bürgerkrieges in Zypern zw. der baronialen Partei und den Anhängern Ks. Friedrichs II., die den Memoiren Philipps v. Novara entnommen ist, einer Fortsetzung bis 1309, wohl von Gerard v. Montréal selbst geschrieben. Die »Gestes des chiprois« sind die wichtigste Quelle für das Kgr. →Zypern des 13. und frühen 14. Jh. Andere wichtige chronist. Werke über Zypern sind: das bis 1432 reichende Geschichtswerk des Griechen Leontios →Machairas; die zeitgenöss., Machairas fortsetzende Ch. des Georgios →Bustron für die Jahre 1456-89 sowie drei Ch.en des 16. Jh.: die Ch. des Venezianers Francesco Amadi (ed. R. DE MAS LATRIE, 2 Bde, 1891-93), von Wert für die Periode von ca. 1300 bis 1426 (Verwendung einer verlorenen reichhaltigeren Version der »Gestes du Chiprois«); die Ch. des Zyprioten Florio Bustron (ed. R. DE MAS LATRIE, 1886), die bis 1489 reicht und Informationen bietet, die auf mindestens einem Augenzeugenbericht beruhen; die »Chorograffia« Stephans v. Lusignan (ed. i. J. 1573), eines Pariser Dominikaners, der dem zypr. Königshaus →Lusignan entstammte und über wertvolle Lokalkenntnisse verfügte.   J. Riley-Smith

Ed.: s. die Angaben im Text bzw. unter den einzelnen Autoren und Werken mit eigenem Stichwort – *Bibliogr.*: H. E. MAYER, Bibliogr. der Kreuzzüge, 1965², Teil B – *Lit.*: Repfont – J. KARAYANNOPULOS – G. WEIß, Quellenkunde zur Gesch. von Byzanz, 1982 – Eine übergreifende Darst. fehlt; s. die Lit. zu →Kreuzzüge.

III. LATEINISCHES KAISERREICH VON KONSTANTINOPEL: Die Gesch. des lat. Ksr.s v. Konstantinopel wird in verschiedenen Zweigen der abendländ. (frz., fläm., ven. Werke) und byz. Chronistik überliefert, wobei die Darstellungsbreite und Schwerpunktsetzung schwanken können. Außer Geoffroy de →Villehardouin und →Robert de Clari, den eigentl. Geschichtsschreibern des 4. Kreuzzugs (s. o., Abschnitt L I), und der v. Ch. v. Morea lassen sich interessante quantitative Angaben der »Chronique d'Ernoul et de Bernard le trésorier« entnehmen; für die ersten Jahre der Herrschaft →Heinrichs v. Konstantinopel ist das hist.-diplomat. Geschichtswerk des Heinrich (Henri) v. Valenciennes (ed. J. LONGNON, Doc. relatifs à l'hist. des croisades 2, 1948) grundlegend. Wertvolle Angaben finden sich in »Johanna Constantinopolitana«. Die anonymen ven. Ch.en überliefern uns eine Gesch. des 4. Kreuzzugs, die mittels der »Familie C« zu erschließen ist, während alle anderen ven. Ch.en polit. und militär. Ereignisse der ven. »Romania« und daher auch des lat. Ksr.s behandeln. Die byz. Quellen, die sich auf die Eroberung des lat. Ksr.s beziehen, werden vornehml. durch Niketas →Choniates und Georgios →Akropolites repräsentiert, deren Geschichtswerke die Ereignisse bis 1206 bzw. 1261 schildern. Beide Verfasser spielten eine bedeutende polit. Rolle; Choniates schrieb um 1210, sein Kontinuator Akropolites nahm aktiv Anteil an den Ereignissen nach 1246. Georgios Akropolites bildet die Grundlage für das Geschichtswerk des Theodoros →Skutariotes und für die Teile der Verschronik des →Ephraim, die sich auf das lat. Ksr. beziehen, sowie für die entsprechenden Abschnitte bei Nikephoros →Gregoras. Wertvolle Hinweise finden sich auch in den Gelegenheitsreden der byz. Rhetoren und in ihren Epistolarien, v. a. bei Konstantinos Stilbes. Von Nutzen sind auch die sog. Kleinchroniken (Χρονικὰ βραχέα). – Unter den Ch.en, die das frk. Griechenland in der bewegten Zeit nach dem Ende des Lat. Ksr.es (1261) behandeln, seien zwei wichtige Werke des frühen 14. Jh. hervorgehoben: die »Istoria del regno di Romania« von Marino →Sanudo d. Ä. und die »Cronica« des Katalanen Ramón →Muntaner (s. a. →Abschnitt K II).   A. Carile

Ed : s. unter den Autoren und Werken mit eigenem Stichwort – *Lit.*: J. KARAYANNOPULOS–G. WEIß, Quellenkunde zur Gesch. von Byzanz, 1982 – A. CARILE, La cronachistica veneziana (sec XIII–XV) di fronte alla spartizione della Romania nel 1204, 1969 – DERS., Per una storia dell'impero latino di Constantinopoli (1204–61), 1978².

M. Ostmitteleuropa und Baltikum

I. Böhmen – II. Polen – III. Ungarn – IV. Livland – V. Litauen.

I. BÖHMEN: Die Anfänge der einheim. Geschichtsschreibung setzen mit den Wenzels- und Ludmila-Legenden ein (zu Unrecht wurde zuweilen der sog. →Christian als älteste Chronik bezeichnet) sowie mit den (nicht erhaltenen) Prager Annalen. Die erste böhm. Ch. ist das Werk des Prager Domdechanten →Cosmas († 1125), der damit eine auf das Land Böhmen zentrierte Konzeption begründete, welche die gesamte Auffassung der älteren böhm. Geschichte prägte; von anderen Ansätzen sind ledigl. dürftige Spuren erhalten. An Cosmas knüpfen lose einige Chronisten an, deren Werke – der Art der Erhaltung entsprechend – meist unter dem Sammelnamen Fortsetzer des Cosmas figurieren (beginnend mit dem sog. Vyšehrader Kanoniker von 1125 bis zu den sog. Annales Ottacariani der 80er Jahre des 13. Jh.). Den Höhepunkt der auf das Land Böhmen orientierten Geschichtsschreibung stellt das Werk des Zisterzienserabtes →Peter v. Zittau dar (Chronicon Aulae Regiae, bis zum Jahre 1338 reichend), wohl einer der Höhepunkte der spätma. Chronistik überhaupt. Dagegen verficht der Verfasser der tschech. Reimchronik aus dem 1. Viertel des 14. Jh., der sog. →Dalimil, bereits eine andere Geschichtskonzeption – er schildert die Böhmen als Sprachnation und begründete damit eine Auffassung, die bis in die Gegenwart hinein nachwirkt.

Von nur beschränktem Wert ist die Chronistik der Zeit Karls IV. (Franz v. Prag, Přibík Pulkava, →Beneš Krabice v. Weitmühl, Neplach), obzwar der Herrscher selbst sich verschiedentl. bemühte, die Chronistik zu fördern (er selbst verfaßte eine →Autobiographie) und Giovanni Marignola mit den Aufgaben betraute, eine neue Geschichte Böhmens zu verfassen (die erste Ch. eines »fremden« Landes im MA). Der Mißerfolg der Bestrebungen Karls ist darauf zurückzuführen, daß es mit den Mitteln der Chronistik nicht möglich war, die böhm. Geschichte mit der Reichsgeschichte (und nach 1373 auch mit der Gesch. der Mark →Brandenburg) in dem von Karl IV. gewünschten Sinn zu verbinden. Aus der Zeit Wenzels IV. gibt es gar keine böhm. Ch. – ein immerhin beachtenswerter Umstand.

Die Chronistik der Hussitenzeit (→Hussiten) wird völlig durch die Auseinandersetzungen um den Laienkelch und die gesamte dadurch symbolisierte Problematik beherrscht, die bewirken, daß theolog. Auseinandersetzungen und Argumentationen stark in die Chronistik eindringen. Das bedeutendste Werk dieser Zeit ist die Ch. des →Vavřinec (Laurentius) v. Březová (für die Jahre 1419–21), wohingegen die Darstellung der Schicksale von Mag. Johannes →Hus in Konstanz aus der Feder seines Begleiters Peter v. Mladoňovice ihrem Typus nach ein Mischwerk zw. Aktenbericht, Memoiren und Hagiographie darstellt. Kombiniert mit einem theolog. Traktat ist die Ch. der taborit. Priester, verfaßt von einem ihrer Hauptrepräsentanten, v. Mikuláš Biskupec aus Pelhřimov († ca. 1459). Von kath. Seite ist auf das polem. Werk des →Andreas v. Regensburg zu verweisen und insbesondere auf die Gesch. Böhmens des Enea Silvio Piccolomini (→Pius II.) aus dem Jahre 1458. Da dieses Werk nicht nur stilist. hervorragend abgefaßt war, sondern sich auch ermüdender theolog. Auseinandersetzungen enthielt (den gemäßigten Hussiten bezeugt Enea Silvio eine gewisse Sympathie), erlangte es bald allgem. Anerkennung, wurde sogar von den böhm. Utraquisten ins Tschech. übersetzt (1487, 1510) und zur maßgebenden Darstellung der Gesch. Böhmens.

Infolge der völligen Dominanz religiöser Auseinandersetzungen wurden die Impulse der sog. humanist. Geschichtsschreibung in Böhmen erst im 16. Jh. spürbar. Aus der 2. Hälfte des 15. und dem Beginn des 16. Jh. stammt eine Reihe miteinander zusammenhängender und sich doch vielfach voneinander unterscheidender chronist. Aufzeichnungen (bisher über 30 Hss.-Varianten bekannt), die von dem ersten Herausgeber (F. PALACKÝ) den Namen – Staré letopisy české erhielten (für 1378–1527), am ehesten als konservativ-hussit. Darstellung der Prägung zu charakterisieren. (Der Typus der Städtechronik ist in Böhmen nicht vertreten.) F. Graus

Ed.: Der Versuch einer Gesamtedition der Ch. en in FontRerBohem I–VI, VIII, 1873–1932 (Einzelausg. auch in MGH, vgl. auch nachfolgende Lit.); Auswahl (teilw. übers.) in Výbor z české literatury I. oder počátků po dobu Husovu II. doby husitské, 1957–64 – *Lit.*: Repfont – F. PALACKÝ, Würdigung der alten böhm. Geschichtsschreiber, 1869² – A. KRAUS, Husitství v literatuře zejména německé I–III, 1917–1924 – K. KROFTA, O bratrském dějepisectví, 1946 – F. KUTNAR, Přehledné dějiny českého a slovenského dějepisectví I, 1973 – F. GRAUS, Lebendige Vergangenheit, 1975 – W. BAUMANN, Die Lit. des MA in Böhmen, 1978 – Ze starých letopisů českých, 1980 [neutschech. Auswahl und Übersicht der Lit.] – F. GRAUS, Die Nationenbildung der Westslawen im MA, 1980.

II. POLEN: Die Serie der poln. Ch. en wird eröffnet von der »Cronica et Gesta ducum ... Polonorum«, dem Werk eines eingewanderten Benediktiners, den die spätere Tradition Gallus nennt (→Gallus Anonymus). Er stammte wahrscheinl. aus der Schule des →Hildebert v. Lavardin im frz. Le Mans und gelangte über Norditalien und Ungarn um das Jahr 1110 nach Polen. Am Hofe des Hzg.s →Bolesław III. (1102–38) schrieb er, unterstützt von einheim. kirchl. Würdenträgern, eine drei Bücher umfassende Ch. von Polen in Form der »gesta ducum« von der Mitte des 9. Jh. bis zu seiner Zeit (1133), welche die grundlegende Quelle der frühen Geschichte Polens bildet. Aus ihr schöpften alle späteren Geschichtswerke des poln. MA. – Der zweite bedeutende Chronist Polens ist Magister Vinzenz gen. →Kadłubek (ca. 1150–1223), der 1207–18 Bf. v. Krakau, nachher Mönch im Kl. OCist Jedrzejów (Klein-Polen) war. Sein 1202–06 verfaßtes Werk bietet zunächst in drei Büchern die ältere Geschichte Polens, wieder als gesta ducum, die auf der Ch. des Gallus Anonymus beruht, jedoch mit weitschweifigen moral. und fabulösen Darlegungen sowie mit Exkursen in die antike Geschichte angereichert ist.

Diese Darstellungen werden zum größten Teil in Form eines Dialogs zw. zwei geistl. Würdenträgern vorgetragen. Erst das 4. Buch (1173–1202) bringt selbständige Nachrichten. Vinzenz studierte wahrscheinl. in Paris; Stil und Darstellungsweise erinnern stark an die Gesta Danorum des →Saxo Grammaticus (s. a. Abschnitt J I).

Mit der territorialen Zersplitterung des poln. Staates in einzelne Hzgtm.er in der 2. Hälfte des 12. Jh. bildete sich eine regionale Chronistik aus. In →Schlesien wurden zwei lokale Ch.en verfaßt: die »Chronica Polonorum«, auch Ch. Polono-Silesiacum genannt, 1285/87 im Kl. OCist →Lebus von einem anonymen Autor verfaßt, sowie eine auf ihr fußende Ch.: »Chronica principum Poloniae«, um 1385 in Brieg am Hofe Hzg. Ludwigs entstanden, wahrscheinl. von Peter v. Bitschin verfaßt. »Helden« sind die Hzg.e v. Schlesien seit 1138 bis 1285/87 bzw. bis 1385; in beiden Ch.en werden im Sinne dynast. Geschichtsschreibung ebenso die Vorfahren und Nachfahren der anderen poln. hzgl. Linien mitberücksichtigt. Beide Ch.en verfügen über eine chronolog. Darstellungsweise, unter dem Einfluß d. sich immer weiter ausbreitenden Annalistik.

Die Wiege der poln. Annalistik war zuerst →Gnesen (um 1000); nach der Verlegung der hzgl. Residenz nach →Krakau i. J. 1038 wurden die Aufzeichnungen dort unter dem Namen »Annales capituli Cracoviensis« weitergeführt. I. J. 1266 erhielten sie eine neue Fassung; Auszüge aus dieser ersten verschollenen Redaktion wurden an verschiedenen Stellen fortgesetzt, u. a. in den Kl. der Bettelorden; auch an anderen Bischofssitzen und in Kl. wurden seit dem 12. Jh. Annalen verfaßt (u. a. Gnesen, Posen, Lubin).

Eine Vermengung der narrativen mit der annalist. Darstellungsweise kennzeichnet auch zwei regionale Ch.en für Kleinpolen (Krakau) und Großpolen (Posen): zum einen das Dzierwae Chronicon (Anfang des 14. Jh.), das sich die Aufgabe stellte: »Ortum sive originem Polonicae gentis ab inicio mundi... scribere«, zum anderen die sog. Großpoln. Ch. (Chronicon Poloniae), als deren Verfasser man den Posener Kanoniker Basco vom Ende des 13. Jh. bzw. den Gnesener Archidiakon Janko v. Czarnkow vom Ende des 14. Jh. angesprochen hat. Auch in dieser zweiten Ch. spielt die Frage der »origo gentis Polonici« eine große Rolle. Die entsprechenden Kapitel der beiden Ch.en sind aus verschiedenen sagenhaften Quellen kompiliert oder stellen eigenständige Fiktionen dar.

Erwähnenswert ist auch das »Chronicon Olivense«, das Werk des Abtes des Kl. OCist→Oliva bei Danzig, Stanislaus (Mitte des 14. Jh.), das außer der Klostergeschichte auch die Gesch. der Hzg. e v. →Pommerellen bis zu ihrem Aussterben (1295) und die Eroberung des Hzm.s Pommerellen durch den→Dt. Orden (1308–10) und dessen weitere Regierung in dieser Region behandelt.

Mit der erneuten Vereinigung des Kgr.es Polen (1320) erwachte wieder das Interesse an der gesamtpoln. Geschichte. Wir begegnen ihm im kompilator. Sammelwerk der »Cronica magna seu longa« vom Ende des 14. Jh., die zumeist aus kleineren Annalen und Ch.en zusammengestellt ist, in welcher aber das »Chronicon Polonorum« des schon oben erwähnten Gnesener Archidiakons Janko (Johannes) v. Czarnkow eine bes. Stellung einnimmt. Sie behandelt in 112 Kapiteln die Regierungsjahre des ung. Kg.s→Ludwig I. und seiner Tochter→Hedwig (Jadwiga) in Polen (1370–82, 1382–86) und reicht damit bis an die Schwelle der poln.-litauischen Union. Die Beobachtungsgabe des Autors und die Fülle der überlieferten Tatsachen machen dieses Werk zu einer der besten hist. Quellen auf diesem Gebiet.

Den Höhepunkt der ma. poln. Historiographie bilden die »Annales seu Cronice incliti Regni Poloniae« des Jan →Długosz (1415–80), die nicht nur die Gesch. Polens seit ältesten, sagenhaften Zeiten, sondern auch die zeitgenöss. Vorgänge auf dem Hintergrund der Universalgeschichte in annalist. Abfolge in 12 Büchern behandeln. Die ersten 10 Bücher (bis 1410) werden aus den Quellen, die zum größten Teil bekannt sind, rekonstruiert; für die Jahre 1410–80 berichtet Jan Długosz aus der Sicht eines Zeitgenossen in gehobener Stellung; er war Sekretär des Bf.s v. Krakau, Kard. Zbigniew→Oleśnicki (bis 1455), und danach Erzieher der Söhne Kg. Kasimirs IV. (1447–80). Der Horizont des Chronisten deckt sich mit der Ausdehnung des poln.-litauischen Großreiches; sein Werk spiegelt den Einfluß der poln.-litauischen Macht in Ungarn, Böhmen und Rußland wider, ebenso den Niedergang des Dt. Ordensstaates in Preußen (Schlacht bei →Tannenberg/Grunwald 1410, 13jähriger Krieg 1454–66). G. Labuda

Ed.: MPH, ed. A. Bielowski u. a., B. I–VI, 1862–93, 2. Ausg. 1962– MPH Ser. II, B. II u. ff., 1952ff. – SSrer Pruss. ed. H. Hirsch u. a., B. I–V, 1861–74; B. VI. 1968 – Joannis Dlugossii, Annales seu Cronice incliti Regni Poloniae, ed. J. Dąbrowski u. a., B. I u. ff, 1964ff. – *Lit.:* SłowStarSłow, Bd. IV, 510–552 [G. Labuda; mit Filiationstabelle] – H. Zeissberg, Die poln. Geschichtsschreibung des MA, 1873 [teilw. veraltet, aber noch von Wert] – P. David, Les sources de l'hist. de Pologne à l'époque des Piastes (963–1386), 1934 – J. Dąbrowski, Dawne dziejopisarstwo polskie (do roku 1480), 1964 [Standardwerk] – W. Wattenbach-R. Holtzmann, Dtl.s Geschichtsq. im MA. Die Zeit der Sachsen und Salier I, 1967, 810–814; Bd. III, 1971, 225–231–G. Labuda, Główne linie rozwoju rocznikarstwa polskiego w wiekach średnich, KH 78, 1971, 804–839.

III. Ungarn: Der historiograph. Terminus Ch. erscheint in Ungarn zuerst 1282/85 bei Simon →Kézai sowohl im allgem. Sinne, wie auch als Hinweis auf eine »Cronica Venetorum«. Der Verf. bezeichnet jedoch sein eigenes Geschichtswerk, seinen Vorgängern folgend und der lit. Gattung gemäß, als →Gesta. Erst eine in der 1. Hälfte des 14. Jh. entstandene, heute verlorene Fassung der von Kézai mit der Hunnengesch. erweiterten Gesta Hungarorum erhielt den Titel Ch. Ihr Verf. ist umstritten. Das →Chronicon Pictum nennt 1358 alle seine Quellen Ch. und auch die 1364 begonnene Biographie Kg. Ludwigs I. von Johannes Apród v. Tótsolymos, gen. Küküllei, wird im Prolog als Ch. bezeichnet. Mit Ausnahme der Werke der it. Humanisten→Bonfini und→Ranzano wurden alle späteren Bearbeitungen der ung. Gesch. Ch. betitelt, obwohl ihren Grundstock die Reste der vielfach überarbeiteten Gesta des 11.–13. Jh. bilden und in den sehr unterschiedl. Fortsetzungen annalist. Kürze und epische Breite wechseln. Es gibt zwei Hauptgruppen der Textvarianten (→Historiographie). Die erste ung. Inkunabel, die 1473 in Buda erschienene »Chronica Hungarorum«, gab den kürzeren Fassungen den Namen: »Familie des Chronicon Budense«. Zur »Familie der Bilderchronik« (→Chronicon Pictum) wird das 1488 in Brünn und Augsburg gedruckte Werk von Johannes→Thuróczy gezählt. – Zur weiteren Geschichtsschreibung in Ungarn →Historiographie. Th. v. Bogyay

Lit.: E. Mályusz, Krónikaproblémák, Századok 100, 1966, 746 – Ders., A Thuróczy-krónika és forrásai, 1967 – G. Kristó, Anjou-kori krónikáink, Századok 101, 1967, 452–506 – S. B. Vardy, Modern Hungarian Historiography, 1976, 4–5.

IV. Livland: Die von Dt. getragene chronikal. Überlieferung Alt-Livlands ist nicht reich, hat auch keine größeren Wirkungen gehabt. Die einheim. Letten, Liven und Esten nahmen nicht daran teil; erst im 16. Jh. hat der Revaler Pastor Balthasar Russow, der Herkunft nach Este, in seiner deutschsprachigen »Chronica der Provintz Lyfflandt« (Rostock 1578) ein viel gelesenes Werk geschaffen. Zwei Gruppen lassen sich unterscheiden: die allgemeine Geschichtserzählung in lat. Sprache und die auf den Dt. Orden als Mittelpunkt ausgerichtete livländ. Ordenschronistik. Am Anfang steht das »Chronicon Livoniae« des →Heinrich v. Lettland, das die Missions- und Eroberungszeit in Livland von den 80er Jahren des 12. Jh. bis 1227 zum Gegenstand hat, in chronolog. Ordnung die Ereignisse berichtet und durch die persönl. Zeugenschaft des Verfassers die wichtigste und zuverlässigste Quelle für diese Jahrzehnte darstellt. Sie ist, allerdings erst lange nach ihrer Abfassung, benutzt worden, z. B. von dem Sekretär des livländ. Ordensmeisters Wilhelm v. Vrimersheim (1364–85), Hermann v. Wartberge, in dessen »Chronicon Livoniae« (bis 1378), das zur livländ. Ordenschronistik gehört und daher vieles aus der Vorlage verändert, sowie in einigen bereits dem späten 15. und vor allem dem 16. Jh. angehörenden norddt. Ch.en (Albert →Krantz, Thomas Kantzow, August Unverfehrt, Russow u. a.).

Am Anfang der livländ. Ordenschronistik steht die erste große histor. Darstellung des Dt. Ordens überhaupt, die sog. »Livländische Reimchronik«, deren unbekannter Verfasser zw. 1291 und 1298 dichtete und die Eroberung Livlands durch den Dt. Orden schildert; er war zweifellos ein Ordensritter mit einiger lit. Bildung (Wolfram v. Eschenbach, Volksepen), stammte vermutl. aus Mitteldeutschland und konnte für die letzten Jahrzehnte seiner Erzählung eigene Erlebnisse zugrundelegen. In keinem Zusammenhang mit ihm steht die sog. »Jüngere livländische Reimchronik« des Priesterbruders Bartholomäus Hoeneke aus Osnabrück, Kaplans des livländ. Ordensmeisters, die die Zeit von 1315 bis 1348 umfaßt und in den »Livländ. Historien« des Bremer Notars Johann Renner aus der Mitte des 16. Jh. (in Prosa) z. T. erhalten ist. Obwohl nicht im strengen Sinne der Ordenschronistik zugehörig, hat sie auf das »Chronicon Livoniae« des Hermann v. Wartberge sowie auf die Reimchronik des →Wigand v. Marburg eingewirkt. M. Hellmann

Ed.: Heinrici Chronicon Livoniae, ed. L. ARBUSOW–A. BAUER, 1955 (MGH SRG in us. schol.); Übers.: A. BAUER, 1959 (AusgQ XXIV) [Lit.] – Hermann v. Wartberge, Chronicon Livoniae, ed. E. STREHLKE (SSrerPruss 2, 1863), 21ff. – Wigand v. Marburg, ed. TH. HIRSCH (ebd.), 429ff. – Livländ. Reimchronik, ed. L. MEYER, 1876 – Jüngere livländ. Reimchronik des B. Hoeneke, ed. K. HÖHLBAUM, 1872 – Johannes Renner, Livländ. Historien 1556–61, ed. P. KARSTEDT, 1953 – *Lit.:* [neben den Einf. und Komm. der Ed.]: L. MACKENSEN, Balt. Texte der Frühzeit (Abh. der Herder-Gesellschaft und des Herder-Instituts zu Riga V, 8, 1936) – L. ARBUSOW, Die ma. Schriftüberlieferung als Q. für die Frühgesch. der ostbalt. Völker, BL I, 1939, 167ff. – L. MACKENSEN, Zur dt. Literaturgesch. Alt-Livlands, ebd., 385ff. – Eine neue Darst. der ma. Historiographie der balt. Länder fehlt; ein Ansatz dazu: L. ARBUSOW, Historiografija: Baltija (Latviešu Konversācijas Vārdnīca VII, 1931), 345ff.

V. LITAUEN: Eine westruss. Ch., die ausführlich über →Litauen berichtet, ist die Halič'-Wolhynische Ch., d. h. der dritte Teil der →Hypatius-Chronik, der die Jahre 1201–89 umfaßt (→Abschnitt O). Die Ansicht, daß in ihr eine in Novogródek geschriebene litauische Ch. aufgegangen ist (V. T. PAŠUTO), läßt sich schwerlich stützen; das Interesse für Litauen darin erklärt sich durch die engen Beziehungen zu Wolhynien.

Die älteste litauische Ch. in altruss. Sprache, der Amtssprache des Gfsm.s Litauen, ist der »Letopisec velikich knjazej litovskich«, geführt bis 1446 und zeitgleich niedergeschrieben. Als erster entdeckte I. DANIŁOWICZ die i. J. 1519 für den Fs.en Simeon Odincewicz abgeschriebene Fassung dieser Ch. in Supraśl und publizierte sie i. J. 1827. V. A. ČAMJARYCKY (1969) unterscheidet als eine erste Gruppe frühere Texte aus dem 15. Jh., nämlich eine lat. Übersetzung des Letopisec (»Origo regis Jagyelo et Witholdi ducum Lithuaniae«), eine Niederschrift aus Wilna, die einen Teil der russ. »Kronika Avraamka« (1495) darstellt, sowie Niederschriften aus den Sammlungen Dubrowskis, Pogodins, der Akademie der Wissenschaften in Leningrad und des Zentralarchivs Alter Akten in Moskau. Zur zweiten Gruppe zählt ČAMJARYCKY die frühen Chronikkompilationen, die von Nikiforov, von der Akademie, von Supraśl und von Słuck. Die einen wie die anderen zählen die Söhne→Gediminas auf, schildern die Herrschaft →Witowts, die Schlacht mit den Tataren an der Worskla, die Kämpfe mit →Švidrigaila und die Übernahme der Regierung in Litauen durch →Kasimir IV. Jagiellończyk. Die Kompilation von Nikiforov und die von Supraśl enthalten zusätzlich eine lokale Smolensker Ch. für die Jahre 1432 bis 1445, was auf den Ort der Redaktion hindeutet.

Zur dritten erweiterten Gruppe der Ch.en gehören die Hss. aus der Krasiński-Sammlung, die im 2. Weltkrieg vernichtet wurde, die aus der Raczyński-Bibliothek in Posen, die von Olszewski der Chomiński-Sammlung, die Hss. aus den Sammlungen Rumjancev', Evreinov, der Archäolog. Gesellschaft, des Patriarchen und von Tichonravov. Zu dieser bekanntesten Gruppe der Ch.en gehört die »Ch. des litauischen und schematischen Großfürstentums«, die mit der Erzählung aus legendärer Zeit beginnt (Aufbruch Palemons mit seinen Begleitern von Rom nach Litauen, wo er den litauischen Staat begründet). Das Enddatum dieser Chronikgruppe ist das Jahr 1514. Unter den Zusätzen sind eine »Lobpreisung Witowts« in der Krasiński-Hs. und in einigen anderen die Genealogien der litauischen Fs.en zu erwähnen.

Die Authentizität der Bychovec-Ch., benannt nach einem Richter in Wołkowysk, in dessen Besitz sie war und publiziert aus der Hs. in lat. Übertragung von TH. NARBUTT i. J. 1846, war angezweifelt worden. Jetzt hat sich die Ansicht durchgesetzt, daß sie authentisch ist. Umstritten ist nur noch das Datum ihrer Niederschrift und die Frage, aus welchem gesellschaftl.-kulturellen Umkreis sie hervorging. Die Ansicht, daß sie aus der 2. Hälfte des 16. Jh. stammt, haben J. OCHMAŃSKI, der sie in die Jahre 1510 bis 1514 datiert, und R. JASAS, der für 1519 bis 1522 eintritt, erschüttert. J. JUČAS hat zwei Redaktionen entdeckt: eine aus dem Jahr 1514, eine zweite, entstanden nach 1548. Die Ch. wurde jedenfalls unter dem Einfluß des mächtigen litauischen Geschlechts der Gasztołd niedergeschrieben und später – nach vorherrschender Meinung – fortgesetzt am Hof der orthodoxen Fs.en Olelkowiczi in Słuck. Ihr Autor, ein orthodoxer Kleinadliger, repräsentierte die prolitauische Richtung gegen eine verstärkte Bindung an Polen und gegen Moskau. Das lebhafte Interesse für diese Ch. fand Ausdruck in zwei Übersetzungen: ins Russische (1966) und ins Litauische (1971). J. Bardach

Ed.: Ipatjevskaja letopiś, 1871; auch in: PSRL II, 1908 – Letopiś Avraamki, PSRL XVI, 1889 – Zapadno-russkie letopisi, PSRL XVII, 1907 – Chroniki: Litovskaja i žemojtskaja i Bychovca, PSRL XXXII, 1975 – Letopisi Belorussko-litovskie, PSRL XXXV, 1980 – Die älteste litauische Ch., Altpreuß. Monatsschrift 14, 1877 – *Lit.:* I. DANIŁOWICZ, Latopisiec Litwy i Kronika ruska..., 1827 – DERS., O litovskich letopisiach, ZMNP, 1840 – S. SMOLKA, Najdawniejsze pomniki dziejopisarstwa rusko-litewskiego, PamAU 8, 1890 – I. TICHOMIROV, O sostave zapadno-russkich, tak nazyvaemych litovskich letopisej, ŽMNP, 1901, Nr. 3, 5 – A. A. ŠACHMATOV, O Supraslkom spiske zapadnorusskoj letopisi, Letopiś Zanjatij Archeografičeskoj Komissii, Nr. 13, 1901 – Z. SUŠICKIJ, Zachidniorusski litopisi jak pamiatki literatury, 1936 – ST. PTASZYCKI, Kodeks Olszewski Chomińskich. Wielkiego Księstwa Litęskiego i Żmódzkiego Kronika..., 1930 – A. A. ŠACHMATOV, Obozrenie russkich letopisnych svodov XIV–XVI vv., 1938 – V. T. PAŠUTO, Obrazovanie litovskogo gosudarstva, 1959 – Chronika Bychowca (przekład rosyjski), Wstęp i komentarz N. N. UŁAŠČIKA, 1966 – B. N. FLORIA, O letopisi Bychovca (Istočniki i istoriografija slavjanskogo srednevekovja, 1967) – J. OCHMAŃSKI, Nad kronikąBychowca, StZrodł 12, 1967 – M. JUČAS, Lietuvos Metraščiai, 1968 – N. N. UŁAŠČIK, »Litovskaja i Zmoitskaja kronika« i eëptnošenije k kronikam Bychovca i M. Stryjkovskogo (Slavjane i Rus, 1968) – V. A. ČAMJARYCKY, Beloruskija letopisi jak pomniki litaratury, 1969 – Lietuvos Metraštis. Bychovco Kronika (wstęp, tłum. litewskie i komentarz R. JASAS), 1971 – J. BARDACH, Spór o autorstwo tzw. latopisu Bychowca (Stud. z ustroju i prawa W.Ks. Litewskiego XIV–XVII w., 1970) – N. N. UŁAŠČIK, Otkrytije i publikacii supraslskoj rukopisi (Letopisi i Chroniki, 2, 1976) – M. HELLMANN, Das Großfsm. Litauen bis 1569 (HGesch. Rußland, Bd 1, 1981).

N. Byzantinisches Reich
Byz. Geschichtswerke lassen sich nach zwei großen Gruppen unterteilen: Weltgeschichtsdarstellungen, die von der Erschaffung der Welt oder des ersten Menschen bis in die byz. Jahrhunderte (oder die eigene Lebenszeit des Verfassers) reichen, und Zeitgeschichtsdarstellungen. Während

K. Krumbacher in seiner »Geschichte der Byz. Literatur« (1891 und 1897) historiograph. (zeitgeschichtl.) und chronograph. (weltgeschichtl.) Werke streng voneinander trennte, hat sich die Forschung in jüngster Zeit bemüht, eher die Einheit der beiden Genera zu betonen und sie im Rahmen einer byz. Geschichtsschreibung zu behandeln. Wenn sie an dieser Stelle wieder getrennt werden, so hat dies darin seinen Grund, daß die byz. Chronistik parallel zur westl. behandelt werden soll. Unter dem Begriff »Chronik« sind im folgenden nur Weltgeschichtsdarstellungen und Annalen zusammengefaßt, während byz. Zeitgeschichtsdarstellungen dem Stichwort→Historiographie vorbehalten bleiben.

Aus Byzanz sind weit weniger Arten der Chronikliteratur überliefert als aus dem gleichzeitigen lat. Westen. Es fehlen in Einzelüberlieferung Ch.en und Annalen der Städte, der Kirchen, Kl. und der führenden Familien. Nahezu alle Ch.en sind auf d. Hauptstadt Konstantinopel und den Ks. konzentriert. Es ist allerdings anzunehmen, daß die aus dem Westen bekannten Chronikgattungen auch im Byz. Reich existierten, jedoch nicht mehr erhalten sind. Fragmente von Stadt- und Klosterannalen lassen sich aus historiograph. Werken und sogenannten Kleinchroniken herausschälen. Erst aus den letzten zwei Jahrhunderten des Byz. Reiches sind aus Randzonen annalenartige Chroniken überliefert: Arta, Trapezunt, Zypern sowie die zahlreichen lokalen Kleinchroniken. Nahezu sämtl. Ch.en sind im erzählenden Stil abgefaßt, d. h. sie wahren das aus der Antike übernommene rhetor. Ideal der »schönen Rede«. Aus diesem Grund sind kaum Annalen überliefert worden. Die einzige bedeutsame Ausnahme stellt →Theophanes Homologetes dar; erst aus spätbyz. Zeit ist wieder Annalenliteratur erhalten in Form der oben genannten lokalen Ch.en und der Kleinchroniken. Neben den unten angeführten großen Ch.en, den spätbyz. Lokalchroniken und den Kleinchroniken gibt es noch eine umfangreiche Anzahl anonymer chronograph. Einzeltexte, die zum Teil freie Exzerpte aus den großen Ch.en darstellen und häufig noch unediert sind. Beginnend mit der bibl. Zeit, stellen sie, analog dem Χρονογραφικὸν σύντομον des Nikephoros Patriarches (s. u.), fast ausschließlich Herrscherlisten dar, die nur höchst selten anderweitig unbekannte Nachrichten enthalten.

Ch.en wurden weder von Mönchen noch für Mönche geschrieben, wie in der Forschung lange Zeit angenommen wurde. Die meisten Verfasser hatten vielmehr hohe administrative und polit. Stellungen inne. Der Lesekreis der Ch.en läßt sich nur sehr hypothet. bestimmen. Alles, was wir über den Bildungsstand des durchschnittl. Mönches in Byzanz wissen, spricht dagegen, in ihm einen Leser der Ch.en zu vermuten. Eher war es die in Byzanz relativ breite Schicht der literar. Gebildeten, die sich für diese Texte interessierte und sie wie hist. Romane zur Kenntnis nahm. Die Zahl der heute noch überlieferten Chronikhandschriften spricht für eine weitere Verbreitung als sie bei den Zeitgeschichtsdarstellungen anzutreffen ist. Allein →Johannes Malalas, das →Chronicon Paschale und →Ephraim sind nur in einer Handschrift erhalten, →Theophanes in mehr als 10, →Georgios Monachos in 17, Johannes →Zonaras in 7, →Glykas und →Manasses in mehr als einem Dutzend.

Die Beliebtheit der Ch.en basiert sicher auf dem vielfältigen Inhalt. Sie boten einen erzählenden Abriß der bibl. Geschichte, der röm. und byz. Kaisergeschichte, geschmückt mit packenden Details über Naturkatastrophen, Wunder, Familienszenen aus dem Kaiserhaus, Heldentaten und Kriegszügen. Sprachl. unterschied sich Ch.en und Geschichtswerke nicht allzu stark, da beide dem Erbe der klass. Gräzität verbunden sind. Es gibt keine einzige Ch., die in der byz. Volkssprache abgefaßt ist, wohl aber zeigen sich volkssprachl. Einflüsse. Auch die Ch.en enthalten, freilich in geringerem Umfang als die Geschichtswerke, rhetor. Figuren, und sie können, von kleineren Annalenwerken abgesehen, nicht generell als sprachl. anspruchslos bezeichnet werden. Da uns Zeitgeschichtsdarstellungen nur punktuell vorliegen (→Historiographie, byz.) kommt den Chroniken, trotz mancher Unzuverlässigkeiten und vielfach unbekannter Vorlagen, eine entscheidende Bedeutung für unsere Kenntnisse der byz. Geschichte zu, da nur dank ihrer die Kontinuität der hist. Darstellung vom 4. bis zum 15. Jh. gewahrt ist.

Im folgenden wird ein chronolog. Überblick der wichtigsten byz. Ch.en gegeben. Wie die Geschichtsschreibung ihre formalen Grundlagen in der antiken Historiographie hat, so die Chronographie v. a. in Hinblick auf die Darstellung der bibl. Geschichte, in den nur fragmentar. erhaltenen, frühchr. Geschichtswerken des Hippolytos († 235), des Sextus Julius Africanus († nach 240) und der Χρονικοὶ κανόνες des →Eusebios v. Kaisareia. Wie Gelzer richtig bemerkt, »verdankt unser Begriff der Weltgeschichte seine Entstehung jenen kindlichen, die Ereignisse nach den sechs Weltaltern oder den Danielschen Monarchien rubricierenden Chroniken«. Trotz dieser Ansätze im 3. Jh. ist aus dem 4. und 5. Jh. kein chronograph. Werk erhalten, und es läßt sich aus späteren Autoren nicht zwingend auf die Existenz eines solchen Werkes schließen. Die älteste vollständig erhaltene Weltchronik hat →Johannes Malalas aus Antiocheia verfaßt. Sie reicht bis 563. Der syr. Zuname (= Rhetor) qualifiziert den Autor als Prediger oder auch Advokat. Von seinem Werk gibt es ein Bruchstück in einer lat. Übersetzung aus dem 8. Jh. und eine slav. Übersetzung aus dem 10./11. Jh., die einen vollständigeren Text bewahrt als die einzige griech. Handschrift. Abgeschlossen wird die Weltgeschichtsschreibung der frühbyz. Zeit mit dem bis 628 reichenden →Chronicon Paschale, das seinen Namen von den einleitenden Abschnitten über den Osterzyklus herleitet. Es ist kaum mehr als ein dürres Namen- und Zahlengerüst; seine Bedeutung liegt v. a. darin, daß der unbekannte Autor vom Datum des 21. März 5509 für die Erschaffung der Welt ausging und damit das später im Byz. Reich übliche Weltjahr kanonisierte.

Die mittelbyz. Epoche (bis zum 4. Kreuzzug von 1204) kann als das Zeitalter der großen Weltgeschichtsdarstellungen bezeichnet werden. Die frühesten erhaltenen Texte gehen allerdings erst auf das späte 8. Jh. und frühe 9. Jh. zurück. Es ist die Trias →Nikephoros Patriarches, →Georgios Synkellos und →Theophanes Homologetes (Confessor). Die kleine Herrscherliste (beginnend mit der bibl. Zeit bis ins 8. Jh.) des Nikephoros, das Χρονογραφικὸν σύντομον hat sich größter Beliebtheit erfreut und ist (oft erheblich verändert und fortgesetzt) in gut 100 Hss. erhalten; auch eine slav. Übersetzung liegt vor. Georgios, Synkellos des Patriarchen →Tarasios, verfaßte eine bis Diokletian (284 n. Chr.) reichende Chronik, die Theophanes bis 813 fortsetzte und damit das bedeutendste Annalenwerk der byz. Literatur schuf. Die drei Autoren wurden ein knappes halbes Jahrhundert später von Anastasius Bibliothecarius ins Lat. übersetzt. Eine der am weitesten verbreiteten byz. Ch.en war das Χρονικὸν σύντομον des →Georgios, mit dem Beinamen der Mönch (Monachos), dem ein stark kirchl. betonter, erbaul. Charakter nicht abzusprechen ist und der daher fälschl. zum Prototyp der »Mönchschronik« gemacht wurde. Die Darstellung des sonst unbekannten Verfassers reicht bis 867 und wurde bereits im 10./11. Jh. ins Kirchenslav. übersetzt. Die schwierigen Überlieferungsprobleme, die mit der bis 948 reichenden Weltchronik des Symeon Magistros (Logothetes) verbunden sind, können hier nicht behandelt werden (s. HUNGER, Profane Lit., 354–357); Teile auch dieses Werkes sind ins Kirchenslav. übersetzt. Im 12. Jh. haben Johannes→Zonaras, Konstantin→Manasses und Michael →Glykas Sikidites weitverbreitete Ch. en verfaßt, die vom Beginn der Welt bis 1081 bzw. 1118 reichen. Manasses hat sich dabei durchgehend des fünfzehnsilbigen (sog. polit.) Verses bedient. Zonaras und Manasses erfuhren beide eine Übersetzung in slav. Sprachen.

In spätbyz. Zeit treten Weltgeschichtsdarstellungen ganz zurück. Die Gründe dafür sind schwer zu erkennen. Vermutl. genügten die mittelbyz. Ch.en den Bedürfnissen einer Leserschicht, die durch den Schrumpfungsprozeß des Reiches immer kleiner wurde und sich in wenigen Städten konzentrierte; sie nahm wohl auch mit größerem Interesse am Zeitgeschehen teil und trug daher mit zur Blüte der Zeitgeschichtsdarstellung bei. Joel, ein sonst unbekannter Autor des 13. Jh., verdient es kaum, als Verfasser einer Weltgesch. (bis 1204) überhaupt genannt zu werden. Allein die Σύνοψις χρονική des Theodoros →Skutariotes, bis 1261 reichend, kann als selbständige Darstellung in diesem Zeitraum genannt werden. Daneben tauchen im 14. und 15. Jh. auch wieder kürzere annalist. Darstellungen auf, die in der Provinz entstanden; sie umfassen die Zeitgeschichte oder die jüngere Vergangenheit, sind aber vom lit. Genus her den Ch.en zuzuordnen (uned., anonyme Ch. von Arta in Epeiros; Ch. des Michael→Panaretos über das Trapezunter Kaiserhaus; Chronik des Leontios →Machairas über Zypern unter den Lusignan). Als bedeutsame Texte sind auch das chronikartige Tagebuch des Staatsmannes Georgios →Sphrantzes für die Jahre 1413–77 und die anonyme Verschronik der Familie Tocco (Arta, Kephallonia) zu nennen (→Chronik der Tocco). Die Tradition der byz. Chronographie klingt aus in den zahlreichen annalenartigen Kleinchroniken, die noch weit in die türk. Zeit hineinreichen. Vgl. weiterhin →Historiographie, byz.; →Byzantinische Literatur.

P. Schreiner

Ed.: Die meisten byz. Ch.en ed. in: CSHB (Corpus Scriptorum Hist. Byz., auch: Bonner Corpus), 1828–97 [mit lat. Übers.] – Diese philolog. oft unzureichenden Ed. werden seit 1967 ersetzt durch: CFHB (Corpus Fontium Hist. Byz.) [mit Übers., außer Series Berolinensis], vgl. die laufenden Ber. in: JÖB – zu Ed. außerhalb dieser Reihe s.: HUNGER, Profane Lit. I – J. KARAYANNOPULOS–G. WEISS, Quellenkunde..., 1982 – Tusculum Lex³ [A. HOHLWEG] – *Dt. Übers.*: Byz. Geschichtsschreiber, 1954ff. – Bibl. der griech. Lit., 1971ff. (teilw.) – s. Hinweise zu Übers. bei: MORAVCSIK, Byzturc – Glossar ö. Europa (Beih. 1: Bibliogr. der Übers. gr.-byz. Q., bearb. W. SCHULE) – J. KARAYANNOPULOS–G. WEISS, Quellenkunde..., 1982–vgl. allgemein die Hinweise bei den Autoren und Werken mit eigenem Stichwort – *Lit.*: Eine zusammenfassende Darstellung der byz. Geschichtsschreibung existiert nicht. Ausführlichster Überblick bei: HUNGER, Profane Lit. I, 241–504 – H. GELZER, Sextus Julius Africanus und die byz. Chronographie, 1880 – ST. PSALTES, Grammatik der byz. Ch.en, 1913 – MORAVCSIK, Byzturc I – H.-G. BECK, Überlieferungsgesch. der byz. Lit. (Die Textüberlieferung der antiken Literatur und der Bibel, 1961), 426–450 – DERS., Zur byz. Mönchschronik, Speculum Historiale 1963, 188–197 – P. SCHREINER, Stud. zu den Βραχέα Χρονικά, 1967 – G. PODSKALSKY, Byz. Reichseschatologie 1972 – P. SCHREINER, Die byz. Kleinchroniken I–III, 1975–79 – J. BEAUCAMP u. a., Temps et hist. I. Le prologue de la Chronique Pascale, TM 7, 1979, 223–301 – P. DOSTALOVA, Vizantijskaja Istoriografija. VV 43, 1982, 22–34.

O. Altrußland

Die annalist.-chronist. Form der *Letopiś* stellte die vorherrschende Form der aruss. Geschichtsschreibung dar. Der annalist. Aufbau der aruss. Ch.en veranlaßte die Einordnung des vielfältigen Quellenmaterials unter bestimmten Jahresdaten. Letopiś wurde zur Bezeichnung von chronist. Kontaminationen, d. h. Zusammenfügungen von Ch.en und früheren chronikartigen Kompilationen (*letopisnyj svod* in der wiss. Literatur), die in hunderten von Hss. des 14.–18. Jh. überliefert sind. Die älteste und bedeutendste ist die um 1133 entstandene sog. »Nestorchronik« (→Povest' vremennych let, 'Erzählung von den vergangenen Jahren'), sie bildet die Grundlage fast aller späteren chronist. Kompilationen, da sie als die gültige Darstellung der Geschichte der Ruś vom 9. bis zum Anfang des 12. Jh. betrachtet wurde. Als Kompilation verschiedener lit., hist., urkundl. und sonstiger Zeugnisse bildet die Nestorchronik somit den End- und Höhepunkt der hist. Aufzeichnungen der früheren Generationen. Erhaltene Spuren, bes. von annalist. Notizen unterschiedl. Alters, begünstigen die Suche nach den Ursprüngen der aruss. Geschichtsschreibung, die wohl in der 1. Hälfte des 11. oder sogar in der 2. Hälfte des 10. Jh. liegen.

Die Erforschung der aruss. Chronistik und ihrer Anfänge begann bereits im 18. Jh. mit W. N. TATIŠČEV, G. MÜLLER und A. L. SCHLÖTZER und erreichte am Anfang des 20. Jh. mit den Untersuchungen von A. A. ŠACHMATOV ihren Höhepunkt. ŠACHMATOV bemühte sich um eine Erhellung der Probleme der aruss. Chronistik auf dem Wege der retrospektiven Rekonstruktion der verlorengegangenen chronist. Aufzeichnungen, die in spätere, erhaltene Kompilationen übernommen wurden. Er begründete das Vorhandensein von vielen chronist. Kompilationen des 12.–15. Jh. für die frühere Zeit im Bestand der →Laurentius-, →Hypathios- und Novgoroder Chroniken, argumentierte für eine dreimalige Bearbeitung der Nestorchronik (Fassungen 1113, 1116, 1118) und vermittelte vier chronist. Kompilationen des 11. Jh.: drei Kiever von 1039, 1073, 1093 und eine Novgoroder von 1050/79. Nur der These über eine im Kiever Höhlenkloster um 1093 entstandene Ch. setzte sich durch. Breite Anerkennung fand ŠACHMATOVS Ansicht, daß die aruss. Chronikkompilationen auf einer bewußten Auswahl der Quellen durch den Chronisten, der den polit. Tagesereignissen parteil. gegenüberstand, beruhen. D. S. LICHAČEV hat Šachmatovs Konstruktionen erweitert und die Anfänge der aruss. Chronistik mit der Hypothese über die Entstehung einer Reihe von sechs Erzählungen über die Christianisierung der Ruś in den 40er Jahren des 11. Jh. verbunden. M. N. TICHOMIROV versuchte aus der Nestorchronik drei hist. Erzählungen über die Anfänge der Ruś herauszuschälen und auf die Wende des 10./11. Jh. zu datieren; beide haben das Verdienst, von der These abgerückt zu sein, die ganze Entwicklung der aruss. Chronistik in aufeinanderfolgende hypothet. Kompilationen hineinzupressen.

Kurze Notizen über Ereignisse und selbständige Erzählungen waren den Ch.en und chronist. Kompilationen vorausgegangen. Die Zunahme des Schriftverkehrs, v. a. im staatl. Bereich (z. B. Verträge mit Byzanz), bildete eine günstige Voraussetzung für die Entstehung einer aruss. Geschichtsschreibung. Vier Gattungen lassen sich dabei unterscheiden: Zur Urform gehört die kurze zeitgenöss. Notiz, die über wesentl. Ereignisse des Jahres (Feldzug, Tod oder Geburt eines Fs.en) berichtete. Es sind typisch annalist. Notizen, ähnlich den westl. →Annalen. Auf Spuren der ältesten Annalen deuten Chronikberichte zu den Jahren 915 und 968, die vom »ersten« Einfall der →Pečenegen handeln, hin. Auf Einflüsse der westl. Annalistik (Ostertafel?) weisen am deutlichsten die leeren Jahre (ohne Notizen). Dieser annalist. Darstellungsweise blieben die Novgoroder und Pskover Chronistik am längsten verhaftet; sie sind durch Informationsdichte sowie einfache und plast. Sprache gekennzeichnet. Zur zweiten Gattung gehört der chronikal. Bericht; manchmal stellt er eine erweiterte ältere Notiz dar, die mit einem bestimmten zeitl. Abstand abgefaßt wurde. Bes. der chronikal. Bericht wird gern mit der direkten Rede, Dialogen oder religiös moralisierenden Einschüben belebt. Zwei weitere Gattungen können als Erzählung und hist. Erzählung bezeichnet werden. Beide Typen sind ursprgl. außerhalb der Ch. entstanden und wurden dann in diese, gekürzt oder umgearbeitet, eingegliedert, wobei zuweilen Diskrepanzen zum chronolog. Rahmen auftreten. Der eine Typ dieser Erzählung behandelt in literar. gestalteter Form Geschehnisse, die zumeist nur kurze Zeit zurückliegen, so daß der Verfasser Zeitgenosse ist (z. B. Erzählung über die Blendung Vasilkos, a. 1097; Jan Vyšatičs Bericht über einen Bauernaufstand, a. 1071). Der andere Typ, die hist. Erzählung, behandelt in Geschehen aus alter Zeit aufgrund mündl. Überlieferung (z. B. Erzählung über Olgas Rache, die Berufung der Varäger, die Sage über den wahrsagenden Oleg, die Gründungssage von Kiev). In derartige, an sich weltl. Erzählungen drangen christl. Motive ein, die oft zu Hauptthemen wurden (Sage von Olgas Taufe in Konstantinopel, Erzählung über die Taufe der Rus', Erzählung über Boris und Gleb, Legende über die Reise des Apostels Andreas). In fast allen diesen Erzählungen lassen sich neben sagenhaften Zügen Anzeichen für einen hist. echten Kern feststellen. Oft tragen diese Erzählungen durch epische Momente, plast. Metaphern und Ausdrucksfülle poet. Charakter. Die Einfügung dieser poet. Erzählungen in die Ch.en (in deren Rahmen sie vorwiegend erhalten sind) beeinflußte die lit. Tradition der nachfolgenden Chronistik. Wenn auch die Chronistik der Teilfürstentümer stärker auf die Gegenwart und die nähere Vergangenheit orientiert war, blieb doch die Nestorchronik ihr hist.-lit. Vorbild.

In der Nestorchronik, einer Kompilation vom Anfang des 12. Jh., spiegelt sich die Historiographie als wesentl. Bestandteil der aruss. Kultur wider. Sie ist ein Ausdruck des hist. Bewußtseins, das die Oberschichten (Fürstenhof, Adel, Gefolgschaft) erlangt hatten und das zuerst in mündl. Überlieferung zum Ausdruck gekommen war, wobei seine Ausbildung in erster Linie durch die christl. Kultur von Byzanz angeregt wurde (→Byzantinisches Reich, Abschnitt E).

Die byz. Geschichtsschreibung fand ihren Weg in die Rus' z. T. durch altbulg. Übersetzungen, z. T. schon im 11. Jh. durch aruss., in Kiev angefertigte Übersetzungen. In diesem tiefgreifenden Aneignungsprozeß wurde die byz. Kultur z. T. durch Modifikationen den Bedürfnissen der aruss. Oberschicht angepaßt. Unter den seit dem 11. Jh. in der Rus' bekannten byz. Ch.en vertrat das Werk des →Johannes Malalas eine Richtung des Geschichtsdenkens, die eine Vereinigung von antiker und christl. Kultur anstrebte. Die Weltchronik des →Georgios Hamartolos und ihre Fortsetzung (bis 948), die der Ch. des Symeon Magistros (Logothetes) entnommen war, vertrat dagegen ausschließl. eine christl., vom Gedanken der göttl. Vorsehung geprägte Geschichtsauffassung. In der Rus' wurden die übersetzten byz. Ch.en weiteren Überarbeitungen unterzogen und nach Gesichtspunkten der Weltchronik zu neuen Kompilationen zusammengefaßt. Zu den ältesten gehört der vor der Nestorchronik entstandene und nur in Fragmenten erhaltene »Chronograph nach der großen Darlegung« (Chronograf po velikomu izloženiju). Der zweite derartige Versuch einer weltgeschichtl. Darstellung in der Rus', der ebenfalls vorwiegend auf den Weltchroniken von J. Malalas und G. Hamartolos beruhte, ist der sog. »Griech. und röm. Chronist« (Ellinskij i rimskij letopisec), der nur in der 2. Fassung überliefert ist, in den Beginn des 13. Jh. datiert wird und u. a. auch Nachrichten aus der aruss. Geschichte liefert. Eine Neubelebung des Interesses an der Chronographie findet sich erst wieder am Ende des 15. Jh. im Gfsm. Moskau.

Im Mittelpunkt der aruss. Geschichtsschreibung standen die Fürstenhöfe und Kl., unter ihnen an erster Stelle, bis ins 13. Jh., das →Kiever Höhlenkloster. Vom 12. Jh. an, aufgrund der Besetzung der Bischofssitze mit Einheimischen, wuchs die Bedeutung der Bischofshöfe als Zentren der Chronistik. Der Metropolitanhof in Kiev leistete dagegen wegen der griech. Herkunft der Metropoliten keinen wesentl. Beitrag zur Entwicklung der aruss. Geschichtsschreibung. Daher ist die Gesch. der Kiever Metropolie so wenig erhellt, denn ihre Kenntnis beruht auf zufälligen Nachrichten und außerhalb des Metropolitenhofes verfaßten Quellen. Zwar dominieren unter den Chronisten die Geistlichen, doch waren die Hauptüberlieferungsträger Fs.en und Adel, die ihr Recht auf Herrschaft auch durch die Pflege der Familientraditionen und die Überlieferung der Taten ihrer Vorfahren zu legitimieren suchten. Dies begünstigte die Entstehung der Gesta-Erzählungen über die Fs.en des 10. Jh.; zu den »mündlichen Quellen« der Nestorchronik gehört daher die Erzählung des Kiever Adligen →Jan Vyšatič. Die Aufzeichnung der Geschichte der Rus' im Höhlenkloster war möglich, weil dort Mönche adliger Herkunft lebten. Dem Alltag entrückt, betrachteten sie die Staats- und Gesellschaftsangelegenheiten aus der Distanz und verliehen den Interessen der Oberschicht Ausdruck. Die seit den letzten Jahrzehnten des 11. Jh. im Höhlenkloster gepflegte Geschichtsschreibung war Ausdruck der ehrgeizigen Bestrebungen der Bojaren-Mönche, die v. a. polit.-hist. Unterweisung im Sinne der christl. Morallehre betreiben sollten.

Grundlage dieser Geschichtsschreibung war die heilsgeschichtl. Konzeption, die der Metropolit →Hilarion um die Mitte des 11. Jh. formuliert hatte: die Weltgeschichte wird als aufsteigende Linie der Ausbreitung des Christentums bei allen Völkern, darunter auch der Rus', verstanden; Hilarion ist auch Urheber der Anschauung von einem weltgeschichtl. bedeutenden Platz des russ. Landes, »von dem man weiß und hört an allen vier Enden der Erde«; diese Auffassung hat die aruss. Chronistik nachdrücklich inspiriert.

Die Einbeziehung von Sagen bei dem Entwerfen eines Bildes der aruss. Vergangenheit führte zur Notwendigkeit der krit. Selektion. So macht sich der Chronist Gedanken über Widersprüche in seinen Quellen (z. B. über die Herkunft von Kij oder den Taufort von Vladimir I.). In der epischen Erzählung übernahm er auch oft die Interpretation der Ereignisse, so daß ein heroisches, idealisiertes Bild der vorchristl. Vergangenheit entstand. Auf der Suche nach dem Stoff griff der Chronist zum fsl. Archiv. Der chronist. Sammelband wurde damit auch zum Beweisinstrument bei Verhandlungen zw. den Fs.en. In Ch. en lassen sich zahlreiche Spuren und Fragmente von fsl. Briefwechseln nachweisen (z. B. für das 12. Jh. an die hundert). Obwohl der Chronist im Aufbau des Stoffes chronolog. vorging, fehlte ihm nicht das Verständnis für die Zusammenhänge von Ursache und Wirkung im Gang der Ereignisse. Die aruss. Chronistik war zumeist eng mit dem polit. Tagesgeschehen verbunden. Innerhalb der großen polit. Auseinandersetzungen entstanden viele Berichte, die an sich polem. Charakter hatten; der Stil des hist. Berichts sollte Parteilichkeit verdecken. Daher sind auch die aruss. Ch.en Zeugnisse unterschiedlicher polit. Standpunkte.

War im 11. Jh. die Geschichtsschreibung auf Kiev, den polit. Mittelpunkt der Rus', zentriert, so förderte die Zersplitterung in Teilreiche die Entwicklung der lokalen Chronistik. Der polit. Partikularismus verengte dabei die Themen und Sehweisen, so daß ein Werk von der Weite der Nestorchronik nicht mehr entstand. Die Ch.en des 12.–14. Jh., teilweise auch des 15. Jh., waren v. a. fsl. Familienchroniken. Einige davon, wie z. B. die Ch.en von Halič-Wolhynien und Vladimir-Suzdal', bauten, entsprechend der Vereinigungspolitik der Fs.en, ihren Themenkreis aus. Der Versuch aber, eine Chronistik zu schaffen, die alle russ. Länder in der Geschichtsschreibung behandeln sollte, wurde erst im 14./15. Jh. deutlich (Moskauer Chronistik).

Chronistik des 12.–13. Jh. ist nachgewiesen in Kiev, Novgorod, Černigov, Perejaslav (russkij), Halič, Peremyšl, Vladimir in Wolhynien, Suzdal', Perejaslav Suzdal'ski, Vladimir an der Kljaźma, Rjazań, Murom und Polock. Bes. intensiv entwickelte sich das ganze MA hindurch die Geschichtsschreibung in Novgorod und seit dem 14. Jh. in Pskov, wo sie den Charakter einer Stadtchronistik gewann. Ch.en und chronist. Kompilationen des 12.–13. Jh. wurden in späteren Kontaminationen verarbeitet, lassen sich aber herausschälen und trotz strittiger Einzelheiten im Grundstock wiederherstellen (s. →Laurentius, →Hypathios, Novgoroder Ch.en). Unter mongol. Herrschaft erlebten die Zentren der aruss. Chronistik z. T. einen Niedergang. Die Wiederbelebung der aruss. Geschichtsschreibung erfolgte um die Wende des 14.–15. Jh.; zum neuen Zentrum der Chronistik wurde im 15. Jh. Moskau, obwohl auch die Novgoroder Chronistik noch weiter blühte und sich Tver', Rostov und Pskov als von Moskau unabhängige Zentren erhielten. Die zu Litauen gehörigen westruss. Länder erlebten im 14.–15. Jh. Sonderentwicklungen.

Die Zeitrechung in den aruss. Ch.en basierte auf der byz. Ära, die den Weltbeginn auf 5508/5509 v. Chr. datierte (s. auch zum folgenden→Chronologie, Abschnitt D). Der byz. Jahresanfang (1. Sept.) setzte sich in der aruss. Chronistik erst im 15. Jh. durch. In Verwendung waren zwei Kalendersysteme: Märzstil (venezian. Stil) und Ultramärzstil (ul'tramartovskij god) (→Chronologie, Abschnitt D). Der erste, seit dem 11. Jh. gut belegt, war verbreiteter. Von den Untersuchungen über die Anwendung des März- und Ultramärz-Stils in der aruss. Chronistik seien hier die Ergebnisse für Kiev genannt: Die Kiever Chronistik verwendete bis zur Mitte des 12. Jh. den Märzstil, in den Jahren 1156–1177 ging sie über zum Ultramärzstil und kehrte dann wieder zum Märzstil zurück. Der Septemberstil erreichte Altrußland gegen Ende des 14. Jh. aus dem südslav. Bereich und verbreitete sich während des 1. Drittels des 15. Jh. nordwärts. Die parallele Verwendung zweier und seit der Zeit um 1400 sogar dreier Kalendersysteme führte bei neuen chronist. Kompilationen zu häufig unbewußten Umdatierungen und Unstimmigkeiten der Jahresangaben (z. B. Vereinigung von zwei Berichten unter einem Jahr, obwohl sie aus verschiedenen Quellen stammten und ursprgl. nach verschiedenen Stilen datiert waren). Das Erkennen des von den Chronisten verwendeten Stiles erlaubt die Feststellung korrekter Datierungsangaben; andererseits lassen sich bei der Untersuchung der Quellen einer Kompilation die Textschichten mit Hilfe der chronolog. Stilunterschiede leichter feststellen. A. Poppe

Ed.: Der Hauptbestand der aruss. Ch.en in: PSRL I–XXXVII, 1841–1982 – *Bibliogr.:* R. P. Dmitrieva, Bibliografija russkogo letopisanija (1674–1959), 1962; ergänzend bis 1965 in SSS III, 1967, 26–27 – N. F. Droblenkova, Bibliografija rabot po drevnerusskoj literature, c. I–II (1958–1967), 1978–1979 – Letopisi i Chroniki, bis jetzt 3 Bde ersch., 1974, 1976, 1981–V. I. Buganov, Otečestvennaja Istoriografija russkogo letopisanija (Obzov Sovetskoj literatury), 1975 – H.-J. Grabmüller, Die russ. Ch.en des 11.–18. Jh. im Spiegel der Sovjetforschung (1917–1975), JbGO, 24, 1976, H. 3, 394–416; 25, 1977, H. 1, 66–90 – ab 1970 kommentierte Bibliogr. in: Russia Mediaevalis, Bd. I, 1973ff. – *Lit.:* A. A. Šachmatov, Razyskanija o drevnejšych russkich letopisnych svodach, 1908 – Ders., Obozrenie russkich letopisnych svodov XIV–XVI vv., 1938 – M. D. Priselkov, Istorija russkogo letopisanija XI–XV vv., 1940 [Neudr. Mouton 1966] – D. S. Lichačev, Russkie letopisi i ich kulturno-istoričeskoe značenie, 1947 – Ders., Tekstologija,na materiale russkoj literatury X–XVII vv., 1962 – N. G. Berežkov, Chronologija russkogo letopisanija, 1963 – A. N. Nasonov, Istorija russkogo letopisanija XI–načala XVIII veka, 1969 – O. V. Tvorogov, Drevnerusskie chronografy, 1975 – Ja. S. Lurj'e, Obščerusskie letopisi XIV–XV vv., 1976 – HGeschRußlands I, 207–237, 432–434, 489–492, 542–557 [H. Rüss, C. Goehrke, G. Stökl, P. Nitsche] – Zahlreiche Stud. der letzten Jahre, die in den Bibliogr. noch nicht berücksichtigt sind in Jbb.: TODRL (1981, Bd. 36) und Archeografičeskij Ežegodnik – s. a. Lit. zu den einzelnen Ch.en wie →Povest' Vremennych let, →Hypathios-Ch. usw.

P. Südosteuropa

I. Südslavische Länder – II. Moldau und Valachei.

I. Südslavische Länder: Die jeweiligen Rezeptionsbedingungen der lat. und gr. Vorbildkultur, die Zielstrebigkeit der Anpassung und Aussonderung nach sozialen und kulturell-ethn. Bedürfnissen und nach der Zweckmäßigkeit der Form bestimmten und lenkten auch bei den Südslaven die Entstehung und Entwicklung der Chronistik. Eine strenge Scheidung in Ch.en, Gesta, Annalistik und Genealogie ist von vornherein schwierig, auch die Titel der betreffenden Werke decken sich nur teilweise mit den gebräuchl. Gattungsordnungen.

[1] *Slovenen:* Das frühma. Stammesfürstentum der →Slovenen in →Karantanien (8. und 9. Jh.) begründete keine eigene schriftsprachl. Tradition, es fehlten die hist., sozialen, dynast. und kirchl. Voraussetzungen für das Entstehen eines eigenständigen chronikalen Schrifttums. Daher ist die ma. Gesch. der Slovenen nur bruchstückhaft in den lat. und dt. innerösterreich. Ch.en überliefert, v. a. bei →Johann v. Viktring (1. Hälfte des 14. Jh.), in der dt. Reimchronik des →Ottokar aus der Gaal (um 1265–vor 1321) und in der Kärntner Chronik (»Chronikon Carinthiacum«) des Jakob Unrest (2. Hälfte des 15. Jh.).

[2] *Kroaten:* Die Chronistik der →Kroaten beginnt mit dem sog. Codex aus Korčula aus dem 12. Jahrhundert, einer Sammlung von Exzerpten und Fragmenten aus Josephus Flavius, Paulus Diaconus, Isidor v. Sevilla und kirchl. Ch.en, wobei nur Auszüge aus dem »Liber pontificalis« für die Zeit von Johannes X. (914–928) bis Gregor VII. (1073–1085) Interpolationen aus der kroat. Gesch. enthalten. Kirchenpolit. im Sinne eines »regimen Latinorum« profiliert ist die Bistumschronik »Historia Salonitana« des Archidiakons →Toma v. Split (um 1201–68). Sie enthält die Gesch. des Bm.s →Salona bzw. →Split, angefangen von der röm. Zeit bis 1266, weitgehend unter Berücksichtigung der kroat. ma. Gesch. und Kirchengeschichte und zählt trotz und gerade wegen ihrer »römischen« Orientierung zu den ergiebigsten Quellen für die Zeit der kroat. nationalen Dynastie. Bezügl. der Priorität der textl. umfangreicheren sog. »Historia Salonitana maior«, deren älteste Handschrift nicht vor 1513 anzusetzen ist (N. Klaić), scheint die Ansicht sich zu festigen, daß sie nicht das Konzept für die »Historia Salonitana« sei (S. Gunjača) oder daß beide auf eine gemeinsame Vorlage zurückzuführen seien (M. Barada), sondern daß die »Hi-

storia Salonitana maior«, die wertvolle Ergänzungen und Urkundenabschriften enthält, eine spätere, erweiterte Fassung der ursprgl. »Historia Salonitana« darstellt. Vom Verfasser der »Statuta capituli Zagrabiensis«, Archidiakon Johannes v. Gorica (Ivan arhidjakon gorički) (um 1280–nach 1353), stammt die in der 1. Hälfte des 14. Jh. verfaßte Bistumschronik von →Zagreb, das »Chronicon Zagrabiense«.

[3] *Serben und Kroaten:* Die frühma. Gesch. der →Serben und z. T. Kroaten ist Inhalt der schwer interpretierbaren u. viel diskutierten sog. Ch. des Presbyters v. Dioklitien (Dioclea, →Zeta), des »Libellus Gothorum«, bzw. des »Regnum Sclavorum« (Ljetopis [Letopis] popa Dukljanina, bzw. Barski rodoslov [Genealogie von Bar = Antivari]), von N. Klaić, von F. Šišić und von N. Banašević in die 2. Hälfte des 12. Jh. verlegt, von V. Mošin mit 1148/49, von N. Radojčić mit 12. Jh., von Dj. Sp. Radojičić mit 1173 datiert und von S. Mijušković in die Zeit zw. 2. Hälfte des 14. Jh. bis Mitte des 15. Jh. gelegt. Die Überlieferung kennt erst eine lat. Fassung erst aus der Mitte des 17. Jh. (Cod. Vat. lat. 6958), die von den meisten Forschern trotz der Aussage des Verfassers in der Präambel, die Ch. sei »ex sclavonica lettera« übersetzt, als originaler Text angesehen wird, ferner eine it. Übersetzung von M. Orbini nach einer lat. Redaktion (veröff. im »Il regno degli Slavi oggi corrotamente detti Schiavoni«, 1601), eine kroat. Redaktion der ersten 23 Kapitel aus dem Jahre 1509/10 in einer Abschrift aus dem Jahre 1546 (sog. J. Kaletić-Fassung), die D. Mandić für den originalen Text hält, und eine lat. Übersetzung von M. Marulić (1510) dieser kroat. Redaktion. Diese wahrscheinl. von einem Benediktinermönch verfaßte Ch. enthält den eigtl. »Libellus Gothorum« bzw. das »Regnum Sclavorum«, eine Art ma. Volksgeschichte (origo gentis), in der die Slaven wieder den Goten gleichgesetzt werden, Umdeutungen der Pannon. Legende der Brüder →Konstantin-Kyrill und Method, eine Gründungsgeschichte von Dubrovnik, die Vladimir-Legende (später Jovan-Vladimir-Legende) (→Hagiographie, Serben, Albaner) und eine Ch. von Dioklitien im 10.–12. Jh. Die Frage der Quellen ist noch auf weite Strecken ungelöst: im einzelnen schwer faßbare mündliche, historische volkssprachl. Überlieferungen, schriftl. Quellen und die Herrschergeschichte von Dioklitien bilden die Grundlage. Trotz zahlreicher Widersprüche und Erdichtungen kann man der Ch. eine aktuelle polit. und kirchenpolit. Parteinahme zugunsten der Interessen des Staates Diokleia (Zeta), der im 11. Jh. den größten Teil des heutigen Montenegro umfaßte, und zugunsten des Ebm.s →Bar (Antivari) und einer Einheit von Dioklitien, Dalmatien und Kroatien, später auch Raszien und Bosnien unter der Schirmherrschaft von Byzanz nicht absprechen.

[4] *Serben:* Die serb. ma. Chronistik in der serb. Redaktion der kirchenslav. (altslav.) Sprache nimmt ihren Ausgang von den Übers., Übertragungen und Überarbeitungen byz. chronograph. Literatur (→Byz. Lit., Abschnitt B). Die altserb. Übertragung des »Letovnik«, einer altbulg. Fassung der byz. Weltchronik des Georgios Monachos (Hamartolos) mit einem Anhang über die »serb. Kg.e und Ks.« (1371) (»Stariji letopisi«), dem Prototyp aller altserb. Ch.en, zählt zu den frühesten Texten dieser Art. Die Übertragung der byz. Weltchronik in Versen von Konstantinos →Manasses ist nur in einer Chilandar-Abschrift (Cod. 434) um 1580 erhalten. Es ist nicht sicher, ob der als Paralipomen bekannten Überarbeitung der Weltchronik von Johannes →Zonaras eine altbulg. oder eine aus dem Beginn des 14. Jh. stammende altserb. Übersetzung zugrundeliegt. Dieser Text, Kürzungen und Ergänzungen aus anderen Quellen enthaltend, wurde auf Betreiben des Despoten →Stefan Lazarević 1407/08 vom Mönch Grigorije in Chilandar auf Athos geschaffen. Inhalt und Weltbild der byz. Ch.en bildeten auch die Grundlage für den meist kürzeren allgemein hist. Teil der altserb. Kleinchroniken, während der meist umfangreichere, die eigene Geschichte behandelnde Teil der serb. →Hagiographie sowie der dynast. →Historiographie und diesbezügl. Eintragungen entnommen wurde. Lj. Stojanović unterscheidet zwei Gruppen altserb. Kleinchroniken: eine ältere Gruppe (»Stariji Letopisi«), die man wegen ihres genealog. und Vitencharakters nur bedingt zu den Ch.en zählen kann (Dj. Trifunović) und die heute in fünf Hss. (Koprinj, Peć, Studenica, Cetinje und Vrhbreznica), die alle auf eine Grundfassung von 1371 zurückreichen, erhalten ist und eine jüngere Gruppe, mit heute etwa 50 bekannten Hss. mit verschiedenen textl. Abhängigkeitsgraden. Lj. Stojanović teilte sie in vier Gruppen ein: 1. fünf Hss. mit zwei verschiedenen Redaktionen, entstanden bis 1458 und bis 1484; 2. sechs Hss. mit zwei Texten von 1460 und 1482; 3. 24 Hss. mit Grundtext von 1460 und Textfassungen von 1550–1670; 4. vier Hss., deren Texte sich inhaltl. noch stärker unterscheiden als jene der Gruppe 3., da sie Teile des sog. Chronograph enthalten. – Eine Kompilation aus byz. Weltchroniken, altruss. Chroniken (→Abschnitt O), bulg. und altserb. Biographistik (→Biographien, Abschnitt VIII) stellt der altserb. sog. Chronograph dar, entstanden aus einer altruss. Typus dieser Gattung (Redaktion von 1512, die nach B. M. Kloss 1488–1494 im Kloster Iosifo-Volokolamsk, oder wie man früher annahm, von Pahomije Logofet [Pahomij Srb] geschrieben wurde), der verschied. Titel trägt (Trojadik, Tricarstavnik, Carostavnik u. a.) und dem Inhalt nach 1453 endet. Etwa 14 noch nicht genügend erforschte Hss. der altserb. Redaktion sind bis heute bekannt und stammen vom Ende des 16. bis zum Anfang des 18. Jh. Die ma. serb. Herrscher werden durchweg nur als Despoten bezeichnet. Eine 2. Fassung des Chronograph geht auf eine westruss. Redaktion aus der 2. Hälfte des 16. Jh. zurück, sie zeigt einen stark gekürzten Grundtext, eine eingefügte Alexandreis (→Alexander d. Gr.) und u. a. Auszüge aus der poln. Ch. »Kronika wszystkiego świata« von Marcin Bielski (1495–1575). – Aus Gedenktafeln *(Pomeniki)* und Stammtafeln dürften die altserb. Genealogien und genealog. Kleinchroniken *(Rodoslovi)* hervorgegangen sein. Die 1. Genealogie, geschrieben wahrscheinl. im Kl. Mileševa zw. 1374–77, sollte durch Verwandtschaftsnachweis mit der Dynastie der →Nemanjiden den Anspruch der bosn. Banus →Tvrtko Kotromanić auf die serb. Königskrone (Krone des hl. Sava) untermauern. Aus dieser 1. Fassung ging 1402–27 die Genealogie des Despoten →Stefan Lazarević hervor, die bis zu Konstantin d. Gr. reicht. Sie ist in gekürzter Form in die Biographie des Despoten Stefan Lazarević von Konstantin dem Philosophen (→Biographie, Abschnitt VII) eingefügt. Als die serb. Despotenwürde auf die Familie der →Brankovići überging, wurde die Genealogie 1433–46 entsprechend erweitert, um auch die Verwandtschaft dieser Familie mit der Nemanjidendynastie nachzuweisen; und als die Brankovići als ung. Feudale nur noch dem Titel nach Despoten v. Srem waren, wurde die genealog. Kleinchronik in zwei Redaktionen (1. 1486–97; 2. 1563–1684) diesem Zustand angeglichen und außerdem auf eine Verbindung mit der russ. Zarenfamilie hin erweitert.

[5] *Bulgaren:* Obwohl byz. Weltchroniken und Chronographe (→Johannes Malalas, →Georgios Monachos [Hamartolos], Patriarch →Nikephoros, →Symeon Logothet,

Johannes →Zonaras, Konstantinos →Manasses; s. a. →Byz. Lit., Abschnitt B) schon früh ins Altbulg. (Altkirchenslav.) übersetzt wurden, ist der Bestand an eigenständigen altbulg. chronograph. Werken gering: Die älteste chronikale Aufzeichnung ist die protobulg. Fürstenliste (*Imennik*, um 766) des 7. und 8. Jh., bzw. ihre altbulg. Übersetzung. Auszüge aus byz. Weltchroniken bietet die Zeittafel »Istorikii« des →Konstantin v. Preslav. Die sog. Apokryphe bulg. Ch. aus dem 11. Jh. enthält neben Nachrichten aus dem 1. Bulg. Reich viel Legendäres. Von Bedeutung ist die sog. Bulg. Chronik (»Bălgarska chronika«) aus dem Anfang des 15. Jh., die über die letzten Jahre des Bestehens des ma. bulg. Staates und über die Eroberung durch die Osmanen Ende des 14. Jh. berichtet.

St. Hafner

Ed. und Lit.: zu [1]: Ed.: →Johann v. Viktring; →Ottokar – Jakob Unrests Österr.Chronik, ed. K. GROSSMANN, MGH SRG NS 11, 1957 – S. F. HAHN, Collectio monumentorum veterum et recentium ineditorum I, 1724, 479–536 – *Lit.*: B. GRAFENAUER, Ustoličevanje koroških vojvod in država karantanskih Slovencev, 1952, 85–90, 135–139 – J. MAL, Die Eigenart des Karantan. Hzm.s, SOF 20, 1961, 33–73 – G. MORO, Zur polit. Stellung Karantaniens im frk. und dt. Reich, ebd. 22, 1963, 66–84 – H. BALTL, Zur karantan. Gesch. des 6.–9. Jh. (Fschr. N. GRASS, 1974/75), 407–423 – *zu [2]: Ed.:* V. FORETIĆ, Korčulanski kodeks 12. stoljeća i vijesti iz dobe hrvatske narodne dinastije u njemu, Starine 46, 1956, 23–44 – F. RAČKI, Thomas archidiaconus, Historia Salonitana (Monumenta spectantia historiam Slavorum Meridionalium, 26.3), 1894 – Hist. Salonitana maior, ed. N. KLAIĆ (Posebna Izdanja, 399), 1967 – (Johannes v. Gorica), ed. I. TKALČIĆ (Monumenta histor. episcopatus zagrabiensis saec. 12 et 13, 2), 1874, 1–4 – E. SZENTPÉTERY, Chronicon zagrabiense cum textu chronici varadiensis collatum, SSrerHung 1, 1937, 203–215 – *Lit.:* V. KLAIĆ, Ocjena odlomka iz kronologije ili ljetopisa Ivana arcidjakona, Izvjestje o kr. velikoj gimn. u Zagrebu, 1873/74, 1–22 – M. ŠUFFLAY, János gercsei főesperes krónikája töredékéről, Századok 1904, 38, 511–536 – M. BARADA, Dalmatia superior (Rad Jugosl. Akad. znanosti i unjetnosti 270), 1949 – S. GUNJAČA, Historia Salonitana maior (ebd. 283), 1951 – G. NOVAK, Povijest Splita I, 1957, 42–92 – N. KLAIĆ, Povijest Hrvata u ranom srednjem vijeku, 1971, 3–34 u. ö. – EncJugosl. 8, 1971, 348 – *zu [3]: Ed:* F. ŠIŠIĆ, Letopis Popa Dukljanina (Posebna Izdanja 67), 1928 – V. MOŠIN, Ljetopis Popa Dukljanina, 1950 – *Lit.:* N. RADOJČIĆ, Društveno i državno uredjenje kod Srba u ranom srednjem veku prema Barskom rodoslovu, Glasnik Skopskog naučnog društva 15/16, 1936, 6–25 – J. FERLUGA, Vizantiska uprava u Dalmaciji, 1957 – R. NOVAKOVIĆ, Brankovićev letopis, 1960 – D. MANDIĆ, Rasprave i prilozi iz stare hrvatske povijesti, 1963 – ST. HAFNER, Stud. zur altserb. dynast. Historiographie, 1964, 48–50 – S. MIJUŠKOVIĆ, Ljetopis Popa Dukljanina, 1967 [m. Faks.] – N. BANAŠEVIĆ, Letopis Popa Dukljanina i narodna predanja, 1971 – *zu [4]: Ed.:* LJ. STOJANOVIĆ, Stari srpski chrisovulji, akti, biografije, letopisi, tipici, pomenici, zapisi i. dr., (Spomenik 3, 1890), 93–157 – DERS., Stari srpski zapisi i natpisi, 1905; 6, 1926 – DERS., Stari srpski rodoslovi i letopisi, 1927 – *Lit.:* S. NOVAKOVIĆ, Chronograf, carostavnik, trojadik, rodoslov, Glasnik srpskog učenog društva, 45, 1877, 333–343 – DJ. SP. RADOJIČIĆ, Proba nastanka i razvoj starich srpskich rodoslova, Istoriski Glasnik 2, 1948, 21–36 – EncJugosl. IV, 1960, 30–32; V, 1962, 520f.; VII, 1968, 87 – DJ. SP. RADOJIČIĆ, Književna zbivanja i stvaranja kod Srba u srednjem veku i u tursko doba, 1967 – DJ. TRIFUNOVIĆ, Azbučnik srpskich srednjovekovnich književnich pojmova, 1974, 128–132, 286–287, 337–343 – M. KAŠANIN, Srpska književnost u srednjem veku, 1975 – D. BOGDANOVIĆ, Istorija stare srpske književnosti, 1980 – Istorija srpskog naroda II, 1981, 140–143 [D. BOGDANOVIĆ] – *zu [5]: Ed.:* I. DUJČEV, Iz starata bălgarska knižnina I, VII–VIII, 1–2, 1943, 154–165 – I. IVANOV, Bogomilski knigi i legendi, 1925, 280–285 – I. BOGDAN, Ein Beitr. zur bulg. und serb. Geschichtsschreibung, AslPhilol 13, 1891, 481–543 – *Lit.:* K. JIREČEK, Zur Würdigung der neuentdeckten bulg. Chronik, AslPhilol 14, 1892, 255–277 – M. N. TICHOMIROV, Imennik bulgarskich carej, VDI 3, 1946, 81–90 – I. DUJČEV, Übers. über die bulg. Geschichtsschreibung (V. BEŠEVLIEV–J. IRMSCHER, Antike und MA in Bulgarien, 1960), 51–59 – M. ANDREEV–D. ANGELOV, Istorija na bălgarskata feodalna dăržava i pravo, 1972⁴, 51–54 – I. DUJČEV, Proučvanija vărchu srednovekovnata bălgarska istorija i kultura, 1981, 9–16 – weitere Lit. →Bulg. Literatur.

II. MOLDAU UND VALACHEI: Die Sprache der Ch.en in den rumän. Fsm.ern →Moldau und →Valachei war bis zum Ende des 16. Jh. das Slavische. Die älteste überl. Ch. wurde im Fsm. Moldau, am Hofe →Stefans d. Gr. (1457–1504), verfaßt. Sie ist uns überliefert in mehreren etwas jüngeren Fassungen, von denen offenbar die sog. »anonyme Moldauer Ch.« (bald nach 1507) dem Original am nächsten kommt. Demselben Vorbild folgt eine im gleichen Zeitraum verfaßte Ch., die sog. »Ch. aus dem Kl. Putna«, die in mehreren Varianten überliefert ist. Diese Ch.en erzählen die Gesch. der Moldau seit ihrem »Anbeginn«, der in das Jahr 1359 gesetzt wird; im Mittelpunkt steht jedoch die Regierung Stefans d. Gr. 16. Jh. wurden Fassungen dieser Ch. entnommen: in dt. (spätmhd. Hs. von 1502, behandelt nur die Regierung Stefans d. Gr. bis 1499), russ. und poln. Sprache. Die chronikal. Darstellung der moldavischen Gesch. wurde nach dem Tod Stefans d. Gr. († 1504) durch Bf. Macarie v. Roman, dem offiziellen Chronisten des Fs.en Petru Rareş (1527–38, 1541–46), wiederaufgenommen. Die Ch. des Macarie reicht bis 1551 und wurde von Eftimie und Azarie fortgesetzt.

Abschriften der slav. Moldauer Ch.en finden sich in Sammelhandschriften, wo sie als Fortsetzung von byz. Werken der Geschichtsschreibung eingeordnet wurden; diese Abfolge ist Ausdruck des Anspruches, die imperiale byz. Tradition weiterzuführen. Dieser Herrschaftsanspruch wurde durch die ksl. Intitulatio, welche die offiziellen Chronisten ihren Fs.en gaben, noch verstärkt. Mit gleicher Zielsetzung wurde um 1512 die sog. Serbo-Moldavische Ch. verfaßt; die in ihr enthaltenen Passagen mit imperialer Thematik sind serb. Annalen und moldavischen Ch.en entnommen und setzen eine byz. Herrscherliste fort. Derselbe Symbolgehalt hat auch den rhetorisch überhöhten Stil und die das byz. Herrschertum angelehnten Floskeln der Ch. des Macarie geprägt, die wiederum starke Anleihen bei der vielgelesenen byz. Weltchronik des Konstantinos →Manasses (12. Jh.) macht.

Von valach. Ch.en in slav. Sprache sind nur späte und veränderte Bruchstücke (in rumän. griech. und sogar arab. Sprache), die in Ch.en des 17. Jh. aufgenommen wurden, bekanntgeworden. Doch darf angenommen werden, daß auch die slavo-valach. Ch.en sich als Fortsetzungen ksl. byz. Ch.en präsentierten.

D. Nastase

Q. und Lit.: P. P. PANAITESCU, Cronicile slavo-romăne din sec. XV–XVI, ed. I. BOGDAN, 1959 – I. BOGDAN, Scrieri alese, 1968 – P. Ş. NĂSTUREL, Considérations sur l'idée impériale chez les Roumains, Byzantina 5, 1973, 397–413 – Slavjano-moldavskie letopisi XV–XVI vv., 1976 – P. CHIHAIA, De la »Negru Vodă« la Neagoe Basarab, 1976 – D. NASTASE, Unité et continuité dans le contenu de recueils manuscrits dits »miscellanées«, Cyrillomethodianum 5, 1981, 22–48.

Zur Geschichtsschreibung in Albanien →Historiographie.

Q. Syrien, Armenien und Georgien

I. Syrien – II. Armenien – III. Georgien.

I. SYRIEN: In der syr. Lit. sind von früher Zeit an viele Geschichtswerke in der Form von Annalen oder Ch.en abgefaßt worden. Aus dem Ende des 6. Jh. scheint die Ch. v. Arbela zu stammen, deren Echtheit freilich nicht über jeden Zweifel erhaben ist. – Eine Reihe kürzerer syr. Ch.en werden als »Chronica minora« zusammengefaßt und sind auch zusammen ediert und übersetzt worden: Aus dem 6. Jh. stammt das »Chronicon Edessenum«, das offenbar Material aus dem Stadtarchiv v. Edessa benutzt. Wenig ergiebig ist das fragmentar. erhaltene »Chronicon Maroniticum«. Eine anonyme nestorian. Ch. enthält profan- und kirchengeschichtl. Mitteilungen von Kg. Hormizd bis zum Ende des Perserreiches und ist gegen 680 verfaßt worden. Nur recht bruchstückhaft erhalten ist die um 692 geschriebene Ch. des Jakob v. Edessa. Ein ebenso fragmentar. »Chronicon miscellaneum« reicht bis zum Jahre 724. Das »Chronicon anonymum Pseudo-Dionysianum vulgo dictum«, gegen 774/775 vollendet, bringt Nachrichten aus einer ganzen Reihe bekannter Quellen. Unbekannt ist der Verfasser einer bis zum Jahre 813 reichenden, nur fragmentar. erhaltenen Ch. Eine andere anonyme Ch., die bis 819 reicht, scheint im Kl. von Qartamin (Tur Abdin) geschrieben zu sein, ebenso eine nahe damit verwandte Ch., die, vielleicht um 795 verfaßt, bis 846 fortgeführt wurde. – Ebenfalls anonym ist eine umfangreiche Ch., deren profangeschichtl. Teil von Adam bis zum Jahre 1234 und deren kirchengeschichtl. Teil von Ks. Konstantin bis 1207 reicht. Der Verfasser schrieb vielleicht im Barsauma-Kl. (bei Melitene), wo er offenbar das Archiv der jakobit. Patriarchen benützen konnte. – Auch die beiden wichtigsten Geschichtswerke der syr. Lit., von Patriarch →Michael I. († 1199) und →Barhebraeus († 1286), darf man wohl noch zu den Ch. rechnen, wie schon ihr syr. Titel »Maktbānūt zabnē« ('Beschreibung der Zeiten, Chronographie') nahelegt. Michael ordnet den Stoff, in 21 Büchern von Adam bis zum Jahr 1194/95 reichend, in drei synchronist. Spalten nebeneinander an, je einer für Profangesch., Kirchengesch. und sonstige Geschehnisse. Barhebraeus dagegen gibt eine fortlaufende Profangesch. (»Chronicon Syriacum«) in 11 Epochen und eine fortlaufende, zweiteilige Kirchengesch. (»Chronicon ecclesiasticum«) bis 1285. Der syr. und der christl.-arab. Literatur zugleich gehört die zweisprachige Ch. des Elias v. Nisibis († nach 1049) an, deren 1. Teil, nach dem Vorbild der Ch. des →Eusebius angelegt, bis zum Jahr 1018 führt, während der 2. Teil ein Lehrbuch der Zeitrechnung darstellt. J. Aßfalg

Ed. und Lit.: Ch. v. Arbela (A. Mingana, Sources syriaques, Bd. I: Mšīḥā-Zkhā, 1907) – Chronica minora, ed. und übers. I. Guidi, E. W. Brooks, J.-B. Chabot, 1903–07 (Corpus Scriptorum Christianorum orientalium [= CSCO] 1–6, 1903–07) – Chronicon anonymum pseudo-Dionysianum vulgo dictum I (ed. J.-B. Chabot), 1937 [CSCO 91] – Ders., Incerti auctoris Chronicon pseudo-Dionysianum vulgo dictum I, 1949 [CSCO 121]; II, 1933 [CSCO 104] – Ders., Chronicon ad A. C. 1234 pertinens I. Praemissum est Chronicon anonymum ad A. D. 819 pertinens, cur. A. Barsaum, 1920 [CSCO 81] – J.-B. Chabot, Anonymi auctoris chronicon ad A. C. 1234 pertinens II, 1916 [CSCO 82] – Ders., Anonymi auctoris Chronicon ad A. C. 1234 pertinens I, 1937 [CSCO 109] – A. Abuna-J. M. Fiey, Anonymi auctoris Chronicon ad A. C. 1234 pertinens II, 1974 [CSCO 354] – J.-B. Chabot, Chronique de Michel le Syrien, patriarche jacobite d'Antioche 1166–1199, 4 Bde, 1899–1910 – J.-B. Abbeloos-Th. J. Lamy, Gregorii Barhebraei chronicon ecclesiasticum, 3 Bde, 1872–77 – E. A. W. Budge, The chronography of Gregory Abû'l Faraj ... commonly known as Bar Hebraeus, 2 Bde, 1932 – E. W. Brooks, Eliae metropolitae Nisibeni opus chronologicum I, 1910 [CSCO 62^x] – J.-B. Chabot, Eliae metropolitae Nisibeni opus chronologicum II, 1909 [CSCO 62^{xx}] – E. W. Brooks, Eliae metropolitae Nisibeni opus chronologicum I, 1910 [CSCO 63^x] – J.-B. Chabot, Eliae metropolitae Nisibeni opus chronologicum II, 1910 [CSCO 63^{xx}] – I. Ortiz de Urbina, Patrologia Syriaca, 1965^2, 206–212, 221–223 – J. Karayannopulos-G. Weiss, Quellenkde. zur Gesch. von Byzanz, 1982, 230–233.

II. ARMENIEN: Die armen. Lit. pflegt vom Beginn im 5. Jh. an die Geschichtsschreibung *(patmut'iwn)*. Annalen *(taregrut'iwn)* und Ch.en *(žamanakagrut'iwn)* werden erst nach der Jahrtausendwende greifbar. Der behandelte Zeitraum beginnt oft mit der Schöpfung, der Geburt Christi oder einem anderen markanten Zeitpunkt und reicht meist bis zur Lebenszeit des Verfassers. Der Stil ist oft anspruchslos und knapp, die Sprache einfach bis ungepflegt, der Wortschatz zum Teil der Umgangssprache, zum Teil auch den benachbarten Sprachen entnommen. Die Anordnung des Stoffes erfolgt mitunter in Parallelspalten, manche Chroniken sind in Reimform abgefaßt.

Die Ch.en des 12. und 13. Jh. sind bes. für das kleinarmen. Kgr. in Kilikien und die Kreuzfahrerstaaten von Interesse. Die Ch. des Matthäus v. Urha (Edessa) umfaßt in drei Teilen die Zeit von 952–1136 und bringt viel Material für den Raum von Edessa, Kilikien und die Kreuzfahrer. Von Gregor dem Priester wurde das Werk bis zum Jahre 1162 fortgeführt. Die von Adam bis etwa 1180 reichende Ch. des Samuel v. Ani berichtet in gedrängter Form die Geschicke Armeniens und seiner Nachbarn Byzanz und Georgien sowie das Auftreten der Seldschuken. Von anderen wurde das Werk bis 1665 fortgeführt. Ergiebig für die Gesch. Kleinarmeniens sind die Annalen des Smbat des Feldherrn († 1276) über die Jahre 951–1276. Etwas später verfaßte Mechithar v. Ayriwank († 1291) seine bis 1289 reichende Ch., die für manche Ereignisse des 13. Jh. die einzige Quelle ist. – Eine Anzahl kürzerer Ch.en kann man zur Gruppe der sog. »Kleinen Chroniken« rechnen, von denen V. A. Akopjan fünfzig (nebst 46 Fragmenten) aus der Zeit vom 13. bis 18. Jh. herausgegeben hat. Davon gehören 22 Ch.en dem 13.–16. Jh. an, die restl. sind jünger. Im 13. Jh. entstanden: Die Ch. des Hovhannes (Johannes) Awagerec'i, die den von Ks. Augustus bis zum Regierungsantritt des byz. Ks.s Michael IV. (1034) reichenden Stoff in Kolumnen anordnet. Eine anonyme Ch. von der Weltschöpfung bis 1236 interessiert sich für Armenien, Georgien und die Türken. Die teilweise in Kolumnen angeordneten Annalen eines Bf.s Stephanus berichten Vorgänge zw. Armeniern, Georgiern und Byzantinern in der Zeit von etwa 1193–1290. Im kleinarmen. Reich von Kilikien schrieb Hethum II., »der Historiker«, eine Ch. von Christi Geburt bis 1294, Annalen über den Zeitraum von 1076–1296 und genealog. Tabellen der Kg.e und Fs.en v. Kilikien, Jerusalem, Antiochia und Zypern, bedeutsame Quellen für die Kreuzfahrerzeit. Eine anonyme Ch. aus dem Raum von Sebaste (Sivas) reicht von Adam bis etwa 1300. Später wurde ihr ein Anhang über die Jahre 1437–77 angefügt.

Im 14. Jh. verfaßte Sargis (Sergius) Picak eine Ch. von der Eroberung Jerusalems (1187) bis 1310, Nerses Palienc' eine solche vom 1107–1347, wozu er noch eine Liste der armen. Fs.en und Kg.e bis 1351 zusammenstellte. Eine anonyme Ch. berichtet über die Jahre 1315–43. Für das 15. Jh. sind von Bedeutung: Die Ch. des Kirakos Rštunec'i über die Jahre 1187–1443, die ausführl. auf die Mongoleneinfälle eingeht, die Annalen des Dawit' v. Mardin über die Ereignisse von 1450–57 und die Annalen des Moses v. Arc'ke, die in Reimform die Geschehnisse von 1467–73 behandeln.

Ins 16. Jh. sind zu setzen die Annalen des Barsegh (Basilius) von Arčēš (nördl. des Wansees) über die Jahre 1341–1504, des Hovhannes (Johannes) v. Arčēš über Ereignisse in der heutigen Osttürkei in den Jahren 1531–34, eine anonyme Ch. aus Sučava (Rumänien) über Vorgänge in der Valachei während der Jahre 1546–51, während sich die Ch.en des Andreas v. Eudokia (Tokat) über die Jahre 1451–1590, die Ch. des Hovhannisik (Johannikios) v. Car über die Jahre 1572–1600 und eine anonyme Ch. aus dem Raum von Sebaste (Sivas) mehr mit Geschehnissen in der heut. Osttürkei befassen. Viel derartiges Material findet sich auch in den oft sehr ausführl. Kolophonen armen. Handschriften. J. Aßfalg

Ed. und Lit.: Matt'eos Urhayec'i, Patmut'iwn, 1869 und Wagharschapa, 1898 (Übers.: E. Dulaurier, Bibl. hist. arménienne, 1858) – Samueli k'ahanayi Anec'voy hawak'munk' i groc' patmagrac', Wagharschapat, 1893 (Übers.: A. Mai, Samuelis ... temporum usque ad suam aetatem ratio, 1818) – Mechithar v. Ayrivank: M.-F. Brosset, Hist. chronologique par Mékhitar d'Airivank (Mémoires de l'Acad. Impériale de St-Pétersbourg, VIIe sér., Bd. XIII, No. 5, 1869) – Smbat Sparapet, Taregirk', 1956 (Übers.: E. Dulaurier, RHC Arm. I, 1869, 493–540) – Melkie xroniki XIII–XVIII vv., ed. V. A. Akopjan, Erevan, I, 1951; II, 1956 [armen.] – A. K. Sanjian, Colophons of Armenian manuscripts, 1301–1480. A source for Middle Eastern Hist., 1969 – Kindler Lit. Lex. IV, 1969, 1532–1540 [s. v. Patmut'iwn Hayoc', J. Aßfalg] – J. Karayannopulos–G. Weiss, Quellenkde. zur Gesch. von Byzanz, 1982, 224–227.

III. Georgien: Die in der Sammlung »Leben Georgiens« (K'art'lis c'hovreba), die auch unter der Bezeichnung »Georg. Annalen« bekannt ist, zusammengestellten Geschichtswerke sind wohl meist der Historiographie als der Chronistik im eigtl. Sinne zuzurechnen. In die »Bekehrung Georgiens« (Mok'c'evay Kart'lisay) durch Nino ist eine Ch. der georg. Kg.e v. Azoy (4. Jh. v. Chr.) bis Mirean (4. Jh. n. Chr.), unter dem die Bekehrung Georgiens erfolgte, eingearbeitet. Nach der Bekehrungsgeschichte folgt der zweite Teil der Ch. mit Angaben über die Mirean folgenden Kg.e und Erist'aven bis auf Aschot Kuropalat († 954) und Guaram, sowie die Liste der georg. Oberbf.e und späteren Katholikoi bis Katholikos Arsen II. (955–980) (Redaktion in der Hs. A-1141, geschrieben 973–976 in Schatberdi). Das zur Annalistik und Chronistik im engeren Sinn gehörige Material, z. B. die Nachrichten über die Einfälle der Hwarizmier in Georgien (1225–31) von Abuseridze von Tbet'i und die Familienchronik des Hzg.e v. K'sani, hat T'. Žordania aus Handschriften und Inschriften aller Art und neuerdings Dž. Odišeli aus liturg. Handschriften, bes. aus den sog. Ostertafeln *(kinklosi)*, gesammelt. J. Aßfalg

Ed. und Lit.: T'. Žordania, Ch.en und anderes Material der georg. Gesch. und Lit. (georg.), Tbilissi, I, 1892 (bis 1213), II, 1897 (1211–1699), III, 1967 (1700–1860) – Dž. Odišeli, Kleine Ch.en (georg.), Tbilissi 1968 – C. Toumanoff, Medieval Georgian historical literature (VII–XVth Centuries), Traditio I, 1943, 139–182 – J. Karayannopulos–G. Weiss, Quellenkde. zur Gesch. von Byzanz, 1982, 224–229.

R. Judentum
Ch.en und chronikartige Aufzeichnungen nehmen angesichts der räuml.-zeitl. Dimension der ma. jüd. Gesch. in deren (überkommener) Lit. (→Historiographie) nur einen Nebenplatz ein, wenn auch nach der an (überkommener) Geschichtslit. sehr armen talmud. Periode im Lauf des MA manch kleinerer, manch umfangreicherer chronikähnl. Text – oft mit erbaul. Elementen – entstand. Der frühma. anonyme »Sedär 'olam zuta'« reicht als Weltchronik von Adam bis zum Ende des babylon. Exilarchats, der wenig spätere »Sedär hat-tanna'im w^{e}ha-'^{a}mora'im« behandelt die Reihenfolge der talmud. Gelehrten; nur fragmentar. überkommen sind Berichte des Nathan b. Isaak hak-Kohen hab-Babli über das babylon. Judentum Mitte des 10. Jh. Der »Brief des Scherira Gaon« vom Ende des 10. Jh., ein Responsum über die Gesch. der mündl. Lehre und die Gelehrtenakademien Babyloniens, selber keine Ch., setzt aber Ch.en voraus. Das einerseits viel älteres Material verwendende, andererseits selbst in der Chr. des J^{e}rahm^e'el b. Salomo Ende d. 11. Jh. u. ö. mitverwendete Buch →»Josippon« wurde um 953 in Süditalien kompiliert, wo in der Mitte des 11. Jh. auch die zwei Jahrhunderte umfassende und Italien wie Nordafrika berührende Familienchronik des Ahima'as b. Palti'el aus Capua entstand. Die mit der Kreuzzugszeit (bes. im Rheinland) entstehenden kurzen Berichte über örtl. Verfolgungen (→Judenverfolgungen) wurden, da solche auch später immer wieder stattfanden, zu einer charakterist. Literaturgattung des SpätMA, zusammen mit →»Memorbüchern«, in die in aschkenas. Gemeinden die Namen von Verfolgungsopfern und -orten verzeichnet wurden. Zur Chronistik im eigtl. Sinne können sie nicht gezählt werden. In Spanien entstand in der 2. Hälfte des 12. Jh. das »Sefär haq-qabbalah« des →Abraham ibn Daud, das von der bibl. bis zu seiner Zeit reichte, vielen Späteren als Quelle diente und von Abraham b. Salomo zum Forrutiel, Zeitgenosse der span. Judenvertreibung, bis 1510 fortgesetzt wurde, damit aber ähnlich in die beginnende Neuzeit hineinreicht wie im sephard. Bereich Abraham →Zacutos »Sefär juhasin«, das »'Emäq hab-bakah« des Joseph b. Josua hak-Kohen (1495–1580) oder Lokalchroniken des 16. Jh. in Italien (Civitanova) und Nordafrika (Fez) oder im aschkenas. Bereich der »Šämah Dawid« des David b. Salomo Gans, eine jüd. Gesch. bis 1591/92 im ersten, eine Weltchronik insgesamt im zweiten Teil. J. Wachten

Ed. und Lit.: EJud (engl.) VIII, 554–560 – EJud VIII, 107–155 – M. Steinschneider, Die Geschichtslit. der Juden, 1905 – A. Neubauer, Mediaeval Jewish Chronicles, 2 Bde, 1887/95 [Repr. 1967] – Ders.–M. Stern, Hebräische Ber. über die Judenverfolgungen während der Kreuzzüge, 1892 – Seder 'olam zuta' haš-šalem, ed. M. J. Weinstock, 1957 – J. Sonne, Tarbiz 2, 1930/31, 331–376, 477–502 – G. Vajda, Un recueil de textes historiques judéo-marocain, 1951 – Baron^2, 152–234 – R. Mirkin, u. a., M^{e}gillat 'Ahima'as m^e 'ubbädät u-muggäšat k^e-homär l^e-millon, 1965 – G. D. Cohen, A critical edition with a translation and notes of the Book of Tradition (Sefer ha-Qabbalah) by Abraham ibn Daud, 1967 – J. Reiner, JQR 60, 1969/70, 128–146 – F. Graus (Zur Gesch. der Juden im Dtl. des späten MA und der frühen Neuzeit, hg. A. Haverkamp, 1981), 1–26.

S. Islamischer Bereich
I. Arabische Chronistik – II. Osmanische Chronistik.
I. Arabische Chronistik: Die Einführung der Higra-Zeitrechnung (→Chronologie, Abschnitt F) schuf die Voraussetzung für die Entstehung einer Geschichtsschreibung, die die Ereignisse seit dem Auszug →Mohammeds aus Mekka in ein chronolog. System zu bringen suchte. Der anekdotenhafte Charakter der arab. Geschichtsüberlieferung blieb jedoch in frühislam. Zeit vorherrschend. In reiner Form konnte sich deshalb die Ch. als eine spezif. Art der →Historiographie niemals durchsetzen. Zudem hat die Vorstellung, alles Geschehen sei Zeugnis für eine von Gott durch Muslime gewirkte Heilsgeschichte, stets jegliche Beschäftigung mit hist. Überlieferung beeinflußt. Es entwickelte sich daher eine Annalistik, die in unterschiedl. Dichte chronikähnl. Elemente enthält.

Die ältesten Zeugnisse einer chronikähnl. arab. Geschichtsüberlieferung weisen eine sehr enge themat. Begrenzung des angeordneten Materials auf. So enthält die kleine Schrift eines Abū Ma'šar (gest. 786) nur die Namen der Personen, die alljährl. im Auftrage des Herrschers die Pilgerkarawane nach Mekka anführten, und verzeichnet Regierungsantritt und Tod der Kalifen. Wesentlich umfangreicher ist das chronist. Material bereits bei Halīfa b. Haijāt (gest. 854). Sein Werk (Ta'rīh, ed. 'Umarī, Nağaf 1967) notiert die wichtigsten Ereignisse von der Higra bis zum Jahre 232/846-847. Er erwähnt Jahr für Jahr die Kriegszüge im Inneren und an den Grenzen der islam. Welt und macht die muslim. Heerführer namhaft. Des weiteren verzeichnet er den Wechsel in wichtigen Ämtern. Unter dem Todesjahr eines jeden Kalifen faßt er noch einmal nach Städten und Ländern geordnet die Namen der Personen zusammen, die jener dort zu Statthaltern, Richtern usw. bestellt. hat. Bisweilen werden auch die hervorragenden Gelehrten, zumeist die Kenner des →hadīt, genannt. In längeren Einschüben wird aber oft die Form der Ch. durchbrochen. Gegen Ende des Werkes, zur Lebenszeit des Autors selbst, fehlen diese Einschübe allerdings, ein Hinweis darauf, daß Halīfa in willkürl. Weise literar. vorliegende Überlieferungen eingearbeitet hat.

Ḫalīfa ist als ein Vorläufer der umfangreichen annalist. arab. Literatur zu betrachten, die seit dem 10. Jh. aufblühte. In diesen Werken werden oft Ereignisse, die sich über mehrere Jahre hin entwickelt haben, im Zusammenhang wiedergegeben und gedeutet. Elemente einer chronist. Geschichtsbetrachtung bleiben jedoch erhalten. So werden am Ende eines jeden Jahres Angaben über Ämterwechsel, nicht selten auch über Unwetter, andere außergewöhnl. Naturphänomene, über Teuerungen, Hungersnöte und Seuchen zusammengefaßt; der Nekrolog von Gelehrten und Dichtern wird umfangreicher. Die wichtigsten Vertreter dieser Mischform zw. Ch. und Annalen sind aṭ-Ṭabarī (gest. 923) und Ibn al-Aṯīr (gest. 1233). Eine andere Art chronist. Geschichtsüberlieferung bilden Werke, die sich fast ausschließl. auf die Verzeichnung der in jedem Jahr gestorbenen Gelehrten beschränken, z. B. aḏ-Ḏahabīs (gest. 1348) »Gesch. des Islams«. Derartige Sammlungen entstehen parallel zur Entwicklung der Ḥadīṯ-Wissenschaft und dienten v. a. als Handbücher zur Überprüfung von Gewährsmännerketten.

Eine chronist. Geschichtsschreibung, die die wichtigsten Geschehnisse eines jeden Tages mitteilt, entstand in Ägypten zur →Fāṭimiden-Zeit (969–1171). Leider ist, abgesehen von Zitaten in späteren Werken, nur ein Fragment aus jener Epoche erhalten (Tome Quarantième de la Chronique d'Egypte de Musabbiḥī, ed. SAYYID und BIANQUIS, Institut Français d'Archéologie Orientale du Caire, 1978). Unter den Mamlūken (1250–1517) erlebte diese Form der Historiographie in Ägypten ihre Blütezeit. – Zu Ibn Ḫaldūns (1332–1406) großem Geschichtswerk »Kitāb al-ʿIbar« s. →Ibn Ḫaldūn, →Historiographie, →Geschichtsdenken, -philosophie. T. Nagel

Lit.: EI, Ergänzungsband, s. v. Taʾrīkh [Historiographie] – C. H. BECKER, Beitr. zur Gesch. Ägyptens unter dem Islam, 1. H., 1902–F. ROSENTHAL, A Hist. of Muslim Historiography, 1952 – U. HAARMANN, Quellenstud. zur frühen Mamlukenzeit, 1969–G. ROTTER, Abū Zurʿa ad-Dimašqī und das Problem der frühen arab. Geschichtsschreibung (Welt des Orients IV, 1970–71), 80–104.

II. OSMANISCHE CHRONISTIK: Die Ch. ist als historiograph. Gattung seit dem 14. Jh. faßbar. Als ältester Chronist gilt Yaḫšı Faqīh, dessen Werk nur indirekt überliefert ist. Zu den Vorläufern gehören die →Geschichtskalender aus der Seldschuken- und Emiratszeit Anatoliens, wo man auch in der chronikal. Annalistik der Araber und Perser bewandert war. In deren universalsprachl. Tradition stehen im 15. Jh. die pers. Weltchronik des →Šükrullāh und das kurze arab. geschriebene Werk des Qaramānī Meḥmed Paša. Daneben lebt das heroisch-religiöse Genre der ġazavātnāme fort. Für diese epischen Schilderungen von den Kriegstaten der →Ġāzīs wird meist die türk. Landessprache verwandt, in der auch →Aḥmedī seine gereimte Osmanenchronik am Schluß des Iskendernāme schreibt. Auch →Enverī behandelt die Osmanen als Anhang, näml. zu seiner gereimten Weltgeschichte. Viele der frühen osman. Ch.en sind anonym und weisen untereinander enge Verwandtschaft auf. Ihnen stehen die Ch.en des →ʿĀšıq Paša-zāde, →Rūḥī und Oručʿ, nahe, die alle auch der Unterhaltung und Erbauung dienen. Zunehmend prägt aber das osman. Reichsbewußtsein die Geschichtsschreibung; inhaltl. und stilist. werden höhere Ansprüche an die Ch.en gestellt, die sich teilweise vom reinen Jahrgerüst lösen. Unter Bāyezīd II. schreiben →Qıvāmī, Sarıǧa →Kemāl und Tursun Beg, um die Wende zum 16. Jh. kommen →Bihištī und →Nešrī mit seiner nur teilweise erhaltenen weltgeschichtl. Kompilation und schließl. →Kemālpašazāde mit seiner osman. Gesch. hinzu. Die letztgenannten stützen sich sowohl auf ältere Werke als auf eigene Beobachtungen. Vor allem Kemālpašazāde bedient sich einer anspruchsvollen Sprache mit wechselnden Stilebenen und bereitet den Boden vor für die klass. osman. Geschichtsschreibung des 16. Jh. B. Flemming

Bibliogr. und Lit.: Historians of the Middle East, 1964, 152–167, 168–179 [H. INALCIK, V. L. MÉNAGE] – H. ÖZDEMIR, Die altosman. Ch.en als Q. zur türk. VK, 1975.

Chronik, Angelsächsische, wichtigste Quelle für die polit. Geschichte des ags. England, in Annalenform; zugleich eines der bedeutendsten Zeugnisse für die Entwicklung der engl. Sprache. Mit der Kompilation der Ags. Ch. wurde im späten 9. Jh. begonnen, möglicherweise auf Veranlassung Kg. Alfreds d. Gr. Die Ags. Ch. fand bald weite Verbreitung; sie erhielt mehrere – zunächst vielleicht von einer Zentrale verfaßte – Fortsetzungen, wurde durch regionale Zusätze erweitert und an einzelnen Orten bis ins 11. bzw. 12. Jh. selbständig weitergeführt. Die frühen Chronikeinträge beschränken sich – mit Ausnahme der Episode von »Cynewulf und Cyneheard« – meist auf bloße Faktenaufzählung in knappem Erzählstil. Erst die Einträge ab dem späten 9. Jh. enthalten ausführlichere Schilderungen, gelegentl. werden die Motive der Handelnden sowie die Einstellungen der (anonymen) Chronisten deutlich. Daneben enthält die Ags. Ch. einige hist. Dichtungen in allit. Langzeilen (»Battle of →Brunanburh«). – Von den sieben erhaltenen Hss. und einem Fragment, bezeichnet mit den Buchstaben A bis H, ist A, die sog. Parkerchronik, für die Entstehungsgeschichte der Ags. Ch. am aufschlußreichsten: die Einträge bis 891 stammen von einem Schreiber um 900, die Fortsetzungen bis 1001 von vier oder fünf jeweils zeitgenöss. Schreibern. Der Abschnitt bis 891 gehört zu den sprachhist. bedeutendsten Texten in frühwestsächs. Prosa. Im 11. Jh. wurde die Hs. von Winchester nach Canterbury gebracht und dort stark verändert. Ihren Zustand bis 1001 bewahrt G, eine in Winchester gefertigte Kopie. Die eng verwandten Versionen B und C enthalten zusätzl. Einträge zur Geschichte Merciens. D und E gehen auf eine Vorlage mit ausführl. Material zur Geschichte Nordenglands zurück. Version D weist auch Gemeinsamkeiten mit A, B, C und G auf, bewahrt aber ihren Charakter als nördl. Version. Die Vorlage von E dagegen gelangte im 11. Jh. nach Canterbury, wo sie als Basis für F, eine lat.-ae. Kurzfassung von E, diente. Ihre heutige Gestalt erhielt E in Peterborough; dort wurde die um 1120 gefertigte Kopie durch die Einfügung lokaler Zusätze zur Peterborough-Chronik, die man noch bis 1154 fortsetzte. Als umfangreichste Version der Ags. Ch. hat E nicht nur einen hohen Quellenwert, sondern ist in ihren späten Abschnitten als frühme. Prosatext von größter sprachhist. Bedeutung. – Verschiedene heute verlorene Versionen der Ags. Ch. wurden von lat. Autoren des 9.–12. Jh. benutzt, so von →Asser, Æthelweard, →Wilhelm (William) v. Malmesbury und →Florentius (Florence) v. Worcester (→Chronik, Abschnitt G). A. Lutz

Bibliogr.: S. B. GREENFIELD–F. C. ROBINSON, A Bibliogr. of Publications on OE Lit., 1980, 346–353 – Ed.: B. THORPE, The Anglo-Saxon Chronicle I, 1861 [alle Hss.] – C. PLUMMER, Two of the Saxon Chronicles Parallel, 2 Bde, 1892–99 [Hss. A und E] – H. A. ROSITZKE, The C-Text of the OE Chronicles, 1940 – E. CLASSEN–F. E. HARMER, An Anglo-Saxon Chronicle, 1926 [Hs. D] – C. CLARK, The Peterborough Chronicle, 1070–1154, 1970² [Hs. E, Teilausg.] – A. LUTZ, Die Version G der Angelsächsischen Chronik, 1981 – D. DUMVILLE– S. D. KEYNES, The Anglo-Saxon Chronicle: A Collaborative Ed. [im Erscheinen; alle Hss.] – Übers. [mit Einf. und Bibliogr.]: D. WHITELOCK, English Hist. Documents, I: c. 500–1042, 1979² – D. C. DOUGLAS–G. W. GREENAWAY, English Hist. Documents, II: 1042–1189, 1981².

Chronik v. Epeiros (bzw. Ch. v. Joannina), besteht aus einer Reihe von Chronikfragmenten, die sich auf die Gesch. v. →Ep(e)iros in der 2. Hälfte des 14. Jh. beziehen. In der älteren Literatur wird diese Chronik fälschlich als Werk zweier Mönche des 14./15. Jh., namens Komnenos und Proklos, aufgeführt. Doch konnte L. I. BRANOUSES (VRANOUSSIS) einwandfrei zeigen, daß diese beiden Namen durch Mißverständnis und Entstellung des Werktitels Ἱστορία Κομνηνοῦ τοῦ Προαλούμπου (d. i. des Despoten von Ioannina Thomas Komnenos Prelumpos, 1367–84) zustande gekommen sind. A. A. Fourlas

Ed.: L. I. BRANOUSES [in Vorber.] – *Lit.:* L. I. BRANOUSES, Χρονικὰ τῆς μεσαιωνικῆς καὶ τουρκοκρατουμένης Ἠπείρου. Ἐκδόσεις καὶ χειρόγραφα, 1962 – DERS., Deux historiens byz. qui n'ont jamais existé: Comnénos et Proclos (Ἐπετηρὶς Μεσαιωνικοῦ Ἀρχείου Ἀκαδημίας Ἀθηνῶν 12 [1962, ersch. 1965]), 23–29 – DERS., Τὸ Χρονικὸν τῶν Ἰωαννίνων κατ' ἀνέκδοτον δημώδη ἐπιτομήν (ebd.), 57–115 [Anm. zu beiden Textfass.] – HUNGER, Profane Lit. I, 1981 – Istorija srpskog naroda II, 1981, 40, 159f. – Tusculum-Lex.³, 1982, s. v. Ch. v. Joannina.

Chronik von Morea behandelt die Gesch. der →Morea, der frk. Peloponnes, im 13. Jh. Als Einleitung dienen eine kurze Darstellung des 1. und 4. Kreuzzuges (→Kreuzzüge) mit der Eroberung Konstantinopels 1204, der Gründung des →Lat. Ksr.es und der Aufteilung der eroberten Gebiete unter Kreuzfahrer und Venezianer. Ausführl. schildert die Ch. die Eroberung der Peloponnes unter Guillaume (Wilhelm) de Champlitte, die Beziehungen zu den moreot. Griechen und zum byz. Ks., die Regierungen der einzelnen Fs. en v. Morea, bes. diejenige Guillaumes (Wilhelms) II. Villehardouin (1245–78); breiter Raum ist der Feudalordnung, dem Gerichtswesen, der Verwaltung etc. auf der Peloponnes gewidmet. Die volkssprachl. griech. Version, die sich durch profränk. Sympathien und Abneigung gegen Byzantiner und Orthodoxie auszeichnet, bricht 1292, im dritten Jahr der Regierung von Florent de Hainaut (Hennegau), abrupt ab, während die frz. die Ereignisse bis 1305 verfolgt.

Die Ch. ist in vier Versionen überliefert: einer frz., einer griech. (die einzige in Versen), einer it. und einer aragones. Fassung. Jede dieser Versionen ist nur in einer Hs., die griech. jedoch in fünf Hss. überliefert (wichtigste die Kopenhagener Hs., 14. Jh.). Vergleichsweise gesichert ist heute, daß die aragones. Version (bis 1377) eine recht selbständige Fassung darstellt, die gegen Ende des 14. Jh. auf Anordnung von Juan Fernández de Heredia, Großmeister des Hospitaliter-Ordens, auf der Grundlage der frz. und z. T. der griech. Version, aber auch unter Benutzung anderer Quellen abgefaßt wurde. Die it. Version wird heute – trotz gegenteiliger Annahmen von J. LOGNON und zuletzt von A. BON – als gekürzte Paraphrase der griech. angesehen. Offen ist die Frage geblieben, ob die frz. (so zuletzt D. JACOBY) oder die griech. (J. SCHMITT, A. ELLISSEN und nach ihm – mit Reserven – K. KRUMBACHER) die Originalversion ist. Ebenso trat die Frage auf, ob es eine nicht mehr erhaltene (frz. oder griech.) Vorlage gab. Der Entdecker der frz. Handschrift, J. A. C. BUCHON, hielt diese für eine gekürzte Fassung eines verlorenen Originals (so auch z. T. K. HOPF, neuerdings G. SPADARO, H. E. LURIER, H.-G. BECK), das später ins Griech. übersetzt wurde; nach anderen Meinungen dagegen beruht die griech. Version auf einer griech., veränderten Vorlage (A. ADAMANTIOU, N. J. JEFFREYS, A. HOHLWEG). Der anonyme Autor der frz. Fassung war ein frz. Ritter oder Kleriker; die ethn. Zugehörigkeit des unbekannten Verfassers der griech. Version ist noch ungeklärt (Franke? Grieche? Gasmule, d. h. Sohn einer griech. Mutter und eines frk. Vaters?). Der Autor ist sicher in jenen kulturell gemisch-

ten, aber westl. orientierten Kreisen der Morea zu suchen, in denen das Frz. Umgangssprache war; die griech. Version war wohl »eher für jene griech. Archontes bestimmt, die nun längst nach sozialer Lage und politischer Gesinnung nicht mehr als byzantinisch bezeichnet werden können, sondern zum frk. Kulturkreis auf der Peloponnes gehören« (H.-G. BECK).

Der hist. Wert der Ch. liegt in ihrer Einmaligkeit als einzigartige Quelle der frk. Herrschaft im Griechenland des 13. Jh., nicht so sehr in bezug auf einzelne Ereignisse, sondern in Hinblick auf die Begegnung von östl. und westl. Feudalismus, die Entwicklung und Tätigkeit feudaler Institutionen sowie das Zusammen- und Nebeneinanderleben, aber auch die Mischung zweier Kulturen auf griech. Boden. Die griech. Ch. ist darüber hinaus eine wertvolle Quelle für die Entwicklung der griech. Sprache in einem kulturellen Mischgebiet. Es ist auch das erste Mal, daß der Fünfzehnsilber in der Volkssprache zur Darstellung hist. Stoffe verwendet wurde. Die Ch. wurde später in der Chronik des Dorotheos v. Monemvasia und in der →Chronik der Tocco verwertet. J. Ferluga

Ed.: J. SCHMITT, The Chronicle of Morea. Τὸ Χρονικὸν τοῦ Μορέως, 1904 – P. P. KALONARAS, Τὸ Χρονικὸν τοῦ Μορέως, 1940 [Nachdr. 1969; mit Komm.] – J. LOGNON, Livre de la conqueste de la princée de l'Amorée, 1911 – Istoria della Morea (CH. HOPF, Chroniques gréco-romanes inédites ou peu connues, 1873), 414–468 – A. MOREL-FATIO, Libro de los fechos e conquistas del principado de la Morea, 1885 – *Übers.:* A. ELLISSEN, Analekten der mittel- und neugriech. Literatur II/1, 1856 – H. E. LURIER, Crusaders as Conquerors: The Chronicle of Morea, 1964 [Einl. und Komm.; engl.] – *Lit.:* Tusculum-Lex.³, 1982, 161f. – J. KARAYANNOPULOS – G. WEISS, Quellenkde. zur Gesch. von Byzanz (324–1453), 1982, 464 [Lit.] – G. SPADARO, Studi introduttivi alla Cronaca di Morea, Siculorum Gymnasium, NS 12, 1959, 125–152; 13, 1960, 133–176; 14, 1961, 1–70 – D. JACOBY, Quelques considérations sur les versions de la »Chronique de Morée«, Journal des Savants, juill.-sept. 1968, 133–189 – BECK, Volksliteratur, 157–159 – N. J. JEFFREYS, Formulas in the Chronicle of Morea, DOP 27, 1973, 163–195 – I. P. MEDVEDEV, K voprosu o social'noj terminologii Morejskoj chroniki, Vizantijskie očerki, 1977, 138–148 – J. KODER, Bemerkungen zum Metrum der Chronik der Tocco und zu ihrem Verhältnis zur Ch. v. M. (Résumés der Kurzbeitr., XVI. Int. Byz.-Kongr., Wien 1981).

Chronik, Prophetische, moderne Bezeichnung für einen im April 883 fertiggestellten, als »Dicta de Ezecielis profete, quod invenimus in libro Pariticino« überlieferten Traktat eines Mozarabers aus der Umgebung →Alfons' III. v. Asturien, vielleicht des Toledaner Priesters Dulcidius. Das in sehr vulgärem Latein abgefaßte Werk soll erweisen, daß die Araberherrschaft in Spanien 884 nach 170jähriger Dauer enden muß. Zu diesem Zweck wird die Prophetie Ezechiels vom Ansturm der israelfeindl. Macht des Gog im Sinne des astur. Neogotismus abgewandelt: Die Christen werden als gens Gotorum (Gog) die Muslime (Ismael statt Israel) im kommenden Jahr entscheidend schlagen, worauf Alfons III. ganz Spanien beherrschen wird. J. Prelog

Ed.: Y. BONNAZ, Etude critique des chroniques asturiennes [Thèse masch., Paris 1977] – *Lit.:* Repfont 3, 422f. – J. PRELOG, Die Chronik Alfons' III., 1980.

Chronik des Sampiro → Sampirus v. Astorga

Chronik v. San Juan de la Peña, irreführende Benennung eines Geschichtswerks, das nicht im Kl. →San Juan, sondern am Hof Peters IV. v. Aragón auf dessen Geheiß entstanden ist und von ihm als »Chroniken der Kg.e v. Aragón und Gf.en v. Barcelona« bezeichnet wird. Der Anteil des Kg.s an der Abfassung ist ungewiß. Geschildert wird die Geschichte Spaniens bis zur Araberinvasion und der Reiche Peters bis zu seinem Regierungsantritt 1336. Als offizielle Geschichtsdarstellung der Krone Aragón wurde die Chronik in lat., katal. und aragon. Sprache verbreitet. Die 1359 bezeugte lat. Fassung ist verloren; erhalten sind Übersetzungen (katal. und aragon.) sowie eine lat. Rückübersetzung aus dem Katalanischen.

J. Prelog

Ed.: Hist. de la Corona de Aragón..., ed. T. XIMÉNEZ DE EMBÚN, 1876 [aragon.] – Crònica General de Pere III el Cerimoniós, ed. A.-J. SOBERANAS LLEÓ, 1961 [katal.] – Crónica de San Juan de la Peña, ed. A. UBIETO ARTETA, 1961 (Textos Medievales 4) [lat.] – *Lit.*: Repfont III, 435 – M. DE RIQUER, Hist. de la literatura catalana I, 1980², 480–501 – A. UBIETO ARTETA, Hist. de Aragón (II): Literatura medieval I, 1981, 53–55.

Chronik der Tocco, eine erst im 20. Jh. von Kard. G. MERCATI entdeckte griech.-volkssprachl. Verschronik, deren Text in der maßgebl. Hs., Cod. Vat. gr. 1831 (15. Jh.), unvollständig überliefert ist. Aufgrund der Textlücken bleibt uns der Autor der Ch. leider unbekannt, und entgegen der Vermutung von G. SCHIRÒ kann auch die gen. Hs. kaum als Autograph des Verfassers gelten. Die Ch. ist wahrscheinl. im Auftrag Carlos I. →Tocco (1373/74–1429) verfaßt und hat die Geschichte der Expansion der Tocco-Herrschaft von d. ion. Inseln nach Epeiros in Richtung →Arta und Ioannina sowie z. Peloponnes zw. 1375 und 1422/23 zum Gegenstand. Wir verdanken ihr ein authent. Bild der verworrenen, durch die wechselseitige Konfrontation oder Kooperation von Italienern, Griechen (Byzantinern), Albanern und Türken geprägten Situation im polit. zersplitterten Westgriechenland am Vorabend der Turkokratie. G. Prinzing

Ed.: Cronaca dei Tocco di Cefalonia, di Anonimo, ed. G. SCHIRÒ, 1975 (Corpus Fontium Historiae Byz., ser. It., X [mit it. Übers.]) – *Lit.*: BECK, Volksliteratur, 159–160 – J. KODER, Rez. der Ed., JÖB 29, 1980, 408–411 – P. SOUSTAL (unter Mitarb. von J. KODER), Nikopolis und Kephallenia (Tabula Imperii Byzantini), 1981 – J. KODER, Die Ch. der T. Zum Metrum und zum Verhältnis zur Ch. v. Morea, XVI. Int. Byz. kongr., Akten II, 3, JÖB 32, 3, 1982, 383–391 – A. P. KAZHDAN, Some Notes on the «Chronicle of the T. « (Bizanzio e l'Italia. Raccolta di studi in mem. di A. PERTUSI, 1982), 169–176.

Chronik v. Zypern → Macheiras, Leontios

Chroniken von Flandern (Chroniques de Flandre). Eine große Anzahl von Ch. en über die Gft. →Flandern geht auf die kurz nach 1164 in der Abtei St-Bertin (→Sithiu) zu St-Omer verfaßte Flandria Generosa zurück (s. a. den allg. Artikel →Chronik, Abschnitt F). Dieses Werk und die vielen Fortsetzungen gehören zur Gattung der →Genealogien, aber faktisch geben sie eine allgemeine Gesch. des Fsm.s. Auch in St-Omer wurde zw. 1317 und 1342 in den »Anciennes Chroniques de Flandre« gearbeitet, die als Quelle für die »Chronographia regum Francorum« dienten. In derselben Traditionslinie entstand noch um 1404 in Gent eine »Rijmkronijk van Vlaenderen«, eine zumindest für die 2. Hälfte des 14. Jh. unmittelbar aus den Ereignissen geschöpfte Erzählung, die Partei für Hzg. →Philipp den Kühnen v. Burgund und seine Machtübernahme in Flandern ergreift. – Schließl. entstand zu Beginn des 16. Jh. eine »Excellente cronike van Vlaenderen«, die verschiedene ältere Werke einfach zusammenfaßte: nämlich die Ch. eines anonymen Brüggers für die Periode von 1440–67, diejenige des Brügger →Rederijkers Anthonis de Roovere für 1467–82 und diejenige des Andries de Smet, eines Brügger Geistlichen, der die Perioden 621–1440 und 1482–1506 behandelte. W. Prevenier

Ed.: Flandria Generosa, MGH SS IX, 1851 – Anciennes Chroniques, Receuils des Historiens... de la France, XXII, 1865 – Rijmkronijk v. Vlaenderen (J. DE SMET, Corpus Chronicorum Flandriae, Commission Royale d'Hist. IV, 1865), 587–896 – Excellente Chronike (W. Vorsterman, Dits die excellente cronike, 1531) – *Lit.*: Repfont III, 1970, 334; IV, 1976, 465 – H. PIRENNE, L'Ancienne Chronique de Flandre, Bull. de la Commission Royale d'Hist. V⁰ sér., VIII, 1898 – DERS., Rijmkroniek van Vlaanderen, ebd., IV⁰ sér., XV, 1888.

Chronique Martiniane, frz. Chronik nach der lat. Weltchronik des →Martin v. Troppau, übersetzt von Sébastien Mamerot 1458. Endet das Werk des Martin v. Troppau mit dem Jahre 1277, so führt die frz. Fassung, auf verschiedene Kontinuationen aus Italien, Frankreich und Deutschland gestützt, die Darstellung bis 1394 fort. Bei der Drucklegung in Paris zu Beginn des 16. Jh. führte Antoine Vérard den Text durch Hinzufügung von Fragmenten verschiedenster Herkunft, die die frz. Geschichte von 1400–1500 betreffen, weiter. Von den Einzeltexten in dieser Kompilation seien genannt: die »Chronique de la traïson« (Richard II.); ein Traktat von Jean de Montreuil gegen die engl. Ansprüche auf den frz. Thron (1416); Eintragungen verschiedener Herkunft zu 1399–1418; eine Chronik der Regierung Karls VII. (1422–61) von Jean Le Clerc (ca. 1440–1510), Diener und Lobredner von Jacques und Antoine de →Chabannes; die »Chronique scandaleuse« von Jean de Roye (1461–83); Chroniken der Regierungen Karls VIII. und Ludwigs XII. (1483–1500) von Robert Gaguin. Diese Buchhändlerkompilation ist nur soweit von Wert, wie es ihre Einzelteile sind; doch ist sie als Textauswahl repräsentativ und hat über einen langen Zeitraum zur Popularisierung eines bestimmten Bildes der ma. Geschichte Frankreichs beigetragen. →Martinschroniken. A. Vernet

Ed.: La Croniqué Martiniane de tous les papes (...) et aveçques ce les additions de plusieurs croniqueurs..., 2 Bde, Paris, A. Vérard, um 1503 – P. CHAMPION, Croniqué Martiniane. Ed. critique d'une interpolation originale pour le règne de Charles VII restituée à Jean Le Clerc, 1907 (Bibl. du XV⁰ s., II) – *Lit.*: MOLINIER, 2796, 4140.

Chronique du Mont-Saint-Michel, kurze frz. geschriebene Chronik der Jahre 1343–1468, wurde mit Eintragungen von Tag zu Tag zw. 1448 und 1468 in der norm. Abtei OSB →Mont-St-Michel (dép. Manche) von mehreren anonymen Redaktoren, z. T. Augenzeugen, abgefaßt. Sie benutzten dabei auch die (heute verlorene) Chronik des Jean →Castel († 1476), deren wesentl. Bestandteile durch Vergleich zw. den »Croniques abrégées, par Castel cronicqueur de France composées« (Bibl. Vat. Reg. lat. 499), einer anonymen »Chronique de France« (Paris, Bibl. Ste-Geneviève 1993, 1994) und eben der Ch. du Mont-St-Michel rekonstruiert werden können. Die Ch. stellt eine interessante Quelle für die Gesch. der engl. Besetzung der Basse-Normandie dar. A. Vernet

Ed.: S. LUCE, Ch. ..., 1879–83, 2 Bde (Soc. Anc. textes Fr.) – *Lit.*: MOLINIER, 3117 – Repfont 3, 388 – A. BOSSUAT, Jean Castel, chroniqueur de France, M-A 64, 1958, 287–304.

Chronique normande → Cochon, Pierre

Chronique de la Pucelle, frz. Chronik, schildert Leben und Heldentaten der →Jeanne d'Arc 1422–29. Das Werk steht der »Geste des nobles François« (von den legendar. trojan. Ursprüngen der Franzosen bis 1429) nahe. Beide Werke wurden zu Unrecht Guillaume Cousinot, dem Onkel oder dem Neffen, zugeschrieben. Mit einiger Wahrscheinlichkeit wird die Chronik jedoch Jean →Jouvenel des Ursins (1388–1473), Ebf. v. Reims, zugewiesen, der als Autor einer Chronik der Regierung Karls VI. bekannt ist. Das Werk dürfte 1456 verfaßt worden sein unter Benutzung des Berichts über die Belagerung von →Orléans (1429) und der (heute verlorenen) Memoiren des Ambroise de →Loré (1437). 1456 war das Jahr, in dem Jean Jouvenel mit der Einleitung des Prozesses, der die Verurteilung der Jeanne d'Arc annullieren sollte, betraut wurde. A. Vernet

Ed.: A. VALLET DE VIRIVILLE, Chronique de la Pucelle ou Chronique de Cousinot..., 1859, 209–239 [Neudr. 1892] – cf. F. CHAMBON, M-A 5, 1892, 140–146 – *Lit.:* MOLINIER, 4143 – Repfont III, 423 – R. PLANCHENAULT, La Chronique de la Pucelle, BEC 93, 1932, 55–104 – M. HAYEZ, Un exemple de culture hist. au XVᵉ s.: la »Geste des nobles François«, MEFR, 1963, 127–178.

Chronique des quatre premiers Valois, in den letzten Jahren des 14. Jh. verfaßte Chronik, welche die Jahre 1327–93 behandelt. Sie stammt wahrscheinl. von einem Kleriker des Bm.s Rouen, der wohl eine recht niedere Position in der kirchl. Hierarchie innehatte, wie es zumindest seine Interessen, seine hist. Urteile und das zumindest bescheidene Rang seiner Sprache nahelegen. Gleichwohl zeigt er bei seiner Darstellung große Genauigkeit; er geht sogar so weit, dort Namen und Daten wegzulassen, wo er sie nicht mit Sicherheit anzugeben weiß. Außerdem bringt er einige eigenständige Nachrichten, bes. über bestimmte Episoden des Bauernaufstandes der →Jacquerie und die Expedition der Pikarden nach England (1360). Seine Auffassungen sind in der Regel gemäßigt und dem Haus →Valois geneigt. So kritisiert er Kg. →Johann den Guten ledigl. wegen der Hinrichtung des Gf.en v. Eu, später derjenigen des Gf.en v. Harcourt und des Jean de Graville. An Johanns Sohn, →Karl V., den er wegen seines noch als Dauphin errungenen Erfolgs über die Jacquerie feiert, bemängelt er nur, daß der Kg. während des Gr. →Abendländ. Schismas für Urban und nicht für den Gegenpapst Clemens Partei ergriffen habe. Empfänglich für ritterl. Kühnheit und die Taten großer Männer, widmet der Chronist schließlich auch den Schlachten von →Poitiers (Maupertuis), Cocherel und Auray bewegende Schilderungen und zeichnet ein anrührendes Bild von der Größe und Lauterkeit des Etienne →Marcel, des Führers des Pariser Aufstandes, und rühmt auch dem Führer der Jacquerie, Guillaume Carle, die gleichen Eigenschaften nach. – Die Chronik ist nur in einer Hs. erhalten (Bibl. Nat. ms. fr. 10468, anc. suppl. fr. 107), die im 16. Jh. Raymond Forge gehörte, sodann an Joachim de Dinteville und schließl. an das Collège de Clermont überging. F. Fossier
Ed.: S. LUCE, 1862 (Soc. de l'Hist. de France) – *Lit.:* Repfont III, 465.

Chronique du Religieux de St-Denis, frz. Chronik, die die Geschichte Frankreichs von den →Trojanern, den legendar. Ahnherren der Franzosen, bis 1420 behandelt. Fragmente des Werkes wurden erst nach und nach im 19. Jh. wiederentdeckt: Trojaner – 840 (gekürzte Fassung, DELISLE, 1900); 768–1065 (DELABORDE, 1890); 1057–1270 (LUCHAIRE, 1887); 1380–1422 (BELLAGUET, 1839–52). Nur dieser letzte Teil, der für 1420–22 von Jean →Chartier (2. Ch.) fortgesetzt wurde und als zeitgenöss. Geschichtswerk eine wertvolle Quelle für die Regierung Kg. Karls VI. darstellt, wurde vollständig ediert (mit frz. Übers.). Die Identität des anonymen Verfassers, eines Mönchs in →St-Denis und offiziellen kgl. Historiographen, blieb lange umstritten; v. a. Jean Culdoe und Michel Pintoin (SAMARAN) kamen in Frage. Letzthin wurde der Autor als M. Pintoin, Cantor und Chronist v. St-Denis, erkannt (ca. 1350–1421). Es ist nicht immer leicht, festzustellen, an welchen Ereignissen der Chronist selbst teilgenommen hat und welche er nur aus schriftl. Quellen kennt; stets übernimmt er – von der Zeit Karls d. Gr. bis zu Karl VI.! – direkt den Stil der von ihm benutzten Quellen. A. Vernet
Ed.: L. BELLAGUET, Chronique du Religieux de Saint-Denis contenant le règne de Charles VI, de 1380 à 1422, 6 Bde, 1839–52 (Coll. de Doc. inédits) – *Lit.:* Repfont III, 432f. [Angabe weiterer Ed.] – MOLINIER, 3572 – CH. SAMARAN, Un nécrologe inédit de l'abbaye de St-Denis (XIVᵉ–XVIIᵉ s.), BEC 104, 1943, 42–48 – DERS., Les ms. de la Chronique latine de Charles VI dite du Religieux de Saint-Denis, M–A 69, 1963, 657–671 – N. GRÉVY-PONS-E. ORNATO, Qui est l'auteur de la Chronique latine de Charles VI dite du Religieux de Saint-Denis?, BEC 134, 1976, 85–102.

Chronique rimée de Flandre → Reimchronik

Chroniques d'Arthur de Richemont → Gruel, Guillaume

Chroniques du bon duc Louis de Bourbon → Orville, Jean d'

Chroniques (Grandes) de France, ma. Sammelwerk der Geschichtsschreibung →Frankreichs, von den (legendären) trojan. Ursprüngen (→Trojaner) der Franken bis zum Jahre 1461. Innerhalb des gesamten Corpus lassen sich vier aufeinanderfolgende zeitl. Stufen erkennen:

1. Eine frz. Übersetzung, die 1274 von →Primat, Mönch in →St-Denis, dem frz. Kg. Philipp dem Kühnen gewidmet wurde (Paris, Bibl. Ste-Geneviève 782). Es handelt sich um die frz. Übertragung von lat. Chroniken, verfaßt um die Mitte des 13. Jh. in St-Denis, möglicherweise von Primat selbst (Bibl. nat. lat. 5925). Hinzutraten (schon in der lat. Originalhandschrift) Auszüge aus der »Historia Francorum« des →Aimoin v. Fleury, den →»Gesta Dagoberti«, ferner Exzerpte aus den Kontinuationen Aimoins und aus den →Reichsannalen, →Einhards »Vita Karoli Magni«, die »Historia Rotholandi« des Pseudo-→Turpin, die »Vita Ludovici Pii« des →Astronomus, eine Kontinuation des Aimoinschen Werkes für die Jahre 810–1108, die »Vita Ludovici VI.« des Abtes →Suger und die »Vita Philippi Augusti« von →Rigord und →Wilhelm dem Bretonen. Wenn auch alle Bestandteile dieser Kompilation bekannt sind, so ist die Sammlung in ihrer existierenden Form bislang unediert geblieben. Primat, der auch eine (verlorene) lat. Ch. (1250–77) verfaßte, in der er das »Speculum historiale« des →Vinzenz v. Beauvais fortsetzte (sie ist nur durch Jean de Vignays frz. Fassung des »Speculum« bekannt), hat in seinen frz. Text u. a. Auszüge aus →Wilhelm v. Jumièges, die sich nicht in der originalen lat. Handschrift befanden, eingefügt. Um 1286 wurde das lat. Ms. 5925 durch die »Gesta Ludovici VII.«, die anonymen »Gesta Ludovici VIII.« und die »Gesta Ludovici IX et Philippi III.« des Wilhelm v. →Nangis ergänzt. Nur die frz. Fassung der »Gesta Ludovici IX.« wurde am Ende des 13. Jh. oder zu Beginn des 14. Jh. dem Ms. 782 der Bibl. Ste-Geneviève hinzugefügt.

2. In einer zweiten Etappe (London, Brit. Libr. Royal 16. G. VI., aus dem Besitz des frz. Kg.s Johann des Guten) wurde der frz. Text von 1274 aufgrund der lat. Kompilation verbessert und die frz. Fassungen der Viten Ludwigs VII., Ludwigs VIII., Ludwigs IX. und Philipps III., sodann die Chroniken des Wilhelm v. Nangis (1285–1300) und des Richard Lescot (1300–44) angefügt, letztere mit einigen Zusätzen bis 1350, wobei Richard Lescot möglicherweise der Redaktor dieser zweiten Etappe war.

3. Die dritte Textstufe wird durch das ms. fr. 2813 der Bibl. nat. (vormals Kg. Karl V.) repräsentiert. Dort folgt auf die Abschrift der beiden ersten Hss. (von den Ursprüngen bis 1350) eine Wiedergabe der Darstellung der Regierungen von Johann II. dem Guten (1350–64) und Karl V. (1364–80) aus einer Chronik, welche in frz. Sprache von dem Kanzler Frankreichs Pierre d'→Orgemont (bzw. unter seiner Aufsicht) verfaßt wurde. Das ms. fr. 2813 trägt weiterhin die Spuren einer letzten Überarbeitung (1377–78), in der die frz. Ansprüche gegenüber den engl. akzentuiert werden und die Politik Karls V. ausdrückl. verteidigt wird.

4. In einer letzten Redaktion, erhalten in mehreren Hss. und den Pariser Folioausgaben von Pasquier Bonhomme (1476–77, 3 Bde; Gesamtkat. der Wiegendrucke, 6676)

und Antoine Vérard (1493, 3 Bde; ebd., 6677), werden die drei älteren Fassungen wiedergegeben und durch umfangreiche Auszüge aus frz. Chroniken des 15. Jh. ergänzt (Jean →Jouvenel des Ursins, † 1473; Chronique du règne de Charles VI, 1380–1422; Chronique de la Pucelle, 1422–29; Gilles le Bouvier, gen. le Héraut Berry [→Berry, le Héraut], Hist. de Charles VI, 1402–22, Hist. de Charles VII 1422–55; Jean →Chartier, Chronique française, 1422–61). Wenn sich die G. Ch. auch von ihren dionysian. Ursprüngen, die in der 1. und 2. Textversion zum Ausdruck gekommen waren, entfernten, so verstärkten sie doch ihre anfängl. Tendenz, den Standpunkt des frz. Kgtm.s zu propagieren, dies auf Kosten der Unparteilichkeit, die allerdings nie das Ziel dieses offiziellen Geschichtswerkes gewesen war; sein Anliegen war vielmehr schon seit dem 13. Jh. die Vermittlung einer »autorisierten Version« der nationalen frz. Geschichte an ein breites Laienpublikum. →Chronik, →Historiographie.

A. Vernet

Ed.: J. VIARD, Les G. Ch. de France [Troie-1350], 10 Bde (Soc. hist. Fr.), 1920–53 – R. DELACHENAL, Les G. Ch. de France. Chronique des règnes de Jean II et de Charles V [1350–80], 4 Bde (ebd.), 1910–20 – *Lit.*: MOLINIER, 3099 (cf. 2530, 2531, 3575 et 3663) – Repfont III, 338f. – P. PARIS, Les G. Ch. de France VI, 1838, 483–504 [zu den Hss.] – A. MOLINIER, Les G. Ch. de France au XIIIe s. (Études d'hist. du MA..., G. MONOD, 1896), 307–316 – R. BOSSUAT, Manuel bibliogr. de la litt. française du MA, 1951, 3751–3752, 6182.

Chroniques de Normandie, gemeinsame Bezeichnung für drei frz. geschriebene Kompilationen der Gesch. der →Normandie, deren Verfasser anonyme Geistliche oder norm. Bürger waren. Die drei Kompilationen umfassen: 1) 10.–12./13. Jh.; 2) 10. Jh.–a. 1217; 3) 10. Jh.–a. 1453. Von den ersten beiden Kompilationen liegt keine vollständige Edition vor. Die erste bietet sich in den Hss. in verschiedenen Fassungen dar; die zweite, deren Herkunft unbestimmt bleibt, steht an der Spitze der dritten Kompilation. Diese dritte Kompilation, 1487 in Rouen gedruckt (HAIN 5006), gliedert sich in vier Teile: 1) 1223–1415; 2) 1415–22; 3) 1422–44; 4) 1449–53 (»Recouvrement de Normandie«, dem Gilles le Bouvier, gen. Le Héraut Berry [→Berry, le Héraut] zugeschrieben). A. Vernet

Ed.: 1) F. MICHEL, Les Ch., 1–73, 77–95 [Auszüge] – L. DELISLE, Hist. litt. France, 32, 1898, 185, 188–189 [Auszüge] – 2) Rec. hist. France, 11, 1767, 320–343; 12, 1781, 221–256 [Auszüge] – 3) A. HELLOT, Les Ch. (1223–1453), 1881 [nach der Ausgabe von 1487] – *Lit.*: MOLINIER, 1978, 4151, 4367 – Repfont III, 394f. – G. LEFÈVRE-PONTALIS, La guerre des partisans en Haute-Normandie, BEC 54, 1893, 492–516; 55, 1894, 261–276; 56, 1895, 437–496; passim – vgl. auch die Komm. der Ed. von MICHEL, DELISLE, HELLOT (s. o.).

Chronograph von 354. Der röm. Ch. v. 354 ist ein kalendar., tabellar., chronolog. und topograph. Sammelwerk. Er enthält einen astrolog. und staatl. Kalender, die Listen der Konsuln und röm. Stadtpräfekten, eine Ostertafel (Vorausberechnung des Festes bis 411), eine Liste der Todestage der röm. Bf.e und Märtyrer, die röm. Bischofsreihe bis Liberius (Catalogus Liberianus), dazu eine Weltchronik, eine Chronik der Stadt Rom und eine Beschreibung der 14 Regionen Roms. Die Zusammenstellung, reich illustriert, war wohl als Nachschlagewerk für Rom gedacht. Das Nebeneinander staatl., heidn. und chr. Gedenktage ist charakteristisch für die Entstehungszeit. K. S. Frank

Ed.: TH. MOMMSEN, Chronica minora II, 13–196 – *Lit.*: H. STERN, Le calendrier de 354, 1953 – ALTANER-STUIBER, 230, 594.

Chronologie

A. Definition – B. Astronomische Chronologie – C. Historische Chronologie: Westliches Abendland – D. Hist. Ch.: Byzanz und seine kulturellen Einflußbereiche – E. Hist. Ch.: Jüdische Zeitrechnung – F. Hist. Ch.: Arabisch-islamische Zeitrechnung

A. Definition

Die Ch. ist die Lehre vom Messen der Zeit. Den einzigen festen, überall und von allen Menschen verständl. Maßstab zum Messen der Zeit bieten die regelmäßigen und immer wiederkehrenden Bewegungen der Himmelskörper. Sie wurden auch von allen Völkern zur Grundlage ihrer Zeitrechnung genommen. Daraus ergibt sich für die Ch. eine doppelte Aufgabenstellung:

a) die mathemat. oder astronom. Ch., die sich mit den Himmelskörpern beschäftigt, soweit sie für die Bestimmung der Zeiteinheiten von Bedeutung sind.

b) die techn. oder hist. Ch., die sich mit den unterschiedl. Zeitrechnungen der verschiedenen Völker beschäftigt, aber die unterschiedl. Zeitrechnungen miteinander in Bezug setzt. P.-J. Schuler

Lit.: [allg.]: L. IDELER, Hb. der mathemat. und techn. Ch., 2 Bde, 1825–26 – GROTEFEND – F. RÜHL, Ch. des MA und der NZ, 1897 – A. GIRY, Manuel Diplomatique, 1894, 83–275 [Nachdr. 1972, Lit. zur frz. Ch.] – GINZEL – H. GROTEFEND, Ch. des dt. MA und der NZ (Grdr. der Geschichtswiss., hg. A. MEISTER), 1912^2 – A. CAPELLI, Cronologia, Cronografia e Calendario perpetuo dal principio dell'èra cristiana ai nostri giorni, 1978^4.

B. Astronomische Chronologie

Die ursprgl. chronolog. Berechnungen des MA beruhen auf folgenden Beobachtungen: der fast unveränderl. Rotationszeit der Erde, der nur wenig veränderl. Umlaufszeit der Erde um die Sonne und des Mondes um die Erde. Die Konstanz der Phänomene mit ihren meteorolog. Konsequenzen (trop. →Jahr = 365, 242194 Tage als Zeitraum des Rhythmus der Jahreszeiten) bot für das MA die einzige Möglichkeit zu gliedern und fortlaufend zu zählen. Auf Grund der heute voll ausgebildeten Himmelsmechanik ist es möglich, vergangene Gestirnstellungen ma. Quellen präzise zurückzurechnen und somit chronolog. Anhaltspunkte unabhängig von der damals gebrauchten Zeitrechnung zu gewinnen. Im MA waren beobachtungsfeste und beobachtungsunabhängige Koordinatensysteme gleichermaßen in Gebrauch. Die Gestirnstellung im beobachterfesten Horizontsystem wurde durch das →Gnomon (Schattenstab) und das →Astrolabium bestimmt. Aus der Gestirnhöhe wurden die →Stunden des Tages und der Nacht abgeleitet (Hermannus Contractus, »De utilitate astrolabii«). Die extremen Horizontpunkte der jährl. Sonnenbahn (Abend- und Morgenweiten) wurden darüber hinaus auch zur Festlegung der geogr. Breite herangezogen (Grœnlendinga saga).

Die beiden wichtigsten beobachterunabhängigen Koordinatensysteme (ekliptikales. System und beweglich. Äquatorsystem) hat das MA aus der Antike übernommen. Ein bes. Problem stellte der Ausgleich zw. der Länge des trop. Jahres und des (Sonnen-)Tages dar. Da die Länge des trop. Jahres in der Natur durch die witterungsabhängigen Variationen der Vegetationsfixpunkte nur unscharf bestimmt ist, so versuchte man seit der Antike beide Systeme durch Schaltungen in Einklang zu bringen. Ähnlich wird auch das freie Mondjahr zu 12 synod. →Monaten (354, 37 d) an das trop. Jahr angeglichen, z. B. im jüd. Kalender.

Abschließend sei noch angemerkt, daß durch die Ausbildung der →Komputistik die Kalenderberechnungen und die Fortschreibung der Fixsternlisten fast ausschließl. durch Ausschreiben überlieferter Autoren und Anbringung numer. Korrekturen erfolgte, selten jedoch auf Grund des nach wie vor vorhandenen astronom. Wissens. W. Schlosser

Lit.: TH. V. OPPOLZER, Canon der Finsternisse (Ksl. Akad. der Wiss. Wien, naturwiss. Kl., Denkschr. 52), 1887 – R. SCHRAM, Kalendariograph. und chronolog. Tafeln, 1908 – P. V. NEUGEBAUER, Astronom. Ch., 2 Bde, 1929 – DERS., Hilfstafeln zur astronom. Ch., 1936–38 – P.

AHNERT, Astronom.-chronolog. Tafeln, 1965 – P. KUNITZSCH, Typen von Sternenverzeichnissen in astronom. Hss. des 10.–14. Jh., 1966 – Grœnlendiga saga (Thule. Isländ. Sagas 2, 1978), 87 [dt. Übers.].

C. Historische Chronologie: Westliches Abendland

I. Allgemeine Zeitrechnung im Mittelalter – II. Besonderheiten.

I. ALLGEMEINE ZEITRECHNUNG IM MITTELALTER: [1] *Julianischer Kalender:* Die ma. Ch. baut in ihren wesentl. Teilen auf dem Julian. Kalender auf, der i. J. 46 v. Chr. durch eine Kalenderreform Caesars in Rom eingeführt wurde. Dem Julian. Kalender liegt das trop. Jahr zu 365 ¼ Tagen zugrunde, d. h. ein vierjähriger Zyklus von 1461 Tagen, der sich aus einem Schaltjahr (»annus bisextus«) von 366 Tagen und drei nachfolgenden Gemeinjahren zu 365 Tagen zusammensetzt. Den alle vier Jahre einzuschiebenden Schalttag (»dies intercalaris, dies bisextus«) verlegte Caesar auf den 24. Febr. Die röm. Kirche hat im Gegensatz zur griech. Kirche an dieser Besonderheit festgehalten und Heiligenfeste, die im Schaltjahr auf den 24. Febr. fielen, im Gemeinjahr am 25. Febr. usw. gefeiert. Eine nicht eindeutige Formulierung in Caesars Kalenderedikt führte nach seinem Tod dazu, daß nicht im 5. Jahr, sondern bereits im 4. Jahr der Schalttag eingelegt wurde; seitdem ist das 4. Zyklusjahr das Schaltjahr. Der Ansatz des trop. Jahrs ist um 11 Min. und 14 Sek. zu lang; diese Differenz addiert sich in 128 Jahren zu einem Tag. Den Jahresbeginn legte Caesar auf den 1. Jan., wodurch das Amtsjahr der Konsuln und das Kalenderjahr zusammenfielen. Hinsichtlich der Tageszählung behielt man das unbequeme amtl. röm. System mit der Dreiteilung des Monats bei: Der Monatserste heißt in allen Monaten Kalendae (Abk.: Kal., Cal.); die Nonen (Abk.: Non.) fallen auf den 5. und die Iden (Abk.: Id.) auf den 13. Tag; ausgenommen in den Monaten März, Okt., Mai, Juli (»Merkwort: Momjul«) auf den 7. bzw. 15. Tag. Von diesen drei Fixtagen aus wird dann zur Bezeichnung der Tage rückwärts gezählt, wobei man den Anfangstag mitrechnet. Der Julian. Kalender erfuhr noch in röm. Zeit eine Veränderung, indem man den Quintilius in Julius, den Sextilis in Augustus umbenannte. Seitdem hat der Julian. Kalender keine wesentl. Veränderungen mehr erfahren.

[2] *Jahresanfang:* Während die Reihenfolge der Monate und die monatl. Tageszahl des Julian. Kalenders unverändert blieben, ist der →Jahresanfang (Neujahr) während des MA nach Zeiten und Orten verschieden, selbst an einzelnen Orten nicht durchgängig derselbe geblieben. Aus diesem Grund muß bei allen ma. Datierungen immer zuerst der zugrunde liegende Jahresanfang festgestellt werden. Dies ist bei Urkunden relativ einfach, weil hier gewöhnlich weitere Datumsangaben hinzugefügt sind. Bei chronikal. Überlieferungen ist dies nur möglich, wenn mehrere Zeitangaben miteinander verglichen und in eine Reihenfolge geordnet werden können. Das MA kennt als Jahresanfang: a) den 1. Jan. (Circumcisionsstil, »stilus communis«), der auf den Julian. Kalender zurückgeht und im MA keineswegs am verbreitetsten war; b) den 1. März (frz.: *style Vénitien*), der aus dem jüd. Kalender stammt und über die oriental. Christen auch im Abendland (v. a. bei den Franken, später in Venedig und bei den Russen) Eingang fand; c) den 25. März, Fest der Verkündigung Mariens (Annunziationsstil, Marienjahr, auch: Inkarnationsstil) – er hängt eng mit der Rechnung der Jahre seit Christi Geburt zusammen. Bei diesem Stil sind zwei Arten zu unterscheiden: der calculus (stilus) Pisanus und der →calculus (stilus) Florentinus; d) der Oster- oder Paschalstil, der im MA aus religiösen Gründen große Verbreitung fand. Da dieser Jahresanfang von dem schwankenden Ostertermin abhängt (zw. dem 22. März und dem 25. April), ergeben sich Jahreslängen, die bis zu 35 Tagen schwanken, d. h. das Jahr kann länger und kürzer als 365 Tage sein; e) den 1. Sept., der im oström. Reich und in der griech. Kirche üblich war und deswegen als byz. Jahresanfang bezeichnet wird (vgl. Abschnitt D. I); f) den 25. Dez. (Weihnachts- oder Nativitätsstil); auch er hängt eng mit der christl. Zeitrechnung zusammen. Er wird von den meisten ma. Chronisten verwendet und war in Deutschland weit verbreitet.

[3] *Monat, Woche, Tag:* Die Einteilung des Jahres in →Monate und die Bezeichnung der Monate werden im MA ebenfalls aus dem Julian. Kalender übernommen. Seit dem 13. Jh. kommen in den Urkunden vereinzelt dt. Monatsnamen vor, die erst im 14. Jh., nach dem Aufkommen der →Kalender, häufiger nachzuweisen sind. Die →Woche stellt eine von der Jahres- und Monatseinteilung unabhängige Aneinanderreihung von sieben Tagen dar. Sie wurde von den Juden im 1. vorchristl. Jh. im röm. Kulturgebiet verbreitet. Bürgerliche Geltung erhielt sie erst i. J. 321 durch Ks. Konstantin. Mit der Ausbreitung des Christentums hat sich dann die Wochenrechnung unabhängig und neben der Monatsrechnung allgemein im Abendland eingebürgert. Die christl. Woche beginnt im bewußten Gegensatz zur jüd. Woche nicht mit d. Šabbath (Samstag), sondern mit dem Sonntag, dem Auferstehungstag Christi; die slav. Woche beginnt mit dem Montag. Die Einteilung des →Tages (»feriae«) und die Messung der einzelnen Teile ist im westeurop. MA bis zur Einführung der Schlaguhren nur eine primitive. Man findet bis zum Beginn des 14. Jh. kaum mehr als das aus der Antike bekannte und mittels eines senkrechten Stabes ermittelte Schattenmaß mit seinen ungleich langen Stunden (»horae inaequales«), den sog. Temporalstunden (→Uhr). Auf dieser Stundenrechnung beruht die röm. wie auch die kirchl. Tageseinteilung des MA (»officia, horae canonicae«). Die horae sind Zeitangaben, an denen bestimmte Gebete verrichtet werden mußten und die seit Anfang des 7. Jh. durch Glockenläuten angezeigt werden. Die gleich langen Stunden (»horae aequales, horae aequinoctiales«), die schon im Altertum bekannt waren (Ptolemaios), werden im MA zunächst nur in astronom. und kalendar. Werken benutzt. Erst durch die Konstruktion von mechan. Schlaguhren verbreitet sich im 14. Jh. die gleichlange Stundenteilung des Tages.

[4] *Jahreszählung:* Obgleich die →Jahreszählung (→Ära) nicht direkt zum →Kalender gerechnet wird, steht sie mit diesem in einem sehr engen Zusammenhang. Die wichtigsten Jahreszählungen des MA sind: a) Die →Indiktion oder Römerzinszahl war lange Zeit ein mangelhafter Ersatz für eine feste Jahreszählung. Bei Urkunden unterließ man nur selten, diesen Jahrescharakter anzugeben, ausgenommen in Spanien, das früh schon eine eigene Ära besitzt (vgl. Abschnitt II,3). Die Indiktion gibt nur die laufende Ordnungszahl innerhalb des 15 jährigen Zyklus an, aber nicht die Zahl der vergangenen Zyklen. Bei der Berechnung der Indiktion ist zu beachten, daß es verschiedene Indiktionsstile mit unterschiedl. Jahresanfängen gibt: griech. Indiktion (1. Sept.), bedaische Indiktion (24. Sept.) und die päpstl. Indiktion (25. Dez. oder 1. Jan.). b) Die Herrscherjahre gehen auf die röm. Zählung nach Konsulaten zurück, die sich bis ins 6. Jh. hielt. Ks. Justinian führte 537 n. Ch. die Zählung nach Regierungsjahren rechtsverbindl. ein (Nov. 41, [50], 52, 54; 47), und diesem Brauch schlossen sich die germ. Herrscher an. c) Die Byzantinische Ära: vgl. Abschnitt D. I. d) Die Christliche Ära oder Dionysische Ära (»aera communis«) ist die

Rechnung der Jahre nach Christi Geburt. Der röm. Abt →Dionysius Exiguus gebrauchte sie erstmals 525 in seiner Ostertafel (→Osterfestberechnung), indem er bewußt die Rechnung der Jahre nach Diokletian durch »anni Domini nostri Jesu Christi« ersetzte. Die Christl. Ära setzte sich Anfang des 8. Jh. zuerst in England durch und verbreitete sich von dort im Verlauf des 8. Jh. über das frk. Reich im Abendland und ist bis heute die gültige Zeitrechnung des Abendlandes.

[5] *Datierung:* Die röm. →Datierung, die im MA nie ganz verschwand, weist im MA eine Reihe von Besonderheiten auf und ist nicht selten mit Fehlern behaftet, was deutlich auf eine zunehmende Unkenntnis des röm. Kalenders hinweist. In Deutschland wurde sie seit dem 11. Jh. immer mehr verdrängt und war im 13. Jh. in weiten Kreisen der Bevölkerung nicht mehr geläufig. In Frankreich hält sich die röm. Datierung in den lat. Urkunden bis zum Ausgang des MA. In anderen westeurop. Ländern erlosch sie weit früher und wurde z. B. 1350 in Aragón abgeschafft. Für die röm. Datierung schuf das MA einige andere Datierungsformen: a) Früh schon drückte man das Datum durch die Angabe des Wochentages und seit dem 6. nachchristl. Jh. durch eine Ordnungszahl aus, indem man die Tage des jeweiligen Monats durchzählte. In Italien und Frankreich gebrauchte man hierzu besondere Formeln, die in den frz. Königsurkunden noch bis Anfang des 9. Jh. nachweisbar sind. In Deutschland ist die Anwendung von Monatstagen seit dem 8. Jh. nachweisbar; sie stand aber im Urkundenwesen immer in starker Konkurrenz zur röm. Datierung. b) Unter dem Einfluß des Christentums gewann seit dem 7. Jh. die Datierung nach dem kirchl. →Fest- und Heiligenkalender zunehmend an Bedeutung und verdrängte durch die Hinzufügung des Wochentages die röm. Datierung. Das Kalendarium Karls d. Gr. nennt bereits alle größeren Fest- und Heiligentage. Der Festkalender wird nördl. der Alpen zur beliebtesten und volkstümlichsten Datierungsweise des SpätMA; in Italien hat diese Datierungsform nicht dieselbe Bedeutung gehabt. Diese Datierungsweise setzt die Kenntnis des chr. Festkalenders des MA voraus. Dieser kirchl. Kalender unterscheidet zw. unbewegl. Festen (»festa immobilia«), wie etwa Weihnachten, die immer auf dasselbe Monatsdatum fallen, und den bewegl. Festen (»festa mobilia«), von denen die meisten von Ostern abhängen. Zugleich ist zu beachten, daß die allgemein anerkannten Heiligenfeste nicht in allen Bm.ern am gleichen Termin begangen werden; zu diesen Heiligen treten noch lokale Heilige hinzu, so daß in den verschiedenen Bm.ern unterschiedl. Heiligenkalender verbindl. wurden. Um eine Festdatierung auflösen zu können, muß man die verschiedenen regionalen Heiligenkalender, die der Orden und überregionalen Vereinigungen kennen (vgl. dazu: GROTEFEND, Zeitrechnung; GIRY). c) Bei der Datierung nach der Consuetudo Bononiensis (frz.: *le mois entrant*) wird der Monat in zwei Hälften geteilt. Die 1. Monatshälfte (»mens intrans, introiens; ingender monat«) wird vorwärts gezählt, die 2. Monatshälfte (»mens exiens, stans, retrans; ausgender monat«) wird rückwärts gerechnet. Die Consuetudo Bononiensis ist seit dem 8./9. Jh. in Norditalien bezeugt und breitete sich von dort nach Süditalien, nach dem Norden in die Schweiz, nach Frankreich und Böhmen aus und ist seit der 2. Hälfte des 12. Jh. auch vereinzelt in Deutschland bezeugt. c) Eine bes. Art der Datierung ist der →Cisiojanus. Für jeden Monat existieren zwei Hexameterverse ohne Anspruch auf irgendeinen Sinn; diese Verse umfassen so viele Silben wie der Monat Tage zählt. Für die Datierung wurden nur die lat. Verse gebraucht. Angewendet wurde der Cisiojanus in Polen, Schlesien, Böhmen und Preußen.

Zur Feststellung des Wochentages, auf den ein bestimmtes Datum fällt, und zur Bestimmung des Osterfestes bediente man sich im MA auch des Sonnencirkels und der Sonntagsbuchstaben (litterae calendarum). Daneben werden bei der Berechnung des Osterdatums noch andere Faktoren, v. a. beim →Computus (vgl. auch →Komputistik) verwendet, die man gewöhnlich unter der Bezeichnung →Jahreskennzeichen zusammenfaßt: die Goldene Zahl, die Epakte, die Concurrentes, die Regulares, die Claves Terminorum, die Lunarbuchstaben, die Fest- oder Kalenderzahl.

[6] *Osterfestberechnung:* Zentrale Bedeutung für die ma. Zeitrechnung hat die Berechnung des Osterfestes (→Osterfestberechnung, Ostertafel; →Osterstreit). Hier knüpft der christl. Kalender unmittelbar an die jüd. Kalenderberechnungen des Passah-Festes (vgl. Abschnitt E) an. Die Unsicherheit und die Verschiedenheit der Osterberechnung führten bereits im 3. Jh. zur Aufstellung von Ostertafeln (»tabulae, cydi, canones paschalis«), aus denen der Ostersonntag für eine Reihe von Jahren vorweg zu entnehmen war. Diese Tafeln enthielten nicht nur für jedes Jahr das Datum des sog. Ostervollmondes und des Ostertages, sondern zusätzlich eine Anzahl von Zeitcharakteren, deren man sich zur Berechnung des Osterfestes und zur Kontrolle dieser Berechnung bediente. Die Ostertafeln zerfallen in zwei Gruppen, in die alexandrin. (oriental.) und die occidental. Völlige Einigkeit in der Berechnung des Osterfestes erreichte die abendländ. Kirche erst durch Dionysius Exiguus, dessen Osterregel durch Cassiodor und bes. durch Beda verbreitet und allgemein angenommen wurde. Bedas Werk (»De temporum ratione«) setzte die Dionysische Ostertafel bis zum Jahr 1063 fort; auf ihr fußen die großen Serien ma. Ostertafeln, welche später häufig mit Kalendarien verbunden werden, z. B. der »Hortus deliciarum« der Äbtissin Herrad v. Landsperg. Nach der Dionysischen Ostertafel, die auf der alexandrin. aufbaut, werden die Vollmonde mittels eines 19jährigen Zyklus berechnet und das Frühjahrsäquinoktium mit dem 21. März als ein festes Datum angenommen. Ostern ist am ersten Sonntag nach dem Vollmond, der auf das Frühjahrsäquinoktium folgt, zu feiern. Wenn aber Frühjahrsvollmond und der Sonntag zusammenfallen, wird Ostern um eine Woche verschoben. P.-J. Schuler

Lit.: J. L. BRANDSTETTER, Der Nativitätsstil, Anz. für schweiz. Gesch. NF 17, 1886 – G. BILFINGER, Der bürgerl. Tag. Unters. über den Beginn des Kalendertages im klass. Altertum und im christl. MA, 1888 – DERS., Die ma. Horen und die modernen Stunden. Ein Beitrag zur Kulturgesch., 1892 – F. SACHSE, Das Aufkommen der Datierung nach dem Festkalender in Urkunden der Reichskanzlei und den dt. Ebm.ern [Diss. Erlangen 1904] – J. SCHMID, Die Osterfestberechnung in der abendländ. Kirche vom Ersten Allgemeinen Konzil zu Nicäa bis zum Ende des 8. Jh. (Straßburger theol. Stud. 9/1), 1907 – J. BACH, Die Osterfest-Berechnung in alter und neuer Zeit. Ein Beitr. zur christl. Ch., 1907 – W. ACHT, Die Entstehung des Jahresanfanges mit Ostern. Eine hist.-chronolog. Unters. über die Entstehung des Osteranfanges und seine Verbreitung im 13. Jh., 1908 – K.-A. H. KELLNER, Heortologie oder das Kirchenjahr und die Heiligenfeste in ihrer gesch. Entwicklung, 1911[3] – E. ROSENSTOCK, Zur Ausbildung des ma. Festkalenders, Arch. für Kulturgesch. 10, 1912 – H. AICHER, Beitr. zur Gesch. der Tagesbezeichnung im MA (Quellenstud. aus dem Hist. Seminar Innsbruck, H. 4), 1912 – BORRELLI DE SERRES, Le commencement de l'année des Pays-Bas au MA, 1914 – W. F. WISLICENUS, Der Kalender in gemeinverständl. Darstellung (Aus Natur und Geisteswelt, H. 69), 1914[2] – F. H. COLSON, The week. An essay on the origin and development of the sevenday cycle, 1926 – E. PRZYBYLLOK, Unser Kalender in Vergangenheit und Zukunft (Morgenland, Darstellungen aus Gesch.

und Kultur des Ostens, H. 22), 1930 – J. F. WILLARD, Occupations of the month in mediaeval calenders (Bodleian quart. record 7), 1932 – H. HOFMANN, Caesars Kalender (Tusculum-Schr., H. 20), 1934 – E. BORNEMANN, Zeitrechnung und Kirchenjahr. Mit Schiebetafel »Calendarium Perpetuum«, 1964.

II. BESONDERHEITEN: [1] *Skandinavien:* Die wichtigsten Elemente des Julian. Kalenders dürften in Skandinavien schon während der Wikingerzeit bekanntgeworden sein und konnten bereits in dieser frühen Phase die einheimisch-skand. Zeitrechnung beeinflussen. Allein auf Island sind schriftl. Auskünfte über die nord., insbes. isländ. Zeitrechnungsprinzipien vor dem Übergang zum Christentum (im Verlaufe des 10. und 11. Jh.) überliefert: In der →*Íslendingabók* (Kap. 4) des →Ari enn fróði (ed. und übers. H. HERMANNSSON, Islandica XX, 1930 [Nachdr. 1979]) und den drei zw. der 2. Hälfte des 12. Jh. und der 2. Hälfte des 14. Jh. entstandenen komputist. Abhandlungen, die auch Angaben über die isländ. Zeitrechnung vor Einführung des Julian. Kalenders enthalten (Rím I–III, ed. N. BECKMANN–KR. KÁLUND, Alfræði íslenzk II, 1914–16). Aus diesen Quellen läßt sich nicht mit Sicherheit ablesen, ob im N eine lunar ausgerichtete Zeitrechnung vorherrschte, oder eher eine lunisolare, wie sie auch Beda in »De temporum ratione« für den ags. Bereich beschreibt.

Mit Errichtung des isländ. Allthings um 930 (→*Alþingi*) wurde auch die Zeitrechnung festgelegt: Nach gemeinnord. (möglicherweise gemeingerm.) Verfahrensweise bestand das Jahr aus zwei Halbjahren *(misseri),* sechs Winter- und sechs Sommermonaten. Jedoch hatten diese Monate alle 30 Tage, ausgenommen der dritte Sommermonat, der vier Ausgleichstage *(aukanætr* »Zusatznächte«) aufwies, so daß das Jahr insgesamt 364 Tage oder 52 siebentägige Wochen umfaßte. In einer späteren, gesetzl. geregelten Kalenderkorrektur (nach 950) wurde jedes 7. Jahr im Sommerhalbjahr eine Schaltwoche *(sumarauki* 'Sommerzusatz') eingefügt. Man legte also – in Anlehnung an den ags. Kalender und nach Berechnungen des gelehrten Þorsteinn surtr Hallsteinsson – das 365tägige Jahr zugrunde. Diese Interkalationen wurden später aufgrund besserer Berechnungen genauer festgelegt. Nach Einführung des Christentums wurde mit Hilfe des 28jährigen Sonnenzyklus ein Ausgleich zw. dem einheim. Kalender und den kirchl. Kalendarien geschaffen.

P.-J. Schuler/H. Ehrhardt

Ed. und Lit.: KL VII, s. v. Interkalation, 441–444; XVIII, s. v. Tideräkning, 270–277 – G. BILFINGER, Unters. über die Zeitrechnung der alten Germanen I–II, 1899–1901 – Ó. EINARSDÓTTIR, Studier i kronologisk metode i tidlig islandsk historieskrivning, 1964 – B. ALVER, Dag og merke, 1970 – Saga Íslands, ed. S. LÍNDAL, 1974–75, I, 265–267; II, 221.

[2] *England und Irland:* a) *Jahreszählung, Jahresanfang:* In Britannien vor der ags. Eroberung, im südl. Irland bis zum 7. Jh., im übrigen Irland und im Bereich der Pikten bis zum Anfang des 8. Jh. sowie im nördl. Wales bis 768 galt der 84jährige Osterzyklus, dessen Ostertermine sich erheblich von denen des im Anschluß angewandten Dionysischen Zyklus unterscheiden (→Osterfestberechnung, →Osterstreit). Seit dem 8. Jh. wich die Zeitrechnung nicht grundsätzl. von den mitteleurop. Gegebenheiten ab, da sie auf Beda »De temporum ratione« fußt.

Die Jahreszählung erfolgte bis ins 8. Jh. nach Herrscherjahren, z. T. im Zusammenhang mit der Indiktion. Erst zur Zeit Æthelbalds v. Mercia wurde die Inkarnationszählung vorherrschend. Damit waren Britannien und Irland die ersten Regionen, die die Dionysische Inkarnationsära in die Urkundendatierung übernahmen; dies wahrscheinl. initiiert durch Beda (»De temporum ratione«, Kap. 47: »De annis dominicae incarnationis«), der auch seine Kirchengeschichte und die Ostertafeln mit Inkarnationsjahren versah. Das Jahr begann bis zum 13. Jh. mit dem 25. Dez. (Weihnachtsstil). Aufgrund normannisch-kirchl. Einflusses wurde vom 13. Jh. – 1753 das Jahr mit dem 25. März begonnen (Annunziationsstil).

b) *Tag und Monat:* Bei der Tagesangabe erscheint die röm. Tageszählung oder fortlaufende Zählung der Monatstage, erst nach der Mitte des 9. Jh. wurde nach Festen datiert, selten nach Heiligen. Die Tageseinteilung erfolgte nach ungleichen Stunden (»horae inaequales«). Als Monatsnamen wurden überwiegend die röm. gebraucht; Beda (»De temporum ratione«, Kap. 15) nennt auch die ags. →Monate.

W. Bergmann

Lit.: F. K. W. PIPER, Die Kalendarien und Martyrologien der Angelsachsen sowie das Martyrologium und der Computus des Herrad v. Landsperg, 1862 – M. TREITER, Die Urkundendatierung in ags. Zeit nebst Überblick über die Datierung in der anglo-norm. Periode, AU 7, 1921, 55–160 – Bedae Opera de Temporibus, hg. C. W. JONES, 1943 – C. R. CHENEY, Handbook of Dates for students of English hist., 1945, 1970³ [Ostertafeln: 84–155; S. 156 für die Zeit von 500 bis zur Mitte des 8. Jh. unzuverlässig, da der 84jährige Osterzyklus unberücksichtigt ist] – F. M. POWICKE – E. B. FRYDE, Handbook of British Chronology, 1961 – D. O CRÓINÍN, A Seventh-century Irish computus from the circle of Cummianus, PRIA CC 82, 1982, 405–430 – K. HARRISON, The Framework of Anglo-Saxon Hist. to A. D. 900, 1976.

[3] *Spanien:* Die Berechnung der Span. →Ära setzte mit dem Jahr 38 v. Chr. ein. Als eine für die span. Datierung im MA characterist. Eigenheit begann das Jahr am 1. Jan. Ab 290 n. Chr. ist die Ära in Inschriften belegt, in westgot. Zeit seit 527. Sie wurde durch das Inkarnationsjahr abgelöst: in Aragón während der Herrschaft Kg. Peters IV. (16. Dez. 1350), in Valencia 1358, in Kastilien, León, Galicien, Toledo und Andalusien 1383 (durch Johann I. auf den Cortes v. Segovia). Weiterhin in Gebrauch war sie: in Navarra bis in die ersten Jahre des 15. Jh.; in Portugal bis 1422 (erscheint aber noch bis 1450 [Ära 1488]); in Kastilien bis 1451 (in manchen Inschriften bis 1616).

In der christl. Ära kann sich der Jahresanfang auf verschiedene Daten (Stile) beziehen, die in Spanien mit dem Julian./Gregorian. Kalender übernommen wurden: der Weihnachts- und Nativitätsstil war schon seit dem 12. Jh. bekannt und wurde durch den Circumcisionsstil abgelöst, der offiziell 1552 eingeführt wurde; in Navarra ist er seit 1264 in Gebrauch. Der calculus Pisanus und der calculus Florentinus sind seit dem 9. Jh. belegt. Sie waren neben Datierungen nach der span. Ära seit 1180 in Aragón gebräuchlich und fanden während des MA auf der ganzen Halbinsel Verwendung. Der Oster- oder Paschalstil setzte sich v. a. in →Navarra unter der Herrschaft des Hauses →Champagne (13. Jh.) durch.

Die Zählung nach röm. Konsulatsjahren war auf Inschriften gebräuchlich; sie ist in westgot. Zeit seit 516 belegt, ebenso auch die postkonsulare Zählung (542–586). Die Weltären wurden vom 12. bis 14. Jh. v. a. in Chroniken wie in der des Hydatius verwandt; in verschiedenen Berechnungen ging man von der Erschaffung der Welt aus, in anderen wiederum von Abraham (2016–2015). Weiterhin gab es Berechnungen nach Jubeljahren und Lustren. Bis in die Neuzeit üblich war die Datierung nach Regierungsjahren der Kg.e, Ks. und Bf.e; das älteste Zeugnis stammt von 506. Die zusätzl. Datierung der Urkunden in Katalonien nach den Regierungsjahren westfrk./frz. Herrscher fiel 1180 fort. Die Datierung nach der islam. Hiğra (Hégira; 16. Juli 622), dem jüd. Kalender und der jüd. »Weltschöpfungsära«, kommt in Dokumenten und Inschriften vor. Im Rahmen der Reconquista treten vom 12. bis 14. Jh. in den Urkunden häufig Verweise auf Jahr, Monat oder Tag wichtiger Ereignisse auf.

S. A. García Larragueta

Ed. und Lit.: Marqués de Mondejar, ed. MAYANS Y SISCAR, Valencia 1744 – H. FLÓREZ, España Sagrada II, Madrid 1754; LII, 1918 – J. VIVES, Über Ursprung und Verbreitung der span. Ära, HJb 58, 1938, 97–108 – J. AGUSTIN, P. VOLTES, J. VIVES, Manual de Cronología, 1952, 308–334, 491–503 [Konsullisten] – J. A. MARAVALL, Sobre el sistema de datación por los reyes francos en los diplomas catalanes, RABM 60, 1954, 361–374 – V. D'ORS, La Era Hispánica (Estudio General de Navarra, Mundo Antiguo I), 1962 [Lit.] – A. MUNDÓ, La dataciό de documents pel rei Robert (996–1031) a Catalunya, Anuario de Estudios Medievales 4, 1967, 13–34 – J. VIVES, Inscripciones, 1969² – G. FELIU I MONTFORT, La cronología según los reyes francos en el condado de Barcelona (siglo X), Anuario de Estudios Medievales 6, 1969, 441–463 – H. GRASSOTTI, Fechas de Sucesos Históricos en los documentos de Alfonso VII, RevPort 16, 1976, 169–183 – S. A. GARCÍA LARRAGUETA, Cronología, 1976 – A. CANELLAS, Diplomática Hispano-visigoda, 1979.

D. Historische Chronologie: Byzanz und seine kulturellen Einflußbereiche

I. Byzanz – II. Süd- und Ostslaven – III. Armenien und Georgien.

I. BYZANZ: [1] *Jahreszählung, Jahresanfang:* In Fortführung des röm. Brauches erfolgte die Jahreszählung in der frühbyz. Zeit nach dem Namen der jährl. wechselnden Konsulpaare (fasti consulares; ὑπατεία) sowie nach den eine ägypt. Tradition fortsetzenden Regierungsjahren des Ks.s (βασιλεία). In einer Inschrift aus Smyrna, datiert nach dem 8. Febr. 534 (GRÉGOIRE, Nr. 69), wird allerdings nach den Konsulatsjahren Justinians gezählt. Die diokletian. Ära, die mit der Thronbesteigung Diokletians 284 begann, erfuhr nur in Ägypten Verbreitung und fand bes. bei den Kopten als die »aera martyrum« Anwendung. Unter Diokletian wurde die aus der Steuerpraxis stammende →Indiktion als Zyklus von 15 Jahren eingeführt. Der erste Indiktionszyklus begann am 17. Sept. 297. Ks. Konstantin I. setzte den Anfang des zweiten Zyklus auf den 1. Sept. 312 fest. Erklärungen über den Indiktionszyklus aus der mittelbyz. Zeit wie bei Konstantinos Porphyrogennetos, »De Thematibus«, 55 (XVII 8: PERTUSI, 92), zeigen, daß die ursprgl. Bedeutung der Indiktion bald in Vergessenheit geriet. Während das spät-röm. Jahr am 23. Sept., dem Geburtstag des Ks.s Augustus, begann, wurde der Anfang des Jahres in Byzanz i. J. 462 oder 474 entsprechend der Indiktion auf den 1. Sept. festgelegt. Seltener wird noch ein Jahresbeginn am 23. Sept. (Fest der conceptio Johannes des Täufers) in christl. Inschriften des 5. Jh. und in griech. (Typika) und slav. (Evangeliar des Assemani, des →Ostromir) liturg. Handschriften des 11.–12. Jh. bezeugt.

Von den zahlreichen Weltären, die nach der bibl. Geschichte ihren Beginn von dem Jahr der Weltschöpfung ableiten, besaßen nur zwei eine Bedeutung für die byz. Periode, die antiochen. Ära von 5500 und die konstantinopolitan. oder byz. Ära von 5508/5509. In der erstgenannten begann das Jahr am 25. März (Annunziationsstil), in der konstantinopolitan. am 1. Sept. Eine ägyptisch-alexandrin. Zeitrechnung ab dem Jahre 5492/5493 besaß nur eine Bedeutung für den ägypt. Raum. Die antiochen. Ära (auch alexandrin. gen.) geht auf Berechnungen alexandrin. Mathematiker und Astronomen des 3. bis 5. Jh. wie Julius Sextus Africanus (3. Jh.) und Panodoros (5. Jh.) zurück und setzt den Beginn des Jahres im allgemeinen auf den 25. März fest (Fest der Verkündigung Mariä). In byz. Chroniken des 1. Jt. (wie bei den Patriarchen →Nikephoros, bei Georgios →Synkellos, →Theophanes, →Georgios Monachos) wurde teilweise die alexandrin. Zeitrechnung verwendet, während die konstantinopolitan. Ära erstmalig in dem in den 30er Jahren des 7. Jh. entstandenen →Chronicon Paschale angewendet wurde. Die Datierung nach dem als allgemein byz. geltenden konstantinopolitan. Weltjahr (ab anno mundi – ἀπὸ κτίσεως κόσμου) wurde zur christl. Ch. in der byz. und nachbyz. Zeit schlechthin, in Rußland bis zu Peter d. Gr.; nach ihr richteten sich die meist aus kirchl. Kreisen stammenden Chroniken. Erst nach der Einnahme Konstantinopels durch die Lateiner 1204 begegnen in griech. Quellen Datierungen nach der westl., ab der Geburt Christi beginnenden Zeitrechnung. In den Kaiserurkunden hingegen blieb das röm. Datierungssystem nach den Regierungsjahren des Herrschers. Ks. Justinian verfügte 537 in der Novelle 47 (Basilika, XXII/2) die Ergänzung der Datierung durch die Nennung der Indiktion. Als Kaiserprivileg galt die Datierung nach dem Monat des jeweiligen, nicht genannten Jahres *(Menologem)*. Hinsichtlich Prostagma (→Urkunde) oder Verwaltungsverfügung ordnete Ks. Manuel II. 1394 an (DÖLGER, Reg. Nr. 3246), daß neben Menologem auch Monatstag und Weltjahr vermerkt werden müssen. In der 1. Hälfte des 6. Jh. verfaßte →Johannes Lydos eine Schrift »Über die Monate« *(περὶ μηνῶν),* in der an verschiedenen Stellen chronolog. Fragen behandelt werden. In der Form der Erotapokriseis ist eine Abhandlung über die Sonnen- und Mondzyklen erhalten, die Michael →Psellos aus dem 11. Jh. zugeschrieben wird.

Auf Anregung Ks. Andronikos' II. verfaßte der Polyhistor Nikephoros →Gregoras 1324 einen Traktat (Hist. VIII 13) über eine Reform des Kalenders, die die Ungenauigkeiten des julian. Kalenders beseitigen sollte. Die Reform fand jedoch nicht statt.

[2] *Monat:* Aus dem julian. Kalender übernahm der byz. Kalender die Monatsnamen. Bereits im 4. Jh. (wie z. B. in einem Brief des Ks.s Julian an Ekdikios, den Eparchen v. Ägypten, aus dem Jahre 362 [Bidez, ep 108: εἰς τὴν εἰκάδα τοῦ Σεπτεμβρίου τρὶς πέντε]) wurden im griech. Bereich die Tage des Monats durchlaufend gezählt. In den Novellen des Ks.s Herakleios werden jedoch noch lat. Begriffe wie Kalendae bzw. *Καλάνδαι* verwendet. Antikisierende Bräuche mit Rückgriff auf die attischen Monatsnamen reichten nicht über den Kreis von Gelehrten wie Georgios →Pachymeres (13. Jh.), Georgios →Gemistos-Plethon (15. Jh.) oder Theodoros →Gazes (15. Jh.) hinaus. Langlebiger, bis zur arab. Expansion im 7. Jh., erwiesen sich lokale Kalender in den syr. und ägypt. Provinzen.

Ch. Hannick

Lit.: G. REDL, Unters. zur techn. Ch. des Michael Psellos, BZ 29, 1929, 168–187 – F. DÖLGER, Das Kaiserjahr der Byzantiner (SBA. PPH 1, 1949) – V. GRUMEL, Indiction byz. et NEON ETOΣ, RevByz 12, 1954, 128–143 – GRUMEL, Chronol. – F. HALKIN, La nouvelle année au 23 septembre, AnalBoll 90, 1972, 36 – A. E. SAMUEL, Greek and Roman chronology, 1972 – E. L. BERNHARD, Grundfragen der byz. Ch. (Actes du XIVᵉ Congr. Internat. d'Etudes Byz., Bucarest 1971, III), 1976, 57–61 – C. FOSS, Three apparent early examples of Era of Creation, Zs. für Papyrologie und Epigraphik 31, 1978, 241–246 – J. MUNITIZ, Synoptic Byz. Chronologies of the Councils, RevByz 36, 1978, 193–218 – J. BEAUCAMP, R. BOUDOUX, J. LEFORT, M. FR. ROUAN, I. SORLIN, Temps et hist., I: Le prologue de la Chronique Pascale (TM 7), 1979, 223–301 – P. SCHREINER, Hist. und Liturg. zum Byz. Neujahr, Rivista di Studi Bizantini e Slavi 2, 1982, 13–23.

II. SÜD- UND OSTSLAVEN: [1] *Jahreszählung, Jahresanfang:* Aus der vorchristl. Zeit sind nur spärliche Angaben zur protobulg. Zeitrechnung erhalten, der der altaische Zwölftierzyklus zugrunde liegt. So wird in einer griech. verfaßten protobulg. Inschrift des Khan →Omurtag (814–831) sowohl nach dem Zwölfjahreszyklus als auch nach der byz. Indiktion datiert (BEŠEVLIEV, Nr. 56). Noch i. J. 907/908 vermerkte der Kopist Todor Duksov im Kolophon zur aslav. Übersetzung des »Contra Arianos« des →Athanasios v. Alexandria das Todesjahr des bulg. Zaren →Boris nach der protobulg. Zeitrechnung als im Jahr des Hundes *(etch bechti)* gemäß dem Zwölftierzyklus. Ansonsten fand im MA bei den Süd- und Ostslaven, abgesehen von gelegentl. Datierungen nach der antiochen. Ära in abulg. Schriften des 10. Jh. (wie z. B. in der Abhandlung des Mönchs →Chrabr oder bei dem Bf. Konstantin v. Preslav, dem ersten Verfasser eines hist. Werkes in der abulg. Literatur, oder in den unter dem Jahr 6494 [= 986] in die aruss. Chronik »Povest' vremennych let« aufgenommenen Bekehrungsgesprächen zw. dem Kiever Fs.en Vladimir und einem griech. Philosophen), die konstantinopolitan. Zeitrechnung allgemein Anwendung. Lediglich im aserb. Zahumlje und z. T. im Zeta-Gebiet (bis zum 12. Jh.) war die auf Dionysius Exiguus zurückgehende christl. Ära gebräuchlich. In der kgl. bzw. ksl. Kanzlei der Serben wurde die byz. Ch. angewandt.

Bes. Aufmerksamkeit verdient die Frage des Jahresanfangs in Altrußland. Bis zum 15. Jh. begann dort das Jahr entsprechend dem venetian. Stil am 1. März, wobei beide Möglichkeiten eines Beginns des nach der byz. Weltära (5508) bezeichneten Jahrs, am 1. März des vorangehenden Jahrs (ul'tramartovskij god) oder am 1. März des laufenden Jahrs, nicht immer klar zu trennen sind.

Zur Errechnung des Osterdatums in Verbindung mit dem Mondzyklus von 19 Jahren und dem Sonnenzyklus von 28 Jahren setzten die Russen die byz. Tradition der Ostertabellen fort und führten das sog. *vrucelěto* ein, eine Zusammenstellung von Zahlen auf die Finger der Hand verteilt. Im 12. Jh. verfaßte der Diakon und Domestikos des Antonius-Kl. in Novgorod, Kirik, der im Auftrag des Bf.s →Nifon eine Redaktion der Novgoroder Chronik angefertigt hatte, einen chronolog. Traktat.

[2] *Monat:* Eigene Monatsnamen, die ihren Ursprung in der Landwirtschaft haben, sind bis heute in mehreren slav. Sprachen, wie z. B. im Kroat., im Ukrain. oder im Slowen. erhalten geblieben. Aufzählungen von Monatsnamen slav. und griech.-lateinischer Herkunft begegnen in aslav. Denkmälern (z. B. im bulg. Praxapostolos von Slepče aus dem 12. Jh. oder im russ. Prolog [Leningrad BAN 17.11.4] aus dem 14. Jh.).

In einigen original aruss. Texten des 12.–14. Jh. begegnen – wahrscheinl. unter dem Einfluß der aus dem Lat. übersetzten »Vita Venceslai« – Nennungen der Monatstage nach dem altröm. Kalender (vgl. Slovar' russkogo jazyka XI–XVII vv., Bd. 8, 1980, 32, s. v. *kalandy*). Eingehende Kenntnis dieses chronolog. Systems erhielten die Russen durch den Traktat »Velikogo knižnika antiochiiskago o kolędach i o nonech i o idech vŭzglašenie k někyim ego drugom«, vermutlich ein Werk des griech. Astrologen →Rhetorios aus dem 6. Jh., das ab dem 11. Jh. in die aruss. →*Kormčaja* aufgenommen wurde. *Ch. Hannick*

Lit.: N. V. STEPANOV, Zametka o chronologičeskoj stat'e Kirika (12v.), Izvestija Otdelenija russkogo jazyka i slovesnosti 15, 1910, 3, 129–150 – L. V. ČEREPNIN, Russkaja chronologija, 1944 – A. VAILLANT, Les dates dans la chronologie de Constantin le Prêtre, Byzantinoslavica 9, 1947, 186–191 – V. MOŠIN, Martovsko datiranje, Istoriski glasnik 1–2, 1951, 19–57 [vgl. dazu G. OSTROGORSKY, BZ 46, 1953, 170–174] – K. M. KUEV, Kŭm vŭprosa za načaloto na slavjanskata pismenost (Godišnik na Sof. Univ. Fil. fak. 44/1), 1960 – A. GIEYSZTOR, Chronologia (Słownik starożytności słowiańskich I), 1962, 260–261 – N. G. BEREŽKOV, Chronologija russkogo letopisanija, 1963 – P. RATKOŠ, L'ère d'Antioche et l'ère de Constantinople dans quelques œuvres vieux-slaves, Byzantinoslavica 27, 1966, 350–357 – E. I. KAMENCEVA, Chronologija, 1967 – K. M. KUEV, Černorizec Chrabŭr, 1967, 85–148 – I. DUJČEV, Eléments gréco-romains dans la chronologie slave médiévale (Medioevo bizantino-slavo II), 1968, 275–286 – A. H. VAN DEN BAAR, A Russian Church Slavonic Kanonnik (1331–1332), 1968 – L. V. VJALKINA, Slavjanskie nazvanija mesjacev (Obščeslavjanskij lingvističeskij atlas. Materialy i issl. 1970), 1972, 265–279 – M. V. SVERDLOV, Izučenie drevnerusskoj chronologii v russkoj i sovetskoj istoriografii (Vspomogatel'nye istoričeskie discipliny 5), 1973, 61–71 – A. V. POPPE, K voprosu ob ul'tramartovskom stile v »Povesti vremennych let«, Istorija SSSR 4, 1974, 175–178 – DJ. TRIFUNOVIĆ, Azbučnik srpskih srednjovekovnih književnih pojmova, 1974, 176–180 – I. DOBREV, Za aleksandrijskoto i moravsko-panonsko letobroene i za njakoi dati v starata slavjanska pismenost (Godišnik Sof. Univ. Fak. slav. Fil. 69/2), 1976, 123–174 – M. PANTELIĆ, Pashalne tabele i datiranje glagoljskih kodeksa, Slovo 25–26, 1976, 273–293 – JA. N. ŠČAPOV, Drevnerusskij kalendar' na Rusi. Vostočnaja Evropa v drevnosti i srednevekov'e, 1978, 336–345 – R. A. SIMONOV, Kirik Novgorodec – učenyj XII v., 1980.

III. ARMENIEN UND GEORGIEN: [1] *Armenien:* Entsprechend dem aus der Spätantike bzw. aus Byzanz oder Persien übernommenen System werden die ältesten armen. und georg. Inschriften nach den Regierungsjahren der jeweiligen Herrscher datiert. Eigene Zeitrechnungen entwickelten Armenier und Georgier auf verschiedenen Grundlagen. Im Zusammenhang mit der alexandrin. Zeitrechnung des Andreas wurde i. J. 584 der Beginn der sog. Großen armen. Ära auf den 1. *Nasavart* (= 11. Aug.) 551 festgesetzt, in Übereinstimmung mit dem 2. Konzil v. Dvin, auf welchem die armen. Kirche die Bestimmungen des Konzils v. →Chalkedon endgültig ablehnte. Der Mathematiker und Polyhistor des 7. Jh., Ananias v. Širak, widmete chronolog. und kalendar. Fragen mehrere Abhandlungen, darunter ein verlorengegangenes »Kritikon«, einen unbewegl. Kalender, dessen Existenz allerdings überhaupt angezweifelt wird. Die armen. Zeitrechnung fand jedoch später allgemeine Anwendung in der Historiographie; erst im 10.–11. Jh. verwendet sie Stephanos v. Taron durchgängig für die Ereignisse ab dem 7. Jh. Eine Reform des →Johannes Diaconus im 12. Jh. ließ die sog. Kleine armen. Ära, die in Nordarmenien eine geringe Verbreitung erfuhr, mit dem Jahr 1084 beginnen. Die christl. Ch. des Dionysius Exiguus fand anscheinend in der →Laura des hl. Sabas in Palästina auch Anwendung und wurde daher in georg. und armen. Kreisen bekannt.

[2] *Georgien:* Die georg. Zeitrechnung stammt ebenfalls aus der röm. Ch., behält aber als Einheit den *Mok'č'eva* genannten Zyklus von 532 Jahren (als Multiplikation von Sonnen- und Mondzyklus: 28 × 19) bei und verbindet ihn mit der Zahl 5604 als Jahr der Weltschöpfung. Das erste Jahr, *Kronikoni*, des ersten auftretenden, eigentlich nie als solchen gezählten 13. Zyklus der georg. Ära beginnt 780, der zweite Zyklus (780 + 532) i. J. 1312. In einer zweisprachigen Inschrift (armen.-georgisch) aus Ani aus dem Jahre 1218 werden beide Ch.n hintereinander angewendet. Johannes Zosime, georg. Mönch auf dem Sinai im 10. Jh., datiert ein historisch-chronolog. Werk nach der georg. und der byz. Ära. Im 13. Jh. verfaßte Abuseridze Tbeli ein »vollständiges Chronikon«, eine vergleichende Zeitrechnung. *Ch. Hannick*

Lit.: E. DULAURIER, Recherches sur la chronologie arménienne, 1859 – M. BROSSET, Etudes de chronologie technique, 1868 – K. KEKELIDZE, Drevnegruzinskij god (Trudy Tbil. univ. 18), 1941, 1–28 [Nachdr. KEKELIDZE, Etiudebi I, 1956, 99–124] – G. L. MČEDLIDZE, Chronologija v drevnegruzinskoj istoričeskoj literature (5–14 vv.), Tbilisi 1963 – A. G. ABRAHAMYAN, Hayoc' gir ev grč'ut'yun, Erevan 1973, 109–155 [mit chronolog. Tab. für die Jahre 1084–1616] – V. SILOGAVA, K'art'uli k'ronologiuri terminologiidan (»zeda celi«) (Mac'ne enis... ser. 4), 1974, 115 sq. – P. MURADJAN, Chronologija sistem letoščislenij po armjanskim istočnikam (Lraber HSSH GA 1), 1976, 49–64 – C. TOUMANOFF, Manuel de généalogie et de chronologie pour l'hist. de la Caucasie chrétienne (Arménie, Géorgie, Albanie), 1976 – A. N. TER-LEVONDYAN, T'vakanut'yamb žamanakagrut'yuně Hay patmagrut'yan mej (Patma-banasirakan handes I [84]), 1979, 34–44 – A. S. MAT'E-VOSYAN, Noric' Sirakac'u »K'nnikoni« masin (ebd. II [93]), 1981, 223–239.

E. Historische Chronologie: Jüdische Zeitrechnung
Im Anschluß an ältere Systeme der Jahreszählung ist seit dem 9. Jh. n. Chr. die »Weltschöpfungsära« maßgeblich, nach der die Erschaffung der Welt am 1. *Tišri* (7. Okt.)

3761 v. Chr. stattfand. Ihre Zählung ist nach (u. a. genealog.) Angaben im AT und im rabbin. Schrifttum rekonstruiert, erste Angaben finden sich bereits in dem →Midrasch »Seder ʿolam rabbah« (»Große Ordnung der Welt«) aus dem 2. Jh. n. Chr. Die jüd. Tradition führt die Festlegung der Zählung bzw. die Berechnung der Schaltjahre auf den Patriarchen Hillel II. (330–365 n. Chr.) zurück.

Der jüd. Kalender ist ein Lunisolar-Kalender, d. h. er berücksichtigt sowohl den Sonnen- wie den Mondlauf. Das Jahr besteht in der Regel aus 12 Mondmonaten mit 29 und 30 Tagen Länge. Da die beiden Monate *Marḥešwan* und *Kislew* 29 oder 30 Tage umfassen, ist ein solches Jahr zw. 353 und 355 Tage lang. Um die Monate in etwa immer mit den gleichen Jahreszeiten übereinstimmen zu lassen, sind in regelmäßigen Abständen Schaltjahre erforderlich, in denen ein zusätzl. 29tägiger Monat (*Adar šeni* oder *Waʾadar*) eingefügt wird. Somit umfaßt das jüd. Jahr in sechs verschiedenen Jahrformen eine Länge zw. 353 und 355 bzw. als interkaliertes Jahr oder Schaltjahr eine solche zw. 383 und 385 Tagen. In einem 19jährigen Zyklus sind das 3., 6., 8., 11., 14., 17. und 19. Jahr Schaltjahre. Um zu verhindern, daß religiöse Feste auf bestimmte Wochentage fallen – etwa das Versöhnungsfest (*Yom kippur*) auf einen Freitag oder Sonnabend (*Šabbat*) –, ist für die Bestimmung des exakten Jahresbeginns, nämlich der mittleren Konjunktion zw. Sonne und Mond im Monat Tišri, ein überaus kompliziertes Regel- und Rechenwerk entwickelt worden: Jahresbeginn (Neujahrsfest – *Roš haššanah*) ist der 1. Tišri, der niemals auf einen Sonntag, Mittwoch oder Freitag fällt; er liegt immer in den christl. Monaten Sept. oder Okt. Die Monatsnamen, die seit dem Exil in Gebrauch sind, lauten im einzelnen: *Tišri, Marḥešwan, Kislew, Ṭevet, Šᵉvaṭ, Adar, Nisan, Iyyar, Siwan, Tammuz, Av* und *Elul*. Eingeteilt wird das Jahr in die vier Jahreszeiten: Nisan (Beginn des Frühlings), Tammuz (Beginn des Sommers), Tišri (Beginn des Herbstes) und Ṭevet (Beginn des Winters). – Der jüd. Tag beginnt mit dem Eintritt der Nacht um 18 Uhr, er wird in 24 Stunden eingeteilt. Die Woche hat 7 Tage, die mit den ersten Buchstaben der hebr. Alphabete, die zugleich einen Zahlenwert darstellen, bezeichnet werden, nur der 7. Tag führt den Namen Šabbat.   P. Freimark

Lit.: EJud IX, 797–813 – EJud (engl.) V, 43–53; XVI, 1261–1266 – B. ZUCKERMANN, Anleitung und Tabellen zur Vergleichung jüd. und chr. Zeitangaben, 1893 – E. MAHLER, Hb. der jüd. Ch., 1916 [Nachdr. 1967] – Calendar for 6000 Years. Founded by the Late A. A. Akavia. Tables and Introductions, vorbereitet von N. FRIED, hg. D. ZAKAI, 1976.

F. Historische Chronologie: Arabisch-islamische Zeitrechnung

Unsere Kenntnisse über die Zeitrechnung im vorislam. Arabien sind sehr lückenhaft. Eine allgemein anerkannte Ära gab es mit Sicherheit nicht. Sofern Gesch. überhaupt als ein im Rahmen des Zeitkontinuums sich entfaltender unumkehrbarer Prozeß begriffen und damit die Notwendigkeit der eindeutigen Datierung empfunden wurde, behalf man sich mit einer relativen Ch. So wird Mohammeds Geburt in das »Jahr des Elefanten« verlegt, eine Anspielung auf einen jemen. Feldzug in die Gegend von Mekka, bei dem ein Elefant mitgeführt worden sein soll; außerdem wird für die Geburt des Propheten das 38. Regierungsjahr des Sāsāniden Ḥosrau Anūširwān (531–579) angegeben. Dürrekatastrophen und Seuchen dienten ebenfalls als Datierungshilfe, ein Brauch, dessen Spuren noch in der frühislam. Historiographie nachweisbar sind.

Der vorislam. arabische Kalender enthielt solare und lunare Elemente. Der Lebensrhythmus, insonderheit der Beduinen, richtete sich nach den Dürre- und Regenperioden, deren jeweiliger Beginn man aus bestimmten Konstellationen der Sterne am Morgen- bzw. Abendhimmel ablas. Auch die Pilgerfeste Arabiens folgten dem solaren Kalender. Die Monate selbst, die Grundlage des Kalenders, trugen dagegen rein lunaren Charakter. Um zu verhindern, daß die Pilgerfeste, die zumindest in Mekka mit einem Kult der Sonne verbunden waren und daher immer annähernd zum selben Zeitpunkt im Sonnenjahr stattfinden mußten, allmählich durch das ganze Sonnenjahr wanderten, bediente man sich eines Schaltmonats, den die vorislam. Araber angebl. dem Judentum (vgl. Abschnitt E) entlehnt hatten.

In Sure 9, 37 wird die Verwendung dieses Schaltmonats als ein Brauch der Ungläubigen schroff zurückgewiesen. Mohammed bestand auf der Einführung des lunaren Jahres, das seitdem in der arabisch-islam. Welt Zeitrechnung gilt. Diese Anordnung des Propheten war für die Umwandlung der heidn. mekkanischen Pilgerriten in eine islam. Wallfahrt von grundlegender Bedeutung. Andere Indizien belegen, daß der Prophet den Grundbestand der in und bei Mekka geübten Riten übernahm, sie in manchen Einzelheiten allerdings so abänderte, daß der ursprgl. Bezug zu einer Sonnenverehrung zerstört wurde. Das von Mohammed verordnete reine Mondjahr setzte sich, wie inzwischen ausgewertete arab. Papyri zeigen, im islam. Milieu verhältnismäßig rasch durch. Die Monatsnamen des Mondjahres stammen vermutlich aus vorislam. Zeit und hatten schon vor der Kalenderreform Mohammeds die in einigen Quellen noch überlieferten altarab. Bezeichnungen abgelöst.

Die Einführung der islam. Ära ist das Verdienst des Kalifen →ʿUmar (634–644), des zweiten Nachfolgers des Propheten. Zum Ausgangspunkt wurde das Jahr gewählt, in dem Mohammed mit seinen Anhängern aus Mekka nach Medina gekommen war. Die Hiǧra bildet allerdings nicht den Beginn der Zeitrechnung selbst; dieser fällt vielmehr auf den 16. Juli 622, während der Prophet nach islam. Überlieferung erst Mitte Sept. jenes Jahres in Medina eintraf. Man hat sich also bei der Einführung der Ära nach der Hiǧra an die gegebene Reihenfolge der Monate gehalten, deren erster, *Muḥarram*, in dem betreffenden Jahr eben am 16. Juli begann. Das arab.-islam. Mondjahr ist ungefähr 354 Tage und 9 Stunden lang. Bei der Umrechnung der Hiǧra-Daten (H) in solche der christl. Ära (C) kann nach folgender Formel verfahren werden: C = 32/33 H + 622. Genaue Datenumrechnungen sind anhand einer Vergleichstabelle vorzunehmen.

Neben dem lunaren Hiǧra-Jahr war und ist in bestimmten Gegenden der islam. Welt, z. B. in Iran, auch ein Hiǧra-Sonnenjahr gebräuchlich. Die christl.-arab. Ch. folgt dem Sonnenjahr der christl. Ära und verwendet aus dem Syr. stammende Monatsnamen.   T. Nagel

Lit.: EI¹, s. v. Nasīʾ ('Schaltmonat'), Zamān ('Zeit'); Ergbd., s. v. Taʾrīkh ('Datierung') – E. SACHAU (Übers.), The Chronology of Ancient Nations ... of al-Bīrūnī written 390–1/1000, 1879 – J. WELLHAUSEN, Reste arab. Heidentums, 1927 – WÜSTENFELD-MAHLER'sche Vergleichstabellen, neu bearb. B. SPULER, 1961.

Chrysanthios → Platonismus

Chrysaphes, Manuel, byz. Musiktheoretiker und Komponist aus der ersten Hälfte des 15. Jh., Lampadarios (Vorsteher des linken Chors) des Palastklerus. Er erhielt den Beinamen ἀρχαῖος (Archaios), um ihn von einem gleichnamigen Musiker aus der zweiten Hälfte des 17. Jh. zu unterscheiden. Neben Umarbeitungen (ἀναγραμματισμοί [anagrammatismoi] bzw. καλλωπισμοί [kallopismoi]) von Stichera z. B. des Xenos Korones oder des Metropoliten Markos v. Korinth schrieb Ch. einen Traktat über die Phthorai, die Wechsel eines Tones in einen anderen innerhalb eines Gesangsstückes, der als Ergänzung zu früheren Lehrschriften gedacht war. Der Traktat Περὶ φθορῶν (peri phthorōn), dessen krit. Ausgabe D. Conomos für die MMB vorbereitet, wurde auf Wunsch eines Schülers des Ch., des Hieromonachos Gerasimos Chalkopulos, verfaßt und ist autograph im Cod. Athous Iberon 1120 aus dem Jahre 1458 erhalten; sein bes. Wert liegt darin, daß über das damalige Repertoire und die Verfasser von neuen Melodien berichtet wird. Die eigenen Vertonungen von Kirchenhymnen, die Ch. gelegentl. im Auftrag (δι' ὁρισμοῦ, di horismou) der Ks. Johannes VIII. bzw. Konstantinos XI. Palaiologos komponierte, erfassen alle Gattungen des spätbyz. Gesangs, so z. B. Stichoi kalophonikoi, Alleluiaria, Kratemata, Koinonika, Cherubika, Stichera idiomela für die Hauptfeste des Kirchenjahres. Ch. Hannick

Lit.: New Grove IV, 379–380 – D. E. Conomos, The Treatise of M. Ch., Report of the 11th Congr. of the Internat. Music Soc. II. Kopenhagen, 1972, 748–751 – M. K. Chatzegiakumes, Μουσικὰ χειρόγραφα Τουρκοκρατίας (1453–1832) I, Athen 1975, 392–404 – Ch. Hannick, Byz. Musik (Hunger, Profane Lit. II), 207–208 – Gr. Th. Stathes, Οἱ ἀναγραμματισμοὶ καὶ τὰ μαθήματα τῆς βυζαντινῆς μελοποιίας, Athen 1979, 129–130.

Chrysargyron, eine, wie der Name sagt, in Gold und Silber (d. h. durch entsprechenden Eintausch von Kupfermünzen) zu entrichtende →Steuer, die nach Zosimos II, 38, Ks. Konstantin d. Gr. eingeführt hatte. Terminus ante quem ist das Jahr 314. Die Steuer trägt in lat. Texten die Bezeichnung lustralis auri (argentive) collatio, auraria functio, auraria pensio, collatio negotiatorum, aurum negotiatorum, in griechischen πραγματευτικῶν χρυσάργυρον, ἄργυρος καὶ χρυσός, πραγματευτικῶν χρυσίον. Sie war, wie die lat. Bezeichnung lustralis zeigt, alle fünf Jahre zu bezahlen von allen, die in die matricula negotiatorum eingetragen waren. Da jede Gemeinde eine fixe Summe an den →comes sacrarum largitionum abzugeben hatte, wurde die Höhe des ch. wohl auch von der Gemeinde bestimmt und richtete sich nach dem Gesamtvermögen des einzelnen. Die Eintreibung erfolgte bis 399 durch die Kurialen, nachher durch die sog. mancipes, die von den Händlerkorporationen gewählt wurden. Anastasios I. schaffte 498 die Steuer ab. Da die Abschaffung zeitl. mit der Geldreform dieses Ks.s zusammenfällt, besteht sicherlich auch ein sachl. Zusammenhang: die Erhöhung des Goldpreises um das Doppelte (W. Hahn, Moneta Imperii Byz. I. Wien 1973, 24) hätte bei einer Fortführung der Steuer in dieser Form zu Ruin von Handwerk und Gewerbe geführt. Es ist nicht sicher, ob eine neue Steuer an die Stelle der alten trat. P. Schreiner

Lit.: Ch. Du Cange, Gloss. ad scriptores med. et inf. graecitatis, Lyon 1688, 1764–1766 – J. Karayannopulos, Das Finanzwesen des frühbyz. Staates, 1958, 129–137 – A. Chastagnol, Zosime II 38 et l'Hist. Auguste, Antiquitas, R. 4, Beitr. zur Historia-Augusta-Forsch. 3, 1966, 43–78, bes. 46–61.

Chrysoberges, Maximos, † wohl 1410/29, gebürtiger Grieche, zweifellos identisch mit dem Maximos, der die Werke des Thomas v. Aquin durch die Übersetzung des Demetrios →Kydones kennenlernte, in einigen Quellen Maximus de Constantinopoli genannt, 1387–89 im Gefolge des byz. Kaisers Manuel II. auf Lemnos, wurde Anfang der 90er Jahre Dominikaner in Pera am Goldenen Horn, begegnete auf Kreta Joseph →Bryennios, studierte und lehrte Philosophie in Venedig und Pavia und erhielt 1398 von Papst Bonifaz IX. die Erlaubnis, einen Dominikanerkonvent auf Kreta zu gründen. Um 1400 disputierte er in Kandia (Kreta) mit Joseph Bryennios über den Ausgang des Heiligen Geistes und verteidigte das →Filioque. Er starb wahrscheinl. in Mitylene (Lesbos) zw. 1410 und 1429. Seine beiden jüngeren Brüder Theodoros und Andreas wurden ebenfalls Dominikaner. – Werke: Ein Traktat an die Kreter über den Ausgang des Hl. Geistes (MPG 154, 1216–1230), uned. Predigten, autographe Notizen in Handschriften F. Tinnefeld

Lit.: ThEE 12, 403f. – Tusculum-Lex.³, 164 – G. Mercati, StT 56, 1931 [Ind., s. v. Massimo fra] – R. J. Loenertz, StT 152, 1950, 57–63 – Ders., OrChrP 38, 1972, 126f., 129, 133–136 – Ders., Byzantina et Franco-Graeca II (Storia e letteratura 145), 1978, 61–63, 77–79 – Beck, Kirche, 742.

Chrysobull. Die byz. Ks. siegelten überwiegend in Blei. Erst in mittelbyz. Zeit gingen sie für einen Teil der Urkunden zur Siegelung in Gold über. »Chrysobull« bezeichnet sowohl das goldene Siegel selbst als auch die damit versehene Urkunde (χρυσόβουλλος λόγος, χρυσόβουλλον σιγίλλιον, →Urkunde, -nwesen).

Die ältesten erhaltenen Goldsiegel stammen von →Basileios I. (867–886), indirekt lassen sie sich aber bereits für den Beginn des 9. Jh. erschließen. Die offenbar für den Verkehr mit ausländ. Herrschern geschaffene neue Form wurde dann (wohl erst ab dem späteren 9. Jh.) auch im Bereich der Privilegienurkunden (Chrysobulloi logoi) für Untertanen verwendet.

Bis in das 12. Jh. prägte man Ch.e wie Bleibullen mit Hilfe einer Siegelzange (→Bulle). Das Gewicht des Schrötlings aus massivem Gold entsprach einem Solidus bzw. einem Vielfachen dieser Goldmünze, je nach der Bedeutung des Adressaten. Um die Mitte des 10. Jh. sollten etwa der Kalif v. Bagdad oder der Sultan v. Ägypten durch Ch.e im Gewicht von vier Solidi (βούλλα χρυσῆ τετρασολδία) ausgezeichnet werden; bei den beiden armen. Kg.en dieser Zeit, beim Chazarenkhagan oder bei den drei oriental. Patriarchen sah das Protokoll nur mehr ein Gewicht von drei Solidi vor; die Ch.e für die meisten übrigen Herrscher sollten nur zwei Solidi wiegen. Diese Richtzahlen konnten bei gegebenem Anlaß überschritten werden. In der Wirtschaftskrise während der 70er Jahre des 11. Jh. kam es wegen der Minderwertigkeit der Goldlegierungen zu Sonderlösungen.

Die Palaiologen ahmten in der Technik das westl. Vorbild (vgl. →Goldbulle) nach: Relativ große, aber sehr dünne Goldplättchen wurden einzeln geprägt (oder getrieben) und dann mit Wachs verbunden. Die erhaltenen Ch.e (etwa 40, bes. auf dem Athos, in Dumbarton Oaks und im Vatikan) bringen auf einer Seite eine Christusdarstellung, auf der anderen das Herrscherbild. W. Seibt

Lit.: P. Sella, Le bolle d'oro dell'archivio Vaticano, 1934 – F. Dölger, Aus den Schatzkammern des Hl. Berges, 1948, 316ff. – W. Ohnsorge, Legimus. Die von Byzanz übernommene Vollzugsformel der Metallsiegeldiplome Karls d. Gr. (Fschr. E. E. Stengel, 1952), 21ff. [Neudr. W. Ohnsorge, Abendland und Byzanz, 1979, 50ff.] – Ph. Grierson, Byz. Gold Bullae, with a Catalogue of those at Dumbarton Oaks, DOP 20, 1966, 239ff. – G. Zacos – A. Veglery, Byz. Lead Seals I, 1972, 3f.; T. 8 – J. Ferluga, Die Adressenliste für auswärtige Herrscher aus dem Zeremonienbuch Konstantin Porphyrogenetos' (Ders.), Byzantium on the Balkans, 1976), 261–290.

Chrysogonus, hl. (24. Nov.), erlitt auf Befehl Diokletians durch Enthauptung bei Aquileia den Märtyrertod »ad Aquas Gradatas«. Nach seiner Passio soll er der Erzieher der Märtyrerin Anastasia gewesen sein, die er im Glauben bestärkte. Die Ansicht (P. Paschini), er sei vor 314 Bf. v. Aquileia gewesen, bleibt unbeweisbare Hypothese. Ebensowenig läßt sich eine eindeutige Identifikation mit dem conditor Chrysogonus der gleichnamigen röm. Titelkirche (S. Crisogono, Trastevere) vornehmen.

Frühe Darstellungen des Märtyrers finden sich in Ravenna, Oratorio di S. Andrea und S. Apollinare Nuovo.
E. Pasztor

Lit.: C. E. Josi, Crisogono, Bibl. SS IV, coll. 306-308 – J. Braun, Tracht und Attribute der Hl. in der dt. Kunst, 1943.

Chrysokokkes, Georgios, byz. Autor, * 1321 oder früher, † vor 1366. Ch. unternahm vor 1346 eine Reise nach Trapezunt, dort Studium der Astronomie beim Priester Manuel. Unter dem Patriarchen Kallistos I. v. Konstantinopel als med. Sachverständiger herangezogen. Arzt und Astronom, 1335/36 Kopist einer Homer-Handschrift, Verfasser astronom. Traktate, darunter eines Kommentars zur σύνταξις τῶν Περσῶν mit Fixsternverzeichnis (1346); in einer Urkunde des Patriarchats v. Konstantinopel als ἰατρός bezeichnet. Die Zuweisung von geograph. Werken (einer metonomastischen Ortsnamenliste) ist umstritten (vgl. Hunger, Profane Lit. I, 509). – Von dem gleichnamigen Kopisten und Diakon aus der 1. Hälfte des 15. Jh. zu unterscheiden.
E. Gamillscheg

Lit.: Tusculum-Lex.³, 1982, 165f. – Miklosich-Müller I, 484 – D. Pingree, Gregory Chioniades and Palaeologan Astronomy, DOP 18, 1964, 141, 145 – A. Turyn, Codices Graeci Vaticani saeculis XIII et XIV scripti annorumque notis instructi, 1964, 137 – D. Pingree, The Astrological School of John Abramius, DOP 25, 1971, 209 – Hunger, Profane Lit. I, 509; II 72, 252, 314.

Chrysokolla, griech. 'Goldleim'. 1. →Borax; 2. →Edelsteine (Malachit)

Chrysoloras. 1. Ch., Demetrios, byz. Theologe des 14.–15. Jh., * in Thessalonike, genaues Geburts- bzw. Sterbedatum unbekannt. Wir wissen nicht, ob er mit 2 verwandt war. D. Ch. war ein enger Freund und Berater des Ks.s →Manuel II. Palaiologos (1391–1425) und Mesazon Johannes' VII. in Thessalonike (1403–08). Dem Ks. Manuel widmete er eine rhetor. Bittschrift, in der er die früheren byz. Ks. mit ihm verglich: Σύγκρισις παλαιῶν ἀρχόντων καὶ νέον τοῦ νῦν αὐτοκράτορος. Viele Passagen dieses Werkes übernahm D. in seine 100 Kurzbriefe. Ferner verfaßte er eine weitere rhetor. Schrift: ψύλλης ἐγκώμιον ('Lob des Flohs', Cod. Escor. T-III-4). Er war Gegner der →Kirchenunion mit den Lateinern und bekämpfte den Führer der unionsfreundl. Partei in Konstantinopel, Demetrios →Kydones. Später begleitete er den Ks. Johannes VIII. Palaiologos zum Unionskonzil v. →Ferrara-Florenz 1438–39. Gegen die lat. Lehre, daß der hl. →Geist auch vom Sohn ausgehe, schrieb er einen λόγος συνοπτικός, d. h. eine Zusammenfassung der Ansichten des Neilos →Kabasilas über dieses Thema. Aus D.' Feder stammt auch ein Dialog gegen die Angriffe des Kydones auf das erwähnte Werk des Kabasilas, in dem die Kontrahenten wie Thomas v. Aquin, Neilos, Kydones und auch D. Ch. selbst auftreten. D. wird noch ein Dialog ähnlichen dogmat. Inhalts zugeschrieben. Zu seinen Werken gehört auch eine Abhandlung über den Primat des Papstes, ein Dialog, der sich gegen die Diskriminierung von Orthodoxen durch Orthodoxe wendet, sowie eine Auseinandersetzung exeget.-dogmat. Inhalts mit Antonio d'Ascoli über die Auslegung des Christuswortes an Judas: »Besser wäre es für jenen Menschen, er wäre nie geboren« (Mt 26,21, Mk 14,18). Darüber hinaus soll D. Ch. der Verfasser einer Reihe von Homilien auf den hl. Demetrios, das Hl. Grab, die Auferstehung u. a. sein. Seine Werke sind zum größten Teil unediert.
E. Konstantinou

Ed.: Σύγκρισις παλαιῶν ἀρχόντων ..., ed. S. Lambros, LPP III, 222-245 – Exzerpte seiner Briefe, ed. M. Treu, D. Ch. und seine 100 Briefe, BZ 20, 1911, 106-128 – An Antonio d'Ascoli, ed. J. Basilikos, Ἐκκλ. Ἀλήθ, 29, 1909, 159ff. – Demetriosrede, ed. B. Laurdas, Γρηγόριος ὁ Παλαμᾶς, 40, 1957, 343-351 – Koimesis (Exzerpt), ed. S. Lambros, BZ 3, 1894, 600 – Dankrede an die Theotokos, ed. P. Gautier, RevByz 19, 1961, 348-357 – *Lit.*: Tusculum-Lex., 1982³, 166 – H.-G. Beck, Kirche, 751 mit Anm. 1.

2. Ch., Manuel, Diplomat und byz. Gelehrter, der die Griechischstudien in Italien maßgebl. inaugurierte. * ca. 1350 in Konstantinopel; † 15. April 1415 in Konstanz, ▭ im Dominikanerkloster. Mit Demetrios →Kydones auf diplomat. Mission im Auftrag Ks. Manuels II. unterwegs (um Hilfe gegen die Türken): 1390/91, 1394/95 und 1396 in Venedig; 1407 Botschafter bei Kg. Martin V. v. Aragón, danach bis 1410 Reise durch Westeuropa (1408 über Genua nach Paris, 1409 London und Salisbury, 1410 Spanien). Nach einem Aufenthalt in Konstantinopel im Sommer 1410 seit 1411 am Hof Papst Johannes' XXIII., für den er mit den Kard. Challant und Zabarella an Verhandlungen mit Ks. Siegmund teilnahm; mit dem Papst traf Ch. am 28. Okt. 1414 in Konstanz ein, wo er wenige Monate darauf starb.

Wichtig für die humanist. Rezeption griech. Sprache und Literatur wurde die auf Initiative Coluccio →Salutatis zustandegekommene Lehrtätigkeit des Ch. 1397–1400 in Florenz; zu den Schülern zählten u. a. Leonardo →Bruni, Palla →Strozzi, →Guarino Veronese und Pier Paolo →Vergerio. Die Reise Ks. Manuels II. nach Italien benützte Giangaleazzo →Visconti, um den byz. Gelehrten 1400 zum Unterricht nach Pavia und Mailand zu holen, wo er bis 1403 lehrte. Nach der Abreise Ks. Manuels nahm er das bewegte Leben eines Diplomaten und humanist. Gelehrten wieder auf. Ch. gehörte zu den Unionsfreunden in Byzanz und wurde in einem Brief des →Johannes Chortasmenos aufgefordert, Zweifel an seiner Orthodoxie zu zerstreuen; das Datum seiner Konversion zum Katholizismus ist unbekannt. Zu seinen Korrespondenten zählten außer it. Humanisten wie →Salutati, →Ambrosius Traversari, Papst Innozenz VII., Demetrios und Johannes Chrysoloras, Maximos Chrysoberges, Manuel →Kalekas sowie Johannes Chortasmenos und Ks. Manuel II.

Von den Werken des Ch. waren die »Erotemata« (Ἐρωτήματα τῆς ἑλληνικῆς γλώσσης), verfaßt in Florenz als erste griech. Elementargrammatik in Italien, basierend auf der des Dionysios Thrax und des Manuel →Moschopulos, weit verbreitet; eine Rede an Ks. Manuel II. (im Autograph erhalten) enthält ein Bildungsprogramm zur Rettung des byz. Reiches; in einem Brief an den – späteren – Ks. Johannes VIII. von 1411 vergleicht Ch. Rom und Konstantinopel; weitere Briefe sind griech. und lat. erhalten. Eine Übertragung des Missale Romanum ins Griech. verfaßte Ch. für M. Chrysoberges. Ob Ch. einen Traktat über den Ausgang des Hl. Geistes (i. S. der kath. Kirche) verfaßt hat, ist nicht zu entscheiden.
E. Gamillscheg

Ed.: Erotemata, Florenz 1496. Verkürzte Bearb. von Guarinus Veronensis, Venedig 1471 – G. Cammelli, I dotti bizantini, I: Manuele Crisolora, 1941, 202ff. – S. Cyrillus, Codices Graeci Mss. Regiae Bibliothecae Borbonicae II, 1832, 212ff. – A. Pertusi, Ἐρωτήματα. Per la storia e le fonti delle prime grammatiche greche a stampa, IMU 5, 1962, 321-357 – F. Grabler [Übers.], Zwei Briefe des M. C. (darunter der an Ks. Johannes), Europa im XV. Jh. von Byzantinern gesehen, 1954, 109-147 – Q. *und Lit.*: Cosenza V, 494f. – Philistor 4 (Athen 1863), 232-264, 438-457 – Beck, Kirche, 757f. – Tusculum-Lex.³, 1982, 166-168 – B. L. Ullman, The Humanism of Coluccio Salutati, 1963, 120-125 – Storia della letteratura italiana III, 1966, 37-73 – E. Fenster, Laudes Constantinopolitanae, 1968, 234-239 – J. W. Barker, Manuel II. Palaeologus, 1969, 519-527 – I. Spatharakis, The Portrait in Byz. Illuminated Ms., 1976, 142-144 – R. Weiss, Medieval and Humanist Greek, 1977, 233-241 – The Letters of Manuel II. Palaeologus, ed. G. T. Dennis, 1977, XXXV-XXXVII – D. Harlfinger, Zu griech. Kopisten und Schriftstilen (Paléogr. Grecque et Byz., 1977, 340f. [mit Abb. 35-37]) – J. L. van Dieten, Silvester Syropulos und die Vorgesch. von Ferrara-Florenz, AHC 9, 1977, 166f. – A. Haynes, M.

C. - a Byz. Scholast., Hist. today 27, 1977, 297–305 – S. Bernardinello, Autografi greci e greco-latini in Occidente, 1979, 47 (Nr. 6) – Hunger, Profane Lit. I, 108, 140, 157, 237; II, 14, 17 – J. Darrouzès, Les regestes des actes du patriarcat de Constantinople, I: Les actes des Patriarches, fasc. VI: Les regestes de 1377 à 1410, 1979, Nr. 3285 – G. Podskalsky, Orth. und westl. Theologie, JOB 31, 1981, 521.

Chrysopas, Chrysolith → Edelsteine

Chrysostomos, Johannes, Patriarch v. Konstantinopel → Johannes Chrysostomos

Chrysostomusliturgie, die Normalordnung der Eucharistiefeier (»Göttliche →Liturgie«) des byz. Ritus (neben der →Basiliusliturgie).

[1] *Geschichte und Charakteristik:* Die Ch. besteht aus altantiochenisch-liturg. Erbe, das seit dem 5. Jh. in Konstantinopel überformt wurde, und setzt sich bis zum 12. Jh. in allen vier orthodoxen Patriarchaten durch. – Auf →Johannes Chrysostomos geht (nach G. Wagner) die Überarbeitung der →Anaphora und der zentralen Priestergebete in deren Umkreis zurück. Formularteile unter seinem Namen sind für das 6. Jh. nachweisbar, handschriftlich erhalten seit dem 8. Jh. (Cod. barberin. gr. 336 der Vaticana). Die typisch byz. Eigenart der Ch., bes. ihre heilsgeschichtl. Symbolik und ihr Abbildcharakter zur himml. Liturgie (gemäß der Apokalypse und →Dionysios Areopagites), prägt sich (in Parallele zum Reichszeremoniell) im Zeitalter Ks. Justinians I. (Cherubikon; Zeon-Ritus: s. u.) und vor allem nach dem →Bilderstreit (Proskomidie: s. u.) aus. Mit der »Diataxis« des Athosmönchs und späteren Patriarchen →Philotheos Kokkinos († 1379) ist die Entwicklung im wesentl. abgeschlossen. – Die wichtigsten Deutungen der Ch., teilweise einschließl. der →Sakramente (→Mysterien), des →Stundengebets (→Liturgien), des →Kirchenbaus, der →Liturgischen Kleidung, stammen von →Maximos Homologetes († 662; typolog.-eschatologische und asketisch-myst. Interpretation), dem Patriarchen →Germanos I. († 733; vorwiegend rememorativ-allegorisierend, auf das ird. Leben Jesu bezogen), von Nikolaos →Kabasilas († 1391?; sakramententheol.-mystisch, den tiefsten Kirchenvätern kongenial) und von →Symeon v. Thessalonike († 1439; Sammlung und kanon. Festschreibung der früheren Deutungsmotive).

[2] *Beschreibung:* Die Ch. beginnt seit dem 14. Jh. mit Gebeten vor der →Bilderwand und zum Anlegen der Liturgischen Gewänder. Die anschließende Gabenbereitung (gesäuertes Brot, keine →Azyma; Mischwein) geschieht seit dem 8.–12. Jh. als symbolreicher Ritus, in der →Prothesis (Seitenapsis bzw. Nebenraum), wobei der Priester mittels der »hl. Lanze« aus dem 1. der Opferbrote (Prosphoren) das mit den Buchstaben »IC XC NIKA« geprägte Mittelstück (»Hl. Lamm«, »Siegel«) aussondert, es kreuzförmig tief einschneidet, unter den Worten von Joh 19,34 durchbohrt und gemäß der Textstelle »sogleich kamen Blut und Wasser hervor« Wein und Wasser in den Kelch füllt. Brotpartikeln aus dem 2. bis 5. Opferbrot, die zum Gedächtnis Mariens, der Heiligen, der Lebenden und Verstorbenen neben das »Hl. Lamm« auf den Diskos (Patene mit Fuß) gelegt werden, symbolisieren die Einheit der Kirche in Christus.

Der Wortgottesdienst (Katechumenenliturgie) beginnt mit der Enarxis: einer Ordnung von drei Fürbittlitaneien (»Ektenien«: »Eirenika« = »Friedensektenie«, 1. und 2. »Kleine Ektenie«), Psalmengesängen (»Antiphonen«) und Priestergebeten, die unterschiedl. Elemente aus einstigen Stationsgottesdiensten bei Bittprozessionen vereint. In dem folgenden »Kleinen Einzug« mit dem Evangelienbuch lebt der ursprgl. Einzug in die Kirche und die Eröffnung des Gemeindegottesdienstes durch den Bf. fort. Der älteste Begleitgesang des Einzugs ist das (heute folgende) Trishagion (»Hl. Gott, hl. Starker, hl. Unsterblicher, erbarme Dich unser!«). Die Lesung (Apostolos) wird in der Eucharistiefeier ausschließl. den ntl. Briefen und der Apg entnommen (atl. Lesungen gibt es nur im Stundengebet). Das Evangelium wird vom Diakon, von Kerzen begleitet, in der griech. Form des Ritus von einem hochgelegenen →Ambo (Kanzel) verkündet. Die folgenden Gebete (Ektenien) für die Katechumenen und die Gläubigen bewahren noch die alte Formel zur Entlassung der Katechumenen.

Zum eigtl. Opfergottesdienst werden im »Großen Einzug« Brot und Wein von der Prothesis zum Altar übertragen. Der Begleitgesang (Cherubikon; 573/574 durch Ks. Justinian II. eingeführt) sieht die Liturgen »geheimnisvoll Cherubim darstellend den Kg. des Alls empfangen, der von speertragenden Engelscharen unsichtbar begleitet wird«. Beim Niederlegen der Gaben über dem →Antiminsion (Leinentuch) auf dem Altar bekundet sich die schon von →Theodoros v. Mopsuestia u. a. Vätern betonte Grablegungssymbolik (und verweist auf die sakramentale Vollendung als Abbild der Auferstehung). Nach dem Friedenskuß, dem ursprgl. Auftakt zur Anaphora, wird (seit Patriarch Timotheos I.: 511–518) das →Nicaeno-Konstantinopolitan. Glaubensbekenntnis rezitiert.

Die Anaphora des hl. Johannes Chrysostomos (zur Authentizität s. o.) weist die Struktur der frühchristl. Eucharistia des Hippolyt und des üblichen syr.-byz. Typs (→Liturgien) auf. Gegenüber der Basiliusliturgie ist die christolog.-soteriologische Danksagung nach dem Sanctus äußerst gestrafft und nahezu mit Joh 3,16 identisch: Ausdruck der in einem ganzheitl. Duktus auf Kreuz und Auferstehung hin entworfenen byz. Inkarnationschristologie. Die →Epiklese der Ch. enthält von allen Liturgien die schärfste Formulierung der eucharist. Wandlung, indem sie Gott bittet, Brot und Wein »zum kostbaren Leib und Blut Christi zu machen« (ποίησον!) »verwandelnd (μεταβαλών) durch deinen Hl. Geist«. Der Kommunion geht nach dem Vaterunser (mit Doxologie) und dem Inklinationsgebet die Erhebung der Gestalten (unter dem frühchristl. Ruf: »Das Heilige den Heiligen«) sowie die Brotbrechung und die Mischung der Gestalten (die von Opfer- und Auferstehungssymbolik geprägt sind) voraus. Dabei wird dem Hl. Blut heißes Wasser (Zeon) beigegeben, um es als lebendig und »vom Hl. Geist erfüllt« zu erweisen. Zur Kommunion empfangen die Gläubigen die mit hl. Blut getränkten Prosphorapartikeln. Danksagungs- und Segensgebete und die Austeilung des Antidoron (gesegnete unkonsekrierte Opferbrotpartikel) beschließen die Mahlfeier. H.-J. Schulz

Ed. und Übers.: Brightmann – F. v. Lilienfeld, Die Göttl. Liturgie (Oikonomia 2, H. A–C), 1979 – *Lit.:* DACL VI, 1591–1662 – Chrysostomika, 1908 – J. M. Hanssens, De missa rituum orientalium, 2 Bde, 1930–32 – R. Bornert, Les commentaires byz. de la Divine Liturgie, 1966 – J. Mateos, La Célébration de la Parole dans la Liturgie Byz., 1971 – G. Wagner, Der Ursprung der Ch., 1973 – R. F. Taft, The Great Entrance, 1975 – H.-J. Schulz, Die byz. Liturgie, 1980.

Chrysoteleia, byz. Abgabe. Ch. (χρυσοτέλεια) bedeutet prinzipiell 'Entrichtung einer Abgabe (τέλος) in Goldwährung (χρυσός)' statt Naturalleistung, also Adaerierung. Ch. im speziellen Sinn ist eine von Ks. Anastasios I. (491–518) eingeführte Sonderabgabe, die in der Literatur vielfach, aber fälschl. als Ersatz des abgeschafften →chrysargyron angesehen wurde. Einer Nachricht des Chronisten Johannes Malalas (6. Jh.) zufolge führte der Kaiser eine χρυσοτέλεια τῶν ἰούγων ein, mit dem Zusatz, daß somit die Soldaten keinen Anspruch mehr auf Unterhalts- und Ernährungskosten haben sollten. Der Ausdruck besagt, daß die iuga-('Joche') Besitzenden, also die Grundbesitzer, ihre Steuerabgaben in Gold zu entrichten hatten, aber nur insofern, als damit die Rekrutierung verbunden war. Die Grundbesitzer hatten nämlich Rekruten zu stellen und mußten statt dessen nun eine Goldabgabe leisten. Wie auch andere byz. Historiker in diesem Zusammenhang betonen, wurde durch die hiermit bewirkte Verminderung der Soldatenzahl zwar die Wehrkraft des Reiches geschwächt, die Finanzen aber gewaltig erhöht. Es handelt sich mit Bestimmtheit um eine vorübergehende Maßnahme des Ks.s, da spätere Quellen über diese Steuer nicht mehr sprechen. Sie hat in der wissenschaftl. Literatur mehr Kontroversen hervorgerufen, als ihrem vorübergehenden Charakter angemessen ist. P. Schreiner

Lit.: J. Karayannopulos, Die chrysoteleia der iuga, BZ 49, 1956, 72–84 – G. Ostrogorsky, Geschichte³, 55 und Anm. 2 [nicht haltbare Interpretation].

Chumnos, Nikephoros, hoher byz. Beamter und Schriftsteller, * um 1260, † 1327 als Mönch (Mönchsname Nathanael). Schüler des Georgios v. Kypros, verfaßte Ch. philosoph. und theol. Werke (u. a. einen Traktat gegen das lat. Dogma) wie auch Schriften rhetor. Charakters (Enkomien, Epitaphioi, Consolationes), zahlreiche Briefe, Gedichte, polem. Werke; er redigierte auch Urkunden und Aktenstücke der ksl. Kanzlei. Nicht alle seine Werke sind ediert. Ch.' administrative und polit. Tätigkeit gipfelte im hohen Amt des μεσάζων (mesazon), des ersten Ministers (1292/93–1305/06). Von Theodoros →Metochites abgelöst, wirkte Ch. als Statthalter in Thessalonike und später als Chef der ksl. Kanzlei, des κανιχλείον (Kanikleion), des »ksl. Tintenfasses«. 1321–27 führte er eine rege Polemik mit seinem Gegner Th. Metochites, bei der stilist., astronom. und philosoph. Fragen im Mittelpunkt standen. Der ideolog. Unterschied zw. den beiden gelehrten Beamten ist noch nicht befriedigend geklärt: Metochites stützte sich vornehml. auf Platon, Ch. dagegen auf Aristoteles; Metochites propagierte »mathemat.« Methoden, Ch. vernachlässigte die Mathematik; Metochites wollte die Astronomie in den Vordergrund gestellt wissen und warf Ch. seine Vorliebe für die Physik vor; Ch. pries die Klarheit des Stils, Metochites dagegen die δεινότης (deinotes), die Energie und Ausdruckskraft der Sprache. Standen sich bei dieser Gelehrtenfehde nur die eigennützigen Interessen zweier Hofcliquen gegenüber oder ist sie ein Ausdruck tieferer polit. und kultureller Gegensätze im Byzanz der Paläologenzeit? A. Kazhdan

Lit.: Tusculum-Lex.³, 168f. [Lit.] – J. Verpeaux, Nicéphore Chumnos, homme d'état et humaniste, 1959 [mit Angaben der Ed.; cf. I. Ševčenko, Speculum 35, 1960, 490–494] – I. Ševčenko, Etudes sur la polémique entre Théodore Métochite et Nicéphore Choumnos, 1962.

Chuquet, Nicolas, frz. Mathematiker, † ca. 1488 in Lyon (?). Aus den Lyoner Steuerregistern und den von Ch. in seinen Schriften gemachten Angaben ergibt sich, daß Ch. aus Paris stammte, Bacc. der Medizin war und 1480–88 in Lyon als Rechenmeister tätig war. Dort vollendete er 1484 sein Hauptwerk, das »Triparty en la science des nombres«, eines der bedeutendsten Werke der damals in Entwicklung begriffenen symbol. Algebra (→Mathematik). Im ersten Teil behandelt Ch. im Anschluß an die Algorithmus-Traktate (→Rechenkunst) seiner Vorgänger die Regeln für das Rechnen mit ganzen Zahlen und Brüchen, die Proportionen, die Dreisatzregel, die Regeln des falschen Ansatzes usw., wobei Ch. auch negative Zahlen zuläßt und die Termini »Billion«, »Trillion« usw. bis zur »Nonillion« einführt neben dem bereits früher bekannten Wort »Million«. Der zweite Teil des Triparty ist dem Rechnen mit Wurzelausdrücken und deren Umformung, der dritte der Algebra gewidmet. Ch. bedient sich in diesen Teilen einer für seine Zeit äußerst fortschrittl. Symbolik, indem er die Potenzen der Unbekannten in systemat. Weise durch hochgestellte Exponenten bezeichnet statt durch Aneinanderreihen der Symbole der 2. und 3. Potenz, was ihm eine einfachere Formulierung der Potenzgesetze erlaubt.

Von Ch.s weiteren erhaltenen Werken, einer Aufgabensammlung zum Triparty, einer Anwendung der darin gelehrten Regeln auf die Geometrie sowie einer Anwendung auf das kaufmänn. Rechnen, ist erst seine Geometrie mit dem Titel »Commant la science des nombres se peult appliquer aux mesures de geometrie« vollständig ediert. Das Werk lehrt die Berechnungsformeln der wichtigsten ebenen und räuml. Figuren, die Vermessung von Höhen usw. mit Hilfe eines →Quadranten oder →Astrolabiums sowie die Verwendung der Algebra bei der Lösung geometr. Probleme. Gemäß L'Huillier scheint Ch. die Werke seiner Vorgänger relativ gut gekannt zu haben und schließt sich in seiner Geometrie v. a. an die zeitgenöss. it. Literatur an. Ch.s eigene Werke blieben, von einem Entwurf zur Geometrie abgesehen, vermutl. nur in einer einzigen von ihm selbst angefertigten Handschrift erhalten, die nach seinem Tode in den Besitz seines Lyoner Nachbarn Estienne de la Roche überging, der sie bei der Zusammenstellung seiner Schrift zur Arithmetik und Geometrie ausgiebigst benutzte. Während Estiennes Schrift 1520 und 1538 im Druck erschien, blieben Ch.s Werke bis zu ihrer Wiederentdeckung durch Marre i. J. 1880 weitgehend unbekannt. E. Neuenschwander

Ed. und Lit.: DSB III, 272–278 – Estienne de la Roche, Larismetique novellement composee par maistre Estienne de la Roche dict Villefranche, Lyon 1520 – Ders., Larismetique et Geometrie de maistre Estienne de la Roche dict Ville Franche, Lyon 1538 – A. Marre, Bull. di Bibliogr. e di Storia delle Scienze Matematiche e Fisiche 13, 1880, 555–592, 593–659, 693–814; 14, 1881, 413–460 [Ed. des Triparty mit Anh. und biograph. Notiz] – P. Tannery, L'extraction des racines carrées d'après N. Ch., Bibl. math., NF 1, 1887, 17–21 – C. Lambo, Une algèbre française de 1484: N. Ch., Revue des questions scientifiques 2, 1902, 442–472 – H. L'Huillier, Eléments nouveaux pour la biographie de N. Ch., RHSC 29, 1976, 347–350 – Ders., N. Ch. La Géométrie, 1979 [Ed. mit Beschreibung der Hss. und Angaben zur weiteren Lit.].

Chur

I. Stadt. Geschichte und Archäologie – II. Bistum.

I. Stadt. Geschichte und Archäologie: [1] *Geschichte:* Ch. (heute Hauptstadt des schweiz. Kantons →Graubünden, 585 m ü. M.) liegt an der Mündung des Schanfiggs ins Rheintal. Der Name wird vom kelt. *kora*, *korja* ('Stamm, Sippe') hergeleitet. Nach 310 war Ch. Sitz des Präses der Prov. →Raetia I., seit dem 4. Jh. im Rang eines Municipiums. Um 370 entstand auf dem »Hof« ein röm. Kastell, vermutlich seit dem 4. Jh. Sitz des 451 bei der →Mailänder Synode erstmals genannten Bf.e (vgl. Abschnitt II). 614 wurde Ch. erstmals als civitas erwähnt. Das Amt des Präses hatten die Bf.e seit ca. 760 öfters inne. Nach der Einführung der frk. Gauverfassung zw. 799 und 807 war Ch. Zentrum des Oberrätischen »Ministerium Curisinum« und Sitz des Gf.en. 831 erhielt der Bf. einen Immunitätsbrief, 951 sämtl. Steuerrechte, 952 den Churer Zoll, 958 die halbe Stadt und das Münzrecht, 960 den Königshof in Ch. Immunität und Grundherrschaft machten ihn zum eigtl. Stadtherrn, und er übertrug die Strafgerichtsbarkeit als Lehen an einen Stadtvogt. Vögte waren im 12. Jh. die Gf.en v. →Bregenz und Pfullendorf, dann die Hzg.e v.

→Schwaben, die durch churrät. Herren vertreten wurden. Rudolf v. Habsburg zog die Ch.er Vogtei ans Reich. Der Vogtbezirk umfaßte die Stadt, das Gericht »Vier Dörfer« und Malix und Maladers, die sich im 14. Jh. loslösten. Seit ca. 1200 gab es einen vom Bf., seit 1325 vom Domkapitel eingesetzten Ammann als obersten Verwaltungsbeamten und Vorsitzenden des Stadtgerichtes; über Grenz- und Markstreitigkeiten richtete der bfl. *Proveid* mit sechs Beisitzern. Seit 1282 erscheinen die »Bürger und Räte der Stadt« und das Stadtsiegel mit dem Torturm. Eine allmähl. Demokratisierung und Verlagerung der Rechte vom Bf. auf die Bürger ist bes. im 15. Jh. festzustellen. An Stelle des seit 1293 erscheinenden »Werkmeisters« trat Mitte des 15. Jh. ein Bürgermeister. Ks. Friedrich III. erteilte nach dem großen Stadtbrand am 28. Juli 1464 (frühere große Brände: 1289, 1350, 1361, 1383) Privilegien mit dem Recht, eine Zunftverfassung einzuführen, was 1465 erfolgte, indem der aus den Zünften gewählte Große und Kleine Rat mit einem Bürgermeister an der Spitze regierte. Von der städt. Autonomie ausgeschlossen war der sog. Hof des Bf.s, der eine Art Enklave bildete und eine 1514 durch ksl. Recht abgesicherte Verwaltung hatte. Ch. war Vorort und Tagungsort des →Gotteshausbundes. Die Ummauerung der Stadt wurde wohl in der 1. Hälfte des 13. Jh. vollendet. 1921 wurden zwei Vorgängerbauten der heutigen Kathedrale (Chor 1178 und die übrige Kirche 1272 geweiht) aus dem 5. und 8. Jh. entdeckt. Die St. Stefanskirche wurde ca. 500 wohl als Grabstätte der Bf.e angelegt. Um 800 sind auch die Kirchen St. Johann und Regula bezeugt, im 8. Jh. die kgl. Eigenkirche St. Martin. Die Kirche St. Luzi wurde vermutl. in der 1. Hälfte des 8. Jh. für die Reliquien des hl. Luzius errichtet (um 1150, 1250, 1490 erweitert), im Kl. St. Luzi waren ca. 1140–1538 die Prämonstratenser (1453 Abttitel, 1459 Pontifikalien); außerdem gab es: ein Dominikanerkloster St. Nicolai (ca. 1280–1539 und 1624–58) und die Spitäler St. Martin (erstmals 1070 erwähnt), Hl. Geist (1386), St. Antönien (1209) sowie das Leprosenhaus Masans (1370). L. Carlen

[2] *Archäologie:* Siedlungsspuren gibt es links der Plessur, im Welschdörfli, seit der Jungsteinzeit; Kontinuität ist nicht erwiesen. In der Hallstatt-La-Tène-Zeit waren auch Hof und Quartier Salas besiedelt. Ein vicus mit städt. Bauten existierte im Welschdörfli (augusteisch bis zum 4. Jh.). Auf dem Hof sind frühere röm. Bauten anzunehmen; nachgewiesen ist erst die spätröm. Umfassungsmauer, die durch eine mächtigere, die wahrscheinl. aus karol.-otton. Zeit stammende Mauer ersetzt wurde. Unterhalb des Hofes (Sitz des Bf.s) war seit frk. Zeit der Kern der ma. Stadt um St. Martin (karol. Dreiapsidensaal). Noch im 1. Jt. erweiterte sich die Stadt nach W zw. Oberer und Unterer Gasse, nach N um die Quartiere Salas (mit St. Regula: Saal mit hintermauerter Apsis, Vorhalle und Nordannex) und Clawuz. Im Dom ergaben Sondierungen einen Vorgängerbau des 5. Jh. (Saal? mit querschiffartigen Ausbauten) und einen Dreiapsidensaal (?), ungefähr von der Breite des heutigen Langhauses (wohl 8. Jh.). Ein älterer Dom (4. Jh.?) ist möglich. Im ehemaligen vicus lag eine Friedhofskirche (5. Jh., St. Peter?), umgeben von Gräbern. Im Friedhof existierte oberhalb des Hofes (bfl.?) eine Grabkammer mit Tonnengewölbe (Mitte des 5. Jh.) und Bodengräbern sowie Reliquienstollen in der östl. Schildwand. Sie ist vollständig ausgemalt, ebenso wie die nachträgl. angebaute Grab-Vorhalle, sie wurde gegen 500 durch eine Saalkirche mit Apsis überbaut (Priesterbank und seitl. Annexe). Am östl. Rand des Friedhofes steht über der ehemaligen Andreasmemorie (Ende 4. Jh.?) die Kirche St. Luzi (Dreiapsidensaal mit Ringkrypta und übernommener Emeritakammer). Weitere frühma. Kirchen und Kapellen sind archäolog. zu erschließen: Auf dem Hof St. Afra, St. Florin, St. Johannes Baptista (und Ulrich?), St. Laurentius, im W der Stadt St. Salvator und südl. St. Hilarius. H. R. Sennhauser

Lit.: P. C. Planta, Verfassungsgesch. der Stadt Ch. im MA, 1878 – F. Jecklin, Organisation der Ch.er Gemeindeverwaltung von 1464, 1906 – M. Valèr, Gesch. des Ch.er Stadtrates 1422–1922, 1922 – Ders., Zur Gesch. von Handwerk und Gewerbe der Stadt Ch., 1924 – H. Bernhard, Ch., 1937 – H. Killias, Zur Entstehung der Ch.er Stadtverfassung, 1949 – H. Erb, E. Ettlinger u. a., Kurzberichte über Ch./Welschdörfli, Jb. der Schweiz. Ges. für Ur- und Frühgesch. 53, 1966/67, 133–136 – H. Lieb, Lexicon Topographicum der röm. und frühma. Schweiz I, 1967 – Ur- und frühgesch. Archäologie der Schweiz, hg. Schweiz. Ges. für Ur- und Frühgesch., 1–6, 1968–79 – N. Mosca, Der Weg zur Ch.er Zunftverfassung 1465 [ungedr. Liz. Arbeit Zürich, 1976] – Ch. Simonett, Gesch. der Stadt Ch. I, 1976, 1ff. – S. Nauli, Kurzbericht über Ch. Hof, St. Florinus, Jb. der Schweiz. Ges. für Ur- und Frühgesch. 60, 1977, 138, 146f. – N. Mosca, Das Ch.er Zunftwesen [Diss. Zürich 1978] – W. Sulser-H. Claussen, S. Stephan in Ch. Frühchristl. Grabkammer und Friedhofskirchen (Veröff. des Inst. für Denkmalpflege ETHZ, Bd. 1), 1978 – H. R. Sennhauser, Spätantike und frühma. Kirchen Churrätiens (Von der Spätantike zum frühen MA, hg. J. Werner – E. Ewig; VuF 25), 1979, 193–218 – I. Müller, Zum Ch.er Bm. im FrühMA, SchZG 31, 1981, 277–307.

II. Bistum: [1] *Anfänge und Frühmittelalter:* Der Sitz des Bm.s (Episcopatus Curiensis, Patron: hl. Lucius, Kathedralpatronin: Maria) war in Ch. (Hof). Die Diöz. wurde mit zunehmender Christianisierung von S her als Kirchenprovinz der →Raetia I wohl im 4. Jh. errichtet. 451 wurde sie mit Bf. Asinio, ecclesiae Curiensis primae Rhaetiae episcopus, Suffragan v. Mailand, erstmals erwähnt. Die Verbindung mit →Mailand blieb bis zum Vertrag v. Verdun (843) bestehen, in dessen Gefolge →Churrätien an das ostfrk. Reich fiel und das Bm. Ch. zu →Mainz gezogen wurde. Für 868 ist die Teilnahme eines Bf.s v. Ch. an einer Mainzer Provinzialsynode erstmals bezeugt. Für den Umfang des Bm.s sind die Grenzen der Raetia I maßgebend, seit dem 6. Jh. durch das Vorrücken der →Alemannen und die Bildung des Bm.s →Konstanz eingeschränkt auf ein Gebiet, das das heut. Graubünden (ohne Puschlav), Rheintal bis Hirschensprung, die Linthebene, Liechtenstein, Vorarlberg sowie Südtirol bis Meran umfaßt. Im Anschluß an Kirchenburgen und frühe Landkirchen des 4./5. Jh. erfolgte die Bildung von Pfarreien, so daß zu Beginn des 9. Jh. mit einer geschlossenen Pfarreiorganisation mit mehr als 230 Kirchen und Kl. (u. a. →Disentis, Pfäfers, →Müstair) zu rechnen ist. Seit dem 13. Jh. ist die Archidiakonats- und Dekanatseinteilung faßbar. Das Domkapitel erscheint 940 erstmals als Institution, 1240 als Wahlbehörde. Die Bischofskirche war zunächst röm. Rechts, frk. Staatskirchenrecht galt mit der Eingliederung Churrätiens in das frk. Reich. Die ältesten roman. Bischofsnamen deuten auf Indigenat hin. Im 7./8. Jh. wurden die Ämter in der rät. Familie der Viktoriden kumuliert, in der 2. Hälfte des 8. Jh. mit dem Amt des Präses des churrät. Provinz verbunden (unter Tello, Constantius, für den Karl d. Gr. 773 gegen ein Treueversprechen eine Schutzurkunde ausstellt). Remedius übte um 800 als erster nichträt. Bf. noch das Präsidat aus. Zu erwähnen sind sein für das rät. Volk erlassenes Breve und der Briefwechsel mit Alkuin. Der Trennung von Bf. und Gft. (807) und der damit verbundenen Ausscheidung von Kirchen- und Reichsgut folgte 843 der Übergang Churrätiens an das ostfrk. Reich. Der früher vom Volk gewählte Bf. wurde nunmehr vom Kg. präsentiert und mit Schutz- und Immunitätsprivilegien begabt.

[2] *Stellung im Reich im Hochmittelalter:* Mit Esso beginnt

die Reihe der dt. Bf.e (849–868). Der Bf. wurde zum Reichsfürsten mit Pflicht zu Hof- und Reichsdienst. Zur Sicherung der →Alpenpässe gelangten in otton. Zeit durch Schenkung Reichsgut, Hoheitsrechte und Regalien an die Bf. von Ch. Sie legten den Grund für die Stadtherrschaft in Ch. und die weltl. Herrschaft des Bf.s im Gebiet der Paßstraßen. Der→Investiturstreit führte auch im Bm. Ch. zum Gegensatz zw. Bf. und Kgtm., zu Wahlstreitigkeiten (bes. 1080) sowie zum Wechsel von päpstl. und ksl. Parteigängern. Innere Reformen wurden zweimal versucht, so im 11. Jh. unter dem Einfluß →Einsiedelns, dann durch den Zisterzienserbischof Adelgott (1151–60). Auffallend ist die kaisertreue Haltung der Bf.e während der Stauferzeit. 1170 wurde die chur. Kirchenvogtei an den stauf. Hzg. v. →Schwaben übertragen. Zwiespältige Wahlen und die Auseinandersetzung mit dem heim. Adel (Heinrich III. v. →Montfort, dessen Sieg 1255 bei Ems) zogen sich durch das →Interregnum.

[3] *Spätmittelalter:* Im SpätMA war dann, mit Ausnahmen, der Adel auf dem Bischofssitz nicht mehr vertreten, er wurde ersetzt durch bürgerl. Kleriker, Juristen, Kanzleibeamte. Unter kgl. Einfluß wurden landesfremde Bf.e ernannt; mehrfach wurde das Bm. personell mit Konstanz verbunden. Langfristige Abwesenheiten und die polit. Abhängigkeit von Österreich brachten die Bistumsangehörigen in Gegensatz zum Bf. So führte ein Bündnis des Bf.s Peter Gelyto mit Österreich 1367 zur Konstituierung des Gemeinen Gotteshauses durch Domkapitel, Ministerialen und Gotteshaustälern mit Aufsichtsrecht über das Bm. Umstritten wurde dann im 15. Jh. bes. die bfl. Landesherrschaft. Aus Grundherrschaft und Hoheitsrechten hatte sich seit dem 12. Jh. eine eigtl. Feudalherrschaft herausgebildet mit Hofhaltungen zu Ch., Fürstenau und Fürstenberg (Gf. v. Tirol seit 1170 mit dem Erbschenkenamt belehnt), mit Lehensgericht für Dienst- und Lehensleute. Neben der Stadtherrschaft in Ch. umfaßte sie die Talschaften »Vier Dörfer«, Bergell, Oberhalbstein, Oberengadin, Domleschg, Münstertal, die als Gerichtsgemeinden mit Ammännern mehr oder weniger weitgehende Selbständigkeit besaßen; im Unterengadin und im Vintschgau umfaßte sie nur die niedere Gerichtsbarkeit. Das Gemeine Gotteshaus entwickelte sich zum →Gotteshausbund, wobei der Bf. bis ins 16. Jh. als Haupttherr galt und in solcher Funktion auch nachweisbar ist. Den rät. Bündnissen (→Rätien) trat er indes nicht bei. Im 15. Jh. häuften sich die Fehden mit den bfl. Vögten und Lehensträgern, den →Matsch, →Werdenberg und →Toggenburg. Der Bruch mit dem Domkapitel und dem Gemeinen Gotteshaus führte zur »Schamserfehde« (1452). Unter Johann IV. Naz erfolgte ein Aufstand der Ch.er Bürger (1422); unter Bf. Ortlieb (1458–91) sind die langwierigen Auseinandersetzungen mit der Stadt um die Reichsvogtei bzw. deren Streben, die Reichsfreiheit zu erlangen, zu nennen. Sein Nachfolger wurde 1499 während des →Schwabenkrieges aus dem Lande vertrieben und 1500 nur unter Bestellung eines Beirates wieder eingesetzt. Der letzte vorreformator. Bf. Paul Ziegler verließ 1524 Graubünden († 1541). E. Meyer-Marthaler

Q. *und Lit.:* Bündner UB I–III, 1955ff. – Th. von Mohr, Codex dipl. I–IV, 1848–65 – L. Deplazes, Reichsdienste und Kaiserprivilegien der Ch.er Bf.e von Ludwig dem Bayern bis Sigmund, Jber. Hist. Ant. Ges. Graubünden, 1971 – Helvetia Sacra I/1, 1972, 449–494 – U. Affentranger, Die Bf.e von Ch. in der Zeit von 1122 bis 1250 [Diss. Salzburg 1975].

Church-scot (ae.: *cyricseatt[as]*, 'Kirchenabgabe'), erstmals erwähnt in den Gesetzen Kg. →Ines v. Wessex als eine Abgabe, die für alle Mitglieder eines Haushalts am 11. Nov. für den Unterhalt der Ortskirche (→Pfarrei) entrichtet werden mußte. Im 10./11. Jh. erscheint das Ch. als Naturalabgabe in Urkunden, Gesetzen und im →Domesday Book, wobei es sich um eine, in den einzelnen Gebieten unterschiedl. hohe Getreidemenge handelte, die von jedem *hide* (Hufe) an die Urpfarreien (*old minsters*) abgegeben werden mußte, außer wenn eine Teilung mit anderen Kirchen vereinbart worden war. Das offenbar bes. in Südengland verbreitete Ch. war auch eine Leistung, die mit dem Grundbesitz an einen neuen Besitzer (außer an Exemte) überging und die sich wohl zu einem Gewohnheitspachtzins (consuetudo) entwickelte. Dieser war sowohl an weltl. als auch an geistl. adlige Grundherrn zu zahlen und konnte für die Pächter zu einer drückenden Last werden. D. A. Bullough

Q. *und Lit.:* Liebermann, Gesetze 2, 35, 536–Stenton[3], 152–154, 156, 473f. – N. Neilson, Customary Rents (Oxford Stud. in Soc. and Legal Hist. 2, 1910), 192–196 – W. A. Chaney, The Cult of Kingship in A–S. England, 1970, 235–246 [umstritten].

Churrätien
I. Geschichte – II. Archäologie.

I. Geschichte: Ch. (Raetia Curiensis, ahd. Churewalaha u. ä. [9. Jh.], später Churwalchen) ist herausgewachsen aus der röm. Prov. →Raetia I mit →Chur als Sitz der Zivilverwaltung unter einem Präses, in ostgot. Zeit auch des raet. Dux. Territorial war die Prov. auf das Gebiet südl. des Bodensees beschränkt; in frk. Zeit erfolgte eine weitere Rückbildung durch die alem. Besiedlung auf die Grenze, wie sie durch das Bm. →Chur gegeben ist. Seit dem 8. Jh. gehörte dazu auch die Vintschgau bis Meran. In spätröm. Zeit romanisiert, wurde Ch. als staatsrechtl. geschlossene Prov. durch Kg. →Theudebert I. im Zuge seiner Italienpolitik dem frk. Reich angegliedert. Der frk. Kg. trat damit in die Nachfolge des ostgot. Staates, wobei Ch., eine der Prov. röm. Rechts, als »provincia Retia, ducatus Curiensis, pagus Reciae, Raetia Curiensis« weiterhin durch Präsides aus der einheim. Familie der Viktoriden verwaltet wurde. Durch den frk. Staat wurde den röm. Bildung aus dem S bes. westfrk. Überlieferung vermittelt, so Rechtstexte wie der Codex Theodosianus, frk.-roman. Formeln, →Isidors Etymologien und die Lex Romana Visigothorum, auf deren Grundlage Anfang/Mitte 8. Jh. die einheim. Lex Romana Raetica Curiensis entstand. Chur ist im 8. Jh. Bildungsstätte, deren geistl. und weltl. Kultur nach dem N (Kl. →St. Gallen) ausstrahlt. Die Bevölkerung lebte nach röm. Gewohnheitsrecht bis ins 10. Jh., die lokale Gerichtsverwaltung war jedoch im 8. Jh. frankisiert, frk. Reichsrecht bekannt. In der 2. Hälfte des 8. Jh. wurden Episkopat und Präsidat personell vereinigt. Ch. wurde unter Karl d. Gr. enger an die Zentralgewalt gebunden durch ein für Bf. Constantius 773 ausgefertigtes Privileg, das die Bischofswahl regelte und Ch. gegen ein Treueversprechen des rät. Volkes unter kgl. Schutz stellte. Als erster nichträt. Bf. vereinigte Remedius noch beide Gewalten, 807 erfolgte deren Trennung, nachträgl. unter Bf. Viktor III. die Auseinandersetzung um den Entzug von Kirchengut. In diesem Zusammenhang entstand das Urbar des rät. Reichsgutes. Die gfl. Gewalt im Rahmen des ganzen rät. Dukates ging an den vielleicht frk., nichträt. Hunfrid. Das Kl. Schänis ist seine Stiftung (vor 823). Die Eigenständigkeit von Ch. als Provinz zeigte sich bei den Reichsteilungen. 806 fiel der ducatus Curiensis an Pippin, Kg. v. Italien, 843 an Ludwig d. Deutschen und damit an das ostfrk. Reich, als einziges roman. Gebiet dieses germ. Reichsteils. Die Hunfridinger standen während des 9. Jh. im Rang der rät. comites, duces oder marchiones und wurden zusätzlich Inhaber alem.

Gft.en (Burkart II., Hzg. v. Schwaben). Die Verbindung von Ch. mit → Schwaben entschied über die Verfassungsstruktur. Ch., 926 nach dem Tode Burkarts II. als Reichsteil aufgehoben, wurde in drei Gft.en organisiert. Als geogr. Begriff wurde »pagus Curiensis, pagus Retia, Churwalchen« zur Situierung dieser Comitate beibehalten. Unterrätien, begrenzt durch die Landquart im S, wurde im 10. Jh. unter den otton. Hzg.en mit Schwaben zusammen verwaltet. Im 11./12. Jh. folgten Gf.en aus dem Hause der → Udalrichinger in Unter- und Oberrätien, im Vintschgau solche bayr. Herkunft, nach 1141 die Gf.en v. Tirol. Diese Gft.en lösten sich im 12. Jh. auf, durchbrochen von den Herrschaftsgebieten des Bm.s von Chur, der Kl. → Disentis und Pfäfers, der Feudalherrschaften der → Montfort und → Werdenberg, in Oberrätien v. a. der Freien von Vaz. Der spätma. geogr. Begriff Ch. beschränkte sich nun auf Oberrätien. In diesen Raum von »Churwalchen« – »Raetien« wuchs das Gemeinwesen der Drei Bünde (→ Eidgenossen) hinein. E. Meyer-Marthaler

Q. und Lit.: Bündner UB I-III, 1955 - E. MEYER-MARTHALER, Rätien im frühen MA, Beih. 7 zur ZSchG, 1948 [ältere Lit.] - H. BÜTTNER-I. MÜLLER, Frühma. Christentum und frk. Staat zw. Hochrhein und Alpen, 1961 - H. BÜTTNER, Ch. im 12. Jh., SchZG 13, 1963, 1-32 - E. MEYER-MARTHALER, Röm. Recht in Rätien im frühen und hohen MA, Beih. 13 zur SchZG, 1968 - O. P. CLAVADETSCHER, Ch. vom Übergang von der Spätantike zum MA nach den Schriftquellen (VuF 25), 1979, 159-178 - ST. SONDEREGGER, Die Siedlungsverhältnisse Ch.s im Lichte der Namenforschung (ebd.), 219-254 [beide mit weiterer Lit.].

II. ARCHÄOLOGIE: In spätröm. Zeit belegen verschiedene Schatzfundhorizonte im nördl. Alpenrheintal germ. Einfälle von N (Kastell Schaan). Röm. Villen wurden im Laufe des 4. Jh. aufgegeben. Die Form der Weiterbesiedlung ist noch unklar. Zahlreiche befestigte Höhen erbrachten spätröm. Funde. Einzelgräber und kleine Grabgruppen mit spätröm. Beigaben lassen sich bis in die zweite Hälfte des 4. Jh. datieren. – Die frühma. Funde belegen das Fortleben der romanisierten Bevölkerung in Rätien mit wechselndem Einfluß der germ. Nachbarn auf das Fundbild, ohne germ. Ansiedlung im heutigen Graubünden. Im 7. Jh. zeigen die Funde das Vordringen alem. Bevölkerung von N her bis Liechtenstein (Gräberfeld Schaan, Specki). – Das Gräberfeld von Bonaduz (720 Bestattungen) wurde durch dieselbe Bevölkerung kontinuierl. vom 4. bis ins 7./8. Jh. belegt. Um 500 tritt eine Änderung des Bestattungsritus zur Orientierung W-O ein. Die frühma. Gräber sind meist beigabenlos. An Beigaben gibt es im 6./7. Jh. wenige Trachtbestandteile und Kämme (Gräberfelder aus dem FrühMA u. a. auch in Schiers und Chur, St. Stephan). – Aus dem 5. Jh. sind die ersten Kirchenbauten bekannt: in → Chur (Kathedrale), Schaan und → Zillis, aus den folgenden Jh. zahlreiche ergrabene Kirchen. Frühma. Funde stammen von zahlreichen befestigten Höhen (moderne Grabungen: Schiedberg bei Sagogn, Carschlingg bei Castiel). Ab ca. 700 sind die Gräber beigabenlos. – Archäolog. Denkmäler aus der jüngeren Zeit sind viele erforschte Kirchen und viele Burgen, davon wenige ergraben. Eine Besonderheit ist die Ausgrabung des Hospizes auf dem Lukmanier.
G. Schneider-Schnekenburger

Lit.: E. POESCHEL, Das Burgenbuch von Graubünden, 1929 – DERS., Die Kunstdenkmäler des Kantons Graubünden II-VII, 1937-48 – F. OSWALD, L. SCHAEFER, H. R. SENNHAUSER, Vorroman. Kirchenbauten (Kat. der Denkmäler bis zum Ausgang der Ottonenzeit 1966, 1968, 1971) – B. OVERBECK, Gesch. des Alpenrheintals in röm. Zeit auf Grund der archäolog. Zeugnisse, T. I, 1982; T. II, 1973 – H. ERB – M. L. BOSCARDIN, Das spätma. Marienhospitz auf der Lukmanierpaßhöhe, 1974 – M. L. BOSCARDIN – W. MEYER, Burgenforsch. in Graubünden, 1977 – Das Rätische Museum, ein Spiegel von Bündens Kultur und Gesch., hg. H. ERB, 1979 – G. SCHNEIDER-SCHNEKENBURGER, Ch. im FrühMA auf Grund der archäolog. Funde, 1980.

Ciarán. 1. C. (Kieran) **v. Clonmacnoise,** mit dem Beinamen »Sohn des Schmiedes«, einer der »12 Apostel Irlands«, * 510 oder 520 in Mittelirland, Schüler der Hll. Enda v. Inismore und Finnian v. Clonard, gründete ca. 545 mit 8 Gefährten das Kl. → Clonmacnoise (später die berühmteste Schule in Irland). Zwei geistl. Gedichte, eine Bußlitanei und eine (bes. strenge) Mönchsregel werden ihm zugeschrieben. Eifersucht anderer irischer Hl. soll seinen Tod schon in seinem 33. Lebensjahr verursacht haben. Fest (im → Félire Oengusso [um 800] als »groß« bezeichnet) 9. Sept., bereits in der Reichenauer Hs. des Martyrologium Hieronymianum verzeichnet. Seine Vita (in 4 Versionen erhalten) entstand, als noch Reliquien von C. (u. a. die steinerne Kappe, die er zu tragen pflegte) erhalten waren, und enthält viele Details aus dem Leben des alten Irland.
J. Hennig

Lit.: W. STOKES, Félire Oengusso, 1905, 193, 202-205 – J. F. KENNEY, The Sources for the Early Hist. of Ireland I, 1929, 268, 378-382, 730 – P. GROSJEAN, AnalBoll 69, 1951, 102-106 – H. INSKIP, Bibl. SS, 1247f. – W. W. HEIST, Bibliotheca Sanctorum Hiberniae, 1965, 78-81 – A. GWYNN – R. N. HADCOCK, Med. Religious Houses Ireland, 1970, 64.

2. C. (Kieran) **v. Saigir,** ir. Hl., lebte wohl im 5. Jh., Gründer der Kirche von Saigir Chiaráin (Seirkeiran, 7 km sö. von Birr, Co. Offaly) im Gebiet der → Osraige. Sein Vater entstammte den Osraige, seine Mutter den Corco Loídge, einem Sippenverband, der im 6. oder 7. Jh. wohl Osraige beherrschte. C.s Geburtsort war Clear Island (vor der Küste des sw. Co. Cork); hier soll nach der Tradition das Christentum erstmals in Irland Eingang gefunden haben. C. darf wohl zu den eher historischen als legendären Hl. des vorpatrician. Irland gerechnet werden. Seine Hauptkirche Saigir entstand wahrscheinl. an der Stätte eines heidn. Heiligtums, in dem ein ständiges Feuer unterhalten wurde.
Ch. Doherty

Lit.: J. F. KENNEY, The Sources for the Early Hist. of Ireland: I. Ecclesiastical, 1929 [1966], 316-318 – F. J. BYRNE, Irish Kings and High-Kings, 1973, 180f.

Ciarraige, Bezeichnung einer Anzahl von Völkerschaften in Irland, die in der frühhist. Zeit über → Connacht und → Munster verstreut siedelten. Obwohl sie alle ihre Abstammung von → Fergus, dem myth. Krieger aus Ulster, herleiteten, ist fraglich, ob sie je einen einheitl. ethn. Verband gebildet haben. Es gab in Connacht drei Hauptzweige: C. Locha na Airned (in Mayo), C. Aí und C. Airtich (in Roscommon). Diese hatten einen gemeinsamen Versammlungsplatz, Cara na Trí Túath, was auf die Existenz eines gewissen älteren Kgtm.s, das möglicherweise bis zur Expansion der → Uí Briúin im 8. Jh. bestand, hindeuten könnte. In Munster wurden die frühen C. Cuirche anscheinend im 8. Jh. überrannt. Der bei weitem bedeutendste Verband, die C. Luachra, besiedelte die Ebene von North Kerry (aus der sie die älteren Alltraige verdrängten) sowie große Teile des zentralen Kerry seit dem 8. Jh. Bis zum 12. Jh. bildeten sie ein mächtiges lokales Kgr. Nach der norm. Invasion vermochte die regierende Dynastie, die → Uí Choncobair mit ihren einzelnen Zweigen, ihre weiträumige Herrschaft als feudale *lordship* zu bewahren.
D. Ó Corráin

Lit.: D. Ó CORRÁIN, Stud. in West Munster Hist., Journal of the Kerry Archaeol. Hist. Soc. 1, 1960, 46-55 – D. O MURCHADHA, The Ciarraighe Cuirche, Journal of the Cork Hist. Archaeol. Soc. 73, 1968, 60-70.

Ciborium. [1] Eine von Säulen (seltener Pfeilern) getragene Überdachung von → Thron, Altar (→ Altarciborium, → Tragaltar), → Ambo, Taufbecken (→ Baptisterium), → Brunnen, → Grab usw. Es besteht im Unterschied zum → Baldachin aus festem Material, ist im Grundriß meist quadratisch, seltener rund oder polygonal und hat offene, allenfalls z. T. mit Schranken oder Vorhängen versehene Interkolumnien. Obwohl gr. κιβώριον, lat. ciborium, erst christl. sind (weitere Namen πύργος, fastigium, tegurium, tholus), geht die Überdachung von Götter- und Herrscherthronen auf altoriental. Vorbilder zurück, bei denen die Aufgabe, Schutz zu bieten, bereits hinter der Funktion als Würdearchitektur zurückgetreten war. Die Bedeutung der Kuppel des Thron-C. als Himmelsabbild ist bei Corippus (Laud. Iust. 3, 196f.) eigens erwähnt. Den erhaltenen ma. C. (O.: Wessel; Altar-C. im W.: Braun) treten zahlreiche Beispiele der Buch- und Monumentalmalerei an die Seite, v. a. Altar-, Thron- und Brunnen-C. (zum Lebensbrunnen→Brunnen IV); wichtig auch die C.-Rahmung der→Kanontafeln (s. Klauser). J. Engemann

Lit.: LCI I, 239–241 – RAC I, 1157–1167; III, 68–86 – RByzK I, 1055–1065 [Wessel]–RDK I, 473–485 [Braun]–Th. Klauser, DasC. in der älteren christl. Buchmalerei, NAG Phil.-Hist. Kl., 1961, 7.

[2] Aufbewahrungsgefäß für die eucharist. Brotgestalt. Da dieses ursprgl. Pyxis genannte Gefäß zumeist unter dem→Altarciborium aufgehängt wurde, erhielt es im MA metonymisch den Namen c. Mit cibus, 'Speise', hat das Wort demnach nichts zu tun. Verstümmelte Nebenformen von c. sind im ma. Latein: cibolum, cimberium, ciboreum, cimborium, symborium, civorium, civorius, cybola, symbolum. W. Dürig

Lit.: J. Braun, Das christl. Altargerät in seinem Sein und in seiner Entwicklung, 1932, 280–347 – Du Cange, s. v. und Nebenformen.

Cicero in Mittelalter und Humanismus
A. Cicerobild und Rezeption – B. Textgeschichte

A. Cicerobild und Rezeption

I. Allgemeines – II. Cicero als Vertreter der Rhetorik – III. Cicero als Vermittler philosophischer Bildung – IV. Cicero als Mensch und Humanist – V. Rezeption in der italienischen Literatur – VI. Rezeption in den Literaturen der Iberischen Halbinsel – VII. Rezeption in der französischen Literatur – VIII. Rezeption in der deutschen Literatur – IX. Rezeption in der englischen Literatur.

I. Allgemeines: Marcus Tullius Cicero (106–43 v. Chr.), der bedeutende Schriftsteller und umstrittene Staatsmann der ausgehenden röm. Republik, der das abendländ. Kultur bis in die neueste Zeit beeinflußt hat wie keine andere lit. Persönlichkeit (RAC III, 88), war dem MA wichtig als Lehrer, ja Personifikation der röm. Beredsamkeit, dementsprechend als Vermittler der röm. Philosophie im chr. Bildungswesen. Im Humanismus kam dazu seine Wirkung als Persönlichkeit und Träger dialog. Stil- und Formgedankens sowie als Anreger der Studia humanitatis, des humanist. Bildungsprogramms. C. wurde dem MA v. a. durch die lat. Kirchenväter vermittelt, die ihn als wichtigsten Schulautor neben Vergil kennengelernt hatten und ihm auch nach ihrer Bekehrung eine dienende Rolle für die chr. Bildung zugestanden. Demgemäß überwog im MA die Anwendung von Lehrsätzen und Zitaten, oft zweiter Hand, im Schulunterricht und in moralphilos. Schriften die direkte Lektüre seiner Werke. Für den Rhetorikunterricht wurde seine schülerhafte Jugendschrift »De inventione« sowie das ihm irrtümlich zugeschriebene pedantische Lehrbuch »Ad Herennium« seinen großen rhetor. Schriften vorgezogen. Seine Philosophie bot Argumente und Belege für die chr. Tugendlehre, wurde aber bis zum 13. Jh. v. a. als Legitimation der vita contemplativa mißverstanden. Erst vom HochMA an trat C. als Staatsmann, vom Humanismus an als Mensch und Humanist ins Zentrum des Zeitbewußtseins. Die Aetas aristoteliana des 13. und 14. Jh. wurde im 15. und 16. Jh. durch die Aetas ciceroniana abgelöst (Gilson).

II. Cicero als Vertreter der Rhetorik: Im Rahmen der 7 →artes liberales galt C. von→Martianus Capella an als Vertreter der Rhetorik, wird in einer ill. Hs. des 10. Jh. als deren Gefolgsmann (Mütherich), im 12. Jh. auf Portalen von Kathedralen (Chartres 1150) und vom 13. Jh. an in Hss. als deren Personifikation dargestellt (Hörmann, Katzenellenbogen, Wirth). V. a. dieser Bedeutung ist es zu verdanken, daß sämtl. rhetor. Schriften C.s erhalten sind im Unterschied zu den Reden, Briefen und philosoph. Schriften. In der Karolingerzeit, vom 12. Jh. an und v. a. unter dem Einfluß des Humanismus im 14. und 15. Jh. wurden insbes. die Rhetorici libri (De inventione) und Ps. Cic. ad Herennium im Original benützt und kommentiert (Ward, 37), während im spätscholast. Unterricht die zahlreich vorhandenen Schriften selten verwendet wurden, wie das Ausleihbuch der Sorbonne im 15. Jh. zeigt (Vielliard, 291). Im übrigen wirkte C. im MA weniger durch die Schriften als durch die Überlieferung seiner Lehren in patrist. sowie scholast. Lehrbüchern und Kommentaren. Maßgeblich waren v. a. →Augustinus mit »De doctrina christiana«, deren 4. Buch (vollendet 426) ein Programm chr. Rhetorik, gestützt auf die durch C. überlieferten antiken Elemente (z. B. die 3 Pflichten des Redners, die 3 Gattungen und 3 Stilarten der Rede) entwickelt, sowie→Boethius mit dem Kommentar zu den Topica C.s und dem großenteils auf C. beruhenden »De differentiis topicis«. Daneben gingen auch Kommentare aus Rhetorenschulen, wie die des Victorinus (4. Jh.) und Kompendien wie des Fortunatianus (4./5. Jh) in die im MA verbreiteten Institutiones des →Cassiodor und Etymologiae →Isidors v. Sevilla ein. →Alkuins »Disputatio de rhetorica et virtutibus« (794) in Form eines Lehrgesprächs mit dem Ks. beruht weitgehend auf »De inventione« (Brunhölzl, 272). Aus dieser Schrift – wie aus z. T. nicht mehr erhaltenen Reden C.s zitieren auch →Sedulius Scottus und →Paschasius Radbertus (Brunhölzl, 452.371). →Hrabanus Maurus kannte C.s Orator (Manitius I, 482).

Durch die Schule v. →Chartres, die dem Unterricht in den artes die klass. auctores zugrundelegte, erfuhren die rhetor. Schriften C.s eine in die Hochscholastik, z. B. bei →Thomas v. Aquin weiterwirkende Wiederbelebung, so ca. 1140 in →Thierry v. Chartres' Heptateuch (Manitius 3.200). Servatus →Lupus v. Ferrières, der im 9. Jh. vom Papst eine vollständige Hs. von »De oratore« erbat, und →Gerbert v. Aurillac, der spätere Papst Silvester II. († 1003), der ein bes. Interesse für die Rhetorica und die Reden zeigte, bezeugen die über den Kreis Karls d. Gr. hinausgehende Beschäftigung mit C.s Redekunst und können für »die Erhaltung vieler von den Humanisten speziell in Frankreich gefundenen Reden Ciceros« verantwortl. gemacht werden (Norden, 700–710). Auch die →ars dictaminis griff vom Beginn des 12. Jh. an bei →Hugo v. Bologna direkt auf C. zurück. Von 1321 an wurde in Bologna beim Lehrstuhl für Rhetorik C. kommentiert (Bolgar, 249). Zu den wenigen nützl. Büchern, die der um das Rechtsstudium seines u. a. lit. interessierten Sohnes Francesco besorgte Vater Petrarcas nicht dem Scheiterhaufen überantwortete, gehörten die Rhetorica C.s (Petrarca, Senil. 15, 1). Während die Bedeutung C.s im Rechtsunterricht Bolognas auf die erhöhte Bedeutung öffentl. Reden und jurist. Plädoyers in den it. Städten zurückgeführt werden kann, hängt die Belebung der ma. Predigt durch die bewußte Anwendung rhetor. Regeln zweifellos mit der Verwissenschaftlichung des Theologieunterrichts zusammen. Alexanders v. →Esseby »De modo praedicandi« (ca. 1200) u. die »Summa de arte praedicandi« des Thomas v. Salisbury (ca. 1215) wendeten C.s Rhetorikregeln auf die Predigttechnik an (Murphy 312–323).

Neben C. als Rhetoriklehrer trat im Humanismus der Redner C. in den Mittelpunkt des Rhetorikunterrichts. Ende des 14. Jh. kommentierte der Mailänder Kanzler Antonio→Loschi 11 Reden C.s nach den Regeln der röm. Rhetorik. 1413 folgte ihm Sicco →Polenton mit Kommentaren für weitere 16 C.-Reden (SABBADINI, Guarino 59f.). Diese, wie auch die zur selben Zeit von →Poggio Bracciolini entdeckten 8 C.-Reden und die Kommentare des Asconius erfuhren eine große Verbreitung. Zwar konkurrierte nach 1416 die von Poggio während des Konstanzer Konzils entdeckte »Institutio oratoria« Quintilians mit der im 15. Jh. so gen. Rhetorica vetus (de inventione) und der Rhetorica nova (ad Herennium); doch konnte Quintilian, der nur das docere beherrschte und deswegen non orator sed arator sei (Filelfo, Brief v. 10. Juli 1440 an Johannes Tuscanella), dem orator C., der auch die beiden anderen Aufgaben der eloquentia, das delectare und movere, beherrschte, nichts anhaben. Als Vorbild des philosoph. gebildeten Politikers durch die 1421 in Lodi vollständig entdeckten Schriften »De oratore«, »Brutus« und »Orator« auch theoretisch gerechtfertigt, stieg C. gleichsam von der Höhe einer zeitlosen Personifikation der Rhetorik herab in die Niederungen der gesellschaftl. Auseinandersetzung, wie dies die Darstellung der Rhetorik in Gregor Reischs »Margarita Philosophica« 1503 trefflich illustriert.

III. CICERO ALS VERMITTLER PHILOSOPHISCHER BILDUNG: Für DILTHEY (2,499) sind die europ. Überzeugungen nicht vom Christentum hervorgebracht, vielmehr von C. als Ergebnis der gr. Philosophie den Römern gelehrt und durch die Kirchenväter den chr. Gemeinden vermittelt worden. Neben Vergil war C. der wichtigste lat. Schulautor und damit Vermittler philosoph. Bildung auch für die chr. Apologetik und Patristik. »Non legit qui non legit Ciceronem« zitiert noch im 7. Jh. der südgall. Grammatiker Virgilius ein weitverbreitetes Dictum (RAC III, 91). So repräsentiert die C.-Rezeption in bes. Maße die Ambivalenz der →Antikenrezeption zw. Übernahme und Ablehnung heidn. Denk- und Ausdrucksformen durch die chr. Autoren der Spätantike und des MA. Der Dialog »Octavius« des Minucius Felix, der den gebildeten Römern die Verwandtschaft des stoischen und chr. Gottesbegriffes aufzeigte, folgte in Form und weitgehend im Inhalt C.s »De natura deorum«. →Lactanz wollte C.s »De re publica« in »De opificio Dei« ergänzen. In seinem apologet. Hauptwerk, den »Divinae Institutiones«, setzte er sich mit C. auf Schritt und Tritt auseinander und übernahm dessen philos. Gedankengut, soweit es nicht der chr. Offenbarung widersprach. In Inhalt und Stil folgte er C. derart, daß →Hieronymus ihn als »quasi quidam fluvius eloquentiae Tullianae« (ep. 58,10) sowie seine Bücher als »dialogorum Ciceronis ἐπιτομήν« (ep. 70,5) bezeichnete und er im Humanismus seit→Pico della Mirandola (Opera 1573, 21) als C. christianus galt (RAC III, 106). →Ambrosius, der seine Kenntnis griech. Philosophie v. a. C. verdankt, lehnte sich 390 in seinem einflußreichen Werk »De officiis ministrorum« in Aufbau und Inhalt an C.s »De officiis« an, führte jedoch die stoisch-c. Gedanken auf die Bibel zurück und deutete sie so zur ersten chr. Ethik um. In noch grundsätzlicherer Weise wurde das ma. Verhältnis zu C. bestimmt durch den berühmten Traum des Hieronymus (ep. 22,29): Infolge des Versuchs, zugleich Christus und Cicero nachzufolgen, auf den Tod erkrankt, wird er vor das Gericht geschleppt, empfängt dort das vernichtende Urteil »Ciceronianus es, non Christianus« und gelobt, nie wieder weltl. Bücher zu lesen. Der Traum veranlaßte ihn später, C. und die übrigen heidn. Autoren nur noch als Hilfsmittel der Bibelerklärung zu benützen, also gemäß der Bibel (Dtn 21,11f.) als Sklavinnen, die gereinigt werden müssen, um dem Volk Gottes zu dienen (ep. 70,2). Sein Bemühen, »ein christlicher C., ein ähnlich umfassender Lehrer der chr. Bildung zu sein und dazu noch ein Mönch und Heiliger zu werden« (CAMPENHAUSEN, 115–117), präludiert die ma. Haltung gegenüber dem Autor C. Das Bild C.s als eines Wegbereiters chr. Bildung wurde von →Augustinus verstärkt. Die Frühdialoge sind formal und inhaltlich stark von C. beeinflußt. In den »Confessiones« schilderte Augustinus, welch maßgebl. Rolle C. durch den – später verschollenen – Dialog »Hortensius« für seine Bekehrung spielte. Die Bedeutung dieses Erlebnisses für das MA belegt u. a. die Vision→Hermanns v. Reichenau (MANITIUS 3,403). Als Christ nannte Augustinus C. in distanzierter Weise, doch führte er in »De civitate Dei« philos. Leitgedanken C.s weiter zu seiner chr. Geschichtsphilosophie. Die Verwendung heidn. Gedankengutes begründete er mit dem Hinweis auf das Volk Israel, das bei seinem Auszug aus Ägypten Gold und Silber mit sich nahm. Dementsprechend müsse der Christ den Heiden ihre »äußerst nützlichen Moralvorschriften, ja in betreff der Verehrung des einen Gottes ... einiges Wahre entwenden, um es in gerechter Weise bei der Verkündigung des Evangeliums zu gebrauchen« (De doctrina Christiana II, XL 60, NORDEN, 679).

So wirkte C. auch als Philosoph im MA mehr durch solche Spolien, durch Zitate, Exzerpte, Kommentare seiner Schriften, als durch diese selbst. Bei vielen Zitaten, wie dem berühmten Lob der Philosophie in den Tuskulanen (5, 2, 5), das der von der c. Philos. stark beeinflußte Isidor v. Sevilla am Ende seiner »Synonyma« fast wörtlich übernahm, ist direkte Benützung C.s fraglich (FONTAINE, 703.746). Die Karolingerzeit hinterließ einige Sammlungen mit Exzerpten, wie diejenige des Presbyters Hadoard, Bibliothekars v. Corbie (SCHMIDT, 134-152), oder d. Collectaneum des →Sedulius Scottus. Dabei diente auch der im MA verbreitete Kommentar des →Macrobius zum »Somnium Scipionis« C.s als Quelle. Kenntnis der Tuskulanen bei Alkuin, Sedulius und Lupus ist anzunehmen (MANITIUS 1,482ff.), vielleicht auf Grund eines in Corbie entstandenen Minuskelcodex mit bruchstückhaft überlieferten philos. Schr. C.s, der von Lupus bearbeitet wurde (SCHMIDT, 107.169 →Abschnitt B). Bei seiner systemat. Handschriftensuche erwähnt Lupus nur rhetor. Schriften, Reden und Briefe. Das philos. Interesse dieses und anderer ma. Autoren an C. galt v. a. den von Augustin als »überaus nützlich« bezeichneten Morallehren. Sedulius Scottus exzerpierte aus »De inventione« Stücke unter dem Titel »Sententia Ciceronis de virtutibus et vitiis«. Die Kenntnis der philos. Schriften nahm erst mit der Ausbreitung der Kathedralschulen vom 11. Jh. an zu, v. a. als in Chartres neben den Lehrbüchern der artes auch die klassischen →auctores, wenn auch oft nur in Exzerpten, dem Unterricht zugrundegelegt wurden. →Wibald machte sich Mitte des 12. Jh. um die C.-Überlieferung verdient und beschrieb nach »De finibus« die Stifter und Hauptlehrer der griech. Philosophen-Schulen (MANITIUS 3,291). Auch bei Historikern wie→Otto v. Freising, Gesta Friderici 1,4, →Wilhelm v. Malmesbury, De gestis regum Anglicorum finden sich einzelne Zitate aus »De officiis«, die aber auch durch Hieronymus vermittelt sein können (BARON, 11). →Konrad v. Hirsau schrieb in seinem Dialogus super auctores, 51: »Tullius nobilissimus auctor iste libros plurimos studiosis philosophiae necessarios edidit«, kannte jedoch nur »Cato De senectute« und »Laelius De amicitia« (NORDEN, 708). Ein →Alexander v. Neckam zugeschriebenes Ms. des 13.Jh. führt im Kat. d. empfohlenen Schultexte die moralphilos. Schriften »De fato«, »De natura deorum«, »De oratore«, »Paradoxa« auf (BOLGAR, 197).

Bis zum 13. Jh. galt der Philosoph C. v. a. als Kronzeuge der vita contemplativa. →Manegold v. Lautenbach, der Ende des 11 Jh. in seiner auf den Macrobiuskommentar eingehenden Streitschrift »Contra Wolfelmum« einzig die Moralphilosophie von der Verurteilung der heidn. Philosophie ausnahm, argumentierte zwar in seiner polit. Streitschrift »Contra Gebehardum« für Gregor VII. und gegen Heinrich IV. mit Zitaten aus C.s »Laelius De amicitia«, welche die tugendhafte Freundschaft auch in polit. Auseinandersetzungen preisen (MANITIUS 3,177.27), doch erfreute sich diese Schrift C.s nach der Verkündigung des Eheverbotes für alle Kleriker durch Gregor VII. 1074 eines wachsenden Interesses, konnte doch C.s Preis der Freundschaft zw. weisen Männern dem Zölibat und insbes. dem Klosterleben auch einen philos. Sinn geben, zumal wenn bibl. Freundespaare als Beispiele herangezogen wurden, wie dies in →Aelred, »De spirituali amicitia« der Fall war (MANITIUS 3, 146). Ihm folgte →Peter v. Blois mit »De amicitia christiana« (Verf.-Lex.², s.v.). →Andreas Capellanus ließ sein Werk »De amore«, das den »Laelius« zitiert, in eine Anklage gegen die Frauen und die Liebe ausklingen (MANITIUS 3,283). Auch →Bernhard v. Clairvaux zitierte in seinen Predigten über das Hohe Lied häufig »De amicitia«. →Johannes v. Salisbury, der C. in seinem »Entheticus De dogmate philosophorum« mit hohem Lob bedachte (MANITIUS 3,256) und beinahe alle philos. Schriften, wie auch die beiden Rhetorica und die Briefe ad familiares öfters zitiert, schrieb wie →Walter Map »De nugis Curialium« (150 JAMES) im Gefolge des Hieronymus in seinem »Policraticus« (2,298 WEBB) C. den Vorzug des beschaul. Lebens zu. Dasselbe gilt für Abaelard (1,693f. 2,621 COUSIN). Auch das weitverbreitete »Moralium Dogma Philosophorum« des 12. Jh., das eine Kompilation antiker Zitate v. a. aus »De officiis« zum Thema des honestum und utile enthält, stellte das contemplative über das aktive Leben (BARON, 11). Erst im 13. Jh. trat C. als theoret. und prakt. Vertreter staatsmänn. Verantwortung ins Bewußtsein höf. und bürgerl. Interesses. →Vinzenz v. Beauvais zitierte Belegstellen aus C. sowohl für die vita activa wie die contemplativa, gab aber dem Nutzen einer staatsmänn. Verantwortung für die Allgemeinheit den Vorrang vor dem auf einige Philosophen begrenzten Vorteil des otium. Vollends im 14. Jh. gewann diese Seite von C.s Moralphilosophie das Übergewicht: Walter v. Burley, »De vita et moribus philosophorum«, zitierte im Gefolge Vinzenz' zahlreiche Stellen, die des »vir nobilissimus inter consules Romanorum« würdig erschienen (318–328 KNUST). Guido v. Pisa rechtfertige den Nutzen seiner Kosmographie für seine Mitbürger mit dem Hinweis auf die sozialen Pflichten des Menschen nach »De officiis« (BARON, 13). An der Artistenfakultät in Paris wurde die Moralphilosophie sowohl anhand von Aristoteles für den Teil der »inneren«, auf Selbsterziehung gerichteten Ethik wie auch anhand von C.s »De officiis« für den Teil der Sozialethik gelehrt (BARON, 14). →Thomas v. Aquin postulierte eine Synthese zw. C.s virtutes politicae und den übrigen Kardinaltugenden (Summa Theol. 1–2 q. 61 art. 5). →Marsilius v. Padua zog im »Defensor pacis« (5.17.98.110) neben Aristoteles auch »De officiis« (1,11.22.23.26.58) zur naturrechtl. Begründung seiner Staatsidee heran. Schließlich hob zu Beginn des 14. Jh. die anonyme Kurzbiographie eines C.-Sammelbandes, der dann in den Besitz Petrarcas gelangte, C.s Verbindung polit. und lit. Tätigkeit hervor (BARON, 16).

IV. CICERO ALS MENSCH UND HUMANIST: Seit dem 13. Jh. war C. somit nicht nur als Personifikation der Rhetorik und Vermittler der gr. Philosophie, sondern auch als polit. Autor v. a. in Italien bekannt (→C. in der it. Lit.). Petrarca attestierte seinem Vater eine bes. Vorliebe für C. (Senil. 15,1), erwähnte einen Disput mit einem kritiklosen alten C.-Verehrer (Fam. 24,2). Die humanist. C.-Rezeption, die mit →Petrarca einsetzt (NORDEN, 737: »Wenn man von Petrarca spricht, denkt man an C.«), bedeutete nicht eine neue Hochschätzung der unbestrittenen Autorität C.s Vielmehr wurde die Erfahrung seiner humanitas, wie sie die dialog. Begegnung mit seinem Werk, seinem Stil, seiner Persönlichkeit hervorrief, bald Anstoß und Inhalt systemat. humanist. Studien, der →Studia humanitatis, so daß GILSON das 15. und 16. Jh. als Aetas Ciceroniana bezeichnen konnte, welche diejenige des Aristoteles abgelöst habe (RÜEGG, 1982, 278). Als erstes wurde C. als Mensch, als geschichtl. in der Auseinandersetzung mit seiner polit. und gesellschaftl. Umwelt stehende Persönlichkeit ernst genommen. Das Idealbild des MA, in dem bald der Redner, bald der kontemplative Philosoph vorherrschte, und das Petrarca durch intensives Studium der Reden und Schriften vertiefte, wurde grundlegend erschüttert durch die Entdeckung der Briefe an Atticus 1345 in Verona, in denen sich C. in all seinen menschl. Widersprüchen offenbart. Petrarca gab in einem Brief an C. in der Unterwelt seiner tiefen Enttäuschung Ausdruck (Fam. 24,3.4. SCHMIDT, Petrarca 30) und stellte auch in seinen Schriften C. als unfreiwilligen Kronzeugen für die Überlegenheit der vita contemplativa hin. Ganz anders als der heimatlose Halbkleriker Petrarca reagierte 1392 der Florentiner Staatskanzler und Humanist →Salutati auf die Entdeckung des zweiten großen Corpus der C.-Briefe, der Epistulae ad Familiares. Er sei glücklich, schrieb er dem Vermittler des Vercellenser Codex (2,389 NOVATI), nunmehr den ganzen C. vor sich zu haben als einen Menschen mit allen seinen Fehlern – die er schonungslos aufzählt –, aber auch als einen Staatsmann, der in Bürgerkriege und in den Untergang des freien Roms verwickelt war. Er freue sich, »mit C. zu sprechen« und im Briefwechsel »so verschiedene Schicksale, Tugenden und Affekte bedeutender Männer« kennenzulernen. Dieses neue, dialog. Verhältnis und biograph. Interesse führte zunächst zur C.-Biographie. →Vergerio ließ C. seine Haltung als Mensch und Bürger in einer Antwort auf Petrarcas Absagegeschreiben rechtfertigen (436–445 SMITH). Für Leonardo →Bruni hob sich in der spannungsreichen Verbindung polit. und lit. Tätigkeit sein »Cicero novus« sowohl gegenüber Plutarchs Biographie als auch gegenüber dem alten C. des MA und Petrarcas ab (BARON 21), während Gasparino →Barzizza als Schulmeister und Verfasser einer Sammlung von Musterbriefen im Stile C.s diesen in seiner »Vita Marci Tullii Ciceronis« kritiklos darstellte (Text bei PIGMAN 146-163). Der Paduaner Kanzler Sicco →Polenton widmete fast die Hälfte seiner von Livius Andronicus bis Petrarca reichenden Biographien lat. Schriftsteller, nämlich 200 Seiten, dem »Cicero noster«, den er in einer hist. reich belegten, nicht kritiklosen, im ganzen aber apologet. Darstellung als Staatsmann, Advokaten und v. a. als »magister summus et lumen« aller bisherigen und zukünftigen lat. Autoren präsentierte (266 ULLMAN). Als stilist. Vorbild gab C. Anlaß zu einem tiefgehenden, die klassizist. Ciceronianer und die humanist. Reformer tief spaltenden Streit. Er begann am Anfang des 15. Jh. mit einer Querelle des anciens et modernes zw. dem alten Salutati, der Dante, Petrarca und Boccaccio als chr. Autoren der Gegenwart einen höheren Rang einräumte als sein

Schüler Poggio, der die stilist. Vorbildlichkeit der Alten, v. a. C.s, verabsolutierte (Bruni, »Dialogi ad P. Histrum«). Der Streit polarisierte sich in der über das Stilistische ins Weltanschauliche übergreifenden Frage nach der richtigen imitatio. Petrarca, Salutati, Bruni, →Valla, →Poliziano und v. a. →Erasmus in seinem »Ciceronianus« forderten, so zu schreiben und zu handeln, wie C. es heute tun würde, also nicht den Stil, sondern den Geist C.s nachzuahmen, einen eigenen Stil entprechend der andern hist. Situation und gemäß dem eigenen Ingenium zu entwickeln, C. gegenüber kein Affe, sondern ein Sohn zu sein, der dem Vater nicht in Äußerlichkeiten, sondern ingenio moribusque ähnlich sei (Erasmus, Opp. 1, 1024A.1026B). Die Ciceronianer, beginnend mit Barzizza und Poggio, hatten v. a. an der röm. Kurie ihren Schwerpunkt, gerieten mit ihrer klassizist. Verabsolutierung des reinen Lateins C.s und der damit verbundenen heidn. antiken Formen in Kontroversen mit der Kirche (→Akademie, →Callimachus), vermochten aber v. a. durch den Kard. Pietro Bembo (1470–1547) eine internationale Wirkung auszuüben, so daß Erasmus sich zu seinem »Ciceronianus« veranlaßt sah (CLASSEN, 216). Danach ging der Streit weiter von Dolet, De imitatione ciceroniana (1534), Sadolet, Stephanus bis Scaliger, Lipsius, ja bis ins 18. Jh. (FUMAROLI, 211). Ein positives Denkmal des Ciceronianismus ist der Thesaurus Ciceronianus des Nizolius (1535), ein Lexikon zum Sprachgebrauch C.s mit Belegstellen, Sach-, Sprach- und Grammatikerklärungen.

In der humanist. Nachfolge C.s standen die Studia humanitatis, das eigentl. humanist. Bildungsprogramm, das nicht dem Begriff nach (Pro Murena 61, Pro Caelio 24, vgl. WEHRLI, 74–99), sondern auch in seinem Bildungsziel, der Verbindung von eloquentia und sapientia zum verantwortungsvollen Bürger ciceronian. Herkunft ist (RÜEGG, 1973, 130–151; 1982, 291ff.). Deshalb nahm C. als humanist. Vorbild und lit. Zeugnis eines philos. gebildeten, sprachgewaltigen Bürgers im Schulprogramm bis weit in die Neuzeit eine führende Rolle ein (GARIN, PAULSEN). Ihm galten die ersten Bemühungen der humanist. Handschriftensuche und Textedition (→Abschnitt B). Er wurde philolog. kommentiert v. a. von Barzizza, →Guarino, Ognibene, →Beroaldus, Merula, Marsus, Georgios v. Trapezunt. Lit. wirkte sich die humanist. C.-Rezeption aus in der Ausbreitung des→Dialogs (MARSH), des→Briefes und der →Rede (MUELLNER, SANTINI) als Kunstform. Kategorien der Cic. Rhetorik fanden Anwendung in der Kunst (CHASTEL, BAXANDALL), v. a. in der Geschichtsauffassung (STRUEVER), in der sowohl die Verbindung der historia als testis temporum, lux veritatis, vita memoriae, magistra vitae, nuntia vetustatis mit der vox oratoris als auch die lex historiae nequid falsi dicere audeat (Cic. De orat. II, 36; II, 62f.) zur Grundregel der humanist. Geschichtsschreibung wurde und die explizite Aufnahme von Historikern in den Cursus der Studia humanitatis zur Folge hatte (RÜEGG, 1982, 296ff.). Bedeutsam war die Wirkung philos. und rhetor. Schriften auf die Sprachphilosophie (APEL, 131ff., HARTH, 8ff., BURGER, 207ff.) und die Entwicklung einer universalen Topik in der Geistes- und Wissenschaftsgeschichte des 16.–18. Jh. (FUMAROLI, SCHMIDT-BIGGEMANN). Die Bedeutung des erkenntnistheoret. Skeptizismus C.s für die humanist. Sozialphilosophie gewinnt in der neueren Forschung (SCHMITT, LINDHARDT) zunehmend an Gewicht.

V. REZEPTION IN DER ITALIENISCHEN LITERATUR: In der it. Lit. überwog das Interesse an den moralphilos. und polit. Seiten C.s. →Albertanus v. Brescia, »De amore et dilectione dei et proximi et aliarum rerum et de forma vitae«, welche C.s »De officiis« als Hauptzeugen für d. Vorzug des tätigen Lebens nennt, wurde bereits 1268 von Andrea da Grosseto ins volgare übersetzt. Brunetto→Latini übersetzte die drei Caesar-Reden C.s sowie »De inventione« (WITT, 17ff.) ins It. und fügte ihr einen Kommentar bei. In seinem bereits von Bono →Giamboni it. übersetzten »Tresor« machte er Gebrauch von »De inventione« und »De officiis«, um die Bedeutung der Sprache für die staatl. Ordnung zu begründen (GARIN, 60). Guidotto da Bologna faßte Ps. C. Ad Herennium als »Fiore di Rettorica« it. zusammen und stellte C. dar als »wunderbar bewaffneten Ritter freien Mutes, ausgerüstet mit großem Verstande, gewappnet mit Wissen und Verschwiegenheit, Erfinder aller Dinge« (DE SANCTIS, 91). →Jacopone da Todi erwähnte in seinem Gedicht »Rinuncia del mondo« unter den antiken Autoren, die ihm lieb gewesen waren, »le Tulliane rubriche che mi fean tal melodia« (NORDEN, 738). →Dante erzählt im »Convivio« (2,13), wie er, nach dem Tode Beatrices trostlos geworden, zu Boethius' »De consolatione« und v. a. zu C.s »Laelius« Zuflucht genommen und in der Philosophie nicht nur eine Trösterin, sondern eine neue Herrin seiner Liebe gefunden habe, die ihn zu philos. Studien veranlaßt hätte. Dementsprechend finden sich im »Convivio« Anspielungen auf »De finibus« (1,11.4,6.21.22), »De officiis« (1,12.4,1.8.15.25.27), »Cato« (2,9.4,21.24.27.28), »Paradoxa« (4,12) »Laelius« (1,12). Er betrachtet es als Fügung Gottes, daß C. als homo novus niederen Standes gegen einen übermächtigen Bürger wie Catilina Roms Freiheit verteidigen konnte (4, 5). In der »Divina Commedia« findet sich C. in Gesellschaft der berühmten Geister des Altertums unmittelbar neben dem »Seneca morale« und Linus, dem Sohn des Apollon (Inf. 4,141).

Die Benützung des volgare rechtfertigte Dante (Convivio 1,11ff.) unter ausdrückl. Berufung auf C. (De finibus 1,4). In der Folge wurde die Volkssprache theoret. mit Hilfe der cic. »Sprachideologie« (APEL) legitimiert und durch die Aufnahme Dantes in den Kanon der Hochschulautoren unterstützt. →Boccaccio, der im »Decamerone« (6,10,7) C. als Maßstab der Redekunst erwähnte, gab in seinem Dante-Kommentar eine Aufzählung zahlreicher C.-Schriften und zitierte aus »De oratore«, »De officiis« und den Tuskulanen (HORTIS, 671). Insgesamt erfuhr die Volkssprache gerade durch den Humanismus, ja sogar durch den Ciceronianismus eine breite. Förderung. Kard. Bembo forderte in seinen »Prose della volgar' lingua« (1525) für das Toskanische den gleichen Purismus wie als Ciceronianer für das Latein und gab so den Anstoß zur systemat. Entwicklung der Muttersprache (CLASSEN, 217). Infolgedessen bewirkte im 14. und 15. Jh. der Humanismus eine starke Verbreitung it. Übersetzungen der Schr. C.s, aber auch eine Behandlung pädagog. staats- und sozialphilosoph. sowie anderer humanist. Themen unter dem Einfluß C.s in it. Sprache. Als hervorragende Beispiele seien erwähnt: Matteo Palmieris 1432 abgeschlossenes Werk »Della vita civile«, das nicht nur durch seine Dialogform an C. anknüpft, sondern ihn auch als Quelle – neben den bekannten moralphilos. Schriften auch »De legibus« und die Fragmente aus »De re publica« – benützt, um sein Ideal eines philosoph. untermauerten bürgerl. Lebens durch die Verbindung der cic. auf Gemeinnutzen gerichteten Ethik mit Platos Kontemplation zu umreißen. Bei Leon Battista →Alberti ist nicht nur ein indirekter Einfluß C.s auf seine Kunsttheorie aufgezeigt worden (CHASTEL, 97ff.). Neben seiner lat. Lehrschrift über die Staatskunst für Lorenzo de' Medici, in der er sich auf »De officiis« stützt, machte er in seinem Hauptwerk

»Della famiglia« (1433–40) seine Liebe und Verehrung für C. explizit (119 PELLEGRINI) und zitierte C. reichlich (KRAUS, 466). Aber auch seine anderen it. Schriften zeigen die Bedeutung C.s für Inhalt, Kompositionstechnik, Stil und Formeln (MARSH). W. Rüegg

Lit. zu [I und II]: *Rhetorik:* R. R. BOLGAR, The Classical Heritage and its Beneficiaries, 1958 – C. VASOLI, La dialettica e la rettorica dell'Umanismo, 1968 – J. E. SEIGEL, Rhetoric and Philosophy in Renaissance Humanism, 1968 – J. J. MURPHY, Rhetoric in the MA, 1974 – J. VIELLIARD, Le registre de prêt de la bibliothèque du collège de Sorbonne au XVe s. (The Universities in the Late MA, hg. J. JSEWIJN, J. PAQUET, 1978), 276–292 – J. O. WARD, From Antiquity to Renaissance: Glosses and Commentaries on C.'s Rhetorica (Medieval Eloquence, hg. J. J. MURPHY, 1978), 25–67 – J. LINDHARDT, Rhetor, Poeta, Historicus, Stud. über rhetor. Erkenntnis und Lebensanschauung im it. Renaissancehumanismus, 1979 – M. FUMAROLI, L'Age de l'éloquence, 1980 – G. A. KENNEDY, Classical Rhetoric and its Christian and Secular Tradition from Ancient to Modern Times, 1980 – G. W. PIGMAN III, Barzizza's Studies of C., Rinascimento 21, 1981, 123–163 – J. M. Mc MANAMON, Innovation in Early Humanistic Rhetoric: The Oratory of Pier Paolo Vergerio the Elder, Rinascimento 22, 1982, 3–32 – R. WITT, Medieval »Ars Dictaminis« and the Beginnings of Humanism, Renaissance Quarterly 35, 1982, 1–35 – Renaissance Eloquence, hg. J. J. MURPHY, 1983 – *Ikonographie:* W. HÖRMANN, Probleme einer Adelsbacher Hs. (Fschr. G. HOFMANN, 1965), 335–389 – A. KATZENELLENBOGEN, The Representation of the Seven Liberal Arts (Twelfth-C. Europe and the Foundations of Modern Society, hg. M. CLAGETT u. a., 1966), 39–55 – K. A. WIRTH, Eine illustrierte Martianus-Capella-Hs. aus dem 13. Jh., Städel-Jb. NF 2, 1969, 43–74 – F. MÜTHERICH, Eine Illustration zu Martianus Capella (Fschr. B. BISCHOFF, 1972), 198–206 – *zu [III]:* RAC III, 86–127 [C. BECKER] – Verf. Lex[2] I, 1274–1282 [P. KESTING] – CURTIUS–GRABMANN, Scholastik – MANITIUS–NORDEN–W. DILTHEY, Weltanschauung und Analyse des Menschen seit Renaissance und Reformation, 1914 – TH. ZIELINSKI, C. im Wandel der Jahrhunderte, 1929[4] – H. BARON, C. and the Roman Civic Spirit in the MA and the Early Renaissance, Bulletin of the John Ryland's Library 22, 1938, 1–28 – J. FONTAINE, Isidore de Séville et la culture classique dans l'Espagne wisigothique, 1951 – *zu [IV]:* R. SABBADINI, Storia del Ciceronianismo, 1886 – G. VOIGT–M. LEHNERDT, Die Wiederbelebung des class. Altertums, 1893[3] – R. SABBADINI, La scuola e gli studi di Guarino Guarini Veronese, 1896 – K. MUELLNER, Reden und Briefe it. Humanisten, 1899 [Neudr. 1970] – A. GALLETTI, L'Eloquenza dalle origini al XV sec., 1904 [Neudr. 1938] – R. SABBADINI, Storia e critica di testi latini, 1914 – F. PAULSEN, Die Gesch. des gelehrten Unterrichts, 1919[3] – E. SANTINI, Firenze e i suoi »oratori« nel Quattrocento, 1922 – E. GARIN, Der it. Humanismus, 1947 – G. BILLANOVICH, Petrarca und Cicero (1946) (Petrarca, hg. A. BUCK, 1976), 168–192 – R. R. BOLGAR, s. o. – A. CHASTEL, Art et Humanisme à Florence au temps du Laurent le Magnifique, 1959 – H. FREIHERR V. CAMPENHAUSEN, Lat. Kirchenväter, 1960 – K. O. APEL, Die Idee der Sprache in der Tradition des Humanismus von Dante bis Vico, 1963 – E. GARIN, La letteratura degli Umanisti, Storia della letteratura it., 1966, 257–279 – DERS., Gesch. und Dokumente der abendländ. Pädagogik, 2: Humanismus, 1966 – C. J. CLASSEN, Cicerostudien in der Romania im 15. und 16. Jh. (C., ein Mensch in seiner Zeit, hg. G. RADKE, 1968), 198–245 – H. O. BURGER, Renaissance, Humanismus, Reformation, 1969 – D. HARTH, Sprachpragmatismus und Philosophie bei Erasmus v. Rotterdam, 1970 – N. STRUEVER, The Language of Hist. in the Renaissance, 1970 – M. BAXANDALL, Giotto and the Orators, 1971 – CH. B. SCHMITT, Scepticus. A Study of the Influence of the Academica in the Renaissance, 1972 – W. RÜEGG, Anstöße, Aufsätze und Vorträge zur dialog. Lebensform, 1973 – CH. TRINKAUS, Protagoras in the Renaissance: An Exploration (Philosophy and Humanism [Fschr. P. O. KRISTELLER, hg. E. P. MAHONEY, 1976]), 190–213 – P. L. SCHMIDT, Petrarcas Korrespondenz mit C., Der altsprachl. Unterricht, 1978, 30–38 – F. WEHRLI, Stud. zu C. De oratore, Museum Helveticum 35, 1978, 79–99 – D. MARSH, The Quattrocento Dialogue, 1980 – P. O. KRISTELLER, Stud. zur Gesch. der Rhetorik und zum Begriff des Menschen in der Renaissance, 1981 [mit Bibliogr.] – W. RÜEGG, Cicero, Orator noster (Entretiens sur l'Antiquité classique, hg. O. REVERDIN, B. GRANGE 28, 1982), 275–319 – W. SCHMIDT-BIGGEMANN, Topica Universalis, 1983 – *zu [V]:* A. HORTIS, M. T. Cicerone nelle Opere di Petrarca e del Boccaccio, 1878 – R. SABBADINI, Del tradurre i classici antichi in Italia (Atene e Roma 3, 1920), 201–217 – F. DE SANCTIS, Gesch. der it. Lit., hg. F.

SCHALK, 1941 – Prosatori volgari del Quattrocento, hg. E. GARIN, 1955 – F. SCHALK, Das Publikum im it. Humanismus, 1955 – J. GADOL, Leon Battista Alberti, Universal Man of the Early Renaissance, 1961 – L. B. Alberti, Vom Hauswesen, übers. W. KRAUS, 1962 – E. GARIN, La Cultura filosofica del Rinascimento italiano, 1962 [Neudr. 1979] – F. TATEO, Tradizione e realtà nell' Umanesimo italiano, 1967, 221–318 – D. HEINIMANN, Umprägung antiker Begriffe in Brunetto Latinis Rettorica, Renatae Litterae (Fschr. A. BUCK, 1973), 13–22 – G. C. ALESSIO, Brunetto Latini e Cicerone, IMU 22, 1979, 127–169.

VI. REZEPTION IN DEN LITERATUREN DER IBERISCHEN HALBINSEL: Im katal. *Raum* verstärkten sich durch die Beziehungen zu Italien und den Einfluß Petrarcas seit etwa 1390 frühhumanist. Tendenzen. Bernat → Metges philos. Dialog »Lo somni« (1398/99) ist formal und gedanklich von C. beeinflußt (v. a. durch die Tusculanen und das »Somnium Scipionis« mit dem Macrobiuskommentar; Petrarcas »Africa« wurde 1399/1407 von Antoni → Canals auszugsweise übersetzt unter dem Titel »Scipió e Anibal«). Die bedeutendste Leistung ist die Übertragung der »Paradoxa« durch den Mallorquiner Ferrando Valentí († 1476), einen Schüler Leonardo → Brunis. Eine weitere davon unabhängige Übersetzung überliefert anonym ms. 296 der Bibl. de Catalunya, Barcelona; sie bildet wiederum die Vorlage für eine kast. Fassung. Der Franziskaner Nicolau Quilis übersetzte kurz vor oder nach 1420 »De officiis« mit Texteinschüben und Komm. (u. a. Bibl. de Catalunya, ms. 285). Am lit. Hof Alfons' V. (→ 17. A.) in Neapel versammelten sich humanist. Philologen, die für die studia humanitatis und den Ciceronianismus große Bedeutung hatten (u. a. Lorenzo → Valla, Antonio → Beccadelli, Leonardo → Bruni, Gasparino → Barzizza).

In *Kastilien* wurde C.s. »De inventione« bereits Ende des 13. Jh. bekannt durch die kast. Fassung von Brunetto → Latinis »Li livres dou Tresor« (Buch 3). Enrique de → Villena übertrug die Ps. Cic. Rhetorica ad Herennium, die Gonzalo García de Gudiel, Bf. v. Cuenca, 1273 erstmals als 'retorica nueva' bezeichnet hatte, fast zur gleichen Zeit, als → Alfons v. Cartagena (1421/24) auf Bitten des ptg. Infanten Dom Duarte »De inventione«, die sog. 'retorica vieya', übersetzte und in der Vorrede die aristotel. mit der ciceronian. Rhetorik verglich. Damit kündigt sich die Abkehr von der ma. → Ars dictaminis an. 1422 brachte Alfons v. Cartagena »De officiis«, »De senectute« sowie die Rede »Pro M. Marcello« ins Kast. (BN Madrid, ms. 7815; die Übersetzung von »De officiis« erschien in Sevilla 1501). Mit Leonardo Bruni, den er als 'novellus Cicero' bezeichnete, führte er einen gelehrten Streit über die richtigen Übersetzungsprinzipien. *Aragones. Versionen* von »De officiis« und »De senectute« befanden sich in der Bibliothek des Marqués de → Santillana. Die Auseinandersetzung um die christl. Deutung klass. Moralphilosophie und Rhetorik, die als Einheit gesehen werden, schlägt sich nieder in den Prologen → Alfons' v. Cartagena; 1435 Bf. v. Burgos geworden, sollte er jedoch immer stärker Seneca als Ideal bevorzugen. Die moralphilos. Traktat- und Dialogliteratur des 15. Jh. (Pedro Díaz de Toledo, Ferrán Núñez: Tractado de amiçiçia) weist immer wieder Ciceroeinflüsse auf. Im »Liber dialogorum« von Alfonso Ortiz (Kathedralbibl. Burgo de Osma, ms. 40) disputieren u. a. Sokrates, Plato und C. mit dem Toledaner Ebf. Alonso Carrillo († 1484) über die Glückseligkeit. In »De questionibus hortolanis« (1443/47) des Rodrigo Sánchez de Arévalo (1404–70) weist Alonso de Cartagena (Alfons v. C.), einer der Gesprächsteilnehmer, auf das Vorbild der Tuskulanen hin (UB Salamanca, ms. 2-c-4-181, f. 72r–81v).

In *Portugal* wurde die Beschäftigung mit C. belebt durch diplomat. Missionen (1421–31) des kast. Frühhumanisten Alfons v. Cartagena und des kgl. Sekretärs Juan Alfonso de Zamora am Hof Johanns I. »O Livro dos officios«, die erste vollständige Übers. eines klass. lat. Werkes ins Ptg., entstand im Umkreis des Infanten Dom Pedro de Avis (1392–1449). Ihm widmete →Vasco Fernandes de Lucena († 1497) den »Livro da velhice« (De senectute). Der Prior von São Jorge bei Coimbra übersetzte im Auftrag von Pedros Bruder Dom Duarte »De amicitia« vor 1434. Spuren der Cicerokenntnis zeigen sich auch im moralist. Schrifttum des 15. Jh. (Tractado da virtuosa benfeyturia, »Leal Conselheiro«, »Boosco deleytoso«). Erst unter dem Eindruck von →Erasmus kam es ein Jahrhundert später zu neuen Übersetzungen (»Paradoxos«, »Sonho de Cipião«, »Amizade« durch Duarte de Resende, 1531) und »Da velhice« (Damião de Góis, 1534). D. Briesemeister

VII. REZEPTION IN DER FRANZÖSISCHEN LITERATUR: In Frankreich beginnt die C.-Rezeption mit der Übersetzung der beiden für die ma. Rhetorik und Poetik grundlegenden Schriften »De inventione« und der ps. ciceronian. »Rhetorica ad Herennium« durch Jean d'Antioche 1282, nachdem bereits die vom Florentiner Brunetto →Latini 1262/66 auf frz. verfaßte Laienenzyklopädie Teile von »De inventione« dargeboten hatte. Der humanist. gesinnte Kleriker Laurent Premierfait († 1418) gab im Auftrag von Louis de Bourbon bzw. Jean de Berry 1405 »De senectute« und 1414 »De amicitia« in hervorragenden frz. Übersetzungen wieder. Die erste frz. Bearbeitung von »De officiis« mit zahlreichen Beispielen aus ma. Schriften fertigte Anjorant Bourré 1461/68 (gedr. Lyon 1493). Ihr folgte eine weitere Fassung von David Missant aus Dieppe (gedr. Paris ca. 1500). Jean Miélot übersetzte 1468 für Karl den Kühnen den Brief an Quintus über die Pflichten und Aufgaben eines Provinzgouverneurs (u. a. Bibl. Nat. Paris, ms. 17001). D. Briesemeister

Q.: Livro dos officios de Marco Tullio Cicerom, ed. J. M. PIEL, 1948 – F. VALENTÍ, Traducció de les Paradoxa de Ciceró, ed. J. M. MORATÓ I THOMÀS, 1959 – La Rethorica de M. Tullio Ciceron, ed. R. MASCAGNA, 1969 – Tratados da amizade, Paradoxos e Sonho de Cipião, ed. M. L. CARVALHÃO BUESCU, 1983 – Lit.: DLFMA, 194–196 – M. SCHIFF, La bibliothèque du Marquis de Santillane, 1905 – R. BOSSUAT, Anciennes traductions franç. du De officiis de Cicéron, BEC 96, 1935, 246–284; s. a. 104, 274–277 – DERS., J. Miélot, traducteur de Cicéron, BEC 99, 1938, 1–45 – M. DE RIQUER, Relaciones entre la literatura renacentista castellana y la catalana en la Edad Media, Escorial 1941, 36–40 – M. MENÉNDEZ PELAYO, Biblioteca hispano-latina clásica II, 1950, 307–324 – P. M. GATHERCOLE, 15th c. translation. The development of L. de Premierfait, MLQ 21, 1960, 365–370; vgl. a. 19, 1958, 262–270 – E. PELLEGRIN, Note sur deux mss. enluminés contenant le De senectute de Cicéron avec la traduction franç. de Premierfait, Scriptorium 12, 1958, 276–280 – C. FAULHABER, Latin rhetorical theory in 13th and 14th c. Castile, 1972 – O. DI CAMILLO, El humanismo castellano del siglo XV, 1976 – J. M. GREEN, An early French translation of De officiis, The Hebrew Univ. Studies in Lit. 4, 1976, 1–17 – A. M. SALAZAR, El impacto humanístico de las misiones diplomáticas de A. de Cartagena en la Corte de Portugal (MSt presented to R. HAMILTON, ed. A. D. DEYERMOND, 1976), 215–226 – K. KOHUT, Der Beitr. der Theologie zum Literaturbegriff in der Zeit Juans II. v. Kastilien, RF 89, 1977, 183–226.

VIII. REZEPTION IN DER DEUTSCHEN LITERATUR: C. war auch im deutschsprachigen Raum Schulautor; Hss. seiner Werke sind, bes. im südl. Teil, in reicher Zahl überliefert; beides läßt auf einen erhebl. Einfluß auch auf deutschsprachige Autoren schließen. Problematisch bleibt der Nachweis dieser Einwirkung. →Notker Labeo schreibt an Bf. Hugo II. v. Sitten (998–1017): »... ut latine scripta in nostrum conatus sim vertere, et syllogistice aut figurate aut suasorie dicta per Aristotelem vel Ciceronem vel alium artigraphum elucidare«. Eine so deutl. bekundete Rezeption C.s bleibt in der früh- und hochma. Literatur einmalig. Zwar hat Wernher v. Elmendorf das »Moralium dogma philosophorum«, welches weithin auf Ciceros »De officiis« beruht, gegen 1170/80 ins Deutsche übertragen, aber hier liegt keine unmittelbare Rezeption C.s, sondern einer in Frankreich entstandenen Kompilation (Wilhelm v. Conches?) vor. Indirekt abhängig von »De officiis« sind sicherlich beträchtl. Teile der Ethik in didakt. dt. Literatur, z. B. bei →Winsbecke, →Thomasin v. Zerklaere, →Freidank, →Hugo v. Trimberg, Johannes →Rothe u. a. Eine Einwirkung von »De amicitia« auf myst. »Gottesfreund«-Literatur (→Mystik) ist als wahrscheinl. anzusehen. Wie substantiell die Begriffswelt des »Hohen Minnesangs« von »De amicitia« und andererseits das sog. »Ritterliche Tugendsystem« von »De officiis« geprägt wurde, ist nach wie vor umstritten. Übersetzungen ciceronian. Schriften setzen erst spät ein. Die erste Gesamtübersetzung von »De officiis« (anonym, 1. Hälfte des 15. Jh.) wird gefolgt von einer weiteren Gesamtübertragung durch Johannes Neuber, Kaplan des Johannes von Schwarzenberg (gedruckt 1520), der auch Cato, Laelius, Tusculanen, Buch I, übersetzte (1520), der Übertragung der Tusculanen, Buch I, durch →Reuchlin (1501) und den Übersetzungen (1489–1491) verschiedener philosoph. Werke C.s des Klerikers Johannes Gottfried in Oppenheim, der diese Arbeiten im Auftrag Friedrichs von Dalberg anfertigte. Eine unabhängige Teilübersetzung verschiedener Werke C.s findet sich in der St. Galler Weltchronik (Ende 15. Jh.). »Der Teütsch Cicero« (1534) enthält neben Neubers Übersetzungen diejenige Schwarzenbergs von →Brunis Vita Cic. und moral. Traktate Schwarzenbergs. P. Kesting

Lit.: Verf.-Lex. I², 1274–1282 – F. J. WORSTBROCK, Dt. Antikerezeption 1450–1550, 1976, 48–60 – ST. SONDEREGGER, Notker der Dt. und C. (Fschr. J. DUFT, 1980), 243–266.

IX. REZEPTION IN DER ENGLISCHEN LITERATUR: Ein Teil von C.s umfangreichem Werk war das ganze MA hindurch in den engl. Bibliotheken vorhanden; für die ags. Zeit bezeugt dies bereits →Alkuin in seinem Gedicht über die Heiligen von York. Für den Rhetorikunterricht in den Schulen und Universitäten galt C. als eine der anerkannten Autoritäten. In der ae. und frühme. Literatur selbst spielte er aber keine Rolle. Erst die späteren me. Dichter erwähnen ihn. Für →Chaucer (c. 1343–1400), →Gower († 1408), →Hoccleve (c. 1369–1426) und →Lydgate (c. 1370–ca. 1449) ist C. der vorbildl. Rhetoriker, dem es nachzueifern gilt. In diesem Sinne verweisen auf ihn z. B. Chaucer im Prolog zur »Franklin's Tale« (»Canterbury Tales«, V. 718ff.), wo der Erzähler behauptet, leider nichts von Rhetorik zu verstehen, und Gower in der »Confessio Amantis« (IV. 2647–52; VII. 1589–1615, dort im Zusammenhang mit der catilinar. Verschwörung) – anscheinend hält Gower jedoch Tullius und Cithero (!) für zwei verschiedene Personen. Hoccleve bezeichnet in »The Regement of Princes« (2078–86) Chaucer als den engl. Dichter, der C. in der Rhetorik am nächsten komme; Lydgate lobt den Rhetoriker C. in »The Fall of Princes« (I. 255; II. 2455–57 usw.). Zu Beginn von »The Parliament of Fowls« gibt Chaucer eine ausführl. Inhaltsangabe des »Somnium Scipionis«; dieses Werk war Chaucer, wie überhaupt dem MA, über den Kommentar des →Macrobius bekannt. Den ersten einigermaßen umfangreichen engl. Bericht über C.s Leben und Werk bietet Lydgate in »The Fall of Princes« (VI. 2948–3276). Englische Übersetzungen von C.s Werken entstanden im Rahmen des engl. Frühhumanismus. Die älteste davon ist wohl die Übertragung von »De amicitia« durch John →Tiptoft, Earl of Worcester (1427–70), die 1481 von Caxton gedruckt wurde. Im selben Band veröffentlichte →Caxton auch eine Übersetzung von C.s »De senectute«. Diese stammt vermutl. von William Worcester (1415–82), der sie aber nicht nach dem lat. Original, sondern nach einer frz. Übersetzung anfertigte. H. Sauer

Bibl.: Manual ME 3. VII und IX, 1972, 715f., 873f. (Nr. 44), 948 (Nr. 55) – *Ed.*: F. J. FURNIVALL, Hoccleve's Works: The Regement of Princes., EETS ES 72, 1897 – G. C. MACAULAY, The English Works of John Gower, EETS ES 81–82, 1900f. – H. BERGEN, Lydgate's Fall of Princes, EETS ES 121–124, 1924–27 – F. N. ROBINSON, The Works of Geoffrey Chaucer, 1957² – D. S. BREWER, Geoffrey Chaucer: The Parlement of Foulys, 1960 – *Lit.*: H. B. LATHROP, The Translations of John Tiptoft (MLN 41, 1926), 496–501 – R. WEISS, Humanism in England during the Fifteenth C., 1941 – W. F. SCHIRMER, Der engl. Frühhumanismus, 1963² – H. GNEUSS, Englands Bibl. im MA und ihr Untergang (Fschr. W. HÜBNER, hg. D. RIESNER–H. GNEUSS, 1964), 91–121.

B. Textgeschichte

Die Geschichte der hs. Textüberlieferung von C.s Werken als notwendige Bedingung ihrer ma. und früh-humanist. Rezeption kann bei dem derzeitigen Forschungsstand z.T. nur skizziert werden; hier bietet der neue Katalog von MUNK OLSEN (= MO) der Weiterarbeit eine feste Grundlage.

Im Übergang von Antike zu Spätantike und von dort zum MA bedeutet Textgeschichte zunächst den Prozeß von Verlust, Bewahrung und Wiederentdeckung. Bald nach C.s Lebenszeit verliert sich das Interesse an seinen primär (auto)biograph. bedingten Schriften; verloren gehen die Historica, fast alle Gedichte, zahlreiche Reden und etwa die Hälfte der Briefsammlungen. Was in der Spätantike in (Pergament)Codices transskribiert war, stand (mit Ausnahme bedeutender Zufälle: Hortensius, z.T. De re publica und Academica, manche Reden: Pro Scauro, Pro Tullio), aber einschließl. einzelner Pseudepigrapha (opt. gen.; rhet. Her.; diff.; synon.; exil.; in Sall.; epist. ad Oct.) dem MA zur Verfügung, d. h. 56 B. Reden, 36 B. Briefe, 29 B. Philosophica und 9 B. Rhetorica. Nicht alles war überall zugleich bekannt: Viel gelesen wurden die Herennius-Rhetorik und De inventione, auch die Topica; in den catilinar., cäsar. und philipp. Reden waren Höhepunkte spätrepublikan. Geschichte präsent, auf eschatolog. und moral. Dimensionen verwiesen Somnium Scipionis, De officiis, Cato und Laelius. Repräsentative Auswahlen (Cato. Lael. Catil. in Sall. Caes.) oder gar Gesamtausgaben (MO Nr. 46 aus Corvey mit Philosophica, Rhetorica, Reden und Briefen, vgl. auch Nr. 245 aus Köln; zu ähnl. Versuchen im 13. und 15. Jh. vgl. P. L. SCHMIDT, Die Überlieferung S., 184ff., 332f., 269ff.) blieben die Ausnahme.

I.1. Von den Rhetorica sind inv./rhet. Her. (meist als Paar) omnipräsent; MO zählt 165 bzw. 138 Exemplare. 2. De oratore/Orator werden seit dem 9. Jh., aber spärlich und lückenhaft, tradiert; erst der 1421 entdeckte Codex von Lodi (mit dem Brutus) vervollständigt den Text. 3. Die wenigen alten Hss. der (zunächst mit anderen rhetor. Traktaten überlieferten) Partitiones oratoriae (MO: 8) gehen nicht über das 10. Jh. zurück.

II.1. Aus De re publica kannte das MA nur B.6 (Somnium Scipionis), das – zumeist mit dem Kommentar des Macrobius – sich großer Beliebtheit erfreute (MO: 103). 2. Das sog. Leidener Corpus (nat. deor.; div.; Tim.; fat.; top.; parad.; ac. II; leg.) wird seit dem 9. Jh. in Nordfrankreich bekannt und löst sich seit dem 11./12 Jh. im Übergang nach Italien, England und Deutschland z.T. auf. Die Topica sind in einer anderen Linie (MO: 41) mit nicht ciceronian. Traktaten verbunden. 3. De finibus (in Nordfrankreich mit ac. I, in Deutschland allein) ist seit dem 12. Jh. in beschränktem Maße an verschiedenen Stellen bekannt. 4. De officiis (MO: 57) einer- und Cato-Laelius andererseits (MO: 38 bzw. 55) schließen sich im 12.Jh. mit den Paradoxa zu einer zunehmend stärker verbreiteten Kombination zusammen. 5. Die Tuskulanen (MO: 16) wirken seit dem 9. Jh in einer Textform, die auf einen spätantiken, nach Kola und Kommata abgesetzten Archetyp zurückführt.

III. Unter den Reden sind beliebt 1. Philippiken (MO: 20), 2. Catilinarien (MO: 33) und 3. cäsarische Reden (MO Marcell.: 16; Lig.: 16; Deiot.: 11). Alle anderen sind nur punktuell oder spät nachweisbar und werden mit den bekannteren erst im 14. Jh. (Petrarca) bzw. 15. Jh. (Par. Lat. 14749, Nicolas de Clémanges) zu umfänglicheren Corpora zusammengeführt: 4. Die Verrinen werden vollständig in Italien, in Frankreich meist in Auszügen der maßgebenden Vorlage tradiert. 5. Neun nach Ciceros Exil entstandene Reden (p. red. in sen.; p. red. ad Quir.; dom.; Sest.; Vatin.; prov.; har. resp.; Balb.; Cael.) wirken von Frankreich (9. Jh.) aus nach Deutschland (12. Jh.). 6. Cael. stand auch in einer alten Hs. aus Cluny, die →Poggio Bracciolini während des Konstanzer Konzils entdeckte und die mit Planc. Cluent. (diese auch in MO Nr. 141, aus Monte Cassino) zwei Reden einer Gruppe (wohl noch leg. agr.; Mil.; Sull.; Caecin.; Manil.; Pis.) enthielt, die in verschiedenen Selektionen auch in Deutschland (11./12. Jh.: Köln, Corvey, Lorsch, Tegernsee) nachzuweisen ist. 7. Der vetus Cluniacensis hat zudem als einziger Pro Murena und Pro S. Roscio Amerino bewahrt. 8. Pro Archia, seit dem 11. Jh. in Westfrankreich nachweisbar, bleibt relativ isoliert. 9. Pro Quinctio und Pro Flacco werden erst im 15. Jh. über Petrarcas Exemplar, 10. Pro Roscio comoedo, Pro Rabirio perd. reo und Pro Rab. Post., die Poggio 1417 in Langres (mit Caecin.) gefunden hatte, über sein Autograph, sowie 11. Pro Fonteio um 1425 aus einem it. Codex des 9. Jh. (MO Nr. 496, auch Pis., Flacc. und Phil.) bekannt.

IV. Während bei theoret. Schriften und Reden Bekannteres mit Seltenerem kontrastiert, bleiben C.s Briefe im MA überhaupt eine Rarität: 1. Die heute 'Ad familiares' gen. Bücher sind in der Spätantike zu zwei Codices kombiniert worden, deren einer (heute B. 1–8) in Frankreich, der andere (heute B. 9–16) in Deutschland verbreitet war; beide werden in einer karol. Hs. (Laur. Med. 49,9; Aachen? Lorsch?) zusammengeführt, die später über Italien die humanist. Tradition begründet. II. Ad Q. fr.; ad Brut.; Att. ist zunächst in Verona, Fulda, Lorsch und Cluny (nur Att.) nachzuweisen. Die transalpine Überlieferung dieses Corpus ist indes nur indirekt bzw. fragmentarisch nachzuweisen, so daß der von Petrarca 1345 aufgefundene Veronensis in humanist. Kopien den Text konstituiert.

V. Ein größeres Fragment der 'Aratea' ist seit dem 9. Jh. mit anderen astronom. Texten überliefert. P. L. Schmidt

Lit.: A. C. CLARK, The Descent of Mss., 1918 – G. PASQUALI, Storia della tradizione, 1952², 60ff., 87ff., 147ff. – R. SABBADINI, Scoperte II, 1967², 209ff. – DERS., Storia e Critica di Testi Latini, 1971², 11ff. – B. MUNK OLSEN, L'Étude des auteurs classiques Latins aux XI ͤ et XII ͤ s., 1982, 99ff. – *zu [I.1]*: R. MATTMANN, Stud. zur hs. Überl. von C.s De inventione, 1975 – DERS., Giornate Ital. di Filologia, 27, 1975, 282–305 – K. ZELZER, Zur Überlieferung der Rhetorik Ad Herennium, Wiener Stud. NF, 16, 1982, 183–211 – *zu [2]*: de orat., hg. K. KUMANIECKI, 1969 – orat., hg. R. WESTMAN, 1980 – Brut., hg. E. MALCOVATI, 1970² – *zu [3]*: G. BILLANOVICH, IMU 5, 1962, 116f., 161–164 – *zu [II.1]*: B. MUNK OLSEN (Stud. Rom i. h. P. KRARUP, 1976), 146–153 [Somn.] – rep., hg. E. BRÉGUET, Bd. 1, 1980 – *zu [2]*: P. L. SCHMIDT, Die Überl. von C.s Schrift 'De Legibus', 1974 – C. E. FINCH, Classical Philology 67, 1972, 112–117 [top.] – *zu [3]*: R. H. ROUSE–M. A. ROUSE (Medieval Scribes, Mss. and Libraries, 1978), 333–367 [fin. ac. I] – T. J. HUNT,

Scriptorium 27, 1973, 39-42 – *zu [4]:* P. FEDELI, Aufstieg und Niedergang der röm. Welt, I, 4, 1973, 376-408 [off.] – B. C. BARKER-BENFIELD (Medieval Learning and Lit., 1976), 145-165 [sen.] – am., hg. P. FEDELI, 1971 – *zu [5]:* S. LUNDSTRÖM, Ciceroniana 1, 1973, 47-64 – *zu [III]:* G. BILLANOVICH, Petrarca e Cicerone (Misc. G. MERCATI, 4, 1946), 88-106 – *zu [1]:* hg. P. FEDELI, 1982 – *zu [2]:* oratt. 1, hg. A. C. CLARK, 1905, VIIf. – *zu [3]:* ebd., Bd. 2, 1918² – *zu [4]:* hg. A. KLOTZ, Cicero 5, 1923 – *zu [5]:* p. red. in sen.; p. red. ad Quir.; dom.; har. resp., hg. T. MASLOWSKI, 1981 – Vatin, hg. V. CREMONA, 1970 – E. ORNATO-S. REGNIER, Rev. d'Histoire des Textes 9, 1979, 329-341 – *zu [6]:* A. C. CLARK, The Vetus Cluniacensis of Poggio, 1905 – S. RIZZO, La tradizione manoscritta della Pro Cluentio di Cicerone, 1979 – Pis., hg. R. G. M. NISBET, 1961 – *zu [8]:* T. MASLOWSKI-R. H. ROUSE, IMU 22, 1979, 97-122 [Arch.; Cluent.] – *zu [10]:* A. CAMPANA, Ciceroniana 1, 1973, 65-68 – Planc. Rab. Post., hg. E. OLECHOWSKA, 1981 – *zu [IV.1]:* L. GURLITT, Jbb. für class. Philologie, Suppl. 22, 1896, 507-554 – D. NARDO, Atti dell' Ist. Veneto 124, 1965/66, 337-397 – DERS., Giornale Ital. di Filologia 30, 1978, 325-331 – *zu [2]:* P. L. SCHMIDT, Die Rezeption des röm. Freundschaftsbriefes im frühen Humanismus (Der Brief im Zeitalter der Renaissance, 1983), 25-59 – *zu [V]:* Aratea, hg. J. SOUBIRAN, 1972, 106ff.

Ciconia, Johannes, aus Lüttich stammender Komponist und Musiktheoretiker, * ca. 1335 (CLERCX-LEJEUNE) oder ca. 1370 (FALLOWS, VAN NEVEL), † Padua 1411. Wenn die Hypothese vom frühen Geburtsdatum zutrifft, weilte C., nach der Chorknabenausbildung in seiner Heimatstadt, 1350 im Gefolge von Aliénore de Comminges in Avignon, begleitete ab ca. 1358 den Kard. → Albornoz († 1367) durch Italien, wobei er sich in zahlreichen Städten aufhielt und in Cesena 1362 ein Kanonikat erwarb, kehrte 1372 nach Lüttich zurück, nicht ohne die Verbindung nach Italien, auch durch gelegentl. Reisen, aufrechtzuerhalten, und ließ sich um 1400, sicher ab 1403, endgültig in Padua nieder. Die Zweifel am frühen Ansatz des Geburtsjahres gründen sich v. a. darauf, daß alle 27 heute bekannten Hss. mit Werken C.s um oder nach 1400 entstanden sind und daß keine der wenigen sicheren Datierungen seiner Kompositionen in die Zeit vor ca. 1390 fällt. Der zw. 1350 und dem Ende des 14. Jh. nachgewiesene Johannes C. wird nirgends mit Musik in Verbindung gebracht und kann deshalb ein anderer C., vielleicht des Komponisten Vater, gewesen sein. Über die Zeit ab 1403 in Padua, wo der Musiker C. als Kanonikus an der Kathedrale wirkte, sowie über sein Todesjahr ist man sich in der Forschung einig.

Die Bedeutung C.s, den man »den frühesten reisenden Niederländer« genannt hat, liegt in der zukunftsweisenden Verbindung frz. und it. musikal. Elemente. Seine wenigen frz. Sätze zeigen eine für die Musik etwa der → Chantilly-Hs. charakterist. Kompliziertheit; dies sowie die Tatsache, daß in einem von ihnen Musik von Philippus de Caserta zitiert wird, verleiht der These einer engen Beziehung zu Avignon Plausibilität. Auch die it. Madrigale und Ballaten zeigen rhythm. und notationstechn. Züge frz. Ursprungs. Die Motetten sind – ein altes Merkmal dieser Gattung – zum größten Teil mit bestimmten wichtigen Ereignissen oder Persönlichkeiten verknüpft, wie z. B. mit der Eroberung Paduas durch Venedig i. J. 1405, dem Dogen Michele Steno und dem Bf. Francisco Zabarella. Neuartig in diesen Werken sind das Fehlen eines vorgegebenen gregorian. cantus firmus und eine durch it. Musik bestimmte, z. T. an spätere harmon. Tonalität gemahnende Klanglichkeit. Trotz einer noch in der → Ars nova wurzelnden Starrheit im Rhythmischen und Melodischen zeigt die Behandlung der lat. Sprache in den Motetten wie auch in den Messensätzen – doch eine Gegliedertheit, Plastizität und Natürlichkeit, die einerseits C.s it. Umgebung verraten, andererseits den Weg in die Zukunft zeigen. – Werke: 3 frz. Sätze und 1 lat. Kanon, 4 Madrigale und etwa 14 Ballaten, etwa 13 Motetten (z. T. isorhythm.), etwa 11 Messensätze (nur Gloria und Credo, z. T. zu Paaren verbunden), Traktat »Nova musica«, daraus von C. entnommen und überarbeitet »De proportionibus«. R. Bockholdt

Ed. und Lit.: RIEMANN, I und Ergbd. I, s. v. [weitere Lit.] – NEW GROVE, s. v. [weitere Lit.] – H. BESSELER, Bourdon und Fauxbourdon, 1950, 1974² – S. CLERCX, J. C., théoricien, Annales musicolog. III, 1955 – S. CLERCX [Hg.], J. C.: un musicien liégeois et son temps, 1960 – D. FALLOWS, Ciconia padre e figlio, Riv. it. di musicologia XI, 1976 – P. VAN NEVEL, J. C. (ca. 1370-1411): Een muzikaal-hist. situering, 1981.

Cid, El

I. Leben und historische Persönlichkeit – II. Literarische Darstellung.

I. LEBEN UND HISTORISCHE PERSÖNLICHKEIT: Cid, El, eigtl. Rodrigo (Ruy) Díaz de Vivar, kast. Heerführer und Nationalheld; * 1043 in Vivar (Burgos), † 10. Juli 1099 Valencia, ☐ Kl. S. Pedro de Cardeña. Sohn des → *Infanzón* Diego Laínez, wurde er dank seiner adligen Herkunft und der Protektion seines Onkels mütterlicherseits Nuño Álvarez im Hause des Infanten Sancho, des Sohnes Ferdinands I., erzogen und begleitete diesen auf seinen Feldzügen zur Verteidigung des Taifenreiches (→ mulūk aṭṭawā'if) v. → Zaragoza gegen die Angriffe christl. Nachbarreiche, v.a. → Navarra und → Aragón (Niederlage Ramiros I. v. Aragón 1063 vor Graus). Als Sancho II. den kast. Thron bestieg (1066), ernannte er Rodrigo zum armiger regis oder kgl. *Alférez*. Als solcher griff er auch in die Streitigkeiten mit den Anrainerstaaten ein: Gegen Navarra kämpfte er um die Burg Pazuengos, wobei er den Beinamen eines »campi doctor« oder »Campeador« ('siegreicher Kämpfer') erhielt; er zog gegen den Taifen v. Zaragoza, um ihn zur Wiederaufnahme der Zahlungen der → *Parias* an Kastilien zu veranlassen (1067), und nahm an den Kämpfen bzw. Gottesurteilen von Llantada (1068) und Golpejera (1072) teil, die zw. Sancho II. und seinem Bruder Alfons VI. v. León um die Frage der Thronansprüche ausgetragen wurden und die Sancho beide zu seinen Gunsten entschied. Die Waffentaten des C. bei der Belagerung des Alfons freundlich gesinnten → Zamora wurden durch die Legende verherrlicht. Als Sancho II. im Verlauf der Belagerung ermordet wurde (Okt. 1072), mußten die Kastilier Alfons VI. als Kg. anerkennen. Rodrigo und seine Gefolgsleute verlangten jedoch, daß er vorher einen Reinigungseid (→ Eid) leiste, keinen Anteil an der Ermordung Sanchos II. zu haben. Rodrigo wurde Lehnsmann Alfons' VI., verlor aber seine führende Stellung am Hofe, obwohl ihm der Kg. 1074 zur Heirat mit Jimena Díaz verhalf, der Tochter des Gf. en v. Oviedo und Großnichte Alfons' V., wodurch seine gesellschaftl. Position stark aufgewertet wurde. Ende 1079 fand er sich in Sevilla ein, um den Tribut bzw. die Parias des dortigen Taifen einzuziehen. Im Frühjahr 1081 nach einem Einfall ins Gebiet des Taifenreiches v. → Toledo, das unter dem Schutz von → Léon stand und aufgrund von Anklagen, die García Ordóñez und andere Höflinge gegen ihn erhoben, erklärte ihn Alfons VI. in der ira regia verfallen und erlegte ihm auf, das Reich zu verlassen. Diese Verbannung Rodrigos und seines Hauses beendete seine Karriere am kast. Hof und machte ihm den Weg frei für jene Unternehmungen, bei denen er all seine Fähigkeiten entfalten konnte, Ruhm erlangte und den Beinamen »El Cid« (der Herr, von hocharab. *sayid* = dial. *sīd* 'Herr') erhielt, unter dem ihn die Mauren kannten. Er bot seine Kriegsdienste zuerst dem Taifen v. Zaragoza gegen den Kg. v. Aragón und Navarra, den er 1084 besiegte, sowie gegen den Gf. en v. → Barcelona und den Taifen v. → Lérida an.

Nach dem ersten Einfall der nordafrikan. → Almoraviden und der Niederlage der Christen bei Zalaca (1086) nahm Alfons VI. Rodrigo wieder als Lehnsmann an und vertraute ihm den Schutz des Taifen v. →Valencia, al-Qādir, des ehemaligen Kg.s v. →Toledo, an, wobei dem C. seine Erfahrungen in Zaragoza zustatten kamen. 1089 übertrug er ihm »iure hereditario« alle Ländereien, die er in der span. Levante erwerben würde. Zur gleichen Zeit belagerten der Taife v. Zaragoza und der Gf. v. Barcelona al-Qādir in Valencia. Der C. nahm Albarracín als Ausgangsbasis zum Marsch auf die Stadt und sprengte den Belagerungsring. Nach dem 2. almoravid. Einfall in al-Andalus im Okt. 1089 fiel Rodrigo erneut in Ungnade, da er beim Entsatz v. Aledo seine Truppenbewegungen nicht mit denen des Kg.s koordinieren wollte. In den ersten Monaten des Jahres 1090 verstärkte er seine Stellung als Schutzherr von Valencia, indem er bei Morella den Gf. en v. Barcelona besiegte und gefangennahm (Schlacht v. Pinar de Tevar) und ihn zur Aufgabe seiner Bündnisse mit den Taifen v. Lérida, Zaragoza und Albarracín zwang. Nach der endgültigen Eroberung von al-Andalus durch die Almoraviden (1090/91) baute Rodrigo, der verschiedentl. die kgl. Gnade wiedererlangt hatte, seine Stellung in der Levante aus, da er damit eine der Flanken des Reiches v. Toledo und ganz Kastilien absicherte und den Küstenweg bis zum Ebrotal abblocken konnte: er ließ Peña Cadiella errichten und sicherte so Valencia von Süden her ab, schloß Bündnisse mit dem Taifen v. Zaragoza, der die Nordafrikaner fürchtete, und mit →Sancho Ramírez v. Aragón-Navarra. Nachdem 1092 der Versuch Alfons VI., Valencia zu erobern, gescheitert war, überließ er dem C. die Verteidigung der christl. Interessen in dem ganzen Gebiet. Im Okt. wurde al-Qādir im Verlauf einer Stadtrevolte ermordet. Ibn Ǧaḥḥāf, der oberste Richter von Valencia, rief daraufhin die →Almoraviden herbei, die eine Garnison in die Stadt legten. Der C., der sich in den Vororten festgesetzt hatte, konnte 1093 die Situation bereinigen, da er auf die antialmoravid. Partei unter den Mauren der Stadt und auf die →Mozaraber zählen konnte. Im Juni 1094 zog er in Valencia ein und schlug kurz darauf im Okt. 1094 in der Schlacht v. Cuarte die Almoraviden, die die Stadt entsetzen wollten. Die Mauren v. Valencia konnten ihre Herrenhäuser und Besitzungen bewahren, ihre Gesetze und das Steuerwesen blieben bestehen. Einzig die Rebellen wurden der Stadt verwiesen und im Vorort von Alcudia angesiedelt (1095). Allen war das Tragen von Waffen verboten. Rodrigo ernannte sich zum obersten Richter und Herrn (*señor de Valencia*) auf erbrechtl. Basis, versicherte Alfons VI. seine Treue, ließ Münzen prägen und residierte im →Alcázar der Stadt. Im Jan. 1097 schlug er mit Hilfe Peters I. v. Aragón einen erneuten Angriff der Almoraviden zurück (Schlacht v. Bairén) und nahm 1098 Murviedo ein. Zur Stärkung seiner Stellung machte er die Hauptmoschee zur Kathedrale (wie in Toledo war der erste Bf. der Stadt ein Franzose, →Hieronymus v. Périgord) und verabredete die Heirat seiner Töchter Christina und Maria mit dem Infanten →Ramiro v. Navarra und dem Gf.en →Raimund Berengar III. v. Barcelona. Aber der Tod Rodrigos (10. Juli 1099) verurteilte seine Pläne mangels männlicher Erben zum Scheitern, während sich von seinen Töchtern später die Familien der Kg.e v. →Navarra und der Gf.en v. →Foix herleiten sollten. Seine Witwe Jimena hielt die Stadt bis August 1101 gegen die Belagerung durch die Almoraviden. Alfons VI. eilte ihr im März 1102 zu Hilfe, konnte jedoch nur noch die Truppen aus Valencia abziehen, bevor er es in Flammen aufgehen ließ. Dann zogen die Almoraviden dort ein, der Weg nach Nordosten lag nun frei vor ihnen. Der erste Versuch Kastiliens, eine Konsolidierung seiner Expansion in die Levante zu erreichen, war gescheitert.

Rodrigo Díaz war ein militär. Führer genialer Prägung, ein Held, der für spätere Zeiten verklärend die Ideale des Ritters und Lehnsmannes verkörperte, eine Gestalt epischer Größe, die von MENÉNDEZ PIDAL zum Sinnbild für diese Umbruchepoche der span. Geschichte hochstilisiert wurde. Als →*Infanzón* war er darüber hinaus auch Mitglied einer unteren Adelsschicht, die in diesen Jahrzehnten in einem unaufhaltsamen Aufstieg begriffen war und sich anschickte, den alten Adel langsam, aber mit bohrender Beständigkeit aus den angestammten Machtpositionen zu verdrängen. Die Bedeutung des C. als Vertreter einer sozialen Schicht, die die Geschichte der kast.-leon. Gesellschaft seit der 2. Hälfte des 11. Jh. führend mitgestalten sollte, ist angesichts der gegen ihn auftretenden mächtigen Opposition noch höher einzuschätzen als sein Ruhm als Campeador. →Reconquista. M.-A. Ladero Quesada

Lit.: W. KIENAST, Zur Gesch. des C., DA 3, 1939, 57–114 – R. MENÉNDEZ PIDAL, Castilla, La tradición. El idioma, 1945 – DERS., La España del C., 1969² – DERS., La política y la reconquista en el siglo XI (Examen de los últimos escritos referentes al Cid), Revista de Estudios Políticos 19, 1948, 1–34 – N. GUGLIELMI, Cambio y movilidad social en el Cantar de Mio Cid, Anales de Hist. Antigua y Medieval (Buenos Aires) 12, 1963–65, 43–65 – M. E. LACARRA, El Poema de Mio Cid. Realidad Historica e Ideología, 1980 [Lit.].

II. LITERARISCHE DARSTELLUNG: Um den C. muß sich schon früh eine Heldenlegende gebildet haben. Das älteste Zeugnis für die stilisierte Darstellung der C.-Gestalt ist das fragmentar. erhaltene »Carmen Campidoctoris« (Campeador, metonym. Titel des Vasallen). Die verhältnismäßig zuverlässige »Historia (oder Gesta) Roderici Campi Docti« (Mitte 12. Jh.) weist ebenfalls Spuren einer vorausliegenden poetisch-enkomiast. Überlieferung auf. Im »Poema de Almería«, einem in die »Chronica Adefonsi Imperatoris« (um 1148) eingefügten hexametr. Gedicht, deuten die Anspielung auf »Meo Cidi, saepe vocatus, / quo cantatur« und der Vergleich mit afrz. Epen auf verbreitete Kenntnis des Stoffes hin. Das bedeutendste Werk in der Ausformung des C.-Bildes, zugleich eines der ältesten Denkmäler der kast. Lit. und ein Meisterwerk der europ. Heldendichtung des MA, ist der sog. »Poema de Mio Cid« (PMC), ein dreiteiliges Epos in 3730 assonierenden Versen verschiedener Länge, aber mit starker Zäsur, das in einem einzigen, auf 1207 datierten und von Pere Abat abgeschriebenen Ms. (heute Madrid, Nationalbibl.) fast vollständig überliefert wird. Es macht etwa die Hälfte der bekannten span. Heldenepik aus.

Der nicht erhaltene Anfang schilderte vermutl., wie der C. auszog, um für Kg. →Alfons VI. v. León und Kastilien den Tribut des Almoravidenkleinkönigs von Sevilla einzutreiben. Nach dem Zusammenstoß mit dem mächtigen Adligen García Ordóñez wurde er zu Unrecht der Unterschlagung verdächtigt und verbannt. Der Text setzt beim Abschied des C. von Frau und Töchtern in Cardeña ein. Als dieser mit seinem Gefolge in Burgos Quartier verlangt, stellt sich ihm ein kleines Mädchen entgegen und fleht ihn an, er möge wegen der vom Kg. für die Beherbergung des Verbannten angedrohten Strafen weiterziehen. Um den Sold für seine Männer zu zahlen, leiht er Geld bei zwei Juden und täuscht sie mit einer nur Sand enthaltenden Schatztruhe als Pfand. Erfolgreiche Züge auf maur. Gebiet mehren alsbald Ruhm und Besitz des C. Alvar Fáñez überbringt dem Kg. eine wertvolle Beutegabe mit der Bitte um weitere Truppen. Der C. setzt →Berengar Raimund II., Gf. v. Barcelona, gefangen.

Der 2. Gesang (V. 1086–2277) beschreibt den Vormarsch in der Levante und die Einnahme von Valencia. Auf das Beutegeschenk von 100 Pferden hin gestattet der Kg. Ximena und ihren Töchtern, dorthin zu ziehen. Zum dritten Mal beschenkt Ruy Díaz seinen Herrscher, nachdem er den Angriff des marokkan. Kg.s auf die Stadt abgewehrt hatte. Die Infanten von →Carrión werben um die Töchter des C., dem Alfons wieder seine Gunst gewährt. Die Doppelhochzeit besiegelt die Wende.

Der 3. Cantar (V. 2278-3730) zeigt die Infanten im Kampf gegen die Mauren als Feiglinge. Als ein Löwe im Palast ausbricht, verhöhnen ihn die Männer des C. Aus Rache dafür mißhandeln die Infanten ihre Bräute im Eichenwald von Corpes schwer. Auf den Cortes in Toledo verlangt der C. vor dem Kg. die Herausgabe der Mitgift, der Schwerter Colada und Tizón sowie einen Zweikampf, der Recht und Ehre wiederherstellen soll. Die leon. Adligen unterliegen zu ihrer Schande. Die Vermählung der Töchter mit den Thronerben von Navarra und Aragón und der fromme Tod des Helden von Vivar, der somit zur Verwandtschaft der Kg.e von Spanien zählt, beschließen das Epos.

Aufgrund der genauen Ortsangaben, der glaubwürdigen Handlungsführung und realist. Schilderungen wird dem Werk immer wieder Authentizität zuerkannt, es ist jedoch seiner kunstvollen Gesamtkonzeption und Personencharakterisierung nach literarisch. Daher weicht es auch von dem in der älteren Geschichtsschreibung greifbaren Bild des aus dem aufsteigenden Niederadel stammenden Vasallen ab, etwa in der Darstellung des Familiensinnes, der unerschütterl. Treue zum Kg., der Mäßigung und Religiosität des Helden.

Das PMC hat wie andere, meist verlorene epische Gedichte als Quelle auch Rückwirkungen auf die Chroniklit. v.a. in alfonsin. Zeit (→Lucas v. Tuy, »Chronicon mundi«, um 1236; Rodrigo →Jiménez de Rada, »De rebus Hispaniae«, 1243; »Estoria de España«, »Primera →Crónica General« u.a.). Die →»Crónica de veinte reyes« z. B. schreibt das PMC im frühen 14. Jh. in Prosa aus. Die »Crónica rimada del Cid« enthält Anklänge an ein verlorenes Epos über die Jugend des Ruy Díaz, das Ausgangspunkt für eine motiv. weitverzweigte Balladendichtung wurde. Das zweite erhaltene Epos über den »Berühmtesten aller Kastilier«, »Las Mocedades de Rodrigo« (spätes 14. Jh.), behandelt Herkunft und Jugend des Helden und entfernt sich immer weiter vom hist. Sachverhalt. Gegenüber den fabulierenden Chronikkompilationen und der legendären Aufbereitung des Stoffes in Romanzen geriet das alte Heldenlied in Vergessenheit und wurde erst 1779 veröffentlicht. Den berühmten dramat. Bearbeitungen (Guillén de Castro, Pierre Corneille) und epischen Dichtungen des 17. Jh. liegen ebenso wie der Wiederaufnahme des Nationalstoffes in der Romantik Versionen aus dem Romancero zugrunde. Die Deutung des C. als Verkörperung des 'Volksgeistes' und der Ideale Kastiliens spielt für das nationale, polit. und kulturelle Selbstverständnis in Spanien bis in die Gegenwart hinein eine wichtige Rolle.

Wichtige Fragen der Entstehung, Datierung, Verfasserschaft, Quellenabhängigkeit, Überlieferung, Form und Detaildeutung bleiben umstritten. Für die Entstehung wird heute nicht mehr etwa 1140 angesetzt, sondern ein jüngeres Datum (Ausgang 12., Anfang 13. Jh.). Nahm MENÉNDEZ PIDAL als Verfasser zunächst einen patriot. gesinnten mozarab. *juglar* (Spielmann) aus Medinaceli an, so neigt die neuere Forschung dazu, das Werk einem im Raum Burgos lebenden, gebildeten, rechtskundigen Dichter (möglicherweise Kleriker) zuzuweisen, der ihm eine schriftl. Fassung gab; *juglares* verbreiteten es durch mündl. Vortrag. Aus den Überlagerungen von oraler Tradition und Aufzeichnungen entstand der Text in der vorliegenden künstler. Gestalt. D. Briesemeister

Ed.: R. MENÉNDEZ PIDAL, Cantar de mio Cid. Texto, gramática, vocabulario, 1964-69⁴ – C. SMITH, 1976²-82 [Faks.] – *Übers.*: H.-J. NEUSCHÄFER, 1964 – *Lit.*: R. MENÉNDEZ PIDAL, Reliquias de la poesía épica española, 1951 – DERS., Poesía juglaresca y orígenes de las literaturas románicas, 1957⁶ – DERS., La España del C., 1969⁷ – E. DE CHASCA, El arte juglaresco en el CMC, 1972² – M. MAGNOTTA, Hist. y bibliogr. de la crítica sobre el PMC 1750-1971, 1976 – L. CHALON, L'hist. et l'épopée castillane du MA. Le cycle du C. Le cycle des comtes de Castille, 1976 – Mio C. Stud., hg. A. D. DEYERMOND, 1977 – M. E. LACARRA [s. Abschnitt I] – F. LÓPEZ ESTRADA, Panorama crítico sobre el Poema del C., 1982 – C. SMITH, Estudios cidianos, 1977 – B. POWELL, Epic and Chronicle. The PMC and the Crónica de veinte reyes, 1983 – C. SMITH, The Making of the PMC, 1983 – *Mocedades de Rodrigo*: A. D. DEYERMOND, Epic Poetry and the Clergy. Stud. on the M. de R., 1969.

Cidebur → Mieszko I.

Cidini, Schlacht bei. Am 24. Juni 972 griff hier ein Heer des Mgf.en →Hodo, verstärkt durch die Mannen des Gf.en Siegfried v. Walbeck, den poln. Fs.en →Mieszko I. an, den →Thietmar v. Merseburg (II. 29) als »imperatori fidelem tributumque in Vurta fluvium solventem« beschreibt, erlitt aber durch dessen Bruder Cidebur eine vernichtende Niederlage, aus der sich nur Hodo und Siegfried, der Vater Thietmars, retten konnten und auf die →Brun v. Querfurt in seiner Adalbert-Vita anspielt. Die Nachricht von diesem Ereignis alarmierte Ks. Otto I. in Italien, der Hodo und Mieszko befahl, Frieden zu halten und zu warten, bis er ihren Streit untersuchen werde. – Außer diesen Angaben Thietmars, die auf der Schilderung seines Vaters beruhen, ist nichts, weder über den Ausgang noch die Ursachen oder Hintergründe dieses Konflikts, überliefert. Die schon früh (G. W. V. RAUMER, H. ZEISSBERG) vorgeschlagene Gleichsetzung von C. mit Zehden (heut. poln.: Cedynia) auf dem rechten unteren Oderufer hat die poln. Geschichtsforschung – trotz gewichtiger Einwände (P. VAN NIESSEN, E. RANDT, H. LUDAT) – einhellig akzeptiert und nie mehr in Frage gestellt. Sie verknüpft das Ereignis von C. mit Mieszkos Kriegen gegen die Wolliner (→Wollin) und wertet den Abwehrsieg gegen die sächs. Aggression als Abschluß der Unterwerfung Pommerns (S. ZAKRZEWSKI, G. LABUDA, H. ŁOWMIAŃSKI). Grabungen haben die strateg. Bedeutung dieses Platzes erwiesen; ein Denkmal mit einem nach W gewandten Adler symbolisiert nationalen Stolz. – Demgegenüber ist anzumerken, daß Zehden für einen Vorstoß von W gänzlich ungeeignet war und weder Siegfried noch Thietmar die Überquerung der Oder zu erwähnen vergessen hätten. Der Bezug in Thietmars Bericht auf das Tributgebiet Mieszkos (seit 963, ostwärts bis zur heute mittleren Warthe) legt eher die Vermutung nahe, daß C., das einem poln. Ortsnamen Siedzina entspricht, irgendwo in der Nähe von Hodos Amtsbezirk zu suchen ist. H. Ludat

Q.: Thietmar v. Merseburg II, 29, ed. R. HOLTZMANN, MGH SRG NS IX, 1935 – Kronika Thietmara, ed. M. Z. JEDLICKI, 1953 – Vita S. Adalberti MGH SS IV, 1841, 598 – S. Adalberti vita altera auct. Brunone Querfurtensi, ed. J. KARWASIŃSKA, MPH, Ser. n. IV. 2, 1969, c. 10, 9 – *Lit.*: HEG I, 906f. [M. HELLMANN] – SłowStarSłow I, 220 [T. LEHR-SPŁAWIŃSKI-A. WĘDZKI] – G. W. V. RAUMER, Reg. Hist. Brandenb., 1836, 53 – H. ZEISSBERG, Mieseco I., 1867, 83 – P. VAN NIESSEN, Gesch. der Neumark, 1905, 21 – E. RANDT, Die neuere poln. Geschichtsforschung über die polit. Beziehungen West-Pommerns zu Polen im Zeitalter Ks. Ottos d. Großen, 1932 – LABUDA, Studia, 114f. – W. FILIPOWIAK, Cedynia w czasach Mieszka I., 1959 – A. NADOLSKI, Polskie siły ozbrojne i sztuka wojenna w początkach państwa polskiego (Początki państ. pol. 1), 1962, bes. 205-217 – G. LABUDA, Historia Pomorza I, 1, 1969, 309 – H. LUDAT, Dt.-slaw. Frühzeit und modernes poln. Geschichtsbewußtsein, 1969, 185ff., 349f. – DERS., An Elbe und Oder, 1971, 121f., 132ff., 141f. – H. ŁOWMIAŃSKI, Początki Polski V, 1973, 549ff. – W. FILIPOWIAK, Aus den archäolog. Forsch. über die ma. Städte Pommerns (Grundlagen der gesch. Beziehungen zw. Dt., Polaben und Polen, hg. W. H. FRITZE-K. ZERNACK), 1976, 121f.

Cielo d'Alcamo, it. Dichter des 13. Jh. Die Form seines Namens (Celio, Ciulo, Ciullo; da/dal Camo, Dalcamo) wurde lange diskutiert; heute ist man geneigt, der Form C. oder Cieli (Ableitung von Michele) d'A. den Vorzug zu geben. Auch seine Herkunft ist umstritten: Sicher ist nur, daß er aus Süditalien stammt (vermutl. Sizilien). Er war wohl ein mit den Techniken der Kunstdichtung vertrauter Spielmann. Seine Sprache ist ein umgangssprachl. gefärbtes Sizilianisch, vermischt mit mundartl. Archaismen einerseits, und Elementen aus der Sprache der höf. Dichtung andererseits. Der Humanist Angelo Colocci schreibt C. das poet. Zwiegespräch *(contrasto)* zw. einem armen Spielmann und einer abweisenden reichen Bauerntochter zu, das mit dem Vers »Rosa fresca aulentissima« anfängt. Der contrasto entstand zw. 1231 und 1250. Das erste Datum ergibt sich aus einer Anspielung auf »agostari« (→Augustalis), 1231 geprägte Münzen, sowie aus dem Hinweis auf eine Verordnung *(defensa)* aus den Konstitutionen von →Melfi des gleichen Jahres. Den Terminus ante quem bildet das Todesjahr Friedrichs II., der im Gedicht (V. 24) als lebend angerufen wird. Die ersten Ausgaben stammen von Leone Allacci in: Poeti antichi raccolti dai codici manoscritti della Biblioteca Vaticana Barberina (Neapel 1661) und Crescimbeni. Dante zitiert dieses Zwiegespräch in »De vulgari eloquentia« I, XII, 6 als Beleg für gesprochenes städt. Sizilianisch. Das zweiunddreißig Strophen zu fünf Versen umfassende Streitgedicht besteht aus einem themat. die niedere Minne betreffenden lebhaften Dialog, der den Tonfall der gesprochenen Sprache trifft. Neben Provenzalismen und Latinismen aus der höf. Dichtersprache stehen Formen der siz. Alltagssprache und bäuerl. Dialektalismen, die den »contrasto« zu einem einzigartigen linguist. Zeugnis machen.   S. Leissing-Giorgetti

Ed. und Lit.: DBI XXV, 438–443 – DCLI I, 586ff. – F. D'Ovidio, Versificazione it. e arte poetica medioevale, 1910 – G. Salvo-Cozzo, Il contrasto di C. d'A., 1888 – W. Th. Elwert, Appunti sul contrasto di C. d'A., GSLI, CXXV, 1948, 242ff. – A. Monteverdi, Studi e saggi sulla lett. it. dei primi secoli, 1954, 103–123 – G. Bonfante, Ancora la lingua e il nome di C. d'A. Rassegna della lett. it., s. VII, 1955, 259–270 – G. Contini, Poeti del Duecento, 1960, I, 173–185 – N. Mineo, Del »Contrasto« di C. d'A., Arch. stor. per la Sicilia orientale 76, 1980, 13–34 – G. Bertoni, Storia della lett. it. – Il Duecento, 1964 – G. Folena, Cultura e poesia dei Siciliani (Storia della lett. it., I, 1976²), 271–279.

Cigala (Cicala), **Lanfranco**, genues. Troubadour, der in prov. Sprache schrieb, 1. Hälfte des 13. Jh. (eine Urkunde von 1258 ist anscheinend knapp nach seinem Tod entstanden), aus einer vornehmen genues. Familie, bekleidete öffentl. Ämter. Eine Gesandtschaft führte ihn zu Raimund Berengar IV. nach Aix-en-Provence; 1248 fungierte er als einer der »consules placitorum in palatio suburbii«. Er war nicht nur das Haupt der literar. Kreise Genuas, denen andere bekannte it. Troubadoure wie Percivalle →Doria, Lucheto →Gattilusio (Luguet Gattilus), Bonifaci(o) →Calvo angehörten, sondern auch der bedeutendste it. Dichter in prov. Sprache überhaupt, der in seiner poet. Technik und Sprachbeherrschung →Sordello noch übertraf, der seinen Ruhm größtenteils Dante verdankt. Von C. sind 35 Stücke erhalten, in erster Linie Liebesdichtungen, aber auch einige Tenzonen und polit. Sirventes, unter denen bes. Beachtung das anläßlich des 7. Kreuzzugs an Ludwig IX. gerichtete Gedicht verdient. In seinen Liebesdichtungen drückt C. ein Ideal aus, das ihn mit Guilhelm de →Montanhagol verbindet: Die Liebe wird als ekstat. Hinwendung zu einer vergeistigten Frau gedeutet, eine Auffassung, die sich später im →Dolce Stil nuovo wiederfindet. Eindrucksvoll ist der →planh (Klage) – den der Dichter *chan-plor* (Klagelied) nennt – auf den Tod einer Berlenda, vermutlich der Gemahlin eines Gf. en der Provence. An die Stelle der vergeistigten Frau tritt in seinen letzten religiösen Gedichten die Jungfrau Maria, von der allein er ein nicht von Enttäuschungen getrübtes Glück erhofft.   C. Cremonesi

Ed. und Lit.: DBI XXV, 312–314 – G. Bertoni, I trovatori d'Italia, 1915 [Teilbd.] – F. Branciforti, Il Canzoniere di L. C., 1954 – F. L. Mannucci, Di L. C. e della scuola trovadorica genovese, Giornale storico e letterario della Liguria, 1906, 1–30 – M. de Riquer, Los trovadores, 1975, 1359–1369.

Cilento, gebirgige Region des südl. Kampaniens am Tyrrhen. Meer zw. Agropoli und Sapri, die einen Teil der hist. Landschaft Lukaniens bildete. Sie wurde an den Küsten von Griechen kolonisiert (Elea-Velia; Pixus-Buxentum) und gehörte später zur Regio III Romana. Die Herkunft des Namens C. ist ungeklärt (Cis-Alentum nach dem Fluß, der die Region durchquert, oder Cyr[a]lyntos, Herr des Alento?). Die heutigen Ortschaften gehen auf das MA zurück, als die Region einen Verwaltungsbezirk (Gastaldat) des langob. Dukats von →Benevent bildete, den sog. Actus Cilenti. Die Siedlungen an der Küste wurden aufgegeben und die Bevölkerung zog sich vor den Einfallen der Sarazenen in das Landesinnere zurück. (Aus Elea entstand z. B. Novi Velia.) Andere Siedlungszentren bildeten sich um die Lauren des griech.-kalabr. Mönchtums, das sich im Laufe des 10. Jh. von Kalabrien aus nach Kampanien ausbreitete. Während der Normannenherrschaft verloren die griech. Klöster des C. zugunsten der Abtei SS. Trinità di Cava infolge der Relativisierungspolitik Urbans II. und der Normannen an Bedeutung. Aus dem →Catalogus Baronum geht hervor, daß der C. als Lehen ausgegeben wurde; Mittelpunkt der Baronie war Rocca Cilento. Seit dieser Zeit wurde die von Natur aus arme Region von Feudalherren beherrscht.   N. Cilento

Q. und Lit.: Catalogus Baronum, hg. E. Jamison, Fonti 101, 1972, 79ff. – Epigrafico di Antichità romane, s. v. Lucania IV, 1973, 1881–1948 – M. Mazziotti, La Baronìa del C., 1904 – N. Acocella, Il C. dai Longobardi ai Normanni (Salerno medievale ed altri saggi, Coll. di Studi e Testi dell'Univ. di Salerno I), 1971, 321–488 – P. Ebner, Economia e società nel C. medievale, 2 Bde, Thesaurus Ecclesiarum Italiae recensionis Aevi, XII, 4, 1979 – V. Aversano, Il toponimo C. e il Centro fortificato sul monte Stella, Studi e ricerche di Geografia V, 1982, fasc. I, 1–43.

Cilli (Celje)
I. Stadt – II. Grafen und Grafschaft.

I. Stadt: C. (slowen. Name Celje; röm., wohl aus dem Kelt. abgeleiteter Name Celeia, ma. lat. Cilia), Stadt in Slowenien (nw. Jugoslawien), an der Verbindungslinie Nordadria – Pannonien. Die südnorische Siedlung, in der röm. Kaiserzeit Municipium und im 6. Jh. Bischofssitz, wurde 579 von Slaven und Avaren vernichtet. Der ma. Ort entstand ohne nachweisbare Siedlungskontinuität auf den Resten der antiken Stadt. Um 1130 war die Höhenburg C. Sitz der Mgf. en v. Saunien, dann unterstanden C. und sein Gebiet den Gf. en v. Heunburg und kamen 1322/1333 an die Sannegger, die späteren Gf. en v. C. (→Abschnitt II). Der vorwiegend für den Transitverkehr bedeutende Ort war spätestens um 1300 Markt (Minoritenkl. vor 1310), obwohl er erst 1323 als solcher belegt ist. Im 14. Jh. bestand in C. eine Judengemeinde (Vertreibung durch Gf. Hermann II.). Seit etwa 1400 war im Ort die gfl. Residenz, daneben eine Kanzlei (»Schreibhaus«). Die Stadterhebung und Ummauerung (z. T. auf röm. Fundamenten) von C., das 1311 zur →Steiermark kam und lange nicht landesfürstl. war, erfolgte knapp vor 1451. Die Autonomie der relativ kleinen Stadt bildete sich spät aus (1455 Verleihung der Bürgermeister-, Richter- und Ratswahl). Unter den Habsburgern wurde C. Hauptstadt der gleichnamigen steir. Gft.

S. Vilfan

II. GRAFEN UND GRAFSCHAFT: Die 1130 nachweisbaren Freien v. Sannegg, die von den Kärntner Gf.en v. Heunburg 1322 mit reichem Besitz auch C. geerbt hatten, wurden von Ks. Ludwig d. Bayern 1341 zu Gf.en v. C. erhoben. Nach dem Protest der →Habsburger erfolgte durch Ks. Karl IV. 1372 die neuerliche Erhebung in den Grafenstand und die Verleihung einer geschlossenen Gft. mit C. als Mittelpunkt. Gf. *Hermann II.* v. C., der in enger Verbindung zu Ks. →Siegmund v. Ungarn stand, begründete den Aufstieg des Hauses. Nachdem er dem Kg. in der Schlacht bei →Nikopolis (1396) beigestanden war, erhielt er 1399 die Gft. Zagorien (Seger). 1401 war Hermann maßgeblich an der Befreiung des Kg.s aus der Hand ungarischer Magnaten beteiligt, 1408 vermählte sich Siegmund mit Hermanns Tochter →Barbara. Seit 1406 nannten sich die Gf.en v. Cilli→Banus v. Kroatien, Dalmatien und Slawonien. Von den Kärntner Gf.en v. →Ortenburg erbten sie 1422 reichen Besitz in Kärnten und Krain (Gottschee). Die Ehen von Hermanns Vetter Wilhelm mit Anna, der Tochter Kg. →Kasimirs d. Gr. v. Polen (1380), und von Wilhelms Tochter Anna mit Kg. →Władysław Jagiełło (1402) zeigen, daß die Gf.en v. C. längst zum europäischen Hochadel zählten.

Da Hermann II. vor der geplanten Standeserhebung 1435 starb, erhob Ks. Siegmund 1436 dessen Sohn und Enkel, *Friedrich II.* und *Ulrich II.* v. C., in den→Reichsfürstenstand. Damit entstand aus den reichen Gütern in Ungarn, der Steiermark, Kärnten und Krain ein eigenes Fsm., über das die Gf.en die volle Landeshoheit ausübten. Der glanzvolle äußere Aufstieg wurde aber durch Krisen in der Familie überschattet. Gf. Friedrich II. ermordete 1422 seine Gattin und verband sich in geheimer Ehe mit dem kroat. Edelfräulein Veronika v. Desinić, die sein erzürnter Vater ertränken ließ.

Ulrich II. war der politisch bedeutendste, aber auch skrupelloseste Vertreter des Hauses. Bereits 1437 Statthalter v. Böhmen, wurde er nach einer vorübergehenden Entmachtung zum Vormund seines Neffen Ladislaus Postumus 1455 zum eigtl. Regenten in Österreich. In Ungarn geriet er zu Johannes →Hunyady, der seine Erbansprüche auf das Kgr. Bosnien durchkreuzt hatte, in unversöhnl. Gegensatz. Nach dessen Tod wurde Ulrich im Herbst 1456 von Kg. Ladislaus zum Statthalter von Ungarn ernannt, aber schon am 9. Sept. 1456 von Ladislaus →Hunyady in Belgrad ermordet. Das Erbe der Gf.en v. C., die trotz ihrer dt. Abstammung und Sprache den Typ der internationalen Hocharistokratie verkörperten, fiel nach längeren Kämpfen an Ks. →Friedrich III. und sicherte die Landeseinheit von →Steiermark, →Kärnten und →Krain unter der Herrschaft der→Habsburger. H. Dopsch

Lit.: F. v. KRONES, Die Freien v. Saneck und ihre Chronik als Gf.en v. C., 1883 – A. GUBO, Gesch. der Stadt C., 1909 – H. PIRCHEGGER, Die Gf.en v. C., ihre Gft. und ihre unterstei. Herrschaften, Ostdt. Wiss. 2, 1956, 157–200 – J. OROŽEN, Zgodovina Celja in okolice I, Celje 1971 – H. DOPSCH, Die Gf.en v. C. – ein Forschungsproblem?, Südostdt. Archiv 17/18, 1974/75, 9–49.

Cima da Conegliano, Giovanni Battista gen., ven. Maler, * um 1460 in Conegliano, † ebd. um 1517/18, 1492–1516 als in Venedig wohnhaft bezeugt. Sein frühestes Werk, das Polyptychon in der Pfarrkirche von Olera steht unter dem Eindruck →Antonellos da Messina, die erste datierte Arbeit (»Madonna zwischen Jacobus und Hieronymus«, 1489, Vicenza, aus San Bartolomeo ins Museo Civico gelangt) unter demjenigen Bartolomeo →Montagnas. Bereits in der großen »Sacra Conversazione« für Conegliano (1493) ist aber die direkte Wirkung Giovanni →Bellinis dominant; er ist der bedeutendste Adept seines Stiles und steht dem Meister in seinen besten Werken – zahlreiche halbfigurige Madonnen, Altarbilder mit Sacre Conversazioni (Venedig, S. Maria dell'Orto, Accademia; Parma; Lissabon; Mailand), Taufe Christi (Venedig, San Giovanni in Bragora) und Geburt Christi (Venedig, S. Maria del Carmine) – kaum nach. Die erhabene Ruhe und weiche Klarheit seiner Landschaftsgründe, deren Stimmung in Kabinettbildern mit Hieronymus (Mailand, London) oder seltenen profanen Themen (»Endymion«, »Midasurteil«, Parma; Berlin) bes. zur Wirkung kommt, lassen die Nähe Giorgiones ahnen.

Ch. Klemm

Lit.: DBI XXV, 524–527 – L. MENEGAZZI [Bearb.], C. da C., Ausstellungskat. Treviso, Venedig 1962 – P. HUMFREY, Paragone 1978, no. 341, 86–97 – DERS., Arte Veneta XXXI, 1977, 176–181; XXXIII, 1979, 122–125 – DERS., Art Bull. LXII, 1980, 350–363.

Cimabue, eigtl. Cenni di Pepo, gen. C., it. Maler; nachweisbar zw. 1272 und 1302. Vasari vermutete, daß C. 1240 in Florenz geboren wurde. Am 8. Juni 1272 wird er in einer röm. Notariatsakte als »Cimabove pictore de Florencia« genannt. 1301 und im folgenden Jahr wird sein Aufenthalt in Pisa bezeugt, wo er mit Arbeiten am Apsismosaik des Doms sowie mit dem (nicht überlieferten) Bild einer thronenden Madonna beauftragt wird. Als einzige gesicherte Arbeit von seiner Hand ist ledigl. eine Figur des hl. Johannes im Pisaner Mosaik bezeugt, jedoch wurde das Oeuvre des Künstlers mit meist schon seit dem 16. Jh. überlieferten Zuschreibungen erweitert, die eine stringente stilist. Zusammengehörigkeit offenbaren. Hierzu gehören zwei Tafeln mit dem Gekreuzigten in S. Domenico in Arezzo und aus S. Croce in Florenz, heute in den Uffizien; eine thronende Madonna aus S. Trinita in Florenz (Florenz, Uffizien) sowie – sein Hauptwerk – die mit Gehilfen ausgeführten Fresken im Chor und Querschiff der Oberkirche von S. Francesco in Assisi und das Fresko mit der thronenden Madonna und dem hl. Franziskus in der Unterkirche ebendort. Darüber hinaus konnte wahrscheinlich gemacht werden, daß die Tafel mit der thronenden Madonna aus S. Francesco zu Pisa im Besitz des Louvre und auch einige Partien in den Kuppelmosaiken des Baptisteriums von Florenz authent. Arbeiten C.s sind. Ein bisher keineswegs eindeutig gelöstes Problem stellt die Chronologie dieses Oeuvres dar, wozu unterschiedl. Vorschläge gemacht wurden, aus denen divergierende Vorstellungen von der Abhängigkeit und Wirkung der Malerei C.s resultieren.

Mit der Tafel des Gekreuzigten von S. Domenico in Arezzo, dem vermutlich frühesten, um 1260–70 entstandenen Werk C.s, greift der Maler stilist. wie ikonograph. auf Darstellungen des →Giunta Pisano zurück. Neben dem dominierenden Einfluß der byz. Kunst, der innerhalb der Toskana gerade in Pisa als dem Ort mit den engsten Beziehungen zum Osten bes. intensiv aufgegriffen worden war, vermittelte Giunta Pisano auch das Verständnis und das Empfinden für spannungsreiche Konturen und schmiegsam-schwingende Linien an den Florentiner Maler. C. aber verbindet Giuntas subtile Plastizität im Figürlichen mit einer kraftvollen Dynamik und steigert die dramat. Spannung wie auch die Heftigkeit menschl. Verhaltens, womit er sich in der Tradition des Florentiners →Coppo di Marcovaldo zeigt, dessen wohl gegen 1260 gemalter Kruzifix in der Pinacoteca Civica von San Gimignano vorbildhaft gewesen sein könnte. C.s Verhältnis zum Sienesen→Duccio di Boninsegna (um 1250–1318/19) läßt sich entsprechend verschiedener Untersuchungen nicht allein als eine Lehrer-Schüler-Beziehung deuten. Vielmehr wird man die C. zugeschriebene Tafel mit der thronenden Madonna im Louvre so spät in sein Oeuvre eingliedern müssen, daß ihre Abhängigkeit von Duccios berühmtem Madonnenbild aus der Capella Rucellai von S. Maria Novella in Florenz (Florenz, Uffizien), welches 1285 in Auftrag gegeben worden war, erkennbar bleibt. Andererseits sind Anregungen C.s auf die Stilbildung des jungen Duccio nicht zu übersehen, von dem man angenommen hat, daß er bei der Ausführung der unter der Leitung von C. entstandenen Fresken in der Oberkirche von S. Francesco in Assisi beteiligt gewesen ist. Diese am ehesten wohl zw. 1279 und 1283 zu datierenden Malereien, die im Chor Szenen aus dem Marienleben, im Presbyterium Evangelisten und im Querschiff neben einer zweifachen Darstellung der Kreuzigung Christi Szenen aus der Apostelgeschichte und der Apokalypse zeigen, enthüllen trotz der schweren, im Laufe der Jahrhunderte durch Pigmentzersetzung erfolgten Schäden am eindringlichsten, welcher Ausdruckskraft C. fähig war. Giottos an den Langhauswänden desselben Raumes gemalte Szenen des AT und NT machen erst deutlich, wie sehr die Kunst C.s einer wirklichkeitsfernen, aber leidenschaftl. Abstraktion und darin ma. Tradition unterliegt, ohne noch im eine Auseinandersetzung mit der got. Formensprache eingegangen zu sein, innerhalb der →Giotto di Bondone ein neues Bild vom Menschen schuf. J. M. Plotzek

Lit.: P. Toesca, Il medioevo. Storia dell'arte it. Delle origini alla fine del secolo XIII, 1, 1925 [Repr. 1965], 1040ff. – A. Nicholson, C., 1932 – R. Salvini, C., 1946 – E. Battisti, C., 1963 [engl. Ausg. 1967] – R. Oertel, Die Frühzeit der it. Malerei, 1966², 48ff. – C. L. Ragghianti [Hg.] (L'arte in Italia 3, 1969), 974ff. – C. Gnudi und V. Pace (PKG 6, 1972), bes. 362ff., 368ff. – E. Sindona, L'opera completa di C. e il momento figurativo pregiottesco, 1975.

Cimiez, Bm. → Nizza

Cîmpulung, Stadt in Rumänien (Bezirk Argeş), war im 14. Jh. auch valach. Residenz und ist die älteste urkundl. erwähnte Stadt der →Valachei (1300/03). Davor war C., dessen Anfänge im frühen 13. Jh. in einer bald mächtigen, durch den Handel mit →Kronstadt reich gewordenen, sächs.-szekler. Kolonie liegen, unter einem eigenen comes die wichtigste und am meisten privilegierte Siedlung der ung. Krone auf valach. Boden. Davon zeugen neben Privilegien die drei großen kath. Kirchen wie die Anwesenheit der Dominikaner (1427) und Franziskaner. Das Kl. Negru-Vodă, zugleich Grablege der →Basarab im 14. Jh., stifteten →Basarab I. und Nicolae Alexandru. C. war Zollstation, verlor nach 1450 aber beträchtl. an Bedeutung. C.-R. Zach

Lit.: E. Lăzărescu, Despre piatra de mormînt a comitelui Laurenţiu ... Studii şi Cercetări d. Istoria Artei 4, 1–2, 1957, 109–126 – D. C. Giurescu, Ţara Românească in secolele XIV şi XV, 1973.

Čin (russ., pl. *činy*, zu *činit'* 'tun, machen, herrichten'), zunächst 'Ordnung', v.a. Ordnung kirchlicher Handlungen, 'Ritus', dann 'Amt' (im Sinne »geordneten« Handelns). Ferner diente der Terminus zur Bezeichnung einer geschlossenen, durch gleichartige Amtspflichten charakterisierten sozialen Gruppe, z. B. *čin voinskij* – die Krieger, *čin svjatitel'skij, ierejskij, svjaščenničeskij* – der Klerus, *čin mnišskij, angel'skij* – der Mönchsstand. Im Laufe der Zeit differenzierte sich diese Bedeutung weiter, so daß Quellen der frühen Neuzeit eine große Zahl von č. im Sinne von Dienstsrängen am Zarenhof und in der Verwaltung kennen. Einen č. bildete die zur Beratung des Herrschers zugelassene, in der Regel dem Hochadel angehörige Gruppe der Duma-Bojaren (→Bojaren, →Bojarenduma) ebenso wie etwa die Hundewärter des Zaren. Schließlich ließ sich jeder Untertan des Zaren einem č. zuordnen, so daß gelegentl. Aufzählungen der č. zusammengefaßt werden konnten in der Formel »das ganze Land«. Dabei konnten Angehörige höherer und niederer, »kleinerer« č. (*menšich činov ljudi* bei Kotošichin, 1666/67) unterschieden werden. – Eine adäquate Übersetzung bereitet Schwierigkeiten und wird in jedem Fall den Kontext berücksichtigen müssen. Die Wiedergabe mit »Stand« erscheint zulässig, falls dabei keine Elemente von »Ständestaat«, von ständ. Mitwirkung bei der Herrschaftsausübung mitgedacht werden – dies ist, wie G. Stökl gezeigt hat, allenfalls für eine bestimmte hist. Situation des beginnenden 17. Jh. sinnvoll. Ähnlich ist auch die mitunter angebrachte Übersetzung mit »Rang« einzuschränken: Jene strenge Hierarchie von Rängen, die das spätere russ. Beamtenwesen (*činovnik* Beamter) kennzeichnete, war das Ergebnis erst der Einführung der Rangtabelle durch Peter I. (24. Jan. 1722). P. Nitsche

Lit.: A. I. Markevič, Istorija mestničestva v moskovskom gosudarstve v XV–XVII, 1883 – M. D'Jakonov, Skizzen zur Gesellschafts- und Staatsordnung des alten Rußlands, 1931 – G. Stökl, Gab es im russ. Staat »Stände«?, JbbGO NF 11, 1963, 322–342 [abgedr. in: Ders., Der russ. Staat in MA und früher Neuzeit. Ausgew. Aufsätze, hg. M. Alexander u.a. (Q. und Stud. zur Gesch. des östl. Europa 13), 1981, 146–167] – J. Keep, The Muscovite Elite and the Approach to Pluralism, The Slavonic and East European Review 48, 1970, 201–231 – F. T. Epstein, Die Hof- und Zentralverwaltung im Moskauer Staat und die Bedeutung der G. K. Kotošichins zeitgenöss. Werk »Über Rußland unter der Herrschaft des Zaren Aleksej Michajlovič« für die russ. Verwaltungsgesch. (Hamburger Hist. Stud. 7), 1978.

Čin v. Hilandar (Ordnung, Rang; dargestellt ist die →Deesis) schmückte ursprgl. mit seinen Ikonen die Altarwand der Hauptkirche des Athoskl. →Hilandar (Chilandar) und befindet sich heute im Kl.-Museum. Die zentrale Darstellung der Deesis, flankiert von ca. 1 m großen im Brustbild gemalten Hl.en, war am Steinarchitrav angebracht; die in roter Farbe verfaßten Inschriften sprechen eindeutig für die griech.-byz. Herkunft des gesamten Ikonenwerks. Die komparative Stiluntersuchung ergibt, daß die Ikonen des »Č.« v. H. während der Regierungszeit des Ks.s Stefan Uroš um 1360 entstanden und eine Stiftung des Abtes Dorotej v. H. waren. Neben den üblichen Figuren der Großen Deesis (Theotokos, Johannes Prodromos – die zentrale Christusfigur ging verloren) sind alle sonstigen begleitenden Hl.en im »Č.« (Erzengel Michael und Gabriel, Apostel Petrus und Paulus, die vier Evangelisten) noch vorhanden. Als eine der ältesten erhaltenen Ikonen-Gruppen der Großen Deesis ist der »Č.« v. H. von größter Bedeutung innerhalb der byz. Kunstgeschichte, seine hohe künstler. Qualität verrät einen hervorragenden Meister aus dem Kunstzentrum von →Thessaloniki. Anhand stilist. Vergleiche der »Č.«-Ikonen mit einer Doppelikone (Tempelgang Mariae, Gottesmutter mit Christus) und den illuminierten Evangelisten der Hs. 9 (beide in H. aufbewahrt) ergibt sich die ident. Arbeitsweise ein und desselben Malers, des Mönchs Roman (erwähnt in der Hs. 9), der im Auftrag des Abtes Dorotej von H. diese drei Kunstwerke schuf. Ferner steht auch die Wandmalerei mehrerer Kirchen in Griechenland, Makedonien und Serbien aus der 2. Hälfte des 14. Jh., die eindeutig auf Thessaloniki als schöpfer. Ausgangspunkt hinweisen, in enger Stilverwandtschaft zu den »Č.«-Ikonen von H. D. Nagorni

Lit. V. J. Djurić, Über den »Č.« v. Chilandar, BZ 53, 1960, 333–351 – D. Bogdanović, V. J. Djurić, D. Medaković, Hilandar, 1978, 108, Abb. 80–88.

Cináed → Kenneth

Cingulum (cinctorium, zona, balteus, Zingulum), Band oder Gürtel der antiken Ärmel-Tunika, um deren Fall zu verschönern, auch zu ihrer Schürzung bes. bei der Arbeit. Von der Kirche als obligater Bestandteil der liturg. Untergewandung (Alba) übernommen, oft mit Quasten, sonst ungeschmückt. Symbol. gern das Zeichen der Enthaltsamkeit, da die Lenden als Sitz der Libido betrachtet wurden (vgl. Begleitgebete beim Anlegen). Das C. des Mönchshabits meist aus Hanf oder Leder. Das breitere (jüngere) Soutanen-C. beim Klerus schwarz, bei Prälaten farbig. Das C. begegnet im MA bei Bruderschaften als Devotionszeichen. – Zum cingulum militiae, dem Schwertgürtel und seiner symbol. Bedeutung →Ritter, -tum. J. H. Emminghaus

Lit.: Du Cange II, 330ff. – Eisenhofer I, 422f. – LThK² II, 1205 – J. Braun, Liturg. Gewandung ..., 1907, 101–117.

Cino da Pistoia
I. Leben – II. Juristisches Werk – III. Dichterisches Werk.

I. Leben: C. da P. (Cinus de Sigibuldis de Pistorio), it. Jurist und Dichter, * 1270 in Pistoia, † 24. Dez. 1336/27. Jan. 1337 ebd., ⌐ Dom (bedeutendes Grabmal erhalten). C. entstammte einem der vornehmsten Geschlechter Pistoias. Sein Vater Francesco war Notar und ztw. Syndikus der Bürgerschaft. C. studierte Zivilrecht in Bologna unter →Dinus de Rossonis Mugellanus und hörte auch bei Franciscus Accursii (→Accursius). Daß er auch in Frankreich studiert habe, ist unbewiesen. Obwohl er das Privatexamen bestanden hatte, kehrte er heim, anscheinend 1300/01, ohne den Doktorgrad erlangt zu haben (→Doctor iuris). Er heiratete Margherita degli Ughi, die ihm einen Sohn und vier Töchter gebar. Dunkel ist, ob C. in die heftigen Parteikämpfe in seiner Vaterstadt verstrickt war und ob er deshalb ins Exil ging. Jedenfalls setzte er polit. große Hoffnung auf Kg. →Heinrich VII. und schloß sich ihm an: 1310–13 war er Assessor bei dessen Gefolgsmann →Ludwig v. Savoyen, der zum Senator v. Rom gewählt worden war. Nach dem Tod des Ks.s wandte C. sich wieder der Wissenschaft zu. Er publizierte einen Komm. zum Codex Iustinianus (sog. Lectura Codicis) und wurde am 9. Dez. 1314 in Bologna zum Doctor legum promoviert. Seine kaiserfreundl. Haltung wich in den folgenden Jahren einer entschiedenen Parteinahme für das Papsttum. C. war als Rechtsberater in Pistoia, Siena, Florenz und Bologna sowie, 1320–21, als Assessor des päpstl. Rektors der Mark Ancona in Macerata und Camerino tätig. Später lehrte er Zivilrecht in Siena (1321–23 und 1324–26), in Perugia (1326–30 und 1332–33), wo →Bartolus de Saxoferrato sein Schüler war, in Neapel (1330–31) und zuletzt, 1333–34 in →Bologna (die gegenteilige Bemerkung Bd. II, 376 ist überholt). Dazwischen weilte er in Florenz (1323–24, 1332) und erhielt dort das Bürgerrecht. 1334 kehrte C. nach Pistoia zurück. Er wurde zum Gonfaloniere gewählt, trat das Amt aber nicht an. Berühmt sind die Freundschaften des C.: mit →Dante Alighieri, dem er sich durch seinen polit. Gesinnungswandel zuletzt entfremdete, mit dem großen Kanonisten →Johannes Andreae, seinem Studienfreund, und die späte lit. Freundschaft mit Francesco →Petrarca.

II. Juristisches Werk: Die wichtigste jurist. Schrift des C. ist die Lectura Codicis von 1314. Durch sie gelang es ihm, die Lehren der Orleaneser Juristen (→Orléans), bes. des →Jacobus de Ravanis und des →Petrus de Bellapertica, seinen Landsleuten näherzubringen. Er legte damit den Grund für eine neue Blüte der Rechtswissenschaften in Italien (→Kommentatoren). Unvollendet und bisher ungedruckt blieb die sog. Lectura Digesti veteris, an der C. seit etwa 1330 arbeitete und die früher dem Bartolus zugeschrieben wurde: Ihre Überlieferung bricht bei D. 1,8,11 ab, und sie scheint nicht viel umfangreicher gewesen zu sein. Noch lückenhafter ist die gedruckte ältere sog. Lectura Digesti veteris, die nur einzelne leges der Digesten-Titel 1,1 bis 2,9 und 12,1 kommentiert. C. schrieb ferner Glossae contrariae sowie Additiones und Apostillae zur Glossa ordinaria des →Accursius. Ediert sind außerdem 17 Rechtsgutachten (consilia) – zwei weitere wurden jüngst entdeckt – und eine Disputationen (quaestiones). Die erbrechtl. Abhandlung »De successione ab intestato« ist wahrscheinl. unecht. P. Weimar

Ed.: Cyni Pistoriensis ... in Codicem et aliquot titulos primi Pandectarum tomi, id est Digesti veteris, commentaria, Frankfurt a. M. 1578 [Neudr. 1964] – Le »Quaestiones« e i »Consilia«, ed. G. M. Monti (Orbis Romanus 13), 1942 – W. M. Bowsky, A New Consilium of C. da P. (1324): Citizenship, Residence, and Taxation, Speculum 42, 1967, 431–441 – Tractatus de successionibus ab intestato, Köln um 1470 [Neudr. Pistoia 1970] – Lit.: EncIt X, 374f. – Novissimo Digesto italiano III, 1964, 247f. – Savigny VI, 71–97 – L. Chiappelli, Vita e opere di C. da P., 1881 – H. Kantorowicz, C. da P. ed il primo trattato di medicina legale, ASI, ser. 5, tom. 37, 1906, 115–128 (= Ders., Rechtshist. Schr., 1970, 287–297) – A. Mocci, La cultura giuridica di C. da P., 1910 – L. Chiappelli, Nuove ricerche su C. da P., 1911 (= Bullettino storico pistoiese 12, 1910, 1–32, 75–94, 115–138, 188–212 und 13, 1911, 1–16) – G. Zaccagnini, C. da P. Studio biografico, 1918 – E. M. Meijers, L'université d'Orléans au XIIIᵉ s. (1918–21) (Ders., Etudes d'histoire du droit III, 1959, 3ff., bes. 116–121) – G. Biscaro, C. da P. e Dante, StM, NS 1, 1928, 492–499 – G. M. Monti, C. da P. giurista, 1924 – F. Lo Parco, La leggenda dell'insegnamento bolognese e dell'amicizia personale di C. da P. con Francesco Petrarca, GSLI 96, 1930, 193–240 – G. M. Monti, Altri indagini su C. da P. giurista e sulle sue »Quaestiones« (C. da P. Nel VI centenario della morte, 1937, 51 ff. = Bullettino storico pistoiese 39, 1937, 27–62) – D. Maffei, La »Lectura super Digesto veteri« di C. da P., 1963 – Ders., La donazione di Costantino nei giuristi medievali, 1964, 132–145 – M. Bellomo, Glossae contrariae di C. da P., TRG 38, 1970, 433–447 – V. Libertini, C. da P., 1974 – W. M. Gordon, C. and Pierre de Belleperche (Daube noster. Essays ... D. Daube, ed. A. Watson, 1974), 105–117 – A. Padovani, Le »Additiones et apostillae super prima parte Infortiati« di C. da P., SDHI 45, 1979, 178–244 – M. Bellomo, C. edito e inedito in un ms. chigiano, Quad. catanesi di studi classici e medievali 4, 1982, 467–475.

III. Dichterisches Werk: C.s Dichtung schöpft den Erfahrungsschatz des →Dolce Stil Nuovo im wahrsten Sinn des Wortes aus: Wie ihm Onesto da Bologna in polem. Weise vorhält (CXXXVI a 14), greift C. die Themen →Cavalcantis und der stilnovist. Dichtungen →Dantes wieder auf; auch Reflexe der programmat. Canzone →Guinizellis »Al cor gentil rempaira sempre Amore« fehlen in seinem Werk nicht (XLIX 61 und XCII 14). Der Gott Amor der Stilnovisten und das Frauenlob sind die beherrschenden Themen seiner Dichtung, in der sich Freude und Liebesqual die Waage halten, Huld der Dame (»mercede« und »pietà«) wechselt ab mit Zorn (»ira«) und verachtungsvoller Zurückweisung. C.s Dichtung hat jedoch den Kontakt mit der Philosophie seiner Lehrmeister, d. h. mit Cavalcantis Averroismus und der Theologie von Dantes »Vita Nuova«, verloren. Kritisierte Onesto da Bologna den Intellektualismus seiner Dichtung (CXXXIII a f.), wie es bereits →Bonagiunta Orbicciani bei Guinizelli getan hatte, so fühlte sich C. seinerseits als Jurist dem kulturellen Klima der Artistenfakultät überlegen und rühmte sich Cavalcanti gegenüber, kein »artista« zu sein (CXXXI 9). Dante lobt ihn in »De vulgari eloquentia« II 2,9 als Liebesdichter, wirft ihm jedoch in einem Sonett (CXXX a) – nunmehr vom Standpunkt einer moral. geprägten Dichtung her – die Vielzahl der von ihm geliebten Frauen und seine Unfähigkeit vor, sich über die reine Liebeslyrik zu erheben. Trotz dieser Einschränkungen bildeten die Reife seiner Sprache, sein ausgefeilter Stil und die Komplexität seines Satzbaus einen wichtigen Anknüpfungspunkt für →Petrarca, der in »Rerum vulgarium fragmenta« LXX 40 die Canzone CXI »La dolce vista e 'l bel guardo soave« zitiert, die auch in →Boccaccios »Filostrato« (V 62–65) nachgeahmt wird. F. Bruni

Ed.: Poeti del Dolce Stil nuovo, ed. M. Marti, 1969, 423–923 – Lit.: G. Zaccagnini [s. Lit. zu I/II] – D. De Robertis, C. e Cavalcanti, o le due rive della poesia, StM, N. S. 18, 1952, 55–107 – M. Corti, Il linguaggio poetico di C. da P., Cultura neolatina 12, 1952, 185–223 – G. Petrocchi, Storia della letteratura italiana I, 1965, 759–764, 774 – M. Marti, Storia dello Stil nuovo, II, 1973, 471–515.

Cinquantième (quinquagesima), von Philipp dem Schönen, Kg. v. Frankreich, mit Zustimmung einer Notabelnversammlung aus Adel und Geistlichkeit zunächst als einmalige Steuer ebenso wie der →centième des Vorjahres aus aktueller Finanznot 1296 verfügt. Lediglich der Adel wurde von der Besteuerung ausgenommen. Der eigtl. c., also eine Besteuerung von 2 %, wurde auf der Basis von mobilem und immobilem Besitz erhoben. Besitz im Wert von 1000 oder mehr Pfund wurde mit dem Höchstsatz von 20 Pfund besteuert. Die unterste Grenze war der Besitz von 10 Pfund. Geringerer Besitz wurde mit ½ % bzw. noch niedrigeren Sätzen besteuert (Jahreslöhne etwa mit einem Tageslohn). Mit dem Einzug wurden jeweils drei zu wählende Notabeln am Ort, ein Kleriker und zwei Laien, betraut. Die Zustimmung der Geistlichkeit und des hohen Adels wurde damit erkauft, daß die Inhaber hoher Gerichtsbarkeit ein Drittel (Gf.en und Bf.e) bzw. ein Viertel (alle übrigen) des in ihren Territorien erhobenen c. erhielten. Von einigen Städten wurde der Freikauf von der individuellen Besteuerung durch ein Fixum durchgesetzt. Mit Modifizierungen im Erhebungsmodus (etwa Anhebung des Mindestsatzes auf 20 Pfund, 1300) wurde die Erhebung des c. unter Bruch der Einmaligkeit in den Jahren 1297 und 1300 noch zweimal verfügt, dann aber wegen des einhelligen Widerstandes zugunsten anderer Besteuerungsmodalitäten wieder aufgegeben. Die später ausgesprochenen Befreiungen vom c. unter Karl IV., Philipp VI. und Johann dem Guten scheinen keinen realen Hintergrund gehabt zu haben. Die 1356 auf Beschluß der Generalstände erlassene Steuer-Ordonnance sah zwar ebenfalls für bestimmte Einkünfte (zwischen 100 und 5000 Pfund für Nichtadlige und Adlige) eine 2 %ige Besteuerung vor, ohne jedoch den c. als Steuersatz zu erwähnen. Als Naturalabgabe wurde der c. 1725 erneut eingeführt (1727 aufgehoben). N. Bulst

Q.: Ordonnances des rois de France, ed. E. de Laurière, u. a., Bd. 12, 1777, 333ff.; Bd. 3, 1732, 53f. – R. Fawtier, Comptes royaux 1285–1314, II, 1954, 404–469 – Lit.: E. Boutaric, La France sous Philippe le Bel, 1861, 258ff. – A. Vuitry, Etudes sur le régime financier de la France avant la révolution de 1789, 1883, Bd. 2, 1, 147ff., 220; Bd. 2,2, 71 – J. Strayer–Ch. Taylor, Stud. in Early French Taxation, 1939, 48ff.

Cinque Ports (afrz. 'Fünf Häfen'), Bezeichnung einer Gruppe von Städten an der Südostküste Englands, die gemeinsame Fischereiinteressen und eine allgemeine Verpflichtung hatten, einen jährl. Schiffsdienst für die Krone zu leisten. Die ursprgl. fünf *Head Ports* waren Hastings, Romney, Hythe, Dover und Sandwich; aber im Laufe des MA wurden mehr als 30 andere Orte in Kent und Sussex den »Head Ports« angegliedert, entweder als korporative oder nicht korporative Mitglieder der Konföderation. Jedes Mitglied war an den Privilegien der C. P. beteiligt als Gegenleistung für die Gewährung von Hilfe bei der Ableistung des Schiffsdienstes. Die bedeutendsten Mitglieder waren Winchelsea und Rye, die vor 1190 an Hastings angegliedert waren und später einen bes. Status als »Ancient Towns« erhielten mit der Stellung der »Head Ports«.

Während des 12. Jh. leisteten die C. P. der Krone einen jährl. Dienst von 57 Schiffen für 15 Tage. Dieser Schiffsdienst für die Krone ist wahrscheinl. während der Regierungszeit Eduards d. Bekenners (1042–66) eingerichtet worden, und es gibt einige Anzeichen dafür, daß auch die Herausbildung der Hilfsdienstleistungen der nachgeordneten Konföderationsmitglieder an die »Head Ports« bereits bis in die Zeit vor 1066 zurückreicht. Als Gegenleistung für diesen gemeinschaftl. Dienst erwarben die Häfen gemeinsame Privilegien, die 1260 durch eine kgl. *charter* bestätigt wurden; bes. zu erwähnen sind das Recht der »Barone« der Häfen, den Kg. bei der Krönungszeremonie mit einem Baldachin zu beschirmen und die Ausübung der Rechtsprechung während der jährl. Heringsmesse in Yarmouth an der Küste von Norfolk. Den Häfen wurde auch als Ausgleich für die Ausgaben bei der Ausrüstung ihrer Schiffe Befreiung von den Parlamentssubsidien gewährt.

Im 13. Jh. erreichte der Einfluß der Häfen seinen Höhepunkt mit der Ausprägung einer konföderativen Struktur, die in der engl. Geschichte einmalig ist. Das kgl. Interesse, den Schiffsdienst der Häfen zu regeln und deren Piratenaktionen im Kanal zu kontrollieren, führte zur Einrichtung eines verwaltungsmäßigen Zusammenschlusses in einem lockeren Bund durch den allgemeinen Gerichtshof von Shepway und seinen Präsidenten als Vorsteher *(warden)*. Gegen Ende des 13. Jh. war das Amt des Vorstehers in den Händen des *constable* der Burg von Dover. Der Vorsteher wurde zum einzigen Verbindungsmann zw. dem Kg. und den Häfen und verhalf durch seine Gerichtshöfe in Dover zu einer gemeinsamen Verwaltung der Häfen und zur Ausprägung eines Gemeinschaftsbewußtseins. Seit der Mitte des 14. Jh. begann der Verfall der polit. Machtstellung der C. P. Geograph. Veränderungen am Küstenverlauf hatten entweder die Überflutung oder die Versandung einiger Häfen der Konföderation zur Folge. Die Konföderation verlor ihr Monopol als Seemacht und ihre Kontrolle über den Kanal, als die gewandelten Methoden der Seekriegsführung den Beitrag der kleinen Schiffe der Hafenkonföderation bedeutungslos werden ließen. Dieser Bedeutungsverlust der Häfen führte zu einem engeren Zusammenschluß zum Schutz ihrer Privilegien. Das Hauptinstrument dieses Zusammengehens war der Gerichtshof von Brodhull, der seine Ursprünge in einer alten Gerichtsversammlung hatte und der sich zu einer regulären Tagung der Vertreter der Häfen entwickelte, die alle Angelegenheiten, welche die Konföderation als Ganzes betrafen, regelte, bes. die Kontrolle über die Heringsmesse in Yarmouth. Die westl. Häfen der »Ports«, Hastings, Winchelsea und Rye, ließen in ähnlicher Weise ihre lokalen Interessen durch eine Vereinigung schützen, die als *Guesthing* bekannt ist. Die Institutionen der Konföderation erreichten somit ihre höchste Entwicklung zu einer Zeit, in welcher der Einfluß der »Ports« bereits im Niedergang war; sie basierten auf der Notwendigkeit, veraltete Privilegien zu schützen. A. J. Kettle

Lit.: K. M. E. Murray, Constitutional Hist. of the C. P., 1935 – C. Warren Hollister, Anglo-Saxon Military Institutions, 1962, 116–121 – G. D. Brindle, A Social and Economic Study of C. P. Region, 1450–1600 [Diss. masch. St. Andrews, 1979].

Cinus de Sinibuldis, jüngere Schreibweise des Namens Cinus de Sigibuldis → Cino da Pistoia

Ciompi, Aufstand der (1378–82). Der florent. Ausdruck C., dessen Etymologie ungeklärt ist (seine Ableitung von einer Italianisierung des frz. *compar* ist äußerst zweifelhaft), bezeichnete im Florenz des 14. Jh. Arbeiter, die infolge ihrer bescheidenen Tätigkeit und deren geringfügiger ökonom. Bedeutung und ihrer Stellung als einfache manuelle Lohnarbeiter keiner *arte* (Zunft) angehörten und deshalb von ihren Arbeitgebern sehr ausgenutzt wurden. Sie bildeten eine unruhige Masse armer, geradezu im Elend lebender, im Dienst verschiedener »arti« stehender Arbeiter, v. a. der Wollzunft, für die sie die niedrigeren und weniger qualifizierten Tätigkeiten ausführten, wie z. B. das Waschen der schmutzigen Wolle und ähnliches. In der Krise, die Florenz nach dem Bankrott der →Bardi und →Peruzzi und dessen polit. Begleitumständen erlebte, verschlechterte sich die Lage der C. zuletzt derart, daß in ihnen das Bedürfnis erwachte, die Möglichkeit zu einer aktiven Eingliederung in das polit. Leben der Stadt durch die Gründung einer arte zu erhalten, das heißt, einer gesetzl. anerkannten Vereinigung, die eine Teilnahme am Stadtregiment erlaubte.

Da verschiedene Initiativen, die auch von einigen mächtigen Familien wie z. B. den →Medici unterstützt wurden, fehlgeschlagen waren, gingen die C. nach einer Reihe von Unruhen, die mehr als einen Monat gedauert hatten, am 21. Juli 1378 zu offener Gewalt über, griffen die Häuser ihrer vermeintl. Gegner an, plünderten sie, bemächtigten sich des *Palazzo della Signoria* und führten eine Änderung in der Organisation der arti ein: Als *Gonfaloniere di giustizia* (Spitze des Stadtregiments) wählten sie den Wollkämmer Michele di Lando, der eine Reihe polit. Maßnahmen durchführte: u. a. wurden zusätzl. zu den bereits bestehenden arti (sieben *arti maggiori* und 14 *arti minori*) drei arti geschaffen: Für die Färber, Wamsmacher und C., die alle das Recht besitzen sollten, ein Drittel der öffentl. Ämter auszuüben.

Die Erhebung, die in der Terminologie des Italienisch des 14. Jh. *tumulto* genannt wird, kam nach Erreichung dieser Resultate nicht zum Stillstand: soziale Motive, die auch von religiösen Endzeitvorstellungen beeinflußt wurden (die C. nannten sich in ihrer Gesamtheit *popolo di Dio* 'Gottesvolk'), ließen die Gewalttätigkeiten andauern, so daß die Arbeitgeber im Gegenzug die Vergabe von Aufträgen einstellten, wodurch die ohnehin bereits elende soziale Lage der C. weiter verschlechtert wurde. Außerdem verbreitete sich das Gerücht von einem Verrat des Michele di Lando, der eines Zusammenspiels mit den arti maggiori verdächtigt wurde. Vom 28. bis 31. Aug. 1378 kam es daher zu einer neuen Erhebung, welche die Signoria zu harten Unterdrückungsmaßnahmen zwang. Andererseits gelangte man zu einer Trennung innerhalb der Aufständischen, wobei die Färber und Wamsmacher zunächst das Recht beibehielten, eine arte zu bilden, während die arte der C. im engeren Sinne aufgelöst wurde.

Dieses unsichere Gleichgewichtsverhältnis zw. den Arbeitern des *popolo minuto* und den übrigen Teilen der florent. Bevölkerung, dem Mittelstand und den »Großbürgern«, dauerte ungefähr vier Jahre, bis es 1382 den früheren Machthabern gelang, die Zügel wieder fest in die Hand zu nehmen. Mit großer Härte gingen sie daraufhin gegen alle vor, die an dem Aufstand beteiligt gewesen waren, angefangen von Michele di Lando, der exiliert wurde. Die alte Regierungsform wurde wieder in vollem Umfang eingeführt. Die nun führerlosen C. verloren notgedrungen – auch verlockt durch einige wirtschaftl. Verbesserungen – jede Bedeutung im polit. Leben der Stadt.

Der A. d. C. ist im Rahmen der sozialen Bewegungen des 14. Jh. zu sehen, als eine der Folgeerscheinungen der Krise in der Arbeitswelt nach der Großen Pest; wegen der Bedeutung von Florenz und der Intensität der Auseinandersetzungen und Motivationen wurde er jedoch als erste große ökonom.-soziale Bewegung in der Arbeitswelt betrachtet. Wenn auch die marxist. Geschichtsforschung den Aufstand der C. nicht als eigtl. Klassenkampf darstellt, da die Aufständischen kein proletar. Bewußtsein entwickelt hätten, darf man andererseits auch nicht seine Bedeutung unterschätzen als retardierendes Moment in der Phase des polit. Aufstiegs von immer weiteren Gruppen aus dem sog. →Popolo, dem es seit den →»Ordinamenti di giustizia« in zunehmendem Maß gelungen war, polit. Präsenz und Einfluß im Leben der Stadt zu gewinnen. Der A. d. C. muß also eher unter dem Gesichtspunkt des Widerstandes v. a. der arti maggiori betrachtet werden, einen Aufstieg der von polit. Aktivität ausgeschlossenen und ausgebeuteten Gruppen zu akzeptieren, die nach einem Machtgewinn auch ihrer eigenen Ausbeutung ein Ende hätten setzen können. – Vgl. →Florenz.   R. Manselli

Lit.: N. Rodolico, I. C. Una pagina di storia del proletariato operaio, 1945 [Synthese der vorangegangenen Arbeiten des Verf.] – V. Rutenburg, Popolo e movimenti popolari in Italia dal '300 e '400, 1971 [russ. Ausg. 1958] – E. Werner, Probleme städt. Volksbewegungen im 14. Jh., dargestellt am Beispiel der C.-Erhebung in Florenz (Städt. Volksbewegungen im 14. Jh., hg. E. Engelmann, 1960), 11 – G. A. Brucker, The C. Revolution (Florent. Stud. Politics and Society in Renaissance Florence, ed. N. Rubinstein, 1968), 314–356–Ph. Wolff, Ongles bleues, Jacques et C. Les révolutions populaires en Europe aux XIVe et XV s., 1970 – V. Hunecke, Il tumulto dei C. – 600 Jahre danach. Bemerkungen zum Forschungsstand (QFIAB 58, 1978), 360–410 – R. C. Trexler, Public Life in Renaissance Florence, 1980, 340–347 und passim – Il Tumulto dei C.: un momento di storia fiorentina ed europea, 1981 (Atti del convegno internaz. di studi, Firenze 1979) – M. Mollat – Ch.-M. de La Roncière, Prix et salaires à Florence au XIVe s. 1280–1380 (Coll. Ecole française de Rome 59, 1982).

Ciperis de Vignevaux, frz. Chanson de geste, lückenhaft überliefert, überkommen sind 7895 Alexandriner in 250 Laissen. Die Datierung ist kontrovers: Mitte des 14. Jh./Anfang des 15. Jh. Der Autor dürfte dem Comté de Vignevaux (später Eu) entstammen. Eine Prosafassung des 15. Jh., die im 15. und 16. Jh. insgesamt dreimal gedruckt und 1842 modernisiert in die von Silvestre herausgegebene Bibliothèque bleue aufgenommen wurde, geht auf eine weitere nur fragmentar. überlieferte Versfassung zurück.

Hinter Ciperis verbirgt sich der hist. Kg. →Childerich II. Die merow. Welt ist jedoch lediglich verfremdeter, myth. Rahmen für ein Heldenlied, das einer Gft. und ihrem klösterl. Leben besondere Bedeutung verleiht. Nach Cl. Badalo-Dulong begründet sich der bes. Wert des C. d. V. in der Tradierung regionaler Überlieferungen.
   G. Damblemont

Ed.: C.d.V., ed. W. S. Woods (SRLL Univ. NC 9, 1949) – Lit.: Cl. Badalo-Dulong, C.d.V., Romania 71, 1950, 66–78.

Circa instans

I. Entstehung – II. Quellen und Struktur – III. Verfasserfrage – IV. Textgeschichte – V. Ikonographie.

I. Entstehung: Die Verselbständigung des abendländ. Apothekerstandes geht von Salerno aus und ist mit drei Werken verbunden, die durch Auswahl und Anlage wesentl. zur Standardisierung der Arzneimittel beitrugen. Für die →Composita bewirkte diese Vereinheitlichung das →Antidotarium Nicolai, während die →Simplicia durch den →Liber iste und das C. i. normiert wurden. Alle diese Werke sind um 1150 entstanden, wobei der 'Liber iste' (mit dem Liber noster) zeitl. am Anfang steht, das C. i. eine Mittelstellung einnimmt und das 'Antidotarium Nicolai' als letztes folgt.

II. Quellen und Struktur: Fußend auf dem 'Liber de gradibus' des →Constantinus Africanus und die ältere drogenkundl. Lit. (Dioscorides langobardus, →Macer

Floridus) mitberücksichtigend, folgt das C. i. einem Bauprinzip, das nicht ohne Variationen in mehreren Vertretern Salernitan. »Ergänzungslit.« zum Antidotarium Nicolai wiederkehrt. Unter Verwendung des halbalphabet. Prinzips gliedert sich der Text in etwa 250 Kapitel, die überwiegend Arzneipflanzen behandeln, jeweils mit dem Drogennamen einsetzen, Auswahlkriterien mitteilen sowie Hinweise für die Lagerhaltung geben, um an diesen allgemeinen Teil Heilanzeigen und Applikationsformen anzufügen und mit einem fakultativen Abschnitt über spezielle Zubereitungen zu enden. Am Beispiel der Rose wird deutlich, daß der Verfasser die Trennung niedrigsiedender Gemische durch die Destillation beherrschte.

III. Verfasserfrage: Sprachlich gewandt, gehört der C. i.-Autor zu den besten Vertretern med. Fachprosa im hohen MA. Seine hervorragenden Kenntnisse weiß er in überraschend schlichter Sprache zu bändigen, wobei er Parataxe anstrebt und Prägnanz mit Klarheit verbindet. Obwohl er →Platearius zitiert und deshalb mit einem Salerner Autor dieses Namens kaum identisch sein kann (Wölfel), hat sich die seit dem 13. Jh. belegte Platcarius-Zuschreibung in der pharmaziegeschichtl. Lit. bis heute gehalten (Vandewiele, Opsomer-Halleux u. a.).

IV. Textgeschichte: *Mutationen:* Auf den akad. Unterricht, die ärztl. Praxis und die Bedürfnisse der Apotheker (titelgebendes Incipit: »Circa instans negotium«) in gleicher Weise zugeschnitten, setzte sich das C. i. als maßgebende ma. Drogenkunde durch, wobei für den Gestaltwandel des Gebrauchstextes Paris als Verbreitungszentrum entscheidende Bedeutung erlangte. Dort bildeten sich aus dem Urtext schon vor 1200 die Überlieferungsflügel der A- und B-Klasse heraus (Breslau-, Erlangen-Klasse), wurde der Wortlaut durch Einschübe und Nachträge zu den Kapiteln, durch Zusatzabschnitte und Marginalkommentare erweitert, schuf →Hermann v. Heilighafen im 'Herbarius communis' eine Kurzfassung des A-Textes und erreichte das C. i. in den →Secreta-Salernitana-Bearbeitung zugleich seine größte Ausdehnung. *Landessprachige Rezeption:* Im Hinblick auf das Pariser Verbreitungszentrum nimmt es nicht wunder, daß die ersten volkssprachigen Übersetzungen für das Afrz. (und Hebr.) belegt sind (13. Jh.). Die dt. C. i.-Rezeption beginnt um 1300 im nfrk. Raum, dessen Apothekenwesen früher entwickelt war als das anderer Gebiete des Reiches. Die hd. Fassungen setzen erst nach 1400 ein (→Jude von Solms), doch ist Streuüberlieferung in dem aus Thüringen stammenden 'Deutschen salernitanischen Arzneibuch' schon für das 13. Jh. bezeugt. Die ma. C. i.-Bearbeitungen roman. Sprachen harren noch der Untersuchung; teilweise wurden sie von ihren Herausgebern nicht erkannt. *Streuüberlieferung:* Seit dem 13. Jh. begegnet eine Vielzahl von C. i.-Versatzstücken in den pharmako-botan. Abschnitten enzyklopäd. Texte →Vinzenz v. Beauvais, →Matthaeus Silvaticus, →Bartholomaeus Anglicus, →Thomas Cantimpratensis, →Rufinus v. Genua u. a.; vgl. auch →'Lexicon plantarum'), von wo aus sie in landessprachige Nachschlagewerke und Herbarien gelangten (→Jacob van Maerlant, →Konrad v. Megenberg, Peter Königsschlaher, Michael Baumann, →Johann Wonnecke von Kaub, Ludwig V., Pfgf. bei Rhein). So hat z. B. das in Fassungen des 14. Jh. bezeugte 'Schwarzwälder Kräuterbuch' seine zahlreichen C. i.-Exzerpte großteils, wenn nicht ausschließl. dem 'Liber de naturis rerum' des Bartholomaeus Anglicus entlehnt. *Gebrochener Einfluß* des C. i. ist im einschlägigen Schrifttum des MA wie der frühen NZ allgegenwärtig. Er zeigt sich nicht nur inhaltlich (etwa in den →Arzneibüchern, →Kochbüchern ['Küchenmeisterei'] oder in den →Wunderdrogentraktaten), sondern kommt auch formal zum Ausdruck, z. B. bei Johann Wonnecke von Kaub, der in seinem →'Gart der Gesundheit' Aufbau und Stil der berühmten Salerner Drogenkunde nachahmt. Der Einfluß des Textes auf die Kräuterbuch-Verfasser des 16. Jh. bedarf noch der Untersuchung, doch ist sicher, daß die Ausstrahlung des C. i. – und das nicht nur über die Groß-'Gart'-Drucke – bis ins 18. Jh. reicht.

V. Ikonographie: Der Archetypus des C. i. wies keine Illustrationen auf, und Entsprechendes gilt für die frühen Überlieferungen des 12. und 13. Jh. Seine Bildausstattung erhielt das Werk um 1315 auf Anregung →Philipps des Schönen, wobei der Salerner Illustrator von der 'Secreta Salernitana'-Fassung ausging, bei Mineralien vielfach Genrebildchen lieferte und auch bei der Darstellung von Pflanzen schematisierend arbeitete, ohne jedoch eine gewisse »Formensachlichkeit« zu verfehlen: Es gelingt ihm – und dies auch dort, wo er sich an die Bildvorlagen des →Pseudo-Apuleius anlehnt –, die Formbesonderheit im Gesamtbau, insbes. aber bei den Blättern und Blüten zu fassen; diesen Bild-Archetypus hat der Bearbeiter des 'Elsässischen C. i.' im 14. Jh. zu beachten. Naturtreue weiterentwickelt. An der Schwelle zur NZ gingen erhebl. Anteile des 'Secreta Salernitana'-Bildbestandes in die Kräuterbuch-Inkunabeln ein ('Gart der Gesundheit', →'Herbarius Moguntinus', →'Hortus sanitatis'), und von hier aus erzielte das C. i. auch ikonograph. eine weit gefächerte, bis ins 18. Jh. ausgreifende Wirkung. G. Keil

Ed.: volkssprachige: G. Camus, L'opera salernitana »C. i.« ed il testo primitivo del »Grant Herbier en Francoys«, Memorie della regia Accad. di scienze, lett. ed arti in Modena, II, 5, 1886, 49-199 – P. Dorveaux, Le livre des simples médecines. Trad. franç. du »Liber de simplici medicina dictus C. i.« de Platearius, tirée d'un ms. du XIIIe s., 1913 – W. Damm, Die einzige [!] bisher bekannte dt. Fassung des Buches C. i. (de simplicibus) nach einer Hs. des 15. Jh. [Diss. Berlin 1939] – L. J. Vandewiele, De »Liber des simplici Avicenne« en de »Herbarijs«. Mnl. hss. uit de XIVe eeuw, II, 1965 – Ders., Een Mnl. versie van de C. i. van Platearius, 1970 – W. F. Daems, Boec van medicinen in Dietsche (Janus, suppl. 7), 1967, 116-159 – S. Pezzella, I segreti della »medicina verde« nell'epoca Medicea, da due ms. inediti della città di Firenze, 1980 [= C. i.-Bearbeitung!] – C. Opsomer-Halleux, Livre des simples médecines, I–II, 1980 – *lateinische:* H. Wölfel, Das Arzneidrogenbuch C. i. in einer Fassung des XIII. Jh. aus der UB Erlangen [Diss. Berlin 1939] [Übers.: M. Woidt, Das Salerner Buch des Bedarfs an einfachen Drogen in unsere heutige Muttersprache übertragen und erläutert (Diss. Berlin 1942)] – De simplici medicina. Kräuterbuch-Hs. aus dem letzten Viertel des 14. Jh. im Besitz der Basler UB, hg. A. Pfister, I–II, 1960¹, 1961² ['Elsässisches C. i.'] – J. Blome, Transkription, Übers. und systemat.-botan. Bearb. der in der Basler UB aufbewahrten Kräuterbuch-Hs. 'C. i.' (Ms. K. II 11) aus dem letzten Viertel des 14. Jh. ['Elsässisches C. i.'] [Diss. Basel 1978] – *Lit.:* Verf.-Lex.² I, 1282–1285; II, 1079, 1088; III, 1018, 1062; IV, 156 – J. Schuster, Secreta Salernitana und Gart der Gesundheit (Ma. Hss. Fschr. H. Degering, 1926), 203–237 – C. H. Beck, Stud. über Gestalt und Ursprung des C. i., durchgeführt an den drei ältesten bisher bekannten Hss. [Diss. Berlin 1939] – F.-H. Holler, Das Arzneidrogenbuch in der Salernitan. Hs. der Breslauer Stadtbibl. (Nr. 1302), Texte Unters. Gesch. Naturw. 5, 1942 – The herbal of Rufinus, hg. L. Thorndike – F. S. Benjamin jr., 1945, 1949³, xxvi–xxxii u. ö. – O. Bessler, Prinzipien der Drogenkunde im MA. Aussage und Inhalt des C. i. und Mainzer Gart [masch. Habil.schr. Halle 1959] – W. L. Braekman, Een gekommentarieerd antidotarium en de 'C. i.' van Platearius in een Oostmnl. bewerking, Scient. Hist. 4, 1967, 182–210 – G. Keil – H. Reinecke, Der »kranewiter«-Traktat des 'Doktor Hubertus', SudArch 57, 1973, 364f., 404–408 – F. J. Anderson, New Light on c. i. (Pharm. Hist. 20, 1978), 65–68 – J. Blome, Fachnomenklator. Unters. zu einem der ältesten bebilderten Kräuterbücher Mitteleuropas ['Elsässisches C. i.'] (»gelërter der arzenîe, ouch apotëker«, Fschr. W. F. Daems, hg. G. Keil, Würzburger med. hist. Forsch. 24, 1982, 550–588) – A. Högemann, G. Keil, Der »Straßburger Eichentraktat«, ein zum Wunderdrogen-Text gewordenes Albertus-Magnus-Kapitel (Fschr. H. ROOSEN-RUNGE, 1982), 267–276.

Circitor → Heer

Circulus vitiosus. Die Diskussion über Zirkelschlüsse geht auf Aristoteles zurück (Anal. Pr. II 5–7; Anal. Post. I 3). Im Anschluß an diese Stellen werden Zirkelschlüsse auch in den ma. Kommentaren erörtert. Betont wird dabei, daß ein Zirkelschluß prinzipiell aus mehreren Schlüssen besteht, insofern im ersten Schluß eine Konklusion 'p' gezogen wird, und danach im zweiten Schluß aus 'p' eine Prämisse des ersten Schlusses 'q' abgeleitet wird. Fehlerhaft ist ein solcher Zirkelschluß nur, wenn p und q in jeder Hinsicht identisch sind, auch im Hinblick auf die Art des Wissens betreffend der beiden. (Wenn p zum Beispiel nur festgestellt ist [»scita quia«], während q als Ursache von p bekannt ist [»scita propter quid«], ist der Zirkelschluß erlaubt.) – In den Anal. Post. wird die direkte Einsicht in die Prinzipien angenommen, um zu vermeiden, daß alles Wissen zirkulär begründet wird. – Obwohl die Sache also in der ma. Logik diskutiert wird, scheint der techn. Terminus c. v. eine nachma. Schöpfung zu sein.

J. Pinborg

Lit.: J. PINBORG, Logik und Semantik im MA, 1972.

Circumcellionen (circumcelliones). 1. C. Die C. sind von etwa 340 bis etwa 420 in den – vor allem überlieferten – antidonatist. Q. (v. a. →Optatus v. Mileve und →Augustinus) als bäuerl. bewaffnete Banden bezeugt, die als Teil der donatist. Bewegung (→Donatisten) insbes. in Numidien Gewaltakte gegen Katholiken und andere beginnen. Dabei ist sehr vieles umstritten und nicht endgültig geklärt.

Schon der Name ist möglicherweise eine polem. Bezeichnung, die zudem insofern nicht eindeutig erklärt ist, als die cellae, um die herum sie angeblich lebten, vielleicht nur landwirtschaftl. Vorratshäuser, wahrscheinlicher allerdings (auch archäolog. und epigraph. feststellbare) donatist. Märtyrerschreine waren, die auch Vorräte enthielten. Sie selbst nannten sich agonistici ('Kämpfer'), während die von →Isidor v. Sevilla u. a. genannte Bezeichnung cotopicae bzw. cotopices vielleicht als kopt. Wort zur Bezeichnung von Wandermönchen zu erklären ist. Auch das wäre polemisch oder resultierte aus Mißverständnissen wegen ihres äußeren Auftretens.

Die soziale Zusammensetzung der C. ist ebenfalls Gegenstand von Kontroversen. Sie waren wohl weniger wandernde Lohnarbeiter (Olivenpflücker?) als vielmehr meist verarmte Kolonen, denen sich auch Sklaven zugesellt hatten; daß sie Cod. Theod. 16, 5, 2, (412) als ordo bezeichnet wurden, ist wohl nicht technisch gemeint.

Unstreitig ist, daß sie sich selbst als religiöse Bewegung im Rahmen des Donatismus verstanden. Ihr Schlachtruf war »deo laudes«; sie trieben eine glühende Märtyrerverehrung, die so weit ging, daß sie entweder durch provozierte Zusammenstöße mit ihren Gegnern oder sogar direkt durch Selbstmordaktionen (Sturz von Felsen, in Schotts, lebendiges Verbrennen) in den Tod gingen. Daneben aber gibt es Nachrichten, die, sofern sie nicht topisch sind, auch soziale Protestbestrebungen erkennen lassen: Angriffe auf Wohlhabende, Befreiung von Sklaven, Schuldentilgung u. ä. Daraus erklärt sich die heftige Kontroverse um ihre hist. Einordnung. Obwohl es mißlich ist, sich als religiös verstehenden hist. Bewegungen Charakteristika oder gar Motive nach heutiger Begrifflichkeit zuzuschreiben, so scheinen doch – sicherlich chr. verstandene – Antriebe für die Aktionen der C. aus sozialen Gravamina herzurühren, wie es auch im spätantiken Ägypten und Syrien festzustellen ist.

Auch wenn die Gewaltaktionen der C. gelegentlich auf donatist. Widerstand stießen, so konnten sie doch im allgemeinen vom donatist. Klerus zur Durchsetzung von dessen Zielen benutzt werden (ebenfalls in Parallele zu ägypt. Mönchen), insbes. unter dem donatist. Bf. Optatus v. Thamugadi im Zusammenhang mit dem Separatismus des →Gildo († 398). Die C. teilen auch das spätere Schicksal des Donatismus. Zuletzt hören wir aus vandal. Zeit von ihnen.

W. Schuller

Lit.: CH. SAUMAGNE, Ouvriers agricoles ou rôdeurs de celliers? Les circoncellions d'Afrique, AHES 6, 1934, 351–364 – W. H. C. FREND, The Cellae of the African Circumcellions, JTS NS 3, 1952, 87–89 – J. P. BRISSON, Autonomisme et Christianisme dans l'Afrique romaine de Septime Sévère à l'invasion vandale, 1958 – TH. BÜTTNER – E. WERNER, C. und Adamiten, 1959 – A. MANDOUZE, Encore le donatisme, Antiquité classique 29, 1960, 61–107 – H. J. DIESNER, Konservative Kolonen, Sklaven und Landarbeiter im Donatistenstreit, Forsch. und Fortschritte 36, 1962, 214–219 – DERS., Die Periodisierung des Circumcellionentums, Wiss. Zs. Univ. Halle 11, 1962, 1329–1338 – DERS., Kirche und Staat im spätröm. Reich, 1964² – E. L. GRASMÜCK, Coercitio. Staat und Kirche im Donatistenstreit, 1964 – E. TENGSTRÖM, Donatisten und Katholiken, 1964 – W. H. C. FREND, Martyrdom and Persecution in the Early Church. A Study of a Conflict from the Maccabees to Donatus, 1965 – P.-A. FÉVRIER, Toujours le Donatisme, à quand l'Afrique. Rivista di Storia e letteratura religiosa 2, 1966, 228–240 – S. CALDERONE, Circumcelliones, La Parola del Passato 22, 1967, 94–109 – W. H. C. FREND, Circumcellions and Monks, JTS N. S. 20, 1969, 542–549 – DERS., The Donatist Church, 1971² – R. LORENZ, Circumcelliones – cotopitae – cutzupitani, ZKG 82, 1971, 54–59 – M. OVERBECK, Augustin und die C. seiner Zeit, Chiron 3, 1973, 457–463 – A. H. M. JONES, Were Ancient Heresies National or Social Movements in Disguise?, JTS N. S. 10, 1959, 308–329 (= DERS., The Roman Economy, 1974, 308–329) – G. GOTTLIEB, Die C. Bemerkungen zum donatist. Streit, AHC 10, 1978, 1–15 – H. W. PLEKET, De Circumcelliones: 'Primitive Rebels' in de Late Keizertijd in Noord-Afrika, Lampas 11, 1978, 143–157.

2. C. Nach dem Vorgang von Albert →Krantz (Ecclesiastica Historia sive Metropolis VIII, 18, Basel 1548) wird mit dem irreführenden Namen 'Circumcellionen' gelegentl. die sog. Sekte v. Schwäbisch Hall (→Schwäbisch Hall, Sekte v.) bezeichnet, über die →Albert v. Stade berichtet (MGH SS 16, 371f.).

A. Patschovsky

Lit.: DThC II, 2518f. [F. VERNET] – LThK² II, 1206 [H. TÜCHLE].

Circumcisi, Bezeichnung für Häretiker, die in der ersten Hälfte des 13. Jh. in den gegen die Häresie gerichteten päpstl. Bullen, in ksl. Urkunden, die sich mit der gleichen Thematik beschäftigten, sowie in verschiedenen Widerlegungsschriften (»confutationes«) nach dem Verschwinden der Bezeichnung Passagini (→Passagier), bisweilen aber auch gemeinsam mit dieser erscheint. Obwohl in der Forschung die Begriffe C. und Passagini vielfach als identisch erachtet werden, sind wir der Meinung, daß es sich bei den C. um eine judaisierende Gruppe handelte, die jedenfalls auf die Zeitgenossen durch die Praktizierung des Beschneidungsritus bes. Eindruck machte; die Passagini hingegen scheinen eine eigene Lehre entwickelt und auf ein festeres theoret. Fundament gestellt zu haben. Es sei noch darauf hingewiesen, daß die C. (gleiches gilt übrigens auch für die gen. Passagini) zwar, wie gesagt, in Urkunden und Widerlegungsschriften erscheinen, jedoch in keiner it. (die Passagini sind sehr wahrscheinl. in der Lombardei anzusetzen) oder europ. Chronik genannt werden.

R. Manselli

Lit.: R. MANSELLI, I Passagini (DERS., Il secolo XII: religione popolare ed eresia, 1983), 295–310.

Circumcisionsstil → Jahresanfang

Circumincessio → Perichorese

Circumspecte Agatis, ein →writ Kg. Eduards I., ausgestellt im Juni oder Juli 1286 und an die kgl. Richter gerichtet. Dieser Erlaß kam nach einem Jahr voller Spannungen zw. dem Klerus und der weltl. Macht zustande, deren Gegenstand die Ausübung der geistl. Gerichtsbarkeit, bes. in der Diöz. Norwich, war. Er legte die Grenzen der Zuständigkeit geistl. Gerichte fest, nannte aber auch die Fälle, bei denen die Anwendung des kgl. Verbotserlasses unzulässig war, so z. B. bei Anklagen, die den Zehnten betrafen, wenn die Zehnten weniger als ein Viertel des Wertes der betreffenden Kirche ausmachten. Der writ genoß bald das Ansehen eines → Statuts und wurde von der engl. Kirche fast wie ein Freiheitsbrief angesehen.

J. H. Denton

Q. und Lit.: E. B. GRAVES, 'Circumspecte Agatis', EHR XLIII, 1928, 1–20 – G. B. FLAHIFF, 'Writ of prohibition', MSt VI, 1944, 305–309 – Councils and Synods II, ed. F. M. POWICKE–C. R. CHENEY, 1964, 974f.

Ciriaco d'Ancona (C. di Filippo de' Pizzicolli), Kaufmann, humanist. Reisender und Altertumsforscher aus Passion, informeller Diplomat und päpstl. Berater, * 1391 in Ancona, † 1452 (?) in Cremona. C. erlernte das Kaufmannswesen in seiner Heimatstadt (1405–12) und auf Geschäftsreisen in der Levante (1413–19) und war innerhalb der Finanzverwaltung von Ancona als Beamter in der Behörde für Instandsetzung des Hafens tätig (1421–23). Unter dem Eindruck des Trajansbogens am Hafen seiner Vaterstadt und anderer antiker Denkmäler, die er auf seinen Reisen gesehen hatte, beschloß er, die Besichtigung und Beschreibung von Monumenten des Altertums vor deren völligem Verfall zu seinem Lebenswerk zu machen. In Rom begann er Reisetagebücher (commentaria) zu führen (seit 1424). Als Handelsagent für die Firma eines Verwandten erneut in der Levante tätig, besuchte er Altertümer, lernte Griechisch und kaufte Hss., Skulpturen, Münzen und Gemmen (1427–31). Nachdem sein Freund, Kard. Gabriele Condulmer, als → Eugen IV. zum Papst erhoben worden war, drängte ihn C., ein Konzil zur Herstellung der → Kirchenunion mit den Orthodoxen einzuberufen und einen Kreuzzug gegen die Türken (→Türkenkrieg) zu proklamieren (1431); der Papst befolgte mit der Zeit beide Vorschläge. Neue Reisen C.s durch Italien (1432–34), Dalmatien, Griechenland (1435–36, 1437) und Ägypten (1436?) folgten. C. betätigte sich aktiv beim Konzil v. →Ferrara-Florenz (1438–39) und trug 1440 zum Abschluß eines Handelsvertrags zw. Ancona und → Ragusa (Dubrovnik) bei. Nach erfolgloser Bemühungen um eine päpstl. Mission nach Äthiopien (1441), bereiste C. die Toskana und Ligurien (1442–43), danach unternahm er, wahrscheinl. als päpstl. Beauftragter für die Vorbereitung des Kreuzzuges, wieder eine ausgedehnte Levantereise (1443–48). C. ist letztmals am 29. Okt. 1449 im Veneto bezeugt. Nach der Notiz in einer Hs. soll er 1452 in Cremona verstorben sein. Die Hypothese, daß er Erzieher des Osmanen Meḥmeds II. geworden und an der Seite des türk. Eroberers 1453 in Konstantinopel eingezogen sei, hat sich als unhaltbar erwiesen (PATRINELIS).

C.s bis 1434 verfaßte »Commentaria« sind verloren, doch finden sich Reflexe in der »Vita Kyriaci Anconitani« von Francesco Scalamonti († 1465). Von den Tagebüchern für 1435–48 sind dagegen Fragmente, die letzten Teile im Autograph erhalten. Dazu kommen zahlreiche Briefe und einige kleinere Werke.

C. ist unsere Hauptquelle für den Zustand der antiken Denkmäler in Griechenland vor dem 17. Jh. Seine Originalkopien von Inschriften und seine eigenhändigen Zeichnungen haben sich als verhältnismäßig zuverlässig erwiesen, wenn auch einige verschönert sind. Die meisten seiner Materialien aber wurden leider verändert durch den idiosynkrat. Felice →Feliciano, der oft die Übermittlungsquelle war für weitere Kopisten (B. ASHMOLE, E. BODNAR, C. MITCHELL). C.s Zeichnungen vermittelten den Künstlern des Quattrocento das einzige Anschauungsmaterial für die griech. Kunst- und Architekturdenkmäler außerhalb Italiens; daher findet man den Einfluß der Zeichnungen C.s bei Mantegna und anderen Künstlern der Frührenaissance (LEHMANN).

E. W. Bodnar

Ed. und Lit.: bis 1959 cf. E. BODNAR, C. of A. and Athens, 1960, 8–15 – EncIt, s. v. – Repfont III, 488–489 – nach 1959: Ed.: G. MARCHI, IMU 11, 1968, 317–329 – E. BODNAR – C. MITCHELL, C. of A.'s Journeys in the Propontis and the Northern Aegean 1444–1445, 1976 – L. SABIA, Annali Fac. lettere e filosofia Univ. Napoli 20, n. s. 8, 1977–78, 129–186 – Lit.: B. ASHMOLE, PBA 45, 1959, 25–41 – E. BODNAR, Veltro 27, 1983, 235–251 – C. MITCHELL, PBA 47, 1961, 197–221 – DERS., IMU 5, 1962, 283–299 – DERS. (The Parthenon, ed. V. BRUNO), 1974, 111–123 – CH. PATRINELIS, EEBS 36, 1968, 152–162 – P. LEHMANN, Samothracian Reflections, 1973 – DIES., C. of A.'s Egyptian Visit and its Reflections in Gentile Bellini and Hieronymus Bosch, 1977 – J. RABY, JWarburg 43, 1981, 242–246.

Cirksena (Sirtzena, Syardsna, Tzyerza), spätma. Häuptlingsgeschlecht (→Häuptlinge) in →Ostfriesland, das offenbar schon an der hochma. Binnenkolonisation im NW Ostfrieslands maßgeblich beteiligt war. Im 13. Jh. lassen sich die C. in führenden Positionen der Norder Landesmeinde und seit Mitte des 14. Jh. als führende Häuptlinge im Norderland nachweisen mit Sitz und Burg zu Berum. Die vornehme Herkunft der C. kommt darin zum Ausdruck, daß nach dem Aussterben im Mannesstamm die Ehemänner der Erbtöchter jeweils den Familiennamen annahmen. So kamen Name und Erbe in der 1. Hälfte des 15. Jh. an die Häuptlinge v. Greetsiel. Diese stammten männlicherseits auch aus dem Norderland, hatten in der 1. Hälfte des 14. Jh. in den Führungskreis des Emsigerlandes eingeheiratet, in der 2. Hälfte des 14. Jh. den Sielhafenort Greetsiel gegründet und von hier aus ihren Aufstieg genommen, mußten sich aber zwischenzeitlich der Oberherrschaft der tom Brok (→Brok, tom) unterordnen. Als sich deren Macht und Willkür Häuptlinge und Bauern mit der Forderung nach Recht und Freiheit widersetzten, schlossen sich die C. dieser Opposition unter Führung der Ukena an. Nach dem Sturz der tom Brok wurde zwar die Souveränität der Häuptlinge, nicht aber die Autonomie der Gemeinden wiederhergestellt. Hierfür setzten sich nun die C. ein und führten die Bewegung zur Erneuerung Friesischer Freiheit (→Friesland) an. Mit Hilfe →Hamburgs und → Bremens besiegten sie die Ukena und deren Anhänger 1430–33. Die Hamburger setzten sich in → Emden fest, begründeten von hier aus eine Territorialherrschaft über den SW Ostfrieslands und zerstörten damit die Hoffnung auf einen ostfries. Bund freier Landesgemeinden. Daraufhin begaben sich die übrigen Landesgemeinden in den Schutz der C. und vertrauten sich deren Herrschaft an. 1439 übertrug Hamburg den C. seinen Herrschaftsbereich zur Verwahrung. Trotz Rückkehr vermochten die Hamburger ihn nicht gegenüber den Ostfriesen zu behaupten, sondern mußten ihn 1453 *Ulrich C.* verpfänden. Daneben versicherte sich Ulrich durch Vertrag wie Heirat auch der Ansprüche der Erben der tom Brok; Emder Abdena und Ukena. Da auch der Bf. v. →Münster unter Bezug auf vor 200 Jahren erworbene Grafenrechte in Emden und dem Emsgau Ansprüche anmeldete, ließ Ulrich seine Landesherrschaft 1464 von Ks. Friedrich III. zur →Reichsgft. erheben und damit auf eine einheitl. und unanfechtbare Rechtsgrundlage stellen. Die gewohnten Rechte und Freiheiten der gemeinen Ostfriesen wurden dabei bestätigt. Indem Ulrich C. Macht mit Recht zu verbinden verstand, erzielte er einen Ausgleich von Herrschaft und Freiheit. Ihn wußten seine Nachfolger jedoch nicht zu wahren, so daß es um 1600 zur Teilung der Landeshoheit zwischen Gf. und Ständen kam.

H. van Lengen

Lit.: H. VAN LENGEN, Gesch. des Emsigerlandes (Abh. und Vortr. zur Gesch. Ostfrieslands 53), I, 1973, 34ff. passim, 81ff., 154ff.; II, 1976, Stammtafel 5 – H. SCHMIDT, Polit. Gesch. Ostfrieslands (Ostfriesland im Schutze des Deiches 5, 1975), 86ff.

Čirmen, Schlacht v. → Marica

Cîrța (Kertz), Abtei OCist im südl. →Siebenbürgen, am Fuß der Karpaten.
Um 1200 gegr., wurde die Abtei von Andreas II., Kg. v. →Ungarn, und verschiedenen Adligen mit reichem Besitz und Privilegien beschenkt. 1223 wurde die Abtei erstmals urkundl. erwähnt. Zwei Jahre später ist der Abt belegt als Mitglied des Ausschusses, der die Streitigkeiten zw. der ung. Krone und dem →Dt. Orden schlichten sollte. 1240 erweiterte sich die Gerichtsbarkeit der Abtei bis ins →Burzenland. 1264 nahm Kg. Stephan II. C. unter kgl. Schutz, eine Maßnahme, die von Karl Robert 1322 bestätigt wurde. Die wiederholten Türkeneinfälle in Südsiebenbürgen und innere Zwistigkeiten führten zum Verfall der Gemeinschaft im Laufe des 15. Jh. 1474 verfügte Kg. Matthias Corvinus die Aufhebung der Abtei. Ruinen der Abtei im frühgot. Stil sind erhalten. S. Papacostea

Lit.: L. REISSENBERGER, Die Kerzer Abtei, 1894 – D. N. BUSUIOC, Considerații privind datarea mănăstirii de la C., Studii şi cercetări de istoria artei, Seria arta plastică, 23, 1976, 3–20.

Cisiojanus,
beliebtes mnemotechnisches Hilfsmittel, →Merkverse zur Einprägung des Festkalenders, seit dem 13. Jh. gebräuchlich. Die 12 Hexameterpaare (ausnahmsweise Distichen) eines lat. C. entsprechen den Monaten, ihre Silben in Anzahl und Reihenfolge den Monatstagen (Silbencisiojanus mit insgesamt 365 Silben). Die unbewegl. Herrenfeste und wichtigere Heiligentage sind mit ihren Anfangssilben vertreten; so beginnt der landläufige C. (»Cisio Ianus epi sibi vendicat ...«) mit *ci* für *ci*rcumcisio domini = 1. Januar. Die Zwischenbereiche (Tage ohne bedeutende Feste) werden mit Folgesilben der Festbezeichnungen (*epi* von *epi*phania, *cisio* von circum*cisio*) und verbindenden Wörtern (sibi vendicat), darunter Monatsnamen (Ianus für Ianuarius), gefüllt, wobei sich streckenweise ein Sinn ergibt (»April in Ambrosii festis ovat atque Tiburci«). – Der C. wurde nach Diözesan- und Ordensbedürfnissen variiert. Er war Schulstoff und im nordosteurop. Raum Datierungsmittel. In Kalendarien und kalendar. geordneten Legendensammlungen wurden C. i in fortlaufenden C. kolumnen untergebracht.

J. Prelog

Lit.: GROTEFEND, 20 – Verf.-Lex.² I, 1285ff. [Lit.] – A. BOYLE, A Scoto-Irish C., AnalBoll 98, 1980, 39–47.

Cismar, Abtei OSB (St. Johannes Ev.) in Ostholstein
(Schleswig-Holstein, Krs. Oldenburg), die aus Lübeck (dort 1177 gegr.) dorthin strafweise verlegt (ab 1245) wurde (den Mönchen war Disziplinlosigkeit vorgeworfen worden). Nur C. kam in Frage, da das Lübecker Kl. in Wagrien (Ostholstein) Ländereien besaß. Da C. manche Reliquien hatte, wurde die Abteikirche im MA zu einem besuchten Wallfahrtsort. Für diese Reliquien wurde der kunstgeschichtl. bedeutende Altaraufsatz, der kostbare »Cismarer Altar«, aufgestellt (1310–20). Der einschiffige, nicht profanierte Ostteil der Abteikirche (1260–1300) ist eindrucksvoll in der schlichten Größe früher lübischer Backsteingotik. Der Mönchskonvent (20–25 Mönche) schloß sich als einer der ersten der →Bursfelder Reformbewegung an. Ab 1531 löste sich das Kl. unter dem Druck der Reformation auf, bis es 1560 ganz aufgegeben und in ein landesherrl. Schloß umgewandelt wurde.

A. Eilermann

Lit.: DHGE XII, 845f. – Hist. Stätten Dtl. I, 30 – J. M. MEISSNER, Baugesch. und Rekonstruktion des Benediktinerklosters in C. [Diss. Kiel 1976] – A. TH. GRABKOWSKY, Das Kl. C., 1983.

Cisneros,
kast. Adelsfamilie, Nebenzweig des Geschlechtes →Girón mit Verbindungen zum Haus →Meneses, der unter der Regierung Alfons' X. v. Kastilien (1252–84) erstmals an Bedeutung gewann, als *Ruy (Rodrigo) González de C.* zum rebellierenden Adel gehörte. Sein Sohn *Arías González de C.* erscheint zu Beginn des 14. Jh. als →*ricohombre*; seine Nachkommen nahmen seit 1330 eine einflußreiche Stellung unter Kg. Alfons XI. ein, zählten zur Adelsopposition gegen Peter I. und erwarben Besitzungen in den Merindades (→Merindad) v. Monzón, Carrión und Saldaña. Als 1371 sowohl *Juan Rodríguez de C. II.* als auch sein Bruder *Gonzalo Gómez el Mozo* ohne erbfähige Nachkommen starben, ging das Haus auf ihre Schwester *Mencía de C.* über, die Witwe des Garcilaso de la →Vega III. († 1367), der in den Tälern von Santillana begütert gewesen war. Mencías Tochter, *Leonor de la Vega*, vermählte sich 1387 in zweiter Ehe mit Diego Hurtado de →Mendoza, in dessen Geschlecht so die beiden anderen Familien aufgingen. Ihr gemeinsamer Sohn *Íñigo López de Mendoza* war der erste Marqués de →Santillana (1398–1458), berühmt als Dichter.

L. Vones

Lit.: L. de Salazar y Castro, Historia genealógica de la Casa de Lara, 4 Bde, Madrid 1696–97 (I, 505; III, 413ff., 492ff.) – H. KENISTON, Garcilaso de la Vega, 1922 – A. FERRARI NÚÑEZ, Castilla dividida en dominios según el Libro de las Behetrías, 1958, 121–126 – S. DE MOXÓ, De la Nobleza Vieja a la Nobleza Nueva. La transformación nobiliaria castellana en la Baja Edad Media, Cuadernos de Hist. 3, 1969, 72–77, 155–158, 162–168 [Stammtaf. Girón, Saldaña, Cisneros, Vega] – H. NADER, The Mendoza Family in the Spanish Renaissance 1350–1550, 1979, 43–45.

Cisneros. 1. C., Francisco Jiménez de
(eigtl. Jiménez de C., Gonzalo), OFM, * 1436 in Torrelaguna (Madrid), † 8. Nov. 1517 in Roa (Burgos), bedeutender kast.-span. Kirchenfürst und -reformer, Staatsmann, Wissenschaftsmäzen und Universitätsstifter, entstammte einer Hidalgo-Familie. Früh zur geistl. Laufbahn bestimmt, erhielt er seine Ausbildung in Roa und am Franziskanerkolleg von Alcalá, bevor er sich an der Univ. Salamanca in der Jurisprudenz graduierte und danach einige Jahre in Rom verbrachte, wo ihn Papst Paul II. 1471 für die erste vakante Pfründe im Ebm. Toledo ernannte. Zurück in Spanien, bewarb sich C. um die Stelle eines Archipresbyters v. Uceda im gen. Ebm., die ihm Ebf. →Carrillo aber verweigerte. Sein Beharren auf die Einsetzung in dieses Amt trug C. mehrere Jahre Gefängnis ein, bevor er 1480 zum Oberkaplan im Domkapitel v. →Sigüenza bestellt wurde, wo er sich die Gunst des mächtigen Kard. und kgl. Beraters, González de →Mendoza, erwarb. 1484 veranlaßte C. sein strenger und entschlossener Charakter zum Eintritt in das von den Herrschern als Hort der Observanz gegr. Franziskanerkl. S. Juan de los Reyes in →Toledo, wo er seinen Taufnamen Gonzalo in Francisco änderte.

Nach zehn Jahren der Askese und Meditation in verschiedenen Kl. der observanten Richtung begann 1492 mit der auf Vorschlag von González de Mendoza erfolgten Ernennung zum Beichtvater der Kgn. →Isabella sein später, jedoch desto steilerer Aufstieg. 1494 wurde C. zum Provinzialvikar der Franziskaner Kastiliens gewählt, und bereits am 20. Febr. 1495 erfolgte auf Vorschlag Kgn. Isabellas seine Bestellung zum Ebf. v. →Toledo. Nach anfänglichem Zögern nahm C. die Würde an und entwickelte sich in der Folgezeit zu einem der entschiedensten Verfechter der Religionspolitik der Krone, die auf mehr oder weniger zwangsweise Christianisierung der religiösen Minderheiten und auf die Reform des Welt- und

Ordensklerus abzielte und somit viele Bestimmungen des Tridentinums vorwegnahm. Reformierung der Kl. vor allem der Bettelorden im Sinne der strikten Observanz der Ordensregeln, die Hebung der Moral und der Bildung des Weltklerus, Verbesserung der kirchl. Administration und der Seelsorge sowie die Bekämpfung heterodoxer Glaubenspraktiken durch die →Inquisition waren die Hauptziele dieser Politik, an deren Verwirklichung C. tatkräftig mitwirkte. Er führte Visitationsreisen durch, hielt 1497 und 1498 Diözesansynoden in Alcalá und Talavera ab, verkündete aus diesem Anlaß neue Regeln für die kirchl. Verwaltung und Seelsorge und begann auf Anweisung Papst Alexanders VI. 1495 mit der Reform der Kl. seiner Diözese. 1496 wurde er zum Visitator der span. Franziskaner und 1499 zum Visitator und Reformator der span. Bettelorden ernannt. Parallel dazu nahm C. als Berater der Kg.e Anteil an den Staatsgeschäften. 1499 initiierte er eine von großer Strenge und direktem und indirektem Zwang geprägte Kampagne zur Bekehrung der Maurenbevölkerung →Granadas, die schließl. die Rebellion in den Alpujarras auslöste (1500/1501). Diese Vorgänge führten, sicherlich unterstützt von C., zu dem kgl. Dekret vom 11. Febr. 1502, das die Mauren ganz Kastiliens vor die Alternative Bekehrung zum Christentum oder Auswanderung stellte und Spanien zu einer zumindest vordergründig einheitlichen christl. Monarchie machte.

Der Tod Kgn. Isabellas rückte C. weiter ins Zentrum der Politik. Es gelang ihm, selbst Anhänger Kg. →Ferdinands, zwischen diesem und dessen Schwiegersohn →Philipp dem Schönen die Concordia v. Salamanca (1505) zu vermitteln, die die Rechte beider Herrscher in den span. Reichen regelte. Beim Tode Philipps 1506 konstituierte C. mit Einwilligung der regierungsunfähigen Kgn. Johanna eine Regentschaft unter seiner Führung und arrangierte die Rückkehr Ferdinands zur Regentschaft der Gesamtmonarchie gegen den Willen des rebell. Adels. Ferdinand ließ daraufhin C. vom Papst zum Kard. erheben (17. Mai 1507) und ernannte ihn im gleichen Jahr zum Großinquisitor Kastiliens. Energisch betrieb C. nun Spaniens Ausgreifen nach Nordafrika, finanzierte 1507 die Eroberung Mazalquivirs und leitete 1509 persönl. die Eroberung Orans. Neben politischen bewegten C. vor allem religiöse Gründe zu diesen Unternehmungen.

1508 nahm die von C. gestiftete Univ. von →Alcalá de Henares ihren Betrieb auf, die den religiösen Eiferer und Staatsmann von einer anderen Seite zeigt. Die Stiftung sollte vor allem der Ausbildung des Klerus und einer Erneuerung der theol. Studien dienen. Das Studium der alten Sprachen und der Hauptströmungen der Theologie-Thomismus, Scotismus und Nominalismus erhielten eigene Lehrstühle – bildeten die zentralen Bereiche. Vorbild der Neugründung war die Univ. →Paris. Die von humanist. Ideengut geprägte Univ. erhielt von C. die Aufgabe gestellt, eine krit. Bibelausgabe zu erarbeiten. Unter C.' Leitung entstand die »Biblia Sacra Polyglota« (1514–17), die sog. Complutense (→Polyglottenbibel). C.' Offenheit für die neuen wissenschaftl. und theolog. Strömungen, neben→Humanismus auch→Mystik und→Devotio moderna, zeigte sich auch in seinem (erfolglosen) Versuch, →Erasmus v. Rotterdam für seine Univ. zu gewinnen. Daneben bemühte sich C. um eine Gesamtausgabe des Aristoteles, ließ zur Hebung der Volksbildung fromme Schriften und Traktate über Landwirtschaft drucken und verteilen, kümmerte sich um das Fortleben der altspan. →mozarab. Liturgie in Wissenschaft und Praxis und zeichnete sich als Stifter und Förderer wohltätiger Einrichtungen, Klöster und Kirchen aus.

Seine letzten Lebensjahre verbrachte C., von Ferdinand testamentar. zum Regenten Spaniens für den abwesenden und minderjährigen Karl V. bestellt, wiederum im Zentrum der Politik. Tatkräftig trotz seines hohen Alters, schlug C. u. a. mehrere Adelsrebellionen militär. nieder, verhinderte einen Sezessionsversuch →Navarras, bekämpfte die arab. Seeräuber im Mittelmeer und unterstützte die Bemühungen Las →Casas' zur Bekehrung und Befreiung der amerikan. Ureinwohner vom Joch der Kolonisten. Die Bereiche und die Tatkraft seines Wirkens charakterisieren C. als eine der herausragenden Persönlichkeiten des europäischen Renaissance-Zeitalters.

H. Pietschmann

Q.: A. Gómez de Castro, De rebus gestis a Francisco Ximenio Cisnerio, Archiepiscopo Toletano, libri octo. Compluti 1569 [verschiedene Neuausg.] – P. de Quintanilla y Mendoza, Archetipo de virtudes, espexo de prelados, Palermo 1635 – Cartas del Cardenal Don Francisco Jiménez de C. dirigidas a Don Diego López de Ayala, ed. P. GAYANGOS-V. DE LA FUENTE, 1867 – CONDE DE CEDILLO, El Cardenal C. gobernador del Reino, 3 Bde, 1921–28 [überwiegend Q.] – *Lit.:* Eine strengen wissenschaftl. Ansprüchen genügende neuere Biogr. liegt nicht vor; vgl. aber: C. J. HEFELE, Der Card. Ximenes und die kirchl. Zustände Spaniens am Ende des 15. und Anfange des 16. Jh., 1851² [Nachdr. 1968] – L. FERNÁNDEZ DE RETANA, C. y su siglo. 2 Bde, 1929–30 – J. GARCÍA ORO, C. y la reforma del clero español en tiempo de los Reyes Católicos, 1970 – R. RODRÍGUEZ-MOÑINO SORIANO, El Cardenal C. y la España del siglo XVII, 1978 [über den erfolglosen Seligsprechungsprozeß im 17. und 18. Jh.].

2. C., García Jiménez de, OSB, Abt v. S. María de →Montserrat, * 1455/56 in Cisneros (Palencia) (Familienname Jiménez, in alter Schreibweise Ximénez), † 27. Nov. 1510 Montserrat; Vetter von 1. Zuerst Benediktiner und Subprior in S. Benito el Real in Valladolid; als Prior zum Montserrat geschickt, um dort die Reform von→Valladolid einzuführen. Seit 1499 Abt, gab er den Mönchen, Einsiedlern und Chorknaben neue Ordnungen und führte das Kloster zu hoher Blüte. Frühester Vertreter der →Devotio moderna in Spanien. Hauptwerke: »Directorio de las horas canónicas« und »Ejercitatorio de la vida espiritual« (beide Montserrat 1500). Das »Ejercitatorio« hat Ignatius v. Loyola beeinflußt. A. Olivar

Ed.: Obras completas, ed. C. BARAUT, 2 Bde, 1965 – Dt. Übers. des Ejercitatorio: M. R. Schlichtger, 1923 – *Lit.:* DHEE II, 1239f. [Lit.] – DHGE XII, 846–851 – LThK² II, 1208 – G. M. GOLOMBÁS, Un reformador benedictino del tiempo de los Reyes Católicos: G. J. de C., 1955 – A. M. ALBAREDA, Intorno dall'abate Garsias J. de C., Archivum Historicum Societatis Jesu 25, 1956, 254–316.

Cîteaux

I. Geschichte – II. Buchmalerei und Bibliothek.

I. GESCHICHTE: C., Kl. in Frankreich, Burgund (ehem. in einer Exklave des Bm.s Chalon gelegen, heute zum Bm. Dijon gehörig; comm. Nuits-St-Georges, dép. Côte-d'Or); Name von afrz. cistels 'Röhricht' oder von lat. cis tertium (lapidem) 'diesseits des dritten (Meilensteines der Römerstraße)'. – C. ist das Mutterkloster des nach ihm benannten →Zisterzienserordens. 1098 siedelten sich Benediktiner, die aus der Abtei →Molesme (Bm. Langres) stammten, unter Leitung des Abtes von Molesme, →Robert, auf einer vom Vicecomes v. Beaune geschenkten Domäne an; ihr monast. Ziel war, in strengster Beobachtung der →Regula Benedicti ein Leben in Einfachheit, Handarbeit und Weltabgeschiedenheit zu führen. Von Odo I., Hzg. v. Burgund, gefördert, erhielt das Novum Monasterium (so nannten die Mönche ihre Gründung) bald reiche Schenkungen (vgl. MARILIER, 1961); die Mönche begannen, Weinbau zu treiben (u. a. die berühmte burg. Lage Clos-Vougeot). Die Zahl der Religiosen wuchs in den ersten Jahren langsam. Der Gründer, der hl. →Robert, wurde vor 1099 nach Molesme zurückberufen.

Die in Molesme verbliebenen Mönche führten zudem bei Papst Urban II. Klage über den Auszug Roberts und der übrigen Mitglieder (1099), worauf die Mönche des Novum Monasterium ihrerseits mit Beschwerden bei Legat, Kardinälen und dem neuen Papst Paschalis II. über Anfeindungen reagierten. In diesem Streit gewährte Paschalis dem Novum Monasterium 1100 erstmals die Freiheit von allen äußeren Belästigungen und den Schutz des Hl. Stuhles (Privilegium Romanum, MARILIER, Nr. 21). Ein Passus dieser Urkunde, der die Freiheit des Kl. an die Beibehaltung der strengen monast. Lebensformen knüpft, ist in seiner Echtheit umstritten. Die Tragweite des Privilegium Romanum für die weitere Entwicklung der Abtei und des entstehenden Zisterzienserordens läßt sich insgesamt nicht schlüssig klären. Der hl. Alberich († 1109) veranlaßte die Verlegung der noch vergleichsweise wenig bedeutenden Abtei an ihren heut. Platz (1106), ließ die monast. Gebräuche genauer fassen (Instituta monachorum Cisterciensium de Molismo venientibus) und vertiefte die Beziehungen des neuen Reformkl. zum Papsttum. Schließl. trat unter dem Nachfolger Alberichs, dem hl. →Stephan Harding, i. J. 1112 Bernhard v. Fontaines, der spätere→Bernhard v. Clairvaux, mit seinen Gefährten in das Kl. ein; der Zulauf war so groß, daß sich ztw. 30 Novizen gleichzeitig um Aufnahme in C. bewarben. 1113 begann die Periode der Tochtergründungen: 1113 La →Ferté, 1114 →Pontigny, 1115 →Clairvaux (das Kl. des hl. Bernhard) und →Morimond, 1119 bestätigte Papst Calixt II. die Beschlüsse (capitula), die Abt Stephan Harding und seine Mitbrüder über das monast. Leben in C. und seinen Filialkl. gefaßt hatten. Dieses Privileg ist als früheste Bestätigung der Charta caritatis, der von Stephan Harding geschaffenen Regel der →Zisterzienser, betrachtet worden. Mit der Charta caritatis regelte Stephan Harding die Beziehungen zw. dem Mutterhaus und den Tochterkl., dann auch diejenigen mit den Filiationen dieser Tochterkl., die sich rasch entwickelten. Jedes Jahr im Sept. hatten sich alle Äbte des Ordens in C. zum Generalkapitel zu versammeln, um die Ordensangelegenheiten zu besprechen. – Die Charta caritatis und die Beschlüsse der Generalkapitel fanden 1152 die offizielle Bestätigung durch Papst Eugen III.

1198 schrieb Papst Innozenz III. an das Generalkapitel von C., um in die Gebete des Ordens eingeschlossen zu werden (→Gebetsverbrüderung). Im 13. Jh. waren C. und sein Orden in die meisten kirchenpolit. Auseinandersetzungen der Zeit verstrickt (Albigenserkreuzzug 1204; Versuche, eine Einigung zw. den Kg.en v. Frankreich und England herbeizuführen, 1214, sowie auch 1227 und 1230, 1299). 1303 ergriff der Abt v. C., Jean de Pontoise, die Partei Papst →Bonifatius' VIII. gegen Kg. →Philipp IV. den Schönen und wurde gefangengesetzt. Nachdem er wieder freigekommen war, verlieh der Papst ihm und seinen Nachfolgern das Vorrecht, auf dem Siegel sitzend dargestellt zu werden und die Inschrift »Quia mecum solus sedebis« zu führen.

C., Mutterhaus von schließl. mehr als 500 über ganz Europa verstreuten Abteien, erhielt immer größer Bedeutung. Bei den beiden Reformkonzilien der frühen 15. Jh. wurde C. der erste Rang unter den Abteien, noch vor Cluny, zuerkannt (Konstanz 1416, Basel 1431). Doch hatte die Abtei im →Hundertjährigen Krieg auch schwere Prüfungen zu bestehen: 1350 und 1360 wurde C. von den »Grandes Compagnies« heimgesucht, und die Mönche mußten in einer nahegelegenen Festung Zuflucht suchen. Ein neuer Exodus erfolgte 1365. Auch in den Religionskriegen des 16. Jh. und im Dreißigjährigen Krieg wurde die Abtei Opfer von Überfällen; die Verwüstung der Abtei durch die Truppen des ksl. Heerführers Gallas (Okt./Nov. 1636) vernichtete auch zahlreiche Archivbestände. Im 17. und 18. Jh. wurde in mehreren Phasen ein Wiederaufbau bzw. Neubau in Angriff genommen.

Die architekturgeschichtl. Entwicklung der ma. Abteikirche umfaßt drei zeitlich aufeinanderfolgende Bauten: Die 1. Kirche, die an die Stelle des kleinen hölzernen Oratoriums der Gründungszeit getreten war, wurde 1106 vom Bf. v. Chalon eingeweiht. Sie wurde zw. 1140 und 1150 von einer 2. Kirche ersetzt. Schließl. wurde 1193 die 3. Kirche, erweitert durch eine große Chorhaube, errichtet. Dieser Kirchenbau wurde seit dem SpätMA mehrfach zerstört und verfiel; an ma. Klostergebäuden blieb nur die Bibliothek (15. Jh.) erhalten. Von den gewaltig dimensionierten frühklassizist. Plänen des 18. Jh. (Architekt Lenoir) wurde nur der Nordflügel der großen Fassade ausgeführt (1760–72). Nach dem Ausbruch der Frz. Revolution zerstreuten sich die Mönche, mit ihnen die Bestände der Bibliothek; 1791 erfolgte der Verkauf der aufgehobenen Abtei als Nationalgut. Zu verschiedenen profanen Zwekken genutzt (u. a. Schäferei im Stile der »Phalanstères« des Utopisten Fourier), zogen in die Abtei erst 1898 die Trappisten ein, deren Hauptkloster C. geworden ist.

J. de la Croix Bouton

Q. *und* Lit.: DHGE XII, 852–874 [J. M. CANIVEZ; Lit.] – DIP, s. v. – LThK² II, 1208f. – A. KING, C. and Her Elder Daughters, 1954–J. DE LA CROIX BOUTON, Hist. de l'Ordre de C. (Fiches cisterciennes, Bd. I, 1959) – B. SCHNEIDER, C. und die benediktin. Tradition, AnalCist 16, 1960, 17, 1961 – J. MARILIER, Chartes et documents concernant l'Abbaye de Cîteaux 1098–1182, 1961 – G. CONSTABLE, Cluny-C.-La Chartreuse. San Bernardo e la diversità delle forme di vita religiosa nel sec. XII (= Studi su S. Bernardo di Chiaravalle, Bibliotheca Cist. 6, 1973) – J. DE LA CROIX BOUTON – J. B. VAN DAMME, Les plus anciens textes de C., 1974 – L. J. LEKAI, The Cistercians. Ideals and Reality, 1977 – B. SCHIMMELPFENNIG, Zisterzienser, Papsttum und Episkopat im MA (Die Zisterzienser, Ordensleben im Ideal und Wirklichkeit, Kat. 1980) – P. MARCEL LEBEAU, C. 1098–1980: Abrégé chronologique de l'hist. de C., 1981 [Lit.].

II. BUCHMALEREI UND BIBLIOTHEK: [1] *Buchmalerei:* Aus C. sind eine Reihe bedeutender Hss. überkommen, wobei die Frage offen ist, ob sie in einem klostereigenen Skriptorium, von ztw. sich im Kl. aufhaltenden Künstlern oder an anderen Orten für C. hergestellt worden sind. Die Ausstattung dieser Hss. aus der 1. Hälfte des 12. Jh., aus der die künstlerisch eindrucksvollsten überkommen sind, wurde von mehreren Miniaturisten in unterschiedl. Stil ausgeführt, der im Kl. selbst keine Nachfolge hatte. Während des Abbatiats →Stephan Hardings arbeitete ein engl. Miniator – PORCHER vermutet, der Abt selbst – an der Ausschmückung der letzten 2 Bände einer vierbändigen, von Stephan Harding revidierten Bibel (Dijon, Bibl. mun., Mss. 12–14), die in ihrem Stil an engl. Buchmalerei jener Zeit, so an den Albani-Psalter (Hildesheim, St. Godehard) oder das Evangeliar von Bury St. Edmunds (Cambridge, Pembroke Coll., MS. 120) erinnern. OURSEL sieht Verbindungen zum Teppich v. →Bayeux. Stehen die Initialen der beiden ersten Bde. in karol. und frz. Tradition, so zeigen die beiden letzten lebhafte, originelle Federzeichnungen mit z. T. humorvollen, karikaturist. Zügen und kolorierten Umriß- und Binnenzeichnungen. Neben Seiten mit kleinfigurigen Erzählungen erscheinen solche mit großfigurigen Einzelszenen. Der gleiche Stil kehrt in den Moralia in Job Gregors d. Gr. (Dijon, Bibl. mun., Mss. 168–170, 173) wieder, in denen v. a. die Initialen, z. T. in der Gestalt von Klosterinsassen gebildet, welche in artistischen Körperverrenkungen verschiedenen Arbeiten nachgehen, den Humor des Miniaturisten widerspiegeln.

Dagegen findet sich in Codices aus dem 2. Viertel des 12. Jh., z. B. in den 2 Bänden eines Prophetenkommentars des Hieronymus (Dijon, Bibl. mun., Mss. 129 und 132) oder in einem Legendar (ebd., Ms. 641) ein strengerer Stil mit mozarab. und byz. Einflüssen, in dem Verbindungen zur Miniaturmalerei von St-Benigne in Dijon, welches Beziehungen zu Spanien unterhielt, sichtbar werden. Der Künstler dieser Hss. ist auch an Hss. aus der Schwesterabtei La Ferté-sur-Grosne und St-Benigne nachzuweisen.

Andere Werke aus dieser Zeit, wie die Briefsammlung des Hieronymus (Dijon, Bibl. mun., Ms. 135), weisen, nach PORCHER, Verbindungen zur norm. Kunst auf, die vielleicht ebenso durch St-Benigne vermittelt wurden. Danach – möglicherweise aufgrund der strengen zisterziens. Regeln – erscheinen in den Codices aus C. nur noch bescheiden verzierte Initialen, während seit dem Beginn des 13. Jh. wieder Hss. mit figürl. Darstellungen und Goldverzierung erhalten sind. G. Plotzek–Wederhake

[2] *Bibliothek:* Die wichtige B. von C. ist noch nicht eingehend untersucht worden. Der großangelegte Katalog von 1480–81 wurde erstellt im Auftrag von Abt Jean de Cirey, der sämtl. Hss. und Inkunabeln neu einbinden ließ (1200 Titel). In dieser Zeit gab es eine komplizierte Bibliotheksanordnung mit vielen Abteilungen: libraria dormitorii (340 catenati); drei Bücherschränke und zwei Kisten; liturg. Bücher; libri extracti de libraria ad usum cotidianum conventus; Bücher im Arbeitszimmer des Abtes; Schulbibliothek; Bibliothek des Infirmitoriums, usw. Im Katalog werden systematisch die Anfangswörter des 2. und die Schlußwörter des vorletzten Blattes angegeben, und auch Bemerkungen zur Schrift und zur Ausstattung der einzelnen Handschriften. A. Derolez

Lit.: Cat. gén. des mss. des bibl. publ. de France, Départ. V, 1889–CH. OURSEL, La miniature du XIIe s. à l'abbaye de C. d' après les mss. de la Bibl. de Dijon, 1926–DERS., Miniatures cisterciennes (1109–34), 1960 – J. PORCHER, L'art cistercien, 1962, 320ff., 355f.

Città di Castello. C., das ehemalige Tifernum Tiberinum, Prov. Perugia am Südende des Tibertals. Um die Mitte des 5. Jh. war die Stadt mit Sicherheit schon Bischofssitz und unterstand unmittelbar der röm. Kirche. Das alte Tifernum wurde von →Totila zerstört und unter dem Namen Castrum Felicitatis von Bf. Floridus wiederaufgebaut; im 11. Jh. kommt für den Ort der Name Civitas Castelli in Gebrauch. Nachdem C. sich zur Kommune entwickelt hatte, war es zeitweise selbständig, unterstand aber auch von Zeit zu Zeit der röm. Kirche bzw. →Perugia. Im Laufe des 13. und 14. Jh. errichteten die Pietramala und Branca Guelfucci Signorien über der Stadt, die 1422 von Braccio da Montone erobert wurde. 1486 beseitigte Niccolò Vitelli die mit ihm rivalisierenden Adelsgeschlechter und machte sich selbst zum Stadtherren. Anfang des 16. Jh. gelangte C. dann endgültig unter die Herrschaft der röm. Kirche. R. Pauler

Q. und Lit.: IP IV, 99–112 – A. TORRIOLI, Panorama storico dell' alta valle del Tevere con particolare riguardo alle vicende di C., 1960.

Ciudad Real, Stadt in Spanien (Kastilien, Mancha), Provinzhauptstadt. 1255 beauftragte Alfons X., Kg. v. Kastilien und León, einen Don Gil mit der Besiedlung der bei Alarcos im Campo de Calatrava gelegenen *aldea de Pozuelo,* seitdem *Villa Real* genannt. Der →Fuero v. Cuenca, Wirtschaftsprivilegien (1256–63: Holz- und Weiderechte, Zollfreiheiten) und die Einschränkung jüd. Kreditgeschäfte (1264) brachten nicht den erhofften Aufschwung.

Wegen der Feindschaft mit dem →Calatravaorden, der seit dem 13. Jh. durch handgreifl. Abwehr städt. Ansprüche, Wirtschaftsboykott und Befestigung der Siedlungen Miguelturra, Peralvillo und Benavente V.R. zu beeinträchtigen suchte, schloß sich der *concejo de V.R.* 1295 der →*hermandad* kastil. Städte an und nutzte Führungskämpfe im Orden 1328 zur Zerstörung der obengen. Orte.

In den Thronwirren des 15. Jh. ein loyaler Parteigänger der Krone, kämpfte V.R. auf Seiten →Johanns II. gegen →Heinrich v. Aragón und durfte sich deshalb seit 1420 *Ciudad Real* nennen. Während des Erbfolgekrieges zw. →Johanna la Beltraneja und →Isabella v. Kastilien war C.R. 1476 ztw. in der Hand des Calatravaordens. Erst die Unterstellung des Ritterordens unter die Verwaltung der Kath. Kg.e (1489) beendete die Auseinandersetzungen.

B. Schwenk

Lit.: L. DELGADO MERCHÁN, Hist. documentada de C. R., 1907 – M. PEÑALOSA ESTEBAN INFANTES, La fundación de C. R., 1955 – La fundación de V. R. y la Carta-puebla, hg. Excmo. Ayuntamiento de C. R., 1971 – C. RAHN PHILIPPS, C. R. 1500 – 1750. Growth, Crisis and Readjustment in the Spanish Economy, 1979.

Ciudad Rodrigo, Stadt und Bm. in Spanien (León, Prov. Salamanca).
I. Stadt – II. Bistum.

I. STADT. C.R. (ma. lat. Name Civitas Roderici), an der Agueda gelegen, entstand an der Stelle des röm. Augustobriga. Das Gebiet wurde 1102 von Gf. Rodrigo González Girón zurückerobert. Die Gründung der Stadt geht auf Kg. →Ferdinand II. v. León (1157–88) zurück, der sie befestigte und Leute aus León, Zamora, Ávila und Salamanca dort ansiedelte, nachdem das Stadtgebiet mit seinem *término* bereits um 1135 von den Einwohnern von →Salamanca erworben worden war (vgl. CHE 49–50, 1969, 347f.). C.R. besaß strateg. Bedeutung als Bollwerk gegen das entstehende Kgr. →Portugal wie auch als Stützpunkt für die in südl. Richtung vorangetriebene →Reconquista. Die Geschichte der Stadt wurde v. a. durch die häufigen krieger. Auseinandersetzungen mit Portugal bestimmt (12.–14. Jh.).

In der ummauerten Stadt erhebt sich die von Kg. Heinrich II. (1372) errichtete Burg. Acht der ursprgl. neun Stadttore sind erhalten. Die Stadt war in vier Bezirke eingeteilt, diese wiederum in verschiedene Viertel. Im 14. Jh. erlebte die Stadt ihre größte Blüte und ihr stärkstes Bevölkerungswachstum.

C.R. erhielt viele kgl. →Fueros und Privilegien. Erstere legten die Zusammensetzung des Stadtregiments fest, das sich urspr. aus 12 →*jurados,* denen die Leitung des →*Concejo* oblag, und sechs Laienrichtern zusammensetzte. Später wurde es um sechs geistl. Richter erweitert. Ihnen allen stand die Rechtsprechung in den Angelegenheiten des Zivil- wie Militärbereichs zu. Da die Richter aus dem Adel gewählt wurden, erlangte dieser große Machtbefugnisse und spielte im polit.-sozialen Leben der Stadt eine sehr bedeutende Rolle, wobei sich v. a. die Familien der Garci Lope, der Pacheco, der Chaves u. a. auszeichneten, die ihre Spuren in den Palästen und Adelshäusern des 15. Jh. hinterlassen haben.

II. BISTUM: Seine Gründung reicht in die Anfänge der Wiederbesiedlung der Stadt zurück (1160/61). Ferdinand II. wollte mit der Errichtung des Bm.s (13. Febr. 1161) die →Repoblación vorantreiben und seine Eroberungen absichern. In Übereinstimmung mit dem Ebf. v. →Santiago de Compostela, zu dessen Kirchenprovinz die neue Diöz. gehörte und dem vor 1168 das Recht der Bischofseinsetzung unter Umgehung des Kathedralkapitels zugestanden wurde, und im Bestreben, der Gründung eine gesicherte kanon. Grundlage zu verleihen, wurde C.R. als Nachfolger des alten westgot. Bm.s Caliabria betrachtet. Die Unterschrift des ersten Bf.s findet sich schon 1168; Alexander III. bestätigte die Gründung des Bm.s als Suffragan

v. Compostela am 25. Mai 1175 (JAFFÉ 12486). Nach langen Grenzstreitigkeiten in Salamanca wurde als Grenzlinie schließl. der Lauf der Flüsse Huebra und Yeltes festgesetzt (1173/74). Im Westen dehnte sich C.R. auf heute ptg. Gebiet aus, wo an die 100 Pfarreien lagen, die im 15. Jh. dem Bm. endgültig verlorengingen. Die Diöz. war bald nach ihrer Gründung in drei Archidiakonate eingeteilt: C.R., Camaces und das kurzlebige Sabugal, die verschiedene Archipresbyterate umfaßten.

Gleichzeitig mit dem Aufbau der Diöz. begann der Bau der Kathedrale im Übergangsstil von Romanik und Gotik. An die Nordseite der Kathedrale schloß sich der Kreuzgang an, in zwei Bauabschnitten (12./13. Jh. und 15. Jh.) errichtet. Die Intensität des kirchl. Lebens in der Bischofsstadt zeigte sich an der Vielzahl der dortigen Pfarreien (mehr als 20) und den zahlreichen Niederlassungen von Orden: Cluniazenser (S. Agueda, 1169), Prämonstratenser, Franziskaner, Dominikaner, Tertiarierinnen, Augustiner-Eremiten, Templer, Klarissen, Trinitarier, Franziskanerinnen, Unbeschuhte Franziskanerinnen und Augustinerinnen. Die Gründung des Spitals von S. María de la Catedral (15. Jh.) geht auf eine Initiative des Kathedralkapitels zurück. D. Mansilla

Lit.: DHEE I, 420–429 – DHGE XII, 1008–1024 – F. FITA, BRAH 61, 1912, 437–448; ebd. 62, 1913, 142–157, 353–366 – M. HERNÁNDEZ VEGAS, C.R. La catedral y la ciudad, 2 Bde, 1935 – J. GONZÁLEZ, Repoblación de la Extremadura leonesa, Hispania 3, 1943, 225–233 – A. DE ENCINAS, C.R., 1960 – M. F. SENDIN CALABUIG, C.R., 1973 – R. A. FLETCHER, The Episcopate in the Kingdom of León, 1978, bes. 34–37 – J. SÁNCHEZ HERRERO, Las diócesis del Reino de León. S. XIV y XV, 1978 – A. BERNAL ESTÉVEZ, C.R. en la edad media, 1981 – D. MANSILLA, Panorama histórico-geográfico de la Iglesia española (S. VIII al XIV) (Hist. de la Iglesia de España, hg. R. GARCÍA VILLOSLADA, II, 2, 1982), 625.

Cividale del Friuli, oberit. Stadt, langob. Dukat. Das röm. Forum Julii wurde 50 v. Chr. von G. Julius Caesar als Stützpunkt für den Handel mit den Ländern nördl. der Alpen gegründet, spielte aber bis zum Einfall der Langobarden (568) keine hist. bedeutsame Rolle. 568 wurde es vom Langobardenkönig →Alboin zum Sitz des ersten Dukats (unter Gisulf I.) erhoben, der sich von den folgenden Hzm.ern dadurch unterschied, daß er vier röm. Municipalbezirke (Territorien) umfaßte (Aquileia, Concordia, Forum Julii, Julium Carnicum), während im allgemeinen ein langob. Dukat einem einzelnen Municipalbezirk entsprach. Im Stadtgebiet läßt sich mit aller Wahrscheinlichkeit eine Trennung zw. der vorhergehenden (lat.) Siedlungszone innerhalb der – z. T. noch erhaltenen – Mauern und der langob. Neusiedlung annehmen; letztere umfaßte den tiefergelegenen Teil der Stadt am Fluß Natisone, die sog. »Valle« (hier residierte am Ende des 6. Jh. der kgl. Gastalde), während der Hzg. seinen Sitz innerhalb der Mauern, in der Gegend der heut. »via di corte«, nahm. I. J. 610 fiel die ganze Stadt einem verheerenden Avareneinfall zum Opfer, dessen Spuren bei jeder Grabung sichtbar werden. Dennoch wurde sie nicht aufgegeben, erholte sich aber nur sehr langsam; die Hzg.e behielten weiterhin ihre Residenz. Wahrscheinl. übte der Hzg. v. Forum Julii eine Art Kontrolle über eine bestimmte Anzahl im Landesinneren gelegener Dukate aus, die eine »Region« des langob. Kgr.es bildeten, wie →Liutprand in den Prologen zu seinen Zusätzen zum Ed. Rothari ausführt – die sog. »Austria« (im Gegensatz zu Neustria und Tuscia). Der heut. Name der Stadt geht daher auf eine Bedeutungsverschiebung zurück: Der Name Forum Julii wurde auf das Gebiet zw. den Flüssen Isonzo und Livenza übertragen (Friùli–Friaul), während C. – zumindest seit dem 11. Jh. – fortan »Civitas Austrie« genannt wurde, eine Bezeichnung, die im übrigen – abwechselnd mit der ursprünglichen – bereits mindestens seit dem 7. Jh. gebräuchlich gewesen sein muß, da man seit dem 9. Jh. nicht mehr von »Austria«, sondern von der »Marca Foroiuliensis« spricht.

Die vom Kg. ernannten Hzg.e waren diesen nicht immer treu ergeben. Lupus, den Grimoald während seiner Hilfsexpedition für Benevent als Statthalter eingesetzt hatte, versuchte, die Krone an sich zu reißen, fiel jedoch in einer Feldschlacht gegen die Avaren, die Grimoald nach seiner siegreichen Rückkehr aus dem Süden gegen ihn aufgeboten hatte. C. erlebte seine Blütezeit im 8. Jh.: Der von Kg. Luitprand ernannte Hzg. Pemmo wurde zwar infolge seiner polit. Gegnerschaft zu dem Patriarchen v. (Alt) →Aquileia, Calixtus, abgesetzt, der den Sitz des Patriarchats kurz nach 737 nach C. verlegte, Pemmos Söhne Ratchis und Aistulf (die Herzogswürde v. Friaul ist für ersteren gesichert, für letzteren wahrscheinl.) erlangten jedoch die Königskrone. Bereits Pemmo, dessen Werk seine Söhne fortsetzten, hatte den Anstoß zu einer kulturellen Wiederbelebung gegeben, von der eine Reihe erhaltener Kunstwerke zeugt. Das Baptisterium (Taufciborium) des Calixtus, der Altar des Ratchis und wahrscheinl. der Beginn der Kirche der »Gastaldaga« (S. Maria in Valle, bekannter als »Tempietto Longobardo«, unter Desiderius vermutl. um 760 beendet) fallen in diese Periode. Aus C. stammte →Paulus Diaconus, der Verfasser der »Historia Langobardorum« und der »Gesta episcoporum Mettensium«, und nach einer ungesicherten Tradition auch →Paulinus (II.), Patriarch v. Aquileia. Die Eroberung des Langobardenreiches durch Karl d. Gr. hatte für das Hzm. Friaul gravierende Folgen: 774 unterwarf sich Hzg. Rotgaud, versuchte sich jedoch zwei Jahre später zu erheben, obwohl nach den Angaben des Geschichtsschreibers Ambrosius v. Bergamo in C. eine starke frankenfreundl. Partei bestand, der auch der gen. Paulinus angehörte. Abfälle vermeintl. Verbündeter von Rotgaud und rasche Warnungen aus Rom bewirkten, daß Karl das Heer Rotgauds in einem Überraschungsangriff an der Piave stellen und vernichtend schlagen konnte. Rotgaud fiel entweder in der Schlacht oder wurde hingerichtet. Sehr harte Repressalien folgten, ein Großteil des langob. Adels wurde eliminiert (darunter die Familie des Paulus Diaconus): An die Stelle des Hzm.s, in dem fränk. Funktionäre provisor. eingesetzt wurden, trat bald eine Gft. C. G. Mor

Von den in den Ungarneinfällen des 9. Jh./10. Jh. erlittenen Verwüstungen erholte sich die Stadt nur mühsam, gewann aber – unter der Oberhoheit des Patriarchats →Aquileia im Laufe des 12. Jh. langsam wieder an Bedeutung und Macht, was auch in der Einrichtung eines ständigen Marktes zum Ausdruck kam. In dieser Zeit begannen die langdauernden Auseinandersetzungen mit →Udine, das C. den Primat in Friaul streitig machte. Während der Krise des Patriarchats hielt es C. für zweckdienlich, sich 1419 Venedig zu unterstellen, v.a. da es seine Autonomie durch das Kgr. Ungarn bedroht sah, das sein Territorium erweitern und eine Stadt in seinen Besitz bringen wollte, die aufgrund ihrer strateg. Lage als eine der Einfallspforten Italiens eine Schlüsselstellung für seine Expansionspolitik besaß. Unter der ven. Oberhoheit setzte C. die rege kulturelle Rolle fort, die es bereits seit der 2. Hälfte des 14. Jh. infolge der Universitätsgründung durch den Patriarchen (1356) gespielt hatte. Das ruhige Leben unter der ven. Verwaltung, welche die Traditionen und Privilegien C.s und des Friaul im allgemeinen respektierte, wurde zu Beginn des 16. Jh. durch die Kämpfe Venedigs und der Liga v. Cambrai empfindlich gestört. Trotz schwerer

Erdbebenschäden i. J. 1511 konnte die Stadt ihre administrative und kulturelle Bedeutung unter der Ägide Venedigs in der Folgezeit bewahren. R. Manselli

Lit.: Hoops² V, 3–7 [M. Brozzi] – RE VII, 1, 70 – P. S. Leicht, Breve storia del Friuli, 1923, 1970⁴ – P. Paschini, Storia del Friuli, 1932, 1975³ – M. Brozzi, Il ducato del Friuli, 1976, 1981² – L. Bosio, C. del F.: la storia, 1977 – H. P. L'Orlande-H. Torp, Il Tempietto longobardo di C. I, 1977; II, 1979.

Civis geht auf die idg. Wurzel **kei-* (1) 'liegen', 'Lager', 'vertraut' zurück. **kei-u̯o-s* ist der zur Hausgenossenschaft gehörige, vertraute Mensch, c. demnach ursprgl. der Hausgenosse, später auch der Nachbar und Ortsangehörige. Im röm. Zwölftafelgesetz (451/450 v. Chr.), das c. erstmals belegt, ist damit der – örtl. auf Rom im Gegensatz zu »trans Tiberim« beschränkte – röm. Volksangehörige gemeint. Als c. Romanus besitzt er im Gegensatz zum →Fremden (peregrinus) und zum →Sklaven (servus) allein die öffentl. und private Rechtsfähigkeit. Diese Rechtsstellung wird durch die »Constitutio Antoniniana« Ks. Caracallas (212 n. Chr.) an alle freien Reichsangehörigen verliehen. Im Dominat bewirkt der Wandel zur erblichen berufsständ. Zwangsordnung ein relatives Absinken der Stellung der cives. Der gleichwohl beibehaltene Ausdruck »c. Romanus« wird zunehmend auf Freilassungsakte beschränkt.

Im FrühMA finden sich neben den im 9. Jh. verschwindenden cives Romani sowohl cives urbani als auch cives villae. Daraus folgt, daß c. keinerlei Hinweischarakter darauf hat, daß der Wohnort dieses c. →civitas oder urbs, d. h. ahd. *burg*, ist. Dementsprechend erwähnt →Notker v. St. Gallen um 1000 »cives etiam dici possunt, qui in agris habitant. i. in demo geue«. Ahd. wird c. folgerichtig durch *burgliut* (Burgbewohner) und *gibur* (Nachbar, Mitbewohner), das eine Glosse des 9. Jh. durch »communiter vivens« erläutert, wiedergegeben. Diese cives können frei wie unfrei sein.

Seit der 1. Hälfte des 11. Jh. lassen sich rechtl. Sonderungen der civitas vom Umland erkennen. Seit der 2. Hälfte des 11. Jh. werden cives einzelner civitates Adressaten kgl. Privilegien. Zugleich beginnt sich das gesamte Leben dieser cives deutlich von demjenigen der »cives in agris« zu unterscheiden. Mhd. wird c. dadurch zum Ausdruck gebracht, daß der Bewohner derjenigen civitas bzw. urbs, die bald *stat* heißt, als *burgare* bezeichnet wird und gibur, *bur* sich auf den Ackerbau treibenden Landbewohner beschränkt. Lat. wird dieser gibur im S und W als rusticus oder agricola benannt, so daß c. für burgare frei wird. Im NO verwendet man dagegen noch im HochMA c. für den Bauern und bringt burgare durch das mlat. burgensis zum Ausdruck. C. im S und W sowie burgensis im NO erlangen damit (wieder) Hinweischarakter auf einen bes. Rechtsstatus, nämlich denjenigen des →Bürgers.
G. Köbler

Lit.: A. Walde – J. B. Hofmann, Lat. etymolog. Wb. I, 1930³ – Mlat Wb II, 659–661 – G. Köbler, Lat.-germ. Lex., 1983² – W. Schlesinger, Burg und Stadt (Fschr. Th. Mayer, 1, 1955), 97 – K. Schwarz, Bäuerl. cives in Brandenburg und den benachbarten Territorien, BDLG 99, 1963, 103 – G. Köbler, C. und ius civile im dt. FrühMA [Diss. Göttingen 1964] – Vor- und Frühformen der europ. Stadt im MA, T. 1, hg. H. Jankuhn, W. Schlesinger, H. Steuer, 1973 – E. Ennen, Die europ. Stadt des MA, 1979³ – Über Bürger, Stadt und städt. Lit. im SpätMA, hg. J. Fleckenstein – K. Stackmann, 1980 – H. Planitz, Die dt. Stadt im MA, 1980⁵.

Civita Castellana, it. Stadt, Prov. Viterbo. Der Ort wurde im 8. Jh. etwa an der Stelle von Falerii veteres (241 a. Chr. Hauptstadt der Falisker) erbaut und gilt als Nachfolgesiedlung von Falerii Novi. Der Grund für die Verlegung dürfte in der strateg. günstigen Lage der einstigen Siedlung an der Nordabdachung der Monti Cimini zu suchen sein. Auch das wohl im 5. Jh. gegründete Bm. von Falerii Novi wurde nach C. übertragen; es gehört zu den röm. Suffraganbistümern. Im 12. Jh. kaufte Paschalis II. den Ort, den 1377 Gregor XI. den →Savelli zu Lehen gab. Um die Mitte des 13. Jh. vereinigte Alexander IV. das Bm. mit Gallese und 1437 legte Eugen IV. C. mit dem Bm. →Orte zusammen. Ende des 15. Jh. vergab Sixtus V. C. an Rodrigo Borja, den späteren Alexander VI., der sich dort eine Burg erbaute. R. Pauler

Q. und Lit.: IP II, 184–191 – A. Cardinali, Cenni storici della Chiesa cattedrale di C., 1935 – G. Pulcini, Falerii veteres, Falerii Novi, C. C. Documentazioni epigraf. e stor., 1974.

Civitas

I. In der Antike – II. Zur Problematik von »civitas-Stadt« im Mittelalter – III. In den slavischen Gebieten.

Civitas wird für das klass. Lat. durch die neuhochdt. Wörter 'Zustand bzw. Rechte eines Bürgers, Bürgerrecht, Bürgerverband, Bürgerschaft, Staat, Gemeinde, Volk, Stadt' wiedergegeben.

I. In der Antike: Die c. ist im röm. Reich die Rechtsstellung des civis Romanus, die in der Regel durch Geburt von röm. Eltern oder durch Freilassung, Einzel- oder Gruppenverleihung und Spezialgesetze aufgrund bestimmter Verdienste erworben wurde. Durch das Reichsgesetz des Ks.s Caracalla von 212 n. Chr. (»Constitutio Antoniniana«) erhielten alle freien Reichsangehörigen die c. R. Der Verlust der c. trat ein durch Tod, Kriegsgefangenschaft, Übertritt in ein anderes Staatswesen und Bestrafung (vgl. auch →civis).

Im Staatswesen wurde c. bis in die hohe Kaiserzeit vorwiegend für eine fremde Bürgergemeinde gebraucht (c. peregrina), für Rom meist populus Romanus, sonst colonia, municipium u. a.

In polit.-administrativer Hinsicht war die c. eine genossenschaftl. organisierte, autonome Gebietskörperschaft mit einem Territorium und einem weitgehend zivilisator. Zentralort (Dig. L 16, 239, 8), neben den Stadtgemeinden gab es auch nichtstädt. organisierte civitates. Im Verhältnis zu Rom unterscheidet man hierbei die c. foederatae (Regelung durch ein foedus), c. liberae et immunes (mit einer einseitigen Verfügung des röm. Volkes), c. stipendiariae (abgabenpflichtig). Einen Sonderfall stellen in diesem Zusammenhang die civitates →Galliens und →Germaniens dar, die eine im röm. Reich einzigartige Gemeindeorganisation hatten. Auch im freien Germanien wurde c. für 'Stämme, Volksgemeinden' gebraucht.

Seit dem 3. Jh. wurde c. dann zum Hauptbegriff für sämtl. Gemeinden. Die autonome Verwaltung der munizipalrechtl. verfaßten Städte, der bestimmenden Organisationsform des Reiches, oblag den Beamten (duoviri usw.) und dem Rat der Dekurionen (→Decurio) bzw. Kurialen (gewöhnl. 100 Mitglieder). Rechtliche Unterschiede zw. Stadt und Territorium gab es nicht.

Um 450 existierten ca. 1500 Städte und 150 weitere Verwaltungseinheiten im Reich. Die durchschnittl. Bevölkerungszahl einer c. betrug 3000 bis 5000 Einwohner. Innerhalb der Sozialstruktur der c. gehörten zu den oberen Schichten (honestiores) die Angehörigen des Senatoren- und Ritterstandes, Großgrundbesitzer, reiche Kaufleute, Dekurionen, Veteranen, im gewissen Sinn auch Freigelassene, die unteren Schichten (humiliores) bestanden aus einer Intelligenzschicht, kleinen Handwerkern und Kaufleuten, Bauern, Hirten, Sklaven usw.

Im Zuge einer immer stärkeren Angleichung an Rom findet man im äußeren Erscheinungsbild der c. gewöhnl. ein Forum mit den Haupttempeln für Jupiter (als Kapitol) sowie für Roma und Augustus, Theater, Gymnasium (mit Palästra), Thermen, Basilica, Curia, einem regelmäßigen Netz gepflasterter Straßen, Stadtmauern mit Türmen und Toren, Aquädukten usw.

Verschiedene Faktoren führten in der Spätantike zu einer Krise der c.: Die kommunale Selbstverwaltung wurde seit dem 2. Jh. von ksl. Kommissaren (curatores) durch Eingriffe in das städt. Finanzwesen bes. eingeschränkt. Zur Krise führten Zwangsübernahme und Erblichkeit kurialer Leistungen (munera) und persönl. Haftung der Dekurionen für das Steuersoll. Einen Ausweg boten etwa Wegzug aufs Land oder Flucht (z. B. in den Klerus). Die Bindung der Handwerker und Kaufleute an ihr Gewerbe und der Bauern an die Scholle minderten die soziale Mobilität. Gravierend war die Bestallung eines →defensor plebis (erstmals 368 greifbar) als staatl. Aufsichtsorgan. In den oberen Ständen entstand neben und innerhalb der Dekurionen eine neue Führungsspitze mit bes. Privilegien (viri principales), wozu seit dem 5. Jh. auch die Bf.e gehörten. Trotz lokaler Unterschiede, z. B. intaktes Städtewesen in Nordafrika bis zum Vandaleneinfall, blieb am Ausgang der Antike infolge stets wachsender staatl. Gewaltanwendung und einer Krise der führenden Stände nur noch der äußere Organisationsrahmen der Städte erhalten. Die c. hatte jedoch als Verwaltungseinheit auch der Kirche (das Konzil v. →Nikaia, 325, hatte den civitates je einen Bf. zugeordnet) u. a. in den Randzonen des röm. Reiches (in Nordgallien, am Rhein und an der Donau) über die Antike hinaus große Bedeutung. Die spätantike c. wurde der Prototyp der →Bischofsstadt. R. Klein

Lit.: Hoops² V, 10-13 [D. Timpe]-Kl. Pauly I, 1198f. [D. Medicus]-RE Suppl. I, 300ff. [E. Kornemann] - W. Liebenam, Städteverwaltung im röm. Kaiserreich, 1900 [Nachdr. 1967]-F. Vittinghoff, Zur Verfassung der spätantiken Stadt. Stud. zu den Anfängen des europ. Städtewesens, 1958, 11ff.-G. Alföldy, Stadt, Land und raumordnende Bestrebungen im röm. Weltreich (Stadt-Land-Beziehungen und Zentralität als Problem der hist. Raumforschung, 1974), 49ff. - J. Bleicken, Verfassungs- und Sozialgesch. des Röm. Kaiserreiches II, 1978, 14ff. – Stadt und Herrschaft. Röm. Kaiserzeit und Hohes MA, hg. F. Vittinghoff, HZ Beih. 7, 1982, 13ff.

II. Zur Problematik von »civitas—Stadt« im Mittelalter: Für die ma. Geschichte ergibt sich insbes. die Frage, ob aus einem früh- und hochma. Quellenbeleg für c. auf das Vorhandensein einer Stadt geschlossen werden darf. Diese v. a. aus Übersetzungsproblemen erwachsende Problematik ist schon von S. Rietschel in seiner Dissertation monograph. behandelt worden, wobei das Schwergewicht der Untersuchung auf der »civitas auf deutschem Boden im fränkischen Reich« lag. Als Ergebnis stellte S. Rietschel 13 Orte fest (Chur, Konstanz, Basel, Straßburg, Worms, Speyer, Mainz, Köln, Trier, Metz, Tongern, Augsburg und Regensburg), die so gut wie ausschließl. als c. und so gut wie nie als castrum, castellum (→Kastell), →villa und →vicus bezeichnet werden. Sie stimmten zudem darin überein, daß sie - mit Ausnahme Regensburgs - schon am Anfang des 7. Jh. Bischofssitze sind und zwar die einzigen Bischofssitze des deutschsprachigen Gebietes. Trotz einzelner abweichender Stellen habe man den Unterschied zw. c. gleich Bischofssitz und castrum als sonstiger befestigten Siedlung während der Karolingerzeit aufrecht erhalten.

Diese durchaus mit Sorgfalt und Umsicht erarbeiteten Ergebnisse sind deswegen problemat., weil sie eine einheim. Wirklichkeit andeuten, die als solche nicht bestanden hat. C. wird schon in karol. Zeit nicht nur für Bischofsstädte oder Römerstädte gebraucht, sondern auch und zunehmend mehr für andere Orte, die mit jenen darin übereinstimmen, daß sie auch befestigt sind. Dem entspricht es, daß in den nationalsprachl. Quellen das Wort c. der lat. Vorlagen regelmäßig durch ahd./as. *burg* wiedergegeben wird, welche ihrerseits außerdem für urbs, arx oder castellum stehen (→Burg). Wann burg und damit c. im MA die Bedeutung »Stadt« erhielt, ist fraglich. Eine Stadt im Rechtssinn wird jedenfalls erst an der Wende des 11. zum 12. Jh. sichtbar. Erst danach wird auch burg allmählich durch das neue Wort *stat* in dieser spezif. Bedeutung ersetzt. Erst von da an erhält c. wie im übrigen auch →civis eindeutigen Hinweischarakter auf »Stadt«. Zur Terminologie »c.-Stadt« vgl. auch→Stadt. G. Köbler

Lit.: Mlat Wb II, 661-664 - G. Köbler, Lat.-germanist. Lex., 1983²-S. Rietschel, Die c. auf dt. Boden bis zum Ausgang der Karolingerzeit, 1894 [Neudr. 1978] - W. Schlesinger, Burg und Stadt (Fschr. Th. Mayer I, 1954), 97ff., bes. 145-147 [Lit.]-M. Pfütze, Burg und Stadt in der dt. Literatur des MA, PBB 80, 1958, 271ff. - G. Köbler, Zur Entstehung des ma. Stadtrechts, ZRGGA 86, 1969, 177 – Ders., C. und vicus, burg, stat, dorf und wik (Vor- und Frühformen der europ. Stadt im MA, T. 1, 1973), 61ff. - E. Ennen, Die europ. Stadt des MA, 1979² - H. Planitz, Die dt. Stadt im MA, 1980⁵ - Beitr. zum hochma. Städtewesen, hg. B. Diestelkamp, 1982 - Stadt und Herrschaft. Röm. Kaiserzeit und Hohes MA, hg. F. Vittinghoff, HZ Beih. 7, 1982, 149ff.

III. In den slavischen Gebieten: Der Begriff »c.« wird für die slav. bzw. nichtslav. Nachbarschaft im O des Reiches vielfach verwendet. Schon →Jordanes spricht in seiner Gotengeschichte von den »ciuitates Sclavenorum«, wobei Anknüpfung an den spätantiken Sprachgebrauch (→Abschnitt I) möglich ist. In den frk. und dt. lateinischsprachigen Quellen sollten damit Erscheinungen gekennzeichnet werden, denen man jenseits der Grenzen im O begegnete. Die civitates wurden dabei entweder größeren Verbänden (»Stämmen«, z. B. den →Sorben, →Abodriten, →Böhmen, →Mährern u. a.) oder einzelnen herausgehobenen Führerpersönlichkeiten zugeschrieben. Um die Mitte des 9. Jh. stellte der sog. →Geographus Bavarus ein Verzeichnis der östl. und südöstl. Nachbarn »ad septentrionalem plagam Danubii« zusammen und wies jedem der aufgeführten gentilen Verbände jeweils eine kleinere oder größere Anzahl von civitates zu. Die Deutung des hier verwendeten Begriffs c. ist ebenso umstritten, wie die der zahlreichen Völker- und Stammesnamen: handelte es sich um Burgen, Burgen mit einer in der Nähe gelegenen Siedlung (»Burgstädte«) und einer nicht nur Ackerbau, sondern auch Handwerk, Handel und Gewerbe treibenden Bevölkerung (»nichtagrar. Wirtschaftszentren«), wie sie die Archäologen im östl. und südöstl. Europa allenthalben aufgedeckt haben, oder um Territorien? Zum Jahre 853 berichtet →Rimbert in seiner »Vita Anskarii« vom regnum der (baltischen) →Kuren, das »quinque habet civitates«, und bestätigt damit den Sprachgebrauch des Geographus Bavarus, da einzelne Burgen in diesen civitates als urbes bezeichnet werden. Das sog. »›Dagome iudex‹«-Fragment vom Ende des 10. Jh. nennt eine »c. Schinesghe cum omnibus pertinentiis infra hos affines« (es folgt die Grenzbeschreibung), also ein Territorium. Da auch die an der Ostgrenze des frk.-dt. Reiches gelegenen Burgen (Würzburg, Magdeburg, Halle u. a.) als civitates bezeichnet werden, ist es immerhin möglich, daß hier eine auf Burgen gestützte Grenzorganisation den Sprachgebrauch für die civitates der östl. Nachbarschaft übernahm, zumal die spätere Burgwardorganisation des Sorbenlandes (→Burgward) vielleicht eine Fortsetzung derselben darstellte.

Man kann also sagen, daß die Bedeutung des Begriffs c. für den östl. Bereich sehr schillernd ist: damit werden zwar auch im slav. und nichtslavischen östl. Bereich Burgen bezeichnet, die daneben urbs, castellum, castrum, munitio genannt werden (1015 nennt der Annalista Saxo [→ Arnold, Abt v. Berge] in Meißen die »civitati superposita munitio«), aber c. kann ein →Burgbezirk, ein auf eine →Burg ausgerichtetes Territorium sein, in dem es neben der zentralen c. (selten: urbs) andere Befestigungen geben kann; c. kann aber auch eine »Burgstadt« sein, so wie →Herbord im 12. Jh. in seinem Dialogus über die Missionstätigkeit→Ottos von Bamberg für →Stettin ein »civitatis forum« bezeugt. M. Hellmann

Lit.: Hoops² V, 13 f. [M. Hellmann; Lit.] – SłowStarSłow I, 271 f. [H. Chłopocka; Lit.] – H. F. Schmid, Die Burgbezirksverfassung bei den slaw. Völkern in ihrer Bedeutung für die Gesch. ihrer Siedlung und ihrer staatl. Organisation, JKGS NS 2, 1926, 81 ff. – Siedlung und Verfassung der Slawen zw. Elbe, Saale und Oder, hg. H. Ludat, 1960, passim [Lit.] – Siedlung und Verfassung Böhmens in der Frühzeit, hg. F. Graus – H. Ludat, 1967 – Eine monograph. Untersuchung des Begriffs c. bei den Slaven und den nichtslav. Völkern des östl. Europa steht noch aus.

Civitas Dei, bibl. Terminus, der durch →Augustins gleichnamiges Werk »De civitate dei« zu einem Schlüsselbegriff der abendländ. Theologie und Geschichtsphilosophie avanciert ist. Zur »c. d.« und ihren weiteren Denominationen (»c. caelestis«, »c. aeterna«, etc.) gehört als Gegenbegriff »c. diaboli« mit den entsprechenden Kontrastbildern (»c. terrena«, »c. temporalis«, etc.). Die terminolog. Unschärfe gründet nicht allein in der mannigfaltigen Bedeutungsskala des Begriffes »c.« bei Augustinus (mögl. Bedeutungen: Bürgerrecht, Bürgerschaft, Stadtstaat, Herrschaftsverband, etc.), sondern auch in der bewußt allegor. Verwendung der Termini (vgl. civ. XV, 1). Die Vorgeschichte zur civitates-Lehre reicht von Platon bis zu dem Donatisten →Tychonius († um 390), dem Hauptanreger Augustins, bei dem das Thema von den beiden civitates im Kontext einer Eschatologisierung seiner Anthropologie wie auch seiner Reich-Gottes-Vorstellung schon in früheren Werken (vera rel. 48–51 und catech. rud. 31) anklang. Zu der auch das Politische erfassenden Darstellung kam es dann in der durch die Plünderung Roms durch die Westgoten am 24. Aug. 410 veranlaßten Schrift »De civitate dei« (Abfassung 413–425/27). Im ersten Hauptteil dieser bedeutendsten altkirchl. Apologetik (I–X) unterwirft Augustin die Romideologie seiner Zeit einer schonungslosen Kritik, im zweiten (XI–XII) entfaltet er das Wesen und die Geschichte der beiden civitates im Blick auf deren Ursprung, Fortbestand und Endziel. Der Gegensatz zw. den civitates, zu denen sämtl. vernunft- und willensbegabten Geschöpfe (auch die guten und gefallenen Engel – civ. XI, 9–20) zählen, ist ein metaphysischer. Der Maßstab für die Zugehörigkeit zur einen oder zur anderen civitas ist die ebenfalls gegensätzl. Art der Liebe (Primat der Gottes- oder der Selbstliebe). In der jeweiligen Liebe der mit Intelligenz ausgestatteten Geschöpfe manifestiert sich zugleich deren Stellung zu Gott und zur Welt. Im Unterschied zu den Engeln als Bürger der »c. d.« wirft die Zugehörigkeit der zwar ebenfalls auserwählten (→Prädestination), aber noch auf Erden pilgernden Menschen eine Fülle von Fragen auf, zu deren wichtigsten das Verhältnis der »c. d.« zur Kirche sowie zum Staat zählen. Lediglich unter der Perspektive der Eschatologie werden »c. d.« und »ecclesia« zu Wechselbegriffen, ansonsten gilt in bezug auf die konkrete kathol. Kirche die These vom »corpus Christi mixtum – dem vermischten Leib Christi« (civ. XX, 9). Augustins Reserve gegenüber dem zur Aufrechterhaltung der gesellschaftl. Ordnung durchaus legitimierten Staat zeigt sich u. a. in seiner Kritik an der herkömml. (ciceronian.) Staatsauffassung, wonach der Staat zwar per definitionem »jedem das Seine« zu garantieren habe, in Wirklichkeit aber gerade Gott die gebührende Verehrung verweigere (civ. XIX, 21). Da der röm. Staat wie vor ihm alle großen Staaten dieses Gott zukommende Recht mißachte, spricht ihm Augustin die Zugehörigkeit zur »c. d.« kategorisch ab.

Im MA liest man Augustins »De civitate dei« infolge der veränderten Situation auch mit einer veränderten Hermeneutik. Aus der Argumentation bei der begriffl. Klärung der »c. d.« verschwindet zunehmend der bei Augustin noch dominierende eschatolog. Aspekt, was weithin eine Identifikation der Papstkirche mit der »c. d.« ermöglicht. Von der in vielfachen Formen weiterentwickelten augustin. civitates-Lehre wird die durch den hierokrat. Augustinismus (→Aegidius Romanus, Jacobus v. Viterbo) ausgeprägte, die Vollmacht des Papsttums stützende, zur kirchenpolit. bedeutsamsten. Im Mittelpunkt der theolog. Überlegungen dieser Gruppe steht die von Augustin dem Staat wegen mangelnder Gerechtigkeit abgesprochene Teilhabe an der »c. d.«. Die Forderung nach dieser umfassenden Gerechtigkeit könne nur die Kirche durch ihren Kult einlösen. Deshalb komme auch bei der Beantwortung der Frage nach dem Vorrang der beiden Gewalten, der weltl. und der geistl., dem Papst als dem Repräsentanten der mit der Kirche weithin ident. »c. d.« die »plenitudo potestatis – die Fülle der Gewalt« zu. Aber auch in den gemäßigteren Formen der Verhältnisbestimmung von »potestas saecularis« und »potestas spiritualis« sowie von »regnum« und »sacerdotium« zeigt sich der tiefgreifende Wandel. Den eigentl. Unterschied zu Augustin im Denken des MA über die »c. d.« wird man am treffendsten mit dem Stichwort »Entescatologisierung« bezeichnen müssen. Erst bei Luther setzt dann wieder – bedingt durch den Vorrang der Schrift in der theolog. Reflexion, aber auch durch bewußten Rückgriff auf Augustin – eine Reeschatologisierung in der nunmehr Zweireichelehre genannten civitates-Thematik ein. – S. a. →Architektursymbolik. C. Mayer

Ed. und Lit.: Augustinus, De civitate dei (Ed. Dombart/Kalb), 1955, CChrSL 47 und 48; Vom Gottesstaat (übers. von W. Thimme, eingel. und erläutert v. C. Andresen, 1955, 1978²) [BAW]); La cité de Dieu (frz. Übers. v. G. Combès mit ausführl. Einl. und Anm. v. G. Bardy), 1959, Bibl. Augustinienne 33–37 [im Bd. 33 umfassende Lit.] – H. Scholz, Glaube und Unglaube in der Weltgesch. Ein Kommentar zu Augustins De civitate dei, 1911 – W. Kamlah, Christentum und Geschichtlichkeit. Unters. zur Entstehung des Christentums und zu Augustins »Bürgerschaft Gottes«, 1940, 1951² – U. Duchrow, Christenheit und Weltverantwortung. Traditionsgesch. und systemat. Struktur der Zweireichelehre 1970, 1982² – A. P. Orbán, Ursprung und Inhalt der Zwei-Staaten-Lehre in Augustins »De civitate Dei«, AfB 24, 1980, 171–194.

Civitate, Schlacht v. Die Niederlage des päpstl. Heeres gegen die Normannen bei der nordapul. Stadt C. südlich des Fortore am 16. Juni 1053 bedeutete das Scheitern der antinorm. Politik Leos IX., der seit 1051 als Schutzherr von Benevent unmittelbar in die südit. Auseinandersetzungen verwickelt war. In Absprache mit dem byz. Statthalter in Apulien, →Argyros, und in der Hoffnung auf eine Allianz der beiden Ks. hatte Leo seinen Feldzug begonnen. Heinrich III. berief jedoch auf Betreiben des Bf.s Gebhard v. Eichstätt (→Viktor II.) seine Truppen vorzeitig ab; →Amatus v. Montecassino sieht allerdings den päpstl. Kanzler Friedrich v. Lothringen als einen der Hauptschuldigen an der Niederlage. Sicher ist, daß vor der Schlacht zw. Papst und Normannen verhandelt wurde; ob es tatsächl. zu einem Lehnsangebot der Normannen kam, bleibt ebenso fraglich wie die Belehnung durch den Papst nach der Niederlage, von der →Gaufred Malaterra wissen will. Bei den Verhandlungen wie im Kampf führten die Normannen die Lehnsfahnen von 1047 mit. Trotz Versorgungsschwierigkeiten bewährte sich die kollegiale Führung des norm. Heeres unter →Humfred, →Richard v. Capua und →Robert Guiscard. Leo IX. wurde gefangen u. am 23. Juni nach Benevent geführt, wo er bis z. Frühj. 1054 bleiben mußte, bevor er, möglicherweise nach Konzessionen an die Sieger, nach Rom zurückkehren konnte. Nach C. war die Position der Normannen gestärkt, obwohl ihre Herrschaft noch nicht den ganzen S umfaßte. Eine gegen sie gerichtete päpstl. Politik hatte sich fakt. bereits als unmögl. erwiesen.   H. Enzensberger

Q.: J. Deér, Das Papsttum und die südit. Normannenstaaten, 1969, 11–14 – *Lit.:* HEG I, 803 – L. v. Heinemann, Gesch. der Normannen in Unteritalien und Sizilien, 1894, 140–143 – J. Gay, L'Italie méridionale et l'Empire byz., 1904, 487–490 – F. Chalandon, Hist. de la domination normande I, 1907, 136ff. – W. Holtzmann, Sui rapporti tra Normanni e papato, Arch. storico Pugliese 11, 1958, 20–35 – D. Clementi, The Relations between the Papacy, the Western Roman Empire and the emergent Kingdom of Sicily and South-Italy, BISI 80, 1968, 201–206 – J. Deér, Papsttum und Normannen, 1972, 25, 83, 94f., 100f., 107–109, 113 – V. d'Alessandro, Storiografia e politica nell'Italia normanna, 1978, 47, 56, 60, 72, 81, 117–121, 131f.

Civitavecchia, it. Stadt (Latium); das antike Centumcellae wurde von Trajan, der dort auch eine Villa besaß, um 106 als Hafenstadt Südetruriens an der Via Aurelia gegründet; es wurde zum municipium erhoben und hatte bereits in frühchristl. Zeit Bischöfe. Im 6. Jh. von Ostgoten und Byzantinern umkämpft (Belagerungen durch Totila und Narses), wurde es von letzteren als Sitz einer Militärgarnison ausgebaut. 828 eroberten und zerstörten die Sarazenen die Stadt; die überlebende Bevölkerung flüchtete in die nahen Wälder. Nach dem Abzug der Sarazenen aus Centumcellae strömten die Einwohner wieder in die »alte Stadt« zurück: die »Civitas vetula« des MA, das heut. Civitavecchia. (Die unweit davon gelegene Neugründung Leos IV., Leopolis, war nur kurzlebig.) Als befestigter Hafenstützpunkt bildete C. lange Zeit ein Streitobjekt zw. den Mönchen von →Farfa, der Kommune Rom, den benachbarten Grundherren und Kommunen sowie den Päpsten. Die Oberhand gewannen dabei die Präfekten di →Vico, die C. in jene Kämpfe hineinzogen, die sie im Patrimonium Petri in Tuszien, zu dem die Stadt gehörte, entfacht hatten. C.s Zugehörigkeit zum Kirchenstaat war jedoch eher nominell: Bei seiner Rückkehr aus Avignon konnte der Papst dort nicht einmal an Land gehen. Erst 1431 wurde C. tatsächlich ein Teil des →Kirchenstaates und dessen Hafen. Unter Bewahrung einer gewissen administrativen Autonomie wurde das Leben der Stadt von nun an durch die Bautätigkeit, die beinahe alle Päpste im Hafen und bei den städt. Befestigungen entwickelten, entscheidend geprägt (bedeutendstes Zeugnis ist das 1508 unter Julius II. begonnene Forte Michelangelo).   S. Polica

Lit.: RE III, 1934 – Kl. Pauly I, 1109 – C. Calisse, Storia di C., 1898 – The Princeton Enc. of Classical Sites, hg. R. Stillwell, 1979², 212f.

Cixila (Cis[s]ila, Zixilanus). **1. C.,** mozarab. Ebf. v. →Toledo, dessen Amtszeit gewöhnl. vor →Elipandus angesetzt wird, zw. 774 und 783. Er wird in der mozarab. Chronik von 754 erwähnt; früher wurde z. T. angenommen, daß seine Erwähnung auf eine spätere Interpolation zurückzuführen sei, während die neuere Auffassung dazu neigt, seine toledan. Amtszeit auf das Ende der 1. Hälfte des 8. Jh. zu datieren. Ein durch sein Wissen und seine Heiligkeit hervorragender Mann, kämpfte C. gegen die antitrinitar. Häresie und die Massenkonversion seiner Gläubigen zum Islam. Die Zuschreibung einer »Vita Ildephonsi« (→Ildefons v. Toledo) an ihn ist zweifelhaft.

R. Gonzálvez

Lit.: DHEE I, 429 – J. F. Rivera Recio, Los Arzobispos de Toledo desde sus orígenes hasta fines del s. XI, 1973, 157–164.

2. C. II., Bf. v. →León ca. 905–944, Gründer und Abt des mozarab. Kl. Abellar (ð Kosmas und Damian) in León. C. spielte im 10. Jh. eine bedeutende Rolle bei der Wiederbesiedlung des Landes durch Kgtm. und Mönche wie auch bei der Entstehung der Grundherrschaft des Kl. Abellar und der territorialen Ausbildung und rechtl. Absicherung der Diöz. León. Er war einer der einflußreichsten Bf.e am kgl. Hofe, sei es aufgrund seiner Herkunft, sei es wegen seiner langen Regierungszeit. Dies wird durch sein häufiges Auftreten in Königs- und Privaturkunden deutlich gemacht. Der letzte Hinweis auf C. als Bf. findet sich in der Schenkung des Kg.s Ramiro II. für das Kl. →Sahagún vom 11. Nov. 944 (J. M. Mínguez Fernández, Colección dipl. . . , Nr. 93, s. u. Q. und Lit.). – Die Frage der genauen Daten seiner Amtszeit als Gründer und Abt von Abellar sowie als Bf. bzw. Verwalter des Bm.s ist eines der noch nicht untersuchten Datierungsprobleme des Bm.s León. Auch C.s Tätigkeit am Hof kann im einzelnen erst nach Auswertung aller hochma. Quellen des Kgr.es León erhellt werden. Die mittlerweile begonnene Edition und Untersuchung der Quellen der Archive der Kathedrale v. León sowie der Leoneser Kl. (v. a. Abellar und Sahagún) wird eine eingehendere Darstellung der hist. Persönlichkeit C.s ermöglichen.   J. M. Fernández Catón

Q. und Lit.: DHEE III, 1510 – España Sagrada XXXIV, 203–256, 433–450 – J. de Posadilla, Episcopologio Legionense I, 1899, 51–58 – Z. García Villada, Catálogo de los códices y documentos de la catedral de León, 1919, s. v. Ind. – A. Palomeque Torres, Episcopologio de las sedes del Reino de León, 1966, 60–68 – J. Rodríguez, Ramiro II, rey de León, 1972, s. v. Ind. – J. M. Mínguez Fernández, Colección diplomática del monasterio de Sahagún, s. IX y X, 1976, s. v. Ind. (Cisila) – Hist. de Valladolid II, 1980, 11–23 [J. M. Ruiz Asencio] – Documentación de la Catedral de León (s. IX–X), ed. G. del Ser Quijano, 1981.

Clairmarais (Clarus mariscus), Abtei OCist, Tochterkl. von →Clairvaux in Nordfrankreich, Artois, nahe St-Omer (dép. Pas-de-Calais), zunächst zur Diöz. Thérouanne, später zu St-Omer, heute Arras. – Seinen Namen verdankt C. der ursprgl. Lage inmitten von Sumpfland. Die Anfänge sind wenig gesichert: Nach einer Überlieferung soll der hl. →Bernhard v. Clairvaux dem Mönch Gottfried, der von Clairvaux zur Gründung von C. auszog, ein Kreuz übergeben haben (dieses befand sich bis 1791 in der Abtei). Doch weisen andere Zeugnisse auf eine 1128 durch Falco, Abt der →Dünenabtei, erfolgte Gründung hin, und C. wäre demzufolge 1137, gemeinsam mit der Dünenabtei, an Clairvaux gekommen. Das Land, auf dem die Abtei steht, soll jedoch von →Dietrich v. Elsaß, Gf. v. Flandern, 1140 geschenkt worden sein. Zu den Großen, die zugunsten von C. stifteten, zählten ferner: Stephan v. Blois, Kg. v. England, Matthias, Gf. v. Boulogne, Arnulf, Gf. v. Guines, und Wilhelm v. Ypern. Dank des Wirkens einiger fähiger Äbte entwickelte sich C. rasch. Die Abtei entging im SpätMA dem Schicksal, zur →Kommende umgewandelt zu werden. Sie besaß eine reiche Bibliothek (elf Hss. heute in der Bibl. von St-Omer, sechs in der Bibl. Nat. in Paris). C. gründete keine Männerklöster, ihm unterstanden jedoch die Zisterzienserinnenkl. Beaupré, Blandecques, Ravensberg u. Woestinne. Unter den Äbten ist Renier de Marquette (auch: de C.) (1293–95), Theologieprofessor in Paris, hervorzuheben (vgl. P. Glorieux, Notices sur quelques Théologiens de Paris. . ., AHDL 3, 1928, 201–238).   E. Lalou

Q.: J. de Pas, Bull. Soc. antiqu. Morinie, 1906, 708–721 [Ed. von 47 Urkk.] – *Lit.:* DHGE XII, 1046–1048 – GChr III, 525–533 – H. Piers, Hist. des abbés de Watten et C., 1836 – H. de Laplane, L'abbaye de C. d'après ses archives, Mém. Soc. antiqu. Morinie, 1864, XI – Ders., Les abbés de C., 1890 – H. Tribout de Morembert, Les origines de l'abbaye de C., 1140-1150 (Cîteaux-Westmalle, 1969, 20), 197-200 – A. DOLBEAU, La légende de l'abbaye cist. de C., AnalBoll 91, 1973, 273-286.

Clairobscurschnitt → Holzschnittechnik

Clairvaux (Clara Vallis), ehem. Abtei OCist in Frankreich (ehem. Bm. Langres, heute Bm. Troyes; comm. Ville-sous-la-Ferté, dép. Aube); gegr. 1115 auf Gebiet Hugos, Gf. en v. Champagne, durch → Bernhard v. Clairvaux, der aus → Cîteaux mit einer Gruppe von Mönchen eintraf und bis zu seinem Tod i. J. 1153 dem Kl. vorstand (→ Zisterzienser). Das neue Kl. lag in der 'Vallis Absinthialis' ('Bitter-' oder 'Wermuttal'), einer Gegend mit rauhem und ungesundem Klima; die Änderung des Namens in 'Clara Vallis' fand durch die Arbeit der Mönche, die allmähl. die Lebensbedingungen verbesserten, ihre Rechtfertigung. Der hl. Bernhard zog eine große Anzahl von Novizen an; nach seinem Tod wurde es für diejenigen, die durch die Erinnerung an den großen Abt nach C. gelockt wurden, nahezu sprichwörtlich, zum »Sterben nach C. zu kommen«. Die Gründung der ersten Filialklöster erfolgte 1118. Zum Zeitpunkt von Bernhards Tod unterstanden C. 168 Kl., im 15. Jh. 350 Kl., wobei es sich um Männer- wie um Frauenkl. handelte. C. hatte die meisten Filiationen innerhalb des gesamten Zisterzienserordens. Bis 1135 hatte sich das Kl. C. wirtschaftl. in zufriedenstellender Weise, aber in bescheidenen Dimensionen entwickelt. Der erste Klosterbau, arm und karg, erwies sich nun als zu klein. Ab 1135-36 erbot sich der Prior Geoffroi (Gottfried), einen neuen, größeren Bau zu errichten. Bernhard, von seinem Bruder Gui unterstützt, widersetzte sich diesem Projekt, aus Sorge um die Erhaltung des Armutsideals. Doch setzte sein Bruder, Gérard (Gerhard), der cellerarius der Abtei, den Neubau durch. Unterstützt von zwei ehemal. Baumeistern, die Mönche geworden waren, Geoffroi d'Agnai und Achard, machte sich der Prior Geoffroi ans Werk. Die zweite Kirche wurde 1138 fertiggestellt und 1174 geweiht. C. erlebt in dieser Zeit einen großen wirtschaftl. Aufstieg, der bis zum Ende des 13. Jh. andauerte. Schenkungen vergrößerten den Abteibesitz, zu dem → Grangien, Speicher und andere Dependenzen zählten, die im Laufe der Zeit sowohl gerichtl. Auseinandersetzungen als auch finanzielle Krisen provozierten.

Auf den hl. Bernhard folgte Robert v. Brügge als Abt (1153-57), dem bis zur Aufhebung i. J. 1790 noch 50 weitere Äbte nachfolgten. Im 12. Jh. wurden 11 Äbte von C. zu Bf. en erhoben. Später erhielten eine Reihe anderer Äbte die Würde von päpstl. Legaten. Der nächst dem hl. Bernhard berühmteste Abt v. C. war → Robert v. Lexington (1242-55), der in Paris das Collège St-Bernard für Studenten aus dem Zisterzienserorden gründete und eine bedeutende Briefsammlung, die v.a. auch eine wichtige Quelle für die Verhältnisse in zahlreichen Zisterzienserabteien der Zeit darstellt, hinterließ. C. entrann im SpätMA dem Schicksal, zur → Kommende umgewandelt zu werden und bewahrte stets sein Recht der Abtwahl. Dennoch setzte auch hier im 15. und 16. Jh. eine Periode allgemeinen Niedergangs ein. Dessen ungeachtet, gelang es dem großen Abt Pierre de Virey (1472-96), die Bibliothek der Abtei zu erweitern und einen Katalog anlegen zu lassen. Die Handschriftenbestände, heute zum größten Teil in Troyes (Bibl. municipale) und Montpellier (Bibl., Faculté de méd.) aufbewahrt, zeugen von der Bildung und Spiritualität, die C. seit den Tagen seines Gründers auszeichneten.

Innerhalb der nachma. Entwicklung sind v.a. die Bestrebungen des Abtes Denis Largentière hervorzuheben, der 1615 die strikte zisterziens. Observanz einführte, die allerdings sein Nachfolger und Neffe bereits wieder aufgab. Nach der Auflösung (1790) während der Revolution als Nationalgut versteigert (1792), wurde C. 1809 in ein Gefängnis umgewandelt, als das die frühere Abtei noch heute dient. Die roman. Kirche wurde 1819 abgebrochen. Aus dem 12. Jh. erhielt sich nur ein Teil des Konversengebäudes, die übrigen Klosterbauten entstammen dem 18. Jh.
J. Leclercq

Lit.: DHGE XII, 1050-1061 [J.-M. CANIVEZ, mit Listen der Äbte, Autoren und sonstiger Persönlichkeiten] – DIP II, 1111f. [A. DIMIER] – LThK² II, 1211f. [K. SPAHR] – L. H. COTTINEAU, Rép. topo-bibliogr. des abbayes et prieurés I, 1935, 799f. – Bernard de Clairvaux (Commission d'hist. de l'Ordre de Cîteaux, 1953) [vgl. dort v.a. den Beitr. v. R. FOSSIER zur wirtschaftl. Entwicklung von C. unter Bernhards Abbatiat] – A. VERNET-J. F. GENEST, La bibl. de l'abbaye de C. du XII⁰ au XVIII⁰ s., I. Cat. et rép. (Ed. du C.N.R.S.), 1979.

Clann (clan)
I. Irland – II. Schottland.

I. IRLAND: Clann (lat. planta 'Sproß, Kind, Nachkomme'). In den ir. Rechtstraktaten des 7. Jh. (Book of Armagh, f. 17 a 2) tritt das Rechtswort c. gemeinsam mit dem Begriff → cenél auf, um diejenigen Angehörigen eines Familienverbandes, die Anspruch auf Erbfolge (→ finechas) in geistl. Ämtern erheben konnten, zu kennzeichnen. Der Begriffsinhalt erfuhr in der Folgezeit gegenüber dem ursprgl. Rechtssinn eine Erweiterung und bezeichnete nun im polit.-herrschaftl. Sinn die geschlossene Familiengruppe (früher → derbfhine genannt), auf welche Nachfolge in der Königswürde beschränkt war (→ Königtum, Irland). In den Geschichtsquellen wird der Begriff c. (ebenso auch cenél und síl) benutzt, um eine Sippe oder dynast. Familie, die von einem innerhalb der Periode mit schriftl. Quellen (nach ca. 500 n. Chr.) lebenden Vorfahren abstammte, zu bezeichnen. Gemeinsam mit anderen Begriffen des polit. Vokabulars des frühma. Irland markiert das Auftreten des Wortes c. den Übergang von archaischen (sakralen) Stammeskönigtum der vor- und frühhist. Zeit zu den dynamischeren dynast. Herrschaftsverhältnissen, wie sie sich nach den großen Epidemien des mittleren 7. Jh. herausbildeten. Wenn auch Familienverbände wie der → Clann Cholmáin Móir ('die Nachkommen von Colmán Mór, Sohn des Diarmait mac Cerbaill') schon seit dem 7. Jh. belegt sind, wird der Begriff c. (ohne Beifügung eines bestimmten Personen- bzw. Sippennamens) in den Annalen offenbar kaum vor 900 benutzt; seine Anwendung auf Stammesbezeichnungen stellt eine Rückprojektion von seiten der spätma. oder aber der modernen Geschichtsschreibung dar. In der Literatur der mittelir. Periode ist c. ein gängiger Begriff: So finden wir etwa die Bezeichnungen: »Clann Ollaman uaisle Emna« ('die Adligen von Ulster' [d. h. von Emain Macha, der prähist. »Hauptstadt« des Kgr.s Ulaid]) für die Nachkommen Ollams; Clann Israél ('die Kinder Israel') für die atl. Juden; Clann Ádaim ('die Nachkommen Adams') für die Menschheit. Das Wort lebt in den modernen Sprachen fort (so im Dt. Clan oder Klan 'Familien-, Interessenverband', als Lehnwort aus dem Engl. bzw. Amerikan.), mit meist pejorativem Unterton; ferner wurde es Bestandteil der modernen Wissenschaftssprache (z. B. Soziologie, Sozialgeschichte).
D. Ó CRÓINÍN

Lit.: Dict. of the Irish Language, hg. RIA, s. v. – J. MACNEILL, PRIA 29 C 7, 1911-12, 77, 87.

II. SCHOTTLAND: Die ältesten Belege für den clan in Schottland finden sich im → Book of Deer im Rahmen von Traditionsnotizen für eine kleine Klostergründung in der Provinz von Buchan. Der Gebrauch des Wortes hat sich in Schottland anscheinend entsprechend demjenigen in Irland entwickelt, insofern als in der frühen Zeit das Wort →cenél als Bezeichnung für einen eng zusammengehörigen, von einem gemeinsamen Ahnherrn abgeleiteten Familienverband bevorzugt wurde. Vom 12. Jh. an wurde jedoch zunehmend die Bezeichnung c. verwendet und verdrängte wohl den älteren Begriff. Wir haben keine direkten Belege für c.s bei den →Pikten, doch gibt es Gründe für die Annahme ihrer Existenz. Nach der Vereinigung der pikt. und schott. Kgr.e unter einem schott. Königshaus wurde der c. in ganz Schottland nördl. von Clyde und Forth und ebenso im äußersten Südwesten (Galloway) zur Grundeinheit der auf Verwandtschaftsbeziehungen aufgebauten Gesellschaftsstrukturen. Wichtige Beispiele aus dem 13. und 14. Jh. sind der C. MacDuff, der Familienverband der Earls of Fife, und die großen c.s, die von den Söhnen bzw. Enkeln des Somerled, Lord of Argyll († 1164), abstammen, u. a. die MacDougall, MacRuairi und insbes. die MacDonald. Um die Mitte des 14. Jh. erlangten die MacDonald (C. Donald) die Herrschaft über die →Hebriden *(Lordship of the Isles)* und errichteten ein kleines Kgr., das bis zu einem gewissen Grad dem Kgr. Schottland Konkurrenz machen konnte. Die Anfänge der in der frühneuzeitl. Geschichte Schottlands so berühmten *Highland C.s* lassen sich bis in die Zeit von ca. 1450/1550 zurückverfolgen. Strenggenommen können nur Familienverbände mit gemeinsamem Ahn, die aus den gälischsprachigen Gebieten Schottlands stammen, als c.s angesprochen werden, doch werden seit dem 17. Jh. im volkstüml. Sprachgebrauch auch zahlreiche nichtgäl. Familien (z. B. die Gordon, Stewart und Murray) als c.s bezeichnet.

G. W. S. Barrow

Lit.: W. F. Skene – A. MacBain, The Highlanders of Scotland, 1902 – I. Moncreiffe of Moncreiffe – D. Hicks, The Highland C.s, 1967 – R. W. Munro, Highland C.s and Tartans, 1977.

Clann Áeda Buide, ir. Familie, ging aus einem abgestoßenen Unterverband der Familie→UíNéill im Gebiet von Glanconkeen (Gft. Derry) hervor. Der C. Á. B. (auch O'Neills v. Clandeboy gen.) expandierte ostwärts über den Fluß Bann und schuf sich um die Mitte des 14. Jh. ein eigenes Kgr. Der Begründer dieser Dynastie, Áed Buide (gen. »Yellow Hugh«), war eng mit der Politik der engl. Krone in Ulster verbunden und heiratete eine Kusine des Earl of Ulster. Schottischer Überlieferung zufolge verdankt die Familie ihren Aufstieg v.a. der Unterstützung, die sie von den mit ihnen verschwägerten MacDonnell, den *Lords of the Isles* (→Hebriden), erhielt. Nach dem Tod des Niall Óg O'Neill († 1537) vermochte jedoch keiner seiner Nachkommen die Kontrolle über die gesamte Herrschaft zu behaupten, und Clandeboy zerfiel bald danach in nördl. und südl. Teilherrschaften. D. Ó Cróinín

Lit.: K. Nicholls, Gaelic and Gaelicised Ireland, 1972, 128f., 134–136.

Clann Cholmáin, ir. Dynastie, eine der beiden Hauptzweige der südl. →Uí Néill; Nachkommen von Colmán Mór († 555/558), einem der drei Söhne des →Diarmait mac Cerbaill († 565). Der C. Ch. besaß das Kgr. →Mide (größtenteils der heut. Gft. Westmeath entsprechend) mit dem Hauptsitz in Uisnech, einem Ort, der enge Beziehungen zur Verehrung des Gottes Lug besaß und in der ma. Literatur als geograph. Mittelpunkt Irlands galt. Stand der C. Ch. in der Frühzeit zunächst im Schatten seiner konkurrierenden Verwandten im Osten, der Síl nÁedo Sláne, so gelang es ihm, seine Positionen im mittleren Irland zum einen durch militär. Expansion, zum anderen durch Förderung der Kl. auszubauen. Von der Regierung des →Donnchad Mide (770–797) an war die Familie zunehmend bestrebt, die Síl nÁedo Sláne auszuschalten; es gelang ihr, diese vollständig von der bis dahin turnusmä-ßig ausgeübten Führungsstellung bei den südl. Uí Néill zu verdrängen. Máel Sechnaill mac Máele Ruanaid († 862) war der erste Herrscher von C. Ch., der die Ansprüche der Uí Néill auf die Herrschaft in ganz Irland in die Tat umzusetzen begann. Bis zum 11. Jh. wurde der Name »Mide« auf den gesamten Bereich der südl. Uí Néill, der dem C. Ch. (unter dem Titel »Kg. v. →Tara«) unterstand, ausgedehnt; die Familie der Ua Máelsechnaill, die diese Machtstellung aufgebaut hatte, erlebte nun jedoch ihren Niedergang. Mit dem Tode des Conchobor Ua Máelsechnaill († 1074) hatte der C. Ch. seine führende polit. Position in Mittelirland verloren. D. Ó Cróinín

Lit.: F. J. Byrne, PRIA 66 C 4, 1968, 383–400 – Ders., Irish Kings and High-Kings, 1973.

Clann Sínaich, ir. Familienverband in →Ulster. Der C. S. war ein Zweig der →Uí Echdach, innerhalb der Stammesgruppe der →Airgialla und zwar der Airthir (Orientales), in deren Gebiet das Kl. und Bm. →Armagh, das den →Primat über Irland beanspruchte, lag. Nachdem der C. S. schon im 8. Jh. erfolglos versucht hatte, die Abtswürde von Armagh zu monopolisieren, gelang es ihm, diese sowie einige weitere, weniger bedeutende Ämter innerhalb der Kirche von Armagh von ca. 965 bis 1134 erblich zu besetzen. Die Familie stellte seit *Dub-dá-Lethe II.* acht Äbte und eine Reihe anderer Funktionsträger. Einem dieser Äbte folgte i. J. 1020 sogar sein Sohn, *Amalgaid*, nach. Andere Mitglieder des C. S. hatten gleichzeitig auch anderweitig Ämter inne: So war *Muiredach* († 1011) zugleich →*fer léiginn* ('Gelehrter') in Armagh und Abt v. →Kells (Co. Meath). *Dub-dá-Lethe III.*, der seit 1046 als *fer léiginn* in Armagh wirkte, kompilierte das (verlorene?) »Book of Dub-dá-Lethe«, eine bedeutende Sammlung von Annalen, sagenhaften Überlieferungen und Gedichten, die von späteren Autoren häufig zitiert wird.

D. Ó Cróinín

Lit.: T. Ó Fiaich (Seanchas Ardmhacha, 1969), 75–127.

Claperós, Bildhauerfamilie, in der Mitte des 15. Jh. in Barcelona und Gerona bezeugt, Schöpfer von Tonplastiken, welche die spätgot. Idealtypen mit realist. Elementen durchsetzten. *Antonio C. d. Ä.* arbeitete schon 1422 für den Cimborio der Kathedrale v. Barcelona, 1449 lieferte er die St. Georgsfigur für den Kreuzgangsbrunnen daselbst, 1458 eine Statue des hl. Eulalia für die Porta Nova (Puerta Nueva) in Barcelona, 1458–1460 die Figuren der Apostel am Nebenportal der Kathedrale in Gerona, von denen eine einzige erhalten ist. – Der Sohn *Antonio C. d. J.* ist 1449 als Gehilfe des Vaters für die Bauplastiken im Kreuzgang der Kathedrale v. Barcelona bezeugt, wo die Familie auch in den Kapellen tätig war. Der andere Sohn, *Juan C.*, verpflichtete sich 1460 für eine Gruppe der Himmelfahrt Mariä am Kathedralportal v. Gerona, ohne sie je auszuführen. A. Reinle

Lit.: Thieme-Becker, VII, 42 – Ars Hispaniae VIII, 247.

Clara (Chiara)

1. C. v. Assisi, hl., * 1193/94 in Assisi als Tochter des Edelmannes Favarone di Offreduccio und seiner Gattin Ortolana, † 10. Aug. 1253, nach einem vom 24. bis 29. Sept. 1253 geführten Heiligsprechungsprozeß am 15. Aug. 1255 von Alexander IV. kanonisiert, → S. Chiara, Assisi (Translation 3. Okt. 1260). C. entschloß sich 1211/12 aufgrund wiederholter Begegnungen mit →Franziskus v. Assisi zu einem Leben nach den Forderungen des Evangeliums, verließ heimlich ihr Elternhaus und wurde in Portiunkula von Franziskus in einer Art »Einkleidungszeremonie« unter seine Gefährten aufgenommen. Nach kurzem Aufenthalt in zwei nahegelegenen Benediktinerinnenklöstern ließ sie sich bei der von Franziskus wiederhergerichteten Kirche S. Damiano nieder, wo sie – seit 1215 als Äbtissin – die Leitung einer sich hier bald ausbildenden Frauengemeinschaft, der u. a. ihre Mutter Ortolana und die Schwestern Agnese und Beatrice beitraten, übernahm. C., der sicherlich ursprgl. eine weitgehendere Teilnahme an Bettelarmut, Heimatlosigkeit und Predigt der Minderbrüder vorgeschwebt hatte, als sie zu realisieren war, bemühte sich in S. Damiano, wo sie bis zu ihrem Tode in Abgeschiedenheit und Kontemplation lebte, ihre Vita religiosa soweit wie möglich nach dem Vorbild des hl. Franziskus und in Anlehnung an seinen Orden zu führen. Sie bestand daher gegenüber Papst, Kardinalprotektoren und Orden auf einem Leben in vollkommener Armut und einer weitgehend den Forderungen des hl. Franziskus entsprechenden Regel. Die altissima paupertas wurde ihr 1215/16 von Innozenz III. durch das Privilegium paupertatis, das Gregor IX. am 17. Sept. 1228 bestätigte, gestattet. Ihre an die von Franziskus den Frauen von S. Damiano wohl schon 1212/13 gegebenen kurzen schriftl. Anweisungen, die Forma vivendi, anknüpfende Regel wurde jedoch erst am 9. Aug. 1253 von Innozenz IV., der sie am Tage zuvor an ihrem Sterbebett besucht hatte, bestätigt. Die 1218 zur Integration und Koordination der frühen franziskan. beeinflußten Frauenfrömmigkeit von Kard. Ugolino v. Ostia aufgestellten, entsprechend den Forderungen des IV. Laterankonzils auf der Benediktinerregel basierenden Constitutiones Hugolinianae und die am 6. Aug. 1247 von Innozenz IV. allen Franziskanerinnenklöstern vorgeschriebene, stärker an der Regula bullata der Franziskaner orientierte Regel wurden in S. Damiano nur soweit befolgt, als sie der ursprgl. Forma vivendi entsprachen. Das Vorbild C.s und der übrigen pauperes moniales (sorores, dominae reclusae) von S. Damiano führte schon früh zur Gründung weiterer franziskan. Frauengemeinschaften und veranlaßte schon bald zahlreiche bereits bestehende Frauenkonvente zur Annahme einer franziskan. Lebensweise, so daß Urban IV. am 18. Okt. 1263 von einem Klarissenorden (Ordo S. Clarae) sprechen konnte, in dem freilich schon damals mehrere Observanzen nebeneinander bestanden.

Über Leben und Frömmigkeit der Hl. unterrichten neben ihren eigenen, i. allg. als echt angesehenen Schriften – Regel von 1253, Segen, Testament und Briefe an Agnes v. Böhmen (→7. A.) und Ermentrud v. Brügge – die in umbr. Fassung überlieferten Kanonisationsakten und die auf ihnen beruhende, wohl →Thomas v. Celano zuzuschreibende Legenda S. Clarae Virginis, die selbst wiederum Grundlage für eine Reihe jüngerer lat. und volkssprachiger Viten und Legenden wurde. →Franziskanerinnen.

K. Elm

Q.: F. PENNACCHI, Legenda sanctae Clarae Virginis, 1910–Z. LAZZERI, Il processo di canonizzazione di Chiara d'Assisi, AFrH 13, 1920, 403–J. K. VYSKOČIL, Legenda blahoslavené Anežky a čtyři listi Sv. Kláry, 1932–M. FASSBINDER, Unters. über die Q. zum Leben der hl. Klara v. Assisi, FSt 23, 1936, 296–306–E. FRANCESCHINI, Biografie di S. Chiara, Aevum 27, 1953, 455–464–J. M. BOCCALI, Concordantiae verbales Opusculorum S. Francisci et S. Clarae Assisiensium, 1976–F. OLGIATI–CH. A. LAINATI, Scritti e fonti biografiche di S. Chiara d'Assisi (Fonti Francescane II, 1977), 2241–2298 [Dt.: E. GRAU, Leben und Schriften der hl. Klara. Einf., Übers., Anmerkungen, 1976⁴]–E. GRAU, Die Schriften der hl. Klara und die Werke ihrer Biographen, Movimento religioso femminile e Francescanesimo nel s. XIII (Atti del VIIº Conv. della Società Internaz. di Studi Francescani, Assisi, 11–13 ott. 1979, 1980), 195–238–Lit.: DIP II, 885–892–FrSt 35, 1953–Santa Chiara d'Assisi. Studi e cronaca del VIIº Centenario 1253–1953, 1954–J. MOORMAN, A Hist. of the Franciscan Order from its Origins to the Year 1517, 1968–R. B. BROOKE–N. L. BROOKE, St. Clare, Medieval Women (Stud. in Church-History, Subsidia I, hg. D. BAKER, 1978), 275–287–M. BARTOLI, Analisi storica e interpretazione psicanalitica di una visione di S. Chiara d'Assisi, AFrH 73, 1980, 449–472–DERS., Gregorio IX, Chiara d'Assisi e le prime dispute all'interno del movimento Francescano (Atti Acc. Naz. dei Lincei, Ser. VIII. Rend. Cl. Scienze mor., stor. e filol. XXXV, 1980), 97–108–CH. A. LAINATI, Die hl. Klara v. A. Leben und Schriften (800 Jahre F. v. A. Niederösterr. Landesausstellung, Krems 1982), 99–121.

Ikonographie: Dargestellt wird C. in schwarzem oder braunem Wollgewand mit Strickgürtel und Kopftuch. Ihre Attribute sind Kreuz, Regelbuch, Äbtissinnenstab, Monstranz (als Hinweis auf die legendäre Besiegung der Sarazenen vor San Damiano und Assisi) und brennende Lampe (in Analogie zu den Klugen Jungfrauen). Erste Darstellungen finden sich in Hss., seit dem Ende des 13. Jh. auch in der Monumentalmalerei, zumeist in Zusammenhang mit der Franziskuslegende oder mit anderen Hl. des Franziskanerordens. Fresken in S. Francesco zu Assisi, um 1295; Fresko von Giotto in S. Croce zu Florenz; nur der hl. C. gewidmete Fresken in S. Chiara zu Assisi, Ende 13. Jh.; Wandgemälde in der Minoritenkirche zu Köln, 1. Hälfte 14. Jh.; Glasmalerei in der Kirche des Klarissenklosters Königsfelden/Schweiz, um 1325/30; Tafeln des Clarenaltars im Germ. Mus. zu Nürnberg, 14. Jh.; in der Barfüßerkirche zu Erfurt um 1410; zusammen mit ihrer Schwester und ihrer Mutter auf einem Tafelgemälde aus der Hospitalkapelle zu Darviken, im Hist. Mus. zu Stockholm, um 1500.

G. Binding

Lit.: LCI VII, 314–318 [Lit.]–J. BRAUN, Tracht und Attribute der Hl. in der dt. Kunst, 1943, 423–425–L. SPÄTLING, St. Klara v. Assisi, 1965.

2. C. v. Foligno, it. Mystikerin des 15. Jh., von ihrer Herkunft und den Einzelheiten ihrer Lebensgeschichte ist praktisch nichts bekannt, Todesdatum nach L. WADDING 1. Juli 1500. Wahrscheinlich wurde sie in Foligno geboren und verbrachte dort ihr ganzes Leben. Sie trat in das dortige Kl. S. Agnese ein, das 1399 von der sel. Margareta (Margherita) v. Foligno gegründet worden war. Die Gemeinschaft der Franziskanertertiarinnen, die ausschließl. vom Ertrag der Queste (Almosenbettel) lebte, gehörte zu den ersten Kommunitäten, die die Regel des Dritten Ordens mit dem monast. Leben verbanden; sie wurde unter die geistige Leitung der Franziskaner-Observanten gestellt. C. zeichnete sich nach der Überlieferung durch bes. Sanftmut und Geduld und durch zahlreiche Visionen aus. Unter anderem soll ihr mehrmals der hl. Franziskus erschienen sein, wie er – am Tag seines kirchl. Festes – arme Seelen von ihren Sündenstrafen erlöste. C.s Andenken wird im Martyrologium Franciscanum am 8. Dez. gefeiert.

G. Barone

Lit.: A. AMORE, Bibl. SS III, 1963, 1217.

3. C. v. Montefalco (C. vom Kreuz), hl. * 1268 als Tochter der wohlhabenden Bürger von Montefalco (Umbrien), Damiano und Jacopa, † 17. Aug. 1308, erhielt mit sechs Jahren die Erlaubnis, ihrer Schwester Giovanna (sel. Johanna v. M.) in die von dieser gegr. Einsiedelei zu folgen. Es handelte sich dabei um eine Reklusengemeinschaft, die sich zu Armut, Keuschheit und Gehorsam, Beobachtung der kanon. Fastenzeiten und zu strengem Stillschweigen verpflichtet hatte. Hier führte C. ein Leben strengster Armut und Askese; ebenso wie ihre Gefährtinnen bestritt sie den Lebensunterhalt der total mittellosen Kommunität manchmal auch durch Almosenbettel. Im Juni 1290 gestattete der Bf. v. Spoleto, Gerardus, Johanna und ihren Mitschwestern, die sich inzwischen im Reklusorium S. Croce niedergelassen hatten, die Regel des hl. Augustinus anzunehmen; C.s Religiosität weist jedoch offensichtl. franziskan. Einfluß auf. Die Kaplane des Kl. waren auch stets Franziskaner. Nach dem Tode ihrer Schwester zur Äbtissin gewählt, wurde C. bald in der ganzen weiteren Umgebung von Spoleto durch die von ihr gewirkten Wunder und die Gabe, die verborgenen Geheimnisse des Menschenherzens zu erkennen, sowie ihre Visionen berühmt. Sie stand in direktem Kontakt oder im Briefwechsel mit vielen der angesehensten Gelehrten und Ordensleuten ihrer Zeit (Pietro und Giacomo Colonna, Niccolò Albertini, →Ubertino da Casale). Infolge ihrer profunden Kenntnis der Hl. Schrift und ihrer großen interpretator. Intuition entlarvte sie u. a. einige Anhänger der »secta spiritus libertatis« (→Brüder des freien Geistes) als Häretiker und zeigte sie bei den kirchl. Autoritäten an. Nach der Überlieferung fand man nach ihrem Tode in ihrem Herzen Abbilder der Leidenswerkzeuge Christi (Kreuz, Nägel, Dornenkrone, Geißel), die zu ihren Lebzeiten der ständige Gegenstand ihrer Meditation gewesen waren. Auf dieses Wunder geht ihr Beiname C. vom Kreuz zurück. Sie wurde nach einem fast 500jährigen Kanonisationsprozeß von Leo XIII. am 8. Dez. 1881 heiliggesprochen; sie wird mit einer Lilie oder einer Waage in der Hand dargestellt. G. Barone

Q. und Lit.: DBI XXIV, 508–512 [G. BARONE] – E. MENESTÒ, I processi per la canonizzazione di Chiara di M. A proposito della documentazione trecentesca ritrovata, StM 23/2, 1982, 971–1021 – M. FALOCI PULIGNANI, La vita di s. Chiara da Montefalco, scritta da Berengario di S. Africano, Arch. stor. per le Marche e per l'Umbria, I, 1884, 583–625; II, 1885, 193–266 – L. RÉAU, Iconographie de l'art chrétien, III/1, 1958, 319.

4. C. v. Rimini, sel., Klarissin, * ca. 1280 (?) Rimini, † 10. Febr. 1346 ebd. C., angebl. aus der vornehmen Familie der Agolanti stammend, wurde wie ein Junge erzogen und führte, bald verwitwet, in Reichtum ein weltl. Leben. Nach dem Besuch einer Franziskanerkirche bekehrte sie sich jedoch zu einem Leben der Buße und Wohltätigkeit, wozu sie auch ihren zweiten Gatten bewog. C. erbaute in Rimini ein Klarissenkloster; durch Ekstasen ausgezeichnet. P. Dinzelbacher

Q.: Daniel Clemens, Vita B. Clarae Ariminensis, cf. L. WADDINGUS, Annales Minorum³ VII, 1931, 394–400 – Lit.: Bibl. SS I, 422f. – Vie des Saints 2, 240–242 – LThK³ VI, 314f.

Clare, anglo-norm. Adelsfamilie, Träger eines bedeutenden Earldoms (s. a. →Gloucester, Hertford, Pembroke). Das Haus stammt von *Godfrey (Godfredus)*, einem außerehel. Sohn Richards I. († 966), Hzg.s der Normandie, ab. Sein Enkel Richard († 1090) war Wilhelm dem Eroberer auf dem Eroberungsfeldzug nach England (1066) gefolgt und erhielt neben anderen Besitzungen das *honor* (Kronlehen) C. in Suffolk, dessen Namen die Familie fortan führte. Nach Richards Tod wurden seine norm. und engl. Besitzungen zw. seinen Söhnen *Roger* († 1130) und *Gilbert* († 1117) geteilt. Gilbert, der die engl. Güter empfing, war ein enger Gefolgsmann Heinrichs I., auch schon vor dessen Krönung. Es ist vermutet worden, daß Gilbert und sein Bruder Roger an der Ermordung Kg. Wilhelms II., des Bruders und Vorgängers Heinrichs I., 1100 beteiligt waren. Gilbert erhielt zahlreiche Lehen von Heinrich I., darunter Cardigan (→Ceredigion) in Wales. Sein ältester Sohn *Richard* verschaffte sich v. a. bei den Kriegen in →Wales Ansehen, wo er 1136 bei einem Überfall den Tod fand. Gilberts zweiter Sohn, ebenfalls mit Namen *Gilbert* († 1148), wurde 1138 zum Earl v. Pembroke erhoben und begründete eine jüngere Linie des Hauses. 1141 und 1147 erhob er sich gegen Kg. →Stephan v. Blois. Richards Sohn *Gilbert* († um 1152) wurde von Kg. Stephan mit dem Earldom Hertford belehnt; er rebellierte 1147, spielte sonst aber bei den Kriegen zw. den Häusern →Blois und Anjou (→Angers, Anjou) keine bedeutende Rolle. Ihm folgte sein Bruder *Roger* († 1173), der in einen Konflikt mit →Thomas Becket, Ebf. v. Canterbury, verwickelt war (1163); letzterer behauptete, daß Roger ihm für die Burg Tonbridge Lehnshuldigung schulde. Roger versuchte mit begrenztem Erfolg, die alte Machtstellung der Familie in Cardigan wiederzuerlangen. *Richard FitzGilbert* († 1176), das Oberhaupt der jüngeren Linie, agierte polit. und militär. erfolgreicher, sowohl im südl. Wales als auch in Irland, wo er 1170 landete und die Herrschaft über →Leinster übernehmen konnte. Sein Sohn *Gilbert* († um 1185) hinterließ keine männl. Erben, so daß seine Besitzungen durch Heirat an die Familie →Marshal fielen. *Richard*, Earl of Hertford († 1217), das Oberhaupt der Hauptlinie der C., spielte insgesamt keine seiner Machtstellung angemessene Rolle in der engl. Politik; allerdings war er gemeinsam mit seinem Sohn einer der Führer der Adelsopposition gegen Kg. Johann Ohneland (1215). Beide waren Mitglieder des Fünfundzwanzigerausschusses, der aufgrund der →Magna Carta gebildet wurde. Durch Richards Heirat mit Amicia, der Tochter des Earl of Gloucester, erbte sein Sohn *Gilbert* († 1230) das Earldom Gloucester ebenso wie das Earldom Hertford. Gilbert sicherte sich durch Heirat mit seiner Cousine Isabel, Tochter und Miterbin von William Marshal, Earl of Pembroke, die Wiedererlangung der Herrschaft →Kilkenny in Irland, die zu den früheren Besitzungen der jüngeren Linie der C. gehört hatte (1247).

Das Haus C. erreichte den Höhepunkt seiner Macht im 13. und frühen 14. Jh. *Richard* († 1262) war minderjährig bis 1243; die Vormundschaft wurde zunächst Hubert de →Burgh übertragen und anschließend von der Krone wahrgenommen. Richard war v. a. bestrebt, seine Stellung im südl. Wales zu stärken. Außerdem spielte er gemeinsam mit seinem Sohn *Gilbert* († 1295) eine führende Rolle in der baronialen Aufstandsbewegung gegen Kg. Heinrich III. nach 1258; die Hauptgründe für seine Beteiligung waren wohl Erbitterung wegen seiner Behandlung während seiner Minderjährigkeit, Enttäuschung über das Scheitern seiner Versuche, →Bristol als Teil des Gloucester-Erbes in die Hand zu bekommen, ferner seine Ablehnung der kgl. Politik gegenüber den Walisern. Seine polit. Haltung deckte sich jedoch keineswegs in allen Punkten mit derjenigen des Hauptführers der Opposition, Simon de →Montfort; er stellte sich gegen die Überprüfung der baronialen Administrationstätigkeit durch die Reformer. Seit dem Herbst 1259 unterstützte er den Kg. und versuchte, durch seinen Einfluß einen Bürgerkrieg zu verhindern. Die Behandlung, die Kg. Heinrich III. Richards Sohn, *Gilbert »dem Roten«*, angedeihen ließ, trieb diesen nach dem Tode des Vaters in das Lager der Rebellen. Zunächst noch zögernd, unterstützte er Simon de Montfort 1264 (→Lewes). 1265 wandte er sich jedoch erneut der kgl. Sache zu, teilweise wegen seiner Ablehnung des Bündnisses Montforts mit den Walisern, das C.s Stellung als Herrn der walis. Marken zuwiderlief. Sein Abfall trug wesentl. zur Niederlage Montforts bei →Evesham (1265) bei. Doch sympathisierte C. auch weiterhin mit mehreren früheren Rebellen; seine Intervention zu ihren Gunsten i. J. 1267 (Marsch auf London) wirkte sich für eine schließl. friedliche Lösung der Konflikte aus.

Gilberts de C. Verhältnis zu Eduard I. war oft angespannt. Beide bekämpften sich in den späten 60er Jahren, teilweise wegen des Besitzes von Bristol; durch Schiedsspruch wurden beide zum Kreuzzug aufgefordert, doch blieb Gilbert in England. Nach Eduards Rückkehr (1274) waren die Beziehungen anfängl. gut; Gilbert folgte dem Kg. auf dessen walis. Feldzug i. J. 1277. Doch wurde er in den sog. »Quo-Warranto-Untersuchungen« der Krone (1278–79) zur Zielscheibe der Angriffe erkoren; hierfür wurde eine spezielle Liste aller Usurpationen kgl. Rechte, die ihm zur Last gelegt wurden, aufgestellt. Gilbert de C. spielte auch weiterhin eine bedeutende Rolle in den walis. Kriegen, namentl. im Süden (1282-83, 1287, 1294-95). In den Jahren 1289-91 war er in einen Streit mit dem Earl of Hereford wegen der Errichtung der Burg Morlais (südl. Wales) verwickelt. Die Fehde wurde durch den Kg. beendet, welcher Gilbert mit der Auferlegung einer Buße von 10000 Mark demütigte (1291). I. J. 1290 heiratete Gilbert (nachdem eine erste Ehe 1285 geschieden worden war) die Tochter des Kg.s, Johanna (Joan) v. Akkon. Bestandteil der Ehevereinbarung war die Abtretung aller Güter an den Kg., welcher sie anschließend Gilbert und Johanna gemeinsam übertrug; mit dieser Maßnahme wurden die Kinder aus der ersten Ehe von der Erbschaft ausgeschlossen. Durch verschiedene Maßnahmen war Eduard I. bestrebt, die Position des Earls im südl. Wales zu schwächen, dessen Macht etwa im Bau der Burg →Caerffili, eine der bedeutendsten brit. Burgen des 13. Jh., deutlich wurde.

Gilberts Brüder *Bogo* († 1294) und *Thomas* († 1287) waren ebenfalls bedeutende polit. Figuren der Zeit Eduards I. Bogo war ein reicher Prälat, dessen Lebensweg weniger von Frömmigkeit als von Machtgier und Ehrgeiz zeugt. Von den Ebf.en v. Canterbury und York denunziert, wurde er 1290 vom Kg. zur Zahlung einer Buße von 2000 Mark wegen Fernbleibens vom Gericht verurteilt. – Thomas war eine zeitlang Anhänger von Simon de Montfort, wurde 1265 aber zum engen Vertrauten Eduards I. Zeit seines Lebens war er einer der führenden Helfer des Kg.s in Irland. Er hinterließ zwei Söhne, doch starb der durch ihn begründete Familienzweig i. J. 1331 aus.

Nach dem Tode Gilberts († 1295) war sein Erbe, der ebenfalls *Gilbert* († 1314) hieß, noch minderjährig; seine Mutter Johanna übte bis zu ihrem Tode i. J. 1307 gemeinsam mit ihrem zweiten Gatten Ralph de Monthermer die Vormundschaft aus. Gilbert verfolgte als Vetter Eduards II. und als Schwager des kgl. Günstlings Piers →Gaveston einen mittleren Kurs in den polit. Angelegenheiten der frühen Regierungsjahre Eduards II. Er fungierte 1311 als →*Ordainer* und kämpfte in Schottland; dort fiel er bei →Bannockburn (1314), ohne einen männl. Erben zu hinterlassen. Seine Witwe vermochte durch Vortäuschung einer Schwangerschaft die Zersplitterung der Erbschaft zu verzögern, doch erfolgte 1317 die Teilung unter die drei Schwestern des Verstorbenen. Die Besitzstreitigkeiten zw. den drei Ehemännern der Schwestern, Hugh →Despenser d. J., Hugh Audley und Roger Damory, waren ein wichtiger auslösender Faktor für die Konflikte in der mittleren Regierungszeit Eduards II.

Das Haus C. hatte sich seinen Besitz im wesentl. durch kgl. Verleihung, günstige Eheverbindungen, Ankauf und Eroberung geschaffen. Die Güter lagen weitverstreut im ganzen südl. England und Wales; ihr Wert war im 13. Jh. bedeutend. Allein das Kronlehen (honor) C. wurde i. J. 1166 auf ca. 135 Ritterlehen taxiert; 1217 verfügte Earl Gilbert über ca. 456 Ritterlehen. Im frühen 14. Jh. überstiegen die Jahreseinkünfte wahrscheinl. 6000 £; unter den engl. Earls besaß nur →Lancaster reichere Güter. Von der Mitte des 13. Jh. an ist die Verwaltung der C. durch Quellen gut beleuchtet: Die Güter waren eingeteilt in einzelne *bailiwicks* (Verwaltungseinheiten), deren Grenzen natürliche geograph. Gegebenheiten folgten und die kaum Bezug auf ältere feudale Verwaltungseinteilungen nahmen. So behielten die Ländereien der →Giffard und der →Marshal, die 1189 bzw. 1247 von den C. erworben wurden, keinerlei administrative Sonderstellung. Clare, Tonbridge und Gloucester in England, Usk und Glamorgan in Wales, Kilkenny in Irland – alle bildeten selbständige Verwaltungsbezirke mit eigenem →Seneschall und Einnehmer *(receiver, receveur)*. Die Einkünfte flossen bei dem *wardrober* (→wardrobe) des Earl zusammen; Auditoren überwachten die Verwaltung. Einzelne Herrenhöfe wurden zumeist unmittelbar bewirtschaftet, kaum je verpachtet. In England bestanden die Haupteinkünfte der C. im Verkauf von Agrarprodukten, insbesondere Getreidehandel, und Renten; außerhalb Englands spielten Abgaben aus den den C. unterstehenden →*Boroughs* (Städte und Flecken) sowie Gerichtsgefälle eine noch bedeutendere Rolle. Das gesamte administrative Gefüge der C.-Besitzungen wurde von einem Beraterstab am Hofhalt des Earls kontrolliert. M. C. Prestwich

Lit.: DNB X, 389-397 - Peerage V, 694-715; VI, 498-503; X, 348-358 – M. ALTSCHUL, A Baronial Familiy in Medieval England: The Clares 1217-1314, 1965.

Clarenbaldus, seit 1156 Erzdiakon v. Arras, studierte unter →Hugo v. St. Viktor († 1142) und →Thierry v. Chartres († um 1154). Er wurde 1152 Propst v. Arras, dann Erzdiakon, und war kurzfristig (um 1157-59) als Lehrer der Philosophie an der Schule v. Laon tätig, † wahrscheinl. um 1187. In den siebziger Jahren schenkte er einem Schwesternkloster in Bapaume Reliquien des Märtyrers →Thomas Becket († 29. Dez. 1170), der sich 1164 auf der Flucht aus England in Arras aufgehalten hatte. In Laon schrieb C. auf das Drängen der Mönche und des Abtes von St-Vincent (Laon) einen Kommentar zu Boethius' »De Trinitate«, in dem er wie sein Schulvorgesetzter, Bf. Walter v. Mortagne (1155-74), Lehransichten von →Abaelard und →Gilbert v. Poitiers kritisierte. Er unterbreitete diese Schrift dem Urteil seines »geliebten Freundes Odo« (von Ourscamp?). Seine Kritik steht stark unter dem Einfluß des hl. →Bernhard v. Clairvaux. In Laon verfaßte er auch seinen Kommentar zu Boethius' »De Hebdomadibus«. Nach dem Vorbild seines Lehrers Thierry schrieb er einen »Kleinen Traktat« über die Entstehung der Welt, den er einer vornehmen Dame widmete. Trotz seiner nicht geringen Gelehrsamkeit blieb C. als schriftsteller. Erfolg versagt, denn Hss. seiner Werke waren selten. →Chartres, Schule v. N. M. Häring

Ed. [vollständig]: N. M. HÄRING, Life and Works of Clarembald (Studies und Texts 10, 1965) – W. JANSEN, Der Komm. des C. v. Arras zu Boethius De Trinitate (Breslauer Stud. zur hist. Theologie 8, 1926) – *Lit.* [Auswahl]: H. VAUPEL, C. v. Arras und Walter v. Mortagne, ZKG 65, 1953f., 129-138.

Clarence, Herzöge v. Der Titel eines Hzg.s v. C. wurde im ma. England dreimal verliehen: 1362 an →*Lionel,* den 3. Sohn Eduards III. und der Philippine v. Hainaut; 1412 an →*Thomas,* den 2. Sohn Heinrichs IV. und seiner 1. Frau, Maria de Bohun; 1461 an →*George,* den Bruder Eduards IV. und 6. Sohn Richards, Hzg. v. York, und der Cicely Neville. Lionel und Thomas starben beide ohne Erben, während Georges Besitzungen eingezogen wurden, so daß in allen drei Fällen der Titel erlosch.

Der Name stammt von einer der größten anglonorm. Familien, deren bedeutendstes Lehen →Clare (Suffolk) war. Als Gilbert v. Clare, Earl of Gloucester, bei →Bannockburn (1314) fiel, teilten seine drei Schwestern seine Güter unter sich auf. Elisabeth, die jüngste († 1360), erbte Clare; durch Heirat erlangte sie auch ir. Güter in Ulster. Alle drei Besitzungen gingen an ihre Enkelin Elisabeth über († 1363), die mit Lionel verheiratet war (Ehevertrag von 1342). 1362, bereits als Statthalter v. Irland – ein Amt, das später auch Thomas und George innehatten –, wurde Lionel zum Hzg. erhoben. Als er im Okt. 1368 starb, erbte seine Ländereien seine einzige Tochter Philippa (∞ Edmund Mortimer, Earl of March, seit 1368); sie fielen an die Krone zurück, als ihr Ururenkel →Eduard IV. den Thron bestieg. Vgl. auch→Lionel, →Thomas († 1421), →George († 1478). M. Jones

Lit.: DNB XI, 1212–1217; XIX, 638–640 – Peerage III, 257–261 – G. A. HOLMES, The Estates of the Higher Nobility in Fourteenth-Century England, 1957 – A. J. OTWAY-RUTHVEN, A Hist. of Medieval Ireland, 1968.

Clarendon, kgl. Pfalz im Wald v. C. in der Nähe von Salisbury, für Jagdaufenthalte des engl. Kg.s. Unter Kg. Heinrich II. wurde C. zu einer bevorzugten Residenz, wo 1164 der berühmte Reichstag stattfand (→Clarendon, Konstitutionen v.). Archäolog. Ausgrabungen haben einen Saal, ein Zimmer und eine Kapelle aus dem 12. Jh. belegt. Die Vergrößerung und die Ausschmückung der Gebäude unter Heinrich III. kosteten die gewaltige Summe von £ 3000. Die Gebäude wurden noch im 14. Jh. und gelegentl. auch später genutzt, ohne daß es zu größeren baul. Veränderungen kam. J. A. Green

Lit.: The Hist. of the King's Works, hg. H. M. COLVIN, II: The MA, 1963.

Clarendon, Konstitutionen v. Kg. →Heinrich II. v. England nutzte einen Hoftag zu→C., etwa vom 25. bis 30. Jan. 1164, um der engl. Kirche 16 »Konstitutionen« zum Verhältnis von geistl. und weltl. Gewalt aufzuzwingen. Den Hintergrund für diese Maßnahme bildete das Bemühen Heinrichs II., die unter Kg. →Stephan v. Blois an Adel und Kirche verlorenen Kronrechte wiederzugewinnen. 1162/63 war es mehrfach zu Meinungsverschiedenheiten zw. dem Kg. und Ebf. →Thomas Becket v. Canterbury gekommen; u. a. deshalb, weil Kleriker, die wegen eines Verbrechens vor dem geistl. Gericht standen, nicht angemessen bestraft wurden.

Die Quellen vermitteln kein klares Bild von der Haltung Beckets und seiner (in gewissem Grad uneinigen) Mitbischöfe in C. Die Forderungen des Kg.s wurden zunächst mündl. vorgetragen. Der Ebf. zögerte, ihnen zuzustimmen, gab aber schließl. doch ein Versprechen ab. Die Bf.e schlossen sich ihm an. Als eine schriftl. Fassung der Konstitutionen in Form eines dreiteiligen →Chirographs (mit Ausfertigungen für den Hof sowie die Ebf.e v. Canterbury und York) vorgelegt wurde, nahm Becket den für ihn bestimmten Text entgegen, ohne ihn jedoch zu besiegeln.

Der Kg. sah in den Konstitutionen eine »recordatio et recognitio cuiusdam partis consuetudinum et libertatum et dignitatum antecessorum suorum«, namentl. seines Großvaters Heinrich I. Unter anderem wurde festgelegt: Streitfragen um Vogtei und Patronat der Kirchen sollen am Königshof entschieden werden (1); Kirchen »de feudo regis« dürfen nicht ohne Zustimmung des Kg.s vergeben werden (2); angeklagte Kleriker sollen, sofern sie von der »iusticia regis« beansprucht werden, an den Königshof kommen »responsuri ibidem de hoc unde videbitur curie regis quod sit ibi respondendum«, und vor das geistl. Gericht »unde videbitur quod ibidem sit respondendum«, wobei die »iusticia regis« das dortige Verfahren beobachtet; wird der Angeklagte als schuldig erkannt, soll die Kirche ihn fortan nicht mehr schützen (3); geistl. Würdenträger dürfen das Reich ohne Erlaubnis des Kg.s nicht verlassen, Appellationen nicht ohne seine Zustimmung an den Papst gerichtet werden (4, 8); kein Kronvasall oder kgl. Beamter darf ohne vorherige Kontaktnahme mit dem Kg. exkommuniziert werden (7); Geistliche, die Lehen unmittelbar vom Kg. halten, sollen diesen Besitz »sicut baroniam« innehaben und die damit verbundenen Pflichten wahrnehmen (11); Ebm.er, Bm.er und Kl. »de domi-

nio regis« sollen bei Vakanz vom Kg. wirtschaftl. genutzt werden (→Regalienrecht). Geistl. Wahlen finden in der kgl. Kapelle statt. Der mit Zustimmung des Kg.s Gewählte soll diesem vor der Weihe als seinem »dominus ligius« huldigen (12); Klagen wegen Geldschulden sollen nicht vor das geistl., sondern vor das kgl. Gericht gehören – auch dann, wenn die Erfüllung eidlich versprochen war (15). Zudem wurden weitere Rechts- und Gerichtsfragen geregelt (Jury of presentment, Utrum). Manche Sätze waren wohl gar nicht umstritten. Größten Anstoß in den kirchl. Kreisen weckte jedoch das 3. Kapitel, welches eine doppelte Bestrafung des Angeklagten zu beinhalten schien. Thomas Becket legte v. a. hiergegen Protest ein und berief sich dabei auf den Satz »Non iudicabit Deus bis in idipsum«. Der Kg. verstand wohl die von dem geistl. Gericht auszusprechende →Degradation nicht als Bestrafung, sondern nur als Vorstufe dazu, wobei er sich auf kanonist. Autoritäten berufen konnte. Die ältere Forschung urteilte: »the Constitutions ... represented not unfairly the practice of the past« (A. L. POOLE). In der Tat hatten die anglonorm. Kg.e kein allgemeines →privilegium fori zugestanden und Einfluß auf die Bischofswahlen genommen. Bei einigen Sätzen ist jedoch fraglich, ob sie wirklich dem älteren Rechtszustand entsprechen. Mit dem 3. Kapitel wurde offenbar eine neuartige Regelung erstrebt. Die Konstitutionen sollten wohl dem von Heinrich II. vorangetriebenen Ausbau der kgl. Gerichtsbarkeit dienen und die Weiterbildung des Rechts angesichts neu auftauchender Probleme fördern. Der Text von C. beinhaltet also sowohl eine Wendung zur Vergangenheit wie einen Blick in die Zukunft.

Nach Abschluß des Hoftages suchte Heinrich II. die Bestätigung Papst Alexanders III. für die Konstitutionen zu erlangen, stieß jedoch auf Ablehnung. Die Mehrzahl der Sätze wurde von der Kurie (wohl im Nov. 1164, als Becket den Papst aufsuchte) verurteilt (u. a. 1, 3, 4, 7, 8, 12, 15). 1169 scheint der Kg. die Konstitutionen durch Zusatzdekrete verschärft zu haben. Nach der Ermordung Beckets (29. Dez. 1170) verbot Alexander III. jede Bestrafung eines Klerikers durch ein weltl. Gericht. Ein zu →Avranches 1172 zw. Kg. und Papst geschlossener Kompromiß begrenzte die Gültigkeit der Konstitutionen, doch wurde nur das Verbot der Appellationen nach Rom ausdrückl. widerrufen. 1176 gestand Heinrich II. zu, Geistliche sollten nicht vor das weltl. Gericht zitiert werden, außer bei Vergehen gegen die Forstgesetze. K. Schnith

Q.: W. STUBBS, Select Charters, 1913⁹, 161ff. – Councils and Synods with other documents relating to the English Church I, ed. D. WHITELOCK, M. BRETT, C. N. L. BROOKE, 1981, 877ff. – Lit.: Z. N. BROOKE, The English Church and the Papacy, 1931, 191ff. – D. KNOWLES, The Episcopal Colleagues of Archbishop Thomas Becket, 1951, 6off. – The Oxford Hist. of England III, 1955², 197ff. [A. L. POOLE] – J. W. GRAY, The Ius Praesentandi in England, EHR 67, 1952, 481ff. – C. DUGGAN, The Becket dispute and the criminous clercs, BIHR 35, 1962, 1ff. – M. D. KNOWLES u. a., Henry II's Supplement to the Constitutions of C., EHR 87, 1972, 757ff. – W. L. WARREN, Henry II, 1973, 447ff. – R. C. VAN CAENEGEM, Public Prosecution of Crime in Twelfth-Century England (Church and Government in the MA, Fschr. C. R. CHENEY, 1976), 41ff. – Councils and Synods ... (s. o.), 852ff.

Clarissimus → Titel

Claudianus. 1. C., Claudius, spätantiker röm. Dichter, * vor 375 in Alexandria, † nach 404, der letzte bedeutende Dichter des heidn. Rom. Nachdem er als ägypt. Halbgrieche zunächst noch Gedichte in griech. Sprache verfaßt hatte, schuf er – seit etwa 394 in Rom – nur mehr lat. Dichtungen im Stil der augusteischen Zeit und des 1. Jh. nach Chr., die seinen Ruhm begründeten. Der Erfolg seines (1) »Panegyricus Probini et Olyberii« (395) verhalf ihm zur Karriere am Mailänder Hof, in deren Verlauf er publizist. den polit. Zielen des Ks.s Honorius und des Reichsfeldherrn→Stilicho diente. So machen den Hauptteil seines Schaffens Dichtungen über zeitgenöss. Vorgänge und Ereignisse der Jahre 396-404 aus, die teils panegyr. Inhalts (Vorbild: Statius), teils Invektiven auf oström. Persönlichkeiten (Vorbild: Iuvenal) sind: Er schrieb (2) Lobgedichte »De consulatu Honorii« der Jahre 396, 398, 404, (3) ein Epithalamium für die Hochzeit des Honorius (398), (4) ein unvollendetes Epyllion »De bello Gildonico« (5) einen »Panegyricus Manlii Theodori« (399), (6) ein Gedicht »De consulatu Stilichonis« (400), (7) das Heldengedicht »De bello Pollentino sive Gothico« auf Stilichos Sieg über →Alarich (402), ferner die beiden Invektiven (8) »In Rufinum« (396) und (9) »In Eutropium« (399). Mit dem Werk (10) »De raptu Proserpinae« in 10 Büchern (395/397), in dem er zum letztenmal die Schönheit der heidn. Götterwelt gestaltet, ist er der letzte bedeutende Repräsentant röm. mytholog. Poesie. – Bald nach C.'Tod wurden nahezu alle polit. Gedichte gesammelt; diese Sammlung hieß im MA häufig »C. maior«; das Epos »De raptu Proserpinae« wurde getrennt überliefert (C. minor). Ab dem 9. Jh. besitzen wir Hss. Im 12. Jh. wird C. häufig benützt und zitiert: Ein deutl. Zeichen für den Grad seiner Bekanntheit zu jener Zeit ist der »Anticlaudianus de Antirufino« des →Alanus ab Insulis. Im 13. Jh. scheint wie vielfach seine unmittelbare Kenntnis stark zurückzugehen, bis er seit etwa der Mitte des 14. Jh. in Humanistenkreisen Italiens und Frankreichs wieder größeres Interesse findet. Sein mytholog. Werk wurde kommentiert von Gottfried von Vitry (A. K. Clarke – P. M. Giles [Mittellatein. Studien und Texte 7], 1973).   R. Kurz

Ed. [in Ausw.]: MGH AA 10, 1892 [Th. Birt] – *Ed. und Komm. zu:* (3) U. Frings, Beitr. zur klass. Philol. 70, 1975 – (4) E. M. Olechowska, Roma aeterna 10, 1978 – (5) W. Simon, 1975 – (6) W. Keudel, Hypomnemata 26, 1970 – (7) M. Balzert, Spudasmata 23, 1974 – (8) H. L. Levy, Philological Monographs of the American Philolog. Association 30, 1971 – (10) J. B. Hall, 1969 – F. F. Schwarz, Litterae Latinae 29, 1974/75, 9ff. – *Lit. [in Ausw.]:* Schanz-Hosius IV, 2, 3ff. – RE III, 2652ff. [F. Vollmer] – RAC III, 151ff. [W. Schmid] – LAW, 638ff. [Ders.] – Kl. Pauly I, 1202ff. [M. Fuhrmann] – R. Sabbadini, Le scoperte dei codici latini e greci ne' secoli XIVe XV (bearb. E. Garin, 1967), 215ff. – A. Cameron, C., 1970 (dazu Ch. Gnilka, Gnomon 49 [1977], 26ff.) – Ch. Gnilka, Beobachtungen zum C.-Text (Fschr. W. Schmid, 1975), 49ff. – Ders., Dichtung und Geschichte im Werk C.', FMASt 10, 1976, 96ff. – D. Meyer, Graia et Romana Vetustas [Diss. Freiburg/Br. 1977] – S. Doepp, Zeitgeschichte in Dichtungen C.', Hermes Einzelschr. 43, 1980 – M. Wacht, Lemmatisierter Index zu den »Carmina maiora« C.s, Regensburger Microfiche Materialien 9, 1980 – *Überlief.:* M. Manitius, Philologus 49, 1890, 554ff. – Ders., Zentralblatt f. Bibliothekswesen, Beih. 67, 1935, 221ff. – J. B. Hall, Manuscripts of C. in the U.S.S.R. and Poland, Proc. of the African classic. assoc. 14, 1978, 1ff.

2. C. Mamertus, Priester in Vienne, † um 474; Helfer seines bfl. Bruders Mamertus – gehörte zum Freundeskreis um →Sidonius Apollinaris. Seine Wirkung beruht auf seiner Schrift »De statu animae«, mit der er den →Traduzianismus und die Lehre von der Körperlichkeit der Seele ablehnte. Er schloß sich der Seelenlehre Augustins an, bot sie in vereinfachender Zusammenfassung und leitete sie zu Cassiodor weiter; auch →Ratramnus v. Corbie benutzte die Schrift.   K. S. Frank

Ed.: A. Engelbrecht, CSEL 11, 1885 – *Lit.:* RAC III., 178f.

Claudius. 1. C. Marius Victor, christl. Rhetor in Marseille, † 425/50, bekannt durch seine »Alethia«, eine kommentierende Paraphrase von Genesis 1–19 in Hexametern. Er benützte Ovid, Vergil und bes. Lukrez, von den christl. Autoren Laktanz, Ambrosius, Prudentius und Augustinus.   K. S. Frank

Ed.: P. F. Hovingh, CCL 128, 1960 – *Lit.:* Schanz-Hosius IV/2, 363-365 – R. Herzog, Die Bibelepik der lat. Spätantike, 1975.

2. C. v. Turin, Bf. und Exeget, † um 827, stammte aus Spanien und stand vielleicht mit dem adoptionist. Bf. →Felix v. Urgel in Verbindung. Im 1. Jahrzehnt des 9. Jh. hielt er sich bei Bf. Leidrad in Lyon auf, wo sein theolog. Wissen, v. a. seine Kenntnis des Augustinus, Aufmerksamkeit erregte. Ludwig d. Fr., Kg. v. Aquitanien, holte ihn an seinen Hof, wo C. als Priester einige Bibelkommentare verfaßte (in der Pfalz Chasseneuil beendete er den Genesis-Kommentar, von dem ein Schreiber Faustinus 811 eine Abschrift anfertigte, den heutigen Cod. Par. lat. 9575). C. scheint sich sein Wissen in erster Linie als Autodidakt angeeignet zu haben; er hatte offenbar keine Lehrer und war sich seiner Unwissenheit in der »saecularis literatura« bewußt (Ep. 7 aus dem Jahr 823 in MGH Ep. IV, p. 603). Beim Tod Karls d. Gr. hielt sich C. am Kaiserhof auf, kurz darauf, um 816, sandte ihn Ludwig d. Fr. als Bf. nach Turin, wo er bis zu seinem Lebensende blieb. Vor seiner Erhebung zum Bf. hatte C. eine Chronik »De sex aetatibus« verfaßt, der Schwerpunkt seiner schriftsteller. Tätigkeit vor und nach seiner Berufung nach Turin lag jedoch in der Exegese; er schrieb Kommentare zu Gen, Ex, Lev, Jos, Ri, Rut, Kön, Mt und zu den Paulusbriefen. Die Mehrzahl dieser Kommentare ist noch nicht ediert, der Exodus-Kommentar ist verschollen. Über ihre Bedeutung kann daher wenig gesagt werden, ein erstes Urteil läßt sich jedoch aus der einzigen bis jetzt greifbaren Untersuchung (des Kommentars zu Kön, von G. Italiani) gewinnen. Nach Bedas Beispiel bestehen die Bausteine zu C.' Werk fast durchweg aus Kompilationen patrist. und anderer Autoren, die Struktur zeigt jedoch eigenständige Züge. C. schreibt keinen scholast. Kommentar, in dem jeder Vers behandelt wird, sondern wählt einige Bibelstellen aus und knüpft an sie »quaestiones«, an die er eine Reihe von »tractatus« anschließt. Für die »quaestiones« benützte er nicht die großen Kirchenväter, wie es Beda getan hatte, sondern Autoren, die ihm zeitlich näher standen (Beda, Isidor v. Sevilla, Paterius) und die in didakt. Hinsicht besser geeignet waren, die Bibel der polit. und intellektuellen Führungsschicht Südgalliens zu Beginn des 9. Jh. nahezubringen. Zu der allegor. und moral. Exegese treten lehrhafte Einschübe, die größtenteils von Augustinus, v. a. aus dessen antipelagian. Schriften, übernommen sind. C.' Gottesvorstellung und der Gedanke der Erlösung des Menschen sind von diesen Schriften beeinflußt. Der Absolutheit Gottes, seiner Ferne vom Menschen entspricht die Absolutheit der Gnade. Daraus erklärt sich, weshalb C. in Turin bei der Frage der Bilderverehrung (→Bild) eine derart ikonoklast. Position einnehmen konnte: Ein Gott, der vom Menschen so verschieden war, konnte nicht bildlich dargestellt werden. C.' Schriften gegen den Bilderkult sind verloren. Auszugsweise erhalten ist nur ein Kompendium, das mit den ikonodulen Schriften überliefert ist, die →Dungal, damals Lehrer in Pavia, und →Jonas, Bf. v. Orléans, gegen ihn verfaßten: »Apologeticum atque rescriptum adversum Theutmirum abbatem«. Im Westen wurde die ikonoklast. Frage in der Reichssynode v. Paris 825 wieder aufgegriffen, bei der Ludwig d. Fr. die gleiche Mittelstellung zw. Ikonodulen und Ikonoklasten einnahm, wie Karl d. Gr. bei der Synode v. Frankfurt i. J. 794. C. wendet sich gegen die Entscheidung von Paris, als einziger abendländ. Theologe, der sich dem Bilderkult widersetzt. Wenn das »Apologeticum« in allen Teilen authentisch ist, war C. nicht nur ein Gegner des Bilderkults (den er als heidnisch ansah), sondern auch der Verehrung des Kreuzes Christi und der Wallfahrten nach Rom: die Gewalt des röm. Papstes sieht er nicht in erster Linie in dem Amt des Bf.s v. Rom begründet, sondern in der Erfüllung seiner Rolle als Papst: »non ille dicendus est apostolicus, qui in cathedra sedens apostoli, sed qui apostolicum implet officium« (Ep. 4, p. 613). Dieses Verlangen nach einer hist. anders strukturierten Kirche bewirkte, daß die →Waldenser in C. v. T. einen ihrer Ursprünge sahen.   C. Leonardi

Ed.: »Epistolae«: E. DÜMMLER, MGH Ep. IV, 1895, 590–605, 607–610 – M. FERRARI, IMU 16, 1973, 307–308 – »De sex aetatibus mundi«: PH. LABBE, Novae Bibliothecae manuscriptorum librorum, I, Parisiis 1657, 309–315 (Teiled.) – Bibelkomm.: Gen: MPL 50, 893–1048 – Lev: MPL 104, 615–620 – Kön: MPL 50, 1047–1208 – MPL 91, 755–808 – MPL 104, 623–834 – Rut: Sacris erudiri, 22, 1974–75, 295–320 – »Apologeticum«: MGH Ep. IV, 1895, 610–613 – *Lit.:* Repfont III, 491 – E. DÜMMLER, Über Leben und Lehre des Bf.s C. v. T., SAB 1895, I, 427–443 – E. COMBA, Claudio di Torino, ossia la protesta di un vescovo, 1895 – F. SAVIO, Gli antichi vescovi d'Italia dalle origini al 1300, I, 1899, 301–319, 576–579 – MANITIUS I, 390–396 – J. B. HABLITZEL, Hrabanus Maurus und Klaudius v. Turin, HJb 38, 1917, 538–552 – P. LEHMANN, Wert und Echtheit einer Beda abgesprochenen Schrift, Erforsch. des MA, III, 1960, 187–194 [vgl. B. BISCHOFF, MA Stud. I, 1966, 115–116] – P. BELLET, Claudio de Turín autor de los commentarios »in Genesim et Regum« del Pseudo-Euquerio, Estudios Biblicos 9, 1950, 209–223 – DERS., Oració de Claudi de Torí en la commentari a Hebreus del Pseudo Attó de Vercelli (Colligere fragmenta, Fschr. A. DOLD, 1952), 140–143 – DERS., El »Liber de imaginibus sanctorum«, bajo el nombre de Agobardo de Lyon, obra de Claudio de Turín, AST 26, 1953, 151–194 – RBMA II, 1950, 242–249; VIII, 1976, 379–381 – WATTENBACH-LEVISON-LÖWE II, 1953, 196, 198–199, 242, 259; III, 1957, 310–311 – R. FAVREAU, Claude de Turin. Note sur la »renaissance« carolingienne en Poitou, Bull. de la Soc. des antiquaires de l'Ouest, 4ᵉ s., 4, 1957–58, 503–505 – M. FERRARI, Note su Claudio di Torino »Episcopus ab ecclesia damnatus«, IMU 16, 1973, 291–308 – I. M. DOUGLAS, The Commentary on the Book of Ruth by C. of T., Sacris erudiri 22, 1974–75, 295–320 – BRUNHÖLZL I, 490–492, 574–575 – G. ITALIANI, La tradizione esegetica nel commento ai Re di Claudio di Torino, 1979 (Quaderni dell'Istituto di filologia classica dell'Univ. di Firenze, 3) – C. LEONARDI, Gli irlandesi in Italia. Dungal e la controversia iconoclastica (Die Iren und Europa im frühen MA I, 1982), 746–757.

Claus Wisse, gemeinsam mit Philipp Colin und Samson Pine Redaktor des »Rappoltsteiner Parzifal« (1331–36); →Colin, Philipp, →Parzivaldichtung.

Claustrales, Kongregation der. Die Benediktinerkongregation der C. v. Tarragona (ab 1233 Tarraconensis-Caesaraugustana) bildete sich in den Jahren 1217 bis 1219 in Ausführung der Beschlüsse des 4. →Laterankonzils (1215) über den Zusammenschluß aller Benediktinerkonvente einer Kirchenprovinz in den Reichen Aragón-Katalonien, Navarra und Mallorca heraus. Nach Vorbild des Zisterzienserordens traten zunächst in unregelmäßigen Abständen, dann ab Mitte des 14. Jh. alle drei Jahre, Generalkapitel zusammen, die zur Wahrung der Regelobservanz Visitatoren bestimmten.

Erste Statuten wurden in den Jahren 1299 bis 1320 erstellt. 1336 definierte →Benedikt XII. in der Bulle »Summi Magistri« die Aufgaben der Generalkapitel neu und betonte die Bedeutung der Studien. Der Abt von S. Cugat del Vallés, Pere Busquet, erarbeitete auf dieser Grundlage Konstitutionen »De statu monachorum et monialium«, die auf dem Kapitel von 1361 angenommen wurden.

Der Versuch, die C. in die Kongregation von S. Benito in →Valladolid zu inkorporieren, scheiterte mit wenigen Ausnahmen (→Montserrat). Die Auflösung der C. erfolgte 1835 im Rahmen der Säkularisation.

U. Vones-Liebenstein

Q. und Lit.: DHEE I, 210 – DHGE VII, 1104–1106 – DIP II, 1165/66 – J. M. BESSE, La congrégation bénédictine espagnole dite des »claustrales«, RevBén, 1900, 275–289 – A. M. TOBELLA, La congregació claustral Tarraconense i les diverses recapitulacions de les seves constitucions provincials (Catalonia monastica 2, 1929), 111–151 – DERS., Cronologia dels capitols de la congregació claustral Tarraconense i Caesaraugustana (prim. parte 1219–1661), AnalMontserratensia 10, 1964 (= Misc. A. M. ALBAREDA), 221–398 – A. M. TOBELLA–A. M. MUNDÓ, Documents del primer segle de la Congregació Claustral Tarraconense, ebd., 399–455 – J. GARCÍA ORO, La reforma de los religiosos españoles en tiempo de los Reyes Católicos, 1969.

Clausula (von lat. claudere, 'schließen', 'anschließen', 'zu Ende führen', 'abschneiden') bezeichnet im grammat. Sinne 'Endung', im metr.-rhythm. Sinne '(Halb-) Vers-, Satzschluß'. In der Liturgie bedeutet c. conclusio als eucholog. Doxologie. In Oration und Lektion bildet der Wortakzent der Silben, die einer syntakt. Zäsur vorausgehen, die melod. c.; sie heißt auch punctum, weil melod. Vortragszeichen dabei einzig das punctum erweitern. Aus der Sprache gleichsam geborene Musik, v. a. ma. Monodie, kennt c. rhythmica und c. metrica. Syllab. Melodien-Psalmodien inklusive – und melismat. Gesänge haben Binnenschluß (c. medialis oder mediatio) und Ganzschluß (c. finalis oder terminatio) mit einem oder mehreren Akzenten. Im ma. →Organum bezeichnet c. den Abschnitt, in dem über dem Tenor Oberstimmen diskantieren. Vom Tenor divergierende Texte der Oberstimmen führen zur ma. Motette.   D. v. Huebner

Die ma. Traktate der mehrstimmigen Musik benutzen c. nur mehr in zwei, weiterhin primär melod. Bedeutungen: als musikal. Abschnitt oder (Form)Teil und als Abschlußformel. Als (Form)Teil bezieht sich c. (nach Anonymus IV, 13. Jh.) im besonderen auf →Perotins neukomponierte Oberstimmen-Abschnitte in Leonins Organa (12.–13. Jh., »clausulae sive puncta«; LUDWIG: »Ersatzkompositionen«). Wegen ihrer zukunftsweisenden Techniken waren Perotins c.ae von Bedeutung für die Entwicklung der abendländ. Kunstmusik. Seit dem 12. Jh. (anonymer Organum-Traktat von Montpellier) ist c. (synonym mit copula oder copulatio) auch Bezeichnung für die formelhafte schritt- oder sprungweise Bewegung der Einzelstimmen von der paenultima zur ultima nota bei der Bildung von Ganzschlüssen (c. hier in Zusammenhang mit clausum scil. dimidium). Kurz vor 1500 (Florentinus de Faxolis 1494/95) wird c. zuerst in der it. Musiktheorie abgelöst durch den an sich gleichbedeutenden volkssprachigen Terminus *cadenza* (nach lat. cadentia von cadere = claudere [im Vers] 'ausgehen auf'); mit dem Unterschied, daß cadenza das Gesamt des harmon. Schlußvorgangs bezeichnet. C. läuft dabei in lat. Fachliteratur weiter, so daß es allmählich zu einer Spezialisierung wie auch zu einer Bedeutungsvermischung der beiden Termini in lat. und volkssprachiger Terminologie führte.

H. Leuchtmann

Lit.: DU CANGE 2, 1883, 364 – MlatWb II, 688–692, 701–702 – LThK² II, 1221 – C. DAHLHAUS–H. H. EGGEBRECHT, Brockhaus-Riemann Musiklex. 1, 1978, 617–618, 651–652 – NEW GROVE IV, 456–457 – Dict. de la musique 4, 1981, 276–278, 365–366 – MGG, s. v. – RIEMANN, Sachteil, s. v. Klausel – F. LUDWIG, Die liturg. Organa Leonins und Perotins (Fschr. H. RIEMANN 1909), 200–213 – P. WAGNER, Einführung III, 1921, 28ff., 273ff. – G. ADLER, Hb. der Musikgesch., 1930², 213–221 [Nachdr. 1975].

Clausula de unctione Pippini (auch: Nota de unctione Pippini), eine nur in zwei Hss. (ms. 7666–71 der Bibl. Royale in Brüssel; ms. Theol. Fol. 188 der Landesbibl. Stuttgart = vorm. Zwiefalten 173) überlieferte Notiz über die Königsweihe →Pippins und seiner Söhne i. J. 754 in →St-Denis mit den zwei wesentl. Nachrichten, daß Pippin mit seinen Söhnen (nach der ersten Salbung von 751 durch frk. Bischöfe) 754 von Papst →Stephan II. »denuo ... in regem et patricium ... unctus et benedictus est« und daß der Papst nach der Segnung der Kgn. →Bertrada die frk. principes verpflichtet habe, niemals einen Kg. aus anderem Geschlecht als dem Pippins zu wählen. Wie der Schreiber erklärt, ist die Notiz 767 in St-Denis aufgezeichnet worden – was in der Forschung z. T. auf Bedenken gestoßen ist. Der Versuch M. BUCHNERS, die C. als Fälschung zu erweisen, ist jedoch heute widerlegt. Als wesentlich erscheint, daß sie in beiden Hss. im Anschluß an die Libri VIII miraculorum des →Gregor v. Tours steht; sie dürfte deshalb nach E. SCHULZ u. a. als Buchsubskription zu deuten sein, die durchaus 767 in St-Denis entstanden sein könnte. Da die C. aber auch Anklänge an die Gesta Stephani des Abtes →Hilduin v. St-Denis (nach 834) aufweist, ist die Frage, welche Quelle aus der anderen geschöpft hat. Nach I. HASELBACH hat die C. als Ableitung der Gesta zu gelten, weshalb sie die C. nach 834 datiert. Wahrscheinlicher ist aber – so SCHLESINGER und AFFELDT – die umgekehrte Ableitung, mit der am Datum 767 festzuhalten ist. Lokalisierungsversuche nach St-Martin in Tours (KRUSCH), Weißenburg (COENS) oder St. Gallen (STOCLET) ändern daran nichts, da sie sich nur auf Zwischenglieder des Stemmas der Hss. beziehen. Das Gleiche gilt für die Zwischenlösung von STOCLET, wonach die C. eine Verbindung der Buchsubskription von 767 mit einem Auszug aus der Gesta darstelle, die um 911 in St. Gallen entstanden sein könnte. Sie erübrigt sich, wenn die von SCHLESINGER u. a. angenommene Ableitung zutrifft.

J. Fleckenstein

Ed.: MGH SRM 1,2, ed. B. KRUSCH, 1885, 465f. – MG SS 15, ed. G. WAITZ, 1887, 1 – bester Druck: A.J. STOCLET, Francia 8, 1980, 2f. – *Lit.:* Repfont III, 491f. – WATTENBACH-LEVISON-LÖWE, I, 1953, 163 und Anm. 6 – M. BUCHNER, Die C. de unctione Pippini, eine Fälschung aus d. J. 880, 1926 – E. SCHULZ, Die C. de Pippino keine Fälschung, HVj 23, 1926/27, 446–455 – DERS., Nochmals die C. de Pippino, ebd. 24, 1928/29, 608–614 – I. HASELBACH, Aufstieg und Herrschaft d. Karolinger (Hist. Stud. 412, 1970), Exkurs II, 193ff. – W. SCHLESINGER, Beobachtungen zu Gesch. und Gestalt der Aachener Pfalz (Stud. zur europ. Vor- und Frühgesch., 1968), 269 m. Anm. 88 – M. COENS, La provenance de ms. Bruxelles 7666-71 contenant le »C. de unctione Pippini regis« (Litterae textuales, I, 1972), 25–34 – W. AFFELDT, Unters. zur Königserhebung Pippins (FMASt 14, 1980), 103–109 – A. J. STOCLET, La c. de unctione Pippini regis, Francia 8, 1980, 1–42.

Clavarius, Amtsbezeichnung mit vielfältiger Bedeutung, erst vergleichsweise spät, seit dem 12. Jh., belegt, im westl. Mittelmeerraum (Nord- und Mittelitalien, Südfrankreich und Iber. Halbinsel) verbreitet, wobei der Terminus stets die Grundbedeutung 'Inhaber eines Schlüssels, Beschließer, Türhüter' bewahrte. In Kastilien konnte es sich bei einem *llavero* um einen Sakristan wie um einen Türhüter oder um den Amtsträger eines geistl. Ritterordens handeln, in Italien konnte der c. ein Kämmerer sein. Doch war es die Ausübung eines öffentl. officium oder ministerium, welche die eigtl. Unterschiede zw. den jeweils als clavarii bezeichneten Amtsträgern ausmachte. Innerhalb des →Konsulats von →Genua (1122) ist der c. gleichbedeutend mit einem summus magistratus. *Chiavigeri*, auch als nobiles, massarii oder rectores bezeichnet, bildeten in der Folgezeit die Umgebung des →Podestà und hatten Funktionen als polit. Berater und Einnehmer der öffentl. Steuern sowie militär. und polizeil. Aufgaben inne. Demgegenüber blieb die Rolle des c. in der Toskana auf die Bewachung der Stadttore beschränkt. – In der Provence war der c. seit der Regierung Raimund Berengars V. zu Anfang des 13. Jh. in die gfl. Zentralverwaltung eingebunden. Mit der Umstrukturierung der Verwaltungsverhältnisse in den Dörfern, wo nun der gfl. Domäne unmittelbar verantwortliche Beamte die Aufsicht übernahmen, wurde der c. zum Untersuchungsrichter in Grundbesitz- und Steuerfällen und hatte – neben den Richtern *(juges ordinaires)* – seinen Sitz im Gerichtshof der jeweiligen *cour bailliagère.* Die *claverie* wurde auch zum Hofamt. – In der katal. Administration, wo der Begriff um 1342 auftritt, handelt es sich um einen kgl. Schatzmeister des *Real Patrimonio,* der als Helfer des (zentralen oder provinzialen) Leiters des Rechnungshofes oder aber eines *battle* (→bayle) oder →*veguer* fungierte, andererseits wurde als c. auch der einfache Schreiber auf Kriegs- und Handelsschiffen bezeichnet, der für die Aufsicht über die Geldtruhe hatte und somit die Mittel der jeweiligen Seereise bzw. der entsprechenden Seegesellschaft verwaltete. Ferner gab es clavarii in den überseeischen Konsulaten der verschiedenen Mittelmeerstaaten. In Marseille verdoppelte sich ihre Funktion im Steuerwesen durch das Amt des städt. Kanzlers. In ganz Südfrankreich war c. die Bezeichnung für die städt. Schatzmeister.

J.-P. Cuvillier

Lit.: MAYER, It. Verfassungsgesch. I, 300 – J. LALINDE, La jurisdicción real inferior en Cataluña, 1966 – E. BARATIER, Enquêtes sur les droits et revenus de Charles Ier d'Anjou en Provence, 1969.

Claves terminorum → Jahreskennzeichen

Clavicord → Musikinstrumente

Clavijo, Ruy González de, † 2. April 1412, *Cavallero* aus in Madrid ansässiger Familie, war oberster Hausbeamter *(principal official)* der Casa Real und Kammerherr des Kg.s →Heinrich III. v. Kastilien. Er galt als guter Redner. Bekannt wurde er durch die diplomat. Reise zu →Timur nach Samarqand, die unter seiner Leitung in den Jahren 1403–06 stattfand und durch einen ausführl. Bericht aus seiner Feder – oder mindestens unter seiner Mitwirkung entstanden – gut überliefert ist. Die Aufgabe der Reise bestand in militär. Beobachtungen des ebenso ruhmreichen wie gefürchteten Heeres unter Timurs Führung. C.s Rückkehr, die sich nach Timurs Tod (1404) verzögerte, erregte große Bewunderung, besonders weil noch nie ein so informationsreicher Bericht von so weiter Reise erstattet worden war. Er ist auch heute noch eine Quelle ersten Ranges für polit., militär. und geograph. Nachrichten entlang des ganzen Reiseweges von Sevilla über Rhodos, Konstantinopel, Trapezunt, Maku, Tabriz, Teheran, Nišapur, Balch nach Samarqand.

U. Lindgren

Ed. und Lit.: Embajada a Tamorlán. Estudio y edición de un manuscrito del siglo XV, ed. F. LÓPEZ ESTRADA, 1943 – U. LINDGREN, The Problems of Being a Foreigner: Ruy Gonzáles de C.'s Journey to Samarkand, Clio Medica 14, 1980.

Clavis (= instrumentum ad aperiendum claustrum aptum [Thesaurus linguae latinae], ein zum Öffnen von Verschlossenem geeignetes Werkzeug) ist seit 1000 in der Musik als terminus technicus in eigentl. wie übertragener Bedeutung nachweisbar und bildet in beiden Bedeutungen den Ausgangspunkt für eine große Zahl von weiterführenden Bedeutungsinhalten in den modernen Volkssprachen. Der Vorrang der eigentl. vor der übertragenen Bedeutung ist anzunehmen, anhand der erhaltenen Quellen zeitlich nicht belegbar. Im Sinne eines (Öffnungs-)Hebels ist c. seit dem späten 12. Jh. für Taste bei Spielmechanismen nachweisbar (in der Antike dafür u. a. lat. pinna [Vitruv] nach griech. *pinax,* oder quadratum plectrum [Opt. Porphyrius, um 325], »slüzzel«; heutiges »Taste« ist eine Übernahme von it. *tasto* seit dem 18. Jh.). In der allgemeineren Bedeutung »Hebel« als »Balgclavis« (der den Orgelbalg regiert); dt. Schlüssel für späteres »Wippe« (Hebel in der mechan. Orgeltraktur) und für späteres Klappe bei Blasinstrumenten (frz. *clé,* it. *chiave,* span. *llave/clave,* engl. *key*); mit Bestimmungswort als »Stimmschlüssel« (frz. *clé pour l'accord,* it. *chiave per accordare,* span. *llave/clave de afinador,* engl. *tuning key*). In die

Gruppe der auf c. zurückgehenden Bezeichnungen für Stimmvorrichtungen gehört auch frz. *clé*, it. *chiave*, span. *llave/clave* für den Stimmkork bei der Flöte. Von c. in eigentl. Bedeutung als Taste oder Klappe spätere Neubildungen wie *clavier, Klaviatur, clavicembalo, clavecin, clavichord, clavicor, clavi-harp* usw.

In übertragener Bedeutung spaltet sich c. in verschiedene termini. [1] Vielleicht von der Taste des musiktheoret. Demonstrationsinstruments Orgel ausgehend, wird c. als Benennung für den Ton im Sinne der Tonstufe im Tonsystem, als Tonbuchstabe benutzt (A, B, C usw.; der erklingende Ton ist →vox oder →sonus). c. bezeichnet auch die Kombination von Tonbuchstabe und →Solmisationssilbe (Γ ut, Are, Bmi usw.). Zur Bedeutungsübertragung vgl. Joannes Sarisberiensis (Mitte des 12. Jh., nach Du Cange, Gloss. med. et inf. lat., V, s. v.): Nec miretur quis tantam vim fuisse in Notulis, cum et musici cantores paucis characteribus multas acutarum et gravium differentias indicent vocum. Et ob hoc quidem characteres illos musicae Claves dicunt. – [2] Mit dem Aufkommen des →Liniensystems in der mus. Notation müssen einzelne Linien bezeichnet werden zur Anzeige des jeweils gemeinten Ausschnitts aus dem gesamten Tonraum, entweder durch Farbe oder vorgesetzte Tonbuchstaben oder beides. Diese einer Linie vorgesetzte *littera* (Ton- oder Schlüsselbuchstabe) heißt ebenfalls c. (Tinctoris: signum loci lineae vel spatii). Von den ursprgl. Vorzeichnungen Γ D F c g c̄ d̄ sind seit dem 14. Jh. bis heute nur mehr der F-, c- und g-Schlüssel in Gebrauch geblieben (→chiavette). – [3] In dem auf →Guido v. Arezzo zurückgehenden Hexachordsystem mit seinen drei gleichgebauten Sechstonfolgen auf C, F und G, die alle den Halbton zw. der dritten und vierten Tonstufe aufweisen, muß zw. der 4. Tonstufe im »weichen« Hexachord auf F (dem B, das einen Halbton höher liegt als das A) und der 3. Tonstufe im »harten« Hexachord auf G (dem B, das einen Ganzton höher liegt als das A) unterschieden werden (b rotundum oder molle und b quadratum oder durum). Diese Unterscheidung geschieht durch den zusätzl. vor das Tonzeichen gesetzten Tonbuchstaben b rotundum (bzw. bei Bedarf b quadratum), der wie später noch hinzutretende »Vorzeichen« (→Akzidentien) ebenfalls c. heißt. – Seit dem 15. Jh. werden die verschiedenen Bedeutungen von c. durch Beiwörter definiert. C. als Tonstufe und deren Tonbuchstabe heißen nun *c. non signata* (oder *non signanda*) i. Gegensatz zu der als (Noten-)Schlüssel benutzten *c. signata* (oder *signanda*), dt. unbezeichnete bzw. bezeichnete Schlüssel, Neben- bzw. Hauptschlüssel. Daneben auch termini wie *c. minus signanda, minus praecipua, intellecta* bzw. *c. signata (expressa), praecipua, expressa, characteristica.* – Während in den modernen Volkssprachen c. als Tonort im Tonsystem mit Ton, Tonstufe bzeichnet wird; als Ton-Benennung mit Tonbuchstabe oder Solmisationssilbe; als Inflektionszeichen mit Vorzeichen, Versetzungszeichen, Akzidens, Erhöhungs-, Erniedrigungs-, Auflösungszeichen, blieb für c. signata der alte terminus in entsprechender volkssprachl. Abwandlung als (Noten)Schlüssel, frz. *clé*, it. *chiave*, span. *llave/clave*, engl. *clef* erhalten. – Im Engl. hat das anfänglich mit clef gleichbedeutende key seit ca. 1600 allmählich einen abweichenden, reichhaltigen Bedeutungsinhalt gewonnnen, insofern es mus. seitdem Taste, Klappe, Klangstab, Hebel (Drehorgel), Schlüssel (in mechan. Bedeutung), Tonart und Grundton einer Tonart, Tonhöhe, umgangssprachl. auch Tonlage, Stimmlage einer Stimme, Einklang (der Meinung), als Verb auch stimmen bedeutet. – In der ursprgl. Grundbedeutung von c. = Holzstück, Pflock, Stange kommt das Wort in mus.

Bedeutung noch für Gegenschlagstäbchen vor, die – neben vielfältigen neueren Benennungen – in allen modernen Volkssprachen als Übernahme aus dem Span. *claves* heißen. H. Leuchtmann

Lit.: F. Reckow, Handwb. der mus. Terminologie, 1972ff., s. v. – Zu weiteren, außermusikal. übertragenen Bedeutungen vgl. MlatWb, s. v.

Clavis sanationis → Simon v. Genua

Clavus, Claudius (auch Claudius Cymbricus, Claudius Niger, Claudius Claussøn Swart), Geograph und Kartograph, * 14. Sept. 1388 auf Fünen (Dänemark). Er verfaßte zwei Redaktionen einer erstaunl. guten Nordlandkarte (Skandinavien, Nordatlantik, Grönland) samt Beschreibungen. Die ältere Redaktion – sie erweitert im Bereich der abendländ. Kartographie erstmals die ptolemäische Geographie auf wiss. Basis – fand Aufnahme in die für Kard. →Fillastre hergestellte Ptolemäushs. (1427); die jüngere, wesentl. verbesserte, ist in ihrer Ausstrahlung wichtig für eine Klärung des Frühstadiums der Nordlandkartographie. Die Ansicht, C. habe Grönland (das er übrigens als Halbinsel Europas betrachtete) selbst besucht, ist allerdings kaum haltbar. Überhaupt ist hinsichtl. der Seriosität des C. in einigen Fällen Vorsicht geboten.
M. Kratochwill

Lit.: KL VIII, 311–316 – J. Fischer, Die Entdeckungen der Normannen in Amerika, 1902, 59–75 – A. A. Björnbo – C. S. Petersen, Der Däne Claudius Claussøn Swart (C. C.), 1909 – R. Hennig, Terrae Incognitae, III, 1953²; IV, 1956², passim – I. R. Kejlbo, C. C. and the Sources of the Vinland Map (Proceedings of the Vinland Map Conference, Chicago 1971), 77–84 – L. Bagrow – R. A. Skelton, Meister der Kartographie, 1973⁴, 542.

Clemens

1. C. I., hl., Bf. v. Rom. Seit →Irenaeus v. Lyon (III 3,3) wird ein C. als dritter Bf. von Rom nach Petrus und Paulus genannt. Die spätere chronolog. Ordnung der röm. Bischofsliste weist ihm das letzte Jahrzehnt des 1. Jh. zu. Im →Liber Pontificalis wird er zum Martyrer; die »Passio S. Clementis« (4./5. Jh.) läßt ihn unter Ks. Trajan zur Arbeit in den Marmorbrüchen deportiert und im Schwarzen Meer ertränkt werden. Durch eine Reliquienübertragung im 9. Jh. nach Rom wurde ihm stadtröm. Basilika aus dem 4. Jh. (Titulus Clementis) seine Gedächtniskirche (S. Clemente).

Seit dem späten 2. Jh. gilt C. als Verfasser eines Briefes der röm. Gemeinde an die Gemeinde von Korinth (sog. 1. Clemensbrief); seinen Namen tragen auch die älteste erhaltene christl. Homilie (sog. 2. Clemensbrief) und die im 3. Jh. in Syrien verfaßten pseudoklementin. Briefe ad virgines. K. S. Frank

Q. und Lit.: LCI VII, 319–323 – E. Caspar, Gesch. des Papsttums von den Anfängen bis zur Höhe der Weltherrschaft I, 1930, 1–8 – *zum 1. Clemensbrief:* Altaner-Stuiber, 45–47 – TRE VIII, 113–123 – J. A. Fischer, Die Apostolischen Väter, 1976⁷ [Text].

2. C. II. (Suidger), *Papst*, am 25. Dez. 1046 inthronisiert, † 9. Okt. 1047 im Kl. S. Tommaso am Aposella bei Pesaro, ◻ Bamberg, Dom; zuvor Bf. v. →Bamberg, entstammte einem edelfreien sächs. Geschlecht. Suidger wurde Domherr zu Halberstadt, 1035 Mitglied der kgl. Kapelle. Kg. Heinrich III. ließ ihn 1040 zum Bf. v. Bamberg wählen, geweiht wurde er am 28. Dez. 1040 von Ebf. →Bardo v. Mainz. Nach Beseitigung des päpstl. Schismas durch die Synode v. →Sutri nominierte Heinrich III. ihn am 24. Dez. 1046 in Rom zum Papst. Am Weihnachtstag als C. II. inthronisiert, krönte er Heinrich III. unmittelbar danach zum Kaiser. Die Art seiner Einsetzung rief bei Reformern Kritik hervor, obwohl der Pontifikat des durchaus geistl. gesinnten kgl. Vertrauensmannes, der als Papst sein Bm. Bamberg beibehielt, mit der röm. Synode

Anfang Jan. 1047 die Besserung kirchl. Zustände einleitete. Er starb auf einer Reise in die Marken. Den seit Ende des 11. Jh. geäußerten Verdacht, C. sei vergiftet worden, konnte eine neuere toxikolog. Untersuchung nicht entkräften. Sein Grabmal ist ein bedeutendes Werk der Sepulkralplastik des 13. Jh. und das einzige Papstgrab nördlich der Alpen.　　　　　　　　　　　　A. Wendehorst

Q.: GP III, 3, 1935, 252 – E. Frhr. v. Guttenberg, Die Reg. der Bf.e und des Domkapitels von Bamberg, 1963, 99–108, Nr. 218–242 – *Lit.*: NDB III, 281f. – P. Kehr, Vier Kapitel aus der Gesch. Ks. Heinrichs III. (AAB, Phil.-Hist. Kl. 1930, Nr. 3, 1931), 50–52 – E. Frhr. v. Guttenberg, Das Bm. Bamberg I (GS II, 1,1, 1937), 96–98 – W. Specht, Der Tod des Papstes C. II. Eine chemisch-toxikolog. Stud., JbffI 19, 1959, 261–264 – K. Hauck, Zum Tode Papst C.' II., ebd., 265–274 – S. Müller-Christensen, Das Grab des Papstes C. II. im Dom zu Bamberg, 1960 – W. Goez, Papa qui et episcopus, AHP 8, 1970, 27–59 – H. Beumann, Reformpäpste als Reichsbischöfe in der Zeit Heinrichs III. (Fschr. Fr. Hausmann, 1977), 21–37 – Frk. Lebensbilder 10, 1982 [R. Timmel – G. Zimmermann].

3. C. III. (Wibert), *Gegenpapst* seit März 1084 (Wahl und Inthronisation), * zw. 1020 und 1030 in Parma, † 8. Sept. 1100 in Civita Castellana, zuvor Ebf. v. →Ravenna. Als jüngerer Sproß einer mit den Mgf.en v. →Canossa verwandten it. Dynastenfamilie zum Geistlichen bestimmt, begann Wibert seine Laufbahn am Hofe Bf. Cadalus' v. Parma (des späteren Honorius II.). Auf Betreiben der Ksn. →Agnes wurde er als Nachfolger →Gunthers v. Bamberg zum it. Kanzler bestellt. Als Vertreter des Reiches nahm er an der Synode zu Sutri (Januar 1059) teil, auf welcher der von der Reformpartei nicht anerkannte Tuskulanerpapst Benedikt X. exkommuniziert wurde. In Verhandlungen mit Nikolaus II. erreichte er die Aufnahme eines Vorbehaltes zugunsten der Rechte des dt. Kg.s bei der →Papstwahl (sog. Königsparagraph) in das von jenem erlassene →Papstwahldekret (von 1059). 1061 war er an der Erhebung des Gegenpapstes Honorius II. beteiligt. Vermutlich im Zusammenhang mit der Neuordnung der Regentschaft 1063 wurde er seines Amtes enthoben. 1072 erhielt er jedoch auf Fürsprache der Ksn. Agnes das Ebm. Ravenna. Im Frühjahr 1073 leistete er hierfür Alexander II. einen Obödienzeid. Sein anfänglich gutes Einvernehmen mit Gregor VII. wurde durch die Kampfansage der lombardischen Bf.e zu →Piacenza (Anfang 1076) erschüttert (vgl. →Investiturstreit). Mit den übrigen lombardischen Bf.en traf ihn daraufhin der Bann. Auf der Fastensynode v. 1078 wurde er zusammen mit Ebf. →Thedald v. Mailand, dem Haupt der antigregorian. Opposition, gebannt und im Nov. endgültig für abgesetzt erklärt. Dieses Urteil wurde auf der Fastensynode v. 1080 bestätigt. Auf einer von Heinrich IV. nach→Brixen einberufenen Synode wurde daraufhin die Eröffnung eines kanon. Verfahrens gegen Gregor VII. beschlossen und Wibert als kgl. Kandidat für den päpstl. Stuhl nominiert (25. Juni 1080). Nach der Einnahme Roms durch Heinrich IV. am 21 März 1084 wurde er auf Vorschlag des Kg.s zum Papst gewählt und (durch zwei hierzu nicht berechtigte Bf.e) inthronisiert, wobei ihm der Name C. III. verliehen wurde. Am Ostersonntag (31. März) krönte er Heinrich IV. zum Ks. und residierte anschließend gemeinsam mit diesem im Lateranpalast. Auch unter den nach dem Tode Gregors VII. von der Reformpartei erhobenen Päpsten, Viktor III. und Urban II., vermochte sich C., dem die Mehrheit der Kard.e sowie der stadtröm. Adel anhing, in Rom zu behaupten. Die hier vermutl. 1091/92 veranstaltete Synode geriet zu einer eindrucksvollen Kundgebung der ksl. Sache. Nach 1092 hielt sich C. vorwiegend am Hofe des Ks.s in Oberitalien auf, dessen zuverlässigste Stütze er in dieser von Rückschlägen geprägten Zeitspanne war. Auch die Wahl Paschalis' II. 1099 in Rom hat die Machtverhältnisse in der Stadt nicht wesentl. verändert. Erst das Eintreffen norm. Unterstützung veranlaßte C., nach N. auszuweichen, um von hier aus den Widerstand gegen seinen Kontrahenten fortzusetzen; er starb in Civita Castellana.

C., dessen persönl. Integrität auch von seinen Gegnern anerkannt wurde, war keineswegs bloß ein Werkzeug Heinrichs IV.; er hat vielmehr eine durchaus eigenständige Politik verfolgt. So war er bestrebt, seine Obödienz über den Einflußbereich Heinrichs IV. hinaus in Dänemark, England, Portugal, Ungarn, Serbien und Kroatien zur Geltung zu bringen. Er führte Verhandlungen mit dem Metropoliten von Kiev über eine Union mit der russ. Kirche und durch Vermittlung des Ebf.s v. Reggio über eine Wiederbelebung des Bündnisses mit Byzanz. C. setzte sich aktiv für die kirchl. Reform (Beschlüsse gegen →Simonie und Nikolaitismus [→Zölibat] auf der röm. Synode 1091/92) ein und förderte die Kanonikerreform auch über den Bereich der Ravennater Kirche hinaus. Von seiner Erzdiözese aus, deren Autonomiebestrebungen gegenüber Rom er u. a. mit Hilfe gefälschter Urkunden unterstützte, leistete er Heinrich IV. nicht nur materielle Hilfe; mehrfach hat er für diesen auch das militär. Kommando vor Rom übernommen. Ravenna wurde während seines Pontifikats zum Zentrum der ksl. Propaganda. C. griff auch selbst in die publizist. Auseinandersetzung ein; die von ihm stammende Streitschrift ist jedoch nur aus der Entgegnung →Anselms v. Lucca (MGH LdL. I, 517ff.) und der Benutzung durch→Wido v. Ferrara (MGH LdL. I, 529ff.) zu erschließen. Die verfälschte Fassung des Papstwahldekrets (MGH Const. I, 541–546, Nr. 383; vgl. H.-G. Krause, Das Papstwahldekret von 1059 und seine Rolle im Investiturstreit [StGreg 7, 1960], 271–275) ist jedoch nicht hier, sondern vermutl. im Zusammenhang mit den vor seiner Wahl zw. dem dt. Hof und der Kardinalsopposition geführten Verhandlungen entstanden.

T. Struve

Q.: Jaffé² I, 649–655; II, 713 – Decretum Wiberti vel Clementis papae, MGH LdL. I, 621–626 – Altercatio inter Urbanum et Clementem, MGH LdL. II, 169–172 – P. Kehr, in: NGG, 1900, 148f., Nr. 7 [Urk. für Ebf. Petrus v. Doclea] – F. Liebermann, in: EHR 16, 1901, 328–332 [3 Briefe an Lanfranc] – W. Holtzmann, in: BZ 28, 1928, 59f. [Brief an Basileios v. Reggio] – künftig auch: RI III, 2 – *Lit.*: ECatt VI, 1279 – DBI XXVI, 181–188 [Lit.] – LThK² X, 1087f. – HKG III, 1, 440f., 442 – O. Köhncke, Wibert von Ravenna (Papst Clemens III.), 1888 – G. Meyer v. Knonau, JDG H. IV. und V., Bd. I–V, 1890–1904 [Nachdr. 1964–65], passim – P. Kehr, Zur Gesch. Wiberts von Ravenna (Clemens III), SPA, 1921, 355–368, 973–988 – O. Francabandera, Guiberto arcivescovo di Ravenna ossia Clemente III. (Atti e memorie della R. deputazione di storia patria per le provinzie di Romagna 4. ser., 25, 1935), 29–70 – A. Fliche, La réforme grégorienne III, 1937 [Nachdr. 1978], bes. 59ff. – K. Jordan, Der Kaisergedanke in Ravenna zur Zeit Heinrichs IV., DA 2, 1938, 85–128 – Ders., Ravennater Fälschungen aus den Anfängen des Investiturstreites, AU 15, 1938, 426–448 [Nachdr.: Ders., Ausgew. Aufsätze zur Gesch. des MA (Kieler Hist. Stud. 29, 1980), 21–51 und 52–74] – Haller II, bes. 417ff. – G. B. Borino, Quando il card. Ugo Candido e Guiberto arcivescovo di Ravenna furono insieme scomunicati, StGreg 4, 1952, 456–465 – K. Jordan, Die Stellung Wiberts von Ravenna in der Publizistik des Investiturstreites, MIÖG 62, 1954, 155–164 [Nachdr.: Ders., Ausgew. Aufsätze..., 1980, 75–84] – Seppelt III, passim – P. G. Fischer, Wibert von Ravenna (Gegenpapst Clemens III.) [Diss. masch. Wien 1970] – G. Fornasari, Il sinodo guibertista del 1089 e il problema del celibato ecclesiastico (StM 3. ser., 16, 1975), 259–292 – J. Ziese, Wibert von Ravenna. Der Gegenpapst Clemens III. (1084–1100) [Päpste und Papsttum 20, 1982].

4. C. III. (Paolo Scolari), *Papst* seit 19. Dez. 1187 (Wahl in Pisa), † 28. März 1191 in Rom,⊂ebd., Lateransbasilika, entstammte einer röm. Familie. Nach seiner geistl. Laufbahn als Kanoniker, dann Erzpriester v. S. Maria Maggiore, Kardinaldiakon v. SS. Sergio e Bacco (1179), Kardinalpriester v. S. Pudenziana (1180) und Kardinalbischof v. Preneste (1181) galt er schon nach dem Tod Urbans III. als Anwärter auf den Papstthron; er war von schwächl. Gesundheit. Kurz nach seiner Wahl kehrte C. nach Rom zurück und beendete durch einen Vertrag mit dem Senat (31. Mai 1188) ein seit Jahrzehnten währendes Spannungsverhältnis zw. der Stadt →Rom und dem →Papsttum. Gegen die Preisgabe von →Tusculum und finanzielle Zugeständnisse erhielt C. die Stadtherrschaft und Garantien für das unbehinderte Wirken der →Kurie in Rom. Die erneuerte Verankerung des Papsttums in Rom erklärt, daß von den 25 ernannten Kard.en zwei Drittel aus der Stadt und ihrer Umgebung stammten. Die Arbeit der Kanzlei und das kuriale Justizwesen nahmen unter C. zu.

Das Verhältnis zum Imperium und zu den westl. Monarchien war von der Sorge um den →3. Kreuzzug bestimmt, den noch sein Vorgänger Gregor VIII. ausgerufen hatte. Päpstliche Legaten bewegten Ks. Friedrich I. und zahlreiche dt. Fürsten zur Kreuznahme und stellten das Einvernehmen zw. Kaisertum und Papsttum wieder her, nachdem C. in strittigen Fragen wie der Trierer Bischofswahl (→Trier) nachgegeben und auch sonst Zugeständnisse gemacht hatte. Heinrich VI., dem die Kaiserkrönung noch zu Lebzeiten des Vaters versprochen wurde, sicherte am 3. April 1189 die Restitution des →Patrimonium Petri zu. Auch die Kreuznahme des engl. und frz. Kg.s und die vorläufige Beilegung ihrer Konflikte waren das Werk päpstl. Beauftragter. Auf derselben Linie lagen Friedensbemühungen in Oberitalien. Wegen der stauf. Erbansprüche auf →Sizilien nach dem Tod Kg. →Wilhelms II. (18. Nov. 1189) und der drohenden Umklammerung des Patrimonium Petri rückte C. vom Einvernehmen mit dem Ksm. ab und begünstigte →Tankred v. Lecce als Konkurrenten Heinrichs VI., ohne freil. mit diesem zu brechen oder Bedingungen für die auf Ostern 1191 angesetzte Kaiserkrönung zu stellen. – Kirchenpolitisch bedeutsam wurden von C. verfügte Änderungen der Metropolitan-, bzw. Diözesangrenzen in Spanien und im NO des Reiches. W. Maleczek

Q.: JAFFÉ² II, 535–576 – Epistolae Cantuarienses, ed. W. STUBBS (RerBrit., 38, 2, 1865), 136ff. – *Lit.*: DHGE XII, 1096–1109 – P. ZERBI, Papato, Impero e »respublica christ.« (dal 1187 al 1198, 1980², 9–62 – J. PETERSOHN, Der Vertrag des Röm. Senats mit Papst C. (1188), MIÖG 82, 1974, 289–337 – V. PFAFF, Papst C. (1187–1191), ZRGKanAbt 56, 1980, 261–316.

5. C. IV. (Gui Foucois), *Papst* seit 5. Febr. 1265 (Wahl), * um 1200 in St-Gilles-du-Gard (Languedoc), † 29. Nov. 1268 in Viterbo, ▭ ebd., S. Francesco. Gui Foucois, der zunächst dem Laienstand angehörte, hatte in Paris studiert. Er war wie sein Vater Rechtsberater und diente dem Gf.en v. Toulouse, →Alfons v. Poitiers, bei der Verwaltung seiner südfrz. Territorien (1249–54). Erst nach dem Tod seiner Frau wurde er Priester. 1257 zum Bf. v. →Le Puy erhoben, war er Richter am Parlement v. Paris und wurde von Kg. →Ludwig IX. zum Rat *(conseiller du roi)* berufen. Seit 1259 Ebf. v. →Narbonne, war er als Vermittler in verschiedenen Streitfällen tätig. Außerdem ließ er den got. Kathedralbau in Narbonne errichten und gewann – trotz großer Strenge – die Wertschätzung der Juden in seinem Erzbistum. Zu diesem Zeitpunkt hatte er bereits seine 15 »consultationes« über die Ausübung des Inquisitorenamtes (→Inquisition) abgefaßt, die er später vervollständigte. Am 24. Dez. 1261 von Papst Urban IV. zum Kardinalbischof v. S. Sabina erhoben, wurde er mit einer Legation in →England, das von Bürgerkriegen erschüttert

war, betraut (1263–64); doch scheiterte diese Mission an der Verweigerung der Erlaubnis zur Einreise durch den engl. König. Gui Foucois, von energ. Charakter und unbeugsamer Härte und Willenskraft, war ein scharfer Gegner des →Nepotismus, dabei ein Anhänger der →Mystik, wovon ein von ihm verfaßtes provenzal. Gedicht über die Sieben Freuden Mariens Zeugnis ablegt.

In seiner Abwesenheit wurde Gui Foucois vom →Konklave in Perugia zum Papst gewählt (5. Febr. 1265). Während seines Pontifikats verstärkte C. durch die Konstitution »Parvus Fons« (1265) die Autorität des Generalkapitels der →Zisterzienser. Den →Franziskanern und →Dominikanern übertrug er die Nominierung der Inquisitoren. Die päpstl. Konstitution »Licet ecclesiarum« (27. Aug. 1265) unterwarf Kirchen und kirchl. Würden der päpstl. Verfügungsgewalt. Er unterstützte →Karl v. Anjou, den bereits →Urban IV. zum Kg. v. →Sizilien designiert hatte, um den stauf. Thronprätendenten →Manfred zurückzudrängen. Die Übernahme der Herrschaft in Sizilien durch den Anjou sollte u. a. der Durchführung eines Kreuzzugs die nötige Grundlage liefern. Um Hilfe für Karl v. Anjou wandte sich C. an Bankiers, an Kg. Ludwig IX. und Alfons v. Poitiers und verpfändete trotz seiner Skrupel selbst Kirchengüter. Mit der Niederlage Manfreds bei →Benevent und derjenigen des Stauferben →Konradin bei →Tagliacozzo (1268) war die angiovin. Sache gewonnen, doch sah sich C. von der Haltung des Anjou gegenüber dem Papsttum enttäuscht: Der von C. propagierte Kreuzzug wurde von Karl ständig hinausgeschoben. C. verließ seinen Sitz Perugia nur, um nach Viterbo überzusiedeln, wo er vor seinem Tod den bestehenden Papstpalast errichten ließ. M. Hayez

Q.: GChrNov VII, 217–234 – E. JORDAN, Les registres de Clément IV, 1893ff. – Schedario BAUMGARTEN II, 1966, Nr. 3308–3673 – E. PASZTOR, I registri camerali di lettere pontificie del sec. XIII (Archivum hist. pont. 11, 1973) – B. BARBICHE, Les actes pontificaux originaux des Arch. nat. de Paris II, 1978, 1251–1459 – M. DYKMANS, Le transferts de la curie romaine du XIIIᵉ au XVᵉ s., ASRSP 103, 1980 – *Lit.*: DHGE XII – A. FRUGONI, Manfredi re di Sicilia, EDant III, 1971 – Y. DOSSAT, Gui Foucois..., Cah. de Fanjeaux 7, 1972, 23–57 – R. CHAZAN, Archbishop Guy Fulcodi of Narbonne and his Jews, REJ 132, 1973, 587–594 – R. H. BAUTIER, Un grand pape méconnu du XIIIᵉ s., C. IV ..., Le Club français de la Médaille, 1983.

6. C. V. (Bertrand de Got), *Papst* seit 5. Juni 1305 (Wahl; Krönung: 14. Nov. 1305), * in Villandraut (Gironde), † 20. April 1314 in Roquemaure (Gard), ▭ in Uzeste (Gironde), stammt aus einer Adelsfamilie des dem engl. König gehörigen Hzm.s →Gascogne. Nach Rechtsstudium und -lehre in Orléans und Bologna wird er zuerst 1285 als Prokurator Eduards I. v. England im Pariser Parlement genannt, später als kgl.-herzoglicher Kleriker, Generalvikar seines Bruders Ebf. Béraud v. Lyon und 1294 als Kaplan Coelestins V., der Béraud († 1297) zum Kard. erhob. Bonifatius VIII. providierte Bertrand 1295 zum Bf. v. St-Bertrand-de-Comminges (Haute-Garonne), 1299 zum Ebf. v. Bordeaux.

In elfmonatiger Sedisvakanz nach →Benedikts XI. Tod konnten sich die Kard.e, in Anhänger und Gegner →Bonifatius' VIII. geteilt, im Peruginer Konklave auf keinen Nachfolger aus den eigenen Reihen einigen; Intrigen lenkten die Stimmen auf Bertrand als Kompromißkandidaten. Seine Krönung fand, von Unfällen überschattet, am 14. Nov. 1305 in Lyon in Gegenwart Philipps IV. v. Frankreich statt. Die nie aufgegebene Absicht, nach Italien zu gehen, hat C. nicht verwirklicht. Seine Kränklichkeit und der Druck der frz. Regierung führten dazu, daß er in Südfrankreich, v. a. in Poitiers, und ab 1309 in Avignon und Umgebung blieb. Kardinalskollegium und Kurie hat er durch Franzosen, darunter zahlreiche Verwandte, ergänzt, die Primatialrechte im Pfründen- und Abgabenwesen ausgebaut. Versuche, im Häresieprozeß gegen Bonifatius VIII. und im Attentatsprozeß gegen Guillaume de →Nogaret zu außergerichtl. Einigung zu kommen, gelangen erst aus der Erfahrung der prozessualen Probleme des 1310 eröffneten Verfahrens (»Rex glorie«, 27. April 1311): Die frz. Seite trat gegen Zusicherung der Indemnität vom Prozeßbetrieb zurück, Nogaret wurden Sühnewallfahrten auferlegt. Mit der Kanonisation →Coelestins V. (5. Mai 1313) und in der Templerfrage (→Templer) mußte C. frz. Wünschen nachgeben. Nachdem seine alleinige Zuständigkeit für die 1307 inhaftierten Ordensritter gegen Philipp IV. nicht durchzusetzen war, ließ er gemischte Kommissionen zu, deren Verhörakten über die angebl. sittlichen Verfehlungen dem Konzil v. →Vienne (1311–12) vorgelegt wurden; durch Dekret hob er den Orden auf und gab der frz. Krone den Weg frei, sein Vermögen einzuziehen. Kirchenreform- und Kreuzzugspläne begleiteten C.' Pontifikat und wurden im Konzil anhand von Beschwerdelisten und Gutachten behandelt, ließen sich aber mit den zu territorial-rechtl. Konzentration drängenden Mächten nicht mehr realisieren. Vom Konzil gebilligte, später redigierte Dekretalen C.' wurden erst von →Johannes XXII. publiziert (→Clementinae). Die Förderung des dt. Königs Heinrich VII., zu dessen Kaiserkrönung (29. Juni 1312) C. zwei Kard.e nach Rom entsandte, war ein Versuch, ein Gegengewicht gegen die frz. Vormacht aufzubauen. Den Zerfall des Kirchenstaats konnte C. durch den Erwerb →Ferraras aufhalten; mit der Ernennung →Roberts v. Neapel zum Reichsvikar in Italien (→Reichsvikariat) legitimierte er dessen starke Stellung. C.'→Nepotismus führte nach seinem Tod zu einem Prozeß gegen die im Testament übermäßig begünstigten Verwandten. T. Schmidt

Q.: Regestum Clementis Papae V ... ed. cura et studio monachorum OSB, 9 Bde, 1885–89; App. I, 1892 – Tables des Rég. de C. V, hg. R. FAWTIER u. a., 1948–57 – Les recettes et les dépenses de la Chambre apostolique pour la quatrième année du pontificat de C. V (1308–1309), hg. B. GUILLEMAIN, 1978 – Lit.: DBI XXVI, 202–215 [Lit.] – DHGE XII, 1115–1129 – HKG III, 2, 368–384 – TRE VIII, 95–98 – G. LIZERAND, C. V et Philippe le Bel, 1910 – G. FORNASERI, Il conclave perugino del 1304–1305, RSCI 10, 1956, 321–344 – J. H. DENTON, Pope C. V's early career as a royal clerk, EHR 83, 1968, 303–314 – J. A. KICKLIGHTER, La carrière de Béraud de Got, AM 85, 1973, 327–334 – B. Z. KEDAR – S. SCHEIN, Un projet de »passage particulier« proposé par l'ordre de l'Hôpital, 1306–1307, BEC 137, 1979, 211–226 – N. HOUSLEY, Pope C. V and his crusade of 1309–10, Journal of Medieval Hist. 8, 1982, 29–43.

7. C. VI. (Pierre Roger), *Papst* seit 7. Mai 1342, * 1292 in Maumont (dép. Correze), † 6. Dez. 1352 in Avignon, ▭ Abtei →La Chaise-Dieu in der Auvergne, stammte aus nicht bes. begütertem Adel und blieb zeitlebens seinen Verwandten und seiner limousin. Heimat verbunden (unter 25 von ihm ernannten Kard.en waren nur vier Nichtfranzosen, dafür aber vier nahe Verwandte). Mit 17 Jahren trat er in das Benediktinerkloster La Chaise-Dieu ein, er studierte an der Sorbonne in Paris. Mit 30 Jahren wurde er als Dr. theol. Prior v. St. Pantaleon, das von La Chaise-Dieu abhängig war; 1328 Abt v. Fécamp bei Rouen und Bf. v. Arras, 1329 Ebf. v. Sens und 1330 Ebf. v. Rouen (reichstes Bm. Frankreichs), als solcher Kanzler des frz. Kg.s Philipp VI. Er übersiedelte nach der Ernennung zum Kardinalpriester v. SS. Nereo e Achilleo (18. Dez. 1338) am 5. Mai 1339 an die →Kurie nach →Avignon, dort wurde er einstimmig zum Papst erwählt, galt als freundlich, umgängl., großherzig und mildtätig, freigebig bis verschwender. (großer Hermelinverbrauch!). Er war ein Förderer von Kunst und Wissenschaft und besaß gute Manieren. Mathias v. Neuenberg nennt ihn »mulierum, honoris et potencie cupidus«. Mit gründlichem theol. Wissen vereinigte er Beredsamkeit und selbständiges Denken. Mehr Politiker als Seelenhirte, war er diplomat. und energ. bis schroff. Er baute den Papstpalast aus und suchte, durch Ausweitung des Provisions- und Expektanzenwesens seine Ausgaben abzudecken (auf Vorhaltungen erwiderte er »Predecessores nostri nesciverunt esse papa«). Er kaufte v. →Johanna I. v. Neapel, der er Dispens zur Heirat des Mörders ihres ersten Ehegatten gewährte, die Stadt Avignon. In der Auseinandersetzung mit→Ludwig IV. v. Bayern vertrat er den frz. Standpunkt durch seine endgültige Verurteilung des Wittelsbachers (Gründonnerstag 1346). Er begünstigte →Karl IV., seinen Jugendfreund. Im →Hundertjährigen Krieg zw. England und Frankreich führte er einen, zwar nicht lange währenden Waffenstillstand herbei. →Cola di Rienzo, der in Rom für kurze Zeit die Herrschaft an sich riß, wurde schließlich exkommuniziert. Auf Bitten der röm. Bevölkerung ordnete er für 1350 ein Jubeljahr mit reichen Ablässen an (→Hl. Jahr), für die er durch die Lehre vom »infinitus thesaurus ecclesie« (1348) die Voraussetzungen geschaffen hatte. In seiner Person hat das Avignonenser Papsttum einen gewissen Höhepunkt erreicht. Der prächtige Papst dachte nicht an eine Rückkehr nach Rom und war, was bei seiner Gesinnung nicht zu verwundern ist, mit den Franziskaner-Spiritualen überworfen. Bei aller Anerkennung seiner Fähigkeiten und Leistungen war er ein Unglück für Papsttum und Kirche. J. Lenzenweger

Q.: Lettres closes, patentes et curiales, ed. E. DEPREZ, I, 1 und 2, 1901 und 1925 – Lettres closes, patentes et curiales se rapportant à la France, ed. E. DEPREZ, J. GLENISSON, G. MOLLAT, II, 3, 1958 – Lettres se rapportant à la France, ed. E. DEPREZ, J. GLENISSON, G. MOLLAT, II, 4 und III, 5 und 6, 1958–61 – Lettres closes, patentes et curiales. Intéressant les pays autres que la France, ed. E. DEPREZ–G. MOLLAT, 1–3, 1960–61 – Lit.: DHGE XII, 1129–1162 – E. DEPREZ, Les funérailles de Clement VI et d'Innocent VI d'après les comptes de la cour pontificale, MAH 20, 1900, 235–250; VII – A. PELISSIER, Clément VI le Magnifique, premier pape Limousin (1342–1352), 1951 – G. MOLLAT, Clément VI (DERS., Les papes d'Avignon [1305–1378], 1964), 89–103 – J. E. WRIGLEY, Clément VI before his Pontificate: the early life of Pierre Roger (1290/91–1342), CathHR 56, 1970, 433–473 – J. LENZENWEGER, Passau und Österreich in ihrer Beziehung zur Kurie von Avignon unter Papst Klemens VI. (Acta Pataviensia Austriaca I, 1974), 174–267 – J. E. WRIGLEY, The Conclave and the Electors of 1342, AHP 20, 1982, 51–82.

8. C. VII. (Robert v. Genf), *avignones. Papst* seit 20. Sept. 1378 (Wahl; Krönung: 31. Okt. 1378), * 1342 zu Annecy (Savoyen) als 5. Sohn des Gf.en→Amadeus III. v. Genf und der Mahaut de Boulogne,† 16. Sept. 1394 in Avignon. Schon 1350 wurde er Familiare seines Onkels Gui de →Boulogne, des Kardinalbischofs v. Porto, durch dessen Fürsprache er bereits früh in den Genuß mehrerer Pfründen kam. Papst Innozenz VI. machte ihn 1360 zum apostol. Notar und erhob ihn am 3. Nov. 1361 zum Bf. v. Thérouanne. 1368–71 war er Bf. v. Cambrai, seit 30. Mai 1371 Kard. Gregors XI. (Titel Zwölf Apostel). Ab 27. Mai 1376 war er Legat Gregors XI. in Italien und als solcher für das Massakrer der päpstl. Söldnerarmee an den Bewohnern des aufständ. →Cesena (Anf. Febr. 1377) verantwortlich. Als Gregor am 27. März 1378 in Rom, wo er zuletzt 14 Monate residiert hatte, gestorben war, verlangten die stadtröm. Behörden und das röm. Volk die Wahl eines Römers oder wenigstens eines Italieners, um einigermaßen sicher zu sein, daß der neue Papst nicht wieder nach Avignon zurückkehren würde. Der Kard. aus Genf gehörte sicher zu denjenigen, die unter ständiger Bedrohung durch die röm. Bevölkerung in der Nacht zum 7. auf 8. April 1378 Bartholomäus Prignano, Ebf. v. Bari und Vizekanzler der Kurie in Italien, zum Papst (→ Urban VI.) wählten. Zumindest offiziell hat er Urban VI. mehrere Monate lang als Papst anerkannt, denn noch am 15. Juni 1378 richtete er eine Supplik an ihn. Als sich die Maßlosigkeit des neuen Papstes immer mehr steigerte und er keine Gelegenheit ausließ, die Kard.e zu demütigen, war Robert v. Genf unter denjenigen, die im Juni 1378 Rom verließen und nach Anagni übersiedelten, am 20. Juli 1378 die Ungültigkeit von Urbans Wahl erklärten und am 2. Aug. 1378 ihn als abgesetzt deklarierten. Nach längeren Beratungen wählte das in Fondi versammelte Kollegium der Kard.e am 20. Sept. 1378 ihn zum Papst.

C., der von Urban bald gebannt wurde, nahm den Kampf mit seinem Kontrahenten auf, zumal bis Ende 1378 fast alle Kard.e Gregors XI. auf seiner Seite standen. Im Kampf um Italien erlitt er jedoch eine empfindl. Niederlage, da es Urban gelang, die Kgn. → Johanna I. v. Neapel, die von der röm. Obödienz abgefallen war, wieder auf seine Seite zu ziehen. Am 22. Mai 1378 verließ C. Italien und zog am 20. Juni 1379 in Avignon ein, wo er seitdem residierte. Ehe er Italien verließ, belehnte er Ludwig v. Anjou, den jüngeren Bruder des frz. Königs, mit Teilen des nördl. Kirchenstaates. Da Ludwig sich aber gegen den Kg. v. Neapel, → Karl III. v. Durazzo, nicht durchsetzen konnte, blieb Italien weiterhin auf der Seite Urbans VI. Da beide Päpste von ihrer Rechtmäßigkeit überzeugt waren und sich um Anerkennung bemühten, war das → Abendland. Schisma nicht mehr zu verhindern. C. baute in Avignon seine → Kurie auf und ernannte insgesamt 29 Kard.e, von denen allerdings mehrere ihre Ernennung ablehnten. An seine Kurie berief C. zahlreiche Genfer Landsleute, von denen er zwei (Jean de → Brogny und Jacques de → Menthonay) zu Kard.en machte. Er sorgte für eine baul. Ausgestaltung → Avignons und für einen Aufschwung der Univ. Avignon. Der dem Hochadel angehörende C. – er war mit dem frz. Kg. und dem dt. Ks. verwandt – war hochbegabt, aber persönl. skrupellos. Sein aufwendiger Lebensstil und seine verschwender. Hofhaltung wurden selbst von seinen Anhängern scharf kritisiert. Zeit seines Lebens lehnte C. wie Urban alle Versuche – v. a. der Univ. Paris –, die darauf abzielten, das Schisma zu beenden, ab. G. Kreuzer

Q.: BALUZE – MOLLAT, Vitae Paparum Avenionensium I–IV, 1914–27 – Documents relatifs au Grand Schisme. Textes et analyses, ed. K. HANQUET et U. BERLIÈRE, 2 Bde (Analecta Vaticano-Belgica VIII und XII, 1924–30) – Acta pseudopontificum Clementis VII. (1378–1394), Benedicti XIII (1394–1417), Alexandri V (1409–1410) et Johannis XXIII (1406–1415) ..., ed. A. L. TĂUTU, 1971 – Calendar of Papal Letters to Scotland of Clement VII of Avignon 1378–1394, ed. CH. BURNS, 1976 – Lit.: DHGE XII, 1162–1175 – DThC XIV, 1470–1475 – HKG III/2, 496–500 – DBI XXVI, 222ff. – E. GÖLLER, C. VII. v. Avignon 1378–1394, Repertorium Germanicum I, 1916 – F. BOCK, Einf. in das Registerwesen des avignones. Papsttums, QFIAB 31, 1941, 76–80 – G. MOLLAT, L'adhésion des Chartreux à Clément VII, RMA 5, 1949, 35–42 – H. DIENER, Rubrizellen zu Supplikenregistern Papst C. VII. (1378/79), QFIAB 51, 1971, 591–605 – R. CH. LOGOZ, Clément VII (Robert de Genève), 1974 – P. GASNAULT, Trois lettres secrètes sur papier de Clément VII (Robert de Genève) et une supplique originale signée par ce pape (Studi Battelli 2, 1979), 337–351 – L. BINZ, Le népotisme de Clément VII et le dioc. de Genève, Genèse et débuts du Gr. Schisme d'Occident (Colloques internat. du C.N.R.S. 586, 1980), 107–123 – A.-M. HAYEZ, Clément VII et Avignon (ebd.), 125–141 – J. VERGER, L'Univ. d'Avignon au temps de C. (ebd.), 185–199 – A. MORGANSTERN, Le mécenat de Clément VII et maître Pierre Morel (ebd.), 423–429 – H. DIENER, Die Anhänger C.' VII. in Dtl. (ebd.), 521–531 – M. DYKMANS, La conscience de Clément VII (ebd.), 599–605.

9. C. VIII. (Gil Sanchez Muñoz y Carbón, gen. Doncel), *avignones. Papst* seit 10. Juni 1423 (Wahl; Krönung: 19. Mai 1426), abgedankt am 26. Juli 1429, * 1369/70 zu Teruel (Aragón); Vater: Pedro II. Sanchez Muñoz y Liñán, Barón de Escriche, Mutter: Catalina Sanchez de Carbón; † 28. Dez. 1446 in Mallorca. Nicht zu verwechseln mit seinen drei gleichnamigen Verwandten (Onkel, † 1388; Gil Sanchez Muñoz »de Montalbán«; Neffe, † 1471). Nach Studium des kanon. Rechts (Dr. decr.) im Dienst der Kurie in Avignon bis 1396. Als Gesandter → Benedikts XIII. und des Ebf.s v. → Valencia, Hugo de Lupia y Bagés, in Sachen der Kirchenunion tätig. Seine Wahl zum Nachfolger Benedikts XIII. zu Peñiscola am 10. Juni 1423 war ein Werk → Alfons' V. v. Aragón (17. A.), der sich seiner als eines Druckmittels gegenüber → Martin V. bedienen wollte, mit dem er wegen der Investitur mit dem Kgr. → Neapel in Konflikt lag. Die Gattin Alfons V., María, hielt mit der Mehrzahl der Bf.e hingegen an Martin V. fest. Daß C. die Wahl sowohl um dem Kg. zu Willen zu sein, als auch um durch Abdankung das Schisma beenden zu können, angenommen habe, ist nicht unwahrscheinlich. Dafür spricht, daß er drei Jahre lang mit der Papstkrönung gewartet hat.

Am 26. Juli 1429 entsagte C. zu Peñiscola seinem Anspruch auf die päpstl. Würde und stellte sich am 13. Aug. in S. Mateo dem Legaten Martins V., Kard. → Pierre de Foix. Martin V. ernannte ihn am 26. Aug. zum Bf. v. Mallorca, wo er nach verdienstvoller Tätigkeit starb. Teile seiner reichen Bibliothek sind heute in der Bibl. de Catalunya zu Barcelona. Möglicherweise ist eine Repetition aus seiner Feder erhalten (Bibl. Nacional, Madrid, Ms. 12365 fol. 115r–116v). W. Brandmüller

Bibliogr.: in: El cisma d'occident a Catalunya, les illes i el pais Valencià, ed. Institut d'Estudis Catalans, 1979 – Q.: Martin de Alpartils, Chronica actitatorum temporibus domini Benedicti XIII., hg. F. EHRLE, 1906 – MANSI XXVIII, 1117–1124 – MARTÈNE-DURAND, Thes. II, 1714–1728 – Colección de canones ... de la Iglesia de España ... III, ed. F. GONZALES – J. TEJADA Y RAMIRO, 1859[2], 699–701, 736–757 – Documentació Barcelonina sobre el Cisma d'Occident (Catàlog de l'Exposició, 1979), Nrr. 144, 148, 163, 166–169 [Archivalien] – *Lit.*: DHGE XII, 1245–1249 – N. VALOIS, La prolongation du Grand Schisme d'Occident au XVe s. dans le midi de la France (ABSHF 36, 1899), 161–195 – DERS., La France et le Grand Schisme d'Occident IV, 1902, 455–474 – C. EUBEL, Hierarchia Catholica medii (et recentioris) aevi I, 1913[3], 30, 322; II, 1914[2], 184 – F. BARON, Le Cardinal Pierre de Foix le Vieux (1386–1464) et ses légations, 1920, 23–52 – S. PUIG Y PUIG, Pedro de Luna, Último Papa de Aviñón, 1920, 373–390, 606–617 – C. A. FINK, Martin V. und Aragón, 1935 – DERS., Die polit. Korrespondenz Martins V. nach den Brevenregistern (QFIAB 25, 1936), 172–244 – M. GARCÍA MIRALLES, La personalidad de Gil Sanchez Muñoz y la solución del Cisma de occidente, Teruel 12, 1954, 63–122 [ältere Lit.; Abdr. von Q.] – J. MONFRIN, La Bibl. Sánchez Muñoz et les inventaires de la Bibl. pontificale à Peñiscola (Studi di Bibliografia i.o. di T. DE MARINIS, III, 1964), 229–269 – W. BRANDMÜLLER, Das Konzil von Pavia-Siena I, 1968 [ad Indicem] – A. GARCÍA Y GARCÍA, La canonistica ibérica medieval posterior al Decreto de Graciano III (Rep. de Hist. de las ciencias eclesiásticas en España V, 1976), 351–402, bes. 399 – V. A. ÁLVAREZ PALENZUELA, Extinción del Cisma de Occidente. La legación del cardenal Pedro de Foix en Aragón (1425–1430), 1977.

10. C., Ebf. der Friesen → Willibrord

11. C. v. Ochrid

I. Leben und kirchenpolitisches Wirken – II. Literarisches Schaffen.

I. LEBEN UND KIRCHENPOLITISCHES WIRKEN: C. (Kliment) v. Ochrid, Missionar und Bf., * vermutl. um 840, † 27. Juli 916; Taufname unbekannt. Hauptquelle für seine Biographie ist die aufgrund von (nicht überlieferten) altslav. Quellen griech. verfaßte ausführliche Vita (Vita Clementis) von Theophylaktos, Ebf. v. Ochrid (Ende 11., Anfang 12. Jh.), die wohl von Ebf. Demetrios → Chomatenos (1. Hälfte 13. Jh.) verfaßte Vita brevis (Clementis Vita brevis). C. entstammte der slav. Bevölkerung im Gebiet von

Thessalonike. Noch sehr jung schloß er sich Method, dem Bruder des →Konstantin-Kyrillos, an. 860/861 begleitete er die Brüder auf die Krim und nach Südrußland, wo er bei der Entdeckung der Reliquien des hl. Clemens Romanus zugegen war. An der Mission der Brüder nach Großmähren (→Mähren) 862/867 nahm er ebenfalls teil. Zweifelsohne war er unter den Schülern Konstantins, die im Frühjahr 868 mit Erlaubnis des Papstes →Hadrian II. in Rom die Priesterweihe empfingen, wobei er in Erinnerung an den hl. Clemens Romanus, dessen Reliquien nach Rom überführt worden waren, den Mönchsnamen Clemens erhielt. Von 869 bis 885 (Tod Methods) begleitete er den Ebf. bei seiner Mission in Großmähren. Nach dem Tod Methods wurde C. wie die anderen Schüler von den Gegnern der slav. Predigt und Liturgie zur Flucht gezwungen. Gemeinsam mit→Naum (Nahum), Angelarios und Sava erreichte er über d. Donau-Grenzfestung →Belgrad, vermutl. im Frühjahr 866, die Hauptstadt von Bulgarien, →Pliska. Hier trug er zur Organisation der ersten slav. Schule (wahrscheinl. in der Großen Basilika unweit von der Hauptstadt) bei, wobei er insbes. von Naum unterstützt wurde. Bald darauf (887-888) wurde C. auf Befehl des Herrschers→Symeon in das bulg. beherrschte →Makedonien entsandt, um dort das kirchl. Leben zu organisieren, die neubekehrte slav. Bevölkerung religiös an Bulgarien zu binden und der Anknüpfung eventueller Beziehungen zum Byz. Reich entgegenzuwirken.

C. blieb in Makedonien bis zum Ende seines Lebens und betätigte sich als Schriftsteller, Prediger und Lehrer. 893/894 wurde er auf Anordnung von Symeon zum Bf. v. Dremvitza und Velitza (noch nicht mit Sicherheit lokalisiert!) erhoben, er war folglich (s. Vita Clem., Kap. 61) »erster Bf. bulgarischer Zunge«. →Ochrid und →Glavinitza waren die wichtigsten Zentren seiner missionar. und lit. Tätigkeit. Nach seinem Tod wurde C. als Hl. verehrt und in der Lit. wie in der Kunst (Wandmalereien und Ikonen) dargestellt. Das Datum einer offiziellen Kanonisation ist unbekannt. I. Dujčev

II. LITERARISCHES SCHAFFEN: Bis in die 40er Jahre des vorigen Jh. blieb C.' lit. Werk wegen der üblichen Zuweisungen in Hss. und Druckausgaben namhafter Autoren der patrist. Zeit wie Johannes Chrysostomos weitgehend unbekannt. Erst dank der Forschungen von V. M. UNDOL'SKIJ (1815-64) wurde C., »Bf. der Slaven«, ein Ehrenplatz innerhalb der altslav. Lit. zugewiesen und die Nachricht des Theophylaktos über die lit. Tätigkeit seines Amtsbruders bestätigt. C. »verfaßte für alle Feste einfache, leicht verständliche Reden, die nichts Tiefes oder Ausgetüfteltes hatten, sondern geeignet waren, selbst den Einfältigsten unter den Bulgaren zu erreichen« (Theophyl. XXII 66: MILEV 132) sowie dem Stil der byz. Homiletik entsprechende bzw. aus dem Griech. adaptierte Lobreden für die Hauptfeste des Kirchenjahres. Zugewiesen wurden ihm vorwiegend als stilist. und lexikolog. Gründen bisher etwa 60 Kanzelreden. Seinem Biographen Theophylaktos zufolge (XXII 66: MILEV 132; XXIX 79: MILEV 144) widmete sich C. der Kirchendichtung und verfaßte liturg. Hymnen (ψαλμικοὶ κανόνες, ὕμνοι καὶ ψαλμῳδίαι) für Heiligenfeste sowie zur Ehre der Muttergottes. Erst vor kurzer Zeit gelang es G. POPOV, in mittelbulg. Hss. des 12. Jh. durch eine Akrostichis gekennzeichnete Hymnen des C. u. a. auf die Geburt Christi zu identifizieren. Gesichert scheint auch die Autorschaft des C. bei dem Lobrede auf Kyrill den Philosophen (»pochvala Kirillu«), während die Beteiligung des späteren bulg. Bf.s an der Vita Constantini – zusammen mit dessen Bruder Method – oder sogar an beiden Viten fragwürdig bleibt. Neuerdings werden auch von E. GEORGIEV die kurzen Viten (»prološnye žitija«) der Slavenlehrer C. zugeschrieben. Aus dem Griech. übersetzte Clemens hagiograph. Texte (Vita Clementis XXII 66: MILEV, 132), deren Umfang sich freilich nicht feststellen läßt, sowie das Pentekostarion (ebd. XXVI 73: MILEV, 140). Ch. Hannick

Q.: N. L. TUNICKIJ, Monumenta ad SS. Cyrilli et Methodii successorum vitas resque gestas pertinentia (Sergiev Posad, 1918) [Neudr. 1972] – J. IVANOV, Bŭlgarski starini iz Makedonija, 1931, 314-321, 322-327 – A. MILEV, Grŭckite žitija na Kliment Ochridski, 1966 – Kliment Ochridski, Sŭbrani sŭčinenija, I-III, 1970-73 – I. BUJNOCH, Zw. Rom und Byzanz. Leben und Wirken der Slavenapostel Kyrillos und Methodios nach den Pannon. Legenden und der Klemensvita (Slav. Geschichtsschreiber 1), 1972 – Lit.: BLGS II, 418f. – SłowStar Słow II, 423f. – N. L. TUNICKIJ, Sv. Kliment episkop Slovenskij, Sergiev Posad 1913 – A. TEODOROV-BALAN, Sv. Kliment Ochridski v knižovnija pomen i v naučnoto direne, 1919 – I. SNEGAROV, Bŭlgarskijat pŭrvoučitel sv. Kliment Ochridski, Godišnik Sof. Univ. Theol. fak. IV, 1927, 219-334 – ZLATARSKI, Istorija I/2, 220ff. – T. P. TODOROV, Sv. Kliment Ochridski kato propovednik, Godišnik Sof. Univ. Bogosl. fak. 25, 1947-48, 1-23 – I. SNEGAROV, Les sources sur la vie et l'activité de Clément d'Ochrida, Byzantino-bulgarica I, 1962, 79-119 – I. DUJČEV, Kliment Ochridski i negovoto delo v naučnata knižnina (Kliment Ochridski. Sbor. ot statii, 1966), 415-437 – D. IVANOVA-MIRČEVA, Kliment Ochridski i Joan Ekzarch kato sŭzdateli na slova (ebd., 1966), 243-265 – Cv. GROZDANOV, Pojava i prodor portreta Klimenta Ohridskog u srednevekovnoj umetnosti, Zbornik za likovne umetnosti 3, 1967, 49-70 – I. DUJČEV, Kliment Ochridski v naučnoto direne (Materiali..., 1968), 21-31 – E. GEORGIEV, Die kyrillo-methodian. wiss. Problematik zum 1150. Geburtstag Konstantin Kyrills (Bulg. Sprache, Lit. und Gesch. [Bulg. Sammlung 1], 1980), 9-47 – Cv. GROZDANOV, Zograf 11, 1980, 40, Anm. 97 [Lit.] – W. BAUMANN, Die Macht des Bösen über den Menschen: zur Lehre Kliment Ochridskis (1300 Jahre Bulgariens II, 1982), 41-142 – G. POPOV, Novootkriti chimnografski proizvedenija na Kliment Ochridski i Konstantin Preslavski, Bŭlgarski ezik 32, 1982, 3-26 – W. BAUMANN, Die Faszination des Hl. bei Kliment Ochridski, 1983.

12. C. v. Alexandria, frühchristl. Theologe, * um 150, † vor 215, hat sich anscheinend nicht anders als die älteren »Apologeten« zum Christentum bekehrt: indem er sich als »Philosoph« dem »Platonismus« (was immer das in concreto bedeuten mochte) zuwandte und durch ihn zum Christentum geführt wurde. Den Hauptteil seines Lebens verbrachte er in Alexandria. Hier schloß er sich zunächst Pantaenus an, einem zum Christentum übergetretenen Stoiker (Eusebios), um nach dessen Tode sein Lehramt als Vorsteher einer »Katechetenschule« fortzuführen. Wie bei den meisten Autoren der christl. Frühzeit ist auch von seinem Schrifttum mehr verloren als erhalten. Dennoch ist der Rest, wiewohl in der Hauptsache nur aus drei aufeinander aufbauenden Werken bestehend (1. »Mahnrede an die Griechen« [Προτρεπτικός, Protreptikos; 2. »Der Erzieher« [Παιδαγωγός, Paidagogos]; 3. »Teppiche« [Στρωματεῖς, Strōmateis]), noch immer ansehnlich genug. Er läßt das Bemühen erkennen, christl.-jüd. Offenbarung und griech. Philosophie in eine fruchtbare Beziehung zueinander zu bringen, den »Glauben« zur »Erkenntnis« zu läutern und zu überhöhen, aber auch etwa deutl. zu machen, daß die christl. Moral nicht »gesetzlich«, nicht als eine Summe von Forderungen verstanden werden darf, die als solche erfüllt werden müßten. Das von ihr geforderte »Gute« muß vielmehr »evident« sein, wenn anders die Christen nicht als »stumme Hunde« dastehen und sich »abmühen« sollen, »nur getrieben vom Zwang der Furcht«, ohne zu wissen, was sie tun und warum sie es tun (Strom. I 45, 6). – Der reichen, gelehrten Begründungen wegen sind seine »Teppiche« zumal, neben Eusebs »Vorhalle zum Evangelium« (Praeparatio evangelica), die reichste Fundgrube für sonst verlorene Texte der Literatur der griech. Antike. Und obwohl er sich nicht ganz leicht in

die Gesamtentwicklung der frühchristl. Theologie einordnen läßt – speziell die Beziehung zw. klementin. und »häret.« Gnosis bedarf sensibler Nachfrage! –, blieb dem Namen des Clemens bis ins 8. Jh. hinauf ein gefeiertes Ansehen gewahrt. A. M. Ritter

Nachrichten über das philosoph. und theol. Werk des C. gelangten durch Arnobius († um 327), Firmicus Maternus (4. Jh.) und durch Hieronymus in die lat. Theologie. Cassiodorus († nach 580) verwertete seine Schriftauslegung (»Adumbrationes«). Durch Eusebios v. Cäsarea wurde auszugsweise der Sermo »Quis dives salvetur« überliefert. Die großen philosoph. Schriften (Protreptikos, Paidagogos und wahrscheinl. auch die Strōmateis) kamen über Arethas v. Cäsarea († nach 932), einen Schüler des Photios († 891), auf uns. Sie wurden im MA nicht ins Lat. übersetzt. Die 1. lat. Übersetzung wurde aufgrund der editio princeps des griech. Textes 1551 angefertigt. Die Berufung von Theologen der Reformation gegen Rom auf sein Werk hatte zur Folge, daß C. aus dem Röm. Heiligenkalender gestrichen wurde (schon 1584, endgültig 1748). L. Hödl

Q.: O. Stählin, L. Früchtel, U. Treu, Clemens Alexandrinus, 4 Bde, GCS 12, 15, 17, 39, 1905–36 (Bd. 1, 1972³; Bd. 2, 1960²; Bd. 3, 1970²) – Lit.: TRE VIII, 101–113 [Lit.] – M. Pohlenz, Klemens v. Alexandrien und sein hellen. Christentum, NAG 1943, 3 – W. Völker, Der wahre Gnostiker nach Clemens Alexandrinus (TU 57), 1952 – S. Lilla, Clement of Alexandria. A Study in Christian Platonism and Gnosticism, 1971 – R. Mortley, Connaissance religieuse et herméneutique chez Cl. d'A., 1973 – A. M. Ritter, Christentum und Eigentum bei Klemens v. Alexandrien, ZKG 86, 1975, 1–25.

13. C. Scotus. Unter dem Namen eines Clemens, in dem man gewöhnlich den im 1. Viertel des 9. Jh. an der Hofschule Karls d. Gr. und Ludwigs d. Fr. tätigen Lehrer dieses Namens sieht, ist eine wenig selbständige Grammatik in Dialogform ediert.

Der Aufbau der Schrift ist folgender: Zunächst wird allgemein über die Philosophie und ihre Funktion gesprochen, darauf eine Einteilung der Wissenschaften (nach Isidor) gegeben, an deren Ende der Magister feststellt, daß die Grammatik als erste von den Wissenschaften erlernt werden muß, worauf nach der herkömml. Definition der grammat. Elemente die Erörterung der acht Redeteile (Wortarten) den Hauptteil der Schrift einnimmt. Ein dem Hg. Tolkiehn unbekannt gebliebenes Fragment einer 'Clemens'-Hs. aus dem 11./12. Jh. haben L. Bieler und B. Bischoff bekannt gemacht; erhalten ist der Abschnitt über die Einteilung der Wissenschaften vom Beginn des Werkes, für welchen als Hauptvorlage der →Anonymus ad Cuimnanum nachgewiesen werden konnte. Weitere Verbesserungen zur Edition und der Wunsch nach einer Neuausgabe bei Löfstedt, 71–73 und 164f. G. Silagi

Ed.: Clementis Ars grammatica, ed. J. Tolkiehn (Philolog Suppl. 20,3), 1928 [basiert mit Anschluß des Vatic. Regin. 1442 auf Cod. Bambergensis MV 18 (10. Jh.) und cod. Monacensis 14401 (11. Jh.)] – Lit.: K. Barwick, Rez. in Gnomon 6, 1930, 385–395 [Mit Ergänzung der Quellenschriften Ars Malsachani, Cruindmelus, Ars anonyma Bernensis sowie Exzerptenslg. Donatus artigraphus] – L. Bieler–B. Bischoff, Fragm. zweier frühma. Schulbücher aus Glendalough, Celtica 3, 1955, 211–220 – B. Löfstedt, Der hibernolat. Grammatiker Malsachanus, 1965.

Clemens und Adalbertus (Aldebertus) wurden vor der röm. Synode von 745 von Bf. →Bonifatius als »falsche Priester, Irrgläubige und Abtrünnige« angeklagt. Bereits in einer Provinzialsynode (Soissons) waren sie ihres Priesteramts enthoben und in Haft gesetzt worden, beharrten aber auf ihrer Häresie. Die Anklagen lassen jedoch erkennen, daß es sich, v. a. bei A., nicht um häret. Verhalten handelte, sondern daß ihr pastorales Wirken von der Rücksichtnahme auf die Volksfrömmigkeit geprägt war, die im Falle der Neubekehrten natürlich noch viele Züge des Heidentums bewahrte. Clemens (genere Scottus) und Adalbertus (genere Gallus) wollten, im Gegensatz zu Bonifatius, den alten Glauben nicht sofort mit der Wurzel herausreißen, sondern dem Volk die Möglichkeit geben, in einem langsamen Übergangsprozeß die christl. Glaubenswahrheiten in sich aufzunehmen. Die röm. Synode sprach sich jedoch für Bonifatius' Vorgehen aus, und C. und A. wurden aus der Kirche ausgestoßen, wie → Willibald in seiner Bonifatiusvita berichtet (»consentientibus Carlomanno et Pippino . . . ab ecclesiae unitate expulsi . . . traditi sunt satanae, in interitum carnis, ut spiritus salvus fiat in die Domini«). E. Pasztor

Q. und Lit.: R. Rau, Briefe des Bonifatius; Willibalds Leben des Bonifatius, 1968 [vgl. Index] – R. Manselli, Resistenze dei culti antichi nella pratica religiosa dei laici nelle campagne (Sett. cent. it. XXVIII, 1982), 57–108.

Clément, frz. Kleinadelsfamilie aus dem mittelfrz. Gâtinais, Herren v. Mez (heute Mez-le-Maréchal, dép. Loiret, comm. Dordives, arr. Montargis, cant. Ferrières), hatte mehr als hundert Jahre lang das Amt des →Maréchal de France inne.

1. C., Aubry, Sohn von 5, ⚔ 3. Juli 1191 vor Akkon, war der erste Maréchal de France, der in dieser Eigenschaft den kgl. Heerbann befehligte. Er führte die Truppen Kg. Philipps August beim 3. →Kreuzzug (1190) und fiel als Bannerträger beim Sturm auf Akkon.

2. C., Eudes, Prälat, Ebf. v. Rouen, † 5. Mai 1248; Bruder von 4, 1210 Dekan v. Tours, 10. Febr. 1228 zum Abt v. St-Denis gewählt. Er nahm die Wiederherstellung der Kirche in Angriff und erlaubte, mit Zustimmung des Kg.s, die Errichtung eines Rekollektionshauses in St-Denis. Außerdem erhöhte er die Einkünfte des Priorates →Argenteuil (1231) und traf die Entscheidung, am Dionysiustag zwei Messen zu zelebrieren (1232). Bei der Krönung der frz. Kgn. Margarete v. Provence (1234), Gattin von Ludwig IX. d. Hl., zugegen, war er auch Taufpate von Ludwig, dem Sohn des Königspaares. C.s erste Wahl zum Ebf. v. Rouen (31. März 1245) wurde wieder aufgehoben, doch wurde er bald darauf erneut gewählt (ca. 14. Mai 1245).

3. C., Henri, Bruder von 1, ⚭ Elisabeth v. Nemours, ⚔ 7. Aug. 1214 bei La Roche-au-Moine, ☐ Abtei Turpenay; wurde Maréchal de France (Beiname: »le Petit Maréchal«) nach dem Tod von 1. Bedeutender Ratgeber Kg. →Philipps II. August, wurde ihm von diesem die norm. Herrschaft →Argentan (dép. Orne) verliehen (Juni 1204). C. schlug 1208 den Aufstand im Poitou nieder, erhielt die →garde (Schutzherrschaft) der Stadt →Parthenay und bereitete den frz. Feldzug gegen England vor. Mit der Erziehung des Prinzen Ludwig betraut, begleitete er diesen auf den Feldzügen nach Flandern (1213) und Anjou. Hier schlug er mit den Engländer bei La →Roche-au-Moine (7. Aug. 1214) und fiel in der Schlacht.

4. C., Jean, Herr v. Mez und Argentan, Sohn von 3, Maréchal de France, † 1261. C. stand beim Tod seines Vaters noch im Kindesalter und trat das Marschallamt, das für ihn reserviert worden war, i. J. 1223 an. Bei dieser Gelegenheit forderte ihn der Kg. die schriftl. Eidesleistung ab, daß die Familie niemals förmlichen Anspruch auf das erbl. Marschalltitel erheben werde. (Sein Sohn Henri, Baron v. Argentan, erhielt nach dem Tod seines Vaters gleichwohl das Marschallamt.) Über Jean de C.s militär. und polit. Tätigkeit ist nur wenig bekannt: Er führte den Feldzug gegen →Peter I. (Pierre Mauclerc), Hzg. der →Bretagne (1231), war bei der Reichsversammlung von St-Denis (1235) anwesend und nahm am Kreuzzug →Ludwigs IX. nach Ägypten teil, wo er mit dem Kg. in sarazen. Gefangenschaft geriet.

5. C., Robert, † 10. Mai 1181, Enkel eines älteren Robert C., der gegen Ende des 11. Jh. auf Château-Landon saß. Durch den Kämmerer *(chambrier)* Gautier (Walter) v. Nemours an den Königshof gekommen, spielte er unter Kg. Ludwig VII. eine bedeutende polit. Rolle und wurde mit der Erziehung Philipps August betraut; C. übte daher bis zu seinem Tod einen beträchtl. Einfluß auf die polit. Entscheidungen des jungen Kg.s aus. – Seine Brüder waren: Gilles, gen. »von Tournel«, † wohl 1182, der nach Roberts Tod in Philipps Gunst stand und offenbar die kgl. Politik entscheidend lenkte; Guarmont (Garmundus), Abt v. Pontigny, der zu Beginn des Jahres 1181 zum Bf. v. Auxerre erwählt wurde; da die Wahl angefochten wurde, reiste Guarmont nach Rom, um sich der Hilfe der Kurie zu versichern, und starb dort an der Pest. E. Lalou

Lit.: DBF VIII, 1430f., 1439 – GChr VII, 387 – P. ANSELME, Hist. généalogique et chronologique de la maison de France. . . VI, Paris 1726-39, 619-622 [Nachdr. 1964] – CH. PETIT-DUTAILLIS, Etude sur la vie et le règne de Louis VIII (1187-1266), 1894 – A. CARTELLIERI, Philipp II. August, I, 1899, passim und Beil. 11, 77.83 – H. STEIN, Recherches sur quelques fonctionnaires royaux du XIIIe et XIVe s. originaires du Gâtinais, Annales de la Soc. hist. et archéol. du Gâtinais 20, 1902; 21, 1903; 32, 1914-15; 33, 1918-19 – E. RICHEMOND, Recherches généalogiques sur la famille des seigneurs de Nemours, 1907, 187-202, 228-237 – H. DEPOIN, Recherches sur quelques maréchaux de Philippe Auguste et de Saint Louis, Bull. hist. et phil., 1912, 188-194.

Clementia. 1. C., Gräfin von Flandern, Geburtsdatum unbekannt, † vor Juli 1133; Tochter Wilhelms II., Grafen von Burgund, und Schwester von Guido, Ebf. v. Vienne (seit 1119 Papst, →Calixt II.); ⚭ 1. um 1090 →Robert II., Gf. v. Flandern, gen. v. Jerusalem († 1111), der Sohn Roberts I., Gf. v. Flandern; ⚭ 2. nach 1121 Gottfried I., Hzg. v. Brabant. C. war Regentin v. Flandern während des I. Kreuzzugs (1096-1100), sie war die eigtl. Wegbereiterin der gregorian. Reform in Flandern (→Cluny, Cluniazenser in Flandern) und spielte eine Rolle bei der Wahl des Reformanhängers Johannes v. Warneton für das Bm. →Thérouanne (1099) und bei der Einführung der cluniazens. Regel in den Kl. →St-Bertin und →Bergues-St-Winnoc. C. war in den ersten Regierungsjahren ihres Sohnes Balduin VII. aktiv an der Herrschaft beteiligt. Nach dessen Tod unterstützte sie die Ansprüche →Wilhelms v. Ypern gegen →Karl den Guten, den Balduin VII. zum Nachfolger designiert hatte. Die Fsn. besaß als Witwengut ein Drittel von Flandern. Th. de Hemptinne

Lit.: H. SPROEMBERG, C., Gfn. v. Flandern, RBPH 42, 1964, 1203-1241.

2. C. v. Zähringen, Tochter Hzg.s →Konrad v. Zähringen († 1152) und Clementias v. Namur († 1158), † vor 1167, ⚭ 1. mit →Heinrich dem Löwen, Hzg. v. Sachsen, seit 1148/49, Ehe Ende Nov. 1162 annulliert; ⚭ 2. mit Humbert III., Gf. v. Savoyen. Kinder vor 1.: Heinrich (früh tödl. verunglückt), Gertrud (⚭ 1. mit Hzg. →Friedrich IV. v. Schwaben, Sohn Konrads III., seit 1166; ⚭ 2. mit Knut VI. v. Dänemark seit ca. 1176), Richenza (als Kind †). Nachdem C.s Vater als einziger süddeutscher Fs. am →Wendenkreuzzug (1147) teilgenommen hatte, besiegelte die Heirat das welfisch-zähring. Bündnis gegen Kg. Konrad III. Als Mitgift brachte C. die Burg und Herrschaft Badenweiler mit 100 Hufen und 100 Ministerialen in die Ehe ein. Ende 1150 und während der Romfahrt ihres Mannes 1154/55 fungierte C. in Stellvertretung des Hzg.s in Sachsen und ernannte den Braunschweiger Kanoniker Gerold zum Nachfolger des verstorbenen Bf.s →Vicelin v. Oldenburg/Holstein. 1158 tauschte Heinrich mit Friedrich Barbarossa die Mitgift seiner Frau, Badenweiler, gegen Reichsburgen (und Reichslehen) am Harz ein. Seit 1156 (Heirat Barbarossas mit →Beatrix v. Burgund) kühlte sich das Verhältnis Staufer-Zähringer ab, wurde Juni 1161 gespannt, als das Konzil v. →Lodi auf Betreiben des Ks.s den Bruder der C., Rudolf (seit 1167 Bf. v. Lüttich), als Ebf. v. Mainz ablehnte. Im Sept. 1162 verlor →Berthold IV. v. Zähringen, der andere Bruder der C., die Reichsvogtei →Genf, woraufhin Rudolf im Namen seines Bruders dem frz. Kg. Ludwig VII. ein Bündnis anbot: Hilfe durch Berthold, wenn der Ks. den frz. Kg. angreife, dafür betreibe Ludwig VII. die Restitution des Mainzer Erzstuhls bei Papst Alexander III. für Rudolf. Für Heinrich den Löwen wurde C. so zu einer polit. Belastung; sicherl. spielte auch mit, daß ein männl. Erbe fehlte. Ende Nov. 1162 ließ er im Einvernehmen mit dem Ks. auf dem Konstanzer Reichstag seine Ehe mit C. wegen zu naher Verwandtschaft annullieren. O. Engels

Lit.: E. HEYCK, Gesch. der Hzg.e v. Zähringen, 1891, 325ff. – Mainzer UB II, bearb. P. ACHT, 1968, Nr. 263 – K. JORDAN, Heinrich der Löwe, 1979 – vgl. auch →Berthold V. v. Zähringen.

Clementinae (Clementinen) setzte sich als Bezeichnung für die letzte authent. Rechtssammlung des →Corpus iuris canonici (vgl. dort Abschnitt V) durch. Kurz vor der Promulgation dieser »Constitutiones Clementis V«, deren Entstehungsgeschichte eng mit dem Konzil v. →Vienne (1311-12) verknüpft ist, starb →Clemens V. (1314). Erst sein Nachfolger →Johannes XXII. promulgierte die fast sämtl. auf Clemens V. zurückgehenden Texte nach geringfügiger Überarbeitung mit der Bulle »Quoniam nulla« vom 25. Okt. 1317. Die Sammlung hatte keinen ausschließl. Charakter, nicht in sie aufgenommene Dekretalen galten also weiter. H. Zapp

Q. und Lit.: → Corpus iuris canonici.

Cleph, langob. Kg. (572-574), ⚭ Masa, Vater Kg. Autharis. Nach der Ermordung Alboins erhoben die Langobarden in Pavia C. aus dem hochadligen Geschlecht der Beleos zu ihrem König. Der neue Herrscher war zuvor Hzg. gewesen, aber nicht von Bergamo, wie häufig in der Literatur behauptet wird. Nach nur anderthalbjähriger Herrschaft, während der sich die Bedrückung der roman. Oberschichten verschärfte, wurde C. von einem seiner Gefolgsleute erschlagen. J. Jarnut

Lit.: HARTMANN, Gesch. Italiens II, 1, 38f. – SCHMIDT, I, 596f. – R. SCHNEIDER, Königswahl und Königserhebung im FrühMA, 1972, 23f. – J. JARNUT, Bergamo 568-1098, 1979, 13 – H. FRÖHLICH, Stud. zur langob. Thronfolge [Diss. Tübingen, 1971], 1980, 73ff.

Clerc du roi (kgl. Kleriker). Die Bezeichnung *clerc du roi* bezieht sich auf eine bestimmte Gruppe kgl. Beamter in Frankreich seit der Zeit der →Kapetinger und der ersten →Valois. Ursprgl. waren die c.s du roi Kleriker, die aufgrund ihrer Kenntnisse an die Curia regis oder das →*Hôtel du roi,* den kgl. Hofhalt, berufen wurden. Sie hatten alle Arten von Funktionen inne – in Politik, Verwaltung, Finanzwesen, Gerichtswesen. Seit dem 13. Jh. hatten sie Rechtsstudien (röm. und kanon. Recht) absolviert. Von der Regentschaft der Kgn. →Blanca v. Kastilien an (1. Hälfte des 13. Jh.) verfügten zahlreiche c.s du roi über Universitätsgrade. Jeder, der studiert hatte, trug im übrigen nun die Bezeichnung clerc und hatte den entsprechenden Rechtsstatus; er wurde tonsuriert und genoß die Privilegien des Klerus, so das →Privilegium fori. Von den clercs, die Zutritt zum Königsdienst fanden, blieb ein Teil tatsächl. Mitglied des Klerus; die Mehrzahl empfing nur die niederen Weihen, lebte im Zölibat und erhielt ihre Einkünfte aus →Präbenden. Einige andere unter den c.s du roi wurden zu Priestern geweiht, sie erhielten Bischofsämter und durchliefen somit eine doppelte Karriere: im

Dienst der Kirche wie der frz. Monarchie. Andere gaben den Zölibat auf; als »clercs mariés« konnten sie zwar keine Präbenden erhalten, doch genossen sie weiterhin die rechtl. und v. a. fiskal. Privilegien der Geistlichkeit. Die Bezeichnung c. du roi erlebte in der 1. Hälfte des 14. Jh., unter Philipp IV. dem Schönen und seinen Söhnen, ihren Höhepunkt. Der Kg. verlieh einigen dieser c.s den Titel *clercs d'honneur*. Die Bezeichnung als solche verschwand um die Mitte des 14. Jh.; die clercs waren zwar auch weiterhin zahlreich in der kgl. Verwaltung vertreten, doch, spezialisiert auf ihre Funktionen, wurden die Beamten jetzt in erster Linie nach dieser benannt. Die führenden Beamten, Kleriker wie Laien, erhielten nun den Titel *conseiller du roi* (→conseil, conseiller du roi). Die Bezeichnung clerc lebte im *clerc-notaire et secrétaire du roi* fort. Allein angewandt, bezeichnet diese in den Bereichen der kgl. Verwaltung die für Schriftverkehr und Urkundenwesen zuständigen Beamten. Aus dem Personenkreis dieser *clercs notaires et secrétaires*, die in den wichtigsten Institutionen der kgl. Zentralverwaltung wie der *chancellerie* (→chancelier, chancellerie), dem →*conseil du roi*, der →*chambre des comptes* etc. Schlüsselpositionen einnahmen, rekrutierte sich zu einem wesentl. Teil die polit. und administrative Führungsschicht des spätma. Frankreich. F. Autrand

Lit.: R. CAZELLES, La société politique et la crise de la royauté sous Philippe de Valois, 1958 – F. LOT-R. FAWTIER, Hist. des institutions françaises au MA, Bd. 2, Institutions royales, 1958 – B. GUENÉE, Tribunaux et gens de justice dans le bailliage de Senlis à la fin du MA (v. 1380–v. 1550), 1963 – L. MOREAU, Recherches sur l'origine et la formation du diocèse royal en France (Thèse, Droit canonique, Univ. Strasbourg, Fac. Théol. cathol., 1975) – A. LAPEYRE-R. SCHEURER, Les notaires et secrétaires du roi sous les règnes de Louis XI, Charles VIII et Louis XII (1461–1515). Notices personnelles et généalogies, 2 Bde, 1978.

Clergy, Benefit of → Privilegium fori

Clericis laicos, Dekretale →Bonifatius' VIII. vom 25. Febr. 1296 (VI 3.23.3), die das→ privilegium immunitatis des Klerus im Anschluß an Konzilskanones (III. Lat. c. 19, IV. Lat. c. 46 = X 3.49.4,7) fortbildete: Nicht vom Papst gebilligte staatl. Besteuerung von Kirchengut ist auch bei Zustimmung des Klerus verboten; die kirchl. Höchststrafen wirken beidseitig. Nach Beschwerden des an Steuerbewilligungen kaum beteiligten, aber v. a. belasteten niederen und Ordensklerus sollte die Rechtslage zum Schaden staatl. Autonomie geklärt und wohl zugleich die frz. und engl. Könige durch Entzug der Mittel zur Kriegführung zum Frieden gedrängt werden; doch löste sie den ersten Konflikt zw. dem Papst und→Philipp IV. v. Frankreich aus. Sie wurde für Frankreich mit →»Etsi de statu« (31. Juli 1297) aufgehoben, generell von Benedikt XI. und Clemens V. eingeschränkt bzw. widerrufen (Extrav. com. 3.13. un., Clem. 3.17.un.). T. Schmidt

Q.: POTTHAST, Reg. 24291 – AE. FRIEDBERG, Corpus Iuris Canonici, 2 Bde, 1879–81, II, 1062f. – G. DIGARD u. a., Les registres de Boniface VIII, I. Bd., 1884, 1567 – *Lit.*: L. SANTIFALLER, Zur Orig.-Überlieferung der Bulle Papst Bonifaz' VIII. »C. l. « v. 1296 Febr. 25 (SG 11, 1967), 71–90 – E. J. SMYTH, »C. l. « and the Lower Clergy in England (Stud. in Mediavalia and Americana. Essays i. H. of W. L. DAVIS, 1973), 77–87 – J. MARRONE–CH. ZUCKERMAN, Card. Simon of Beaulieu and Relations between Philip the Fair and Boniface VIII, Traditio 31, 1975, 195–222 – CH. ZUCKERMAN, The Ending of French Interference in the Papal Financial System in 1297, Viator 11, 1980, 261–288.

Clericus (clerc, clerk) → Kleriker, Klerus

Clermont. 1. C. (Clermont-Ferrand), Stadt und Bm. in der →Auvergne (Zentralfrankreich, Hauptstadt des dép. Puy-de-Dôme). Clermont (seit 1731 mit der Nachbarstadt Montferrand zur Doppelstadt vereinigt) liegt im nördl. Massif central am Rand des Beckens der Limagne in einer kleinen Tallandschaft, in deren Mitte sich der für die ma. Stadt namengebende Hügel erhebt. Zu Beginn unserer Zeitrechnung wurde der Ort zum Verwaltungszentrum der gallo-röm. Civitas der Arverner, der späteren Arvernia (→Auvergne), begünstigt durch die Lage im Schnittpunkt mehrerer Straßen. Die Stadt, die zunächst Augustonemetum hieß, wurde vom 3. Jh. an als Civitas Arvernorum, Arverni, Arvernos bezeichnet; der Name Clermont begegnet dagegen erst seit dem 8. Jh. (s. u.). Mehrere römerzeitl. Bauten bestanden über die Spätantike hinaus: Ein großer Tempel (Vasso-Galate) erhob sich noch im 6. Jh. im sumpfigen Viertel im W der Stadt (Jaude); ein Aquädukt, durch welchen Wasser auf den Hügel geführt wurde und der im 7. Jh. noch erkennbar war, bestimmte die Straßenführung im westl. Stadtviertel; eine im 3.–4. Jh. errichtete Mauer mit fünf Toren schützte ein Gebiet von 2,5–3 ha auf der nördl. Seite (unter auf bestmögliche Weise dem Gelände angepaßten fortifikator. Bedingungen, nämlich von der Anhöhe her) und wurde zur Begrenzung desjenigen Stadtviertels, das im MA die Cité (Civitas) genannt wurde.

Das Auftreten des Christentums in der Gallia verlieh der Stadtentwicklung neue Impulse. Christen sind im Arvernergebiet erstmals im 4. Jh. bezeugt (chr. Embleme auf Keramik v. Lezoux, skulptierte Sarkophage mit chr. Motiven in C.). Entgegen neueren Einwänden sprechen nach Ansicht des Verf. alle Anzeichen dafür, daß sich der Bischofssitz ursprgl. in einem Stadtteil am nördl. Rand von C. befand (s. u.); erst durch Bf. Namatius (5. Jh.) dürfte die Kathedrale an ihren heut. Standort im Innern des Mauerrings verlegt worden sein.

Ca. 470 wurde der röm. Politiker und Schriftsteller →Sidonius Apollinaris († um 486) zum Bf. geweiht. Damit war ein Hauptvertreter des Senatorenadels in der spätröm. Gallia zum geistl. Oberhaupt der Arvernia geworden; Sidonius Apollinaris hatte in Rom als Schwiegersohn des Ks.s →Avitus (455–456) zwar eine bedeutende polit. Rolle gespielt, sich aber seit 461 angesichts der Bürgerkriege und Germaneneinfälle, welche die Hauptstadt erschütterten, zumeist in der zunächst noch wenig gefährdeten Arvernia aufgehalten. Hier organisierte er als Bf. in den Jahren 471–474 die Verteidigung der Stadt gegen die Angriffe der →Westgoten. C. kam, wie die übrige Arvernia, nach 475 an das Westgotenreich, nach 507 an das→Frankenreich und gehörte seit 538 zu den südl. Gebieten des Reichsteils →Austrien. Die Stadt hatte mehrmals unter den Zwistigkeiten, die am merow. Königshof aufbrachen, zu leiden, da in diese Konflikte auch die Großen der Arvernia und namentl. mehrere Bf.e v. C. verwickelt waren; 523 bemächtigte sich Kg. →Theuderich I. der außerhalb der Mauer gelegenen Vorstädte.

Im 6. Jh. zeigt sich die Stadt als Zentrum des kirchl. Lebens der Diözese. Ein Generalkonzil i. J. 535 (→Clermont, Konzilien) und eine Provinzialsynode in den Jahren 585–588 offenbaren starke Beteiligung der arvern. Bf.e an der konziliaren Bewegung dieser Zeit. Die Topographie der Stadt wurde durch die Gründung zahlreicher geistl. Institutionen beträchtl. verändert. Die Kathedrale und ihre Annexe, namentl. der Amtssitz des Bf.s, lagen in der Cité. Im NW befand sich, in einiger Entfernung von den Mauern, ein Stadtteil namens Vicus Christianorum; hier lagen zahlreiche chr. Friedhöfe und mehr als ein halbes Dutzend Sanktuarien: v. a. der Gebäudekomplex, der den ältesten Bischofssitz gebildet haben dürfte (die Kirche Notre-Dame d'Entre-Saints, die später mit dem Mausoleum des Bf.s Illidius, schließl. mit dem Baptisterium zusammenwuchs), ferner: St-Vénérand, St-Cassi, St-

Anatolien, St-Etienne, St-Arthême. Weitere geistl. Bauten befanden sich in der Umgebung der Stadt: St-Cirgues in Fontgiève, Chantoin im NO, St-Laurent und Notre-Dame-du-Port im Osten, St-Pierre und St-André im Westen. Nahe dem Vicus Christianorum hatte sich eine jüd. Siedlung gebildet, an welche das Viertel Fontgiève sowie Montjuzet erinnern; die Synagoge wurde 576 zerstört, und diejenigen Juden, die sich nicht taufen lassen wollten, wurden von Bf. Avitus I. vertrieben und suchten Zuflucht in Marseille.

In der Civitas arbeiteten Münzstätten; noch in d. Jahren 660–690 wurden hier Trienen geprägt, während Bf. Avitus II. (674–689) als einer der ersten silberne Denare schlagen ließ. Der Episkopat des hl. Bf.s Praejectus (Priest; 676 ermordet) und die Nominierung des hl. Bonitus (Boni, Bonnet) (691) fallen noch in die Zugehörigkeit der Auvergne zu Austrien. Am Anfang des 8. Jh. wurde die Region aber →Aquitanien eingegliedert; sie wurde infolgedessen durch die Aquitanienfeldzüge der →Karolinger in Mitleidenschaft gezogen. 761 bemächtigte sich →Pippin III. des castrum Claromontis und ließ es brandschatzen. Dies ist die erste Erwähnung des Namens Clermont; dieser bezeichnete zunächst den auf dem Hügel gelegenen, befestigten Teil der Stadt, wurde aber allmähl. auf die gesamte Stadtsiedlung ausgedehnt, was durch die führende Rolle der Höhensiedlung im Stadtgebiet bedingt ist. Der alte Name blieb aber noch für die Legenden auf den bfl. Münzen im 12.–13. Jh. in Gebrauch.

Wie die übrige Auvergne war C. auch in die Konflikte um Aquitanien, die in der 1. Hälfte des 9. Jh. neu aufflammten, verwickelt: →Ludwig d. Fr. passierte bei seinem Feldzug gegen Kg. →Pippin II. v. Aquitanien (839) auch C., wo er von einem Teil des aufständ. aquitan. Adels die Erneuerung des Treueides entgegennahm. 840 ließ →Karl d. K. hier eine frk. Garnison einsetzen. In der Zeit der Normanneneinfälle war C. zwei- bis dreimal von Plünderung bedroht.

Zwei mächtige feudale Herrschaften, deren Zentrum C. war, bildeten sich um die Mitte des 10. Jh. heraus. Zum einen erstarkte die bfl. Herrschaft: Stephan II., der sich gänzlich als Vasall des kapet. Kg.s betrachtete, spielte eine wichtige Rolle als Schiedsrichter zw. dem Hzg. v. Aquitanien und den Großen der Auvergne; demgegenüber nennt einer seiner Nachfolger, um 989, den Kg. nicht einmal in seinen Urkunden. Zum anderen erfolgte, bes. in den Jahren 955–958, der Aufstieg der Vicecomites (Vicomtes) v. C., die sich als dem Bf. gleichberechtigte Träger polit. Gewalt durchsetzten und den Titel von Gf.en (der →Auvergne) annahmen; ihr Hauptstützpunkt war die Burg, die dem Bischofssitz gegenüber, in der nö. Ecke des antiken Mauerrings lag. Die Rechte an den ca. 50 Kirchen, die sich wie ein Astralnebel in und um C. ausbreiteten, waren zw. den beiden fsl. Stadtherren, dem geistl. und dem weltl., geteilt.

Im Lauf des 11. Jh. konsolidierte sich die Macht der Bf.e in der Stadt: 1030 trat der Gf. seine Münzrechte an den Bf. ab und gab ihm eine der äußeren Vorstädte zurück. Die gregorian. Reform stärkte im späten 11. Jh. Stellung und Ansehen des Bf.s noch weiter: 1077 intervenierte der Hl. Stuhl bei der Designation des Abtes Durandus v. →La Chaise-Dieu als Bf.; 1095 fand in C. unter Leitung Papst →Urbans II. das große Konzil statt, dessen Aufgabe die Durchsetzung der kirchl. Disziplin und des Gottesfriedens war und das schließl. im Kreuzzugsaufruf gipfelte (→Clermont, Konzilien). I. J. 1097 gewährte Urban II. der Kirche v. C. die Freiheit der Bischofswahl; dem Bf. sprach er den Vorrang über die anderen Bf.e der Kirchenprovinz zu. Zu diesem Zeitpunkt war im Zuge eines Bevölkerungsanstiegs der städt. Siedlungsraum bereits über die antike Mauer hinausgewachsen und hatte sich v. a. am westl. Hang des Hügels ausgedehnt.

Das 12. Jh. wurde in C. durch eine Reihe von Auseinandersetzungen zw. Gf., Bf. und Domkapitel um die Stadtherrschaft beherrscht. Um 1122 besetzte der Gf., mit Unterstützung des Kapitels, das bfl. castrum und befestigte die Kathedrale. Eine Intervention Kg. Ludwigs VI. stellte die Rechte des Bf.s wieder her; die Gf.en zogen sich aus C., wo ihre Stellung bedroht war, ins benachbarte Montferrand zurück. Am Ende des 12. Jh. standen sich der Bf. v. C. und der Gf. der Auvergne in einem weiteren Konflikt gegenüber; beide Kontrahenten, die sich der Hilfe der Bürger von C. versichern wollten, schworen, die Rechte und Gewohnheiten der Stadt zu achten (1198–99). Schließlich gab der Gf. die Stadt in die Schutzherrschaft (→garde) des Bf.s zurück.

Obwohl diese Vorgänge dem frz. Kg. Philipp II. August willkommene Gelegenheit zum Eingreifen boten, konnte die Grafenfamilie, die sich in der 2. Hälfte des 12. Jh. in zwei Linien geteilt hatte, einen Teil ihrer Rechte in C. bewahren: Ein gfl. Schloß erhob sich innerhalb der antiken Ummauerung (es heißt am Ende des 13. Jh. »palais de Boulogne«, wegen der Herrschaft des Grafenhauses von Auvergne über die nordfrz. Gft. →Boulogne seit 1260). Beide Linien der Grafenfamilie beanspruchten den Titel »Gf. v. Clermont« (eine von ihnen sollte später den Titel »Dauphin d'Auvergne« annehmen; →Dauphiné d'Auvergne). Trotz der verbliebenen gfl. Positionen und trotz der Ansprüche des Domkapitels auf die Cité (in den Grenzen der antiken Befestigungsmauern) betrachteten sich die Bf.e als die eigtl. Stadtherren, und das Kgtm. erkannte sie als solche an (1255, 1269). In der 2. Hälfte des 13. Jh. waren die Beziehungen zw. den Bf.en und den Bürgern, die städt. Freiheiten forderten, zumeist gespannt: Offene Auseinandersetzungen brachen 1251, 1255 und 1296 aus; sie vermochten an der Verwaltung der Stadt durch den Bf. und seine Amtsträger nicht zu rütteln. Diese Konflikte waren offensichtl. durch das demograph. Wachstum der Stadt bedingt. Das alte, aus der Antike überkommene Stadtareal war nun von drei Vorstädten umgeben: St-Pierre im W, Notre-Dame-du-Port im NO (um die erhaltene hochbedeutende roman. Kirche), St. Genès im Süden. Durch diese suburbanen Siedlungen erhielt der Stadtgrundriß eine kleeblattartige Form. Zumindest in einem dieser Außenviertel erfolgte der Ausbau teilweise durch regelmäßige Parzellierung auf vorher vermessenem Boden. In der 2. Hälfte des 13. Jh. wurde ein Teil der Vorstädte befestigt; zwar beanspruchte der Bf. die ausschließl. Kontrolle über die Cité, doch forderten die Bürger entsprechende Herrschaftsrechte über die Vorstädte und setzten diese Forderungen 1262 auch durch.

Die Stadt war von Kirchen und geistl. Stiftungen umgeben. Von ihnen gehen die meisten auf Heiligtümer des frühen MA zurück, einige klösterl. Gemeinschaften entstammen aber dem Hoch- und SpätMA: so die Benediktiner in den sehr alten Kirchen St-Alyre und Notre-Dame d'Entre-Saints; Prämonstratenser in der alten Kirche St-André (Mitte des 12. Jh.); Dominikaner nach 1219, im O des östl. Stadtviertels; Franziskaner um die Mitte des 13. Jh., zunächst extra muros, später in einer Ecke der Ummauerung; Karmeliter in vergleichbarer topograph. Lage (1288); Klarissen zw. Stadt und St-Alyre.

Im 14.–15. Jh. setzten neue Konflikte zw. den Bf.en und dem Domkapitel um die Herrschaft über die Cité ein; bes. gewaltsam waren die Auseinandersetzungen während des

Episkopats von Henri de la Tour (1378–1415). Dennoch trat wegen der allgemeinen Zeitumstände die Sorge um die Verteidigung der Stadt in den Vordergrund. Im Laufe der 2. Hälfte des 14. Jh. wurde C. mit einer einzigen Mauer, welche sowohl die Cité als auch die Vorstädte umspannte, befestigt, wobei auch das Karmeliterkl. im O und das Franziskanerkl. im W einbezogen wurden. Zu gleicher Zeit erhielt der Burgus um die Abtei OSB St-Alyre seine eigene Befestigungsanlage.

Während dieser Periode erhielten schließl. die Einwohner der Stadt dank kgl. Unterstützung Mitwirkungsrechte am Stadtregiment: 1379 erlaubte ihnen Kg. Karl V., sich zu versammeln und drei Vertreter zu wählen, welche Kg. Ludwig XI. 1480 zu Konsuln erklärte. Dieses Konsulat wurde aber schon 1485 wieder abgeschafft, und die Bf.e übten wieder die stadtherrl. Rechte aus, bis sie i. J. 1551 das Regiment an Katharina v. Medici, welche die Gf.en beerbt hatte, abtreten mußten. G. Fournier

Lit.: DHGE XII, 1435–1458 [A. BOSSUAT] – RE II, 2368f. [M. IHM]; Suppl. I, 228 [M. IHM]; Suppl. III, 197 [J. B. KENNE] – J. Savaron, Les Origines de Clairmont, 1607, 2e éd., 1662 – A. TARDIEU, Hist. de la ville de C.-F., 1870–72 – R. SÈVE, Les Franchises de C. à la fin du XIIe s. (Rec. de travaux... M. CLOVIS BRUNEL, 1955, 521–537) – P. F. FOURNIER, Nouvelles recherches sur les Origines de C.-F., 1970 – G. FOURNIER, Châteaux, villages et villes d'Auvergne au XVe s. d'après l'Armorial de Guillaume Revel, 1973 – P. F. FOURNIER, Aperçu de l'hist. et de son développement (Mél. M. VAZEILLES, 1974), 149–160 – A. G. MANRY, Hist. de C.-F., 1975 – A. POITRINEAU, Le Diocèse de C., 1979 – CH. PIETRI, L'Espace chrétien dans la cité. Le »vicus christianorum« et l'espace chrétien dans la cité arverne (C.), RHEF 67, 1980, 177–209 [Zus.fassung von P. F. FOURNIER, Bull. hist. et scientifique de l'Auvergne, 1981] – R. SÈVE, La Seigneurie épiscopale de C., Revue d'Auvergne, 1980, 87–268 – R. KAISER, Bischofsherrschaft zw. Kgtm. und Fürstenmacht (Pariser Hist. Stud. 17), 1981, 183–188 u. ö. – zur Kunstgesch.: Auvergne romane (La nuit des temps, 2, 1978⁵), 49–94 – W. SCHÄFKE, Frankreichs got. Kathedralen, 1979, 274–278.

2. C.-en-Beauvaisis (seit 1846 Clermont-de-l'Oise: Clarus Mons, Claromons), Ort und ma. Herrschaft/Gft. in Nordfrankreich (dép. Oise), ca. 25 km ost-südöstl. von →Beauvais gelegen. Der Ort ist seit dem 11. Jh. belegt. Die Römerstraße Beauvais-Pont-St-Maxence hatte zunächst die Erhebung, die das Tal der Brèche nach der Einmündung des Arré beherrschte, umgangen. Die Verlegung der Straßenführung (calceia Belvacensis = calceia de Claromonte) ist Ausdruck der Bedeutung, die C. gewonnen hatte: Die Burg C. entwickelte sich seit der 1. Hälfte des 11. Jh. zum Zentrum einer mächtigen Herrschaft. Die ersten Herren (Balduin/Baudouin und Rainald/Renaud – letzterer war wohl Kämmerer/→Chambrier des frz. Kg.s Heinrich I.) gewannen Reichtum und Einfluß durch Lehen der Kirchen von →Beauvais und →Paris sowie der Abtei →St-Denis, v. a. aber durch ihre Loyalität gegenüber den →Kapetingern. Seit der Vermählung Hugos (Hugues), des Sohnes von Rainald, mit einer Tochter Hilduins IV. v. Roucy führten die Herren v. C. den Grafentitel. Heiratsverbindungen mit dem Regionaladel (Beauvaisis, Normandie, Vermandois) und territoriale Erweiterungen (Creil, Luzarches, →Breteuil) bildeten die Grundlage für die wachsende polit. Rolle der Grafenfamilie, deren Höhepunkt am Ende des 12. Jh. mit Gf. Raoul und seiner Tochter Catherine († 1213), die Louis, Gf.en v. Blois-Chartres (→Blois), heiratete, lag. Nach dem Tod des aus dieser Ehe hervorgegangenen Sohnes Thibaud († 1218) schloß Kg. Philipp II. August mit den Erben einen Vergleich, der ihm den Erwerb der Gft. ermöglichte, welche von nun an Besitz der kgl. Familie war: Sie kam mit →Boulogne und →Dammartin an den Sohn des Kg.s, →Philippe Hurepel, sodann an dessen Gattin Mahaut de Dammartin († 1258). An die Krondomäne zurückgefallen, wurde die Gft. 1269 erneut als Apanage ausgetan, an den 6. Sohn Kg. Ludwigs IX., Robert de C. (→Bourbon), als dessen Bailli hier 1279–1283 der große Jurist →Philippe de Beaumanoir, Verfasser der »Contumes de Beauvaisis«, amtierte. Abgesehen von einer kurzen Periode erneuter Zugehörigkeit zur Krondomäne unter Karl dem Schönen (1327–31), gehörte die Gft. C. fortan zu den Gütern d. Linie →Bourbon, bis hin zu Pierre II. v. →Beaujeu, dem Schwiegersohn von Kg. Ludwig XI. Die Gft. hatte stark unter den Krisen des 14.–15. Jh. zu leiden, sie war Kerngebiet des Bauernaufstandes der →Jacquerie (1358) und wurde erschüttert von den Auseinandersetzungen mit dem Kg. v. →Navarra, dem Bürgerkrieg zw. den →Armagnacs und Bourguignons sowie den Kämpfen mit den Engländern, welche die Gft. 1449 endgültig an das Kgr. Frankreich verloren. – Zur Familie C. s. den folgenden Artikel. O. Guyotjeannin

Q. und Lit.: E. DE LÉPINOIS, Recherches hist. et critiques sur l'ancien comté et les comtes de C.-en-B., 1877 – DELUÇAY, Le comté de C.-en-B.: études pour servir à son hist., 4 fasc., 1878–98 – L. CAROLUS-BARRÉ, Chronologie des baillis de C.-en-B. (1202–1532), 1944 (Sonderausg. aus Bull. soc. arch. et hist. de C.-en-B.) – B. GUENÉE, Tribunaux et gens de justice dans le bailliage de Senlis à la fin du MA, 1963, passim – D. LOHRMANN, Papsturkk. in Frankreich, VII: Nördl. Ile-de-France und Vermandois, 1976, 40 – Actes du colloque international Philippe de Beaumanoir (mai 1983) [in Vorber.].

Clermont, frz. Adelsfamilie aus Clermont-en-Beauvaisis (→2. Clermont), später Herren v. →Nesle. Im 13.–14. Jh. gingen aus ihr mehrere Persönlichkeiten hervor, die eine bedeutende Rolle am Königshof spielten. E. Lalou

1. C., Jean de, Maréchal de France, frz. Truppenführer des →Hundertjährigen Krieges, ✕ 1356 bei →Poitiers/Maupertuis, ◻ Poitiers, Jakobinerkirche; 2. Sohn von Raoul de C.-Nesle und Jeanne de Chambly. C. diente ab 1340 in der Normandie unter dem späteren Kg. Johann (II.). Er erhielt 1347 die Herrschaft Chantilly, die er jedoch nicht in Besitz nehmen konnte. Unter Kg. Johann II. →chambellan, wurde er anstelle von Geoffroy de →Charny zum Befehlshaber der Truppen in der Normandie eingesetzt. Anschließend kämpfte er unter dem Oberbefehl von Charles d'→Espagne in der Gascogne. 1354 begleitete er den Kg. nach Reims und wurde anschließend kgl. →lieutenant (Statthalter) im Südwesten. Zum Maréchal de France erhoben, fiel er bei Poitiers. R. Cazelles

2. C., Raoul de, →Connétable v. Frankreich, Herr v. Nesle, ✕ 11. Juli 1302 bei →Kortrijk, ◻ Beaupré; Sohn von 3 und Adèle de Montfort. R. de C. war →chambellan und Mitglied des →Parlement seit 1284, Connétable seit Ende 1285. Am 29. Nov. 1293 erhielt er in Melun volle Machtbefugnis in den sieben südfrz. Sénéchausséen, ebenso in der Gascogne und im Hzm. Aquitanien. Er begab sich daraufhin in die Gascogne, um die dortigen Probleme zu lösen (Waffenstillstandsabschlüsse mit den Engländern, Besetzung des →Agenais durch kgl. Truppen, Ernennung eines Seneschall für die Gascogne und eines Gouverneurs für Aquitanien). Am 7. März 1296 legte C. Rechenschaft über seine Verwaltung ab. Er hatte im Sept. 1295 eine Rente von 1500 £ erhalten. 1297 Präsident am Parlement, wurde er mit einer Untersuchung (inquisitio) über die Gft. →Ostrevant betraut und als Bote zum Gf.en v. →Flandern (1298–1300) entsandt. 1298 war er erneut mit Waffenstillstandsverhandlungen mit England beauftragt. Lieutenant des Kg.s in Flandern, hielt C. durch allerlei Zuwendungen die Verbündeten bei der kgl. Sache. Er fiel in der Goldsporenschlacht von Kortrijk. E. Lalou

Lit.: P. ANSELME, Hist. généalogique et chronologique de la maison de France..., VI, 90, Paris 1726–39 [Neudr. 1964] – Materialien für: Gallia regia Philippica (Arch. Nat., Paris) [R. FAWTIER – R.-H. BAUTIER].

3. C., Simon de, Herr v. Nesle, Regent des Kgr.es i. J. 1270 und 1285, * 1209, † 1286; Sohn von Gertrude de Nesle und Raoul de C., Herr v. Ailly (Neffe von Raoul I., Gf. en v. Clermont, ⚔ 1191 bei Akkon); ∞ Adèle de Montfort. S. de C. nahm nicht am Kreuzzug Ludwigs d. Hl. (1250) teil. Er geriet im Juli 1253 bei der Schlacht v. Westcapelle (Zeeland) in Gefangenschaft. Ab 1258 tritt er in den bedeutendsten Urkunden der frz. Monarchie auf, so in den Verträgen mit Aragón und England. Er gehörte dem Parlement an (1259–62, 1269). Auch am Empfang der aragones. Gesandten (1264) durch den Kg. war C. beteiligt. 1270 wurde er gemeinsam mit Mathieu de →Vendôme Abt v. St-Denis, für die Zeit der überseeischen Abwesenheit des Kg.s als »locum tenens domini regis« designiert; diese Stellung wurde nach dem Tode Ludwigs d. Hl. durch Philipp III. den Kühnen bestätigt. C. erscheint zw. 1273 und 1285 noch mehrfach im Parlement und tritt mit 73 Jahren im Kanonisationsprozeß Ludwigs d. Hl. als Zeuge auf (1282). I. J. 1285 wurde er während des Kreuzzuges Kg. Philipps gegen →Aragón erneut zum Regenten ernannt. Im Dez. 1285 letztmals im Parlement bezeugt, verstarb er am 1. Febr. 1286.   E. Lalou

Lit.: W. M. Newman, Les seigneurs de Nesle en Picardie (XII–XIIIe s.), I, 1971, 50–58.

Clermont, Konzilien v. (Synoden v.). In C. (Clermont-Ferrand) tagten mehrere Synoden und Konzilien, hervorzuheben sind:

1. C., Synode v. (535). An ihr nahmen 15 Bf.e des Regnum →Austrien u. seiner aquitan. und burg. Annexe teil, die Synode war von Kg. Theudebert autorisiert, den Vorsitz führte der Ebf. v. →Bourges; die Beschlüsse der Synode hatten Gültigkeit für Austrien. Die Konzilsakten (8. Nov. 535) sind in 16 Canones untergliedert, von denen die meisten die Beschlüsse früherer Konzilien präzisieren: Freiheit der Bischofswahlen; Begrenzung der Rechte der Bf.e auf ihre Diöz.; Pflicht zum Besuch der Kathedralkirche an hohen Feiertagen; Verpflichtung des Klerus auf den Zölibat; verschärfte Festlegung des Begriffs des Inzests; Verurteilung von Intrigen, die einfache Kleriker gemeinsam mit weltl. Großen gegen die Bf.e planen; Schutz der Kirchengüter; Verbot der Benutzung von Paramenten für weltl. Zwecke; Maßnahmen gegen die Juden in Hinblick auf Jurisdiktion und chr.-jüd. »Mischehen«. – In einem Brief an den Kg. fordern die Bf.e Respektierung der Kirchengüter auch bei Veränderung der Grenzen innerhalb des Frankenreiches.   G. Fournier

Ed.: MGH, Conc. I, 65–71, ed. F. Maassen–C. de Clercq, Concilia Galliae, CChr, t. 148 A, 1963, 105–112 – *Lit.:* C. de Clercq, La législation religieuse franque I: de Clovis à Charlemagne, 1936, 17–20.

2. C., Konzil v. (18.–28. Nov. 1095), das wichtigste und berühmteste der Konzilien, die Papst →Urban II. während seiner Frankreichreise 1095/96 (mindestens seit 1091 geplant) abhielt. Es wird in den Quellen meist als »generale concilium« bezeichnet und ist der kanonist. Literatur bis einschließl. →Gratian häufig zitiert. Berühmt wurde das Konzil wegen des Aufrufs Urbans zum Kreuzzug, den dieser auf einer Versammlung, die von einer großen Menschenmenge besucht wurde, am Tag vor der Schlußsitzung (27. Nov. 1095) verkündete (→Kreuzzug 1.). Es ist nicht klar, ob Urban in seiner Rede (von der vier Berichte existieren, aber nicht mit Sicherheit authentisch sind) die lat. Christenheit nur allgemein dazu aufforderte, der bedrängten Kirche im Osten bewaffnete Hilfe zu bringen, oder ob er bereits in Clermont→Jerusalem als eigentl. Ziel erwähnte. Der unerwartete Erfolg des Aufrufs führte zu der irrigen Annahme, die Reise des Papstes sei eigens zum Zweck der Kreuzzugswerbung unternommen worden, was jedoch nicht der Fall war. Vielmehr ging es dem Papst als Fortsetzer der Politik und der Reformen →Gregors VII. (→Gregorianische Reform) in erster Linie um die Reform der Kirche in Frankreich sowie die Beilegung der Eheaffäre Kg. →Philipps I. v. Frankreich (unkanon. Ehe mit Bertrada v. Montfort); den Kreuzzug hatte er wohl erst seit dem Konzil v. →Piacenza (März 1095) in seine Politik einbezogen.

Das verhältnismäßig gut erforschte K. v. C., das zunächst in Vezelay und dann in Le Puy stattfinden sollte, wurde schließl. in Clermont (→Clermont-Ferrand), entweder in der Kathedrale oder in der vorstädt. Kirche Notre-Dame-du-Port, abgehalten; nur die Kreuzzugspredigt fand im Freien statt. Die weitaus größte Zahl der wohl 182 oder 184 offiziellen Teilnehmer des Konzils kam aus Frankreich, doch waren auch Italien (durch Kard. e und andere Kleriker im Gefolge Urbans) und Spanien vertreten. Nur England (Ebf. →Anselm v. Canterbury schickte ledigl. den Mönch Boso v. Le Bec als Beobachter) und Deutschland, abgesehen von den französischsprachigen Gebieten des Imperiums, fehlten wohl völlig. Während des Konzils wurden Canones von Urbans früheren Synoden in Melfi, Benevent (beide 1091), Troia (März 1093) und Piacenza erneuert und neue Dekrete erlassen. Wie auf den Konzilien dieser Zeit üblich, fielen auch zahlreiche Rechtsentscheidungen, und der Papst erteilte und bestätigte Privilegien. Das Konzil erließ wohl 61 Verfügungen, von denen nur 10 in einem wahrscheinl. offiziellen Wortlaut überliefert sind; die übrigen Verfügungen haben sich nur als mehr oder minder kurze Zusammenfassungen oder sogar nur als Kapitelüberschriften erhalten. Die Dekrete von Clermont scheinen also niemals geschlossen verbreitet worden zu sein; die von R. Somerville ermittelten diesbezügl. 14 Handschriftengruppen bieten jeweils nur eine Auswahl von verschieden formulierten, doch inhaltl. verwandten Dekreten. Es läßt sich nicht entscheiden, ob sie ursprgl. auf ein gemeinsames Original zurückgehen. Die meisten Canones spiegeln die Ideale der Kirchenreform wider. Besonders bemerkenswert ist das Verbot der Laieninvestitur (→Investitur) und das Verbot für Priester und Bf.e, Laien den Lehnseid zu leisten. Laien wurde der Besitz von Kirchenzehnten oder anderen kirchl. Einkünften untersagt. Von bes. Bedeutung war auch die Stärkung der bfl. Rechte, bes. gegenüber den Mönchen.

Die Verkündigung eines Gottesfriedens auf dem Konzil (→Gottesfriedensbewegung) sowie mehrerer verwandter Bestimmungen, darunter einer speziellen Verfügung zum Schutz des Guts von Kreuzfahrern und eines Canons über einen »Kreuzzugsablaß«, stehen wohl z. T. im Zusammenhang mit Urbans Kreuzzugsplan, der aber in seiner Bedeutung nicht überschätzt werden darf.

Das Konzil exkommunizierte – wie zu erwarten war – den Gegenpapst →Clemens III. (Wibert v. Ravenna) sowie Kg. Philipp I. und Bertrada wegen ihrer unkanon. Ehe. Außerdem wurden mehrere Entscheidungen, die die Kirchenorganisation Frankreichs berührten, darunter die Abtrennung der Diöz. →Arras vom ksl. Bm. →Cambrai, getroffen oder bestätigt. Vgl. auch→Kreuzzüge.   U. R. Blumenthal

Q. und Lit.: Mansi XX, 815–920 – D. C. Munro, The Speech of Pope Urban II at Clermont, 1095, American Historical Review 11, 1906, 231–242 – A. Becker, Papst Urban II., 1964, bes. 213–226 – H. E. Mayer, Die Gesch. der Kreuzzüge, 1965, 1973³, 15 ff. – H. E. J. Cowdrey, Pope Urban II's Preaching of the first Crusade, History 55, 1970, 177–188 – R. Somerville, The French Councils of Pope Urban II. Some Basic Considerations, AHC 2, 1970, 56–65 – Ders., The Councils of Urban II, I: Decreta Claromontensia, 1972 – Ders., The Council of Clermont (1095) and Latin Christian Society, AHP 12, 1974, 55-90 – M. MINNINGER, Von Clermont zum Wormser Konkordat, 1978.

Clermont-Ferrand → 1. Clermont

Cleve → Kleve

Clibanarii → Heer

Clichy, Pfalz. C. ist die traditionelle frz. Bezeichnung für die bisher nicht genauer lokalisierbare merow. Pfalz Clippiacus. C., das sich nicht mit C.-la-Garenne (dép. Hauts-de-Seine) identifizieren läßt, wird aufgrund seiner in den Quellen bezeugten Nähe zu →St-Denis und zu Montmartre und nach späteren Traditionen in der Umgebung von St-Denis oder St-Ouen (beide dép. Seine-St-Denis) vermutet. Als Zentralort eines der großen Fiskalbezirke, die →Paris in merow. Zeit umgaben, lag C. im Forst v. Rouvray (forestis Roverito) auf dem rechten Seineufer. Seit Chlothar II. († 629), insbes. aber unter Dagobert I. († 639) und seinen Nachfolgern entwickelte C. sich neben →Compiègne zur bedeutendsten Pfalz →Neustriens. Bis zu Theuderich III. († 690/691) hielten sich die merow. Kg.e häufig in C. auf. Mehrfach wird C. als Versammlungsort der Großen des Reiches (625/626, 626/627, 627/628, 636, 636/637, 654, 684), als Schauplatz polit. Ereignisse, als Ausstellungsort von Urkunden (z. B. 635 und 654 die Privilegien für Rebais und St-Denis) und als Sterbeort bedeutender Persönlichkeiten des Merowingerreichs (627/628 Ermarius; 629 Chlothar II.; 641, Aega; 684, Audoenus) genannt.

Über Aussehen und Größe der Pfalz C., die in den Quellen als villa, aula, palatium, praedium bezeichnet wird, wissen wir fast nichts, es sei denn, daß die überlieferten Ereignisse den Schluß auf eine bedeutendere »Pfalzanlage« mit entsprechenden Unterbringungsmöglichkeiten (mansiones) zuließen. Für die Beurteilung von C. als Pfalz ist die enge Beziehung zum »Königskloster« St-Denis entscheidend. Königsgrablege, -kl. und -pfalz standen hier für fast 100 Jahre in einzigartiger Weise auf engstem Raum nebeneinander.

Seit dem Ende des 7. Jh. wird C. nicht mehr als Pfalz bezeugt. Schon 717 schenkte Chilperich II. († 721) den Königsforst Rouvray – mit Ausnahme von C., das nun Vetus Clippiacus genannt wird – an St-Denis. Durch eine Schenkung Karl Martells gelangte das Kl. 741 schließl. auch in den Besitz der einstigen kgl. villa. H. Atsma

Q.: H. ATSMA – J. VEZIN, Chartae Latinae Antiquiores, 551, 558, 593 – MGH DD Merow. 15, 16 [Fälschung]; D Arn. 14; DD Merow. spur. 26, 34, 36, 37, 38, 41, 46, 63, 68 – MGH Conc. I, 196, 207; II, 691 – MGH SRM II, 147, 148, 160, 163, 322, 415, 423; IV, 711, 716; V, 268, 440, 563, 628; VII, 17 – *Lit.:* DACL II, 1944 – DHGE XII, 1462 – LThK[2] II, 1235 – J. MABILLON, De re diplomatica, 1709[2], 273f. – J. LEBEUF, Hist. de Paris III, 1873[2], 419-430 – L. PANNIER, La noble maison de St-Ouen, 1872, 1-20, 1-42 – I. HEIDRICH, DA 11/12, 1965/66, 154, 202, 242 – BRÜHL, Fodrum, 13 – K. H. KRÜGER, Königsgrabkirchen, 1971, 173-175, 186 – M. ROBLIN, Terroir de Paris, 1971[2], 210-212 – E. EWIG, Spätantikes und Frk. Gallien I, 1977, 180, 288, 302, 387-391; II, 1979, 43, 449 u. ö. – J. SEMMLER, DA 33, 1977, 13f.

Clientes → Gesellschaft

Clifford, Richard, Bf. v. Worcester seit 21. Sept. 1401, Bf. v. London seit 20. Okt. 1407, † 20. Aug. 1421 in London; von 1390-97 Oberkämmerer *(Keeper of the Great Wardrobe)*, von 1397-1401 kgl. Geheimsiegelbewahrer *(Keeper of the Privy Seal).* C. stammte wahrscheinl. aus der baronialen Familie Westmorland und war in Oxford Baccalaureus der Rechte. Um 1380 gehörte er zu den vertrautesten Beamten des engl. Kg.s Richard II. und wurde während der Verschwörung von 1387-88, bei der fünf engl. Lords die Günstlinge Richards II. anklagten (→Appellants), gefangengenommen. Als er 1390 in den Hofkalt des Kg.s zurückkehrte, zeigte sich die kgl. Gunst in der Verleihung bedeutender kirchl. Ämter (C. war seit 1398 zugleich Archidiakon v. Canterbury und Dekan v. York), allerdings hatte seine Wahl für den Bischofssitz v. Salisbury 1395 keine prakt. Wirkung.

Der Sturz Richards II. 1399 schadete seiner kirchl. und polit. Karriere nicht. Jedoch leistete 1400 der neue Kg. Heinrich IV. Widerstand, als C. vom Papst für den Bischofssitz v. Bath und Wells nominiert wurde. Er blieb aber in der Gunst des Königs. C. begleitete dessen Tochter Blanche (Blanca) zu ihrer Hochzeit (1402) mit Ludwig, dem ältesten Sohn des dt. Kg.s Ruprecht I., nach Köln, wo er Verhandlungen mit Ruprecht I. führte. Da er weiterhin in London im kgl. Dienst verblieb, hielt er sich nur selten in seiner Diöz. Worcester auf. Seit März 1404 Mitglied des kgl. Rates, wurde er jedoch im Mai 1406 vom Kg. nicht wieder ernannt. Es ist anzunehmen, daß er sich nach der Teilnahme an Verhandlungen mit Schottland i. J. 1407 von der Regierung bis zu seiner formalen Wiederernennung für den Rat i. J. 1412 etwas zurückzog. C. nahm an der engl. Delegation am Konzil v. →Konstanz teil und war an ihrer Leitung beteiligt. Obwohl er selbst – inoffiziell – als aussichtsreicher Kandidat für die Papstwürde galt, nominierte er seinen Freund Odo Colonna und zelebrierte dessen Krönung zum Papst als →Martin V. Er fühlte sich zwar zu alt für die Verwaltung seiner Diöz., schloß sich aber Heinrich V. in Frankreich an und leitete eine große Gesandtschaft nach Deutschland (1418-19). R. G. Davies

Q. und Lit.: R. G. DAVIES, Difficulties in the administration of the diocese of London, 1416-19 (Guildhall Stud. in London Hist. 11, 1975), 1-10 – W. E. L. SMITH, The register of R. C., bishop of Worcester, 1401-1407, 1976 – R. G. DAVIES, A contested appointment to the bishopric of Bath and Wells, 1400-01 (Procs. of the Somersetshire Arch. and Nat. Hist. Soc. 121, 1977), 67-76.

Clignet → Brebant, Pierre de

Climax → Neumen

Clipeus. Der Rundschild (lat. clipeus), der als Ehrenschild mit Inschrift oder Porträtbüste (clipeata imago) des Geehrten versehen war, dürfte trotz zeitl. Priorität erhalten gebliebener Denkmäler des hellenist. Griechenland seinen Ursprung in Rom haben. Er erfuhr durch Weitergabe aus der Staatskunst in die Privatsphäre ausgedehnte Verbreitung im ganzen Imperium. Bes. häufig ist seine Reliefdarstellung auf röm. Sarkophagen, auf denen der C. mit Inschrift oder Bild der Verstorbenen, daneben mit dem Gorgoneion, der röm. Wölfin u. ä., von Eroten oder Seewesen »getragen« wird, bisweilen durch Details einer Muschel angenähert. Der hierbei vorgenommene Wechsel vom konvex gewölbten Schildbild zur konkaven Bildrahmung blieb für die ma. Kunst ebenso verbindl. wie die Möglichkeit, den Kreisrahmen auf verschiedenartige Weise zu schmücken. Die Annahme früherer Forschung, der C. mit dem Porträt des Verstorbenen, der (mit und ohne Erotengeleit) auch auf zahlreichen frühchr. Sarkophagen erscheint, habe bereits in sich allein die Bedeutung eines Jenseits- oder →Apotheose-Symbols besessen, wird heute kaum noch vertreten. Seit dem späten 4. Jh. wurde der C. als ehrende, hervorhebende Rahmung für das Christusbild (zunächst als Brustbild, später als stehende oder thronende Ganzfigur), das →Christusmonogramm und →Christussymbole verwendet; auch die Brustbilder von Aposteln, Heiligen, Bischöfen und Propheten wurden kreisförmig umschlossen, bes. in Imago-clipeata-Zyklen. Im →Bilderstreit scheint das C.-Bild Christi bes. umstritten gewesen zu sein (vgl. LECHNER 362). Wenn man Engel das Rundbild »tragen« ließ, wie z. B. im ö.

Bildtypus der Himmelfahrt Christi, wenn über einem Kreuz oder in seiner Vierung ein C. mit dem Bild Christi angebracht wurde oder wenn bei den →Marienbildern der Platytera Emmanuel in einem Rundbild erscheint, so dürfte noch eine Erinnerung an das C.-Bild vorliegen; doch läßt sich allgemein in der Spätantike und im MA eine Sinnentleerung des C. zum bloßen Rahmenmotiv feststellen. Diese Entwicklung kommt bes. in der häufigen Ausgestaltung des Kreisrahmens als Kranz zum Ausdruck, außerdem in der das ganze MA hindurch festzustellenden Austauschbarkeit mit anderen geometr. Formen (→Mandorla, Vierpaß) und in der Überschneidung mit dem Motiv des Strahlenkreises (Kreisgloriole). So läßt sich bei vielen kreisförmigen Bildern des MA nicht mehr erkennen, ob die Anregung im antiken C.-Bild zu suchen ist oder im Münzbild (→Medaillon; vgl. z. B. die Rundappliken bei Werken der ma. Goldschmiedekunst). Dasselbe gilt für die Wiederbelebung des C.-Bildes in architekton. Zusammenhang wie als Einzelbild (→Tondo) im 15. Jh. in Florenz. →Schild. J. Engemann

Lit.: RByzK III, 353–369 (LECHNER) – H. BRANDENBURG, Meerwesensarkophag und Clipeusmotiv, Jb. dt. arch. Inst. 82, 1967, 195–245 – R. WINKES, Clipeata Imago, 1969.

Clipeus militaris/regalis → Heerschild

Clisson. 1. C., Amaury de, ✗ 1347 bei La Roche-Derrien, bret. Adliger aus der bedeutenden Familie C. (Clisson, dép. Loire-Atlantique, arr. Nantes, chef-lieu de cant.), ältester Sohn des Olivier, sire de C., und der Isabelle de→Craon. A. de C. stand 1341 im bret. Erbfolgekrieg (→Bretagne, Abschnitt B III) auf der Seite der Familie →Montfort und diente Johann (Jean) v. Montfort, seiner Gemahlin Johanna (Jeanne) v. Flandern und dem Sohne beider, Johann (IV.), als dessen Erzieher C. fungierte. Später ging C. jedoch zu→Karl v. Blois, dem Konkurrenten der Montfort, über und kämpfte auf dessen Seite in der Schlacht von La Roche-Derrien, in der er den Tod fand. Ph. Contamine

Lit.: DBF IX, 14.

2. C., Olivier de, sire de, frz. Heerführer des →Hundertjährigen Krieges, →Connétable v. Frankreich, * um 1336, † 1407; Neffe von 1, Sohn des Olivier, sire de C., und der Jeanne de Belleville (Belleville, dép. Vendée, arr. La Roche-sur-Yon, cant. Le Poiré-sur-Vie); ∞ 1. Béatrix de Laval; Kinder: Béatrix (∞ Alain, Vicomte v. Rohan), Marguerite (∞ Jean, Gf. v. Penthièvre); ∞ 2. Marguerite de Rohan. – C.s Vater wurde auf Befehl des frz. Kg.s Philipps VI. wegen Verrats 1343 abgeurteilt und hingerichtet. O. de C. diente daher anfangs unter Eduard III., Kg. v. England, und dem mit England verbündeten Montfort Johann IV., dem Hzg. v. Bretagne. Doch folgte er zw. 1368 und 1370, zumal ihm die Belohnung seiner Dienste unzureichend erschien, den dringenden Bitten des frz. Kg.s Karl V. und trat zu den Valois über; in diesem Zusammenhang schloß er mit seinem Landsmann Bertrand→du Guesclin eine immerwährende Allianz, die eine gleiche Teilung aller künftigen Kriegsbeuten der beiden Truppenführer vorsah. C. wirkte in der Folgezeit tatkräftig an der Rückeroberung der im Vertrag v. →Brétigny (1360) an die Engländer abgetretenen Gebiete mit. Nach dem Tod von Bertrand du Guesclin (1380) ernannte ihn der kgl. Rat zum Nachfolger im Connétable-Amt; dies entsprach den Weisungen des kurz zuvor verstorbenen Kg.s Karl V. Der Hzg. v. Bretagne, Johann IV., dessen Argwohn durch C.s Intrigen, seine hohe Stellung und seinen Besitz von Festungen geweckt worden war, ließ ihn 1387 gefangennehmen. Nachdem C. gegen eine Zahlung von 100000 *francs* Lösegeld wieder freigekommen war, wurde gegen ihn 1392 auf Anstiftung des Hzg.s ein Mordversuch unternommen. Kg. Karl VI. war durch den Ausbruch seines Wahnsinns an der Regierungstätigkeit und damit auch am Schutz seines Connétable gehindert; C. sah sich dem Haß seiner mächtigen Gegner, des Hzg.s →Johann v. Berry und des Hzg.s →Philipp des Kühnen v. Burgund, ausgeliefert. Diese nahmen C. sein Connétable-Amt und vertrieben ihn vom Königshof (1392). C. zog sich auf sein bret. Schloß Josselin (dép. Morbihan, arr. Pontivy, chef-lieu de canton) zurück; nach mehreren Jahren des Kampfes erreichte C. 1395 eine dauernde Versöhnung mit Hzg. Johann IV. Doch verschlechterte sich C.s polit. Situation unter dem Nachfolger, Johann V. (1399–1442), wieder, und zum Zeitpunkt seines Todes hing über ihm bereits wieder das Damoklesschwert einer neuen Verurteilung. – Wegen des Verlustes eines Auges in der Schlacht v. Auray (1364) hieß C. manchmal »Le Borgne C.« ('der einäugige C.'). Sein gnadenloses Vorgehen im Krieg (schon früh wird er als »boucher« 'Schlächter' bezeichnet) ebenso wie seine feudale Machtstellung und die immensen, von ihm angehäuften Reichtümer riefen den Haß seiner Gegner hervor. Unter C.s Schuldnern befanden sich der avignones. Papst Clemens VII., Kg. Karl VI. sowie mehrere Große. Ph. Contamine

Lit.: DBF IX, 14–17 – Grande Encyclopédie XI, 687f. – A. LEFRANC, O. de C., Connétable de France, 1898 – Invent. du Château de Josselin en 1407, ed. F.-L. BRUEL, BEC 66, 1905, 202–245 – R. DELACHENAL, Hist. de Charles V, 5 Bde, 1909–31, passim – PH. CONTAMINE, Guerre, état et société à la fin du MA, 1972, passim.

Clivis → Neumen

Clochán, ir. rundes Steinhaus in Kragsteintechnik. Diese Technik wurde bei ir. Grabmälern bereits in der Steinzeit angewandt (z. B. Newgrange). Die in Irland erhaltenen C.s sind jedoch aller Wahrscheinlichkeit nach in die Zeit nach der Christianisierung Irlands im 5. Jh. zu datieren. Mit einer oder zwei Ausnahmen sind die C.s auf den westl. Teil Irlands begrenzt und häufen sich auf den Halbinseln im Südwesten des Landes. Dort bilden einige C.s Wohngebäude von Kl., wie z. B. →Skellig Michael, aber die meisten C.s auf der Dingle-Halbinsel, von denen einige vielleicht nur ein Jahrhundert alt sind, haben nichts mit Kl. zu tun und könnten von Schäfern errichtet worden sein. Leider ist über die Geschichte der C.s oder die ihrer Erbauer nichts bekannt. P. Harbison

Lit.: R. A. S. MACALISTER, On an Ancient Settlement in the South-West of the Barony of Corkaguiney, County of Kerry (RIA Transactions 31, 1901), 209–344 – F. HENRY, Early Irish Monasteries, Boat-shaped Oratories and Beehive Huts, County Louth Archaeological Soc. Journal 11, 1948, 296–304 – DIES., Early Monasteries, Beehive Huts, and Dry-Stone Houses in the Neighbourhood of Cahirciveen and Waterville (Co. Kerry) (RIAProc 53 C, 1957), 45–166.

Clofeshoh, Synoden v. Die Synode v. →Hertford (672) schrieb der ags. Kirche neben anderen röm.-reichskirchlichen Organisationsformen auch die jährl. Abhaltung einer Synode in dem bisher nicht identifizierten, aber wohl zentralen Ort C. vor. Über zwei Synoden v. C. liegen ausführlichere Nachrichten vor: für eine Synode v. 747 unter Vorsitz des Ebf.s →Cuthbert v. Canterbury, deren 30 Canones die Ausrichtung der Amts- und Lebensführung von Klerus und Laien an den Normen der universalen Kirche einschärfte (HADDAN-STUBBS III, 360–385) und z. T. wörtl. Übereinstimmungen mit einer frk. Synode unter →Bonifatius aufweisen; für die unter Vorsitz des Ebf.s Æthelheard v. Canterbury 803 tagende Synode, die die vom Papst verfügte Aufhebung des Ebm.s →Lichfield bekräftigte (HADDAN-STUBBS III, 541–548).

Auch enthalten Besitzurkunden Hinweise auf Synoden

in »loco celeberrimo C.« während der mercischen Suprematie (→Mercia), wobei aufgrund der Quellenlage nicht zu sagen ist, ob die in Hertford festgelegte Regelmäßigkeit einer jährl. Synode eingehalten wurde. H. Vollrath

Q. und Lit.: A. W. HADDAN–W. STUBBS, Councils and Ecclesiastical Documents Relating to Great Britain and Ireland, 3 Bde, 1869–78 – M. DEANESLY, The Pre-Conquest Church in England, 1963².

Cloisonné → Email

Clonard (ir. Cluain Iraird 'Wiese des Irard'), Kl. im östl. Irland (Co. Meath), am Fluß Boyne gelegen.

[1] *Frühmittelalter:* C. wurde von Finnian/Uinniaus moccu Telduib († 549) gegr. In frühen Überlieferungen wird der Gründer als Mann aus der Provinz →Leinster betrachtet; daher war C. offensichtl. ursprgl. ein zu Leinster gehöriges Kl. Doch unterstand das Gebiet, welches das Kl. umgab, in der Zeit nach dem 6. Jh. den Kg.en v. →Brega aus dem Geschlecht →Uí Néill; so wurde das Kl. nachfolgend als ein Besitztum der Uí Néill betrachtet. Von nun an wurde (so z. B. im 9. Jh.) die Abtei C. gemeinsam mit der Abtei →Monasterboice (Co. Louth), dem bedeutendsten Kl. von Brega, verwaltet. C. ist in den Quellen häufig als Sitz einer wichtigen Schule erwähnt und könnte der Ursprungsort mehrerer früher Annalen sein. D. Ó Cróinín

[2] *Hoch- und Spätmittelalter:* Im Zuge der Kirchenreform des 12. Jh. wurde C. zum Bischofssitz des östl. Meath (Beschluß der Synode von Uisneach, 1111). Der Bischofssitz wurde 1202 unter anglonorm. Einfluß nach Trim verlegt. Murchad Ua Máelshechlainn gründete die St. Mary's Abbey, Mutterhaus der Kanonissen von →Arrouaise, und die St. Peter's Abbey für Regularkanoniker (ca. 1144). Hugh de Lacy gründete 1183/86 das augustin. Priorat St. John. Im frühen 13. Jh. wurden St. Peter's und St. John's vereinigt. Verarmt, wurden diese Gründungen im 16. Jh. aufgelöst; der Ort wurde möglicherweise in dieser Zeit wüst. Ch. Doherty

Lit.: J. F. KENNEY, The Sources for the Early Hist. of Ireland: I, 1929, 374–376 – K. HUGHES, The Cult of St. Finnian of C. from the Eighth to the Eleventh Century, IHS 9, 1954–55, 13–27 – DIES., EHR, 1954, 353–372 – A. GWYNN–R. N. HADCOCK, Medieval Religious Houses: Ireland, 1970 – B. BRADSHAW, The Dissolution of the Religious Orders in Ireland under Henry VIII, 1974 – M. T. FLANAGAN, St. Mary's Abbey, Louth, and the Introduction of the Arrouaisian Observance into Clogher Record 10, 1980, 223–234.

Clonenagh (Cluain Eidnech), Kl. in Irland (Gft. Leix), (nicht zu verwechseln mit dem gleichnamigen vom hl. Columba gegr. Kl. in Donegal). Nachfolger des 1. Abts Colum Mac Cremthain war der am 17. Februar im Martyrologium von →Tallaght kommemorierte Fintan († vor 600), unter dem C. eines der strengsten Kl. Irlands wurde. In der Vorrede zu seinem Félire (ca. 800) sagt →Óengus, daß er den größten Teil dieses Werkes geschrieben habe, während er Mönch in C. war. Der am 3. März kommemorierte Macru war Abt v. C. Abt Áed wurde 845 bei einem Dänenangriff getötet. Colgan führt Äbte v. C. bis ins 11. Jh. auf. J. Hennig

Lit.: J. Colgan, AASS Hiberniae, 1645, 349–356 – W. STOKES, Félire Oengusso, 1905, 6, 8, 61, 86 – R. I. BEST–H. J. LAWLOR, Martyrology of Tallaght, 1931, 17f. – W. W. HEIST, Vitae sanctorum: Hiberniae, 1965, 145f., 149 – A. GWYNN–R. B. HADCOCK, Medieval religious houses: Ireland, 1970, 31f., 376.

Clones (Clonuais, Cluain -eis), Kl. in Irland (Gft. Monaghan), gegr. vom hl. →Tigernach († 550), im Martyrologium v. →Tallaght episcopus v. C. genannt. Unter seinen Nachfolgern war der hl. Ultan († 563). C. bewahrte ein Hochkreuz aus dem 10. Jh.(?). Es gab in C. →Célí Dé unter einem Prior. Im 12. Jh. wurde C. ein Haus der Augustinerchorherren, aber im Unterschied zu anderen ihrer Häuser blieb es irisch. Reste der Abteikirche St. Peter und Paul (12. Jh.) sind erhalten. Die Institution des →comarba hielt sich in C. lange. Ein 1353 gest. comarba von C. fertigte den Behälter für das Domnach Airgid Manuskript.

J. Hennig

Lit.: J. Ware, De Hibernia, 1654, 81 – W. STOKES, Félire Oengusso, 1905, 104, 110 – J. F. KENNEY, The Sources for the Early Hist. of Ireland I, 1929, 386f., 638, 706 – R. BEST–J. H. LAWLOR, Martyrology of Tallaght, 1931, 29, 102 – A. GWYNN–R. N. HADCOCK, Medieval religious houses: Ireland, 1970, 164 – P. HARBISON, Guide to the National Monuments of Ireland, 1975, 200.

Clonfert. 1. C. (Cluain Ferta Brénainn), Kl. in Irland (Gft. Galway), westl. des Flusses Shannon, im Gebiet der →Uí Maine. 557/563 vom hl. →Brendan (Brénainn; † 576/583) aus dem Familienverband der Altraige (Gft. Kerry) gegr. Ein weiterer berühmter Abt war →Cummíne Fota 592–661/662. Die Mönche von C. schlugen die Streitmacht des Kl. →Cork i.J. 807. Das Kl. spielte im 9. Jh. eine wichtige Rolle in der Politik des Kgr.es →Munster. Durch die Reformsynode von Ráith Bressail (1101) wurde es Sitz eines Bm.s, dessen Sprengel das Gebiet der Uí Maine umfaßte. Unter Bf. Petrus O'Mordha wurde ca. 1152/72 eine bedeutende roman. Kathedrale errichtet. Die augustin. Abtei St. Mary de Portu Puro, der Kongregation v. →Arrouaise zugehörig, wurde ca. 1140/48 gegr. Sie war bis zur Übersiedlung der Nonnen nach Kilcreevanty (1223–24) ein Doppelkloster. Im 15. Jh. verarmten Kathedrale und Abtei. Nach dem Tod des letzten Abtes i.J. 1571 wurde die Abtei dem Bischofsgut einverleibt.

Ch. Doherty

Lit.: F. J. BYRNE, Seventh Century documents, Irish Ecclesiastical Record 108, 1967, 164–182 – A. GWYNN–R. N. HADCOCK, Medieval Religious Houses: Ireland, 1970 – F. J. BYRNE, The Lament for Cummíne Fota, Ériu 31, 1980, 111–122 – D. Ó CRÓINÍN, A Seventh-Century Irish Computus from the Circle of Cummianus, PRIA (C) 82, 1982, 405–430.

2. C. Mulloe (Cluain Ferta Molúa), Kl. in Irland (Gft. Leix). Im Martyrologium v. Tallaght und im Félire Oengusso werden Molua, der Gründer dieses Kl. († 605 oder 615) am 4. Aug., Abt Laidgen († 660) am 12. Jan. und Temnioc mit dem Beinamen »Koch« am 23. Dez. kommemoriert. J. Hennig

Lit.: J. Colgan, AASS Hiberniae, 1645, 57f. – W. STOKES, Félire Oengusso, 1905, 42, 180, 253, 260 – J. F. KENNEY, Sources for the Early Hist. of Ireland I, 1929, 397–399 – W. W. HEIST, Vitae sanctorum: Hiberniae, 1965, 221 – A. GWYNN–R. N. HADCOCK, Medieval Religious Houses: Ireland, 1970, 376.

Clonmacnoise (Clonmacnois; ir. Cluain moccu Nóis 'Wiese des Stammes Nós'), bedeutendes Kl. in Irland (Gft. Offaly, 8 Meilen sw. v. Athlone), heute Wüstung (»Freilichtmuseum«); auf einer Anhöhe am Ostufer des Shannon gelegen, ehem. von Sumpf- und Marschgebieten umgeben. Im zentralen Gebiet Irlands, lag es im Grenzland zw. Leth Cuin und Leth Moga, den nördl. und südl. Hälften des Landes. Trotz scheinbar isolierter Lage befand es sich nahe dem Kreuzungspunkt zweier bedeutender Altstraßen, dem Shannon und der Straße über den ostwestl. eiszeitl. Höhenzug von Eiscer Riada, die seit frühgeschichtl. Zeit benutzt wurde.

Zeugnisse über die Gründung des Kl.s C. sind in verschiedenen Heiligenviten enthalten, die auf einen Text oder eine Gruppe von Texten zurückgehen, die in C. im 9. Jh. (nicht später) kompiliert wurden. Einige Episoden dieser hagiograph. Texte dürften glaubwürdige Nachrichten aus der Frühzeit überliefern. Nach diesen Viten wurde das Kl. von Ciarán mac int saír gegr., dessen Eltern von niederer Herkunft waren und aus dem nö. Ulster stammten. Der flüchtige →Diarmait mac Cerbaill, der bald darauf Hochkönig der Uí Néill werden sollte, half dem Hl. en, den ersten Pfosten seiner hölzernen Kirche einzuschlagen. Dies geschah im Jan. 545 oder ein paar Monate später (Tod des Hl.en am 9. Sept. 545).

Während des Abbatiats von Ailither (586–599) besuchte →Columba (Colum Cille) das Kl. Der betreffende Bericht in →Adamnanus' v. Hy Vita des Hl.en ist d. älteste zeitgenöss. Zeugnis zur Siedlungsgesch. des Kl. s. C. hatte eine Umfriedung (vallum), jenseits davon lagen die Felder. – Tírechán, der ca. 685/700 schrieb, klagte C. an, Kirchen im Bereich von →Sligo als zur paruchia von C. gehörig zu beanspruchen und Ländereien, die der Kirche v. →Armagh gehörten, gewaltsam zu okkupieren. Im späten 7. Jh. war C. auf dem Weg, nächst Armagh die bedeutendste und reichste Kirche im Lande zu werden.

Es gab in C. offenbar keine erbl. Nachfolge oder Machtkämpfe um die Abtswürde; die meisten Äbte waren wohl bei ihrer Einsetzung alte Männer (durchschnittl. Abbatiatsdauer 7–8 Jahre). Die eigtl. Schlüsselposition war jedoch das Amt des secnap (Prior). Dieses und andere Ämter wurden im Lauf der Jahrhunderte erblich. Die Äbte wurden aus polit. einflußlosen Stämmen aus allen Teilen des Landes erwählt. Doch war Crónán moccu Lóedge († 638) der letzte aus Munster stammende Abt; ebenso wurden um 800 aus Leinster stammende Mönche vom Abbatiat ausgeschlossen. Dies war Teil einer weitergehenden polit. Strategie. Im Laufe des 8. Jh. wurde bei mehreren Gelegenheiten das »Gesetz« (→Cáin) des Ciarán mit Unterstützung des Kg.s v. →Connacht verkündet. In dieser Zeit wurden auch Schlachten mit den Kl. →Birr (760) und →Durrow (764) ausgefochten, um potentielle Konkurrenten in Schach zu halten. Der gemeinsame Feldzug gegen das Territorium der →Uí Maine (814), geführt von Muirgius mac Tommaltaig, Kg. v. Connacht, und Foirchellach, Abt v. C., zeigt die »Verweltlichung« der Kirche von C. und ihre Verflechtung mit der säkularen Politik. C. lag in Delbna Bethra, einem Unterkönigreich der südl. Uí Néill. In den Jahren nach 830 litt das Kl. sehr unter den polit. Ambitionen des →Feidlimid mac Crimthainn, Kg.s v. Munster, der gegen das traditionell mit Munster verfeindete C. eine Reihe heftiger Angriffe richtete. Das Kl. überlebte diese Feindseligkeiten und auch die Überfälle der Wikinger im 9. und 10. Jh.

Das frühe 10. Jh. bildet eine Zäsur in der Geschichte von C. Von dieser Periode an kann von einer präurbanen Phase gesprochen werden. Das Kl. wurde von dem Uí Néill-Hochkönig →Flann Sinna († 916) gefördert. Er trug die Kosten des Baus einer steinernen Kirche durch Abt Colmán (908), deren Fundamente im Mauerwerk der »Kathedrale« verbaut sind. Das berühmte →Hochkreuz (»Cross of the Scriptures«, 904/916, wahrscheinl. 908) wurde für Flann Sinna geschaffen. Bildfelder zeigen den Abschluß eines Bündnisses zw. Flann und Cathal mac Conchobair, Kg. v. Connacht (ca. 900), sowie die Gründung des Kl. von C. durch Kg. und Hl.en. Diese selbstbewußte Vergegenwärtigung der Vergangenheit von C. wurde während Colmáns Abbatiat noch durch die Übernahme von Annalen aus Clonard verstärkt. Während der folgenden Jahrhunderte wurden in C. die Annalen des →Tigernach (von Tigernach Ua Braein, † 1088) begonnen, das →Chronicon Scotorum (begonnen von Gilla Críst Ua Máel-Eóin, † 1127) und die Annalen v. C. (eine Übersetzung früher Annalen von Conall Mageoghegan im 17. Jh.) geführt. In diesem großen Skriptorium entstand das Leabhar na hUidre (→Book of the Dun Cow), kompiliert von Máel-Muire Mac Céilechair († 1106) u. a. Obwohl aufgrund zahlreicher verstreuter Hinweise auf Texte und Angaben über die Sterbedaten von Schreibern über die Jahrhunderte bekannt ist, daß das Kloster ein großes Bildungszentrum war, bilden die obengen. Texte die wichtigste konkrete Basis dafür.

Das Kl. erhielt im 10.–12. Jh. Förderung von ir. Kg.en (südl. Uí Néill, Connacht, Kg.e der kleineren benachbarten Territorien und sogar ein Kg. v. Munster), als deren Grablege C. fungierte. C. erwarb so Landbesitz, Kirchen, Steinbauten und kostbare Metallarbeiten. Im 10. Jh. ließ Fergal Ua Ruairc, Kg. v. Connacht (956–966/967), der Überlieferung nach den Rundturm errichten (1135 teilweise zerstört). Nach dem »Registry of C.« soll er auch befestigte Straßendämme, die zur Klosterstadt führten, angelegt haben. Derartige durch die Annalen (a. 1030, a. 1070) belegte Dämme, deren Errichtung von mehreren Kg.en finanziell gefördert wurde, waren für den Pilgerverkehr bedeutend und dokumentieren die städt. Entwicklung, die auch durch die Nennung von 105 Häusern, die 1179 zerstört wurden, bezeugt wird. C. hatte auch einen berühmten Jahrmarkt oder Markt und war im 12. Jh. für kurze Zeit Prägestätte einheimischer →Brakteaten. In der frühesten Zeit der Stadtentwicklung ist das Auftreten gall. Weinhändler belegt, der Umfang der Handelstätigkeit im 12. Jh. bleibt jedoch unbekannt.

Aus der 2. Hälfte des 8. Jh. und dem Beginn des 9. Jh. existieren Hinweise auf den *abbas sruithi* ('Abt der Alten'), was die Annahme eines eigenen monast. Hauses innerhalb der Klostersiedlung nahelegt. Auch gab es ein Haus der →Céli Dé, das im 11. Jh. von der Familie Conn-na-mBocht kontrolliert wurde. Diese Familie stiftete 1031 ein Armenhospital, ausgestattet mit Land- und Viehbesitz. Es wurde 1199 gebrandschatzt.

Die Kirchenreform und die norm. Invasion führten schließlich zum Niedergang von Kl. und Stadt. Durch die Reformsynode v. Uisneach wurde C. zum Bistumssitz des westl. Meath erhoben, während Clonard zum Diözesansitz des östl. Meath wurde. Während des 12. Jh. schwankten die Bistumsgrenzen vielfach, entsprechend den häufigen Veränderungen der weltl. Territorialgrenzen. Da C. nicht Sitz eines der größeren Kgr.e war, versuchten andere Bf.e, ihre Diöz. auf seine Kosten auszudehnen. Wahrscheinl. wurde das Bm. C. 1174 aus der Kirchenprovinz →Armagh in diejenige von →Tuam überführt. Nachdem Simon de Rochfort als erster norm. Bf. 1192 die Diöz. Meath (mit Sitz in Clonard) übernommen hatte, schrumpfte das Diözesangebiet von C. durch Eroberungstätigkeit; um die Mitte des 13. Jh. bestand es nur noch aus einem kleinen Gebiet östl. des Shannon.

Regulierte Augustinerchorherren (wahrscheinl. der Kongregation von →Arrouaise) wurden 1142 in C. eingesetzt; das Haus dürfte bis 1384 bestanden haben. Eine bereits bestehende Nonnengemeinschaft übernahm die Consuetudines von Arrouaise um 1142; ihre schöne roman. Kirche St Mary's (Nuns Church) entstand 1167 als Neubau unter Derbforgaill, der Tochter des Murchad Ua Máelshechlainn, Kg. v. Mide.

Nach norm. Angriffen auf die Stadt im späten 12. und frühen 13. Jh. entstand hier vor 1216 eine norm. Burg. Im SpätMA war C. das ärmste Bm. Irlands. Angebl. mußten Bf. und Klerus herumziehen, um für ihren Lebensunterhalt zu sorgen. Durch die Stiftung eines Säkularkollegs für vier ortsansässige Priester wurde i.J. 1459 versucht, diesem Zustand abzuhelfen. 1552 zerstörten Engländer aus Athlone die Kirchen und städt. Gebäude, 1568 erfolgte die Aufhebung des Kollegs. Die Diöz. wurde 1756 mit Ardagh vereinigt. Zu diesem Zeitpunkt war das städt. Leben schon längst zum Erliegen gekommen. – C. beherbergt den größten Bestand von mittelalterlichen →Grabdenkmälern in Irland. Ch. Doherty

Q. und Lit.: The Registry of Clonmacnois, ed. J. O'DONOVAN, Journal of the Royal Soc. Antiqu. of Ireland 4, 1856–57, 444–460 – R. A. STEWART MACALISTER, The Memorial Slabs of C., 1909 – J. F. KENNEY, The Sources for the Early Hist. of Ireland 1929, 376–384 – J. RYAN, The Abbatial Succession at C. Féilsgríbhinn Eóin Mhic Néill, 1940, 490–507 – K. HUGHES, The Distribution of Irish Scriptoria and Centres of Learning from 730 to 1111 (Stud. in the Early British Church, ed. N. K. CHADWICK, 1958), 243–272 – F. HENRY, Irish Art, 3 Bde, 1965–70 – A. GWYNN–R. N. HADCOCK, Medieval Religious Houses: Ireland, 1970 – F. J. BYRNE, Irish Kings and High-Kings, 1973 – J. RYAN, C., 1973.

Clontarf, Schlacht v. (Cluain Tarbh, heute nö. Vorort von Dublin), fand am 23. April (Karfreitag) 1014 statt. Sie war ein Teil des Kampfes der →Munster-Dynastie der →Dál Cais, an deren Spitze Kg. →Brian Bóruma stand, um die Erhaltung der Oberherrschaft in Irland. Das unmittelbare Ziel war die Unterwerfung des Kg.s v. →Leinster und seiner skand. Verbündeten sowie die Gewinnung der Kontrolle über das skand. beherrschte →Dublin. Der Sieger, Brian Bóruma, fiel im Kampf. Beide Seiten hatten hohe Verluste. – Die spätere ir. Sagenüberlieferung stilisierte die Schlacht zum nationalen Triumph der Iren über heidn. (wiking.) Fremde (→Cogadh Gáedhel re Gallaibh).
Ch. Doherty

Lit: A. J. GOEDHEER, Irish and Norse Traditions about the Battle of C., 1938 – J. RYAN, The Battle of C., Journal of the Royal Soc. of Antiqu. of Ireland 68, 1938, 1–50 – D. O CORRÁIN, Ireland before the Normans, 1972, 128–131.

Clos des Galées, kgl. frz. Werft in →Rouen, auf der Schiffe gebaut und repariert wurden und die auch als →Arsenal und Magazin für Schiffsausrüstungen diente. Die Werft wurde um 1290 von Kg. →Philipp IV. im Zuge seiner Zentralisierungsbestrebungen im Militär- und Marinebereich in Rouen am linken Seineufer nahe der Brücke eingerichtet. Auf einem Gelände von ca. 12 ha, das mit Gräben und Palisaden befestigt war, umfaßte der C. ein Haus mit Wohnräumen und Amtsstuben, eine Kapelle, etwa 30 Hallen und Werkstätten sowie ein Bassin von 100 m Länge mit zwei Schleusen. Zunächst in der Regie von Genuesen, wurde der C. von kgl. Beamten geleitet. Die wichtigsten Ämter waren: der Oberaufseher (*Maître* oder *Garde du C.*), die für den Bau bzw. die Reparaturen zuständigen Werkmeister (*Maître des ouvrages, Maître des réparations*) und der für die Schiffsausrüstung zuständige Meister (*Maître des Garnisons*), deren Kompetenzbereiche entsprechend der jeweiligen Aufgaben getrennt waren oder sich überschnitten. Das ausführende Personal umfaßte Schiffszimmerleute, Brettschneider, Riemenmacher, Kalfaterer, Waffenschmiede, Scharpiezupferinnen und Wergspinnerinnen. Aufgaben und administrative Zuordnung des C. wechselten entsprechend dem Verlauf des →Hundertjährigen Krieges: Unter Karl V. (1364–80) wurde die Werft dem →Amiral unterstellt, der C. rüstete die Schiffe des Admirals Jean de →Vienne aus und ebenso die für die geplante Invasion Englands benötigten Schiffe; in Harfleur, Caudebec und Dieppe bestanden weitere, dem C. unterstellte Werftbetriebe. Das Holz zum Bau der Kriegsschiffe (Barken, Lins und Galeeren) kam aus den benachbarten Forsten (Rouvray, Roumare); Hunderte von Schiffen wurden auf dem C. für den Seekrieg ausgerüstet. Bei der engl. Landung 1418 niedergebrannt, 1451 aber neueröffnet, geriet die Werft in Verfall; das letzte Schiff lief 1532 vom Stapel. Reste des Gebäudekomplexes blieben nicht erhalten. M. Mollat

Q. und Lit.: CH. DE BEAUREPAIRE, Recherches sur l'Ancien C. de Rouen, Précis Acad. Rouen, 1863–64 – CH. BRÉARD, Le compte du C. de Rouen au XIVe s., 1893 – A. MERLIN-CHAZELAS, Documents relatifs au C. de Rouen (recueil et analyses), 2 Bde (Coll. Doc. Inédits, Bd. 11–12), 1977–78.

Closener, Fritsche, Straßburger Chronist und Lexikograph, Geburtsdatum unbekannt, † zw. 1372 und 1396. Er stammte wohl aus einer einheim. Patrizierfamilie, war Präbendar am Münster und städt. Amtsträger. Seine Chronik (in dt. Prosa, 1362 vollendet) steht am Anfang der deutschsprachigen Straßburger Geschichtsschreibung. Das Werk wendet sich an die Laien. Es umfaßt 1. eine Papst-Kaiser-Chronik (bis zu Clemens V. und Karl IV.), die auf →Martin v. Troppau beruht, aber auch die →Sächs. Weltchronik und ihre erste oberdt. Fortsetzung heranzieht, 2. eine Gesch. der Bf.e v. Straßburg bis 1358, in die eine von C. angefertigte deutsche Übersetzung des Bellum Waltherianum →Ellenhards d. Gr. eingefügt ist, und 3. Berichte über diverse Vorgänge in und um Straßburg wie Kriegszüge, Streit in der Bürgerschaft, Verfassungsänderungen, Pestausbruch, Judenverfolgungen und Geißlerfahrten, auffallende Naturereignisse. Dieser stadtgeschichtl. Teil enthält auch Angaben über Wein- und Getreidepreise. In einem Schlußabschnitt wendet sich C. nochmals der Reichsgesch. von Philipp v. Schwaben bis zur Erhebung Rudolfs v. Habsburg zu. Die Chronik bringt selbständige Nachrichten hauptsächl. für den Zeitraum von 1320–60. Die zeitgeschichtl. Notizen sind im Stil einer Materialsammlung lose aneinandergereiht. C. verfaßte auch ein lat.-dt. Vokabular sowie ein den liturg. Bräuchen am Straßburger Münster gewidmetes Directorium chori. Ob die Umformung des Vokabulars in ein dt.-lat. Register ebenfalls auf C. zurückgeht, ist nicht sicher. Chronik und Vokabular wurden als Ausdruck eines bildungspolit. Programms für die Interessen der verantwortl. Bürger im Rat aufgefaßt (K. KIRCHERT), welches C. begann und Jakob →Twinger v. Königshofen weiterführte. K. Schnith

Ed.: Chronik: C. HEGEL, Chr. dt. Städte VIII, 1870, 1–151 – Lat.-dt. Vokabular: K. KIRCHERT [in Vorber.] – *Lit.*: Verf.-Lex. II, 817–822 [J. AHLHAUS] – Verf.-Lex.² IV, 1225–1235 [G. FRIEDRICH–K. KIRCHERT; Lit.] – NDB III, 294f. [H. GERBER] – Repfont III, 494f. – A. SCHULTE, C. und Königshofen, Straßburger Stud. 1, 1883, 277–299 – O. LORENZ, Dtl. Geschichtsq. im MA I, 1886, 32–36 – F. JOSTES, F. C.s und Jacob Twingers Vocabularien, ZGO 49 (NF 10), 1895, 424–443 – M. NEUMANN, Die sog. erste bair. Forts. der Sächs. Weltchronik und ihre Beziehungen zum Oberrhein [Diss. Greifswald 1924] – P. TH. LEUTHARDT, C.s Vokabular [Diss. Freiburg/Üchtl. 1949] [1958 teilw. gedruckt] – G. POWITZ, Zu dem Glossar des Straßburger Chronisten F. C., ZDPh 83, 1964, 321–339 – K. GRUBMÜLLER, Vocabularius Ex quo, 1967, 52–59 – G. POWITZ, Zur Überlieferung des C.-Glossars, ZGO 120 (NF 81), 1972, 215–223 – P. ADAM, L'humanisme à Selestat, 1973³, 79 [zum Directorium chori] – F. HOFINGER, Stud. zu den dt. Chroniken des F. C. und des Jakob Twinger v. Königshofen [Diss. München 1974].

Cloud of Unknowing ('Wolke des Nicht-Wissens'). Anspruchsvolle myst. Schrift in me. Sprache, verfaßt ca. 1350. Der (hs. bezeugte) Titel bezieht sich auf den Zustand gedankl. und emotionaler Leere, aus dem heraus das myst. Gotteserlebnis zu suchen ist. Als Quellen scheinen u. a. benützt zu sein Pseudo-Dionysius (125. 11ff. zitiert und genannt; →Dionysios Areiopagites), der Traktat »De Adhaerendo Deo« (unsichere Zuschreibung an →Albertus Magnus), die »Scala Claustralium« von →Guigo v. Kastell. Dem anonymen Verfasser wird eine Reihe weiterer myst. Werke zugeschrieben (→»Deonise Hid Diuinite«).
R. M. Bradley

Bibliogr.: J. E. WELLS, A Manual of the Writings in ME 1050–1400, 1916–51, 455, 1840–1841 – RENWICK-ORTON, 304f. – NCBEL I. 520f. – *Q.*: P. HODGSON, The C. of U. and The Book of Privy Counselling, EETS 218, 1944 [corrected reprint 1981] – DIES., Deonise Hid Diuinite and Other Treatises on Contemplative Prayer Related to The C. of U., EETS 231, 1955 – DIES., The C. of U. and Related Treatises, 1982 – *Lit.*: D. KNOWLES, The English Mystical Tradition, 1961, 67–99 [Dt. Ausgabe: Engl. Mystik, 1967, 73–103] – P. HODGSON, Three 14th Century English Mystics, 1967 – W. RIEHLE, The Problem of Walter Hilton's Possible Authorship of 'The C. of U.' and Its Related Tracts, NM 78, 1977, 31–45 – DERS., Stud. zur engl. Mystik des MA, 1977 [Engl. Ausgabe: The ME Mystics, 1981] – J. P. H. CLARK, 'The C. of U.', Walter Hilton, and St. John of the Cross, Downside Review 96, 1978, 281–298.

Cloyne (Cluain Uama), Kl. in Irland (östl. Co. Cork), gegr. von dem Dichter Colmán mac Lénéne († 604/606). Es lag im Gebiet der Uí Liatháin. Ein Zweig dieser Dynastie, die Uí Meic Caille, beherrschte das Kl. bis ins frühe 12. Jh., als eine ihrer Linien, die Uí Charráin, von den Uí Meic Tíre verdrängt wurde. Im frühen 12. Jh. wurde C. zum Sitz eines Bm.s; als erster Bf. ist Gilla na Naem Ua Muirchertaigh († 1149). belegt. Das Bm. wurde 1429 mit →Cork vereinigt, 1326 ein Spital gegr. Ch. Doherty
Lit.: A. GWYNN–R. N. HADCOCK, Medieval Religious Houses: Ireland, 1970 – D. Ó CORRÁIN, Onomata, Ériu 30, 1979, 173f.

Clugny (burg. Adelsfamilie). **1. C., Ferry de,** Prälat und Staatsmann, * um 1420/1425 in Autun, † 7. Okt. 1483 in Rom; wurde mit 14 Jahren Mag. art., studierte an den Universitäten Padua, Ferrara und Bologna und wurde Dr. utriusque. Seine polit. Karriere zeigt ihn als: *conseiller et maître des requêtes* (hzgl. Rat und Leiter des Hofhaltes) →Philipps d. Guten, Hzg.s v. →Burgund; Präsident des Gr. Rates in Abwesenheit des Kanzlers unter →Karl dem Kühnen; Gesandter zu den Päpsten Calixtus III. (1456), Pius II. (1459) und Paul II. (1471); Unterhändler bei Ludwig XI., Kg. v. Frankreich (1465, 1468, 1477, 1480); Kanzler des Ordens vom →Goldenen Vlies (1473–1480) und Präsident des →Parlament v. →Mechelen, welches er am 3. Jan. 1474 eröffnete. Nicht minder interessant war seine kirchl. Karriere: Kanonikus zahlreicher Bm.er; Offizial des Kard. Jean →Rolin für seine Heimatstadt Autun; Bf. v. Tournai, erhoben von Sixtus IV. am 8. Okt. 1473, geweiht in St. Rombout zu Mecheln am 2. Jan. 1474, schließlich Kard. (»Kard. v. Tournai«) seit 15. Mai 1480. Als Bf. hielt er eine Synode (Brügge 1481) ab, reformierte das Frauenkl. Groenenbriel in Gent und veranlaßte einen Traktat über das Ave Maria und den Rosenkranz, die damals am hzgl. Hof von Burgund beliebt waren. Auch als Kunstmäzen trat C. hervor; er ist Auftraggeber zweier von führenden Brügger Buchmalern illustrierten Hss. (Missale ms. X.V. I. Bibl. comm. Siena; Pontificale, Privatbesitz) sowie möglicherweise der »Verkündigung« →Rogiers van der Weyden (New York, Metr. Mus.). Sein Kardinalswappen, zusammen mit denjenigen anderer Familienmitglieder, befindet sich auf dem Wandteppich von Boston. M. Dykmans
Q. und Lit.: G. A. Sangiorgio, Oratio in exequiis cardinalis Tornacensis, Rom, 1483 (HAIN, 7596–7598) – N. PAQUOT, Mémoires ... des Pays-Bas, t. 1, Louvain 1765, 336–338 – J. RUYSSCHAERT, La bibl. du card. de Tournai ... (Horae Tornacenses, 1971), 131–141 – W. PARAVICINI, Guy de Brimeu, ..., 1975 [Ind. 741] – A. KERCKHOFFS-DE HEIJ, De Grote Raad..., t. 2, 1980, 49 – M. VLEESCHOUWERS V. MELKEBEEK, Het archief van de bisschoppen van Doornik ... uit 1477 [in Vorb.].

2. C., Guillaume de, burg. Prälat u. Staatsmann, Sohn des Henri de C. († 1452) und Bruder von 1, † 1481. C. tritt 1448/1449 als Mann der Kirche, Lic. der Rechte und Kanonikus v. Autun, später von Beaune, sowie Archidiakon v. Avalon auf. I. J. 1458 ist er *conseiller et maître des requêtes* (Rat und Leiter des Hofhaltes) beim Gf.en v. Charolais, dem späteren Hzg. →Karl dem Kühnen, der ihm zahlreiche diplomat. Missionen anvertrauen sollte. I. J. 1465, vor der Heirat Karls mit →Margarete v. York, ging C. nach England und ergriff dann zusammen mit Guy de →Brimeu Besitz von der Vogtei Lüttich, Loon usw. 1466 Finanzbeauftragter des Hzg.s, wurde er 1470 Schatzmeister des Ordens vom →Goldenen Vlies. 1471, vor dem Vertrag von →St-Omer, begab er sich nach Spanien. Er nahm teil am →Parlement v. Mechelen. Protonotar unter Paul II. und i. J. 1467 Propst v. Tongern, wurde er 1474 Dekan v. Tournai, wo sein Bruder Bf. war; im selben Jahr ernannte Sixtus IV. ihn zum Administrator des Nachbarbm.s →Thérouanne mit dem Recht der Nachfolge. I. J. 1477, in der Krise des burg. Staates nach dem Tode Karls des Kühnen, beteiligte er sich an der Gesandtschaft der Hzgn. →Maria v. Burgund zu Ludwig XI. Bei seiner Rückkehr wurde er zusammen mit Guy de →Brimeu und →Hugonet verhaftet, konnte aber der Strafverfolgung entkommen und nach Frankreich zurückkehren. Der frz. Kg. verlieh ihm mehrere Benefizien. 1479 wurde er Bf. v. Evreux und v. Poitiers. – Sein Pontificale, illustriert um 1480 in Tours, befindet sich heute in Wien (ÖNB, ms. 1819). M. Dykmans
Lit.: J. VAN ROMPAEY, De Grote Raad ..., 1973 [Ind. 540] – W. PARAVICINI, Guy de Brimeu ..., 1975 [Ind. 741].

Cluj → Klausenburg

Cluny, Cluniazenser
A. Geschichte des Klosters Cluny und der Cluniazenser in Frankreich – B. Der Einfluß Clunys außerhalb Frankreichs – C. Cluny und das Papsttum – D. Die Cluniazenser-Liturgie – E. Baukunst

A. Geschichte des Klosters Cluny und der Cluniazenser in Frankreich
I. Das Kloster Cluny – II. Die Cluniazenser in Frankreich – III. Niedergang.

I. DAS KLOSTER CLUNY: [1] *Gründung und Privilegien:* Die ehem. Benediktinerabtei Cluny (C., nw. von Mâcon, dép. Saône-et-Loire, aufgehoben 1790) hat als Zentrum einer der bedeutendsten monast. Reformbewegungen des HochMA entscheidend den Aufschwung des abendländ. →Mönchtums mitgeprägt (vgl. auch →Benediktiner, -innen). Am 11. Sept. 910 schenkte Hzg. →Wilhelm III. v. Aquitanien seinen Besitz in C. dem Abt Berno v. Baume zur Gründung eines Benediktinerklosters mit den Titelheiligen Peter und Paul. Im Gründungsprivileg verzichtete er auf alle Rechte gegenüber C., verlieh der Abtei das Recht der freien Abtswahl und unterstellte sie zur Sicherung gegen weltl. und geistl. Übergriffe dem Schutze des Hl. Stuhls.

Das Testament Bernos (926) sah die Teilung der Berno unterstellten Kl. unter zwei Nachfolger, Wido und Odo, vor und trug damit entscheidend zur Unabhängigkeit C.s bei. Odo erhielt C., →Massay und →Déols. Einen wichtigen Schritt zur Sonderstellung C.s bedeutete die Reformlizenz durch Papst Johannes XI. (931) mit der Erlaubnis, jeden Mönch in C. aufzunehmen, dessen Kl. eine Reform ablehnte, und jedes Kl. auf dessen Wunsch bzw. auf Wunsch des Eigenkirchenherrn zur Reform zu übernehmen. Weitere päpstl. Privilegien folgten. Papst Gregor V. sicherte 998 C. die uneingeschränkte Freiheit vom Diözesan, dem Bf. v. Mâcon, zu. Kein Bf. oder Priester sollte in Zukunft das Recht haben, ohne Erlaubnis des Abtes von C. Weihen oder sakrale Handlungen im Kl. vorzunehmen. Cluniazens. Äbte und Mönche konnten danach Konsekratoren eigener Wahl ins Kl. rufen. 1024 im Konflikt C.s mit dem Diözesanbischof wurde dieses Privileg von Papst Johannes XIX. dahingehend erweitert, daß es auf alle von C. abhängigen Abteien und Priorate ausgedehnt wurde. Hinzu kam ein generelles Exkommunikations- und Interdiktsverbot gegenüber allen Kl. C.s bzw.

deren Mönchen, unabhängig vom Ort ihres jeweiligen Aufenthalts. Die Privilegien, die in der Folgezeit von den Päpsten, v. a. von Gregor VII., Urban II. und Paschalis II., immer wieder erneuert, genauer definiert und erweitert wurden (vgl. Abschnitt C), bildeten einen ständigen Konfliktherd, v. a. mit dem Bf. v. →Mâcon, der häufig mit militär. Gewalt seine verlorenen Rechte durchzusetzen suchte.

Die ersten beiden Jahrhunderte C.s waren begünstigt durch die ungewöhnl. langen Abbatiate von fünf Äbten, die aufeinander folgten: Berno (907–927), →Odo (927–942), →Aimard (ca. 942–ca. 954, † ca. 965), →Maiolus (ca. 954–994), →Odilo (994–1049) und →Hugo (1049–1109). Reibungsloser Abtswechsel und Kontinuität im 10. Jh. wurden durch die Designation des jeweiligen Nachfolgers gesichert, wobei zum Teil auch die Wahl noch zu Lebzeiten des amtierenden Abtes erfolgte. Als äußeres Zeichen für den beginnenden Niedergang C.s im 12. Jh. kann auch der schnelle Abtswechsel, der nach dem Tod von→Petrus Venerabilis (1122–57) einsetzte, angesehen werden, als bis zum Ende des Jahrhunderts neun Äbte aufeinander folgten.

Das Recht der freien Abtswahl und der freien Wahl der Konsekratoren in den C. unterstellten Abteien stieß aber auf den zunehmenden Widerstand der Bf. e, gegen die immer wieder der Papst angerufen werden mußte. Gleichwohl aber konnten diese Konflikte das tendenziell gute Verhältnis C.s zu den Bf. en nicht nachhaltig stören. Eine Wende trat unter Papst Calixt II. ein, der das Recht der freien Auswahl die Ordinators entgegen der urspgl. Privilegierung auf das Mutterkloster C. einschränkte. Die Lösung vom Papsttum erfolgte im 13. Jh., als C. 1258 von Ludwig IX. ein Schutzprivileg (erneuert 1270) erhielt und damit in Abhängigkeit des frz. Kg.s geriet. Das Recht auf freie Abtswahl wurde schon im 14. Jh. stark eingeschränkt, als die Avignoneser Päpste die Äbte einsetzten, u. ging schließl. im 15. Jh. endgültig verloren, als nach dem Tod von Jean III. v. →Bourbon (1456–85) die Abtei nur noch als→Kommende vom frz. Kg. vergeben wurde.

[2] *Cluny als Reformzentrum:* C.s Erfolge waren bedingt durch die wesentl. Anstöße, die es seit seiner Gründung zur Neuordnung und geistigen Erneuerung des abendländ. Mönchtums gab. Dabei bedeutete sein →libertas-Programm keineswegs eine grundsätzl. Ablehnung des laikalen →Eigenkirchenrechts. Die Kennzeichnung C.s als »antifeudal« (K. HALLINGER) geht ebenso in die Irre wie die angebl. Bestrebungen nach prinzipieller Vogtfreiheit (→Vogt, Vogtei). Einen wichtigen Platz innerhalb des Cluniazensertums nimmt das Totengedächtniswesen ein, das einerseits ein den Verband einigendes Band bildete, andererseits aber auch Anreize schuf, sich das Gebet der Mönche durch Schenkungen zu sichern oder selbst ins Kl. einzutreten. Als äußeres Zeichen der Attraktion C.s kann auch die Stärke des Konvents angesehen werden, der sich ständig vergrößerte. Bei Odilos Amtsantritt hatte er noch keine 100 Mitglieder, unter Hugo stieg die Zahl auf 300 und unter Petrus Venerabilis auf fast 400. Zwar gibt es signifikante Unterschiede in den Consuetudines (→Gewohnheiten, monast.), in der inneren Verfassung oder in der Liturgie (vgl. Abschnitt D) im Vergleich mit anderen Reformbewegungen der Zeit (z. B. dem von →Gorze geprägten Reformmönchtum), ohne daß jedoch sich der Versuch, daraus einen prinzipiellen militanten Reformgegensatz konstruieren zu wollen (K. HALLINGER), als tragfähig erwiesen hätte.

K. HALLINGER sah die Einführung des Terminus »prior« in der Bedeutung des alten vom Abt nach der Benediktregel als Vertreter eingesetzten »praepositus« als typ. cluniazensisch an (Prioratsverfassung); die Durchsetzung dieser Neuerung reicht allerdings weit ins 11. Jh. hinein. Aus dem »decanus« wurde dabei in C. der »prior claustralis«. Äbte C.s übten nachhaltigen Einfluß auf andere monast. Zentren aus (z. B. →Fleury, St-Bénigne de →Dijon, Le →Bec), ohne daß das von diesen Kl. verbreitete Reformmönchtum alle Elemente der Cluniazenser übernommen hätte und deshalb mit der Bezeichnung Cluniazenser adäquat zu fassen wäre. Von nicht geringer Bedeutung waren die polit. Einflußmöglichkeiten der cluniazens. Äbte beim frz. Kg. und beim Papsttum sowie bei anderen geistl. und weltl. Großen. Das Itinerar Hugos vermittelt ein eindrucksvolles Bild von den weitreichenden Beziehungen des Abtes. Viele weltl. Große traten ins Kl. ein oder legten »in extremis« (auf dem Totenbett) cluniazens. Profeß ab. Aufsehen erregte die von Gregor VII. getadelte Aufnahme Hzg. Hugos I. v. Burgund in C. (1079), da er sich so seinen wichtigen Aufgaben in der Welt entziehe. Umfänglich ist auch die Liste der Cluniazenser Profeßmönche bis ins 12. Jh., die Bischofsstühle bestiegen oder andere hohe kirchl. Ämter (eingeschlossen das des Papstes) erreichten.

Mit zum Erfolg C.s dürfte beigetragen haben, daß jeweils vermieden wurde, sich in den polit. und geistigen Auseinandersetzungen der Zeit zu stark zu exponieren und dadurch Ansehen und Einflußmöglichkeiten zu verlieren. So steht C. nicht an der Spitze der→Gottesfriedensbewegung, obwohl auch Odilo zu ihren Wortführern zählte. Häufig ist auch die Rolle C.s im →Investiturstreit überbetont worden. »Cluniazenser und Gregorianer lassen sich weder in eins setzen noch völlig scheiden« (TH. SCHIEFFER). Cluniazens. Gedankengut hat sicher den Investiturstreit gefördert, doch ist auch C. ein Opfer der Folgen dieser Auseinandersetzungen. Ab dem Beginn des 12. Jh. geriet C. in Konflikt mit den schnell an Bedeutung gewinnenden →Zisterziensern, die in allen entscheidenden Punkten, im Monast. sowie im Wirtschaftl. und Polit. Gegenpositionen zu den von ihnen heftig kritisierten Cluniazensern bezogen. Einen Höhepunkt erreichte die Auseinandersetzung in dem Briefwechsel →Bernhards v. Clairvaux mit Petrus Venerabilis, der im Anschluß an die großen Äbte des 10. und 11. Jh., Reformen einzuführen und Mißstände zu beseitigen suchte, aber auch die Positionen C.s gegen die nur zum Teil berechtigten Vorwürfe der Verweltlichung, der exzessiven Liturgie, der Aufgabe der monast. Ideale sowie der Erstarrung in Selbstzweck gewordenen äußeren Formen verteidigte. Der ständ. gemischte Konvent des 10. Jh. veränderte sich in Richtung einer sehr viel stärker sich aus den Reihen des Adels rekrutierenden Mönchsgemeinschaft. Vgl. auch Abschnitt B.   N. Bulst

[3] *Bibliothek:* Der Bestand der bedeutenden Bibliothek des Kl. C. wird zum ersten Mal durch das »Breve librorum quod fit in capud Quadragesimae« (um 1042–43) dokumentiert. Es führt 64 Bücher auf mit den Namen der Brüder, an die sie ausgeliehen wurden. Bei diesen Büchern handelt es sich u. a. um Bibelkommentare, theol., hagiograph., asket. und hist. Texte (Livius). Der große Katalog aus dem 12. Jh. (wahrscheinl. 1158–61 entstanden) verzeichnet 570 Bände in systemat. Folge, deren Inhalt vorzüglich aufgeführt ist (Ed.: L. DELISLE, Cab. des mss. II, 458–481), Liturgica fehlen. Ein Ausleihverzeichnis von 1252 nennt die Namen von 128 Entleihern und endet mit einer Liste fehlender Bücher. Das Skriptorium entfaltete bes. unter Abt Maiolus seine Tätigkeit. Abt Ivo I. ließ im 11. Jh. 52 Hss. schreiben. Abt Jean de Cosant vermehrte

die Bibliothek vor allen Dingen um jurist. Texte. Das →Basler Konzil entlieh aus der Bibliothek 1432 eine Anzahl Bücher. Abt Jean de Bourbon vermachte ihr seine persönl. Bibliothek. 1492–93 wurden in der Abtei Bücher gedruckt. In den Religionskriegen des 16. Jh. ging ein bedeutender Teil der Bücher verloren, ein größerer Teil allerdings am Anfang des 19. Jh., nach der Aufhebung des Klosters. Die wenigen erhaltenen Hss. sind jetzt in der Bibl. Nat., Paris. A. Derolez

II. DIE CLUNIAZENSER IN FRANKREICH: Schon unter Odo wurde C. »das Haupt einer Gruppe von Klöstern« (J. WOLLASCH). Bedeutend waren etwa das schon 916 an C. von seinem Gründer Aimard von Bourbon übergebene Priorat →Souvigny im Berry (Diöz. Clermont) und das 1056 gegr. und 1059 an C. tradierte große Priorat La →Charité-sur-Loire, zwei wichtige Zentren zur Ausbreitung der cluniazens. Reform im → Berry und Bourbonnais (→Bourbon). Allerdings setzte die cluniazens. Verbandsbildung, die durch einen nur auf das exemte Mutterkloster C. hin ausgerichteten Zentralismus gekennzeichnet war, wohl erst unter Odilo ein und wurde unter Hugo voll ausgebildet. Aufgrund des hiermit verbundenen Anspruchs, die zu reformierenden Kl. oder Neugründungen voll in den Verband zu integrieren und rechtl. dem Abt v. C. zu unterstellen, entwickelte sich die mit Odilo und Hugo einsetzende Ausdehnung der cluniazens. Klosterreform keineswegs gleichmäßig innerhalb der Grenzen des frz. Kgtm.s oder in den angrenzenden Territorien. Starke eigenkirchl. Interessen, etwa in der Normandie oder in den lothring. Diöz. Metz, Toul und Verdun, schränkten das Vordringen C.s ein, ohne daß diese Haltung mit einer grundsätzl. Abneigung gegenüber der cluniazens. Reform gleichzusetzen wäre. Von C. geprägte Reformrichtungen fanden hier Eingang, und Äbte wie z. B. →Wilhelm v. Dijon († 1031) oder →Richard v. St-Vanne († 1046) wurden hier anstelle der Äbte C.s berufen. Die Kritik an dem cluniazens. Anspruch wurde am deutlichsten von Bf. →Adalbero v. Laon formuliert, der Odilo als »rex« und sein Mönchtum als »militia« bezeichnete. Eine Ordensverfassung nach dem Vorbild der Zisterzienser erhielt der Verband um 1200. Unterschiedl. war die rechtl. Zuordnung der einzelnen Konvente zu Cluny. Neben einigen wenigen Abteien, deren Abtseinsetzung dem Abt von C. oblag, einigen Prioraten wie z. B. St-Martin-des-Champs, den sog. Töchtern C.s, die dem Range nach den Abteien fast gleich kamen, folgte die große Masse der Priorate und Zellen. In den sechs frz. Provinzen (Auvergne, France, Gascogne, Lyon, Poitou-Saintonge und Provence), in die sich der Orden als Verwaltungseinheiten untergliederte, werden in den Visiten und Generalkapiteln (13.–15. Jh.) ca. 600 Konvente erwähnt, darunter mehr als 500 einfache Priorate, wobei die große Mehrheit aller Übernahmen von Kl. zu Reformzwecken bzw. aller Neugründungen in die Zeit der Äbte Odilo und Hugo fällt. In dieser Zahl sind auch zehn Frauenklöster enthalten, an ihrer Spitze das 1055 von Hugo gegr. bedeutendste Priorat →Marcigny (99 Nonnen), deren Verbindung zu C. sehr eng blieb (vgl. die Briefe Hugos und von Petrus Venerabilis). Bis zu dem Abbatiat von Petrus Venerabilis fiel dem cluniazens. Abt auch persönl. eine zentrale Kontrollfunktion zu, der er auf zahllosen Visitationsreisen nachzukommen suchte. Odilo starb 87jährig auf einer solchen Reise. Unter Hugo scheint eine regionale Aufteilung der Verantwortlichkeit und Kontrollfunktionen vorgenommen und ortsansässigen Äbten in Abwesenheit des Großabts von C. diese für eine bestimmte Region übertragen worden zu sein.

Neue Organisationsformen schuf Petrus Venerabilis, der 1132 und 1146 auf zwei Generalkapiteln – 1132 sollen 200 Prioren und über 1200 Mönche anwesend gewesen sein – neue Statuten durchsetzen ließ. Widerstand dagegen konnte mit Billigung des Papstes mit Exkommunikation geahndet werden. 1200 wurden von Hugo V. (1199–1207) jährl. Generalkapitel in C. verfügt. Alle Prioren hatten Anwesenheitspflicht. Zugleich sollte die Abtei C. selbst einmal pro Jahr von zwei Äbten und zwei Prioren begangen und festgestellte Mißstände auf dem Generalkapitel behandelt werden. Die Anwesenheit von Zisterzienseräbten sowie deren Funktion als Lehrmeister, die von Papst Gregor IX., der auf Durchsetzung der Generalkapitel drang, in seiner Bulle von 1231 ausdrückl. hervorgehoben wurde, trug nicht zum Erfolg bei. So dauerte es noch über ein halbes Jahrhundert, ehe 1259 die beinahe ununterbrochene Abhaltung jährl. Generalkapitel einsetzte. Wichtigstes Organ der Kapitel waren die mit sehr weitreichenden Vollmachten ausgestatteten Definitoren (anfangs zwei Äbte und zwei Prioren; ab 1289 15 Definitoren), die zu Anfang des Kapitels jeweils selbst ihre Nachfolger wählten. Neben ihnen fungierten ebenfalls für ein Jahr gewählte Visitatoren (je zwei pro Provinz). Neben der Kontrolle über die Einhaltung der Consuetudines überwachten die Visitatoren auch die Rechnungsführung der Priorate und erstellten jeweils für das Generalkapitel ein Protokoll ihrer Visiten.

III. NIEDERGANG: Der im 12. Jh. einsetzende Niedergang C.s ist keineswegs allein auf wirtschaftl. Faktoren, etwa die Abhängigkeit von Naturalwirtschaft und die Nichtanpassungsfähigkeit an die Geldwirtschaft, zurückzuführen. Gleichwohl unterscheidet sich C. insofern von den Zisterziensern, als es seinen Bedarf an Lebensmitteln (und Kleidung) immer mehr mit Geldeinnahmen bestritt, die ihm aus seinem fremdbewirtschafteten Besitz zuflossen. Die schon im 12. Jh. einsetzende Geldentwertung traf C. deshalb empfindlich. Die Gründe für den Niedergang sind wesentl. im geistig-geistl. Bereich zu suchen, wo andere Ideen im Vergleich mit C. attraktiver wurden. Der Sturz des Abtes →Pontius (1109–22) machte auch die innere Krise C.s deutlich. Gleichwohl steht trotz aller innerer Krisen (Dezentralisierungstendenzen, Streit um größere Unabhängigkeit der Priorate und Auflehnung gegen den Führungsanspruch des Abtes von C.) oder negativer Auswirkungen äußerer Faktoren, etwa des →Abendländ. Schismas oder des →Hundertjährigen Krieges, C. nicht so am Ende, wie es vom neugewählten Abt Robert de Chaudesolles (1416–23) beklagt wurde: »Dieser Orden, der einst so bedeutend war, liegt fast völlig darnieder.« Vergeblich blieb der Reformversuch von Abt Jean III. de Bourbon (1456–85), der durch die Wiederherstellung der Disziplin, Bekämpfung des Kommendewesens und Verbesserung der Güterverwaltung den Verfall aufzuhalten versuchte. Obwohl noch viel zu wenig Untersuchungen zur Gesch. einzelner cluniazens. Abteien im SpätMA vorliegen, zeichnet sich doch ein wesentl. günstigeres Bild des Cluniazenserordens sowohl im geistigen als auch im wirtschaftl. Bereich ab. N. Bulst

Q.: Bibl. Cluniacensis, ed. M. MARRIER, Paris 1614 – Bullarium sacri ordinis cluniacensis, ed. P. SIMON, Lyon 1680 – Recueil des chartes de l'abbaye de C., ed. A. BERNARD–A. BRUEL, 6 Bde (CDHistFr, 1876–1903) – The Letters of Peter the Venerable, ed. G. CONSTABLE, 2 Bde, 1967 – G. CHARVIN, Status, chapitres généraux et visites de l'ordre de C., 8 Bde, 1965–78 – Synopse der cluniacens. Necrologien, ed. J. WOLLASCH u. a., 1983 [i. Dr.] – Lit. zu [I, 1–2, II und III]: DHGE XIII, 35ff. [G. DE VALOUS] – DIP II, 1200ff. [V. CATTANA] – TRE VIII, 126–132 [K. S. FRANK] – E. SACKUR, Die Cluniacenser in ihrer kirchl. und allgemeingesch. Wirksamkeit bis zur Mitte des elften Jh., 2 Bde,

1892–94 – G. DE VALOUS, Le monachisme clunisien des origines au XVe s. Vie intérieure des monastères et organisation de l'ordre, 2 Bde, 1935, 1970[2] – DERS., Le temporel et la situation financière des établissements de l'ordre clunisien du XIIe au XIVe s., 1935 – A C. Congr. scientifique en l'honneur des saints abbés Odon et Odilon 1949, 1950 – K. HALLINGER, Gorze-Kluny. Stud. zu den monast. Lebensformen und Gegensätzen im HochMA, 2 Bde, 1950 [Neudr. 1971] – G. DUBY, La société aux XIe et XIIe s. dans la région mâconnaise, 1953, 1975[2] – Neue Forsch. über C. und die Cluniazenser, von J. WOLLASCH, H.-E. MAGER, H. DIENER, hg. G. TELLENBACH, 1959 – Spiritualità Cluniacense (Convegni del Centro di studi sulla Spiritualità Medioevale 2, 1960) – TH. SCHIEFFER, C. und der Investiturstreit (C., hg. H. RICHTER), 1975 [Übers. des Aufsatzes von 1961 vom Verf.] – J. LECLERCQ, Pour une hist. de la vie à C., RHE 57, 1962, 385–408, 783–812 – G. TELLENBACH, Der Sturz des Abtes Pontius von C. und seine gesch. Bedeutung (QFIAB 42/43, 1963), 13ff. – PH. HOFMEISTER, C. und seine Abteien, SMBO 75, 1964, 183–239 – J. FECHTER, C., Adel und Volk, Stud. über das Verhältnis des Kl. zu den Ständen (910–1156) [Diss. Tübingen, 1966] – N. HUNT, C. under Saint Hugh, 1049–1109, 1967 – G. DEVAILLY, Le Berry du Xe s. au milieu du XIIIe, 1973 – N. BULST, Unters. zu den Klosterreformen Wilhelms v. Dijon (962–1031), 1973 – J. WOLLASCH, Mönchtum des MA zw. Kirche und Welt, 1973 – C. Beitr. zu Gestalt und Wirken der cluniazens. Reform, hg. H. RICHTER (WdF 241, 1975) [Bibliogr. 401ff.] – D. C. KELLY, Cluniac Political Thought [Diss. masch., Ann Arbor, Michigan 1976] – Atlas des monastères de l'ordre de C. au MA. Annexe au t. 6 des Statuts, chapitres généraux et visites de l'ordre de C., 1977 – J. MEHNE, Cluniazenserbischöfe (FMASt 11, 1977), 241ff. – J. WOLLASCH, Les obituaires, témoins de la vie clunisienne (CCMéd 22, 1979), 139ff. – P. RACINET, St-Pierre-St-Paul d'Abbeville. Un prieuré clunisien au MA (XIIe–XVe s.), 1979 – K. HALLINGER, Überlieferung und Steigerung im Mönchtum des 8. bis 12. Jh. (Eulogia, Fschr. B. NEUNHEUSER), 1979, 125–187 – G. CONSTABLE, Cluniac Stud., 1980 – D. POECK, Laienbegräbnisse in C. (FMASt 15, 1981), 68ff. – DERS., Ein Tag in der Synopse der cluniazens. Nekrologien (ebd. 16, 1982), 193ff. – B. ROSENWEIN, Rhinoceros Bound: C. in the Tenth Century, 1982 – P. RACINET, Les monastères clunisiens dans les diocèses de Soissons, de Senlis et de Beauvais: évolution et permanence d'un ancien ordre bénédictin à la fin du MA et au XVIe s. (1300–1700), 2 Bde (Thèse de 3e Cycle), 1982 [masch.] – vgl. auch → Benediktiner – zu [I, 3]: L. DELISLE, Inv. des mss. de la Bibl. Nat., Fonds de C., 1884 – T. GOTTLIEB, Über ma. Bibl., 1890, Nr. 280, 281, 978–982 – L. DELISLE, Livres imprimés à C. au 15e s. (Bull. hist. et phil., 1896) – A. WILMART, Le convent et la bibl. de C. vers le milieu du XIe s., RevMab 11, 1921, 89–124 – E. LESNE, Les livres, »scriptoria«..., 1938, 524–533 – M. C. GARAND, Copistes de C. au temps de S. Maieul (BEC 136, 1978), 5–36 – vgl. auch Lit., Abschnitt B.

B. Der Einfluß Clunys außerhalb Frankreichs

I. Italien – II. Iberische Halbinsel – III. Deutschland – IV. Flandern – V. England – VI. Irland – VII. Skandinavien – VIII. Böhmen – IX. Polen – X. Ungarn – XI. Östlicher Mittelmeerraum.

I. ITALIEN: Der erste Anstoß zur Einführung der cluniazens. Lebensform in Italien ging von Rom aus: → Alberich II. (3. A.), »princeps Romanorum«, der eine Neuordnung der Urbs anstrebte, versuchte, dem Niedergang der Kl. in Rom durch Reformen zu begegnen. Abt Odo v. C. kam 936 nach Rom und reformierte das Kl. S. Paolo, nachdem ihn Alberich als → Archimandrit über das ganze Territorium Roms und die angrenzenden Regionen, soweit sein polit. Einfluß reichte, eingesetzt hatte. Nach anfängl. Schwierigkeiten reformierte Odo ferner die röm. Kl. S. Lorenzo, S. Agnese und S. Pietro sowie in der Umgebung Roms auf dem Monte Soratte S. Silvestro, S. Andrea und S. Stefano. Nach einem fehlgeschlagenen Versuch, → Farfa zu reformieren, kehrte Odo nach Frankreich zurück. 938 finden wir ihn wieder in Italien: Er reformierte nun das Kl. S. Pietro in Ciel d'Oro in → Pavia und unterstellte das röm. Kl. S. Erasmo auf dem Coelius dem Kl. → Subiaco. Nach einem kurzen Aufenthalt in Frankreich kam er Ende 938 und 940 wieder nach Rom, reformierte S. Elia bei Nepi und begab sich nach → Montecassino, das unter seiner wachsamen Aufsicht ebenfalls in cluniazens. Sinn reformiert wurde. Auch nach Odos Tod (942) dauerte der cluniazens. Einfluß fort, da von C. selbst neue Reformanstöße ausgingen und Alberich wie auch die Päpste die von Odo eingeführte strenge Klosterzucht zu bewahren suchten. Auf Betreiben Odos hatte Alberich sogar eine Reihe neuer Kl. in Rom gegründet. Er zwang Farfa, trotz erbitterten Widerstandes, die cluniazens. Reform anzunehmen. In den folgenden Jahrzehnten wirkten die großen Cluniazenseräbte Maiolus, Odilo und Hugo in Piemont (hier wurde von → Wilhelm v. Volpiano das berühmte Kl. S. Benigno in → Fruttuaria gegr., das cluniazens. Tendenzen aufnahm) und in der Lombardei (Pavia, S. Salvatore, dem 982 → Pomposa unterstellt wurde) sowie in Rom (Abtei S. Paolo, die sich voll dem cluniazens. Mönchtum anschloß und von Maiolus einen Prior erbat). Der Einfluß C.s in Italien setzte sich nach dem direkten Wirken der Äbte Odo und Maiolus in ungleichmäßiger Weise fort, wobei Rom jedoch weiterhin einen wichtigen Schwerpunkt bildete. Die cluniazens. Gewohnheiten erlangten weitere Verbreitung und gewannen bes. Bedeutung für S. Trinita di → Cava de' Tirreni (Prov. Salerno). Nach der norm. Eroberung wurden die cluniazens. Consuetudines in → Monreale seit der Gründung (1174) befolgt, außerdem auf dem → Gargano und – in verschiedenen Abhängigkeitsverhältnissen – u. a. in der Lombardei, wo in erster Linie im Gebiet von Brescia mehrere größere und kleinere Priorate C. unterstanden. Bes. hervorzuheben sind die Abtei Polirone oder S. Benedetto Po (1007), ferner die Verbindung des Kl. Breme mit Cluny. Obwohl die cluniazens. Lebensform in Piemont, der Lombardei, Latium und in Süditalien eine beachtl. Wirkung hatte, erlangte die cluniazens. Bewegung, global betrachtet, in Italien nie die große polit., soziale und religiöse Bedeutung wie in Frankreich, was v. a. darauf zurückzuführen ist, daß Alberich II., der Odos Reformwerk umfassend gefördert hatte, nicht viele Nachahmer fand.

Mit Recht hat die Forschung jedoch hervorgehoben (G. PENCO), daß die positive oder ablehnende Reaktion auf die cluniazens. Bewegung im it. Mönchtum quasi als Ferment wirkte und das Streben nach einer Erneuerung freisetzte, das – ausgehend vom Mönchtum – die ganze Kirche erfassen sollte. In diesem Sinne erfüllte das Cluniazensertum auch in Italien eine gewichtige hist. Funktion, die je nach den Umständen und dem Wirken der einzelnen Äbte variierte, jedoch immer große Bedeutung besaß.

R. Manselli

II. IBERISCHE HALBINSEL: [1] *Erster monastischer Einfluß Clunys:* Die ersten Einwirkungen C.s auf die Iber. Halbinsel gingen von dem durch Abt Odo i. J. 940 reformierten Kl. St-Pierre de Lézat in der Gft. Toulouse aus. Dessen Abt Warin führte Anfang der 60er Jahre im Auftrag des Gf.en → Seniofred II. v. Cerdaña-Besalú die cluniazens. Consuetudines in S. Miguel de Cuxa (St-Michel de → Cuxa) ein. Cuxa wurde zum Haupt eines von Papst Johannes XV. i. J. 993 bestätigten klösterl. Reformverbandes in Katalonien. Im Testament Seniofreds II. (1. Okt. 965) wird C. erstmals eine Schenkung in Spanien gemacht. Sein Neffe, Abt → Oliba v. Cuxa-Ripoll, einer der bedeutendsten Vorkämpfer der kirchl. Reformbewegung um 1000, förderte die Verbreitung der cluniazens. Reformideen nicht nur in Katalonien, sondern offenbar auch im Herrschaftsbereich Kg. → Sanchos III. Garcés v. Navarra, der am 21. April 1028 ein aragon. Johanneskloster (wahrscheinl. → S. Juan de la Peña) nach den cluniazens. Gewohnheiten reformierte und dort den aus Spanien stammenden Cluniazenser Paternus als Abt einsetzte, ohne das Kl. jedoch rechtl. C. anzugliedern. Auch die anschließend ebenfalls auf Initiative des Kg.s (höchstwahrscheinl. auch nach cluniazens.

Vorbild) reformierten Kl. S. Salvador de →Leire in Navarra und S. Salvador de →Oña in Kastilien blieben rechtl. von C. unabhängig. Ob damals auch das kast. S. Pedro de →Cardeña und die navarres. Kl. S. María de Hirache, →S. Millán de la Cogolla und S. Pedro de Albelda eine cluniazens. Umformung erfuhren, läßt sich derzeit noch nicht endgültig beantworten.

[2] *Königtum und cluniazensische Reform:* Unter Sanchos III. Nachfolgern ging in Aragón und in Navarra die Orientierung der Herrscher auf C. trotz ihres Briefverkehrs mit Abt Odilo zugunsten der Einflüsse der Kanonikerbewegung und einer direkten Bindung an Rom zurück, während in den an Sanchos Sohn Ferdinand I. gefallenen vereinigten Kgr.en v. Kastilien und León die Beziehungen zu C. durch den Eintritt des Kg.s in dessen Gebetsgemeinschaft bes. eng gestaltet wurden. Ferdinand I. schickte einen jährl. census von 1000 Goldstücken nach C. und traf persönl. mit dem 1053 in León nachweisbaren Cluniazenser Galindus zusammen. Doch haben diese Kontakte weder einen nachweisbaren Einfluß auf die kirchl. Erneuerungsbestrebungen in seinem Reich ausgeübt, noch hat er auch nur ein einziges Kl. der innermonast.-verfassungsrechtl. oder besitzmäßigen Verfügungsgewalt des Abtes v. C. unterstellt.

Sein Sohn Alfons VI. hat jedoch als Kg. v. Kastilien und León mit der rechtl. und wirtschaftl. Eingliederung span. Abteien in den Verband von C. begonnen, was deren Rangminderungen zu Prioraten zur Folge hatte. Den Anfang machte dabei Ende 1073 das Kl. →S. Isidro de Dueñas südl. von Palencia, 1075 folgten das kgl. Hauskloster S. Salvador de Palaz del Rey in León, 1077 Santiago del Val bei Astudillo und S. Juan de Hérmedes de Cerrato (Bm. Palencia), 1079 das reiche S. María de →Nájera in der Rioja, 1080 oder 1081 S. Columba in Burgos sowie wohl in den siebziger Jahren S. María de Villafranca del Bierzo an der Wallfahrtsstraße nach →Santiago de Compostela. Als Motive für diese stets mit Zustimmung der in ihren Rechten offenbar nicht geschmälerten Bf.e erfolgten Klostertradierungen hat man neben der regelmäßig in den Urkunden erwähnten Erwerbung des Fürbittegebetes der Cluniazenser auch eine Reihe weltl. Motivationen namhaft machen können, die von der Abwehr päpstl. Lehensansprüche über die Einbindung C.s in die leones. Kaiseridee bis hin zur Herrschaftssicherung in polit. instabilen Regionen reichten.

In Zusammenarbeit mit Abt Hugo I. v. C. hat Kg. Alfons VI. Ende der siebziger Jahre auch das Kl. SS. Facundo y Primitivo in →Sahagún (Bm. León) reformiert, das selbst Haupt eines großen Klosterverbandes war. Nach anfängl. Schwierigkeiten mit dem zum Abt v. Sahagún bestellten Cluniazenser Robert hat Kg. Alfons VI. 1080 den ebenfalls von Hugo ihm zugesandten →Bernhard v. Sauvetat (später Ebf. v. Toledo) zum Abt v. Sahagún wählen lassen, das Gregor VII. 1083 auf Bitten des Kg.s »ad instar et formam cluniacensis coenobii« von jeder geistl. und weltl. Gewalt befreite und in den päpstl. Schutz aufnahm. Sahagún blieb für Jahrzehnte ein Vorort cluniazens. Einflusses und Reformgeistes in Spanien und leistete Entscheidendes bei der Einführung der röm. anstelle der mozarab. Liturgie (für die Einführung der röm. Liturgie predigte auch der Cluniazensermönch Anastasius, † 16. Okt. 1086, in Spanien) und der Zurückdrängung der westgot. Schrift. Seine Mönche praktizierten den »ordo Cluniacensis«, doch war das Kl. nicht der »Cluniacensis ecclesia« inkorporiert; ein späterer Plan Kg. Alfons' VII. vom Jahre 1132, Sahagún und seine mehr als hundert Dependenzen auch rechtl. dem Abt von C. zu unterstellen, ist gescheitert. Anscheinend hatte sich Alfons VII. mit dieser Maßnahme von der Zahlung der von seinem Großvater C. versprochenen riesigen Summe von jährl. 2000 Goldstücken freizukaufen versucht, die schon seine Mutter →Urraca nicht mehr aufzubringen vermocht hatte, auf die man in C. jedoch nicht nur wegen des gewaltigen Kirchenneubaus dringend angewiesen war. Kgn. Urraca, die schon zu Lebzeiten und mit Zustimmung ihres Vaters Alfons VI. am 22. Febr. 1109 C. das Kl. S. Vicente de Pombeiro in Galicien übertragen hatte, versuchte ihre ererbten Verpflichtungen der burg. Abtei gegenüber seit dem Frühjahr 1114 durch Landzuweisungen an bereits bestehende span. Cluniazenserklöster einzulösen, ein Verfahren, das anscheinend mit Abt Pontius abgesprochen war und das auch die Billigung ihrer Familie gefunden zu haben scheint. Ähnliche Vereinbarungen fanden offenbar auch zw. Kg. Alfons VII. und Abt Petrus Venerabilis statt, dem im Sommer 1142 in Salamanca von Alfons die Abtei S. Pedro de Cardeña übertragen wurde, deren Inkorporation in den Verband von C. sich jedoch nicht realisieren ließ. Bei der am 29. Okt. 1143 von Alfons VII. beurkundeten Übergabe von S. Vicente de Salamanca an C. gab es jedoch keine Schwierigkeiten. Bis zu seinem Anschluß an die Kongregation v. →Valladolid i. J. 1504 blieb S. Vicente als Priorat im Verband von C., dessen span. Besitzungen, zu denen außer Ländereien auch Verkaufsläden, Wasserzölle und sonstige finanziell nutzbare Rechte gehörten, von einem eigenen »camerarius Hispaniae« mit Sitz in S. Zoil de →Carrión de los Condes verwaltet wurden. Tradiert worden war dieses Kl. C. am 1. Aug. 1076 von der zur Familie der als treue Anhänger Alfons' VI. bekannten →Beni-Gómez gehörenden Gfn. Tarasia, die später als Nonne in ein Cluniazenserkloster (wahrscheinl. Marcigny-sur-Loire) eingetreten ist.

Außer den Beni-Gómez, die 1112 noch S. Salvador de Villaverde (Bm. Astorga) an C. schenkten, haben auch eine Reihe anderer königsnaher Adliger Kastilien-Leóns ihre Hausklöster C. übertragen, wobei v. a. bei der 1112 durch Gf. →Pedro Froilaz erfolgten Tradierung von S. Martin de Jubia in Galicien sowie bei den Übertragungen der drei in der Gft. →Portugal liegenden Kl. S. Pedro de Rates (1100 durch den burg. Gf.en Heinrich und seine Gemahlin Teresa, einer Tochter Alfons' VI., an das cluniazens. Priorat La→Charité-sur-Loire), S. Justa de Coimbra (1102 oder 1103 durch den cluniazens. Bf. v. Coimbra, dem späteren Gregor VIII.) und S. Maria de Vimieiro (1127 durch die Portugals Selbstständigkeit erstrebende Tarasia regina, Witwe des Gf.en Heinrich v. Portugal) polit. Überlegungen der Schenker eine ausschlaggebende Rolle spielten.

[3] *Zur Frage des cluniazensischen Einflusses auf der Iberischen Halbinsel:* Die Verquickung C.s in die Innenpolitik der iber. Kgr.e unter Alfons VI., Urraca und Alfons VII. ist von der Forschung der letzten Jahre mehrmals herausgestellt worden, wobei man als bes. aufschlußreiche, aber keineswegs einzige Beispiele die Rolle Abt Hugos I. bei der Zuweisung des Primates der ganzen Hispania an →Toledo (1088), dessen Beteiligung am Reichsteilungsprojekt der beiden burgund. Schwiegersöhne Ks. Alfons' VI. sowie den polit. Frontwechsel C.s von der Seite der Kgn. Urraca zur Partei des späteren Alfons VII. i. J. 1113 nannte. Gleichzeitig hat man aber auch zeigen können, daß im Vergleich mit Alfons VI. unter Urraca und Alfons VII. die Beziehungen sowohl der kast.-leones. Herrscher wie auch des Reichsadels zu C. deutlich zurückgegangen und nach der Mitte des 12. Jh. fast ganz zum Erliegen gekommen sind. Lediglich Kg. Ferdinand II. v. Kastilien hat 1169 mit

S. Agueda in Ciudad Rodrigo der »Cluniacensis ecclesia« nochmals ein Kl. inkorporiert. Insgesamt haben ganze MA hindurch auf der Iber. Halbinsel kaum mehr als zwei Dutzend größere Kl. rechtl. zum Verband von C. gehört, während eine sehr viel größere Anzahl nach dessen Consuetudines lebte. Im ganzen 15. Jh. befaßte sich lediglich. das Generalkapitel von 1460 mit Angelegenheiten der span. Dependenzen C.s. Soweit diese sich nicht schon vorher von der Mutterabtei gelöst hatten, sind sie Ende des 15. und Anfang des 16. Jh. sämtl. in die 1390 gegr. Kongregation v. →Valladolid eingegliedert worden.

Die in der Forschung bis vor kurzem vorherrschende Überschätzung des cluniazens. Einflusses auf der Iber. Halbinsel ist neuerdings einer nüchterneren Betrachtung gewichen, wozu wesentl. mit beigetragen hat, daß sich die immer wieder aufgestellte Behauptung von einer fast vollständigen Durchdringung des span. Episkopates mit Mönchen aus C. als falsch erwiesen hat (J. MEHNE). Immerhin sind jedoch in so wichtigen Bm.ern wie →Braga, Santiago de Compostela und Toledo (vielleicht auch in →Salamanca, →Valencia und →Zamora) zeitweilig die Bf.e Cluniazenser gewesen. Auch sollte der Anteil C.s an der Durchsetzung der Benediktinerregel in Spanien und sein Mitwirken an einer engeren kulturellen, polit. und kirchl. Anbindung der Pyrenäenhalbinsel an das übrige Europa nicht zu gering veranschlagt werden. P. Segl

III. DEUTSCHLAND: [1] *Direkter monastischer Einfluß Clunys*: Obwohl C. v. a. seit dem Abbatiat des Maiolus gute Beziehungen zum Hof der Ottonen (→Adelheid; Heinrich II.) und der Salier (Konrad II.; Abt Hugo war Pate Heinrichs IV.) unterhielt, unter Hugo auch auf den weltl. und geistl. Adel des Reiches Anziehungskraft ausübte (vgl. die Lebenswege von →Ulrich v. Zell, →Gerald v. Ostia, Ebf. →Siegfried v. Mainz, Mgf. →Hermann v. Baden), war sein monast. Einfluß im Reich (abgesehen vom it. Reichsteil) gering und fast ausschließl. auf Gebiete im frz.-dt. Grenzland beschränkt. Zu den wenigen Prioraten C.s im W des Reiches gehörten →Romainmôtier und →Payerne (Peterlingen), die beide auf Ksn. Adelheid C. übertragen wurden, sowie Rüeggisberg, das erste Cluniazenserpriorat im dt. Sprachraum (1073), Villars-les-Moines (Münchenwyler, 1080), St. Alban, →Basel (1083), und St. Ulrich (Vilmarszell), das nach 1080 das einzige Priorat von C. im rechtsrhein. Gebiet war. In Lothringen existierte bis 1058 lediglich. die Zelle Relanges (Bm. Toul). Die cluniazens. Formung von →Selz im Elsaß (Grabkloster Adelheids) für das 10. Jh. ist umstritten, ebenso die Entsendung von Cluniazensern nach Abdinghof (→Paderborn), angeblich auf Bitten Heinrichs II. (so in der »Vita Meinwerci«). In seiner »Imprecatio« erwähnt darum Abt Hugo bei der Aufzählung der Länder, in denen Mönche von C. lebten, Deutschland nicht (MPL 159, 951 C).

[2] *Ausstrahlung auf die Reformbewegung in Deutschland*: Die cluniazens. Lebensform (»ordo Cluniacensis«) verbreitete sich im Reich seit den 1070er Jahren ohne Bindung an die »ecclesia Cluniacensis« durch Ableger Clunys. Abgesehen vom begrenzten Einfluß der cluniazens. geprägten Abtei →Anchin (Bm. Cambrai), übernahmen 1070/80 drei Kl. neue, cluniazens. Gewohnheiten: →Siegburg und →St. Blasien aus →Fruttuaria sowie →Hirsau aus direkter Verbindung mit C., die durch Ulrich v. Zell geschaffen wurde, der für Hirsau die Consuetudines nach dem Vorbild von C. verfaßte. Seit K. HALLINGER ist für die Reformbewegung, die von diesen drei Kl. auf das Reich ausstrahlte (etwa 200 Kl. wurden erfaßt oder neu gegr.), der Begriff »jungcluniazens. Reform« gebräuchl. (wenn auch nicht unbestritten). Diese begann wenige Jahre vor Ausbruch des →Investiturstreits, wobei die treibenden Kräfte v. a. Ebf. →Anno v. Köln und →Rudolf v. Rheinfelden waren. →Lampert v. Hersfeld berichtet zu 1071 von der Neigung der »principes«, »transalpinos monachos« in ihre Stiftungen zu holen. Die Initiative zum Reformumbruch ging dabei weder von C. noch von Fruttuaria aus; allerdings trafen sich die Ideale der Klosterreformer mit den Wünschen des Adels, der den dynast. Klostergründungen außerhalb der traditionellen Bahnen des Reichsmönchtums eine neuartige »libertas zu geben versuchte (R. SCHIEFFER). Schon vorher (seit ca. 1050) stand der Stifteradel in Opposition zum →otton.-salischen Reichskirchensystem, nach dem nur der Kg. oder ein Bf. ein Kl. vergeben konnte. Der Gorzer »ordo« (→Gorze) mit seinen reichsmönch. Traditionen konnte dem Adel bei dessen Tendenz, Freiheit für seine Stiftungen außerhalb des reichskirchl. Verbandes zu erlangen, nicht genügen. So bot sich der »ordo« des nicht zu den Reichsabteien zählenden C. an. Wenn dabei Fruttuaria »Vorreiter der Reform« (H. JAKOBS) wurde, so wohl nicht nur wegen seines hohen Ansehens (das C. auch hatte), sondern wegen seiner verfassungsrechtl. Sonderstellung und wohl auch wegen der it.-burgundischen Beziehungen Rudolfs v. Rheinfelden. Nach K. SCHMID liegt in der Verbindung von »Adel« und »Reform« einer der Gründe für den Aufstieg des Adels und des Mönchtums in jener Zeit, wobei in der Vielschichtigkeit des Vorgangs (mit seiner Entflechtung geistl. und weltl. Belange und der Entsakralisierung des Königtums) die religiösen Motive des die Reform betreibenden schwäb. Adels (zu dem auch Anno v. Köln gehörte) nicht unterschätzt werden sollten (Verzicht auf Eigenkirchenherrschaft [→ Eigenkirche] sicherte ruhige Entwicklung des Kl. als Stätte des Gebetes für die Familie des Klosterstifters, der Lebenden und der Toten). Schon Anno v. Köln und Siegfried v. Mainz bemühten sich mit Erfolg, die »jungcluniazens.« Bewegung in die traditionelle bfl. Klosterpolitik zu integrieren.

[3] *Zur Frage der monastischen Lebensform*: Was die monast. Lebensformen selbst angeht, so ist die Auffassung K. HALLINGERS von einem schroffen Gegensatz zw. Cluniazensern bzw. Jungcluniazensern und dem gorzisch geprägten Reichsmönchtum durch G. TELLENBACH u. a., vor allem durch J. WOLLASCH korrigiert worden. Das Zusammengehörigkeitsgefühl, das auf gemeinsamer Regel und den Traditionen des →Benedikt v. Aniane beruhte, erwies sich trotz aller »Reformgegensätze« (wobei die Anklagen der Jungcluniazenser gegen das Reichsmönchtum vielfach nur Reformrhetorik waren) spätestens bei der Konfrontation mit dem »neuen Mönchtum« der Zisterzienser als stärker. P. Engelbert

IV. FLANDERN: In Flandern bestand schon vor dem Eindringen der Cluniazenser eine Reformtradition, die auf →Gerhard v. Brogne (10. Jh.) und →Richard v. St-Vanne (Anfang des 11. Jh.) zurückgeht. Die cluniazens. Reform in Flandern ist durch eine erst spät einsetzende und bes. Entwicklung gekennzeichnet. Von Einheimischen getragen und vom Gf.en und der Gfn. unterstützt, war ihr Einfluß auf die Einführung der cluniazens. Gewohnheiten in bereits bestehenden Abteien beschränkt. Die hierarch. Unterordnung unter C. stieß auf starke Widerstände und konnte nirgendwo endgültig durchgesetzt werden. Es handelte sich also eher um eine strenge Reform der Observanz als um direkte Affiliationen flandr. Abteien an Cluny.

Die erste cluniazens. Reformabtei war das 1079 gegr. Kl. →Anchin im Hennegau, das schon vor 1092 cluniazens. Gewohnheiten befolgte. In diesem Jahr, 1092, reformierten die Mönche von Anchin die Abtei St-Martin in →Tournai. Die Hypothese, nach der auch →Affligem um 1086 von Anchin reformiert worden sei, ist überaus fraglich. Das bedeutendste Zentrum in Flandern, von dem aus das cluniazens. Gedankengut propagiert wurde, war wohl →St-Bertin (bei St-Omer). Diese Abtei war schon von den älteren Reformen berührt worden, befand sich aber am Ende des 11. Jh. erneut in einer Krise. Vielleicht unter dem Einfluß →Anselms v. Canterbury und unterstützt von der Gfn. v. Flandern, →Clementia v. Burgund, wandte sich der Abt zwecks Reform von St-Bertin an Hugo v. Cluny. 1099 schenkte die Gfn. alle gfl. Rechte über St-Bertin an Cluny. Im folgenden Jahr bestätigte der vom 1. Kreuzzug zurückgekehrte Gf. v. Flandern, →Robert II., diese Verfügungen seiner Gattin. Es wurde festgesetzt, daß künftig der Abt v. St-Bertin aus dem Kreise der Mönche v. C. erwählt und vom Abt v. C. eingesetzt werden sollte. Diese (in Geheimverhandlungen getroffenen) Beschlüsse wurden nach ihrem Bekanntwerden von den Mönchen von St-Bertin aufs heftigste angefochten. Die tatsächl. Inkorporation der Abtei in den cluniazens. Verband mißlang, und die Reformen blieben spiritueller Natur.

Abt →Lambert v. St-Bertin war mit gfl. und bfl. Hilfe bestrebt, die gleichen Gewohnheiten wie in St-Bertin auch in anderen Kl. einzuführen. Dies gelang in Auchy-les-Moines, →Bergues-St-Winnoc (St. Winoksbergen), St-Vaast in →Arras, St. Peter in →Gent sowie – über St. Peter – auch in St. Bavo in Gent. Mönche aus St-Bertin und C. wurden in diese Monasterien entsandt. Der bedeutendste unter ihnen war →Alvisus, zunächst Mönch v. St-Bertin und Reformprior v. St-Vaast, der um 1111 Anchin als Abt übernahm, wo erneute Schwierigkeiten in der Befolgung der Observanz aufgetreten waren. Unter Alvisus' Leitung breitete sich die Reformbewegung im Hennegau bis nach →Marchiennes und →Lobbes aus, wo eine ältere Lütticher Reforminitiative gescheitert war. G. Berings

V. ENGLAND: [1] *Vor 1066:* Die erste eigentl. Gründung eines cluniazens. Kl. in England erfolgte erst 1077 in →Lewes (Sussex), doch verbreitete sich bereits seit der 2. Hälfte des 10. Jh. die cluniazens. Lebensform. Als Hzg. Wilhelm v. Aquitanien C. gründete, war fast alles monast. Leben in England, sowohl im Gebiet der Angelsachsen wie auch im wiking. beherrschten England, erloschen. Die Erneuerung des monast. Lebens in →Glastonbury 940 war z. T. auf die neue cluniazens. Bewegung zurückzuführen. Der hl. →Oswald kehrte 959 aus dem Kl. →Fleury an d. Loire, das sich bereits den Cluniazensern angeschlossen hatte, zurück, um zusammen mit dem hl. →Dunstan und dem hl. →Æthelwold das benediktin. Mönchtum in England zu reformieren. Jedoch verhinderten die geogr. Entfernung und die zweite dän. Eroberung unter Kg. →Knut d. Gr., daß das spätags. England während des Abbatiats Odilos von der cluniazens. Reform stärker beeinflußt wurde. Bedeutender für das Eindringen des cluniazens. Mönchtums in England wurde der Italiener →Wilhelm v. Dijon (962–1031), der ein Schüler des Abts Maiolus war und eine bedeutende monast. Erneuerung im Hzm. →Normandie anregte. Z. Zt. der Eroberung Englands durch Wilhelm I. waren alle etwa 25 existierenden norm. Kl. in einem größeren (so →St-Evroul) oder weniger großen Umfang vom cluniazens. Reformgeist beeinflußt.

[2] *Nach 1066:* Bald nach der Schlacht v. →Hastings (1066) soll Wilhelm d. Eroberer Abt Hugo um die Entsendung von zwölf tüchtigen cluniazens. Mönchen gebeten haben, die in seinem neuen Kgr. Bf.e und Äbte werden sollten, aber dieses einzigartige Vorhaben wurde nicht verwirklicht. Das Verdienst, das erste und auch berühmteste cluniazens. Kl. in England gegründet zu haben, gehört jedoch →Wilhelm v. Warenne, dem größten Baron Wilhelms, der mit seiner Frau Gunhilda während einer Pilgerreise nach Rom in C. beherbergt wurde. Das Ehepaar bat Abt Hugo um die Entsendung einer kleinen Gruppe von Mönchen für die Gründung eines Kl. bei der Kirche des hl. Pankraz in Lewes in Sussex, dem Lehen der Warenne. Der erste Prior war Lanzo (1077–1107), der im Ruf der Heiligkeit stand, was zweifellos das Ansehen der ersten cluniazens. Mönche gehoben hat. Lewes, dessen Konvent im 12. und 13. Jh. mindestens 60 Mitglieder zählte, war stets das reichste Priorat in England.

Das einzige engl. Cluniazenserkloster, das annähernd die Bedeutung von Lewes erreichte, war Bermondsey, südl. der Themse. 1082 von dem Londoner Kaufmann Alwin Child gegründet, kamen jedoch die ersten Mönche erst nach 1089. Es erfuhr von Kg. Wilhelm II. (1087–1100) reiche Schenkungen. Auch andere Adlige bedachten dieses Kl. und andere cluniazens. Kl. mit Dotationen. Bald bezogen die bedeutenden anglo-norm. Adelsfamilien Mönche aus Lewes und Bermondsey, um sie überall in England in Priorate einzusetzen (z. B. in Thetford, 1103; →Castle Acre in Norfolk, 1089; im neugegründeten Much Wenlock in Shropshire, 1081). In Dudley (Worcestershire) gründete der Baron Gervase Paynell ein bes. vornehmes cluniazens. Priorat (um 1150) im Umkreis seiner Burg, wo sich bald bedeutende Schmiedebetriebe, Forstwirtschaft und Viehzucht ausbildeten. Die meisten cluniazens. Kl. im anglo-norm. England waren sehr klein, oft nur so groß wie die Zellen der großen Priorate auf dem norm. Festland.

Mehrere Kl., die von Cluniazensern gegr. worden waren (wie Faversham in Kent, wo Kg. →Stephan v. Blois 1154 begraben wurde), gerieten bald in die Abhängigkeit von Cluny. Zwei cluniazens. Prioreien wurden sogar in Nordengland gegründet, Pontefract um 1090 und Monk Bretton 1153.

[3] *Bedeutung der cluniazensischen Klöster in England:* Als 1160 die cluniazens. Bewegung ihrem Ende zuging, gab es in England 36 cluniazens. Kl., von denen nur ein Dutzend die ausreichende Größe für ein geregeltes klösterl. Leben hatte. Die verhältnismäßige Bedeutungslosigkeit der cluniazens. Kl. in England war eine Folge davon, daß die Begeisterung für die →Augustiner-Chorherren und die →Zisterzienser zw. 1100 und 1153 weitaus größer war. Gegen Ende des 12. Jh. äußerten sich →Giraldus Cambrensis und andere geringschätzig über die »Cluniazenser«, wie jetzt häufig die Benediktiner allgemein genannt wurden. Es gibt, trotz der Reise des Abtes Petrus Venerabilis durch England (1130), wenige Anhaltspunkte für eine strenge Kontrolle der engl. Priorate durch Cluny. Die Unterordnung unter eine kirchl. Oberherrschaft auf dem Festland machte jedoch die engl. Cluniazenserklöster infolge der Ausprägung eines nationalen Gefühls während des →Hundertjährigen Krieges recht verwundbar. Während des →Abendländ. Schismas und in der Zeit danach sorgte eine Reihe von Verfassungsexperimenten, wie die Abhaltung von Provinzkapiteln und die Einrichtung eines Generalvikars, die den Zusammenhalt der cluniazens. Prioreien in England stärken sollten, für eine Ablösung vom Mutterkloster Cluny. Wahrscheinl. vor 1399 wurde Bermondsey unabhängig; im späten 15. Jh. folgten alle noch bestehenden cluniazens. Kl. dem Beispiel von Lewes von 1480 und sicherten sich durch päpstl. Bullen die völlige Exemtion von der Jurisdiktion Clunys. Während der letzten fünfzig Jahre des ma. Mönchtums in England wurden die 30 noch existierenden cluniazens. Kl. von

Papst Innozenz VIII. der Visitation des Ebf.s v. Canterbury unterstellt. Bei ihrer Auflösung zw. 1536 und 1540 spielten die cluniazens. Kl. schon lange keine bedeutende Rolle mehr im monast. Leben Englands. R. B. Dobson

VI. IRLAND: Zwar liegen keine direkten Nachrichten über Kontakte zw. C. und den ir. Mönchen, die im 10. Jh. nach Frankreich kamen, vor, doch dürfte auch der mittelbare Einfluß, wie etwa die Formung des Iroschotten→Cadroë (Kaddroë), des Abtes v. →Waulsort (seit 946?, † um 975–978), im cluniazens. geprägten→Fleury nicht folgenlos geblieben sein. Weitere Orte der Begegnung und der gegenseitigen Beeinflussung waren wohl die loth. Diöz. Metz, Toul und Verdun in der 2. Hälfte des 10. und der 1. Hälfte des 11. Jh. sowie die Abteien Groß-St. Martin und St. Pantaleon in →Köln im 11. Jh. Im Gegensatz zur Ausbreitung C.s in England gab es in Irland lediglich ein einziges cluniazens. Kl.: das Priorat St. Peter und St. Paul in Athlone am Shannon in der Gft. Westmeath, in der Diöz. Elphin. Es wurde um 1150 vom ir. Kg. Turlough O'Conor gegründet und als Priorat C. unterstellt. Die ersten Mönche kamen vielleicht aus Frankreich, doch ist dies ebenso unsicher wie das Datum der Gründung, von der man mit Sicherheit nur sagen kann, daß sie vor 1208/10 erfolgte, da keine weiteren Details aus der Gesch. dieses Priorats im 12. Jh. bekannt sind. Obwohl an der Gründung benediktin. Kl. in Irland engl. Gemeinschaften wie →Glastonbury, Bath, →Exeter oder Chester beteiligt waren, die im weitesten Sinne als Verbreiter eines auf C. zurückzuführenden Brauchtums anzusehen sind, bleibt auffällig, daß keine der cluniazens. Abteien in England und keines der C. unterstellten engl. Priorate an ir. Klostergründungen beteiligt gewesen zu sein scheinen. Neben dem ir. Widerstand gegenüber äußeren Einflüssen dürfte auch die schwer durchschaubare polit. Situation Irlands ein Grund für geringes Interesse C.s an Irland gewesen sein. Eine gewisse Mittlerfunktion zw. cluniazens. und ir. Mönchtum dürften auch die Ebf.e von Canterbury, →Lanfranc und →Anselm, ausgeübt haben. Weitere Indikatoren für irisch-cluniazens. Beziehungen sind die Verbreitung ir. Heiliger in cluniazens. Kl. sowie Gebetsverbrüderungen ir. Mönche mit cluniazens. Gemeinschaften, die durch Nekrologeintragungen bezeugt sind. N. Bulst

VII. SKANDINAVIEN: Obwohl die Benediktiner das Klosterwesen in Dänemark, Norwegen und Island begründeten, wurde der skand. Raum nur in spärl. Ansätzen von der cluniazens. Klosterreform berührt. Es scheint, daß v. a. das Allerheiligenkloster in →Lund (gegr. Ende des 11. Jh.), das lange Zeit das Hauptkloster der dän. Benediktiner war, von Cluniazensern geleitet wurde. Inwieweit sich cluniazens. Einfluß auch in den übrigen dän. Kl. durchsetzte, ist wegen der ungünstigen Quellenlage nicht zu entscheiden. Das früher den Cluniazensern zugeschriebene Kl. St. Michael bei Schleswig scheint wegen seiner Anlage als Doppelkloster doch eher den nicht-reformierten Benediktinern angehört zu haben.

In Norwegen war allein das Kl. Nidarholm bei Trondheim – zumindest während der 1. Hälfte des 12. Jh. – cluniazensisch.

Auf Island sind Cluniazenser nicht nachgewiesen. Möglicherweise standen die abgelegene Lage und die eigenkirchl. Verfassung der isländ. kirchlichen Institutionen (→Island) einer engen Verbindung zw. Mutter- und Tochterkloster entgegen.

Das erst spät (Anfang des 12. Jh.) einsetzende schwed. Klosterwesen wurde schon nicht mehr von C. her beeinflußt, sondern von Anfang an von Zisterziensern und den Bettelorden geprägt.

Allerdings zeigen die langanhaltenden und tiefgreifenden Auseinandersetzungen um die libertas ecclesiae in allen skand. Ländern (v. a. im 12. und 13. Jh.), daß die Prinzipien der cluniazens. Kirchenreform bzw. des Gregorianismus auch hier die Politik der Kirche bestimmten. Desgleichen werden die zahlreichen Klostergründungen in Skandinavien während des 12. Jh. mit der von C. ausgehenden Erneuerung des abendländ. Klosterwesens in Verbindung gebracht (J. JÓHANNESSON). H. Ehrhardt

VIII. BÖHMEN: Der Ausgangspunkt für die benediktin. Reform in Böhmen war das Kl. →Zwiefalten in Schwaben, das ein Tochterkloster des cluniazens. geprägten →Hirsau war und enge Verbindung zu den Gf.en v. →Berg hatte. Aus diesem Grafengeschlecht stammte Richeza, die Gemahlin des böhm. Hzg.s →Vladislav I. Auf Richeza, deren Vater und Bruder Benediktiner in Zwiefalten waren, ist es zurückzuführen, daß 1117 die ersten Mönche aus Zwiefalten in das um 1115 gegr. Benediktinerkloster Kladruby kamen. Zw. den dt. Mönchen und den tschech., nicht reformierten Benediktinern kam es zu Auseinandersetzungen. Erst 1130 konnten sich die Zwiefaltener Mönche behaupten.

In engem Zusammenhang mit der Hirsauer Reform standen die im 12. Jh. gegr. Kl. Postoloprty, Vilémov, Želiv und Podlažice. Das wichtigste Zentrum monast. Reform war →Břevnov, das der aus →Niederaltaich stammende Abt Meinhard (1043–89) nach dem Vorbild Niederaltaichs reformierte. Unter Břevnovs Einfluß stand auch das Kl. →Sázava nach der endgültigen Vertreibung der slav. Mönche (1096/97). Die beiden aus Břevnov eingesetzten Äbte Diethard und Silvester machten Sázava zum Mittelpunkt des monast. Lebens nach Břevnover Vorbild. Ein bedeutender Schüler Silvesters war Abt Bero v. Postoloprty. Insgesamt läßt sich feststellen, daß die cluniazens. geprägte Benediktinerreform Böhmen zu spät erreichte, um größere Wirkung zu erzielen. Orden wie die Zisterzienser (so in Mnichovo Hradiště) und die Prämonstratenser (so in Hradisko, Želiv und Litomyšl) waren erfolgreicher. J. Kadlec

IX. POLEN: Ein gesicherter Bericht über die Zugehörigkeit poln. Benediktinerklöster zum cluniazens. Verband existiert erst vom Beginn des 15. Jh. In ihm wird erst von dem »ordo Cluniacensis« des Benediktinerklosters →Tyniec (Diöz. Krakau) gesprochen, das innerhalb der poln. Benediktiner eine führende Stellung einnimmt. Darauf deuten auch andere Quellen hin (S. SCZYGIELSKI). In den vorhandenen Listen des Cluniazenserordens (seit der Mitte des 13. Jh.) werden die poln. Benediktinerklöster nicht aufgeführt. Man nimmt deshalb an, daß C. keinen direkten monast. Einfluß auf die poln. Klöster hatte. Die benediktin. Lebensform ist wohl entweder durch die Gorzer oder die Hirsauer Reformgemeinschaften vermittelt worden.

In der zweiten Hälfte des 12. Jh. entstand auf Betreiben des Abts des Kl. →Łysa Góra – Heiligenkreuz auf dem Kahlberg (Diöz. Krakau) die Auffassung von der Abstammung der poln. Benediktiner aus Montecassino und auch der Vorrangstellung von Łysa Góra, die durch päpstl. Bullen bestätigt wurde. G. Labuda

X. UNGARN: Die von F. GALLA 1931 vorgelegte und allgemein anerkannte These, Ungarns Kirche sei im Zeichen der cluniazens. Reform aufgebaut worden, wurde von L. CSÓKA 1943 widerlegt. Nach der stark hagiograph. »Vita S. Odilonis« des →Iotsaldus, eines Schülers Odilos, stand jedoch der Abt v. C. u. a. auch mit Kg. →Stefan I.

durch Boten und Briefwechsel in Verbindung. Ein Brief Odilos blieb erhalten, wonach der Kg. die Abtei C., die er reich beschenkt hatte, bezeichnenderweise nur um die Zusendung von Reliquien bat, wohl für die im Dienste der Mission erbauten Kirchen, und solche auch erhielt. Gelegentliche Kontakte ermöglichten die über Ungarn führenden Pilgerfahrten nach →Jerusalem und diplomat. Reisen. So wird auch Iotsaldus selbst einmal nach Ungarn gelangt sein. Odilos Nachfolger, Abt Hugo, besuchte Ende 1051 als Legat Papst Leos IX. Ungarn, um zw. Ks. Heinrich III. und Kg. →Andreas I. Frieden zu stiften. Seine Mission scheiterte an der Unnachgiebigkeit des Kaisers. Der cluniazens. Kongregation gehörte kein ung. Benediktinerkloster an. Th. v. Bogyay

XI. ÖSTLICHER MITTELMEERRAUM: [1] *Byzanz:* Die einzigen schriftl. Zeugnisse für eine cluniazens. Niederlassung innerhalb des Byz. Reiches sind in den Briefen des Abts →Petrus Venerabilis (Epp. 75–76) enthalten. Sie beziehen sich auf Civitot, ein Kl. in der Nähe von Konstantinopel; seine genaue Lage ist unbekannt. Es war eine Filiale des bedeutendsten cluniazens. Priorats La→Charité-sur-Loire, die von Ks. →Alexios I. Komnenos (1081–1118) C. und La Charité unterstellt worden war. Unter seinem Sohn →Johannes II. (1118–43), an den sowie an den Patriarchen v. Konstantinopel Petrus Venerabilis seine Briefe adressierte, war das Kl. in den Händen von »alieni monachi«. Petrus setzte sich für seine Wiederherstellung ein. Nichts weiteres ist über dieses Kl. bekannt.

[2] *Palästina:* Im 12. Jh. war im Lateinischen Kgr. v. →Jerusalem die Hauptfiliale von C. das alte Salvatorkloster auf dem Berg Tabor. Nach der Zerstörung i. J. 1113 wurde es um 1130 wiederaufgebaut. Petrus Venerabilis' Briefe (Epp. 31,80) zeigen, daß seine Mönche größtenteils aus Neuankömmlingen aus dem lat. Westen bestanden, die der cluniazens. Ordnung folgten. Wie in →Reading (England) scheint die Verbindung zu C. auf einer confraternitas beruht zu haben. Die Cluniazenser bauten eine roman. Kirche sowie Befestigungen. Sie schufen sich einen ausgedehnten Grundbesitz, der um Buria am Fuß des Gebirges zentriert war. Die Muslime griffen das Kl. 1183 an und nahmen es nach der Schlacht v. →Ḥaṭṭīn (1187) ein. – 1170 wurde für die Errichtung eines cluniazens. Hauses in →Akkon Land zur Verfügung gestellt, aber diese Gründung kam zu keiner dauerhaften Entfaltung. – Das Kl. v. Palmarea (in der Nähe v. Haifa) wurde bald darauf von den Cluniazensern reformiert, aufgrund einer dringenden Ermahnung von Papst Alexander III. an den Ebf. v. Nazareth und andere Bf.e (JAFFÉ 13516) sowie mit Zustimmung des Kg.s →Amalrich v. Jerusalem.

[3] *Cluny und der Osten:* Die nachfolgenden Äbte in C. zeigten Interesse an der Entwicklung im östl. Mittelmeerraum. Die Fresken aus dem 12. Jh. in der Apsis der cluniazens. Kirche von Berzé-la-Ville weisen byz. Einfluß auf. Abt Pontius reiste in das Hl. Land, nachdem er C. 1122 verlassen hatte, und besuchte den Berg Tabor. In seinen iren. Briefen (Epp. 75–76) verleiht Petrus Venerabilis dem Wunsch Ausdruck, nach Konstantinopel zu gehen, und er zeigt seine Bereitschaft, den Basileus in die confraternitas von C. aufzunehmen; Petrus wurde mit Plänen für den 2. Kreuzzug in Zusammenhang gebracht. Er förderte die Übersetzung des Korans, da er der Meinung war, daß man den Arabern »nicht mit Gewalt, sondern mit Vernunftgründen, nicht mit Haß, sondern mit Liebe« begegnen solle. H. E. J. Cowdrey

Q. u. Lit.: *zu [I]*: DIP I, 1284–1351 – G. PENCO, Storia del Monachesimo in Italia, 2 Bde, 1961–68 [Lit.] – *zu [II]*: Q.: Zusammengestellt bei: P. SEGL, Kgtm. u. Klosterreform in Spanien, 1974, XI–XX – *Lit.:* DHEE III, 1505 – DHGE XIII, 144–149 – A. DE YEPES, Corónica general de la orden de S. Benito, 7 Bde, Irache-Valladolid, 1609–21 – P. DAVID, Études historiques sur la Galice et le Portugal, 1947 – A. UBIETO ARTETA, La introducción del rito romano en Aragón y Navarra (Hispania Sacra 1, 1948), 299–324 – M. DEFOURNEAUX, Les Français en Espagne aux XIe et XIIe s., 1949 – J. PÉREZ DE URBEL, Sancho el Mayor de Navarra, 1950 – CH. J. BISHKO, The Spanish Journey of Abbot Ponce of C. (Ricerche di Storia Religiosa 1, 1954), 311–319 – DERS., Peter the Venerable's Journey to Spain, StAns 40, 1956, 163–175 – DERS., Liturgical Intercession at C. for the King-Emperors of León (Studia Monastica 3, 1961), 53–75 – R. D'ABADAL I DE VINYALS, L'esperit de C. i les relacions de Catalunya amb Roma i la Italia en el segle X, StM, ser. terza 2, 1961, 2–41 – A. DURAN GUDIOL, La Iglesia de Aragón durante los reinados de Sancho Ramírez y Pedro I (1062?–1104), 1962 – A. MUNDÓ, Moissac, C. et les mouvements monastiques de l'Est des Pyrénées du Xe au XIIe, AM 75, 1963, 551–573 – CH. J. BISHKO, El abad Radulfo de C. y el prior Humberto de Carrión. Anuario de estudios medievales 1, 1964, 197–216 – DERS., The Liturgical Context of Fernando I's last days (Hispania Sacra 17, 1964), 47–59 – DERS., The Cluniac Priories of Galicia and Portugal (Studia Monastica 7, 1965), 305–356 – M. COCHERIL, Étud. sur le monachisme en Espagne et au Portugal, 1966 – J. MATTOSO, Le monachisme ibérique et C., 1968 – CH. J. BISHKO, Fernando I y los orígenes de la alianza castellano-leonesa con C., CHE 47–48, 1968, 31–135; 49–50, 1969, 50–116 – O. ENGELS, Schutzgedanke und Landesherrschaft im östl. Pyrenäenraum (9.–13. Jh.), 1970 – CH. J. BISHKO, Count Henrique of Portugal, C., and the Antecedents of the Pacto Sucessório, Revista Portuguesa de Hist. 13, 1971, 155–188 – A. LINAGE CONDE, Los orígenes del monacato benedictino en la Península Ibérica, 3 Bde, 1973 – P. SEGL, s. o., 1974 – J. MEHNE, Cluniacenserbischöfe, FMASt 11, 1977, 241–287 – P. SEGL, C. in Spanien, DA 33, 1977, 560–569 – P. FEIGE, Die Anfänge des portugies. Kgtm.s und seiner Landeskirche (SFGG GAKGS 29, 1978), 85–436 – L. VONES, Die »Historia Compostellana« und die Kirchenpolitik des nordwestspan. Raumes 1070–1130, 1980 – B. F. REILLY, The Kingdom of León – Castilla under Queen Urraca 1109–1126, 1982 – *zu [III]:* B. EGGER, Gesch. der Cluniazenser-Klöster in der Westschweiz, 1907 – J. SEMMLER, Die Klosterreform von Siegburg, 1959 – H. JAKOBS, Die Hirsauer, 1961 – H. HOFFMANN, Von C. zum Investiturstreit, AK 45, 1963, 165–209 – H. JAKOBS, Der Adel in der Klosterreform v. St. Blasien, 1968 – R. SCHIEFFER, Die Romreise dt. Bischöfe im Frühjahr 1070, RhVjbll 35, 1971 – Investiturstreit und Reichsverfassung, hg. J. FLECKENSTEIN, 1973 – J. WOLLASCH, Mönchtum des MA zw. Kirche und Welt, 1973 – Germania Benedictina V, 1975; VIII, 1979 – *zu [IV]:* Monasticon Belge, 1890, s. v. – E. SABBE, La réforme clunisienne dans le comté de Flandre au début du XIIe s., RBPH 9, 1930, 121–138 – U. BERLIÈRE, L'étude des réformes monastiques des Xe et XIe s. (Bull. de l'Académie royale de Belgique, Classe des Lettres, 5e sér., 18, 1932), 137–156 – E. DE MOREAU, Hist. de l'Église en Belgique II, 1945, 177–192 – L. EECKHOUT, De kloosterhervorming in België gedurende de Xe en de XIe eeuw (Collationes Gandavenses 32), 1949, 242–256 – J.- M. DE SMET, Quand Robert II confia-t-il St-Bertin à C.?, RHE 46, 1951, 160–164 – L. MILIS, De Kerk tussen de Gregoriaanse hervorming en Avignon (Algemene Geschiedenis der Nederlanden III, 1982), 177f. – *zu [V]:* Q.: Charters and Records among the archives of the Abbey of C., 1077–1534, ed. G. F. DUCKETT, 1898 – Visitations of English Cluniac Foundations, hg. G. F. DUCKETT, 1890 – *Lit.:* The Heads of Religious Houses, England and Wales 940–1216, hg. D. KNOWLES, C. N. L. BROOKE, V. C. M. LONDON, 1972 – C. NEW, Hist. of the Alien Priories in England, to the confiscation of Henry V., 1916 – R. GRAHAM, English Ecclesiastical Stud., 1929 – L. M. SMITH, C. in the Eleventh and Twelfth Centuries, 1930 – R. GRAHAM, The Hist. of the Alien Priory of Wenlock, Journal of British Archaeological Association, 3rd ser., 4, 1939, 117–140 – D. KNOWLES, The Religious Orders in England, 3 Bde, 1948–59 – DERS., The Monastic Order in England, 940–1216, 1963 – D. KNOWLES – R. N. HADCOCK, Medieval Religious Houses, England and Wales, 1971² – L. BUTLER – C. GIVEN-WILSON, Medieval Monasteries of Great Britain, 1979 – *zu [VI]:* N. BULST, I. Mönchtum und cluniazens. Klosterreform (Die Iren und Europa im früheren MA II, hg. H. LÖWE, 1982), 958–969 – J. SEMMLER, Iren in der lothring. Klosterreform (ebd.), 641–657 – *zu [VII]:* KL I, 451–455 [Benediktinerorden]; IV, 98–99 [Exemtion]; VIII, 544 [Kloster]; X, 530–533 [Libertas ecclesiae]; – H. KOCH – B. KORNERUP, Den danske kirkes historie I, 1950, 351, 362 – O. KOLSRUD, Noregs Kyrkjesoga I, 1958, 183f. – J. JÓHANNESSON, Íslands Historie i Mellomalderen, 1969, 126–128, 147, 159f. – N. SKYUM-NIELSEN, Kvinde og Slave, 1971, 15,

129 – K. Helle, Norge blir en stat (Handbok i Norges historie 3, 1974), 238f. – M. Stefánsson, Kirkjuvald eflist (Saga Íslands II, ed. S. Líndal, 1975), 57ff. – *zu [VIII]:* F. Machilek, Reformorden und Ordensreformen in den böhm. Ländern vom 10. bis 18. Jh. (Bohemia sacra, 1974), 63–65 – *zu [IX]:* Q. *und Lit.:* S. Sczygielski, Aquila Polono-Benedictina, in qua... exordia quoque ac progressus Ordinis s. Benedicti per Polonism breviter describantur, Cracoviae 1663 – J. Gacki, Benedyktyński kl. Świętego Krzyża na Łysej Górze, 1875 – U. Berlière, Beitr. zur Gesch. der Cluniazenser Dtl.s und Polens im XV. Jh., SMBO 12, 1891, 115–120 – P. David, Les Bénédictins et l'Ordre de C. dans la Pologne médiévale, 1939, 79–104 – P. Sczaniecki, Katalog opatów tynieckich (Nasza Przeszłość 49, 1978), 87, 208f. – *zu [X]:* F. Galla, A cluny-i reform hatása Magyarországon, 1931 – A. Balogh, Szent István egyházi kapcsolatai Csehországgal, Németországgal, Franciaországgal és Belgiummal, Szent István Emlékkönyv I, 1938, 443–464 – L. Csóka, Clunyi szellemű volt-e a magyar egyház a XI. században?, Regnum, 1943, 141–176 – T. v. Bogyay, Stephanus rex. Versuch einer Biogr., 1975, 48f. – G. Györffy, István király és műve, 1977 – *zu [XI]:* V. Berry, Peter the Venerable and the Crusades, StAns 40, 1956, 141–162 – J. Kritzeck, Peter the Venerable and Islam, 1964 – O. Demus, Byzantine Art and the West, 1970, 115–118 – H. E. Mayer, Bm.er, Kl. und Stifte im Kgr. Jerusalem, 1977, 403–405 – J. Prawer, Crusader Institutions, 1980, 135–140 – vgl. Lit., Abschnitt A.

C. Cluny und das Papsttum

I. Verhältnis während der Frühzeit – II. Cluny und das Reformpapsttum – III. Die Zeit der Äbte Pontius und Petrus Venerabilis – IV. Nach 1156.

I. Verhältnis während der Frühzeit: Eine Verbindung C.s mit dem apostol. Stuhl war durch seine Gründungsurkunde (vgl. Abschnitt A.I) vorgegeben. Die in dieser festgelegten Privilegien und die Immunität des Kl. wurden von den Päpsten des 10. Jh. erweitert, so von Johannes XI. (931), Leo VII. (938), Agapet II. (949), Gregor V. (998/999) und 968/971 von Johannes XIII., der die frz. Bf.e drängte, die Interessen des Kl. zu sichern. Abt Odo unternahm mehrere Reisen nach Rom, um dort die Kl. zu reformieren (vgl. Abschnitt B.I). Als im 11. Jh. C. versuchte, die Exemtion von den Ebf.en v. Lyon und den Bf.en v. Mâcon zu erreichen, wurde es bei diesen Bestrebungen 1016 und 1027 von Benedikt VIII. und Johannes XIX. unterstützt, die seine →libertas Romana erklärten.

II. Cluny und das Reformpapsttum: Während des Aufenthalts Ks. Heinrichs III. 1046 in Rom weilte auch Abt Odilo in der Stadt, und 1047 ermahnte der mit Willen Heinrichs III. zum Papst gewählte Clemens II. die Bf.e und Laien Frankreichs, C.s Rechte zu schützen. Die meisten seiner Nachfolger aus der frühen Reformzeit stellten Privilegien zu C.s Gunsten aus: Leo IX. (1049), Viktor II. (1055), Stephan IX. (1058) und Alexander II. (1063). 1063 kam der Kardinalbischof →Petrus Damiani als Legat nach C. und verteidigte die Rechte der Abtei gegen örtl. Bf.e, er pries enthusiast. die Freiheit C.s und sein monast. Leben. Eine bes. gute Verbindung zw. C. und dem Papsttum zeigte sich unter Abt Hugo. Trotz einiger Spannungen war diese Bindung auch unter Gregor VII. sehr eng, der als Hildebrand während einer Legation C. besucht hatte, aber dort wahrscheinl. niemals Mönch gewesen war. In →Canossa (1077) bürgte Abt Hugo für seinen Patensohn, Kg. Heinrich IV. Papst Gregor stellte 1075 ein Privileg für C. aus und sandte 1079–80 den Kardinalbischof Petrus v. Albano nach C., der die Freiheit der Abtei gegen die Bf.e verteidigen sollte; auf der Fastensynode von 1080 hielt der Papst eine Lobrede auf das Kl., in der er verkündete, daß »quasi peculiare et proprium beato Petro et huic aecclesiae speciali iure adheret«.

Mönche aus den hirsauischen Kl. waren entschiedene Parteigänger Gregors in Deutschland. Unter seinem Pontifikat amtierten auch zwei cluniazens. Mönche als Kardinalbischöfe v. Ostia, Gerhard (1072/73–77) und sein Nachfolger Odo I. (1079/82—88). 1088 nahm Odo als Papst den Namen →Urban II. (1088–99) an; er stellte C. mehrere Privilegien aus, 1088, 1095 und 1097. 1095 besuchte er C. auf seiner Reise zum Konzil v. →Clermont und weihte den Hochaltar der Kirche von C. (vgl. Abschnitt E). Wenn auch die Bedeutung der Unterstützung C.s bei Urbans Kreuzzugspredigt und -vorbereitung (→Kreuzzug, 1.) nicht überbewertet werden sollte, so hat C. doch v. a. indirekt zum Erfolg beigetragen. Unter Urban wurde ein anderer Cluniazenser, Odo II., Kardinalbischof v. Ostia (1094/96–1102), und ein cluniazens. Mönch mit Namen Petrus wurde der erste päpstl. Kämmerer (→Kammer, Apostol.) und ordnete die päpstl. Finanzen neu. Viele Quellen aus der Zeit des Reformpapsttums zeigen, daß das Papsttum C.s Vermittlung und Unterstützung bes. hoch achtete, und die Päpste schätzten Abt Hugo als Ratgeber und als eine Persönlichkeit, die großen Einfluß innerhalb der Kirche und der Laienwelt hatte.

III. Die Zeit der Äbte Pontius und Petrus Venerabilis: Papst Paschalis II. (1099–1118), der wahrscheinl. kein Cluniazenser gewesen war, fuhr fort, Abt Hugo (Privilegien 1100, 1107) und dann später den ihm folgenden Abt Pontius zu fördern, der sein Patensohn war. Gelasius II. (1118–19) stellte 1118 ebenfalls ein Privileg für C. aus. Nach seiner Flucht aus Rom starb er in Cluny. Sein Nachfolger Calixtus II. (1119–24) wurde dort zum Papst gewählt, besuchte es 1120 erneut, bestätigte die Besitzungen der Abtei und kanonisierte Abt Hugo. 1119 beteiligte sich Pontius an den Verhandlungen Calixtus' mit Ks. Heinrich V. in →Mouzon, die den Investiturstreit beenden sollten. Päpstl. Fürsprecher wiederum verteidigten machtvoll C. gegen die lokalen Bf.e auf dem Konzil v. →Reims. Aber Pontius' Rückzug aus C. i. J. 1122 dürfte teilweise auf seine Unsicherheit über die Weiterführung der päpstl. Unterstützung von C.s lokalen Interessen, in seiner nun schon traditionellen Form, zurückzuführen sein. Er legte seine Abtswürde in Rom in Calixtus' Hände zurück. Nach seiner tumultuar. Rückkehr nach C. wurde in Rom von Papst Honorius II. (1124–30) der Bann über ihn verhängt, und im Dez. 1126 starb er in einem röm. Gefängnis. Der nächste bedeutende Abt, Petrus Venerabilis, war 1122 mit Billigung von Calixtus II. gewählt worden und erfreute sich der Unterstützung des Kardinalbischofs Matthaeus v. Albano bei der Einführung seiner Statuten. Der bei dem Schisma v. 1130 in Rom gewählte Gegenpapst Anaklet II. war zwar ein ehemaliger cluniazens. Mönch, dennoch unterstützte Petrus Venerabilis seinen Gegner, Innozenz II., da dieser mehr die weiterblickenden Reformgruppen vertrat. Petrus Venerabilis hielt stets enge Verbindung zum Papsttum, er nahm an der →II. Laterans ynode (1139) teil und besuchte mehrmals Rom. Nichtsdestoweniger neigte C. dazu, mehr als früher auf das kapet. Königtum zu setzen.

IV. Nach 1156: Nach dem Tod von Petrus Venerabilis (1156) kühlten sich die engen Beziehungen zw. C. und dem Papsttum allmählich ab. 1161 entschied sich Abt Hugo III. für Friedrich Barbarossas Gegenpapst Viktor IV. und wurde von Papst Alexander III. abgesetzt, der für C. gleichwohl 1174 ein Privileg ausstellte. Im 13. Jh. wurden die Äbte v. C. verpflichtet, die Abgaben für die →visitationes liminum an die Kurie zu zahlen; noch im SpätMA unterhielt C. in Rom Prokuratoren.

H. E. J. Cowdrey

Lit.: C. im 10. und 11. Jh., hg. J. Wollasch, 1967 – H. E. J. Cowdrey, The Cluniacs and the Gregorian Reform, 1970 – H. Jakobs, Die Cluniazenser und das Papsttum im 10. und 11. Jh., Francia 2, 1974,

643-663 – H. E. J. COWDREY, Two Stud. in Cluniac Hist., StGreg 11, 1978, 1-298.

D. Die Cluniazenser-Liturgie

C. war auch und gerade in der Feier der Psalmodie Vorbild für das abendländ. Mönchtum (ST. HILPISCH, 264). Seine verschiedenen Epochen sind jedoch zu unterscheiden: die Anfänge unter Odo, die lange Blütezeit bis Petrus Venerabilis, die mehr oder minder gute Bewahrung bis Ende des 14. Jh., schließlich ein letztes Aufflackern vor der Aufhebung in der Frz. Revolution. Ferner müssen wir unterscheiden: Liturgie ist v. a. Eucharistiefeier, für C. aber bes. Psalmodie, Stundengebet. Im Hinblick auf die Meßfeier selbst beruhte die Entwicklung in Alt-C. gänzlich auf den allgemeinen Voraussetzungen; d. h. Austausch zw. Rom und Frankenreich, Übernahme und Anpassung der röm. Bücher; das alles unterstützt durch die Karolinger und ihre Berater, bes. →Alkuin und →Benedikt v. Aniane (TH. KLAUSER). C. übernimmt bei seiner Gründung zu Beginn des 10. Jh. das Ergebnis dieses Prozesses. Das gilt für die liturg. Bücher und für das System der Meßfeiern, ihrer Gliederung in Missa maior und matutinalis und andere nebengeordnete Messen. Es handelt sich um die Übernahme des stadtröm. Modells in Anpassung an die Situation eines Kl. Die Missa maior entspricht dem Hauptgottesdienst in der Stationskirche, die Nebenmessen den Feiern in anderen röm. Heiligtümern (A. HÄUSSLING, 319). C. schuf mit seiner gewaltigen Abteikirche den dieser reich entfalteten Liturgie gemäßen Raum, in dem der Gottesdienst eindrucksvoll gestaltet wurde. Die Consuetudines bezeugen dessen je nach Festanlaß gesteigerte große Feierlichkeit, den reichen Schmuck von Altar und gesamtem Raum, die Pracht der Beleuchtung, Inzensation und Geläute, die festl. Gewandung, eine Vielzahl von Prozessionen sowie immer neu hinzugefügte Gebete. Doch erhebt sich gegen all diesen Aufwand auch Kritik; bekannt sind die tadelnden Worte des →Bernhard v. Clairvaux (Apologia ad Guilelmum 12, 28, MPL 182, 914 C). Die »Übersteigerung«, die sich hier wachsend geltend machte, fand ihren Höhepunkt in der Anordnung der Psalmodie. Zwar suchte Alt-C. unter Odo zunächst ein bewußtes Zurückkehren zur Einfachheit der →Regula Benedicti, im Sinn der Reformtendenzen seit Benedikt v. Aniane (K. HALLINGER, 134-174); aber seit Ende des 10. Jh. wird das Pensum »gesteigert«. Das allmähl. Anwachsen ist eindrucksvoll (K. HALLINGER, 157-183; A. SCHMIDT); die Tagesleistung erreichte an Wintertagen 215 Psalmen! Kritische Gegner nannten das eine »massa plumbea«; aber im Streitgespräch mit dem Zisterzienser stellt der Mönch v. C. stolz fest: »Sola nostra Prima cum Letania et sibi adjunctis superat omne servitium vestrum, quod Deo exhibetis per totum diem...« (Dialogus inter Cluniac. et Cist. II 3, ed. E. MARTÈNE–U. DURAND, Thesaurus novus anecdot., V [1717] 1599 E). Es wäre aber falsch, in der großen Quantität nur Negatives zu sehen. In den 200 und mehr Jahren der Blütezeit hat man das weithin gerne und echt vollzogen, als Quelle geistl. Lebens, wie gegenüber übertreibender Abwertung mit Recht betont wurde (J. LECLERCQ). Der feierl. Gottesdienst war sicher genuiner Ausdruck inneren Lebens, eindrucksvolles Zeugnis christl. Verwirklichung nicht nur im Hauptkloster selbst, sondern in den vielen zu ihm gehörenden Häusern, und so auch Grundlage des enormen Einflusses zum Besten einer »Ecclesia semper reformanda«. Auch wenn die »Übersteigerung« gewiß Schattenseiten hatte und negative Folgen zeitigte, muß man doch feststellen, daß »Cluny« (Abtei und Kongregation) die von Petrus Venerabilis festgelegte Ordnung (MPL 189, 1025A–1048A) wenigstens bis Ende des 14. Jh.

im großen und ganzen getreu bewahrt hat (TH. SCHMITZ–L. RAEBER). Das System der Kommendataräbte brachte dann den Niedergang. Aber auch jetzt war eine »strengere Observanz« stark genug, um im Rahmen der neo-gallikan. Reformen 1686 ein bemerkenswertes neues Brevier herauszugeben (»Breuiarium Monasticum ad usum S. Ordinis Cluniac. juxta Regulam s. Benedicti et mentem Pauli V.«, vgl. H. LECLERCQ, DACL IX, 2, 1699ff.). Was von den Hss. nach der Säkularisation gerettet wurde, hat A. WILMART zusammengestellt.

B. Neunheuser

Lit.: DACL III, 2, 2074-2092 [A. WILMART] – J. B. MARTIN, Bibliogr. liturg. de C. (Acad. de Macon, Millénaire de C., 3, 1910), 146-163 – ST. HILPISCH, Chorgebet und Frömmigkeit... (Hl. Überlieferung, hg. O. CASEL, Fschr. J. HERWEGEN), 1938 – P. THOMAS, St. Odon de C. et son œuvre musicale (C. Congr. scientifique... 1949, 1950), 171-180 – PH. SCHMITZ–L. RAEBER, Gesch. des Benediktinerordens III, 1955, 15, 194-197; IV, 1960, 52-58 – PH. SCHMITZ, La liturgie de C. Spiritualità Cluniacense. Convegni... Todi, 1960, 89 – J. A. JUNGMANN, Missarum Solemnia I, 1962⁵, 98-137 – J. LECLERCQ, Culte liturgique et prière intime dans le monachisme au MA, La Maison Dieu 69, 1962, 39-55 – DERS., Aux sources de la spiritualité occidentale, 1964, 91-173, bes. 142-147 – TH. KLAUSER, Kleine Abendländ. Liturgiegesch., 1965, 49-92 – A. HÄUSSLING, Mönchskonvent und Eucharistiefeier, 1973, 174-297 – K.HALLINGER, Überlieferung und Steigerung im Mönchtum des 8. bis 12. Jh. (Eulogia, Fschr. B. NEUNHEUSER), 1979, 134-147 – A. SCHMIDT, Zusätze als Problem des monast. Stundengebets im MA, 1983.

E. Baukunst

Die Kirche C. I wurde unter dem ersten Abt Berno 915 geweiht: eine einschiffige kapellenartige Anlage mit Ostturm, der späteren Kirche C. II, der sie als Kapelle diente. Unter Abt Maiolus entstand um 954 bis zur Weihe (14. Febr. 981) der Bau II, der auf der Grundlage der Ausgrabungen von K. J. CONANT und alter Abbildungen und Beschreibungen der bis 1718 noch erhaltenen Teile rekonstruiert werden kann: dreischiffiges Langhaus, weit ausladendes Querschiff mit Apsiden an den äußeren Enden, im Westen Vorkirche (galilaea) und davor ein Atrium mit offener Eingangshalle; über querrechteckiger Vierung und an den Westecken der Vorkirche Türme; an das langgestreckte Presbyterium mit halbrunder Apsis schließen Nebenkapellen mit Apsiden in Verlängerung der Seitenschiffe und Rechteckräume (cryptae) für Bußübungen an. Der Chor der Mönche (chorus maior oder chorus psallentium) befand sich hier wie üblich in der Vierung, westl. anschließend der chorus minor für die alten und kranken Mönche. Der Westbau, der an frühere Westwerke anklingt, die querrechteckige Vierung, die schmalen Seitenschiffe und die dichte Stützenfolge erinnern an karol. Grundrißbildung. Die Strebepfeiler an Apsis, Querarm und Langhaus weisen auf Wölbung, die wahrscheinl. erst unter Abt Odilo ausgeführt wurde, unter dem auch →Romainmôtier in der Schweiz mit gemauerten Rundpfeilern, aber wohl ohne Mittelschiffgewölbe erbaut wurde; anders dagegen S. Charlieu mit Gewölben und Strebepfeilern, aber auch mit quadrat. Pfeilern mit Vorlagen. Der Kirchenbau hat, bes. mit der gestaffelten Chorlösung, auf Burgund und Deutschland (→Hirsau) eingewirkt. Die Rekonstruktion des zugehörigen Kl. ist noch unsicher.

Unter Abt Hugo wurde 1088 nördl. der Kirche II ein Neubau begonnen; Baumeister waren zuerst Ganzo, ein früherer Abt v. Baume-les-Messieurs, dann Hezelo, ein Mönch aus Lüttich. Am 25. Okt. 1095 weihte Urban II. den Hochaltar und vier weitere Choraltäre; danach muß der Chor mit seinen großartigen, heute noch erhaltenen Säulenkapitellen schon fertig gewesen sein, spätestens jedoch beim Tode Hugos 1109 (CONANT und LEHMANN), das Langhaus bis ca. 1120, denn 1125 stürzten die Langhausgewölbe ein, die Abt Petrus Venerabilis sogleich wiederherstellte (älteste offene Strebebögen); 1130 erfolgte die Abschlußweihe durch Innozenz II.; 1131 sind die ersten beiden Joche der Vorkirche fertig, die mit ihren beiden Türmen an der Westfront erst 1225 vollendet war. Nach Aufhebung des Kl. wurde die Kirche 1798-1824 abgebrochen. Die erhaltenen Reste (südl. Hauptquerschiff bis an das innere Seitenschiff und eine Apsis vom Südarm des Ostquerschiffs sowie die Kapitelle des Chorumgangs), alte Ansichten und Pläne (1623, 1749-1814) sowie die Ausgrabungen 1928-50 von K. J. CONANT geben ein recht gutes Bild von der 187 m langen und somit größten Kirche des MA: Apsis mit Umgang und fünf Kapellen, zwei Querschiffe mit Apsiden, fünfschiffiges Langhaus und dreischiffige Vorkirche mit später angefügten quadrat. Türmen. Die Pfeilerbasilika war in allen Teilen gewölbt: Ringtonne mit Gurten im Chorumgang, gegurtete Tonnen über dem Mittelschiff und den Querarmen, Kreuzgratgewölbe in den Seitenschiffen, über den beiden Vierungen und dem jeweils dritten Joch des Hauptquerschiffes achtseitige Klostergewölbe auf Trompen, darauf mehrgeschossige Türme. Im Mittelschiff und in den Querarmen dreigeschossiger Wandaufriß; trotz spitzbogiger Arkaden herrscht ein antikisierendes System, das an röm. Stadttore erinnert (Porte d'Arroux in Autun). Die kreuzförmigen Pfeiler hatten Dreiviertelsäulen als Vorlagen für die spitzbogigen Arkaden und für die Gurtbogen der Seitenschiffe, aber kannelierte Pilaster gegen das Mittelschiff. Auch das Triforium zeigte kannelierte Pilaster zw. drei Rundbogenblenden. Der Obergaden hatte je drei rundbogige Fenster, gerahmt von Blendbogen auf Doppelsäulchen. Auch die abschließenden Gesimse, Konsolen und Kapitelle folgten antiken Vorbildern. Die Aufnahme antikisierender Einzelformen, die gewaltige Höhenentwicklung und die Vielzahl der Türme kennzeichnen im Unterschied zu C. II höchste Repräsentation und imperiale Gesinnung im Wettstreit mit den größten Pilger- und Ordenskirchen der Zeit. Die Nachfolge ist beschränkt innerhalb des Ordens auf →Paray-le-Monial (um 1130 begonnen), La →Charité-sur-Loire II und St. Pankraz in →Lewes (Sussex), Ende 11. Jh. geweiht (seit 16. Jh. abgebrochen, nur im Grundriß bekannt); formale Einflüsse auf burg. Bauten (St-Lazare in Autun um 1130, Sémur, Beaune, Saulieu, Langres): kreuzförmige Pfeiler, Triforiumzone, Spitzbogenarkade, Spitztonne und kannelierte Pilaster. G. Binding

Lit.: ECatt III, 1883-1898 – RDK III, 801-824 [Lit.] – J. EVANS, The Romanesque Architecture of the Order of C., 1938 [Repr. 1972; mit älterer Lit.] – DERS., Cluniac Art of Romanesque Period, 1950 [Lit.] – R. u. A. M. OURSEL, Les églises romanes de l'Autunois et du Brionnais, C. et sa région, 1956 – H. SEDLMAYER, Die Ahnen der dritten Kirche von C. (Fschr. H. SCHRADE, 1960), 49-71 – P. LAMMA, Momenti di storiografia cluniacense, 1961 – A. WOLFF, C. und Chartres (Vom Bauen, Bilden und Bewahren, Fschr. W. WEYRES, hg. J. HOSTER-A. MANN, 1964), 199-218 – M. BERRY, Les fouilles du narthex de l'ancienne abbatiale de C. (Bull. Soc. nat. Antiq. France, 1966), 74-77 – K. J. CONANT, Les rapports architecturaux entre C. et Payerne (L'abbatiale de Payerne, Bibl. hist. Vaudoise 39, 1966), 173-186 – J. STIENNON, Hézelon de Liège, architecte de C. III (Mél. R. CROZET, 1966), 345-358 – P. QUARRÉ, La date des chapiteaux de C. et la sculpture romane de Bourgogne (Ann. de Bourgogne 39, 1967), 156-162 – K. J. CONANT, C. Les églises et la maison du chef d'ordre, 1968 [Bespr. v. F. SALET in: BullMon 126, 1968, 183-186] – A. ERLANDE-BRANDENBURG, Iconographie de C. III (BullMon 126, 1968), 293ff. – H. RIEHL, Die Kapitelle im Chor der ehem. Stiftskirche zu C. und ihre Bedeutung im Bauwerk, Zs. für Ganzheitsforsch. 12, 1968, 136-144 – F. SALET, C. III (BullMon 126, 1968), 235-292 – R. CROZET, A propos de C., CCMéd 13, 1970, 149-158 – W. SCHLINK, Zw. C. und Clairvaux, Die Kathedrale v. Langres und die burg. Architektur des 12. Jh., 1970 – H. R. SENNHAUSER, Romainmôtier und Payerne, Stud. zur Cluniazenserarchitektur des 11. Jh. in der Westschweiz, 1970 – G. DE VALOUS, Le monachisme clunisien des origines au XVe s., 1970 – E. M. VETTER-P. DIEMER, Zu den Darstellungen der acht Töne im Chor der ehem. Abteikirche von C., Wallraf-Richartz-Jb. 32, 1970, 37-48 – K. J. CONANT, The Hist. of Romanesque C. as clarified by Excavations and Comparisons (Monumentum 7, 1971), 11-33 – DERS., La chronologie de C. III, d'après les fouilles, CCMéd 14, 1971, 341-347 – DERS., Medieval C., Renewed Study of the Monastery's Buildings, RevBén 81, 1971, 60-66 – R. B. LOCKETT, A Cat. of Romanesque Sculpture from the Cluniac Houses in England, Journ. Brit. Archaeol. Assoc. 34, 1971, 43-61 – K. J. CONANT, L'abside et le choeur de C. III, Gazette des beaux-arts 79, 1972, 5-12 – C. HEITZ, Réflexions sur l'architecture clunisienne, Rev. de l'art 15, 1972, 81-94 – E. VERGNOLLE, Les chapiteaux du déambulatoire de C., ebd., 95-101 – G. LODOLO, L'arte a C.: l'architettura (Il romanico, Atti del seminario di studi, Villa Monastero di Vasenna, 1973) – W. SAUERLÄNDER, C. und Speyer (VuF 17, 1973), 9-31 – K. J. CONANT, C. Stud. 1964-78, Speculum 50, 1975, 383-388 – W. KRÖNIG, C., die gesch. Bedeutung des Kl. im Spiegel seiner Kunst, Das Münster 29, 1976, 23-43 – E. LEHMANN, Zur Baugesch. v. C. III, WJKu 29, 1976, 7-19 – D. JETTER, Klosterhospitäler, St. Gallen, C., Escorial, SudArch 62, 1978, 313-338 – Die zahlreichen Aufsätze von K. J. CONANT wurden nur in Auswahl zitiert.

Clus, ehem. Benediktinerkl. in Niedersachsen, 2 km nw von →Gandersheim. Wohl vor 1120 wurde C. im Zuge der Reformbewegung als Gandersheimer Eigenkloster begründet, wobei sich die Initiative des Stiftskapitels mit der sächs. Adelsopposition gegen die Salier verband. Eine Mitwirkung der späteren Kgn. Richenza, die vielleicht mit den ersten Abt verwandt war, und ihres Gemahls Lothar v. Süpplingenburg kann nicht belegt werden, ist aber wahrscheinlich. Der Ostteil der Maria und (ab dem 13. Jh. fast ausschließl.) Georg als Patrone führenden Kirche wurde 1124 geweiht. Nach einer ersten Fehlbesetzung mit Corveyer Mönchen bestätigte Ks. Lothar III. 1134 eine neue Besetzung mit Reformmönchen, in derem Zuge auch das benachbarte →Brunshausen dem Cluser Abt unterstellt wurde. Nach schwerem Niedergang im 14. Jh. erlebte der nur wenig begüterte Konvent nach der 1430 erfolgten Abtswahl von Johannes →Dederoth, der 1433 auch Abt v. Bursfelde wurde, einen neuen Aufschwung. C. wurde nun ein Ausgangspunkt der →Bursfelder Kongregation und nahm bis ins 16. Jh. mitführend an ihrem Leben teil. F. B. Fahlbusch

Lit.: Hist. Stätten Dtl. II, 101f. – H. HERBST, Das Benediktinerkloster Klus bei Gandersheim und die Bursfelder Reform (BKMR 50, 1932) – H. GOETTING, Die Gründung des Benediktinerklosters C., Braunschw. Jb. 40, 1959, 17-39 – DERS., Das Benediktinerkloster C., 1974 (GS NF 8, 1974), 167-301 [Q. und Lit.].

Clusa, Cluse → S. Michele della Chiusa

Clyn, John, * um 1300, † 1349, Franziskaner in Kilkenny (Irland), Vf. von Annalen, die von Christi Geburt bis zum Jahr 1349 reichen. Nach kurzen Eintragungen nehmen seine Annalen ab etwa 1315 selbständigen Charakter an und sind sehr bedeutend für lokale und regionale Ereignisse in Irland, v. a. im SO. C. wurde 1336 von James, Earl of Ormond, zum Gardian des neu gegr. Hauses Carrick (on-Suir, auch Carrickbeg) ernannt. Möglicherweise wurde er ein Opfer der von ihm ausführlich geschilderten Pest in Irland. M. Richter

Ed.: The Annals of Ireland by Friar Clyn and Thady Dowling, ed. R. BUTLER, Irish Archaeological Society, 1849 – Lit.: R. FRAME, English Lordship in Ireland 1318-61, 1982.

Cnihtenagild, Gilde der *cnihts* (d. h. der »Gefolgsleute«), die es in einigen der wichtigsten ags. Städte (namentl. erwähnt in →London, →Winchester und →Canterbury) gab. Sie besaß ein Gildehaus für Feste und Gelage und verfügte über einen umfassenden Gemeinschaftsbesitz. Diese Gilden bestanden bis ins frühe 12. Jh. In Canterbury und in Winchester scheint die c. mit der *caepmannegild* ident. gewesen zu sein, dem ags. Vorläufer der ma. Kaufmannsgilde. Auch in London nahm die c. die wichtigsten engl. Kaufleute auf. In Canterbury existierte die c. bereits in der Mitte des 9. Jh., ihre Mitglieder waren aber keine Bürger *(burhwara)*. N. P. Brooks

Lit.: J. TAIT, The Medieval English Borough, 1936, 119–123 – C. N. L. BROOKE, London 800–1216, 1975, 96–98 – F. BARLOW–M. BIDDLE, Winchester in the MA, 1976, 34, 335f., 427.

Cobla (v. lat. copula). [1] Strophe der provenzal. Troubadourlyrik, die mindestens fünf, höchstens sechzehn Verse umfaßt und definitionsgemäß einen in sich geschlossenen Sinnzusammenhang bildet. Den Versen können Halbverse *(vers brisés)* hinzugefügt werden, deren Anzahl jedoch die Hälfte der Hauptverse nicht übersteigen darf. Eine Cobla mit maximal siebensilbigen Zeilen soll nicht mehr als acht, eine C. mit mehr als achtsilbigen Versen darf zwischen fünf und zwölf Versen enthalten. Ihre nähere Bezeichnung richtet sich nach dem verwandten Reimschema. *C.s singulars* weisen eine in jeder Strophe neuangelegte Reimfolge auf, bei den *C.s doblas* wiederholt sich das Reimschema der ersten in der zweiten Strophe, in den *C.s ternas* gilt die gleiche Reimfolge in drei aufeinander folgenden Strophen, etc. Von *C.s unisonans* spricht man, wenn alle Strophen das gleiche Versmaß und die gleiche Reimfolge haben. In den *C.s capcaudadas* wird eine Verbindung zw. zwei *C.s singulars* hergestellt, indem der Reim des letzten Verses der ersten im ersten Vers der zweiten C. wiederholt wird.

[2] Kurzgattung, die durch die Herauslösung einer Einzelstrophe *(c. esparsa)* aus einem größeren Zusammenhang entstand und wie →Sirventes und →Tenzone polit. und persönl. Satiren – etwa vergleichbar mit dem antiken Epigramm – enthält. Die bes. in der zweiten Hälfte des 13. Jh. verwandte Gattung weist wie die Tenzone zwei, allerdings auf jeweils ein Couplet reduzierte Positionen (These und Antithese) auf, die manchmal in einer Tornada aufgelöst werden. E. Bange

Lit.: C. APPEL, Prov. Chrestomathie mit Abriß der Formenlehre und Glossar, 1930⁶ – A. JEANROY, La poésie lyrique des troubadours II, 1934 – A. PAGÈS, Les coblas, 1949 – K. VOSSLER, Die Dichtungsformen der Romanen, 1951 – I. FRANK, Rép. métrique de la poésie des troubadours, 2 Bde, 1953/57 – C. APPEL, Zur Formenlehre des prov. Minnesangs, ZRPh, 1953, 151–171 – U. MÖLK, Vers latin et vers roman, GRLMA I, Généralités, 1972, 467–482 – Las Flors del Gay Saber, estiers dichas Las Leys d'amors, 2 Bde, 1977 [Nachdr. der Ausg.: M. GATIEN-ARNOULT, Monuments de la litt. romane depuis le 14e s., 1841–43] – CH. LEUBE, Cobla, GRLMA 2: Les genres lyriques, I, 5, hg. E. KÖHLER, 1979 – Das große Lex. der Musik, hg. M. HONEGGER–G. MASSENKEIL, 1979, 172f. [s. v. Cobla], 205 [s. v. Copla].

Coburg, Stadt in Bayern, Reg.-Bez. Oberfranken (seit 1920 zu Bayern, vorher zu Sachsen-Coburg-Gotha). 1056 erhielt Ebf. →Anno II. v. Köln von Kgn. →Richeza v. Polen mit Präkarievertrag die auf dem Berg mit der späteren Veste zu lokalisierende C. und übertrug sie nach deren Tod dem Kl. →Saalfeld, das in der unterhalb des Berges entstehenden Siedlung vor 1217 eine (von der Kirche St. Peter und Paul auf dem Berg separierte) Pfarrkirche und Propstei (St. Mauritius) einrichtete. Nach dem Aussterben des Hauses →Andechs-Meranien (1248) gelangte C. an die Gf.en v. →Henneberg. 1331 erhielt C. Schweinfurter Stadtrecht (→Schweinfurt). 1353 fiel die Stadt an die sächs. →Wettiner, die hier den Verwaltungsmittelpunkt der Pflege C. einrichteten. Das Franziskanerkloster ist ministerial. Gründung (1250). A. Wendehorst

Bibliogr.: Frk. Bibliogr., hg. v. G. PFEIFFER I, 1965, 200–206, Nr. 9108–9381 – Q.: Das älteste C.er Stadtbuch, bearb. K. v. ANDRIAN-WERBURG, 1977 – Lit.: W. HEINS, Bavaria Francisc. Antiqua I, [1954], 121–138 – C. mitten im Reich, 2 Bde, 1956, 1961 – A. WENDEHORST, Das Würzburger Landkapitel C. z. Zt. der Reformation, 1964 – W. LORENZ, Urkundenstud. zur Frühgesch. der C., Jb. d. C.er Landesstiftung, 1970, 317–370 – H. TALAZKO, Moritzkirche und Propstei in C., 1971 – DtStb V, Bayern I, 1971, 135–141 – *allg.*: Jb. der C.er Landesstiftung, seit 1956.

Cocherel, Schlacht bei (16. Mai 1364), bedeutende Schlacht des →Hundertjährigen Krieges, fand in der Normandie auf dem Gelände des »Mont de Cocherel« am rechten Eureufer (comm. Houlbec–Cocherel, cant. Vernon, arr. Evreux, dép. Eure) statt zw. den Truppen →Karls des Bösen, Kg.s v. Navarra und Gf.en v. Evreux, die von seinem *lieutenant* Jean de Grailly, →Captal de Buch, befehligt wurden, und denjenigen →Karls V., Kg.s v. Frankreich, die unter dem Kommando Bertrands →du Guesclin standen. Du Guesclin trug den Sieg davon, der Captal von Buch geriet in Gefangenschaft. Der Sieg stärkte beträchtl. die Position Karls V., der nach dem Tode seines Vaters Johanns II. des Guten († 8. April 1364) gerade im Begriff war, die Thronfolge anzutreten, und der die Siegesnachricht kurz vor seiner Krönung in Reims (Sonntag, 19. Mai 1364) erhielt. Ph. Contamine

Lit.: R. DELACHENAL, Hist. de Charles V, t. III, 1916, 27–64 – Actes du colloque international de C. (mai 1964), 1966 [Les cahiers vernonnais, 1964, n° 4].

Cochon, Pierre, frz. Chronist, * 1390, † 1456, apostol. Notar, stand dem Offizialat der Kirche von →Rouen nahe. C. verfaßte eine »Chronique normande« (1180–1430), deren zeitgenöss. Teil (ab ca. 1410) eine wichtige Quelle für die Geschichte der →Normandie unter →Heinrich V., Kg. v. England, und für die Kenntnis der Mentalitäten der Zeit darstellt. C. stand Hzg. →Ludwig v. Orléans feindlich gegenüber, hatte aber für die Engländer ebensowenig Sympathie; er überliefert daher – unkritisch – alle ihm bekanntgewordenen ihnen abträgl. Nachrichten, selbst wenn diese auf Unwahrheit beruhten. C. verfaßte wahrscheinl. auch folgende Werke: eine kurze Chronik von Rouen (1371–1434); zwei Prosastücke, eines davon mit autobiograph. Angaben (»Or parleron d'un cas advenu en la court de l'église de Rouen«); »Dit des roys«, eine kurze Reimchronik über die frz. Kg.e, von den legendären trojan. Ursprüngen (→Trojaner, -sagen) bis zum Tode Karls VI. (1422). A. Vernet

Ed.: CH. DE BEAUREPAIRE (Soc. hist. Normandie, 1870), 1–356 (Chronique normande, Chronique rouennaise, Or parleron ...) – Lit.: MOLINIER, 4144f. – DBF IX, 87f. – Repfont III, 495; IV, 211f. – A. COVILLE, Jean Petit, 1932, 171–174 – M. NORDBERG, Les sources bourguignonnes des accusations portées contre la mémoire de Louis d'Orléans, Annales de Bourgogne 31, 1959, 85f., 93 – R. BOSSUAT, Le Dit des roys, chronique rimée du XIVe s. (Mél. M. DELBOUILLE II, 1964), 49–58.

Cocquerel, Firmin de, kgl. frz. Kanzler (→*chancelier de France*), † vor 22. Nov. 1349; entstammte einer alten Bürgerfamilie aus Amiens und war Sohn (oder Neffe) des hohen Beamten F. de C. (1306–24 im kgl. Dienst bezeugt). – F. de C., der Kleriker war (Kanonikate in Amiens und Tournai), begann seine Beamtenlaufbahn wohl spätestens 1336 unter Kg. Philipp VI. v. Valois im Parlement, dem er bis 1340 angehörte. Ende 1341 wurde er maître des →requêtes de l'Hôtel du roi (Meister des kgl. Hofhalts); der Kg. betraute ihn mit mehreren Missionen zur avignones. Kurie. Als Mann der Kirche war er zunächst Dekan von Notre-Dame in Paris, um schließl. zum Bischof v. Noyon erhoben zu werden. 1345 entsandte ihn der Kg. in die südfrz. Sénéchaussée →Beaucaire. Anschließend handelte er einen Vertrag mit dem Hzg. v. Brabant aus. Nach dem Rücktritt Guillaume →Flotes erhielt C. am 5. Jan. 1348 das Amt des chancelier de France. Bald darauf begab er sich nach Südfrankreich, um mit dem Kg. v. →Mallorca den Erwerb von →Montpellier und Lattes durch die frz. Krone auszuhandeln. Er verblieb dort offenbar vom Dez. 1348 bis zum Juni 1349, da die Pariser Kanzlei in dieser Zeit das Siegel des →Châtelet benutzte. Auf dieser Gesandtschaftsreise besuchte C. auch das Viennois und Avignon. C. verstarb vor dem 22. Nov. 1349; unter seinen Testamentsvollstreckern figuriert Robert→le Coq. – F. de C. ist nicht zu verwechseln mit zwei anderen Namensträgern, die in den 1350er Jahren u. a. Bürgermeister v. Amiens waren.

R. Cazelles

Lit.: R. CAZELLES, La société politique... sous Philippe de Valois, 1958, passim – R.-H. BAUTIER, La chancellerie de Philippe VI, BEC, 1965, 345–355 – R. CAZELLES, La société politique... sous Jean le Bon, 1982, passim.

Codagnello, Giovanni (Johannes Codagnellus), Chronist aus Piacenza, 1. Hälfte des 13. Jh. Unter seinem Namen überliefert die Hs. Paris, BN, lat. 4931 (Pergamentcodex aus der Mitte des 13. Jh.) eine Sammlung von Schriften hist. und hist.-legendären Charakters. Am sichersten datierbar und lokalisierbar sind unter ihnen die »Annales Placentini«, die auch die größte Bedeutung als hist. Quelle besitzen. Sie umfassen den Zeitraum von »1012« (in Wirklichkeit von 1031) bis 1235; die Annales wurden mehrmals ediert, zuletzt von O. HOLDER-EGGER in MGH SRG (in us. schol.) XXIII (1901). Ein Notar des gleichen Vor- und Zunamens (letzterer häufig latinisiert in Caputagni) ist in placentin. Urkunden zw. 1199 und 1230 als Rogatar oder als Zeuge nachweisbar. In der Forschung ist umstritten, für welche Schriften der gen. Sammlung C.s Verfasserschaft anzunehmen ist. Mit Sicherheit ihm zuzuweisen ist die fabulose »Chronik« (zum Großteil ediert von HOLDER-EGGER, NA, 16, 1891, 312–346, 475–505); an ihrem Anfang steht ein Abschnitt über die vier Weltalter, den Schluß bildet die legendäre Erzählung von dem Feldzug Karls d. Gr. nach Spanien; der Schwerpunkt des Interesses liegt auf der Gründung von Piacenza und Mailand, den Taten von Julius Cäsar und seiner unmittelbaren Nachfolger sowie auf den fiktiven Kämpfen der lombard. Städte miteinander und vereint gegen äußere Feinde. Im Gegensatz zu PERTZ, der C. außer der gen. fabulosen »Chronik« nur die »Gesta Federici in Lombardia« zuwies, wobei er sie irrtümlich für die authent. Version des Berichts über die Zerstörung Mailands hielt, schrieb ihm HOLDER-EGGER mit guten Gründen auch die Urheberschaft der »Annales Placentini« sowie die Kompilation der ganzen Sammlung zu, wobei C. in weitem Umfang die von ihm nicht selbst verfaßten Texte bearbeitet habe. Unter diesen Schriften seien neben den »Gesta Federici in Lombardia« zumindest die »Gesta Federici imperatoris in expeditione sacra« erwähnt, die beide von HOLDER-EGGER in MGH SRG (in us. schol.) XXVII (1892) herausgegeben wurden, sowie die »Gesta obsidionis Damiate«, ebenfalls von HOLDER-EGGER ediert in MGH SS XXXI (1902), 463–503. C. zeigt eine ausgesprochen antistauf. Einstellung, man kann jedoch bei ihm korrekterweise noch nicht von Guelfentum sprechen. Der Stil seines Geschichtswerks läßt den Einfluß seiner Tätigkeit als Notar erkennen.

G. Arnaldi

Lit.: DBI XXVI, s. v. [G. ARNALDI] – O. HOLDER-EGGER, NA 16, 1891, 253–346.

Codex (caudex), röm. Bezeichnung für 'Baumstamm', 'Holzklotz', metonym. ein aus Holzbrettern hergestellter Gegenstand, bes. die Schreibtafel (gr. δέλτος, δελτίον, lat. tabula, tabella, tabula cerata bzw. cerussata, vgl. ThLL; →Wachstafel). Vermutl. waren zur Zeit Homers Schrift wie Schreibtafel von den Phönikern zu den Griechen gelangt, von denen sie die Römer übernommen haben. Seit Cato Censor († 149 v. Ch.) sind tabula und C. syn.; Verwendung fanden sie für amtl. Bescheinigungen, Niederschriften von Gesetzen, das Hauptbuch, zu dessen Führung jeder Römer verpflichtet war, für Korrespondenzen und dergleichen. Früh vereinigte man mehrere Täfelchen zu Notizbüchern (lat. codex, codicillus, pugillaris, pugillare, pugillus). Spätestens im 1. Jh. v. Chr. ersetzte man die Holzbrettchen durch zum Beschreiben präparierte tier. Häute (membrana), dünnes geschmeidiges →Pergament. Das erste zuverlässige Zeugnis für die Veröffentlichung eines lit. Werkes in Codexform liefert Martial (Epigr. 14, 184–192), 84/85 n. Chr., der pugilares membranei den Römern auf Reisen empfiehlt. Bei Commodian (Carmen apologeticum II; 2. Hälfte 3. Jh.) liegt das früheste Zeugnis für die Bedeutung von C. als Buch im eigentlichen Sinn vor. Das frühe Christentum trug entscheidend zu dieser Bedeutungsentwicklung bei. Nach dem Vorbild der Juden, die die rabbin. Schriften auf Lederblätter oder Holztäfelchen notierten, dürften die Jünger Jesu die Worte des Herrn aufgezeichnet haben. Wichtig wurden das in Rom verfaßte Mk und die »Acta S. Petri«, für deren Niederschrift sehr wahrscheinl. die Codexform und das Pergament Verwendung fanden. Für den Ursprung der Pergamentcodex im W spricht, daß es zu den lat. Wörtern »codex« und »membrana« keine gr. Äquivalente (beachte gr. κῶδιξ) gibt. Die in Ägypten gefundenen Bibelmanuskripte der ersten drei Jahrhunderte sind fast ausschließl. in Form von Pergamentcodices überliefert, während die Werke der chr. Autoren in Rollenform auf Papyrus publiziert wurden. Die großen Gesetzessammlungen (C. Gregorianus, C. Hermogenianus, Ende 3. Jh.) benutzten die Codexform und trugen so zu ihrer Verbreitung wesentl. bei. Die Bestellung zahlreicher Bibelcodices unter Ks. Konstantin I. hat maßgebl. zur Wertschätzung des C. beigetragen und den Umschreibeprozeß der antiken Literatur aus den Rollen in die neue Buchform beschleunigt, wenn nicht gar hervorgerufen. Die verbreitetste Buchform des MA wurde so der C., wohingegen die →Rolle sehr bald zurücktrat. Zu Form und Aufbau des C. im MA vgl. →Buch, →Bucheinband, auch →Buchmalerei. Vgl. auch die einzelnen Artikel zu den verschiedenen Codices.

A. Bruckner

Lit.: HBW I, 1931 – HOOPS[2] V, 40–42 – F. G. KENYON, Books and Readers in Ancient Greece and Rome, 1951[2] – C. H. ROBERTS, The Christian Book and the Greek Papyri, JTS 50, 1949, 155ff. – D. DIRINGER, The Hand-produced Book, 1953 – The Codex, PBA 40, 1954, 169ff. – W. SCHUBART, Das Buch bei den Griechen und Römern, 1961[3], 99–130 – E. G. TURNER, Greek Papyri, 1968 – J. STIENNON, Paléographie du MA, 1973, 137ff. – B. BISCHOFF, Paläographie des röm. Altertums und des abendländ. MA, 1979 [Lit.]. – →Buch.

Codex Amiatinus. Die Hs. Florenz, Bibl. Laurenziana, Amiatino I, geschrieben vor 716 im northumbr. →Wearmouth-Jarrow, ist der einzige vollständig erhaltene Pandekt (→Bibelhss. A, B I a β) vor den Alkuin- und Theodulfbibeln, darüber hinaus von bes. Bedeutung 1. als Replik einer Hs. aus Vivarium (→Cassiodor III) und als Dokument der Beziehung zw. Wearmouth-Jarrow und Rom, 2. als hervorragendes Beispiel der engl. Unziale und Capitalis der Zeit, 3. als Textzeuge der Vulgata.

1. Der C.A. wurde unter Abt→Ceolfrid als Weihegabe für St. Peter hergestellt. Zwei Schwesterhss. erhielten die Kl. Wearmouth und Jarrow (Reste davon: CLA II 177). Auf dem Weg nach Rom zur Überreichung der Hs. starb Ceolfrid 916 in Langres, der Codex gelangte später in das Kl. auf dem Mte Amiata, die Widmung wurde geändert (Abb.: STEFFENS; LOWE, Taf. 8). Als Vorbild für die äußere Anlage und die getreu kopierte künstler. Ausstattung diente der »Codex grandior« aus Vivarium (vgl. Cassiodor, Institutiones 1, 5, 2 und 1, 14, 2–3 und Cassiodor in ps.

86,1), den →Benedict Biscop und Ceolfrid 678 auf einer ihrer Romreisen erworben hatten (Beda, Hist. abbatum 15; Hist. abbatum anon. 20). Ausdrückl. nach diesem Pandekten Cassiodors beschreibt →Beda das Bild des Bundeszeltes (De tabernaculo 2, 12 [CCChr 119A, 81f.], De templo 2 [CCChr 119A, 192], vgl. FISCHER, 65). Ein anderes Bild stellt Cassiodor in der Gestalt des Ezra dar, mit den beiden Pandekten der Bibliothek von Vivarium, vor dem Schrank mit der neunbändigen Bibel. (Dieses Bild wirkt, in einen eigenen Stil übersetzt, im Matthäus des →Book of Lindisfarne nach, vgl. A. GRABAR–C. NORDENFALK, Das frühe MA, 1957, 117, 121.)

2. Die Unziale und Capitalis des C.A. hatte man it. Schreibern zuweisen wollen. Ihre Entstehung in Wearmouth-Jarrow wurde durch LOWE erwiesen.

3. Der Text des C.A. ist – im Gegensatz zu dem Codex grandior – Vulgata. Er stammt aus verschiedenen Überlieferungszweigen und ist daher von verschiedener Qualität; er ist bes. gut für den Pentateuch und die anderen geschichtl. Bücher des AT, für die Evangelien und die Paulusbriefe (vgl. FISCHER, 74–78). G. Bernt

Lit.: CLA III 299 und CLA Supplem., 49 [Bibliogr. der Facs. und Lit.] – F. STEFFENS, Lat. Paläographie, 1929² [Nachdr. 1964], 21b [Widmungsseite] – E. A. LOWE, English Uncial, 1960, 8–13, Taf. 8f. – B. BISCHOFF, Gnomon 34, 1962, 607 – B. FISCHER, Bibl. Zs. N.F. 6, 1962, 57–79 – J. W. HALPORN, RevBén 90, 1980, 297–300 – [Beste Wiedergabe des Ezra-Bildes: R. L. S. BRUCE-MITFORD, Evangeliorum quattuor Codex Lindisfarnensis, II, 1960, Taf. 21].

Codex Ardmachanus → Book of Armagh

Codex Argenteus → Wulfila, →Gotische Sprache und Literatur

Codex Aureus, eine Bezeichnung für Prachthandschriften, in denen Gold nicht nur für den Buchschmuck, sondern auch für die Buchschrift verwendet ist; z.T. besitzen sie kostbare Einbände. Im folgenden werden vorgestellt: C. A. aus Canterbury, C. A. aus St. Emmeram, C. A. Epternacensis, C. A. von Speyer; auf eine weitere Hs., die als 'golden' bezeichnet wird, das Psalterium Aureum aus St. Gallen, sei am Schluß hingewiesen. Ein karol., in Gold geschriebenes Evangeliar, das gelegentl. C. A. genannt wird, ist bekannter unter dem Namen →Lorscher Cod. (Evangeliar).

1. C. A. aus Canterbury (Stockholm, Kungl. Bibl. Cod. A.35), ein um die Mitte des 8.Jh. in →Unziale geschriebenes Evangeliar (192 Bl., 395 × 315 mm) aus abwechselnd hellen und purpurfarbenen Pergamentblättern, auf die in weißer, goldener, silberner wie roter und schwarzer Tinte geschrieben ist.

Die Hs. hat ein bewegtes Schicksal hinter sich: Als Beutegut gelangte sie im 9. Jh. nach Dänemark, wurde wenig später von einem Gf. Ælfred für Canterbury zurückgekauft und schließlich 1690 von einem schwed. Antiquar in Madrid für die kgl. Bibliothek erworben. Der Buchschmuck besteht aus acht von Arkaden gerahmten Kanontafeln (5r–8v), zwei Evangelistenbildern (9v, 150v), sieben Seiten mit Initialen (1r, 2r, 10r, 11r, 97r, 149r, 151r). Die Bilder von Markus und Lukas sind verloren. Auf einer Reihe von Seiten ist das Schriftbild mit Hilfe von verschiedenfarbigen Tinten nach Art der Carmina Figurata (→Figurengedichte) des spätantiken Dichters →Porphyrius in geometr. und emblemat. Motive untergliedert. Der C. A. ist ein Werk der Schreibschule von Canterbury, die im 2. Viertel des 8.Jh. zu arbeiten beginnt. In ihrer Ornamentik ist sie weitgehend der hibernosächs. Tradition verpflichtet, in der Darst. von räuml. und plast. Werten geht sie neue Wege, die nicht ohne das Vorbild der Spätantike zu denken sind. K. Bierbrauer

Lit.: E. H. ZIMMERMANN, Vorkarol. Miniaturen, 1916, Taf. 286–289 – C. NORDENFALK, Insulare Buchmalerei, 1977, 96–107 – J. J. G. ALEXANDER, Insular manuscripts from the 6th to the 9th c., 1978, 56–59, Abb. 147, 152–159.

2. C. A. aus St. Emmeram in Regensburg (München, Bayer. Staatsbibl., Clm 14000), ein in goldener Unziale zweispaltig geschriebenes Evangeliar (Perg., 126 Bl., 420 × 330 mm), das lt. Gedicht am Ende der Hs. (126r) von den Brüdern Beringar und Liuthard 870 für Karl d. Kahlen geschrieben wurde. Auf Karl d. Kahlen ist auch an anderen Stellen der Hs. verwiesen (vgl. Beischriften auf 5v, 6r, 97v), er selbst ist als thronender Herrscher auf dem Widmungsbild (5v) dargestellt. Einer Quelle des 11. Jh. zufolge gelangte der Cod. als Geschenk Arnulfs v. Kärnten um 893 in den Besitz des Kl. St. Emmeram, wo ihn Abt →Ramwold (979–1001) restaurieren und sein Bild auf der ersten Seite (1r) hinzufügen ließ.

Zum Schmuck der Hs. gehören zehn Zierseiten (Incipit- und Initialseite), zwei zu Beginn (1v, 2r) und je zwei an den Evangelienanfängen (16v, 17r, 46v, 47r, 65v, 66r, 97v, 98r) und sieben Miniaturen: Kaiserbild, Anbetung des Lammes, Maiestas Domini (5v–6v), vier Evangelistenbilder (16r, 46r, 65r, 97r); hinzu kommen zwölf prächtig gerahmte Kanontafeln (7r–12v). Jede Schriftseite ist von einem Ornamentband eingefaßt, desgleichen die einzelnen Kolumnen.

Der C. A. von St. Emmeram ist das Hauptwerk der →Hofschule Karls d. Kahlen. Ihr auf äußerste Prachtentfaltung bedachter »eklektischer« Stil greift auf die Vorbilder der →Hofschule Karls d. Gr. und der Schulen von →Tours und →Reims zurück. K. Bierbrauer

Lit.: G. LEIDINGER, Der C. A. der Bayer. Staatsbibl. in München, 1921–25 [Faks.] – W. KOEHLER–F. MÜTHERICH, Die Hofschule Karls d. Kahlen (Die Karol. Miniaturen V, 1982).

3. C. A. Epternacensis (Nürnberg, Germ. Nationalmus., Hs. 156 142), ein mit Goldtinte in →Minuskel geschriebenes Evangeliar (Perg., 136 Bl., 445 × 310 mm), das – wie die zweite große Echternacher Hs. (→4. C. A.) – zu den am reichsten ausgestatteten Hss. gehört. Der um 1030 geschaffene Cod. sollte dem Gebrauch in der eigenen Kirche dienen; er war bis 1801 im Besitz des Kl., wurde dann an Hzg. Ernst II. v. Sachsen-Gotha-Altenburg verkauft und 1955 vom Germ. Nationalmus. erworben.

Die Anordnung von Bild- und Zierseiten ist auf den Buchbeginn und den Anfang der einzelnen Evangelientexte konzentriert und systemat. angelegt: Auf zwei rein ornamentale Zierseiten folgen vier Bilder mit Szenen aus dem Leben Christi, das Evangelistenporträt und das Titelbild, die Incipit- und die Initialseite. Auch die Prologe und die Kapitelverzeichnisse zu den Evangelien wie die einleitenden, allgemeinen Vorreden beginnen mit Incipit- und Initialseiten (z. T. auch Spalten). Eine Eingangsminiatur mit der Maiestas Domini, zehn von Arkaden gerahmte Kanontafeln und eine Vielzahl von Initialen vervollständigen die künstler. Ausstattung. Der Illustrationszyklus ist in fortlaufender Erzählweise auf streifenförmig unterteilte Bilder gemalt.

Das große Vorbild für die frühe otton. Echternacher Buchmalerei, wie sie der Nürnberger Epternacensis vertritt, ist ein Evangeliar des Gregor-Meisters (Paris, Bibl. Nat. lat. 8851), deutlich erkennbar an Maiestas Domini, Kanontafeln, Evangelistenbildern und einer Reihe von Zierseiten. Auch die Ornamentik ist aus der Trierer Buchmalerei abzuleiten. Weniger einfach ist die Frage nach den Vorlagen der Bilder zu beantworten, sicher richtig ist der Hinweis auf den →Cod. Egberti. Charakterist. Züge der Echternacher Buchmalerei kommen v. a. in zwei verschiedenen Typen von Zierseiten zum Ausdruck: Zum einen sind dies die im Zusammenspiel der Farben unnachahml. schönen Ornamentseiten, die nach Art von Textilmustern angelegt sind, zum anderen jene Seiten mit Bildtiteln, die im Nürnberger Cod. auf großen, von Engeln getragenen Schrifttafeln stehen. K. Bierbrauer

Lit.: P. METZ, Das Goldene Evangelienbuch v. Echternach im Germ. National-Mus. zu Nürnberg, 1956 – A. WEIS, Die Hauptvorlage der Reichenauer Buchmalereien, Jb. der Staatl. Kunstslg.en in Baden-Württ. 9, 1972, 37–64 – Kommentarbd. zur Faks.-Ausg. des C. A. Epternacensis, 1982, 11–143 [R. KAHSNITZ] – R. KAHSNITZ, Der Bildschmuck der Hs. (Das Goldene Evangelienbuch v. Echternach, 1982), 72ff.

4. C. A. v. Speyer

(Escorial, Cod. Vitr. 17), ein in Gold geschriebenes Evangeliar (Perg., 170 Bl., 500 × 350 mm), das Heinrich III. in dem mehrfach für ihn tätigen → Echternach in Auftrag gab. Unter Abt Humbert (1028–51) erlebte das Kl. eine Blütezeit; was das Echternacher Skriptorium in diesen Jahren zu leisten vermag, ist in höchster Vollendung im Speyrer C. A. zum Ausdruck gebracht.

Die Hs. war als Geschenk für den Dom in →Speyer bestimmt. Auf dem Widmungsbild (3r) sind Heinrich III. und Agnes bei der Übergabe des Buches an die Kirchenpatronin Maria dargestellt, im Hintergrund der Dom. In den Beischriften sind Heinrich und Agnes als rex und regina bezeichnet, die Hs. ist also nach 1043 (Heirat) und vor 1046 (Kaiserkrönung) angefertigt. Auf der gegenüberliegenden Seite (2v) knien zu Füßen Christi (Maiestas Domini) die Eltern Heinrichs, Konrad II. und Gisela, die in Speyer begraben sind. Auffallend ist der Stilunterschied zw. den Köpfen Christi und Marias einerseits und den Köpfen der übrigen Dargestellten andererseits. Sehr wahrscheinl. war es ein byz. Wanderkünstler, der die beiden Köpfe malte.

Die Pracht der Ausstattung übertrifft selbst den Nürnberger C. A. (→3. C. A.). Unverkennbar ist die Schulverwandtschaft mit dem jüngeren Werk. Hier wie dort besteht der Buchschmuck aus Zierseiten, Kanontafeln, Evangelistenbildern, Titelseiten, einem christolog. Bilderzyklus und Initialen. Im Gegensatz zum Nürnberger Cod. sind hier allerdings die Bilder über die Hs. verteilt, die streifenförmig aufgeteilten Szenen durch Einzeldarstellungen ersetzt.

Im Jahr 1522 befand sich die Hs. im Besitz von Margarete, Statthalterin der Niederlande, Tochter Ks. Maximilians. Über Philipp II. kam sie nach Spanien, seit 1566 ist sie im Escorial. K. Bierbrauer

Lit.: A. BOECKLER, Das Goldene Evangelienbuch Heinrichs III., 1933 – C. NORDENFALK, Kommentarbd. zur Faks.-Ausg. Cod. Caesareus Upsaliensis, 1971, 42 und passim.

5. C. A.: Psalterium Aureum

(St. Gallen, Stiftsbibl., Cod. 22), ein in goldener Halbunziale einspaltig geschriebener Psalter (Perg., 344 Seiten, 363 × 265 mm). Gold ist neben Farben auch für die 34 Initialen verwendet, von denen drei (zu Beginn von Ps. 1, 41, und 72, d. h. fünfteilige Gliederung) durch ihre Größe hervorgehoben sind. Berühmt ist die Hs. v. a. aber ihres Bildschmuckes wegen: Zwei ganzseitige Miniaturen mit den Bildern von David (mit Musikanten und Tänzern) und Hieronymus (beide auf Purpurgrund mit Architekturrahmen in Gold); 15, teils ganz-, teils halbseitige Darstellungen, die die Tituli der Psalmen (nur bis Ps. 72) illustrieren.

Das Psalterium Aureum ist eine der Prachthandschriften, die in der 2. Hälfte des 9. Jh. in →St. Gallen (Äbte Grimwald, 841–872, und Hartmut, 872–883) entstanden. K. Bierbrauer

Lit.: J. R. RAHN, Das Psalterium Aureum v. St. Gallen, 1878 – A. MERTON, Die Buchmalerei in St. Gallen vom 9. bis zum 11. Jh., 1923².

38ff., Taf. XXVIII–XXXII – F. MÜTHERICH–J. E. GAEHDE, Karol. Buchmalerei, 1976, 17, 124f., Taf. 46–47.

Codex Calixtinus, berühmte Sammelhs. aus der Mitte des 12. Jh. im Kapitelarchiv der Kathedrale von Santiago de Compostela. Sie enthält neben Predigten über den Apostel Jakobus d. Ä., Legenden, Wunderberichten und liturg. Offizien (mit musikgeschichtl. bedeutsamen Pilgerliedern und Hymnen) als fünften Teil den Liber Sancti Jacobi, den ältesten und aufschlußreichsten Reiseführer für Jakobuswallfahrer. Er wurde wahrscheinl. von dem frz. Mönch Aimeric Picaud aus dem Poitou zusammengestellt und später fälschlicherweise Papst Calixtus II. zugeschrieben (daher C. C. gen.). Die mit Miniaturen geschmückte Kompilation steht in enger Beziehung zur Entwicklung des Jakobuskultes und zur religiösen, polit. sowie kulturellen Bedeutung der internationalen Pilgerwege nach Compostela. Das geht auch daraus hervor, daß die Teile vier und fünf, obwohl in Frankreich verfaßt, den in Santiago entstandenen ersten drei Teilen angegliedert wurden. Ältere Thesen, die den C. als Propagandawerk der Cluniazenser darstellten, sind hinfällig. Aus der übrigen Textüberlieferung ist der vierte Teil, die sog. Chronik des Pseudo-Turpin oder »Historia Karoli Magni et Rotholandi«, literar. am wichtigsten, die Karl d. Gr. als Eroberer Spaniens und Roland als Helden von Roncesvalles preist. Dieses in zahlreichen Hss. verbreitete Werk wurde mehrfach ins Frz., Anglonorm. und Prov. übersetzt; es spielt eine wichtige Rolle in den ep. Bearbeitungen des Sagenkreises um Karl und Roland. D. Briesemeister

Ed.: Liber sancti Jacobi, ed. W. M. WHITEHILL, G. PRADO, J. CARRO GARCÍA, 1944 – Le guide du pèlerin de St. Jacques de Compostelle, ed. J. VIELLIARD, 1978 – *Lit.:* L. VÁZQUEZ DE PARGA, El Liber Sancti Jacobi y el Cód. Cal., RABM 53, 1947,35–45 – Las peregrinaciones a Santiago, 1948–49 – M. C. DÍAZ Y DÍAZ, Estudios sobre la antigua literatura relacionada con Santiago el Mayor, Compostellanum 11, 1966, 457–502.

Codex Carolinus, gilt als wichtige Quelle zum frühen päpstl.-karol. Bündnis und zum werdenden Kirchenstaat sowie zur dogmat. Auseinandersetzung um die Bilderfrage (→Bild, Bilderverehrung) und den →Adoptianismus am Ende des 8. Jh. Er beinhaltet eine Briefsammlung (→Brief, Briefsammlungen), die Karl d. Gr. 791 zusammenstellen ließ und die in dem heute allein bekannten Textzeugen (Cod. Vindob. 449, s. IX der Österr. Nationalbibl.) 99 fast ausschließlich päpstl. Schreiben an die Karolinger aus den Jahren 739 bis 791 umfaßt. Nach der Vorrede dieser Sammlung soll der C. C. »universas epistolas, quae... de summa sede apostolica... seu etiam de imperio... directae esse noscuntur« enthalten haben, also nicht allein die in der Wiener Hs. überlieferten Papstbriefe von Gregor III. bis Hadrian I., sondern offenbar auch entsprechende Schreiben der byz. Kaiser. Deswegen hat man seit der Ausgabe von P. LAMBECK (1673) immer wieder (vgl. zuletzt Repfont III, 143) von einem zweiteiligen Briefcorpus gesprochen, von dem nur der erste Teil mit den Papstbriefen erhalten sei. Anderer Auffassung ist J. HALLER, für den die »epistolae de imperio directae« keine Kaiserbriefe darstellen, sondern sich auf die in der Wiener Hs. enthaltenen Schreiben der Römer beziehen. Gestritten hat man auch über die Chronologie der Briefe, die in der Hs. sämtl. nicht datiert sind. Während noch J. GRETSER 1613 die Reihenfolge der Wiener Hs. wiedergab, haben aufgrund inhaltl. Anhaltspunkte C. CENNI 1760, PH. JAFFÉ 1867 und schließlich W. GUNDLACH 1892 eine jeweils verbesserte Anordnung vorgeschlagen; für die Briefe Pauls I. hat dies dann P. KEHR 1896 getan, für einige Briefe Hadrians I. D. BULLOUGH 1962. M. Kerner

Q.: MPL 98, 9–452 [= C. Cenni, Monumenta dominationis pontificiae I, Rom 1760] – Ph. Jaffé, Monumenta Carolina, 1–306 [= Bibl. rer. Germ. IV, 1867] – W. Gundlach, Epistolae Merow. et Karol. Aevi I, 469–657 [= MGH Epp. III, 1892] – J. Haller, Q. zur Gesch. der Entstehung des Kirchenstaates, 1907, 77–238 – Fr. Unterkircher, Cod. Epistolaris Carolinus (Österr. Nationalbibl., Cod. 449), 1962 [= Codd. sel. phot. impr. III] – H. Fuhrmann, Q. zur Entstehung des Kirchenstaates (Hist. Texte, MA 7, 1968), 85–92 – *Lit.*: Repfont III, 143 – W. Gundlach, Über den C. C., NA 17, 1892, 527–566 – P. Kehr, Über die Chronologie der Briefe Papst Pauls I. im C. C. (Nachr. v. d. Kgl. Gesellschaft d. Wiss. z. Göttingen, phil. hist. Kl., 1896), 103–157 – M. Lintzel, Der C. C. und die Motive für Pippins Italienpolitik, HZ 161, 1940, 33–41 [= Ausgew. Schriften II, 1961, 3–9] – D. Bullough, The Dating of the C. C. Nos. 95, 96, 97, Wilchar and the Beginnings of the Archbishopric of Sens, DA 18, 1962, 223–230.

Codex Cumanicus. Der heute in der Bibl. Marciana in Venedig aufbewahrte C. C. ist das Hauptzeugnis der Sprache der südruss.-nordpont. →Türken (russ. Polovci, historisierend →Kumanen, Komanen) des 14. Jh. Der C. C. (früher wurde fälschl. angenommen, daß er aus der Bibliothek Petrarcas stamme) besteht aus einem Sprachführer (kurze koman. Grammatik und lat.-pers.-koman. Glossar) für die it. (genues., vielleicht auch ven.) Kaufleute, die von den Häfen des nördl. →Schwarzmeerraumes aus im →Ilchanenreich und bis →China Handel trieben (s. a. →Genua, →Venedig), wohl um 1325 verfaßt und 1330 kopiert, und aus einem etwas später ebenfalls auf oder nahe der Krim entstandenen Handbuch christl. Missionare (Franziskaner?) mit aus dem Lat. ins Koman. übersetzten Hymnen, Gebeten, etc. und zahlreichen Glossen in ostmitteldt. Mundart. Zwei leere Seiten sind mit den Texten von 46 Rätseln gefüllt, dem einzigen Zeugnis originaler koman. Volksliteratur. A. Tietze

Ed. und Lit.: G. Kuun, C. c. Bibliothecae ad templum Divi Marci Venetiarum, 1880 – C. C., Cod. Marc. Lat. 549, Faks. ausg., 1936 – K. Grønbech, Koman. Wörterbuch, türk. Wortindex zum C. C., 1942 – A. v. Gabain, Koman. Lit., Philologie turcica fundamenta II, 1964, 243–251 – A. Tietze, The Koman riddles and Turkic folklore, 1966 – D. Monchi-Zadeh, Das Persische im C. C., 1969 – A. Bodrogligeti, The Persian Vocabulary of the Codex Cumanicus, 1971 – D. Drüll, Der C. C., Entstehung und Bedeutung, 1980 – V. Drimba, Sur la datation de la première partie du C. C., Oriens 27–28, 1981, 388–404 – L. Ligeti, Prolegomena to the C. C., ActaOrHung 35, 1981, 1–54.

Codex Egberti (Trier, Stadtbibl. Cod. 24), um 985–990 für Ebf. →Egbert v. Trier geschaffenes Evangelistar (Perg., 165 Bl., 270 × 210 mm). Vermutl. vom 12./13. Jh. an im Stift St. Paulin, ab 1810 in der Stadtbibliothek. Auf eine Zierseite mit Widmungsgedicht (1v) und ein gegenüberliegendes Dedikationsbild (2r), auf dem die beiden Reichenauer Mönche Kerald und Heribert ihr Werk Egbert überreichen, folgen vier Evangelistenbilder (3v–6r). Nach Incipit- und Initialzierseite (7v–8r) beginnt der Text, dessen gleichlautende Perikopenanfänge mit einfachen, »altertümlich« anmutenden Initialen ausgestattet sind. Ein wesentl. Merkmal der Illustrierung besteht darin, daß die 51 schlicht gerahmten, meist der zugehörigen Perikope vorangestellten, seltener auch an die betreffende Textstelle eingefügten, häufig halbseitigen Miniaturen in der chronolog. Abfolge der Ereignisse im Leben Jesu angeordnet sind. Diese Konzeption verursachte Konsequenzen in der Perikopenfolge sowie eine – im Gegensatz zu anderen otton. Hss. – ungleichmäßige Bildverteilung innerhalb des Evangelistars. Von den Miniaturen sind sieben – zugleich die schönsten – vom Meister des Registrum Gregorii gemalt. Nach Aussage des Widmungsgedichtes ist der C. E. ein Werk der →Reichenau; ein Teil der Forschung hat ihn allerdings nach →Trier lokalisiert. Ohne Zweifel läßt sich über die Ornamentik eine feste Verbindung zur Frühphase der otton. Reichenauer Buchmalerei herstellen. Gemeint sind jene in Gold auf Purpur gezeichneten Ranken aus Phantasietieren, Masken und Blattmotiven auf den beiden Widmungsseiten wie die gemusterten Hintergründe der Evangelistenbilder, die seit den sechziger Jahren des 10. Jh. in Reichenauer Hss. auftauchen. Von größter Bedeutung für die nachfolgende Entwicklung der gesamten otton. Buchmalerei ist der Bilderzyklus des C. E., der offenbar v. a. aus spätantiken westl. und gleichzeitigen wie älteren östl. Quellen schöpft. K. Bierbrauer

Ed. und Lit.: H. Schiel, C. E. der Stadtbibl. Trier, Faks.-Ausg. mit Textbd., 1960 – F. Mütherich (Die Zeit der Ottonen und Salier, 1973), 118ff. – A. Weis, Die spätantike Lektionar-Illustration im Skriptorium der Reichenau (Die Abtei Reichenau, hg. H. Maurer, 1974), 311–62.

Codex Euricianus → Eurich

Codex Falkensteinensis. Die als »C. F.« bekannte Hs. des Bayer. Hauptstaatsarchivs in München nimmt unter den ma. →Traditionsbüchern eine Sonderstellung ein. Sie hat das einzige uns überlieferte Traditionsbuch einer weltl. Herrschaft zum Inhalt und bildet zugleich die wichtigste Quelle für die Herrschafts- und Besitzgeschichte der Mitte des 13. Jh. ausgestorbenen Gf.en v. Neuburg- →Falkenstein (abgegangene Burgen bei Rosenheim, Oberbayern). Die mit zahlreichen Miniaturen, Randillustrationen und Initialen ausgestattete Hs. entstand nach neuesten Forschungen nicht im falkenstein. Hauskl. Weyarn, wo sie sich seit dem 16. Jh. nachweisen läßt, sondern in dem gleichfalls von den Falkensteinern bevogteten Stift Herrenchiemsee (→Chiemsee). Als Zeitpunkt der Anlage wurde mit größter Wahrscheinlichkeit das Jahr 1166 ermittelt, aus dem die Nachricht über die Vormundschaftsbestellung, Hantgemalsnotiz sowie das Verzeichnis der Passivlehen stammen, ferner die Abschriften älterer Traditionen ab 1145. Im Anschluß daran wurde der Codex von stets wechselnden Händen bis 1196 weitergeführt. Die wohl von Gf. Siboto IV. für den Fall seines Ablebens für die Vormünder seiner Kinder veranlaßte Aufzeichnung seiner Besitzungen und Rechte war rund 30 Jahre in Gebrauch und wurde nach 1196 von dem heute verschollenen dt. abgefaßten Traditionsbuch abgelöst. Als ältestes →Urbar und Lehensverzeichnis einer hochma. Adelsherrschaft ist der C. F. wegen der Vielfalt seiner Rechtsaufzeichnungen eine der bedeutendsten Quellen für die ma. Wirtschafts- und Rechtsgeschichte. P. Fried

Ed. und Lit.: Codex Falkensteinensis. Die Rechtsaufzeichnungen der Gf.en v. Falkenstein, bearb. E. Noichl (Q. und Erörterungen zur bayer. [und dt.] Gesch. NF, XXIX), 1978 [vollst. Verzeichnis der Hss., Drucke und Lit.: 177ff.].

Codex Florentinus → Corpus iuris civilis

Codex Gigas. Die größte Hs. der Welt (1,12 × 0,92 m) wird nach der Bezeichnung an ihrem heutigen Aufbewahrungsort in Stockholm, Kungl. Bibl., *gigas librorum*, oder auf Grund einer Abbildung des Teufels auf folio 290 »Djävulsbibeln« genannt. Diese ma. Enzyklopädie aus 314 (heute 311) Blättern entstand am Ende des 12. bis Beginn des 13. Jh. im Benediktinerkl. von Podlažice in Böhmen, östl. von Prag. Bereits im 13. Jh. wurde der C. G. in das Benediktinerkl. von Břevnov gebracht; dort schrieb eine unbekannte Hand das glagolit. Alphabet hinein. Ab 1594 befand sich die Hs. in Prag, bis sie 1648 infolge des Dreißigjährigen Krieges nach Schweden verschleppt wurde. Der C. G. enthält die Bücher des AT und des NT (Nr. 51) in einer lat. Übersetzung, die in der Apg und der Offb eine Textform bietet, die dem altlat. Bibeltext des Bf.s →Lucifer v. Cagliari (Mitte des 4. Jh.) nahe steht. Neben der Jüd. Geschichte des Josephus und der »Chronica Boemorum« des →Cosmas v. Prag († 1125) seien noch die 95 Namen zählende Liste der verstorbenen Mönche aus den Jahren 1203-1229 sowie der über 1500 Namen umfassende Nekrolog oder das Martyrologium (Abkürzung Nekr Podl im Staročeský slovník) erwähnt. Dieses für die tschech. Philologie wichtige Denkmal untersuchte bereits 1792 J. Dobrovský in Stockholm. Ch. Hannick

Lit.: SłowStarSłow IV, 174f. [M. Wojciechowska] - B. Dudík, Forsch. in Schweden für Mährens Gesch., 1852, 207-235 - M. Plaček, Příspěvky k otázce Nekrologu Podlažického, Listy Filologické 34, 1907, 101-115 - M. Wojciechowska, O największym kodeksie czeskim. Studie o rukopisech, 1964, 1-45.

Codex Hanivaldanus, um 1584/85 von einem ung. Renegaten und ehem. Hofdolmetscher, Murad, angefertigte lat. Kompilation osman. Chroniken vom Beginn der Osmanendynastie bis 1519. Für den ksl. Gesandtschaftssekretär Philipp Hanivald angelegt, gelangte er an Joh. Leunclavius (Lewenklau) und bildete eine der Quellen von dessen Werken über die Gesch. der Osmanen, seither verschollen. Bis kurz nach 1453 ist die osman. Chronik des →Nešri übersetzt, die Quellen für die anschließende Zeit sind noch nicht identifiziert. C. P. Haase

Übers.: R. Kreutel, Der fromme Sultan Bayezid, 1978 (= Osman. Geschichtsschreiber, 9) - *Lit.*: V. L. Ménage, Neshri's Hist. of the Ottomans, 1964, 31-40 - F. Babinger, Der Pfortendolmetsch Murad (Literaturdenkmäler aus Ungarns Türkenzeit, 1927), 33-54.

Codex v. Huesca (Código de Huesca), einer der Namen, unter dem heute die erste offizielle compilatio der →Fueros v. →Aragón bekannt ist, die auf den Cortes v. →Huesca erstellt und im Januar 1247 verkündet wurde, mit der Auflage für die Rechtswahrer und die Untertanen, daß es in allen Verfahren eingehalten werde und daß man in den Fällen, in denen es sich als ungenügend erweisen sollte, auf den gesunden Menschenverstand und auf den Gerechtigkeitssinn zurückgreife. Die wichtigste Rolle bei der Erarbeitung fiel Kg. →Jakob I. zu und, möglicherweise, dem Bischof von Huesca, →Vidal de Canellas, einem ehemaligen Kollegiaten v. Bologna, der mit dem Aufspüren und Sammeln der verstreuten und sogar von den Experten oder *foristas*, die aus dem Monopol ihrer Kenntnisse Nutzen zogen, geheimgehaltenen Texte beauftragt worden sein kann. In den Cortes wurden die alten zusammengetragenen Texte gelesen, emendiert und adaptiert, wobei man sich bes. um eine Erweiterung der Macht des Königs bei gleichzeitiger Bewahrung akzeptabler Rechte für die Untertanen bemühte. Die Sammlung wurde später erweitert und wuchs bis auf zwölf Bücher an, während die alte Fassung acht Bücher umfaßte. J. Lalinde Abadía

Ed.: Textos para el estudio del derecho aragonés en la Edad Media, ed. J. M. Ramos y Loscertales, AHDE I, 1924 - Los Fueros de Aragón, ed. G. Tilander (Leges Hispanicae Medii Aevi), 1937 - Dos textos interesantes para la hist. de la Compilación de H., ed. J. L. Lacruz Berdejo, AHDE 18, 1947, 531-541 - Fori Aragonum, ed. A. Pérez Martín, 1979 - *Lit.*: E. Wohlhaupter, Die Entfaltung des aragon. Landrechts bis zum C. de H. (Studi ... C. Calisse I, 1940), 377-410 - Coing, Hdb. I, 681-683 - J. Lalinde, Los Fueros de Aragón, 1979.

Codex Iustinianus → Corpus iuris civilis

Codex Marcianus, alchem. griech. Papyrus mit ersten Abb. chem. Geräte und Zeichen. Der C.M. der Biblioteca Marciana (MS 299, Venedig) aus dem 10./11. Jh. basiert wie die verwandten Codices Parisienses (MS 2325, 13. Jh.; MS 2327, 15. Jh.) auf einer im 7./8. Jh. in Byzanz kompilierten Sammlung z. T. älterer alexandrinisch-alchem. Schriften und wurde 1463 mit anderen byz. Mss. von Kard. →Bessarion Venedig durch Schenkung überlassen. Im Gegensatz zu den ersten Zeugnissen der →Alchemie, den griech. (in Ägypten aufgefundenen) Stockholmer und Leidener Papyri (3. Jh.), welche Rezepte zur Behandlung von Metallen, Edelsteinen und Perlen sowie zur Färbetechnik mit wenigen Autorennamen nur aneinanderreihen, bietet der C.M. die früheste und schon umfangreiche Sammlung alchem. lit. gestalteter Texte, die mit (Pseudo-)Autoren gekennzeichnet sind. Die für die spätere Alchemie charakterist. allegor., myst. und z. T. visionäre Einkleidung der unterschiedl. Traktate findet sich hier zuerst, ebenso wie die zweifellos in der Tradition sehr viel ältere Zuordnung der Metalle zu Planeten und Göttern. Die im C.M. erstmalig dokumentierten Zeichen für chem. Substanzen und Abbildungen chem. Geräte, die u. a. zu der in der Spätantike bekannten →Destillation sowie auch zur Sublimation (diese u. a. ermöglicht durch die Kerotakis, eine heizbare Palette) dienten, machen den C.M. zu einem bedeutenden Zeugnis der Chemie- und Technologiegeschichte. G. Jüttner

Ed. und frz. Übers. (ungenügend und nicht vorlagengetreu): M. Berthelot, Coll. I-III, 1887-88 [Neudr. 1963 u. 1966] (Bd. II); in Bd. I (Introduction) die Wiedergabe der chem. Geräte und Zeichen. Teilweise auch in: M. Berthelot, Introduction à l'étude de la chimie des anciens et du MA, 1889 [dt. 1909; Neudr. 1968] - vgl. hierzu: C. O. Zuretti, Alchimistica Signa. Cat. des manuscrits alchimiques grecs, VIII., hg. J. Bidez-F. Cumont, 1924ff. (In Bd. II, 1927, 1-22, Beschreibung und Titel des C.M., ebenfalls durch C. O. Zuretti) - *Lit.*: H. Kopp, Beitr. zur Gesch. der Chemie, 1869-75 - M. Berthelot, Les origines de l'alchimie, 1885 [Repr. 1966] - J. Hammer Jensen, Die älteste Alchemie, 1921 - F. Sh. Taylor, A Survey of Greek Alchemy, JHS 50, 1930, 109-139 - Ders., The Origins of Greek Alchemy, Ambix I, 1937, 30-47 - J. Ruska, Neue Beitr. zur Gesch. der Chemie, QStGNM 8, H. 3/4, 1942, 1-130 (bes. 31-60).

Codex Millenarius, Evangeliar, um 800 (im Benediktinerstift Kremsmünster, Oberösterreich). Der Name »Millenarius« wurde vom päpstl. Legaten Garampi anläßl. eines Besuches zur 1000-Jahr-Feier des Stifts (1777) geprägt. Zum Unterschied von einem zweiten, ebenfalls karol. Evangeliar der 2. Hälfte des 9. Jh. (Minor) auch als C. M. Maior bezeichnet. Der Maior enthält vier ganzseitige Doppelbilder: jeweils Evangelist und Symbol, vier Initialen. Die Textschrift ist eine vorzügl. →Unziale in Abhängigkeit von der Mondseer Schreibschule (Kl. →Mondsee) oder aus dieser stammend. In den Vorreden erscheint die →Capitalis rustica, auf den Miniaturen die →Minuskel. Von den Canonesbögen sind nur geringe Reste (als Fälze) erhalten, Kopien auf Papier stammen vom Ende des 16. Jh. Bei dieser Restaurierung wurden auch die getriebenen Silbereinbände durch den aus Lübeck stammenden Goldschmied Heinrich Vorrath, damals in Wels ansässig, für beide Codices gefertigt. Die Vorlage von drei Evangelistenbildern war die gleiche wie für die Miniaturen des →Cutbercht-Codex (Wien, Österr. Nat. Bibl., Cvp. 1224). Der Text zeigt eine Sonderform, die diese beiden Hss. mit einem aus Mondsee stammenden fragmentar. Evangeliar in New York (Pierpont Morgan Libr. M 564) und Nürnberg (Germ. Nat. Mus. und Stadtbibl.) gemeinsam haben. Die Fragen der Datierung und Lokalisierung sind nicht mit voller Sicherheit zu beantworten. K. Holter

Lit.: W. Neumüller-K. Holter, Der C. M., 1959 - Vollfaks. (Codices Selecti 45), 1974 [mit Komm.: W. Neumüller-K. Holter] - Österr. Kunst-Topographie, 43/II, 1977, Abb. 198, 199, 475, 476 [K. Holter] - K. Holter, Kunstschätze der Gründungszeit (Mitt. des oberösterr. Landesarchivs, Ergbd. 2, 1978), 111-143 - B. Bischoff, Die südostdt. Schreibschulen und Bibl. in der Karolingerzeit II, 1980, 28f., 30f. [Lit.].

Codex Purpureus Rossanensis, 6. Jh., Rossano, Museo del Arcivescovado, stammt vielleicht aus dem griech. Basilianerkloster S. Maria del Patire bei →Rossano in Kalabrien. Er enthält das Matthäus- und Markusevangelium zweispaltig zu je 20 Zeilen in griech. Unziale mit Silber auf Purpurpergament geschrieben. Die für die Vorstellung der frühchristl. Bibel- bzw. Evangeliarillustration wichtige und qualitätvolle künstler. Ausstattung besteht aus den folgenden, z. T. mehrszenig angelegten, stets ungerahmten Miniaturen auf Purpurgrund, unter denen meist jeweils 4 Propheten (insgesamt 40 auf zehn mit Evangelienszenen geschmückten Seiten) auf das darüber dargestellte Geschehen mit ihrer Gestik wie auch mit einem Spruch hinweisen: Fol. 1r Auferweckung des Lazarus, 1v Einzug in Jerusalem, 2r Tempelreinigung, 2v Kluge und Törichte Jungfrauen, 3r Letztes Abendmahl und Fußwaschung, 3v, 4r Austeilung von Brot und Wein an die Apostel, 4v Jesus in Gethsemane, 5r Titelbild mit den 4 Evangelisten innerhalb einer Kreiskomposition, 6r Schmuckseite mit dem halben Brief des Eusebius an Carpianus, 7r Blindenheilung, 7v Gleichnis vom Barmherzigen Samariter, 8r Jesus vor Pilatus, Reue und Tod des Judas, 8v Jesus und Barrabas vor Pilatus und dem Volk, 121r Schreibender Evangelist Markus, dem eine nimbierte weibl. Gestalt diktiert.

Stilistisch sind die Miniaturen, die auf eigenen Blättern, doch nicht mehr in der ursprüngl. Anordnung gebunden sind, mit der Sinope-Purpurhs. in Paris (Bibl. Nat., Ms. Suppl. gr. 1286) und der Genesis in Wien (Österr. Nationalbibl., Cod. theol. gr. 31) verwandt, wenn sie auch manieristischere Züge tragen. Über die Lokalisierung besteht keine einheitl. Meinung. Im allgemeinen wird die Hs. einer Schule in Kleinasien oder auch Konstantinopel zugewiesen. G. Plotzek-Wederhake

Lit.: O. v. GEBHARDT–A. HARNACK, Evangeliorum Codex Graecus Purpureus Rossanensis, 1880 – A. HASELOFF, C. p. R., 1898 – A. MUÑOZ, Il Codice Purpureo di Rossano e il frammento Sinopense, 1907 – G. GUERRIERI, Il Codice Purpureo di Rossano, 1950 – A. GRABAR, La Peinture byzantine, 1953, 160ff. – W. F. VOLBACH, Frühchristl. Kunst, 1958, 89f. [mit weiterer Lit.] – D. T. RICE, Kunst aus Byzanz, 1959, 52f. – W. F. VOLBACH, J. LAFONTAINE-DOSOGNE, Byzanz und der christl. Osten (PKG, III, 1968), 183f. – C. SANTORO, Il Codice Purpureo di Rossano, 1974 – K. WEITZMANN, Spätantike und frühchristl. Buchmalerei, 1977, 89–97.

Codex Roffensis (Textus Roffensis), ms. Rochester Cathedral A.3.5, lat. Sammelhs. aus →Rochester, zum größten Teil von einem Schreiber, der in Rochester in der Zeit zw. dem Episkopat Bf. Ernulfs (1115–24) und der Mitte des 12. Jh. tätig war, abgeschrieben. Der C. R. besteht aus zwei Teilen: Teil II stellt ein wichtiges und im allgemeinen zuverlässiges Kartular (→Kopialbuch) von Rochester mit Urkundenkopien der Zeit vor und nach 1066 dar; Teil I ist die berühmteste Sammlung des →Angelsächsischen Rechtes, enthält aber auch Texte aus der Zeit nach 1066, so die Carta Coronationis (→Krönungsurkunde) Kg. Heinrichs I. Die Abfolge der Blätter des Teiles 1 scheint nicht mehr die ursprgl. zu sein; die Sammlung begann wahrscheinl. mit fol. 7–9 (»Instituta Cnuti« usw.), dann folgten fol. 1–4, 10, 5–6, 11–14. Das Verhältnis zu den anderen bedeutenden Rechtssammlungen der Zeit, dem Quadripartitus und CCCC 383, ist komplex: Es gibt Hinweise auf eine gemeinsame, vielleicht aus Canterbury stammende Quelle aus der Zeit um 1000, die jedoch nur einigen Texten zugrunde liegt. Die Hs. verdankt ihren Ruhm v. a. der Tatsache, daß sie als einzige die Gesetze Æthelberhts und anderer Kg.e von →Kent aus dem 7. Jh. überliefert; die wesentlichsten Überlieferungslücken betreffen Gesetze der Kg.e Edgar, Æthelred (V–X) und Knut. Lambarde entdeckte die Hs. erst nach dem Erscheinen seiner »Archaionomia« (1568); daher blieb der Codex bis 1720 unpubliziert. C. P. Wormald

Lit.: LIEBERMANN, Gesetze I, XXVI–XXVIII – N. R. KER, Catalogue of Manuscripts Containing Anglo-Saxon, 1957, 373 – P. H. SAWYER, Early English Mss. in Facs. VII, XI, 1957, 1962 – COING, Hdb. I, 784.

Codex Salernitanus, im späteren 12. Jh. niedergeschriebene Sammelhandschrift salernitan., aber auch vorsalernitan. med. Texte, die 1837 in der Bibliothek des Maria-Magdalenen-Gymnasiums zu Breslau entdeckt, nachmals in der dortigen Stadtbibliothek unter der Sign. Cod. 1302 verwahrt wurde und heute als Kriegsverlust gilt. Der C. bestand aus zwei umfangreicheren Abhandlungen sowie aus 40 kleinen Stücken (nach der Zählung von SUDHOFF, 1920, 103–118), einschließl. der dazwischen eingestreuten Rezepte, kurzen Aufzeichnungen über Etymologisches und Terminologisches. Eine um 1300 aufgezeichnete Therapeutik a capite ad calcem war dem Ganzen angefügt. Die Reihenfolge der Abschnitte läßt keine systemat. Ordnung erkennen, doch umfaßt der C. alle Bereiche der Salernitaner Schule mit Ausnahme der Chirurgie und Gynäkologie. Die meisten Traktate sind anonym und viele ohne Titel, aber die hervorragenden Namen Hochsalernos sind weitgehend erwähnt oder durch Schriften vertreten. Auf Grund der Veröffentlichung bedeutender Traktate in der »Collectio Salernitana«, 1852–59, von S. DE RENZI und weiteren Textpublikationen in den Arbeiten der SUDHOFF-Schule liegt der Wortlaut des C. nahezu vollständig – wenn auch nicht fehlerfrei – vor.

M. E. Graf v. Matuschka

Lit.: A. W. E. TH. HENSCHEL, Die salernitan. Hs., Janus 1, 1846, 40–84, 300–368 – F. HARTMANN, Die Lit. von Früh- und Hochsalerno und der Inhalt des Breslauer Codex Salernitanus ... [Diss. Leipzig 1919], 43–52 – K. SUDHOFF, Die Salernitaner Hs. in Breslau (Ein Corpus medicinae Salerni), Arch. Gesch. Med. 12, 1920, 101–148 – W. ARTELT, Die Salernoforschung im 17., 18. und 19. Jh., SudArch 40, 1956, 211–230, bes. 219–223 – G. BAADER, Die Schule v. Salerno, MedJourn 13, 1978, 124–145, bes. 124–125.

Codex Theodosianus (CTh), am 15. Febr. 438 durch den oström. Ks. →Theodosios II. publiziert, stellt eine nach dem Vorbild des Codex Gregorianus gearbeitete Sammlung der generellen Constitutiones dar, die seit der Erhebung Konstantins I. zum Augustus (312) ergangen waren. Schon 429 hatte Theodosios II. eine Kommission eingesetzt, die alle seit 312 erlassenen Constitutiones sammeln, sie auf ihren normativen Teil reduzieren und nach dem System des Codex Gregorianus und des Codex Hermogenianus anordnen sollte. Aus dem so geschaffenen Codex und seinen Vorgängern sollte ein weiterer Cod. erstellt werden, der nur noch das aktuelle Gesetzesmaterial enthalten würde, das durch Auszüge aus den Juristenschriften zu ergänzen sei, die am Beginn jeden Titels einzuordnen wären. Diesem anspruchsvollen Auftrag – überliefert durch CTh 1,1,5 – konnte die Kommission jedoch nicht entsprechen. Als die Arbeiten zu keinem Erfolg führten, setzte der Ks. 435 eine neue Kommission ein, die bloß den ersten Teil des ursprgl. Planes erfüllen sollte, der allerdings dahingehend modifiziert worden war, daß die Kompilatoren zu aktualisierenden Textänderungen ermächtigt wurden. Die Arbeiten der zweiten Kommission waren 438 beendet; Theodosios setzte den Codex zum 1. Jan. in Kraft. Die Kommission hat den an sie ergangenen Auftrag nicht optimal erfüllt, jedoch war in Anbetracht des Zustandes der Archive und der Dringlichkeit des Projekts ein besseres Ergebnis schwerlich zu erzielen. Die Wissenschaft kritisiert am CTh v. a. die Außerachtlassung einer Reihe an sich noch geltender Constitutiones, während andererseits derogierte oder inhaltsleere Constitutiones akribisch Aufnahme fanden. Weiterhin sind Inkonsequenzen, Nachlässigkeiten und Versehen bei Aufnahme der Adressen, der Datierung und der Promulgationsorte reichlich festzustellen. Zu den Verdiensten des CTh zählt jedoch sein Beitrag zur Stabilisierung des Rechts, indem er dessen wichtigste Schicht, das →Kaiserrecht, leichter zugänglich machte, und die Förderung der Rechtssicherheit, indem der CTh alle nicht aufgenommenen Constitutiones klar derogierte. Die Bedeutung des CTh für die spätantike Rechtslehre und -praxis wird unterstrichen durch die Existenz mehrerer Kommentare, welche als Randkommentar zu einer Hs. des Codex und als Interpretatio im westgot. Breviar fragmentar. erhalten sind. Die Überlieferung des CTh ist leider schlecht. Lediglich die Bücher 6–16 sind in unmittelbaren Textzeugen größeren Umfangs erhalten, die Rekonstruktion der Bücher 1–5 erfolgt vornehmlich nach der westgot. Epitome des CTh. P. E. Pieler

Lit.: Nachweise bei: P. E. PIELER, Byz. Rechtslit. (HUNGER, Profane Lit. II), 388–390 – *Zu den Komm. zum CTh:* F. WIEACKER, Lat. Komm. zum CTh (Symbolae Friburgenses in honorem O. LENEL, 1935), 259–356 – F. SCHULZ, Gesch. der röm. Rechtswiss., 1961, 413f.

Codex Udalrici, eine 1125 von einem nicht näher identifizierbaren Bamberger Geistlichen Udalrich zusammengestellte, jetzt nur in einer um 1134 überarbeiteten Form erhaltene Sammlung von Gedichten, Akten, Urkunden und Briefen (→Brief, Abschnitt A. IV 2). Der C. U. ist eine wichtige Quelle für die Reichs- und Kirchengesch. des späten 11. und frühen 12. Jh., weil viele Briefe nur in ihm überliefert sind. Während man früher der Meinung war, der C. U. gehe auf Materialien der Reichskanzlei zurück, wird heute angenommen, Udalrich habe nur aus Bamberger und aus allgemein zugänglichen Quellen geschöpft, v. a. aus kleineren Briefsammlungen; freilich dürfte auch ein Formularbehelf der Reichskanzlei darunter gewesen sein. Udalrichs Vorlagen, seine Auswahl- und Ordnungsprinzipien bedürfen noch weiterer Erforschung. Ob im C.U. sog. Stilübungen enthalten sind, bedarf ebenfalls der Klärung; fest steht, daß Udalrich seine Stücke stilist. überarbeitet hat. Die Sammlung war wohl für rhetor. Unterricht, insbesondere für die Ausbildung von →Notaren gedacht, und wurde nachweislich von Bamberger Urkundenschreibern und wohl auch in der Reichskanzlei (→Kanzlei) benutzt. T. Reuter

Ed.: J. G. ECCARD, Corpus historicum medii aevi 2, 1723, 1–374 – JAFFÉ, BRG 5, 1869 [Neudr. 1964], 1–465 [mit besserem Text, aber ohne Beibehaltung der Reihenfolge Udalrichs] – *Lit.:* WATTENBACH-SCHMALE II, 439–442 [Lit. bis 1940], III, *137–138 – Repfont 3, 1970, 500 – I. S. ROBINSON, The 'colores rhetorici' in the Investiture Contest, Traditio 32, 1976, 209–238 – P. JOHANEK, Zur Gesch. der Reichskanzlei unter Friedrich Barbarossa, MIÖG 86, 1978, 27–45 – U. ZIEGLER, Bf. Otto I. v. Bamberg (1102–39) als Begründer einer neuen Verwaltungsorganisation des Hochstifts, 117. Ber. des hist. Vereins Bamberg, 1981, 49–55.

Codex v. Valencia (Código de Valencia, Fori Valentiae, Furs de Valencia), von →Jakob I., Kg. v. Aragón, nach der 1238 erfolgten Eroberung der Stadt Valencia 1240 verkündetes Gewohnheitsrecht (consuetudines oder *costums*). Der C. stellte urspgl. eine von Geistlichen, Adligen und angesehenen Bürgern der Stadt – an erster Stelle ist dabei Bf. →Vidal de Canellas, der auch den →Codex v. Huesca verfaßte, zu nennen – für Valencia zusammengestellte Sammlung von Gesetzestexten dar. Die urspgl. Fassung wurde 1251, 1261 und 1271 erweitert und Orten in der Umgebung Valencias und weiter im Süden des Kgr.es verliehen (Denia, 1245; Sagunto, 1248; Peñiscola, 1251; Cullera, 1256), bis er schließlich als allgemein verbindl. Recht des Kgr.es →Valencia galt. Ausgenommen waren nur die nördl. Gebiete, die bis weit ins 14. Jh. hinein v. a. aragon. Rechtsnormen oder solche aus der Estremadura übernahmen. Dieses Nebeneinander zweier Rechtskreise spiegelt auch die polit. Situation in Valencia wider: den Dualismus zw. dem aragon. Adel einerseits, der lieber eine rechtl. Angliederung Valencias an Aragón zur Wahrung seiner feudalen Interessen gesehen hätte, und Jakob I. andererseits, der entschlossen war, das neue Reich zum möglichst geschlossenen Rechtsgebiet zu machen, indem er die *Costums* seiner Hauptstadt zum allgemeingültigen Landrecht *(Furs territoriales)* erklärte. Der nach dem Vorbild des Codex Iustiniani aufgebaute C. spricht viele Bereiche des Zivil-, Straf- und Verfahrensrechtes an und schreibt weitgehend »Lo →Codi«, daneben das →Decretum Gratiani, die →Dekretalen und die →»Libri Feudorum« aus, übernimmt Elemente des Stadtrechts v. →Lérida, sehr interessante Passagen des Seerechts und privatrechtl. Verfügungen röm.-westgot. Ursprungs, die in mozarab. Kreisen in Valencia tradiert worden waren. Auf Latein verfaßt, wurde der C. seit 1261 in die Vernakularsprache übersetzt. Er ist in Drucken valencian. Rechtssammlungen der frühen Neuzeit (Gabriel Luis de Arinyo, Luis Alanya, J. B. Pastor) enthalten.

M.-A. Ladero Quesada

Ed.: G. de Riucech-G. L. de Arinyo, Furs e Ordinations ... de Valencia, 1482 – L. Alanya, Aureum Opus..., 1515 – J. B. Pastor, Fori Regni Valentiae, 1547–48 – M. DUALDE SERRANO, Fori Antiqui Valentiae, 1967 – G. COLOM–A. GARCIA, Furs de Valencia, 1970–74 – *Lit.:* Nueva Enc. Jurídica II, 324f. [J. BENEYTO PÉRES] – COING, Hdb. I, 691 f. u. ö. – M. PESET REIG, Observaciones sobre la génesis de los fueros de Valencia y sobre sus ediciones impresas, Ligarzas 3, 1971, 47–84.

MITARBEITER DES ZWEITEN BANDES

Das Verzeichnis beruht auf Angaben der Mitarbeiter der Lieferungen 1–10, die von 1981 bis 1983 erschienen sind.

Aegidius, Jens P., Odense
Allmand, Christopher T., Liverpool
Alonso-Núñez, José M., Erlangen-Nürnberg
Alvar, Carlos, Barcelona
Amargier, Paul, Marseille
Andernacht, Dietrich, Frankfurt a. M.
Angerer, Joachim F., OPraem, Stift Geras
Anton, Hans H., Trier
Arenhövel, Willmuth, Berlin
Armbruster, Adolf, Ratingen
Arnaldi, Girolamo, Roma
Arnold, Klaus, Hamburg
Arrhenius, Birgit, Stockholm
Arribas Palau, Mariano, Madrid
Aßfalg, Julius, München
Atsma, Hartmut, Paris
Auer, Johann, Regensburg
Auer, Leopold, Wien
Augustyn, Beatrijs, Gent
Autrand, Françoise, Paris
Avonds, Piet, Antwerpen

Backhouse, Janet, London
Backmund, Norbert, OPraem, Abtei Windberg
Bagge, Sverre, Bergen
Bakker, Lothar, Augsburg
Balard, Michel, Reims
Bange, Elisabeth, Bonn
Bardach, Juliusz, Warszawa
Barley, Maurice W., Nottingham
Barone, Giulia, Roma
Barrow, Geoffrey W. S., Edinburgh
Bartels, Karlheinz, Lohr a. M.
Bartl, Peter, München
Batlle, Carmen, Barcelona
Batlle, Columba, Augsburg
Batlle y Prats, Luis, Gerona
Batllori, Miquel, SJ, Roma
Baum, Hans-Peter, Würzburg

Bautier, Robert-Henri, Paris
Beckers, Hartmut, Münster (Westf.)
Belloni, Luigi, Milano
Benito Ruano, Eloy, Madrid
Berghaus, Peter, Münster (Westf.)
Bergmann, Werner, Bochum
Berings, Geert, Gent
Berkhout, Carl T., Dallas, Texas
Bermejo Cabrero, José L., Madrid
Bernhard, Michael, München
Bernt, Günter, München
Biedermann, Hermenegild M., OSA, Würzburg
Biemans, Joseph A. A. M., Utrecht
Bierbrauer, Katharina, München
Binding, Günther, Köln
Birkfellner, Gerhard, Wien
Bisson, Thomas N., Berkeley, Calif.
Blaschke, Karlheinz, Friedewald
Blickle, Peter, Bern
Blockmans, Willem P., Rotterdam
Blok, Dirk P., Amsterdam
Blumenthal, Uta-Renate, Washington, D. C.
Bocchi, Francesca, Bologna
Bockholdt, Rudolf, München
Bodem, Anton, OSB, Benediktbeuern
Bodnar, Edward W., SJ, Washington, D. C.
Bogumil, Karlotto, Essen
von Bogyay, Thomas, München
Boockmann, Hartmut, Göttingen
Boone, Marc, Gent
Borgolte, Michael, Freiburg i. Br.
Boscolo, Alberto, Roma

Bosworth, Clifford E., Manchester
Bourgain, Pascale, Paris
Bournazel, Eric, Paris
Boussard, Jacques †, Paris
Bouton, Jean de la Croix, SO Cist, Abbaye N. D. d'Aiguebelle
Bradley, Rita Mary, Davenport, Iowa
Brandmüller, Walter, Augsburg
Braun-Ronsdorf, Margarete, München
Brejon de Lavergnée, Jacques, Paris
Bresc, Henri, Paris
Briesemeister, Dietrich, Mainz-Germersheim
Brieskorn, Norbert, SJ, München
Brisch, Klaus, Berlin
Brommer, Peter, Koblenz
Brooks, Nicholas P., St. Andrews
Brown, Alfred L., Glasgow
Brown, Virginia, Toronto, Ont.
Bruckner, Albert, Finkenberg
Brückner, Wolfgang, Würzburg
Brühl, Carlrichard, Gießen
Brundage, James A., Milwaukee, Wisc.
Brunhölzl, Franz, München
Bruni, Francesco, Napoli
Buchholz-Johanek, Ingeborg, Münster (Westf.)
Bullough, Donald A., St. Andrews
Bulst, Neithard, Bielefeld
Buma, Wybren J., Groningen
Bur, Michel, Nancy
Burns, James H., London
Burns, Robert I., SJ, Los Angeles, Calif.
Busard, Hubertus L. L., Venlo
Busetto, Giorgio, Venezia
van Buuren, Alphonsus M. J., Amersfoort
Byrne, Francis J., Dublin

van Caenegem, Raoul, Gent
Cahen, Claude, Savigny-sur-Orge
Cameron, Alan, Nottingham
Capelle, Torsten, Münster (Westf.)
Cardini, Franco, Firenze
Carile, Antonio, Bologna
Carlen, Louis, Fribourg
De Castro y Castro, Manuel, OFM, Madrid
Casula, Francesco C., Cagliari
Cavanna, Adriano, Milano
Cazelles, Raymond, Chantilly
Cerdá Ruiz-Funes, Joaquin, Barcelona
Charles-Edwards, Thomas, Oxford
Chauney, Martine, Dijon
Chédeville, André, Rennes
Chittolini, Giorgio, Parma
Chomel, Vital, Grenoble
Christink, Susanne, Köln
Ciccarelli, Diego, OFM, Palermo
Čičurov, Igor S., Moskva
Cilento, Nicola, Napoli
Ćirković, Sima, Beograd
Claramunt, Salvador, Barcelona
Clarke, Howard B., Dublin
Claude, Dietrich, Marburg a. d. Lahn
Clementi, Alessandro, L'Aquila
Cobban, Alan B., Liverpool
Colliva, Paolo, Bologna
Contamine, Philippe, Paris
Cormier, Raymond J., Philadelphia, Pa.
Corner, David J., St. Andrews
Courth, Franz, SAC, Vallendar
Coutaz, Gilbert, Lausanne
Cowdrey, Herbert E. J., Oxford
Cracco, Giorgio, Torino
Crawford, Barbara E., St. Andrews

Cremonesi, Carla, Milano
Critchley, John, Exeter
Csapodi, Csaba, Budapest
Cuella Esteban, Ovidio-Eduardo, Zaragoza
Cunchillos Plano, Sara, Barcelona
Cuvillier, Jean-Pierre, Toulouse, Göttingen
Czymmek, Götz, Köln

Daems, Willem F., Arlesheim
Dalli Regoli, Gigetta, Pisa
Damblemont, Gerhard, Wiesbaden
Davies, Richard G., Manchester
Davies, Wendy, London
Daxelmüller, Christoph, Würzburg
Debord, André, Caen
De Bruin, C. C., Leiden
Decker, Wolfgang, Köln
De Fluvià i Escorsa, Armand, Barcelona
De Leo, Pietro, Roges di Rende
Del Treppo, Mario, Napoli
Demandt, Karl E., Altenstadt
Deneke, Bernward, Nürnberg
Denton, Jeffrey H., Manchester
Derolez, Albert, Gent
Despy, Georges, Bruxelles
Devailly, Guy, Rennes
Diemer, Kurt, Biberach
van Dijk, Hans, Utrecht
Dilg, Peter, Marburg a. d. Lahn
Dini, Bruno, Firenze
Dinzelbacher, Peter, Stuttgart
Dirlmeier, Ulf, Siegen
Dittmann, Herbert, Bonn
Djurić, Ivan, Beograd
Dobson, Barrie, Heslington, York
Dogaer, Georges, Bruxelles
Doherty, Charles, Dublin
Dopsch, Heinz, Salzburg
Dörflinger, Johannes, Wien
Döring, Alois, Bonn
Dossat, Yves, Toulouse
Dowiat, Jerzy, Warszawa
Dralle, Lothar, Gießen
Droege, Georg, Bonn
Dubois, Jacques, OSB, Paris
Dubuis, Roger, Lyon
Ducellier, Alain, Toulouse

Düchting, Reinhard, Heidelberg
Duda, Dorothea, Wien
Dujčev, Ivan, Sofija
Dunning, Robert W., Taunton, Som.
Dürig, Walter, München
Durkin, Desmond, Dublin
Durling, Richard, Kiel
Düwel, Klaus, Göttingen
Dykmans, Marc, SJ, Roma

Ebel, Uda, Marburg a. d. Lahn
Ebling, Horst, Bonn
Ebner, Herwig, Graz
Eder, Christine s. Hendrixson
Edwards, A. S. G., Victoria, Canada
Ehbrecht, Wilfried, Münster (Westf.)
Ehrhardt, Harald, Frankfurt a. M.
Eilermann, Amandus, OSB, Abtei Gerleve
Elbern, Victor H., Berlin
Ellermeyer, Jürgen, Hamburg
Elm, Kaspar, Detmold
Emminghaus, Johannes H., Wien
Endres, Rudolf, Erlangen-Nürnberg
Engelbert, Pius, OSB, Abtei Gerleve
Engels, Odilo, Köln
Engemann, Josef, Bonn
Enzensberger, Horst, Bamberg
Erlande-Brandenburg, Alain, Paris
van Ess, Josef, Tübingen
Eßer, Ambrosius, OP, Roma
Ewig, Eugen, Bonn

Fahlbusch, Friedrich B., Münster (Westf.)
Falcón, M. Isabel, Zaragoza
Fasola, Livia, Pisa
Fasoli, Gina, Bologna
Fatouros, Georgios, Berlin
Federici Vescovini, Graziella, Firenze
Fehn, Klaus, Bonn
Feige, Peter, Berlin
Felten, Franz J., Berlin
Feo, Michele, Pisa
Ferjančić, Božidar, Beograd
Ferluga, Jadran, Münster (Westf.)
Fernández Catón, José M., León

Fernández Conde, Francisco J., Oviedo
Ferrer i Mallol, M. Teresa, Barcelona
Fichtner, Gerhard, Tübingen
Finnegan, Jeremy, River Forest, Ill.
Finster, Barbara, Bamberg
Flanagan, Marie Th., Belfast
Fleckenstein, Josef, Göttingen
Flemming, Barbara, Leiden
Fleuriot, Léon, Paris
Folkerts, Menso, München
Folz, Robert, Dijon
Fonseca, Cosimo D., Lecce
Fonseca, L. Adão da, Oporto
Foreville, Raymonde G., Paris
Fossier, François, Paris
Fossier, Robert, Meudon
Fourlas, Athanasios A., Münster (Westf.)
Fournier, Gabriel, Clermont-Ferrand
Frank, Karl Suso, OFM, Freiburg i. Br.
Frantzen, Allen J., Chicago, Ill.
Fredeman, J. C., Vancouver
Freimark, Peter, Hamburg
Frenz, Thomas, Würzburg
Fried, Pankraz, Augsburg
Fry, Donald K., Stony Brook, N. Y.
Fryde, Natalie, Aberystwyth
Fügedi, Erik, Budapest
Fumagalli, Vito, Bologna
Fürst, Carl G., Freiburg i. Br.

Gabriel, Erich, Wien
Gamber, Ortwin, Wien
Gamberoni, Johann, Paderborn
Gamillscheg, Ernst, Wien
García Larragueta, Santos, Pamplona
García de Valdeavellano, Luis, Madrid
García y García, Antonio, Salamanca
Gasnault, Marie-Claire, Paris
Gaube, Heinz, Tübingen
Gawlik, Alfred, München
Gazzaniga, Jean-Louis, Toulouse

Geerlings, Wilhelm, Bochum
Geldner, Ferdinand, München
Gerken, Alexander, OFM, Remagen
Gerlo, Alois, Bruxelles
Gerritsen, Willem P., Utrecht
Ghisalberti, Carlo, Roma
Gieysztor, Aleksander, Warszawa
Gilles, Henri, Toulouse
Gilomen, Hans-Jörg, Basel
Giordanengo, Gérard, Marseille
Girgensohn, Dieter, Göttingen
Giunta, Francesco, Palermo
Given-Wilson, Christopher, St. Andrews
Glick, Thomas F., Boston, Mass.
Gnädinger, Louise, Zürich
Gneuss, Helmut, München
Gockel, Michael, Marburg a. d. Lahn
Göckenjan, Hansgerd, Gießen
Goetting, Hans, Göttingen
Goetze, Jochen, Heidelberg
Goez, Werner, Erlangen-Nürnberg
Gonçalinho, Tomás, OSB, Lamego
Gonzálvez Ruiz, Ramón, Toledo
Grahn-Hoek, Heike, Braunschweig
Graus, František, Basel
Green, Judith A., Belfast
Greene, David †, Dublin
Greene, Richard L., New Haven, Conn.
Greive, Hermann, Köln
Gribomont, Jean, OSB, Roma
Grössing, Helmut, Wien
Gruber, Joachim, Erlangen-Nürnberg
Grubmüller, Klaus, Münster (Westf.)
Gründel, Johannes, München
Gschwantler, Otto, Wien
Guenée, Simonne, Bourg-La-Reine
Guerout, Jean, Paris
Guerreau, Alain, Paris
Guillot, Olivier, Paris
Guillotel, Hubert, Paris
Guillou, André, Paris
Guyotjeannin, Olivier, Boulogne

Haarmann, Ulrich, Freiburg i. Br.
Haase, Claus-Peter, Kiel
Hafner, Stanislaus, Graz
Hagemann, Hans-Rudolf, Basel
Hägermann, Dieter, Bremen
Hamann, Günther, Wien
Hannick, Christian, Trier
Hänsch, Irene, Berlin
Harbison, Peter, Dublin
Harding, Alan, Liverpool
Häring, Nikolaus, SAC †, Vallendar
Harmening, Dieter, Würzburg
Harmuth, Egon, Wien
Harris, Brian E., Chester
Harris, Jennifer, Genf
Harsin, Paul, Liège
Harth, Helene, Erlangen-Nürnberg
Haubst, Rudolf, Mainz
Hausmann, Frank-Rutger, Aachen
Haussherr, Reiner, Berlin
Häußling, Angelus A., OSB, Maria Laach
Haverkamp, Alfred, Trier
Hayez, Michel, Avignon
Hein, Wolfgang-Hagen, Frankfurt a. M.
Heinemeyer, Walter, Marburg a. d. Lahn
Heinzelmann, Martin, Paris
Heinzle, Joachim, Kassel
Helfenstein, Ulrich, Zürich
Hellenkemper, Hansgerd, Köln
Hellmann, Manfred, München
de Hemptinne, Thérèse, Gent
Hendrixson (Eder), Christine, Quesnel, Canada
Henkelmann, Thomas, Heidelberg
Hennig, John, Basel
Herborn, Wolfgang, Bonn
Herde, Peter, Würzburg
Hergemöller, Bernd-Ulrich, Münster (Westf.)
Herren, Michael, Downsview, Ont.
Herrmann, Hans-Walter, Saarbrücken
d'Heur, Jean-Marie, Liège
Heyse, Elisabeth, München
Hiestand, Rudolf, Düsseldorf
Higounet, Charles, Bordeaux
Hild, Friedrich, Wien

Hilsch, Peter, Tübingen
Hinz, Hermann, Kiel
Hjort, Øystein, København
Hlaváček, Ivan, Praha
Hödl, Ludwig, Bochum
Hoffmann, Erich, Kiel
Hofstetter, Walter, München
Holter, Kurt, Salzburg
Holtorf, Arne, Tübingen
Holzhauer, Heinz, Münster (Westf.)
Homann, Hans D., Münster (Westf.)
Honemann, Volker, Berlin
Honselmann, Klemens, Paderborn
Hörandner, Wolfram, Wien
van Houtte, Jan A., Leuven, Roma
Hucker, Bernd U., Bamberg
von Huebner, Dietmar, München
Hünemörder, Christian, Hamburg
Hunger, Herbert, Wien
Huning, Alois, Neuß
Hye, Franz-Heinz, Innsbruck

Irsigler, Franz, Trier
Iserloh, Erwin, Münster (Westf.)

Jaeger, Wolfgang, Heidelberg
Jansen-Sieben, Ria, Bruxelles
Jarnut, Jörg, Bonn
Jexlev, Thelma, København
Jones, Michael Ch. E., Nottingham
Jooß, Rainer, Esslingen
Jordan, Karl, Kiel
Jung, Marc-René, Zürich
Junk, Heinz-K., Münster (Westf.)
Jüttner, Guido, Berlin

Kadlec, Jaroslav, Litoměřice
Kahsnitz, Rainer, Nürnberg
Kaiser, Reinhold, Essen
Kamp, Norbert, Braunschweig
Kampers, Gerd, Bonn
Kämpfer, Frank, Münster (Westf.)
Kappert, Petra, Hamburg
Kartschoke, Dieter, Berlin
Kasten, Ingrid, Hamburg

Kazhdan, Alexander P., Washington
Keil, Gundolf, Würzburg
Keller, Hagen, Münster (Westf.)
Keller, Hans-Erich, Columbus, Ohio
Kennedy, E. S., Aleppo, Syrien
Kerner, Max, Aachen
Kesting, Peter, Würzburg
Kettle, Ann J., St. Andrews
Klapisch-Zuber, Christiane, Paris
Klein, Peter K., Bamberg
Klein, Richard, Erlangen-Nürnberg
Klemm, Christian, Zürich
Köbler, Gerhard, Gießen
Kocks, Dirk, Köln
Koder, Johannes, Mainz
Kohlenberger, Helmut, Freilassing
Köhler, Ralf, Marburg a. d. Lahn
Kolping, Adolf, Freiburg i. Br.
Kölzer, Theo, Gießen
Konstantinou, Evangelos, Würzburg
Koppitz, Hans-Joachim, Mainz
Korn, Hans-Enno, Marburg a. d. Lahn
Kottje, Raymund, Bonn
Krafft, Fritz, Mainz
Kramer, Karl-Sigismund, Kiel
Kraschewski, Hans-Joachim, Marburg a. d. Lahn
Kratochwill, Max, Wien
Kreiser, Klaus, München
Kreuzer, Georg, Augsburg
Krieger, Karl-Friedrich, Regensburg
Kroll, W. Rainer, Valhalla, N. Y.
Kuhlen, Franz-Josef, Marburg a. d. Lahn
Künzl, Hannelore, Heidelberg
Kurz, Rainer, Mistelbach a. d. Zaya
Kurze, Dietrich, Berlin
Kurze, Wilhelm, Roma

Labib, Subhi Y., Kiel
Labuda, Gerard, Poznań
Ladero, Quesada, Miguel A., Madrid
Ladner, Pascal, Fribourg
Lalinde Abadía, Jesús, Zaragoza
Lalou, Elisabeth, Paris

Lammers, Walther, Frankfurt a. M.
Landau, Peter, Regensburg
Landwehr, Götz, Hamburg
Lange, Wolf-Dieter, Bonn
Langgärtner, Georg, Würzburg
Lannette, Claude, Evreux
Lartigaut, Jean, Catus
Last, Martin, Göttingen
Lauer, Hans H., Marburg a. d. Lahn
de Lavigne, Richard, St. Andrews
Leclercq, Jean, OSB, Clervaux
Leguai, André, Dijon
Leguay, Jean P., Aix-les-Bains
Leisching, Peter, Innsbruck
Leissing-Giorgetti, Sonja, Zürich
van Lengen, Hajo, Aurich
Lenhardt, Friedrich, Würzburg
Lenzenweger, Josef, Wien
Leonardi, Claudio, Firenze
Leuchtmann, Horst, München
Licitra, Vincenzo, Roma
Linage Conde, Antonio, Madrid
Lindgren, Uta, München
Lohr, Charles H., Freiburg i. Br.
Lohrmann, Dietrich, Paris
von Looz-Corswarem, Clemens Graf, Köln
Lotter, Friedrich, Kassel
Lückerath, Carl A., Köln
Ludat, Herbert, Gießen
Ludwig, Dieter, Münster
Lundberg, Erik B., Bromma
Lutz, Angelika, München
Lydon, James F., Dublin
Lymant, Brigitte, Köln

Mac Kenna, John W., North Danville, New Hampshire
Mac Niocaill, Gearóid, Galway
Macek, Josef, Praha
Maddicott, John R. L., Oxford
Madelung, Wilferd, Oxford
Maleczek, Werner, Innsbruck
Manselli, Raoul, Roma
Mansilla, Demetrio, Ciudad Rodrigo
Mareš, Franz W., Wien

Marinoni, M. Carla, Legnano
Mariotte, Jean-Yves, Annecy
Martens, Mina, Bruxelles
Martin, Max, Augst
Martín Duque, Angel J., Pamplona
Maschke, Erich†, Heidelberg
Massetto Gian P., Milano
Mattejiet, Ulrich, München
Mattoso, José, Parede
von Matuschka, Michael Graf, Erlangen-Nürnberg
Mayer, Cornelius, OSA, Gießen
Mazal, Otto, Wien
Mcinhardt, Helmut, Gießen
Menzel, Josef J., Mainz
Mertens, Volker, Berlin
Mestayer, Monique, Douai
Mettmann, Walter, Köln
Metz, Wolfgang, Speyer
Metzner, Ernst E., Frankfurt a. M.
Meuthen, Erich, Köln
Meyer, Hans B., SJ, Innsbruck
Meyer, Werner, Basel
Meyer-Marthaler, Elisabeth, Frauenfeld
Mezey, László, Budapest
Miethke, Jürgen, Berlin
Miglio, Massimo, Salerno
Militzer, Klaus, Köln
van Mingroot, Erik, Leuven
Misonne, Daniel, OSB, Abbaye de Maredsous
Molaug, Petter B., Oslo
Mollat, Michel, Paris
Montag, Ulrich, München
Mor, Carlo G., Padova
Moralejo-Alvarez, José L., Oviedo
Moraw, Peter, Gießen
Mordek, Hubert, Freiburg i. Br.
Morisi Guerra, Anna, Roma
Mottahedeh, Roy P., Princeton, N.J.
Mückshoff, Meinolf, OFM Cap, Deggingen
Müller, Heribert, Köln
Müller, Hubert, Bonn
Müller, Irmgard, Marburg a. d. Lahn
Musca, Giosué, Bari
Musset, Lucien, Caen
von Mutius, Hans-Georg, Köln

Nagel, Tilman, Göttingen
Nagorni, Dragan, München
von der Nahmer, Dieter, Hamburg
Nastase, Dimitrios, Athen
Naumann, Hans-Peter, Zürich
Nechutová, Jana, Brno
Nehlsen, Hermann, München
Nehlsen-von Stryk, Karin, München
Neuenschwander, Erwin, Zürich
Neunheuser, Burkhard, OSB, Maria Laach
Neweklowsky, Gerhard, Klagenfurt
Newton, Stella M., London
Nikolasch, Franz, Salzburg
Nitsche, Peter, Kiel
Nobis, Heribert M., München
Nonn, Ulrich, Bonn
Nordenfalk, Carl, Stockholm
North, John D., Groningen
Nyberg, Tore, Odense

Öberg, Jan, Stockholm
Ó Corráin, Donnchádh, Cork
Ó Cróinín, Dáibhi, Galway
O'Dwyer, Peter, OCarm, Dublin
Oesterle, Hans-Joachim, Gießen
Oexle, Otto G., Hannover
Olivar, Alexander, OSB, Montserrat
Ollich i Castanyer, Immaculada, Barcelona
Olsen, Rikke A., Odder
Onasch, Konrad, Halle (Saale)
van Oostrom, Frits P., Leiden
Ott, Hugo, Freiburg i. Br.
Ott, Ludwig, Eichstätt
Ott, Norbert H., München

Papacostea, Șerban, București
Paravicini, Anke, Garches
Paravicini, Werner, Paris
Paravy, Pierrette, Grenoble
Paret, Rudi †, Tübingen
Parisse, Michel, Nancy
Pasztor, Edith, Roma

Patschovsky, Alexander, München
Patze, Hans, Göttingen
Pauler, Roland, Roma
Paulsson, Göte, Kristianstad
Pavan, Paola, Roma
Pennington, Kenneth, Syracuse, N.Y.
Perret, A., Chambéry
Petersohn, Jürgen, Marburg a. d. Lahn
Petit, Roger, Arlon
Petitjean, Michel, Dijon
Petke, Wolfgang, Göttingen
Petrucci, Armando, Roma
Petti Balbi, Giovanna, Genova
Peyer, Hans C., Zürich
Pfeiffer, Wolfgang, Oberkochen
Pieler, Peter E., Wien
Piendl, Max, Regensburg
Pietschmann, Horst, Köln
Pinborg, Jan †, København
Pischke, Gudrun, Göttingen
Plank, Bernhard, OSA, Würzburg
Platelle, Henri, Lille
Plotzek, Joachim M., Köln
Plotzek-Wederhake, Gisela, Köln
Plümer, Erich, Einbeck
Podskalsky, Gerhard, SJ, Frankfurt a. M.
Polica, Sante, Roma
Popa, Radu, București
Poppe, Andrzej, Warszawa
Poulin, Joseph-Claude, Quebec
Pratesi, Alessandro, Roma
Preinerstorfer, Rudolf, Wien
Prelog, Jan, Marburg a. d. Lahn
Premuda, Loris, Padova
Prestwich, Michael C., Durham
Preto, Paolo, Padova
Prevenier, Walter, Gent
Prinzing, Günter, Münster (Westf.)
Pugh, Thomas B., Southampton
Puza, Richard, Tübingen

Quarthal, Franz, Tübingen
Quirin, Heinz, Berlin

Rabikauskas, Paulius, SJ, Roma
Radl, Walter, Düsseldorf
Rädle, Fidel, Göttingen

Redigonda, Luigi-Abele, OP, Bologna
Reindel-Schedl, Helga, Regensburg
Reinert, Benedikt, Winterthur
Reinle, Adolf, Zürich
Reuter, Timothy, München
Reuther, Hans, Münden
Reynolds, Susan, Oxford
Ribbe, Wolfgang, Berlin
Richard, Jean, Dijon
Richter, Klemens, Münster (Westf.)
Richter, Michael, Dublin
Richter, Reinhilt, Hannover
Richter-Bernburg, Lutz, Göttingen
Riedlinger, Helmut, Freiburg i. Br.
Riedmann, Josef, Innsbruck
Rigaudière, Albert, Paris
Riley-Smith, Jonathan, London
Ritter, Adolf M., Marburg a. d. Lahn
Riu, Manuel, Barcelona
Robbins, Rossell H., Albany, N.Y.
Rode, Herbert, Köln
Roger, Jean-Marc, Troyes
Rösener, Werner, Göttingen
Roßmann, Heribert, Regensburg
Rouche, Michel, Paris
Rowland, Beryl, Toronto
Rüegg, Walter, Bern
Rüß, Hartmut, Münster (Westf.)
Russell, Josiah C., St. Augustine, Fl.
Ryckaert, Marc, Gent

Sage, Walter, Bamberg
Samaran, Charles †, Paris
Sánchez Herrero, José, Sevilla
Sánchez Mariana, Manuel, Madrid
Sauer, Hans, München
Sawyer, Peter H., Alingsås
Saxer, Victor, Roma
Schaab, Meinrad, Wilhelmsfeld
Schaller, Dieter, Bonn
Schaller, Hans-Martin, München
Scheffczyk, Leo, München
Schieffer, Rudolf, Bonn
Schieffer, Theodor, Bonn
Schimmelpfennig, Bernhard, Augsburg

Schipperges, Heinrich, Heidelberg
Schledermann, Helmut, Århus
Schlögl, Waldemar †, München
Schlosser, Hans, Augsburg
Schlosser, Wolfhard, Bochum
Schlunk, Helmut, Endingen
Schmale, Franz-Josef, Bochum
Schmid, Alois, München
Schmid, Hans, München
Schmid, Karl, Freiburg i. Br.
Schmidt, Peter L., Konstanz
Schmidt, Roderich, Marburg a. d. Lahn
Schmidt, Tilmann, Tübingen
Schmitz, Rolf P., Köln
Schmolke-Hasselmann, Beate, Göttingen
Schnall, Uwe, Bremerhaven
Schneider-Schnekenburger, Gudrun, Markdorf
Schnith, Karl, München
Schnitker, Thaddäus A., Münster (Westf.)
Schoppmeyer, Heinrich, Bochum
Schramm, Matthias, Tübingen
Schreiner, Elisabeth, Salzburg
Schreiner, Peter, Köln
Schuh, Hans-Manfred, Bonn
Schuler, Peter-Johannes, Bochum
Schuller, Wolfgang, Konstanz
Schulz, Hans-Joachim, Würzburg
Schulze, Hans K., Marburg a. d. Lahn
Schulze, Manfred, Tübingen
Schulze, Ursula, Berlin
Schwaibold, Matthias, Uster
Schwaiger, Georg, München
Schwarzmaier, Hansmartin, Karlsruhe
Schwarzwälder, Herbert, Bremen
Schweikle, Günther, Stuttgart
Schwenk, Bernd, Niedererbach

Schwenk, Sigrid, Erlangen-Nürnberg
Schwind, Fred, Marburg a. d. Lahn
Sciumé, Alberto, Milano
Scott-Stokes, Charity, Oxford
von See, Klaus, Frankfurt a. M.
Segl, Peter, Regensburg
Seibt, Werner, Wien
Sellheim, Rudolf, Frankfurt a. M.
Semmler, Josef, Düsseldorf
Sennhauser, Hans-Rudolf, Zurzach
Siebenmann, Gustav, St. Gallen
Silagi, Gabriel, München
Simms, Katharine, Dublin
Simoni Balis-Crema, Fiorella, Roma
Simpson, Grant G., Aberdeen
Singer, Hans-Rudolf, Mainz-Germersheim
Sivéry, Gérard, Lille
Smith, J. Beverly, Aberystwyth
Söderberg, Bengt, Bromma
Soldi Rondinini, Gigliola, Milano
Spinelli, Giovanni, OSB, Badia S. Giacomo, Pontida
Sprandel, Rolf, Würzburg
Stalley, Roger, Dublin
Stehkämper, Hugo, Köln
Stein, Dietrich, Marne
Steppe, Wolfhard, München
Stockmeyer, Peter, München
Störmer, Wilhelm, München
Strauch, Dieter, Köln
Struve, Tilman, Stuttgart
Stupperich, Robert, Münster (Westf.)
Suárez Fernández, Luis, Madrid
Suttner, Ernst Chr., Wien
Svejkovský, František, Chicago, Ill.
Szabó, Thomas, Göttingen
Szarmach, Paul E., Binghamton, N.Y.
Szilágyi, János, Budapest
Szövérffy, Joseph, Berlin

Tabacco, Giovanni, Torino

Telle, Joachim, Heidelberg
Thomas, Heinz, Bonn
Thorau, Peter, Tübingen
Thoss, Dagmar, Wien
Tietz, Manfred, Bamberg
Tietze, Andreas, Wien
Timm, Albrecht †, Schönau/Schwarzwald
Tinnefeld, Franz H., München
Tirelli, Vito, Pisa
Tits-Dieuaide, Marie-Jeanne, Paris
Toubert, Pierre, Paris
Trawkowski, Stanislaw, Warszawa
Trusen, Winfried, Würzburg
Tuck, Anthony J., Bailrigg, Lanc.
Turek, Rudolf, Praha
Tveitane, Mattias, Minde-Bergen

Udina Martorell, Federico, Barcelona
Uecker, Heiko, Bonn
von Ungern-Sternberg, Jürgen, Basel
van Uytven, Raymond, Antwerpen

Vandermaesen, Maurice, Brugge
Várvaro, Alberto, Napoli
Vavra, Elisabeth, Krems a. d. Donau
Vekeman, Herman, Köln
Verger, Jacques, Paris
Verhulst, Adriaan, Gent
Vernet, André, Paris
Vernet, Juan, Barcelona
Vilfan, Sergij, Ljubljana
Villata, Renzo di, M. Gigliola, Milano
Virgoe, Roger, Norwich
Vismara, Giulio, Milano
Vitale-Brovarone, Alessandro, Torino
Vogel, Cyril †, Strasbourg
Vogel, Kurt, München
Vollmann, Konrad, Tübingen
Vollrath, Hanna, Köln
Vones, Ludwig, Köln
Vones-Liebenstein, Ursula, Köln
Vööbus, Arthur, Oak Park, Ill.

Wacha, Georg, Linz
Wachinger, Burghart, Tübingen
Wachten, Johannes, Köln

Wagner, Fritz, Berlin
Walberg, Hartwig, Lippstadt
Walf, Kurt, Nijmegen
Walliser, Peter R., Zollikofen
Wallner, Engelbert, Garmisch-Partenkirchen
Warnke, Charlotte, Frankfurt a. M.
Wasilewski, Tadeusz, Warszawa
Watson, Andrew G., London
Wawrik, Franz, Wien
Weigand, Rudolf, Würzburg
Weimar, Peter, Zürich
Weiß, Günter, Köln
Wendehorst, Alfred, Erlangen-Nürnberg
Werner, Joachim, München
Werner, Karl F., Paris
Wesche, Markus, München
Wessel, Klaus, München
Widmoser, Eduard, Innsbruck
Wiesflecker, Hermann, Graz
Williams, Harry F., Tallahassee, Fla.
Wirth, Gerhard, Bonn
Wisplinghoff, Erich, Düsseldorf
Woldan, Erich, Wien
Wolff, Philippe, Toulouse
Wolffe, Bertram P., Exeter
Wormald, Patrick, Glasgow
van de Wouw, Hans, Den Haag
Wülfing (Peters), Inge-Maren, Osnabrück
Wuttke, Dieter, Bamberg

Zach, Cornelius R., München
Zach, Krista, München
Zapp, Hartmut, Freiburg i. Br.
Zeitler-Abresch, Gabriele, Köln
Zelfel, Hans P., Wien
Zender, Matthias, Bonn
Zernack, Klaus, Gießen
Zielinski, Herbert, Gießen
Zientara, Benedykt †, Warszawa
Zink, Michel, Toulouse
Zolotarev, M. J., Moskva
Zotz, Thomas, Göttingen
Zumkeller, Adolar, OSA, Würzburg

ÜBERSETZER DES ZWEITEN BANDES

Englisch, französisch: Mattejiet, Roswitha, München
Englisch (anglistische Beiträge): Steppe, Wolfhard, München
Italienisch: Avella, Antonio, München
Niederländisch: Kirchmeyr, Elsa, Horrem
Portugiesisch, spanisch: Heinz, Wolfgang, München;
Vones-Liebenstein, Ursula, Köln
Skandinavische Sprachen: Engeler, Sigrid, Frankfurt a. M.

Einzelne fachspezifische Beiträge aus verschiedenen
Sprachen wurden übersetzt von:
Halm, Heinz, Tübingen
Rösener, Werner, Göttingen
Weimar-Danckelmann, Karin, Zürich
u. a.

ABBILDUNGEN

	Spalte
Türkischer Hornbogen	320
Brunnentypen	770
Gürtelschnallen und -garnituren des fränkischen Teilreichs Burgund	1095
Byzantinisches Reich. Reichsgebiet und Themen um 1025	1231–1232
Capitalis quadrata	1473
Capitalis rustica	1473
Christusmonogramm	1944

Die Strichzeichnungen fertigte Norbert H. Ott, München, an.